Bärmann
Wohnungseigentumsgesetz
Kommentar

Bärmann

Wohnungseigentumsgesetz

Gesetz über das Wohnungseigentum und das Dauerwohnrecht

Kommentar

von

Christian Armbrüster
Dr. iur., Univ.-Prof.

Matthias Becker
Dr. iur.

Michael Klein
Dr. iur.

Werner Merle
Dr. iur., Dr. h. c., Univ.-Prof.

Eckhart Pick
Dr. iur., Univ.-Prof.

11., neu bearbeitete Auflage
des von Johannes Bärmann begründeten Werks

Verlag C. H. Beck München 2010

Verlag C. H. Beck im Internet:
beck.de

ISBN 978 3 406 60576 5

Wilhelmstraße 9, 80801 München
Satz, Druck und Bindung: Druckerei C. H. Beck Nördlingen
(Adresse wie Verlag)

Gedruckt auf säurefreiem, alterungsbeständigem Papier
(hergestellt aus chlorfrei gebleichtem Zellstoff)

Vorwort zur 11. Auflage

Seit dem Erscheinen der zehnten Auflage im Jahre 2008 ist zwar nur vergleichsweise wenig Zeit vergangen. Gleichwohl hat sich viel getan: Die weit reichende Reform des Wohnungseigentumsrechts von 2007 prägt mittlerweile Wissenschaft und tägliche Praxis, die sich an eine Vielzahl von Neuerungen zu gewöhnen hatten. Zudem hat das neue Recht inzwischen auf breiter Front die Gerichte erreicht. So sind bereits eine Vielzahl instanzgerichtlicher Entscheidungen zum reformierten WEG zu verzeichnen, aber auch der V. Zivilsenat des Bundesgerichtshofs ist zunehmend damit befasst, und im Schrifttum werden die Neuregelungen unvermindert lebhaft diskutiert. Die vorliegende elfte Auflage des Kommentars soll dem Rechtsanwender wiederum eine aktuelle und zuverlässige Unterstützung bei der Anwendung des Gesetzes bieten.

Im Bearbeiterkreis ist durch den allzu frühen Tod von Joachim Wenzel am 29. August 2009 eine schmerzliche Lücke entstanden. Wer ihn persönlich erleben durfte, weiß, wie sehr ihm das Wohnungseigentumsrecht am Herzen lag und mit welchem Engagement er sich um die Weiterentwicklung dieses Rechtsgebiets verdient machte. Seine Erläuterungen zu den zentralen Regelungen des § 10 WEG gehören zu seinen bedeutendsten Kommentierungen; sie bleiben wegweisend für die weitere Rechtsentwicklung. Es war ihm vergönnt, seine Kommentierung der §§ 10 ff. und 43 ff. WEG noch auf den Stand von Anfang Mai 2009 zu bringen. Sie ist nunmehr in die Hände von Michael Klein übergegangen, der als Mitglied des V. Zivilsenats des Bundesgerichtshofs für Kontinuität bürgt.

Die Neubearbeitung bringt den Kommentar im Wesentlichen auf den Stand vom 1. Mai 2010. Wie stets sind die Autoren für Anregungen und Kritik dankbar.

Berlin/Karlsruhe/Mainz, im Mai 2010

Christian Armbrüster
Matthias Becker
Michael Klein
Werner Merle
Eckhart Pick

Zitiervorschlag

z. B. *Merle* in Bärmann § 23 Rn 16
oder *Pick* in Bärmann Einl Rn 5
(jedoch bitte nicht z. B. *Bärmann/Merle* ..., weil dies zu Verwechslungen mit dem kleinen WEG-Kommentar von *Bärmann/Pick* führen könnte)

Es haben bearbeitet

Professor Dr. Christian Armbrüster,
Freie Universität Berlin,
Richter am Kammergericht:
§§ 1–9 WEG

Dr. Matthias Becker,
Rechtsanwalt, Berlin:
§ 16 WEG

Dr. Michael Klein,
Richter am Bundesgerichtshof:
§§ 10–15 und §§ 43–50 WEG

Professor Dr. Dr. h. c. Werner Merle,
Rechtsanwalt, Berlin:
§§ 20–29, 60 sowie 62–64 WEG

Professor Dr. Eckhart Pick,
Parl. Staatssekretär im BMJ a. D., Mainz:
Einl., §§ 17–19, 30–42 sowie § 61 WEG

Inhaltsübersicht

Erläuterungen
zum Gesetz über das Wohnungseigentum und das Dauerwohnrecht
(Wohnungseigentumsgesetz)

I. Teil. Wohnungseigentum

Seite

II. Teil. Dauerwohnrecht *(Pick)*

III. Teil. Verfahrensvorschriften *(Klein)*

IV. Teil. Ergänzende Bestimmungen

Anhang

Inhaltsverzeichnis

Seite

III. Teil. Verfahrensvorschriften

Abkürzungs- und Literaturverzeichnis

aA	anderer Ansicht
a. a. O.	am angeführten Ort
ABl.	Amtsblatt
Abramenko	Abramenko, Das neue WEG in der anwaltlichen Praxis, 2007
abl.	ablehnend
Abs.	Absatz
Abschn.	Abschnitt
Abt.	Abteilung
abw.	abweichend
AcP	Archiv für die civilistische Praxis
aE	am Ende
a. F.	alte Fassung
AG	Amtsgericht
Ag.	Antragsgegner
AGB	Allgemeine Geschäftsbedingungen
AGBG	G zur Regelung des Rechts der Allg. Geschäftsbedingungen
AktG	Aktiengesetz
allgA	allgemeine Ansicht
allgM	allgemeine Meinung
Amtl. Begr.	amtliche Begründung
Anm.	Anmerkung
ArbGG	Arbeitsgerichtsgesetz
arg.	argumentum
Art.	Artikel
Ast.	Antragsteller
Aufl.	Auflage
Augustin	*Augustin,* Gesetz über das Wohnungseigentum und das Dauerwohnrecht, Wohnungseigentumsgesetz, Kommentar, 1983
AV	Allgemeine Verfügung
Bärmann, PiG 22	*Bärmann,* Die Wohnungseigentümergemeinschaft, Ein Beitrag zur Lehre von den Personenverbänden, Partner im Gespräch 22, 1986
Bärmann, WE	*Bärmann,* Wohnungseigentum, Kurzlehrbuch, 1991
Bärmann, WEGem.	*Bärmann,* Die WEer-Gemeinschaft als rechtliches Zuordnungsproblem, 1985 = Heft 165 der Schriftenreihe juristische Studiengesellschaft Karlsruhe, S. 36 ff.
Bärmann/Pick	*Bärmann/Pick,* Kommentar zum Wohnungseigentumsgesetz, 19. Aufl. 2010
Bärmann/Pick, Erg.Bd.	Ergänzungsband zur 18. Auflage, 2007
Bärmann/Seuß, Praxis	*Bärmann/Seuß,* Praxis des Wohnungseigentums mit Formularen und Mustern, 5. Aufl. 2010
BAG	Bundesarbeitsgericht
Bamberger/Roth/ *Bearbeiter*	Bamberger/Roth, BGB; WEG bearbeitet von *Hugel* und *Scheel,* 2. Aufl. 2008
BAnz.	Bundesanzeiger
BauGB	Baugesetzbuch
Baumbach/Hueck/ Bearbeiter	*Baumbach/Hueck,* GmbHG, 19. Aufl. 2010
Baumbach/Lauterbach/ Bearbeiter	*Baumbach/Lauterbach/Albers/Hartmann,* Zivilprozessordnung, 69. Aufl. 2010
Baur/Stürner	*Baur/Stürner,* Sachenrecht, 18. Aufl. 2009
BauR	Zeitschrift für das gesamte öffentliche und zivile Baurecht

BayJMBl.	Justizministerialblatt für das Land Bayern
BayKAG	Bayerisches Kommunalabgabengesetz
BayObLG	Bayerisches Oberstes Landesgericht
BayObLGZ	Entscheidungen des BayObLG in Zivilsachen
BayVGH	Bayerischer Verwaltungsgerichtshof
BB	Betriebs-Berater
BBauG	Bundesbaugesetz
Bd.	Band
Becker/Kümmel/Ott	*Becker/Kümmel/Ott,* Wohnungseigentum, 2. Aufl. 2010
Bek.	Bekanntmachung
Belz, Handbuch	*Belz,* Handbuch des Wohnungseigentums, 3. Aufl. 1996
ber.	berichtigt
Betrieb	Der Betrieb (Zeitschrift)
BeurkG	Beurkundungsgesetz
Beuthien, GenG	*Beuthien,* Genossenschaftsgesetz, 14. Aufl. 2004 mit Aktualisierungsband 2007
BGB	Bürgerliches Gesetzbuch
BGBl.	Bundesgesetzblatt
BGH	Bundesgerichtshof
BGHZ	Entscheidungen des BGH in Zivilsachen
Bielefeld, Der WEer	*Bielefeld,* Der Wohnungseigentümer, 8. Aufl. 2008
BlGBW	Blätter für Grundstücks-, Bau- und Wohnungsrecht
BMietenG	Bundesmietengesetz
BMJ	Bundesministerium der Justiz
Böhle/Stamschräder	*Kilger/K. Schmidt,* Insolvenzgesetze, 17. Aufl. 1997, bis zur 15. Aufl. *Böhle-Stamschräder*
BR	Bundesrat
Briesemeister	Praxisratgeber WEG-Reform, 2007
Brox/Walker	*Brox/Walker,* Zwangsvollstreckungsrecht, 8. Aufl. 2008
BSHG	Bundessozialhilfegesetz
bspw.	beispielsweise
BT	Bundestag
BT-Drs.	Bundestagsdrucksache
Bub, Finanz- und Rechnungswesen	*Bub,* Das Finanz- und Rechnungswesen der Wohnungseigentümergemeinschaft, 2. Aufl. 1996
Bub/von der Osten	*Bub/von der Osten,* Wohnungseigentum von A–Z, 7. Aufl. 2004
Büro	Das juristische Büro
Bumiller/Winkler	*Bumiller/Winkler,* Freiwillige Gerichtsbarkeit, 9. Aufl. 2009
Bunjes/Geist	*Bunjes/Geist,* Umsatzsteuergesetz, 9. Aufl. 2009
BVerfG	Bundesverfassungsgericht
BVerfGE	Entscheidungen des Bundesverfassungsgerichts
BVerwG	Bundesverwaltungsgericht
BVO	Berechnungsverordnung
BWKAG	Kommunalabgabengesetz Baden-Württemberg
BWNotZ	Zeitschrift für das Notariat in Baden-Württemberg
bzgl.	bezüglich
bzw.	beziehungsweise
Canaris	*Canaris,* Handelsrecht, 24. Aufl. 2006
C. c.	Code civil, Codigo civile usw.
DB	Der Betrieb
DBauBl.	Deutsches Baublatt
Deckert, ETW	*Deckert,* Die Eigentumswohnung Gruppen 1–6, 7–12, Loseblatt
Demharter	*Demharter,* Grundbuchordnung, 27. Aufl. 2010
ders.	derselbe
d. h.	das heißt

Die Justiz	Amtsblatt des Justizministeriums Baden-Württemberg
dies.	dieselbe
Diss.	Dissertation
DNotZ	Deutsche Notar-Zeitschrift
DNR	Dauernutzungsrecht
Drasdo	*Drasdo,* Die Eigentümerversammlung nach WEG, 4. Aufl. 2009
DtZ	Deutsch-Deutsche Rechts-Zeitschrift
DVBl.	Deutsches Verwaltungsblatt
DVO	Durchführungsverordnung
DWBer	Dauerwohnberechtigte®
DWE	Der Wohnungseigentümer (Zeitschrift)
DWR	Dauerwohnrecht
DWW	Deutsche Wohnungswirtschaft
DZWiR	Deutsche Zeitschrift für Wirtschaftsrecht
E	Eigentum
EFM/*Bearbeiter*	Elzer/Fritsch/Meier, Wohnungseigentumsrecht, 2010
EGBGB	EinführungsG zum Bürgerlichen Gesetzbuch
EheG	Ehegesetz
Einl.	Einleitung
EnEV	Verordnung über energiesparenden Wärmeschutz und energiesparende Anlagetechnik bei Gebäuden vom 16. 11. 2001 (BGBl. I, 3085)
entspr.	entsprechend
ErbbR	Erbbaurecht
ErbbauRG	Erbbaurechtsgesetz (Gesetz über das Erbbaurecht – Erbbaurechtsgesetz)
Erl.	Erlass, Erläuterungen
Erman/Bearbeiter	*Erman,* Handkommentar zum Bürgerlichen Gesetzbuch, Band 1 und 2, 12. Aufl. 2008
Esser/Weyers	*Esser/Weyers,* Schuldrecht Band II Besonderer Teil, Teilband 1, 8. Aufl. 2000; Teilband 2, 7. Aufl. 1993
EU	Europäische Union
evtl.	eventuell
EW	Eigentumswohnung
f.	folgende
FachV	Der Fachverwalter (Schriftenreihe des Bundesverbandes Wohnungsverwalter e. V. Landesverband NRW)
FamRZ	Zeitschrift für das gesamte Familienrecht
ff.	fortfolgende
FG	Finanzgericht
fG	freiwillige Gerichtsbarkeit
FGG	G über die Angelegenheiten der freiwilligen Gerichtsbarkeit
FGPrax	Praxis der Freiwilligen Gerichtsbarkeit
Flume	*Flume,* Allgemeiner Teil des Bürgerlichen Gesetzbuches Bd. I/1, Die Personengesellschaft, 1977
Fn	Fußnote
Formularbuch	s. *Bärmann/Seuß*
FrWW	Freie Wohnungswirtschaft
FS	Festschrift
FS Bärmann/Weitnauer	Festschrift für Johannes Bärmann und Hermann Weitnauer, 1990
FS Bub	Festschrift für Wolf-Rüdiger Bub zum 60. Geburtstag, 2007
FS Merle	Festschrift für Werner Merle zum 60. Geburtstag, 2000
FS Seuß (1987)	Festschrift für Hanns Seuß zum 60. Geburtstag, 1987
FS Seuß (1997)	Beiträge zum Wohnungseigentum und zum Mietrecht, Festschrift für Hanns Seuß, 1997
FS Seuß (2007)	Festschrift für Hanns Seuß zum 80. Geburtstag, 2007
FS Weitnauer	Festschrift für Hermann Weitnauer, 1980
FS Wenzel	Festschrift für Joachim Wenzel zum 65. Geburtstag, 2005

G	Gesetz
GB	Grundbuch
GBA	Grundbuchamt
GBl.	Gesetzblatt
GBO	Grundbuchordnung
GbR	Gesellschaft bürgerlichen Rechts
GbVfg.	Grundbuchverfügung
GE	Das Grundeigentum
gem.	gemäß
gemE	gemeinschaftliches Eigentum
GemE	Gemeinschaftseigentum
GemO	Gemeinschaftsordnung
GewO	Gewerbeordnung
GG	Grundgesetz
ggf.	gegebenenfalls
ggü	gegenüber
GKG	Gerichtskostengesetz
GmbHG	G betreffend die Gesellschaften mit beschänkter Haftung
GoA	Geschäftsführung ohne Auftrag
Gottschalg	*Gottschalg,* Die Haftung von Verwalter und Beirat in der Wohnungseigentümergemeinschaft, 3. Aufl. 2009
grds	grundsätzlich
Greiner	*Greiner,* Wohnungseigentumsrecht, 2007
Großkomm/Bearbeiter	Großkommentar zum Aktiengesetz, 4. Aufl. 1992 ff.
Gruch. Beitr.	Beiträge zur Erläuterung des Deutschen Rechts, begr. von Gruchot
Grundeigentum	Das Grundeigentum (Zeitschrift)
GVBl.	Gesetz- und Verordnungsblatt
GVG	Gerichtsverfassungsgesetz
GVO	Grundstücksverkehrsordnung
GWW	Gemeinnütziges Wohnungswesen
Haas	*Haas,* Haftung der Verwaltung einer Wohnungseigentümergemeinschaft, 2007
Hachenburg/Bearbeiter	*Hachenburg,* GmbHG, 8. Aufl., 3. Lieferung (§§ 45–52), 1991
Hägele/Schöner/Stöber	*Hägele/Schöner/Stöber,* Grundbuchrecht, 14. Aufl. 2008
HansOLG	Hanseatisches Oberlandesgericht Hamburg
Hartmann	*Hartmann,* Kostengesetze, 40. Aufl. 2010
HeizAnlV	Verordnung über energiesparende Anforderungen an heizungstechnische Anlagen und Brauchwasseranlagen vom 22. 7. 1994 (BGBl. I. S. 613)
HeizkostenV	Verordnung über die verbrauchsabhängige Abrechnung der Heiz- und Warmwasserkosten (VO über Heizkostenabrechnung – HeizkostenV) v. 23. 2. 1981 in der Fassung der Bekanntmachung vom 20. 1. 1989 (BGBl. I S. 115)
hL	herrschende Lehre
hM	herrschende Meinung
Hock/Mayer	Immobiliarvollstreckung, 4. Aufl. 2008
Hoffmann-Becking	*Hoffmann-Becking,* in: Münchener Handbuch des Gesellschaftsrechts, Bd. 4, Aktiengesellschaft, 2. Aufl. 1998
Hogenschurz	Das Sondernutzungsrecht nach dem Wohnungseigentumsgesetz: WEG, 2008
HRVO	HausratsVO
Hüffer	*Hüffer,* Aktiengesetz, 8. Aufl. 2008
Hügel/Elzer	*Hügel/Elzer,* Das neue WEG-Recht, 2007
Hügel/Scheel	*Hügel/Scheel,* Rechtshandbuch Wohnungseigentum, 2. Aufl. 2007
Huhn/von Schuckamm/ Bearbeiter	Huhn/von Schuckmann, Beurkundungsgesetz und Dienstordnung für Notarinnen und Notare, Begr. v. Huhn/von Schuckmann, Bearb. v. Armbrüster/Preuß/Renner, 5. Aufl. 2009

IBR	Immobilien- und Baurecht (Zeitschrift)
ibR-online	www.ibr-online.de
ICLQ	International comparative law quarterly
i. d. F. v.	in der Fassung vom
idR	in der Regel
iE	im Einzelnen
iErg	im Ergebnis
ieS	im engeren Sinne
iHv	in Höhe von
IMR	Immobilienverwaltung & Recht (Zeitschrift)
InsO	Insolvenzordnung
iRv	im Rahmen von
iS	im Sinne
iSd	im Sinne des
iSv	im Sinne von
iVm	in Verbindung mit
Jauernig	*Jauernig,* Zivilprozessrecht, 29. Aufl. 2007
Jauernig/Bearbeiter	*Jauernig,* Bürgerliches Gesetzbuch, 13. Aufl. 2010
Jennißen/Bearbeiter	Wohnungseigentumsgesetz, 2. Aufl. 2010
Jennißen, Verwalter	*Jennißen,* Der WEG-Verwalter, Handbuch für Verwalter und Beirat, 2007
Jennißen, Abrechnung	*Jennißen,* Die Verwalterabrechung nach dem WEG, 6. Aufl. 2009
JBl.	Justizblatt
JFG	Jahrbuch für Entscheidungen in Angelegenheiten der freiwilligen Gerichtsbarkeit und des Grundbuchrechts
JM	Justizminister
JMBl.	Justizministerialblatt
JR	Juristische Rundschau
Junker, Gesellschaft	*Junker,* Die Gesellschaft nach dem Wohnungseigentumsgesetz, 1993
JurBüro	Das Juristische Büro
JW	Juristische Wochenschrift
JZ	Juristen-Zeitung
KEHE/*Bearbeiter*	Kuntze/Ertl/Herrmann/Eickmann, Grundbuchrecht, 6. Auflage 2006
Keidel/Bearbeiter	*Keidel,* FamFG, Kommentar zum Gesetz über das Verfahren in Familiensachen und die Angelegenheiten der freiwilligen Gerichtsbarkeit, 2009
KG	Kammergericht
Kilger/Schmidt	s. *Böhle/Stamschräder*
Klasen/Eiermann	*Klasen/Eiermann,* Das Mandat in WEG-Sachen, 2. Aufl. 2002
Kümmel, Die Bindung	*Kümmel,* Die Bindung der Wohnungseigentümer und deren Sondernachfolger an Vereinbarungen, Beschlüssen und Rechtshandlungen nach § 10 WEG, 2002
KO	Konkursordnung
Köhler	*Köhler,* Das neue WEG, 2007
Köhler/Bassenge/*Bearbeiter*	Köhler/Bassenge (Hrsg.) Anwaltshandbuch Wohnungseigentumsrecht, 2. Aufl. 2009
Komm	Kommentar(e)
KostO	Gesetz über die Kosten in Angelegenheiten der freiwilligen Gerichtsbarkeit
KTS	Zeitschrift für Konkurs-, Treuhand- und Schiedsgerichtswesen
Kniffka/Koeble	*Kniffka/Koeble,* Kompendium des Baurechts, 3. Aufl. 2009
Kuntze	*Kuntze/Ertl/Hermann/Eickmann,* Grundbuchrecht, 6. Aufl. 2006
Lammel	*Lammel,* Heizkostenverordnung, 3. Aufl. 2009
Lang/Weidmüller	*Lang/Weidmüller,* Genossenschaftsgesetz, 35. Aufl. 2007
Larenz, Methodenlehre	*Larenz,* Methodenlehre der Rechtswissenschaft, 6. Aufl. 1991
Larenz/Wolf	*Larenz/Wolf,* Allgemeiner Teil des Bürgerlichen Rechts, 9. Aufl. 2004
LG	Landgericht

Lit.	Literatur
Ls	Leitsatz
Lutter/Hommelhoff	*Lutter/Hommelhoff,* GmbH – Gesetz, 17. Aufl. 2009
LV	Landesverfügung
LZ	Leipziger Zeitschrift für Deutsches Recht
MaBV	Makler- und Bauträgerverordnung
MDR	Monatsschrift für Deutsches Recht
Medicus, AT	*Medicus,* Allgemeiner Teil des BGB, 9. Aufl. 2006
ME	Miteigentum
MEer	Miteigentümer
MEA oder ME-Anteil	Miteigentumsanteil
MEgem	Miteigentümergemeinschaft
Meikel/Bearbeiter	*Meikel* GBO: Grundbuchordnung, Kommentar, 10. Aufl. 2009
Merle, System	*Merle,* Das Wohnungseigentum im System des bürgerlichen Rechts, 1979
Merle, Verwalter	*Merle,* Bestellung und Abberufung des Verwalters nach § 26 des Wohnungseigentumsgesetzes, 1977
Meyer-Landrut/Miller/Niehus	*Meyer-Landrut/Miller/Niehus,* GmbHG, 1987
MietRB	Der Miet-Rechts-Berater
MinBl.	Ministerialblatt
MitE	Miteigentum
MittBayNot	Mitteilungen des bayerischen Notarververeins, der Notarkasse und der Landesnotarkammer Bayern
MittRhNotK	Mitteilungen der Rheinischen Notarkammer (s. jetzt RNotZ)
Müller	*Müller,* Kommentar zum Gesetz betreffend die Erwerbs- und Wirtschaftsgenossenschaften, 2. Aufl. 1991
Müller, Formularbuch	*Müller, Horst,* Beck'sches Formularbuch Wohnungseigentumsrecht, München 2007
Müller, Praktische Fragen	*Müller,* Praktische Fragen des Wohnungseigentums, 4. Aufl. 2004
Müller, Sachenrecht	*Müller,* Sachenrecht, 4. Aufl. 1997
MünchKomm-BGB/*Bearbeiter*	Münchener Kommentar zum BGB, Bd. 6, Sachenrecht 5. Aufl. 2009, WEG, bearbeitet v. *Commichau* und *Engelhardt*
MünchKomm-ZPO/*Bearbeiter*	Münchener Kommentar zur Zivilprozessordnung, 3. Aufl. Bände 1–3, 2008 f.
MSchG	Mieterschutzgesetz
mwN	mit weiteren Nachweisen
Nachw	Nachweise
NdsRpfl	Niedersächsische Rechtspflege
nF	neue® Fassung
Niedenführ/Kümmel/Vandenhouten	*Niedenführ/Kümmel/Vandenhouten,* Kommentar und Handbuch zum Wohnungseigentumsgesetz, 9. Aufl. 2010
Niedenführ/Schulze	*Niedenführ/Schulze,* Handbuch und Kommentar zum Wohnungseigentumsgesetz, 8. Aufl. 2007
NJW	Neue Juristische Wochenschrift
NJW-RR	NJW-Rechtsprechungs-Report (Zivilrecht)
Nr.	Nummer
NRW	Nordrhein-Westfalen
NWB	Neue Wirtschaftsbriefe
NZM	Neue Zeitschrift für Miet- und Wohnungsrecht
NVersZ	Neue Zeitschrift für Versicherung und Recht
OLG	Oberlandesgericht
OLGR	OLG-Report (getrennt für jedes OLG)

OLGZ	Entscheidungen der Oberlandesgerichte in Zivilsachen
Ott, Sondernutzungsrecht	Das Sondernutzungsrecht im Wohnungseigentum, 2000
Palandt/Bearbeiter	*Palandt,* Bürgerliches Gesetzbuch, WEG bearb. von *Bassenge,* 69. Aufl. 2010
PartGG	PartnerschaftsgesellschaftsG
Pause	*Pause,* Bauträgerkauf und Baumodelle, 4. Aufl. 2004
PiG	Partner im Gespräch (Schriftenreihe des evangelischen Siedlungswerkes in Deutschland e. V.)
Raiser/Veil	*Raiser,* Recht der Kapitalgesellschaften, 5. Aufl. 2010
RdL	Recht der Landwirtschaft
RDN	Revista de diritto notarial
Rev. Intern. D. C.	Revue Internationale du droit comparé
RG	Reichsgericht
RGBl.	Reichsgesetzblatt
RGRK/*Bearbeiter*	Kommentar zum BGB, herausg. v. Reichsgerichtsräten u. Bundesrichtern, 12. Aufl., WEG bearb. von *Augustin,* 1983
RGZ	Entscheidungen des Reichsgerichts in Zivilsachen
Rhld.-Pf.	Rheinland-Pfalz
RhNK	Niederschrift über die Notarkammersitzungen der Rheinischen Notarkammer
Riecke/Schmid	Fachanwaltskommentar Wohnungseigentumsrecht, 3. Aufl. 2010 (FA-Komm MietR)
Rn.	Randnummer
RNotZ	Rheinische Notar-Zeitschrift
Röll, Teilungserklärung	*Röll,* Teilungserklärung und Entstehung des Wohnungseigentums, 1975
Röll/Sauren, Handbuch	*Röll/Sauren,* Handbuch für Wohnungseigentümer und Verwalter, 9. Aufl. 2008
Roth/Altmeppen, GmbHG	*Roth/Altmeppen,* Gesetz betreffend die Gesellschaften mit beschränkter Haftung, 6. Aufl. 2009
Rowedder/Bearbeiter	*Rowedder/Schmidt-Leithoff,* GmbHG, 4. Aufl. 2002
Rpfleger	Der deutsche Rechtspfleger
RPflG	Rechtspflegergesetz
Rspr.	Rechtsprechung
Rz	Randzahl
RzW	Rechtsprechung zum Wiedergutmachungsrecht (Beilage zur NJW, 1, 1949/50 ff.)
s.	siehe
S.	Seite
Sauren, WEG	*Sauren,* Wohnungseigentumsgesetz, 5. Aufl. 2008
Sauren, Verwalter	*Sauren,* WEG-Verwalter, 4. Aufl. 2009
Sauter/Schweyer/Waldner	*Sauter/Schweyer/Waldner,* Der eingetragene Verein, 18. Aufl. 2006
SchlHA	Schleswig-Holsteinische Anzeigen
Schmid/Kahlen	*Schmid/Kahlen,* Wohnungseigentumsgesetz, 2007
K. Schmidt, Gesellschaftsrecht	*K. Schmidt,* Gesellschaftsrecht 4. Aufl. 2002
Scholz/Bearbeiter	*Scholz,* Kommentar zum GmbH-Gesetz, I. Band §§ 1–44, 9. Aufl. 2000
Schwab, Kompetenzen	*Schwab,* Die Kompetenzen der Wohnungseigentümergemeinschaft, 1992
SE	Sondereigentum
SEer	Sondereigentümer
SGG	Sozialgerichtsgesetz
SNR	Sondernutzungsrecht
s. o.	siehe oben
Soergel/Bearbeiter	*Soergel,* BGB mit Einführungsgesetz und Nebengesetzen, Kohlhammer-Kommentar, Bd. 1, Allgemeiner Teil, 12. Aufl. 1983 Bd. 6, WEG, 12. Aufl. 1990, bearbeitet von *Stürner*

sog.	sogenannt
Spielbauer/Then	*Spielbauer/Then,* Wohnungseigentumsgesetz, 2008
StädtebaufG	Städtebauförderungsgesetz
Staudinger/Bearbeiter	*Staudinger,* Kommentar zum bürgerlichen Gesetzbuch, Zweites Buch, Recht der Schuldverhältnisse, §§ 741–822, 12. Aufl. 1986; WEG, 12. Bearb. 1997; 13. Bearb. 2005, bearbeitet von *Bub, Kreuzer, Rapp, Spiegelberger, Wenzel,* herausgegeben von *W.-R. Bub*
Stein/Jonas/Bearbeiter	*Stein/Jonas,* Kommentar zur Zivilprozessordnung, 22. Aufl. 2002
Stöber	*Stöber,* GBO-Verfahren und Grundstückssachenrecht, 2. Aufl. 1998
Stöber, ZVG	*Stöber,* ZVG-Kommentar, 19. Aufl. 2009/bis 16. A.: *Zeller/Stöber*
stRspr.	ständige Rechtsprechung
str.	streitig
s. u.	siehe unten
T	Teil
TE	Teileigentum
TEer	Teileigentümer
TErbbR	Teilerbbaurecht
TErkl	Teilungserklärung
Thomas/Putzo	*Thomas/Putzo,* ZPO mit Gerichtsverfassungsgesetz, 30. Aufl. 2009
TzWrG	Gesetz über die Veräußerung von Teilzeitnutzungsrechten an Wohngebäuden v. 20. 12. 1996 (BGBl. I S. 2154)
u. a. oder ua	unter anderem
UDG	Urkundsbeamter der Geschäftsstelle
Ulmer/Brandner/Hensen	*Ulmer/Brandner/Hensen,* Kommentar zum AGBG, 10. Aufl. 2006
UR	Umsatzsteuerrecht
usw.	und so weiter
uU	unter Umständen
UWG	Gesetz gegen den unlauteren Wettbewerb
VA	Verwaltungsanordnung
VersR	Versicherungsrecht (Zeitschrift)
VersWi	Versicherungswirtschaft
Vfg	Verfügung
vgl.	vergleiche
VO	Verordnung
VOB	Verdingungsordnung für Bauleistungen
Vogel	*Vogel,* Gesellschafterbeschlüsse und Gesellschafterversammlung, 2. Aufl. 1986
Vor.	Vorbemerkung
Voraufl.	Vorauflage
VVG	Versicherungsvertragsgesetz
VwGO	Verwaltungsgerichtsordnung
WärmeschutzV	Verordnung über einen energiesparenden Wärmeschutz bei Gebäuden vom 16. 8. 1994 (BGBl. I S. 2121)
WE	Wohnungseigentum (mit Jg. u. S.: Zeitschrift Wohnungseigentum)
WEBeschl	Wohnungseigentümerbeschluss
WEer	Wohnungseigentümer
WEG	Wohnungseigentumsgesetz
WEG-ÄndG	Wohnungseigentumsänderungsgesetz 2007
WEgem	Wohnungseigentümergemeinschaft
WE-Gericht	Wohnungseigentumsgericht
Weitnauer/Bearbeiter	*Weitnauer,* Wohnungseigentumsgesetz, Kommentar, 9. Aufl. 2005
WEM	Wohnungseigentümer Magazin
WErbbR	Wohnungserbbaurecht
WE-Sachen	Wohnungseigentumssachen

Westermann, Sachenrecht	*Westermann/Gursky/Eickmann,* Sachenrecht, 11. Aufl. 2005
WE-Verf	Wohnungseigentumsverfahren
WEVers	Wohnungseigentümerversammlung
WEZ	Zeitschrift für Wohnungseigentum
WGG	G über die Gemeinnützigkeit im Wohnungswesen
WGV	Verfügung über die grundbuchmäßige Behandlung der Wohnungseigentumssachen v. 1. 8. 1951 (BAnz Nr. 152, mehrfach geändert)
Wienicke, WEG	*Wienicke,* Wohnungseigentumsgesetz, Kommentar, Loseblatt, Stand Juni 1998
Wilhelm	*Jan Wilhelm,* Sachenrecht, 4. Aufl. 2010
Windbichler	*Windbichler,* Gesellschaftsrecht, 22. Aufl. 2009
WKSchG	Wohnraumkündigungsschutzgesetz
WM	Wertpapier-Mitteilungen
WoBauG	Wohnungsbaugesetz
WoBindG	Wohnungsbindungsgesetz v. 22. 7. 1982 (BGBl. I S. 972)
WoflV	Verordnung zur Berechnung der Wohnfläche v. 25. 11. 2003 (BGBl. I S. 2346)
Wohnen	Zeitschrift der Wohnungswirtschaft Bayern
Wolff-Raiser, Sachenrecht	*Wolff-Raiser,* Sachenrecht, 10. Bearbeitung, 1957
WoPG	Wohnungsbau-PrämienG
WoVermG	Wohnungsvermittlungsgesetz
WsErbbR	Wohnungserbbaurecht
WsGB	Wohnungsgrundbuch
WuH	Wohnung und Haus
WuM	Wohnungswirtschaft und Mietrecht
zB	zum Beispiel
ZdWBay	Zeitschrift der Wohnungswirtschaft Bayern
Stöber, ZVG	*Stöber,* Zwangsversteigerungsgesetz, 19. Aufl. 2009
ZfBR	Zeitschrift für deutsches und internationales Baurecht
ZfgWBay	Siehe jetzt: ZdWBay
ZfIR	Zeitschrift für Immobilienrecht
Zimmermann	*Zimmermann,* ZPO mit Gerichtsverfassungsgesetz und Nebengesetzen, Kommentar anhand der höchstrichterlichen Rechtsprechung, 9. Aufl. 2010
ZMR	Zeitschrift für Miet- und Raumrecht
Zöller/Bearbeiter	*Zöller,* Zivilprozessordnung, 28. Aufl. 2010
Zöllner	*Zöllner,* Die Schranken mitgliedschaftlicher Stimmrechtsmacht bei den privatrechtlichen Personenverbänden, 1963
Zöllner/Bearbeiter	*Zöllner,* Kölner Kommentar zum Aktiengesetz, 3. Aufl.
ZP	Zivilprozess
ZPO	Zivilprozessordnung
ZRP	Zeitschrift für Rechtspolitik
zT	zum Teil
ZVG	G über die Zwangsversteigerung und die Zwangsverwaltung
ZWE	Zeitschrift für Wohnungseigentumsrecht
ZwVMaßnG	G über Maßnahmen auf dem Gebiet der Zwangsvollstreckung
ZZP	Zeitschrift für Zivilprozess

Gesetzestext

Gesetz über das Wohnungseigentum und das Dauerwohnrecht (Wohnungseigentumsgesetz)

Vom 15. März 1951
(BGBl. I S. 175, ber. S. 209)
BGBl. III/FNA 403-1

geänd. durch Art. 14 G über Maßnahmen auf dem Gebiete des Kostenrechts v. 7. 8. 1952 (BGBl. I S. 401), Art. X G zur Änd. und Ergänzung kostenrechtl. Vorschriften v. 26. 7. 1957 (BGBl. I S. 861), Art. 3 G zur Änd. des Bürgerlichen Gesetzbuchs und anderer Gesetze v. 30. 5. 1973 (BGBl. I S. 501), G zur Änd. des WohnungseigentumsG und der VO über das Erbbaurecht v. 30. 7. 1973 (BGBl. I S. 910), Art. 4 G zur Erhöhung von Wertgrenzen in der Gerichtsbarkeit v. 8. 12. 1982 (BGBl. I S. 1615), Art. 28 SteuerbereinigungsG v. 14. 12. 1984 (BGBl. I S. 1493), Art. 8 Rechtspflege-VereinfachungsG v. 17. 12. 1990 (BGBl. I S. 2847), Art. 11 G zur Beseitigung von Hemmnissen bei der Privatisierung von Unternehmen und zur Förderung von Investitionen v. 22. 3. 1991 (BGBl. I S. 766), Art. 10 G zur Entlastung der Rechtspflege v. 11. 1. 1993 (BGBl. I S. 50), G zur Heilung des Erwerbs von Wohnungseigentum v. 3. 1. 1994 (BGBl. I S. 66), Art. 8 KostenrechtsänderungsG 1994 v. 24. 6. 1994 (BGBl. I S. 1325), Art. 35 EinführungsG zur Insolvenzordnung (EGInsO) v. 5. 10. 1994 (BGBl. I S. 2911), Art. 7 G über Fernabsatzverträge und andere Fragen des Verbraucherrechts sowie zur Umstellung von Vorschriften auf Euro (Amtl. Anm. v. 27. 6. 2000 (BGBl. I S. 897), Art. 2 Abs. 7 G zur Neuordnung des Gerichtsvollzieherkostenrechts (GvKostRNeuOG) v. 19. 4. 2001 (BGBl. I S. 623), Art. 7 Abs. 25 MietrechtsreformG v. 19. 6. 2001 (BGBl. I S. 1149), Art. 20 G zur Anpassung der Formvorschriften des Privatrechts und anderer Vorschriften an den modernen Rechtsgeschäftsverkehr v. 13. 7. 2001 (BGBl. I S. 1542), Art. 39 ZivilprozessreformG v. 27. 7. 2001 (BGBl. I S. 1887), Art. 90 Siebente Zuständigkeitsanpassungs-VO v. 29. 10. 2001 (BGBl. I S. 2785), Art. 25 Abs. 10 OLG-VertretungsÄndG v. 23. 7. 2002 (BGBl. I S. 2850), Art. 4 Abs. 36 KostenrechtsmodernisierungsG v. 5. 5. 2004 (BGBl. I S. 718), Art. 1 G zur Änd. des WohnungseigentumsG und and. G v. 26. 3. 2007 (BGBl. I S. 370), Art. 8 G zur Änd. des Zugewinnausgleichs- und Vormundschaftsrechts v. 6. 7. 2009 (BGBl. I S. 1696) und Art. 9 G zur Reform des Kontopfändungsschutzes v. 7. 7. 2009 (BGBl. I S. 1707)

I. Teil. Wohnungseigentum

§ 1 Begriffsbestimmungen

(1) Nach Maßgabe dieses Gesetzes kann an Wohnungen das Wohnungseigentum, an nicht zu Wohnzwecken dienenden Räumen eines Gebäudes das Teileigentum begründet werden.

(2) Wohnungseigentum ist das Sondereigentum an einer Wohnung in Verbindung mit dem Miteigentumsanteil an dem gemeinschaftlichen Eigentum, zu dem es gehört.

(3) Teileigentum ist das Sondereigentum an nicht zu Wohnzwecken dienenden Räumen eines Gebäudes in Verbindung mit dem Miteigentumsanteil an dem gemeinschaftlichen Eigentum, zu dem es gehört.

(4) Wohnungseigentum und Teileigentum können nicht in der Weise begründet werden, daß das Sondereigentum mit Miteigentum an mehreren Grundstücken verbunden wird.

(5) Gemeinschaftliches Eigentum im Sinne dieses Gesetzes sind das Grundstück sowie die Teile, Anlagen und Einrichtungen des Gebäudes, die nicht im Sondereigentum oder im Eigentum eines Dritten stehen.

(6) Für das Teileigentum gelten die Vorschriften über das Wohnungseigentum entsprechend.

1. Abschnitt. Begründung des Wohnungseigentums

§ 2 Arten der Begründung

Wohnungseigentum wird durch die vertragliche Einräumung von Sondereigentum (§ 3) oder durch Teilung (§ 8) begründet.

§ 3 Vertragliche Einräumung von Sondereigentum

(1) Das Miteigentum (§ 1008 des Bürgerlichen Gesetzbuches) an einem Grundstück kann durch Vertrag der Miteigentümer in der Weise beschränkt werden, daß jedem der Miteigentümer abweichend von § 93 des Bürgerlichen Gesetzbuches das Sondereigentum an einer bestimmten Wohnung oder an nicht zu Wohnzwecken dienenden bestimmten Räumen in einem auf dem Grundstück errichteten oder zu errichtenden Gebäude eingeräumt wird.

(2) [1] Sondereigentum soll nur eingeräumt werden, wenn die Wohnungen oder sonstigen Räume in sich abgeschlossen sind. [2] Garagenstellplätze gelten als abgeschlossene Räume, wenn ihre Flächen durch dauerhafte Markierungen ersichtlich sind.

§ 4 Formvorschriften

(1) Zur Einräumung und zur Aufhebung des Sondereigentums ist die Einigung der Beteiligten über den Eintritt der Rechtsänderung und die Eintragung in das Grundbuch erforderlich.

(2) [1] Die Einigung bedarf der für die Auflassung vorgeschriebenen Form. [2] Sondereigentum kann nicht unter einer Bedingung oder Zeitbestimmung eingeräumt oder aufgehoben werden.

(3) Für einen Vertrag, durch den sich ein Teil verpflichtet, Sondereigentum einzuräumen, zu erwerben oder aufzuheben, gilt § 311 b Abs. 1 des Bürgerlichen Gesetzbuchs entsprechend.

§ 5 Gegenstand und Inhalt des Sondereigentums

(1) Gegenstand des Sondereigentums sind die gemäß § 3 Abs. 1 bestimmten Räume sowie die zu diesen Räumen gehörenden Bestandteile des Gebäudes, die verändert, beseitigt oder eingefügt werden können, ohne daß dadurch das gemeinschaftliche Eigentum oder ein auf Sondereigentum beruhendes Recht eines anderen Wohnungseigentümers über das nach § 14 zulässige Maß hinaus beeinträchtigt oder die äußere Gestaltung des Gebäudes verändert wird.

(2) Teile des Gebäudes, die für dessen Bestand oder Sicherheit erforderlich sind, sowie Anlagen und Einrichtungen, die dem gemeinschaftlichen Gebrauch der Wohnungseigentü-

mer dienen, sind nicht Gegenstand des Sondereigentums, selbst wenn sie sich im Bereich der im Sondereigentum stehenden Räume befinden.

(3) Die Wohnungseigentümer können vereinbaren, daß Bestandteile des Gebäudes, die Gegenstand des Sondereigentums sein können, zum gemeinschaftlichen Eigentum gehören.

(4) [1]Vereinbarungen über das Verhältnis der Wohnungseigentümer untereinander können nach den Vorschriften des 2. und 3. Abschnittes zum Inhalt des Sondereigentums gemacht werden. [2]Ist das Wohnungseigentum mit der Hypothek, Grund- oder Rentenschuld oder der Reallast eines Dritten belastet, so ist dessen nach anderen Rechtsvorschriften notwendige Zustimmung zu der Vereinbarung nur erforderlich, wenn ein Sondernutzungsrecht begründet oder ein mit dem Wohnungseigentum verbundenes Sondernutzungsrecht aufgehoben, geändert oder übertragen wird. [3]Bei der Begründung eines Sondernutzungsrechts ist die Zustimmung des Dritten nicht erforderlich, wenn durch die Vereinbarung gleichzeitig das zu seinen Gunsten belastete Wohnungseigentum mit einem Sondernutzungsrecht verbunden wird.

§ 6 Unselbständigkeit des Sondereigentums

(1) Das Sondereigentum kann ohne den Miteigentumsanteil, zu dem es gehört, nicht veräußert oder belastet werden.

(2) Rechte an dem Miteigentumsanteil erstrecken sich auf das zu ihm gehörende Sondereigentum.

§ 7 Grundbuchvorschriften

(1) [1]Im Falle des § 3 Abs. 1 wird für jeden Miteigentumsanteil von Amts wegen ein besonderes Grundbuchblatt (Wohnungsgrundbuch, Teileigentumsgrundbuch) angelegt. [2]Auf diesem ist das zu dem Miteigentumsanteil gehörende Sondereigentum und als Beschränkung des Miteigentums die Einräumung der zu den anderen Miteigentumsanteilen gehörenden Sondereigentumsrechte einzutragen. [3]Das Grundbuchblatt des Grundstücks wird von Amts wegen geschlossen.

(2) [1]Von der Anlegung besonderer Grundbuchblätter kann abgesehen werden, wenn hiervon Verwirrung nicht zu besorgen ist. [2]In diesem Falle ist das Grundbuchblatt als gemeinschaftliches Wohnungsgrundbuch (Teileigentumsgrundbuch) zu bezeichnen.

(3) Zur näheren Bezeichnung des Gegenstandes und des Inhalts des Sondereigentums kann auf die Eintragungsbewilligung Bezug genommen werden.

(4) [1]Der Eintragungsbewilligung sind als Anlagen beizufügen:

1. eine von der Baubehörde mit Unterschrift und Siegel oder Stempel versehene Bauzeichnung, aus der die Aufteilung des Gebäudes sowie die Lage und Größe der im Sondereigentum und der im gemeinschaftlichen Eigentum stehenden Gebäudeteile ersichtlich ist (Aufteilungsplan); alle zu demselben Wohnungseigentum gehörenden Einzelräume sind mit der jeweils gleichen Nummer zu kennzeichnen;
2. eine Bescheinigung der Baubehörde, daß die Voraussetzungen des § 3 Abs. 2 vorliegen.

[2]Wenn in der Eintragungsbewilligung für die einzelnen Sondereigentumsrechte Nummern angegeben werden, sollen sie mit denen des Aufteilungsplanes übereinstimmen. [3]Die Landesregierungen können durch Rechtsverordnung bestimmen, dass und in welchen Fällen der Aufteilungsplan (Satz 1 Nr. 1) und die Abgeschlossenheit (Satz 1 Nr. 2) von einem öffentlich bestellten oder anerkannten Sachverständigen für das Bauwesen statt von der Baubehörde ausgefertigt und bescheinigt werden. [4]Werden diese Aufgaben von dem Sachverständigen wahrgenommen, so gelten die Bestimmungen der Allgemeinen Verwaltungsvorschrift für die Ausstellung von Bescheinigungen gemäß § 7 Abs. 4 Nr. 2 und § 32 Abs. 2 Nr. 2 des Wohnungseigentumsgesetzes vom 19. März 1974 (BAnz. Nr. 58 vom

23. März 1974) entsprechend. [5]In diesem Fall bedürfen die Anlagen nicht der Form des § 29 der Grundbuchordnung. [6]Die Landesregierungen können die Ermächtigung durch Rechtsverordnung auf die Landesbauverwaltungen übertragen.

(5) Für Teileigentumsgrundbücher gelten die Vorschriften über Wohnungsgrundbücher entsprechend.

§ 8 Teilung durch den Eigentümer

(1) Der Eigentümer eines Grundstücks kann durch Erklärung gegenüber dem Grundbuchamt das Eigentum an dem Grundstück in Miteigentumsanteile in der Weise teilen, daß mit jedem Anteil das Sondereigentum an einer bestimmten Wohnung oder an nicht zu Wohnzwecken dienenden bestimmten Räumen in einem auf dem Grundstück errichteten oder zu errichtenden Gebäude verbunden ist.

(2) [1]Im Falle des Absatzes 1 gelten die Vorschriften des § 3 Abs. 2 und der §§ 5, 6, § 7 Abs. 1, 3 bis 5 entsprechend. [2]Die Teilung wird mit der Anlegung der Wohnungsgrundbücher wirksam.

§ 9 Schließung der Wohnungsgrundbücher

(1) Die Wohnungsgrundbücher werden geschlossen:
1. von Amts wegen, wenn die Sondereigentumsrechte gemäß § 4 aufgehoben werden;
2. auf Antrag sämtlicher Wohnungseigentümer, wenn alle Sondereigentumsrechte durch völlige Zerstörung des Gebäudes gegenstandslos geworden sind und der Nachweis hierfür durch eine Bescheinigung der Baubehörde erbracht ist;
3. auf Antrag des Eigentümers, wenn sich sämtliche Wohnungseigentumsrechte in einer Person vereinigen.

(2) Ist ein Wohnungseigentum selbständig mit dem Rechte eines Dritten belastet, so werden die allgemeinen Vorschriften, nach denen zur Aufhebung des Sondereigentums die Zustimmung des Dritten erforderlich ist, durch Absatz 1 nicht berührt.

(3) Werden die Wohnungsgrundbücher geschlossen, so wird für das Grundstück ein Grundbuchblatt nach den allgemeinen Vorschriften angelegt; die Sondereigentumsrechte erlöschen, soweit sie nicht bereits aufgehoben sind, mit der Anlegung des Grundbuchblatts.

2. Abschnitt. Gemeinschaft der Wohnungseigentümer

§ 10 Allgemeine Grundsätze

(1) Inhaber der Rechte und Pflichten nach den Vorschriften dieses Gesetzes, insbesondere des Sondereigentums und des gemeinschaftlichen Eigentums, sind die Wohnungseigentümer, soweit nicht etwas anderes ausdrücklich bestimmt ist.

(2) [1]Das Verhältnis der Wohnungseigentümer untereinander bestimmt sich nach den Vorschriften dieses Gesetzes und, soweit dieses Gesetz keine besonderen Bestimmungen enthält, nach den Vorschriften des Bürgerlichen Gesetzbuches über die Gemeinschaft. [2]Die Wohnungseigentümer können von den Vorschriften dieses Gesetzes abweichende Vereinbarungen treffen, soweit nicht etwas anderes ausdrücklich bestimmt ist. [3]Jeder Wohnungseigentümer kann eine vom Gesetz abweichende Vereinbarung oder die Anpassung einer Vereinbarung verlangen, soweit ein Festhalten an der geltenden Regelung aus schwerwiegenden Gründen unter Berücksichtigung aller Umstände des Einzelfalles, insbesondere der Rechte und Interessen der anderen Wohnungseigentümer, unbillig erscheint.

(3) Vereinbarungen, durch die die Wohnungseigentümer ihr Verhältnis untereinander in Ergänzung oder Abweichung von Vorschriften dieses Gesetzes regeln, sowie die Abänderung oder Aufhebung solcher Vereinbarungen wirken gegen den Sondernachfolger eines Wohnungseigentümers nur, wenn sie als Inhalt des Sondereigentums im Grundbuch eingetragen sind.

(4) [1]Beschlüsse der Wohnungseigentümer gemäß § 23 und gerichtliche Entscheidungen in einem Rechtsstreit gemäß § 43 bedürfen zu ihrer Wirksamkeit gegen den Sondernachfolger eines Wohnungseigentümers nicht der Eintragung in das Grundbuch. [2]Dies gilt auch für die gemäß § 23 Abs. 1 aufgrund einer Vereinbarung gefassten Beschlüsse, die vom Gesetz abweichen oder eine Vereinbarung ändern.

(5) Rechtshandlungen in Angelegenheiten, über die nach diesem Gesetz oder nach einer Vereinbarung der Wohnungseigentümer durch Stimmenmehrheit beschlossen werden kann, wirken, wenn sie auf Grund eines mit solcher Mehrheit gefaßten Beschlusses vorgenommen werden, auch für und gegen die Wohnungseigentümer, die gegen den Beschluß gestimmt oder an der Beschlußfassung nicht mitgewirkt haben.

(6) [1]Die Gemeinschaft der Wohnungseigentümer kann im Rahmen der gesamten Verwaltung des gemeinschaftlichen Eigentums gegenüber Dritten und Wohnungseigentümern selbst Rechte erwerben und Pflichten eingehen. [2]Sie ist Inhaberin der als Gemeinschaft gesetzlich begründeten und rechtsgeschäftlich erworbenen Rechte und Pflichten. [3]Sie übt die gemeinschaftsbezogenen Rechte der Wohnungseigentümer aus und nimmt die gemeinschaftsbezogenen Pflichten der Wohnungseigentümer wahr, ebenso sonstige Rechte und Pflichten der Wohnungseigentümer, soweit diese gemeinschaftlich geltend gemacht werden können oder zu erfüllen sind. [4]Die Gemeinschaft muss die Bezeichnung „Wohnungseigentümergemeinschaft" gefolgt von der bestimmten Angabe des gemeinschaftlichen Grundstücks führen. [5]Sie kann vor Gericht klagen und verklagt werden.

(7) [1]Das Verwaltungsvermögen gehört der Gemeinschaft der Wohnungseigentümer. [2]Es besteht aus den im Rahmen der gesamten Verwaltung des gemeinschaftlichen Eigentums gesetzlich begründeten und rechtsgeschäftlich erworbenen Sachen und Rechten sowie den entstandenen Verbindlichkeiten. [3]Zu dem Verwaltungsvermögen gehören insbesondere die Ansprüche und Befugnisse aus Rechtsverhältnissen mit Dritten und mit Wohnungseigentümern sowie die eingenommenen Gelder. [4]Vereinigen sich sämtliche Wohnungseigentumsrechte in einer Person, geht das Verwaltungsvermögen auf den Eigentümer des Grundstücks über.

(8) [1]Jeder Wohnungseigentümer haftet einem Gläubiger nach dem Verhältnis seines Miteigentumsanteils (§ 16 Abs. 1 Satz 2) für Verbindlichkeiten der Gemeinschaft der Wohnungseigentümer, die während seiner Zugehörigkeit zur Gemeinschaft entstanden oder während dieses Zeitraums fällig geworden sind; für die Haftung nach Veräußerung des Wohnungseigentums ist § 160 des Handelsgesetzbuches entsprechend anzuwenden. [2]Er kann gegenüber einem Gläubiger neben den in seiner Person begründeten auch die der Gemeinschaft zustehenden Einwendungen und Einreden geltend machen, nicht aber seine Einwendungen und Einreden gegenüber der Gemeinschaft. [3]Für die Einrede der Anfechtbarkeit und Aufrechenbarkeit ist § 770 des Bürgerlichen Gesetzbuches entsprechend anzuwenden. [4]Die Haftung eines Wohnungseigentümers gegenüber der Gemeinschaft wegen nicht ordnungsmäßiger Verwaltung bestimmt sich nach Satz 1.

§ 11 Unauflöslichkeit der Gemeinschaft

(1) [1]Kein Wohnungseigentümer kann die Aufhebung der Gemeinschaft verlangen. [2]Dies gilt auch für eine Aufhebung aus wichtigem Grund. [3]Eine abweichende Vereinbarung ist

nur für den Fall zulässig, daß das Gebäude ganz oder teilweise zerstört wird und eine Verpflichtung zum Wiederaufbau nicht besteht.

(2) Das Recht eines Pfändungsgläubigers (§ 751 des Bürgerlichen Gesetzbuchs) sowie das im Insolvenzverfahren bestehende Recht (§ 84 Abs. 2 der Insolvenzordnung), die Aufhebung der Gemeinschaft zu verlangen, ist ausgeschlossen.

(3) Ein Insolvenzverfahren über das Verwaltungsvermögen der Gemeinschaft findet nicht statt.

§ 12 Veräußerungsbeschränkung

(1) Als Inhalt des Sondereigentums kann vereinbart werden, daß ein Wohnungseigentümer zur Veräußerung seines Wohnungseigentums der Zustimmung anderer Wohnungseigentümer oder eines Dritten bedarf.

(2) [1] Die Zustimmung darf nur aus einem wichtigen Grunde versagt werden. [2] Durch Vereinbarung gemäß Absatz 1 kann dem Wohnungseigentümer darüber hinaus für bestimmte Fälle ein Anspruch auf Erteilung der Zustimmung eingeräumt werden.

(3) [1] Ist eine Vereinbarung gemäß Absatz 1 getroffen, so ist eine Veräußerung des Wohnungseigentums und ein Vertrag, durch den sich der Wohnungseigentümer zu einer solchen Veräußerung verpflichtet, unwirksam, solange nicht die erforderliche Zustimmung erteilt ist. [2] Einer rechtsgeschäftlichen Veräußerung steht eine Veräußerung im Wege der Zwangsvollstreckung oder durch den Insolvenzverwalter gleich.

(4) [1] Die Wohnungseigentümer können durch Stimmenmehrheit beschließen, dass eine Veräußerungsbeschränkung gemäß Absatz 1 aufgehoben wird. [2] Diese Befugnis kann durch Vereinbarung der Wohnungseigentümer nicht eingeschränkt oder ausgeschlossen werden. [3] Ist ein Beschluss gemäß Satz 1 gefasst, kann die Veräußerungsbeschränkung im Grundbuch gelöscht werden. [4] Der Bewilligung gemäß § 19 der Grundbuchordnung bedarf es nicht, wenn der Beschluss gemäß Satz 1 nachgewiesen wird. [5] Für diesen Nachweis ist § 26 Abs. 3 entsprechend anzuwenden.

§ 13 Rechte des Wohnungseigentümers

(1) Jeder Wohnungseigentümer kann, soweit nicht das Gesetz oder Rechte Dritter entgegenstehen, mit den im Sondereigentum stehenden Gebäudeteilen nach Belieben verfahren, insbesondere diese bewohnen, vermieten, verpachten oder in sonstiger Weise nutzen, und andere von Einwirkungen ausschließen.

(2) [1] Jeder Wohnungseigentümer ist zum Mitgebrauch des gemeinschaftlichen Eigentums nach Maßgabe der §§ 14, 15 berechtigt. [2] An den sonstigen Nutzungen des gemeinschaftlichen Eigentums gebührt jedem Wohnungseigentümer ein Anteil nach Maßgabe des § 16.

§ 14 Pflichten des Wohnungseigentümers

Jeder Wohnungseigentümer ist verpflichtet:

1. die im Sondereigentum stehenden Gebäudeteile so instand zu halten und von diesen sowie von dem gemeinschaftlichen Eigentum nur in solcher Weise Gebrauch zu machen, daß dadurch keinem der anderen Wohnungseigentümer über das bei einem geordneten Zusammenleben unvermeidliche Maß hinaus ein Nachteil erwächst;
2. für die Einhaltung der in Nr. 1 bezeichneten Pflichten durch Personen zu sorgen, die seinem Hausstand oder Geschäftsbetrieb angehören oder denen er sonst die Benutzung der in Sonder- oder Miteigentum stehenden Grundstücks- oder Gebäudeteile überläßt;

3. Einwirkungen auf die im Sondereigentum stehenden Gebäudeteile und das gemeinschaftliche Eigentum zu dulden, soweit sie auf einem nach Nrn. 1, 2 zulässigen Gebrauch beruhen;
4. das Betreten und die Benutzung der im Sondereigentum stehenden Gebäudeteile zu gestatten, soweit dies zur Instandhaltung und Instandsetzung des gemeinschaftlichen Eigentums erforderlich ist; der hierdurch entstehende Schaden ist zu ersetzen.

§ 15 Gebrauchsregelung

(1) Die Wohnungseigentümer können den Gebrauch des Sondereigentums und des gemeinschaftlichen Eigentums durch Vereinbarung regeln.

(2) Soweit nicht eine Vereinbarung nach Absatz 1 entgegensteht, können die Wohnungseigentümer durch Stimmenmehrheit einen der Beschaffenheit der im Sondereigentum stehenden Gebäudeteile und des gemeinschaftlichen Eigentums entsprechenden ordnungsmäßigen Gebrauch beschließen.

(3) Jeder Wohnungseigentümer kann einen Gebrauch der im Sondereigentum stehenden Gebäudeteile und des gemeinschaftlichen Eigentums verlangen, der dem Gesetz, den Vereinbarungen und Beschlüssen und, soweit sich die Regelung hieraus nicht ergibt, dem Interesse der Gesamtheit der Wohnungseigentümer nach billigem Ermessen entspricht.

§ 16 Nutzungen, Lasten und Kosten

(1) [1]Jedem Wohnungseigentümer gebührt ein seinem Anteil entsprechender Bruchteil der Nutzungen des gemeinschaftlichen Eigentums. [2]Der Anteil bestimmt sich nach dem gemäß § 47 der Grundbuchordnung im Grundbuch eingetragenen Verhältnis der Miteigentumsanteile.

(2) Jeder Wohnungseigentümer ist den anderen Wohnungseigentümern gegenüber verpflichtet, die Lasten des gemeinschaftlichen Eigentums sowie die Kosten der Instandhaltung, Instandsetzung, sonstigen Verwaltung und eines gemeinschaftlichen Gebrauchs des gemeinschaftlichen Eigentums nach dem Verhältnis seines Anteils (Absatz 1 Satz 2) zu tragen.

(3) Die Wohnungseigentümer können abweichend von Absatz 2 durch Stimmenmehrheit beschließen, dass die Betriebskosten des gemeinschaftlichen Eigentums oder des Sondereigentums im Sinne des § 556 Abs. 1 des Bürgerlichen Gesetzbuches, die nicht unmittelbar gegenüber Dritten abgerechnet werden, und die Kosten der Verwaltung nach Verbrauch oder Verursachung erfasst und nach diesem oder nach einem anderen Maßstab verteilt werden, soweit dies ordnungsmäßiger Verwaltung entspricht.

(4) [1]Die Wohnungseigentümer können im Einzelfall zur Instandhaltung oder Instandsetzung im Sinne des § 21 Abs. 5 Nr. 2 oder zu baulichen Veränderungen oder Aufwendungen im Sinne des § 22 Abs. 1 und 2 durch Beschluss die Kostenverteilung abweichend von Absatz 2 regeln, wenn der abweichende Maßstab dem Gebrauch oder der Möglichkeit des Gebrauchs durch die Wohnungseigentümer Rechnung trägt. [2]Der Beschluss zur Regelung der Kostenverteilung nach Satz 1 bedarf einer Mehrheit von drei Viertel aller stimmberechtigten Wohnungseigentümer im Sinne des § 25 Abs. 2 und mehr als der Hälfte aller Miteigentumsanteile.

(5) Die Befugnisse im Sinne der Absätze 3 und 4 können durch Vereinbarung der Wohnungseigentümer nicht eingeschränkt oder ausgeschlossen werden.

(6) [1]Ein Wohnungseigentümer, der einer Maßnahme nach § 22 Abs. 1 nicht zugestimmt hat, ist nicht berechtigt, einen Anteil an Nutzungen, die auf einer solchen Maßnahme beruhen, zu beanspruchen; er ist nicht verpflichtet, Kosten, die durch eine solche Maß-

nahme verursacht sind, zu tragen. [2]Satz 1 ist bei einer Kostenverteilung gemäß Absatz 4 nicht anzuwenden.

(7) Zu den Kosten der Verwaltung im Sinne des Absatzes 2 gehören insbesondere Kosten eines Rechtsstreits gemäß § 18 und der Ersatz des Schadens im Falle des § 14 Nr. 4.

(8) Kosten eines Rechtsstreits gemäß § 43 gehören nur dann zu den Kosten der Verwaltung im Sinne des Absatzes 2, wenn es sich um Mehrkosten gegenüber der gesetzlichen Vergütung eines Rechtsanwalts aufgrund einer Vereinbarung über die Vergütung (§ 27 Abs. 2 Nr. 4, Abs. 3 Nr. 6) handelt.

§ 17 Anteil bei Aufhebung der Gemeinschaft

[1]Im Falle der Aufhebung der Gemeinschaft bestimmt sich der Anteil der Miteigentümer nach dem Verhältnis des Wertes ihrer Wohnungseigentumsrechte zur Zeit der Aufhebung der Gemeinschaft. [2]Hat sich der Wert eines Miteigentumsanteils durch Maßnahmen verändert, deren Kosten der Wohnungseigentümer nicht getragen hat, so bleibt eine solche Veränderung bei der Berechnung des Wertes dieses Anteils außer Betracht.

§ 18 Entziehung des Wohnungseigentums

(1) [1]Hat ein Wohnungseigentümer sich einer so schweren Verletzung der ihm gegenüber anderen Wohnungseigentümern obliegenden Verpflichtungen schuldig gemacht, daß diesen die Fortsetzung der Gemeinschaft mit ihm nicht mehr zugemutet werden kann, so können die anderen Wohnungseigentümer von ihm die Veräußerung seines Wohnungseigentums verlangen. [2]Die Ausübung des Entziehungsrechts steht der Gemeinschaft der Wohnungseigentümer zu, soweit es sich nicht um eine Gemeinschaft handelt, die nur aus zwei Wohnungseigentümern besteht.

(2) Die Voraussetzungen des Absatzes 1 liegen insbesondere vor, wenn

1. der Wohnungseigentümer trotz Abmahnung wiederholt gröblich gegen die ihm nach § 14 obliegenden Pflichten verstößt;
2. der Wohnungseigentümer sich mit der Erfüllung seiner Verpflichtungen zur Lasten- und Kostentragung (§ 16 Abs. 2) in Höhe eines Betrages, der drei vom Hundert des Einheitswertes seines Wohnungseigentums übersteigt, länger als drei Monate in Verzug befindet; in diesem Fall steht § 30 der Abgabenordnung einer Mitteilung des Einheitswerts an die Gemeinschaft der Wohnungseigentümer oder, soweit die Gemeinschaft nur aus zwei Wohnungseigentümern besteht, an den anderen Wohnungseigentümer nicht entgegen.

(3) [1]Über das Verlangen nach Absatz 1 beschließen die Wohnungseigentümer durch Stimmenmehrheit. [2]Der Beschluß bedarf einer Mehrheit von mehr als der Hälfte der stimmberechtigten Wohnungseigentümer. [3]Die Vorschriften des § 25 Abs. 3, 4 sind in diesem Falle nicht anzuwenden.

(4) Der in Absatz 1 bestimmte Anspruch kann durch Vereinbarung der Wohnungseigentümer nicht eingeschränkt oder ausgeschlossen werden.

§ 19 Wirkung des Urteils

(1) [1]Das Urteil, durch das ein Wohnungseigentümer zur Veräußerung seines Wohnungseigentums verurteilt wird, berechtigt jeden Miteigentümer zur Zwangsvollstreckung entsprechend den Vorschriften des Ersten Abschnitts des Gesetzes über die Zwangsversteigerung und die Zwangsverwaltung. [2]Die Ausübung dieses Rechts steht der Gemeinschaft der Wohnungseigentümer zu, soweit es sich nicht um eine Gemeinschaft handelt, die nur aus zwei Wohnungseigentümern besteht.

(2) Der Wohnungseigentümer kann im Falle des § 18 Abs. 2 Nr. 2 bis zur Erteilung des Zuschlags die in Absatz 1 bezeichnete Wirkung des Urteils dadurch abwenden, daß er die Verpflichtungen, wegen deren Nichterfüllung er verurteilt ist, einschließlich der Verpflichtung zum Ersatz der durch den Rechtsstreit und das Versteigerungsverfahren entstandenen Kosten sowie die fälligen weiteren Verpflichtungen zur Lasten- und Kostentragung erfüllt.

(3) Ein gerichtlicher oder vor einer Gütestelle geschlossener Vergleich, durch den sich der Wohnungseigentümer zur Veräußerung seines Wohnungseigentums verpflichtet, steht dem in Absatz 1 bezeichneten Urteil gleich.

3. Abschnitt. Verwaltung

§ 20 Gliederung der Verwaltung

(1) Die Verwaltung des gemeinschaftlichen Eigentums obliegt den Wohnungseigentümern nach Maßgabe der §§ 21 bis 25 und dem Verwalter nach Maßgabe der §§ 26 bis 28, im Falle der Bestellung eines Verwaltungsbeirats auch diesem nach Maßgabe des § 29.

(2) Die Bestellung eines Verwalters kann nicht ausgeschlossen werden.

§ 21 Verwaltung durch die Wohnungseigentümer

(1) Soweit nicht in diesem Gesetz oder durch Vereinbarung der Wohnungseigentümer etwas anderes bestimmt ist, steht die Verwaltung des gemeinschaftlichen Eigentums den Wohnungseigentümern gemeinschaftlich zu.

(2) Jeder Wohnungseigentümer ist berechtigt, ohne Zustimmung der anderen Wohnungseigentümer die Maßnahmen zu treffen, die zur Abwendung eines dem gemeinschaftlichen Eigentum unmittelbar drohenden Schadens notwendig sind.

(3) Soweit die Verwaltung des gemeinschaftlichen Eigentums nicht durch Vereinbarung der Wohnungseigentümer geregelt ist, können die Wohnungseigentümer eine der Beschaffenheit des gemeinschaftlichen Eigentums entsprechende ordnungsmäßige Verwaltung durch Stimmenmehrheit beschließen.

(4) Jeder Wohnungseigentümer kann eine Verwaltung verlangen, die den Vereinbarungen und Beschlüssen und, soweit solche nicht bestehen, dem Interesse der Gesamtheit der Wohnungseigentümer nach billigem Ermessen entspricht.

(5) Zu einer ordnungsmäßigen, dem Interesse der Gesamtheit der Wohnungseigentümer entsprechenden Verwaltung gehört insbesondere:

1. die Aufstellung einer Hausordnung;
2. die ordnungsmäßige Instandhaltung und Instandsetzung des gemeinschaftlichen Eigentums;
3. die Feuerversicherung des gemeinschaftlichen Eigentums zum Neuwert sowie die angemessene Versicherung der Wohnungseigentümer gegen Haus- und Grundbesitzerhaftpflicht;
4. die Ansammlung einer angemessenen Instandhaltungsrückstellung;
5. die Aufstellung eines Wirtschaftsplans (§ 28);
6. die Duldung aller Maßnahmen, die zur Herstellung einer Fernsprechteilnehmereinrichtung, einer Rundfunkempfangsanlage oder eines Energieversorgungsanschlusses zugunsten eines Wohnungseigentümers erforderlich sind.

(6) Der Wohnungseigentümer, zu dessen Gunsten eine Maßnahme der in Absatz 5 Nr. 6 bezeichneten Art getroffen wird, ist zum Ersatz des hierdurch entstehenden Schadens verpflichtet.

(7) Die Wohnungseigentümer können die Regelung der Art und Weise von Zahlungen, der Fälligkeit und der Folgen des Verzugs sowie der Kosten für eine besondere Nutzung des gemeinschaftlichen Eigentums oder für einen besonderen Verwaltungsaufwand mit Stimmenmehrheit beschließen.

(8) Treffen die Wohnungseigentümer eine nach dem Gesetz erforderliche Maßnahme nicht, so kann an ihrer Stelle das Gericht in einem Rechtsstreit gemäß § 43 nach billigem Ermessen entscheiden, soweit sich die Maßnahme nicht aus dem Gesetz, einer Vereinbarung oder einem Beschluss der Wohnungseigentümer ergibt.

§ 22 Besondere Aufwendungen, Wiederaufbau

(1) [1]Bauliche Veränderungen und Aufwendungen, die über die ordnungsmäßige Instandhaltung oder Instandsetzung des gemeinschaftlichen Eigentums hinausgehen, können beschlossen oder verlangt werden, wenn jeder Wohnungseigentümer zustimmt, dessen Rechte durch die Maßnahmen über das in § 14 Nr. 1 bestimmte Maß hinaus beeinträchtigt werden. [2]Die Zustimmung ist nicht erforderlich, soweit die Rechte eines Wohnungseigentümers nicht in der in Satz 1 bezeichneten Weise beeinträchtigt werden.

(2) [1]Maßnahmen gemäß Absatz 1 Satz 1, die der Modernisierung entsprechend § 559 Abs. 1 des Bürgerlichen Gesetzbuches oder der Anpassung des gemeinschaftlichen Eigentums an den Stand der Technik dienen, die Eigenart der Wohnanlage nicht ändern und keinen Wohnungseigentümer gegenüber anderen unbillig beeinträchtigen, können abweichend von Absatz 1 durch eine Mehrheit von drei Viertel aller stimmberechtigten Wohnungseigentümer im Sinne des § 25 Abs. 2 und mehr als der Hälfte aller Miteigentumsanteile beschlossen werden. [2]Die Befugnis im Sinne des Satzes 1 kann durch Vereinbarung der Wohnungseigentümer nicht eingeschränkt oder ausgeschlossen werden.

(3) Für Maßnahmen der modernisierenden Instandsetzung im Sinne des § 21 Abs. 5 Nr. 2 verbleibt es bei den Vorschriften des § 21 Abs. 3 und 4.

(4) Ist das Gebäude zu mehr als der Hälfte seines Wertes zerstört und ist der Schaden nicht durch eine Versicherung oder in anderer Weise gedeckt, so kann der Wiederaufbau nicht gemäß § 21 Abs. 3 beschlossen oder gemäß § 21 Abs. 4 verlangt werden.

§ 23 Wohnungseigentümerversammlung

(1) Angelegenheiten, über die nach diesem Gesetz oder nach einer Vereinbarung der Wohnungseigentümer die Wohnungseigentümer durch Beschluß entscheiden können, werden durch Beschlußfassung in einer Versammlung der Wohnungseigentümer geordnet.

(2) Zur Gültigkeit eines Beschlusses ist erforderlich, daß der Gegenstand bei der Einberufung bezeichnet ist.

(3) Auch ohne Versammlung ist ein Beschluß gültig, wenn alle Wohnungseigentümer ihre Zustimmung zu diesem Beschluß schriftlich erklären.

(4) [1]Ein Beschluss, der gegen eine Rechtsvorschrift verstößt, auf deren Einhaltung rechtswirksam nicht verzichtet werden kann, ist nichtig. [2]Im Übrigen ist ein Beschluss gültig, solange er nicht durch rechtskräftiges Urteil für ungültig erklärt ist.

§ 24 Einberufung, Vorsitz, Niederschrift

(1) Die Versammlung der Wohnungseigentümer wird von dem Verwalter mindestens einmal im Jahre einberufen.

(2) Die Versammlung der Wohnungseigentümer muß von dem Verwalter in den durch Vereinbarung der Wohnungseigentümer bestimmten Fällen, im übrigen dann einberufen

werden, wenn dies schriftlich unter Angabe des Zweckes und der Gründe von mehr als einem Viertel der Wohnungseigentümer verlangt wird.

(3) Fehlt ein Verwalter oder weigert er sich pflichtwidrig, die Versammlung der Wohnungseigentümer einzuberufen, so kann die Versammlung auch, falls ein Verwaltungsbeirat bestellt ist, von dessen Vorsitzenden oder seinem Vertreter einberufen werden.

(4) [1]Die Einberufung erfolgt in Textform. [2]Die Frist der Einberufung soll, sofern nicht ein Fall besonderer Dringlichkeit vorliegt, mindestens zwei Wochen betragen.

(5) Den Vorsitz in der Wohnungseigentümerversammlung führt, sofern diese nichts anderes beschließt, der Verwalter.

(6) [1]Über die in der Versammlung gefaßten Beschlüsse ist eine Niederschrift aufzunehmen. [2]Die Niederschrift ist von dem Vorsitzenden und einem Wohnungseigentümer und, falls ein Verwaltungsbeirat bestellt ist, auch von dessen Vorsitzenden oder seinem Vertreter zu unterschreiben. [3]Jeder Wohnungseigentümer ist berechtigt, die Niederschriften einzusehen.

(7) [1]Es ist eine Beschluss-Sammlung zu führen. [2]Die Beschluss-Sammlung enthält nur den Wortlaut

1. der in der Versammlung der Wohnungseigentümer verkündeten Beschlüsse mit Angabe von Ort und Datum der Versammlung,
2. der schriftlichen Beschlüsse mit Angabe von Ort und Datum der Verkündung und
3. der Urteilsformeln der gerichtlichen Entscheidungen in einem Rechtsstreit gemäß § 43 mit Angabe ihres Datums, des Gerichts und der Parteien,

soweit diese Beschlüsse und gerichtlichen Entscheidungen nach dem 1. Juli 2007 ergangen sind. [3]Die Beschlüsse und gerichtlichen Entscheidungen sind fortlaufend einzutragen und zu nummerieren. [4]Sind sie angefochten oder aufgehoben worden, so ist dies anzumerken. [5]Im Falle einer Aufhebung kann von einer Anmerkung abgesehen und die Eintragung gelöscht werden. [6]Eine Eintragung kann auch gelöscht werden, wenn sie aus einem anderen Grund für die Wohnungseigentümer keine Bedeutung mehr hat. [7]Die Eintragungen, Vermerke und Löschungen gemäß den Sätzen 3 bis 6 sind unverzüglich zu erledigen und mit Datum zu versehen. [8]Einem Wohnungseigentümer oder einem Dritten, den ein Wohnungseigentümer ermächtigt hat, ist auf sein Verlangen Einsicht in die Beschluss-Sammlung zu geben.

(8) [1]Die Beschluss-Sammlung ist von dem Verwalter zu führen. [2]Fehlt ein Verwalter, so ist der Vorsitzende der Wohnungseigentümerversammlung verpflichtet, die Beschluss-Sammlung zu führen, sofern die Wohnungseigentümer durch Stimmenmehrheit keinen anderen für diese Aufgabe bestellt haben.

§ 25 Mehrheitsbeschluß

(1) Für die Beschlußfassung in Angelegenheiten, über die die Wohnungseigentümer durch Stimmenmehrheit beschließen, gelten die Vorschriften der Absätze 2 bis 5.

(2) [1]Jeder Wohnungseigentümer hat eine Stimme. [2]Steht ein Wohnungseigentum mehreren gemeinschaftlich zu, so können sie das Stimmrecht nur einheitlich ausüben.

(3) Die Versammlung ist nur beschlußfähig, wenn die erschienenen stimmberechtigten Wohnungseigentümer mehr als die Hälfte der Miteigentumsanteile, berechnet nach der im Grundbuch eingetragenen Größe dieser Anteile, vertreten.

(4) [1]Ist eine Versammlung nicht gemäß Absatz 3 beschlußfähig, so beruft der Verwalter eine neue Versammlung mit dem gleichen Gegenstand ein. [2]Diese Versammlung ist ohne Rücksicht auf die Höhe der vertretenen Anteile beschlußfähig; hierauf ist bei der Einberufung hinzuweisen.

(5) Ein Wohnungseigentümer ist nicht stimmberechtigt, wenn die Beschlußfassung die Vornahme eines auf die Verwaltung des gemeinschaftlichen Eigentums bezüglichen Rechtsgeschäfts mit ihm oder die Einleitung oder Erledigung eines Rechtsstreits der

anderen Wohnungseigentümer gegen ihn betrifft oder wenn er nach § 18 rechtskräftig verurteilt ist.

§ 26 Bestellung und Abberufung des Verwalters

(1) [1]Über die Bestellung und Abberufung des Verwalters beschließen die Wohnungseigentümer mit Stimmenmehrheit. [2]Die Bestellung darf auf höchstens fünf Jahre vorgenommen werden, im Falle der ersten Bestellung nach der Begründung von Wohnungseigentum aber auf höchstens drei Jahre. [3]Die Abberufung des Verwalters kann auf das Vorliegen eines wichtigen Grundes beschränkt werden. [4]Ein wichtiger Grund liegt regelmäßig vor, wenn der Verwalter die Beschluss-Sammlung nicht ordnungsmäßig führt. [5]Andere Beschränkungen der Bestellung oder Abberufung des Verwalters sind nicht zulässig.

(2) Die wiederholte Bestellung ist zulässig; sie bedarf eines erneuten Beschlusses der Wohnungseigentümer, der frühestens ein Jahr vor Ablauf der Bestellungszeit gefaßt werden kann.

(3) Soweit die Verwaltereigenschaft durch eine öffentlich beglaubigte Urkunde nachgewiesen werden muß, genügt die Vorlage einer Niederschrift über den Bestellungsbeschluß, bei der die Unterschriften der in § 24 Abs. 6 bezeichneten Personen öffentlich beglaubigt sind.

§ 27 Aufgaben und Befugnisse des Verwalters

(1) Der Verwalter ist gegenüber den Wohnungseigentümern und gegenüber der Gemeinschaft der Wohnungseigentümer berechtigt und verpflichtet,
1. Beschlüsse der Wohnungseigentümer durchzuführen und für die Durchführung der Hausordnung zu sorgen;
2. die für die ordnungsmäßige Instandhaltung und Instandsetzung des gemeinschaftlichen Eigentums erforderlichen Maßnahmen zu treffen;
3. in dringenden Fällen sonstige zur Erhaltung des gemeinschaftlichen Eigentums erforderliche Maßnahmen zu treffen;
4. Lasten- und Kostenbeiträge, Tilgungsbeträge und Hypothekenzinsen anzufordern, in Empfang zu nehmen und abzuführen, soweit es sich um gemeinschaftliche Angelegenheiten der Wohnungseigentümer handelt;
5. alle Zahlungen und Leistungen zu bewirken und entgegenzunehmen, die mit der laufenden Verwaltung des gemeinschaftlichen Eigentums zusammenhängen;
6. eingenommene Gelder zu verwalten;
7. die Wohnungseigentümer unverzüglich darüber zu unterrichten, dass ein Rechtsstreit gemäß § 43 anhängig ist;
8. die Erklärungen abzugeben, die zur Vornahme der in § 21 Abs. 5 Nr. 6 bezeichneten Maßnahmen erforderlich sind.

(2) Der Verwalter ist berechtigt, im Namen aller Wohnungseigentümer und mit Wirkung für und gegen sie
1. Willenserklärungen und Zustellungen entgegenzunehmen, soweit sie an alle Wohnungseigentümer in dieser Eigenschaft gerichtet sind;
2. Maßnahmen zu treffen, die zur Wahrung einer Frist oder zur Abwendung eines sonstigen Rechtsnachteils erforderlich sind, insbesondere einen gegen die Wohnungseigentümer gerichteten Rechtsstreit gemäß § 43 Nr. 1, Nr. 4 oder Nr. 5 im Erkenntnis- und Vollstreckungsverfahren zu führen;
3. Ansprüche gerichtlich und außergerichtlich geltend zu machen, sofern er hierzu durch Vereinbarung oder Beschluss mit Stimmenmehrheit der Wohnungseigentümer ermächtigt ist;
4. mit einem Rechtsanwalt wegen eines Rechtsstreits gemäß § 43 Nr. 1, Nr. 4 oder Nr. 5 zu vereinbaren, dass sich die Gebühren nach einem höheren als dem gesetzlichen Streit-

wert, höchstens nach einem gemäß § 49a Abs. 1 Satz 1 des Gerichtskostengesetzes bestimmten Streitwert bemessen.

(3) [1]Der Verwalter ist berechtigt, im Namen der Gemeinschaft der Wohnungseigentümer und mit Wirkung für und gegen sie

1. Willenserklärungen und Zustellungen entgegenzunehmen;
2. Maßnahmen zu treffen, die zur Wahrung einer Frist oder zur Abwendung eines sonstigen Rechtsnachteils erforderlich sind, insbesondere einen gegen die Gemeinschaft gerichteten Rechtsstreit gemäß § 43 Nr. 2 oder Nr. 5 im Erkenntnis- und Vollstreckungsverfahren zu führen;
3. die laufenden Maßnahmen der erforderlichen ordnungsmäßigen Instandhaltung und Instandsetzung gemäß Absatz 1 Nr. 2 zu treffen;
4. die Maßnahmen gemäß Absatz 1 Nr. 3 bis 5 und 8 zu treffen;
5. im Rahmen der Verwaltung der eingenommenen Gelder gemäß Absatz 1 Nr. 6 Konten zu führen;
6. mit einem Rechtsanwalt wegen eines Rechtsstreits gemäß § 43 Nr. 2 oder Nr. 5 eine Vergütung gemäß Absatz 2 Nr. 4 zu vereinbaren;
7. sonstige Rechtsgeschäfte und Rechtshandlungen vorzunehmen, soweit er hierzu durch Vereinbarung oder Beschluss der Wohnungseigentümer mit Stimmenmehrheit ermächtigt ist.

[2]Fehlt ein Verwalter oder ist er zur Vertretung nicht berechtigt, so vertreten alle Wohnungseigentümer die Gemeinschaft. [3]Die Wohnungseigentümer können durch Beschluss mit Stimmenmehrheit einen oder mehrere Wohnungseigentümer zur Vertretung ermächtigen.

(4) Die dem Verwalter nach den Absätzen 1 bis 3 zustehenden Aufgaben und Befugnisse können durch Vereinbarung der Wohnungseigentümer nicht eingeschränkt oder ausgeschlossen werden.

(5) [1]Der Verwalter ist verpflichtet, eingenommene Gelder von seinem Vermögen gesondert zu halten. [2]Die Verfügung über solche Gelder kann durch Vereinbarung oder Beschluss der Wohnungseigentümer mit Stimmenmehrheit von der Zustimmung eines Wohnungseigentümers oder eines Dritten abhängig gemacht werden.

(6) Der Verwalter kann von den Wohnungseigentümern die Ausstellung einer Vollmachts- und Ermächtigungsurkunde verlangen, aus der der Umfang seiner Vertretungsmacht ersichtlich ist.

§ 28 Wirtschaftsplan, Rechnungslegung

(1) [1]Der Verwalter hat jeweils für ein Kalenderjahr einen Wirtschaftsplan aufzustellen. [2]Der Wirtschaftsplan enthält:

1. die voraussichtlichen Einnahmen und Ausgaben bei der Verwaltung des gemeinschaftlichen Eigentums;
2. die anteilmäßige Verpflichtung der Wohnungseigentümer zur Lasten- und Kostentragung;
3. die Beitragsleistung der Wohnungseigentümer zu der in § 21 Abs. 5 Nr. 4 vorgesehenen Instandhaltungsrückstellung.

(2) Die Wohnungseigentümer sind verpflichtet, nach Abruf durch den Verwalter dem beschlossenen Wirtschaftsplan entsprechende Vorschüsse zu leisten.

(3) Der Verwalter hat nach Ablauf des Kalenderjahres eine Abrechnung aufzustellen.

(4) Die Wohnungseigentümer können durch Mehrheitsbeschluß jederzeit von dem Verwalter Rechnungslegung verlangen.

(5) Über den Wirtschaftsplan, die Abrechnung und die Rechnungslegung des Verwalters beschließen die Wohnungseigentümer durch Stimmenmehrheit.

§ 29 Verwaltungsbeirat

(1) [1]Die Wohnungseigentümer können durch Stimmenmehrheit die Bestellung eines Verwaltungsbeirats beschließen. [2]Der Verwaltungsbeirat besteht aus einem Wohnungseigentümer als Vorsitzenden und zwei weiteren Wohnungseigentümern als Beisitzern.

(2) Der Verwaltungsbeirat unterstützt den Verwalter bei der Durchführung seiner Aufgaben.

(3) Der Wirtschaftsplan, die Abrechnung über den Wirtschaftsplan, Rechnungslegungen und Kostenanschläge sollen, bevor über sie die Wohnungseigentümerversammlung beschließt, vom Verwaltungsbeirat geprüft und mit dessen Stellungnahme versehen werden.

(4) Der Verwaltungsbeirat wird von dem Vorsitzenden nach Bedarf einberufen.

4. Abschnitt. Wohnungserbbaurecht

§ 30

(1) Steht ein Erbbaurecht mehreren gemeinschaftlich nach Bruchteilen zu, so können die Anteile in der Weise beschränkt werden, daß jedem der Mitberechtigten das Sondereigentum an einer bestimmten Wohnung oder an nicht zu Wohnzwecken dienenden bestimmten Räumen in einem auf Grund des Erbbaurechts errichteten oder zu errichtenden Gebäude eingeräumt wird (Wohnungserbbaurecht, Teilerbbaurecht).

(2) Ein Erbbauberechtigter kann das Erbbaurecht in entsprechender Anwendung des § 8 teilen.

(3) [1]Für jeden Anteil wird von Amts wegen ein besonderes Erbbaugrundbuchblatt angelegt (Wohnungserbbaugrundbuch, Teilerbbaugrundbuch). [2]Im übrigen gelten für das Wohnungserbbaurecht (Teilerbbaurecht) die Vorschriften über das Wohnungseigentum (Teileigentum) entsprechend.

II. Teil. Dauerwohnrecht

§ 31 Begriffsbestimmungen

(1) [1]Ein Grundstück kann in der Weise belastet werden, daß derjenige, zu dessen Gunsten die Belastung erfolgt, berechtigt ist, unter Ausschluß des Eigentümers eine bestimmte Wohnung in einem auf dem Grundstück errichteten oder zu errichtenden Gebäude zu bewohnen oder in anderer Weise zu nutzen (Dauerwohnrecht). [2]Das Dauerwohnrecht kann auf einen außerhalb des Gebäudes liegenden Teil des Grundstücks erstreckt werden, sofern die Wohnung wirtschaftlich die Hauptsache bleibt.

(2) Ein Grundstück kann in der Weise belastet werden, daß derjenige, zu dessen Gunsten die Belastung erfolgt, berechtigt ist, unter Ausschluß des Eigentümers nicht zu Wohnzwecken dienende bestimmte Räume in einem auf dem Grundstück errichteten oder zu errichtenden Gebäude zu nutzen (Dauernutzungsrecht).

(3) Für das Dauernutzungsrecht gelten die Vorschriften über das Dauerwohnrecht entsprechend.

§ 32 Voraussetzungen der Eintragung

(1) Das Dauerwohnrecht soll nur bestellt werden, wenn die Wohnung in sich abgeschlossen ist.

(2) [1]Zur näheren Bezeichnung des Gegenstandes und des Inhalts des Dauerwohnrechts kann auf die Eintragungsbewilligung Bezug genommen werden. [2]Der Eintragungsbewilligung sind als Anlagen beizufügen:

1. eine von der Baubehörde mit Unterschrift und Siegel oder Stempel versehene Bauzeichnung, aus der die Aufteilung des Gebäudes sowie die Lage und Größe der dem Dauerwohnrecht unterliegenden Gebäude- und Grundstücksteile ersichtlich ist (Aufteilungsplan); alle zu demselben Dauerwohnrecht gehörenden Einzelräume sind mit der jeweils gleichen Nummer zu kennzeichnen;
2. eine Bescheinigung der Baubehörde, daß die Voraussetzungen des Absatzes 1 vorliegen.

[3]Wenn in der Eintragungsbewilligung für die einzelnen Dauerwohnrechte Nummern angegeben werden, sollen sie mit denen des Aufteilungsplans übereinstimmen. [4]Die Landesregierungen können durch Rechtsverordnung bestimmen, dass und in welchen Fällen der Aufteilungsplan (Satz 2 Nr. 1) und die Abgeschlossenheit (Satz 2 Nr. 2) von einem öffentlich bestellten oder anerkannten Sachverständigen für das Bauwesen statt von der Baubehörde ausgefertigt und bescheinigt werden. [5]Werden diese Aufgaben von dem Sachverständigen wahrgenommen, so gelten die Bestimmungen der Allgemeinen Verwaltungsvorschrift für die Ausstellung von Bescheinigungen gemäß § 7 Abs. 4 Nr. 2 und § 32 Abs. 2 Nr. 2 des Wohnungseigentumsgesetzes vom 19. März 1974 (BAnz. Nr. 58 vom 23. März 1974) entsprechend. [6]In diesem Fall bedürfen die Anlagen nicht der Form des § 29 der Grundbuchordnung. [7]Die Landesregierungen können die Ermächtigung durch Rechtsverordnung auf die Landesbauverwaltungen übertragen.

(3) Das Grundbuchamt soll die Eintragung des Dauerwohnrechts ablehnen, wenn über die in § 33 Abs. 4 Nr. 1 bis 4 bezeichneten Angelegenheiten, über die Voraussetzungen des Heimfallanspruchs (§ 36 Abs. 1) und über die Entschädigung beim Heimfall (§ 36 Abs. 4) keine Vereinbarungen getroffen sind.

§ 33 Inhalt des Dauerwohnrechts

(1) [1]Das Dauerwohnrecht ist veräußerlich und vererblich. [2]Es kann nicht unter einer Bedingung bestellt werden.

(2) Auf das Dauerwohnrecht sind, soweit nicht etwas anderes vereinbart ist, die Vorschriften des § 14 entsprechend anzuwenden.

(3) Der Berechtigte kann die zum gemeinschaftlichen Gebrauch bestimmten Teile, Anlagen und Einrichtungen des Gebäudes und Grundstücks mitbenutzen, soweit nichts anderes vereinbart ist.

(4) Als Inhalt des Dauerwohnrechts können Vereinbarungen getroffen werden über:

1. Art und Umfang der Nutzungen;
2. Instandhaltung und Instandsetzung der dem Dauerwohnrecht unterliegenden Gebäudeteile;
3. die Pflicht des Berechtigten zur Tragung öffentlicher oder privatrechtlicher Lasten des Grundstücks;
4. die Versicherung des Gebäudes und seinen Wiederaufbau im Falle der Zerstörung;
5. das Recht des Eigentümers, bei Vorliegen bestimmter Voraussetzungen Sicherheitsleistung zu verlangen.

§ 34 Ansprüche des Eigentümers und der Dauerwohnberechtigten

(1) Auf die Ersatzansprüche des Eigentümers wegen Veränderungen oder Verschlechterungen sowie auf die Ansprüche der Dauerwohnberechtigten auf Ersatz von Verwendungen oder auf Gestattung der Wegnahme einer Einrichtung sind die §§ 1049, 1057 des Bürgerlichen Gesetzbuches entsprechend anzuwenden.

(2) Wird das Dauerwohnrecht beeinträchtigt, so sind auf die Ansprüche des Berechtigten die für die Ansprüche aus dem Eigentum geltenden Vorschriften entsprechend anzuwenden.

§ 35 Veräußerungsbeschränkung

[1] Als Inhalt des Dauerwohnrechts kann vereinbart werden, daß der Berechtigte zur Veräußerung des Dauerwohnrechts der Zustimmung des Eigentümers oder eines Dritten bedarf. [2] Die Vorschriften des § 12 gelten in diesem Falle entsprechend.

§ 36 Heimfallanspruch

(1) [1] Als Inhalt des Dauerwohnrechts kann vereinbart werden, daß der Berechtigte verpflichtet ist, das Dauerwohnrecht beim Eintritt bestimmter Voraussetzungen auf den Grundstückseigentümer oder einen von diesem zu bezeichnenden Dritten zu übertragen (Heimfallanspruch). [2] Der Heimfallanspruch kann nicht von dem Eigentum an dem Grundstück getrennt werden.

(2) Bezieht sich das Dauerwohnrecht auf Räume, die dem Mieterschutz unterliegen, so kann der Eigentümer von dem Heimfallanspruch nur Gebrauch machen, wenn ein Grund vorliegt, aus dem ein Vermieter die Aufhebung des Mietverhältnisses verlangen oder kündigen kann.

(3) Der Heimfallanspruch verjährt in sechs Monaten von dem Zeitpunkt an, in dem der Eigentümer von dem Eintritt der Voraussetzungen Kenntnis erlangt, ohne Rücksicht auf diese Kenntnis in zwei Jahren von dem Eintritt der Voraussetzungen an.

(4) [1] Als Inhalt des Dauerwohnrechts kann vereinbart werden, daß der Eigentümer dem Berechtigten eine Entschädigung zu gewähren hat, wenn er von dem Heimfallanspruch Gebrauch macht. [2] Als Inhalt des Dauerwohnrechts können Vereinbarungen über die Berechnung oder Höhe der Entschädigung oder die Art ihrer Zahlung getroffen werden.

§ 37 Vermietung

(1) Hat der Dauerwohnberechtigte die dem Dauerwohnrecht unterliegenden Gebäude- oder Grundstücksteile vermietet oder verpachtet, so erlischt das Miet- oder Pachtverhältnis, wenn das Dauerwohnrecht erlischt.

(2) Macht der Eigentümer von seinem Heimfallanspruch Gebrauch, so tritt er oder derjenige, auf den das Dauerwohnrecht zu übertragen ist, in das Miet- oder Pachtverhältnis ein; die Vorschriften der §§ 566 bis 566 e des Bürgerlichen Gesetzbuches gelten entsprechend.

(3) [1] Absatz 2 gilt entsprechend, wenn das Dauerwohnrecht veräußert wird. [2] Wird das Dauerwohnrecht im Wege der Zwangsvollstreckung veräußert, so steht dem Erwerber ein Kündigungsrecht in entsprechender Anwendung des § 57 a des Gesetzes über die Zwangsversteigerung und Zwangsverwaltung zu.

§ 38 Eintritt in das Rechtsverhältnis

(1) Wird das Dauerwohnrecht veräußert, so tritt der Erwerber an Stelle des Veräußerers in die sich während der Dauer seiner Berechtigung aus dem Rechtsverhältnis zu dem Eigentümer ergebenden Verpflichtungen ein.

(2) [1] Wird das Grundstück veräußert, so tritt der Erwerber an Stelle des Veräußerers in die sich während der Dauer seines Eigentums aus dem Rechtsverhältnis zu dem Dauerwohnberechtigten ergebenden Rechte ein. [2] Das gleiche gilt für den Erwerb auf Grund Zuschlages in der Zwangsversteigerung, wenn das Dauerwohnrecht durch den Zuschlag nicht erlischt.

§ 39 Zwangsversteigerung

(1) Als Inhalt des Dauerwohnrechts kann vereinbart werden, daß das Dauerwohnrecht im Falle der Zwangsversteigerung des Grundstücks abweichend von § 44 des Gesetzes über die Zwangsversteigerung und Zwangsverwaltung auch dann bestehen bleiben soll, wenn der Gläubiger einer dem Dauerwohnrecht im Range vorgehenden oder gleichstehenden Hypothek, Grundschuld, Rentenschuld oder Reallast die Zwangsversteigerung in das Grundstück betreibt.

(2) Eine Vereinbarung gemäß Absatz 1 bedarf zu ihrer Wirksamkeit der Zustimmung derjenigen, denen eine dem Dauerwohnrecht im Range vorgehende oder gleichstehende Hypothek, Grundschuld, Rentenschuld oder Reallast zusteht.

(3) Eine Vereinbarung gemäß Absatz 1 ist nur wirksam für den Fall, daß der Dauerwohnberechtigte im Zeitpunkt der Feststellung der Versteigerungsbedingungen seine fälligen Zahlungsverpflichtungen gegenüber dem Eigentümer erfüllt hat; in Ergänzung einer Vereinbarung nach Absatz 1 kann vereinbart werden, daß das Fortbestehen des Dauerwohnrechts vom Vorliegen weiterer Voraussetzungen abhängig ist.

§ 40 Haftung des Entgelts

(1) [1] Hypotheken, Grundschulden, Rentenschulden und Reallasten, die dem Dauerwohnrecht im Range vorgehen oder gleichstehen, sowie öffentliche Lasten, die in wiederkehrenden Leistungen bestehen, erstrecken sich auf den Anspruch auf das Entgelt für das Dauerwohnrecht in gleicher Weise wie auf eine Mietforderung, soweit nicht in Absatz 2 etwas Abweichendes bestimmt ist. [2] Im übrigen sind die für Mietforderungen geltenden Vorschriften nicht entsprechend anzuwenden.

(2) [1] Als Inhalt des Dauerwohnrechts kann vereinbart werden, daß Verfügungen über den Anspruch auf das Entgelt, wenn es in wiederkehrenden Leistungen ausbedungen ist, gegenüber dem Gläubiger einer dem Dauerwohnrecht im Range vorgehenden oder gleichstehenden Hypothek, Grundschuld, Rentenschuld oder Reallast wirksam sind. [2] Für eine solche Vereinbarung gilt § 39 Abs. 2 entsprechend.

§ 41 Besondere Vorschriften für langfristige Dauerwohnrechte

(1) Für Dauerwohnrechte, die zeitlich unbegrenzt oder für einen Zeitraum von mehr als zehn Jahren eingeräumt sind, gelten die besonderen Vorschriften der Absätze 2 und 3.

(2) Der Eigentümer ist, sofern nicht etwas anderes vereinbart ist, dem Dauerwohnberechtigten gegenüber verpflichtet, eine dem Dauerwohnrecht im Range vorgehende oder gleichstehende Hypothek löschen zu lassen für den Fall, daß sie sich mit dem Eigentum in einer Person vereinigt, und die Eintragung einer entsprechenden Löschungsvormerkung in das Grundbuch zu bewilligen.

(3) Der Eigentümer ist verpflichtet, dem Dauerwohnberechtigten eine angemessene Entschädigung zu gewähren, wenn er von dem Heimfallanspruch Gebrauch macht.

§ 42 Belastung eines Erbbaurechts

(1) Die Vorschriften der §§ 31 bis 41 gelten für die Belastung eines Erbbaurechts mit einem Dauerwohnrecht entsprechend.

(2) Beim Heimfall des Erbbaurechts bleibt das Dauerwohnrecht bestehen.

III. Teil. Verfahrensvorschriften

§ 43 Zuständigkeit

Das Gericht, in dessen Bezirk das Grundstück liegt, ist ausschließlich zuständig für

1. Streitigkeiten über die sich aus der Gemeinschaft der Wohnungseigentümer und aus der Verwaltung des gemeinschaftlichen Eigentums ergebenden Rechte und Pflichten der Wohnungseigentümer untereinander;
2. Streitigkeiten über die Rechte und Pflichten zwischen der Gemeinschaft der Wohnungseigentümer und Wohnungseigentümern;
3. Streitigkeiten über die Rechte und Pflichten des Verwalters bei der Verwaltung des gemeinschaftlichen Eigentums;
4. Streitigkeiten über die Gültigkeit von Beschlüssen der Wohnungseigentümer;
5. Klagen Dritter, die sich gegen die Gemeinschaft der Wohnungseigentümer oder gegen Wohnungseigentümer richten und sich auf das gemeinschaftliche Eigentum, seine Verwaltung oder das Sondereigentum beziehen;
6. Mahnverfahren, wenn die Gemeinschaft der Wohnungseigentümer Antragstellerin ist. Insoweit ist § 689 Abs. 2 der Zivilprozessordnung nicht anzuwenden.

§ 44 Bezeichnung der Wohnungseigentümer in der Klageschrift

(1) [1]Wird die Klage durch oder gegen alle Wohnungseigentümer mit Ausnahme des Gegners erhoben, so genügt für ihre nähere Bezeichnung in der Klageschrift die bestimmte Angabe des gemeinschaftlichen Grundstücks; wenn die Wohnungseigentümer Beklagte sind, sind in der Klageschrift außerdem der Verwalter und der gemäß § 45 Abs. 2 Satz 1 bestellte Ersatzzustellungsvertreter zu bezeichnen. [2]Die namentliche Bezeichnung der Wohnungseigentümer hat spätestens bis zum Schluss der mündlichen Verhandlung zu erfolgen.

(2) [1]Sind an dem Rechtsstreit nicht alle Wohnungseigentümer als Partei beteiligt, so sind die übrigen Wohnungseigentümer entsprechend Absatz 1 von dem Kläger zu bezeichnen. [2]Der namentlichen Bezeichnung der übrigen Wohnungseigentümer bedarf es nicht, wenn das Gericht von ihrer Beiladung gemäß § 48 Abs. 1 Satz 1 absieht.

§ 45 Zustellung

(1) Der Verwalter ist Zustellungsvertreter der Wohnungseigentümer, wenn diese Beklagte oder gemäß § 48 Abs. 1 Satz 1 beizuladen sind, es sei denn, dass er als Gegner der Wohnungseigentümer an dem Verfahren beteiligt ist oder aufgrund des Streitgegenstandes die Gefahr besteht, der Verwalter werde die Wohnungseigentümer nicht sachgerecht unterrichten.

(2) [1]Die Wohnungseigentümer haben für den Fall, dass der Verwalter als Zustellungsvertreter ausgeschlossen ist, durch Beschluss mit Stimmenmehrheit einen Ersatzzustellungsvertreter sowie dessen Vertreter zu bestellen, auch wenn ein Rechtsstreit noch nicht anhängig ist. [2]Der Ersatzzustellungsvertreter tritt in die dem Verwalter als Zustellungsvertreter der Wohnungseigentümer zustehenden Aufgaben und Befugnisse ein, sofern das Gericht die Zustellung an ihn anordnet; Absatz 1 gilt entsprechend.

(3) Haben die Wohnungseigentümer entgegen Absatz 2 Satz 1 keinen Ersatzzustellungsvertreter bestellt oder ist die Zustellung nach den Absätzen 1 und 2 aus sonstigen Gründen nicht ausführbar, kann das Gericht einen Ersatzzustellungsvertreter bestellen.

§ 46 Anfechtungsklage

(1) [1]Die Klage eines oder mehrerer Wohnungseigentümer auf Erklärung der Ungültigkeit eines Beschlusses der Wohnungseigentümer ist gegen die übrigen Wohnungseigentümer und die Klage des Verwalters ist gegen die Wohnungseigentümer zu richten. [2]Sie muss innerhalb eines Monats nach der Beschlussfassung erhoben und innerhalb zweier Monate nach der Beschlussfassung begründet werden. [3]Die §§ 233 bis 238 der Zivilprozessordnung gelten entsprechend.

(2) Hat der Kläger erkennbar eine Tatsache übersehen, aus der sich ergibt, dass der Beschluss nichtig ist, so hat das Gericht darauf hinzuweisen.

§ 47 Prozessverbindung

[1]Mehrere Prozesse, in denen Klagen auf Erklärung oder Feststellung der Ungültigkeit desselben Beschlusses der Wohnungseigentümer erhoben werden, sind zur gleichzeitigen Verhandlung und Entscheidung zu verbinden. [2]Die Verbindung bewirkt, dass die Kläger der vorher selbständigen Prozesse als Streitgenossen anzusehen sind.

§ 48 Beiladung, Wirkung des Urteils

(1) [1]Richtet sich die Klage eines Wohnungseigentümers, der in einem Rechtsstreit gemäß § 43 Nr. 1 oder Nr. 3 einen ihm allein zustehenden Anspruch geltend macht, nur gegen einen oder einzelne Wohnungseigentümer oder nur gegen den Verwalter, so sind die übrigen Wohnungseigentümer beizuladen, es sei denn, dass ihre rechtlichen Interessen erkennbar nicht betroffen sind. [2]Soweit in einem Rechtsstreit gemäß § 43 Nr. 3 oder Nr. 4 der Verwalter nicht Partei ist, ist er ebenfalls beizuladen.

(2) [1]Die Beiladung erfolgt durch Zustellung der Klageschrift, der die Verfügungen des Vorsitzenden beizufügen sind. [2]Die Beigeladenen können der einen oder anderen Partei zu deren Unterstützung beitreten. [3]Veräußert ein beigeladener Wohnungseigentümer während des Prozesses sein Wohnungseigentum, ist § 265 Abs. 2 der Zivilprozessordnung entsprechend anzuwenden.

(3) Über die in § 325 der Zivilprozessordnung angeordneten Wirkungen hinaus wirkt das rechtskräftige Urteil auch für und gegen alle beigeladenen Wohnungseigentümer und ihre Rechtsnachfolger sowie den beigeladenen Verwalter.

(4) Wird durch das Urteil eine Anfechtungsklage als unbegründet abgewiesen, so kann auch nicht mehr geltend gemacht werden, der Beschluss sei nichtig.

§ 49 Kostenentscheidung

(1) Wird gemäß § 21 Abs. 8 nach billigem Ermessen entschieden, so können auch die Prozesskosten nach billigem Ermessen verteilt werden.

(2) Dem Verwalter können Prozesskosten auferlegt werden, soweit die Tätigkeit des Gerichts durch ihn veranlasst wurde und ihn ein grobes Verschulden trifft, auch wenn er nicht Partei des Rechtsstreits ist.

§ 50 Kostenerstattung

Den Wohnungseigentümern sind als zur zweckentsprechenden Rechtsverfolgung oder Rechtsverteidigung notwendige Kosten nur die Kosten eines bevollmächtigten Rechtsanwalts zu erstatten, wenn nicht aus Gründen, die mit dem Gegenstand desRechtsstreits zusammenhängen, eine Vertretung durch mehrere bevollmächtigte Rechtsanwälte geboten war.

§§ 51–58 *(aufgehoben)*

IV. Teil. Ergänzende Bestimmungen

§ 59 *(aufgehoben)*

§ 60 *(aufgehoben)*

§ 61 [Veräußerung ohne Zustimmung]

[1]Fehlt eine nach § 12 erforderliche Zustimmung, so sind die Veräußerung und das zugrundeliegende Verpflichtungsgeschäft unbeschadet der sonstigen Voraussetzungen wirksam, wenn die Eintragung der Veräußerung oder einer Auflassungsvormerkung in das Grundbuch vor dem 15. Januar 1994 erfolgt ist und es sich um die erstmalige Veräußerung dieses Wohnungseigentums nach seiner Begründung handelt, es sei denn, daß eine rechtskräftige gerichtliche Entscheidung entgegensteht. [2]Das Fehlen der Zustimmung steht in diesen Fällen dem Eintritt der Rechtsfolgen des § 878 des Bürgerlichen Gesetzbuchs nicht entgegen. [3]Die Sätze 1 und 2 gelten entsprechend in den Fällen der §§ 30 und 35 des Wohnungseigentumsgesetzes.

§ 62 Übergangsvorschrift

(1) Für die am 1. Juli 2007 bei Gericht anhängigen Verfahren in Wohnungseigentums- oder in Zwangsversteigerungssachen oder für die bei einem Notar beantragten freiwilligen Versteigerungen sind die durch die Artikel 1 und 2 des Gesetzes vom 26. März 2007 (BGBl. I S. 370) geänderten Vorschriften des III. Teils dieses Gesetzes sowie die des Gesetzes über die Zwangsversteigerung und die Zwangsverwaltung in ihrer bis dahin geltenden Fassung weiter anzuwenden.

(2) In Wohnungseigentumssachen nach § 43 Nr. 1 bis 4 finden die Bestimmungen über die Nichtzulassungsbeschwerde (§ 543 Abs. 1 Nr. 2, § 544 der Zivilprozessordnung) keine Anwendung, soweit die anzufechtende Entscheidung vor dem 1. Juli 2012 verkündet worden ist.

§ 63 Überleitung bestehender Rechtsverhältnisse

(1) Werden Rechtsverhältnisse, mit denen ein Rechtserfolg bezweckt wird, der den durch dieses Gesetz geschaffenen Rechtsformen entspricht, in solche Rechtsformen umgewandelt, so ist als Geschäftswert für die Berechnung der hierdurch veranlaßten Gebühren der Gerichte und Notare im Falle des Wohnungseigentums ein Fünfundzwanzigstel des Einheitswertes des Grundstückes, im Falle des Dauerwohnrechtes ein Fünfundzwanzigstel des Wertes des Rechtes anzunehmen.

(2) *(gegenstandslose Übergangsvorschrift)*

(3) Durch Landesgesetz können Vorschriften zur Überleitung bestehender, auf Landesrecht beruhender Rechtsverhältnisse in die durch dieses Gesetz geschaffenen Rechtsformen getroffen werden.

§ 64 Inkrafttreten

Dieses Gesetz tritt am Tage nach seiner Verkündung[1] in Kraft.

---

[1] Verkündet am 19. 3. 1951.

Einleitung

Übersicht

Literatur (grundsätzliche): 1. Grundlegende Darstellungen: *Armbrüster,* Parallelen zwischen Wohnungseigentumsrecht und Gesellschaftsrecht, FS für *Joachim Wenzel,* 2005; *ders.,* Wohnungseigentumsrechtliche Gebrauchsbeschränkungen und Mieter, FS für *Hanns Seuß,* 2007, 3; *Bärmann,* Zur Dogmatik des gemeinen Raumeigentums, AcP 155, 1 ff.; *ders.,* Die Wohnungseigentümergemeinschaft als rechtliches Zuordnungsproblem, 1985; *ders.,* Die Wohnungseigentümergemeinschaft 1986 (= PIG 22); *ders.,* Zur Theorie des Wohnungseigentumsrechts NJW 1989, 1057; *ders.,* Reform des Wohnungseigentumsgesetzes, Wohnungseigentum 1990, 35 ff.; *ders.,* Wohnungseigentum, 1991. Ebenso die Vorauflagen dieses Kommentars 1958 ff., ab der 2. Auflage mit *Pick* und *Merle; Belz,* Die werdende Wohnungseigentümergemeinschaft, FS Merle, 51; *Bielefeld,* Zur Diskussion gestellt – die Novellierung des Wohnungseigentumsgesetzes, DWW 1989, 313; *ders.,* Vierzig Jahre Wohnungseigentumsgesetz, DWE 1991, 42; *Blackert,* Die Wohnungseigentümergemeinschaft im Zivilprozess, 1999; *Börner,* Das Wohnungseigentum und der Sachbegriff des Bürgerlichen Rechts, FS für *Dölle,* Bd. 1, 1963, 201; *Carstens,* Satzungsrecht und Mehrheitsprinzip in der Wohnungseigentümergemeinschaft, 2010; *Drasdo,* Die Besonderheiten von in Form des Wohnungseigentums organisierten Time-Sharing-Objekten, FS Merle, 129; *Ehmann,* Wohnungseigentum ist kein Eigentum mehr, JZ 1991, 222; *Fabis,* Die Neuregelung des WEG – Inhalt und Auswirkungen auf die notarielle Praxis, RNotZ 2007, 369; *Fauser,* Die Haftungsverfassung der Wohnungseigentümergemeinschaft nach dem neuen WEG, 2007; *Hegelau,* Das Wohnungseigentum, 1954; *Helmers,* Das Wohnungseigentum, 1956; *Herbst,* Entwicklung des Wohnungseigentumsrechts (PIG 44/1995), 21; *Junker,* Die Gesellschaft nach dem Wohnungseigentumsgesetz, 1993; *Koch,* Die Rechtsnatur des Wohnungseigentums, 1956; *Lang,* Die Wohnungseigentümergemeinschaft, 1958; *Kohl,* Stockwerkseigentum, Berlin 2007; *Merle,* Das Wohnungseigentum im System des bürgerlichen Rechts, 1979; *Paulick,* Zur Dogmatik des Wohnungseigentums nach dem WEG v. 15. März 1951, AcP 152, 420; *Pick,* Erfahrungen und Weiterentwicklung des Wohnungseigentums, WE 1997, 46; *Rosenbauer,* Das Wohnungs- bzw. Teileigentum und seine Einordnung in das bürgerliche Recht, 1968; *Schulze/Osterloh,* Das Prinzip der gesamthänderischen Bindung, 1972; *Schwab,*

Die Kompetenzen der Wohnungseigentümergemeinschaft, 1992; *Seifert,* Die Rechtsnatur des Wohnungseigentums, 1954; *Spann,* Die Gemeinschaft der Wohnungseigentümer, 1955; *Tiekötter,* Der rechtliche Charakter der Gemeinschaft der Wohnungseigentümer, 1962; *Walser,* Die rechtliche Konstruktion des Wohnungseigentums, 1955; *Weitnauer,* Das Wohnungseigentumsgesetz, JZ 1951, 161; Wohnungseigentum in der Rechtsordnung, PIG 42/1993; *Zmarzlik,* Das Wohnungseigentum, 1952.

2. Kommentare zum WEG: *Augustin,* Wohnungseigentumsgesetz, 1983; *Bärmann/Pick,* WEG, Kommentar, 18. Aufl. 2007; *Bamberger/Roth,* BGB, Bd. 2, WEG, bearb. v. *Hügel,* 2003; *Deckert/Stein,* Die Eigentumswohnung, 1988; *Diester,* Gesetz über das Wohnungseigentum und das Dauerwohnrecht, 1952; *Erman/Ganten,* 10. Aufl. 2000; *Niedenführ/u. a.,* Wohnungseigentumsgesetz, 8. Aufl. 2007; *Jennißen,* WEG, Köln, 2008; *Hubernagel,* Wohnungseigentumsgesetz, 1952; *Münchener-Kommentar,* 4. Aufl., Sachenrecht, WEG bearbeitet von *Commichau* und *Engelhardt,* 2004; *Palandt/Bassenge,* 67. Aufl. 2008; *RGRK/Augustin,* 12. Aufl. 1983; *Riecke/Schmid,* WEG 2. Aufl. 2008; *Sauren,* Wohnungseigentumsgesetz, 5. Aufl. 2008; *Schmid/Kahlen,* Wohnungseigentumsgesetz, 2007; *Soergel/Stürner,* 12. Aufl. 1990; *Staudinger/Bearbeiter,* 12. Aufl. 1997, WEG bearbeitet von *Rapp, Kreuzer, Bub; Weitnauer,* WEG, 9. Aufl. 2005; *Wienecke,* WEG, 1974.

3. Handreichungen für die Praxis: *AGV,* Häuser aus zweiter Hand, 1998; *Bärmann/ Seuß,* Formularbuch, 4. Aufl. 1997; *Bassenge,* Wohnungseigentum-Rechtsprechung und Rechts-Praxis, 3. Aufl. 1994; *Bielefeld,* Der Wohnungseigentümer, 6. Aufl. 2001; *ders.,* Der Kauf einer Eigentumswohnung, 3. Aufl. 2007; *ders.,* Wohnungseigentum und Wohnungseigentümer, 2. Aufl. 2007; *Boeckh,* Wohnungseigentumsrecht, 2007; *Briesemeister/Drasdo,* Beschlußkompetenz der Wohnungseigentümer, 2001; *Bub/ von der Osten,* Wohnungseigentum von A–Z, 7. Aufl. 2004, m. Nachtrag 2007; *ders.,* Das Finanz- u. Rechnungswesen der WEergemeinschaft, 2. Aufl., 1996; *Deckert,* Die Eigentumswohnung, 2. Bde., Losebl. Slg.; *Deutscher Mieterbund,* Umwandlung von Miet- in Eigentumswohnungen, 1995; *Diester,* Wichtige Rechtsfragen des Wohnungseigentums, 1974; *Drasdo,* Die Eigentümerversammlung nach WEG, 2005; *Gottschalg,* Die Haftung von Verwalter und Beirat in der Wohnungseigentümergemeinschaft, 2002; *Greiner,* Wohnungseigentumsrecht, 2007; *Hannemann/Weber,* Handbuch des Wohnungseigentumsrechts, 2008; *Herrling/Federspiel,* Wege zum Wohneigentum, 5. Aufl. 1998; *Hügel/Elzer,* Das neue WEG-Recht 2007; *Jennißen,* Die Verwalterabrechnung nach dem Wohnungseigentumsgesetz, 5. Aufl. 2004; *ders.,* Der WEG-Verwalter 2007; Stiftung Warentest, Handbuch Eigentumswohnungen, *Bielefeld/Sauren/Siepe,* Berlin 2001; *Kirchhoff, Ulrike,* Wohnungseigentum in Frage und Antwort, 2007; *Klaßen/Eiermann,* Das Mandat in WEG-Sachen, 3. Aufl. 2008; *Müller,* Praktische Fragen des Wohnungseigentums, 4. Aufl. 2004; *Müller,* Beck'sches Formularbuch Wohnungseigentumsrecht, 2007; *Münzig,* Die Gemeinschaftsordnung im Wohnungseigentum, 1999; *Riecke/Riecke,* Die erfolgreiche Eigentümerversammlung, 1998; *Röll/Sauren,* Handbuch für Wohnungseigentümer und Verwalter, 8. Aufl. 2002; *Scheiff/Hoffmann,* Lexikon für Wohnungseigentümer, 2008; *Seuß,* Die Eigentumswohnung, 10. Aufl. 1993; Stiftung Warentest, Handbuch Eigentumswohnungen, *Bielefeld/Sauren/Siepe,* Berlin 2001; *Stuhrmann,* Steuertips zum Haus- und Grundbesitz, 8. Aufl. 1997; *Tresper,* Wohnungseigentum in der Praxis, 5. Aufl. 1983; *Wellkamp,* Rechtshandbuch Wohnungseigentum, 1998.

4. Sammelwerke und Rechtsprechungsübersichten: Festschriften (FS): für Johannes Bärmann und Hermann Weitnauer 1985 (= PIG 18); FS für Johannes Bärmann und Hermann Weitnauer, 1990 (= FS Bärmann/Weitnauer); FS für Wolf-Rüdiger Bub, Berlin 2007; FS für Wolf-Dietrich Deckert, 2002; FS für *Werner Merle,* 2000; FS für Hanns Seuß, Berlin 2007; FS für Joachim Wenzel, Köln, 2005; *Armbrüster,* Aktuelle Probleme des Wohnungseigentumsrechts, DZWiR 98, 249; *Bärmann,* Neuere Rechtsprechung zum Wohnungseigentum 1988/89 (PIG 32/1991), 115; *Böhringer,* Aktuelle Probleme des Wohnungseigentumsrechts in Rechtsprechung und Literatur, ZIR 1997, 68; *Demharter,* Rechtsprechungsübersicht zum Wohnungseigentumsrecht, FGPrax 1995, 89; *Dittrich,* Aus der Rechtsprechung des Kammergerichts zum Wohnungseigentumsrecht, ZMR 1986, 189; ZMR 1989, 201; ZMR 1992, 217; *Drasdo,* Literaturübersicht zum Wohnungseigentum, NZM 2002, 689; *Jagenburg,* Die Entwicklung des Baubetreuungs-, Bauträger- und Wohnungseigentumsrechts seit 1995, NJW 97, 2362; *ders.,* Die Entwicklung des privaten Bauvertragsrechts seit 1996, NJW 1999, 1153, 2218; *ders.,* Die Entwicklung des privaten Bauvertragsrechts seit 1998, T. 1, NJW 2000, 3243; *ders.,* Die Entwicklung des Privaten Bauvertragsrechts seit 1999, NJW 2001, 2439; *ders.,* Die Entwicklung des Baubetreuungs-, Bauträger- und Wohnungseigentumsrechts seit 1999, NJW 2001, 3453; *Jennißen,* Die Entwicklung des Wohnungseigentumsrechts in den Jahren 1994 und 1995, NJW 1996, 696; *ders.,* Die Entwicklung des Wohnungseigentumsrechts in den Jahren 1996 und 1997, NJW 1998, 2253; *ders.,*

Die Entwicklung des Wohnungseigentumsrechts in den Jahren 1998 und 1999, NJW 2000, 2318; *ders.*, Die Entwicklung des Wohnungseigentumsrechts in den Jahren 2000 und 2001, NJW 2002, 1396; *ders.*, Die Entwicklung des Wohnungseigentumsrechts in den Jahren 2002 und 2003, NJW 2004, 3527; *ders.*, Die Entwicklung des Wohnungseigentumsrechts in den Jahren 2004 und 2005, NJW 2006, 2163; *Klein,* Die neuere Rechtsprechung des Bundesgerichtshofs zum Wohnungseigentumsrecht, ZWE 2007, 465; *v. Rechenberg/Riecke,* Aktuelle Entwicklungen im Wohnungseigentumsrecht, MDR 99, 261; *Weber/Kesselring,* Die Entwicklung des BGB-Werkvertrags- und Bauträgerrechts in den Jahren 2001 bis 2004 (Fortf. v. *Jagenburg*), NJW 2004, 3469; *Weitnauer,* Die neuere zivilrechtliche Rechtsprechung zum Wohnungseigentum, T. 1, JZ 1985, 927; T. 2 JZ 1985, 985; *Wenzel,* Übersicht der neuesten Rechtsprechung aus Karlsruhe (PiG 42/1993), 185; *ders.*, Aktuelle BGH-Rechtsprechung zum Wohnungseigentum (PiG 44/1995), 129; *ders.*, Die neuere Rechtsprechung des BGH zum Recht des Wohnungseigentums im Überblick, ZdWBay 1995, 695; 98, 124; *ders.*, WE 1997, 442; WE 1998, 474; *ders.*, Die neuere Rechtsprechung des BGH zum Recht des Wohnungseigentums im Überblick, PiG 59/2000, 147; *ders.*, Die neuere Rechtsprechung des BGH zum Recht des Wohnungseigentums, ZWE 2000, 550; *ders.*, Die neue Rechtsprechung des BGH zum Recht des Wohnungseigentums, PiG 61/2001, 239; *ders.*, Aktuelle Rechtsprechung des BGH, PiG 63/2002, 211; *ders.*, Die neuere Rechtsprechung des BGH zum Wohnungseigentumsrecht, ZWE 2002, 1; *ders.*, Die neuere Rechtsprechung des Bundesgerichtshofs zum Recht des Wohnungseigentums, ZWE 2006, 62.

I. Verbreitung

1 Das Institut des WEs ist geschichtlich in der Form des Stockwerkseigentums allgemein bekannt (s. *G. Kohl,* Stockwerkseigentum, 2007). Ganz ähnliche Verhältnisse finden sich auch in den sog. Ganerbenburgen (dazu F. K. *Alsdorf,* Untersuchungen zur Rechtsgestalt und Teilung deutscher Ganerbenburgen, 1980). Zur Geschichte s. *Bärmann,* Voraufl. Einl. Rn 1 ff. WE ist auch gegenwärtig ohne wesentliche Ausnahme überall, selbst in den ehemals kommunistischen Staaten, verbreitet. In den romanischen Ländern ist es allgemein hergebracht (Art. 664 Cc). Besondere Gesetze bestehen in Belgien 1924, Belgisch-Kongo 1949 (Zaire), Rumänien 1927, Brasilien 1928, Griechenland 1929, Polen 1934, Italien 1934, dann Art. 117 ff. in Cc. von 1941/42; Bulgarien 1935; Chile 1937, Ekuador 1959, Frankreich 1938 (neu 1965), Spanien 1939 (neu 1960 mit Änderung 1988), Uruguay 1946, Peru (erg. 1959), Österreich seit 1948 (neu 1975/2002), Argentinien 1948, Bolivien 1949, Columbien 1948, Niederlande 1951, Saarland 1952,[1] Kuba 1952, Israel 1952, Portugal 1955, Venezuela 1959, Guatemala 1959, Schweiz 1963, Rep. Süd-Afrika 1972. Zulässig auch in Panama, Honduras, Mexiko 1954, Quebec, Japan und im ehem. Jugoslawien. Für den angloamerikanischen Rechtskreis sind entsprechende Regelungen ebenfalls unproblematisch. Schweden kennt besonders das dingliche DWR auf der Grundlage staatlich gelenkter Genossenschaften. Norwegen hat Miet-AG oder Miet-Genossenschaften. Die Türkei besitzt ebenfalls eine eigene Regelung (Ges. v. 23. 6. 1965). Neben dem WE findet sich noch häufig die Form der WEer-Gesellschaft, so in Frankreich, Italien und Belgien (Anteil an ziviler oder bürgerlich-rechtlicher Gesellschaft gibt Wohnrecht).[2]

2 Eine starke internationale Verbreitung ist auch in der Form der internationalen Austauschbarkeit der Objekte (Timesharing) zu beobachten (Rn 87 ff.). Das deutsche Vorbild hat die Schweiz angeregt zu einem eigenen Gesetz (1963, in Kraft getreten zum 1. 1. 1965). Ebenso ist die neuere Gesetzgebung in Spanien, Frankreich und den Niederlanden vom WEG beeinflusst. Ganz allgemein gilt für den **Erwerb** von Auslandsimmobilien/EWen in ausländischen Feriengebieten, dass er ohne gründliche Recherche über den dortigen Markt, die Lage sowie die Rechtslage Fallstricke beinhaltet. Als Wertanlage mit der Erwartung künftiger Wertsteigerung hat sich der Erwerb von EWen – von Ausnahmen abgesehen – nicht erwiesen.[3] Zur Enteignungsgefahr in der Türkei vgl. etwa FAZ v. 22. 11. 1995! Auch

[1] Siehe Anm. zu § 64.
[2] Einzelheiten siehe bei *Bärmann,* 4. Aufl. 1980 u. 5. Aufl. 1983, Einleitung, Rn 5 ff.
[3] Test 1/1996, 82.

steuerlich hat die Selbstnutzung keine Vorteile, da diese im Fall von Auslandsimmobilien nicht zu Abschreibungen für Auslandsimmobilien führt. Es bleiben lediglich die Steuervorteile aus Vermietung erhalten. Kreditinstitute bieten zunehmend eine komplette **Finanzierung** für Wohnimmobilien im Ausland.

II. Soziologische Rechtfertigung

Literatur: *Friedemann/Wiechers* (Herausg.), Städte für Menschen, 2005 (insbes. S. 242ff. und 315ff.); *Jenkis,* Die Wohnung, ein Wirtschafts- oder Sozialgut, FS Bärmann/Weitnauer, 391; *Kersten,* Die freie Entfaltung – der Persönlichkeit – im Wohnungseigentum, FS Bärmann/Weitnauer, 435; *Wienicke,* Die Wohnungs- und Eigentumsverhältnisse in der DDR, FS Bärmann/Weitnauer, 697.

3 Seine besondere Rechtfertigung erhält das Institut Wohnungseigentum durch die mit ihm verbundenen mehrfachen Vorteile für den Rechtsinhaber. Dazu gehören die Erfassung kleinerer Kapitalien und seine Brauchbarkeit bei der Auseinandersetzung von Gesamthandsgemeinschaften. Im letzten Fall kann z. B. ein Mietshaus anlässlich eines Erbfalls von den Erben in der Weise aufgeteilt werden, dass jeder in Form einer EW abgefunden wird. Dies gilt aber auch für Miteigentum an einem Grundstück, z. B. wenn ein Ausgleich des Zugewinns unter Ehegatten oder eine Aufhebung der Gemeinschaft nach Bruchteilen stattfinden soll. Hier kann die Begründung von WE und die Übertragung auf einzelne Personen von Nutzen sein. Mit WE kann auch eine bessere (wirtschaftliche) Nutzung von Grund und Boden verbunden werden, da Geschosswohnungen eine Verdichtung im Wohnungsbau ermöglichen. Für den Erwerber ist damit regelmäßig eine Verbilligung der Baukosten einer eigenen Wohnung verbunden und es entsteht das soziale Gefühl des Eigenbesitzes. Weitere positive Merkmale von WE sind: Die Pflege der Selbstverantwortlichkeit und des Selbstbewusstseins, Förderung des Wiederaufbaus auch in der Form der Umlegung in die Horizontale, Sachwertsicherung, rascherer Umschlag der Baugelder, Sicherung von Baukostenzuschüssen, Erhaltung des Wohnungsbaus in (Innen)städten überhaupt, Ermöglichung verdichteter Bauweise, Erleichterung des Hausgehilfinnenproblems, Amortisation des Eigentums statt Miete, Ausschaltung des sozialen Spannungsverhältnisses zwischen Vermieter und Mieter, soziale Gleichordnung. Im Modellvergleich zwischen Kaufen und Mieten erweist sich, dass abgesehen von der Einstiegsphase, in der der Mieter im Vorteil ist, langfristig der Erwerb/Kauf insbesondere nach der Kredittilgung erheblich vorteilhafter ist.[4] Allerdings hängt die Rechnung von den Konditionen (Finanzierung, Förderung usw.) ab. Weitere Chancen bestehen für das WE im Bereich der Städtesanierung nach StädtebaufördG (vgl. dort §§ 22 Abs. 3 Nr. 1, 25 Abs. 3 Nr. 2 sowie das BauGB). Angesichts des geschätzten **Sparvolumens** für 2007 von 166 Mrd. Euro kann auch das WE davon profitieren (*SZ* v. 24. 10. 2007; 1. Hj. 2009: 89 Mrd. Euro).

4 Allgemein hält die Bevölkerung Immobilieneigentum mit 81% für die gute **Anlageform.** 55% der Westdeutschen und 68% der Ostdeutschen würden ein Einfamilienhaus bevorzugen, während 32% bzw. 21% sich für eine EW entscheiden würden. Wertentwicklung und Mieteinnahmen ergeben für das Eigenheim im Langzeitvergleich 1970 bis 1995 eine **Rendite** von 8,5%. Dieser Wert wird von keiner Anlageform erreicht (DAS v. 14. 3. 1997). Die Wohneigentumsquote beträgt in der Bundesrepublik fast 43%, bei den über 50-Jährigen fast 50% (empirica/LBS 2007). Sie stieg in der Altersgruppe der 65- bis 80-Jährigen von 1991 bis 2007 um ca. 10 Prozentpunkte, während sie bei den über 80-Jährigen um etwa 17 Prozentpunkte anstieg (Gutachten des Instituts der deutschen Wirtschaft und des Zentrums für Europäische Wirtschaftsforschung zur gesamtwirtschaftlichen Perspektive der Immobilienwirtschaft 2009) in: Modern.-Magazin 9/2009, S. 14f.). Damit erreichten Immobilien 50 Prozent des privaten Vermögens (a. a. O. S. 15). Deswegen ist auch das Bausparen nach wie vor attraktiv. WE wird auch zunehmend von Bedeutung als ein wesentlicher und bedeutsamer Bestandteil der künftigen **Altersversorgung.** Neben den „klassischen" Vor-

---

[4] Finanz-TEST Nr. 5, 2002, S. 12ff.

sorgemodellen wie z. B. der Lebensversicherung, spielt für viele Menschen der Erwerb von WE als Ergänzung der Altersvorsorge eine zentrale Rolle. Je kritischer die Belastung der gesetzlichen Alterssicherungssysteme durch die demographische Entwicklung der Bevölkerung gesehen wird, umso wichtiger erscheint es vielen Bundesbürgern, sich eine davon unabhängige Altersvorsorge aufzubauen, 77% der Bevölkerung halten die Immobilie zur Eigennutzung für die geeignetste Form der Altersvorsorge (Modernisierungs-Magazin 5/2004). Die **Sparquote** ist bei Immobilieneigentümern wesentlich höher als bei Mietern: 50% mehr Barvermögen plus Immobilie im Wert von 6 Jahreseinkommen (Liegenschaft aktuell 3/2007, 13). „Als inflationssicherer Sachwert ist der Kauf einer vermieteten Wohnimmobilie unschlagbar".[5] Während Mieterhaushalte im Alter zu 90% von den Zahlungen der Rentenversicherung abhängig sind, gilt das für Wohneigentümer mit gleichen Rentenansprüchen nur für ca. 50%.[6] Natürlich ist der Bau von EWen auch von den steuerrechtlichen Rahmenbedingungen abhängig, z. B. den Regelungen zur AfA. Vorteile liegen bei der EW gegenüber dem Einfamilienhaus in der Pflege und Bewachung der Anlage, also einem Plus an **Bequemlichkeit** und **Sicherheit.** Nach einer Untersuchung verfügen Wohnungseigentümer oft über eine ausgeprägte emotionale Bindung zu Wohnung/Haus, anders als Mieter, und leben im Allg. in einer gut funktionierenden Nachbarschaft. Bestandsoptimierung steht bei Modernisierung im Vordergrund. Dabei steht das Ziel, bei Hilfs- und Pflegebedürftigkeit in der eigenen Wohnung bleiben zu können, bei 38% eine ausschlaggebende Rolle.[7] Ein erheblicher Nachholbedarf besteht im Bau **barrierefreier** Wohnungen. Erst 1% der Wohnungen entspricht bisher diesen Anforderungen (Kuratorium Wohnen im Alter, Modern.-Magazin 12/2009, S. 32). Insgesamt ist ein Trend vom Land in die Stadt erkennbar, wobei das Argument der guten Infrastruktur entscheidend ist (digitaz v. 9. 1. 2009). Auch das Bund-Länder-Programm „Stadtumbau West" fördert den Umbau- und Sanierungsbedarf auch in Hinsicht auf den ökonomisch-sozialen Struktur- und den Klimawandel (ZdW Bay 2009, 125).

Weitere Aufgaben treffen die Anlagen mit EWen durch die Einführung des **Gebäudeenergieausweises** ab 1. 7. 2008, der allerdings nur den Istzustand beschreibt. Er ersetzt nicht sinnvolle Maßnahmen der Energieeinsparung. Er kann in der Form des bedarfsorientierten als auch des verbrauchsorientierten Ausweises erstellt werden (vgl. §§ 16 ff. EnergieeinsparVO-EnEV). 5

Die zum 1. 10. 2009 in Kraft getretene **EnEV** gibt bei Neubauten Referenzwerte für einzelne Bauteile vor, die sich aus gleichartigen Gebäudemerkmalen (Geometrie, Nutzfläche und Ausrichtung) ableiten (sog. Referenzgebäudeverfahren).[8]

Der Gesetzgeber hat die Konsequenzen aus der Belastung des Rentensystems gezogen. In die vom Staat geförderte Altersvorsorge, sog. **„Riester-Rente"**, ist auch die selbstgenutzte Immobilie einbezogen worden. Danach kann ein Sparer 4% seines Vorjahres-Bruttoeinkommens (höchstens 2100 Euro) einzahlen, um die staatliche Grundzulage von maximal 154 Euro zu erhalten. Für Kinder besteht je nach Alter eine unterschiedliche Förderung: 185 Euro für ältere, für ab 2008 geborene 300 Euro. Ehegatten müssen, um die Grundzulage für beide zu sichern, zwei Verträge abschließen. Wer vor Vollendung des 25. Lebensjahres einen entspr. Vertrag schließt, erhält einen Bonus von 200 Euro. Bei dem Entnahmemodell kann der Erwerber von Wohneigentum einen Betrag von bis zu 50 Tsd. Euro zum Kauf bzw. Bau einer Wohnung von seinem angesparten Konto entnehmen. Er gewährt sich praktisch selbst

[5] So die *SZ* Nr. 218/95; SZ v. 11. 9. 96: EW zunehmend Renditeobjekt. Vgl. auch den Wohngeld- u. Mietbericht der BReg. (BT-Drucks. 13/10384 v. 31. 3. 98, S. 10) und Liegenschaft aktuell 3/2007: Rendite 5–7%.

[6] Untersuchung von *EMPIRICA* im Auftrag der Landesbausparkassen (Wohnungswirtschaftl. Informationen (Wi) 31/99, S. 3.

[7] empirica/LBS Research, 2007.

[8] Der ImmobVerw 2009, 134; Grundlage ist das zum 2. 4. 2009 in Kraft getretene EnEG; dazu *Hänsel/Flache*, NJW-Spezial 2009, 332.

ein Darlehen, das in gleich bleibenden monatlichen Raten bis zum Renteneintritt auf das Rentenkonto wieder einzuzahlen ist. Ob die gleichzeitige Belastung mit Kreditzinsen für den Erwerb des Wohnungseigentums damit tragbar ist, bleibt abzuwarten (zur Kritik s. *Eekhoff/Voigtländer FAZ* v. 19. 7. 2002, S. 47; GdW-Jahresstatistik 2006; Liegenschaft aktuell 5/07). Immerhin haben 2007 ca. 37% der Berechtigten einen entspr. Vertrag (Rente) unterzeichnet (*SZ* v. 24. 10. 2007). Das Modell muss sich jedenfalls einer Konkurrenz, insbesondere der betrieblichen Altersvorsorge erwehren. Es bleibt auch abzuwarten, wie es sich im Verhältnis zur Bausparförderung entwickelt. Andererseits ergeben Berechnungen, dass das Modell der Zwischenentnahme dort in den meisten Fällen nicht als „Doppelbelastung" diskriminiert werden sollte (*Carls* FWW 2/2002, S. 57 ff.). Für in finanzielle Bedrängnis geratene WEer besteht u. U. ein Anspruch auf **Lastenzuschuss** nach dem WohngeldG. Er ist bei der zuständigen kommunalen Wohngeldstelle geltend zu machen.

6 51% des Immobilienvermögens von insgesamt 9 Billionen Euro (inklusive bebauter Grundstücke), also fast 4,6 Billionen Euro, sind in Wohnimmobilien angelegt. Der Bestand an Wohnungen beläuft sich auf ca. 40 Millionen (Modern.-Magazin 9/2009, S. 15). Auch der Wohnbesitz ermöglichte die Bildung von echtem Eigentum in der Form von WE.[9] Im Rahmen von **Erbschaften** spielt Immobilienbesitz mit 46% gegenüber Geld (50%) eine wichtige Rolle (*SZ* v. 24. 10. 2007).

7 Das WE hat auch erhebliche **Vorzüge** gegenüber der gewöhnlichen Bruchteilsgemeinschaft mit Nutzungsvereinbarung nach § 1010 BGB, ganz abgesehen von der Unmöglichkeit, die Aufhebung dieser Bruchteilsgemeinschaft für alle Fälle zu verhindern und damit unliebsame Überraschungen auszuschließen (§ 749 Abs. 2 BGB, § 84 Abs. 2 InsO). So gibt WE über § 1010 BGB hinaus ein Eigentumsrecht, nicht ein bloßes Benutzungsrecht am SE; die Verwaltung ist eingehender im Gesetz geregelt und ist durch die Gemeinschaftsordnung noch unangreifbarer zu gestalten; WE ist selbstständig wirtschaftlich verwertbar. Eine weitere Bedeutung hat die EW auf dem Gebiet der *Zweitwohnsitze.* Es bestehen ca. 900 Tsd. Zweitwohnsitze in Deutschland, darunter ein großer Anteil von EWen (Der Immobilienverwalter 6/2007) als **Ferienwohnungen.**

8 **Architektonisch** stellt das WE besondere Anforderungen an Planung und Ausführung. Die Bereiche von SE und GemE sollten auch gestalterisch von einander abgesetzt sein. Die Bauweise ist entscheidend für die Höhe der entstehenden Umlagen! Gemeinschaftseinrichtungen müssen ausreichend vorhanden sein. Im allg. bewährt sich ein bürgerlicher Wohnungstyp mit gewissem Komfort. Auch die Entwicklung zu mehr Einpersonenhaushalten (1997: 13,3 Mio. = 35%) wird sich auf Größe und Struktur von WE auswirken.

9 Das WE hat sich inzwischen unzweifelhaft **bewährt.** Anlässlich des 50jährigen Bestehens des Instituts WE 2001 ist seine Bedeutung umfassend gewürdigt worden. „Alleskönnerin Eigentumswohnung" hat der GdW Bundesverband Deutscher Wohnungsunternehmen in seiner Broschüre „50 Jahre WEG" (GdW Schrift 53/2001) getitelt.

10 Allerdings steigt mit der Zahl der EWen auch ihr Anteil an den Zwangsversteigerungen. So waren 1997 von insgesamt 39 500 zwangsversteigerten Immobilien 70% Ein- und Zweifamilienhäuser bzw. EWen. Selbstgenutztes Wohneigentum war daran nur zur Hälfte beteiligt.[10] Nach einer Untersuchung der BReg. wird eine große Zahl der EWen von den Eigentümern selbst genutzt (s. aber u). Dabei hat sich als Vorurteil herausgestellt, dass WE Quelle des Zwists zwischen den WEern sei. Die WEer sind im allg. auch mit der Verwaltung zufrieden. Das Ergebnis der Gebäude- und Wohnungszählung 1987 ergab gegenüber der Erhebung 1968 fast eine Verfünffachung der Zahl der Gebäude mit Eigentumswohnungen. Von 56 431 Gebäuden 1968 stieg die Zahl auf 257 901.

---

[9] S. unten Rn 86.

[10] Antwort der BReg. auf die Kleine Anfrage der SPD (BT-Drucks. 13/10905 v. 9. 6. 98, S. 2). Im ersten Halbjahr 2002 kamen mehr als 28 000 Einfamilienhäuser und EWen zur Zwangsversteigerung (wi 26/2002 S. 7).

Gleichzeitig stieg der Anteil der Gebäude mit Eigentumswohnungen am Gesamtbestand von Gebäuden mit Wohnraum von 0,6% auf 2,1% im Bundesdurchschnitt. In Ballungsräumen dominiert die EW gegenüber dem Einfamilienhaus (z. B. in München mit 57% (Der Immob.Verwalter 2002, 282)). WE hat in den Großstädten einen Anteil von 42% am selbstgenutzten Wohneigentum (LBS-Research in: Der ImmobVerw. 5/2004). 11

Nicht verwechselt werden mit der EW darf die häufig verwendete Bezeichnung „Eigentümerwohnung". Hierunter sind die vom Eigentümer selbstbewohnten Wohnungen in allen Gebäudeformen gemeint. Hieraus ergibt sich die objekt-/wohnungsbezogene Eigentumsquote, der Anteil der selbstbewohnten Wohnungen von Gebäude- oder WEern an den bewohnten Wohnungen insgesamt. Für 1993 wurde hierbei ein Bestand von 12,76 Millionen Eigentümerwohnungen insgesamt ermittelt, was einer Eigentumsquote von 38,8% entsprach. Demgegenüber wurden 20,125 Millionen Mietwohnungen gezählt. 2008 ist die Eigentumsquote auf 48,0% gestiegen. In Westdeutschland betrug sie 2002 43,6%, in Ostdeutschland 34,2%. Dabei hat sich herausgestellt, dass die Eigentumsquote auch in Großstädten mitunter beachtlich ist: Bremen 38,5 und Stuttgart 26%.[11] Es lässt sich momentan sogar ein Trend mehr zum städtischen Wohneigentum feststellen als zu ländlichen Regionen (SZ vom 17. 5. 2002). So hätten nach einer repräsentativen Umfrage unter Bauherren/Erwerbern ca. 38% in Kerngebieten städtischer Verdichtung bzw. 17% im unmittelbaren Umland Eigentum erworben.

Die **absolute Zahl** der Eigentumswohnungen stieg von 380 543 (1968) auf 1 827 856 zum Stichtag 25. 5. 1987.[12] Damit hatte sich die Zahl der Eigentumswohnungen in diesem Zeitraum fast verfünffacht. 1991 wurden ca. 120 000 EWen genehmigt (Hausbau-Informationen 18/1992). 1994 waren es bereits 176 671 genehmigte Eigentumswohnungen, 14,6% mehr als 1993. Der Anteil der EWen am Geschosswohnungsbau ging dabei von 56,34% (1993) auf 55,9% im Jahr 1994 leicht zurück (Baujahr 1994 des ZDB, 1995, S. 43). 1993 wurden in den westlichen Bundesländern 431 892 neue Wohnungen **fertiggestellt.** Davon waren 114 782 EWen. In den östlichen Bundesländern entstanden 23 611 neue Wohnungen, davon 7312 in Mehrfamilienhäusern. In diesen wurde etwa jede zweite – wie in den alten Bundesländern – als WE errichtet. Im Jahre 1996 wurden 159 Tsd. Wohnungen i. F. von WE errichtet nach dem Höhepunkt 1994 mit rd. 165 Tausend EWen. Das wäre die zweithöchste Zahl seit der getrennten Erfassung von EWen in der Neubaustatistik ab 1983.[13] Demzufolge belief sich der Anteil an EWen an allen neuen Wohnungen 1996 auf 32% (West) bzw. 31% (Ost) nach 28,3% (1995) und 33,9% (1994) (ebenda). 2000 waren es 78 Tausend, 2001 insgesamt knapp 60 Tsd. fertiggestellte EWen (Stat. BA 2002). Mit dem Rückgang der Zahl der fertig gestellten Wohnungen überhaupt (2007 noch 214 Tsd. und 2008 nur 175 Tsd.: Destatis v. 14. 10. 2009; 2007 ca. 34 Tsd.; 2008 ca. 30 Tsd. fertiggestellte EWen) nimmt auch die Summe der EWen entspr. nur leicht zu (genehmigte EWen in den ersten fünf Monaten 2009: 12 Tsd.). Man wird **heute** von **6,4 Millionen EWen** ausgehen können,[14] auch wenn der Mikrozensus 1998 „nur" 3,4 Millionen erfasste (GdW Schrift 53, 2001, S. 24 f.). Der Anteil der EWen am Gesamtbestand von 25,9 Mio. Immobilienobjekten in privater Hand betrug zum 1. 1. 2008 24,7%.[15] Der Bestand an EWen bedeutete 1995 einen Wert zwischen 790 Mrd. DM (Sachwerte) und 710 Mrd. DM (Ertragswerte), so das DIW (a. a. O.). Rund 85% des deutschen Kapitalstocks entfallen auf Immobilien (Mod.-Magazin 7/8) (2006). Die **Preisentwicklung** für EWen ging in den vergangenen Jahren kontinuierlich nach oben. Erstmals 2009 ist ein Rückgang von 12

[11] wi 27/2002, 7 (lt. ifs, s. Anm. 3).

[12] Quelle: Auskunft des Statistischen Bundesamts; Wirtschaft u. Statistik 8/89, S. 483.

[13] Angaben nach dem Institut für Städtebau, Wohnungswirtschaft und Bausparwesen (ifS). Lt. ifS wurden 1994 141 Tsd. Einheiten gebaut (SZ v. 11. 9. 96, bzw. 10. 10. 96).

[14] Diese Zahl ermittelte das Stat.BA zum 1. 1. 2008 (DEW 2009, H. 4, II). Bundesjustizministerin *Zypries* in: Liegenschaft aktuell 2/2007, 9; vgl. Wohngeld- u. Mietenbericht der BReg. (a. a. O., S. 10 f.) berichtete von über 5 Mio.

[15] DWE 2009, H. 4, II.

durchschnittlich 3,4% von 128 300 (2008) auf 120 900 Euro festzustellen (ifS in: Welt online v. 6./8. 1. 2010). Dabei sind erhebliche Unterschiede zwischen Ost- und Westdeutschland und den einzelnen Wirtschaftsregionen zu beachten.

13 Auch diese Zahlen belegen die Beliebtheit dieser Form vom Wohneigentum. Ob die Bildung von Wohneigentum als gezielte Strategie zur sozialen Stabilisierung von Wohngebieten wirken kann, wurde seinerzeit diskutiert.[16] Die Erfahrungen sind zwar durchaus positiv, aber noch zu beobachten, insbesondere im Hinblick auf die Umwandlungsproblematik. Die vom BMVBW in Auftrag gegebene Studie „Potenziale der Wohneigentumsbildung für die soziale Stabilität von Stadtteilen" scheint zu bestätigen, dass Wohneigentumsbildung durch Neubau und Bestandsprivatisierung grundsätzlich einen wichtigen Beitrag zur Stabilisierung benachteiligter Stadtviertel leisten kann. Eine großzügigere Gewährung von **Krediten** an die teilrechtsfähige Gemeinschaft könnte die Finanzierung der Sanierung, aber auch energetische Maßnahmen fördern, wie es etwa die KfB-Förderbank im Zusammenwirken mit der Hausbank ermöglicht.[17]

14 Eine weniger beachtete Entwicklung hat sich offensichtlich im Verhältnis der vom Eigentümer selbstbewohnten EW und der **vermieteten** vollzogen. Wie das Bundesbauministerium ermittelt hat,[18] hat die Gebäude- und Wohnungsstichprobe 1993 ergeben, dass im früheren Bundesgebiet nur 43% der EWen selbstgenutzt sind, während 57% vermietet werden. Diese Tendenz hat sich fortgesetzt. Nach Schätzung der BReg beträgt die Quote der Eigennutzung bei Neubauten nur noch 20–30% (West).[19] In den neuen Ländern und Ostberlin beträgt die Quote bei der Selbstnutzung 64%, während die Vermietungsquote (noch) bei 36% liegt (1993). Da die Schätzungen über die Zahl der EWen schwanken, differieren auch die Zahlen über die Zahl vermieteter EWen. Während die BReg. bei einer angenommenen Zahl von 3,6 Mio. von einer Vermietungsquote von 60–70% ausgeht (BT-Drucks. 14/5298 v. 12. 2. 2001 auf die Kl. Anfrage der FDP), nahm die Wohnungswirtschaft 4 Mio. EWen an, von denen 2,2 Mio. vermietet, während 1,8 Mio selbst genutzt sind (GdW Schrift 53, 2001, 25). Die Vermietungsquote betrüge danach 55% (nach Der Immobilienverwalter 2002, 282: 52%/West und 58%/Ost).

15 Dies beweist nicht nur die zunehmende Bedeutung der EW für die Alterssicherung, sondern enthält durchaus ein Konfliktpotential für die WEsanlagen selbst. So könnten sich aus der unterschiedlichen Interessenlage von Selbstnutzern und Vermietern durchaus Probleme im Hinblick auf eine ordnungsmäßige Verwaltung ergeben. Ganz deutlich ist jedoch, dass sich die Realität von der Vorstellung des Gesetzgebers im Jahre 1951 weitgehend entfernt hat; nicht die Selbstnutzung ist z. Z. die Regel, sondern eher die Vermietung.

III. Dogmatischer Ausgangspunkt

16 **Literatur** (neben der o. vor der Einl. genannten): *Armbrüster,* Parallelen zwischen Wohnungseigentumsrecht und Gesellschaftsrecht, FS *J. Wenzel,* 2005, 85; *Bub,* Rechtsfähigkeit der Wohnungseigentümergemeinschaft, ZWE 2002, 103; *ders.,* Rechtsfähigkeit und Vermögenszuordnung, ZWE 2006, 253; *Derleder,* Die Rechtsfähigkeit von Wohnungseigentümergemeinschaften für externe Verpflichtungen und Rechte – Teil 1, ZWE 2002, 232; Teil 2, ZWE 2002, 250; *Maroldt,* Zur Rechtsfähigkeit der Wohnungseigentümergemeinschaft, ZWE 2002, 387; *Ott,* Zur Rechtsfähigkeit der Wohnungseigentümergemeinschaft, ZMR 2002, 97; *Prüfer,* Grenzen der Privatautonomie im Wohnungseigentumsrecht, ZWE 2001, 398; *Raiser,* Rechtsfähigkeit der Wohnungseigentümergemeinschaft, ZWE 2001, 173; *Rühlicke,* Gesamthand, rechtsfähige Personengesellschaft, juristische Person und Wohnungseigentümer, ZWE 2007, 261.[20]

---

[16] S. wi 26/2002, 1; Mod.-Magazin 7/82002, S. 12.

[17] Der ImmobVerw. 2008, 279.

[18] Haus und Wohnung im Spiegel der Statistik 1997/98, 1997.

[19] Wohngeld- u. Mietenbericht, a. a. O. S. 10.

[20] Bemerkung: Die Literatur zur Rspr. des BGH, soweit dessen Auffassung zur Teilrechtsfähigkeit (zustimmend) behandelt worden ist, ist m. E. nicht ohne Weiteres auf das WEG i. d. F. zum 1. 7. 2007 zu übertragen. Dabei sind Wortlaut und gesetzgeberische Intention zu berücksichtigen.

1. Die Begrifflichkeit des Wohnungseigentums

Das **WEG** gibt in § 1 Abs. 2 eine sog. Legal-Definition des WEs. Danach ist „WE das SE an einer Wohnung in Verbindung mit dem Miteigentumsanteil an dem gemeinschaftlichen Eigentum, zu dem es gehört". Damit scheint der Primat im Dualismus von GemE und SE dem GemE zugesprochen zu sein. Doch widerspricht dem der § 3 Abs. 1, wonach das Miteigentum i. S. d. § 1008 BGB an einem Grundstück durch Vertrag der Miteigentümer in der Weise beschränkt werden kann, dass jedem der Miteigentümer SE an einer bestimmten Wohnung usw. eingeräumt wird. Nach § 8 Abs. 1 ist dies auch durch den Alleineigentümer mittels Aufteilung in Miteigentumsanteile und entsprechende Verbindung mit SE zulässig. **17**

Dieser gesetzliche Wortlaut hat innerhalb der dualistischen Theorie, wie schon in anderen Rechtskreisen, zur Behauptung eines Primates des Miteigentumsanteils[21] oder des SEs (so *Börner*)[22] geführt, ohne Beachtung des verbindlichen Charakters einer Legal-Definition wie in § 1 Abs. 2 WEG (zum Theorienstreit s. die 9. Auflage des Kommentars).

Bei all dem bleibt fest zu halten, dass der Begriff Wohnungseigentum von drei Elementen zusammengesetzt ist, nämlich dem Miteigentum, dem SE und der Beteiligung an der Gemeinschaft, die eine rechtlich notwendige und unausschliessbare wie auch unauflösbare ist.

Was Inhalt des SEs ist, ist auf jeden Fall mit diesem nach § 5 unlösbar verbunden und damit mit dem WE selbst als dessen Bestandteil und Inhalt.

Damit erledigt sich die Frage nach dem **Primat** von Miteigentum oder SE. Sie ist schon rein logisch unverständlich, weil nirgends die Konsequenz gezogen wird und gezogen werden kann, dass ein solcher Primat die Rechtsordnung des gesamten Instituts des WEs bestimme und beherrsche. Weder kann die Rechtsordnung des BGB über das Miteigentum (§§ 1008 ff. BGB), noch die des Eigentums (§§ 903 ff.) für den Eigentumsbegriff des SEs allein oder auch nur dominierend bestimmend sein für die Argumentation zu allen Rechtsfragen im Kreise des WEs – ebenso wenig aber auch das Recht der Gemeinschaft nach §§ 20 ff. WEG und nach §§ 741 ff. BGB. **18**

Vor allem ist aber festzuhalten, dass der Gesetzgeber des WEG die Rechtsform des eigenständigen **Gesetzes,** und nicht die Form einer Novelle zum BGB gewählt hat, in der er das Miteigentum hätte entsprechend ausbauen können unter Änderung der §§ 1008 ff. BGB bzw. in der Schaffung eines Rahmens für das Wohnungsrecht i. S. d. § 1010 Abs. 1 BGB. Er hätte damit ein servitutenähnliches Sachenrecht geschaffen, wie es beispielsweise der schweizer Gesetzgeber in seinem Stockwerkseigentum durch das Gesetz vom 19. 12. 1963 (in Kraft seit 1. 1. 1965) getan hat; er hat die neuen Art. 712 a–712 t im Anschluss an die Gemeinschaft in das ZGB eingeführt. Dabei hat er bewusst betont, dass er sich im Rahmen des schweizerischen Zivilgesetzbuches halten wolle und deshalb keine andere Möglichkeit sähe als die entsprechende Ausgestaltung der Vorschriften über das Miteigentum. Interessant ist, dass dies besonders betont wurde.[23] Es ist offenkundig, dass der deutsche Gesetzgeber einen **anderen Weg** beschreiten wollte, nämlich den der Schaffung eines **„echten Eigentums".** Dies ergibt sich aus der Begründung.[24] Es wird eindeutig davon gesprochen, dass man „ein neues Wohnungseigentum" als „echtes Eigentum" schaffen wollte. Die Begründung sagt sogar ausdrücklich, dass von einem Ausbau der Miteigentümergemeinschaft i. S. d. Art. 131 EGBGB (sog. unechtes Stockwerkseigentum) abgesehen werden sollte. Somit ging also die Absicht, das Motiv, des Gesetzgebers eindeutig dahin, ein neues „echtes Eigentum" zu schaffen. Hätte der Gesetzgeber nur zum Ausdruck gebracht, **19**

---

21 So vor allem *Weitnauer* auch in der 8. Aufl. seines Kommentares vor § 1 Rn 17 a.

22 Festschrift Dölle 1963, 201.

23 Insbesondere *Liver* ZBernJustiz-Vereins 1964, 201 ff. und Gedächtnisschrift Ludwig Marxer, Zürich 1964, 143 ff.

24 Materialien zum WEG, in PiG Nr. 8: 30 Jahre Wohnungseigentum, S. 206 und 170.

es handle sich beim Wohnungseigentum nur um ein besonders ausgestaltetes Miteigentum, so wäre gesetzgebungstechnisch zwingend der Weg über die Novelle und nicht über ein neues Gesetz zu wählen gewesen.[25]

Zutreffend erscheint, das Gesellschaftsrecht und seine Grundsätze, etwa die Ultra-vires-Lehre und die Auslegung von Satzung/Gesellschaftsvertrag auf Gemeinschaftsordnung und Beschlüsse, ergänzend heranzuziehen.[26] Dies kann nach *Armbrüster* geschehen, ohne die Spezifika der WEergemeinschaft zu ignorieren.[27]

Zu beachten ist hierbei auch der wesentliche Unterschied zum Gesellschaftsrecht, das zwingend als Organ den Vorstand/Geschäftsführung vorsieht, während der Verwalter auch nach der Reform des WEG 2007 in dem Sinne nicht obligatorisch ist, dass er von Dritten durchgesetzt werden könnte, eine Bestellung aber bei Einigkeit der WEer unterbleiben kann.

2. Einheit des Begriffes

20 Schon die Analyse *Bärmanns* (vgl. 4. Aufl.) hatte ergeben, dass in vielen Gesetzgebungen schon eine starke Neigung der Einbeziehung aller drei Elemente in eine Einheit besteht, die als Komplexität, als selbstständiger Begriff, aufzufassen ist.

Die Erkenntnis des Wohnungseigentums als eines Rechtsinstituts „sui generis" trat immer mehr zutage (vgl. auch *Junker,* S. 130 ff., jedenfalls für die Gemeinschaft). Dies trifft auch für die kritischen Ausführungen bei *Merle* zu, wenn er (S. 180) das Wohnungseigentum als „einheitlichen Rechtsgegenstand anerkannt" definierte, und andererseits (S. 181) sagte, „dass mit dem Wohnungseigentum die mitgliedschaftlichen Positionen des Wohnungseigentümers – weitgehend untrennbar – verbunden sind, so dass die Übertragung des Wohnungseigentums zwangsläufig auch den Übergang der gesamten Mitgliedschaft des Wohnungseigentümers auf den Erwerber zur Folge hat.[28]

21 So handelt es sich beim Wohnungseigentum als neuen Begriffstyp „sui generis" um eine aus drei Begriffselementen, die dem Bürgerlichen Recht geläufig sind, zusammengesetzte Einheit; diese drei Begriffselemente sind „derart miteinander verbunden, dass sie nur in ihrer Gesamtheit ein sinnvolles" im Übrigen vom Gesetzgeber selbst geschaffenes „Ganzes" ergeben.

Durch § 10 Abs. 6 S. 1 n. F. bezieht sich die Rechtsfähigkeit der Gemeinschaft zwar (nur) auf Rechtsgeschäfte und Rechtshandlungen „im Rahmen der gesamten Verwaltung",[29] belässt jedoch den übrigen Bereich der gemeinschaftlichen Verwaltung beim bisherigen Rechtszustand. Andererseits wird durch die Zuordnung des Verwaltungsvermögens nach § 10 Abs. 7 zur Gemeinschaft auch klargestellt, dass es keine gesonderten Übertragungsvorgänge von Veräußerer und Erwerber von WE bedarf, wie hier immer vertreten wurde.[30]

22 Man kann also, anstatt von der dreigliedrigen Einheit des Begriffes Wohnungseigentum zu sprechen, auch diesen durch das WEG eingeführten neuen autonomen Begriff „Wohnungseigentum" als Kombination oder Verschmelzung dreier, dem bürgerlichen Recht im Übrigen bekannter Begriffs-Typen definieren, wie man das auch beim gemischten Vertrag, etwa in der Lehre vom sogenannten Typenverschmelzungsvertrag tut; dabei unterliegt jedes

---

[25] Vgl. *Bärmann* PiG 19 S. 36 Anm. 104; *ders.* in Die WEergemeinschaft als rechtl. Zuordnungsproblem, JStudGes. Karlsruhe Heft 165 (1985), S. 19 Anm. 42; *ders.,* Die Wohnungseigentümergemeinschaft, PiG 22, Abschnitt I (Einl. 1–3).

[26] *Armbrüster* a. a. O. S. 85 ff., 89 f.; zur sog. Kernbereichslehre ebenda S. 89.

[27] A. a. O. S. 87.

[28] Dazu auch dort S. 156 über die Untrennbarkeit.

[29] Bärmann/*Pick* Erg. Bd., 257 f. (Begr. der BReg).

[30] Ebenda S. 352 (RechtsA des BTs).

der drei Elemente seiner eigenen Rechtsordnung, aber in Verschmelzung und in untrennbarer und unauflösbarer Verbindung mit den anderen Elementen.

3. Wesen der Wohnungseigentümergemeinschaft

§ 10 Abs. 1 bringt in eigentlich irreführender Weise zum Ausdruck, dass, soweit das Gesetz keine besonderen Bestimmungen enthält, die Vorschriften des BGB über die **Gemeinschaft** anwendbar sein sollen. Daraus ist nicht zu folgern, dass die Gemeinschaft der Wohnungseigentümer eine „schlichte Rechtsgemeinschaft" i. S. d. §§ 741 ff. sei. Diese dogmatische Festlegung ist nicht Aufgabe des Gesetzgebers, sondern der Dogmatik und der Rechtstheorie.[31] Dies gilt umso mehr, als ein offener Widerspruch zwischen den Regeln der genannten Rechtsfigur der schlichten Rechtsgemeinschaft und der tatsächlichen gesetzlichen Ordnung der Wohnungseigentümergemeinschaft nach den §§ 10–29 besteht. Das Gesetz selbst hat Regeln des Vereinsrechts in Bezug auf die Organisation und die Willensbildung übernommen (§§ 23 ff.); die Gemeinschaft als solche ist unauflösbar (§ 11); sie ist außerdem untrennbar verbunden mit den immobiliargüterrechtlichen Bestandteilen, nämlich mit dem Sondereigentum und dem Miteigentumsanteil. 23

Es erschien daher nicht abwegig, für diese Gemeinschaft der Wohnungseigentümer einen Personenverband anzunehmen, der über eine **relative Rechts- und Parteifähigkeit,** ähnlich dem nichteingetragenen Verein, verfügt. Hieraus wurden entsprechende Folgerungen gezogen in den oben zitierten Arbeiten. Abzulehnen ist hingegen die Auffassung *Junkers,*[32] der in Analogie zu § 124 BGB der Gemeinschaft eine unbeschränkte Partei- und Rechtsfähigkeit zuerkennt, dies mit der hM und überwiegenden Rechtsprechung.[33] 24

Die Rechtsprechung des BGH zur Frage der Rechts- und Parteifähigkeit der BGB-Gesellschaft[34] schien die Frage der Teil(rechts)fähigkeit der WEergemeinschaft wieder auf den Prüfstand zu stellen.[35] Nach Auffassung des BGH ist die BGB-Gesellschaft als Außen-GbR sowohl aus gesetzlichen als auch vertraglichen Schuldverhältnissen selbst anspruchsberechtigt und -verpflichtet. Dies hat die Konsequenz, dass eine gemeinschaftliche Anspruchsberechtigung der Gesellschafter nicht mehr existiert.[36] Andererseits ergibt sich statt einer gemeinschaftlichen Verpflichtung nunmehr die Haftung der Gesellschafter für die Gesellschaftsverbindlichkeiten. So gesehen wendet der BGH die Regeln der OHG, §§ 124 ff. HGB, auf die GbR an: Persönliche, akzessorische und gesamtschuldnerische Haftung der Gesellschafter. 25

Schließlich hat der BGH die (Teil)Rechtsfähigkeit der Wohnungseigentümergemeinschaft anerkannt.[37]

IV. Die Bemühungen um eine Reform des Wohnungseigentums bis zur Reform 2007

Hierzu wird auf die Zusammenstellung in der 10. Auflage (Einl. VII) verwiesen. 26

---

[31] So im Ergebnis auch *Junker,* Die Gesellschaft nach dem WEG, S. 203 ff.

[32] AA S. 202 f.

[33] Vgl. KG NJW-RR 1995, 976: Die WEG-Gemeinschaft ist kein Rechtssubjekt; *Staudinger/Kreuzer,* § 10 Rn 16.

[34] BGHZ 146, 341 = WM 2001, 408 = NJW 2001, 1056 ff.; = NZM 2001, 299; NJW 2002, 1207 = NZM 2002, 271; ZIP 2002, 614; wie hier BayObLGR 2001, 17 = NZM 2001, 534.

[35] Vgl. die Aufsätze von *Bub, Derleder* und *Sauren* in PiG Bd. 63, 2002, S. 1 ff., 29 ff. und 61 ff.; unentschieden *Roth,* ZdWBay 2002, 355; s. a. *Schwörer* NZM 2002, 421.

[36] Vgl. NJW-RR 2004, 275; dazu *Pohlmann* WM 2002, 1421 ff.

[37] NJW 2005, 2061; s. dazu die Kommentare vor der WEG-Reform 2007.

V. Die Reform des WEG 2007

27 Ausgewählte Literatur zur Reform (ohne Kommentarliteratur):

Abramenko, Heizkostenverteilung und Beschlusskompetenz nach bisherigem und künftigen Recht, ZWE 2007, 61; *ders.,* Der Anspruch auf Abänderung von Beschlüssen, ZWE 2007, 336; *ders.,* Das Verlangen auf Abänderung einer Vereinbarung nach § 10 Abs. 2 Satz 3 WEG n. F.: Eine versteckte Beschlusskompetenz, ZMR 2007, 424; *Armbrüster,* Die Rechtsfähigkeit der Eigentümergemeinschaft, GE 2007, 420; *Bärmann/Pick,* WEG, 18. Aufl., Erg. Bd., 2007; *Becker,* Die Ausübung von Rechten durch die Eigentümergemeinschaft, ZWE 2007, 432; *ders.,* Das neue WEG-Vermögensverwaltung durch die Eigentümergemeinschaft, MietRB, 2007, 180; *Bergerhoff,* Übergangrechtliche Probleme in wohnungseigentumsrechtlichen „Altverfahren", NZM 2007, 553; *Bielefeld,* Das neue WEG – ein neuer Anfang und seine Folgen, DWE 2007, 3; *ders.,* WEG-Reform: Beschluss-Sammlung ist Pflicht, DEW 2007, 19; *ders.,* Musterformular „Beschluss-Sammlungen", DWE 2007, 45; *ders.,* Änderung der Kostenverteilung durch mehrheitliche Beschlussfassung, DWE 2007, 115; *Bonifacio,* Die neue Anfechtungsklage im Wohnungseigentumsrecht, ZMR 2007, 592; *Bräuer/Opitz,* Hausgeldforderungen in der Zwangsvollstreckung, ZWE 2007, 326; *Briesemeister,* Die WEG-Reform, 2007; *ders.,* Das Rechtsmittelverfahren in Wohnungseigentumssachen, ZWE 2007, 77; *ders.,* Das Haftungssystem der Wohnungseigentümergemeinschaft nach der WEG-Reform, NZM 2007, 225; *ders.,* Alte und neue Streitfragen nach der WEG-Reform, ZWE 2007, 421; *Bub,* Das Verwaltungsvermögen, ZWE 2007, 15; *Claussen,* Die Haftung des WEG-Verwalters für die Beschluss-Sammlung, ZfIR 2007, 711; *Deckert/Kappus,* Das neue Verwalter(leid)bild: „Gejagter und Sammler", NZM 2007, 745; *Derleder,* Die Sicherung von Krediten an die Wohnungseigentümergemeinschaft, ZWE 2010, 10; *Derleder/Fauser,* Die Haftungsverfassung der Wohnungseigentümergemeinschaft nach neuem Recht, ZWE 2007, 2; *Drasdo,* Die Beschluss-Sammlung in der Reform des WEG, ZMR 2007, 590; *Elzer,* Die WEG-Novelle, WuM 2007, 295; *ders.,* Kleine Unklarheiten: Das WEG-Reformgesetz auf einem ersten Prüfstand, ZMR 2007, 430; *ders.,* Kreditaufnahme durch den Verband Wohnungseigentümerverband, NZM 2009, 57; *Fritsch,* Die erweiterte Beschlusskompetenz zur Verteilung von Betriebs- und Verwaltungskosten, MietRB 2007, 244; *Gottschalg,* WEG-Reform: Das neue Verfahrensrecht, DWE 2007, 13; *ders.,* Das neue Verfahrensrecht: Erkenntnisverfahren, ZWE 2007, 71; *ders.,* Wesentliche Aspekte der beschlossenen WEG-Novelle, NZM 2007, 194; *ders.,* Kostentragung, Kostenverteilung nach den neuen Bestimmungen des WEG, DWE 2007, 40; *ders.,* Beitragsinkasso und Finanzierungsmöglichkeiten der teilrechtsfähigen Wohnungseigentümergemeinschaft, NZM 2007, 860; *Häublein,* Die Willensbildung in der Wohnungseigentümergemeinschaft nach der WEG-Novelle, ZMR 2007, 409; *ders.,* Der Erwerb von Sondereigentum durch die Wohnungseigentümergemeinschaft, ZWE 2007, 474; *ders.,* Bauliche Veränderungen nach der WEG-Novelle – neue Fragen und alte Probleme in „neuem Gewand", NZM 2007, 752; *Heidemann,* Einzelprobleme nach der Novellierung des WEG, GE 2007, 1098; *Hügel,* Die Mehrhausanlage nach der Reform des WEG, NZM 2010, 8; *Hügel/Elzer,* Das neue WEG-Recht, 2007; *dies.,* Zwei Jahre neues WEG …., NZM 2009, 457; *Köhler,* WEG-Reform – Die Entziehung des Wohnungseigentums, MietRB 2007, 156; *ders.,* WEG-Reform – Einzelne Verfahren des § 43 WEG, MietRB 2007, 185; *ders.,* Die erweiterte Beschlusskompetenz zur „modernisierenden Instandsetzung" des gemeinschaftlichen Eigentums, MietRB 2007, 249; *ders.,* Das neue Wohnungseigentumsgesetz – ein Überblick, NotBZ 2007, 113; *Meffert,* Aufgaben und Befugnisse des Verwalters nach der WEG-Novelle, GE 2007, 559; *ders.,* Das Verfahrensrecht nach der WEG-Novelle, GE 2007, 884; *ders.,* Entbehrlichkeit der Zustimmung dinglich Berechtigter zu Vereinbarungen der Wohnungseigentümer gemäß § 5 Abs. 4 Satz 2 und 3 WEG n. F., ZMR 2007, 517; *ders.,* Beschlusskompetenz der Wohnungseigentümer für Kostenregelungen gemäß § 16 Abs. 3 und 4 WEG n. F., ZMR 2007, 667; *Merle,* Zur ersten Bestellung des Verwalters nach der Begründung von Wohnungseigentum, ZWE 2007, 233; *ders.,* Neues WEG – Die Beschluss-Sammlung, ZWE 2007, 272; *ders.,* GE 2007, 636; *ders.,* Neue Beschlusskompetenzen in Geldangelegenheiten gemäß § 21 Abs. 7 WEG, ZWE 2007, 321; *ders.,* Neues WEG: Beschluss und Zustimmung zu baulichen Veränderungen, ZWE 2007, 373; *ders.,* Zur Vertretung der Gemeinschaft durch die Wohnungseigentümer, ZWE 2007, 439; *ders.,* Wider eine allgemeine Beschlusskompetenz gemäß § 10 Abs. 2 Satz 3 WEG, ZWE 2007, 472; *Müller,* Zur Haftung aus § 154 Satz 1 ZVG bei der Zwangsverwaltung von Wohnungseigentum, ZMR 2007, 747; *Mundt,* Sonderumlagen: Grundlagen und Einzelfragen unter Berücksichtigung des neuen Wohnungseigentumsrechts, NZM 2007, 864; *Niedenführ,* Die WEG-Novelle 2007, NJW 2007, 1841; *Pause/Vogel,* Auswirkungen der WEG-Reform auf die Geltendmachung von Mängeln am Gemeinschaftseigentum ZMR 2007, 577; *Reichert,* Rechtsfragen der Beschluss-Sammlung, ZWE 2007, 388; *Roche,* Die Neuregelungen im Wohnungseigentumsgesetz 2007 („WEG-Novelle"), WuM 2007, 483; *Rühlicke,* Gesamthand, rechtsfähige Personengesellschaft, juristische Person und Wohnungseigentümergemeinschaft ZWE 2007, 261; *Sauren,* Fallstricke ... des neuen WEG-Verfahrensrechts ..., NZM 2007, 857; *Scheuer,* WEG-Reform, Notwendigkeit eines obligatorischen Schlichtungsverfahrens, MietRB 2007, 159; *Schmid,* Folgen der Novelle des WEG für die Betriebskostenabrechnung mit dem Mieter, GE 2007, 1094; *M.J. Schmid,* „Vergemeinschaftung" von Individualrechten der WEer und Prozessstandschaft, NZM 2009, 721; *Schmidt,* Darlehensaufnahme durch die rechtsfähige Wohnungseigentümergemeinschaft – wer wird Vertragspartner und wer haftet?, ZMR 2007, 90; *Schramm,* Die Beschluss-Sammlung nach § 24 Abs. 7 WEG: Sicher, klar und praktikabel, DWE 2007, 76; *Schultz,* Verfahrensrecht im Wohnungseigentumsverfahren, DWE 2007, 43; *Soth,* Sicherungsgrundschulden für Wohngeldrückstände – Konsequenzen aus der WEG-Novelle für die notarielle Praxis, NZM 2007, 470; *Wedekind,* Zur Schlechterstellung der Wohnungseigentümergemeinschaften im Zwangsverwaltungsverfahren durch die WEG-Reform, ZfIR 2007, 704; *Wenzel,* Die Zuständigkeit der Wohnungseigentümergemeinschaft bei der Durchsetzung von Mängelrechten der Ersterwerber, NJW 2007, 1905; *Wilsch,* Die Aufhebung von Veräußerungsbeschränkungen nach § 12 Abs. 4 WEG, NotBZ 2007, 305; *Zypries,* Neue Impulse für das Wohnungseigentumsrecht, DWE 2007, 7 = Liegenschaft aktuell 2007, 8. Neue Kommentarliteratur s. o. S. 22.

Mit der Verkündung des „Gesetzes zur Änderung des Wohnungseigentums und anderer Gesetze" vom 26. 3. 2007 im Bundesgesetzblatt am 30. 3. 2007 hat die Geschichte des Wohnungseigentums ein neues Kapitel aufgeschlagen. Es ist die seit dem Bestehen des Gesetzes 1951 umfangreichste Änderung und auch qualitativ einschneidendste Reform. **28**

1. Gesetzgebungsgang

Nach gründlicher Vorbereitung wurde zunächst 2005 durch das Bundesministerium der Justiz ein Referentenentwurf veröffentlicht, der in der Folgezeit intensiv diskutiert und unter dem Eindruck der z. T. kritischen Stellungnahmen überarbeitet wurde. Noch in der 15. Wahlperiode des Deutschen Bundestags nahm der Bundesrat zu dem Regierungsentwurf in seiner Sitzung am 8. Juli 2005 Stellung. Nach der Auflösung des Bundestags im Verlauf der 15. Wahlperiode wurde das Gesetzgebungsverfahren zwar unterbrochen, fiel allerdings, da der Bundestag noch nicht mit dem Gesetzentwurf befasst worden war, nicht der sog. Diskontinuität zum Opfer. Nach der BTswahl am 18. September 2005 konnte das Gesetzgebungsverfahren damit ohne erneute Beteiligung des Bundesrats fortgeführt werden. Am 8. 3. 2006 verabschiedete die BReg. den Entwurf eines „Gesetzes zur Änderung des Wohnungseigentumsgesetzes und anderer Gesetze" mit Begründung (s. schon den Ergänzungsband zur 17. Aufl. dieses Kommentars). Im weiteren Verlauf des Gesetzgebungsverfahrens wurde der Gesetzentwurf dann dem Bundestag mit der Stellungnahme des Bundesrats und der Gegenäußerung der BReg. zugeleitet (BT-Drs. 16/ 887). Der BT beriet in seiner Sitzung vom 11. Mai 2006 den Entwurf in erster Lesung und überwies ihn an die zuständigen Ausschüsse, federführend dem Rechtsausschuss, zur weiteren Beratung (Plenarprotokoll 16/35, 35. Sitzung am 11. 5. 2006, S. 3024, 3030 ff., Anl. 3). In der Folgzeit beriet der Rechtsausschuss und führte am 18. 9. 2006 eine öffentliche Anhörung durch (Prot. der 23. Sitzung des Rechtsausschusses des Deutschen Bundestags). **29**

Nach den Beratungen der zuständigen Ausschüsse erarbeitete der Rechtsausschuss unter dem 13. 12. 2006 die Beschlussempfehlung und seinen Bericht (BT-Drs. 16/3843). **30**

Am 14. 12. 2006 verabschiedete der Deutsche Bundestag den Gesetzentwurf mit großer Mehrheit. Nur die Fraktion Die Linke stimmte dagegen.

Nach der Zustimmung durch den BT wurde die Novelle dem BR zugeleitet, Dieser beschloss in seiner Sitzung am 16. 2. 2007, keinen Antrag nach Art. 77 Abs. 2 GG zu stellen, d. h. auf die Anrufung des Vermittlungsausschusses zu verzichten. Nachdem der Bundespräsident das Gesetz nach Art. 82 Abs. 1 GG unter dem 26. 3. 2007 nach Gegenzeichnung durch die Bundeskanzlerin und die Bundesministerin der Justiz ausgefertigt hatte, wurde es am 30. März im Bundesgesetzblatt veröffentlicht (verkündet). Das WEsÄndG trat damit am 1. Juli 2007 in Kraft, soweit es das WEG als solches betraf, im Übrigen mit der Verkündung.

Durch Art. 5 des G. zur Vereinfachung des Insolvenzverfahrens vom 13. 4. 2007 wurde § 72 GVG erneut geändert (BGBl I S. 509).

2. Der Inhalt der Reform

31 Der Gesetzentwurf der BReg. vom 9. 3. 2006 (BT-Drs. 16/887), abgedruckt in *Bärmann* Ergänzungsband der 17. und 18. Aufl. sowie im Anhang S. 1496, formuliert die mit der Reform verbundenen Ziele, so dass sie hier nur verkürzt wiederzugeben sind.

32 a) Es geht zum einen um die Erleichterung der Willensbildung in der WEerversammlung durch eine vorsichtige Durchbrechung des Einstimmigkeitsprinzips, das grundsätzlich aber weiter in Bezug auf Vereinbarungen gilt. Die praktisch wichtigen Ausnahmen betreffen den neuen § 16 Abs. 3, der hinsichtlich der Betriebskosten das Mehrheitsprinzip einführt und in seinem Abs. 4 im Einzelfall eine Abweichung mit $^3/_4$-Mehrheit von der vereinbarten Kostenbeteiligung bei Instandhaltung, Instandsetzung und baulichen Veränderungen zulässt. In diesen Zusammenhang gehört auch die Regelung in § 22 Abs. 1, nach der das Zustimmungserfordernis zu baulichen Veränderungen und Aufwendungen, soweit sie **über** die ordnungsmäßige Instandhaltung und Instandsetzung hinausgehen, nur von der Zustimmung der über in § 14 Nr. 1 bestimmte Maß hinaus beeinträchtigten WEer abhängig gemacht wird. Der Zustimmung der insoweit nicht Betroffenen bedarf es hingegen nicht. Bei Modernisierungsmaßnahmen entspr. § 559 Abs. 1 BGB und Maßnahmen zur Anpassung des GemEs an den Stand der Technik i. S. des § 22 Abs. 1 genügt grundsätzlich eine $^3/_4$-Mehrheit, auch wenn sie nicht dringlich sind, aber unter vernünftigen Gesichtspunkten sinnvoll erscheinen.

Eine weitere Abweichung vom Einstimmigkeitsprinzip stellt die Möglichkeit nach § 12 Abs. 4 dar, Veräußerungsbeschränkungen mehrheitlich aufzuheben.

33 b) Das **zweite** Reformziel ist die Überführung des bisherigen Verfahrens der fG nach den §§ 43 ff. WEG in das streitige Verfahren nach der **ZPO.**

Damit wird einerseits ein Teilbereich der schon lange geplanten Reform der fG vorweggenommen, andererseits werden die Besonderheiten des bisherigen WEGverfahrens als sog. Streitverfahren der fG mit den inhaltlich gleich gelagerten Strukturen in der ZPO harmonisiert. Auch entspricht deren Verfahren der fast durchgängig zu beobachtenden Praxis, trotz des Amtsermittlungsgrundsatzes das Vorbringen der Parteien in den Vordergrund zu stellen.

34 c) Der dritte wesentliche Reformansatz betrifft die **Sicherung der WEer gegenüber zahlungsunfähigen oder -unwilligen MEern,** ein Problem, das zunehmend das Funktionieren von WEs-Gemeinschaften in Frage stellt bzw. die zur Vorlage von Verwaltungsbeiträgen des säumigen WEers gezwungenen WEer überfordert. Das Gesetz versucht das Problem mittels eines **Vorrechts** bei der Zwangsversteigerung in Höhe von 5% des Verkehrswerts zu lösen (§ 10 Abs. 1 Nr. 2 ZVG). Es privilegiert dadurch die Gemeinschaft, setzt sie jedoch in Zugzwang, auflaufenden Rückständen nicht tatenlos zuzusehen.

35 d) Die vierte wesentlichee Änderung gegenüber der bisherigen Gesetzeslage besteht in der Anerkennung der **Teilrechtsfähigkeit der Gemeinschaft** durch den Gesetzgeber. Dieses ursprünglich nicht einbezogene Reformziel wurde von der BReg. erst auf Grund der Bitte des Bundesrats in dessen Stellungnahme zum Regierungsentwurf entwickelt und als Vorschlag der BReg. ins Gesetzgebungsverfahren eingebracht (BT-Drs. 16/887 S. 60 ff.). Der Gesetzgeber hat sich dieser Auffassung angeschlossen und der Gemeinschaft in der **zentralen Vorschrift** des § 10 Abs. 6 die beschränkte Rechtsfähigkeit **im Rahmen der gesamten Verwaltung** zuerkannt. Damit ist eine Stärkung der „Organisation" mit dem Verwalter als Organ gegenüber den WEern verbunden, die allerdings weiterhin die Träger der Gemeinschaft sind und in ihr die Verantwortung für das Gedeihen der Anlage

wahrnehmen. Die Gemeinschaft ist in ihrer Eigenschaft als teilrechtsfähig auch **grundbuchfähig** und kann Rechte, insbesondere WE oder TE in der eigenen Anlage erwerben. Die Beschlusskompetenz ist dafür im Allgemeinen zu bejahen.[38] Beim Erwerb von dinglichen Rechten an Grundstücken außerhalb der eigenen Anlage wird man dies ebenfalls bejahen können, sofern ein entspr. Beschluss ordnungsmäßiger Verwaltung entspricht. Dies gilt auch für den Fall der Kreditaufnahme durch die Gemeinschaft.[39]

Die Gemeinschaft kann als solche Rechte und Pflichten erwerben, z. B. Grundpfandrechte und Sondereigentum, etwa eine Hausmeisterwohnung oder eine Garage erwerben. Auf der anderen Seite haftet sie Außenstehenden für ihre Verbindlichkeiten auch als Rechtsperson. Zur Sicherung der Gläubiger begründet § 10 Abs. 8 S. 1 Hs. 1 neben der vollen Haftung der Gemeinschaft eine teilschuldnerische **Außenhaftung,** die sich in der Höhe nach dem Miteigentumsanteil eines WEers richtet. Die Haftung der WEer besteht also neben der der Gemeinschaft, ist also keine sekundäre, sondern eine unmittelbare Anteilige. In der Praxis werden sich Gläubiger der Gemeinschaft in erster Linie schon aus Gründen der einfacheren Geltendmachung ihrer Ansprüche an die Gemeinschaft, üblicherweise vertreten durch den Verwalter, halten.

e) Neu ist die Einführung der Verpflichtung, eine **Beschlusssammlung** zu führen (§ 24 **36**
Absatz 7). Damit soll die Beschlusslage der Gemeinschaft übersichtlicher und auch für einen Erwerber transparenter werden. Dies ist Aufgabe des Verwalters. Wo er nicht bestellt ist, obliegt die Aufgabe den WEern, die dies zu organisieren haben.

f) Gegenüber der Stärkung der Verwalterstellung als Organ der Gemeinschaft ist eine **37**
erhöhte Verantwortung eingeführt. Diese kommt ausdrücklich in § 26 Abs. 1 S. 4 zum Ausdruck, nach dem in der mangelhaften Führung der Beschlusssammlung ein Abberufungsgrund gegeben ist. Dies ist m. E. Hinweis auf eine gegenüber der früheren Rechtslage insgesamt gesteigerte Anforderung an seine Zuverlässigkeit im Rahmen seiner Aufgaben. Die erste Bestellung des Verwalters ist jetzt nach § 26 Abs. 1 S. 2 auf **drei** Jahre statt wie bisher fünf begrenzt. Der Gleichlauf mit der Gewährleistungsfrist des § 634 a Abs. 1 BGB war wegen der möglichen Interessenkonflikte nicht angemessen. Diese Regelung wurde erst am Ende der Beratungen der Koalitionsfraktionen eingeführt und vom Verf. unterstützt.

3. Bewertung

Nach Auffassung der Bundesministerin der Justiz, Frau *Zypries,* bringt die Reform **38**
wesentliche Vorteile: „Die Reform macht das Wohnungseigentum also praktikabler und kommt den Eigentümern unmittelbar zugute. Sie wird die Attraktivität des Wohneigentums weiter erhöhen und so auch für die Zukunft sichern“ (DWE 2007, 7 = Liegenschaft aktuell 2/2007, S. 8). Man kann ihr zustimmen. Auch der Parlamentarische Staatssekretär *Hartenbach* urteilte: „Mit der heutigen zweiten und dritten Lesung sorgen wir für eine praktikable Modernisierung des Gesetzes“ (Sitzung des BTs am 14. 12. 2006). Ähnlich positiv fiel auch die Stellungnahme der Spitzenverbände der Wohnungswirtschaft aus. Sie hielten bereits den Gesetzentwurf der BReg. für „umfassend und ausgewogen“ (DWE 2006, 51). Sicher sind nicht alle Wünsche bei diesem Gesetzesvorhaben in Erfüllung gegangen. Die Reform war jedoch an der Zeit und insbesondere auf Grund der Rechtsprechung des BGH zur Teilrechtsfähigkeit und der daraus folgenden Fragen als Vorgabe der Richtung notwendig. Neue zu lösende Fallgestaltungen sind zu erwarten. Sie werden Literatur und Rechtsprechung auf Trab halten. Die gelegentlich erhobenen Rufe nach dem Gesetzgeber erscheinen verfrüht.[40]

---

[38] OLG Hamm, DWE 2009, 141.

[39] *Elzer,* NZM 2009, 57; *Derleder,* ZWE 2010, 10.

[40] Dazu *Bielefeld,* DWE 2009, 113.

4. Gelöste und ungelöste Fragen

39 Die Frage der Insolvenzfähigkeit der Gemeinschaft war im Gesetzgebungsgang lange Zeit umstritten. Der Bundestag hat sie letztlich mit Recht verneint, die Unauflöslichkeit der **Gemeinschaft,** so heißt es wörtlich in § 11 Abs. 2 (!), beibehalten (*Geis,* MdB, Der Immobilienverwalter 2/2007, 7 f.; *Manzewski,* MdB, DWE 2007, 12; a. A. *Bielefeld,* Der Immobilienverwalter, 2/2007) und durch den neuen § 11 Abs. 3 ein **Insolvenzverfahren** ausdrücklich **ausgeschlossen.** Begründet wurde diese Entscheidung mit der Erwägung, dass es sozusagen eine Nachschusspflicht der WEer bis zur Befriedigung der Gläubiger gebe. Letzteres Argument ist eher nicht stichhaltig, wenn die WEer sich z. B. einig sind, keine entspr. Umlage vorzunehmen. Es besteht zwar ein Anspruch der Gemeinschaft gegenüber den WEern, für Verbindlichkeiten der Gemeinschaft aufzukommen, doch ist dieser Anspruch nicht abtretbar und folglich auch nicht pfändbar, weil er sich nur auf das Binnenverhältnis bezieht. Würde man anders entscheiden, könnten Gläubiger über die Teilverbindlichkeit nach § 10 Abs. 8 Abs. 1 Satz 1 Hs. 1 hinaus einzelne WEer überobligationsmäßig in Anspruch nehmen, wenn andere WEer nicht zahlungsfähig sind. Dies würde der Regelung widersprechen. Damit findet eine Insolvenzverwaltung, auch in Form der Eigenverwaltung, nicht statt, da ein Insolvenzverfahren nicht von einem Dritten veranlasst werden kann. Überdies wären zwei nebeneinander bestehende Verwaltungen schlechterdings nicht praktikabel.

40 Das Regulativ für den Ausschluss der Insolvenz besteht darin, dass alle WEer ein Interesse haben (müssen), den Wert der gemeinschaftlichen Immobilie zu erhalten. Insofern obliegt es Ihnen, für eine ausreichende Ausstattung der Gemeinschaft zu sorgen. Das Sicherungsrecht nach § 10 Abs. 1 Nr. 2 ZVG ist eine sinnvolle Grundlage für das Engagement Einzelner. Die Insolvenzfähigkeit **einzelner** WEer ist unberührt. Erneut wird sich die Frage stellen, wenn auch auf geänderter Ebene, wie es mit dem **Anwartschaftsrecht** eines Erwerbers steht und ab wann materiell- und verfahrensrechtliche Vorschriften auf dieses anwendbar sind. Dies gilt auch für die **werdende** Gemeinschaft. Das Problem, ob etwa die Vorschrift über die örtliche Zuständigkeit nach § 43 schon **vor** dem Rechtserwerb anwendbar ist, ist nach meiner Auffassung wegen der strukturellen Nähe zum Vollrecht und angesichts der bisher vorgenommenen weiten Auslegung des § 43 zu bejahen.

41 Man wird auch die Frage neu überdenken müssen, wie sich jetzt **Mehrhausanlagen** zu organisieren haben. Neben der Gemeinschaft mit ihrer Rechtsfähigkeit sind solche Untergemeinschaften ohne Rechtspersönlichkeit von der Delegation einzelner Aufgaben durch die Gemeinschaft abhängig. Umfang und Qualität sind daran zu messen, inwieweit Aufgaben disponibel und nicht wie etwa in den Vorschriften der §§ 10 Abs. 6 bis 8, 18 Abs. 1 S. 2, 19 Abs. 1 S. 2 der Gemeinschaft zugewiesen sind. Das gilt auch hinsichtlich der Vorschriften, die wie die §§ 16 Abs. 3 und 4, 22 Abs. 2, einen Mehrheitsbeschluss der **Gemeinschaft** vorsehen.[41]

Zulässig bleibt wohl, im Rahmen der entspr. Ermächtigung nach Gebrauch und Nutzen bzw. Betroffenheit zu differenzieren.

Meine Bedenken hinsichtlich der Auswirkung des Gesetzes auf verfassungsmäßig geschützte Rechtspositionen durch bisherige autonome Regelungen der Gemeinschaften mit ihrem dinglichen Charakter, die jetzt auf die Gemeinschaft übergehen, habe ich in der Anhörung präzisiert (Prot. der 23. Sitzung des Rechtsausschusses vom 18. 9. 2006). Sie scheinen mir nicht alle ausgeräumt.

42 In ihrer Antwort auf eine Kleine Anfrage im BT[42] hat die BReg. ein Bedürfnis nach einer Regelung des Auskunftsrechts der Gemeinschaft der WEer im Rahmen der Vollstreckungsmöglichkeit nach § 10 Abs. 1 Nr. 2 ZVG gesehen, um von der Finanzbehörde

[41] Dazu *Hügel,* NZM 2010, 8.

[42] BT-Drs 16/11553.

Auskunft über die Höhe des Einheitswerts des betr. WEs zu erlangen. Dies ist inzwischen durch die Neuregelung i. R. des G. zur Reform des Kontopfändungsschutzes in § 10 Abs. 3 S. 1 Hs. 2 erfolgt.[43]

Eine Öffnungsklausel in § 16 Abs. 3, die von mir bereits in der Anhörung des Rechtsausschusses problematisiert wurde, hielt die BReg nicht für notwendig.

5. Dogmatische Überlegungen

Der Gesetzgeber hat die Definition des Wohnungseigentums in § 1 Abs. 2 zunächst **43** nicht verändert. Insofern hat er zur Einordnung des Gemeinschaftsverhältnisses nicht Stellung bezogen.[44] Es ist auch bei der dogmatischen Einordnung zu berücksichtigen, dass er sich überhaupt soweit wie möglich in dieser Frage neutral verhalten wollte.[45] Deutlich ist, dass sich die Rechtsfähigkeit zwar auf die **gesamte Verwaltung** bezieht,[46] gleichzeitig aber auch durch die Verknüpfung mit der (Teil)rechtsfähigkeit begrenzt wird (s. aber § 10 Rn 210). Dies wird in der Begründung zu § 10 Abs. 6 deutlich und am Beispiel der Entziehung des Wohnungseigentums dargestellt. Einerseits ist die Grundentscheidung einer Entziehung Sache der Wohnungseigentümer und nicht des Rechtssubjekts „Gemeinschaft", andererseits zählt zur Geschäftsführung in Bezug auf das gemeinschaftliche Eigentum „die verwaltungsmäßige Umsetzung einer von den Wohnungseigentümern beschlossenen Entziehung des Wohnungseigentums".[47]

Der **organisatorische Rahmen** der Entscheidungen bleibt die Versammlung der WEer, doch ist zu unterscheiden, ob sie als die des Rechtssubjekts oder des individuellen Zusammentretens der Wohnungseigentümer zu qualifizieren ist.

Nach der hier vertretenen Auffassung von der Dreigliedrigkeit des Wohnungseigentums **44** als (Mit)Eigentum, Sondereigentum und Teilhabe an Verwaltung und Bestimmung über die Gemeinschaftsangelegenheiten differenziert sich letztere in die Mitgliedschaft innerhalb der „teilrechtsfähigen Gemeinschaft" und die übrigen, nicht von § 10 Abs. 6 erfassten Befugnisse. Das gilt natürlich erst recht für die individuellen Rechte des einzelnen WEers, was der Gesetzgeber durch das Wort „soweit" als Beschränkung auf die Befugnisse der Gemeinschaft zum Ausdruck bringen wollte.[48]

Während die Befugnisse des Einzelnen einigermaßen klar zu definieren sind, die der gemeinschaftlichen Zuständigkeit entzogen sind, ist dies hinsichtlich der Kompetenz von rechtfähiger **Gemeinschaft** und der **WEer,** soweit sie **außerhalb** der Gemeinschaft agieren, schwieriger. Da sie beide unter dem Dach der Versammlung entscheiden und dadurch handeln, fehlt es an einer formalen Eindeutigkeit. Diese ist nur an Hand der Befugnisse (Kompetenzen) im Einzelfall zu ermitteln. Man wird jedoch davon auszugehen haben, dass gemeinschaftsbezogene Rechte, worunter nach der Begründung z. B. auch Beiträge zu den Lasten und Kosten sowie Mängelansprüche aus Erwerbsverträgen mit Bauträgern gehören,[49] der Gemeinschaft zustehen (s. u. § 10 Rn 243 f.).

Letztlich hat die Auffassung von der Gemeinschaft *sui generis* durch die Reform Unter- **45** stützung, ja Bestätigung gefunden: Die Gemeinschaft kann einerseits als rechtsfähiger Verband handeln, zum Anderen als (nicht rechtsfähige) Gemeinschaft, bei der die Individualität ihrer Mitglieder im Vordergrund steht.[50] Die gemeinsame Verbindung zwischen den beiden Gemeinschaftsformen besteht in der Personenidentität ihrer Mitglieder. Diese

---

43 S. § 10 Rn. 170 ff.

44 Vgl. zum Theorienstreit die 9. Auflage.

45 S. *Bärmann/Pick,* 18. A. Erg. Bd., S. 248.

46 A. a. O. S. 257.

47 A. a. O.

48 A. a. O. S. 262.

49 A. a. O. S. 260 f.

50 S. Bärmann/*Pick,* 18. A. Erg. Bd., S. 352 (RechtsA des BTs); s. u. § 10 Rn 220.

gleichwohl körperschaftliche Verfassung unterscheidet die Gemeinschaft nach WEG von allen anderen Gesellschaftsformen. Diese *„Janusköpfigkeit“* führt zu unterschiedlichen Rechtsfolgern etwa in Bezug auf die Parteifähigkeit im Prozess. Während die rechtsfähige Gemeinschaft gemäß § 10 Abs. 6 S. 5 parteifähig ist, musste für die anderen Fälle die Sonderregelung (z. B. für die Binnenstreitigkeiten) in §§ 43 ff. n. F. gefunden werden, die sich an die frühere Rspr. zur Sammelbezeichnung eine WEergemeinschaft anlehnt (Kurzbezeichnung).[51] Bezüglich der Frage der **Organschaft** der Gemeinschaft sollte der Hauptakzent auf die Personengleichheit der Mitglieder gelegt werden. Ihre Beschlüsse werden einerseits dem rechtsfähigen Verband und andererseits der Gesamtheit der Mitglieder zugerechnet, auch wenn sie in organisatorisch identischen Versammlungen gefasst werden.[52]

Die Rechtsstellung des **Verwalters** wurde durch die Reform i. S. seiner Organstellung bestätigt, sogar verstärkt (s. §§ 26 ff. insbesondere § 26 Rn. 22 ff.).

Damit einher geht auch eine gesteigerte Verantwortung. So kann der Verwalter als Person zur Sicherstellung des Brandschutzes im Bereich des GemEs in Anspruch genommen werden.[53] Denn dem Verwalter steht ein eigenständiges Recht zu, die für die ordnungsmäßige Instandhaltung und Instandsetzung gemäß § 27 Abs. 3 S. 1 Nr. 3 erforderlichen Maßnahmen zu treffen.[54] Der Begriff der Instandhaltung umfasst auch die Beseitigung einer Störung der öffentlichen Sicherheit oder Ordnung.

6. Teilrechtsfähigkeit und öffentliches Recht

46 Für das **öffentliche Recht** gelten die Grundsätze des WEG nicht uneingeschränkt. Z. B. stellt jedes Ws/TE ein selbstständiges Steuerobjekt dar, für die der Eigentümer Schuldner ist (GrSt, GrErwSt, Zweitwohnungssteuer etc.). Was die öffentlich-rechtlichen **Lasten** betrifft, die für die Anlage relevant sind, ist entscheidend **wie** der örtliche **Satzungsgeber** (Stadt, Gemeinde, Kreis) die Anknüpfung regelt. Dabei kann er auch **den** WEern als Grundstückseigentümern die Abgabenlast als auch jedem einzelnen als Alleinschuldner auferlegen.[55] Ist z. B. das einzelne WE Surrogat der Abgabenlast, ist allein der Eigentümer Schuldner von Grundbesitzabgaben, Ausbaubeiträgen und Abfallgebühren usw. Ob der Satzungsgeber statt dessen die **Gemeinschaft** zur Gebührenschuldnerin macht, obliegt seiner Entscheidung. Der Beschluss des BGH zur Teilrechtsfähigkeit hat darauf **keinen Einfluss.**[56]

47 Deshalb haften die WEer als **Gesamtschuldner,** auch wenn der **Versorgungsvertrag** mit der **WEergemeinschaft** zu Stande kommt, für die Zahlung der Verbrauchskosten für die Be- und Entwässerung der WEsanlage gemäß den Allg. Bedingungen für die Entwässerung (in Berlin) und generell für Kommunalabgaben (für Gelsenkirchen).[57] Damit ist § 10 Abs. 8 Satz 1 Halbsatz 1 **abbedungen** (abw. § 10 Rn 310). Auch durch die Reform 2007 hat sich an der Rechtslage nichts geändert, dass der Landesgesetzgeber die Kompetenz hat, die Kommunen zu ermächtigen, Straßenreinigung und Abfallbeseitigung gesamtschuldnerisch zu regeln und dabei an das Grundstücks- oder WE anzuknüpfen.[58]

---

[51] Bärmann/*Pick* a. a. O. S. 193 (Begr. der BReg).

[52] Vgl. *Armbrüster,* a. a. O. zur Frage der Organschaft (S. 88: Allerdings für „doppelte“ Organschaft).

[53] OVG Münster NJW 2009, 3528 für die NWBauO = BeckRS 2009, 33236.

[54] OVG Münster a. a. O.

[55] OLG Hamm NJW-Spezial 2009, 291 = BeckRS 2009, 07367.

[56] BVerwG v. 11. 11. 2005 – 10 B 65/05, NJW-Aktuell 2006, X = NJW 2006, 791; OLG Hamm a. a. O.; VG Düsseldorf BeckRS 2009, 39031, 39032; VG Gelsenkirchen BeckRS 2009, 32643; NJW-Spezial 2009, 723 = BeckRS 2009, 39279.

[57] KG NZM 2007, 216; NJW 2006, 3647; vgl. auch VGH Bad.-Württ., ZMR 2006, 898; VG Darmstadt, NZM 2007, 417; *Briesemeister,* NZM 2007, 225; s. u. § 10 Rn 311; VG Gelsenkirchen a. a. O.; VGH Mannheim NJW-Spezial 2009, 194 = BeckRS 2008, 39687.

[58] BGH NZM 2009, 622 unter Hinweis auf die Gesetzesmaterialien (s. *Bärmann-Pick,* 18. Aufl., Ergänzungsband).

7. Haftung beim Eigentümerwechsel

Bleibt noch das besondere Problem der **Haftung** für Verbindlichkeiten (**Rückstände** 48 aus Lasten und Kosten) beim Wechsel des Wohnungseigentümers. Für die BGB-Gesellschaft machte der BGH[59] geltend, dass ein eintretender Gesellschafter für vorher begründete Verbindlichkeiten nur Kraft besonderer Vereinbarung mit dem Gläubiger hafte. Eine gegenteilige Meinung *(Kornblum, Wiedemann, Flume, Nickisch)* wurde vom BGH abgelehnt. Die Akzessorietät der Gesellschafterhaftung zur Gesellschaftsschuld i. S. d. §§ 128, 129 HGB könne nicht gelten, demzufolge auch nicht die Verjährungsfrist von § 130 HGB. *Aderhold* (1981) sah dies anders. Für die Wohnungseigentümergemeinschaft muss allerdings das besondere Interesse an Erhaltung (Bestandsschutz), Finanzausgleich und Funktion der Gemeinschaft als entscheidend betont werden. Gewährleistung des Bestandsschutzes, wie auch strukturadäquate Interpretation des Gesetzes und das nach § 43 Abs. 2 a. F. (s. jetzt § 21 Abs. 8) ausdrücklich vorgeschriebene billige Ermessen (Rechtsfolge-Ermessen) sind die bindenden Motivationen für die gerichtlichen Entscheidungen. Nach h. M. schuldet der Erwerber von WE die *vor* dem Eigentumserwerb (durch Zuschlag in der Zwangsversteigerung oder Rechtsgeschäft) begründeten Beitragsschulden nur kraft Gesetzes, wenn Sie nach dem Eigentumserwerb *fällig* werden.[60]

Die Ablehnung der weitergehenden Haftung des Erwerbers für Rückstände an Lasten 49 und Kosten bedeutet nicht nur eine interne Auflösung der Gemeinschaft durch unterschiedliche Gliederung der Beteiligung am Gemeinschaftsvermögen, sondern vor allem eine Gefährdung des Bestandsschutzes wegen Fehlens der nötigen Mittel aus den rückständigen Beiträgen. Außerdem wird dadurch die solidarische Haftung aller übrigen Wohnungseigentümer ungewöhnlich strapaziert; diese kann das Gemeinschaftsvermögen als solches selbst in Gefahr bringen, weil ein völlig unvorhersehbares Risiko besteht, wogegen der Erwerber das einzugehende Risiko feststellen kann. Das zeigt sich besonders bei den nun auf Grund der wirtschaftlichen Verhältnisse immer häufiger werdenden Zahlungsverzögerungen, Zahlungsunfähigkeiten und Zwangsversteigerungen gegen säumige Wohnungseigentümer.[61]

Die Reform 2007 hat diese Problematik nicht gelöst. Zwar stehen solche Forderungen nach § 10 Abs. 7 S. 3 der insoweit rechtsfähigen Gemeinschaft zu (früher den WEern in ihrer Gesamtheit), doch ändert diese neue Vermögenszuordnung nichts an der Problematik, die durch das neue Vorrecht nach § 10 Abs. 1 Nr. 2 ZVG nur z. T. entschärft wird.

Für **vor** dem 1. 7. 2007 begründete Forderungen gegen die WEer ist die Rechtslage, die zu diesem Zeitpunkt bestand, maßgeblich, z. B. die nach der Rspr. des BGH zur Teilrechtsfähigkeit, die keine anteilige Haftung vorsah.[62]

8. Die „werdende" oder „faktische" Wohnungseigentümergemeinschaft

Literatur: *Däubler,* DNotZ 1964, 216; *Gaberdiel,* NJW 1972, 847; *Seuss,* Faktische Wohnungseigentümer, FS Bärmann/Weitnauer, 599.

a) Zur Entstehung 50

Bezüglich der Mitgliedschaft in der Wohnungseigentümergemeinschaft wie auch der Gemeinschaft überhaupt, die erst mit der **Eintragung** im Grundbuch endgültig entstehen, gibt es sowohl Vor-Wirkungen als auch Nach-Wirkungen.

Daran hat auch die Reform 2007 im Grundsatz nichts geändert. Lediglich für das 51 Verfahren hat sich die Problematik auf die Restvorschriften der §§ 43 ff. reduziert.

---

[59] 31. 4. 1979 NJW 1979, 821; schon BGH 18. 11. 1974 NJW 1975, 166; zuletzt NJW 1994, 2950.
[60] Für alle OLG Karlsruhe ZMR 2005, 310; s. aber BGH NJW 1988, 1910 für den Umlegungsfall.
[61] Wie hier im Ergebnis *Junker* a. a. O. S. 252.
[62] OLG Karlsruhe NJW-Spezial 2009, 131.

Die Vor-Wirkungen oder die antizipierte Anwendung des WEG auf die Gemeinschaft und deren Mitglieder kommen dann in Betracht, wenn im Falle der Begründung nach § 3, also durch gegenseitige Einräumung des Sondereigentums durch die im Grundbuch bereits eingetragenen Bruchteilsmiteigentümer eines Grundstücks, dieser Vertrag im Grundbuch noch nicht eingetragen worden ist; eine ähnliche Situation entsteht bei Teilungserklärung nach § 8, sobald ein erstes Wohnungseigentumsrecht an einen Dritten veräußert ist, wofür u. U. sowohl der grundbuchamtliche Vollzug der Teilungserklärung als auch der Vollzug des Erwerbsvertrages noch fehlen.

52 Hinderungsgründe für die Eintragung ergeben sich u. U. aus dem Nicht-Vorliegen der sog. Abgeschlossenheitsbescheinigung nach § 3 Abs. 2, wegen des Fehlens notwendiger Genehmigungen oder wegen auftretender Finanzierungsschwierigkeiten. Das Fehlen der sog. **Negativbescheinigung** zum gesetzlichen Vorkaufsrecht der Gemeinde spielt wegen der Neuregelung in § 24 Abs. 2 BauGB im Falle des Kaufs eines WEs keine Rolle mehr.[63]

Im Fall der werdenden Gemeinschaft ist zu unterscheiden zwischen der Gründung nach § 3 durch Vertrag und der Teilungserklärung nach § 8. Hier bestehen unterschiedliche Gründungsvorgänge und -strukturen (s. §§ 3, 8).

53 Für den ersteren Fall, also die Begründung nach **§ 3,** entsteht die Gemeinschaft der Bruchteilseigentümer als „werdende" Wohnungseigentümergemeinschaft im Augenblick des verbindlichen notariellen Abschlusses des Vertrages, wenn zugleich darin alle grundbuchmäßigen Erklärungen i. S. d. § 4 und der verbindliche, unwiderrufliche Antrag zur Eintragung im Grundbuch in der notariellen Urkunde mitbeurkundet sind.

54 Anders liegt die Sache bei Teilungserklärung nach **§ 8** mit nachfolgenden Veräußerungen an Dritterwerber. Hier ist nach den Kriterien zu fragen, die die Anwendung der Bestimmungen des WEG auf diese „werdende oder faktische" Gemeinschaft bzw. Mitgliedschaft rechtfertigen. Ganz allgemein verlangt der BGH das Vorliegen einer rechtlichen gesicherten Position. Das gilt dann, wenn die Erwerber von WE durch eine **Auflassungsvormerkung** gesichert sind.[64] Eindeutig ist, dass die WEer-Gemeinschaft rechtlich in Vollzug gesetzt wird, wenn mindestens **zwei** WEer im GB eingetragen sind.[65]

b) Sonderfall: Eingliederung eines Erwerbers

55 Bezüglich der Eingliederung des **Erwerbers** (werdender bzw. faktischer Eigentümer) ging das OLG Hamburg[66] von der **Überlassung** der Räume (des Sondereigentums) auf den Anwärter aus, weil damit wirtschaftlich gesehen die Stellung von Wohnungseigentümern angenommen werden könne. OLG Frankfurt[67] sah die vergleichbare Stellung als Wohnungseigentümer dann als gegeben an, wenn sowohl **Auflassungsvormerkung** wie **Besitzerlangung** vorliegen.[68] Dabei beinhaltet Besitzerlangung wenigstens die faktische Besitzeinräumung.[69] Diese Auffassung ist die heute herrschende. Sie stützt sich auch auf das Vorliegen eines Anwartschaftsrechts des Erwerbers.[70] OLG Hamm[71] verlangt bei einer Vorratsteilung wirksame schuldrechtliche Erwerbsverträge, Inbesitznahme der EW und

---

63 Zur früheren Rechtslage vgl. die 6. Aufl. Einl. Rn 652; s. zum Stimmrecht auch § 16 Rn 31; (zur Kostentragung) § 43 Rn 21, 33 mit § 23 Rn 14 (6. Aufl.); s. *Soergel/Stürner,* § 10 Rn 3 ff.; MünchKomm-*Röll,* § 10 Rn 9; *Röll* NJW 76, 1473 ff.; *Bärmann/Seuß,* Praxis A II, 2 d, 5 b; *Staudinger/Kreuzer,* § 10 Rn 8.

64 Schon BGH BGHZ 44, 43; s. NJW-Spezial 2009, 754 = BeckRS 2009, 27228; OLG Berlin JR 1962, 220; BayObLG NJW 1974, 2134 = Rpfleger 1974, 360.

65 Allg. M. vgl. zuletzt OLG Hamm WuM 2000, 319; BayObLGZ 91, 150; NJW-RR 1997, 1443; OLG Düsseldorf NJW-RR 1999, 163.

66 NJW 1963, 618.

67 Rpfleger 76, 253.

68 Ebenso KG OLGZ 1987, 38; BayObLGZ 1990, 101; OLG Köln NZM 1998, 199.

69 OLG Düsseldorf NZM 1998, 517.

70 OLG Köln NZM 1998, 199.

71 WuM 2000, 319, s. früher OLGZ 68, 89.

Auflassungsvormerkung. Dazu verlangten das BayObLG[72] und das OLG Karlsruhe[73] nur eine „rechtliche gesicherte Anwartschaft auf dinglichen Erwerb". Im Übrigen muss es ausreichen, wenn der Erwerber die **Auflassung** erklärt hat und ein für den Veräußerer unwiderruflicher **Eintragungsantrag** gestellt ist.[74]

Ob auch ein wirksamer **schuldrechtlicher Anspruch** (z. B. aus einem Erwerbsvertrag) **56** auf Übereignung des WEs ausreicht, ist umstritten.[75] Es ist hier der letzteren Auffassung zuzustimmen, weil ein wenn auch beurkundeter Erwerbsvertrag noch keine dinglich gesicherte Rechtsposition darstellt, also mit allen großen Unsicherheitsfaktoren belastet ist. Deswegen kann dies auch nicht mit dem Hinweis auf das Innenverhältnis befürwortet werden (so *Palandt/Bassenge,* a. a. O.). Dann soll der Erwerber auch das **Stimmrecht** haben[76] und er ist zum Kostenbeitrag nach § 16 Abs. 2 verpflichtet.[77] Nach der letztgenannten Entscheidung des BayObLG sollen diese Voraussetzungen auch gelten und genügen, wenn ein Erwerber in eine bereits voll wirksame bestehende Gemeinschaft eintritt. Unter den gegebenen Voraussetzungen nimmt der Erwerber auch an der Wohnungseigentümerversammlung mit Stimmrecht teil und kann nach § 23 Abs. 4 Beschlüsse der WEer anfechten.[78] Beim **Ersterwerb** nach Begründung von WE durch Teilung des Grundstücks gemäß § 8 bestimmt sich – jedenfalls bis zur Eintragung **eines** Erwerbers als Eigentümer – die Beziehung des künftigen WEer nach den Grundsätzen der werdenden (faktischen) WEergemeinschaft (s. u. § 3 Rn 96).[79]

Nach Auffassung des BayObLG[80] vor der Reform 2007 erlangte der durch Auflassungs- **57** Vormerkung gesicherte Erwerber eine Rechtsstellung, die sowohl die Anwendung der §§ 43 ff. WEG, wie auch der §§ 14 Nr. 1, 15 Abs. 3, 22 Abs. 1 und 1004 BGB auf ihre Rechtsverhältnisse rechtfertigte. Nach vorliegender Auflassungsvormerkung und Besitzeinräumung sollen dem Erwerber auch alle Wohngeldverpflichtungen obliegen.[81] Im Übrigen bleibt die Haftung des **Veräußerers** (Rechtsvorgängers) bestehen bis zu seiner Löschung im Grundbuch.[82] Dies soll allerdings nicht gelten, wenn ein werdender Eigentümer nach dem **Rücktritt** vom Kaufvertrag noch im GB als Vormerkungsberechtigter eingetragen ist.[83] Die Entscheidung ist deswegen gerechtfertigt, da der ursprüngliche Käufer mit dem Rücktritt unmissverständlich seinen Austritt aus der Gemeinschaft erklärt hat. Damit besteht nur noch eine formale Rechtsposition ohne materielle Grundlage. Auch der Rechtssicherheit ist Rechnung getragen, da die Rücktrittserklärung Zweifel am Willen des Berechtigten ausschließt.

Insoweit als eine bindende Verpflichtung mit bindendem Eintragungsantrag überhaupt **58** erfolgen kann, ergibt sich eine solche auch schon dann, wenn eine Auflassungsvormerkung

---

[72] Rpfleger 74, 314 = MDR 74, 874 = DNotZ 75, 31.

[73] Justiz 1978, 169.

[74] *Palandt/Bassenge,* Überbl. Rn 6 vor § 1.

[75] Bejahend *Palandt/Bassenge,* Überbl. Rn 6 vor § 1; *Soergel/Stürner,* § 10 Rn 3; OLG Stuttgart OLGZ 1979, 34; OLG Hamm WuM 2000, 319; aA BayObLGZ 1991, 150; wohl auch AG Greifswald mit Hinweis auf die Besonderheiten in den neuen Bundesländern (NZM 2001, 344 = NJW-RR 2001, 591).

[76] KG Rpfleger 1979, 316.

[77] OLG Karlsruhe Justiz 1978, 169; OLG Köln OLGZ 78, 15; OLG Stuttgart OLGZ 79, 34; BayObLGZ 81, 285.

[78] KG NJW 1970, 330; OLGZ 1979, 290; NJW-RR 95, 147; BayObLGZ 81, 50.

[79] OLG Zweibrücken NZM 1999, 322 = FGPrax 1999, 50.

[80] 11. 9. 1985, 2 Z 63/85.

[81] BayObLG 14. 11. 1985, 2 Z 41/85; Hinweis auf BayObLGZ 1968, 233/237 ff.; 1981, 50/54; 21. 12. 1984, 2 Z 9/84; OLG Karlsruhe OLGZ 1979, 34 ff.; aA *Palandt/Bassenge,* § 16 Rn 21; Münch-Komm-*Engelhardt,* § 16 Rn 20; *Röll* NJW 1976, 1476 f.; *Weitnauer* JZ 1985, 927/931.

[82] BGHZ 87, 138/141; BGH NJW 1994, 3352; BayObLG Rpfleger 78, 444.

[83] BayObLG NJW 1996 H. 2 S. VIII, Beschl. v. 5. 10. 1995 – 2 Z BR 92/95/LS = FG Prax 1995, 232 = NJW-RR 1996, 334.

für den Erwerber eingetragen wird, bevor noch die Teilungserklärung samt Aufteilungsplan an den eingetragenen Miteigentumsanteilen grundbuchmäßig vollzogen ist. Es genügt hierfür ein genauer Beschrieb in der Eintragungsbewilligung, auch ohne Vorlage des Aufteilungsplans.[84]

59 Für die Anwendung der Verfahrensvorschriften (§§ 43 ff. a. F.) galt Ähnliches.[85]

Was die **Haftung** eines Erwerbers, damit auch eines „werdenden" Erwerbers und Mitglieds der Gemeinschaft für die rückständigen Beiträge zu den Lasten und Kosten nach § 16 Abs. 2 betrifft, so nimmt die h. M.[86] an, dass der Erwerber grundsätzlich nicht für die rückständigen Lasten und Kosten haften soll, es sei denn, es wäre eine entsprechende Klausel in der Gemeinschaftsordnung enthalten – die allerdings als problematisch anzusehen ist. Diese Situation wäre auch auf den „werdenden" Wohnungseigentümer zu übertragen, von dem Moment an, von dem sein Erwerb als rechtlich gesichert anzusehen ist (dazu oben).

Zur h. L. s. insbesondere den Vorlagebeschluss KG 27. 6. 1984 (24 W 4744/83) und endgültig BGH v. 27. 6. 1985.[87]

60 Zusammenfassend ist zu bemerken, dass die Kriterien zur Rechtfertigung der Annahme eines (auch haftbaren und Nutzungen ziehenden) werdenden Wohnungseigentümers von der h. M. an formalen grundbuchrechtlichen Positionen gemessen werden. Geht man von dem Grundsatz der „rechtlich gesicherten Eigentümerposition", also mehr oder weniger vom Begriff des wirtschaftlichen Eigentümers aus, so müsste im Grunde die rechtsverbindliche notarielle Beurkundung, in der nicht nur die Auflassung oder wenigstens eine verbindliche Auflassungsvollmacht, sondern auch der verbindliche, nicht mehr widerrufliche, **Antrag** auf Eintragung im Grundbuch enthalten ist, als genügend angesehen werden. Die Eintragung einer Auflassungsvormerkung liegt allerdings im Interesse des Erwerbers zur grundbuchmäßigen Sicherung seines Rechtes gegenüber etwa vor der endgültigen Eintragung seines Rechtes noch zur Eintragung kommenden anderen Rechten. Doch ist dieses Risiko seine eigene Angelegenheit. Das KG[88] hatte die Rechtsfigur des werdenden Wohnungseigentümers mit seinem Vorlagebeschluss grundsätzlich in Frage gestellt.[89]

Darauf hingewiesen wurde schon, dass der **veräußernde** Wohnungseigentümer noch bis zu seiner Löschung im Grundbuch haftet.[90]

c) Entsprechende Anwendung des WEG und anderer Vorschriften

61 Zu unterscheiden sind bei der werdenden Gemeinschaft – und darin besteht der Unterschied zur WEergemeinschaft nach Eintragung der Vollrechte – zwischen **Binnen-** und **Außenwirkung.**

Diese Differenzierung ist im Interesse des Rechtsverkehrs und damit der öffentlichen und privaten Teilnehmer an Rechtsgeschäften und Rechtsakten gegenüber der WEergemeinschaft im Entstehungszeitpunkt von Bedeutung. Dabei ist die früher diskutierte Frage der Anwendung der §§ 43 ff. nach deren Aufhebung nicht mehr relevant. Es gelten in jedem Fall die Vorschriften der ZPO, sowohl im Innen- als auch im Außenverhältnis. Ausschließlich im **Innenverhältnis** gelten die Vorschriften des WEG für die werdende Gemeinschaft, also insbesondere die Regeln über die Gemeinschaftsordnung nach §§ 10 ff. und bezüglich der Verwaltung nach §§ 20 ff. Damit ist die Arbeitsfähigkeit der werdenden Gemeinschaft gewährleistet. So sind die werdenden WEer z. B. verpflichtet, gemäß § 16 Abs. 2 die Kosten und Lasten des **künftigen** gemeinschaftlichen Eigentums zu tragen.

---

[84] OLG Köln 7. 11. 1984 DNotZ 1985, 450.

[85] S. bes. Vor § 43; *Weitnauer/Mansel,* § 43 Rn 38; RGRK-*Augustin,* § 43 Rn 21, 33 mit § 23 Rn 14.

[86] *Weitnauer/Gottschalg,* § 16 Rn 49; RGRK-*Augustin,* § 16 Rn 31.

[87] 27. 6. 1985 NJW 1985, 2727 = DWE 4/1985, 121 = JZ 4/86, 191 m. Anm. *Weitnauer.*

[88] 23. 12. 1985, 24 W 5239/84.

[89] Dazu *Weitnauer* WE 3/1986, 93; 98 ff.; NJW-RR 1986, 444, 468, 233 f.

[90] BGHZ 87, 138.

Diese Verpflichtung entfällt nicht dadurch, dass eine WEer-Gemeinschaft im Rechtssinne entsteht.[91]

Im **Außenverhältnis** entsteht die rechtsfähige Gemeinschaft erst mit dem Eigentumserwerb durch mindestens zwei Erwerber, also nach dem grundbuchrechtlichen Vollzug. Für eine analoge Anwendung des § 10 Abs. 6 bis 8. Das gilt insbesondere für die anteilige Haftung gegenüber Gläubigern. Für **vor** der Eintragung als WEer entstandene Verbindlichkeiten haften die Mitglieder der werdenden Gemeinschaft daher **gesamtschuldnerisch.** Für die Privilegierung des § 10 Abs. 8 S. 1 1. Hs. ist deshalb kein Raum. Auch § 11 gilt nicht im Gründungsstadium. **62**

Im Interesse des Geschäfts- und Rechtsverkehrs, aber auch grundbuchrechtlicher Klarheit liegt es z. B., dass § 147 ZVG nicht entsprechend auf die werdende Gemeinschaft angewendet werden kann.[92] Entscheidend ist, dass noch kein „eingetragenes Recht" i. S. des § 147 S. 1 ZVG vorliegt und damit die Zwangsverwaltung gegenüber dem werdenden Eigentümer nicht stattfindet.

VI. Wohnungseigentum und Gemeinschaft nach der Reform des WEG 2007

Übersicht über die **Hauptgesichtspunkte** der dreigliedrigen Einheit des „echten Wohnungseigentums" nach WEG:

1. Begriffselemente

Unter dem Begriff der dreigliedrigen Einheit[93] soll hier die wechselseitige (akzessorische) Verbundenheit von SE, MEs-Anteil und (verdinglichtem) Mitgliedschaftsrecht an der Wohnungseigentümergemeinschaft verstanden werden. Diese Trinität erfasst in sich einmal das SE als neue Eigentumsart,[94] die dem Alleineigentum vergleichbar und den Bestimmungen über das Eigentum schlechthin unterstellt ist, sofern nicht die zwingenden Gründe der (akzessorischen) Verbundenheit mit den beiden anderen Elementen der dreigliedrigen Einheit dagegen sprechen. Ferner ist vorhanden das Element des MEs, welches den Bestimmungen der §§ 1008 ff. BGB unterliegt, wiederum unter dem Vorbehalt, dass nicht die (akzessorische) Verbundenheit mit den anderen beiden Elementen des WEs eine Einschränkung oder Abwandlung dieser Bestimmungen erfordert. Schließlich das dritte Element, das Mitgliedschaftsrecht, gemäß §§ 10–29 und der Verdinglichung, insoweit es Inhalt des SEs nach § 10 Abs. 2 i. V. mit § 5 Abs. 4 WEG wird. Hinzu kommt, dass das ganze Institut der Beschränkung des § 12 WEG unterstellt werden kann und von der Ausschlussmöglichkeit des § 18 WEG beeinflusst wird. **63**

Die dreigliedrige Einheit des Begriffes des gemeinsamen Raumeigentums (WE) umfasst also

- die Sondereigentumsstellung als echtes Eigentum,
- die Miteigentümerstellung,
- die personenrechtliche Gemeinschaftsstellung (Mitgliedschaftsrecht).

Das **SE ist echtes Eigentum** i. S. des § 903 BGB,[95] allerdings immer im Rahmen der „Dreigliedrigen Einheit" zu sehen, da durch sie erst das SE als Eigentum seine besondere Inhaltsgestaltung erfährt. Was für den Schutz des Eigentümers schlechthin gilt, muss auch für das SE (im Verband mit den beiden anderen Elementen des WEs) gelten. Grundsätzlich finden §§ 904, 906 BGB auch auf das SE Anwendung, daneben auch §§ 908 und 909 **64**

[91] BGH NJW 2008, 2639.

[92] BGH NJW-Spezial 2009, 754 = BeckRS 2009, 27228.

[93] Zu analogen Vorstellungen siehe 4. Aufl., Einleitung Rn 230 Spanien, 501 Argentinien, 515 Brasilien, 522 Chile, 562 San Salvador, 573 Venezuela, 612 Rumänien, 626 ff. 648 ff.

[94] AA *Junker* a. a. O. S. 6 ff.

[95] AA *Junker* a. a. O. S. 6 ff. u. ö.

BGB. Dazu gehört z. B., dass die WEer Räume des **einen** SEs zu einem anderen SE desselben WEers oder eines anderen WEers zuschreiben können.[96] Die Bestimmungen der §§ 925 ff. BGB über Erwerb und Verlust des Eigentums an Grundstücken können nur einheitlich auf das WE (also auf seine sämtlichen drei Bestandteile) angewendet werden. Das WE kann damit als Ganzes übertragen und vererbt werden. Sind keine Erben vorhanden, erbt der Fiskus in Form des jeweiligen Bundeslandes. Dieses kann die Haftung auf die vorhandenen Aktiva beschränken.[97]

Die Ansprüche aus dem Eigentum gem. §§ 985 ff. BGB können dagegen sowohl einerseits für das SE allein geltend gemacht werden (z. B. gegen einen unberechtigten Besitzer, etwa einen früheren Mieter), wie auch für das WE als Einheit. Der Anspruch geht, wie beim Eigentum allgemein, auf Einräumung des Besitzes der betreffenden Räume bzw. des Mitbesitzes an gemeinschaftlichen Einrichtungen. Insbesondere kommen sowohl die Nebenansprüche aus den §§ 987 ff. als auch die Abwehr- und Herausgabeansprüche nach den §§ 1004 und 1007 BGB zur Anwendung. Die zuletzt erwähnten Ansprüche stehen den Wohnungseigentümern aber nicht nur als Sondereigentümer, sondern auch in ihrer weiteren Eigenschaft als Miteigentümer an der gemeinschaftlichen Sache zu, sofern es sich um eine Verletzung des MEs handelt. Die Vorschriften über das Alleineigentum sind sämtlich auf den Miteigentumsanteil anzuwenden, es sei denn, Gesetz oder Vereinbarung besagen etwas anderes. Aus der dreigliedrigen Einheit von SE, ME und personenrechtlichem Mitgliedschaftsrecht in der verdinglichten Gemeinschaft folgen auch die Schranken der Nutzungen und des Gebrauchs wie auch der Pflichten. Hieraus ergibt sich die Pflicht zur Unterlassung aller jener Nutzungen, der Sondereigentumsräume wie der gemeinschaftlichen Sachen, welche geeignet wären, die Stabilität, Sicherheit und Zweckbestimmung des Gebäudes zu beeinträchtigen.

65 Das **Element ME** unterfällt den allgemein für das ME geltenden Beschränkungen der §§ 1008 ff. BGB. Den anderen Miteigentümern gegenüber kann ein Miteigentümer nur sein Anteilsrecht geltend machen (z. B. Einräumung des Mitbesitzes). Dritten gegenüber hat jeder Miteigentümer unbeschränkten Besitzschutz (§§ 859–862, 867 BGB); er kann von diesen Wiedereinräumung des MEs verlangen. Darüber hinaus steht dem Miteigentümer gegenüber Dritten ein Anspruch aus dem ganzen Eigentum zu (§ 1011 BGB; s. aber § 10 Rn 64). Dieser und Ansprüche aus den §§ 903 ff. BGB zugunsten des Sondereigentümers bestehen einheitlich nebeneinander und ergänzen sich. Da die §§ 903 ff. BGB in Gemäßheit des § 1011 BGB für den Miteigentümer an sich schon gelten, ergibt sich im Zusammenhang mit § 13 WEG für das **SE** im Endergebnis doch die Anwendbarkeit der §§ 903 ff. für das WE im Ganzen.[98] Soweit nun eine vermögensrechtliche Zuordnung nach § 10 Abs. 7 von Vermögensgegenständen zur insoweit **rechtsfähigen** Gemeinschaft erfolgt, tritt an die Stelle solcher Rechtsobjekte das Mitgliedschaftsrecht innerhalb der juristischen Person (§ 10 Rn 200 ff.).

66 Bezüglich des dritten Elementes, der **Mitgliedschaft** in der **Gemeinschaft** der Wohnungseigentümer i. S. d. §§ 10 bis 29 siehe Rn 23 ff. oben (s. a. § 10 Rn 217). Ausgehend vom Innenverhältnis, das den speziellen Vorschriften des WEG unterliegt, behält die Gemeinschaft auch nach der Reform 2007 ihre gesellschaftsrechtliche, spezifische Grundstruktur. Der WEer nimmt einerseits als Mitglied der durch die Einräumung von Mit- und Sondereigentum determinierten nicht rechtsfähigen Gemeinschaft der WEer als auch im

---

[96] OLG München RNotZ 2009, 46.

[97] Dazu *Drasdo* NJW-Spezial 2009, 433. Dort ist der Fall nicht erwähnt, dass der **Erbe** seine (ansonsten unbeschränkte) Haftung für die Verbindlichkeiten des Erblassers beschränkt. Auch in diesem Fall können sich erhebliche Probleme durch die nur auf den Nachlass beschränkte Haftung (wie auch im Falle des Fiskus) des Erben/WEers ergeben. Zwar greift auch hier das Vorrecht der Gemeinschaft nach § 10 Abs. 1 Nr. 2, Abs. 3 ZVG, doch muss bei Uneinbringlichkeit die Gemeinschaft entspr. Verbindlichkeiten im Wege einer Umlage übernehmen.

[98] Zum Eigentumsschutz siehe unter § 1.

Rahmen des § 10 Abs. 6 als Mitglied der rechtsfähigen Gemeinschaft an den für die Gemeinschaft relevanten Entscheidungen teil. Diese erstere ist aber eingeschränkt durch die mit der Teilrechtsfähigkeit ausgegliederte und der Rechtsperson „Wohnungseigentümergemeinschaft" übertragene Zuständigkeit. Im Grunde erfasst die Mitgliedschaft nunmehr zwei unterschiedliche Organisationen, deren Substrat das Eigentumsrecht ist, das die zwingende Mitgliedschaft konstituiert. Die jeweilige Zuständigkeit ergibt sich aus dem WEG. Verstöße dagegen führen zur (schwebenden) Unwirksamkeit.

Im Vorfeld der Begründung von WE schließen die Beteiligten schuldrechtliche Verträge, in denen sie die Modalitäten über die Errichtung der WEsanlage und ggfs. schon die Aufteilung und Übertragung der künftigen WEsrechte samt Finanzierung der Anlage (einschließlich der Vermarktung) regeln.

Hinsichtlich der sog. „gemeinschaftsbezogenen Rechte", also nicht ausdrücklich der Gemeinschaft zugewiesenen Rechte, ergibt sich die jeweilige Befugnis zur Geltendmachung eigentlich aus der Natur der Sache. So können die meisten auf das GemE bezogenen Rechte sinnvoller Weise nur von der Gemeinschaft letztlich geltend gemacht werden, soweit sie nicht schon ausdrücklich zum Verwaltungsvermögen nach § 10 Abs. 6 S. 2 gehören. Dies ist in § 6 Abs. 6 S. 3 durch die Reform 2007 eindeutig geregelt.[99] So sind Gewährleistungs- und Schadensersatzansprüche i. d. R. von der rechtsfähigen bzw. nicht rechtsfähigen Gemeinschaft geltend zu machen. Für das Handeln des Einzelnen gilt § 21 Abs. 2 noch deutlicher als bisher mit der Beschränkung auf unmittelbar drohenden Schaden.

Dass die beiden Verbandsformen zwar von denselben Personen getragen werden, aber nicht identisch sind, hat Konsequenzen beispielsweise für die Eintragung einer Bauhandwerkersicherungshypothek gemäß § 648 BGB. Zwar haftet der Verband über § 10 Abs. 6 S. 1, jedoch haften die WEer nicht für die gesamte Schuld als Gesamtschuldner; die Gemeinschaft ist aber andererseits nicht Grundstückseigentümer (vom Fall des Erwerbs von Ws/TE durch die Gemeinschaft selbst einmal abgesehen). Ggfs. wäre eine anteilige Haftung über § 10 Abs. 8 S. 1 denkbar.[100]

Unabhängig davon können sich die WEer rechtsgeschäftlich zu einer gesamtschuldnerischen Haftung neben dem Verband verpflichten.[101]

2. Begründungsstadium

Im Vorfeld der Begründung von WE schließen die Beteiligten schuldrechtliche Verträge, 67 in denen sie die Modalitäten über die Errichtung der WEs-anlage und ggf. schon die Aufteilung und Übertragung der künftigen WEs-Rechte samt Finanzierung der Anlage (einschließlich der Vermarktung) regeln. Die Zusammenschlüsse zum Zwecke der Errichtung von WE unterliegen den allgemeinen Vorschriften, grundsätzlich also den Bestimmungen über die Gesellschaft nach bürgerlichem Recht (§§ 705 ff. BGB). Für diese Gesellschaft gilt nach herrschender Rechtsprechung, dass grundsätzlich Nichtigkeit und Anfechtbarkeit des Gesellschaftsvertrages nicht zu einer Aufhebung ex tunc, also rückwirkend, sondern nur ex nunc führen. Dasselbe muss auch für die Wohnungseigentümergründungsgesellschaft gelten.

Mit der rechtlichen Entstehung des WEs ist gem. § 11 WEG die **Unauflöslichkeit** der 68 Wohnungseigentümergemeinschaft eingetreten. Nach der Entstehung des WE muss somit der Grundsatz der Unauflöslichkeit gelten, und zwar selbst für den Fall eines Mangels des Grundgeschäfts beim Zusammenschluss zur Wohnungseigentümergemeinschaft bzw. dem

[99] Zur „Vergemeinschaftung" *Schmid* NZM 2009, 721; anders als er meint, scheint ein Eingreifen des Gesetzgebers nicht notwendig. Die Rspr. war bisher in der Lage, eine vernünftige Abgrenzung zwischen individualrechtlichen und gemeinschaftlichen Befugnissen – auch in prozessualer Hinsicht – vorzunehmen. Dies ist auch kein neuer Schritt, sondern wurde durch den BGH eingeleitet (dazu *Hügel/Elzer* NZM 2009, 457).

[100] Dazu *Drasdo* NJW-Spezial 2008, 513.

[101] KG NJW-RR 2008, 966 = NJW-Spezial 2008, 322.

Kausalgeschäft für die Errichtung des MEs, Einräumung des SEs und Eigentümervereinbarung.

69 Die wechselseitige (akzessorische) Verbindung, die nicht nur zwischen ME und SE besteht, sondern auch zwischen diesen beiden Eigentumsformen und dem (verdinglichten) Gemeinschaftsverhältnis der Wohnungseigentümer, führt dazu, dass ein Rechtsmangel des Begründungsaktes (Teilungserklärung) und der Gemeinschaftsordnung weder zur rückwirkenden oder zukünftigen Aufhebung des Gemeinschaftsverhältnisses, noch zu einer Beseitigung der Wohnungseigentümerrechte führen kann, sobald das WE durch Eintragung entstanden bzw. bei Teilungserklärungen nach § 8 WEG mindestens **eine** bindende Veräußerung eines WE erfolgt ist,[102] dass aber auch umgekehrt ein Mangel im Zustandekommen des Mit- und Sondereigentums nicht zu einer Auflösung des Gemeinschaftsverhältnisses führen kann. Erkennbar ist somit dass die verdinglichte Verbindung der Gemeinschaft (und der Mitgliedschaftsrechte hieraus) mit ME und SE zur dreigliedrigen Einheit des WEs die Geltendmachung der Nichtigkeit ex tunc, die Anfechtung und selbst die Auflösung ex nunc wesentlich einschränkt. Eventuell ist Heilung des Vertrages oder Ausscheiden des betroffenen Wohnungseigentümers möglich.[103]

70 Bei der Begründung nach § 8 WEG, insbesondere auch bei Bauherrenmodellen sind auf Rechtsmängel die allgemeinen Regeln des bürgerlichen Gesetzbuches §§ 320 ff. bzw. 636 BGB für den Werkvertrag im Bezug auf Rücktrittsrecht des Bestellers wegen verspäteter Herstellung, ohne Rücksicht auf Verschulden des Werkunternehmens, anwendbar.[104]

71 Beim **Verkauf** von Miteigentumsanteilen zusammen mit einem Vertrag über Baubetreuung oder Bauträgerschaft bzw. Bauverpflichtung gelten die entsprechenden Bestimmungen des Werkvertrags und des allgemeinen bürgerlichen Rechtes für die Frage der Nichtigkeit oder Anfechtbarkeit.

3. Untrennbarkeit der Elemente

72 Die Untrennbarkeit von SE, ME und, nach dem hier vertretenen Standpunkt, dem verdinglichten Mitgliedschaftsrecht ist eng verknüpft mit der oben erwähnten wechselseitigen Akzessorität der drei Elemente. Als Grundsatz hat zu gelten, dass über das SE und das ME, aber auch über die Mitgliedschaftsrechte, nicht gesondert verfügt werden kann. Keines dieser Rechte kann ohne die anderen selbstständig gepfändet werden. § 6 WEG geht davon aus, dass das Recht am Miteigentumsanteil entscheidend und begründend ist für die Rechte am SE, wozu die untrennbar verbundene, zwingende Mitgliedschaft kommt. Als Interpretationsgrundsatz, ausgehend von der Vorstellung der dreigliedrigen Einheit des Begriffes und der wechselseitigen Abhängigkeit der drei Elemente, hat zu gelten: Liegt im Bereich der dinglichen Rechte die Betonung auf dem ME und SE, so wird im Bereich der obligatorischen Rechte und Pflichten wie im Bereich der reinen Forderungsrechte (Fonds, Beitragsleistungen) der Vorrang der verdinglichten Mitgliedschaftsrechte (dazu näher bei § 10) gelten.

73 Eine Beendigung der Unselbstständigkeit des SEs, also der wechselseitigen Abhängigkeit zwischen SE, ME und Mitgliedschaftsrecht, tritt ein, wenn durch einstimmige Vereinbarung der Wohnungseigentümer das SE überhaupt aufgehoben wird (§ 4 WEG). Bei einer Mehrheit von Eigentümern tritt dann ME nach § 1008 BGB ein. Die Aufhebung gem. § 4 WEG bedarf einer Vereinbarung aller Miteigentümer in der für die Übertragung von Grundstücken vorgeschriebenen Form (Einigung und Eintragung). Werden die Sondereigentumsrechte an allen Räumen aufgehoben, so ist damit auch eine Aufhebung der Gemeinschaft i. S. der §§ 10 ff. WEG verbunden.

74 Die wechselseitige Abhängigkeit gilt grundsätzlich für alle Gegenstände, die der Eigentümergemeinschaft unterliegen, sei es auf Grund Gesetzes oder auf Grund Vertrages. Im

---

102 § 8.

103 Siehe §§ 3, 7.

104 *Bärmann/Seuß,* Praxis, IV, Rn 90; s. unten § 2.

Gegensatz zu vielen ausländischen Rechten enthält das WEG keine ausdrückliche Bestimmung über den Grad (quotenmäßige Anpassung) der wechselseitigen Abhängigkeit der drei Elemente. Es ist demnach möglich, dass das Bruchteilseigentum dem Werte nach wesentlich von dem Wert des dazugehörenden SEs abweicht (s. § 1). Bei einer sehr erheblichen Diskrepanz zwischen dem Wert des SE (sei es Bauwert oder Nutzungswert) und dem des Miteigentumsbruchteils könnte allerdings daran gedacht werden, einen Widerspruch zu § 1 Abs. 2 bzw. § 3 WEG zu erblicken, wonach jedem Miteigentümer SE an einer bestimmten Wohnung einzuräumen ist. In diesem Falle könnte § 16 WEG als verletzt angesehen werden.

Der Anteil an Nutzungen soll sich wenigstens vermutungsweise, mit der Möglichkeit 75
anderweitiger Bestimmung, gem. § 16 Abs. 1 und 2 WEG nach dem Miteigentumsanteilverhältnis bestimmen. Das Gesetz geht dabei davon aus, dass Nutzungen und Lastentragung in einem inneren Zusammenhang mit der tatsächlichen Berechtigung aus der Art und dem Werte des SEs stehen. Es kann unterstellt werden, dass bei aller Vertragsfreiheit hinsichtlich der Regelung der Bruchteile sowie der Nutzungen und Lastentragung eine sachlich gerechtfertigte Relation zwischen Anteilen an Nutzungen und Lasten, Rechten und Pflichten einerseits und Größen des Bruchteils bzw. Wert des SEs andererseits bestehen muss.[105]

4. Verdinglichung der Wohnungseigentümervereinbarung (insbesondere im Falle des § 8 WEG)

Die Verdinglichung der Wohnungseigentümervereinbarung i. S. des § 10 Abs. 2 WEG 76
und ihre Wirkung wurden oben schon dargestellt (Rn 23; s. a. § 10 Rn 92 ff.). Hier gilt es nun noch kurz auf den besonderen Fall der „Vereinbarung" bei Teilung im eigenen Besitz gem. § 8 WEG einzugehen. Bei einer Teilung gem. § 8 befinden sich, ebenso wie die SEs- und MEsrechte, auch die Mitgliedschaftsrechte in einer Hand. Es bestehen nun dogmatische Schwierigkeiten, das von einem Alleineigentümer bei der Teilung im eigenen Besitz errichtete Statut der Wohnungseigentumsrechte dogmatisch zu erklären. Ein Vertrag zugunsten Dritter scheidet schon deshalb aus, weil das Statut auch Belastungen enthält und ein Vertrag zu Lasten Dritter gemeinhin abgelehnt wird (s. § 8).

Auch im Fall des § 8 WEG ist der Erwerber eines WEs aus den Händen eines ursprüng- 77
lichen Alleineigentümers an die Satzung der Eigentümergemeinschaft nur dann gebunden, wenn eine entsprechende Eintragung im Grundbuch vorgenommen worden ist, gem. § 10 Abs. 2 WEG. Durch diese Verdinglichung erlangt die Satzung den Charakter einer allgemein verbindlichen Vertragsnorm gegenüber allen Universal- und Sonderrechtsnachfolgern. Der Erwerber unterwirft sich der vertraglichen Norm durch den rechtsgültigen Erwerb des WEs. Es braucht darum nicht auf eine vertragliche Vereinbarung zwischen Erwerber und Alleineigentümer zurückgegriffen zu werden. Eine solche wäre überflüssig, könnte auch das Statut nicht wirksam verändern (s. a. § 10).

Änderungen von Teilungserklärung, Aufteilungsplan und Gemeinschaftsordnung sind 78
grundsätzlich nur einstimmig möglich; doch entwickeln sich hier schon Ausnahme-Gesichtspunkte nach Billigkeitsrecht.[106]

Bei dieser Frage der Abänderbarkeit von Teilungsordnung (samt Aufteilungsplan) und Vereinbarung (§§ 3 und 8 bzw. 10 WEG) geht es um das Verhältnis von Einstimmigkeit aus Vertragsprinzip zum Mehrheitsprinzip aus pragmatisch-funktionalen Zweckmäßigkeiten einer Institution mit autonomen Kompetenzen ihrer Organe. Das gleiche Problem hat sich schon in der Entwicklung des Gesellschafts- und Körperschaftsrechts gestellt, insbesondere in der Entwicklung der Aktiengesellschaft. Der Grad der Autonomie der Organe ist in den Körperschaften mit juristischer Persönlichkeit in verschiedenen Abstufungen unter

[105] S. § 16.

[106] S. § 3, § 8, § 10, *Bärmann/Seuß,* Praxis, II, 3 Rn 90 ff.; *Röll* WEM 79, 170 ff., s. a. § 22 und unten § 10.

Aufgabe des Einstimmigkeitsprinzips weitgehend zugunsten der Mehrheits-Entscheidung bzw. Mehrheits-Kontrolle anerkannt, so z. B. in der AG, GmbH, Genossenschaft.

79 Einschränkung des Vertrags- und Einstimmigkeits-Grundsatzes hat schon das WEG selbst in §§ 10, Abs. 2 S. 3, 16 Abs. 3, 4, 22 Abs. 1 eingeführt. Es lässt hier sozusagen den Billigkeitsgrundsatz einer Einschränkung des Widerspruches eines einzelnen gegen Mehrheitsentscheidungen zum Durchbruch kommen, wenn es sich dabei um „Rechtsmissbrauch" in der Stimmrechts-Ausübung handelt. Dieser im BGB (§ 242) wohl fundierte Grundsatz kann auch im WEG nicht außer Acht gelassen werden und gibt den entscheidenden Rechtsbehelf gegen den Widerstand einzelner zu mehrheitlichen Willensäußerungen.[107] Also dort, wo keine Mehrheitsentscheidung (ggfs. auch durch eine Öffnungsklausel) eröffnet ist oder eine erforderliche Einstimmigkeit oder Mehrheit nicht erreichbar ist.

80 Es ist aber weiter im Falle eines Änderungs-Verlangens auch zu beachten, was der Inhalt der Änderung ist. So kann eine nur der täglichen Verwaltung dienende Bestimmung (z. B. über Hausordnungsangelegenheiten in der Vereinbarung nach § 10 WEG) als nicht der strengen Bindung an den Einstimmigkeitsgrundsatz unterliegend angesehen werden, wie das die Rechtsprechung auch schon mehrfach anerkannt hat (unten § 10 Rn 170 ff.). Auch kann eine Veränderung von SE und selbst ME-Anteilen, eine Verschiebung von Räumen zwischen zwei Nachbar-Eigentümern, als nicht der Zustimmung der anderen WEer unterworfen gelten (s. § 3, § 4, § 10), abgesehen von der Form des § 4 WEG.

Allerdings bedeutet die strukturelle Eingliederung in den Gesamtbegriff des Wohnungseigentums, neben Sondereigentum und Miteigentum, noch nicht, dass die aus der Gemeinschaftsordnung sich ergebenden Beziehungskomplexe der Wohnungseigentümer einer Auslegung nach dem Eigentumsbegriff des § 903 BGB zu unterwerfen und diese Beziehungen nicht mehr nach den ihnen adäquaten schuldrechtlichen Rechtstypen zu interpretieren wären. Für die Lösung der dabei auftretenden Rechtsprobleme bietet die hier gegebene Charakterisierung der Gemeinschaft[108] (i. S. von Rn 66) eine ausreichende Grundlage. Bedeutsam ist, dass die Gemeinschaft der WEer mit der Einräumung des Sondereigentums (§ 3) bzw. der ersten Veräußerung nach einer Teilungserklärung auf Grund § 8 automatisch und ohne jede besondere rechtsgeschäftliche Erklärung entsteht.

5. Unauflöslichkeit der Gemeinschaft einschließlich des Gemeinschaftsvermögens/Verwaltungsvermögens

81 Die Vorschrift über die Unauflöslichkeit der Wohnungseigentümergemeinschaft in § 11 WEG ist unabdingbar und dient vor allem der Erhaltung des WEs. Die Unauflöslichkeit kann nur mit dem WE selbst aufgehoben werden, das bedeutet die Aufhebung des Wohnungseigentümerverhältnisses und der Sondereigentumsrechte durch Vertrag aller Beteiligten. Einzige Ausnahme von der Unauflösbarkeit der Gemeinschaft ist die Zerstörung des Gebäudes bei Nichtvorhandensein einer Wiederaufbaupflicht, § 22 Abs. 1 Satz 3 WEG. Eine entgegen § 11 getroffene Vereinbarung ist nichtig gem. § 134 BGB.

82 Mit dem § 11 Abs. 3 wurde die hier schon in den früheren Auflagen zur bisherigen Gesetzeslage vertretene Auffassung von der Untrennbarkeit des Gemeinschaftsvermögens nunmehr für „das Verwaltungsvermögen der Gemeinschaft" bestätigt. Zwar hat der RechtsA des BTs dies ausdrücklich nur bezüglich der **Insolvenzfähigkeit** des Verwaltungsvermögens der Gemeinschaft aus eher praktischen Erwägungen entschieden,[109] doch hätte die Beibehaltung der Insolvenzfähigkeit der Gemeinschaft entsprechend dem Regierungsvorschlag zu

---

[107] S. *Bärmann,* Für und wider die Novellierung des WEG, in Rpfleger 1977, 236 ff.; zum Gesellschafts- und Kooperationsrecht s. *Bärmann,* Die Willensbildung in den europäischen Aktienrechten. JStudGes. Karlsruhe Heft 58/59, Karlsruhe 1964, *ders.,* Autonomie und Kontrolle in europäischen Aktienrechten, in Eranion in honorem Georgii S. Maridakis, Vol. II, Athen 1963.

[108] S. a. *Bärmann,* Festschrift Otto Mühl, 1981, 41 ff.

[109] *Bärmann/Pick,* 18. Aufl. Erg. Bd., S. 353.

einem dogmatischen Bruch wegen der unterschiedlichen Behandlung von nichtrechtsfähiger Gemeinschaft nach § 11 Abs. 2 und dem rechtsfähigen Teil geführt.

Aus dieser Rechtslage ergeben sich auch Folgerungen für das Gemeinschaftsvermögen. **83**
Die Fonds der Wohnungseigentümergemeinschaft können kein selbstständiges Rechtsobjekt des einzelnen WEers sein, da sie im Rahmen der dreigliedrigen Einheit Bestandteil des Wohnungseigentumsrechtes als solchem sind. Auch werden sie, wenn auch nur auf Zeit (es würde sonst ihrer Zweckbestimmung widersprechen), in die **Unauflösbarkeit** einbezogen. Auch mit der Verselbstständigung des Verwaltungsvermögens als Zuordnungsobjekt zugunsten der Gemeinschaft gemäß § 10 Abs. 6 und 7 ist die Unauflösbarkeit der Vermögensgegenstände nach Abs. 7 Sätze 2 und 3 gesetzgeberisch markiert. Erst wenn durch genehmigte Rechnungslegung oder durch richterliche Entscheidung dem einzelnen Wohnungseigentümer ein Betrag aus dem gemeinsamen Vermögen zugewiesen worden ist, kann dieser frei über ihn verfügen. Vorher ist auch eine Pfändung des Vermögensanteils durch einen Gläubiger des Wohnungseigentümers nicht möglich. Für die Rspr. hatte das KG[110] dies Auffassung zumindest teilweise bestätigt. Zwar blieb das Gericht bei der hM, soweit es die Auffassung vertrat, dass „bei einem Mitgliederwechsel nicht automatisch die Rechte und Pflichten des Alteigentümers auf den Neueigentümer übergehen".

Es machte allerdings insofern eine bedeutsame Einschränkung als es ausführte: „Das gilt **84**
etwa für das Verwaltungsvermögen, das regelmäßig auch bei einem Eigentumsübergang dem Miteigentumsanteil zugeordnet bleibt".[111] Mit der Zuordnung des Verwaltungsvermögens durch § 10 Abs. 7 S. 1 (neu) zur Gemeinschaft als Verband hat sich dieses Problem erledigt. Im Gegensatz dazu hatte das BayObLG ausgeführt: „Wohnungseigentümer stehen gemeinschaftliche Forderungen gegen Dritte aber in schlichter Rechtsgemeinschaft zu, wobei die Mitberechtigung eines WEer daran mit einem Wechsel in der Mitgliedschaft durch Veräußerung der Wohnung oder infolge Zuschlags in der Zwangsversteigerung nicht kraft Gesetzes auf den neuen Wohnungseigentümer übergeht".[112] Die Frage ist nunmehr i. S. der hier vertretenen Ansicht vom Gesetzgeber bestätigt worden. Aus der untrennbaren und unauflösbaren Verbindung der Mitgliedschaft in der Gemeinschaft folgt auch der Übergang der Verpflichtungen (auch rückständiger) auf den Erwerber einer WE, auch in der Zwangsversteigerung. Zu diesem strittigen Problem siehe *Bärmann,* Erwerberhaftung im Wohnungseigentum für rückständige Lasten und Kosten, PiG 19 (1985) und schon oben Rn 68 ff.

VII. Besondere Entwicklungsformen

1. Immobilienfonds

Aus diesen Formen tritt heraus die der sogenannten **Immobilienfonds.** Hier handelt es **85**
sich im Grunde nur um eine kapitalmäßige Beteiligung an einer Kapitalanlagegesellschaft in der Rechtsform einer AG, oder GmbH, die treuhänderische Eigentümerin der zum Sondervermögen gehörenden Grundstücksrechte ist.[113] Daneben werden, wenn in der Bundesrepublik auch nur sehr spärlich, noch gesellschaftsrechtliche Formen, so insbesondere die der **Wohnungs-Genossenschaft** ausgeübt.[114] Für den Altbaubereich spielt das sog. **Gesellschaftermodell** eine gewisse Rolle. Der Grundgedanke dabei ist, dem Erwerber die Bauherreneigenschaft zu verschaffen, die für den Erwerb einer fertigen Wohnung ausgeschlossen ist. Bei diesem Modell beteiligt sich der Anleger an einer Gesellschaft des

---

[110] NJW-RR 1995, 975/6.

[111] A. a. O. S. 976; unter Verweis auf ZMR 1994, 277 = WuM 1994, 294 = WE 1994, 338 = DWE 1994, 162/LS = KG-Report 1994, 112.

[112] MittBayNot 1995, 296; s. schon BayObLGZ 1995, Nr. 18.

[113] *Bärmann/Seuß,* Praxis, Teil A V 36, XVII, i.

[114] *Bärmann/Seuß,* Praxis XVI.

bürgerlichen Rechts. Diese erwirbt einen Altbau und verpflichtet sich zur Schaffung von WE mit der Maßgabe, dass nach Sanierung des Altbaus die Aufteilung in WE erfolgt und der Anleger eine bestimmte (von ihm auszuwählende) Wohnung erhält. Der Gesellschafter ist als Bauherr in der Lage, sämtliche Baukosten steuerlich geltend zu machen. Dies galt auch für die 50%ige Sonder-Afa in Berlin. Insbesondere bei denkmalgeschützten Objekten und in Sanierungsgebieten ist das Modell von Bedeutung, da hier auch der Selbstnutzer die Baukosten auf zehn Jahre mit zehn Prozent jährlich abschreiben kann.

Weitere Vorteile sind erweiterte Gestaltungsmöglichkeiten für den Erwerber bei Planung und Bauausführung sowie mietrechtliche Optionen: Man kann die zehnjährige Sperrfrist für die Eigenbedarfskündigung vermeiden.

2. Wohnbesitz

86 Im Zusammenhang mit den gesetzgeberischen Bemühungen um gesicherte Wohnrechte war das G. zur Förderung von WE und Wohnbesitz im sozialen Wohnungsbau v. 23. 3. 1976[115] in Kraft getreten. Es regelte den Wohnbesitz als eine neue Form der Dauerwohnberechtigung im 2. WoBauG. Wohnbesitz war nach § 12a Abs. 1 2. WoBauG ein mit einer Beteiligung an einem zweckgebundenen Vermögen verbundenes schuldrechtliches Dauerwohnrecht (zu den Einzelheiten des damals lebhaft diskutierten Gesetzes s. *Pick,* Das neue Recht des Wohnbesitzes NJW 76, 1049). Die Verbindung zum WEG war insofern gegeben, als nach Beendigung des Wohnbesitzes eine Umwandlung in WE erfolgen konnte.[116]

Da sich die neue Form der Wohnungsnutzung nicht durchsetzen konnte, wurde sie durch das „WohnrechtsvereinfachungsG" v. 11. 7. 1985[117] aufgehoben.

3. Teil(zeit)eigentum/Time-Sharing

87 **Literatur:** *Beise,* Rechtswahlklauseln in Time-Sharing-Verträgen, NJW 1995, 1724; *Drasdo,* Die Besonderheiten von in Form des Wohnungseigentums organisierten Time-sharing-Objekten, FS *Merle,* 2000, 129; *Gralka,* Time-Sharing und Dauernutzungsrecht, NJW 1987, 1997; *Hildebrand,* Time-Sharing: Klauselkontrolle beim Treuhand-Modell, NJW 1995, 2637; *Hoffmann,* Probleme des Time-Sharing, MittBayNot 1987, 177; *Mankowski,* Internationale Zuständigkeit in Time-sharing-Fällen, NZM 2007, 671; *Martinek,* Teilzeiteigentum an Immobilien, ZEuP 1994, 470; *Schomerus,* Time-Sharing-Verträge in Spanien im Lichte der EG-Richtlinie über den Erwerb von Teilnutzungsrechten an Immobilien, NJW 1995, 359; *Schubert,* Neues bei den Teilzeit-Wohnrechten (Timesharing) NZM 2007, 665; *Tonner, K.,* Das Recht des Time-sharing an Ferienimmobilien, 1997; *ders.,* Dauerwohnrecht und Timesharing, WM 1989, 313.

88 Man versteht darunter das periodisch wiederkehrende begrenzte Nutzungsrecht an einer Immobilie. Die nun veröffentlichte Richtlinie der EU sieht es als „dingliches oder ein sonstiges Nutzungsrecht an einer oder mehreren Immobilien für einen bestimmten oder einen zu bestimmenden Zeitraum des Jahres". Inzwischen haben sich zahlreiche, z. T. höchst bedenkliche, Varianten des Time-Sharing entwickelt. Vorwiegend im Ausland, vor allem in den romanischen Ländern, wie Italien, Spanien und Frankreich aber auch in den USA wird das sog. **Zeiteigentum, Time-Sharing** oder temporäres Multi-Eigentum praktiziert, eine Form, bei der mehrere u. U. bis zu 12 Eigentümer eine Wohnung zu gemeinschaftlichem Eigentum besitzen mit einer Nutzungsregelung für eine bestimmte Zeit im Jahr. Dabei werden mehrere Eigentümer an einem einzelnen Wohnungseigentum als Miteigentümer beteiligt mit der Maßgabe einer turnusmäßigen Nutzung jeweils für eine bestimmte Zeit, meistens 3 oder 4 Wochen, wofür eine besondere Nutzungsordnung zu

---

[115] BGBl I S. 737.

[116] § 62f. Abs. 1 Satz 1 2. WoBauG; dazu *Pick* a. a. O. S. 1054.

[117] BGBl I S. 1277.

bestellen, oder zu beschließen wäre. Trotz der Schwierigkeiten des grundbuchmäßigen Vollzuges[118] hat diese Form des Zeit-Eigentums auch in der BRD Eingang gefunden.

Das Miteigentum an einer Ferienimmobilie und Grundbucheintrag scheint für den Erwerber das sicherste Modell zu sein. **89**

Darüber hinaus existieren noch andere Modelle wie das Club-Trustee-System, bei dem der Erwerber die Mitgliedschaft in einem Ferienclub erwirbt, der seinerseits wiederum Eigentümer einer Immobilie (Ferienanlage) ist. Beim Hapimag-System, der aus der Schweiz kommt, erwirbt der Käufer eine Aktie und erhält statt einer Dividende in Geld Punkte, die ihm einen Ferienaufenthalt zu einer bestimmten Zeit und in einer bestimmten Immobilie ermöglichen. Je mehr Punkte, umso attraktiver ist die Zeitspanne; entsprechend des Wertes kann mit anderen Beteiligten getauscht werden. In den USA findet das Time-sharing-Modell zunehmend auch im Bereich von Business-Hotels Anwendung. Attraktiv scheint diese Lösung vor allem für größere Unternehmen anstelle von Hotelbuchungen.

Im Jahre 1990 wurden weltweit 2357 Objekte und rund 1,8 Millionen Anteilseigner gezählt. Davon befinden sich 490 mit 259 Tsd. Eignern in Europa, die meisten in Spanien, dort besonders auf den Kanarischen Inseln, in Portugal, Italien und Griechenland. **90**

Auch die Europäische Union hat sich jahrelang mit der Frage des Schutzes der Erwerber befasst. Nach der Einigung von Rat und Parlament wurde die „Richtlinie 94/47/EG zum Schutz der Erwerber im Hinblick auf bestimmte Aspekte von Verträgen über den Erwerb von Teileigentumsrechten an Immobilien" unter dem 26. Oktober 1994 veröffentlicht.[119]

In dieser wurden in 13 Artikeln und einem Anhang zu Art. 3/4 Rechte und Pflichten der Parteien geregelt. Dabei handelt es sich um Mindestschutzvorschriften zugunsten des Erwerbers, von denen die Mitgliedstaaten in dessen Interesse abweichen können (Art. 11). Art. 3 enthielt die Anforderungen an Angaben in Prospekten, die außer einer allgemeinen Beschreibung der Immobilie(n) kurze Angaben gemäß des Anhangs Buchstaben a) bis g), i) bis l) enthalten musste. Art. 4 sah neben der Schriftform bestimmte Angaben vor, die im Vertrag enthalten sein müssen (Anh. a) bis m). Ein grundsätzlich innerhalb einer Frist von 10 Tagen nach Vertragsschluss auszuübendes Rücktrittsrecht konnte sich beim Fehlen bestimmter Angaben auf drei bzw. bei ihrem Nachholen innerhalb von drei Monaten ab diesem Ereignis auf längstens drei Monate und 10 Tage erstrecken (Art. 5). Auch ein Kostenersatz des Erwerbers konnte unterschiedlich je nach Art des Rücktritts auf das negative Interesse (Nr. 3) beschränkt sein oder gänzlich entfallen (Art. 5 Nr. 4). Im Übrigen blieb es beim Verbot von Anzahlungen vor Ablauf der 10tägigen Rücktrittsfrist (Art. 6), ebenso bei der entschädigungslosen Auflösung von Kreditverträgen im Zusammenhang mit dem Erwerb eines Teilnutzungsrechts (Art. 7). Ein Verzicht des Erwerbers im Voraus auf seine Rechte sollte unwirksam sein (Art. 8). **91**

Schließlich mussten die Mitgliedsstaaten den in der Richtlinie vorgesehenen Schutz unabhängig vom jeweils im Vertrag vorgesehenen Recht gewährleisten (Art. 9) und die Rechtsfolgen bei Nichtbeachtung der in der Richtlinie enthaltenen Vorschriften regeln (Art. 10). Art. 12 sah schließlich vor, dass die Mitgliedsstaaten die Richtlinie spätestens innerhalb von 30 Monaten nach ihrer Veröffentlichung im Amtsblatt der EG umzusetzen haben, also bis spätestens 27. April 1997. **92**

Im Vorfeld des Erlasses der vorgelegten Richtlinie haben sich deutsche Gerichte vorwiegend mit dem Erwerb von Auslandsimmobilien bzw. -nutzungsrechten und dabei vor allem mit Fragen der Sittenwidrigkeit nach § 138 BGB beschäftigt.[120] Dem Schutz des **93**

---

[118] S. *Bärmann/Seuß,* Praxis Teil A XVIII.

[119] Zu den Einzelheiten s. die 10. Aufl.

[120] Vgl. LG Detmold NJW 1994, 3301; LG Duisburg NJW-RR 1995, 883; LG Hamburg NJW-RR 1995, 1078; LG Berlin NJW-RR 1995, 754; VuR 1996, 55; LG Tübingen NJW-RR 1995, 1942; LG Weiden Urt. v. 27. 10. 1995 – 2 O 816/95, NJW 1996, H. 5, VIII.

Erwerbers dienen auch das Anfechtungsrecht nach § 123 BGB[121] und ggfs. §§ 312, 312 a BGB (früher das HaustürwiderrufsG).[122] Unterschiedlich wird die Zulässigkeit von Rechtswahlklauseln beurteilt.[123] In vielen Fällen geht es um die Frage der internationalen Gerichtsbarkeit, insbesondere die örtliche Zuständigkeit. Die Rspr. nimmt an, dass dabei nicht der Belegenheitsort maßgeblich ist, sondern der Wohnsitz der Erwerber. Denn Vertragsgegenstand ist nicht ein Mietverhältnis über Räume, sondern „tauschfähige Urlaubszeiten" bzw. „mitgliedschaftliche Verpflichtungen".[124] Dagegen soll der Ort der Dienstleistung (Beitrittsentgelte, Mitgliedsbeiträge und Tauschentgelte) dort sein, wo die Immobilie gelegen ist.[125]

Mit Recht wird immer wieder auf das große Risiko entsprechender Verträge hingewiesen. Dies gilt grundsätzlich auch für Abschlüsse im Inland. Die angepriesenen Vorteile sind höchst zweifelhaft. Dies gilt auch für Konstruktionen über § 31 WEG.[126]

Wird dem Erwerber eines **Ferienwohnrechts** im Verkaufsprospekt durch die Verwendung des Begriffs Eigentum der in der Sache unzutreffende Eindruck vermittelt, er könne eine dinglich gesicherte Rechtsposition erwerben, so verstößt eine der Kontrolle des AGBG unterliegende Vertragskonstruktion gegen § 9 AGBG (jetzt §§ 305 ff. BGB; s. Anh VI 3).[127] Sie kann sogar zur Unwirksamkeit des Erwerbsvertrags gemäß § 6 Abs. 3 AGBG führen.[128] Der Verfüger/Verwender derartiger Nutzungsrechte ist ggfs. aus culpa in contrahendo schadensersatzpflichtig und hat den Kunden so zu stellen, als sei es nicht zum Vertragsschluss gekommen.[129] Dies gilt u. U. auch für einen **Sachwalter.**

94 Für Rückgängigmachung des Erwerbsvertrags im Fall der lediglich treuhänderischen Übertragung auf die Verwaltungsgesellschaft hat sich auch das LG Hamm,[130] ausgesprochen. Nach dem BGH[131] kann eine solche Klausel als überraschende Bestimmung unwirksam sein.[132] Dies gilt auch für eine Klausel, nach der der Anbieter nach seinem Rücktritt vom Vertrag **zusätzlich** Schadensersatz verlangen kann, wegen Verstoßes gegen § 9 AGBG.[133] Auch wesentlich überteuerte Preise im Vergleich zu EWen führen kaum zur Nichtigkeit des Erwerbsvertrags nach § 138 BGB wegen Sittenwidrigkeit.[134] Auch ein sittenwidriger Verstoß gegen Wettbewerbsregeln allein führt nicht zur Nichtigkeit. Vergleichsmaßstab i. R. des § 138 BGB ist der Markt für Ferienappartements vergleichbarer Ausstattung und Lage.[135]

95 Zum 1. 1. 97 war das Gesetz über die Veräußerung von Teilzeitnutzungsrechten an Wohngebäuden (Teilzeit-Wohnrechtegesetz – TzWrG) in Kraft getreten.[136] Es ist zwischenzeitlich durch das SchuldrechtsmodernisierungsG in das BGB überführt worden (§§ 481–487), ergänzt durch § 2 BGB-InformationspflichtenVO. Es trat mit Wirkung vom 1. 1. 2002 in Kraft, so dass nur auf Altverträge bis zum 31. 12. 2001 das alte TzWrG

---

[121] OLG Düsseldorf NJW-RR 1995, 686.

[122] LG Stuttgart NJW-RR 1995, 1009: OLG Frankfurt NJW-RR 1996, 1270.

[123] *Beise* NJW 1995, 1724; bejahend.

[124] BGH Urt. v. 25. 6. 2008 – VIII ZR 103/07 = BeckRS 2008, 14205; Urt. v. 16. 12. 2009, BeckRS 2010, 04002 = NJW-Spezial 2010, 291.

[125] EuGH Urt. v. 3. 9. 2009 – C-37/08.

[126] S. BGH, ZIP 1995, 1359 und u. § 31 Rz. 53.

[127] OLG Köln NJW 1994, 59; LG Hamburg VuR 1995, 124.

[128] OLG Köln NJW-RR 1995, 1393; BGH NJW 1996 H. 29 VI: partielle Unwirksamkeit.

[129] Ebenda.

[130] Az. 330 0159/94.

[131] NJW 1995, 2637 = ZIP 95, 1359.

[132] Kritisch dazu *Hildenbrand* NJW 1995, 2967.

[133] AG Schleiden NJW-RR 1995, 1332.

[134] OLG Düsseldorf v. 12. 9. 1997 – 22 U 254/96.

[135] OLG Frankfurt NZM 1999, 383.

[136] G. über die Veräußerung von Teilzeitnutzungsrechten an Wohngebäuden, Teilzeit-Wohnrechtegesetz – TzWrG v. 20. 12. 1996 (BGBl. I S. 2154).

anzuwenden ist. Nach § 482 BGB muss der Anbieter Erwerbsinteressenten **vor** Vertragsabschluss einen Prospekt mit einer umfangreichen Liste von Pflichtangaben aushändigen. Diese Aufstellung stellt sozusagen eine „Check-Liste" aller bei solchen Verträgen bedeutsamer tatsächlicher und rechtlicher Gegebenheiten dar. Dieselben Angaben müssen nochmals in dem schriftlichen Vertrag aufgenommen sein. Bürger der EU können Prospekt und Vertrag in der Sprache ihres Wohnsitz-Staates, wahlweise auch in der Sprache ihrer Staatsangehörigkeit verlangen. Der Erwerber erhält das Recht, seine auf den Vertragsabschluss gerichtete Erklärung innerhalb von 10 Tagen ohne Angabe von Gründen und kostenfrei zu widerrufen. Das Widerrufsrecht erstreckt sich auch auf einen mit dem Erwerbsvertrag verbundenen **Kreditvertrag.** Während dieser Zeit dürfen von ihm keine Anzahlungen verlangt oder entgegengenommen werden (vgl. Beschlussempfehlung und Bericht des Rechtsausschusses, BT-Drs. 13/5865). Die entspr. Belehrung über den Widerruf hat auch darüber zu belehren, dass die Widerrufsfrist erst mit Aushändigung der Belehrung zu laufen beginnt.[137] Vor Ablauf der zehntägigen Widerrufsfrist dürfen **Anzahlungen** des Erwerbers weder gefordert noch entgegengenommen werden. Das Anzahlungsverbot in § 7 TzWrG – jetzt § 486 BGB – ist **Schutzgesetz** i. S. von § 823 Abs. 2 BGB.[138]

In Anbetracht der Tatsache, dass die EU-Richtlinie nur **Mindestschutz** vorsah und das G. keine Ausschließlichkeit beansprucht, gelten darüber **hinausgehende** Schutzvorschriften hinsichtlich des Time-Sharings weiter (kritisch *Martinek,* NJW 97, 1393). Trotz des EU-weiten Standards ist genaue Prüfung solcher Angebote – insbesondere in Urlaubsländern – unbedingt notwendig. Es wird häufig versucht, die gesetzlichen Vorgaben zu umgehen (z. B. „Ferienclub-Mitgliedschaft") bei Preisen von durchschnittlich 10 000 Euro, wie das Europäische Verbraucherzentrum in Kiel im Jahre 2003 feststellte. Zu den Einzelheiten des Gesetzes vgl. die Kommentare.[139] 96

VIII. Erleichterte Anforderungen an die Abgeschlossenheit von Wohnraum

Literatur: Wohnungsprivatisierung in den neuen Bundesländern, herausg. von der Bundesnotarkammer, DNotZ Köln 1991; *Hamm,* Zwischen Zwangswirtschaft und Markt: Wohnungspolitik für Ostdeutschland, Bad Homburg 1995; *Koeble,* Probleme der Sanierungsmodelle, BauR 1992, 569; *Sturmann,* Die Förderung selbstgenutzten Wohnungseigentums in den neuen Bundesländern, DtZ 1993, 268; *Voelskow,* Überzogener Mieterschutz bei der Umwandlung von Miet- und Eigentumswohnungen, FS Bärmann-Weitnauer, 685. 97

1. Allgemeines

Am 30. 6. 1992 beschloss der Gemeinsame Senat der obersten Gerichtshöfe des Bundes, dass Wohnungen und sonstige Räume in bestehenden Gebäuden auch dann im Sinne von § 3 Abs. 2 S. 1 in sich abgeschlossen sein können, wenn die Trennwände und -decken nicht den Anforderungen entsprechen, die das **Bauordnungsrecht** des jeweiligen Bundeslandes aufstellt.[140] 98

Damit wurde eine Streitfrage entschieden, die von der höchstrichterlichen Rechtsprechung unterschiedlich beantwortet worden war. Der Gemeinsame Senat hat sich im

---

[137] LG Mainz, NZM 99, 679.

[138] OLG Frankfurt NJW 1999, 96; zum vertriebstypischen Durchgriff vgl. OLG Frankfurt NZM 1999, 48. Auch das Institut des Verschuldens bei Vertragsabschluss (culpa in contrahendo) wurde bemüht (OLG Köln, ZMR 96, 606 = NJW-RR 97, 308 = VuR 96, 343). Ggfs. kommt auch ein den Erwerbspreis finanzierender Kreditvertrag i. S. von § 9 VerbraucherkreditG in Betracht (OLG Düsseldorf NJW 97, 2056). Zu den Pflichten eines Treuhänders s. LG Hamburg, NZM 99, 722.

[139] Z. B. *Hildenbrand/Kappus/Mäsch,* Time-Sharing und TzWrG, 1997; *Drasdo,* TzWrG, 1997 und *Tonner,* Das Recht des Time-sharing an Ferienimmobilien, 1997. Jetzt sind vor allem die Kommentare zu §§ 481 ff. BGB heranzuziehen.

[140] GmS-OGB 1/91.

Ergebnis der Auffassung der Zivilgerichtsbarkeit angeschlossen (zuletzt der V. Zivilsenat des BGH im Vorlagebeschluss an den Gemeinsamen Senat).

99 Dagegen hatte das Bundesverwaltungsgericht bis zuletzt[141] die Ansicht vertreten, dass bei der Prüfung der Abgeschlossenheit gemäß § 3 Abs. 2 S. 1 auf die bauordnungsrechtlichen Anforderungen an (Wohnungs-)Trennwände und (Wohnungs-)Trenndecken abzustellen sei, insbesondere hinsichtlich des Brand-, Schall- und Wärmeschutzes.[142]

100 Die Rechtsprechung hat damit den durch das „Gesetz zur Beseitigung von Hemmnissen bei der Privatisierung von Unternehmen und zur Förderung von Investitionen" vom 22. 3. 1991[143] eingeführten § 3 Abs. 3 überflüssig gemacht (s. Anh. III, 1).

Nach dieser Entscheidung gingen die Anträge auf Erteilung der Abgeschlossenheit sprunghaft in die Höhe.

101 Insbesondere in den Ballungsgebieten kam es zu enormen Steigerungen. So stiegen lt. dem Schreiben des BundesMin. für Raumordnung, Bauwesen und Städtebau vom 7. 12. 1992 (W III 3–20 05 06) die Anträge in den ersten drei Quartalen des Jahres 1992 gegenüber dem Jahr 1991 z. B. in Duisburg von 314 auf 1582, Frankfurt/M. von 663 auf 3208, Mannheim von 118 auf 1475, München von 1032 auf 7613 und Nürnberg von 275 auf 3586.

2. Sonderfall: Die neuen Bundesländer

102 Mit dem Beitritt der ehemaligen DDR zur Bundesrepublik wurden im Einigungsvertrag die grundsätzliche Einführung des WEG auf dem sog. Beitrittsgebiet sowie eine besondere grundbuchmäßige Behandlung für eine Übergangszeit festgelegt. Letztere ergab sich zwingend aus dem damaligen Zustand der Grundbücher. Dieses Sonderrecht ist inzwischen außer Kraft getreten.

103 Andererseits bestehen durchaus noch Besonderheiten hinsichtlich der Verwendung von WsErbbRen und WE bei der Überführung bislang der nur in der DDR gebräuchlichen Rechte und Nutzungsarten in das sachenrechtliche System des Bürgerlichen Rechts. So eröffnet das Sachenrechtsänderungsgesetz Möglichkeiten früherer Nutzer, das gemeinschaftliche Grundstück in WsErbbRE aufzuteilen (§ 40 SachenRBerG) oder auch einen Anspruch auf Begründung von Ws- oder TE (s. § 67 Abs. 1 SachenRBerG) geltend zu machen.

104 Str. war, ob die verschiedenen Eigentumsformen, die in Art. 233, §§ 2b, 4 und 8 genannt sind, ohne weiteres in Ws- oder TE überführt werden können.[144] Da nach der hier vertretenen Auffassung zum WEG dieses kein bloßer MEsAnteil ist, sondern Volleigentum idF des komplexen Rechts WE darstellt, kommt eine Anwendung dort, wo von Miteigentum die Rede ist, nicht in Betracht.[145] Dies ergibt sich auch aus den Gesetzesmaterialien, die insoweit eindeutig erst die Begründung von WE ermöglichen, wenn bereits Miteigentum bestand.[146]

105 Die für die neuen Bundesländer beabsichtigte Sonderregelung in § 3 Abs. 3 ist weitgehend ins Leere gegangen und bleibt nur für den (unwahrscheinlichen) Fall einer Änderung der höchstrichterlichen Rechtsprechung von Belang (s. § 3).

Die bisher (zum Herbst 1995) bekannt gewordene Zahl von 75 000 privatisierten Wohnungen ist zunächst enttäuschend, hat aber verschiedene Ursachen (Hamm, a. a. O. S. 59). Dabei spielt nicht nur der Zustand des Wohnungsbestands eine Rolle, sondern auch die unterschiedlichen Interessenlagen der Wohnungsunternehmen. Diese ist wiederum von

---

141 Beschluss vom 18. 4. 1991 – 8 ER 9.91/1.

142 BVerwG Beschluss v. 26. 7. 1989 – 8 B 112.89.

143 BGBl. I S. 766.

144 Vgl. *Heinze* DtZ 1995, 195.

145 AA *Heinze* a. a. O.

146 BT-Drucks. 12/5992, S. 151.

der Höhe der sog. **„Altschuldenlast"** abhängig, die verschieden hoch sein kann. Auch die grundbuchmäßige Zuordnung ist vielerorts noch nicht vorgenommen.

Angesichts der geringeren Eigentumsquote in den neuen Bundesländern gibt es allerdings einen erheblichen Nachholbedarf auch hinsichtlich von Wohneigentum idF des WEG. Nach der Statistik der laufenden Wirtschaftsrechnungen im StatBA auf Grund der Gebäude- und Wohnungszählung vom 30. 9. 1995[147] haben in den drei untersuchten Haushaltstypen mit geringem, mittleren und höherem Einkommen nur 25, 30 und 26% eine eigene Wohnung, während die entsprechenden Haushalte in Westdeutschland 27, 47 und 73% Wohneigentum besitzen.[148] **106**

IX. Kündigungsschutz bei Umwandlung von Miet- in Eigentumswohnungen

1. Die mit den geringeren Anforderungen an die Abgeschlossenheit verbundene zum großen Teil spekulative Umwandlung von bisherigem Miet- in Eigentumswohnungen verbunden mit dem entsprechenden Druck zum Erwerb der Wohnung oder Räumung durch Kündigung wegen Eigenbedarfs ist dann Gegenstand mehrerer Initiativen der gesetzgebenden Körperschaften gewesen. Die Ansätze waren allerdings unterschiedlich. So gingen die Vorschläge von Bundesrat[149] und der SPD-Bundestagsfraktion[150] zunächst von einer Änderung des § 3 WEG, wenn auch unter unterschiedlichen Bedingungen, aus. Später gelangten sowohl der Bundesrat[151] als auch die SPD-Bundestagsfraktion[152] unter dem Eindruck der Diskussion zu der Auffassung, dass es sachgerechter sei, Erteilung bzw. Versagung der Genehmigung durch einen neuen § 22 a des BauGB zu regeln. **107**

2. Im Zuge der Beratungen des Gesetzes zur Erleichterung von Investitionen und der Ausweisung und Bereitstellung von Wohnbauland (Investitionserleichterungs- und Wohnbaulandgesetz)[153] rief der Bundesrat den Vermittlungsausschuss an.[154] Er hielt den Schutz der Mieter mittels einer Widerspruchsmöglichkeit gegen die Kündigung nach der sog. „Sozialklausel" in bestimmten Gemeinden für nicht ausreichend. **108**

Im Vermittlungsausschuss wurde dann ein Kompromiss gefunden, der im Investitionserleichterungs- und Wohnbaulandgesetz einen Art. 13 „Gesetz über eine Sozialklausel in Gebieten mit gefährdeter Wohnungsversorgung" enthielt.[155] **109**

Dadurch wurden Mieter von Wohnungen, die nach der Umwandlung von Miet- in Eigentumswohnungen veräußert werden, für zehn Jahre vor Kündigungen geschützt (zu den Einzelheiten vgl. den Gesetzestext in der 8. Aufl., Anh. VI, 2).

Das Sozialklauselgesetz ist jetzt mit der Reform des Mietrechts in § 577 a BGB aufgegangen.[156]

Es bleibt bei der dreijährigen Schutzfrist des Mieters vor Kündigung durch den Erwerber einer in eine EW umgewandelten Mietwohnung nach dessen Abs. 1. Dieser gilt nach seinem Wortlaut **nur** für die in § 573 Abs. 2 Nr. 2 und 3 BGB aufgeführten Fälle. Andere Kündigungsgründe (etwa Wohnungsbedarf für eine Pflege- und Betreuungskraft) sind nicht ausgeschlossen.[157] Die Befugnis zur Aufteilung entfällt bei Zwangsverwaltung nicht. Die **110**

[147] Vgl. die Angaben im Statist. JB für die Bundesrepublik Deutschland, 1998, S. 242.

[148] Stat. BA.

[149] BT-Drs. 12/2505.

[150] BT-Drs. 12/1856.

[151] BR-Drs. 665/1/92.

[152] BT-Drs. 12/3626.

[153] BT-Drs. 12/3944, 12/4047, 12/4208, 12/4317, 12/4333 (= Art. 14 im G. v. 22. 4. 1993, BGBl I S. 466 ff.).

[154] BT-Drs. 12/4494.

[155] BT-Drs. 12/4614.

[156] *Bärmann/Pick,* 18. A. Anh. III, 1.

[157] BGH NJW-Spezial 2009, 355 = BeckRS 2009, 10915.

Ausübung des Vorkaufsrechts durch den Mieter richtet sich gegen den Eigentümer, nicht gegen den Zwangsverwalter.[158]

Im Unterscheid zur früheren Regelung können die Bundesländer diesen Schutz auf **bis** 10 Jahre ausdehnen. Voraussetzung ist, dass die ausreichende Versorgung der Bevölkerung mit Mietwohnungen zu angemessenen Bedingungen in einer Gemeinde oder einem Teil einer Gemeinde besonders gefährdet ist. Die Länder können entsprechende Gebiete durch RVO bis zu der genannten Frist festlegen, unterliegen damit einem Begründungszwang.

111 Damit ist die sog. **Wohnungsprivatisierung** in eine vernünftige Bahn gelenkt worden. Soweit Mieter als Erwerber auftreten, ist allerdings eine genaue Prüfung der Bausubstanz, des Investitionsbedarfs und der finanziellen Belastungen unverzichtbar.[159] Dies gilt auch im Hinblick auf die Preisberuhigung bei EWen. Im Zweifel sollte ein unabhängiger Gutachter herangezogen werden. Lage, Ausstattung und Größe der Wohnung sind entscheidende Faktoren (zur Frage der Stabilisierung von städtischen Wohngebieten durch WE s. o. Rz 4). Vorsicht ist bei Vertriebsmodellen wie z. B. dem sog. **„Partnermodell"** geboten, wenn sich mehrere Anleger den Kauf einer EW teilen. Der Erwerb eines Bruchteils birgt erhebliche Insolvenzrisiken, abgesehen von der schlechten Verkäuflichkeit eines Anteils. Mit Recht wird in diesem Zusammenhang von einer „Eigentumsfalle" gesprochen.

X. Verhinderung von Zweitwohnungen in/Fremdenverkehrsgemeinden

112 Die vor allem in Fremdenverkehrsgemeinden zu beobachtende Zunahme von Zweitwohnungen kann zu einer Beeinträchtigung der städtebaulichen Entwicklung und Ordnung führen, weil diese Wohnungen der wünschenswerten wechselnden Benutzung durch Gäste entzogen werden. Dieser Tendenz zur Entstehung von sog. **„Rollladensiedlungen"** versuchen die betroffenen Gemeinden seit längerem einen Riegel vorzuschieben. Der Einführung einer **Zweitwohnungssteuer,** die verschiedentlich praktiziert wird, stehen allerdings verfassungsrechtliche und praktische Einschränkungen gegenüber, wie das BVerfG bereits 1983 ausgeführt hatte.[160]

113 Da die Länder und Gemeinden danach nur den besonderen Aufwand „für die persönliche Lebensführung" – d. h. letztlich die persönliche Nutzung einer zweiten Wohnung – besteuern dürfen, können kommunale Zweitwohnungssteuern solche Zweitwohnungen von Verfassungs wegen **nicht** erfassen, die ihre Eigentümer als reine **Kapitalanlage** – also nicht zur persönlichen Nutzung – unterhalten.

114 Welche Anforderungen an diese Abgrenzung zu stellen sind, war unter den Oberverwaltungsgerichten streitig. Das BVerwG hat nunmehr zu dieser Abgrenzungsfrage in mehreren Verfahren Stellung genommen. Während das OVG Schleswig eine zweitwohnungssteuerfreie reine Kapitalanlage nur in Fällen bejaht hat, in denen – etwa durch den Abschluss eines Dauermietvertrags – die Möglichkeit auch einer kurzfristigen Eigennutzung durch den Eigentümer objektiv während des ganzen Jahres ausgeschlossen war, hat das BVerwG zur Ermittlung der Zweckbestimmung der Zweitwohnung eine umfassende Würdigung aller Umstände des Sachverhalts gefordert. Diese gebotene Gesamtwürdigung kann auch ohne den – gerade für Kapitalanleger wirtschaftlich unattraktiven – Abschluss eines ganzjährigen Dauermietvertrags zu dem Ergebnis führen, dass die Zweitwohnung nicht dem persönlichen Lebensbedarf dient.[161]

---

[158] BGH NJW-Spezial 2000, 225 = BeckRS 2009, 04680.

[159] *Pelzl/Strobl,* Die Entwicklung der Wohnungsprivatisierung im Spannungsfeld der Interessen, NZM 98, 178.

[160] Vgl. BVerfG NVwZ 1996, 57 unter Aufhebung von OVG Schleswig NVwZ 1991, 909; dazu *v. Götz* ZRP 1996, 5.

[161] Urt. v. 10. 10. 1995 – 8 C 40/93, 6, 7, 9 u. 15/94; Pressemitteilung des BVerwG Nr. 30/1975 v. 10. 10. 1995; s. a. BVerwG, NVwR-RR 1996, 373.

Da erfahrungsgemäß die Bildung von WE in solchen Gebieten regelmäßig den Einstieg für eine Zweitwohnungsnutzung bedeutet, sieht das **Baugesetzbuch** in § 22 vor, dass in überwiegend durch den Fremdenverkehr geprägten Gemeindegebieten die Begründung von WE der **Genehmigung** bedarf. Diese darf allerdings nur versagt werden, wenn durch die beantragte Begründung des WEs die Fremdenverkehrsfunktion beeinträchtigt wird. Dagegen unterliegt die Aufteilung eines Wohngrundstücks nach § 1010 BGB (statt nach WEG) nicht dem Genehmigungsvorbehalt nach § 22 BauGB und stellt auch kein verbotenes Umgehungsgeschäft dar.[162] **115**

Eine entsprechende Satzung kann von der Gemeinde nur mit Wirkung von der Bekanntmachung an in Kraft gesetzt werden. Die Genehmigung zur Begründung von WE kann vertraglich mit der Bestellung einer Fremdenverkehrs**dienstbarkeit** verknüpft werden.[163] **116**

---

[162] OLGR Schleswig 2000, 395 = Rpfleger 2000, 492; NZM 2001, 430 = DNotZ 2000, 779 = MDR 2000, 1185 = FGPrax 2000, 181; a. A. LG Flensburg ZfIR 2000, 569 = ZMR 2001, 429 = WE 2001, 248 m. Anm. *Riecke.*

[163] OLG München MittBayNot 2001, 96.

Erläuterungen
zum Gesetz über das Wohnungseigentum und das Dauerwohnrecht (Wohnungseigentumsgesetz)

I. Teil. Wohnungseigentum

§ 1 Begriffsbestimmungen

(1) **Nach Maßgabe dieses Gesetzes kann an Wohnungen das Wohnungseigentum, an nicht zu Wohnzwecken dienenden Räumen eines Gebäudes das Teileigentum begründet werden.**

(2) **Wohnungseigentum ist das Sondereigentum an einer Wohnung in Verbindung mit dem Miteigentumsanteil an dem gemeinschaftlichen Eigentum, zu dem es gehört.**

(3) **Teileigentum ist das Sondereigentum an nicht zu Wohnzwecken dienenden Räumen eines Gebäudes in Verbindung mit dem Miteigentumsanteil an dem gemeinschaftlichen Eigentum, zu dem es gehört.**

(4) **Wohnungseigentum und Teileigentum können nicht in der Weise begründet werden, daß das Sondereigentum mit Miteigentum an mehreren Grundstücken verbunden wird.**

(5) **Gemeinschaftliches Eigentum im Sinne dieses Gesetzes sind das Grundstück sowie die Teile, Anlagen und Einrichtungen des Gebäudes, die nicht im Sondereigentum oder im Eigentum eines Dritten stehen.**

(6) **Für das Teileigentum gelten die Vorschriften über das Wohnungseigentum entsprechend.**

Übersicht

Literatur: *Amann,* Amtslöschung von Dienstbarkeiten am Gemeinschaftseigentum?, MittBayNot 1995, 267; *Armbrüster/Müller,* Zur Wirkung wohnungseigentumsrechtlicher Gebrauchsbeschränkungen gegen Mieter, FS Seuß, 2007, S. 3 = ZWE 2007, 218; *dies.,* Direkte Ansprüche der Wohnungseigentümer gegen Mieter, insbesondere bei zweckwidrigem Gebrauch, ZMR 2007, 321; *Bärmann,* Die Wohnungseigentümer-Gemeinschaft als rechtliches Zuordnungsproblem, 1985 (zit: Zuordnungsproblem); *ders.,* Zur Dogmatik des gemeinen Raumeigentums, AcP 155, 1; *ders.,* Zur Theorie des Wohnungseigentumsrechts, NJW 1989, 1057; *Ehmann,* Wohnungseigentum ist kein Eigentum mehr, JZ 1991, 222; *Ertl,* Ausübungsbereiche des Wohnungsrechts am Wohnungseigentum, FS Bärmann/Weitnauer, 1990, S. 251; *ders.,* Dienstbarkeit oder Nießbrauch – Was ist zulässig?, MittBayNot 1988, 53; *Häublein,* Sondernutzungsrechte und ihre Begründung im Wohnungseigentumsrecht, 2003; *Hügel,* Die Umwandlung von Teileigentum zu Wohnungseigentum und umgekehrt, FS Bub, 2007, S. 137 = ZWE 2008, 120; *Langhein,* Das neue Vorkaufsrecht des Mieters bei Unwandlungen, DNotZ 1993, 650; *Merle,* Das Wohnungseigentum im System des bürgerlichen Rechts, 1979 (zit: System); *Meyer-Stolte,* Zum Verfahren bei der Bildung belasteten Wohnungseigentums, Rpfleger 1987, 367; *Müller, H.,* Die zweckbestimmungswidrige Nutzung von Sondereigentum, Potsdamer Tage rund um das Wohnungseigentum, 2000, S. 141; *Müller, M.,* Zur Haftung aus § 154 S. 1 ZVG bei der Zwangsverwaltung von Wohnungseigentum, ZMR 2007, 747; *Nüßlein,* Die Divergenzen zwischen Wohnungseigentums- und Mietrecht, 2006; *Ott,* Die zweckbestimmungswidrige Nutzung von Wohnungs- und Teileigentum, ZfIR 2005, 129; *ders.*, Zur Belastung eines Wohnungseigentums mit einer Dienstbarkeit, deren Ausübungsbereich sich ausschließlich auf ein Sondernutzungsrecht bezieht, DNotZ 1998, 128; *Riedel,* Miteigentum am Wohnungseigentum, JZ 1951, 625; *Röll,* Gutgläubiger Erwerb im Wohnungseigentum, FS Seuß, 1997, S. 233; *ders.*, Teilungserklärung und Entstehung des Wohnungseigentums, 1975; *Sauren,* Mitsondereigentum – eine Bilanz, DNotZ 1988, 667; *Schmidt, F.,* Gegenstand und Inhalt des Sondereigentums, FS Bärmann/Weitnauer, 1985, S. 37; *ders.*, Vormerkungen im Wohnungseigentum, FS Bärmann/Weitnauer, 1985, 545; *ders.*, Nießbrauch und Wohnungseigentum, WE 1998, 2, 46; *Schmidt, H.,* Zweckbestimmung durch die Teilungserklärung, MittBayNot 1981, 12; *Simon,* Begründung und Weiterveräußerung vermieteten Wohnungseigentums – eine Gefahrenquelle für die Rechtsstellung der Mieter?, NZM 2000, 848; *Weitemeyer,* Probleme der Vermietung von Eigentumswohnungen. Der Eintritt des Erwerbers in das Mietverhältnis nach der Begründung von Wohnungseigentum, NZM 1998, 169; *Weitnauer,* Zur Dogmatik des Wohnungseigentums, WE 1994, 33; *ders.*, Miteigentum – Gesamthand – Wohnungseigentum, FS Seuß, 1987, S. 295; *Wolicki,* Die Zwangsverwaltung von Wohnungseigentum, NZM 2000, 321; *Zimmermann,* Belastung von Wohnungseigentum mit Dienstbarkeiten, Rpfleger 1981, 333.

I. Normzweck

Die Vorschrift enthält **Legaldefinitionen** der für das Wohnungseigentumsrecht grundlegenden Begriffe. Diese Definitionen sind durch die WEG-Novelle von 2007 nicht berührt worden. Sie sind nicht nur für den I., sondern auch für den III. und IV. Teil des Gesetzes maßgeblich, während für das im II. Teil geregelte Dauerwohnrecht in § 31 eigene Begriffsbestimmungen erfolgen. Im Übrigen enthält das Gesetz nur vereinzelt Definitionen (§ 10 Abs. 7 S. 2: Verwaltungsvermögen; § 22 Abs. 3: modernisierende Instandsetzung) oder konkretisierende Regelbeispiele (§ 21 Abs. 5: ordnungsmäßige Verwaltung). Die **Paragraphenüberschriften** des WEG sind **amtlich.** 1

Nicht definiert wird in § 1 der Begriff der **Gemeinschaft der Wohnungseigentümer.** Er erschließt sich vielmehr aus § 10, in dem durch die Novelle wesentliche Neuerungen ins Gesetz Eingang gefunden haben, namentlich die Rechtsfähigkeit der WEgem (s. dazu § 10 Rn 203 ff.). Die Unterscheidung zwischen allen Wohnungseigentümern einerseits, der Gemeinschaft der Wohnungseigentümer andererseits ist nach der Terminologie des Gesetzes wesentlich für eine Reihe von Vorschriften, insbesondere für § 27 Abs. 2, 3. 2

II. Überblick

§ 1 unterscheidet zwischen **vier verschiedenen Begriffen,** die mit dem Wort „Eigentum" verbunden sind: WE, TE, Sondereigentum und gemeinschaftliches Eigentum (Gemeinschaftseigentum). Im Gegensatz zu ihnen ist das in den Legaldefinitionen vorkommende **Miteigentum** eine sachenrechtliche Kategorie, die auch außerhalb des Wohnungseigentumsrechts begegnet. Zwar fehlt für die Rechtsstellung des Berechtigten ein einheitlicher Oberbegriff. Dies hängt freilich nur damit zusammen, dass der Gesetzgeber keine sprachlich treffende übergeordnete Kategorie zu WE und TE fand;[1] der in Rspr. und Schrifttum sowie in Gemeinschaftsordnungen[2] bisweilen anzutreffende Oberbegriff des **„Raumeigentums"**[3] hat auch durch die WEG-Novelle von 2007 keinen Eingang ins Gesetz gefunden. Da WE und TE sich allein durch die Art der vorgesehenen Nutzung (Wohn- oder andere Zwecke, näher Rn 13 ff.) voneinander unterscheiden, in der Praxis das WE unverändert im Vordergrund steht und die praktische Bedeutung der Differenzierung sich angesichts der zu duldenden zweckfremden Nutzungen (Rn 36) ohnehin relativiert, erscheint es angemessen, das **WE** in den Mittelpunkt zu rücken. Demgemäß stellt 3

1 Näher Weitnauer/*Briesemeister* Rn 2.
2 Vgl. den Tatbestand von OLG München ZMR 2007, 643, 644.
3 S. nur OLG Frankfurt NZM 2006, 144; Riecke/Schmid/*Schneider* Rn 41.

nicht nur die Gesetzesbezeichnung des WEG, sondern auch dessen Formulierung auf das WE ab und stellt die Erstreckung auf TE durch Abs. 6 sicher. Hieran orientiert sich auch die vorliegende Kommentierung.

4 Unerheblich ist, ob sich die Wohnung gemeinsam mit einer oder mehreren anderen in ein und demselben **Gebäude** (Zwei- oder Mehrfamilienhaus, Reihenhauszeile) befindet oder ob nur eine Wohnung pro Gebäude existiert (Einfamilienhaus).[4] Dementsprechend kann WE auch an mehreren auf demselben Grundstück stehenden Einfamilienhäusern gebildet werden, indem das Sondereigentum an den innerhalb eines Hauses befindlichen Räumen jeweils mit einem Miteigentumsanteil verbunden wird. Entsprechendes gilt für das TE, etwa hinsichtlich einer Mehrzahl von baulich getrennten Fabrik- oder Lagerhallen. Voraussetzung für die Bildung von WE oder TE ist freilich stets, dass mindestens zwei Sondereigentumseinheiten entstehen (s. § 2 Rn 8). Praktisch bedeutsam ist die Begründung von WE an freistehenden Einfamilienhäusern insbesondere dann, wenn eine **Realteilung** des Grundstücks nicht möglich ist.

5 Das Gebäude kann auch ein **unterirdisches** Bauwerk sein, z. B. ein U-Bahnhof.[5]

6 WE ist **echtes Eigentum.**[6] Dieses bezieht sich freilich nicht allein auf einen Miteigentumsanteil am gesamten Grundstück, sondern auch auf das untrennbar damit verbundene Sondereigentum an bestimmten Räumen. Damit wird die nach den Grundregeln der §§ 93 ff. BGB zwingende Abhängigkeit des Gebäudeeigentums vom Grundstückseigentum kraft spezialgesetzlicher Anordnung teilweise, nämlich in Bezug auf das Sondereigentum, aufgehoben. Aufgrund dieser spezifischen Verbindung wird teilweise vertreten, dass es sich beim WE nicht um Grundstückseigentum handele, sondern um ein **grundstücksgleiches Recht.**[7] Indessen sollte man von grundstücksgleichen Rechten nur dann sprechen, wenn das Grundstück, auf das sie sich beziehen, daneben als selbstständiger Gegenstand von Eigentumsrechten fortbesteht, wie dies insbesondere beim Erbbaurecht (vgl. §§ 1 Abs. 1, 11 Abs. 1 ErbbauRG) der Fall ist. Hieran fehlt es beim WE.

7 Der Besonderheit, die in der zwingenden Verbindung von Miteigentum mit Sondereigentum – als aus der gemeinschaftlichen Berechtigung der Miteigentümer gelöstem Alleineigentum –[8] besteht, lässt sich dadurch Rechnung tragen, dass man WE als **besonders ausgestaltetes (modifiziertes) Bruchteilseigentum** begreift.[9] Dieses ist und bleibt jedoch Eigentum am Grundstück.[10] Der dogmatische Streit um die Einordnung der WEgem ist für die Praxis durch die Anerkennung der Teilrechtsfähigkeit weitgehend erledigt (s. § 10 Rn 203). Auf der sachenrechtlichen Ebene lässt sich die bereits bislang ganz überwiegend vertretene Sichtweise, dass WE modifiziertes Bruchteilseigentum ist, nunmehr ohne weiteres zugrundelegen, da die hiergegen erhobenen Bedenken (etwa hinsichtlich des Übergangs des Anteils am Verwaltungsvermögen bei der Veräußerung) sich erledigt haben.

8 Der einzelne WEer hat eigentumsrechtlich in zweierlei Hinsicht eine Berechtigung: Zum einen im Hinblick auf das **Grundstück** als gemeinschaftliches Eigentum, zum anderen bezüglich der in seinem **Sondereigentum** stehenden Räume oder Flächen (s.

---

[4] BGH NJW-RR 2001, 800; OLG Düsseldorf ZfIR 2004, 778.

[5] LG Frankfurt NJW 1971, 759; Riecke/Schmid/*Elzer* § 3 Rn 106; Weitnauer/*Briesemeister* § 3 Rn 4.

[6] BGHZ 49, 250, 251 = NJW 1968, 499; BGHZ 116, 392, 394 = NJW 1992, 978; BayObLG ZMR 2002, 142 = ZWE 2002, 76; *Bärmann,* Zuordnungsproblem, S. 17 ff.; Riecke/Schmid/*Schneider* Rn 21; Staudinger/*Rapp* Rn 15.

[7] So v. a. *Merle,* System, S. 165 ff.; vgl auch Staudinger/*Gursky* § 890 BGB Rn 20; Einl. Rn 8.

[8] BGHZ 177, 338 = NJW 2008, 2982 Rn 12; Staudinger/*Rapp* Rn 45 ff.

[9] BGHZ 150, 109 = NJW 2002, 1647; BayObLG ZMR 2002, 142; Staudinger/*Rapp* Einl. Rn 23; Weitnauer/*Briesemeister* Vor § 1 Rn 25.

[10] Zutr. daher MünchKomm-BGB/*Kanzleiter,* § 925 Rn 4, der die Anwendbarkeit von § 925 BGB darauf stützt, dass es sich beim WE um Miteigentum am Grundstück handele; s. auch *Ehmann* JZ 1991, 222; *Riedel* JZ 1951, 625.

Abs. 2). Ihm stehen daher in beiden Bereichen nicht nur Ansprüche aus (berechtigtem) Besitz, sondern auch solche aus Eigentum zu (insbesondere aus §§ 985 ff., 1004 BGB). Im Hinblick auf die Geltendmachung von Ansprüchen, die sich auf das gemeinschaftliche Eigentum beziehen, sind freilich im Wohnungseigentumsrecht Besonderheiten ggü der Grundregel des § 1011 BGB zu beachten (s. Rn 185).

Ein **Vorrang** des Mit- oder aber des Sondereigentums lässt sich nicht statuieren, da beides untrennbar miteinander verbunden ist. Bisweilen wird vertreten, für den einzelnen WEer stehe **wirtschaftlich** „das Sondereigentum" im Vordergrund;[11] auch die Bewertungsgrundsätze iRv § 17 heben maßgeblich darauf ab (s. § 17 Rn 11). Diese Sichtweise ist freilich zumindest insoweit verkürzt, als es für eine wirtschaftliche Betrachtung in erster Linie auf den räumlichen Bereich des Sondereigentums, nicht jedoch darauf ankommen kann, welche Gebäudeteile zum Sondereigentum zählen, denn bereits die tragenden Wände und Decken zählen zum Gemeinschaftseigentum. Richtig ist allerdings, dass WE **modifiziertes Bruchteilseigentum** ist und dass ein isolierter, d. h. nicht mit Sondereigentum verbundener Miteigentumsanteil bestehen kann (s. § 2 Rn 58 ff.). Man mag daher davon sprechen, dass **juristisch** das Miteigentum im Vordergrund stehe,[12] ohne dass sich daraus konkrete rechtliche Folgerungen ableiten ließen. 9

Abs. 1 stellt klar, dass WE **allein nach Maßgabe des WEG** gebildet werden kann. Die Regeln über Stockwerkseigentum gelten nach Art 182 EGBGB lediglich für Altfälle fort.[13] Eine weiter reichende Regelung enthält Abs. 1 nicht. **Ergänzende Anwendbarkeit des BGB:** Soweit das WEG keine Spezialregelungen enthält, sind auf das WE sowohl die Regeln zum Miteigentum (§§ 1008 ff. BGB) als auch die Vorschriften über das Alleineigentum (§§ 903 ff. BGB) und diejenigen über die Gemeinschaft (§§ 741 ff. BGB) anwendbar. 10

Ein WEs-Anteil kann mehreren Personen zu **Bruchteilen** zustehen. Dies ist in der Praxis z. B. bei gemeinsamem WE von Ehegatten häufig der Fall. Für die Bruchteilsgemeinschaft gelten dann die Regeln der §§ 741 ff. BGB. Auch eine **Gesamthandsgemeinschaft** (Personengesellschaft, Gütergemeinschaft, Erbengemeinschaft) kann Inhaber eines WEs sein.[14] 11

Umgekehrt können einer Person **mehrere WEs-Anteile** zustehen. Dies folgt schon aus § 8. Die im Personengesellschaftsrecht umstrittene Frage nach der Einheitlichkeit der Beteiligung[15] stellt sich daher für die WEgem nicht. 12

III. Wohnungs- und Teileigentum (Abs. 1)

1. Wohnungseigentum (Abs. 2)

Abs. 2 definiert WE als **Verbindung** von Sondereigentum an einer Wohnung und Miteigentum an dem gemeinschaftlichen Eigentum, zu dem es gehört. Diese Verbindung ist, wie sich klar aus § 6 ergibt, untrennbar. Das Gesetz bringt mit der Wendung „in Verbindung mit" treffend zum Ausdruck, dass zwischen Sondereigentum und Miteigentum kein Über- und Unterordnungsverhältnis besteht, sondern dass beide gleichrangig sind. Insbesondere stellt das Sondereigentum keine Belastung des Miteigentums oder des Grundstücks insgesamt dar. Dies lässt sich auch an § 3 ablesen, der davon spricht, dass das Miteigentum durch die Einräumung von Sondereigentum „beschränkt" wird. 13

---

[11] So Riecke/Schmid/*Schneider* Rn 5, der von „wirtschaftlicher Erstrangigkeit des Sondereigentums" spricht.

[12] BGHZ 50, 56, 60 = WM 1968, 572; BayObLG DNotZ 1995, 51; Riecke/Schmid/*Schneider* Rn 5.

[13] Zur Überleitung von Stockwerkseigentum in WE *Zipperer* BWNotZ 1985, 49.

[14] *Röll,* Teilungserklärung, S. 8 f.

[15] S. dazu *Armbrüster,* FS Bezzenberger, 2000, S. 3, 11 ff.

14 Nicht ausdrücklich definiert das Gesetz den **Begriff des Sondereigentums.** Aus der Verwendung in Abs. 2 wird aber erkennbar, worum es sich handelt: Sondereigentum ist das neben das Miteigentum tretende (Allein-)Eigentum an den dem Miteigentum zugeordneten Räumen. Was hierzu gehört und welchen Inhalt das Sondereigentum hat, regeln § 5 und § 13 Abs. 1 näher. Aus dem Gesamtgefüge der Begriffsbestimmung in Abs. 2 mit den §§ 3, 5 und 8 ergibt sich ein widerspruchsfreies Verständnis vom Begriff des Sondereigentums.[16]

15 Auch der Begriff der **Wohnung** wird im WEG nicht definiert. Eine Konkretisierung ergibt sich aus der Allgemeinen Verwaltungsvorschrift für die Ausstellung von Bescheinigungen gemäß § 7 Abs. 4 Nr. 2 und § 32 Abs. 2 Nr. 2 des Wohnungseigentumsgesetzes (**AVA,** Anh. III 7; eingehend § 3 Rn 59 ff.). Danach ist Wohnung die Summe der Räume, welche die Führung eines Haushaltes ermöglichen. Der BFH hat im Kontext der Begünstigung von WE gem. § 10 e EStG aF den steuerrechtlichen Wohnungsbegriff herangezogen, wonach insbesondere bauliche Abgeschlossenheit und ein eigener Zugang erforderlich sind.[17]

16 Das mit einem Miteigentumsanteil verbundene Sondereigentum kann aus **mehreren Wohnungen** bestehen (vgl. auch § 3 Rn 20).[18] Kein WE kann an **einzelnen zu Wohnzwecken dienenden Räumen** (z. B. Hobbyraum[19]; Hotelzimmer[20]; Toilettenraum[21]) gebildet werden; insoweit kommt nur TE in Betracht (s. Rn 18 ff.). Das Sondereigentum kann sich dabei nicht auf Räume oder Gebäudeteile erstrecken, die zwingend im Gemeinschaftseigentum stehen (z. B. Vorflur; s. § 5 Rn 25 ff.).[22]

17 Nicht möglich ist es, ein WE an einem WE **(Unterwohnungseigentum)** zu begründen.[23] Abs. 2 ist insofern zwingend. Bei entsprechender Interessenlage bleibt nur der Weg, unter Beachtung von § 3 Abs. 2 (Abgeschlossenheit) eine Raumeinheit abzuteilen und als Sondereigentum mit einem neu zu bildenden Miteigentumsanteil zu verbinden (s. dazu § 2 Rn 93). – Auch ein **Mitsondereigentum** iS einer dinglich verselbstständigten Untergemeinschaft gibt es – abgesehen von dem Sonderfall im Sondereigentum stehender gemeinsamer Grenzeinrichtungen (sog. Nachbareigentum, s. dazu § 3 Rn 30) – nicht (§ 3 Rn 27 ff.).

2. Teileigentum (Abs. 3, 6)

18 **a) Definition.** TE unterscheidet sich von WE allein dadurch, dass das Sondereigentum sich nicht auf eine Wohnung (Rn 15) bezieht, sondern auf **„nicht zu Wohnzwecken dienende Räume eines Gebäudes".** Das Abgeschlossenheitserfordernis des § 3 Abs. 2 gilt gleichermaßen für WE wie für TE. Die inhaltlichen Anforderungen unterscheiden sich freilich (s. dazu § 3 Rn 54 ff.).

19 Die weite Zweckbestimmung „nicht zu Wohnzwecken" kann von den Eigentümern durch Vereinbarung oder Beschluss näher **konkretisiert** werden (dazu § 13 Rn 20). In diesem Fall bildet die konkrete Regelung die Zweckbestimmung ieS.

20 Die Bezeichnung als TE oder als WE kann auch für die kaufrechtlichen **Mängelrechte** bedeutsam werden. Wird z. B. ein Raum, der ausschließlich als TE genutzt werden darf, als

---

[16] Abw. noch 9. Auf. Rn 16; dagegen zutr. Weitnauer/*Briesemeister* Rn 4.

[17] BFH NJW 1999, 1136 (Ls.) = NJW-RR 1999, 303 = NZM 1999, 186.

[18] BayObLGZ 1971, 102.

[19] BayObLG NJW-RR 1998, 735.

[20] OVG Lüneburg DNotZ 1984, 390.

[21] OLG Düsseldorf NJW 1976, 1458.

[22] OLG Hamm Rpfleger 1986, 374.

[23] OLG Köln OLGZ 1984, 294, 295 = Rpfleger 1984, 268; Riecke/Schmid/*Schneider* § 1 Rn 61; Staudinger/*Rapp* Rn 51.

WE veräußert, so haftet dem Kaufobjekt ein Rechtsmangel an (zum WE als Gegenstand von Veräußerungsgeschäften s. noch Rn 74 ff.).[24]

Geht es um die Auslegung der **Teilungserklärung,** so umfasst der Begriff „der Wohnungseigentümer" nicht nur die Wohnungseigentümer, sondern auch die Teileigentümer, wenn es nach der Teilungserklärung nur eine Eigentümergemeinschaft gibt, die aus den Eigentümern der Wohnungen und denen der Teileigentumseinheiten besteht.[25] 21

b) Räume eines Gebäudes. Die Begriffe Raum und Gebäude sind – ebenso wie derjenige der Wohnung (Rn 15) – im WEG nicht definiert. Als **Gebäude** ist ein nach allen Seiten abgeschlossenes Bauwerk anzusehen, in dem sich ein oder mehrere Räume befinden.[26] Zum Begriff des **Raumes** s. § 5 Rn 7 ff. 21a

c) Nicht zu Wohnzwecken dienend. Für die **Abgrenzung** sind allein die bauliche Eignung und die Zweckbestimmung der im Sondereigentum stehenden Räume maßgeblich. Auf die Art ihrer tatsächlichen Nutzung kommt es hingegen nicht an.[27] Auch solche Räume, die den Anforderungen an eine Wohnung (s. Rn 15) genügen, können auf Grund einer abweichenden Zweckbestimmung TE sein. Unerheblich ist es für die Bestimmung zu anderen als zu Wohnzwecken, ob es sich um eine gewerbliche Nutzung handelt. 22

Beispiele für die im Sondereigentum stehenden Räume eines TE bieten Gaststätten, Läden, Büros, Praxisräume für Ärzte oder Anwälte, Werkstätten, Lagerräume, Kellerräume, Garagen. Auch Kfz-Stellplätze können TE sein (zur Abgeschlossenheit s. § 3 Rn 88 ff.).[28] Dasselbe gilt für Hobbyräume, die auf Grund ihrer baulichen Beschaffenheit nicht zu Wohnzwecken dienen. 23

3. Verbindung von WE und TE

In ein und demselben Gebäude kann teils WE, teils TE geschaffen werden. Möglich ist auch die **Verbindung** von WE und TE dergestalt, dass Sondereigentum an zu Wohn- und zu anderen Zwecken bestimmten Räumen mit einem einzigen Miteigentumsanteil verbunden wird.[29] 24

4. Unterlassene Bezeichnung als WE oder TE

Die **Bezeichnung** als WE, TE oder gemischtes WE und TE ist zwar notwendiger Bestandteil des Begründungsvorgangs.[30] Dies bedeutet freilich nur, dass die Eintragung des Rechts nur unter einer vom WEG zugelassenen Bezeichnung erfolgen darf. Die teilenden Eigentümer sind nicht dazu verpflichtet, den Einheiten eine bestimmte Nutzungsart zuzuweisen.[31] Haben es die zukünftigen WEer unterlassen, die Nutzungsart anzugeben, so hat das Grundbuchamt selbstständig zu beurteilen, ob ein Wohnungs- oder ein TEs-Grundbuch anzulegen ist. Dabei kommt es auf das Schwergewicht der möglichen Nutzung an, wie sie sich aus den vorgelegten Unterlagen ergibt.[32] Ist nicht – insbesondere nach Art und Größenverhältnis der betreffenden Räume – offensichtlich, dass einer der Zwecke überwiegt, so hat das Grundbuchamt ein einheitliches **„Wohnungs- und Teileigentums-Grundbuch"** anzulegen (§ 2 S. 2 WGV; s. auch § 7 Rn 9). Dasselbe gilt, wenn – was 25

[24] BGH NJW 2004, 364.
[25] OLG Hamm ZMR 2008, 60, 61.
[26] LG Münster DNotZ 1953, 148 (betr. Tankstelle); LG Frankfurt NJW 1971, 759 (betr. U-Bahnhof).
[27] BayObLG Rpfleger 1973, 139 = DNotZ 1973, 691/LS; *Bielenberg* ZfBR 1982, 7, 9.
[28] OLG Celle OLGZ 1983, 126.
[29] Staudinger/*Rapp* Rn 10.
[30] Riecke/Schmid/*Elzer* § 3 Rn 20; *Rapp* MittBayNot 1998, 77; insoweit undeutlich LG Koblenz NZM 1998, 676 = MittRhNotK 1998, 134.
[31] LG Koblenz NZM 1998, 676 = MittRhNotK 1998, 134; KG MittBayNot 2008, 209, 210.
[32] LG Koblenz NZM 1998, 676 = MittRhNotK 1998, 134.

zulässig ist –[33] eine Sondereigentumseinheit **ausdrücklich** zur gemischten oder alternativen Nutzung, nämlich zur Nutzung zu Wohnzwecken und/oder nicht zu Wohnzwecken bestimmt wird. Ein Beispiel bietet die Bezeichnung als „Gewerbewohnung"; hier wird die Auslegung der Zweckbestimmung regelmäßig zur Annahme einer gemischten Nutzung führen.[34] Zu den Rechtsfolgen einer unzutreffenden Bezeichnung s. Rn 32, 37.

5. Rechtsnatur der Bestimmung als WE oder TE (sog. Zweckbestimmung iwS)

26 **a) Streitstand.** Darüber, wie die Zweckbestimmung iwS dogmatisch einzuordnen ist, besteht **Streit.** Nach der überwiegenden Auffassung[35] handelt es sich dabei um eine Regelung der WEer untereinander mit **Vereinbarungscharakter** (§§ 5 Abs. 4 S. 1, 10 Abs. 3). Die Gegenansicht[36] hält dem entgegen, dass die Zweckbestimmung den **sachenrechtlichen Inhalt** des WE betreffe und nicht das Verhältnis der WEer untereinander. Die Umwandlung von TE in WE oder umgekehrt richte sich deshalb nach den §§ 873, 877 BGB; sie könne nicht durch Vereinbarung erfolgen. Diese Auffassung beruht auf der Differenzierung von sachenrechtlichem Rechtsinhalt und inhaltsbestimmendem Begleitschuldverhältnis. Nur letzteres sei einer Vereinbarung zugänglich.

27 **b) Stellungnahme.** Der überwiegenden Auffassung, die von einer **Vereinbarung** ausgeht, ist zu folgen.[37] Aus § 5 Abs. 4 S. 1 wird deutlich, dass eingetragene Vereinbarungen den Inhalt des Sondereigentums festlegen. Dies bedeutet, dass die Vereinbarung, sofern sie eingetragen wird, den Rechtsinhalt des Sonder- und damit des Wohnungseigentums unmittelbar ausformt. Das „Begleitschuldverhältnis" zählt deshalb, jedenfalls soweit es auf einer eingetragenen Vereinbarung beruht, zum unmittelbaren Inhalt des Rechts (s. auch § 10 Rn 116 ff.).[38] Die nur relative Wirkung der Vereinbarung steht dem nicht entgegen: Aufgrund des besonders intensiven nachbarschaftlichen Verhältnisses der WEer untereinander hat der Gesetzgeber (grds. nur) für dieses Verhältnis eine privatautonome Ausgestaltung des Rechtsinhalts gesetzlich zugelassen.

28 In der Bezeichnung als WE oder TE eine Inhaltsbestimmung des Sondereigentums zu sehen, überzeugt auch in systematischer Hinsicht. Die Zweckbestimmung iwS unterscheidet sich nämlich nicht von den übrigen durch Vereinbarung getroffenen Regelungen, die das Verhältnis der WEer untereinander betreffen; § 10 Abs. 2 ist insoweit keineswegs abschließend.[39] Jene Zweckbestimmung regelt die **zulässige Nutzung des Sondereigentums** und steckt damit gerade die Grenzen der Gebrauchsbefugnisse ab, die den WEern untereinander zustehen. Dass die gesetzlichen Vorgaben es gebieten, sich für WE oder TE zu entscheiden und damit den grundsätzlichen Zuschnitt der auf das jeweilige Sondereigentum bezogenen Gebrauchsbefugnisse klarzustellen, während Vereinbarungen iSv § 10 Abs. 3 fakultativ sind, hängt nicht zuletzt mit den unterschiedlichen Anforderungen an die Abgeschlossenheit zusammen (s. dazu § 3 Rn 54 ff., 78).[40]

---

[33] KG MittBayNot 2008, 209, 210.

[34] KG MittBayNot 2008, 209, 210.

[35] BayObLG NJW-RR 2001, 1163; NZM 2005, 263; OLG Frankfurt/M. NJW-RR 2005, 1445; OLG Schleswig ZMR 2006, 891; KG NZM 2007, 604 = ZMR 2007, 299; MittBayNot 2008, 209, 210; OLG Hamm NZM 2007, 294, 295; *Hügel*, FS Bub, S. 137, 142; *H. Müller,* Praktische Fragen, Rn 68; Riecke/Schmid/*Schneider* Rn 43; Staudinger/*Rapp* Rn 11; *F. Schmidt* ZWE 2005, 315, 316; wohl auch OLG Hamburg ZMR 2000, 627, 628.

[36] BayObLG ZMR 1997, 537; KG ZMR 2005, 223; *Ott* ZfIR 2005, 129, 131; Riecke/Schmid/*Elzer* § 3 Rn 22; *Kümmel* ZWE 2008, 273, 274; *Wenzel* ZWE 2006, 62.

[37] S. bereits *Armbrüster* ZMR 2005, 244, 246 f.; *Armbrüster/M. Müller,* FS Seuß, 2007, S. 3, 12 ff. = ZWE 2007, 227.

[38] AA *Ott* ZfIR 2005, 129, 131.

[39] AA offenbar Riecke/Schmid/*Elzer* § 3 Rn 22.

[40] Dies übergeht Riecke/Schmid/*Elzer* § 3 Rn 22.

c) Praktische Folgen. In den §§ 5 Abs. 4, 10 Abs. 3 hat der Gesetzgeber zugleich die **Anforderungen** festgelegt, die für eine Inhaltsänderung des Sondereigentums gelten. Dabei verweist er nicht auf die §§ 873, 877 BGB, sondern er setzt eine Vereinbarung iSv § 10 Abs. 3 voraus. Diese Grundsätze gelten mithin zugleich für die Umwandlung von WE in TE oder umgekehrt. 29

Die hier vertretene Ansicht führt zudem dazu, dass eine in der Teilungserklärung vorweggenommene **Bevollmächtigung** oder Ermächtigung zur Änderung der Zweckbestimmung iwS (s. dazu § 2 Rn 121 ff.) möglich ist, da das sachenrechtliche Grundverhältnis nicht berührt wird. 30

Zudem bedarf es für eine durch Vereinbarung iSv § 10 Abs. 3 vorgenommene Änderung nach Maßgabe von § 5 Abs. 4 S. 2 nicht der **Zustimmung dinglich Berechtigter.**[41] 31

Vereinzelt wird angenommen, dass der **Gründungsakt** dann nichtig ist, wenn das Grundbuchamt eine Sondereigentumseinheit unzutreffend als WE oder TE bezeichnet.[42] Dem ist indessen mit der ganz überwiegenden Ansicht[43] zu widersprechen. Vom hier vertretenen Standpunkt aus ergibt sich dies bereits daraus, dass die Bestimmung als WE oder TE nicht das sachenrechtliche Grundverhältnis betrifft (s. Rn 27 f., vgl. auch Rn 37). 32

d) Öffentlicher Glaube. Umstritten ist, ob die Bezeichnung als WE oder TE am öffentlichen Glauben des Grundbuchs teilnimmt.[44] Dagegen wird vorgebracht, dass es sich um eine reine Beschreibung tatsächlicher Art handele.[45] Indessen hat die Bezeichnung als WE oder TE darüber hinaus eine Gebrauchsbeschränkung zum Inhalt (s. Rn 28). Nach der hier zur Rechtsnatur der Zweckbestimmung iwS vertretenen Ansicht ist es konsequent, hinsichtlich des öffentlichen Glaubens dieselben Grundsätze heranzuziehen, die für **Vereinbarungen** iSv § 10 Abs. 2 S. 2, Abs. 3 gelten (s. dazu § 10 Rn 127 f.).[46] Zwar können infolge des Gutglaubensschutzes die für Wohnungen geltenden strengeren Anforderungen an die Abgeschlossenheit ins Leere gehen; dies ist jedoch hinzunehmen, zumal da es sich beim Abgeschlossenheitserfordernis nur um eine Sollvorschrift handelt (s. § 3 Rn 57). 33

6. Unzulässiger Gebrauch

Überschreitet ein WEer oder derjenige, der an seiner Stelle den Besitz ausübt (z. B. Mieter[47]) die in der Zweckbestimmung iwS festgelegten Grenzen, so stehen den übrigen Eigentümern Ansprüche auf **Unterlassung** des rechtswidrigen Gebrauchs zu.[48] Zu den verschiedenen Fallgestaltungen s. § 13 Rn 33 ff. 34

Anspruchsgrundlagen: Gegen den Mieter folgt ein solcher Anspruch aus § 1004 Abs. 1 BGB, gegen den vermietenden WEer zusätzlich aus § 15 Abs. 3. Dabei ist der Anspruch gegen den WEer darauf gerichtet, dass dieser alles Erforderliche unternimmt, um den rechtswidrigen Gebrauch durch den Mieter zu unterbinden.[49] 35

Die genannten Unterlassungsansprüche sind freilich dann ausgeschlossen, wenn von dem tatsächlich ausgeübten Gebrauch keine **intensivere Beeinträchtigung** der übrigen WEer ausgeht als von dem vorgesehenen Gebrauch (s. dazu § 13 Rn 26).[50] 36

---

[41] Riecke/Schmid/*Schneider* Rn 46 f.

[42] Riecke/Schmid/*Elzer* § 3 Rn 23; s. auch BayObLGZ 1998, 39 = NJW-RR 1998, 735 (Widersprüchlichkeit iSv § 53 GBO).

[43] *Hügel,* FS Bub, 2007, S. 137, 148 f; Riecke/Schmid/*Schneider* § 7 Rn 192; *Schöner/Stöber,* Grundbuchrecht, Rn 2872 b; Weitnauer/*Briesemeister* Rn 39 aE; s. auch § 7 Rn 50.

[44] Dafür BayObLG NJW-RR 1998, 946; dagegen *Schöner/Stöber* Rn 2872 c.

[45] *Schöner/Stöber* Rn 2872 c.

[46] Abw. wohl 9. Aufl. § 1 Rn 29.

[47] Dazu *Armbrüster/M. Müller,* FS Seuß, 2007, S. 3, 12 ff. = ZWE 2007, 227.

[48] S. etwa OLG Düsseldorf ZMR 2004, 449; OLG Frankfurt/M. NJW-RR 2005, 1445; NKV/*Vandenhouten* Rn 7.

[49] BGH NJW 1996, 714.

[50] Neuerdings sehr großzügig OLG Düsseldorf BeckRS 2007, 19 186.

7. Fehlerhafte Eintragung als WE oder TE

37 Ist im Grundbuch eine Einheit fehlerhaft als WE oder als TE eingetragen, so wird der Inhalt des Sondereigentums nicht zutreffend verlautbart. Es bedarf dann einer **Grundbuchberichtigung.** Die Bezeichnung als WE oder TE nimmt entsprechend den allgemeinen Regeln zu Vereinbarungen am öffentlichen Glauben des Grundbuchs teil (s. Rn 33). Maßgeblich für die Einordnung ist nicht die Bezeichnung auf dem Deckblatt des Grundbuchs, sondern diejenige im Bestandsverzeichnis des jeweiligen Grundbuchblatts.[51]

8. Umwandlung von WE in TE und umgekehrt

38 **a) Allgemeines.** Die Umwandlung von WE in TE und umgekehrt ist als Änderung der Zweckbestimmung iwS anzusehen. Diese Änderung erfolgt auf Grund der in Rn 26ff. dargelegten Rechtsnatur der Zweckbestimmung durch Vereinbarung (§§ 5 Abs. 4, 10 Abs. 3). Sie bedarf deshalb grds.[52] der Einigung *aller* WEer.[53] Dies gilt auch für eine teilweise Umwandlung. Soll die Änderung zum Inhalt des Sondereigentums werden, so ist gem. § 10 Abs. 3 die **Eintragung** ins Grundbuch erforderlich. Wird es einem TEer gestattet, in seinen TEs-Räumen Küche und Bad einzubauen, so liegt mithin allein darin keine Umwandlung des TEs in WE.[54]Allerdings ist die Einreichung eines neuen, amtlich berichtigten **Aufteilungsplans** dann nicht erforderlich, wenn die Lage und die Grenzen des Sondereigentums unverändert bleiben.[55] Für die Umwandlung von TE in WE bedarf es freilich wegen der erhöhten Anforderungen bei WE einer geänderten **Abgeschlossenheitsbescheinigung** (s. § 3 Rn 87).

39 **b) Zustimmungsanspruch.** Grds besteht kein **Anspruch auf Zustimmung** zur Umwandlung.[56] Ein WEer kann jedoch auf Grund der ihn treffenden wohnungseigentumsrechtlichen Treuepflicht[57] dazu verpflichtet sein, einem Änderungsbegehren zuzustimmen. Insoweit gelten die allgemeinen Regeln zum Anspruch auf Abänderung einer Vereinbarung. Seit der WEG-Novelle 2007 ist § 10 Abs. 2 S. 3 zu beachten.[58] Ein Abänderungsanspruch kann auch dann bestehen, wenn in der GO eine Öffnungsklausel vereinbart ist.[59] Zum Zustimmungsanspruch iE s. § 10 Rn 152ff.

40 **c) Vollmacht.** In Kaufverträgen über WE kann der Veräußerer sich eine **Vollmacht** zur Umwandlung von WE in TE und umgekehrt erteilen lassen (zur Vollmacht hinsichtlich der Umwandlung von Gemeinschaftseigentum in Sondereigentum oder umgekehrt s. § 2 Rn 121ff.). Dies kommt insbesondere dann in Betracht, wenn es sich beim Veräußerer um einen **Bauträger** handelt und die Anlage noch nicht errichtet ist. Praktisch kommt einer derartigen Vollmacht zur Umwandlung von WE in TE und umgekehrt freilich ggü einem Änderungsvorbehalt in der Gemeinschaftsordnung eher geringe Bedeutung zu (zur Zulässigkeit eines derartigen Änderungsvorbehalts s. Rn 42).[60]

---

[51] MünchKomm-BGB/*Commichau* Rn 45.

[52] Ausnahme: Die Teilungserklärung sieht einen Änderungsvorbehalt vor (s. dazu Rn 30; BayObLGR 2001, 17 = ZWE 2001, 154 = NZM 2002, 24; OLGR Celle 2000, 307 = ZWE 2001, 33 (betr. Umbau einer EW in eine Eingangshalle).

[53] BayObLGZ 1983, 79 = DNotZ 1984, 104 = Rpfleger 1983, 345 (LS); OLG Bremen WuM 1996, 168; ferner die Nachw, in Fn 49.

[54] KG ZMR 1998, 309; Weitnauer/*Briesemeister* § 4 Rn 4 aE.

[55] OLGR Bremen 2002, 21 = NZM 2002, 610; vgl. auch (zur Überführung eines Kellerraumes von SE ins GemE) BayObLG DNotZ 1999, 208.

[56] BGHZ 160, 354, 358 = NJW 2004, 3413; LG Bremen DWE 1995, 129; Staudinger/*Rapp* § 10 WEG Rn 50.

[57] Zu ihr s. *Armbrüster,* FS *Merle,* 2000, S. 1 = ZWE 2002, 333.

[58] Dazu s. *Abramenko* ZMR 2007, 424.

[59] OLG Schleswig ZMR 2006, 889.

[60] Näher zur Vollmacht *Vogel* ZMR 2008, 270ff.

Die von den WEern dem Verwalter erteilte **Verfahrensvollmacht** in einem Schadensersatzverfahren gegen einen einzelnen WEer umfasst nicht die Umwandlung von TE in WE oder umgekehrt im Vergleichswege. Ein insoweit unter Widerrufsvorbehalt geschlossener **Vergleich** ist schwebend unwirksam und bedarf zu seinem Wirksamwerden der Zustimmung aller WEer.[61] **41**

d) Änderungsvorbehalt. aa) Qualifiziert man die Zuordnung zum Wohnungs- oder TE mit der hier vertretenen Ansicht (s. Rn 26 ff.) als eine Regelung mit Vereinbarungscharakter, so ist auch die Aufnahme eines **Änderungsvorbehalts** in die Gemeinschaftsordnung zulässig.[62] Es geht dabei – anders als bei der Umwandlung von Gemeinschaftseigentum in Sondereigentum oder umgekehrt – nicht um eine Abänderung des sachenrechtlichen Grundverhältnisses. Der Vorteil eines im Grundbuch eingetragenen Änderungsvorbehalts ggü den in Kaufverträgen enthaltenen Vollmachten für den Veräußerer (Bauträger) liegt darin, dass auch Sondernachfolger eines (Erst-)Erwerbers hieran unmittelbar gebunden sind. **42**

bb) Der Änderungsvorbehalt ist nur wirksam, wenn er dem **grundbuchrechtlichen Bestimmtheitsgrundsatz** entspricht. Der Vorbehalt muss mithin nach Inhalt, Zweck und Ausmaß hinreichend bestimmt sein. Diesem Erfordernis genügen keineswegs nur präzise beschränkte, sondern insbesondere auch völlig umfassend formulierte Änderungsvorbehalte. Bei letzteren kommt freilich eine Unwirksamkeit unter dem Gesichtspunkt inhaltlicher Unangemessenheit in Betracht (s. dazu sogleich Rn 45 f.). **43**

Von der Voraussetzung hinreichender Bestimmtheit des Änderungsvorbehalts ist die Frage zu trennen, ob der Vorbehalt einer **Inhaltskontrolle** standhält. Nach ganz überwiegend vertretener, zutreffender Auffassung unterliegt die Gemeinschaftsordnung nicht der Wirksamkeitskontrolle nach den §§ 305 ff. BGB (s. dazu § 2 Rn 51 ff.; § 10 Rn 105). Vielmehr gelten lediglich die allgemeinen Schranken der Privatautonomie (insbesondere §§ 134, 138 BGB, § 242 BGB). Der Änderungsvorbehalt darf die WEer nicht unzumutbar belasten. Ein Vorbehalt zugunsten des Bauträgers muss insbesondere in zeitlicher Hinsicht angemessen (§ 242 BGB), d. h. sachgerecht befristet sein. Insoweit erscheint eine Regelung unbedenklich, wonach der Änderungsvorbehalt bis zu einem Jahr nach bezugsreifer Fertigstellung ausgeübt werden kann.[63] **44**

Für die weitere Frage, **welche Änderungen** der Vorbehalt ermöglicht, lässt sich der Rechtsgedanke heranziehen, der die Rspr. zum gesellschaftsrechtlichen Bestimmtheitsgrundsatz[64] leitet. Wer anderen die Macht einräumt, unabhängig vom eigenen Willen Änderungen herbeizuführen, begibt sich insoweit seines „Vetorechts", wenn ihm die Tragweite der damit ermöglichten Änderungen hinreichend deutlich vor Augen geführt wird. Demnach gilt: Ist der in Rede stehende Eingriff klar und ausdrücklich bezeichnet, so liegt in dem Änderungsvorbehalt eine antizipierte Zustimmung der WEer. Je allgemeiner der Änderungsvorbehalt gefasst ist, umso weniger weitreichende Änderungen legitimiert er.[65] **45**

Bei allgemein gehaltenen Änderungsvorbehalten wird man für eine rechtmäßige Ausübung des Vorbehalts zudem verlangen müssen, dass für die Änderung ein **sachlicher Grund** besteht und dass der einzelne Eigentümer durch sie **nicht unbillig belastet** wird.[66] Jedenfalls hieran scheitert z. B. eine Umwandlung von WE in TE auf Grund eines umfas- **46**

[61] KG ZWE 2001, 612 = ZMR 2002, 72.

[62] BayObLG ZMR 1998, 241; NJW-RR 2001, 1163 = MittBayNot 2001, 205; Staudinger/*Kreuzer* § 10 WEG Rn 59; zum Ganzen *Armbrüster* ZMR 2005, 244, 245 ff.; aA auf Grund abweichenden dogmatischen Ausgangspunkts Riecke/Schmid/*Elzer* § 3 Rn 48 f.

[63] *Armbrüster* ZMR 2005, 244, 246; *Streblow* MittRhNotK 1987, 141, 146.

[64] S. nur BGHZ 8, 35, 41 = NJW 1953, 102; einschränkend BGHZ 170, 283 = NJW 2007, 1685, 1686 f.; s. auch *K. Schmidt,* Gesellschaftsrecht, 4. Aufl. 2002, § 16 II 2, S. 453 ff.; vgl auch – teils kritisch – *Häublein,* Sondernutzungsrechte, S. 307 ff.

[65] S. bereits *Armbrüster* ZMR 2005, 244, 246.

[66] Vgl *Krause* NotBZ 2001, 433, 440.

senden Änderungsvorbehalts, wenn sich dadurch der Charakter als Wohnanlage grundlegend ändert.[67]

9. Verbindung von TE mit Sondernutzungsrecht an Wohnung

47 **a) Nachrangige Wohnnutzung.** Die Verbindung eines TEs mit dem Sondernutzungsrecht an einer Wohnung ist rechtlich jedenfalls dann ohne weiteres zulässig, wenn das Sondernutzungsrecht wirtschaftlich ggü der durch das TE vermittelten Nutzungsmöglichkeit von **untergeordneter Bedeutung** ist (Beispiel: Verbindung von TE an größerer Werkhalle mit Sondernutzungsrecht an Werkswohnung).

48 **b) Vorrangige Wohnnutzung. aa) Zulässigkeit der Verbindung.** Steht hingegen die **Wohnnutzung** ganz im Vordergrund, so ist umstritten, ob die Verbindung eines TEs mit dem Sondernutzungsrecht an einer Wohnung eine unzulässige Gesetzesumgehung darstellt. Auslöser für diese Diskussion war jene Rspr. des BVerwG, wonach an die Abgeschlossenheit von Wohnungen iSv § 3 Abs. 2 die heutigen bauordnungsrechtlichen Anforderungen zu stellen sein sollten (s. § 3 Rn 70). Dies führte in der Praxis dazu, dass TE an Nebenräumen (z. B. an einem Kellerraum) mit dem Sondernutzungsrecht an einer Wohnung – für die nach den Maßstäben des BVerwG eine für die Bildung von Sondereigentum erforderliche Abgeschlossenheitsbescheinigung nicht zu erlangen wäre – verbunden wurde (sog. **Kellermodell**).

49 **bb) Meinungsstand.** Gegen die Zulässigkeit dieser Gestaltung[68] ist vorgebracht worden, wenn das Sondernutzungsrecht wirtschaftlich zum Schwerpunkt eines solchen TEs (in Wahrheit WEs) werde, seien die Verhältnisse „auf den Kopf gestellt". Damit würden die Voraussetzungen des § 3 Abs. 2 S. 1 umgangen. Andere haben dem widersprochen.[69]

50 **cc) Stellungnahme.** Nachdem der Gemeinsame Senat der Obersten Gerichtshöfe des Bundes die Auslegung von § 3 Abs. 2 S. 1 durch das BVerwG zutr. korrigiert hat (s. dazu § 3 Rn 70), ist der Vorwurf der Gesetzesumgehung nicht mehr haltbar.[70] Auch die seinerzeit bereits begründeten Verbindungen von TE mit Sondernutzungsrecht an einer Wohnung sind daher als wirksam anzusehen. Zugleich ist durch jene Grundsatzentscheidung freilich ein wesentliches praktisches Bedürfnis für das Kellermodell entfallen. Andere Motive dafür, bei im Vordergrund stehender Wohnnutzung an der Wohnung anstelle von Sondereigentum lediglich ein Sondernutzungsrecht zu begründen, sind kaum ersichtlich. Dennoch kommen derartige Gestaltungen in der Praxis weiterhin vor.[71] Ihre Wirksamkeit hängt jeweils davon ab, ob das Motiv in einer unzulässigen Umgehung der gesetzlichen Anforderungen an die Einräumung von Sondereigentum an der Wohnung liegt.

IV. Verbindung von Sondereigentum mit mehreren Grundstücken (Abs. 4)

51 In Abs. 4 ist der Gesetzgeber über eine reine Begriffsbestimmung hinausgegangen, indem er die Verbindung von Sondereigentum mit Miteigentum an **mehreren** Grundstücken

[67] Vgl *Basty* PiG 69 (2004), 1, 15 zu Änderungsvorbehalten im Bauträgervertrag.

[68] LG Braunschweig Rpfleger 1991, 201 m. zust. Anm. *Schäfer* (S. 307 f.) und krit. Anm. *Schneider* (S. 499); LG Hagen NJW 1993, 402; VG Berlin GE 1992, 497, 499; *Häublein,* Sondernutzungsrechte, S. 100, 106; Staudinger/*Rapp* § 5 Rn 18; 9. Aufl. Rn 34.

[69] BayObLG NJW 1992, 700 = Rpfleger 1992, 154 m. Anm. *Eckhardt;* OLG Hamm NJW-RR 1993, 1233; OLG Düsseldorf NJW-RR 2001, 1379 = Rpfleger 2001, 536 m. Anm. *Schneider; Blum* MittRhNotK 1992, 109; *Pause* NJW 1992, 671; Riecke/Schmid/*Schneider* Rn 36; offen lassend Riecke/Schmid/*Elzer* § 3 Rn 77.

[70] S. auch *Schneider* Rpfleger 1998, 53, 54, mit dem Hinweis, dass das sog. „Kellermodell" nach der Entscheidung des Gemeinsamen Senats seine praktische Bedeutung verloren hat.

[71] Beispiel: OLG Düsseldorf NJW-RR 2001, 1379 = ZWE 2001, 443, 444 = Rpfleger 2001, 536 m. Anm. *Schneider* (TE an Keller und Pkw-Stellplätzen verbunden mit Sondernutzungsrecht bezüglich Penthouse auf dem Dach des Gebäudes).

ausgeschlossen hat. Diese Regelung gehört systematisch in den Kontext der Begründung von WE (näher § 3 Rn 12 ff.). Zur Vereinbarkeit eines Überbaus mit Abs. 4 s. Rn 57.

V. Gemeinschaftliches Eigentum (Abs. 5)

1. Umfang

Zum gemeinschaftlichen Eigentum zählt nach Abs. 5 zunächst das **Grundstück;** im Übrigen werden seine Bestandteile negativ bestimmt: dazu gehören alle Teile, Anlagen und Einrichtungen des Gebäudes, die **nicht im Sondereigentum** oder im **Eigentum eines Dritten** stehen. Für eine abschließende Begriffsbestimmung ist es daher unabdingbar, die in § 5 enthaltenen Regeln zum Sondereigentum einzubeziehen. Wichtig ist insoweit vor allem § 5 Abs. 2. Danach können bestimmte Teile, Anlagen und Einrichtungen nicht im Sondereigentum stehen; sie sind also gem. Abs. 5 stets gemeinschaftliches Eigentum. Dies gilt für solche Teile des Gebäudes, die für dessen Bestand oder Sicherheit erforderlich sind, sowie für Anlagen und Einrichtungen, die dem gemeinschaftlichen Gebrauch der WEer dienen (näher § 5 Rn 29 ff.). Als **Eigentum Dritter** kommen etwa der Ver- und Entsorgung dienende Leitungen und Einrichtungen (Verteilerkästen etc.) in Betracht, zudem Scheinbestandteile i. S. von § 95 BGB (z. B. Mietereinbauten). 52

Die negative Begriffsbestimmung in Abs. 5 hat auch eine **beweisrechtliche Auswirkung:** Lässt sich für bestimmte Teile, Anlagen oder Einrichtungen des auf dem Grundstück befindlichen Gebäudes weder die Zugehörigkeit zum Sondereigentum noch das Eigentum eines Dritten beweisen, so ist davon auszugehen, dass es sich um gemeinschaftliches Eigentum handelt. Mit dem Auffangcharakter des Gemeinschaftseigentums geht daher eine **Vermutungswirkung** einher.[72] 53

Die **Bruchteilsberechtigung** des einzelnen WEers, die neben seine Alleinberechtigung in Gestalt des Sondereigentums tritt, bezieht sich auf sämtliche im gemeinschaftlichen Eigentum stehenden Sachen. 54

Nicht zum Gemeinschaftseigentum gehört das **Verwaltungsvermögen.**[73] Dabei handelt es sich nach der Legaldefinition in § 10 Abs. 7 S. 2 um die Gesamtheit der im Rahmen der gesamten Verwaltung des Gemeinschaftseigentums erlangten Sachen und Rechte und der entstandenen Verbindlichkeiten (näher § 10 Rn 285). Mit der gesetzlichen Neuregelung hat sich der frühere Streit über die Frage, ob das Verwaltungsvermögen zum Gemeinschaftseigentum zählt, erledigt. Verliert freilich eine zunächst zum Verwaltungsvermögen gehörende Sache ihre rechtliche Selbstständigkeit, indem sie – z. B. durch Einbau oder Verbindung – zum **wesentlichen Bestandteil des Grundstücks** wird, so geht sie vom Verwaltungsvermögen ins Gemeinschaftseigentum über. 55

2. Überbau

a) Überblick. Der Überbau vom im Gemeinschaftseigentum stehenden Grundstück auf ein Nachbargrundstück wirft mehrere miteinander zusammenhängende Rechtsfragen auf.[74] Zum einen bedarf es der Prüfung, inwieweit der Überbau mit **Abs. 4** vereinbar ist. Zum anderen ist zu klären, ob das **Gemeinschaftseigentum** (und ggf. das Sondereigentum) sich auch auf den auf das fremde Grundstück hinüberragenden Gebäudeteil erstreckt. 56

b) Vereinbarkeit mit Abs. 4. Nach Abs. 4 kann das Sondereigentum nicht mit Miteigentum an mehreren Grundstücken verbunden werden. Wenn die Räume, an denen Sondereigentum begründet werden soll, auf verschiedenen Grundstücken liegen, so schei- 57

[72] OLG Düsseldorf ZMR 2000, 551; Riecke/Schmid/*Schneider* Rn 52; in dieser Richtung auch OLG München ZMR 2006, 388: Regel-Ausnahme-Verhältnis.

[73] Riecke/Schmid/*Schneider* Rn 19 (auch zur Einheits- und Trennungstheorie).

[74] Eingehend zum Überbau *Brünger* MittRhNotK 1987, 269; *Hertel* MittBayNot 2006, 321; *Tersteegen* RNotZ 2006, 433; *Wicke* DNotZ 2006, 252.

det damit die Bildung von WE grds. aus. Etwas anderes gilt jedoch dann, wenn die Räume sich in einem einheitlichen Gebäude befinden und dieses nach den Regeln des Überbaus (Rn 58 ff.) einem **einzigen Grundstück** zuzuordnen ist.

58 **c) Entstehung von Gemeinschaftseigentum am Überbau. aa) Entschuldigter Überbau.** Was den gegenständlichen Umfang des Gemeinschaftseigentums angeht, so ist zunächst § 912 Abs. 1 BGB zu beachten. Handelt es sich um einen nach dieser Vorschrift **entschuldigten** und mithin zu duldenden Überbau, so wird dieser zum wesentlichen Bestandteil des Stammgrundstücks. Damit erstreckt sich auch das Gemeinschaftseigentum auf den Überbau; letzterer wird Scheinbestandteil des überbauten Grundstücks (§ 95 Abs. 1 S. 2 BGB).

59 **bb) Erlaubter Überbau.** Die für den entschuldigten Überbau geltenden Regeln (Rn 58) greifen erst recht dann ein, wenn der Überbau nicht nur entschuldigt, sondern sogar durch den davon betroffenen Grundstückseigentümer **erlaubt** war (arg. a minore ad maius).[75]

60 **cc) Eigengrenzüberbau.** Für den Fall, dass der Eigentümer beider Grundstücke identisch ist (sog. **Eigengrenzüberbau**), ist § 912 Abs. 1 BGB analog anwendbar. Die Zuordnung des Überbaus zum einen oder zum anderen Grundstück soll sich dann nach Ansicht des BGH danach richten, welchen Willen oder welches Interesse der Eigentümer hat.[76] Dies ist im Hinblick darauf bedenklich, dass die sachenrechtliche Zuordnung damit von subjektiven Kriterien abhängig gemacht wird.[77] Der Nachweis über die Zuordnung zum Stammgrundstück kann jedenfalls durch Bestellung einer **Grunddienstbarkeit** erfolgen.[78] Alternativ steht es dem Eigentümer offen, eine Erklärung in der Form des § 29 GBO beim Grundbuchamt einzureichen.[79]

61 **dd) Nachträglicher Überbau.** Kommt es nach Errichtung des Gebäudes durch Grundstücksteilung zu einem sog. **nachträglichen Überbau,** so wendet die Rspr. gleichfalls § 912 Abs. 1 BGB analog an.[80] Für die Zuordnung des Überbaus zu einem der Grundstücke kommen hier allein objektive Kriterien in Betracht. Maßgeblich ist demnach, auf welchem Grundstück der nach Lage, Umfang und wirtschaftlicher Bedeutung eindeutig maßgebliche Gebäudeteil steht.

62 **ee) Überhängender Überbau.** Betrifft der Überbau nur den Luftraum oberhalb des Grundstücks, so besteht – unabhängig von der Frage, ob es sich dabei überhaupt um einen Überbau handelt – im Erg. weitgehend Einigkeit darüber, dass die „überhängenden" Gebäudeteile dem **Stammgrundstück** zuzuordnen sind. Dies folgt daraus, dass sich hier mangels eines Konflikts mit der Bodenakzession der Grundsatz der Gebäudeeinheit durchsetzt.[81] Dabei spielt es keine Rolle, ob der Überbau entschuldigt ist oder nicht.

63 **ff) Grenzmauer.** Einen Sonderfall des Überbaus stellt die Grenzmauer (Brandmauer, Kommunmauer) zwischen zwei Grundstücken dar. Eine derartige Mauer, die sich teils auf dem einen, teils auf dem anderen Grundstück befindet, steht im **Miteigentum** aller Eigentümer der betroffenen Grundstücke.[82] Das Gemeinschaftseigentum erstreckt sich hier

---

[75] BGHZ 62, 141, 145 f = NJW 1974, 794; NJW 2008, 3122. Zu den Anforderungen an den Nachweis der Gestattung s. *Hertel* MittBayNot 2006, 321, 323; *Wicke* DNotZ 2006, 252, 256 ff.

[76] BGHZ 110, 298 = NJW 1990, 1792; so auch Riecke/Schmid/*Schneider* Rn 202.

[77] Krit. auch Weitnauer/*Briesemeister* § 3 Rn 10.

[78] OLG Stuttgart Rpfleger 1982, 37; Riecke/Schmid/*Schneider* Rn 203; Weitnauer/*Briesemeister* § 3 Rn 10; aA Staudinger/*Rapp* Rn 33.

[79] *Brünger* MittRhNotK 1987, 269, 273; Riecke/Schmid/*Schneider* Rn 203.

[80] BGHZ 64, 333 = NJW 1975, 1553; BGH DNotZ 2002, 290; zust. *Brünger* MittRhNotK 1987, 269, 273; *Ludwig* DNotZ 1983, 411, 417; Riecke/Schmid/*Schneider* Rn 204; krit. Weitnauer/*Briesemeister* § 3 Rn 10.

[81] BGH NJW 1983, 1112; LG Bautzen NZM 2001, 201; Riecke/Schmid/*Schneider* Rn 207; *Tersteegen* RNotZ 2006, 433, 454; aA LG Leipzig Rpfleger 1999, 272 m. zust. Anm. *Wudy*.

[82] BGHZ 27, 197, 198; 91, 282, 287 = NJW 1984, 2463; aA Weitnauer/*Briesemeister* § 3 Rn 9 (vertikale Teilung).

nur auf die Mauer und nicht auf den fremden Grundstücksstreifen, auf dem sie (auch) steht.[83] Damit scheidet ein Widerspruch zu Abs. 4 aus.

64 **d) Vertikale Teilung.** Lässt sich im Einzelfall nicht nach den in Rn 58 ff. genannten Regeln eine rechtliche Zuordnung des Überbaus zu einem der Grundstücke vornehmen, so sind die Grundstücke mit den aufstehenden Gebäudeteilen lotrecht an der Grundstücksgrenze zu teilen **(Akzessionsgrundsatz).**[84] In diesem Fall steht Abs. 4 einer Begründung von WE entgegen.

3. Nachträgliche Änderung der Grundstücksgröße

65 Das im Gemeinschaftseigentum stehende Grundstück kann durch **Vereinigung** (§ 890 Abs. 1 BGB) oder **Bestandszuschreibung** (§ 890 Abs. 2 BGB) vergrößert oder im Wege der **Teilung** (§ 7 GBO) verkleinert werden. In allen Fällen sind für derartige Veränderungen ein Zusammenwirken aller WEer gem. § 747 S. 2 BGB, ein formgerechter Grundbuchantrag und eine entsprechende Grundbucheintragung erforderlich. Darüber, ob weiter gehende Anforderungen gelten, besteht Streit.

66 Für die **Vereinigung** wird teils verlangt, dass das Miteigentum an dem bislang nicht im WE stehenden Grundstück zunächst in WE umgewandelt wird, um eine Gleichheit der Eigentumsform herzustellen.[85] Für diese Umwandlung sei ein Vertrag aller Miteigentümer in der Form des § 4 erforderlich. Damit werden jedoch die Anforderungen an die Gleichartigkeit überspannt. Der Umstand, dass die Miteigentumsanteile am gewinnenden Grundstück mit Sondereigentum verbunden sind, spielt für die Vereinigung keine Rolle, da das Sondereigentum durch sie nicht betroffen ist.[86] Hinzu kommt, dass die Schaffung von WE gem. Abs. 2 zwingend die Verbindung der Miteigentumsanteile an dem hinzukommenden Grundstück mit im Sondereigentum stehenden, auf demselben Grundstück befindlichen Räumen erfordern würde, was nicht gewollt und bisweilen (etwa bei unbebaubaren Grundstücken) sogar ausgeschlossen ist. Die Vereinigung richtet sich daher nach den allg. Regeln des § 890 Abs. 1 BGB. Dasselbe gilt für die **Zuschreibung** gem. § 890 Abs. 2 BGB (s. dazu auch Rn 97 ff.).[87]

67 Auch für die **Teilung** des gemeinschaftlichen Grundstücks wird teils verlangt, dass die Erklärungen der WEer in der Form des § 4 abgegeben werden müssen.[88] Diese Frage kann insbesondere praktisch werden bei der Abtretung eines Randstreifens als Wegefläche an einen Grundstücksnachbarn oder an eine Kommune.[89] Richtigerweise ist auch für die Teilung als solche (ungeachtet einer möglichen Veräußerung) ein derartiges Formerfordernis abzulehnen, denn bei ihr wird ebenso wenig wie bei der Vereinigung das Sondereigentum berührt. Allerdings ist die Teilung des Grundstücks wegen Abs. 4 nur insoweit zulässig, als die abzuteilende Grundstücksfläche sich außerhalb des räumlichen Bereichs des Sondereigentums befindet.[90] Hierin liegt eine äußere Grenze der Verfügungsmacht der

---

[83] Staudinger/*Roth,* BGB, § 921 Rn 5 ff.; Weitnauer/*Briesemeister* § 3 Rn 9; vgl auch BayObLGZ 71, 273, 279.

[84] Riecke/Schmid/*Schneider* Rn 193, 205.

[85] OLG Zweibrücken NJW-RR 1990, 782 = DNotZ 1991, 605; OLG Frankfurt Rpfleger 1993, 396; *Demharter* § 5 Rn 7; *Schöner/Stöber* Rn 2981; noch strenger OLG Saarbrücken Rpfleger 1988, 479: Aufhebung des Sondereigentums und Neubegründung nach Vereinigung; dagegen auch Riecke/Schmid/*Schneider* § 6 Rn 19.

[86] Weitnauer/*Briesemeister* Rn 31; so im Erg. auch Meikel/*Morvilius,* 10. Aufl. 2009, Einl. C Rn 207.

[87] Weitnauer/*Briesemeister* Rn 34.

[88] OLG Frankfurt ZMR 1990, 229 = NJW-RR 1990, 1042; s. auch LG Ravensburg Rpfleger 1990, 291.

[89] Bei der Veräußerung als Straßenland, um einer drohenden Enteignung zuvorzukommen, genügt ein Beschluss der WEer; näher dazu Riecke/Schmid/*Schneider* § 6 Rn 33 f.

[90] Weitnauer/*Briesemeister* Rn 33.

WEer (zu Abs. 4 s. näher Rn 51; § 3 Rn 12 ff.). Erst die **Veräußerung** des abgeteilten Grundstücks bedarf der Auflassung (s. Rn 70).

68 Zur Vermeidung eines isolierten Miteigentumsanteils ist die **Aufhebung des Sondereigentums** nach § 4 Abs. 1 unter gleichzeitiger Übertragung des freiwerdenden Miteigentumsanteils (§§ 873, 925 BGB) erforderlich, wenn sich auf der zu veräußernden Teilfläche ein im Sondereigentum stehender Baukörper (z. B. Garage) befindet und der betreffende Miteigentumsanteil mit keinem weiteren Sondereigentum verbunden ist.[91] Hier muss nur das in diesem (Neben-)Gebäude gelegene Sondereigentum nach § 4 Abs. 1 aufgehoben werden. Die übrige Aufteilung in Sondereigentum bleibt davon unangetastet.

69 Nicht berührt wird die Wirksamkeit der Teilung dadurch, dass ein „verdinglichtes" Sondernutzungsrecht oder sonstige Rechte aus zum **Inhalt des Sondereigentum** gemachten Vereinbarungen sich auf die abzuteilende Fläche beziehen. Insoweit liegt kein Verstoß gegen Abs. 4 vor; vielmehr erlöschen die Rechte (ggf. teilweise) mit dem Wegfall der betreffenden Fläche infolge der Teilung.[92]

70 Die **Verpflichtung** zur Übertragung des Eigentums an einem Grundstücksteil auf Grund einer noch vorzunehmenden Realteilung unterliegt den **Formanforderungen** des § 311 b Abs. 1 S. 1 BGB. Vereinbaren zwei Erwerber eines Grundstücks zu Miteigentum, dass einer von ihnen später einen bestimmten Teil des Grundstücks zu Alleineigentum erhalten soll, so muss die betreffende Teilfläche – sofern die Teilung abweichend von § 752 BGB erfolgen soll – im notariellen Kaufvertrag **hinreichend gekennzeichnet** sein. Der anderenfalls eintretende Formmangel der Verpflichtung wird durch die Grundbucheintragung als Miteigentümer nicht gem. § 311 b Abs. 1 S. 2 BGB geheilt.[93] Zum neben dem Formerfordernis zu beachtenden Bestimmtheitsgebot s. Rn 85 ff. Für die **Übereignung** der abgetrennten Teilfläche ist eine Auflassung erforderlich, an der alle WEer mitzuwirken haben; es handelt sich um eine Verfügung über Gemeinschaftseigentum.[94]

71 Die Vormerkung für einen Anspruch auf Auflassung einer **Teilfläche** kann nicht in einem einzelnen Wohnungsgrundbuch eingetragen werden, da sie das „gemeinschaftliche Grundstück als Ganzes" betrifft.[95]

VI. Verfügungen über Wohnungseigentum als Ganzes

1. Überblick

72 Beim WE, so wie es in Abs. 2 definiert ist, handelt es sich um eine gesetzlich besonders ausgestaltete Form von Eigentum. Dieses kann (ebenso wie gem. § 747 S. 1 BGB ein Miteigentumsanteil)[96] selbstständiger Gegenstand von **Verfügungen** im Rechtsverkehr sein. Dabei sind die Vorschriften des bürgerlichen Rechts über Eigentum anwendbar. Aufgrund seiner rechtlichen Eigenständigkeit als Verbindung von Miteigentum und Sondereigentum ist das WE als solches also **übertragbar, belastbar, pfändbar, verpfändbar** und **vererblich.** Demgegenüber kann Sondereigentum gem. § 6 nicht eigenständiges Verfügungsobjekt sein; wegen der zwingenden Verbindung von Miteigentum und Sondereigentum kann auch über das Miteigentum nicht isoliert – ohne das Sondereigentum – verfügt werden (näher § 6 Rn 3 ff.). Zu Vorkaufsrechten s. Rn 162 ff.

73 Für die Begründung der Rechte an WE, ihre Übertragung, Inhaltsänderung oder Aufhebung gelten grds. die **allgemeinen Vorschriften** über Grundstücke (§§ 873 ff. BGB).

[91] *Böttcher* BWNotZ 1996, 80, 90; *Röll* Rpfleger 1990, 277, 278; wohl auch Riecke/Schmid/*Schneider* § 6 Rn 36.

[92] Weitnauer/*Briesemeister* Rn 33.

[93] BGH NJW 2002, 2560, 2561.

[94] LG Düsseldorf MittRhNotK 1980, 77; Riecke/Schmid/*Schneider* § 6 Rn 27.

[95] BayObLG Rpfleger 1974, 261.

[96] MünchKomm-BGB/*K. Schmidt* § 1008 Rn 16; Staudinger/*Gursky* § 1008 Rn 2.

Ansprüche, die auf die Verschaffung von Rechten an WE gerichtet sind, können durch Vormerkung (§§ 883 ff. BGB) gesichert werden.[97] Auch im Grundbuchrecht ist WE wie ein Grundstück zu behandeln. Dies gilt nicht nur hinsichtlich des Grundbuchverfahrensrechts (s. dazu insbesondere § 7), sondern etwa auch im Hinblick auf Rangverhältnisse.

2. Veräußerung

a) Grundregeln. Die Veräußerung von WE richtet sich nach den für die Veräußerung von Grundstücken geltenden Regeln. Für das **Verpflichtungsgeschäft** gelten also die allgemeinen schuldrechtlichen Vorschriften (z. B. § 311 b BGB, s. dazu Rn 77 ff.; §§ 433 ff. BGB). Für das **Verfügungsgeschäft** sind die §§ 873 ff., 925 ff. BGB maßgeblich.[98] Die Eigentumsübertragung bedarf mithin der Auflassung und Eintragung. Dies gilt auch für die Übertragung von WE von einer fortbestehenden BGB-Gesellschaft auf eine andere (auch personenidentische) BGB-Gesellschaft,[99] nicht jedoch für die liquidationslose Übernahme des Vermögens einer aus zwei Personen bestehenden BGB-Gesellschaft durch einen der Gesellschafter.[100] 74

Für den **gutgläubigen Erwerb** von WE vom Nichtberechtigten gelten dieselben Regeln wie für Grundstücke (§§ 873, 925 iVm § 892 BGB).[101] Zu Einzelfragen s. § 3 Rn 47 f. 75

b) Formerfordernisse. aa) Überblick. Für das **Verfügungsgeschäft** bedarf es einer Auflassung in der Form des § 925 Abs. 1 BGB; dabei gilt auch § 925 a BGB (Vorlage des Kausalvertrages; zum Streitstand s. § 4 Rn 27). Das **Verpflichtungsgeschäft** bedarf gem. § 311 b Abs. 1 S. 1 BGB der notariellen Beurkundung; ist diese Form nicht eingehalten, so kommt eine **Heilung** gem. § 311 b Abs. 1 S. 2 BGB in Betracht. 76

bb) Verpflichtungsgeschäft. Wird in einem Vertrag eine von § 311 b Abs. 1 S. 1 BGB erfasste Verpflichtung nicht ausdrücklich begründet, so kann sich eine solche dennoch im Wege der **Auslegung** ergeben. Dies ist etwa beim Beitritt zu einer Publikums-KG, deren Zweck es ist, ihren Mitgliedern individuell zugeordnetes WE zu verschaffen, hinsichtlich der die Einzelnen beitretenden Kommanditisten treffenden Erwerbsverpflichtung der Fall.[102] 77

Umfang des Formerfordernisses: Das Formerfordernis nach § 311 b Abs. 1 S. 1 BGB erfasst nicht allein die Verpflichtung zur Veräußerung oder zum Erwerb von WE, sondern alle vertraglichen Erklärungen, die mit dieser Verpflichtung **„stehen und fallen"** sollen.[103] Ausschlaggebend ist dabei der Verknüpfungswille der Beteiligten. Es genügt, wenn nur ein Vertragspartner, für den anderen erkennbar, einen solchen Einheitswillen hat.[104] Dementsprechend bedarf der Beitrittsvertrag zu einer Publikums-KG, deren Zweck es ist, ihren Mitgliedern individuell zugeordnetes WE zu verschaffen (s. dazu auch Rn 77), insgesamt der Form des § 311 b BGB; eine Aufspaltung in einen formbedürftigen Erwerbsvertrag und einen formlos gültigen Beitritt ist unzulässig.[105] In der Praxis wird dies bisweilen dann übersehen, wenn in einem schuldrechtlichen Vertrag, der vorrangig ein anderes Rechtsverhältnis zum Gegenstand hat, auch eine von § 311 b Abs. 1 S. 1 BGB erfasste Verpflichtung vorgesehen ist. **Beispiele:** Vertragliches Ankaufsrecht (Erwerbsoption) des Mieters 78

---

[97] Vgl. BayObLG NJW 1964, 1362; ausführlich *F. Schmidt,* FS Bärmann/Weitnauer, 1990, S. 545 ff.

[98] Unstr., s. nur BGHZ 173, 71, 75 = NJW 2007, 1952 (zum gewöhnlichen Miteigentumsanteil).

[99] OLG Hamm OLGZ 1983, 288 = DNotZ 1983, 750.

[100] BayObLGZ 1983, 191 = DNotZ 1984, 178 (betr. Grundstück).

[101] S. nur BGHZ 109, 179 = ZMR 1990, 112.

[102] Beispiel bei BGH NJW 1978, 2505, 2506 (sub 2 c).

[103] St Rspr; BGHZ 63, 359, 361 = WM 1975, 158; BGHZ 74, 346, 348 = NJW 1979, 1496; BGHZ 76, 43, 49 = NJW 1980, 829.

[104] BGHZ 78, 346, 349 = NJW 1981, 274.

[105] BGH NJW 1978, 2505, 2506 (sub 2 c a. E.).

hinsichtlich des angemieteten WEs im Mietvertrag; Anspruch der Kapitalanleger einer Grundstücks-Fondsgesellschaft (BGB-Gesellschaft; Kommanditgesellschaft) auf Erwerb eines bestimmten WEs beim Ausscheiden[106] oder bei Auflösung der Gesellschaft. Schließen die Parteien einen bis zur Annahme des notariellen Kaufangebotes befristeten **Mietvertrag** über die zum Sondereigentum gehörenden Räume, so bedarf auch dieser wegen der Einheitlichkeit des Rechtsgeschäftes nach § 311 b Abs. 1 BGB der notariellen Beurkundung.[107]

79 Ist der Vertrag auf den Erwerb noch herzustellenden WEs gerichtet, so unterliegt auch die **Baubeschreibung** dem Beurkundungserfordernis.[108] Im Beurkundungsverfahren gelten dabei die Erleichterungen des § 13 a BeurkG hinsichtlich der Beifügung und Verlesung, sofern die in der Verweisungsurkunde („Grundlagenurkunde") enthaltene Baubeschreibung gem. §§ 6 ff. BeurkG protokolliert ist.[109] Auch die **Gemeinschaftsordnung** bedarf, sofern sie weitere im Kaufvertrag nicht aufgeführte Pflichten begründet, der Beurkundung (zum Leistungsbestimmungsrecht s. Rn 87).[110] Dies gilt jedenfalls dann, wenn es sich um solche Pflichten handelt, die über die gesetzlichen Pflichten der WEer untereinander hinausgehen.

80 Auftrag und **Vollmacht** zum Abschluss eines von § 311 b Abs. 1 S. 1 BGB erfassten Vertrages sind grds. formfrei (§§ 675, 167 Abs. 2 BGB). Grundbuchrechtlich ist freilich § 29 GBO zu beachten, wonach zumindest öffentlich beglaubigte Form erforderlich ist. Ausnahmsweise greift das Formerfordernis des § 311 b Abs. 1 S. 1 BGB dann ein, wenn die Vollmacht **unwiderruflich** (vgl. § 168 S. 2 BGB)[111] oder der Vollmachtgeber trotz Widerruflichkeit der Vollmacht rechtlich oder tatsächlich bereits gebunden ist.[112] – Begründet der Auftrag eine eigene Erwerbsverpflichtung des Beauftragten **(mittelbare Stellvertretung; Erwerbstreuhand),** so löst diese Verpflichtung für den gesamten Auftrag das Formerfordernis des § 311 b Abs. 1 S. 1 BGB aus. Mit Eintragung des Beauftragten ist dieser Mangel freilich geheilt. Die Verpflichtung zur Übertragung auf den Auftraggeber ist nicht formbedürftig, da der Beauftragte reine „Durchgangsstelle" ist (teleologische Reduktion der Formvorschrift).[113] Formbedürftig ist der Auftrag freilich noch wegen der (zumindest konkludenten) Erwerbsverpflichtung des Auftraggebers; eine Berufung des Beauftragten auf eine daraus folgende Nichtigkeit kann jedoch gem. § 242 BGB ausgeschlossen sein.[114]

81 **Beurkundungsverfahren:** Handelt es sich um einen **Verbrauchervertrag** iSv § 310 Abs. 3 BGB, also um einen Vertrag zwischen einem Verbraucher (§ 13 BGB) und einem Unternehmer (§ 14 BGB), so hat der Notar gem. § 17 Abs. 2 a Nr. 2 BeurkG darauf hinzuwirken, dass der vorgesehene Vertragstext dem Verbraucher spätestens zwei Wochen vor der Beurkundung zur Verfügung gestellt wird. Werden **Angebot und Annahme getrennt** beurkundet, was materiell-rechtlich gem. § 128 BGB zulässig ist, so hat der Notar nach der Richtlinienempfehlung der BNotK[115] darauf zu achten, dass das Angebot durch die

---

[106] Eingehend *Goette* DStR 1998, 1725. Beispiel bei BGHZ 139, 352 = NJW 1998, 3711 (Seniorenresidenz-GbR).

[107] OLG München NJW-RR 1987, 1042.

[108] BGHZ 69, 266, 268 = NJW 1978, 102 (unter Aufgabe von BGHZ 63, 359 = NJW 1975, 536); BGH NJW 1979, 1496 (betr. Baupläne) und 1498; BayObLG DNotZ 1979, 180.

[109] Armbrüster/Preuß/*Renner* BeurkG, § 13 a Rn 9.

[110] BGH NJW 1979, 1495 f.; NJW 1979, 1498 f.

[111] St. Rspr.; s. nur BGH NJW 1979, 2306.

[112] BGH NJW 1975, 39; NJW 1979, 2306 f.

[113] *Armbrüster* DZWir 1997, 281, 283; MünchKomm-BGB/*Kanzleiter* § 311 b Rn 22. Im Erg. ebenso BGH DNotZ 1961, 583; BGHZ 127, 168, 170 = NJW 1994, 3346, freilich darauf abhebend, dass es sich bei der Verpflichtung aus § 667 BGB um eine solche aus Gesetz handele.

[114] BGHZ 127, 168, 175 = NJW 1994, 3346, 3347: Ausschluss, wenn der Beauftragte den Kaufpreis aus Mitteln des Auftraggebers bestritten hat.

[115] Nr. II 1 S. 4 lit. d, abgedruckt in DNotZ 1999, 258 ff.

weniger geschäftserfahrene Vertragsseite abgegeben wird. Damit soll eine auf das gesamte Rechtsgeschäft und nicht nur auf die Annahmeerklärung bezogene Belehrung sichergestellt werden.[116] Dies kann in der Praxis etwa dann, wenn ein Bauträger das von ihm zu veräußernde WE bundesweit anbieten will, folgendermaßen umgesetzt werden: Jeder Käufer lässt sein Angebot beim Notar seiner Wahl beurkunden. Der Bauträger nimmt sämtliche Angebote bei demjenigen Notar an, der bereits die Aufteilung iSv § 8 WEG beurkundet und vollzogen hat (sog. Zentralnotar); dieser Notar übernimmt auch die Vertragsabwicklung.[117]

Rechtsfolge von Formverstößen: Ist die vorgeschriebene Form nicht eingehalten, so ist das Verpflichtungsgeschäft grds. gem. § 125 S. 1 BGB **nichtig.** Es kann jedoch durch eine **Heilung** gem. § 311 b Abs. 1 S. 2 BGB mit ex nunc-Wirkung wirksam werden. Zudem kann eine **Umdeutung** gem. § 140 BGB in Betracht kommen. So kann die formnichtige Verpflichtung zur Übertragung von WE in einen Anspruch auf Einräumung eines Dauerwohnrechts iSv § 31 umgedeutet werden.[118] **82**

Überdies hat die Rspr. eine Reihe von **Ausnahmefällen** entwickelt, in denen es einer Partei gem. § 242 BGB (unzulässige Rechtsausübung) versagt ist, sich auf die Nichtigkeitsfolge des § 125 S. 1 BGB zu berufen.[119] Dafür soll es nicht genügen, dass die Formnichtigkeit für den anderen Teil zu einem harten Ergebnis führt; vielmehr muss das Ergebnis für ihn „schlechthin untragbar" sein.[120] Dies kann namentlich der Fall sein bei der Existenzvernichtung und bei einer besonders schweren Treuepflichtverletzung. Bei der **Existenzvernichtung** geht es darum, dass die Berufung eines Beteiligten auf die Formnichtigkeit einen anderen Beteiligten in den wirtschaftlichen Ruin treiben würde.[121] Eine **besonders schwere Treuepflichtverletzung** wird insbesondere dann angenommen, wenn der Formmangel mit der Überlegenheit einer Partei zusammenhängt. Wer auf Grund überlegenen Sachwissens oder einer von ihm übernommenen Betreuung der anderen Partei die Gestaltungsmacht hat, muss sich u. U. an der von ihm veranlassten, zur Formnichtigkeit führenden Gestaltung festhalten lassen. Dies gilt vor allem dann, wenn ein Beteiligter von der Formbedürftigkeit weiß oder wissen muss und dem anderen dennoch die Wirksamkeit der nicht formgerecht geschlossenen Vereinbarung suggeriert.[122] Davon ist etwa auszugehen, wenn eine Siedlungsgesellschaft oder Kommune Verträge mit einem rechtlich und wirtschaftlich unerfahrenen Wohnungsinteressenten abschließt.[123] Daneben kommt Treuwidrigkeit auch unter dem Aspekt der Versagung eines **Reurechts** in Betracht: Der Verstoß gegen eine ausschließlich dem Schutz der anderen Partei dienenden Formvorschrift (z. B. Beurkundungsbedürftigkeit des Mietvertrags wegen einseitiger Verpflichtung des Mieters zum Erwerb von WE) darf nicht dazu dienen, sich unter Berufung auf § 125 S. 1 BGB aus einer nunmehr aus ganz anderen Gründen nicht mehr gewollten Bindung zu befreien.[124] **83**

---

116 S. zu dieser Problematik einerseits BGH DNotZ 1993, 754, 756; andererseits BGH DNotZ 1981, 773, 775; s. auch BGH NJW 1994, 1344, 1346. Näher *Armbrüster*/Preuß/Renner § 17 Rn 164 ff.

117 *Armbrüster*/Preuß/Renner § 17 Rn 166. Zur Prüfungspflicht des Notars bei erteiltem Vollzugs- oder Überwachungsauftrag s. OLG München MittBayNot 1981, 151.

118 BGH NJW 1963, 339 = JZ 1963, 368 m. zust. Anm. *H. Westermann;* Staudinger/*Roth,* BGB, § 140 Rn 63.

119 Eingehend hierzu *Armbrüster* NJW 2007, 3317 ff.

120 BGH NJW 1975, 43; NJW 2002, 1050, 1051.

121 BGHZ 119, 387, 389 (Hoferbenbestimmung); BGH NJW 1972, 1189, 1190 (Kaufanwärtervertrag eines wenig vermögenden Wohnungsinteressenten bei erfolgter Vorauszahlung).

122 BGH NJW 1969, 1167. Zu Schadensersatzansprüchen aus culpa in contrahendo (§§ 280 Abs. 1, 241 Abs. 2, 311 Abs. 3 BGB) in solchen Fällen s. BGH NJW 1965, 812; 1996, 1884.

123 BGHZ 16, 334, 337 f. = WM 1955, 1172 (Kleinsiedler); BGHZ 92, 164, 172 f. = NJW 1985, 1778.

124 Vgl. BGHZ 127, 168, 175 = NJW 1994, 3346; BGH NJW 1996, 1960, 1961 (betr. Herausgabepflicht des Beauftragten); BGH NJW-RR 1994, 317 (betr. Erwerbsverpflichtung eines Pächters); *Armbrüster* NJW 2007, 3317, 3319.

84 **cc) Verfügungsgeschäft.** Zur für die Auflassung gem. § 925 Abs. 1 BGB erforderlichen Form s. § 4 Rn 24 ff. **Ändern** die WEer nach Vornahme eines Verfügungsgeschäfts den Zuschnitt des Gemeinschaftseigentums – ohne Änderung des von der Verfügung betroffenen Sondereigentums – oder den Inhalt der Gemeinschaftsordnung, so bleibt die Identität des veräußerten WEs unberührt. Sofern nicht zugleich der Miteigentumsanteil oder der Gegenstand des Sondereigentums verändert werden, bedarf es daher für die Grundbuchumschreibung keiner erneuten Auflassung.[125]

85 **c) Bestimmtheitsgebot. aa) Verpflichtungsgeschäft.** Die frühere Rspr. hat aus dem Beurkundungserfordernis des § 311 b Abs. 1 S. 1 (= § 313 S. 1 aF) BGB die Notwendigkeit hergeleitet, dass der Gegenstand des Verpflichtungsgeschäfts hinreichend genau beschrieben wird, und dabei von **„Beurkundungsbestimmtheit"** gesprochen.[126] Mittlerweile hat der BGH jedoch zutr. klargestellt, dass damit kein besonderes Beurkundungserfordernis aufgestellt werden sollte.[127] Vielmehr handelt es sich bei der inhaltlichen Bestimmtheit um eine eigenständige materiell-rechtliche Wirksamkeitsvoraussetzung des Verpflichtungsgeschäfts. Neben dieses Bestimmtheitserfordernis – dessen Anforderungen im Hinblick auf die Privatautonomie nicht überspannt werden dürfen –[128] tritt das Gebot aus § 311 b Abs. 1 S. 1 BGB, wonach die Parteien dem Vereinbarten in der notariellen Urkunde Ausdruck geben müssen.

86 Praktisch bedeutsam ist das Bestimmtheitsgebot insbesondere dann, wenn die Teilung im Grundbuch noch nicht vollzogen ist. Das vertragsgegenständliche WE muss auch hier bestimmt bezeichnet werden. Liegen **Teilungserklärung** und Gemeinschaftsordnung bereits vor, so kann hierauf nach § 13 a BeurkG verwiesen werden.

87 Ist noch **keine Teilungserklärung** vorhanden, so muss differenziert werden. Geht es um den Erwerb einer **bereits errichteten** Wohnung, so ist diese auf sonstige Art nach Lage und Größe präzise zu beschreiben.[129] Bei einer noch **zu errichtenden** Wohnung sollte auf die (genehmigten) Baupläne gem. § 13 a Abs. 4 BeurkG verwiesen werden.[130] Für die Erstellung von Teilungserklärung und Gemeinschaftsordnung lässt sich der Veräußerer in beiden Fällen typischerweise ein **Leistungsbestimmungsrecht** nach § 315 BGB einräumen. Der Bestimmtheitsgrundsatz wird hierdurch ebenso wenig verletzt wie das aus § 311 b Abs. 1 S. 1 BGB folgende Formerfordernis. Es genügt vielmehr, dass die Vereinbarung des Bestimmungsrechts ordnungsgemäß beurkundet ist.[131] Fehlt es auch hieran, so vermag das Vereinbarte freilich wegen der Unbestimmtheit seines Inhalts keine Bindung zu erzeugen.[132] Ebenso ist die Vereinbarung eines **Ankaufsrechts** für ein noch zu bildendes WE nicht hinreichend bestimmt, wenn sich dem Vertrag lediglich die dem Kaufgegenstand zuzuordnenden Räume und der Kaufpreis entnehmen lassen.[133]

88 Soll dem noch zu begründenden WE ein **Sondernutzungsrecht** zugewiesen werden, so muss die Grundstücksfläche, an der dieses Recht bestehen soll, eindeutig bezeichnet sein. Zur bestimmten Bezeichnung dieser Fläche kann auf die Grundsätze zurückgegriffen werden, die für den Verkauf noch nicht vermessener Grundstücksteilflächen gelten. Danach

---

[125] BayObLG Rpfleger 1984, 408; Riecke/Schmid/*Schneider* Rn 88.

[126] BGHZ 97, 147, 154 f = NJW 1986, 1983; BGH NJW 1986, 2820.

[127] BGHZ 150, 334, 339 = NJW 2002, 2247.

[128] Zutr. daher BGH NJW 2002, 2247 (Abgrenzung zu BGH NJW-RR 1999, 1030, betr. Verkauf einer noch nicht vermessenen Grundstücksteilfläche).

[129] BayObLGZ 1977, 155; OLG Frankfurt DNotZ 1972, 180; *Rapp,* in: Beck'sches Notarhandbuch, 5. Aufl. 2009, A III Rn 155.

[130] *Rapp,* in: Beck'sches Notarhandbuch, A III Rn 155.

[131] BGH NJW 1986, 845 = Rpfleger 1986, 92 m. zust. Anm. *Ludwig* (S. 218); dazu *Reinelt* NJW 1986, 826; vgl auch BGH NZM 2002, 122, 123.

[132] BGH NZM 2002, 122, 123 = NJW-RR 2002, 415.

[133] OLG Düsseldorf ZMR 1981, 248 = DNotZ 1982, 356 m. Anm. *Ludwig* (freilich unter Annahme eines Formverstoßes; s. dazu aber die in Rn 87 wiedergegebene neuere Rspr.).

genügt es, wenn die betreffende Teilfläche entweder auf Grund der Angaben in dem Kaufvertrag oder anhand der dem Vertrag beigefügten Skizze genau ermittelt werden kann.[134]

bb) Verfügungsgeschäft. Der Bestimmtheitsgrundsatz gilt auch für die **Einigung** über den Eigentumsübergang. Insoweit ist zudem das **grundbuchrechtliche** Bestimmtheitserfordernis (vgl. § 28 GBO) zu beachten. Freilich ist in gewissem Umfang die Auslegung unklarer Eintragungsbewilligungen[135] oder Grundbucheintragungen zulässig.[136] 89

d) Zustimmungserfordernisse. Öffentlich-rechtliche Zustimmungserfordernisse, die an die Veräußerung eines Grundstücks geknüpft sind, gelten auch für diejenige von WE (s. auch § 2 Rn 15 ff.). Wird WE an einen **Minderjährigen** verschenkt, so ist hierfür gem. §§ 107, 108 BGB die Zustimmung des gesetzlichen Vertreters erforderlich. Zwar lässt allein die Belastung mit öffentlichen Abgaben (Grundsteuer, Kommunalabgaben etc.) das Geschäft bei einer Gesamtbetrachtung noch nicht als rechtlich nachteilig erscheinen. Derartige Belastungen sind auch mit der Zuwendung eines Grundstücks regelmäßig verbunden und ändern nichts an deren Zustimmungsfreiheit.[137] Die Innehabung von WE bringt dem Minderjährigen jedoch eine erheblich weitergehende Belastung. Hierfür ist entgegen einer zum alten Recht vertretenen Ansicht[138] nicht der Eintritt in den Verwaltervertrag entscheidend; auf der Grundlage der Teilrechtsfähigkeit der WEgem kommt dieser Vertrag nunmehr allein mit der WEgem zustande.[139] Die eigenständige Belastung beruht vielmehr darauf, dass jeden WEer weitreichende **persönliche Verpflichtungen** aus dem Gemeinschaftsverhältnis treffen, wozu insbesondere die anteilige Außenhaftung für Verwaltungsschulden (§ 10 Abs. 8)[140] sowie die betragsmäßig unbegrenzte Nachschusspflicht im Innenverhältnis zählen (s. § 10 Rn 340 ff.). Damit ist auch unter Zugrundelegung der älteren BGH-Rspr., die neben einer erheblichen Verschärfung der wohnungseigentumsrechtlichen Pflichten u. a. auf die Übernahme einer persönlichen Haftung abstellt,[141] ein Zustimmungserfordernis generell anzunehmen.[142] 90

e) Falsa demonstratio. Weicht die übereinstimmende Vorstellung der Parteien von der objektiven Bedeutung des Erklärten ab, so gilt nicht das Erklärte, sondern das **übereinstimmend Gewollte** (falsa demonstratio non nocet). Diese Regel ist auch auf die Veräußerung von WE anwendbar, und zwar sowohl auf das Verpflichtungs- wie auch auf das Verfügungsgeschäft.[143] Der Vorrang des übereinstimmenden Willens setzt sich damit auch ggü den Zwecken der Formvorschriften durch.[144] Dies ist insbesondere hinsichtlich der mit § 311 b Abs. 1 S. 1 BGB verbundenen Belehrungsfunktion zwar nicht unbedenklich, da die Belehrung sich nur auf das objektiv Erklärte bezieht und die mit dem Gewollten verbundenen, möglicherweise größeren oder andersartigen Risiken nicht berücksichtigen kann.[145] Indessen wird dieser Zweck ebenso wie die Warnfunktion zumindest teilweise erreicht. Die 91

---

[134] BGH NJW 2002, 2247, 2248.

[135] Vgl BayObLG Rpfleger 1982, 141; Hügel/*Holzer,* in: GBO, 2010, § 19 GBO Rn 46 ff.

[136] Vgl BGHZ 59, 205, 208 = NJW 1972, 1464; BGH NJW 1998, 3713; Meikel/*Böhringer,* Grundbuchrecht, Einl G Rn 15 ff.

[137] BGH NJW 2005, 415, 417 f. (betr. Hausgrundstück).

[138] S. etwa BayObLGZ 1979, 243, 248; BayObLG NJW-RR 2004, 810; OLG Hamm NZM 2000, 1028 = ZWE 2000, 478, 480.

[139] OLG Hamm NZM 2006, 632; OLG Düsseldorf NJW 2007, 161; *Wenzel* ZWE 2006, 464; s. § 10 Rn 221.

[140] So jetzt zutr. auch Riecke/Schmid/*Schneider* Rn 95 a.

[141] Vgl. BGHZ 78, 28, 32 ff. = NJW 1981, 109, 110 f. (Gesamtbetrachtung).

[142] So jetzt auch Riecke/Schmid/*Schneider* Rn 95 a.

[143] BayObLG ZWE 2002, 76, 77. Für die Auflassung BGHZ 177, 338 = NJW 2008, 2982, 2983 Rn 18.

[144] Dazu Staudinger/*Wufka,* BGB, Bearb. 2006, § 311 b Abs. 1 Rn 243 f.

[145] Krit. daher *Wieling* AcP 172 (1972), 297, 307 ff.

Beweisfunktion ist deshalb nicht berührt, weil der falsa-demonstratio-Grundsatz nur zum Zuge kommen kann, wenn das in Wahrheit übereinstimmend Gewollte unstreitig ist oder bewiesen wird. Laufen die Formzwecke mithin keineswegs völlig leer, so erscheint es gerechtfertigt, dem übereinstimmend Gewollten Geltung zu verschaffen. Für die Grundbucheintragung ist freilich eine **Berichtigungserklärung** in der Form des § 29 GBO erforderlich.[146] Auf ihre Abgabe hat jeder Vertragspartner aus dem der dinglichen Erklärung zugrunde liegenden Rechtsverhältnis (Kaufvertrag etc.) gem. § 241 Abs. 2 BGB einen Anspruch.

92 **f) Teilveräußerung.** Eine Teilveräußerung von WE ist nach den zwingenden Vorgaben der §§ 3 Abs. 1, 8 Abs. 1 nicht möglich. Vielmehr ist zunächst eine **Unterteilung** des betreffenden WE vorzunehmen, indem zwei in sich abgeschlossene Raumeinheiten jeweils mit einem Miteigentumsanteil verbunden werden.[147] Zum **Raumtausch** und zur **isolierten Veräußerung von Miteigentum oder Sondereigentum** s. § 2 Rn 85 ff., 116 ff.

93 **g) Erwerb weiteren WEs.** Erwirbt ein WEer weitere Wohnungseigentumsrechte innerhalb derselben WEgem, so kann eine **Vereinigung** oder **Zuschreibung** nach § 890 Abs. 1, 2 BGB herbeigeführt werden (s. dazu Rn 97 ff.). Eine Mitwirkung der übrigen WEer ist grds. nicht erforderlich.[148] Bestehende Belastungen eines der Wohnungseigentumsrechte erstrecken sich bei der **Vereinigung** – vorbehaltlich einer entsprechenden Erstreckungserklärung – nicht auf die anderen. Im Falle der **Zuschreibung** ist dies gem. § 1131 S. 1 BGB (ggf. iVm §§ 1192, 1199 BGB) anders; das Grundpfandrecht erstreckt sich auf das zugeschriebene WE. S. zum Ganzen eingehend Rn 97 ff. – Zur Begründung mehrerer Wohnungseigentumsrechte in derselben Hand von Anfang an s. § 8 Rn 12 ff.

94 **h) Vormerkung.** Der Eigentumsverschaffungsanspruch des Erwerbers von WE kann durch eine **Vormerkung** gem. § 883 BGB gesichert werden.[149] Dies gilt auch dann, wenn das WE noch nicht gebildet ist.[150] In diesem Fall muss freilich anders als bei der Übertragung eines unvermessenen Grundstücks der Miteigentumsanteil ziffernmäßig genau bestimmt sein.[151]

95 Wird am selben Tag, an dem die Wohnungsgrundbücher angelegt werden, zugunsten des Käufers einer EW eine Vormerkung in ein Wohnungsgrundbuch eingetragen, so ist die Zustimmung und Bewilligung des Vormerkungsberechtigten zur **Begründung des WEs** auch insoweit nicht erforderlich, als vom Gesetz abweichende Bestimmungen über das Gemeinschaftsverhältnis zum Inhalt des Sondereigentums gemacht werden. Durch einen Verstoß gegen § 18 Abs. 2 GBO wird das Grundbuch nicht unrichtig.[152]

96 **i) Vorkaufsrechte.** Das gesetzliche Vorkaufsrecht der Gemeinde nach § 24 BauGB besteht gem. dessen Abs. 2 nicht hinsichtlich des Kaufs von WE. Dagegen sind **rechtsgeschäftlich** begründete Vorkaufsrechte an WE (zu ihnen s. Rn 162 ff.) zu beachten.

3. Vereinigung, Zuschreibung und Unterteilung

97 **a) Überblick.** Was Vereinigung (§ 890 Abs. 1 BGB iVm § 5 GBO) und **Zuschreibung** (§ 890 Abs. 2 BGB iVm § 6 GBO) angeht, so sind mehrere Fälle zu unterscheiden, nämlich die jeweilige Verfügung bezogen auf mehrere Wohnungseigentumsrechte untereinander, auf ein Grundstück und WE sowie auf ein Grundstücks und ein anderes Grundstück, an dem WE gebildet wurde.

---

[146] Hügel/*Holzer,* GBO, 2010, § 22 Rn 65; KEHE/*Dümig* § 22 Rn 82.

[147] S. dazu BGHZ 49, 250, 257 = NJW 1968, 499.

[148] BayObLG NZM 1999, 277 = ZMR 1999, 266.

[149] Eingehend *F. Schmidt,* FS Bärmann/Weitnauer, 1990, S. 345 ff. – Zur Vormerkung auf Übertragung einer Teilfläche des Gemeinschaftseigentum s. BayObLGZ 74, 118 = Rpfleger 1974, 261.

[150] S. auch OLG Düsseldorf DNotZ 1996, 39; LG Ravensburg BWNotZ 1988, 38; *F. Schmidt,* FS Bärmann/Weitnauer, 1990, S. 345, 346.

[151] LG Hamburg Rpfleger 1982, 272; *Meyer-Stolte* Rpfleger 1977, 121 f.

[152] BayObLGZ 1998, 275 = NZM 1999, 76.

Voraussetzung für eine Vereinigung oder Zuschreibung ist stets, dass die betroffenen Rechte **demselben Eigentümer** zustehen; bei Personenmehrheit ist darüber hinaus Quotenidentität erforderlich. 98

Der **Unterschied** beider Vorgänge liegt darin, dass die Rechte bei der Zuschreibung nicht zu einem einheitlichen „verschmolzen" werden. Die **Belastungen** des Hauptrechts erstrecken sich auf das zugeschriebene WE. Grundpfandrechte, die auf dem zugeschriebenen Recht lasten, gehen jedoch nach § 1131 BGB den Belastungen des erstreckten Rechts im Rang vor.[153] 99

Für die Vereinigung oder Zuschreibung ist stets ein **Antrag** des betroffenen Eigentümers erforderlich. Die Zustimmung der übrigen WEer ist nicht notwendig. Soll später eine unterschiedliche Belastung der vereinigten Rechte erfolgen, so muss die Vereinigung durch **Teilung** wieder rückgängig gemacht werden (§ 7 GBO).[154] 100

b) Vereinigung/Zuschreibung von Wohnungseigentumsrechten untereinander. Eine Vereinigung oder Zuschreibung ist zulässig, sofern keine Verwirrung zu besorgen ist (§§ 5, 6 GBO).[155] Verwirrung droht nicht schon allein dadurch, dass die Rechte unterschiedlich belastet sind.[156] Durch eine Zuschreibung ist eine Verwirrung iSv § 6 S. 1 GBO auch dann nicht zu besorgen, wenn das Hauptgrundstück in WE aufgeteilt ist und die Wohnungseigentumsrechte mit Grundpfandrechten, die Bestandteilsgrundstücke hingegen mit beschränkten persönlichen Dienstbarkeiten belastet sind (s. noch § 2 Rn 115 und § 3 Rn 85).[157] 101

Unzulässig ist die Vereinigung oder Zuschreibung, wenn die Wohnungseigentumsrechte sich auf **verschiedene Grundstücke** beziehen.[158] 102

c) Vereinigung von WE mit einem Grundstück. Umstritten ist, ob ein einzelnes Wohnungseigentumsrecht mit einem Grundstück vereinigt werden kann. Dagegen wird vorgebracht, es handele sich um eine systemfremde Buchungsart, für die ein Bedürfnis – insbesondere im Hinblick auf die Verkehrs- oder Beleihungsfähigkeit – nicht erkennbar sei.[159] Indessen gilt es zu beachten, dass die Wohnungseigentumsrechte – anders als gewöhnliche Miteigentumsanteile – auf Grund des Alleineigentums an Räumen verselbstständigt sind.[160] Der Rechtsverkehr erkennt das WE ebenso wie Grundstückseigentum als **tauglichen Verfügungsgegenstand** an. Verwirrung ist jedenfalls dann nicht zu besorgen, wenn für das WE ein eigenes Grundbuchblatt angelegt ist.[161] Das Gesetz untersagt die Vereinigung nicht, und sie ermöglicht in der Praxis eine vergleichsweise unaufwändige Steigerung der Attraktivität eines WEs. Die Schwierigkeiten, die sich aus dem Erfordernis eines einheitlichen Belastungsgegenstands ergeben,[162] erscheinen überwindbar. Auch hinsichtlich der Dereliktion ergeben sich keine Probleme, da sie in Bezug auf das WE nicht möglich ist (s. Rn 167 ff.) und sie nach der Vereinigung nicht auf das Grundstück beschränkt werden kann. Die Vereinigung ist daher **zulässig.**[163] 103

---

153 Weitnauer/*Briesemeister* § 3 Rn 91.

154 BayObLGZ 56, 475 = DNotZ 1958, 393.

155 OLG Hamburg NJW 1965, 1765 = Rpfleger 1966, 79 m. Anm. *Riedel;* KG Rpfleger 1989, 500 m. Anm. *Meyer-Stolte;* BayObLG MittBayNot 2000, 319; Weitnauer/*Biesemeister* § 3 Rn 91; s. dazu auch OLG Saarbrücken NJW 1972, 691 (LS) = MittBayNot 1972, 120.

156 KG OLGE 1989, 345 = WE 1990, 22; allg. für Grundstücke: OLG Brandenburg ZfIR 2010, 25, 26.

157 OLG Frankfurt/M. OLGZ 1993, 419 = DNotZ 1993, 612.

158 *Demharter* § 5 Rn 5; *Schöner/Stöber* Rn 2979; Weitnauer/*Briesemeister* § 3 Rn 91.

159 Namentlich Riecke/Schmid/*Schneider* § 7 Rn 31 f.; gegen Vereinigung auch OLG Düsseldorf MittRhNotK 1963, 595; OLG Zweibrücken DNotZ 1991, 605; *Riedel* Rpfleger 1966, 81.

160 Ausführlich dazu BayObLGZ 1993, 297 = NJW-RR 1994, 403.

161 OLG Hamm NJW-RR 1996, 1100, 1101.

162 Auf sie verweist Riecke/Schmid/*Schneider* § 7 Rn 32.

163 BayObLG Rpfleger 1994, 108; *Demharter* § 5 Rn 5; *Schöner/Stöber* Rn 2979; nunmehr auch Weitnauer/*Briesemeister* § 3 Rn 92.

104 **d) Zuschreibung eines Grundstücks als Bestandteil des WEs.** Nach ganz überwiegender Ansicht kann ein **Grundstück** einem WE als Bestandteil zugeschrieben werden (und umgekehrt).[164] Dem ist aus den für die Vereinigung dargelegten Gründen (s. Rn 103) zu folgen.

105 **e) Vereinigung/Zuschreibung zweier Grundstücke.** Die Vereinigung oder Zuschreibung eines Grundstücks, an dem gewöhnliches Miteigentum besteht, mit bzw. zu einem solchen mit WE ist möglich.[165] Nach zutreffender Auffassung setzt dies nicht voraus, dass an dem zugeschriebenen Grundstück WE begründet wird.[166] Zur Änderung der Grundstücksgröße, um die es hier geht, s. auch Rn 65 ff.

106 **f) Vereinigung/Zuschreibung von WE zu Miteigentumsanteil am Grundstück.** Nicht möglich ist es hingegen, einen einfachen **Miteigentumsanteil** an einem Grundstück einem Wohnungseigentumsrecht[167] oder einem anderen Grundstück[168] zuzuschreiben, an dem WE begründet ist. Davon zu unterscheiden ist die nach § 3 Abs. 4–9 GBO zulässige Zubuchung eines einfachen Miteigentumsanteils.[169]

107 **g) Unterteilung.** Zu den verschiedenen Fällen der Unterteilung s. § 2 Rn 93 ff.

4. Vererbung

108 Das WE ist wie jedes Eigentum **vererblich.** Von der Vererbung zu unterscheiden ist die Begründung von WE auf Grund letztwilliger Verfügung. Ein **Vermächtnis** (§ 2147 BGB) oder eine **Teilungs- oder Auseinandersetzungsanordnung** (§ 2048 BGB) kann vorsehen, dass eine bestimmte Wohnung dem Begünstigten zugewandt werden soll, indem daran Wohnungseigentum begründet wird.[170] Dies kann dadurch geschehen, dass an dem im Nachlass befindlichen, den Erben nunmehr gesamthänderisch gehörenden Grundstück zunächst Bruchteilseigentum gebildet und sodann nach § 3 vorgegangen wird. Ist hingegen ein Alleinerbe mit einem auf die Übertragung von WE gerichteten Vermächtnis beschwert, so hat er eine Teilung nach § 8 vorzunehmen. Über vom Erblasser nicht bereits geregelte Fragen des Gemeinschaftsverhältnisses entscheidet in solchen Fällen erforderlichenfalls das Gericht.[171] Auch im Zuge der **einvernehmlichen Auseinandersetzung** einer Erbengemeinschaft (§ 2042 BGB, auch im Rahmen eines amtlichen Vermittlungsverfahrens) kann WE begründet werden, nicht hingegen bei der Auseinandersetzung durch Richterspruch (s. dazu § 2 Rn 2).

5. Belastung

109 **a) Grundpfandrechte. aa) Überblick.** Das WE kann mit **Hypotheken, Grund-** oder **Rentenschulden** (§§ 1114 ff., 1192, 1200 BGB) belastet werden. – Zur Belastung des Gesamtgrundstücks s. Rn 178.

110 Der **Umfang** der dinglichen Haftung für das Grundpfandrecht an einem WE richtet sich nach den §§ 1120 ff. BGB (s. dazu Rn 132 ff.). Ändert sich der Gegenstand des Sonder-

---

[164] BayObLGZ 1993, 297 = NJW-RR 1994, 403; OLG Hamm NJW-RR 1996, 1100; *Demharter* § 6 Rn 5; *Schöner/Stöber* Rn 2980; nunmehr auch Weitnauer/*Briesemeister* § 3 Rn 91; aA OLG Düsseldorf JMinBlNRW 1963, 189; Riecke/Schmid/*Schneider* § 7 Rn 34.

[165] OLG Frankfurt Rpfleger 1973, 394; OLG Oldenburg MittRhNotK 1977, 13 = Rpfleger 1977, 22; *Bengel* JA 1975, 90; Riecke/Schmid/*Schneider* § 6 Rn 19.

[166] Weitnauer/*Briesemeister* Rn 34, 32; jedenfalls für unbebautes Grundstück ebenso LG Düsseldorf MittRhNotK 1970, 190, 192; aA OLG Oldenburg MittRhNotK 1977, 13 = Rpfleger 1977, 22.

[167] BayObLG Rpfleger 1994, 108; *Schöner/Stöber* Rn 2979.

[168] AG Bremen MDR 1957, 676.

[169] Riecke/Schmid/*Schneider* § 7 Rn 38 ff.

[170] BGH NZM 2002, 664 = ZWE 2002, 461, 462.

[171] BGH NZM 2002, 664 = ZWE 2002, 461, 462.

eigentums z. B. durch Hinzutritt weiterer Räume, so erstreckt sich ein am betreffenden WE bereits bestehendes Grundpfandrecht ohne weiteres auch darauf.[172]

Jedes WE kann als solches mit einem Grundpfandrecht belastet werden.[173] Es entsteht dann ein **Einzelgrundpfandrecht.** Dem Gläubiger haftet der WEer aus der schuldrechtlichen Verpflichtung mit seinem gesamten Vermögen, dinglich aber nur mit seinem WE. Daneben besteht die Möglichkeit eines **Gesamtgrundpfandrechts** (s. Rn 113 ff.). 111

Zwangshypotheken sind an WE eintragungsfähig wie an einem Miteigentumsanteil (zu diesem s. § 864 Abs. 2 ZPO).[174] An einem WE kann auch zugunsten der WEgem (insbesondere wegen der ihr zustehenden Wohngeldforderungen) eine Zwangssicherungshypothek eingetragen werden. Diese Möglichkeit ist erst durch die Anerkennung der Teilrechtsfähigkeit der WEgem (§ 10 Rn 231) eröffnet worden. Dadurch ist, sofern es um die Sicherung von der WEgem zustehenden Ansprüchen geht, die frühere Rspr.[175] überholt, wonach in solchen Fällen sämtliche WEer oder der Verwalter als Prozessstandschafter einzutragen sein sollten. 112

bb) Gesamtgrundpfandrecht. Haften für ein und dieselbe Forderung alle oder mehrere Wohnungseigentumsrechte, so entsteht ein **Gesamtgrundpfandrecht.** Hierfür gelten die allgemeinen Bestimmungen der §§ 1132, 1143 Abs. 2, §§ 1172–1176, 1181, 1182 (Gesamthypothek; bei Gesamtgrundschuld: iVm § 1192 Abs. 2) BGB. Jedes WE haftet für die gesamte Forderung. Der Gläubiger kann nach Belieben vom einzelnen WEer Befriedigung verlangen oder in das eine oder andere WE vollstrecken (§ 1147 BGB). Noch nach dem Zuschlag bis zum Verteilungstermin kann er Einzelteilbeiträge aus dem versteigerten Anteil beanspruchen.[176] Wird der Gläubiger aus einem WE befriedigt und kann der betroffene WEer von anderen WEern **Ersatz** verlangen, so geht das Grundpfandrecht an den anderen WE-Einheiten auf ihn über (§ 1182 BGB, bei Grundschulden iVm § 1192 Abs. 1 BGB); der Übergang kann aber nicht zum Nachteil des dem Gläubiger verbleibenden Grundpfandrechts geltend gemacht werden. 113

Zur **Entstehung** gelangt das Gesamtgrundpfandrecht erst mit der Eintragung auf allen einzelnen Wohnungsgrundbuchblättern.[177] Bei teilweisem Fehlen der Eintragung entscheidet § 139 BGB. 114

Mit der **Begründung von WE** entsteht ein Gesamtgrundpfandrecht, wenn bereits zuvor an dem gesamten Grundstück ein Grundpfandrecht bestand (s. dazu § 2 Rn 23).[178] Die Umwandlung tritt kraft Gesetzes ein; sie bedarf keiner Zustimmung der Grundpfandgläubiger.[179] Bei einer Teilung nach § 8 entsteht das Gesamtgrundpfandrecht auch dann, wenn sich die Wohnungseigentumsrechte noch in einer Hand befinden.[180] Schon zu diesem Zeitpunkt existiert WE. Allerdings kann der Antrag, WE mit einem Grundpfandrecht zu belasten, vor Bildung des WEs nicht dahin ausgelegt werden, dass schon der eingetragene **Miteigentumsanteil** am Grundstück belastet werden soll.[181] Liegt dem Grundbuchamt bereits der Antrag auf Bildung von WE vor, so darf ein später eingehender Antrag auf Eintragung einer Grundschuld vor Erledigung des früheren Antrags nicht zurückgewiesen werden.[182] 115

---

[172] LG Düsseldorf MittRhNotK 1986, 78.

[173] OLG Hamm Rpfleger 1983, 395 = DNotZ 1984, 108.

[174] *Stöber,* ZVG, 18. Aufl. 2006, § 15 Rn 45.1.

[175] S. etwa LG Darmstadt NZM 1999, 230.

[176] Näheres s. Palandt/*Bassenge* § 1132 Rn 11; Staudinger/*Wolfsteiner,* BGB, Bearb. 2009, § 1132 Rn 50 ff; auch § 64 ZVG ist zu beachten. S. zur Auswahl unter den Miteigentumsanteilen vergleichsweise auch § 1230 BGB.

[177] OLG Düsseldorf DNotZ 1973, 613. S. dazu § 7 Rn 40.

[178] BGH NJW 1976, 2132.

[179] BGHZ 49, 250, 251 = NJW 1968, 499; Weitnauer/*Briesemeister* Rn 74.

[180] AG München MittBayNot 1972, 237.

[181] OLG Hamm Rpfleger 1983, 395 = DNotZ 1984, 108.

[182] OLG Düsseldorf MittBayNot 1985, 199.

116 Der **Rang** des Gesamtgrundpfandrechts kann an den einzelnen WEs-Anteilen verschieden sein. Inhaltsänderungen, Übertragungen, Belastungen und Verfügungsbeschränkungen werden erst mit der Eintragung auf allen Einzelwohnungsgrundbuchblättern wirksam.[183] Die Gesamthypothek kann auch nur bezüglich eines einzelnen WEs-Anteils ganz oder teilweise aufgehoben werden.[184]

117 Wird ein Gesamtgrundpfandrecht gem. § 1132 Abs. 2 BGB auf die einzelnen WEs-Anteile **verteilt,** so entstehen selbstständige **Teilgrundpfandrechte.**[185] Eine wechselseitige Zustimmung der WEer zu einer derartigen Aufteilung ist weder nach § 1113 BGB noch nach § 27 GBO erforderlich. Die Mitbelastung der Grundstücke in Höhe der auf sie nicht zugeteilten Beträge erlischt.[186]

118 **Im Übrigen** gelten auch hier sinngemäß § 1174 BGB (Befriedigung durch ersatzberechtigten Schuldner), § 1175 BGB (Verzicht und Ausschluss des Gläubigers), 1176 (Rang des übergegangenen Rechtes) und § 1172 BGB (Eigentümergesamthypothek). Bei Befriedigung des Gläubigers aus einem mitbelasteten WE oder den vom Pfandverband erfassten Gegenständen werden auch die übrigen WEs-Anteile frei (§ 1181 BGB).

119 In der **Praxis** sind Gesamtgrundpfandrechte heute selten anzutreffen. Dies hängt mit dem erhöhten Risiko für die WEer zusammen.[187] Auf der schuldrechtlichen Ebene trägt der BGH diesen Gefahren insbesondere dadurch Rechnung, dass er bei sog. Aufbauschulden eine stillschweigende **quotale Beschränkung** der Außenhaftung der einzelnen Bauherren annimmt (s. Rn 125). Das Bedürfnis für besondere Sicherungen wie eine Ausfallbürgschaft oder Ausfallversicherung des Bauträgers, die Einrede der Vorausklage oder betragsmäßige Haftungsbeschränkungen (näher 9. Aufl. Rn 67 ff.) ist damit weitestgehend entfallen.

120 **cc) Bauhandwerkersicherung.** Nach § 648 BGB kann der Bauunternehmer die Einräumung einer Sicherungshypothek „an dem Baugrundstück des Bestellers" verlangen. Die Anwendung dieser Vorschrift wirft im Wohnungseigentumsrecht einige **Probleme** auf.

121 Streit besteht insbesondere darüber, ob der Anspruch des Unternehmers auf Eintragung einer **Gesamthypothek** in Höhe des Gesamtbetrags des Werklohns besteht[188] oder nur **Einzelhypotheken** an den Wohnungseigentumsrechten bis zur Grenze des auf die einzelne Wohnung entfallenden Anteils der Leistungen beansprucht werden können.[189] Richtigerweise wird man zu unterscheiden haben:

122 Entscheidend ist, ob bei **Abschluss des Werkvertrages** bereits WE begründet war. Nur dann, wenn der Werkvertrag vor dem Vollzug der Teilung abgeschlossen wurde, konnte der Werkunternehmer davon ausgehen, dass ihm das gesamte Gebäude als Sicherungsgrundlage zur Verfügung steht.

123 **(1)** Hat also der Eigentümer des Grundstücks (z. B. der Bauträger) dieses bei Abschluss des Werkvertrages **noch nicht in WE aufgeteilt** (§ 8 Abs. 1), so ist der Anspruch auf Eintragung einer gewöhnlichen Hypothek am Grundstück in Höhe des vollen Werklohns

---

[183] Vgl. MünchKomm-BGB/*Eickmann* § 1132 Rn 29 (betr. Gesamthypothek bei gewöhnlichem Miteigentum).

[184] Für die Gesamthypothek bei gewöhnlichem Miteigentum; Palandt/*Bassenge* § 1132 Rn 9; KGJFG 4, 409, 411; s. a. § 1177 BGB; zur Pfandentlassung von WE bei einer Gesamtgrundschuld s. BGH ZMR 1977, 244.

[185] BGHZ 144, 138, 145 = NJW 2000, 1861; so schon RGZ 113, 33; Palandt/*Bassenge* § 1132 Rn 11.

[186] BGHZ 144, 138, 145 = NJW 2000, 1861; Palandt/*Bassenge* § 1132 Rn 11.

[187] Zur Rechtslage bei der Zahlung eines WEers auf eine Gesamtgrundschuld s. BGH NJW 1976, 2132.

[188] Dafür etwa OLG Frankfurt NJW-RR 1995, 1359; OLG Hamm, NJW-RR 1999, 383; für gewöhnliches Miteigentum OLG Düsseldorf BauR 1983, 376.

[189] So MünchKomm-BGB/*Busche* § 648 Rn 30; Staudinger/*Peters/Jacoby,* BGB, Bearb. 2008, § 648 Rn 27.

gerichtet. Diese setzt sich als Gesamtgrundpfandrecht an den später entstandenen Wohnungseigentumsrechten fort (s. Rn 115).[190]

(2) Anders ist es, wenn der Werkvertrag nach der **vollzogenen Teilung** abgeschlossen wurde. Dann ist der Anspruch aus § 648 BGB auf anteilige Sicherung gerichtet, und zwar auf den Betrag des Werklohns, der auf das einzelne Wohnungseigentumsrecht entfällt.[191] WE entsteht nämlich bereits im Zeitpunkt der Eintragung und nicht erst dann, wenn das Gebäude oder die Wohnung tatsächlich fertig gestellt ist. **124**

(3) Errichten mehrere Miteigentümer gemeinsam ein Gebäude, an dem nach § 3 Abs. 1 WE begründet werden soll (sog. **Bauherrengemeinschaft,** die sich als BGB-Gesellschaft zur Errichtung einer WEs-Anlage zusammengeschlossen hat), so haften sie für die Werklohnforderung nicht gesamtschuldnerisch. Es handelt sich um sog. Aufbauschulden, für die der einzelne WEer auf Grund einer **stillschweigenden Haftungsbeschränkung** nur anteilig haftet (s. auch § 10 Rn 298 ff.).[192] Ist insoweit nichts Abweichendes vereinbart, so richtet sich die Haftungsquote nach den Miteigentumsanteilen. Der Anspruch aus § 648 BGB ist deshalb gleichfalls nur auf anteilige Sicherung gerichtet.[193] Zum Fall, dass die WEgem als teilrechtsfähiger Verband den Werkvertrag abschließt, s. sogleich Rn 128. **125**

Durch die Einführung von § 10 Abs. 8 hat die problematische Abgrenzung von Verwaltungs- und Aufbauschulden an Bedeutung verloren. Die WEer haften nämlich im Außenverhältnis nunmehr für beide Schulden – soweit für Aufbauschulden nichts anderes vereinbart ist – lediglich in Höhe ihrer **Miteigentumsanteile.** **126**

Ist das WE bereits auf **Dritte** übergegangen, die nicht persönliche Schuldner sind, so entfällt der Anspruch des Bauunternehmers auf Einräumung einer Sicherungshypothek. Es fehlt dann nämlich an der in § 648 Abs. 1 S. 1 BGB vorausgesetzten Personenidentität von Schuldner und Eigentümer. Etwas anderes gilt freilich, wenn vor dem Eigentumswechsel im betreffenden Wohnungsgrundbuch eine Vormerkung eingetragen worden ist.[194] **127**

Problematisch ist, welche Folgen sich aus der **Teilrechtsfähigkeit der WEgem** für den Fall ergeben, dass diese einen Unternehmer mit der Erbringung von Bauleistungen betraut. Hier fragt sich, ob die Auftragnehmer von den WEern gem. § 648 Abs. 1 S. 1 BGB verlangen können, dass ihnen eine **Sicherungshypothek** – in anteiliger Höhe der jeden WEer persönlich gem. 10 Abs. 8 S. 1 WEG treffenden Haftung –[195] an sämtlichen Wohnungseigentumseinheiten eingeräumt wird. Stellt man allein auf den Wortlaut des Gesetzes ab, so ist dies zu verneinen. Die WEgem ist nämlich nicht Inhaberin des Wohnungseigentums, die WEer sind keine Besteller. Die von § 648 Abs. 1 S. 1 BGB vorausgesetzte Identität zwischen Eigentümer und Besteller fehlt. **128**

Das Identitätserfordernis hat jedoch in Rechtsprechung[196] und Literatur[197] Ausnahmen erfahren. Demnach kann sich der Grundstückseigentümer (Bauherr) auf die Personenverschiedenheit nicht berufen, sofern dies gegen **Treu und Glauben** verstößt (§ 242 BGB). Unter welchen Voraussetzungen hiervon auszugehen ist, wird nicht einheitlich beurteilt. **129**

---

190 OLG München MDR 1972, 239; MünchKomm-BGB/*Busche* § 648 Rn 31.

191 Staudinger/*Bub* § 16 WEG Rn 17; MünchKomm-BGB/*Busche* § 648 Rn 30; aA OLG Hamm NJW-RR 1999, 383; *Wenzel* ZWE 2000, 550.

192 BGHZ 75, 26, 28 f. = NJW 1979, 2101; auf der Grundlage des neuen Haftungskonzepts zur BGB-Gesellschaft (BGHZ 146, 341, 358 ff. = NJW 2001, 1056; bestätigt durch BGHZ 150, 1, 6 = NJW 2002, 1642, 1643); s. auch *Armbrüster* ZGR 2005, 34, 46 f.

193 MünchKomm-BGB/*Busche* § 648 Rn 30; Staudinger/*Peters/Jacoby,* BGB, Bearb. 2008, § 648 Rn 27.

194 Palandt/*Sprau* § 648 Rn 3.

195 *Hügel* DNotZ 2007, 326, 347; vgl auch MünchKomm-BGB/*Busche* 5. Aufl. 2009, § 648 Rn 30 (zum Abschluss des Werkvertrages durch mehrere Wohnungseigentümer persönlich mit anteiliger Haftung).

196 S. nur BGHZ 102, 95, 100 = NJW 1988, 255.

197 S. die Zusammenstellung bei Staudinger/*Peters/Jacoby,* BGB, Bearb. 2008, § 648 Rn 23 ff..

Eine Anlehnung an die – ihrerseits unscharfen und umstrittenen – Regeln zur gesellschaftsrechtlichen Durchgriffshaftung[198] hilft nicht weiter. Der BGH[199] hat es in seiner Grundsatzentscheidung zu § 648 Abs. 1 S. 1 BGB ausreichen lassen, dass – neben der gesellschaftsrechtlichen Beherrschung des Bestellers durch den Grundstückseigentümer – der Grundstückseigentümer durch die Werkleistung in die Lage versetzt wurde, das Grundstück „in erhöhtem Maße zu nutzen". Diese Rspr. ist vor allem deshalb kritisiert worden, weil die Intensität der möglichen Nutzung unklar bleibe.[200] Jene Kritik vermag indessen jedenfalls im hier interessierenden Zusammenhang nicht zu überzeugen. Die sich aus der Werkleistung am Gemeinschaftseigentum ergebende **Nutzungsmöglichkeit** steht typischerweise allein den WEern zu. Eine Nutzung durch die WEgem selbst ist, da es sich insoweit um eine reine Verwaltungsorganisation mit dienender Funktion handelt, grds nicht vorgesehen. Jedenfalls in einem solchen Fall stellt es sich als rechtsmissbräuchlich dar, wenn die WEer sich auf die von § 648 Abs. 1 S. 1 BGB vorausgesetzte Personenidentität berufen.[201] Anders könnten die Dinge liegen, wenn Bauarbeiten an einer im Gemeinschaftseigentum stehenden, zur Vermietung bestimmten Wohnung durchgeführt werden. Allerdings kommt auch diese Fremdnutzung wirtschaftlich wiederum allen WEern zugute, was dafür spricht, beide Fälle gleich zu behandeln. In der Praxis wird sich die Frage angesichts des mit der Eintragung verbundenen Aufwands in der zweiten Fallgruppe freilich ohnehin nur selten stellen.

130 Eine Alternative zur Sicherungshypothek bietet die Bauhandwerkersicherung gem. **§ 648 a BGB.** Welche Arten der Sicherheit statthaft sind, ergibt sich zunächst aus der allgemeinen Vorschrift des § 232 BGB. Demnach kann die Sicherheitsleistung u. a. durch die Verpfändung von Forderungen oder Sachen erfolgen; zudem durch die Bestellung von Hypotheken an anderen Grundstücken als dem im Gemeinschaftseigentum stehenden Grundstück (für letzteres, genauer: für die darauf bezogenen Wohnungseigentumsrechte, gilt § 648 BGB). Der Katalog möglicher Sicherheitsleistungen wird durch § 648 a Abs. 2 BGB erweitert auf **Garantien** oder sonstige **Zahlungsversprechen** eines Kreditinstitutes oder Kreditversicherers. Die Bauhandwerkersicherung umfasst außer der Sicherheit für die Vorleistungen auch solche für Nebenforderungen in Höhe von 10% des Vergütungsanspruchs (§ 648 a Abs. 1 S. 1 BGB). Das Sicherungsmittel besteht auch hinsichtlich bereits erbrachter Bauleistungen und ist unabhängig davon, ob Abschlusszahlungen vereinbart sind.[202]

131 § 648 a BGB greift auch dann ein, wenn die WEer bei Neuerrichtung oder wesentlichen Baumaßnahmen (z. B. Umbau, Erweiterung, Sanierung) einen **Baubetreuer** einschalten (§ 648 a Abs. 6 S. 2 BGB). Führen sie hingegen die Baumaßnahme in **Eigenregie** – mit oder ohne Einschaltung des Verwalters – durch, so greift § 648 a BGB nicht. Wie aus Abs. 6 S. 1 Nr. 2 dieser Vorschrift hervorgeht, sollen private Bauherren in den dort genannten Fällen keine Sicherheit nach § 648 a BGB leisten müssen. Zur Begründung verweisen die Motive[203] darauf, dass derartige Bauvorhaben idR solide finanziert seien und die persönliche Haftung des Bestellers dem Bauunternehmer genügend Sicherheit biete. Dies lässt sich auf die WEgem übertragen. Dafür spricht nicht zuletzt, dass sie nicht insolvenzfähig ist.[204] An die Stelle des im Gesetz genannten Einfamilienhauses tritt dann in analoger Anwendung das WE. Demgemäß scheidet § 648 a BGB als Sicherungsmittel aus, wenn der Unternehmer unmittelbar mit der WEgem den Vertrag schließt.

---

198 AA Bamberger/Roth/*Voit,* § 648 Rn 12.

199 BGHZ 102, 95, 103 = NJW 1988, 255.

200 Staudinger/*Peters/Jacoby,* BGB, Bearb. 2008, § 648 Rn 25.

201 So bereits *Armbrüster* GE 2007, 420, 422 f.; s. auch *Wenzel* ZWE 2006, 2, 14.

202 LG Bonn NJW-RR 1998, 530; aA hinsichtlich Sicherheit für bereits erbrachte Leistungen OLG Schleswig NJW-RR 1998, 532.

203 BT-Drucks. 12/1836, S. 11; 12/4526, S. 11.

204 S. zu diesem Aspekt Erman/*Schwenker* § 648 a Rn 4.

dd) Umfang des Grundpfandrechts. Überblick. Hinsichtlich des gegenständlichen Umfangs des Grundpfandrechts sind die **§§ 1113, 1120 ff. BGB** sinngemäß anwendbar. Dazu gehören neben der Erstreckungsnorm des § 1120 BGB (zu ihr s. Rn 135 ff.) auch die Regeln über das Freiwerden von der Beschlagnahme durch **Veräußerung und Entfernung** (§ 1121 BGB). Erfolgen Veräußerung und Entfernung vor der Beschlagnahme, so tritt nach § 1121 Abs. 1 BGB ungeachtet der Kenntnis des Erwerbers von dem Grundpfandrecht Enthaftung ein. Erfolgt hingegen die Entfernung nach der Beschlagnahme, so schützt guter Glaube hinsichtlich des Grundpfandrechts den Erwerber nicht; § 936 BGB ist damit ausgeschlossen. Enthaftet wird die Sache nur, wenn der Erwerber bei der Entfernung hinsichtlich der Beschlagnahme gutgläubig war (§ 1121 Abs. 2 BGB). Anwendbar sind auch die Vorschriften über das Freiwerden ohne Veräußerung durch Handlungen in den Grenzen einer ordnungsmäßigen Wirtschaft (§ 1122 BGB). Eine **Pfändung** getrennter, aber noch nicht entfernter Bestandteile durch Dritte ist nach Beschlagnahme des WEs nicht mehr zulässig (§ 865 Abs. 2 S. 2 ZPO). Der Grundpfandgläubiger hat bei einer unzulässigen Pfändung die Rechte aus §§ 766, 771 ZPO.[205] 132

§ 1113 BGB. Das Korrelat zu dem in § 1113 BGB genannten Grundstück (als einer Sache) ist bei der Belastung von WE zunächst der im Sondereigentum stehende Raum. Daraus ergibt sich für die Reichweite des Grundpfandrechts, dass es sich gem. § 1113 BGB auf die **Räume und Bestandteile** des Gebäudes bezieht, die zum Sondereigentum gehören. Diese Frage beurteilt sich nach § 5 Abs. 1–3. Darüber hinaus wird von § 1113 BGB die anteilige Berechtigung am gemeinschaftlichen Eigentum erfasst.[206] 133

Das Sondereigentum ist ein konstitutives Element des WE. Es handelt sich – trotz des insoweit missverständlichen Wortlauts in § 1 Abs. 2 – **nicht um einen Bestandteil** iSv § 96 BGB. Dass sich die Haftung auf die im Sondereigentum stehenden Räume und Bestandteile erstreckt, ergibt sich mithin unmittelbar aus § 1113 BGB. Eines Rückgriffs auf die §§ 96, 1120 BGB bedarf es nicht. 134

Erzeugnisse und sonstige Bestandteile (§ 1120 BGB). Das Grundpfandrecht erstreckt sich nach § 1120 BGB auf Erzeugnisse und sonstige Bestandteile des Grundstücks. Dabei ist zu beachten, dass Sachen nicht als Bestandteile des WE angesehen werden können. Sachen sind nämlich der **Gegenstand** eines (Eigentums-)Rechts und nicht sein Bestandteil. Als Bestandteile bezeichnet man solche Sachen, die Teil einer natürlichen Sacheinheit sind.[207] 135

Es fragt sich deshalb, welcher Anwendungsbereich für § 1120 BGB verbleibt, wenn WE mit einem Grundpfandrecht belastet ist. Da Sondereigentum sich stets nur auf wesentliche Gebäudebestandteile beziehen kann (§ 5 Rn 20), können von § 1120 BGB nur einfache **Bestandteile** eines Raumes erfasst sein. Diese stehen im schlichten Alleineigentum des WEers oder eines Dritten. Sind die im Alleineigentum des Eigentümers stehenden Bestandteile vom Raum getrennt worden, dann bezieht sich das Grundpfandrecht gem. § 1120 BGB (ggf. iVm § 1192 Abs. 1 BGB) gleichwohl auf diese, es sei denn, dass sie mit der Trennung gem. §§ 954–957 BGB in fremdes Eigentum gelangt sind. Vor der Bestellung des Grundpfandrechts bereits getrennte Bestandteile werden hingegen nicht erfasst. 136

Es erscheint zweifelhaft, ob für § 1120 BGB ein praktischer Anwendungsbereich bleibt. Ist ein **Bestandteil** bereits für die Herstellung des Raumes erforderlich, so ist er wesentlich und befindet sich nach § 5 Abs. 1 im Sondereigentum (§ 1113 BGB). Unter den Bestandteilsbegriff des § 1120 BGB fallen mithin nur solche Sachen, die zwar Teil der natürlichen Sacheinheit Raum sind, für die aber weder die §§ 93, 94 BGB erfüllt sind noch § 97 BGB gilt. Zubehör wird in § 1120 BGB eigens erwähnt. Für **Erzeugnisse** eines Raumes ergibt sich ein ähnlicher Befund. Versteht man darunter die natürlichen Produkte einer 137

[205] RGZ 69, 93; Palandt/*Bassenge* § 1120 Rn 4.
[206] BayObLG MittBayNot 1988, 75, 76.
[207] Palandt/*Ellenberger* § 93 Rn 2.

Sache,[208] so sind diese in Bezug auf Räume nur schwer denkbar. Es erscheint jedoch angezeigt, die Erzeugnisse eines Sondernutzungsrechts unter § 1120 BGB zu fassen.

138 **Zubehör.** Nach der Legaldefinition in § 97 Abs. 1 BGB müssen die zum Zubehör zählenden beweglichen Sachen dazu bestimmt sein, dem wirtschaftlichen Zweck der Hauptsache (Raum) zu dienen, und sie müssen zu ihr in einem dieser Bestimmung entsprechenden räumlichen Verhältnis stehen. Maßgeblich ist die **Verkehrsanschauung.**

139 **Beispiele:** Zum Zubehör der Raumeinheit oder Wohnung, auf die sich das WE erstreckt, zählen etwa Alarmanlagen,[209] **Einbauküchen** (sofern sie nicht als Bestandteil iSv § 93 BGB anzusehen sind)[210] sowie Satellitenempfangsanlagen.[211] Grds nicht erfasst werden hingegen Möbel.[212] Der **Heizölvorrat** eines Wohngebäudes lässt sich entsprechend der Beurteilung bei Einfamilienhäusern als Zubehör sämtlicher WEs-Einheiten ansehen;[213] der Vorrat zählt jedoch zum Verwaltungsvermögen, gehört damit nach § 10 Abs. 7 S. 1 der WEgem und unterliegt daher mangels Eigentums des WEers (s. dazu Rn 55) nicht der Grundpfandhaftung des WEs. Zubehör eines Raumes, an dem TE besteht und in dem bestimmungsgemäß ein Gewerbe betrieben wird, sind gem. § 98 Nr. 1 BGB die für den Betrieb bestimmten **Maschinen.**[214] Zum Zubehör zählen ferner Ladeneinrichtungen[215] oder die Schankanlage einer Gaststätte.[216]

140 Das dem WEer **gehörende** Zubehör haftet nach § 1120 BGB dem Grundpfandgläubiger; eine Pfändung ist gem. § 865 Abs. 2 S. 1 ZPO ausgeschlossen. Dies gilt auch dann, wenn die Zubehöreigenschaft erst nach der Entstehung des Grundpfandrechts begründet wurde.[217] Dem WEer nur **anteilig gehörendes** Zubehör wird mit seinem Bruchteil von der Beschlagnahmewirkung erfasst.[218] **Fremdes** Zubehör haftet hingegen nicht (zur abweichenden Rechtslage beim Zuschlag in der Zwangsversteigerung s. Rn 212); ein Eigentumsvorbehalt ist insofern wirksam.[219] Dem Grundpfandgläubiger kommt insoweit auch kein Gutglaubensschutz zugute.[220]

141 **Miet- und Pachtforderungen.** Das Grundpfandrecht am WE erstreckt sich auch auf die Miet- und Pachtforderungen (§§ 1123–1125 BGB) sowie auf Rechte auf wiederkehrende Leistungen (§ 1126 BGB). **Vorausverfügungen** sind nach näherer Maßgabe von § 1124 BGB unwirksam.

142 Sind gemeinschaftliche Räume oder Einrichtungen vermietet oder verpachtet, so steht dem einzelnen WEer an den Miet- oder Pachtforderungen kein individueller Bruchteil zu. Inhaberin dieser Forderungen ist vielmehr die **WEgem** als Vertragspartnerin der Mieter oder Pächter. Dem Grundpfandgläubiger kommen sie nur mittelbar insofern zugute, als die Einnahmen daraus in die Jahresabrechnung einfließen und ihm ein **Abrechnungsguthaben** des WEers aus der Jahresabrechnung haftet (dazu Rn 143).

143 **Abrechnungsguthaben.** Das Grundpfandrecht erfasst auch das auf das WE entfallende **Abrechnungsguthaben** des einzelnen WEers nach Beschluss der WEer.

---

208 Vgl Palandt/*Ellenberger* § 94 Rn 3.

209 OLG München ZMR 1980, 308 = MDR 1979, 934; vgl auch OLG Düsseldorf NZV 1996, 196, 197 (betr. Kfz).

210 S. dazu BGH NJW-RR 1990, 586 (auch zu regionalen Unterschieden); NJW-RR 1990, 914 (zu § 1 GSB); OLG Nürnberg NJW-RR 2002, 1485.

211 LG Nürnberg DGVZ 1996, 123.

212 OLG Düsseldorf DNotZ 1987, 108 (betr. Küchenschrank).

213 OLG Braunschweig ZMR 1986, 120.

214 Vgl BGH NJW 1979, 2514 (betr. Fabrikgrundstück).

215 BGHZ 62, 49, 52 = WM 1974, 70.

216 OLG Celle OLGZ 80, 13.

217 RGZ 53, 352.

218 RGZ 132, 325.

219 RGZ 140, 224.

220 Palandt/*Bassenge* § 1120 Rn 7.

Versicherungsforderungen. Besteht für das WE eine **Schadensversicherung,** so wird diese gem. §§ 1127 ff. BGB von der Belastung mit erfasst. Die Haftung der Versicherungsforderung **beginnt** bereits mit der Bestellung des Grundpfandrechts, nicht erst mit der Beschlagnahme. Die Haftung der Versicherungsforderung **erlischt,** sofern Bestandteile oder Zubehör nach §§ 1121, 1122 BGB enthaftet werden, wenn der versicherte Gegenstand wieder hergestellt oder Ersatz beschafft ist, wenn der Grundpfandgläubiger befriedigt ist oder wenn er mit der Zahlung an den Versicherten einverstanden war (zu letzterem s. für die Gebäudeversicherung § 1128 Abs. 2 BGB). 144

In der **Gebäudeversicherung** erlangt der Grundpfandgläubiger hinsichtlich der Forderung gegen den Versicherer die Stellung eines **Pfandgläubigers** (§ 1128 Abs. 3 BGB). Insoweit gelten die §§ 1273 ff. BGB. Zur Geltendmachung des Anspruches gegen den Versicherer bedarf es daher keiner Beschlagnahme. Die Stellung als Pfandgläubiger hat vielmehr zur Folge, dass der Hypothekengläubiger ohne weiteres vor Fälligkeit der Hypothek die Zahlung an sich und den Versicherten (§ 1281 BGB) und nach Fälligkeit an sich allein verlangen kann (§§ 1282, 1228 Abs. 3 BGB). Dementsprechend bestimmt § 1128 Abs. 2 BGB, dass bei Anmeldung durch den Hypothekengläubiger der Versicherer an den Versicherten nur noch mit schriftlicher Zustimmung zahlen darf. Das Grundbuchamt hat die Anmeldung bei dem Hypothekengläubiger anzuregen.[221] 145

Enthält der Versicherungsvertrag eine **Wiederherstellungsklausel,** so ist eine Zahlung an den Versicherten dem Grundpfandgläubiger ggü unwirksam (§ 1130 BGB). Als Wiederherstellungsklausel iSv § 1130 BGB kommt allein eine Abrede im Versicherungsvertrag in Betracht, nicht jedoch die Vereinbarung der Wiederherstellung in der GemO. 146

Für die **Gebäudefeuerversicherung** enthalten die **§§ 97–107 c VVG** weitere Bestimmungen zum Schutz des Grundpfandgläubigers. 147

b) Dienstbarkeiten. aa) Überblick. Das WE kann – anders als ein gewöhnlicher ideeller Miteigentumsanteil –[222] auch mit einer **Dienstbarkeit** belastet werden.[223] Dies folgt daraus, dass es sich um wirkliches Eigentum an einem realen Teil eines Gebäudes handelt. Schon der Gesetzgeber von 1951 hat dies so gesehen und daher eine ausdrückliche Regelung für entbehrlich gehalten.[224] Praktisch bedeutsam ist diese Belastungsmöglichkeit etwa für das **Wohnungsrecht** iSv § 1093 BGB.[225] Zudem kann ein WE zugunsten des jeweiligen Inhabers eines **anderen WEs** mit einer Grunddienstbarkeit belastet werden.[226] 148

bb) Grunddienstbarkeiten. Eine **Grunddienstbarkeit** nach §§ 1018 ff. BGB gibt dem jeweiligen Eigentümer eines anderen Grundstücks das Recht, das Grundstück in einzelnen Beziehungen zu benutzen oder zu verlangen, dass auf dem dienenden Grundstück bestimmte Handlungen nicht vorgenommen werden oder dass die Ausübung eines Eigentumsrechts unterbleibt. Eine Grunddienstbarkeit kann auch **zugunsten** eines Wohnungseigentumsrechts bestellt werden;[227] es besteht kein Anlass, WE insoweit anders als Grundstücke zu behandeln. 149

Ist am herrschenden Grundstück WE begründet worden, **nachdem** eine Grunddienstbarkeit bestellt war, so kann sie nach der Begründung des WE auf Grund der Bewilligung nur eines einzelnen WEers hinsichtlich des ihm zustehenden Wohnungseigentumsrechts auch nicht teilweise gelöscht werden. Der WEer verliert insoweit die Verfügungsbefugnis.[228] 150

---

[221] AV v. 13. 7. 1943, DJ 369.

[222] Palandt/*Bassenge* § 1008 Rn 6.

[223] Näher *Zimmermann* Rpfleger 1981, 333.

[224] Anm. III Ziff. 3 Abs. 2, s. Anhang I.

[225] Ausführlich dazu *Ertl,* FS Bärmann/Weitnauer, 1990, S. 251 ff.

[226] BayObLG Rpfleger 1980, 142, 150 = BayObLG 1979 Nr. 75; eingehend *Merle,* System, S. 171 ff.

[227] S. a. OLG Hamm MDR 1981, 142 = Rpfleger 1980, 469; BayObLG DerWEer 1984, 30 (Ls); LG München II MittBayNot 1985, 130; *Bärmann* DNotZ 1950, 267.

[228] BayObLG Rpfleger 1983, 434 = MDR 1983, 935.

151 Eine Grunddienstbarkeit kann auch **zu Lasten** einer einzelnen WEs-Einheit bestellt werden, jedoch nur insoweit, als sich die Ausübung der Dienstbarkeit auf den Gebrauch des betreffenden **Sondereigentums** beschränkt.[229] Dies folgt allerdings nicht daraus, dass nur der Bereich des Sondereigentums gegenständlich abgrenzbar wäre.[230] Auch der Gegenstand des gemeinschaftlichen Eigentums lässt sich präzise bestimmen. Die Bestellung einer Dienstbarkeit setzt jedoch voraus, dass dem Bestellenden über den betreffenden Bereich die alleinige Verfügungsmacht zusteht. Das ist nur in Bezug auf das Sondereigentum der Fall. Da die Verfügungsmacht entscheidend ist, ergeben sich hieraus zugleich die Anforderungen, die für die Bestellung einer Dienstbarkeit am **Gemeinschaftseigentum** gelten. Auch der Bereich des Gemeinschaftseigentums kann „dienendes Grundstück" iSv § 1018 BGB sein. Bei der Bestellung müssen sämtliche WEer mitwirken.[231] Dies gilt auch dann, wenn am Gemeinschaftseigentum ein **Sondernutzungsrecht** besteht, da es sich hierbei nicht um ein dingliches Recht handelt.[232] Die Grunddienstbarkeit wird hier an sämtlichen Wohnungseigentumsrechten bestellt. Es ist in diesen Fällen nicht möglich, nur dasjenige WE zu belasten, dem das Sondernutzungsrecht zugewiesen ist.

152 **Beispiele** für die Bestellung einer Dienstbarkeit am Gemeinschaftseigentum bieten das Wegerecht[233] oder eine Tankstellendienstbarkeit.[234] Dabei muss die Grunddienstbarkeit in der II. Abteilung sämtlicher Wohnungsgrundbücher in der Weise eingetragen werden, dass die Belastung des **ganzen** Grundstückes erkennbar ist; anderenfalls liegt eine inhaltlich unzulässige Eintragung vor. Sie kann nicht Grundlage für einen Erwerb kraft öffentlichen Glaubens des Grundbuchs sein.[235]

153 Herrschendes und dienendes Grundstück iSv § 1018 BGB können auch WEs-Einheiten **derselben WEgem** sein. Es gilt § 1009 BGB, wonach die gemeinschaftliche Sache auch zugunsten eines Miteigentümers belastet werden kann. Dann hat der Inhaber des herrschenden WEs das Recht, das dienende WE in bestimmten einzelnen Beziehungen zu benutzen. Ein **Beispiel** ist das Recht zur alleinigen Nutzung einer Terrasse als Grunddienstbarkeit.[236] Dies gilt auch hinsichtlich der beiden anderen Inhaltsbestimmungen der Grunddienstbarkeit, nämlich derjenigen, dass gewisse Handlungen nicht vorgenommen werden dürfen oder dass die Ausübung eines Rechtes ausgeschlossen ist, das sich aus dem Eigentum an dem belasteten Grundstück ggü dem anderen Grundstück ergibt.[237]

154 In tatsächlicher Hinsicht kann die Wirkung einer Grunddienstbarkeit nicht nur dem Inhaber des betreffenden Miteigentumsanteils zugute kommen, sondern mehreren oder gar allen Miteigentümern. Doch liegt hierin eine reine **Reflexwirkung,** ohne dass den anderen das Recht selbst zustünde. § 1019 BGB steht dem nicht entgegen. Demnach muss die Grunddienstbarkeit stets für die Benutzung des Grundstücks des Berechtigten Vorteil bieten. Diese Vorschrift ist dahin auszulegen, dass die Grunddienstbarkeit für die anteilsmäßige Benutzung des Grundstücks Vorteil bieten muss.

---

[229] BGH NJW 1989, 2391, 2392; BayObLGZ 1974, 118 = NJW 1975, 59; zu weitgehend OLG Hamm Rpfleger 1981, 469, 470; zutr. MünchKomm-BGB/*Joost* § 1018 Rn 21 m. Fn 97.

[230] So aber BayObLGZ 1979, 444 = Rpfleger 1980, 150.

[231] BayObLG MittBayNot 1974, 215; NJW 1975, 59; BayObLGZ 1979, 444 = Rpfleger 1980, 142, 150; NJW-RR 1997, 1236; OLG Düsseldorf NJW-RR 1986, 1076; ZMR 1995, 421.

[232] BayObLG NJW-RR 1997, 1236 = DNotZ 1998, 125 m. krit. Anm. *Ott;* OLG Hamburg ZMR 2004, 616, 617; *Böhringer* NotBZ 1999, 154, 161; *Ott* ZWE 2001, 18 (anders noch DNotZ 1998, 128, 132); aA Staudinger/*Rapp* Rn 51; Staudinger/*Mayer,* BGB, Bearb. 2008, § 1018 Rn 60; offen lassend Riecke/Schmid/*Schneider* Rn 113 f.

[233] BayObLG MittBayNot 1995, 288.

[234] OLG Karlsruhe Rpfleger 1975, 356 m. krit. Anm. *Noack.*

[235] BayObLG MittBayNot 1995, 288, kritisch zur Amtslöschung *Amann* MittBayNot 1995, 267.

[236] BayObLG MittBayNot 1985, 127.

[237] OLG Hamm OLGZ 1981, 53 = Rpfleger 1980, 468.

Beispiele: Anbringung einer Satellitenanlage zugunsten eines Nachrichtensenders. Durchfahrtsrecht zu den Garagen, die im Sondereigentum stehen können. 155

Unzulässig ist eine Grunddienstbarkeit mit dem Inhalt, dass der WEer es zu unterlassen habe, Wärme oder Wärmeenergie zur Raumheizung oder Bereitung von Gebrauchswarmwasser zu beziehen, außer aus der im Bereich eines bestimmten TEs gewerblich betriebenen **Wärmeversorgungsanlage.** Hauptinhalt der Grunddienstbarkeit ist nämlich in diesem Fall kein Dulden oder Unterlassen, sondern ein aktives (positives) Tun.[238] Unzulässig als Inhalt einer Grunddienstbarkeit ist auch die Verpflichtung eines WEers, die Wohnung der WEgem unentgeltlich zur ausschließlichen Benutzung als **Hausmeisterwohnung** zur Verfügung zu stellen.[239] Die ein WE betreffende Grunddienstbarkeit ist deswegen auch dann wegen Einräumung einer schon formal umfassenden Befugnis zur Nutzung inhaltlich unzulässig, wenn sie zur Ausübung am Sondereigentum oder realen Teilen davon „zu Wohnzwecken", im Übrigen aber unbeschränkt bestellt wird.[240] Dagegen ist die Zweckbestimmung (ieS) einer Eigentumswohnung als Hausmeisterwohnung möglich (zur Zweckbestimmung ieS s. § 13 Rn 20).[241] 156

cc) Nießbrauch. An WE kann auch ein **Nießbrauch** bestellt werden.[242] Der Nießbrauch kann auch von dem bisherigen Eigentümer für sich selbst bestellt werden.[243] Der Nießbraucher erlangt Mitbesitz an den gemeinschaftlichen Gegenständen und Alleinbesitz an zum Sondereigentum gehörenden Gebäudeteilen. Seine Befugnisse können durch Vereinbarungen oder Mehrheitsbeschluss der WEer ohne seine Zustimmung weder beeinträchtigt noch aufgehoben werden. Bei Aufhebung besteht sein Nießbrauch an den Surrogaten fort (§ 1066 Abs. 3 BGB). Für eine etwaige **Beschränkung** seiner Nutzziehungsbefugnis gilt § 1030 S. 2 BGB. Noch über § 1036 Abs. 2 BGB hinaus hat der Nießbraucher den Bestimmungszweck der Räume und des Gebäudes zu wahren. Er hat die **Lasten** zu tragen, tritt also insoweit in die Verpflichtung nach § 16 ein. Doch gilt dies nur hinsichtlich der Kosten der Verwaltung und der gewöhnlichen Unterhaltung (§§ 1041 ff. BGB). Ihn trifft die Versicherungspflicht (§ 1045 BGB); zudem hat er die sog. Ertragslasten zu tragen (§ 1047 BGB), wie Grundpfandzinsen und Steuern, nicht aber Abgaben, die das Vermögen als solches treffen (Besitzsteuern, Anliegerbeiträge, Gemeindeumlagen usw.). Zum Stimmrecht des Nießbrauchers in der WEVers s. § 25 Rn 13 ff. 157

dd) Beschränkte persönliche Dienstbarkeiten. Grds gilt das zur Grunddienstbarkeit Gesagte (Rn 149 ff.) auch für **beschränkte persönliche Dienstbarkeiten** iSv §§ 1090 ff. BGB, sowohl als Berechtigung als auch als Belastung des WE. 158

Beispiele: Zulässig ist eine sog. **Fremdenverkehrsdienstbarkeit** etwa des Inhalts, dass die zum Sondereigentum gehörenden Räume eines WEs nur während eines bestimmten Zeitraums innerhalb des Kalenderjahres selbst bewohnt werden dürfen.[244] Die Verpflichtung, außer der Wärmeenergieversorgung über **Erdgas** jede andere Wärmeenergieversorgung zu unterlassen, kann nicht Inhalt einer (beschränkten persönlichen) Dienstbarkeit sein.[245] 159

Berechtigt ein dingliches **Wohnungsrecht** (§ 1093 BGB) an einem WE dazu, einen Teil des Gebäudes als Wohnung für sich zu nutzen, so kann der Berechtigte auch die zum 160

---

[238] BayObLGZ 1976, 219 = Rpfleger 1976, 397, 421 = DNotZ 1977, 303; MittBayNot 1978, 213; aA BGH MittBayNot 1984, 126.

[239] BayObLGZ 1979, 444 = Rpfleger 1980, 142, 150.

[240] KG FGPrax 1995, 226 m. Anm. *Demharter.*

[241] BayObLG v. 19. 4. 1984 – 2 Z 78/83.

[242] BGHZ 150, 109, 114 = NJW 2002, 1647. Zum Nebeneinander von Nießbrauch und Mietvertrag zug. einer Person s. BFH NJW 1998, 3143. Zur Abgrenzung von Dienstbarkeit und Nießbrauch s. *Ertl* MittBayNot 1988, 53.

[243] OLG Köln NZM 1998, 1023.

[244] BayObLG MittBayNot 1985, 123 m. zust. Anm. *Ertl.*

[245] BayObLG MDR 1980, 579 = Rpfleger 1980, 279.

gemeinschaftlichen Gebrauch der Bewohner bestimmten Anlagen und Einrichtungen mitbenutzen.[246] – Wird ein mit einem Wohnungsrecht belastetes Grundstück in WE **aufgeteilt,** so kann die Beschränkung des Belastungsgegenstandes des Wohnungsrechts auf ein oder mehrere Wohnungseigentumsrechte nur dann eintreten, wenn der **Ausübungsbereich** der Dienstbarkeit mit der Nutzungsbefugnis eines oder mehrerer Sondereigentümer deckungsgleich ist. Geht der Ausübungsbereich der Dienstbarkeit darüber hinaus, muss das **gesamte** Grundstück mit dem Wohnungsrecht belastet bleiben. Erstreckt sich z. B. der Ausübungsbereich des Wohnungsrechts auf die ausschließliche Nutzung der einer Wohnung zugeordneten **Terrasse,** so fehlt die erforderliche Deckungsgleichheit, wenn dem Sondereigentum der betroffenen Wohnung ein Sondernutzungsrecht an dieser Terrasse nicht zugeordnet ist.[247]

161 Auch mit dem **Dauerwohnrecht** gem. §§ 31 ff., das eine besondere Form der persönlichen Dienstbarkeit darstellt (s. vor § 31 Rn 21 ff.), kann ein WE belastet werden.[248] So wie ein Dauerwohnrecht an einem Gebäude als Ganzem bestellt werden kann (s. § 31 Rn 26), ist dies auch am ganzen WE möglich.

162 **c) Vorkaufsrechte. aa)** Die Bestellung eines dinglichen **Vorkaufsrechts** an einem WE ist gem. § 1095 BGB zulässig. Auch ein anderer WEer kann Berechtigter hieraus sein. Doch folgt daraus noch nicht die Verbindung zum Bestandteil des WEs nach § 96 BGB, da das Vorkaufsrecht als solches nicht mit dem WE verbunden ist. Anders ist die Lage dann, wenn das Vorkaufsrecht für den jeweiligen Eigentümer eines WEs bestellt ist iSv § 1094 Abs. 2 BGB. Für die Form der Einräumung gelten § 311 b Abs. 1 BGB (schuldrechtliches Geschäft) und § 873 BGB (dingliche Bestellung). Eine Vereinbarung in der GemO genügt nicht.[249] Die **Ausübungserklärung** ist formlos gültig (§ 464 Abs. 1 S. 2 BGB).

163 **bb)** Von der Belastung eines WEs mit einem dinglichen Vorkaufsrecht zu unterscheiden ist das **gesetzliche Vorkaufsrecht des Mieters** nach § 577 BGB. Dieses Recht entsteht nach § 577 Abs. 1 S. 1 BGB dann, wenn vermietete Wohnräume, an denen nach der Überlassung an den Mieter WE begründet worden ist oder werden soll, an einen Dritten verkauft werden. Die **Ausübungserklärung** des Mieters bedarf der Schriftform (§ 577 Abs. 3 BGB). Preisabschläge bei einem **Paketverkauf** mehrerer Wohnungen können auch für den Mieter gelten, der sein Vorkaufsrecht nur hinsichtlich einer Wohnung ausübt.[250]

164 **d) Reallasten.** Auch **Reallasten** sind gemäß § 1106 BGB zulässig. Etwaige landesrechtliche Beschränkungen gemäß Art. 113, 115 EGBGB sind zu beachten.

165 **e) Erbbaurecht.** Ein **Erbbaurecht** ist gem. § 1 Abs. 1 ErbbauRG das Recht, auf oder unter der Oberfläche des belasteten Grundstücks ein Bauwerk zu haben. Damit scheidet die Bestellung eines Erbbaurechts an einem WE von vornherein aus. Möglich ist es hingegen, **WE** an einem mit einem Erbbaurecht belasteten Grundstück zu begründen. Dieses Nebeneinander setzt jedoch voraus, dass es sich bei dem auf Grund des Erbbaurechts errichteten Bauwerk und dem in WE aufgeteilten Bauwerk um unterschiedliche Gebäude handelt.[251] Denn im Hinblick auf § 10 ErbbauRG, wonach das Erbbaurecht nur zur ausschließlich ersten Rangstelle bestellt werden kann, darf an der Grundstücksfläche, auf die sich die Ausübung des Erbbaurechts erstreckt, kein Sondereigentum oder Sondernutzungsrecht eines WEers bestehen. – Zum **Wohnungserbbaurecht** s. § 30.

---

[246] BayObLG ZMR 1997, 148 = NJW-RR 1997, 651 (auch zur Frage, ob eine Pflicht besteht, gemeinschaftliche Einrichtungen und Anlagen beizubehalten).

[247] OLG Hamm NJW-RR 2000, 1403 = ZWE 2000, 372.

[248] BGH ZMR 1981, 253 (Ls.); BayObLG NJW 1957, 1840; *Schöner/Stöber* Rn 2952; Weitnauer/*Briesemeister* § 3 Rn 116.

[249] OLG Celle NJW 1955, 953; Weitnauer/*Lüke* § 10 Rn 38.

[250] OLG Düsseldorf NZM 1998, 1001 (keine Schlechterstellung ggü dem Drittkäufer). Zu einem „kaufähnlichen" Vertrag mit Vorkaufsfall gemäß § 463 BGB (= § 504 BGB aF) s. BGH NJW 1998, 2136.

[251] OLG Hamm ZMR 1998, 590 = NZM 1999, 179.

Gleiches gilt auch für **Realgerechtigkeiten,** die mit einem Grundstück verbunden sein müssen. Sie sind auch an Einheiten des TEs zulässig, wenn diese ihrer Natur nach dafür geeignet sind.[252] 166

6. Dereliktion

Die Frage, ob WE entsprechend § 928 BGB durch einseitige Erklärung des Inhabers ggü dem Grundbuchamt aufgegeben werden kann **(Dereliktion),** ist nicht nur für den Fall von Bedeutung, dass ein WEer das Nutzungsinteresse an seinem WE verloren hat und dieses sich als schwer veräußerbar erweist. Vor allem kann darin auch ein Mittel gesucht werden, um sich bei einer in finanzielle Schwierigkeiten geratenen WEgem der Beitragspflicht gem. § 16 Abs. 2 zu entziehen. 167

Meinungsstand. Eine verbreitete Ansicht,[253] der auch der BGH[254] folgt, hält eine Dereliktion des WE für **ausgeschlossen.** Andere[255] halten sie für **möglich.** Die Aufgabe des WE soll demnach durch Erklärung ggü dem Grundbuchamt in der Form des § 29 GBO erfolgen können und mit der Eintragung im Grundbuch wirksam werden. Zur Folge habe dies die Herrenlosigkeit und ein Aneignungsrechts des Fiskus.[256] Auch nach dieser Meinung ist freilich eine Beschränkung der Dereliktion auf das Sondereigentum oder auf den Miteigentumsanteil oder gar auf das Miteigentum an bestimmten gemeinschaftlichen Sachen wegen der Untrennbarkeit von Sondereigentum und Miteigentum gem. § 6 unzulässig. 168

Stellungnahme. Für die Zulässigkeit der Dereliktion von WE lässt sich anführen, dass diese in § 928 Abs. 1 BGB für das Grundstückseigentum gesetzlich zugelassen ist und dass WE auch in anderer Hinsicht dem Eigentum an Grundstücken gleich behandelt wird (s. etwa Rn 73). Darin liegt ein Unterschied zum schlichten Miteigentum. Auf der anderen Seite ist zu beachten, dass die WEgem gem. § 11 Abs. 1 grds. unauflöslich ist. Damit sollen die weiterhin an ihrem WE interessierten WEer davor geschützt werden, dass ein nicht mehr interessierter WEer die Auseinandersetzung betreibt und der WEgem damit die Grundlage entzieht. Dies spricht entscheidend dafür, mit dem BGH eine Dereliktion von WE für **unzulässig** zu halten. 169

7. Aufhebung von WE

Zu einer Aufhebung des WE kann es nach § 4 kommen, indem die Sondereigentumsrechte aufgehoben werden. S. dazu § 4 Rn 1 und zum grundbuchmäßigen Vollzug § 9 Rn 8. 170

VII. Erwerb von Wohnungseigentum kraft Gesetzes

1. Buchersitzung (§ 900 BGB)

Eine Buchersitzung von WE gem. § 900 BGB ist möglich. Voraussetzungen sind die **Eintragung** im Grundbuch als WEer während mindestens 30 Jahren und **Eigenbesitz** (§ 872 BGB) am WE während dieser Zeit. Dabei ist hinsichtlich der zum Sondereigentum gehörenden Räume Alleinbesitz erforderlich, für die zum Gemeinschaftseigentum gehörenden Sachen und Räume Mitbesitz. Bezüglich der Dauer seines Eigenbesitzes kommt 171

[252] So auch Weitnauer/*Briesemeister* § 3 Rn 116. Vgl auch LG München II MittBayNot 1985, 130 für ein Gemeinderecht sowie reale radizierte Gerechtsame.

[253] BayObLGZ 1991, 90 = NJW 1991, 1962; OLG Zweibrücken ZMR 2003, 137; OLG Celle, ZfIR 2003, 1040; Riecke/Schmid/*Schneider* Rn 117; ausführlich *Briesemeister* ZWE 2007, 218.

[254] BGH NJW 2007, 2547 = ZMR 2007, 795 m. Anm. *Elzer;* für den gewöhnlichen Miteigentumsanteil BGH NJW 2007, 2254 = ZMR 2007, 793 (Bestätigung von BGHZ 115, 1, 9 f. = NJW 1991, 2488).

[255] OLG Düsseldorf, ZMR 2007, 382 (Vorlagebeschl.); MünchKomm-BGB/*Kanzleiter* § 928 Rn 4; *ders.* NJW 1996, 905, 907.

[256] Meist übertragen gemäß Art. 129 EGBGB; s. RGZ 82, 73, 74 zur Aufgabe von Grundstückseigentum.

dem WEer die Vermutung des § 938 BGB zugute. Guter Glaube während der Ersitzungszeit ist, anders als bei beweglichen Sachen nach § 937 Abs. 2 BGB, nicht erforderlich.[257]

172 Streit besteht darüber, ob eine Buchersitzung von WE auch dann möglich ist, wenn zum Zeitpunkt der Erlangung des Eigenbesitzes WE noch nicht wirksam gebildet war. Praktisch bedeutsam ist dies dann, wenn die 30-Jahres-Frist des § 900 Abs. 1 S. 1 BGB nur unter Einbeziehung jenes **Vorstadiums** erreicht wird. Teils wird eine Hineinrechnung dieses Zeitraums befürwortet.[258] Dagegen spricht jedoch, dass nach dem Gesetz sowohl die Eintragung als auch der 30jährige Eigenbesitz auf den Gegenstand zu beziehen sind, um dessen Buchersitzung es geht, und dies ist das WE und nicht das ungeteilte Grundstück. Der maßgebliche Zeitraum für den Eigenbesitz kann daher erst mit der Entstehung des betreffenden WEs zu laufen beginnen.

173 Die **Rechtsfolgen** der Buchersitzung liegen darin, dass der Eingetragene **originär** kraft Gesetzes WE erwirbt, das Grundbuch richtig wird – so dass der Berichtigungsanspruch aus § 894 BGB erlischt – und der bisherige (wahre, nicht eingetragene) WEer sein Recht verliert. **Vertragliche Rückgabeansprüche** des bisherigen WEers, insbesondere aus Gebrauchsüberlassungsverträgen, bleiben vorbehaltlich ihrer Verjährung unberührt; sie sind nunmehr auf Rückübereignung gerichtet. Streitig ist, ob dem bisherigen WEer ein **bereicherungsrechtlicher** Rückübereignungsanspruch zusteht. Dies hängt davon ab, ob die Ersitzung als Rechtsgrund iSv § 812 BGB anzusehen ist. Teils[259] wird dies generell bejaht; teils[260] wird es für den Fall abgelehnt, dass der Besitzer die zum Eigentumserwerb führende Position (bei § 900 BGB: Grundbucheintragung und Besitz) durch Leistung des bisherigen Eigentümers erlangt hat. Das Interesse an Rechtsfrieden und der Umstand, dass § 900 BGB ebenso wie § 937 BGB und anders als die §§ 951, 977 BGB nicht auf das Bereicherungsrecht verweist, sprechen für die erste Ansicht. Das Problem ist freilich für die Praxis dadurch erheblich entschärft, dass der Bereicherungsanspruch regelmäßig bereits vor Ablauf der Ersitzungsfrist verjährt ist (vgl. §§ 195, 199 Abs. 4 BGB: kenntnisunabhängige Verjährung des Anspruchs zehn Jahre nach seiner Entstehung). Praktisch bedeutsam ist die Frage mithin nur noch, wenn die Verjährung des Bereicherungsanspruchs durch ein **Anerkenntnis** gem. § 212 Abs. 1 Nr. 1 BGB unterbrochen worden ist.[261]

174 In der Praxis kann die Buchersitzung insbesondere bei der **Parzellenverwechslung** zum Zuge kommen. **Beispiel:** In einem Wohnhaus mit zwei Wohnungen pro Etage sind die verkauften und auch tatsächlich von den jeweiligen Käufern genutzten Wohnungen der linken Seite jeweils den für die Wohnungen auf der rechten Seite angelegten Grundbuchblättern zugeordnet worden und umgekehrt. Wird die Verwechslung rechtzeitig bemerkt, so kann gem. § 900 Abs. 1 S. 3 BGB durch Eintragung eines Widerspruchs iSv § 899 BGB der Fristlauf gehemmt werden, bis eine Grundbuchberichtigung nach § 894 BGB erfolgt.

175 Die Ersitzung von **Zubehör** iSv § 97 BGB, also beweglichen Sachen, die dem wirtschaftlichen Zweck des Grundstücks oder eines WEs zu dienen bestimmt sind, ohne Bestandteile davon zu sein, richtet sich nach den §§ 937 ff. BGB. Dasselbe gilt für solche beweglichen Sachen, die zum **Verwaltungsvermögen** (§ 10 Rn 288) gehören.

2. Erwerb auf Grund Ausschlussurteils (§ 927 BGB)

176 Auch ein originärer Erwerb von WE im **Aufgebotsverfahren** mit Ausschlussurteil nach § 927 BGB ist möglich.[262] Dafür ist zunächst ebenso wie bei der Buchersitzung nach § 900

---

[257] BGH NJW 1994, 1152.

[258] Soergel/*Stürner* § 2 Rn 4.

[259] MünchKomm-BGB/*Baldus* § 937 Rn 40; Palandt/*Bassenge,* Vor § 937 Rn 2.

[260] RGZ 130, 69, 72 f. (betr. Menzel-Bilder); Larenz/*Canaris,* SchuldR II/2, § 67 IV 2 b; Staudinger/*Wiegand,* BGB, Bearb. 2004, § 937 Rn 22.

[261] MünchKomm-BGB/*Kohler* § 900 Rn 5 f.

[262] Soergel/*Stürner* § 2 Rn 4.

BGB (Rn 171 ff.) Eigenbesitz (§ 872 BGB) seit 30 Jahren notwendig. Zudem darf der wirkliche Eigentümer nicht im Grundbuch eingetragen sein; ist er eingetragen, so muss er verstorben oder verschollen sein, ohne dass während 30 Jahren eine seiner Zustimmung bedürftige Eintragung im Grundbuch erfolgt ist (§ 927 Abs. 1 S. 3 BGB). Hat der Besitzer das Aufgebotsverfahren (§§ 946 ff., 1024 Abs. 1 ZPO) betrieben und ein Ausschlussurteil erwirkt, so wird er dann, wenn er bereits im Grundbuch als WEer eingetragen war, mit Rechtskraft des Urteils Eigentümer; anderenfalls kann er gem. § 927 Abs. 2 BGB formlos[263] seine Eintragung beantragen.

VIII. Verfügungen über das Grundstück

1. Überblick

Das Grundstück als Ganzes ist, nachdem es in WE aufgeteilt wurde, nicht mehr als solches **veräußerbar.** Ob es noch **belastbar** ist, wird unterschiedlich beurteilt (näher Rn 178). Zur **Vergrößerung** oder **Verkleinerung** des Grundstücks s. Rn 65 ff. 177

2. Belastung

Streit besteht darüber, ob das **Grundstück als Ganzes** noch belastet werden kann, nachdem es in WE aufgeteilt worden ist. Dies wird teils mit der Begründung bejaht, dass die Belastung eine Verfügung über den gemeinschaftlichen Gegenstand im Ganzen iSv § 747 S. 2 BGB darstelle.[264] Indessen ist anders als bei schlichten Miteigentumsanteilen (vgl. § 1009 BGB) mit der Schaffung von WE eine **rechtliche Verselbstständigung** verbunden, die neben der Gesamtheit aller Wohnungseigentumsrechte keinen weiteren Verfügungsgegenstand in Gestalt des Gesamtgrundstücks zulässt. Äußerlicher Ausdruck dieser Verselbstständigung ist die Anlegung **besonderer Grundbuchblätter** (Wohnungs- oder Teileigentumsgrundbuch) nach § 7 Abs. 1 für jedes WE. Sowohl iS der GBO wie des BGB ist das WE mit dem „Grundstück" gleichzubehandeln (s. Rn 73). § 7 Abs. 2, wonach ausnahmsweise ein gemeinschaftliches Wohnungsgrundbuch gebildet werden kann, vermag diesen Selbstständigkeitscharakter ebenso wenig zu beseitigen[265] wie dies bei einem gemeinschaftlichen Grundbuchblatt für mehrere Grundstücke gem. § 4 GBO hinsichtlich der einzelnen Grundstücke der Fall ist. Die Belastung des Grundstücks „als Ganzes" bedeutet also in der rechtlichen und tatsächlichen Wirkung die Belastung **sämtlicher** an dem Grundstück bestehenden Wohnungseigentumsrechte.[266] Als Verfügungsobjekt existiert das Grundstück im Übrigen rechtlich gar nicht mehr; es ist in den Wohnungseigentumsrechten aufgegangen. 178

Eine Eintragung der Belastung des Grundstücks als solchem widerspräche überdies dem **Zweck des Rechtsgeschäftes,** wenn die Rechte der einzelnen WEer als Belastungsobjekte erfasst werden sollen. Dies ist insbesondere bei den **Grundpfandrechten** (Hypotheken, Grundschulden, Rentenschulden) der Fall. Hier geht es auch im Falle einer Realisierung der Gläubigerrechte nicht darum, das Gesamtgrundstück zur Verwertung zu bringen, sondern die einzelnen Schuldner heranzuziehen. Jeder dieser WEer ist für sich Schuldner und hat für sich sein Haftungsobjekt (WE) eingebracht. Daher ist eine Belastung des Grundstückes als solchem mit Grundpfandrechten nicht möglich; hier muss der Weg der **Gesamtbelastung der einzelnen Wohnungseigentumsrechte** gewählt werden. Die Lage ist damit insoweit – was den Zweck des Rechtsgeschäfts angeht – anders als bei einer 179

---

[263] OLG Jena ZfIR 2003, 63.

[264] KG Rpfleger 1976, 180, 181; BayObLGZ 74, 118; Weitnauer/*Briesemeister* § 3 Rn 108; im Erg. auch Riecke/Schmid/*Schneider* Rn 107.

[265] S. a. WGV, Anh. II, 1.

[266] Im Erg. s. BayObLG ZMR 1995, 421; s. o. Rn 113. Ungenau OLG Hamm ZMR 2000, 630, 632, das vom Fortbestand eines Wohnungsrechts am Gesamtgrundstück spricht.

Grunddienstbarkeit, bei der aus dem Gesamtgrundstück eine bestimmte Leistung zu erbringen oder eine Handlung zu dulden sein soll. Dies gilt auch bei solchen Rechten, die sich gegen das Grundstück als solches in seiner Gesamtheit richten, wie Grunddienstbarkeiten, beschränkte persönliche Dienstbarkeiten, Reallasten, Nießbrauch.

180 Im **praktischen Ergebnis** ist freilich sowohl bei Grundpfandrechten als auch bei sonstigen Belastungen anerkannt, dass die Belastung **in den einzelnen Wohnungsgrundbüchern** einzutragen ist. So entsteht namentlich bei Grundpfandrechten auch nach jener Ansicht, die das Grundstück als tauglichen Belastungsgegenstand ansieht, ein Gesamtgrundpfandrecht.[267]

181 Erst durch die **Aufhebung** des WEs (§ 9 Rn 8 ff.) oder durch eine **Grundstücksteilung** (Rn 67) kann das Grundstück oder eine Teilfläche wieder zum Gegenstand des Rechtsverkehrs werden.

IX. Eigentumsschutz

1. Überblick

182 Dem WEer stehen dieselben Schutz- und Abwehransprüche wie dem Eigentümer einer Sache nach §§ 985 ff. BGB zu. Dazu gehören insbesondere der **Herausgabeanspruch** gegen jeden unberechtigten Besitzer gem. § 985 BGB und die **Beseitigungs- und Unterlassungsansprüche** nach § 1004 BGB.[268] Die Ansprüche bestehen jeweils sowohl hinsichtlich des Sondereigentums als auch in Bezug auf das Gemeinschaftseigentum. Zum deliktischen Eigentumsschutz (§§ 823 ff. BGB) s. § 13 Rn 140, 157.

183 Die Ansprüche **aus dem Eigentum** bestehen nicht allein ggü außenstehenden Dritten, sondern auch im Verhältnis der **WEer untereinander.** So kann etwa nach § 1004 Abs. 1 BGB verlangt werden, dass unzulässige Immissionen (vgl. § 906 BGB) unterlassen werden.[269] **Öffentlich-rechtliche** Nachbarschutzansprüche der WEer untereinander bestehen nicht (s. auch Rn 195). Dies gilt auch hinsichtlich solcher Eigentumsstörungen, die ein außerhalb der WEgem stehender Dritter bei der baulichen Nutzung des gemeinschaftlichen Grundstücks verursacht.[270]

184 Ein jedem einzelnen WEer zustehender Eigentumsschutz besteht nicht für solche Sachen, die zum **Verwaltungsvermögen** zählen. Dieses gehört gem. § 10 Abs. 7 S. 1 der WEgem, so dass auch allein dieser die Ansprüche aus dem Eigentum zustehen.

185 Jeder WEer kann die Ansprüche aus dem Eigentum hinsichtlich der gesamten im Gemeinschaftseigentum stehenden Sache grds. allein ggü dem Störer geltend machen (vgl. § 1011 BGB; zum Herausgabeanspruch s. aber Rn 186 f.). Die **gerichtliche Geltendmachung** der Ansprüche kann, sofern diese gemeinschaftsbezogen sind, durch Beschluss auf die WEgem übertragen werden (gekorene Ausübungsbefugnis; s. § 10 Rn 251).

2. Herausgabeansprüche (§§ 985, 1007 BGB)

186 Jeder WEer kann aus § 985 BGB verlangen, dass ihm der **Alleinbesitz** an den zum Sondereigentum gehörenden Räumen sowie **Mitbesitz** hinsichtlich des Gemeinschaftseigentums verschafft werden. Demgemäß kann der einzelne WEer die Herausgabe einer im Gemeinschaftseigentum stehenden Sache nur an alle WEer verlangen (arg. §§ 1011, 432 Abs. 1 S. 1 BGB).

187 Neben dem auf Eigentum gestützten Herausgabeanspruch aus § 985 BGB kommt auch der aus **früherem Besitz** erwachsende Anspruch gem. § 1007 BGB in Betracht. Dieser Anspruch bezieht sich anders als derjenige aus § 985 BGB freilich nur auf bewegliche

[267] Weitnauer/*Briesemeister* § 3 Rn 108.
[268] BayObLG NJW 1971, 436.
[269] *Armbrüster/M. Müller* ZMR 2007, 321.
[270] BVerwG NVwZ 1998, 954 = NZM 1998, 1025 (LS); Weitnauer/*Lüke* § 13 Rn 2.

Sachen, also z.B. Zubehör iSv § 97 BGB. Praktisch bedeutsam wird der Anspruch aus § 1007 BGB dann, wenn ein WEer zwar nicht sein Eigentum, wohl aber seinen früheren Besitz beweisen kann.

3. Ansprüche auf Nutzungsersatz (§§ 987–993 BGB)

Der WEer hat auch die aus dem Eigentümer-Besitzer-Verhältnis fließenden Ansprüche auf **Nutzungsersatz.** Dazu zählen der Anspruch auf Nutzungen nach Rechtshängigkeit (§ 987 BGB), auf Nutzungen des unentgeltlichen Besitzers (§ 988 BGB), auf Schadensersatz nach Rechtshängigkeit (§ 989 BGB), auf erhöhte Haftung des bösgläubigen Besitzers (§ 990 BGB), auf Haftung des Besitzmittlers (§ 991 BGB), auf Schadensersatz wegen verbotswidriger Besitzverschaffung (§ 992 BGB) und auf Nutzungen des gutgläubigen Besitzers (§ 993 BGB). Freilich gelten zugleich auch die Bestimmungen der §§ 994–1003 BGB über Ansprüche des Besitzers gegen den WEer auf Ersatz von **Verwendungen.** 188

4. Beseitigungs- und Unterlassungsansprüche (§ 1004 BGB)

Beseitigungs- und Unterlassungsansprüche nach § 1004 BGB stehen dem einzelnen WEer sowohl hinsichtlich seines Sondereigentums wie auch in Bezug auf das **Gemeinschaftseigentum** zu. 189

a) Der Anspruch aus dem **Sondereigentum** setzt voraus, dass dieses beeinträchtigt wird. Das ist dann der Fall, wenn der Störer gegen den Inhalt des Sondereigentums verstößt. Dieser Inhalt wird durch § 13 Abs. 1 und eingetragene Vereinbarungen festgelegt. Überschreiten nicht zu duldende Immissionen die Schwelle des § 906 BGB, so kann der Eigentümer Unterlassung verlangen. Der Anspruch aus § 1004 Abs. 1 BGB besteht auch dann, wenn ein anderer WEer den in Vereinbarungen festgelegten Gebrauch überschreitet.[271] Daneben tritt der Anspruch aus § 15 Abs. 3.[272] 190

Eine eingetragene Vereinbarung bindet nach überzeugender, freilich bestrittener Ansicht auch denjenigen, der **anstelle des WEers** den Gebrauch ausübt (s. § 10 Rn 118). In solchen Fällen kann daher jeder WEer vom zweckwidrig gebrauchenden Nutzer (insbesondere: Mieter, Pächter) Unterlassung verlangen. Unabhängig davon besteht dann gegen den vermietenden WE ein Anspruch darauf, dass dieser alles Erforderliche unternimmt, um den unzulässigen Gebrauch durch den Mieter zu beenden. Entgegen der überwiegenden Auffassung[273] ist der Mieter an Beschlüsse der WEer nicht gebunden.[274] Das folgt aus dem rein schuldrechtlichen Charakter von Beschlüssen. Aus § 10 Abs. 4 S. 1 ergibt sich nichts anderes. Der Mieter ist nämlich kein Sondernachfolger eines WEers iS dieser Vorschrift. Eine Bindung des Mieters vermag der vermietende WEer dadurch sicherzustellen, dass er in den Mietvertrag eine (dynamische) Verweisung auf die Hausordnung und die ergangenen Beschlüsse (Beschlusssammlung) aufnimmt. Dies ist auch formularvertraglich möglich.[275] 191

Ein Schutz vor Beeinträchtigungen des WEers durch unangemessenen Gebrauch der übrigen Wohnungseigentumsrechte kann bereits – nach den Grundsätzen der **werdenden WEgem** (dazu § 10 Rn 16) – vor der Eintragung im Grundbuch bestehen, und zwar auch ggü dem Bauträger.[276] Im letzteren Fall folgt der Anspruch freilich allein aus § 15 Abs. 3. 192

---

[271] Dazu *Armbrüster/M. Müller* ZMR 2007, 321, 324.

[272] S. etwa OLG Düsseldorf NJW-RR 2006, 956.

[273] *Elzer* MietRB 2006, 75, 76; *Hannemann* NZM 2004, 531, 533; Weitnauer/*Lüke* Nach § 13 Rn 4.

[274] *Armbrüster/M. Müller* ZMR 2007, 321, 325; im Erg. ebenso *M.J. Schmid* DWE 1987, 106, 108; *Wangemann* WuM 1987, 43, 46; s. nunmehr auch Palandt/*Bassenge* § 15 Rn 22.

[275] Dazu und zu den Grenzen *Armbrüster* ZWE 2004, 217; *ders.* FS Blank, 2006, 577.

[276] BGH FrWW 1964, 32 = DWW 1964, 89; zur analogen Anwendung der §§ 43 ff. s. § 10 Rn 16.

193 **b)** Wird das **Gemeinschaftseigentum** beeinträchtigt, so richtet sich der Anspruch gegen den Störer. Dies bestimmt sich ebenso nach allgemeinen Regeln wie die Frage, ob eine Beeinträchtigung des Gemeinschaftseigentums vorliegt.[277]

194 **Beispiele:** Errichtet ein WEer unerlaubt (vgl. § 22 Abs. 1) einen **Balkon,** so kann von ihm als Handlungsstörer die Beseitigung der Beeinträchtigung, also der Rückbau verlangt werden. Ein Mieter des WEers ist dazu verpflichtet, den Rückbau zu dulden.[278] Die zur Begründung der Eigenschaft als Handlungsstörer erforderliche Garantenpflicht ergibt sich daraus, dass der WEer seinem Mieter keine weitergehenden Rechte einräumen kann als sie ihm selbst zustehen. – Jeder WEer kann gem. § 1004 Abs. 1 S. 1 BGB von einem WEer, der eigenmächtig **Gartenzwerge** aufgestellt hat, deren Entfernung verlangen, sofern sie das Erscheinungsbild der Anlage wesentlich verändern.[279] – Ein Beseitigungsanspruch besteht auch hinsichtlich einer eigenmächtig installierten **Kameraattrappe,** wenn durch sie auch nur der Eindruck einer Überwachung von Gemeinschaftseigentum erweckt wird.[280]

195 **c) Öffentlich-rechtliche** Nachbarschutzansprüche der WEer untereinander kommen in entsprechender Anwendung nachbarrechtlicher (Bundes- oder Landes-)Vorschriften dann in Betracht, wenn die WEer bestimmte Flächen zur ausschließlichen Nutzung zugewiesen bekommen haben.[281] Hinsichtlich solcher Eigentumsstörungen, die ein nicht zur WEgem gehörender Dritter bei der baulichen Nutzung des gemeinschaftlichen Grundstücks verursacht, ist das Nachbarrecht hingegen nicht heranziehbar.[282]

5. Ansprüche auf Schadensersatz

196 Ansprüche auf Schadensersatz wegen Beschädigung des Gemeinschaftseigentums und des Sondereigentums kommen auf vertraglicher wie auf deliktischer Grundlage in Betracht.[283] Hinsichtlich **vertraglicher** Ansprüche gegen Dritte, etwa gegen einen mit Instandsetzungsarbeiten beauftragten Werkunternehmer, ist zu beachten, dass der Vertrag idR allein mit der teilrechtsfähigen WEgem und nicht mit den einzelnen WEern zustande kommt (s. § 10 Rn 272). Das Gemeinschaftseigentum steht jedoch nicht der WEgem, sondern den WEern zu. Dies bedeutet allerdings nicht, dass den geschädigten WEern keine vertraglichen Schadensersatzansprüche zustünden. Vielmehr sind die WEer in den **Schutzbereich** der Verträge einbezogen, die die WEgem mit Dritten abschließt.[284] Daneben bestehen konkurrierende deliktische Schadensersatzansprüche. Zur Geltendmachung der Ansprüche durch die WEgem s. § 10 Rn 237 ff., 269.

6. Aufopferungsanspruch

197 In Betracht kommen schließlich Ansprüche unter dem Gesichtspunkt der Aufopferung.[285] S. dazu § 14 Rn 72 ff.

[277] Zum Störerbegriff sowie zu Beseitigungs- und Unterlassungsansprüchen s. auch *M. J. Schmid* ZWE 2009, 200 ff.; *ders.* DWE 2009, 78 ff.

[278] BGH NJW 2007, 188; *Armbrüster/M. Müller* ZMR 2007, 321, 322.

[279] AG Essen-Borbeck NJW-RR 2000, 461 = NZM 2000, 309 = MDR 2000, 753 m. Anm. *Schmittmann.*

[280] AG Tempelhof-Kreuzberg GE 2009, 390, 391.

[281] BGH ZMR 2007, 976 f. m. zust. Anm. *Hogenschurz.*

[282] BVerwG NZM 1998, 1025 = NVwZ 1998, 954.

[283] Eingehend *Lehmann-Richter* ZWE 2006, 413 ff., insbesondere auch zur Anspruchsinhaberschaft von Rechtsnachfolgern.

[284] *Lehmann-Richter* ZWE 2006, 413 f.

[285] OLG Schleswig NZM 2007, 46, 47; Weitnauer/*Lüke* § 14 Rn 8.

X. Besitzschutz

1. Überblick

Jedem WEer stehen auch die in den **§§ 861, 862 BGB** geregelten Ansprüche auf Besitzschutz zu. Der Umfang der Berechtigung hängt einerseits von der Art des Besitzes ab (Rn 200 f.), andererseits von der Person des Besitzstörers (Rn 202 f.). **198**

Der Besitzschutz erfasst ebenso wenig wie der Eigentumsschutz (Rn 182 ff.) diejenigen Sachen, die zum **Verwaltungsvermögen** zählen. An diesen Sachen hat nämlich die WEgem Besitz (Rn 201). **199**

2. Besitzverhältnisse

Der WEer hat an seinem WE hinsichtlich der zum Sondereigentum zählenden Räume **Alleinbesitz** (Teilbesitz iSv § 865 BGB). An den zum Gemeinschaftseigentum gehörenden Sachen besteht grds. **Mitbesitz.** Reiner Mitbesitz ist insbesondere hinsichtlich der Verkehrsflächen (Hausflure, Treppenhäuser etc.) und der im Gemeinschaftseigentum stehenden Versorgungsleitungen anzunehmen. Sind bestimmte Räume den WEern turnusmäßig zur alleinigen Nutzung zugewiesen (z. B. Trockenboden; Gemeinschaftsterrasse), so besteht hieran Mitbesitz in Gestalt des sog. Wechselbesitzes. Alleinbesitz an zum Gemeinschaftseigentum gehörenden Sachen steht einem einzelnen WEer dann zu, wenn die übrigen WEer ausnahmsweise den Besitz nicht einnehmen wollen oder können (vgl. § 869 S. 2 BGB). **200**

An den zum **Verwaltungsvermögen** zählenden Sachen hat allein die WEgem Besitz. Ihre Besitzfähigkeit folgt daraus, dass sie hinsichtlich des Verwaltungsvermögens rechtsfähig ist und dass dieses ihr gem. § 10 Abs. 7 S. 1 gehört. **201**

3. Ansprüche aus Besitz (§§ 861, 862 BGB)

Jedem WEer stehen die Ansprüche aus Besitz ggü **Dritten** zu. Der Besitzer kann daher im Falle der Besitzentziehung durch verbotene Eigenmacht die Wiedereinräumung des Besitzes verlangen (§ 861 BGB). Bei Besitzstörungen hat er Beseitigungs- und Unterlassungsansprüche (§ 862 BGB). **202**

Im Verhältnis der **WEer untereinander** findet hingegen, soweit es um ihren Mitbesitz – und damit um die zum Gemeinschaftseigentum gehörenden Gegenstände – geht, gem. § 866 BGB ein Besitzschutz insoweit nicht statt, „als es sich um die Grenzen des den einzelnen zustehenden Gebrauchs handelt".[286] Bei gegenseitigen Besitzstörungen bestehen vielmehr allein die Ansprüche gem. §§ 13–15 aus dem WE selbst. Auch für Besitzstörungen der WEer untereinander kann das **Notwehrrecht** des § 227 BGB in Anspruch genommen werden. **203**

XI. Zwangsvollstreckung und Insolvenz

1. Zwangsvollstreckung

a) Überblick. Die Zwangsvollstreckung in **WE** richtet sich, da es echtes Eigentum ist (Rn 6), nach den §§ 864 ff. ZPO.[287] Die Durchführung erfolgt gem. § 866 Abs. 1 ZPO durch Zwangsversteigerung, Zwangsverwaltung oder Eintragung einer Sicherungshypothek für die Forderung. Diese Maßnahmen können auch nebeneinander durchgeführt werden (§ 866 Abs. 2 ZPO). **204**

Die Zwangsvollstreckung in WE kann nur wegen Forderungen betrieben werden, deren **Schuldner** der betreffende WEer ist. Ist eine Forderung gegen die WEgem gerichtet (vgl. **205**

[286] Riecke/Schmid/*Abramenko* § 13 Rn 22. Zur Klage der übrigen WEer gegen einen WEer auf Einräumung des Mitbesitzes s. BayObLG NJW 1971, 436.

[287] Zöller/*Stöber* ZPO § 864 Rn 1; s. bereits *Friese* MDR 1951, 592.

§ 10 Abs. 6 S. 1, 2, Abs. 7 S. 1), so kommt eine Zwangsvollstreckung allein in das Verwaltungsvermögen in Betracht.

206 Was die Zwangsvollstreckung in **Forderungen** angeht, so ist die früher umstrittene Frage nach der Pfändbarkeit des Anteils an gemeinschaftlichen Forderungen gem. § 857 ZPO[288] nunmehr klar zu verneinen: Da solche Forderungen zum Verwaltungsvermögen zählen, stehen sie der WEgem zu (§ 10 Abs. 7 S. 2), so dass eine anteilige Berechtigung der einzelnen WEer entfällt. Demggü unterliegt das aus einer Jahresabrechnung hervorgehende Guthaben eines WEers der Pfändung.

207 Sieht die Gemeinschaftsordnung vor, dass bei Zerstörung des Gebäudes ohne Wiederaufbauverpflichtung die **Aufhebung der WEgem** verlangt werden kann (vgl. § 11 Abs. 1 S. 3), so fällt auch dieser Anspruch unter die Beschlagnahmewirkung bzw. unter die Haftung für das Grundpfandrecht. Darüber hinaus kann der Anspruch auf Aufhebung der WEgem auch gesondert gepfändet werden.[289] Auch ein aus der Aufhebung resultierender Anspruch des einzelnen WEers auf ein Auseinandersetzungsguthaben unterliegt dem Vollstreckungszugriff.

208 Die übrigen WEer haben bei der Zwangsvollstreckung in WE die Rolle von **Beteiligten.** Dies gilt sowohl für die Zwangsversteigerung als auch für die Zwangsverwaltung.[290] Der Beteiligtenstellung nach § 9 Nr. 1 ZVG steht nicht entgegen, dass die Wohnungseigentumsrechte der übrigen WEer nicht ausdrücklich im Wohnungsgrundbuch des Vollstreckungsobjekts bezeichnet sind.[291] Für die Anwendung von § 9 Nr. 1 ZVG genügt es vielmehr, dass in diesem Wohnungsgrundbuch die den Miteigentumsanteil treffende dingliche Beschränkung zugunsten der übrigen Rechte eingetragen ist.[292]

209 **b) Zwangsversteigerung.** Haben die WEer als Inhalt des Sondereigentums eine **Veräußerungsbeschränkung** iSv § 12 vereinbart, so gilt diese gem. § 12 Abs. 3 S. 2 auch für die Veräußerung im Wege der Zwangsvollstreckung. Allerdings steht dem WEer (nicht dem Ersteher oder dem Vollstreckungsgläubiger) ein aus § 12 Abs. 2 folgender Anspruch auf Zustimmung zu, sofern kein wichtiger Grund für eine Versagung besteht. Diesen Anspruch kann der Gläubiger mitpfänden und sich überweisen lassen.[293]

210 Wird die Zwangsversteigerung aus einem Gesamtgrundpfandrecht betrieben, hat auf Antrag neben dem Einzelausgebot auch ein **Gesamtausgebot** aller Wohnungseigentumsrechte zu erfolgen (§ 63 Abs. 2 ZVG). Entscheidend für den Zuschlag ist das höchste Meistgebot aus beiden Arten des Ausbietens (§ 64 Abs. 3 S. 2 ZVG). Beim Einzelausgebot kann es geschehen, dass der Zuschlag nur für einzelne Wohnungseigentumsrechte erteilt wird. Für die übrigen Wohnungseigentumsrechte bleibt dann das Gesamtgrundpfandrecht bestehen.

211 Ist das Zwangsversteigerungsverfahren vor der **Aufteilung in WE** angeordnet worden, so wird teils vertreten, dass die Beschlagnahme des Grundstücks iSv § 20 ZVG einer Aufteilung in WE nicht entgegenstehe.[294] Indessen löst die Beschlagnahme nach § 23 ZVG iVm §§ 136, 135 BGB ein **relatives Verfügungsverbot** aus,[295] das sich auch auf die Aufteilung in WE erstreckt. Hat der betreibende Gläubiger der Aufteilung nicht zugestimmt, so ist daher wegen der relativen Unwirksamkeit der Begründung von WE das Grundstück als Ganzes Versteigerungsobjekt.[296]

---

288 9. Aufl. Rn 130.

289 S. auch Weitnauer/*Briesemeister* § 3 Rn 128.

290 OLG Stuttgart, NJW 1966, 1036 = Rpfleger 1966 m. zust. Anm. *Drischler; M. Müller* ZMR 2007, 747, 749; *Stöber,* ZVG, § 9 Rn 3.35.

291 AA KG NZM 2007, 451 = ZMR 2007, 800.

292 *M. Müller* ZMR 2007, 747, 748 f.

293 S. auch *Friese* MDR 1951, 592.

294 Weitnauer/*Briesemeister* § 3 Rn 126, unter Bezugnahme auf OLG Frankfurt I Telex 1987/24/145.

295 BGH NJW 1997, 1581, 1582; MünchKomm-BGB/*Armbrüster* § 136 Rn 5.

296 Riecke/Schmid/*Schneider* § 7 Rn 30; *Stöber,* ZVG, § 23 Rn 2.2.b.

Mit dem **Zuschlag** in der Zwangsversteigerung erwirbt der Ersteher gem. § 55 Abs. 2 ZVG Eigentum auch an fremdem Zubehör des WEs, das sich im unmittelbaren Besitz des WEers oder in dessen Scheinbesitz befindet.[297] 212

c) Zwangsverwaltung. Bei der Zwangsverwaltung sind einige Einschränkungen zu beachten. So sind nach § 149 ZVG, der auch auf WE anwendbar ist, dem selbstnutzenden WEer die für seinen Hausstand **unentbehrlichen Räume** zu belassen. Besonders wichtig ist die Pflicht des Zwangsverwalters zur **Bestandserhaltung** aus § 152 Abs. 1 ZVG. Die daraus resultierenden Aufwendungen sind Kosten der Verwaltung iSv § 155 Abs. 1 ZVG, die aus den Nutzungen des WEs vorweg zu begleichen sind. Demgemäß hat der Zwangsverwalter zunächst u. a. die **Beiträge** zu den Kosten und Lasten des Gemeinschaftseigentums sowie zu den Kosten der Instandhaltung, sonstigen Verwaltung und des Gebrauchs des Gemeinschaftseigentums aus den Nutzungen (insbesondere: Miet- oder Pachterträgen) zu entrichten, bevor es zur Verteilung an Gläubiger kommt (§ 156 Abs. 1 S. 2 ZVG).[298] Darin liegt keine unzumutbare Belastung der Gläubiger, da das WE nur dann nachhaltigen Ertrag bringen kann, wenn es in ordnungsgemäßem Zustand gehalten wird.[299] Verletzt der Zwangsverwalter seine Pflichten schuldhaft, so steht den übrigen WEern gegen ihn ein **Schadensersatzanspruch** aus § 154 S. 1 ZVG zu.[300] 213

d) Sicherungshypothek. Der Betrag der Forderung, für die eine Sicherungshypothek **(Zwangshypothek)** eingetragen werden soll, ist gegebenenfalls auf mehrere Wohnungseigentumsrechte desselben Schuldners zu verteilen (§ 867 Abs. 2 ZPO). Entsprechendes gilt, wenn für die zu sichernde Forderung mehrere oder alle WEer als Gesamtschuldner haften; die Forderung ist dann auf die einzelnen Wohnungseigentumsrechte der verschiedenen Schuldner zu verteilen. Bei einer Gesamtschuld aller WEer kann stattdessen auch eine Gesamthypothek an sämtlichen Wohnungseigentumsrechten bestellt werden.[301] 214

e) Vollstreckungsschutz. Die Schutzrechte, die das Gesetz gem. §§ 28 ff. ZVG dem Vollstreckungsschuldner gewährt, insbesondere gegen die Räumungsvollstreckung, stehen jedem WEer einzeln zu, auch beim Zuschlag auf ein Gesamtausgebot. Insbesondere kann der WEer gem. § 30 a ZVG eine einstweilige Einstellung des Verfahrens beantragen. Zur Wirkung einer Veräußerungsbeschränkung nach § 12 s. § 12 Rn 44. 215

f) Zwangsvollstreckung in ungeteiltes Grundstück. Ist WE noch nicht begründet, so löst die Anordnung der Zwangsversteigerung gem. § 23 ZVG ein relatives Verfügungsverbot iSv §§ 135, 136 BGB aus.[302] Eine erst nach der mit der Anordnung eintretenden Beschlagnahme durchgeführte Aufteilung beeinträchtigt daher nicht die Versteigerung des Grundstücks als ungeteilt.[303] Einzelgebote nach § 63 Abs. 1 ZVG auf die Wohnungs- oder Teileigentumseinheiten sind wegen der gegenüber dem Vollstreckungsgläubiger eingetretenen relativen Unwirksamkeit der Teilung nicht möglich.[304] 216

---

[297] RGZ 49, 254; Palandt/*Bassenge* § 1120 Rn 7.

[298] OLG Karlsruhe ZMR 1990, 189; BayObLG ZMR 1999, 577, 578; OLG München NZM 2007, 452; *Gaier* ZWE 2004, 323, 326; *M. Müller* ZMR 2007, 747, 749 f.; *Wenzel* ZWE 2005, 277, 278.

[299] *M. Müller* ZMR 2007, 747, 750; *Steiger* Rpfleger 1985, 474 f.

[300] Zur prozessualen Durchsetzung s. *M. Müller* ZMR 2007, 747, 753; vgl. auch KG ZMR 2007, 800 (die Stellung der WEgem als Verfahrensbeteiligte ablehnend).

[301] Vgl für gewöhnliches Grundstückseigentum Baumbach/Lauterbach/Albers/*Hartmann,* § 867 Rn 22.

[302] BGH NJW 1997, 1581, 1582; MünchKomm-BGB/*Armbrüster* § 136 Rn 5.

[303] LG Würzburg Rpfleger 1989, 117; Riecke/Schmid/*Schneider* Rn 65; aA OLG Frankfurt OLGZ 1987, 266; LG Essen Rpfleger 1989, 116; Weitnauer/*Briesemeister* § 3 Rn 126.

[304] Riecke/Schmid/*Schneider* Rn 65.

2. Insolvenz

217 Wird über das Vermögen eines WEers das Insolvenzverfahren eröffnet, so kann der Insolvenzverwalter abweichend von § 84 InsO nicht die Auflösung der WEgem verlangen. Dies folgt aus der **Unauflöslichkeit** der WEgem gem. § 11, die sich nach Abs. 2 dieser Vorschrift auch im Insolvenzverfahren durchsetzt. Vielmehr fällt das WE in die Insolvenzmasse und unterliegt als solches der Verwertung durch den Insolvenzverwalter. Dabei sind Veräußerungsbeschränkungen in der GemO ebenso wie bei der Einzelzwangsvollstreckung (Rn 204 ff.) zu beachten (§ 12 Abs. 3 S. 2). – Zur Behandlung rückständiger Beiträge im Fall der Insolvenz s. § 16 Rn 170 ff.

218 Die Insolvenzfähigkeit der **WEgem** hat der Gesetzgeber in § 11 Abs. 3 verneint. Die vor der WEG-Novelle hierüber geführte kontroverse Diskussion[305] ist damit für die Praxis erledigt.

Anhang 1 zu § 1: Wohnungseigentum und Miete

1. Überblick

219 WE kann gem. § 13 Abs. 1 grundsätzlich frei **vermietet** werden. Es gelten dann im Verhältnis WEer (Vermieter) und Mieter die allgemeinen mietrechtlichen Vorschriften des BGB. Dem Mieter einer EW kommen insbesondere **Kündigungsbeschränkungen** (Rn 229 ff.), ein **Vorkaufsrecht** (Rn 235 ff.) und Einschränkungen des Provisionsanspruchs bei der **Wohnungsvermittlung** durch Verwalter zugute. Zugleich kann ihm der Mietvertrag umfassendere **Gebrauchsrechte** einräumen als solche im Verhältnis der WEer untereinander bestehen (s. dazu Rn 244 ff.). Die Frage, inwieweit die Rechtsstellung der WEer durch eine Vermietung berührt wird, stellt sich auch hinsichtlich der Durchführbarkeit einer **Versorgungssperre.**[306] Hinzuweisen ist schließlich darauf, dass nicht alle Abrechnungsposten des Verwalters in die **Betriebskostenabrechnung** zwischen Vermieter und Mieter übernommen werden können.[307]

2. Mieterschutz

220 **a) Eintritt des Erwerbers.** Nach § 566 BGB tritt im Falle einer Veräußerung vermieteten Wohnraums der Erwerber anstelle des Vermieters in das **Mietverhältnis** ein. Die Anwendung dieser Vorschrift bereitet einige Schwierigkeiten, insbesondere im Kontext der Begründung von WE.[308] Es ist zu unterscheiden:

221 **aa) Teilung nach § 8 Abs. 1.** In der Teilung durch den Vermieter und **Alleineigentümer** liegt keine Veräußerung des (bereits überlassenen) Wohnraums iSv § 566 Abs. 1 BGB. Die Rechtszuständigkeit an den vermieteten Räumen wechselt nicht. Die Vorschrift greift freilich dann ein, wenn der Alleineigentümer eine der Einheiten gem. §§ 873, 925 BGB an einen Dritten überträgt.

222 Begründet eine vermietende **BGB-Gesellschaft** WE nach § 8 und überträgt sie anschließend im Zuge der Auseinandersetzung gem. § 730 BGB das vermietete WE an einen einzelnen Gesellschafter, so greift § 566 Abs. 1 BGB ein.[309]

---

305 S. dazu einerseits (gegen Insolvenzfähigkeit) LG Dresden NJW 2006, 1071; *Häublein* ZIP 2005, 1720, 1728 ff.; andererseits (dafür) AG Mönchengladbach NJW 2006, 1071; *Bork* ZIP 2005, 1205 ff.; näher § 11 Rn 30.

306 S. dazu § 28 Rn 161 f.; OLG Köln ZMR 2005, 124; KG NZM 2006, 297; *Briesemeister/Kingreen* ZMR 2006, 320, 330; allg. OLG Frankfurt NZM 2006, 869.

307 S. dazu *Nüßlein,* Die Divergenzen zwischen Wohnungseigentums- und Mietrecht, 2006, S. 69 ff.

308 Näher Schmid/*Riecke,* FA-KommMietR § 566 BGB Rn 35 ff.; *Nüßlein,* Die Divergenzen zwischen Wohnungseigentums- und Mietrecht, 2006, S. 35 ff.; *Simon* NZM 2000, 848.

309 Insoweit zutreffend AG Schöneberg NZM 1998, 913. So wohl auch MünchKomm-BGB/*Häublein* § 566 Rn 22 Fn 73.

Wenn vor der Teilung an dem Grundstück eine **Bruchteilsgemeinschaft** besteht und die vermietenden Miteigentümer nach § 8 Abs. 1 vorgehen, liegt allein hierin keine Veräußerung, da sämtliche Wohnungseigentumsrechte den Eigentümern gemeinsam zustehen.[310] In der anschließenden Übertragung eines WEs an ein Mitglied der Bruchteilsgemeinschaft oder an einen Dritten soll hingegen eine Veräußerung „an einen Dritten" iSv § 566 Abs. 1 BGB zu sehen sein.[311] Dem steht nicht nur der Wortlaut jener Norm entgegen, sondern auch ihr Zweck, da der Mieter zumindest einen Schuldner verlieren würde. Die besseren Gründe sprechen daher gegen eine Heranziehung von § 566 Abs. 1 BGB.[312] 223

Problematisch ist, wer bei einer Übertragung vermieteten Wohnraums, an dem nach der Überlassung an den Mieter WE gebildet worden ist, durch den Alleineigentümer (oder ein Mitglied der Bruchteilgemeinschaft) gem. § 566 Abs. 1 BGB in die Vermieterstellung einrückt. In Betracht kommt hier, dass neben dem Erwerber auch die übrigen Mitglieder der WEgem (bzw. die teilrechtsfähige WEgem selbst) die **Vermieterstellung** erlangen. Eine wortlautgetreue Auslegung der Vorschrift würde in der Tat zu diesem Ergebnis führen. Gegenstand des Mietvertrages sind in der Regel nicht nur die im Sondereigentum stehenden Räume. Vielmehr erstreckt der Vertrag sich typischerweise auch auf solche Flächen und Bestandteile, auf deren Nutzung der Mieter angewiesen ist und die sich im gemeinschaftlichen Eigentum befinden (z. B. Fahrstuhl, Flur). Dasselbe gilt, wenn sich das Gebrauchsrecht des Mieters an den mitvermieteten, im GemE stehenden Kellerräumen aus einem Sondernutzungsrecht des Vermieters ableitet[313] oder der Keller ihm schlicht zugewiesen war.[314] Die Veräußerung des WEs an einen Dritten führt dazu, dass sich die Rechtszuständigkeit in Bezug auf diese Bereiche ändert. Mit überzeugenden Gründen befürworten BGH[315] und überwiegende Auffassung[316] jedoch eine **einschränkende Anwendung** des § 566 Abs. 1 BGB. Der Grundsatz der Einheitlichkeit des Mietverhältnisses steht nämlich einer Zerlegung in zwei verschiedene Mietverhältnisse entgegen.[317] Deshalb führt § 566 Abs. 1 BGB dazu, dass bei der Veräußerung der Wohnung lediglich der **Erwerber des WEs** als neuer Vermieter in das Mietverhältnis eintritt; die Vorschrift findet damit keine Anwendung auf die (notwendige) Mitveräußerung der mit dem Sondereigentum verbundenen Anteile am GemE. Damit wird der von § 566 Abs. 1 BGB verfolgte Sinn und Zweck nicht unzulässig verkürzt. Ggü. den anderen WEern kann sich der Mieter auf § 986 BGB berufen, sofern jene gegen ihn eigentumsrechtliche Abwehr- oder Herausgabeansprüche geltend machen. 224

Anders ist es, wenn der vermietende WEer einen Teil des Mietobjekts (z. B. die mitvermietete Garage) von seinem WE **abtrennt** und – nach Bildung eines Wohnungs- oder Teileigentumsrechts – an einen Dritten veräußert. Hier rückt der Dritte nach § 566 Abs. 1 BGB hinsichtlich der Garage in das Mietverhältnis ein; im Ergebnis kommt es damit zu einer **Verdoppelung der Vermieterstellung.** Dasselbe gilt, wenn auch das verbliebene WE veräußert wird, und zwar an einen anderen Erwerber. Das Verhältnis der Vermieter bestimmt sich in solchen Fällen nach den Regeln über die Bruchteilsgemeinschaft (§§ 741 ff. BGB).[318] 225

---

[310] BayObLG NJW 1982, 451 (zu § 571 BGB aF).

[311] BayObLG NJW 1982, 451 (zu § 571 BGB aF); *Weitemeyer* NZM 1998, 169, 172.

[312] MünchKomm-BGB/*Häublein* § 566 Rn 22; *Proff* ZNotP 2009, 345, 349 f.

[313] Eingehend *Nüßlein,* Die Divergenzen zwischen Wohnungseigentums- und Mietrecht, 2006, S. 55 ff., auch zu dem Fall, dass das Sondernutzungsrecht nicht dem Vermieter zusteht.

[314] Vgl. dazu BGHZ 141, 239, 247 = NJW 1999, 2177.

[315] BGHZ 141, 239 = NJW 1999, 2177, 2178.

[316] *Greiner* ZMR 2000, 832; MünchKomm-BGB/*Häublein* § 566 Rn 29; Staudinger/*Emmerich,* Bearb. 2006, § 566 Rn 16; Weitnauer/*Lüke* Nach § 13 Rn 6.

[317] BGHZ 141, 239, 247 f. = NJW 1999, 2177 unter ausführlicher Darlegung des Streitstandes.

[318] BGH NJW 2005, 3781 = ZMR 2006, 30, 31.

226 **bb) Teilung nach § 3 Abs. 1.** In der vertraglichen Begründung von WE und der Einräumung von Sondereigentum an der vermieteten Wohnung liegt keine Veräußerung iSv § 566 Abs. 1 BGB an den betreffenden WEer.[319] Die gegenteilige Auffassung des BayObLG[320] ist seit dem Rechtsentscheid des BGH[321] von 1994 überholt.[322] Nach allgemeinen Grundsätzen sind die Voraussetzungen dieser Norm nicht erfüllt, wenn zumindest ein vermietender (Mit-)Eigentümer nach dem Rechtsgeschäft Eigentümer des Mietobjekts bleibt. So liegt es auch bei der Begründung von WE nach § 3 Abs. 1 BGB.

227 Anwendbar ist § 566 BGB allerdings auf den Fall, dass die Veräußerung des gesamten Hausgrundstückes an mehrere Erwerber und die Begründung von WE an den vermieteten Räumen für einzelne Erwerber **zeitgleich** vorgenommen werden.[323] Der betreffende Erwerber tritt damit in das Mietverhältnis ein.

228 **cc) Reichweite der Bindung.** Der Erwerber tritt als neuer Vermieter umfassend in die Rechtsstellung des Veräußerers ein. Hat daher der Mieter einen geleisteten **Baukostenzuschuss** mit der Miete verrechnet, so ist auch ein neuer WEer daran gebunden.[324]

229 **b) Kündigungsbeschränkung.** Nach § 577 a Abs. 1 BGB kann der Erwerber von WE erst nach Ablauf einer **Sperrfrist von drei Jahren** eine Eigenbedarfs- oder Verwertungskündigung (§ 573 Abs. 2 Nr. 2, 3 BGB) vornehmen, wenn nach der Überlassung einer Wohnung an den Mieter WE begründet und dieses veräußert worden ist. Die Frist verlängert sich nach § 577 a Abs. 2 S. 1 BGB auf bis zu **zehn Jahre** in einer Gemeinde bzw. einem Teil einer Gemeinde, wenn die ausreichende Versorgung der Bevölkerung mit Mietwohnungen zu angemessenen Bedingungen besonders gefährdet ist. Gem. § 577 a Abs. 2 S. 2 BGB werden diese Gebiete durch Rechtsverordnung der Landesregierung für die Dauer von jeweils höchstens 10 Jahren bestimmt.

230 Wurde WE bereits **vor der Überlassung** der Wohnung begründet, so ist § 577 a Abs. 1 BGB nicht anwendbar, da der Mieter in diesem Fall mit der Kündigung durch einen Erwerber rechnen muss.[325] Daher kann sich ein WEer auch dann auf ein berechtigtes Interesse an der Beendigung des Mietverhältnisses ohne Rücksicht auf den Ablauf der Wartefrist berufen, wenn er erst nach der Überlassung der Wohnung an den Mieter das Hausgrundstück als Miteigentümer in einer Bruchteilsgemeinschaft mit Dritten erworben hat.

230a Wurde WE erst **nach der Kündigung** des Mietverhältnisses begründet, so ist § 577 a BGB weder direkt noch analog anwendbar. Dies gilt auch dann, wenn die kündigende Vermieterin eine GbR ist, die das Anwesen zu dem Zweck erworben hat, die vorhandenen Wohnungen in WE der Gesellschafter umzuwandeln.[326]

231 Für die **„Veräußerung"** iSv § 577 a Abs. 1 BGB spielt der Verpflichtungsgrund keine Rolle. Darunter ist mithin auch die Übertragung zwecks Erfüllung eines Vermächtnisses zu verstehen.[327] Nicht erfasst wird jedoch die **Begründung von WE** nach § 3. § 577 a Abs. 1 BGB ist auf diesen Fall auch nicht entsprechend anwendbar.[328] Wie der BGH[329] zutreffend ausgeführt hat, ist der Schutzzweck der Kündigungsbeschränkung nämlich darauf gerichtet, die spekulative Umwandlung in WE einzudämmen und die Mieter vor

[319] *Gather,* in: Schmidt-Futterer, MietR, 9. Aufl. 2007, § 566 BGB Rn 34; MünchKomm-BGB/*Häublein* § 566 Rn 22.

[320] BayObLG NJW 1982, 451; s. auch ZMR 1994, 145, 156 f.

[321] BGHZ 141, 239, 247 f. = NJW 1999, 2177 (vgl. sub III 2 b).

[322] So auch die Einschätzung von *Blank/Börstinghaus,* 3. Aufl. 2008, § 566 Rn 30.

[323] OLG Celle OLGR 1998, 269.

[324] OLG Düsseldorf NJW-RR 1994, 1234.

[325] BayObLG NJW 1981, 2197, 2200 (sub III).

[326] BGH NJW 2009, 2738 f.

[327] BayObLG ZMR 2001, 795, 796 (zur Vorgängervorschrift des § 564 b Abs. 2 S. 2 Nr. 2 BGB aF).

[328] AA *Karl* ZMR 1991, 288.

[329] BGHZ 126, 357, 365 = NJW 1994, 2542; krit. *Zimmermann* WuM 1995, 81.

solchen Kündigungen zu schützen, bei denen der Bedarf überhaupt erst durch die Veräußerung geschaffen worden ist. Demgegenüber muss der Mieter einer Wohnung, die sich im Miteigentum mehrerer Vermieter befindet, bereits vor der Umwandlung mit einer Eigenbedarfskündigung durch einen der Miteigentümer rechnen. Damit verwirklicht sich allein durch die Begründung von WE nach § 3 das erhöhte Risiko, dem § 577 a Abs. 1 BGB Rechnung trägt, ebenso wenig, wie dies bei einer Teilung nach § 8 der Fall ist.[330]

Anders ist die Lage zu beurteilen, wenn zwar zunächst nur Miteigentumsanteile veräußert werden, die Erwerber sich jedoch wechselseitig zur Begründung von WE verpflichten und sie eine das alleinige Nutzungsrecht an den jeweiligen Wohnung vorsehende Regelung sowie den Ausschluss der Aufhebung der WEgem nach § 1010 BGB im Grundbuch eingetragen lassen. Bei einer solchen Gestaltung, die auf **Umgehung** der gesetzlichen Kündigungsbeschränkung angelegt ist, gebietet der Schutzzweck des § 577 a Abs. 1 BGB dessen Anwendung.[331] **232**

Im Falle der **Untervermietung** einer Eigentumswohnung kann der nach Kündigung des Hauptmietvertrags durch den WEer auf Räumung der Wohnung in Anspruch genommene Untermieter den Einwand des Rechtsmissbrauchs erheben, soweit dem Untermieter gegenüber einer Kündigung des Hauptmieters (Untervermieter) der Kündigungsschutz zustehen würden. Dies gilt nicht, wenn dem Untermieter bei Abschluss des Untermietvertrags bekannt war, dass sein Vermieter nicht WEer ist.[332] Diese Grundsätze finden auch auf den Ersteher von WE in der Zwangsversteigerung Anwendung, der den Vertrag mit dem Hauptmieter gemäß § 57 a ZVG kündigt.[333] **233**

Unabhängig vom Umwandlungsschutz besteht das Kündigungsrecht des Vermieters nach § 564 b Abs. 2 Nr. 3 BGB, wenn er durch die Fortsetzung des Mietverhältnisses an einer **angemessenen wirtschaftlichen Verwertung** der Wohnung gehindert und dadurch erhebliche Nachteile erleiden würde. Allerdings stellt bei einer solchen Verwertungskündigung ein Mindererlös gegenüber dem höchstmöglichen Verkaufspreis einer Wohnung in **nicht** vermietetem Zustand so lange keinen solchen Nachteil dar, als der im vermieteten Zustand erzielbare Erlös den Wert der Wohnung übersteigt, der sich bei der Orientierung an dem vom Vermieter selbst gezahlten Kaufpreis ergibt.[334] Eine angemessene Verwertung kann demnach auch ein Verkauf im vermieteten Zustand sein, vor allem wenn die Wohnung vermietet erworben wurde.[335] **234**

c) Vorkaufsrecht. Ein weiterer Schutz des Mieters vor dem Verlust der Wohnung als seines Lebensmittelpunkts wird durch das **Vorkaufsrecht** gem. § 577 BGB gewährt. Voraussetzung ist, dass vermietete Wohnräume, an denen nach der Überlassung an den Mieter WE begründet worden ist oder begründet werden soll, an einen Dritten verkauft werden. Das Vorkaufsrecht erfasst auch WE, das vor seiner Einführung zum 1. 1. 1993 gebildet wurde. Seine Ausübung war bis zum 31. 8. 2001 an keine Form gebunden.[336] Seit 1. 9. 2001 gilt die Neuregelung in § 577 Abs. 3, nach der der Mieter das Vorkaufsrecht durch **schriftliche Erklärung** ausübt (s. Anh. VI 1). **235**

Das Vorkaufsrecht besteht auch dann, wenn die **Teilungserklärung** zwar vor Abschluss des Mietvertrags abgegeben worden ist, sie jedoch erst nach Abschluss des Mietvertrags durch die Anlegung des Wohnungsgrundbuchs vollzogen worden ist.[337] Entscheidend ist der Zeitpunkt der Entstehung des WEs. **236**

---

[330] BGHZ 126, 357, 366 = NJW 1994, 2542.

[331] OLG Karlsruhe NJW 1993, 405 f. (zu § 564 b Abs. 2 Nr. 2 S. 2 BGB aF). Zu weiteren Umgehungsgestaltungen s. *Börstinghaus/Meyer* NJW 1993, 1353, 1356.

[332] BGH ZMR 1982, 274 = WM 1982, 770.

[333] BGH ZMR 1982, 274 = WM 1982, 770.

[334] LG Gießen NJW-RR 1995, 331.

[335] LG Berlin NJW-RR 1995, 332.

[336] AG Charlottenburg NZM 1999, 22.

237 Auf die **Eigennutzung** zum Zeitpunkt der Ausübung des Vorkaufsrechts kommt es nicht an. Vielmehr steht das Recht auch solchen Mietern zu, die nicht mehr die Mietwohnung bewohnen, z. B. dem geschiedenen und ausgezogenen Ehegatten.[338]

238 Beim **Gesamtverkauf** eines mit öffentlich geförderten Mietwohnungen bebauten Grundstücks entsteht das Vorkaufsrecht grundsätzlich nicht.[339] Hingegen entsteht es mit dem Abschluss des Kaufvertrags zwischen dem verfügungsberechtigten Vermieter und einem Dritten über die Mietwohnung als durch Umwandlung geschaffenes oder noch zu begründendes WE.[340] Entscheidend ist die hinreichende **Bestimmbarkeit** der Wohnung als Teilobjekt des Veräußerungsvertrags.[341]

239 Das Vorkaufsrecht gilt nur für den **ersten Fall** eines Verkaufs nach Aufteilung, der nach dem 31. 8. 1993 (d. h. ab Inkrafttreten des § 570 BGB aF am 1. 9. 1993) eingetreten sein muss.[342] Ist die Wohnung bis einschließlich zu diesem Stichtag mindestens ein Mal verkauft worden, so greift § 577 BGB nicht ein. Dasselbe gilt, wenn bei einem Verkauf nach dem Stichtag das Vorkaufsrecht gem. § 577 Abs. 1 S. 2 BGB (Verkauf an Angehörige)[343] oder gem. § 471 BGB (Verkauf im Wege der Zwangsvollstreckung oder aus der Insolvenz)[344] **ausgeschlossen** war oder wenn sich für den Mieter die Ermittlung des Kaufpreises wegen eines Paketverkaufs schwierig gestaltete.[345] Missbräuchen ist durch die Anwendung von § 242 BGB entgegenzuwirken. Mit der Schließung der Wohnungsgrundbücher gem. § 9 erlischt das Vorkaufsrecht.[346]

240 Sog. **Abschreckungsvereinbarungen** in Kaufverträgen, die dazu dienen, den Berechtigten zum Verzicht auf sein Vorkaufsrecht zu veranlassen, binden diesen nicht.[347] Bei Klauselverträgen folgt dies aus § 307 Abs. 2 Nr. 1 BGB; bei Individualverträgen kommt § 138 Abs. 1 BGB in Betracht.

241 **d) Wohnungsvermittlung.** Dem Schutz des Mieters soll auch § 2 Abs. 2 S. 1 Nr. 2 WoVermittlG[348] dienen. Danach kann der **Wohnungsvermittler** dann kein Entgelt für die Vermittlung oder den Nachweis der Gelegenheit zum Abschluss von Mietverträgen über Wohnräume verlangen, wenn der Mietvertrag über Wohnräume abgeschlossen wird, deren Verwalter der Wohnungsvermittler ist. Der Mieter wird dadurch vor einer Provisionszahlung in solchen Fällen bewahrt, in denen eine echte Vermittlungstätigkeit nicht vorliegt. Wie der BGH[349] zutreffend entschieden hat, ist der gewöhnliche Verwalter iSd WEG kein Verwalter der Wohnung iS dieser Regelung. Er ist nämlich allein zur Verwaltung des **Gemeinschaftseigentums** berufen, während die Verwaltung (einschließlich der Vermietung) der im Sondereigentum stehenden Wohnungen gem. § 13 Abs. 1 dem jeweiligen WEer obliegt.

242 Die Voraussetzungen des Begriffs **Verwalter** iSv § 2 Abs. 2 Nr. 2 WoVermittlG sind hingegen erfüllt, wenn der Vermittler einer EW, der auch Verwalter der betreffenden Eigentumsanlage ist, als Vertreter der betreffenden WEer/Vermieter den Mietvertrag

---

[337] AG Frankfurt NJW 1995, 1034.
[338] LG Köln NJW-RR 1995, 1354.
[339] BayObLG NJW-RR 1992, 1039.
[340] BayObLG NJW-RR 1992, 1039.
[341] BayObLG NJW-RR 1992, 1039.
[342] BGHZ 141, 194, 199 = NJW1999, 2044; BGHZ 167, 58 = NJW 2006, 1869.
[343] BGH NJW 2007, 2699 f.
[344] BGHZ 167, 58, 61 ff. = NJW 2006, 1869.
[345] BGH NJW 2007, 2699 f.
[346] DNotI-Rep 2006, 48; Riecke/Schmid/*Schneider* § 9 Rn 25; eingehend auch zu Ausnahmen *Langhein* DNotZ 1993, 650, 661.
[347] OLG München NJW-RR 1999, 1314; HansOLG WE 1999, 10; OLG Stuttgart ZMR 1998, 771.
[348] BGBl. 1971 I, S. 1745, 1747.
[349] BGH ZMR 2003, 359 = ZWE 2003, 256 f. m. zust. Anm. *Ott;* aA 9. Aufl. § 8 Rn 51.

abschließt.[350] In diesem Fall haben ihm nämlich die betreffenden WEer auch die Verwaltung ihres Sondereigentums übertragen.

Darüber hinaus kann ein **besonderes Näheverhältnis** zum vermietenden WEer eine analoge Anwendung von § 2 Abs. 2 S. 1 Nr. 2 WoVermittG gebieten.[351] 243

3. Grenzen des zulässigen Gebrauchs

Streit besteht darüber, unter welchen Voraussetzungen der Mieter gegenüber den WEern verpflichtet ist, die wohnungseigentumsrechtlichen Grenzen des zulässigen Gebrauchs einzuhalten, wie sie durch **Vereinbarung** oder **Beschluss** geschaffen werden (s. dazu bereits Rn 191). Teils wird die Relativität der Rechtsverhältnisse betont und daraus hergeleitet, dass der Mieter durch die Gebrauchsregelungen in keiner Weise gebunden sei.[352] Ganz überwiegend wird hingegen umgekehrt angenommen, dass die Befugnisse des Mieters umfassend durch die bestehenden Gebrauchsbeschränkungen begrenzt werden.[353] Überzeugend erscheint es, den Mieter nur für an solche Gebrauchsbeschränkungen gebunden zu halten, die zum **Inhalt des Sondereigentums** geworden sind.[354] Auf jeden Fall empfiehlt es sich, durch entsprechende Vertragsgestaltung einen Gleichlauf der mietvertraglichen mit den wohnungseigentumsrechtlichen Gebrauchsbefugnissen herzustellen.[355] 244

Der Mieter hat ein Recht auf **Mitbenutzung der Gemeinschaftsflächen.** Erfasst ist die übliche Benutzung, z. B. das Abstellen eines Kinderwagens oder Rollstuhls im Hausflur, wenn der Mieter auf diese Einrichtungen angewiesen und der Hausflur ausreichend groß ist.[356] Auch die Ablage von für den Mieter bestimmten Sendungen auf Gemeinschaftsflächen ist grundsätzlich von seinem Mitbenutzungsrecht umfasst. Der vermietende WEer hat daher gegen diese Nutzung keinen Unterlassungsanspruch.[357] 245

Erwirbt ein Mieter die Wohnung vom vermietenden WEer, so beendet er damit das Mietverhältnis und unterwirft sich der Teilungserklärung und GemO. Er tritt als **Sonderrechtsnachfolger** in die Rechtsstellung des veräußernden WEers ein. Daher kann er z. B. nicht die Befugnis zur weiteren Kellernutzung beanspruchen, die ihm lediglich als Mieter zustand.[358] 246

4. Instandsetzungsansprüche

Der Mieter einer EW kann einen mietvertraglichen **Instandsetzungsanspruch,** der Eingriffe in das Gemeinschaftseigentum notwendig macht, gegen den vermietenden WEer gerichtlich geltend machen.[359] Dies gilt auch gegenüber einem gewerblichen **Zwischenmieter.**[360] Der Vermieter muss notfalls die anderen WEer auf Zustimmung zur Vornahme der erforderlichen Sanierungsmaßnahmen am Gemeinschaftseigentum verklagen.[361] 247

---

[350] LG Paderborn NJW-RR 2000, 1611; *Ott* ZWE 2003, 259; s. auch LG Düsseldorf NJW-RR 1993, 401.

[351] *Ott* ZWE 2003, 259.

[352] *J. Schmid* DWEig 1987, 106, 108; *Wangemann* WuM 1987, 43, 46; s. auch *Schuschke* NZM 1998, 176 (bei Fn 2); LG Nürnberg-Fürth ZMR 2010, 69, 70 m. abl. Anm. *Riecke*.

[353] BGH NJW 1996, 714 (obiter); KG NZM 2005, 382; *Drasdo* NZM 2001, 13, 17; Weitnauer/*Lüke* Nach § 13 Rn 4.

[354] Näher *Armbrüster/M. Müller,* FS Seuß, 2007, S. 3, 6 ff.

[355] S. dazu *Armbrüster* ZWE 2004, 217 ff.

[356] BGH NJW 2007, 146, 147 (nicht speziell zu WE).

[357] BGH NJW 2007, 146, 147; s. dazu *Derleder* NJW 2007, 812 ff.

[358] KG WuM 2002, 99.

[359] KG NJW-RR 1990, 1166.

[360] OLG Zweibrücken NJW-RR 1995, 270.

[361] KG NJW-RR 1990, 1166.

Anhang 2 zu § 1: Wohnungseigentum und Versicherungsschutz

I. Versicherungsschutz für die WEer

1. Sachversicherung

248 Zur ordnungsmäßigen Verwaltung gehört nach § 21 Abs. 5 Nr. 3 der Abschluss einer **Feuerversicherung** für das Gemeinschaftseigentum (s. § 21 Rn 111 ff.). Das Gesetz orientiert sich mithin an der bereits in § 1 angelegten Unterscheidung zwischen Gemeinschafts- und Sondereigentum. In der Versicherungspraxis wird allerdings regelmäßig insoweit nicht differenziert; vielmehr umfassen die angebotenen Deckungen sowohl Schäden am Gemeinschafts- als auch am Sondereigentum.[362] Im Deckungsumfang besteht daher kein Unterschied zu nicht in WE aufgeteilten Gebäuden.

249 Dies bedeutet, dass der Feuerversicherungsvertrag das Interesse jedes WEers an den in seinem **Sondereigentum** stehenden Gebäudeteilen sowie an seinem (ideellen) Anteil am **Gemeinschaftseigentum** umfasst.

250 Schließt der Verwalter den Versicherungsvertrag im Namen der WEgem ab, so handelt es sich um eine **Fremdversicherung** zugunsten jedes einzelnen WEers im Hinblick auf die in Rn 249 genannten Interessen. Hinzu kommt der Einschluss des sog. **Sachersatzinteresses,** also des Interesses daran, nicht einem anderen WEer wegen der schuldhaften Verletzung von dessen Sondereigentum oder des Gemeinschaftseigentums schadensersatzpflichtig zu sein. Dieses Interesse ist in den Sachversicherungsvertrag auch dann eingeschlossen, wenn dies nicht ausdrücklich vereinbart ist (ergänzende Auslegung). Die Folge ist, dass der Einzelne schädigende WEer vom Feuerversicherer die Schadensregulierung verlangen kann.[363] Dafür ist es nicht erforderlich, auf das Treueverhältnis der WEer abzustellen, das es dem geschädigten WEer gebiete, sich an den Versicherer und nicht an den schädigenden WEer zu wenden.[364] Der Einschluss des Sachersatzinteresses entfällt freilich dann, wenn der WEer den Schaden vorsätzlich herbeigeführt hat; in solchen Fällen besteht von vornherein kein Versicherungsschutz in der Sachversicherung (s. § 81 Abs. 1 VVG). Bei grober Fahrlässigkeit kommt es entsprechend § 81 Abs. 2 VVG zu einer Quotelung.

251 Praktisch bedeutsam ist die Differenzierung zwischen Gemeinschafts- und Sondereigentum insbesondere dann, wenn die Versicherungssumme nicht ausreicht, um den Schaden vollständig zu decken. Es gibt dann keinen automatischen Vorrang des Gemeinschaftseigentums; vielmehr sind die vom Versicherer ausbezahlten Beträge im Verhältnis der jeweiligen Schäden **anteilig** aufzuteilen. Es kommt also zu einer prozentualen Kürzung der Entschädigungsquote in dem Umfang, in dem eine Unterversicherung (§ 75 VVG) besteht. Liegt hinsichtlich des Gemeinschaftseigentums eine Unterdeckung vor, so hat jeder WEer einen Anspruch auf Erhöhung der Versicherungssumme aus § 21 Abs. 4 sowie wegen des bereits eingetretenen Schadensfalls ggf. Schadensersatzansprüche gegen den Verwalter oder die gegen einen bedarfsgerechten Versicherungsschutz stimmenden WEer.

252 Ist ein sog. **Selbstbehalt** (Eigenbeteiligung) vereinbart, so ist dieser ebenso wie im Fall der Unterversicherung (s. Rn 251) anteilig auf die entstandenen Schäden am Gemeinschafts- und am Sondereigentum aufzuteilen. Teils wird vertreten, dass die WEer durch Mehrheitsbeschluss jedem WEer für solche Schadensfälle den Selbstbehalt auferlegen können, die im räumlichen Bereich seines Sondereigentums eingetreten sind.[365] Eine derartige

---

362 *Armbrüster* ZMR 2003, 1; *ders.* ZWE 2009, 109.

363 Zur Haftung der WEgem, wenn der Verwalter die Regulierung in die Hand nimmt, der WEer die Entschädigung aber nicht erlangt, s. OLG Hamm ZWE 2008, 133 m. Anm. *Demharter; Armbrüster* ZWE 2009, 109 ff.

364 *Armbrüster* ZWE 2007, 30, 31; insoweit aA, aber im Erg. wie hier BGH ZWE 2007, 32 f.

365 OLG Köln ZMR 2004, 298; Riecke/Schmid/*Drabek* § 21 Rn 245.

Beschlusskompetenz zur Überbürdung nicht verschuldeter Schäden ist indessen abzulehnen; sie widerspricht dem Grundsatz der verschuldensabhängigen Haftung.

2. Haftpflichtversicherung

Auch der Abschluss einer **Haus- und Grundbesitzerversicherung** ist nach § 21 Abs. 5 Nr. 3 vorgeschrieben. Sie deckt insbesondere die Haftung aus einer Verletzung der deliktischen **Verkehrssicherungspflicht** gem. § 823 Abs. 1 BGB. Nicht generell ist hingegen eine Versicherung zur Deckung der verschuldensunabhängigen Haftung nach § 22 WHG vorgeschrieben. Sofern sich auf dem Grundstück entsprechende Gefahrenquellen (z.B. Heizöltank) befinden, kann sich ein entsprechender Anspruch jedoch aus § 21 Abs. 4 ergeben. 253

3. Hausratversicherung

Streng zu unterscheiden von der Gebäudeversicherung ist die auf den räumlichen Bereich des Sondereigentums beschränkte Hausratversicherung des einzelnen WEers. Insoweit kann es hinsichtlich des Deckungsumfangs freilich zu **Überschneidungen** kommen (Beispiel: Schäden an Tapeten), die nach den Regeln der Mehrfachversicherung (§ 78 VVG) zu behandeln sind. 254

II. Versicherungsschutz für die WEgem

Das **Verwaltungsvermögen** (§ 10 Abs. 7) zählt nicht zum Gemeinschaftseigentum. Die dazu gehörenden Sachen sind freilich, soweit sie als Zubehör des Gemeinschaftseigentums einzuordnen sind, regelmäßig zumindest stillschweigend in den Gebäudeversicherungsvertrag einbezogen. Durch die Anerkennung der Teilrechtsfähigkeit der WEgem und die damit einhergehende Eigentümerstellung hinsichtlich der betroffenen Sachen sollte sich nämlich die versicherungsrechtliche Lage insoweit nicht ändern. 255

III. Versicherungsschutz für den Verwalter

Der Verwalter unterliegt keiner gesetzlich angeordneten Versicherungspflicht hinsichtlich seiner eigenen Risiken. In Betracht kommen zur Deckung seiner Risiken insbesondere eine Vermögensschadens-**Haftpflichtversicherung,** eine Bürobetriebs-Haftpflichtversicherung, eine Vertrauensschadensversicherung sowie die Sachversicherung hinsichtlich seiner Betriebseinrichtung. 256

IV. Versicherungsschutz für den Beirat

Beiratsmitglieder können erheblichen **Haftungsrisiken** unterliegen.[366] Insbesondere wenn die WEer nicht die Haftung auf grobe Fahrlässigkeit und Vorsatz beschränkt haben, kommt daher der Abschluss einer besonderen Vermögensschaden-Haftpflichtversicherung in Betracht. Teils wird davon ausgegangen, ein auf den Abschluss dieser Versicherung gerichteter **Beschluss** der WEer entspreche nicht ordnungsmäßiger Verwaltung; er sei mangels Beschlusskompetenz sogar nichtig.[367] Dem ist zu widersprechen, da der Versicherungsschutz die Bereitschaft zur Übernahme des Beiratsamts erhöht und die WEer ein generelles Interesse an der Besetzbarkeit und Funktionsfähigkeit des Beirats haben.[368] Der Einwand, die WEgem würde dadurch ihren „Gegner" finanzieren,[369] verkennt, dass dies in der Haftpflichtversicherung keineswegs ungewöhnlich ist (s. etwa die D & O-Versicherung). 257

[366] *Gottschalg* ZWE 2001, 185 ff.; *Häublein* ZfIR 2001, 939 ff.

[367] AG Linz am Rhein ZMR 2003, 459 f.; AG Hamburg-Wandsbek ZMR 2008, 335, 337; *W. Köhler* ZMR 2002, 891, 892.

[368] KG ZMR 2004, 780; *Armbrüster* ZMR 2003, 1, 4.

[369] AG Hamburg-Wandsbek ZMR 2008, 335, 337.

1. Abschnitt. Begründung des Wohnungseigentums

§ 2 Arten der Begründung

Wohnungseigentum wird durch die vertragliche Einräumung von Sondereigentum (§ 3) oder durch Teilung (§ 8) begründet.

Übersicht

Literatur: *Abramenko,* Nochmals zu Aufteilungsplan und abweichender Bauausführung, ZMR 1998, 741; *Armbrüster,* Änderungsvorbehalte und -vollmachten zugunsten des aufteilenden Bauträgers, ZMR 2005, 244; *Belz,* Die werdende Wohnungseigentümergemeinschaft, FS Merle, 2000, S. 51; *Brock,* Rechtliche Grenzen beim Umbau von Teileigentumseinheiten, ZfIR 2004, 841; *Brünger,* Eigentumswohnungen auf teilweise fremdem Grundstück, MittRhNotK 1987, 269; *Coester,* Die „werdende" Eigentümergemeinschaft im Wohnungseigentumsgesetz, NJW 1990, 3184; *Däubler,* „Gründungsmängel" beim Wohnungseigentum, DNotZ 1964, 216; *Deckert,* Zum rechtlichen Status einer werdenden Eigentümergemeinschaft, ZMR 2005, 335; *Demharter,* Wohnungseigentum und Überbau, Rpfleger 1983, 133; *ders.,* Isolierter Miteigentumsanteil beim Wohnungseigentum, NZM 2000, 1196; *Ertl,* Isoliertes Miteigentum?, WE 1992, 219; *ders.,* Wohnungseigentum oder isolierter Miteigentumsanteil?, MittBayNot 1991, 141; *Dreyer,* Mängel bei der Begründung von Wohnungseigentum, DNotZ 2007, 594; *Elzer,* Umwandlung von Gemeinschafts- in Sondereigentum, MietRB 2007, 78; *Gaberdiel,* Mängel bei der Begründung von Wohnungseigentum, NJW 1972, 847; *Gaier,* Unterteilung von Wohnungseigentum, FS Wenzel, 2005, S. 145; *Göken,* Die Mehrhausanlage im Wohnungseigentumsrecht, 1999; *Hauger,* Unterteilung und Erweiterung, PiG 34 1990, 66, 93; *Heismann,* Die werdende Wohnungseigentümergemeinschaft, ZMR 2004, 10; *ders.,* Die werdende Wohnungseigentümergemeinschaft. Die ungewisse Zukunft eines traditionellen Rechtsinstituts, 2003; *Hügel,* Das unvollendete oder substanzlose Sondereigentum, ZMR 2004, 549; *ders.,* Der nachträgliche Ausbau von Dachgeschossen, RNotZ 2005, 149; *Hurst,* „Mit-Sondereigentum" und „abgesondertes Miteigentum", noch ungelöste Probleme des Wohnungseigentumsgesetzes, DNotZ 1968, 131; *Kreuzer,* Änderung von Teilungserklärung und Gemeinschaftsordnung, PiG 63, 249; *ders.,* Änderung der Teilungserklärung und Gemeinschaftsordnung, ZWE 2002, 285; *Ludwig,* Begründung von Raumeigentum beim Sonderfall des Grenzüberbaus, BWNotZ 1984, 133; *ders.,* Grenzüberbau bei Wohnungs- und Teileigentum, DNotZ 1983, 411; *Merle,* Das Wohnungseigentum im System des bürgerlichen Rechts, 1979 (zit: System); *ders.,* Die Begründung von Wohnungseigentum und die Entstehung der Gemeinschaft der Wohnungseigentümer, PiG 41, 1993, 131; *Rapp,* Verdinglichte Ermächtigung in der Teilungserklärung, MittBayNot 1998, 77; *Rastätter,* Raumeigentum und Grenzüberbau, BWNotZ 1986, 79; *Reithmann,* Rechtsfragen bei der Entstehung von Wohnungseigentum, DNotZ 1990, 385; *Riedel,* Über das Wohnungseigentum an zu errichtenden Räumen, MDR 1951, 468; *Röll,* Das Eingangsflurproblem bei der Unterteilung von Eigentumswohnungen, DNotZ 1998, 345; *ders.,* Die Bemessung der Miteigentumsanteile beim Wohnungseigentum, MittBayNot 1979, 4; *ders.,* Die Rechtsprechung des BGH zur faktischen Gemeinschaft und ihre Auswirkungen auf die Praxis des Wohnungseigentums, NJW 1989, 1070; *ders.,* Die Unterteilung von Eigentumswohnungen, DNotZ 1993, 158; *ders.,* Grenzüberbau, Grunddienstbarkeiten und Wohnungseigentum, MittBayNot 1983, 5; *ders.,* Isolierter Miteigentumsanteil und gutgläubiger Erwerb im Wohnungseigentum, MittBayNot 1990, 85; *ders.,* Nochmals: Der „werdende" Wohnungseigentümer, RPfl 1986, 169; *ders.,* Teilungserklärung und Entstehung des Wohnungseigentums, 1975; *ders.,* Teilungsplanwidriger Bau von Eigentumswohnanlagen, MittBayNot 1991, 241; *ders.,* Wohnungseigentum und Grenzüberbau, MittBayNot 1982, 172; *ders.,* Umbauten in Eigentumswohnanlagen und die Überbauvorschrift des § 912 Abs. 1 BGB, MittBayNot 1993, 265; *ders.,* Vereinigung und Bestandszuschreibung im Wohnungseigentum, FS Seuß, 1997, 253; *Sauren,* Nochmals: Der „werdende" Wohnungseigentümer, RPfl 1986, 171; *ders.,* Unterteilung von Wohnungseigentum, Diss. Mainz 1983; *Seuß,* Faktische Wohnungseigentümer, FS Bärmann/Weitnauer, 1990, 599; *Streuer,* Nachverpfändung, Zuschreibung und Pfanderstreckung kraft Gesetzes?, Rpfleger 1992, 181; *Weitnauer,* Die Tiefgarage auf dem Nachbargrundstück, ZfBR 1982, 87; *ders.,* Wohnungseigentum und isolierter Miteigentumsanteil, WE 1991, 120; *Tersteegen,* Der Überbau in der notariellen Praxis, RNotZ 2006, 433; *Ulmer,* AGBG und einseitig gesetzte Gemeinschaftsordnungen von Wohnungseigentümern, FS Weitnauer, 1980, S. 205; *Vogel,* Probleme der Änderung von Teilungserklärung und Gemeinschaftsordnung beim Erwerb vom Bauträger, ZMR 2008, 270; *Weimar,* Die Auswirkungen des AGB-Gesetzes auf den Kauf von Eigentumswohnungen, BIGBW 1977, 87.

I. Normzweck

1 § 2 zeigt die beiden rechtlichen Möglichkeiten auf, wie Wohnungseigentum begründet werden kann. Hierbei hat der Gesetzgeber sowohl den **Vertrag** der Mitglieder einer bestehenden Miteigentümergemeinschaft als auch die **einseitige** Teilungserklärung des Eigentümers vorgesehen. Soweit es um Neubauten geht, ist für den ersten Fall (§ 3) das Bauherrenmodell typisch, bei dem mehrere Wohnungsinteressenten ein Baugrundstück zu Miteigentum erwerben und es sodann bebauen; der zweite Fall (§ 8) entspricht dem Bauträgermodell, bei dem ein Unternehmer das Gebäude auf dem ihm allein gehörenden Grundstück errichtet. Insgesamt überwiegen in der Praxis die Aufteilungen nach § 8.

2 Die Aufzählung in § 2 ist **abschließend,** so dass andere Wege zur Begründung von WE nicht bestehen. Insbesondere ist eine Begründung durch **Richterspruch** (etwa im Rahmen der Auseinandersetzung einer Erbengemeinschaft) oder durch **letztwillige Verfügung** nicht möglich. Allerdings kann ein Erblasser durch Vermächtnis oder Teilungsanordnung[1] bestimmen, dass an einem im Nachlass befindlichen Grundstück WE zu bilden und auf die Vermächtnisnehmer oder Erben zu übertragen ist (s. auch § 1 Rn 108). Unstatthaft ist auch eine Bildung von WE durch **Teilung in Natur** gem. § 752 BGB. Eine derartige Teilung ist bei (zumal bebauten) Grundstücken schon mangels Gleichartigkeit der Teile ausgeschlossen.[2] Auch im Verfahren nach der **HausratsVO** kann kein neues WE begründet werden.[3]

II. Motive für die Begründung von WE

3 Der Begründung von WE können sehr unterschiedliche Motive zugrunde liegen. Ein **Bauträger,** der ein Grundstück erwirbt und bebaut, kann bei einer Veräußerung als WE regelmäßig einen höheren Gesamtertrag erzielen als bei einem Verkauf des ungeteilten Grundstücks. Bei einer **Bauherrengemeinschaft,** die auf eigene Rechnung ein Mehrfamilienhaus errichtet, vermag jedes Mitglied mit begrenztem finanziellen Einsatz WE zu erlangen. Diese Gestaltung ist in der Vergangenheit insbesondere auch in verschiedenen **Fondsmodellen** genutzt worden,[4] um dem einzelnen Anleger die zur Geltendmachung bestimmter Steuerermäßigungen erforderliche Bauherreneigenschaft zu sichern. Nach dem weitgehenden Abbau der steuerlichen Sonderabschreibungen hat jenes Motiv heute im Wesentlichen nur noch für die fortbestehende Abschreibung bei Baudenkmälern (sog. Denkmal-AfA) praktische Bedeutung.

4 Die Bildung von WE bietet sich auch an, wenn ein bestehendes Gebäude am Markt oder auch in der Zwangsversteigerung oder im Insolvenzverfahren[5] in Gestalt **kleinerer Einheiten** besser veräußerbar erscheint.

5 Einem **Erblasser** ermöglicht die Bildung von WE, sein Mehrfamilienhaus den Erben in Gestalt rechtlich verselbstständigter Teile zuzuwenden. Auch wenn eine entsprechende Vorsorge durch lebzeitige Teilung, Vermächtnis oder Teilungsanordnung – die einen Anspruch auf Begründung von WE beinhaltet –[6] nicht getroffen wurde, kann sich die Bildung von WE zur (einvernehmlichen) Auseinandersetzung einer **Erbengemeinschaft** gem. §§ 2031, 2042 Abs. 2, 752 BGB anbieten.[7] Gleiches gilt für sonstige Gemeinschaften, die eine freiwillige Auseinandersetzung vornehmen wollen. Auch eine juristische Person (eingetragener Verein, GmbH, AG), in deren Eigentum sich ein Grundstück befindet, kann

[1] Dazu s. BGH NJW 2002, 2712.
[2] OLG Hamm NJW-RR 1992, 665; Staudinger/*Rapp* Rn 1.
[3] OLG Hamm JMinBlNRW 1958, 103.
[4] Beispiel bei BGHZ 139, 352, 353 = NJW 1998, 3711 (Seniorenresidenz-GbR).
[5] S. dazu BayObLGZ 1957, 108.
[6] Riecke/Schmid/*Schneider* Rn 8.
[7] S. dazu BGH NJW 2002, 2712 (auch zur gerichtlichen Setzung erforderlicher Regeln der Gemeinschaftsordnung bei insoweit fehlender Einigung der Erben).

auf diese Weise ihren Mitgliedern WE zuwenden. Über den Bereich freiwilliger Auseinandersetzung hinaus kann die Aufhebung einer Miteigentümergemeinschaft dann ausnahmsweise durch Bildung von WE anstelle der in § 753 BGB vorgesehenen **Teilungsversteigerung** verlangt werden, wenn sonst einem Miteigentümer eine besondere Härte entstünde.[8]

WE kann auch gebildet werden, um es als **Entschädigungsleistung** für eine Enteignung nach §§ 87, 88 BauGB zu gewähren (§ 101 Abs. 1 Nr. 1 BauGB). 6

III. Die zwei Begründungsarten

1. Überblick

Die Einräumung von Sondereigentum nach § 3 setzt voraus, dass jedenfalls im Zeitpunkt der Eintragung bereits eine **Miteigentümergemeinschaft** an dem Grundstück besteht. Demgegenüber existiert bei der Teilung nach § 8 **einheitliches Eigentum.** Dieser Unterschied führt dazu, dass die verschiedenen Fallkonstellationen, in denen ein Bedürfnis nach der Schaffung von WE besteht, zur Umsetzung auf dem einen oder aber dem anderen Wege führen (s. auch Rn 3 ff.). In der Praxis steht die Teilung nach § 8 ganz im Vordergrund. Zu den rechtlichen Einzelheiten der beiden Wege s. jeweils die Hinweise bei § 3 und § 8.[9] Zur abschnittsweisen Errichtung von Mehrhausanlagen s. § 8 Rn 41.[10] 7

2. Gemeinsamkeiten und Unterschiede

Gemeinsam ist beiden Begründungsarten ihr sachenrechtliches **Ergebnis:** Das einmal entstandene WE ist rechtlich unabhängig davon zu behandeln, ob es durch Vertrag oder durch Teilung gebildet worden ist.[11] Überdies setzt die Begründung von WE in beiden Fällen gleichermaßen voraus, dass **mindestens zwei Sondereigentumseinheiten** gebildet und mit verschiedenen Miteigentumsanteilen verbunden werden. Dementsprechend entstehen stets mindestens zwei Wohnungseigentumsrechte. Eine Obergrenze der Anzahl von Sondereigentumseinheiten existiert hingegen nicht. 8

Unterschiede bestehen zum einen bei der sachenrechtlichen **Ausgangslage** (Rn 7) und im Hinblick darauf, dass bei der Begründung nach § 3 stets mindestens zwei Personen WE erlangen, während bei der Teilung nach § 8 alle gebildeten Wohnungseigentumsrechte in der Hand des aufteilenden Eigentümers bleiben können. Darüber hinaus unterscheidet sich auch die **Durchführung** des Begründungsvorgangs. Wird WE nach § 3 begründet, so lassen sich ein schuldrechtlicher Vertrag und sein Vollzug durch dinglichen Vertrag unterscheiden; der Erste bildet den Rechtsgrund für den zweiten. Demgegenüber gibt es bei der Teilung nach § 8 grds. kein schuldrechtliches Geschäft; die auf Teilung gerichtete Erklärung ist vielmehr ein abstraktes Rechtsgeschäft (amtsempfangsbedürftige Willenserklärung). Eine *causa* besteht nur dann, wenn sich der Eigentümer ggü einem Dritten ausnahmsweise zur Teilung verpflichtet hat. Es sind jeweils die für die entsprechenden Rechtsgeschäfte geltenden allgemeinen Regeln heranziehbar (näher § 3 Rn 4; § 8 Rn 11). 9

Die WEgem **entsteht** bei Begründung nach § 3 im Zeitpunkt der GB-Eintragung, während ihre Entstehung bei der Teilung nach § 8 die Veräußerung mindestens eines WEs voraussetzt (näher Rn 39). 10

---

[8] Riecke/Schmid/*Schneider* Rn 7; vgl. auch OLG Frankfurt DStR 2007, 868 = BeckRS 2007 04703 (Pflicht zur Akzeptierung eines zumutbaren Realteilungsvorschlags bei Miteigentümergem.); aA NKV/*Vandenhouten* Rn 3; Weitnauer/*Briesemeister* Rn 1.

[9] Zur Begründung von WE s. auch *Merle* PiG 41 (1993), S. 131 ff.

[10] S. dazu *Göken,* Die Mehrhausanlage im Wohnungseigentumsrecht, 1999; *Häublein* DNotZ 2000, 442; *ders.* NZM 2003, 785; *Röll* DNotZ 1977, 69; *J. Schmidt* ZWE 2005, 58 ff.; zu Problemen mit der MaBV *Drasdo* NZM 2003, 961 = PiG 66, 179 ff.; *Merle* ZWE 2005, 164. S. auch § 5 Rn 31.

[11] Staudinger/*Rapp* Rn 2.

3. Wahlmöglichkeit

11 Befindet sich ein Grundstück im Alleineigentum einer Person, so stehen ihr beide Wege zur Begründung von WE **wahlweise** offen. Sie kann entweder durch Teilung nach § 8 für sich eine Mehrheit von Wohnungseigentumsrechten erlangen oder zunächst einen Miteigentumsanteil veräußern und mit dem Erwerber gemeinsam nach § 3 vorgehen.

4. Kombination der Begründungsarten

12 Beide Begründungsarten lassen sich miteinander **kombinieren.** Dies beruht darauf, dass mehrere Sondereigentumsrechte mit einem einzigen Miteigentumsanteil verbunden werden können.[12] **Beispiel:**[13] An einem ungeteilten Grundstück mit einem Vierfamilienhaus haben A Miteigentum zu $^3/_4$ und B zu $^1/_4$. Beide räumen einander durch dinglichen Vertrag (§ 3 Abs. 1) Sondereigentum dergestalt ein, dass mit dem Miteigentumsanteil des A das Sondereigentum an drei Wohnungen, mit demjenigen des B das Sondereigentum an der vierten Wohnung verbunden wird. Sodann unterteilt A seinen Miteigentumsanteil durch Teilungserklärung entsprechend § 8 in drei selbstständige Wohnungseigentumsrechte.[14] Allein durch einen Vertrag zwischen A und B könnte dieses Ergebnis nicht erreicht werden.[15]

5. Erforderliche Rechtsgeschäfte

13 Um WE zu schaffen, kann je nach Ausgangslage der Abschluss einer ganzen Reihe von Rechtsgeschäften erforderlich sein: **Grundstückserwerbsvertrag,** durch eine Einzelperson oder in Gestalt von Miteigentum der künftigen WEer; Begründung des WEs durch **Einräumungsvertrag** nach § 3 oder **Teilung** nach § 8, damit verbunden die Regelung des Verhältnisses der WEer iSv §§ 10 ff. durch die **Gemeinschaftsordnung;** bei neu zu errichtenden Gebäuden ggf. ein **Bauträgervertrag;** zudem **Bauverträge** sowie **Darlehensverträge** mit Dritten zum Zwecke der Finanzierung.

IV. Zustimmungserfordernisse

1. Grundsatz

14 Der Erwerb eines Grundstückes zum Miteigentum, auf welchem sodann WE errichtet werden soll, sowie die Begründung von WE nach § 3 oder § 8 unterliegen grds. keinem **Zustimmungserfordernis.** Dies folgt daraus, dass eine Beeinträchtigung schützenswerter Interessen Dritter damit regelmäßig nicht verbunden ist. Freilich sind einige Ausnahmen zu beachten (s. sogleich Rn 15 ff.).

2. Öffentlich-rechtliche Genehmigungserfordernisse

15 **a) Fremdenverkehrsgebiete (§ 22 BauGB).** Die Begründung von WE (oder TE) kann nach § 22 Abs. 1 S. 1 BauGB an einen Genehmigungsvorbehalt geknüpft werden. Demnach sind die Landesregierungen ermächtigt, in **Fremdenverkehrsgebieten** oder Teilen von ihnen einen entsprechenden Genehmigungsvorbehalt einzuführen. Die Gemeinden können sodann in einem Bebauungsplan oder einer sonstigen Satzung bestimmen, dass ein Genehmigungsvorbehalt besteht (§ 22 Abs. 2 S. 1 BauGB). Die Genehmigung darf nur versagt werden, wenn durch die beantragte Begründung von WE die Funktion als Fremdenverkehrsgemeinde beeinträchtigt wird. Dies ist insbesondere dann der Fall, wenn

[12] BayObLGZ 1971, 102, 108; Bamberger/Roth/*Hügel* § 3 WEG Rn 2.
[13] Weitnauer/*Briesemeister* Rn 3; Staudinger/*Rapp* Rn 4; s. auch KG NJW 1995, 62.
[14] BGHZ 49, 250, 252 = NJW 1968, 499.
[15] Weitnauer/*Briesemeister* Rn 3; Staudinger/*Rapp* Rn 4.

das WE als Zweitwohnung genutzt wird. Das BVerwG[16] hat zutr. entschieden, dass die gesetzliche Regelvermutung, wonach die Begründung von WE in vom Fremdenverkehr geprägten Gemeindegebieten zu Zweitwohnungsnutzung mit negativen Auswirkungen auf die Infrastruktur führe, nicht durch bloße Absichtserklärungen widerlegt werden kann. Auch die Absicherung der Absicht, dass das WE nicht als Zweitwohnung genutzt wird, durch eine beschränkte persönliche Dienstbarkeit im Grundbuch genügt nicht, da die Einhaltung einer solchen Dienstbarkeit nicht wirksam überprüfbar ist.[17]

Das Grundbuchamt **prüft** die Genehmigungsbedürftigkeit nach § 22 BauGB selbstständig. Ein **Negativattest** war ursprünglich nicht vorgesehen,[18] ist jetzt aber dann zulässig und einzuholen, wenn ein Genehmigungsbescheid, ein Fiktionszeugnis oder eine Freistellungserklärung der Gemeinde nicht vorgelegt werden kann.[19] Bei Eintragung ohne die erforderliche Genehmigung wird das Grundbuch unrichtig; es besteht die Möglichkeit der Heilung durch Beibringung der Genehmigung, aber auch des gutgläubigen genehmigungsfreien Erwerbs.[20] Ein **Widerspruch** kann nach § 22 Abs. 6 S. 2 BauGB oder nach § 53 Abs. 1 S. 1 GBO eingetragen werden. Das Grundbuchamt darf ein auf die Eintragung eines Widerspruchs gerichtetes Ersuchen der Genehmigungsbehörde nur zurückweisen, wenn das Grundbuch mit Sicherheit richtig ist.[21] 16

b) Sanierungs- und Stadtentwicklungsgebiete. In förmlich festgelegten Sanierungsgebieten sowie in städtebaulichen Entwicklungsbereichen unterliegen bestimmte Rechtsgeschäfte nach §§ 144 Abs. 2 Nr. 5, 169 Abs. 1 Nr. 2 BauGB der Genehmigung der Gemeinde. Zu den erfassten Vorgängen zählt neben der Veräußerung von Grundstücken oder Miteigentumsanteilen (und damit auch von WE) ua die Grundstücksteilung nach § 19 Abs. 1 BauGB. Die Begründung von WE nach § 3 Abs. 1 oder § 8 ist jedoch keine Teilung iS dieser Vorschrift.[22] Nur wenn im Fall der Begründung von WE nach § 3 zuvor die Miteigentumsanteile verändert werden sollen, unterliegt diese Verfügung dem Genehmigungserfordernis des § 144 Abs. 2 S. 1 BauGB.[23] – Aus einer auf Grund des § 172 Abs. 1 S. 4 BauGB erlassenen **Milieusatzung** kann sich ein Genehmigungserfordernis für die Begründung von WE ergeben.[24] Die **Höfeordnung** unterwirft hingegen die Begründung von WE keinen Beschränkungen.[25] 17

c) Umlegungsverfahren. Für **Umlegungsverfahren** stellt § 51 BauGB ein weit reichendes Genehmigungserfordernis auf. Dieses umfasst auch die Begründung von WE.[26] Dasselbe gilt im Fall eines auf das Grundstück bezogenen **Enteignungsverfahrens** gem. §§ 108, 109 BauGB.[27] 18

d) Grundstücksverkehrsgesetz. Nach § 2 GrundstücksverkehrsG bedarf die Veräußerung bestimmter land- oder forstwirtschaftlich genutzter Grundstücke der behördlichen Genehmigung. Dazu zählt auch die Auseinandersetzung von Gesamthandsgemeinschaften, insbesondere Erbengemeinschaften.[28] Soll im Zuge einer derartigen Auseinandersetzung WE gebildet werden, so ist mithin das Genehmigungserfordernis zu beachten. Anderenfalls 19

---

[16] BVerwGE 99, 237 = NVwZ-RR 1996, 373.

[17] Pressemitteilung des BVerwG Nr. 24/1995 vom 27. 9. 1995.

[18] BT-Drucks. 15/2250, S. 52.

[19] *Grziwotz* DNotZ 2004, 674, 682.

[20] BayObLG DNotZ 1996, 32 = Rpfleger 1995, 495.

[21] OLG Hamm OLGZ 78, 304 = Rpfleger 1978, 374.

[22] *Krautzberger,* in: Battis/Krautzberger/Löhr, BauGB, 11. Aufl. 2009, § 19 Rn 5; Weitnauer/*Briesemeister* § 4 Rn 10.

[23] Riecke/Schmid/*Schneider* § 7 Rn 77 c.

[24] Riecke/Schmid/*Schneider* § 7 Rn 78.

[25] Riecke/Schmid/*Schneider* § 7 Rn 81.

[26] Riecke/Schmid/*Schneider* § 7 Rn 77 a; *Schöner/Stöber* Rn 3863.

[27] Riecke/Schmid/*Schneider* § 7 Rn 77 b.

[28] OLG Stuttgart AgrarR 1979, 319.

unterliegt die Begründung von WE nicht dem Genehmigungserfordernis, sondern nur eine vorbereitende Veränderung der einfachen Miteigentumsanteile beim Vorgehen nach § 3.[29]

20 **e) Grundstücksverkehrsordnung.** Die Begründung von WE unterliegt im Beitrittsgebiet dem Genehmigungserfordernis nach § 2 GrundstücksverkehrsO.[30]

21 **f) Wohnraumförderungsgesetz.** Nach § 32 Abs. 3 S. 1 WoFG hat der Vermieter der zuständigen Behörde ua die Begründung von WE an belegungs- oder mietgebundenen Wohnungen unverzüglich schriftlich **mitzuteilen.** Ein Verstoß führt zwar nicht dazu, dass die Begründung von WE unwirksam ist. Die an dem Begründungsvorgang beteiligten Eigentümer begehen jedoch bei unterlassener, unrichtiger oder nicht rechtzeitiger Anzeige gem. § 52 Abs. 1 Nr. 6 WoFG eine **Ordnungswidrigkeit.**

3. Privatrechtliche Zustimmungserfordernisse

22 **a) Zustimmung dinglich Berechtigter. aa) Grundsatz.** Die Begründung von WE setzt nicht voraus, dass das Grundstück frei von **Belastungen** mit Grundpfandrechten oder sonstigen dinglichen Rechten (z. B. Dienstbarkeit, Vorkaufsrecht, Nießbrauch, Dauerwohnrecht) ist. Derartige Rechte lösen freilich nach Maßgabe der §§ 877, 876 BGB **Zustimmungserfordernisse** aus.

23 **aa) Grundstück als Ganzes ist Belastungsgegenstand.** Der Zustimmung dinglich Berechtigter bedarf es nicht, wenn das **Grundstück als Ganzes** mit dem dinglichen Recht belastet ist. Insbesondere bedarf es nicht der Zustimmung der **Grundpfandgläubiger.**[31] Das dingliche Recht setzt sich an den Wohnungseigentumsrechten als Gesamtgrundpfandrecht gem. § 1132 BGB (ggf. iVm § 1192 BGB) fort.

24 Dasselbe gilt, wenn nicht das Grundstück als Ganzes belastet ist, sondern an sämtlichen Miteigentumsanteilen bereits vor der Begründung von WE ein **Gesamtgrundpfandrecht** besteht.[32]

25 Ein Kreditgeber kann sich gegen eine nach diesen Regeln nicht von seiner Zustimmung abhängige Begründung von WE freilich **schuldrechtlich** dadurch schützen, dass er sich ggü. dem Grundstückseigentümer ein Recht zur fristlosen **Kündigung** des Grundpfandrechts ausbedingt. Eine derartige Vereinbarung hält der Inhaltskontrolle gem. § 307 Abs. 2 Nr. 1 BGB stand, so dass sie auch formularmäßig vorgesehen werden kann.[33]

26 **bb) Selbstständige Belastung eines Miteigentumsanteils.** Anders liegen die Dinge grds. dann, wenn im Fall eines Vorgehens nach § 3 ein **Miteigentumsanteil selbstständig** belastet ist.[34] Die Begründung von WE hängt hier davon ab, dass der jeweilige Gläubiger zustimmt. Dies folgt aus den §§ 877, 876 BGB, deren Voraussetzungen erfüllt sind: Zum einen liegt in der Begründung von WE nach § 3 Abs. 1 eine Inhaltsänderung des Miteigentums (s. § 3 Rn 3). Zum anderen wird durch die Einräumung von Sondereigentum an die übrigen Miteigentümer der Herrschaftsbereich des Belastungsobjekts und damit der materielle Haftungsgegenstand eingeschränkt. Dies gilt nicht nur für **Grundpfandrechte,** sondern auch für **Nießbrauch** und **Vorkaufsrecht.**

---

29 Riecke/Schmid/*Schneider* § 7 Rn 81 a.

30 Bamberger/Roth/*Hügel* § 4 Rn 9; Riecke/Schmid/*Schneider* § 7 Rn 79; aA *Böhringer* Rpfleger 1993, 221, 225.

31 BGHZ 49, 250, 257 = NJW 1968, 499; BayObLG NJW 1957, 1840 f; OLG Stuttgart NJW 1954, 682 f.; OLG Frankfurt NJW 1959, 1977; Weitnauer/*Briesemeister* § 3 Rn 74; aA *Riedel* MDR 1952, 403.

32 OLG Stuttgart NJW 1954, 682; BayObLGZ 58, 273; Hügel/*Kral,* GBO, WEG Rn 70; Weitnauer/*Briesemeister* § 3 Rn 76.

33 BGH NJW 1980, 1625, 1626 (zu § 9 Abs. 2 Nr. 1 AGBG aF).

34 BayObLG NJW 1958, 2016; Rpfleger 1986, 177; OLG Frankfurt OLGZ 1990, 253 = NJW-RR 1990, 1042; Riecke/Schmid/*Schneider* § 7 Rn 55; Weitnauer/*Briesemeister* § 3 Rn 75 (betr. Hypothek), Rn 79 (betr. andere Belastungen); aA 9. Aufl. § 1 Rn 83 ff.; LG Wuppertal Rpfleger 1987, 366 m. abl. Anm. *Meyer-Stolte* (betr. Hypothek).

Abweichend hiervon ist die Zustimmung des Inhabers einer **Dienstbarkeit** (z. B. Dauerwohnrecht, dingliches Wohnungsrecht) auch dann entbehrlich, wenn die Dienstbarkeit sich nicht auf das gesamte Grundstück bezieht (dazu s. Rn 23), sondern auf solche Räume, an denen Sondereigentum begründet werden soll. Nach der Einräumung von Sondereigentum bestehen Dienstbarkeiten an den Sondereigentumsrechten fort, auf deren Raumeinheiten sie sich jeweils beziehen.[35] Belastet sind mithin allein diejenigen Wohnungseigentumsrechte, zu deren Sondereigentum die von der jeweiligen Dienstbarkeit umfassten Räume gehören. **27**

b) Zustimmungserfordernisse bei Beteiligung Minderjähriger. aa) Teilungsvertrag nach § 3. Ein minderjähriger WEer bedarf zur **vertraglichen Begründung** von WE nach § 3 Abs. 1 gem. §§ 107, 108 BGB der Zustimmung seines **gesetzlichen Vertreters.** Der rechtliche Nachteil ergibt sich zum einen daraus, dass die Mitglieder einer WEgem ggü. denen einer gewöhnlichen Bruchteilsgemeinschaft gesteigerte Pflichten im Innenverhältnis treffen. Zum anderen verliert der Minderjährige durch die Einräumung fremden Sondereigentums die (bislang gemeinsame) Rechtszuständigkeit über die betreffenden Räume. **28**

Die vom gesetzlichen Vertreter erteilte Zustimmung bedarf zudem – ebenso wie eine von ihm selbst im Namen des Minderjährigen abgegebene Erklärung iSv § 3 Abs. 1 – ihrerseits der Genehmigung nach §§ 1821 Abs. 1 Nr. 1, 1643 Abs. 1 BGB durch das **Vormundschaftsgericht.**[36] Die Einräumung von Sondereigentum bedeutet nämlich eine Inhaltsänderung des Miteigentums und damit eine Verfügung über das Grundstück (s. § 3 Rn 3). **29**

bb) Teilungserklärung nach § 8. Bislang nicht abschließend geklärt ist die Frage, ob eine vormundschaftsgerichtliche Genehmigung auch dann erforderlich ist, wenn der Minderjährige das Grundstück **einseitig nach § 8 Abs. 1** teilt. Die wohl überwiegende Ansicht bejaht dies.[37] Nach der Gegenansicht[38] sind die Voraussetzungen des § 1821 Abs. 1 Nr. 1 BGB nicht erfüllt. In der Teilung nach § 8 Abs. 1 liege, da hierdurch eine Zerlegung des Eigentums herbeigeführt werde, keine **Verfügung** über das Grundstück. Eine vermittelnde Auffassung[39] differenziert; eine Genehmigung ist demnach dann erforderlich, wenn der Inhalt des Sondereigentums gem. §§ 8 Abs. 2 S. 1, 5 Abs. 4 S. 1 abweichend von seiner gesetzlichen Ausgestaltung festgelegt wird. **30**

Stellungnahme: Das Genehmigungserfordernis kann nicht allein mit dem Hinweis verneint werden, dass in der Begründung nach § 8 Abs. 1 keine Verfügung über das Eigentum liege. Die Teilungserklärung bewirkt einerseits die Teilung des Vollrechts[40] in die dort verlautbarte Anzahl von Miteigentumsanteilen und andererseits eine vom gewöhnlichen Miteigentum abweichende inhaltliche Ausgestaltung. Um eine Verfügung handelt es sich in Bezug auf die zuletzt genannte Rechtsfolge der Teilungserklärung nur deshalb nicht, weil die Miteigentumsanteile, die inhaltlich modifiziert werden, vor der Teilung nicht existierten. Es fehlt also an der Einwirkung auf ein bestehendes Recht. Der Vorgang ist aber **verfügungsähnlich.** Die Begründung nach § 8 Abs. 1 ähnelt der in § 3 Abs. 1 geregelten Inhaltsänderung des Miteigentums. **31**

Der Erkenntnis, dass darin keine Verfügung liegt, kommt mithin im hier interessierenden Zusammenhang allenfalls eine Indizwirkung zu. Für das Genehmigungserfordernis ist vielmehr maßgeblich, ob der Minderjährige durch die Begründung von WE einen **rechtlichen Nachteil** (vgl. § 107 BGB) erleidet. Nur in solchen Fällen besteht das Zustim- **32**

---

[35] BayObLGZ 1957, 102 = NJW 1957, 1840; OLG Frankfurt NJW 1959, 1977; Weitnauer/*Briesemeister* § 3 Rn 80; aA *Riedel* MDR 1952, 403.

[36] Palandt/*Ellenberger,* § 107 Rn 10.

[37] Abramenko/*Götz* § 1 Rn 104; Jennißen/*Zimmer* § 4 Rn 34; NK-BGB/*Heinemann* § 2 WEG Rn 6; Riecke/Schmid/*Schneider* § 7 Rn 75; *Schöner/Stöber,* Grundbuchrecht, Rn 2850.

[38] *Augustin,* in: BGB-RGRK, § 8 WEG Rn 3.

[39] Staudinger/*Rapp* § 8 WEG Rn 20.

[40] Vgl BayObLG NJW 1957, 1840: Teilung des Vollrechts und keine inhaltliche Ausgestaltung des Alleineigentums.

mungserfordernis der gesetzlichen Vertreter und damit korrespondierend dasjenige aus §§ 1821 Abs. 1 Nr. 1, 1643 BGB. Einen rechtlichen Nachteil müsste man dann bejahen, wenn der Minderjährige sich durch die Schaffung von WE den (Wohngeld-)Ansprüchen der (teilrechtsfähigen) WEgem aussetzt. Nach richtiger Auffassung (s. § 8 Rn 4) existiert die WEgem jedoch erst dann, wenn zumindest eine Einheit an einen Dritten veräußert wurde. Die auf die Veräußerung gerichteten Rechtsgeschäfte unterfallen freilich dem Zustimmungserfordernis. Vor der Veräußerung an einen Dritten bestehen auch keine Ansprüche aus einer von einer gesetzlichen Ausgestaltung abweichenden Gemeinschaftsordnung (Konfusion). Sie können deshalb nicht zur Begründung eines rechtlichen Nachteils herangezogen werden.

33 Damit bleibt die Frage, ob eine **Inhaltsänderung** des Eigentums generell einen rechtlichen Nachteil bedeutet. In diesem Fall müsste man dasselbe auch hier annehmen, da die Teilung nach § 8 Abs. 1 einer Inhaltsänderung nahe steht. Für jene pauschale Sichtweise lassen sich jedoch keine überzeugenden Gründe erkennen. Der Minderjährige bedarf nur dort eines Schutzes, wo das rechtsgeschäftliche Handeln für ihn nachteilige Rechtsfolgen auslöst. Bei einer Inhaltsänderung ist dies allein dann der Fall, wenn sich seine Rechte dadurch verkürzen. Werden sie hingegen erweitert oder bleiben sie – wie hier – unverändert (sog. **neutrales Geschäft**), dann gebieten Sinn und Zweck der §§ 107 f. BGB es nicht, die Zustimmung einzuholen. Die Begründung von WE nach § 8 Abs. 1 hängt somit nicht von der Zustimmung des gesetzlichen Vertreters oder des Vormundschaftsgerichts ab.

34 Eine andere Frage ist es, ob der Minderjährige einen **Notarvertrag,** der ggf zur Abwicklung der Teilung erforderlich wird, ohne Zustimmung abschließen kann. Dies richtet sich nach allgemeinen Regeln.[41] Hier spricht zumindest die Zahlungspflicht ggü. dem Notar dafür, das Geschäft für rechtlich nachteilig zu halten. Für den wirksamen Vertragsschluss ist der Minderjährige demnach auf die Zustimmung seines gesetzlichen Vertreters (§§ 107 f. BGB) angewiesen, nicht aber auf diejenige des Vormundschaftsgerichts.

35 **cc) Aufhebung.** Die **Aufhebung** von Sondereigentum nach § 4 ist für den Minderjährigen jedenfalls insofern nachteilig, als er dadurch seine Rechte aus § 13 verliert, insbesondere das alleinige Nutzungsrecht hinsichtlich der zu seinem Sondereigentum gehörenden Räume. Die Zustimmungserfordernisse gem. §§ 107 f. BGB sowie §§ 1821 Abs. 1 Nr. 1, 1643 BGB greifen daher dann, wenn das WE nach § 3 begründet worden ist, stets ein. Bei einer Teilung nach § 8 ist dies hingegen nur dann der Fall, wenn bereits eine Einheit an einen Dritten veräußert worden ist, so dass die Aufhebung zur Entstehung einer einfachen Miteigentümergemeinschaft führt.

36 **c) Zustimmung nach § 1365 BGB.** Stellt das Grundstück das **gesamte Vermögen** des Eigentümers dar, so ist für die Teilung nach § 8 keine Zustimmung des anderen Ehegatten nach § 1365 BGB erforderlich. Dass in der Begründung von WE nach § 8 keine Verfügung liegt (s. Rn 31), kann auch hier nicht entscheidend sein. Maßgeblich ist vielmehr, dass der Sinn und Zweck von § 1365 BGB nicht berührt ist, da der Gegenstand im Vermögen des Eigentümers verbleibt und dieses durch die Teilung auch nicht in sonstiger Weise geschmälert oder gefährdet wird.

V. Entstehung des WEs

37 WE entsteht sowohl bei § 3 als auch bei § 8 mit der **Eintragung** der dinglichen Rechtsänderung ins Grundbuch. Unerheblich ist es dafür, ob das Gebäude bereits errichtet ist.[42] Dies ergibt sich unmittelbar aus dem Wortlaut der Vorschriften. Vor der Fertigstellung der Wohnung verfügt das Sondereigentum zwar über kein sachliches Substrat, das im Allgemeinen für das Bestehen eines Eigentumsrechts erforderlich ist. Der Gesetzgeber hat es jedoch

---

[41] Vgl. MünchKomm-BGB/*J. Schmitt* § 107 Rn 31, 36 ff.

[42] Vgl nur BGH NJW 1990, 1111.

in der Hand, diesen Grundsatz zu durchbrechen und **substanzloses Sondereigentum** zuzulassen. Es ist deshalb nicht von nur fiktivem Sondereigentum auszugehen,[43] jedenfalls dann, wenn man die Fiktion auf das Recht und nicht allein auf das Substrat bezieht. Der Inhaber substanzlosen Wohnungseigentums ist mithin Mitglied der WEgem und hat daher ua auch volles Stimmrecht.[44]

Das im Grundbuch verlautbarte, aber noch substanzlose Sondereigentum ist bis zur Herstellung der Räume auch **kein** bloßes **Anwartschaftsrecht.**[45] Zwar verfügt der Inhaber des WE über tatsächliche Aussicht darauf, an den ihm zugewiesenen Räumen Sondereigentum zu erwerben. Man könnte deshalb insoweit von einer faktischen „Anwartschaft"[46] sprechen. Um Verwechslungen mit einem sachenrechtlichen Anwartschaftsrecht auszuschließen, sollte man diese Begriffsbildung jedoch vermeiden. Ein dinglicher Anspruch darauf, dass das Gebäude tatsächlich errichtet wird, besteht – entgegen teilweise vertretener Ansicht – nicht (näher dazu § 21 Rn 96; § 22 Rn 380). 38

VI. Entstehung der Gemeinschaft

Im Falle einer Begründung von WE nach § 3 entsteht zugleich mit der Eintragung neben dem WE (sachenrechtliche Folge) auch die **WEgem** (verbandsrechtliche Folge). Bei der Teilung iSv § 8 setzt dies hingegen voraus, dass mindestens ein Erwerber von WE im Grundbuch als Eigentümer eingetragen ist. Dann bilden der Bauträger und dieser Erwerber eine WEgem (näher § 10 Rn 10). Zur werdenden WEgem s. Rn 40. 39

VII. Werdende WEgem

Wird bei der Teilung nach § 8 Abs. 1 einem Vormerkungsberechtigten der (mittelbare) Besitz eingeräumt, dann entsteht unter weiteren Voraussetzungen eine **werdende WEgem** (näher § 10 Rn 16 f.). Für sie gelten in mancher Hinsicht dieselben Regeln wie für die bestehende WEgem. Es bestehen jedoch auch einige Unterschiede. So ist z. B. die Befreiung des selbstnutzenden WEers von der Verpflichtung, eine **Fehlbelegungsabgabe** zu entrichten, nicht erweiternd auf den werdenden Eigentümer einer durch Teilung im Entstehen begriffenen Eigentumswohnung anzuwenden.[47] 40

VIII. Weitere Rechtsfolgen

1. Auswirkungen auf Mietverhältnisse über Wohnraum

In der Begründung von WE liegt keine **Veräußerung** von vermietetem Wohnraum iSv § 566 BGB. Dies gilt unabhängig davon, ob WE nach § 3 oder nach § 8 gebildet wird (näher § 1 Rn 220 ff.). Die Begründung von WE setzt allerdings die Sperrfrist des § 577 a Abs. 1 BGB für **Kündigungen** durch den Vermieter in Gang (s. dazu § 1 Rn 229 ff.). 41

2. Grundpfandrechte

Wird an einem mit einem Grundpfandrecht belasteten Grundstück WE begründet, so besteht das Recht als **Gesamtgrundpfandrecht** (§ 1132 BGB) an allen Wohnungseigentumsrechten fort. Zu Einzelheiten s. Rn 22 ff. und § 1 Rn 115. 42

---

[43] So aber *Ott,* in: *Deckert,* ETW, Apr. 2005, 3/121 Rn 138.

[44] OLG Hamm ZMR 2006, 60, 61 (allerdings unter Verwendung des hier unpassenden Begriffs „Anwartschaft"; s. dazu Rn 38).

[45] AA etwa OLG Hamburg ZMR 2002, 372; OLG Hamm ZMR 2004, 369; 9. Aufl. § 3 Rn 26; Riecke/Schmid/*Elzer* § 3 Rn 132 f.; Riecke/Schmid/*Schneider* § 1 Rn 229.

[46] BGH NJW 1990, 1111, 1112 (Anführungszeichen im Original).

[47] OVG Münster NZM 1999, 88 = ZMR 1998, 730.

3. Dingliches Wohnrecht

43 Ein dingliches **Wohnrecht** an dem Grundstück besteht nur an dem (oder denjenigen) Wohnungseigentumsrechten fort, dem (denen) die betreffenden Räume unterliegen.[48]

4. Vorkaufsrecht

44 Die Begründung von WE löst kein gesetzliches **Vorkaufsrecht,** z. B. nach §§ 24 ff. BauGB oder § 577 BGB (s. dazu § 1 Rn 235 ff.), aus. Es handelt sich nämlich nicht um eine **Veräußerung,** da der Begründungsvorgang nicht auf einen Eigentümerwechsel abzielt.

5. Rangvorbehalt

45 Ein vor der Begründung von WE bestehender **Rangvorbehalt** kann nur noch in der Weise ausgeübt werden, dass alle Wohnungseigentumseinheiten insgesamt bis zu dem eingetragenen Höchstbetrag des Vorbehalts belastet werden.[49]

6. Vollstreckungsklausel

46 Ist in einer **vollstreckbaren Urkunde** als Haftungsgegenstand ein Grundstück genannt, so kann in das zwischenzeitlich gebildete WE ohne Umschreibung der Vollstreckungsklausel vollstreckt werden.[50] Dies gilt freilich nur, solange kein Eigentümerwechsel stattgefunden hat.

7. Grunderwerbsteuer

47 Unstreitig unterliegt die Begründung von WE nach § 8 nicht der **Grunderwerbsteuer.** Das Grundbuchamt darf die Eintragung daher nicht von der Vorlage einer **Unbedenklichkeitsbescheinigung** des Finanzamts gem. § 22 GrEStG abhängig machen. Umstritten ist dies für die Begründung nach § 3. Gegen das Erfordernis, die Bescheinigung zu beschaffen, lässt sich anführen, dass es meist nicht zu einer wertmäßigen Veränderung der Anteile am Grundstück kommen wird. In diesem Fall greift der Befreiungstatbestand des § 7 Abs. 1 GrEStG ein.[51] Zu einer Überprüfung ist das Grundbuchamt jedoch idR nicht in der Lage. Vorzugswürdig ist es daher, im Falle der Begründung von WE nach § 3 eine Unbedenklichkeitsbescheinigung für erforderlich zu halten.[52]

IX. Teilungserklärung/Teilungsvertrag und Gemeinschaftsordnung

1. Überblick

48 Die sachenrechtlichen Grundlagen des WEs sind in der Teilungserklärung (im Falle der Begründung von WE nach § 8) oder im Teilungsvertrag (bei § 3) enthalten. Demgegenüber enthält die Gemeinschaftsordnung Regelungen über das Verhältnis der WEer untereinander. Soweit die WEer die inhaltliche Ausgestaltung ihres Verhältnisses in Gestalt der Gemeinschaftsordnung bei der Begründung von WE oder durch eine nachfolgende Vereinbarung iSv § 10 Abs. 2 S. 1, Abs. 3 unterlassen, greifen die dispositiven Regeln des WEG ein.

---

[48] OLG Oldenburg NJW-RR 1989, 273.

[49] OLG Schleswig NZM 2000, 112 (LS).

[50] LG Berlin Rpfleger 1985, 159 m. zust. Anm. *Witthinrich;* LG Essen Rpfleger 1986, 101; aA LG Weiden Rpfleger 1984, 280.

[51] Jennißen/*Zimmer* § 4 Rn 39.

[52] LG Saarbrücken NZM 1998, 924; Riecke/Schmid/*Schneider* § 7 Rn 76; *Schöner/Stöber* Rn 2859; Staudinger/*Rapp* § 4 Rn 23; aA LG Marburg DNotI-Rep 1996, 207.

2. Inhaltskontrolle

a) Allgemeine Vorschriften. Teilungserklärung/Teilungsvertrag wie auch die Gemeinschaftsordnung unterliegen einer **Inhaltskontrolle** anhand der allgemeinen Vorschriften der §§ 134, 138, 242 BGB.[53] 49

b) AGB-Kontrolle. aa) Teilungserklärung/Teilungsvertrag. Hinsichtlich der **AGB-Kontrolle** gem. §§ 305 ff. BGB ist festzuhalten, dass Teilungserklärung/Teilungsvertrag davon nicht erfasst werden. Dies gilt auch für den Fall, dass ein Bauträger bei der Teilung nach § 8 die Teilungserklärung einseitig festsetzt. 50

bb) Gemeinschaftsordnung. Streitig ist, ob und inwieweit die §§ 305 ff. BGB auf die Gemeinschaftsordnung anzuwenden sind. Der BGH[54] hat diese Frage bislang offen gelassen. 51

Meinungsstand. Die ganz **überwiegende Auffassung**[55] lehnt es ab, den Inhalt einer Gemeinschaftsordnung am Maßstab des AGB-Rechts zu kontrollieren. Angesichts der besonderen Verhältnisse im Bereich des WE sei eine Anwendung der §§ 305 ff. BGB **nicht** angezeigt.[56] Insbesondere fehle es an der von diesen Vorschriften vorausgesetzten Vertrags- und Verhandlungssituation.[57] Soweit es um die Gemeinschaftsordnung eines teilenden Alleineigentümers gehe, komme im Bereich des formellen Konsensprinzips allein die **Eintragungsbewilligung** als Eintragungsgrundlage in Betracht. Hierbei handele es sich jedoch um eine einseitige Erklärung. Auch dies schließe es aus, die §§ 305 ff. BGB anzuwenden.[58] Zudem sei es nicht Aufgabe des Grundbuchamtes zu erforschen, ob die Interessen der WEer durch die Gemeinschaftsordnung in einen angemessenen Ausgleich gebracht werden.[59] Jedenfalls stehe § 310 Abs. 4 S. 1 BGB einer Anwendung entgegen, da Gemeinschaftsordnungen ebenso wie Gesellschaftsverträge Satzungsrecht seien.[60] 52

Nach der **Gegenauffassung**[61] ist die vom **Alleineigentümer** erstellte Gemeinschaftsordnung an den §§ 305 ff. BGB zu messen. Für die Anwendung dieser Vorschriften sei nur dann kein Raum, wenn es um eine iR der Begründung von WE nach § 3 Abs. 1 aufgestellte Gemeinschaftsordnung geht.[62] Dann fehle es in der Regel schon an einer einseitigen Vorformulierung. Auch ein „Verwender" könne in diesen Fällen typischerweise nicht ausgemacht werden.[63] Anders sei es aber bei einer Gemeinschaftsordnung, die der Alleineigentümer bei der Vorratsteilung nach § 8 einseitig vorformuliert habe. Zwar sei die Gemeinschaftsordnung keine „Vertragsbedingung" iSv § 305 Abs. 1 BGB. Der Geltungsgrund dieser Ordnung liege nämlich in § 10 Abs. 3 und damit nicht in einer auf sie bezogenen rechtsgeschäftlichen Abrede.[64] Dies schließe jedoch nur eine direkte Anwendung des AGB-Rechts aus.[65] Aufgrund des vergleichbaren Schutzbedürfnisses der WEer sei 53

---

[53] BGH NJW 1994, 2950, 2952 (betr. § 242 BGB); BayObLG NJW-RR 1992, 83; NJW-RR 1996, 1037; Palandt/*Bassenge* § 10 Rn 3; jeweils zur Gemeinschaftsordnung.

[54] BGHZ 151, 164, 174 = ZMR 2002, 766; BGH ZMR 2007, 284, 286.

[55] BayObLG NJW-RR 1992, 83, 84; OLG Hamburg ZMR 1996, 443, 445; OLG Frankfurt ZMR 1998, 365, 367; Weitnauer/*Briesemeister* § 8 Rn 9; Riecke/Schmid/*Elzer* § 8 Rn 62; *Ertl,* DNotZ 1981, 149, 161 ff.; Jennißen/*Krause* § 8 Rn 18; *Prüfer* ZWE 2001, 398, 399 ff; Staudinger/*Rapp* § 7 Rn 35.

[56] Riecke/Schmid/*Elzer* § 8 Rn 62.

[57] *Prüfer* ZWE 2001, 398, 401; Staudinger/*Rapp* § 7 Rn 36.

[58] OLG Frankfurt/M., ZMR 1998, 365, 367; Riecke/Schmid/*Elzer* § 8 Rn 62.

[59] Riecke/Schmid/*Elzer* § 8 Rn 62.

[60] *Ertl* DNotZ 1981, 149, 163.

[61] *Ulmer,* FS Weitnauer, 1980, S. 205, 215 ff.; *Stürner* BWNotZ 1977, 106, 111; in dieser Richtung auch *Christensen,* in: Ulmer/Brandner/Hensen, Anh § 310 Rn 1060.

[62] *Ulmer,* FS Weitnauer, 1980, S. 205, 209.

[63] *Ulmer,* FS Weitnauer, 1980, S. 205, 209.

[64] *Ulmer,* FS Weitnauer, 1980, S. 205, 210 ff.

[65] Anders *Stürner* BWNotZ 1977, 106, 111, der – unter Berufung auf das Umgehungsverbot – eine direkte Anwendung befürwortet. S. dazu *Ulmer,* FS Weitnauer, 1980, S. 205, 213 Fn 37.

eine analoge Anwendung der §§ 305 ff. BGB geboten. § 310 Abs. 4 S. 1 BGB stehe dem nicht entgegen. Diese eng auszulegende Ausnahmeregelung schließe allein die Inhaltskontrolle von Gesellschaftsverträgen aus. Für einseitige Maßnahmen könne daraus nichts hergeleitet werden.

54 **Stellungnahme.** Die besseren Gründe sprechen **gegen eine Inhaltskontrolle** der Gemeinschaftsordnung anhand der §§ 305 ff. BGB. Bei der Regelung des Grundverhältnisses der WEer untereinander muss eine weiter reichende Gestaltungsfreiheit bestehen als bei einem schuldrechtlichen Austauschvertrag. Nach dem Grundgedanken von § 310 Abs. 4 S. 1 BGB soll ein Verband die für ihn maßgeblichen Regeln grds. privatautonom setzen dürfen. Zur Abwehr von **Missbräuchen** stehen die allgemeinen Regeln zur Verfügung (s. Rn 49). Hinzu kommt, dass jeder WEer bei ihn unbillig benachteiligenden Regelungen einen **Änderungsanspruch** hat, der durch die WEG-Novelle 2007 ausdrücklich ins Gesetz aufgenommen wurde (§ 10 Abs. 2 S. 3; s. dazu § 10 Rn 152 ff.). Zudem bestehen weitere zwingende Schutzvorschriften (s. etwa § 26 Abs. 1 S. 2 Halbs. 2). Diese Instrumente genügen auch im Fall einer einseitigen Teilung nach § 8, um einem Gestaltungsmissbrauch entgegenzutreten.

55 Zur AGB-Kontrolle von Vollmachten zur Änderung der Teilungserklärung in **Erwerbsverträgen** über WE s. § 1 Rn 123.

X. Gründungsmängel

1. Fehlerhafte WEgem

56 Bei der Begründung von WE können **Fehler** unterlaufen, die nach den allgemeinen Regeln zur anfänglichen Nichtigkeit führen würden. Dies gilt etwa für einen Verstoß gegen Formvorschriften (s. § 125 S. 1 BGB) oder für den zur Anfechtung berechtigenden Irrtum eines Beteiligten (s. §§ 119, 142 Abs. 1 BGB). In solchen Fällen fragt sich, ob in Parallele zu den gesellschaftsrechtlichen Regeln von der **fehlerhaften Gesellschaft** die Nichtigkeit nur mit Wirkung für die Zukunft geltend gemacht werden kann. Im Gesellschaftsrecht beruht dies auf dem Umstand, dass die mitgliedschaftliche Verbandsverfassung anders als ein fehlerhaftes Verpflichtungs- oder Verfügungsgeschäft regelmäßig nicht rückabgewickelt werden kann.[66] Dieser Gesichtspunkt kommt auch bei der WEgem zum Tragen. Die Regeln von der fehlerhaften Gesellschaft sind daher entsprechend auf die fehlerhafte WEgem anzuwenden.[67]

57 Fraglich ist allerdings, ab welchem **Zeitpunkt** es mithin einem WEer verwehrt ist, sich auf die anfängliche Nichtigkeit zu berufen. In Betracht kommt zunächst, auf den Zeitpunkt der Eintragung im Grundbuch abzustellen. Dies hat den Vorzug besonders großer Rechtssicherheit. Indessen wird dem Schutz Dritter regelmäßig durch den öffentlichen Glauben des Grundbuchs Genüge getan.[68] Was das Innenverhältnis der WEer angeht, so ist allein mit der Grundbucheintragung noch kein Stadium erreicht, in dem zwangsläufig unlösbare Rückabwicklungsschwierigkeiten bestehen. Dies ist vielmehr erst dann anzunehmen, wenn ein **Verwaltungsvermögen** iSv § 10 Abs. 7 gebildet ist. Dieser Zeitpunkt ist daher – in gewisser Parallele zu dem für die Anwendbarkeit der Regeln von der fehlerhaften Gesellschaft erforderlichen Vollzug der Gesellschaft –[69] maßgeblich.

---

[66] *K. Schmidt,* Gesellschaftsrecht, 4. Aufl. 2002, § 6 I 3 (S. 141); aus der Rspr. s. etwa BGH NJW 1992, 1501, 1502.

[67] OLG Karlsruhe OLGZ 1978, 177; Riecke/Schmid/*Elzer* § 3 Rn 33; *Röll,* Teilungserklärung, S. 55 f.; Weitnauer/*Briesemeister* § 3 Rn 36; offen lassend OLG Hamm NZM 2004, 787, 789.

[68] Vgl. OLG Celle DWE 1983, 122.

[69] BGH NJW 1992, 1501, 1502.

2. Fehlerhafte Begründung von Sondereigentum; isolierter Miteigentumsanteil

a) Fallgestaltungen. Hinsichtlich rechtlicher oder tatsächlicher Gründungsmängel, die sich auf das Sondereigentum beziehen, lassen sich **drei Fallgestaltungen** unterscheiden, deren rechtliche Behandlung umstritten ist. 58

(1) Einem Miteigentumsanteil werden **keine sondereigentumsfähigen Räume** zugeordnet (s. dazu § 5 Rn 7 ff., 25 ff.). Hierzu zählt zunächst der – praktisch seltene – Fall, dass einem Miteigentumsanteil versehentlich von vornherein keine Räume als Sondereigentum zugewiesen werden. Darüber hinaus gehört hierher der Fall, dass bei einer Unterteilung einem der neu begründeten Miteigentumsanteile ausschließlich solche Räume zugeordnet werden, die im gemeinschaftlichen Eigentum stehen.[70] 59

(2) Die mit einem Miteigentumsanteil verbundenen Räume sind **nicht hinreichend bestimmt** (s. dazu § 7 Rn 15). Ähnlich ist die Konstellation, dass in Bezug auf die Verbindung eines Miteigentumsanteils mit bestimmten Räumen Teilungserklärung und Aufteilungsplan einander widersprechen (dazu § 7 Rn 15). 60

(3) Die **Bauausführung** weicht derart vom Aufteilungsplan ab, dass eine Zurechnung der realen Räume zu den verlautbarten WEs-Rechten teilweise oder insgesamt nicht möglich ist (s. dazu Rn 72 f.).[71] 61

b) Rechtliche Behandlung. aa) Meinungsstand. Der Streit dreht sich im Wesentlichen um die Frage, ob neben den mit Sondereigentum verbundenen Miteigentumsanteilen noch ein **isolierter Miteigentumsanteil** entstehen kann.[72] Unstreitig ist insofern allein, dass ein solcher isolierter Miteigentumsanteil nicht rechtsgeschäftlich begründet werden kann. Nach verbreiteter, auch von der Rspr.[73] geteilter Meinung[74] entsteht er aber **kraft Gesetzes,** wenn die Begründung von Sondereigentum an einem Gebäudeteil gegen zwingende gesetzliche Vorschriften verstößt und daher unwirksam ist. Der isolierte Miteigentumsanteil wächst dieser Ansicht zufolge den anderen Miteigentümern nicht entsprechend § 738 Abs. 1 BGB zu, da sie nicht gesamthänderisch verbunden sind.[75] Der Inhaber des isolierten Miteigentumsanteils hat grds. dieselben Rechte und Pflichten wie ein WEer.[76] Ein solcher Miteigentumsanteil ohne Sondereigentum soll, wenn er neben vollständigem Wohnungs- oder TE existiert, nicht auf Dauer bestehen bleiben können (anders, wenn alle Miteigentumsanteile isoliert sind). Vielmehr ist er durch Änderung des Gründungsakts auf die übrigen Miteigentümer zu übertragen, falls er nicht anderweitig mit Sondereigentum verbunden wird.[77] Isolierte Miteigentumsanteile entstehen nicht nur, wenn der Gründungsfehler einzelne Räume erfasst, sondern auch dann, wenn die Gesamtheit der für Sondereigentum bestimmten Räumlichkeiten betroffen ist. In diesem Fall entstehen *ausschließlich* isolierte Miteigentumsanteile (s. auch § 3 Rn. 21).[78] 62

Andere lehnen die Entstehung isolierter Miteigentumsanteile ab.[79] Sie verweisen insbesondere darauf, dass die Gegenansicht zu unlösbaren Schwierigkeiten führe und dass die fraglichen Fälle in anderer Weise befriedigend gelöst werden könnten. 63

---

[70] Dazu BGH ZMR 2005, 59, 60.

[71] Dazu BGH NJW 2004, 1798 = ZMR 2004, 206, 207 = ZfIR 2004, 108 m. Anm. *Armbrüster.*

[72] Abl. Weitnauer/*Briesemeister* Rn 22 ff.

[73] BGHZ 109, 179, 184 = NJW 1990, 447; BGH NJW-RR 2005, 10, 11; OLG Hamm ZMR 2007, 213.

[74] Grundlegend *Röll* DNotZ 1987, 225; *ders.* FS Seuß, 1987, S. 232, 235; *ders.* MittBayNot 1990, 85.

[75] BGHZ 109, 179, 185 = NJW 1990, 447.

[76] Zur Kostentragung des Inhabers eines isolierten Miteigentumsanteils vgl. OLG Hamm NZM 2007, 448.

[77] BGHZ 109, 179, 185 = NJW 1990, 447; OLG Hamm NJW-RR 1991, 335.

[78] OLG München NZM 2008, 810, 811 = ZMR 2008, 905, 907 = ZWE 2009, 39, 41 m. zust. Anm. *F. Schmidt.*

[79] Weitnauer/*Briesemeister* Rn 23 ff.; *Weitnauer* MittBayNot 1991, 143.

64 **bb) Stellungnahme.** Die Konstruktion eines isolierten Miteigentumsanteils ist nicht für alle Fallgruppen (s. Rn 59–61) geboten. Der Hintergrund der Anerkennung eines isolierten Miteigentumsanteils ist darin zu sehen, dass ein Gründungsfehler zur Vermeidung nicht praxisgerechter Ergebnisse in seinen Auswirkungen begrenzt werden soll. Diese Erwägung trifft, insbesondere im Hinblick auf Grundpfandgläubiger, immer dann zu, wenn und soweit die Einräumung von Sondereigentum gegen zwingende Vorschriften des WEG oder sachenrechtliche Grundsätze verstößt.[80] In den **Fallgruppen (1) und (2)** ist es deshalb zutreffend, von der Entstehung isolierter Miteigentumsanteile auszugehen.

65 Etwas anderes gilt jedoch für die **dritte Fallgruppe.** Hier kommt es nur deshalb nicht zu substanzhaltigem Sondereigentum, weil die errichteten Räume nicht der grundbuchrechtlichen Verlautbarung zugeordnet werden können. Dieses Zuordnungsproblem lässt jedoch die Wirksamkeit des Begründungsvorgangs schon nach allgemeinen Grundsätzen unberührt. Die Möglichkeit, die tatsächliche Substanz den Angaben des Grundbuchs zuzuordnen, ist keine Wirksamkeitsvoraussetzung für die Begründung von WE, sondern lediglich dafür, dass das Sondereigentum tatsächlich in Vollzug gesetzt wird.[81] Aus §§ 3, 8 ergibt sich, dass WE schon dann begründet werden kann, wenn das Gebäude noch nicht besteht. Das Gesetz erkennt mithin die Existenz substanzlosen Sondereigentums an (Rn 37). Die Wirksamkeit des Begründungsvorgangs kann nicht davon abhängen, ob die Zuordnung zur grundbuchrechtlichen Verlautbarung deshalb nicht möglich ist, weil das Gebäude **noch nicht** errichtet wurde, oder deshalb, weil es **völlig anders** errichtet wurde. In beiden Fällen verbleibt es bei wirksam eingeräumtem, aber substanzlosem Sondereigentum. Liegt also bei einer extrem abweichenden Bauausführung kein zur Unwirksamkeit führender Gründungsfehler vor, so handelt es sich nicht um einen Anwendungsfall des isolierten Miteigentumsanteils.

66 Die WEer trifft freilich in diesen Fällen die Pflicht, die Divergenz von tatsächlicher Bauausführung und grundbuchrechtlicher Lage zu **beseitigen.**[82] Diese Verpflichtung folgt aus dem Verhältnis der WEer untereinander. Auf die Grundsätze des isolierten Miteigentumsanteils muss insoweit nicht zurückgegriffen werden.[83]

67 Das OLG Hamm hat die Auffassung vertreten, dass ein isolierter Miteigentumsanteil nicht **verkehrsfähig** sei.[84] Diese Entscheidung überzeugt schon deshalb nicht, weil es in dem zugrunde liegenden Fall auf Grund der soeben dargestellten Grundsätze nicht zu einem isolierten Miteigentumsanteil gekommen war. Vielmehr handelte es sich um WE, das auf Grund abweichender Bauausführung in Bezug auf das Sondereigentum substanzlos blieb. Die Verkehrsfähigkeit ist damit zu bejahen.[85]

68 Unabhängig davon ist auch ein isolierter Miteigentumsanteil **verkehrsfähig.** Er ist damit auch **beleihungsfähig.** Seine wirtschaftliche Tauglichkeit als Beleihungsgegenstand hängt freilich davon ab, ob ein Anspruch auf zukünftige Verbindung mit Sondereigentum besteht oder ob der Miteigentumsanteil aufgelöst werden muss.

XI. Unmöglichkeit der Bauausführung

69 Aus tatsächlichen oder rechtlichen Gründen kann sich die Ausführung eines geplanten Baus, auf den sich die Begründung von WE bezieht, als **undurchführbar** erweisen. Als Beispiel für die tatsächliche Unmöglichkeit sei ein ungeeigneter Baugrund genannt. Recht-

---

80 S. aber *Hügel* ZMR 2004, 549, 551 ff.

81 Dazu, dass auf den Begriff der Anwartschaft verzichtet werden sollte, s. bereits Rn 38.

82 Riecke/Schmid/*Elzer* § 3 Rn 102; im Erg. ebenso BGH NJW 2004, 1798 = ZMR 2004, 206, 207 = ZfIR 2004, 108 m. Anm. *Armbrüster.*

83 So aber BGH NJW 2004, 1798 = ZMR 2004, 206, 207.

84 OLG Hamm NJW-RR 1991, 335 = DNotZ 1992, 492 m. krit. Anm. *Hauger.*

85 Riecke/Schmid/*Schneider* § 1 Rn 83, 105; s. auch BGH NJW 2005, 10 ff. = ZMR 2005, 59 ff.; OLG Hamm ZMR 2007, 213, 214 f.

lich unmöglich kann die Durchführung z. B. wegen eines öffentlich-rechtlichen Bauverbots sein.[86] An der Entstehung von WE ändert sich in solchen Fällen nichts. Vielmehr bleibt das WE auf Dauer in dem Zustand bestehen, in dem es sich bei der Grundbucheintragung befand, dh als WE ohne substanzhaltiges Sondereigentum.[87] Dem oder den WEern steht es frei, diesen Zustand durch einen Antrag entsprechend § 9 Abs. 1 Nr. 3 (s. dazu § 9 Rn 19) bzw. gem. § 4 Abs. 1, 2 (Aufhebung des Sondereigentums) zu beenden. Darauf hat jeder WE einen schuldrechtlichen Anspruch, der seine Grundlage im Verhältnis der WEer untereinander hat. Keinesfalls erlöschen die Wohnungseigentumsrechte bei Unmöglichkeit der Bauausführung von selbst. Sie wandeln sich auch nicht in isolierte Miteigentumsanteile um. Ihnen fehlt lediglich das sachliche Substrat, welches aber für die Begründung und damit auch für den sachenrechtlichen Fortbestand nicht erforderlich ist (vgl. Rn 37).

XII. Planabweichende Bauausführung

Problematisch ist die eigentumsrechtliche Situation, wenn die **Bauausführung** von den Angaben des geltenden Aufteilungsplans abweicht.[88] Hier fragt es sich zum einen, ob die abweichende Bauausführung der Entstehung substanzhaltigen Sondereigentums entgegensteht. Insoweit kommt es darauf an, ob die tatsächlich vorhandene Bausubstanz den im Grundbuch gemachten Angaben zugeordnet werden kann. Zum anderen stellt sich die Frage, ob die tatsächliche Bauausführung die im Aufteilungsplan verzeichneten Grenzen von Gemeinschafts- und Sondereigentum verändert. Das ist ein Problem der **Raumeigenschaft** (s. Rn 79). Es ist zwischen mehreren Fallgestaltungen zu unterscheiden: 70

1. Örtliche Verschiebung des Gebäudestandorts

Wird ein Gebäude lediglich an einer **anderen Stelle** des Grundstücks errichtet, so entsteht Sondereigentum in den Grenzen, wie Teilungserklärung und Aufteilungsplan sie bestimmen.[89] Die tatsächlich errichteten Einheiten können den dort niedergelegten Angaben vollständig zugeordnet werden. 71

2. Extreme Abweichung

Weicht die tatsächliche Bauausführung derart vom geltenden Aufteilungsplan ab, dass zwischen Gebäude und Plan schlechterdings keine Gemeinsamkeit mehr zu erkennen ist **(extreme Abweichung),** so ist eine Zuordnung der errichteten Räume zu den eingetragenen Wohnungseigentumsrechten ausgeschlossen. Das Sondereigentum bleibt substanzlos. Das gesamte Gebäude steht gem. § 1 Abs. 5 im gemeinschaftlichen Eigentum.[90] 72

Die WEer sind auf Grund der sie treffenden Treuepflicht dazu angehalten, diesen systemwidrigen Zustand zu beseitigen.[91] Da eine Anpassung der tatsächlichen Verhältnisse in der Regel unzumutbar sein wird, sind sie verpflichtet, die **dingliche Rechtslage** an die tatsächlichen Verhältnisse anzupassen. 73

---

[86] S. dazu BGH NJW 1990, 1111 ff.

[87] Vgl. BGH NJW 1990, 1111, 1112; anders (unter unzutr. Berufung auf den BGH) OLG Hamm ZMR 2006, 60, 61, das in diesen Fällen von einem Erlöschen der Wohnungseigentumsrechte und von der Existenz isolierter Miteigentumsanteile ausgeht.

[88] S. zum Ganzen *Abramenko* ZMR 1998, 741; *Armbrüster* ZWE 2005, 182.

[89] BGH NJW 2004, 1798 = ZMR 2004, 206, 207; BayObLG NJW-RR 1990, 332; OLG Karlsruhe ZMR 1993, 474; *Abramenko* ZMR 1998, 741; *Armbrüster* ZWE 2005, 182, 184; *Röll* MittBayNot 1991, 240, 243.

[90] BGH NJW 2004, 1798 = ZMR 2004, 206, 207 = ZfIR 2004, 108 m. Anm. *Armbrüster;* BayObLG ZMR 1998, 794; *Armbrüster* ZWE 2005, 182, 185; Riecke/Schmid/*Elzer* § 3 Rn 91; Riecke/Schmid/*Schneider* § 1 Rn 86 a.

[91] BGH NJW 2004, 1798 = ZfIR 2004, 108 m. Anm. *Armbrüster.*

3. Verschiebung ganzer Räume

74 Wird ein gesamter Raum baulich der benachbarten Wohnung zugeschlagen, indem die **Wanddurchbrüche** anders als vorgesehen erfolgen, so berührt dies die eigentumsrechtliche Situation nicht.[92] Auf den „verschobenen" Raum erstreckt sich dasjenige Wohnungseigentumsrecht, das sich nach den Angaben des Aufteilungsplans hierauf beziehen soll.

4. Abweichende Errichtung von Trennwänden

75 **a) Innentrennwände.** Werden allein Innentrennwände einer Wohnung abweichend vom Aufteilungsplan errichtet, so ist die Zuordnung zu den eingetragenen Rechten schon deshalb möglich, weil die **Außengrenzen** der Wohnungen mit den dortigen Angaben übereinstimmen. Es entsteht substanzhaltiges Sondereigentum.[93] Dafür ist es auch unerheblich, wenn ohne Veränderung des Grundrisses entgegen dem Aufteilungsplan zwei Wohnungen zu einer zusammengefasst werden.[94]

76 Das gilt auch dann, wenn eine größere Wohnung baulich in zwei kleinere **aufgeteilt** wird, die Außengrenzen der beiden kleineren jedoch mit der größeren übereinstimmen. Die Räume können trotz der nunmehr errichteten Trennwand insgesamt dem betreffenden Wohnungseigentumsrecht zugeordnet werden. Allein die bauliche Situation führt nicht dazu, dass sich auf jede dieser Wohnungen ein eigenes Wohnungseigentumsrecht bezieht. Dafür bedarf es vielmehr der Unterteilung analog § 8 Abs. 1 (s. dazu Rn 93 ff.).

77 **b) Außentrennwände.** Streitig sind die Fälle, in denen die **Außentrennwände** einen vom Aufteilungsplan abweichenden Standort erhalten. Weitgehend einig ist man sich zunächst aus praktischen Gründen darüber, dass sich bei **minimalen Abweichungen** (ca. 3% der SE-Fläche) die dingliche Rechtslage an den tatsächlichen Verhältnissen orientiert.[95] Hier genügt eine Grundbuchberichtigung. Im Übrigen gilt Folgendes:

78 **aa) Trennwand zwischen Sonder- und Gemeinschaftseigentum. Meinungsstand:** Wird eine Trennwand, die das Sonder- vom Gemeinschaftseigentum abgrenzt, verschoben und auf der Fläche des gemeinschaftlichen Eigentums errichtet, so stellt sich die Frage, in welchen Grenzen das Sondereigentum entsteht. Dies ist umstritten. Die überwiegende[96] Ansicht stellt entscheidend auf den **Aufteilungsplan** ab. Sondereigentum entstehe allein in diesen Grenzen. Teilweise[97] wird die Auffassung vertreten, dass der gesamte Bereich innerhalb der Außengrenzen dem Sondereigentum zuzurechnen sei. Die **tatsächliche Bauausführung** müsse darüber entscheiden, in welchen Grenzen Sondereigentum entsteht. Nach wiederum anderer Ansicht[98] soll auf diesen Fall das **Überbaurecht** (§ 912 BGB) analog anzuwenden sein. Der Bereich, der nach der Planung außerhalb der Trennwand liegen sollte (überbauter Bereich), stehe zwar im Eigentum des betreffenden WEer, sei aber mit dem Überbau „belastet".

79 **Stellungnahme:** Den zuletzt genannten Auffassungen liegt die Vorstellung zugrunde, dass eine vertikale Luftlinie **(„Luftschranke")** nicht zwei Eigentumsbereiche voneinander abgrenzen könne. Dies würde freilich nur dann zutreffen, wenn ein Raum im wohnungseigentumsrechtlichen Sinne stets eine vollständige Umschließung voraussetzte. Das ist aber, wie mittlerweile auch der BGH entschieden hat, gerade nicht der Fall (s. ausführlich § 5 Rn 9 ff.). Der Begriff des **Raumes** lässt es vielmehr zu, dass an einem realen Raum

---

[92] *Staudinger/Rapp* § 3 Rn 76.

[93] BayObLG Rpfleger 1982, 21; OLG Hamm Rpfleger 1986, 374, 375; *Abramenko* ZMR 1998, 741; *Bub* WE 1991, 124, 127.

[94] BayObLG Rpfleger 1982, 21.

[95] *Armbrüster* ZWE 2005, 182, 188; zust. NKV/*Vandenhouten* Rn 35; aA *Röll* MittBayNot 1991, 240, 242.

[96] *Armbrüster* ZWE 2005, 182, 189 f.; *Bub* WE 1991, 124, 127; *Merle* WE 1992, 11, 12.

[97] *Lutter* AcP 164 (1964), 122, 148 f.

[98] Staudinger/*Rapp* § 3 Rn 78 a ff.

(Zimmer) unterschiedliche Eigentumsverhältnisse bestehen, die lediglich durch eine sich aus dem Aufteilungsplan ergebende Luftlinie von einander abgetrennt werden. Der überwiegenden Auffassung ist deshalb zu folgen.

Eine andere Frage ist es, ob die sich hieraus ergebende eigentumsrechtliche Zuweisung **dauerhaften Bestand** haben kann. Dies ist zu verneinen. Die WEer sind vielmehr auf Grund der sie treffenden wohnungseigentumsrechtlichen Treuepflicht[99] dazu verpflichtet, die dingliche Rechtslage mit den tatsächlichen Gegebenheiten abzustimmen. Soweit eine Anpassung der realen Verhältnisse unzumutbar ist, kommt allein – ggf gegen eine Geldentschädigung – eine Korrektur auf dinglicher Ebene in Betracht. Diese vollzieht sich nach den allgemeinen Regeln, die für die Umwandlung von Gemeinschafts- in Sondereigentum gelten. 80

bb) Trennwand zwischen zwei Sondereigentumseinheiten. Geht es um eine Trennwand, die zwischen zwei Sondereigentumseinheiten liegt, so gelten die soeben dargelegten Grundsätze (Rn 77 ff.) sinngemäß. Es kann also dazu kommen, dass innerhalb der einen Wohnung ein Bereich liegt, der im Sondereigentum des benachbarten WEers steht.[100] Auch dieser Zustand ist zu beseitigen. Ist allein die dingliche Korrektur zumutbar, so kann der „abgebende" WEer eine Geldentschädigung verlangen.[101] 81

5. Errichtung zusätzlicher Räume

Werden Räume errichtet, die im Aufteilungsplan nicht enthalten sind, so stehen diese entsprechend dem Akzessionsprinzip (rechtliche Einheit von Grundstück und darauf befindlichen Gebäuden, §§ 93, 94 BGB) im **Gemeinschaftseigentum** (vgl. § 1 Abs. 5).[102] Zum nachträglichen Anbau s. Rn 83. 82

XIII. Nachträgliche bauliche Änderung des Gebäudes

Die im Grundbuch verlautbarte sachenrechtliche Zuordnung wird durch nachträgliche bauliche Veränderungen nicht berührt.[103] An einem nachträglichen **Anbau** entsteht daher ohne entsprechende Vereinbarung kein Sondereigentum. Dies gilt selbst dann, wenn der Anbau von einem WEer vollständig finanziert worden ist.[104] Muss für eine durch Unterteilung neu gebildete Sondereigentumseinheit wegen der erforderlichen Abgeschlossenheit (§ 3 Abs. 2 S. 1) ein neuer Zugang durch einen **Mauerdurchbruch** in einer im Gemeinschaftseigentum stehenden Außenmauer geschaffen werden, so berührt dieser Durchbruch weder die Abgrenzung zwischen Sondereigentum und Gemeinschaftseigentum noch wird dadurch das Gemeinschaftseigentum in seiner rechtlichen Ausgestaltung inhaltlich verändert. Die übrigen WEer werden mithin durch die Eintragung der Unterteilung nicht iSv § 19 GBO in ihrer dinglichen Rechtsstellung als Mitberechtigte am Gemeinschaftseigentum betroffen. Die fehlende Zustimmung der übrigen WEer zur Grundbucheintragung steht dieser daher nicht entgegen.[105] Eine andere Frage ist es, ob zu der baulichen Veränderung die Zustimmung nach § 22 Abs. 1 erforderlich ist; s. dazu § 22 Rn 6 ff. 83

---

[99] S. dazu *Armbrüster,* FS Merle, 2000, S. 1, 2 ff. = ZWE 2002, 333 ff.

[100] BayObLG NZM 1998, 973; KG NZM 2001, 1127, 1128; vgl. auch KG NJW-RR 2006, 659 f.

[101] Dazu KG NZM 2001, 1127, 1128.

[102] OLG Stuttgart OLGZ 1979, 21.

[103] Zu baulichen Veränderungen an Kellerräumen (Einbau einer Lattentür) s. OLG Düsseldorf ZWE 2008, 87 m. Anm. *Sommer* ZWE 2008, 85.

[104] OLG Celle ZWE 2009, 128, 129 m. zust. Anm. *Hügel*

[105] LG Augsburg Rpfleger 1999, 72.

XIV. Nachträgliche Änderung des sachenrechtlichen Grundverhältnisses

84 Das sachenrechtliche Grundverhältnis ist nachträglich, also nach der erstmaligen Begründung von WE, **änderbar.**[106] Es handelt sich um einen sachenrechtlichen Vorgang, der nicht durch Vereinbarung iSv §§ 5 Abs. 4, 10 Abs. 2 und 3 geregelt werden kann.

1. Änderung der Miteigentumsanteile

85 **a) Überblick.** Die nachträgliche Änderung der Miteigentumsanteile ist zulässig; sie verstößt insbesondere nicht gegen § 6 Abs. 1.[107] Praktische Bedeutung kommt der Anteilsübertragung vor allem dann zu, wenn **neues WE** geschaffen werden soll. Auch ein Inhaber mehrerer Wohnungseigentumsrechte kann Teile seiner Miteigentumsanteile abtrennen und diese zu einem neuen wohnungseigentumsrechtlich gebundenen Miteigentumsanteil vereinigen, wenn mit diesem gleichzeitig Sondereigentum verbunden wird.[108]

86 Ferner kann dann, wenn wegen außergewöhnlicher Umstände ein Festhalten an der bisherigen Verteilung **grob unbillig** wäre, ein Anspruch des einzelnen WEers auf Änderung der Miteigentumsanteile bestehen.[109] Diese Regel hat freilich durch die WEG-Novelle 2007 an Bedeutung verloren, da die Unbilligkeit sich meist auf die **Kostenverteilung** bezog und insoweit neben § 10 Abs. 2 S. 3 (der den diesbezüglichen Änderungsanspruch weiter fasst als die vorangegangene Rspr.,[110] s. § 10 Rn 152 ff.) auch durch die erweiterte Beschlusskompetenz in § 16 Abs. 3, 4 für Abhilfe gesorgt worden ist. Kann die Unbilligkeit bereits durch eine Änderung des Kostenverteilungsschlüssels beseitigt werden, so ist für eine weiter reichende Anpassung der Miteigentumsanteile kein Bedarf erkennbar.[111] Als Anwendungsfall für einen Anpassungsanspruch kommt freilich die neu eingeführte, an den Miteigentumsanteilen orientierte anteilige **Außenhaftung** gem. § 10 Abs. 8 in Betracht.[112]

87 **b) Dingliches Rechtsgeschäft. Einigung der betroffenen WEer.** Für spätere Veränderungen der Miteigentumsanteile ist eine **Einigung** zwischen denjenigen WEern erforderlich, deren Anteile sich verändern (§§ 873, 925 BGB).[113] Dies können sämtliche WEer sein, z. B. dann, wenn eine Neuvermessung der Wohnungen zu einer kompletten Revision der Miteigentumsanteile führt, die nach dem Willen der Beteiligten den Wohnflächen entsprechen sollen. Von der Änderung können aber auch **nur bestimmte WEer** betroffen sein. Dies ist etwa der Fall, wenn sie die Räume tauschen und ein infolgedessen eintretendes Missverhältnis von Nutzflächen zu Miteigentumsanteilen (vgl § 3 Rn 38 f.) durch Änderung des Miteigentumsanteils korrigieren. In solchen Fällen bedarf es nicht der Mitwirkung der übrigen WEer.[114] Eine **Ermächtigung** des Verwalters durch Beschluss, andere WEer auf Zustimmung zur Änderung der Miteigentumsanteile zu verklagen, ist unzulässig.[115]

88 Der **Alleineigentümer** kann die Quotenänderung analog § 8 Abs. 1 vollziehen.[116]

---

[106] Zum Ganzen *Böhringer* NotBZ 1999, 154; *Böttcher* BWNotZ 1996, 80; *Streblow* MittRhNotK 1987, 141.

[107] BGH NJW 1976, 1976.

[108] BayObLG Rpfleger 1974, 403.

[109] BayObLGZ 1991, 396, 398; OLG Düsseldorf ZMR 2002, 292, 294; s. aber auch BayObLG ZMR 1999, 842 zum Vorrang einer Änderung des Kostenverteilungsschlüssels.

[110] Zu ihr s. etwa BGHZ 156, 192, 198 = ZMR 2003, 937 (betr. Kaltwasserkosten); BGHZ 160, 354, 358 = ZMR 2004, 834 (betr. Betriebskosten).

[111] BayObLG ZMR 1999, 842; Riecke/Schmid/*Elzer* § 8 Rn 11.

[112] Zutr. Riecke/Schmid/*Elzer* § 3 Rn 17.

[113] BayObLG DNotZ 1986, 237.

[114] BGH NJW 1976, 1976; BayObLG DNotZ 1983, 752; NJW-RR 1993, 1043.

[115] KG NZM 2001, 528 = NJW-RR 2001, 1453.

[116] BGH NJW 1976, 1976.

c) Grundbucheintragung. Neben dem dinglichen Rechtsgeschäft ist die Eintragung der Rechtsänderung in den jeweiligen Wohnungseigentumsgrundbüchern erforderlich.[117] Das Grundbuchamt hat das Vorliegen der Einigung nach § 20 GBO zu prüfen.[118] Ändern die WEer das Verhältnis der Miteigentumsanteile, müssen die alten Miteigentumsanteile in Spalte 3 des Bestandsverzeichnisses gelöscht werden. Die neuen Miteigentumsanteile sind sodann unter neuen laufenden Nummern neu vorzutragen mit dem gleichzeitigen Vermerk in Spalte 6 des Bestandsverzeichnisses, dass durch Teilauflassung und Einigung die Miteigentumsanteile geändert worden sind.[119] 89

d) Zustimmung von Grundpfandgläubigern. Grundpfandgläubiger eines WEs, das selbstständig belastet ist, müssen einer **Verkleinerung** des Miteigentumsanteils (ebenso wie einer solchen des Sondereigentums, s. Rn 120), nicht jedoch einer Vergrößerung zustimmen.[120] Die Zustimmung der Grundpfandgläubiger zur Verkleinerung des Miteigentumsanteils bedeutet eine **Pfandfreigabe.**[121] Die „gewinnenden" WEer müssen nach teils vertretener Ansicht einer **Pfandunterstellung** zustimmen.[122] Richtigerweise erstrecken sich bestehende Belastungen jedoch bereits kraft Gesetzes auf den hinzukommenden Anteil.[123] In der Zustimmung eines WEers zur Vergrößerung seines Miteigentums liegt aber jedenfalls auch die Erklärung, dass er den vergrößerten Miteigentumsanteil den Grundpfandrechten unterstellt, die in Abt. III seines Wohnungsgrundbuchs eingetragen sind (Pfandunterstellung; s. auch § 6 Rn 13).[124] 90

2. Umwandlung von Gemeinschafts- in Sondereigentum und umgekehrt

a) Umwandlung von Gemeinschafts- in Sondereigentum. Die Umwandlung von Gemeinschafts- in Sondereigentum ist mit der **Einräumung von Sondereigentum** iSv § 4 Abs. 1 verbunden, so dass die in § 4 aufgestellten Formerfordernisse zu beachten sind (s. § 4 Rn 8, 24). 91

b) Umwandlung von Sonder- in Gemeinschaftseigentum. Die Umwandlung von Sonder- in Gemeinschaftseigentum erfordert die **Aufhebung von Sondereigentum** in der Form des § 4 (s. § 4 Rn 9, 24). Die Räume gehören dann selbst ohne ausdrückliche Zuordnung zwingend zum Gemeinschaftseigentum (s. § 4 Rn 9). Die Umwandlung von Sonder- in Gemeinschaftseigentum kann praktisch insbesondere bei der **Unterteilung** von WE bedeutsam werden, wenn diese nur in der Weise möglich ist, dass ein Teil der bisher im Sondereigentum stehenden Räume in Gemeinschaftseigentum überführt wird (Beispiel: gemeinsamer Vorflur; s. dazu Rn 106 ff.). Hier bedarf der aufteilende WEer der Mitwirkung aller anderen WEer nach § 4.[125] Ein Anspruch auf diese Mitwirkung kann insbesondere dann bestehen, wenn mit der Änderung eine **Anpassung** der rechtlichen Beschreibung im Aufteilungsplan an die tatsächlichen Verhältnisse bezweckt wird.[126] 92

---

[117] BayObLG NJW-RR 1993, 1043.

[118] BayObLG DNotZ 1983, 752.

[119] BayObLG NJW 1958, 2116, 2118.

[120] BayObLG NJW-RR 1993, 1043; OLG Hamm NZM 1999, 82 = ZMR 1999, 197; Riecke/Schmid/*Elzer* § 3 Rn 16; aA LG München, DWE 1984, 91.

[121] OLG Hamm NZM 1999, 82 = ZMR 1999, 197.

[122] OLG Hamm Rpfleger 1986, 374, 375; BayObLG NJW-RR 1993, 1043; *Demharter,* Anh § 3 Rn 88.

[123] LG Wiesbaden Rpfleger 2004, 350; *Böttcher* Rpfleger 2005, 648, 655; *Streuer* Rpfleger 1992, 181, 183 f.; s. auch LG Köln RNotZ 2002, 336 = Rpfleger 2002, 566.

[124] OLG Hamm NZM 1999, 82 = ZMR 1999, 197; Riecke/Schmid/*Schneider* § 6 Rn 8.

[125] BGHZ 139, 352, 356 = NJW 1998, 3711 (II. ZS; Abgrenzung zu BGHZ 49, 250, 256 = NJW 1968, 499; BGHZ 73, 150, 154 = NJW 1979, 870).

[126] KG ZMR 2001, 849 = NZM 2001, 1127.

3. Unterteilung einer Wohnungseigentumseinheit

93 **a) Grundlagen.** Dass die spätere **Unterteilung** (Aufteilung) eines zunächst einheitlichen WEs in mehrere selbstständige Wohnungseigentumseinheiten möglich ist, steht im Grundsatz mittlerweile außer Streit.[127] Zur dogmatischen Herleitung – und damit verbunden: zu den anwendbaren Vorschriften – werden freilich unterschiedliche Ansichten vertreten. Der BGH[128] und das überwiegende Schrifttum[129] ziehen **§ 8 analog** heran. Teils wird hingegen eine **Analogie zu § 7 GBO** favorisiert.[130] Die zuletzt genannte Ansicht führt zur Begründung an, dass damit die nach § 8 bestehende Möglichkeit, einseitig Bestimmungen über das Gemeinschaftsverhältnis zu treffen, ausgeschlossen sei. Indessen ist dies auch dann der Fall, wenn man die **analoge Anwendung von § 8** auf den Begründungsvorgang iS der Schaffung der sachenrechtlichen Grundlagen beschränkt. Diese Beschränkung ist sachgerecht, da es hier nicht um die Entstehung einer neuen WEgem als Verband geht. Für die analoge Anwendung von § 8 spricht auch, dass es sich anders als bei § 7 GBO um eine spezifisch wohnungseigentumsrechtliche Vorschrift handelt, bei der es zudem um die Begründung von WE geht, und dass sich die Unterteilung letztlich lediglich als „Verfeinerung" der ursprünglichen Begründung von WE darstellt.

94 **b) Durchführung.** Die Durchführung der Unterteilung richtet sich nach denselben Regeln, die für die Teilung nach § 8 maßgeblich sind (näher § 8 Rn 15 ff.). Insbesondere müssen die Voraussetzungen des § 3 Abs. 2 **(Abgeschlossenheit)** hinsichtlich jedes neu zu bildenden Sondereigentums erfüllt sein. Zum Unterteilungsplan s. Rn 110.

95 Einer **Mitwirkung der übrigen WEer** bedarf es – vorbehaltlich abweichender Regelungen in der Gemeinschaftsordnung – ebenso wenig wie bei der Aufteilung eines einfachen Miteigentumsanteils.[131] In der Gemeinschaftsordnung kann allerdings bereits für die Unterteilung ein **Zustimmungsvorbehalt** iSv § 12 vorgesehen werden.[132] Die etwa vorgesehene Zustimmung eines Dritten darf demgemäß nur aus wichtigem Grund versagt werden (§ 12 Abs. 2 S. 1). Ggf für den baulichen Vollzug erforderliche Zustimmungen nach § 22 Abs. 1 müssen dem Grundbuchamt nicht vorgelegt werden, damit die Rechtsänderung in das Grundbuch eingetragen werden kann.[133]

96 Eine Zustimmung der **Grundpfandgläubiger** zur Unterteilung ist ebenso wie sonst bei der Teilung des Grundstückes in Wohnungseigentumsrechte grds. nicht erforderlich.[134] S. dazu Rn 22 ff.

97 **c) Zulässige Reichweite.** Von der Unterteilung eines WEs dürfen nur diejenigen Räume erfasst werden, die Sondereigentum dieses WEs sind.[135] Weisen der **Unterteilungsplan** und – durch Bezugnahme darauf – das Grundbuch Räume als Sondereigentum einer der neugebildeten Einheiten aus, die nach dem ursprünglichen Aufteilungsplan **Gemeinschaftseigentum** sind, so liegt insoweit eine ihrem Inhalt nach **unzulässige Eintragung** vor.[136] Dabei kommt es nicht darauf an, ob bei der Eintragung des neugebildeten WEs nur auf die Unterteilungsbewilligung nebst Unterteilungsplan oder auch auf die

---

[127] BGHZ 49, 250, 251 = NJW 1968, 499; BGH ZMR 2005, 59, 60; OLG Schleswig MDR 1965, 46; ausführlich zur Unterteilung *Hauger* PiG 34 (1990), S. 93.

[128] BGHZ 73, 150, 152 = NJW 1979, 870; BGH ZMR 2005, 59, 60; *Gaier,* FS Wenzel, 2005, S. 59, 60; *Röll,* Teilungserklärung, S. 38.

[129] LG Frankfurt/M. Rpfleger 1989, 281; Riecke/Schmid/*Schneider* § 7 Rn 242; *Röll* DNotZ 1993, 158; Staudinger/*Rapp* § 8 Rn 11.

[130] Weitnauer/*Briesemeister* § 8 Rn 3.

[131] BGHZ 49, 250, 256 = NJW 1968, 499; BGH ZMR 2005, 59, 60.

[132] BGHZ 49, 250, 257 = NJW 1968, 499; BayObLG WE 1992, 397; NKV/*Vandenhouten* § 8 Rn 32; aA Weitnauer/*Briesemeister* § 8 Rn 3; Weitnauer/*Lüke* § 12 Rn 2.

[133] BayObLG DNotZ 1999, 210; *Schöner/Stöber,* Grundbuchrecht, Rn 2977 a.

[134] Riecke/Schmid/*Schneider* § 7 Rn 247; *Streuer* Rpfleger 1992, 181.

[135] BGH ZMR 2005, 59, 60.

[136] BGH ZMR 2005, 59, 60.

ursprüngliche Bewilligung und den ursprünglichen Aufteilungsplan Bezug genommen wird.[137] Ein gutgläubiger Erwerb scheidet deshalb aus.[138] Wird einem neu geschaffenen Anteil ausschließlich gemeinschaftliches Eigentum zugewiesen, so ist die Folge ein **isolierter Miteigentumsanteil** (s. Rn 59).[139] Im Übrigen richtet sich die Frage, ob der durch die Unterteilung geschaffene Grundbuchinhalt richtig oder unrichtig ist, nach der Wirksamkeit des zugrundeliegenden materiell-rechtlichen Rechtsgeschäfts. Dieses ist ggf. nach § 139 BGB zu beurteilen.[140]

d) Gebot der Komplettaufteilung. aa) Grundsatz. Es müssen alle im Sondereigentum stehenden Räume mit einem Miteigentumsanteil verbunden werden (Gebot der **Komplettaufteilung**). Andernfalls sind die Eintragungen im Grundbuch inhaltlich unzulässig.[141] Es besteht auch nicht die Möglichkeit, teilweise auf Sondereigentum zu verzichten.[142] Zu dem Fall, dass bei der Unterteilung bisher im Sondereigentum stehende Räume oder Gebäudeteile in Gemeinschaftseigentum überführt werden müssen (sog. Vorflurproblem) s. Rn 106 ff. 98

bb) Gutgläubiger Erwerb. Streitig ist die Frage, ob bei einem Verstoß gegen das Gebot der Komplettaufteilung ein gutgläubiger Erwerb möglich ist. Dabei geht es darum, ob und inwieweit ein Erwerb kraft guten Glaubens den Fehler der Unterteilung heilen kann. 99

Nach einer **ersten Ansicht**[143] ist eine solche Heilung kraft gutgläubigen Erwerbs **möglich.** Dabei wird zwischen zwei Fallgestaltungen differenziert. Liegt der Verstoß gegen das Gebot der Komplettaufteilung darin, dass ein gemeinsamer Vorflur ohne die Mitwirkung der übrigen WEer nicht mehr als Sondereigentum ausgewiesen wird, soll das durch die Grundbucheintragung verlautbarte Sondereigentum gutgläubig erworben werden können. Der gutgläubige Erwerb knüpft demnach an das Grundbuch in seiner aktuellen Version an.[144] Nach dem Unterteilungsplan seien jedoch die Eingangsflure dem Gemeinschaftseigentum zugeordnet. Auch wenn die Umwandlung in Gemeinschaftseigentum die Mitwirkung sämtlicher WEer voraussetzt, soll die verlautbarte Rechtslage auch dann theoretisch möglich sein, wenn diese Mitwirkung im Einzelfall fehlt.[145] Die Einigung der WEer sei nicht Gegenstand der Bezugnahme. § 874 BGB gelte nur für den Rechtsinhalt.[146] Der Käufer erlange damit kraft guten Glaubens Gemeinschaftseigentum an dem Vorflur. Nach dem „Prinzip der allseitigen Heilung“ (s. dazu § 3 Rn 48) werde damit der vom Eingangsflur umfasste Raum **insgesamt** gemeinschaftliches Eigentum sämtlicher WEer.[147] 100

Besondere Probleme sieht diese erste Ansicht dann, wenn bei der Unterteilung vergessen wurde, einen **Nebenraum,** der bislang zum Sondereigentum zählte, einem der neuen Miteigentumsanteile zuzuweisen.[148] Nach der Verlautbarung des Grundbuchs steht dieser Raum weiterhin im Sondereigentum. Veräußere der vorherige Eigentümer gleichzeitig beide „fehlerhaft“ gebildeten Wohnungseigentumsrechte, und nähme man einen gutgläubigen Erwerb in Bezug auf die Haupträume an, so würde isoliertes Sondereigentum des Verkäufers an den Kellerräumen entstehen, da dem Veräußerer ein Miteigentumsanteil nicht mehr zustünde. Isoliertes Sondereigentum sei jedoch nicht anzuerkennen. Bei der 101

---

[137] BayObLGZ 1998, 70 = NJW-RR 1999, 8; offen lassend BGH ZMR 2005, 59, 60.
[138] BGH ZMR 2005, 59, 60.
[139] BGH ZMR 2005, 59, 60.
[140] BayObLGZ 1998, 70 = NJW-RR 1999, 8.
[141] BayObLGZ 1987, 390 = DNotZ 1988, 316; BayObLGZ 1995, 399 = NJW-RR 1996, 721.
[142] Staudinger/*Rapp* § 6 Rn 4 c.
[143] *Röll* MittBayNot 1988, 22, 24; *ders.* DNotZ 1993, 158; s. auch *v. Oefele,* in: Bauer/*v. Oefele,* GBO, AT V Rn 363.
[144] *Röll* DNotZ 1993, 158, 162.
[145] *Röll* MittBayNot 1988, 22, 24.
[146] *v. Oefele,* in: Bauer/*v. Oefele,* GBO, AT V Rn 363.
[147] *Röll* MittBayNot 1988, 22, 24.
[148] *Röll* MittBayNot 1988, 22, 24.

Lösung sei deshalb darauf abzustellen, dass der Käufer nur der Eintragung bei seinem Miteigentumsanteil vertrauen müsse. Wenn man aber einen gutgläubigen Erwerb an den Haupträumen anerkenne, so sei dem Sondereigentum an den Nebenräumen der Boden entzogen. Sie fielen deshalb ins Gemeinschaftseigentum.[149]

102 Nach einer **zweiten Ansicht**[150] scheidet ein gutgläubiger Erwerb jedenfalls dann aus, wenn es um die Fälle geht, in denen durch die Unterteilung ein gemeinsamer Vorflur entstehe, dieser aber nach den allgemeinen Grundsätzen nicht in Gemeinschaftseigentum überführt werde. Der Umfang des Gemeinschaftseigentums und damit spiegelbildlich derjenige des Sondereigentums könne nur auf allen Wohnungsgrundbuchblättern einheitlich dargestellt werden. Erfolge die Eintragung nicht auf allen Wohnungsgrundbuchblättern, so habe das Grundbuch einen in sich widersprüchlichen Inhalt. Eine Eintragung iSv § 891 BGB setze jedoch voraus, dass diese einheitlich bei allen Grundbuchstellen vorgenommen werde. Ein gutgläubiger Erwerb scheide aus.

103 Anders sei jedoch die Konstellation zu beurteilen, bei der die Unwirksamkeit der Unterteilung darauf beruhe, dass **Sondereigentum ohne Miteigentumsanteil** vorhanden sei. In diesem Fall wiesen die Grundbücher der unterteilten Einheiten einen wohnungseigentumsrechtlich zulässigen Inhalt auf.[151] Das unterteilte WE könne rechtlich wirksam auch ohne den „vergessenen“ Nebenraum existieren. Bei gutgläubigem Erwerb auch nur einer Einheit werde die Unterteilung insgesamt geheilt und es entstehe damit kraft Gesetzes Sondereigentum ohne Miteigentumsanteil (isoliertes Sondereigentum). Entsprechend der Situation beim isolierten Miteigentumsanteil seien die WEer zur Behebung dieses § 6 Abs. 2 widersprechenden Zustands verpflichtet, dem Inhaber des isolierten Sondereigentums einen der Größenordnung entsprechenden Miteigentumsanteil zu übertragen.[152]

104 Nach der **dritten Ansicht**[153] scheidet ein gutgläubiger Erwerb stets aus, wenn gegen das Gebot der Komplettaufteilung verstoßen wurde. Die Grundbucheintragung ist demnach **inhaltlich unzulässig.** Grundlage für einen rechtsgeschäftlichen Erwerb kraft öffentlichen Glaubens könne sie damit nicht sein.[154] Bei einem durch Unterteilung entstandenen Wohnungseigentumsrecht ergebe sich zwingend aus der Eintragung im Bestandsverzeichnis, dass es sich um eine Unterteilung handele und was Gegenstand der Unterteilung sei. Wegen des Gegenstands des Sondereigentums werde bei der Eintragung im Bestandsverzeichnis nämlich auf die Eintragungsbewilligung in der Form der Unterteilung Bezug genommen und damit zugleich auf den Unterteilungsplan als Anlage dazu (§ 7 Abs. 3 und 4 Nr. 1).[155] Danach ergebe sich, wenn bei einer Unterteilung nicht alle im Sondereigentum stehenden Räume mit einem Miteigentumsanteil verbunden würden, ohne dass deren Umwandlung in Gemeinschaftseigentum eingetragen sei, unmittelbar aus dem Grundbuch selbst ein Zustand, der rechtlich nicht möglich sei. Die Folge hiervon seien unzulässige Eintragungen, an die sich ein gutgläubiger Erwerb nicht anschließen könne.[156] Zudem sei ein „isoliertes Sondereigentum“ nicht denkbar.[157]

105 **Stellungnahme:** Ein gutgläubiger Erwerb muss stets ausscheiden, da die Grundbucheintragung ersichtlich unzulässig ist[158] und daher keinen Vertrauensschutz begründen kann. Die **dritte Ansicht** erscheint mithin zutreffend.

---

149 *Röll* MittBayNot 1988, 22, 24.

150 Staudinger/*Rapp* § 6 Rn 4 c; s. auch *Gaier,* FS Wenzel, 2005, S. 145, 150.

151 Staudinger/*Rapp* § 6 Rn 4 b.

152 Staudinger/*Rapp* § 6 Rn 4 b.

153 BayObLGZ 1987, 390, 395 f. = DNotZ 1988, 316, 319; BayObLG DNotZ 1996, 660, 662 ff; NKV/*Vandenhouten* § 8 Rn 33; Riecke/Schmid/*Elzer* § 8 Rn 78 ff.

154 BayObLG DNotZ 1996, 660, 664.

155 BayObLG DNotZ 1996, 660, 664.

156 BayObLG DNotZ 1996, 660, 664.

157 BayObLG DNotZ 1996, 660, 663.

158 Vgl. hierzu BGH ZMR 2007, 59, 61.

e) Vorflurproblem. aa) Problemstellung. Bei der Unterteilung von WE, die der WEer grds. allein vornehmen kann (s. Rn 93), kann es dazu kommen, dass zwischen den neu entstehenden Einheiten auf einer Fläche der früheren einheitlichen Wohnung ein **Vorflur** erforderlich wird, der den Zugang zu den neuen Einheiten ermöglicht. Im Sondermiteigentum kann der Vorflur nicht stehen (s. dazu § 3 Rn 27 ff.). Vielmehr zählt er gem. § 5 Abs. 2 zwingend zum gemeinschaftlichen Eigentum. Da dieser Bereich jedoch im Sondereigentum des unterteilenden WEers steht, fragt sich, wie die Umwandlung in Gemeinschaftseigentum erfolgen kann. 106

bb) Meinungsstand. Nach ganz überwiegender, auch von der Rechtsprechung[159] geteilter Auffassung[160] gelten auch für diesen Fall die allgemeinen Regeln zur Umwandlung von Sonder- in Gemeinschaftseigentum (s. dazu Rn 91 f.). Demnach ist es erforderlich, dass sämtliche WEer an dem Vorgang mitwirken. Niemand könne über die Rechtsmacht verfügen, den übrigen WEern gemeinschaftliches Eigentum aufzudrängen. Fehle es an der nach § 4 Abs. 1 erforderlichen **Mitwirkung der übrigen Eigentümer,** so sei die Unterteilung nichtig.[161] Diese Auffassung läuft praktisch darauf hinaus, dass die Unterteilung in jenen Fällen von der Zustimmung der übrigen WEer abhängt. 107

Nach der Gegenauffassung[162] vollzieht sich die Umwandlung in Gemeinschaftseigentum **kraft Gesetzes,** also ohne dass hieran die übrigen WEer mitwirken müssten. *Röll*[163] begründet dies damit, dass durch den tatsächlichen Vollzug der Unterteilung die Raumeigenschaft desjenigen Teils entfalle, der nunmehr außerhalb der ursprünglichen Wohnung liegt. Da Sondereigentum nur an Räumen bestehen könne, wandle sich dieser Bereich in Gemeinschaftseigentum um (vgl. § 1 Abs. 5 WEG).[164] *Gaier*[165] zerlegt die Umwandlung von Sonder- in Gemeinschaftseigentum in zwei Schritte. Der Erste sei die **Aufgabe** von Sondereigentum. Diese sei nach § 928 BGB einseitig zulässig.[166] Der zweite Schritt sei der anschließende **Erwerb** von Gemeinschaftseigentum. Dieser vollziehe sich unmittelbar nach § 5 Abs. 2. Den WEers werde hierdurch auch nicht unzulässig Gemeinschaftseigentum aufgedrängt. Die allgemeine Vorschrift des § 16 Abs. 2 sei analog § 16 Abs. 3 aF (jetzt: § 16 Abs. 6 S. 1) ausgeschlossen.[167] Die übrigen WEern seien deshalb von sämtlichen Folgekosten befreit. 108

cc) Stellungnahme. Das schutzwürdige Interesse der übrigen WEer daran, „aufgedrängtes" Gemeinschaftseigentum abwehren zu können, gebietet es, mit der überwiegenden Ansicht ihre **Mitwirkung** für erforderlich zu halten. Unabhängig von der Kostentragung liegt eine Änderung des sachenrechtlichen Grundverhältnisses vor, die – da es sich um echtes Eigentum handelt – nicht ohne den Willen jedes WEers erfolgen soll. 109

f) Unterteilungsplan. Bei der Unterteilung in selbstständige Einheiten sind dem Grundbuchamt ein aktualisierter Unterteilungsplan sowie eine Abgeschlossenheitsbescheinigung vorzulegen. Dies gilt auch dann, wenn das WE durch die **Vereinigung** zweier Einheiten entstanden ist und jetzt der frühere Rechtszustand wieder hergestellt werden soll.[168] Zum Abgeschlossenheitserfordernis s. auch § 3 Rn 84. 110

---

159 BGHZ 139, 352, 356 = NJW 1998, 3711 (II. Senat); BayObLG DNotZ 1988, 316, 318; OLG München DNotZ 2007, 946, 947.

160 *Krause* NotBZ 2001, 433, 435; NKV/*Vandenhouten* § 8 Rn 34; Riecke/Schmid/*Schneider* § 7 Rn 243; Staudinger/*Rapp* § 6 Rn 4 c; *ders.* MittBayNot 1996, 344, 246.

161 OLG München DNotZ 2007, 946, 947 (auch kein gutgläubiger Erwerb; dagegen *Böttcher* Rpfleger 2009, 560).

162 *Röll* DNotZ 1993, 158; *ders.* DNotZ 1998, 345.

163 *Röll* DNotZ 1993, 158, 159 ff.

164 *Röll* DNotZ 1993, 158, 159.

165 *Gaier,* FS Wenzel, 2005, S. 145.

166 *Gaier,* FS Wenzel, 2005, S. 145, 152.

167 *Gaier,* FS Wenzel, 2005, S. 145, 154.

168 BayObLG NJW-RR 1994, 716.

111 **g) Folgen für die Mitgliedschaftsrechte.** Der WEer kann seinen Miteigentumsanteil in mehrere selbstständige Wohnungseigentumsrechte unterteilen.[169] Dadurch darf der **Status** der übrigen WEer grds. nicht (negativ) verändert werden; dies gilt auch dann, wenn das Sondereigentum (bereits) aus mehreren selbstständigen Wohnungen besteht.[170]

112 Eine Beeinträchtigung kann darin liegen, dass sich das **Stimmrecht** der übrigen WEer durch in Unterteilung verkürzt. Es muss zwischen den unterschiedlichen Stimmprinzipien und zwischen Unterteilung und anschließender Veräußerung differenziert werden (s. näher § 25 Rn 36 ff.).

113 Die **bloße Unterteilung** führt unter der Geltung des Wert-[171] sowie das Kopfprinzips zu keinen Auswirkungen auf die Stimmrechte. Solche können sich nur beim **Objektsprinzip** ergeben. Hier befürwortet die überwiegende Ansicht,[172] die auch der BGH[173] teilt, zu Recht eine **Stimmrechtsquotelung.** Das einheitliche Stimmrecht wird gleichmäßig nach Bruchteilen auf die neuen Wohnungseigentumsrechte verteilt.

114 Bei der **Veräußerung** unterteilten WEs kann es allein unter Geltung des **Kopfprinzips** zu einer vermehrten Stimmanzahl kommen. Teilweise[174] wird deshalb auch insoweit die Auffassung vertreten, dass nur eine Stimmrechtsquotelung eine Beeinträchtigung der Mitgliedschaftsrechte ausschließen könne. Das überzeugt nicht; vielmehr ist eine Stimmenvermehrung anzunehmen.[175] Dem Kopfprinzip ist es von vornherein **immanent,** dass es nach der Begründung von WE im weiteren Verlauf zu einer Vermehrung der Stimmrechte kommen kann.[176] Eine Schmälerung der Mitgliedschaftsrechte, die verhindert werden müsste, tritt deshalb nicht ein.

4. Vereinigung/Zuschreibung

115 Inwieweit eine **Vereinigung** (§ 890 Abs. 1 BGB iVm § 5 GBO) oder **Zuschreibung** (§ 890 Abs. 2 BGB iVm § 6 GBO) möglich sind, ist teils umstritten. S. dazu § 1 Rn 97 ff. sowie (zum Abgeschlossenheitserfordernis) § 3 Rn. 85.

5. Isolierte Neuzuteilung bestehenden Sondereigentums

116 WEer können das ihnen eingeräumte Sondereigentum nach der erstmaligen Einräumung von Sondereigentum **neu zuteilen** (zur Abgrenzung von anderen Fallgestaltungen s. § 6 Rn 8 ff.). Die gleichzeitige Übertragung von Miteigentumsanteilen ist nicht erforderlich.[177] § 6 Abs. 1 steht diesem Vorgang nicht entgegen, soweit der abgebende Anteil weiterhin mit Sondereigentum verbunden bleibt (s. dazu § 6 Rn 6). Dogmatisch liegt in der Neuzuteilung von Sondereigentum eine **Inhaltsänderung** der bereits wohnungseigentumsrechtlich gebundenen Miteigentumsanteile und keine Übertragung iSv § 873 Abs. 1 BGB.[178] Diese Sichtweise ist zwingend, wenn man – wie dies hier vertreten wird (s. § 3 Rn 3) – auch in der erstmaligen Einräumung von Sondereigentum eine Inhaltsänderung des Miteigentums erblickt.

---

[169] BayObLG Rpfleger 1991, 455; OLG Hamm ZWE 2002, 489.

[170] BayObLG NJW-RR 1991, 910; OLG Hamm ZWE 2002, 489.

[171] Insoweit aA *Bielefeld*, FS Merle, 2000, S. 75, 88.

[172] KG ZMR 1999, 427, 428; *Gottschalg* NZM 2005, 88, 89; *Wedemeyer* NZM 2000, 638.

[173] BGHZ 160, 354, 365 = NJW 2004, 3413.

[174] OLG Stuttgart NZM 2005, 312; Palandt/*Bassenge* § 25 Rn 7; *Wedemeyer* NZM 2000, 638, 640 ff.

[175] KG NZM 2000, 671; OLG Düsseldorf NZM 2004, 234; NKV/*Vandenhouten* § 8 Rn 31.

[176] OLG München NZM 2007, 45; *Briesemeister* NZM 2000, 992, 993 ff.; s. auch § 25 Rn 39.

[177] S. nur OLG Köln ZMR 2007, 555 (Tausch von SE); grdl. *Tasche* DNotZ 1970, 710.

[178] AA konsequenterweise Staudinger/*Rapp* § 6 Rn 19, der auch in der Einräumung von Sondereigentum eine Übertragung von Eigentum sieht.

Auf das dingliche Rechtsgeschäft ist deshalb § 4 Abs. 1, 2 analog anzuwenden, mit der Folge, dass die **Form der Auflassung** (§ 925 BGB) eingehalten werden muss (s. dazu § 4 Rn 24 ff.).[179] Es müssen nur diejenigen WEer mitwirken, die von der Rechtsänderung unmittelbar betroffen sind. Die Bewilligung (§ 19 GBO) der übrigen WEer ist auch nicht deshalb erforderlich, weil die Abgeschlossenheit des um den hinzuerworbenen Raum vergrößerten WEs nur mit einem Durchbruch der im Gemeinschaftseigentum stehenden tragenden Trennwand oder Decke hergestellt werden kann.[180] 117

Stehen die betroffenen Wohnungseigentumsrechte **demselben Eigentümer** zu, so kann er die Rechtsänderung einseitig analog § 8 Abs. 1 vornehmen.[181] 118

Verändern sich die Grenzen des Sondereigentums, so bedarf es grds. ebenso wie im Fall der Unterteilung (s. Rn 93 ff.) der Vorlage eines neuen **Aufteilungsplans** und einer neuen **Abgeschlossenheitsbescheinigung.**[182] Dies ist allerdings dann nicht der Fall, wenn lediglich einzelne in sich abgeschlossene Räume (z. B. Garage, Kellerraum) neu zugeordnet werden, da dann keine Unklarheit droht.[183] Zum grundbuchmäßigen Vollzug s. näher § 7 Rn 54 ff. 119

Eine **Zustimmung** dinglich Berechtigter ist bei der isolierten Neuzuteilung des Sondereigentums nur dann erforderlich, wenn das Sondereigentum verkleinert oder sonst nachteilig beeinträchtigt wird,[184] etwa im Tauschwege. 120

6. Änderungsvollmacht und Änderungsvorbehalt

Die Umwandlung von Gemeinschafts- in Sondereigentum und umgekehrt kann nicht in der Gemeinschaftsordnung einem WEer (oder einem Dritten) **vorbehalten** werden.[185] Dasselbe gilt hinsichtlich einer Änderung der Miteigentumsanteile. Auch eine entsprechende Vollmacht kann nicht in der Gemeinschaftsordnung verankert werden.[186] 121

Möchte der aufteilende Eigentümer sich eine gewisse Flexibilität erhalten, so muss er in die **Erwerbsverträge** entsprechende **Änderungsvollmachten** zu seinen Gunsten aufnehmen. Derartige Vollmachten binden freilich allein den Erwerber im Verhältnis zum Veräußerer; die Bewilligung der dinglich Berechtigten gem. §§ 877, 876 BGB wird dadurch nicht entbehrlich.[187] Die zulässige **Reichweite der Änderungsvollmacht** ist Gegenstand einer intensiven Diskussion.[188] Problematisch ist insbesondere, mit welcher Bestimmtheit die ermöglichten Änderungen bezeichnet werden müssen.[189] Darüber hinaus ist es ungeklärt, ob und ggf. unter welchen Voraussetzungen die aus grundbuchrechtlichen Gründen nach außen unbeschränkte Vollmacht in AGB für den Erwerber zumutbar ist. 122

Nach der hier vertretenen Ansicht kann der Bauträger es sich durch einen hinreichend bestimmten **Änderungsvorbehalt** in der Gemeinschaftsordnung ermöglichen, WE in TE 123

---

[179] BayObLG DNotZ 1984, 381, 382 f.; OLG Zweibrücken ZMR 2001, 663; OLG Köln ZMR 2007, 555; OLG München NZM 2009, 402, 403.

[180] BayObLG NZM 1998, 308.

[181] OLG München NZM 2009, 402, 403.

[182] BayObLG DNotZ 1984, 381, 382; OLG Zweibrücken ZMR 2001, 663; *Rapp* MittBayNot 1996, 344, 348.

[183] OLG München NZM 2009, 402, 403; vgl. auch OLG Zweibrücken FGPrax 2001, 105, 106.

[184] BayObLGZ 1984, 10 = DNotZ 1984, 381.

[185] BayObLG ZMR 2002, 283; OLG Saarbrücken NZM 2005, 423; *Häublein* DNotZ 2000, 442, 450 f.; Riecke/Schmid/*Schneider* § 1 Rn 57; aA *Rapp* MittBayNot 1998, 7, 79 f.; *Röll* DNotZ 1998, 345, 346.

[186] *Armbrüster* ZMR 2005, 244, 247.

[187] BayObLG DNotZ 1996, 297; Riecke/Schmid/*Schneider* § 1 Rn 58.

[188] Eingehend *Armbrüster* ZMR 2005, 244; *Basty* NotBZ 1999, 233; *ders.* PiG 69 (2004), S. 1, 14 ff.; *Kolb* MittRhNotK 1996, 254; *Krause* NotBZ 2001, 433; 2002, 11; *A. Vogel* ZMR 2008, 270.

[189] Dazu *Armbrüster* ZMR 2005, 244, 248.

umzuwandeln und umgekehrt.[190] Dabei muss er allerdings auf die berechtigten Interessen der übrigen WEer Rücksicht nehmen. Eine Zustimmung dinglich Berechtigter zu der Umwandlung ist nicht erforderlich. Diese Regeln gelten auch für die nachträgliche Einräumung, Inhaltsänderung und Aufhebung von Sondernutzungsrechten. Sie erfassen hingegen nicht die Umwandlung von Gemeinschafts- in Sondereigentum und umgekehrt sowie die Veränderung der Miteigentumsanteile. Hierfür kann der Bauträger sich in den engen Grenzen des § 308 Nr. 4 BGB in den Kaufverträgen eine **Vollmacht** zur Abgabe der erforderlichen Erklärungen erteilen lassen (vgl. auch Rn 122).[191]

7. Unschädlichkeitszeugnis

124 Bedarf eine der genannten Änderungen des sachenrechtlichen Grundverhältnisses nach den vorstehenden Ausführungen der Zustimmung dinglich Berechtigter, so kann diese ggf. durch ein nach landesrechtlichen Vorschriften einzuholendes **Unschädlichkeitszeugnis**[192] ersetzt werden. Voraussetzung hierfür ist regelmäßig, dass der dinglich Berechtigte durch die Belastung nur in geringem Umfang in seiner Rechtsposition betroffen wird. Praktisch bedeutsam ist dies insbesondere bei der lastenfreien Abschreibung von Teilflächen.

8. Anspruch auf Änderung des sachenrechtlichen Grundverhältnisses

125 **a) Anspruch aus dem Gemeinschaftsverhältnis.** Unter strengen Voraussetzungen besteht aus dem wohnungseigentumsrechtlichen **Treueverhältnis** ein Anspruch auf Änderung des sachenrechtlichen Grundverhältnisses. Die hieran zu stellenden Anforderungen sind durch die WEG-Novelle 2007 nicht unmittelbar gesetzlich geregelt worden; der neu eingefügte § 10 Abs. 2 S. 3 bezieht sich allein auf Vereinbarungen iSv § 10 Abs. 2 S. 2.[193]

126 Ein Anspruch kommt immer dann in Betracht, wenn ein Festhalten an der ursprünglichen Aufteilung **unzumutbar**[194] oder – wie in den Fällen des isolierten Miteigentumsanteils (Rn 58 ff.) oder der abweichenden Bauausführung (Rn 70 ff.) – zur Herstellung eines systemgerechten Zustands **erforderlich** ist.

127 **Unzumutbarkeit** setzt voraus, dass die Änderung des sachenrechtlichen Grundverhältnisses dringend geboten ist und außergewöhnliche Umstände ein Festhalten an der getroffenen Regelung als grob unbillig und damit gegen Treu und Glauben verstoßend erscheinen lassen (s. dazu auch Rn 86).[195]

128 **b) Anspruch aus der Gemeinschaftsordnung. aa) Streitstand.** Nach heute **ganz überwiegender Ansicht**[196] ist es **nicht zulässig,** in der Gemeinschaftsordnung einen Anspruch auf die Änderung des sachenrechtlichen Grundverhältnisses zu begründen. Dies gilt sowohl für einen Anspruch auf Änderung der Miteigentumsanteile[197] als auch auf Umwandlung von Sonder- in Gemeinschaftseigentum und umgekehrt. Begründet wird

[190] BayObLG NJW-RR 1997, 586; aA – von seinem Standpunkt aus konsequent – Riecke/Schmid/*Elzer* § 3 Rn 47.

[191] Dazu *Basty* NotBZ 1999, 233, 236, der die Anwendbarkeit der §§ 305 ff. BGB auf die Grundbuchvollmacht ablehnt. Dagegen *Armbrüster* ZMR 2005, 244, 250.

[192] Übersicht bei *H. Müller* (Hrsg.), Beck'sches Formularbuch Wohnungseigentumsrecht, G III 7 (S. 372 ff.).

[193] NKV/*Vandenhouten* § 6 Rn 9; aA offenbar OLG München NZM 2008, 407, 408.

[194] Dazu OLG Düsseldorf NZM 2004, 508; OLG Saarbrücken NZM 2005, 423, 424; OLG Hamburg ZMR 2005, 390; OLG Hamm ZMR 2000, 244, 245 (Änderung der Miteigentumsquote); LG Hannover ZMR 2004, 626.

[195] OLG Hamm ZMR 2000, 244, 245 (Änderung der Miteigentumsquote); vgl auch BGHZ 160, 354, 358 = ZMR 2004, 834 (Änderung des Kostenverteilungsschlüssels); Riecke/Schmid/*Elzer* § 3 Rn 53.

[196] BGH ZMR 2003, 748; *Elzer* MietRB 2007, 78, 81; s. auch *Häublein* DNotZ 2000, 442, 452.

[197] OLG Düsseldorf NZM 2004, 508.

dies mit den strukturellen Unterschieden von sachenrechtlichem Grundverhältnis und Innenverhältnis der WEer.

Die **Gegenansicht**[198] hält es hingegen für **zulässig,** dass eine Verpflichtung, die Gegenstand der Treuepflicht ist, in die Gemeinschaftsordnung aufgenommen wird. **129**

bb) Stellungnahme. Der aus der Treuepflicht hergeleitete Änderungsanspruch zeigt, dass allein die strukturellen Unterschiede nicht entscheidend gegen einen in der Gemeinschaftsordnung verankerten Anspruch sprechen. Eine Aufnahme der von der Rspr. entwickelten Regeln in die Gemeinschaftsordnung wäre schließlich allein deklaratorischer Natur. Allerdings gilt es zu bedenken, dass diese Regeln sich auf eng umgrenzte Ausnahmefälle beziehen. Würde man es den Erstellern der Gemeinschaftsordnung gestatten, darüber hinausgehende Ansprüche festzuschreiben, so wäre damit ein erheblicher Eingriff in den **Kernbereich** des sachenrechtlichen Grundverhältnisses verbunden. Der einzelne WEer muss davor geschützt werden, dass er bereits durch die – im Falle des § 8 oder eines späteren Erwerbs von ihm gar nicht beeinflussbare – Gemeinschaftsordnung die Entscheidungsfreiheit über Änderungen der sachenrechtlichen Grundlagen der WEgem aus der Hand gibt. Dies schließt es freilich nicht aus, dass ein aufteilender Bauträger **schuldrechtlich** in den Kaufverträgen eine Mitwirkungspflicht der Erwerber und Änderungsvollmachten zu seinen Gunsten vorsieht (s. dazu Rn 123). **130**

XV. Änderung des Inhalts des Sondereigentums

Zur **Änderung** des Inhalts des Sondereigentums durch Vereinbarung s. § 5 Rn 125 ff., § 10 Rn 133 ff. Zur Änderung der Zweckbestimmung iwS s. § 1 Rn 38. **131**

XVI. Internationales Privatrecht

1. Sachstatut

Die Rechte an einer Sache bestimmen sich gem. Art. 43 Abs. 1 EGBGB nach dem Recht des Staates, in dem sich die Sache zum jeweils maßgeblichen Zeitpunkt befindet **(lex rei sitae).**[199] Demgemäß gelten das WEG und das Sachenrecht des BGB für WE, das an in **Deutschland** belegenen Grundstücken gebildet wird oder ist. – Bei Verträgen über im **Ausland** belegenes WE vor einem deutschen Notar ist das deutsche IPR zu beachten.[200] **132**

2. Schuldstatut

Für schuldrechtliche Verträge, die auf die Einräumung oder Aufhebung von Sondereigentum (vgl. § 4 Abs. 3 und dort Rn 29 ff.) oder auf die Übertragung von WE (vgl. § 1 Rn 77) gerichtet sind, besteht grds. **Rechtswahlfreiheit** (Art. 3 Rom I-VO; Art. 27 EGBGB aF). Soweit die Parteien eine Rechtswahl unterlassen, richtet sich die Anknüpfung nach Art. 4 Abs. 1 lit. c Rom I-VO. Berufen ist demnach das Recht des Staates, in dem das Grundstück belegen ist **(lex rei sitae).** Damit wird hinsichtlich der Begründung von WE ein Gleichklang zum Verfügungsgeschäft (s. dazu Rn 132) hergestellt. Nur falls der Vertrag eine offensichtlich engere Verbindung zu einem anderen Staat hat, ist gem. Art. 4 Abs. 3 Rom I-VO dessen Recht berufen. Im Ergebnis galt bereits vor Inkrafttreten der Rom I-VO am 17. 12. 2009 nichts anderes: Nach Art. 28 Abs. 1 S. 1 EGBGB aF ist die engste Verbindung maßgeblich; gem. Art. 28 Abs. 3 EGBGB aF wird als solche die lex rei sitae vermutet. **133**

---

[198] *Hügel* PiG 72 (2006), S. 117, 124.

[199] Palandt/*Thorn* Art. 43 EGBGB Rn 1; *Mankowski* RIW 1995, 364, 365.

[200] BGH NJW 1998, 1321, 1322.

3. Formstatut

134 Für die **Formerfordernisse** hinsichtlich der in Rn 133 genannten **schuldrechtlichen** Rechtsgeschäfte gilt Art. 11 Rom I-VO. Nach Abs. 5 dieser Vorschrift unterliegen Verträge, die ein dingliches Recht an einem Grundstück oder ein Recht zur Grundstücksnutzung betreffen, den zwingenden Formvorschriften des **Belegenheitsrechts,** sofern diese unabhängig vom Abschlussort und Vertragsstatut Geltung beanspruchen (so bereits Art. 11 Abs. 4 EGBGB aF). Ist für die Beurteilung eines Grundstückkaufvertrages ausländisches Recht maßgeblich, so gehört die Formvorschrift des § 311 b BGB nicht zu den gem. Art. 9 Rom I-VO (vgl. Art. 34 EGBGB aF) dennoch zwingend anzuwendenden Vorschriften des deutschen Rechts.[201]

135 Art. 11 Abs. 4 (= Abs 5 aF) EGBGB erklärt für Rechtsgeschäfte, durch die ein Recht an einer Sache begründet oder über ein solches Recht **verfügt** wird, die Formerfordernisse des für das seinen Gegenstand bildende Rechtsverhältnis maßgeblichen Rechts für anwendbar. Dies bedeutet, dass für Verträge zur **Schaffung oder Übertragung von WE** die Formerleichterungen von Art. 11 Abs. 1–3 EGBGB nicht eingreifen. Vielmehr sind, wenn das betroffene **Grundstück** in Deutschland belegen ist, stets die Formvorschriften des WEG und des BGB heranziehbar. Sind diese Vorschriften eingehalten, so sind auch Urkunden ausländischer Notare über in Deutschland belegenes WE taugliche Grundlage für eine Eintragung im Grundbuch.[202]

4. Rechts- und Geschäftsfähigkeitsstatut

136 Für die Rechts- und Geschäftsfähigkeit gilt das **Heimatrecht** der betreffenden Person (Art. 7 EGBGB).

§ 3 Vertragliche Einräumung von Sondereigentum

(1) **Das Miteigentum (§ 1008 des Bürgerlichen Gesetzbuches) an einem Grundstück kann durch Vertrag der Miteigentümer in der Weise beschränkt werden, daß jedem der Miteigentümer abweichend von § 93 des Bürgerlichen Gesetzbuches das Sondereigentum an einer bestimmten Wohnung oder an nicht zu Wohnzwecken dienenden bestimmten Räumen in einem auf dem Grundstück errichteten oder zu errichtenden Gebäude eingeräumt wird.**

(2) [1]**Sondereigentum soll nur eingeräumt werden, wenn die Wohnungen oder sonstigen Räume in sich abgeschlossen sind.** [2]**Garagenstellplätze gelten als abgeschlossene Räume, wenn ihre Flächen durch dauerhafte Markierungen ersichtlich sind.**

Übersicht

[201] OLG Köln MDR 1993, 315; *Heckschen,* in: Beck'sches Notarhandbuch, 4. Aufl. 2006, A 2 Rn 196.

[202] *Heinz* RIW 2001, 928; ZNotP 2001, 460, 461; aA LG Ellwangen BWNotZ 2000, 45, 46 = MittRhNotK 2000, 252, 253.

Literatur: *Armbrüster,* Änderungsvorbehalte und -vollmachten zugunsten des aufteilenden Bauträgers, ZMR 2005, 244; *Bub,* Die Anforderungen an die Abgeschlossenheit von Räumen als Voraussetzung für die Begründung von Wohnungseigentum, FS Bärmann/Weitnauer, 1990, S. 69; *Demharter,* Isolierter Miteigentumsanteil beim Wohnungseigentum, NZM 2000, 1196; *Gleichmann,* Sondereigentumsfähigkeit von Doppelstockgaragen, Rpfleger 1988, 10; *Häublein,* Sondernutzungsrechte und ihre Begründung im Wohnungseigentumsrecht, 2003; *Hügel,* Das unvollendete oder substanzlose Sondereigentum, ZMR 2004, 549; *Kahlen,* Abgeschlossenheitsbescheinigung für Hotelzimmer und -appartements, BlGBW 1984, 127; *Kowalski,* Zum Begriff der Abgeschlossenheit i. S. von § 3 II Satz 1 WEG, ZMR 1991, 457; *Merle,* Die Sondereigentumsfähigkeit von Garagenstellplätzen auf dem nicht überdachten Oberdeck eines Gebäudes, Rpfleger 1977, 196; *Noack,* Sondereigentumsfähigkeit von Doppelstockgaragen?, Rpfleger 1976, 5; *Röll,* Automatische Garagensysteme in Eigentumswohnanlagen, Rpfleger 1996, 322; *ders.,* Das Erfordernis der Abgeschlossenheit nach dem Wohnungseigentumsgesetz, Rpfleger 1983, 380; *ders.,* Garagenstellplätze und Gebäudeeigenschaft, DNotZ 1992, 221; *ders.,* Teilungserklärung und Entstehung des Wohnungseigentums, 1975; *Sauren/Höckelmann,* Die Sondereigentumsfähigkeit nicht überdachter Garagenstellplätze eines Gebäudes, Rpfleger 1999, 14; *Schmidt,* Gegenstand und Inhalt des Sondereigentums, MittBayNot 1985, 237; *Schuschke,* Kfz-Stellplätze in der Wohnungseigentumsanlage, NZM 1999, 1121; *Seidl,* Zur Abgeschlossenheitsbescheinigung nach dem WEG, DNotZ 1989, 156; *Staudenmaier,* Die Behandlung der Kfz-Einstellplätze beim Wohnungseigentum, BWNotZ 1975, 170; *Trautmann,* Abgeschlossenheit von Wohnungen, FS Merle, 2000, S. 313.

I. Normzweck

§ 3 regelt einen der beiden Wege, auf denen die Begründung von WE möglich ist, 1
nämlich den **Teilungsvertrag** unter Miteigentümern. Der andere Weg ist die Teilung gem. § 8 (zu Gemeinsamkeiten und Unterschieden s. § 2 Rn 8 ff.). Aus **Abs. 1** geht hervor, dass der Gesetzgeber die vertragliche Einräumung von Sondereigentum als **Inhaltsbeschränkung** des Miteigentums einordnet (s. Rn 3). Überdies stellt die Norm klar, dass WE bereits begründet werden kann, bevor das Gebäude errichtet ist (s. Rn 34). Eine grundlegende inhaltliche Anforderung enthält **Abs. 2** hinsichtlich der **Abgeschlossenheit** (s. Rn 54 ff.).

Die hierzu früher in einem **Abs. 3** vorgesehene Sonderregelung für das Beitrittsgebiet hat sich mittlerweile erledigt und ist durch die WEG-Novelle 2007 gestrichen worden.

II. Einräumung von Sondereigentum (Abs. 1)

1. Überblick

2 § 3 setzt voraus, dass an einem Grundstück, mit oder ohne bestehende Gebäude, mehrere Personen **Miteigentum** haben (oder gleichzeitig begründen), das sie in der Form der gegenseitigen Einräumung von Sondereigentum qualifizieren wollen. Die Gesetzesbegründung[1] gibt noch den Hinweis, dass das Miteigentum damit „in der durch § 1010 BGB angedeuteten Richtung in besonderer Weise weiter ausgestaltet werden sollte" (s. dazu Rn 3 ff.). Dabei wird freilich weder das Sondereigentum Bestandteil des Miteigentums noch das Miteigentum Bestandteil des Sondereigentums. Vielmehr werden beide Berechtigungen zu einer **besonderen, unauflösbaren rechtlichen Einheit** verbunden (§ 6). Da das Sondereigentum keine Belastung, sondern eine Beschränkung des Miteigentums darstellt, kann die Frage des Rangverhältnisses nicht auftreten.[2]

2. Sachenrechtliche Grundlagen

3 **a) Inhaltsänderung des Miteigentums.** Die Einräumung von Sondereigentum enthält eine **Verfügung** über das Miteigentum. Dieses wird durch die gegenseitige Einräumung von Sondereigentum beschränkt und zugleich qualifiziert. Hierin liegt nicht eine Belastung,[3] sondern eine **Inhaltsänderung** des Miteigentums, da diejenigen Gebäudeteile, an denen Sondereigentum gebildet wird, anschließend nur noch einem bestimmten Miteigentümer unter Ausschluss der übrigen zur Verfügung stehen.[4] Das eingeräumte Sondereigentum bedeutet mithin eine „Rechtsbeschränkung" der anderen Miteigentümer iSv § 3.

4 Bei der Einräumung von Sondereigentum handelt es sich um eine **dingliche Einigung,** die zwischen sämtlichen Miteigentümern (dazu Rn 8 ff.) erfolgen muss. Als dinglicher Vertrag ist die Einigung **abstrakt,** also in ihrer Wirksamkeit unabhängig von dem ihr zugrunde liegenden Kausalgeschäft (Verpflichtungsgeschäft). Etwaige Mängel des Kausalgeschäfts führen zu Ausgleichsansprüchen gem. §§ 812 ff. BGB. Überdies wirkt sich eine Nichtigkeit des Kausalgeschäfts nach allgemeinen Grundsätzen[5] auch nicht gem. § 139 BGB – der bei Teilnichtigkeit eines als einheitlich gewollten Rechtsgeschäfts eine Vermutung für die Gesamtnichtigkeit aufstellt – auf die davon zu trennende Einräumung von Sondereigentum aus.

5 Der dingliche Vertrag ist **bedingungsfeindlich** (§ 4 Abs. 2); der Eintritt seiner Rechtswirkungen kann also nicht durch eine Bedingung vom Kausalgeschäft abhängig gemacht werden. Als dingliches Geschäft kann der Einräumungsvertrag zudem nicht als **Vertrag zugunsten Dritter** iSv §§ 328 ff. BGB ausgestaltet werden.[6] – Zur Beteiligung eines **Minderjährigen** an der Einräumung von Sondereigentum s. § 2 Rn 28 f.

6 **b) Subsidiäre Anwendung von § 877 BGB.** Da § 3 Abs. 1 nicht abschließend ist, sondern lediglich anordnet, dass entgegen den allgemeinen Grundsätzen eine Inhaltsänderung des Miteigentums zulässig ist, sind die Vorschriften des BGB über **Inhaltsänderungen** (§ 877 BGB mit der Verweisung auf die §§ 873, 874, 876 BGB) subsidiär anwendbar.

---

[1] Anh. II 1 (zu § 3 sub III).

[2] S. a. die Begründung zu § 3 IV, unten Anh. II 1.

[3] Zutr. Riecke/Schmid/*Schneider* § 1 Rn 51.

[4] Hügel/*Kral,* GBO, WEG Rn 69; *Ehmann* JZ 1991, 222; Riecke/Schmid/*Schneider* § 1 Rn 3; Staudinger/*Rapp* Rn 31; Weitnauer/*Briesemeister* Vor § 1 Rn 24.

[5] S. dazu MünchKomm-BGB/*Busche* § 139 Rn 20.

[6] BGHZ 41, 95, 96; Staudinger/*Gursky,* Bearb. 2007, § 873 Rn 111 (auch zur in der Lit. vertretenen Gegenansicht).

Nach §§ 877, 873 Abs. 2, 878 BGB hat die Einräumung von Sondereigentum als dinglicher Vertrag bindende Wirkung. Daher berührt eine nach Eintritt der Bindung erfolgende **Beschränkung der Verfügungsmacht** des Berechtigten die Wirksamkeit der Verfügung nicht, sofern bereits der Antrag auf Eintragung beim Grundbuchamt gestellt ist (§§ 878 ff. BGB). Das gilt insbesondere für die Eröffnung des Insolvenzverfahrens über das Vermögen des Verfügenden, die Anordnung der Zwangsversteigerung oder den Erlass einer einstweiligen Verfügung. Zur Zwangsversteigerung, wenn nach Anordnung des Zwangsversteigerungsverfahrens WE begründet wird, s. § 1 Rn 211. 7

3. Voraussetzungen der Einräumung von Sondereigentum

a) Miteigentum am Grundstück. aa) Bruchteilseigentum. Erste Voraussetzung ist, dass an einem Grundstück Miteigentum **nach § 1008 BGB** besteht oder gleichzeitig mit der Errichtung des Sondereigentums begründet wird. Dabei muss es sich um Miteigentum nach **Bruchteilen** handeln. Gesamthänderisch gebundenes Eigentum (BGB-Gesellschaft, Personenhandelsgesellschaft, Gütergemeinschaft oder Erbengemeinschaft) genügt nicht für die Begründung von WE nach § 3. Steht ein Grundstück in **Gesamthandseigentum,** ist deshalb zunächst eine Umwandlung in eine Bruchteilsgemeinschaft erforderlich. Dies gilt z. B. dann, wenn eine Erbengemeinschaft sich hinsichtlich eines Grundstücks in der Weise auseinandersetzen will, dass an den einzelnen Wohnungen WE gebildet und dieses auf die Erben „verteilt" wird.[7] 8

Neben der Bruchteilsgemeinschaft können die Miteigentümer zugleich auch eine **Gesellschaft** (insbesondere: BGB-Gesellschaft; KG) bilden.[8] **Beispiele** aus der Praxis bieten der Zusammenschluss zu einer Bauherrengemeinschaft oder zu einer Betriebs- oder Vermietungsgesellschaft. Auch ein eingetragener **Verein** kann gegründet werden; freilich setzt § 21 BGB (nicht wirtschaftlicher Verein) insoweit eine Grenze, als diese Rechtsform für den Zusammenschluss von Kapitalanlegern nicht verfügbar ist.[9] 9

bb) Maßgeblicher Zeitpunkt. Die Einräumung von Sondereigentum gem. Abs. 1 setzt voraus, dass das Miteigentum besteht, das durch sie eingeschränkt wird. Dieser zeitliche Vorrang gilt freilich allein für den grundbuchmäßigen Vollzug durch **Eintragung,** nicht für die Reihenfolge der dafür erforderlichen dinglichen **Einigungserklärungen.** Doch auch hinsichtlich des Grundbuchverfahrens ist es anerkannt, dass die Eintragung der Begründung von Miteigentum und der Einräumung von Sondereigentum gleichzeitig erfolgen können;[10] beide damit vollendete Entstehungstatbestände sind dann lediglich durch eine „logische Sekunde" voneinander getrennt. Für die **Rechtspraxis** bedeutet dies, dass die dinglichen Einigungserklärungen in beliebiger zeitlicher Reihenfolge abgegeben werden können, sofern nur der Bestimmtheitsgrundsatz gewahrt bleibt. Insbesondere können die Eintragungsanträge **zeitgleich** gestellt und die Eintragungen zeitgleich vorgenommen werden. Unzulässig ist es allerdings, wenn die Einräumung von Sondereigentum vor der Begründung von Miteigentum eingetragen wird. 10

Liegt ursprünglich **Gesamthandseigentum** vor, so kann die Eintragung der Umwandlung gleichzeitig mit der Eintragung der Begründung von Sondereigentum erfolgen. Dafür sind Auflassung unter den Gesamthändern und Grundbucheintragung erforderlich. 11

cc) Mehrere Grundstücke (§ 1 Abs. 4). WE kann nur an **einem** Grundstück im Rechtssinne begründet werden. Dies ist durch den im Jahre 1973 ins WEG eingefügten § 1 Abs. 4 klargestellt worden.[11] Mehrere Grundstücke, für die eine einzige WEgem gebildet werden soll, sind zunächst zu einem zusammenzuführen. Dies kann geschehen durch 12

---

[7] OLG Hamm MDR 1968, 413; *Röll,* Teilungserklärung, S. 12.

[8] So auch Weitnauer/*Briesemeister* Rn 12, 68.

[9] BayObLG ZMR 1985, 389 f.

[10] LG Bielefeld Rpfleger 1985, 189; Weitnauer/*Briesemeister* Rn 14.

[11] Zu dem vorangegangenen Meinungsstreit s. *F. Schmidt* ZWE 2007, 280 f.

Vereinigung nach § 890 Abs. 1 BGB oder durch **Zuschreibung** nach § 890 Abs. 2 BGB.[12] Der wesentliche Unterschied besteht darin, dass sich Grundpfandrechte bei der Zuschreibung gem. § 1131 BGB auf das zugeschriebene Grundstück erstrecken. Vereinigung oder Zuschreibung sollen nach den §§ 5 Abs. 1 S. 1, 6 Abs. 1 S. 1 GBO nur erfolgen, wenn Verwirrung nicht zu besorgen ist. Unterschiedliche Belastungen in Abt. II sind insoweit unschädlich, wohl aber grds. nach zutr. Ansicht solche in Abt. III.[13] Eine Verwirrung ist allerdings auch im letzteren Fall dann nicht zu erwarten, wenn mit dem Antrag auf Vereinigung und auf Bildung von WE Freigabeerklärungen der Gläubiger eingereicht werden, wonach die unterschiedlichen Belastungen künftig jeweils nur auf einer WEs-Einheit ruhen werden.[14]

13 Wird Sondereigentum mit Miteigentumsanteilen an mehreren Grundstücken verbunden, entsteht **kein WE.** Insoweit kommt auch kein Gutglaubensschutz nach § 892 BGB in Betracht, da dieser sich nicht auf unzulässige Grundbucheintragungen erstreckt.

14 Für die Vergangenheit enthält Art. 3 § 1 des Reformgesetzes von 1973[15] mehrere **Übergangsvorschriften.** Demnach wird dann, wenn die Miteigentümer an den mehreren Grundstücken zu gleich großen Bruchteilen beteiligt waren, eine Vereinigung der Grundstücke fingiert (Abs. 1); bei unterschiedlich großen Bruchteilen ist der in der fehlenden Vereinigung liegende Mangel kraft Gesetzes geheilt (Abs. 2).

15 **Grundstück** iSv Abs. 1 ist jeder abgegrenzte Teil der Erdoberfläche, der im Bestandsverzeichnis eines Grundbuchblattes unter einer besonderen Nr. eingetragen oder gem. § 3 Abs. 5 GBO gebucht ist.[16] Ein einziges Grundstück im Rechtssinne liegt demnach auch dann vor, wenn es aus mehreren vermessungstechnisch verselbstständigten Katasterparzellen besteht.[17] Hinsichtlich der **Grundbucheintragung** sorgt § 3 WGV für eine gewisse Klarheit. Demnach muss dann, wenn sich ein Grundstück aus mehreren Teilen zusammensetzt, die im maßgebenden amtlichen Verzeichnis (§ 2 Abs. 2 GBO) als selbstständige Teile eingetragen sind, bei der Anlegung der Wohnungsgrundbücher im **Bestandsverzeichnis** vermerkt werden, dass die Teile ein Grundstück bilden.

16 Vor der Begründung von WE muss freilich ein Grundstück im grundbuchrechtlichen Sinne noch nicht vorhanden sein. Es muss sich aber zumindest um ein sog. **„Wirtschaftsgrundstück"** handeln, also um einen bestimmten räumlich abgegrenzten Teil der Erdoberfläche, der als Grundstück iSd GBO eingetragen werden kann oder soll.[18]

17 Soll Sondereigentum an einem Stellplatz in einer **Tiefgarage** begründet werden, die sich unter **mehreren Grundstücken** befindet, so hat § 1 Abs. 4 folgende Konsequenz: Die Stellplätze müssen vollständig unter der Erdoberfläche des Grundstücks liegen, auf das sich die Teilungserklärung bezieht.[19]

18 **b) Einräumung von Sondereigentum für alle Miteigentümer. „Jedem der Miteigentümer"** muss nach Abs. 1 Sondereigentum eingeräumt werden; entweder werden alle Bruchteilseigentümer eines Grundstücks WEer oder es wird dies keiner von ihnen.[20] Sollen weniger Wohnungseigentumsrechte geschaffen werden, als ursprünglich Miteigen-

---

[12] Riecke/Schmid/*Schneider* § 1 Rn 188.

[13] Zutr. Riecke/Schmid/*Schneider* § 1 Rn 190, speziell mit Blick auf die beantragte Begründung von WE, unter Hinweis auf die Konsequenzen für die Zwangsversteigerung; *Stöber* MittBayNot 2001, 281; aA etwa KG NJW-RR 1989, 1360; OLG Düsseldorf NJW-RR 2000, 608; grds. auch *Demharter*, § 5 Rn 14, § 6 Rn 16 (ohne Bezugnahme auf gleichzeitige Begründung von WE).

[14] LG Wuppertal MittRhNotK 1995, 65.

[15] Ges. v. 30. 7. 1973, BGBl. I, S. 910; s. auch die VO v. 21. 3. 1974, BGBl. I, S. 771.

[16] RGZ 84, 265, 270; BayObLGZ 1954, 258, 262; *Baur/Stürner*, Sachenrecht, 17. Aufl. 1999, § 15 Rn 18; Palandt/*Ellenberger* Vor § 90 Rn 3.

[17] BayObLG DNotZ 1970, 602 = Rpfleger 1970, 346.

[18] OLG Saarbrücken NJW 1972, 691 (LS) = MittBayNot 1972, 120.

[19] LG Bonn MittBayNot 1983, 14.

[20] Weitnauer/*Briesemeister* Rn 21.

tumsanteile vorhanden sind, so ist die **Vereinigung** der betreffenden Bruchteile erforderlich. **Beispiel:** Beabsichtigen die Ehepaare A und B, wobei jedem Ehegatten 1/4 Bruchteilseigentum zusteht, die Bildung von zwei WEs-Rechten (die ihnen dann jeweils zu hälftigen Bruchteilen zugeordnet werden können), so müssen zunächst je zwei Viertelanteile zu einem Halbanteil vereinigt werden.[21]

Was die **Vertragsgestaltung** angeht, so kann die Bildung der Miteigentumsanteile mit der Begründung von WE in derselben Urkunde verbunden werden.[22] Auf diese Weise können die Miteigentümer in einem auf die Begründung von WE gerichteten Vertrag sowohl die Zahl der Miteigentumsanteile verändern als auch diesen neuen Anteilen jeweils das Sondereigentum an einer Wohnung zuordnen. 19

c) Verbindung eines Miteigentumsanteils mit mehreren Sondereigentumsrechten. Der Wortlaut von Abs. 1 („das Sondereigentum an einer bestimmten Wohnung …") könnte darauf hindeuten, dass ein Miteigentumsanteil stets nur mit einem einzigen Sondereigentumsrecht verbunden werden kann. Indessen lässt der Wortlaut auch eine weiter gehende Deutung zu, und für ein restriktives Verständnis ist kein sachlicher Grund ersichtlich. Ein Miteigentumsanteil kann daher auch mit **mehreren Sondereigentumsrechten** verbunden werden.[23] Voraussetzung ist aber, dass für jedes Sondereigentum die Voraussetzungen des Abs. 2 (Abgeschlossenheit; s. dazu Rn 54 ff.) erfüllt sind. Zudem darf durch die Verbindung mit mehreren Sondereigentumsrechten keine grundbuchmäßige Verwirrung eintreten.[24] 20

d) Isolierter Miteigentumsanteil; isoliertes Sondereigentum. Ein isolierter, d. h. nicht mit Sondereigentum verbundener **Miteigentumsanteil** kann nicht rechtsgeschäftlich begründet werden. Bei Gründungsmängeln kann er freilich in bestimmten Fällen kraft Gesetzes entstehen (s. dazu § 2 Rn 58 ff.). Sind bisher auf Grund eines Gründungsfehlers ausschließlich isolierte Miteigentumsanteile entstanden, so können die als WEer eingetragenen Berechtigten nachträglich den ursprünglich fehlerhaften Gründungsakt ändern und somit erstmals Sondereigentum zur Entstehung bringen.[25] Isoliertes, d. h. nicht mit einem Miteigentumsanteil verbundenes **Sondereigentum** ist hingegen stets unzulässig.[26] 21

e) Sondereigentum nur an „Räumen". Sondereigentum kann nur an **Räumen** (s. § 5 Rn 7 ff.) begründet werden. Unwesentlich ist, welche Größe oder Nutzungsbestimmung die Räume haben. Auch an **Nebenräumen** (z. B. Garagen, Lagerhallen, Schuppen) kann daher Sondereigentum eingeräumt werden.[27] Dabei wird es sich regelmäßig um TE handeln, sofern die Nebenräume nicht in Gestalt eines einheitlichen Sondereigentums einer Wohnung zugeordnet werden. Zur Verbindung von WE und TE zu einem einheitlichen Wohnungs- und TE s. § 1 Rn 24. 22

Wegen des erforderlichen Gebäudebezugs (s. § 1 Rn 21) kann sich Sondereigentum nicht auf reine **Grundstücksflächen** erstrecken.[28] Dies gilt auch für eine ebenerdige 23

---

[21] Fall des OLG Neustadt NJW 1960, 1067 = DNotZ 1960, 152.

[22] LG Bochum Rpfleger 1999, 24.

[23] Riecke/Schmid/*Schneider* § 1 Rn 25; s. auch BGHZ 146, 241 = ZMR 2001, 289, 290 (zur Vereinigung mehrerer Wohnungseigentumsrechte).

[24] BayObLGZ 1971, 102, 246 = ZMR 1971, 378 = MittBayNot 1971, 169 m. zust. Anm. *Reuss;* KG NJW-RR 1989, 1360; aA offenbar HansOLG Hamburg NJW 1965, 1765 = Rpfleger 1966, 92 m. Anm. *Riedel,* das Abgeschlossenheit des nunmehr einheitlichen WEs fordert; ebenso AG Lampertheim BWNotZ 1976, 70.

[25] OLG München NZM 2008, 810, 811 = ZMR 2008, 905, 907 = ZWE 2009, 39, 41 f. m. zust. Anm. *F. Schmidt;* krit. *Langhein* notar 2009, 206, 211.

[26] BayObLG ZMR 1996, 285; OLG München Rpfleger 2007, 459; Riecke/Schmid/*Schneider* § 1 Rn 27.

[27] Beispiel bei OLG Frankfurt OLGZ 1978, 295 = Rpfleger 1978, 380, 381; Jennißen/*Grziwotz* § 5 Rn 12.

[28] OLG Karlsruhe MittBayNot 1972, 163.

Terrasse.[29] Bei **Kfz-Stellplätzen** ist zu differenzieren: Nicht sondereigentumsfähig sind Stellplätze **im Freien** ohne räumlichen Bezug zu einem Gebäude[30] sowie **Carports,** die nur mit Eckpfosten und einer Bedachung versehen sind.[31] Für **Garagenstellplätze** gilt hingegen die Sonderregelung des Abs. 2 S. 2 (s. dazu näher Rn 72ff.; § 5 Rn 79). Zur Duplex-Garage s. § 5 Rn 64f.

24 Über die Art und Weise der Nutzung **nicht sondereigentumsfähiger** Grundstücksflächen (wie auch für Höfe, Gärten usw.) können **Vereinbarungen** getroffen werden.[32] Dies ist allerdings nicht in Form einer Dienstbarkeit am WE möglich.[33] Vielmehr bedarf es einer **Gebrauchsregelung** iSv § 15 Abs. 1, § 10 Abs. 2. Sollen derartige Regelungen auch ggü Rechtsnachfolgern wirken, so ist nach § 10 Abs. 3 ihre Eintragung im Grundbuch erforderlich.

25 **f) Sondereigentumsfähige Räume im Gemeinschaftseigentum.** Eine **vollständige Aufteilung** iS der Begründung je eines WEs für jede abgeschlossene Wohnung oder jeden sonstigen Raum ist nicht erforderlich. Ist an derartigen Räumen kein Sondereigentum begründet worden, so zählen sie automatisch zum Gemeinschaftseigentum (vgl. § 1 Abs. 5). Sie können durch die WEgem zu jeglichem ordnungsmäßiger Nutzung entsprechenden Zweck verwendet werden, z.B. zur Unterbringung des Hausmeisters oder zur Erwirtschaftung von Mieterträgen zwecks Deckung von Verwaltungskosten.[34]

26 Seit die Rechtsfähigkeit der WEgem anerkannt worden ist (s. dazu § 10 Rn 203), bietet sich den WEern nach richtiger, freilich bestrittener Ansicht auch die Möglichkeit, an den betreffenden Räumen Sondereigentum zu begründen und die WEs-Einheiten durch Erwerb seitens der WEgem ins **Verwaltungsvermögen** einzubringen (näher § 10 Rn 223). Ist an den für Verwaltungszwecke interessanten Räumen bereits WE gebildet, das aber noch nicht der WEgem gehört, steht mit dem Erwerb durch die WEgem ein einfacherer Weg zur Verfügung als derjenige einer Umwandlung des Sondereigentums in Gemeinschaftseigentum.[35]

27 **g) Mitsondereigentum/Sondermiteigentum. aa) Meinungsstand.** Nach **teilweise vertretener Auffassung**[36] sind neben Sonder- und Gemeinschaftseigentum sowohl ein sog. Mitsonder- als auch ein Sondermiteigentum anzuerkennen. Im Falle des **Mitsondereigentums,** das dem Sondereigentum zuzuordnen sei, stünden den betreffenden WEern nebeneinander Sonderrechte an einem Raum oder Gebäudeteil zu. Es handele sich um eine Mehrzahl von Einzelberechtigungen.[37] Für seine Anerkennung wird vor allem ein unabweisbares praktisches Bedürfnis geltend gemacht.[38] Die Verwaltung eines Gebäudeteils, der nur einzelnen WEern zugute komme, könne so bereits durch eine sachenrechtliche Zuordnung auf die Begünstigten übertragen werden. Beim **Sondermiteigentum** (oder „abgesonderten Miteigentum") habe nur ein Teil der WEer an solchen Gegenständen Miteigentum, die entweder gem. § 5 Abs. 2 zwingend im Gemeinschaftseigentum stehen oder deren Zuordnung zum Gemeinschaftseigentum durch Vereinbarung nach § 5 Abs. 3 vorgesehen ist.[39]

---

[29] OLG Köln DNotZ 1982, 753; MittRhNotK 1996, 61.

[30] OLG Karlsruhe MittBayNot 1972, 163; OLG Frankfurt Rpfleger 1983, 482; BayObLG ZMR 1986, 207.

[31] BayObLG ZMR 1986, 207 = NJW-RR 1986, 761; OLG Köln MittRhNotK 1996, 61.

[32] Dazu *Stumpp* MittBayNot 1971, 10.

[33] BayObLG NJW 1975, 59.

[34] Nichtamtliche Begründung zu § 3 I, unten Anh. I; *Weitnauer* JZ 1951, 163.

[35] *Armbrüster* GE 2007, 420, 428f.

[36] *Hurst* DNotZ 1968, 131ff.; 286ff.; *ders.* AcP 181 (1981), 169; für das Mitsondereigentum auch LG Kempten MittBayNot 1975, 166; 9. Aufl. § 1 Rn 41; § 5 Rn 66.

[37] *Hurst* DNotZ 1968, 131, 152.

[38] *Hurst* DNotZ 1968, 131, 136.

[39] *Hurst* DNotZ 1968, 131, 138.

Die **ganz überwiegende Auffassung** lehnt sowohl das Mitsonder-[40] als auch das Sondermiteigentum[41] als weitere Formen des Eigentums ab. Eine Anerkennung verstoße gegen § 93 BGB und den **numerus clausus** der Sachenrechte.[42] Dem praktischen Bedürfnis könne durch eine entsprechende Ausgestaltung der Gemeinschaftsordnung Rechnung getragen werden.[43] Die Anerkennung eines Mitsondereigentums führe zu einer Vielzahl von dinglich verselbstständigten Untergemeinschaften, was zu nicht hinnehmbaren Unklarheiten in der Abgrenzung der Eigentumsbereiche führe. Insbesondere sehe der Aufteilungsplan keine Buchungsmöglichkeit für Mitsondereigentum vor.[44] Das unzulässige Mitsondereigentum dürfe nicht mit dem zulässigen **Nachbareigentum** (zu diesem s. Rn 30) verwechselt werden.[45] 28

bb) Stellungnahme. Die Anerkennung von neuen, im WEG nicht vorgesehenen Eigentumsformen in Gestalt von Mitsonder- oder Sondermiteigentum ist **abzulehnen.** Zwar ist der Grundsatz der numerus clausus der Sachenrechte keineswegs unumstößlich, wie die Anerkennung des Nachbareigentums (s. Rn 30) zeigt. Indessen sind Ausnahmen von diesem, der Rechtsklarheit und dem Verkehrsschutz dienenden Grundsatz nur dann zuzulassen, wenn dafür ein Bedürfnis besteht. Ein solches ist angesichts der Möglichkeit, die Rechtsverhältnisse bezüglich der betroffenen Gegenstände bereits bei der Begründung von WE oder später jederzeit durch **Vereinbarung** zu regeln, nicht ersichtlich. 29

h) Nachbareigentum. aa) Meinungsstand. Mittlerweile wird ganz überwiegend davon ausgegangen, dass neben Sonder- und Gemeinschaftseigentum das sog. **Nachbareigentum** als dritte Eigentumsform anzuerkennen ist.[46] Demnach kann an sondereigentumsfähigen Gegenständen **Miteigentum**[47] **mehrerer WEer** bestehen.[48] Bedeutung hat dies für nichttragende und damit sonderrechtsfähige Trennwände zwischen zwei Sondereigentumseinheiten. An ihnen soll zu gleichen Teilen Nachbareigentum bestehen;[49] die Nachbarn sollen neben Miteigentümern auch Mitbesitzer sein. Auf ihr Verhältnis seien die Regeln des BGB über gemeinschaftliche Grenzanlagen analog heranziehbar.[50] Die Nachbareigentümer sind demnach gem. § 921 BGB zur gemeinschaftlichen Benutzung berechtigt. Analog § 922 S. 3 BGB ist die einseitige Beseitigung oder Veränderung der nichttragenden Wand ausgeschlossen.[51] Freilich soll der Anwendungsbereich des Nachbareigentums als einer Ausnahmeerscheinung eng zu halten sein.[52] 30

---

[40] BGHZ 130, 159, 168 = NJW 1995, 2851; BayObLGZ 1981, 457 = DNotZ 1982, 246; BayObLGZ 1987, 390, 396; OLG Schleswig ZMR 2007, 726; *Commichau* DNotZ 2007, 622; *Göken,* Mehrhausanlagen, S. 16 f.; *Häublein* NZM 2003, 785, 786 f.; NKV/*Vandenhouten* § 5 Rn 45; Riecke/Schmid/*Elzer* Rn 78; Riecke/Schmid/*Schneider* § 1 Rn 245; *Sauren* DNotZ 1988, 667 f.; Staudinger/*Rapp* § 3 Rn 10 und § 5 Rn 31; Weitnauer/*Briesemeister* § 5 Rn 37.

[41] BGHZ 50, 56 f. = WM 1968, 572; Erman/*Grziwotz* § 6 Rn 7; *Göken,* Mehrhausanlagen, S. 16 f.

[42] BayObLGZ 1987, 390, 396; Staudinger/*Rapp* § 3 Rn 10.

[43] Erman/*Grziwotz* § 6 Rn 7; *Göken,* Mehrhausanlagen, S. 16 f.

[44] Staudinger/*Rapp* § 5 Rn 31.

[45] Staudinger/*Rapp* § 3 Rn 10 und § 5 Rn 31.

[46] OLG Schleswig DNotZ 2007, 620, 621 m. Anm. *Commichau;* OLG Zweibrücken, DNotZ 1988, 705; *Gaier,* FS Wenzel, 2005, S. 145, 149; Riecke/Schmid/*Schneider* § 5 Rn 84; Staudinger/*Rapp* § 5 Rn 61 (dort auch zur unterschiedlich verwendeten Terminologie); *Sauren* DNotZ 1988, 667, 669 ff.; Weitnauer/*Briesemeister* § 6 Rn 36; s. auch BGHZ 146, 241, 248 = NJW 2001, 1212 („gemeinsames Sondereigentum"); offen gelassen von BayObLGZ 1981, 457 = DNotZ 1982, 246.

[47] S. dazu MünchKomm-BGB/*Säcker,* § 921 Rn 17 ff.

[48] Riecke/Schmid/*Schneider* § 5 Rn 84; Staudinger/*Rapp* § 3 Rn 10.

[49] Staudinger/*Rapp* § 3 Rn 10.

[50] OLG Zweibrücken DNotZ 1988, 705; Riecke/Schmid/*Elzer* Rn 79; Staudinger/*Rapp* § 5 Rn 61; krit. dazu *Häublein* NZM 2003, 785, 786.

[51] Staudinger/*Rapp* § 5 Rn 61.

[52] OLG Schleswig DNotZ 2007, 620 m. Anm. *Commichau* (S. 622).

31 Nur noch vereinzelt[53] wird dem Nachbareigentum die Anerkennung **versagt.** Dies wird insbesondere damit begründet, dass eine solche Eigentumsart im WEG nicht erwähnt werde (numerus clausus). Für die Annahme von Nachbareigentum sei auf Grund der Möglichkeit, **Sondernutzungsrechte** zu begründen, kein praktisches Bedürfnis anzuerkennen.[54]

32 **bb) Stellungnahme.** Nachbareigentum ist als eine sachlich gebotene Ausnahme vom numerus-clausus-Grundsatz aus den von der überwiegenden Ansicht vorgebrachten Gründen **anzuerkennen.** Darin liegt keineswegs ein Systembruch mit dem Sachenrecht des BGB, da dieses auch sonst die gemeinschaftliche Berechtigung an Grenzanlagen kennt.

33 **i) Errichtete oder zu errichtende Gebäude. aa) Bestandsbauten.** Abs. 1 stellt klar, dass auch an bereits errichteten Gebäuden **(Bestandsbauten)** WE begründet werden kann. Auf das Alter des Gebäudes kommt es dabei nicht an.

34 **bb) Zu errichtende Gebäude.** Die Vorschrift lässt gleichermaßen zu, dass WE an einem **noch zu errichtenden Gebäude** gebildet wird.[55] Dabei genügt es, dass nach Maßgabe des Aufteilungsplans (§ 7) Räume und Gebäudeteile errichtet werden sollen.[56] Wegen des grundbuchrechtlichen Bestimmtheitsgrundsatzes ist der Gegenstand des Sondereigentums freilich hinreichend klar zu bestimmen (**Bestimmbarkeit** genügt).[57]

35 Soweit durch die Bauausführung bereits Räume gebildet wurden, entsteht an ihnen schrittweise Sondereigentum (sog. **stufenweise Entstehung;** s. auch § 5 Rn 15 ff.).[58] Solange die zu Sondereigentum bestimmten Räume noch nicht tatsächlich vorhanden sind, befindet sich das Sondereigentum in einem Zustand, der verbreitet als Anwartschaftsrecht bezeichnet wird. Es besteht aber rechtlich schon echtes WE als **Vollrecht** (s. dazu § 2 Rn 37 f.).[59] Häufig wird formuliert, dass dem substanzlosen Sondereigentum das Recht und die Pflicht zur Herstellung der Räume unabdingbar innewohnten.[60] Dies erweckt den Anschein, jedem WEer stünde aus dem dinglichen Recht ein Anspruch darauf zu, dass die Räumlichkeiten entsprechend der zeichnerischen Darstellung des Aufteilungsplans errichtet werden. Ein solcher Anspruch besteht indessen nicht. Zwar kann jeder WEer von der WEgem die ordnungsmäßige Erstherstellung des Gebäudes verlangen. Dieser Anspruch wurzelt aber nicht in dem dinglichen Recht selbst, sondern er ergibt sich aus §§ 21 Abs. 4, 5 Nr. 2 (s. dazu § 21 Rn 96). Daraus (und nicht aus dem dinglichen Recht) folgt auch, dass der **Erwerber** von WE selbst die Herstellung des unfertigen Sondereigentums übernehmen und auf diese Weise das WE mit Substanz erfüllen kann.[61]

36 Haben die WEer eine Vereinbarung über die Finanzierung, insbesondere über die Einzahlung ihrer jeweiligen Beiträge, getroffen, und ist diese **Finanzierungsabrede** durch

---

[53] *Commichau* DNotZ 2007, 622, 624; NK-BGB/*Heinemann* § 5 WEG Rn 27: „normales" Miteigentum; s. aber auch schon *Karstädt* BlGBW 1962, 137.

[54] *Commichau* DNotZ 2007, 622, 624.

[55] S. dazu etwa BayObLG ZWE 2002, 407; OLG Hamburg ZWE 2002, 592; *Riedel* MDR 1951, 468.

[56] BayObLG ZMR 2001, 210 = ZWE 2001, 321; OLG Hamburg ZMR 2002, 372 = ZWE 2002, 592; OLG Karlsruhe MDR 1972, 516; OLG Hamm DNotZ 1975, 108; *Röll,* Teilungserklärung, S. 10; Weitnauer/*Briesemeister* § 5 Rn 12.

[57] BayObLG WuM 1994, 149 = DNotZ 1994, 244.

[58] S. a. BayObLG DNotZ 1973, 611; MDR 1980, 142; OLG Hamburg ZMR 2002, 372 = ZWE 2002, 592 = NZM 2003, 110; OLG Frankfurt Rpfleger 1978, 380, 381 = OLGZ 1978, 295; *Röll* DNotZ 1977, 69, 71; *ders.* Rpfleger 1983, 382; Weitnauer/*Briesemeister* Rn 67; s. auch *Dormann,* Das WE und seine vertragliche u. grundbuchrechtl. Behandlung, Diss. Nürnberg 1958, S. 36; aA *Diester* WEG, 1952, § 3 Rn 14 a, b (Fertigstellungstheorie).

[59] S. nur BGH NJW 1990, 1111.

[60] Vgl. OLG Hamm NJW-RR 1987, 842, 843; ZMR 2006, 60, 61; OLG Hamburg ZMR 2002, 372 = ZWE 2002, 592.

[61] Vgl. OLG Hamburg ZMR 2002, 372 = ZWE 2002, 592 (betr. langjährige Verzögerung der Bauerrichtung).

Grundbucheintragung nach § 10 Abs. 3 zum dinglichen Inhalt des Sondereigentums geworden,[62] so treffen jene Verpflichtungen nach den allgemeinen Grundsätzen (vgl. § 10 Abs. 3) auch Rechtsnachfolger eines WEers, insbesondere den Zweiterwerber. Freilich ist auch unabhängig davon jeder Rechtsnachfolger den anderen WEern ggü zur erforderlichen Mitwirkung bei der vollständigen Fertigstellung des Gebäudes verpflichtet (§ 21 Abs. 4; s. § 21 Rn 96). – Sofern das Bauvorhaben bereits **vor der Begründung von WE** durch die Miteigentümer in Eigenregie betrieben wird, können die Finanzierungsvereinbarungen nicht nach § 10 Abs. 3 „verdinglicht" werden. Dies lässt das gewöhnliche Miteigentum nicht zu.

Bei der Begründung von WE vor der Bauerrichtung können sich sachenrechtliche Probleme ergeben, wenn das Gebäude **abweichend vom Plan** errichtet wird (s. dazu § 2 Rn 70 ff.) oder wenn das WE bereits vor der Fertigstellung zur Zwangsversteigerung gelangt. Ist das Gebäude nur teilweise fertiggestellt, so dass manche zum Sondereigentum gehörenden Räume bereits errichtet und ggf. schon beziehbar sind, andere hingegen noch nicht, so können in der Zwangsversteigerung des gesamten Anwesens (aus Gesamtbelastungen) die Inhaber fertiggestellten WEs das Einzelausgebot verlangen (§ 63 ZVG). 37

j) Größe der Miteigentumsanteile. Das Gesetz enthält keine Vorgaben über das Verhältnis der **Größe der Miteigentumsanteile** zum Wert des eingeräumten Sondereigentums.[63] Dementsprechend sind die Beteiligten bei der Begründung von WE grds. rechtlich frei, die Größe dieser Anteile festzulegen.[64] Überdies können zu einem späteren Zeitpunkt die Miteigentumsanteile durch dingliches Rechtsgeschäft der davon betroffenen WEer[65] verschoben werden (s. § 2 Rn 85 ff.), ohne dass damit eine Änderung des mit ihnen verbundenen Sondereigentums einhergehen müsste.[66] 38

Einer willkürlichen Zuordnung steht freilich aus Sicht der Vertragsgestaltung[67] der **Sachgesichtspunkt** entgegen, dass das WEG an verschiedener Stelle den Umfang von Belastungen des einzelnen WEers von der Größe seines Miteigentumsanteils abhängig macht. So richtet sich die **Beteiligung an den Lasten und Kosten** des Gemeinschaftseigentums gem. § 16 Abs. 2 nach den im Grundbuch eingetragenen Miteigentumsanteilen. Auch für die anteilige **Außenhaftung** ggü. Gläubigern der WEgem ist nach § 10 Abs. 8 S. 1 dieser Maßstab heranzuziehen. Zwar kann eine von § 16 Abs. 2 abweichende Verteilung vereinbart werden; die Bestimmung zur Außenhaftung ist hingegen zwingend. Dies legt es nahe, dass die Größe des mit einem Sondereigentum verbundenen Miteigentumsanteils zumindest näherungsweise dem Nutzwert dieses Sondereigentums im Verhältnis zu den anderen Sondereigentumseinheiten entsprechen sollte.[68] Dafür lässt sich im Zweifel die **anteilige Wohn- oder Nutzfläche** als Maßstab heranziehen (vgl. auch § 2 Abs. 9 öst-WEG). 39

Durch eine sachgerechte Bemessung der Miteigentumsanteile kann auch die Gefahr vermieden werden, dass ein WEer später wegen **grob unbilliger Benachteiligung** einen Anspruch auf Anpassung der Anteile geltend macht.[69] Zur **nachträglichen Änderung** der Miteigentumsanteile s. § 2 Rn 85 ff. 40

k) Zustimmungserfordernisse. Die Begründung von WE nach § 3 bedarf **grundsätzlich nicht** der Zustimmung dinglich Berechtigter (Grundpfandgläubiger, Nießbrau- 41

---

[62] BayObLG Rpfleger 1974, 360.

[63] BGH NJW 1976, 1976; OLG Düsseldorf ZMR 2001, 378, 379; *Röll,* Teilungserklärung, S. 16; Jennißen/*Zimmer* Rn 8; Staudinger/*Rapp* Rn 4.

[64] OLG Düsseldorf ZMR 2004, 613; einschränkend Riecke/Schmid/*Elzer* Rn 13: nach billigem Ermessen.

[65] BGH NJW 1976, 1976; BayObLG DNotZ 1983, 752; NJW-RR 1993, 1043.

[66] BGH NJW 1976, 1976.

[67] Zur Bemessung der Miteigentumsanteile s. auch *Röll* MittBayNot 1979, 4.

[68] S. auch BayObLG ZMR 1999, 52; *Bub* WE 1993, 185, 187; Riecke/Schmid/*Elzer* Rn 14.

[69] Zu den Voraussetzungen s. BGHZ 95, 137, 141 ff.; OLG Düsseldorf ZMR 2004, 61 f.

cher, Vorkaufsberechtigter usw.). Anders ist dies in manchen Fällen dann, wenn sich die Belastung nicht auf das gesamte Grundstück bezieht, sondern auf einen Miteigentumsanteil. Zu Einzelheiten und zu **sonstigen Zustimmungserfordernissen** s. § 2 Rn 14 ff.

42 **l) Form von Einigung und Eintragung.** Zu der **Form,** in der Einigung und Eintragung zu erfolgen haben, enthält § 4 eine Reihe von Vorgaben. S. dazu eingehend § 4 Rn 24 ff.

4. Gutglaubensschutz, §§ 892 ff. BGB

43 **a) Einräumung von Sondereigentum.** Bei der Einräumung von Sondereigentum handelt sich um ein **Verfügungsgeschäft,** durch das der Inhalt des Eigentums geändert und das mit der Eintragung wirksam wird (§ 4 Abs. 1). Darauf finden die Vorschriften über den **gutgläubigen Erwerb** von Rechten an einem Grundstück (§§ 892 ff. BGB) Anwendung.[70]

44 Ist einer der an der Begründung von WE nach § 3 Beteiligten in Wahrheit **nicht Miteigentümer,** so soll dieser nach teils vertretener Ansicht nur einen einfachen (isolierten) Miteigentumsanteil erwerben, während das ihm zugedachte Sondereigentum nicht entstehe.[71] Indessen besteht kein Grund, dem bisher hinsichtlich des einfachen Miteigentumsanteils Buchberechtigten den gutgläubigen Erwerb von WE zu versagen.[72]

45 Streit besteht auch darüber, ob ein gutgläubiger Erwerb dann ausgeschlossen ist, wenn **sämtliche** im Grundbuch verlautbarten Miteigentümer Nichtberechtigte sind. Überwiegend wird dies angenommen.[73] Indessen stellt der Teilungsvertrag iSv § 3 – anders als eine Teilung nach § 8 – ein **Verkehrsgeschäft** dar, und der Gutglaubensschutz kommt jedem Miteigentümer einzeln zugute. Daher ist auch in diesem Fall ein gutgläubiger Erwerb von WE möglich.[74]

46 Auch für die Einräumung des Sondereigentums gilt zudem der **Verkehrsschutz nach § 893 BGB** (Anwendung der Gutglaubensbestimmung des § 892 BGB), wenn an denjenigen, für welchen ein Recht im Grundbuch eingetragen ist, auf Grund dieses Rechts eine Leistung bewirkt oder wenn zwischen ihm und einem anderen in Ansehung dieses Rechts ein nicht unter die Vorschrift des § 892 BGB fallendes Rechtsgeschäft vorgenommen wird, das eine Verfügung über das Recht enthält. Dies gilt insbesondere für Inhaltsänderung, Aufhebung, Zustimmung oder Vollmacht zu Verfügungen,[75] Bewilligung einer Vormerkung.

47 **b) Schutz nach der Einräumung.** Die §§ 892 ff. BGB sind auch dann anzuwenden, wenn es um die rechtsgeschäftliche **Übertragung** von WE geht (zu ihr s. § 1 Rn 74 ff.). Dabei wird ein Erwerber auch dann geschützt, wenn er bereits am Teilungsvertrag beteiligt und daher ebenso wie der veräußernde WEer von der Nichtigkeit der ursprünglichen Begründung von WE betroffen war.[76]

48 Ist die **Teilung unwirksam** und wird sie dennoch im Grundbuch vollzogen, so führt bereits ein gutgläubiger Erwerbsvorgang zu einer „Heilung" des Mangels auch für alle anderen Beteiligten, so dass die eingetragenen Wohnungseigentumsrechte entstehen.[77] Lag

---

70 Allgemein zum gutgläubigen Erwerb im Wohnungseigentumsrecht: *Röll,* FS Seuß, 1987, S. 233.

71 *Däubler* DNotZ 1964, 216, 224 f.; Soergel/*Stürner* Rn 10, 34.

72 Riecke/Schmid/*Schneider* § 1 Rn 139; Staudinger/*Rapp* Rn 65.

73 *Däubler* DNotZ 1964, 216, 224 f.; Soergel/*Stürner* Rn 11.

74 Riecke/Schmid/*Schneider* § 1 Rn 140; Staudinger/*Rapp* Rn 65.

75 RGZ 90, 400.

76 BGHZ 173, 71, 79 ff. = NJW 2007, 3204, 3206 f.; Riecke/Schmid/*Schneider* § 1 Rn 142.

77 BGHZ 109, 179 = NJW 1990, 447, 448 (betr. Formmangel der Teilungsvereinbarung); BayObLG ZMR 1998, 360 = NJW-RR 1998, 946 (dort auch zum Anspruch des gutgläubigen Erwerbers eines TEs auf Zustimmung zur Umwandlung in WE); Staudinger/*Rapp* Rn 68; Weitnauer/*Briesemeister* Rn 38; aA *Gaberdiel* NJW 1972, 847.

z. B. bei der notariellen Begründung von Sondereigentum der **Aufteilungsplan** nicht vor und wird auf ihn später in den Wohnungsgrundbüchern Bezug genommen, so wird er durch diese Bezugnahme zum Inhalt des Grundbuchs und nimmt an dessen öffentlichem Glauben teil. Durch einen anschließenden gutgläubigen Erwerb wird ein solcher **Gründungsmangel** geheilt.[78] Etwas anderes gilt freilich dann, wenn Teilungserklärung und Aufteilungsplan einander widersprechen (s. dazu § 7 Rn 15). Ein gutgläubiger Erwerb des in der Teilungserklärung beschriebenen oder im Aufteilungsplan gekennzeichneten WEs scheidet dann aus.[79]

5. Gründungsmängel bezüglich Sondereigentum

Führt ein Mangel beim Begründungsvorgang dazu, dass Sondereigentum nicht wirksam 49 eingeräumt wird, so kann es zu einem isolierten Miteigentumsanteil kommen (s. näher § 2 Rn 58 ff.; zur Bereinigung oben Rn 21).

6. Gleichzeitige Errichtung der Gemeinschaftsordnung

Es ist nicht erforderlich, aber in der Praxis üblich, dass die Miteigentümer mit der 50 Einräumung des Sondereigentums zugleich gem. §§ 5 Abs. 4 S. 1, 10 Abs. 3 eine Ordnung der WEgem **(Gemeinschaftsordnung)** errichten.[80] Wenn nichts Abweichendes vereinbart wird, gelten hierfür die §§ 10 ff. Für die Errichtung der Gemeinschaftsordnung schon bei Einräumung des Sondereigentums sprechen insbesondere praktische Gründe. So wird es dadurch ermöglicht, von Anfang an in Abweichung von den §§ 10 ff. die internen Rechtsbeziehungen an die individuellen Verhältnisse anzupassen.

Bei der Errichtung der Gemeinschaftsordnung besteht weitgehend **Vertragsfreiheit.** 51 Freilich sind auch eine Reihe von zwingenden Vorschriften zu beachten, insbesondere die §§ 11, 12 Abs. 2 S. 1, 16 Abs. 5, 18 Abs. 4, 20 Abs. 2, 22 Abs. 4, 27 Abs. 5 S. 1 (s. § 10 Rn 95). Zudem ist es nicht zulässig, Fragen des **sachenrechtlichen Grundverhältnisses** durch Vereinbarung und damit in der Gemeinschaftsordnung zu regeln. Die Gemeinschaftsordnung wird zweckmäßigerweise zum Inhalt des Eigentums gemacht, und zwar durch Eintragung im Grundbuch gem. § 10 Abs. 3. Hierdurch lässt sich sicherstellen, dass auch Rechtsnachfolger eines WEers gebunden sind. Zur Inhaltskontrolle s. § 2 Rn 51 ff.

Bei neu zu errichtenden, umzubauenden oder zu sanierenden Anlagen ist es zweck- 52 mäßig, in die Regelung der Verhältnisse der WEer iSv §§ 10 ff. auch die vorgesehenen Abreden über **Finanzierung** und **Baumaßnahmen** aufzunehmen. **Beispiel:** Gestattet es die Gemeinschaftsordnung dem einzelnen WEer, bestimmte zum Gemeinschaftseigentum gehörende Flächen „in beliebiger Weise ohne Rücksicht auf die Eigentumsverhältnisse“ baulich umzugestalten, so sind damit die Regeln des § 22 Abs. 1 über bauliche Veränderungen insoweit abbedungen. Damit entfällt zugleich der Anspruch auf (Erst)Herstellung eines dem Aufteilungsplan und den Bauplänen entspr. Zustandes.[81]

Die Gemeinschaftsordnung kann grds. nur einstimmig **aufgehoben** oder **geändert** 53 werden (s. zu dieser praktisch wichtigen Frage § 5 Rn 125 ff.; § 10 Rn 133 ff.). Eine Öffnungsklausel ist jedoch zulässig (dazu § 10 Rn 140).

---

[78] OLG Karlsruhe NJW-RR 1993, 1294; BayObLG ZMR 1998, 360 = NJW-RR 1998, 946.

[79] BGHZ 130, 159 = ZMR 1995, 521; Staudinger/*Rapp* Rn 67 a; Weitnauer/*Briesemeister* Rn 37.

[80] BGH NJW 2002, 2712, 2713.

[81] BayObLG ZWE 2002, 407, 408 f. = ZfIR 2002, 466 (betr. Errichtung einer Doppelgarage abweichend vom Lageplan).

III. Abgeschlossenheit (Abs. 2 S. 1)

1. Überblick

54 Abs. 2 S. 1 stellt mit der Formulierung, dass „die Wohnungen oder sonstigen Räume **in sich abgeschlossen**" sein sollen, eine für die Praxis wichtige Voraussetzung für die Einräumung von Sondereigentum auf. Die Ausgestaltung als **Sollvorschrift** mindert ihre praktische Bedeutung nicht, da das Grundbuchverfahrensrecht vorsieht, dass Eintragungen nur nach Vorlage der Abgeschlossenheitsbescheinigung vorzunehmen sind (s. Rn 58; § 7 Abs. 4 Nr. 2 und dazu § 7 Rn 102).

55 Über das Erfordernis der Abgeschlossenheit ist im Gesetzgebungsverfahren zur Novelle von 2007 **kontrovers** diskutiert worden. Der Bundesrat hatte die ersatzlose Streichung von Abs. 2 S. 1 gefordert.[82] Zur Begründung wurde vorgebracht, dass jenes Erfordernis verzichtbar sei und mit seiner Streichung ein Beitrag zur Entlastung der Beteiligten geleistet werde. Die Bundesregierung hielt dem entgegen, dass dann, wenn die Begründung von WE nicht mehr vom Nachweis der Abgeschlossenheit der betreffenden Räume abhängig gemacht werde, **Streit über die räumlichen Grenzen** des jeweiligen Sondereigentums drohe. Im Ergebnis ist Abs. 2 S. 1 **unverändert** geblieben. Zugleich hat der Gesetzgeber jedoch den geäußerten Bedenken dadurch teilweise Rechnung getragen, dass er die Landesregierungen in § 7 Abs. 4 S. 3–6 ermächtigt hat, die Zuständigkeit für die Ausstellung auf bestimmte **Sachverständige** zu übertragen (s. dazu § 7 Rn 114).

56 Die Voraussetzungen der Abgeschlossenheit hat die **Allgemeine Verwaltungsvorschrift** für die Ausstellung von Bescheinigungen gem. § 7 Abs. 4 Nr. 2 und § 32 Abs. 2 Nr. 2 des WEG vom 19. 3. 1974[83] – AVA – im Einzelnen geregelt (s. dazu Rn 59 ff.). Die AVA vermag den gesetzlich vorgegebenen Begriff der Abgeschlossenheit nicht zu verändern, sondern sie muss sich ihrerseits an ihm messen und nach ihm auslegen lassen.[84]

2. Sollvorschrift

57 Abs. 2 ist lediglich als **Sollvorschrift** (Ordnungsvorschrift) formuliert. Wird Sondereigentum eingeräumt, ohne dass die Abgeschlossenheit vorliegt, so berührt dies daher die Wirksamkeit der entsprechenden Erklärung nicht.[85] Für das Entstehen von Sondereigentum ist die Bescheinigung daher unerheblich, sofern die Eintragung ins Grundbuch erfolgt.[86]

58 Wenngleich Abs. 2 nur eine Sollvorschrift enthält, so macht doch § 7 Abs. 4 Nr. 2 das Vorliegen der dort geforderten Bescheinigung über die Voraussetzungen des Abs. 2 zur Bedingung für die Eintragung. Die Grundbuchämter haben also auf die Vorlage zu achten; pflichtwidrige Nichtbeachtung kann Amtshaftungsansprüche gem. § 839 BGB zur Folge haben (zur materiellen **Prüfungspflicht** des Grundbuchamts s. § 7 Rn 121 ff.).

3. Generelle inhaltliche Anforderungen

59 **a) Überblick.** Nach Nr. 5 a AVA ist eine **Wohnung** dann abgeschlossen, wenn sie **baulich** vollkommen von fremden Wohnungen und Räumen **abgeschlossen** ist, z. B. durch Wände und Decken (s. dazu Rn 60 ff.), und einen **eigenen abschliessbaren Zugang** unmittelbar vom Freien, von einem Treppenhaus oder einem Vorraum hat (s. Rn 64 ff.). Diese für Wohnungen bestehenden Anforderungen gelten sinngemäß auch für

[82] BR-Drucks. 140/04; dagegen *Bielefeld* NZM 2004, 521, 522.

[83] BAnz. Nr. 58 v. 23. 3. 1974, s. Anh. II 6.

[84] GS OBG BGHZ 119, 42 = NJW 1992, 3291, 3292.

[85] Begr., BR-Drucks. 75/1951; BGH NJW 1990, 1111, 1112; OLG Hamm NJW 1976, 1752; Weitnauer/*Briesemeister* Rn 64; *Röll,* Teilungserklärung, S. 10; vgl. hierzu auch § 7 Rn 102.

[86] BGHZ 177, 338 = NJW 2008, 2982 Rn 12.

sonstige Räume (Nr. 5b AVA). Nach einer Grundsatzentscheidung des Gemeinsamen Senats der Obersten Gerichtshöfe des Bundes aus dem Jahre 1992[87] ist es für die Abgeschlossenheit von Wohnungen oder sonstigen Räumen nicht erforderlich, dass die **Trennwände und Trenndecken** den bauordnungsrechtlichen Anforderungen entsprechen (s. Rn 70). Über diese für alle Räume geltenden Regeln hinaus bestehen für die Abgeschlossenheit einer Wohnung zusätzliche, an die Nutzbarkeit anknüpfende Erfordernisse (s. Rn 78 f.).

b) Bauliche Abgeschlossenheit. Die zum selben Sondereigentum gehörenden Räume müssen nicht baulich miteinander verbunden sein. Unschädlich ist es daher, wenn sie sich auf **mehreren Etagen** befinden, sofern sie dort jeweils einen eigenen abschliessbaren Zugang haben.[88] Zu abgeschlossenen Wohnungen können auch **zusätzliche Räume** außerhalb des Wohnungsabschlusses gehören (Nr. 5a S. 2 AVA),[89] z. B. Kellerräume, Mansarden, Zimmer mit separatem Zugang oder Kfz-Stellplätze. **Wasserversorgung, Ausguss und Toilette** (s. Rn 78) müssen jedoch innerhalb der Wohnung liegen (Nr. 5a S. 3 AVA). Zusätzliche Räume, die außerhalb des Wohnungsabschlusses liegen, müssen ebenso wie die eigentliche Wohnung **verschliessbar** sein (Nr. 5a S. 4 AVA). 60

Nicht erforderlich ist es für eine abgeschlossene Wohnung, dass eigene **Zähler- und Messvorrichtungen** für Strom, Gas, Wasser oder Heizung bestehen.[90] 61

Der Abgeschlossenheit steht es grds. nicht entgegen, wenn sich zwischen zwei Wohnungen eine jederzeit zu öffnende **Verbindungstür** befindet, die auf Grund der baulichen Gestaltung des Gebäudes von der Baubehörde als zweiter Rettungsweg vorgeschrieben worden ist.[91] Es berührt die Abgeschlossenheit auch nicht, wenn eine Wohnung unmittelbar einen **Zugang zum Gemeinschaftsvorraum** und Heizraum hat[92] oder wenn eine Holzwand mit eingelassener Tür zwischen Diele und **Treppenflur** errichtet wird.[93] 62

Der Abgeschlossenheit steht es grds. nicht entgegen, wenn den übrigen WEern durch Gebrauchsregelung das **Recht zum Betreten** der Räume gewährt wird.[94] Das gilt auch für den Fall, dass ein im Gemeinschaftseigentum stehender **Speicherraum** (Spitzboden) nur über im Sondereigentum stehende Flächen zu erreichen ist, sofern dieser Raum nach Beschaffenheit und Lage nicht dem ständigen Mitgebrauch aller WEer dienen kann (anderenfalls greift § 5 Abs. 2 ein: zwingendes Gemeinschaftseigentum auch des notwendigen Durchgangsraums).[95] Mithin wird die Abgeschlossenheit dieses Sondereigentums dadurch nicht in Frage gestellt. 63

c) Eigener Zugang. Grds. muss eine Wohnung von den im Gemeinschaftseigentum stehenden Gebäudeteilen oder Flächen (Treppen, Gängen, Hausflur), von einem Nachbargrundstück oder von öffentlichen Verkehrswegen aus frei – ohne Berührung des Sondereigentums anderer – zugänglich sein. Der Zugang muss also möglich sein ohne den Durchgang durch Räume, die im Sondereigentum anderer WEer stehen. Fehlt es an einer Zugangsmöglichkeit, so steht dies zwar der Abgeschlossenheit des Raumes entgegen; das Fehlen hindert aber die Entstehung von Sondereigentum nach Eintragung im Grundbuch nicht, da § 3 WEG nur eine Sollvorschrift ist (Rn 57). Dem Sondereigentümer des 64

---

[87] GS OBG BGHZ 119, 42 = NJW 1992, 3290; zum Streitstand vor dieser Entscheidung s. *Bub,* in: FS Bärmann/Weitnauer (1990), S. 69; *Kowalski* ZMR 1991, 457.

[88] LG Bielefeld Rpfleger 2000, 387; wohl enger NKV/*Vandenhouten* § 1 Rn 12 (Verbindung mit Treppe erforderlich).

[89] OVG Bremen ZMR 1985, 353, 354.

[90] Insoweit abw. Gesetzesbegr. (Anh. II 1), zu § 3 sub VI (für Gas und Elektrizität).

[91] KG Rpfleger 1985, 107; krit dazu *Röll* MittBayNot 1985, 63.

[92] LG Landau Rpfleger 1985, 437.

[93] OVG Bremen ZMR 1985, 353.

[94] BayObLG NJW-RR 1989, 142.

[95] BayObLG NJW-RR 1995, 908; ZMR 2001, 562, 563; OLG München ZMR 2006, 388, 389; OLG Celle NJOZ 2007, 4184, 4186; Riecke/Schmid/*Elzer* Rn 80 f.

gefangenen Raumes kann dann in entsprechender Anwendung des § 917 BGB ein **Notwegerecht** über fremdes Sondereigentum zustehen.[96]

65 Dieser **freie, gesicherte Zugang** ist ein wesentliches Element der Abgeschlossenheit,[97] was in § 5a AVA ausdrücklich festgehalten wird. Soweit dieses Erfordernis neuerdings unter Hinweis auf die Grundsatzentscheidung des Gemeinsamen Senats der Obersten Gerichtshöfe des Bundes von 1992 zur Abgeschlossenheit (s. Rn 70) bestritten wird,[98] kann dem nicht gefolgt werden. Zwar hat der Senat in dieser Entscheidung festgestellt, dass § 5a AVA den gesetzlich vorgegebenen Abgeschlossenheitsbegriff nicht verändern kann.[99] Indessen entspricht der freie Zugang als Voraussetzung für die Abgeschlossenheit bereits dem Willen des Gesetzgebers des WEG.[100] Die konkretisierende Verwaltungsvorschrift steht daher insoweit mit den gesetzlichen Anforderungen im Einklang und ändert diese nicht.

66 Der freie gesicherte Zugang kann auch in der Weise geschaffen werden, dass die Benutzung der für den Zugang erforderlichen Flächen durch eine **Grunddienstbarkeit** zugunsten aller jeweiligen WEer sichergestellt wird. **Beispiele:** Grunddienstbarkeit bezüglich des Treppenhauses eines Nachbargebäudes[101] oder eines Gewerberaums auf dem Nachbargrundstück.[102]

67 Abgeschlossen ist eine Wohnung aber auch dann, wenn sie **mehr als einen Zugang** von Treppen oder gemeinschaftlichem Flur hat. Zweifelhaft kann dies sein, wenn sämtliche Zimmer oder die meisten direkte Türen zu einem gemeinschaftlichen Flur, Treppenhaus oder Treppe haben. Abgeschlossenheit ist in solchen Fällen dann zu bejahen, wenn diese Zimmer dennoch einen in sich geschlossenen Komplex darstellen.[103]

68 An der erforderlichen Abgeschlossenheit zweier Wohnungseigentumsrechte fehlt es, wenn ein WC mit Vorraum, das zu einer Raumeinheit gehört, nach der Gemeinschaftsordnung von dem jeweiligen Eigentümer eines benachbarten Sondereigentums, von dem aus **gleichfalls ein Zugang** besteht, mitbenutzt werden soll.[104] Dagegen genügt es zur Abgeschlossenheit zweier Wohnungen, dass beide einen Zugang zu dem gemeinsamen Heizraum und Vorraum besitzen.[105] Rechtlich unzulässig ist es freilich, an einem **Vorflur,** der vor zwei Eigentumswohnungen liegt, für die beiden WEer Sondereigentum zu begründen (zum sog. Vorflurproblem bei der Unterteilung s. § 2 Rn 106 ff.).[106]

69 Das Erfordernis eines freien gesicherten Zugangs gilt nicht nur für Wohnungen, sondern auch für sonstige Räume iSv Abs. 2. **Beispiel:** Die Abgeschlossenheit einer Garage setzt voraus, dass durch ein Tor oder zumindest eine **Zugangssperre** (Schranke) eine unbeschränkte Zufahrtsmöglichkeit verhindert wird.[107]

70 **d) Unerheblichkeit baurechtlicher Anforderungen.** Mit Abs. 3 aF, der durch die WEG-Novelle zum 1. 7. 2007 aufgehoben worden ist, hatte der Gesetzgeber angeordnet, dass im **Beitrittsgebiet** die Abgeschlossenheit nicht dadurch ausgeschlossen ist, dass Wände und Decken nicht den im Zeitpunkt der Erteilung der Bescheinigung gültigen **bauordnungsrechtlichen Anforderungen**[108] entsprechen. Diese Sonderregelung war nach einer

---

[96] OLG München, Beschl. v. 2. 6. 2008 – 32 Wx 044/08 = MietRB 2009, 108, 109 (red. Ls. und Kurzwiedergabe; Volltext bei *juris*).

[97] OLG Düsseldorf NJW-RR 1987, 333; LG Bamberg ZMR 2006, 965, 966.

[98] *J. Heinemann* ZMR 2006, 966.

[99] GS OBG BGHZ 119, 42 = NJW 1992, 3291, 3292.

[100] Gesetzesbegr. (Anh. II 1), zu § 3 sub VI.

[101] OLG Düsseldorf NJW-RR 1987, 333; s. auch BayObLG ZMR 1984, 359.

[102] LG Bamberg ZMR 2006, 965, 966.

[103] So auch OVG Lüneburg ZfBR 1984, 99, das Sondereigentumsfähigkeit ineinander übergehender Hotelzimmer verneint. S. dazu aber noch Rn 73 ff.

[104] BayObLGZ 1984, 27 = Rpfleger 1984, 407.

[105] LG Landau Rpfleger 1985, 437.

[106] OLG Hamm NJW-RR 1986, 1275; ablehnend etwa *Schmidt* WE 1988, 56.

[107] OLG Celle NJW-RR 1991, 1489.

[108] Vgl DIN 4109, 4108 und 4102 (Schall-, Wärme- und Brandschutz).

gegenläufigen Entscheidung des BVerwG[109] im Jahre 1991 ins Gesetz aufgenommen worden,[110] um die Entstehung von WE in den neuen Bundesländern zu erleichtern. Bereits 1992 entschied jedoch der **Gemeinsame Senat der obersten Gerichtshöfe des Bundes,** dass generell Wohnungen und sonstige Räume in bestehenden Gebäuden auch dann iSv Abs. 2 S. 1 in sich abgeschlossen sein können, wenn die **Trennwände und Trenndecken** nicht den Anforderungen entsprechen, die das Bauordnungsrecht des jeweiligen Bundeslandes aufstellt (s. bereits Rn 59).[111] Damit ist die durch Abs. 3 aF für das Beitrittsgebiet (mit einer Befristung bis zum 31. 12. 1996) geschaffene Rechtslage auf das **gesamte Bundesgebiet** erstreckt worden.[112] Die anderslautende Regelung in Nr. 5 AVA ist insoweit überholt.

Auch wenn der Reformgesetzgeber von 2007 die in Rn 70 genannte Rspr. des Gemeinsamen Senats nicht kodifiziert – und die weitere Entwicklung damit den Gerichten überlassen – hat, sollte an ihr **festgehalten** werden. Dafür spricht nicht nur, dass bereits der Gesetzgeber von 1951 sich gegen strengere Anforderungen an die Abgeschlossenheit entschieden hat.[113] Vor allem ist es nicht einzusehen, wieso die erhöhten bauordnungsrechtlichen Anforderungen bei Bestandsbauten stets, aber auch nur dann eingefordert werden sollten, wenn an den betreffenden Wohnungen WE gebildet wird. An der Nutzungsart ändert sich durch die Begründung von WE nämlich ebenso wenig etwas wie am Schutzbedürfnis der Wohnungsnutzer.[114] Die durch die Entscheidung des Gemeinsamen Senats überholte gegenteilige Rspr. des BVerwG lief vielmehr darauf hinaus, das Bauordnungsrecht zur Abwehr der seinerzeit wegen der befürchteten Verdrängung von Mietern wohnungspolitisch unerwünschten Umwandlung von Bestandsbauten zu instrumentalisieren. Indessen stehen hierfür differenzierte, dem Schutzbedürfnis der betroffenen Mieter angepasste wohnungsmietrechtliche Instrumente zur Verfügung (vgl. insbesondere §§ 577, 577 a BGB und dazu § 1 Rn 229, 235). 71

e) Einzelfragen. aa) Garagen. Zu **Garagenstellplätzen** s. Rn 88 ff. Bei einer **Doppelstock-/Duplexgarage** steht nicht die Abgeschlossenheit, sondern (bereits) die Raumeigenschaft in Frage; s. § 5 Rn 64 f. 72

bb) Hotelräume. Unstreitig kann an **Hotelappartements** (z. B. in einem Kurhotel), die in ihrer Ausstattung einer Wohnung vergleichbar sind, Sondereigentum in Gestalt von TE begründet werden.[115] Streitig ist jedoch, ob auch **Hotelzimmer** in sich abgeschlossene Teileigentumseinheiten sein können. 73

Meinungsstand. Nach einer Ansicht[116] kann an Hotelzimmern **kein TE** begründet werden. Die Formulierung in § 3 Abs. 2 („in sich") mache deutlich, dass der Gesetzgeber für die Abgeschlossenheit auf das gesamte Objekt, an dem Sondereigentum begründet werden solle, abstelle. Es genüge nicht, dass die einzelnen Räume abgeschlossen seien. Entscheidend seien das Objekt als Ganzes und sein Verwendungszweck. Soll ein Gebäude als Hotel genutzt werden, dann schlage dieser übergeordnete Verwendungszweck auf die Hotelzimmer durch. Sie stellten bei dieser übergeordneten Sichtweise weder einzeln noch 74

---

[109] BVerwG NJW 1990, 848.

[110] Art. 11 des Gesetzes vom 22. 3. 1991, BGBl. I, S. 766.

[111] GS OBG BGHZ 119, 42 = NJW 1992, 3290; zum Streitstand vor dieser Entscheidung s. *Bub,* in: FS Bärmann/Weitnauer, 1990, S. 69.

[112] Vgl auch BGH NJW 1993, 592.

[113] GS OBG BGHZ 119, 42 = NJW 1992, 3290.

[114] Vgl. auch *Häublein,* Sondernutzungsrechte, S. 101 (sub specie der vom BVerwG vorgebrachten bauordnungsrechtlichen Erwägungen sei es irrelevant, ob an der betreffenden Wohnung WE oder nur ein Sondernutzungsrecht besteht).

[115] BayObLG ZMR 1999, 418; ZMR 2003, 588 f. (beide implizit); Weitnauer/*Briesemeister* § 1 Rn 38; *Kahlen* BlGBW 1984, 127, 128; *Trendel* BauR 1984, 215, 219.

[116] OVG Lüneburg DNotZ 1984, 390 m. krit. Anm. *Röll;* LG Halle NotBZ 2004, 242 m. krit. Anm. *Häublein;* 9. Aufl. Rn 42; *Trendel* BauR 1984, 215, 218, 224.

gruppenweise in sich abgeschlossene Räume dar.[117] Es handele sich bei ihnen nur um **unselbstständige Teile** des Objekts, die für sich nicht funktionsfähig seien.[118] Ein Hotelgast sei nicht nur auf sein Zimmer, sondern typischerweise zugleich auf weitere Einrichtungen des Gebäudes angewiesen. Allein mit diesen Einrichtungen zusammen bilden die Zimmer als Hotel eine wirtschaftliche und funktionelle Einheit.[119]

75 Nach überwiegender Ansicht[120] könnten auch Hotelzimmer in sich **abgeschlossene Einheiten** darstellen. Dass die Hotelgäste weitere Einrichtungen mitbenutzten, sei keine Besonderheit von Hotelanlagen. Nahezu jede Wohnungseigentumsanlage verfügt über Bereiche, die von den Sondereigentümern mitgenutzt werden, damit der bestimmungsgemäße Gebrauch gewährleistet sei (Treppenhaus etc.).[121] Das WEG löse diesen Konflikt allein dadurch, dass diese Bereiche gem. § 5 Abs. 2 im gemeinschaftlichen Eigentum stünden.[122]

76 **Stellungnahme.** Die überwiegende Ansicht, wonach die Teileigentumsfähigkeit zu **bejahen** ist, verdient Zustimmung. Die Anforderungen an die Abgeschlossenheit von TE sind geringer als bei WE; sie werden durch Hotelzimmer erfüllt. Würde man allein deswegen, weil der Hotelgast typischerweise (wenngleich, wie jüngere Entwicklungen auf dem Hotelmarkt zeigen, keineswegs zwangsläufig) auch Gemeinschaftseinrichtungen in Anspruch nimmt, die Teileigentumsfähigkeit verneinen, wären Probleme vorprogrammiert. Dies gilt nicht nur für die Abgrenzung zu Hotelappartements, sondern auch für die generelle Frage, wie bedeutsam die Gemeinschaftseinrichtungen im Verhältnis zu den einzelnen Räumen, um deren Teileigentumsfähigkeit es geht, sein müssen, um letztere auszuschließen. Ein sachlicher Grund dafür, die Begründung von TE zu untersagen, ist nicht ersichtlich. Insbesondere wäre es sachwidrig, jeweils auf die Größe oder wirtschaftliche Nutzbarkeit der betreffenden Räume abzustellen.

77 **cc) Einzelne Büro- oder Lagerräume.** Dieselben Regeln wie für Hotelzimmer gelten für einzelne **Büroräume** innerhalb eines Büroservice-Centers sowie für separat zugängliche **Lagerräume** in einem sog. Storage Center. Auch derartige Räume sind mithin teileigentumsfähig.

4. Zusätzliche Anforderungen für Wohnungen

78 Über die vorstehend genannten allgemeinen Regeln hinaus bestehen zusätzliche Anforderungen an die Abgeschlossenheit einer **Wohnung.** Nach Nr. 4 der AVA (s. Rn 56) ist eine Wohnung die Summe der Räume, welche die **Führung eines Haushalts** ermöglichen (s. bereits § 1 Rn 15). Dazu sollen stets eine Küche oder Kochgelegenheit sowie Wasserversorgung, Ausguss und Toilette gehören. Die Eigenschaft als Wohnung soll nicht dadurch verloren gehen, dass einzelne Räume vorübergehend oder dauernd zu beruflichen oder gewerblichen Zwecken benutzt werden.

79 Diese für das Wohnungseigentumsrecht maßgebliche Definition der Wohnung stimmt überein mit der Auslegung des Begriffs durch die Rspr. zu **anderen Rechtsgebieten.**[123] Jene Rspr. kann daher in Zweifelsfällen zur Konkretisierung herangezogen werden. So versteht der **BFH** im Bewertungsrecht unter einer Wohnung die Zusammenfassung einer

---

[117] OVG Lüneburg DNotZ 1984, 390, 392 m. krit. Anm. *Röll.*

[118] OVG Lüneburg DNotZ 1984, 390, 392 m. krit. Anm. *Röll;* LG Hamm NotBZ 2004, 242 m. krit. Anm. *Häublein.*

[119] OVG Lüneburg DNotZ 1984, 390, 392.

[120] OLG Naumburg NotBZ 2005, 221 (LS; Langtext bei *juris*); *Häublein* NotBZ 2004, 243, 244; *Kahlen* BlGBW 1984, 127, 128; *Röll* DNotZ 1984, 392, 394; Riecke/Schmid/*Schneider* § 1 Rn 35 (allerdings unter Bezugnahme auf Rspr. zu Hotelappartements).

[121] OLG Naumburg NotBZ 2005, 221 (LS; Langtext bei *juris,* dort Rn 6); *Häublein* NotBZ 2004, 243, 244; *Röll* DNotZ 1984, 392, 394.

[122] *Häublein* NotBZ 2004, 243, 244.

[123] Eine Legaldefinition fehlt etwa in den §§ 7 c, 10 e EStG, 5 GrStG.

Mehrheit von Räumen, die in ihrer Gesamtheit so beschaffen sein müssen, dass sie die **Führung eines selbstständigen Haushalts** ermöglichen.[124] Es müssen daher auch eine Küche oder zumindest eine Kochgelegenheit, Bad oder Dusche und WC vorhanden sein. Nach dem **BayVGH**[125] ist eine Wohnung iSd WoBauG die Summe der Räume, welche die Führung eines selbstständigen Haushalts ermöglichen. Dabei müssen wiederum Kochgelegenheit, Wasserversorgung, Ausguss und Toilette vorhanden sein.[126]

5. Sonstige Räume

Sonstige Räume iSv Abs. 2 sind sämtliche Räume, die nicht zu einer Wohnung (s. Rn 78) gehören. **Beispiele:** Gaststätte, Büroräume, Garagen, Kellerräume. Die genannten besonderen Anforderungen der AVA für Wohnungen (s. Rn 78 f.) gelten für sonstige Räume nicht. So muss zu sonstigen Räumen keine **Toilette** gehören. Zwar kann insoweit je nach Nutzungszweck insbesondere das Bau-, Gewerbe- oder Arbeitsrecht etwas anderes vorschreiben (z. B. für Gaststätten oder Büros). Für die wohnungseigentumsrechtliche Abgeschlossenheit ist dies jedoch ohne Belang. 80

Praktisch bedeutsam sind die unterschiedlichen Anforderungen an die Abgeschlossenheit deshalb, weil an sonstigen Räumen, sofern sie nicht als Nebenräume dem Sondereigentum an einer Wohnung zugeordnet werden, kein WE, sondern **nur TE** gebildet werden kann (s. § 1 Rn 18 ff.). 81

Ein **Toilettenraum** kann für sich allein nicht Gegenstand eines TEs-Rechts sein, wenn er bestimmungsgemäß der Versorgung von Wohnräumen dient.[127] Dann liegt in Wahrheit ein Gebrauch zu Wohnzwecken vor, der sich mit Teileigentum nicht verträgt. Im Übrigen kann an einem Toilettenraum, insb in Schwimmbädern oder Saunaanlagen, jedoch Teileigentum begründet werden.[128] 82

6. Nachträgliche Aufhebung der tatsächlichen Abgeschlossenheit

Bauliche Veränderungen können dazu führen, dass die bei Begründung des WEs vorhandene Abgeschlossenheit einer Wohnung **aufgehoben** wird. Ein **Beispiel** bietet der Durchbruch einer Trennwand zwischen zwei Wohnungen. Der Fortbestand des Sondereigentums bleibt davon unberührt.[129] Eine andere Frage ist es, ob den übrigen WEer durch die bauliche Maßnahme ein Nachteil iSv § 22 Abs. 1 entsteht und sie deshalb ohne ihre Zustimmung zu unterbleiben hat. Dies hängt von den konkreten Auswirkungen im Einzelfall ab. Allein in der Aufhebung der Abgeschlossenheit liegt jedenfalls kein solcher Nachteil (s. dazu § 22 Rn 182). 83

7. Abgeschlossenheitserfordernis bei nachträglicher Änderung des sachenrechtlichen Grundverhältnisses

a) Unterteilung. Die **Unterteilung** eines bestehenden WEs durch den Eigentümer in neue selbstständige Wohnungseigentumsrechte ist zulässig (§ 2 Rn 93 ff.).[130] Jede der neu gebildeten Einheiten muss allerdings die Voraussetzungen des Abs. 2 erfüllen. 84

---

[124] BFH BStBl 1979 II, 255; 1999 II, 91 = NJW-RR 1999, 303 = NZM 1999, 186.

[125] Vgl OLG Düsseldorf NJW 1976, 1458.

[126] Vgl BVerwGE 24, 106 = NJW 1966, 2029; 38, 290 = ZMR 1972, 87; s. auch Palandt/*Weidenkaff* Einf v § 535 Rn 89.

[127] OLG Düsseldorf NJW 1976, 1458.

[128] Vgl OLG Düsseldorf NJW 1976, 1458.

[129] BGHZ 146, 241, 245 = NJW 2001, 1212; BGHZ 177, 338 = NJW 2008, 2982, 2983 Rn 15; OLG Köln NJW-RR 1994, 717 = ZMR 1994, 230; BayObLGZ 2000, 252 = ZMR 2001, 43; aA OLG Zweibrücken ZMR 2000, 254.

[130] BayObLG Rpfleger 1991, 455.

85 **b) Vereinigung.** Die **rechtliche Vereinigung** mehrerer zum selben Stammgrundstück gehörender Wohnungseigentumsrechte desselben Eigentümers ist entsprechend § 890 BGB grds. möglich (s. § 1 Rn 97 ff. sowie § 2 Rn 115). Sie setzt nicht die Abgeschlossenheit der vom nunmehr einheitlichen Wohnungseigentumsrecht umfassten Raumgesamtheit als solcher voraus.[131] Zur Eintragung der Vereinigung in das Grundbuch ist es nicht erforderlich, dass dem Grundbuchamt eine neue Abgeschlossenheitsbescheinigung und ein neuer Aufteilungsplan bezüglich der neu entstehenden Einheit vorgelegt werden.[132] Dies gilt auch dann, wenn die betreffenden Einheiten auch **faktisch zusammengelegt** wurden oder werden sollen.[133] – Dazu, dass eine nachträgliche Aufhebung der Abgeschlossenheit sich nicht auf die Wirksamkeit der **Einräumung von Sondereigentum** auswirkt, s. Rn 83.

86 **c) Neuzuteilung von Sondereigentum.** Werden nach der erstmaligen Begründung von WE die räumlichen Grenzen des Sondereigentums durch Übertragung von **Räumen** verschoben, so ist für die Wirksamkeit der Rechtsänderung wiederum nicht die tatsächliche Abgeschlossenheit der neugebildeten Einheit erforderlich.[134] Freilich bedarf es für die Eintragung in diesem Fall dennoch einer **neuen Abgeschlossenheitsbescheinigung** und eines neuen Aufteilungsplans (s. auch § 2 Rn 119).[135]

8. Abgeschlossenheitserfordernis bei Änderung der Zweckbestimmung iwS

87 Wird die Zweckbestimmung iwS nachträglich dadurch geändert, dass TE in WE umgewandelt wird, so erhöhen sich dadurch die materiellen Anforderungen an die Abgeschlossenheit (s. Rn 78 f.). Daher ist in diesem Fall einer Änderung der Zweckbestimmung auch eine **neue Abgeschlossenheitsbescheinigung** beizubringen.[136] Im umgekehrten Fall gilt dies nicht.

IV. Garagenstellplätze (Abs. 2 S. 2)

1. Normzweck

88 Abs. 2 S. 2, der im Jahre 1973 ins Gesetz eingefügt worden ist,[137] erleichtert durch eine **Fiktion** die Bildung von Sondereigentum an Garagenstellplätzen. Solche Stellplätze könnten ohne diese Regelung nicht in sich abgeschlossen sein. Indem das Gesetz die Fiktion an die Voraussetzung einer **dauerhaften Markierung** knüpft, beugt es Unklarheiten über die den WEern zustehenden Stellflächen und über die Abgrenzung zum Gemeinschaftseigentum vor.[138] Die Fiktion bezieht sich nicht allein auf die Abgeschlossenheit, sondern auch auf die Raumeigenschaft.[139]

2. Anwendungsbereich

89 Streit besteht darüber, ob Abs. 2 S. 2 auch für solche dauerhaft markierten Stellplätze gilt, die sich im **Freien** befinden. Dagegen lässt sich anführen, dass das Gesetz von „Garagenstellplätzen" spricht. Dies deutet darauf hin, dass nur solche Flächen erfasst sein sollen, die selbst innerhalb eines zumindest in seiner Gesamtheit abgeschlossenen Raumes

---

[131] BGHZ 146, 241 = ZMR 2001, 289; KG NJW-RR 1989, 1360.

[132] Riecke/Schmid/*Schneider* § 7 Rn 263; LG Wiesbaden Rpfleger 1989, 194.

[133] OLG Hamburg ZMR 2004, 529.

[134] OLG Zweibrücken ZMR 2001, 663, 664.

[135] OLG Zweibrücken ZMR 2001, 663 f.; Riecke/Schmid/*Elzer* Rn 56.

[136] *Hügel* RNotZ 2005, 149, 155; *ders.* MietRB 2009, 109; NKV/*Vandenhouten* § 1 Rn 22; Riecke/Schmid/*Schneider* § 7 Rn 286.

[137] Ges. v. 30. 7. 1973, BGBl. I, S. 910; zur Entstehungsgeschichte s. *Röll* DNotZ 1990, 221, 222.

[138] LG Bonn MittBayNot 1983, 14.

[139] *F. Schmidt*, FS Seuß, 2007, S. 241, 248.

innerhalb eines Gebäudes (Garage) gelegen sind.[140] Andererseits bezieht sich das Sondereigentum allein auf die markierte Fläche. Es erscheint keineswegs zwingend, entscheidend auf den durch ein Garagengebäude gebildeten größeren abgeschlossenen Raum abzustellen.[141] Welche fließenden Übergänge es hier gibt, zeigt sich etwa an Abstellplätzen ohne Überdachung im räumlichen Bereich eines Parkhauses. Wenn das **Oberdeck** eines Garagengebäudes (Parkhauses) über das umgebende Gelände hinausragt und von innen durch eine Zufahrt zu erreichen ist, greift Abs. 2 S. 2 ein.[142] Liegt der Stellplatz hingegen auf dem ebenerdigen, von der Umgebung nicht abgegrenzten **Dach** einer Tiefgarage, soll er nach verbreiteter Ansicht nicht sondereigentumsfähig sein.[143] Nach anderer Meinung ist Abs. 2 S. 2 nach seinem Sinn und Zweck, die Bildung von Sondereigentum an Stellplätzen zu erleichtern, jedenfalls dann auch auf Stellplätze im Freien anzuwenden, wenn diese räumlich einem **Gebäude** zuzuordnen sind. Dafür soll es genügen, wenn sich die Stellplätze auf dem Dach des Gebäudes befinden.[144] Dem ist grds zuzustimmen; freilich wird man wegen des erforderlichen Gebäudebezugs verlangen müssen, dass die Stellplatzfläche nach der Verkehrsanschauung als Teil des Gebäudes klar nach außen hervortritt (s. auch § 5 Rn 18).

Einer weitergehenden – dann analogen – Anwendung auf den Fall, dass die Stellplätze 90
sich **außerhalb eines Gebäudes** im Freien befinden (z. B. auf einem Hof oder einer Grünfläche), ist Abs. 2 S. 2 nicht zugänglich. Zwar würde das Regelungsziel der Vorschrift eine solche Erweiterung ihres Anwendungsbereichs durchaus decken. Damit würde jedoch die gesetzgeberische Grundkonzeption verlassen, wonach Sondereigentum nur an Räumen **eines Gebäudes** und gerade nicht an unbebauten Grundstücksflächen gebildet werden kann (s. auch § 1 Rn 4). Die Fiktion des Abs. 2 S. 2 erleichtert lediglich die Anforderungen an die Abgeschlossenheit, nimmt jedoch keine Abstriche an dem Erfordernis vor, dass nur Räume eines Gebäudes sondereigentumsfähig sind. Für eine Analogie besteht auch kein unabweisbares praktisches Bedürfnis. Anstelle der Begründung von Sondereigentum ist es nämlich möglich, das ausschließliche Nutzungsrecht an bestimmten Stellplätzen einem WE dadurch zuzuordnen, dass daran ein **Sondernutzungsrecht** begründet wird (s. § 13 Rn 73 ff.).[145] – Unzulässig ist es hingegen, eine entsprechende **Dienstbarkeit** an einem einzelnen WE zu begründen. Die Dienstbarkeit müsste, auch wenn ihr Anwendungsbereich auf einen realen Teil des Grundstücks beschränkt ist, als Belastung sämtlicher Wohnungseigentumsrechte eingetragen werden (s. § 1 Rn 152).[146]

Der Bildung von Sondereigentum (in Gestalt von TE) an einer Tief-Sammelgarage steht 91
nicht entgegen, dass die Verkehrsfläche der Garage (nur) im Gefahrenfall auch als „zweiter **Rettungsweg**" benutzt werden darf.[147]

---

[140] OLG Hamm NJW 1975, 60 = DNotZ 1975, 108; LG Lübeck Rpfleger 1976, 252 für Stellplätze auf einem Garagengebäude; *Röll,* Teilungserklärung, S. 20.

[141] *Merle* Rpfleger 1977, 196 OLG Frankfurt Rpfleger 1977, 312 = DNotZ 1977, 635; Rpfleger 1983, 482; OLG Hamm NJW-RR 1998, 516 = Rpfleger 1998, 241.

[142] Str.; wie hier OLG Hamm NJW-RR 1998, 516; OLG Köln Rpfleger 1984, 464 m. zust. Anm. *Sauren; Höckelmann/Sauren* Rpfleger 1999, 14; Riecke/Schmid/*Elzer* § 3 Rn 69 a f.; im Ansatz abw OLG Hamm NJW-RR 1998, 516 = NZM 1998, 267, wonach das Bauwerk insgesamt als Garage die Stellplätze auf der obersten Ebene umfassen soll; KG NJW-RR 1996, 587; aA auch NKV/*Vandenhouten* Rn 32; Weitnauer/*Briesemeister* Rn 16 (keine Sondereigentumsfähigkeit mangels Raumeigenschaft).

[143] OLG Frankfurt Rpfleger 1983, 482; OLG Hamm ZMR 2007, 213; LG Aachen Rpfleger 1984, 184 m. krit. Anm. *Sauren;* NKV/*Vandenhouten* Rn 32; Riecke/Schmid/*Elzer* § 3 Rn 69; Weitnauer/*Briesemeister* Rn 62.

[144] *Merle* Rpfleger 1977, 196; *Röll* DNotZ 1992, 221, 224.

[145] So auch LG München I MittBayNot 1971, 83; 1971, 242; BayObLG NJW 1975, 59.

[146] BayObLG NJW 1975, 59.

[147] OLG Frankfurt ZMR 1995, 166.

3. Dauerhafte Markierungen

92 Es genügt, dass die einem Stellplatz zugeordnete Fläche „durch **dauerhafte Markierungen**" ersichtlich wird. Entscheidend ist hierbei, dass die gewählte Kennzeichnung die Gewähr für dauerhafte Klarheit der Eigentumsverhältnisse bietet. Die Anforderungen werden in **Nr. 6 AVA** dahin gehend konkretisiert, dass Wände, festverankerte Geländer, Begrenzungseinrichtungen, Begrenzungsschwellen aus Stein oder Metall, in den Fußboden eingelassene Markierungssteine oder andere dem gleichzusetzende Maßnahmen in Betracht kommen.

93 **Beispiele:** Markierung durch einen Beton- oder Zementsockel, in den Boden eingelassene besondere Steine oder dauerhafte Kunststoffmasse;[148] Markierungsnagel mit Drahtgitter;[149] Maschen- oder Holzzaun. Bei einem **Farbanstrich** kommt es auf die Dauerhaftigkeit an; ein einfacher Anstrich dürfte nicht genügen, da er wegen des Überfahrens bald unkenntlich sein würde.[150]

4. Kennzeichnung in der Teilungserklärung

94 Aus der Teilungserklärung muss ebenso wie bei sonstigem Sondereigentum die **Lage** der Stellplätze ersichtlich werden. Nicht erforderlich ist es hingegen, auch die **Art** der für ihre Abgrenzung verwendeten Markierungen anzugeben.[151] Dies verlangen die gesetzlichen Bestimmungen nicht; überdies kann es den WEern nicht verwehrt sein, die ursprüngliche Markierung im Laufe der Zeit durch eine andere zu ersetzen, sofern auch die neue Markierung dauerhaft iSv Abs. 2 S. 2 ist.[152]

V. Weitere Fragen

1. Rangverhältnisse

95 Da es sich bei der Bildung von Sondereigentum nicht um eine Belastung, sondern um eine **Beschränkung** des Miteigentums handelt, können Fragen der Rangordnung zwischen Miteigentum und Sondereigentum nicht entstehen (s. Rn 2). Das WEG enthält keine Vorschriften über Rangfolge, Rangänderung und Rangvorbehalt; zugleich sind die einschlägigen Vorschriften des BGB nicht anwendbar. Der Rang von Rechten, die vor der Einräumung des Sondereigentums an dem Grundstück oder an einzelnen Miteigentumsanteilen bestanden, wird durch die Einräumung des Sondereigentums nicht berührt.[153] – Zu **Zustimmungserfordernissen** s. § 2 Rn 14 ff.

2. Zeitpunkt der Entstehung der WEgem

96 Die Gemeinschaft der WEer entsteht bei der Begründung nach Abs. 1 mit der **Eintragung** der Rechtsänderung in das Grundbuch. Zur werdenden WEgem s. § 10 Rn 16 f.

3. Nachträgliche Änderungen des sachenrechtlichen Grundverhältnisses

97 Zu nachträglichen Änderungen des sachenrechtlichen Grundverhältnisses s. eingehend § 2 Rn 84 ff.

---

148 VGH Bad.-Württ., Urt. v. 3. 11. 1978 – VIII 121/77; Weitnauer/*Briesemeister* Rn 63.

149 BayObLG NZM 2001, 893 = ZMR 2001, 820, 821.

150 *Bornemann*, Der Erwerb von Sondernutzungsrechten im Wohnungseigentumsrecht, 2000, S. 38; NKV/*Vandenhouten* Rn 29; *Röll*, Teilungserklärung, S. 20 Fn 46; ähnlich Palandt/*Bassenge* Rn 8 (jede sichtbare und stets rekonstruierbare zeichnerische Festlegung).

151 *Röll* DNotZ 1988, 325 gegen LG Nürnberg/Fürth DNotZ 1988, 321.

152 *Röll* DNotZ 1988, 325.

153 Siehe a. *Weitnauer* JZ 1951, 164.

VI. Anhang zu § 3: Haftung der Wohnungseigentümer bei der Bauerrichtung

1. Außenhaftung

Vergeben WEer **Bauarbeiten** über die Errichtung der Wohnanlage im eigenen Namen, so haften sie den Vertragspartnern in der Regel nicht als Gesamtschuldner nach § 427 BGB, sondern nur **anteilig** im Umfang des jeweiligen Miteigentumsanteils (s. § 1 Rn 119).[154] Dies folgt daraus, dass der einzelne WEer in der Regel nicht für andere Miteigentümer einstehen will und kann. Es ist für den Bauhandwerker auch erkennbar, dass der einzelne WEer das Wagnis einer gesamtschuldnerischen Haftung nicht eingehen will, und er kann sich darauf einstellen.[155] Dasselbe gilt auch dann, wenn eine Bauherrengemeinschaft beim Erwerb eines bereits errichteten Gebäudes eine umfangreiche **Sanierung** durchführt[156] (zur anteiligen Haftung einer Bauherrengemeinschaft s. § 1 Rn 125). **98**

2. Innenhaftung

Da bereits die Außenhaftung nur quotal in Höhe des Miteigentumsanteils besteht, kann die Inanspruchnahme eines der Bauherren durch einen Dritten regelmäßig nur dann einen **Innenausgleich** zur Folge haben, wenn im Innenverhältnis ein abweichender Maßstab vereinbart ist. – Daneben kommen allerdings **Schadensersatzansprüche** nach § 280 Abs. 1 BGB der Bauherren untereinander in Betracht. **Beispiel:** Haben die Miteigentümer einer zu errichtenden Wohnungseigentumsanlage vereinbart, den **Dachstuhl gemeinsam** errichten zu lassen, gleichwohl aber die Aufträge getrennt nach Wohneinheiten zu vergeben, so ist ein Miteigentümer wegen der ggü. den übrigen Eigentümern bestehenden **Treuepflicht** nicht berechtigt, seine Aufträge mit einem Bauunternehmen unter Missachtung der Belange der übrigen Eigentümer durchzuführen. Der gegen die Treuepflicht verstoßende Eigentümer hat den entstandenen Schaden zu tragen, wenn sich auf Grund der mangelnden Abstimmung die Dachstuhlerrichtung verzögert.[157] **99**

§ 4 Formvorschriften

(1) **Zur Einräumung und zur Aufhebung des Sondereigentums ist die Einigung der Beteiligten über den Eintritt der Rechtsänderung und die Eintragung in das Grundbuch erforderlich.**

(2) **[1]Die Einigung bedarf der für die Auflassung vorgeschriebenen Form. [2]Sondereigentum kann nicht unter einer Bedingung oder Zeitbestimmung eingeräumt oder aufgehoben werden.**

(3) **Für einen Vertrag, durch den sich ein Teil verpflichtet, Sondereigentum einzuräumen, zu erwerben oder aufzuheben, gilt § 311 b Abs. 1 des Bürgerlichen Gesetzbuchs entsprechend.**

Übersicht

[154] BGH NJW 1959, 2160; 1979, 2101 = ZMR 1979, 51; BGHZ 76, 86, 89 f. = NJW 1980, 992 für Betreuungsbau.

[155] BGH ZMR 1979, 51.

[156] OLG Köln NZM 2002, 625: keine gesamtschuldnerische Haftung.

[157] OLG Hamburg ZMR 2002, 456.

Literatur: *Drasdo,* Die Besonderheiten von in Form des Wohnungseigentums organisierten Time-Sharing-Objekten, FS Merle, 2000, S. 129; *Ertl,* Zur Frage, ob die Umwandlung von gemeinschaftlichem Eigentum in Sondereigentum einer Einigung in Form der Auflassung bedarf, DNotZ 1990, 39; *Herrmann,* Zum Vollzug der Veräußerung und des Zuerwerbs von in Wohnungs- oder Teileigentum aufgeteilten Teilflächen, DNotZ 1991, 607; *Kreuzer,* Aufhebung von Wohnungseigentum, NZM 2001, 123; *Rastätter,* Aktuelle Probleme bei der Beurkundung von Teilungserklärungen, BWNotZ 1988, 134; *Röll,* Veräußerung und Zuerwerb von Teilflächen bei Eigentumswohnanlagen, RPfleger 1990, 277.

I. Normzweck

1 § 4 stellt für die Einräumung und Aufhebung von Sondereigentum besondere Anforderungen auf. Diese betreffen entgegen der Gesetzesüberschrift keineswegs allein die Form. Vielmehr regelt Abs. 1, der dem für den Erwerb von Rechten an Grundstücken geltenden § 873 Abs. 1 BGB nachgebildet ist, den **zweiteiligen Tatbestand** der Einräumung oder Aufhebung von Sondereigentum. Abs. 2 S. 2 ordnet an, dass die dingliche Erklärung **bedingungs- und befristungsfeindlich** ist. **Formvorschriften** enthalten allein Abs. 2 S. 1 für das dingliche und Abs. 3 für das schuldrechtliche Geschäft.

2 Insgesamt bezweckt § 4, die Einräumung oder Aufhebung von Sondereigentum denselben Regeln zu unterwerfen, die für die Übertragung des Eigentums an einem **Grundstück** gelten. Vor dem Hintergrund des Verständnisses, dass es sich bei der vertraglichen Einräumung oder Aufhebung von Sondereigentum um eine Inhaltsänderung des Miteigentums handelt (dazu § 3 Rn 3), hat die Norm in Bezug auf das Formerfordernis **konstitutive Bedeutung,** da eine Inhaltsänderung nach den allgemeinen Vorschriften der §§ 877, 873 BGB formfrei vereinbart werden kann.

3 Die Norm **ergänzt § 3,** soweit sie die vertragliche Einräumung von Sondereigentum betrifft, indem sie anordnet, auf welche Weise diese Einräumung durch Beschränkung des Miteigentums zu geschehen hat. Welche Räume und Gebäudeteile sondereigentumsfähig sind und damit Gegenstand einer Einigung iSv Abs. 1 werden können, richtet sich nach § 5. Regeln über den Grundbuchvollzug enthält § 7; diese betreffen freilich nicht den Vollzug der Einigung iSv Abs. 1, sondern die Anlegung von Wohnungsgrundbüchern und die Eintragungsbewilligung.

II. Anwendungsbereich

1. Begründung von WE

4 Soweit § 4 die **Begründung von WE** betrifft, wird allein diejenige durch einen Vertrag der Miteigentümer gem. § 3 erfasst. Mithin setzt § 4 voraus, dass Miteigentum bereits besteht (s. dazu § 3 Rn 8).

Vorstufe zur Begründung von WE gem. § 3 ist die **Begründung des Miteigentums** als solchem, also der einzelnen Miteigentumsanteile. Sie richtet sich nicht nach § 4, sondern nach den §§ 873, 925 BGB. Nach der Sollvorschrift des § 47 GBO ist bei der Eintragung des Miteigentums anzugeben, welche Rechtsform für die Gemeinschaft gilt (hier: **Bruchteilsgemeinschaft**). Das Quotenverhältnis kann durch dingliches Rechtsgeschäft sämtlicher Miteigentümer in der Form des § 925 BGB nachträglich geändert werden (s. dazu § 2 Rn 85). 5

2. Bestehendes WE

a) Überblick. § 4 gilt nicht allein für die Begründung von WE (genauer: für die erstmalige Einräumung von Sondereigentum), sondern auch für **spätere Änderungen.** Dies zeigt sich bereits daran, dass Abs. 1 auch die Aufhebung erfasst. 6

Überdies bezieht sich die Norm schon nach ihrem Wortlaut keineswegs nur auf Vorgänge hinsichtlich der Gesamtheit aller Räume, die als Sondereigentum mit einem Miteigentumsanteil verbunden werden sollen. Vielmehr werden auch Erklärungen im Hinblick auf **einzelne Räume** erfasst.[1] Beides ist dann praktisch bedeutsam, wenn bei einer bestehenden WEgem der **Zuschnitt von Sondereigentum oder Gemeinschaftseigentum** verändert werden soll. Dabei lassen sich mehrere Fallgruppen unterscheiden. 7

b) Fallgruppen. aa) Umwandlung von Gemeinschafts- in Sondereigentum. § 4 erfasst nicht nur die Bildung von Sondereigentum an zuvor im Miteigentum stehenden Räumen zum Zwecke der Schaffung von WE, sondern auch bei bestehendem WE die **Umwandlung von Gemeinschafts- in Sondereigentum;** auch dabei wird Sondereigentum eingeräumt iSv Abs. 1.[2] Daher sind Einigung in der Form des Abs. 2 S. 1 und Eintragung auch hier erforderlich. Das gilt auch dann, wenn einem WEer ein **Sondernutzungsrecht** an den betreffenden, im Gemeinschaftseigentum stehenden Räumen zusteht, z. B. wenn in Ausübung eines Sondernutzungsrechts zunächst ein Wohngebäude errichtet wurde, das nunmehr in neue Wohnungseigentumsrechte aufgeteilt werden soll. Das Sondernutzungsrecht enthält nicht die vorweggenommene Einigung über die Einräumung von Sondereigentum.[3] Eine entsprechende Vereinbarung in der Gemeinschaftsordnung wäre im Übrigen unwirksam.[4] Hierzu steht es nicht im Widerspruch, dass eine dingliche Ermächtigung hinsichtlich des Inhalts des Sondereigentums gem. § 5 Abs. 4 möglich ist; dabei geht es nämlich um das Verhältnis der WEer untereinander, während bei der Umwandlung von Gemeinschafts- in Sondereigentum die dinglichen Grundlagen des WEs betroffen sind.[5] 8

bb) Umwandlung von Sonder- in Gemeinschaftseigentum. § 4 gilt auch für die Umwandlung von Sonder- in Gemeinschaftseigentum (zu ihr s. § 2 Rn 92).[6] Dies folgt schon daraus, dass infolge der Aufhebung von Sondereigentum iSv Abs. 1 die Räume gem. § 1 Abs. 5 zum **Gemeinschaftseigentum** gehören. 9

cc) Neuzuteilung bestehenden Sondereigentums. Sollen im Sondereigentum eines WEers stehende Räume dem Sondereigentum eines anderen WEers zugeschlagen werden 10

---

[1] Weitnauer/*Briesemeister* Rn 3.

[2] Vgl BGH NJW 2003, 2165, 2166; ZMR 2005, 59, 62; BayObLGZ 1997, 233, 238 = DNotZ 1998, 379; ZMR 2002, 283 = NJW-RR 2002, 443, 444; s. auch DNotZ 1990, 37, 38 m. Anm. *Ertl;* KG NZM 1998, 581, 582 (alle zur Ermächtigung oder Zustimmung zur Umwandlung von Gemeinschaftseigentum in SE); Staudinger/*Rapp* Rn 7; Weitnauer/*Briesemeister* Rn 4.

[3] BayObLG MittBayNot 2000, 551 m. abl. Anm. *Roellenbleg;* NZM 2000, 1235 = ZMR 2000, 779; NJW-RR 2002, 443, 444; ZMR 1993, 423.

[4] KG ZMR 1999, 204 f.; BayObLGZ 2000, 1, 3 = ZMR 2000, 316; ZMR 2000, 779, 780; aA *Rapp* MittBayNot 1998, 77, 79 f.; *Röll* DNotZ 1998, 345, 346.

[5] BayObLG ZMR 2000, 316, 317 gegen *Rapp* MittBayNot 1998, 77, 79 f.

[6] Riecke/Schmid/*Schneider* § 1 Rn 56; Staudinger/*Rapp* Rn 7; Weitnauer/*Briesemeister* Rn 4.

(Neuzuteilung bestehenden Sondereigentums, s. § 2 Rn 116), so stellt sich die Frage nach den geltenden Erfordernissen. Ausdrücklich wird dieser Fall vom Gesetz nicht geregelt.

11 Hinsichtlich des **dinglichen Rechtsgeschäfts** werden teils die §§ 873, 925 BGB für anwendbar gehalten.[7] Dies überzeugt freilich schon deshalb nicht, weil es sich nicht um eine Übertragung von Eigentum iSv § 873 BGB handelt. Verfügungsobjekt ist nicht unmittelbar das Sondereigentum, sondern es sind die jeweiligen wohnungseigentumsrechtlich gebundenen Miteigentumsanteile. Richtigerweise handelt es sich bei der Neuzuordnung von Sondereigentum um eine **Inhaltsänderung der beteiligten Miteigentumsanteile.** Vorzugswürdig ist es daher, **§ 4 Abs. 1, 2 analog** anzuwenden.[8] Durch das dort aufgestellte Formerfordernis werden die allgemeinen Vorschriften (§§ 877, 873 BGB) verdrängt.[9]

12 Die Eintragung der Rechtsänderung im Grundbuch erfordert nicht deswegen die Bewilligung der übrigen WEer und der dinglich Berechtigten, weil die **Abgeschlossenheit** des um den neu zugeordneten Raum vergrößerten WEs nur durch einen Durchbruch der im Gemeinschaftseigentum stehenden Decke hergestellt werden kann.[10]

13 Das **schuldrechtliche Rechtsgeschäft** unterfällt der Erwerbsvariante des **Abs. 3.**

14 Ein **Beispiel** für den Wechsel der Zuordnung von Sondereigentum bietet der **„Tausch“** von Kellerräumen oder Kfz-Stellplätzen, die auch künftig im Sondereigentum bleiben, jedoch mit anderen als den bisherigen Miteigentumsanteilen verbunden werden sollen. Bereits aus der strikten Trennung von sachenrechtlichem Grundverhältnis und Verhältnis der WEer untereinander – und nicht erst aus der Kernbereichslehre – folgt, dass ein auf die Neuzuordnung gerichteter (auch genehmigender) **Beschluss** mangels Kompetenz nichtig ist.[11]

15 **dd) Unterteilung von WE.** Die Unterteilung eines WEs in **mehrere selbstständige Wohnungseigentumsrechte** (s. dazu § 2 Rn 93) ist analog § 8 zu behandeln. § 4 Abs. 1 ist bei der Unterteilung dann anwendbar, wenn zugleich ein Teil des bisherigen Sondereigentums in gemeinschaftliches Eigentum umgewandelt werden soll oder umgekehrt.

16 **c) Inhaltsänderung des Sondereigentums.** § 4 gilt nur für die **Einräumung und Aufhebung** des Sondereigentums, nicht für Änderung seines **Inhalts,** etwa nach § 5 Abs. 4 S. 1, § 10 Abs. 2 oder § 11 Abs. 1 S. 2 (s. dazu § 5 Rn 125 ff.).[12] Es handelt sich um zwei scharf voneinander zu trennende Regelungsbereiche mit unterschiedlichen Voraussetzungen und Rechtsfolgen: § 4 betrifft die **sachenrechtlichen Grundlagen,** während es bei den Regelungen des 2. Abschnitts (§§ 10 ff.) um das **Verhältnis der WEer** untereinander geht.[13]

III. Einigung und Eintragung (Abs. 1)

1. Einigung

17 Die nach § 4 erforderliche Einigung der Beteiligten ist ein dinglicher Vertrag. Es handelt sich nicht um eine Auflassung iSv § 925 Abs. 1 S. 1 BGB; vielmehr erklärt Abs. 2 S. 1 lediglich die für die Auflassung geltenden Formerfordernisse für maßgeblich (zu ihnen s. Rn 24 ff.). Die Einigung ist gem. Abs. 2 S. 2 **bedingungs-** und **befristungsfeindlich** (näher Rn 37). Gem. §§ 877, 873 Abs. 2 BGB (s. dazu § 3 Rn 6 f.) sind die Beteiligten an

---

[7] So etwa *F. Schmidt,* Münchener Vertragshandbuch, Bd. 6, VIII. 6, 4 (S. 384).

[8] Riecke/Schmid/*Schneider* § 6 Rn 12; für direkte Anwendung OLG Köln ZMR 2007, 555; OLG München NZM 2009, 402, 403.

[9] AA *Merle,* System, S. 192 (§§ 877, 873 BGB seien anwendbar).

[10] BayObLG NZM 1998, 308 = FGPrax 1998, 52.

[11] Vgl BayObLG NZM 1998, 973.

[12] Wie hier Weitnauer/*Briesemeister* Rn 4; missverständlich BGH NJW 1986, 2759; zutr. BGH NJW 2003, 2165, 2166.

[13] S. zu dieser Differenzierung BGH NJW 2003, 2165, 2166; *Häublein* DNotZ 2000, 442, 450; Staudinger/*Rapp* § 5 Rn 56.

ihre Erklärungen **gebunden** im Falle der gerichtlichen oder notariellen Beurkundung, der Abgabe vor dem Grundbuchamt oder Einreichung bei diesem[14] sowie bei Aushändigung einer entsprechenden Eintragungsbewilligung an sämtliche anderen Miteigentümer.[15] Eine Aushändigung nur an einen oder mehrere andere Miteigentümer genügt nicht, weil auch die Bindung nur einheitlich für sämtliche Miteigentümer, die ihre Rechte durch Einräumung von Sondereigentum beschränkt haben, erfolgen kann.

Die Einigung wird regelmäßig unter Bezugnahme auf den **Aufteilungsplan** erklärt (vgl. 18 § 7 Abs. 4 Nr. 1). Dieser ist damit für die Bestimmung des Gegenstands des Sondereigentums maßgeblich. **Widerspricht** die Beschreibung der Räume, an denen Sondereigentum eingeräumt werden soll, dem in Bezug genommenen Aufteilungsplan, so gilt folgendes: Da kein genereller Vorrang des Aufteilungsplans vor der Teilungserklärung besteht, lässt sich der Widerspruch grds. nicht durch Auslegung auflösen. An den betreffenden Räumen entsteht kein Sondereigentum – auch nicht in Gestalt ideellen Mitsondereigentums –, sondern **Gemeinschaftseigentum** (näher dazu § 7 Rn 15).[16]

Die Einigung über die Aufhebung von Sondereigentum kann für den Fall einer künfti- 19 gen Unterteilung eines WEs bereits in der Teilungserklärung **vorweggenommen** werden; die grds. Bedingungsfeindlichkeit der Einigung (s. Rn 37) steht dieser Anknüpfung an einen sachenrechtlichen Vorgang nicht entgegen. Allerdings verstößt eine Regelung in der Teilungserklärung, wonach außerhalb der Wohnungen entstehende Räume oder Gebäudeteile, die dem Gebrauch aller oder einer Mehrzahl von WEern dienen, Gemeinschaftseigentum werden sollen, gegen den sachenrechtlichen Bestimmtheitsgrundsatz und ist aus diesem Grund unwirksam.[17]

Die **Bevollmächtigung** oder **Ermächtigung** eines WEers, damit dieser bei der Eini- 20 gung nach Abs. 1 allein handeln kann, ist nach allgemeinen Grundsätzen zulässig. Auch die Bewilligung (§ 20 GBO) kann von einem Vertreter erklärt werden. Allerdings kann die Vollmacht oder die Ermächtigung nicht in die Gemeinschaftsordnung aufgenommen werden (näher dazu § 2 Rn 121; § 10 Rn 92).

2. Eintragung im Grundbuch

Nach Abs. 1 hängt die Rechtsänderung davon ab, dass sie im Grundbuch eingetragen 21 wird. Streit besteht jedoch darüber, ob für die Eintragung im Grundbuch der **Nachweis der Einigung** erforderlich ist (materielles Konsensprinzip; § 20 GBO)[18] oder ob **Eintragungsbewilligungen** genügen (formelles Konsensprinzip; § 19 GBO).[19]

Eine **Stellungnahme** hat davon auszugehen, dass für die Auflassung iSv § 925 Abs. 1 22 BGB das materielle Konsensprinzip gilt. Hinsichtlich der hier interessierenden Einigung gem. § 4 Abs. 1 verweist Abs. 2 freilich ausdrücklich nur auf die Form der Auflassung, ohne beide Erklärungen gleichzusetzen (s. bereits Rn 17). Indessen gehören zu der für die Auflassung vorgeschriebenen Form iSv Abs. 2 zudem die Formvorschriften der GBO, und zwar nicht nur § 29 GBO, sondern zudem das formelle Grundbuchrecht, mithin auch § 20 GBO. Dies lässt sich bereits aus dem Wortlaut herleiten, da Abs. 2 nicht allein auf § 925

---

[14] Näher Staudinger/*Gursky,* Bearb 2007, § 873 Rn 158 ff.

[15] Dazu s. Staudinger/*Gursky,* Bearb 2007, § 873 Rn 164 ff.

[16] BGHZ 130, 159, 167 = NJW 1995, 2851. Zur Verpflichtung aller WEer, bei Entstehung eines isolierten Miteigentumsanteils an einer Korrektur mitzuwirken, s. § 2 Rn 62.

[17] BGHZ 139, 352, 356 = NJW 1998, 3711, 3712 (II. ZS).

[18] Bamberger/Roth/*Hügel* § 7 Rn 6; MünchKomm-BGB/*Commichau* Rn 7; *Ertl* DNotZ 1990, 39, 41; KEHE/*Munzig* § 20 Rn 15; Palandt/*Bassenge* § 7 WEG Rn 3 (aA noch 66. Aufl.); *Schöner/Stöber* Rn 2842; Staudinger/*Rapp* Rn 4.

[19] *Demharter* Anh § 3 Rn 41; § 20 Rn 10; Jennißen/*Zimmer* Rn 19; NKV/*Vandenhouten* Rn 5; Riecke/Schmid/*Schneider* § 7 Rn 70; Weitnauer/*Briesemeister* Rn 5; offen lassend BayObLG ZMR 2000, 779, 780.

BGB verweist, sondern allgemeiner von der „für die Auflassung vorgeschriebenen Form" spricht. Auch Sinn und Zweck des **materiellen Konsensprinzips** gebieten es, dieses auf die Einigung iSv § 4 anzuwenden; die Einräumung oder Aufhebung von Sondereigentum ist nämlich ein der Übertragung von Eigentum vergleichbar gewichtiger Sachverhalt. Der Sinn und Zweck des § 20 GBO lässt sich nicht darauf reduzieren, er beruhe auf öffentlich-rechtlichen Wirkungen des Eigentumserwerbs an Grundstücken, die hier nicht zuträfen.[20]

3. Reihenfolge von Einigung und Eintragung

23 Die in Abs. 1 gewählte **Reihenfolge** von Einigung und Eintragung ist nicht willkürlich. Zwar ist § 20 GBO lediglich eine Ordnungsvorschrift, so dass ein Verstoß eine wirksame Eintragung nicht hindert.[21] Allerdings wird durch eine Eintragung, die ohne vorherige formgerechte Einigung erfolgt, das Grundbuch unrichtig. Dieser Mangel wird freilich durch eine nachfolgende formgerechte und deckungsgleiche Einigung „geheilt".[22]

IV. Formerfordernisse (Abs. 2 S. 1, Abs. 3)

1. Einigung (Abs. 2 S. 1)

24 Abs. 2 S. 1 macht die qualifizierte **Form des § 925 Abs. 1 BGB** zur Voraussetzung für die Wirksamkeit der Einigung (§ 125 S. 1 BGB). Demnach bedarf es der gleichzeitigen Anwesenheit aller an der Einräumung oder Aufhebung des Sondereigentums Beteiligten vor einer zuständigen Stelle. In erster Linie ist als zuständige Stelle jeder **Notar** berufen (§ 925 Abs. 1 S. 2 BGB). Die Erklärung in einem gerichtlichen Vergleich (§ 925 Abs. 1 S. 3 BGB) kann für WE etwa im Rahmen der Auseinandersetzung einer Erbengemeinschaft (s. dazu auch § 1 Rn 108) praktisch werden.

25 **Gleichzeitige Anwesenheit** setzt nicht persönliches Erscheinen voraus, sondern ist auch bei Abgabe der Erklärungen durch Vertreter gewahrt.[23] Zur Erklärung eines Nichtberechtigten kann gem. § 185 BGB die Genehmigung des Berechtigten nachgereicht werden.[24]

26 Eine **Beurkundung** schreibt § 925 Abs. 1 BGB **nicht** vor. Sie ist mithin kein Wirksamkeitserfordernis.[25]

27 Streit besteht darüber, ob auf die Einigung vor der zuständigen Stelle iSv Abs. 1, 2 neben § 925 BGB auch **§ 925 a BGB** anwendbar ist. Dies wird teils unter Hinweis auf die Entstehungsgeschichte verneint: Der Gesetzgeber habe bewusst darauf verzichtet, die Vorgängerregelung zu § 925 a BGB ins WEG aufzunehmen.[26] Indessen wird man zur „Form der Auflassung" auch die Vorschriften zählen müssen, die bestimmen, unter welchen verfahrensrechtlichen (formellen) Voraussetzungen die Einigungserklärungen überhaupt abgegeben werden können. Die Verweisung in Abs. 2 S. 1 erstreckt sich also auch auf § 925 a BGB.[27] Eine entsprechende Regelung musste deshalb nicht ins WEG aufgenommen werden. Auch der **Sinn und Zweck** von § 925 a BGB spricht für die Anwendbarkeit dieser Norm. Er besteht darin sicherzustellen, dass die Formvorschrift des § 311 a Abs. 1 S. 1 BGB nicht im Wege der Heilung nach § 311 a Abs. 1 S. 2 BGB unterlaufen wird.[28] Das materielle Formerfordernis wird damit verfahrensrechtlich abgesichert. Diese Erwägungen treffen

---

[20] So aber Weitnauer/*Briesemeister* Rn 5.
[21] S. nur KEHE/*Munzig* § 20 Rn 3.
[22] KEHE/*Munzig* § 20 Rn 3.
[23] MünchKomm-BGB/*Kanzleiter* § 925 Rn 18.
[24] Staudinger/*Pfeifer* § 925 Rn 46.
[25] S. nur RGZ 132, 406, 408.
[26] Weitnauer/*Briesemeister* Rn 7; ebenso ohne Begründung Palandt/*Bassenge* Rn 2; Riecke/Schmid/*Schneider* Rn 18.
[27] Abramenko/*Götz* § 1 Rn 22; Staudinger/*Rapp* Rn 4.
[28] MünchKomm-BGB/*Kanzleiter* § 925 a Rn 1.

auch im hier interessierenden Zusammenhang zu. – Bei § 925 a BGB handelt es sich um eine **Sollvorschrift.** Ein Verstoß lässt die Wirksamkeit des Rechtsgeschäfts unberührt.

Gutgläubiger Erwerb: Ist die Einigung iSv § 4 nicht bei gleichzeitiger Anwesenheit beider Teile vor einer zuständigen Stelle erklärt und daher zunächst unwirksam, so wird dieser Mangel insgesamt geheilt, sobald ein Dritter gutgläubig eines der vom Gründungsakt erfassten WEs-Rechte erwirbt (näher zum gutgläubigen Erwerb § 3 Rn 43 ff.).[29] 28

2. Verpflichtungsgeschäft (Abs. 3)

a) Grundsatz. Nach Abs. 3 ist die Formvorschrift des **§ 311 b Abs. 1 BGB** auf das Verpflichtungsgeschäft entsprechend anwendbar. Ein Vertrag, durch den sich ein Teil verpflichtet, Sondereigentum einzuräumen, zu erwerben oder aufzuheben, bedarf mithin gem. Abs. 2 iVm § 311 b Abs. 1 S. 1 BGB der **notariellen Beurkundung.** Dabei ist eine getrennte Beurkundung der einzelnen Erklärungen möglich (§ 128 BGB). Ein Vergleich vor dem Prozessgericht (gleich welcher Instanz; auch vor dem Vollstreckungsrichter) ersetzt gem. § 127 a BGB die notarielle Beurkundung. 29

Die im Jahre 1973[30] ins Gesetz eingefügte Variante der Verpflichtung zum **Erwerb von Sondereigentum** hat nur einen kleinen eigenständigen Anwendungsbereich. Durch diese Gesetzesänderung ist die Erstreckung des Formerfordernisses des § 311 b Abs. 1 S. 1 BGB auf Erwerbsverpflichtungen schematisch auf Abs. 3 übertragen worden, ohne zu bedenken, dass ein isolierter Erwerb von Sondereigentum grds durch § 6 Abs. 1 ausgeschlossen ist,[31] während der Erwerb von WE bereits in unmittelbarer Anwendung von § 311 b Abs. 1 S. 1 BGB dem Formerfordernis unterliegt (s. § 1 Rn 74). Demgemäß erfasst Abs. 3 auch nicht die Verpflichtung zur Veräußerung von Sondereigentum, sondern nur diejenige zu seiner **Einräumung** iS der Schaffung. Eigenständige Bedeutung kommt der Erwerbsvariante jedoch für den Fall zu, dass ein **isolierter Erwerb von Sondereigentum** nicht gegen § 6 Abs. 1 verstößt.[32] Der Vertrag, durch den sich die beteiligten WEer zu einer **Neuzuteilung** ihres Sondereigentums verpflichten, bedarf nach Abs. 3 der notariellen Beurkundung (zur Neuzuteilung s. § 2 Rn 116). Dasselbe gilt für den Vertrag, der die Verpflichtung begründet, das Sondereigentum zu **tauschen.** 30

Zu unterscheiden vom Formerfordernis des § 311 b Abs. 1 S. 1 BGB ist mit der zutr. neueren Rspr. das **Bestimmtheitsgebot** (näher § 1 Rn 85). Bezieht sich der Konsens der Beteiligten über die Verpflichtung zur Einräumung oder Aufhebung von Sondereigentum nicht auf hinreichend bestimmte Räume, so ist der Vertrag schon mangels **Bestimmtheit** nichtig. Bestehen hingegen zwar insoweit übereinstimmende Vorstellungen, die jedoch nicht in die notarielle Urkunde eingegangen sind, so folgt die Nichtigkeit aus einem Formverstoß (§ 311 b Abs. 1 S. 1 iVm § 125 S. 1 BGB). 31

Die Verpflichtung eines Beteiligten, die für die Einräumung von Sondereigentum erforderlichen Willenserklärungen abzugeben, ist unabhängig davon wirksam, ob bei Abgabe der Willenserklärung die Voraussetzungen der **Abgeschlossenheit** iSv § 3 Abs. 2 vorliegen.[33] 32

b) Erfasste Geschäfte. Die Formbedürftigkeit gilt auch für **Vorverträge.**[34] Erfasst werden zudem Verträge, durch die mittelbar eine der in Abs. 3 genannten Verpflichtungen eingegangen wird, z. B. in Gestalt eines Geschäftsbesorgungsvertrages.[35] Für die vertragliche 33

[29] BGHZ 109, 179, 183 = NJW 1990, 447; *Röll,* FS Seuss, 1987, S. 233, 236 ff.

[30] Ges. v. 30. 5. 1973, BGBl. I S. 501.

[31] Dies übergeht Weitnauer/*Briesemeister,* wenn dort allein auf eine geringe praktische Bedeutung der Regelung abgehoben und die Frage nach der Parallelität zu § 311 b Abs. 1 S. 1 BGB offen gelassen wird.

[32] Staudinger/*Rapp* Rn 12; *F. Schmidt,* Münchener Vertragshandbuch, Bd. 6, VIII. 6, 4 (S. 384); aA 9. Aufl. Rn 13.

[33] BayObLGE 1991, 78 = NJW-RR 1991, 721; Weitnauer/*Briesemeister* Rn 5.

[34] RGZ 169, 185, 189; BGH NJW 1973, 517, 518; WM 1973, 679.

[35] BGH WM 1971, 1202.

Aufhebung oder Inhaltsänderung einer Verpflichtung iSv Abs. 3 gelten die zu § 311 b Abs. 1 S. 1 BGB entwickelten Regeln. Demnach bedarf der **Aufhebungsvertrag** dann der Form, wenn das Vollzugsgeschäft bereits erfolgt oder ein Anwartschaftsrecht entstanden ist; anderenfalls ist er formfrei.[36] Eine **Inhaltsänderung** der Verpflichtung ist grds formbedürftig;[37] formfrei ist sie jedoch dann, wenn die Pflicht nicht erweitert wird, wenn die Änderung allein der Behebung von Abwicklungsschwierigkeiten dient oder die dingliche Änderung bereits vollzogen ist.

34 **Nicht** auf Grund der Verweisung in Abs. 3, sondern **unmittelbar** gilt § 311 b Abs. 1 BGB für Verträge, durch die sich ein Teil verpflichtet, WE insgesamt zu veräußern oder zu erwerben.[38] Dies gilt auch dann, wenn das WE zunächst noch **gebildet werden muss,** da der andere Vertragsteil dann nicht Beteiligter eines schuldrechtlichen Vertrages zur Einräumung (allein) von Sondereigentum ist.

35 **Nicht** von Abs. 3 erfasst wird auch die Verpflichtung, den **Inhalt** des Sondereigentums zu ändern. Das Formerfordernis einer dem Abs. 3 unterliegenden Abrede erstreckt sich freilich dann auf die Verpflichtung zur Inhaltsänderung, wenn beide Verpflichtungen nach dem Willen der Beteiligten miteinander „stehen und fallen" sollen (vgl dazu § 1 Rn 78).

36 **c) Rechtsfolgen von Formverstößen.** Ein ohne Einhaltung der erforderlichen Form vorgenommenes Rechtsgeschäft ist grds gem. § 125 S. 1 BGB **nichtig.** Ist ein Verpflichtungsgeschäft iSv Abs. 3 nicht formgerecht abgeschlossen worden, so kann es einem Vertragsteil ausnahmsweise gem. **§ 242 BGB** versagt sein, sich auf die Nichtigkeitsfolge des § 125 S. 1 BGB zu berufen. Insoweit gelten dieselben Regeln wie bei der Veräußerung von WE (s. dazu § 1 Rn 83).

V. Bedingungs- und Befristungsfeindlichkeit der Einigung (Abs. 2 S. 2)

1. Reichweite des Ausschlusses

37 **Abs. 2 S. 2** schließt es ebenso wie der für die Auflassung geltende § 925 Abs. 2 BGB aus, dass die Einräumung oder Aufhebung von Sondereigentum unter eine Bedingung oder Zeitbestimmung gestellt wird. Erfasst werden aufschiebende wie auflösende **Bedingungen** (vgl § 158 BGB). Eine **Zeitbestimmung** liegt nach der Legaldefinition des § 163 BGB vor, wenn für die Wirkung eines Rechtsgeschäfts bei dessen Vornahme ein Anfangs- oder Endtermin gesetzt wird. Eine **Ausnahme** von der Bedingungsfeindlichkeit nach Abs. 2 S. 2 gilt nur für sog. Rechtsbedingungen, nicht aber für rechtsgeschäftliche Bedingungen.[39] Rechtsbedingungen sind gesetzliche Voraussetzungen für die Wirksamkeit eines Rechtsgeschäfts, die eigenen Regeln folgen. Beispiele: Genehmigung des Handelns eines vollmachtlosen Vertreters, vormundschaftsgerichtliche oder behördliche Genehmigung.

2. Rechtsfolgen

38 Eine bedingte oder befristete Einigung ist (nicht nur schwebend, sondern endgültig) **unwirksam.** Zwar ordnet Abs. 2 S. 2 diese Rechtsfolge anders als § 925 Abs. 2 BGB nicht ausdrücklich an. Sie ergibt sich aber daraus, dass die Norm eine äußere Grenze der Gestaltungsmacht enthält.[40] Die Befristungsfeindlichkeit hat in der Praxis z. B. zur Folge, dass es keinen dinglich wirksamen zeitlich begrenzten Erwerb von WE in Gestalt des **Time-Sharing** gibt.

---

[36] BGHZ 83, 395, 397 = NJW 1982, 1639.

[37] BGH NJW 1984, 612.

[38] Staudinger/*Rapp* Rn 10; Weitnauer/*Briesemeister* Rn 9; abw. 9. Aufl. Rn 12; aA offenbar BGH NJW 1977, 580.

[39] BayObLG ZMR 1985, 208; zur Abgrenzung s. Erman/*Armbrüster* Vor § 158 Rn 5.

[40] S. dazu in Abgrenzung zu § 134 BGB MünchKomm-BGB/*Armbrüster* § 134 Rn 5.

3. Gestaltungsalternativen

Soll die Einräumung oder Aufhebung des Sondereigentums noch nicht sogleich erfolgen, so bleibt den Parteien die Möglichkeit, bereits den schuldrechtlichen Vertrag iSv Abs. 3 in der Form des § 311 b Abs. 1 S. 1 BGB abzuschließen, aber die **dingliche Einigung** erst dann zu erklären, wenn die betreffende Bedingung oder Zeitbestimmung eingetreten ist. Zulässig ist es ferner, auch die Einigung schon (unter Beachtung von Abs. 2 S. 2) vorzunehmen, aber schuldrechtlich zu vereinbaren, dass der **Antrag beim Grundbuchamt** erst nach Eintritt der Bedingung oder Zeitbestimmung eingereicht werden soll.[41] 39

VI. Zustimmungserfordernisse

Zur Einräumung oder Aufhebung[42] des Sondereigentums – als einer Inhaltsänderung des Miteigentums – bedarf es grds. gem. §§ 877, 878 BGB der **Zustimmung dinglich Berechtigter.** Dies gilt freilich u. a. dann nicht, wenn sämtliche Miteigentumsanteile von der Belastung betroffen sind (näher zum Ganzen § 2 Rn 22 ff.). Weitere Zustimmungserfordernisse können sich insbesondere aus öffentlichem Recht (s. § 2 Rn 15 ff.) oder bei Beteiligung Minderjähriger (s. § 2 Rn 28 ff.) ergeben. 40

VII. Sonstige Wirksamkeitserfordernisse

Für den Einräumungs- oder Aufhebungsvertrag wie auch für das zugrunde liegende Verpflichtungsgeschäft gilt das Vertragsrecht des BGB. So sind die allgemeinen Regeln über die **Anfechtbarkeit** und **Nichtigkeit** von Willenserklärungen anwendbar. Hinsichtlich des Verfügungsgeschäfts gilt zudem § 185 BGB, so dass Einwilligung oder Genehmigung möglich sind. Auch kann eine Heilung von Mängeln durch Konfusion eintreten. 41

VIII. Rechtsfolgen

1. Einräumung von Sondereigentum

Die Einräumung von Sondereigentum bringt dieses zur **Entstehung,** so dass es mit einem Miteigentumsanteil verbunden und auf diese Weise WE gebildet werden kann. Erfüllt die Einräumung von Sondereigentum nicht die Anforderungen von § 4 (**Beispiel:** Gestattung des Dachgeschossausbaus zu Wohnraum durch allstimmigen Eigentümerbeschluss), so kommt die **Umdeutung** gem. § 140 BGB in ein Sondernutzungsrecht in Betracht, das freilich nur in Verbindung mit mindestens einem WE bestehen kann.[43] Scheitert die Einräumung von Sondereigentum allein an einer unzureichenden Abgrenzung, so sind alle Miteigentümer **verpflichtet,** zur Beseitigung des isolierten Miteigentumsanteils (s. dazu § 2 Rn 62) durch eine erneute Einigung wirksam Sondereigentum einzuräumen.[44] 42

2. Aufhebung von Sondereigentum

Erfolgt die **Aufhebung** von Sondereigentum für das **gesamte** Grundstück, so entsteht zunächst (im Falle der Begründung nach § 3: wieder, ansonsten: erstmals) einfaches Bruchteilsmiteigentum nach § 1008 BGB. Dieses unterliegt schuldrechtlich den §§ 741 ff. BGB. Betrifft die Aufhebung nur **einzelne** Sondereigentumseinheiten oder im Sondereigentum stehende Räume, so werden diese nicht etwa schlichtes (nach §§ 749 ff. BGB auflösbares) Miteigentum, sondern zwingend Gemeinschaftseigentum.[45] 43

[41] BGH NJW 1953, 1301; OLG Düsseldorf NJW 1954, 1041; OLG Hamm Rpfleger 1975, 250; MünchKomm-BGB/*Kanzleiter* § 925 Rn 29.

[42] S. dazu OLG Zweibrücken Rpfleger 1986, 93.

[43] KG NZM 1999, 258 = ZMR 1999, 204.

[44] BGHZ 130, 159, 170 = NJW 1995, 2851.

[45] Riecke/Schmid/*Schneider* Rn 10.

44 Entsteht durch die Aufhebung ein Miteigentumsanteil, der nicht mit Sondereigentum verbunden ist **(isolierter Miteigentumsanteil),** so wird eine neue Verteilung der Bruchteile der verbleibenden WEer erforderlich. Der Miteigentumsanteil kann komplett einem fortbestehenden Sondereigentum zugeschlagen oder durch Quotenänderung verteilt und damit aufgelöst werden.[46] **Beispiel:** Einer von zehn WEern, die je einen 1/10-Miteigentumsanteil halten, hebt sein Sondereigentum durch Einigung iSv § 4 Abs. 1 auf. Die Miteigentumsanteile sind sodann – sofern keine abweichende Verteilung gewollt ist – grundbuchmäßig auf je 1/9 umzustellen. Diese Umstellung richtet sich nach den allgemeinen Grundsätzen, die für die Korrektur der Miteigentumsanteile gelten (s. dazu § 2 Rn 85). Erforderlich ist also ein Vorgehen nach **§§ 873, 925 BGB** unter Beteiligung der hinzuerwerbenden WEer.[47] Zugleich kann ein gewisser Bedarf zur Anpassung der **Gemeinschaftsordnung** entstehen. Dies gilt insbesondere hinsichtlich der Regelungen über Lasten und Nutzungen, uU auch für die Stimmrechtsverteilung.

3. Gründungsmängel

45 Bei dem (dinglichen) Einräumungsvertrag handelt es sich nicht um einen Austauschvertrag, sondern um ein letztlich auf die Entstehung der WEgem gerichtetes Rechtsgeschäft. Dies führt zu der Frage, ob bei Mängeln, die nach den allgemeinen Vorschriften zur rückwirkenden Nichtigkeit führen würden, ebenso wie bei der fehlerhaften Gesellschaft die **Nichtigkeit nur mit Wirkung für die Zukunft** geltend gemacht werden kann. Diese Frage ist ab dem Zeitpunkt zu bejahen, in dem die WEgem in Vollzug gesetzt worden ist. Letzteres ist mit der Bildung eines **Verwaltungsvermögens** iSv § 10 Abs. 7 der Fall (näher § 2 Rn 56 f.).

IX. Vormerkungsfähigkeit

46 Der Anspruch auf **Einräumung** von Sondereigentum ist auf Änderung des Inhalts des Alleineigentums oder des schon bestehenden Miteigentums gerichtet; er kann ebenso wie derjenige auf Einräumung von Miteigentum durch Eintragung einer **Vormerkung** gem. § 883 BGB auf dem noch ungeteilten Grundstück gesichert werden.[48]

47 Die Vormerkungsfähigkeit setzt freilich voraus, dass das zu bildende Sondereigentum **hinreichend bestimmbar** ist.[49] Hierfür genügt es, dass das Sondereigentum ähnlich wie im Aufteilungsplan zweifelsfrei gekennzeichnet ist.[50] Dies gilt auch für den Fall, dass der Anspruch auf Verschaffung eines Miteigentumsanteils und auf dessen Verbindung mit noch zu begründendem Sondereigentum gesichert werden soll.[51] Für diesen Fall ist umstritten, ob die Vormerkung bei sämtlichen Miteigentumsanteilen eingetragen werden muss[52] oder nicht.[53] Richtigerweise genügt die Eintragung bei einem oder mehreren Miteigentumsanteilen, da es nicht Aufgabe des Grundbuchamts ist, die Durchsetzbarkeit des Anspruchs

---

[46] NKV/*Vandenhouten* Rn 15; Palandt/*Bassenge* Rn 2.

[47] BGHZ 109, 179 = ZMR 1990, 112; Riecke/Schmid/*Schneider* Rn 9; aA 9. Aufl. Rn 36 f. (Anwachsung).

[48] BayObLGZ 1977, 155 = DNotZ 1977, 544; Riecke/Schmid/*Schneider* Rn 21; *F. Schmidt,* FS Bärmann/Weitnauer, 1990, S. 545, 552.

[49] OLG Frankfurt DNotZ 1972, 180; OLG Düsseldorf ZMR 1981, 248 = DNotZ 1981, 743.

[50] *Müller* DB 1974, 1562; vgl. auch LG Hamburg Rpfleger 1982, 272; OLG Stuttgart MittBayNot 1971, 245; *Glage* NJW 1967, 813.

[51] BayObLG ZMR 1977, 340; ZMR 1992, 256 (betr. zu errichtende Gebäude); OLG Köln DNotZ 1985, 450; Riecke/Schmid/*Schneider* Rn 22; Weitnauer/*Briesemeister* Nach § 8 Rn 22; teils aA OLG Düsseldorf DNotZ 1977, 162.

[52] Dafür BayObLG ZMR 1977, 340.

[53] So OLG Köln DNotZ 1985, 450; Riecke/Schmid/*Schneider* Rn 23; *F. Schmidt,* FS Bärmann/Weitnauer, 1990, S. 545, 552.

zu gewährleisten. Werden weitere Eintragungsbewilligungen eingereicht, so sind die Eintragungen sukzessive vorzunehmen.[54]

Die Vormerkungsfähigkeit des Anspruchs auf Einräumung von Sondereigentum ist **48** praktisch bedeutsam bei **Insolvenz** eines Bauträgers, der auf einem ihm gehörenden Grundstück baut. In diesem Fall kann der gesicherte Anspruch gem. § 106 InsO auch in der Insolvenz durchgesetzt werden. Hat der Bauträger weitere Verpflichtungen (insbesondere: eine Herstellungsverpflichtung) übernommen, so gilt § 106 S. 2 InsO. Der Erwerber kann daher hinsichtlich des Anspruchs auf Einräumung von Sondereigentum vom Insolvenzverwalter unabhängig davon Erfüllung verlangen, ob dieser hinsichtlich der weiteren Verpflichtungen die Erfüllung gem. § 103 Abs. 2 InsO ablehnt.[55] – Ist die Eintragung der Vormerkung zum Zeitpunkt der Insolvenzeröffnung zwar bewilligt, aber noch nicht erfolgt, so gilt § 878 BGB analog.

Auch der Anspruch auf **Aufhebung** von Sondereigentum ist vormerkungsfähig.[56] **49**

§ 5 Gegenstand und Inhalt des Sondereigentums

(1) **Gegenstand des Sondereigentums sind die gemäß § 3 Abs. 1 bestimmten Räume sowie die zu diesen Räumen gehörenden Bestandteile des Gebäudes, die verändert, beseitigt oder eingefügt werden können, ohne daß dadurch das gemeinschaftliche Eigentum oder ein auf Sondereigentum beruhendes Recht eines anderen Wohnungseigentümers über das nach § 14 zulässige Maß hinaus beeinträchtigt oder die äußere Gestaltung des Gebäudes verändert wird.**

(2) **Teile des Gebäudes, die für dessen Bestand oder Sicherheit erforderlich sind, sowie Anlagen und Einrichtungen, die dem gemeinschaftlichen Gebrauch der Wohnungseigentümer dienen, sind nicht Gegenstand des Sondereigentums, selbst wenn sie sich im Bereich der im Sondereigentum stehenden Räume befinden.**

(3) **Die Wohnungseigentümer können vereinbaren, daß Bestandteile des Gebäudes, die Gegenstand des Sondereigentums sein können, zum gemeinschaftlichen Eigentum gehören.**

(4) **[1]Vereinbarungen über das Verhältnis der Wohnungseigentümer untereinander können nach den Vorschriften des 2. und 3. Abschnittes zum Inhalt des Sondereigentums gemacht werden. [2]Ist das Wohnungseigentum mit der Hypothek, Grund- oder Rentenschuld oder der Reallast eines Dritten belastet, so ist dessen nach anderen Rechtsvorschriften notwendige Zustimmung zu der Vereinbarung nur erforderlich, wenn ein Sondernutzungsrecht begründet oder ein mit dem Wohnungseigentum verbundenes Sondernutzungsrecht aufgehoben, geändert oder übertragen wird. [3]Bei der Begründung eines Sondernutzungsrechts ist die Zustimmung des Dritten nicht erforderlich, wenn durch die Vereinbarung gleichzeitig das zu seinen Gunsten belastete Wohnungseigentum mit einem Sondernutzungsrecht verbunden wird.**

Übersicht

[54] Zutr. Riecke/Schmid/*Schneider* Rn 23.

[55] Zur Rechtslage vor Einführung von § 24 S. 2 KO (jetzt § 106 S. 2 InsO) s. Weitnauer/*Briesemeister* Nach § 8 Rn 25; BGH NJW 1977, 146 (nicht speziell zu WE).

[56] BayObLG Rpfleger 1980, 110; Riecke/Schmid/*Schneider* Rn 25; *F. Schmidt,* FS Bärmann/Weitnauer, 1990, 545, 565.

Literatur: *Alsdorf,* Rechtsfragen bei Balkonen und ähnlichen Anbauten im Rahmen des WEG, BlGBW 1977, 10; *Bielefeld,* Instandhaltung und Instandsetzung von Fenstern, DWE 1989, 2; *ders.,* Verbrauchszähler im Wohnungseigentum: Sonder- oder Gemeinschaftseigentum?, NZM 1998, 249; *Conitz,* Ist die Heizungszentrale einer Wohnungseigentümergemeinschaft bei Mitversorgung fremder Wohngebäude sondereigentumsfähig?, Rpfleger 1973, 390; *Frank,* Zur grundbuchmäßigen Behandlung von Stellplätzen in Doppelstockgaragen, MittBayNot 1994, 512; *Gleichmann,* Sondereigentumsfähigkeit von Doppelstockgaragen, Rpfleger 1988, 10; *Häublein,* Sondernutzungsrechte und ihre Begründung im Wohnungseigentumsrecht, 2003; *Höckelmann/Sauren,* Die Sondereigentumsfähigkeit nicht überbauter Garagenstellplätze eines Gebäudes, Rpfleger 1999, 14; *Hurst,* Das Eigentum an der Heizungsanlage, DNotZ 1984, 66; *ders.,* „Mit-Sondereigentum" und „abgesondertes Miteigentum", noch ungelöste Probleme des WEG, DNotZ 1968, 131, 286; *Kahlen,* Balkone in Wohnungseigentumsanlagen, ZMR 1989, 168; *Korff,* Heizung und Beheizung in Wohnungseigentumsanlagen, DerWEer 1984, 98; *Matthaei,* Die zivilrechtliche Problematik der Schaffung von in der Größe variablen Eigentumswohnungen, 1976; *Meffert,* Entbehrlichkeit der Zustimmung dinglich Berechtigter zu Vereinbarungen der Wohnungseigentümer gem. § 5 Abs. 4 S. 2 und 3 WEG n. F., ZMR 207, 517; *Merle,* Die Sondereigentumsfähigkeit von Garagenstellplätzen auf dem nicht überdachten Oberdeck eines Gebäudes, Rpfleger 1977, 196; *Pick,* Gemeinschaftseinrichtungen als Gegenstand des Sondereigentums i. S. des WEG?, FrWW 1974, 130; *Reinold,* Rechtliche Gestaltungsmöglichkeiten bei der Veräußerung von nicht sondereigentumsfähigen Stellplätzen, MittBayNot 2001, 540; *Riecke,* Die Abgrenzung von Gemeinschafts- und Sondereigentum im Wohnungseigentumsrecht, BTR 2003, 11; *Röll,* Mauer- und Deckendurchbrüche in Eigentumswohnungen, FS Deckert, 2002, 417; *ders.,* Sondereigentum an Heizungsräumen und deren Zugangsflächen, DNotZ 1986, 706; *ders.,* Zum Sondereigentum an Eingangsfluren, DNotZ 1987, 238; *ders.,* Zur Frage der Begründung von Sondereigentum an Tiefgaragenstellplätzen, DNotZ 1988, 323; *Sauren,* Die Sondereigentumsfähigkeit nicht überdachter Garagenstellplätze eines Gebäudes, Rpfleger 1999, 14; *Schmidt, F.,* Balkone als Sondereigentum, MittBayNot 2001, 442; *ders.,* Gegenstand und Inhalt des Sondereigentums, FS Bärmann/Weitnauer, 1985, S. 37 und MittBayNot 1985, 237; *Schopp,* Gemeinschafts- oder Sondereigentum am Heizwerk sowie an Heizungssträngen und -anlagen, Rpfleger 1974, 91.

I. Normzweck

1 § 5 befasst sich sowohl mit dem Gegenstand als auch mit dem Inhalt des Sondereigentums. Die Vorschrift dient in ihren **Abs. 1–3** insbesondere der **Abgrenzung von Sonder- und Gemeinschaftseigentum.** Diese Unterscheidung ist in verschiedener Hinsicht von grundlegender Bedeutung. Dies gilt zunächst hinsichtlich der Frage, wer für die **Instandhaltung und Instandsetzung** der betreffenden Gebäudeteile zuständig ist und die Kosten dafür zu tragen hat. Hinsichtlich des Sondereigentums ist dies der einzelne WEer.

2 Bedeutsam ist die Abgrenzung zudem auch für die Feststellung, welcher Person die aus dem Eigentum folgenden **dinglichen Abwehransprüche** zustehen (§§ 985, 1004 BGB). Nur in Bezug auf das Sondereigentum verfügt der WEer grds. über das **alleinige Herrschaftsrecht** (vgl. § 13 Abs. 1) und die Verwaltungszuständigkeit. Anders liegen die Dinge

hinsichtlich des **Gemeinschaftseigentums.** Die Instandhaltung und Instandsetzung des gemeinschaftlichen Eigentums obliegt der Gemeinschaft, die auch die dafür erforderlichen Kosten zu tragen hat (vgl §§ 21 Abs. 5 Nr. 2, 16 Abs. 2). Davon abweichende Vereinbarungen sind freilich zulässig. Wird das Gemeinschaftseigentum gestört, so stehen die daraus folgenden Abwehransprüche den WEern gemeinschaftlich zu (§ 1011 BGB). Für die Geltendmachung jener Rechte hat die teilrechtsfähige WEgem eine sog. gekorene Ausübungsbefugnis (s. dazu § 10 Rn 251). Nach § 13 Abs. 2 S. 1 ist jeder WEer – in den Grenzen der §§ 14, 15 – zum Mitgebrauch des gemeinschaftlichen Eigentums berechtigt; die Nutzungen sind anteilig zu verteilen (§ 16 Abs. 1 S. 1).

Einen anderen Zweck verfolgt **Abs. 4.** Bei dieser Regelung geht es darum, den WEern 3 eine **„Verdinglichung"** der für ihr Verhältnis untereinander getroffenen **Vereinbarungen** zu ermöglichen.

II. Überblick

Abs. 1 und 2 regeln, welche Räume und Gegenstände des Gebäudes zum Sonder- 4 eigentum zählen. In Abs. 1 wird der Gegenstand des Sondereigentums positiv umschrieben, während Abs. 2 mit einer negativen Formulierung anordnet, was keinesfalls Gegenstand des Sondereigentums sein kann. Die in § 5 Abs. 1 und 2 getroffenen Regelungen sind zwingendes Recht.[1] **Abs. 3** räumt den WEern die Befugnis ein, die nach Abs. 1 erfolgte gesetzliche Zuweisung von wesentlichen Bestandteilen des Gebäudes zum Sondereigentum rechtsgeschäftlich zu verändern.

Anders als Abs. 1 bis 3 betrifft **Abs. 4** nicht den Gegenstand des Sondereigentums, 5 sondern lässt in **S. 1** privatautonome Regelungen über seinen **Inhalt** zu. Die **S. 2 und 3** beschränken das Erfordernis der Zustimmung dinglich Berechtigter zu einer Vereinbarung. Sie sind durch die Novelle von 2007 angefügt worden.

§ 5 findet gem. § 8 Abs. 2 S. 1 entsprechende Anwendung, wenn der **Alleineigentü-** 6 **mer** die Teilung nach § 8 durchführt.

III. Gegenstand des Sondereigentums (Abs. 1)

1. Die gem. § 3 Abs. 1 bestimmten Räume

a) Ausgangspunkt. Abs. 1 legt fest, dass zum Gegenstand des Sondereigentums die 7 gem. § 3 Abs. 1 bestimmten Räume zählen. Insoweit hat die Vorschrift allein klarstellende Bedeutung. Jene Rechtsfolge ist nämlich bereits unmittelbar aus § 3 Abs. 1 zu entnehmen. Abs. 1 verdeutlicht aber, dass die Einräumung von Sondereigentum einen **Raum** im wohnungseigentumsrechtlichen Sinne voraussetzt. Das WEG definiert den Begriff des Raumes nicht. Seine Konkretisierung bleibt demnach Literatur und Rspr. überlassen.

Aus der Grundkonzeption des WEG, wonach an einem Raum in einem Gebäude 8 Sondereigentum bestehen kann, folgt, dass der Gesetzgeber die Eigenschaft eines Raumes als **Sache** (§ 90 BGB) anerkennt.[2] Dies ist keineswegs systemwidrig, zumal der Raum infolge seiner Ausweisung im Aufteilungsplan die für einen **Gegenstand** iSv § 90 BGB erforderliche Individualisierbarkeit erhält.[3]

b) Körperlichkeit. Problematisch ist freilich, unter welchen Voraussetzungen man die 9 **Körperlichkeit** (vgl. § 90 BGB) eines Raumes bejahen kann.

aa) Meinungstand. Verbreitet wird die Körperlichkeit nur dann bejaht, wenn das 10 geometrische Gebilde zu allen Seiten **fest umschlossen** ist. Ausgehend davon wird unter

---

[1] Vgl BGHZ 50, 56, 59 ff. = WM 1968, 572.

[2] AA *Junker,* Die Gesellschaft nach dem WEG, S. 6 ff. Gegen seine These zur dogmatischen Struktur des Wohnungseigentums s. bereits Einl Rn 11 ff.

[3] Dazu *Merle,* System, S. 48.

einem Raum der Luftraum innerhalb der Umschließung verstanden.[4] Nach dieser Ansicht ist eine vertikale Luftlinie nicht in der Lage, zwei benachbarte Räume voneinander abzugrenzen. Zur Begründung wird geltend gemacht, dass man nur so dem Anliegen des Gesetzgebers des WEG gerecht werde, die aus Zeiten des Stockwerkseigentums bekannten Streitigkeiten zu verhindern. Die sondereigentumsfähige Wohnung solle vergleichbar einem Einfamilienhaus den **Schutz der Privatsphäre** gewährleisten.[5] Sondereigentum – und damit ein Raum – soll demnach nur dann existieren können, wenn das betreffende geometrische Gebilde schon seiner Beschaffenheit nach vor äußeren Einwirkungen aller Art (gleich ob natürlichen oder menschlichen Ursprungs) schütze.

11 Nach anderer Auffassung, der sich mittlerweile auch der BGH angeschlossen hat,[6] ist es für die Raumeigenschaft **nicht erforderlich,** dass das dreidimensionale Gebilde zu jeder Seite fest umschlossen ist. Danach kann unterschiedliches SE an Teilen ein und desselben Raumes bestehen. Insofern bedarf es keiner tatsächlichen Abgrenzung (z. B. Trennwand), solange sich die Abgrenzung der Räume aus dem Aufteilungsplan ergibt. Unter dieser Voraussetzung kann Sondereigentum mithin auch an durch reine **„Luftschranken"** begrenzten Bereichen gebildet werden.

12 Diese Frage hat keineswegs allein theoretische Bedeutung. **Praktisch** wirkt sie sich etwa dann aus, wenn eine vom Aufteilungsplan abweichende Bauausführung dazu geführt hat, dass die Trennwand einer Wohnung innerhalb der benachbarten Einheit verläuft.[7] Hier ist umstritten, ob das Sondereigentum nur in den im Aufteilungsplan festgesetzten Grenzen entstanden oder ob die tatsächliche Bauausführung maßgeblich ist (s. § 2 Rn 77 ff.). Nur wenn man es ausreichen lässt, dass auch eine vertikale Luftlinie einen Raum hinreichend abzugrenzen vermag, kann man zu dem Ergebnis gelangen, dass Sondereigentum auch bei derart abweichender Bauausführung in Übereinstimmung mit den Angaben des Aufteilungsplans entsteht.

13 **bb) Stellungnahme.** Gegen die eine feste Umschließung für erforderlich haltende Auffassung spricht, dass der Gesetzgeber die Schwächen des Stockwerkseigentums durch die Einführung des **Abgeschlossenheitserfordernisses** in § 3 Abs. 2 S. 1 ausräumen wollte.[8] Nicht der Raumbegriff soll eine optisch wahrnehmbare Abgrenzung der Sondereigentumsbereiche und damit einen gewissen Schutz vor äußeren Einwirkungen gewährleisten. Vielmehr geschieht dies durch die Regelung in § 3 Abs. 2 S. 1. Danach soll Sondereigentum nur dann eingeräumt werden, wenn die Wohnungen oder die sonstigen Räume in sich abgeschlossen sind. Dazu gehört es regelmäßig, dass die betreffenden Räume allseitig umschlossen sind. Ein Verstoß gegen die Sollvorschrift des § 3 Abs. 2 S. 1 lässt aber die wirksame Einräumung von Sondereigentum unberührt (s. § 3 Rn 57). Diese gesetzgeberische Entscheidung unterläuft man, wenn man eine wesentliche Funktion der Abgeschlossenheit bereits in den Begriff des Raumes hineinliest.[9]

14 Allerdings setzt Körperlichkeit iSv § 90 voraus, dass **Herrschaftsmacht** besteht. Entscheidend muss deshalb sein, ob es nach der Verkehrsauffassung[10] möglich ist, über den im Aufteilungsplan bestimmten Bereich Herrschaftsmacht auszuüben. Hierbei ist zu berücksichtigen, dass es sich beim WE und damit auch beim Sondereigentum um ein grundstücks-

---

[4] Staudinger/*Rapp* Rn 5; in dieser Richtung ferner *Röll* DNotZ 1998, 345, 347. So im Ausgangspunkt auch GS OGB BGHZ 119, 42 = NJW 1992, 3291; BayObLG NJW-RR 1986, 761; OLG München ZMR 2006, 388; Riecke/Schmid/*Elzer* § 3 Rn 109; Riecke/Schmid/*Schneider* Rn 12; s. aber im Text Rn 13 ff.

[5] Staudinger/*Rapp* Rn 5.

[6] BGHZ 177, 338, 341 ff. = NJW 2008, 2982 f.; *Armbrüster* ZWE 2005, 182, 190; *Merle* WE 1992, 11, 12.

[7] Dazu s. *Armbrüster* ZWE 2005, 182, 189.

[8] S. dazu BR-Drucks. 75/51, zu § 3 (sub VI).

[9] So im Erg. auch BGHZ 177, 338 = NJW 2008, 2982 Rn 14.

[10] Zu deren Maßgeblichkeit s. *Bub,* in: FS Bärmann/Weitnauer, 1990, S. 69, 76.

bezogenes Recht handelt. Für derartige Rechte ist es gerade typisch, dass die diesbezüglichen **räumlichen Außengrenzen** sinnlich nicht wahrnehmbar sind. So ergeben sich die genauen Grenzen eines Grundstücks allein aus dem Grundbuch.[11] Überträgt man dies auf das Wohnungseigentumsrecht, so muss es für den Raumbegriff des WEG gleichfalls ausreichen, dass der Eigentümer unter Zuhilfenahme des Aufteilungsplans in der Lage ist, seinen Herrschaftsbereich von demjenigen anderer abzugrenzen.

Entscheidend ist also das Merkmal der **Abgrenzbarkeit.** Bei der Errichtung eines Gebäudes ist es z. B. für die Existenz der Räume – und damit für die Entstehung von substanzhaltigem Sondereigentum – im zweiten Obergeschoss erforderlich, dass die **Zwischendecke** von erstem und zweitem Obergeschoss bereits eingezogen ist. Auf die Errichtung **seitlicher Begrenzungen** (insbesondere: durch Wände) kann hingegen verzichtet werden.[12] 15

Eine feste **Raumdecke** muss nicht vorhanden, die höhenmäßige Begrenzung eines Raumes muss optisch nicht wahrnehmbar sein. Davon geht offenbar auch die ganz überwiegende Auffassung aus, wenn sie für Balkone (genauer: Balkonräume)[13] und Dachterrassen[14] (genauer: für den im Aufteilungsplan gekennzeichneten räumlichen Bereich solcher Terrassen) zu Recht die Raumeigenschaft bejaht. 16

Da es entscheidend darauf ankommt, ob über ein dreidimensionales Gebilde Herrschaftsmacht ausgeübt werden kann, steht es der Annahme eines wohnungseigentumsrechtlichen Raumes nicht entgegen, dass der dreidimensionale Bereich **beweglich** ist. Der einzelne Stellplatz einer **Duplexgarage** ist daher ein Raum im wohnungseigentumsrechtlichen Sinne, an dem Sondereigentum eingeräumt werden kann (Rn 64). Infolge der festen Verbindung der Anlage mit dem Gebäude und dem Grundstück wird hiermit die begriffliche Grenze eines Immobiliarrechts nicht verlassen. 17

Eine Grenze findet der hier vertretene weite Raumbegriff freilich bei im Freien auf einem Grundstück befindlichen **Kfz-Stellplätzen.** Ihnen fehlt der für die Raumeigenschaft erforderliche **Gebäudebezug** (s. § 3 Rn 23). Sind die Stellplätze hingegen auf dem Dach eines Gebäudes eingerichtet, so handelt es sich um Räume; insoweit besteht kein Unterschied zu Dachterrassen (s. auch § 3 Rn 89). 18

2. Wesentliche Gebäudebestandteile

a) Gesetzliche Vorgabe. Nach Abs. 1 gehören neben den Räumen die dort genannten **Bestandteile des Gebäudes** zum Sondereigentum. Aus dem Zusammenspiel dieser Norm mit § 3 Abs. 1 folgt, dass den Miteigentümern keine Kompetenz zusteht, Sondereigentum an Gebäudebestandteilen zu begründen. Die in § 3 Abs. 1 eingeräumte Befugnis zur privatautonomen Einräumung von Sondereigentum bezieht sich allein auf Räume. Für Gebäudebestandteile erfolgt die eigentumsrechtliche Zuordnung ausschließlich nach § 5 Abs. 1 und damit durch das Gesetz.[15] Trifft die Teilungserklärung auf die von Abs. 1 erfassten Bestandteile bezogene Aussagen, so kann diesen lediglich deklaratorische Bedeutung zukommen. Die Aufnahme solcher Bestimmungen kann im Interesse der Rechtsklarheit sinnvoll sein; eine konstitutive Wirkung iS einer eigentumsrechtlichen Zuordnung kommt ihnen jedoch nicht zu. 19

b) Anwendungsbereich. Abs. 1 erfasst allein **wesentliche Bestandteile** des Gebäudes.[16] Dies folgt schon daraus, dass unwesentliche Gebäudebestandteile schon nach allge- 20

---

[11] Vgl KG NZM 2001, 1127, 1128.

[12] BGHZ 177, 388 = NJW 2008, 2982, 2983 Rn 16.

[13] S. etwa BayObLG ZMR 1999, 59 = NZM 1999, 27; *F. Schmidt,* MittBayNot 2001, 442; aA konsequenterweise Staudinger/*Rapp* Rn 7.

[14] BGH NJW 1985, 1551; MünchKomm-BGB/*Commichau* Rn 26; Riecke/Schmid/*Elzer* § 3 Rn 109; aA Staudinger/*Rapp* Rn 5.

[15] Staudinger/*Rapp* Rn 26.

[16] BGH NJW 1975, 688, 689; BGHZ 73, 302, 309 = NJW 1979, 2391; Staudinger/*Rapp* Rn 19; Weitnauer/*Briesemeister* Rn 14; aA *Merle,* System, S. 55 ff.

meinen Regeln im Alleineigentum eines einzelnen WEers stehen können. Der Grundsatz des § 93 BGB gilt insoweit gerade nicht. Es bestand für den Gesetzgeber daher kein Anlass, die Sondereigentumsfähigkeit unwesentlicher Bestandteile anzuordnen. Mithin sind nur wesentliche Gebäudebestandteile (§§ 93 ff. BGB) sondereigentumsfähig. Zubehör (§ 97 BGB) eines WEs steht damit nicht im Sondereigentum. Die Abgrenzung zwischen gewöhnlichem Allein- und Sondereigentum ist insofern auch praktisch bedeutsam, als nur das Sondereigentum nach Abs. 4 durch Vereinbarung inhaltlich konkretisiert werden kann.

21 **c) Voraussetzungen.** Wesentliche Gebäudebestandteile stehen dann im Sondereigentum, wenn folgende Voraussetzungen – kumulativ – erfüllt sind.

22 **aa) Zugehörigkeit zum Raum.** Zunächst ist es erforderlich, dass der fragliche Bestandteil zu dem jeweiligen im Sondereigentum stehenden Raum gehört. Hierfür genügt sowohl ein **räumlicher** als auch ein **funktionaler Zusammenhang** des Bestandteils zum Raum.[17] Die räumliche Zugehörigkeit ist gegeben, wenn sich der Bestandteil innerhalb des betreffenden Raumes befindet. Die gesetzliche Zuordnung zum Sondereigentum erfolgt nach Abs. 1 aber auch dann, wenn der Gebäudebestandteil sich zwar außerhalb der Wohnung befindet, jedoch ausschließlich einer Einheit dient.[18] Dies ist etwa für die Wohnungsklingel an der Haustür zu bejahen.[19]

23 **bb) Keine nicht hinzunehmende Beeinträchtigung.** Die Veränderung, Beseitigung oder Einfügung des Bestandteils darf das Gemeinschaftseigentum und das auf Sondereigentum beruhende Recht eines anderen WEers nicht über das nach § 14 zulässige Maß hinaus beeinträchtigen (Abs. 1). Ob dies der Fall ist, muss im Einzelfall anhand einer **wertenden Gegenüberstellung** der betroffenen Interessen unter Berücksichtigung der Verkehrsauffassung bestimmt werden (s. dazu § 14 Rn 4).

24 **cc) Keine Veränderung der Gestaltung.** Zudem darf die Veränderung, Beseitigung oder Einfügung des Bestandteils die **äußere Gestaltung** des Gebäudes nicht verändern (Abs. 1). Auch für die Beantwortung dieser Frage ist die Verkehrsauffassung maßgeblich.

dd) Kein zwingendes Gemeinschaftseigentum. Schließlich ist zu beachten, dass wesentliche Bestandteile nach **Abs. 2** zwingend zum Gemeinschaftseigentum gehören können (s. Rn 27). Die Zuordnung nach Abs. 2 ist vorrangig gegenüber derjenigen aus Abs. 1.

IV. Zwingendes Gemeinschaftseigentum (Abs. 2)

1. Überblick

25 Abs. 2 bezweckt es, eine **„Monopolisierung“**[20] solcher Gegenstände zu **verhindern,** auf deren Unversehrtheit oder Gebrauch mehrere oder alle WEer angewiesen sind. Die Regelung umfasst Räume und wesentliche Bestandteile des Gebäudes. Zwar werden **„Räume“** in der Vorschrift nicht ausdrücklich erwähnt. Allerdings gebietet es der Sinn und Zweck der Regelung, dass man Räume in ihren Anwendungsbereich einbezieht.[21] Dies hat beispielsweise zur Folge, dass an einer Eingangshalle kein Sondereigentum begründet werden kann (s. Rn 68).

26 Soweit sich die Vorschrift auf **Räume** bezieht, begrenzt Abs. 2 die aus § 3 Abs. 1 folgende Befugnis der WEer zur Einräumung von Sondereigentum. Eine unter Verstoß gegen Abs. 2 getroffene Zuordnung zum Sondereigentum ist unwirksam. Der Raum steht dann im Gemeinschaftseigentum (vgl. § 1 Abs. 5); das Grundbuch ist unrichtig (§ 894 BGB). Bei Abs. 2 handelt es sich nicht um ein Verbotsgesetz iSv § 134 BGB;[22] vielmehr

[17] Staudinger/*Rapp* Rn 22.
[18] KG WE 1989, 97; OLG Düsseldorf ZMR 2001, 216 (betr. Abwasserhebeanlage).
[19] Staudinger/*Rapp* Rn 22.
[20] *Häublein,* Sondernutzungsrechte, S. 103.
[21] S. nur BGHZ 73, 302, 311 = NJW 1979, 2391; BayObLG DNotZ 1981, 123, 124.
[22] AA 9. Aufl. Rn 33; vgl. auch *Streblow* MittRhNotK 1987, 141, 143.

handeln die WEer schon außerhalb ihrer sachenrechtlichen Verfügungsmacht. Auf den in § 134 BGB vorgesehenen Normzweckvorbehalt kommt es deshalb nicht an.[23]

In Bezug auf **wesentliche Gebäudebestandteile** (vgl. Rn 20) schränkt Abs. 2 die in Abs. 1 vorgesehene gesetzliche Zuordnung zum Sondereigentum ein. In Teilungserklärungen werden häufig bestimmte wesentliche Gebäudebestandteile ausdrücklich dem Sonder- oder Gemeinschaftseigentum „zugeordnet". Werden dabei die von Abs. 2 gezogenen Grenzen nicht beachtet, dann kann die Bestimmung im Einzelfall dahin ausgelegt werden, dass demjenigen WEer, dem unzulässigerweise das Sondereigentum zugewiesen wurde, in Bezug auf die betreffenden Bestandteile (ggf. unter Einräumung eines Sondernutzungsrechts) die alleinige **Instandhaltungs- und Instandsetzungspflicht** auferlegt werden soll.[24] Diese Pflichten können einem WEer grds. im Wege der Vereinbarung auch hinsichtlich von im GemE stehenden Anlagen und Einrichtungen zugewiesen werden. 27

Ausdrücklich ergibt sich aus Abs. 2 nur, dass an den aufgezählten Anlagen und Einrichtungen kein Sondereigentum eingeräumt werden kann. Soweit die inhaltliche Ausgestaltung eines **Sondernutzungsrechts** zugunsten eines WEers das in Abs. 2 geschützte Mitgebrauchsrecht der übrigen ausschließt, handelt es sich um eine unzulässige Umgehung dieser Vorschrift.[25] In diesem Fall ist das Sondernutzungsrecht unzulässig, eine entsprechende Sondernutzungsvereinbarung nichtig.[26] Ist das Mitgebrauchsrecht der übrigen WEer nicht ausdrücklich vorgesehen, so tritt die Nichtigkeitsfolge nur dann nicht ein, wenn der Sondernutzungsvereinbarung durch Auslegung eine solche Einschränkung entnommen werden kann.[27] 28

2. Voraussetzungen

Abs. 2 hindert die Entstehung von Sondereigentum an Räumen und Bestandteilen unter folgenden **alternativen Voraussetzungen:** 29

a) Teile, die für Bestand und Sicherheit des Gebäudes erforderlich sind. Die **konstruktiven Bestandteile** eines Gebäudes sind nicht sondereigentumsfähig. Dazu zählen insbesondere die das Gebäude tragenden Mauern, das Fundament, die Fassade, die Geschossdecken[28] und das Dach.[29] 30

Dasselbe gilt nach der insoweit überzeugenden Rspr.[30] auch bei **Mehrhausanlagen.** Die konstruktiven Bestandteile sämtlicher Gebäude stehen nach Abs. 2 im gemeinschaftlichen Eigentum. Ließe man es zu, dass Sondereigentum auch an den konstruktiven Gebäudebestandteilen bestehen kann,[31] liefe dies auf einen Rechtszustand hinaus, der nahezu dem eines Erbbaurechts entspricht.[32] Eine solche Annäherung des Wohnungseigentums an das Erbbaurecht verstieße gegen den sachenrechtlichen Typenzwang. 31

Durch Vereinbarung kann freilich die gesamte **Verwaltung** den Bedürfnissen in einer Mehrhausanlage angepasst werden.[33] Regelungen über das Stimmrecht sind ebenso mög- 32

---

[23] Zum Verhältnis von § 134 BGB zu Grenzen der Verfügungsmacht s. MünchKomm-BGB/*Armbrüster* § 134 Rn 6.

[24] OLG Hamm NJW-RR 1992, 148; OLG Düsseldorf NJW-RR 1998, 515 (beide zu Außenfenstern); OLG Hamm ZMR 1997, 193 (zur Isolierschicht einer Geschossdecke); *Staudinger/Rapp* Rn 30; s. auch BayObLG ZWE 2001, 178, 179.

[25] Eingehend *Häublein,* Sondernutzungsrechte, S. 108 ff.

[26] *Häublein,* Sondernutzungsrechte, S. 115.

[27] Vgl. dazu KG NJW-RR 1990, 333; *Häublein,* Sondernutzungsrechte, S. 108, 110.

[28] OLG Hamm ZMR 1997, 193; OLG München ZMR 2008, 232, 233 = NZM 2008, 493, 494.

[29] BGH NJW-RR 2001, 800.

[30] BGHZ 50, 56, 59 ff. = WM 1968, 572; heute wohl allgM, s. nur Riecke/Schmid/*Schneider* Rn 9; *Staudinger/Rapp* Rn 30.

[31] So noch 9. Aufl. Rn 42 unter Bezugnahme auf die ältere Rspr.

[32] Vgl. BGHZ 50, 56, 61 = WM 1968, 572.

[33] Dazu *Häublein* NZM 2003, 785; *Merle* ZWE 2005, 164.

lich wie Gebrauchs- und Kostentragungsregelungen (s. § 10 Rn 85). Auch die Bildung getrennter Instandhaltungsrücklagen für die einzelnen Häuser ist zulässig.[34] Die sich hieraus ergebenden Untergemeinschaften sind freilich nicht teilrechtsfähig (§ 10 Rn 26).[35]

32a Zu unterscheiden von den konstruktiven Bestandteilen des Gebäudes sind solche Anlagen und Einrichtungen, die **funktional** seinem Bestand oder seiner Sicherheit dienen, ohne konstruktiv dafür erforderlich zu sein. Ein Beispiel bilden feuerhemmende Beschichtungen. Sie dienen sowohl dem Bestand als auch der Sicherheit des Gebäudes. Abs. 2 verlangt nicht, dass es sich um konstruktive Bestandteile handeln muss. Für die **Erforderlichkeit** solcher Anlagen ist die Verkehrsanschauung maßgeblich. Sofern bereits eine öffentlich-rechtliche Pflicht zur Ausstattung des Gebäudes mit bestimmten Einrichtungen besteht, wird hierdurch die Erforderlichkeit bestimmt;[36] anderenfalls kann sie durch einen Beschluss der WEer konkretisiert werden, sofern der Beschluss sich hinsichtlich des Umfangs der Ausstattung an den üblichen gesetzlichen Vorgaben orientiert. Voraussetzung ist jedoch stets, dass es um Bestand und Sicherheit des *Gebäudes* geht; dies ist bei den vorrangig auf den *Personenschutz* bezogenen Brandwarnmeldern nicht der Fall (s. Rn 59 a). Trifft ein WEer im räumlichen Bereich seines Sondereigentums weitere **individuelle Sicherheitsvorkehrungen** (Sprinkleranlage; Aqua-Stopp-Ventil, Alarmanlage etc.), so werden diese Anlagen oder Einrichtungen nicht gem Abs 2 zum GemE; dies gilt auch für Brandwarnmelder, falls man diese nicht – wie hier vertreten – ohnehin als von Abs. 2 nicht erfasst ansieht.[37]

33 **b) Anlagen und Einrichtungen, die dem gemeinschaftlichen Gebrauch dienen. aa) Grundregeln.** Zu den dem gemeinschaftlichen Gebrauch dienenden Anlagen und Einrichtungen können auch Räume zählen (Rn 25). Entscheidend ist, dass die Anlage oder Einrichtung dem gemeinschaftlichen Gebrauch der WEer zu dienen bestimmt ist.[38] Es ist nicht erforderlich, dass sämtliche WEer auf die in Rede stehende Anlage oder Einrichtung aktuell angewiesen sind. Vielmehr genügt es, wenn ein solches Bedürfnis für **mehrere WEer** besteht und die Versagung des Gebrauchs infolge der Bildung von Sondereigentum den schutzwürdigen Belangen der Gemeinschaft zuwiderlaufen würde.[39] Dies ist insbesondere bei Treppenhäusern[40] und bei einer Eingangshalle[41] der Fall.

34 **bb) Leistungserbringung durch einzelnen TEer.** Problematisch ist, ob Abs. 2 dann anzuwenden ist, wenn die Anlage oder Einrichtung **dazu bestimmt ist, von WEern und/oder Außenstehenden genutzt zu werden.** Die Rspr. hat sich zu dieser Frage insbesondere bei den sog. Heizungsanlage-Fällen geäußert. Dabei geht es darum, dass die **Heizungsanlage** eines Gebäudes als TE im Eigentum des Bauträgers verbleiben soll, der es beabsichtigt, die erzeugte Wärme gewinnbringend zu veräußern.[42] Insoweit sind drei Fallgestaltungen zu unterscheiden.

35 **(1) Versorgung der WEer.** In der ersten Konstellation soll die Wärme **allein an die WEer** der betreffenden Anlage abgegeben werden. Die für die Anwendbarkeit von Abs. 1

---

[34] BayObLG NJW-RR 1988, 274.

[35] *Armbrüster,* GE 2007, 420, 436; *Hügel* DNotZ 2007, 326, 333; *Wenzel* ZWE 2006, 462, 470; aA *Ott,* in: Deckert, ETW, Sept. 2006, 3/22 b, Rn 38.

[36] Vgl. OLG München ZMR 2008, 232, 233 (betr. aus Brandschutzgründen notwendige Betonüberdeckung, s. dazu Rn 63).

[37] Zu allg formuliert daher OLG Frankfurt ZMR 2009, 864; AG Ahrensburg ZMR 2009, 78, 80 m. zust. Anm. *Riecke,* der die Eigenschaft als GemE zutr auf von den WEern beschlossene Rauchwarnmelder beschränkt. Tendenziell generell für GemE *Schmidt/Breiholdt/Riecke* ZMR 2008, 341, 343 f.; die Frage offen lassend AG Rendsburg ZMR 2009, 239, 240.

[38] BGH NJW 1981, 455 = ZMR 1982, 60.

[39] Staudinger/*Rapp* Rn 40.

[40] BayObLG DNotZ 1982, 246, 248.

[41] BayObLG WuM 1985, 232 = ZMR 1985, 63 (LS).

[42] Ausführlich *Hurst* DNotZ 1984, 66 (Teil 1), 140 (Teil 2).

und 2 entscheidende Vorfrage ist, ob es sich bei der Heizungsanlage um einen **wesentlichen Gebäudebestandteil** iSv § 93 BGB handelt (vgl Rn 20). Heizungsanlagen, die ausschließlich der Versorgung der in dem Gebäude gelegenen Einheiten dienen, sind typischerweise zur Herstellung des Gebäudes eingefügt, so dass sie bereits nach § 94 Abs. 2 BGB wesentliche Bestandteile sind. Auf § 93 BGB kommt es dann nicht mehr an. Umgekehrt kann die Heizungsanlage auch Scheinbestandteil iSv § 95 BGB sein, etwa beim Wärmecontracting.[43]

Meinungsstand: Die Rspr.[44] und die überwiegende Literatur[45] sind der Ansicht, dass die einen wesentlichen Gebäudebestandteil bildende Heizungsanlage von Abs. 2 erfasst wird, also zum **Gemeinschaftseigentum** zählt. Nach anderer Auffassung[46] steht ein Teileigentümer, der es beabsichtigt, die erzeugte Wärme gegen Entgelt an die WEer zu veräußern, einem Außenstehenden gleich. Das folge daraus, dass die WEer nicht verpflichtet seien, ihre Energie von dem betreffenden Teileigentümer zu beziehen. Die Heizungsanlage diene unter diesen Umständen nicht dem gemeinschaftlichen Gebrauch der WEer iSv Abs. 2, so dass **kein Gemeinschaftseigentum** daran besteht. **36**

Stellungnahme: Vorzugswürdig ist es, **Gemeinschaftseigentum** zu bejahen. Zwar mag es den WEern oft auch möglich sein, sich die benötigte Energie anderweitig zu beschaffen (z. B. Fernwärme). Wenn sie dies jedoch im Einzelfall nicht können oder wollen, sind sie nach der Gegenmeinung darauf angewiesen, ein gesondertes Rechtsverhältnis mit dem Inhaber des betreffenden TEs zu begründen. Die Zuordnung der Heizungsanlage zum Gemeinschaftseigentum gewährleistet das Mitbenutzungsrecht und beugt einer Monopolisierung und Atomisierung der Nutzungsmöglichkeiten vor.[47] **37**

(2) Versorgung der WEer und Dritter. In der zweiten Konstellation ist die Heizungsanlage dafür bestimmt und ausgelegt, dass sie über die Wohnungen der Gemeinschaft hinaus **weitere Gebäude mit Wärme versorgen soll.** In einem solchen Fall muss zunächst wiederum geprüft werden, ob es sich bei der Heizungsanlage um einen wesentlichen Bestandteil des Gebäudes handelt. Die Anwendung von § 94 Abs. 2 BGB scheidet hier regelmäßig aus, denn auf Grund der doppelten Zwecksetzung der Heizungslage kann diese grds. nicht mehr als eine zur Herstellung des Gebäudes eingefügte Sache qualifiziert werden.[48] Sind aber infolge einer hinreichend festen Verbindung von Heizungsanlage und Gebäude die Voraussetzungen der §§ 93, 94 Abs. 1 S. 1 BGB erfüllt, so stellt sich im Rahmen des Abs. 2 die entscheidende Frage, ob eine Anlage auch dann „dem gemeinschaftlichen Gebrauch der WEer" dient, wenn diese **bestimmungsgemäß auch von Außenstehenden** genutzt wird. **38**

Meinungsstand: Die **Rspr.**[49] lehnt eine Anwendung von Abs. 2 ab. Bei dieser Sachlage trete der Gesichtspunkt, dass die Anlage der Wärmeversorgung der WEer diene, hinter den mit der Heizungsanlage verfolgten Zweck zurück. Diese Rspr. ist sowohl auf Zustimmung[50] als auch auf Ablehnung gestoßen. Die **Gegenansicht**[51] wendet insbesondere ein, dass Abs. 2 gerade nicht dahingehend differenziere, ob die Anlage oder Einrichtung dem ausschließlichen Gebrauch der WEer zu dienen bestimmt sei. Darüber hinaus sei Abs. 2 eine Schutzvorschrift zugunsten der übrigen WEer. Auf **39**

---

[43] NKV/*Vandenhouten* Rn 40.

[44] BGHZ 73, 302, 309 = NJW 1979, 2391; OLG Schleswig ZMR 2006, 886, 887 (sub II 2a aa); s. auch BGHZ 109, 179 = NJW 1990, 447, 448; offen lassend BayObLG NJW-RR 2000, 1032 = ZWE 2000, 213.

[45] MünchKomm-BGB/*Commichau* Rn 27; Staudinger/*Rapp* Rn 36.

[46] Weitnauer/*Briesemeister* Rn 24; *Weitnauer* MittBayNot 1991, 144.

[47] Staudinger/*Rapp* Rn 39.

[48] Ausführlich *Hurst,* DNotZ 1984, 66, 81; Staudinger/*Rapp* Rn 34.

[49] BGH NJW 1975, 688; vgl. auch BayObLG Rpfleger 1980, 230.

[50] NKV/*Vandenhouten* Rn 39; *Schmid* ZMR 2008, 862; Staudinger/*Rapp* Rn 37.

[51] MünchKomm-BGB/*Commichau* Rn 27; *H. Müller,* Praktische Fragen, Rn 56.

Gewinnerzielung gerichtete Eigeninteressen einzelner WEer dürften deshalb nicht ausschlaggebend sein.

40 **Stellungnahme:** Die besseren Argumente sprechen dafür, auch hier Abs. 2 anzuwenden und von zwingendem **Gemeinschaftseigentum** auszugehen. Das Schutzbedürfnis der einzelnen WEer besteht unabhängig davon, ob allein sie oder auch Dritte die Energielieferungen beziehen können. Nach der Gegenansicht hätte es der betreffende TEer in der Hand, die Heizungsanlage dadurch der zwingenden Zuordnung zum Gemeinschaftseigentum zu entziehen, dass er auch zu Lieferungen an Außenstehende bereit ist. Angesichts möglicher späterer Änderungen des Kreises der Bezugsberechtigten gebietet auch die **Rechtssicherheit** dieses Ergebnis.

41 **(3) Versorgung einzelner WEer.** In der dritten Fallgestaltung dient die Heizungsanlage allein der Wärmeversorgung einzelner Wohneinheiten.

42 **Meinungsstand:** Dient die Heizungsanlage nur einem oder mehreren, nicht aber allen WEern, so wird verbreitet angenommen, dass sie **sondereigentumsfähig** ist.[52] Die Gegenansicht verweist darauf, dass eine Anlage dem gemeinschaftlichen Gebrauch der WEer auch dann dienen kann, wenn sie nicht allen WEern Wärme liefert.[53]

43 **Stellungnahme:** Einerseits erscheint es zu streng, nur solche Anlagen als dem gemeinschaftlichen Gebrauch „der" WEer dienend anzusehen, durch die **sämtliche** WEer versorgt werden. Für den Schutzzweck des Abs. 2 kann es nämlich nicht darauf ankommen, ob z. B. eine einzelne ausgebaute Dachgeschosswohnung von der zentralen Wärmeversorgung ausgenommen ist. Andererseits bestehen keine Bedenken dagegen, die nur einem **einzigen** WEer dienende Heizungsanlage als sondereigentumsfähig anzusehen. Dient die Anlage **mehreren** WEern, so spricht das Schutzinteresse der WEer dafür, dann von zwingendem Gemeinschaftseigentum auszugehen, wenn die Mehrheit der Einheiten durch die Anlage versorgt wird.

44 Bei **Mehrhausanlagen** ist eine Gesamtbetrachtung geboten: Dienen die in den jeweiligen Häusern vorhandenen Heizungsanlagen insgesamt dem Gebrauch sämtlicher WEer, so stehen sämtliche Anlagen zwingend im Gemeinschaftseigentum.[54]

45 **cc) Eigentum am Raum.** Von der wohnungseigentumsrechtlichen Zuordnung der Heizungsanlage ist die Frage zu trennen, ob der **Raum,** in dem sich eine von Abs. 2 erfasste Anlage oder Einrichtung befindet, zwingend im Gemeinschaftseigentum steht. Das ist nur dann der Fall, wenn der Raum – wie häufig – ausschließlich demselben Zweck wie die Anlage oder Einrichtung zu dienen bestimmt ist.[55]

46 **c) Grenzen des zwingenden Gemeinschaftseigentums.** Räumlichkeiten, die den **einzigen Zugang** zu einem nach Abs. 2 im Gemeinschaftseigentum stehenden Raum bilden, können dann in Sondereigentum überführt werden, wenn der Raum seiner Beschaffenheit nach nicht dem ständigen Mitgebrauch aller WEer dient. Dies kann etwa bei einem unausgebauten **Dachspeicher** der Fall sein.[56] Stellt eine neben einem Gebäude errichtete **Garage** die einzige Zugangsmöglichkeit zu der hinter dem Gebäude liegenden Grundstücksfläche dar, so kann die Garage ebenfalls grundsätzlich im SE stehen: § 5 Abs. 2 bezieht sich nicht auf den unbebauten Grundstücksteil. Bezweckt ist lediglich eine ungestörte Raumnutzung des gemeinschaftlichen Gebäudes.[57] Anders ist die Lage, wenn ein

---

[52] BayObLG NJW-RR 2000, 1032 = ZWE 2000, 213 f.; MünchKomm-BGB/*Commichau* Rn 28.

[53] Staudinger/*Rapp* Rn 40.

[54] So im Erg. auch Staudinger/*Rapp* Rn 40. Die von *Rapp* auch insoweit als Gegenansicht zitierte Entscheidung BayObLG NJW-RR 2000, 1032 = ZWE 2000, 213 f. äußert sich nicht zu Mehrhausanlagen.

[55] Vgl. BGHZ 73, 302, 311 = NJW 1979, 2391; NJW 1991, 2909; BayObLG NJW-RR 1996, 12; OLG Schleswig ZMR 2006, 886, 887 f. – Zum sog. faktischen Sondernutzungsrecht s. *Häublein,* Sondernutzungsrechte, S. 27; ferner *Röll* Rpfleger 1992, 94.

[56] BayObLG NJW-RR 1992, 81 = WuM 1991, 607; ZMR 2001, 562, 563 = NZM 2001, 384 f.

[57] OLG Hamm ZMR 2001, 655 f.

gemeinschaftlicher **Geräteraum** nur über einen Kellerraum erreichbar ist. Der Kellerraum ist dann wegen Abs. 2 nicht sondereigentumsfähig.[58] Dasselbe gilt hinsichtlich eines **Flures,** der den einzigen Zugang zum im Gemeinschaftseigentum stehenden Heizungsraum bildet.[59]

V. Einzelfälle zur Raumeigenschaft und zur Sondereigentumsfähigkeit

Abwasserhebeanlage. Dient eine solche Anlage der Sicherung der **gemeinschaftlichen** Heizungsanlage oder mehrerer Wohnungen, so zählt sie zum Gemeinschaftseigentum.[60] Bezweckt sie hingegen lediglich die Abwasserentsorgung einer **einzelnen** Wohnung, so ist die Anlage gem. Abs. 1 Sondereigentum (s. auch zur Heizungsanlage Rn 34 ff.).[61] Dem steht nicht entgegen, dass sie sich im räumlichen Bereich des gemeinschaftlichen Eigentums befindet. Für die in Abs. 1 vorausgesetzte Zugehörigkeit des Bestandteils zum Sondereigentum genügt ein funktionaler Zusammenhang. 47

Abwasserkanal. Der Kanal ist bis zur Abzweigung in die zum Sondereigentum gehörenden Räume Gemeinschaftseigentum. 48

Alarmanlage, die nur eine Sondereigentumseinheit sichert (funktionaler Zusammenhang) und die äußere Gestaltung des Gebäudes nicht berührt, ist gem. Abs. 1 Sondereigentum.[62] 49

Antennenanlagen. Auf Antennenanlagen finden die zu Heizungsanlagen geltenden Grundsätze entsprechende Anwendung. Eine Antenne steht deshalb – vorbehaltlich der übrigen Voraussetzungen des Abs. 1 (was von den jeweiligen tatsächlichen Gegebenheiten abhängt) – im Sondereigentum, wenn sie nur eine Einheit versorgt. Eine Gemeinschaftsantenne ist hingegen Gemeinschaftseigentum. Das gilt auch dann, wenn die von einem einzelnen WEer errichtete Anlage außer der WEgem auch Dritte versorgen soll.[63] 50

Aufzug. Nach Abs. 2 steht er grds. im gemeinschaftlichen Eigentum. Sondereigentumsfähig ist die gesamte Aufzugsanlage jedoch dann, wenn sie lediglich eine Einheit erschließt (s. auch zur Heizungsanlage Rn 34 ff.).[64] Die Kabine ist ebenso wie der Schacht ein sondereigentumsfähiger Raum. Die Zuordnung der die Kabine und den Schacht umschließenden Bestandteile richtet sich – wenn an diesen Räumen Sondereigentum eingeräumt wird – nach Abs. 1. 51

Außenjalousien. An ihnen besteht gem. Abs. 1 gemeinschaftliches Eigentum.[65] Sie betreffen die äußere Gestaltung des Gebäudes (s. auch Rollläden). 52

Außenwände und -putz. Beides fällt unter Abs. 1 und ist gemeinschaftliches Eigentum (äußere Gestaltung).[66] 53

Badewanne. Soweit man sie als wesentlichen Bestandteil des Gebäudes anzusehen hat (§§ 93 ff. BGB), steht sie nach Abs. 1 im Sondereigentum, andernfalls im gewöhnlichen Alleineigentum. Dasselbe gilt für Waschbecken, Duschwanne, WC. 54

---

[58] BayObLG NJW-RR 1996, 12; OLG Düsseldorf WuM 1999, 425.

[59] BGH NJW 1991, 2909 f.; OLG Schleswig ZMR 2006, 886, 888.

[60] BayObLG ZMR 2003, 433, 434; OLG Hamm ZMR 2005, 806, 807; OLG Schleswig DNotZ 2007, 620 m. insoweit zust. Anm. *Commichau* (S. 622).

[61] OLG Düsseldorf ZMR 2001, 216 f.

[62] OLG München MDR 1979, 934 = ZMR 1980, 308 (LS); MünchKomm-BGB/*Commichau* § 1 WEG Rn 43; Riecke/Schmid/*Schneider* Rn 32; *Staudinger/Rapp* Rn 25; aA OLG Hamm NJW-RR 1988, 923.

[63] Vgl. zu Heizungsanlagen Rn 34 ff.; aA BGH NJW 1975, 688 = ZMR 1975, 247 (LS); Riecke/Schmid/*Schneider* Rn 34.

[64] MünchKomm-BGB/*Commichau* § 1 WEG Rn 43; Staudinger/*Rapp* Rn 25.

[65] KG ZMR 1985, 344, 345; *Weitnauer/Briesemeister* Rn 18.

[66] BGH NJW 2008, 3122 (Miteigentum).

55 **Balkon.** Der durch die Brüstung begrenzte **Raum** ist sondereigentumsfähig.[67] Er muss zur Überführung in Sondereigentum in der Teilungserklärung und im Aufteilungsplan ausdrücklich als Sondereigentum bezeichnet werden. Andernfalls steht er im gemeinschaftlichen Eigentum (vgl. § 1 Abs. 5). Die Gegenauffassung,[68] die sich auf eine gesetzliche Zuweisung zur betreffenden Wohnung nach § 94 BGB stützt, überzeugt nicht. Der Balkon ist kein (wesentlicher) Bestandteil iSv § 94 BGB der Wohnung, sondern des Gebäudes. Dass er lediglich von der Wohnung aus erreichbar ist, ändert daran nichts.[69] Nur für Bestandteile des Gebäudes, die keine Räume sind, kennt das Gesetz in Abs. 1 eine vom Parteiwillen unabhängige Zuordnung zum Sondereigentum. Dieses System wird unterlaufen, wenn man gleichwohl den §§ 93 ff. BGB die Fähigkeit zuspricht, Räume oder Bestandteile dem Sondereigentum zuzuordnen. Wird deshalb in der Teilungserklärung am Balkon (versehentlich) kein Sondereigentum eingeräumt, so befindet er sich den allgemeinen Regeln entsprechend im Gemeinschaftseigentum (vgl. § 1 Abs. 5).[70] Gleichwohl sind die übrigen WEer nicht zum Mitgebrauch berechtigt. An dem Balkon besteht nach verbreiteter Ansicht ein **faktisches Sondernutzungsrecht** (s. dazu § 13 Rn 110) zugunsten desjenigen WEers, über dessen Wohnung der Balkon erreicht werden kann.[71]

56 Brüstungen (s. Rn 57), Decke,[72] Bodenplatte[73] sowie sonstige konstruktiv notwendige Teile, **Balkontüren**[74] und die **Isolierschicht**[75] stehen hingegen grds. zwingend im Gemeinschaftseigentum.[76] Es gelten die allgemeinen Regeln. So sind solche Balkonplatten, denen keine Isolierungs- oder Schutzfunktion zukommt, Sondereigentum (Abs. 1).[77]

57 **Balkonbrüstung** ist gem. Abs. 2 gemeinschaftliches Eigentum.[78] Dies gilt auch für die Innenseite.[79]

58 **Balkontrennwand** zwischen zwei Balkonen ist gemeinschaftliches Eigentum.[80]

Bodenbelag, s. Fußbodenbelag.

59 **Brandwarnmelder** sind nach verbreiteter Ansicht nicht sondereigentumsfähig, selbst wenn sie im räumlichen Bereich des SEs angebracht werden.[81] Nach anderer Ansicht gilt dies nur insofern, als ihr Einbau auf Grund ges. Vorschriften oder eines Mehrheitsbeschlusses erforderlich ist.[82] Richtigerweise wird man Brandwarnmelder angesichts ihrer

---

[67] BayObLGZ 1974, 269, 271 = Rpfleger 1974, 316; ZMR 1999, 59 = NZM 1999, 27; OLG München NZM 2007, 369; MünchKomm-BGB/*Commichau* Rn 22 ff.; *F. Schmidt* MittBayNot 2001, 442; Weitnauer/*Briesemeister* Rn 11; aA Staudinger/*Rapp* Rn 7 f.

[68] *F. Schmidt* MittBayNot 2001, 442, 446 f.; Riecke/Schmid/*Schneider* Rn. 37.

[69] AA *F. Schmidt* MittBayNot 2001, 442, 446 f.

[70] Vgl BayObLG NJW 1974, 152; aA Riecke/Schmid/*Schneider* Rn 37; *F. Schmidt* MittBayNot 2001, 442: zwingendes Sondereigentum als Bestandteil der Wohnung.

[71] Vgl. dazu *Häublein,* Sondernutzungsrechte, S. 27 f.; BayObLG NZM 2004, 384 f.

[72] OLG Zweibrücken NZM 2000, 294.

[73] Vgl. dazu BayObLGZ 1974, 269, 271 = Rpfleger 1974, 316; OLG Frankfurt DWE 1983, 121; OLGZ 1989, 422 = WE 1990, 107.

[74] Weitnauer/*Briesemeister* Rn 18.

[75] BGH NJW-RR 2001, 800; OLG Düsseldorf NJW-RR 1998, 515, 517 = ZMR 1998, 304 = WE 1998, 228 m. Anm. *Schmidt;* OLG Hamm ZMR 2007, 296.

[76] BayObLG NZM 1999, 27; OLG München NZM 2007, 369 = DNotZ 2007, 690 m. Anm. *Rapp* (auch zur möglichen Umdeutung einer gegen Abs. 2 verstoßenden Zuordnung in eine Kostentragungsregelung).

[77] BayObLG ZWE 2004, 93 (LS; betr. Fliesen).

[78] BGH MittBayNot 2001, 479; BayObLG ZMR 1997, 37.

[79] OLG Düsseldorf ZMR 1991, 486, 487; BayObLG ZMR 1999, 59 = NZM 1999, 27.

[80] BayObLG WuM 1985, 31.

[81] OLG Frankfurt ZMR 2009, 864; AG Ahrensburg ZMR 2009, 78, 80.

[82] S. auch *Riecke* ZMR 2009, 80: „jedenfalls“ bei Eigentümerbeschluss; offen lassend AG Rendsburg ZMR 2009, 239, 240.

primären Funktion, *Menschenleben* zu retten, nicht als für die Sicherheit des *Gebäudes* iSv. Abs. 2 erforderlich ansehen können (s. Rn 32 a; der Schutz des Gebäudes ist allenfalls ein Reflex), und es handelt sich bei innerhalb des räumlichen Bereichs des SE angebrachten Brandwarnmeldern auch nicht um eine dem gemeinschaftlichen Gebrauch dienende Einrichtung.[83]

Briefkästen sind Gemeinschaftseigentum, sofern sie – wie in aller Regel – im räumlichen Bereich des Gemeinschaftseigentums angebracht sind.[84] Dasselbe gilt für Briefschlitze in Wohnungseingangstüren, da letztere gleichfalls zum Gemeinschaftseigentum zählen (s. Rn 113). 60

Carport, der nur mit Eckpfosten und einer Bedachung versehen ist: Es handelt sich dabei nicht um einen Raum in einem Gebäude im wohnungseigentumsrechtlichen Sinne. Dem Carport fehlt die Gebäudeeigenschaft. Der umschlossene Bereich ist deshalb nicht sondereigentumsfähig (s. bereits § 3 Rn 23).[85] 61

Dach. Es steht nach Abs. 1, jedenfalls aber gem. Abs. 2 im gemeinschaftlichen Eigentum.[86] Dies gilt neben den konstruktiven Teilen wegen der Schutzfunktion auch für die Dachziegel oder -platten. Auch bei einem **Glasdach,** das einen Innenhof überdeckt, handelt es sich um Gemeinschaftseigentum.[87] 62

Dachterrasse. Hinsichtlich des anhand der Angaben des Aufteilungsplans abgrenzbaren Raumes ist diese sondereigentumsfähig.[88] Sowohl eine höhenmäßige als auch eine feste seitliche Abgrenzung sind für einen Raum im wohnungseigentumsrechtlichen Sinne nicht erforderlich (s. Rn 13 ff.). Die Abdichtungs- und Isolierschichten gehören hingegen zum Gemeinschaftseigentum.[89] S. auch Balkon, Terrasse, Fußbodenbelag. 63

Decken. Geschoss- und Zwischendecken fallen unter Abs. 2 und zählen zwingend zum Gemeinschaftseigentum. [90] Dies gilt auch für feuchtigkeitsisolierende oder wärmedämmende **Folien,**[91] brandhemmende Betonüberdeckungen[92] oder trittschalldämmende Isolierschichten in Zwischendecken. Zur Auslegung und Umdeutung einer gegen Abs. 2 verstoßenden Zuordnung s. Rn 27. 64

Duplexgarage (= Doppelstockgarage). Der Duplex-Parker insgesamt ist sondereigentumsfähig.[93] Entgegen verbreiteter Ansicht[94] gilt letzteres auch für die einzelnen Stellplätze.[95] Zur Begründung der **Raumeigenschaft** bedarf es insoweit keiner aus § 3 Abs. 2 S. 2 65

---

[83] *Schultz* ZWE 2009, 383, 385.

[84] MünchKomm-BGB/*Commichau* § 1 Rn 43.

[85] BayObLG ZMR 1986, 207 = NJW-RR 1986, 761; OLG Köln MittRhNotK 1996, 61.

[86] BGH NJW-RR 2001, 800; OLG Frankfurt OLGZ 1987, 23; BayObLG ZMR 2000, 471, 472.

[87] OLG Düsseldorf ZMR 2009, 53, 55 = ZWE 2008, 302, 305 m. Zust. Anm. *Sauren.*

[88] OLG Frankfurt Rpfleger 1975, 178; OLG München MDR 2007, 827; LG Schwerin ZMR 2009, 401, 402; MünchKomm-BGB/*Commichau* Rn 26 und § 1 Rn 43; *Merle* Rpfleger 1977, 198; Riecke/Schmid/*Schneider* Rn 41; aA OLG Köln OLGZ 1982, 413; Staudinger/*Rapp* Rn 7 f.; Weitnauer/*Briesemeister* Rn 10.

[89] BayObLG NJW-RR 2001, 305 = NZM 2000, 867; KG ZMR 2009, 135, 136.

[90] OLG Hamm ZMR 1997, 193; OLG München ZMR 2008, 232, 233; OLG Frankfurt ZMR 2009, 215, 216; Riecke/Schmid/*Schneider* Rn 42.

[91] OLG Köln ZMR 2002, 377; KG ZMR 2009, 135, 136; s. auch OLG Hamm ZMR 1997, 193 zur Kostentragung bei fehlgeschlagener Bestimmung der Isolierschicht zu Sondereigentum.

[92] OLG München ZMR 2008, 232, 233.

[93] BayObLG NJW-RR 1995, 783, 784; OLG Düsseldorf ZMR 1999, 500, 501; ThürOLG Rpfleger 2005, 309; MünchKomm-BGB/*Commichau* Rn 19.

[94] BayObLG NJW-RR 1995, 783; OLG Düsseldorf ZMR 1999, 500, 501; ThürOLG Rpfleger 2005, 309, 310; NKV/*Vandenhouten* § 3 Rn 34; Riecke/Schmid/*Schneider* Rn 43; Weitnauer/*Briesemeister* Rn 29.

[95] *Bornemann,* Der Erwerb von Sondernutzungsrechten im Wohnungseigentumsrecht, 2000, S. 43 f.; Gleichmann Rpfleger 1988, 10; *Häublein* MittBayNot 2000, 112; *Hügel*/Scheel, Hdb. Wohnungs-

hergeleiteten Fiktion.[96] Für die Fähigkeit, Herrschaftsmacht über den ausreichend abgegrenzten dreidimensionalen Bereich auszuüben, ist es unerheblich, dass es sich um einen beweglichen Raum handelt (s. dazu Rn 17). Allenfalls für die Abgeschlossenheit wird man § 3 Abs. 2 S. 2 analog anwenden müssen. Besonderheiten gelten für die **konstruktiven Teile** der Duplexgarage, sofern die Stellplätze mit unterschiedlichen Wohnungseigentumsrechten verbunden sind. Dann fällt die Hebebühne (Hydraulikanlage) unter Abs. 2. Anderenfalls steht sie im Sondereigentum[97] (Abs. 1) oder – sofern sie nicht wesentlicher Gebäudebestandteil wird – im gewöhnlichen Alleineigentum. Eine gemeinsame Hebebühne für mehrere Duplexgaragen mit verschiedenen Rechten zugeordneten Stellplätzen ist zwingend GemE.[98]

66 **Einbauküche.** Sondereigentum gem. Abs. 1 entsteht an ihr nur dann, wenn sie als wesentlicher Gebäudebestandteil (§§ 93 ff. BGB) zu qualifizieren ist. Die Rspr. hierzu ist auf Grund der variierenden Verkehrsauffassung regional unterschiedlich. In **Norddeutschland** betrachtet man die Einbauküche als einen wesentlichen Bestandteil des Gebäudes,[99] in **West- und Süddeutschland** ordnet man sie als Zubehör (§ 97 BGB) ein.[100]

67 **Einbauschrank.** Er ist sondereigentumsfähig, sofern wesentlicher Bestandteil des Gebäudes (§§ 93 ff. BGB).

68 **Eingangshalle.** Zwingendes Gemeinschaftseigentum nach Abs. 2.[101]

69 **Estrich.** Er ist, sofern er jedenfalls auch der Dämmung oder Isolierung dient, zwingend gemeinschaftliches Eigentum.[102]

70 **Etagenheizung.** Sie kann gem. Abs. 1 im Sondereigentum stehen.[103] S. auch Heizkörper,

71 **Fenster.** Gem. Abs. 2 befinden sie sich grds. im Gemeinschaftseigentum.[104] Eine Trennung nach Innen- und Außenseite ist allenfalls bezüglich des Rahmens möglich, hinsichtlich der Fensterscheibe jedoch undurchführbar. Dies gilt insbesondere für moderne Verbund- oder Isolierglasfenster mit Thermoppane-Mehrfachglas.[105] Es ist deshalb geboten, einer **einheitlichen Betrachtung** den Vorzug zu geben und das Fenster insgesamt dem Gemeinschaftseigentum zuzuordnen.[106] Etwas anderes gilt nur bei den häufig in Altbauten anzutreffenden **echten Doppelfenstern,** die über einen gesondert zu öffnenden zweiten Rahmen verfügen. Hier gehören (nur) die Innenflügel nach Abs. 1 zum Sondereigentum.[107] Zur Auslegung und Umdeutung einer Bestimmung in der

---

eigentum, Teil 1 Rn 38; *Linderhaus* MittRhNotK 1978, 86; Riecke/Schmid/*Elzer* § 3 Rn 73; Staudinger/*Rapp* Rn 20 und § 3 Rn 8.

[96] So aber *Hügel*/Scheel, Hdb. Wohnungseigentum, Teil 1 Rn 38; Staudinger/*Rapp* § 3 Rn 8. Vgl. auch MünchKomm-BGB/*Commichau* Rn 20 („denkbar").

[97] *Häublein* MittBayNot 2000, 112; aA OLG Düsseldorf NZM 1999, 571; OLG Celle NZM 2005, 871; NKV/*Vandenhouten* Rn 31 (Hebebühne sei konstruktiver Bestandteil des Gebäudes iSv Abs. 2). Nach MünchKomm-BGB/*Commichau* Rn 19, ist die Hebebühne nur dann zwingend Gemeinschaftseigentum, wenn sie für mehrere Doppelparker dient.

[98] OLG Düsseldorf ZMR 1999, 500; KG ZMR 2005, 569 f.

[99] BGH NJW-RR 1990, 586, 587; OLG Celle NJW-RR 1989, 913, 914.

[100] BGH NJW-RR 1990, 586, 587; OLG Düsseldorf NJW-RR 1994, 1039; OLG Karlsruhe ZMR 1998, 91; aA *Jaeger* NJW 1995, 432.

[101] BayObLG WuM 1985, 232 = ZMR 1985, 63 (LS).

[102] OLG Düsseldorf NJW-RR 2001, 1594; OLG Hamm ZMR 2007, 296; aA *Sauren* Rn 9. Zwischen Isolierschicht und darauf liegendem Estrich differenzierend *Happ* WE 2001, 47.

[103] BayObLG ZMR 2000, 622, 623.

[104] OLG Düsseldorf NJW-RR 1998, 515 = ZMR 1998, 304 = WE 1998, 228 m. Anm. *Schmidt*; OLG Frankfurt ZMR 2009, 215, 216.

[105] BayObLG NZM 2001, 1081; Staudinger/*Rapp* Rn 25.

[106] OLG Düsseldorf NJW-RR 1998, 515 = ZMR 1998, 304 = WE 1998, 228 m. Anm. *Schmidt;* BayObLG ZMR 2004, 607, 608; Weitnauer/*Briesemeister* Rn 18.

[107] OLG Hamm NJW-RR 1992, 148; BayObLG ZWE 2000, 177, 178; MünchKomm-BGB/*Commichau* § 1 Rn 43.

Teilungserklärung, die von Abs. 2 erfasste Fenster dem Sondereigentum zuweist, s. Rn 27.

Fensterbank und -sims stehen im gemeinschaftlichen Eigentum. Sie betreffen die äußere Gestaltung des Gebäudes (Abs. 1).[108] 72

Fenstergitter sind zwingend Gemeinschaftseigentum.[109] 73

Fensterscheiben sind ebenso wie Schaufensterscheiben gemeinschaftliches Eigentum.[110] Etwas anders gilt für solche Fensterscheiben in einem Doppelfenster, die in einen gesondert zu öffnenden inneren Rahmen eingesetzt sind. S. auch Fenster. 74

Flure. Ein Verbindungsflur, der die einzige Verbindung von gemeinschaftlichem Eigentum zu **zentralen Versorgungseinrichtungen** bildet, ist nach Abs. 2 zwingendes Gemeinschaftseigentum.[111] Sämtliche Flure und Korridore, die den **Zugang zu mehr als einer Einheit** ermöglichen, stehen gem. Abs. 2 im Gemeinschaftseigentum. Dasselbe gilt für einen **Vorflur,** der den Zugang zu zwei Wohnungen bildet (zum sog. Vorflurproblem bei der Unterteilung von WE s. § 2 Rn 106 ff.). 75

Fußbodenbelag innerhalb einer im Sondereigentum stehenden Einheit. Ein solcher Belag (gleich welcher Art, z. B. Fliesen, Parkett, Teppich) steht nach Abs. 1 im Sondereigentum.[112] Etwas anderes gilt für den Estrich, sofern dieser jedenfalls auch zur Dämmung oder Isolierung bestimmt ist (s. Rn 69).[113] 76

Fußbodenheizung. Die Heizschlingen sind sondereigentumsfähig.[114] 77

Fundament. Gemeinschaftseigentum nach Abs. 2. 78

Garagenstellplätze. Sie erfüllen bereits für sich genommen den Begriff des Raumes (s. § 3 Rn 89 f.) und haben ausreichenden Gebäudebezug. Sind sie – was freilich nur bei Sammelgaragen praktisch bedeutsam ist – nach § 3 Abs. 2 S. 2 in sich abgeschlossen, dann kann an ihnen Sondereigentum begründet werden. S. auch Kfz-Stellplätze. 79

Gartenwasserhahn. Er zählt zum Gemeinschaftseigentum.[115] 80

Geschossdecken: s. Decken.

Grundstücksflächen sind nach § 1 Abs. 5 Gemeinschaftseigentum.[116] 81

Heizkörper. Befinden sie sich innerhalb der Wohnung, so stehen sie regelmäßig gem. Abs. 1 im Sondereigentum, da sie von der Heizungsanlage abgekoppelt werden können, ohne dass deren Gebrauchsfähigkeit dadurch berührt wird.[117] Anders ist es nur, wenn ihr Vorhandensein Voraussetzung dafür ist, dass die Heizungsanlage insgesamt funktioniert. Diejenigen Teile, die für die **Funktionsfähigkeit der Heizungsanlage** erforderlich sind, sind gem. Abs. 2 Gemeinschaftseigentum.[118] Neuerdings wird weiter gehend vermehrt ein Grundsatz der Einheitlichkeit des Heizungssystems vertreten;[119] für 82

---

108 OLG Frankfurt NJW 1975, 2297.

109 KG ZMR 1994, 169.

110 OLG Oldenburg DWE 1988, 64.

111 BGH NJW 1991, 2909; OLG Düsseldorf WuM 1999, 425, 426.

112 BayObLG NJW-RR 1994, 598; OLG Düsseldorf ZMR 2002, 613, 614.

113 OLG Frankfurt OLGZ 1989, 422 = WE 1990, 107 (betr. Balkonboden); BayObLG NJW-RR 1994, 598 = ZMR 1994, 167; OLG Düsseldorf ZWE 2001, 166 (betr. Trittschalldämmung); aA OLG Köln OLGZ 1987, 23 (betr. wärme- und schalldämmenden Estrich). S. auch *Happ* WE 2001, 47.

114 AG Mettmann ZMR 2006, 240; MünchKomm-BGB/*Commichau* Rn 12 und § 1 Rn 43; vgl. OLG Köln NZM 1999, 83, 84; aA LG Bonn WE 2001, 47 mit abl. Anm. *Happ*; NKV/*Vandenhouten* Rn 38; *Schmid* ZMR 2008, 862, 863; s. auch OLG Stuttgart WuM 2008, 44 (automatische Regelung als zwingendes GemE).

115 OLG München ZMR 2007, 561; Riecke/Schmid/*Schneider* Rn. 48.

116 BayObLG MDR 1992, 673; OLG Hamm ZMR 2004, 369, 370; ZMR 2007, 213.

117 BayObLG DWE 1986, 107; ZMR 2003, 366, 369; OLG Hamburg ZMR 1999, 502, 503; MünchKomm-BGB/*Commichau* § 1 Rn 43; aA Jennißen/*Grziwotz* Rn 85; *H. Müller,* Praktische Fragen, Rn 76; Riecke/Schmid/*Schneider* Rn 52 (wie hier hingegen noch 2. Aufl.); *Schmid* ZMR 2008, 862, 863.

118 OLG Hamm NJW-RR 2002, 156 = ZMR 2001, 839 (Heizungs- und Thermostatventile).

119 Jennißen/*Grziwotz* Rn 85; NKV/*Vandenhouten* Rn 38; *Schmid* ZMR 2008, 862 f.

eine derartige Generalisierung bietet Abs. 2 jedoch keine Grundlage. S. auch Etagenheizung, Fußbodenheizung; zu Leitungen, Thermostatventilen und Verbrauchserfassungsgeräten s. dort.

83 **Heizungsanlage.** Hier ist zu differenzieren. S. dazu Rn 34 ff.

84 **Innenanstrich.** Die an den Wänden und Decken des Sondereigentums befindliche **Farbe** ist nach Abs. 1 Sondereigentum.[120]

85 **Innenhof.** Auch wenn ein Innenhof auf drei Seiten von Räumen zweier Wohnungseigentumseinheiten umgeben ist und auf der vierten Seite durch eine Grundstücksmauer begrenzt wird, fehlt es an einem sondereigentumsfähigen Gebäude.[121] Der Innenhof kann damit nicht in Sondereigentum überführt werden. Ist der Innenhof jedoch allseits von Mauerwerk umfasst und komplett mit einem Glasdach überdacht, stellt der Hofraum eine zuweisungsfähige Sondereigentumsfläche dar;[122] das Glasdach ist freilich zwingend Gemeinschaftseigentum ist (s. Rn 61).

86 **Isolierungen** gegen Feuchtigkeit, Trittschall und zur Wärmedämmung stehen nach Abs. 2 im Gemeinschaftseigentum.[123] S. auch Fußbodenbelag und Trittschalldämmung.

Jalousien, s. Außenjalousien.

87 **Kamin.** Dieser steht auch dann im Gemeinschaftseigentum, wenn er nur von einer Einheit im Erdgeschoss genutzt wird.[124] Ein offener Kamin im räumlichen Bereich eines Sondereigentums ist hingegen sondereigentumsfähig.[125]

88 **Kelleraußentreppe.** Sie ist nach Abs. 2 Gemeinschaftseigentum.[126]

89 **Kfz-Stellplätze.** Nicht sondereigentumsfähig sind Stellplätze im Freien ohne unmittelbaren räumlichen Bezug zu einem Gebäude (s. § 3 Rn 89 f.).[127] Werden sie dennoch dem Sondereigentum zugeordnet, so kann dies in die Begründung eines Sondernutzungsrechts umgedeutet werden.[128] Für Stellplätze auf dem Dach eines Gebäudes ist der Gebäudebezug hingegen zu bejahen. Sie sind sondereigentumsfähig.[129] S. auch Garagenstellplätze und Duplexgarage.

90 **Leitungen** (z. B. der Zentralheizung, Klimaanlage, Wasser und Abwasser, Strom), die sich im räumlichen Bereich der Wohnung befinden, sind von den einzelnen Abzweigungen an gem. Abs. 1 dem Sondereigentum zugeordnet.[130] Das gilt freilich nur, wenn sie ohne Eingriff in das Gemeinschaftseigentum verlegt werden können (vgl Abs. 1)[131] und wenn es sich um Anschlussleitungen für die jeweilige Wohnung handelt. Die Leitungen stehen hingegen im

[120] Weitnauer/*Briesemeister* Rn 17.

[121] DNotI-Report 1998, 1; Riecke/Schmid/*Schneider* Rn 54.

[122] OLG Düsseldorf ZMR 2009, 53, 55; aA NKV/*Vandenhouten* § 2 Rn 29; *Sauren* ZWE 2008, 305, 306.

[123] OLG Frankfurt OLGZ 1987, 23 (beim Flachdach); OLG Düsseldorf ZMR 1998, 304; OLG Köln ZMR 2002, 377 (bei einer Zwischendecke); BayObLG ZMR 2004, 928, 929; Weitnauer/*Briesemeister* Rn 19.

[124] BayObLG ZMR 1999, 50.

[125] MünchKomm-BGB/*Commichau* § 1 Rn 43.

[126] OLG Frankfurt ZMR 2009, 215, 216.

[127] OLG Karlsruhe MDR 1972, 516 = MittBayNot 1972, 163; OLG Hamm DNotZ 1988, 32.

[128] Weitnauer/*Briesemeister* Rn 10.

[129] OLG Hamm DNotZ 1999, 216; OLG Köln DNotZ 1984, 700 (jedenfalls dann, wenn das Oberdeck über das umgebende Gebäude hinausragt); *Merle* Rpfleger 1977, 196, 197; aA KG NJW-RR 1996, 587; Weitnauer/*Briesemeister* Rn 10.

[130] KG WE 1989, 97; vgl. auch BayObLG WuM 1993, 79, 80; MünchKomm-BGB/*Commichau* § 1 Rn 43; EFM/*Elzer* § 1 Rn 10; Jennißen/Grziwotz Rn 63 (aA noch Jennißen/*Dickersbach,* 1. Aufl. 2008, Rn 33); NKV/*Vandenhouten* Rn 23 (nicht aber für Heizungsrohre, Rn 38); Weitnauer/*Briesemeister* Rn 25 f.; aA *H. Müller,* Praktische Fragen, Rn 76; Riecke/Schmid/*Schneider* Rn 59; *Schmid* ZMR 2008, 862, 863.

[131] Dazu BayObLG WuM 1993, 79, 80; OLG München Info M 2009, 435.

Gemeinschaftseigentum, wenn sie als **Hauptversorgungsleitung** die Wohnung lediglich durchqueren.[132] Die Hauptleitung steht nach Abs. 2 im Gemeinschaftseigentum.

Loggien. S. Balkone.

Markisen. Ob diese dem Sonder- oder dem Gemeinschaftseigentum zuzuordnen sind, hängt davon ab, ob die Markise für die **„äußere Gestaltung des Gebäudes"** (Abs. 1) maßgebend ist. Die Beantwortung dieser Frage liegt weitgehend auf tatrichterlichem Gebiet.[133] Typischerweise ist sie dann zu bejahen, wenn eine Markisenanlage die **Außenfront** eines Hauses kennzeichnet.[134] Darauf, ob ein angrenzender Balkon (Loggia, Terrasse) im Sondereigentum steht,[135] kann es hingegen nicht entscheidend ankommen, zumal da diese Abgrenzung bei lediglich eine (Schau-)Fensterfront abschirmenden Markisen nicht weiterhilft. 91

Mess- und Zähleinrichtungen. Soweit sie sich innerhalb der Wohnung befinden, stehen sie nach Abs. 1 im Sondereigentum. 92

Müllschlucker zählen zum Gemeinschaftseigentum. Dasselbe gilt für **Müllcontainer,** sofern sie nicht im Eigentum des Entsorgungsträgers stehen (§ 1 Abs. 5 aE). 93

Nebenräume, z. B. Kellerräume, Dachspeicherräume und Abstellräume sind unter dem Vorbehalt des Abs. 2 sondereigentumsfähig. Dass sie unmittelbar von der Wohnung aus erreichbar sind, ist dafür nicht erforderlich. 94

Putz auf den Wänden und Decken der im Sondereigentum stehenden Einheit ist gem. Abs. 1 Sondereigentum.[136] Grenze: Rohmauerwerk oder Sparren der Decken und Fußböden. 95

Räume. Befinden sich in einem Raum **zentrale Versorgungseinrichtungen** iSv Abs. 2, dann steht auch der Raum im zwingenden gemeinschaftlichen Eigentum, wenn er ausschließlich demselben Zweck wie die Anlage oder Einrichtung dient (s. Rn 45).[137] 96

Rauchwarnmelder: s. Brandwarnmelder.

Rollläden. Diese stehen nach Abs. 1 im Sondereigentum, wenn sie nicht in die Außenwand integriert sind und ohne Beeinträchtigung der äußeren Gestaltung (de-)montiert werden können (s. auch Außenjalousien).[138] Die außen angebrachten **Rollädenkästen** stehen gem. Abs. 2 im Gemeinschaftseigentum.[139] 97

Rückstauventil. Die Rückstausicherungen an den im gemeinschaftlichen Waschmaschinenkeller befindlichen, den einzelnen WEern gehörenden Waschmaschinen zählen – ebenso wie die Einzelnen zuführenden Wasserleitungen – zum Gemeinschaftseigentum.[140] Anders zu beurteilen ist eine innerhalb der einzelnen Wohnung angebrachte Rückstausicherung; sie dient primär dem Schutz der Sondereigentumsräume und ist daher sondereigentumsfähig.[141] 98

Satellitenschüssel. S. Antennenanlagen.

Schließanlage mit Schlüsseln zur Erschließung des Gemeinschaftseigentums: Sie gehört zum Gemeinschaftseigentum.[142] Dies gilt hingegen nicht für die das Sondereigentum 99

---

[132] KG WuM 1989, 89.

[133] BayObLG NJW-RR 1996, 266; OLG Zweibrücken NZM 2004, 428 = ZMR 2004, 465.

[134] OLG Frankfurt NJW-RR 2007, 807 = DNotZ 2007, 469, 470.

[135] S. *H. Müller,* Praktische Fragen, Rn 81.

[136] BayObLG ZMR 2003, 366, 368; OLG Düsseldorf OLG-Report 2005, 148.

[137] Vgl BGHZ 73, 302, 311 = NJW 1979, 2391.

[138] LG Memmingen Rpfleger 1978, 101, 102; MünchKomm-BGB/*Commichau* Rn 12; aA (generell nicht sondereigentumsfähig) KG ZMR 1994, 169; OLG Saarbrücken FGPrax 1997, 56; Staudinger/*Rapp* Rn 25.

[139] Saarländisches OLG ZMR 1997, 31.

[140] OLG Köln WuM 1998, 308.

[141] AG Hannover ZMR 2004, 786; insoweit offenbar aA Riecke/Schmid/*Schneider* Rn 67.

[142] OLG Hamm ZMR 2004, 699, 701 = NZM 2005, 185, 187.

erschließenden Anlagen und Schlüssel. Ein beide Bereiche erschließender Schlüssel (zB kombinierter Hauseingangs- und Wohnungsschlüssel) zählt zum Gemeinschaftseigentum.

100 **Schornstein.** Er steht nach Abs. 2 im Gemeinschaftseigentum.[143]

101 **Schwimmbad.** Dieses kann – ebenso wie eine **Sauna** – zum Gegenstand eines selbstständigen Teileigentumsrechts gemacht werden.[144]

102 **Steckdosen** innerhalb einer Wohnung sind gem. Abs. 1 Sondereigentum.

103 **Spitzboden.** Dieser steht im gemeinschaftlichen Eigentum, wenn er in der Teilungserklärung nicht als Sondereigentum ausgewiesen ist, und zwar selbst wenn er nur über Sondereigentumsflächen erreicht werden kann.[145] Insoweit gilt das zu Balkonen Gesagte entsprechend.

104 **Sprechanlagen** stehen grundsätzlich nach Abs. 2 im Gemeinschaftseigentum. Anders sind freilich die in der Wohnung gelegenen Einrichtungen zu beurteilen. Soweit ihre Funktionsfähigkeit zum Betrieb der Hausanlage nicht erforderlich ist, stehen sie nach Abs. 1 im Sondereigentum.[146]

105 **Tapeten** innerhalb der Wohnung stehen gem. Abs. 1 im Sondereigentum.

106 **Terrasse.** Eine Terrasse, die sich nicht an oder auf dem Gebäude befindet, ist wegen fehlenden **Gebäudebezugs** nicht sondereigentumsfähig.[147] Möglich ist jedoch die Begründung eines Sondernutzungsrechts. Zu weiteren Einzelheiten s. unter Dachterrasse und Balkon.

107 **Thermostatventile.** Sie werden verbreitet als zwingendes **Gemeinschaftseigentum** angesehen.[148] Zur Begründung wird vorgebracht, dass gem. § 7 Abs. 2 Heizungsanlagen-VO[149] eine Verpflichtung zum Einbau solcher Ventile besteht; zudem berührten sie die Heizungsanlage insgesamt. Beides überzeugt nicht: Die **Pflicht** zum Einbau, wie sie etwa teils landesrechtlich auch für Brandmelder besteht, ist iRv Abs. 2 unerheblich, und die **Funktionsfähigkeit** der gesamten Anlage wird durch die in den einzelnen Wohnungen befindlichen Ventile – die ohne Weiteres entfernt werden können – nicht betroffen. Thermostatventile zählen daher ebenso wie die einzelnen Heizkörper, an denen sie sich befinden (s. dort), nach Abs. 1 zum **Sondereigentum.**[150]

108 **Tiefgarage.** Hier ist zu differenzieren: Sowohl die Tiefgarage insgesamt als auch der einzelne Stellplatz (vgl. § 3 Abs. 2 S. 2) sind sondereigentumsfähige Räume.[151] Die **Zu- und Abfahrten** sind ebenso wie die konstruktiven Bestandteile gem. Abs. 2 Gemeinschaftseigentum.[152]

109 **Tragende Mauern und Innenwände** sind gem. Abs. 2 Gemeinschaftseigentum.[153]

110 **Trittschalldämmung.** Jedenfalls dann, wenn sie sich in Geschossdecken befindet, besteht an ihr Gemeinschaftseigentum.[154]

111 **Trennwände:** s. Zwischenwände.

---

143 OLG Frankfurt ZMR 2009, 215, 216.

144 BGHZ 78, 225 = NJW 1981, 455; Weitnauer/*Briesemeister* Rn 27.

145 BayObLG NZM 2001, 384 f.

146 OLG Köln ZMR 2003, 378, 379 f. = NZM 2002, 865.

147 OLG Köln OLGZ 1982, 413; Weitnauer/*Briesemeister* Rn 21; aA MünchKomm-BGB/*Commichau* Rn 23.

148 OLG Hamm ZMR 2001, 839 f.; OLG Stuttgart ZMR 2008, 243; OLG München NZM 2009, 548, 551 = NJW-RR 2008, 1182, 1186; MünchKomm-BGB/*Commichau* § 1 Rn 43; NKV/*Vandenhouten* Rn 38; Riecke/Schmid/*Schneider* Rn 52; *Schmid* ZMR 2008, 862, 863.

149 BGBl. 1994 I, S. 613.

150 So im Erg. auch OLG Köln DWE 1990, 108 f.

151 Eine Zuordnung zu mehreren Einheiten ist nach allg. Regeln (s. § 3 Rn 27 ff.) nicht möglich; BayObLG ZMR 1999, 48.

152 OLG München ZMR 2008, 232, 233.

153 BayObLG NJW-RR 1995, 649, 650; zu § 22 s. BGH NJW 2001, 1212.

154 BayObLG NJW-RR 1994, 598; OLG Hamm ZMR 1997, 193; OLG Düsseldorf ZMR 1999, 726; OLG Frankfurt ZMR 2009, 215, 216.

Treppenhaus.[155] Gem. Abs. 2 steht es im Gemeinschaftseigentum, soweit es mehreren WEern zum Erreichen ihrer Wohnungen dient. Entsprechendes gilt für **Treppengeländer** und sonstiges Zubehör. Das nur eine einzige Wohnung erschließende Treppenhaus ist hingegen sondereigentumsfähig.[156] 112

Türen. Die **Innentüren** innerhalb einer Wohnung stehen gem. Abs. 1 im Sondereigentum.[157] Die **Wohnungsabschlusstüren** sind hingegen ebenso wie Zwischenwände von Räumen des Sonder- und des Gemeinschaftseigentums (s. Rn 121) – mit Rahmen und Schloss – vollständig Gemeinschaftseigentum, da eine vertikale Teilung praktisch nicht möglich ist.[158] Das gilt auch für den Farbanstrich.[159] Den gleichen Regeln unterliegen Balkon- und Terrassentüren.[160] Auch die **Hauseingangstür** steht zwingend im Gemeinschaftseigentum. **Schließanlage:** s. dort. 113

Verbrauchserfassungsgeräte. Solche Geräte, wie Heizkostenverteiler, Wärmemengenzähler oder Wasseruhren, dienen der verbrauchsabhängigen Kostenverteilung; sie weisen damit einen so engen Zusammenhang zum **gemeinschaftlichen Gebrauch** der entsprechenden Versorgungseinrichtungen (Heizungsanlage, Zuleitungsrohre etc.) auf, dass sie – sofern sie nicht dem Versorgungsträger oder einem sonstigen Dritten gehören (§ 1 Abs. 5 aE) – nach Abs. 2 zwingend im **Gemeinschaftseigentum** stehen.[161] Dies gilt unabhängig davon, ob in der WEgem die betreffenden Kosten tatsächlich verbrauchsabhängig abgerechnet werden, da es für Abs. 2 allein auf die Zweckbestimmung der betreffenden Einrichtung ankommt. Anderenfalls würde die sachenrechtliche Zuordnung davon abhängen, ob in der betreffenden WEgem wirksam die verbrauchsabhängige Abrechnung beschlossen worden ist oder nicht.[162] Auch Räume mit zentralen gemeinschaftsbezogenen Zählereinrichtungen stehen im Gemeinschaftseigentum.[163] 114

Versorgungsleitungen, s. Leitungen.

Wände. Nur solche Wände, die sich im Bereich einer Sondereigentumseinheit befinden und die **nicht tragend** sind, können gem. Abs. 1 im Sondereigentum stehen.[164] S. auch Zwischenwände. 115

Wandverkleidungen innerhalb einer Einheit stehen gem. Abs. 1 im Sondereigentum. 116

Warmwasserbehälter. Befinden sie sich innerhalb der Wohnung, dann besteht nach Abs. 1 an ihnen Sondereigentum. 117

Waschküche. Ist sie zur Nutzung durch mehrere oder alle WEer bestimmt, so ist sie nach Abs. 2 zwingend Gemeinschaftseigentum.[165] 118

---

[155] BayObLG DNotZ 1982, 246.

[156] OLG Hamm NJW-RR 1992, 1296.

[157] BayObLG ZMR 2000, 241, 242.

[158] OLG München NJW 2007, 2418 = ZMR 2007, 725; MünchKomm-BGB/*Commichau* § 1 Rn 43; Riecke/Schmid/*Schneider* Rn 76; aA (sofern Wohnungstür nicht für Bestand und Sicherheit erforderlich sei oder dem gemeinschaftlichen Gebrauch diene) OLG Düsseldorf ZMR 2002, 445, 446; Staudinger/*Rapp* Rn 25.

[159] MünchKomm-BGB/*Commichau* Rn 12; Staudinger/*Rapp* Rn 25; aA *H. Müller,* Praktische Fragen, Rn 81.

[160] OLG Karlsruhe NZM 2002, 220; OLG Düsseldorf NZM 2007, 528; OLG München NZM 2007, 369.

[161] So im Erg. auch OLG Hamburg ZMR 1999, 502 (betr. Heizkostenverteiler); ZMR 2004, 291, 293 (betr. Wasserzähler); LG Hamburg ZWE 2010, 141, 142; Riecke/Schmid/*Schneider* Rn 77; *Schmid* ZMR 2008, 862, 863; eingehend *Bielefeld* NZM 1998, 249.

[162] So aber offenbar OLG Hamburg ZMR 2004, 291, 293; wie hier LG Hamburg ZWE 2010, 141, 142.

[163] BGH NJW 1991, 2909; OLG Hamm ZMR 2006, 60, 62; OLG Schleswig ZMR 2006, 886, 887; LG Hamburg ZWE 2010, 141, 142.

[164] MünchKomm-BGB/*Commichau* § 1 Rn 43; vgl. BGHZ 146, 242 = ZMR 2001, 289, 291 (betr. Wanddurchbruch).

[165] OLG Frankfurt ZMR 2009, 215, 216.

119 **Wintergarten.** Ein Wintergarten ist Bestandteil des Gesamtgebäudes; sein Dach zählt damit als **konstruktives Element** zwingend zum Gemeinschaftseigentum.[166] Dasselbe muss für die Seitenverglasungen gelten.

120 **Zwischenwände zweier Räume einer Sondereigentumseinheit.** Soweit es sich um **nicht tragende** Wände handelt, stehen diese nach Abs. 1 im Sondereigentum. Sind sie **tragend,** besteht an ihnen Gemeinschaftseigentum.[167]

121 **Zwischenwände von Räumen des Sonder- und solchen des Gemeinschaftseigentums** (z. B. zwischen Wohnung und Treppenhaus) fallen unter Abs. 2 und sind daher stets Gemeinschaftseigentum.[168] Dasselbe gilt für die Trennwand zum Nachbarhaus.[169]

122 **Zwischenwände zweier benachbarter Wohnungen.** Für nichttragende Wände zwischen den Wohnungen verschiedener WEer ist mit dem BGH[170] und der überwiegenden Auffassung[171] ausnahmsweise ein **Mitsondereigentum** (Nachbareigentum) der benachbarten WEer anzuerkennen. Zum Mitsonder- und Sondermiteigentum im Allgemeinen s. § 3 Rn 27 ff.

VI. Vereinbartes Gemeinschaftseigentum (Abs. 3)

123 Abs. 3 gestattet es den WEern, solche Bestandteile, die nach Abs. 1 und 2 dem Sondereigentum angehören, zum gemeinschaftlichen Eigentum zu erklären. Damit wird es den Eigentümern ermöglicht, eine von ihnen im Einzelfall als unpassend angesehene gesetzliche Zuordnung zum Sondereigentum abzuändern. Erforderlich ist nach Abs. 3 eine **Vereinbarung.** Diese darf jedoch nicht mit der in Abs. 4 S. 1 geregelten Vereinbarung verwechselt werden. Letztere bezieht sich auf den **Inhalt** des Sondereigentums. Bei der Zuordnung zum Gemeinschafts- oder Sondereigentum nach Abs. 3 geht es hingegen um den **Gegenstand** des Sondereigentums. Aus dieser Gegenüberstellung folgt, dass die Vereinbarung nach Abs. 3 den allgemeinen Regeln zur **Umwandlung von Sonder- in Gemeinschaftseigentum** unterfällt. Die in § 4 Abs. 1 und 2 vorgesehene Form der Auflassung muss deshalb eingehalten werden. Aufgrund des dargelegten Unterschieds zwischen dinglicher Einigung und Vereinbarung nach Abs. 4 lässt sich Abs. 3 nicht die Aussage entnehmen, für die dort zugelassene Zuordnung zum Gemeinschaftseigentum seien sowohl eine Vereinbarung als auch ein dingliches Rechtsgeschäft erforderlich.[172] Vielmehr ist das Vorgehen nach § 4 Abs. 1 und 2 erforderlich und zugleich ausreichend.

124 Die Vorschrift bezieht **Räume** nicht in ihren Anwendungsbereich ein. Entgegen einer teils vertretenen Auffassung[173] ist ihre Einbeziehung auch nicht angezeigt.[174] Dies folgt aus dem Zweck des Abs. 3. Diese Norm soll den WEern die Befugnis verleihen, eine gesetzliche Zuordnung zum Sondereigentum zu korrigieren. Da es eine gesetzliche Zuweisung von Sondereigentum an Räumen nicht gibt, kann für diese ein vergleichbares Korrekturbedürfnis nicht entstehen. Die Befugnis zur Umwandlung von Sondereigentum in Gemeinschaftseigentum an Räumen ergibt sich vielmehr unmittelbar aus **§ 4 Abs. 1** (s. dazu § 4 Rn 9).

---

[166] OLG Düsseldorf OLG-Report 2005, 148.
[167] BayObLG NJW-RR 1995, 649, 650.
[168] OLG Frankfurt ZMR 2009, 215, 216.
[169] OLG Frankfurt ZMR 2009, 215, 216.
[170] BGHZ 146, 241, 248 = NJW 2001, 1212.
[171] Erman/*Grziwotz* § 6 Rn 8; Staudinger/*Rapp* Rn 61; insoweit nicht differenzierend OLG Frankfurt ZMR 2009, 215, 216.
[172] Jennißen/*Grziwotz* Rn 34; aA 9. Aufl Rn 13.
[173] RGRK-BGB/*Augustin* § 5 Rn 33; NK-BGB/*Heinemann* § 5 WEG Rn 14.
[174] Staudinger/*Rapp* Rn 45; so jetzt auch NKV/*Vandenhouten* Rn 47.

VII. Inhalt des Sondereigentums (Abs. 4)

1. Vereinbarung gem. Abs. 4 S. 1

125 **a) Rechtsnatur.** Sondereigentum ist „echtes Eigentum".[175] Dennoch unterscheidet es sich vom gewöhnlichen Alleineigentum des BGB. Dieses ist einer privatautonomen inhaltlichen Ausgestaltung nicht zugänglich. Davon weicht das WEG in den Abs. 4 S. 1 iVm § 10 Abs. 3 für das Sondereigentum ab. Angesichts des besonders intensiven nachbarschaftlichen Verhältnisses der WEer hat es der Gesetzgeber für sinnvoll erachtet, ihnen die Rechtsmacht einzuräumen, den **dinglichen Inhalt des Sondereigentums** und damit des WEs den jeweiligen Bedürfnissen anzupassen. Er hat den WEern deshalb die Befugnis verliehen, mit einer im Grundbuch eintragungsfähigen Vereinbarung die aus dem Sondereigentum folgenden gesetzlichen Befugnisse (vgl. § 13 Abs. 1) zu konkretisieren und zu modifizieren. Diese Sichtweise entspricht der heute überwiegenden vertretenen Theorie vom (Sonder-)Eigentum mit vereinbartem Inhalt (näher dazu § 10 Rn 115 ff.). Derartige Vereinbarungen verkörpern **keine Belastungen** des Sondereigentums. Einen Rang haben sie deshalb nicht. In systematischer Hinsicht weicht die in Abs. 4 iVm § 10 Abs. 3 getroffene Regelung von § 1010 Abs. 1 BGB ab; sie ist mit derjenigen in § 2 ErbbauRG vergleichbar.

126 **b) Zustandekommen.** Der Abschluss einer Vereinbarung richtet sich nach § 10 Abs. 2 S. 2. Erforderlich ist eine **Zustimmung aller WEer.** Die Formvorschriften des § 4 Abs. 1 und 2 finden auf den Abschluss einer Vereinbarung iSv §§ 5 Abs. 4 S. 1, 10 Abs. 3 keine Anwendung. Den Inhalt des Sondereigentums gestaltet sie nur dann aus, wenn sie auf Grund ihrer Eintragung im Grundbuch ggü. Sondernachfolgern wirkt. Wegen Einzelheiten zum Zustandekommen und zu den inhaltlichen Anforderungen an eine Vereinbarung s. § 10 Rn 66 ff. Die vom **Alleineigentümer** nach §§ 8 Abs. 2 S. 1, 5 Abs. 4 S. 1 getroffenen und im Grundbuch eingetragenen Bestimmungen über das Verhältnis der WEer untereinander stehen einer Vereinbarung iSv Abs. 4 S. 1 gleich.

2. Erfordernis der Zustimmung dinglich Berechtigter (Abs. 4 S. 2, 3)

127 **a) Entstehungsgeschichte.** Abs. 4 S. 2, 3 sind durch die WEG-Novelle von 2007 eingefügt worden. Die Neuregelung betrifft das Erfordernis der Zustimmung dinglich Berechtigter zu (verdinglichten) Vereinbarungen der WEer. Nach altem Recht konnte eine Vereinbarung nur dann ins Grundbuch eingetragen werden, wenn die Inhaber dinglicher Rechte der dadurch bewirkten Inhaltsänderung des WEs analog §§ 877, 876 BGB zugestimmt hatten und dies dem Grundbuchamt in der Form des § 29 GBO nachgewiesen war.[176] Eine Zustimmung war nur dann entbehrlich, wenn jede rechtliche **Benachteiligung ausgeschlossen** werden konnte.[177] Letzteres lässt sich aber nur in den wenigsten Fällen mit hinreichender Gewissheit feststellen. In der Praxis war man deshalb sicherheitshalber dazu übergegangen, routinemäßig die Zustimmung jedes dinglich Berechtigten einzuholen. Insbesondere bei größeren Wohnungseigentumsanlagen führte dies zu einem sehr zeit- und kostenaufwändigen Verfahren. Da es nicht darauf ankam, ob die Vereinbarung sich auch in wirtschaftlicher Hinsicht nachteilig auf das Haftungsobjekt auswirkt, verfügten die Inhaber dinglicher Rechte über eine Machtstellung, die über ihre schutzwürdigen Interessen hinausging.[178]

128 Da das formelle Konsensprinzip des Grundbuchrechts einer auf wirtschaftliche Folgen abstellenden Betrachtung entgegensteht, hat der Gesetzgeber auf andere Weise Abhilfe

---

[175] S. nur *Merle,* System, S. 70.
[176] BGHZ 91, 343, 345 = NJW 1984, 2409.
[177] BGHZ 91, 343, 345 = NJW 1984, 2409.
[178] Vgl. auch BT-Drucks. 16/887, S. 14.

geschaffen: Er greift diejenigen Fälle der rechtlichen Betroffenheit heraus, die sich nach seiner Einschätzung **typischerweise besonders negativ** auf den wirtschaftlichen Wert des Belastungsobjekts auswirken, und beschränkt das Zustimmungserfordernis auf sie. Für diese typisierende Betrachtung ist die Erwägung maßgeblich, dass der Wert des WEs sich vor allem nach der **Größe der nutzbaren Fläche** richtet. Daraus folgert der Gesetzgeber, dass die Zustimmung von Grundpfandgläubigern dann erforderlich ist, wenn durch die Vereinbarung jene Fläche verkleinert oder der bisherigen Nutzung entzogen wird. Hiermit ist die Begründung oder Aufhebung von **Sondernutzungsrechten** angesprochen.

129 **b) Anwendungsbereich. aa) Grundpfandrechte; Reallasten.** Aus dem Vorstehenden erklärt sich **Abs. 4 S. 2.** Danach ist die Zustimmung des Inhabers einer **Hypothek, Grund- oder Rentenschuld** oder einer **Reallast** nur noch dann erforderlich, wenn ein **Sondernutzungsrecht** begründet oder ein mit dem Wohnungseigentum verbundenes Sondernutzungsrecht aufgehoben, geändert oder übertragen wird. Zusätzliche Voraussetzung ist freilich weiterhin, dass eine rechtliche Benachteiligung des Haftungsobjekts nicht ausgeschlossen werden kann. Abs. 4 S. 2 bezweckt nämlich eine **Einschränkung** des Zustimmungserfordernisses und keine Erweiterung.[179] Praktisch wird die Neuregelung jenes Erfordernis freilich in den nunmehr vom Gesetz aufgeführten, auf ein Sondernutzungsrecht bezogenen Fällen nur selten entfallen lassen, da insoweit ein rechtlicher Nachteil typischerweise zu bejahen ist.

130 Seine wesentliche Bedeutung gewinnt Abs. 4 S. 2 dadurch, dass nunmehr in allen **anderen Fällen** einer Vereinbarung der WEer die Zustimmung der Grundpfandgläubiger oder Inhaber einer Rentenschuld oder Reallast ungeachtet eines damit verbundenen Nachteils **entbehrlich** ist. Damit kehrt sich die bisher geltende Regel um; Vereinbarungen können jetzt grds. ohne jene Zustimmung zum Inhalt des Sondereigentums gemacht werden. Dies ist praktisch vor allem für durch Vereinbarung getroffene **Gebrauchsregelungen** bedeutsam.

131 **bb) Andere dingliche Rechte.** Für die **übrigen dinglichen Rechte** bleibt es bei der bisherigen Rechtslage. Sie werden von der Neuregelung nicht erfasst. Der Reformgesetzgeber führt hierzu aus, dass der Inhaber einer **Dienstbarkeit** (Grunddienstbarkeit, beschränkte persönliche Dienstbarkeit, Nießbrauch, Wohnungsrecht, Dauerwohn- oder Dauernutzungsrecht) im Vergleich zum Grundpfandgläubiger typischerweise ein stärkeres Interesse daran habe, auf welche Weise die Wohnung genutzt werden kann. Es sei nicht möglich, eine generalisierende gesetzgeberische Entscheidung darüber zu treffen, welche Vereinbarungen schädlich oder unschädlich seien.[180] Der Gesetzgeber mag hierbei im Blick gehabt haben, dass es nicht das Zustimmungserfordernis der Dienstbarkeitsberechtigten war, das die Probleme in der Praxis hervorrief, sondern dasjenige der Grundpfandgläubiger.

132 **cc) Vormerkung.** Das Gesetz enthält keine Regelung darüber, ob Abs. 4 S. 2 auch für **Vormerkungsberechtigte** gilt. Dabei geht es darum, ob die Zustimmung derjenigen Personen erforderlich ist, denen eine Vormerkung zur Sicherung eines Anspruchs auf Einräumung eines der in Abs. 4 S. 2 aufgeführten Rechte zusteht. Der Reformgesetzgeber[181] verweist darauf, dass die Vormerkung auch in den §§ 877, 876 BGB nicht genannt werde. Er hat es weiterhin der Rspr. überlassen zu entscheiden, ob die §§ 877, 876 BGB, 5 Abs. 4 S. 2 und 3 auch für den Vormerkungsberechtigten gelten sollen. Nach der überzeugenden ganz überwiegenden Auffassung in Rspr.[182] und Literatur[183] sind die §§ 877, 876 BGB auf einen Vormerkungsberechtigten **analog** anzuwenden. Es ist daher

---

179 *Hügel*/Elzer § 1 Rn 8.
180 BT-Drucks. 16/887, S. 16.
181 BT-Drucks. 16/887, S. 16.
182 BT-Drucks. 16/887, S. 15.
183 S. nur MünchKomm-BGB/*Kohler* § 876 Rn 3.

konsequent, dass auch Vormerkungen von Abs. 4 S. 2 (und im Übrigen auch von S. 3) erfasst werden.

c) Ausnahme vom Zustimmungserfordernis (Abs. 4 S. 3). Nach Abs. 4 S. 3 ist die Zustimmung des Grundpfandgläubigers oder des Inhabers einer Reallast abweichend von S. 2 dann **nicht erforderlich,** wenn die Vereinbarung nicht nur ein Sondernutzungsrecht zugunsten einer anderen Einheit begründet, sondern gleichzeitig das belastete WE mit einem Sondernutzungsrecht verbindet. Dabei müssen die Sondernutzungsrechte nicht **gleichartig** (zB nur Kfz-Stellplätze), sondern können auch verschiedenartig sein (zB Kfz-Stellplatz; Abstellraum).[184] Das Gesetz sieht insofern keine Einschränkung vor; und die Wertverhältnisse können auch bei gleichartigen Sondernutzungsrechten differieren. Die Ausnahmevorschrift des Abs. 4 S. 3 greift nur bei der Begründung, nicht aber auch bei der **Aufhebung** und **Neuverteilung** von Sondernutzungsrechten ein.[185] Zudem ist die Norm nicht analog auf die Umwandlung von **Gemeinschafts- in Sondereigentum** anwendbar, da hierdurch einem WEer GemE entzogen wird.[186] 133

Die Regelung in Abs. 4 S. 3 widerspricht auf den ersten Blick dem Ausgangspunkt des Gesetzgebers, wonach eine Zustimmung des Grundpfandgläubigers immer dann erforderlich sein soll, wenn die Vereinbarung eine bestimmte Fläche der gemeinsamen Nutzung entzieht oder das Recht zur alleinigen Nutzung derselben aufhebt (s. Rn 128). Der Gesetzgeber geht aber davon aus, dass dann, wenn auch dem belasteten Objekt ein Sondernutzungsrecht zugewiesen wird, die Vereinbarung typischerweise **keine messbare Wertminderung** des Belastungsobjekts bewirkt. Dabei hat er das Beispiel vor Augen, dass jedem WEer auf der gemeinschaftlichen Hoffläche ein Sondernutzungsrecht für einen Kfz-Stellplatz eingeräumt werden soll.[187] Verfügt in einem solchen Fall jede Wohnung künftig über einen eigenen Parkplatz, dann ist – so die hinter S. 3 stehende Wertung – die gleichzeitig eintretende Verkürzung des Rechts zum gemeinschaftlichen Gebrauch in wirtschaftlicher Hinsicht zu vernachlässigen.[188] 134

Aus dieser Regelung kann sich freilich ein **Risiko** für Grundpfandgläubiger ergeben.[189] Es rührt daher, dass der Gesetzgeber darauf verzichtet hat, ein bestimmtes **Größenverhältnis** der jeweils zugewiesenen Sondernutzungsrechte anzugeben. Die Erwägung, dass eine gleichzeitige Zuweisung eines Sondernutzungsrechts regelmäßig zu keiner erheblichen Wertminderung des Belastungsgegenstandes führen wird, trifft dann nicht zu, wenn der belasteten Einheit im Gegenzug nur ein **sehr kleiner Bereich** zugewiesen wird. Beispiel: Dem TE mit einem größeren Ladengeschäft wird anstelle des Mitgebrauchs der gesamten Hoffläche nur ein einziger Parkplatz zugewiesen.[190] 135

Es fragt sich deshalb, ob Abs. 4 S. 3 in dem Sinne **teleologisch zu reduzieren** ist, dass zumindest das Wertverhältnis der jeweils zugewiesenen Sondernutzungsrechte nahezu ausgewogen sein muss. Dagegen spricht aber schon, dass man bei dieser Auslegung das Zustimmungserfordernis gleichsam durch die „Hintertür“ von einer wirtschaftlichen Betrachtung abhängig machen würde.[191] Zudem ist die praktische Bedeutung des Problems gering. Typischerweise wird schon der Eigentümer einer solchen auch für ihn nachteiligen Verein- 136

---

[184] OLG München ZMR 2009, 870, 871; *Böhringer/Hintzen* Rpfleger 2007, 353, 356; *Hügel*/Elzer § 1 Rn 21; aA NKV/*Vandenhouten* § 5 Rn 58; Palandt/*Bassenge* Rn 12; wohl auch OLG Düsseldorf FD-MietR 2010, 297 403.

[185] OLG München ZMR 2009, 870, 871.

[186] OLG Düsseldorf FD-MietR 2010, 297 403.

[187] BT-Drucks. 16/887, S. 15; Fall von BGHZ 91, 343 = DNotZ 1984, 695 m. Anm. *F. Schmidt.*

[188] BT-Drucks. 16/887, S. 15.

[189] S. dazu auch *Hügel* DNotZ 2007, 326, 351 f. (ohne eigene Stellungnahme).

[190] *Abramenko,* Das neue WEG, § 1 Rn 10.

[191] OLG München ZMR 2009, 870, 871. Im Erg. gegen Prüfungspflicht des Grundbuchamts hinsichtlich der Gleichwertigkeit daher *Böhringer* Rpfleger 2007, 353, 356; tendenziell aA unter Hinweis auf Umgehungsgefahren Riecke/Schmid/*Schneider* Rn 106.

barung nicht zustimmen. Anders kann es freilich sein, wenn die Vereinbarung – etwa bei bevorstehender Insolvenz einer Gesellschaft – gerade darauf gerichtet ist, den Grundpfandgläubiger zu schädigen. Hier bieten jedoch die §§ 3ff. AnfG, §§ 129ff. InsO und § 138 Abs. 1 BGB einigen Schutz.[192] Eine analoge Anwendung von Abs. 4 S. 3 auf die Umwandlung von Gemeinschafts- in Sondereigentum ist mangels Vergleichbarkeit abzulehnen.[193]

137 **d) Abdingbarkeit von Abs. 4 S. 2 und 3.** Für die Gestaltungspraxis stellt sich die Frage, ob die Neuregelungen in Abs. 4 S. 2 und 3 **abdingbar** sind, um die Beleihbarkeit des WEs zu erhöhen. Auch der Gesetzgeber räumt ein, dass die Einschränkung des Zustimmungserfordernisses den Inhabern von Grundpfandrechten nachteilig sein kann.[194] Die Grundpfandgläubiger können daher ein Interesse daran haben, die Anwendung der Abs. 4 S. 2 und 3 WEG auszuschließen. In Betracht kommt daher, dass etwa der teilende Bauträger in die von ihm aufgestellte Gemeinschaftsordnung eine Regelung aufnimmt, derzufolge sich die Zustimmungspflicht von Grundpfandgläubigern ausschließlich nach den §§ 877, 876 BGB richtet. Gegen eine derartige Gestaltung spricht aber bereits, dass der Reformgesetzgeber davon ausging, dem Grundpfandgläubiger seien diese Nachteile bei „einer Abwägung (...) mit dem öffentlichen Interesse an einem praktikablen Verfahren" zumutbar.[195] Ein derartiges öffentliches Interesse steht jedoch nicht zur Disposition der Beteiligten. Überdies können in die Gemeinschaftsordnung nur solche Bestimmungen aufgenommen werden, die das Verhältnis der WEer untereinander betreffen. Abs. 4 S. 2 und 3 regeln jedoch in erster Linie das Verhältnis zu Grundpfandgläubigern und damit zu Dritten.[196] Ein umfassender Zustimmungsvorbehalt kann daher lediglich auf **schuldrechtlichem** Wege vereinbart werden.[197]

138 Eine andere Lösung zur Absicherung von Grundpfandgläubigern bestünde darin, ihnen neben dem Grundpfandrecht eine (den Eigentümer kaum belastende) **Dienstbarkeit** einzuräumen. Für diese gelten Abs. 4 S. 2 und 3 nicht. Es erscheint aber zweifelhaft, ob sich ein WEer hierauf einlassen wird.[198] Jedenfalls in Allgemeinen Geschäftsbedingungen erscheint eine entsprechende Verpflichtung als unangemessen.

139 Für die Zustimmung gilt anders als hinsichtlich der Änderung des Inhalts des Sondereigentums (s. § 5 Abs. 4 S. 2) keine besondere Erleichterung. Allerdings sind die landesrechtlichen Vorschriften über **Unschädlichkeitszeugnisse** (s. Art. 120 EGBGB, **Beispiele:** Art. 1 S. 1 BayUnschG; § 35 Hbg. AGBGB;[199] s. auch § 2 Rn 124) analog auf WE anwendbar. Dies gilt etwa für die Begründung eines Sondernutzungsrechts[200] (insoweit ist freilich § 5 Abs. 4 S. 2 zu beachten) ebenso wie für die Umwandlung von Gemeinschafts- in Sondereigentum und umgekehrt.[201] Entsprechendes gilt auch für die **Verkleinerung** des Miteigentumsanteils.[202]

§ 6 Unselbständigkeit des Sondereigentums

(1) **Das Sondereigentum kann ohne den Miteigentumsanteil, zu dem es gehört, nicht veräußert oder belastet werden.**

(2) **Rechte an dem Miteigentumsanteil erstrecken sich auf das zu ihm gehörende Sondereigentum.**

---

[192] Vgl *Abramenko,* Das neue WEG, § 1 Rn 12.
[193] OLG Düsseldorf ZWE 2010, 93, 95.
[194] BT-Drucks. 16/887, S. 16.
[195] BT-Drucks. 16/887, S. 16.
[196] S. etwa *Abramenko,* Das neue WEG, § 1 Rn 14.
[197] Zust. *Langhein* notar 2009, 206, 207.
[198] Näher dazu *Abramenko,* Das neue WEG, § 1 Rn 15.
[199] S. dazu OLG Hamburg ZMR 2002, 619, 620.
[200] BayObLG MittBayNot 1988, 75; WuM 1993, 689; OLG Hamburg ZMR 2002, 619, 620.
[201] OLG Hamburg ZMR 2002, 619, 620.
[202] BayObLG WuM 1993, 689.

Übersicht

Literatur: *Böttcher,* Veränderungen beim Wohnungseigentum, BWNotZ 1996, 80; *Röll,* Veräußerung und Zuerwerb von Teilflächen bei Eigentumswohnanlagen, Rpfleger 1990, 277; *Tasche,* Kellertausch unter Wohnungseigentümern und verwandte Probleme, DNotZ 1972, 710; *Weikart,* Bestandsänderungen von Sondereigentumsgrundstücken, NotBZ 1997, 89.

I. Normzweck

In § 6 wird die **untrennbare Verbindung von Miteigentumsanteil und Sondereigentum,** wie sie das WE kennzeichnet, besonders deutlich.[1] Sondereigentum kann, ohne dass es mit einem Miteigentumsanteil am Grundstück verbunden ist, nicht existieren.[2] Daraus folgt, dass auch Veräußerung, Belastung, Verpfändung und Pfändung von **Sondereigentum** allein nicht vorgenommen werden können. Umgekehrt ist auch eine Übertragung des **Miteigentums,** die den Übergang des Sondereigentums ausschließt, unwirksam.[3] 1

Bei § 6 handelt es sich um **zwingendes Recht.** Wird dagegen verstoßen, so ist die Verfügung absolut unwirksam. 2

II. Abs. 1

1. Anwendungsbereich

Abs. 1 ist die Aussage zu entnehmen, dass eine (rechtsgeschäftliche) Verfügung nicht zu **isoliertem** Sonder- oder Miteigentum führen darf.[4] Die Vorschrift gilt während des gesamten Zeitraums, in dem WE besteht. Miteigentum iSv Abs. 1 meint den Anteil am Grundstück. Die Vorschrift untersagt es deshalb nicht, dass an WE eine Bruchteilsgemeinschaft besteht[5] und allein der sich hieraus ergebende Anteil veräußert wird. Bei dieser gemeinschaftlichen Berechtigung am WE handelt es sich auch nicht um unzulässiges Sondermit- oder Mitsondereigentum (s. dazu § 3 Rn 27 ff.). 3

2. Gesamtwirkung einer Verfügung über WE als Ganzes

Wird über das WE als Ganzes verfügt, so bezieht sich dies auf **sämtliche Teilrechte** in ihrer Verbundenheit. Damit ist es freilich nicht ausgeschlossen, dass auch die Teilrechte (Sondereigentum und Miteigentumsanteil/Gemeinschaftseigentum) Gegenstand einer das sachenrechtliche Grundverhältnis ändernden Verfügung sein können. Maßgebend ist für 4

[1] Vgl die Begründung zum RegierungsE des WEG: BR-Drucks. 75/51.
[2] Vgl BayObLGZ 1984, 10 = DNotZ 1984, 381.
[3] BayObLGZ 1984, 10 = DNotZ 1984, 381.
[4] S. nur Staudinger/*Rapp* Rn 2.
[5] Dazu OLG Neustadt NJW 1960, 295 m. Anm. *Bärmann.*

ihre Zulässigkeit unter dem Gesichtspunkt des Abs. 1, dass die Verfügung nicht zu einem **isolierten Miteigentumsanteil** oder zu **isoliertem Sondereigentum** führt (Rn 3).

5 Abs. 1 steht insbesondere nicht der **Umwandlung von Gemeinschaftseigentum in Sondereigentum** oder umgekehrt entgegen. Bei diesem Vorgang handelt es sich um nichts anderes als die nachträgliche Einräumung von Sondereigentum oder um seine Aufhebung (§ 4 Abs. 1). Abs. 1 steht dem nur dann entgegen, wenn das gesamte Sondereigentum eines Miteigentumsanteils in Gemeinschaftseigentum überführt werden soll.

III. Ausnahmen zu Abs. 1

1. Isolierte Neuzuteilung von Sondereigentum

6 **a) Grundregeln.** Eine Ausnahme von Abs. 1 ist für den Fall anzunehmen, dass zwei WEer eine **Neuzuteilung von Sondereigentum** vornehmen, ohne gleichzeitig die Miteigentumsanteile zu verändern (s. bereits § 2 Rn 116 ff.).[6] Zwar wird dieser Vorgang durchaus vom Wortlaut des Abs. 1 erfasst. Der Schutzzweck dieser Vorschrift ist jedoch nicht berührt, da typischerweise kein isoliertes Sondereigentum entsteht. Dies wäre nur bei der Veräußerung von Sondereigentum an einen nicht zur Gemeinschaft gehörenden Dritten oder dann der Fall, wenn beim abgebenden WEer überhaupt kein Sondereigentum verbleibt.[7] Die Vorschrift ist damit in den übrigen Fällen **teleologisch zu reduzieren.**

7 Auch der vollständige **Austausch**[8] des jeweiligen Sondereigentums zwischen zwei WEern ist analog § 4 Abs. 1 ohne gleichzeitige Änderung der Miteigentumsanteile möglich.[9] Es handelt sich dabei um einen Unterfall der Neuzuteilung von Sondereigentum.

8 **b) Abgrenzungen.** Die Neuzuteilung von Sondereigentum ist von folgenden Fallgestaltungen abzugrenzen:

9 **aa)** Für den **Tausch von Sonder- gegen Gemeinschaftseigentum** (z. B. bei Kellerräumen) gelten die allgemeinen Regeln für die Umwandlung von Gemeinschafts- in Sondereigentum und umgekehrt (s. dazu § 2 Rn 91 f.).[10] Die WEer müssen also nach § 4 vorgehen. Als Folge einer Neuzuweisung von Sondereigentum kann – insbesondere mit Blick auf die Kostentragung – eine Veränderung der Miteigentumsanteile angezeigt sein. Diese ist zulässig. Häufig wird freilich die Anpassung des in der Gemeinschaftsordnung festgelegten Kostenverteilungsschlüssels ausreichen. Zum (an strenge Anforderungen gebundenen) Anspruch eines WEers auf Änderung der Miteigentumsanteile s. § 2 Rn 86, 125 f.

10 **bb)** Wird die **tatsächliche Verbindung** von Bestandteilen, die im Sondereigentum stehen, mit dem Gebäude gelöst, so können diese selbstständig veräußert werden. Dabei handelt es sich freilich nicht um eine Ausnahme zu Abs. 1. Vielmehr entfallen durch die Trennung der Bestandteile vom Gebäude die Voraussetzungen des § 5 Abs. 1, so dass iErg an dem betreffenden Bestandteil gewöhnliches Alleineigentum entsteht.

2. Isolierte Korrektur der Miteigentumsanteile

11 Die isolierte **Korrektur der Miteigentumsanteile** (Quotenänderung) ist durch Auflassung unter den beteiligten WEern gem. §§ 873, 925 BGB zulässig (s. dazu § 2 Rn 85).[11]

---

[6] OLG Celle Rpfleger 1974, 267 = DNotZ 1975, 42; BayObLGZ 1984, 10 = DNotZ 1984, 381; OLG Zweibrücken ZMR 2001, 663; *Merle,* System, S. 190; Staudinger/*Rapp* Rn 16 ff.; Weitnauer/*Briesemeister* Rn 4.

[7] Vgl OLG Celle Rpfleger 1974, 267 = DNotZ 1975, 42.

[8] Dazu grdl. *Tasche* DNotZ 1972, 710; ihm folgend OLG Celle Rpfleger 1974, 267 = DNotZ 1975, 42.

[9] BayObLGZ 1984, 10 = DNotZ 1984, 381.

[10] Vgl. Staudinger/*Rapp* Rn 22.

[11] BGH NJW 1976, 1976; BayObLG NJW 1958, 2116; *Demharter* Anh § 3 Rn 87; *Schöner/Stöber* Rn 2971; s. auch *Merle,* System, S. 186 ff., 190, der allerdings §§ 877, 873 BGB für einschlägig erachtet.

Für den Alleineigentümer gilt § 8 Abs. 1 analog. In diesen Fällen droht nicht die Entstehung isolierten Sonder- oder Miteigentums, so dass Abs. 1 teleologisch zu reduzieren ist.

Aus § 6 ergibt sich nichts darüber, in welchem **Verhältnis** die Miteigentumsanteile zueinander stehen müssen. Diese unterliegt grds. der freien Gestaltung der WEer (näher dazu § 3 Rn 38 f.).[12] 12

Gesamtbelastungen des Grundstücks, insbesondere Gesamtgrundpfandrechte, werden von der isolierten Korrektur der Miteigentumsanteile nicht berührt.[13] Bei **Einzelbelastungen** bedarf hingegen eine **Verkleinerung** eines Miteigentumsanteils der Zustimmung von Grundpfandgläubigern des betroffenen WEs.[14] Bei einer **Vergrößerung** des Miteigentumsanteils erstrecken sich bestehende Belastungen **kraft Gesetzes** auf den hinzukommenden Miteigentumsanteil (s. auch § 2 Rn 90).[15] Wenn man mit der Gegenansicht eine **Neuverpfändung** für erforderlich hält,[16] ergibt sich im Ergebnis nichts anderes, da in der Einigung über die Quotenänderung konkludent auch die Pfandunterstellung liegt.[17] 13

3. Isolierter Miteigentumsanteil

S. dazu § 2 Rn 58 ff. 14

IV. Erstreckung von Rechten am Miteigentumsanteil (Abs. 2)

Nach Abs. 2 **erstrecken** sich Rechte am Miteigentumsanteil auf das zu ihm gehörende Sondereigentum. Aus einer Belastung des Miteigentums folgt mithin gleichzeitig eine Belastung des Sondereigentums. Ein Nießbrauch, der auf dem WE lastet, erstreckt sich mithin nach Abs. 2 auf das Sondereigentum.[18] 15

Die Ansprüche auf Grund einer **Verschlechterung** des WEs gem. §§ 1133–1135 BGB stehen dem Gläubiger auch ggü dem WEer zu, und zwar sowohl bei Gesamt- als auch bei Einzelbelastung. 16

V. Weitere Einzelheiten

1. Gutglaubensschutz in Bezug auf einzelne Elemente

§ 6 stellt klar, dass über das Sondereigentum allein ohne den Miteigentumsanteil nicht verfügt werden kann. Damit wird jeder **gutgläubige Erwerb von bloßem Sondereigentum** ohne Miteigentumsanteil ausgeschlossen. Nach dem Inhalt des Grundbuchs ist der Miteigentumsanteil mit dem Sondereigentum verbunden; ein gutgläubiger Erwerb ist also grds. nur in Bezug auf das hierdurch verlautbarte WE möglich. Soweit jedoch eine isolierte Veräußerung von Sondereigentum zulässig ist, kommt auch insoweit gutgläubiger Erwerb in Betracht. 17

Entsprechendes gilt für die **Miteigentumsanteile.** 18

---

[12] BGH NJW 1976, 1976. Zu Grenzen s. *Diester* NJW 1971, 1157; *Röll,* Teilungserklärung, S. 16 f.

[13] LG München DWE 1984, 91, 92.

[14] BayObLG NJW-RR 1993, 1043; LG Bremen Rpfleger 1985, 106; abweichend *F. Schmidt* MittBayNot 1985, 237, 244 und *Streblow* MittRhNotK 1987, 141, 151 (Zustimmungserfordernis gem. § 875 BGB); *Streuer* Rpfleger 1992, 181, 183 (Zustimmungserfordernis wegen Erlöschens kraft Gesetzes). Zur Frage der Sittenwidrigkeit bei der Festlegung der Miteigentumsanteile durch den teilenden Grundstückseigentümer s. BayObLGZ 1998, 199 = NZM 1999, 31.

[15] LG Wiesbaden Rpfleger 2004, 350; *Böttcher* Rpfleger 2005, 648, 655; *Streuer* Rpfleger 1992, 181, 183 f.; s. auch LG Köln RNotZ 2002, 336 = Rpfleger 2002, 566.

[16] OLG Hamm Rpfleger 1986, 374, 375; BayObLG NJW-RR 1993, 1043 = Rpfleger 1993, 444; *Demharter* Anh § 3 Rn 88.

[17] OLG Hamm NZM 1999, 82 = ZMR 1999, 197; Riecke/Schmid/*Schneider* Rn 8.

[18] BGH NJW 2002, 1648; *Armbrüster* DNotZ 1999, 562, 563; Weitnauer/*Briesemeister* Rn 5.

19 Dem gutgläubigen Erwerb eines Rechtes an einer im **Gemeinschaftseigentum** stehenden Sache durch Verfügung eines einzelnen WEers steht der öffentliche Glaube des Grundbuchs entgegen. Anderes kann nur gelten im Falle der Trennung einer Sache von gemeinschaftlichen Sachen, insbesondere eines Zubehörstückes. Regelmäßig wird es sich dabei allerdings um abhanden gekommene Sachen iSv § 935 Abs. 1 BGB handeln, weil der (unmittelbare) Mitbesitz der übrigen WEer gebrochen wird (s. zum Eigentums- und Besitzschutz § 1 Rn 182 ff., 198 ff.).[19]

2. Vermietetes Sondereigentum

20 S. dazu § 1 Rn 219 ff. Da WE wie Eigentum zu behandeln ist, gelten auch § 566 BGB und die §§ 57 a, b ZVG.

3. Verhältnis zu § 11

21 § 6 regelt die **Untrennbarkeit** von Sonder- und Miteigentum, § 11 hingegen die **Unauflösbarkeit** der WEgem. Die beiden Bestimmungen betreffen also zwei Aspekte derselben Thematik, nämlich die sachenrechtliche und die gemeinschaftsrechtliche Seite.

4. Beendigung der Untrennbarkeit

22 Die Untrennbarkeit wird nur und erst durch **Aufhebung** des WEs beendet; s. dazu § 9 Rn 8 ff.

§ 7 Grundbuchvorschriften

(1) [1]**Im Falle des § 3 Abs. 1 wird für jeden Miteigentumsanteil von Amts wegen ein besonderes Grundbuchblatt (Wohnungsgrundbuch, Teileigentumsgrundbuch) angelegt. [2]Auf diesem ist das zu dem Miteigentumsanteil gehörende Sondereigentum und als Beschränkung des Miteigentums die Einräumung der zu den anderen Miteigentumsanteilen gehörenden Sondereigentumsrechte einzutragen. [3]Das Grundbuchblatt des Grundstücks wird von Amts wegen geschlossen.**

(2) [1]**Von der Anlegung besonderer Grundbuchblätter kann abgesehen werden, wenn hiervon Verwirrung nicht zu besorgen ist. [2]In diesem Falle ist das Grundbuchblatt als gemeinschaftliches Wohnungsgrundbuch (Teileigentumsgrundbuch) zu bezeichnen.**

(3) **Zur näheren Bezeichnung des Gegenstandes und des Inhalts des Sondereigentums kann auf die Eintragungsbewilligung Bezug genommen werden.**

(4) [1]**Der Eintragungsbewilligung sind als Anlagen beizufügen:**

1. **eine von der Baubehörde mit Unterschrift und Siegel oder Stempel versehene Bauzeichnung, aus der die Aufteilung des Gebäudes sowie die Lage und Größe der im Sondereigentum und der im gemeinschaftlichen Eigentum stehenden Gebäudeteile ersichtlich ist (Aufteilungsplan); alle zu demselben Wohnungseigentum gehörenden Einzelräume sind mit der jeweils gleichen Nummer zu kennzeichnen;**
2. **eine Bescheinigung der Baubehörde, daß die Voraussetzungen des § 3 Abs. 2 vorliegen.**

[2]**Wenn in der Eintragungsbewilligung für die einzelnen Sondereigentumsrechte Nummern angegeben werden, sollen sie mit denen des Aufteilungsplanes übereinstimmen. [3]Die Landesregierungen können durch Rechtsverordnung bestimmen, dass und in welchen Fällen der Aufteilungsplan (Satz 1 Nr. 1) und die Abgeschlossenheit (Satz 1 Nr. 2) von einem öffentlich bestellten oder anerkannten Sachverständigen für das Bauwesen statt von der Baubehörde ausgefertigt und bescheinigt werden. [4]Werden diese Aufgaben von dem Sachverständigen wahrgenommen, so gelten die Bestimmungen der Allgemei-**

---

[19] Palandt/*Bassenge* § 935 Rn 3.

nen Verwaltungsvorschrift für die Ausstellung von Bescheinigungen gemäß § 7 Abs. 4 Nr. 2 und § 32 Abs. 2 Nr. 2 des Wohnungseigentumsgesetzes vom 19. März 1974 (BAnz. Nr. 58 vom 23. März 1974) entsprechend. [5] In diesem Fall bedürfen die Anlagen nicht der Form des § 29 der Grundbuchordnung. [6] Die Landesregierungen können die Ermächtigung durch Rechtsverordnung auf die Landesbauverwaltungen übertragen.

(5) **Für Teileigentumsgrundbücher gelten die Vorschriften über Wohnungsgrundbücher entsprechend.**

Übersicht

Literatur: *Abramenko,* Nochmals zu Aufteilungsplan und abweichender Bauausführung, ZMR 1998, 741; *Amann,* Amtslöschung von Dienstbarkeiten am Gemeinschaftseigentum?, MittBayNot 1995, 267; *Becker,* Die Rechtsnatur der Abgeschlossenheitsbescheinigung nach dem WEG und das Prüfungsrecht des Grundbuchamts, NJW 1991, 2742; *Bertram,* Die Prüfungspflicht des Grundbuchgerichts, Rpfleger 1990, 486; *Bielefeld,* Wider eine Abschaffung der Abgeschlossenheitsbescheinigung bzw. einen Verzicht auf staatliche Mitwirkung beim Aufteilungsplan, NZM 2004, 521; *Böhringer,* Inhaltlich unzulässige Grundbucheintragungen und Umdeutung von Grundbucherklärungen, MittBayNot 1990, 12; *ders.,* Veränderungen des Wohnungseigentums in Rechtsprechung und Grundbuchpraxis, NotBZ 1999, 154; *Böttcher,* Die Prüfungspflicht des Grundbuchgerichts, Rpfleger 1990, 486; *Bub,* Aufteilungsplan und Abgeschlossenheitsbescheinigung, WE 1991, 124 und 150; *Diester,* Die Aufgaben der Grundbuchämter nach dem WEG, Rpfleger 1965, 209; *Eickmann,* Formalverfahren oder Rechtsverwirklichung? Ein Beitrag zu den Fragen um Prüfungsrecht und Prüfungspflicht des Grundbuchamtes, Rpfleger 1973, 341; *Ertl,* AGB-Kontrolle von Gemeinschaftsordnungen der Wohnungseigentümer durch das Grundbuchamt?, DNotZ 1981, 149; *ders.,* Eintragung von Sondernutzungsrechten im Sinne des § 15 WEG, Rpfleger 1979, 81; *Lotter,* Zum Inhalt des Aufteilungsplans nach § 7 Abs. 4 Satz 1 Nr. 1 WEG, MittBayNot 1993, 144; *Meyer-Stolte,* Zur Frage der rechtlichen Selbständigkeit in einer Hand vereinigter Wohnungseigentumsrechte und zur Besorgnis der Verwirrung des Grundbuchs, Rpfleger 1989, 502; *von Oefele/Schneider,* Die Einführung des Zentralgrundbuchs durch die WEG-Reform, DNotZ 2004, 740; *dies.*, Noch einmal: Das Zentralgrundbuch – bei Licht betrachtet, ZMR 2007, 753; *Pause,* Begründung von Wohnungseigentum an Altbauten ohne Abgeschlossenheitsbescheinigung?, NJW 1990, 3178; *ders.*, Umwandlung von Altbauten: Bruchteilseigentum statt Wohnungseigentum?, NJW 1990, 807; *Peter,* Verbindung von Aufteilungsplan und Abgeschlossenheitsbescheinigung mit der Teilungserklärung – zur Auslegung von „als Anlage beifügen" in § 7 IV WEG, BWNotZ 1991, 87; *Pfeilschifter/Wüstenberg,* Wohnungseigentum ohne Abgeschlossenheitsbescheinigung?, WuM 2004, 635; *Röll,* Rechenfehler bei der Aufteilung zu Wohnungseigentum, MittBayNot 1996, 175; *ders.*, Teilungsplanwidrige Errichtung von Eigentumswohnanlagen, MittBayNot 1991, 240; *ders.*, Widerspruch zwischen Aufteilungsplan und Teilungserklärung, ZWE 2000, 67; *Schmidt, F.,* Teilungserklärung als AGB?, MittBayNot 1979, 139; *Schneider,* Sondernutzungsrechte im Grundbuch, Rpfleger 1998, 9, 53; *ders.*, Überlegungen zur Einführung eines „Zentralgrundbuches", Rpfleger 2003, 70 = WE 2003, 12; *Seidl,* Zur Abgeschlossenheitsbescheinigung nach dem WEG, BWNotZ 1990, 95; *Streblow,* Änderungen von Teilungserklärungen nach Eintragung der Aufteilung in das Grundbuch, MittRhNotK, 1987, 141; *Trautmann,* Die Abgeschlossenheit von Wohnungen in Neubauten nach §§ 3 II 1, 7 IV Nr. 2 WEG seit der Privatisierung bauaufsichtlicher Verwaltungsaufgaben, FS Merle, 2000, 313; *ders.*, Zur Reform der Abgeschlossenheitsbescheinigung, ZWE 2004, 318; *Trendel,* Die Abgeschlossenheitsbescheinigung nach dem Wohnungseigentumsgesetz, BauR 1984, 215; *Ulmer,* AGBG und einseitig gesetzte Gemeinschaftsordnungen von Wohnungseigentümern, FS Weitnauer, 1980, S. 205; *Weimar,* Die Auswirkungen des AGB-Gesetzes auf den Kauf von Eigentumswohnungen, BlGBW 1977, 87.

I. Normzweck

1 § 7 enthält die für das WE geltenden besonderen **Grundbuchvorschriften.** Damit soll den Besonderheiten des WEs im Grundbuchverfahren Rechnung getragen werden. Diese Besonderheiten führen insbesondere dazu, dass grds. für jeden Miteigentumsanteil ein eigenes **Grundbuchblatt** anzulegen ist.

2 Die Begründung von WE führt damit zu einer **Vervielfachung** der auf ein und dasselbe Grundstück bezogenen Grundbuchakten. Bestrebungen, durch Einführung eines **Zentralgrundbuchs** eine Vereinfachung und Reduzierung der Eintragungsvorgänge zu erreichen,[1] hat der Reformgesetzgeber von 2007 insbesondere unter Hinweis auf die geplante bundesweite Einführung des elektronischen Grundbuchs eine Absage erteilt.[2]

II. Überblick

3 Soweit das WEG nichts anderes bestimmt, sind die Vorschriften der **Grundbuchordnung** (GBO) und der **Grundbuchverfügung** (GbVfg) in der Bekanntmachung vom 24. 1. 1995[3] auf die Anlegung der Wohnungs- oder Teileigentums-Grundbuchblätter ohne Einschränkung anwendbar.[4] **Sondervorschriften** hierzu enthalten neben § 7 auch die §§ 9, 10 Abs. 2, 3 und die Verfügung über die grundbuchmäßige Behandlung der Wohnungseigentumssachen (WGV) vom 8. 8. 1935 in der Bekanntmachung vom 24. 1. 1995;[5] ferner § 4 hinsichtlich der vom Grundbuchamt zu beachtenden Formvorschriften für die Begründung des WEs nach dem materiellen Konsensprinzip (zu dessen Geltung s. § 4 Rn 21 f.).

4 **Abs. 1** stellt die Grundregel auf, wonach für jeden Miteigentumsanteil ein eigenes Grundbuchblatt anzulegen ist. **Abs. 2** lässt in Anlehnung an § 4 GBO eine Ausnahme hiervon zu, wenn Verwirrung nicht zu besorgen ist (s. Rn 70). Es ist dann ein **gemeinschaftliches Grundbuch** anzulegen. Auch die Eintragung mehrerer Wohnungs- und/oder Teileigen-

[1] Namentlich *von Oefele/Schneider* DNotZ 2004, 740; *dies.* ZMR 2007, 753. Dieser Vorschlag hat viele Anhänger gefunden; s. nur *Armbrüster* DNotZ 2003, 493, 514; MünchKomm-BGB/*Commichau* Rn 15 ff.; *Röll* ZWE 2000, 13, 16; *BNotK* ZWE 2003, 346, 354 f.; krit. freilich *Demharter* Rpfleger 2007, 121.

[2] BT-Drucks. 16/887, S. 13.

[3] BGBl. I S. 114.

[4] OLG Düsseldorf Rpfleger 1970, 394, 395.

[5] BGBl. I S. 134; s. Anh. III 2; s. ferner LVOen der Länder (ebenda).

tumsrechte desselben Eigentümers auf einem **Wohnungs-(Teileigentums-)Grundbuchblatt** richtet sich nach diesem Maßstab (s. dazu Rn 29).

In **Abs. 3 und 4** werden die für eine Grundbucheintragung erforderlichen **Pläne und Bescheinigungen** (Aufteilungsplan, Abgeschlossenheitsbescheinigung) einer Regelung zugeführt.[6] Abs. 4 S. 3–6 wurden im Rahmen der WEG-Novelle von 2007 angefügt. 5

III. Grundregel: Eigenes Grundbuchblatt (Abs. 1)

1. Sonderregel zu gewöhnlichem Miteigentum

Für den Miteigentumsanteil an einem Grundstück iSv § 1008 BGB ist nach den allgemeinen Grundsätzen des Grundbuchrechts (§ 3 GBO) kein eigenes Grundbuchblatt anzulegen. Eine Ausnahme davon regelt § 3 Abs. 4, 5 GBO. Der Miteigentumsanteil ist in diesen Fällen als solcher auf dem Grundbuchblatt des Grundstücks, mit dem er verbunden ist, einzutragen. Wegen der untrennbaren Verbindung von Mit- und Sondereigentum bestimmt § 7, dass für jedes WE oder TE ein **eigenes Grundbuchblatt** anzulegen ist **(Abs. 1 Satz 1).** Dabei ist der Begriff „Anlegung" nicht iSd §§ 116 ff. GBO zu verstehen. Vielmehr ist allein die gesonderte Eintragung der Wohnungs- oder Teileigentumsrechte auf eigenen Blättern erforderlich.[7] 6

Das Grundbuchblatt enthält nicht nur den Miteigentumsanteil, sondern zugleich das zugehörige Sondereigentum mit der entsprechenden Bezeichnung. Darüber hinaus wird die Beschränkung des Miteigentumsanteils verlautbart, die in Bezug auf die mit den anderen Miteigentumsanteilen verbundenen, zum Sondereigentum zählenden Räume besteht (Abs. 1 Satz 2; näher dazu Rn 10 f.). 7

Auf einem **bisherigen Grundstücksgrundbuch** kann kein WE eingetragen werden.[8] Zwar käme eine Fortführung des bisherigen Grundbuchblattes in Betracht, wenn durch die Veränderung des Bestandsverzeichnisses im Zusammenhang mit den Eintragungen in Abt. II und III keine Verwirrung zu befürchten ist. Eine grundbuchtechnische Notwendigkeit hierfür ist freilich nicht ersichtlich, zumal Abs. 2 ein gemeinschaftliches Grundbuch ermöglicht. Von der in Abs. 1 Satz 1 angeordneten Anlegung eines besonderen Grundbuchblatts ist daher keine Ausnahme zuzulassen. 8

Maßgeblich für die Bezeichnung als Wohnungs- oder Teileigentumsgrundbuch ist nicht die tatsächliche Nutzung, sondern die **Zweckbestimmung** der Räume.[9] Bisweilen wird mit ein und demselben Miteigentumsanteil sowohl Sondereigentum an Wohnzwecken als auch solches an anderen Zwecken dienenden Räumen verbunden. So kann z. B. ein Ladenlokal, eine Werkstatt oder ein Büro jeweils mit Wohnräumen verbunden werden (s. dazu § 1 Rn 24). Überwiegt einer der Zwecke offensichtlich (z. B. Wohnung mit kleinem Lagerraum), so richtet sich nach diesem Zweck die Bezeichnung des Grundbuchblatts als WE oder TE. Anderenfalls ist das Grundbuchblatt als **„Wohnungs- und Teileigentumsgrundbuch"** zu bezeichnen (§ 2 Satz 2 WGV; s. auch § 1 Rn 25). 9

2. Buchungsgegenstand

a) WE und Wohnungsgrundbuch. Auf dem besonderen Wohnungsgrundbuch sind zu buchen: der Miteigentumsanteil am Grundstück (das grundbuchmäßig zu bezeichnen ist, s. § 3 WGV), das mit diesem Miteigentum verbundene Sondereigentum an bestimmten Räumen und die Beschränkung des Miteigentums durch die Einräumung des zu den 10

[6] Zu näheren Einzelheiten vgl die (nicht amtliche) Begründung zum Regierungsentwurf des WEG: BR-Drucks. 75/51.

[7] KEHE/*Eickmann* § 1 W Rn 1.

[8] Weitnauer/*Briesemeister* Rn 6.

[9] BayObLG Rpfleger 1973, 139; Riecke/Schmid/*Schneider* Rn 4.

anderen Miteigentumsanteilen gehörenden Sondereigentums, wobei die Grundbuchblätter der übrigen Miteigentumsanteile anzugeben sind.[10]

11 Es handelt sich um Eintragungen im **Bestandsverzeichnis.** Für Abt. I (Bezeichnung des Eigentümers), Abt. II (Belastungen) und Abt. III (Grundpfandrechte) gilt das allgemeine Grundbuchrecht. Da es sich bei Sondereigentum nicht um eine Belastung, sondern um eine Beschränkung handelt (s. dazu § 3 Rn 2), ist hierüber nichts in Abt. II zu vermerken.

12 Für die Beantwortung der Frage, welche Vorschriften des **formellen Grundbuchrechts** für das WE gelten, ist auf den Miteigentumsanteil abzustellen. Es gelten also – vorbehaltlich wohnungseigentumsrechtlicher Besonderheiten – die allgemeinen Vorschriften zum Miteigentum. Abweichungen ergeben sich vor allem aus den Vorschriften des WEG und der WGV.

13 Der **Gegenstand des Gemeinschaftseigentums** wird durch das Grundbuch nicht unmittelbar verlautbart. Dies bedeutet, dass auch in der Summe aller einzelnen WsGrundbuchblätter nur das Sondereigentum erscheint, nicht dagegen die Aufzeichnung dessen, was gemeinschaftliches Eigentum geblieben oder dazu erklärt ist. In Bezug auf Räume ist freilich der Umkehrschluss möglich, dass diejenigen Räume, die nicht als Sondereigentum gekennzeichnet sind, zum Gemeinschaftseigentum gehören (vgl. § 1 Abs. 5). Für **Bestandteile** ist dieser Umkehrschluss schon deshalb nicht statthaft, weil ihre Zuordnung zum Sondereigentum gem. § 5 Abs. 1 durch Gesetz erfolgt.

14 Da mithin aus dem Grundbuch nicht der gesamte Gegenstand des Gemeinschaftseigentums ersichtlich wird, kann auch der **Wert des WEs** selbst aus der Anschauung und der Unterrichtung über die Gegenstände des Sondereigentums nicht endgültig erfasst werden. Vielmehr muss zur Orientierung darüber, was zum Gemeinschaftseigentum zählt, auf die vorhandenen Verträge und Bauzeichnungen einschließlich etwaiger späterer Veränderungen zurückgegriffen werden. In der Praxis wird regelmäßig die Auskunft des Verwalters hierüber hinreichend Aufschluss geben.

15 **b) Gründungsmängel.** Enthält der Aufteilungsplan **Mängel** – etwa wenn darin Garagen nicht als Sondereigentum bezeichnet werden –, so entsteht nach der zutreffenden Rspr. diesbezüglich GemE.[11] Dies ist insbesondere dann der Fall, wenn sich Eintragungsbewilligung (Teilungserklärung) und Aufteilungsplan **widersprechen.**[12] Insoweit besteht kein genereller Vorrang eines der beiden Erklärungsinhalte,[13] es sei denn, ein solcher kann durch Auslegung zweifelsfrei ermittelt werden. Besteht also zwischen der wörtlichen Beschreibung des Gegenstandes von Sondereigentum im Text der **Teilungserklärung** und den Angaben im **Aufteilungsplan** (z. B. Zuordnung eines Speicherraumes) eine Diskrepanz, so ist wegen des Grundsatzes, dass in einem solchen Fall keiner der einander widersprechenden Erklärungsinhalte vorrangig ist, eine **Auslegung** geboten. Auszulegen sind die jeweiligen Einzelregelungen nach Wortlaut und Sinn des gesamten Inhalts der Teilungserklärung einschließlich des Aufteilungsplans und der sonstigen Anlagen. Außerhalb der zum Grundbuchinhalt gewordenen Urkunden liegende Umstände dürfen nur insofern herangezogen werden, als sie für jedermann ohne weiteres erkennbar sind.[14] Lässt sich der Widerspruch nicht auflösen, so kann dann, wenn er die Zuordnung

---

[10] Beispiele in der WGV im Anh. III 2.

[11] BGHZ 130, 159, 166 f. = NJW 1995, 2851 = DNotZ 1996, 289 m. Anm. *Röll; F. Schmidt* ZWE 2000, 67.

[12] BGHZ 130, 159, 166 f. = NJW 1995, 2851 = DNotZ 1996, 289 m. Anm. *Röll;* OLG Stuttgart Rpfleger 1981, 109 = MittBayNot 1981, 132; BayObLG WuM 1991, 609; OLG Düsseldorf ZMR 1998, 186, 187.

[13] OLG Stuttgart Rpfleger 1981, 109 = MittBayNot 1981, 132; OLG Köln NJW-RR 1993, 204; OLG Düsseldorf ZMR 1998, 186, 187; Riecke/Schmid/*Elzer* § 3 Rn 41.

[14] OLG Düsseldorf ZMR 1998, 186 f.; BayObLG ZMR 1999, 773; zur Auslegung im Allg BayObLGZ 2001, 75 = ZWE 2001, 552.

von Sonder- und Gemeinschaftseigentum betrifft, insoweit kein Sondereigentum entstehen.[15]

Diese Auslegungsgrundsätze gelten auch dann, wenn der Text der Teilungserklärung nicht zu den übrigen Urkunden in Widerspruch steht, sondern im Verhältnis zu ihnen lediglich **unvollständig** ist. **Beispiel:** Es fehlt die Bezeichnung eines Speicherraumes als Sondereigentum eines Miteigentümers. 16

Widersprechen **Teilungserklärung** und **Gemeinschaftsordnung** einander hinsichtlich der **Zweckbestimmung** eines TEs als „Laden mit Lager" einerseits und „Nutzung als Gewerbe" andererseits, so geht grds. die Regelung in der **Gemeinschaftsordnung** vor.[16] Eine nähere Beschreibung eines TEs in der Teilungserklärung als „Laden" hat dann regelmäßig nicht die Bedeutung einer Nutzungsbeschränkung. Angaben in der Teilungserklärung betreffen nämlich nach dem hier vertretenen Verständnis allein die sachenrechtliche Zuordnung, während die Nutzungsbefugnis in der Gemeinschaftsordnung geregelt wird. Dies muss bei der Auslegung berücksichtigt werden. 17

Entsprechendes gilt, wenn **Aufteilungsplan** und **Gemeinschaftsordnung** einander widersprechen.[17] 18

c) Der **Inhalt des Sondereigentums** ergibt sich aus dem Gesetz und aus eingetragenen Vereinbarungen, zudem durch auf Grund einer Öffnungsklausel gefasste Beschlüsse sowie durch Gerichtsentscheidungen. Bei der Begründung von WE werden die Teilungserklärung und die Gemeinschaftsordnung dadurch zum Inhalt des Grundbuchs, dass auf die Eintragungsbewilligung Bezug genommen wird. Bei Einsicht allein der Grundbucheintragung wird daher nicht abschließend erkennbar, in welchem Gemeinschaftsverhältnis die WEer zueinander stehen. Abweichendes gilt lediglich hinsichtlich einer Vereinbarung iSv § 12 (s. dazu auch § 12 Rn 9). Hier sieht § 3 Abs. 2 Halbsatz 2 WGV vor, dass diese ausdrücklich einzutragen ist. Zur Bestimmung des Inhalts des WEs ist nur die Gemeinschaftsordnung entscheidend, die der Teilungserklärung beiliegt, welche dem Grundbuchamt im Rahmen der Aufteilung des Grundstücks vorgelegt wurde und dadurch zum Inhalt des Grundbuchs geworden ist. Auf die dem notariellen Wohnungskaufvertrag als Anlage beigefügte Fassung kommt es dagegen nicht an.[18] 19

d) Weitere Einzelheiten. aa) Vorangehender Miteigentumserwerb. Wird ein Grundstück an mehrere Miteigentümer zu Bruchteilen und unter gleichzeitiger Einräumung von Sondereigentum veräußert, so sind unmittelbar die einzelnen Wohnungsgrundbücher anzulegen, ohne dass zuvor ein Grundbuch für das Grundstück mit Bezeichnung der Miteigentumsanteile gem. § 3 GBO angelegt werden muss oder darf.[19] 20

Soll dagegen für **mehrere Bruchteilseigentümer an einem Grundstück ein gemeinsames WE** (nach Bruchteilen) begründet werden, so ist eine vorherige Vereinigung der Anteile am Grundstück – verbunden mit Sondereigentum – erforderlich. Dann kann die Eintragung als Bruchteilsberechtigte am WE in Abt. I Spalte 2 erfolgen.[20] 21

bb) Grundbuchblatt des Grundstücks. Das Grundbuchblatt des Grundstücks ist grds. **von Amts wegen zu schließen** (Abs. 1 Satz 3). Hierfür gilt § 36 GBV: Durchkreuzung und Schließungsvermerk mit Angabe des Grundes für die Schließung. 22

cc) Grundakten sind für jedes Wohnungs- oder Teileigentumsgrundbuch gesondert anzulegen. Daher muss für jede Grundakte eine gesonderte Abschrift der Urkunden eingereicht werden. 23

---

[15] BGHZ 130, 159, 166 = ZMR 1995, 521; BGH ZMR 2004, 206, 207.

[16] BayObLG ZMR 1998, 184. s. auch BayOblGZ 1988, 238 = DNotZ 1989, 426.

[17] OLG Schleswig ZMR 2004, 68.

[18] LG Itzehoe ZMR 2008, 736, 737.

[19] BGH Rpfleger 1983, 270, 271; teilw. Abw. OLG Neustadt NJW 1960, 1067 m. krit. Anm. *Bärmann*, S. 295.

[20] BGH Rpfleger 1983, 270; OLG Neustadt NJW 1960, 1067.

24 **dd) Buchungsfreie Grundstücke.** Nach § 3 Abs. 2 GBO kann an buchungsfreien Grundstücken ein Recht begründet werden. Wird WE durch Teilungsvertrag nach § 3 begründet, so gilt dies allerdings nur, wenn sämtliche Miteigentümer vom Buchungszwang befreit sind.

3. Art der Eintragung

25 **a) Grundsatz.** Gemäß der Regel des Abs. 1 Satz 1 ist – anders als bei § 3 Abs. 1 GBO –[21] grds. für jeden Miteigentumsanteil (hier verbunden mit dem Sondereigentum) von Amts wegen ein **besonderes Wohnungsgrundbuch** anzulegen. Die Wohnungseigentumsrechte erhalten also wie jedes Grundstück eine besondere Stelle (Grundbuchblatt) im Grundbuch; allerdings nicht in besonderen Bänden, sondern mit nächstfortlaufender Nummer im allgemeinen Grundbuch (oder Erbbaurechtsgrundbuch) des Grundbuchbezirks des belegenen Grundstücks.

26 Die Vorschrift des § 3 Abs. 4 GBO, wonach von der Führung eines Grundbuchblattes für ein Grundstück abgesehen werden kann, wird für WE durch Abs. 2 als Spezialregelung verdrängt.[22] Davon ist der Fall zu unterscheiden, dass ein Miteigentumsanteil an einem dienenden Grundstück nach § 3 Abs. 6 GBO auf dem Blatt des herrschenden Grundstücks gebucht werden soll.[23] Eine solche Buchung ist nur in der Weise möglich, dass sämtliche Miteigentumsanteile an dem dienenden WE auf den Blättern der herrschenden Wohnungseigentumsrechte gebucht werden. Wegen **eines** oder einzelner Miteigentumsanteile kann das Wohnungsgrundbuch nicht beibehalten werden.[24] Die Anlegung eines gemeinschaftlichen Grundbuchblattes für alle oder mehrere Miteigentumsanteile im Rahmen des WEG ist nur dann zulässig, wenn Verwirrung nicht zu besorgen ist (s. Rn 30).

27 Zur **Überschrift** des Grundbuchblattes ist zu beachten, dass nach § 2 Satz 2 WGV im Falle des Zusammentreffens von Sondereigentum sowohl an einer Wohnung als auch an nicht zu Wohnzwecken dienenden Räumen das Grundbuchblatt als **„Wohnungs- und Teileigentumsgrundbuch"** zu bezeichnen ist, sofern nicht einer dieser Zwecke offensichtlich überwiegt (s. Rn 9).

28 Für das **Eigentümerverzeichnis** gilt § 21 Nr. 8 der Aktenordnung. Im Sachregister ist nach Auflösung des Grundbuchblattes für das Grundstück in mehrere Wohnungsgrundbücher eine entsprechende Registrierung durchzuführen.

29 **b) Ausnahme.** In analoger Anwendung von § 4 Abs. 1 GBO kann ein Wohnungsgrundbuch angelegt werden für (in ihrer Selbstständigkeit wegen der Verbindung mit verschiedenen Sondereigentumsrechten erhalten bleibende) **mehrere Miteigentumsanteile desselben Eigentümers.** Hierbei handelt es sich dann aber nicht um ein „gemeinschaftliches Wohnungs- (oder Teileigentums)-Grundbuch" i. S. des § 7 Abs. 2, sondern vielmehr um ein einheitliches Grundbuchblatt analog § 4 Abs. 1 GBO.[25]

30 Auch hier ist jedoch entscheidend, dass von der Vereinigung in einem Grundbuchblatt **keine Verwirrung** zu besorgen sein darf.[26] Verwirrung ist zu besorgen, wenn Grund zu der Annahme besteht, dass das Grundbuch unübersichtlich würde. Dies zu beurteilen liegt im Ermessen des Grundbuchamts. Ein solcher Grund kann in der Verschiedenheit der Belastung der einzelnen Wohnungseigentumsrechte liegen. Aber auch eine den üblichen Rahmen eines Bestandsverzeichnisses überschreitende Häufung von Beschreibungen der

---

[21] Staudinger/*Rapp* Rn 2.

[22] Zur Buchung von Miteigentumsanteilen s. OLG Köln OLGZ 1982, 141 = Rpfleger 1981, 481 m. Anm. *Meyer-Stolte.*

[23] OLG Düsseldorf Rpfleger 1970, 394, 395; BayObLG MittBayNot 1974, 216; DWE 1995, 41 (LS).

[24] BayObLG DWE 1995, 41 (LS).

[25] S. dazu auch OLG Saarbrücken NJW 1972, 691 (LS) = MittBayNot 1972, 120.

[26] Aus dem allgemeinen Grundbuchrecht s. hierzu insbesondere Meikel/*Böttcher* § 4 Rn 12 ff.

mit dem Miteigentumsanteil verbundenen Sondereigentumsrechte kann zur Besorgnis von Verwirrung führen. Die Anlage erfolgt von Amts wegen, ohne dass es eines Antrags oder der Zustimmung des betroffenen Eigentümers bedürfte. Allerdings ist dagegen die Beschwerde nach § 71 Abs. 1 GBO zulässig.[27]

Die Führung eines solchen Grundbuchblatts über mehrere Wohnungseigentumsrechte hat **keine materiell-rechtliche Wirkung.** Hierin liegt ein wesentlicher Unterschied zu den Vorgängen der Vereinigung von Wohnungseigentumsrechten (§ 890 Abs. 1 BGB, § 5 GBO) sowie der Zuschreibung (§ 890 Abs. 2 BGB, § 6 GBO). **31**

4. Inhalt der Eintragung

a) Miteigentumsanteil und Sondereigentum. aa) Begründung von WE. § 16 Abs. 1 Satz 2 spricht von dem gem. § 47 GBO im Grundbuch eingetragenen Verhältnis der Miteigentumsanteile. Daraus ergibt sich, dass das Miteigentumsverhältnis hier in Gestalt der **Bruchteile** gem. § 47 GBO in jedem Wohnungsgrundbuch anzugeben ist, und dass dieses Bruchteilsmiteigentum der grundbuchmäßige Ausgangspunkt des Rechtes ist. Die **Größe der Räume,** die dem Sondereigentum zugeordnet werden, muss hingegen nicht angegeben werden. Daher kommt bei unrichtiger Angabe keine Grundbuchberichtigung in Betracht.[28] **32**

Da das Sondereigentum sich nicht als Belastung des Miteigentumsanteils darstellt, sondern lediglich als eine **Beschränkung,** sieht § 7 vor, dass das Sondereigentum, das mit dem betreffenden Miteigentumsanteil auf dem jeweiligen Grundbuchblatt verbunden ist, bezeichnet wird, und dass auch die Einräumung der mit den anderen Miteigentumsanteilen verbundenen Sondereigentumsrechte in das Grundbuch einzutragen ist.[29] Künftige WEer sind im Rahmen der Teilungserklärung berechtigt, aber nicht verpflichtet, die Nutzungsart des Sondereigentums anzugeben (s. dazu § 1 Rn 25).[30] **33**

Insbesondere handelt es sich nicht um eine bloße „Belastung eines Miteigentumsanteils" zugunsten der übrigen Miteigentümer, wie dies etwa der Sinn des **§ 1010 BGB** (Regelung der Verwaltung und Benutzung und Ausschließung des Rechtes auf Aufhebung der Gemeinschaft) ist. Die Rechte nach § 1010 BGB sind freilich in Abt. II des Grundbuchs einzutragen, nicht aber das Sondereigentum des betreffenden Miteigentumsanteils und auch nicht diejenigen der übrigen Miteigentümer.[31] Ein Muster für die inhaltliche Gestaltung der gewöhnlichen Eintragung enthält Anlage 1 zur WGV.[32] **34**

In Spalte 6 (Bestand und Zuschreibung) des Bestandsverzeichnisses ist bei Anlegung zu vermerken, **von woher** der Miteigentumsanteil übertragen wurde. Bei Neuerrichtung des WEs ist mithin anzugeben, von welchem Grundbuchblatt des ganzen Grundstückes der Miteigentumsanteil durch Bildung von Miteigentum in Verbindung mit Sondereigentum (also von WE oder TE) entstanden ist und abgeschrieben wurde. Hierher gehören auch etwaige Zuschreibungen von anderen Raumrechten und auch von anderen Grundstücken (zur Zuschreibung s. § 1 Rn 97 ff.). Die Unterschrift des Grundbuchbeamten in Spalte 6 deckt auch den entsprechenden Eintragungsvermerk in Spalte 3.[33] **35**

bb) Nachträgliche Änderungen. Ins Grundbuch einzutragen sind auch **Änderungen** des sachenrechtlichen Grundverhältnisses. Zu Einzelheiten s. § 2 Rn 84 ff. **36**

b) Inhalt des Sondereigentums. Im Gegensatz zum gewöhnlichen Eigentum, dessen Inhalt unveränderlich ist, kann der Inhalt des Sondereigentums durch eine Vereinbarung nach § 10 (und § 5 Abs. 4) von vornherein **gestaltet** oder nachträglich geändert werden. **37**

---

[27] *Demharter* § 4 Rn 10.
[28] Riecke/Schmid/*Schneider* Rn 17; *Röll* Rpfleger 1994, 501; aA LG Passau Rpfleger 1994, 500.
[29] Zum Umfang der Eintragung s. *Diester* Rpfleger 1960, 112 f.
[30] LG Koblenz MittRhNotK 1998, 134 = NZM 1998, 676.
[31] *Ertl* Rpfleger 1979, 81.
[32] S. Anh. III 2.
[33] OLG Celle Rpfleger 1971, 184 = DNotZ 1971, 305.

38 Als Inhaltsänderungen des Sondereigentums und damit des WEs kommen insbesondere in Betracht:

- **Vereinbarungen** über das Verhältnis der WEer untereinander nach §§ 5 Abs. 4, 10 Abs. 2, 3, sowie die **Aufhebung** und Änderungen solcher Vereinbarungen. Sie werden durch Eintragung „verdinglicht", so dass sie gegenüber Dritten, insbesondere Sonderrechtsnachfolgern, wirken (ähnlich § 1010 BGB).
- die Vereinbarung von **Veräußerungsbeschränkungen** iSv § 12 Abs. 1 (ähnlich §§ 5 ff. ErbbauRG; darin liegt eine Abweichung von § 137 BGB).[34] Die Verdinglichung tritt auch hier erst durch die Eintragung als Inhalt des Sondereigentums gem. §§ 5 Abs. 4 und 10 Abs. 2, 3 ein.
- Auch auf der Grundlage einer Öffnungsklausel gefasste **Mehrheitsbeschlüsse** der WEer verändern den Inhalt des Sondereigentums. Dasselbe gilt für **richterliche Entscheidungen** nach § 43, soweit sie einen inhaltsbestimmenden Rechtsakt ersetzen. Gewöhnliche Beschlüsse der WEer bestimmen hingegen den Inhalt des Sondereigentums nicht mit. Zur Frage der Eintragungsfähigkeit von Beschlüssen s. § 10 Rn 189.

39 Von Inhaltsänderungen dieser Art werden alle WEer „betroffen". Das Erfordernis von **Eintragungsbewilligungen** aller WEer besteht jedoch nur für die von ihnen allen zu erklärenden Inhaltsänderungen.

40 **c) Besonderheiten bei Belastungen. aa) Grundregeln.** In Abt. II und III des Grundbuchs eingetragene **Belastungen** betreffen grundsätzlich nur das im Bestandsverzeichnis angegebene WE (Miteigentumsanteil samt Sondereigentum). Werden **mehrere** Wohnungseigentumsrechte belastet, so ist die Bewilligung der Betroffenen erforderlich (§ 19 GBO). Doch kann es Rechte geben, die nicht nur an diesem WE bestehen sollen, sondern an mehreren Wohnungseigentumsrechten oder auch am Gesamtgrundstück (zur Belastung des Gesamtgrundstücks s. § 1 Rn 178). Die bei der Begründung von WE auf dem Gesamtgrundstück ruhenden Belastungen, insbesondere Grundpfandrechte und Reallasten, werden als **Gesamtbelastungen** auf die einzelnen Wohnungseigentumsrechte und damit auf die jeweiligen Grundbuchblätter übertragen iS der Mithaft, § 48 GBO (dazu § 1 Rn 115).[35]

41 Soll das **Gesamtgrundstück** als solches belastet sein, so stellt sich zunächst die Frage, ob dies überhaupt möglich ist, nachdem am Gesamtgrundstück WE begründet ist.[36] Soweit man dies entgegen der hier vertretenen Ansicht bejaht (s. dazu § 1 Rn 178), gilt Folgendes: Bei einer Belastung des gesamten Grundstücks hat die Eintragung unter Bezeichnung des Gesamtgrundstücks als Haftungsobjekt zu erfolgen, und diese Eintragung ist in **sämtlichen** Wohnungs- oder Teileigentumsgrundbüchern durchzuführen (vgl. § 4 WGV).[37] Es muss sich also aus der Eintragung ergeben, dass das Recht am Grundstück und nicht unmittelbar an den einzelnen Wohnungseigentumsrechten besteht.[38] Rechte, die ihrer Natur nach nicht an WE selbst bestehen können (z. B. **Wegerechte**) sind gem. § 4 WEG[39] in Spalte 3 jedes Wohnungsgrundbuchs mit einem Vermerk einzutragen, der die Belastung des ganzen Grundstückes kenntlich macht.

42 Die **Belastung eines realen Grundstücksteiles** hat dessen Abschreibung und Buchung als selbstständiges Grundstück zur Voraussetzung (§ 7 GBO); eine Ausnahme hiervon gilt nur für die Belastung mit einer Dienstbarkeit oder Reallast (§ 7 Abs. 2 und § 2 Abs. 3 GBO).

43 Der **Vermerk subjektiver dinglicher Rechte** (Grunddienstbarkeiten, Vorkaufsrecht; Reallast) auf dem Grundbuchblatt des **herrschenden** WEs oder TEs richtet sich nach § 9 GBO; dabei ist zu kennzeichnen, ob das einzelne WE oder aber das Gesamtgrundstück

---

[34] MünchKomm-BGB/*Armbrüster* § 137 Rn 22.
[35] BayObLG Rpfleger 1983, 434.
[36] Vgl. BGH NJW 1974, 1552, 1553.
[37] Beispiel s. in der Anlage 1 zur WGV: Bestandsverzeichnis lfd. Nr. 3 zu 2.
[38] Vgl BayObLG Rpfleger 1974, 261 zur Vormerkung.
[39] Zum Nießbrauch s. Weitnauer/*Briesemeister* § 3 Rn 109.

berechtigt iSd § 1018 BGB ist. Entsprechendes gilt auch bei gemeinschaftlichem Wohnungs- oder Teileigentumsgrundbuchblatt.[40] Auf dem belasteten Grundstück ist von Amts wegen der Vermerk kenntlich zu machen. Bei Änderungen oder Aufhebung erfolgt amtliche Berichtigung (§ 9 Abs. 2 GBO).

Zugunsten der jeweiligen WEer kann ein Wegerecht in Gesamtberechtigung am **dienenden** Grundstück eingetragen werden. Entscheidend ist, dass die herrschenden Grundstücke (Wohnungseigentumsrechte) zusammengehören und die Ausübung der Grunddienstbarkeit für sie alle von Vorteil ist[41] Was zur Eintragung einer Belastung am Grundstück als solchem in Beziehung auf das belastete Grundstück gilt, gilt entsprechend auch für das **herrschende** Grundstück (§ 9 GBO), sofern die Berechtigung nicht nur einem Miteigentümer, sondern der Gesamtheit der Miteigentümer oder dem Grundstück als solchem zustehen soll. Soll für die Mitglieder einer WEgem im Grundbuch ein Recht gemeinschaftlich eingetragen werden, ist nach § 47 GBO zur Bezeichnung des für die Gemeinschaft maßgeblichen Rechtsverhältnisses die **WEgem** anzugeben. Die Angabe „Gesamtberechtigte gem. § 432 BGB" genügte schon vor der WEG-Novelle von 2007 nicht.[42] 44

Der WEer kann nicht an einem **Bruchteil seines WEs** eine Belastung bestellen, weder Dienstbarkeit, noch Vorkaufsrecht, Reallast oder Hypothek (s. auch §§ 1095, 1106, 1114 BGB). Auch die insoweit für den Nießbrauch beim Miteigentum bestehende Ausnahme[43] gilt für das WE nicht. Allerdings kann die Ausübung, also der materielle Inhalt einer Dienstbarkeit auf einen bestimmten Teil des WEs (z. B. einzelne Zimmer) oder auch, nach Gesamtbestellung, auf einen bestimmten Teil des gemeinschaftlichen Eigentums, beschränkt werden (§ 7 Abs. 2 GBO). 45

bb) Belastungen im Einzelnen. S. zunächst § 1 Rn 109 ff. Bei **Grunddienstbarkeiten** (§ 1018 BGB) spielt die Person des Eigentümers keine Rolle. Ausschlaggebend ist vielmehr allein, dass ein herrschendes und ein dienendes Grundstück vorhanden sind. Das Grundstück als solches und nicht der Eigentümer ist „Herrscher" bzw. „Dulder" des Rechts. Wenn auch § 1018 BGB davon spricht, dass die Belastung zugunsten des jeweiligen Eigentümers eines anderen Grundstücks erfolgt, so ist jedenfalls „dienend" für die Grunddienstbarkeit „ein Grundstück" (oder hier: WE, s. § 1 Rn 148) und es sind dies nicht ein oder mehrere Eigentümer. Freilich ist auch eine Grunddienstbarkeit zugunsten eines WEs derselben WEGem zulässig (s. § 1 Rn 153). Die **beschränkte persönliche Dienstbarkeit** gibt ein Recht in Bezug auf „das Grundstück". Die Bestellung zu Lasten eines Miteigentumsanteils ist nicht möglich, wohl aber zu Lasten eines Wohnungseigentumsrechts. 46

Ein dingliches **Vorkaufsrecht** kann gem. § 1095 BGB gegenüber sämtlichen Miteigentümern oder aber gegenüber einem oder einzelnen der Miteigentümer bestellt werden; es kann auch unterschiedlich ausgeübt werden. Die WEer können es einander auch gegenseitig einräumen (s. bereits § 1 Rn 162). Nicht möglich ist es hingegen, ein Vorkaufsrecht etwa nur am gemeinschaftlichen Eigentum oder einem bestimmten Teil davon zu bestellen. Dem steht die Untrennbarkeit von Mit- und Sondereigentum gem. § 6 entgegen. 47

Belastung mit einer **Reallast** zur Sicherung wiederkehrender Leistungen aus dem „Grundstück": Belastungsobjekt kann gem. § 1106 BGB auch der einzelne Miteigentumsanteil (hier: das WE) sein (s. § 1 Rn 164). 48

Ein **Nießbrauch** kann gem. § 1066 BGB am Anteil eines Miteigentümers bestellt werden (s. § 1 Rn 157). Soweit das Miteigentumsrecht als solches gesondert belastbar ist, stehen der besonderen Eintragung in den einzelnen Wohnungsgrundbüchern daher keine Bedenken entgegen. Eine andere Frage ist es, ob bei einer solchen Belastung der Miteigen- 49

[40] S. Meikel/*Böttcher* § 9 Rn 40.

[41] LG Essen Rpfleger 1972, 367 m. Anm. *Haegele.*

[42] KG Rpfleger 1985, 435; vgl. auch BayObLG Rpfleger 1985, 102.

[43] Auch insoweit wird § 1066 BGB (s. dazu Rn 49) angewandt; MünchKomm-BGB/*Pohlmann* § 1066 Rn 3.

tumsanteile eine zusätzliche Belastung des Gesamtgrundstücks ausgeschlossen ist. Davon ist auszugehen, sofern die Leistung aus dem Grundstück als solchem zu erfolgen hat, wie im Falle der Grunddienstbarkeit, der Reallast, der beschränkten persönlichen Dienstbarkeit.

50 **d) Weitere Einzelheiten. aa)** Für die **Berichtigung des Grundbuchs** sind die §§ 14, 22 GBO zu beachten. Ist ein Sondereigentum im Bestandsverzeichnis des Grundbuchs als **„Wohnung"** bezeichnet, ergibt sich aber aus den in Bezug genommenen Eintragungsbewilligungen, dass es sich dabei um einen **Hobbyraum** handelt und somit TE vorliegt, so ist die Eintragung nicht gem. § 53 GBO als inhaltlich unzulässig zu löschen; vielmehr liegt eine tatsächliche Unrichtigkeit vor, die von Amts wegen berichtigt werden kann.[44]

50a Trägt das Grundbuchamt einen Beschränkungsvermerk in einer nicht den gesetzlichen Vorgaben entsprechenden Formulierung ein, die zu Rechtsunsicherheiten führen kann, so besteht ein Anspruch auf Beischreibung eines **Klarstellungsvermerks,** der mit der Fassungsbeschwerde geltend gemacht werden kann.[45] Ein solcher Vermerk kommt hingegen nicht in Betracht, wenn die Gefahr besteht, dass eine vermeintliche reine Klarstellung zu einer Änderung eingetragener Rechte führt.[45a]

51 **bb)** Stimmen Eintragung und materielle Rechtslage nicht überein, so steht dem Betroffenen der **Grundbuchberichtigungsanspruch** gem. § 894 BGB zu. Solange die Berichtigung noch aussteht und auch ein Widerspruch nach § 899 BGB nicht eingetragen ist, kann das Eigentum freilich nach Maßgabe von § 892 BGB gutgläubig auf der Grundlage der Eintragung erworben werden.

5. Bezugnahme auf die Eintragungsbewilligung (Abs. 3)

52 **a) Zweck.** Abs. 3 lässt bei der Eintragung die Bezugnahme auf die Eintragungsbewilligung für den **Gegenstand** und den **Inhalt des Sondereigentums** zu. Die Regelung lehnt sich an § 874 BGB an, wonach eine Bezugnahme auf die Eintragungsbewilligung für Rechte, mit denen ein Grundstück belastet wird, zulässig ist. Durch die Bezugnahme lässt es sich vermeiden, dass im Grundbuch **Einzelheiten** des Gegenstands und des Inhalts des Sondereigentums vermerkt werden (Entlastungsfunktion).

53 **b) Zulässigkeit der Bezugnahme. aa) Überblick.** Die Bezugnahme ist grds. hinsichtlich jeder Angabe in der Eintragungsbewilligung zulässig, die den Gegenstand oder den Inhalt des Sondereigentums betrifft. Vereinbarte **Veräußerungsbeschränkungen** iSv § 12 WEG sind allerdings ausdrücklich einzutragen (§ 3 Abs. 2 Halbs. 2 WGV).

54 **bb) Gegenstand des Sondereigentums.** Was unter dem Gegenstand des Sondereigentums zu verstehen ist, ergibt sich aus § 5 Abs. 1–3 (Räume, Bestandteile, Anlagen und Einrichtungen; näher § 5 Rn 7 ff.). Bedeutsam ist insoweit insbesondere die **Bauzeichnung** (Aufteilungsplan) iSv Abs. 4 S. 1 Nr. 1, in welcher die dem Sondereigentum zugeordneten Räume im Einzelnen bezeichnet sind.

55 **cc) Spätere Veränderungen des Gegenstands des Sondereigentums.** Bezeichnet die ursprüngliche Eintragung im Bestandsverzeichnis des Grundbuchs das Sondereigentum konkret, so genügt es bei einer späteren Änderung nicht, wenn wegen dieser **Änderung** selbst auf die Eintragungsbewilligung Bezug genommen wird. Für den unbefangenen Nutzer entsteht dann nämlich der Eindruck, dass der Bestand des Sondereigentums unverändert sei.[46]

56 **dd) Inhalt des Sondereigentums.** Zum Inhalt des Sondereigentums zählen auch die **Gemeinschaftsordnung** sowie eintragungsfähige **Vereinbarungen.**[47] Auf sie kann daher nach Abs. 3 Bezug genommen werden.

---

[44] Bärmann/Seuß/*Schneider* A Rn 288; aA 10. Aufl.; BayObLGZ 1998, 39 = NJW-RR 1998, 735; s. zum Ganzen auch § 1 Rn 32.

[45] LG Münster NJW-RR 2009, 1242 f. = NZM 2009, 640.

[45a] OLG Düsseldorf NJW-RR 2009, 1095, 1096 = NZM 2009, 585, 586.

[46] BGH NJW 2007, 3777, 3778.

[47] Zu Sondernutzungsrechten s. OLG Frankfurt NotBZ 2007, 330, 331.

Dagegen wirken **Beschlüsse** der WEer und **richterliche Entscheidungen** (§ 10 Abs. 4 iVm §§ 23, 43) auch ohne Eintragung und damit auch ohne Bezugnahme im Grundbuch gegenüber Sondernachfolgern (s. dazu auch Rn 37 f.). 57

c) Wirkung der Bezugnahme. Durch die Bezugnahme werden die in Bezug genommenen Unterlagen **Teil der Eintragung** im Wohnungs- oder Teileigentumsgrundbuch. Die Bezugnahme umfasst auch den der Eintragungsbewilligung als Anlage beigefügten Aufteilungsplan, der damit zum Inhalt des Grundbuchs wird.[48] Es handelt sich um eine zulässige **doppelte Bezugnahme:** Die Grundbucheintragung nimmt auf die Eintragungsbewilligung und diese wiederum auf den Aufteilungsplan und die Teilungserklärung sowie idR auch auf die Gemeinschaftsordnung Bezug.[49] 58

6. Form der Eintragung

Für die Form, in der die Eintragung zu erfolgen hat, sind die besonderen Vorschriften des § 3 WGV, insbesondere Abs. 3–7, sowie die §§ 1 ff. GbVfg maßgebend. Diese Besonderheiten beziehen sich ausschließlich auf das **Bestandsverzeichnis.** Die darin unter dem Eintragungsvermerk in Spalte 6 stehenden Unterschriften decken auch den das Sondereigentum betreffenden Eintragungsvermerk in Spalte 3 des Bestandsverzeichnisses.[50] 59

Eine Abweichung ergibt sich für den Fall der Anlegung eines **gemeinschaftlichen Wohnungs- oder Teileigentumsgrundbuchs** gem. Abs. 2. Zunächst gilt dies hinsichtlich der Aufschrift unter der Blattnummer (gemeinschaftliches Wohnungs- bzw. Teileigentumsgrundbuch); sodann sind auch die Angaben über die Einräumung von Sondereigentum sowie über den Gegenstand und Inhalt des Sondereigentums als Bezeichnung des Gemeinschaftsverhältnisses iSv § 47 GBO gem. § 9 lit. b GbVfg. in den Spalten 2 und 4 der I. Abteilung einzutragen (s. im Einzelnen Anlage 2 zur WGV). Der **Unterschied** zum einzelnen Wohnungsgrundbuch besteht darin, dass bei diesem der Eintrag über die Einräumung von Sondereigentum und über Gegenstand und Inhalt des Sondereigentums in Spalte 3 des Bestandsverzeichnisses erfolgt, beim gemeinschaftlichen Wohnungsgrundbuch dagegen in der I. Abteilung, Spalten 2 bis 4. Das angegebene Muster in Anlage 2 zur WGV erscheint insofern unvollständig, als es nur davon spricht, dass jeder Miteigentumsanteil mit Sondereigentum an einer Wohnung des Hauses verbunden sei. Abs. 1 S. 2 stellt aber klar, dass „das zu dem Miteigentumsanteil gehörende Sondereigentum einzutragen ist"; daraus ergibt sich, dass eine in irgendeiner, wenn auch nur generellen Weise spezifizierte Bezeichnung der zum Sondereigentum gehörenden Räume erfolgen muss. 60

Im Übrigen enthält § 8 GbVfg einige Vorgaben für die Eintragung der Miteigentumsanteile und damit auch für Wohnungseigentumsrechte (als qualifizierte Miteigentumsanteile).[51] Zu beachten sind – auch mit Blick auf § 3 WGV – insbesondere die Vorgaben zur Führung des Bestandsverzeichnisses in **Spalten 1, 2, 3:** Miteigentumsanteil, Sondereigentum, Grundstücksbezeichnung, **Spalte 4:** Größe des Grundstücks, **Spalten 5 und 6:** rechtliches Schicksal des Miteigentumsanteils und des Grundstücks, ausgenommen Teilveräußerungen von Miteigentumsanteilen oder Veräußerung von Grundstücksanteilen. Für Spalte 6 kommen insbesondere in Betracht: Übergang des Miteigentumsanteils vom Grundstücks-Grundbuchblatt auf das Wohnungsgrundbuch; Veränderungen des Miteigentumsanteils; Inhalt des Sondereigentums; Veränderungen am Grundstücksbestand; Berichtigungen der Bestandsangaben des Grundstücks; **Spalten 7 und 8** für Veränderungen des Miteigentumsanteils und des Sondereigentums, die ihrer rechtlichen Natur nach den 61

[48] BGHZ 130, 159 = NJW 1995, 2851; BGHZ 177, 388, 341 ff. = NJW 2008, 2982 Rn 12; Staudinger/*Rapp* Rn 39.

[49] BGH ZfIR 2004, 1006, 1007; OLG Stuttgart Rpfleger 1981, 109; OLG Schleswig ZMR 2004, 68; Riecke/Schmid/*Schneider* Rn 20.

[50] OLG Celle DNotZ 1971, 305 = Rpfleger 1971, 184.

[51] Zu Einzelheiten s. KEHE/*Eickmann* § 8 V Rn 2 ff.

Abschreibungen bei Grundstücken entsprechen, ferner Abschreibungen von Grundstücksteilen (Spalte 7: lfd. Nr.); Spalte 8: Abschreibungsvermerk: Teilveräußerung oder Teilung des Miteigentumsanteils; auch Verschiebungen im Sondereigentum oder Änderungen des Miteigentumsanteils, z. B. auch Umschreibung von im Sondereigentum stehenden Räumen von einem Miteigentum auf ein anderes; Abschreibung des ganzen Miteigentumsanteils samt Sondereigentum (also des WEs); Aufhebung der Sondereigentumsrechte nach § 4 (Durchführung erfolgt durch rotes Unterstreichen).

62 Für das **Wohnungs- und Teileigentumsgrundbuch** gilt Entsprechendes. Beim **gemeinschaftlichen** Wohnungsgrundbuch (Teileigentumsgrundbuch) sind keine Besonderheiten zu beachten. Das bisherige Grundbuchblatt wird als gemeinschaftliches Wohnungs- oder Teileigentumsgrundbuch weitergeführt, wenn weitere Grundstücke dort nicht eingetragen sind.[52]

63 Ein Hinweis oder eine Bezeichnung oder Beschreibung des Inhalts des **Gemeinschaftseigentums,** der gemeinschaftlichen Anlagen, Einrichtungen oder Teile erfolgt im Grundbuch selbst nicht. S. aber Rn 68 zum Aufteilungsplan.

7. Bekanntmachung der Eintragung

64 Nach § 55 GBO ist jede Eintragung dem **eingetragenen Eigentümer** bekanntzumachen. Auch das **Katasteramt** ist nach der AVRJM[53] über die Anlegung der Wohnungs- und Teileigentumsgrundbuchblätter zu informieren. Dabei ist der Gegenstand des Sondereigentums in zusammengefasster Form zu bezeichnen.[54]

65 Bei einer **späteren Eintragung** auf einem bestimmten Wohnungsgrundbuch sind **alle übrigen WEer** zu benachrichtigen. Dies gilt grds. auch dann, wenn eine Veränderung am Gegenstand des Sondereigentums nur den betreffenden WEer und ggf. seinen in die Änderung einbezogenen Nachbarn unmittelbar betrifft, da jede Veränderung am Sondereigentum das Gesamtverhältnis der Miteigentümer berührt. Dies gilt freilich dann nicht, wenn es lediglich um eine **Belastung** ohne Inhaltsänderung geht.

66 Der einzelne WEer kann allgemein oder im Einzelfall auf die Bekanntmachung **verzichten.** Für den Verzicht gilt die Formvorschrift des § 29 GBO nicht.

8. Schließung des Grundbuchs des Grundstücks

67 Für die Schließung des Grundbuchs des Grundstücks gelten mangels spezieller Vorschriften die §§ 34–36 GbVfg. Die **Schließung** des Grundbuchs des Grundstücks kann nur dann unterbleiben, wenn keine einzelnen Wohnungsgrundbücher vorgesehen sind, sondern ein **gemeinschaftliches Wohnungsgrundbuch** angelegt werden soll (s. unten Rn 70) oder wenn im Grundbuch des betroffenen Grundstücks noch weitere Grundstücke verzeichnet sind (§ 4 Abs. 1 GBO).

68 Sind auf dem Grundbuchblatt **weitere Grundstücke** eingetragen, so hat die Schließung zu unterbleiben (s. auch § 34 b GBVfg.).

69 Nach § 36 GbVfg. erfolgen **Durchkreuzung** und **Schließungsvermerk** unter Angabe des Grundes, gleichzeitig mit der Anlegung der Wohnungsgrundbücher. Der Schließungsvermerk mit Grundangabe wird in der Aufschrift eingetragen; die rote Durchkreuzung erfolgt auf sämtlichen Blättern des Grundbuchs des Grundstücks. Damit hört dieses Grundbuch auf zu bestehen. Wirksame Eintragungen können dann dort nicht mehr vorgenommen werden; auch eine **Wiedereröffnung** ist nicht möglich. Dagegen kann, z. B. bei Auflösung des WEs, für das Grundstück ein neues Grundbuchblatt angelegt werden (§ 37 GbVfg.).[55]

[52] S. im Übrigen § 7 WGV.
[53] Vom 20. 1. 1940, DJ S. 214.
[54] S. z. B. LV d. JM v. Rhl.-Pf. v. 8. 6. 1953, JustBl. S. 49.
[55] S. im Übrigen auch § 9.

IV. Ausnahme: Gemeinschaftliches Grundbuchblatt (Abs. 2)

Zu dem in **Abs. 2 S. 1** genannten Merkmal „wenn Verwirrung nicht zu besorgen ist“, s. schon oben Rn 30. Das Grundbuchamt entscheidet hierüber nach seinem **Ermessen.**[56] Ein gemeinschaftliches Wohnungsgrundbuch kommt dann von vornherein nicht in Betracht, wenn unterschiedliche Belastungen bestehen oder eine große Zahl von Beteiligten vorhanden ist. 70

Nach **Abs. 2 S. 2** sowie **§ 7 WGV** sind in der Aufschrift unter die Blattnummer die Worte „gemeinschaftliches Wohnungsgrundbuch“ oder „gemeinschaftliches Teileigentums-Grundbuch“ oder „gemeinschaftliches Wohnungs- und Teileigentums-Grundbuch“ (im Falle des § 2 S. 2 WGV) zu setzen. Die Angaben über die Einräumung von Sondereigentum sowie über Gegenstand und Inhalt des Sondereigentums sind nicht, wie beim einzelnen Wohnungsgrundbuch, in Spalte 3 des Bestandsverzeichnisses zu setzen, sondern als Gemeinschaftsverhältnis iSv § 47 GBO gemäß § 9 lit. b GbVfg. in den **Spalten 2 und 4** der I. Abteilung einzutragen. Dabei dürfte es richtig sein, auch in der Spalte 2 der I. Abteilung in diesem Falle das mit jedem Miteigentumsanteil verbundene Sondereigentum zu bezeichnen und es nicht bei einer allgemeinen Formulierung zu belassen, wie derjenigen in Anlage 2 zur WGV (Jeder Miteigentumsanteil ist verbunden mit Sondereigentum an einer Wohnung des Hauses). 71

In der **Praxis** ist Abs. 2 angesichts der Anforderung, dass keine Verwirrungsgefahr bestehen darf, nicht von Bedeutung.[57] 72

V. Voraussetzungen der Eintragung

1. Eintragungsantrag

Maßgebend für den Eintragungsantrag ist § 13 GBO. Der Antrag bedarf keiner besonderen Form. Für Berichtigungsanträge eines Vollstreckungsgläubigers ist § 14 GBO maßgeblich. Der **Notar** ist zur Antragstellung nach § 15 GBO berechtigt, wenn er die Erklärung beurkundet oder beglaubigt hat. Die Anträge sind vom Grundbuchamt in der zeitlichen **Reihenfolge** ihres Eingangs zu vollziehen (§ 17 GBO); der Antragsteller kann allerdings bei mehreren von ihm gestellten Anträgen die Reihenfolge ihres Vollzugs bestimmen (§ 16 Abs. 2 GBO). Im Übrigen ist der Antrag **bedingungs- und befristungsfeindlich** (§ 16 Abs. 1 GBO). 73

2. Eintragungsbewilligung

§ 19 GBO stellt das sog. **formelle Konsensprinzip** auf, d. h. maßgeblich ist die formelle Bewilligung des von der Eintragung betroffenen, im Grundbuch eingetragenen Berechtigten. An der Geltung des formellen Konsensprinzips für WE besteht kein Zweifel. Umstritten ist hingegen, ob bei der Begründung von WE auch § 20 GBO (sog. **materielles Konsensprinzip**) anzuwenden ist. Richtigerweise ist dies zu bejahen (näher § 4 Rn 21 f.). 74

Die Eintragungsunterlagen müssen in der **Form des § 29 GBO** vorgelegt werden, also entweder notariell beglaubigte oder öffentliche Urkunden sein. Im Übrigen sind die Nachweise durch öffentliche Urkunden zu führen; dies gilt auch entsprechend für die Anlagen zum Antrag iSv Abs. 4. Die Vorlage eines formgerechten **Auszugs** (§ 49 Abs. 5 BeurkG) aus einer notariellen Urkunde genügt für den grundbuchmäßigen Vollzug der Eigentumsumschreibung.[58] Einzelheiten über den Inhalt des Sondereigentums sind – abgesehen von Verfügungsbeschränkungen nach § 12 (s. dazu Rn 19) – nicht einzutragen.[59] Im Fall der 75

---

56 Meikel/*Böttcher* § 4 Rn 12 ff.
57 Riecke/Schmid/*Schneider* Rn 27.
58 BayObLG MittBayNot 1981, 70.
59 OLG Hamm MittRhNotK 1984, 241.

Begründung von Sondernutzungsrechten kann aber ein kurzer und aussagekräftiger Vermerk im Bestandsverzeichnis sinnvoll sein.

76 Die dem Grundbuchamt eingereichte **Teilungserklärung** iSv § 8 kann als Eintragungsbewilligung gewertet werden.[60] Dies gilt auch für die Zuweisung von **Sondernutzungsrechten** als Inhalt des Sondereigentums.[61]

3. Aufteilungsplan (Abs. 4 S. 1 Nr. 1)

77 **a) Überblick.** Gem. Abs. 4 S. 1 ist der Eintragungsbewilligung als Anlage ein **Aufteilungsplan** beizufügen.[62]

78 Das Erfordernis eines Aufteilungsplans ist Ausdruck des sachen- und grundbuchrechtlichen **Bestimmtheitsgrundsatzes.**[63] Er dient dazu, die in der Teilungserklärung niedergelegte wörtliche Abgrenzung von Sonder- und Gemeinschaftseigentum anhand einer zeichnerischen Darstellung vornehmen zu können. Durch zulässige Bezugnahme wird der Aufteilungsplan zum **Inhalt des Wohnungsgrundbuchs** (s. Rn 58). Geht es um die Abgrenzung von Sonder- und Gemeinschaftseigentum, so nimmt der Aufteilungsplan am öffentlichen Glauben des Grundbuchs teil.[64] Der Aufteilungsplan muss nicht bereits bei der Beglaubigung der Teilungserklärung als Anlage beigeheftet sein. Vielmehr genügt es, wenn er bis zur **Eintragung** vorgelegt und die Zusammengehörigkeit von Aufteilungsplan und Eintragungsbewilligung verdeutlicht wird (zur Prüfungspflicht des Grundbuchamts hinsichtlich der Übereinstimmung mit dem vorläufigen Aufteilungsplan s. Rn 125 a).[65]

79 Fraglich ist, ob es eines Aufteilungsplanes (und einer Abgeschlossenheitsbescheinigung) bedarf, wenn auf demselben Grundstück zwei oder **mehrere Gebäude,** die schon dem Augenschein nach völlig in sich abgeschlossen sind, errichtet und in WE verschiedenen Berechtigten übertragen wurden. Für den Falle eines Dauerwohnrechts an einem Gesamtgebäude auf einem Grundstück (§ 32 Abs. 2 S. 2 Nr. 2) hat das OLG Münster die Notwendigkeit einer Abgeschlossenheitsbescheinigung verneint.[66] Zur Begründung hat es darauf verwiesen, eine solche Bescheinigung habe nur dann einen Sinn, wenn der Berechtigte nicht zur Benutzung des gesamten Grundstücks befugt ist.

80 Stellungnahme: Die Rspr. des OLG Münster lässt sich nicht auf WE an **selbstständigen Gebäuden** auf demselben Grundstück übertragen. Außerdem ist für WE denkbar, dass Räume eines Hauses zum WE des anderen Hauses gehören.[67]

81 **b) Inhalt der Bauzeichnung. aa) Grundlagen.** Die „Allgemeine Verwaltungsvorschrift für die Ausstellung von Bescheinigungen gemäß § 7 Abs. 4 Nr. 2 und § 32 Abs. 2 Nr. 2 des WEG“[68] von 1974 – AVA – enthält in Nr. 2 Angaben über die Anforderungen, die an die **Bauzeichnung** iSv Abs. 4 S. 1 Nr. 1 gestellt werden.[69] Es ist eine Bauzeichnung in zweifacher Ausfertigung im Maßstab von mindestens 1 : 100 anzufertigen. Bei **bestehenden Gebäuden** muss die Zeichnung eine Baubestandszeichnung sein, d. h. es muss der derzeitige Bauzustand zutreffend wiedergegeben werden.[70] Bei **zu errichtenden Gebäuden** muss sie den bauaufsichtsrechtlichen Vorschriften entsprechen. Aus ihr müssen die

---

[60] OLG Hamm MittRhNotK 1984, 241, 242.

[61] OLG Hamm MittRhNotK 1984, 241, 242; OLGR Düsseldorf 2001, 524.

[62] Zur „Beifügung“ in praktischer Hinsicht s. *Peter* BWNotZ 1991, 87.

[63] BGHZ 177, 388 = NJW 2008, 2982 Rn 12.

[64] BayObLG DNotZ 1980, 745.

[65] BayObLG NJW-RR 2003, 446 = ZMR 2003, 370, 371; aA Staudinger/*Rapp* Rn 15.

[66] OLG Münster DNotZ 1953, 147, 151.

[67] AA *Soergel/Stürner* Rn 7 zu § 7.

[68] BAnz. Nr. 58 v. 23. 3. 1974; unten abgedruckt in Anh. III 6; s. dazu Hinweise des Bayer. Staatsministeriums des Innern (Oberste Baubehörde) zur Abgeschlossenheitsbescheinigung v. 31. 7. 1997, abgedruckt in WE 1998, 328 m. Anm. *Schmidt.*

[69] Zum Inhalt des Aufteilungsplans s. *Lotter* MittBayNot 1993, 144.

[70] BayVGH ZMR 1998, 469.

Wohnungen, auf die sich das WE (oder Wohnungserbbaurecht, Dauerwohnrecht) beziehen soll, sowie die nicht zu Wohnzwecken dienenden Räume, auf die sich das TE (Teilerbbaurecht oder Dauernutzungsrecht) beziehen soll, ersichtlich sein.

bb) Eindeutige Zuordnung von Sondereigentum und Sondernutzungsrechten. **82**
Alle zu demselben WE (TE, Wohnungserbbaurecht etc.) gehörenden Einzelräume sind in der Bauzeichnung mit der jeweils **gleichen Nummer** zu bezeichnen (Abs. 4 S. 1 Nr. 1 Halbs. 2, ebenso Nr. 3 AVA). Mit dieser durch die Novelle von 1973 eigens eingefügten Klarstellung soll eine eindeutige Zuordnung gewährleistet werden.[71] **Einzelräume** sind insbesondere Keller, Speicher, Trockenboden, Garagen oder Kfz-Stellplätze.[72] Dazu zählen aber auch die Räume der Wohnung selbst.[73] Das sinnvolle und einfach zu wahrende Erfordernis der Nummerierung aller Räume kann entgegen verbreiteter Ansicht[74] nicht durch eine farbige Umrandung oder Ausfüllung der Gesamtfläche unter gleichzeitiger Zuordnung einer Nummer ersetzt werden;[75] dagegen spricht neben der klaren gesetzlichen Vorgabe auch der Umstand, dass es im Hinblick auf tragende Zwischenwände zu einer sachenrechtlichen Unschärfe käme.[76] Wenn es bisweilen sogar für ausreichend angesehen wird, dass „aus dem Aufteilungsplan ggf. im Zusammenhang mit der TE"[77] die Zuordnung erkennbar werde, wofür auch die textliche Auflistung genügen könne, so widerspricht dies dem Gesetz, ohne dass eine Notwendigkeit hierfür erkennbar würde. Gegen das Nummerierungsgebot lässt sich auch nicht anführen, dass spätere Veränderungen von Abs. 4 S. 1 Nr. 1 Halbs. 2 ohnehin nicht erfasst werden, so dass es etwa bei einem späteren Tausch von Kellerräumen zu wohnungsabweichenden Nummern kommen könne. Dies ist in solchen Fällen nämlich im Grundbuch dokumentiert. Auch der Vergleich zur Entstehung von Sondereigentum bei planabweichender Bauerrichtung (s. § 2 Rn 75) überzeugt nicht, da es bei Abs. 4 S. 1 Nr. 1 Halbs. 2 um die vorgelagerte Frage der Anforderungen an die Grundbucheintragung geht. Das Nummerierungsgebot ist nach seinem Wortlaut und Zweck keine reine Ordnungsvorschrift;[78] vielmehr hat es weit reichende praktische Folgen: WE kann nicht im Grundbuch eingetragen werden, wenn zum Sondereigentum an Wohnungen Kellerräume gehören und diese im Aufteilungsplan nicht mit den gleichen Nummern bezeichnet sind wie die Wohnräume.[79]

Die Regeln zur einheitlichen Nummerierung gelten entsprechend für ein dem WE **83**
zugeordnetes **Sondernutzungsrecht.**[80] So wird gewährleistet, dass die Zuordnung mit der erforderlichen Bestimmtheit erfolgt. Dabei ist die **Fläche,** auf die sich das Sondernutzungsrecht bezieht, ausreichend bestimmt bezeichnet, wenn in der Eintragungsbewilligung auf die in einem beiliegenden Plan eingezeichnete Fläche Bezug genommen wird.[81] Es gelten mithin die Anforderungen, die im Allgemeinen an Grunddienstbarkeiten gestellt werden.[82]

---

[71] Riecke/Schmid/*Elzer* § 3 Rn 57; zu dieser Zielsetzung s. auch BGH ZMR 2004, 206, 207.

[72] LG Düsseldorf Rpfleger 1977, 30 = ZMR 1980, 63; OVG Lüneburg NJW-RR 1986, 815.

[73] LG Heilbronn BWNotZ 1976, 125.

[74] MünchKomm-BGB/*Commichau* Rn 33; *Grziwotz* DNotZ 2009, 405, 407 f.; NKV/*Vandenhouten* Rn 23; § 1 Rn 13; Staudinger/*Rapp* Rn 20. S. auch *Hügel* (RNotZ 2009, 49, 50), der entscheidend darauf abstellt, ob für einen objektiven Betrachter klar ist, welche Räume zu einer Sondereigentumseinheit zählen. *Grziwotz* (DNotZ 2009, 405, 407) hält selbst eine farbige Umrandung für nicht erforderlich, wenn der Zusammenhang der Einheit jedem Betrachter erkennbar ist.

[75] Riecke/Schmid/*Schneider* Rn 91. Zu Grenzen des Nummerierungsgebots bei Verbindung mehrerer Raumeinheiten mit einem Miteigentumsanteil s. LG Passau MittBayNot 2004, 264.

[76] Letzteres räumt auch *Grziwotz* DNotZ 2009, 405, 406 f. ein.

[77] *Grziwotz* DNotZ 2009, 405, 408; zu Recht strenger noch Erman/*Grziwotz* Rn 3.

[78] AA ohne nähere Begründung OLG Düsseldorf ZMR 2004, 611, 612; Staudinger/*Rapp* Rn 20.

[79] BayObLG Rpfleger 1982, 21.

[80] OLG Düsseldorf ZMR 2004, 611, 612; *Ertl* Rpfleger 1979, 81, 83.

[81] BayObLG DNotZ 1998, 386.

[82] Staudinger/*Rapp* Rn 19.

84 Außerdem sollen **Eintragungsbewilligung und Aufteilungsplan** hinsichtlich der Nummerierung des Sondereigentums übereinstimmen.

85 **cc) Abgeschlossenheit.** Nach **Nr. 5 AVA** muss aus der Bauzeichnung weiter ersichtlich sein, dass die Wohnungen oder die nicht zu Wohnzwecken dienenden Räume in sich **abgeschlossen** sind. Zu diesem Erfordernis s. § 3 Rn 54 ff.

86 **dd) Sonder- und Gemeinschaftseigentum.** Die Bauzeichnung hat sämtliche Stockwerke, in welchen Sondereigentums-Räume liegen, zu umfassen, also auch Keller und Dachgeschoss.[83] Es müssen aus ihr aber auch die nicht zu Sondereigentum erklärten Räume und Einrichtungen ersichtlich sein. Diese Verzeichnung des **Gemeinschaftseigentums** ist deshalb zu verlangen, weil anderenfalls ein Dritter nicht klären könnte, was nach dem Willen der Beteiligten zum Gemeinschaftseigentum gehören soll.[84] Bei einem **Garagengebäude** muss der genaue Standort aus dem Aufteilungsplan, zumindest aber aus der Teilungserklärung, hervorgehen.[85]

87 Die Bauzeichnung muss **Lage (Standort) und Größe** beschreiben; auch dies gilt sowohl hinsichtlich des Sonder- als auch des Gemeinschaftseigentums.[86] Zur Vorlage eines Lageplans s. Rn 89.

88 Die **Farbumrandungen** im Aufteilungsplan bezeichnen jeweils lediglich die Räume, die WEern zu Sondereigentum zugeteilt sind.[87] Sie enthalten keine Aussage darüber, dass auch Außenwände oder tragende Wände im Sondereigentum stehen sollen.[88] Beide sind schon wegen § 5 Abs. 2 zwingendes Gemeinschaftseigentum (s. § 5 Rn 30).

89 Einzureichen ist idR über den Gesetzeswortlaut hinausgehend ein **amtlicher Lageplan.**[89] Dies gilt nicht nur dann, wenn auf dem Grundstück zwei oder mehrere **selbstständige Bauwerke** errichtet wurden.[90] Auch ansonsten ist es geboten, der Teilungserklärung einen das gesamte Grundstück umfassenden Plan beizufügen, so dass ersichtlich ist, welche im Gemeinschaftseigentum verbleibenden unbebauten Grundstücksteile vorhanden sind und ob uU ein Grenzüberbau vorliegt.

90 **ee) Art der Zeichnungen.** Die Bauzeichnung besteht im Allgemeinen aus **Grundrissen** der einzelnen Stockwerke und einer **Gesamtansicht** des Gebäudes.[91] Die Rspr. verlangt grds. auch **Schnitte** und Ansichten.[92] Bei eingeschossigen Nebengebäuden, z. B. Garagen, können Aufriss und Querschnitt genügen. Für **selbstständige Garagenbauwerke,** die Gemeinschaftseigentum werden sollen, genügt den gesetzlichen Anforderungen an den Aufteilungsplan und dem sachenrechtlichen Bestimmtheitsgrundsatz ein **Grundriss,** aus dem sich Lage und Größe ersehen lassen; Ansichten und Schnitte sind nicht stets erforderlich.[93]

91 **ff) Unterschrift und Siegel/Stempel.** Die Bauzeichnung ist von der zuständigen Baubehörde mit Unterschrift und Siegel oder Stempel zu versehen.[94] Die **Unterschrift** hat

---

[83] BayObLG ZMR 1998, 43; s. auch *F. Schmidt* MittBayNot 1997, 276.

[84] OLG Frankfurt OLGZ 1980, 416 = Rpfleger 1980, 391.

[85] OLG Hamm NJW 1976, 1752; OLG Düsseldorf ZMR 2000, 398; aA *Röll* DNotZ 1977, 643.

[86] OLG Frankfurt OLGZ 1980, 416 = Rpfleger 1980, 391; Riecke/Schmid/*Schneider* Rn 88 (bzgl. Gebäude).

[87] LG Frankenthal MittBayNot 1978, 60.

[88] LG Frankenthal MittBayNot 1978, 60, 61.

[89] OLG Hamm Rpfleger 1976, 317; OLG Bremen DNotZ 1980, 489; *Bub* WE 1991, 124, 125; Riecke/Schmid/*Schneider* Rn 88; *Sauren* Rpfleger 1985, 261, 266; aA NKV/Vandenhouten Rn 25; ferner (nur Empfehlung) 9. Aufl. Rn 71; *Röll* DNotZ 1977, 643; *Schöner/Stöber* Rn 2855.

[90] Für diesen Fall OLG Bremen Rpfleger 1980, 68 = DNotZ 1980, 489.

[91] LG Köln MittRhNotK 1984, 16.

[92] BayObLGZ 1981, 159 = DNotZ 1980, 747; BayObLG ZMR 1998, 43; LG Köln MittRhNotK 1984, 16.

[93] BayObLG NJW-RR 1993, 1040; OLG Düsseldorf ZMR 2000, 398.

[94] Zur Unterscheidung von Siegel und Stempel s. *Bertzel* DNotZ 1951, 455.

durch einen zeichnungsberechtigten Angehörigen der zuständigen Baubehörde zu erfolgen. Beim **Siegel** handelt es sich um ein eingedrücktes Zeichen auf Oblate oder Papierstück; der **Stempel** erfolgt durch Farbabdruck.

Eine **Bescheinigung** über die Richtigkeit des Aufteilungsplanes oder über die Übereinstimmung mit den tatsächlichen Verhältnissen wird hingegen nicht verlangt. Bestätigt die Baubehörde **nach Errichtung des Gebäudes** den vor Baubeginn erstellten Aufteilungsplan, so ist damit dem Erfordernis des Abs. 4 S. 1 Nr. 1 grds. auch dann Genüge geleistet, wenn dies auf einem Exemplar des Eingabeplans geschieht.[95] **92**

c) Rechtswirkungen des Aufteilungsplans. Da die Bauzeichnung als Anlage der Eintragungsbewilligung beizufügen ist, bildet sie einen **Bestandteil** derselben.[96] Dies bedeutet nicht, dass eine Planzeichnung, auf die zur weiteren Bestimmung des Inhalts einer Teilungserklärung verwiesen wird, immer in der Form der §§ 9, 13, 44 BeurkG (vorzulesende Niederschrift, Verbindung mit Schnur und Prägesiegel) beurkundet sein muss. Es genügt vielmehr, dass beide dem Grundbuchamt bei der Anlegung der Wohnungsgrundbücher **vorliegen.**[97] **93**

Die **Bezugnahme** auf die Eintragungsbewilligung im Eintragungsvermerk des Grundbuchs umfasst also auch die Bezugnahme auf den Aufteilungsplan (Bauzeichnung). Der Aufteilungsplan wird damit zum **Inhalt** des Wohnungsgrundbuchs und bestimmt den Gegenstand des Sondereigentums.[98] Dies bedeutet, dass eine **Änderung** dieses Aufteilungsplanes das Grundbuch unrichtig macht; alle betroffenen Miteigentümer haben dann einen Anspruch auf Grundbuchberichtigung gem. § 894 BGB.[99] **94**

Für die **Abgrenzung von Gemeinschafts- und Sondereigentum** ist allein die Grundbucheintragung in Verbindung mit den zulässigerweise in Bezug genommenen Eintragungsunterlagen (Teilungserklärung, Aufteilungsplan) maßgebend.[100] Weicht die tatsächliche **Bauausführung** vom Aufteilungsplan ab, dann gilt Folgendes (s. näher § 2 Rn 70 ff.): Wird das gesamte Gebäude abweichend vom Aufteilungsplan **an anderer Stelle** auf dem Grundstück errichtet, so entsteht sachenrechtlich dann substanzhaltiges Sondereigentum, wenn Gemeinschafts- und Sondereigentum zweifelsfrei abgrenzbar sind.[101] Werden Räume, die im gemeinschaftlichen Eigentum stehen, baulich in eine **Wohnung** einbezogen, dann führt dies auch dann nicht kraft Gesetzes zur Entstehung von Sondereigentum, wenn es unverschuldet oder mit Zustimmung der übrigen WEer geschieht. Die gesetzlichen Vorschriften über den **Überbau** sind insoweit nicht entsprechend anwendbar.[102] Auch räumliche Verschiebungen innerhalb ein und derselben Wohnung bleiben ohne Rechtswirkung. **95**

Fehlt es im Zeitpunkt der Eintragung im Grundbuch an einer **eindeutigen Bezeichnung** einer **Garage** als Sondereigentum, so entsteht insoweit Gemeinschaftseigentum.[103] Dasselbe gilt, wenn ein **Balkon,** der nach der Absicht des teilenden Eigentümers Sondereigentum werden sollte, weder in der Teilungserklärung noch im Aufteilungsplan hinreichend als Sondereigentum bezeichnet ist (s. dazu § 5 Rn 55).[104] Dies auch dann, wenn in **96**

[95] BayObLG MittBayNot 1984, 130 = Rpfleger 1984, 314.

[96] OLG Frankfurt Rpfleger 1978, 380, 381.

[97] OLG Zweibrücken MittBayNot 1983, 242, 243.

[98] BayObLG Rpfleger 1982, 21; Rpfleger 1993, 488, 489 = DNotZ 1993, 741; OLG Stuttgart OLGZ 1981, 160, 161 = Rpfleger 1981, 109.

[99] OLG Karlsruhe DNotZ 1973, 235.

[100] BGH ZMR 2008, 897, 898; BayObLG NJW-RR 1991, 1356; OLG Hamburg ZWE 2002, 592, 594 = NZM 2003, 110.

[101] BayObLG NJW-RR 1990, 332; OLG Hamburg ZWE 2002, 592, 594 = NZM 2003, 110.

[102] BayObLG ZMR 1993, 423, 424 = DNotZ 1993, 741.

[103] BayObLG NJW 1974, 152; OLG Frankfurt Rpfleger 1978, 380.

[104] OLG Frankfurt ZMR 1997, 367 = NJWE-MietR 1997, 249; LG Wuppertal RNotZ 2009, 48 m. krit. Anm. *Hügel.*

der Teilungserklärung als Gegenstand des Sondereigentums „ein ebenfalls dazugehöriger **Hobbyraum** im Keller" angegeben ist, dieser Raum jedoch im Aufteilungsplan nicht durch Nummerierung (zu den Anforderungen s. Rn 82 ff.) als dieser Einheit zugeordnet gekennzeichnet ist.[105]

97 Im Falle eines **Widerspruchs zwischen Teilungserklärung und Aufteilungsplan** entsteht insoweit grds. kein Sondereigentum (s. bereits Rn 15; zur Vermutung für Gemeinschaftseigentum s. § 1 Rn 53).[106] Es existiert **kein genereller Vorrang** eines der einander widersprechenden Erklärungsinhalte.[107] Ist also die betreffende Wohnung in der **Teilungserklärung** als Sondereigentum, im Aufteilungsplan aber als Gemeinschaftseigentum aufgeführt, so ist Sondereigentum an den betroffenen Räumen nicht entstanden.[108] Umgekehrt besteht auch an Räumen, die nur im **Aufteilungsplan** als Sondereigentum bezeichnet sind, Gemeinschaftseigentum.

98 Wenn dagegen bei der Begründung von WE ein im Dachgeschoss gelegener Trockenboden im Aufteilungsplan mit der **gleichen Nummer** wie das WE gekennzeichnet wird, gebietet es der Bestimmtheitsgrundsatz nicht, dass der Trockenboden in der Teilungserklärung bei der wörtlichen Beschreibung des Gegenstands von Sondereigentum nochmals erwähnt wird. Vielmehr ist insofern die Bezugnahme in der Eintragungsbewilligung eindeutig.[109]

99 Wird nur die in der Teilungserklärung vorgenommene Aufteilung des Grundstücks und die dieser als Anlage beigefügte Gemeinschaftsordnung zur Eintragung ins Grundbuch bewilligt und beantragt, so werden **andere Bestimmungen** in der Teilungserklärung nicht Gegenstand der Grundbucheintragung. Sie wirken daher nicht gegenüber einem Sondernachfolger. Dieser muss sie sich freilich entgegenhalten lassen, wenn er im Kaufvertrag in alle Rechte und Pflichten aus der Teilungserklärung eingetreten ist.[110]

100 Der Aufteilungsplan unterliegt dem **öffentlichen Glauben,** soweit es um die Abgrenzung von Sonder- und Gemeinschaftseigentum geht.[111] Ein bei Begründung von Sondereigentum **nicht vorliegender Aufteilungsplan,** auf den später in den Wohnungsgrundbüchern Bezug genommen wird, wird durch diese Bezugnahme zum Inhalt des Grundbuchs und nimmt an dessen öffentlichem Glauben teil. Durch nachfolgenden gutgläubigen Erwerb wird ein solcher Gründungsmangel geheilt.[112]

101 Dagegen kann das nicht mit dem gesetzlich gebotenen oder mit unzulässigem **Inhalt** begründete WE weder gutgläubig noch durch Zuschlag in der Zwangsversteigerung erworben werden.[113] Die Zwangsversteigerung eines WEs hat auch dann zu unterbleiben, wenn sich (etwa bei Erstellung des Wertgutachtens) ergibt, dass durch eine von der Teilungserklärung abweichende Bauausführung **substanzloses WE** entstanden und eine Bewertung des Versteigerungsobjekts unmöglich ist.[114] Freilich kann es sich bei dem WE dann, wenn der WEer einen **Anspruch auf Herstellung** der Substanz hat (s. dazu § 2 Rn 37 f., 69), durchaus um ein der Bewertung zugängliches Vollstreckungsobjekt handeln.

---

[105] BayObLG Rpfleger 1982, 21 = DNotZ 1982, 244.

[106] BGHZ 130, 159, 166 f. = NJW 1995, 2851 = DNotZ 1996, 289 m. Anm. *Röll.*

[107] BGHZ 130, 159, 166 f. = NJW 1995, 2851 = DNotZ 1996, 289 m. Anm. *Röll.* – Für Sondernutzungsrechte billigt OLG Hamburg OLGZ 1990, 308, 312 f. der Teilungserklärung ggü dem Aufteilungsplan den Vorrang zu.

[108] HansOLG Hamburg ZMR 2000, 628 = NZM 2001, 132.

[109] OLG Frankfurt ZMR 1997, 426 = NJW-RR 1997, 1305.

[110] BayObLGZ 2001, 43 = NZM 2001, 753.

[111] BayObLG Rpfleger 1980, 294 = ZMR 1981, 285 = DNotZ 1980, 745; LG Traunstein MittBayNot 1995, 297, 298.

[112] BGH NJW 1990, 847; OLG Karlsruhe NJW-RR 1993, 1293, 1294.

[113] OLG Hamm Rpfleger 1976, 317, 318.

[114] Vgl. LG Kassel Rpfleger 2002, 41.

4. Abgeschlossenheitsbescheinigung (Abs. 4 S. 1 Nr. 2)

a) Allgemeines. Abs. 4 S. 1 Nr. 2 ist die verfahrensrechtliche Umsetzung von § 3 Abs. 2 (zu den inhaltlichen Anforderungen an die Abgeschlossenheit s. § 3 Rn 54 ff.).[115] Ohne Abgeschlossenheitsbescheinigung darf das Grundbuchamt die Begründung von WE nicht vollziehen.[116] § 3 Abs. 2 S. 1 ist eine **Sollvorschrift;** ein Verstoß dagegen macht die Eintragung im Grundbuch nicht ungültig und das Grundbuch nicht unrichtig (§ 3 Rn 57 f.). Vielmehr entsteht auf Grund der Eintragung (entsprechend dem Aufteilungsplan) gleichwohl Sondereigentum.[117] Dies gilt auch dann, wenn die Bescheinigung gemäß § 3 Abs. 2, § 7 Abs. 4 Nr. 2 zu Unrecht oder irriger Weise erteilt worden ist. 102

Zuständig für die Erteilung der Abgeschlossenheitsbescheinigung ist – vorbehaltlich Abs. 4 S. 3 (s. dazu Rn 114) – die **Bauaufsichtsbehörde,** die für die bauaufsichtliche Erlaubnis (Baugenehmigung) und die bauaufsichtlichen Abnahmen zuständig ist, soweit die zuständige oberste Landesbehörde nicht etwas anderes bestimmt. 103

Der AVA ist das Muster einer solchen Bescheinigung als Anlage beigefügt. Diese Bescheinigung soll ausweisen, dass die Voraussetzungen des § 3 Abs. 2 (oder des § 32 Abs. 1) im jeweiligen Falle erfüllt sind. Die Bescheinigung muss – ebenso wie die Bauzeichnung (s. Rn 77 ff.) – als **öffentliche Urkunde** mit Unterschrift sowie Siegel oder Stempel versehen werden. Eine Ausnahme davon besteht in den Fällen des Abs. 4 S. 3 bis 6 (s. dazu Rn 114 ff.). 104

Die Zusammengehörigkeit von Bescheinigung und Aufteilungsplan ist durch **Verbindung** beider mittels Schnur und Siegel oder durch übereinstimmende Aktenbezeichnung ersichtlich zu machen (Nr. 7 S. 4 AVA).[118] 105

b) Rechtsnatur. aa) Praktische Bedeutung des Streits. Umstritten ist, ob es sich bei der Abgeschlossenheitsbescheinigung um einen Verwaltungsakt handelt. **Verwaltungsakt** ist eine hoheitliche Maßnahme auf dem Gebiet des öffentlichen Rechts mit unmittelbarer Außenwirkung. Bedeutsam ist die Frage insbesondere für den Rechtsweg: Handelt es sich um einen Verwaltungsakt (§ 35 S. 1 VwVfG), so stehen dem Grundstückseigentümer die Verpflichtungsklage gem. §§ 42 Abs. 1, 68 Abs. 2 VwGO oder die Untätigkeitsklage gem. § 42 Abs. 1, 75 S. 1 VwGO offen. Anderenfalls ist allein die allgemeine Leistungsklage nach den §§ 40 Abs. 1, 43 Abs. 2 VwGO statthaft. 106

bb) Meinungsstand. Teils wird angenommen, dass die Abgeschlossenheitsbescheinigung ein **Verwaltungsakt** sei, da die Baubehörde dadurch einen Antrag des Grundstückseigentümers ihm gegenüber bescheide.[119] Es handele sich um eine eigenverantwortliche und für das Grundbuchamt bindende Entscheidung. Die ganz überwiegende Ansicht,[120] der sich auch das BVerwG[121] angeschlossen hat, lehnt hingegen die Qualifikation als Verwaltungsakt ab. Demnach ist die Abgeschlossenheitsbescheinigung eine gutachterliche Stellungnahme zu bautechnischen und baurechtlichen Fragen, der keine unmittelbare Regelungswirkung zukommt; es handelt sich demnach um eine sog. **Wissenserklärung.** Eine **differenzierende** Ansicht schließt sich dieser Sichtweise für Bestandsbauten an, während für noch zu errichtende Gebäude von einem Verwaltungsakt auszugehen sein soll.[122] 107

cc) Stellungnahme. Die überwiegende Ansicht überzeugt. Dem Grundbuchamt wird durch die Abgeschlossenheitsbescheinigung keineswegs eine Bindung auferlegt. Vielmehr 108

---

[115] Zu den Notarkosten bei Einholung der Abgeschlossenheitsbescheinigung s. OLG Zweibrücken ZWE 2002, 378.

[116] S. nur BayObLG NJW-RR 1990, 1356.

[117] BayObLG Rpfleger 1980, 295.

[118] LG Köln MittRhNotK 1984, 16.

[119] *Becker* NJW 1991, 2742; 9. Aufl. Rn 73.

[120] Jennißen/*Krause* Rn 20; Riecke/Schmid/*Schneider* Rn 103; Staudinger/*Rapp* Rn 25; Weitnauer/*Briesemeister* Rn 14.

[121] BVerwG NJW-RR 1988, 649 = DNotZ 1988, 702; NJW 1997, 71.

[122] *Trautmann,* in: FS Merle, 2000, S. 313, 318 ff.

geht es lediglich darum, dass die Entscheidung über die Eintragung hinsichtlich der Abgeschlossenheit durch eine sachnähere Behörde vorbereitet wird. Der betroffene Grundstückseigentümer wird dadurch, dass man von einer reinen **Wissenserklärung** ausgeht, auch nicht in seinen Rechtsschutzmöglichkeiten unzumutbar eingeschränkt, da ihm die allgemeine Leistungsklage offen steht (s. Rn 106).

109 **c) Zusammenhang mit öffentlichem Baurecht.** Bei der Erteilung einer Abgeschlossenheitsbescheinigung hat die Baubehörde die **bebauungsrechtliche Zulässigkeit** der errichteten oder zu errichtenden Räume und ihrer Nutzung nicht zu prüfen.[123] Daher können bauplanungsrechtliche Beschränkungen in der **Baugenehmigung** eine Versagung der Abgeschlossenheitsbescheinigung durch die Baubehörde nicht rechtfertigen, denn solche Gesichtspunkte sind bei der Prüfung der Abgeschlossenheit nicht zu erörtern.[124] Dasselbe gilt, wenn öffentlich-rechtliche Regeln der beabsichtigten **Nutzung** entgegenstehen.[125] Dasselbe gilt, wenn ein **Bauverbot** besteht.[126] Auch das **Fehlen einer baurechtlichen Genehmigung** hindert die der Erteilung der Abgeschlossenheitsbescheinigung nicht.[127]

110 Die Vorgabe in Nr. 5 a AVA, wonach Wohnungen nur dann abgeschlossen sind, wenn sie den bauaufsichtsrechtlichen Anforderungen an **Wohnungstrennwände und -decken** entsprechen, sind durch die Grundsatzentscheidung des Gemeinsamen Senats der obersten Gerichtshöfe des Bundes von 1992[128] überholt (s. § 3 Rn 70). Dies gilt sowohl hinsichtlich bestehender als auch noch zu errichtender Gebäude.

111 **d) Kraftloserklärung.** Die **Baubehörde** kann eine irrtümlich erteilte Abgeschlossenheitsbescheinigung für kraftlos erklären. Das **Grundbuchamt** hat diese Erklärung im Eintragungsverfahren jedoch nur dann zu beachten, wenn sich aus ihr in Verbindung mit den übrigen Eintragungsunterlagen ergibt, dass eine Abgeschlossenheit iSv § 3 Abs. 2 nicht vorliegt.[129] Die Baubehörde kann die Eintragung eines Amtswiderspruchs gem. § 53 GBO anregen.

112 **e) Prüfungspflicht des Notars.** Der **Notar** begeht keine Amtspflichtverletzung, wenn er die inhaltliche Richtigkeit einer ihm vorgelegten Abgeschlossenheitsbescheinigung der Baubehörde nicht überprüft, ohne dass besondere Umstände eine Überprüfung nahe legen.[130]

113 **f) Prüfungspflicht des Grundbuchamts.** Nach der hier vertretenen, freilich umstrittenen Ansicht ist das Grundbuchamt nicht an die Abgeschlossenheitsbescheinigung gebunden, sondern berechtigt und verpflichtet, bei konkreten Anhaltspunkten für ihre Unrichtigkeit eine eigene Überprüfung vorzunehmen (s. Rn 122 ff.).

VI. Zuständigkeit von Sachverständigen (Abs. 4 S. 3 bis 6)

114 Für die Bescheinigung des Aufteilungsplans war bis zur WEG-Novelle von 2007 allein die **Baubehörde** zuständig. Der Gesetzgeber von 1951 ging nämlich davon aus, dass WE in erster Linie an noch zu errichtenden Gebäuden begründet wird. Die Baubehörde war demnach ohnehin mit dem Sachverhalt befasst, weil sie für den Bau eine Genehmigung erteilen musste.

---

[123] BVerwG NJW-RR 1988, 649; VG Berlin NZM 1998, 732.
[124] OVG Lüneburg ZfBR 1984, 98 = BauR 1984, 278; *Trendel* BauR 1984, 215, 222.
[125] Vgl. BVerwG NJW-RR 1988, 649; OVG Lüneburg ZfBR 1984, 98, 99 = BauR 1984, 278.
[126] Vgl. BGH Rpfleger 1990, 159.
[127] VGH München NJW-RR 1986, 816.
[128] GS OBG BGHZ 119, 42, 46 = NJW 1992, 3290; damit ist auch die Entscheidung BVerwG NJW 1990, 848 überholt.
[129] BayObLG NJW-RR 1990, 1356, Ergänzung zu BayObLGZ 1989, 447.
[130] Vgl. auch OLG Koblenz RNotZ 2002, 116 (betr. Richtigkeit des Aufteilungsplans).

In neuerer Zeit wird WE jedoch immer häufiger an bereits errichteten Gebäuden begründet. Dies und die immer weiter fortschreitende **Liberalisierung des Baurechts** haben zur praktischen Folge, dass der Begründung von WE oft keine Baugenehmigung mehr vorausgeht. Der genannte Effizienzgesichtspunkt spricht damit nicht mehr dafür, dass der Aufteilungsplan und die Abgeschlossenheitsbescheinigung von der Baubehörde geprüft und bescheinigt werden.[131] Im Vorfeld der WEG-Novelle 2007 hatte ein Gesetzentwurf des Bundesrats[132] sogar vorgesehen, das Erfordernis einer Abgeschlossenheitsbescheinigung gänzlich **abzuschaffen.** So weit ist der Gesetzgeber letztlich allerdings nicht gegangen; stattdessen hat er Abs. 4 S. 3 eingefügt. **115**

In Abs. 4 S. 3 wird den Landesregierungen nunmehr durch **Verordnungsermächtigung** die Möglichkeit eröffnet, für die Bescheinigung und Ausfertigung von Aufteilungsplan und Abgeschlossenheit einen **öffentlich bestellten oder anerkannten Sachverständigen für das Bauwesen** anstelle der Baubehörde vorzusehen.[133] Es bleibt damit zunächst abzuwarten, ob und in welchem Umfang die Landesregierungen von ihrer neuen Befugnis Gebrauch machen werden. **116**

Die **inhaltlichen** Anforderungen an die Abgeschlossenheit bleiben unverändert (vgl. Abs. 4 S. 4). In **grundbuchförmlicher** Hinsicht tritt jedoch eine Erleichterung ein. Die vom Sachverständigen bescheinigten Anlagen bedürfen nicht der Form des § 29 GBO. Es genügen also Unterschrift und Stempel des Sachverständigen. Angesichts der darin zum Ausdruck kommenden gesetzgeberischen Zielsetzung, eine Verfahrenserleichterung zu schaffen, sollte auch eine Bezugnahme in notariellen Urkunden auf die Anlagen nach einer entsprechenden landesrechtlichen Neuregelung nicht nur nach strengeren als den bisherigen, für die baubehördlichen Unterlagen geltenden Rechtslage geltenden Regeln möglich sein. **117**

Für das **Beurkundungsverfahren** ergibt sich bei Einschaltung eines Sachverständigen anstelle der Baubehörde daraus ein erhöhter Aufwand, dass eine notarielle Urkunde gem. § 13 a Abs. 4 BeurkG allein auf die von einer Behörde oder einer mit öffentlichem Glauben versehenen Person mit Unterschrift und Siegel oder Stempel versehenen Karten und Zeichnungen verweisen kann. Der **Sachverständige** iSv Abs. 4 S. 3 erfüllt diese Voraussetzungen nicht. Der textliche Teil der Urkunden ist daher grds. zu verlesen, der nichttextliche Teil ist zur Durchsicht vorzulegen und abzuzeichnen.[134] **118**

VII. Teileigentumsgrundbuch (Abs. 5)

Die Vorschriften über Wohnungsgrundbücher gelten nach **Abs. 5** entsprechend für **Teileigentumsgrundbücher.** Ein gewisser Unterschied in den materiellen Voraussetzungen besteht freilich insoweit, als die Anforderungen an die Abgeschlossenheit von Wohnungen höher sind als diejenigen für nicht zu Wohnzwecken dienende Räume (s. § 3 Rn 78 f.). **119**

Abs. 5 überträgt den Grundsatz des § 1 Abs. 5, wonach WE und TE gleich zu behandeln sind, auf das Grundbuchrecht. Die Frage, ob ein Wohnungs- oder ein Teileigentumsgrundbuch oder aber ein **Wohnungs- und Teileigentumsgrundbuch** anzulegen ist, hat das Grundbuchamt selbstständig zu beurteilen (s. dazu § 1 Rn 25). Auch für letzteres gelten die Vorschriften über Wohnungsgrundbücher. **120**

---

[131] Vgl. BT-Drucks. 16/887, S. 17 (abgedruckt im Anh II 2).

[132] BT-Drucks. 15/3423; dazu *Bielefeld* NZM 2004, 521; *Pfeilschifter/Wüstenberg* WuM 2004, 635; *Trautmann* ZWE 2004, 318.

[133] S. bereits *Trautmann,* FS Merle, 2000, S. 313, 323.

[134] *Kreuzer,* in: Beck'sches Formularhandbuch Wohnungseigentumsrecht, 2007, A I 2, S. 6 f.

Anhang zu § 7: Prüfungspflicht des Grundbuchamts

1. Überblick

121 Die Frage, inwieweit das Grundbuchamt bei der Eintragung neben den formellen Voraussetzungen auch die sachliche Richtigkeit bzw. Wirksamkeit der einzureichenden Unterlagen zu überprüfen hat, stellt sich hinsichtlich aller Eintragungsunterlagen. Umstritten sind insbesondere die Existenz und Reichweite einer **materiellen Prüfungspflicht** für die nach § 7 Abs. 4 Nr. 2 beizubringende Abgeschlossenheitsbescheinigung (s. Rn 122). Die Frage stellt sich daneben aber auch für die Gemeinschaftsordnung (s. Rn 126) oder für Vollmachten (s. Rn 129).

2. Abgeschlossenheit

122 Streit besteht darüber, ob das Grundbuchamt an die **Abgeschlossenheitsbescheinigung** gebunden ist oder ob es die Voraussetzungen der Abgeschlossenheit selbstständig nachprüfen und bei negativem Ergebnis die Eintragung ablehnen kann.

123 **a) Meinungsstand.** Eine Auffassung hält das Grundbuchamt grds. für an die Abgeschlossenheitsbescheinigung **gebunden.**[135] Demnach ist das Grundbuchamt regelmäßig weder berechtigt noch verpflichtet, die von der Baubehörde erteilte Bescheinigung zu überprüfen. Die Bindung soll nur dann entfallen, wenn die Bescheinigung ohne weiteres erkennbar willkürlich oder grob fehlerhaft ist. Die **Gegenansicht** lehnt eine derartige Bindung ab[136] und bejaht eine eigenständige Prüfungspflicht des Grundbuchamts, teils auch lediglich ein Prüfungsrecht.[137] Im Sinne einer Prüfungspflicht hat sich auch der Gemeinsame Senat der Obersten Gerichtshöfe des Bundes in seiner Grundsatzentscheidung zur Abgeschlossenheit[138] geäußert, indem er feststellte, dass das Grundbuchamt „in eigener Verantwortung zu prüfen" habe, ob die Baubehörde § 3 Abs. 2 S. 1 zutreffend ausgelegt hat.

124 **b) Stellungnahme.** Das Abgeschlossenheitserfordernis nach § 3 Abs. 2 ist zwar einerseits lediglich eine Sollvorschrift; ein Verstoß steht der wirksamen Begründung von WE nicht entgegen (s. § 3 Rn 57). Andererseits dient dieses Erfordernis dazu, möglichst zu verhindern, dass an nicht abgeschlossenen Räumen WE begründet wird. Der mit dem Abgeschlossenheitserfordernis bezweckte Schutz der WEer (s. § 3 Rn 55) spricht daher entscheidend dafür, dass das Grundbuchamt im Rahmen pflichtgemäßen Ermessens auch **selbstständig nachprüfen kann,** ob Abgeschlossenheit vorliegt. Da die Befugnis nicht willkürlich ausgeübt werden darf, bedeutet dies zugleich, dass eine solche Überprüfung dann stattfinden **muss,** wenn hierzu Anlass besteht. Davon ist dann auszugehen, wenn im konkreten Einzelfall begründete Zweifel an der Richtigkeit bestehen,[139] jedoch nicht bei einer rein abstrakten Vermutung; es handelt sich um eine auf **Rechtsfragen** beschränkte **Evidenzkontrolle.**[140]

3. Teilungserklärung

125 Die Frage nach einer materiellen Prüfungspflicht des Grundbuchamts stellt sich auch im Hinblick auf die Teilungserklärung. Dies gilt insbesondere für die Zuordnung von Räumen oder Gebäudeteilen zum **Sonder- oder Gemeinschaftseigentum.** Das Grundbuchamt

---

[135] Weitnauer/*Briesemeister* Rn 21.

[136] BVerwG NJW-RR 1988, 649, 650; OLG Frankfurt Rpfleger 1977, 312; BayObLGZ 1984, 138, 139; KG DNotZ 1985, 437 = MittBayNot 1985, 35; OLG Düsseldorf ZMR 1997, 662; NKV/*Vandenhouten* Rn 42; Riecke/Schmid/*Elzer* § 3 Rn 63.

[137] MünchKomm-BGB/Krause Rn 6, 8; *Diester* Rpfleger 1965, 193.

[138] GS OBG BGHZ 119, 42 = NJW 1992, 3290.

[139] *Diester,* Rechtsfragen, Rn 127; BayObLG MittBayNot 1984, 184.

[140] Riecke/Schmid/*Schneider* Rn 152; s. auch BayObLG Rpfleger 1990, 114; LG Würzburg MittBayNot 1996, 302, 303 m. Anm. *Röll* (S. 275).

ist insoweit, da es bei der Zulässigkeit solchen Zuordnungen regelmäßig um Rechts- und nicht um Tatfragen geht, grds. zu einer Überprüfung in der Lage. Jedenfalls bei **offensichtlich unwirksamen** Bestimmungen ist eine Pflicht zur Prüfung und gegebenenfalls zur Zurückweisung anzunehmen.[141] Für eine darüber hinausgehende, umfassende Prüfungspflicht wird insbesondere vorgebracht, dass das Grundbuchamt nicht sehenden Auges unrichtige Eintragungen herbeiführen dürfe.[142] Andererseits darf der Eintragungsvorgang gerade im Hinblick auf die mitunter schwierige Abgrenzung von Sonder- und Gemeinschaftseigentum (vgl. § 5 Rn 25 ff.) nicht mit einer weit reichenden Prüfungspflicht, deren Verletzung auch Amtshaftungsansprüche nach sich ziehen kann, befrachtet werden. Dies gilt umso mehr, als die Teilungserklärung der notariellen Beurkundung bedarf und damit der sachlichen Prüfung durch den **Notar** zugänglich ist. Ansonsten hat eine Überprüfung durch das **Gericht** mit seinen umfassenderen Erkenntnismöglichkeiten stattzufinden.[143]

4. Aufteilungsplan

Da der Aufteilungsplan nicht bereits bei der Niederschrift der Teilungserklärung dieser **126**
angeheftet sein muss (s. Rn 78 a), kann es zu Abweichungen des **vorläufigen Aufteilungsplans,** auf dessen Grundlage die Teilungserklärung abgegeben wurde, vom amtlichen Aufteilungsplan kommen. Nach Abs. 4 S. 1 Nr. 1 muss der Entwurf jedoch völlig identisch mit der amtlichen Bauzeichnung sein. Diese Übereinstimmung hat das Grundbuchamt grds. selbst zu überprüfen. Es kann sich dieser Pflicht nicht dadurch entziehen, dass es vom Notar eine sog. Identitätserklärung anfordert.[144]

5. Gemeinschaftsordnung

Dieselben Erwägungen wie für die Teilungserklärung gelten auch hinsichtlich einer **127**
Überprüfung der Gemeinschaftsordnung. Auch insoweit hat das Grundbuchamt daher lediglich eine Überprüfung auf **offensichtliche Verstöße** hin vorzunehmen. Im selben Umfang sind auch Vereinbarungen iSv § 10 Abs. 3, die mit Eintragung dingliche Wirkung entfalten, zu prüfen.[145]

Eine vom **Alleineigentümer** bei der Teilung gem. § 8 aufgestellte Gemeinschaftsordnung **128**
birgt eher als eine durch Miteigentümer im Falle des § 3 getroffene Vereinbarung die Gefahr von Rechtsverstößen. Dies gilt nicht nur für Verstöße gegen §§ 134, 138 BGB,[146] sondern auch für offensichtliche Verstöße gegen **Treu** und **Glauben** (s. auch § 8 Rn 7).[147] Die Gestaltungsfreiheit des Eigentümers endet dort, wo die Stellung der WEer als Eigentümer oder als Mitglieder der WEgem zu stark ausgehöhlt wird.[148] **Beispiele:** Auf Grund einer Bestimmung in der Gemeinschaftsordnung steht der Umfang des **Stimmrechts** eines WEers erst nach erfolgter Abstimmung endgültig fest.[149] Oder: Eine **Beschlussfassung** gegen die Stimme des aufteilenden Eigentümers ist ausgeschlossen, solange ihm auch nur eine Wohnung gehört.[150]

---

[141] Palandt/*Bassenge* § 2 Rn 3; § 7 Rn 7; LG Traunstein MittBayNot 1978, 218.

[142] Namentlich *Eickmann* Rpfleger 1971, 341, 348.

[143] Vgl. BayObLG NJW 1980, 2818, 2820 (betr. AGB-rechtliche Unwirksamkeit der einer Hypothek zugrunde liegenden Darlehensbedingungen).

[144] BayObLG NJW-RR 2003, 446 f. = ZMR 2003, 370, 371.

[145] Vgl. OLG Köln Rpfleger 1982, 61 m. Anm. *Meyer-Stolte,* zur Prüfungspflicht freilich nicht ganz eindeutig.

[146] OLG Hamm OLGZ 1982, 20, 29. Beispiele für Sittenwidrigkeit bei *Armbrüster,* FS Bub, 2007, S. 1, 7 ff.

[147] BGH ZMR 2007, 284, 285 f. (betr. Pflicht zum Abschluss eines längerfristigen Betreuungsvertrags in Seniorenwohnanlage); BayObLG MittBayNot 1995, 388; LG Regensburg NJW-RR 1991, 1169; Riecke/Schmid/*Schneider* Rn 129 ff.

[148] BayObLGZ 1988, 287, 291 = DNotZ 1989, 428; MittBayNot 1995, 388.

[149] LG Regensburg NJW-RR 1991, 1169.

[150] BayObLG NJW-RR 1997, 1305 hält dies freilich für eintragungsfähig als Inhalt des Sondereigentums.

129 Wenn nach dem Inhalt der Teilungserklärung bei einer **Änderung der Wertverhältnisse** des Sondereigentums eine Abänderung der Miteigentumsanteile verlangt werden kann, muss der Abänderungsanspruch auf den Fall beschränkt bleiben, dass eine deutlich ins Gewicht fallende **Wertverschiebung** vorliegt (s. § 2 Rn 86, 125).[151]

6. Vollmacht

130 Auch die Prüfungskompetenz des Grundbuchamts bezüglich der Wirksamkeit einer Vollmacht nach den §§ 305 ff. BGB ist auf **offensichtliche** Unwirksamkeitsgründe beschränkt. Von einem solchen Grund ist idR dann nicht auszugehen, wenn eine nach außen unbeschränkte Vollmacht Bindungen im Innenverhältnis unterliegt.[152]

§ 8 Teilung durch den Eigentümer

(1) **Der Eigentümer eines Grundstücks kann durch Erklärung gegenüber dem Grundbuchamt das Eigentum an dem Grundstück in Miteigentumsanteile in der Weise teilen, daß mit jedem Anteil das Sondereigentum an einer bestimmten Wohnung oder an nicht zu Wohnzwecken dienenden bestimmten Räumen in einem auf dem Grundstück errichteten oder zu errichtenden Gebäude verbunden ist.**

(2) **[1]Im Falle des Absatzes 1 gelten die Vorschriften des § 3 Abs. 2 und der §§ 5, 6, § 7 Abs. 1, 3 bis 5 entsprechend. [2]Die Teilung wird mit der Anlegung der Wohnungsgrundbücher wirksam.**

Übersicht

Literatur: *Armbrüster,* Änderungsvorbehalte und -vollmachten zugunsten des aufteilenden Bauträgers, ZMR 2005, 244; *Becker,* Die Einpersonen-Eigentümergemeinschaft, FS Seuß, 2007, S. 19; *Bielefeld,* Unterteilung und Veräußerung von Wohnungseigentum, FS *Merle,* 2000, S. 75; *Bub,* Gestaltung der Teilungserklärung und Gemeinschaftsordnung, WE 1993, 185 und 212; *Ertl,* AGB-Kontrolle von Gemeinschaftsordnungen der WEer durch das Grundbuchamt?, PiG Bd. 7 (1980), 123; *ders.,* Alte und neue Probleme der Gemeinschaftsregelungen des WEG, DNotZ 1979, 267; *Galster,* Vorstellung und Kommentierung der Teilungserklärung, WE 1995, 290; *Gesterkamp,* Das Zwischenerwerbsmodell, WE 1998, 168; *Grebe,* Die Rechtsgeschäftlichen Änderungsvorbehalte im Wohnungseigentumsrecht, DNotZ 1987, 5; *Häublein,* Die Mehrhausanlage in der Verwalterpraxis, NZM 2003, 785; *ders.,* Gestaltungsprobleme im Zusammenhang mit der abschnittsweisen Errichtung von Wohnungseigentumsanlagen, DNotZ 2000, 442; *ders.,* Sondernutzungsrechte und ihre Begründung im Wohnungs-

[151] BayObLGZ 1998, 199 = NZM 1999, 31.
[152] BayObLG RNotZ 2002, 513.

eigentumsrecht, 2003; *Hügel,* Begründung von Wohnungseigentum mittels eines vorläufigen Aufteilungsplans, NotBZ 2003, 147; *Merle,* Das Wohnungseigentum im System des bürgerlichen Rechts, 1979; *ders.,* Die Mehrhausanlage – Bauträgervertrag und Gemeinschaftsordnung, ZWE 2005, 164; *Meyer-Stolte,* Zu den Auswirkungen auf das Zwangsversteigerungsverfahren, wenn der Schuldner während des Verfahrens das beschlagnahmte Grundstück in Wohnungs- oder Teileigentum aufteilt, Rpfleger 1989, 118; *Müller, H.,* Der Übergang von der Bauherrengemeinschaft zur Wohnungseigentümergemeinschaft, FS Seuß, 2007, S. 211; *Rastätter,* Aktuelle Probleme bei der Beurkundung von Teilungserklärungen, BWNotZ 1988, 134; *Röll,* Die Bezugnahme auf Baubeschreibungen, Teilungserklärungen und Gemeinschaftsordnungen in Grundstückskaufverträgen, NJW 1976, 167; *ders.,* Die Teilungserklärung und das BeurkÄndG, MittBayNot 1980, 1; *ders.,* Errichtung einer Wohnanlage in mehreren Bauabschnitten, WE 1993, 16; *ders.,* Rechtsfragen bei der Errichtung von Eigentumswohnanlagen in mehreren Bauabschnitten, DNotZ 1977, 69; *Sandweg,* Die Teilungserklärung als Mittel zur Rechtsfortbildung, ZNotBW 1996, 73; *Schmidt,* Teilungserklärung als AGB?, BauR 1979, 187 = MittBayNot 1979, 139; *Schmidt, J.,* Die sukzessive Begründung von Wohnungseigentum bei Mehrhausanlagen, ZWE 2005, 58; *ders.,* (Un)zeitgemäße Betrachtungen. § 8 WEG im Wandel der Zeiten, FS Bub, 2007, S. 221; *Thoma,* Rechtsprobleme bei der Aufteilung von Grundbesitz in Wohnungseigentum, RNotZ 2008, 121; *Teitge,* Rechtsfragen zur umgewandelten Eigentumswohnung, ZMR 1987, 281; *Werhahn,* Bedarf die Begründung des Wohnungseigentums nach § 8 WEG der Bewilligung dinglich Berechtigter?, JZ 1953, 498.

I. Normzweck

1 § 8 regelt neben der Begründung durch vertragliche Einräumung (§ 3) die zweite Möglichkeit, wie WE geschaffen werden kann. Die Regelung bezweckt es, einem Grundstückseigentümer gleichsam **„im Alleingang"** die Schaffung von WE zu ermöglichen, ohne dass er zunächst eine Bruchteilsgemeinschaft am ungeteilten Grundstück bilden und sodann den Erwerbsinteressenten Sondereigentum einräumen muss. Die Teilung nach § 8 steht in der Praxis ganz im Vordergrund. Sie erleichtert es insbesondere Bauträgern, schon vor der Errichtung (oder Sanierung) des Gebäudes WE zu veräußern (näher Rn 40).

2 Der Gesetzgeber stellt die Teilung nach § 8 in ihren praktischen Auswirkungen so weit wie möglich der Begründung von WE nach § 3 gleich. So steht insbesondere das **Sondereigentum** im Falle der Teilung nach § 8 genauso wie bei der Einräumung nach § 3 in wechselseitiger Abhängigkeit zum **Gemeinschaftseigentum.** Auch hier gelten die Grundsätze des § 6 und diejenigen des § 11, obgleich hier von einer „Gemeinschaft der WEer" noch gar nicht gesprochen werden kann.

II. Überblick

1. Rechtliche Konstruktion

3 Nach § 8 wird WE dadurch begründet, dass der alleinige Grundstückseigentümer durch **einseitige Erklärung** Miteigentumsanteile bildet, die sogleich mit Sondereigentum verbunden sind. Damit weicht das Gesetz von dem Grundsatz ab, dass ein und dieselbe Person an einer Bruchteilsgemeinschaft nicht mehrere Miteigentumsanteile halten kann. Bei WE ist dies deshalb zulässig, weil es sich nicht um gewöhnliche Miteigentumsanteile handelt. Vielmehr endet mit der Schaffung von WE die rechtliche Existenz des Grundstücks als Objekt des Rechtsverkehrs (s. § 1 Rn 177 ff., auch zu Belastungen). An seine Stelle treten die Wohnungseigentumsrechte als **selbstständige Eigentumsrechte.**

4 **Sachenrechtlich** ist die Lage mithin nicht anders, als wenn eine Person Eigentümerin mehrerer Grundstücke ist. Auf der **verbandsrechtlichen** Ebene ist allerdings zu beachten, dass ein Verband, sofern das Gesetz nicht ausdrücklich etwas anderes anordnet (vgl §§ 1 GmbHG, 2 AktG), mindestens zwei Mitglieder haben muss. Dem trägt das Wohnungseigentumsrecht dadurch Rechnung, dass eine WEgem iSv § 10 bei einer Teilung nach § 8 erst dann entsteht, wenn der erste Erwerber eine rechtlich gesicherte Position erlangt hat (§ 10 Rn 8 ff.).

2. Besonderheiten ggü. der Einräumung von WE nach § 3

5 Zu **Gemeinsamkeiten und Unterschieden** der Begründung von WE nach § 3 und nach § 8 s. zunächst § 2 Rn 8 f. Beide Begründungswege können auch miteinander **kombiniert** werden (näher § 2 Rn 12). Steht ein Grundstück vor der Begründung von WE bereits im **Bruchteilseigentum** mehrerer Personen, so haben die Miteigentümer die Wahl, ob sie nach § 3 oder nach § 8 vorgehen. Die Teilung nach § 8 setzt nämlich nicht voraus, dass das Grundstück sich im Alleineigentum einer Person befindet (s. Rn 15); infolge der Teilung nach § 8 setzt sich das Bruchteilseigentum an den geschaffenen Wohnungs- und Teileigentumseinheiten fort.[1] In der Praxis ist in solchen Fällen der Weg über § 3 jedoch einfacher und kostengünstiger, auch im Hinblick auf die Grunderwerbsteuer (s. Rn 16).

6 Eine wichtige Besonderheit besteht bei der Teilung gem. § 8 insofern, als hier kein Konsens mit einem oder mehreren anderen Berechtigten (Miteigentümern) gefunden werden muss. Dies kann insbesondere dazu führen, dass Teilungserklärung und Gemeinschaftsordnung den aufteilenden Eigentümer **einseitig begünstigende Regelungen** enthalten. So kann der aufteilende Eigentümer in der Gemeinschaftsordnung grds. all das einseitig regeln, was möglicher Gegenstand einer Vereinbarung der WEer ist.[2] Jeder Erwerber von WE ist an die zum Inhalt des Sondereigentums gemachte Gemeinschaftsordnung gebunden, ohne dass diese ausdrücklich zum Inhalt des Kaufvertrags gemacht werden muss.[3] Die Gemeinschaftsordnung wirkt somit ggü. Sondernachfolgern **wie eine Vereinbarung.**[4] Den darin liegenden Gefahren begegnet der Gesetzgeber, indem er bestimmte **inhaltliche Schranken** vorsieht. Zu deren Überprüfung durch das Grundbuchamt s. § 7 Rn 126.

7 **Beispiele** für inhaltliche Schranken (s. auch § 7 Rn 127): Nach § 26 Abs. 1 S. 2 Halbs. 2 darf die erstmalige Bestellung eines **Verwalters** nach der Begründung von WE nur auf höchstens drei Jahre erfolgen. Eine den aufteilenden Eigentümer einseitig begünstigende **Kostenverteilung** kann sittenwidrig gem. § 138 Abs. 1 BGB sein.[5] Eine in der Gemeinschaftsordnung enthaltene Verpflichtung der WEer, einen Betreuungsvertrag über mehr als zwei Jahre zu schließen, ist wegen Verstoßes gegen § 242 BGB unwirksam.[6] Auch das Verbot von Parabolantennen kann treuwidrig sein.[7]

3. Verweisung auf § 3

8 Auch wenn § 8 in der Praxis im Vordergrund steht (s. Rn 1), geht der Gesetzgeber des WEG von der vertraglichen Einräumung von WE nach **§ 3 als Grundnorm** aus. In § 8 Abs. 2 findet sich dementsprechend eine **Verweisung** auf diejenigen vorangehenden Vorschriften, die nicht – wie § 3 Abs. 1, § 4, § 7 Abs. 2 – speziell und allein die Begründung von WE gem. § 3 betreffen.

---

[1] BayObLG NJW 1969, 883; KG Rpfleger 1995, 17; Riecke/Schmid/*Schneider* § 2 Rn 11.

[2] BGH NJW 1994, 2950. Vgl. auch BGH NJW 1986, 845 = ZMR 1986, 90 zum Vorbehalt des aufteilenden Eigentümers in den Kaufverträgen bzgl. der Ausgestaltung der noch zu errichtenden Gemeinschaftsordnung; zu Recht krit. dazu *Rastätter* BWNotZ 1988, 135; Staudinger/*Rapp* § 1 Rn 47.

[3] BayObLG ZWE 2002, 357.

[4] BGH ZMR 2001, 119 (betr. Sondernutzungsrecht); KG OLGZ 1982, 134; BayObLG ZWE 2002, 357; Riecke/Schmid/*Elzer* Rn 47; aA offenbar *Röll* ZWE 2000, 343, 344.

[5] BayObLG ZMR 1999, 52; *Röll* DNotZ 1978, 723. Zu den guten Sitten im Wohnungseigentumsrecht s. *Armbrüster,* FS Bub, 2007, S. 1 ff.

[6] So im Erg. BGH ZMR 2007, 284, 285 f. (offen lassend, ob dies aus § 242 BGB oder aus den §§ 307 ff. BGB folgt; s. dazu § 2 Rn 49 ff.).

[7] BGHZ 157, 322, 331 = ZMR 2004, 438, 441.

4. Anwendungsfälle

Eine Teilung nach § 8 bietet sich sowohl bei Neubauvorhaben als auch bei der Umwandlung von Bestandsbauten an. Will ein Grundstückseigentümer auf seinem Grundstück ein **neues Gebäude** gemäß einem bestimmten Aufteilungsplan iSv § 7 Abs. 4 erstellen, so kann er die zu errichtenden Wohnungen bereits im Planungsstadium veräußern. Dies nimmt ihm die mit einem Vorratsbau verbundenen Risiken und ermöglicht überdies die **abschnittsweise Errichtung** von Anlagen, bei der sich der Baufortschritt an der Nachfrage orientiert. Den einzelnen Erwerbern bietet die Veräußerung von WE die Möglichkeit, sogleich – insbesondere zur Kaufpreisfinanzierung – **Einzelbelastungen** vorzunehmen. Entsprechendes gilt, wenn in **Bestandsbauten** etwa im Zusammenhang mit der Veräußerung größere Sanierungsmaßnahmen durchgeführt werden sollen. 9

Der Weg über eine Teilung nach § 8 bietet sich aber auch an, wenn **Miterben** WE an einem im Gesamthandseigentum der Erbengemeinschaft stehenden Grundstück bilden wollen. In diesem Fall steht nach der Teilung jedes Wohnungseigentumsrecht im Gesamthandseigentum der Erbengemeinschaft. Eine vor der Teilung getroffene Benutzungsregelung bleibt wie eine Dienstbarkeit an dem WE bestehen, dem die dem Benutzungsrecht unterliegende Wohnung zugeordnet ist.[8] 10

III. Sachenrechtliche Grundlagen

Die Erklärung nach § 8, die ggü. dem Grundbuchamt abzugeben ist, stellt eine **an das Grundbuchamt gerichtete Willenserklärung** des Inhalts dar, dass das geschlossene Alleineigentum in einzelne mit Sondereigentum verbundene Bruchteile aufgeteilt werden soll.[9] Die Größe der Miteigentumsanteile kann der Alleineigentümer als grundbuchmäßig Berechtigter iSv § 19 GBO selbst bestimmen (s. dazu § 6 Rn 12). Diese Teilungserklärung hat zur Folge, dass im Falle der Veräußerung eines solchen durch Sondereigentum qualifizierten Miteigentumsanteils (WEs) hinsichtlich der daraufhin entstehenden Gemeinschaft die §§ 10 ff. WEG maßgebend sind. 11

Bei der sog. **Vorratsteilung** bleiben alle Wohnungseigentumsrechte zunächst in der Person des bisherigen Grundstückseigentümers vereinigt. Eine Gemeinschaft entsteht erst mit Veräußerung und Eintragung mindestens eines WEs (s. § 10 Rn 8 ff.). 12

Der teilende Eigentümer muss **verfügungsbefugt** sein. Wird über das Vermögen des (ursprünglichen) Grundstückseigentümers **vor** Eintragung der neuen WEer das **Insolvenzverfahren** eröffnet, so greift das Wahlrecht des Insolvenzverwalters nach § 103 InsO ein.[10] Dabei ist das Merkmal „Erfüllung" objektiv auszulegen, so dass die Eigentumsumschreibung erfolgt oder zumindest eine Eigentumsverschaffungsvormerkung eingetragen worden sein muss. Der Insolvenzverwalter kann also bis zu einer solchen Grundbucheintragung noch über die Erfüllung des Vertrages entscheiden. Er kann auch die Teilungserklärung widerrufen.[11] Überdies steht die Teilungsbefugnis dem Insolvenzverwalter zu. 13

Wird die Verfügungsbefugnis des Grundstückseigentümers nach Beantragung des Vollzugs der Teilungserklärung gem. § 8 und der Eintragung von **Eigentumsverschaffungsvormerkungen** für Erwerber beschränkt, hindert dies analog § 878 BGB nicht die Vornahme der beantragten Grundbucheintragungen.[12] 14

---

[8] OLG Hamm MDR 1968, 413.

[9] LG Köln MittRhNotK 1984, 16, 17; Staudinger/*Rapp* Rn 8.

[10] RGZ 85, 403; 113, 405 (zu § 17 Abs. 1 KO); dazu Braun/*Kroth*, InsO, § 103 Rn 13.

[11] LG Köln MittRhNotK 1984, 16.

[12] LG Leipzig ZfIR 2000, 232 = NotBZ 2000, 342 m. Anm. *Egerland* (betr. Eröffnung des Gesamtvollstreckungsverfahrens).

IV. Voraussetzungen (Abs. 1)

1. Eigentümer

15 Die Teilungserklärung muss durch denjenigen abgegeben werden, der im Zeitpunkt der **Anlegung der Wohnungsgrundbücher** Eigentümer des von der Teilung betroffenen Grundstücks ist.[13] § 8 weist nämlich die Befugnis zur Vorratsteilung dem „**Eigentümer** eines Grundstücks" zu. Dies setzt nicht notwendig voraus, dass das Grundstück im Alleineigentum einer (natürlichen oder juristischen) Person steht. Vielmehr kann es sich auch um eine rechtsfähige Personengesellschaft (Außen-BGB-Gesellschaft, OHG, KG) oder um eine Güter- oder Erbengemeinschaft[14] handeln (zur Erbauseinandersetzung durch Begründung von WE s. § 2 Rn 5). Bei einer Gesamthandsgemeinschaft setzt sich diese nach der Begründung von WE an den einzelnen Einheiten fort (s. Rn 16).

16 Darüber hinaus erfasst § 8 auch den Fall, dass ein Grundstück mehreren Personen zu **Bruchteilen** gehört.[15] Die Miteigentümer haben hier die Wahl, ob sie WE über eine Einräumung von Sondereigentum iSv § 3 oder durch Teilung nach § 8 begründen. Entscheiden sie sich für eine Teilung, so erlangt jeder Miteigentümer an jedem gebildeten WE zu demselben Bruchteil Eigentum, mit dem er zuvor an dem Grundstück beteiligt war. Möglich ist es auch, zugleich eine Größenänderung der Bruchteile zu vereinbaren.[16] – Die Begründung von WE über § 8 ist bei einer Bruchteilsgemeinschaft idR **aufwändiger** als derjenige über § 3. Möchte nämlich anschließend ein Miteigentümer nunmehr Alleineigentümer eines WEs werden, so muss ihm das Eigentum hinsichtlich des ihm an diesem bestimmten WE bisher nicht zustehenden Miteigentumsanteils verschafft werden; dabei handelt es sich um einen grunderwerbsteuerpflichtigen Eigentumsübergang.

17 Bei einer Bruchteilsgemeinschaft bedarf die Begründung von WE freilich stets der **Mitwirkung aller Berechtigten.** Eine Auseinandersetzung der Bruchteilsgemeinschaft in der Weise, dass gegen den Willen eines Miteigentümers Sondereigentum an den einzelnen Wohnungen für die Miteigentümer gebildet wird, ist nicht möglich, da hierdurch sein Anspruch nach § 749 BGB vereitelt würde.[17] Verständigen sich nicht alle Miteigentümer auf die Bildung von WE, so bleibt – wenn die schlichte Bruchteilsgemeinschaft nicht als solche fortgeführt werden soll – nur die Aufhebung gem. §§ 180 ff. ZVG.

2. Grundstück

18 Wegen § 1 Abs. 4 kann eine Teilung iSv § 8 sich stets nur auf ein einzelnes Grundstück beziehen (vgl. § 3 Rn 12). Mehrere Grundstücke, für die gemeinsam WE begründet werden soll, müssen daher zunächst nach den allgemeinen Vorschriften durch **Vereinigung** (§ 890 Abs. 1 BGB, § 5 GBO) oder **Zuschreibung** (§ 890 Abs. 2 BGB, § 6 GBO) zu einem Grundstück zusammengeführt werden (näher § 3 Rn 12). Die **Vereinigungs- oder Zuschreibungserklärung** muss nicht vor der Teilungserklärung nach § 8 abgegeben werden; vielmehr genügt die gleichzeitige Abgabe.[18]

---

13 OLG Düsseldorf DNotZ 1976, 168.

14 Zu letzterer s. BGH NJW 2004, 1798 = ZMR 2004, 206.

15 BayObLG NJW 1969, 883; KG NJW 1995, 62; Staudinger/*Rapp* Rn 9.

16 KG NJW 1995, 62, 64.

17 OLG München NJW 1952, 1297 = JZ 1953, 148 m. zust. Anm. *L. Raiser;* s. auch *Haegele* Rpfleger 1955, 176.

18 OLG Saarbrücken NJW 1972, 691 (LS) = MittBayNot 1972, 120; Riecke/Schmid/*Schneider* § 1 Rn 192.

3. Erklärung ggü. dem Grundbuchamt

Die Errichtung des WEs, also die Bildung von Miteigentumsanteilen in Verbindung mit Sondereigentum, bedarf – anders als die Einräumung gem. § 3 – keiner Einigung. Es genügt vielmehr die Erklärung ggü. dem Grundbuchamt. Dabei handelt es sich um ein **einseitiges Rechtsgeschäft** in Gestalt einer amtsempfangsbedürftigen Willenserklärung. Dafür gelten die allgemeinen Wirksamkeitsvoraussetzungen. So ist eine Vertretung ohne Vertretungsmacht nach § 180 S. 1 BGB unzulässig. Zur Zustimmung eines gesetzlichen Vertreters bei der Teilung durch den beschränkt Geschäftsfähigen s. § 2 Rn 28 ff. 19

Aus der Erklärung muss **inhaltlich** hervorgehen, dass das Alleineigentum in bestimmte (§ 47 GBO) Miteigentumsanteile aufgeteilt und dass mit diesen Miteigentumsanteilen jeweils das Sondereigentum an einer näher bezeichneten Wohnung oder an einem sonstigen Raum verbunden wird. 20

Für das **Wirksamwerden** der Erklärung gelten grds die Vorschriften über einseitige zugangsbedürftige Willenserklärungen. Der Eigentümer ist an seine Erklärung nicht in der Weise gebunden, wie es gem. § 873 Abs. 2 BGB die Beteiligten einer dinglichen Einigung sind. Vielmehr ist die Erklärung iSv Abs. 1 bis zur Anlegung der Wohnungsgrundbücher und der Eintragung jederzeit **widerruflich.** Nach der Eintragung kann der Alleineigentümer die Teilungserklärung analog § 8 Abs. 1 **ändern** (s. dazu § 2 Rn 84 ff.). 21

4. Grundbuchverfahren

Die Erklärung bedarf der **Form** des § 29 Abs. 1 S. 1 GBO (öffentliche oder öffentlich beglaubigte Urkunde). Weitergehende Formerfordernisse, wie sie für die Einräumung nach § 3 in § 4 vorgesehen sind, bestehen nicht. Insbesondere ist weder eine Beurkundung noch die Anwesenheit des teilenden Eigentümers erforderlich.[19] Für den **Widerruf** (s. Rn 21) gilt gem. § 31 S. 1 GBO dieselbe Form wie für die Erklärung. 22

Der Erklärung sind der **Aufteilungsplan** und die **Abgeschlossenheitsbescheinigung** der Baubehörde als Anlagen beizufügen (Abs. 2 iVm §§ 3 Abs. 2, 7 Abs. 4). Dabei müssen der Inhalt der Teilungserklärung und der Aufteilungsplan übereinstimmen.[20] Zu den Folgen, wenn es trotz Abweichungen zur Eintragung kommt, s. § 7 Rn 15. 23

Die **Auslegung** einer Teilungserklärung richtet sich nach den für **Grundbucheintragungen** maßgeblichen Grundsätzen. Demnach ist nicht auf den Willen des Erklärenden oder des Verfassers der Teilungserklärung abzustellen. Entscheidend ist vielmehr allein der Wortlaut und Sinn, wie er sich für einen unbefangenen Betrachter als **nächstliegende Bedeutung** des Eingetragenen ergibt.[21] 24

5. Zustimmung Dritter

Zum Erfordernis der Zustimmung Dritter s. § 2 Rn 22 ff.; zum Übergang von Belastungen, die am Grundstück vor der Aufteilung bestanden, als **Gesamtbelastungen** auf die einzelnen Wohnungseigentumsrechte s. § 2 Rn 23. Bereits bestehende Rechte (z. B. Grunddienstbarkeit zugunsten des aufgeteilten Grundstücks) werden zu einer **Gesamtberechtigung** aller Wohnungseigentumsrechte. 25

6. Eintragung

Grundsätzlich sind nur **einzelne Wohnungsgrundbücher** zulässig (zum gemeinschaftlichen Wohnungsgrundbuch s. Rn 70). Die Eintragung auf den einzelnen Wohnungsgrund- 26

[19] BayObLG ZWE 2002, 357.
[20] OLG Köln NJW-RR 1993, 204.
[21] BayObLG WuM 1993, 289; OLG Celle ZMR 2009, 214, 215.

büchern kann auch bei der Teilung nach § 8 für den Gegenstand und Inhalt des Sondereigentums Bezug auf die **Eintragungsbewilligung** nehmen (s. § 7 Rn 52).[22]

27 Das Grundbuchamt hat die Eintragungsunterlagen nur im Hinblick auf offensichtliche Mängel einer **materiellen Prüfung** zu unterziehen (s. § 7 Rn 121 ff.). Derartige Mängel liegen bei der Teilung nach § 8 jedenfalls im Hinblick auf die Gemeinschaftsordnung näher als bei der Begründung von WE gem. § 3 (s. § 7 Rn 127).

7. Änderungen durch den teilenden Alleineigentümer

28 Solange der teilende Eigentümer Inhaber sämtlicher Wohnungseigentumsrechte ist, steht ihm die ausschließliche und freie Befugnis zur **Änderung** von Gegenstand und Inhalt des Sondereigentums zu.[23] Er kann derartige Änderungen analog § 8 durch einseitige Erklärung in der Form des § 29 GBO vornehmen, sofern nur die Voraussetzungen von § 7 Abs. 4 und § 3 Abs. 2 erfüllt sind. Er kann auch Änderungen hinsichtlich der **Sondernutzungsrechte** entsprechend § 8 erreichen.[24] Eine andere Frage ist es freilich, ob er hierdurch vertragliche Pflichten ggü. den Erwerbern verletzt. Dies kann er dadurch vermeiden, dass er sich in den notariellen Erwerbsverträgen mit den Erwerbern von WE eine bestimmt umrissene **Vollmacht** zur Änderung der Teilungserklärung hinsichtlich des Dachgeschossausbaus im Rahmen bauaufsichtlicher Genehmigungen erteilen lässt.[25]

29 Mit der Entstehung der WEgem verliert der aufteilende Eigentümer seine alleinige **Verfügungsbefugnis.**[26] Dies gilt auch für die Festlegung des Inhalts der Gemeinschaftsordnung.[27] Darüber hinaus endet die Verfügungsbefugnis bereits mit dem Entstehen der **werdenden WEgem,** also frühestens mit Eintragung der ersten Auflassungsvormerkung in einem Wohnungsgrundbuch (s. § 10 Rn 16).[28]

V. Rechtsfolgen

1. Anlegung der Wohnungsgrundbücher

30 Abs. 2 S. 1 erklärt § 7 Abs. 1 für entsprechend anwendbar. Dies bedeutet, dass für jeden Miteigentumsanteil von Amts wegen ein **besonderes Grundbuchblatt** angelegt wird. Das Grundbuch des Grundstücks, das gem. § 8 geteilt worden ist, wird geschlossen (s. § 7 Rn 67).

2. Gemeinschaftliches Wohnungsgrundbuch

31 Nicht von der Verweisung des Abs. 2 umfasst ist Abs. 2 des § 7. Dies bedeutet, dass ein **gemeinschaftliches Wohnungsgrundbuch** für die durch Teilung nach Abs. 1 entstandenen Wohnungseigentumsrechte auch dann nicht angelegt werden kann, wenn Verwirrung nicht zu besorgen ist. Das führt zu der Frage, ob eine gleichwohl auf dem für das Grundstück bestehenden Grundbuchblatt eingetragene Teilung nach § 8 diese wirksam begründet oder nicht. Schon aus Gründen der Rechtssicherheit sind die genannten Bestimmungen nur als **Ordnungsvorschriften** anzusehen, deren Verletzung die Entstehung von WE nicht berührt.[29] Das Grundbuchblatt ist in solchen Fällen entsprechend § 7 Abs. 2 S. 2 als gemeinschaftliches Wohnungsgrundbuch zu bezeichnen.

---

[22] OLG Frankfurt Rpfleger 1978, 380, 381.

[23] BGH NJW 2000, 3643 = ZMR 2001, 119.

[24] OLG Hamm NZM 2000, 662 = DNotZ 2000, 210 (dort auch zur Bindungswirkung ggü. Sondernachfolgern: mit Eintragung).

[25] KG NJW-RR 1995, 1228 (darin zugleich eine wohnungseigentumsrechtliche Befugnis zur Vornahme der baulichen Veränderungen erblickend; insoweit zweifelhaft).

[26] BGH ZMR 2005, 59, 60; KG ZMR 2007, 384, 386.

[27] BayObLGZ 1998, 255 = NZM 1999, 126.

[28] OLG Düsseldorf ZMR 2001, 650, 651; BayObLG ZMR 2003, 857, 858.

3. Begründung von WE

Erst mit der Anlegung der Wohnungsgrundbücher – und nicht bereits mit dem Eingang der Eintragungsbewilligung beim Grundbuchamt – wird die Teilung nach § 8 **wirksam.**[30] Bis zu diesem Zeitpunkt hat die Erklärung iSv Abs. 1 keinerlei materiell-rechtliche Wirkung. 32

Mit der Anlegung der Wohnungsgrundbücher entstehen die **Wohnungseigentumsrechte.** Inhaber sämtlicher Einheiten ist der aufteilende Eigentümer; bei mehreren Eigentümern setzt sich deren Rechtsverhältnis (insbesondere: Gesamthands- oder Bruchteilsgemeinschaft; s. Rn 15 f.) an den einzelnen Einheiten fort.[31] 33

Die Wohnungseigentumsrechte sind vom Moment ihrer Entstehung an taugliche Verfügungsobjekte. Dafür ist es unerheblich, ob das Gebäude bereits errichtet ist (s. dazu § 2 Rn 37). Der teilende Eigentümer kann über die Wohnungseigentumsrechte verfügen, indem er sie veräußert, belastet oder ihren Inhalt ändert. Es gelten die allgemeinen Regeln. Die Aufhebung ist nur durch einen Antrag entsprechend § 9 Abs. 1 Nr. 3 möglich (s. Rn 38; § 9 Rn 19). 34

Veräußert der Grundstückseigentümer WE bereits vor Anlegung der Wohnungsgrundbücher, so kann zunächst nur der Anspruch auf Einräumung schlichten Miteigentums durch eine entsprechende **Vormerkung** zugunsten des Erwerbers gesichert werden.[32] Der Anspruch auf Schaffung von WE und auf Eintragung einer dinglichen Belastung ist bereits im Grundbuch des Grundstücks durch eine Vormerkung sicherbar, wenn der **Miteigentumsanteil** ziffernmäßig oder auf andere Weise bestimmbar bezeichnet ist (dazu § 1 Rn 94 f.).[33] Auch muss das Sondereigentum durch die Bezugnahme auf den Aufteilungsplan oder die wörtliche Beschreibung in der Teilungserklärung eindeutig bestimmbar sein.[34] 35

Eine in der Gemeinschaftsordnung vorgesehene **Zustimmungsbedürftigkeit** der Veräußerung von WE nach § 12 gilt nach heute einhelliger Auffassung auch für den Fall der erstmaligen Veräußerung (s. dazu § 12 Rn 17). 36

4. Gutglaubensschutz

Gutgläubiger Erwerb nach § 892 BGB durch den Sonderrechtsnachfolger eines WEers ist grds. auch bei der Teilung nach § 8 möglich (s. § 3 Rn 47 f.). Dies gilt freilich nur für **Verkehrsgeschäfte;** der Eigentümer selbst genießt hinsichtlich der Folgen der Teilung nach § 8 keinen Gutglaubensschutz. 37

VI. Aufhebung von Wohnungseigentum

Die Aufhebung von WE, das durch Teilung iSv Abs. 1 begründet worden ist, richtet sich dann, wenn bereits eine WEgem besteht, nach § 4 Abs. 1, 2 (s. § 4 Rn 43 f.). Stehen hingegen sämtliche Wohnungseigentumsrechte noch dem teilenden Eigentümer zu, so kann die Aufhebung nur über einen **Antrag entsprechend § 9 Abs. 1 Nr. 3** erreicht werden (s. § 9 Rn 19). Mit der Anlegung des Grundbuchblatts für das Grundstück – als actus contrarius zur Anlegung der Wohnungsgrundbücher – ist die Teilung in Wohnungseigentumsrechte beendet und das Eigentum am Grundstück wiederhergestellt. Damit ist auch die räumliche Aufgliederung in Sonder- und Gemeinschaftseigentum beseitigt. 38

---

[29] Riecke/Schmid/*Elzer* Rn 16; Weitnauer/*Briesemeister* Rn 12.

[30] Vgl. OLG Hamm NJW-RR 1987, 842.

[31] BayObLGZ 1969, 82; OLG Zweibrücken MittBayNot 1983, 242, 243 (beide zur Gesamthandsgemeinschaft).

[32] BayObLG DNotZ 1976, 371 = Rpfleger 1975, 426.

[33] OLG Düsseldorf DNotZ 1996, 39; LG Ravensburg BWNotZ 1988, 38.

[34] BayObLG NJW-RR 1992, 663; s. auch BayObLGZ 1977, 155.

VII. Unterteilung von Wohnungseigentum

39 Die Unterteilung (Aufteilung) eines Wohnungseigentumsrechts ist **analog § 8** zulässig (näher § 2 Rn 93).

Anhang zu § 8: Teilung durch den Bauträger

40 Eine Teilung nach § 8 wird in der Praxis vielfach durch Bauträger durchgeführt. Der Bauträger ist vom Baubetreuer zu unterscheiden. Ein **Baubetreuer** unternimmt auf der Basis eines Geschäftsbesorgungsvertrages eigener Art mit Werkvertragscharakter die Verpflichtung, für den Bauherrn – den er vertritt – das Bauwerk zu errichten und auch die mit dem Bau zusammenhängende organisatorische und finanzielle Abwicklung vorzunehmen; er verpflichtet den Bauherrn z. B. ggü. den Bauhandwerkern unmittelbar. Dagegen führt der **Bauträger** das Bauvorhaben im eigenen Namen (für eigene oder fremde Rechnung) durch.[35] Er verpflichtet sich zur schlüsselfertigen Übergabe des Anwesens. Für den Bauträgervertrag gilt die Makler- und Bauträger-VO (MaBV), die insbesondere Sicherungspflichten zugunsten der Erwerber vorsieht. Nach § 3 Abs. 1 MaBV darf der Bauträger erst dann Vermögenswerte annehmen, wenn ein formgerechter Vertrag nachgewiesen und ein Eigentumsverschaffungsanspruch durch Vormerkung an einem **begründeten** WE oder TE gesichert ist.[36] Dagegen bestehen für **Architekten-** und **Bauverträge** keine vergleichbaren gesetzlichen Vorgaben.

41 Für die **schrittweise Errichtung von Mehrhausanlagen** stehen dem Bauträger mehrere Möglichkeiten zur Begründung von WE zur Verfügung:[37] Er kann eine vollständige („große") Aufteilung der Gesamtanlage vornehmen, eine schrittweise („kleine") Aufteilung zunächst nur der Gebäude des ersten Bauabschnitts, oder er verbindet die „große" Aufteilung mit der Schaffung eines überdimensionalen Miteigentumsanteils an einer spät zu veräußernden Einheit wie z. B. einem Kfz-Stellplatz. Zur Zulässigkeit von Änderungsvorbehalten und -vollmachten s. § 2 Rn 121 ff.

42 Vereinbart der Bauträger mit dem Erwerber **Fälligkeitstermine** für die Kaufpreiszahlung, so muss er dafür Sorge tragen, dass die rechtzeitige Auszahlung dieser Mittel durch Darlehensgeber des Erwerbers nicht an Umständen in der Verantwortungssphäre des Bauträgers scheitert. Diese Gefahr kann insbesondere dann bestehen, wenn die Wohnungsgrundbücher noch nicht angelegt oder noch vorrangige Globalbelastungen des Bauträgers vorhanden sind und deshalb eine ranggerechte Eintragung der erforderlichen Grundpfandrechte für die Darlehensgeber nicht möglich ist. Dadurch verursachte Zwischenfinanzierungskosten hat der Bauträger zu tragen.[38]

43 Begründet der Eigentümer WE nach § 8, so liegt ein Verstoß gegen das **Koppelungsverbot** des Art. 10 § 3 MietRVerbG a. F. nicht vor, wenn die Erwerber sich verpflichten, das Gebäude auf der Grundlage der Planung zu errichten, die nach § 7 Abs. 4 der Bildung von WE zugrundegelegt war, und denjenigen Architekten mit der Ausführung zu beauftragen, der die Planung gefertigt hat.[39]

§ 9 Schließung der Wohnungsgrundbücher

(1) **Die Wohnungsgrundbücher werden geschlossen:**

1. von Amts wegen, wenn die Sondereigentumsrechte gemäß § 4 aufgehoben werden;

---

[35] Zur rechtlichen Einordnung des Bauträgervertrages s. *Basty,* Bauträgervertrag, Rn 3 ff.

[36] Dazu *Wilhelm* Betrieb 1992, 1815.

[37] Eingehend *Häublein* DNotZ 2000, 442 ff.; s. auch Riecke/Schmid/*Schneider* § 1 Rn 236 ff.

[38] OLG Köln, 15 U 169/72, zit. *von Jagenburg* NJW 1973, 1729.

[39] BGH ZMR 1986, 246.

2. auf Antrag sämtlicher Wohnungseigentümer, wenn alle Sondereigentumsrechte durch völlige Zerstörung des Gebäudes gegenstandslos geworden sind und der Nachweis hierfür durch eine Bescheinigung der Baubehörde erbracht ist;

3. auf Antrag des Eigentümers, wenn sich sämtliche Wohnungseigentumsrechte in einer Person vereinigen.

(2) **Ist ein Wohnungseigentum selbständig mit dem Rechte eines Dritten belastet, so werden die allgemeinen Vorschriften, nach denen zur Aufhebung des Sondereigentums die Zustimmung des Dritten erforderlich ist, durch Absatz 1 nicht berührt.**

(3) **Werden die Wohnungsgrundbücher geschlossen, so wird für das Grundstück ein Grundbuchblatt nach den allgemeinen Vorschriften angelegt; die Sondereigentumsrechte erlöschen, soweit sie nicht bereits aufgehoben sind, mit der Anlegung des Grundbuchblatts.**

Übersicht

Literatur: *Kreuzer,* Aufhebung von Wohnungseigentum, NZM 2001, 123; *Meyer-Stolte,* Übertragung von Grundpfandrechten bei Schließung der Wohnungsgrundbücher, Rpfleger 1991, 150; *Röll,* Die Aufhebung von Wohnungseigentum an Doppelhäusern, DNotZ 2000, 749.

I. Normzweck

§ 9 regelt, auf welche Weise die Beendigung des WEs, an dessen Stelle wieder das ungeteilte Grundstück tritt, grundbuchmäßig zu vollziehen ist. Es handelt sich mithin ebenso wie bei § 7 um eine **Grundbuchvorschrift.** Freilich knüpft § 9 Abs. 3 an die (Wieder-)Anlegung eines regulären Grundbuchblatts auch einen **Erlöschentatbestand** hinsichtlich noch nicht zuvor erloschener Sondereigentumsrechte. Die Norm hat damit auch materiell-rechtliche Wirkung (s. noch Rn 32, 36).[1] Der Gesetzgeber ist bestrebt möglichst zu verhindern, dass es zu einem rechtlichen Vakuum kommt, indem die Sondereigentumsrechte bereits aufgehoben sind, aber das Grundstück als taugliches Objekt des Rechtsverkehrs (s. § 1 Rn 177 ff.) noch nicht wiederhergestellt ist. Zugleich soll umgekehrt sichergestellt werden, dass nach der grundbuchmäßigen „Wiederentstehung" des Grundstücks nicht materiell-rechtlich auch Sondereigentum fortexistiert. 1

II. Überblick

Abs. 1 regelt spiegelbildlich zur Anlage der Wohnungsgrundbücher (§ 7 Abs. 1) als actus contrarius deren **Schließung.** Sie erfolgt, wenn einer der in Abs. 1 Nr. 1–3 aufgeführten Tatbestände eintritt. Damit sind zugleich diejenigen Fälle umschrieben, in denen die grds. 2

[1] Zutr. Staudinger/*Rapp* Rn 5, 9; aA offenbar Palandt/*Bassenge* Rn 1; NKV/*Vandenhouten* Rn 1.

unauflösliche (§ 11 Abs. 1, 2) Gemeinschaft beendet wird. Die Unauflöslichkeit bedeutet nicht nur, dass kein WEer die Aufhebung der WEer-Gemeinschaft fordern kann; zugleich ist damit das Recht ausgeschlossen, die Schließung aller oder einzelner Wohnungsgrundbücher zu verlangen.

3 Diese Bindung gilt nicht nur für die **WEer,** sondern auch für **Pfandgläubiger** eines WEers oder in dem sein Vermögen betreffenden Insolvenzverfahren den Insolvenzverwalter. Sogar eine diesen Grundsatz ausschließende Vereinbarung sämtlicher WEer ist unzulässig, außer für den Fall, dass das Gebäude ganz oder teilweise zerstört wird und eine Verpflichtung zum Wiederaufbau nicht besteht (§ 11 Abs. 1 S. 2). Auch jenseits dieses Sonderfalls ist es jedoch geboten, für den Fall die Beendigung zu ermöglichen, dass sämtliche WEer dies wollen. Dementsprechend sieht § 4 die **Aufhebung** des Sondereigentums durch Einigung aller Beteiligten und Eintragung vor. Grundbuchrechtlich vollzogen wird diese Aufhebung durch die **Schließung** der Wohnungsgrundbücher.

4 **Abs. 2** stellt klar, dass die Rechtsstellung von Dritten, die auf dem einzelnen Wohnungseigentumsrecht abgesichert ist, nicht durch Abs. 1 betroffen wird.

5 **Abs. 3** enthält einen materiell-rechtlichen Erlöschenstatbestand hinsichtlich der Sondereigentumsrechte; dieser kommt in den Fällen von Abs. 1 Nr. 2, 3 in Betracht.

6 § 9 betrifft nach seinem Wortlaut allein den Fall, dass Wohnungsgrundbücher angelegt worden sind. Auf das **gemeinschaftliche Wohnungsgrundbuch** iSv § 7 Abs. 2 sind die Vorschriften des § 9 freilich teilweise analog anwendbar (näher Rn 44 ff.).

7 Die Vorschrift behandelt allein den Fall, dass das **ungeteilte Grundstück** wieder als Gegenstand des Rechtsverkehrs hergestellt wird. Davon zu unterscheiden ist die Schließung einzelner Wohnungsgrundbuchblätter infolge der Vereinigung **mancher,** aber nicht aller Wohnungseigentumsrechte (s. dazu Rn 26). Zur **Grundstücksteilung** zwecks Veräußerung einer verselbstständigten Teilfläche s. § 1 Rn 67.

III. Schließungsgründe (Abs. 1)

1. Aufhebung aller Sondereigentumsrechte (Nr. 1)

8 Nr. 1 betrifft den Fall, dass eine **Aufhebung gem. § 4** infolge einer Einigung aller WEer erfolgt. Dies setzt nicht voraus, dass bereits die Begründung des WEs nach dieser Vorschrift (iVm § 3) vorgenommen worden ist. Vielmehr ist auch dann, wenn das WE durch Teilung gem. § 8 begründet worden und nachfolgend durch die Veräußerung mindestens eines WEs eine Gemeinschaft entstanden ist, eine Aufhebung gem. § 4 möglich. Für den Fall, dass sich nach einer Teilung gem. § 8 alle Wohnungseigentumsrechte noch in der Hand des aufteilenden Eigentümers befinden, gilt Nr. 1 hingegen nicht. Dieser Fall ist vielmehr analog Nr. 3 zu beurteilen (Rn 25), was zur Folge hat, dass die Schließung nur auf Antrag des Eigentümers und nicht von Amts wegen erfolgt.

9 Die **Aufhebung** setzt gem. § 4 Abs. 1 eine Einigung und deren **Eintragung** ins Grundbuch voraus (näher § 4 Rn 43 f.). Damit stellt sich die Frage, wie sich diese Eintragung zur Schließung der Wohnungsgrundbücher verhält. Man könnte davon ausgehen, dass die Eintragung der Aufhebung nur dann erforderlich ist, wenn die Einigung sich nicht auf alle Sondereigentumsrechte bezieht, während die Schließung nach Abs. 1 Nr. 1 ohne Voreintragung der Aufhebung erfolgen könne; die Eintragung iSv § 4 Abs. 1 bestehe dann im Schließungsvermerk.[2] Indessen lässt sich der Anordnung in § 4 Abs. 1 eine solche Einschränkung nicht entnehmen. Auch das Gebot der Grundbuchklarheit spricht dafür, dass zunächst die Aufhebung einzutragen ist, bevor die Schließung erfolgt.[3] Die Eintragung der

[2] So 9. Aufl. Rn 2 f.

[3] Im Erg. wie hier *Hügel*/Scheel, Teil 2 Rn 94; Staudinger/*Rapp* Rn 2; Weitnauer/*Briesemeister* Rn 2.

Aufhebung wirkt konstitutiv, die nachfolgende Anlegung des Grundbuchblatts nach Abs. 3 hingegen lediglich deklaratorisch (s. Rn 34, 36).

Die **Einigung** iSv § 4 Abs. 1 bezieht sich auf die Aufhebung des Sondereigentums. 10
Nicht erforderlich ist eine (ausdrückliche) Einigung über die Beseitigung des WEs.[4]

Ein Antrag ist nicht erforderlich; vielmehr erfolgt die Schließung nach Nr. 1 **von Amts** 11
wegen. Dies ist deshalb vorgesehen, weil anderenfalls – wenn also nur die Aufhebung nach § 4 eingetragen würde – hinsichtlich des Grundstücks ein rechtliches Vakuum entstünde: Das Grundstück wäre noch nicht wieder durch Anlegung eines Grundbuchblatts rechtlich existent geworden, es bestünde aber auch kein Sondereigentum und damit kein WE mehr.

2. Gegenstandsloswerden aller Sondereigentumsrechte infolge Zerstörung (Nr. 2)

Ist das Gebäude, auf das die Sondereigentumsrechte sich beziehen, völlig **zerstört** und 12
sind sie dadurch alle gegenstandslos geworden, erlöschen sie dennoch nicht ohne weiteres; vielmehr können sie ihren Gegenstand durch eine Wiedererrichtung des Gebäudes zurückerlangen. Bei einer völligen Zerstörung, wie Nr. 2 sie voraussetzt, besteht hierzu freilich gem. § 22 Abs. 4 keine Pflicht. Für diesen Fall ist es nach § 11 Abs. 1 S. 3 zulässig, einen Anspruch auf Aufhebung der Gemeinschaft gem. § 10 Abs. 2 S. 2, Abs. 3 zu vereinbaren. Vorbehaltlich einer derartigen Vereinbarung sind die WEer bei völliger Zerstörung jedoch frei, über einen Wiederaufbau zu entscheiden. Daher erfolgt die Schließung der Wohnungsgrundbücher im Fall der Zerstörung nicht von Amts wegen. Nr. 2 ermöglicht sie aber auf **Antrag aller WEer.** Den WEern wird damit eine einfachere und kostengünstigere Möglichkeit als der ihnen gleichfalls offen stehende Weg über eine Aufhebung aller Sondereigentumsrechte gem. Abs. 1 Nr. 1, § 4 Abs. 1 geboten.

Völlige Zerstörung: Das Gesetz macht hierzu keine näheren Vorgaben. Maßgeblich ist 13
eine **wirtschaftliche Betrachtungsweise.** Eine völlige Zerstörung ist daher auch dann anzunehmen, wenn zwar noch Teile der Gebäudesubstanz erhalten sind, eine Wiederherstellung jedoch kostspieliger wäre als ein Abriss mit anschließender Neuerrichtung.

Für die nach Nr. 2 zum Nachweis der völligen Zerstörung erforderliche **Bescheinigung** 14
der Baubehörde enthält die Allgemeine Verwaltungsvorschrift über die Ausstellung von Abgeschlossenheitsbescheinigungen (s. Anhang III Nr. 7) keine Vorgaben. Die Baubehörde hat die Bescheinigung nach pflichtgemäßem Ermessen auszustellen. Dabei ist allein die **tatsächliche Situation** zu bescheinigen und nicht darüber hinaus Mitteilung über eine etwaige privatrechtliche Wiederaufbaupflicht zu machen.[5]

Umstritten ist, ob die Bescheinigung iSv Nr. 2 auch dann beigebracht werden muss, 15
wenn die völlige Zerstörung dem Grundbuchamt **offenkundig** ist. Teils wird dies unter Hinweis auf § 29 Abs. 1 S. 2 GBO verneint.[6] Indessen greift jene Norm nicht ein, wenn eine Spezialregelung wie Nr. 2 ausdrücklich die Beibringung einer bestimmten Urkunde verlangt. Für eine Ausnahme ist daher kein Raum.[7]

Erforderlich dafür, dass das Grundbuchamt die Schließung vornimmt, ist im Fall von 16
Nr. 2 ein **Antrag** aller WEer in der Form des § 29 GBO (näher Rn 31 f.). Kein WEer ist verpflichtet, den Antrag mitzutragen. Der Antrag hat zu unterbleiben, wenn eine **vereinbarte Wiederaufbaupflicht** eingreift.

Abgrenzungen: Nicht von Nr. 2 erfasst wird der Fall, dass das Gebäude, auf das sich das 17
Sondereigentum bezieht, **nie errichtet** worden ist, sei es, dass die WEer ihre Bauabsicht aufgegeben haben oder dass ihr Bauvorhaben sich als undurchführbar erwiesen hat.[8] Zwar

[4] Zur Einigung über die Aufhebung des WEs s. OLG Frankfurt Rpfleger 1978, 213.
[5] Riecke/Schmid/*Schneider* Rn 8; aA 9. Aufl. Rn 4.
[6] NK-BGB/*Heinemann* Rn 3; Erman/*Grziwotz* Rn 2; Jennißen/*Krause* Rn 8.
[7] Zust. NKV/*Vandenhouten* Rn 3.
[8] Staudinger/*Rapp* Rn 6; vgl. auch OLG Düsseldorf DNotZ 1970, 42 = Rpfleger 1970, 26, 27.

existieren auch in diesem Fall „substanzlose" Sondereigentumsrechte; rechtlich sind letztere mit der Begründung von WE nach § 3 Abs. 1 oder § 8 entstanden. Indessen ist hier nicht dem entstandenen WE nachträglich die Substanz entzogen worden. Das Regelungsanliegen von Nr. 2, einem tatsächlichen Ereignis Rechnung zu tragen, das dem bereits real entstandenen Sondereigentum die Grundlage entzieht, greift hier nicht ein, so dass diese Vorschrift auch nicht analog heranziehbar ist. Es bedarf daher, wenn die WEer das Bauvorhaben nicht weiterverfolgen wollen, der Aufhebung der Sondereigentumsrechte gem. § 4 mit der Folge, dass die Wohnungsgrundbücher nach Abs. 1 Nr. 1 von Amts wegen geschlossen werden.

18 Auch auf den Fall einer vom Aufteilungsplan **abweichenden Bauausführung** ist Nr. 2 nicht anwendbar.[9] Hier kann das Sondereigentum an den realen Räumen immer noch gemäß dem Aufteilungsplan entstehen (zum Anspruch auf Anpassung der Bauausführung an den Aufteilungsplan s. § 2 Rn 80).

3. Vereinigung aller Rechte (Nr. 3)

19 **Vereinigung:** Sie setzt ebenso wie Nr. 1 und 2 einen Vorgang voraus, der dazu führt, dass ein und dieselbe Person alle Wohnungseigentumsrechte innehat. Gleichgültig ist, aus welchem **Rechtsgrund** die Vereinigung eingetreten ist, etwa durch rechtsgeschäftlichen Erwerb, kraft Zuschlags in der Zwangsversteigerung, Erbgangs oder Enteignung. Ebenso wenig kommt es darauf an, ob die Vereinigung durch einen **einzigen Rechtsakt oder schrittweise** erfolgt.[10]

20 In all diesen Fällen tritt durch die Vereinigung aller Rechte in einer Hand noch **keine materielle Änderung** ein; es handelt sich nicht um einen Fall der Konfusion (Vereinigung von Rechten und korrespondierenden Pflichten in einer Person). Vielmehr vereinigen sich mehrere Rechte in einer Hand, die vorbehaltlich eines Verfahrens nach Nr. 3 selbstständig bleiben. Der Berechtigte hat daher die Wahl, ob er die Wohnungseigentumsrechte bestehen lassen oder die Schließung der Wohnungsgrundbücher beantragen will.[11]

21 Nr. 3 erfasst auch den Fall, dass eine Person, die zuvor nicht Mitglied der WEgem war, in der **Zwangsversteigerung** sämtliche Wohnungseigentumsrechte ersteigert.[12] In diesem Fall erlöschen auch bei einem Gesamtausgebot (vgl. § 63 Abs. 1 S. 2 ZVG) durch den Zuschlag die Sondereigentumsrechte nicht. Vielmehr muss der Ersteher, wenn er sie beseitigen will, nach Nr. 3 beim Grundbuchamt die Schließung der Wohnungsgrundbücher beantragen.

22 Gleichzustellen ist damit der Fall, dass der vormalige Bruchteilseigentümer **Alleineigentum** erwirbt.[13]

23 **Person** iSv Nr. 3 ist in einem weiten, über den Personenbegriff der §§ 1 ff. BGB, der nur natürliche und juristische Personen umfasst, hinausgehenden Sinne zu verstehen. Auch auf die Rechtsfähigkeit kommt es nicht an, sondern allein darauf, ob eine oder mehrere Personen iS der §§ 1 ff. BGB in derselben Weise (allein oder in irgendeiner Verbindung) Inhaber sämtlicher Wohnungseigentumsrechte sind. Erfasst werden daher neben natürlichen und juristischen Personen sowie sonstigen rechtsfähigen Einheiten (BGB-Gesellschaft,[14] Personenhandelsgesellschaften, WEgem; s. § 1 Rn 11) auch nicht rechtsfähige

[9] OLG Düsseldorf DNotZ 1970, 42 = Rpfleger 1970, 26, 27 (betr. Errichtung mehrere kleiner auf den Grundrissen der geplanten größeren Wohnungen); Weitnauer/*Briesemeister* Rn 4.

[10] Soergel/*Stürner* § 9 Rn 4; vgl. auch Staudinger/*Rapp* Rn 8.

[11] OLG Düsseldorf DNotZ 1972, 42 = Rpfleger 1970, 26, 27.

[12] Staudinger/*Rapp* Rn 8.

[13] OLG Schleswig NJW-RR 1991, 848 = Rpfleger 1991, 150.

[14] Vgl. dazu OLG Köln NJW-RR 1997, 1443 (betr. Unterscheidung einer alle Wohnungseigentumsrechte innehabenden BGB-Gesellschaft von einer WEgem).

Gesamthandsgemeinschaften (Erbengemeinschaft, Gütergemeinschaft).[15] In all diesen Fällen liegt eine Vereinigung aller Wohnungseigentumsrechte „in einer Person" iSv Nr. 3 vor.

Das Grundbuchamt wird ebenso wie bei Nr. 2 nur auf **Antrag** tätig. Diesen hat der Eigentümer in der Form des § 29 GBO zu stellen (s. auch Rn 31 f.). 24

Analoge Anwendung. Die Schließung der Wohnungsgrundbücher ist analog Nr. 3 auch dann vorzunehmen, wenn im Falle des § 8 **niemals** neben dem aufteilenden Eigentümer **weitere Personen** WE erlangt haben.[16] Praktisch ist dies insbesondere dann bedeutsam, wenn eine Vorratsteilung rückgängig gemacht werden soll. In derartigen Fällen ist Nr. 1 nicht heranziehbar, da er auf § 4 Bezug nimmt und mithin nur die Einräumung von WE nach § 3 betrifft. Auch Nr. 3 gilt nicht unmittelbar, da keine Vereinigung vormals in verschiedener Hand befindlicher Wohnungseigentumsrechte stattgefunden hat.[17] Indessen ist die Interessenlage vergleichbar. Daher ist kein Antrag des Eigentümers auf Aufhebung der Teilung erforderlich;[18] vielmehr genügt ein Antrag iSv Nr. 3 auf Schließung der Wohnungsgrundbücher. 25

Abgrenzung. Von Nr. 3 nicht erfasst wird die Vereinigung von zwei (oder mehreren, aber **nicht allen**) in derselben Hand befindlichen Wohnungseigentumsrechten zu einem **einheitlichen WE.** Diese Vereinigung ist analog § 890 BGB möglich (s. § 1 Rn 97 ff.). In solchen Fällen kann das neubegründete WE unter Registrierung der Vereinigung in eines der bisherigen Wohnungsgrundbücher eingetragen werden. Die übrigen Wohnungsgrundbücher sind wegen Bestandslosigkeit nach den allgemeinen Vorschriften der GrundbuchVfg. zu schließen.[19] Hat eine Person **sämtliche** Wohnungseigentumsrechte inne, so kann sie diese theoretisch analog § 890 BGB materiell-rechtlich vereinigen;[20] praktisch ist dies jedoch wegen Nr. 3 ein unnötiger Umweg zur Beendigung des WEs. 26

IV. Zustimmung Dritter (Abs. 2)

Ist ein Wohnungseigentumsrecht **selbstständig belastet,** so bedarf es zur Aufhebung des Sondereigentums wegen der darin liegenden Inhaltsänderung des Miteigentums nach Maßgabe der §§ 877, 876 BGB einer **Zustimmung** des Berechtigten.[21] Dies gilt nicht, wenn eine Belastung auf allen Wohnungseigentumsrechten mit gleichem Rang eingetragen ist (insbesondere: sog. **Einheitsgrundpfandrecht**).[22] Näher zum Ganzen s. § 2 Rn 22 ff. 27

Abs. 2 stellt klar, dass ein bestehendes Zustimmungserfordernis durch Abs. 1 nicht berührt wird. Auch bei der von Amts wegen erfolgenden Schließung der Wohnungsgrundbücher nach Abs. 1 **Nr. 1** müssen nach den allgemeinen Vorschriften erforderliche Zustimmungen mithin vorliegen. Das Zustimmungserfordernis nach §§ 877, 876 BGB knüpft hier freilich ohnehin nicht an die Schließung der Wohnungsgrundbücher, sondern an die vorangehende **Aufhebung des Sondereigentums** an. Darin liegt die Verfügung, durch die die selbstständigen Wohnungseigentumsrechte zum Erlöschen gebracht werden, so dass der Inhalt des Miteigentums geändert wird (s. § 4 Rn 43). 28

Die Schließung der Wohnungsgrundbücher nach Abs. 1 **Nr. 2 und 3** ist – weil in der Folge gem. Abs. 3 Halbs. 2 die Sondereigentumsrechte erlöschen (näher Rn 36) – ebenso 29

---

[15] *Hügel*/Scheel, Teil 2 Rn 96; Weitnauer/*Briesemeister* Rn 5; enger offenbar NK-BGB/*Heinemann* Rn 5.

[16] OLG Düsseldorf ZMR 2001, 650, 651; *Diester* NJW 1971, 1153, 1158.

[17] Für unmittelbare Anwendung Staudinger/*Rapp* Rn 8; NKV/*Vandenhouten* Rn 7.

[18] Abw. noch 9. Aufl. Rn 2; s. aber auch dort Rn 8.

[19] Staudinger/*Rapp* Rn 10.

[20] Darauf verweist NK-BGB/*Heinemann* Rn 6.

[21] OLG Düsseldorf DNotZ 1972, 42 = RPfleger 1970, 26, 27; OLG Zweibrücken Rpfleger 1986, 93; OLG Frankfurt Rpfleger 1990, 292; *Volmer* ZfIR 2000, 286, 287.

[22] OLG Frankfurt ZMR 1990, 229; vgl. auch OLG Schleswig NW-RR 1991, 848 m. krit. Anm. *Meyer-Stolte* Rpfleger 1991, 150.

wie die Aufhebung der Sondereigentumsrechte im Falle von Nr. 1 immer dann an die Zustimmung der dinglich Berechtigten gebunden, wenn unterschiedliche selbstständige Belastungen vorliegen.

30 Ein Zustimmungserfordernis auf Grund einer **Veräußerungsbeschränkung** iSv § 12 kommt hier nicht in Betracht, da es nicht um einen Wechsel des Rechtsinhabers geht.

V. Grundbuchverfahren

1. Antrag

31 Im Fall von **Nr. 1** erfolgt die Schließung **von Amts wegen,** so dass kein Antrag erforderlich ist (s. Rn 11). Allerdings ist, da Nr. 1 die Aufhebung der Sondereigentumsrechte nach § 4 voraussetzt und diese wiederum der Eintragung bedarf, ein Eintragungsantrag hinsichtlich der Einigung über die Aufhebung erforderlich; für ihn gilt nach der hier vertretenen Ansicht § 20 GBO (materielles Konsensprinzip; s. § 4 Rn 21 f.). Auf diese Weise wird das Grundbuchamt mit der Angelegenheit befasst; es hat sodann die Schließung unabhängig von einem darauf gerichteten Antrag vorzunehmen. Dagegen ist in den beiden anderen Fällen von Abs. 1 jeweils ein **Antrag** erforderlich. Dieser ist bei **Nr. 2** durch sämtliche WEer zu stellen. Es muss kein gemeinsamer Antrag gestellt werden. Im Fall von **Nr. 3** ist ein Antrag des Eigentümers erforderlich.

32 Die Anträge nach Nr. 2 und 3 haben, da sie zur Überführung des WEs in das ungeteilte Grundstück führen, **rechtsgestaltende Bedeutung.** Die Eintragung, auf die sie gerichtet sind, besteht in der Schließung der bisherigen Wohnungsgrundbücher und in der Anlegung des Grundbuchs für das Grundstück. Die Anträge sind daher nicht als Anträge iS der §§ 13, 30 GBO zu behandeln, sondern als Bewilligungen iSv §§ 29, 30 GBO, 875, 877 BGB.[23] Dementsprechend bedürfen sie der Form des § 29 GBO (Beglaubigung).[24] Der Antrag sämtlicher Eigentümer nach Nr. 2 stellt freilich keinen Vertrag dar. Vielmehr handelt es sich um mehrere gleichgerichtete Erklärungen an das Grundbuchamt. Die §§ 873 Abs. 2 und 875 Abs. 2 BGB sind nicht anwendbar.

2. Vollzug

33 Der grundbuchmäßige Vollzug erfolgt nach näherer Maßgabe der gemäß § 1 WGbVfg anwendbaren §§ 34, 36 GrundbuchVfg. Nach **§ 36 GrundbuchVfg** erfolgt die Schließung eines Grundbuchblattes dadurch, dass sämtliche Seiten des Blattes, soweit sie Eintragungen enthalten, **rot durchkreuzt** werden, und ein **Schließungsvermerk,** in dem der Grund der Schließung anzugeben ist, in der Aufschrift eingetragen wird.

VI. Folgen der Schließung (Abs. 3)

1. Anlegung eines Grundbuchblatts für das Grundstück (Hs. 1)

34 Im Zuge der Schließung der Wohnungsgrundbücher hat das Grundbuchamt nach den allgemeinen Vorschriften ein **Grundbuchblatt für das Grundstück** anzulegen. Bei diesen Vorschriften handelt es sich um diejenigen der GBO und der GbVfg für Grundstücke. Das Grundbuchamt wird insoweit **von Amts wegen** und nicht erst auf Antrag tätig. Katasterfortführungsgebühren entstehen nicht.[25]

35 Ist das Grundstück durch Anlegung eines Grundbuchblatts wieder rechtlich existent geworden, so kann es durch **Realteilung** verändert werden. Dies kann sich z. B. dann anbieten, wenn das zuvor in WE aufgeteilte Grundstück mit einem Doppelhaus oder mit mehreren Einfamilienhäusern bebaut ist. Grundbuchrechtlich wird die Realteilung durch

---

[23] Palandt/*Bassenge* Rn 3 f.; *Demharter,* Anh. § 3 Rn 105; Weitnauer/*Briesemeister* Rn 4 f.

[24] Riecke/Schmid/*Schneider* Rn 7, 14.

[25] BayObLGZ 1979, 86 = Rpfleger 1979, 264.

eine Abschreibung gem. § 7 Abs. 1 GBO vollzogen. Waren die Miteigentumsanteile unterschiedlich belastet, so erstrecken sich die Belastungen nach Anlage des Grundbuchblatts iSv Halbs. 1 zunächst auf das gesamte Grundstück. Anschließend können sie auf die entstehenden selbstständigen Grundstücke aufgeteilt werden.[26]

2. Erlöschen der Sondereigentumsrechte (Hs. 2)

Im Fall von **Abs. 1 Nr. 1** sind die Sondereigentumsrechte bereits vor der Schließung infolge der rechtsgeschäftlichen Einigung über die Aufhebung und deren Eintragung erloschen;[27] die Eintragung nach Abs. 3 hat dann lediglich deklaratorische Wirkung (s. Rn 9). Für die beiden anderen Fälle **(Abs. 1 Nr. 2, 3)** ordnet Abs. 3 Halbs. 2 an, dass mit der Anlegung des Grundbuchblatts nach den allgemeinen Vorschriften, das an die Stelle der Wohnungsgrundbücher tritt, die Sondereigentumsrechte erlöschen. Dabei handelt es sich um einen **gesetzlichen Erlöschenstatbestand.** Dieser weist regelungstechnisch insoweit eine Parallele zu § 46 Abs. 2 GBO auf, als das Erlöschen ohne Eintragung eines Löschungsvermerks erfolgt. Anders als jene Norm ist Halbs. 2 aber nicht lediglich als Erlöschensfiktion ausgestaltet, sondern hat materiell-rechtliche Gestaltungswirkung (s. bereits Rn 1).[28] 36

Der in Halbs. 2 geregelte Erlöschenstatbestand führt dazu, dass zwischen der Schließung der Wohnungsgrundbücher und der Anlegung des Grundbuchblatts für das Grundstück das Sondereigentum **ungebucht fortbesteht;** damit soll ein rechtliches Vakuum – WE ist schon aufgehoben, ohne dass das Grundstück als Gegenstand des Rechtsverkehrs grundbuchmäßig wiederentstanden ist (vgl. Rn 1) – verhindert werden. In der Praxis führt das ungebuchte Fortbestehen von WE freilich deshalb nicht zu Problemen, weil der betreffende Zeitraum regelmäßig sehr kurz ist.[29] 37

Das Erlöschen sämtlicher Sondereigentumsrechte hat zur Folge, dass **gewöhnliches Miteigentum** (Bruchteilsgemeinschaft gem. §§ 1008 ff., 741 ff. BGB) oder – im Falle der Vereinigung aller Rechte in einer Person nach Abs. 1 Nr. 3 – **Alleineigentum** entsteht.[30] Die **WEgem** ist **beendet** (s. auch § 10 Rn 11).[31] Diejenigen Räume und die dazugehörigen Bestandteile des Gebäudes, die bislang im Sondereigentum standen, teilen damit nach Maßgabe der §§ 93 ff. BGB das Recht am Grundstück. Wer zuvor mehrere Wohnungseigentumsrechte innehatte, erlangt infolge des Erlöschens der Sondereigentumsrechte nur einen **einheitlichen Miteigentumsanteil.**[32] Die bisherigen **Nutzungsvereinbarungen** der WEer sowie **Sondernutzungsrechte** setzen sich nicht (in Gestalt von Benutzungsregelungen iSv §§ 745, 1010 Abs. 1 BGB) an den schlichten MEs-Anteilen fort.[33] 38

Die Erlöschenswirkung nach Halbs. 2 tritt dann nicht ein, wenn für die Schließung der Wohnungsgrundbücher, an die Halbs. 1 die Anlegung eines Grundbuch-Blatts für das Grundstück knüpft, die tatbestandlichen (materiell-rechtlichen) **Voraussetzungen** fehlen. **Beispiele:** Einer der Anträge iSv Abs. 1 Nr. 2 ist unwirksam; im Fall von Abs. 1 Nr. 3 hat der Antragsteller nicht alle Wohnungseigentumsrechte wirksam erlangt. In solchen Fällen greift der Erlöschenstatbestand von Halbs. 2 hinsichtlich der Sondereigentumsrechte nicht ein. Vielmehr wird durch die Schließung der Wohnungsgrundbücher und die Anlegung des Grundbuch-Blatts für das Grundstück das Grundbuch unrichtig (zum Gutglaubens- 39

[26] OLG Frankfurt ZfIR 2000, 285 m. Anm. *Volmer* = DNotZ 2000, 749 m. Anm. *Röll*.

[27] Staudinger/*Rapp* Rn 2; Weitnauer/*Briesemeister* Rn 8.

[28] Insoweit nicht differenzierend Weitnauer/*Briesemeister* Rn 8; aA offenbar Palandt/*Bassenge* Rn 1; NKV/*Vandenhouten* Rn 1 (keine materiell-rechtliche Wirkung).

[29] Weitnauer/*Briesemeister* Rn 8.

[30] OLG Schleswig NJW-RR 1991, 848, 849.

[31] Riecke/Schmid/*Schneider* Rn 15 a.

[32] Staudinger/*Rapp* Rn 14.

[33] Staudinger/*Rapp* Rn 12.

schutz s. Rn 40).[34] Letzteres gilt auch für den Fall, dass bei einer Schließung von Amts wegen nach Abs. 1 Nr. 1 eine der Aufhebungserklärungen unwirksam ist. Der Erlöschenstatbestand von Halbs. 2 kann hier freilich von vornherein nicht eingreifen, da er ausweislich des Einschubs („soweit sie nicht bereits aufgehoben sind") den Fall von Abs. 1 Nr. 1 nicht erfasst.

40 Ist für das Grundstück ein Grundbuchblatt iSv Halbs. 2 angelegt worden, ohne dass die Voraussetzungen vorlagen, so kann der **öffentliche Glaube des Grundbuch** nach § 892 BGB dazu führen, dass das WE untergeht.

3. Belastungen

41 **a) Gesamtbelastungen.** Bestand vor der Schließung der Wohnungsgrundbücher an allen Wohnungseigentumsrechten eine **einheitliche und ranggleiche Belastung,** so setzt sich diese an dem ungeteilten Grundstück fort; sie ist in das für das Grundstück anzulegende Grundbuch-Blatt zu übertragen.

42 **b) Einzelbelastungen.** Bezog sich eine Belastung lediglich auf ein einzelnes WE, so ist sie, sofern dies rechtlich **zulässig** ist, bei dem einfachen Miteigentumsanteil einzutragen (Beispiele: Grundpfandrecht, Vorkaufsrecht).[35] Erlangt ein WEer anstelle mehrerer Wohnungseigentumsrechte infolge der Schließung der Wohnungsgrundbücher einen einheitlichen MEs-Anteil (s Rn 38), so erlangt ein einheitlicher Grundpfandgläubiger ein Einheitsgrundpfandrecht;[36] bei einer Mehrheit von Grundpfandgläubigern bedarf es Pfandunterstellungen und Rangregulierungen.[37] Zu Zustimmungserfordernissen s. Rn 27 ff.

43 Ist die Eintragung beim MEs-Anteil **unzulässig** (Beispiel: Dienstbarkeit; s. § 1 Rn 148), muss eine **Belastungsausdehnung** auf das gesamte Grundstück vorgenommen werden, die der Zustimmung zwar nicht des Berechtigten, wohl aber aller übriger Miteigentümer und der Inhaber dinglicher Rechte an deren Miteigentumsanteilen bedarf. Anderenfalls ist die betreffende Belastung zu löschen, was durch Nichtübertragung (vgl. § 46 Abs. 2 GBO) geschehen kann.[38] Die **Gegenansicht,** derzufolge die Belastung sich ohne weiteres auf das gesamte Grundstück ausdehnt,[39] zieht eine Parallele zur Lage bei der Begründung von WE. Dieser Schluss überzeugt jedoch nicht, da es sich im letzteren Fall um eine Begünstigung der übrigen Miteigentümer, bei der Beendigung des WEs aber um deren Belastung handelt, wofür § 19 GBO gilt. Zum Erfordernis der Zustimmung dinglich Berechtigter an dem betreffenden WE selbst s. Rn 27 ff.

VII. Gemeinschaftliches Wohnungsgrundbuch

44 § 9 spricht allein von Wohnungsgrundbüchern iSv § 7 Abs. 1, nicht vom **gemeinschaftlichen Wohnungsgrundbuch** gem. § 7 Abs. 2. Dies führt zu der Frage, welche Regeln für die in Abs. 1 Nr. 1–3 genannten Fälle dann gelten, wenn ein gemeinschaftliches Wohnungsgrundbuch besteht.

45 Der durch § 7 Abs. 2 ermöglichte Verzicht auf die Anlegung eigener Wohnungsgrundbücher führt keineswegs dazu, dass die Begründung von WE spurlos am Grundbuch vorüberginge. Vielmehr unterscheidet sich das gemeinschaftliche Wohnungsgrundbuch von einem für das Grundstück bestehenden Grundbuchblatt iSv Abs. 3 Halbs. 2 in zweierlei Hinsicht: Zum einen durch die **Bezeichnung** als „gemeinschaftliches Wohnungsgrund-

[34] Weitnauer/*Briesemeister* Rn 8; zu eng (nur für Nr. 1) 9. Aufl. Rn 18 f.

[35] OLG Frankfurt ZfIR 2000, 285, 286; DNotI-Report 2008, 27 f.; s. auch OLG Schleswig NJW-RR 1991, 848 m. Anm. *Meyer-Stolte* Rpfleger 1991, 150.

[36] OLG Schleswig NJW-RR 1991, 848, 849 m. Anm. *Meyer-Stolte* Rpfleger 1991, 150.

[37] MünchKomm-BGB/*Commichau* Rn 14; Staudinger/*Rapp* Rn 14; aA Riecke/Schmid/*Schneider* Rn 23 s. auch DNotI-Report 2008, 27, 28.

[38] Riecke/Schmid/*Schneider* Rn 20 f.; Staudinger/*Rapp* Rn 15; NKV/*Vandenhouten* Rn 17.

[39] Weitnauer/*Briesemeister* Rn 6.

buch“ (s. § 7 Abs. 2 S. 1), zum anderen dadurch, dass bei der Bezeichnung der WEer in der I. Abteilung des Grundbuchs die **Verbindung der Miteigentumsanteile mit den Sondereigentumsrechten** anzugeben ist (vgl. Anlage 2 zu § 9 WGbVfg). Beide Eintragungen haben dann zu entfallen, wenn ein dem Abs. 1 Nr. 1–3 entsprechender Tatbestand eintritt. Die Bezeichnung „gemeinschaftliches Wohnungsgrundbuch“ ist mithin zu löschen; zudem ist in den Fällen der Nr. 2 und 3 das Erlöschen der Sondereigentumsrechte einzutragen.[40] Diese Änderungen sind im Fall von Abs. 1 Nr. 1 von Amts wegen und in den Fällen von Nr. 2, 3 auf Antrag der dort genannten Personen vorzunehmen. All dies folgt aus einer analogen Anwendung des § 9, die sich freilich nicht auf den Erlöschenstatbestand von Abs. 3 Halbs. 2 hinsichtlich der Sondereigentumsrechte bezieht. Insoweit bedarf es, da kein neues Grundbuchblatt angelegt wird, vielmehr der Eintragung der Löschung. Das **Bestandsverzeichnis** muss hingegen nicht geändert werden.

Im Übrigen gelten für die grundbuchmäßige Beendigung des WEs dieselben Regeln wie **46** in dem von § 9 unmittelbar erfassten Regelfall, dass Wohnungsgrundbücher angelegt worden sind. Dementsprechend kann insbesondere die **Zustimmung Dritter** erforderlich sein (s. Rn 27 ff.).

Ist infolge der genannten Eintragungen eine Verwirrung des Grundbuchs zu befürchten, **47** so kommt auch eine **Schließung** des gemeinschaftlichen Wohnungsgrundbuchs in Betracht.[41] In diesem Fall ist hinsichtlich des Erlöschens der Sondereigentumsanteile Abs. 3 Halbs. 2 analog anwendbar.

---

[40] So auch Weitnauer/*Briesemeister* Rn 10 f., freilich zögernd zum Fall von Nr. 2; s. auch *Horber* MDR 1956, 63 (für sinngemäße Anwendung von Nr. 2 und 3).

[41] Zust. NKV/*Vandenhouten* Rn 19; schief NK-BGB/*Heinemann* Rn 11, der es allein als fraglich ansieht, ob anstelle der Schließung auch die bloße Umbenennung in ein reguläres Grundbuchblatt in Betracht komme; letztere ist vielmehr die Regel.

2. Abschnitt. Gemeinschaft der Wohnungseigentümer

§ 10 Allgemeine Grundsätze

(1) Inhaber der Rechte und Pflichten nach den Vorschriften dieses Gesetzes, insbesondere des Sondereigentums und des gemeinschaftlichen Eigentums, sind die Wohnungseigentümer, soweit nicht etwas anderes ausdrücklich bestimmt ist.

(2) [1]Das Verhältnis der Wohnungseigentümer untereinander bestimmt sich nach den Vorschriften dieses Gesetzes und, soweit dieses Gesetz keine besonderen Bestimmungen enthält, nach den Vorschriften des Bürgerlichen Gesetzbuches über die Gemeinschaft. [2]Die Wohnungseigentümer können von den Vorschriften dieses Gesetzes abweichende Vereinbarungen treffen, soweit nicht etwas anderes ausdrücklich bestimmt ist. [3]Jeder Wohnungseigentümer kann eine vom Gesetz abweichende Vereinbarung oder die Anpassung einer Vereinbarung verlangen, soweit ein Festhalten an der geltenden Regelung aus schwerwiegenden Gründen unter Berücksichtigung aller Umstände des Einzelfalles, insbesondere der Rechte und Interessen der anderen Wohnungseigentümer, unbillig erscheint.

(3) Vereinbarungen, durch die die Wohnungseigentümer ihr Verhältnis untereinander in Ergänzung oder Abweichung von Vorschriften dieses Gesetzes regeln, sowie die Abänderung oder Aufhebung solcher Vereinbarungen wirken gegen den Sondernachfolger eines Wohnungseigentümers nur, wenn sie als Inhalt des Sondereigentums im Grundbuch eingetragen sind.

(4) [1]Beschlüsse der Wohnungseigentümer gemäß § 23 und gerichtliche Entscheidungen in einem Rechtsstreit gemäß § 43 bedürfen zu ihrer Wirksamkeit gegen den Sondernachfolger eines Wohnungseigentümers nicht der Eintragung in das Grundbuch. [2]Dies gilt auch für die gemäß § 23 Abs. 1 aufgrund einer Vereinbarung gefassten Beschlüsse, die vom Gesetz abweichen oder eine Vereinbarung ändern.

(5) Rechtshandlungen in Angelegenheiten, über die nach diesem Gesetz oder nach einer Vereinbarung der Wohnungseigentümer durch Stimmenmehrheit beschlossen werden kann, wirken, wenn sie auf Grund eines mit solcher Mehrheit gefaßten Beschlusses vorgenommen werden, auch für und gegen die Wohnungseigentümer, die gegen den Beschluß gestimmt oder an der Beschlußfassung nicht mitgewirkt haben.

(6) [1]Die Gemeinschaft der Wohnungseigentümer kann im Rahmen der gesamten Verwaltung des gemeinschaftlichen Eigentums gegenüber Dritten und Wohnungseigentümern selbst Rechte erwerben und Pflichten eingehen. [2]Sie ist Inhaberin der als Gemeinschaft gesetzlich begründeten und rechtsgeschäftlich erworbenen Rechte und Pflichten. [3]Sie übt die gemeinschaftsbezogenen Rechte der Wohnungseigentümer aus und nimmt die gemeinschaftsbezogenen Pflichten der Wohnungseigentümer wahr, ebenso sonstige Rechte und Pflichten der Wohnungseigentümer, soweit diese gemeinschaftlich geltend gemacht werden können oder zu erfüllen sind. [4]Die Gemeinschaft muss die Bezeichnung „Wohnungseigentümergemeinschaft" gefolgt von der bestimmten Angabe des gemeinschaftlichen Grundstücks führen. [5]Sie kann vor Gericht klagen und verklagt werden.

(7) [1]Das Verwaltungsvermögen gehört der Gemeinschaft der Wohnungseigentümer. [2]Es besteht aus den im Rahmen der gesamten Verwaltung des gemeinschaftlichen Eigentums gesetzlichbegründeten und rechtsgeschäftlich erworbenen Sachen und Rechten sowie den entstandenen Verbindlichkeiten. [3]Zu dem Verwaltungsvermögen gehören insbesondere die Ansprüche und Befugnisse aus Rechtsverhältnissen mit Dritten und mit Wohnungseigentümern sowie die eingenommenen Gelder. [4]Vereini-

gen sich sämtliche Wohnungseigentumsrechte in einer Person, geht das Verwaltungsvermögen auf den Eigentümer des Grundstücks über.

(8) [1]**Jeder Wohnungseigentümer haftet einem Gläubiger nach dem Verhältnis seines Miteigentumsanteils (§ 16 Abs. 1 Satz 2) für Verbindlichkeiten der Gemeinschaft der Wohnungseigentümer, die während seiner Zugehörigkeit zur Gemeinschaft entstanden oder während dieses Zeitraums fällig geworden sind; für die Haftung nach Veräußerung des Wohnungseigentums ist § 160 des Handelsgesetzbuches entsprechend anzuwenden.** [2]**Er kann gegenüber einem Gläubiger neben den in seiner Person begründeten auch die der Gemeinschaft zustehenden Einwendungen und Einreden geltend machen, nicht aber seine Einwendungen und Einreden gegenüber der Gemeinschaft.** [3]**Für die Einrede der Anfechtbarkeit und Aufrechenbarkeit ist § 770 des Bürgerlichen Gesetzbuches entsprechend anzuwenden.** [4]**Die Haftung eines Wohnungseigentümers gegenüber der Gemeinschaft wegen nicht ordnungsmäßiger Verwaltung bestimmt sich nach Satz 1.**

Übersicht

Literatur: *Abramenko,* Die Gläubiger der Wohnungseigentümergemeinschaft und ihr Schutz. Kritische Anmerkungen zur „Gegenäußerung der Bundesregierung", ZMR 2006, 496; *ders.,* Die Rechtsfähigkeit der Wohnungseigentümergemeinschaft: Aktuelle Diskussionen und Probleme, ZMR 2006, 409; *ders.,* Die Entfernung des zahlungsunfähigen oder unzumutbaren Miteigentümers aus der Gemeinschaft, ZMR 2006, 338; *ders.,* Der Anspruch auf Abänderung von Beschlüssen, ZWE 2007, 336; *ders.,* Das Verlangen auf Abänderung einer Vereinbarung nach § 10 Abs. 2 Satz 3 WEG nF: Eine versteckte Beschlusskompetenz, ZMR 2007, 424; *ders.,* Der Verband als Inhaber von Rechten und Pflichten der Wohnungseigentümer, ZMR 2007, 841; *Armbrüster,* Die Treuepflicht der Wohnungseigentümer, ZWE 2002, 333 = FS Merle (2000), 1; *ders.,* Überlegungen zur Reform des Wohnungseigentumsrechts, DNotZ 2003, 493; *ders.,* Kollisionen zwischen Gemeinschaftsordnung und Mietvertrag, ZWE 2004, 217; *ders.,* Zum Gesetzentwurf einer WEG-Reform, AnwBl 2005, 16; *ders.,* Änderungsvorbehalte und -vollmachten zugunsten des aufteilenden Bauträgers, ZMR 2005, 244; *ders.,* Gläubigerschutz bei der Wohnungseigentümergemeinschaft, ZMR 2006, 653; *ders.,* Auswirkungen der Rechtsfähigkeit der Gemeinschaft der Wohnungseigentümer auf die Reform des WEG, ZWE 2006, 53; *ders.,* Der Verwalter als Organ der Gemeinschaft und Vertreter der Wohnungseigentümer, ZWE 2006, 470; *ders.,* Die Rechtsfähigkeit der Eigentümergemeinschaft, GE 2007, 420; *ders.,* Die guten Sitten im Wohnungseigentumsrecht, FS Bub (2007) S. 1 = ZWE 2008, 361; *ders.,* Die Abwicklung von Gebäudeschäden mit dem Versicherer; *Armbrüster/Müller,* Wohnungseigentumsrechtliche Gebrauchsbeschränkungen und Mieter, FS Seuß (2007) S. 3f. = ZWE 2007, 227 = ZMR 2007, 321; *Basty,* Erwerb von Wohnungseigentum durch die Gemeinschaft, ZWE 209, 253; *Bärmann,* Die Wohnungseigentümergemeinschaft als rechtliches Zuordnungsproblem, 1985; *ders.,* Die Wohnungseigentümergemeinschaft, PiG 22, S. 210f.; *Becker M.,* Beschlusskompetenz kraft Vereinbarung – sog. Öffnungsklausel, ZWE 2002, 341; *ders.* ZWE 2002, 509 (Erwid. auf *Hügel*); *ders.,* Der gerichtliche Vergleich in Wohnungseigentumssachen als Rechtsgeschäft der Wohnungseigentümer, ZWE 2002, 429; *ders.,* Verwaltung der Einpersonen-Gemeinschaft, ZWE 2007, 119; *ders.,* Das neue WEG – Vermögensverwaltung durch die Eigentümergemeinschaft, MietRB 2007, 180; *ders.,* Die Ausübung von Rechten durch die Eigentümergemeinschaft, ZWE 2007, 432; *Becker, M./Kümmel,* Die Grenzen der Beschlusskompetenz der Wohnungseigentümer, ZWE 2001, 128; *Becker/Kümmel/Ott,* Die rechtsfähige Eigentümergemeinschaft (Teil 1): Rechtsnatur, Entstehen und Beendigung, MietRB 2006, 225; *dies.,* Die rechtsfähige Eigentümergemeinschaft (Teil 2): Vermögensorganisation, MietRB 2006, 252; *dies.,* Die rechtsfähige Eigentümergemeinschaft (Teil 3):

Vertretungs- und Haftungsfragen, MietRB 2006, 276; *dies.*, Gerichtliches Verfahren (Teil 4), MietRB 2006, 311; *Bielefeld*, Nach der BGH-Entscheidung zur Ersatzvereinbarung – Welche Beschlüsse sind nichtig, welche „nur" anfechtbar?, DWE 2001, 5; *ders.*, Rechtsfähigkeit der Wohnungseigentümergemeinschaft, DWE 2006, 18; *Bonifacio*, Die Auslegung von Beschlüssen der Wohnungseigentümer unter Berücksichtigung der Bedeutung der Versammlungsniederschrift, ZMR 2006, 583; *ders.*, Der Entwurf einer wohnungseigentumsrechtlichen Anfechtungsklage nach der ZPO – Königs- oder Irrweg?, ZMR 2005, 327; *ders.*, Zum Anspruch auf Änderung der Teilungserklärung, ZMR 2004, 728; *ders.*, Die Wohnungseigentümergemeinschaft als Wohnungseigentümerin im eigenen Verwaltungsobjekt?, ZMR 2009, 257; *ders.*, Das Ende de Wohnungseigentümergemeinschaft durch Vereinigung, NZM 2009, 561; *Bork*, Wider die Rechtsfähigkeit der Wohnungseigentümergemeinschaft – eine resignierende Polemik, ZIP 2005, 1205; *ders.*, die Insolvenz der Wohnungseigentümergemeinschaft, ZInsO 2005, 1067; *Böttcher*, Teilungserklärungen des Grundeigentümers und Inhaltskontrolle nach § 242 BGB? Rpfleger 1990, 161; *ders.*, Die wohnungseigentumsrechtliche Öffnungsklausel im Grundbuchverfahren, RpflStud. 2002, 147; *ders.*, Nachträgliche Regelungen zum Gemeinschaftsverhältnis der Wohnungseigentümer, NotBZ 2007, 421; *Briesemeister*, Das Haftungssystem der Wohnungseigentümergemeinschaft nach der WEG-Reform, NZM 2007, 225 f.; *ders.*, Die Außenhaftung einzelner Wohnungseigentümer für die vor dem 1. 7. 2007 begründeten Verbindlichkeiten der Wohnungseigentümergemeinschaft, NZM 2008, 230; *Bub*, Gestaltung der Teilungserklärung, Gemeinschaftsordnung, WE 1993, 185 f. und 212 ff.; *ders.*, Rechtsfähigkeit der Wohnungseigentümergemeinschaft, ZWE 2002, 103; *ders.*, Rechtsfähigkeit und Vermögenszuordnung, ZWE 2006, 253; *ders.*, Das Verwaltungsvermögen, ZWE 2007, 2; *ders.*, Der schwebend unwirksame Beschluss im Wohnungseigentumsrecht, ZWE 2007, 339; *Buck*, Die Mehrheitsentscheidung mit Vereinbarungsinhalt, WE 1998, 90; *Coester*, Die »werdende Eigentümergemeinschaft« im Wohnungseigentumsgesetz, NJW 1990, 3184; *Deckert*, Allstimmiger Beschluss oder Vereinbarung, WE 1999, 2; *ders.*, Anspruch auf Zustimmung zur Änderung der Gemeinschaftsordnung, PiG 63 (2002) S. 227; *ders.*, Zum rechtlichen Status einer werdenden Eigentümergemeinschaft, ZMR 2005, 335; *ders.*, Erweiterung der Befugnisse des Verwalters durch Verwaltervertrag, ZWE 2003, 247; *Demharter*, Guter Glaube an Gemeinschaftsregelungen DNotZ 1991, 28; *ders.*, Die rechtsfähige Wohnungseigentümergemeinschaft – wer ist verfahrens- und materiell-rechtlich Berechtigter? NZM 2006, 81; *ders.*, Grundbuchfähigkeit der rechtsfähigen Wohnungseigentümergemeinschaft, NZM 2005, 601; *Derleder*, Die Änderung der Kostenverteilung in Wohnungseigentumsanlagen, NJW 2004, 3754; *ders.*, Die Rechtsfähigkeit von Wohnungseigentümergemeinschaften für externe Verpflichtungen und Rechte, ZWE 2002, 193 und 250; *Derleder/Fauser*, Die Haftungsverfassung der Wohnungseigentümergemeinschaft nach neuem Recht, ZWE 2007, 2; *Diester*, Anspruch des Wohnungseigentümers auf Änderung der Gemeinschaftsordnung, NZM 2005, 288; *Drasdo*, Rechtsfähigkeit der Wohnungseigentümergemeinschaft, NJW 2004, 1988; *Dreyer* Mängel bei der Begründung von Wohnungseigentum, DNotZ 2007, 594; *Elzer*, Die WEG-Novelle 2007, WuM 2007, 295; *ders.*, Die Wohnungseigentümergemeinschaft als Vermieter von Gemeinschafts- und Sondereigentum, ZWE 2009, 12; *ders.*, Kreditaufnahme durch den Verband Wohnungseigentümergemeinschaft, NZM 2009, 57; *ders.*, Die Genehmigung eines Prozessvergleichs im Wohnungseigentumsrecht, ZMR 2009, 649; *Ertl*, Gutgläubiger Erwerb von Sondernutzungsrechten?, FS Seuß (1987), S. 150; *ders.*, AGB-Kontrolle von GemOen der WEer durch das GBA? DNotZ 1981, 149; *Fauser*, Die Haftungsverfassung der Wohnungseigentümergemeinschaft nach dem neuen WEG (2007); *Gaier*, Zustimmung dinglich Berechtigter zur Eintragung einer Öffnungsklausel im Grundbuch, ZWE 2005, 39; *Göken*, Die Mehrhausanlage im Wohnungseigentumsrecht, 1999; *Gottschalg*, Die Übertragung von Kompetenzen der Wohnungseigentümer auf Verwalter und Verwaltungsbeirat, ZWE 2000, 50; *Grebe*, Rechtsgeschäftliche Änderungsvorbehalte im Wohnungseigentumsrecht DNotZ 1987, 6; *ders.*, Wege zur Abänderung der Gemeinschaftsordnung im Wohnungseigentumsrecht, DNotZ 1988, 275; *Häublein*, Begründung von Sondernutzungsrechten durch bestandskräftigen Mehrheitsbeschluss?, ZMR 2000, 423; *ders.*, Zum Begriff der Angelegenheit iSd § 23 Abs. 1 WEG, ZWE 2001, 2; *ders.*, Bindung von Sondernachfolgern an einen gerichtlichen Vergleich der Wohnungseigentümer, ZMR 2001, 165; *ders.*, Sondernutzungsrechte und ihr Begründung im Wohnungseigentumsrecht, 2003; *ders.*, Wohnungseigentum, quo vadis?, ZMR 2006, 1; *ders.*, Bindung des Erwerbers an Vereinbarungen der Wohnungseigentümer durch notariellen Erwerbsvertrag, DNotZ 2005, 741; *ders.*, Die rechtsfähige Wohnungseigentümergemeinschaft – Vorzüge eines Paradigmenwechsels – dargestellt am Beispiel der Haftung für Verwaltungsschulden –, FS Wenzel (2005), 175; *ders.*, Der Erwerb von SE durch die Wohnungseigentümergemeinschaft, FS Seuß (2007), S. 125 = ZWE 2007, 474; *ders.*, Die Willensbildung in der Wohnungseigentümergemeinschaft nach der WEG-Novelle, ZMR 2007, 409; *ders.*, „Drittwirkungen" der Verwalterpflichten, ZWE 2008, 1, 80; *ders.*, Erstattungsansprüche des Wohnungseigentümers für Maßnahmen gem. § 21 Abs. 2 WEG; *Heerstraßen,* Schuldverhältnisse der Wohnungseigentümer, 1998; *Heismann,* Die werdende Wohnungseigentümergemeinschaft – ein traditionelles Rechtsinstitut des WEG auf dem dogmatischen Prüfstand, ZMR 2004, 10; *ders.*, Die werdende Wohnungseigentümergemeinschaft – Die ungewisse Zukunft eines traditionelles Rechtsinstituts, 2003; *Hügel,* Die Gestaltung von Öffnungsklauseln, ZWE 2001, 578; *ders.*, Die Mehrheitsvereinbarung im Wohnungseigentumsrecht, DNotZ 2001, 176; *ders.*, Vereinbarungen aufgrund sogenannter Öffnungsklausel, ZWE 2002, 503; *ders.*, Bestandskraft von Mehrheitsvereinbarungen, ZfIR 2003, 885; *ders.*, Das unvollendete oder substanzlose Sondereigentum, ZMR 2004, 549; *ders.*, Die Rechtsfähigkeit der Wohnungseigentümergemeinschaft und ihre Folgen für die notarielle Praxis, DNotZ 2005, 753; *ders.*, Der »Eintritt« in schuldrechtliche Vereinbarungen, FS Wenzel (2005), 219; *ders.*, Das neue Wohnungseigentumsrecht, DNotZ 2007, 326; *ders.*, Die Umwandlung von Teileigentum zu Wohnungseigentum und umgekehrt, FS Bub (2007) S. 137 = ZWE 2008, 120; *Kreuzer,* Änderung von Teilungserklärung und Gemeinschaftsordnung, PiG 63 (2002), S. 249; *ders.*, Zur Problematik Vereinbarung und Mehrheitsbeschluss, DWE 2000, 6; *ders.*, Änderung von Teilungserklärung und Gemeinschaftsordnung, ZWE 2002, 285; *ders.*, Der verstorbene WE-Verband, ZMR 2006, 15; *Kümmel,* Die Bindung der Wohnungseigentümer und deren Sondernachfolger an gesetzes- und vereinbarungsändernde Mehrheitsbeschlüsse, ZWE 2000, 387; *ders.*, Die Anfechtbarkeit nicht ordnungsmäßiger Beschlüsse der Wohnungseigentümer, ZWE 2001, 516; *ders.*, Der einstimmige Beschluss als Regelungsinstrument der Wohnungseigentümer, ZWE 2001, 52; *ders.*, Die Bindung der Wohnungseigentümer und deren Sondernachfolger an Vereinbarungen, Beschlüsse und Rechtshandlungen nach § 10 WEG, Düsseldorf 2002 (Theorie und Praxis Bd. 18); *ders.*, Beschlüsse auf Grund „schuldrechtlicher" Öffnungsklausel, ZWE 2002, 68; *Lehmann-Richter,* Zum Schadensersatz wegen Beschädigung des Gemeinschafts- und Sondereigentums unter besonderer Berücksichtigung der Ansprüche des Rechtsnachfolgers, ZWE 2006, 413; *Lüke,* Zur Zustimmung Dritter bei vereinbarungswidrigen Mehrheitsbeschlüssen, WE 1998, 202; *ders.*, Die Beschlusskompetenz und ihre Grenzen – eine Bestandsaufnahme, ZWE 2002, 49; *Maroldt,* Zur Rechtfähigkeit der Wohnungseigentümergemeinschaft, ZWE 2002, 387; *ders.*, Die Rechtsfolgen einer Rechtsfähigkeit der Gemeinschaft der Wohnungseigentümer, 2004; *ders.*, Die rechtsfähige Gemeinschaft der Wohnungseigentümer, ZWE 2005, 361; *Merle,* Das Wohnungseigentum im System des bürgerlichen Rechts, 1979; *ders.*, Haftungsbeschränkung und Haftungsausschluß durch Vereinbarung und Mehrheitsbeschluss der Wohnungseigentümer DWE 1984, 2; *ders.*, Mehrheitsbeschlüsse mit Vereinbarungsinhalt – Aktueller Stand der Diskussion, ZWE 2000, 502; *ders.*, Beschlusskompetenz und Kostentragung, ZWE 2001, 342; *ders.*, Der vereinbarungswidrige Beschluss als künftiges Regelungsinstrument für die Kostenverteilung?, ZWE 2001, 49; *ders.*, Zur Rechtslage nach der Entscheidung des BGH – Erwiderung, ZWE 2001, 196; *ders.*, Gemeinschaftsordnung und Rechtsstellung des Verwalters, ZWE 2001, 145; *ders.*, Zur Rechtslage nach der Entscheidung des BGH vom 20. September 2000, DWE 2002, 45; *ders.*, Die Vereinbarung als mehrseitiger Vertrag, FS Wenzel (2005), 251; *ders.*, Entgelte für die Nutzung von Gemeinschaftseigentum und Mehrheitsbeschluss, ZWE 2006, 128; *ders.*, Organbefugnisse und Organpflichten des Verwalters bei Passivprozessen der Gemeinschaft der Wohnungseigentümer, ZWE 2006, 21; *ders.*, Wider eine allgemein Beschlusskompetenz gemäß § 10 Abs. 2 Satz 3 WEG, ZWE 2007, 472; *Mohr,* Rechtsfähigkeit der Wohnungseigentümergemeinschaft oder Gesamtschuldnerschaft im öffentlichen Recht bei Verfügung und Vertrag, ZMR 2006, 910; *Müller,* Der Eigentümerbeschluss mit Vereinbarungsinhalt. In: Festschrift f. Johannes Bärmann 1990, 505; *ders.*, Der vereinbarungswidrige Beschluss als künftiges Regelungsinstrument?, ZWE 2001, 191; *Neumann,* Die „Teilrechtsfähigkeit" der Wohnungseigentümergemeinschaft, WuM 2006, 489; *Niedenführ,* Die WEG-Novelle 2007, NJW 2007, 1841; *Ott,* Das Sondernutzungsrecht im Wohnungseigentum, 2000; *ders.*, Zur Eintragung von Mehrheitsbeschlüssen im Grundbuch bei sogenannter Öffnungsklausel, ZWE 2001, 466; *ders.*, Zur Bindung von Sondernachfolgern an Verträge der Wohnungseigentümer mit Dritten, ZMR 2002, 169; *ders.*, Zur Rechtsfähigkeit der Wohnungseigentümergemeinschaft, ZMR 2002, 97; *Paefgen,* Gläubigerschutz in der WEG-Novelle, ZfIR 2006, 529; *Pick,* Anm. zu BGH v. 22. 1. 1987, JR 1988, 205; *Pauly,* Zur Frage der Rechtsfähigkeit der Wohnungseigentümergemeinschaft und ihre Auswirkungen auf die Praxis, WuM 2002, 531; *ders.*, Betreutes Wohnen – notwendige Problembewältigung einer neuen Wohnform, ZMR 2008, 864; *Pause/Vogel,* Auswirkungen der Rechtsfähigkeit der Wohnungseigentümergemeinschaft auf die Verfolgung von Mängeln am Gemeinschaftseigentum gegenüber dem Bauträger, NJW 2006, 3670; *Prüfer,* Schriftliche

Beschlüsse, gespaltene Jahresabrechnungen – ein Beitrag zu den Grenzen der Privatautonomie im Wohnungseigentumsrecht, 2001; *ders.*, Grenzen der Privatautonomie im Wohnungseigentumsrecht, ZWE 2001, 398; *Rapp,* Verdinglichte Ermächtigungen in der Teilungserklärung, MittBayNot 1998, 77; *ders.*, Nichtiger Grundlagenbeschluss – Gültiger Anwendungsbeschluss, ZWE 2000, 392; *Raiser,* Rechtsfähigkeit der Wohnungseigentümergemeinschaft, ZWE 2001, 173; *ders.*, Die Rechtsnatur der Wohnungseigentümergemeinschaft, ZWE 2005, 365; *Reymann,* Die Verbandstruktur der werdenden Wohnungseigentümergemeinschaft, ZWE 2009, 233; *Röll,* Die GemO als Bestandteil des WEs, Rpfleger 1980, 90; *ders.*, Vereinbarungen über Änderung der Gemeinschaftsordnung durch Mehrheitsbeschluss DNotZ 1982, 731; *ders.*, Änderung der Gemeinschaftsordnung durch Mehrheitsbeschluss WE 1982, 244; *ders.*, Pseudovereinbarungen – Die Zukunft eines Gestaltungsinstruments, ZWE 2000, 13; *ders.*, Ermächtigung zur Begründung von SE in der Gemeinschaftsordnung, ZWE 2000, 446; *ders.*, Änderung der Gemeinschaftsordnung nur durch Vereinbarung: Konsequenzen für die Zukunft, DNotZ 2000, 898; *Rühlicke,* Gesamthand, rechtsfähige Personengesellschaft, juristische Person und Wohnungseigentümergemeinschaft, ZWE 2007, 261; *Sauren,* Grenzen von Veränderungsmöglichkeiten des Wohnungseigentumsgesetzes, FS Bärmann/Weitnauer, 581; *ders.*, Ausnahmen für öffentliche Abgaben im neuen Haftungssystem des BGH zum WEG?, ZMR 2006, 750; *Schmack/Kümmel,* Der einstimmige Beschluss als Regelungsinstrument der Wohnungseigentümer, ZWE 2000, 433; *F. Schmidt,* Die Verkehrssicherungspflicht in Wohnungseigentumsanlagen, ZWE 2009, 295; *ders.*, Der Störer in einer Wohnungseigentumsanlage – Handlungs- und Duldungsplichten, ZWE 2009, 200; *ders.*, Der Alleineigentümerstatus im Wohnungseigentum, ZMR 2009, 725; *ders.*, Öffentlich Abgaben und Verwaltungsvermögen, ZWE 2009, 203; *K. Schmidt,* Ultra-vires-Doktrin: tot oder lebendig?, AcP 184 (1984) S. 529; *Schmidt/Riecke,* Anspruchsbegründung und Anspruchsvernichtung durch Mehrheitsbeschluss – kann die Wohnungseigentümergemeinschaft mit Miteigentümern „kurzen Prozess" machen?, ZMR 2005, 252; *dies.*, Zum Einbau von Rauchwarnmeldern in Wohnungseigentumsanlagen, ZMR 2008, 341; *Schneider,* Auswirkungen der „Jahrhundertentscheidung" im Wohnungseigentumsrecht auf das Grundbuchverfahren, Rpfleger 2002, 503; *ders.*, Zur Grundbucheintragung von Regelungen der Wohnungseigentümer ZfIR 2002, 108; *ders.*, Sondennutzungsrechte im Grundbuch, Rpfleger 1998, 9 und 53; *ders.*, Immobilienerwerb durch den Verband der Wohnungseigentümer, Rpfleger 2007, 175; *ders.*, Nachweise anlässlich der Grundbucheintragung des „Verbandes Wohnungseigentümergemeinschaft" als Eigentümer, RPfleger 2008, 291; *Schuschke,* Geltendmachung von Ansprüchen der Gesamtheit der Wohnungseigentümer durch Dritte im Wege gewillkürter Prozessstandschaft, NZM 2005, 81; *Schwab,* Die Kompetenzen der Wohnungseigentümergemeinschaft. Zugleich ein Beitrag zur Abgrenzung zwischen „Vereinbarung" und „Beschluss", jur. Diss., 1991; *Schwörer,* Parteifähigkeit der Wohnungseigentümergemeinschaft, NZM 2002, 421; *Soth,* Sicherungsgrundschulden für Wohngeldrückstände, NZM 2007, 470; *Weitnauer,* Änderung der Gemeinschaftsordnung durch Mehrheitsbeschluss, WE 1995, 163 ff.; *Wendel,* Der Anspruch auf Zustimmung zur Änderung der Gemeinschaftsordnung, 2002; *Wenzel,* Die Bestandskraft von Mehrheitsbeschlüssen der Wohnungseigentümer mit Vereinbarungsinhalt, FS für Hagen (1999), 231; Der vereinbarungsersetzende, vereinbarungswidrige und vereinbarungsändernde Mehrheitsbeschluss, ZWE 2000, 2; *ders.*, Die Entscheidung des Bundesgerichtshofes zur Beschlusskompetenz der Wohnungseigentümerversammlung und ihre Folgen, ZWE 2001, 226; *ders.*, Beschluss oder Vereinbarung, NZM 2003, 217; *ders.*, Anspruchsbegrüpndung durch Mehrheitsbeschluss?, NZM 2004, 542; *ders.*, Öffnungsklauseln und Grundbuchpublizität, ZWE 2004, 130; *ders.*, Die Rechtsfähigkeit und die Haftungsverfassung der Wohnungseigentümergemeinschaft – eine Zwischenbilanz, ZWE 2006, 2; *ders.*, Der Bereich der Rechtsfähigkeit der Gemeinschaft, ZWE 2006,462; *ders.*, Die Wohnungseigentümergemeinschaft – ein janusköpfiges Gebilde aus Rechtssubjekt und Miteigentümergemeinschaft?, NZM 2006, 321; *ders.*, Die Verfolgung von Beseitigungsansprüchen durch die Wohnungseigentümergemeinschaft, ZMR 2006, 245; *ders.*, Die Zuständigkeit der Wohnungseigentümergemeinschaft bei der Durchsetzung von Mängelrechten der Ersterwerber, NJW 2007, 1905; *ders.*, Doppelte Zuständigkeit bei der Verfolgung von Beseitigungsansprüchen im Wohnungseigentum? NZM 2008, 74; *ders.*, Werdende Wohnungseigentümergemeinschaft, werdender Wohnungseigentümer und Ersterwerb von Wohnungseigentum, NZM 2008, 625; *Zieglmeier,* Auswirkungen der Rechtsfähigkeit auf das kommunale Abgabenrecht, MietRB 2006, 337.

I. Personeller Geltungsbereich der §§ 10 ff.

1. Allgemeines

1 Während sich der 1. Abschnitt des Gesetzes mit der sachenrechtlichen Begründung von WE befasst, widmet sich der 2. Abschnitt der Gemeinschaft der WEer, ohne die Begriffe legal zu definieren. Er regelt sowohl das Verhältnis der WEer untereinander als auch ihr Auftreten als Verband im Rechtsverkehr. Darin unterscheidet er sich von dem 3. Abschnitt, der ausschließlich die für die Gemeinschaft bedeutsame Verwaltung des gemeinschaftlichen Eigentums betrifft. Von den Vorschriften des 2. und 3. Abschnitts ist § 10 die **„magna charta“ des Gemeinschaftsrechts.** Er unterscheidet zugleich die WEgem von der Bruchteilsgemeinschaft, weil die Vorschriften der §§ 741 f. BGB alleine nicht den Erfordernissen einer notwendigerweise auf Dauer und die Verwaltung des gemeinschaftlichen Eigentums angelegten Eigentümergemeinschaft genügen.

2. Begriff des Wohnungseigentümers

2 WEer ist der im Grundbuch **eingetragene Eigentümer** von wirksam begründetem Wohnungs- oder Teileigentum oder dessen gesetzlicher Erwerber. Voraussetzung hierfür ist, dass **Wohnungs- oder Teileigentum** im Rechtssinne **wirksam begründet** wurde, dh die Teilungsvereinbarung oder -erklärung bereits im Grundbuch durch Anlegung der einzelnen Wohnungsgrundbuchblätter vollzogen ist. Ohne Bedeutung ist, ob die Wohnanlage schon errichtet ist oder erst fertig gestellt wird.[1] Wenn das Gebäude, gleichgültig aus welchen Gründen, nicht erstellt wird, bleibt das WE auf Dauer in dem Zustand wirksam, in dem es sich bei Grundbucheintragung befand, der Sache nach mithin als MEA an dem Grundstück.[2] Gleichwohl sind die MEer WEer. Ist SE noch nicht begründet worden oder sind die Voraussetzungen einer Vorgemeinschaft noch nicht gegeben und wird das WE im Bauherrenmodell errichtet, so sind die **Bauherren** noch nicht WEer, sondern Mitglieder einer GbR (meist Innengesellschaft[3]), auf welche die Vorschriften der §§ 10 f. keine Anwendung finden.[4]

3 Ist SE an einer Raumeinheit nicht entstanden, weil die TErkl zB gegen § 5 Abs 2 verstößt[5] oder die Abgrenzung vom GemE sachenrechtlich nicht genügend bestimmt ist,[6] ist der **Inhaber eines** solchermaßen kraft Gesetzes entstandenen **isolierten MEAs** auch dann wie ein WEer zu behandeln, wenn ihm weiteres SE nicht zusteht und er deswegen rechtlich bloßer MEer des Grundstücks ist.[7] Für seine Rechte und Pflichten finden bis zur Behebung des Gründungsmangels §§ 10 f. ebenso Anwendung wie auf die werdende (faktische) Gemeinschaft. Er ist deshalb auch zur anteiligen Kostentragung verpflichtet.[8]

4 WEer ist schließlich nur, wer zu Recht im Grundbuch eingetragen ist.[9] Der reine **Bucheigentümer** ist kein WEer.[10] Die Eintragung erzeugt zwar auf dem öffentlichen Glauben

---

[1] BayObLGZ 1957, 95.

[2] BGHZ 110, 36 (39).

[3] BGH NJW-RR 1988, 616 = WM 1988, 661.

[4] Vgl. OLG Düsseldorf ZfIR 2006, 331 m. Anm. *Riecke;* OLG Saarbrücken ZWE 2007, 47 m. Anm. *Drabek.*

[5] BGHZ 109, 179 (183); OLG Hamm NZM 2007, 448 = ZMR 2007, 213.

[6] BGH NJW 1995, 2851.

[7] BGH NJW 2004, 1798 (1800); OLG Hamm NZM 2007, 448 = ZMR 2007, 213; *Ertl* WE 1992, 219 (221); *Hauger* DNotZ 1992, 502; *Weitnauer* WE 1991, 123; i. Erg. ebenso *Hügel* ZMR 2004, 549 (533), für den es sich aber um substanzloses SE handelt; aA OLG Köln ZMR 2004, 623 (624); *Demharter* NZM 2000, 1196 (1198); *ders.* ZWE 2007, 146 (147).

[8] OLG Hamm NZM 2007, 448 = ZMR 2007, 213.

[9] BGHZ 106, 113 (119); Z 107, 285 (288); BayObLG NJW-RR 1992, 597 (598); OLG Hamm OLGZ 1994, 134 (136).

[10] BGH NJW 1994, 3352 (3353); OLG Düsseldorf ZMR 2005, 719.

des Grundbuchs beruhende Rechtswirkungen auch für den Bestand der Eigentümergemeinschaft (§§ 891 ff. BGB),[11] begründet aber nicht die an die Eigentümerstellung anknüpfenden Rechte und Pflichten.[12] Bei einem Eigentümerwechsel in einer werdenden oder in Vollzug gesetzten WEgem wird der **rechtsgeschäftliche Zweiterwerber** erst mit der Eigentumsumschreibung im Grundbuch WEer. Der früher gelegentlich vertretenen Auffassung, er müsse als „faktischer" oder „werdender" Eigentümer schon vorher dem wirklichen Eigentümer gleichgestellt werden,[13] ist der BGH nicht gefolgt.[14] Der Veräußerer kann den Erwerber jedoch ermächtigen, seine Rechte geltend zu machen.[15] Für die Erteilung einer solchen **Ermächtigung** spricht idR sogar eine Vermutung, weil der Erwerber gegen den Veräußerer einen Anspruch auf Überlassung auch dieser Nutzung des WEs (§ 100 BGB) hat.[16] Der Zweiterwerber kann dann auch einen Beschluss anfechten. Die Beschlussanfechtungsfrist des § 46 Abs. 1 S. 2 WEG wird aber nur gewahrt, wenn der Erwerber als Prozessstandschafter innerhalb der Frist hinreichend deutlich macht, dass er nicht aus eigenem Recht, sondern für den Veräußerer der Anfechtungsprozess durchführt.[17]

5 Von dem vielfach[18] als „werdender Eigentümer" bezeichneten Zweiterwerber in einer in Vollzug gesetzten WEgem zu trennen ist der **Ersterwerber** vom Bauträger nach Entstehen der werdenden oder Invollzugsetzung der WEgem (Rn 16 f.). Er wird ebenfalls als **„werdender" WEer** bezeichnet,[19] hat aber im Unterschied zu dem Zweiterwerber schon vor der Grundbuchumschreibung eigene Rechte und Pflichten in der WEgem. Besser wäre es daher, den Begriff des „werdenden WEers" nur für Ersterwerber vom Bauträger zu verwenden und den rechtsgeschäftlichen Zweiterwerber in der werdenden oder in Vollzug gesetzten WEgem vor Grundbuchumschreibung als **„Wohnungseigentumsanwärter"** (WE-Anwärter) zu bezeichnen. Der Ersterwerber ist im Gegensatz zum WE-Anwärter als WEer mit allen gemeinschaftsrechtlichen Rechten und Pflichten zu behandeln. Er hat insbesondere die gemeinschaftlichen Kosten mit zu tragen, ist zu der WEVers zu laden und hat ein eigenes Stimmrecht und Anfechtungsrecht. Neben ihm ist der im Grundbuch noch eingetragene veräußernde Alleineigentümer hinsichtlich des veräußerten WEs nicht mehr stimmberechtigtes Mitglied der Gemeinschaft und deswegen auch nicht zur WEvers zu laden.[20] Seine Mitgliedschaftsrechte und -pflichten enden, soweit sie nicht die Grundbucheintragung voraussetzen, mit der dinglichen Sicherung des Ersterwerbers und der Übergabe der Wohnung, Die sachenrechtlichen Eigentumsrechte und -pflichten als Noch-Eigentümer bleiben dagegen bis zur Eigentumsumschreibung bestehen. Nur der mit dem sachenrechtlichen WE verbundene Status eines Mitglieds der Verwaltungsgemeinschaft „geht" auf den Erwerber „über", weil aus dem ungeteilten Eigentum keine doppelte Verbandsmitgliedschaft und damit auch keine Mitgliederkonkurrenz erwachsen kann.[21]

6 Anders als bei dem rechtsgeschäftlichen Erwerb bestimmt sich die Eigentümerstellung bei einem **Eigentumserwerb kraft Gesetzes,** zB durch Erbfolge[22] oder Zuschlag in

---

[11] Vgl. KG WE 1994, 47 (48).

[12] BGH NJW 1994, 3352 (3353) für Wohngeldschulden.

[13] BayObLG WuM 1986, 29; OLG Karlsruhe OLGZ 1978, 177; OLG Köln OLGZ 1978, 151.

[14] BGHZ 104, 197 ff; 106, 113 ff; 107, 288 ff; NJW 1994, 3352 (3353); *Wenzel* DNotZ 1993, 297 (302).

[15] KG NJW-RR 2004, 878 = ZMR 2004, 460 = ZWE 2005, 110 mit Anm *Kümmel.*

[16] Vgl. BGH NJW 1997, 2173 für Gewährleistungsrechte; KG WE 1995, 119 (121) m. Anm. *Röll* für Stimmrecht; *Belz* PiG 54, 231 (239).

[17] KG NJW-RR 1995, 147 = ZMR 1994, 524; NJW-RR 2004, 878 = ZMR 2004, 460 = ZWE 2005, 110 mit Anm *Kümmel.*

[18] BGHZ 106, 113 ff; 107, 288 ff; NJW 1994, 3352 (3353).

[19] Vgl. zB OLG München ZMR 2007, 712 (714) m. Anm. *Elzer.*

[20] AA *Heismann*, Werdende Wohnungseigentümergemeinschaft (2003), S. 211 f.; *Elzer,* ZMR 2007, 714.

[21] *Wenzel* NZM 2008, 625 (628).

[22] BayObLG WE 1994, 153.

der Zwangsversteigerung[23] nicht nach der Grundbucheintragung, sondern nach dem gesetzlichen Erwerbstatbestand, so dass der Erwerber auch ohne Eintragung kraft Gesetzes WEer ist.

Gehört das WE einer **Bruchteilsgemeinschaft,** einer ungeteilten **Erbengemeinschaft** oder Eheleuten in ehelicher **Gütergemeinschaft,** so ist im Verhältnis der WEer untereinander jeder Gemeinschafter WEer, so dass er zB allein zum Mitgebrauch des GemEs nach Maßgabe der §§ 14, 15[24] und zur Teilnahme an der WEVers berechtigt und zu laden ist.[25] Entsprechendes gilt für die Gesellschafterter einer GbR bei gemeinschaftl. Geschäftsführung (§ 709 Abs. 1 BGB). Das Stimmrecht können sie allerdings nur gemeinschaftlich ausüben (§ 25 Abs. 2 Satz 2). Das Notverwaltungsrecht aus § 21 Abs. 2 steht ihnen dagegen ebenso einzeln zu wie das Prozessführungsrecht in gewillkürter oder gesetzlicher Prozessstandschaft (§ 744 Abs. 2 analog, §§ 2038 Abs 1 S 2, 2039 BGB, §§ 1422 S 1, 1429, 1454, 1431, 1456, 1428, 1455 Nr. 8 BGB).[26] Das Innenverhältnis bestimmt sich nach den speziellen Regeln der jeweiligen Gemeinschaft.[27] Eine Vereinbarung der Gemeinschafter untereinander ist keine Vereinbarung iSd Abs. 2.[28] Zur Miteigentümervereinbarung nach § 1010 BGB bei dem Duplexparker vgl. § 13 Rn 112. Zur Anfechtungsbefugnis § 46 Rn 23 f. 7

3. Begriff der Wohnungseigentümergemeinschaft

Das Gesetz verwendet den Begriff der „Gemeinschaft“ oder „Gemeinschaft der Wohnungseigentümer“ in einem doppelten Sinn. Einmal ist damit die Gemeinschaft als Rechtssubjekt, der **Verband,** gemeint (§ 10 Abs. 6 bis 8, § 18 Abs. 1 S. 2, § 27 Abs. 1 u. 3, § 43 Nr. 2, 5, 6) und ein anderes Mal das Verhältnis der WEer als Mitglieder des Verbands untereinander (§ 43 Nr. 1). § 10 verwendet den Begriff im ersten Sinn, weswegen nachfolgend der Begriff „Wohnungseigentümergemeinschaft“ **(WEgem)** auch für den Verband verwandt wird. 8

a) Mehrpersonengemeinschaft. Die WEgem ist nach hM[29] der Personenverband von **wenigstens zwei** durch das ME verbundenen **Sondereigentümern** (WEern). Eine Einpersonengemeinschaft gibt es weder bei der Gründung von WE noch – von Besonderheiten abgesehen – bei der Konfusion der MEAe. Eine Zweiergemeinschaft kommt vor allem bei Doppelhäusern oder Zweifamilienhäusern vor.[30] **Zweck der Gemeinschaft** ist die Regelung des Gebrauchs von SE und GemE sowie die Verwaltung des GemEs. Zur Rechtsnatur der WEgem Rn 201 und zur Abgrenzung von der MEgem Rn 217 f. 9

Die WEgem **beginnt** mit dem Entstehen der werdenden Gemeinschaft (Vorgemeinschaft) und **erstarkt** zur endgültigen Gemeinschaft mit ihrer Invollzugsetzung. Wird WE im Wege des Teilungsvertrages nach **§ 3** begründet, so wird sie **in Vollzug gesetzt** mit der Anlegung der Wohnungsgrundbücher und der Eintragung der Vertragsparteien.[31] Entsteht WE im Wege einer TErkl des alleinigen Grundstückseigentümers nach **§ 8,** so wird die Gemeinschaft dadurch in Vollzug gesetzt, dass außer dem teilenden Grundstückseigentümer noch mindestens ein weiterer WEer in das Wohnungsgrundbuch eingetragen wird.[32] Mit 10

---

[23] BayObLG ZMR 2004, 524; OLG Frankfurt NJW-RR 1992, 1170.

[24] *Häublein* DNotZ 2004, 635; aA KG DNotZ 2004, 634.

[25] KG NJW-RR 1996, 844 (845).

[26] BGH NJW 1989, 2694 (2697); BayObLGZ 1998, 127 (129) – Erbengemeinschaft –.

[27] BayObLG WE 1994, 18.

[28] KG DNotZ 2004, 634; Riecke/Schmid/*Elzer* Rn 15; krit. *Häublein* DNotZ 2004, 634.

[29] BGH NJW 2008, 2639 = NZM 2008, 6492; OLG Düsseldorf ZWE 2006, 142; OLG Schleswig ZMR 2006, 233; Niedenführ/*Kümmel*/Vandenhouten § 10 Rn 7; *Wenzel* FS Bub (2007) S. 249 (263 f.).

[30] Vgl. LG München I ZWE 2009, 131 m. Anm. *Sauren.*

[31] BayObLG NJW-RR 2000, 1540.

[32] BayObLG NJW 1990, 3216 (3217); NJW-RR 1995, 209; ZMR 2004, 767 (768); OLG Hamm ZMR 2003, 776 (777); *KG* ZMR 2003, 52 (53); OLG Düsseldorf ZfIR 2006, 331 (333).

der Invollzugsetzung erstarkt die werdende Gemeinschaft zur endgültigen WEgem.[33] Die **Mitgliedschaftsrechte** der Mitglieder der werdenden Gemeinschaft und ihre Pflichten **bleiben erhalten.**

11 Die in Vollzug gesetzte WEgem **endet** im Allgemeinen, wenn die Sondereigentumsrechte gemäß § 4 WEG aufgehoben werden oder wenn sich sämtliche WE-Rechte in einer Person vereinigt haben. Daran hat auch die Anerkennung der Rechtsfähigkeit der WEgem nichts geändert. Denn die WEgem ist keine juristische Person, sondern ein Personenverband sui generis (Rn 202).

12 **b) Keine Einpersonengemeinschaft.** Der hM, nach der es keine Einpersonengemeinschaft gibt (Rn 9), sind *Becker*[34] und *F. Schmidt*[35] entgegengetreten. Nach ihrer Auffassung soll eine rechtsfähige Gemeinschaft, in der auch schon Beschlüsse gefasst werden können, bereits mit dem Anlegen der Wohnungsgrundbücher entstehen, so dass danach auch beim Erwerb aller MEAe vom aufteilenden Alleineigentümer eine Einpersonengemeinschaft fortbesteht.[36] Dem ist nicht zuzustimmen.[37]

13 Schon der Wortlaut des Gesetzes spricht dagegen. Er unterscheidet zwischen der Gemeinschaft der WEer (§ 9 Abs. 1 Nr. 2, §§ 10 f. WEG) und dem Eigentümer als Inhaber sämtlicher WE-Rechte (§ 9 Abs. 1 Nr. 3 WEG). Diese Differenzierung wird verstärkt durch § 10 Abs. 7 Satz 4 WEG, wonach das Verwaltungsvermögen auf den Eigentümer des Grundstücks übergeht, wenn sämtliche WE-Rechte sich in einer Person vereinigen. Die Bestimmung setzt voraus, dass eine (rechtsfähige) WEgem als Zuordnungssubjekt des Verwaltungsvermögens nach der Vereinigung aller MEAe nicht mehr besteht.[38]

14 Dass die Vereinigung aller MEAe in einer Person zur Beendigung der WEgem führt, entspricht schließlich der hM[39] im Personengesellschaftsrecht. Hier gibt es anders als bei den Kapitalgesellschaften ebenfalls keine Einpersonengesellschaft. Erwirbt ein Gesellschafter oder ein Dritter im Wege der Rechtsnachfolge alle Anteile an einer Personengesellschaft für die im Gesellschaftsvertrag bestimmt ist, dass die Gersellschaft unter den verbleibenden Gersellschaftern fortgesetzt wird, so führt dies, soweit nichts Abweichendes geregelt ist, zur liquidationslosen Vollbeendigung der Gesellschaft und zur Anwachsung des Gesellschaftsvermögens bei dem letzten verbleibenden Gesellschafter, dh die Aktiven und Passiven gehen im Wege der Gesamtrechtsnachfolge auf ihn über.[40] „Die Gesamthand fällt in sich zusammen". Dies beruht auf dem **Sozietätsgedanken.**[41] Dieser Gedanke gilt nicht nur für die vertraglich gegründete Personengesellschaft, sondern in gleicher Weise auch für die auf einem gesetzlichen Schuldverhältnis beruhende WEgem. Dass es im Personengesellschaftsrecht **Sondersituationen** gibt, die es erfordern, in Bezug auf bestimmte Rechtsbeziehungen von dem Fortbestehen der Gesellschaft auszugehen,[42] bestätigt als Ausnahme nur den Grundsatz, dass im Übrigen die Gesellschaft nicht fortbesteht. Diese Fallkonstellationen sind dadurch gekennzeichnet, dass die Gesellschaftsanteile bei der Vereinigung trotz ihres Zusammentreffens in einer Hand einer **unterschiedlichen Verfügbarkeit** unterliegen. So

---

[33] BayObLG NJW 1990, 3216; OLG Düsseldorf NJW-RR 1999, 163; ZMR 2007, 126; OLG Hamm OLGReport 2003, 183 (184); aA *Coester* NJW 1990, 3184 (3185); *Heismann* ZMR 2004, 10 (13): mit Eintragung des letzten Erwerbers.

[34] *Becker* FS Seuss (2007) S. 19 ff.; *ders.* ZWE 2007, 119; *Röll* NJW 1989, 1070 (1072).

[35] *Schmidt* ZMR 2009, 725 f.

[36] Vgl. AG Hohenschönhausen ZMR 2007, 153 m. zust. Anm. *Meffert.*

[37] So im Ergebnis auch Riecke/Schmid/*Elzer* Rn 377 a.

[38] BT-Drucks. 16/887 S. 63.

[39] Vgl. nur MünchKomm-BGB/*Ulmer,* 4. Aufl., § 705 Rn 60 f.

[40] BGH NJW 2008, 2992 = NZG 2008, 704.

[41] *K. Schmidt,* Gesellschaftsrecht, 4. Aufl., § 8 IV 2 b.

[42] Vgl. BGHZ 98, 48 (57) = NJW 1986, 2431 (2433); NJW 1996, 1284 (1285); OLG Schleswig ZMR 2006, 233 (234); MünchKomm-BGB/*Ulmer,* § 705 Rn 63; *K. Schmidt,* Gesellschaftsrecht, 4. Aufl., § 45 I 2 b bb.

verhält es sich bei Bestehen einer Testamentsvollstreckung an einem Anteil, solange der Testamentsvollstrecker den Anteil nicht iSd § 2217 Abs. 1 BGB freigibt,[43] oder im Falle einer Nachlassverwaltung bzw. einer Nachlassinsolvenz. Hier hält die unterschiedliche Verfügbarkeit über den Gesellschaftsanteil die Trennung der Anteile aufrecht und führt trotz der Konfusion zu einem partiellen Fortbestand der Gesellschaft als Einpersonengesellschaft, jedenfalls aber zu einer getrennten Zuordnung der Gesellschaftsanteile, solange die Sondersituation anhält.[44]

Bei der WEgem ist die Situation vergleichbar. In diesen Fällen führt die Konfusion der MEAe zu einem **Sondervermögen,** das vorhandene Mitverwaltungsrechte vergleichbar mit § 1256 BGB bestehen lässt (Rn 294 f.). **15**

4. Vorgemeinschaft („werdende Eigentümergemeinschaft")

a) Geltung der §§ 10 f. im Falle des § 8. aa) Beginn der Gemeinschaft. Nach der von dem BGH[45] gebilligten hM[46] finden auf die werdende WEgem die Vorschriften der §§ 10 bis 29 und §§ 43 f. entsprechende Anwendung. Denn es ist im Interesse der einheitlichen Beurteilung der Beziehung der werdenden WEer untereinander und der Verwaltung des Anwesens sowie zum Schutze der Ersterwerber vor Eingriffen des Veräußerers geboten, dieses Verhältnis von einem möglichst frühen Zeitpunkt den Grundsätzen und Regeln des WEG zu unterstellen. Dafür, dass der Gesetzgeber die Geltung des WEG bewusst auf die Zeit nach Eintragung des Ersterwerbers hätte beschränken wollen, gibt es keine Anhaltspunkte. Die werdende Wohnungseigentümergemeinschaft entsteht, wenn mindestens ein einziger wirksamer, auf die Übereignung von Wohnungseigentum gerichteter Erwerbsvertrag vorliegt, der Übereignungsanspruch durch eine Auflassungsvormerkung gesichert und der Besitz an der Wohnung auf den Ersterwerber übergegangen ist.[47] Der Sicherung des Eigentumsverschaffungsanspruchs durch eine Auflassungsvormerkung muss es gleichstehen, dass der Ersterwerber den Antrag auf Eintragung in das Wohnungsgrundbuch beim Grundbuchamt gestellt und damit ein dem späteren Vollrecht vergleichbares, übertragbares und pfändbares Anwartschaftsrecht[48] erworben hat.[49] Dass mit dem Besitz in der Regel auch die Nutzungen und Lasten übergehen, ergibt sich aus § 446 BGB. Haben die Parteien ausnahmsweise etwas anderes vereinbart, ist dies nur für das Vertragsverhältnis von Bedeutung, nicht für den Beginn der werdenden Gemeinschaft[50] oder den Mitgliedsstatus des Erwerbers. Unerheblich ist, ob die Wohnungsgrundbücher bereits angelegt sind.[51] Ist der Verschaffungsanspruch noch nicht dinglich gesichert, richten Veräußerer und Erwerber ihr Verhältnis aber untereinander schon an der Gemeinschaftsordnung aus, so kann darin die konkludente Vereinbarung liegen, das Verhältnis nach den später für die Wohnungseigentümergemeinschaft geltenden Regeln des WEG zu behandeln (vereinbarte Gemeinschaft). Die werdende und die vereinbarte Gemeinschaft sind **16**

---

[43] Vgl. BGH NJW 1986, 2431 (2434); 1996, 1284 (1286).

[44] OLG Schleswig ZMR 2006, 233 (234); MünchKomm-BGB/*Ulmer,* § 705 Rn 63.

[45] BGH NJW 2004, 1798 (1800); BGH NZM 2008, 649.

[46] BayObLGZ 1968, 233; 1990, 101 (102) = NJW 1990, 3216 ff.; NJW-RR 1997, 1443 = WE 1998, 114 (115); ZMR 2003, 516; OLG Hamm ZMR 2003, 776 (778); 2005, 219; 2007, 712 (713); KG ZMR 2003, 53 (54); OLG Köln OLGZ 1978, 151; ZMR 2004, 859 (860); OLG Stuttgart OLGZ 1979, 34; *Wenzel,* Der Fachverwalter, Heft 2 (1997) S. 28 f; *Reymann* ZWE 2009, 233 (236); weitere Nachw. bei BGH NJW 2008, 2639 = NZM 2008, 649; *Wenzel* NZM 2008, 625 Fn 3; aA OLG Saarbrücken NZM 2002, 610 (611); OLG Brandenburg ZWE 2006, 447 m. Anm. *Schmidt*; kritisch *Häublein,* Ptdm. Tage 2001, 83 (108 f.); *Belz,* FS Merle, S. 64 ff.; *Sauren* ZWE 2008, 375.

[47] BGH NJW 2008, 2639 = NZM 2008, 649 mwN zum Meinungsstand.

[48] *BGHZ* 106, 108 (111); zum dem „Faszinosum" *Krüger,* JuS 1994, 905.

[49] AA *Heismann* ZMR 2004, 10 (13).

[50] Vgl. *Heismann* ZMR 2004, 10 (13).

[51] BGH NJW 2008, 2639 = NZM 2008, 649 Rn 15 mwN zum Meinungsstand.

rechtsfähig (Rn 204) mit der Folge, dass deren Mitglieder auch für Verbindlichkeiten der Gemeinschaft nach Abs. 8 haften.[52]

17 **bb) Zusammensetzung und Ende der werdenden Gemeinschaft.** Die werdende Gemeinschaft setzt sich aus dem Veräußerer (Bauträger) hinsichtlich aller noch nicht mit einer gesicherten Erwerbsposition verbundenen Wohnungen und allen Ersterwerbern mit Wohnungsbesitz und dinglich gesicherter Erwerbsposition zusammen. Ist eine der Vertragsparteien von dem Kaufvertrag **zurückgetreten,** so entfällt die Rechtsstellung des Käufers als Mitglied der werdenden Gemeinschaft, auch wenn das Grundbuch ihn noch als Vormerkungsberechtigten ausweist.[53] Mit der Eintragung nur eines einzigen Ersterwerbers endet das Gründungsstadium und erstarkt die werdende Gemeinschaft zur Wohnungseigentümergemeinschaft oder anders ausgedrückt, die Gemeinschaft wird **rechtlich in Vollzug gesetzt.**[54] Der BGH spricht insoweit davon, dass sie sich in die Wohnungseigentümergemeinschaft „im Rechtssinne" „umwandelt". Diese Formulierung bringt nicht mehr und nicht weniger zum Ausdruck, als dass die werdende Gemeinschaft als Vorgemeinschaft wie die Vor-GmbH noch nicht der endgültige Personenverband ist, wohl aber ein von ihren Gründern und Mitgliedern verschiedenes körperschaftlich strukturiertes Rechtsgebilde mit eigenen Rechten und Pflichten. Mit Ende der werdenden Gemeinschaft setzt sich die Wohnungseigentümergemeinschaft für eine Übergangszeit aus den schon eingetragenen WEern, den noch nicht eingetragenen übrigen Mitgliedern der (beendeten) werdenden Gemeinschaft[55] und den künftigen Ersterwerbern mit Wohnungsbesitz und dinglich gesicherter Erwerbsposition (Rn 18) zusammen. Sie sind alle zur WEVers zu laden,[56] zur Lasten- und Kostentragung verpflichtet und haben ein Stimm- und Anfechtungsrecht (Rn 10).[57] Mit der Eintragung des letzten Ersterwerbers wird die in Vollzug gesetzte Gemeinschaft **vollendet.**[58]

18 **cc) Erst- und Zweiterwerb von WE. Ersterwerber** ist derjenige WEer, der sein WE unmittelbar von dem Bauträger erwirbt. **Zweiterwerber** ist derjenige WEer, der nicht vom Bauträger, sondern von einem im Grundbuch eingetragenen WEer oder von einem im Grundbuch noch nicht eingetragenen werdenden WEer dessen WE durch Abtretung des Auflassungsanspruchs und Umschreibung der Vormerkung erwirbt. Der Zweiterwerber wird im Unterschied zum Ersterwerber erst mit seiner Eintragung in das Grundbuch Mitglied der Gemeinschaft. Die bloße sachenrechtliche Anwartschaft auf das Eigentum begründet noch keine Mitgliedschaftsrechte.[59] Ist die Wohnungseigentümergemeinschaft durch die Eintragung von mindestens zwei Wohnungseigentümern in Vollzug gesetzt, so sollte auch ein rechtsgeschäftlicher Ersterwerber, der WE nach diesem Zeitpunkt erwirbt, nach der früheren Rechtsprechung des BGH[60] erst mit der Grundbucheintragung Mitglied der Gemeinschaft mit allen Rechten und Pflichten werden. Hiergegen hat der V. Zivilsenat mit Stimmen der Literatur[61] gewichtige Bedenken erhoben.[62] Diese verdienen uneinge-

[52] *Wenzel* NZM 2008, 625 (628).
[53] BayObLG NJW-RR 1996, 334 = WE 1996, 399; WE 1996, 438.
[54] AA NK-BGB-Schultzky Rn 9.
[55] BGH NJW 2008, 2639 = NZM 2008, 649.
[56] OLG Hamm ZMR 2007, 712 (713); aA Anm. *Elzer.*
[57] Vgl. BGH NJW 2008, 2639 = NZM 2008, 649; BayObLGZ 1990, 101 (105 f.) = NJW 1990, 3216 (3218); NJW-RR 1997, 1443; WE 1998, 157 m. Anm. *Merle;* OLG Hamm ZWE 2000, 86 (89); OLG Karlsruhe ZMR 2003, 374; OLG Köln NJW-RR 2006, 445 = NZM 2006, 301.
[58] *Reymann* ZWE 2009, ZWE 2009, 233 (243).
[59] *Reymann* ZWE 2009, ZWE 2009, 233 (237).
[60] BGHZ 106, 113 (119); 107, 285 (288); *BayObLGZ* 1990, 101 (105) = NJW 1990, 3216.
[61] *Soergel/Stürner* Rn 2; *Coester* NJW 1990, 3184 (3185); *Deckert* WE 1990, 151 (152); *Heismann*, Werdende Wohnungseigentümergemeinschaft, S. 220 f.; *ders.* ZMR 2004, 10 (12); *Röll* DNotZ 1993, 315 (318 f.).
[62] BGH NJW 2008, 2639 = NZM 2008, 649.

schränkte Zustimmung.[63] Die Begründung von Mitgliedschaftsrechten und -pflichten des Ersterwerbers kann nicht von dem ihm unbekannten und zufälligen Zeitpunkt der Invollzugsetzung der werdenden Gemeinschaft durch eine andere Grundbucheintragung abhängen. Der mit Anerkennung der werdenden Gemeinschaft als eigenständigem Personenverband verfolgte Zweck, die Entscheidungsmacht des Bauträgers möglichst früh auf den Erwerber zu übertragen, gilt in gleicher Weise für den Ersterwerb nach Invollzugsetzung der Gemeinschaft und erlaubt keine unterschiedliche Behandlung von Ersterwerbern je nach dem, ob ein anderer Erwerber bereits als Eigentümer eingetragen worden ist oder nicht.[64] Zur Vermeidung einer sachlich nicht gerechtfertigten Benachteiligung ist daher jeder Ersterwerber mit Wohnungsbesitz und gesicherter Erwerbsposition wie ein WEer zu behandeln, unabhängig davon, ob er in eine werdende oder in eine in Vollzug gesetzte Gemeinschaft eintritt. Zieht sich der Erstverkauf über einen längeren Zeitraum hin, stellt sich die Frage, wann eine Vorratshaltung durch den teilenden Eigentümer in einen Eigenerwerb umschlägt und die anschließende Weiterveräußerung zu einem Zweiterwerb werden lässt. *Wenzel* hat insoweit eine „Verjährungslösung" vorgeschlagen,[65] die jedoch auf berechtigte Kritik gestoßen ist.[66] Dieser Kritik kann nur dadurch Rechnung getragen werden, dass auf eine zeitliche Begrenzung der Einbeziehung eines Ersterwerbers in die WEgem verzichtet wird und für jeden Erwerber schon vor der Eigentumsumschreibung bejaht wird, dass er mit der dinglichen Sicherung seines Eigentumsverchaffungsanspruchs und Inbesitznahme der Wohnung den Status eines Mitglieds der werdenden Gemeinschaft erlangt. Dasselbe muss für den ersten Anwartschaftsberechtigten gelten, weil das Anwartschaftsrecht wie das spätere Vollrecht behandelt wird.[67] Der Zweiterwerber erhält diesen Status dagegen erst mit der Eigentumsumschreibung, vorher ist er nur „Wohnungseigentumsanwärter" (Rn 5).

b) Geltung der §§ 10 f. im Falle des § 3. aa) Beginn der Gemeinschaft. Auch bei **19**
der Begründung von WE nach § 3 kann es vorkommen, dass sich die Eintragung in das Grundbuch über längere Zeit verzögert,[68] sich aber die MEer bereits wie WEer verhalten. Zum einen können die MEer die einzelnen Wohnungen in dem bereits errichteten Gebäude, an denen SE eingeräumt werden soll, entspr. dem Aufteilungsplan schon in Besitz haben. Die MEer können aber auch als **Bauherrengemeinschaft** in Form einer GbR das Gebäude erst entspr. dem Aufteilungsplan errichten. In beiden Fällen entsteht schon vor Eintragung des WEs in das Grundbuch eine **werdende WEgem,** welche die Anwendung der Vorschriften des WEG rechtfertigt,[69] sofern folgende **Voraussetzungen** erfüllt sind:[70] (1) Die MEer sind als solche im Grundbuch eingetragen, (2) die MEer sind entweder im Besitz der Wohnungen oder aber – sofern das Gebäude noch nicht errichtet ist – im Mitbesitz des Grundstücks, (3) die schuldrechtlichen Ansprüche der MEer gegeneinander auf Einräumung von SE (vgl. § 4 Abs. 3) sind durch Vormerkung oder durch ein Anwartschaftsrecht (s. Rn 16) gesichert. Sind diese Voraussetzungen erfüllt, ist der Zweck einer Bauherrengemeinschaft erreicht und löst die GbR sich auf.[71] Die Anlegung der Wohnungsgrundbuchblätter ist hierzu entgegen der hM nicht erforderlich.

---

63 *Wenzel* NZM 2008, 625 (627).

64 *Wenzel* NZM 2008, 625 (627); *Heismann* ZMR 2004, 10 (12): „Gleichberechtigungs- und Demokratisierungsinteressen an der Vorverlagerung der WEG-Rechtspositionen".

65 *Wenzel* NZM 2008, 625 (627).

66 *Reymann* ZWE 2009, 233 (240 f.).

67 Ebenso *Reymann* ZWE 2009, 233 (244).

68 Vgl. BayObLG WE 1994, 247; ZMR 2000, 623 (über 9 Jahre).

69 Weitnauer/*Lüke* § 10 Anh. Rn 4; *Wenzel* FachV 2, 28 (34); aA BayObLG NJW-RR 1992, 597 (598); ZWE 2001, 74 = NJW-RR 2000, 1540, wonach eine werdende WEgem nur bei der Begründung von WE nach § 8 möglich sein soll; *Hügel*/Elzer § 3 Rn 94; vgl. aber BayObLG WE 1994, 247; ZMR 2002, 610; ebenso KG ZWE 2001, 275 (277).

70 Insoweit ähnlich *Weitnauer* WE 1986, 94; Weitnauer/*Lüke* § 10 Anh. Rn 4.

71 OLG Schleswig ZMR 2006, 806.

20 Vorher finden §§ 10 f. keine Anwendung,[72] es sei denn, die Beteiligten hätten zumindest konkludent vereinbart, schon jetzt ihr ME rechtlich wie WE/TE zu behandeln und ihre gegenseitigen Mitwirkungs- und Abwehrrechte so zu gestalten, wie es künftig in der WEgem geschehen soll (**vereinbarte WEgem,** Rn 16).[73]

21 **bb) Erst- und Zweiterwerb von WE.** Ist SE nach § 3 durch Eintragung in das Grundbuch gebildet worden, so entsteht dadurch WE und die Gemeinschaft der WEer. Veräußert bei wirksam durch Eintragung in das Grundbuch begründetem WE ein WEer sein WE, so besteht kein Unterschied zum Ersterwerb bei Begründung von WE nach § 8 (Rn 18).

5. Untergemeinschaft

22 Die Regelungen des WEG über die WEgem kennen keine Eigentümeruntergemeinschaft. Deswegen ist bei der Verwendung des Begriffs zu differenzieren.

23 **a) Untergemeinschaft am Sondereigentum.** Von einer Untergemeinschaft im eigentlichen Wortsinn kann man nur sprechen, wenn die WEgem als **Verband** selbst **Eigentümerin** von WE/TE in ihrer Anlage ist. In diesem Fall gelten im Innenverhältnis der Untergemeinschaft die Vorschriften der §§ 10 f. mit der Maßgabe, dass das Stimmrecht, das Anfechtungsrecht und nicht fällige Beitragspflichten ruhen.[74]

24 Steht das SE dagegen **mehreren Personen** zu, so bilden sie keine Untergemeinschaft, sondern stehen in einer Sonderverbindung zueinander, bei der es sich um eine **Gesellschaft** oder eine **Bruchteilsgemeinschaft** nach § 741 f. handeln kann. Beispiele: Anwaltssozität als Eigentümerin einer Teileigentumseinheit Büroetage;[75] MEer einer in Teileigentum stehenden Duplexgarage.[76] Über ihr Verhältnis untereinander, insbesondere den Gebrauch des gemeinschaftlichen Gegenstandes können weder die Gesellschafter oder Gemeinschafter noch die Gesamtheit der WEer eine Gebrauchsregelung nach § 15 beschließen noch eine Vereinbarung iSd Absatzes 2 treffen. Zulässig ist nur eine Miteigentümervereinbarung nach § 1010 BGB (§ 13 Rn 113).[77]

25 Die WEer (TEer) können sich auch zur gemeinsamen Bewirtschaftung ihres Sondereigentums, zB Verpachtung ihrer Appartements und gewerblichen Räume zum Betrieb eines Hotels,[78] zusammenschließen. Sie bilden dann eine **Gesellschaft** bürgerlichen Rechts, auf welche die Bestimmungen der §§ 10 f. keine Anwendung finden.

26 **b) Untergemeinschaft in einer Mehrhausanlage.** Bei einer Mehrhausanlage kann die GemO die Bildung von Untergemeinschaften mit eigenen Beschlussfassungskompetenzen und Kostenverteilungsregelungen in allein sie betreffenden Verwaltungsangelegenheiten vorsehen.[79] Solche Untergemeinschaften sind keine selbstständigen Tochterverbände, sondern nur ein Teil der Gesamtgemeinschaft. Sie haben keine originär – eigenen, sondern nur von der Gesamtgemeinschaft abgeleitete Satzungs- und Organisationsbefugnisse. **Rechtsfähig** ist daher auch nur die **Gesamtgemeinschaft** (Rn 204).[80] Instandsetzungsaufträge können nur von dieser erteilt werden. Das setzt nicht voraus, dass auch nur die Gesamtgemeinschaft hierüber entscheiden darf und

[72] Vgl. OLG Düsseldorf ZMR 2006, 463 (464).
[73] BayObLG ZMR 2002, 610.
[74] *Häublein* FS Seuß (2007) S. 125 (139 f.).
[75] Vgl. BGH NZM 2005, 238 für Anwaltssozietät.
[76] BayObLG NJW-RR 1994, 1427; OLG Frankfurt NZM 2001, 527; OLG Jena ZWE 2000, 232; KG MietRB 2004, 235; *Hügel* NZM 2004, 766 f.; *Milzer* ZNotP 2006, 290 f.
[77] *Milzer* ZNotP 2006, 290 f.; Riecke/Schmid/*Elzer* Rn 15; aA BayObLG NJW-RR 1994, 1427; OLG Frankfurt NZM 2001, 527; OLG Jena ZWE 2000, 232.
[78] BayObLG ZWE 2000, 529 f.
[79] Vgl. AG Köln ZMR 2009, 234.
[80] *Wenzel* NZM 2006, 321 (324); *Jennißen* NZM 2006, 203 (206).

anders lautende Stimmrechtsregelungen in der GemO nichtig wären.[81] Vielmehr können die WEer nach § 10 Abs. 1 Satz 2 WEG ihr Verhältnis untereinander, also auch die Beschlussfassungskompetenz in Untergemeinschaften, autonom regeln. Beschließt die Untergemeinschaft entsprechend der GemO die Vergabe eines Instandsetzungsauftrags, so wird dieser von dem Verwalter als Organ der Gesamtgemeinschaft für deren Rechnung vergeben. Intern hat für die Kosten dagegen die Untergemeinschaft aufzukommen.

Auch kann sich aus der GemO die Verpflichtung des Verwalters ergeben, für die Untergemeinschaft eigene **Wirtschaftspläne** und **Jahresabrechnungen** aufzustellen,[82] über die in der Gesamtgemeinschaft oder in der Untergemeinschaft abzustimmen ist.[83] Ist das nicht der Fall, sind beide für die Gesamtgemeinschaft aufzustellen und von dieser zu beschließen. Hierfür genügt nicht eine Addition der Abstimmungsergebnisse aus den Teilversammlungen der einzelnen Untergemeinschaften.[84] Die **Beschlussfähigkeit** der Untergemeinschaft richtet sich nach den MEAen, die den WEern der Untergemeinschaft zustehen.[85] Geht es um Positionen, Kosten oder Angelegenheiten, die das GemE der gesamten Anlage betreffen, so muss hierüber auch die gesamte Eigentümerversammlung befinden.[86] 27

Statt Beschlusskompetenzen von der WEVers auf die Versammlung der jeweiligen Untergemeinschaft zu übertragen, kann die GemO sie aber auch auf besonders eingerichtete Beschlussorgane, wie zB einen „Großen Verwaltungsbeirat“,[87] **delegieren.** 28

6. Mitgliedsgemeinschaft, Gemeinschaftsverbund

Die WEgem kann als Verband selbst Mitglied nicht nur in Vereinen, wie zB dem Haus- und Grundeigentümerverein,[88] juristischen Personen oder anderen WEgemen, sondern auch in Personen(handels-)Gesellschaften, insbesondere OHG, KG, GbR und sonstigen Gesamthandsgemeinschaften sowie auf Grund ihrer Erbfähigkeit auch Mitglied einer Erbengemeinschaft sein.[89] Sie kann dagegen nicht ihr Verwaltungs- und Wirtschaftswesen mit anderen Gemeinschafen zusammenlegen[90] oder die Aufgaben und Befugnisse des Verwalters auf Dritte übertragen. Wohl aber können diese durch Vereinbarung erweitert werden. Deswegen darf die GemO vorsehen, dass der Verwalter die Unterhaltung und Instandsetzung gemeinschaftlicher Anlagen, vor allem grundstücksübergreifender **Versorgungs- und Infrastruktureinrichtungen** durch einen „Ausführungsvertrag“ langfristig auf eigene Betriebsgesellschaften **übertragen** darf.[91] 29

Ebenso wie die WEer sich zum Zwecke der Bewirtschaftung ihres Sondereigentums zusammenschließen können, ist dies im Rahmen ordnungsmäßiger Verwaltung auch mehreren WEgemen zur Verfolgung und Erreichung gemeinsamer Zwecke, wie zB zur gemeinsamen Bewirtschaftung eines Ferienparks,[92] möglich. Sie bilden dann ebenfalls eine Gesellschaft bürgerlichen Rechts, auf welche die Bestimmungen der §§ 10 f. keine Anwendung finden. 30

[81] AA *Jennißen* NZM 2006, 203 (206).
[82] KG ZMR 2008, 67 (68).
[83] BayObLG ZMR 2004, 598 f.
[84] OLG Köln WE 1994, 43.
[85] BayObLG ZWE 2000, 268 f.
[86] BayObLGZ 1983, 320; ZMR 2003, 796; OLG Köln WE 1998, 190 f.
[87] OLG Celle NZM 2007, 689.
[88] AG Hannover NZM 2008, 690 = ZMR 2008, 743; aA AG Hannover NZM 2007, 222.
[89] *Renner,* Die Wohnungseigentümergemeinschaft im Rechtsverkehr, 2005, S. 197.
[90] OLG Hamm ZMR 2005, 721.
[91] BGH NJW-RR 2004, 874 = ZWE 2004, 362 m. Anm. *Kreuzer* – Olympiadorf.
[92] OLG Köln ZMR 2000, 561 f.

II. Rechte und Pflichten der Wohnungseigentümer (Abs. 1)

1. Normzweck

31 Die Regelung soll die Abgrenzung der Rechte und Pflichten der WEer von denen der WEgem als Rechtssubjekt verdeutlichen. Sie hat keinen eigenständigen Regelungsgehalt, sondern hebt hervor, was sich ohnehin von alleine versteht, dass nämlich Inhaber der Rechte und Pflichten nach den Vorschriften des WEG, des sonstigen privaten und öffentlichen Rechts oder aus den von ihnen abgeschlossenen Verträgen die WEer sind, soweit nicht etwas anderes ausdrücklich bestimmt ist. Solche Bestimmungen enthalten vor allem die Vorschriften über die Rechtsfähigkeit der WEgem (Absatz 6) und über die Zuordnung des Verwaltungsvermögens (Absatz 7). Dass Absatz 1 als Beispiele für Rechte und Pflichten der WEer nur das SE und das GemE erwähnt, soll verdeutlichen, dass das WE **Individualeigentum** ist und das WE-Recht daher auf der Rechtsstellung der WEer als SEer und als MEer aufbaut, der gegenüber die WEgem als **Rechtssubjekt** nur die **dienende Funktion** zukommt, die Verwaltung des GemEs bei der Teilnahme am Rechtsverkehr zu erleichtern. Von der Rechtsträgerschaft zu unterscheiden ist die Ausübung und Wahrnehmung von Rechten und Pflichten der WEer im Rechtsverkehr. Sie ist im Absatz 6 Satz 3 besonders geregelt.

2. Einteilung der Rechte und Pflichten

32 **a) Allgemeines.** Die WEer sind Inhaber der sich aus dem WEG ergebenden Rechte und Pflichten, soweit sie nicht nach Absatz 6 der rechtsfähigen WEgem zustehen bzw. obliegen. Die Rechte und Pflichten lassen sich einteilen in sachenrechtliche Eigentumsrechte, Mitgliedschaftsrechte und Drittrechte sowie Pflichten. Während die **Eigentumsrechte** ausschließlich sachenrechtlicher Art sind und unmittelbar mit dem ME und dem SE verknüpft sind, ergeben sich die Mitgliedschaftsrechte und -pflichten daraus, dass die MEer als WEer zugleich **Mitglieder eines Personenverbandes** sind. Das Innenverhältnis des Verbandes ist, da die WEgem nicht auf einem Gesellschaftsvertrag beruht, ein **gesetzliches Schuldverhältnis,** das Rechte und Pflichten erzeugt, weswegen der Erwerb von WE durch Minderjährige nicht lediglich rechtlich vorteilhaft ist und der Einwilligung des gesetzlichen Vertreters oder eines Ergänzungspflegers bedarf.[93] Nicht erwähnt, aber als selbstverständlich vorausgesetzt wird, dass die WEer darüber hinaus auch Inhaber von **Drittansprüchen und -pflichten** sind, also solchen, die ihre Rechtsgrundlage nicht in der Mitgliedschaft haben, sondern sich aus einem anderen Rechtsgrund ergeben (Vertrag oder Gesetz). Betreffen sie die Verwaltung des GemEs, können sie als „gemeinschaftsbezogen" im Rahmen des Absatzes 6 von der Rechtsausübungsbefugnis der WEgem als Rechtssubjekt erfasst werden.

33 **b) Mitgliedschaftsrechte.** Aus dem Verbandsrecht ist bekannt, dass die Mitgliedschaft in einem Verband sowohl ein Rechtsverhältnis ist, aus dem sich subjektive Rechte und Pflichten ergeben, als auch selbst ein subjektives Recht darstellt.[94] Entsprechendes gilt im WE-Recht. Die Mitgliedschaft in der WEgem als einem gesetzlichen Rechtsverhältnis begründet eine **schuldrechtliche Sonderrechtsbeziehung** zwischen dem WEer und der Gemeinschaft, aber auch unter deren Mitgliedern selbst, die der Regelung des WEG und den gem § 10 Abs. 2 Satz 1 ergänzend anwendbaren Bestimmungen des Bürgerlichen Gesetzbuchs unterliegt.[95] Aus diesem Schuldverhältnis **(Gemeinschaftsverhältnis)** ergeben sich mitgliedschaftliche Rechte und Pflichten. Sie sind untrennbar mit dem SE und dem MEA verbunden, gehen also bei einem rechtsgeschäftlichen oder gesetzlichen Eigen-

[93] OLG München ZWE 2008, 390 m. Anm. *Hügel.*

[94] *K. Schmidt,* Gesellschaftsrecht, 4. Aufl., § 19 I 3. a).

[95] BGHZ 115, 151 (155); 141, 224 (228); BGH NJW 1999, 2108 (2109); BGH NZM 2007, 88 = ZWE 2007, 32.

tumswechsel auf den neuen Eigentümer über,[96] und lassen sich wie im Gesellschaftsrecht[97] einteilen in **Teilhaberechte, Schutzrechte** und **Vermögensrechte.**

aa) Teilhaberechte. Teilhaberechte sind **Mitverwaltungsrechte.** Hierzu zählen insbesondere das **Recht auf Einberufung** einer Eigentümerversammlung nach § 24 Abs. 2, 3 WEG, das auf **Teilnahme** an derselben und das **Stimmrecht.** Ferner gehören hierher das Recht eines jeden WEers nach § 21 Abs. 4 WEG, eine **ordnungsmäßige Verwaltung** zu verlangen, das Recht, bei der Bestellung oder Abberufung des Verwalters **mitzuwirken,** das **Informationsrecht** gegenüber dem Verwalter nach § 28 Abs. 1, 4 WEG und das Einsichtsrecht in Niederschriften nach § 24 Abs. 6 WEG. 34

bb) Schutzrechte. Mitgliedschaftsrechte erlangen aber nicht nur unter dem Gesichtspunkt der Teilhabe an der Verwaltung des gemeinschaftlichen Eigentums Bedeutung, sondern auch als Schutzrechte vor Vereinbarungen oder Mehrheitsentscheidungen. Eine Abgrenzung zu den Teilhaberechten ist nur von der Zweckbestimmung her möglich und führt zu einer Überlappung, wenn das Mitverwaltungsrecht zugleich ein Schutzrecht ist und umgekehrt. Die Schutzrechte lassen sich – wie im Gesellschaftsrecht[98] – im Wesentlichen unterteilen in **unabdingbare** und **mehrheitsfeste** Individualrechte. Die im Gesellschaftsrecht darüber hinaus noch bekannten stimmrechtsfesten Individualrechte spielen im Wohnungseigentumsrecht dagegen keine besondere Rolle, sondern sind im Wesentlichen eine Frage der Unabdingbarkeit des Stimmrechts bei den verschiedenen Abstimmungsangelegenheiten. 35

(1) Unabdingbare Rechte. Die unabdingbaren Mitgliedschaftsrechte können weder durch Mehrheitsentscheidung noch durch Vereinbarung entzogen werden. Hierzu zählen insbesondere ein Kern von Mitverwaltungsrechten, die ein Mindestmaß von Einflussnahme auf die Verwaltung gewährleisten, namentlich die **Informations-** und **Kontrollrechte** wie das Recht, bei der Bestellung oder Abberufung des Verwalters mitzuwirken und ihm die Entlastung zu verweigern, das Informationsrecht gegenüber dem Verwalter nach § 28 Abs. 1, 4 WEG sowie das Einsichtsrecht in Niederschriften nach § 24 Abs. 6 WEG. Sie können **nicht entzogen,** wohl **aber** zB dem Verwaltungsbeirat **übertragen werden.** Auch das Stimmrecht[99] und das Recht, die Einberufung einer Eigentümerversammlung verlangen zu können (§ 24 Abs. 2 WEG), sowie das Recht auf Teilnahme an derselben können nicht vollständig ausgeschlossen, wohl aber aus sachlichen Gründen (Interessenkollision) **modifiziert** werden.[100] Insbesondere kann die Vertretungsmöglichkeit bei der Stimmrechtsausübung beschränkt werden.[101] Unabdingbar sind schließlich der Anspruch auf Entziehung des WEs nach § 18 Abs. 1, 4 WEG, das **Beschlussanfechtungsrecht** und das Recht eines jeden WEers auf Rechtsschutz durch ein staatliches Gericht oder ein Schiedsgericht. 36

(2) Mehrheitsfeste Rechte. Zu den Schutzrechten gehören auch die mehrheitsfesten Rechte. Sie können zwar durch Vereinbarung abbedungen oder eingeschränkt werden, nicht aber durch eine Mehrheitsentscheidung. Beschlüsse, die ein derartiges Recht verletzen, sind daher nur wirksam, wenn der von ihnen nachteilig betroffene WEer zustimmt. Bis dahin sind sie ohne Anfechtung schwebend unwirksam (vgl. Rn 102 f.; § 43 Rn 91).[102] Nur im Falle eines die Person des WEers betreffenden wichtigen Grundes oder einer aus der Treue- oder Mitwirkungspflicht folgenden Zustimmungspflicht ist die fehlende Zustimmung unerheblich. 37

---

[96] *Bärmann,* Die Wohnungseigentümergemeinschaft, PiG 22, 217 f.

[97] *K. Schmidt,* Gesellschaftsrecht, 4. Aufl., § 19 III 3. c).

[98] *K. Schmidt,* Gesellschaftsrecht, 4. Aufl., § 16 III 3; Bub ZWE 2007, 3039 (3042).

[99] BGH NJW 1987, 650.

[100] *Buck,* Mehrheitsentscheidungen mit Vereinbarungsinhalt im Wohnungseigentumsrecht (2001), S. 75 f.

[101] BGH NJW 1987, 650.

[102] *Becker,* ZWE 2002, 341 (344 f.).

38 Mehrheitsfest ist insbesondere das **Belastungsverbot.** Es schützt den WEer davor, über die Pflichten des § 16 Abs. 2 WEG hinaus weitere Leistungspflichten aufgebürdet zu bekommen.[103] Ferner gehört hierher das Recht auf **Aufwendungsersatz**[104] sowie das Recht, nicht ohne wichtigen Grund **aus der WEgem ausgeschlossen** zu werden. Sieht also eine Vereinbarung vor, dass die Mehrheit von einem einzelnen Eigentümer die Veräußerung seines WEs auch ohne wichtigen Grund verlangen kann, so ist der Beschluss ohne seine Zustimmung (schwebend) unwirksam.

39 Mehrheitsfest ist weiterhin das aus **§ 14 Nr. 1** folgende Abwehrrecht gegenüber einem nachteiligen Gebrauch des Sonder- oder GemEs durch einen anderen WEer. Daher bedürfen Baumaßnahmen, die für andere WEer eine nicht ganz unerhebliche, konkrete und objektive Beeinträchtigung darstellen, deren Zustimmung. Mehrheitsfest sind schließlich auch die **Freiheitsrechte** eines WEers. Daher ist ein **generelles Musizier-**[105] **oder Tierhaltungs-**[106] oder auch nur **Hundehaltungsverbot**[107] sowie die **Beschränkung der** allgemeinen (passiven) **Informationsfreiheit** auf bestimmte Informationsquellen[108] als Gebrauchsregelung grds nicht durch Mehrheitsbeschluss, sondern nur mit Zustimmung aller WEer möglich (vgl. Rn 85, 102). Entsprechende oder praktisch gleichzusetzende Regelungen sind daher in der GemO zulässig,[109] jedoch kann die Durchsetzung im Ausnahmefall gegen die Treuepflicht verstoßen (Rn 48).[110]

40 **cc) Vermögensrechte.** Vermögensrechte können zwar wie mehrheitsfeste Schutzrechte durch Vereinbarung abbedungen werden, Mehrheitsentscheidungen sind sie jedoch nicht zugänglich. Hierzu zählen im Wesentlichen der Anspruch auf **Auskehrung** eines Guthabens aus einer genehmigten Abrechnung und das (vermögenswerte) Recht auf **Mitgebrauch** des GemEs (§ 13 Abs. 2 WEG). Diese Rechte können nur mit Zustimmung des WEers ausgeschlossen werden. Deswegen hängt die **Begründung eines SNRs** durch Mehrheitsbeschluss auch bei bestehender Beschlusskompetenz auf Grund einer **allgemeinen Öffnungsklausel** grundsätzlich von der Zustimmung aller vom Mitgebrauch ausgeschlossenen WEer ab. Das gilt selbst dann, wenn es nur um die Inanspruchnahme eines Fassadenteils zu Werbezwecken für einen einzelnen WEer geht, weil ein SNR die anderen daran hindert, die Fläche durch anderweitige Vermietung zu „gebrauchen".[111]

41 Der besonderen Zustimmung bedarf es nur dann nicht, wenn die Öffnungsklausel so konkret das in Frage stehende SNR bestimmt bezeichnet, dass in der Zustimmung zu der Öffnungsklausel gleichzeitig das Einverständnis zu der Bestellung des SNRs gesehen werden kann **(„spezifizierte Öffnungsklausel")**. Entsprechendes ist umgekehrt auch für die Beeinträchtigung eines SNRs zu beachten, also zB für einen Beschluss, der eine Sondernutzungsfläche für das Aufstellen von Müllboxen in Anspruch nimmt. Ein solcher Beschluss ist nur wirksam, wenn der benachteiligte WEer zustimmt, es sei denn, die Zustimmung kann auf Grund der – spezifizierten – Fassung der Öffnungsklausel bereits durch deren Billigung als erteilt gelten.

42 Zu den individuellen mehrheitsfesten Vermögensrechten zählt auch das Recht auf den Anteil an den Nutzungen des gemeinschaftlichen Gebrauchs (§ 16 Abs. 1 WEG), sofern

---

[103] *Buck,* Mehrheitsentscheidungen mit Vereinbarungsinhalt im Wohnungseigentumsrecht (2001), S. 79; *Becker/Strecker* ZWE 2001, 569 (575 f.).

[104] *Becker/Strecker* ZWE 2001, 569 (576).

[105] BGHZ 139, 288 (293 f.) = NJW 1998, 3713.

[106] OLG Saarbrücken NZM 2007, 168.

[107] BGHZ 129, 329 (333).

[108] BGHZ 157, 322 = NJW 2004, 937.

[109] AA *Armbrüster* ZWE 2008, 361 (363) – sittenwidrig.

[110] Vgl. BayObLG NZM 2001, 105; NJW-RR 2002, 226; OLG Hamm ZMR 2005, 897; *Blank* NJW 2007, 729 (730).

[111] AA *Buck,* Mehrheitsentscheidungen mit Vereinbarungsinhalt im Wohnungseigentumsrecht (2001), S. 78.

die Nutzungen des GemEs (Früchte und Gebrauchsvorteile) nicht zum Verwaltungsvermögen der WEgem gehören (Absatz 7).

c) Mitgliedschaftspflichten. Die Mitgliedschaftspflichten bestehen im Wesentlichen aus den gesetzlich normierten **Sozialpflichten** und **Individualpflichten** sowie aus den sich aus dem gesetzlichen Schuldverhältnis nach § 242 BGB ergebenden **Treue- und Rücksichtnahmepflichten,**[112] und zwar sowohl im Verhältnis der WEer zur WEgem als auch im Verhältnis der WEer untereinander.[113] Für ihre Erfüllung haftet jeder WEer nach § 276 BGB. Für ein Verschulden seiner Erfüllungsgehilfen hat er nach § 278 BGB einzustehen.[114] 43

aa) Sozialpflichten (Sozialansprüche). Sozialpflichten sind die gesetzlichen Pflichten des WEers **ggü der WEgem,** welche dieser gegen den WEer einen entsprechenden Sozialanspruch gewähren. Hierher gehören neben der **Beitragspflicht** (§ 28 Abs. 2)[115] auch die **Pflicht zur Mitwirkung bei der Willensbildung** der WEgem und die dem Anspruch aus § 21 Abs. 4 korrespondierende **Pflicht zur ordnungsmäßigen Verwaltung.**[116] 44

bb) Individualpflichten. Individualpflichten (und die mit diesen korrelierenden Ansprüche) sind gesetzliche Pflichten (und Ansprüche) **der WEer untereinander.** Hierzu zählen vor allem die aus § 14 folgenden (nachbarlichen) **Rücksichtnahme- und Duldungspflichten,** wie zB die Pflicht, Maßnahmen zu dulden, die, wie zB die Errichtung eines barrierefreien Zugangs,[117] bei der gebotenen objektiven Betrachtung[118] keine Nachteile mit sich bringen, die über das bei einem geordneten Zusammenleben unvermeidliche Maß hinausgehen. 45

cc) Treue- und Rücksichtnahmepflichten. Da die Mitgliedschaft in der WEgem ein gesetzliches Schuldverhältnis der WEer sowohl zu dem Rechtssubjekt als auch zwischen den WEern untereinander schafft, können sich Treuepflichten zum Schutz sowohl von Verbandsinteressen als auch von Mitgliederinteressen ergeben,[119] deren Verletzung zu einem Schadensersatzanspruch nach § 280 BGB führen kann. 46

(1) Treuepflicht gegenüber der Gemeinschaft. Aus der Mitverantwortung jedes einzelnen WEers ergeben sich an der Handlungsfähigkeit orientierte **Mitwirkungs- und Unterlassungspflichten bei der Willensbildung** der Gemeinschaft, die eine ordnungsgemäße Verwaltung ermöglichen und die WEgem als Rechtssubjekt in die Lage versetzen, ihren Pflichten und Verbindlichkeiten nachzukommen. Dazu gehört die Pflicht, für eine ausreichende **Finanzausstattung** der WEgem Sorge zu tragen, die **Instandsetzung** des GemE zu ermöglichen und nicht zu verweigern, die **Gestattungspflicht** nach § 14 Nr. 4 (§ 14 Rn 53, 55), ferner die Pflicht zur Rücksichtnahme bei der Einlegung von Rechtsmitteln oder -behelfen[120] oder die Pflicht zur **Notgeschäftsführung** bei akut drohender Gefahr.[121] Eine Verletzung der Treuepflicht kann eine Schadensersatzpflicht gegenüber der WEgem auslösen (§ 13 Rn 153).[122] 47

(2) Treuepflicht gegenüber den übrigen Wohnungseigentümern. Zu den sich aus dem gesetzlichen Schuldverhältnis der WEer untereinander ergebenden Treuepflichten 48

---

[112] BGHZ 141, 224 (229) = NJW 1999, 2108 (2109); BGH NZM 2002, 663 (664); 2007, 88 = ZWE 2007, 32; *Armbrüster,* FS Merle, (2000), S. 1 ff.; *ders.,* FS *Wenzel,* (2005), S. 85 (91).

[113] BGH NJW 2005, 2061 (2067).

[114] BGHZ 141, 224 (229) = NJW 1999, 2108 (2109).

[115] *K. Schmidt,* Gesellschaftsrecht, 4. Aufl., § 19 III 2 b; MünchKomm-BGB/*Ulmer* § 705 Rn 201.

[116] BGHZ 141, 224 (228).

[117] *Derleder* ZWE 2004, 118 (122).

[118] Vgl. BGHZ 116, 392 (396); 146, 241 (246).

[119] *K. Schmidt,* Gesellschaftsrecht, 4. Aufl. § 20 IV1 c.

[120] Vgl. *Armbrüster,* FS Merle (2000), S. 1 (14).

[121] *Armbrüster,* FS Merle (2000), S. 1 (13).

[122] BGH NJW 2005, 2061 (2067); *Wenzel,* ZWE 2006, 2 (12 f.).

zählen zB **Aufklärungs-** und **Informationspflichten**[123] hinsichtlich aller Tatsachen, die den anderen WEern nicht bekannt, für ihre Eigentums- oder Vermögensinteressen aber von Bedeutung sind; ferner **Duldungspflichten,** wie zB die Pflicht nach § 14 Nr. 3 (§ 14 Rn 51) oder die Pflicht, den Durchgang über eine Sondernutzungsfläche,[124] ggfs. gegen Zahlung eines Entgelts,[125] oder eine **zweckbestimmungswidrige Nutzung** hinzunehmen, wenn sie bei typisierender Betrachtung nicht stärker stört als eine vereinbarungsgemäße Nutzung.[126] Die Treuepflicht kann es auch gebieten, die Abwicklung von Prozesskosten über das Verwaltungskonto oder Verstöße gegen vereinbarte Regelungen hinzunehmen, wie zB die Berufung auf Vertretungsbeschränkungen bei schützwürdigem Vertretungsinteresse,[127] auf das Tierhaltungsverbot, wenn ein WEer auf die Tierhaltung aus gesundheitlichen Gründen angewiesen ist[128] oder auf das Vermietungsverbot oder -gebot (§ 13 Rn 65).

49 Zur Treuepflicht ggü den übrigen WEern können auch bestimmte **Unterlassungs-**[129] **und Leistungspflichten** gehören, wie die Pflicht, ggü dem Anspruch auf Erstattung von Instandsetzungskosten die Verjährungseinrede nicht zu erheben[130] oder die Pflicht zur vorrangigen Geltendmachung von Drittgläubigeransprüchen ggü der Gemeinschaft statt den WEern nach Abs. 8;[131] (Rn 310), ferner die Pflicht, geringfügig überhöhte Wirtschaftsplanvorauszahlungen bis zur Abrechnung zu erbringen,[132] eine Sondernutzungsfläche der WEgem gegen eine Ausgleichszahlung als Besucherparkplatz zu überlassen[133] oder der Verlegung eines Grillplatzes zuzustimmen;[134] schließlich die **Einwirkungspflicht** auf Fremdnutzer nach § 14 Nr. 2 (§ 14 Rn 43) oder die Pflicht zu einem bestimmten Verhalten, wie zB die **Verschwiegenheitspflicht.**[135]

50 Weiterhin gehören hierher die **Mitwirkungspflicht** im Rahmen einer ordnungsmäßigen Verwaltung wie zB bei einer notwendigen Instandsetzung des GemEs (zB durch Zahlung erforderlicher Kostenvorschüsse oder Vornahme erforderlicher Maßnahmen)[136] oder bei der **Änderung der TErkl** samt Aufteilungsplan,[137] wenn bei einer vom Aufteilungsplan wesentlich abweichenden Bauausführung oder wenn bei einem Verstoß der TErkl gegen § 5 Abs. 2 WEG[138] oder wegen nicht hinreichend bestimmter Abgrenzung vom GemE SE nicht entstehen konnte[139] und deswegen nunmehr ein **isolierter MEA** dadurch zu bereinigen ist, dass er entweder auf die übrigen Anteile

---

[123] BayObLG NJW 2002, 71 f.; vgl. auch BGH BB 2007, 285 zur GmbH.

[124] OLG Stuttgart ZMR 2001, 730.

[125] OLG Hamburg ZMR 2004, 933 (934).

[126] *Armbrüster/Müller,* FS Seuß (2007), S. 3 (16) = ZWE 2007, 227 (232 f.).

[127] HansOLG ZMR 2007, 477 (478); *Armbrüster,* FS Merle (2000), S. 1 (13).

[128] BayObLG NJW-RR 2002, 226; OLG Hamm ZMR 2005, 897; *Blank* NJW 2007, 729 (730).

[129] BGH NJW 2007, 292 = NZM 2007, 88 = ZWE 2007, 32 für die Schadensregulierung bei bestehender Gebäudeversicherung; krit. *Armbrüster* ZWE 2007, 30 f.: Der Geschädigte kann den Schädiger schon wegen seines versicherten Sachersatzinteresses nicht in Anspruch nehmen.

[130] OLG Düsseldorf ZMR 2009, 303.

[131] Vgl. *Armbrüster,* FS Merle (2000), S. 1 (15) zum alten Recht.

[132] AG Hamburg ZMR 2004, 540 f.

[133] BayObLG ZMR 2002, 368.

[134] BayObLG ZWE 2001, 545 = ZMR 2001, 908.

[135] *Armbrüster,* FS Merle (2000), S. 1 (15 f.).

[136] OLG München NZM 2009, 130 (131) = ZMR 2009, 225 (226).

[137] Vgl. OLG Frankfurt NZM 2008, 211 (213) – Instandsetzung; BGH, NJW 2004, 1798; BGHZ 109, 179 (184); BGHZ 130, 159 (168); BayObLG, ZWE 2001, 605; ZMR 2003, 949 f.; OLG München IMR 2008, 308 = NZM 2008, 810 = ZWE 2009, 39 m. Anm. *F. Schmidt* – TErkl.

[138] BGHZ 109, 179 (185) – Heizanlage Uni-Center Köln; OLG Hamm ZWE 2007, 57.

[139] BGHZ 130, 159 (169) – Speicherraum.

übertragen oder durch beurkundeten Nachtrag zur TEerkl unter Zustimmung der betroffenen dinglich Berechtigten[140] mit neu begründetem SE verbunden wird. Sofern Nachteile damit verknüpft sind, kann eine Zustimmung allerdings unter Umständen nur gegen Leistung von Ausgleichszahlungen zumutbar sein.[141] Ist SE zwar rechtlich begründet, aber tatsächlich nicht erstellt worden und besteht hieran auch kein Interesse mehr, so kann die Treuepflicht es gebieten, daran mitzuwirken, dass das **SE aufgehoben** und der MEA entweder den anderen anteilmäßig zugeschrieben oder mit anderem SE verbunden wird (§ 11 Rn 13).[142]

Sieht die TE bei einer Änderung der Wertverhältnisse des SEs einen Anspruch auf **Abänderung** der **MEAe** vor, so ist der Anspruch auf den Fall zu beschränken, dass eine deutlich ins Gewicht fallende Wertverschiebung vorliegt.[143] Ist die **Begründung von SNRen fehlgeschlagen,** so können die WEer verpflichtet sein, diesen Mangel durch nachträgliche Änderung der GemO zu beheben.[144] Für andere **Änderungen der GemO** bedarf es dagegen anders als früher[145] nicht mehr des Rückgriffs auf die allgemeine Treuepflicht, weil Absatz 2 Satz 3 nunmehr ausdrücklich einen entsprechenden Anspruch normiert und damit eine spezielle Ausprägung des allgemeinen Grundsatzes enthält, deren Wertungen auch bei der Prüfung zu berücksichtigen sind, ob ein Anspruch aus der Treuepflicht hergeleitet werden kann. **51**

Ferner können sich aus der Treuepflicht **Schutzpflichten** und korrespondierende Ansprüche ergeben. Wird zB bei Instandsetzungsarbeiten durch einen WEer das SE eines anderen verletzt, so hat der die Instandsetzung durchführende WEer auch für ein Verschulden des von ihm beauftragten Unternehmens nach § 278 BGB einzustehen.[146] Schließlich kann ein WEer, von dessen SE negative oder immaterielle Einwirkungen (Immissionen) auf ein anderes SE ausgehen, zu einem verschuldensunabhängigen Ausgleich verpflichtet sein (§ 13 Rn 140). **52**

d) Rücksichtnahme- und Schutzpflichten der Gemeinschaft. Den Mitgliedschaftspflichten der WEer gegenüber der WEgem korrespondieren umgekehrt Pflichten der WEgem gegenüber den WEern. Das sind insbesondere Rücksichtnahme- und Schutzpflichten, die sich aus den Anforderungen einer ordnungsmäßigen Verwaltung ergeben, wie zB die Pflicht zur Wartung gemeinschaftlicher Anlagen, zur Behebung von Mängeln am GemE,[147] die Pflicht zur Rücksichtnahme bei Ausübung einer Versorgungssperre (Rn 273)[148] oder die Pflicht, durch mögliche Tilgungsleistungen eine Realisierung der quotalen Außenhaftung zu vermeiden (Rn 334). Ihre schuldhafte Verletzung berechtigt den WEer, von der WEgem nach § 280 BGB Schadensersatz zu verlangen, wobei diese auch für ein Verschulden von Erfüllungsgehilfen nach § 278 BGB einzustehen hat. Muss ein WEer in der Folge der Instandhaltung oder Instandsetzung des GemEs Einwirkungen auf sein Eigentum hinnehmen, ohne dass die WEgem ein Verschulden zu vertreten hat, kommt uU ein verschuldensunabhängiger Ersatzanspruch aus § 14 Abs. 4 Halbsatz 2 in Betracht (§ 14 Rn 80). **53**

---

140 OLG München NZM 2008, 810 = ZWE 2009, 39 m. Anm. *F. Schmidt.*

141 BayObLG ZWE 2001, 605 (606) = ZMR 2001, 988 – um 11 qm verschobene Trennwand; ZWE 2000, 464.

142 BayObLGZ 2001, 328 = NZM 2002, 25 = NJW-RR 2002, 224 = ZWE 2002, 121 – Tiefgarage.

143 BayObLGZ 1998, 199 = NZM 1999, 31.

144 OLG Hamm NZM 2000, 659.

145 BGHZ 160, 354 (359) = NJW 2004, 3413 m. Anm. *Derleder* S. 3754; *Häublein* BGHReport 2004, 1604; *Riecke/J. H. Schmidt* MDR 2004, 1405; *Armbrüster,* FS Merle (2000), S. 1, 11.

146 BGHZ 141, 224 (229) = NJW 1999, 2108 (2109); OLG Hamburg ZMR 2008, 315.

147 Vgl. OLG Hamburg ZMR 2008, 315.

148 *Armbrüster,* FS Merle (2000), S. 1 (12); *Gaier* ZWE 2004, 109 (115); *Wenzel* ZWE 2006, 62 (66).

III. Maßgebliche Vorschriften für das Gemeinschaftsverhältnis (Abs. 2 S. 1)

1. Allgemeines

54 Das Verhältnis der WEer untereinander bestimmt sich gem. Abs. 2 S. 1 nach den Vorschriften des WEG und den getroffenen Vereinbarungen sowie subsidiär nach den §§ 741 f. BGB. Die einzelnen Regelungsmaterien stehen damit in folgendem **Rangverhältnis** zueinander: Zwingende Vorschriften des WEG – Vereinbarungen – abdingbare Vorschriften des WEG – Vorschriften des BGB über die Gemeinschaft. Aus dem Umstand, dass subsidiär immer die **Vorschriften des BGB** und damit auch, aber nicht nur[149] die Vorschriften über die Gemeinschaft Anwendung finden, wurde früher der Schluss gezogen, dass es sich bei der WEgem um eine besonders strukturierte, nicht rechtsfähige Bruchteilsgemeinschaft handele. Diese Ansicht hat der BGH mit Beschluss vom 2. Juni 2005[150] verworfen und die WEgem als rechtsfähig anerkannt. Dem entspricht nunmehr Absatz 6. Spätestens damit stößt die subsidiäre **Verweisung auf §§ 741 f. BGB weitgehend ins Leere.**

2. Geltung der §§ 741 ff., 1008 f. BGB

55 Die meisten Vorschriften werden durch die Bestimmungen der §§ 10 f. abgelöst.[151] Von Bedeutung sind allenfalls:

56 **a) § 747 BGB.** Danach kann jeder Teilhaber über seinen Anteil verfügen. Über den gemeinschaftlichen Gegenstand im Ganzen können die Teilhaber nur gemeinschaftlich verfügen. Mithin kann jeder WEer über sein WE/TE frei verfügen. Er kann es veräußern, belasten und unterteilen. Hinsichtlich der Verfügung über Gegenstände des gemEs, auch des Verwaltungsvermögens, gilt § 747 dagegen nicht. Auch steht dem WEer kein Anteil am Verwaltungsvermögen zu, über den er verfügen könnte (Rn 283).

57 Eine Verfügung über das GemE insgesamt (also ME und Verwaltungsvermögen) ist nur dann möglich, wenn gleichzeitig alle WEer auch über ihr SE mitverfügen. Ist über sämtliche WE-Rechte verfügt, so erfasst in diesem Fall die Ungültigkeit der Verfügung eines WEers über sein WE die Verfügungen der anderen WEer nicht, es sei denn, dass eine Gesamtverfügung beabsichtigt war (§ 139 BGB).

58 Eine Verfügung über das Gesamtgrundstück mit Gebäuden ist eine Verfügung **aller** WEer über sämtliche WEs-Rechte und nicht eine Verfügung über das „Grundstück“. Sie erfasst alle Elemente jedes WEs, also auch das jeweilige SE.[152]

59 **b) §§ 749–751 BGB.** Sie sind nur anwendbar, wenn die Gemeinschaft, sei es wegen Zerstörung ohne Wiederaufbaupflicht (§ 22 Abs. 4, § 11 Abs. 1 S. 3) oder auf Grund späteren allseitigen Übereinkommens, durch die Aufhebung des SEs aufgelöst wird und sich in eine bloße MEgem wandelt. Hinsichtlich des Anteils der MEer gilt § 17.

60 **c) §§ 752–758 BGB.** Von der Aufhebung der Gemeinschaft als solcher, auch nach § 11 Abs. 1 S. 3 (§ 22 Abs. 4), sind die Vorschriften zu unterscheiden, die sich mit der Art und Weise der Durchführung der Teilung befassen, nämlich §§ 752–758 BGB. Wenn also, ohne dass gewöhnliches ME entstehen soll, die Aufhebung der WEgem beschlossen wird oder nach § 11 Abs. 1 S. 3 verlangt werden kann, werden die §§ 741 f. BGB, mithin auch die §§ 752–758 BGB über die Durchführung der Teilung anwendbar. Dies gilt erst recht, wenn das SE als solches aufgehoben (§ 9) und damit automatisch die WEgem der WEer in eine einfache Bruchteilsgemeinschaft zurückgeführt wird. Die **Dereliktion** eines mit SE

---

[149] Vgl. BGHZ 115, 151 (155) = NJW 1991, 2637.
[150] BGH NJW 2005, 2061.
[151] Vgl. Riecke/Schmid/*Elzer* Rn 49 f.
[152] *Weitnauer/Lüke* § 10 Rn 5.

verbundenen MEAs ist ist *ebenso* wie die Dereliktion eines MEAs an einem Grundstück[153] nicht möglich.[154]

d) § 1009 Abs. 1 BGB. Das GemE kann sowohl zugunsten eines WEers als auch zugunsten des jeweiligen Eigentümers eines anderen Grundstücks dinglich belastet werden, zB mit einem Grundpfandrecht, einer beschränkten persönlichen Dienstbarkeit, einer Reallast oder einem Nießbrauchsrecht. 61

e) § 1010 BGB. Absatz 1 wird durch § 10 Abs. 3 u 4 WEG verdrängt. 62

Absatz 2 kann nur zur Anwendung kommen, soweit nicht § 10 Abs. 8 WEG greift. So können hierunter zwar keine das ME betreffende Grundsteuern fallen, weil diese im Einzelnen von den WEern zu tragen sind, wohl aber Hypothekenzinsen und Annuitäten. **Lasten** iSd §§ 755, 748 sind lediglich schuldrechtliche Verpflichtungen des Eigentümers usw. zu einer Leistung, nicht die dinglichen Belastungen, wie Vorkaufsrecht, Nießbrauch, Grunddienstbarkeiten.[155] Unter regelmäßig wiederkehrenden Lasten sind u. a. zu verstehen: Hypothekenzinsen, Beiträge zu öffentlich-rechtlichen Versicherungen und **Straßenanliegerbeiträge.** Auch Annuitätenraten, also Rückzahlungen auf eine gesamtbelastende Darlehensschuld, sind hierher zu rechnen. § 1010 Abs. 2 kann also für Gläubiger aus Grundpfandrechten, die als Gesamtbelastung am WE eingetragen werden, von Bedeutung sein, nämlich für den Fall, dass entweder auf Grund § 11 Abs. 1 S. 3 (§ 22 Abs. 4) oder auf Grund einstimmigen Übereinkommens zunächst die Aufhebung des SEs und gleichzeitig die Aufhebung der Gemeinschaft beschlossen wird (§§ 752–758 BGB). Daraus folgt, dass auch für den Fall einer Gesamtbelastung die WEer ein Interesse daran haben, eine Vereinbarung i. S. des § 1010 Abs. 2 in das GB einzutragen, dass im Falle der Aufhebung der Gemeinschaft die Gesamtschuld aus dem gemeinschaftlichen Gegenstand berichtigt wird. Entsprechendes gilt für den Anspruch nach § 756 BGB auf Berichtigung von Forderungen gegen einen Teilhaber, die sich auf die Gemeinschaft gründen, insbesondere also aus § 748 BGB. Andere Ansprüche (§§ 677, 812 ff., 273 BGB) bleiben dadurch unbenommen. 63

f) § 1011 BGB. Nach dieser Vorschrift kann jeder MEer die Ansprüche aus dem Eigentum Dritten gegenüber in Ansehung der ganzen Sache geltend machen, den Anspruch auf Herausgabe jedoch nur gemäß § 432 BGB. Die Vorschrift ist ein Fall der **gesetzlichen Prozessstandschaft** und lässt die Geltendmachung gemeinschaftlicher Ansprüche gegen Dritte durch den einzelnen MEer zu. Die Geltung dieser Vorschrift im Verhältnis der WEer untereinander und im Verhältnis der WEer gegenüber Dritten ist umstritten. Dabei geht es insbesondere um die Frage, ob und inwieweit ihr die ausschließliche Verwaltungskompetenz der WEer nach § 21 und die Ausübungsbefugnis der WEgem nach Absatz 6 vorgeht, vgl. dazu Rn 253 f. Ungeachtet dieser Frage ist § 1011 BGB jedenfalls dort anwendbar, wo eine Verwaltungskompetenz nicht besteht, wie zB beim Rechtsschutz gegen Enteignungen.[156] 64

IV. Vereinbarung (Abs. 2 S. 2)

1. Normzweck

Satz 2 bezweckt, die Ausgestaltung des gesetzlichen Schuldverhältnisses der WEer untereinander in den Grenzen zwingender Vorschriften der Privatautonomie zu unterstellen. Die WEer sollen von den Vorschriften des WEG abweichende oder diese ergänzende Regelungen vereinbaren können. 65

---

[153] BGH NJW 1991, 2488; 2007, 2254.
[154] BGH NJW 2007, 2547 = NZM 2007, 600; OLG Zweibrücken ZWE 2002, 603.
[155] RGZ 66, 318.
[156] OLG Karlsruhe NZM 2001, 768 (769); MünchKommBGB/*K. Schmidt* § 1011 Rn 3.

2. Rechtsnatur, Zustandekommen und Form

66 **a) Bestehende Gemeinschaft.** Die Vereinbarung ist ein **mehrseitiger schuldrechtlicher Vertrag** unter den WEern,[157] für den die Vorschriften des Allgemeinen Teils des BGB gelten.[158] Sie kommt in einer Zwei-Personen-Gemeinschaft durch Angebot und Annahme und in einer Mehrpersonen-Gemeinschaft durch die dem Initiator oder einer von ihm bestimmten Person gegenüber erklärte **Zustimmung** zu einem vorformulierten Vertragstext oder durch genehmigtes **Selbstkontrahieren** des Initiators zustande.[159] Wird die Vereinbarung in das Grundbuch eingetragen und handelt es sich um eine qualifizierte Vereinbarung iSd Absatzes 3 (Vereinbarung ieS, Rn 72 f.), so wird sie Inhalt des Sondereigentums. Ohne eine solche Verdinglichung bindet sie nur die am Zustandekommen beteiligten WEer und die ihr schuldrechtlich wirksam beigetretenen Sondernachfolger (Rn 107).

67 Vereinbarungen bedürfen keiner besonderen **Form.**[160] Sie können – auch außerhalb einer Eigentümerversammlung[161] – **stillschweigend oder konkludent** durch schlüssiges Verhalten zustande kommen[162] An das Zustandekommen einer schlüssigen Vereinbarung sind jedoch strenge Anforderungen zu stellen. Eine – auch langjährige – Übung genügt nicht.[163] Entscheidend ist, ob die WEer **bewusst** eine dauerhafte Regelung schaffen bzw. dauerhaft die Änderung der bestehenden Rechtslage herbeiführen wollten. Dafür muss feststehen, dass sämtliche WEer eine jahrelange Praxis in dem Bewusstsein befolgen, sich für die Zukunft daran binden bzw. die bisherige Regelung ändern und auf Dauer durch eine neue ersetzen zu wollen.[164] Die entsprechend zu ändernde Vereinbarung muss den Eigentümern dabei positiv bekannt sein.[165] IdR wird hierfür zu verlangen sein, dass die WEer vor der stillschweigenden Willenskundgebung über den Gegenstand der Vereinbarung auch beraten haben.[166] Im bloßen Dulden von Verstößen gegen eine bestehende Regelung ist eine Vereinbarung nicht zu sehen.[167]

68 **b) Vor Entstehen der Gemeinschaft.** Wird WE durch die vertragliche Einräumung von SE durch die MEer eines Grundstücks begründet, so können sie gemäß § 5 Abs. 4 Vereinbarungen iSd § 10 Abs. 2 Satz 2 und Abs. 3 zum Inhalt des SEs machen. Entsprechendes gilt im Falle der Begründung von WE nach § 8 für den teilenden Eigentümer. Er kann einseitig Festlegungen mit dem Inhalt einer Vereinbarung treffen und diese gemäß §§ 5 Abs. 4, 10 Abs. 2 Satz 1, Abs. 3 durch Eintragung in das Grundbuch zum Inhalt des SEs machen, so dass sie auch gegenüber Sondernachfolgern wirken. Es handelt sich der Sache nach um eine dem Eigentümer zustehende **Inhaltsbestimmung seines Eigentums** und **nicht** um bloße Vorschläge[168] oder um den Erlass einer **Rechtnorm** (Satzung) für das Gemeinschaftsverhältnis.[169] Zwar entfaltet diese Bestimmung nur relative Wirkung, indem

---

[157] *Kümmel,* Die Bindung der Wohnungseigentümer, S. 3 f.; *Merle* FS Wenzel (2005) S. 251 (253).

[158] *Hügel* FS Wenzel (2005) S. 219 (224); *Merle* FS Wenzel (2005) S. 251 (256 f.).

[159] *Merle* FS Wenzel (2005) S. 251 (256 f.).

[160] BGH NJW 1984, 612 (613); BayObLG ZMR 2002, 848 (849).

[161] BayObLG ZMR 2002, 848 (849).

[162] BayObLG ZMR 2001, 987; FGPrax 2005, 106 (107); OLG Düsseldorf ZMR 2004, 136; OLG Hamm ZMR 1998, 718 = NZM 1998, 873; OLG München NJW-RR 2007, 375 (376) = ZMR 2006, 955 m. Anm *Elzer;* Weitnauer/*Lüke* Rn 29; *Häublein* Sondernutzungsrechte, S. 75.

[163] OLG Hamburg ZMR 2003, 870 – SNR.

[164] BayObLG NJW 1986, 385 (386); ZWE 2001, 432 (435); OLG Düsseldorf MietRB 2004, 141; OLG Zweibrücken ZMR 1999, 853 (854); OLG München ZMR 2006, 955 (957).

[165] BayObLG ZMR 2005, 379 (380); OLG München ZMR 2006, 955 (957).

[166] Vgl. OLG Hamburg ZMR 2003, 870; 2006, 298 (299); KG NJW-RR 1989, 976 = ZMR 1989, 346 (347); OLG Zweibrücken ZMR 1999, 853 (854).

[167] OLG München ZMR 2006, 955 (957).

[168] AA Riecke/Schmid/*Elzer* § 10 Rn 162.

[169] AA Riecke/Schmid/*Elzer* § 10 Rn 163.

sie nicht gegenüber jedermann, sondern nur im Verhältnis der WEer untereinander Bedeutung erlangt, wirkt insoweit aber gleichwohl als Inhalt des SEs und nicht als korporationsrechtlich verbindliche Verfassung der Gemeinschaft. Die einseitige Gestaltungsmacht endet mit dem Entstehen der werdenden Gemeinschaft. Danach kann die Vereinbarung auch nicht mehr einseitig abgeändert werden.[170]

Als Inhaltsbestimmung des SEs ist sie auch **keine „dingliche Belastung"** des MEAs.[171] **69** Eine Parallele zu § 1010 BGB verbietet sich schon deshalb, weil die fragliche Benutzungs- und Verwaltungsregelung dort „als Belastung des Anteils", nach §§ 5 Abs. 4, 10 Abs. 3 dagegen „als Inhalt des Sondereigentums" eingetragen wird. Die einseitige Gestaltungsbefugnis bezieht sich allerdings nur auf Regelungen, die Inhalt von Vereinbarungen ieS (Rn 73) sein können. Für Regelungen mit Beschlusscharakter fehlt eine Bestimmung. Beschlüsse des teilenden Alleineigentümers nach § 8 (**„Einmannbeschlüsse"**, Rn 185) oder der teilenden MEer nach § 3 sind mangels Beschlusskompetenz nichtig.[172] Sie können jedoch als **„Entschlüsse"** des/der Gründer[173] in entsprechender Anwendung von § 5 Abs. 4 Wirkung entfalten[174] und wie zB die **Erstbestellung des Verwalters** oder einer Ersatzvertreters nach § 45 Abs. 2 in der GemO nach Entstehen der WEgem als schriftliche Beschlüsse i. S. des § 23 Abs. 3 WEG gelten (Rn 183, 185).[175] Sie sind nur formeller Bestandteil der TErkl, nicht auch materieller.

Andere gemeinschaftsrechtliche Festlegungen für das Verhältnis der WEer untereinander, **70** die weder als „Entschluss" noch als Vereinbarung ieS, sondern als **Vereinbarungen iwS** (Rn 81) anzusehen sind, kann der teilende Alleineigentümer nur zum Gegenstand eines schuldrechtlichen Vertrages machen, den er im Wege eines Insichgeschäfts abschließt, indem er zugleich für die zukünftigen Erwerber auftritt. Dass sie zu diesem Zeitpunkt noch nicht feststehen, ist unerheblich. Denn es genügt, dass die nachträgliche Bestimmung der Vertragspartner sich aus den Umständen ergibt.[176] Der Vertrag wird mit Entstehen der werdenden Eigentümergemeinschaft (Rn 16 f.) wirksam, wenn die einzelnen WEer ihn mit Abschluss des Erwerbsvertrages ausdrücklich oder konkludent genehmigen. Hierdurch wird das Insichgeschäft zugleich nachträglich gestattet, wie dies § 181 BGB voraussetzt.[177] Es endet dann die bis dahin vorherrschende schwebende Unwirksamkeit, während der der Alleineigentümer den Vertrag – kraft einer sich selbst vorbehaltenen Befugnis – noch aufheben oder abändern konnte. Sondernachfolger der Erwerber sind an den schuldrechtlichen Vertrag der WEer untereinander nur nach Rn 107 gebunden.

Verträge mit Dritten, die, wie zB der **Verwaltervertrag,** nach Entstehen der werden- **71** den WEgem als Verträge der WEgem mit dem Dritten fortgelten sollen, können die Gründer nur abschließen, indem sie den Vertrag nicht nur im eigenen, sondern zugleich auch im Namen der künftigen WEgem mit der Maßgabe abschließen, dass ihre persönliche Haftung mit Entstehen der (werdenden) WEgem endet. Die für die Wirksamkeit erforderliche Genehmigung der WEgem kann nur durch Beschluss erfolgen. Der Verwalter kann von sich aus den Vertragsschluss nicht widerrufen, weil er den Mangel der Vertretungsmacht der Gründer bei Abschluss des Vertrages gekannt hat (§ 178 BGB),[178] er kann aber nach Entstehen der WEgem sofort eine Eigentümerversammlung zur Genehmigung des Vertrages einberufen (§ 177 Abs. 2 BGB).

---

[170] BGH NZM 2005, 753 (754); OLG München NJOZ 2007, 4895 (4896).

[171] AA Riecke/Schmid/*Elzer* Rn 163 in Widerspruch zu Rn 147.

[172] BGH NJW 2002, 3240 (3243); OLG Düsseldorf NJW-RR 2005, 1469 (1470); aA OLG Köln ZMR 2008, 478: Nichtbeschluss.

[173] *Merle* § 26 Rn 61; OLG Frankfurt/M. OLGZ 1986, 408.

[174] *Wenzel,* FS Bub (2007) S. 249 (266 f.).

[175] Vgl. *Gottschalg* NZM 2002, 841 (842) mwN.

[176] BGH NJW 1998, 62 (63).

[177] MünchKommBGB/*Schramm* § 181 Rn 45.

[178] Vgl. BGHZ 105, 283 (286).

3. Inhalt der Vereinbarung ieS

72 Nicht jeder schuldrechtliche Vertrag zwischen den WEern ist auch eine Vereinbarung. Aus Absatz 2 Satz 2 und Absatz 3 ergeben sich vielmehr bestimmte Erfordernisse an das Vorliegen einer Vereinbarung. Während Absatz 2 Satz allgemein davon spricht, dass die WEer „von den Vorschriften dieses Gesetzes abweichende Vereinbarungen treffen" können, ist Absatz 3 weiter gefasst ist und spricht von „Vereinbarungen, durch die die WEer ihr Verhältnis untereinander in Ergänzung oder Abweichung von Vorschriften dieses Gesetzes regeln" sowie von der „Abänderung oder Aufhebung solcher Vereinbarungen". Aus dem systematischen Zusammenspiel beider Absätze ergibt sich jedoch, dass der Begriff der Vereinbarung insoweit nicht unterschiedlich definiert, sondern in Absatz 2 der Grundsatz der **Privatautonomie** samt ihren Grenzen betont und in Absatz 3 im Interesse der Sicherheit des Rechtsverkehrs die **Publizitätswirkung des Grundbuchs** geschützt und festgelegt werden soll, dass durch Beschluss nicht geregelt werden kann, was zur Wirkung gegen einen Sondernachfolger einer eingetragenen Vereinbarung bedarf.

73 Die Vereinbarung ist daher ein besonders qualifizierter Vertrag, nämlich ein Vertrag, durch den die WEer ihr **Verhältnis untereinander,** das Gemeinschaftsverhältnis, in **Abweichung** von den dispositiven gesetzlichen Vorschriften **regeln** (Vereinbarung ieS). Aus Absatz 3 Satz 1 folgt weiterhin, dass zu den Vereinbarungen auch Verträge gehören, durch welche die WEer ihr Gemeinschaftsverhältnis in **Ergänzung** des dispositiven Gesetzesrechts sowie unter Abweichung oder Aufhebung von bestehenden Vereinbarungen regeln. Umgekehrt heißt das, dass die Abänderung oder Ergänzung gesetzlicher oder vereinbarter Regelungen immer einer Vereinbarung bedarf, sofern die WEer nicht im Wege eines Änderungsvorbehaltes oder einer Öffnungsklausel (Rn 140) vereinbart haben, dass dies auch beschlossen werden darf. Im Einzelnen:[179]

74 **a) Gemeinschaftsverhältnis.** Die Vereinbarung setzt voraus, dass sie sich mit dem Verhältnis der WEer untereinander, also mit dem Gemeinschaftsverhältnis befasst. Betrifft die Regelung nicht dieses Verhältnis, sondern seine sachenrechtlichen Grundlagen, also die **Eigentumsverhältnisse,** handelt es sich nicht um eine Vereinbarung, sondern um einen gewöhnlichen Vertrag (Rn 92). Dasselbe gilt für Regelungen, die eine individuelle **Sonderbeziehung** entweder der WEgem als Rechtssubjekt oder der WEer als Einzelrechtspersonen untereinander („Vermietungspool") oder zu einem Dritten zum Gegenstand haben. Deshalb können zB Drittberechtigungen aus einem Vermietungsgebot (vgl. § 13 Rn 65)[180] oder Rechte zur Benutzung eines Nachbargrundstücks als Stellplatz u. dgl., dingliche Vorkaufsrechte (§ 1094 BGB) oder Gebrauchsrechte zugunsten Dritter durch Vereinbarung nicht zum Inhalt des SEs gemacht werden.[181] Auch der Geschäftsbesorgungsvertrag der WEgem mit dem Verwalter oder mit einem Rechtsanwalt kann nicht Gegenstand einer Vereinbarung sein. Wohl aber können die WEer vereinbaren, in welcher Weise der Vertrag auszugestalten ist.[182] Schließlich können die WEer auch nicht ihre **anteilige Außenhaftung** durch Vereinbarung abbedingen (Rn 304).

75 **b) Regelung.** Die Vereinbarung setzt weiterhin voraus, dass die WEer für das Gemeinschaftsverhältnis eine Regelung im Rechtssinne und **nicht eine konkrete Einzelfallentscheidungen** treffen. Die Abgrenzung kann im Einzelfall Schwierigkeiten bereiten. Eine Differenzierung nach den Kriterien „generell-abstrakt" oder „konkret-individuell" scheidet danach ebenso aus wie eine Unterscheidung nach der Dauer der Regelung.[183] Maßgeblich ist vielmehr, ob sich ihre Wirkung in ihrem Vollzug erschöpft oder die **Legitimierung künftiger Entscheidungen** zum Ziel hat, also neues Recht setzen und die WEer für die

---

[179] Vgl. *Wenzel* ZWE 2001, 226 (233 f.).
[180] Vgl. BGH NZM 2008, 732 (734) – offengelassen.
[181] Weitnauer/*Lüke* Rn 38.
[182] Weitnauer/*Lüke* Rn 38.
[183] *Wenzel* ZWE 2001, 226 (231 f.).

Zukunft daran binden will.[184] Zu **vereinbarungswidrigen, vereinbarungsändernden** oder vereinbarungsergänzenden Beschlüssen (vgl. Rn 134).

76 **c) Abweichung von gesetzlichen oder vereinbarten Bestimmungen.** Die Vereinbarung setzt weiterhin voraus, dass gesetzliche Bestimmungen oder vereinbarte Regelungen nicht gelten sondern durch andere **ersetzt** werden sollen, die WEer also bestehende allgemeine Rechtsregeln für künftiges Verwaltungshandeln verändern wollen. Hierher gehört zB die Vereinbarung eines **Änderungsvorbehalts** oder einer **Öffnungsklausel** (Rn 140), einer Veräußerungs- bzw. Vermietungsbeschränkung, die Einführung des Mehrheitsprinzips für nachteilige bauliche Veränderungen oder die Delegation der Verwaltungszuständigkeit für Teile des GemEs wie die Außenfenster zB auf die WEer und die Vereinbarung einer **faktischen Realteilung** bei. Doppel- od. Reihenhäusern (§ 13 Rn 43, 96 f). Auch Regelungen mit dem Inhalt des § 21 Abs. 7,[185] wie zB die Begründung einer Verpflichtung zur Zahlung übergesetzlicher Verzugszinsen oder einer Umzugskostenpauschale,[186] die Einführung einer allgemeinen Verfall- oder Vorfälligkeitsklausel[187] oder Sanktionen für die Nichtteilnahme am Lastschriftverfahren weichen von gesetzlichen Bestimmungen ab, können aber auf Grund der gesetzlichen Öffnungsklausel des § 21 Abs. 7 – anders als früher – mit Mehrheit beschlossen werden. Anders verhält es sich mit einer Regelung, dass „der grundsätzliche Bestellungszeitraum eines Verwalters drei Jahre beträgt". Sie ändert und ersetzt § 26 Abs. 1 S. 2 und erfordert eine Vereinbarung. Ein Mehrheitsbeschluss ist mangels Beschlussfassungskompetenz nichtig.[188]

77 Die WEer können im Wege der Vereinbarung auch **Organkompetenzen verlagern** und zB dem Verwalter, dem Verwaltungsbeirat oder Dritten einzelne Entscheidungen und begrenzte Geschäftsbereiche zuweisen. Hierfür kann ein praktisches Bedürfnis bestehen, soweit es um technische oder organisatorische Fragen geht, wie zB bei der Aufstellung der Hausordnung oder bei der Zustimmung zu baulichen Veränderungen. Auch kann durch Vereinbarung die der Eigentümerversammlung vorbehaltene Entscheidung über Art und Umfang von Instandsetzungs- und Instandhaltungsmaßnahmen[189] oder die Anstellung von Reinigungskräften, eines Hausmeisters uä delegiert werden. Jedoch muss das daraus erwachsende, letztlich die WEer treffende finanzielle Risiko jeweils überschaubar sein. Erforderlich sind daher gegenständliche Beschränkungen, Budgetierungen oder eine Begrenzung der Höhe nach. Anderenfalls ist die Vereinbarung nach § 242 BGB (Rn 104) unwirksam. Ob es sich um eine verdrängende oder konkurrierende Kompetenzverlagerung handelt, ist im Zweifel durch Auslegung zu ermitteln. Bei verbleibender Unklarheit ist von einer konkurrierenden Verlagerung auszugehen.[190] Eine **allgemeine Kompetenzverlagerung durch Beschluss** ist wegen fehlender Beschlusskompetenz nichtig, nicht dagegen die Übertragung einer einzelnen Maßnahme wie zB die Auftragsvergabe bei beschlossener Sanierung. Die Übertragung muss aber ordnungsmäßiger Verwaltung entsprechen.[191] Zu den **Schranken** der Kompetenzverlagerung Rn 99.

78 **d) Ergänzung gesetzlicher oder vereinbarter Bestimmungen.** Schließlich gehören auch rechtsergänzende Regelungen zu den qualifizierenden Merkmalen der Vereinbarung.

---

184 OLG München NJW 2008, 156 (157); *Wenzel* ZWE 2001, 226 (234); *ders.* Immobilienrecht 2002, S. 23 (28); *ders.* ZWE 2004, 130 (131); Riecke/Schmid/*Elzer* Rn 116 f.

185 Vgl. dazu iE *Merle* ZWE 2007, 321 f.

186 Vgl. *Wenzel,* Immobilienrecht 2002, S. 23 (34); ZWE 2000, 550 (556).

187 BGHZ 156, 279.

188 *Becker* IMR 2007, 396 in abl. Anm. zu OLG Düsseldorf – 3 Wx 118/07.

189 OLG Düsseldorf ZMR 2003, 126 (127); KG ZMR 2004, 623 (624); OLG Celle NZM 2007, 689 – Maßnahmen und Kostenverteilung bzgl. Gemeinschaftseinrichtungen in einer Mehrhausanlage; OLG München ZMR 2009, 64 (66).

190 Riecke/Schmid/*Elzer* Rn 90.

191 Vgl. LG München I ZMR 2008, 488 (489).

Sie liegen vor, wenn die WEer die in den gesetzlichen oder vereinbarten Bestimmungen enthaltenen Maßstäbe für das Verwaltungshandeln erweitern wollen. Hierher gehört zB die **Erweiterung der Aufgaben und Befugnisse des Verwalters** oder Verwaltungsbeirats,[192] allgemeine Regelungen über die Einberufung oder Durchführung der Eigentümerversammlung,[193] wie zB die Einführung einer bestimmten Form der Versammlungseinberufung oder einer Ladungsfiktion u. dgl. Auch kann im Wege gesetzesergänzender Regelung eine **Erwerberhaftung für die Beitragsrückstände** des rechtsgeschäftlichen Veräußerers vereinbart werden,[194] nicht dagegen auch eine solche des Ersteigerers, Rn 85, 192.[195]

79 **e) Spezialtatbestand: Die Gebrauchsregelungsvereinbarung.** Der Gebrauch des SEs und des GemEs kann nach § 15 Abs. 1 generell durch Vereinbarung, durch Beschluss nach § 15 Abs. 2 dagegen nur in dem Falle geregelt werden, dass es um einen der Beschaffenheit entsprechenden ordnungsmäßigen Gebrauch geht. So kann in der GemO zB die Ausübung einer zugunsten der WEer bestehenden Grunddienstbarkeit geregelt werden (Rn 85, 231). Eine besondere Art der Gebrauchsregelungsvereinbarung ist die Zweckvereinbarung. Sieht die GemO zB vor, dass Räume des SEs nur für „betreutes Wohnen",[196] als „Hobbyraum", „Laden" oder „Gaststätte" genutzt werden dürfen, so hat diese Zweckbestimmung Vereinbarungscharakter iSd § 15 Abs. 1 **(Zweckbestimmung ieS),** § 13 Rn 20; § 15 Rn 8. Auch die Zuordnung einer Raumeinheit als Wohnungs- oder Teileigentum **(Zweckbestimmung iwS)** gehört hierher (§ 13 Rn 21).

80 Die Gebrauchsregelungsvereinbarung ist eine Vereinbarung iSd § 10 Abs. 2 S. 2, Abs. 3, weil sie die Rechte zum Gebrauch hinsichtlich des SEs in Abweichung von dem Beliebigkeitsgrundsatz des § 13 Abs. 2 und hinsichtlich des GemEs in Ergänzung des § 13 Abs. 2 regelt. § 15 Abs. 1 ist insoweit ein Spezialtatbestand der Vereinbarung ieS. Diese kann daher auch wiederum nur durch eine Vereinbarung, und nicht durch Beschluss abgeändert werden.[197]

4. Verträge mit anderem Inhalt (Vereinbarungen iwS)

81 Umstritten ist, wie vertragliche Regelungen zu qualifizieren sind, die das Verhältnis der WEer weder in Abweichung noch in Ergänzung des WEG regeln. Vielfach wird davon ausgegangen, dass es sich auch insoweit um Vereinbarungen iSd Absatz 2 Satz 2, Abs. 3 handelt.[198] Dies ist mit dem eindeutigen Wortlaut der Vorschrift nicht zu vereinbaren. Danach können Inhalt einer Vereinbarung nur gesetzes- oder vereinbarungsändernde bzw. -ergänzende Regelungen sein. Verträge zwischen den WEern mit einem anderen Inhalt sind keine Vereinbarungen ieS. Sie können zwar als **Vereinbarungen iwS** bezeichnet werden, sind aber nicht eintragungsfähig und wirken gegenüber Sondernachfolgern auch dann nicht, wenn sie in das Grundbuch eingetragen sind. Dies gilt sowohl für Regelungen, die gesetzliche Bestimmungen lediglich wiederholen oder sinngemäß wiedergeben, ohne hiervon abzuweichen oder sie zu ergänzen **(gesetzeswiederholende Vereinbarungen),**[199] als auch für Vereinbarungen mit Beschlussinhalt (**Be-**

---

[192] *Kümmel,* Die Bindung der Wohnungseigentümer, S. 36 f.; Weitnauer/*Lüke* Rn 43.

[193] *Schmack/Kümmel* ZWE 2000, 433 (437).

[194] BGH NJW 1994, 2950 (2952); BGHZ 99, 358 (361) = NJW 1987, 1638.

[195] BGHZ 99, 358 (361) = NJW 1987, 1638; KG ZMR 2003, 292 (293); ZMR 2002, 860.

[196] BGH NJW 2007, 213 = NZM 2007, 90.

[197] BGHZ 157, 322 (330, 333); aA *Drabek,* FS Seuß (2007), S. 97 (105 f.): Vereinbarung mit Beschlussinhalt.

[198] Staudinger/*Kreuzer* WEG (2005) Rn 68 ff.; Riecke/Schmid/*Elzer* Rn 95 ff.; Weitnauer/*Lüke* Rn 29, 37; aA *Kümmel,* Die Bindung der Wohnungseigentümer, S. 33 f.

[199] AA Riecke/Schmid/*Elzer* Rn 97; *F. Schmidt* ZWE 2008, 463 (464).

schlussvereinbarungen, Rn 180) oder für schuldrechtliche Verträge über die Aufhebung der WEgem (§ 11 Rn 15) im Gegensatz zu einer Vereinbarung nach § 11 Abs. 1 S. 3 (§ 11 Rn 19).

Gesetzeswiederholende Vereinbarungen sind schuldrechtliche Verträge, die den gesetzlichen Bestimmungen einen weiteren, nämlich vertraglichen Geltungsgrund hinzufügen. Sie können nur einvernehmlich wieder abgeändert werden und wirken gegenüber Sondernachfolgern nur, wenn sie dem Vertrag beigetreten sind (Rn 107). **Beschlussvereinbarungen** in der GemO sind dagegen ab Entstehen der werdenden WEgem als schriftliche Beschlüsse anzusehen (Rn 183) und wirken als solche nach Absatz 4 gegenüber Sondernachfolgern und weiteren Erwerbern. **82**

5. Die Gemeinschaftsordnung (GemO)

a) Begriff. Die Begriffe GemO, Miteigentumsordnung, Satzung oder Statut und Vereinbarung werden im Allgemeinen synonym gebraucht.[200] Bisweilen wird auch die TErkl mit einbezogen. Richtigerweise ist jedoch zu unterscheiden. Während die TErkl oder der Teilungsvertrag sich mit der Begründung von WE befassen, betrifft die GemO die Ausgestaltung des Verhältnisses der WEer untereinander. Da dieses Verhältnis sowohl durch die gesetzlichen als auch durch die vereinbarten und beschlossenen Regelungen sowie gerichtlichen Entscheidungen bestimmt wird, wird der Begriff GemO in der Literatur teilweise entsprechend weit gefasst.[201] In der Praxis hat sich demgegenüber jedoch ein engeres Verständnis durchgesetzt, das die GemO als die **bei der Begründung des WEs** für das Gemeinschaftsverhältnis **autonom gesetzte Grundordnung der Gemeinschaft** begreift im Unterschied zu der gesetzlichen Ordnung, den in der entstandenen Gemeinschaft von der Eigentümerversammlung gefassten Beschlüssen und den gerichtlichen Entscheidungen. Zum **Zustandekommen** vgl. Rn 66 f. **83**

b) Rechtsnatur. Die GemO ist als **autonom gesetzte Ordnung** zwar keine Satzung (Rn 68),[202] hat aber die Funktion einer solchen.[203] Sie besteht materiell aus Vereinbarungen ieS, die den Inhalt des SEs festlegen, und aus korporativen Beschlussangelegenheiten. Demzufolge ist inhaltlich immer danach zu **differenzieren,** ob es sich um Regelungen mit Vereinbarungscharakter oder um solche mit Beschlussinhalt handelt. Geht es um gesetzesändernde bzw. -ergänzende Regelungen, so handelt es sich um eine Vereinbarung ieS, die zum Inhalt des SEs geworden ist (Rn 118). Soweit die GemO dagegen Regelungen mit Beschlusscharakter enthält, handelt es sich um einen schriftlichen „Entschluss", der ab Entstehen der werdenden WEgem als einstimmiger schriftlicher Beschluss zu behandeln ist (Rn 69). Auch bei der **Hausordnung** ist zu unterscheiden. Enthält sie Bestimmungen, die wie die Begründung von individuellen Leistungspflichten (turnusmäßige Treppenhaus- und Gehwegreinigung, Streupflicht) über die gesetzliche Kostentragungspflicht aus § 16 Abs. 2 WEG hinausgehen, handelt es sich insoweit materiell um eine Vereinbarung, die von der Hausordnungskompetenz des § 21 Abs. 5 Nr. 1 nicht mehr gedeckt ist.[204] Ob das ein oder andere vorliegt, ist jeweils durch **Auslegung** zu ermitteln. **84**

c) Möglicher Inhalt (Beispiele). Zum Inhalt der GemO[205] mit Vereinbarungscharakter können beispielhaft gehören: **85**

---

[200] Vgl. nur BGH NJW 1987, 1638 (1639); Staudinger/*Kreuzer* Rn 2.

[201] *Merle* ZWE 2001, 49; vgl. auch *Becker/Kümmel* ZWE 2001, 128 (135): „Gemeinschaftsgrundordnung".

[202] AA Riecke/Schmid/*Elzer* Rn 163.

[203] Weitnauer/*Lüke* § 10 Rn 28; BGH NJW 2006, 2187 (2188) Rn 8: „normähnlicher Charakter".

[204] *Wenzel* NZM 2004, 542 (544); *J.-H. Schmidt/Riecke* ZMR 2005, 252 (262 f.).

[205] Vgl. *Kreuzer,* Die Gemeinschaftsordnung nach dem WEG, 2005; Staudinger/*Kreuzer* Rn 68–115; *Schmidt,* MünchVertragshandbuch Band 6 Teil II WE.

– Bestimmungen, Reihen- od. DoppelhausEer wie **AlleinEer** zu stellen[206]
– Regelungen über die Zulässigkeit **baulicher Veränderungen** ohne Zustimmung aller WEer auf Grund Mehrheitsbeschlusses[207] oder mit Genehmigung des Verwalters sowie Abreden über **Errichtung und Finanzierung** des Gebäudes[208]
– Regelungen für die **Eigentümerversammlung,** wie die Modalitäten der Einberufung[209] und Durchführung, Einberufung einer Eventualversammlung,[210] die Modalitäten der Beschlussfassung im schriftlichen Verfahren, die Protokollierung als Gültigkeitsvoraussetzung eines Beschlusses[211] und Vertretungsregelungen für die Teilnahme[212]
– die Haftung des rechtsgeschäftlichen **Erwerbers** für Beitragsrückstände des Veräußerers (Rn 78, 192)
– **Gebrauchsregelungen**[213] ua betreffend eine auf dem Nachbargrundstück zu errichtende Garage[214]
– die Zulässigkeit der Verhängung von **Geldstrafen** bei gemeinschaftswidrigem Verhalten[215]
– die Ausübung einer für das gemeinsame Grundstück bestellten **Grunddienstbarkeit** (Rn 79, 231)[216]
– die **Hausordnung**
– die Ausgestaltung der **Jahresabrechnung,** zB als Bestands- und Erfolgsrechnung im Sinne des HGB
– **Kautionszahlungen** für zukünftige Beitragsforderungen[217]
– der **Kostenverteilungsschlüssel,**[218] der allerdings nach § 16 Abs. 3, 4 und nach § 3 **HeizkostenV** auch durch Mehrheitsbeschluss abgeändert werden kann; iÜ gilt für die Abänderung Rn 158.
– **Konkurrenzschutzregelungen**[219]
– die Verlagerung nicht zwingender **Organkompetenzen,** wie zB die Ermächtigung des Verwalters zur Zuweisung von Stellplätzen[220] oder zum Erlass einer Hausordnung sowie die Ermächtigung des Verwaltungsbeirats zum Abschluss des Verwaltervertrags
– die Verpflichtung zur **Sicherungsabtretung** zukünftiger Mietzinsansprüche zwecks Sicherung regelmäßiger Beitragszahlungen auf Anforderung des Verwalters[221]
– die Begründung von **SNRen** (§ 13 Rn 80)[222]

---

206 Vgl. OLG München IMR 2008, 123 = ZMR 2008, 566.
207 BayObLG NJW-RR 1986, 761; ZWE 2000, 175 = ZMR 2000, 234.
208 Weitnauer/*Lüke* Rn 37.
209 BayObLG WuM 1989, 459 (460).
210 KG NZM 2001, 105 (107).
211 BGHZ 136, 187 = NJW 1997, 2956; OLG Schleswig ZMR 2006, 721.
212 BGH NJW 1993, 1329; *Wenzel* NZM 2005, 402 ff.
213 BayObLG Rpfleger 1974, 314 = MDR 1974, 847; NJW 1975, 59.
214 OLG Köln NJW-RR 1993, 982 = WuM 1993, 690 = OLGZ 1994, 6 = ZMR 1994, 122.
215 *Kreuzer* ZWE 2000, 325 (329); *Schmack/Kümmel* ZWE 2000, 433 (437); *Wenzel* ZWE 2001, 226 (235); Staudinger/*Kreuzer* Rn 80.
216 BayObLGZ 1990, 124; Weitnauer/*Lüke* Rn 38.
217 *Häublein* ZWE 2004, 48 (58).
218 BayObLG NJW-RR 1994, 145 = WuM 1993, 753.
219 BayObLG ZMR 1997, 428 = FGPrax 1997, 141 = MittBayNot 1997, 228 = NJWE-MietR 1997, 231.
220 Weitnauer/*Lüke* Rn 41 mwN.
221 *Häublein* ZWE 2004, 48 (60 f.).
222 BGHZ 145, 158 f. = NJW 2000, 3500 f.; BayObLG NJW-RR 1989, 720; OLG Köln NZM 1998, 967; OLG Frankfurt NJW-RR 1998, 1707.

- die Ausgestaltung des **Stimmrechts,**[223] sein Ruhen im Falle des Beitragsverzuges,[224] Regelungen zur **Stimmkraft** (Kopf-, Objekt-, Wertprinzip) und der Stimmenzahl sowie die Ausgestaltung der Stimmenzählung[225]
- die Einrichtung von **Untergemeinschaften** mit entsprechenden Verwaltungsbefugnissen in Mehrhausanlagen (Rn 22)
- ein obligatorisches **Schiedsgerichtsverfahren**
- ein **generelles Hundehaltungs-**[226] oder **Tierhaltungs- Musizier- oder Parabolantennenverbot**[227] (Rn 102)
- die Verpflichtung, in einer Ferienpachtanlage Wohnungen für eine längere, aber begrenzte Zeitspanne an eine Betriebsgesellschaft zu verpachten[228] oder die Verpflichtung, im Falle der Vermietung einer Wohnung die **Verwaltung des SEs** dem Verwalter zu übertragen[229]
- **Verwalterregelungen,** wie die Modalitäten der Erstbestellung des Verwalters[230] und der Inhalt von Verwalterverträgen, Beginn und Ende der Bestellungszeit für den Verwalter, Erweiterungen der Aufgaben und Befugnisse des Verwalters[231] sowie die Modalitäten einer Schiedsvereinbarung mit dem Verwalter
- das Erfordernis der Einstimmigkeit für die Bestellung des **Verwaltungsbeirats**[232] und Regelung der Höchstdauer der Bestellung[233]
- die Einrichtung eines obligatorischen **Vorschaltverfahrens** vor der Anrufung staatlicher Gerichte (§ 12 Rn 13; § 43 Rn 205)[234]
- **Zugangs-, Ladungs- und Abrechnungsanerkennungsfiktionen**[235]
- die Begründung oder Ausgestaltung eines **Zustimmungserfordernisses** zur Veräußerung,[236] zur Belastung oder zu anderen Verfügungen über das WE/TE (§ 12 Rn 11 f.)[237]
- die Verpflichtung zur **Unterwerfung unter die Zwangsvollstreckung** zBwegen eines bestimmten Pauschalbetrages hinsichtlich der jeweils fälligen Beiträge.[238]

Zu einem möglichen **Inhalt mit Beschlusscharakter** zählen **Regelungen,** für die zB **nach § 21 Abs. 7** eine Beschlusskompetenz besteht, wie einmalige oder allgemeine **Verfall- oder Vorfälligkeitsklauseln,**[239] die Einführung des **Lastschriftverfahrens** für den Beitragseinzug oder die Verpflichtung zur Zahlung von Kosten für die Nutzung des GemE, von übergesetzlichen **Verzugszinsen**[240] oder **Umzugskostenpauschalen.** 86

---

[223] BayObLG NZM 1998, 969; OLG Hamm Rpfleger 1975, 401.

[224] BayObLGZ 1965, 34 (42) = NJW 1965, 821; ZMR 2003, 519 (520) = BayObLGReport 2003, 129; KG ZMR 1994, 171.

[225] BGHZ 152, 63 (65) = NJW 2002, 3629 – Subtraktionsmethode.

[226] BGHZ 129, 329, 333.

[227] BGHZ 157, 322 = NJW 2004, 937 = ZWE 2004, 352 m. Anm. *Köhler.*

[228] BayObLG NJW-RR 1988, 1163.

[229] BayObLG MittBayNot 1995, 388.

[230] BayObLG NJW 1974, 2134 (2135) = MittBayNot 1974, 208 = MDR 1974, 1020.

[231] *Bub* NZM 2001, 502 (505).

[232] BayObLG DWE 1994, 26.

[233] OLG Köln NZM 2000, 193.

[234] BayObLG Rpfleger 1983, 14; OLG Frankfurt NZM 2008, 290 (291).

[235] BGHZ 113, 197 (199 f.); OLG Hamburg ZMR 2006, 704 (705); OLG Frankfurt OLGReport 2005, 423 (425).

[236] *Häublein* ZWE 2004, 48 (57).

[237] Vgl. BGH NJW 1962, 1613 = Rpfleger 1962, 373 mit zust. Anm. *Diester.*

[238] OLG Celle DNotZ 1955, 320 f.; KG NJW-RR 1997, 1304 = MDR 1997, 1018 – Unterwerfung des Rechtsnachfolgers wegen der monatlichen Beitragsvorschüsse; *Häublein* ZWE 2004, 48 (57).

[239] BGH NJW 2003, 3550 ist insoweit überholt.

[240] Vgl. zu früher BGHZ 115, 151 (154 f.); OLG Düsseldorf NZM 2000, 502 (503); *Becker/Kümmel* ZWE 2001, 128 (129); *Wenzel* NZM 2000, 257 (261); *ders.* ZWE 2001, 226 (243).

6. Zustimmung dinglich Berechtigter zur Vereinbarung

87 Die inhaltliche Ausgestaltung des SEs durch in das Grundbuch einzutragende **Festlegungen des Alleineigentümers** mit Vereinbarungsinhalt bedarf wie die Begründung von WE/TE selbst, sofern sie nicht nach § 3 erfolgt und an dem MEA dingliche Rechte bestehen,[241] nicht der Zustimmung dinglich Berechtigter, weil die Belastung am Grundstück insgesamt bestehen bleibt bzw. sich bei Grundpfandrechten in ein Gesamtrecht an allen WEs-Rechten verwandelt (§§ 1132, 1114 BGB) und bei der Reallast jeder WE/TEer als Gesamtschuldner (§ 1108 Abs. 2 BGB) haftet. Nur dingliche Wohnungsrechte, Dauerwohnrechte und Dauernutzungsrechte erlöschen (§ 1026 BGB) an solchen WEs-Rechten, deren SEs-Fläche nicht zum Ausübungsbereich gehört.[242]

88 Die **nachträgliche Begründung, Änderung** oder Aufhebung einer Vereinbarung (GemO) bedarf nach dem insoweit anwendbaren[243] § 877 BGB dagegen dann der Zustimmung von Drittberechtigten, wenn die Vereinbarung zum Inhalt des SEs gemacht, also eingetragen werden soll/bzw. eingetragen ist und die Regelung sie in ihrer **Rechtsstellung nachteilig berührt.** Erforderlich ist, dass der Berechtigte nicht schon von dem Mitgebrauch ausgeschlossen ist,[244] sondern in seinem Recht konkret und objektiv beeinträchtigt wird und nicht nur die Möglichkeit eines Nachteils besteht. Wirtschaftliche Betroffenheit reicht nicht aus.[245] **Schuldrechtliche Vereinbarungen** bedürfen dagegen keiner Zustimmung, weil sie den Inhalt des SEs nicht ändern.[246] Zur Zustimmung zur Begründung eines SNRs vgl. § 13 Rn 94 f.

89 **Drittberechtigte** können alle in Abteilung II oder III des Grundbuchs eingetragenen Gläubiger oder Berechtigten sein. Jedoch schränkt **§ 5 Abs. 4** die Zustimmungspflicht der Gläubiger von Grundpfandrechten (Hypotheken, Grundschulden und Rentenschulden) oder von Reallasten auf die Begründung, Aufhebung, Änderung und Übertragung von **SNRen** ein. Die Zustimmungspflicht der Berechtigten aus Grunddienstbarkeiten, beschränkten persönlichen Dienstbarkeiten, Nießbrauchsrechten, Wohnungsrechten, Dauernutzungsrechten und dinglichen Vorkaufsrechten in Angelegenheiten, die sie rechtlich berühren, bleibt dagegen von der Vorschrift unberührt. Der Vereinbarung eines generellen Tierhaltungs- oder Musizierverbots muss daher ein Nießbrauchsberechtigter zustimmen.[247] Dasselbe gilt für den **Auflassungsvormerkungsberechtigten,** so dass auch dessen Zustimmung erforderlich ist, wenn er als späterer Eigentümer an der Vereinbarung beteiligt wäre.[248] Nicht hierher gehört dagegen der **Gesamtgläubiger,** weil er das Grundstück als Ganzes zur Versteigerung bringen kann.[249]

90 Die Zustimmung kann nicht durch ein **Unschädlichkeitszeugnis** entsprechend Art. 120 EGBGB ersetzt werden.[250] Die bisher befürwortete entsprechende Anwendung[251] hat der Gesetzgeber bei der Neufassung von § 5 zwar erwogen, im Hinblick auf das formelle Konsensprinzip (§ 19 GBO) aber verworfen.[252]

---

241 Staudinger/*Gursky* BGB § 877 Rn 61.
242 BayObLGZ 1957, 102 (110); OLG Oldenburg NJW-RR 1989, 273.
243 BGHZ 91, 343 (346); 145, 133 (138) = NJW 2000, 3643 (3645).
244 BayObLG Rpfleger 1986, 257.
245 BGHZ 91, 343 (346); BayObLG ZMR 2002, 773.
246 *Böttcher* NotBZ 2007, 421 (422).
247 *Abramenko* § 1 Rn 5.
248 BayObLGZ 1998, 255.
249 OLG Frankfurt NJW-RR 1996, 918.
250 AA *Böhringer/Hintzen* Rpfleger 2007, 353 (356).
251 BayObLG ZMR 2004, 683 (684) – Änderung des Kostenverteilungsschlüssels; ZMR 2005, 300 (301) – Begründung eines SNRs; Riecke/Schmid/*Elzer* Rn 173; kritisch OLG Köln ZMR 1993, 428 (429).
252 BT-Drucks. 16/887 S. 15.

V. Schranken der Privatautonomie und Inhaltskontrolle der Vereinbarung

Die durch die Absätze 2 und 3 garantierte Vertragsfreiheit gilt nur, soweit nicht etwas anderes ausdrücklich bestimmt ist. Die Grenzen der Privatautonomie, ergeben sich aus den Vorschriften über die Begründung des WEs, dem sachenrechtlichen Grundverhältnis (a), aus den zwingenden Bestimmungen des WEG zum Gemeinschaftsverhältnis (b), aus dem Kernbereich des WEs (c), sowie aus den allgemeinen Schranken des privaten und öffentlichen Rechts (d). 91

1. Sachenrechtliches Grundverhältnis

Durch Vereinbarung geregelt werden kann nur das Gemeinschaftsverhältnis unter den WEern, nicht die ihm zugrunde liegenden Eigentumsverhältnisse. Daher können zwar **Begründungsvorbehalte für SNRe** vereinbart werden (§ 13 Rn 85),[253] nicht aber Regelungen, die einen WEer **ermächtigen** oder **bevollmächtigen,** GemE in SE **umzuwandeln** und umgekehrt (§ 1 Rn 121).[254] Nichts anderes gilt für eine **Änderung der MEAe**[255] oder die **schuldrechtliche Verpflichtung** zur Mitwirkung an jeglicher Veränderung der sachenrechtlichen Grundlagen der Gemeinschaft,[256] also auch für die Verpflichtung eines Erwerbers zur **Bevollmächtigung** des Bauträgers, im Falle der abschnittsweisen Errichtung einer Mehrhausanlage das verbliebene **GemE in SE aufzuteilen,** sowie die Verpflichtung zur Weitergabe der Bevollmächtigungsverpflichtung an einen Sondernachfolger.[257] Denn auch diese Verpflichtung enthält eine bindende Entscheidung zur Umwandlung von GemE, so dass der Formzwang nach § 311 b Abs. 1 BGB (= § 313 S. 1 BGB aF) eingreift.[258] Zwar ist die – idR in der GemO enthaltene – Regelung meist zusammen mit der TEerkl beurkundet worden, jedoch war der verpflichtete Sondernachfolger hieran nicht beteiligt, so dass in Bezug auf seine Verpflichtung die Form nicht gewahrt ist und Abs. 3 nicht greift. Aus demselben Grund können auch beurkundungspflichtige **schuldrechtliche Vorkaufsrechte** nach §§ 463 f. BGB nur vertraglich begründet, nicht aber zum Gegenstand einer Vereinbarung gemacht werden,[259] dingliche erst recht nicht. 92

Die Eigentumsverhältnisse können nach Invollzugsetzung der WEgem nur dadurch verändert werden, dass entweder 93

- alle WEer schuldrechtlich einen nach § 4 Abs. 3 notariell beurkundeten Vertrag abschließen, dinglich sich in Auflassungsform über die Rechtsänderung einigen und diese in das Grundbuch eintragen lassen oder
- alle WEer einen Dritten zur Abgabe der entsprechenden Erklärungen bevollmächtigen. Soll der Veräußerer (Bauträger) berechtigt sein, die Änderung herbeizuführen, bedarf es einer entsprechenden **Vollmachtserteilung** durch jeden einzelnen Erwerber, die bereits in dem jeweiligen Erwerbsvertrag mit enthalten sein kann. Eine antizipierte Bevollmächtigung durch den teilenden Alleineigentümer in der GemO ist dagegen unwirksam, weil hierdurch die Bestimmungen der §§ 4 WEG, 873, 925 BGB in unzulässiger Weise umgangen würden.[260]

---

[253] OLG München NJOZ 2007, 4895.

[254] BGH NJW 2003, 2165 (2166) m. Anm. *Schmidt* NotBZ 2003, 268; BayObLGZ 1997, 233 (238); ZMR 2002, 283 (284); DNotZ 2005, 390 m. Anm. *Röll;* KG NZM 1998, 581 (582); 2008, 47 (48); ausführlich *Armbrüster* ZMR 2005, 244 (247); *Hügel* ZWE 2003, 259; Staudinger/*Kreuzer* Rn 24.

[255] AA OLG Hamburg ZMR 2003, 697 (698) – durch BGH NJW 2003, 2165 (2166) überholt.

[256] BGH NJW 2003, 2165 (2166); aA Staudinger/*Kreuzer* Rn 65.

[257] *Armbrüster* ZMR 2005, 244 (249); aA *Hügel* DNotZ 2003, 517 (525 f.).

[258] BGH NJW-RR 1988, 348 (351).

[259] AA Weitnauer/*Lüke* § 10 Rn 38, § 12 Rn 17; *Weitnauer* DNotZ 1955, 323 (324).

[260] *Armbrüster* ZMR 2005, 244 (247 f.); *Häublein* DNotZ 2000, 442; *Hügel* ZWE 2003, 263; *Röll* ZWE 2000, 446 (448); *Vogel* ZMR 2005, 801; 2008, 270 (zu Problemen der Vollmacht).

94 Schließlich können als Inhalt des SEs keine Ermächtigungen vereinbart werden, die **Unselbstständigkeit des SEs** (§ 6) oder die **Zuordnung** zwingender Teile **zum GemE** zu verändern oder SNRe ohne Zustimmung der dinglich Berechtigten zu begründen.[261] Anderes gilt dagegen für die **Umwandlung von WE in TE** und umgekehrt. Entsprechende Ermächtigungen können zum Inhalt des SEs gemacht werden,[262] weil es sich bei der Qualifizierung als Wohnungs- oder Teileigentum nicht um eine sachenrechtliche Inhaltsbestimmung des SEs, sondern um eine **Zweckbestimmung ieS** handelt (Rn 79). Die Umwandlung stellt eine Inhaltsänderung des SEs dar, die nach §§ 877, 873 BGB der Zustimmung und grundbuchrechtlich der Bewilligung der übrigen WEer sowie deren dinglichen Gläubiger bedarf. Das Erfordernis der Mitwirkung kann allerdings in der GemO ausdrücklich abbedungen werden, nicht jedoch die Zustimmung der dinglich Berechtigten,[263] weil die Vereinbarung nur unter den WEern wirkt und nicht auch ggü Dritten. Zustimmungs- und bewilligungsberechtigt sind die eingetragenen Rechtsinhaber, bei Unrichtigkeit des Grundbuchs dagegen die wahren Berechtigten.[264]

2. Zwingende Vorschriften zum Gemeinschaftsverhältnis

95 Die Vertragsautonomie findet ihre Schranke ferner an den zwingenden Vorschriften des WEG, die durch Vereinbarung nicht abbedungen oder geändert werden dürfen (vgl. hierzu auch § 23 Rn 129 f.). Soweit sie erst durch die Novelle in das WEG eingefügt worden sind, gelten sie auch für frühere Vereinbarungen. Vereinbarungen, die gegen die Vorschriften verstoßen, sind insoweit teilweise unwirksam.[265]

Zwingend sind

- § 11 Abs. 1 hinsichtlich der Unauflöslichkeit der WEgem mit Ausnahme bei teilweiser oder völliger Zerstörung des Gebäudes,
- § 11 Abs. 3,
- § 12 Abs. 2 hinsichtlich der Verweigerung der Zustimmung nur aus wichtigem Grund,
- § 12 Abs. 4 hinsichtlich der Aufhebung einer Veräußerungsbeschränkung,
- § 16 Abs. 3 bis 5 hinsichtlich der Beschlusskompetenz bei der Kostenverteilung,
- § 18 Abs. 4 hinsichtlich der Beschränkung des Entziehungsanspruchs auf schwere Pflichtverletzungen,
- § 20 Abs. 2 hinsichtlich der Bestellung eines Verwalters,
- § 22 Abs. 2 hinsichtlich der Beschlusskompetenz bei der Modernisierung und Anpassung an den Stand der Technik,
- § 26 Abs. 1 S. 4, 5 hinsichtlich der Beschränkung der Bestellung oder Abberufung des Verwalters,
- § 27 Abs. 4 hinsichtlich der Aufgaben und Befugnisse des Verwalters und
- §§ 53 f. hinsichtlich des Versteigerungsverfahrens.

96 Darüber hinaus sind nach Sinn und Zweck der jeweiligen Vorschriften unabdingbar[266]

- § 10 Abs. 6 S. 1, 2, aber auch Satz 3, weil die Ausübungs- und Wahrnehmungsbefugnis nicht nur das Gemeinschaftsverhältnis nach innen, sondern auch die Rechtszuständigkeit nach außen betrifft und nicht zu Lasten des Rechtsverkehrs abbedungen werden kann,[267]
- § 10 Abs. 7 und 8.

---

261 BayObLG DNotZ 2005, 390 m. Anm. *Röll*.
262 BayObLG DNotZ 1990, 42; NJW-RR 2001, 1163.
263 AA *Schmenger* BWNotZ 2003, 73 (78).
264 Vgl. BGH NJW-RR 2006, 888 (889).
265 OLG Hamm ZWE 2008, 465 (469) m. Anm. *F. Schmidt* S. 463.
266 Vgl. *Abramenko* § 6 Rn 34.
267 Zweifelnd *Abramenko* § 6 Rn 34.

3. Kernbereich des Wohnungseigentums

Bis zur Entscheidung des BGH zur Beschlussfassungskompetenz vom 20. 9. 2000[268] diente die Kernbereichslehre vor allem der Begrenzung des Mehrheitsprinzips. Nichtig waren nach der Rspr. des BGH Beschlüsse, die den „dinglichen“ Kernbereich des WEs verletzten.[269] Was hierunter zu verstehen ist, war und ist bis heute weitgehend ungeklärt.[270] Nur eines lässt sich mit Sicherheit festhalten, dass die Kernbereichslehre durch die Grundsätze über die Beschlussfassungskompetenz nicht gegenstandslos geworden ist,[271] ihre Bedeutung sich jedoch verlagert hat. Es geht nicht mehr um Fragen der formellen Legitimation des Mehrheitsprinzips, sondern um die **ungeschriebenen materiellen Grenzen formell legitimierter Beschlussmacht.** Sie decken sich mit den **Grenzen der Privatautonomie.** 97

Zum vereinbarungsfesten Kernbereich des WEs gehören damit zunächst formell die **sachenrechtlichen Grundlagen,** die **zwingenden Vorschriften und Prinzipien** des WEG. Der Begriff spielt hier jedoch neben diesen sich schon aus dem Gesetz ergebenden Schranken der Privatautonomie keine eigenständige Rolle und sollte in diesem Zusammenhang daher auch nicht verwandt werden. Es bleiben vielmehr folgende Bereiche: Die unabdingbaren Strukturprinzipien des Gemeinschaftsverhältnisses (a), die unabdingbaren Mitgliedschaftsrechte (b) und der unantastbare Inhalt des Eigentums (c). Nicht hierher gehören dagegen die individuellen Grundrechte, weil jeder WEer auf die Ausübung dieser Rechte verzichten kann.[272] 98

a) Unabdingbare Strukturprinzipien des Gemeinschaftsverhältnisses. Zu den unabdingbaren Prinzipien des WEG gehören: 99

- der Grundsatz der Einheitlichkeit und persönlichen **Verantwortlichkeit der Verwaltung,** welcher sowohl die Bestellung von mehreren Verwaltern als auch die Bestellung einer GbR als Verwalterin ausschließt,[273]
- der Grundsatz der **Ämtertrennung,** der die Unvereinbarkeit des Verwalteramtes mit dem Amt des Verwaltungsbeirats bedingt oder
- das Verbot der **Verlagerung zwingender Organkompetenzen.** So kann die GemO zB nicht die Kompetenz der WEer zur Änderung der GemO oder zur Bestellung und Abberufung des Verwalters oder die zwingenden Kompetenzen des Verwalters nach § 27 delegieren oder bestimmen, dass Aufgaben des Verwaltungsbeirats durch außenstehende Dritte wahrgenommen werden, dass dem Verwalter die Bestimmung und Änderung des Kostenverteilungsschlüssels übertragen wird oder der Beirat Beitragsforderungen erlassen darf.[274] Nicht zu den zwingenden Organkompetenzen gehört dagegen zB die Vergabe von Instandsetzungs- und Dienstleistungsaufträgen,[275] die Genehmigung von Wirtschaftsplan und Jahresabrechnung,[276] die Entscheidung über den Ausschluss eines WEers nach § 18[277] oder die Aufstellung einer Hausordnung.[278] Sie können auf andere Entscheidungsträger verlagert werden, und zwar ausschließlich oder konkurrierend (Rn 77).

---

[268] BGHZ 145, 158 = NJW 2000, 3500.

[269] BGHZ 127, 99 (105); 129, 329 (333); *Demharter* MittBayNot 1996, 417; *Wenzel* ZWE 2000, 2 (5).

[270] *Gottschalg* ZWE 2000, 50 (51).

[271] BGHZ 145, 158 (166).

[272] BGHZ 157, 322 (334 f.) = NJW 2004, 937.

[273] Staudinger/*Bub* § 23 Rn 242, § 26 Rn 66; BGH NJW 2006, 2189.

[274] OLG Hamburg ZMR 2008, 152 (153).

[275] *Strecker,* Kompetenzen in der Gemeinschaft der Wohnungseigentümer (2004), S. 103; OLG München ZMR 2009, 64 (66); aA *Gottschalg* ZWE 2000, 50 (51).

[276] *Strecker,* Kompetenzen in der Gemeinschaft der Wohnungseigentümer (2004), S. 98; *dies.* ZWE 2004, 228 f.

[277] *Strecker,* Kompetenzen in der Gemeinschaft der Wohnungseigentümer (2004), S. 89 f.

[278] *Strecker,* Kompetenzen in der Gemeinschaft der Wohnungseigentümer (2004), S. 99 f.

100 **Nicht** zu den unabdingbaren Strukturprinzipien gehört auch die **Beschlusskompetenz.**[279] § 21 Abs. 1 erhebt das Einstimmigkeitsprinzip nur dort zum Grundsatz, wo Gesetz oder Vereinbarung nicht etwas anderes bestimmen (Rn 182). Also kann im Wege der Vereinbarung zB ein Vetorecht für einzelne WEer vorgesehen [280]oder auch bestimmt werden, dass dort, wo nach dem Gesetz das Mehrheitsprinzip angeordnet ist, das Einstimmigkeitsprinzip gelten soll, sofern das WEG das Mehrheitsprinzip nicht ausdrücklich für vereinbarungsfest erklärt hat (§ 12 Abs. 4 S. 2; § 16 Abs. 5; § 22 Abs. 2 S. 2; § 26 Abs. 1 S. 5).[281]

101 **b) Unabdingbare Mitgliedschaftsrechte.** Zu den unabdingbaren Mitgliedschaftsrechten Rn 36.

102 **c) Unantastbarer Inhalt des Eigentums.** Zu dem unantastbaren Inhalt des Eigentums gehört insbesondere die Möglichkeit der **Veräußerung** und der **Nutzung** der WEs im Rahmen der zum Inhalt des SEs gewordenen Vereinbarungen, nicht dagegen die Möglichkeit der Eigennutzung oder die Nutzung durch Vermietung. Die Vermietung kann durch Vereinbarung sowohl vorgeschrieben,[282] als auch ausgeschlossen[283] werden (§ 13 Rn 65). Zum Kernbereich des SEs gehört auch **nicht die Möglichkeit der Haustierhaltung**[284] **oder der Musikausübung.** Sie betrifft vielmehr ein Freiheitsrecht, auf dessen Ausübung die WEer verzichten können. Daher ist ein **generelles Musizier- oder Tierhaltungs-** oder auch nur **Hundehaltungsverbot**[285] in der GemO zulässig (vgl. Rn 39, 85), jedoch kann die Durchsetzung im Ausnahmefall gegen die Treuepflicht verstoßen (Rn 48).[286] Ein solches vereinbartes Verbot ist auch nicht sittenwidrig. Aus der Rspr des BGH zum Musizierverbot[287] ergibt sich nichts Anderes.[288] Sie betrifft die Regelung durch Beschluss. Ein bloßer Mehrheitsbeschluss ist aber wegen eines Eingriffs in mehrheitsfeste Mitgliedschaftsrechte schwebend unwirksam, nicht nichtig (Rn 37).[289]

103 Zum Kernbereich zählt dagegen der wesentliche Inhalt der Nutzung von WE. Hierzu gehören neben der **Unverletzlichkeit** der Wohnung als räumlich abgeschirmte Privatsphäre des WEers mit dem sich daraus ergebenden Hausrecht nach Maßgabe der Pflichten aus § 14 Nr. 4 der freie **Zugang zur Wohnung** (§ 13 Rn 12) und die Möglichkeit, die Informationsangebote von Rundfunk und Fernsehen zu nutzen, allerdings nur im Rahmen der zum Inhalt des SEs gewordenen Vereinbarungen. Die GemO kann also zwar das Aufstellen von Parabolantennen verbieten (Rn 85; § 14 Rn 22),[290] nicht dagegen jeglichen Zugang zu einer **medialen Grundversorgung** von Hörfunk und Fernsehen unterbinden. Ebenso gehört die Möglichkeit, innerhalb des WEs baden, duschen oder die täglich anfallende Wäsche maschinell reinigen und in der Luft trocknen zu können, zum Kern-

[279] OLG Hamm NZM 2009, 163 (164) = ZWE 2008, 465 (467) m. Anm. *F. Schmidt* S. 463; aA *Drabek,* FS Seuss (2007) S. 97, 106 mit einem unzutreffenden Zitat; *Elzer* ZMR 2004, 479 (484).

[280] BayObLG NJW-RR 1997, 1305.

[281] OLG Hamm NZM 2009, 163 (164) = ZMR 2009, 219 = ZWE 2008, 465 (469) m. Anm. *F. Schmidt* S. 463.

[282] BayObLG WE 1988, 202.

[283] *Armbrüster* ZWE 2004, 217 (221); *Schmidt* BlGBW 1982, 143; aA *Bub* WE 1989, 122; Staudinger/*Kreuzer* Rn 75.

[284] BGHZ 129, 329 (333) – Hundehaltung; aA OLG Saarbrücken NJW 2007, 779 (780).

[285] BGHZ 129, 329 (333).

[286] Vgl. BayObLG NZM 2001, 105; NJW-RR 2002, 226; OLG Hamm ZMR 2005, 897; *Blank* NJW 2007, 729 (730).

[287] BGHZ 139, 288 (293).

[288] AA *Armbrüster* FS Bub (2007) S. 1 (7).

[289] BGHZ 157, 322 (335) – Parabolantenne; *Wenzel* ZNotP 2005, 42 (48); aA BGHZ 129, 329 (333) – Hundehaltungsverbot: mit Bestandskraft gültig; OLG Saarbrücken NJW 2007, 779 (780): nichtig.

[290] BGHZ 157, 322 (334 f.) = NJW 2004, 937.

bereich.[291] Durch die GemO oder einen Beschluss nach § 15 Abs. 2 kann dies daher nicht generell verboten, sondern nur in engen Grenzen zeitlich beschränkt werden. Desgleichen verletzen zB Regelungen über die Zulässigkeit von baulichen Veränderungen, die den Zugang zum SE in unzumutbarer Weise erschweren[292] oder zum Verlust von **Substanz** des SEs führen, den Kernbereich des WEs ebenso wie ein ausnahmsloses Verbot von Hörfunk- und Fernsehsendungen. Ein Verbot von Parabolantennen durch Mehrheitsbeschluss ist dagegen schwebend unwirksam.[293]

4. Allgemeine Schranken, Inhaltskontrolle

Die Vertragsfreiheit der WEer findet schließlich ihre Schranken in den zwingenden allgemeinen Bestimmungen des Privatrechts und des öffentlichen Rechts, wie insbesondere in den **§§ 134, 138 BGB,** mit der Folge, dass hiergegen verstoßende Regelungen nichtig sind.[294] Nach der Rspr. des BGH unterliegt die vom teilenden Eigentümer aufgestellte GemO außerdem der **Inhaltskontrolle nach § 242 BGB.**[295] Das muss in gleicher Weise aber auch für die in einem Teilungsvertrag nach § 3 enthaltene GemO und für andere Vereinbarungen gelten.[296] Eine Differenzierung nach Art des Entstehens[297] ist mit Rücksicht auf spätere Erwerber nicht möglich. Ihre Verbindlichkeit muss grundsätzlich gegenüber allen WEern einheitlich beurteilt werden.[298] Eine Verpflichtung sämtlicher WEer, in einer dem betreuten Wohnen bestimmten Anlage einen **Betreuungsvertrag** abzuschließen, ist grundsätzlich zulässig (§ 13 Rn 20),[299] um auf diese Weise die Grundlage für eine möglichst kostengünstige Betreuung zu schaffen. Der Kontrahierungszwang hält einer Inhaltskontrolle jedoch dann nicht mehr stand, wenn die WEer zum Abschluss von Verträgen mit einer Bindung von mehr als zwei Jahren verpflichtet werden sollen und weder den einzelnen WEern noch der WEgem wirkliche Spielräume für die Ausgestaltung der Verträge verbleiben. 104

Ob Vereinbarungen daneben auch noch einer **AGB-Kontrolle gem. §§ 305 ff. BGB** unterliegen, ist umstritten (§ 2 Rn 50 f.).[300] Bei der Beurteilung ist zu unterscheiden zwischen den Regelungen, die materiell den Charakter einer Vereinbarung haben und den Bestimmungen, die nur formell Bestandteil der GemO sind, materiell aber wie ein Beschluss zu behandeln sind (Rn 84). Regelungen, die Vereinbarungscharakter haben, sind keine Vertragsbedingungen in einem Vertragsverhältnis, sondern Inhalt des SEs. Sie wirken gegenüber dem Erwerber kraft Gesetzes als Folge seines Erwerbs. Eine AGB-Kontrolle käme allenfalls beim Erwerb des ersten WEers vom Bauträger in Betracht, da nur in diesem Fall überhaupt ein Aushandeln denkbar ist. Für alle späteren Erwerber gelten die Regelungen kraft Gesetzes. Die Rechtsnatur der Regelungen ändert sich aber nicht dadurch, dass jemand das WE nicht unmittelbar vom Bauträger, sondern von dem Erstkäufer oder späteren Käufer erwirbt. Es handelt sich daher nicht um Allgemeine Geschäftsbedingungen, sondern um das zum Inhalt des SEs gewordene Grundstatut der WEgem. Der BGH hat die Frage der Anwendung der Vorschriften über die Allgemeinen Geschäftsbedingungen auf die in der TErkl mit enthaltenen Vereinbarungen bisher zwar nicht ausdrücklich entschie- 105

[291] OLG Frankfurt NZM 2001, 1136 (1137).

[292] Vgl. OLG Düsseldorf WE 1996, 392 (393).

[293] BGHZ 157, 322 (335) = NJW 2004, 937.

[294] Zur Sittenwidrigkeit iE *Armbrüster* FS Bub (2007) S. 1 f.

[295] BGHZ 99, 90 (94) = NJW 1987, 650; BGH NJW 1994, 2950 (2952); 2002, 3240 (3244); 2004, 937 (940); ferner OLG Hamm ZMR 2008, 554 (555) = ZWE 2008, 293 m. Anm. *Briesemeister.*

[296] Vgl. BGH NJW 2004, 937 (940): „GemO oder in Vereinbarungen".

[297] Riecke/Schmid/*Elzer* Rn 220.

[298] BGH NJW 1994, 2950 (2952).

[299] BGH NJW 2007, 213 (215) Rn 15; *Forst* RNotZ 2003, 292 (295 f.); *Pauly* ZMR 2008, 864; zu den Verträgen iE *Harsch* MietRB 2007, 302.

[300] Vgl. die Nachweise in BGH NJW 2002, 3240, 3244.

den,[301] in seinem Beschluss vom 20. Juni 2002[302] insoweit jedoch aus eben diesen Gründen deutliche Bedenken angemeldet.

106 Enthält die GemO auch Regelungen mit Beschlussinhalt, so kommt eine Anwendung der §§ 305 f. BGB ebenfalls nicht in Betracht. Denn sie sind mit Entstehen der werdenden WEgem wie ein Beschluss zu behandeln. Auf Beschlüsse finden die Vorschriften über Allgemeine Geschäftsbedingungen aber keine Anwendung. Sie unterliegen allerdings grundsätzlich auch keiner Angemessenheitsprüfung nach § 242 BGB, sondern nur der Anfechtung, sofern sie nicht wegen Verstoßes gegen §§ 135, 138 BGB, gegen zwingende Vorschriften des WEG und wegen fehlender Beschlussfassungskompetenz nichtig sind. Ist neben der Möglichkeit, die getroffene Regelung mit Entstehen der WEgem durch Mehrheitsbeschluss abzuändern, eine Beschlussanfechtung nicht möglich, muss ausnahmsweise eine Inhaltskontrolle nach § 242 BGB zulässig sein.

VI. Bindung des Sondernachfolgers an Vereinbarungen

1. Schuldrechtliche Vereinbarungen

107 Vereinbarungen ieS wirken, soweit sie nicht als Inhalt des SEs in das Grundbuch eingetragen sind, als schuldrechtliche Verträge über die Ausgestaltung des Gemeinschaftsverhältnisses **nur inter partes,** also zwischen den WEern, die sie abgeschlossen haben.[303] Scheidet ein WEer aus der WEgem aus, so kann er als Nichtmehrmitglied aus einer solchen Regelung weder weiter Rechte herleiten, noch zur Erfüllung von künftigen Pflichten angehalten werden. Für die Frage, ob der Sondernachfolger in diese Rechte und Pflichten eintritt, können daher weder die Regeln über die **Abtretung** (§ 398 f. BGB) noch die über die **Schuldübernahme** nach § 415 BGB Anwendung finden. Eine Mitwirkung des Alteigentümers scheidet aus, weil seine Rechte und Pflichten aus dem Vertrag erloschen sind. Vielmehr setzt der Eintritt des Sondernachfolgers in die Rechte und Pflichten eines WEers aus der Vereinbarung eine **Willensübereinstimmung aller** an diesem Vorgang beteiligten Personen voraus.[304] Enthält die Vereinbarung keinen dahingehenden Vorbehalt und ergibt sich ein solcher auch nicht aus den Umständen, wird der Wille der übrigen WEer idR dahin zu verstehen sein, dass sie das Gemeinschaftsverhältnis personenneutral regeln, dh auch einen Sondernachfolger einbinden wollten (antizipierte Zustimmung zu einem Eigentümerwechsel). Die zusätzlich erforderliche **Zustimmung des Sondernachfolgers** kann ausdrücklich (zB in dem Erwerbsvertrag) oder durch schlüssiges Verhalten konkludent erklärt werden. Jedoch muss der entsprechende Wille eindeutig feststellbar sein und darf nicht einfach fingiert werden.[305] Es genügt nicht, dass der Erwerber die Vereinbarung kannte oder hätte kennen können.[306]

108 Maßgebend ist bei einem rechtsgeschäftlichen Erwerb der **Zeitpunkt der Eigentumsumschreibung,**[307] bei der Zwangsversteigerung der des **Zuschlags.** Liegt zu diesem Zeitpunkt die Zustimmung nicht vor, kann die Vereinbarung ihren Zweck, das Gemeinschaftsverhältnis zu regeln, nicht mehr erfüllen. Sie wird insgesamt **unwirksam** (Rn 145).[308] Eine

---

301 Vgl. zuletzt BGH NJW 2007, 213 = NZM 2007, 90 = ZMR 2007, 284 (286) – Betreutes Wohnen.

302 BGHZ 151, 164 (174) = NZM 2002, 788.

303 BayObLG ZMR 2002, 848 (849); OLG Frankfurt ZWE 2006, 489 (491).

304 MünchKommBGB/*Emmerich* 5. Aufl., § 311 Rn 32; *Hügel* FS Wenzel (2005) S. 219 (224).

305 BGH NJW 2005, 2061 (2065).

306 *Hügel* FS Wenzel (2005) S. 219 (226).

307 *Häublein* DNotZ 2002, 229; *ders.,* FS Wenzel (2005), S. 219 (231).

308 BGH NJW 2002, 2863 (2864) – SNR; BayObLG RNotZ 2005, 233; NZM 2003, 321; OLG Hamburg ZMR 2002, 216 (217); OLG Hamm ZMR 1996, 671; OLG Köln NZM 2001, 1135; *Kümmel,* Die Bindung der Wohnungseigentümer, S. 70; *Müller* ZMR 2000, 473 (474); *Wenzel* ZWE 2004, 130 (132).

geltungserhaltende Reduktion der Bindung unter den verbliebenen WEern nach § 139 BGB[309] ist zwar nicht ausgeschlossen, muss aber aus Gründen der Rechtssicherheit auf die Ausnahmefälle beschränkt bleiben, in denen eine einheitliche Geltung unter allen WEern nicht notwendig ist und eine partielle Geltung unter allen verbliebenen WEern dem mutmaßlichen Willen aller WEer bei Abschluss der Vereinbarung entsprochen hat. Wird die Zustimmung nachträglich zB durch schlüssiges Verhalten konkludent erklärt,[310] kommt eine neue Vereinbarung zustande, sofern die übrigen WEer dazu noch bereit sind. § 182 BGB findet keine Anwendung, weil der Sondernachfolger nicht Dritter iSd Bestimmung ist und eine entsprechende Anwendung aus Gründen der Rechtssicherheit nicht in Betracht kommt.[311]

Entsprechendes gilt im Falle der **Zwangsversteigerung** für die Zustimmung des Ersteigerers. Das Rechtsverhältnis der WEer untereinander verträgt keinen Schwebezustand. Um diese mit einem Eigentümerwechsel verbundenen Unsicherheiten zu vermeiden, sieht Absatz 3 gerade die Verdinglichung der Vereinbarung vor. Hat der Veräußernde WEer sich ggü den anderen WEern verpflichtet, einen Sondernachfolger in die Rechte und Pflichten aus der Vereinbarung einzubinden, so macht er sich allerdings schadensersatzpflichtig, wenn dieser nicht zustimmt. Eine Schadensersatzpflicht allein aus dem Gesichtspunkt der Treuepflicht scheidet dagegen aus,[312] weil der Veräußerer keine Möglichkeit hat, den Erwerber zur Zustimmung zu verpflichten und weil dem Abschluss einer bloß schuldrechtlichen Vereinbarung das Risiko der Gegenstandslosigkeit bei einem Eigentümerwechsel von vorneherein immanent ist. **109**

Ist eine Vereinbarung unwirksam geworden, so gilt zwischen den WEern die sich aus dem Gesetz ergebende Regelung.[313] Eine durch die unwirksame Vereinbarung aufgehobene frühere Vereinbarung ist dagegen nicht wieder anwendbar,[314] es sei denn ihre Geltung für diesen Fall wäre vereinbart worden. **110**

2. Verdinglichte Vereinbarungen (Abs. 3)

Nach Absatz 3 gelten Vereinbarungen ieS gegen den **Sondernachfolger** außer im Falle des Vertragsbeitritts nur dann, wenn sie auf Grund notariell beglaubigter Bewilligungen aller WEer (§§ 19, 29 GBO) als Inhalt des SEs im Grundbuch eingetragen sind, ohne Eintragung dagegen auch dann nicht, wenn der Sondernachfolger sie kennt.[315] Die Berufung auf das Fehlen der Eintragung kann allerdings unter besonderen Umständen gegen § 242 BGB verstoßen.[316] **Vereinbarungen iwS** unterfallen der gesetzlichen Sukzessionswirkung selbst dann nicht, wenn sie (mit) eingetragen sind (Rn 81). **111**

Normzweck von Absatz 3 ist einerseits der Schutz des Sondernachfolgers vor nicht publizierten Inhaltsänderungen des SEs und andererseits der Schutz der WEgem vor einem gutgläubigen Wegerwerb der Inhaltsbeschränkungen. Die weitere Bedeutung dieser Vorschrift, deren rechtstheoretische Grundlagen und die sich daraus ergebenden Rechtsfolgen sind allerdings umstritten. Einigkeit besteht lediglich darin, dass Vereinbarungen ohne Eintragung auch gegen **Gesamtrechtsnachfolger** wirken,[317] gegen Sondernachfolger dagegen nur, wenn sie eingetragen sind. Meinungsverschiedenheiten bestehen dagegen **112**

---

309 Vgl. *Häublein* DNotZ 2004, 227 (231); *Kümmel,* Die Bindung, S. 71 f.
310 OLG Hamburg ZMR 2002, 216 (217) – Jahrelange Übung in Kenntnis der Vereinbarung.
311 AA *Hügel* FS Wenzel (2005) S. 219 (231).
312 AA *Schmenger* BWNotZ 2003, 73 (86).
313 BayObLG ZMR 2002, 528 (529); OLG Hamburg ZMR 2006, 220; Weitnauer/*Lüke* Rn 31.
314 Riecke/Schmid/*Elzer* Rn 154; aA Weitnauer/*Lüke* Rn 31; *Kümmel,* Die Bindung, S. 70.
315 Ebenso Weitnauer/*Lüke* Rn 31.
316 OLG Düsseldorf WE 1997, 191 (192) mwN.
317 Staudinger/*Kreuzer* Rn 32.

insbesondere in der Beurteilung der Frage, ob die Eintragung einer Vereinbarung in das Grundbuch deren schuldrechtlichen Charakter verändert.[318]

113 **a) Rechtsnatur der verdinglichten Vereinbarung. aa) Schuldrechtliche Theorie.** Nach der sog. schuldrechtlichen Theorie – auch Trennungstheorie genannt –,[319] verändert die Grundbucheintragung nicht den Charakter der Vereinbarung als schuldrechtlichen Vertrag und führt nicht zu einer „Verdinglichung". Die Formulierung in § 5 Abs. 4, wonach Vereinbarungen „zum Inhalt des SEs gemacht werden" können und in § 10 Abs. 3, dass Vereinbarungen gegen den Sondernachfolger wirken, „wenn sie als Inhalt des SEs im Grundbuch eingetragen sind", verfolgt allein den Zweck, die Bindungswirkung der vertraglichen Regelung auf Sondernachfolger zu erstrecken und die grundbuchverfahrensrechtliche Umsetzung der Eintragung im Bestandsverzeichnis zu regeln.

114 **bb) Sachenrechtliche Theorie.** Nach der sog. sachenrechtlichen Theorie – auch Einheitstheorie genannt –,[320] führt die Eintragung der Vereinbarung in das Grundbuch zu einer Inhaltsänderung des jeweiligen Sondereigentums im Sinne des § 877 BGB mit der Folge, dass die Vereinbarung die miteinander verbundenen Eigentumsformen (SE und GemE) in ihren sachenrechtlichen Strukturen beeinflusst.[321] Insbesondere führt die Eintragung eines SNRs als Inhalt des SEs zu einer Beschränkung des GemEs mit dinglicher Wirkung. Das eingetragene SNR ist zwar kein selbstständiges dingliches Recht, entfaltet als Inhalt des SEs aber absolute Wirkung gegenüber jedermann.[322] Dem liegt die Vorstellung zugrunde, dass mit der Eintragung in das Grundbuch die sachenrechtliche Befugnis zur Nutzung eines Teils des GemEs aus diesem herausgelöst und dem SE des Berechtigten zugeordnet wird.[323] Mit der Eintragung in das Grundbuch soll eine Übertragung sachenrechtlicher Befugnisse vom GemE zum SE des Berechtigten verbunden sein. Ein eingetragenes SNR wird danach wie ein dingliches Recht behandelt und es werden hierauf sämtliche Vorschriften des Sachenrechts einschließlich des absoluten Anspruchs- und Klageschutzes angewandt.

115 **cc) Theorie vom Eigentum mit vereinbartem Inhalt.** Nach dieser Auffassung[324] verlieren Vereinbarungen mit der Eintragung in das Grundbuch zwar ihren reinen schuldrechtlichen Charakter und wirken als Inhalt des WEs auch gegenüber Sondernachfolgern. Die Wirkung dieser Inhaltsbestimmung bleibt jedoch auf das Gemeinschaftsverhältnis der WEer und ihrer Sondernachfolger beschränkt. Diese relative Wirkung wird als „dingliche Wirkung" bezeichnet[325] und führt dazu, dass insoweit auch die Vorschriften des Sachenrechts, die an den Inhalt des Rechts anknüpfen, Anwendung finden, also insbesondere die §§ 877, 892, 893 BGB.

---

[318] IE insbesondere *Häublein,* Sondernutzungsrechte und ihre Begründung im Wohnungseigentumsrecht (2003), S. 29 ff.; *Ott,* Das Sondernutzungsrecht im Wohnungseigentum (2000), S. 16 ff.; *Rapp* FS Wenzel (2005) S. 271, 279 f.; *ders.* in Beck'sches Notarhandbuch (2009), A III Rn 57 ff.; *Schnorr,* Die Gemeinschaft gem. §§ 741 f. BGB (2004) S. 37 ff.

[319] Riecke/Schmid/*Elzer* Rn 146 ff.; *Ertl,* DNotZ 1979, 267 (273, 281); *ders.,* FS für Seuss (1987), S. 151 (153); *ders.,* DNotZ 1988, 4 (19); *Schnauder,* FS für Bärmann und Weitnauer, S. 567 (576); *Schneider* Rpfleger 1998, 9 (10); *Häublein,* Sondernutzungsrechte und ihre Begründung im Wohnungseigentumsrecht (2003), S. 32 ff.; *ders.* DNotZ 2004, 635 (636); *Weitnauer* DNotZ 1990, 385 (387 f.).

[320] *Röll,* Rpfleger 1980, 90 (91); *Bärmann* AcP 1955, 1 (10 f.); ders., PiG 22, S. 24; *Moritz* JZ 1985, 216 (218); *Schmidt* BWNotZ 1989, 49 (55); OLG Frankfurt Rpfleger 1975, 309 (310); wohl auch OLG Stuttgart NJW-RR 1986, 318 (319).

[321] *Bärmann* AcP 155, 1 (12 f.).

[322] *Noack* Rpfleger 1976, 193 (196).

[323] *Bärmann* AcP 155, 1 (12 f.).

[324] BGHZ 73, 145 (148) = NJW 1979, 548; BGH NJW 2000, 3643 (3644); *Armbrüster/Müller,* FS Seuß (2007) S. 3 (10 f.) = ZWE 2007, 227 (230 f.); *Ott,* Das Sondernutzungsrecht im Wohnungseigentum (2000) S. 18 f. und 30 ff.

[325] BGHZ 73, 145 (148) = NJW 1979, 548; BGH NJW 2000, 3643 (3644).

116 **dd) Stellungnahme.** Die **schuldrechtliche Theorie** ist schon deswegen **abzulehnen,** weil sie weder dem Wortlaut noch der Gesetzessystematik entspricht. Wenn nach § 5 Abs. 4 WEG Vereinbarungen „zum Inhalt des Sondereigentums" gemacht werden können und „als Inhalt" gemäß § 10 Abs. 3 WEG in das Grundbuch einzutragen sind, um Wirkung gegen den Sondernachfolger zu entfalten, dann lässt die sprachlich-grammatikalische Auslegung kein anderes Verständnis zu, als es der Bestimmung des § 877 BGB entspricht. Die Reduktion der in Absatz 3 Satz 1 verwandten Formulierung „als Inhalt des SEs ... eingetragen" auf eine rein grundbuchverfahrensrechtliche Bedeutung[326] widerspricht der Tatsache, dass es sich um eine Norm des materiellen und nicht des Grundbuchverfahrensrechts handelt. Auch das verwandte Prädikat „sind" stellt nicht auf den Eintragungsvorgang, das Grundbuchverfahren, sondern auf dessen Ergebnis ab. Dass die Vereinbarungen zum „Sondereigentums" gemacht (§ 5 Abs. 4) werden, auch wenn sie das ME betreffen, rechtfertigt keine andere Beurteilung,[327] sondern ist eine notwendige Folge der untrennbaren Verbindung von SE und ME und hat redaktionelle Gründe.[328] Eine an sich richtige Eintragung als „Inhalt des WEs/TEs" scheidet aus, weil das Grundbuch das Recht „Wohnungs-" oder „Teileigentum" nicht kennt, sondern nur den MEA an einem Grundstück verbunden mit dem SE an einer Raumeinheit.

117 Die **sachenrechtliche Theorie** ist deswegen **abzulehnen,** weil die als Inhalt des SEs eingetragene Vereinbarung keine absolute Wirkung gegenüber jedermann entfaltet, sondern nur im Verhältnis der jeweiligen WEer und ihrer Sondernachfolger zueinander.[329] Das WE unterscheidet sich insoweit von dem allgemeinen Grundstückseigentum, das nur einen gesetzlichen Inhalt kennt, der von und gegenüber jedermann Wirkung entfaltet. Der Grund, weshalb das Gesetz hiervon beim WE abweicht und den WEern das Recht einräumt, den Inhalt des SEs zu vereinbaren, ist der zwischen ihnen bestehende enge soziale Kontakt.[330] Dies bedingt andererseits aber auch, dass der vereinbarte Inhalt nicht über das Gemeinschaftsverhältnis hinaus Wirkung entfaltet. So bleibt zB das vereinbarte SNR ein schuldrechtliches Gebrauchsrecht und wird nicht zu einem eigenständigen dinglichen oder grundstücksgleichen Recht.[331] Gleichwohl ändert sich mit der Eintragung die Qualität der Vereinbarung für das Gemeinschaftsverhältnis.[332]

118 Allein die **Theorie vom Eigentum mit vereinbarem Inhalt** entspricht dem Wortlaut und der Gesetzessystematik der §§ 5 Abs. 4, 10 Abs. 2, 3 WEG. Die Vereinbarung wird **durch die Eintragung** zum **Inhalt des SEs** „gemacht" (§ 5 Abs. 4). Durch die verdinglichte Änderung des gesetzlichen Begleitschuldverhältnisses wird aus dem Wohneigentum mit gesetzlichem Inhalt Eigentum mit vereinbartem Inhalt. Das führt zu einer **Inhaltsänderung aller WEs-Rechte** (§ 13 Rn 19). Die hierzu nach § 877 iVm § 873 BGB analog erforderliche dingliche Einigung wird in der Regel in der schuldrechtlichen Vereinbarung liegen, muss es aber nicht (eine Eintragung war zB nicht vorgesehen). Sind zB Zustimmungsvorbehalte, Gebrauchsbeschränkungen oder ein SNR vereinbart, so steht jedem WEer gegenüber den an die Vereinbarung Gebundenen das dingliche Recht zu, sein Eigentum unter Ausschluss eines abredewidrigen Gebrauchs anderer WEeinheiten zu nutzen.[333] Diese

---

326 *Häublein,* Sondernutzungsrechte und ihre Begründung im Wohnungseigentum, S. 38.

327 AA *Häublein,* Sondernutzungsrechte und ihre Begründung im Wohnungseigentum, S. 36.

328 *Ott,* Das Sondernutzungsrecht im Wohnungseigentum, S. 26 mwN.

329 KG Rpfleger 1983, 20 (21); BayObLGZ 1991, 313 (318); BayObLG DNotZ 1998, 125 (127); WE 1998, 269 f.; *Ganten* PiG 15, 71 (78 f.); *Demharter* DNotZ 1991, 28 (29); *Bielefeld* DWE 1995, 50 (52); Weitnauer/*Briesemeister* § 5 Rz. 33; *Ott,* Das Sondernutzungsrecht im Wohnungseigentum (2000), S. 46.

330 *Rapp* FS Wenzel (2005) S. 271 (279).

331 BGHZ 145, 133 (138) = NJW 2000, 3643.

332 Ebenso Staudinger/*Rapp* § 5 Rn 58; aA Riecke/Schmid/*Elzer* Rn 146 c.

333 *Armbrüster/Müller,* FS Seuß (2007), S. 3 (10 f.) = ZWE 2007, 227 (230).

dingliche Wirkung[334] ist **nicht absolut** und deswegen auch keine dingliche Belastung des jeweiligen MEAs.[335] Sie gilt nur unter den WEern, ihren Sondernachfolgern und den in der Gemeinschaft an ihre Stelle tretenden Fremdnutzern (**Mieter, Pächter,** § 13 Rn 68).[336] Eine Parallele zu § 1010 BGB verbietet sich, weil dort die Regelung „als Belastung des Anteils", nach §§ 5 Abs. 4, 10 Abs. 3 WEG dagegen „als Inhalt des Sondereigentums" eingetragen wird.

119 Derartiges, durch die verdinglichte Änderung des Begleitschuldverhältnisses ausgestaltetes, Eigentum ist dem Sachenrecht nicht fremd. Es findet sich sowohl bei dem den Vorschriften der §§ 5 Abs. 4, 10 Abs. 2, 3 als Vorbild dienenden Erbbaurecht (vgl. §§ 2, 5, 27 Abs. 1 Satz 2, 32 Abs. 1 Satz 2 ErbbauRG) als auch bei dem Grundstücksnießbrauch[337] und ist hier jeweils nach §§ 873, 877 BGB in das Grundbuch einzutragen. Ob die privatautonome Ausgestaltung des Begleitschuldverhältnisses dagegen auch bei der Grunddienstbarkeit Rechtsinhalt wird oder selbstständig neben dem dinglichen Recht steht, ist umstritten.[338] Im Unterschied zum Erbbaurecht und dem Grundstücksnießbrauch wird die Vereinbarung im WE-Recht allerdings nicht schon mit ihrem Abschluss zum Inhalt des Sondereigentums, sondern erst durch die Eintragung. Dies ergibt sich aus der Formulierung in § 5 Abs. 4 („Vereinbarungen … können … zum Inhalt des SEs gemacht werden") und der Tatsache, dass die Sukzessionswirkung in Absatz 3 ausdrücklich von der Eintragung abhängt. Denn dieser Bestimmung bedürfte es nicht, wenn die Vereinbarung schon per se den Rechtsinhalt des Sondereigentums bestimmte und kraft Gesetzes ggü dem Sondernachfolger wirkte, wie dies beim Erbbaurecht und dem Grundstücksnießbrauch der Fall ist. Weicht die Eintragung vom Inhalt des Vereinbarten ab, ist das Grundbuch unrichtig, so dass jeder Betroffene Berichtigung nach § 894 BGB verlangen und ein Widerspruch (auch von Amts wegen nach § 53 GBO) eingetragen werden kann.

120 Der Auffassung vom **verdinglichten Begleitschuldverhältnis** kann nicht entgegengehalten werden,[339] dass Beschlüsse und gerichtliche Entscheidungen keiner Eintragung bedürften, um gegen Sondernachfolger zu wirken. Denn sie entfalten bereits mit ihrem Zustandekommen bzw. mit Rechtskraft diese Wirkung. Eine Eintragung erübrigt sich damit und würde das Grundbuch unnötig belasten. Andererseits ist richtig, dass nicht nur die im Grundbuch eingetragenen Vereinbarungen, sondern auch die bestandskräftigen – durch eine Öffnungsklausel formell legitimierten – **Beschlüsse**[340] und rechtskräftige **gerichtliche Entscheidungen** das verdinglichte Begleitschuldverhältnis des WEs mit bilden, also Inhalt des SEs werden, soweit sie den Inhalt einer Vereinbarung ieS haben.

121 Die **Inhaltsänderung** kann durch Vereinbarung wieder **aufgehoben** und die Eintragung im Grundbuch **gelöscht** oder geändert werden. Hierzu brauchen nur die materiell Betroffenen mitzuwirken. Dies ergibt eine zweckorientierte Auslegung des § 877 BGB iVm. § 19 GBO.[341] Ist dies geschehen, so entsteht wieder Eigentum mit gesetzlichem Inhalt. Die Vereinbarung hat nur noch schuldrechtliche Wirkung mit der Folge, dass ein Sondernachfolger sie nicht gegen sich gelten lassen muss,[342] wenn er ihr nicht eigens beigetreten ist (Rn 107). Zur **Änderung** Rn 133.

122 **b) Begünstigende Vereinbarungen.** Nach dem Gesetzeswortlaut bedürfen nur solche Vereinbarungen der Eintragung, die *gegen* den Sondernachfolger wirken, also für ihn recht-

---

334 BGHZ 73, 145 (149) = NJW 1979, 548 (549).
335 BGH NJW 2000, 3643 (3645).
336 *Armbrüster/Müller,* FS Seuß (2007), S. 3 (10 f.) = ZWE 2007, 227 (230).
337 Staudinger/*Frank* BGB (2002) Vorbem. Zu § 1030 Rn 16.
338 Staudinger/*Mayer* BGB (2002) § 1018 Rn 136; aA offenbar *Kümmel,* Die Bindung, S. 50.
339 So aber *Häublein,* Sondernutzungsrechte, S. 38.
340 *Armbrüster/Müller,* FS Seuß (2007), S. 3 (11) = ZWE 2007, 227 (231).
341 BGH NJW 2000, 3643 (3645); Staudinger/*Rapp* (2005) § 5 Rn 60.
342 BGH NJW 2000, 3643 (3645).

lich nachteilig sind. Die überwiegende Meinung[343] folgert daraus, dass Vereinbarungen, die den Sondernachfolger begünstigen, entsprechend der Regelung in § 746 BGB auch ohne Eintragung in das Grundbuch *für* ihn wirken. Dem ist nicht zu folgen.[344] Die Formulierung „gegen den Sondernachfolger“ entspricht dem § 1010 Abs. 1 BGB, wonach die Vereinbarung über die Verwaltung und Benutzung gegen den Sondernachfolger nur wirkt, wenn sie als Belastung im Grundbuch eingetragen ist. Nach Absatz 3 und § 5 Abs. 4 WEG ist die eingetragene Vereinbarung aber keine Belastung des MEs, sondern Inhalt des SEs. Dass der Inhalt des WEs nur für den Sondernachfolger nachteilig und nicht auch begünstigend gestaltet werden darf, ist § 5 Abs. 4 nicht zu entnehmen. Die gegenteilige Ansicht führt auch zumindest bei gemischten Vereinbarungen zu unsinnigen Ergebnissen.[345] Die Formulierung in § 10 Abs. 3 beruht daher auf einem offensichtlichen Redaktionsversehen, so dass es richtig heißen muss: „**gegenüber** dem Sondernachfolger“.

3. Rechtsstellung des Sondernachfolgers

a) Begriff des Sondernachfolgers. Der Begriff des Sondernachfolgers iSd Absätze 3 und 4 entspricht dem in §§ 746, 1010 BGB und meint den WEer, der das WE im Wege der **Einzelrechtsnachfolge** entweder durch Rechtsgeschäft oder Zuschlag in der Zwangsversteigerung erwirbt[346] sowie den Pfändungsgläubiger eines dinglichen Rechts am MEA.[347] Kein Sondernachfolger ist dagegen der **Gesamtsrechtsnachfolger** nach § 1922 BGB oder nach §§ 20 Abs. 1, 131 Abs. 1 UmwG. Der bloße **identitätswahrende Rechtsformwechsel** nach § 202 Abs. 1 UmwG ist dagegen überhaupt keine Rechtsnachfolge.[348] Der Gesamtrechtsnachfolger tritt kraft Gesetzes in alle Rechte und Pflichten des Erblassers bzw. übertragenden Rechtsträgers ein und ist an sämtliche Vereinbarungen und Beschlüsse gebunden, so dass es für ihn der Vorschriften der Absätze 3 und 4 nicht bedarf. 123

b) Rechte und Pflichten aus dem Mitgliedschaftsverhältnis. Der Sondernachfolger tritt mit dem Eigentumswechsel in das gesetzliche Mitgliedschaftsverhältnis ein mit der Folge, dass er nunmehr Gläubiger und Schuldner der Rechte und Pflichten aus dem Mitgliedschaftsverhältnis ist. Entsprechendes ordnet Absatz 3 hinsichtlich der zum Inhalt des SEs gewordenen **Vereinbarungen** an. Auch im Falle der Zwangsversteigerung gehen auf den Ersteher als Sondernachfolger die Rechte und Pflichten aus dem Mitgliedschaftsverhältnis und die aus den eingetragenen Vereinbarungen über. Der **Sondernachfolger wird neuer Gläubiger und Schuldner** aus der Vereinbarung. Dasselbe gilt nach Absatz 4 für Beschlüsse. Daraus wird in der Literatur[349] der Schluss gezogen, dass mit dem Eigentumswechsel auch die noch nicht erfüllten Ansprüche und Schulden des alten Eigentümers aus dem Mitgliedschaftsverhältnis auf den Erwerber übergehen, dieser also für die rückständigen Beiträge des Veräußerers einzustehen hat. Dem ist nicht zu folgen. 124

Weder aus dem Prinzip der Rechtsnachfolge in ein gesetzliches Schuldverhältnis noch aus der in Absatz 3 angeordneten Sukzessionswirkung lässt sich herleiten, dass auch die **alten Forderungen und Schulden** übergehen. Die Forderungen und Schulden sind 125

---

343 BayObLG NJW-RR 1994, 781 (782); ZMR 1997, 427; ZMR 2002, 528 (529); NZM 2003, 321 (322); OLG Düsseldorf ZMR 2001, 649; OLG Frankfurt ZWE 2006, 489 (491); OLG Hamm ZMR 1998, 718 (719); OLG Schleswig NJWE-MietR 1996, 84 (85); *Schnauder,* FS für Bärmann und Weitnauer, S. 567 (580); *Weitnauer* DNotZ 1990, 385 (391); *Hauger* PiG 39, 225 (228). *Weitnauer/Lüke* Rn 31.

344 OLG Köln ZMR 2002, 73 (75); Riecke/Schmid/*Elzer* Rn 149; *Kümmel,* Die Bindung der Wohnungseigentümer (2002) S. 38 f.; *Ott,* Das Sondernutzungsrecht (2000) S. 47 ff.; *ders.* WE 1999, 80; Deckert, PiG 54, 19 (24).

345 *Ott,* Das Sondernutzungsrecht (2000) S. 49 f.

346 Riecke/Schmid/*Elzer* Rn 309; Weitnauer/*Lüke* Rn 34.

347 Vgl. MünchKommBGB/*K. Schmidt,* 5. Aufl., § 746 Rn 4; § 1010 Rn 3.

348 MünchKommBGB/*K. Schmidt,* 5. Aufl., § 1010 Rn 3.

349 *Kümmel,* Die Bindung der Wohnungseigentümer, S. 57 f.

untrennbar mit der Mitgliedschaft verbunden. Da der Veräußerer hiervon nicht rückwirkend befreit werden kann, entstünde daher eine doppelte Gläubiger- und Schuldnerschaft, letztlich eine doppelte Mitgliedschaft. Da es diese nicht gibt, stellt die hM in der Frage der Erwerberhaftung zu Recht auf die Fälligkeit der offenen Schuld ab. Der Erwerber hat deswegen nur für die ab der Eigentumsumschreibung fällig gewordenen Beiträge aufzukommen (Fälligkeitstheorie).[350] Entsprechendes muss auf der Aktivseite für noch offene Forderungen des Veräußerers aus der Mitgliedschaft gelten. Daher schuldet ein Erwerber einerseits die nach Eigentumsübergang beschlossene Abrechnungsspitze, kann andererseits aber auch ein Abrechnungsguthaben beanspruchen.[351]

126 **c) Forderungen und Haftung aus dem Gemeinschaftseigentum.** Wird das GemE verletzt, so geht ein vor dem Eigentumswechsel entstandener deliktsrechtlicher **Schadensersatzanspruch** entsprechend § 96 BGB auf den Sondernachfolger über,[352] kann aber nur durch die WEgem ausgeübt werden. Ein vertraglicher Ersatzanspruch des Veräußerers geht dagegen nur über, wenn er zumindest konkludent abgetreten wurde.[353] Auch er kann nur von der WEgem geltend gemacht werden. Die **Haftung** des Veräußerers als **Handlungsstörer** geht dagegen nicht auf den Sondernachfolger über.[354] Dieser kann auch nicht als Zustandsstörer für eine von dem Veräußerer vorgenommene rechtswidrige bauliche Veränderung in Anspruch genommen werden.[355] Er haftet neben den übrigen WEern lediglich auf Duldung der Beseitigung im Rahmen der ordnungsgemäßen Verwaltung,[356] sofern der Anspruch nicht bereits **verwirkt** ist, wobei im Falle eines Eigentümerwechsels auf der Aktivseite der Erwerber sich Duldung und Zeitablauf unter seinem Rechtsvorgänger zurechnen lassen muss.[357] UU kann der Sondernachfolger auch auf Unterlassung der Nutzung oder Zahlung einer Nutzungsentschädigung in Anspruch genommen werden.[358] Für eine **Zustandsstörung** haftet dagegen auch der Sondernachfolger.[359]

127 **d) Gutgläubiger Erwerb.** Ob der vereinbarte Inhalt des SEs bei nicht eingetragener Vereinbarung „wegerworben" oder eine zu Unrecht eingetragene Vereinbarung als Inhalt des SEs gutgläubig erworben werden kann, ist umstritten. Die Frage stellt sich allerdings nur für den rechtsgeschäftlichen Eigentumserwerb, nicht für den gesetzlichen Erwerb durch Zuschlag in der Zwangsversteigerung. Hier ist ein gutgläubiger Erwerb ausgeschlossen.[360]

128 Die Möglichkeit eines Gutglaubenserwerbs wird insbesondere bei dem **SNR** unterschiedlich beantwortet.[361] Geht man mit der hier vertretenen Ansicht davon aus, dass die Eintragung der Vereinbarung in das Grundbuch zu einer Inhaltsänderung aller WE-Rechte führt, mit der Folge, dass deren Inhabern gegenüber den an die Vereinbarung Gebundenen das dingliche Recht zusteht, ihr Eigentum unter Ausschluss eines abredewidrigen Gebrauchs anderer Einheiten zu nutzen, ist es nur konsequent, einen Gutglaubenserwerb zu bejahen (§ 13 Rn 127). Dass die Vereinbarung selbst nur ein Vertrag ist, ändert daran

---

[350] BGHZ 104, 197 (201) = NJW 1988, 1910 (1911); BGHZ 107, 285 (288); BGH NJW 1994, 1866; OLG Hamm WE 1996, 353 (354) = ZMR 1996, 337 (339); *Wenzel,* FS Seuß (1997), S. 313 (318).

[351] OLG Hamm ZMR 2008, 228 (229).

[352] *Lehmann-Richter* ZWE 2006, 413 (418).

[353] *Lehmann-Richter* ZWE 2006, 413 (421).

[354] OLG Hamm ZMR 2005, 306 (307); OLG Köln ZMR 2004, 707.

[355] OLG Köln ZMR 2004, 707 (708).

[356] OLG Hamm ZMR 2005, 306 (307).

[357] BayObLG ZMR 2005, 66 (67).

[358] OLG Köln ZMR 2004, 707 (708).

[359] *Schmid* ZWE 2009, 200 (201).

[360] BayObLG ZMR 1994, 231.

[361] Bejahend: BayObLG WE 1990, 176; OLG Frankfurt FGPrax 1997, 214; OLG Stuttgart NJW-RR 1986, 318; LG Nürnberg-Fürth NZM 2009, 789 (791); *Ertl,* FS Seuß (1987), S. 150 ff.; *Ott,* Das Sondernutzungsrecht, S. 156 ff. Verneinend: OLG Hamm NJW-RR 1993, 1295; Weitnauer/*Lüke* WEG § 15 Rn 35, modifizierend dagegen § 10 Rn 31.

nichts, weil nicht die Vereinbarung erworben wird, sondern – bei nicht eingetragener Vereinbarung – das inhaltlich unveränderte Eigentum oder – bei zu Unrecht erfolgter Eintragung – das durch die Eintragung als inhaltlich verändert ausgewiesene Eigentum (§ 892 BGB). Deswegen kann ein zu Unrecht oder ein mit falschem Inhalt eingetragenes SNR gutgläubig erworben werden und geht ein nicht eingetragenes Recht mit der entsprechenden Verpflichtung nicht kraft Gesetzes, sondern nur mit Zustimmung aller übrigen WEer auf den Erwerber über. Der Erwerber kann also darauf vertrauen, dass über die eingetragenen Vereinbarungen hinaus keine weiteren Sondernachfolger bindenden Abreden bestehen. Vgl. iÜ § 13 Rn 127 f.

VII. Auslegung der Vereinbarung

1. Schuldrechtliche Vereinbarung

Bei der Auslegung von Vereinbarungen ist zu unterscheiden. Rein **schuldrechtliche** **129**
Vereinbarungen, die nicht in das Grundbuch eingetragen sind, sind wie Verträge nach den allgemeinen Vorschriften der **§§ 133, 157 BGB** auszulegen. Danach ist im Falle einer Auslegungsbedürftigkeit und Auslegungsfähigkeit der Vereinbarung zunächst der wirkliche Wille der WEer zu erforschen. Besteht ein **übereinstimmender Wille** oder haben die WEer den wirklichen Willen des Initiators oder Antragenden erkannt und in Kenntnis dieses Willens der Vereinbarung zugestimmt, ist dieser auch dann maßgebend, wenn er in dem Wortlaut keinen oder nur unvollkommen Ausdruck gefunden hat. Eine abweichende Auslegung kommt nicht in Frage.[362] Lässt sich ein übereinstimmender Wille nicht feststellen, ist der **objektive Erklärungswert** maßgebend. Es kommt also darauf an, wie die WEer die Erklärung des Initiators der Vereinbarung nach Treu und Glauben unter Berücksichtigung der Verkehrssitte verstehen mussten.[363]

2. Verdinglichte Vereinbarung

Ist die Vereinbarung dagegen in das Grundbuch eingetragen worden, so sind Inhalt und **130**
Umfang der Regelung durch Auslegung nach den für die Auslegung von **Grundbucheintragungen** geltenden Grundsätzen zu ermitteln. Maßgebend für die Auslegung ist zunächst der Wortlaut. Dabei ist nicht an dem buchstäblichen Sinn des Ausdrucks zu haften, sondern der mit der Regelung verfolgte Sinn und Zweck zu berücksichtigen, wie er sich aus unbefangener Sicht als nächstliegende Bedeutung der Eintragung ergibt. Umstände außerhalb der Eintragung dürfen nur herangezogen werden, wenn sie nach den besonderen Verhältnissen des Einzelfalls für jedermann ohne weiteres erkennbar sind,[364] wie das zB bei den Örtlichkeiten der Fall ist.[365] Unberücksichtigt bleiben dagegen nicht zum Grundbuchinhalt gewordene Baupläne, Baubeschreibungen und Verkaufsprospekte.[366] In zeitlicher Hinsicht ist im Grundsatz von den Verhältnissen im Zeitpunkt der Eintragung auszugehen.[367] Da jedoch subjektive Vorstellungen nicht von Bedeutung sind,[368] sondern allein eine objektive Sicht maßgebend ist, kann der **Bedeutungswandel** eines Begriffs im allgemeinen Sprachgebrauch nicht unberücksichtigt bleiben.[369] Dies gilt vor allem dann, wenn

---

[362] BGH NJW 2002, 1038 (1039).

[363] BGHZ 103, 275 (280).

[364] BGHZ 121, 236 (239); BGH NJW 2002, 1797; 2004, 3413; 2006, 2187; OLG Hamburg ZMR 614.

[365] BayObLG NJW-RR 1995, 467; KG NJW-RR 1989, 140.

[366] Niedenführ/*Kümmel*/Vandenhouten Rn 27.

[367] OLG Hamm NZM 2007, 805.

[368] BayObLG NZM 1999, 80.

[369] Riecke/Schmid/*Abramenko* § 14 Rn 15; aA BayObLG ZMR 2001, 51 (52); OLG Hamburg ZMR 1998, 714.

die einem Begriff zugrunde liegenden wissenschaftlichen Erkenntnisse oder normative Wertungen sich geändert haben[370] oder wenn der Begriff direkt oder mittelbar auf Rechtsnormen verweist, deren Inhalt im Zeitablauf wandelbar, aber für jeden Zeitpunkt feststellbar ist wie zB die Ladenöffnungszeiten bei der Auslegung der Zweckbestimmung „Laden“.[371]

3. Ergänzende Auslegung

131 Enthält die Vereinbarung eine Regelungslücke, also eine planwidrige Unvollständigkeit, so ist diese im Wege der **ergänzenden Auslegung** zu schließen.[372] Kennzeichnend für das Vorliegen einer planwidrigen Unvollständigkeit ist, dass der Erklärende mit der getroffenen Regelung ein bestimmtes Ziel erreichen wollte, dies aber wegen der Lückenhaftigkeit des Vereinbarten oder wegen nachträglicher Änderung der Verhältnisse[373] nicht gelungen ist. Dies gilt auch für eingetragene Vereinbarungen. Daher ist unter Beachtung der Grundsätze für die Auslegung einer Grundbucheintragung auch die **GemO** einer ergänzenden Auslegung grundsätzlich zugänglich.[374] Sie kommt nur dann nicht in Betracht, wenn sich ein bestimmter hypothetischer Parteiwille, der für die Ergänzung der getroffenen Regelungen maßgebend ist,[375] nicht aus den bei der Auslegung einer Grundbucherklärung berücksichtigungsfähigen Unterlagen feststellen lässt. Kann ein solcher Parteiwille dagegen ermittelt werden, gibt es keinen Grund, eine ergänzende Auslegung auszuschließen. Er ist dann Grundlage für die Ergänzung des Regelungsinhalts. So kann zB eine **Vertretungsbeschränkung für die WEVers** auf Ehegatten ergänzend dahin ausgelegt werden, dass auch der Partner einer nichtehelichen Lebensgemeinschaft zugelassen ist.[376] Die so ausgelegte Regelung gilt ex tunc. Die ergänzende Auslegung kann aber auch zur Gewährung eines selbstständigen **Anspruchs auf Abänderung** mit Wirkung ex nunc führen.[377] So hat der BGH[378] in einem Fall, in dem der in der GemO vorgesehene Kostenverteilungsschlüssel an die MEAe und diese wiederum an die Wohn- und Nutzflächen des SEs gekoppelt waren und in dem durch den nachträglichen Ausbau und die Unterteilung des SEs zusätzliche Flächen geschaffen wurden, die bei den anderen WEern zu einer Kostenmehrbelastung von 58,33% führten, diesen im Wege der ergänzenden Auslegung einen Anspruch auf Änderung des Kostenverteilungsschlüssels zuerkannt.

4. Unklarheiten, Widersprüche, Unvollständigkeiten und Unrichtigkeiten

132 Enthält die GemO bei Regelungen mit Vereinbarungsinhalt, Unklarheiten, Widersprüche oder Unvollständigkeiten, die auch im Wege der (ergänzenden) Auslegung nicht zu beseitigen sind, so ist ein bestimmter Inhalt nach dem das Grundbuchrecht beherrschenden Bestimmtheitsgrundsatz nicht feststellbar. Es **gilt** daher weiterhin die **gesetzliche oder** früher **vereinbarte Regelung.**[379] Die GemO kann insoweit auch nicht durch Mehrheitsbeschluss klargestellt oder ergänzt werden. Wohl aber sind die WEer befugt, bei der Subsumtion unter eine Regelung der GemO, **Feststellungen über das Vorliegen tat-**

[370] Vgl. BGHSt 48, 197 = NJW 2003, 1677 für den Begriff der „Waffe“ in § 250 StGB.
[371] OLG Hamm NZM 2007, 805.
[372] BGHZ 127, 138 (142) = NJW 1994, 3287 für Mietvertrag.
[373] Vgl. BGH NJW 2007, 509 (510) Rn 10.
[374] BGHZ 160, 354 (362) = NJW 2004, 3413; OLG Köln ZMR 2004, 59 (60); OLG Frankfurt NZM 2007, 806 (808); *Hügel* ZWE 2005, 80 (81).
[375] BGH NJW 2007, 509 (510) Rn 11.
[376] OLG Köln NZM 2004, 656; dazu iE *Wenzel* NZM 2005, 402 (404); aA BayObLGZ 1996, 297 = NJW-RR 1997, 463.
[377] AA Riecke/Schmid/*Elzer* Rn 203.
[378] BGHZ 160, 354 (366) = NJW 2004, 3413.
[379] OLG Hamburg ZMR 2004, 614.

sächlicher Voraussetzungen zu treffen. Dadurch wird die GemO nicht „ergänzt" oder „ausgefüllt",[380] sondern nur angewandt. Sieht also zB die GemO eine Kostenverteilung nach Wohn- bzw. Nutzflächen vor, so können die Flächen durch Mehrheitsbeschluss festgelegt werden.[381] Sind die **Flächenangaben** dagegen schon in der GemO enthalten, aber falsch berechnet worden, so kann eine **Berichtigung** nur nach Abs. 2 S. 3 verlangt[382] oder nach § 16 Abs. 3 eine andere Kostenverteilung beschlossen werden. Hat der ausbauberechtigte Dachgeschosseigentümer sich an den Kosten „ab Baubeginn" bzw. „ab Bezugsfertigstellung" zu beteiligen, so können die WEer durch Mehrheitsbeschluss feststellen, wann dieser Zeitpunkt eingetreten ist. Die Regelung enthält insoweit nicht eine „verdeckte Öffnungsklausel", die den WEern gestattet, den Zeitpunkt „festzulegen",[383] sondern einen auslegungsfähigen Regelungstatbestand, der die WEer berechtigt, die für die Auslegung maßgeblichen Tatsachen selbst festzustellen.

VIII. Änderung der Vereinbarung

1. Änderung durch Vereinbarung

Vereinbarungen oder gesetzliche Regelungen können nach § 10 Abs. 3 im Verhältnis der WEer untereinander nur durch Vereinbarung aufgehoben (Rn 121), abgeändert oder ergänzt werden.[384] Eine solche Vereinbarung kann auch **stillschweigend** zustande kommen (Rn 67). Durch jahrelange Übung wird eine Vereinbarung nur dann abgeändert, wenn angenommen werden kann, dass alle WEer damit auch künftig von der Vereinbarung abweichen wollen. Das setzt voraus, dass ihnen die der Übung entgegenstehende Regelung der Vereinbarung bekannt ist.[385] Die Möglichkeit der Änderung durch Vereinbarung betrifft auch nur die Regelungen, die das Gemeinschaftsverhältnis der WEer untereinander zum Inhalt haben, nicht dagegen die sachenrechtlichen Eigentumsverhältnisse, weil sie auch nicht Inhalt einer Vereinbarung sein können. Die Änderungsvereinbarung wirkt wie die geänderte Vereinbarung ggü Sondernachfolgern allerdings nur, wenn sie auch in das Grundbuch eingetragen wird. 133

2. Vereinbarungsändernder Mehrheitsbeschluss

Eine Änderung gesetzlicher oder vereinbarter Regelungen des Gemeinschaftsverhältnisses durch Mehrheitsbeschluss ist nur zulässig, wenn die GemO oder das Gesetz eine solche Möglichkeit ausdrücklich vorsieht (**Öffnungsklausel** Rn 140). Fehlt eine solche vereinbarte oder gesetzliche Beschlusskompetenz, so ist ein Mehrheitsbeschluss, der von gesetzlichen oder vereinbarten Regelungen abweicht, nach der Entscheidung des BGH vom 20. September 2000[386] als **gesetzes- oder vereinbarungsändernder Mehrheitsbeschluss** wegen fehlender Beschlussfassungskompetenz **nichtig** (§ 23 Rn 142 f.).[387] Dasselbe gilt für einen **vereinbarungsergänzenden** Beschluss (vgl. Rn 78). Der damit verbundenen Gefahr der Verfestigung veralteter GemOen hat der Gesetzgeber durch eine Stärkung und Erweiterung der Beschlusskompetenzen in dem Bereich der Verwaltungsangelegenheiten durch **spezielle gesetzliche Öffnungsklauseln** Rechnung getragen 134

[380] So aber KG ZMR 2002, 147 (148).
[381] KG ZMR 2002, 376.
[382] OLG Schleswig NZM 2008, 291 = ZMR 2008, 664 = ZWE 2008, 28 (30) m. Anm. *F Schmidt* S. 26; *Schmid* ZWE 2008, 371 (373).
[383] So aber KG ZMR 2002, 147 (148).
[384] BGHZ 156, 192 (196); 130, 304 (313).
[385] BayObLG NJW-RR 1994, 338; 2005, 165 (166).
[386] BGHZ 145, 158 = NJW 2000, 3500; NZM 2009, 866.
[387] Zum Vertrauensschutz bei vorher gefassten Beschlüssen für noch laufende Altfälle: BGHZ 145, 158 (169); *Wenzel* ZWE 2001, 226 (229).

(§§ 12, 16 Abs. 3, 21 Abs. 7, 22 Abs. 1). Die Frage, ob ein – formell nicht durch Gesetz oder Öffnungsklausel ausdrücklich legitimierter – Beschluss gesetzliche oder vereinbarte Regelungen abändert bzw. ergänzt und damit nichtig ist, oder ob er sie nur verletzt und deswegen als **vereinbarungswidriger Beschluss** nur zur Anfechtung berechtigt,[388] ist daher nur noch für die Angelegenheiten von Bedeutung, in denen keine vereinbarte oder gesetzliche Öffnungsklausel greift. Sie muss im Zweifel im Wege der Auslegung beantwortet werden.

3. Abgrenzung vereinbarungsändernder und vereinbarungswidriger Beschluss

135 **a) Grundsatz.** Bei der Frage, ob ein Beschluss von gesetzlichen oder vereinbarten Bestimmungen abweicht, dh sie abändert und deswegen nichtig ist, oder ob er gegen diese Bestimmungen nur verstößt und deswegen nur anfechtbar ist, ist in zwei Stufen vorzugehen:[389]

– Auf der Ersten (formalen) Stufe ist zu prüfen, ob das Gesetz überhaupt einen **formalen Anknüpfungspunkt** für die Legitimierung einer Beschlussfassung enthält. Solche Anknüpfungspunkte sind zB für Gebrauchsregelungen in § 15 WEG und für Verwaltungsmaßnahmen einschließlich der Instandhaltung und Instandsetzung des gemeinschaftlichen Eigentums in §§ 21, 22 WEG gegeben, finden sich dagegen nicht für die Begründung von SNRen. Einer Beschlussfassung entzogen sind auch solche Angelegenheiten, die noch nicht einmal durch Vereinbarung geregelt werden können (Rn 91–95).[390] Fehlt ein Anknüpfungspunkt für die formale Legitimierung, ist auch keine Beschlussfassungskompetenz gegeben.

136 Ist ein formaler Anknüpfungspunkt dagegen vorhanden, so ist

– auf der zweiten (materiellen) Stufe zu prüfen, ob die Angelegenheit auch **materiellrechtlich** durch Beschluss geregt werden darf und nicht die Voraussetzungen des § 10 Abs. 2 Satz 2, Abs. 3 Satz 1 für das Erfordernis einer Vereinbarung ieS vorliegen (Rn 72 f.). Ist letzteres dagegen der Fall, handelt es sich um einen **vereinbarungsändernden,** anderenfalls um einen **vereinbarungswidrigen** Beschluss.

137 **b) Einzelbeispiele. aa) Vereinbarungsändernde Beschlüsse.** Nichtig sind zB – nicht formell legitimierte – Beschlüsse, die

– generell eine **Erwerberhaftung** für Rückstände des Rechtsvorgängers einführen,[391]
– den **Gebrauch** einer gemeinschaftlichen unmöglich machen,[392]
– auf die Bildung einer **Instandhaltungsrücklage** grundsätzlich verzichten,[393]
– die **Instandsetzungskosten** von Fenstern nicht nur im Einzelfall (§ 16 Abs. 4), sondern generell abweichend von dem geltenden Kostenverteilungsschlüssel dem jeweils betroffenen WEer auferlegen,[394]
– für die **Jahresabrechnung** generell von der Einnahmen-Ausgaben-Rechnung abweichen wollen,[395]
– die gesetzlichen **Kontrollrechte** aus §§ 28 Abs. 1 und 4, 24 Abs. 2 und 6[396] oder den Rechtsschutzanspruch eines WEers abändern, beschränken oder ausschließen,
– einen **Anspruch,** zB einen Beseitigungsanspruch, einen Schadensersatzanspruch oder über den § 16 Abs. 2 hinaus zusätzliche **Leistungspflichten** (wie zB Reinigungs- oder

---

[388] Zur Terminologie *Wenzel* ZWE 2000, 2 ff.
[389] *Wenzel,* Immobilienrecht 2002, S. 23 (27 f.).
[390] *Merle* ZWE 2001, 342 (345).
[391] *Wenzel,* Immobilienrecht 2002, S. 23 (32 f.).
[392] BayObLG ZMR 2002, 607 (Müllschlucker).
[393] *Wenzel,* Immobilienrecht 2002, S. 23 (34).
[394] BGH NZM 2009, 866 (867); OLG München ZMR 2006, 952.
[395] *Armbrüster* ZWE 2005, 267 (272).
[396] Weitnauer/*Lüke* Rn 56 a ee); *Wenzel* ZWE 2001, 226 (236).

Instandsetzungspflichten persönlich oder durch Dritte) konstitutiv **begründen** wollen,[397]
– **Organkompetenzen** auf gesetzlich nicht vorgesehene Institutionen („Arbeitskreis" uä) übertragen,[398]
– in das SE[399] oder die **Rechtszuständigkeit eines WEers** eingreifen und zB die Erfüllung eines Individualanspruchs feststellen[400] oder die Teilung des SEs untersagen,[401]
– ein **SNR** einräumen,[402]
– die Anforderungen an den **Wirtschaftsplan** auf Dauer verändern, insbesondere generell für die Zukunft auf die Vorlage von Einzelwirtschaftsplänen verzichten,[403]
– für den Wirtschaftsplan generell nicht das Kalenderjahr, sondern einen anderen Zeitraum vorsehen,
– einen Wirtschaftsplan allgemein bis zur Erstellung eines neuen fortwirken lassen,[404] oder die

als sog. **Organisationsbeschlüsse** 138
– für Beschlussanträge die Schriftform und eine Begründungspflicht vorsehen,[405]
– die Eventualeinberufung einer Ersatzversammlung am selben Tag ermöglichen,[406]
– eine Ladungsfiktion einführen,
– von den gesetzlichen oder vereinbarten Bestimmungen über den Versammlungsturnus und die Beschlussfassungen abweichen[407] oder
– das Stimmrecht[408] abweichend regeln, zB das Stimmenerfordernis ändern,[409] Stimmenthaltungen entgegen § 25 Abs. 1[410] als Nein-Stimmen werten oder statt des Objektstimmrechts das Kopfstimmrecht einführen.[411]

bb) Vereinbarungswidrige Beschlüsse. Rechtswidrig und anfechtbar sind Beschlüsse, die zB 139
– eine nicht mehr ordnungsgemäße **Gebrauchsregelung** vorsehen,
– eine zweckwidrige Verwendung der **Instandhaltungsrückstellung** billigen,
– eine entgegen dem geltenden Verteilungsschlüssel erstellte[412] oder eine von der Einnahmen-Ausgaben-Rechnung abweichende **Jahresabrechnung** (zB unter Einbeziehung offener Forderungen oder Rechnungsabgrenzungen sowie unter Belastung eines Erwerbers mit den Vorschussrückständen seines Vorgängers)[413] genehmigen,
– eine **Sonderumlage** als Sonderbelastung eines einzelnen WEers erheben,[414]

---

[397] BGHZ 163, 154 = NJW 2005, 2061 (2067); *Merle* ZWE 2001, 342 (345); *Wenzel* NZM 2004, 542 f.; *J.-H. Schmidt/Riecke* ZMR 2005, 252 f.
[398] OLG Düsseldorf NZM 2002, 1031.
[399] OLG Köln, NZM 2001, 541.
[400] OLG Hamm ZWE 2001, 273.
[401] BayObLG NZM 2003, 482.
[402] BGHZ 145, 158 f. = NJW 2000, 3500.
[403] BGH NJW 2005, 2061 (2068).
[404] OLG Düsseldorf NZM 2003, 810.
[405] KG NZM 2002, 707 = WuM 2002, 444 = FGPrax 2002, 211.
[406] BayObLG WuM 1989, 658; KG FGPrax 2000, 183; LG Mönchengladbach NZM 2003, 245; Weitnauer/*Lüke* Rn 56 a ee).
[407] *Kümmel* ZWE 2001, 236; *Müller* NZM 2000, 855; *Sauren* ZMR 2001, 80 (81); *Wenzel* ZWE 2001, 226 (236); *Weitnauer/Lüke* Rn 56 a ee).
[408] *Schmack/Kümmel* ZWE 2000, 433 (441); *Häublein* ZWE 2000, 569 (570).
[409] BayObLG NZM 2003, 444.
[410] BGHZ 106, 159.
[411] OLG Celle ZMR 2003, 221 (223).
[412] Vgl. BayObLG NZM 2002, 492; OLG Hamburg ZMR 2003, 774.
[413] *Armbrüster* ZWE 2005, 267 (272 f.).
[414] BayObLG ZWE 2001, 370 m. Bespr. *Häublein* S. 363; NZM 2003, 645; *Wenzel,* Immobilienrecht 2002, S. 23 (31 f.).

- den Verwaltungsbeirat im Einzelfall zum Abschluss des Verwaltervertrages ermächtigen,[415]
- einen **Verwaltungsbeirat** mit mehr als 3 Mitgliedern[416] oder mit einem Nichteigentümer bestellen und die Haftung beschränken[417] oder
- einen **Wirtschaftsplan** ohne Einzelwirtschaftsplan genehmigen.[418]

4. Änderungsvorbehalt, Öffnungsklausel

140 **a) Zulässigkeit und Inhalt.** Aufgrund ihrer Regelungsautonomie können die WEer vereinbaren, dass Angelegenheiten, die nur vereinbart werden können, auch anderweitig geregelt oder beschlossen werden dürfen. Die Bestimmung kann auch schon von vorneherein in die GemO aufgenommen werden. Enthält sie die Ermächtigung zu einer einseitigen Änderung der GemO, so handelt es sich um einen **Änderungsvorbehalt** (§ 1 Rn 42).[419] Ermöglicht sie eine Änderung durch Mehrheitsbeschluss, so spricht man von einer **Öffnungsklausel.**[420] Die Zulässigkeit derartiger Bestimmungen ergibt sich schon aus Absatz 2 Satz 2, für die Öffnungsklausel aber auch aus §§ 10 Abs. 4, 23 Abs. 1 WEG, wonach der Beschlussfassung auch solche Angelegenheiten unterfallen, über die nach einer Vereinbarung durch Beschluss entschieden werden kann. Der **Zweck** beider Instrumente ist vergleichbar: Während der Änderungsvorbehalt dazu dient, die Gestaltungsfreiheit des Bauträgers zB durch die nachträgliche Änderung der Zweckbestimmung (§ 13 Rn 19 f.) oder durch die Begründung von SNRen (§ 13 Rn 85) zu sichern,[421] soll die Öffnungsklausel die Verwaltung des GemE erleichtern und die Handlungsfähigkeit der WEgem stärken.

141 Gleichwohl besteht ein **Unterschied:** Während der Änderungsvorbehalt dem Bauträger materielle Gestaltungsmacht wie ein Leistungsbestimmungsrecht nach §§ 315 ff BGB vorbehält oder einräumt, geht es bei der Öffnungsklausel nicht um eine Ermächtigung oder antizipierte Zustimmung zu bestimmten Beschlussinhalten,[422] sondern nach der Gestaltungsmachttheorie[423] nur um eine Verfahrensregel, die die Regelung von Angelegenheiten, die dem Vertragsprinzip unterfallen, dem Mehrheitsprinzip öffnet.[424] Beide müssen jedoch nach Inhalt, Zweck und Reichweite hinreichend **bestimmt** sein.[425] Sie können gegenständlich konkret die Angelegenheit benennen oder allgemein gefasst sein,[426] müssen aber klar erkennen lassen, was von der Bestimmung erfasst sein soll.

---

[415] OLG Düsseldorf NZM 1998, 36; aA *Drasdo* NZM 1998, 15 f.; *Schmidt* ZWE 2001, 137 (140).

[416] BayObLG NZM 2002, 529 (530); *Wendel* ZWE 2001, 254; *Wenzel* ZWE 2001, 226 (236); Weitnauer/*Lüke* Rn 56 a ee).

[417] *Röll* DNotZ 2000, 898 (904 f.); *Wenzel* ZWE 2001, 226 (236); Weitnauer/*Lüke* Rn 56 a ee).

[418] BGH NJW 2005, 2061 (2068).

[419] *Armbrüster* ZMR 2005, 244 (245); *Hügel* DNotZ 2001, 176 (177).

[420] BGHZ 95, 137 (140) = NJW 1985, 2832 (2833); *Hügel* DNotZ 2001, 578 (579); *Ott* ZWE 2001, 466 (467); *Wenzel* ZWE 2004, 130 f. jew. mwN.

[421] Vgl. iE *Armbrüster* ZMR 2005, 244 (246 f.).

[422] AA *Hügel* ZWE 2002, 503 (508).

[423] *Grebe* DNotZ 1987, 5 (9 f.) mwN.

[424] *Ott* ZWE 2001, 466 (467); *Hügel* ZWE 2002, 503 (505); *Schneider* Rpfleger 2002, 503 (504); vgl. auch *Lüke* WE 1998, 202, 204; aA *Becker* ZWE 2002, 341 (345).

[425] *Armbrüster* ZMR 2005, 244 (245) – Änderungsvorbehalt; *Becker* ZWE 2002, 341 (342); *Buck,* Mehrheitsentscheidungen mit Vereinbarungsinhalt im Wohnungseigentumsrecht (2001), S. 59, 62; *Ott* ZWE 2001, 466 (467 f.); *Rapp* DNotZ 2000, 864 (868); *Wudy* MittRhNotK 2000, 387; *Briesemeister/Drado,* Beschlusskompetenz der Wohnungseigentümer, 2001, S. 41 – Öffnungsklausel; vgl. auch BGH NJW 2007, 1685 – zum Gesellschaftsrecht.

[426] *Buck,* Mehrheitsentscheidungen, S. 63; *Ott* ZWE 2001, 466, 467 f.; *Wenzel* ZWE 2004, 130 (131); *Böttcher* NotBZ 2007, 421 (426); aA *Rapp* DNotZ 2000, 864, 868; *Wudy* MittRhNotK 2000, 387; *Briesemeister/Drasdo,* Beschlusskompetenz der Wohnungseigentümer, 2001, S. 41.

Die Öffnungsklausel kann für die Beschlussfassung auch eine **qualifizierte Mehrheit** vorschreiben. Daher sind allgemeine Klauseln, wonach „Änderungen der Gemeinschaftsordnung" mit einer bestimmt bezeichneten Mehrheit beschlossen werden dürfen, zulässig.[427] Allerdings sind sie einschränkend dahingehend auszulegen, dass sie dort nicht zur Anwendung kommen, wo das (novellierte) WEG eine unabdingbare **gesetzliche Öffnungsklausel** (§ 16 Rn 102) enthält, nach der eine Regelung mit einer geringeren Mehrheit beschlossen werden kann.[428] Der Abstimmungsleiter muss also bei bestehender gesetzlicher Öffnungsklausel das Abstimmungsergebnis an den gesetzlichen und an den vereinbarten Voraussetzungen messen. Ist nach einer der beiden Voraussetzungen ein Beschluss zustande gekommen, ist ein positiver Beschluss zu verkünden. 142

Setzt die Klausel in anderen Angelegenheiten einen „einstimmigen Beschluss" voraus, so kann die Auslegung ergeben, dass nur die Zustimmung der in der WEVers anwesenden oder vertretenen WEer erforderlich ist.[429] Ist eine Änderung „mit Mehrheit der Wohnungseigentümer" zulässig, so ist damit idR nur die Stimmenzahl, nicht auch die Stimmkraft festgelegt, so dass entweder das gesetzliche Kopfprinzip (§ 25 Abs. 2) oder das abweichend vereinbarte Prinzip (Objekt- oder Wertprinzip) gilt. 143

b) Zulässigkeitsschranken. Da Änderungsvorbehalt und Öffnungsklausel auf einer entsprechenden privatautonomen Gestaltungsbefugnis aus Absatz 2 beruhen, unterliegen sie auch deren Schranken. Sie können also nur Angelegenheiten betreffen, die überhaupt einer Vereinbarung zugänglich sind.[430] Was nicht vereinbart werden kann, kann auch nicht über einen Änderungsvorbehalt oder eine Öffnungsklausel einer anderweitigen Bestimmung zugänglich gemacht werden. Im Übrigen muss für den Gebrauch des Änderungsvorbehalts und der Öffnungsklausel jeweils ein sachlicher Grund gegeben sein und darf die nachträgliche Änderung nicht zu einer unbilligen Benachteiligung führen. 144

c) Grundbucheintragung. Der Änderungsvorbehalt und die Öffnungsklausel bedürfen als schuldrechtliche Vereinbarungen zu ihrer Wirksamkeit gegenüber Sondernachfolgern der Eintragung in das Grundbuch.[431] **Ohne Eintragung** wirken sie lediglich **inter partes.** Mit einem **Eigentümerwechsel** werden sie **unwirksam,** wenn der neue Eigentümer ihnen nicht wirksam beigetreten ist, weil der **Zweck der Vereinbarung,** die Änderungsbefugnis des Bauträgers zu erhalten oder Beschlussfassungskompetenz der Eigentümerversammlung zu begründen, durch den Eintritt des neuen, an die Vereinbarung nicht gebundenen Eigentümers nicht mehr erreicht wird (Rn 108). Mit dem Wegfall der Legitimationsgrundlage bleibt zwar eine auf Grund eines Änderungsvorbehalts vorgenommene Änderung wirksam, wird aber ein zwischenzeitlich gefasster Beschluss unwirksam. § 10 Abs. 4 WEG, wonach Beschlüsse zu ihrer Wirksamkeit gegen Sondernachfolger nicht der Eintragung bedürfen, setzt die Fortgeltung des Mehrheitsprinzips auch gegenüber dem Sondernachfolger voraus.[432] Entfällt sie, so führt das nicht nur dazu, dass Sondernachfolger an ihn nicht gebunden sind,[433] sondern hat die Nichtigkeit wegen fehlender Beschlusskompetenz zur Folge. 145

d) Zustimmung Drittberechtigter zur Begründung. Die Frage, ob dinglich berechtigte Dritte, die nicht unter § 5 Abs. 4 S. 2 fallen, also Nießbraucher, Wohnungs- oder Benutzungsdienstbarkeitsberechtigte oder ein Auflassungsvormerkungsberechtigter der Begründung eines Änderungsvorbehalts oder einer Öffnungsklausel zustimmen müssen, wird vor allem dann relevant, wenn die Regelung nicht von Anfang an in der GemO enthalten 146

427 *Schneider* ZMR 2004, 286; aA Rapp DNotZ 2000, 868; *Schmenger* BWNotZ 2003, 73 (82).
428 *Häublein* ZMR 2007, 409 (411).
429 BayObLG NZM 2004, 659 (660).
430 Vgl. OLG München ZMR 2007, 393 (395).
431 *Gaier* ZWE 2005, 39 (40); *Wenzel* ZWE 2004, 130 (132).
432 *Kümmel* ZWE 2002, 68 (69).
433 So aber *Kümmel,* Die Bindung der Wohnungseigentümer, S. 75.

ist. Sie ist **für** den **Änderungsvorbehalt zu bejahen,** weil hier Gestaltungsmacht übertragen wird, **für die Öffnungsklausel** dagegen zu **verneinen,** weil sie nur eine Verfahrensregelung enthält. Dies gilt unabhängig davon, ob die Öffnungsklausel allgemein oder in Bezug auf eine bestimmte Angelegenheit spezifiziert ist. Denn die Rechte Dritter werden selbst durch einen „punktuellen Regelungsvorbehalt" noch nicht berührt, sondern erst durch die später beschlossene Änderung des geltenden Rechts. Nur dieser Beschluss ist daher zustimmungspflichtig.[434]

147 **e) Rechtsqualität und Wirksamkeit der vorbehaltenen Beschlüsse.** Nach der formellen Abgrenzung von Vereinbarung und **Beschluss** (Rn 177) handelt es sich bei dem auf Grund einer Öffnungsklausel gefassten Beschluss mit Vereinbarungsinhalt um einen Beschluss und nicht um eine Vereinbarung.[435] Es gilt § 10 Abs. 4 S. 2 (Rn 190).[436] Aus der Charakterisierung der Öffnungsklausel als reiner Verfahrensregel folgt nichts anderes. Sie besagt nur, dass für die Änderung der Vereinbarung nicht das Einstimmigkeitsprinzip, sondern das Mehrheitsprinzip zur Anwendung kommen soll. Die Wirksamkeit des Beschlusses richtet sich daher auch nach den für Beschlüsse geltenden allgemeinen Grundsätzen. Denn die Öffnungsklausel hat lediglich die Funktion, zukünftige Mehrheitsentscheidungen formell zu legitimieren, ohne sie zugleich materiell zu rechtfertigen.[437] Die Frage nach der formellen Legitimation der Beschlussfassung kann sich nur noch in den Fällen stellen, in denen Zweifel bestehen, ob der Gegenstand der Beschlussfassung von dem sie legitimierenden Vorbehalt auch erfasst wird.

148 Die Rechtmäßigkeit des Beschlusses hängt u. a. davon ab, ob sich die Mehrheit über schutzwürdige Interessen der Minderheit hinwegsetzt. Denn der einzelne WEer darf darauf vertrauen, dass Änderungen nicht ohne weiteres möglich sind. Entsprechendes hat auch für die Änderung auf Grund eines Änderungsvorbehalts zu gelten.[438] Diese Schranke der Änderungsbefugnis ergibt sich aus dem Gesichtspunkt des berechtigten Vertrauensschutzes als einer allgemeinen Schranke der Gestaltungsfreiheit. Eine Änderung der GemO auf Grund eines vereinbarten Änderungsvorbehalts oder einer Öffnungsklausel ist daher nur rechtmäßig, wenn **sachliche Gründe** für die Neuregelung vorliegen und einzelne WEer hierdurch gegenüber dem bisherigen Zustand **nicht unbillig benachteiligt** werden.[439] Da sachliche Gründe nicht immer auch schwerwiegende Gründe zu sein brauchen, liegt die Schwelle für die Änderung auf Grund einer entsprechenden Vereinbarung niedriger als für einen **Änderungsanspruch** nach Absatz 2 Satz 3. Ein weiterer Unterschied besteht darin, dass der Änderungsanspruch geltend gemacht werden muss, während im Falle einer durch Vereinbarung legitimierten Änderung durch einseitige Erklärung oder durch Mehrheitsbeschluss etwa benachteiligte WEer das Gericht anrufen müssen.[440]

149 **f) Zustimmung Drittberechtigter zur vorbehaltenen Änderung.** Hat sich der Bauträger eine Änderung der GemO von vorneherein wirksam vorbehalten, so bedarf die **Ausübung des Änderungsvorbehalts** nicht mehr der **Zustimmung** der Inhaber dinglicher Rechte.[441] Ob dies auch für die durch eine Öffnungsklausel formell legitimierten

---

[434] OLG Düsseldorf ZMR 2004, 284; *Gaier* ZWE 2005, 39 (42); *Hügel* ZWE 2002, 503 (505); *Ott* ZWE 2001, 466 (467); *Schneider* Rpfleger 2002, 503 (504); *ders.* ZMR 2004, 286 (287); *Wenzel* ZWE 2004, 130 (134); Weitnauer/*Lüke* Rn 51; aA Riecke/Schmid/*Elzer* Rn 303; *Becker* ZWE 2002, 341 (345); *Schmack* ZWE 2001, 89 (91).

[435] AA *Hügel*/Elzer § 3 Rn 136 f., 143; *Kreuzer* FS Seuss (2007) S. 155 (157); *Böttcher* NotBZ 2007, 421 (428).

[436] AA *Hügel*/Elzer § 3 Rn 136 f., 143; *Böttcher* NotBZ 2007, 421 (428).

[437] *Becker* ZWE 2002, 341 (343).

[438] *Armbrüster* ZMR 2005, 244 (246).

[439] BGHZ 95, 137 (140) = NJW 1985, 2832 (2833); OLG München NZM 2007, 364 (365); *Becker* ZWE 2002, 341 (344).

[440] Weitnauer/*Lüke* Rn 51.

[441] *Armbrüster* ZMR 2005, 244 (246).

Beschlüsse mit Vereinbarungsinhalt gilt, ist umstritten. Ausgehend von der Tatsache, dass die Änderung des Inhalts von SE zu ihrer Wirksamkeit gegenüber Sondernachfolgern nach §§ 877, 876 BGB die Zustimmung dinglich Berechtigter erfordert[442] – sofern sie in ihrem rechtlichen Interesse überhaupt betroffen sein können und § 5 Abs. 4 keine Ausnahme macht –, steht die h. M. in Rechtsprechung und Literatur[443] auf dem Standpunkt, dass auch die – zulässige – **Änderung durch Mehrheitsbeschluss zustimmungsbedürftig** ist. Dem ist zuzustimmen.

Die Tatsache, dass der Beschluss nicht eintragungsfähig ist (Abs. 4 S. 2), ist ohne Bedeu- 150
tung.[444] Das Zustimmungserfordernis knüpft nicht an die Form, sondern an den Inhalt der Entscheidung an, also daran, ob der Inhalt des SEs verändert und dadurch das Recht des Dritten „berührt" wird. Voraussetzung ist nicht, dass die Änderung auch eintragungsfähig ist. § 873 BGB findet keine Anwendung, [445] weil § 10 Abs. 4 Satz 2 WEG eine Eintragung nicht zulässt. Maßgeblich ist nur, ob der Drittberechtigte von der beschlossenen Regelung **rechtlich** und nicht nur wirtschaftlich **nachteilig betroffen** wird.[446] Das ist beispielsweise der Fall bei der Änderung der Zweckbestimmung von WE im engeren und weiteren Sinne (Rn 68), bei der Einführung einer Veräußerungsbeschränkung nach § 12[447] oder bei der Begründung und Übertragung eines verdinglichten SNRs (§ 13 Rn 94, 124).[448] Hier wird nicht nur der Nießbraucher, Wohnungs- und Nutzungsdienstbarkeitsberechtigte in seinen Rechten betroffen, sondern auch der Grundpfandgläubiger, weil das Haftungssubstrat tangiert ist.[449] Anders verhält es sich dagegen bei einer Änderung des Kostenverteilungsschlüssels. Sie kann allenfalls Grundpfandgläubiger bei der Verwertung berühren, ist aber nach § 5 Abs. 4 zustimmungsfrei.

Zustimmungsbedürftig ist nicht nur ein Beschluss auf Grund einer **vereinbarten** Öff- 151
nungsklausel, sondern auch ein Beschluss auf Grund einer **gesetzlichen Öffnungsklausel** (§§ 12 Abs. 4, 16 Abs. 3 u. 4, 22 Abs. 2. Die Zustimmung ist mangels Eintragung der Änderung in das Grundbuch nicht dem Grundbuchamt, sondern nur dem Begünstigten ggü zu erklären (§ 876 Satz 3) BGB. Wird sie nicht erteilt, so ist der Beschluss **schwebend unwirksam.**[450] Dies ist kein paradoxes Ergebnis.[451] Es geht nicht darum, dass dem Gläubiger eines dinglichen Rechts weitergehende Rechte zugebilligt werden als dem Inhaber des belasteten Rechts selbst zustehen, sondern darum, dass der dinglich Berechtigte anders als der WEer, welcher der Öffnungsklausel zugestimmt hat, nicht mit einer Verfahrensregel

---

442 BGH NJW 1984, 2409; BayObLG DNotZ 1990, 381 m. Anm. *Weitnauer; Ertl* DNotZ 1979, 267; *Lüke* WE 1998, 204; Staudinger/*Kreuzer* Rn 80; Soergel/*Stürner* Rn 8; Weitnauer/*Lüke* Rn 50.

443 BGHZ 127, 99 (106); BayObLGZ 1984, 257 (261); *Buck,* Mehrheitsentscheidungen, S. 111; *Böttcher* BWNotZ 1996, 80 (82); *Fisch* MittRhNotK 1999, 213 (217); *Gaier* ZWE 2005, 39 (44); *Grebe* DNotZ 1987, 23; *Hügel* DNotZ 2001, 176 (193); *Lüke* WE 1998, 202; *Ott* ZWE 2001, 476 (470); *Schneider* ZfIR 2002, 108 (121); Weitnauer/*Lüke* Rn 51; *Wenzel* ZWE 2004, 130 (134); aA KG NZM 2004, 910; *Becker* ZWE 2002, 341 (345).

444 Ebenso Palandt/*Bassenge* Rn 22; *Sauren* ZMR 2008, 514; aA *Abramenko* § 1 Rn 7; *Böhringer/Hintzen* Rpfleger 2007, 353 (356); *Briesemeister* ZWE 2007, 421 (422); *Schneider* NotBZ 2008, 442 (452).

445 AA *Schneider* NotBZ 2008, 442 (452).

446 Vgl. BGHZ 145, 133 = NJW 2000, 3643 zur Löschung eines Sondernutzungsrechts.

447 *Gaier* ZWE 2005, 39 (46).

448 Vgl. BayObLGZ 2002 Nr. 19 für den Fall der Bestellung eines Sondernutzungsrechts an einer mit einer Dienstbarkeit belasteten Fläche.

449 BGHZ 91, 343 (348); aA *Häublein,* Sondernutzungsrechte und ihre Begründung im Wohnungseigentumsrecht (2003), S. 151 f.

450 *Schneider* ZfIR 2002, 108 (121) mwN; *Sauren* ZMR 2008, 514 (516); *Wenzel* ZWE 2004, 130 (134).

451 AA *Häublein,* Sondernutzungsrechte und ihre Begründung im Wohnungseigentumsrecht (2003), S. 232 f.

einverstanden war (Rn 146), die seine Zustimmung zu der beschlossenen Regelung entbehrlich macht.

5. Anspruch auf Änderung (Abs. 2 S. 3)

152 **a) Normzweck.** Ein Anspruch auf Zustimmung zum Abschluss einer Änderungsvereinbarung kam nach der bisherigen Rechtsprechung nur in Betracht, wenn die geltende Regelung bei Anlegung eines strengen Maßstabs zu grob unbilligen, mit Treu und Glauben nicht zu vereinbarenden Ergebnissen führte.[452] Durch Absatz 2 Satz 3 wird der früher nur aus § 242 BGB abgeleitete Anspruch auf **Anpassung einer Vereinbarung** ausdrücklich normiert und auf den Abschluss vom Gesetz abweichender Vereinbarungen erweitert. Das Gesetz gibt damit ab 1. 7. 2007 – auch für die zu diesem Zeitpunkt bereits anhängigen Verfahren[453] – neben § 15 Abs. 3 einen weiteren **Anspruch auf Abschluss einer Vereinbarung.** Die Norm ist eine spezielle Ausprägung der allgemeinen **Treuepflicht** (Rn 46 f.). Sie betrifft daher nicht die Änderung der sachenrechtlichen Zuordnung des WEs, dh des MEAs. In den Fällen, in denen eine Änderung der MEAe verlangt wird, geht es in der Regel um die Änderung der Kostenverteilung oder des Stimmrechts; diese kann durch Vereinbarung **ohne** Änderung des MEAs erreicht werden, fällt also in den Regelungsbereich des Abs. 2 Satz 3 WEG oder in die Beschlusskompetenz nach § 16 Abs. 3.[454]

153 **b) Anspruchsvoraussetzungen.** Voraussetzung ist, dass eine vereinbarte oder gesetzliche Regelung durch eine Regelung ersetzt werden soll, durch die das Verhältnis der WEer untereinander generell oder im Hinblick auf eine bestimmte Frage über einen konkreten Fall hinaus geändert werden soll.[455] Ihre bloße **Aufhebung,** wie sie zB nach § 12 Abs. 4 S. 1 in Betracht kommt, kann nicht verlangt werden. Der Anspruch geht auf **Zustimmung** zum Abschluss einer Vereinbarung, welche eine bestehende Vereinbarung oder das Gesetz **abändert.** Die materiellen Voraussetzungen sind geringer als nach der bisherigen Rechtsprechung für die Änderung einer Vereinbarung. Maßgeblich ist allerdings weiterhin nicht etwa bloße Unbilligkeit. Der erforderliche Schutz des Vertrauens der WEer in bestehende Regelungen soll vielmehr auch künftig durch die weiterhin hohen Voraussetzungen für das Bestehen eines Änderungsanspruchs beibehalten werden. Die Senkung der Schwelle für einen Eingriff in bestehende Vereinbarungen wird gegenüber der bisherigen Rechtslage dadurch zum Ausdruck gebracht, dass statt auf die bislang erforderlichen „außergewöhnlichen Umstände" nunmehr auf **„schwerwiegende Gründe"** abgestellt wird.

154 Zudem muss die bestehende Regelung nicht mehr grob unbillig sein und damit gegen Treu und Glauben verstoßen. Ausreichend ist vielmehr, dass ein Festhalten an der bisherigen Regelung für den benachteiligten WEer **„unbillig erscheint".** Unbillig ist eine Regelung, die objektiv die beteiligten Interessen ohne sachlichen Grund unangemessen berücksichtigt.[456] Da schwerwiegende Gründe zugleich auch sachliche Gründe sind, ist bei Vorliegen der Änderungsvoraussetzungen auch ein Änderungsbeschluss auf Grund vereinbarter Öffnungsklausel rechtmäßig (Rn 140). Umgekehrt ist ein sachlicher Grund nicht unbedingt auch ein schwerwiegender Grund. Ist zB ein Blinder unter einem vereinbarten allgemeinen Hundehalteverbot auf einen Blindenhund angewiesen, so kann er nicht die generelle Aufhebung des Hundehalteverbots verlangen, sondern nur eine auf seine Situation Rücksicht nehmende Ausnahmeregelung. Da die WEer sich insoweit allerdings unter dem Gesichtspunkt der Treuepflicht sowieso nicht auf das Hundehalteverbot berufen dürfen, sollte das Änderungsverlangen auch in der WEVers auf Verständnis stoßen.

---

452 BGHZ 130, 304 (312); 156, 192 (196), 202; 160, 354 (358); OLG München ZMR 2007, 991.
453 OLG München NJW 2008, 1824 = ZWE 2008, 347.
454 Das wird von OLG München NJW 2008, 1824 übersehen.
455 BGH NZM 2010, 205 (206 f.); MünchKommBGB/Engelhardt § 16 Rn 30.
456 Niedenführ/*Kümmel*/Vandenhouten § 10 Rn 40.

Ein für alle Fälle geltender allgemeiner Maßstab, so wünschenswert er wäre, steht nicht zur Verfügung. Maßgebend ist vielmehr eine letztlich dem Tatrichter obliegende Würdigung unter **„Berücksichtigung aller Umstände des Einzelfalles, insbesondere der Rechte und Interessen der anderen Wohnungseigentümer."** Bei der erforderlichen Abwägung aller Umstände des Einzelfalles können Gesichtspunkte wie Gleichbehandlung der WEer,[457] Sachgerechtigkeit der Regelung, Veränderung der der Regelung zugrunde liegenden maßgeblichen tatsächlichen oder rechtlichen Verhältnisse, ihre Vorhersehbarkeit,[458] die Risikoverteilung bei unerwarteten Entwicklungen[459] und das Vertrauen in den Bestand der Vereinbarung eine maßgebliche Rolle spielen. Gerade der Schutz berechtigten Vertrauens gebietet es, an das Vorliegen der Änderungsvoraussetzungen nach wie vor einen strengen Maßstab anzulegen.[460] 155

Dies darf allerdings nicht dazu führen, dass eine GemO, die **von Anfang an nicht** 156 **sachgerechte Regelungen** aufweist,[461] insoweit nicht geändert werden kann,[462] bzw. nur unter der Voraussetzung, dass sich – nicht vorhersehbar – die tatsächlichen oder rechtlichen **Verhältnisse nachträglich geändert** haben.[463] Denn solche „Geburtsfehler" der GemO verdienen idR keinen Vertrauensschutz.[464] Hierin unterscheidet sich die Sachlage von den „Geburtsfehlern" eines vertraglich begründeten Dauerschuldverhältnisses, die den verantwortlichen Vertragspartnern keine Anpassung ermöglichen. Andererseits ist nicht jede Änderung der Verhältnisse auch ein schwerwiegender Grund für eine Änderung der GemO. Das ist zB dann nicht der Fall, wenn der benachteiligte WEer (zB als Bauträger) für die ihm nachteiligen Verhältnisse verantwortlich ist,[465] wenn sie vorhersehbar waren oder wenn der Regelung eine sachgerechte Differenzierung zugrunde liegt. Leben zB in dem Gebäude auf einmal mehr Kinder, so rechtfertigt das nicht eine Verkleinerung oder Wegnahme der den Bewohnern des EGs zugewiesenen Sondernutzungsflächen vor ihren Terrassentüren. Wohl aber kann die Umstellung auf Gasheizung es erfordern, den nicht mehr benötigten Öllagerraum einer anderen Zweckbestimmung zuzuführen. Soll die Änderung sachfremden Zwecken dienen wie zB einer Abwahl des Verwalters,[466] so fehlt es an einem schwerwiegenden Grund.

c) Einzelfälle. Wenngleich die Gesetzesbegründung im Wesentlichen auf die Ände- 157 rung des vereinbarten Kostenverteilungsschlüssels abstellt, ist der Anwendungsbereich hierauf nicht beschränkt. Die Vorschrift gilt allerdings nur für Vereinbarungen ieS, insbesondere die GemO, nicht dagegen für die Eigentumsverhältnisse wie zB die **MEAe.**[467] Ihre Änderung kann ggfs. nur unter dem Gesichtspunkt der Treuepflicht verlangt werden, wobei die Wertungen des Abs. 2 S. 3 mit zu berücksichtigen sind. Dasselbe gilt für die **Aufhebung von SE** (§ 11 Rn 13). Auch eine Änderung des in der TErkl festgelegten **Stimmprinzips** (Kopf-, Wert- oder Objektprinzip) kann idR nicht verlangt werden, selbst wenn ein wirtschaftliches **Ungleichgewicht** der Stimmrechte und Gefahr der **Majorisierung** vorliegen.[468] Wohl aber kann verlangt werden, dass die Zweckbestimmung einer Wohnungs- oder Teileigentumseinheit der tatsächlichen, auf

---

[457] Vgl. *Abramenko* § 3 Rn 49 ff.

[458] OLG Düsseldorf NJW 1985, 2837.

[459] OLG Hamm OLGZ 1982, 20; KG FGPrax 2004, 7 (8) – unterbliebener Ausbau.

[460] Vgl. OLG Düsseldorf NZM 1999, 82 zum alten Recht.

[461] Vgl. BayObLG ZWE 2001, 320; 2002, 31 (32); OLG Düsseldorf ZWE 2001, 444 (446); OLG Hamm ZMR 2003, 286 (287); OLG Köln ZMR 2002, 153 (154); 2002, 780 (781).

[462] *Hügel*/Elzer § 3 Rn 127; Palandt/*Bassenge* Rn 13.

[463] BT-Drucks. 16/887 S. 19; vgl. OLG Düsseldorf NJW 1985, 2837.

[464] IErg ebenso OLG Köln ZMR 2008, 989 (990); aA *Hinz* ZMR 2005, 271 (273).

[465] KG ZMR 2004, 620 (621).

[466] Vgl. OLG Hamburg WE 1995, 219.

[467] Offengelassen von OLG Köln ZMR 2008, 989 (990).

[468] OLG Köln IMR 2009, 124; zum alten Recht: KG NJW-RR 1994, 525 = ZMR 1994, 168.

Dauer angelegten und erlaubten Nutzung angepasst und als Inhalt des SEs in das GB eingetragen wird.[469] Auch kann im Einzelfall die Änderung oder Aufhebung eines SNRs verlangt werden.[470]

158 **d) Kostenverteilung.** Häufig werden Änderungen der tatsächlichen Verhältnisse auch eine Änderung der Kostenverteilung bedingen. Führen zB die MEAe infolge einer nachträglichen baulichen Veränderung (zB Vergrößerung der Wohn- und Nutzfläche durch Ausbau und Unterteilung einer Wohnung,[471] Dachausbau[472]) zu unbilligen Ergebnissen bei der **Kostenverteilung,** ist zunächst zu prüfen, ob nicht eine ergänzende Auslegung zur Anpassung führt[473] (Rn 131). Ist das nicht der Fall, kommt es auf das Ausmaß der Benachteiligung an. Beträgt die Differenz weniger als 25%, so wird eine Änderung mangels schwerwiegender Gründe nicht in Betracht kommen.[474] Anders verhält es sich, wenn sie diese Grenze übersteigt. Allerdings darf das **Maß der Kostenmehrbelastung** weiterhin **nicht** das **alleinige Kriterium** sein. Vielmehr ist nach wie vor – auch für andere Fälle[475] – von Bedeutung,[476] ob die beanstandete Regelung für alle oder nur für einen Teil der gemeinschaftlichen Lasten und Kosten gilt.[477] Findet die Regelung nur auf einzelne Kostenpositionen Anwendung, kommt es wie bisher auf das Verhältnis der hierdurch bedingten Mehrkosten zu den einen WEer insgesamt treffenden Gemeinschaftskosten an.[478] Eine Unbilligkeit ist auch dann zu verneinen, wenn bei einer gebotenen längerfristigen Betrachtungsweise zu erwarten ist, dass es zu einem wirtschaftlichen **Ausgleich** einer einmaligen Kostenmehrbelastung kommen wird.[479] Ebenso verhält es sich, wenn die **Ursache** einer Kostenmehrbelastung ausschließlich dem Risikobereich des betroffenen WEers zuzuordnen ist[480] oder wenn die Auswirkungen einer nicht sachgerechten Kostenverteilung bereits bei dem Erwerb des WEs absehbar waren.[481] Als unbillig kann auch nicht gelten, dass ein WEer für Betriebs- und Instandhaltungskosten von Einrichtungen – wie zB Treppenhaus, Aufzug, Balkon, Kinderspielplatz – aufkommen muss, die er nicht nutzt[482] oder nicht nutzen kann.[483] Auch der WEer, der die GemO selbst festgelegt hat, hat gegenüber den übrigen WEern keinen Anspruch auf Änderung des Kostenverteilungsschlüssels, wenn er die ihm als TErkl zugewiesenen Räume entgegen seiner ursprünglichen Planung nicht als **Schwimmbad** ausbauen will.[484]

---

[469] BayObLGR 2001, 58 = ZWE 2002 m. Anm. *Wendel;* 607 = DWE 2001, 146 = FGPrax 2001, 148; vgl. OLG Stuttgart ZMR 2001, 732 = WuM 2001, 566 zum Anspruch auf Zustimmung zur Änderung der TE.

[470] *Hogenschurz*, Sondernutzungsrecht (2008), § 2 Rn 145, § 5 Rn 18.

[471] KG ZfIR 2004, 677 (680).

[472] Vgl. AG Hannover ZMR 2009, 234.

[473] BGH NJW 2004, 3414 m. Anm. *Derleder* S. 3754; *Häublein* BGHReport 2004, 1604; *Riecke/J. H. Schmidt* MDR 2004, 1405.

[474] BGH, Urt. v. 21. 6. 2010 V ZR 174/09; OLG München NZM 2008, 407 (408); OLG Köln ZMR 2008, 989 (990) = FGPrax 2008, 57.

[475] Niedenführ/*Kümmel*/Vandenhouten § 10 Rn 41.

[476] BGH, Urteil vom 15. 1. 2010, V ZR 114/09; ferner BGHZ 160, 354 (359) = NJW 2004, 3413 m. Anm. *Derleder* S. 3754; *Häublein* BGHReport 2004, 1604; *Riecke/J. H. Schmidt* MDR 2004, 1405.

[477] BayObLG NJW-RR 1995, 529 (530).

[478] BayObLG NZM 1999, 850.

[479] OLG Köln WuM 1998, 174.

[480] BayObLGZ 1984, 50 (53 f.); OLG Düsseldorf NZM 1999, 81.

[481] BayObLG ZWE 2001, 320; 2002, 31 (32); OLG Düsseldorf ZWE 2001, 444 (446); OLG Köln NJW-RR 1995, 973 (974); ZMR 2002, 780 (781).

[482] Vgl. BGH NJW 1984, 2576; 1985, 2832; 2006, 3557 (Miete); OLG Düsseldorf NJW-RR 1986, 95; OLG Hamburg ZMR 2006, 220; OLG Schleswig WuM 2006, 407.

[483] NZM 2010, 209 (208).

[484] OLG Düsseldorf DWE 1998, 137 = FGPrax 1998, 212 = NZM 1999, 81.

Ist dagegen in der GemO die Abrechnung des **Warmwassers** nach einem sich aus dem MEA ergebenden Verteilungsschlüssel vorgesehen, kann die Abänderung dieses Schlüssels und die Abrechnung nach dem tatsächlichen **Verbrauch** verlangt werden, wenn in einem **10-Jahresvergleich** die Kosten für die Installation der Messgeräte sowie deren Wartung und Ablesung niedriger sind als die nach der neuen Abrechnung ersparten Energiekosten.[485] Auch dann, wenn von Anfang an überall **Messgeräte** zur Erfassung des Wasserverbrauchs installiert sind, die GemO aber eine Abrechnung der Wasserkosten nach der Personenzahl vorsieht, die sich insbesondere in den Gewerbeeinheiten nur schwierig ermitteln lässt, besteht ein Anspruch auf Änderung der GemO dahin, dass das Wasser künftig nach den Zählerständen der Wasseruhren abzurechnen ist.[486] 159

e) Änderungsanspruch und Öffnungsklausel. Von dem nach Absatz 2 Satz 3 erleichterten Anspruch auf Änderung der GemO unberührt bleibt die Möglichkeit der Änderung durch Mehrheitsbeschluss auf Grund einer *vereinbarten* Öffnungsklausel.[487] Dasselbe gilt für die Möglichkeit der Änderung auf Grund einer *gesetzlichen* Öffnungsklausel (§§ 12 Abs. 4 Satz 1, 16 Abs. 3, 4, 21 Abs. 7, Rn 134). Die beiden Möglichkeiten ergänzen sich. Während die Öffnungsklauseln die **Beschlusskompetenz** der WEer zur Regelung bestimmter Fragen enthalten, konkretisiert § 10 Abs. 2 Satz 3 einen allgemeinen **Änderungsanspruch** aus § 242 BGB für alle unbilligen gesetzlichen oder vereinbarten Regelungen.[488] Die Möglichkeit haben verschiedene Regelungsgegenstände und stehen alternativ nebeneinander,[489] während eine Konkurrenz nur gegenüber einer anderen Kompetenznorm bestehen kann, nicht aber gegenüber einem Anspruch, der auf Abgabe einer Willenserklärung gerichtet ist. Eine Beschlusskompetenz wird aber durch Abs. 2 S. 3 nicht eröffnet (Rn 166). 160

Um andererseits zu vermeiden, dass an eine Beschlussfassung nach **§ 16 Abs. 4** über einen – ggf. im Wege der Anfechtung eines Negativbeschlusses[490] – durchsetzbaren Anspruch – wie früher – höhere Anforderungen gestellt werden, als nach **Abs. 2 Satz 3** von dem Gesetzgeber gewollt, soll diese Vorschrift nach der Gesetzesbegründung auch für die Änderung des Kostenverteilungsschlüssels gelten. Sie ist daher ihrerseits für die Abänderung von Vereinbarungen **lex specialis zu einem Anspruch nach § 21 Abs. 4** bei bestehender Beschlusskompetenz. Das bedeutet umgekehrt für eine Beschlussfassung nach § 16 Abs. 4, dass sie nur unter den Voraussetzungen des Änderungsanspruchs ordnungsmäßiger Verwaltung entspricht.[491] Denn die Änderung des Kostenverteilungsschlüssels kann nach beiden Vorschriften nicht unterschiedlichen Voraussetzungen unterliegen und sollte es ausweislich der Gesetzesbegründung auch nicht.[492] Andererseits erledigt sich der Änderungsanspruch, wenn die WEer nach § 16 Abs. 4 für die Zukunft dauerhaft eine von dem vereinbarten Kostenschlüssel abweichende Kostenverteilungsregelung beschließen. Dass sie hierfür eine Beschlusskompetenz haben, ergibt sich unzweifelhaft aus der Tatsache, dass die Beschlusskompetenz aus § 16 Abs. 4[493] nach § 16 Abs. 5 durch Vereinbarung nicht eingeschränkt oder ausgeschlossen werden kann.[494] 161

f) Durchsetzung des Änderungsanspruchs. Kommt eine Vereinbarung über die Änderung der GemO nicht zustande, so können die fehlenden Zustimmungserklärungen nur durch gerichtliche Entscheidung ersetzt werden. Der Anspruch kann nicht in einem 162

---

485 OLG Köln WuM 1998, 621 = NZM 1998, 919.

486 OLG Köln NZM 1998, 484 = WuM 1998, 620 = ZMR 1998, 799; DWE 1998, 190.

487 OLG Schleswig ZMR 2006, 889 (890).

488 BGH NZM 2010, 205 (208).

489 BGH NZM 2010, 205 (208); Jennißen/*Grziwotz/Jennißen* Rn 31.

490 *Abramenko* ZMR 2005, 22 (24); *Wenzel* ZMR 2005, 413 (415 f.).

491 BGH NZM 2010, 205 (208).

492 BT-Drucks. 16/887 S. 20; OLG Hamm ZMR 2008, 156 (158).

493 BGH NZM 2010, 205 (208).

494 Vom AG Hamburg ZMR 2009, 320 übersehen.

korrespondierenden Beschlussanfechtungsverfahren,[495] wohl aber ggü einem anderen Anspruch[496] **einredeweise** geltend gemacht werden, nicht dagegen ggü dem Beitragsanspruch der WEgem mangels Gegenseitigkeit.[497] Er geht auf **Zustimmung zur** beantragten **Änderung und Abgabe der** erforderlichen **grundbuchrechtlichen Erklärungen,** um die Änderung in das Grundbuch eintragen zu können. Die **Zustimmung von Drittberechtigten** ist nicht erforderlich.[498] Für das gerichtliche Verfahren ist zu unterscheiden:

163 **(1)** Geht es um eine Regelung, für deren Abänderung **keine Beschlusskompetenz** besteht, kann der Änderungsanspruch nur in einem Verfahren nach § 43 Nr. 1 durch **Leistungsklage** auf Abgabe der erforderlichen, bestimmt bezeichneten Erklärungen durchgesetzt werden. Da der Anspruch auf Zustimmung zu einem bestimmten, uU von anderen WEern bereits konsentierten, Vertragstext gerichtet ist, wäre eine Regelungsklage nach § 21 Abs. 8 mit einem **unbestimmten Klageantrag** auf Bestimmung des Inhalts einer Vereinbarung nach billigem Ermessen durch das Gericht **unzulässig.**[499] Das gilt selbst dann, wenn mehrere Änderungsregelungen möglich sind, weil eine gerichtliche Regelung nach § 21 Abs. 8 nur dort möglich ist, wo die WEer auch eine gesetzliche oder vereinbarte Beschlusskompetenz haben, eine gebotene Mehrheitsentscheidung aber nicht treffen. **Passivlegitimiert** sind die WEer, die diese Erklärungen noch nicht abgegeben haben. Ist WEer ein rechtsfähiger Verband, wie zB eine GbR, sind es nicht deren Mitglieder, sondern der Verband selbst.[500] Die übrigen WEer, welche die Erklärungen bereits abgegeben haben, sind nach § 48 Abs. 1 beizuladen. Die Erklärungen gelten mit der Rechtskraft der gerichtlichen Entscheidung als abgegeben, § 894 ZPO. Mit Eintritt der Rechtskraft ist die Vereinbarung (GemO) auf Grund der Rechtskrafterstreckung nach § 48 Abs. 3 für die Zukunft geändert.[501]

164 **(2)** Besteht für die Änderung der Vereinbarung eine **Beschlusskompetenz** (zB nach § 12 Abs. 4, § 16 Abs. 3, 4, § 21 Abs. 7, § 27 Abs. 3 S. 2 Nr. 7, Abs. 3 S. 3), **fehlt** für eine Klage auf Zustimmung das **Rechtsschutzinteresse,**[502] weil nach dem Subsidiaritätsprinzip zunächst die WEVers sich mit der Angelegenheit befassen muss.[503] Lehnt sie die beantragte Änderung ab, so kann der Negativbeschluss angefochten werden, muss aber nicht (§ 46 Rn 14). Auch ohne Anfechtung kann der Änderungsanspruch im Wege der **Gestaltungsklage** nach § 43 Nr. 1 durchgesetzt werden.[504] Sie richtet sich gegen die übrigen WEer.

165 **g) Änderung durch Beschluss?** Nach Ansicht von *Abramenko*[505] soll Abs. 2 S. 3 nicht lediglich einen Anspruch auf Zustimmung zum Abschluss einer Änderungsvereinbarung, sondern sogar eine neue Beschlusskompetenz eröffnen. Die WEer könnten einem Verlangen auf Abschluss einer Vereinbarung durch Mehrheitsbeschluss nachkommen.

---

[495] BGHZ 130, 304 (313); OLG Frankfurt NZM 2007, 806 (809).

[496] OLG Hamburg NZM 2001, 133 (134) = ZMR 2001, 843 = ZWE 2002, 186 – Unterlassungsanspruch.

[497] OLG Celle NZM 1998, 577 ist insoweit überholt.

[498] BayObLG NJW-RR 1987, 714 (715); Jennißen/*Grziwotz/Jennißen* Rn 38; aA offenbar Niedenführ/*Kümmel*/Vandenhouten § 10 Rn 38.

[499] Riecke/Schmid/*Elzer* Rn 199; aA *Merle* ZWE 2008, 9 (10); § 21 Rn 181.

[500] Vgl. BGH NJW 2008, 1378 (1379) Rn 8.

[501] Niedenführ/*Kümmel*/Vandenhouten § 10 Rn 47.

[502] BGHZ 156, 192 (205) = NJW 2003, 3476 (3480); Urteil v. 11. 6. 2010, V ZR 174/09; *Abramenko* ZMR 2005, 22 (24); *Niedenführ*/Kümmel/Vandenhouten § 16 Rn 103.

[503] BGH NZM 2010, 205 (208).

[504] BGH NZM 2010, 205 (208).

[505] *Abramenko* ZMR 2007, 424 f.; *ders.,* Das neue WEG, § 3 Rn 58 in Widerspruch zu Rn 46; zustimmend *Klimesch* ZMR 2009, 342 (344).

Dem ist nicht zu folgen, weil damit letztlich einer – nicht existenten – allgemeinen gesetzlichen Öffnungsklausel und einer Wiederbelebung des nichtigen Zitterbeschlusses das Wort geredet wird.[506] Aus der verwendeten Formulierung „Jeder Wohnungseigentümer kann ... verlangen" lässt sich nichts für eine Beschlusskompetenz herleiten. Sie besagt nur, dass jeder WEer einen Anspruch hat, nicht dagegen auch, dass über diesen Anspruch mit Stimmenmehrheit beschlossen werden kann.[507] Die Tatsache, dass dies in anderen Vorschriften ausdrücklich angeordnet worden ist (vgl. §§ 15 Abs. 2, 18 Abs. 3 Satz 1, 21 Abs. 3, § 22 Abs. 1 Satz 1 und 28 Abs. 5 WEG), beweist sogar das Gegenteil. Bestätigt wird dies durch die Regierungsbegründung. Dort wird die neue Regelung des § 10 Abs. 2 Satz 3 WEG als Normierung eines Anspruchs auf Zustimmung zum Abschluss einer Vereinbarung beschrieben, welche die bisherige Rechtslage im Kern unverändert lasse.[508] Die Schaffung einer allgemeinen Beschlusskompetenz für Vereinbarungen wäre demgegenüber ein Systembruch und eine fast revolutionäre Änderung der bisherigen Rechtslage. Konsequenterweise findet sich in diesem Zusammenhang nicht eine einzige Bemerkung darüber, dass den WEern eine solche Beschlusskompetenz durch Regelung einer gesetzlichen Öffnungsklausel eingeräumt werden soll. Im Gegenteil: Im Allgemeinen Teil der Begründung[509] findet sich der Hinweis, dass am Prinzip der Einstimmigkeit für den Abschluss oder die Änderungen von Vereinbarungen wegen der Bedeutung dieses Grundsatzes für das Wohnungseigentumsgesetz grundsätzlich festgehalten werde; Eigentum müsse grundsätzlich mehrheitsfest sein. Daher sieht das Gesetz nur *eine punktuelle Erweiterung der Beschlusskompetenzen* vor. Die Annahme einer allgemeinen Beschlusskompetenz für Vereinbarungen stünde mit diesen Grundsätzen und der darin zum Ausdruck kommenden legislativen Motivation in eklatantem Widerspruch. 166

h) Änderung von Beschlüssen. Die Vorschrift betrifft nur die Änderung von gesetzlichen oder vereinbarten Regelungen. Sie besagt nichts über ein Recht des einzelnen WEers auf Abänderung von Beschlüssen. Hier war bisher anerkannt, dass sich aus § 242 BGB unter denselben Voraussetzungen wie bei einer Vereinbarung auch ein Anspruch auf Abänderung von bestandskräftigen Beschlüsse ergibt, wenn nämlich außergewöhnliche Umstände, die bei der Beschlussfassung noch nicht berücksichtigt werden konnten,[510] das Festhalten an einer beschlossenen Regelung als grob unbillig und damit als gegen Treu und Glauben verstoßend erscheinen lassen.[511] Diese strengen Voraussetzungen lassen sich auf Grund der Neuregelung in Abs. 2 Satz 3 nicht mehr halten.[512] Da dem Gesetz nicht zu entnehmen ist, dass die Änderung gesetzlicher oder vereinbarter Regelungen gegenüber beschlossenen Regelungen privilegiert werden sollte, handelt es sich um eine unbewusste Regelungslücke, die dadurch zu schließen ist, dass die **Wertungen des Abs. 2 S. 3 auch für die Abänderung von Beschlüssen** zu gelten haben.[513] Sie erfolgt jedoch nicht durch den Abschluss einer Vereinbarung, sondern durch eine neue Beschlussfassung. Der **Anspruch** auf Abänderung ergibt sich daher weiterhin **aus § 242 BGB iVm § 21 Abs. 4** und geht nicht wie bei § 10 Abs. 2 S. 3 auf Abgabe einer Willenserklärung (Zustimmung), sondern auf eine abändernde Beschlussfassung. Zuständig ist zunächst die WEVers. Lehnt sie einen entsprechenden Beschlussantrag ab, so kann der Anspruch im Wege einer Anfechtungsklage gegen den Negativbeschluss verbunden mit einer **Gestaltungsklage nach § 21 Abs. 8** durch- 167

[506] *Merle* ZWE 2007, 472 (473); *Derleder* ZWE 2008, 253 (255).

[507] *Merle* ZWE 2007, 472 (473).

[508] BT-Drucks. 18/887 S. 18.

[509] BT-Drucks. 18/887 S. 10f.

[510] BayObLG NJW-RR 1994, 658; OLG Düsseldorf NJW-RR 2000, 1541; 2007, 960 (961).

[511] BayObLG, NJW-RR 1994, 658; OLG Hamm NJW-RR 2002, 1020 (1021); OLG Schleswig NJW-RR 2003, 1018 (1019).

[512] OLG Hamm ZMR 2008, 156 (158); *Abramenko* ZWE 2007, 336f.

[513] Im Erg. ebenso OLG München NZM 2009, 132 (133) = ZMR 2009, 312; NK-BGB/*Schultzky* Rn 40.

gesetzt werden (§ 23 Rn 199).[514] Dasselbe gilt für durch Öffnungsklausel legitimierte Beschlüsse mit Vereinbarungsinhalt.

168 Weniger streng waren bisher die Voraussetzungen für ein gerichtliches Eingreifen dann, wenn es nicht um die Abänderung oder Ersetzung bestehender Regelungen, sondern um deren **Ergänzung durch zusätzliche Gebrauchs- oder Verwaltungsregelungen** ging.[515] Dafür besteht jedoch unter dem neuen Recht kein Anlass mehr. Auch hier ist zunächst die Verwaltungsautonomie der WEer zu beachten; eine ergänzende gerichtliche Regelung wird nur dann in Betracht kommen, wenn gewichtige Gründe für sie sprechen und im Rahmen des dem Gericht nach § 21 Abs. 8 eingeräumten Entscheidungsermessens nur *eine* Entscheidung als richtig erscheint. Denn andernfalls wäre es bei der Vielzahl der denkbaren sinnvollen oder zweckmäßigen Verhaltensregeln einem einzelnen WEer möglich, die WEer ständig mit der Forderung nach weiteren Regelungen zu überziehen und der Mehrheit seinen Willen aufzuzwingen.[516]

169 **i) Änderung von rechtskräftigen Urteilen.** Erwachsen **Leistungs-** oder **Feststellungsurteile** außerhalb eines Beschlussmängelverfahrens in Rechtskraft, so hat das zur Folge, dass über den Streitgegenstand zwischen denselben Parteien und Beigeladenen sowie deren Rechtsnachfolgern (Absatz 4) keine weitere Entscheidung mehr getroffen werden kann. Sie können idR nur durch eine Vereinbarung abgeändert werden.[517] Anders verhält es sich bei den Gestaltungsurteilen. Während die Rechtskraft von **Urteilen in einem Beschlussmängelverfahren** die WEer nicht hindert, jederzeit einen neuen Beschluss zu fassen,[518] konnten rechtskräftige Regelungsentscheidungen nach § 45 Abs. 4 WEG aF bislang nur auf Antrag eines Beteiligten durch den Richter geändert werden, wenn sich die tatsächlichen Verhältnisse wesentlich geändert hatten und eine Änderung zur Vermeidung einer unbilligen Härte notwendig war. Eine entsprechende Vorschrift fehlt nunmehr. Dies hat jedoch nicht zur Folge, dass rechtskräftige Gestaltungsurteile nach § 21 Abs. 8 nicht abgeändert werden könnten. Da sie der Sache nach einen Beschluss ersetzen und die Rechtskraft dem Selbstorganisationsrecht der Gemeinschaft der WEer keine Schranken setzt, können die in dem Urteil getroffenen Regelungen auch wieder von der für die Regelung primär zuständigen WEVers mit der erforderlichen Stimmenmehrheit geändert werden, wenn die Voraussetzungen für einen **Zweitbeschluss** vorliegen, § 21 Rn 194.

IX. Abgrenzung Vereinbarung – Beschluss

1. Allgemeines

170 Als Regelungsinstrumente kennt das WEG außer der Vereinbarung auch noch den Beschluss. Tertium de lege non datur.[519] Der Beschluss ist nach herrschender Meinung[520] ein mehrseitiges Rechtsgeschäft eigener Art, ein sog. Gesamtakt, durch welchen mehrere gleichgerichtete – gegenüber dem Versammlungsleiter abzugebende – empfangsbedürftige Willenserklärungen gebündelt werden. Beschluss und Vereinbarung unterscheiden sich nicht nur von der Art des Zustandekommens her, sondern auch in Bezug auf den Inhalt. Während die Vereinbarung den inhaltlichen Voraussetzungen der Absätze 2 und 3 unterliegt und darauf zielt, den Inhalt des SEs festzulegen, betreffen die gesetzlich vorgesehenen

---

[514] Teilweise aA *Abramenko* ZWE 2007, 336 (338), der die nicht zustimmenden WEer „sogleich gerichtlich in Anspruch" nehmen will.

[515] BayObLG NZM 1999, 504; OLG Frankfurt NJW-RR 2007, 377.

[516] Vgl. BayObLG NZM 1999, 504; OLG Frankfurt NJW-RR 2007, 377.

[517] BayObLG NJW-RR 1994, 1425; aA Riecke/Schmid/*Elzer* Rn 346.

[518] BayObLG WE 1990, 72; 1996, 395 f.

[519] *Wenzel,* FS Hagen (1999), S. 231 (233); *ders.* ZWE 2000, 2 (3); *Hügel* DNotZ 2001, 176.

[520] BGH NJW 1998, 3713 (3715); BayObLG, WuM 1996, 113 (115); Weitnauer/*Lüke* § 23 Rn 12.

Beschlussangelegenheiten grundsätzlich nur Maßnahmen der Verwaltung und des Gebrauchs des SEs und des GemEs.[521] **Beschluss und Vereinbarung** sind deswegen **nicht beliebig austauschbar.** Die Vereinbarung ist keineswegs eine „höhere"[522] oder sogar die „intensivste"[523] Form des Beschlusses, sondern ein Regelungsinstrument anderen Inhalts.[524] Weder kann ohne entsprechende Öffnungsklausel das, was vereinbart werden muss, auch beschlossen werden, noch dürfen Beschlussangelegenheiten vereinbart werden, wenn die gesetzlichen Voraussetzungen für eine Vereinbarung nicht vorliegen oder die Angelegenheit vereinbarungsfest ist.

Gleichwohl gibt es **Abgrenzungsprobleme.** Sie treten nicht nur bei Vereinbarungen **171** in Beschlussangelegenheiten, sondern umgekehrt auch bei allstimmigen Beschlüssen in Vereinbarungsangelegenheiten sowie bei durch Öffnungsklauseln formell legitimierten Mehrheitsbeschlüssen mit Vereinbarungsinhalt auf. Die zutreffende Einordnung ist jedoch von Bedeutung für die Wirksamkeit der Regelung, vor allem für das Bestehen einer Beschlussfassungskompetenz, die Eintragungsfähigkeit der Regelung, deren Wirkung ggü Sondernachfolgern (Absatz 3) und ihre Abänderbarkeit.

2. Kriterien

a) Abstrakt-generelle oder konkret-individuelle Geltung. Während die Verein- **172** barung der Inhaltsbestimmung des SEs dient, betreffen die gesetzlich vorgesehenen Beschlussangelegenheiten grundsätzlich die nachrangigen Maßnahmen der Verwaltung und des Gebrauchs des GemEs.[525] Im Kern geht es bei der Abgrenzung um die **Tragweite der Regelung,** dh darum, dass mit dem Beschluss „nur Maßnahmen von bestimmter Dauer (und damit geringerer Bedeutung), nicht jedoch Dauerzustände hergestellt werden",[526] während die Vereinbarung auf dauerhafte Geltung ausgerichtet ist. Daraus wird hergeleitet, dass die Vereinbarung ähnlich einer Rechtsnorm **abstrakt-generell** unbestimmt viele Einzelfälle und der Beschluss als Verwaltungshandlung „nur" **konkret-individuell** einen einzigen Fall oder eine Fallgruppe regelt.[527]

Diese Abgrenzung bereitet allerdings ebenso Schwierigkeiten wie die Differenzierung **173** nach der Geltungsdauer der Maßnahme.[528] Die Aufstellung einer Hausordnung ist nur ein Beispiel hierfür. Ob es sich um eine generell-abstrakte, dauerhafte[529] oder um eine konkret-individuelle Regelung von bestimmter Dauer[530] handelt, ist umstritten. Die Frage spielt allerdings für die Beschlussfassungskompetenz keine Rolle (§ 21 Abs. 3 iVm Abs. 5 Nr. 1), wohl aber für die Eintragungsfähigkeit, für die Wirkung ggü Sondernachfolgern und die Abänderbarkeit.

Eine Unterscheidung von Vereinbarung und Beschluss nach den Kriterien abstrakt-gene- **174** rell oder konkret-individuell eignet sich auch deswegen nicht, weil bei **Gebrauchsregelungen** § 15 Abs. 1 und Abs. 2 die Wahl zwischen Vereinbarung und Beschluss nicht von diesen Kriterien abhängig machen, sondern von der Ordnungsmäßigkeit der Regelung. So ist es denkbar, dass abstrakt-generelle Gebrauchsregelungen ordnungsmäßiger Gebrauchsausübung entsprechen („an der Hauswand dürfen keine Fahrzeuge abgestellt werden") und

---

521 Vgl. BGHZ 115, 151 (154).
522 So Riecke/Schmid/*Elzer* Rn 71.
523 So aber *Merle,* Verwalter, S. 51; *Schmack/Kümmel* ZWE 2000, 433 (445).
524 *Wenzel,* FS Bub (2007) S. 249 (255).
525 Vgl. BGHZ 115, 151 (154).
526 *Lüke* ZfIR 2000, 881 (884); *Schmack/Kümmel* ZWE 2000, 433 (443).
527 *Kreuzer* ZWE 2000, 325 (327); *Lüke* ZfIR 2000, 881 (883); *Schmack/Kümmel* ZWE 2000, 433 (441).
528 *Wenzel* ZWE 2001, 226 (231 f.); *ders.* FS Deckert (2002) S. 517 (521).
529 So *Häublein* ZWE 2001, 2 (7).
530 So *Kreuzer* ZWE 2000, 327.

deswegen beschlossen werden können, während konkret-individuelle Einzelfallentscheidungen einer Vereinbarung bedürfen, wenn sie die Ordnungsmäßigkeitsgrenze überschreiten.

175 **b) Materielle Abgrenzung.** Die überwiegende Meinung in Literatur[531] und Rechtsprechung[532] stellt allein auf den Regelungsinhalt ab. Ein Beschluss liegt danach dann vor, wenn sein Gegenstand einem solchen zugänglich ist, und eine Vereinbarung dann, wenn ihr Gegenstand eine solche erfordert. Im Zweifel sei dies durch Auslegung zu ermitteln. So hat etwa das OLG Hamburg[533] den Leitsatz gebildet: „Eine Vereinbarung ist regelmäßig dann anzunehmen, wenn ein Mehrheitsbeschluss nicht möglich wäre".

176 Die Abgrenzung nach dem Regelungsinhalt ist jedoch ebenfalls **abzulehnen**[534] (vgl. § 23 Rn 27). Die rechtliche Einordnung einer Regelung kann nicht danach erfolgen, ob die konkrete Wahl der Regelungsform auch geeignet ist, das Regelungsziel zu erreichen. Von dem Regelungsinhalt her kann nicht auf die Regelungsform geschlossen werden. Sonst müsste die Wahl einer falschen Form von vorneherein ausscheiden. Ob die WEer die richtige Regelungsform gewählt haben, steht gerade zur Diskussion.

177 **c) Formelle Abgrenzung.** Vorzugswürdig ist eine **formelle Abgrenzung,** wonach es auf die erkennbaren Umstände der Entscheidungsfindung, den objektiven Erklärungswillen der WEer und auf die beabsichtigten Wirkungen der Entscheidung sowie die gewählte Form ankommt,[535] § 23 Rn 27. Wer einem Beschlussantrag zustimmt, will einen Beschluss fassen und keine Vereinbarung treffen. Eine materielle Abgrenzung scheidet auch deswegen aus, weil die Feststellung und Bekanntgabe des Beschlussergebnisses nach der Rechtsprechung des BGH[536] Beschluss-konstitutiven Gehalt haben. Dies gilt auch für Beschlüsse im schriftlichen Verfahren nach § 23 Abs. 3 WEG, weil auch sie erst mit der Feststellung und einer an alle WEer gerichteten Mitteilung des Beschlussergebnisses zustande kommen.[537] Schließlich können mit allseitiger Zustimmung gefasste Beschlüsse, die von dem Gesetz abweichen oder eine Vereinbarung ändern, nicht anders behandelt werden als entsprechende, formell legitimierte Mehrheitsbeschlüsse mit Vereinbarungsinhalt. Diese bedürfen aber zu ihrer Wirksamkeit gegen den Sondernachfolger im Gegensatz zu Vereinbarungen nicht der Eintragung in das Grundbuch. Dann kann auch ein als solcher festgestellter allstimmiger Beschluss keine Vereinbarung iSd Absatzes 3 Satz 1 sein und auch nicht in eine solche umgedeutet werden.[538] Nur wenn sich anhand der maßgebenden Umstände nicht ermitteln lässt, ob es sich bei einer getroffenen Regelung um eine Vereinbarung oder um einen Beschluss handelt, ist nach dem Günstigkeitsprinzip davon auszugehen, dass die WEer die Entscheidungsform gewählt haben, in der sie ihren Willen auch umsetzen konnten.

178 **d) Ausnahme: Einseitige Festlegungen der Gründer.** Die Abgrenzung nach formalen Kriterien eignet sich allerdings nur für Regelungen oder Maßnahmen, die in einer bestehenden, dh werdenden oder in Vollzug gesetzten, WEgem mit Zustimmung aller WEer getroffen werden. Für Bestimmungen, welche im Falle der Begründung von WE

---

531 Weitnauer/*Lüke* Rn 28; Bamberger/Roth/*Hügel* § 10 WEG Rn 8; *Belz* WE 1997, 293; *Erman/Grziwotz* Rn 4; *Ertl* DNotZ 1979, 276; *Hügel* DNotZ 2001, 176 ff.; *ders.* ZWE 2001, 578 (581 f.); *ders.* FS Wenzel (2005) S. 219 (222); *Kreuzer* WE 1997, 362; *ders.* ZWE 2000, 325 (327); Palandt/*Bassenge* Rn 8; *Sauren* § 10 Rn 19; Soergel/*Stürner* Rn 7; *Schuschke* NZM 2001, 497.

532 BayObLGZ 1974, 172 (174); 1978, 377 (381); 2001, 73 (76); NJW-RR 1990, 1102; 1992, 403; NZM 2001, 529; 2002, 747; NJW-RR 2003, 9; OLG Düsseldorf NZM 2001, 530; OLG Hamm WE 1997, 32; ZMR 2005, 400; OLG Zweibrücken WE 1997, 234; ZWE 2001, 563 (567).

533 OLG Hamburg ZMR 2008, 154 (155); ferner OLG Düsseldorf NZM 2001, 530.

534 Riecke/Schmid/*Elzer* Rn 270; Staudinger/*Bub* § 23 Rn 163 a; *Deckert* WE 1999, 2 (6); *Drasdo,* Eigentümerversammlung, Rn 365 f.; *Häublein* ZMR 2000, 423 (425); *Wenzel* NZM 2003, 217.

535 IE *Wenzel* NZM 2003, 217.

536 BGHZ 148, 335.

537 BGHZ 148, 335 (347); *Wenzel,* Immobilienrecht 2002, S. 23 (45).

538 OLG Köln NJW-RR 1992, 598; *Kreuzer* WE 1997, 362 (363) in Fn 24; *Schuschke* NZM 2001, 497 (499) in Fn 25; offengelassen in BGHZ 151, 164 (175).

durch Teilungsvertrag die teilenden MEer festlegen oder im Falle der Teilung nach § 8 WEG der Alleineigentümer trifft, scheidet sie aus, weil hier die verfahrensmäßigen Voraussetzungen für das Zustandekommen eines Beschlusses von vorneherein nicht gegeben sein können, es also an formellen Entscheidungskriterien fehlt. Deswegen kann aus dem Grundsatz, dass ein festgestellter allstimmiger Beschluss mit Vereinbarungsinhalt ein Beschluss ist, nicht umgekehrt auch hergeleitet werden, dass eine Vereinbarung mit Beschlussinhalt eine Vereinbarung ist. Vielmehr ist bei der Zuordnung der durch die Eigentümer bei der Begründung von WE getroffenen Festlegungen auf den **Inhalt** der Regelung abzustellen.

3. Mehrheitsvereinbarung

In Anlehnung an die von der hM befürwortete, hier abgelehnte materielle Abgrenzung des allstimmigen Beschlusses von der Vereinbarung nach dem Regelungsinhalt ist in der Literatur von *Hügel*[539] der Begriff der Mehrheitsvereinbarung geprägt worden. Er kennzeichnet einen durch entsprechende Öffnungsklausel formell legitimierten Mehrheitsbeschluss mit Vereinbarungsinhalt und dient dazu, entsprechenden Beschlüssen durch Anwendung von Absatz 3 zur Eintragung in das Grundbuch zu verhelfen. Abgesehen von den dogmatischen Bedenken gegen die Begründung einer an sich erstrebenswerten Lösung,[540] hat sich die Problematik der Eintragung von Mehrheitsbeschlüssen mit Vereinbarungsinhalt durch Absatz 4 Satz 2 erledigt (Rn 190). **179**

4. Vereinbarung mit Beschlussinhalt (Beschlussvereinbarung)

Ein Vertrag unter den WEern, der nicht die für eine Vereinbarung iSd Abs. 2 Satz 2, Absatz 3 erforderlichen Kriterien (Rn 72 f.) erfüllt, ist keine Vereinbarung ieS, wird aber gerne als solche bezeichnet (Vereinbarung iwS, Rn 81). Enthält sie Regelungen in Angelegenheiten, über die sonst durch Beschluss zu entscheiden ist, handelt es sich um eine Vereinbarung in Beschlussangelegenheiten,[541] auch Beschlussvereinbarung genannt. **180**

Solche Beschlussvereinbarungen werden in der Literatur[542] einerseits als Vereinbarungen iSd § 10 Abs. 2 behandelt, weil zwar nicht alles, was vereinbart werden muss, auch beschlossen, wohl aber alles, was beschlossen werden könne, auch vereinbart werden dürfe.[543] Andererseits werden sie als Vereinbarungen „minderer Qualität" angesehen, weil sie nicht eintragungsfähig und nicht beschlussfest seien. Denn die gesetzlichen Beschlusskompetenzen seien zwingend und nicht durch Vereinbarung abdingbar. Sie enthielten gleichsam eine „gesetzliche Öffnungsklausel" für Beschlussmacht[544] und könnten daher im Beschlusswege wieder abgeändert werden. **181**

Dem ist nur im Ergebnis zuzustimmen. Die Begründung entspricht nicht dem Gesetz und ist abzulehnen. Es trifft schon nicht zu, dass jede von dem Gesetz eingeräumte Beschlusskompetenz zwingend und nicht abänderbar sei. § 21 Abs. 1 WEG erhebt das Einstimmigkeitsprinzip ausdrücklich nur dort zum Grundsatz, wo Gesetz oder Vereinbarung nicht etwas anderes bestimmen (Rn 100). Also kann im Wege der Vereinbarung auch bestimmt werden, dass dort, wo nach dem Gesetz das Mehrheitsprinzip angeordnet ist, das Einstimmigkeitsprinzip gelten soll, sofern das WEG die Beschlusskompetenz nicht ausdrücklich für vereinbarungsfest erklärt hat. Auch eine Vereinbarung „minderer Qualität" ist dem Gesetz fremd. Die Beschlussvereinbarungen erfüllen nicht die Voraussetzungen von **182**

---

[539] *Hügel* DNotZ 2001, 176 (187); 2007, 326 f.; ZfIR 2003, 885 ff.; iErg ebenso Riecke/Schmid/*Elzer* Rn 289.

[540] *Wenzel* ZWE 2004, 130 (136).

[541] Niedenführ/*Kümmel*/Vandenhouten Rn 22.

[542] Riecke/Schmid/*Elzer* Rn 81.

[543] Vgl. *Lüke,* ZfIR 2000, 881 (883); Riecke/Schmid/*Elzer* Rn 82.

[544] *Elzer* ZMR 2004, 479 (484); *Drabek,* FS Seuß (2007), S. 97, 105 f.

Absatz 2 Satz 2 und Absatz 3 Satz 1. Sind sie allein aus diesem Grund **nicht eintragungsfähig,**[545] entfalten sie auch bei einer gleichwohl erfolgten Eintragung keine Sukzessionswirkung und können **durch Beschluss abgeändert** werden. Der besonderen Konstruktion einer „gesetzlichen Öffnungsklausel" für eine entsprechende Beschlussfassungskompetenz bedarf es hierzu ebenso wenig wie einer entsprechenden Auslegung der Vereinbarung als „beschlussoffen".[546]

183 Schließlich sind Beschlussvereinbarungen nach der für sie maßgeblichen materiellen Abgrenzung (Rn 178) in Wahrheit **schriftliche Beschlüsse.** Dies gilt ab dem Zeitpunkt der Entstehung der werdenden WEgem auch für die einseitigen Entschlüsse der Begründer von WE. Deswegen ist zB die **Bestellung des ersten Verwalters in der GemO** zunächst nur ein „Entschluss" des oder der Gründer (Rn 69),[547] der jedoch ab Entstehen der werdenden Eigentümergemeinschaft als einstimmiger schriftlicher Beschluss iS des § 23 Abs. 3 WEG[548] durch Mehrheitsbeschluss wieder abgeändert werden kann. Auch die maximale Bestellungsdauer von 3 Jahren (§ 26 Abs. 1 S. 2) läuft erst ab diesem Zeitpunkt. Werden außer der konkreten Bestellung dagegen auch noch Beginn und Ende der Bestellungszeit in der GemO allgemein geregelt und bei der Bestellung selbst auch zum Inhalt des Bestellungsrechtsverhältnisses gemacht, so ist diese Regelung als Vereinbarung ieS bindend. Auch bei den Regelungen in der **Hausordnung** ist jeweils zu prüfen, ob sie eine Vereinbarung ieS oder eine Beschlussvereinbarung darstellen. Eine dem Verwalter oder einem WEer in der GemO eingeräumte allgemeine **Ermächtigung** iSd § 27 Abs. 2 Nr. 3 und Abs. 3 Nr. 7 hat dagegen reinen Beschlusscharakter.

X. Wirkung von Beschlüssen und gerichtlichen Entscheidungen gegen Sondernachfolger (Abs. 4)

1. Begriff des Beschlusses

184 Nach bislang herrschender Auffassung handelt es sich bei einem Beschluss um ein mehrseitiges **Rechtsgeschäft eigener Art,** einen sog. Gesamtakt der werdenden oder in Vollzug gesetzten WEgem von **mindestens zwei WEern,** durch welchen ihre gleichgerichteten Willenserklärungen im Wege der Abstimmung gebündelt werden.[549] Hiervon zu trennen ist die „Einmannversammlung", in der auch Beschlüsse gefasst werden können.[550]

185 „Einmannbeschlüsse" des teilenden Alleineigentümers können als sog. **Entschlüsse** (Rn 69) in entsprechender Anwendung von § 5 Abs. 4 nur dann Rechtswirkung entfalten, wenn sie schriftlich niedergelegt sind. Nicht schriftlich niedergelegte Entschlüsse sind aus Gründen der Rechtssicherheit unbeachtlich. In der GemO niedergelegte Entschlüsse oder ein aufgestellter Wirtschaftsplan gelten dagegen mit Entstehen der werdenden WEgem als schriftliche Beschlüsse nach § 23 Abs. 3 fort (Rn 69). Dasselbe muss für einen vom Alleineigentümer aufgestellten Wirtschaftsplan gelten.[551] **Verträge,** die der Alleineigentümer mit Dritten abgeschlossen hat, wirken dagegen ohne Beschlussfassung der werdenden WEgem nicht gegen Sondernachfolger. Eine in den Erwerbsverträgen enthaltene Vertragsübernahme ersetzt die erforderliche Genehmigung durch die WEVers nicht, weil die Erwerber nicht mit Wirkung für die Gemeinschaft handeln können.[552]

---

545 *Kümmel,* Die Bindung der Wohnungseigentümer, S. 34.

546 AA Riecke/Schmid/*Elzer* Rn 84.

547 OLG Frankfurt OLGZ 1986, 408; aA *Drasdo* RNotZ 2008, 87.

548 *Gottschalg* NZM 2002, 841 (842) mwN.

549 BGHZ 139, 288 (297) = NJW 1998, 3713; BayObLGZ 1984, 198 (201); *Bruns,* Der Beschluss als rechtstechnisches Mittel organschaftlicher Funktion im PrivatR, 1965, S. 175 f.

550 OLG München IMR 2008, 61.

551 AA OLG Köln ZWE 2008, 242.

552 *Becker,* FS Seuss (2007) S. 19 (22).

Ein Beschluss besteht im **Unterschied zum Vertrag** nicht aus gegenseitigen, in Bezug aufeinander abgegebenen, sondern aus gleichgerichteten Willenserklärungen.[553] Zudem setzt er nicht die Willensübereinstimmung aller WEer voraus. Gleichwohl erfüllt er die Merkmale eines **Rechtsgeschäfts,** weil sein wesentlicher Bestandteil ein oder mehrere Willenserklärungen sind und er die kollektive und rechtsverbindliche Entscheidung der WEer über einen Antrag zum Ausdruck bringt. An dieser Beurteilung hat sich durch die Anerkennung der Rechtsfähigkeit der WEgem nichts geändert. Anders als früher ist die WEVers jetzt jedoch Willensbildungsorgan des Rechtssubjekts und der Beschluss – wie der Gesellschafterbeschluss einer Körperschaft und anders als bisher im WE-Recht[554] – die **Willensentscheidung des Rechtssubjekts.** Sie artikuliert einerseits den Willen der WEgem für die Geschäftsführung und konkretisiert bzw. modifiziert andererseits die sich aus dem gesetzlichen Schuldverhältnis ergebenden Rechte und Pflichten der WEer. Hiervon zu trennen ist das zur Durchführung des Beschlusses erforderliche Rechtsgeschäft. Dieses kann nur von einer vertretungsberechtigten Person abgeschlossen werden.[555] **186**

2. Auslegung von Beschlüssen

Beschlüsse sind wie Grundbucheintragungen auszulegen.[556] Denn sie wirken auch ohne Eintragung in das Grundbuch wie Grundbucherklärungen für und gegen die Rechtsnachfolger (Abs. 4). Es besteht daher wie bei der GemO ein Interesse des Rechtsverkehrs, die durch die Beschlussfassung eingetretenen Rechtswirkungen der Beschlussformulierung entnehmen zu können. Die Beschlüsse sind deshalb „aus sich heraus" – **objektiv und normativ** – auszulegen.[557] Umstände außerhalb des protokollierten Beschlussinhalts, wie zB die abweichende Feststellung des Versammlungsleiters und der von ihm mündlich abweichend verkündete Inhalt des Beschlusses dürfen nur herangezogen werden, wenn sie nach den besonderen Verhältnissen des Einzelfalls für jedermann ohne weiteres erkennbar sind, zB weil sie sich aus dem – übrigen – Versammlungsprotokoll ergeben.[558] Deswegen besteht auch kein Grund, die Auslegung dem Tatrichter vorzubehalten. Insoweit unterscheidet sich die objektive Auslegung von der Auslegung nach dem objektiven Erklärungswert, die in der Revision nur einer beschränkten Nachprüfung unterliegt. Der Beschluss muss für eine objektive Auslegung inhaltlich **bestimmt und klar** sein, anderenfalls ist er, wie zB ein Beschluss, der das Singen und Musizieren nur in „nicht belästigender Weise und Lautstärke" erlaubt[559] oder WEer auffordert, Gärten in einen „ordnungsgemäßen Zustand" zu bringen,[560] nichtig. Zur **Änderung** von Beschlüssen Rn 167. Zur Klage auf **Protokollberichtigung** vgl. § 43 Rn 180, zur Klage auf **Feststellung des Beschlussergebnisses** § 43 Rn 105 ff. und auf Feststellung des **Beschlussinhalts** § 43 Rn 102. **187**

3. Regelungs- und Bindungswirkung von Beschlüssen ggü Wohnungseigentümern

Der Beschluss entfaltet Regelungs- und Bindungswirkung im Innenverhältnis der WEer unmittelbar mit seinem Zustandekommen. Besonderer Umsetzungsmaßnahmen bedarf es hierzu – anders als im Außenverhältnis – nicht. Die Regelungswirkung wird durch den Beschlussgegenstand bestimmt. Es können Fragen des Gebrauchs des SEs und des GemEs **188**

---

553 Vgl. *K. Schmidt,* GesellschaftsR, 4. Aufl., § 15 I 2 a) für den Bereich gesellschaftsrechtlicher Beschlüsse.

554 *Kümmel,* Die Bindung, S. 21 ff.

555 Vgl. *Jacoby* ZWE 2008, 327 zum Abschluss des Verwaltervertrages.

556 Vgl. iE *Bonifacio* ZMR 2006, 583.

557 BGHZ 139, 288 (291 ff.) = NJW 1998, 3713 (3714); BGH NJW 2001, 3339 (3342).

558 OLG Frankfurt IMR 2008, 364 = ZMR 2009, 56.

559 BGHZ 139, 288 (295) = NJW 1998, 3713.

560 OLG München NZM 2006, 821 (822).

sowie der inneren Organisation und der Verwaltung des GemEs sein. Der Beschluss entfaltet Bindungswirkung für **alle WEer,** auch für diejenigen, die dagegen gestimmt oder an der WEVers nicht teilgenommen haben. Dies folgt nicht aus der Anordnung in Absatz 4,[561] sondern aus der **normativen Wirkung des Mehrheitsprinzips,** wonach bestimmte Angelegenheiten mit Mehrheit beschlossen werden können und nicht der Zustimmung aller WEer bedürfen. Der Beschluss entfaltet dagegen – vorbehaltlich einer abweichenden Abrede zwischen den Beteiligten – keine Wirkung ggü Dritten (zB Mieter).[562]

4. Regelungs- und Bindungswirkung von Beschlüssen ggü Sondernachfolgern

189 **a) Allgemeines.** Während Vereinbarungen iSd Absätze 2 und 3 „gegen" (= gegenüber, Rn 122) Sondernachfolgern nur wirken, wenn sie im Grundbuch eingetragen sind, bedürfen Beschlüsse zu ihrer Wirksamkeit gegen Sondernachfolgern keiner Eintragung in das Grundbuch. Dasselbe gilt erst recht für Beschlüsse, die den Sondernachfolger begünstigen. Hängt die Sukzessionswirkung aber nicht von einer Eintragung in das Grundbuch ab, sind Beschlüsse auch nicht eintragungsfähig.[563] Die Vorschrift geht als die für die WEgem speziellere Norm der Bestimmung des § 1010 BGB vor.

190 **b) Vereinbarungsändernde Beschlüsse.** Nach Satz 2 bedürfen auch durch eine Öffnungsklausel formell legitimierte Beschlüsse mit Vereinbarungsinhalt, zu ihrer Wirksamkeit nicht der Eintragung in das Grundbuch. Gemeint sind die gesetzes- und vereinbarungsändernden Beschlüsse, die auf Grund einer Öffnungsklausel insoweit gesetzliche oder vereinbarte Regelungen durch eine andere Regelung ersetzen, also von ihnen normativ und nicht nur tatsächlich „abweichen" wollen (vgl. Rn 134 f.). Die Vorschrift beendet die vor allem in der Literatur[564] geführte Diskussion um die Eintragungsbedürftigkeit solcher Beschlüsse mit Vereinbarungsinhalt.[565] Sie trägt fiskalischen Erwägungen zur Schonung der Grundbuchämter Rechnung und nimmt einen Wertungswiderspruch zu Absatz 3 in Kauf, wonach Vereinbarungen, die denselben Inhalt haben, der Eintragung in das Grundbuch bedürfen, um gegenüber Sondernachfolgern zu wirken. Sie kann insoweit nur als Systembruch bezeichnet werden.[566] Zusätzlich führt sie zu einer Minderung der Publizitätswirkung des Grundbuchs und der Wertigkeit von WE, weil sich der Inhalt des SEs nicht mehr aus dem Grundbuch erschließt, sondern mühsam bei dem Verwalter aus einer fehleranfälligen Beschlusssammlung (§ 24 Abs. 7) eruiert werden muss.[567] Dies rechtfertigt es jedoch nicht, solche Beschlüsse mit Vereinbarungsinhalt contra legem als eintragungsbedürftige Vereinbarungen zu behandeln. Zum **vereinbarungsersetzenden Beschluss** vgl. § 15 Rn 40.

191 **c) Erwerberhaftung für Beitragsrückstände.** Absatz 4 befasst sich dem Wortlaut nach nicht mit der Haftung des Sondernachfolgers. Gleichwohl kann mit der Wirkung „gegen" den Sondernachfolger auch eine Haftung verbunden sein, wenn Beschlüsse eine Verbindlichkeit „begründet" haben. Hier ist allerdings zu unterscheiden. Der Sondernachfolger tritt in die Rechtsstellung des ausgeschiedenen WEers in der WEgem ein. Dies führt dazu, dass die aus Vereinbarungen und Beschlüssen folgenden **Ansprüche und Verpflichtungen des Veräußerers** auf den Erwerber übergehen. Er wird Schuldner der Sozialansprüche.[568] Umstritten ist nur, ob er auch für die Erfüllung solcher Verpflichtungen

[561] Vgl. Riecke/Schmid/*Elzer* Rn 362; *Kümmel,* Die Bindung, S. 24 f.; aA bisher die überwiegende Ansicht, vgl. BGHZ 139, 289 (297) = NJW 1998, 3713; Weitnauer/*Lüke* § 10 Rn 60.
[562] *Armbrüster/Müller* ZMR 2007, 321 (325).
[563] BGHZ 127, 99 (104).
[564] Vgl. *Wenzel* ZWE 2004, 130 (135 f.); *Kreuzer,* FS Seuß (2007), S. 155 f.
[565] AA *Hügel*/Elzer § 3 Rn 143.
[566] *Hügel*/Elzer § 3 Rn 138 ff.
[567] Vgl. OLG München NZM 2010, 49 (50).
[568] *Kümmel,* Die Bindung, S. 56.

einzustehen hat, die bereits vor der Grundbuchumschreibung fällig waren und nicht erfüllt wurden. Dies wird insbesondere für Beitragsrückstände mit der Überlegung bejaht, dass es sich um eine Verpflichtung aus dem Beschluss handele, der als solcher auch gegen den Sondernachfolger wirke.[569]

Dem ist entgegenzuhalten, dass es sich bei den Beitragsschulden um Sozialverbindlich- 192
keiten handelt, die nur den jeweiligen WEer treffen. Der Beitragsbeschluss ist hierfür nicht Anspruchsgrundlage, sondern Entstehungsvoraussetzung des sich aus § 28 Abs. 2 ergebenden gesetzlichen Anspruchs.[570] Der gesetzliche Anspruch knüpft aber an die Eigentümerstellung, also an die Zugehörigkeit zu der WEgem an. Der Erwerber haftet daher nur für die **Beitragsschulden, die nach der Eigentumsumschreibung** im Grundbuch **beschlossen und fällig** wurden, nicht dagegen für Verbindlichkeiten, die vorher entstanden und fällig geworden sind.[571] Insoweit fehlt es an einer Rechtsgrundlage für die Haftung. Eine solche kann nicht durch Beschluss, sondern nur durch **Vereinbarung** geschaffen werden, allerdings auch nur **für den rechtsgeschäftlichen Erwerb** (Rn 78, 85). Der Erwerber haftet für Beitragsrückstände auch dann nicht, wenn sie in die Jahresabrechnung einbezogen worden sind und der Genehmigungsbeschluss nach Eigentumsumschreibung gefasst und bestandskräftig geworden ist.[572] Denn die Jahresabrechnung ändert nichts daran, dass es sich um Beitragsrückstände aus der Zeit des Veräußerers handelt. Dass der Erwerber nach der **Fälligkeitstheorie** dagegen für eine Beitrags- bzw. Vorschussschuld aufzukommen hat, die zwar vor dem Eigentumswechsel beschlossen, aber erst danach fällig geworden ist,[573] steht zu der hier vertretenen Ansicht von der fehlenden Erwerberhaftung nicht in Widerspruch, sondern gehört mit zu der gesetzlichen Verpflichtung aus § 28 Abs. 2 WEG.

5. Gerichtliche Entscheidungen

Ebenso wie Beschlüsse sind auch gerichtliche Entscheidungen **nicht eintragungs-** 193
bedürftig und darum auch **nicht eintragungsfähig,** um gegenüber Sondernachfolgern zu wirken. Dies betrifft sowohl verfahrensbeendende **Beschlüsse** als auch **Urteile.** Tritt die Sondernachfolge schon während des Rechtsstreits ein, gelten §§ 265, 325 ZPO. Zu den verfahrensbeendenden Beschlüssen gehören im Wesentlichen alle Beschlüsse, die der formellen Rechtskraft fähig sind und eine der materiellen Rechtskraft fähige Entscheidung enthalten, wie zB Kostenfestsetzungsbeschlüsse, Verwerfungsbeschlüsse nach §§ 522, 552, die Wiedereinsetzung ablehnende Beschlüsse, Beschlüsse nach §§ 888, 922, 935, 936 ZPO und der Vollstreckungsbescheid, weil er gem § 700 ZPO einem Versäumnisurteil gleichsteht. Die Wirkung tritt entsprechend der Wirkung eines WEer-Beschlusses nicht erst mit dem Eintritt der Rechtskraft, sondern bereits mit der Verkündung ein und erfasst auch Beschlüsse, die nicht der Rechtskraft fähig sind, wie zB PKH-versagende Beschlüsse.[574] Dies ergibt sich aus der Gegenüberstellung zu § 48 Abs. 3, der sich mit den Wirkungen der Rechtskraft eines Urteils befasst und diese über die in § 325 ZPO angeordnete Wirkung für und gegen die Parteien und deren Rechtsnachfolger hinaus auch noch – weitergehend als Absatz 3 – für und gegen Dritte, nämlich die beigeladenen WEer und ihre Rechtsnachfolger sowie den beigeladenen Verwalter, erstreckt. **Inhalt und Umfang** der gerichtlichen Entscheidung, die gegen den Sondernachfolger wirkt, ist im Zweifel durch Auslegung zu ermitteln.[575]

---

569 *Kümmel,* Die Bindung, S. 57.
570 *Wenzel* NZM 2004, 542 (544).
571 BGHZ 107, 285 (288).
572 Vgl. BGHZ 142, 290 = ZWE 2000, 29 m. Anm. *Bub/Petersen* und *Jennißen.*
573 OLG Köln NZM 2002, 351; *Wenzel,* FS Seuß (1997) S. 313, 320.
574 BGH NJW 2004, 1805.
575 Vgl. BayObLG ZMR 2005, 213 (214).

6. Prozessvergleich

194 Nicht zu den gerichtlichen Entscheidungen gehört ein von den Parteien abgeschlossener **Prozessvergleich.** Er hat nach hM eine Doppelnatur, ist also sowohl materiell-rechtlicher Vertrag als auch Prozesshandlung.[576]Er wirkt nur zwischen den Prozessparteien und sollte ohne vorherige Beschlussfassung der WEer mit einem Widerrufsvorbehalt versehen sein. Wird der Genehmigungsbeschluss nach Ablauf der Widerrufsfrist für ungültig erklärt, lässt dies die Wirksamkeit des Vergleichs unberührt.[577] Sondernachfolger sind an die Regelung nur gebunden, wenn sie als Vereinbarung in das Grundbuch eingetragen oder zum Inhalt eines Beschlusses gemacht wurde.[578] Beides setzt voraus, dass Parteien des Rechtsstreits die WEer sind. Handelt es sich um einen **Rechtsstreit zwischen der WEgem und einzelnen WEern** aus dem Gemeinschaftsverhältnis (zB Beiträge, bauliche Veränderung), so gilt nichts anderes. Handelt es sich dagegen um einen **Rechtsstreit der WEgem mit einem Dritten** (zB Nachbarn, Verwalter, Handwerker), kann eine Sukzessionswirkung auf Seiten des Dritten weder durch Vereinbarung noch durch Beschluss herbeigeführt werden. Es verbleibt bei §§ 794 Abs. 1 Nr. 1, 795, 727 ZPO, wonach eine vollstreckbare Ausfertigung für den Rechtsnachfolger des Dritten als Vollstreckungsgläubiger oder -schuldner erteilt werden kann.

195 Ob in einem **Rechtsstreit nach § 43 Nr. 1, 2, 4** der den Vergleichsabschluss billigende **Eigentümerbeschluss** zugleich als Beschlussfassung mit dem Inhalt des Vergleichs angesehen werden kann, ist durch Auslegung zu ermitteln. Dabei kommt es mit darauf an, ob der Vergleich eine Angelegenheit betrifft, über welche die WEer durch Beschluss entscheiden können und die keiner Vereinbarung bedarf.[579] Soweit die in dem Vergleich vereinbarte Regelung nur mit qualifizierter Mehrheit beschlossen werden kann, gilt dies auch für den genehmigenden Beschluss.[580] Erfolgt die Genehmigung, ist davon auszugehen, dass die WEer mit der Genehmigung die streitige Angelegenheit auch mit Wirkung gegenüber etwaigen Sondernachfolgern regeln wollen.[581] Anderenfalls wird in dem Genehmigungsbeschluss nur die Zustimmung zu einer Prozesshandlung und zu einem Vertrag liegen, der als Vereinbarung nur dann gegenüber Sondernachfolger wirkt, wenn die Vergleichsregelung die Zustimmung aller WEer gefunden hat, die Voraussetzungen des Absatzes 3 erfüllt sind und die Vereinbarung in das Grundbuch eingetragen wird.[582] In diesem Fall sollten der Antrag auf Eintragung in die Wohnungsgrundbücher und die Eintragungsbewilligung in das Vergleichsprotokoll mit aufgenommen werden, weil dies dann gem §§ 127 a, 129 BGB die nach § 29 GBO erforderliche Form der Eintragungsbewilligung ersetzt.[583]

XI. Wirkung von Rechtshandlungen auf Grund von Beschlüssen (Abs. 5)

1. Normzweck nach herkömmlicher Auffassung

196 **a) Stand der Meinungen.** Der Zweck der Vorschrift, wonach Rechtshandlungen die auf Grund eines Mehrheitsbeschlusses vorgenommen werden auch für und gegen die WEer wirken, die gegen den Beschluss gestimmt oder an der Abstimmung nicht teilgenommen haben, ist umstritten. Nach einer Auffassung behandelt die Bestimmung die Innenwirkung von Beschlüssen innerhalb der Gemeinschaft[584] und soll auch die überstimmten oder der

---

[576] BGH NJW 2000, 1942 (1943).
[577] *Elzer* ZMR 2009, 649 (655).
[578] *Häublein* ZMR 2001, 165 (166).
[579] *Elzer* ZMR 2009, 649 (651).
[580] *Elzer* ZMR 2009, 649 (654).
[581] *Becker* ZWE 2002, 429 (434 f.).
[582] Vgl. *Becker* ZWE 2002, 429 (431 f.); *Häublein* ZMR 2001, 165 (169).
[583] *Becker* ZWE 2002, 429 (437); *Drasdo,* Die Eigentümerversammlung nach WEG, Rn 847.
[584] Staudinger/*Kreuzer* Rn 139.

Abstimmung ferngebliebenen Mitglieder an den Beschluss zu binden.[585] Nach anderer Meinung betrifft sie das Außenverhältnis und soll hier alle WEer an den Beschluss binden.[586] Nach einer dritten, verbreiteten Auffassung ist Absatz 5 eine Zurechnungsnorm für Rechtshandlungen, die in Verbindung mit § 27 Abs. 1 eine gesetzliche Vertretungsmacht schafft, also sicherstellt, dass die Mehrheit mit Wirkung für und gegen die Minderheit handeln kann, wobei offen bleibe, wer im Innenverhältnis berechtigt sei, den Beschluss auszuführen (Theorie von der gesetzlichen Vertretungsmacht).[587]

b) Stellungnahme. Gegen die Ersten beiden Ansichten spricht schon der Wortlaut, **197** wonach nicht der Beschluss, sondern die auf seiner Grundlage vorgenommene Rechtshandlung gegen alle WEer wirkt. Im Übrigen regeln Beschlüsse per se ausschließlich das Innenverhältnis der WEer untereinander und binden hier alle WEer auf Grund einer auf dem Mehrheitsprinzip basierenden normativen Zuordnung und nicht erst kraft gesetzlicher Anordnung (Rn 188).

Gegen die Theorie von der gesetzlichen Vertretungsmacht spricht, dass die Vorschrift **198** in dem Abschnitt über die Gemeinschaft der WEer steht und nicht in dem über die Vertretung. Diese hat der Gesetzgeber vielmehr in § 27 WEG geregelt, wobei er auch im Rahmen der Neufassung wiederum bewusst davon abgesehen hat, dem Verwalter für die Durchführung von Beschlüssen eine allgemeine gesetzliche Vertretungsmacht zuzubilligen. § 27 Abs. 1 stellt seit seiner Neufassung ausdrücklich klar, dass die Berechtigung und Verpflichtung zur Durchführung von Beschlüssen nur das Innenverhältnis betrifft und nicht auch zur Vertretung berechtigt. Hierzu stünde eine Auslegung, die in § 10 Abs. 5 WEG eine gesetzliche Vertretungsmacht sieht, in einem Wertungswiderspruch. Widerspruchsfrei ist nur ein Verständnis, das für die Bindung der Minderheit an Rechtshandlungen neben der Wirksamkeit des Beschlusses auch voraussetzt, dass die Rechtshandlung von einer hierzu befugten Person vorgenommen wurde. Aus dem subsidiär anwendbaren Bruchteilsgemeinschaftsrecht ergibt sich nichts anderes. Denn § 27 ist lex specialis zu § 745 BGB.

2. Normzweck nach Anerkennung der Rechtsfähigkeit der Gemeinschaft

Sinn und Zweck der Vorschrift konnten infolgedessen bislang nur darin liegen, die **199** Minderheit auch **im Innenverhältnis an** alle **Rechtshandlungen** auf Grund eines wirksamen Mehrheitsbeschlusses zu **binden,** die **im Außenverhältnis** von einer für sie handlungsbefugten Person wirksam **vorgenommen** wurden.[588] Als Rechtshandlungen kommen dabei nur rechtsgeschäftliche und rechtsgeschäftsähnliche Handlungen, nicht dagegen Realakte in Betracht.[589] Soweit die Rechtsgeschäfte mit Dritten nunmehr durch die WEgem als Rechtssubjekt abgeschlossen werden, ist die Bestimmung gegenstandslos geworden. Sie hat nur noch in den Fällen einen Sinn, in denen die WEgem in Ausübung von Rechten der WEer im Außenverhältnis wirksam Rechtshandlungen vornimmt, die auch im Innenverhältnis die Minderheit binden. Das ist zB dann der Fall, wenn die WEgem in Ausübung von Mängelrechten einen Vorschuss oder die Zahlung von kleinem Schadensersatz oder Minderung verlangt oder hierüber einen Vergleich abschließt. Absatz 5 entfaltet seine Regelungswirkung aber nur, wenn die Rechtshandlung (kausal) auf

[585] BGHZ 139, 288 (297) = NJW 1998, 3713; OLG Hamm NJW-RR 1989, 1161; *Bub,* FS für Merle S. 119 (120); *ders.* ZWE 2000, 194 (195); *Müller* ZWE 2000, 237 (238); *Rapp,* DNotZ 2000, 185 (194).

[586] *Kümmel,* Die Bindung, S. 78 f.

[587] *Merle* ZWE 2006, 21 (24); *ders.* in § 20 Rn 11 u. § 27 Rn 20 f.; *Kümmel,* Die Bindung, S. 78 ff., 98; Weitnauer/*Lüke* Rn 60; vgl. auch *Bork* ZIP 2005, 1205 (1208); *Häublein* ZIP 2005, 1720 (1722); *Rapp* MittBayNot 2005, 449 f.; NK-BGB/*Schultzky* Rn 46.

[588] *Wenzel* ZWE 2006, 2 (4 f.).

[589] *Kümmel,* Die Bindung, S. 82 f.

einer wirksamen Beschlussfassung beruht. Ist der Beschluss nichtig oder rechtskräftig für ungültig erklärt worden, wirkt die Rechtshandlung nicht ggü den WEern und ihren Sondernachfolgern.[590]

XII. Gemeinschaft als Rechtssubjekt (Abs. 6)

1. Normzweck

200 Die Bestimmung kodifiziert die bereits mit Beschluss des BGH vom 2. Juni 2005[591] richterrechtlich anerkannte Rechtsfähigkeit der Gemeinschaft. Sie bezweckt im Hinblick auf die in der Literatur geäußerten rechtsmethodischen Zweifel an der Entscheidung die Herstellung von Rechtssicherheit, will das Verhältnis der sachenrechtlichen und korporativen Elemente des WE-Rechts zueinander klarstellen und regeln, auf welche Angelegenheiten sich die Rechtsfähigkeit der WEgem erstreckt.[592]

2. Rechtsnatur der Gemeinschaft

201 Die WEgem ist unter Zugrundelegung der herkömmlichen Unterscheidung von Gesamthand und juristischer Person keine juristische Person, sondern vereint **Elemente verschiedener Verbandstypen** in sich, ohne insgesamt einem von ihnen anzugehören.[593] Von der Gesellschaft bürgerlichen Rechts (GbR) unterscheidet sie sich dadurch, dass diese zur Verfolgung eines gemeinsamen Zwecks gegründet wird, während bei den WEern der individuelle Zweck der Wohnungsnutzung im Vordergrund steht und die Einbindung in den Verband der WEgem die unvermeidliche gesetzliche Folge des Miteigentums ist.[594] Entsprechend hat die GemO eher die Funktion einer Satzung (Rn 84). Im Gegensatz zu § 709 Abs. 1 BGB bedarf es zur Willensbildung in der WEVers nach § 25 auch nur der Mehrheit. Außerdem ist die WEgem auf Grund gesetzlicher Anordnung anders als die GbR vom Mitgliederwechsel unabhängig und unauflöslich. Die WEer haben im Gegensatz zur Gesellschaft noch nicht einmal nennenswerten Einfluss auf den Eintritt eines neuen Miteigentümers, sofern kein wichtiger Grund vorliegt (§ 12 Abs. 2). Mit dieser Unabhängigkeit von dem jeweiligen Mitgliederbestand korrespondiert die Selbstständigkeit des Finanzwesens, welche die GbR nicht kennt. Ähnliches gilt schließlich für die Verwalterbestellung. Während hier der Grundsatz der Fremdorganschaft gilt und der Verwalter aus den Reihen der WEer die Ausnahme darstellt, ist er für die GbR die Regel.[595] Die GemO mit ihrem satzungsähnlichen Charakter nähert die WEgem eher dem Verein an, von dem sie sich allerdings wiederum durch die fehlende Austrittsmöglichkeit und die Vererblichkeit der Miteigentümerstellung unterscheidet.[596]

202 Parallelen zur Genossenschaft erlaubt die personalistische Struktur, von der sie sich aber durch das Kündigungsrecht der Genossen nach § 65 GenG und die Ausschlussmöglichkeit nach § 68 GenG unterscheidet.[597] Die Willensbildung ist dagegen dem Recht der Kapitalgesellschaften angenähert,[598] mit denen wiederum die personalistische Struktur der WEgem nicht zu vergleichen ist. Im Ergebnis lässt sich die WEgem also keinem der anderen Typen von Körperschaften zuordnen. Sie stellt daher einen rechtsfähigen **Verband sui generis**

590 *Kümmel,* Die Bindung, S. 104 f.

591 BGH NJW 2005, 2061.

592 BT-Drucks. 16/887 S. 57.

593 Zu den vor Anerkennung der Rechtsfähigkeit vertretenen unterschiedlichen Auffassungen zur Rechtsnatur der Gemeinschaft vgl. Weitnauer/*Briesemeister* Vor § 1 Rn 38 f.

594 *Raiser* ZWE 2001, 173 (174); *Derleder* PiG 63, 29 (34); *Schwörer* NZM 2002, 421.

595 *Bub* PiG 63, 1 (16 f.).

596 Vgl. *Schmid* BlBGW 1981, 142 (143).

597 *Schmid* BlBGW 1981, 142 (143).

598 *Bärmann,* Die Wohnungseigentümergemeinschaft, 1986, PiG 22, S. 210 f.

dar,[599] „eine Personenmehrheit, die durch Gesetz zu einer Organisation zusammengefasst ist".[600] Im Gegensatz zu anderen Verbänden ist daher auch ihr Zweck nicht frei vereinbar oder gegenüber dem gesetzlichen Leitbild abänderbar. Er bleibt auf die Handlungsfähigkeit der WEgem bei der Verwaltung des GemEs beschränkt.

3. Rechtsfähigkeit (S. 1 u. 2)

a) Begriffsbestimmung. Satz 1 definiert die Rechtsfähigkeit als die Fähigkeit, Rechte zu erwerben und Pflichten einzugehen. Die Formulierung lehnt sich an § 14 Abs. 2 BGB (Rechtsfähigkeit der Personengesellschaft) und an § 124 Abs. 1 HGB (Rechtsfähigkeit der offenen Handelsgesellschaft) an. Sie vermeidet aber den dortigen Begriff „Verbindlichkeit", um deutlich zu machen, dass die WEgem nicht nur Verbindlichkeiten rechtsgeschäftlich begründen, sondern auch gesetzliche Schuldverhältnisse, insbesondere deliktsrechtliche Pflichten „eingehen" kann. **Satz 2** drückt dies mit anderen Worten dahin aus, dass die WEgem Inhaberin der durch sie, vertreten durch ihr Organ (§ 27 Abs. 3), gesetzlich begründeten und rechtsgeschäftlich erworbenen Rechte und Pflichten ist. Er stellt damit als Zuordnungsvorschrift nur das erläuternd klar, was sich ohnehin aus Satz 1 ergibt, ist also in Wahrheit überflüssig. **203**

Die Wörter „gegenüber Dritten und WEern" bringen zum Ausdruck, dass die WEgem sowohl im Außenverhältnis zu Dritten als auch im Verhältnis zu den WEern rechtsfähig ist. Das Wort „selbst" verdeutlicht zudem die **eigenständige Stellung der WEgem ggü den WEern** und lässt in Verbindung mit Absatz 7, wonach das Verwaltungsvermögen der WEgem gehört, den Gedanken an eine Gesamthand im klassischen Sinne[601] und die sich über ein Jahrhundert hinziehende Diskussion über deren Rechtsnatur erst gar nicht aufkommen, sondern entscheidet sich dafür, dass die rechtsfähige WEgem zugleich Inhaberin eines Verwaltungsvermögens als Einzelvermögen ist.[602] Rechtsfähig ist nicht erst die in Vollzug gesetzte WEgem, sondern schon die **werdende Gemeinschaft,** weil sie ebenfalls den Vorschriften der §§ 10 ff. unterfällt. Nicht rechtsfähig ist dagegen die **Untergemeinschaft** einer Mehrhausanlage (Rn 26),[603] sie ist – anders als die organisatorisch selbstständige Untergliederung eines rechtsfähigen Vereins[604] – auch nicht aktiv oder passiv parteifähig. **204**

b) Beginn und Ende der Rechtsfähigkeit. Die Rechtsfähigkeit der WEgem **beginnt** mit dem Entstehen der werdenden WEgem (Rn 16 f.)[605] und **endet,** wenn die Sondereigentumsrechte gemäß § 4 WEG aufgehoben werden oder wenn sich sämtliche WE-Rechte in einer Person vereinigt haben (Rn 15, 296).[606] **205**

c) Bereich der Rechtsfähigkeit. Der Bereich, in dem die WEgem Rechte erwerben und Pflichten eingehen kann, wird von dem Gesetz als die **„gesamte Verwaltung des gemeinschaftlichen Eigentums"** umschrieben. Die Formulierung lehnt sich an die Formulierung des BGH an, dass die WEgem rechtsfähig ist, „soweit sie bei der Verwaltung des gemeinschaftlichen Eigentums am Rechtsverkehr teilnimmt".[607] Sie verdeutlicht, dass **206**

---

[599] BGH NJW 2005, 2061 (2066); *Schmid* BlGBW 1981, 142; *Maroldt,* a. a. O., S. 7; *Pauly* WuM 2002, 531 (533).

[600] *Bärmann,* Die Wohnungseigentümergemeinschaft, 1986, PiG 22, S. 209; ähnlich *Maroldt,* Rechtsfolgen S. 11.

[601] Vgl. *Bub/Petersen* NJW 2005, 2590 (2592); Bub ZWE 2006, 253 (256); anders *ders.* ZWE 2007, 15 f.

[602] *Rühlicke* ZWE 2007, 261 (262).

[603] *Armbrüster* GE 2007, 420 (436); *Hügel*/Elzer § 3 Rn 26; *Hügel* DNotZ 2007, 326 (333); *Wenzel* NZM 2006, 321 (323).

[604] BGH NJW 2008, 69 (74) Rn 55.

[605] *Armbrüster* GE 2007, 420 (435); *Hügel* DNotZ 2005, 753 (756); *Hügel*/Elzer § 3 Rn 93; Niedenführ/*Kümmel*/Vandenhouten Rn 14; Jennißen/*Grziwotz* Rn 96; *Hügel/Elzer* NZM 2009, 457 (458).

[606] *Hügel*/Elzer § 3 Rn 101; *Hügel/Elzer* NZM 2009, 457 (458).

[607] BGH NJW 2005, 2061 = NZM 2005, 543.

das WEs-Recht auf der Rechtsstellung der WEer als SEer und MEer aufbaut und der WEgem nur eine dienende Funktion bei der Verwaltung des GemEs zukommt, die es allerdings auch erfordert, deren Handlungsfähigkeit im Rechtsverkehr zu stärken. Sie beschreibt damit letztlich nur den **Verbandszweck** des Rechtssubjekts, ohne die Rechtsfähigkeit hierauf zu beschränken.[608] Es handelt sich also nur um ein zweckorientiertes, **nicht** dagegen um ein die **Rechtsfähigkeit begrenzendes Tatbestandsmerkmal.**

207 Da nach der Rechtsprechung des BGH die Verwaltung des gemeinschaftlichen Eigentums nach §§ 20f. nicht auch den Gebrauch des GemEs betrifft,[609] hätte allerdings der Gedanke aufkommen können, dass derartige Angelegenheiten von dem Zweck nicht erfasst sein sollten. Obwohl der BGH diese Schlussfolgerung selbst nicht gezogen hat,[610] beugt der Entwurf einem solchen Missverständnis durch die Formulierung „gesamte Verwaltung" ausdrücklich vor. Die **Rechtsfähigkeit** der WEgem **erstreckt sich** also **auf die gesamte Geschäftsführung zugunsten der WEer** in Bezug auf den Gebrauch und die Verwaltung des GemEs und nicht nur auf die in dem 3. Abschnitt unter der Überschrift „Verwaltung" genannten Maßnahmen. Demzufolge kann sowohl die verwaltungsmäßige Umsetzung einer von den WEern beschlossenen Entziehung des WEs als auch die Ausübung von Abwehrrechten gegenüber einem unzulässigen Gebrauch des GemEs oder SEs der rechtsfähigen WEgem obliegen. Andererseits macht die Koppelung der Rechtsfähigkeit an Verwaltungsgeschäfte deutlich, dass die sachenrechtlichen Grundlagen des WEs, also die dingliche Eigentumsordnung, von vorneherein keine Angelegenheiten des Rechtssubjekts sind.

208 **d) Zum Begriff der Teilrechtsfähigkeit.** Der BGH hat in diesem Zusammenhang von **„Teilrechtsfähigkeit"** gesprochen. Dementsprechend verwendet auch die Gesetzesbegründung diesen Begriff durchgängig.[611] Der terminus ist der gesellschaftsrechtlichen Literatur entlehnt,[612] erfährt dort aber zunehmend Kritik,[613] weil er die Existenz einer umfassenden Rechtsfähigkeit suggeriert, die es nicht gibt.[614] Zudem ist er dem Missverständnis ausgesetzt, als sei die Rechtsfähigkeit entsprechend dem **Verbandszweck** auf bestimmte Art von Rechtsgeschäften und Pflichten beschränkt. Das ist indes nicht der Fall.[615] Vielmehr soll der Begriff nicht mehr und nicht weniger zum Ausdruck bringen, als dass die WEgem

- keine juristische Person ist (Rn 201),[616]
- nur in ihrer Eigenschaft als Verwaltungsgemeinschaft und nicht als Bruchteilsgemeinschaft mit Bezug auf die mit dem SE verbundenen MEAe rechts- und parteifähig ist,
- nur rechts- und parteifähig ist, wenn sie als solche am Rechtsverkehr teilnimmt und nicht die WEer individuell handeln.

209 Damit steht allerdings noch nicht fest, welche Rechte und Pflichten die WEgem erwerben oder begründen kann. Das erschließt sich weder aus dem abstrakten Begriff der „Rechtsfähigkeit" noch aus dem der „Teilrechtsfähigkeit", sondern ergibt sich nur durch

---

[608] So auch *Häublein,* FS Seuß (2007), S. 125 (129); *Hügel*/Elzer § 3 Rn 34; *Wenzel* ZWE 2006, 462; weitergehend *Rühlicke* ZWE 2007, 261 (270): Jede Teilnahme der Gemeinschaft am Rechtsverkehr ist Verwaltung des GemEs.

[609] BGHZ 144, 386 (388).

[610] Vgl. BGH NJW 2006, 2187 = NZM 2006, 465.

[611] BT-Drucks. 16/887 S. 141 ff.

[612] Dazu iE *Renner,* Die Wohnungseigentümergemeinschaft im Rechtsverkehr (2005), S. 78 ff.

[613] Zum „Abschied von der Teilrechtsfähigkeit": *Huber,* FS Lutter (2000), S. 107 (112); *Mülbert,* AcP 199 (1999), S. 44 ff.; vgl. auch: *Beuthien,* JZ 2003, 715 (718); *ders.,* NJW 2005, 855 (856): „Begriffswirrwarr".

[614] *Rühlicke* ZWE 2007, 261 (263).

[615] Ebenso *Becker,* MietRB 2007, 180 (181); *ders.* ZWE 2007, 432 (434); offen gelassen OLG Hamm NZM 2009, 914.

[616] *Renner,* Die Wohnungseigentümergemeinschaft im Rechtsverkehr (2005), S. 82; *Rühlicke* ZWE 2007, 261 (263 f.); *Wenzel* ZWE 2006, 462.

die positive oder negative Zurechnung einzelner Rechte und Pflichten. In dieser Hinsicht vermittelt der Begriff aber keinen weiteren Erkenntnisgewinn,[617] so dass auf die Begriffe „Teilrechtsfähigkeit" oder „relative Rechtsfähigkeit"[618] auch verzichtet werden kann.

210 **e) Handeln jenseits ordnungsmäßiger Verwaltung („ultra vires").** Der Umstand, dass der Verband den Zweck verfolgt, das Handeln der WEgem bei der Verwaltung des GemEs im Rechtsverkehr zu erleichtern, besagt nicht zugleich, dass die WEgem als Rechtssubjekt jenseits der „Verwaltung des gemeinschaftlichen Eigentums" nicht bloß nicht handeln darf, sondern auch nicht handeln kann, ihr Handeln also unwirksam ist. Denn dies verstieße gegen anerkannte Grundsätze des deutschen Verbandsrechts, wonach die Handlungsfähigkeit von Verbänden im Unterschied zum angloamerikanischen Rechtskreis aus Gründen des Verkehrsschutzes ungeteilt ist und nicht durch den Verbandszweck begrenzt wird.[619] Das Risiko der Einordnung eines Geschäfts als eine Angelegenheit der Verwaltung des GemEs kann daher nicht dem Geschäftsgegner aufgebürdet werden, sondern hat die WEgem zu tragen.[620] **Die Rechtsfähigkeit ist durch den Verbandszweck nicht begrenzt** (arg. Abs. 6 Satz 2).[621] Zu prüfen ist nur, ob das handelnde Organ seine Vertretungsmacht in diesen Fällen überschritten oder ob es seine Befugnisse aus dem Innenverhältnis missbraucht hat.

211 Wird die **Vertretungsmacht überschritten,** gelten die §§ 177 f. BGB. Wird sie **missbraucht,** so ist das Geschäft nur bei Sittenwidrigkeit nach § 138 BGB oder dann unwirksam, wenn der Geschäftspartner wusste oder wissen musste, dass sich das Geschäft nicht mehr im Rahmen der Verwaltung des GemEs hielt.[622] Das ist vor allem dann der Fall, wenn der Missbrauch aus der objektivierten Sicht des Geschäftsgegners „auf der Hand lag", also „evident"[623] oder **„offenkundig"**[624] war bzw. sich „aufdrängen musste".[625] Diese Voraussetzungen sind zB gegeben, wenn der Geschäftspartner weiß, dass der Verwalter den im Innenverhältnis erforderlichen Beschluss nicht herbeigeführt hat,[626] oder dass er seine Vertretungsmacht gegen den mutmaßlichen Willen[627] oder zum Nachteil[628] der WEer gebraucht.

212 Beschließen also die WEer für 50 qm Rasenfläche die Anschaffung eines Rasenmähers und ermächtigen sie den Verwalter zum Vertragsabschluss, kauft dieser aber einen landwirtschaftlichen Mähtraktor, so handelt er als Organ der WEgem ohne Vertretungsmacht. Der Vertrag ist schwebend unwirksam. Ist der Verwalter dagegen generell zum Abschluss von Verträgen ermächtigt, ist der Vertrag wirksam, weil ein Missbrauch seiner Vertretungsmacht sich dem Verkäufer, der die Örtlichkeiten nicht kennt, nicht aufdrängen musste. Anders verhält es sich, wenn der generell ermächtigte Verwalter statt eines Holzbootes als Spielgerät für den Kinderspielplatz einer in Bayern gelegenen Anlage eine Hochseeyacht mit Liegeplatz an der Ostsee kauft. Hier muss sich der Verkäufer gegenüber seiner Berufung auf das Vorhandensein der generellen Vertretungsmacht wegen der Evidenz eines Missbrauchs den Einwand der unzulässigen Rechtsausübung (§ 242 BGB) entgegenhalten lassen.[629]

---

[617] *Rühlicke* ZWE 2007, 261 (264).

[618] *Renner,* Die Wohnungseigentümergemeinschaft im Rechtsverkehr (2005), S. 82.

[619] *K. Schmidt,* Gesellschaftsrecht, 4. Aufl., § 8 V 2; *Lehmann* AcP 2007, 225 (236).

[620] *Hügel*/Elzer § 3 Rn 37; *Wenzel* ZWE 2006, 462 (469).

[621] *Maroldt,* Rechtsfolgen, S. 12; *Wenzel,* ZWE 2006, 462 (469); *Bub,* ZWE 2007, 15 (20); *Becker* ZWE 2007, 432 (433).

[622] Vgl. MünchKommBGB/*Reuter,* 5. Aufl., § 26 Rn 19 f.

[623] *K. Schmidt,* Gesellschaftsrecht, 4. Aufl., § 10 II c bb); *ders.* AcP 184 (1974), 529 (537).

[624] BGH NJW 1971, 701 (703); MünchKommBGB/*Reuter,* § 26 Rn 20.

[625] BGH NJW 1984, 1461 (1462); 2006, 2776 Rn 2; ZIP 1996, 68 (69 f.).

[626] Vgl. BGH WM 1988, 704 (706); NJW 2006, 2776 Rn 2.

[627] BGH WM 1984, 305 (306); NJW 2006, 2776 Rn 2.

[628] Vgl. BGH ZIP 1996, 68 (69 f.); NJW 2006, 2776 Rn 2.

[629] MünchKommBGB/*Reuter,* § 26 Rn 19.

213 Ein anderes Beispiel: Ermächtigen die WEer den Verwalter mehrheitlich zum Kauf eines benachbarten Wiesen- und Waldgeländes für die Gemeinschaft der WEer zur Erweiterung der eigenen Grünanlage, so handelt die WEgem außerhalb des Verbandszwecks. Gleichwohl sind die von dem Verwalter abgegebenen materiellen und formellen Erklärungen dem Verkäufer und dem Grundbuchamt gegenüber wirksam, weil ein Missbrauch der Vertretungsmacht nicht vorliegt. Desgleichen ist ein in der **Zwangsversteigerung** von dem hierzu ermächtigten Verwalter abgegebenes Meistgebot für den Erwerb einer Teileigentumseinheit wirksam und zuschlagsfähig, selbst wenn die Ersteigerung nicht mehr ordnungsgemäßer Verwaltung entspricht.[630] Denn ebenso wie das **Grundbuchamt** hat auch das **Versteigerungsgericht** die Frage, ob der **Erwerb ordnungsmäßiger Verwaltung entspricht, nicht zu prüfen.**[631] Ein entsprechender Nachweis ist entbehrlich und darf nicht angefordert werden. Die gerichtliche Prüfung ist vielmehr darauf beschränkt, ob die WEgem erwerbsfähig ist. Das ist aber nach Anerkennung ihrer Rechtsfähigkeit offenkundig und dem Grundbuchamt nicht nach § 29 GBO nachzuweisen.[632] Versteigerungsgericht und Grundbuchamt können den Zuschlag bzw. die Eintragung nur bei einem evidentem Missbrauch der in Form des § 29 GBO nachzuweisenden Vertretungsmacht verweigern. Wird die WEgem als Eigentümerin eingetragen, so ist die Eintragung wirksam, auch wenn das zugrunde liegende Geschäft nicht ordnungsmäßiger Verwaltung entspricht. Zu den erforderlichen Eintragungsnachweisen Rn 223.

214 **f) Bezeichnung der Gemeinschaft (S. 4).** Die WEgem muss die Bezeichnung „Wohnungseigentümergemeinschaft" gefolgt von der bestimmten Angabe des gemeinschaftlichen Grundstücks führen. Das Grundstück kann mit der **postalischen** Anschrift wie „Wilhelmstraße 9, 80 801 München" oder nach der **katastermäßigen** Bezeichnung im Bestandsverzeichnis der Wohnungsgrundbücher (Flur 3 Flurstück Nr. 00) bezeichnet werden. Für die Eintragung in das Grundbuch als dinglich Berechtigte ist die Einreichung einer Eigentümerliste nicht erforderlich.[633] Da die WEgem namensfähig ist, kann sie auch den Namensschutz nach § 12 BGB für sich beanspruchen.[634] Sie kann den notwendigen Angaben auch einen Phantasienamen hinzufügen wie Wohnungseigentümergemeinschaft „Bergwald".

215 Zur Bezeichnung der WEer im Prozess siehe die Erläuterungen zu § 44.

216 **g) Parteifähigkeit der Gemeinschaft (S. 5).** Die WEgem kann vor Gericht klagen und verklagt werden. Sie ist partei- und prozessfähig. Im Zwangsverwaltungsverfahren kann sie **„Beteiligte"** iSd § 154 Satz 1 ZVG sein,[635] auch soweit sie das Verfahren nicht selbst betreibt. Die Gemeinschaft ist **prozesskostenhilfefähig,** wenn auch die Bewilligung von Prozesskostenhilfe regelmäßig an § 116 Abs. 1 Nr. 2 ZPO scheitern dürfte, weil die WEer die WEgem mit den zur Prozessführung notwendigen Mitteln auszustatten haben.[636]

4. Verhältnis von Wohnungseigentümergemeinschaft und Miteigentümergemeinschaft

217 **a) Allgemeines.** Das Gesetz unterscheidet zwischen den Rechten und Pflichten der WEer (Absatz 1) und denen der WEgem als Rechtssubjekt (Absatz 6). Es differenziert zudem zwischen der **„Gesamtheit der WEer** als Teilhabern der Bruchteilsgemein-

[630] OLG Celle NJW 2008, 1537; aA LG Nürnberg-Fürth ZMR 2006, 812 m. abl. Anm. *Schneider.*

[631] OLG Celle NJW 2008, 1537; *Häublein* ZWE 2007, 474 (485); *Wenzel* ZWE 2006, 462 (469 f.); *Basty* ZWE 2009, 253 (255).

[632] *Schneider* ZMR 2006, 813 (816).

[633] LG Bremen NZM 2007, 453.

[634] *Armbrüster* GE 2007, 420 (430); *Renner,* Die Wohnungseigentümergemeinschaft im Rechtsverkehr, 2005, S. 187.

[635] BGH NZM 2009, 243.

[636] LG Berlin NZM 2007, 493 = ZMR 2007, 145 m. Anm. *Meffert.*

schaft"[637] und der rechtsfähigen **WEgem.** Da die WEgem als Rechtssubjekt rechtlich selbstständig ggü ihren Mitgliedern ist, diese als MEer aber auch Teilhaber einer Bruchteilsgemeinschaft sind, ist umstritten, ob die WEer eine Gemeinschaft mit unterschiedlichen Rechtskreisen (sachenrechtliches ME einerseits und Organisation der Verwaltung andererseits) bilden (sog. **Einheitstheorie**)[638] oder zwei verschiedenen, wenn auch personell identischen, Gemeinschaften angehören, die getrennt zu verwalten sind (sog. **Trennungstheorie**).[639] Praktische Bedeutung erlangt die im Ansatz eher theoretische Frage vor allem für die **Handlungsfähigkeit der WEer** bei der Verwaltung des GemEs, dh bei der Zuordnung von Aufgaben der Verwaltung zu dem Rechtssubjekt oder zu der Bruchteilsgemeinschaft.

b) Diskussionsstand. Nach der **Trennungstheorie** sind die Aufgaben danach zu **218**
verteilen, ob die Angelegenheit das Verwaltungsvermögen oder die innere Willensbildung und das Eigentum betrifft.[640] Die Bewirtschaftung und Instandsetzung sowie die Vermietung des GemEs ist danach eine Angelegenheit der nicht rechtsfähigen Miteigentümergemeinschaft, mit der Folge, dass im Ergebnis **zwei Gemeinschaften getrennt verwaltet** und organisiert werden müssen, also auch getrennte Konten zu führen sind und für jede Gemeinschaft ein eigener Verwaltervertrags abzuschließen ist[641] – eine Konsequenz, vor der allerdings selbst der Begründer der Trennungstheorie[642] zurückschreckt.[643] Im Übrigen darf die WEgem als Rechtssubjekt in Angelegenheiten des GemEs nur handeln, wenn sie hierzu bevollmächtigt, ermächtigt oder sonst legitimiert ist.[644]

Demgegenüber stellt die **Einheitstheorie**[645] allein darauf ab, dass das GemE nach dem **219**
Gesetz einheitlich zu verwalten ist, die WEgem also eine einheitliche Verwaltungsgemeinschaft darstellt, und es nur darum gehen kann, ob eine Angelegenheit zur Verwaltung gehört. Eine eigentumsorientierte Abgrenzung widerspreche dem **Sinn und Zweck der Rechtsfähigkeit,** die Handlungsfähigkeit der WEer bei der Verwaltung zu erleichtern, und verkehre sie wegen der damit verbundenen Komplikationen in das Gegenteil.[646] Eine Differenzierung danach, ob die Angelegenheit das Verwaltungsvermögen oder das sachenrechtliche Eigentum betrifft, sei zudem nicht trennscharf zu ziehen. So hätten Instandsetzungsaufträge das GemE zum Gegenstand, seien aber aus dem Verwaltungsvermögen zu bezahlen. Umgekehrt gehörten zu dem Verwaltungsvermögen auch Schadensersatzansprüche wegen Verletzung des GemEs oder das von der WEgem angeschaffte Zubehör des Miteigentums. Der **Zuständigkeitsbereich des Verbands werde** daher **durch** den

---

[637] BT-Drucks. 16/887 S. 60.

[638] *Armbrüster,* ZWE 2006, 470 (471); *Bub* ZWE 2007, 15 (19); *ders.* ZWE 2006, 253 (257); *ders.* NZM 2006, 841 (847); *Häublein,* FS *Wenzel,* S. 175 (198 f.); *Wenzel* ZWE 2006, 2 (6); *ders.* 2006, 462 (463); *ders.* NZM 2006, 321 f.; NK-BGB-*Schultzky* Rn 5.

[639] *Abramenko* ZMR 2006, 409 (410); *ders.* BTR 2006, 106 (107); *Elzer* ZMR 2005, 683 (684); *Hügel* DNotZ 2005, 753 (757 f.); *Hügel*/Elzer § 3 Rn 9 ff.; *Jennißen* NZM 2006, 203 (204); *Maroldt* ZWE 2005, 361 (363); *J.-H. Schmidt* ZMR 2007, 90 (91); *Sommer* ZWE 2006, 335 (337); Riecke/Schmid/*Elzer* Rn 375 f; vgl. auch OLG München ZMR 2006, 304 (305) m. Anm. *Demharter,* 306 und *Wenzel* ZMR 2006, 245 (246); *Demharter* ZWE 2008, 135 (137).

[640] *Abramenko* ZMR 2006, 409 (410); *Hügel* DNotZ 2005, 753 (757 f.); 2007, 326 (328); *Jennißen* NZM 2006, 203 (204); *Sommer* ZWE 2006, 335 (337); vgl. auch *Armbrüster* ZWE 2005, 369 (374); *Häublein* ZMR 2005, 557 (558).

[641] Vgl. *DAV,* Ergänzende Stellungnahme Nr. 48/2006 zum WEG-ÄndG, BT-Drucks. 16/887, ZMR 2006, 767 (768).

[642] *Hügel* DNotZ 2005, 753 (757 f.).

[643] *Hügel* ZMR 2008, 1 (2).

[644] *Jennißen* NZM 2006, 203 (204); nach Jennißen/*Grziwotz/Jennißen* Rn 62, 63 soll dies allerdings einschränkend nur noch für die Vermietung von GemE gelten.

[645] *Wenzel* ZWE 2006, 2, 6; *ders.* 2006, 462, 463; *ders.* NZM 2006, 321 f.; ebenso *Armbrüster,* ZWE 2006, 470, 471; *Bub* NZM 2006, 841, 847; *Fauser,* Die Haftungsverfassung der Wohnungseigentümergemeinschaft, S. 37; vgl. auch *Lüke* ZfIR 2007, 657 (659).

[646] *Armbrüster,* ZWE 2006, 470, 471; *ders.* GE 2007, 420, 434.

Umfang der **Verwaltungskompetenz** bestimmt.[647] Dass die WEer sachenrechtlich eine Miteigentümergemeinschaft darstellen, sei für die Verwaltung des GemEs ohne Bedeutung.

220 **c) Stellungnahme.** Gegen die Trennungstheorie spricht, dass sie nicht zwischen dem sachenrechtlichen Eigentum und der Verwaltung des GemEs unterscheidet und deshalb mit dem Gesetz nicht zu vereinbaren ist. Dieses hat sich mit der Bestimmung des Verbandszwecks als „gesamte Verwaltung des gemeinschaftlichen Eigentums" (Satz 1) und der Regelung der Ausübungsbefugnis des Verbandes (Satz 3) in Konsequenz der Entscheidung des BGH vom 2. Juni 2005[648] für eine deutliche **Abgrenzung** beider Rechtskreise entschieden.[649] Daraus, dass die WEgem die gemeinschaftsbezogenen und gemeinschaftlich geltend zu machenden Rechte der WEer ausübt und Pflichten wahrnimmt, folgt zwingend, dass der **Bruchteilsgemeinschaft keine Verwaltungskompetenz** zukommt. Miteigentum und Verwaltung sind voneinander getrennte Bereiche. Das kommt nicht zuletzt darin zum Ausdruck, dass das Objekt schon vor dem Entstehen der sachenrechtlichen Bruchteilsgemeinschaft durch die Vorgemeinschaft (werdende WEgem) nach den Vorschriften des WEG verwaltet wird,[650] und dass Ersterwerber nach Invollzugsetzung der Vorgemeinschaft schon vor Eigentumsumschreibung zur Verwaltungsgemeinschaft gehören (Rn 17). Maßgebend für die Zuständigkeit des Verbandes ist demzufolge allein die Frage, ob es sich bei einer Angelegenheit um eine Art Geschäftsführung in Bezug auf die Verwaltung des GemEs handelt. Dagegen ist eine Unterscheidung danach, ob die Angelegenheit das Verwaltungsvermögen oder das sachenrechtliche Eigentum betrifft, für die Zuständigkeit des Verbandes unerheblich. Handeln die WEer in Ausübung ihrer Verwaltungskompetenz, so handeln sie nicht als Teilhaber nach Bruchteilen,[651] sondern als Gesamt-Geschäftsführer des Verbandes. Nur auf dieses Handeln *für* den Verband beziehen sich die Vertretungsregeln des § 27 Abs. 2, so dass aus dieser Vorschrift – entgegen der Trennungstheorie[652] – eine Verwaltungszuständigkeit der Bruchteilgemeinschaft nicht hergeleitet werden kann. der gesellschaftsrechtliche Begriff der Mitgliedschaft passt auf die Mitberechtigung nach Bruchteilen nicht.[653] Mitgliedschaftsrechte gibt es nur in einem Verband, nicht in einer Bruchteilsgemeinschaft. Korporationsrechtlich und verwaltungsmäßig besteht nur eine Gemeinschaft. Dass die WEer als MEer des Grundstücks sachenrechtlich eine nicht rechtsfähige Bruchteilsgemeinschaft bilden, spielt im Rechtsverkehr nur dann eine Rolle, wenn es nicht um die Verwaltung des GemEs geht, sondern das Grundstück insgesamt veräußert oder die WEgem aufgehoben werden soll (§ 11 Rn 9).

XIII. Verwaltungsangelegenheiten der Gemeinschaft

1. Begriff der Verwaltungsangelegenheit

221 Zu den Verwaltungsangelegenheiten iSd § 21 Abs. 1 WEG, die dem Verband obliegen ohne ihn im Rechtsverkehr nach außen zu beschränken, gehören nicht nur die in Absatz 5 der Vorschrift aufgeführten, sondern alle Maßnahmen, die in tatsächlicher oder rechtlicher Hinsicht für die Erhaltung, Sicherung, Verbesserung und gewöhnliche Nutzung des gemEs erforderlich und geeignet sind oder sonst sich als Geschäftsführung zugunsten der WEer in Bezug auf das GemE darstellen.[654] Dabei ist kein enger Maßstab anzulegen.[655] Zur Ver-

[647] *Wenzel* ZWE 2007, 462, 464.

[648] BGH NJW 2005, 2061.

[649] Riecke/Schmid/*Elzer* Rn 376; aA *Hügel*/Elzer § 3 Rn 23, der danach abgrenzen will, ob das ME oder das Verwaltungsvermögen betroffen ist.

[650] *Reymann* ZWE 2009, 233, 238 f.

[651] *Rühlicke* ZWE 2007, 261 (269).

[652] *Hügel* DNotZ 2007, 326 (329).

[653] *Rühlicke* ZWE 2007, 261 (267).

[654] BGHZ 121, 22 (26).

[655] BayObLG NZM 1998, 1012 (1013); *Hügel*/Elzer § 3 Rn 41 ff.

waltung gehört insbesondere auch der Abschluss eines Verwaltervertrages.[656] Zum Zustandekommen § 26 Rn 89 f. Da die WEer hierbei im Rechtsverkehr auftreten, handelt die WEgem als Rechtssubjekt. Die Rechtsbeziehung zwischen ihr und dem Verwalter entfaltet allerdings Schutzwirkung zugunsten der WEer,[657] kann für sie partiell aber auch gesetzliche (§ 27 Rn 7) oder vertragliche Erfüllungsansprüche begründen,[658] wie zB den Anspruch auf Einsicht in Abrechnungsunterlagen.[659] Dass der Verwalter nicht nur als Organ der WEgem auftritt, sondern auch nach innen als Geschäftsführer[660] oder in den Binnenstreitigkeiten zwischen den WEern (Beschlussanfechtung, Verwaltungsangelegenheiten) als Vertreter der (übrigen) WEer tätig wird, betrifft nur seine Aufgabenstellung, nicht das Anstellungsverhältnis, so dass es unterschiedlicher Verträge nicht bedarf.[661] Denn Pflichten aus der Geschäftsbesorgung, die einer eigenen vertraglichen Regelung bedürfen,[662] erwachsen nicht den WEern, sondern der WEgem gegenüber dem Verwalter. Zu den Verwaltungsangelegenheiten gehören dagegen nicht Rechtsgeschäfte oder Verfügungen, die eine Änderung der Eigentumsordnung als der sachenrechtlichen Grundlage der WEgem bewirken sollen, wie zB eine Änderung der MEAe. Wohl aber können die vorbereitenden Maßnahmen und Beschlussfassungen eine Angelegenheit der Verwaltung sein. Auch können die WEer die Durchführung einer Änderung der sachenrechtlichen Grundlagen, wie zB der MEAe, zu einer Angelegenheit der Verwaltung machen und so zB die Kosten der Änderung der WEgem aufbürden.

2. Eigentumserwerb

In die Verwaltungszuständigkeit fällt weiterhin jeder mit der Durchführung eines Verwaltungsgeschäfts verbundene Eigentumserwerb sowohl an beweglichen Sachen, seien sie fest, flüssig oder gasförmig. Zu denken ist hier insbesondere an die Anschaffung von Einrichtungsgegenständen, Reinigungsmitteln, Gartengeräten, Heizöl usw. Dass sie teilweise als Zubehör des Grundstücks anzusehen sind, steht einem Eigentumserwerb durch die WEgem nicht entgegen, weil das Zubehör als bewegliche Sache rechtlich selbstständig ist und nicht notwendig der rechtlichen Zuordnung des Grundstücks folgt,[663] also auch im Eigentum der WEgem stehen kann, dann in das Verwaltungsvermögen fällt und nicht zu dem Haftungsverband der Hypothek gehört (§ 1120 BGB). **222**

Die WEgem kann im Rahmen ordnungsmäßiger Verwaltung auf Grund eines entsprechenden Mehrheitsbeschlusses[664] außerdem unter der Abs. 6 Satz 4 entsprechenden Bezeichnung (Rn 214) **Immobiliareigentum** erwerben,[665] zB eine Eigentumswohnung als Hausmeisterwohnung oder eine in TE stehende Raumeinheit als Aufenthaltsraum für **223**

---

656 KG ZWE 2010, 183 (184); OLG Frankfurt ZWE 2008, 470; *Greiner* ZWE 2008, 454.

657 KG ZWE 2010, 183 (184); OLG Düsseldorf ZWE 2007, 92 (94); *Hügel*/Elzer § 3 Rn 49; *Wenzel* ZWE 2006, 462 (464); *ders.* NZM 2006, 321 (322); aA OLG München NZM 2006, 934 (935); *Abramenko* ZMR 2006, 6 (8): Vertrag zugunsten Dritter.

658 *Häublein* ZWE 2008, 1 (7 f.); 2008, 80 (84).

659 OLG München NZM 2006, 512; *Häublein* ZWE 2008, 80 (84).

660 *Armbrüster* ZWE 2006, 470 (475).

661 AA die Befürworter der Trennungstheorie, zB *Müller,* FS Seuss (2007) S. 211 (213 f.); DAV NZM 2006, 767 (768).

662 *Gottschalg* FS Seuss (2007) S. 113 (114).

663 MünchKommBGB/*Holch,* § 97 Rn 43; aA *Bub* ZWE 2006, 253 (257).

664 *Abramenko* ZMR 2006, 338 (340); *Häublein* FS Seuß (2007), S. 125 (148); *Hügel*/Elzer § 3 Rn 74; Niedenführ/*Kümmel*/Vandenhouten Rn 63, 83; Palandt/*Bassenge* Rn 26; *Wenzel* NZM 2006, 321 (323); *ders.* ZWE 2006, 462 (469); aA LG Nürnberg-Fürth ZMR 2006, 812 (813); *Jennißen* NZM 2006, 203 (205); *Bonifacio* ZMR 2009, 257.

665 OLG Hamm ZWE 2009, 452; OLG Celle NJW 2008, 1537 = ZMR 2008, 310; iE *Armbrüster* GE 2007, 420 (428 f.); *Becker,* MietRB 2007, 180 (181); *ders.* ZWE 2007, 432 (433); *Häublein* FS Seuß (2007), S. 125 = ZWE 2007, 474 ff.; *Hügel*/Elzer § 3 Rn 72 ff; Niedenführ/*Kümmel*/Vandenhouten

Pflegepersonal, als Verwaltungs- oder Geräteraum, als Abstellplatz für Kraftfahrzeuge,[666] Fahrräder oder Mülltonnen. Der früher notwendige Umweg über die Gründung einer aus den WEern bestehenden Gesellschaft oder eines „Eigentümer-Vereins“,[667] der dann die Immobilie erwirbt, bedarf es nach Anerkennung der Rechtsfähigkeit der WEgem nicht mehr. Die WEgem kann WE/TE auch in der eigenen Anlage erwerben. Abs. 1 steht nicht entgegen.[668] Er befasst sich nur mit dem Verhältnis von Eigentum und Verwaltung, nicht dagegen mit der Frage, ob die WEgem als Verband auch Eigentümerin sein darf. Das ergibt sich wiederum aus Abs. 6. Jedoch hat ein solcher „Eigenerwerb“ mit der daraus resultierenden „Insichmitgliedschaft“ für die Verwaltung wegen Abs. 1 zur Folge, dass Stimmrecht, Anfechtungsrecht und nicht fällige Beitragspflichten der WEgem ruhen (Rn 23, 289).[669] Auch ist es nicht zulässig, dass der Verband alle WE-Rechte erwirbt, weil dies zu seiner Auflösung führen würde.[670] Zur Eintragung bedarf es gem § 29 GBO des **Nachweises** eines Erwerbsbeschlusses, der Ermächtigung des Verwalters zum Erwerb sowie des Nachweises der Bestellung zum Verwalter[671]. Diese Nachweise können entspr. § 26 Abs. 3 durch Vorlage einer Niederschrift über die entsprechenden Beschlüsse geführt werden. [672] Die Bestandskraft der Beschlüsse ist dagegen nicht nachzuweisen. Hat ein WEer den Erwerbsbeschluss angefochten, ist es seine Sache, die dem Verwalter obliegende Durchführung des Beschlusses durch eine einstweilige Verfügung nach §§ 935 f. ZPO zu verhindern.[673]

224 Auch der Kauf oder die **Ersteigerung** von WE/TE (Rn 213) zur Vermeidung künftiger Wohngeldausfälle kann ordnungsmäßiger Verwaltung entsprechen, sofern hierzu Kreditmittel in nennenswertem Umfang nicht benötigt werden.[674] So hatte schon das BayObLG[675] zum früheren Recht entschieden, dass die Weiterführung des Restaurant- und Bäderbetriebs eines Appart- und Kurzentrums über einen hierzu eigens gegründeten Verein im Interesse der WEer liegen kann, so dass diese auch für die Lasten und Kosten aufzukommen haben. In gleicher Weise kann es zur ordnungsmäßigen Verwaltung gehören, im Entziehungsverfahren zum Ausschluss eines zahlungsunfähigen Schuldners WE/TE zu erwerben.[676]Der gegenteiligen Rspr einzelner LGe ist, soweit sie nicht schon überholt ist, nicht zu folgen.[677] Sie verkennt überdies, dass die Rechtsfähigkeit nicht durch den Verbandszweck begrenzt wird und die Frage, ob ein Erwerb zur ordnungsmäßigen Verwaltung gehört, nur im Wege der Beschlussanfechtung überprüft werden kann nicht durch das **Grundbuchamt** bei der Eintragung oder durch das Vollstreckungsgericht bei dem Zuschlag in der Zwangsversteigerung, (Rn 213).

225 Der **Hinzuerwerb** einer Teilfläche zu dem gemeinschaftlichen Grundstück, die mit diesem vereinigt oder diesem zugeschrieben werden soll, kann dagegen nur durch die WEer/TEer im Verhältnis ihrer bereits eingetragenen MEAe erfolgen.[678] Außerdem muss

---

Rn 83; *Wenzel* NZM 2006, 321 (323); *Wilsch* RNotZ 2005, 536 (540); *Basty* ZWE 2009, 253 (255); aA *Jennißen* NZM 2006, 203 (205).

[666] OLG Celle NJW 2008, 1537 (1538) = ZMR 2008, 310; aA LG Heilbronn ZMR 2007, 649 m. abl. Anm. *Hügel.*

[667] Vgl. OLG Frankfurt/M. NZM 2006, 825.

[668] OLG Hamm NZM 2009, 914 (915); aA *Bonifacio* ZMR 2009, 257 (258 f.).

[669] *Häublein* FS Seuß (2007) S. 125 (139 f.).

[670] *Hügel* ZMR 2007, 650 (651).

[671] OLG Hamm NZM 2009, 914 (915) = ZWE 2009, 452 (453).

[672] Zu den erforderlichen Nachweisen *Schneider* Rpfleger 2008, 291.

[673] *Schneider* Rpfleger 2008, 291 (292).

[674] *Derleder* ZWE 2008, 13 (19).

[675] BayObLG NZM 1998, 1012 (1013).

[676] OLG Celle NJW 2008, 1537 = ZMR 2008, 310; *Abramenko* ZMR 2006, 338 (340).

[677] LG Nürnberg-Fürth ZMR 2006, 812 m. abl. Anm. *Schneider;* LG Heilbronn ZMR 2007, 649 m. abl. Anm. *Hügel*; LG Hannover ZMR 2007, 893, durch OLG Celle NJW 2008, 1537 überholt.

[678] *Hügel*/Elzer § 3 Rn 85; *Wilsch* RNotZ 2005, 536 (540).

vereinbart werden, dass sich die TErkl auf das hinzu kommende Grundstück erstreckt, damit auch an diesem WE entsteht. Mit dem Vollzug im Grundbuch entsteht GemE. Das hinzu gekommene Grundstück unterfällt dem gemeinschaftlichen Gebrauch und der gemeinschaftlichen Verwaltung. Vor oder ohne Vereinigung und Zuschreibung steht das erworbene Grundstück in bloßem ME der Erwerber. Solange fehlt der WEVers jegliche Regelungskompetenz.[679]

3. Rechte und Pflichten der Gemeinschaft (S. 2)

Zu den Verwaltungsangelegenheiten gehört außerdem die Ausübung von Rechten und **226**
Wahrnehmung von Pflichten der Gemeinschaft.

a) Schuldrechtliche Ansprüche. Die WEgem ist Gläubigerin aller schuldrechtlichen **227**
Ansprüche, die ihr als solcher zustehen. Dazu gehören alle Ansprüche aus den von ihr abgeschlossenen **Verwaltungsrechtsgeschäften,** wie Kaufverträgen, Lieferverträgen, Mietverträgen über im GemE stehende Räume, Einrichtungen oder Flächen,[680] Werkverträgen insbesondere über die Instandhaltung- und Instandsetzung des GemEs,[681] Überweisungs-, Zahlungs- und Giroverträgen u. a. Außerdem fallen hierunter die Ansprüche aus der von der WEgem beschlossenen entgeltlichen Überlassung von GemE an einen einzelnen WEer oder einen Dritten (Miet- oder Pachtzinsen),[682] aber auch die Ansprüche auf Nutzungsentschädigung solchen Eigentums sowie auf Erfüllung oder Schadensersatz aus abgeschlossenen Verträgen.

Der WEgem stehen ferner alle **Rechte aus dem Verwaltervertrag** zu, wie zB der **228**
Anspruch auf Rechnungslegung und Herausgabe von Verwaltungsunterlagen nach § 667 BGB durch den früheren Verwalter.[683] Legt der Verwalter bei seinem Ausscheiden nicht ordnungsmäßig Rechnung, so ist er WEgem nach § 280 BGB zum Schadensersatz verpflichtet.[684] Mögliche Ansprüche der WEer bleiben hiervon unberührt.

Zu den schuldrechtlichen Ansprüchen der WEgem gehören weiterhin alle Ansprüche **229**
aus dem gesetzlichen Gemeinschaftsverhältnis gegen die WEer, die sog. **Sozialansprüche.** Hierzu zählen vor allem die Ansprüche auf ordnungsmäßige Verwaltung, insbesondere auf Sicherstellung einer ausreichenden Finanzausstattung, ggf. auf Schadensersatz wegen Pflichtverletzung nach § 280 BGB,[685] dsgl. die **Beitragsforderungen** gegen die einzelnen WEer, die durch den Beschluss über den Wirtschaftsplan, die Jahresabrechnung oder über eine Sonderumlage für die WEgem begründet werden.[686] Es handelt sich um **originäre Ansprüche des Verbandes** und nicht um solche seiner Mitglieder mit Ausübungsbefugnis des Verbandes.[687] Sie zählen zum Verwaltungsvermögen.

Schließlich gehören hierher auch noch die **Mitgliedschaftsrechte,** die sich aus einer **230**
Mitgliedschaft der WEgem in einem anderen Verband ergeben.

b) Dingliche Rechte. Die WEgem kann weiterhin Trägerin aller in Abteilung III des **231**
Grundbuchs eintragungsfähigen dinglichen Rechte sein. Insbesondere kann zu ihren Gunsten zwecks Sicherung der Beitragsansprüche eine Buchgrundschuld bestellt[688] oder in Voll-

---

[679] OLG Frankfurt ZWE 2007, 341 u. 343 m. Anm. *Demharter.*

[680] *Wenzel* NZM 2006, 321 (322); *Hügel*/Elzer § 3 Rn 180; *Becker* ZWE 2007, 432; aA *Jennißen,* NZM 2006, 203 (204).

[681] BGH NZM 2006, 465; OLG Hamm NZM 2006, 632; OLG Düsseldorf NZM 2006, 182.

[682] Vgl. hierzu *Kahlen* ZMR 2005, 766; *Hügel*/Elzer § 3 Rn 180; aA *Lüke* ZfIR 2007, 657 (659): Prozessstandschaft.

[683] OLG München NZM 2006, 349; vgl. auch OLG Hamm ZMR 2007, 982 (983); ZWE 2008, 193 (194); KG ZWE 2010, 183 (184) zum alten Recht.

[684] OLG München ZWE 2007, 509 m. Anm. *Sauren* = ZMR 2007, 814.

[685] *Armbrüster* GE 2007, 420 (426).

[686] OLG München NZM 2005, 673 (674).

[687] AA offenbar Jennißen/*Grziwotz*/*Jennißen* Rn 79.

[688] *Hügel* DNotZ 2005, 753 (769); *Rapp* MittBayNot 2005, 449 ff.; *Soth* NZM 2007, 470.

streckung eines Zahlungstitels gegen einen WEer eine **Zwangssicherungshypothek** eingetragen werden (Rn 291).[689] Das Rechtsschutzinteresse hierfür fehlt nicht deshalb, weil die Forderung in der Zwangsversteigerung nach § 10 Abs. 1 Nr. 2 ZVG bevorrechtigt ist,[690] denn die Bevorrechtigung führt noch nicht zur Vollstreckung (Versteigerung). Für die Eintragung in das Grundbuch ist die Einreichung einer Eigentümerliste nicht erforderlich.[691] Dagegen kann eine **Grunddienstbarkeit nicht** zugunsten oder zulasten der WEgem, wohl aber hinsichtlich aller WEer[692] bestellt werden mit der Folge, dass die Ausübung der sich daraus ergebenden Rechte eine Angelegenheit der gemeinschaftlichen Verwaltung ist. Die WEer können indes durch Vereinbarung (Rn 79, 85) die Ausübung des Rechts (zB auf Errichtung und Nutzung von Stellplätzen auf dem Nachbargrundstück) einem einzelnen WEer überlassen. Eine solche Sonderberechtigung gewährt kein SNR und deswegen auch keine die Grenzen der Dienstbarkeit überschreitenden Abwehrrechte.[693]

232 Hingegen kann eine **beschränkte persönliche Dienstbarkeit** zugunsten der WEgem mit der Folge bestellt werden, dass sie bei Aufhebung des WEs erlischt.[694] In Betracht kommen Dienstbarkeiten zur Sicherung von **Leitungsrechten** oder zur Sicherung der Einhaltung von nachbarrechtlichen Grenzabständen sowie zur Unterlassung einer anderen Nutzung des Nachbargrundstücks denn als Stellplatz für die WEer, sofern dies zur Verwaltung des GemEs erforderlich ist.[695] Auch ist es möglich, zugunsten der WEgem als beschränkte persönliche Dienstbarkeit ein **Wohnungsrecht** an einer nicht im GemE befindlichen Hausmeisterwohnung zu bestellen. Materielle Voraussetzung für die Begründung des dinglichen Rechts ist ein entsprechender Mehrheitsbeschluss und, dass das zu sichernde Recht dem Verwaltungsvermögen zuzuordnen ist. Dies ist dem **Grundbuchamt** jedoch nicht darzulegen, weil die materielle Rechtmäßigkeit nicht zur Erwerbsfähigkeit der WEgem gehört, die das Grundbuchamt allein zu prüfen hat (vgl. Rn 213).[696] Bereits **eingetragene dingliche Rechte** zugunsten der WEer können nicht auf die WEgem umgeschrieben werden,[697] weil die zugrunde liegenden Titel nicht iSd § 319 ZPO offensichtlich unrichtig sind.

233 Der WEgem stehen schließlich alle ihr als Eigentümerin von beweglichen Sachen oder Immobilienvermögen gebührenden **dinglichen Herausgabe- und Abwehransprüche** nach §§ 862, 985, 1004 BGB zu, wie zB der Anspruch auf Herausgabe ihr gehörender Bau- oder Verwaltungsunterlagen.

234 **c) Pflichten.** Zu den Pflichten der WEgem gehören die rechtsgeschäftlich oder gesetzlich begründeten Verbindlichkeiten oder Pflichten, unabhängig davon, ob sie ggü WEern oder ggü Dritten bestehen. Zu den gesetzlichen Pflichten gehört zB die **Verkehrssicherungspflicht** hinsichtlich der gemeinschaftlichen Flächen und Anlagen,[698] soweit sie nicht ausdrücklich den WEern als Grundstücksmiteigentümern zugewiesen sind (vgl. Rn 259, 271). Denn die Sicherungspflicht folgt nicht aus dem Eigentum, sondern aus der Herrschaft und Verantwortlichkeit für die Gefahrenlage (Prinzip der Gefahrenbeherrschung).[699] Sie gehört zur ordnungsmäßigen Verwaltung, für die nicht die WEer als MEger verantwortlich

---

[689] LG Bremen NZM 2007, 453; LG Düsseldorf IMR 2009, 102..

[690] LG Düsseldorf NJW 2008, 3150 = ZMR 2008, 819 m. Anm. *Schneider*; aA vorausgehend AG Neuss NZM 2008, 691.

[691] LG Bremen NZM 2007, 453.

[692] *Wilsch* RNotZ 2005, 536 (539); vgl. auch OLG Hamm ZWE 2007, 44 m. Anm. *Kümmel*.

[693] OLG Düsseldorf IMR 2008, 378.

[694] *Hügel*/Elzer § 3 Rn 68 f.; *ders.* DNotZ 2007, 326 (338); *Demharter* NZM 2005, 601 (602).

[695] *Armbrüster* GE 2007, 420 (427); *Hügel* DNotZ 2005, 753 (770); *Rapp* MittBayNot 2005, 449 ff.

[696] AA *Armbrüster* GE 2007, 420 (427); *Hügel* DNotZ 2005, 753 (770); *ders.* DNotZ 2007, 326 (338); *Wilsch* RNotZ 2005, 536 (539); *Tschon* RNotZ 2006, 205 (235).

[697] *Hügel*/Elzer § 3 Rn 59.

[698] Riecke/Schmid/*Elzer* Rn. 421; *Wenzel* ZWE 2009, 57 (58); *Schmid* ZWE 2009, 295.

[699] BayVGH ZMR 2006, 729 (730).

sind, sondern der Verband.[700] Zu den Verbindlichkeiten zählen **nur die Verbindlichkeiten gegenüber Dritten, nicht** aber die sog. **„Sozialverbindlichkeiten“**, wie die Verpflichtung zum Ausgleich einer ungerechtfertigten Bereicherung[701] oder zum **Aufwendungsersatz** (§ 21 Rn 14 f.) wegen Notgeschäftsführung gem § 21 Abs. 2 ,[702] (dazu § 21 Rn 14 f), zur Auszahlung von **Guthaben** aus der Jahresabrechnung,[703] zur Rückzahlung zu viel bezahlter Wohngelder[704] oder zur Begleichung von Verbindlichkeiten aus dem Verwaltervertrag, wie zB der **Verwaltervergütung.**[705] Dabei sind die Pflichten der Wohnungseigentümer, die von der WEgem wahrzunehmen sind, hiervon zu trennen (Rn 257 f.).

d) Sonstige rechtliche Eigenschaften der Gemeinschaft. Die WEgem ist schließlich **235**
auch Inhaberin von Rechten, die sich als inhaltliche Konsequenz aus der Rechtsfähigkeit ergeben, diese gewissermaßen in konkrete Rechtsfähigkeiten auflöst. So ist die WEgem zB
- **besitz- und eigentumsfähig** (Rn 222 f.),
- **erbfähig;**[706] darauf, ob die Nachlassgegenstände unmittelbar der Verwaltung des GemEs dienen, kommt es nicht an,[707]
- **grundbuchfähig,**[708]
- **kontenfähig**[709] mit der Folge, dass vom Verwalter im Hinblick auf § 27 Abs. 5 S. 1 ein Fremdkonto anzulegen ist, für das er kontoführungsberechtigt ist;[710]
- **kreditfähig,** wobei die Kreditaufnahme eines Beschlusses über das Rechtsgeschäft und über die Ermächtigung des Verwalters oder eines Dritten zum Abschluss des Kreditvertrages für die WEgem (vgl. § 27 Rn 214) bedarf, der ordnungsmäßiger Verwaltung entsprechen muss,[711] –,
- **mitgliedschaftsfähig** (Rn 29),
- **partei- und beteiligtenfähig** (Rn 216),
- **wechsel- und scheckfähig.**[712]

Die WEgem kann schließlich, wenn sie nicht ausschließlich aus Unternehmern besteht, **236**
Verbraucher gem. § 13 BGB sein.[713] Sie ist dagegen idR keine **Unternehmerin** iSd

---

[700] *Wenzel* ZWE 2009, 57 (59).

[701] OLG München NZM 2006, 827.

[702] OLG Hamburg ZMR 2008, 56 (57); OLG München ZWE 2008, 384 m. Anm. *Drabek* = ZMR 2008, 321 m. Anm. *Elzer.*

[703] *Armbrüster* GE 2007, 420 (430); Hügel/*Elzer* § 13 Rn 45; *Lüke* ZfIR 2007, 657 (659); Niedenführ/*Kümmel*/Vandenhouten Rn 90.

[704] OLG München ZMR 2006, 553.

[705] Hügel/*Elzer* § 13 Rn 48; *Lüke* ZfIR 2007, 657 (659).

[706] *Abramenko* ZMR 2005, 585 (589); *Maroldt,* Die Rechtsfolgen einer Rechtsfähigkeit der Gemeinschaft der Wohnungseigentümer, 2004, S. 39; *Renner,* Die Wohnungseigentümergemeinschaft im Rechtsverkehr, 2005, S. 187.

[707] Armbrüster GE 2007, 420 (430).

[708] BGH NJW 2005, 2061 (2065); *Armbrüster* GE 2007, 420 (427); *Böhringer* Rpfleger 2006, 53 f.; *Demharter* NZM 2005, 601 f.; *ders.,* ZWE 2005, 357 (359); *Wilsch* RNotZ 2005, 536 f.

[709] OLG Hamburg ZMR 2006, 791 (792); *Armbrüster* GE 2007, 420 (429); *Renner,* Die Wohnungseigentümergemeinschaft im Rechtsverkehr, 2005, S. 201.

[710] Jennißen/*Grziwotz/Jennißen* Rn 77.

[711] *J.-H. Schmidt* ZMR 2007, 90 (92); *Elzer* NZM 2009, 57 (59 f.).

[712] *Abramenko* ZMR 2005, 585 (589); *Pauly* WuM 2002, 531 (533); *Raiser* ZWE 2001, 173 (178); *Renner,* Die Wohnungseigentümergemeinschaft im Rechtsverkehr, 2005, S. 203; *Schwörer* NZM 2002, 421 (423).

[713] OLG München NJW 2008, 3574 = ZMR 2009, 137 (138) = NZM 2008, 894 = ZWE 2008, 442; LG Nürnberg-Fürth ZMR 2008, 831 (832); *Armbrüster* GE 2007, 420 (424); *ders.* ZWE 2007, 290; Niedenführ/*Kümmel*/Vandehouten Rn 64; Riecke/Schmid/*Elzer* Rn 432 ff; aA LG Rostock ZWE 2007, 292; AG Düsseldorf ZMR 2008, 80 f, Jennißen/*Grziwotz/Jennißen* Rn. 59; Staudinger/*Rapp*, 2005, Einl. WEG Rn 73 a.

§ 13 b Abs. 2, § 2 Abs. 1 S. 1 UStG.[714] Sie kann aber **Verwalterin** einer anderen WEanlage[715] und Inhaberin eines SNRes sein, zB an zwei Parkplätzen zum Aufstellen von Müllcontainern[716]

4. Ausübung von Rechten der Wohnungseigentümer (S. 3)

237 **a) Zweck der Norm.** Die Ausübung von Rechten steht grundsätzlich dem Rechtsinhaber zu. Sie kann jedoch entweder durch Rechtsgeschäft, sofern das Gesetz nichts anderes bestimmt (vgl. § 38 S. 2 BGB), oder durch Gesetz einem Dritten überlassen werden oder obliegen. Ein besonderes Institut der rechtsgeschäftlich übertragenen Ausübungsbefugnis ist der Nießbrauch (vgl. §§ 1036, 1066 BGB), eine Form der gesetzlichen Ausübungsbefugnis ist das Verwaltungsrecht in der Gütergemeinschaft (§ 1422 BGB) oder die Verfügungsbefugnis des Versicherungsnehmers einer Versicherung für fremde Rechnung (§ 76 Abs. 1 VVG). Absatz 6 Satz 3 fügt dem ein weiteres, besonders strukturiertes Institut hinzu, nämlich die Ausübungsbefugnis der WEgem in Bezug auf „gemeinschaftsbezogene" und sonstige Rechte und Pflichten, die „gemeinschaftlich geltend gemacht werden können oder zu erfüllen sind".

238 Die Vorschrift verfolgt den **Zweck,** sicherzustellen, dass die von dem BGH[717] entwickelten Grundsätze zur Geltendmachung von gemeinschaftsbezogenen Individualansprüchen weiterhin Anwendung finden und der Rechtsfähigkeit der WEgem angepasst werden, ohne zu einer Vollrechtsübertragung zu kommen. Notwendige Folge der Rechtsfähigkeit ist, dass an die Stelle der Ermächtigung der WEer nunmehr die Ausübungsbefugnis der WEgem tritt, weil der Verband die Rechte und Pflichten, für die er eine Verwaltungskompetenz hat, selbst ausüben und wahrnehmen kann und für eine Ermächtigung an die WEer zur Ausübung ihres Rechts das erforderliche rechtliche Interesse fehlt.

239 **b) Grenzen der Ausübungsbefugnis.** Die Verlagerung allein der Ausübungsbefugnis anstelle einer Vollrechtsüberragung soll die **dienende Funktion** der WEgem als Rechtssubjekt unterstreichen und verhindern, dass das WE als echtes Eigentum ausgehöhlt wird.[718] Aus diesem Grund werden von der Ausübungsbefugnis nicht diejenigen Rechte und Pflichten der WEer erfasst, die nicht die Verwaltung des GemEs, sondern das **SE** oder das **sonstige Vermögen** des einzelnen WEers betreffen. Ebenso erstreckt sich Absatz 6 nicht auf den Kreis der **Mitgliedschaftsrechte** (Rn 33 f.). Deswegen kann die WEgem auch nicht das Recht jedes einzelnen WEers auf Zurückweisung eines Vertreters an sich ziehen, der für einen anderen WEer an der WEVers teilnimmt.[719]

240 **c) Rechtsnatur der Ausübungsbefugnis.** Die Ausübungsbefugnis der WEgem ist materiell-rechtlich keine auf einer rechtsgeschäftlichen Ermächtigung beruhende Ermächtigungstreuhand,[720] sondern eine gegenständlich auf das GemE beschränkte **gesetzliche Verwaltungstreuhand**[721] in Bezug auf Rechte und Pflichten der WEer. Verfahrensrechtlich ist sie eine **gesetzliche Prozessstandschaft** im Aktiv- und Passivprozess, wie sie der Rechtsordnung – im Unterschied zur *gewillkürten* Prozessstandschaft auf der Passivseite[722] – keineswegs fremd ist[723] (vgl. nur § 265 Abs. 2 Satz 1 ZPO, § 1422 BGB). Die WEgem ist

[714] *Armbrüster* GE 2007, 420 (424).
[715] *Renner,* Die Wohnungseigentümergemeinschaft im Rechtsverkehr, 2005, S. 209.
[716] BayObLG NZM 1998, 978.
[717] BGHZ 106, 222 f.; 116, 392; 121, 22.
[718] BT-Drucks. 16/887 S. 61.
[719] AA *Lehmann-Richter* ZMR 2007, 741 (745).
[720] AA Palandt/*Bassenge* Rn 28.
[721] *Wenzel* ZWE 2006, 462 (466); *Becker* MietRB 2007, 180 (181); *ders.* ZWE 2007, 432 (438).
[722] BGHZ 78, 166 (169) = NJW 1981, 282.
[723] AA DAV, Ergänzende Stellungnahme Nr. 48/2006 zum WEGÄndG, BT-Drucks. 16/887, ZMR 2006, 767 (769).

nicht Inhaberin der Rechte oder Trägerin der Pflichten der von ihr auszübenden Rechte der WEer,[724] sondern ist – wie allgemein bei der *gesetzlichen* Treuhand[725] – aus eigenem Recht befähigt, über die Rechte und Pflichten der WEer **im eigenen Namen** zu **verfügen.**[726] So kann die WEgem zB einem WEer oder einem Dritten Schulden erlassen oder über ausgeübte Mängelansprüche der Ersterwerber mit dem Veräußerer einen **Vergleich** schließen.[727] Die Verfügung im Außenverhältnis setzt jedoch immer eine entsprechende Beschlussfassung voraus. Inhalt und Grenzen der Ausübungsbefugnis werden von dem Umfang der Verwaltungszuständigkeit der WEer bestimmt. Das Ausübungsrecht gehört zwar zum Verwaltungsvermögen (Rn 293),[728] ist aber nicht pfändbar und nicht übertragbar.[729] Wohl aber kann die WEgem im Rahmen ordnungsmäßiger Verwaltung durch Beschluss der WEer darauf zugunsten der WEer verzichten.

Nach Ansicht von *Becker*[730] und *Lüke*[731] soll sich die *gesetzliche* Prozessstandschaft allerdings auf die Fälle der geborenen Ausübungsbefugnis beschränken und die WEgem die „sonstigen Rechte" nur im Wege der *gewillkürten* Prozessstandschaft auf Grund einer entsprechenden Ermächtigung ausüben dürfen. Dem ist nicht beizupflichten, weil der Beschluss über die gemeinschaftliche Rechtsverfolgung keine materielle oder verfahrensrechtliche Ermächtigung enthält, sondern die tatbestandliche Voraussetzung der gesetzlichen Verwaltungstreuhand. Schon früher war anerkannt, dass die gesetzliche Verwaltungskompetenz, die Durchsetzung individueller Rechte zu einer gemeinschaftlichen Angelegenheit zu machen, gleichzeitig eine **gesetzliche Ermächtigung** enthält, die der WEgem im Prozess die Stellung eines gesetzlichen Prozessstandschafters verleiht.[732] Da der Gesetzgeber dies nur kodifizieren, nicht aber korrigieren wollte, hat Abs. 6 hieran auch nichts geändert. Sieht man es anders, so ergeben sich Wertungswidersprüche zwischen der gekorenen Ausübungsbefugnis von individuellen Rechten und ihrem Spiegelbild der gekorenen Wahrnehmungsbefugnis von individuellen Pflichten, weil es eine gewillkürte Prozessstandschaft auf der Passivseite nicht gibt. **241**

Anders als bei einer rechtsgeschäftlichen Treuhand unterliegt der „Vermögensinhaber" bei der gesetzlichen Treuhand einem Verfügungsverbot, soweit die Ausübungsbefugnisse dem Treuhänder zustehen. Entgegen § 137 BGB wirkt dieses **Verfügungsverbot** auch Dritten gegenüber.[733] Daher ist die WEgem für die Ausübung von gemeinschaftsbezogenen Rechten und Wahrnehmung von Pflichten sowie für Verfügungen über die Rechte **ausschließlich zuständig,** uz bei geborener Ausübungs- und Wahrnehmungsbefugnis von vorneherein und bei gekorener Ausübungs- und Wahrnehmungsbefugnis ab dem Zeitpunkt, in dem sie die Angelegenheit durch Beschluss zu einer Sache der gemeinsamen Verwaltung gemacht hat. Dies entsprach – entgegen der Annahme des Gesetzgebers[734] – schon der früheren Rechtslage[735] und hat sich durch Abs. 6 S. 3 nicht geändert (Rn 256). Da andererseits die Ausübungsbefugnis nicht zum Rechtsübergang führt, kann ein Gläubiger aus einem Titel gegen die WEer nicht gegen die WEgem oder aus einem Titel gegen **242**

---

724 Missverständlich *Abramenko* § 6 Rn 17 f., wenn er von „Übertragung" von Individualansprüchen spricht.

725 *Liebich/Mathews,* Treuhand und Treuhänder in Recht und Wirtschaft, 2. Aufl., S. 46.

726 Ebenso *Becker* MietRB 2007, 180 (183); aA *Hügel*/Elzer § 3 Rn 169; aA Riecke/Schmid/*Elzer* Rn 413.

727 Vgl. OLG Hamburg ZMR 2008, 152; *Lüke* ZfIR 2007, 657 (661).

728 BT-Drucks. 16/887 S. 63 re Sp.

729 *Becker* ZWE 2007, 432 (435).

730 *Becker* ZWE 2007, 432 (436).

731 *Lüke* ZfIR 2007, 657 (659).

732 BGH NJW 2007, 1952 (1953) Rn 15; 2007, 3275 (3276) Rn 14.

733 *Liebich/Mathews,* Treuhand und Treuhänder in Recht und Wirtschaft, 2. Aufl., S. 46.

734 BT-Drucks. 16/887 S. 62 oben.

735 BGH NJW 2007, 1952 Rn 21; *Wenzel* NJW 2007, 1905 (1908); aA *Abramenko* § 6 Rn 16.

die WEgem nicht gegen die WEer vollstrecken. Er kann – wie bisher[736] – mangels Gegenseitigkeit der Forderungen auch nicht gegen eine von der WEgem geltend gemachte Forderung (zB Schadensersatz wegen Mängeln am GemE) mit einer ihm gegen die WEer zustehenden Forderung (zB Kaufpreis für die Wohnung) **aufrechnen** und umgekehrt. DieWEgem kann den Anspruch aber dem WEer zur Aufrechnung freigeben (Nach § 10 Rn 38). Ebenso kann der Gläubiger einer Werklohn- oder Honorarforderung gegen die WEgem (zB Unternehmer, Verwalter) nicht gegen eine von der WEgem geltend gemachten Schadensersatzforderung wegen Beschädigung des GemEs aufrechnen.[737] wohl aber können die WEer eine solche Aufrechnung als Leistung an Erfüllungs Statt (§ 364 BGB) zulassen.

243 **d) Begriff der Gemeinschaftsbezogenheit.** Der Begriff der „Gemeinschaftsbezogenheit" ist von der Rechtsprechung zunächst im Gewährleistungsrecht der Ersterwerbsverträge entwickelt worden und kennzeichnete Rechte, die das GemE betreffen und gemeinschaftlich geltend zu machen sind, um eine einheitliche Mittelverwendung sicherzustellen.[738] Diese Rechtsprechung sollte einerseits **berechtigte Interessen der Gemeinschaft der WEer** an der Durchsetzung der Ansprüche, andererseits aber auch solche **des Schuldners** vor einer unterschiedlichen Inanspruchnahme schützen.[739] Auf dieser Rechtsprechung des VII. Zivilsenats des BGH baute die Rechtsprechung des V. Zivilsenats[740] auf, wonach Ansprüche, die den WEern als Mitgläubigern zustehen, nicht ohne Ermächtigung durch die Gemeinschaft der WEer geltend gemacht werden können, weil die Durchsetzung des Anspruchs sich als eine Maßnahme der Geschäftsführung zugunsten der WEer in Bezug auf das gemeinschaftliche Eigentum darstellt.[741]

244 **e) Zweckgerichtete Auslegung.** Diese Entwicklungsgeschichte zeigt, dass die in der Vorschrift vorgenommene **Differenzierung** zwischen „gemeinschaftsbezogenen" und solchen Rechten und Pflichten, die „gemeinschaftlich geltend gemacht werden können oder zu erfüllen sind", **irreführend** ist. Dies gilt umso mehr, als die Gesetzesbegründung die „gemeinschaftsbezogenen" Rechte den „Individualrechten" gegenüberstellt.[742] Zum einen sind alle „gemeinschaftsbezogenen" oder „sonstigen Rechte" Individualrechte der WEer. Zum anderen gibt es auch „gemeinschaftsbezogene" Rechte, die individuell verfolgt werden können (zB Erfüllungs- oder Nacherfüllungsansprüche aus den Erwerbsverträgen). Schließlich sind Ansprüche, die gemeinschaftlich geltend gemacht werden können, immer auch „gemeinschaftsbezogen", wie zB die Abwehransprüche nach § 1004 BGB wegen Beeinträchtigung des GemEs. Sie werden es nicht erst dadurch, dass die WEer die Geltendmachung zu einer Verwaltungsangelegenheit machen.

245 Der eigentliche **Sinn der Vorschrift** besteht daher nicht in dieser Differenzierung, sondern in der Klarstellung, dass sich der Rechtskreis der (rechtsfähigen) WEgem über die in Satz 2 beschriebenen eigenen Rechte und Pflichten hinaus auch auf Rechte und Pflichten der WEer erstreckt, die früher von den WEern gemeinschaftlich geltend gemacht bzw. erfüllt werden mussten oder durften. Entscheidend kommt es daher nicht auf die gesetzliche Differenzierung, sondern darauf an, ob Rechte und Pflichten ein gemeinschaftliches Handeln *erfordern* oder nur *ermöglichen* und in diesem Sinn *gemeinschaftsbezogen* sind.

---

[736] Vgl. BGH NJW 1992, 435; NJW 1996, 1407 (1409); *Merle* § 21 Rn 11.

[737] *Abramenko* § 6 Rn 12.

[738] BGHZ 74, 258 (264) = NJW 1979, 2207 (2208); BGHZ 110, 258 (261); 114, 383 (387) = NJW 1991, 2480; kritisch *Baer,* BTR 2006, 113 ff.

[739] BGHZ 110, 258 (261); 114, 383 (387) = NJW 1991, 2480; 169, 1 = NJW 2006, 3275 (3276) NJW 2007, 1952 (1954).

[740] BGHZ 106, 222 (227 f.); 111, 148 (151); 115, 253 (257); 121, 22 (25); vgl. Staudinger/*Wenzel* WEG Vorbem. §§ 43 f. WEG Rn 71 f., 75.

[741] BGHZ 121, 22 (26).

[742] BT-Drucks. 16/887 S. 62 linke Spalte.

Beide Alternativen setzen voraus, dass – ohne Rechtsfähigkeit der WEgem – ein das GemE betreffender Anspruch auf der Aktivseite den WEern **als Mitgläubigern** zustünde, mithin eine **gemeinschaftliche Empfangszuständigkeit** gegeben wäre, oder die WEer auf der Passivseite **als Gesamtschuldner** haften würden, also eine **gemeinsame Erfüllungszuständigkeit** begründet wäre. Ist das der Fall, stellt sich die Rechtswahrung als eine Maßnahme der Geschäftsführung zugunsten der WEer in Bezug auf das GemE dar.[743] 246

Dies allein reicht jedoch nicht aus. Erforderlich dafür, dass die WEgem Individualrechte, die das GemE betreffen, auch ausüben darf, ist vielmehr weiterhin, dass die Rechte oder Pflichten mit gemeinsamer Empfangs- oder Erfüllungszuständigkeit im Interesse der WEer *oder* des Schuldners auch durch die WEgem ausgeübt oder erfüllt werden müssen **(geborene Ausübungsbefugnis)** oder ausgeübt bzw. erfüllt werden dürfen **(gekorene Ausübungsbefugnis).** Maßgeblich ist also ob bei gemeinsamer Empfangs- oder Erfüllungszuständigkeit ein gemeinsames Vorgehen von der Interessenlage her für die WEer oder den Schuldner *erforderlich* oder nur *förderlich* ist. 247

f) Geborene Ausübungsbefugnis. Gemeinschaftliche Rechte, die nur von der WEgem in gesetzlicher Prozessstandschaft (Rn 240) durchgesetzt werden können, sind Rechte bzw. Ansprüche der WEer, die im **Interesse der WEer *oder* aus Gründen des Schuldnerschutzes eine einheitliche Rechtsverfolgung** erfordern und bei denen für eine Leistung eines gemeinsame Empfangszuständigkeit besteht, so dass ein einzelner WEer sie ohne Ermächtigung durch die WEgem nicht durchsetzen kann. Die Ausübungsbefugnis ist unabhängig von einem Eigentümerwechsel[744] und besteht solange, als auch nur ein WEer anspruchsberechtigt ist. Sie ist **ausschließlich** und verdrängt die Ausübungsbefugnis der WEer.[745] Hierher gehört zB das aus dem ME hergeleitete **Hausrecht** in Bezug auf die gemeinschaftlichen Flächen und Räume (§ 13 Rn 14) oder das Recht zur **Vermietung von GemE.** Der Verband ist hierzu auf Grund seiner geborenen Ausübungsbefugnis von Gesetzes wegen befugt. Er bedarf hierzu keiner Bevollmächtigung durch die WEer,[746] auch wenn die Mietsache ihm nicht gehört.[747]Zur **Vermietung von SE** ist er dagegen nur berechtigt, wenn es ihm selbst gehört oder wenn er von dem SEer hierzu bevollmächtigt bzw. ermächtigt worden ist.[748] 248

Ferner zählt zur geborenen Ausübungsbefugnis der vertragliche **Schadensersatzanspruch** der WEer gegen Vertragspartner der WEgem aus Verwaltungsverträgen mit Schutzwirkung für die WEer wegen Verletzung des GemEs gem § 280 BGB.[749] Ist der Schaden dagegen im Verwaltungsvermögen der WEgem entstanden, steht der Anspruch nur dieser selbst zu.[750] Das ist zB der Fall, wenn der Verwalter eine Forderung der WEgem nicht rechtzeitig beigetrieben hat und die WEgem deswegen infolge der Eröffnung des Insolvenzverfahrens ausfällt[751] oder wenn der Verwalter entgegen der Beschlusslage einen Sachverständigen mit der Abnahme des GemEs beauftragt.[752] Ist der Schaden dagegen im SE oder sonst im Vermögen des einzelnen WEers entstanden, steht nur diesem der Anspruch zu.[753] 249

---

743 Vgl. BGHZ 121, 22 (26).
744 AA *Lehmann-Richter* ZWE 2006, 413 (418 f.).
745 Ebenso *Becker,* MietRB 2007, 180 (182).
746 Jennißen/*Grziwotz/Jennißen* Rn 62; *Elzer* ZWE 2009, 12 (13).
747 *Becker* ZWE 2007, 432.
748 Vgl. *Elzer* ZWE 2009, 12 (13 f.).
749 *Wenzel* ZWE 2006, 462 (469); *Becker* MietRB 2007, 180 (182); *ders.* ZWE 2007, 432 (435).
750 AA offenbar *Abramenko* ZMR 2007, 841.
751 Vgl. BGHZ 106, 222 f.
752 KG NZM 2003, 683.
753 BGHZ 115, 253 (258); OLG Düsseldorf ZWE 2007, 92 (94); OLG München ZWE 2007, 100 (102).

250 Nur von der WEgem geltend gemacht werden können ferner die Ansprüche **gegen den Verwalter auf Erfüllung seiner vertraglichen Pflichten,**[754] Ersatzansprüche aus § 823 Abs. 1 BGB gegen Dritte oder einzelne WEer wegen **Beschädigung des GemEs** (Rn 254) sowie die **sekundären Mängelansprüche** aus den Ersterwerbsverträgen auf kleinen Schadensersatz bzw. Minderung wegen erheblicher Mängel am GemE,[755] siehe hierzu die Erläuterungen Nach § 10 Rn 41 f.

251 **g) Gekorene Ausübungsbefugnis.** Von den gemeinschaftlichen Ansprüchen, die nur von der WEgem durchgesetzt werden können, zu trennen sind die Ansprüche der WEer mit gemeinsamer Empfangszuständigkeit, die einer **einheitlichen Rechtsverfolgung nicht bedürfen, ihr aber zugänglich** sind. Sie fallen zwar auch unter die Verwaltungskompetenz, die WEer haben aber einen Entscheidungsspielraum. Es liegt in ihrem pflichtgemäßen Ermessen, ob sie die Ausübung der Rechte zu einer gemeinschaftlichen Aufgabe machen oder der individuellen Rechtsverfolgung überlassen wollen **(Zugriffsermessen).** Im Unterschied zu den gemeinschaftsbezogenen Ansprüchen, die von Gesetzes wegen durch die WEgem ausgeübt werden (geborene Ausübungsbefugnis), kann die WEgem diese Rechte nur ausüben, wenn sie die Rechtsverfolgung durch Vereinbarung oder Mehrheitsbeschluss an sich gezogen hat. Dieser Zugriff ist seiner Rechtsnatur nach keine Ermächtigung durch die WEer[756] mit der Folge, dass die WEgem in gewillkürter Prozessstandschaft handeln würde, sondern die gesetzliche Voraussetzung der gesetzlichen Treuhand und Prozessstandschaft (Rn 241). IdR wird eine **ordnungsmäßige Verwaltung** den Zugriff zumindest dann erfordern, wenn die Gefahr einer unterschiedlichen Inanspruchnahme des Schuldners besteht oder die Inanspruchnahme durch einen WEer wie zB auf Beseitigung einer baulichen Veränderung mit einer Instandsetzungsmaßnahme der WEgem zu kollidieren droht.[757]

252 **aa) Erfüllungs- und Nacherfüllungsansprüche aus den Ersterwerbsverträgen,** siehe hierzu die Erläuterungen Nach § 10 Rn 35 f.

253 **bb) Abwehransprüche.** Zu den „sonstigen" Rechten der WEer, die von der WEgem geltend gemacht werden können, aber nicht müssen, sollen nach der Vorstellung des Gesetzgebers auch die **Abwehransprüche nach § 1004 BGB** wegen Verletzung des GemEs gehören.[758] Umstritten ist allerdings, ob **§ 1011 BGB** Anwendung findet (Rn 64) und die WEer die Durchsetzung des Anspruchs nur fakultativ zu einer Verwaltungsangelegenheit machen können[759] oder ob die Ausübung des Rechts notwendigerweise der WEgem vorbehalten bleiben muss.

254 Nach der Rechtsprechung können die WEer die **Abwehransprüche nach §§ 1004, 1011 BGB** wegen Verletzung des GemEs selbstständig geltend machen, solange die WEgem dies nicht zu ihrer Sache gemacht hat. Das hat der BGH für den Anspruch auf Beseitigung einer baulichen Veränderung durch den störenden Miteigentümer nach § 1004 BGB[760] bzw. den Anspruch gegen den Mieter auf Duldung der Störungsbeseitigung,[761] aber auch für den Unterlassungsanspruch[762] ausgesprochen. Für den deliktsrechtlichen **Schadensersatzanspruch wegen Verletzung des GemEs**[763] hat er dagegen entschieden,

---

[754] Vgl. BayObLG ZMR 2003, 692: Durchführung der Hausordnung; aA *Abramenko* ZMR 2007, 841: Geborene Ausübungsbefugnis.

[755] *Wenzel* ZWE 2006, 109 (116 f.).

[756] AA *Becker* ZWE 2007, 432 (436).

[757] *Wenzel* NZM 2008, 74 (75).

[758] BT-Drucks. 16/887 S. 61/62.

[759] So BGH NJW 2006, 2187 (2188) für den Unterlassungsanspruch unter Bezugnahme auf BGHZ 116, 392 (395) für den Beseitigungsanspruch.

[760] BGHZ 116, 392 (395) = NJW 1992, 978 – Dachluke; vgl. auch BayObLG NJW-RR 2004, 1160; OLG Köln IMR 2008, 347.

[761] BGH NJW 2007, 432.

[762] BGH NJW 2006, 2187 (2188); MDR 2010, 434.

[763] BGHZ 121, 22 (24) = NJW 1993, 727 (728); vgl. auch BGH NJW 1997, 2106.

dass § 1011 BGB keine Anwendung finde, sondern durch die Verwaltungskompetenz nach § 21 Abs. 1 WEG als Sonderregelung verdrängt werde.

Dieser Rechtsprechung, die sowohl Anerkennung[764] als auch Ablehnung[765] erfahren hat, ist zuzustimmen. Die Differenzierung zwischen Abwehr- und Schadensersatzansprüchen ist im Hinblick auf die fließende Abgrenzung von Beseitigungs- und Schadensersatzansprüchen[766] zwar nicht unproblematisch, lässt sich aber mit der Überlegung rechtfertigen, dass die Abwehr von Störungen anders als der Ersatz von Schäden aus der Einwirkung auf das GemE den einzelnen WEern überlassen bleiben kann, solange die WEer die Rechtsverfolgung nicht zu einer Angelegenheit der Verwaltung machen. Machen sie von dieser Möglichkeit Gebrauch, geht § 21 WEG dem § 1011 BGB ebenso vor wie dem § 432 BGB.[767] Die Gegenmeinung, welche die Spezialität grundsätzlich leugnet,[768] beruht auf der überholten Ansicht einer „Strukturgleichheit" zwischen Bruchteilsgemeinschaft und WEgem. Ob Abwehransprüche gemeinschaftlich geltend gemacht werden müssen oder können, richtet sich danach, ob die **Störung** das GemE betrifft (§ 13 Rn 142). Eine Störung ist in diesem Sinne **gemeinschaftsbezogen,** wenn sie die Substanz oder die Nutzung des GemEs objektiv beeinträchtigt, es sich also um eine iSd. § 14 Nr. 1 nachteilige Einwirkung auf das GemE handelt (vgl. § 14 Rn 4 f). 255

cc) Ausschließliche Zuständigkeit. Nach der Begründung des WEG-ÄndG soll es eine Konkurrenz der Verfolgung von Individual- und „gemeinschaftlichen Ansprüchen" geben und dies schon der alten Rechtslage entsprechen.[769] Diese Annahme trifft jedoch nicht zu, wie die Rspr des BGH zeigt.[770] Da mit Abs. 6 S. 3 insoweit kein neues Recht geschaffen, sondern altes Recht nur festgeschrieben werden sollte, gibt es auch weiterhin **keine Konkurrenz** von Individual- und „gemeinschaftlichen Ansprüchen" oder eine Konkurrenz von **Rechtsverfolgungskompetenzen.**[771] Haben die WEer bei der Rechtsverfolgung eines gemeinschaftsbezogenen Anspruchs eine Ausübungsbefugnis, steht die Rechtsverfolgungskompetenz kraft Gesetzes der WEgem zu. Ein späterer Erwerber ist daran gebunden (Anh. § 10 Rn 31). Dies liegt sowohl im Interesse der Gemeinschaft als auch im Interesse des Schuldners, vor einer doppelten Inanspruchnahme geschützt zu werden.[772] Eine Rechtsverfolgungskonkurrenz widerspräche zudem der Rechtsnatur der Ausübungsbefugnis, die notwendig mit einem Verfügungsverbot für den Rechtsinhaber verbunden ist (Rn 242). Hatte ein WEer bereits Klage erhoben, führt der Wegfall des Prozessführungsrechts zu deren Unzulässigkeit. Die WEer können aber auch einen von ihnen und damit insbesondere den Kläger zur Ausübung ermächtigen. Das versetzt den Kläger in die Lage, das Verfahren als Prozessstandschafter der WEgem fortzuführen. Er handelt dann in gewillkürter Prozessstandschaft für die WEgem, die ihrerseits berufen ist, den erhobenen Anspruch in gesetzlicher Prozessstandschaft geltend zu machen. Andernfalls muss er den Rechtsstreit für in der Hauptsache erledigt erklären.[773] Nach anderer Ansicht soll eine entsprechende Anwendung von § 265 ZPO 256

---

[764] MünchKommBGB/*K. Schmidt* § 1011 Rn 3.

[765] Weitnauer/*Briesemeister* Vor § 1 Rn 77 f.

[766] *Wenzel* NJW 2005, 241 (243).

[767] BGHZ 106, 222 f. = NJW 1989, 1091; BGHZ 111, 148 (151).

[768] Weitnauer/*Briesemeister* Vor § 1 Rn 80 f., 82.

[769] BT-Drucks. 16/887 S. 62 li Spalte oben.

[770] BGH NJW 2007, 1952 (1954); OLG Düsseldorf NZM 2008, 844 (845) = NJW-RR 2008, 1467.

[771] *Wenzel* NJW 2007, 1905 (1908); *Becker* ZWE 2007, 432 (437); *Hügel* ZMR 2008, 855 (856); Niedenführ/*Kümmel*/Vandenhouten Rn 70; Riecke/Schmid/*Elzer* Rn 430; aA OLG München NZM 2008, 87 (89) m. abl. Anm. *Wenzel* S. 74; OLG Hamburg ZMR 2009, 306; Riecke/Schmid/*Abramenko* § 13 Rn 6; *Bielefeld* DWE 2008, 37.

[772] *Wenzel* NZM 2008, 74 (76); kritisch differenzierend *Derleder* ZWE 2009, 1 (7 ff.).

[773] So auch *Becker* ZWE 2007, 432 (438).

dazu führen, dass der Kläger ohne einen besonderen Beschluss den Rechtsstreit für die WEgem als deren Prozessstandschafter fortsetzen.[774] Dem begegnen Bedenken, weil der Beschluss der WEgem, die Inanspruchnahme des Störers an sich zu ziehen, nicht von dem Willen des klagenden WEers abhängig ist, wovon § 265 ZPO ausgeht, und dessen Prozessführung zum Nachteil der WEgem wirken würde. Hatte ein WEer bereits einen rechtskräftigen Titel erwirkt, ist für eine Ermächtigung der WEgem kein Raum mehr.

5. Wahrnehmung von Pflichten der Wohnungseigentümer (S. 3)

257 **a) Allgemeines.** Der Ausübungsbefugnis in Bezug auf Rechte der WEer entspricht als Korrelat die Wahrnehmungsbefugnis in Bezug auf Pflichten der WEer, die „gemeinschaftsbezogen" oder „gemeinschaftlich zu erfüllen" sind. Allerdings unterscheidet sich der Wortlaut hinsichtlich der Pflichten von dem hinsichtlich der Rechte. Während bei den Rechten, welche die WEgem „ausübt", differenziert wird zwischen den „gemeinschaftsbezogenen" und sonstigen Rechten, „soweit diese gemeinschaftlich geltend gemacht werden *können*" unterscheidet das Gesetz bei den Pflichten zwischen den „gemeinschaftsbezogenen" und den sonstigen Pflichten, „soweit diese gemeinschaftlich … zu erfüllen *sind*". Da insoweit aber ersichtlich keine unterschiedliche Behandlung beabsichtigt war, vielmehr ein Gleichlauf der Rechtsfolgen sichergestellt werden sollte, ist der Wortlaut teleologisch zu reduzieren. Auch rechtfertigt die Formulierung, dass die WEgem Rechte (bloß) „ausübt", Pflichten dagegen „wahrnimmt", nicht den Schluss zu, dass damit sachlich etwas Unterschiedliches zum Ausdruck kommen sollte,[775] etwa in dem Sinne, dass die WEgem zwar nicht Inhaberin der gemeinschaftsbezogenen Rechte ist, wohl aber Trägerin der entsprechenden Pflichten. Die unterschiedliche Formulierung hat rein sprachliche Gründe. Deswegen stellt sich im Prinzip die gleiche Frage wie bei den Rechten entsprechend auch für die Pflichten, ob nämlich die „gemeinschaftsbezogenen" oder sonstigen Pflichten mit gemeinsamer Erfüllungszuständigkeit ausschließlich von der WEgem wahrzunehmen sind.

258 In der Literatur wird hierzu die Auffassung vertreten, die Vorschrift müsse gläubigerfreundlich dahin ausgelegt werden, dass die Pflichten nicht ausschließlich von der WEgem zu erfüllen seien, sondern daneben **auch die WEer verpflichtet** blieben, um dem Gläubiger nicht einen Schuldner zu entziehen.[776] Dem ist nicht zu folgen, weil die Wahrnehmung von Pflichten systematisch zur Ausübung von Rechten korreliert und deswegen im Grundsatz entsprechend behandelt werden muss. Daher ist zu differenzieren. **Die gemeinsame Erfüllungszuständigkeit** ist zwar **notwendig, aber nicht hinreichend für die Wahrnehmungsbefugnis** der Gemeinschaft. Erforderlich dafür, dass die WEgem Individualpflichten der WEer wahrnimmt, ist vielmehr weiterhin, dass es sich um individuelle Pflichten handelt, die im Interesse der WEer *oder* des Gläubigers durch die WEgem wahrgenommen werden müssen **(geborene Wahrnehmungsbefugnis)** oder wahrgenommen werden dürfen **(gekorene Wahrnehmungsbefugnis).** Müssen sie durch die WEgem wahrgenommen werden, haben die WEer persönlich nicht einzustehen. Dasselbe gilt, wenn die WEer beschließen, von ihrer gekorenen Wahrnehmungsbefugnis Gebrauch zu machen.

259 **b) Geborene Wahrnehmungsbefugnis.** Zu den Pflichten, die im Interesse der WEer und des geschützten Personenkreises gemeinschaftlich wahrgenommen werden müssen, gehören zunächst Handlungspflichten der Grundstückseigentümer, wie die privatrechtlich oder öffentlichrechtlich den Grundstücksmiteigentümer zugewiesene **Verkehrssiche-**

---

[774] OLG Hamm ZWE 2010, 44.

[775] AA offenbar *Elzer* ZMR 2006, 628 (629 aE).

[776] *Elzer* ZMR 2006, 228 (229); Riecke/Schmid/*Elzer* Rn 424 f.; *Jennißen* NZM 2006, 203 (205).

rungspflicht (Rn 271, 313),[777] wie zB die speziellen Gebäudeunterhaltungspflichten nach §§ 836 bis 838 BGB oder die ihnen durch Ortssatzung übertragene ordnungsrechtliche Reinigungs-, Räum- und Streupflicht für öffentliche Gehwege;[778] ferner die Pflicht zur ordnungsmäßigen **Instandhaltung und Instandsetzung** des GemEs[779] einschließlich der Maßnahmen zur Erfüllung öffentlich-rechtlicher Anforderungen,[780] die Pflicht zur **Abnahme des GemEs** vom Bauträger (Nach § 10 Rn 57), die Pflichten aus §§ 906 f. BGB, die Untersuchungs-, Anzeige- und Handlungspflichten nach §§ 14, 16 **TrinkwasserVO,** dies Pflicht zur Installation und Wartung von Rauchwarnmeldern,[781] die Pflicht zum Abschluss einer **Feuerversicherung** für das GemE sowie die Pflicht zur Abwehr oder Sanierung von Bodenverunreinigungen **(Altlasten)** nach **§ 4 Abs. 2, 3 BBodSchG.** Soweit es in diesen Fällen um laufende Maßnahmen der ordnungsmäßigen Verwaltung, Instandhaltung oder Instandsetzung geht, obliegt die Wahrnehmung der Pflichten nach § 27 Abs. 1 Nr. 2, Abs. 3 Nr. 3 dem **Verwalter** als dem hierfür zuständigen Organ der WEgem, kann aber auch einem Dritten übertragen werden.[782]

Zu den gemeinschaftsbezogenen Pflichten gehören aber auch **Zahlungspflichten.** Dies **260** ergibt sich aus dem gegenüber den in Absatz 8 genannten „Verbindlichkeiten" weiteren[783] Begriff der „Pflichten". Auch hier ist jedoch zu unterscheiden, ob die Zahlung von der WEgem geleistet werden muss oder ob die WEgem die Zahlungspflicht bei den WEern belassen darf und selbst nur dann für die Verbindlichkeit haftet, wenn sie deren Erfüllung durch Beschluss übernommen hat. Zu den Zahlungspflichten, die von der WEgem zu erfüllen sind, gehören zB die **Entschädigungspflicht** nach § 14 Nr. 4 (§ 14 Rn 75) oder die nachbarrechtliche **Ausgleichspflicht** entsprechend § 906 Abs. 2 S. 2 BGB (vgl. Rn 266).

Die Handlungs- oder Zahlungspflichten dürfen nicht nur von der WEgem wahr- **261** genommen oder erfüllt werden, sondern müssen es.[784] Verfügungsberechtigter Schuldner und **Vollstreckungsschuldner ist die WEgem,** nicht der materiell-rechtliche Träger der Pflicht.[785] Auch insoweit laufen passive Prozessstandschaft und aktive Prozessstandschaft nicht auseinander. Eine elektive Konkurrenz oder kumulative Haftungszuständigkeit auf der Passivseite gibt es bei der geborenen Wahrnehmungsbefugnis ebenso wenig wie auf der Aktivseite bei der geborenen Ausübungsbefugnis.[786] Die WEer können für eine Pflichtverletzung der WEgem, wie zB für die Verletzung der Verkehrssicherungspflicht,[787] von Drittgläubigern oder einzelnen WEern nur nach Abs. 8 (Rn 314) in Anspruch genommen werden. Im Innenverhältnis kommt ggf auch ein Anspruch nach § 280 BGB wegen nicht ordnungsgemäßer Mitwirkung bei der Ausübung der Verkehrssicherungspflicht in Betracht. Soweit sich der Anspruch gegen die WEgem richtet, bedarf es im Prozess nicht einer namentlichen Bezeichnung der WEer entspr. § 44 Abs. 1 S. 2.[788]

---

[777] IE *Wenzel* ZWE 2009, 57 f.; Jennißen/*Grziwotz/Jennißen* Rn 64; Riecke/Schmid/*Elzer* Rn 421; *Hügel*/Elzer § 3 Rn 52; *F. Schmidt* ZWE 2009, 295.

[778] BGH NJW 1990, 111; BayVGH ZMR 2007, 904.

[779] *Becker* MietRB 2007, 180 (184).

[780] BGHZ 152, 63 (74) = NJW 2002, 3629 (3632) – Brandschutzmaßnahmen.

[781] VO v. 21. 5. 2001 idF der VO v. 31. 10. 2006 (BGBl. I, 2407); *Manger* DWE 2004, 84; *J.-H. Schmidt/Riecke* ZMR 2008, 341 f.

[782] OLG München NZM 2006, 110 m. Anm. *Demharter* ZWE 2006, 44; iE zur Wahrnehmung der Verkehrssicherungspflicht *Wenzel* ZWE 2009, 57 f;*F. Schmidt,* ZWE 2009, 295 (296).

[783] BT-Drucks. 16/887 S. 60.

[784] AA *Abramenko* § 6 Rn 13; *Elzer* ZMR 2006, 628 (630).

[785] AA *Abramenko* ZMR 2007, 841 (843).

[786] Ebenso *Rühlicke* ZWE 2007, 261 (268); aA Riecke/Schmid/*Elzer* Rn 424 ff.

[787] IE *Fritsch* ZWE 2005, 384 (386, 392) zum Rechtsszustand vor dem WEG-ÄndG.

[788] AA *Abramenko* § 6 Rn 13.

262 **c) Gekorene Wahrnehmungsbefugnis.** Anders verhält es sich bei Handlungs- oder Zahlungspflichten, die von der WEgem nicht wahrgenommen oder erfüllt werden müssen, aber dürfen. Hierzu gehören zB die **öffentlich-rechtlichen** oder **privatrechtlichen Lasten des Grundstücks** (§§ 103, 436, 1047 BGB), die von den MEern als Gesamtschuldnern zu tragen sind (vgl. Rn 310). Sie müssen nicht im Interesse der WEer oder im Interesse des Gläubigers gemeinschaftlich erfüllt werden, dürfen es aber. Die WEer haben insoweit also einen Entscheidungsspielraum. Der Gläubiger kann auf das Verwaltungsvermögen erst dann zugreifen, wenn die WEgem sich entschlossen hat, die Pflicht „wahrzunehmen", dh die Schuld zu übernehmen. Da der Gläubiger hiervon jedoch meist keine Kenntnis erlangt, kann es sich zu seinem Schutz nur um eine **kumulative Schuldübernahme** handeln.[789] Insofern unterscheidet sich die gekorene Wahrnehmungsbefugnis von der gekorenen Ausübungsbefugnis, bei der der entsprechende Beschluss zu einer ausschließlichen Zuständigkeit der WEgem führt.

6. Einzelbeispiele

263 – Die **Abwehransprüche** nach § 1004 BGB auf Beseitigung oder Unterlassung einer Störung des gemeinschaftlichen Eigentums stehen, wie Rn 253 f. ausgeführt, den WEern zu, können aber auf Grund eines Mehrheitsbeschlusses durch die WEgem ausgeübt werden (gekorene Ausübungsbefugnis).

264 – Der **Aufopferungsanspruch eines WEers** nach § 14 Nr. 4 HS. 2 WEG richtet sich wegen geborener Wahrnehmungsbefugnis gegen die WEgem (§ 14 Rn 75).

265 – Der **Aufwendungsersatzanspruch**[790] eines **WEers** (§ 21 Rn 14 f.) oder des Verwalters für Aufwendungen zugunsten der WEgem richtet sich auch dann gegen diese (Rn 234), wenn der Gegenstand nicht in das Verwaltungsvermögen fällt, sondern – wie zB eine Hebeanlage – wesentlicher Bestandteil des Gebäudes wird und zum ME zählt; denn die Aufwendungen betreffen eine Angelegenheit der Verwaltung. Handelt der WEer oder der Verwalter jedoch gegen den Willen der WEer, so kommen nur Ansprüche aus ungerechtfertigter Bereicherung in Betracht, die gegen die Eigentümer zu richten sind.

266 – Die **nachbarrechtlichen** Schutzrechte aus §§ 906 bis 923 BGB einschl. des **Ausgleichsanspruchs** von WEern aus § 906 Abs. 2 Satz 2 BGB (analog) wegen Störung der GemEs können als Maßnahme der Verwaltung nur von der WEgem geltend gemacht werden (geborene Ausübungsbefugnis). Umgekehrt richtet sich der Anspruch des Nachbarn wegen einer von dem GemE ausgehenden Störung nur gegen die Gemeinschaft, weil die Sicherung des GemEs gegen von ihm ausgehende Störungen eine notwendige Angelegenheit der Verwaltung ist, der WEgem also eine geborene Wahrnehmungsbefugnis hinsichtlich der Pflichten aus dem Eigentum zusteht (Rn 260). Dasselbe gilt für die Beseitigung eines von dem GemE ausgehenden Überhangs, so dass der **Beseitigungsanspruch des gestörten Grundstücksnachbarn** ebenfalls gegen die WEgem geltend zu machen und notfalls zu vollstrecken ist.

267 – Zur Ausübung der **Mängelrechte** aus den Erwerbsverträgen bei behebbaren Mängeln am GemE vgl. iE die Erläuterungen im Anhang Nach § 10.

268 – Das **Notwegerecht,**[791] das sich aus der Lage des Grundstücks ergibt, steht den WEern zu. Die Geltendmachung dieses Rechts ist aber eine Angelegenheit der Verwaltung, weil es um die Erschließung der im GemE befindlichen Verkehrsflächen des SEs geht und kein WEer allein die anderen zur Zahlung der gemeinsam geschuldeten Notwegrente verpflichten kann. Die Ausübung des Rechts obliegt daher notwendigerweise der rechts-

---

[789] Insoweit iErg übereinstimmend *Briesemeister* NZM 2007, 225 (230); *Elzer* ZMR 2006, 628 (630).

[790] OLG Hamm ZMR 2008, 228 (230); OLG München NZM 2008, 215.

[791] BGH NJW 2006, 3426 = ZWE 2006, 486 m. Anm. *Schmidt* S. 484.

fähigen WEgem (geborene Ausübungsbefugnis) mit der Folge, dass der einzelne WEer das Recht nicht ohne deren Ermächtigung geltend machen kann und die Notwegrente von der WEgem zu zahlen ist (geborene Wahrnehmungsbefugnis hinsichtlich einer Last des Grundstücks).

– Der **vertragliche Schadensersatzanspruch wegen Beschädigung des GemEs**[792] aus einem von der WEgem mit einem Dritten abgeschlossenen Vertrag steht wegen seiner Schutzwirkung für die WEer[793] ebenso wie der **deliktsrechtliche Schadensersatzanspruch** (Rn 254)[794] den einzelnen WEern zu, kann jedoch nur von der WEgem geltend gemacht werden (geborene Ausübungsbefugnis). Der Schadensersatzanspruch wegen Verletzung des SEs kann nur von dem SEer verfolgt werden. Beschädigt ein von ihm mit der Reparatur des SEs beauftragter Unternehmer das GemE, so kommt diesem Vertrag wiederum Schutzwirkung zugunsten der WEer zu. **269**

– **Störer** ist für eine von dem GemE ausgehende Störung die WEgem, weil sie die Pflicht zur Beseitigung wahrzunehmen hat (Rn 259). **270**

– **Die Verkehrssicherungspflicht** für die im GemE stehenden Flächen, Anlagen oder Einrichtungen trifft die WEgem,[795] und zwar entweder als originär eigene Pflicht (Rn 234) oder auf Grund geborener Wahrnehmungsbefugnis von Pflichten, welche die WEern als Grundstücksmiteigentümer treffen (Rn 259). Zur Schadensersatzpflicht vgl. Rn 313. **271**

– Die **Vermietung von GemE** (Rn 248) oder die **Vergabe eines Reparaturauftrages** in Bezug auf das GemE[796] ist nach entsprechender Beschlussfassung durch die WEer als Verwaltungsgeschäft eine Angelegenheit der WEgem. Der Vertrag entfaltet hinsichtlich der Integrität des GemEs und des SEs[797] Schutzwirkung zugunsten der WEer mit der Folge, dass ihnen bei einer in Ausführung des Vertrages eintretenden **Verletzung des Gemeinschafts- oder Sondereigentums** ein Schadensersatzersatzanspruch zusteht. Er kann hinsichtlich des GemEs wie der deliktsrechtliche Anspruch nur von der WEgem geltend gemacht werden, hinsichtlich des SEs nur von dem WEer. **272**

– Das **Recht zur Versorgungssperre** bei Beitragsrückständen (§ 28 Rn 161 f.) steht als Zurückbehaltungsrecht hinsichtlich der über die WEgem bezogenen Lieferungen von Energie oder Wasser der WEgem zu.[798] Darauf, wer als Lieferant auftritt, ein Dritter oder ein Eigenbetrieb der Gemeinschaft, kommt es nicht an.[799] Entsprechendes gilt bei einem Direktbezug des WEers vom Lieferanten, weil die Nutzung der im GemE befindlichen Leitungen der Verwaltungskompetenz der WEgem unterfällt und diese das Überlassen der Leitungen bis zur Zahlung zurückbehalten kann. Zur Rücksichtnahmepflicht Rn 53. **273**

– Der Abschluss einer **Gebäudeversicherung** ist als Verwaltungsangelegenheit Sache der WEgem (§ 1 Rn 248 f.). Der Vertrag unterscheidet idR nicht zwischen GemE und SE, sondern behandelt das Gebäude als Einheit. Es handelt sich um eine Versicherung für fremde Rechnung (§§ 43 f VVG): Die WEgem ist Versicherungsnehmerin und Prämienschuldnerin, die WEer sind jeweils Versicherte (§ 14 Rn 32). **274**

---

792 Vgl. *Lehmann-Richter* ZWE 2006, 413 f.

793 *Lehmann-Richter* ZWE 2006, 413 (416).

794 BGHZ 121, 22 (24) = NJW 1993, 727 (728).

795 OLG München NZM 2006, 110 = ZMR 2006, 226 m. Anm. *Demharter* ZWE 2006, 44; iE *Wenzel* ZWE 2009, 57 (59); *ders.*, NZM 2006, 321 (323); *Armbrüster* GE 2007, 420 (429); *Schmid* ZWE 2009, 295; Niedenführ/*Kümmel*/Vandenhouten Rn 72.

796 *Wenzel* NZM 2006, 321 (322); aA *Jennißen* NZM 2006, 203 (204).

797 *Lehmann-Richter* ZWE 2006, 413 (416 f.).

798 OLG Frankfurt ZWE 2006, 450 m. Anm. *B. Müller;* ZWE 2006, 492 = NZM 2006, 869; OLG Dresden ZMR 2008, 140 (141); LG Berlin NZM 2008, 531.

799 AA *B. Müller* ZWE 2006, 454 (455).

7. Ausübung nicht gemeinschaftsbezogener individueller Rechte

275 Von den gemeinschaftsbezogenen Rechten sind die individuellen Rechte zu unterscheiden, deren Geltendmachung Sache eines jeden WEers ist und nicht zu einer Angelegenheit der WEgem gemacht werden kann. Sie werden durch die in Satz 3 geregelte Kompetenz der WEgem nicht beeinträchtigt. Dies verdeutlicht die Beschränkung der WEgem auf Rechte, „soweit" diese gemeinschaftlich geltend gemacht werden können oder zu erfüllen sind. Außerdem folgt dies aus Absatz 1. Neben den im Gesetz genannten Rechten, wie etwa dem Beschlussanfechtungsrecht oder dem Anspruch auf ordnungsmäßige Verwaltung (§ 21 Abs. 4), zählen hierzu auch **Schadensersatzansprüche der WEer untereinander** oder gegen Dritte, wenn eine gemeinsame Empfangszuständigkeit der WEer nicht begründet ist.[800] Ferner gehören hierher die **nicht gemeinschaftsbezogenen Rechte aus den Ersterwerbsverträgen,**[801] wie zB Ansprüche wegen Mängeln am SE,[802] das Rücktrittsrecht oder das Recht auf großen Schadensersatz (Nach § 10 Rn 19)[803] sowie Rechte aus sonstigen Rechtsverhältnissen wie zB aus Bürgschaften nach § 7 MaBV (Nach § 10 Rn 63).[804] Hat der Verwalter seine Pflicht zur Feststellung von Mängeln und Einleitung der zur Beseitigung erforderlichen Maßnahmen verletzt, und ist dadurch einem SEer ein Schaden in seinem SE oder sonstigen Eigentum entstanden, so kann er ihn ebenfalls selbstständig gegen den Verwalter geltend machen.[805]

8. Dauer der Rechtsfähigkeit

276 Die Rechtsfähigkeit ist als rechtliche Eigenschaft der WEgem von deren Bestehen abhängig. Sie **beginnt** mit dem Entstehen der Vorgemeinschaft (werdende Gemeinschaft, Rn 16 f.)[806] und **endet,** wenn sich sämtliche WE-Rechte in einer Person vereinigen (Absatz 7 Satz 4), also alle MEAe derselben Person zustehen,[807] oder das Wohnungseigentum nach § 11 Abs. 1 S. 3 aufgehoben wird.

9. Altverträge, Altverfahren, Alttitel und Vertrauensschutz

277 **a) Änderung der Rechtsprechung und Vertrauensschutz.** Die geänderte Rechtsprechung zur Rechtsfähigkeit der WEgem gilt auch für früher begründete, noch nicht abgeschlossene Rechtsbeziehungen.[808] Diese so genannte **unechte Rückwirkung** ist dem Grunde nach rechtlich unbedenklich.[809] Sie erfährt allerdings Einschränkungen durch den Grundsatz des Vertrauensschutzes. Er ergibt sich aus dem rechtsstaatlichen Prinzip der **Rechtssicherheit** und aus dem Grundsatz von **Treu und Glauben.** Durfte die von der Rückwirkung betroffene Partei mit der Fortgeltung der bisherigen Rechtslage rechnen, hat sie im Vertrauen hierauf investiert und verdient dieses Verhalten bei der Abwägung mit den Belangen des Vertragspartners und den Anliegen der Allgemeinheit den Vorrang, so greift die Rückwirkung in rechtlich geschützte Positionen ein.[810]

---

800 Vgl. BGHZ 115, 253 (258).
801 *M. Becker* MietRB 2007, 180 (184).
802 BT-Drucks. 16/887 S. 62; BGHZ 115, 253 (258).
803 *Wenzel* ZWE 2006, 109 (115 f.); NJW 2007, 1905 f.
804 BGH NJW 2007, 1957 f.
805 OLG Düsseldorf NZM 2007, 137 (138).
806 *Hügel* DNotZ 2005, 753 (755 f.); Riecke/Schmid/*Elzer* Rn 377 b.
807 *Kreuzer* ZMR 2006, 15 f.; *Renner,* Die Wohnungseigentümergemeinschaft im Rechtsverkehr, 2005, S. 213.
808 BGHZ 132, 119 (129) = NJW 1996, 1467; NJW 2007, 2987 (2988); NJW 2010, 932.
809 BVerfGE 74, 129 (155); BGHZ 132, 119 (129) = NJW 1996, 1467; NJW 2007, 2987 (2988) Rn 28.
810 BVerfGE 72, 175 (196) = NJW 1986, 2561; BGHZ 132, 119 (130) = NJW 1996, 1467; 145, 158 (170) = NJW 2000, 3500; NJW 2007, 2987 (2988) Rn 29.

Das ist jedoch nicht schon dann der Fall, wenn durch die Anerkennung der Rechtsfähigkeit die Möglichkeit einer Aufrechnung gegen eine titulierte Forderung entfallen ist[811] oder die Klage einer Bank gegen die WEer auf Ausgleich eines vom Verwalter über das Gemeinschaftskonto in Anspruch genommenen Überziehungskredit umgestellt werden müsste.[812] Ein Eingriff in rechtlich geschützte Positionen liegt nur vor, wenn die für eine Partei daraus erwachsenden Folgen unter dem Gesichtspunkt des Vertrauens auf die Fortdauer der bisherigen Rechtsprechung zu unbilligen, ihr **unzumutbaren Härten** führen würden.[813] Das trifft bei einem eingetretenen Verlust der Gegenseitigkeit von Forderungen nur im Ausnahmefall zu und wird idR nur in solchen Fällen anzunehmen sein, in denen es um – häufig Versorgungscharakter tragende – Dauerschuldverhältnisse geht und die Rückwirkung für die Betroffenen möglicherweise existenzbedrohende Auswirkungen hätte.[814] Nach Auffassung des OLG München[815] soll der Vertrauensschutz schon dann eingreifen, wenn der Gläubiger einer Forderung gegen die WEgem nach altem Recht noch einen WEer persönlich verklagt hat und eine Parteiänderung auf der Beklagtenseite wegen zwischenzeitlich eingetretener **Verjährung** des Anspruchs nicht mehr zum Erfolg führen kann. 278

b) Berichtigung der Parteibezeichnung. Wie Verträge, Verfahren oder Titel zu behandeln sind, die vor Bekanntwerden der Entscheidung vom 2. Juni 2005 zur Rechtsfähigkeit der WEgem abgeschlossen bzw. rechtshängig oder rechtskräftig geworden sind, richtet sich nach dem **objektiven Erklärungswert** der Willenserklärung, der Prozesshandlung oder des Urteilstenors, der jeweils durch Auslegung zu ermitteln ist. In dem der Entscheidung des BGH vom 2. Juni 2005 zugrundeliegenden Fall war der maßgebliche Vertrag ausdrücklich im Namen der „Wohnungseigentümergemeinschaft Bauvorhaben 2–4, N.-straße" abgeschlossen worden, so dass der Verband als Vertragspartner angesehen werden konnte. 279

Ist eine Klage an Stelle der WEgem von den WEern erhoben worden, so ist das Rubrum zu berichtigen.[816] Denn es ist anerkannt, dass bei unrichtiger Bezeichnung grundsätzlich das Rechtssubjekt als Partei anzusehen ist, das durch die fehlerhafte Bezeichnung nach deren objektivem Sinn betroffen werden soll.[817] Diese Grundsätze gelten selbst dann, wenn sich die klagende Partei selbst fehlerhaft bezeichnet hat.[818] Es liegt weder ein gewillkürter Parteiwechsel[819] noch eine Rechtsnachfolge vor. Auch einer Klageänderung bedarf es nicht.[820] 280

Nach § 319 Abs. 1 ZPO sind **offenbare Unrichtigkeiten** der Parteibezeichnung im Rubrum eines Urteils jederzeit von Amts wegen zu berichtigen.[821] § 727 ZPO ist nicht anwendbar. Eine solche Unrichtigkeit liegt jedoch nur vor, wenn sie sich aus dem Zusammenhang des Urteils selbst oder aus den Vorgängen bei seiner Verkündung ergibt und 281

---

[811] OLG Hamm ZMR 2006, 633 (634); aA LG Essen ZMR 2007, 817 (818).

[812] AA OLG Celle ZWE 2006, 300 (301) m. Anm. *Demharter* = ZMR 2006, 540 m. Anm. *Abramenko*.

[813] BGHZ 132, 119 (131) = NJW 1996, 1467; NJW 2007, 2987 (2988).

[814] BVerfGE 74, 129 (155); BGHZ 132, 119 = NJW 1996, 1467; NJW 2007, 2987 (2988) Rn 30.

[815] OLG München NJW 2007, 2862 = NZM 2007, 646.

[816] BGH NJW 2007, 1952 (1955) Rn 25; OLG München ZMR 2005, 729 (730) m. Anm. *Elzer;* OLG Frankfurt NZM 2007, 367; OLG Düsseldorf NZM 2008, 251.

[817] BGH NJW 2003, 1043; NJW-RR 2006, 42.

[818] BGH NJW 2007, 1952 (1953) Rn 11; *Wenzel* ZWE 2006, 2 (10); *Briesemeister* ZWE 2006, 15 (19).

[819] AA OLG München NJW 2008, 856 (857) bei Anhängigkeit nach 2. 6. 2005 m. krit. Anm. *Wenzel* IMR 2008, 83; *Demharter* ZWE 2005, 357 (360).

[820] AA *Elzer* ZMR 2005, 730 (731).

[821] MünchKommZPO/*Musielak* § 319 Rn 8; *Schmidt* NotBZ 2005, 309 (312 f.); aA *Abramenko,* ZMR 2005, 749 (752); *Demharter* ZWE 2005, 357 (360).

wenn sie ohne weiteres erkennbar ist.[822] Das ist zB bei einem gegen die WEer erstrittenen Titel nach § 1004 BGB auf Abwehr einer Störung nicht der Fall.[823] Zwar richtet sich ein solcher Anspruch in Wahrheit nicht gegen die MEer, sondern gegen die WEgem.[824] Jedoch ist ein error in iudicando einer Berichtigung nicht zugänglich. Eine Rubrumsberichtigung kommt auch dann nicht in Betracht, wenn gegen einen Teil der WEer bereits ein rechtskräftiger Titel ergangen ist und dieser nicht zugleich mit berichtigt werden kann[825] oder wenn nicht alle zum Zeitpunkt der Klageerhebung vorhandenen WEer als Gesamtschuldner verklagt worden sind.[826] Dagegen steht die Tatsache, dass bei einer Berichtigung auf der Passivseite statt der WEer die WEgem verurteilt wird, einer Berichtigung nicht entgegen, weil diese nicht zu einer Klageänderung, sondern nur dazu führt, dass das Rubrum der materiell-rechtlichen Rechtslage angepasst wird, um eine Klageabweisung zu vermeiden.[827]

XIV. Verwaltungsvermögen (Abs. 7)

1. Normzweck

282 Die rechtliche Behandlung des Verwaltungsvermögens war bis zu der Entscheidung des Bundesgerichtshofes vom 2. Juni 2005 zur Rechtsfähigkeit der WEgem weitgehend ungeklärt.[828] Vor allem die Fragen, ob es einen Anteil der WEer am Verwaltungsvermögen gibt, ob dieser Anteil bei einem Eigentumswechsel auf den Rechtsnachfolger übergeht oder ob der einzelne WEer bei seinem Ausscheiden aus der Gemeinschaft die Auseinandersetzung des Verwaltungsvermögens fordern und seinen Anteil an der Instandhaltungsrücklage herausverlangen oder ob in ihn vollstreckt werden kann, ließen sich vom Boden der bis dahin herrschenden Auffassung von der fehlenden Rechtsfähigkeit der Eigentümergemeinschaft weder konstruktiv noch praktisch sinnvoll lösen. Nach der einen Auffassung sollte das Verwaltungsvermögen den WEern in schlichter Rechtsgemeinschaft nach §§ 741 f. BGB zustehen[829] und die Mitberechtigung nicht kraft Gesetzes auf den Erwerber übergehen.[830] Nach einer anderen Meinung ging der Anteil an diesem Vermögen mit dem MEA automatisch auf den Erwerber über.[831] Eine Begründung hierfür wurde entweder überhaupt nicht gegeben oder in sehr unterschiedlicher Weise konstruiert.[832] Zum Teil gingen die Lösungsansätze zwar von einzelnen Bruchteilsgemeinschaften aus, milderten die hieraus sich ergebenden Rechtsfolgen aber ab, indem die Anteile etwa als Zubehör des WEs angesehen wurden (mit der Folge des § 311 c BGB),[833] oder indem § 11 WEG analog auch auf diese Bruchteilsgemeinschaften angewendet wurde.[834] Zum Teil sind auch Gegenentwürfe zur „Bruchteilslösung“ konzipiert worden. So ist beispielsweise eine notwendige Akzessorietät des Mobiliarverwaltungsvermögens der WEgem zu dem jeweiligen Grundbuchstand postuliert[835] oder das Verwaltungsvermögen in erweiternder Auslegung

---

[822] BGHReport 2003, 1168 (1169); BGH NJW 2007, 518.
[823] Vgl. BGH NJW 2007, 518.
[824] *Wenzel* ZWE 2006, 462 (468).
[825] Vgl. BGH NJW 2007, 2987.
[826] Brandenburgisches OLG ZMR 2007, 876 (878).
[827] Das verkennt OLG Brandenburg IMR 2008, 71.
[828] Vgl. *Häublein* Festschrift *Wenzel,* 2005, S. 175 (181 f.); *ders.* ZIP 2005, 1720 f.; *Wenzel* ZWE 2006, 2 f.; *Wicke* ZfIR 2005, 301 (303 f.).
[829] BayObLG DNotZ 1985, 416 (423).
[830] BayObLGZ 1995, 103 (107) mwN.
[831] OLG Köln NZM 1998, 874.
[832] Vgl. ie *Wicke* ZfIR 2005, 301 (303 f.).
[833] Vgl. OLG Düsseldorf, NJW-RR 1994, 1038.
[834] *Röll* NJW 1987, 1049.
[835] KG NJW-RR 1988, 844.

des § 1 Abs. 5 WEG dem GemE zugeordnet[836] bzw. als wesentlicher Bestandteil des WEs angesehen worden.[837]

283 All diese Probleme sind mit der Anerkennung der Rechtsfähigkeit entfallen. Denn das Verwaltungsvermögen ist **der WEgem als Rechtssubjekt zugewiesen** und verbleibt dieser auch bei einem Eigentümerwechsel. WEer und Sonderrechtsnachfolger haben **keinen selbstständigen Anteil** daran, unabhängig davon, ob sie das Eigentum rechtsgeschäftlich oder durch Zuschlag in der Zwangsversteigerung erworben haben. Eine gesonderte Übertragung der Gegenstände des Vermögens durch den Veräußerer ist nicht erforderlich; sie ist ihm als Nichtberechtigten auch gar nicht mehr möglich. Er kann daher auch keine Auseinandersetzung verlangen. Denn die WEgem als Trägerin des Verwaltungsvermögens ist gemäß § 11 Abs. 1 WEG unauflöslich. Folglich kann auch ihr Vermögen nicht auseinandergesetzt oder bei Zwangsvollstreckungsmaßnahmen gegen einen einzelnen WEer gepfändet werden. Um das Verwaltungsvermögen im Wege der **Zwangsvollstreckung** verwerten zu können, ist vielmehr ein Titel gegen die WEgem als solche erforderlich und ausreichend.

284 Vor diesem Hintergrund enthält **Absatz 7 keinen eigenständigen Regelungsgehalt** gegenüber Absatz 6, sondern nur eine klarstellende Folgeregelung, die streng genommen überflüssig ist.[838] Denn schon nach Absatz 6 Satz 1 und 2 ist die WEgem der WEer in der Lage, selbst Vermögen zu erwerben. Der Zweck der Vorschrift besteht also darin, die sich aus der Entscheidung des BGH vom 2. 6. 2005 ergebende Konsequenz für die Zuordnung und den Umfang des Verwaltungsvermögens festzuschreiben und sicherzustellen, dass das Verwaltungsvermögen alle im Rahmen der gesamten Verwaltung des GemEs erworbenen Sachen und Rechte erfasst, gleichviel, wann sie erworben wurden oder noch werden. Die Vorschrift hat damit rein **deklaratorischen Charakter** und weist nicht etwa das Verwaltungsvermögen einem neuen Rechtsträger zu. Verfassungsrechtliche Bedenken aus Art. 14 GG, wie sie bei der Anhörung im Rechtsausschuss geäußert wurden,[839] sind daher unbegründet.

2. Gegenstände des Verwaltungsvermögens (S. 2 und 3)

285 **a) Begriffsbestimmung.** Das Verwaltungsvermögen besteht nach der gesetzlichen Definition aus den im Rahmen der Verwaltung des GemEs „gesetzlich begründeten und rechtsgeschäftlich erworbenen Sachen und Rechten sowie den entstandenen Verbindlichkeiten". Der **Wortlaut** ist sprachlich **missglückt.**[840] „Gesetzlich begründet" bezieht sich der Stellung nach sowohl auf Sachen als auch Rechte sowie Verbindlichkeiten. Gesetzlich begründete Sachen gibt es aber nicht. Eine am Zweck der Norm orientierte Auslegung muss daher zu dem Ergebnis kommen, dass zum Verwaltungsvermögen alle Rechte gehören, welche die WEgem im Rahmen der Verwaltung durch Rechtsgeschäft oder kraft Gesetzes erworben hat, dsgl. alle rechtsgeschäftlich erworbenen Sachen, soweit sie nicht wesentliche Bestandteile des Grundstücks werden, sowie alle Verbindlichkeiten, die sie „begründet" hat (Absatz 6 Satz 2), kurz alle **Aktiva** und **Passiva** der rechtsfähigen Gemeinschaft.

286 **b) Forderungen und bewegliche Sachen.** Zu den Aktiva gehören insbesondere sämtliche Finanzmittel der Gemeinschaft, also die von dem Verwalter gemäß § 27 Abs. 1 Nr. 6 WEG **eingenommenen Gelder** (Satz 3), die **Bankguthaben,** Rücklagen und laufenden Beitragszahlungen einschließlich der Sonderumlagen,[841] ferner alle Ansprüche und Rechte der WEgem (Rn 227 f.) gegen einzelne oder alle WEer oder gegen Dritte. Hierzu zählen

---

[836] *Niedenführ*/Schulze WEG 7. Aufl. § 21 Rn 4.
[837] *Roth* ZWE 2001, 238 (243).
[838] Ebenso *Bub* ZWE 2007, 15.
[839] Vgl. den Bericht von *Bub* NZM 2006, 841 (843).
[840] *Abramenko* § 6 Rn 7; *Bub* ZWE 2007, 15 (16).
[841] BGH NJW 2005, 2061 (2068); OLG München ZMR 2005, 729 (730) m. Anm. *Elzer.*

u. a. die Ansprüche der WEgem auf die Gegenleistung für die entgeltliche Überlassung von GemE an einzelne WEer oder Dritte **(Miet- oder Pachtzinsen),**[842] aber auch die Ansprüche auf Nutzungsentschädigung solchen Eigentums sowie auf Erfüllung oder **Schadensersatz** aus abgeschlossenen Verträgen, es sei denn, der Schaden wäre nur bei einzelnen WEern eingetreten. Hat also beispielsweise der Verwalter seine Pflichten aus dem mit der WEgem abgeschlossenen Geschäftsbesorgungsvertrag verletzt, dadurch aber nur bei einzelnen WEern einen Schaden verursacht, so haben nur diese aus dem mit Schutzwirkung für sie abgeschlossenen Vertrag einen Ersatzanspruch. Er gehört nicht zum Verwaltungsvermögen und kann ohne Ermächtigung der WEgem von dem geschädigten WEer geltend gemacht werden.[843]

287 Zum Verwaltungsvermögen gehören weiterhin alle **Mittel,** welche die WEgem **auf Grund** der ihr zustehenden **Ausübungsbefugnis** bei der Verfolgung individueller Ansprüche, wie zB des Anspruchs auf Schadenersatz wegen Beschädigung des GemEs, einnimmt. Die gegenteilige Ansicht von *Elzer,*[844] diese Mittel dürften nicht mit dem Verwaltungsvermögen vermengt werden, vielmehr müsste hierfür ein „zweites Verwaltungsvermögen" angesammelt werden, ist mit Satz 2, wonach auch die Ausübungsbefugnis zum Verwaltungsvermögen gehört, nicht vereinbar.

288 In das Verwaltungsvermögen fällt weiterhin **ererbtes Vermögen** und das Eigentum an den von dem Verwalter für die Verwaltung des GemEs rechtsgeschäftlich erworbenen **Sachen,** seien sie fest, flüssig oder gasförmig (Einrichtungsgegenstände, Reinigungsmittel, Gartengeräte, **Heizöl,** Gasvorräte usw). Dass sie sachenrechtlich teilweise, wie zB der Heizölvorrat, als **Zubehör** des Grundstücks (§ 97 BGB) angesehen werden, steht dem nicht entgegen (§ 1 Rn 139), weil das Zubehör als bewegliche Sache rechtlich selbstständig ist und nicht notwendig der rechtlichen Zuordnung des Grundstücks folgt.[845] Werden die von der WEgem angeschafften beweglichen Sachen dagegen mit ihrem Einbau **wesentliche Bestandteile des Grundstücks,** so gehören sie nicht mehr zum Verwaltungsvermögen, sondern zum ME am Grundstück (zB eingepflanzte **Bäume**), §§ 946, 94 Abs. 1 BGB. **Tiere** sind zwar keine Sachen, werden aber rechtlich wie solche behandelt (§ 90 a BGB). Deswegen gehört auch ein von der WEgem zur Bewachung des Grundstücks angeschaffter Hund zum Verwaltungsvermögen, dsgl. alle die Wohnanlage betreffenden technischen Pläne und Verwaltungsunterlagen.

289 **c) Immobilienvermögen.** Zum Verwaltungsvermögen gehört auch das von der WEgem erworbene Immobilienvermögen (Rn 223) Ist die WEgem als Verband Eigentümerin in ihrer eigenen Anlage und damit Mitglied ihrer selbst, so hat das zur Folge, dass das **Stimmrecht** und nicht fällige Beitragspflichten **ruhen** (Rn 23, 223). Für die fälligen Beiträge haben dagegen die WEer aufzukommen, so dass die Verbandswohnung auch in den Wirtschaftsplan und die Jahresabrechnung mit aufzunehmen ist.[846]

290 **d) Rechte.** Der Verband hat gegen seine Mitglieder einen **Anspruch auf ordnungsgemäße Verwaltung.** Dieser ist in erster Linie darauf gerichtet, ihn mit ausreichend Finanzmitteln zu versehen, um die bei der Verwaltung des GemEs eingegangenen Verbindlichkeiten im Außenverhältnis erfüllen zu können (vgl. § 27 Abs. 2 Nr. 2 WEG). Haben die WEer entsprechende Beitragsvorschüsse oder Sonderumlagen beschlossen, gehört der entsprechende Zahlungsanspruch zu dem Verwaltungsvermögen.[847] Der jeweilige WEer ist hieran nur über seine Mitgliedschaft beteiligt.[848]

---

[842] Vgl. hierzu *Kahlen* ZMR 2005, 766.
[843] Vgl. BGHZ 115, 253 f.
[844] Riecke/Schmid/*Elzer,* Rn 418.
[845] MünchKommBGB/*Holch* § 97 Rn 43; aA *Bub* ZWE 2006, 253 (257).
[846] Vgl. iE *Häublein,* FS Seuß (2007), S. 125 (140).
[847] BGH NJW 2005, 2061 (2064).
[848] *Hügel* DNotZ 2005, 753 (759).

291 In das Verwaltungsvermögen fallen auch alle für die WEgem bestellten und in Abteilung III des Grundbuchs **eintragungsfähigen Rechte,** wie zB eine zu ihren Gunsten in Vollstreckung eines Zahlungstitels gegen einen WEer eingetragene Zwangssicherungshypothek (Rn 231), eine zur Sicherung der Beitragsansprüche eingetragene **Buchgrundschuld**[849] oder eine zu ihren Gunsten bestellte beschränkte persönliche **Dienstbarkeit.** Allerdings muss sie die **Verwaltung des GemEs** betreffen und nicht das Grundeigentum selbst. Deswegen scheiden persönliche Dienstbarkeiten zur Sicherung von Leitungsrechten oder zur Sicherung der Einhaltung von nachbarrechtlichen Grenzabständen sowie zur Unterlassung einer anderen Nutzung des Nachbargrundstücks denn als Stellplatz für die WEer aus, weil sie nicht zur Verwaltung des GemEs gehören, sondern ein Recht des Miteigentums begründen sollen.[850] Wohl aber ist es möglich, zugunsten der WEgem als beschränkte persönliche Dienstbarkeit ein Wohnungsrecht an einer im GemEs befindlichen Hausmeisterwohnung zu bestellen, wenn dies für die Verwaltung von Nutzen sein sollte.

292 **e) Verbindlichkeiten und gesetzliche Pflichten.** Zu dem Verwaltungsvermögen gehören ausdrücklich auch die **Passiva.** Allerdings spricht die Regelung in diesem Zusammenhang im Unterschied zu Absatz 6 Satz 1 nur von Verbindlichkeiten. Dies könnte den Schluss nahe legen, dass der Begriff „Verbindlichkeit" enger als der Begriff „Pflicht" zu verstehen ist und gesetzliche Pflichten nicht zu den Passiva zählen sollen. Das wäre aber ein Wertungswiderspruch zu Absatz 6. Deswegen handelt es sich offensichtlich um ein redaktionelles Versehen und sind unter Verbindlichkeiten die Pflichten im Sinne von Absatz 6 Satz 1 zu verstehen. Sie umfassen nicht nur die **schuldrechtlichen Verbindlichkeiten,** sondern auch die **gesetzlichen Pflichten** (Rn 234). Deswegen bedarf es auch hinsichtlich dieser Pflichten bei einem Eigentümerwechsel keiner gesonderten Schuldübernahme oder ähnlicher Vereinbarungen mehr. Die Verbindlichkeiten und Pflichten treffen die WEgem unabhängig von ihrem jeweiligen Mitgliederbestand und unabhängig davon, ob sie gesetzlich oder rechtsgeschäftlich begründet worden sind.

293 **f) Ausübungs- und Wahrnehmungsbefugnisse (S. 3).** Zum Verwaltungsvermögen gehören nicht die gemeinschaftsbezogenen oder gemeinschaftlich geltend zu machenden individuellen Rechte der WEer, wohl aber die der WEgem gemäß Absatz 6 Satz 3 zustehende **Ausübungs- und Wahrnehmungsbefugnis** hinsichtlich der den WEern zustehenden Rechte und Pflichten. Da Gläubiger und Schuldner insoweit jeweils die WEgem ist (Rn 240, 261), fallen auch die von ihr erlangten Mittel in das Verwaltungsvermögen wie umgekehrt die Schulden der WEgem aus der Wahrnehmung von Pflichten aus dem Vermögen zu bezahlen sind und durch Pfändung des Gemeinschaftskontos vollstreckt werden können.[851]

3. Übergang des Verwaltungsvermögens

294 Vereinigen sich alle WE-Rechte in einer Person, so besteht keine WEgem mehr. Sie kann daher auch nicht mehr Träger des Verwaltungsvermögens sein.[852] Satz 4 ordnet deswegen nach dem Prinzip der **Anwachsung** an, dass es auf den „Eigentümer des Grundstücks übergeht". Gemeint ist damit sprachlich ungenau der Inhaber aller WEs-Rechte. Denn das WE geht dadurch, dass die WEs-Rechte nunmehr einer Person zustehen, nicht unter.[853] Der Inhaber der WE-Rechte wird Gesamtrechtsnachfolger der WEgem[854]. Da das Verwaltungsvermögen auch die Verbindlichkeiten der WEgem umfasst, hat dies zur Folge , dass der Alleineigentümer aller WE-Einheiten als Inhaber aller MEAe für die Verbindlich-

---

849 Vgl. *Hügel* DNotZ 2005, 753 (769); *Rapp* MittBayNot 2005, 449 ff.
850 AA offenbar *Hügel* DNotZ 2005, 753 (770); *Rapp* MittBayNot 2005, 449 ff.
851 Im Erg. ebenso *Becker* MietRB 2007, 180 (183).
852 *Kreuzer* ZMR 2006, 15 (17 f.).
853 *Bonifacio* NZM 2009, 561.
854 Riecke/Schmid/*Elzer* Rn 450.

keiten der WEgem nicht mehr nur quotal, sondern in vollem Umfang haftet. Für die Annahme eines Fortbestands der Zweckbestimmung des Vermögens der untergegangenen WEgem besteht weder Anlass noch Raum.[855] Das Verwaltungsvermögen der WEgem hat den Zweck, die wirtschaftliche Handlungsfähigkeit des Verbands als Träger von Rechten und Pflichten zu gewährleisten. Dieser Zweck erlischt mit der Beendigung der WEgem. Ebenso erlischt das Amt des Verwalters; Maßstab des Handelns des Alleineineigentümers ist allein dessen Wille. Fragen der Ordnungsmäßigkeit seines Verhaltens und seiner Entschlüsse im Hinblick auf das ehemals gemeinschaftliche Eigentum und dessen Erhaltung und Verwaltung stellen sich nicht. Das Vermögen des ehemaligen Verbands ist auf den Alleineigentümer übergegangen. Seine Gläubiger können in das übergangene Vermögen ebenso vollstrecken, wie die die Gläubiger der erloschenen WEgem – nach Umschreibung des Titels gegen den Alleineigentümer[856] – auch insoweit in dessen Vemögen vollstrecken können, als es nicht zum Verwaltungsvermögen der WEgem gehört hat. Eine rechtliche Sonderung findet nicht statt.[857]

295 Anders verhält es sich, wenn der Alleineigentümer nicht über sämtliche WErechte verfügen kann. So liegt es etwa, wenn das Eigentum an einzelnen oder mehreren WEeinheiten der **Testamentsvollstreckung,** der **Nachlassverwaltung** oder einem **Nachlassinsolvenzverfahren** unterliegt. Die Verfügungsbefungis des Testamentsvollstreckers, Nachlass- oder Insolvenzverwalters verhindert die Vereinigung der Vermögensbestandteile des Alleineigentümers. Die WEgem besteht daher fort. Entsprechend verhält es sich, wenn im Zeitpunkt des Erwerbs des letzten ausstehenden WEs die **Zwangsversteigerung** oder die **Zwangsverwaltung** einer WEeinheit angeordnet war. Aufgrund der Anordnung der Zwangsversteigerung ist ist der Erwerb von vornherein vorübergehend. Die WEgem bleibt bestehen. Sie erlischt nur im Falle der Aufhebung des Versteigerungsverfahrens. Entsprechend verhält es sich bei Bestehen der Anordnung der Zwangsverwaltung eines WEs, weil die Anordnung dem WEer das Recht zur Verwaltung nimmt und er mit dem der Zwangsverwaltung unterliegenden WE nicht nach seinem Willen verfahren kann.[858]

296 Hiervon ist die Wirkung der Belastung eines WE durch ein **Dauerwohnrecht** nach § 31, ein **Wohnungsrecht** oder einen **Nießbrauch** zu unterscheiden. Die aus diesen Rechten folgenden Ansprüche werden von §§ 1030 ff, § 1093 BGB bestimmt; sie beschränken weder das Recht des alleinigen Inhabers aller WEeinheiten zur Verfügung noch gewähren sie dem Nießbraucher oder dem Wohnungsberechtigten Ansprüche oder Rechte an dem jeweiligen WE, die das Bestehen einer WEgem voraussetzen. Dasselbe gilt, wenn einzelne WEeinheiten der Anordnung einer **Nacherbschaft** unterliegen. Die Anordnung der Nacherbschaft beschränkt zwar grundsätzlich die Verfügungsbefugnis des Vorerben. Sie führt jedoch nicht zu einer Sonderung des ererbten Vermögens von dem sonstigen Vermögen des Vorerben. Dem Vorerben steht die Verwaltung des Nachlasses zu, damit er die Nutzungen aus diesem ziehen kann. Solange dem Vorerben die Verwaltung nicht entzogen ist, bewirken die Ansprüche des Nacherben auf eine ordnungsgemäße Verwaltung des Nachlasses keine Sonderung des Nachlasses von dem sonstigen Vermögen des Vorerben, §§ 2128, 2129 BGB.

297 Veräußert der Alleineigentümer später wieder ein WE-Recht, so entsteht eine neue WEgem. Diese hat zunächst kein Verwaltungsvermögen.[859] Das Verwaltungsvermögen der erloschenen WEgem fällt ihr, sofern es im Vermögen des zeitweiligen Alleineigentümers überhaupt noch unterscheidbar vorhanden ist, nicht kraft Gesetzes zu. Soweit in der

[855] *Bonifacio* NZM 2009, 561 (562); aA Riecke/Schmid/*Elzer* Rn 378 a.
[856] Niedenführ/*Kümmel*/Vandenhouten Rn 93.
[857] Niedenführ/*Kümmel*/Vandenhouten Rn 94.
[858] Vgl. *Häublein* ZfIR 2005, 337 (339 f).
[859] Riecke/Schmid/*Elzer* Rn 451; *Bonifacio* NZM 2009, 561 (563).

Begründung des WEÄndG etwas anderes zum Ausdruck kommt,[860] fehlt es hierfür an einer Grundlage.[861] Für die Verbindlichkeiten der erloschenen WEgem haftet die neue WEgem nicht.[862] Die rechtliche Situation unterscheidet sich in nichts von dem Entstehen der WEgem durch die Veräußerung der ersten WEeiheit durch den teilenden Alleineigentümer.

XV. Haftung der Wohnungseigentümer für Gemeinschaftsverbindlichkeiten (Abs. 8)

1. Normzweck

a) Rechtszustand bis zur BGH-Entscheidung vom 2. Juni 2005. Bis zur Entscheidung des BGH vom 2. Juni 2005[863] hafteten die WEer für Verbindlichkeiten der Gemeinschaft als Gesamtschuldner, soweit nicht im Außenverhältnis etwas anderes vereinbart wurde oder gesetzlich angeordnet war (§§ 421, 427 BGB). Dies galt insbesondere für Verwaltungsschulden,[864] nicht aber für Aufbauschulden.[865] Hier sollte ausnahmsweise eine auf den MEA beschränkte Verpflichtung greifen, gleichviel, worauf sich die jeweiligen Werkleistungen beziehen, welchen Umfang sie haben und wie begütert der einzelne WEer ist. Dies ergab sich nicht aus dem Gesetz, sondern ist aus den Grundsätzen von Treu und Glauben oder einer ergänzenden Vertragsauslegung[866] hergeleitet worden. Nach Auffassung des OLG Köln sollte entsprechendes darüber hinaus auch für Verwaltungsmaßnahmen, die eine grundlegende Sanierung des GemEs betreffen, gelten.[867] 298

Die Gesamtschuldnerhaftung endete nicht mit dem Ausscheiden des WEers aus der Gemeinschaft, es sei denn, der Sondernachfolger hatte sie mit Genehmigung des Gläubigers schuldbefreiend übernommen.[868] Sie war auch nicht auf das Verbandsvermögen beschränkt. Wurde ein WEer von dem Dritten in Anspruch genommen, war er darauf angewiesen, im Innenverhältnis von den übrigen WEern nach Maßgabe des innergemeinschaftlichen Kostenverteilungsschlüssels Ausgleich zu verlangen.[869] Das hatte zur Folge, dass vor allem in größeren maroden Wohnanlagen den einzelnen WEer das bis zur wirtschaftlichen Existenzbedrohung reichende Risiko traf, im Außenverhältnis zB Sanierungskosten in einer den Verkehrswert der Eigentumswohnung übersteigenden Höhe und die Last sowie das Verwirklichungsrisiko eines Binnenausgleichs tragen zu müssen. Die ungleiche Behandlung der Aufbau- und Verwaltungsschulden, also der „Herstellungskosten" und „Verwaltungskosten", war zuletzt zunehmend in Frage gestellt und die Forderung erhoben worden, die Haftung für Verwaltungsschulden ebenso wie die für Aufbauschulden im Außenverhältnis im Wege der Auslegung des maßgeblichen Rechtsgeschäfts auf die im Innenverhältnis der WEer geltende Kostenverteilungsquote zu beschränken (Anteilsschuld statt Gesamtschuld).[870] 299

b) Rechtslage nach der BGH-Entscheidung vom 2. Juni 2005. Hier knüpfte die Entscheidung vom 2. Juni 2005 an und stellte fest, dass im Rechtsverkehr der WEgem Vertragspartner in der Regel nur das rechtsfähige Subjekt, also der Verband, ist und dieser 300

[860] BT-Dr 16/887 S. 63.

[861] *Bonifacio* NZM 2009, 561 (563).

[862] Niedenführ/*Kümmel*/Vandenhouten Rn 94.

[863] BGH NJW 2005, 2061 (2065 f.).

[864] BGHZ 75, 26 (30); BGH NJW 1981, 282 (284).

[865] BGHZ 75, 26 (30).

[866] *Armbrüster* ZGR 2005, 34 (47).

[867] OLG Köln NZM 2002, 625; hierzu *Armbrüster* ZWE 2005, 369 (379).

[868] BGH NJW 1981, 282 (284).

[869] Staudinger/*Bub,* WEG (2005) § 16 Rn 5.

[870] Vgl. *Armbrüster* ZWE 2005, 369 (379); *Elzer* ZMR 2005, 574 ff.; *Häublein* ZMR 2005, 557; *ders.* ZIP 2005, 1720 (1723 f.).

mit seinem Vermögen haftet. Daneben komme eine akzessorische gesamtschuldnerische Haftung der WEer nicht von Gesetzes wegen, sondern nur in Betracht, wenn diese sich neben dem Verband klar und eindeutig auch persönlich verpflichtet hätten. Eine solche Verpflichtung lasse sich dagegen nicht mit den gesellschaftsrechtlichen Grundsätzen der „Doppelverpflichtungstheorie" oder des „Akzessorietätsprinzips" begründen, sondern bedürfe einer ausdrücklichen Anordnung des Gesetzgebers.

301 **c) Sinn und Zweck der gesetzlichen Regelung.** Der Wegfall der Gesamtschuldnerhaftung ist in der Literatur ganz überwiegend kritisiert worden,[871] wobei die an deren Stelle getretene Innenhaftung mit der Möglichkeit einer schadensersatzrechtlichen gesamtschuldnerischen Außenhaftung in ihrer Wirkung und Interessenwertung unterschätzt wurde.[872] Unter Abwägung der Gläubigerinteressen und der Eigentümerinteressen erkennt der Gesetzgeber nunmehr an, dass die gesamtschuldnerische Haftung das **Risiko der Zahlungsunfähigkeit** einzelner WEer nicht angemessen zwischen dem Vertragspartner und den übrigen WEern verteilt. Denn dem Gläubiger ist es eher zuzumuten, sich gegen eine Zahlungsunfähigkeit der WEer abzusichern, als es dem einzelnen WEer möglich ist, die anderen WEer dazu zu bringen, die WEgem ausreichend mit Finanzmitteln auszustatten oder gar ihre eigene Zahlungsunfähigkeit zu verhindern. Der Gesetzgeber hat andererseits das von dem BGH entwickelte Binnenhaftungsmodell sowohl ordnungspolitisch als auch sozialpolitisch für nicht wünschenswert erachtet und sich für eine **teilschuldnerische Außenhaftung** der WEer entschieden, wie sie bei den Aufbauschulden einer Bauherrengemeinschaft zur Errichtung einer WEanlage,[873] bei der Partenreederei gem. § 507 HGB und bei der quotalen Haftung von Fondsgesellschaftern[874] bekannt ist.

302 Die Regelung **bezweckt,** einerseits den – ggfs. existenzbedrohenden – unbegrenzten Zugriff des Gläubigers auf die WEer zu vermeiden, andererseits die Durchsetzung der Forderung zu erleichtern und die WEer anzuhalten, die WEgem stets in ausreichendem Umfang mit Geldmitteln auszustatten.[875] Die Schutzziele werden jedoch dadurch wieder relativiert, dass einerseits die anteilmäßige **„Anspruchsfragmentierung" kaum** als **effizienter Gläubigerschutz** bezeichnet werden kann, dem Gedanken eines ausreichenden Verwaltungsvermögens eher zuwiderläuft,[876] und andererseits die WEer mangels Subsidiarität des Zugriffs auch bei ordnungsmäßiger Finanzverwaltung an Stelle des für den Verband handelnden professionellen Verwalters die Last der Verteidigung zu tragen haben.[877] Darüber hinaus entbindet die Regelung den Gläubiger nicht von der Mühe, sich wie bei jedem anderen Schuldner über dessen Bonität und die damit verbundenen Risiken des Geschäfts Klarheit zu verschaffen. Schließlich ändert die anteilige Außenhaftung nichts an der unbeschränkten Nachschusspflicht im Innenverhältnis. Im schlimmsten Fall muss der Letzte noch solvente WEer die ganze „Zeche" bezahlen.

303 Andererseits bewirkt die anteilige Außenhaftung ggü einer reinen Binnenhaftung eine **Erhöhung der Kreditfähigkeit** und bietet dem Gläubiger vor allem bei kleineren Gemeinschaften ausreichende Sicherung, ohne den für die Finanzlage der WEgem mit verantwortlichen einzelnen WEer einer vollen Außenhaftung auszusetzen.

---

[871] Vgl. *Armbrüster* ZWE 2005, 369 (372, 375 ff.); *ders.* ZMR 2006, 653 f.; *Bork* ZIP 2005, 1205 (1207 f.); *Demharter* ZWE 2005, 357 (359); *Drasdo* NZM 2006, 211; *Götting* ZfIR 2005, 623; *Häublein* ZMR 2005, 557; *ders.* ZIP 2005, 1720 (1723 f.); *Hügel* DNotZ 2005, 753 (765 f.); *Lüke* ZfIR 2005, 516; *Maroldt* ZWE 2005, 361 (363); *Rapp* MittBayNot 2005, 449; *ders.* in Staudinger/ *Rapp,* WEG, Einl. Rn 71 d ff.; anders dagegen *Paefgen* ZfIR 2006, 529 (531).

[872] IE *Wenzel* ZWE 2006, 2 (11 f.); *Abramenko* ZMR 2006, 496 (497).

[873] BGHZ 75, 26 (28 f.); 150, 1 (6) = NJW 2002, 1642.

[874] BGHZ 134, 224 = NJW 1997, 1580; BGHZ 150, 1 (6) = NJW 2002, 1642; *K. Schmidt* NJW 1997, 2201; *Loddenkemper* ZfIR 2006, 707.

[875] BT-Drucks. 16/887 S. 66.

[876] *Paefgen* ZfIR 2006, 529 (533); *Abramenko* ZMR 2006, 496 f.

[877] *Abramenko* ZMR 2006, 496 f.; vgl. aber auch *Armbrüster* ZMR 2006, 653 f.

d) Zwingendes Recht. Die Regelung gilt mangels einer entgegenstehenden Übergangsvorschrift seit dem 1. Juli 2007. Sie ist auch auf vertraglich begründete Verbindlichkeiten der WEGem aus Dauerschuldverhältnissen, Sukzessivlieferungs- und Versorgungsverträge anwendbar (zB Bezug von Strom-, Gas, Wasser) anwendbar, die vor dem 1. 7. 2007 entstanden und fällig geworden sind.[878] Diese „unechte Rückwirkung"[879] ist gegenüber den WEern unbedenklich, weil ein schützenswertes Vertrauen in den endgültigen Wegfall jeglicher Außenhaftung nach der Diskussion im laufenden Gesetzgebungsverfahren nicht entstehen konnte. Abs. 8 kann durch eine Vereinbarung nach Abs. 2 nicht abbedungen werden (Rn 74),[880] wohl aber durch **Vertrag** zwischen den WEern auf der einen Seite und dem Gläubiger auf der anderen Seite.[881] 304

2. Begriff und Rechtsnatur

Nach Absatz 8 „haftet" jeder WEer für Verbindlichkeiten der Gemeinschaft. Der **Begriff „haften"** ist auslegungsbedürftig.[882] Er kann einmal bedeuten, dass die WEer mit ihrem Vermögen lediglich Zugriffsobjekt in der Zwangsvollstreckung gegen die WEgem sind, kann aber auch dahin verstanden werden, dass die WEer **selbst verpflichtet** sind, für eine fremde Schuld einzustehen. Für letzteres spricht die Tatsache, dass WEer sowie WEgem verschiedene Rechtssubjekte sind, es in der Zwangsvollstreckung gegen beide verschiedener Rechtstitel bedarf und es einen Haftungstitel ohne zugrunde liegende Verbindlichkeit sowohl im Gesellschaftsrecht[883] als auch bei der Bürgschaft, welche dem Gesetzgeber für die Haftung der WEer als Vorbild diente, nicht gibt. Der Haftung der Gesellschaft bzw. des Hauptschuldners und der Haftung des Gesellschafters bzw. Bürgen liegen nicht *eine* Schuld mit verschiedenen Haftungsmassen, sondern **verschiedene Verbindlichkeiten** zugrunde. Nicht anders verhält es sich hier. Die Verbindlichkeit der WEgem und die durch die gesetzlich angeordnete Haftung begründete (gesetzliche) Haftungsverbindlichkeit der WEer sind also verschiedene Dinge. Dies ermöglicht es zB den WEern, sich für Verbindlichkeiten der WEgem zu verbürgen. 305

Die teilschuldnerische Haftung trifft nur den **WEer iSd Rn 2–7,** also auch die WEgem als WEer/TEer, die allerdings im Außenverhältnis ohnehin voll haftet, [884] nicht aber den Bucheigentümer[885] oder den „WE-Anwärter", wohl aber der dinglich gesicherte Ersterwerber nach Inbesitznahme der EW.[886] Sie steht – entgegen einer in der Literatur vertretenen Ansicht[887] – nicht in Widerspruch zu einer im Gesellschaftsrecht anerkannten allgemeinen akzessorischen Haftung der Gesellschafter für Gesellschaftsverbindlichkeiten.[888] Denn abgesehen davon, dass das Bestehen eines solchen Rechtssatzes zu Recht bezweifelt werden kann,[889] kommt als Rechtsgrundlage insoweit nur die – auf die WEer nicht 306

[878] BGH NJW 2007, 2987; 2010, 932; KG ZWE 2008, 234; aA OLG Karlsruhe NZM 2009, 247; *Briesemeister* NZM 2008, 230; *Abramenko* § 6 Rn 30; Niedenführ/*Kümmel*/Vandenhouten Rn 97.

[879] Vgl. BVerfG NJW 2002, 3009, (3011).

[880] Vgl. Niedenführ/*Kümmel*/Vandenhouten Rn 86.

[881] BGHZ 181, 304 = NJW 2009, 2521 = NZM 2009, 622 = ZMR 2009, 854 = ZWE 2009, 373; dazu *F. Schmidt* ZWE 2009, 325 – Vereinbarung gesamtschuldnerischer Haftung mit allen WEern.

[882] Vgl. MünchKommBGB/*Kramer* Einl. Vor §§ 241 f. Rn 46 f.

[883] *K. Schmidt,* Gesellschaftsrecht, § 49 II 2.

[884] *Bonifacio* ZMR 2009, 257 (259).

[885] *Hügel*/Elzer § 3 Rn 220.

[886] IE hierzu *Wenzel* NZM 2008, 625 (627 f.).

[887] *Bub* NZM 2006, 841 (844).

[888] BGHZ 146, 341 (358); aA *Bub* NZM 2006, 841 (844).

[889] MünchKommBGB/*Ulmer* § 714 Rn 36.

anwendbare – Bestimmung des § 128 HGB in Betracht und steht eine solche Haftung immer unter dem Vorbehalt, dass sich aus dem Gesetz nichts anderes ergibt.[890] Das ist hier aber der Fall. Zur Akzessorität der Haftung Rn 332 f.

307 Neben der teilschuldnerischen Haftung kann in Ausnahmefällen auch die im Körperschaftsrecht aus § 826 BGB entwickelte **Durchgriffshaftung** in Betracht kommen.[891] Sie wird durch Abs. 8 weder ausgeschlossen noch begrenzt. Ggf besteht insoweit eine Anspruchskonkurrenz.[892]

3. Gegenstand und Umfang der Haftung

308 **a) Anteilige Haftung je Verbindlichkeit.** Die Außenhaftung der WEer ist der Höhe nach auf die gesetzliche Regelung im Innenverhältnis (§ 16 Abs. 2) begrenzt, bestimmt sich also prozentual nach dem **Verhältnis ihres jeweiligen MEAs.** Dies entspricht Vorstellungen aus der Praxis und der Wissenschaft.[893] Eine ähnliche Regelung kennt § 18 Abs. 3 des österreichischen WEG (2002). Allerdings ist die Haftung dort subsidiär ausgestaltet. Der in Abweichung von § 16 Abs. 2 vereinbarte **Kostenverteilungsmaßstab** ist nicht maßgebend. Quotale Außenhaftung und Binnenhaftung laufen also nicht notwendigerweise gleich (Rn 340 f.). Haben sich die MEAe durch Unterteilung oder Vereinigung verändert, richtet sich die Haftung nach dem MEA, der bei Entstehung oder Fälligkeit der Verbindlichkeit maßgebend war.[894]

309 Die Haftungsbegrenzung gilt dem Wortlaut nach „für Verbindlichkeiten" der Gemeinschaft. Aus der Tatsache, dass nicht die Verbindlichkeit, sondern die Haftung begrenzt wird, folgt, dass die Verbindlichkeiten nicht im Verhältnis der MEAe aufgeteilt werden können, sondern jeder WEer für jeden Teil einer jeden einzelnen Verbindlichkeit einzustehen hat, wenn auch nur mit seiner ME-Quote.

310 **b) Gegenstand der Haftung. aa) Verbindlichkeiten der Gemeinschaft.** Abs. 8 gilt nur für Verbindlichkeiten der WEgem, wie zB die Schornsteinfegergebühren (vgl. Rn 234), **nicht** dagegen für **persönliche Verbindlichkeiten** der einzelnen WEer aus privat-rechtlichen und öffentlich-rechtlichen **Lasten des Grundstücks.** Hierzu zählen zB die Hypotheken-, Grundschuld-, Rentenschuld- oder Reallastzinsen, die Überbaurente (§ 913 BGB) oder die **kommunalrechtlichen Beiträge und Steuern** wie die Erschließungs- und Anliegerbeiträge[895] oder die Gebäudesteuern und Grundbesitzabgaben.[896] Abs. 8 gilt auch nicht für andere persönlichen Verpflichtungen als SEer oder MEer, wie zB für die **kommunalrechtlichen Gebühren,** wie zB die Abfall-, Entwässerungs- und Straßenreinigungsgebühren.[897] Die Bestimmung enthält keine die Haftung für alle Rechtsbereiche abschließende Regelung, die es dem Bund oder den Ländern verwehrt, für öffentlich-rechtliche **Abgaben** (Steuern, Gebühren und Beiträge) und **privatrechtliche Entgelte für Leistungen der öffentlichen Hand** an die Eigentümerstellung anzuknüp-

---

[890] BGHZ 142, 315 (319).

[891] BGHZ 163, 154 (176) = NJW 2005, 2061 (2067); *BAG* NJW 2005, 2172 (2174); BGH NJW 2002, 3024 (3025); *Klein* ZWE 2006, 58 (61); *Abramenko* ZMR 2005, 585 (587); *Elzer* WE 2005, 196 (197); Riecke/Schmid/*Elzer* Rn 474; kritisch *Armbrüster* ZWE 2005, 369 (377).

[892] *Hügel*/Elzer § 3 Rn 225.

[893] Vgl. *Armbrüster* ZWE 2005, 369 (379); *Häublein* ZMR 2005, 557; 2006, 1 (4 f.); *Hügel* DNotZ 2005, 753 (767); *Kreuzer* ZMR 2006, 15 (18); *Wenzel* ZWE 2006, 2 (15).

[894] Riecke/Schmid/*Elzer* Rn 493.

[895] OLG Hamm ZWE 2009, 206 = ZMR 2009, 465; BVerwG NZM 2006, 146; VGH Mannheim ZMR 2009, 160; VG Gelsenkirchen NJW-Spezial 2008, 707; VG Darmstadt ZMR 2009, 162 (163); *F. Schmidt* ZWE 2009, 204 (205).

[896] BVerwG NJW 2006, 791.

[897] BVerwG NJW-RR 1995, 73 f.; KG NJW 2006, 3647 = NZM 2006, 585 = ZMR 2006, 636 f.; KG ZMR 2007, 136 (137); OLG Hamm ZMR 2009, 465; VGH Mannheim NZM 2009, 286 = ZMR 2009, 160.

fen[898] und Art und Umfang der Haftung anders zu bestimmen (anteilige Haftung[899] oder Gesamtschuldnerhaftung[900]). Daher kann in privatrechtlich ausgestalteten, mit den WEern zustande kommenden Benutzungsverhältnissen eine gesamtschuldnerische Haftung der WEer für die Verbindlichkeiten aus der Inanspruchnahme von Leistungen vereinbart werden.[901]

Ob des sich um eine Verbindlichkeit der WEgem, des Einzelnen oder der WEer als Gesamtschuldner handelt, ist im Zweifel durch **Auslegung des Anknüpfungstatbestandes** und der **Anknüpfungsnorm** zu entscheiden. Ergibt die Auslegung eines Vertrages mit einem Versorgungsunternehmen, dass dieser von einzelnen WEern, von dem Verwalter im eigenen Namen oder von einem Mieter oder Pächter[902] abgeschlossen wurde, scheidet eine Haftung der WEgem und der (übrigen) WEer aus.[903] Sind die WEer Partner des Versorgunsvertrags, kann die Anteilshaftung nach Abs. 8 für Verbindlichkeiten der Gemeinschaft zwar zugunsten einer gesamtschuldnerischen Haftung abbedungen werden,[904] dies setzt jedoch voraus, dass der Vertrag allen WEern geschlossen wird, die sich in dieser Weise verpflichten.[905] Das isr die Ausnahme; idR kommt der **Versorgungsvertrag** mit der WEgem zustande.[906] Ist das **Benutzungsverhältnis öffentlich-rechtlich** ausgestaltet, richtet sich die Gebührenschuldnerschaft nach dem kommunalen Abgabenrecht,[907] das umgekehrt meist eine Gesamtschuldnerhaftung und nur ausnahmsweise eine anteilige Haftung der WEer vorsieht.

Soweit ein WEer als **Gesamtschuldner** haftet und die **gemeinschaftsbezogene Forderung** eines Gläubigers erfüllt, kann er von der WEgem **Erstattung** seiner Leistung verlangen.[908] Für die Erfüllung des Anspruchs gilt im Hinblick auf § 426 BGB grundsätzlich die in § 10 Abs. 8 bestimmte quotale Mithaftung der einzelnen WEer. Die Ansprüche werden jedoch von der Treuepflicht der WEer untereinander mit der Folge überlagert, dass der Rückgriff zunächst bei der WEgem gesucht werden muss.[909] Nur wenn dieser keinen Erfolg verspricht, können die übrigen WEer nach Abzug des auf den Rückgriff nehmenden WEer entfallenden Anteils in Anspruch genommen werden. Dabei führt das Gemeinschaftsverhältnis dazu, dass die nach MEA zu bestimmende Haftungsquote von einem möglicherweise vereinbarten abweichenden Verteilungsmaßstab verdrängt wird. Anders verhält es sich, soweit ein WEer als **Notgeschäftsführer** gem § 21 Abs. 2 **Aufwendungen** auf das gemeinschaftliche Eigentum macht. Diese sind ihm in vollem Umfang von der WEgem zu erstatten.[910] Eine Haftung der WEer für die Forderung ist zwar wünschenswert, weil ein Außenstehender gemäß § 683 BGB in derselben Höhe von der WEgem Ersatz 311

[898] OlG Hamm ZMR 2009, 464, 466 = ZWE 2009, 206 (208); *Wenzel* LMK 2007, 225, 343; ferner *Elzer* ZMR 2006, 786 (787); aA *Sauren* ZMR 2006, 750 f.

[899] Vgl. zB § 6 Abs. 8 S. 4 KAG LSA für kommunale Beiträge im Gegensatz zu Gebühren.

[900] OLG Hamm ZMR 2009, 464, 466 = ZWE 2009, 206 m. Anm. *F. Schmidt* ZWE 2009, 203.

[901] BGHZ 181, 304 = NJW 2009, 2521 = NZM 2009, 622 = ZMR 854 = ZWE 2009, 373 = ZfIR 2009, 750 m. Anm. *Zajonz*; *F. Schmidt* ZWE 2009, 325.

[902] BGH NJW 2009, 913 = NZM 2009, 195.

[903] Vgl. OLG Hamm ZMR 2008, 228 (230); OLG Saarbrücken NZM 2007, 249.

[904] BGHZ 181, 304 BGH NJW 2009, 2521 = NZM 2009, 622 = ZMR 854 = ZWE 2009, 373 = ZfIR 2009, 750 m. Anm. *Zajonz*; *F. Schmidt* ZWE 2009, 325.

[905] BGH NJW 2010, 932 = NZM 2010, 284; KG NZM 2008, 690 = ZMR 2008, 557; aA KG NZM 2007, 216 (217); ZMR 2008, 649; GE 2007, 1485.

[906] BGH NJW 2007, 2987 m. Anm. *Wenzel* LMK 2007, 225, 343 – Gasbezug; NJW 2010, 932 = NZM 2010, 284 – Wasserbezug; KG NZM 2008, 690 = ZMR 2008, 557.

[907] OLG Hamm ZMR 2009, 464, 466 = ZWE 2009, 206 m. Anm. *F. Schmidt* ZWE 2009, 203.

[908] Vgl. OLG Hamm ZMR 2009, 464 (466) = ZWE 2009, 206; *F. Schmidt* ZWE 2009, 203 (204); *Häublein* ZWE 2008, 410 (415 f).

[909] BGHZ 37, 299 (303); 103, 72 (76) zur offenen Handelsgesellschaft.

[910] Riecke/Schmid/*Elzer* § 16 Rn 7; zum früheren Recht BGH NJW 1985, 912 = ZMR 1984, 422.

seiner Aufwendungen verlangen könnte, die WEer hierfür anteilig haften und jeder WEer dieselben Aufwendungen hätte auf sich nehmen müssen. Ohne dogmatische Brüche ist die Hafung jedoch nicht zu begründen[911] und scheidet aus.[912]

312 Besonderheiten ergeben sich bei den sog. **Aufbauschulden.** Da auch die mangelfreie Ersterrichtung zur ordnungsmäßigen Verwaltung des GemEs gehört (Nach § 10 Rn 33), ist zu unterscheiden:[913] Verbindlichkeiten aus Bauverträgen der WEer als Bauherrengemeinschaft mit Bauunternehmen sind keine Verbindlichkeiten der WEgem, sondern solche der GbR. Für sie haften die Gesellschafter nach den bisherigen Grundsätzen als Teilschuldner.[914] Verbindlichkeiten aus Werkverträgen, welche die WEgem auf Grund entsprechender Beschlussfassung abgeschlossen hat, sind dagegen Verwaltungsschulden der WEgem, auf die Absatz 8 Anwendung findet. Im Ergebnis haben in beiden Fällen die WEer als Teilschuldner für die Verbindlichkeiten einzustehen, so dass der Unterscheidung praktisch keine Bedeutung mehr zukommt.

313 Die Bestimmung erfasst auch **Verbindlichkeiten aus unerlaubter Handlung,** soweit der WEgem deliktsrechtliches Handeln überhaupt zugerechnet werden kann. Wird die **Verkehrssicherungspflicht verletzt** (Rn 234, 259, 271),[915] so hat der Verband entsprechend §§ 31, 89 BGB ohne die Möglichkeit eines Entlastungsbeweises für alle Schäden einzustehen, die der Verwalter in Wahrnehmung der ihm als Verbandsorgan obliegenden Aufgaben einem Dritten zufügt. Zu diesen Aufgaben gehört auch die Prüfung eines Handlungsbedarfs, die Unterrichtung der WEer und Vorbereitung einer entsprechenden Beschlussfassung (§ 27 Abs. 1 Nr. 2) mit der Folge, dass eine Verletzung dieser Pflicht nicht mehr unmittelbar gegen den Verwalter gerichtete Ansprüche begründen kann.[916] Dies entspricht der von dem einschlägigen Schrifttum[917] geteilten Rspr. zum Gesellschaftsrecht, wonach das Mitglied des für den Verband handelnden Vertretungsorgans nicht in die Pflichtenstellung eines Verrichtungsgehilfen nach § 831 Abs. 1 BGB einrückt und § 831 Abs. 2 BGB nicht zur Anwendung kommt, weil eine gesellschaftsinterne Organisationspflicht grundsätzlich nur der Gesellschaft gegenüber und nicht auch im Verhältnis zu Außenstehenden und den Gesellschaftern besteht.[918] Für die Praxis bedeutsam ist jedoch, dass der für das Haftungsrecht zuständige VI. Zivilsenat des BGH dies im Ausgangspunkt zwar ebenso sieht, aber gleichwohl eine deliktsrechtliche Eigenhaftung befürwortet und das mit einer „Garantenstellung zum Schutz fremder Schutzgüter i. S. des § 823 Abs. 1 BGB" begründet.[919] Hat der Verband die ihm obliegende Verkehrssicherungspflicht durch Rechtsgeschäft auf einen Dritten übertragen, so ist dieser deliktsrechtlich selbst verantwortlich.[920] Die deliktsrechtliche Verkehrssicherungspflicht des Verbandes verengt sich auf eine Kontroll- und Überwachungspflicht.[921] Daneben kommt noch eine Vertragshaftung des Verbandes auf Grund der Schutzwirkung des von ihm mit dem Dritten abgeschlossenen Vertrags in Betracht. Ist ein WEer geschädigt, kann er von dem Verband schließlich auch wegen Verletzung der diesem aus dem Mitgliedschaftsverhältnis erwachsenen Schutzpflicht Ersatz nach § 280 BGB verlangen.

---

911 Vgl. *Häublein* ZWE 2008, 410 (414 f).

912 OLG München NJW-RR 2008, 534 = NZM 2008, 215 = ZMR 2008, 321 m. Anm. *Elzer* = ZWE 2008, 384 m. Anm. *Drabek.*

913 Vgl. *Häublein* FS Wenzel (2005) S. 175 (178).

914 BGHZ 67, 232 (235 f.); 75, 26 (30).

915 OLG München NZM 2006, 110 m. Anm. *Demharter* ZWE 2006, 44; iE *Wenzel* ZWE 2009, 57 f.; *ders.* NZM 2006, 321 (323); *Schmid* ZWE 2009, 295 (296).

916 IE *Wenzel* ZWE 2009, 57 (59); aA *Demharter* ZWE 2006, 44 (45).

917 Vgl. MünchKommBGB/*Wagner,* § 823 Rdnr. 394 m. w. Nachw.

918 BGHZ 125, 366 (375 f.) = NJW 1995, 1801, 1803 f.

919 BGHZ 109, 297 (303) = NJW 1990, 976 (977 f.); NJW 1996, 1535 (1537).

920 IE *Wenzel* ZWE 2009, 57 (62).

921 Vgl. *Merle,* § 27 Rn 225; *Fritsch* ZWE 2005, 384 (389 f.); *Schmid* ZWE 2009 295 (296).

bb) Verpflichtungsgrund. Die Haftung bezieht sich auf **sämtliche Verbindlichkeiten** der WEgem gegenüber Dritten, gleich aus welchem Verpflichtungsgrund. Sie greift also auch bei der Verletzung von Pflichten, die ihrer geborenen Wahrnehmungsbefugnis unterfallen (Rn 257 f.), bei **Verbindlichkeiten,** in welche die WEgem **kraft Gesetzes** eingetreten ist, (zB § 566 BGB), desgleichen bei Verbindlichkeiten aus **öffentlichem Recht,** soweit sie nicht durch Regelungen des öffentlichen Rechts ausdrücklich den einzelnen WEern als Grundstücksmiteigentümern auferlegt sind, ggf unter Begründung einer gesamtschuldnerischen Haftung.[922] Weil der Verwalter die WEgem, nicht jedoch die WEer bei dem Abschluss von Verträgen vertritt, kann die anteilige Haftung der WEer auch nicht durch eine gesamtschuldnerische Haftung ersetzt werden.[923] 314

4. Zeitliche Geltung der Haftung

In zeitlicher Hinsicht, erfasst die Haftung Verbindlichkeiten der Gemeinschaft, die während der Zugehörigkeit des WEers zur WEgem **entstanden** oder während dieses Zeitraums **fällig** geworden sind. 315

a) Zugehörigkeit zur Gemeinschaft. Die anteilige Außenhaftung setzt sowohl das Bestehen einer teilrechtsfähigen WEgem als auch die Zugehörigkeit zu dieser WEgem voraus. Die Zugehörigkeit zu einer in Vollzug gesetzten WEgem beginnt mit der Eintragung des Erwerbers in das Grundbuch. Da die WEgem aber schon vor ihrer Invollzugsetzung mit dem **Beginn der werdenden Gemeinschaft** entsteht und schon ab diesem Zeitpunkt die Vorschriften des WEG, insbesondere die über die Verwaltung des GemEs, zur Anwendung kommen und die Mitglieder der werdenden Gemeinschaft ihre Mitgliedschaft in der in Vollzug gesetzten WEgem fortsetzen (Rn 10, 16 f.), haften auch schon die **werdenden WEer** für Verbindlichkeiten, die vor ihrer Eintragung in das Grundbuch während ihrer Zugehörigkeit zur werdenden WEgem entstanden oder fällig geworden sind. Voraussetzung ist allerdings, dass es sich um Verbindlichkeiten der WEgem und nicht um solche einer nicht den Regeln des WEG folgenden Aufbaugesellschaft oder Bauherrengemeinschaft bzw. um Verbindlichkeiten handelt, die nur im Namen der bereits im Grundbuch eingetragenen WEer begründet wurden.[924] 316

b) Entstehen oder Fälligkeit der Verbindlichkeit. Die Verbindlichkeit und damit der ihr korrespondierende Anspruch muss während der Zugehörigkeit des WEers zur WEgem entstanden *oder* fällig geworden sein. Die Haftung greift also nicht ein, wenn der Anspruch vor der Eigentumsumschreibung oder nach Ausscheiden aus der WEgem entstanden *und* fällig geworden ist. Ein Anspruch ist nach h. M. **entstanden,** wenn er objektiv erstmals geltend gemacht und klageweise verfolgt werden kann.[925] **Fällig** ist er, wenn der Gläubiger die Leistung auch verlangen kann (§ 271 BGB). Ist ein Anspruch entstanden, kann er erfüllt werden, auch wenn er noch nicht fällig ist, der Gläubiger also die Leistung noch nicht verlangen kann (§ 271 Abs. 2 BGB). Nur verhaltene Ansprüche dürfen nicht erfüllt werden bevor der Gläubiger die Leistung einfordert.[926] Für die Zwecke des Verjährungsbeginns spielt die Erfüllbarkeit dagegen keine Rolle, sondern ist ein Anspruch regelmäßig erst im Zeitpunkt seiner Fälligkeit als entstanden anzusehen.[927] 317

Während der Anspruch bei auf einmalige Leistung gerichteten Austauschverhältnissen idR mit Abschluss der Vertrages entstanden sowie fällig ist und bis zur Bewirkung der Gegenleistung nach § 320 BGB nur einredebehaftet ist, ergeben sich für **Dauerschuld-** 318

[922] BGH NJW 2009, 2521 = NZM 2009, 622; VGH Mannheim NZM 2009, 286 = ZMR 2009, 160 (161) – Abfallgebühren.
[923] BGH NJW 2010, 932.
[924] Vgl. OLG Köln NZM 1999, 765.
[925] BGHZ 55, 340 (341) = NJW 1971, 979; BGH NJW-RR 2000, 647 (648).
[926] MünchKommBGB/*Krüger* § 271 Rn 4.
[927] BGHZ 53, 222 (225) = NJW 1970, 938; BGH WM 1977, 553 (554).

verhältnisse Besonderheiten. Dauerschuldverhältnisse sind nach § 309 Nr. 9 BGB Vertragsverhältnisse, welche die regelmäßige Lieferung von Waren oder die regelmäßige Erbringung von Dienst- oder Werkleistungen zum Gegenstand haben. Sie sind im Wesentlichen dadurch gekennzeichnet, dass das Stammrecht mit Abschluss des Vertrages und während der Laufzeit ständig neue Leistungs-, Neben- und Schutzpflichten sowie Ansprüche entstehen.[928] Hauptbeispiele sind Verwalterverträge, Dienstverträge mit dem Hausmeister, Energielieferungsverträge, über einen längeren Zeitraum laufende Instandsetzungsverträge u. dgl.

319 **c) Haftung des ausgeschiedenen Eigentümers.** Die Außenhaftung endet nicht mit der Eigentümerstellung, es sei denn, dass der Erwerber die Schuld durch Vertrag mit dem Gläubiger (§ 414 BGB) oder durch Vereinbarung mit dem Veräußerer mit Zustimmung des Gläubigers schuldbefreiend übernommen hätte (§ 415 BGB). Eine solche **privative Schuldübernahme** wird durch die gesetzliche Haftungsregelung nicht ausgeschlossen. Von dieser Möglichkeit abgesehen, haften ausgeschiedene WEer für die während ihrer Zugehörigkeit entstandenen oder fällig gewordenen Verbindlichkeiten fort. Ist die Verbindlichkeit vor dem Ausscheiden entstanden, aber nach dem **Eigentümerwechsel** fällig geworden, kann der Gläubiger auf zwei Schuldner zurückgreifen. Die Haftung des ausgeschiedenen WEers soll verhindern, dass ein WEer sich der durch ihn begründeten Verbindlichkeiten durch Veräußerung oder Übertragung entzieht und dadurch bei Vermögenslosigkeit des Erwerbers die übrigen WEer zusätzlich belastet. Denn diese Form der „Entlastung zu Lasten Dritter" ist in neuerer Zeit vor allem bei den sog. Schrottimmobilien in den Blick geraten und durch den Einzug der englischen Limited in das Gesellschaftsrecht erleichtert worden.[929] Das Innenverhältnis des ausgeschiedenen WEers zu seinem Rechtsnachfolger bleibt von der fortdauernden Haftung unberührt.[930]

320 Die Haftung des ausgeschiedenen WEers ist nicht unbegrenzt. Abs. 8 S. 1 Hs 2 sieht vor, dass für die Haftung „nach Veräußerung" des WEs § 160 HGB entsprechend anzuwenden ist. Das bedeutet, dass der WEer nur für die bis zu seinem Ausscheiden begründeten Verbindlichkeiten haftet, die vor **Ablauf von fünf Jahren** nach seinem Ausscheiden fällig geworden sind, sofern daraus Ansprüche gegen ihn in einer § 197 Abs. 1 Nr. 3 bis 5 BGB bezeichneten Art festgestellt sind oder eine gerichtliche oder behördliche Vollstreckungshandlung vorgenommen oder beantragt wird, es sei denn, dass die Ansprüche schon früher verjähren oder ausgeschlossen sind. Die Frist beginnt mit dem Ende des Tages, an dem der Eigentumswechsel in das Grundbuch eingetragen wurde. Angesichts der meist kürzeren Verjährungsfristen ist die Haftungsbegrenzung vor allem für nach dem Ausscheiden fällig werdende Ansprüche Dritter aus Dauerschuldverhältnissen bedeutsam.[931]

321 Die Regelung gilt dem Wortlaut nach nur für den rechtsgeschäftlichen Eigentumsübergang („Veräußerung"). Für den **gesetzlichen Eigentumsübergang** durch Erbfall oder Zuschlag in der Zwangsversteigerung besteht eine ungewollte Regelungslücke, die ebenfalls zu einer entsprechenden Anwendung des § 160 HGB führt. Allerdings kann der Fristenlauf hier nicht an den Zeitpunkt der Eigentumsumschreibung im Grundbuch anknüpfen, weil die Umschreibung nicht konstitutiv ist. Entsprechend den für das Personengesellschaftsrecht geltenden Grundsätzen beginnt die Frist hier zu dem Zeitpunkt, in dem der Gläubiger positiv Kenntnis von dem Ausscheiden des früheren WEers aus der WEgem erlangt hat.[932]

322 Die Nachhaftungsregelung kann nicht durch Vereinbarung der WEer untereinander, wohl aber durch Vertrag zwischen dem einzelnen WEer und dem Gläubiger für das einzelne Schuldverhältnis aufgehoben oder abgeändert werden (Rn 304).

[928] MünchKommBGB/*Gaier* § 314 Rn 5.
[929] Vgl. *Kreuzer* ZMR 2006, 15 ff.
[930] Vgl. BGHZ 104, 197 (200 f.); 144, 290 (295) zum früheren Recht.
[931] *Armbrüster* GE 2007, 420 (425).
[932] BGHZ 117, 168 (179); NJW 2007, 3784.

323 **d) Haftung bei Dauerschuldverhältnissen.** Bei Dauerschuldverhältnissen war bis zur Entscheidung des BGH zur Rechtsfähigkeit der WEgem vom 2. 6. 2005 überwiegend anerkannt, dass der Sondernachfolger bei dem Erwerb des WEs mit antizipierter Zustimmung des Gläubigers in die Verträge eintritt und für solche Forderungen haftet, die nach seinem Eintritt in die WEgem fällig werden.[933] Dies war namentlich für den Verwaltervertrag so entschieden.[934] Anders hat es jedoch der II. Zivilsenat des BGH in seiner Olympiadorf-Entscheidung vom 9. 2. 2004[935] gesehen und hat die Haftung des Sondernachfolgers davon abhängig gemacht, dass er die vertraglichen Verpflichtungen aus dem Dauerschuldverhältnis ausdrücklich oder konkludent übernommen hat. Die sich daraus ergebenden Probleme sind durch die Anerkennung der Rechtsfähigkeit insoweit beseitigt worden, als Haftungsschuldner nunmehr in jedem Fall die WEgem ist. Die daneben geltende akzessorische teilschuldnerische Haftung der WEer ist dagegen im Vergleich zu der früheren Gesamtschuldnerhaftung verschärft worden, weil jetzt neben der **WEgem** der **Sondernachfolger** nicht mehr anstelle,[936] sondern **als Gesamtschuldner mit seinem Rechtsvorgänger** für die bei Eigentumswechsel bereits entstandenen, aber später fällig werdenden Verbindlichkeiten einzustehen hat. Das Dauerschuldverhältnis bringt insoweit gewissermaßen ständig „neue Altverbindlichkeiten" hervor, so wie dies auch im Gesellschaftsrecht überwiegend anerkannt ist.[937]

324 **e) Haftung des Sondernachfolgers.** Die Alternativität der Haftungsgründe kann bei einem rechtsgeschäftlichen oder gesetzlichen **Eigentümerwechsel** dazu führen, dass neben dem ausgeschiedenen auch der neue Eigentümer für Verbindlichkeiten haftet, die noch während der Dauer der Zugehörigkeit des alten Eigentümers zur WEgem entstanden, aber erst nach dem Eigentumswechsel fällig geworden sind. Der Eigentümerwechsel führt so zu einer **Besserstellung** des Gläubigers für bereits begründete, aber noch nicht fällig gewordene Ansprüche. Die früher umstrittene Frage, ob sich eine solche Haftung im Außenverhältnis zu dem Gläubiger dem Grunde nach aus einer entsprechenden Anwendung von § 10 Abs. 3 und Abs. 4 aF oder vertragsrechtlich aus einem Schuldbeitritt oder einer Schuldübernahme ergibt,[938] stellt sich nicht mehr, weil der Sondernachfolger nunmehr kraft Gesetzes haftet. Da der Gläubiger die Leistung aber nur einmal fordern darf, haften beide als **Gesamtschuldner** mit der Folge, dass der Ausgleich unter ihnen im Innenverhältnis zu erfolgen hat (§§ 421, 426 BGB). Für vor dem Eigentumswechsel entstandene und fällig gewordene Verbindlichkeiten haftet der Sondernachfolger dagegen – wie früher[939] – nicht.

5. Einwendungen und Einreden

325 Die Sätze 2 und 3 regeln, welche Einwendungen und Einreden der in Anspruch genommene WEer geltend machen kann. Die Regelung folgt mit Ausnahme der sich aus der Subsidiarität der Bürgenhaftung ergebenden Einreden im Wesentlichen dem System der Bürgenhaftung.

326 **a) Keine Einrede der Vorausklage.** Anders als die Bürgenhaftung ist die Außenhaftung der WEer im Verhältnis zur WEgem nicht subsidiär ausgestaltet. Eine vorrangige Klage gegen die WEgem ist entbehrlich. Dies soll die WEer nach den Vorstellungen des Gesetzgebers motivieren, die WEgem stets in ausreichendem Umfang mit Geldmitteln auszustatten.[940]

---

[933] Staudinger/*Bub* § 16 Rn 11; aA *Becker/Kümmel/Ott,* WEG, Rn 249 mwN in Fn 79.
[934] BayObLGZ 1986, 369.
[935] BGH ZWE 2004, 362 m. Anm. *Kreuzer* = ZfIR 2004, 596 m. Anm. *Rapp* u. Anm. *Drasdo* NJW 2004, 1988.
[936] Vgl. zur alten Rechtslage Staudinger/*Bub* § 16 Rn 11.
[937] *K. Schmidt,* Gesellschaftsrecht, 4. Aufl., § 51 I 3 a).
[938] Vgl. BGH NJW 2005, 2061 (2065); Staudinger/*Bub* § 16 Rn 11; Weitnauer/*Lüke* Rn 61.
[939] BayObLGZ 1986, 368 f.; KG NJW-RR 1997, 1231 f.; Staudinger/*Bub* § 16 Rn 11.
[940] BT-Drucks. 16/887 S. 66.

327 Verfügt die WEgem über ausreichend Liquidität, ist sie den WEern gegenüber auch zur Tilgung bestehender Schulden verpflichtet, um deren Inanspruchnahme abzuwenden (Rn 53, 334).

328 **b) Einwendungen und Einreden der Gemeinschaft.** Dagegen stehen dem WEer alle Einwendungen und Einreden der WEgem aus deren Rechtsverhältnis zu dem Gläubiger zu. Dies folgt bereits aus dem Grundsatz der **Akzessorietät,**[941] so dass die Vorschrift insoweit keine normative, sondern nur deskriptive Bedeutung hat. Der WEer kann also sowohl alle **rechtshindernden** (zB mangelnde Geschäftsfähigkeit, Verstoß gegen gesetzliches Verbot, Sittenwidrigkeit) als auch **rechtsvernichtenden** Einwendungen (zB Erfüllung, Hinterlegung, Erlass, auflösende Bedingung, Verwirkung, Rücktritt, erfolgte Anfechtung und Aufrechnung) geltend machen. Ist die Anfechtung oder Aufrechnung noch nicht erklärt, aber noch möglich, so besteht für die Dauer des Bestehens dieser Gestaltungsrechte ein Leistungsverweigerungsrecht entsprechend § 770 BGB (Absatz 8 Satz 3).

329 Der WEer kann ferner **Einreden** erheben, welche der Durchsetzung des Anspruchs vorübergehend oder dauernd entgegenstehen, wie zB Verjährung, Leistungsverweigerungs- oder Zurückbehaltungsrechte, Anspruch auf Vertragsanpassung wegen cic des Gläubigers,[942] oder Störung der Geschäftsgrundlage (§ 313 Abs. 1 BGB), Stundung. Ob dagegen auch ein Stillhalteabkommen (pactum de non petendo) zwischen Gläubiger und WEgem auch dem WEer zugute kommen soll, ist durch Auslegung zu ermitteln.

330 **c) Einwendungen und Einreden des Wohnungseigentümers gegenüber dem Gläubiger.** Die Tatsache, dass die WEer dem Gläubiger der WEgem unmittelbar für die Verbindlichkeiten der WEgem einzustehen haben, hat nicht nur zur Folge, dass die WEer gegenüber dem Gläubiger schutzlos wären. Vielmehr können sie sowohl die Gegenrechte der WEgem geltend machen als auch ihre eigenen. Sie können also insbesondere mit eigenen Forderungen gegen den Gläubiger **aufrechnen** oder sich wegen eines ihnen gegen den Gläubiger zustehenden Anspruchs auf ein **Zurückbehaltungsrecht** berufen. Zulässig ist ferner der Einwand der **Enthaftung** (Rn 320), der **unzulässigen Rechtsausübung** oder Verwirkung. Ist gegen die WEgem ein Urteil ergangen, so müssen die WEer es hinsichtlich aller darin abgeschnittenen Einwendungen und Einreden gegen sich gelten lassen.[943] Auf ein der WEgem günstiges Urteil dürfen sie sich dafür berufen.

331 **d) Einwendungen und Einreden des Wohnungseigentümers gegenüber der Gemeinschaft.** Aus der Akzessorietät der teilschuldnerischen Außenhaftung (Rn 332) folgt schließlich, dass es dem einzelnen WEer nicht möglich ist, seine Einwendungen und Einreden gegenüber der WEgem auch gegenüber dem Gläubiger geltend zu machen. Satz 2 stellt dies insoweit nur klar. Der Gläubiger wird also nicht mit Fragen aus dem Innenverhältnis zwischen WEer und WEgem belastet. Er kann insbesondere nicht einwenden, seine Beitragspflicht erfüllt zu haben oder von ihr auf Grund einer befreienden Schuldübernahme durch einen Dritten befreit zu sein. Er kann ferner gegenüber dem Gläubiger nicht mit einem Gegenspruch gegen die WEgem aufrechnen, soweit eine solche Aufrechnung überhaupt zulässig wäre. Im Ergebnis kann also ein WEer im Außenverhältnis in Anspruch genommen werden, der im Innenverhältnis nichts schuldet.

6. Konkurrenzen

332 **a) Verhältnis der anteiligen Eigentümerhaftung zur Verbandshaftung. aa) Allgemeines.** Zwischen der anteiligen Außenhaftung des WEers und der uneingeschränkten Haftung der WEgem besteht **kein Gesamtschuldverhältnis,** sondern ein Verhältnis der **Akzessorietät.** §§ 421 ff. BGB finden daher keine Anwendung. Die Verpflichtung der WEer hängt von dem Bestand der Verbindlichkeit der WEgem ab. Um daher in einem

---

[941] *K. Schmidt,* Gesellschaftsrecht, § 49 II 3 c).

[942] Vgl. BGH NJW 1999, 2032.

[943] Niedenführ/*Kümmel*/Vandenhouten Rn 96.

Rechtsstreit eine doppelte Inanspruchnahme zu vermeiden und die Kostenfolge des § 100 Abs. 4 ZPO auszulösen, können WEer und WEgem jedoch in Höhe des MEAs **„wie (unechte) Gesamtschuldner"** gemeinsam verurteilt werden.[944]

333 Die Akzessorietät der anteiligen Haftung ergibt sich allein schon aus der Tatsache, dass der Gesetzgeber sie nach dem Vorbild der akzessorischen Teilbürgenhaftung konzipiert hat, aber auch daraus, dass sowohl die unbeschränkt haftenden Gesellschafter (§§ 128 f. HGB) als auch die anteilig haftenden Mitreeder (§ 507 HGB) im Verhältnis zu ihrer Gesellschaft nicht gesamtschuldnerisch, sondern akzessorisch haften.[945]

334 **bb) Tilgungsleistungen der Gemeinschaft.** Aus dem Grundsatz der Akzessorietät folgt, dass Teilleistungen der WEgem die WEer von ihrer Außenverbindlichkeit in entsprechender Höhe befreien. Denn jede teilweise Tilgung der „Hauptschuld" der WEgem reduziert automatisch die davon abhängige (akzessorische) Haftungsschuld der WEer, ohne dass es hierzu eines Rückgriffs auf § 366 BGB[946] bedarf.[947] Hat sich die Verbindlichkeit durch zwischenzeitliche Leistungen der WEgem ermäßigt, so kann der Gläubiger einzelne zahlungskräftige WEer nicht mehr in voller Höhe ihres Anteils an der ursprünglichen Gesamtverbindlichkeit in Anspruch nehmen, sondern nur noch in Höhe ihrer Quote an der verbliebenen Hauptschuld.[948] Hat also die WEgem auf eine Verbindlichkeit von 50 000 € bereits 40 000 € gezahlt, haftet der WEer nur noch mit seinem MEA für 10 000 €. Verfügt die WEgem über ausreichend Liquidität, kann und muss sie einer Inanspruchnahme des WEers durch Zahlung zuvorkommen. Tut sie es nicht, macht sie sich ihm gegenüber wegen Verletzung ihrer **Schutzpflichten** (Rn 53) schadensersatzpflichtig.

335 **cc) Tilgungsleistungen eines Wohnungseigentümers.** Leistet ein WEer an den Gläubiger, so erlischt insoweit die Verbindlichkeit der WEgem und seine eigene Außenverbindlichkeit, nicht dagegen die **Außenverbindlichkeit der übrigen WEer.** Deren Leistungspflicht bleibt dem Gläubiger gegenüber der Höhe nach unverändert.[949] Schließt der WEer zur Abgeltung seiner Außenverbindlichkeit mit dem Gläubiger einen **Vergleich,** so kommt die vereinbarte Zahlung der Gemeinschaftsschuld und der eigenen Außenverbindlichkeit zugute, der darin liegende Forderungserlass dagegen nur der Außenverbindlichkeit, sofern der Gläubiger ihn nicht auch auf die Gemeinschaftsschuld erstreckt. Dass sich der Anspruch gegen die WEgem ermäßigt, folgt daraus, dass die Leistung aus der akzessorischen Haftung dazu bestimmt ist. Eines Rückgriffs auf die mangels einer Gesamtschuld nicht unmittelbar einschlägigen §§ 422, 423 BGB bedarf es nicht.[950]

336 Mit der Zahlung geht die Forderung entsprechend § 774 Abs. 1 BGB auf den WEer über mit der Folge, dass er bei der WEgem **Regress** nehmen kann. Daneben steht ihm auch ein Aufwendungsersatzanspruch entspr. § 110 HGB zu, der schon im Vorfeld einer real drohenden Inanspruchnahme einen Freistellungsanspruch entspr. § 110 HGB iVm. § 257 BGB gewährt. **Voraussetzung** ist jedoch, dass der WEer seine Beiträge vollständig bezahlt hat, wegen der Hauptschuld eine Nachschusspflicht nicht besteht, der WEer seine Inanspruchnahme durch den Gläubiger der WEgem angezeigt hat, diese nicht reagiert und der WEer die Zahlung leisten musste oder für erforderlich halten durfte.[951]

---

[944] *K. Schmidt,* Gesellschaftsrecht, § 49 II 4 c); *Briesemeister* NZM 2007, 225 (229).

[945] *K. Schmidt* NJW 1997, 2201 (2204).

[946] Vgl. BGHZ 134, 224; *Derleder/Fauser* ZWE 2007, 2 (6).

[947] *K. Schmidt* NJW 1997, 2201 (2205); *Loddenkämper* ZfIR 2006, 707 (711) zur anteiligen Gesellschafterhaftung.

[948] Riecke/Schmid/*Elzer* Rn 492.

[949] Vgl. *K. Schmidt* NJW 1997, 2201 (2205); *Loddenkämper* ZfIR 2006, 707 (711) zur anteiligen Gesellschafterhaftung.

[950] AA *Derleder/Fauser* ZWE 2007, 2 (13).

[951] *Derleder/Fauser* ZWE 2007, 2 (7); *Fauser,* Die Haftungsverfassung der Wohnungseigentümergemeinschaft, S. 283.

337 Mit diesem Anspruch kann der WEer auch gegen Forderungen der WEgem aufrechnen. Bestreitet die WEgem die Forderung, so hindert das gemeinschaftsrechtliche Aufrechnungsverbot die **Aufrechnung** zumindest dann nicht, wenn die Forderung in der Gläubigerverbindlichkeit ihre Ursache hat und der Gläubiger die Begleichung der Verbindlichkeit durch Aufrechnung oder auf Grund eines entspr. Titels bewirkt hat oder der WEer, nach erfolglosem Hinweis an die WEgem auf seine Inanspruchnahme, zur Abwehr eines Rechtsstreits gezahlt hat.[952]

338 Ein **Rückgriffsanspruch gegen die anderen WEer** ist mangels eines Gesamtschuldverhältnisses. nicht gegeben. Ob etwas anderes im Hinblick auf das Treuverhältnis der WEer untereinander ausnahmsweise zu gelten hat, wenn der Rückgriff bei der WEgem scheitert[953] und auch eine Beschlussfassung sowie Einziehung einer Sonderumlage keinen Erfolg verspricht, ist sehr zweifelhaft. Sofern man dies bejaht,[954] kann der Rückgriff suchende WEer von den anderen zwar anders als bei der Zahlung auf eine gesamtschuldnerische Verbindlichkeit nicht nach § 426 BGB,[955] wohl aber nach der Lastenregel des § 16 Abs. 2 WEG Ausgleich verlangen.[956] Die Haftung bestimmt sich nicht wie die Außenhaftung nach MEAen, sondern nach dem unter den WEern geltenden Kostenverteilungsschlüssel.

339 **b) Verhältnis der anteiligen Eigentümerhaftungen untereinander.** Die WEer haften dem Gläubiger nicht als Gesamtschuldner. Ihre anteilige Haftung ist untereinander nicht durch eine Gesamtschuld verbunden. Sie haften vielmehr ähnlich wie Teilbürgen zueinander als Teilschuldner. Deswegen kommen Tilgungsleistungen eines WEers nicht auch den anderen WEern zugute und führen anders als bei einer Mitbürgenhaftung auch nicht über §§ 769, 774 Abs. 2 BGB zu einem Ausgleich nach § 426 BGB.[957] Der Gläubiger kann – neben der WEgem oder allein – gleichzeitig mehrere WEer in Anspruch nehmen.[958] Ein Urteil für oder gegen einen WEer wirkt nicht auch gegenüber der WEgem oder die anderen WEer.

340 **c) Verhältnis der anteiligen Außenhaftung zur Binnenhaftung. aa) Allgemeines.** Die quotale Außenhaftung besteht unabhängig von der Binnenhaftung. Hat ein WEer im Innenverhältnis seine Beiträge bezahlt, so lässt dies die Haftungsverbindlichkeit im Außenverhältnis unberührt. Umgekehrt kann der Gläubiger unabhängig von der Außenhaftung im Wege der Anspruchspfändung auch auf nicht befriedigte Ansprüche der WEgem aus dem Innenverhältnis[959] zurückgreifen. Zwischen diesen verschiedenen Verbindlichkeiten besteht weder ein Verhältnis der Akzessorietät noch ein solches der (unechten) Gesamtschuldnerhaftung. Hat der WEer also Beiträge noch zu leisten, so kann er einer **doppelten Inanspruchnahme** durch die WEgem und den Gläubiger dadurch entgehen, dass er nach Zahlung an den Gläubiger insoweit mit dem Regressanspruch gegen die Beitragsforderung der WEgem aufrechnet.[960] Tut er das nicht und wird er doppelt in Anspruch genommen, so ist die auf die quotale Außenhaftung erfolgte Zahlung von der WEgem entweder zurückzuerstatten oder mit künftigen Beitragsforderungen zu verrechnen.

Für die Realisierung der Binnenhaftung ist zu unterscheiden zwischen den primären und den sekundären Ansprüchen.

---

[952] *Fauser,* Die Haftungsverfassung der Wohnungseigentümergemeinschaft, S. 291 f.

[953] *Fauser,* Die Haftungsverfassung der Wohnungseigentümergemeinschaft, S. 284.

[954] So Riecke/Schmid/*Elzer* § 16 Rn 9; Häublein ZWE 2008, 410 (414 f).

[955] Vgl für diesen Fall OLG Düsseldorf NZM 2006, 382 (383).

[956] BGHZ 104, 197 (202); Staudinger/*Bub* § 16 Rn 4, 6; vgl. auch OLG Düsseldorf NZM 2006, 664.

[957] Vgl. *K. Schmidt* NJW 1997, 2201 (2204) zur quotalen Gesellschafterhaftung.

[958] *Armbrüster* GE 2007, 420 (426).

[959] Vgl. hierzu *Klein* ZWE 2006, 58 f.; *Wenzel* ZWE 2006, 2 (12 f.); krit. *Drasdo* NZM 2006, 211 f. jew. mwN.

[960] *Derleder/Fauser* ZWE 2007, 2 (9).

bb) Primäre Ansprüche. Von den primären Ansprüchen der WEgem eignen sich für eine Pfändung unter dem Gesichtspunkt der Effizienz nur die **Beitragsansprüche,** nicht die Ansprüche auf ordnungsmäßige Verwaltung. Sind Beitragsansprüche auf Grund entsprechender Beschlussfassung bereits **entstanden** und hat der WEer seine Beiträge vollständig bezahlt, ist der Anspruch erfüllt und geht eine Pfändung ins Leere. Es bleibt die quotale Außenhaftung, bei deren Realisierung dem WEer ein Regressanspruch gegen die WEgem erwächst (Rn 336). Hat der WEer noch nicht gezahlt, kann ein Gemeinschaftsgläubiger den Anspruch in voller Höhe pfänden. Der WEer kann in diesem Fall einer drohenden doppelten Inanspruchnahme auf Grund der Pfändung und der Außenhaftung nur entgehen, wenn er vor der Pfändung auf seine Außenverbindlichkeit gezahlt hat und mit seinem Regressanspruch gegen die WEgem wirksam aufrechnet (§ 392 BGB). **341**

Künftige Beitragsansprüche können nur gepfändet werden, soweit sie bereits entstanden sind. Da Beitragsansprüche erst mit entsprechender Beschlussfassung entstehen,[961] können nur bereits beschlossene künftig fällig werdende Beitragsvorschüsse oder Sonderumlagen gepfändet werden. Der befürchteten Lähmung der Verwaltung[962] ist durch eine Befriedigung des Gläubigers zu begegnen. Über die hierzu benötigten Mittel sind die erforderlichen Beschlüsse zu fassen. Sind nur noch einzelne WEer oder sogar auch nur noch ein WEer solvent, muss die erforderliche Deckungsumlage so bemessen sein, dass sie unter Berücksichtigung des Kostenanteils der insolventen WEer allein durch den auf den solventen WEer entfallenden Betrag die bestehende Verbindlichkeit abdeckt.[963] Dies kann der Gläubiger notfalls durch eine Pfändung des Anspruchs der WEgem auf ordnungsmäßige Verwaltung erzwingen. **342**

cc) Sekundäre Ansprüche. Von den sekundären Ansprüchen kommt für eine Pfändung vor allem der auf die mangelnde Liquidität der WEgem gestützte **Schadensersatzanspruch der WEgem nach § 280 BGB**[964] wegen nicht ordnungsmäßiger Verwaltung in Betracht. Der BGH geht dabei davon aus, dass ein Verschulden in Form von Vorsatz oder Fahrlässigkeit der regelmäßige Zurechnungsgrund für die Verletzung der Pflicht ist, vor Eingehung einer Verbindlichkeit für ausreichend Liquidität zu sorgen. Die von der Kritik an dieser Rechtsprechung beschworenen Beweisschwierigkeiten halten sich vor dem Hintergrund, dass die WEer beweisen müssen, dass sie die Pflichtverletzung nicht zu vertreten haben, in maßvollen Grenzen.[965] Gleichwohl verdient der von *Derleder/Fauser*[966] hervorgehobene Gesichtspunkt Zustimmung, dass die Zurechnung einer Pflichtverletzung an den Schuldner nach § 280 BGB auch auf der Übernahme einer Garantie oder eines Risikos beruhen kann.[967] Da das Liquiditätsrisiko in der WEgem bei den WEern liegt, diese im Rahmen ordnungsmäßiger Verwaltung verpflichtet sind, für die Mittel zur Befriedigung der Gläubiger aufzukommen, und daraus bis zur Insolvenz des letzten WEers eine Nachschusspflicht der solventen WEer erwächst, ist es gerechtfertigt, die Zurechnung der Pflichtverletzung nicht von einem Verschulden abhängig zu machen und zu einer **verschuldensunabhängigen Haftung** zu kommen. **343**

dd) Anteilige Beschränkung der Binnenhaftung. Die allgemeine Beschränkung der Außenhaftung auf den Umfang des MEAs dient der Begrenzung des Risikos einer unmittelbaren Inanspruchnahme der WEer durch den Gläubiger. Damit diese Risikobegrenzung nicht über den Zugriff auf einen unbeschränkten Sekundäranspruch nach § 280 BGB **344**

---

961 Wenzel NZM 2004, 542 (544).

962 *Bub* NZM 2006, 841 (845); *Derleder/Fauser,* ZWE 2007, 2 (4).

963 *Briesemeister* NZM 2007, 225 (228).

964 Vgl. hierzu *Abramenko* ZMR 2006, 496 (97); *Klein* ZWE 2006, 58 (60); *Wenzel* ZWE 2006, 2 (12 f.).

965 Vgl. hierzu *Wenzel* ZWE 2006, 2 (12 f.).

966 *Derleder/Fauser* ZWE 2007, 2 (11 f.); *Fauser,* Die Haftungsverfassung der Wohnungseigentümergemeinschaft, S. 296.

967 MünchKommBGB/*Ernst* § 280 Rn 20 ff.

unterlaufen wird, ordnet Satz 4 an, dass die Haftung gegenüber der WEgem wegen nicht ordnungsmäßiger Verwaltung ebenfalls auf die Miteigentumsquote begrenzt ist. Das gilt auch für ausgeschiedene WEer.[968] Diese Regelung dient dem Schutz des WEers im Außenverhältnis und nicht der Begrenzung der Beitragspflicht im Innenverhältnis.[969] Im Innenverhältnis bleibt der WEer auf Grund entsprechender Umlagebeschlüsse beitragspflichtig bis die letzte Außenverbindlichkeit getilgt ist. Der **Zweck der Bestimmung** ist, den WEer gegenüber der nach Ansicht des BGH sonst gegebenen Zugriffsmöglichkeit auf die unbegrenzte gesamtschuldnerische Innenhaftung wegen Pflichtverletzung nach § 280 BGB[970] zu begünstigen, nicht generell einen „Gleichlauf der Haftung der WEer ggü der WEgem mit der ggü Gläubigern der Gemeinschaft" herzustellen, wie dies in der Begründung des Gesetzesentwurfs der Bundesregierung[971] irreführend heißt. Die Möglichkeit des **unbeschränkten Gläubigerzugriffs auf** noch offene **Primäransprüche** (Beitragsforderungen) der WEgem bleibt von der Regelung unberührt uz unabhängig davon, ob es sich um den planmäßigen Vorschuss, eine Abrechnungsspitze, Sonderumlage oder Instandhaltungsrücklage handelt (Rn 341).

7. Sicherungsmittel des Gläubigers nach §§ 648, 648 a BGB

345 Die teilschuldnerische Außenhaftung unterstreicht, dass einem Werkunternehmer das Sicherungsmittel der **Bauhandwerkersicherungshypothek** (§ 648 BGB) weiterhin zur Verfügung steht (§ 1 Rn 128). Zwar ist die WEgem als Besteller mit dem haftenden WEer nicht identisch, jedoch muss dieser sich nach der Rechtsprechung des BGH von einem Unternehmer im Bereich der dinglichen Haftung gemäß § 242 BGB wie ein Besteller behandeln lassen, weil „die Wirklichkeit des Lebens und die Macht der Tatsachen" es gebieten.[972] So hat der BGH im Personenhandelsgesellschaftsrecht darauf abgestellt, ob der Eigentümer den Besteller (nämlich die Gesellschaft) „wirtschaftlich und rechtlich ganz überwiegend beherrscht" und ob der Eigentümer über die von ihm beherrschte Gesellschaft tatsächlich Nutzungs- und Ausnutzungsvorteile aus der Werkleistung zieht.[973]

346 Beim WE sind es die WEer, die für die WEgem über den Abschluss eines Bauhandwerkervertrages entscheiden. Sie haben also eine wirtschaftlich und rechtlich beherrschende Stellung, zumal nur sie und nicht die WEgem einen unmittelbaren Nutzen von der Bauleistung haben. Dies rechtfertigt es, sie wie Besteller zu behandeln. Jedenfalls wäre es rechtsmissbräuchlich, wenn die WEer sich auf die fehlende Personenidentität beriefen.[974] Ihre Außenhaftung unterstreicht dies nur.[975] Da diese allerdings auf den MEA begrenzt ist, besteht auch der Anspruch auf Einräumung der Sicherungshypothek – anders als früher[976] – nur in Höhe der jeweiligen anteiligen Mithaftung. Dies entspricht der bisherigen Rechtslage bei den Aufbauschulden.

347 Darüber hinaus hat § 648 a Abs. 1 BGB den gesetzlichen unabdingbaren Anspruch des Bauwerkunternehmers auf Leistung einer Sicherheit noch erweitert (§ 1 Rn 130). Nach dieser Vorschrift kann er von dem Besteller auch Leistung von Sicherheit durch eine **Garantie** oder sonstiges **Zahlungsversprechen eines Kreditinstituts/Kreditversiche-**

968 Riecke/Schmid/*Elzer* Rn 519.
969 BT-Drucks. 16/3843 S. 47; *Briesemeister* NZM 2007, 225 (227).
970 Vgl. hierzu *Wenzel* ZWE 2006, 2 (12 f.).
971 BT-Drucks. 16/887 S. 66 unter ggg).
972 BGHZ 102, 95 (102 f.) mwN.
973 Vgl. BGHZ 102, 95 (102); noch weitergehend OLG Frankfurt/Main BauR 2001, 129.
974 *Armbrüster* GE 2007, 420 (424); WE 2008, 167 (168).
975 AA *Derleder/Fauser* ZWE 2007, 2 (6), die die Pflicht zur Einräumung einer Sicherungshypothek aus der gesetzlichen Mithaftung herleiten.
976 Vgl. Staudinger/*Bub* § 16 Rn 18.

rers verlangen. Die Vorschrift findet auch auf die WEgem Anwendung (§ 1 Rn 131), weil die Voraussetzungen des Ausnahmetatbestandes in Abs. 6 nicht vorliegen. Sobald und soweit Sicherheit gem § 648 a Abs. 1 und 2 BGB geleistet ist, ist der Anspruch auf Eintragung einer Bauhandwerkersicherungshypothek ausgeschlossen (§ 648 a Abs. 4 BGB).

XVI. Zwangsvollstreckung

Für die Zwangsvollstreckung gegen die WEgem oder die einzelnen WEer (vgl. § 1 Rn 204 f.) ist jeweils ein gegen sie gerichteter Titel erforderlich. Ein Titel gegen die WEgem genügt nicht für die Vollstreckung gegen die WEer, ebenso wie ein Schuldtitel gegen die OHG für die Vollstreckung gegen die Gesellschafter nicht ausreicht (§ 129 Abs. 4 HGB). Umgekehrt kann aus einem Titel gegen die WEer nicht gegen die WEgem vollstreckt werden, wohl aber aus einem Titel gegen die Gester einer GbR gegen die GbR (§ 736 ZPO). Hat die WEgem in Ausübung eines den WEern zustehenden Individualrechts einen Titel erwirkt, ist sie als gesetzliche Prozessstandschafterin auch Vollstreckungsgläubigerin. Umgekehrt ist sie Vollstreckungsschuldnerin, wenn sie als Wahrnehmungsberechtigte einer gemeinschaftsbezogenen Individualpflicht der WEer in Anspruch genommen und verurteilt worden ist (Rn. 261). **348**

Die Zahlungsklage gegen die WEgem und gegen die WEer begründen selbstständige Prozessrechtsverhältnisse. Werden sie verbunden oder bei gemeinsam verklagt, sind sie **einfache Streitgenossen** iSd § 59 ZPO.[977] **349**

Anhang zu § 10:

Die Ausübung von Mängelrechten aus den Bauträgerverträgen wegen behebbarer Mängel des Gemeinschaftseigentums und die Wahrnehmung der Abnahmepflicht

Übersicht

[977] BGHZ 54, 251 (254) = NJW 1970, 1740; BGH NJW 1988, 2113 – für § 128 HGB.

Literatur: *Basty,* Zur Abnahme des Gemeinschaftseigentums, FS Wenzel (2205) S. 103; *ders.,* Regelungen zur Abnahme des Gemeinschaftseigentums im Bauträgervertrag, PiG 74 (2006) S. 49; *ders.*, Vertragsgestaltung: Werkvertrag-Kaufvertrag, PiG 82 (2008) S. 31; *Becker,* Die Ausübung von Rechten durch die Eigentümergemeinschaft, ZWE 2007, 432; *Derleder,* Die gemeinschaftsbezogenen Mängelrechte gemäß § 10 VI 3 WEG gegenüber dem Bauträger, ZWE 2009, 1; *Häublein,* Die Gestaltung der Abnahme des gemeinschaftlichen Eigentums beim Erwerb neu errichteter Eigentumswohnungen, DNotZ 2002, 68; *Hügel,* Ausübungsbefugnis der Wohnungseigentümergemeinschaft für die Abnahme des Gemeinschaftseigentums und zur Verfolgung von Mängelrechten, ZMR 2008, 855; *Lotz,* Die Abnahme und das WEG – Die Besonderheiten, BauR 2008, 740; *Riesenberger,* Abnahme des gemeinschaftlichen Eigentums, NZM 2004, 537; *Schulze-Hagen,* Die Ansprüche des Erwerbers gegen den Bauträger wegen Mängel am Gemeinschaftseigentum, ZWE 2007, 113; *Pause,* Hindernisse auf dem Weg zum „großen Schadensersatz" beim Bauträgervertrag, NZM 2007, 234; *Pause/Vogel,* Auswirkungen der WEG-Reform auf die Geltendmachung von Mängeln am Gemeinschaftseigentum, ZMR 2007, 577; *Schmid,* Warum es keine Zuständigkeit der WEG für die sog. „Mängel am Gemeinschaftseigentum" gibt, BauR 2009, 727; *Wenzel,* Der Bereich der Rechtsfähigkeit der Gemeinschaft, ZWE 2006, 462; *ders.,* Die Wohnungseigentümergemeinschaft – ein janusköpfiges Gebilde aus Rechtssubjekt und Miteigentümergemeinschaft?, NZM 2006, 321; *ders.,* Rechte der Erwerber bei Mängeln am Gemeinschaftseigentum, ZWE 2006, 109; *ders.,* Die Zuständigkeit der Wohnungseigentümergemeinschaft bei der Durchsetzung von Mängelrechten der Ersterwerber, NJW 2007, 1905; *ders.,* Doppelte Zuständigkeit bei der Verfolgung von Beseitigungsansprüchen im Wohnungseigentum?, NZM 2008, 74.

I. Einführung

1 Weist nach dem Kauf einer neu erstellten EW das SE einen Mangel auf, so ist die Rechtslage einfach: Der Erwerber kann auf Grund seines Vertrages Mängelrechte unabhängig von den übrigen WEern geltend machen. Anders verhält es sich, wenn behebbare Mängel am GemE auftreten. Hier ergeben sich aus dem Zusammentreffen von individuellem Vertragsrecht und wohnungseigentumsrechtlichem Gemeinschaftsrecht vielschichtige Probleme. Es geht dabei nach der Entscheidung des BGH vom 20. 9. 2000[1] um Fragen der Beschlussfassungskompetenz und nach Inkrafttreten von § 10 Abs. 6 WEG um die Ausübungs- und Wahrnehmungsbefugnis der WEgem.

II. Anwendung von Kauf- oder Werkvertragsrecht

2 Nach welchem Recht der Erwerb einer EW zu beurteilen ist, hängt nicht von der Bezeichnung des Vertrages oder der Parteien, sondern von seinem Gegenstand ab. Geht es um den „Kauf" einer neu errichteten, im Bau befindlichen oder erst zu errichtenden EW von einem Bauträger, so handelt es sich um einen als Bauträgervertrag bezeichneten einheitlichen gemischten Vertrag, der sich in Bezug auf den MEA an dem Grundstück aus den Elementen des Kauf- und iÜ aus Elementen des Werk-, Werklieferungs- und Geschäftsbesorgungsrechts zusammensetzt.[2] Für die Herstellungsverpflichtung ist Werkvertragsrecht auch dann anzuwenden, wenn der Bauträger (Veräußerer) das Bauwerk zunächst für sich selbst errichtet und sogar einige Monate bewohnt,[3] oder infolge von Absatzschwierigkeiten erst geraume Zeit nach Errichtung veräußert hat.[4] Entscheidend ist allein, dass sich aus **Inhalt, Zweck** und **wirtschaftlicher Bedeutung** des Vertrags sowie aus der **Interessenlage** der Parteien die Verpflichtung des Veräußerers zu mangelfreier Herstellung des Vertragsobjekts ergibt.[5]

---

[1] BGHZ 145, 158 = NJW 2000, 3500.
[2] BGHZ 96, 275; 108, 156 (158); zur Vertragsgestaltung iE *Basty* PiG 82 (2008) S. 31 f.
[3] BGHZ 74, 204 (208 f.).
[4] BGH NJW 1985, 1551: 2 Jahre.
[5] BGHZ 108, 164 (167) = BGH NJW 1989, 2748 (2749).

Dies gilt auch dann, wenn ein **Altbau** in EWen **umgebaut** wird und mit dem „Verkauf" der Wohnungen eine **Herstellungsverpflichtung** des Veräußerers verbunden ist. Maßgebend ist, ob der Veräußerer vertraglich Bauleistungen übernommen hat, die insgesamt nach Umfang und Bedeutung Neubauarbeiten vergleichbar sind. Das ist zB der Fall, wenn der Altbaubestand unter Aufstockung von 2 Geschossen umfangreich renoviert und modernisiert wird.[6] Darauf, ob in den Baubestand der Fundamente, Außenwände und Geschossdecken, wie das bei einer **Kernsanierung** der Fall ist, eingegriffen wird, kommt es nicht an.[7] Der Veräußerer haftet nicht nur für die ausgeführten Umbauarbeiten, sondern auch für die Altsubstanz nach den Gewährleistungsregeln des Werkvertrags.[8] Dies gilt auch dann, wenn die vom Veräußerer übernommenen Arbeiten bereits vor Vertragsschluss ausgeführt wurden.[9] Dass der Erwerber zur Fertigstellung bestimmte Arbeiten (so zB Bodenleger-, Tapezier-, Fliesenleger- und Deckenverkleidungsarbeiten) selbst auszuführen hat, spielt keine Rolle.[10] 3

Hat der Veräußerer einer EW hingegen nur **Ausbesserungs- oder Verschönerungs- bzw. Renovierungsarbeiten** übernommen, die im Laufe der Zeit ohnehin anfallen, oder hat er nur **punktuelle Eingriffe** in die Bausubstanz und den Ausbau einer Altbauwohnung vorgenommen, so gilt nur hierfür Werkvertragsrecht,[11] iÜ dagegen Kaufrecht. Davon dürfte idR dann auszugehen sein, wenn nur Arbeiten erbracht werden, die keiner MaBV-Rate entsprechen[12] (**Teilsanierung,** zB Entfernung der Badezimmereinrichtung, Ersetzung einer Balkontür durch ein Fenster, Anbringen eines Heizkörpers, Einrichtung eines Rundbogens, Einsetzen einer Abschlusstür zum Treppenhaus). 4

An dieser Abgrenzung von Kauf- und Werkvertragsrecht hat das Schuldrechtsmodernisierungsgesetz nichts geändert.[13] Dass die Mängelrechte im Kaufrecht denen des Werkvertragsrechts angeglichen und die Verjährungsfristen vereinheitlicht wurden, ändert nichts daran, dass Inhalt des Kaufvertrages eine **Lieferverpflichtung** ist, der Werkvertrag dagegen eine **Herstellungsverpflichtung** zum Gegenstand hat. Auch an der Einordnung des Bauträgervertrages als eines einheitlichen Vertrages, der sich aus Elementen des Kauf-, Werk- und Geschäftsbesorgungsvertrages zusammensetzt,[14] hat sich nichts geändert.[15] 5

Soweit danach §§ 633 ff. BGB zur Anwendung kommen, ist ein **formelhafter Ausschluss der Sachmängelhaftung** – nach ebenfalls st. Rspr. des BGH[16] – selbst in einem notariellen Individualvertrag gemäß § 242 BGB unwirksam, wenn die Freizeichnung nicht mit dem Erwerber unter ausführlicher Belehrung über die einschneidenden Rechtsfolgen eingehend erörtert worden ist. Von einer eingehenden Erörterung und ausführlichen Belehrung kann nur ausnahmsweise abgesehen werden, wenn sich der Notar davon überzeugt hat, dass sich der Erwerber über die Tragweite des Haftungsausschlusses und das damit verbundene Risiko vollständig im Klaren ist und den Ausschluss dennoch ernsthaft 6

---

[6] BGH NJW 2007, 3275 (3276) = NZM 2007, 519.

[7] BGHZ 108, 164 (167) = NJW 1989, 2748; BGH NJW 2007, 3275 (3276).

[8] St. Rspr. BGHZ 108, 164 (167) = NJW 1989, 2748; 164, 225 = NJW 2006, 216; BGH NJW 2005, 1115 (1116); NJW 2006, 214; 2007, 3275 (3276); NZBau 2007, 371.

[9] BGH NJW 2005, 1115; 2007, 3275 (3276 Rn 19).

[10] BGH NJW 1988, 1972.

[11] BGH NJW-RR 1987, 1046 (1047); KG ZWE 2008, 185 (187).

[12] *Grziwotz* ZWE 2007, 407.

[13] BGH NJW 2007, 3275 (3276 Rn 19); Staudinger/*Bub,* WEG (2005) § 21 Rn 235; *Thode* NZBau 2002, 297 (298 f.); krit. *Heinemann* ZfIR 2002, 167; *Litzenburger* RNotZ 2002, 25 (26); *Hertel* DNotZ 2002, 6 (18); *Grziwotz* ZWE 2007, 407.

[14] BGHZ 96, 275 = NJW 1986, 925.

[15] *Pause,* Bauträgerkauf und Baumodelle, 4. Aufl., 2004, Rn 68.

[16] BGHZ 101, 350 (353) = NJW 1988, 135; 108, 164 (168); BGH NJW 2006, 214; NJW-RR 2007, 895.

will.[17] Auch eine formularmäßige **Beschränkung** der Haftung für Mängel der vom Umbau unberührt gebliebenen Bausubstanz ist nicht möglich.[18] Ob der Veräußerer hierfür haftet, muss durch Auslegung der Beschaffenheitsvereinbarung ermittelt werden.

7 Die Rechtsprechung dient dem **Schutz des Erwerbers** vor einem überraschenden Verlust seiner Ansprüche aus der von dem Veräußerer übernommenen Herstellungsverpflichtung. Soweit dagegen Kaufrecht zur Anwendung kommt, ist ein formelhafter Gewährleistungsausschluss auch ohne eingehende Belehrung wirksam.[19]

III. Die Ausübung von Rechten wegen Mängeln am Gemeinschaftseigentum

1. Rechtsinhaberschaft

8 Unbestritten ist, dass die vertraglichen Ansprüche wegen Mängeln am GemE nach §§ 634 f. BGB jedem einzelnen Erwerber zustehen. Dies gilt für alle Mängelrechte, also für die primären Ansprüche auf Nacherfüllung, auf Zahlung eines Vorschusses oder Erstattung der Ersatzvornahmekosten ebenso wie für die sekundären Rechte und die Rückabwicklungsrechte. Der **Erwerber** ist **Inhaber des jeweiligen Rechts.** Die – rechtsfähige – WEgem der Wohnungseigentümer ist hinsichtlich der sich aus den Erwerberverträgen der einzelnen WEer ergebenden Rechte dagegen nicht anspruchsberechtigt. Ihr können vertragliche Ansprüche nur aus Rechtsgeschäften zustehen, die sie selbst mit Unternehmen abgeschlossen hat. Wohl aber kann sie im Rahmen ihrer Verwaltungskompetenz die **Ausübung** der individuellen Ansprüche an sich ziehen. Dies wird nicht immer deutlich unterschieden.[20]

2. Gläubigerstellung

9 **a) Primäre Mängelrechte.** Die Inhaberschaft von Rechten sagt noch nichts über die Art der Gläubigerstellung aus. Nachdem der BGH die WEer zunächst als Gesamtgläubiger der primären Mängelrechte bezeichnet hatte,[21] ist er hiervon später abgerückt und hat die Einordnung als Gesamt- oder Mitgläubiger mehrfach[22] ausdrücklich offengelassen. Die herrschende Auffassung in der Literatur[23] nimmt eine **Mitgläubigerschaft** an. Danach kann der Veräußerer (Bauträger) die geschuldete Leistung nur an alle Erwerber gemeinsam erbringen und jeder einzelne Erwerber die Leistung nur an alle Erwerber fordern (§ 432 BGB).

10 Dem ist zuzustimmen, weil sämtliche individualvertraglichen Ansprüche auf dieselbe Leistung, nämlich die **mangelfreie Herstellung** und Nachbesserung **des GemEs,** also auf eine **unteilbare Leistung** i. S. d. § 432 BGB, gerichtet sind. Die Unteilbarkeit bedingt, dass jeder Erwerber Leistung nur an alle verlangen kann und verhindert, dass der Schuldner (Veräußerer) die Leistung mehrfach erbringen muss.

11 **b) Sekundäre Mängelrechte.** Umstritten ist, ob dies auch für die sekundären Mängelrechte gilt. Während die Rechtsprechung die hiermit verfolgte „Mängelgewähr" als eine unteilbare Leistung ansieht[24] und damit eine **Mitgläubigerstellung** annimmt,[25] wird in

[17] BGH NJW-RR 2007, 895 (897).
[18] BGH NJW 2007, 3275 (3276 Rn 22).
[19] BGH NJW 2006, 214 (215).
[20] Vgl. BGHZ 110, 258 (260, 262) = NJW 1990, 1663; *Kniffka/Koeble,* 11. Teil Rn 255.
[21] BGHZ 74, 258 (265) = NJW 1980, 400.
[22] BGH NJW 1992, 435; 1992, 1881 (1883).
[23] *Doerry* EWiR 1990, 459 (460); *Kniffka/Koeble,* 11. Teil Rn 259; *Pause* Rn 897; *Schmid* BTR 2004, 150 (153); *Schilling* BauR 1986, 449 (450); *Schulze-Hagen* ZWE 2007, 113 (114); Staudinger/*Bub,* § 21 Rn 255; *Wenzel* ZWE 2006, 109 (110).
[24] BGH NJW 1979, 2207 (2208); 1991, 2480 (2481).
[25] Ebenso *Werner/Pastor,* Der Bauprozess, 12. Aufl., Rn 515.

der Literatur die Ansicht vertreten, dass es sich um eine **Teilgläubigerschaft** handele[26] und den WEern für die gemeinschaftliche Verfolgung der individualvertraglichen Ansprüche eine Verwaltungskompetenz nicht zustehe. Die erstgenannte Auffassung verdient den Vorzug.[27]

Minderung und **kleiner Schadensersatz** gehen nicht auf die Übernahme einer „Gewähr" zurück, sondern sollen das ausgleichen, was durch die nicht ordnungsmäßige Erfüllung an Nachteilen entstanden ist. Die beiden Rechte unterscheiden sich nach der Art, nicht aber nach dem Zweck des Ausgleichs. Sie **treten** beide **an die Stelle des Erfüllungsanspruchs**[28] und zielen ebenfalls auf die Herbeiführung des von dem Veräußerer geschuldeten werkvertraglichen Erfolgs. Dadurch bleibt die **Leistung unteilbar.** Bezugspunkt ist weiterhin ein mangelfreies GemE und nicht ein individualisierter Marktwert des erworbenen SEs samt des damit verbundenen MEs. Anderenfalls stünde der Veräußerer durch seine Schlechterfüllung besser, würde er für sie gewissermaßen „belohnt", wenn er für die geschuldete mangelfreie Erstellung des gesamten GemEs im Falle der Untätigkeit der WEgem nur noch nach Maßgabe der von den einzelnen Erwerbern getrennt zu verfolgenden Ansprüche in Höhe einer individualisierten Quote einzustehen hätte und es ihm zugute käme, wenn die Ansprüche einzelner Erwerber erloschen oder verjährt sind.[29] 12

c) Rückabwicklungsrechte. Anders als die primären und sekundären Mängelrechte, zielen die auf eine Rückabwicklung des Vertrages gerichteten Gestaltungsrechte (Rücktritt, großer Schadensersatz) auf ein Ausscheiden aus der WEgem. Sie stehen dem einzelnen Erwerber in **Einzelgläubigerschaft** zu.[30] 13

3. Mitgläubigerschaft und Ausübungsbefugnis

Das Bestehen einer Mitgläubigerschaft besagt für sich genommen noch nicht, wer das Recht, die Leistung an alle zu fordern, durchsetzen darf. Grundsätzlich gilt zwar, dass der Rechtsinhaber auch zur Durchsetzung befugt ist. In der Wohnungseigentümergemeinschaft ergeben sich jedoch aus der gemeinschaftlichen Verbundenheit und gemeinsamen Verwaltungszuständigkeit für das GemE Besonderheiten, die auch in dem WEG ihren Ausdruck gefunden haben. Ob der Erwerber seine Mängelrechte aus dem Erwerbsvertrag selbst durchsetzen darf, richtet sich danach, ob und inwieweit das Recht zur Ausübung dieser Rechte nicht nach § 10 Abs. 6 Satz 3 WEG der WEgem zusteht. 14

Die Anwendbarkeit dieser Vorschrift ist allerdings nicht unumstritten. *Ott* verneint sie, weil es sich bei den Mängelrechten aus den Erwerbsverträgen nicht um solche der WEer iSd Vorschrift handele.[31] Diese Auffassung ist mit dem im Wortlaut der Bestimmung zum Ausdruck kommenden Willen des Gesetzgebers[32] nicht zu vereinbaren. Ihr liegt die streng **individualrechtliche Theorie** von den Mängelrechten[33] zugrunde, die schon nach altem Recht weder der Rechtsprechung noch der hM entsprach. Diese geht vielmehr zu Recht davon aus, dass die mangelfreie **Ersterrichtung** mit zu der ordnungsmäßigen **Instandsetzung des GemEs** gehört (Rn 33), für welche die WEer im Rahmen einer ordnungsmäßigen Verwaltung die Verantwortung tragen. 15

Aus diesem Grund richtet sich die Befugnis zur Ausübung der Mängelrechte entsprechend den zu § 10 Abs. 6 S. 3 entwickelten Grundsätzen danach, ob 16

---

[26] *Hauger* WE 1994, 38 (41); Weitnauer/*Briesemeister* Anh. § 8 Rn 63 ff.; Staudinger/*Bub,* § 21 Rn 275, 285 ff. mwN.

[27] Anders noch *Wenzel,* Immobilienrecht, 1998, 51 (55 f.).

[28] Vgl. BGH NJW-RR 2004, 949 = ZWE 2004, 367, 369 zu § 635 BGB aF.

[29] Vgl. Staudinger/*Bub,* § 21 Rn 290.

[30] BGH NJW 2010, 1284.

[31] *Ott* NZM 2007, 505 (508).

[32] BT-Drucks. 16/887 S. 61.

[33] Vgl. zB *Baer* BTR 2006, 113 (115 f.); *Ott* NZM 2007, 505 (506).

– für die Leistung eine gemeinschaftliche Empfangszuständigkeit der WEer besteht und ob
– das Recht im Interesse aller WEer oder des Schuldners durch die Gemeinschaft ausgeübt werden muss (geborene Ausübungsbefugnis) oder ausgeübt werden darf (gekorene Ausübungsbefugnis).

17 Ausübungsbefugnis und Beschlusskompetenz setzen allerdings immer voraus, dass die aufgetretenen **Mängel am GemE behebbar** sind. Können sie nicht behoben werden, besteht kein schützenswertes Interesse für eine gemeinschaftliche Rechtsverfolgung, sondern sind die dann gegebenen Rechte auf Rückabwicklung und Schadensersatz oder Minderung allein in dem einzelnen Vertragsverhältnis durchzusetzen (Rn 45).

18 Die Ausübungsbefugnis nach § 10 Abs. 6 und die Beschlusskompetenz nach § 21 Abs. 5 Nr. 2 ändern schließlich nichts an der Tatsache, dass ein gemeinschaftliches Vorgehen immer auch **„allseitige" Mängel** voraussetzt, dh Abweichungen von der Beschaffenheit, die auf Grund der in der TErkl verankerten Baubeschreibung allen Erwerbern geschuldet wird. Daran fehlt es bei individuell vereinbarten **„Sonderwünschen"**, die zwar das gemeinschaftliche Eigentum zum Gegenstand haben, dessen funktions- und vertragsgerechte Ausführung sonst jedoch nicht berühren. Werden derartige Sonderwünsche nicht oder nicht mangelfrei erfüllt, können die hieraus folgenden Ansprüche nur in dem Vertragsverhältnis abgewickelt werden, in dem sie begründet sind, und nur mit ausdrücklicher Zustimmung des Erwerbers ein gemeinschaftliches Vorgehen rechtfertigen. Dass die Ansprüche wegen eines „allseitigen" Mangels am Gemeinschaftseigentum nur noch aus dem Vertragsverhältnis eines Erwerbers durchgesetzt werden können, führt jedoch nicht dazu, dass die Mangelfreiheit einen „Sonderwunsch" bedeutete und die WEer nicht ohne die Zustimmung des Betroffenen die Ansprüche wegen des Mangels an sich ziehen könnten.[34]

4. Individuelle Ausübungsbefugnis

19 **a) Rückabwicklungsrechte.** Zu den Rechten, die jeder Erwerber schon mangels gemeinsamer Empfangszuständigkeit selbstständig geltend machen kann, gehören die Rückabwicklungsrechte auf **großen Schadensersatz** oder **Wandelung**[35] bzw. **Rücktritt** gegeben. Sie sind **nicht gemeinschaftsbezogen.**[36]

20 Eine andere Frage ist, ob und inwieweit die WEgem durch einen Zugriff auf die Ausübung von Mängelrechten Einfluss auf die Schaffung der **Voraussetzungen für eine Rückabwicklung** nehmen kann. Mit Urteil vom 27. Juli 2006[37] hat der BGH entschieden, dass ein Beschluss über eine Vorschussanforderung die Befugnis des Erwerbers unberührt lässt, „jedenfalls bis zur Zahlung des Vorschusses" eigenständig eine Frist mit dem Ziel der Rückabwicklung des Vertrages zu setzen. Dem lag jedoch weder ein Zugriff auf die Verfolgung „aller Ansprüche" zugrunde noch eine Fristsetzung nach § 637 Abs. 1 BGB. Dass der Erwerber in einem solchen Fall selbst nach Zahlung des Vorschusses noch zur Rückabwicklung berechtigt ist, hat der BGH zwar nicht ausdrücklich entschieden, ergibt sich jedoch daraus, dass weder die Vorschussanforderung noch die Vorschusszahlung als solche für die Rückabwicklung eine Sperrwirkung entfalten kann.[38] Die Zahlung führt allenfalls dazu, dass der Veräußerer dem rücktrittswilligen Erwerber gegenüber die Nachbesserung verweigern und dieser ohne Fristsetzung zurücktreten kann (§ 636 BGB).

21 Anders verhält es sich jedoch dann, wenn die WEgem eine **Frist zur Nacherfüllung** gesetzt und erst nach deren Ablauf eine Vorschusszahlung angefordert hat. Denn mit dem Beschluss zur Fristsetzung hat die WEgem die Ausübung der Mängelrechte an sich gezogen

---

[34] Vgl. BGH NJW 2010, 933.

[35] BGH NJW 2010, 1284.

[36] BGH NJW 2006, 2254 = NZM 2006, 542 = ZMR 2006, 537 = ZWE 2006, 287.

[37] BGHZ 169,1 = NJW 2006, 3275 = NZM 2006, 778 = ZfIR 2006, 752 = ZMR 2007, 48 = ZWE 2007, 207.

[38] Vgl. OLG Hamm IMR 2007, 61; OLG Jena ZMR 2007, 65.

mit der Folge, dass der Erwerber seinerseits bis zu einem fruchtlosen Fristablauf selbst keine Frist mit dem Ziel der Rückabwicklung setzen kann (Rn 39 f.). Dasselbe gilt für den Fall, dass der Erfüllungsanspruch erfüllt oder vergleichsweise erledigt wird.

Ist die von der WEgem gesetzte Nacherfüllungsfrist oder eine von dem Erwerber vor der Beschlussfassung gesetzte Frist **fruchtlos** abgelaufen, entfällt deren Sperrwirkung, so dass der Erwerber von dem Vertrag zurücktreten oder großen Schadensersatz verlangen kann. Wählt er den **Rücktritt,** so muss er eine von ihm begründete Belastung des WEs wie im Falle der bereicherungsrechtlichen Rückabwicklung nach erfolgreicher Anfechtung des Kaufvertrags beseitigen. Wertersatz schuldet er nur, wenn die Beseitigung unmöglich ist.[39] Außerdem hat er die tatsächlich gezogenen oder möglich gewesenen Nutzungen herausgeben,[40] kann aber Ersatz eines mangelbedingten Nutzungsausfallschadens verlangen.[41] Entscheidet er sich für den **großen Schadensersatz,** so gilt im Hinblick auf die Beseitigung der Belastungen nichts anderes. Hinsichtlich der **Herausgabe der gezogenen Nutzungen** ist dagegen zu differenzieren. Hat der Erwerber die EW vermietet, muss er sich die tatsächlichen Mieteinnahmen abzüglich des Erhaltungsaufwands anrechnen lassen.[42] Bei einer Eigennutzung ist zu unterscheiden: Beschränkt er den Schadensersatz auf die Rückabwicklung des Leistungsaustauschs **(Immobilie gegen Kaufpreis)** und auf die Erstattung der mit dem Vertragsschluss verbundenen Nebenkosten (Notargebühren, Maklerprovision u. Ä.),[43] so belässt er dem Veräußerer die aus dem Erwerbspreis gezogenen Nutzungen und muss als Äquivalent daher auch nicht seinerseits den Wert der Wohnnutzung herausgeben, sondern nur die durch die Nutzung eingetretene **Wertminderung** der EW. Diese kann auf der Grundlage der Gesamtnutzungsdauer der Wohnung und des Erwerbspreises in gleichmäßigen Beträgen je abgewohntem Jahr („zeitanteilig linear") bemessen werden.[44] Steuervorteile aus einer Absetzung für Abnutzung muss er sich nicht anrechnen lassen.[45] 22

Anders verhält es sich dagegen, wenn der Erwerber im Rahmen des großen Schadensersatzes nicht nur den Leistungsaustausch, sondern auch seine Investitionsentscheidung rückgängig macht **(Immobilie gegen Kostenerstattung).** Verlangt er also zB Ersatz seiner Aufwendungen zur Finanzierung des Erwerbspreises,[46] so muss er sich auf diese Schadensposition den – nach dem üblichen Mietzins berechneten – vollen **Wert der Eigennutzung** anrechnen lassen muss. Er kann nämlich nicht einerseits die Erstattung der Kosten beanspruchen, die er aufgewendet hat, um das Grundstück als Eigentümer zu nutzen – den Kaufpreis nebst Kreditzinsen –, andererseits aber verlangen, den Wert der Eigennutzung behalten zu dürfen, also letztlich wie ein Eigentümer gestellt zu werden.[47] 23

b) Rückabwicklung nach Mängelvergleich? Ist der Rückabwicklungsanspruch **vor** dem **Abschluss eines Mängelvergleichs** zwischen der WEgem und dem Bauträger entstanden, so kann der Erwerber nach dem Urteil des BGH vom 27. 7. 2006[48] auch danach noch aus der WEgem ausscheiden. 24

Dasselbe muss für den Fall gelten, dass die Frist vorher zwar noch nicht abgelaufen, aber schon wirksam gesetzt worden war. Ist das nicht der Fall, kann **nach** dem erforderlichen **Mehrheitsbeschluss** über den Vergleichsabschluss die **Nacherfüllungsfrist nicht mehr** wirksam gesetzt werden, weil die WEgem spätestens **durch die Genehmigung** des Vergleichs die Ausübung der Erfüllungsansprüche **an sich gezogen** hat und der Erwerber 25

[39] BGH, NJW 2009, 63; dazu *Derleder* NJW 2009, 1034.
[40] BGH NJW 2010, 1284.
[41] Vgl. BGH NJW 2008, 911 .
[42] BGH NJW 2006, 3062 = ZfIR 2006, 856.
[43] BGHZ 114, 193 (197) = NJW 1991, 2277.
[44] BGH NJW 2006, 53; 2006, 1582 (1584).
[45] BGH NJW 2008, 2773.
[46] BGHZ 145, 52 (56 f.) = NJW 2000, 3064; NJW 1995, 2159 (2160).
[47] BGHZ 167, 108 = NJW 2006, 1582 (1584) = NZM 2006, 557 = ZfIR 2006, 851.
[48] BGH NJW 2006, 3275.

an diesen Beschluss in der „Erfüllungsphase" gebunden ist.[49] Die Beschlusskompetenz hierfür ist gegeben, weil Gegenstand der Beschlussfassung nicht die Ausübung von entstandenen Rückabwicklungsrechten ist, sondern der ihr vorgelagerte und dem gemeinschaftlichen Zugriff zugängliche Erfüllungsbereich. An den auf Grund des Beschlusses abgeschlossenen Vergleich über die Erledigung der Erfüllungsansprüche sind die **Erwerber nach § 10 Abs. 5 WEG** ebenfalls **gebunden,** und zwar unabhängig davon, ob sie ihm zugestimmt haben.[50] Wenn aber keine Erfüllungsansprüche mehr bestehen, kann ein Erwerber auch nicht mehr ausscheiden.

26 **c) Erfüllungs- und Nacherfüllungsansprüche, Kostenvorschuss.** Anders als bei den Rückabwicklungsansprüchen besteht für die auf ordnungsgemäße Herstellung des GemEs gerichteten Erfüllungs- und Nacherfüllungsansprüche sowie für den Anspruch auf Vorschuss[51] eine gemeinsame Empfangszuständigkeit. Da sie jedoch weder im Interesse der WEer noch im Interesse des Bauträgers gemeinschaftlich verfolgt werden müssen, steht der WEgem ein **Zugriffsermessen** zu. Der Erwerber kann die Ansprüche daher nur solange selbstständig geltend machen, als die WEgem hiervon keinen Gebrauch gemacht hat (**gekorene Ausübungsbefugnis** der Gemeinschaft). Die gemeinsame Empfangszuständigkeit hat jedoch zur Folge, dass der Bauträger gegen eine **Vorschussforderung** des Erwerbers mangels Gegenseitigkeit der Forderungen[52] nicht mit einem etwaigen Restkaufpreisanspruch **aufrechnen** kann[53] und umgekehrt.[54] Der Schuldner des Kaufpreisanspruchs ist nicht zugleich Gläubiger des Vorschussanspruchs. Hieran scheitert auch die Geltendmachung eines Leistungsverweigerungsrechts.

27 **d) Fristsetzung.** Hat die WEgem die Ausübung der Mängelrechte nicht an sich gezogen, kann der Erwerber dem Veräußerer selbstständig eine Frist nach § 637 Abs. 1 BGB[55] setzen. Berechtigte Interessen der anderen WEer oder des Veräußerers werden dadurch nicht beeinträchtigt. Beseitigt dieser die Mängel nicht, so erlischt nur das **Nacherfüllungsrecht** des Unternehmers, nicht dagegen auch der **Nacherfüllungsanspruch** des fristsetzenden Erwerbers. Er kann dem Veräußerer die Nacherfüllung weiterhin gestatten oder die anderen Rechte nach § 634 Nr. 2–4 BGB geltend machen (jus variandi). Die Rechte der anderen Erwerber werden von der Fristsetzung nicht berührt.[56] Die **Fristsetzung wirkt nur in dem Verhältnis des Fristsetzenden zum Veräußerer.** Der fristsetzende Erwerber kann nur keinen kleinen Schadensersatz oder Minderung verlangen.

28 **e) Selbstvornahme und Aufwendungsersatz.** Auch wenn die WEgem die Durchsetzung der Mängelrechte nicht an sich gezogen hat, darf der einzelne Erwerber Mängelbeseitigungsarbeiten am GemE im Wege der Selbstvornahme nur im Wege der **Notgeschäftsführung** nach § 21 Abs. 2 WEG, sonst nur **mit Zustimmung der übrigen WEer** durchführen. Eigenmächtig durchgeführte Maßnahmen müssen auf Verlangen anderer WEer wieder beseitigt werden.[57] Die WEer dürfen im Rahmen **ordnungsmäßiger Verwaltung** einer Selbstvornahme allerdings nur zustimmen, wenn es nicht zu einem Nebeneinander von Selbstvornahme und Erfüllungsverlangen anderer Erwerber sowie zu

---

[49] AA OLG Jena NJOZ 2007, 3579 = ZMR 2007, 65; *Wenzel* IBR 2007, 130.

[50] AA *Pause* NZM 2007, 234 (235).

[51] BGH NJW 2007, 1952 (1954); vgl. auch *Pause*, Bauträgerkauf und Baumodelle, 4. Aufl., Rn 904; *Kniffka/Koeble,* 11. Teil, Rn 274; *Wenzel,* ZWE 2006, 109 (114); Staudinger/*Bub* § 21 Rn 256, 269; *Pause/Vogel* ZMR 2007, 577 (580).

[52] BGH NJW 1996, 1407 (1409).

[53] Staudinger/*Bub* § 21 Rn 269; *Wenzel* ZWE 2006, 109 (114); *Schulze-Hagen* ZWE 2007, 113 (116).

[54] Staudinger/*Bub* § 21 Rn 269; aA *Pause* Rn 955.

[55] *Kniffka/Koeble* 11. Teil Rn 259; Staudinger/*Bub* § 21 Rn 264, 275.

[56] BGH NJW 2006, 2254 (2256) Rn 18.

[57] OLG Karlsruhe NZM 2001, 758.

einem Streit über die Ordnungsmäßigkeit der jeweiligen Nacherfüllungsmaßnahmen kommen kann, der den Veräußerer benachteiligen und die WEgem belasten würde. Sonst müssen sie die Ausübung der Mängelrechte an sich ziehen, weil dies zu der Verantwortung der WEgem für die Instandsetzung nach § 21 Abs. 5 Nr. 2 WEG gehört. Hat ein Erwerber Mängel am GemE selbst beseitigt, so kann er **Erstattung** seiner **Aufwendungen** durch Zahlung an sich verlangen[58] und ggf. gegen einen noch offenen Kaufpreisanspruch aufrechnen. Eine von ihm erhobene Vorschussklage hemmt die Verjährung hinsichtlich der endgültigen Gesamtforderung. Ein Vorschussurteil enthält zugleich die Feststellung der Verpflichtung zur Zahlung der gesamten Mängelbeseitigungskosten.[59] Hat die WEgem die Aufwendungen erbracht, kann er deren Erstattungsanspruch nur mit deren Ermächtigung geltend machen und Zahlung an die WEgem verlangen, nicht aber gegen einen noch offenen Kaufpreisanspruch aufrechnen.

f) Schadensersatz neben der Erfüllung. Ist das GemE mangelhaft, kann der Erwerber nach §§ 634 Nr. 4, 636 und 280 BGB den Ersatz aller Schäden verlangen, die durch die Schlechtleistung entstanden sind und nicht durch Nacherfüllung beseitigt werden können.[60] Erfasst werden nahe und entfernte **Mangelfolgeschäden** (zB Gutachterkosten[61]) sowie nach Maßgabe des § 286 auch **Verzögerungsschäden.** Hier entscheidet die Empfangszuständigkeit über die Gläubigerstellung und die Verwaltungskompetenz der WEgem. Ist der Schaden im SE oder im Vermögen des Erwerbers eingetreten, kann er den Anspruch selbstständig verfolgen oder die WEgem zur Durchsetzung ermächtigen. Ist der Schaden am GemE oder im Verwaltungsvermögen eingetreten, hat die WEgem die Möglichkeit, die Ausübung der Ansprüche an sich zu ziehen (gekorene Ausübungsbefugnis). Scheitert die von der WEgem verlangte Nachbesserung durch den Bauträger, haftet die WEgem für den hierdurch im SE entstandenen Schaden nach §§ 280, 278 BGB.[62] 29

5. „Gekorene“ Ausübungsbefugnis der Gemeinschaft

a) Formelle Beschlusskompetenz. Die WEgem ist nicht notwendigerweise identisch mit der **Erwerbergemeinschaft.** Wird WE durch die TEerkl des meist auch als Bauträger fungierenden Alleineigentümers nach § 8 WEG begründet, so entsteht die WEgem als **„Vor“- oder „werdende“ Gemeinschaft** erst mit der Eintragung einer Auflassungsvormerkung für den ersten Erwerber und der Übertragung des Besitzes (§ 10 Rn 16).[63] Vorher besteht eine Erwerbergemeinschaft, auf welche die Regeln der §§ 21 ff. WEG noch keine Anwendung finden, sofern nicht etwas anderes vereinbart ist. 30

Ist die (werdende) WEgem entstanden, ist sie für die Behebung anfänglicher Mängel des GemEs unabhängig von ihrer personellen Zusammensetzung zuständig.[64] Die WEgem ist sowohl vor dem Eintritt von **„Nachzüglern“** als auch nach dem Ausscheiden eines Erwerbers für die ordnungsmäßige Ersterrichtung verantwortlich.[65] Den ihr noch nicht angehörenden oder wieder ausgeschiedenen Erwerbern verbleiben zwar ihre vertraglichen Rechte, sie können sie nur nicht selbstständig verfolgen, soweit sie sie auch in der Gemeinschaft nicht allein hätten durchsetzen können. Umgekehrt kann die WEgem im Rahmen ihrer Beschlusskompetenz die notwendigen Entscheidungen unabhängig davon treffen, ob ihr noch der Veräußerer oder schon alle Erwerber angehören. Auf die in diesem 31

[58] BGH NJW 2007, 1952 (1954).
[59] BGH NJW 2009, 60 = NZM 2009, 37.
[60] *Pause* Rn 747 f.
[61] BGH NJW 2002, 141 (142).
[62] OLG Hamburg ZMR 2008, 315.
[63] BayObLG NJW 1990, 3216 (3217); NJW-RR 1991, 1358.
[64] BGH NJW 2007, 1952 (1954).
[65] BGH NJW 2010, 933 = ZFIR 2010, 243 m. Anm. *Dötsch.*

Zusammenhang von der Rechtsprechung[66] und Literatur[67] früher erörterte Frage, ob die Nichtmitglieder-Erwerber WEer zur Wahrnehmung von Rechten aus dem Ersterwerbsvertrag ermächtigt haben, kommt es daher nicht an.[68]

32 **b) Sachliche Beschlusskompetenz.** Umstritten war und ist, ob **§ 21 Abs. 1 und Abs. 5 Nr. 2 WEG** den WEern die Kompetenz einräumt, über die Ausübung von Rechten aus dem Erwerbsvertrag wegen behebbarer Mängel am GemE mit Stimmenmehrheit zu beschließen.[69] Der BGH hat dies schon früh mit Urteil vom 10. 5. 1979[70] und danach in ständiger Rechtsprechung bejaht. Er hatte zuletzt nur noch offen gelassen, ob dies in einer Weise geschehen kann, die den einzelnen Erwerber von der Verfolgung seiner Rechte ausschließt.[71] Diese Frage hat er mit Urteil vom 12. 4. 2007 bejaht.[72] Hieran hat sich durch das Inkrafttreten des WEG-ÄndG nichts geändert.

33 Zu einer ordnungsmäßigen, dem Interesse der Gesamtheit der Wohnungseigentümer entsprechenden Verwaltung gehört die **ordnungsgemäße Instandhaltung und Instandsetzung** des gemeinschaftlichen Eigentums, § 21 Abs. 5 Nr. 2 WEG. Dem unterfällt auch die **erstmalige Herstellung** des GemEs. Die Beseitigung anfänglicher behebbarer Baumängel des GemEs berührt die Interessen der WEer in gleicher Weise wie später, etwa nach Ablauf der Gewährleistungsfrist, auftretende Mängel.[73] Dies führt bei einzelnen Mängelrechten zu einer **Beschränkung der individuellen Rechtsverfolgungskompetenz,** weil ein Nebeneinander von individueller Anspruchsdurchsetzung und gemeinschaftlicher Mängelbeseitigung den Veräußerer belasten und den Interessen der WEgem zuwiderlaufen würde. Sie ist den Ansprüchen aus dem jeweiligen **Erwerbsvertrag von vorneherein immanent.**[74] § 10 Abs. 6 hat hieran nur insoweit etwas geändert, als die Ausübung von Rechten, die gemeinschaftlich geltend gemacht werden *müssen,* nunmehr schon von Gesetzes wegen eine Angelegenheit der WEgem sind **(„geborene" Ausübungsbefugnis),** so dass es eines Beschlusses über die Frage der gemeinsamen Rechtsverfolgung nur hinsichtlich der Rechte bedarf, die gemeinschaftlich geltend gemacht werden *können* **(„gekorene" Ausübungsbefugnis).**

34 Die Beschlusskompetenz nach § 21 Abs. 5 Nr. 2 WEG ist allerdings **nicht zwingend,** sondern kann durch Vereinbarung abgeändert werden. Sieht also zB die Gemeinschaftsordnung vor, dass jeder WEer für die Instandhaltung von im GemE stehenden Gegenständen wie Wohnungseingangstüren selbst zu sorgen hat, so wird auch die erstmalige Herstellung hiervon erfasst, so dass die WEgem insoweit die Mangelbeseitigung nicht an sich ziehen und auch keinen Vergleich abschließen kann.[75] Anderslautende Mehrheitsbeschlüsse sind mangels Beschlusskompetenz nichtig.

---

[66] BGH NJW 1997, 2173.

[67] *Pause* NJW 1993, 553 (554); *ders.* Bauträgerkauf Rn 759 f., 891.

[68] So im Ergebnis auch *Kleine-Möller/Merl,* Handbuch des privaten Baurechts, 3. Aufl., Rn 1034 für die Weiterveräußerung.

[69] Vgl. nur Weitnauer/*Briesemeister* Nach § 8 Rn 57, 64; Staudinger/*Bub* § 21 Rn 258, 260; *Baer* BTR 2006, 113 (115 f.) mwN Fn 17; *Ott* NZM 2007, 505 f.; *Pause* NZM 2007, 234 (235); *Wenzel* ZWE 2006, 109 (112).

[70] BGHZ 74, 258.

[71] BGHZ 169, 1.

[72] BGHZ 172, 42 = NJW 2007, 1952 (1954) = NZM 2007, 403 = ZfIR 2007, 454 = ZWE 2007, 548.

[73] BGH NJW 2007, 1952 (1953); NJW 2010, 933; BayObLG ZWE 2003, 80; OLG München NJW 2007, 2418; Staudinger/*Bub* § 21 Rn 185; *Ott* NZM 2003, 134 (136); *Wenzel* ZWE 2006, 109 (112); aA *Baer,* BTR 2006, 113 (116 f.).

[74] BGHZ 74, 258 (266) = NJW 1979, 2207; BGH NJW 2007, 1952 (1954); *Wenzel* ZWE 2006, 109 (112); *Hügel* ZMR 2008, 855 (859); kritisch differenzierend *Derleder* ZWE 2009, 1 (7 ff.).

[75] OLG München NJW 2007, 2418 = ZWE 2007, 490 m. Anm. *Becker* S. 488.

c) Erfüllungs-, Nacherfüllungsansprüche und primäre Mängelrechte. Die Ausübung der Erfüllungs-, Nacherfüllungsansprüche und primären Mängelrechte ist nicht notwendigerweise eine Angelegenheit der WEgem, sondern nur dann, wenn die WEer dies in der GemO vereinbart haben[76] oder beschließen. Ob sie es tun, liegt in ihrem **Ermessen.**[77] Maßstab für die Ausübung ist die **ordnungsmäßige Verwaltung.** Ist unter den WEern zB streitig, ob überhaupt ein Mangel vorliegt, so kann es ordnungsmäßiger Verwaltung entsprechen, die Klärung dem WEer zu überlassen, der ihn geltend macht. Anders verhält es sich, wenn ein Mangel wie zB die Undichtigkeit des Daches oder einer Versorgungsleitung sich nur im SE eines WEers auswirkt. Hier wird eine ordnungsmäßige Verwaltung es in der Regel nicht zulassen, die Ausübung der Mängelrechte dem betroffenen WEer zu überlassen und nicht zu einer Angelegenheit der WEgem zu machen. Die WEer müssen sich daher in einer WEVers mit der Angelegenheit befassen und dürfen von einer gemeinschaftlichen Rechtsverfolgung nur abzusehen, wenn **besondere Gründe** dies rechtfertigen.[78] Liegen sie nicht vor, ist das Ermessen praktisch auf Null reduziert mit der Folge, dass der betroffene WEer von den übrigen WEern nach § 21 Abs. 4 ein gemeinschaftliches Tätigwerden verlangen kann.[79] Dasselbe gilt erst recht, wenn die WEgem eine gemeinschaftliche Rechtsverfolgung bereits begonnen hatte und diese dann aber abbricht oder als erfolgreich beendet ansieht, obgleich sie fortgeführt werden müsste. Denn hier besteht regelmäßig die Gefahr, dass die einzelnen WEer durch den darin liegenden Verweis auf die individuelle Rechtsverfolgung Rechtsnachteile erleiden.[80] Beschließen die WEer, einen Vorschuss für die Mängelbeseitigung anzufordern, liegt darin der Zugriff auf alle individuellen Ansprüche, die wegen der Mängel am GemE gemeinschaftlich geltend gemacht werden können. Stimmberechtigt sind in der Versammlung auch solche Eigentümer, deren Gewährleistungsansprüche erloschen oder verjährt sind.[81] Der Beschluss bindet alle im Zeitpunkt der Beschlussfassung eingetragenen und werdenden Eigentümer (§ 10 Rn 188 f.), also auch diejenigen, die überstimmt worden sind oder an der Abstimmung nicht teilgenommen haben, ferner etwaige Sondernachfolger (§ 10 Abs. 4 WEG). 35

Statt die Verfolgung der Mängelrechte zu ihrer Sache zu machen, können die WEer sich aber auch darauf beschränken, dem Veräußerer durch Mehrheitsbeschluss eine Frist zur Nacherfüllung zu setzen, und für den Fall, dass sie sich mit dem derzeitigen Zustand abfinden, es den **Erwerbern überlassen,** ob und in welchem Umfang sie den von der WEgem gewählten Anspruch auf Minderung oder Schadensersatz gerichtlich geltend machen wollen.[82] 36

d) Alleinige Zuständigkeit der Gemeinschaft nach Beschlussfassung. Hat die WEgem beschlossen, die auf die ordnungsgemäße Herstellung des GemEs gerichteten Rechte selbst auszuüben, ist sie für die Durchsetzung dieser Rechte allein zuständig.[83] Ein **selbstständiges Vorgehen der Erwerber** ist fortan **ausgeschlossen** (§ 10 Rn 256).[84] Das gilt im Falle einer Vorschussanforderung auch dann, wenn der Vorschuss noch nicht bezahlt worden ist.[85] Nur die WEgem kann noch eine Frist setzen mit dem Ziel, nach fruchtlosem Ablauf entweder die Mängel selbst zu beseitigen oder Minderung bzw. kleinen Schadens- 37

---

[76] *Hügel* ZMR 2008, 855 (860).

[77] BGH NJW 2010, 933 = ZFIR 2010, 243; vgl. iE *Pause/Vogel* ZMR 2007, 577 (583).

[78] BGH NJW 2010, 933; OLG Düsseldorf NZM 2008, 844 (846).

[79] AA OLG Frankfurt NJW 2009, 300 (302).

[80] OLG Düsseldorf NZM 2008, 844 (846) = NJW-RR 2008, 1467.

[81] Staudinger/*Bub* § 21 Rn 260.

[82] BGH NJW 1983, 453.

[83] Riecke/Schmid/*Elzer* § 10 Rn 430; *Wenzel* NZM 2008, 74, (75 f); *Becker* ZWE 2007, 432 (437).

[84] BGH NJW 2007, 1952 (1954); OLG Düsseldorf NZM 2008, 844 (845) = NJW-RR 2008, 1467; kritisch differenzierend *Derleder* ZWE 2009, 1 (7 ff.); aA Niedenführ/*Kümmel*/Vandenhouten § 10 Rn 76.

[85] AA OLG Hamm NZM 2007, 413 (414) – durch BGH NJW 2007, 1952 (1954) überholt.

ersatz zu verlangen. Bereits erfolgte **Fristsetzungen seitens der Erwerber** bleiben jedoch wirksam und erübrigen nach Fristablauf eine Fristsetzung durch die WEgem. Die Erwerber können aus ihrer erfolglosen Fristsetzung nur keine primären Mängelrechte mehr herleiten, die sekundären fallen ohnehin unter die geborene Ausübungsbefugnis der WEgem. Der Beschluss entfaltet damit hinsichtlich der primären Mängelrechte eine **Sperrwirkung** nicht nur im Innenverhältnis.[86] Auch der Veräußerer kann sich darauf berufen. Hatte ein WEer bereits Klage erhoben, führt der Wegfall des Prozessführungsrechts zur Unzulässigkeit der Klage.[87] Die WEer können aber auch einen von ihnen und damit insbesondere den Kläger zur Ausübung ermächtigen, die Ansprüche durchzusetzen. Das versetzt den Kläger in die Lage, das Verfahren als Prozessstandschafter der WEgem fortzuführen. Er handelt dann in gewillkürter Prozessstandschaft für die WEgem, die ihrerseits berufen ist, den erhobenen Anspruch in gesetzlicher Prozessstandschaft geltend zu machen. Erfolgt die Ermächtigung durch die WEgem nicht, muss der Kläger den Rechtsstreit für in der Hauptsache erledigt erklären.[88] .Nach anderer Ansicht soll eine entsprechende Anwendung von § 265 ZPO dazu führen, dass der Kläger den Rechtsstreit ohne einen besonderen Beschluss für die WEgem als deren Prozessstandschafter fortsetzen können soll[89] Dem begegnen Bedenken, weil der Beschluss der WEgem, die Inanspruchnahme an sich zu ziehen, nicht von dem Willen des klagenden WEers abhängig ist, wovon § 265 ZPO ausgeht, und dessen Prozessführung zum Nachteil der WEgem wirken würde. Hatte ein WEer bereits einen rechtskräftigen Titel erwirkt, ist für eine Ermächtigung der WEgem kein Raum mehr.

38 Die „gekorene" Ausübungsbefugnis schließt ebenso wie die „geborene" das Recht ein, über die Erfüllungs- oder Mängelrechte der Erwerber auch zu verfügen, zB einen **Vergleich** abzuschließen, hinsichtlich dessen Inhalts der WEgem ein Ermessensspielraum zusteht,[90] oder die Mängelansprüche zur Aufrechnung gegen den Kaufpreisanspruch des Veräußerers freizugeben.

39 **e) Rückabwicklung nach dem Zugriff?** Fraglich ist, ob ein Erwerber selbstständig noch eine Frist mit dem Ziel der Rückabwicklung setzen darf, nachdem die WEer beschlossen haben, die Mängelrechte gemeinschaftlich auszuüben. Dafür könnte sprechen, dass der WEgem keine Regelungskompetenz hinsichtlich der Rückabwicklungsansprüche zusteht. Andererseits soll mit dem Zugriff auf die Erfüllungs- und Mängelhaftungsansprüche die Möglichkeit ausgeschlossen werden, dass einzelne WEer noch auf die Erfüllung des Vertrages Einfluss nehmen. Da die „Erfüllungsphase" aber dem Zugriff der WEgem offen ist und die Rückabwicklungsansprüche erst nach Fristablauf entstehen, sprechen die besseren Gründe für die Annahme, dass der **Einzelne** mit der Entscheidung der WEgem für ein gemeinsames Vorgehen **bis zum Ende des Fristablaufs gebunden** ist, also nicht selbst eine Frist mit dem Ziel der Rückabwicklung setzen kann. Eine **vor dem Beschluss gesetzte Frist** bleibt dagegen wirksam und berechtigt auch nach der Beschlussfassung zur Rückabwicklung.

40 Hat der rücktrittswillige Erwerber vor der Beschlussfassung keine Frist gesetzt und ist er mit dem Vorgehen der WEgem nicht einverstanden (weil diese zB eine zu lange Frist beschlossen hat oder nach Fristablauf mit Hilfe eines Vorschusses die Mängel selbst beseitigen will), so muss er den Beschluss **anfechten,** wenn er den Ablauf der von der WEgem gesetzten Frist nicht abwarten will. Setzt die WEgem trotz des Zugriffs auf die Durchsetzung der Mängelrechte keine Frist, kann der Einzelne nach § 21 Abs. 4 WEG vorgehen. In dem Verfahren wird dann überprüft, ob das Verhalten der WEgem ordnungsmäßiger Verwaltung entspricht. Sind die **Mängel fristgerecht beseitigt** worden, kann der Erwer-

[86] AA Staudinger/*Bub* § 21 Rn 262; *Werner/Pastor* Rn 497.
[87] AA Staudinger/*Bub* § 21 Rn 261; *Werner/Pastor* Rn 497.
[88] So auch *Becker* ZWE 2007, 432 (438).
[89] OLG Hamm ZWE 2010, 44 (45).
[90] OLG Jena ZMR 2007, 65.

ber nicht mehr durch das Verlangen von großem Schadensersatz oder Rücktritt vom Vertrag aus der WEgem ausscheiden. Ebenso ist er an einen von der WEgem mit dem Bauträger innerhalb der Frist abgeschlossenen **Vergleich** gebunden, sofern er nicht vor dem Zugriff selbst schon eine Frist mit dem Ziel der Rückabwicklung gesetzt hatte (Rn 25). Ist eine von der WEgem gesetzte **Frist** dagegen **erfolglos** abgelaufen, kann der Erwerber ohne eigene Fristsetzung ausscheiden (Rn 22).

6. „Geborene" Ausübungsbefugnis der Gemeinschaft

a) Sekundäre Mängelrechte. Anders als die die „Erfüllungsphase" betreffenden Ansprüche und Rechte müssen die Minderung und das Recht auf kleinen Schadensersatz durch die WEgem geltend gemacht werden. Das Verlangen nach Minderung oder Schadensersatz hat rechtsgestaltende Wirkung. Nur die WEgem kann die Voraussetzungen hierfür schaffen. Das entspricht der ständigen Rechtsprechung,[91] an welcher der BGH im Urteil vom 12. 4. 2007[92] festgehalten hat. 41

Die hieran geübte Kritik[93] greift im Ergebnis nicht durch.[94] Sie beruht letztlich auf der Überlegung, dass Minderung und Schadensersatz jeweils auf eine teilbare Leistung gerichtet seien, die sich nach dem Minderwert des einzelnen Wohnungseigentums bemesse. Die Ansprüche störten sich daher nicht gegenseitig und brauchten deshalb nicht gemeinschaftlich verfolgt zu werden. Diese Prämisse trifft nicht zu. Durch den Ablauf der dem Veräußerer gesetzten Frist zur Nacherfüllung und die Ausübung des dem Erwerber zustehenden Gestaltungsrechts ändert sich zwar die Art der geschuldeten Leistung, nicht aber ihre Bezogenheit auf die ursprünglich geschuldete mangelfreie Herstellung des gesamten Gemeinschaftseigentums. Es kann insoweit nichts anderes gelten als für die Ersetzungsbefugnis des Geschädigten nach § 249 Satz 2 BGB. Zu dieser ist anerkannt, dass der Schadensersatzanspruch nicht dadurch der Verwaltung durch die WEer entzogen wird, dass der Gläubiger statt der Naturalrestitution den dazu erforderlichen Geldbetrag verlangen kann.[95] Dementsprechend sind auch die an die Stelle des Erfüllungsanspruchs getretenen Rechte weiterhin auf eine **unteilbare Leistung** gerichtet und der **Verwaltungskompetenz** der WEgem unterworfen. Wäre es anders und könnte jeder einzelne Erwerber allein darüber entscheiden, ob er mit rechtsgestaltender Wirkung Minderung erklärt oder kleinen Schadensersatz verlangt, hätte dies zur Folge, dass ein Teil der Erwerber Minderung oder Schadensersatz und ein anderer weiterhin Nacherfüllung verlangen könnte. Ein solches Nebeneinander liegt weder im Interesse der WEgem an einer ordnungsmäßigen Mängelbeseitigung, noch ist es für den Veräußerer hinnehmbar. 42

Aus diesem Grund ist es **nach Fristablauf** allein **Sache der WEgem,** darüber zu befinden, ob **Minderung** oder **kleiner Schadensersatz** geltend gemacht werden soll, ggf welches Recht durch wen in welcher Höhe verfolgt werden soll. Für die Durchsetzung des einen oder anderen Rechts genügt, dass die Ansprüche auch nur in der Person eines Erwerbers nicht verjährt sind. Entscheidet sich die WEgem für eines von beiden, so hat die von dem Verwalter abgegebene **Gestaltungserklärung** mit Bestandskraft des Beschlusses zur Folge, dass die **Erfüllungsansprüche erlöschen** (§ 281 Abs. 4 BGB),[96] sofern sie nicht 43

---

[91] BGH, NJW 2006, 2254; 1998, 2967 = NZM 1998, 636; OLG Frankfurt ZMR 2009, 215 (216).

[92] BGHZ 172, 42 = NJW 2007, 1952 (1954) = NZM 2007, 627 = ZfIR 2007, 454 = ZMR 2007, 627 = ZWE 2007, 300.

[93] *Baer* BTR 2006, 113 ff. mwN.; *Hauger* WE 1994, 38 (42); *Pause* Rn 916, 918 f.; Staudinger/*Bub* § 21 Rn 285 ff.; Weitnauer/*Briesemeister* Nach § 8 Rn 64.

[94] *Wenzel* ZWE 2006, 109 (116).

[95] BGHZ 121, 22 (26).

[96] *Pause* Rn 913.

nach 634 Abs. 1 Satz 3 BGB aF. bereits mit Ablauf der qualifizierten Fristsetzung erloschen sind. Der Beschluss hat Außenwirkung und bindet auch den überstimmten Erwerber.[97]

44 Die WEer können allerdings auch nur für einen Teil der Erwerber Minderung und für die anderen Schadensersatz verlangen[98] oder die Durchsetzung des von ihnen gewählten Rechts und damit auch das **Prozessrisiko** dem einzelnen **WEer überlassen.**[99] Dieser handelt dann in gewillkürter Prozessstandschaft für die WEgem als gesetzliche Prozessstandschafterin (Rn 37). Das wird vor allem dann sinnvoll sein, wenn die Insolvenz des Veräußerers droht, die Mängelansprüche zweifelhaft sind[100] oder wenn der Geldbetrag nicht zur Mangelbeseitigung durch die WEgem verwandt werden, sondern den Erwerbern zugute kommen soll. In letztem Fall bemisst sich der kleine Schadensersatz nach der auf den Erwerber entfallenden Kostenverteilungsquote an den gesamten Mängelbeseitigungskosten (zusätzlich eines etwaigen weiteren Schadensersatzes) und die Minderung auf den individualisierten Minderwert der jeweiligen Wohnung, während sonst die gesamten Mängelbeseitigungskosten zu ersetzen sind und eine Gesamtminderung in Betracht kommt (Rn 51).[101]

45 **b) Ausnahmen.** Keine Beschlusskompetenz und damit auch keine Ausübungsbefugnis besteht, wenn der **Mangel nicht mehr zu beheben** ist und sich **nur am SE** einzelner Erwerber auswirkt. Hier besteht kein schützenswertes Interesse der WEgem daran, über die Verwendung des Minderungs- oder Schadensersatzbetrages zu entscheiden. Entsprechend dem Grundsatz, dass die Ausübungsbefugnis der WEgem nur insoweit zusteht, als dies eine gemeinschaftliche Rechtsverfolgung erfordert, kann der Erwerber seinen Anspruch in diesem Fall – ohne entsprechenden Eigentümerbeschluss – selbstständig durchsetzen.[102] Dasselbe gilt, wenn der Veräußerer die Mängelbeseitigung wegen **unverhältnismäßig hohen Aufwands** verweigert. Hier kann der einzelne Erwerber die Zahlung von Schadensersatz oder Minderung ebenso an sich verlangen[103] wie in dem Fall, dass er mit der Minderung oder dem Schadensersatz nicht einen Ausgleich für den Mangel des Gemeinschaftseigentums verlangt, sondern für den hierdurch verursachten Folgeschaden.

46 **c) Höhe des Anspruchs.** Meinungsverschiedenheiten bestehen auch darüber, wie die Minderung oder der Schadensersatz zu berechnen ist. Dabei geht es vor allem um die Frage, ob dem Erwerber als Anspruchsinhaber insoweit nur eine individuelle Quote an den gesamten Mängelbeseitigungskosten oder an der „Gesamtminderung" zusteht. Beides steht in einem unauflöslichen Zusammenhang, so dass die Antwort nur einheitlich ausfallen kann.

47 Haben die WEer anderes nicht beschlossen, kann Minderung sowie der nach den Mängelbeseitigungskosten berechnete Schadensersatzanspruch wegen eines behebbaren Mangels am GemE nur gemeinschaftlich mit dem Antrag auf **Zahlung an die WEgem** durchgesetzt werden.[104] Beide Rechte unterscheiden sich zwar nach der Art, nicht aber nach dem Zweck des Ausgleichs. Sie treten beide an die Stelle des Erfüllungsanspruchs[105] und zielen auf die Herbeiführung des von dem Veräußerer geschuldeten werkvertraglichen Erfolgs. Dadurch bleibt die Leistung unteilbar.

48 Bezugspunkt ist ein mangelfreies GemE und nicht ein individualisierter Marktwert des erworbenen SEs samt des damit verbundenen MEs. Anderenfalls stünde der Veräußerer durch seine Pflichtverletzung besser, würde er für sie gewissermaßen „belohnt", wenn er für die geschuldete mangelfreie Erstellung des gesamten Gemeinschaftseigentums nur noch nach Maßgabe der von den einzelnen Erwerbern getrennt zu verfolgenden Ansprüche in

---

[97] BGH NJW 1979, 2207 (2209).
[98] *Pause* Rn 916.
[99] BGH NJW 1983, 453.
[100] *Pause* Rn 922.
[101] *Wenzel* ZWE 2006, 109 (117 f.).
[102] BGHZ 110, 258 (262) = NJW 1990, 1662.
[103] *Kniffka* EWiR 1991, 773.
[104] BGH NJW 2005, 1115 (1117).
[105] Vgl. BGH NJW-RR 2004, 949 = ZWE 2004, 367 (369) zu § 635 BGB aF.

Höhe einer individualisierten Quote[106] einzustehen hätte und es ihm zugute käme, wenn die Ansprüche einzelner Erwerber erloschen oder verjährt sind.[107] Dies stünde in einem Wertungswiderspruch zu dem mit dem Leistungsstörungsrecht verfolgten **Zweck,** die Verletzung der gegenüber jedem einzelnen Erwerber bestehenden Pflicht zur mangelfreien Erstellung des gesamten Gemeinschaftseigentums vollständig auszugleichen, und zwar unabhängig davon, ob die WEgem die gemeinschaftliche Verfolgung und Verwendung der Mittel beschlossen hat. Denn die Höhe des Anspruchs hängt nicht hiervon, sondern von der auszugleichenden Vermögenseinbuße ab. Diese ist aber nicht durch die einzelne Vertragsbeziehung individualisiert, sondern wird durch den Mangel des betroffenen Gemeinschaftseigentums bestimmt.

Es geht hierbei nicht darum, dass der WEgem als Nicht-Vertragspartei ein vertraglicher Ersatzanspruch nicht zustehen kann, sondern darum, dass der Einzelne über seinen Schadensersatz- oder Minderungsanspruch verlangen kann, dass die auf den Mangel des GemEs zurückgehenden Nachteile vollständig ausgeglichen werden. So wie der Geschädigte nach § 249 Satz 2 BGB statt der Herstellung den dazu erforderlichen Geldbetrag verlangen kann, treten die Ansprüche auf Schadensersatz und Minderung an die Stelle des auf mangelfreie Herstellung gerichteten Erfüllungsanspruchs und zielen auf den vollen Ausgleich für den schuldig gebliebenen werkvertraglichen Erfolg.[108] Verlangt der Erwerber Schadensersatz, so kann er entweder den mangelbedingten Minderwert des Werks oder den Betrag geltend machen, der für die Beseitigung des Mangels insgesamt erforderlich ist.[109] Sind die Mangelbeseitigungskosten höher als der Minderwert, kann er nicht auf letzteren verwiesen werden, es sei denn, der zu tragende Aufwand wäre unzumutbar.[110] **49**

Soweit in der Literatur eine andere Ansicht vertreten wird, beruht sie wiederum auf der Prämisse einer Teilbarkeit der Leistung und einer aus dieser folgenden **Teilgläubigerschaft** der einzelnen WEer.[111] Zwar hat der V. Zivilsenat des BGH mit Urteil vom 23. 6. 1989[112] für das **Kaufrecht** entschieden, dass für den Schadensersatzanspruch nach § 463 BGB aF. der mangelbedingte Minderwert der einzelnen EW maßgebend ist, so dass jeder Erwerber die Mängelbeseitigungskosten auch nur in Höhe seines MEAs ersetzt verlangen kann. Jedoch bezieht sich dies auf die so nicht mehr bestehende Haftung wegen arglistigen Verschweigens eines Fehlers und ist auf die werkvertragliche Mangelhaftung nicht übertragbar.[113] **50**

Entscheidet sich die WEgem für die Minderung, so ist nach **§ 638 Abs. 3 BGB** die Vergütung in dem Verhältnis herabzusetzen, in welchem zurzeit des Vertragsabschlusses der Wert des Werkes in mangelfreiem Zustand zu dem wirklichen Wert in mangelhaftem Zustand gestanden haben würde. Entspricht der Erwerbspreis, wofür in der Regel eine tatsächliche Vermutung spricht, dem Wert der EW zurzeit des Vertragsabschlusses, so drückt sich der Minderwert regelmäßig in dem Geldbetrag aus, der aufgewendet werden muss, um die vorhandenen Mängel zu beseitigen.[114] Überlässt die WEgem die Geltendmachung der Minderung und die Verwendung des Geldbetrages den einzelnen Erwerbern, so kann jeder von ihnen Minderung seines Erwerbspreises in Höhe des seiner Kostentragungsquote (nicht: Miteigentumsanteil[115]) entsprechenden Anteils an den Mängelbeseitigungs- **51**

---

106 So *Pause* Rn 916, 918.

107 Vgl. Staudinger/*Bub* § 21 Rn 290.

108 BGH NJW-RR 2005, 1039 für den Schadensersatz.

109 BGHZ 141, 63 (66); BGH NJW-RR 2004, 949 = ZWE 2004, 367 (369); NJW-RR 2005, 1039.

110 BGH NJW-RR 2005, 1039.

111 Vgl. *Schmid* BauR 2009, 727 (729 f); *Pause,* Rn 900 f., 919.

112 BGHZ 108, 156 (160) = NJW 1989, 2534; vgl. auch BGH NJW 1996, 1056 (1057).

113 *Kniffka/Koeble,* 11. Teil Rn 291.

114 *Kniffka/Koeble,* 6. Teil Rn 149 f.

115 So ungenau BGH NJW 1983, 453; BGHZ 114, 383 (387).

kosten verlangen. Ein darüber hinaus etwa verbleibender merkantiler oder technischer Minderwert der Wohnung ist zusätzlich zu berücksichtigen.

52 Übernimmt die WEgem die Verfolgung der Ansprüche selbst, so kann sie von dem Veräußerer **Minderung** des für alle Wohnungen erzielten **Gesamtpreises** nach den erforderlichen Beseitigungskosten verlangen.[116] Darf dieser die Mängelbeseitigung wegen unverhältnismäßig hoher Kosten verweigern, ist die Nacherfüllung unmöglich oder beruft er sich zu Recht auf ein Leistungsverweigerungsrecht, kann die Minderung nicht nach den Mängelbeseitigungskosten berechnet, sondern nur nach § 287 ZPO geschätzt werden.

53 **d) Verwendung der erlangten Mittel.** Der erlangte **Schadensersatzbetrag** ist an die einzelnen Erwerber in Höhe des ihrer Kostentragungsquote – die keineswegs mit der Miteigentumsquote identisch sein muss – entsprechenden Anteils an den Mängelbeseitigungskosten **auszukehren.** Die WEgem kann jedoch beschließen, die Mittel zur Mängelbeseitigung zu verwenden.[117] Dadurch wird der Anspruch nicht auf die WEgem übergeleitet.[118] Er verbleibt dem Erwerber. Ein solcher Beschluss entspricht aber nur dann ordnungsmäßiger Verwaltung, wenn die Instandsetzungsrücklage für die Beseitigungskosten nicht ausreicht und eine Sonderumlage erhoben werden muss. In diesem Fall ist der Beschluss dahin auszulegen, dass der Zahlungsanspruch mit der beschlossenen Sonderumlage verrechnet wird, und zwar in Höhe des der Kostentragungsquote entsprechenden Anteils an den Mängelbeseitigungskosten.

54 Entsprechendes hat für die erlangte **Minderung** zu gelten. Auch dieser Betrag ist grundsätzlich den einzelnen WEern als Ausgleich für den Minderwert ihres WEs nicht nach MEAen, sondern im Verhältnis des Erwerbspreises zu dem von dem Veräußerer erzielten Gesamtbetrag **auszukehren.** Hiervon kann im Rahmen ordnungsmäßiger Verwaltung nur dann abgesehen werden, wenn die Mängel durch die WEgem beseitigt, gelindert oder auf andere Weise ausgeglichen werden können.[119] Voraussetzung ist jedoch wiederum, dass sie hierzu einer entsprechenden Sonderumlage bedarf und die erlangten Mittel hierfür in dem Maße als Einzahlung anrechnet, in dem der von den einzelnen Erwerbern gezahlte Kaufpreis dem Gesamtkaufpreis entspricht.

IV. Die Abnahme des Gemeinschaftseigentums als Aufgabe der Gemeinschaft

1. Grundlagen

55 Zu den individuellen Pflichten der WEer aus dem Erwerbsvertrag gehört neben der Zahlungspflicht die Pflicht zur Abnahme der Werkleistung. Mit der Abnahme verbindet sich idR eine Umkehr der Beweislast. Vor der Abnahme hat der Bauträger die Mangelfreiheit seiner Leistungen zu beweisen. Dies gilt auch dann, wenn der Erwerber schon vor der Abnahme Mängelansprüche geltend gemacht hat. Dass durch die Abnahme eine Beweislastumkehr eintritt, beruht auf § 363 BGB. Dieser setzt die Annahme einer Leistung als Erfüllung voraus. Daran fehlt es, soweit der Erwerber wegen eines Mangels einen Vorbehalt erklärt oder die Mängel im Wege der Ersatzvornahme hat beseitigen lassen Mit Beseitigung der Mängel geht zwar der Erfüllungsanspruch des Erwerbers unter und er kann sich auf die fehlende Abnahme nicht mehr berufen. Dies beruht jedoch nicht auf der Erfüllung der Leistung durch den Unternehmer, sondern auf der Tätigkeit eines von ihm unabhängigen Dritten. Es ist daher nicht gerechtfertigt, den Erwerber nur deshalb, weil er im Wege der berechtigten Ersatzvornahme den Zustand herbeigeführt hat, zu dem der Bauträger verpflichtet war, die Beweislast für das Vorliegen eines Mangels der Werkleistung aufzuerle-

116 AA *Pause* Rn 919.
117 *Pause* Rn 962; aA Staudinger/*Bub* § 21 Rn 288.
118 AA *Pause* Rn 918.
119 *Pause* Rn 961.

gen.[120] Die Abnahme ist, soweit es um das **SE** geht, nicht gemeinschaftsbezogen und obliegt deswegen auch nach neuem Recht allein dem einzelnen Erwerber. Für das GemE ist dagegen eine Neuorientierung der bisherigen Grundsätze angezeigt. Während bisher eine gemeinschaftliche Abnahme des GemEs, zB durch Bevollmächtigte,[121] nur individualvertraglich verabredet, nach Ansicht des BayObLG aber auch bestandskräftig beschlossen werden konnte,[122] stellt sich nunmehr die Frage, ob sie als gemeinschaftsbezogene Pflicht des einzelnen WEers aus dem Erwerbsvertrag der Wahrnehmungsbefugnis der WEgem aus § 10 Abs. 6 WEG unterfällt.

Bisher wurde die Ansicht vertreten, dass das WEG keine Rechtsgrundlage enthalte, dem einzelnen Erwerber die Abnahme aus der Hand zu nehmen.[123] Dies lässt sich nach der Entscheidung des BGH vom 12. 4. 2007[124] sowie auf Grund der Regelung des § 10 Abs. 6 S. 3 WEG nicht mehr aufrechterhalten.[125] Auch die Frage, ob die Belange der WEer eine gemeinschaftliche Abnahme erfordern, stellt sich nach § 10 Abs. 6 S. 3 nur, wenn die Abnahme nicht schon auf Grund geborener Wahrnehmungsbefugnis der WEgem deren Pflicht ist. Anerkannt ist jedenfalls, dass die **einheitliche Abnahme** des GemEs, nicht zuletzt auch im Hinblick auf die sonst unterschiedlichen Verjährungsfristen, **im dringenden Interesse des Bauträgers** liegt.[126] Gleichwohl hat die hM[127] bisher allein die einzelnen Erwerber für abnahmeberechtigt und -verpflichtet gehalten, weil der Abnahmeanspruch von dem Herstellungsanspruch nicht getrennt werden könne und beides in dem Erwerbsvertrag seine Grundlage habe. Die Abnahme musste daher auf der Ebene der Erwerbsverträge durch jeden Erwerber oder durch einen im Erwerbsvertrag bevollmächtigten Vertreter erfolgen.[128] 56

Diese individualvertragliche Sicht war schon nach altem Recht nicht überzeugend, trägt aber jedenfalls unter dem neuen Recht ebenso wenig wie für die individualvertraglichen Mängelrechte. Genau so wie **§ 21 Abs. 5 Nr. 2 WEG** eine Verwaltungskompetenz für die Rechtsverfolgung einzelvertraglicher Ansprüche begründet und zu einer Ausübungsbefugnis der WEgem führt, muss dies auch für die Wahrnehmung der individualvertraglichen Abnahmepflicht gelten,[129] will man Wertungswidersprüche vermeiden (§ 10 Rn 259). Denn die Abnahme des GemEs ist genauso gemeinschaftsbezogen wie dessen Herstellung und wie die Beseitigung von Mängeln. Sie muss im Interesse der WEer und des Bauträgers durch die WEgem erfolgen und unterfällt daher ihrer **geborenen Wahrnehmungsbefugnis** (§ 10 Rn 259).[130] Die Bestimmung des § 640 Abs. 1 BGB steht nicht entgegen,[131] weil es bei der Abnahme des GemEs durch die WEgem nicht um die *Übertragung* der individualvertraglichen Erwerberpflicht auf die Gemeinschaft geht, sondern um deren *Ausübung.* Dem Bedenken, dass mit dem Entstehen der werdenden WEgem der Bauträger immer noch Mehrheitseigentümer ist, trägt § 25 Abs. 5 WEG 57

[120] BGH NJW 2009, 360 = MDR 2009, 80 m. Anm. *Laumen* MDR 2009, 177.

[121] *Basty,* FS Wenzel, 103 (110 f.); *ders.* PiG 74 (2006) S. 49 (56 f.).

[122] BayObLG NZM 1999, 862 (864); 2000, 344.

[123] *Basty* PiG 74 (2006) S. 49 (56); Riecke/Schmid/*Vogel* Anhang zu § 8 Rn 29 mwN.

[124] BGHZ 172, 42 = NJW 2007, 1952 (1253) = NZM 2007, 403 = ZfIR 2007, 454 = ZMR 2007, 627)= ZWE 2007, 548.

[125] Ebenso *Hügel* ZMR 2008, 855 (856 f.); aA *Pause/Vogel* ZMR 2007, 577 (581); Riecke/Schmid/*Vogel* Anhang zu § 8 Rn 29.

[126] *Basty,* FS Wenzel, 103 (106); *Derleder* NZBau 2004, 237 (243); *Pause,* Bauträgerkauf, 4. Aufl. Rn 596.

[127] BGHZ 74, 258 (262); NJW 1985, 1551 (1552); ZfIR 2004, 538 (540); *Lotz* BauR 2008, 740 (743).

[128] *Basty,* FS Wenzel, 103 (109).

[129] Vgl. BayObLG NZM 2000, 344 (346).

[130] AA *Hügel* ZMR 2008, 855 (856): Gekorene Wahrnehmungsbefugnis.

[131] AA *Lotz* BauR 2008, 740 (745).

dadurch Rechnung, dass der Bauträger bei einer Beschlussfassung über die Abnahme nicht stimmberechtigt ist, weil es um den Abschluss eines Rechtsgeschäfts mit ihm geht, jedenfalls um einen Akt, auf den die Vorschriften für Rechtsgeschäfte entsprechende Anwendung finden.[132]

2. Gegenstand der Abnahme

58 Gegenstand der Abnahme ist das **GemE,** nicht dagegen das SE. Flächen, an denen ein **SNR** zugunsten einzelner Erwerber begründet wurde, wie zB an Terrassen, Stellplätzen oder Carports, gehören zum GemE.

59 Ob das GemE iSd. § 640 BGB **vertragsmäßig hergestellt** wurde, ist für die gemeinschaftliche Abnahme allein anhand der mit der TEerkl verbundenen **Baubeschreibung** zu beurteilen. Verabredet der Bauträger mit einzelnen Erwerbern **„Sonderwünsche“,** die eine **Änderung der TEerkl erforderlich** machen, sind diese nur dann auch Gegenstand der gemeinschaftlichen Abnahme, wenn diese auch durch einen Änderungsvorbehalt zum Gegenstand der TEerkl gemacht worden sind oder noch gemacht werden können. Finden sich solche Änderungsvorbehalte nur in den einzelnen Erwerbsverträgen,[133] so sind sie nur im Verhältnis des einzelnen Erwerbers zum Bauträger von Bedeutung. Im Verhältnis zu den anderen WEern sind sie nur zu beachten, wenn der Erwerber von den übrigen WEern verlangen kann, dass diese seinen „Sonderwunsch“ akzeptieren, wie dies zB für den individualvertraglich vereinbarten **barrierefreien Zugang** für Behinderte der Fall ist (§ 14 Rn 16).

60 Verspricht der Bauträger dagegen dem Erwerber A schwarze Kunststofffenster, dem B rote, dem C braune Holzfenster, wird deutlich, dass die WEer ihr Interesse an einer einheitlichen Gestaltung des GemEs nur über eine gemeinschaftliche Ausübung der Mängelrechte und einheitliche Abnahme wahren können, für die allein die in der TEerkl verankerte Baubeschreibung maßgebend ist. Dass der Bauträger in diesem Fall seine Leistungszusagen in einzelnen Vertragsverhältnissen nicht erfüllen kann, hat er selbst zu vertreten und gibt den einzelnen Erwerbern ein Recht zur Rückabwicklung oder zum Schadensersatz. Dasselbe gilt, wenn der Bauträger einem Erwerber verspricht, die Mülltonnenbox aus seinem Blickfeld zu nehmen und sie dafür auf die einem anderen als Garten zugesprochene Sondernutzungsfläche stellt, ohne die TEerkl wirksam ändern zu können. Gerade die Tatsache, dass der Bauträger das allen WEern gehörende GemE unterschiedlich verkauft und deswegen die **Beschaffenheit** des Gegenstandes **für den einen WEer vertragsgemäß** und **für den anderen** einen individualvertraglichen **Mangel** darstellt, erhellt, dass die Abnahme des GemEs nicht nur im Interesse des Bauträgers, sondern auch im Interesse aller WEer nur einheitlich erfolgen kann, es sich also um eine geborene Wahrnehmungsbefugnis der WEgem handelt.

3. Zuständigkeit

61 Die Abnahme des GemEs muss ordnungsmäßiger Verwaltung entsprechen. Dazu muss der Verwalter die Anlage begehen und auf das Vorhandensein von Mängeln überprüfen, sofern die Abnahme nicht einem Dritten übertragen ist. Hat der Bauträger die erste Verwaltung selbst übernommen, können die WEer erwarten, dass der Verwalter auch die Kenntnisse und Fertigkeiten eines ordentlichen Bauträgers hat und einsetzt. Dass der Bauträger in der Eigenschaft als Verwalter damit gegen sich selbst vorgehen müsste, entlastet ihn nicht. Mit der Übernahme der ersten Verwaltung hat er diesen Interessenkonflikt auf sich genommen.[134] Die Abnahme erfolgt durch Beschluss der WEer und Abgabe der

---

[132] *Thode* ZfBR 1999, 116.
[133] Vgl. BGH NJW 2005, 3420 – Fenster in den Treppenhäusern.
[134] OLG München NZM 2008, 895.

Abnahmeerklärung durch den Verwalter. Die WEer können aber durch Beschluss auch einen Dritten, wie zB einen Sachverständigen oder den Verwalter zur Abnahme und Abgabe der erforderlichen Erklärung in eigener Zuständigkeit ermächtigen.[135] Sie können ihm auch lediglich die technische Prüfung übertragen. Eine individualrechtliche Ermächtigung durch die einzelnen Erwerber in den Kaufverträgen reicht nicht aus.[136] Ist die Abnahme erfolgt, so ist selbst ein Nachzügler hieran gebunden (§ 10 Abs. 5 WEG).[137] Auch insoweit besteht kein sachlicher Unterschied zur Beschlussfassung über die Ausübung gemeinschaftsbezogener Mängelrechte (Rn 31).

V. Verfahrensrechtliches

1. Gesetzliche Prozessstandschaft der Gemeinschaft

Ist ein selbstständiges Vorgehen der Erwerber ausgeschlossen, so ist allein die WEgem **62** handlungs- und prozessführungsbefugt.[138] Die WEgem muss und kann hierzu – entgegen einer in der Literatur[139] gemachten Empfehlung – nicht von den WEern eigens beauftragt oder ermächtigt werden. Noch weniger brauchen und können diese ihre Individualansprüche an die WEgem abtreten. Denn die Ausübungsbefugnis ist materiell ein gegenständlich beschränktes **treuhänderisches Verwaltungsrecht** in Bezug auf die Rechte und Pflichten der WEer, das der WEgem das Recht gibt, über das „ob" und „wie" der Rechtsverfolgung selbst zu bestimmen. Dazu gehört das Recht, sich über die von ihr geltend gemachten Mängelansprüche auch zu vergleichen (§ 10 Rn 240 f.). Verfahrensrechtlich handelt sie dabei in **gesetzlicher** – nicht gewillkürter – **Prozessstandschaft** für die Erwerber.[140] Sie wird vertreten durch den Verwalter. Die für seine Prozessführung nach § 27 Abs. 3 Nr. 7 WEG erforderliche Ermächtigung ist in dem Beschluss enthalten, sofern die WEer nicht ausdrücklich etwas anderes bestimmt haben.[141] Für eine – bisher zulässige – gewillkürte Prozessstandschaft des Verwalters[142] fehlt auf Grund seiner Organstellung das erforderliche Eigeninteresse.

2. Gewillkürte Prozessstandschaft der Gemeinschaft

Soweit eine gesetzliche Prozessstandschaft ausscheidet, kann die WEgem von den Erwer- **63** bern ermächtigt werden, deren Ansprüche im eigenen Namen geltend zu machen. Allerdings kann der WEgem nicht jegliche Prozessführung übertragen werden. Wo im Einzelnen eine Grenze zu ziehen ist und welche Besonderheiten sich etwa aus der nur teilweisen Rechtsfähigkeit ergeben können, hat der BGH offen gelassen.[143] Jedenfalls kann die WEgem solche Ansprüche in gewillkürter Prozessstandschaft verfolgen, die in einem engen **rechtlichen** und **wirtschaftlichen Zusammenhang mit** ihrer **Verwaltung** des GemEs stehen und für die ein eigenes schutzwürdiges Interesse besteht, sie gerichtlich durchzusetzen. Diese Voraussetzungen können gegeben sein für Ansprüche wegen Mängeln am Sondereigentum, für Ansprüche aus Bürgschaften nach § 7 MaBV (§ 10 Rn 275) oder für Ansprüche von noch nicht im Grundbuch eingetragenen Erwerbern auf Freigabe von Grundschulden, die auf dem Wohnungseigentum lasten.[144]

---

[135] *Lotz* BauR 2008, 740 (745).
[136] Vgl. OLG München NJW-Spezial 2009, 173 m. Anm. Vogel IBR 2009, 2304.
[137] Anders zum früheren Recht BGH NJW 1985, 1551, (1552).
[138] BGH NJW 2007, 1952.
[139] Vgl. *Pause/Vogel* NJW 2006, 3670 (3671).
[140] *Wenzel* ZMR 2006, 166 (168); ZWE 2006, 109 (113, 118).
[141] Vgl. *Wenzel* ZWE 2006, 2 (9).
[142] BGH NJW 1997, 2173 2174).
[143] BGHZ 172, 67 = NJW 2007, 1957 = NZM 2007, 407 = ZMR 2007, 630.
[144] BGH NJW 2007, 1957.

§ 11 Unauflöslichkeit der Gemeinschaft

(1) [1]**Kein Wohnungseigentümer kann die Aufhebung der Gemeinschaft verlangen.** [2]**Dies gilt auch für eine Aufhebung aus wichtigem Grund.** [3]**Eine abweichende Vereinbarung ist nur für den Fall zulässig, daß das Gebäude ganz oder teilweise zerstört wird und eine Verpflichtung zum Wiederaufbau nicht besteht.**

(2) **Das Recht eines Pfändungsgläubigers (§ 751 des Bürgerlichen Gesetzbuchs) sowie das im Insolvenzverfahren bestehende Recht (§ 84 Abs. 2 der Insolvenzordnung), die Aufhebung der Gemeinschaft zu verlangen, ist ausgeschlossen.**

(3) **Ein Insolvenzverfahren über das Verwaltungsvermögen der Gemeinschaft findet nicht statt.**

Übersicht

Literatur: *Briesemeister,* Die Dereliktion von Wohnungseigentum, ZWE 2007, 218; Kreuzer, Aufhebung von Wohnungseigentum, NZM 2001, 123; *Röll,* Die Aufhebung von Wohnungseigentum an Doppelhäusern, DNotZ 2000, 749.

I. Normzweck

1 Zweck der gesetzlichen Regelung ist es, dem einzelnen WEer nach der Begründung von WE eine gesicherte Rechtsstellung zu verschaffen, um die Wertbeständigkeit und Verkehrsfähigkeit des WEs zu sichern. Die Teilungsversteigerung des Grundstücks nach §§ 180 ff ZVG findet nicht statt; die Rechte und Pflichten des WEers als Mitglied eines Personenverbandes (§ 10 Rn 32 f.) können einem WEer nicht dadurch entzogen werden können, dass ein anderer WEer (Abs. 1 S. 1), ein Pfändungsgläubiger oder ein Insolvenzverwalter (Abs. 2) die Aufhebung der WEgem verlangt. Die WEgem ist vielmehr auf Dauer angelegt und unterscheidet sich dadurch wesentlich von der Bruchteilsgemeinschaft (vgl. §§ 749 bis 751 BGB).

II. Grundsatz der Unauflöslichkeit

1. Wohnungseigentümergemeinschaft

2 Die Vorschrift betrifft nur die WEgem iSd §§ 10 f. Sie gilt jedoch **entsprechend** für die **werdende Gemeinschaft,** § 10 Rn 16 f. Die Bestimmung ist dagegen **nicht** anwendbar auf die **MEgem** an einem WE oder an dem Grundstück nach Aufhebung aller SEeinheiten und steht daher einer Teilungsversteigerung des WEs oder des Grundstücks nach Aufhebung des SEs nicht entgegen.[1]

[1] Riecke/Schmid/*Elzer* Rn 23; Weitnauer/*Lüke* Rn 5.

2. Verbot der einseitigen Aufhebung

Der Grundsatz der Unauflöslichkeit gilt nicht absolut. Die Vorschrift besagt nur, dass die WEgem nicht auf einseitiges Verlangen einzelner WEer aufgelöst werden kann, und zwar abweichend von § 749 Abs. 2 BGB auch dann nicht, wenn ein wichtiger Grund vorliegt (Abs. 1 S. 2). Selbst bei **Zerstörung** des Gebäudes und fehlender Wiederaufbaupflicht gibt es keinen Anspruch auf Aufhebung, es sei denn, etwas anderes ist vereinbart (Abs. 1 S. 3). Die WEgem besteht fort, auch wenn das SE substanzlos geworden ist. Es entsteht nicht etwa ein isolierter MEA[2] mit der Verpflichtung zur Beseitigung (vgl. § 10 Rn 50). 3

Die Vorschrift ist **zwingend.** Sie betrifft sowohl gesetzliche, als auch vereinbarte Aufhebungsrechte, so dass die WEer einen **Anspruch** auf Aufhebung der WEgem – außer für den Sonderfall des Absatz 1 Satz 3 – **auch nicht durch Vereinbarung,** etwa in der GemO, oder durch Beschluss begründen können. Eine entsprechende Vereinbarung und ein entsprechender Beschluss wären wegen Verstoßes gegen eine zwingende Vorschrift nichtig. Das einseitige Aufhebungsverbot gilt nach Absatz 2 ausdrücklich auch für den Insolvenzverwalter (vgl. § 84 Abs. 2 InsO) und den Pfändungsgläubiger (vgl. § 751 BGB). 4

WEer, die der WEgem nicht mehr angehören wollen, können aus ihr nur ausscheiden, indem sie das WE veräußern. Dagegen können sie ihr Eigentum nicht entsprechend § 928 BGB durch eine ihren MEA und/oder das WE betreffende Verzichtserklärung dem Grundbuchamt gegenüber aufgeben.[3] Eine **Dereliktion** ist **unwirksam,** sofern sie nicht durch sämtliche WEer erfolgt.[4] Gläubiger von WEern sind hinsichtlich der **Vollstreckung in das WE** – von den Ausnahmen unter Rn 27 abgesehen – auf die Möglichkeiten nach §§ 864 ff. ZPO beschränkt. 5

III. Ausnahmen der Unauflöslichkeit

Die Unauflöslichkeit der WEgem gilt nicht absolut. Die WEgem wird aufgehoben 6
- kraft Gesetzes im Falle der Vereinigung aller WEs-Rechte (1) oder
- durch einvernehmliche Aufhebung des SEs (2) oder
- bei völliger oder teilweiser Zerstörung des Gebäudes auf Verlangen eines WEers, sofern eine Vereinbarung gem. Absatz 1 Satz 3 dies vorsieht (3).

1. Vereinigung der WEs-Rechte

Vereinigen sich, sei es durch sukzessiven rechtsgeschäftlichen oder gesetzlichen **Erwerb** oder durch **Enteignung,** sämtliche WEs-Rechte in der Hand eines WEers oder eines Dritten, so ist die WEgem aufgehoben (§ 10 Rn 14 f., 294). Der nunmehrige Alleineigentümer kann die Schließung der Wohnungsgrundbücher nach § 9 Abs. 1 Nr. 3 beantragen. Das Ende der WEgem tritt jedoch unabhängig hiervon ein. Das WE als solches bleibt erhalten; mit dem Erwerb einer WEeinheit durch einen Dritten entsteht die WEgem neu. 7

2. Einvernehmliche Aufhebung des Sondereigentums

a) Allgemeine Grundsätze. Da § 11 nur die einseitige Aufhebung der WEgem ausschließt, steht er einer einvernehmlichen Aufhebung nicht entgegen. Allerdings **genügt** hierfür **nicht** eine bloße **Einigung sämtlicher WEer über die Auflösung** der 8

---

[2] AA Riecke/Schmid/*Elzer* Rn 24.

[3] BGHZ 115, 1, 7 = NJW 1991, 2488; BGH NJW 2007, 2547; BayObLG NJW 1991, 1962; OLG Celle MDR 2004, 29; OLG Zweibrücken ZMR 2003, 137; *Briesemeister* ZWE 2007, 218.

[4] BGH NJW 2007, 2547 m. Anm. Demharter.

WEgem an sich.[5] Denn ebenso wenig wie die WEgem wie eine Gesellschaft durch Vertrag gegründet werden kann, sondern kraft Gesetzes durch die Begründung von WE entsteht, kann sie umgekehrt auch nicht durch bloßen Aufhebungsvertrag, sondern nur dadurch aufgelöst werden, dass ihre sachenrechtliche Grundlage beseitigt wird. Das geschieht durch die **Aufhebung des SEs** oder durch **allseitigen Verzicht auf das Grundstückseigentum.**[6] Dagegen führt der einvernehmliche oder im Zuge der Zwangsversteigerung erfolgte Verkauf des Grundstücks ohne Aufhebung des SEs und die Teilung des Erlöses nicht zur Aufhebung der Gemeinschaft, sondern nur zu einem Eigentümerwechsel.[7]

9 Die Aufhebung der WEgem ist daher nur im Falle des allseitigen Verzichts auf das ME ein **Gestaltungsakt,** sonst ist sie **gesetzliche Folge der Aufhebung des SE.** Sie erfolgt entweder durch Vertrag (Rn 15) auf Grund einer Vereinbarung nach Abs. 1 S. 3 oder auf Verlangen nach § 749 Abs. 1 BGB (Rn 18). Die WEgem ist aufgelöst, wenn das SE an sämtlichen Raumeinheiten wirksam aufgehoben oder das Grundstück durch Verzicht *aller* MEer herrenlos geworden ist. In beiden Fällen werden die Wohnungsgrundbücher von Amts wegen geschlossen (§ 9 Abs. 1 Nr. 1). Ist das Grundstück nicht herrenlos geworden, so besteht noch eine MEgem am Grundstück, solange die MEAe nicht durch Konfusion oder Realteilung des Grundstücks in Alleineigentum überführt werden.[8] Auf die MEgem am Grundstück findet § 11 keine Anwendung mehr. Jeder Teilhaber kann, vorbehaltlich einer anderen, auch stillschweigend möglichen,[9] Vereinbarung die Aufhebung nach § 749 BGB verlangen; auch die Gläubigerrechte nach § 751 BGB, die Möglichkeit der Teilungsversteigerung und das Recht des Insolvenzverwalters nach § 84 Abs. 2 InsO entstehen wieder. Erfolgt unter den MEern die Aufhebung der Bruchteilsgemeinschaft, so gelten für die Teilung die §§ 752 ff., insbesondere § 753 BGB.

10 Besteht das SE an einem **Erbbaurecht** (§ 30), so entfällt dasselbe mit der **Aufhebung** des Erbbaurechts oder dem **Ablauf** der für dieses vereinbarten Zeit. Zur Frage der von vornherein vereinbarten Aufhebung von SE nach einem Ablauf einer bestimmten Zeit oder nach Eintritt einer bestimmten Bedingung s. § 4 Rn 37 f.

12 Die Teilung einer Gesamtanlage in mehrere selbstständige Gebäude führt dagegen selbst für den Fall der Auseinandermessung der dazugehörigen Grundstücksflächen noch nicht zur Aufhebung der WEgem, sondern nur zur **Bildung von Untergemeinschaften,** wenn die GemO dies zulässt.

13 Wird das SE nicht an sämtlichen, sondern nur an einem Teil der Raumeinheiten aufgehoben, so besteht die WEgem im Übrigen fort **(Teilaufhebung der Gemeinschaft).** Dies ist zB dann der Fall, wenn ein Bauteil nicht wie geplant errichtet wird und die WEer hieran kein Interesse haben. In diesem Fall kann es, falls insoweit nicht bereits ein vertraglicher Aufhebungsanspruch begründet worden ist, unter dem Gesichtspunkt der Treuepflicht geboten sein, das SE aufzuheben und den entstandenen isolierten MEA auf die WEer nach dem Verhältnis ihrer MEA zu übertragen.[10] Ist dagegen SE überhaupt nicht begründet worden, sondern nur ein **isolierter MEA** entstanden, führt die Vereinigung oder Zuschreibung dieses Anteils zwar zu einer Teilaufhebung der MEgem, nicht aber zu einer Teilaufhebung der WEgem, weil diese voraussetzt, dass SE überhaupt begründet wurde.[11]

---

[5] AA Staudinger/*Kreuzer* Rn 23; Weitnauer/*Lüke* Rn 4.

[6] BGH NJW 2007, 2547.

[7] AA Weitnauer/*Lüke* Rn 4.

[8] BGH NJW 1984, 1968 (1970).

[9] BGH NZG 2008, 143 = NZM 2008, 181.

[10] BayObLGZ 2001, 328 = NZM 2002, 25 = NJW-RR 2002, 224 = ZWE 2002, 121.

[11] AA wohl Riecke/Schmid/*Elzer* Rn 17.

Für die Aufhebung der WEgem durch Rechtsgeschäft ist also zu unterscheiden: 14

b) Schuldrechtlicher Aufhebungsvertrag. Durch den schuldrechtlichen Aufhebungsvertrag verpflichten sich die WEer, die WEgem aufzulösen. Da dies die Aufhebung des SEs voraussetzt, enthält der Vertrag zugleich die Verpflichtung, die hierzu erforderlichen Erklärungen abzugeben. Dieser Vertrag ist keine Vereinbarung iSd § 10 Abs. 3, weil die Verpflichtung nicht das Gemeinschaftsverhältnis, sondern dessen sachenrechtliche Grundlage betrifft (vgl. § 10 Rn 92).[12] Der Vertrag bedarf der **Zustimmung dinglich Berechtigter** (§ 9 Abs. 2 WEG, §§ 877, 876 BGB) und muss nach § 4 Abs. 3 iVm § 311 b Abs. 1 BGB **notariell beurkundet** werden.[13] Er nimmt an der Sukzessionswirkung des § 10 Abs. 3 selbst dann nicht teil, wenn er zB als Bestandteil der GemO in das Grundbuch eingetragen worden ist (§ 10 Rn 81, 111). Haben sich die WEer zur Realteilung verpflichtet, müssen sie auch beim Antrag auf Erteilung einer erforderlichen Teilungsgenehmigung mitwirken.[14] Eine Verpflichtung zur Aufhebung der WEgem zum Zwecke der Realteilung findet sich vor allem bei **Doppel-** oder **Reihenhäusern,**[15] die wegen bebauungsplanrechtlicher Vorgaben in der Hoffnung auf deren spätere Lockerung zunächst als Eigentumswohnanlage errichtet werden. 15

c) Dinglicher Aufhebungsvertrag. Zur Umsetzung des schuldrechtlichen Aufhebungsvertrags müssen sich die WEer auch dinglich einigen und die Rechtsänderung in das Grundbuch eintragen lassen. Die dingliche Einigung bedarf nach § 4 Abs. 2 der für die Auflassung in § 925 Abs. 1 BGB vorgeschriebenen Form. Mit der Eintragung in das Grundbuch, für die auch die Zustimmung der dinglichen Gläubiger in grundbuchmäßiger Form nach § 29 GBO nachgewiesen werden muss, ist die WEgem als solche beendet und es besteht nur noch eine MEgem am Grundstück, für die § 11 nicht gilt. Grundpfandrechte setzen sich ohne Pfandunterstellung und Rangregulierung an dem bloßen MEA des vormaligen SEs fort. 16

d) Schuldrechtlicher Auseinandersetzungsvertrag. Im Zusammenhang mit dem Aufhebungsvertrag oder unabhängig hiervon können die WEer, sei es bei der Begründung des WEs, sei es nachträglich, einvernehmlich auch die Modalitäten der Auseinandersetzung nach der Aufhebung des SEs regeln. Auch ein solcher Vertrag ist keine Vereinbarung iSd § 10 Abs. 2, weil er nicht mehr das Verhältnis der WEer untereinander in der Gemeinschaft, sondern nach deren Auflösung das Verhältnis der MEer untereinander regelt. Er kann als Form der Auseinandersetzung die Realteilung oder den Verkauf des sondereigentumslosen Grundstücks vorsehen und zB die Art und Weise einer Realteilung, insbesondere abweichend von §§ 752 ff. BGB bestimmen[16] oder die Verteilung des Erlöses nach einem Verkauf des Grundstücks regeln. Er bedarf nur dann der Form nach § 311 b Abs. 1 BGB, wenn er zugleich eine Verpflichtung zur Aufhebung des SEs, der Realteilung oder zum Verkauf bzw. zur Versteigerung des Grundstücks enthält. 17

3. Vereinbarter Aufhebungsanspruch bei Zerstörung (Abs. 1 S. 3)

Gegen den Willen der anderen WEer kann ein Einzelner die Aufhebung der WEgem ausnahmsweise dann verlangen, wenn eine Vereinbarung (a) dies für den Fall vorsieht, dass das Gebäude völlig oder teilweise zerstört wird (b) und eine Verpflichtung zum Wiederaufbau nicht besteht (c). 18

a) Vereinbarung. Voraussetzung des Aufhebungsanspruchs ist, dass er als solcher „vereinbart" ist. Ein Mehrheitsbeschluss genügt nicht und wäre mangels Beschlusskompetenz nichtig. Ausreichend ist dagegen ein durch entsprechende Öffnungsklausel legiti- 19

[12] Vgl. BGH NJW 2003, 2165.

[13] Riecke/Schmidt/*Elzer* Rn 4; Jennißen/*Weise* Rn 14; aA Staudinger/*Kreuzer* Rn 24.

[14] BayObLG DWE 1984, 124; Weitnauer/*Lüke* Rn 5.

[15] Vgl. hierzu OLG Frankfurt DNotZ 2000, 778 und *Röll* DNotZ 2000, 749 f.

[16] *Kreuzer* NZM 2001, 123; Staudinger/*Kreuzer* Rn 9.

mierter – nach § 10 Abs. 4 S. 2 nicht eintragungsfähiger – Mehrheitsbeschluss. Denn bei der geforderten Vereinbarung handelt es sich nicht um einen formbedürftigen schuldrechtlichen Vertrag mit der Verpflichtung zur Aufhebung von SE, sondern um eine Vereinbarung iSd § 10 Abs. 2 und 3, weil sie in dem Gemeinschaftsverhältnis erlaubtermaßen eine Ausnahme von Absatz 1 Satz 1 zulässt und gleichzeitig den Anspruch nach § 749 Abs. 1 BGB an bestimmte Voraussetzungen knüpft. Die **Vereinbarung** bedarf daher auch **keiner Form,** wohl aber der **Eintragung** in das Grundbuch, wenn sie auch gegenüber Sondernachfolgern gelten soll.[17] Anspruchsgrundlage ist jedoch nicht die Vereinbarung, sondern § 749 Abs. 1 BGB iVm §§ 10 Abs. 2 Satz 1, 11 Abs. 1 Satz 2 WEG. Es handelt sich also nicht um einen vertraglichen, sondern um einen **gesetzlichen Anspruch.**

20 Die Vereinbarung als tatbestandliche Voraussetzung kann von Anfang an in der GemO enthalten sein, aber auch nachträglich getroffen werden.[18] Sie kann, weil Absatz 1 Satz 3 eine **zwingende Bestimmung** enthält, die anderen gesetzlichen Voraussetzungen des Anspruchs (Zerstörung, fehlende Wiederaufbauverpflichtung) nicht abändern. Sie muss den Aufhebungsanspruch ausdrücklich oder stillschweigend an die Zerstörung des Gebäudes (b) und das Fehlen einer Wideraufbauverpflichtung knüpfen (c), kann aber diese **Tatbestandsmerkmale definieren oder modifizieren,** also zB festlegen, was als Zerstörung anzusehen ist oder die Schwelle der Wiederaufbaupflicht nach § 22 Abs. 4 senken oder erhöhen[19] oder deren Feststellung einem Dritten überlassen.[20]

21 **b) Zerstörung.** Der Anspruch setzt weiterhin voraus, dass das Gebäude **ganz oder teilweise zerstört** worden ist. Dies führt allein noch nicht zu einer Änderung der Eigentumsverhältnisse und folglich auch nicht zu einer Aufhebung der Gemeinschaft. Es wird vielmehr rein tatsächlich nur ein Zustand wie vor oder bei abschnittsweiser Errichtung eines Gebäudes geschaffen. Dort entsteht rechtlich das in dem Grundbuch eingetragene Wohnungs- bzw. Teileigentum, dh ein MEA an dem Grundstück mit der „Anwartschaft" auf Erlangung von SE sowie von ME an den gemeinschaftlichen Gebäudeteilen nach Maßgabe des Aufteilungsplans.[21] Die WEgem endet daher außer im Falle der Konfusion der MEAe erst mit der Aufhebung des SEs (Rn 9, 16).

22 Zum **Begriff** der Zerstörung vgl. Erl. zu § 9 Abs. 1 Nr. 2 und § 22 Abs. 4.

23 **c) Fehlen einer Wiederaufbauverpflichtung.** Ob eine Verpflichtung zum Wiederaufbau besteht, bestimmt sich ausschließlich nach **§ 22 Abs. 4** und nach einer hierüber getroffenen **Vereinbarung.** Ist eine Verpflichtung zum Wiederaufbau vereinbart oder kann eine solche gemäß § 22 Abs. 4 auch nach einer teilweisen Zerstörung beschlossen werden, so bleibt es bei den WEs-Rechten, die mit der Beendigung des Baues wieder ihren vollen Inhalt gewinnen. Nur wenn eine solche Vereinbarung nicht getroffen ist und aus § 22 Abs. 4 eine Verpflichtung zum Wiederaufbau nicht mehr besteht (wegen Zerstörung von mindestens der Hälfte des Wertes oder Fehlen einer ausreichenden Versicherung oder anderweitigen Schadensdeckung), kann im Falle der ganzen oder teilweisen Zerstörung (ohne Rücksicht auf den Zerstörungsgrad) die Auflösung der WEgem nach § 11 Abs. 1 S. 3 verlangt werden.

4. Entsprechende Anwendung von Abs. 1 S. 3?

24 **a) Unmöglichkeit der Errichtung oder Fertigstellung des Gebäudes.** In entsprechender Anwendung des Absatzes 1 Satz 3 wird auch eine Vereinbarung für zulässig gehalten, nach der die Aufhebung der WEgem selbst dann verlangt werden kann, wenn das

[17] Staudinger/*Kreuzer* Rn 15; Weitnauer/*Lüke* Rn 4.
[18] Staudinger/*Kreuzer* Rn 13.
[19] BayObLG FGPrax 1998, 21 f.
[20] Staudinger/*Kreuzer* Rn 9.
[21] Vgl. BGHZ 110, 36, 39.

Gebäude oder das vorgesehene SE aus **rechtlichen** (zB Bauverbot) **oder** aus **tatsächlichen Gründen** (zB Insolvenz des Bauträgers) **nicht** errichtet oder **fertig gestellt** werden kann und auch zwischen den WEern eine Verpflichtung zum Aufbau nicht besteht.[22] Dem ist zuzustimmen, weil hier die WEgem ihren Zweck nicht mehr erreichen kann und die Fallkonstellation der Zerstörung gleichzusetzen ist.

Eine entsprechende Anwendung kommt aber auch dann in Betracht, wenn eine dahingehende Vereinbarung fehlt,[23] weil vom Regelungsplan des Gesetzes her für diese Fallkonstellation eine anfängliche Regelungslücke besteht, die wegen Gleichheit der Interessenlage eine analoge Rechtsanwendung ermöglicht. Unabhängig hiervon sind die WEer aus dem Gesichtspunkt der **Treuepflicht** allerdings auch verpflichtet, an der Aufhebung des SEs und damit auch an der Auflösung der WEgem mitzuwirken. Wenn in diesem Fall aber schon der Einzelne die Aufhebung der WEgem verlangen kann, können die WEer dies auch mehrheitlich beschließen (§ 22 Rn 370). 25

b) Fehlender Wille zur Fertigstellung. Die Bestimmung ist dagegen **nicht** entsprechend **anwendbar, wenn** nur die **Fertigstellungsabsicht** in Bezug auf das gesamte Gebäude oder auch nur teilweise **aufgegeben** wurde. 26

5. Zwangsvollstreckung

Die Zwangsvollstreckung in das WE erfolgt nach §§ 864ff. ZPO durch die Eintragung einer **Sicherungshypothek** für die Forderung, durch **Zwangsversteigerung**[24] oder durch **Zwangsverwaltung** nach den Vorschriften des ZVG. Der Insolvenzverwalter kann das WE freihändig veräußern oder im Wege der Zwangsversteigerung verwerten. Der Vollstreckungsgläubiger kann dagegen nicht die Aufhebung der WEgem verlangen. Denn ihm können wegen der Unabdingbarkeit von Absatz 1 Satz 1 nicht mehr Rechte zustehen als dem WEer. Aus diesem Grund schließt Absatz 2 das Recht eines Pfändungsgläubigers (§ 751 BGB) sowie das im Insolvenzverfahren bestehende Recht (§ 84 Abs. 2 InsO), die Aufhebung der WEgem zu verlangen, ausdrücklich aus. Damit erübrigt es sich, auf die Frage einzugehen, was überhaupt einer Pfändung unterworfen sein könnte.[25] 27

Etwas anderes gilt für den durch Aufhebungsvertrag begründeten **schuldrechtlichen Aufhebungsanspruch** (Rn 14) oder für den **gesetzlichen Aufhebungsanspruch** aus Absatz 1 Satz 3 (Rn 18). Absatz 2 ist auf diese Ansprüche nicht anwendbar.[26] Die Bestimmung soll nur die Geltung des Aufhebungsausschlusses nach Absatz 1 Satz 1 sicherstellen, nicht dagegen einen Vollstreckungsgläubiger oder den Insolvenzverwalter daran hindern, auf die Aufhebungsrechte zuzugreifen, die dem WEer als Ausnahme von dem Unauflöslichkeitsprinzip selbst zustehen. Da in diesen Fällen über die Aufhebung der WEgem Einvernehmen unter den WEern besteht, ist das Aufhebungsrecht auch kein aus der Mitgliedschaft folgendes unübertragbares Recht (§ 399 BGB), sondern ein vertraglicher oder gesetzlicher Anspruch. Er ist nicht auf die Aufhebung der WEgem schlechthin oder gar auf die Aufhebung der MEgem[27] gerichtet, sondern auf die Aufhebung des SEs. Er kann **abgetreten** und **gepfändet** (§ 851 Abs. 1 ZPO) oder vom Insolvenzverwalter ausgeübt werden. Dasselbe gilt erst recht für das künftige Recht *aus* der Aufhebung, zB auf Realteilung, Verkauf und auf den Anteil am Erlös. 28

---

22 Weitnauer/*Lüke* Rn 9.

23 Röll WE 1997, 95; Staudinger/*Kreuzer* Rn 20; im Ergebnis übereinstimmend Staudinger/*Rapp* § 3 Rn 73b, der die Vorschrift im Wege teleologischer Reduktion nicht für anwendbar hält, und Weitnauer/*Lüke* Rn 7, der die WEer auf Grund ihrer Treuepflicht zum Abschluss einer entsprechenden Vereinbarung für verpflichtet hält.

24 Näher hierzu *Müller* ZWE 2006, 378.

25 Vgl. Weitnauer/*Lüke* Rn 3; MünchKommBGB/*K. Schmidt*, § 749 Rn 22ff.

26 Riecke/Schmidt/*Elzer* Rn 28; Staudinger/*Kreuzer* Rn 16; Weitnauer/*Lüke* Rn 10.

27 Vgl. hierzu BGHZ 90, 207 = NJW 1984, 1968 (1970).

6. Verfahren

29 Herrscht unter den WEern Streit über die Aufhebung der WEgem, so richtet sich der **Anspruch *auf* Aufhebung,** unabhängig davon, ob er auf einen Aufhebungsvertrag (Rn 15) oder auf § 749 Abs. 1 BGB iVm. §§ 10 Abs. 2 Satz 1, 11 Abs. 1 Satz 2 (Rn 19) gestützt wird, **gegen jeden einzelnen WEer** und ist auf die Abgabe einer Willenserklärung gerichtet, nämlich auf **Zustimmung** zur Aufhebung des SEs und Bewilligung der Eintragung in das Grundbuch. Zuständig ist das WE-Gericht nach § 43 Nr. 1 WEG. Dasselbe gilt für den Anspruch auf Zustimmung zu einer Aufhebungsvereinbarung. Die **Ansprüche *aus* der Aufhebung** sind dagegen – ggf. als zukünftige Ansprüche – vor dem allgemeinen Zivilgericht geltend zu machen.[28]

IV. Kein Insolvenzverfahren (Abs. 3)

30 Nach Absatz 3 findet ein Insolvenzverfahren über das Verwaltungsvermögen der WEgem nicht statt. Diese Vorschrift geht auf die Beschlussempfehlung und den Bericht des Rechtsausschusses vom 13. 12. 2006[29] zurück, der im Hinblick auf den mit einem Insolvenzverfahren verbundenen Aufwand, die Kosten und die sich teilweise überschneidenden Tätigkeiten des Insolvenzverwalters und WE-Verwalters nicht dem Gesetzentwurf der Bundesregierung[30] gefolgt ist, sondern sich nach Anhörung der Sachverständigen der ganz überwiegenden Meinung in der wohnungseigentumsrechtlichen Praxis[31] und Literatur[32] angeschlossen hat, wonach das Refinanzierungs- und Haftungssystem der WEgem ein Insolvenzverfahren über das Verwaltungsvermögen erübrigt.

§ 12 Veräußerungsbeschränkung

(1) **Als Inhalt des Sondereigentums kann vereinbart werden, daß ein Wohnungseigentümer zur Veräußerung seines Wohnungseigentums der Zustimmung anderer Wohnungseigentümer oder eines Dritten bedarf.**

(2) **[1]Die Zustimmung darf nur aus einem wichtigen Grunde versagt werden. [2]Durch Vereinbarung gemäß Absatz 1 kann dem Wohnungseigentümer darüber hinaus für bestimmte Fälle ein Anspruch auf Erteilung der Zustimmung eingeräumt werden.**

(3) **[1]Ist eine Vereinbarung gemäß Absatz 1 getroffen, so ist eine Veräußerung des Wohnungseigentums und ein Vertrag, durch den sich der Wohnungseigentümer zu einer solchen Veräußerung verpflichtet, unwirksam, solange nicht die erforderliche Zustimmung erteilt ist. [2]Einer rechtsgeschäftlichen Veräußerung steht eine Veräußerung im Wege der Zwangsvollstreckung oder durch den Insolvenzverwalter gleich.**

(4) **[1]Die Wohnungseigentümer können durch Stimmenmehrheit beschließen, dass eine Veräußerungsbeschränkung gemäß Absatz 1 aufgehoben wird. [2]Diese Befugnis kann durch Vereinbarung der Wohnungseigentümer nicht eingeschränkt oder ausgeschlossen werden. [3]Ist ein Beschluss gemäß Satz 1 gefasst, kann die Veräußerungsbeschränkung im Grundbuch gelöscht werden. [4]Der Bewilligung gemäß § 19 der Grundbuchordnung bedarf es nicht, wenn der Beschluss gemäß Satz 1 nachgewiesen wird. [5]Für diesen Nachweis ist § 26 Abs. 3 entsprechend anzuwenden.**

---

[28] Weitnauer/*Lüke* Rn 8.

[29] BT-Drucks. 16/3843 S. 7, 48

[30] BT-Drucks. 16/887 S. 58, 67 f.

[31] Vgl. LG Dresden NZM 2006, 513.

[32] *Abramenko* ZMR 2005, 585 (590); *Armbrüster* ZWE 2005, 369 (383); *Bielefeld* DWE 2006, 18 (22); *Deckert* DIV 2005, 260 (263); *Häublein* ZIP 2005, 1720 (1726); *ders.* ZMR 2006, 1 (4); *ders.* ZMR 2005, 557 (558 f.); *Hügel* DNotZ 2005, 753 (767); *Lüke* ZfIR 2005, 516 (520); *Maroldt* ZWE 2005, 361 (365); *Merle* ZWE 2005, 355; *Rapp* MittBayNot 2005, 449 (457); aA *Bork* ZinsO 2005, 1067 (1070 f.); *ders.* ZIP 2005, 1205 (1209); *Köster/Sandkol* ZfIR 2006, 741; *Nissen* ZMR 2006, 897 mwN.

Übersicht

Literatur: *Armbrüster,* Änderungsvorbehalte und -vollmachten zugunsten des aufteilenden Bauträgers ZMR 2005, 244; *ders.,*Die guten Sitten im Wohnungseigentumsrecht,ZWE 2008, 361; *Bub,* Beschränkung der Verwalterbestellung durch Übertragung der Zustimmungsberechtigung im Falle der Veräußerung gem. § 12 WEG, NZM 2001, 502; *Böttcher,* Aufhebung der Veräußerungsbeschränkung des § 12 WEG, ZNotP 2007, 373; *Deckert,* Die Vereinbarung der Verwalterzustimmung zur Wohnungsveräußerung, WE 1998, 82; *Diester,* Grenzen der Anwendbarkeit des § 12 WEG Rpfleger 1974, 245; *Drasdo,* Die Aufhebung der Veräußerungsbeschränkung nach § 12 WEG, RNotZ 2007, 264; *Gottschalg,* Haftungsrisiken des WEG-Verwalters bei der Entscheidung über die Zustimmung zur Veräußerung, FS Deckert (2002), S. 161; *Grziwotz,* Verwalterzustimmung und Schrottimmobilien, NZM 2009, 812; *Häublein,* Die Willensbildung in der Wohnungseigentümergemeinschaft nach der WEG-Novelle, ZMR 2007, 409; *ders.,* Beschlussanfechtungsbefugnis bei zwangsverwaltetem Wohungseigentum, ZfIR 2005, 337; *ders.,* Die Stärkung der Mehrheitsmacht durch zwingende Beschlusskompetenz – Überlegungen zu den Abänderungsverboten im novellierten WEG, FS Bub (2007) S. 113; *Hügel,* Sicherheit durch § 12 WEG bei der abschnittsweisen Errichtung von Mehrhausanlagen, DNotZ 2003, 517; *Kahlen,* Schadensersatz wegen versagter Veräußerungszustimmung ZMR 1986, 76; *Liessem,* Zur Verwalterzustimmung bei Veräußerung von Wohnungseigentum NJW 1988, 1306; *Merle,* Zur Feststellung des beschlussergebnisses bei Vereinbarungen zur Stimmkraft, ZWE 2009, 15; *Müller,* Veräußerungsbeschränkung nach § 12 WEG und ihre praktische Durchführung, WE 1998, 458; *Nies,* Zustimmung des WEG-Verwalters gem. § 12 GEG bei Ausübung des Vorkaufsrechts durch den Mieter einer in Wohnungseigentum umgewandelten Wohnung, NZM 1998, 179; *Röll,* Vereinbarung über die Zustimmung zur Veräußerung von Wohnungseigentum in der Gemeinschaftsordnung MittBayNot 1987, 98; *ders.,* Erstveräußerung und Verwalterzustimmung. Zum Beschluß des BGH vom 21. 2. 1991, V ZB 13/90, WE 1991, 240; *Schmedes,* Bedarf die Übertragung eines ideellen Anteils an einer Eigentumswohnung auf den anderen Anteilsberechtigten der Zustimmung der übrigen Wohnungseigentümer? Rpfleger 1974, 421; *Schmid,* Einschränkungen der Vermietbarkeit des Wohnungseigentums BlGBW 1982, 143; *F. Schmidt,* Die Person des Erwerbers bei der Veräußerung, DWE 1998, 5; *Schneider,* Immobilienerwerb durch den Verband der Wohnungseigentümer, Rpfleger 2007, 175; *ders.,* Nachweise anlässlich der Grundbucheintragung des Verbandes Wohnungseigentümergemeinschaft, Rpfleger 2008, 291; *Sohn,* Die Veräußerungsbeschränkung im Wohnungseigentumsrecht, 1983; *ders.,* Befreiung des Verwalters vom Verbot des Selbstkontrahierens? NJW 1985, 3060; *ders.,* Die Zustimmung des Verwalters bei Veräußerung der eigenen Wohnung DWE 1986, 19; *ders.,*

Die Veräußerungsbeschränkung im Wohnungseigentumsrecht, jur. Diss. Münster, PIG 12 (1982); *Streuer,* Verfügungsbeschränkungen und Eigentumsvormerkung in der Zwangsversteigerung des Grundstücks, Rpfleger 2000, 357; *Wenzel,* Beschlusskompetenz zur Aufhebung einer Veräußerungsbeschränkung gemäß § 12 Abs. 4 WEG, ZWE 2008, 69; *Wilsch,* Die Aufhebung von Veräußerungsbeschränkungen nach § 12 Abs. 4 WEG, NotBZ 2007, 305; *Wochner,* Übersendung der Zustimmung des Wohnungsverwalters unter Treuhandauflage, ZNotP 1998, 489.

I. Normzweck

1 Die Vorschrift gestattet den WEern in **Abweichung von § 137 Satz 1 BGB,** wonach rechtsgeschäftliche Verfügungsbeschränkungen gegenüber einem Dritten unwirksam sind, in der GemO oder in einer sonstigen Vereinbarung festzulegen, dass eine Veräußerung des WEs der Zustimmung anderer WEer oder eines Dritten bedarf. Die Bestimmung ist den Regelungen der §§ 5 bis 8 ErbbauRG nachgebildet und will den WEern die Möglichkeit geben, das **Eindringen störender oder zahlungsunfähiger Personen**[1] in die WEgem zu verhindern. Von dieser Möglichkeit machen private Eigentümer, die ihr Grundstück aufteilen und in dem gemeinschaftlichen Gebäude verbleiben, aber auch Bauträger Gebrauch, um bei abschnittweiser Errichtung von Mehrhausanlagen die weitere Aufteilung des Grundstücks rechtlich sicher zu stellen,[2] indem in der GemO vorgesehen wird, dass die Veräußerung ihrer Zustimmung oder der Zustimmung des bereits eingesetzten Verwalters bedarf.[3]

2 Der Vorschrift kommt vor allem bei kleineren Gemeinschaften, insbesondere bei **Familienanlagen,** Anlagen mit karitativer Zielsetzung,[4] Ferienanlagen und im ländlichen Raum praktische Bedeutung zu. Nach dem Tod oder dem Auszug der teilenden ursprünglichen Alleineigentümer aus dem Gebäude sowie für mittlere und größere Wohnanlagen **läuft** sie nach vollständiger Errichtung indessen **oft leer,** weil das anfängliche Interesse, den Erwerb des WEs zu steuern, entfallen ist und die Zustimmung nach Absatz 2 nur aus wichtigem Grund versagt werden kann. Ein solcher Grund, wie zB die Absicht einer für die WEgem unzumutbaren Nutzung oder die finanzielle Situation eines Erwerbers, ist nur selten rechtzeitig zu erkennen. Darüber hinaus kommt es zu Problemen, wenn die GemO die Zustimmung des Verwalters vorsieht, ein solcher aber nicht bestellt ist. Schließlich führt die Einholung der Zustimmung zu einem unnötigen Verwaltungsaufwand für die Grundbuchämter sowie zu vermeidbaren Kosten. Um dem Rechnung zu tragen, ohne auf die Vorteile der Vorschrift ganz zu verzichten, unterstellt der durch das WEG-ÄndG eingefügte Absatz 4 die Veräußerungsbeschränkung der Disposition durch die Mehrheit der WEer.

3 Dem Anliegen der WEer, bestimmen zu können, wem das WE gehört bzw. wer im Hause wohnt, kann auch dadurch Rechnung getragen werden, dass ein durch Vormerkung gesicherter **Rückübertragungsanspruch** für den Fall der Veräußerung ohne die vorgesehene Zustimmung vereinbart oder dass ein gegenseitiges dingliches **Vorkaufsrecht** eingeräumt wird, das nicht als Inhalt des SEs (§ 10 Rn 92), sondern als Belastung des WEs (§§ 1094, 1095 BGB) in das Grundbuch einzutragen ist.[5] Ein schuldrechtliches Vorkaufsrecht kann ebenfalls nicht als Inhalt des SEs vereinbart, sondern nur vertraglich im Verhältnis der Vertragsparteien und der dem Vertrag beitretenden Sondernachfolger begründet werden.[6] Die daraus erwachsenden künftigen Ansprüche auf Auflassung können durch eine Vormerkung nach §§ 883 f BGB gesichert werden. Beide Alternativen zur Veräußerungs-

---

[1] BayObLG DNotZ 1992, 229; KG FGPrax 2004, 69; OLG Celle Rpfleger 1974, 267; OLG Saarbrücken DNotZ 1989, 439; Staudinger/*Kreuzer* Rn 1.

[2] *Hügel* DNotZ 2003, 517 526 f); *ders.* NZM 2010, 8 (16).

[3] Vgl. *Hügel* ZWE 2005, 131 (134).

[4] *Hügel* ZWE 2005, 131 (134).

[5] OLG Celle DNotZ 1955, 320; OLG Bremen Rpfleger 1977, 310.

[6] AA Weitnauer/*Lüke* § 10 Rn 38; § 12 Rn 17.

beschränkung erfordern allerdings den Einsatz der benötigten Finanzmittel und sind deswegen in der Praxis kein adäquater Ersatz.[7]

II. Voraussetzungen der Veräußerungsbeschränkung (Abs. 1)

1. Vereinbarung

Die Zustimmungsbedürftigkeit der Veräußerung ist nicht gesetzlicher Inhalt des SEs, kann aber als solcher bereits mit der Begründung des WE/TEs, aber auch nachträglich vereinbart werden. Die Zustimmungsbedürftigkeit wirkt sich dann als **Veräußerungsbeschränkung** aus, die der Veräußerlichkeit des WEs entgegenwirkt. 4

Die Vereinbarung ist eine solche nach § 10 Abs. 2, 3, weil sie das Verhältnis der WEer untereinander in Abweichung von dem Gesetz regelt (**Vereinbarung ieS,** § 10 Rn 72 f.).[8] Sie wird mit der Eintragung in das Grundbuch zum Inhalt des SEs (§ 10 Rn 118) und ist keine Verfügungsbeschränkung iSd § 892 Abs. 1 Satz 2 BGB.[9] Hieran ändert auch die Tatsache nichts, dass Vereinbarungen ieS nur unter den WEern und ihren Sondernachfolgern Wirkung entfalten („relative dingliche Wirkung", § 10 Rn 118), während die vereinbarte Veräußerungsbeschränkung absolut, also auch gegenüber Dritten (Erwerbern) wirkt. Denn diese **absolute dingliche Wirkung** ist in Absatz 3 gerade deswegen angeordnet, weil sie sonst nicht bestünde und die Veräußerungsbeschränkung ihren Schutzzweck nicht erreichen könnte. Insoweit handelt es sich um eine **spezielle Ausprägung** der Vereinbarung ieS. 5

2. Zustimmung dinglich Berechtigter

Umstritten ist, ob die **bei der Begründung** von WE/TE getroffene Vereinbarung der Zustimmung dinglich Berechtigter bedarf mit der Folge, dass ggf hiervon die Wirksamkeit der Vereinbarung abhängt. Dies wird teilweise mit der Begründung verneint, dass durch die Begründung von WE/TE entweder ein Gesamtrecht an allen Einheiten entstehe, das dem Gläubiger die Verwertung des Gesamtobjekts ermögliche,[10] oder bei unterschiedlicher Belastung der MEAe mit der Summe der Einheiten wieder der ursprüngliche Belastungsgegenstand zur vollen Verfügung stehe.[11] Richtig hieran ist, dass die Begründung von WE/TE, sofern sie nicht nach § 3 erfolgt und an dem MEA dingliche Rechte bestehen,[12] nicht der Zustimmung dinglich Berechtigter bedarf, weil die Belastung am Grundstück insgesamt bestehen bleibt bzw. sich bei Grundpfandrechten in ein Gesamtrecht an allen WE-Rechten verwandelt (§§ 1132, 1114 BGB) und bei der Reallast jeder WEer/TEer als Gesamtschuldner (§ 1108 Abs. 2 BGB) haftet. Nur dingliche Wohnungsrechte, Dauerwohnrechte und Dauernutzungsrechte erlöschen (§ 1026 BGB) an solchen WE-Rechten, deren SE-Fläche nicht zum Ausübungsbereich gehört.[13] 6

Soweit dingliche Gläubiger durch die Begründung von WE/TE nicht in ihren Rechten nachteilig berührt werden, folgt daraus noch nicht, dass sie nicht auch durch die Veräußerungsbeschränkung nachteilig betroffen werden. Das Gegenteil ergibt sich aus Absatz 3 Satz 2, wonach die Veräußerungsbeschränkung auch für die Veräußerung im Wege der Zwangsvollstreckung gilt, und zwar nicht nur für die Vollstreckungsversteigerung, sondern 7

[7] *Abramenko* § 3 Rn 10 f. mit Gestaltungsvorschlägen alternativer Regelungen in der GemO (Wohngeldkaution, Grundschuld, Sanktionen, genaue Zweckbestimmung).

[8] AA Staudinger/*Kreuzer* Rn 9, 11.

[9] Staudinger/*Gursky* BGB (2008) § 892 Rn 262; Staudinger/*Kreuzer* Rn 9.

[10] OLG Frankfurt/M. Rpfleger 1996, 340; *Böttcher* ZfIR 1997, 321; Riecke/Schmid/*Schneider* Rn 5; Palandt/*Bassenge* Rn 5.

[11] Riecke/Schmid/*Schneider* Rn 5.

[12] Staudinger/*Gursky* BGB (2007) § 877 Rn 61.

[13] BayObLGZ 1957, 102, 110; OLG Oldenburg NJW-RR 1989, 273.

auch für die Insolvenzverwalter- (§ 172 ZVG), Nachlass- (§ 175 ZVG) und Teilungsversteigerung (§ 180 ZVG). Deswegen müssen der Vereinbarung nach §§ 876, 877 BGB bereits **vorhandene dingliche Berechtigte,** insbesondere Gläubiger von Grundpfandrechten, **zustimmen.**[14] Darauf, ob die Veräußerungsbeschränkung bei Begründung des WEs/TEs oder nachträglich vereinbart wird, kommt es nicht an.[15] Berechtigte später eingetragener dinglicher Rechte müssen die bei Eintragung ihres Rechts bereits bestehende Veräußerungsbeschränkung gegen sich gelten lassen. Die Zustimmung ist auch nicht etwa in den Fällen entbehrlich, in denen bereits die Begründung von WE/TE der Zustimmung bedarf.[16] Denn beide Rechtsgeschäfte betreffen die Rechtsstellung der Gläubiger in unterschiedlicher Weise. Deswegen liegt in der Zustimmung zur Begründung von WE/TE nicht ohne weiteres zugleich die Zustimmung zur Veräußerungsbeschränkung oder sogar zur Zwangsvollstreckung.

3. Grundbucheintragung

8 **a) Bedeutung der Eintragung.** Nach hM[17] bedarf die vereinbarte Veräußerungsbeschränkung der Eintragung in das Grundbuch, um wirksam zu werden. Dieser Ansicht ist nicht zu folgen. Sie lässt sich weder auf § 892 Abs. 1 Satz 2 BGB stützen (Rn 5), noch auf § 10 Abs. 3. Denn die **Grundbucheintragung** einer Vereinbarung **bewirkt nicht ihre Wirksamkeit,** sondern **macht** sie nur konstitutiv **zum Inhalt des SEs** (§ 10 Rn 118 f).[18] Ist sie auf diese Weise Inhalt des SEs geworden, so erstreckt Abs. 3 die damit verbundene dingliche Wirkung der Veräußerungsbeschränkung auf den Erwerber (Rn 5). Die hierdurch erzeugte Abhängigkeit der Wirksamkeit des Veräußerungsgeschäfts von der Zustimmung ist also nur die gesetzliche Folge daraus, dass die Beschränkung durch die Eintragung Inhalt des SEs geworden ist. Sie lässt dagegen nicht auch den Schluss zu, dass die nicht zum Inhalt des SEs gewordene Vereinbarung unwirksam wäre. **Ohne Eintragung** handelt es sich vielmehr um einen **schuldrechtlichen Vertrag** unter den Beteiligten ohne die Sukzessionswirkung des § 10 Abs. 3 (§ 10 Rn 107) mit der Verpflichtung, über das WE nicht ohne die Zustimmung zu verfügen.[19] Darauf, ob die Eintragung *noch* nicht erfolgt ist oder gar nicht beabsichtigt war, kommt es nicht an. Denn eine bloß schuldrechtliche Verpflichtung ist in jedem Fall zulässig (§ 137 Satz 2 BGB) und berechtigt ggf zum Schadensersatz bis hin zum Anspruch auf Rückerwerb. § 12 ist nur eine **Ausnahme von § 137 Satz 1 BGB** (Rn 1).[20]

9 **b) Art und Umfang der Eintragung.** Grundsätzlich kann bei der Grundbucheintragung wegen des Gegenstands und des Inhalts des SEs nach § 7 Abs. 3 iVm § 3 Abs. 2 WGV auf die Eintragungsbewilligung Bezug genommen werden. Hiervon macht § 3 Abs. 2 HS 2 jedoch für die vereinbarte Veräußerungsbeschränkung eine Ausnahme: Sie ist **„ausdrücklich“ einzutragen.** Dazu bedarf es nicht der Wiedergabe des vollen Wortlauts. Es genügt vielmehr der Hinweis auf das Vorhandensein einer Veräußerungsbeschränkung und die Kennzeichnung des wesentlichen Inhalts. Wegen der näheren Einzelheiten kann auf die Eintragungsbewilligung Bezug genommen werden.[21] Da es sich bei der WGV um

[14] Riecke/Schmid/*Schneider* Rn 6; Weitnauer/*Lüke* Rn 5; *Stöber,* ZVG , 19. Aufl., § 15 Rn 45.5; wohl auch Bamberger/Roth/*Hügel* Rn 3.

[15] AA Riecke/Schmid/*Schneider* Rn 5.

[16] AA Riecke/Schmid/*Schneider* Rn 5.

[17] Bamberger/Roth/*Hügel* Rn 3; Riecke/Schmid/*Schneider* Rn 11; Palandt/*Bassenge* Rn 5; Staudinger/*Kreuzer* Rn 9; Weitnauer/*Lüke* Rn 6.

[18] Erman/*Grziwotz* Rn 6.

[19] Vgl. OLG München, IBR 2007, 57; Riecke/Schmid/*Schneider* Rn 15; aA Weitnauer/*Lüke* Rn 6.

[20] BGHZ 37, 203 f. = NJW 1963, 36.

[21] KG DNotZ 1956, 556; OLG Köln DNotZ 1963, 48; Riecke/Schmid/*Schneider* § 7 Rn 173; Staudinger/*Kreuzer* Rn 13; Weitnauer/*Lüke* Rn 8.

eine bloße grundbuchverfahrensmäßige Ordnungsvorschrift handelt, berührt ein Verstoß hiergegen, also eine Eintragung unter bloßer Bezugnahme auf die Eintragungsbewilligung, nicht die Wirksamkeit der Eintragung.[22] Entsprechendes gilt für eine **„gemischte Eintragung"**, bei der die Veräußerungsbeschränkung zT ausdrücklich und zT unter Bezugnahme auf die Eintragungsbewilligung erfolgt. Wird zB ein Ausnahmetatbestand ausdrücklich eingetragen, der nicht bewilligt ist, so ist eine Veräußerung ohne Zustimmung wirksam.[23] Stehen dagegen Eintragung und Bewilligung in einem nicht zu lösenden **Widerspruch** zueinander, so handelt es sich ebenso wie bei einer inhaltlich unmöglichen Verlautbarung um eine unzulässige Eintragung, die der Wirksamkeit eines ohne Zustimmung erfolgten Erwerbs nicht entgegensteht.[24]

4. Bestehen einer Gemeinschaft

Die Geltung der Veräußerungsbeschränkung setzt nach § 12 das Bestehen einer WEgem **10** voraus. Das ergibt sich schon aus dem Wortlaut („ein Wohnungseigentümer ... der Zustimmung anderer Wohnungseigentümer ... bedarf"), folgt aber auch aus dem Zweck der Bestimmung (Rn 1). Die Vorschrift ist daher weder auf die **Erstveräußerung** des Bauträgers vor Entstehen einer WEgem noch auf die Veräußerung nach Aufhebung oder Beendigung der WEgem (§ 11 Rn 6 f.) oder die erste Widerveräußerung nach dem Erwerb aller WErechte durch einen WEer (§ 10 Rn 295) anwendbar. Umstritten ist, ob sie schon für die werdende WEgem gilt.[25] Da die **werdende WEgem** rechtlich wie die in Vollzug gesetzte WEgem behandelt wird und deswegen die Vorschriften der §§ 10 f. bereits zur Anwendung kommen (§ 10 Rn 16 f.), gibt es keinen Grund, § 12 hiervon auszunehmen. Ist die Vereinbarung im Grundbuch eingetragen, so erfordert es auch der Zweck der Vorschrift, die Veräußerungsbeschränkung ab dem Zeitpunkt greifen zu lassen, ab dem der teilende Eigentümer rechtlich in ein Gemeinschaftsverhältnis eingebunden ist. Die zu diesem Zeitpunkt dem Grundbuchamt bereits vorliegenden Eigentumsumschreibungsanträge anderer WEs-Erwerber werden dadurch nicht unwirksam (§ 878 BGB).[26]

III. Inhalt der Veräußerungsbeschränkung

1. Gestaltungsmöglichkeiten

Die Vereinbarung (GemO) kann die Einzelheiten der Zustimmungsbedürftigkeit regeln. **11** Sie kann das Zustimmungserfordernis auch **beschränken,** aber **nicht erweitern** (Rn 15, 20). Sie kann es vorsehen für jede Art der Veräußerung oder auch für nur bestimmte Veräußerungen. Sie kann zB auf ein oder mehrere WE-Rechte (etwa „nur für Wohnungen und nicht für Gewerbeeinheiten") beschränkt werden, nicht aber auf **Teile des SEs** wie einen dazugehörigen Lagerraum, Garage oder Terrasse,[27] es sei denn, dass diese vor der Eintragung der Beschränkung zB im Wege der Unterteilung selbstständiges SE geworden sind. Allein die Tatsache, dass ein Element rechtlich als SE verselbstständigt werden kann, genügt nicht.[28] Nur was wirksam veräußert werden kann, kann in der Möglichkeit der Veräußerung auch beschränkt werden.

---

[22] OLG München, IBR 2007, 57; Riecke/Schmid/*Schneider* Rn 17; Staudinger/*Kreuzer* Rn 13; Weitnauer/*Lüke* Rn 8.

[23] LG München II MittBayNot 1994, 137.

[24] Vgl. BGH NJW-RR 2005, 10 (11 f).

[25] Bejahend *F. Schmidt* WE 1994, 235; Niedenführ/*Kümmel*/Vandenhouten Rn 3; Riecke/Schmid/*Schneider* Rn 12; aA OLG Hamm NJW-RR 1994, 975; Staudinger/*Kreuzer* Rn 14.

[26] Vgl. OLG Hamm NJW-RR 1994, 975.

[27] Staudinger/*Kreuzer* Rn 5.

[28] AA Riecke/Schmid/*Schneider* Rn 8.

12 Möglich ist ferner, die Geltung der Zustimmungsbedürftigkeit auf **bestimmte Veräußerungsfälle** zu begrenzen oder **Ausnahmen** der Zustimmungsbedürftigkeit vorzusehen, wie zB für die Erstveräußerung durch den teilenden Eigentümer, die Veräußerung an Miteigentümer, an Ehegatten[29] oder genau bezeichnete Verwandte sowie für Veräußerungen im Wege der Zwangsvollstreckung oder durch den Insolvenzverwalter. In jedem Fall muss entsprechend dem sachenrechtlichen und grundbuchverfahrensrechtlichen Bestimmtheitsgebot **klar und eindeutig** feststehen, welchen Inhalt die vereinbarte Veräußerungsbeschränkung haben soll und welcher Personenkreis im Veräußerungsfalle zustimmungsfrei erwerben können soll. Eine Ausnahme zB für „Angehörige iSd. § 18 WoFG" ist zu unbestimmt.[30] Sind von der Zustimmungspflicht Veräußerungen an „Ehegatten, Verwandte in gerader Linie oder zweiten Grades in der Seitenlinie" ausgenommen, erfasst die Privilegierung nicht die Veräußerung an eine GbR aus den so bezeichneten Personen.[31]

13 Das Zustimmungserfordernis kann schließlich verfahrensmäßig dahin ausgestaltet werden, dass zunächst der Verwalter um Zustimmung ersucht und, sofern dieser sie verweigert, die Entscheidung der WEVers herbeigeführt wird.[32] Ein solches **außergerichtliches Vorschaltverfahren** kann auch für den Fall vorgesehen werden, dass die Zustimmung des Verwalters nicht innerhalb einer bestimmten Frist erteilt wird.[33]

14 Die Freiheit der Ausgestaltung findet ihre **Schranken** an den guten Sitten und zwingenden Rechtsvorschriften. So darf die Begrenzung der Zustimmungsbedürftigkeit nicht gegen geltendes Recht verstoßen. So ist zB die Vereinbarung der Zustimmungsbedürftigkeit einer Veräußerung an kinderreiche Familien oder Ausländer nach § 138 BGB iVm § 19 Abs. 1 Nr. 1 AGG nichtig.[34] Auch ist es nicht möglich, die Veräußerung in dem Sinne zu beschränken, dass sie nur an bestimmte Personen erfolgen darf. Ein solches **Gebot der Veräußerung** nur **an bestimmte Personen** wäre wegen Verstoßes gegen den unantastbaren Inhalt des Eigentums (§ 10 Rn 102) nichtig und – in den Grenzen der allgemeinen Schranken wie zB § 138 BGB, § 19 Abs. 1 Nr. 1 AGG – nur als schuldrechtliche Verpflichtung unter den beteiligten Vertragspartnern wirksam. Sie wirkt in diesem Fall jedoch selbst dann nicht gegenüber Sondernachfolgern, wenn sie in das Grundbuch eingetragen worden ist (§ 10 Rn 81).[35]

15 Schließlich kann die Versagung der Zustimmung nicht an weitergehende Voraussetzungen geknüpft werden als an das Vorliegen eines wichtigen Grundes. **Absatz 2** ist **unabdingbar,** so dass die Zustimmung weder von einem unwichtigen Grund oder von der Einwilligung des Erwerbers zu einer Änderung der GemO noch von der Vorauszahlung von Wohngeld oder von der Begleichung aufgelaufener Verbindlichkeiten des Veräußerers abhängig gemacht werden darf. Anderslautende Bestimmungen in der GemO oder Eigentümerbeschlüsse sind nichtig.[36]

2. Veräußerung

16 **a) Begriffsdefinition.** Der Wortlaut des § 12 Abs. 1 WEG verdeutlicht, dass nur die Veräußerung von WE/TE der Zustimmungspflicht unterworfen werden kann. Veräußerung ist die **rechtsgeschäftliche Übertragung des WE/TE unter Lebenden** im Gegensatz zur Enteignung,[37] zum Eigentumsübergang kraft Gesetzes[38] (Erbfall, Verschmelzung)

[29] Vgl. OLG Schleswig Rpfleger 1994, 18; KG Rpfleger 1996, 448.
[30] LG Duisburg ZMR 2007, 145 m. Anm. *Schneider.*
[31] OLG München NZM 2007, 520.
[32] *Gottschalg,* FS Deckert, S. 161 (164).
[33] OLG Hamm NJW-RR 1993, 279; OLG Zweibrücken NJW-RR 1994, 1103.
[34] OLG Zweibrücken MittBayNot 1994, 44; *Armbrüster* ZWE 2008, 361 (366).
[35] AA *Müller,* Praktische Fragen, Rn 114; Riecke/Schmid/*Schneider* Rn 43.
[36] *Liessem* NJW 1988, 1306; Weitnauer/*Lüke* Rn 9.
[37] Bamberger/Roth/*Hügel* Rn 4.
[38] BayObLGZ 1976, 328.

oder zur Erbteilsabtretung[39] und zur Belastung des WEs (Rn 20). Unter die Veräußerung fallen, wie sich aus Abs. 3 Satz 1 ergibt, sowohl das **schuldrechtliche** Verpflichtungsgeschäft als auch das **dingliche** Rechtsgeschäft, also die Auflassung.[40] Der **Zweck der Veräußerung**[41] oder die **Person des Erwerbers,** ist für die Zustimmungsbedürftigkeit ohne Bedeutung, sofern nicht etwas anderes vereinbart ist.

b) Veräußerungsfälle. Die als Inhalt des SEs vereinbarte Zustimmungsbedürftigkeit von Veräußerungen ist als eine Ausnahme von der in § 137 Satz 1 BGB normierten Verfügungsfreiheit **eng auszulegen** und einer erweiternden Auslegung nicht zugänglich.[42] 17
Unter den Tatbestand der Veräußerung fallen zB

- die Veräußerung an einen anderen WEer,[43] an Verwandte oder an den Grundpfandrechtsgläubiger,[44]
- die Übertragung im Rahmen einer **Erbauseinandersetzung** auf Grund einer Teilungsanordnung oder auf Grund eines Vermächtnisses,[45]
- die **Umwandlung einer Erbengemeinschaft in eine Bruchteilsgemeinschaft,**[46]
- die **Erstveräußerung** vom teilenden Eigentümer/Bauträger nach Entstehen der werdenden WEgem (vgl Rn 10).[47] Ist sie von der Zustimmungsbedürftigkeit ausdrücklich ausgenommen, so gilt das auch für den Erwerb nach Abtretung des Auflassungsanspruchs aus der ersten Veräußerung[48] oder die Veräußerung durch die Erben des Ersteigentümers,[49]
- die Veräußerung nur einer **ideellen Qote an dem MEA** des WEs/TEs[50] ohne SE oder mit einem realen Teil des SEs und umgekehrt die Übertragung von **isoliertem SE** oder Teilen hiervon ohne MEA unter (notwendiger) Zuschreibung zu einem anderen MEA,[51]
- die Veräußerung eines nach gemischt real ideeller **Unterteilung** neu gebildeten WE-Rechts,
- die Veräußerung eines MEAs verbunden mit dem SE auch innerhalb der WEgem
- die **Rückübertragung** nach einvernehmlicher Aufhebung des Kaufvertrages,[52] **nicht** dagegen die **Rückabwicklung** des Kaufvertrages nach wirksamer Anfechtung bzw. auf Grund entsprechender Gestaltungserklärung (Rücktritt, großer Schadensersatz),[53] weil die ursprüngliche Zustimmung auch die Rückübereignung auf Grund gesetzlicher Rückgabepflicht einschließt und ein abweichendes Interesse der Gemeinschaft, den Wiedereintritt des Veräußerers zu verhindern gegenüber der gesetzliche Rückgabepflicht nicht schützenswert ist. Ist dagegen auch die Auflassung unwirksam, muss sogar nur das Grundbuch berichtigt werden,
- die nach der Rückübertragung/Rückabwicklung der Erstveräußerung erfolgende Wiederveräußerung,[54]

---

[39] Bamberger/Roth/*Hügel* Rn 4.
[40] OLG Hamm OLGZ 1994, 515; OLG Celle NZM 2005, 260.
[41] Riecke/Schmid/*Schneider* Rn 63; aA BayObLG Rpfleger 1983, 350.
[42] BGHZ 37, 203 (210); BayObLG WuM 1991, 612; *Bub* NZM 2001, 503.
[43] BayObLGZ 1977, 40; 1982, 50; KG OLGZ 1978, 296; OLG Hamm NZM 2001, 953.
[44] Riecke/Schmid/*Schneider* Rn 33.
[45] BayObLGZ 1982, 46, 50.
[46] Vgl. OLG Hamm ZMR 2007, 212; Staudinger/*Kreuzer* Rn 19.
[47] BGHZ 113, 374.
[48] OLG Frankfurt/M. WE 1989, 172.
[49] Riecke/Schmid/*Schneider* Rn 31.
[50] OLG Frankfurt/M. OLGZ 1990, 149; OLG Hamm NZM 2001, 953 (954).
[51] Riecke/Schmid/*Schneider* Rn 46; Palandt/*Bassenge* Rn 3; Weitnauer/*Lüke* Rn 2; aA OLG Celle DNotZ 1975, 42.
[52] BayObLGZ 1976, 328.
[53] *Müller,* Praktische Fragen, Rn 117; Weitnauer/*Lüke* Rn 2; aA KG NJW-RR 1988, 1426; Riecke/Schmid/*Schneider* Rn 45; Staudinger/*Kreuzer* Rn 18.
[54] KG Rpfleger 1988, 480.

- die **Einbringung in eine Gesellschaft,**[55]
- die Veräußerung unter **personenidentischen Gesellschaften,** wie etwa von der Mutter- auf die Tochtergesellschaft oder von einer GmbH & Co KG auf die Kommanditisten[56] oder von dem Alleingesellschafter auf die Gesellschaft,[57]
- die Ausübung eines **Vorkaufrechts** (§ 464 Abs. 2 BGB),
- eine Veräußerung im Wege der **Zwangsvollstreckung** oder durch den Insolvenzverwalter (Abs. 3 Satz 2),

18 **c) Abgrenzung.** Keine Veräußerung von WE/TE ist dagegen zB

- die Begründung und Eintragung einer **Auflassungsvormerkung,**[58]
- die ideelle, reale oder gemischt ideell-reale **Unterteilung** des WEs/TEs,[59]
- der gesetzliche Erwerb durch Erbfolge und die Vereinbarung einer Gütergemeinschaft,
- der **Erbteilskauf,** auch wenn der Nachlass nur aus dem WE/TE besteht,[60] und die Übertragung eines **Miterbenanteils** an einem Nachlass, zu dem ein WE gehört,[61]
- die Vereinbarung einer Gütergemeinschaft,
- die Vereinigung oder **Quotenänderung** von MEAen, auch wenn sich dadurch die Beitragspflicht oder das Stimmrecht ändert,[62]
- die Anwachsung durch identitätswahrenden **Rechtsformwechsel** einer Gesellschaft oder
- die Übertragung eines Gesellschaftsanteils an einer Gesellschaft als WEerin,[63]

19 **Nicht anwendbar** ist die Vorschrift im Wege der teleologischen Reduktion auch auf die Fälle, in denen der Schutzzweck nicht greift, nämlich auf

- die Veräußerung von WE vor Entstehen der werdenden WEgem (Rn 10),
- die Veräußerung von WE an die WEgem,[64]
- die gleichzeitige Veräußerung aller WEs-Rechte[65] oder die Veräußerung des ganzen Grundstücks auf Grund einer Gesamtbelastung,
- den Gesellschafterwechsel in einer GbR[66] oder die Quotenänderung und Übertragung von SE-Teilen unter denselben WEern[67] sowie
- den Tausch von WE/TE, wenn damit keine Änderung der MEAe verbunden ist.[68]

IV. Andere Zustimmungsvorbehalte

20 Von der Veräußerungsbeschränkung des § 12 zu unterscheiden sind auch andere Zustimmungserfordernisse, die entweder in der GemO oder in einer anderen Vereinbarung enthalten sind, unabhängig davon, ob sie Verfügungen iSd § 137 Satz 1 BGB betreffen oder nicht. Hierher gehören Regelungen, welche zB eine von der Zweckbestimmung abweichende **Nutzung,**[69] die **Ausübung eines Gewerbes,**[70] die **Unterteilung**[71] von SE,

[55] OLG München NZM 2007, 520; *Grziwotz,* NZM 2009, 812.
[56] OLG Hamm ZMR 2007, 212 (213).
[57] OLG München NJW 2007, 1536: von Gesellschaftern auf GbR.
[58] BayObLGZ 1964, 237.
[59] BGHZ 49, 250 = NJW 1968, 499 f.
[60] OLG Hamm 1980, 1397.
[61] OLG Hamm NJW 1980, 1397.
[62] AA Staudinger/*Kreuzer* Rn 18; Palandt/*Bassenge* Rn 3; Weitnauer/*Lüke* Rn 2.
[63] OLG Hamm OLGZ 1989, 167.
[64] OLG Hamm NZM 2009, 914 (915); *Schneider* Rpfleger 2007, 175 (178); 2008, 291 (292).
[65] Staudinger/*Kreuzer* Rn 19; Weitnauer/*Lüke* Rn 16; Niedenführ/*Kümmel*/Vandenhouten Rn 23.
[66] OLG München NJW 2007, 1536 (1537).
[67] OLG Celle RhNK 1981, 196.
[68] OLG Celle NJW 1974, 1909; aA Niedenführ/*Kümmel*/Vandenhouten Rn 19.
[69] BayObLG NJW-RR 1991, 849 (850); ZMR 2004, 133.
[70] OLG Köln NZM 2007, 572 – Betrieb eines Pflegeheims.
[71] BGHZ 49, 250 = NJW 1968, 499 (501); BayObLG DNotZ 1978, 626.

die isolierte **Übertragung eines SNRs,**[72] die **Belastung** des WEs/TEs[73] oder den nach §§ 13, 14 Nr. 1 zulässigen Gebrauch wie zB die **Vermietung**[74] von einer Zustimmung abhängig machen. Sie fallen nicht unter § 12 WEG, können aber gem. § 10 Abs. 3, ggf iVm § 15, als Inhalt des SEs vereinbart und in das Grundbuch eingetragen werden, weil § 12 keine erschöpfende Regelung in dem Sinne darstellt, dass andere Beschränkungen als vereinbarter Inhalt des SEs ausgeschlossen wären.[75] Allerdings muss der Regelungsgegenstand das Gemeinschaftsverhältnis betreffen.

Umstritten ist, ob die Zustimmung in diesen Fällen in entsprechender **Anwendung von Absatz 2** nur aus wichtigem Grund verweigert werden darf.[76] Dies ist zu **verneinen,** weil Abs. 2 darauf beruht, dass Abs. 1 eine Ausnahme von § 137 S 1 BGB darstellt, was bei dem Zustimmungsvorbehalt in anderen Angelegenheiten nicht der Fall ist, so dass die Einschränkung der Zustimmungsversagung auf einen wichtigen Grund einer ausdrücklichen Abrede bedarf. Liegt eine solche nicht vor, ist dem Zustimmungsberechtigten ein weitgehendes **Ermessen** eingeräumt, das seine Grenze lediglich im Verbot von Willkür und Missbrauch findet. Die Verweigerung der Zustimmung ist nur dann nicht gerechtfertigt, wenn dies ohne jeden vernünftigen Grund erfolgt.[77] Dieser vernünftige Grund bzw. die Grenze von Willkür und Missbrauch ist gerichtlich überprüfbar. 21

Der Unterschied zur Veräußerungsbeschränkung iSd § 12 wirkt sich auch darin aus, dass die **fehlende Zustimmung** das Rechtsgeschäft mit dem Dritten anders als bei der Veräußerungsbeschränkung nicht unwirksam macht, sondern nur **zur Verpflichtung zu Schadensersatz** führen kann. Das vereinbarte Zustimmungserfordernis kann ohne entsprechende Öffnungsklausel auch nicht durch Mehrheitsbeschluss nach Absatz 4 (Rn 51 f.), sondern nur durch Vereinbarung **aufgehoben** oder geändert werden, ggf auf entsprechendes Verlangen nach § 10 Abs. 2 Satz 3. Eine Analogie zu Absatz 4 kommt nicht in Betracht, weil diese Bestimmung nach der Gesetzesbegründung[78] nur die Vereinbarung einer Veräußerungsbeschränkung zum Gegenstand hat und eine ungewollte Regelungslücke für andere Zustimmungserfordernisse im Hinblick auf § 10 Abs. 2 Satz 3 nicht besteht. 22

V. Zustimmungsberechtigte

1. Wohnungseigentümer

Zum Inhalt der Vereinbarung gehört auch, den Zustimmungsberechtigten zu benennen. 23
Zustimmungsberechtigt können nach dem Gesetz die übrigen WEer oder eine bestimmte Gruppe von ihnen sein.[79] Die Regelung muss eindeutig bestimmt sein. Sieht die Vereinbarung allgemein die **„Zustimmung der (anderen) Wohnungseigentümer"** vor, so ist damit im Zweifel die für Mehrheitsbeschlüsse erforderliche Stimmenmehrheit in der

---

[72] BGHZ 73, 145 (149) = NJW 1979, 548 (549).

[73] BGHZ 37, 203 (210).

[74] BGHZ 37, 203 (210); BayObLGZ 1962, 16; NJW-RR 1991, 849 – Nutzung einer ETW zu „gewerblichen Zwecken".

[75] BGHZ 37, 203 (206 f.) = NJW 1962, 1613; BGHZ 49, 250 = NJW 1968, 499 (501).

[76] So BayObLG WuM 1992, 278 (279); *Bub* WE 1989, 122, 123; Weitnauer/*Lüke* § 15 Rn 21; aA BayObLG ZMR 2004, 133, 134; *Ruthmann,* Wohnungseigentumsrechtliche Bindungen, S. 40 f. u. weitere Nachw. bei *Armbrüster* ZWE 2004, 217 (221) Fn 32.

[77] BayObLG NJW-RR 1989, 273; OLG Frankfurt NZM 2006, 144 (145); OLG Zweibrücken WE 1991, 333; Köhler/Bassenge/*Kümmel,* WohnungseigentumsR, Teil 11 Rn 291; Weitnauer/*Lüke* § 15 Rn 20; *Müller,* Praktische Fragen des Wohnungseigentums, 4. Aufl., Rn 247.

[78] BT-Drucks. 16/887 S. 21.

[79] Riecke/Schmid/*Schneider* Rn 77; Staudinger/*Kreuzer* Rn 20; ferner OLG Bremen ZWE 2002, 416.

WEVers zu verstehen,[80] weil die Regelung den Schutz der WEgem bei der Verwaltung des GemEs und nicht den Schutz des einzelnen WEers bezweckt und über Verwaltungsangelegenheiten idR in der WEVers mit Stimmenmehrheit beschlossen wird (§ 21 Abs. 3). Der Verwalter kann die Erklärung in diesem Fall nur auf Grund entsprechender Vollmacht abgeben. Die WEer können den Verwalter aber auch im Einzelfall oder generell durch Mehrheitsbeschluss ermächtigen, über die Erteilung oder Verweigerung der Zustimmung im eigenen Namen zu entscheiden.[81]

24 Ist als Inhalt des SEs dagegen die Zustimmung **jedes einzelnen WEers** vereinbart, können die WEer hierüber nicht mit Mehrheit beschließen, sondern steht die Zustimmungsbefugnis dem jeweiligen WEer zu. Im Falle eines Eigentümerwechsels ist derjenige WEer zustimmungsberechtigt, der im Augenblick seiner Zustimmung WE ist (Rn 33).[82]

2. Verwalter

25 Sieht die Vereinbarung vor, dass der **Verwalter** zustimmungsberechtigt ist, so gilt das auch für den gerichtlich bestellten Verwalter. Sofern nicht ausdrücklich etwas anderes bestimmt ist, handelt er bei Ausübung der Befugnis nicht als Träger eines eigenen Rechts und damit als Dritter iSd Abs. 1, sondern nimmt ein Recht der WEer als deren **Treuhänder und mittelbarer Stellvertreter** wahr.[83] Ihre Verwaltungsbefugnis wird dadurch nicht verdrängt.[84] Sie können daher Handlungsrichtlinien festlegen, den Verwalter durch Mehrheitsbeschluss verbindlich anweisen[85] oder dessen Zustimmung ersetzen.[86] Für die Anfechtung eines dahingehenden Negativbeschlusses besteht unabhängig von der Frage, ob die Zustimmung hätte erteilt werden müssen (§ 46 Rn 14), ein Rechtsschutzbedürfnis.[87] Der Verwalter seinerseits ist auf Grund der ihm mit dem Amt obliegenden Aufgabe **zu einer eigenen Prüfung verpflichtet.** In Zweifelsfällen ist er jedoch befugt, eine Entscheidung der WEVers einzuholen.[88] Allerdings haben die WEer nur insoweit eine Beschlusskompetenz, als auch die Veräußerungsbeschränkung reicht. Daher ist ein Beschluss, die Zustimmung zu einer Unterteilung des WEs/TEs zu versagen, ohne entspr. Vorbehalt (Rn 20) nicht nur anfechtbar, sondern nichtig[89] und gegenstandslos, weil die Unterteilung kein Veräußerungsfall ist (Rn 18).

26 Die Zustimmungsberechtigung ist an die **Person** und das **Amt** des Verwalters gebunden. Ist eine natürliche Person zum Verwalter bestellt, geht die Zustimmungsberechtigung mit dem Ende des Amtes oder mit seinem Tod unter und nicht etwa auf die Erben über.[90] Entsprechendes gilt, wenn der Verwalter das Vermögen seines einzelkaufmännischen Unternehmens in eine juristische Person einbringt.[91] Ist eine Personengesellschaft zum Verwalter bestellt, kommt es bei Veränderungen der Gesellschaftsverhältnisse dagegen darauf an, ob die handels- und gesellschaftsrechtliche Identität weiterhin bestehen bleibt. Das ist

[80] Weitnauer/*Lüke* Rn 5; aA *Sohn,* Die Veräußerungsbeschränkung, S. 23; Riecke/Schmid/*Schneider* Rn 77; Niedenführ/*Kümmel*/Vandenhouten Rn 35; Palandt/*Bassenge* Rn 6 Staudinger/*Kreuzer* Rn 20.

[81] *Bub* NZM 2001, 502 (506).

[82] Riecke/Schmid/*Schneider* Rn 78; aA OLG Celle NZM 2005, 260 (261).

[83] BGHZ 112, 240 (242); OLG Hamm NZM 2001, 953 (954); OLG Zweibrücken NJW-RR 1987, 269.

[84] BGHZ 131, 346 (352) = NJW 1996, 1216 (1218).

[85] BGHZ 131, 346 (352) = NJW 1996, 1216 (1218); OLG Düsseldorf NJW-RR 2005, 1254 (1255).

[86] OLG Saarbrücken DNotZ 1989, 439; aA Niedenführ/*Kümmel*/Vandenhouten Rn 39.

[87] AA AG Siegburg ZMR 2009, 82 (84).

[88] BGHZ 131, 346 (353) zu § 22 Abs. 1; aA *Bub* NZM 2001, 502 (503).

[89] BayObLG ZMR 2003, 689 (690).

[90] BayObLG Rpfleger 2002, 305 (306); *Drasdo* WE 1998, 429 (430 f.).

[91] BayObLG ZMR 2001, 366 (367).

zB nicht der Fall, wenn die Geschäftsanteile einer GmbH ohne deren Liquidation von einer anderen GmbH übernommen werden.[92] Wegen der Bindung des Verwalteramtes an die Person, kann der Verwalter auch **nicht Dritte ermächtigen,** die Zustimmung im eigenen Namen zu erteilen, wohl aber bevollmächtigen, die Erklärung in seinem Namen abzugeben.

Umstritten ist, ob der **Verwalter** auch dann zustimmungsberechtigt ist, wenn er **selbst** entweder als **Veräußerer** oder als **Erwerber** des WEs/TEs beteiligt ist. Hier kommt **§ 181 BGB** zwar nicht unmittelbar zur Anwendung, weil der Verwalter die Zustimmung nicht als Vertreter der WEer, sondern im eigenen Namen abgibt. Jedoch ist im Hinblick auf den Schutzzweck des § 12, die WEgem vor dem Eintritt unerwünschter Personen zu bewahren, eine entsprechende Anwendung der Vorschrift geboten.[93] Denn der Verwalter hat bei seiner Entscheidung nicht nur seine Verkaufs- oder Erwerbsinteressen, sondern auch die der WEer wahrzunehmen, die uU gegenläufig sind. Seine selbstständige Willensbildung wird dadurch zumindest gefährdet. Diese Kollision unterschiedlicher Interessen rechtfertigt die Anwendung des § 181 BGB. 27

3. Verwaltungsbeirat, Dritter

Als Zustimmungsberechtigter kann in der Vereinbarung schließlich der Verwaltungsbeirat oder ein Dritter benannt sein, und zwar auch ein **Grundpfandrechtsgläubiger.**[94] § 1136 BGB steht dem nicht entgegen, weil er nur das Veräußerungsverbot meint und nicht die Veräußerungsbeschränkung, schon gar nicht die bloße Abhängigkeit von einer Zustimmung, die ohnehin nur aus wichtigem Grund verweigert werden kann. Vom Zweck des Zustimmungserfordernisses her, die WEgem zu schützen, gilt für den Verwaltungsbeirat und Dritte dasselbe wie für den Verwalter: Sie nehmen ein Recht der WEer als deren **Treuhänder und mittelbarer Stellvertreter** wahr. Sie sind deswegen zwar zur Prüfung in eigener Verantwortung verpflichtet, unterliegen aber den Weisungen der WEVers. 28

4. Fehlen eines Zustimmungsberechtigten

Ist ein zustimmungsberechtigter Verwalter, Verwaltungsbeirat oder Dritter nicht bestellt oder vorhanden, so soll die Veräußerung nach überwiegender Ansicht[95] der Zustimmung sämtlicher WEer/TEer in der Form des § 29 GBO bedürfen. Das kann jedoch nicht bedeuten, dass hierüber nicht in der **WEVers** durch Mehrheitsbeschluss entschieden werden darf. Denn die Prüfung, Erteilung oder Ablehnung der Zustimmung ist eine Verwaltungsentscheidung, die nach § 21 Abs. 3 mit Mehrheit getroffen werden kann (vgl. Rn 23).[96] 29

VI. Erteilung der Zustimmung

1. Prüfungs- und Mitwirkungspflichten

Der **Veräußerer** muss zunächst prüfen, ob ein Zustimmungserfordernis nach § 12 überhaupt in Betracht kommt. Ist das nicht der Fall, so hat er für eine ohne Not eingeholte 30

[92] OLG Köln ZMR 2006, 385 (386).

[93] *Sohn* NJW 1985, 3060; Riecke/Schmid/*Schneider* Rn 82; aA BayObLG NJW-RR 1986, 1077; OLG Düsseldorf NJW 1985, 390; KG NJW-RR 2004, 1161; Palandt/*Bassenge* Rn 6; Staudinger/*Kreuzer* Rn 22.

[94] Bamberger/Roth/*Hügel* Rn 7; Palandt/*Bassenge* Rn 6; aA Riecke/Schmid/*Schneider* Rn 86; Staudinger/*Kreuzer* Rn 20; Weitnauer/*Lüke* Rn 14.

[95] Vgl. *Deckert* WE 1998, 82, 84; Riecke/Schmid/*Schneider* Rn 87; MünchKomm-BGB/*Commichau* § 12 Rn 19.

[96] OLG Zweibrücken NJW-RR 1987, 269; Riecke/Schmid/*Schneider* Rn 87; Staudinger/*Kreuzer* Rn 21; Weitnauer/*Lüke* Rn 12.

Zustimmung die vorgesehene Vergütung zu bezahlen.[97] Kommt eine Zustimmungspflicht in Betracht, muss er dem Berechtigten jede ihm mögliche Information über den Erwerber geben oder diesen zu einer Selbstauskunft veranlassen.[98]

31 Der **Zustimmungsberechtigte** ist verpflichtet, die Zustimmung **unverzüglich,** dh ohne schuldhaftes Verzögern, zu erteilen und dazu mögliche Versagungsgründe grds innerhalb von 2 Wochen[99] sorgfältig zu prüfen. Eine schuldhafte Verletzung berechtigt den Veräußerer zum Schadensersatz[100] Der Zustimmungsberechtigte ist dagegen nicht zur **Einholung von Auskünften** oder sonstigen Nachforschungen verpflichtet.[101] Die Erfüllung der Informationspflicht des Veräußerers kann zur Vorbedingung für die Erteilung der Zustimmung gemacht werden.[102] Die Vorlage eines polizeilichen Führungszeugnisses kann der Berechtigte aus Gründen der informationellen Selbstbestimmung nicht verlangen,[103] ebenso wenig die Vorlage des Kaufvertrages,[104] sofern nichts anderes vereinbart ist.[105] Der Berechtigte ist auf die ihm zugänglichen Informationen angewiesen, muss aber einem aus diesen folgenden Verdacht nachgehen. Verweigert er die Zustimmung, hat er die Gründe hierfür zu beweisen.[106]

2. Inhalt und Rechtsnatur der Zustimmungserklärung

32 Aus dem Wortlaut des Abs. 3, wonach die **Veräußerung und der schuldrechtliche Vertrag** unwirksam sind, solange nicht *die* erforderliche Zustimmung erteilt ist, folgt, dass die Zustimmung für beide Rechtsgeschäfte nur **einheitlich** erteilt und beurteilt werden kann. Es sind also nicht etwa zwei Zustimmungserklärungen erforderlich.[107] Die Zustimmung ist eine einseitige empfangsbedürftige Willenserklärung, die mit ihrem Zugang gegenüber dem Veräußerer oder Erwerbers wirksam wird (§ 182 Abs. 1 BGB). Ist der Notar beauftragt worden, die erforderliche Erklärung einzuholen, ist er auch zu deren Entgegennahme bevollmächtigt.[108] Da die Zustimmung nicht auf den schuldrechtlichen Vertrag beschränkt werden kann, sondern auch für die „Veräußerung", also die Eigentumsübertragung, erforderlich und diese erst mit der Umschreibung im Grundbuch vollzogen ist, soll die zuvor erteilte Zustimmung nach Meinung der Rechtsprechung eine **Einwilligung** iSd § 183 BGB bedeuten, die als einheitliche Erklärung zu beiden Rechtsgeschäften bis zu dem Zeitpunkt widerrufen werden kann, in dem die dingliche Einigung der Vertragsparteien nach § 873 Abs. 2 BGB bindend geworden *und* der Umschreibungsantrag beim Grundbuchamt[109] eingegangen ist.

---

[97] KG NJW-RR 1989, 975.

[98] BayObLG DWE 1983, 26; OLG Köln NJW-RR 1996, 1296 (1297); KG ZMR 1990, 68; OLG Hamburg ZMR 2004, 850 (851).

[99] Niedenführ/*Kümmel*/Vandenhouten Rn 46.

[100] OLG Düsseldorf NJW-RR 2005, 1254; iE *Gottschalg,* FS Deckert, S. 161, 165 f.; Staudinger/*Kreuzer* Rn 64 f.

[101] *Müller* WE 1998, 458 (459).

[102] KG ZMR 1990, 68; OLG Hamburg ZMR 2004, 850 (851).

[103] *Gottschalg,* FS Deckert, S. 161, 166.

[104] AA OLG Celle ZMR 2009, 545 m. Anm. *Putschäw; Liessem* NJW 1988, 1306 (1307); *Sohn,* Die Veräußerungsbeschränkung, S. 89.

[105] OLG Hamburg ZMR 2004, 850 (851).

[106] OLG Hamm NJW-RR 1993, 279; OLG Frankfurt NZM 2006, 380 (381); OLG Brandenburg ZMR 2009, 703 = NZM 2009, 623; Niedenführ/*Kümmel*/Vandenhouten Rn 49.

[107] MünchKomm-BGB/*Commichau* § 12 WEG Rn 45; Staudinger/*Kreuzer* Rn 24.

[108] Staudinger/*Kreuzer* Rn 24.

[109] BGH NJW 1963, 36 zu § 5 EbbauRG; OLG Hamm NJW-RR 2001, 1525 (1526); OLG Celle NZM 2005, 260 = RNotZ 2005, 542 m. Anm. *Kesseler;* Niedenführ/*Kümmel*/Vandenhouten Rn 36.

Diese Auffassung ist in der jüngeren Literatur auf berechtigten Widerspruch gestoßen.[110] Die Vereinbarung einer Beschränkung nach § 12 bedeutet kein Veräußerungsverbot im Sinne einer Verfügungsbeschränkung,[111] sondern eine **Beschränkung des Rechtsinhalts** des WEs,[112] auf die § 878 BGB keine Anwendung findet.[113] Auf die zu erheblichen Unsicherheiten führende Frage, ob die Berechtigung des Zustimmenden noch im Zeitpunkt der Stellung des Antrags auf Eintragung des Eigentumswechsels in das Grundbuch vorlag, kommt es nicht an.[114] Die Zustimmung ist wirksam und nicht mehr widerruflich, sobald sie gegenüber den Vertragsparteien oder dem mit dem Vollzug beauftragten Notar erklärt und der schuldrechtliche Vertrag geschlossen ist. Dass die Zustimmungsberechtigung entfällt, bevor die Auflassung bindend geworden und der Antrag auf Umschreibung des Grundbuchs gestellt ist, sei es, weil der Zustimmende sein WE übertragen hat oder die Bestellung zum Verwalter durch die erfolgreiche Anfechtung des Bestellungsbeschlusses entfallen ist, lässt die Fortdauer der Wirksamkeit einer im Zeitpunkt ihrer Erklärung wirksamen Zustimmung unberührt.[115] Der Verwalter ist bis zum Eintritt der Rechtskraft der Entscheidung berechtigt und verpflichtet, die Geschäfte der WEgem zu führen;[116] die von ihm abgegebenen Erklärungen werden nicht dadurch unwirksam, dass seine Bestellung aufgehoben wird[117] (§ 26 Rn 236, 237). Die abweichende Auffassung der Rechtsprechung hat demgegenüber zur Folge, dass entweder der auf die Veräußerung gerichtete Vertrag wirksam bleibt, ohne dass er erfüllt werden kann, was § 12 Abs. 3 gerade verhindern soll, oder aber dass auch das Grundgeschäft niemals wirksam war und daher bis zur Antragstellung keine Leistungspflichten bestanden haben, was weder der Systematik des Bürgerlichen Rechts entspricht, noch Ziel von § 878 BGB ist.[118] 33

3. Form und Grundbuchvollzug

Die Zustimmung kann **sowohl vor als auch nach Abschluss des** schuldrechtlichen 34 **Vertrags** erklärt werden. Sie muss vorliegen, wenn der Antrag auf Umschreibung im Grundbuch vollzogen werden soll. Die Erklärung ist materiellrechtlich formlos gültig, muss aber für den Grundbuchvollzug eindeutig, also ohne Zusätze oder Bedingungen, sein. Sie bedarf der **Form des § 29 GBO.**[119] Die eingetragene Veräußerungsbeschränkung bewirkt eine Beschränkung der Bewilligungsbefugnis des Veräußerers und ist deswegen von dem Grundbuchamt von Amts wegen zu beachten.[120] Dieses kann von einem Nachweis der Zustimmung nur dann absehen, wenn die durch § 12 geschützten Interessen der WEgem offensichtlich und unabhängig von den wirtschaftlichen Gegebenheiten des Einzelfalles nicht tangiert sein können.[121] Ist die WEVers zustimmungsberechtigt, so wird der erforderliche Nachweis – wie derjenige nach Abs. 4 – entsprechend § 26 Abs. 4 durch das **Protokoll mit öffentlicher Beglaubigung** der nach § 24 Abs. 6 nötigen Unterschriften

[110] Bauer/v.Oefele/*Kössinger,* GBO, 2. Aufl., § 19 Rn 199 f; MünchKomm-BGB/*Commichau* WEG § 12 Rn 45; Riecke/Schmid/*Schneider* Rn 78, 98; Staudinger/*Gursky,* BGB (2007), § 878 Rn 29; *Kesseler* RNotZ 2005, 543; *F. Schmidt* MittBayNot 1999, 366 (367).

[111] Hügel DNotZ 2003, 517.

[112] Staudinger/*Gursky,* BGB (2007) § 878 Rn 29; Staudinger/*Gursky,* BGB (2008), § 892 Rn 262; Bauer/v.Oefele/*Kössinger,* GBO, 2. Aufl., § 19 Rn 202 „Fungibilitätseinschränkung".

[113] Staudinger/*Grusky,* BGB (2007), § 878 Rn 29; Palandt/*Bassenge,* § 878 Rn 10.

[114] AA BGH NJW 1963, 36 zu § 5 EbbauRG; OLG Hamm NJW-RR 2001, 1525 (1526); OLG Celle NZM 2005, 260 (261).

[115] AA KG ZMR 2009, 784.

[116] BGH NJW 2007, 2776.

[117] BGH NJW 2007, 2776 (2777); BayObLG NJW-RR 1991, 531 (532); KG NJW-RR 1991, 274.

[118] *Kesseler* RNotZ 2005, 543 (578).

[119] OLG Hamm RPfleger 1989, 451; Staudinger/*Kreuzer* Rn 25.

[120] BayObLG Rpfleger 1983, 350; Riecke/Schmid/*Schneider* Rn 92.

[121] OLG Hamm ZMR 2007, 212 (213).

geführt.[122] Bei der Zustimmung durch den **Verwalter** muss dieser seine Bestellung durch die Vorlage des entsprechenden Protokolls mit öffentlicher Beglaubigung der nötigen Unterschriften nachweisen, falls er nicht als Erstverwalter innerhalb der 3-Jahresfrist auf die eingetragene **GemO** Bezug nehmen kann.[123] Eine **eidesstattliche Versicherung** sämtlicher WEer zum Nachweis der Bestellung genügt.[124] Verletzt der Verwalter seine Nachweispflicht, so ist er dem Veräußerer zum Schadensersatz verpflichtet.[125]

35 Bei einer Veräußerung im Wege der **Zwangsversteigerung** muss die Zustimmungserklärung bei **Erteilung des Zuschlags** vorliegen und vom Vollstreckungsgericht geprüft werden. Sie bedarf nicht der Form des § 29 GBO, weil sie nicht zum Vollzug der Eintragung abgegeben wird. Die Zustimmung kann dem Vollstreckungsgericht schriftlich oder zu Protokoll erklärt werden. Sie ist bis zur Zuschlagserteilung widerruflich.[126]Die Umschreibung erfolgt im Wege der Grundbuchberichtigung. Das Grundbuchamt darf die Eintragung des Erstehers anders als die des rechtsgeschäftlichen Erwerbers daher nicht vom Nachweis der Zustimmung abhängig machen.[127]

4. Wirkung

36 Die Zustimmung bewirkt, dass der Verpflichtungsvertrag und die Auflassung wirksam werden und der Erwerber mit seiner Eintragung in das Grundbuch das WE erwirbt. Die Zustimmung wirkt nach dem eindeutigen Wortlaut von Absatz 3 nicht ex tunc[128], sondern **ex nunc.**[129] § 184 BGB findet daher keine Anwendung. Für eine nachträgliche Zustimmung bleibt tatsächlich jedoch nur für die Fälle Raum, in denen von dem Grundbuchamt die bei der Eintragung des Erwerbers die Erforderlichkeit der Zustimmung übersehen worden ist.[130]

VII. Zustimmungsversagung (Abs. 2)

1. Unabdingbarkeit

37 Die Zustimmung darf nur aus wichtigem Grund versagt werden. Die Vorschrift ist unabdingbar, so dass die Zustimmung **weder aus einem unwichtigen Grund verweigert noch** von bestimmten Handlungen oder Erklärungen **abhängig gemacht werden** darf wie zB von der Einwilligung des Erwerbers zu einer Änderung des Kostenverteilungsschlüssels,[131] zur Vorauszahlung von Wohngeld[132] oder der Bezahlung rückständigen Verwalterhonorars[133] oder aufgelaufener Beitragsrückstände des Veräußerers.[134] Bei der abschnittsweisen Errichtung einer Mehrhausanlage kann die Erteilung der Zustimmung auch nicht davon abhängig gemacht werden, dass der Erwerber dem Bauträger eine entsprechende Gestaltungsvollmacht erteilt (Rn 40).[135] Die Eigentümer können die Versagung aus

---

[122] BayObLGZ 1964, 237.

[123] BayObLG NJW-RR 1991, 978.

[124] OLG Zweibrücken NJW-RR 1987, 269.

[125] OLG Düsseldorf ZMR 2003, 956.

[126] Riecke/Schmid/*Schneider* Rn 99.

[127] *Demharter* GBO § 38 Rn 40; Riecke/Schmid/*Schneider* Rn 90.

[128] AA MünchKommBGB/*Commichau* § 12 WEG Rn 45; Palandt/*Bassenge* § 12 WEG Rn 12; Spielbauer/*Then* § 12 Rn 10; *Hügel* DNotZ 2003, 517 (526).

[129] Niedenführ/*Kümmel*/Vandenhouten Rn 45; Weitnauer/*Lüke* Rn 13.

[130] So in dem vom OLG Hamm NJW-RR 2001, 1525 entschiedenen Fall.

[131] OLG Frankfurt/M. WE 1989, 172.

[132] KG WE 1990, 86.

[133] *Müller* WE 1998, 458 (459).

[134] BayObLG MittBayNot 1991, 290.

[135] *Armbrüster* ZMR 2005, 244, 249; *Häublein* DNotZ 2000, 442 (454); Staudinger/*Kreuzer* Rn 41; aA *Hügel* DNotZ 2003, 517 (522 f.).

wichtigem Grund im Wege der Vereinbarung **nur entschärfen, nicht** aber **verschärfen.** Ein Grund, der für die Verweigerung der Zustimmung grundsätzlich ausreichend wäre, kann somit durch eine entsprechende ausdrückliche Vereinbarung als Versagungsgrund ausgeschlossen werden. Dagegen kann ein unerheblicher Grund nicht zu einem wichtigen Grund erhoben werden (Rn 15).

2. Wichtiger Grund

Ein wichtiger Grund für die Versagung liegt vor, wenn der Erwerbsinteressent im Hinblick auf seine Person oder seine wirtschaftliche Leistungsfähigkeit für die WEgem **unzumutbar** ist,[136] weil auf Grund konkreter Anhaltspunkte objektiv begründete Zweifel bestehen, die erwarten lassen, dass der Erwerber nicht willens oder in der Lage sein wird, seinen Pflichten in der WEgem nachzukommen und die Rechte der anderen WEer zu achten,[137] die Veräußerung also eine **gemeinschaftswidrige** Gefahr für die übrigen WEer darstellt.[138] Die Voraussetzungen hierfür liegen niedriger als für die Entziehung des WEs.[139] Gründe in der Person des Veräußerers können keine Beachtung finden.[140] Der „wichtige Grund" ist ein unbestimmter Rechtsbegriff, bei dem die Subsumption, dh die Frage, ob die vorliegenden Tatsachen den Schluss auf einen wichtigen Grund zulassen, in vollem Umfang der richterlichen Nachprüfung unterliegt. **Darlegungs- und beweispflichtig** für das Vorliegen eines „wichtigen Grundes" zur Versagung der Zustimmung ist der Zustimmungsberechtigte.[141] 38

Im Einzelnen können folgende Tatsachen einen **wichtigen Grund** darstellen: 39

- **fehlende Bereitschaft zur Einordnung in die Hausgemeinschaft** durch einen Erwerber, der bereits WEer ist. Hierher zählen zB Drohungen gegenüber dem Zustimmungsberechtigten oder **gemeinschaftsschädigendes Verhalten,**[142] insbesondere die eigenmächtige Einberufung von WEVersen, die Vornahme rechtswidriger baulicher Veränderungen sowie betrügerisches Verhalten[143] oder die Nichteinhaltung der Hausordnung[144] sowie **Streitsucht**[145] oder die beabsichtigte Überlassung des WEs an den wegen nachhaltiger **Störung** des Gemeinschaftsfriedens zur Veräußerung verurteilten Alteigentümer zur weiteren Benutzung;[146]
- Gefahr der **zweckbestimmungswidrigen Nutzung,**[147] zB bei Veräußerung an einen Gewerbetreibenden, an einen Arzt, einen Anwalt usw., mit der Folge der Störung des reinen Wohncharakters eines Gebäudes;[148] Gefahr einer zweckwidrigen Nutzung als Bordell;[149]
- **mangelnde Sicherheit** für Erfüllung der Beitragspflichten und der Finanzierungsverpflichtungen;[150] zB bei Erwerb durch Verein, wenn der Vorstand früher WEer Beitrags-

[136] *Hügel* DNotZ 2003, 517 (528); *F. Schmidt* WE 1998, 5 (6); Staudinger/*Kreuzer* Rn 44, 49; Weitnauer/*Lüke* Rn 10.

[137] OLG Frankfurt NZM 2006, 380.

[138] BayObLG NJW 1973, 152 (153); OLG Frankfurt NZM 2006, 380.

[139] BayObLG NJW-RR 2002, 659; LG Köln ZMR 2009, 552.

[140] BayObLG NJW-RR 1993, 220.

[141] OLG Hamm NJW-RR 1993, 279; OLG Frankfurt NZM 2006, 380 (381); OLG Brandenburg ZMR 2009, 703 = NZM 2009, 623.

[142] OLG Düsseldorf ZMR 1992, 68.

[143] AG Siegburg ZMR 2009, 240.

[144] OLG Düsseldorf ZMR 1998, 45.

[145] BayObLGZ 2002, 37 = ZWE 2002, 528; OLG Zweibrücken NJW-RR 1994, 1103; OLG Frankfurt NZM 2006, 380.

[146] BayObLG NZM 1998, 868 (870) = NJW-RR 1999, 452 = ZMR 1998, 790.

[147] OLG Düsseldorf NJW-RR 1997, 268 (269).

[148] Vgl. auch OLG Düsseldorf WE 1997, 78; OLG Hamburg WE 1995, 43.

[149] KG Rpfleger 1978, 382; *Gottschalg,* FS Deckert, S. 161, 169.

[150] BayObLG DWE 1984, 60; *Grziwotz* NZM 2009, 812 (813).

rückstände hatte,[151] durch eine ausländische Gesellschaft ohne gesichertes Grundkapital und geschäftliche Aktivitäten, durch Personen, die keinen festen Wohnsitz haben oder nicht ordnungsgemäß gemeldet sind,[152] die bereits die eidesstattliche Versicherung geleistet haben, die nicht nur vorübergehend mittellos sind bzw. über kein eigenes Einkommen und Vermögen verfügen[153] oder die als **Mieter** [154] bzw. WEer[155] bereits zahlungsunwillig oder -fähig waren. Das Vermögen des **Ehegatten** des Erwerbers ist nicht zu berücksichtigen, wenn er für die Zahlungsverpflichtungen des anderen nicht haftet;[156]
- **Unkenntnis über die Person** des Erwerbers bei Briefkastenfirma;[157]
- Zugehörigkeit zu einer **verbotenen Organisation.**

3. Keine wichtigen Gründe

40 Keine Versagungsgründe sind:
- die bloß **abstrakte Gefahr** pflichtwidrigen Verhaltens[158]
- Nichterteilen einer geforderten **Auskunft**[159] oder **Nichtvornahme geforderter Reparaturarbeiten;**[160]
- **bauordnungsrechtliche Maßnahmen** gegen Erwerber;[161]
- **diskriminierende Gründe** der Rasse, der ethnischen Herkunft, des Geschlechts, der Religion oder Weltanschauung, einer Behinderung, des Alters oder der sexuellen Identität, die im Mietrecht nach den Bestimmungen des AGG eine unmittelbare oder mittelbare Benachteiligung begründen, ohne durch sachliche Gründe oder die soziale Bewohnerstruktur der Anlage (vgl. §§ 19 Abs. 3, 20 Abs. 1 AGG) gerechtfertigt zu sein.[162] Zwar findet das AGG auf die Veräußerung von WE keine Anwendung, jedoch prägen seine Wertungen den Inhalt von § 138 BGB mit, so dass eine Verweigerung der Zustimmung aus Gründen der Diskriminierung sittenwidrig ist. Auch kinderreiche Familien oder studentische Wohngemeinschaften können vom Erwerb nicht abgehalten werden;[163]
- **Fortsetzung** einer bisher geduldeten **zweckwidrigen Nutzung;**[164]
- **persönliche Unzuträglichkeiten,** Spannungen oder Vorkommnisse, wie sie in jedem Gemeinschafts- und Nachbarschaftsverhältnis immer wieder einmal auftreten können, sowie unerwünschte Eigenschaften oder bloße Antippathie;[165]
- **Rechtsnatur** der Erwerbsperson; **Inhalt des Kaufvertrags** wie unzutreffende Erklärung über Beitragsrückstände,[166] Mitkauf von Teilen des GemE[167] oder **Nichtzahlung übernommener Schulden** aus Gründen, die allein im Vertragsverhältnis wurzeln;

---

[151] AG Hannover NZM 2002, 991.
[152] Niedenführ/*Kümmel*/Vandenhouten Rn 52.
[153] OLG Düsseldorf ZMR 1997, 430; OLG Köln NJW-RR 1996, 1296.
[154] OLG Hamburg OLGReport Hamburg 2004, 192; OLG Düsseldorf ZMR 1997, 430; OLG Köln NJW-RR 1996, 1296; aA *Drasdo* WuM 1997, 451; *Müller* WE 1998, 458 (459).
[155] AG Siegburg ZMR 2009, 240.
[156] LG Köln ZMR 2000, 704.
[157] Riecke/Schmid/*Schneider* Rn 120; Niedenführ/*Kümmel*/Vandenhouten Rn 52.
[158] OLG Zweibrücken WE 1995, 24; *Grziwotz* NZM 2009, 812 (813).
[159] *F. Schmidt* WE 1998, 5 (12).
[160] BayObLG NJW-RR 1993, 280.
[161] BayObLG WE 1992, 142.
[162] Vgl. hierzu iE *Schmidt-Räntsch* NZM 2007, 6 ff.
[163] Vgl. OLG Zweibrücken MittBayNot 1994, 44.
[164] BayObLG NJW-RR 1990, 657.
[165] OLG Zweibrücken NZM 2006, 144.
[166] BayObLG WE 1984, 60.
[167] KG ZWE 2002, 131.

– **fehlende Bevollmächtigung des Bauträgers,** bei einer abschnittsweisen Errichtung das verbliebene GemE nach Baufortschritt in SE mit entsprechenden MEAen aufzuteilen, weil der Erwerber hierzu nicht verpflichtet ist.[168]

4. Anspruch auf Erteilung der Zustimmung

41 Ist ein Versagungsgrund nicht gegeben, so hat der veräußernde WEer, nicht aber der Erwerber,[169] einen einklagbaren Anspruch auf Erteilung der Zustimmung, der bei unberechtigter Verweigerung Schadensersatzansprüche auslösen kann[170] und gegen den ein **Zurückbehaltungsrecht** nicht geltend gemacht werden kann.[171] Darüber hinaus kann dem WEer durch Vereinbarung für bestimmte Fälle auch ausdrücklich ein Anspruch auf Zustimmung eingeräumt werden (Abs. 2 S. 2). Unabhängig hiervon gehört der Anspruch zum **Inhalt des SEs.** Er ist **nicht** selbstständig **übertragbar** oder **pfändbar,**[172] wohl aber kann seine Ausübung einem anderen überlassen werden. Wird die **Zwangsversteigerung** betrieben, so ist der betreibende Gläubiger berechtigt, den Anspruch geltend zu machen.[173] Dasselbe gilt für den Insolvenzverwalter.

42 Wird die Zustimmung **nicht in angemessener Zeit erteilt,** scheidet eine Aufforderung zur Zustimmung mit der Folge einer Verweigerungsfiktion entsprechend §§ 1829 Abs. 2, 1366 Abs. 3 S. 1, 2 BGB aus.[174] Ist der **Verwalter,** der **Verwaltungsbeirat** oder ein **Dritter** zustimmungsberechtigt, so ist der WEer, sofern nicht ein außergerichtliches Vorschaltverfahren vereinbart ist (Rn 13), nicht verpflichtet, zunächst die WEVers anzurufen. Diese ist zwar weisungsberechtigt (Rn 25, 28), aber nicht primär zuständig. Ist der Verwalter oder der Verwaltungsbeirat zustimmungsberechtigt, ist die Klage daher grundsätzlich gegen diesen zu richten.[175] Anders verhält es sich nur dann, wenn die WEr die Entscheidung an sich gezogen haben.[176] Der veräußerungswillige kann in einem gegen den Zustimmungsberechtigten gerichteten Verfahren nach § 43 Nr. 1 oder Nr. 3 über einen Antrag auf Abgabe der Zustimmungserklärung eine **gerichtliche Entscheidung** herbeiführen, und zwar auch dann, wenn ihm in der Vereinbarung ein Anspruch auf Erteilung nicht ausdrücklich eingeräumt ist. Dasselbe gilt für den Fall, dass der Zustimmungsberechtigte die Zustimmung **versagt** hat. Für die gerichtliche Beurteilung kommt es auf die tatsächlichen Verhältnisse im Zeitpunkt der Letzten mündlichen Tatsachenverhandlung an.[177] Die für die Verweigerung der Zustimmung geltend gemachten Gründe hat der Zustimmungsberechtigte zu **beweisen.**[178] Haben die **WEer** die Zustimmung ohne wichtigen Grund versagt, so ist der **Beschluss** anfechtbar.[179] Die übrigen WEer sind zugleich zu der verlangten Zustimmung zu verurteilen. Die Zustimmungserklärung gilt mit der Rechtskraft des Urteils nach § 894 ZPO als abgegeben.

---

[168] *Armbrüster* ZMR 2005, 244, 249; Riecke/Schmid/*Schneider* Rn 146; aA *Hügel* DNotZ 2003, 517 (522 f.).

[169] *F. Schmidt* WE 1998, 5 (7); *Weitnauer/Lüke* Rn 9.

[170] OLG Hamm NJW-RR 1993, 279.

[171] BayObLGZ 1977, 40; NJW-RR 1990, 657.

[172] AA Staudinger/*Kreuzer* Rn 40.

[173] BGHZ 100, 107 = NJW 1987, 1942 (1943) zu § 7 Abs. 1 ErbbauRG.

[174] Riecke/Schmid/*Schneider* Rn 103; Weitnauer/*Lüke* Rn 13 aE.

[175] BayObLG NJW-RR 1988, 1425.

[176] OLG Köln ZMR 2010, 54 (55); Riecke/Schmid/*Schneider* Rn 152.

[177] BayObLG NZM 2003, 481; OLG Hamm NJW-RR 1993, 279.

[178] OLG Köln ZMR 2010, 54 (56); OLG Brandenburg ZMR 2009, 703 = NZM 2009, 623.

[179] AA (nichtig): OLG Köln ZMR 2010, 54 (56); BayObLG NZM 2003, 481; Palandt/*Bassenge* Rn 11; Riecke/Schmid/*Schneider* Rn 151, Jennißen/*Baumann* Rn 26.

VIII. Fehlen der Zustimmung (Abs. 3)

1. Veräußerung durch Rechtsgeschäft

43 Wird die Zustimmung endgültig versagt oder ist sie unwirksam, sind sowohl das schuldrechtliche wie das dingliche Rechtsgeschäft nicht nur relativ im Verhältnis zu den Zustimmungsberechtigten, sondern **absolut** gegenüber jedermann unwirksam.[180] Steht das Fehlen der Zustimmung dagegen noch nicht endgültig fest, ist die Veräußerung **schwebend** unwirksam; durch die Erteilung der Zustimmung wird sie ex nunc wirksam (Rn 36).

2. Veräußerung im Wege der Zwangsvollstreckung

44 Auch die im Wege durch den Insolvenzverwalter erfolgte Veräußerung ist ohne die erforderliche Zustimmung schwebend unwirksam. Im Zwangsversteigerungsverfahren darf der Zuschlag nicht erteilt werden, vgl. Rn 35. Werden die Zustimmungsbedürftigkeit übersehen und der Zuschlag rechtskräftig, heilt der staatliche Hoheitsakt jedoch das Fehlen der Zustimmung.[181]

IX. Unrichtigkeit des Grundbuchs und gutgläubiger Erwerb

45 Ist die Zustimmungsbedürftigkeit **nicht** in das Grundbuch **eingetragen** worden, so ist sie ggü dem Erwerber auch nicht wirksam. Das Grundbuch ist nicht unrichtig. Auf die Frage der Gutgläubigkeit des Erwerbers kommt es nicht an. Ist die Inhaltsbeschränkung eingetragen, ist für einen gutgläubigen Erwerb ohne Zustimmung kein Raum. Ein solcher kommt nur in Betracht, wenn die zunächst zutreffende Eintragung zu Unrecht gelöscht worden ist.[182] Besonderheiten bestehen insoweit nicht.

X. Aufhebung der Veräußerungsbeschränkung (Abs. 4)

1. Bedeutung

46 Die Vereinbarung über die Zustimmungsbedürftigkeit der Veräußerung konnte vor dem 1. Juli 2007 nur durch eine Vereinbarung wieder aufgehoben werden. Mehrheitsbeschlüsse waren mangels Beschlusskompetenz nichtig. Etwas anderes galt nur in den Fällen, in denen die GemO eine Aufhebung durch Beschluss erlaubte, die Mehrheitsentscheidung also formell legitimiert war.

47 Die Neuregelung gibt den WEern die Möglichkeit, eine Veräußerungsbeschränkung auch in den Fällen durch Mehrheitsbeschluss aufzuheben, in denen das die GemO nicht ausdrücklich vorsieht. § 12 Abs. 4 WEG enthält insoweit eine **gesetzliche Öffnungsklausel.** Die Beschlusskompetenz und das Mehrheitserfordernis sind **zwingend** und können auch durch Vereinbarung nicht abbedungen werden. Sie gelten nicht nur für künftige, sondern auch für vor dem 1. 7. 2007 getroffene Vereinbarungen.[183] Die Aufhebungskompetenz verfolgt den **Zweck,** die Verfügungsfreiheit der WEer vor allem dort zu stärken, wo ein Einzelner die Entscheidungsfreiheit des Veräußerungswilligen aus sachwidrigen Gründen beschränkt. Die Beschlusskompetenz besteht nur für die Aufhebung und nicht für eine **Wiederbegründung** der Veräußerungsbeschränkung nach erfolgter Aufhebung.[184] Zwar kann der Aufhebungsbeschluss selbst wieder durch Mehrheitsbeschluss aufgehoben

---

[180] BayObLG Rpfleger 1983, 350; OLG Hamm NJW-RR 2001, 1525.

[181] *Streuer* Rpfleger 2000, 357 (361); Riecke/Schmid/*Schneider* Rn 105; Palandt/*Bassenge* Rn 13; aA Weitnauer/*Lüke* Rn 13.

[182] Staudinger/*Gursky,* BGB (2008), § 892 Rn 262.

[183] BT-Drucks. 16/887 S. 21.

[184] *Häublein* ZMR 2007, 409 (414); *Hügel*/Elzer § 4 Rn 14; Riecke/Schmid/*Schneider* Rn 68 j.

werden, jedoch lebt dadurch die aufgehobene Veräußerungsbeschränkung nicht mehr auf[185] Sie kann **nur durch Vereinbarung** wieder neu begründet werden.

Eine **Konkurrenzproblematik** zu § 10 Abs. 2 Satz 3 **stellt sich nicht.** § 12 Abs. 4 ist insoweit keine Spezialvorschrift.[186] Schon die Verschiedenheit der jeweiligen Regelungsgegenstände spricht dagegen. Spezialität könnte nur gegenüber einer anderen Kompetenznorm bestehen, nicht aber gegenüber einem Anspruch, der auf Abgabe einer Willenserklärung gerichtet ist. Darüber hinaus hat der Änderungsanspruch nach § 10 Abs. 2 Satz 3 zum Ziel, eine bestehende Vereinbarung durch eine andere zu ersetzen, nicht sie aufzuheben (§ 10 Rn 153). 48

2. Geltungsbereich

Die Möglichkeit der Aufhebung durch Beschluss besteht nur für die Veräußerungsbeschränkung gemäß § 12 Abs. 1 WEG. Sie gilt **nicht für andere vereinbarte Zustimmungserfordernisse.** Solche Zustimmungserfordernisse können daher ohne dahingehende rechtsgeschäftliche Öffnungsklausel nicht durch Mehrheitsbeschluss, sondern nur durch Vereinbarung wieder aufgehoben oder geändert werden, gegebenenfalls auf entsprechendes Verlangen nach § 10 Abs. 2 Satz 3. Eine Analogie zu Absatz 4 kommt nicht in Betracht, weil diese Bestimmung auch nach der Gesetzesbegründung[187] nur die Vereinbarung einer Veräußerungsbeschränkung im Blick hat und eine ungewollte Regelungslücke für andere Zustimmungserfordernisse im Hinblick auf § 10 Abs. 2 Satz 3 nicht besteht. 49

Eine andere Frage ist, ob § 12 Abs. 4 WEG eine Beschlusskompetenz enthält, Veräußerungsbeschränkungen zu **ändern.** Dem Wortlaut nach ist dies nicht der Fall. Bedenkt man zudem, dass gesetzliche Öffnungsklauseln als Ausnahmen vom Vertragsprinzip eher eng auszulegen sind, könnte dies dagegen sprechen. Eine an der ratio legis, nämlich die Mehrheitsmacht gegenüber sachwidrigen Einflüssen auf die Veräußerung von WE zu stärken, orientierte Auslegung muss jedoch im Wege des argumentum a majore ad minus zu dem Ergebnis führen, dass die WEer durch **Mehrheitsbeschluss** die Veräußerungsbeschränkung zwar nicht verschärfen, wohl aber durch eine **teilweise Aufhebung** erleichtern dürfen.[188] So können die WEer durch Mehrheitsbeschluss zB bestimmte Veräußerungsfälle von dem Zustimmungserfordernis ausnehmen[189] oder das Zustimmungserfordernis auf eine **Pflicht zur Anzeige der Veräußerung** an den Verwalter reduzieren. In diesem Fall kann der nach § 29 GBO erforderliche Nachweis der Anzeige der Veräußerung an den Verwalter vom Veräußerer durch Vorlage der Zustellungsurkunde geführt werden, die der nach § 132 Abs. 1 BGB für die Vermittlung der Zustellung zuständige Gerichtsvollzieher nach § 193 Abs. 1 ZPO zu erstellen hat. Sie beweist, dass die Veräußerungsanzeige dem Verwalter zugegangen ist. 50

3. Beschlussfassung

Inhaltlich muss der Beschluss **ordnungsmäßiger Verwaltung** entsprechen, wobei nach dem Willen des Gesetzgebers[190] dieselben Grundsätze wie für Beschlüsse auf Grund einer vereinbarten Öffnungsklausel gelten. Danach darf die gesetzliche Öffnungsklausel nicht dazu führen, dass sich die Mehrheit über schutzwürdige Interessen der Minderheit hinwegsetzt. Der einzelne WEer muss vielmehr „darauf vertrauen können, dass Änderungen nicht 51

---

[185] AA *Drasdo* RNotZ 2007, 264 (268).
[186] AA *Hügel*/Elzer § 4 Rn 22.
[187] BT-Drucks. 16/887 S. 21.
[188] Niedenführ/*Kümmel*/Vandenhouten Rn 32.
[189] *Abramenko* § 3 Rn 15; *Drasdo* RNotZ 2007, 264.
[190] BT-Drucks. 16/887 S. 22 „nach allgemeinen Grundsätzen“.

ohne weiteres möglich sind".[191] Diese Schranke der Mehrheitsmacht ergibt sich aus dem Gesichtspunkt des berechtigten Vertrauensschutzes als einer allgemeinen Schranke der Gestaltungsfreiheit. Der Beschluss ist danach nur rechtmäßig, wenn **sachliche Gründe** für die Aufhebung vorliegen und einzelne WEer hierdurch gegenüber dem bisherigen Rechtszustand nicht unbillig benachteiligt werden. Die Rechtmäßigkeitsvoraussetzungen gleichen damit denen, unter welchen nach § 10 Abs. 2 S. 3 auch die Änderung einer Vereinbarung verlangt werden kann. Die Frage der unbilligen Benachteiligung kann vor allem bei kleineren Gemeinschaften, insbesondere bei Familienanlagen oder Anlagen mit karitativer Zielsetzung von Bedeutung sein, so dass hier die bloße Ersparnis von Verwaltungsaufwand und Kosten als sachlicher Grund nicht ausreicht. Der Beschluss kann unter einer aufschiebenden, nicht aber unter einer auflösenden Bedingung gefasst werden.[192]

52 Die Beschlussfassung erfolgt mit **„Stimmenmehrheit".** Der Begriff der Stimmenmehrheit steht im Gegensatz zu dem der Einstimmigkeit und betrifft die Stimmenzahl. Die Befugnis kann durch Vereinbarung nicht „eingeschränkt oder ausgeschlossen werden". Die WE können die Möglichkeit, eine vereinbarte Veräußerungsbeschränkung durch Beschluss aufzuheben, nur erleichtern, nicht aber abbedingen, von dem Erreichen einer qualifizierten Mehrheit oder, wie aus der Begründung der Bestimmung folgt,[193] einer besonderen Gewichtung der Stimmen abhängig machen. Haben sie das Objekt- oder das Wertprinzip vereinbart, reicht daher es aus, wenn nach dem Kopfteil- oder dem vereinbarten Prinzip die Mehrheit erreicht ist (iE § 25 Rn 31).[194]

4. Beschlussanfechtung

53 Der Beschluss unterliegt der **Anfechtung** nach den allgemeinen Regeln. Da der Beschluss bis zur Rechtskraft einer ihn für ungültig erklärenden gerichtlichen Entscheidung gültig ist, bedarf bis dahin weder das schuldrechtliche noch das dingliche Veräußerungsgeschäft der Zustimmung. Der Eigentümerwechsel kann im Grundbuch unabhängig davon vollzogen werden, ob die Veräußerungsbeschränkung im Grundbuch gelöscht worden ist (Rn 8).

54 Wird der Aufhebungsbeschluss **nachträglich** rechtskräftig **für ungültig erklärt,** so findet auf den dadurch bewirkten Wiedereintritt der Veräußerungsbeschränkung des WEers **§ 878 BGB** Anwendung mit der Folge, dass eine zwischenzeitliche Veräußerung mangels Zustimmung nur unwirksam wird, wenn die Rechtskraft des Urteils über die Ungültigerklärung des Aufhebungsbeschlusses noch vor dem Eingang des Umschreibungsantrags bei dem Grundbuchamt eintritt. War die Veräußerungsbeschränkung zu diesem Zeitpunkt im Grundbuch bereits gelöscht, so kann der Erwerber nach **§ 892 BGB** bis zur Kenntniserlangung bzw. Wiedereintragung der Veräußerungsbeschränkung gutgläubig Eigentum erwerben. Die Vorschrift ist anwendbar,[195] obwohl die Zustimmungsbedürftigkeit keine Veräußerungsbeschränkung iSd § 892 BGB ist (Rn 5). Darauf, ob der Veräußerer vertrauen durfte, dass der Aufhebungsbeschluss nicht angefochten wird, kommt es nicht an.[196] Einen gutgläubigen Erwerb kann der Anfechtungskläger dadurch verhindern, dass er durch einstweilige Verfügung dem Zustimmungsberechtigten und dem Veräußerer untersagen lässt, einen Löschungsantrag zu stellen. Ist die Beschränkung bereits gelöscht, kann er

---

[191] BGHZ 95, 137 (140) = NJW 1985, 2832 (2833).

[192] *Wilsch* NotBZ 2007, 305 (307).

[193] BT-Drucks 16/887 S. 22.

[194] Vgl. Riecke/Schmid/*Schneider* Rn 68 c; *Fabis* RNotZ 2007, 369 (375); *Derleder* ZWE 2008, 253 (256); *Wenzel* ZWE 2008, 69 (74); *F. Schmidt* NotBZ 2008, 318 (319); *Hügel* NotBZ 2008 169 (174); aA *Drasdo* RNotZ 2007, 464 (465); *Häublein* FS Bub (2007) 113; *Deckert* ZMR 2008, 585 (590) – nur Kopfteilprinzip.

[195] Staudinger/*Gursky,* BGB (2008), § 892 Rn 262; *Wilsch,* NotBZ 2007, 305 (307,309); *Abramenko* § 3 Rn 6; Riecke/Schmid/*Schneider* Rn 68 f.; aA *Drasdo,* RNotZ 2007, 264 (267).

[196] AA *Drasdo* RNotZ 2007, 264 (267).

hiergegen im Wege der einstweiligen Verfügung nach § 899 Abs. 2 BGB die Eintragung eines Widerspruchs erwirken.[197] Das in diesem Fall bestehende Eintragungshindernis kann der Veräußerer durch die Herbeiführung eines Zweitbeschlusses oder dadurch beseitigen, dass er die Zustimmung des Berechtigten herbeiführt.[198] Umgekehrt hat der Zustimmungsberechtigte die Möglichkeit, mit dem rechtskräftigen Ungültigkeitstitel nach § 22 GBO die Wiedereintragung der Veräußerungsbeschränkung zu beantragen.

5. Grundbuchvollzug und gutgläubiger Erwerb

Mit Zustandekommen einer Aufhebungsvereinbarung oder mit der Verkündung des Aufhebungsbeschlusses wird das **Grundbuch unrichtig,** weil die eingetragene Inhaltsbeschränkung des Eigentums nicht mehr besteht. Die Löschung der Eintragung im Grundbuch ist nicht Wirksamkeitsvoraussetzung der Aufhebung.[199] Die **Aufhebung** der Veräußerungsbeschränkung bedarf – wie früher[200] – **keiner Zustimmung der dinglich Berechtigten,** weil sie hierdurch in ihren Rechten nicht nachteilig betroffen werden.[201] 55

Nach Satz 3 **kann** die Beschränkung im Grundbuch **gelöscht werden, muss** es aber **nicht.** Gleichwohl ist eine sofortige Löschung anzuraten.[202] Die – das Grundbuch berichtigende – Löschung wird dadurch vollzogen, dass in Spalte 6 des Bestandsverzeichnisses aller Wohnungsgrundbücher ein gleich lautender Vermerk eingetragen wird, dass die Veräußerungsbeschränkung weggefallen ist. Hierzu bedarf es nach § 22 GBO entweder der Berichtigungsbewilligung aller WEer (also auch derjenigen, die nicht zugestimmt haben) nach § 19 GBO oder des Nachweises der Unrichtigkeit. Eine Löschung von Amts wegen kommt nicht in Betracht.[203] Wird die Unrichtigkeit nachgewiesen, so ersetzt dies die Berichtigungsbewilligung. Satz 4 wiederholt (überflüssigerweise) nur, was sich ohnehin aus § 22 Abs. 1 Satz 1 GBO ergibt. Der **Nachweis der Unrichtigkeit** wird nach Satz 5 in entsprechender Anwendung von § 26 Abs. 3 durch die Vorlage der Niederschrift über den Aufhebungsbeschluss mit öffentlicher Beglaubigung der erforderlichen Unterschriften geführt. Ein Nachweis, dass die Unterzeichner der Niederschrift die in § 24 Abs. 6 S. 2 bezeichnete Stellung haben, ist nicht zu erbringen.[204] Den **Löschungsantrag** kann außer dem **Verwalter** jeder **WEer** als MEer, also auch der **Veräußerer,** stellen.[205] Er hat gegen den Verwalter einen Anspruch auf Herausgabe der Niederschrift als Unrichtigkeitsnachweis, kann dann aber nur eine Löschung in seinem Grundbuchblatt erreichen.[206] Wird die aufgehobene Beschränkung im Grundbuch nicht gelöscht, ist für die Anwendung von § 892 BGB kein Raum. Der gute Glaube an das Bestehen der Zustimmungsbedürftigkeit wird nicht geschützt. Bis zur Löschung kann dem durch die zu Unrecht fortbestehende Eintragung bewirkten tatsächlichen Veräußerungshemmnis am einfachsten durch die Zustimmung der nach der Eintragung Berechtigten zur Veräußerung oder einen Löschungsantrag entgegen gewirkt werden. Ist die Löschung im Grundbuch vollzogen, führt die erfolgreiche Anfechtung des Aufhebungsbeschlusses zur Unrichtigkeit des Grundbuchs, auf die § 892 BGB Anwendung findet.[207] 56

[197] *Wilsch,* NotBZ 2007, 305 (309).

[198] *Abramenko* § 3 Rn 6, 7.

[199] Vgl. im Ergebnis ebenso *Häublein* ZMR 2007, 409 (414); *Hügel*/Elzer § 4 Rn 16; *Wilsch* NotBZ 2007, 305 (306).

[200] BayObLG Rpfleger 1989, 503; Staudinger/*Kreuzer* (2005) Rn 16; Weitnauer/*Lüke* Rn 5.

[201] *Wilsch* NotBZ 2007, 305 (306); Riecke/Schmid/*Schneider* Rn 69.

[202] Riecke/Schmid/*Schneider* Rn 68 h.

[203] *Wilsch* NotBZ 2007, 305 (307).

[204] *Böhringer/Hintzen* Rpfleger 2007, 353 (357 mwN.); *Wilsch* NotBZ 2007, 305 (308).

[205] Riecke/Schmid/*Schneide* Rn 68 h.

[206] *Wilsch* NotBZ 2007, 305 (308).

[207] Staudinger/*Gursky,* BGB (2008), § 892 Rn 262; im Ergebnis ebenso *Wilsch* NotBZ 2007, 305 (307) unter Annahme von § 892 Abs. 1 S. 2 BGB.

§ 13 Rechte des Wohnungseigentümers

(1) **Jeder Wohnungseigentümer kann, soweit nicht das Gesetz oder Rechte Dritter entgegenstehen, mit den im Sondereigentum stehenden Gebäudeteilen nach Belieben verfahren, insbesondere diese bewohnen, vermieten, verpachten oder in sonstiger Weise nutzen, und andere von Einwirkungen ausschließen.**

(2) [1]**Jeder Wohnungseigentümer ist zum Mitgebrauch des gemeinschaftlichen Eigentums nach Maßgabe der §§ 14, 15 berechtigt.** [2]**An den sonstigen Nutzungen des gemeinschaftlichen Eigentums gebührt jedem Wohnungseigentümer ein Anteil nach Maßgabe des § 16.**

Übersicht

Literatur: *Abramenko,* Die Umdeutung unwirksamer Eintragungen von SE in Sondernutzungsrechte, Rpfleger 1998, 313; *Armbrüster,* Mehrheitsbeschluss über die Vermietung von Gemeinschaftseigentum, ZWE 2001, 20; *ders.,* Kollisionen zwischen Gemeinschaftsordnung und Mietvertrag, ZWE 2004, 217; *ders.,* Harmonisierung des wohnungseigentumsrechtlich und mietvertraglich zulässigen Gebrauchs, FS Blank (2006) S. 577; *Armbrüster/Müller,* Zur Wirkung wohnungseigentumsrechtliche Gebrauchsbeschränkungen gegen Mieter, FS Seuß (2007), 3 = ZWE 2007, 227; *dies.,* Direkte Ansprüche der WEer gegen Mieter, insbesondere bei zweckwidrigem Gebrauch, ZMR 2007, 321; *M. Becker,* Die Haftung der WEer für Schäden am SE infolge mangelhafter Instandsetzung des gemeinschaftlichen Eigentums, ZWE 2000, 56; *Bielefeld,* Garten und Gartennutzung in Wohnungseigentumsanlagen, DWE 1995, 94; *ders.,* Garten und Gartennutzung in Wohnungseigentumsanlagen, DWE 1996, 68; *Blank,* Die vermietete Eigentumswohnung, DWE 2005, 99; *Böttcher,* SNR bei Veräußerung von Wohnungseigentum, NotBZ 2007, 201; *Briesemeister,* Bauliche Veränderungen im Sondernutzungsbereich, DWE 2005, 67; *Bub,* Mietverhältnis und Wohnungseigentum WE 1989, 122; *ders.,* Wohnungseigentum und Miete – Überblick, ZWE 2004, 99 f.; *Deckert,* Instandhaltungs- und Instandsetzungspflichten bei Garagen- und Stellplatzeigentum, DWE 2005, 71; *Demharter,* Durchsetzung von Ansprüchen auf Beseitigung einer Parabolantenne durch einen Wohnungseigentümer, ZMR 2006, 306 f.; *Drasdo,* Einräumung, Änderung und Aufhebung von Sondernutzungsrechten, DWE 2000, 93; *ders.,* Immobilienverwaltung: Hotelanlagen unter WEG, NJW-Spezial 2008, 193; *Dötsch,* Analoge nachbarrechtliche Ausgleichshaftung innerhalb von Wohnungseigentümergemeinschaften?, MietRB 2006, 333; *Ertl,* Dingliche und verdinglichte Vereinbarungen über den Gebrauch des Wohnungseigentums, DNotZ 1988, 4; *Fritz,* Vermietung von SE zu gewerblichen Zwecken, NZM 2000, 633; *Firtz/Schacht,* Vermietung von SE zu gewerblichen Zwecken, NZM 2008, 155; *Geißel,* Zur Ausgestaltung von Sondernutzungsrechten am Gemeinschaftseigentum, MittRhNotK 1998, 328; *Gleichmann,* Sondereigentumsfähigkeit von Doppelstockgaragen Rpfleger 1988, 10; *Gottschalg,* Vermietung von SE und Gemeinschaftseigentum, DWE 2000, 50; *Grziwotz,* Die Aufhebung von Sondernutzungsrechten, MietRB 2008, 276;*Häublein,* Keine Begründung von Sondernutzungsrechten durch Mehrheitsbeschluss, ZWE 2000, 569; *ders.,* Sondernutzungsrechte und ihre Begründung im Wohnungseigentumsrecht (2003); *ders.,* Bindung des Erwerbers an Vereinbarungen der WEer durch notariellen Erwerbsvertrag – Zugleich Anmerkung zum Beschl. des BayObLG v. 2. 2. 2005 – 2 Z BR 222/04 –, DNotZ 2005, 741; *Happ,* Das SNR im Wohnungseigentum, DWE 2002, 5; *Hitpaß,* Big Brother oder Dienstleistung? Die Videoüberwachung von Grundstücken und Hauseingangsbereichen durch das Wohnungsunternehmen, ZdW Bay 2001, 18; *Hitpaß/Maaß,* Die aktuelle Rechtsprechung zur miet- und wohnungseigentumsrechtlichen Problematik von Parabolantennen, ZdW Bay 2001, 179; *Hogenschurz,* Das Sondernutzungsrecht nach WEG (2008); *ders.,* Sondernutzungsrechte an Gartenflächen, MietRB 2003, 85 f.; *Horst,* Der bauliche Nachbarrechtsschutz des Wohnungseigentümers, DWE 1999, 99; *ders.,* Nachbarrechtliche Schnittstellen nach der WEG-Reform, DWE 2008, 4; *Hügel,* Die Umwandlung von Teileigentum zu Wohnungseigentum und umgekehrt, FS Bub (2007) S. 137; *Köhler,* „Umnutzung" eines Sondereigentums, ZWE 2001, 97; *Kreuzer,* Sondernutzungsrechte – Begründung, Übertragung, Änderung, FS Merle (2000), 203; *ders.,* Vermietung gemeinschaftlichen Eigentums, ZWE 2004, 204; *Kurbjuhn,* Gartenzwerg als Beeinträchtigung einer Wohnanlage DNotZ 1988, 667; *Maier,* Zur Eintragungsfähigkeit eines Dauernutzungsrechts BWNotZ 1987, 90; *Martens/Appelbaum,* Rechtliche Vorgaben für Errichtung, Änderung und Betrieb von Mobilfunkstationen, NZM 2002, 642; *Merle,* Zur Übertragung sog. Sondernutzungsrechte Rpfleger 1978, 86; *ders.,* Sondernutzung im Wohnungseigentum DWE 1986, 2, 34; *ders.,* Zur Vermietung von Teilen des gemeinschaftlichen Eigentums, WE 1989, 20; *ders.,* Entgelte für die Nutzung von GemE und Mehrheitsbeschluss, DWE 2005, 55; *ders.,* Die zweckwidrige Nutzung von Wohnungseigentum, PiG 39 (1993) S. 217 = WE 1993, 148; *Müller,* Instandhaltung und bauliche Veränderungen, WE 1993, 203; *Nüßlein,* Die Divergenzen zwischen Wohnungseigentums- und Mietrecht (2006); *Ott,* Das SNR im Wohnungseigentum (2000); *ders.,* Die Begründung von Sondernutzungsrechten durch vereinbarungsersetzenden Mehrheitsbeschluß, ZWE 2000, 333; *ders.,* Löschung eines Sondernutzungsrechts durch den Berechtigten allein, ZWE 2000, 413; *ders.,* Mehrheitsbeschluss über die Vermietung eines zum gemeinschaftlichen Eigentum gehörenden Kellerraums, ZWE 2000, 301; *ders.,* Die Rechtsnatur von Sondernutzungsrechten, ZWE 2001, 12; *ders.,* Zur Eintragung von Mehrheitsbeschlüssen im Grundbuch bei sogenannter Öffnungsklausel, ZWE 2001, 466; *ders.,* Zur Aufhebung im Grundbuch eingetragener Vereinbarungen der WEer ZMR 2002, 7; Reichert, Das Hausrecht in Wohnungseigentumsanlagen ZWE 2009, 189; *Riecke,* Die vermietete Eigentumswohnung, FS Deckert (2002), 353; *Ruthmann,* Wohnungseigentumsrechtliche Bindungen bei Mietverträgen über Wohnungseigentum

(1993); *Sauren,* SNR einzelner WEer an Teilen eines gemeinschaftlichen Raumes, FS Merle (2000), 261; *F. Schmidt,* Gebrauchsregelungen an SE MittBayNot 1995, 115; *ders.,* Zur Festlegung eines Sondernutzungsrechts an einem Kfz-Stellplatz durch einen Verwalter einer Wohnungseigentumsanlage, MittBayNot 1998, 185; *ders.,* Benutzungsregelung an der Duplexgarage, ZWE 2000, 207; *ders.,* Sondereigentumsverwaltung durch den Verwalter, ZWE 2000, 506; *Schneider,* Sondernutzungsrechte im Grundbuch, Rpfleger 1998, 9 f., 53 f.; *Schuschke,* Kann die WEgem einen WEer zur Kündigung eines unliebsamen Mietverhältnisses zwingen?, NZM 1998, 176; *ders.,* Die Sondernutzung an Gartenflächen der Wohnungseigentumsanlage, NZM 1998, 737; *Sommer,* Dinglicher Abwehranspruch und teilrechtsfähige Gemeinschaft, ZWE 2006, 335 f.; *Weitnauer,* Zur Erstreckung des Gutglaubensschutzes beim Erwerb eines Wohnungseigentums auf Bestand und Umfang eines Sondernutzungsrechtes DNotZ 1990, 385; *ders.,* Die Übertragung des Gebrauchsrechts an Kraftfahrzeug-Abstellplätzen Rpfleger 1976, 341; *ders.,* Zur Vermietung von Teilen des gemeinschaftlichen Eigentums – Stellungnahme zu *Merle* WE 1989, 42; *Wendel,* Zustimmungspflicht zur Änderung der Zweckbestimmung trotz Öffnungsklausel, ZWE 2001, 589; *Wenzel,* Der Störer und seine verschuldensunabhängige Haftung im Nachbarrecht, NJW 2005, 241; *ders.,* Die Verfolgung von Beseitigungsansprüchen durch die Wohnungseigentümergemeinschaft, ZMR 2006, 245 f.; *ders.,* Doppelte Zuständigkeit bei der Verfolgung von Beseitigungsansprüchen im Wohnungseigentum? NZM 2008, 74; *ders.,* Hausverbot gegen Lebensgefährten, ZWE 2009, 165.

I. Normzweck

1 Die Vorschrift regelt in Anlehnung an § 903 BGB die Eigentumsrechte, § 14 die Eigentumspflichten des WEers/TEers. Die Vorschrift unterscheidet dabei zwischen den beiden Eigentumsbereichen, dem SE (Abs. 1) und dem ME (Abs. 2). Auf den sich daraus ergebenden Eigentumsrechten baut die Rechtsstellung der WEer auf. Ihr ggü kommt der WEgem als Rechtssubjekt nur die dienende Funktion zu, die Verwaltung des GemEs bei der Teilnahme am Rechtsverkehr zu erleichtern (§ 10 Rn 31). Zum **Begriff des WEers** § 10 Rn. 2.

II. Inhalt des Sondereigentums

1. Eigentum, Besitz

2 Das WE/TE ist mit den sich aus der Verbindung von SE und MEA am GemE ergebenden Besonderheiten echtes **Individualeigentum** iSd § 903 BGB[1] und Art. 14 GG[2] mit allen sich daraus ergebenden Herrschafts- u. Schutzrechten (Eigentumsrechten, vgl. § 1 Rn 182 f.). Da SE Alleineigentum ist, übernimmt Abs. 1 insoweit die in § 903 BGB getroffene Regelung der Eigentümerbefugnisse für die im SE stehenden Gebäudeteile. Diese entsprechen der „Sache" iSd § 903 BGB. Hinsichtlich des GemE schließt Abs. 2 dagegen an § 743 BGB an.

3 Aufgrund seines SEs ist der WEer anders als der Mieter oder Pächter auch Eigenbesitzer (§ 872 BGB), uz hinsichtlich der in seinem SE stehenden Gebäudeteile **Teilbesitzer** (§ 865 BGB) auch ggü den anderen SEern, hinsichtlich des Grundstücks und der in GemE stehenden Gebäudeteile **Mitbesitzer** (§ 866 BGB; § 1 Rn 200). Der mit dem Eigentum und Besitz verbundene Schutz einschließlich der Einwendungen aus § 986 BGB steht den WEern nicht nur ggü Dritten, sondern auch untereinander zu.[3]

2. Befugnisse des Sondereigentümers

4 Aus der Rechtsstellung als Sondereigentümer ergeben sich positive und negative Eigentumsrechte. Die **positiven Rechte** bestehen darin, mit dem Gegenstand des SEs nach Belieben verfahren zu dürfen. Abs. 1 erfasst damit im Wesentlichen nur **Gebrauchs- und**

[1] BGHZ 49, 250 (251) = NJW 1968, 499; BGHZ 116, 392 (394) = NJW 1992, 978 (979).
[2] BVerfG NJW-RR 2005, 454.
[3] BVerfG NJW 1995, 1665 (1666); NJW-RR 2005, 454.

Nutzungsrechte, nicht dagegen **Verfügungsrechte.** Denn über das SE kann ohne das ME nicht gesondert verfügt werden. Dass der WEer über sein Raumeigentum nach Maßgabe von § 12 frei verfügen, es also zB unterteilen, veräußern oder belasten kann, ergibt sich nicht aus § 13, sondern unmittelbar aus §§ 747, 903 BGB. Deswegen kann das WE zB auch zugunsten des jeweiligen Eigentümers einer anderen Wohnung mit einer Grunddienstbarkeit belastet werden, wonach ein Fenster ständig geschlossen zu halten ist.[4] Das generelle Verfügungsrecht erstreckt sich auch auf das Zubehör, also zB die Einrichtungsgegenstände eines Cafés, eines Ladens im TE, die Alarmanlage der Wohnung, Beleuchtungskörper usw.

5 Die **negativen Rechte** bestehen darin, andere von Einwirkungen auf das SE im Wege der negatorischen Abwehrklage nach §§ 1004 f. BGB, der dinglichen Vindikationsklage nach §§ 985 f. BGB und der Besitzentziehungs- oder -störungsklage nach §§ 861 f. BGB ausschließen und ggf nach § 823 BGB Schadensersatz verlangen zu können. Im Hinblick auf die sich aus der Gemeinschaftsbindung ergebenden Beschränkungen macht Abs. 1 hier allerdings eine Einschränkung, indem es anders als in § 903 BGB nur von „Einwirkungen" und nicht von „jeder Einwirkung" spricht. § 13 ist wie § 903 BGB kein Verbotsgesetz iSd § 134 BGB.[5]

III. Gebrauch und Nutzung des Sondereigentums

1. Gegenstand

6 Nach Abs. 1 kann jeder WEer mit den „im SE stehenden Gebäudeteilen" nach Belieben verfahren. Damit ist der Gegenstand des SEs nach § 5 Abs. 1 umschrieben, zu dem die gem. § 3 Abs. 1 bestimmten **Räume** sowie die zu diesen Räumen gehörenden und im SE stehenden Bestandteile des Gebäudes gehören. Ist die Begrenzung nach dem Aufteilungsplan und der Bauausführung eindeutig , kann SE auch dann entstehen, wenn es an einer tatsächlichen Abgrenzung fehlt („Luftschranke").[6] Das Recht zur Nutzung der Räume ist nicht auf die **Gebäudeteile** beschränkt, die im SE des WEers stehen. Es erstreckt sich vielmehr auch auf im GemE stehende Gegenstände, die allein der WEer in Gebrauch nehmen darf. Das gilt sowohl für Gebäudeteile wie zB Außenfenster oder -türen als auch für einen Gegenstand, an dem ein SNR zugunsten des WEers begründet worden ist.[7] Deswegen darf der WEer, soweit nicht das Gesetz oder Rechte Dritter entgegenstehen, Außenfenster oder -türen nach Belieben öffnen oder schließen. Dieses Recht kann auch Gegenstand einer Belastung des WEs mit einer Grunddienstbarkeit des Inhalts sein, dass ein Fenster ständig geschlossen zu halten ist.[8]

2. Inhalt

7 Zu dem Recht, mit dem SE im Rahmen des geltenden Rechts nach Belieben verfahren zu dürfen, gehört, wie das Gesetz beispielhaft erläutert, insbesondere das Recht, diese Gebäudeteile selbst bewohnen, vermieten, verpachten oder in sonstiger Weise nutzen (§ 100 BGB) oder auch nicht nutzen zu dürfen. Dieses Recht ist nicht übertragbar und pfändbar, kann aber zur Ausübung einem anderen **überlassen** werden.

8 **a) Bewohnen.** Zum Bewohnen als Ausdruck der allgemeinen Gebrauchs- und Nutzungsfreiheit gehört das Recht des SEers, seine Räume auch wie ein Alleineigentümer nach Gutdünken **auszustatten, instand zu halten** oder zu setzen. Er hat daher zB das Recht, die Stromversorgung auch zum Anschluss von **Nachtstromgeräten** zu benutzen, soweit

[4] BGH NJW 1989, 2391.
[5] AA insoweit OLG Saarbrücken NJW 2007, 779 (780) – Haustierhaltungsverbot.
[6] BGH NJW 2008, 2982 = ZMR 2008, 897.
[7] BGHZ 107, 289 (293) = NJW 1989, 2391 f.
[8] BGHZ 107, 289 (294) = NJW 1989, 2391 f.

hierdurch nicht das entsprechende Recht anderer WEer beeinträchtigt wird. Reicht der gemeinschaftliche Hausanschluss nicht zur Versorgung aller WEer mit Nachtstrom aus, kann jeder Miteigentümer eine Aufteilung der zur Verfügung stehenden Stromkapazität nach der Größe der MEAe oder nach Wohnflächen verlangen.[9]

9 Ebenso darf der TEer in den zum TE gehörenden Schaufenstern branchenspezifische **Werbung** anbringen.[10] Zur Werbung auf Flächen im GemE s. Rn 17.

10 Zum Bewohnen gehört darüber hinaus jedes sozial übliche Verhalten in einer Wohnung, wie zB das **Musizieren,**[11] das **Rundfunkhören** oder **Fernsehen.**[12] Ist ein Gemeinschaftsanschluss nicht vorhanden, kann jeder WEer einen solchen als Maßnahme ordnungsmäßiger Verwaltung nach § 21 Abs. 5 Nr. 6 WEG verlangen (§ 21 Abs. 4 WEG). Der Anspruch geht auf Errichtung und Anschluss an eine dem aktuellen technischen Standard und zeitgemäßen Wohnkomfort entsprechende Anlage, sofern das Gebäude nicht in der TEerkl wirksam als eine „hörfunk- und fernsehfreie Zone" ausgewiesen ist.[13] Der Anspruch zielt auf die Sicherung einer den Interessen aller WEer gerecht werdenden Grundversorgung, nicht dagegen auch auf die Befriedigung spezieller Informationsinteressen. Kann ein solches spezielles Interesse durch eine Gemeinschaftsanlage nicht abgedeckt werden, hat der einzelne WEer unter Umständen das Recht auf Errichtung einer eigenen Anlage. Ist die Wohnung dagegen an eine **gemeinschaftliche Empfangsanlage** angeschlossen, so ist der WEer grundsätzlich darauf verwiesen, diese auch zu benutzen. Es bleibt ihm jedoch unbenommen, das SE auch mit einer eigenen Empfangsanlage zu versehen, soweit dadurch das GemE überhaupt nicht (zB Zimmerantenne für den DVB-T Empfang) oder nicht in einer andere WEer benachteiligenden Weise (versteckte Parabolantenne[14]) in Anspruch genommen wird (§ 14 Nr. 1 WEG). Ist auf diese Weise nicht wenigstens eine Grundversorgung sichergestellt, hat der WEer das Recht, für die Installation einer **eigenen Parabolantenne** GemE sichtbar in Anspruch zu nehmen,[15] (iE. § 14 Rn 17 f).

11 Ob die **Tierhaltung** zum sozial üblichen Bewohnen gehört, ist im Einzelfall unter Beachtung des Rücksichtnahmegebots aus § 14 Nr. 1 zu entscheiden. Entsprechend den im Mietrecht geltenden Grundsätzen zum vertragsgemäßen Gebrauch[16] sind insbesondere Art, Größe, Verhalten und Anzahl der Tiere, Art, Größe, Zustand und Lage der EW sowie der Wohnanlage, Anzahl, persönliche Verhältnisse, berechtigte Interessen der übrigen WEer, Anzahl und Art anderer Tiere im Haus zu berücksichtigen. Danach wird das Halten ungefährlicher Kleintiere wie Ziervögel, Kaninchen, Hamstern, Schildkröten, Zierfischen im Aquarium oder kleiner Echsen in einem Terrarium vom Wohngebrauch umfasst ist, weil von ihnen im Regelfall keine Störungen oder Belästigungen für die übrigen WEer ausgehen. Anders verhält es sich mit einer übermäßigen Tierhaltung, die zu unzumutbaren und unbilligen **Belästigungen** anderer WEer, oder mit dem Halten exotischer Tiere, auf die andere WEer mit Ablehnung reagieren. Auch die Hundehaltung gehört ebenso wenig zum wesentlichen Inhalt der Nutzung von WE[17] wie das Musizieren ohne Einhaltung von Ruhezeiten,[18] (iE § 14 Rn 36 f).

---

[9] BayObLG NJW-RR 1988, 1164.

[10] OLG Karlsruhe ZMR 2002, 218 (219).

[11] BGHZ 139, 288 (293).

[12] BGHZ 157, 322 (334).

[13] BGHZ 157, 322 = NJW 2004, 937 = ZWE 2004, 352 m. Anm. *Köhler* u. Anm. *Demharter* EWiR 2004, 603.

[14] Vgl. OLG München NJW-RR 2006, 592 = NZM 2006, 345.

[15] IE *Wenzel* FS Seuß (2007) S. 259 (271 f.).

[16] BGH NJW 2008, 218 = NZM 2008, 37; NJW 2010, 438 = ZMR 2010, 299.

[17] BGHZ 129, 329 (333).

[18] BGHZ 139, 288 (293 f.) = NJW 1998, 3713 (3714); BayObLGZ 1985, 104 (108); OLG Frankfurt NJW 1985, 2138; OLG Hamm NJW-RR 1986, 500 (501).

b) Hausrecht, freier Zugang. Zum Recht, das SE bewohnen zu dürfen, gehört auch das **Hausrecht.** Dieses beruht auf dem grundrechtlich verbürgten Eigentum oder Besitz an der Wohnung und dient dem Schutz ihrer verfassungsrechtlich durch Art. 13 Abs. 1 GG garantierten Unverletzlichkeit (§§ 858 ff., 903, 1004 BGB). Das Hausrecht sichert die Privatsphäre in räumlicher Hinsicht und erstreckt sich auch auf die von Art. 13 Abs. 1 GG mit erfassten Arbeits-, Betriebs- oder Geschäftsräume sowie diejenigen Teile davon, die der Inhaber aus eigenem Entschluss der Öffentlichkeit zugänglich gemacht hat.[19] Es ermöglicht seinem Inhaber, frei darüber zu entscheiden, wem er den Zutritt zu der Örtlichkeit gestattet und wem er ihn verwehrt.[20] Das Hausrecht folgt aus der Eigentumsgarantie von Art. 14 Abs. 1 GG. Es steht hinsichtlich der im SE stehenden Gebäudeteile dem SEer und hinsichtlich des GemEs der WEgem zu (Rn 14) Es findet für das SE seine Schranke an § 14 Nr. 4 (§ 14 Rn 53 f) und anderen gesetzlichen Bestimmungen, wie zB § 16 InfektionsschutzG.[21] Zur Gebrauchs- und Nutzungsfreiheit zählt das **Recht auf ungehinderten Zugang** zum SE. Dieses Recht schützt nicht nur den freien Zugang des WEers oder Besitzers (Mieter) selbst, sondern auch den Zugang der in § 14 Nr. 2 WEG genannten Personen sowie den Zugang zur Wohnung durch Besucher oder Kontaktpersonen des Wohnungseigentümers. Die Möglichkeit des sozialen Kontakts in der Wohnung ist wesentlicher Bestandteil der grundrechtlich verbürgten Unverletzlichkeit der Wohnung. Das Recht enthält insoweit Elemente der allgemeinen Handlungsfreiheit sowie des allgemeinen Persönlichkeitsrechts, ohne dass es hierzu eines Rückgriffs auf Art. 2 Abs. 1 iVm Art. 1 Abs. 1 GG bedarf. Ein gegen den Lebensgefährten oder Besucher des WEers/Besitzers durch Beschluss verhängtes Hausverbot greift als räumliche Kontaktsperre in den Kernbereich des WEs (§ 10 Rn 97 f) ein und ist aus diesem Grund nichtig.[22] Bauliche Veränderungen im GemE[23] oder Gebrauchsregelungen für die Zugangswege, die den Zugang in unzumutbarer Weise erschweren, verletzen den unantastbaren Kernbereich des SEs ebenso wie die vollständige oder teilweise Zerstörung der Substanz von SE. Umgekehrt kann der SEer von den übrigen WEern verlangen, dass sie im Rahmen des Zumutbaren Maßnahmen dulden oder beschließen, die im Falle einer Behinderung den **barrierefreien** Zugang ermöglichen (§ 14 Rn 16). 12

c) Ausbau, Umbau. Das Gebrauchsrecht schließt, wenn auch nicht ausdrücklich erwähnt, das Recht ein, die im SE stehenden Gebäudeteile wie zB die nichttragenden Innenwände, Zimmertüren, den Fußbodenoberbelag oder den Deckenunterputz ergänzen, **beseitigen** oder **verändern** zu dürfen.[24] Ist in der TEerkl zB bestimmt, dass der Dachboden als Wohnung ausgebaut werden darf, schließt dies das Recht ein, in die Dachfläche Dachfenster oder Dachgauben zur notwendigen Lichtzufuhr für die Wohnung – auf eigene Kosten[25] – einzubauen, nicht dagegen auch die Befugnis, eine Dachloggia zu errichten.[26] Ebenso darf jeder WEer sein SE **unterteilen,** ohne hierzu der Zustimmung der anderen WEer zu bedürfen (§ 2 Rn 93 f). 13

IV. Mitgebrauch des Gemeinschaftseigentums (Abs. 2)

1. Allgemeines

Auch das ME an den gemeinschaftlichen Räumen und Flächen ist mit den aus der gemeinschaftlichen Berechtigung folgenden Besonderheiten grundrechtlich verbürgtes Ei- 14

[19] BVerfGE 97, 228 (265) = NJW 1998, 1627 (1633).
[20] BVerfGE 97, 228 (265); BGH NJW 2006, 1054.
[21] Vgl. OVG Münster NJW-Spezial 2009, 99.
[22] Vgl. BGHZ 157, 322 (335) = NJW 2004, 937 (941); *Wenzel* ZWE 2009, 165; enger BVerfG NZM 2010, 44 = ZWE 2009, 438 m. Anm. *Reichert.*
[23] Vgl. OLG Düsseldorf WE 1996, 392 (393).
[24] OLG Düsseldorf ZMR 2002, 69 (70) – Bodenbelag.
[25] OLG Celle ZMR 2007, 55 = IMR 2007, 126.
[26] BayObLG NJOZ 2004, 2652.

gentum mit Herrschafts- und Schutzrechten. Zu den Herrschaftsrechten gehören nach Abs. 2 der **Mitgebrauch** und die sonstigen Nutzungen, aber auch das Hausrecht. Dieses steht allen WEern zu und kann nur gemeinschaftlich ausgeübt werden (§ 10 Rn 248). Die WEer haben daher grundsätzlich die Möglichkeit, in Ausübung des **Hausrecht**s mit Mehrheit über eine Gebrauchsregelung (§ 15 Abs. 2), über eine Hausordnung (§ 21 Abs. 5 Nr. 1) oder sonst eine Maßnahme ordnungsmäßiger Verwaltung zu entscheiden. Soll gegen Dritte ein Hausverbot verhängt werden, wird der Gebrauch des GemEs nicht *geregelt,* sondern *entzogen.* Eine solche Maßnahme kann ordnungsmäßiger Verwaltung entsprechen, wenn sie sich gegen Personen richtet, die einzulassen kein WEer ein Interesse hat, das das schutzwürdige Interesse der Mehrheit überwiegt. So verhält es sich zB mit einem Hausverbot gegen Landstreicher, Hausierer, ambulante Händler oder „Gaffer“ Dagegen greift ein Hausverbot gegen den Lebenspartner oder Besucher eines WEers in den Kernbereich des SEs ein und ist nichtig (Rn 12).[27] Die WEer können nicht gegen den Willen eines WEers mit Mehrheit darüber befinden, wer ihn in seiner Wohnung aufsuchen darf und wer nicht. Dieses Recht steht allein dem betreffenden WEer zu. Das Hausrecht der WEgem in Bezug auf die gemeinschaftlichen Zugangswege findet insoweit seine Grenze an dem grundrechtlich verbürgten Recht des WEers, selbst darüber zu befinden, wer die Wohnung betreten darf und wer nicht. Das gilt auch dann, wenn der Besucher den Hausfrieden stört. Denn das Hausverbot ist kein zulässiges Mittel der Störungsabwehr nach § 1004 BGB (Rn 157). Die WEer sind insoweit vielmehr gehalten, einen Titel aus § 1004 BGB gegen den störenden Besucher zu erwirken und ggfs nach § 890 ZPO zu vollstrecken.[28]

2. Gebrauchsvorteile

15 Jeder WEer ist zum Mitgebrauch des GemE nach Maßgabe der §§ 14, 15 befugt. Es handelt sich ebenfalls um ein Eigentumsrecht, das nicht selbstständig übertragen und gepfändet, wohl aber zur Ausübung **überlassen** werden kann (SNR). Mitgebrauch ist Teilnahme am Gebrauch des GemEs durch Mitbesitz[29] und Mitbenutzung. Da Gebrauch und Besitz nicht in Bruchteilen ausgeübt werden können, besteht die Befugnis zum Mitgebrauch unabhängig von der Größe des MEAs,[30] sofern nichts anderes vereinbart oder nach § 15 Abs. 2 bzw. § 21 Abs. 3 beschlossen ist. Der Mitgebrauch setzt keinen unmittelbaren Eigengebrauch voraus, sondern ist auch bei einem mittelbarem Fremdgebrauch noch gegeben, der an die Stelle des unmittelbaren Gebrauchs der Sache den – § 16 Abs. 1 Satz 2 entsprechenden – Anteil an den Miet- oder Pachteinnahmen als den mittelbaren Sachfrüchten (§ 99 BGB) treten lässt.[31] Deswegen können die WEer nach § 15 Abs. 2 mit Mehrheit beschließen, in GemE befindliche Flächen, Anlagen oder Einrichtungen zu vermieten oder zu verpachten (§ 15 Rn 25),[32] während der vollständige **Entzug des Mitgebrauchs** zB durch die Begründung eines SNRs (Rn 73 ff.),[33] die Stilllegung eines Müllschluckers[34] oder das Parkverbot im Falle der Nichtvermietung eines Kfz-Stellplatzes[35] nur im Wege der Vereinbarung erfolgen kann.

16 Ist der **gleichzeitige Gebrauch** durch mehrere WEer **nicht möglich,** so bedarf es einer Gebrauchsregelung. Enthält die GemO oder die Hausordnung keine Bestimmung,

---

[27] *Reichert* ZWE 2009, 289, (292); aA AG Mainz ZWE 2009, 167 (168).
[28] Vgl. BVerfG ZWE 2009, 438 m. Anm. *Reichert.*
[29] BayObLGZ 1972, 112; 1973, 268.
[30] BayObLGZ 1972, 109; 1975, 183; OLG Hamm ZMR 2001, 222.
[31] BGHZ 144, 386 (388); OLG Hamburg ZMR 2003, 957 (958).
[32] BayObLG NJW-RR 2002, 919 – Betreiben eines Freiausschankes.
[33] BGHZ 145, 158 (168) = NJW 2000, 3500 – SNR.
[34] BayObLG DNotZ 2002, 888 = NZM 2002, 447.
[35] OLG Köln ZMR 2009, 388.

muss sie durch Mehrheitsbeschluss nach § 15 Abs. 2 getroffen werden, wobei meist ein turnusmäßiger Gebrauch **(Rotationsprinzip)** ordnungsmäßigem Gebrauch entspricht.[36]

17 Wird das WE/TE in zulässiger Weise für die Ausübung eines Gewerbes benutzt, so schließt das Gebrauchsrecht an dem SE das Recht des Gewerbetreibenden ein, das GemE in angemessener und ortsüblicher Weise für das Anbringen von **Hinweisschildern** oder **Werbetafeln** zu nutzen (Rn 9).[37] Wird also zB ein in der TEerkl als „Wohnung" gekennzeichnetes SE zulässigerweise als Architekturbüro oder Steuerberaterpraxis genutzt, müssen die WEer ein **Praxisschild** in angemessener Größe am Haus- und Wohnungseingang dulden.[38] Die Einzelheiten können in der GemO, HausO oder durch Beschluss geregelt werden. Ist in der GemO bestimmt, dass Werbeschriften an der gesamten Fassade angebracht werden können, aber nicht die freie Sicht aus den Fenstern nach vorn behindern dürfen, so kann jeder WEer verlangen, dass an Fenstern der Eigentumsanlage angebrachte störende Werbefolien entfernt werden, auch wenn die Sicht aus den Fenstern seiner Wohnung durch die Werbung nicht beeinträchtigt wird; der vermietende Eigentümer ist beseitigungspflichtig, auch wenn dessen Mieter die Werbeschriften angebracht hat.[39]

3. Sonstige Nutzungen

18 Neben den Gebrauchsvorteilen gebühren jedem WEer auch die sonstigen Nutzungen, dh die „Früchte" iSd § 100 BGB, uz nach dem Verhältnis der MEAe (§ 16 Abs. 1 Satz 2). Dies können unmittelbare Sachfrüchte, dh alle natürlichen **Erzeugnisse** der gemeinschaftlichen Sache, wie Obst, Pflanzen und Bäume des Grundstücks, sein oder mittelbare Sachfrüchte, dh die **Erträge** sein, die die gemeinschaftliche Sache, gleich auf Grund welchen Rechtsverhältnisses, meist Miete oder Pacht, oder auch ein gemeinsames Recht (zB Überbaurente) gewährt. Der Erlös aus dem Verkauf von GemE ist dagegen keine Frucht, sondern das Surrogat der verkauften Sache, das den WEern entsprechend ihrem MEA zusteht.

V. Schranken der Eigentümerrechte

1. Allgemeines

19 Die Eigentumsrechte aus dem SE und aus dem GemE gelten nicht uneingeschränkt. Sie sind immanent beschränkt durch den **Inhalt des SEs,** wie er sich entweder aus einer nach § 10 Abs. 3 eingetragenen Vereinbarung ieS (§ 10 Rn 118 f.) oder aus einem auf Grund entsprechender Öffnungsklausel legitimierten Mehrheitsbeschluss ergibt (§ 10 Rn 120). Nicht nur der Gebrauch des SEs, auch der Mitgebrauch des GemEs kann durch Vereinbarung zum Inhalt des SEs gemacht werden. Ist eine Regelung zum Inhalt des SEs gemacht worden, wird hierdurch aus dem WE mit gesetzlichem Inhalt **Eigentum mit vereinbartem Inhalt.** Das führt zu einer Inhaltsänderung aller WEs-Rechte. Es wird nicht nur der Inhalt des von der Gebrauchsregelung erfassten SEs festgelegt, sondern spiegelbildlich auch das WEs-Recht der übrigen WEer ausgestaltet mit der Folge, dass ihnen das dingliche Recht zusteht, ihr Eigentum unter Ausschluss des zweckwidrigen Gebrauchs des von der Gebrauchsbeschränkung erfassten SEs oder des unzulässigen Mitgebrauchs des GemEs zu nutzen. Zu den aus dem Inhalt des SEs sich ergebenden immanenten Schranken gehört neben dem zugunsten eines WEers begründeten **SNR** vor allem die **Zweckbestimmung** des SEs bzw. GemEs. Darüber hinaus finden die Eigentumsrechte wie in § 903 BGB ihre

---

36 BayObLG NJW-RR 1993, 205; *Becker/Kümmel* ZWE 2001, 128 (136).

37 BayObLG NZM 2000, 1236; NZM 2002, 257 f.; OLG Köln NZM 2007, 92; OLG München ZMR 2007, 391 (392); LG Aurich NJW 1987, 448 – Vermietungshinweis; LG Dortmund NJW-RR 1991, 16 – Logenschild.

38 KG NJW-RR 1995, 333.

39 OLG Düsseldorf NJW-RR 2006, 956.

Schranken an dem Gesetz, insbesondere an dem gemeinschaftsrechtlichen **Nachbarrecht** (§ 14 Nr. 1), den beschlossenen **Gebrauchsregelungen** oder an den Rechten Dritter.

2. Zweckbestimmung des Eigentums

20 **a) Arten der Zweckbestimmung.** Die WEer können die Grenzen des zulässigen Gebrauchs abweichend von den gesetzlichen Vorgaben der §§ 13, 14 vereinbaren, uz sowohl für das WE als auch für das TE oder das GemE. Ob Nutzungsbeschreibungen in dem Aufteilungsplan, in der GemO oder in der TErkl Vereinbarungscharakter haben, ist durch **Auslegung** zu ermitteln, vgl. iE § 15 Rn 8 f. Durch Vereinbarung können sowohl die gesamte Anlage, bestimmte Räume des SEs oder Flächen des GemEs einem bestimmten Nutzungszweck unterstellt werden, so zB als „Hotel“[40] „Seniorenwohnanlage“,[41] „Ferienanlage“,[42] „Studentenwohnheim“[43] oder für „betreutes Wohnen“ mit der Verpflichtung zum Abschluss eines Betreuungsvertrages für nicht mehr als 2 Jahre (§ 10 Rn 104),[44] als „Laden“, „Büro“, „Abstellraum“, „Garage“[45] oder als „Ausstellungs- und Verkaufsraum“,[46] als „Waschküche“ oder „Kinderspielplatz“. Es handelt sich dann jeweils um vereinbarte Gebrauchsregelungen nach §§ 10 Abs. 2, 15 Abs. 1 (**Zweckbestimmung ieS,** § 10 Rn 79; § 15 Rn 8 f.). Sie können von dem Bestehen einer entsprechenden Öffnungsklausel abgesehen (§ 10 Rn 140 f.), nur durch eine Vereinbarung geändert werden, die ggfs auch konkludent zustande kommen kann (§ 10 Rn 67).[47]

21 Umstritten ist, ob dies auch für die in der TErkl vorgenommene Zuordnung einer Raumeinheit als Wohnungs- oder Teileigentum **(Zweckbestimmung iwS)** gilt, ob es sich bei dieser Zuordnung also um eine Zweckvereinbarung handelt[48] oder um einen Teil des dinglichen Begründungsaktes von WE.[49] Von der Beantwortung dieser Frage hängt im Ergebnis ab, ob es für die Umwandlung von WE in TE und umgekehrt einer Vereinbarung ieS bedarf und bei Bestehen einer Öffnungsklausel auch durch Mehrheitsbeschluss erfolgen kann, oder ob es hierzu nach §§ 873, 877 BGB der Einigung und grundbuchrechtlichen Bewilligung sowie Eintragung[50] bedarf.

22 Die Frage ist im erstgenannten Sinn zu beantworten (§ 1 Rn 27 f.). Die **Bestimmung als Wohn- oder Teileigentum** betrifft nicht den Gegenstand des SEs, und damit nicht die Eigentumsverhältnisse, sondern seinen Inhalt iSd § 5 und kommt in ihrer Wirkung einer Gebrauchsregelung gleich (§ 10 Rn 79). Eine **Umwandlung** von WE in TE und umgekehrt erfolgt daher nach Entstehen der werdenden WEgem wie jede andere **Änderung**

---

[40] BayObLG NZM 2003, 520; *Drasdo* NJW-Spezial 2008, 193.

[41] BayObLG ZMR 2002, 605 (606).

[42] BayObLG WuM 1998, 182.

[43] BayObLG WuM 1994, 156.

[44] BGH NJW 2007, 213 = NZM 2007, 90 = ZMR 2007, 284 (286).

[45] OLG Hamburg ZMR 2003, 697.

[46] BayObLG ZMR 2003, 757.

[47] BayObLG ZWE 2002, 35.

[48] So BayObLG NJW-RR 1991, 849 (850); 1998, 301; ZMR 2001, 41 (42); FGPrax 2005, 11 (13); OLG Bremen ZWE 2002, 184; OLG Düsseldorf ZMR 1998, 247; OLG Hamburg ZMR 2003, 697; KG ZMR 1998, 309; OLG Köln ZMR 1997, 376; *Armbrüster* ZMR 2005, 244 (246 f.); *Armbrüster/Müller* FS Seuß (2007) S. 3 (14 f.); *dies.* ZMR 2007, 321 (324); *Hügel* RNotZ 2005, 149 (154); *ders.* FS Bub (2007) S. 137 = ZWE 2008, 120; MünchKommBGB/*Commichau* § 1 Rn 44; Staudinger/*Rapp* § 1 Rn 11; *F. Schmidt,* ZWE 2005, 315 (316); Weitnauer/*Lüke* § 15 Rn 8.

[49] So OLG Celle ZWE 2001, 33 f.; KG ZMR 2002, 72 (73); NZM 2004, 624 (625); *Becker/Kümmel/Ott,* Wohnungseigentum (2003) Rn 134; *Ott* ZfIR 2005, 129 (131); Riecke/Schmid/*Elzer* § 3 Rn 22; *Wenzel* ZWE 2006, 62.

[50] BayObLGZ 1974, 217 (219); 1989, 28 (30) = NJW-RR 1989, 652; 1997, 233 (236); WuM 1998, 112; NJW-RR 2001, 1163; OLG Köln ZMR 1997, 376 (377); KG NZM 1998, 581 = WuM 1998, 366.

der Zweckbestimmung nach den Grundsätzen über die Änderung einer Vereinbarung (§ 1 Rn 38). Die Eintragung der Änderung in das Grundbuch ist daher auch keine Wirksamkeits-, sondern nur Wirkungsvoraussetzung ggü Fremdnutzern und Sondernachfolgern, es sei denn, die Änderung durfte auf Grund eines entsprechenden Änderungsvorbehaltes oder einer Öffnungsklausel in der GemO durch nicht eintragungsfähigen Mehrheitsbeschluss vollzogen werden (§ 10 Rn 144, 190).

b) Form der Zweckbestimmung. Die Zweckbestimmung eines Raums, einer Einrichtung oder Gemeinschaftsfläche kann **ausdrücklich** festgelegt sein oder sich **aus den Umständen** ergeben. Gemeinschaftsräume in einem Haus einer Mehrhausanlage dienen immer nur den betreffenden Hausbewohnern, sofern die Bewohner der anderen Häuser auf dem Grundstück nicht auf deren Mitbenutzung angewiesen sind. Dasselbe gilt für den Flur des Einzelhauses einer Mehrhausanlage.[51] Ebenso darf eine im Aufteilungsplan als **Kinderspielplatz** bezeichnete Fläche nur von den in der Anlage wohnenden Kindern genutzt werden, nicht jedoch von solchen Kindern, die in einem TE gegen Entgelt betreut werden.[52] Andererseits kann sich aus einer **Gesamtschau aller Regelungen** auch ergeben, dass Bezeichnungen wie „Laden“, „Büro“ oder „Praxis“ keine gewerbliche Zweckbestimmung enthalten, sondern nur als Hinweis zu verstehen sind, dass in diesem Räumen eine gewerbliche Nutzung der vereinbarten Zustimmung bedarf.[53] 23

c) Auslegung. Ist die Zweckbestimmung ausdrücklich festgelegt, so kommt es bei der **Auslegung** wie bei allen GBeintragungen auf den Wortlaut und Sinn an, wie sich dieser für einen unbefangenen Betrachter als nächstliegende Bedeutung des Eingetragenen (oder zulässigerweise in Bezug Genommenen) ergibt (§ 10 Rn 130). So wird zB unter einem *„Café“* ein Gaststättenbetrieb verstanden, der in erster Linie Kaffee, Tee und Konditoreiwaren anbietet,[54] unter *„Geschäftsraum“* auch eine Gaststätte, unter *„Laden“* eine Verkaufsstätte zum Vertrieb von Waren an jedermann[55] und unter *„Speicher“*[56] der gesamte Raum bis zur Dachkonstruktion. Die Bezeichnung *„Gemeinschaftsraum“*[57] bezieht sich nicht auf die Eigentumsverhältnisse, sondern meint einen Raum, der den WEern zur Freizeitgestaltung zur Verfügung steht. Der Begriff *„Nebenräume im Kellergeschoss“* bzw. *„Ladenkeller* und Nebenräume im Kellergeschoss“ weist den Räumen im Verhältnis zu den „Haupträumen“ eine untergeordnete Funktion zu und schließt den Betrieb eines hiervon unabhängigen selbstständigen Gewerbes in diesen Räumen selbst dann aus, wenn sie einen eigenen Eingang haben.[58] Die Bezeichnung *„Bodenraum“* weist darauf hin, dass er nicht zum dauernden Aufenthalt von Menschen bestimmt ist, also auch nicht als Ferienwohnung, Gästezimmer oder als Büro bzw. Gewerberaum genutzt werden darf.[59] Der Begriff *„berufliche Tätigkeit – gleich welcher Art“* beinhaltet jegliche gewerbliche Tätigkeit, mithin auch den Betrieb einer Diskogaststätte.[60] 24

Bei der Auslegung sind subjektive Vorstellungen nicht von Bedeutung. Maßgebend ist allein eine **objektive Sicht.** Daher kann der **Bedeutungswandel** eines Begriffs im allgemeinen Sprachgebrauch nicht unberücksichtigt bleiben.[61] Dies gilt vor allem dann, wenn die einem Begriff zugrunde liegenden wissenschaftlichen Erkenntnisse oder normative 25

[51] OLG Düsseldorf NJW-RR 1995, 528.
[52] BayObLG ZMR 1998, 182.
[53] OLG München ZMR 2008, 71 (72).
[54] BayObLG ZMR 2001, 51 (52).
[55] KG ZWE 2007, 258 (LS).
[56] LG München II ZMR 2001, 482; vgl. auch BayObLG NJW-RR 1986, 317.
[57] BayObLG NJW-RR 1986, 1076.
[58] OLG München NZM 2006, 933.
[59] OLG Schleswig FGPrax 2004, 272.
[60] OLG Schleswig ZMR 2008, 990 (991).
[61] Riecke/Schmid/*Abramenko* § 14 Rn 15; aA BayObLG ZMR 2001, 51, 52; OLG Hamburg ZMR 1998, 714.

Wertungen sich geändert haben oder wenn der Begriff direkt oder mittelbar auf Rechtsnormen verweist, deren Inhalt im Zeitablauf wandelbar, aber für jeden Zeitpunkt feststellbar ist. So wird mit dem Begriff des *„Ladens"* oder *„Ladenlokals"* eine Beschreibung der zulässigen Nutzung des TEs vorgenommen, die zugleich eine dynamische Verweisung auf die öffentlich-rechtlichen Regelungen der jeweils aktuellen **Ladenöffnungszeit** enthält. Wird die Ladenöffnungszeit verlängert oder ganz aufgehoben, so ermöglicht das grds auch eine entsprechend erweiterte Nutzung, ohne dass es auf das Alter der TEerkl ankommt.[62] Allerdings gilt auch hier das Rücksichtnahmegebot aus § 14 Nr. 1.

26 **d) Zulässigkeit abweichender Nutzung.** Die in das Grundbuch eingetragenen Zweckbestimmungen geben den Umfang des zulässigen Gebrauchs vor mit der Folge, dass eine abweichende Nutzung unzulässig ist. Hiervon macht die hM jedoch im Wege der **„ergänzenden Auslegung"**[63] der Zweckbestimmung dann eine Ausnahme, wenn die zweckbestimmungswidrige Nutzung **bei typisierender Betrachtungsweise generell nicht mehr stören** oder beeinträchtigen kann als eine der Zweckbestimmung entsprechende Nutzung.[64] Hierbei ist der Gebrauch nach seiner Art und der damit verbundenen Folgen (zB die zu erwartende Besucherfrequenz einer Arztpraxis) zu konkretisieren und auf die örtlichen Gegebenheiten (Umfeld, Lage im Gebäude) und zeitlichen Verhältnisse (etwa Öffnungszeiten) Verhältnisse zu beziehen.[65] So darf zB ein „Fahrradabstellraum" auch zum Abstellen von Gartengeräten[66] oder Mülltonnen[67] genutzt werden. Ist die *„Ausübung einer freiberuflichen Tätigkeit"* erlaubt, so ist für eine Anwalts- oder Arztpraxis Publikumsverkehr in nennenswertem Umfang typisch, bei einer Arztpraxis uU auch das Auftreten von Geruchsimmissionen, bei einem Architekturbüro kann es der Einsatz von Maschinen in einem über die heute als normal anzusehende Büroorganisation hinausgehenden Maße, beispielsweise bei der Anfertigung technischer Zeichnungen, sein, und das Büro eines Maklers kann sich durch eine werbende Gestaltung hierauf hinweisender Schilder auszeichnen. Folglich verschwimmt der Unterschied von **freiberuflicher** und **gewerblicher Tätigkeit,** so dass auch eine gewerbliche Tätigkeit nicht generell mehr stören muss als eine freiberufliche. Wie sich auf der einen Seite die Ausübung eines freien Berufs insbesondere durch den vermehrten Einsatz technischer Hilfsmittel und ggü früheren Zeiten intensiver wirkender Werbeträger der gewerblichen Tätigkeit annähert, so gibt es auf der anderen Seite gewerbliche Tätigkeiten, die sich von freiberuflichen nicht mehr nennenswert unterscheiden. Deswegen wurde als *„freiberufliche Tätigkeit"* auch der „freiberuflich angenäherte gewerbliche Betrieb" einer „Digitaldruckerei" für zulässig gehalten.[68]

27 Dem ist im Ergebnis zuzustimmen. Vom Zweck der Gebrauchsregelung her, den Rahmen und die Bedingungen für einen störungsfreien Gebrauch des Eigentums sicherzustellen, bietet sich allerdings weniger eine ergänzende Auslegung als vielmehr eine **teleologische Reduktion der Inhaltsbestimmung** in dem Sinne an, dass die Eigentumsbeschränkung nur dort greift, wo das durch die Beschränkung erlaubte Maß an Beeinträchtigung objektiv überschritten wird. Jedenfalls aber verstößt die Geltendmachung eines

---

[62] OLG München ZMR 2009, 69; NZM 2008, 652; OLG Hamm NJW 2008, 302 (303) = NZM 2007, 805 (806); aA OLG München ZMR 2007, 718 (719 f).

[63] Staudinger/*Kreuzer* Rn 8; Weitnauer/*Lüke* § 15 Rn 13.

[64] BayObLG NJW-RR 1996, 464; ZMR 1999, 186; 2001, 987; 2004, 686; OLG Celle ZMR 2004, 689 (690); Düsseldorf ZMR 2000, 330; 2002, 446; OLG Hamm ZMR 2005, 219 (220); OLG Karlsruhe ZMR 2001, 385; 2002, 152; OLG Zweibrücken ZMR 2002, 220; Bamberger/Roth/*Hügel* § 15 Rn 6 f.; Weitnauer/*Lüke* § 15 Rn 13.

[65] BayObLG NZM 2001, 138; NZM 2000, 1015 = ZWE 2001, 27; OLG Frankfurt NZM 2006, 144 (146); OLG Hamm FGPrax 2004, 12.

[66] OLG Frankfurt ZWE 2008, 433 m. Anm. *Demharter.*

[67] OLG Frankfurt ZWE 2009, 98.

[68] OLG Düsseldorf ZMR 2008, 393 f.

Unterlassungsanspruchs in diesen Fällen gegen die **Treuepflicht** der WEer (§ 10 Rn 48).[69] Auch in anderen Fällen kann ein gegen die zweckbestimmungswidrige Nutzung gegebener Unterlassungsanspruch nach § 242 BGB wegen unzulässiger Rechtsausübung oder Verwirkung ausgeschlossen sein.[70] Dafür genügt allerdings nicht, dass die anderen WEer die zweckwidrige Nutzung über längere Zeit hinweg geduldet haben. Vielmehr muss ihr Verhalten zusätzlich geeignet gewesen sein, ein Vertrauen zu begründen, dass der Anspruch auch in Zukunft nicht mehr geltend gemacht werde.[71]

e) Einzelbeispiele. aa) Zweckbestimmung ieS. Ein **„Laden“** darf idR als *Cafe für Drogenabhängige* genutzt werden, sofern ein separater Eingang vorhanden ist;[72] dsgl. als *Postfiliale,*[73] *Sonnenstudio,*[74] *Videothek*[75] oder als *Weinhandlung* mit Bistro/Aufwärmküche unter Beachtung der Ladenschlusszeiten.[76] 28

Dagegen lässt sich mit der Zweckbestimmung **nicht** vereinbaren die Nutzung als 29

- *Billard-Café*[77] oder *Bistro,*[78]
- als ein über die Ladenschlusszeit hinaus geöffnetes *Café* mit *Bierbar,*[79] als *Café/Bistro,*[80] als *Chemische Reinigung* unter Einsatz umfangreicher Reinigungsmaschinen und -geräte;[81]
- als *Eisdiele*[82] oder *Frauensportstudio;*[83]
- als *(Fisch-)Großhandelsgeschäft;*[84]
- als eine über die normale Ladenöffnungszeit hinaus betriebene *Gaststätte*[85] oder *Kleingaststätte;*[86]
- als *Office- und Partyservice*[87] oder eine bis in die Nacht geöffnete *Pilsstube,*[88] als *Pizzeria,*[89] als *Pizza-Liefer-Service,*[90] als *Stehpizzeria*[91] oder als *Pizzeria-Imbissstube,*[92] als *Salatrestaurant*

---

[69] *Armbrüster/Müller,* FS Seuß (2007), S. 3 (16) = ZWE 2007, 227 (233).

[70] Vgl. BayObLG ZWE 2002, 35 (36); ZfIR 2004, 332 (333); OLG Celle ZMR 2004, 689 (690); OLG Düsseldorf ZMR 2004, 610 (611).

[71] Vgl. BayObLG ZWE 2002, 35 (36); OLG Düsseldorf ZMR 2004, 610 (611).

[72] KG WE 1999, 218.

[73] OLG München NZM 2008, 652 (653) = NJW-RR 2008, 1394.

[74] OLG Hamm NZM 2007, 805.

[75] BayObLG WE 1994, 247.

[76] LG Hannover ZMR 2000, 69.

[77] OLG Zweibrücken ZMR 1987, 228.

[78] BayObLG ZMR 1993, 427; NJW 2002, 71; OLG Hamm NJW-RR 1996, 335; OLG Köln NJW-RR 1995, 851; aA OLG Hamburg NZM 2002, 612.

[79] BayObLGZ 1980, 154 = ZMR 1980, 251.

[80] OLG Köln NJW-RR 1995, 851; aA OLG Hamburg ZMR 2002, 455, wenn die Beeinträchtigungen nicht gravierender sind als bei einem Laden.

[81] BayObLG WE 1998, 194; OLG Hamm ZMR 1979, 51.

[82] OLG Schleswig NZM 2000, 1237.

[83] OLG Schleswig NZM 2003, 483.

[84] OLG München ZWE 2007, 318 = ZMR 2007, 718.

[85] BayObLGZ 1978, 214 (217); 1983, 73 n (78); ZMR 2000, 234 u. 775; 2001, 987; ZWE 2002, 35; OLG Celle ZMR 2004, 689; OLG Düsseldorf NZM 2000, 866 = ZWE 2000, 230; OLG Frankfurt/M. ZMR 1997, 667; OLG Hamm OLGZ 1978, 10 (12).

[86] BayObLG ZMR 2000, 234 = ZWE 2000, 129; vgl. auch BayObLG NJW-RR 2000, 1465 = ZWE 2000, 409 zu Bezeichnungen wie „Laden/Büro“, „Ladenlokal mit Voll-/Teilzeitküche“ oder „Laden mit Bistro“, bei denen die Bezeichnung „Laden“ im Vordergrund steht.

[87] OLG Hamburg ZMR 2003, 770.

[88] BayObLG Rpfleger 1980, 349.

[89] BayObLG NJOZ 2003, 1230; OLG Celle NJOZ 2003, 2936; OLG Karlsruhe OLGZ 1985, 397; LG Bremen NJW-RR 1992, 1297.

[90] BayObLG NZM 1998, 335.

[91] OLG Düsseldorf NJW-RR 1993, 587.

[92] OLG Karlsruhe NJW-RR 1994, 146; vgl. BayObLG WuM 2000, 438 zum Betrieb einer Imbissstube; OLG Köln NZM 2000, 390.

ohne Alkoholausschank,[93] als gewerbliche *Sauna*[94] oder *Sportvereinskantine,*[95] als *Spielsalon* mit Verkauf von Spielgeräten[96] oder *Spielothek;*[97]
– als *Tanzcafé,*[98] *Weinstube*[99] oder als *Waschsalon* mit Getränkeausschank.[100]

30 Darüber hinaus ist das Aufstellen von Tischen und Stühlen zum Verzehr außerhalb eines „Ladens" (*Außenwirtschaft*)[101] und in einem „Laden" der Betrieb einer *Begegnungsstätte für Menschen*[102] für unzulässig erachtet worden, während nach Ansicht desselben Gerichts der Betrieb einer *Kindertagesstätte* bzw. eines *Schülerladens* dann zulässig sein soll, wenn zuvor besondere Nutzungseinschränkungen (Mittagsruhe, Schallschutz) festgelegt wurden.[103] Die unterschiedliche Behandlung von Begegnungsstätte und Tagesstätte überzeugt nicht.

31 Ein **„Büro"** darf nicht als *Arztpraxis*[104] oder *Ballettstudio*[105] und ein **„Ladenlokal"** nicht als *Stehcafé,*[106] als *Spielsalon,*[107] als *bordellartiger „Clubbetrieb"*[108] oder als *Erotik-* oder *Sexshop* genutzt werden, sofern dies mit dem Charakter der Wohnanlage und den örtlichen Verhältnissen nicht vereinbar ist,[109] wohl aber als *Erotikfachgeschäft,*[110] wenn dessen äußeres Erscheinungsbild keine Nähe zu einem schrillen, auffälligen dem Rotlichtmilieu zuzuordnenden Sex-Shop erkennen lässt.

32 **Unzulässig** ist weiterhin die Nutzung
– einer **„Apotheke"** als *Gaststätte,*[111]
– eines **„Blumenladens"** als *Pilsstube,*[112]
– eines **„Bodenraums"** als *Ferienwohnung, Gästezimmer, Büro* oder *Gewerberaum,*[113]
– eines **„Café- und Ziergartens"** als *Bierpavillon,*[114]
– eines **„Cafes"** als *Bistro,*[115]
– eines **„Eis-Cafés"** als *Restaurant,*[116]
– einer **„Eisdiele und Café"** als *Pilslokal/Pilsbar,*[117]
– eines **„Lagerraums"** als *Gymnastik-/Tanzstudio,*[118]
– eines **„Massageinstituts"** als *Kampfsport- und Selbstverteidigungsschule,*[119]

---

[93] KG ZMR 1985, 207.
[94] BayObLG NJW-RR 1986, 317.
[95] KG NJW-RR 1986, 1073.
[96] BayObLG WE 1996, 479 – Automatensonnenstudio; OLG Hamm WE 1990, 96; KG ZMR 1990, 307; OLG Zweibrücken NJW-RR 1987, 464; 1988, 141.
[97] OLG Frankfurt DWE 1986, 64.
[98] BayObLG Rpfleger 1978, 414, 436 = ZMR 1978, 380.
[99] AG Dachau DWE 1986, 93.
[100] OLG Frankfurt OLGZ 1987, 49.
[101] OLG München NZM 2008, 652.
[102] KG ZWE 2007, 258 (LS).
[103] KG NJW-RR 1992, 1102.
[104] OLG Düsseldorf NJW-RR 1996, 267; OLG Stuttgart NJW 1987, 385.
[105] LG Bremen NJW-RR 1991, 1423.
[106] OLG Köln WuM 2005, 71 (73).
[107] AG Passau Rpfleger 1980, 23.
[108] OLG Hamm DWE 1995, 34; KG NJW-RR 2000, 1253 = ZWE 2000, 228.
[109] BayObLG NJW-RR 1995, 467; KG ZWE 2000, 228.
[110] AG Wiesbaden NJWE-MietR 1996, 15.
[111] OLG Stuttgart DWE 1987, 139.
[112] BayObLG Rpfleger 1980, 349.
[113] OLG Schleswig FGPrax 2004, 272.
[114] AG Passau Rpfleger 1984, 269.
[115] OLG Zweibrücken ZMR 1997, 481.
[116] OLG Hamm der WE 1986, 90.
[117] OLG München NJW-RR 1992, 1492.
[118] BayObLG NJW-RR 1994, 527.
[119] BayObLG WuM 1993, 700.

– von „**Sauna, Ruheraum,** Duschraum, Tauchbecken“ als *Sauna/Sexclubs,*[120] *Pärchentreff* oder *Swinger-Club,*[121]
– eines **„Schwimmbads“** als *FitnessCenter,*[122]
– eines **„Speichers“** als *Wohnraum,*[123] nicht aber zur *Aufbewahrung von Notariatsakten,*[124]
– eines **„Weinkellers“** als *Discothek* oder einer Gaststätte mit Tanzbetrieb.[125]

bb) Zweckbestimmung „Wohneigentum“. Aus der Zweckbestimmung von Räumen als **Wohnungseigentum** oder **Wohnung** folgt, dass das SE ausschließlich zu Wohnzwecken benutzt werden darf. Ist eine Einheit als „Gewerbewohnung“ ausgewiesen, liegt eine **alternative Zweckbestimmung** vor, die sowohl eine gewerbliche Nutzung, als auch eine Nutzung als Wohnung erlaubt.[126] Eine bloße Bezeichnung im **Aufteilungsplan** als „Wohnzimmer“, „Schlafzimmer“, „Kinderzimmer“, „Küche“, „Badezimmer“ und „WC“, ist keine Zweckbestimmungen ieS, sondern ein unverbindlicher Nutzungsvorschlag,[127] vgl. § 15 Rn 9. Das Recht, die Räume hiervon abweichend zu gebrauchen und zB die „Küche“ in das „Schlafzimmer“ zu verlegen, findet nur an dem Rücksichtnahmegebot aus § 14 Nr. 1 seine Schranke. Auch können Räume, die als *„Kammer“* bezeichnet und getrennt im ausgebauten Dachgeschoss gelegen sind, zu Wohnzwecken und Vermietung genutzt werden,[128] nicht dagegen ein *„Abstellraum“.*[129] Zu den **Wohnnebenräumen** Rn 38. 33

Dagegen ist eine Nutzung von **Wohnräumen** zu rein **gewerblichen Zwecken** ohne besondere Vereinbarung nicht zulässig. Deswegen dürfen sie zB nicht gewerblich an *Touristen*[130] oder als *Stundenquartier* vermietet oder als *Schankräume,*[131] als *Ballettstudio,*[132] *Billard-Café,*[133] *Friseursalon*[134]oder als *Blumenladen* mit *Zeitungsverkauf*[135] genutzt werden. Ebenso darf in einer Wohnanlage nicht ein *Wohnheim* für fortlaufend wechselnde *Aussiedler* bzw. Fremdarbeiter,[136] eine gewerbliche *Arbeitsvermittlung* oder *Schülernachhilfe,*[137] ein *Altenpflegeheim*[138] oder ein *Boarding-House* – eine Übergangsform von Wohnnutzung und Beherbungsbetrieb –[139] betrieben werden, das bei der gebotenen typisierenden Betrachtung die übrigen WEer stärker als die Wohnnutzung beeinträchtigt.[140] Desgleichen darf in Wohnräumen auch nicht der *gewerblichen Prostitution* nachgegangen werden,[141] (vgl. 34

[120] BayObLG NJW-RR 1994, 1036.
[121] BayObLG NJW-RR 2000, 1323 = ZWE 2000, 405.
[122] BayObLG ZMR 1988, 436.
[123] BayObLG WE 1986, 73; 1995, 28 u. 157; 1996, 116.
[124] BayObLGZ 2001, 41 = NZM 2001, 1083.
[125] BayObLG ZMR 1990, 230.
[126] KG WuM 2008, 165.
[127] BGH, ZfIR 2010, 199; BayObLG NJOZ 2003, 1231 = GuT 2004, 27; OLG Hamm NZM 2007, 294, 295.
[128] KG NJW-RR 1991, 1259.
[129] BayObLG WE 1995, 90.
[130] KG ZMR 2008, 406 – Berlin-Touristen.
[131] BayObLGZ 1983, 79; OLG Hamburg ZWE 2002, 596 = NZM 2003, 111.
[132] BayObLG WE 1985, 125.
[133] OLG Zweibrücken ZMR 1987, 228.
[134] BayObLG NZM 2001, 138.
[135] BayObLG NJW-RR 1993, 149.
[136] OLG Hamm NJW 1992, 184; OLG Frankfurt/M. NZM 2004, 231 (233).
[137] OLG Köln IMR 2008, 85.
[138] OLG Hamm ZMR 1999, 504.
[139] OVG Berlin-Brandenburg ZMR 2007, 407.
[140] OLG München NZM 2006, 587; OLG Saarbrücken NZM 2006, 588 m. Anm. *Wenzel* IMR 2006, 19; vgl. auch allg. *Drasdo* NJW-Spezial 2007, 561.
[141] BayObLG ZMR 1993, 580; OLG Düsseldorf WuM 2003, 399; OLG Zweibrücken IMR 2008, 169; 2009, 129.

aber § 14 Rn 11). Ob eine Wohnung der Nutzung als *Büro* entgegensteht, hängt von den Umständen des Einzelfalls ab, insbesondere von der Art des Bürobetriebs.[142]

35 **Zulässig** ist die planmäßige Vermietung einer Wohnung auf jeweils kurze Zeit,[143] sei es als *Ferienwohnung,*[144] oder sei es zu anderen vorübergehenden Zwecken der Mieter,[145] soweit die Vermietung nicht gewerblich erfolgt,[146] der Betrieb einer *Arzt- oder Zahnarztpraxis,* eines *Architekturbüros,* einer *Steuerberaterpraxis,* einer *Krankengymnastenpraxis oder psychotherapeutischen Praxis,*[147] einer *Versicherungsvertretung*[148] oder *Patentanwaltskanzlei.*[149] Die Wohnnutzung schließt auch nicht aus, eine Wohnung zum dauernden Bewohnen durch eine *asylberechtigte Familie* zu überlassen.[150] Eine Gebrauchsüberlassung von Wohnräumen an einen fortlaufend wechselnden Personenkreis von *Aus- und Übersiedlern* für eine Übergangszeit wird ebenfalls von der Zweckbestimmung gedeckt, wenn ein Richtwert von 3 Personen je Zimmer und eine Verweildauer nicht unter einem halben Jahr eingehalten wird.[151] Dasselbe gilt für die Nutzung von Wohneigentum für *„betreutes Wohnen"* oder die Überlassung eines Wohnhauses in einer aus mehreren Gebäuden bestehenden ETW-Anlage an *Wohngruppen* von Kindern und Jugendlichen mit Erziehern bzw. Erzieherehepaaren in einer „sonstigen betreuenden Wohnform" iSv § 34 SGB.[152] Die Unterbringung einer *Außenwohngruppe eines Erziehungsheims* wurde dagegen als unzulässig angesehen.[153]

36 **cc) Zweckbestimmung „Teileigentum". (1) Allgemeines.** Die Zweckbestimmung **„Teileigentum"** (§ 1 Abs. 3) erlaubt grds keine Wohnnutzung.[154] Allerdings hat die Rechtsprechung es zugelassen, Teileigentum **heimartig** zu nutzen,[155] weil die Überlassung von Räumen an eine Vielzahl von Personen, die miteinander nicht familiär verbunden sind, und die gemeinschaftliche Benutzung von Küchen- und Sanitäreinrichtungen nicht für eine Wohnnutzung prägend sind. Anders verhält es sich bei der Umgestaltung eines TEs in Wohnappartements für **„Betreutes Wohnen"** oder für Wohnsitzlose und psychisch erkrankte Personen, welche die weitgehend abgeschlossenen Wohnungen selbstständig nutzen. Ein derartiger Gebrauch ist zweckbestimmungswidrig und kann infolge der damit in der Regel verbundenen intensiveren Nutzung von Gemeinschaftsflächen mehr stören als eine gewerbliche Nutzung.[156]

37 Die Zweckbestimmung „TE" ist andererseits **nicht mit der Vereinbarung einer gewerblichen bzw. freiberuflichen Nutzung gleichzusetzen.**[157] So kann TE auch sonstige nicht zu Wohnzwecken dienende Raumeinheiten bezeichnen, wie Garage oder

---

[142] Vgl. BayObLG NZM 2001, 138.

[143] BGH, NZM 2010, 285 = ZWE 2010, 130 = ZMR 2010, 378 m. Anm. *Kümmel.*

[144] LG Karlsruhe ZMR 2009, 943 (944); BayObLGZ 1978, 306 f.

[145] BGH, NZM 2010, 285.

[146] BGH, NZM 2010, 285.

[147] Zweifelhaft, vgl. OLG Düsseldorf ZMR 1998, 247 mwN; BayObLGZ 1985, 171; KG NJW-RR 1991, 1421; 1995, 333; aA BayObLG ZMR 2000, 778 – Arztpraxis.

[148] KG NJW-RR 1994, 206.

[149] OLG Köln ZMR 2002, 380 (381).

[150] BayObLG NJW-RR 1992, 917; KG NJW 1992, 3045.

[151] OLG Stuttgart NJW 1992, 3045 u. 3046; vgl. auch BayObLG NJW-RR 1994, 1662 – 2 Personen je Zimmer und 10 qm über 6 Jahre.

[152] OLG Hamm ZMR 1999, 504 f; KG NJW-RR 2001, 948 = ZMR 2001, 658.

[153] OLG Hamm NZM 2000, 350.

[154] BayObLG FGPrax 2005, 11 (13); aA OLG Düsseldorf NZM 2005, 70 m. krit. Anm. *Drasdo* NJW-Spezial 2005, 3.

[155] OLG Frankfurt Rpfleger 1981, 148 f.; OLG Hamm, FGPrax 1999, 97; NJW 1992, 184; auch BayObLG, NJW 1994, 1662.

[156] BayObLG FGPrax 2005, 11 (13).

[157] KG ZWE 2007, 201 f. m. Anm. *F. Schmidt.*

Abstellräume.[158] Es gibt selbstständiges und unselbstständiges TE.[159] Beides verbindet, dass es nicht zu Wohnzwecken dient.

(2) Selbstständiges Teileigentum. Selbstständiges TE ist mit einem MEA verbunden und zur gewerblichen, beruflichen oder zur Nutzung als Garage bzw. Abstellplatz vorgesehen. Eine Beschränkung kann sich allenfalls aus dem Charakter oder der baulichen Gestaltung der Anlage ergeben.[160] Die Bezeichnung des TEs als **„Gewerbeeinheit"** erlaubt grundsätzlich jede nach Lage und Beschaffenheit des Raums geeignete, zulässige gewerbliche Nutzung, wie zB den Betrieb einer *chemischen Reinigung,*[161] einer *Gaststätte,*[162] einer städtischen *Methadon-Abgabestelle,*[163] eines *Cafés,*[164] einer *Seniorenbegegnungsstätte* mit Mittagstisch,[165] einer *Zahnklinik*[166] oder eines *Stundenquartiers* aber auch den Betrieb einer nicht auf Gewinnerzielung gerichteten *Fortbildungseinrichtung* (Volkshochschule,[167] Unterrichtung von Asylbewerbern[168]), einer *Tagesstätte* für psychisch Behinderte[169] oder einer *Begegnungsstätte* eines Kulturvereins,[170] nicht aber die Einrichtung einer *Sauna.*[171] Ein „Supermarkt" darf auch als *Getränkemarkt*[172] genutzt werden. 38

(3) Unselbstständiges Teileigentum. Unselbstständiges TE sind **Wohnnebenräume,** die zwar zu einer Wohneinheit gehören, aber entweder ausdrücklich oder der Sache nach nicht zu Wohnzwecken genutzt werden dürfen. Sie dienen untergeordneten Zwecken, wie zB als *„Abstellraum",*[173] *„Bodenraum",*[174] *„Bühnenraum",*[175] *„Dachboden",*[176] *„Garage",*[177] *„Speicher"*[178] oder *„Werkstatt".*[179] Dasselbe gilt für einen ***„Keller".***[180] Hier ist schon der Einbau von Sanitäreinrichtungen (Waschbecken, Dusche, WC) und das Anbringen eines Briefkastens im GemE als der Beginn einer unzulässigen Wohnnutzung anzusehen.[181] Der Keller darf aber auch nicht als *Gymnastik-/Tanzstudio* genutzt werden, wohl aber als *Saunaraum.*[182] 39

Ebenso verhält es sich bei einem ***„Dachboden"***[183] oder ***„Hobbyraum."***[184] Denn bei generalisierender Betrachtungsweise stört deren Nutzung zu dauernden Wohnzwecken 40

---

[158] KG ZWE 2007, 201 (202).

[159] *F. Schmidt* ZWE 2007, 206 (207).

[160] BayObLG NJW-RR 1994, 1038; NZM 2000, 871; OLG Düsseldorf ZMR 2004, 448 (450); OLG Hamm ZMR 2006, 149; KG ZMR 2000, 402 (404).

[161] BayObLG NJW-RR 1994, 1038.

[162] KG ZMR 2000, 251; 2002, 967.

[163] OLG Düsseldorf ZMR 2002, 446.

[164] OLG Zweibrücken ZMR 1987, 229 (230).

[165] OLG Düsseldorf NJW 2008, 2194.

[166] OLG Düsseldorf FGPrax 2003, 202 f.

[167] OLG Hamm ZMR 2006, 149 (150).

[168] BayObLG NJW 1992, 919.

[169] OLG Zweibrücken NZM 2005, 868 = ZMR 2006, 76.

[170] OLG Hamm ZMR 2006, 149 (150).

[171] BayObLG NJW-RR 1986, 317.

[172] BayObLG WuM 1999, 31.

[173] OLG Hamburg ZMR 2003, 697; KG ZMR 2007, 299.

[174] OLG Schleswig FGPrax 2004, 272.

[175] OLG Stuttgart NJW-RR 1993, 1041.

[176] OLG Düsseldorf ZMR 2004, 610.

[177] OLG Hamburg ZMR 2003, 697.

[178] BGH NJW 2004, 364.

[179] KG ZWE 2007, 201 f. m. Anm. *F. Schmidt.*

[180] BayObLG ZMR 1993, 30; ZWE 2000, 122 (123); OLG Schleswig ZMR 2006, 891; OLG Zweibrücken ZMR 2002, 220.

[181] BayObLG WE 1998, 398.

[182] BayObLG WuM 1994, 292 – Studio: OLG Frankfurt NZM 2006, 747 – Sauna.

[183] Modifizierend für Sanitäreinrichtungen: OLG Düsseldorf ZWE 2008, 137 (142).

[184] BayObLG NJW-RR 1991, 139; ZMR 2004, 925; OLG Düsseldorf ZMR 2000, 219; KG ZMR 2007, 299; OLG Köln 2001, 661; OLG München ZMR 2007, 302; OLG Zweibrücken ZMR 2002, 220.

mehr als eine zweckbestimmungsmäßige Nutzung.[185] Auch hier indiziert schon der Einbau einer Dusche und einer Toilette eine unzulässige Wohnnutzung,[186] sofern der Ausbau zu Wohnräumen nicht ausdrücklich gestattet ist.[187] Ebenso verstößt eine Nutzung als *Ballettstudio*[188] gegen die Zweckbestimmung. Dagegen soll die halbtägige Nutzung mit Ausnahme des Wochenendes als *Betreuungsstätte* für Kleinkinder zulässig sein, weil dadurch die übrigen WEer nicht mehr gestört oder beeinträchtigt würden als bei einer Nutzung als Hobbyräume.[189] Auch eine nur gelegentliche Wohnnutzung ist nicht ausgeschlossen, sofern sie nicht den Charakter eines Gästezimmers oder einer Ferienwohnung erhält[190] und nicht mit stärkeren Störungen verbunden ist[191]

3. Gesetzliche Vorschriften (Nachbarrecht)

41 **a) Außenverhältnis der Wohnungseigentümer.** Der Gebrauch des SEs findet seine Grenze weiterhin an den gesetzlichen Vorschriften und genießt umgekehrt auch deren Schutz. Hierzu gehören im Verhältnis zu außenstehenden Dritten die allgemeinen Vorschriften des privaten und öffentlichen Nachbarrechts[192] und der unerlaubten Handlung. Insoweit besteht kein Unterschied zu sonstigem Immobiliareigentum. Voraussetzung ist allerdings, dass der WEer allein in seinem SE betroffen ist. Rechte aus dem GemE kann er nur geltend machen, wenn die Ausübungsbefugnis nicht, wie zB bei Ansprüchen aus § 905 f. BGB, bei der rechtsfähigen WEgem liegt.

42 **b) Innenverhältnis der Wohnungseigentümer. aa) Allgemeine Grundsätze.** Im Innenverhältnis der WEer zueinander findet der **Gebrauch des SEs** seine Schranke dagegen insbesondere an den Bestimmungen der §§ 14 und 15. Sie konkretisieren das zwischen den WEern bestehende Gemeinschaftsverhältnis in nachbarrechtlicher Hinsicht als ein besonderes **intensiviertes „Nachbarschaftsverhältnis"** und gehen deswegen als Spezialnormen den allgemeinen Vorschriften des privaten und öffentlichen Rechts über das nachbarliche Gemeinschaftsverhältnis vor,[193] weil für das Verhältnis der WEer untereinander grundsätzlich weitergehende Rücksichtnahmepflichten gelten als im Nachbarrecht.[194] Ihre Wertungen sind jedoch bei der Anwendung dieser gemeinschaftsrechtlichen Normen mit zu berücksichtigen. Da das wohnungseigentumsrechtliche Nachbarschaftsverhältnis eine besondere Ausprägung des ohnehin zwischen den WEern bestehenden **gesetzlichen Schuldverhältnisses** darstellt, findet – anders als beim nachbarlichen Gemeinschaftsverhältnis bürgerlichen Rechts[195] – auch **§ 278 BGB** Anwendung (§ 10 Rn 43).

43 Der **Vorrang der §§ 14, 15** vor den allgemeinen nachbarrechtlichen Normen ist **nicht zwingend.** Er kann durch Vereinbarung (zB einer faktischen Realteilung, § 10 Rn 76) abbedungen werden. Ist das geschehen, finden an Stelle der abbedungenen wohnungseigentumsrechtlichen Regelungen die allgemeinen nachbarrechtlichen Vorschriften entsprechende Anwendung. Sind also zB bauliche Veränderungen nach der GemO auch ohne die Zustimmung nachteilig betroffener WEer zulässig, so kann ein Anspruch auf Beseitigung nicht auf §§ 22 Abs. 1, 14 Nr. 1 WEG gestützt werden, sondern sich nur aus einer

---

[185] OLG München ZMR 2007, 302, 304.

[186] OLG Schleswig NZM 1999, 79; BayObLG NZM 1999, 466 (LS).

[187] OLG München ZMR 2007, 302 (304).

[188] LG Bremen NJW-RR 1991, 1423.

[189] BayObLG NJW-RR 1991, 140.

[190] OLG Schleswig FGPrax 2004, 272.

[191] BayObLG ZMR 1998, 173; OLG Düsseldorf NJW-RR 1997, 907.

[192] ThürOVG BauR 2000, 1465; VGH München NZM 2004, 235.

[193] AA Palandt/*Bassenge* Rn 1; MünchKomm-BGB/*Commichau* Rn 7; Staudinger/*Kreuzer* Rn 3, die jeweils eine unmittelbare Anwendung befürworten.

[194] BGH NJW 2007, 3636 (3637) Rn 12; BayObLGZ 2002, 82 (88); BayObLG WE 1988, 23; OLG Köln ZMR 1997, 47 (48); OLG Hamm ZMR 2003, 372 (373).

[195] BGHZ 42, 374.

entsprechenden Anwendung der allgemeinen nachbarrechtlichen Vorschriften des Privatrechts und des öffentlichen Rechts ergeben.[196] Allerdings ergeben diese auch dann keinen selbstständigen Abwehranspruch; vielmehr beruht die Anwendbarkeit des allgemeinen Nachbarrechts selbst in diesem Fall noch auf § 15 Abs. 3.[197] Eine im Verhältnis zwischen WEern erhobene Baunachbarklage wird daher von den Verwaltungsgerichten in ständiger Rechtsprechung wegen fehlender Klagebefugnis abgewiesen; die WEer sind insoweit auf den Zivilrechtsweg verwiesen.[198]

Finden die allgemeinen nachbarrechtlichen Bestimmungen entsprechende Anwendung, 44
so ist immer auch den sich aus dem Gemeinschaftsverhältnis ergebenden gegenseitigen Schutz- und Rücksichtnahmepflichten Rechnung zu tragen und ein gerechter **Ausgleich der Interessen** anzustreben.[199] Deswegen ist ein WEer zB gehalten, den nicht zustimmungspflichtigen Einbau einer Entlüftungsanlage so zu gestalten, dass die Abluft andere SEer nicht unzumutbar belästigt.[200]

Ebenso wie die nachbarrechtlichen WEG-Regelungen kein zwingendes Recht sind, 45
können auch allgemeinen nachbarrechtlichen Normen **durch Vereinbarung abbedungen** werden. Sieht also zB die TErkl iVm dem Aufteilungsplan auf dem gemeinschaftlichen Grundstück eine Anschlussbebauung unter Nichteinhaltung der bauordnungsrechtlich vorgeschriebenen Abstandsflächen vor, so ist damit nicht nur die Zustimmungsbedürftigkeit der baulichen Veränderung nach §§ 22 Abs. 1, 14 Nr. 1 abbedungen, sondern auch die Geltung etwa entgegenstehender privatrechtlicher oder öffentlich-rechtlichen Bestimmungen, unabhängig davon, ob ihnen nachbarschützender Charakter zukommt.[201]

Ebenso wie der Gebrauch des SEs, darf auch **der Mitgebrauch des GemEs** nach § 14 46
Nr. 1 nicht bei anderen WEern zu einer erheblichen Beeinträchtigung führen oder gegen beschlossene Gebrauchsregelungen verstoßen. Solche **Beeinträchtigungen** können sich außer aus der Zweckbestimmung auch **aus der Lage und Beschaffenheit** des GemEs ergeben.[202] Ist zB ein **Spitzboden**[203] oder anderer Nebenraum vom GemE aus nicht zugänglich, so ist der Mitgebrauch entweder nach § 14 Nr. 1 ausgeschlossen (Rn 110)[204] oder auf eine Nutzung zu Zwecken der WEgem (Instandhaltung, -setzung)[205] beschränkt, die nur ein gelegentliches Betreten notwendig macht, das der Eigentümer nach § 14 Nr. 1 zu dulden hat.[206] Umgekehrt kann auch der unerlaubte Ausbau des nur aus dem darunter befindlichen SE begehbaren Spitzbodens zu Wohnzwecken wegen der gesteigerten Nutzungsmöglichkeit für die übrigen WEer von Nachteil sein, so dass der Rückbau von jedem WEer verlangt werden kann.[207]

bb) Privates Nachbarrecht. Das private Nachbarrecht der §§ 906 f. BGB ist zwar 47
direkt nicht anwendbar, aber in seinen Wertungen bei der Auslegung der speziellen wohnungseigentumsrechtlichen Vorschriften mit zu berücksichtigen. Es kann vor allem bei der Frage Bedeutung erlangen, ob durch den Gebrauch des SEs anderen WEern ein

---

[196] BayObLG ZMR 2000, 234 (236); BayObLGZ 2001, 41 (45) = NZM 2001, 815; NJW-RR 2005, 385 (386); OG München IMR 208, 123 – fakt. Realteilung.

[197] BVerfG NJW-RR 2006, 726 (727); BVerwG NVwZ 1998, 954 (955).

[198] BGH NJW-RR 1991, 907 mwN.

[199] OLG Düsseldorf NJW-RR 2002, 81 = ZWE 2002, 41.

[200] BayObLG NJW-RR 2005, 385 (386).

[201] BayObLG NZM 2001, 816 = NJW-RR 2001, 1457.

[202] Vgl. BayObLGZ 2001, 25 = NJW-RR 2001, 801; NJW-RR 2004, 1240; ZMR 2004, 844; OLG Hamburg ZMR 2001, 999; OLG Hamm NZM 2001, 239 = ZMR 2001, 221 jeweils zu Spitzböden.

[203] OLG Hamburg ZMR 2001, 999 (1000); OLG Köln NZM 2001, 385.

[204] BayObLG NJW-RR 2004, 1240 – nachträglich gebauter Balkon.

[205] OLG Hamm NZM 2001, 239.

[206] BayObLG ZMR 2001, 562 (563); 2004, 844 (845).

[207] BGH NJW-RR 2001, 1016.

Nachteil iSd § 14 Nr. 1 erwächst.[208] Denn das aus dieser Vorschrift fließende **Rücksichtnahmegebot** ist das Grundprinzip des wohnungseigentumsrechtlichen Nachbarrechts.

48 So können vor allem der Bestimmung des **§ 906 BGB**[209] Anhaltspunkte für die Zulässigkeit oder Unzulässigkeit von Beeinträchtigungen durch **Einwirkungen** entnommen werden.[210] Deswegen kann ein Eigentümerbeschluss, der den Betrieb eines **Biergartens** auf einer SN-Fläche für die Zeit nach 23 Uhr untersagt, ordnungsmäßiger Verwaltung entsprechen. Eine öffentlich-rechtliche Erlaubnis, die den Gaststättenbetrieb im Freien bis 24 Uhr gestattet, steht dem idR nicht entgegen.[211]

49 Ebenso ist **§ 907 BGB** bei der Frage zu berücksichtigen, ob die Errichtung einer **gefahrdrohenden Anlage** im SE eines WEers andere WEer iSd § 14 Nr. 1 objektiv beeinträchtigt, wie zB das Aufstellen einer schwergewichtigen Anlage im darüber liegenden Stockwerk oder die Einrichtung eines chemischen Laboratoriums.

50 Auch **§ 908 BGB** kann bei der Gefahr eines **Einsturzes** wertend herangezogen werden, wenn die Ursache von dem SE innerhalb eines Gebäudes und den zu ihm gehörigen Sachen, wie Fenstern, Türen, Rohren, Verputz usw., Leitungen ausgeht. Der Eintritt des Schadens muss entweder infolge mangelnder Beschaffenheit des Gebäudes, bzw. Gebäudeteiles zu erwarten sein oder als eine Folge von Naturereignissen.

51 Ebenso kann ein WEer in entsprechender Anwendung von **§ 910 BGB** im Bereich seines SEs oder seines SNRs einen **Überhang** im Wege der Selbsthilfe beseitigen,[212] sofern er nach § 1004 BGB oder § 15 Abs. 3 dessen Beseitigung verlangen könnte und das Rücksichtnahmegebot die Duldung nicht erfordert. Besteht das SNR an unmittelbar benachbarten Gartenteilen, so finden nach der Rspr darüber hinaus auch die **landesnachbarrechtliche Bestimmungen** über die Grenzabstände von Bäumen und Sträuchern und ihren Rückschnitt sowie über Ausschlussfristen für die Geltendmachung von Beseitigungsansprüchen entsprechende Anwendung.[213] Dem ist nach der hier vertretenen Auffassung von dem Vorrang der wohnungseigentumsrechtlichen Regelungen mit der Maßgabe zu folgen, dass die landesrechtlichen Vorschriften nur zur Konkretisierung des auch für das SNR geltenden § 14 Nr. 1 herangezogen werden können, weil für das Verhältnis der WEer untereinander grundsätzlich weitergehende Rücksichtnahmepflichten gelten als im Nachbarrecht.[214] Diese können daher im Einzelfall auch der Anwendung von **Ausschlussfristen** entgegenstehen.[215]

52 **§ 912 BGB** kann entsprechende Anwendung finden, wenn der Baukörper bei der Errichtung in Abweichung von dem Aufteilungsplan näher als vorgesehen an das SE anderer WEer herangerückt ist.[216]

53 Bei Bestehen von Dienstbarkeiten oder wenn die WEgem auf Erbbaurecht beruht, ist **§ 916 BGB** zu beachten. Auch **§ 917 BGB** ist wertungsmäßig im Rahmen der Interessen-

---

[208] BayObLG NJW-RR 2005, 385.

[209] Vgl. hierzu iE *Wenzel* NJW 2005, 241 ff.

[210] BayObLG NJW-RR 2001, 156 (157).

[211] BayObLG ZMR 2001, 823 = ZWE 2001, 606.

[212] KG NZM 2005, 745; aA OLG Düsseldorf NJW-RR 2002, 81 = ZWE 2002, 41.

[213] Vgl. BGH NJW 2007, 3636 (3637) Rn 9 = ZWE 2008, 50 m. Anm. *Wanderer* = ZMR 2007, 976 m. Anm. *Hogenschurz* für eine Gartenfläche in Bruchteilseigentum; BayObLG WE 1988, 23; ZMR 1988, 23; KG ZMR 1996, 149; OLG Köln ZMR 1997, 47 (48); OLG Hamm ZMR 2003, 372; OLG München OLG-Report 2006, 213; Staudinger/*Bub* § 22 WEG Rdn. 145; Weitnauer/*Lüke* § 15 Rn 27; a. A. KG WE 1987, 197; OLG Hamm ZMR 2003, 372 (373) – Ausschlussfrist.

[214] BGH NJW 2007, 3636 (3637) Rn 12 = ZMR 2007, 976 m. Anm. *Hogenschurz;* BayObLGZ 2002, 82 (88); BayObLG WE 1988, 23; OLG Köln ZMR 1997, 47 (48); OLG Hamm ZMR 2003, 372 (373).

[215] *Hogenschurz* ZMR 2007, 977 (980).

[216] BGH NJW 2004, 1798 (1801).

abwägung nach § 14 Nr. 1 zu berücksichtigen, wenn ein zum SE oder zum GemE gehörender Raum keinen Zugang über das SE oder GemE hat.

Trennmauern zwischen zwei Wohnungen oder Räumen, die nicht als tragende Wände im GemE stehen, sondern im Mit-SE der jeweiligen Raumeigentümer (§ 3 Rn 30),[217] können als Grenzeinrichtungen iSd **§§ 921, 922,** 743, 744–746 und 748 BGB zu behandeln sein, sofern sich aus der GemO nichts anderes ergibt. Dasselbe gilt für das gemeinsame Treppenhaus zweier unterschiedlicher WEgemen[218] oder trennende Lattenroste zwischen einzelnen Kellerverschlägen. Letztere dürfen nicht von einer Seite verschalt werden, wenn dadurch die Licht- und Luftzufuhr zu dem anderen Verschlag beeinträchtigt wird.[219] 54

cc) Öffentliches Nachbarrecht. Öffentlich-rechtliche nachbarschützende Vorschriften, zu denen auch die Vorschriften über **Abstandsflächen** gezählt werden,[220] finden zwar im Verhältnis zum Nachbargrundstück,[221] nicht dagegen innerhalb der WEgem der MEer desselben Grundstückes Anwendung.[222] Insoweit besteht kein Unterschied zu der Geltung des privaten Nachbarrecht. Jedoch muss der notwendige Schutz des Eigentumsrechts der WEer untereinander durch eine sorgfältige Abwägung im Rahmen der §§ 14 Nr. 1, 22 Abs. 1 sichergestellt werden. In diese Abwägung sind auch die landesrechtlichen Vorschriften des Nachbarrechts wertend einzubeziehen.[223] Andererseits kann die konkrete Ausgestaltung der Nutzungsbefugnisse innerhalb einer WEgem durchaus ein ggü nachbarrechtlichen Vorschriften erhöhtes Maß an Rücksichtnahme erfordern, wie zB bei der Abgrenzung von SNR und angrenzendem Gebrauchsrecht. 55

4. Beschlossene Gebrauchsregelungen

Die Gebrauchs- und Nutzungsrechte des SEers finden ihre Schranke außerdem an den nach § 15 Abs. 2 durch Mehrheitsbeschluss festgelegten Regelungen, wie zB denen für die Tierhaltung und das Musizieren. Ein **generelles Musizier- oder Tierhaltungsverbot**[224] kann – anders als ein bloßes **Hundehaltungsverbot**[225] – oder eine Beschränkung der allgemeinen (passiven) Informationsfreiheit auf bestimmte Informationsquellen[226] als Gebrauchsregelung allerdings nur mit Zustimmung aller WEer beschlossen werden (§ 14 Rn 35, 36). Weitere Gebrauchsregelungen finden sich oft in der nach § 21 Abs. 3 iVm Abs. 5 Nr. 1 beschlossenen **Hausordnung** oder betreffen die Benutzung von Gemeinschaftsflächen oder -räumen. 56

5. Rechte Dritter

Die Gebrauchs- und Nutzungsrechte des SEers werden schließlich wie die Eigentümerbefugnisse nach § 903 BGB durch die Rechte Dritter beschränkt. Hierunter sind alle beschränkten dinglichen Rechte zu verstehen wie Nutzungsrechte (Nießbrauch, Dienstbarkeit, Dauerwohnrecht) oder **Verwertungsrechte** (Reallast, Grundpfandrecht). 57

217 BGHZ 146, 241 (248) = NJW 2001, 1212.
218 OLG Hamm ZMR 2006, 878 (879).
219 OLG München NZM 2006, 344 (345) = ZMR 2006, 300.
220 BVerwG NVwZ-RR 1997, 516 (517); BayObLGZ 2001, 50 = NJW-RR 2001, 1457.
221 VGH München NZM 2004, 235; NZM 2006, 230, 231 lässt allerdings offen, ob sich gegen eine Baugenehmigung Nachbarrechte aus dem SE ergeben können.
222 BVerfG NJW-RR 2006, 726 (727); BVerwG NVwZ 1998, 954; NVwZ 1990, 655; NVwZ 1989, 250; NJW 1988, 3279; OVG Koblenz NZM 2007, 776 (777).
223 OLG Hamm ZMR 2003, 372.
224 BGHZ 139, 288 (293 f.) = NJW 1998, 3713 (3714); BayObLGZ 1985, 104 (108) – jew. Musizierverbot; OLG Saarbrücken NJW 2007, 779 = NZM 2007, 168 – Tierhaltungsverbot.
225 BGHZ 129, 329 (333); OLG Frankfurt NJW-RR 1993, 981 – Kampfhundehaltung.
226 BGHZ 157, 322 = NJW 2004, 937.

VI. Vermietung von Sondereigentum

1. Allgemeine Grundsätze

58 Zu dem Recht, mit dem SE nach Belieben zu verfahren, gehört auch das Recht, es zu vermieten oder zu verpachten (§ 1 Rn 219f.). Ob der SEer an mehrere Personen mit mehreren selbstständigen Mietverträgen oder nur an einen Mieter vermietet, ist seine Entscheidung. Die WEgem hat keinen Anspruch darauf, dass ihr die Einzelnen mietvertraglichen Regelungen, insbesondere auch die Höhe des Mietzinses, bekannt gegeben werden. Ihr Auskunftsanspruch beschränkt sich allenfalls auf die Benennung des Mieters.[227] Ist die ganze WE-Anlage einem bestimmten Zweck gewidmet, wie zB dem „betreuten Wohnen", als „Ferienwohnungsanlage" oder „Hotelappartement", so kann als Regelung zur Benutzung sogar eine **Vermietungspflicht** vereinbart werden, soweit eine zweckbestimmte Eigennutzung nicht in Betracht kommt.[228] Auch kann die Vermietung an[229] oder durch eine bestimmte Betriebsgesellschaft oder durch den Verwalter durch Vereinbarung vorgeschrieben werden.

59 Das Vermietungsrecht schließt die Befugnis ein, das Recht auf **Mitgebrauch des GemEs** aus Absatz 2 auf den Mieter zu übertragen,[230] gleich ob die im GemE stehenden Gebäudeteile, Anlagen und Einrichtungen zur Benutzung des SEs erforderlich (zB Heizraum, Waschküche) oder ihr nur förderlich sind (zB Schwimmbad, Sauna). Deswegen ist der Mieter einer Wohnung oder eines Ladenlokals im gleichen Umfang wie der WEer selbst berechtigt, das GemE mit zu gebrauchen[231] und zB das Grundstück zur Anlieferung von Waren zu nutzen, soweit dies mit der Nutzung der Mietsache zusammenhängt, nicht dagegen für die Aufstellung eines Müllcontainers mit ca. 1000 l Inhalt.[232] Ist das dem Mitgebrauch unterliegende GemE mangelhaft, so hat der Mieter gegen den Vermieter einen Anspruch auf **Instandsetzung,** auch wenn diese eines Beschlusses der WEvers bedarf.[233] Ist für den WEer über den bloßen Mitgebrauch hinaus ein **SNR** begründet worden, so kann auch dieses auf den Mieter übertragen werden. Der Berechtigte darf allerdings seinem Mieter kein weitergehendes Nutzungsrecht einräumen, als ihm selbst zusteht.[234]

60 Der Vermieter ist nach **§ 14 Nr. 2** überdies verpflichtet, für die Einhaltung der in § 14 Nr. 1 bezeichneten Pflichten durch den Mieter zu sorgen. Er darf daher keinen Mietvertrag abschließen, durch den dem Mieter ein unzulässiger, vor allem ein zweckbestimmungswidriger Gebrauch gestattet wird. Er muss den Mieter vielmehr verpflichten, die zum Inhalt des SEs gewordenen Vereinbarungen (GemO) oder die in der Hausordnung getroffenen Gebrauchsregelungen zu beachten und die Mietsache nicht gemeinschaftswidrig zu nutzen.[235] Die Vermietung darf daher auch nicht dazu führen, dass das Mitgebrauchsrecht in einem die übrigen WEer benachteiligenden Übermaß in Anspruch genommen wird.[236]

61 Das Recht, das WE/TE zu vermieten, beinhaltet auch das Recht, die Mieten einzuziehen. Etwas anderes kann nur durch Vereinbarung, nicht dagegen durch Mehrheitsbeschluss bestimmt werden. Daher ist zB ein Eigentümerbeschluss, wonach der Verwalter den

---

[227] BayObLG BayObLGR 2004, 47.

[228] BayObLG DNotI-Report 1998, 140 – „Ferienhaus"; BayObLG Rpfleger 1982, 93 – „Hotelappartement.

[229] BayObLG MittBayNot 1995, 388.

[230] BayObLG WE 1998, 352; OLG Düsseldorf WE 1996, 347.

[231] Flatow NZM 2007, 432 mwN.

[232] OLG Düsseldorf FGPrax 2004, 271.

[233] KG NJW-RR 1990, 1166.

[234] *Ruthmann,* Wohnungseigentumsrechtliche Bindungen, S. 21; *Schuschke* NZM 1999, 241 (245).

[235] Vgl. *Merle* PiG 15, 11, 19; *Ruthmann,* Wohnungseigentumsrechtliche Bindungen, S. 20.

[236] BayObLG WE 1998, 352 – Nutzung eines Spielplatzes durch die im vermieteten TE betreuten Kinder; OLG Düsseldorf WE 1996, 347; Staudinger/*Kreuzer* Rn 74.

Mietzins einzuziehen und der SEer einen Teil des Mietertrags der WEgem zur Verfügung zu stellen hat, wegen Fehlens der Beschlusskompetenz nichtig.[237]

Der vermietende WEer steht in einem **doppelten Pflichtenkreis:**[238] Zum einen ist er schuldrechtliche Verpflichtungen ggü dem Mieter eingegangen. Zum anderen muss er die sich aus dem Gemeinschaftsverhältnis ergebenden Bindungen beachten. Entsprechendes gilt für den Mieter: Er steht zwar nur in einem Vertragsverhältnis zum Vermieter unterliegt im Verhältnis zu den anderen WEern aber auch den als Inhalt des SEs vereinbarten oder zulässigerweise (§ 10 Rn 120) beschlossenen Vermietungs- und Gebrauchsbeschränkungen, nicht dagegen den Gebrauchsregelungsbeschlüssen nach § 15 Abs. 2.[239] 62

Um **Kollisionen zwischen Mietrecht und Gemeinschaftsrecht** und etwaige sich daraus ergebende Haftungsrisiken zu vermeiden, sollten die Mietverträge daher von vorneherein durch eine **dynamische Verweisungsklausel** auf eine praktische Konkordanz von Gemeinschaftsrecht und Mietverhältnis ausgelegt sein.[240] Sie sollte insbesondere den Gebrauch des GemEs und die Nebenkostenabrechnung betreffen, indem die Jahresabrechnung auch zur Grundlage der Abrechnung des Vermieters gemacht wird. Reicht das dem Mieter eingeräumte Nutzungsrecht über den wohnungseigentumsrechtlich zulässige Maß hinaus, so kann der Vermieter sich nicht von dem Mietvertrag lösen, muss aber dem Mieter den, insbesondere auch den entgangenen Gewinn ersetzen (§§ 536 Abs. 3, 536a Abs. 1 BGB), der ihm dadurch entsteht, dass andere WEer ihn auf Unterlassung eines gemeinschaftswidrigen Gebrauchs oder Beseitigung eines gemeinschaftswidrigen Zustands in Anspruch nehmen. 63

2. Vermietungsbeschränkungen

Zu den Vermietungsbeschränkungen zählen das Vermietungsverbot und der Zustimmungsvorbehalt.[241] Beide können nicht durch Mehrheitsbeschluss, sondern nur durch Vereinbarung begründet werden. 64

a) Vermietungsgebote oder -verbote. Die Vermietung kann durch Vereinbarung oder formell legitimierten Mehrheitsbeschluss sowohl vorgeschrieben (Rn 58),[242] als auch ausgeschlossen[243] werden, weil weder die Möglichkeit der Eigennutzung noch die Nutzung durch Vermietung zum Kernbereich des SEs gehören[244] und die Beschränkung des Gebrauchsrechts keine Durchbrechung des § 137 Satz 1 BGB darstellt, die einer ausdrücklichen Norm bedürfte. Ist im Falle eines Vermietungsgebotes oder -verbotes die Vermietung oder die Eigennutzung nicht möglich oder nicht zumutbar, so ist es den übrigen WEern allerdings aus dem Gesichtspunkt der Treuepflicht (§ 10 Rn 48) verwehrt, sich auf die vereinbarte Regelung zu berufen.[245] Mit dieser Maßgabe sind auch **beschränkte Vermietungsverbote** zulässig, wie zB die Vermietung an ständig wechselnde Feriengäste.[246] Dagegen sind **diskriminierende Vermietungsverbote,**[247] die an die Rasse oder 65

[237] OLG Düsseldorf NZM 2001, 238.

[238] LG Nürnberg-Fürth ZWE 2010, 26 m. Anm. Briesemeister ZWE 2010, 24 = ZMR 2010, 69 m. Anm. *Riecke; Armbrüster* ZWE 2004, 217; *Fritz/Schacht* NZM 2008, 155; aA *Riecke* ZMR 2010, 72.

[239] *Armbrüster/Müller* ZMR 2007, 321 (325).

[240] Vgl. die Gestaltungsvorschläge bei *Armbrüster* ZWE 2004, 217 (227); *Nüßlein,* Divergenzen, S. 143f.

[241] *Armbrüster* ZWE 2004, 217 (221).

[242] BayObLG WE 1988, 202.

[243] *Armbrüster* ZWE 2004, 217 (221); *ders.* ZWE 2008, 361 (364); *Ruthmann,* Wohnungseigentumsrechtliche Bindungen, S. 30f.; *Schmidt* BlGBW 1982, 143; aA *Bub* WE 1989, 122; Staudinger/*Kreuzer* Rn 75.

[244] Vgl. *Ruthmann,* Wohnungseigentumsrechtliche Bindungen, S. 34.

[245] *Armbrüster* ZWE 2004, 217 (221).

[246] BayObLGZ 1978, 305; *Bub* WE 1989, 122 (123).

[247] *Armbrüster* FS Bub (2007) S. 1, 13.

ethnische Herkunft, an das Geschlecht, die Religion, eine Behinderung, das Alter oder an die sexuelle Identität anknüpfen und nicht nach § 19 Abs. 3 AGG ausnahmsweise zulässig sind, unwirksam (§ 19 Abs. 2 AGG iVm § 134 BGB). § 139 BGB findet allerdings keine Anwendung (§ 21 Abs. 4 AGG).

66 **b) Zustimmungsvorbehalt.** Durch Vereinbarung kann die Vermietung im Rahmen der gesetzlichen Schranken[248] auch von der Zustimmung einer anderen Person (Verwalter, Verwaltungsbeirat, WEer) oder durch Eigentümerbeschluss abhängig gemacht werden (§ 12 Rn 20).

67 **c) Rechtsfolgen eines Verstoßes.** Im Falle eines Verstoßes gegen die vereinbarten Vermietungsbeschränkungen können die übrigen WEer den Vermieter auf **Unterlassung** des unzulässigen Gebrauchs seines SEs in Anspruch nehmen, ggf auch auf **Schadensersatz** nach § 280 BGB oder Zahlung einer Vertragsstrafe, falls diese vereinbart worden ist. Ein Mehrheitsbeschluss genügt hierfür nicht, sondern ist wegen fehlender Beschlusskompetenz nichtig. Vermietungsverbot und Zustimmungsvorbehalt wirken als vereinbarter Inhalt des SEs nur im Verhältnis der WEer und ihrer Sondernachfolger untereinander. Sie lassen die Wirksamkeit eines trotz Verbotes oder ohne die notwendige Zustimmung abgeschlossenen Mietvertrages unberührt,[249] es sei denn, die Parteien hätten bewusst zum Nachteil der WEer zusammengewirkt.[250] **§ 12 Abs. 3** ist auf den Zustimmungsvorbehalt **nicht** entsprechend **anwendbar,** weil er das „Eindringen" in die WEgem verhindern will, der Mieter jedoch nicht Mitglied der WEgem wird.

3. Gebrauchsbeschränkungen

68 **a) Rechtsnatur.** Gebrauchsbeschränkungen können sich ergeben aus der vereinbarten Zweckbestimmung des SEs oder sonstigen Gebrauchsregelungen. Sind sie durch Eintragung in das Grundbuch zum **Inhalt des SEs** geworden, so ist dadurch nicht nur das Eigentumsrecht aus dem einzelnen SE beschränkt, sondern sind spiegelbildlich zugleich die übrigen WEs-Rechte entsprechend ausgestaltet worden, mit der Folge, dass deren Inhabern dingliche Eigentums- und Besitzschutzansprüche zustehen (**„Doppelwirkung"** der Gebrauchsbeschränkung[251]). Die Abwehrrechte richten sich aber nicht nur gegen den vermietenden WEer, sondern auch gegen den sein Gebrauchsrecht ausübenden **Fremdnutzer (Mieter),** weil dieser im Verhältnis zu den übrigen WEern ebenso wenig ein Recht zur Eigentums- oder Besitzstörung hat wie der Vermieter. So wie er die Mietsache einem wahren Eigentümer herausgeben muss, wenn sie dem Vermieter nicht gehört und dieser auch nicht zur Vermietung berechtigt ist, so muss er auch die Störung unterlassen oder beseitigen, die in der Verletzung der zum Inhalt des SEs der anderen WEer gewordenen Vereinbarung liegt. Die Vermietung führt nicht zu einer Einschränkung der Rechte der übrigen WEer. Eingetragene Gebrauchsregelungen wirken also umgekehrt auch nicht nur im Verhältnis der WEer und ihrer Sondernachfolger untereinander, sondern auch im Verhältnis zu den tatsächlichen Nutzern des WEs in der WEgem.[252]

69 Anders verhält es sich nur bei den Gebrauchsregelungen, die nicht zum Inhalt des SEs geworden sind, sondern nur durch **Mehrheitsbeschluss** nach § 15 Abs. 2 festgelegt worden sind. Sie binden den Mieter im Verhältnis zu den anderen WEern nicht,[253] im Verhältnis zum vermietenden WEer nur, wenn dies im Mietvertrag so geregelt ist. Wohl

---

[248] OLG Zweibrücken MittBayNot 1994, 44: „Veräußerung und Vermietung an Ausländer, kinderreiche Familien …".

[249] BGH NJW 1996, 714; *Armbrüster* ZWE 2004, 217 (222).

[250] *Ruthmann,* Wohnungseigentumsrechtliche Bindungen, S. 46/47.

[251] *Armbrüster* FS Seuß (2007) S. 3 (11).

[252] *Ruthmann,* Wohnungseigentumsrechtliche Bindungen, S. 65.

[253] OLG Düsseldorf NZM 2001, 238; LG Nürnberg-Fürth ZWE 2010, 26 m. zust. Anm. *Briesemeister* ZWE 2010, 2010, 24 = ZMR 2010, 69 m. abl. Anm. *Riecke.*

aber kann der vermietende WEer von den übrigen WEern auf Unterlassung eines gemeinschaftswidrigen Gebrauchs durch den Mieter in Anspruch genommen werden. Er ist dann verpflichtet, alle zumutbaren Schritte zu unternehmen, um den Mieter zu einem gemeinschaftsgemäßen Gebrauch zu veranlassen.

b) Rechtsfolgen eines abweichenden Mietgebrauchs. Dass im Verhältnis des Mieters zu den übrigen WEern die zum Inhalt des SEs gewordenen Gebrauchsregelungen den mietvertraglichen Regelungen vorgehen („Wohnungseigentumsrecht bricht Mietrecht"),[254] hat zur Folge, dass ein Verstoß gegen die wohnungseigentumsrechtliche Gebrauchsbeschränkung die anderen WEer berechtigt, den Mieter auf **Unterlassung** oder **Beseitigung** in Anspruch zu nehmen (Rn 154 f.). Die Wirksamkeit des abgeschlossenen Mietvertrags bleibt hiervon jedoch unberührt,[255] es sei denn die Mietparteien hätten bewusst zum Nachteil der WEer eine unzulässige Nutzung vereinbart. In diesem Fall ist der Mietvertrag nach § 138 Abs. 1 BGB nichtig. **70**

4. Vermietung bei Umwandlung in Wohnungseigentum

Wird eine vermietete Wohnung samt Nebenräumen nachträglich gem. § 8 in eine EW umgewandelt oder ein mit Reihenhäusern bebautes Grundstück real geteilt[256] und anschließend verkauft, so steht dem Mieter ein gesetzliches **Vorkaufsrecht** aus § 577 Abs. 1 Satz 1 BGB zu.[257] Auf nachfolgende Verkäufe erstreckt sich das Vorkaufsrecht dagegen nicht, und zwar auch dann nicht, wenn beim Erstverkauf die Wohnung zusammen mit anderen Wohnungen „en bloc" verkauft wurde oder das Vorkaufsrecht nach § 577 Abs. 1 Satz 2 BGB nicht ausgeübt werden konnte.[258] Ist das Vorkaufsrecht **nicht ausgeübt** worden, taucht die Frage auf, wer Vermieter der Räume wird. Sie hat vor allem dann Bedeutung, wenn die vermieteten Räume in das Eigentum verschiedener Personen fallen. Das ist zB der Fall, wenn an den Nebenräumen GemE, ein SNR oder getrenntes SE begründet wird. **71**

Für den ersten Fall hat der **BGH** mit Rechtsentscheid vom 28. 4. 1999[259] entschieden, dass der Erwerber alleiniger Vermieter wird, weil es mit dem Schutzzweck des § 566 BGB nicht zu vereinbaren sei, wenn der Mieter sich nach der Umwandlung nunmehr einer Vielzahl von Erwerbern gegenübersehe. Eine solche **Vervielfältigung** der Vermieterstellung ist jedoch nach Anerkennung der Rechtsfähigkeit der WEgem nicht mehr zu befürchten, weil das GemE nicht mehr von den WEern, sondern von der WEgem vermietet wird. Damit steht allenfalls eine **Verdoppelung** auf der Vermieterseite in Rede, gegen die nach einer weiteren Entscheidung vom 28. 9. 2005,[260] in der an einer mit vermieteten Garage ein SNR für ein anderes SE begründet worden war, wiederum keine Bedenken bestehen. Folglich dürfte die Entscheidung vom 28. 4. 1999 überholt sein. Dass der BGH in der Entscheidung vom 29. 9. 2005 die Eigentumslage bei der Begründung des SNRs nicht thematisiert hat, ist ohne Bedeutung, weil es hierauf nicht ankam.[261] Das eingetragene **SNR** ist Inhalt des ihm zugeordneten SEs und berechtigt – vorbehaltlich einer abweichenden Vereinbarung – zur Vermietung, so dass Vermieter nicht die WEgem als Eigentümerin der Sondernutzungsfläche ist, sondern der sondernutzungsberechtigte SEer. Dass dem Mieter damit auf Vermieterseite zwei verschiedene Ansprechpartner gegenüberstehen, ist ein in der Praxis häufig vorkommender Fall. Der Fall ist insoweit nicht anders zu beurteilen, **72**

---

254 *Armbrüster* ZWE 2004, 217 (219).

255 *Ruthmann,* Wohnungseigentumsrechtliche Bindungen, S. 51 f.

256 BGH NJW 2008, 2257.

257 Zur Ausübung des Vorkaufrechts bei zwangsverwaltetem Mietobjekt BGH NJW 2009, 1076.

258 BGH NJW 2007, 2699 = NZM 2007, 640.

259 BGH NZM 1999, 553 (554).

260 BGH NJW 2005, 3781.

261 Dies übersehen *Drasdo* NJW-Spezial 2006, 6 und *Nüsslein,* Die Divergenzen zwischen Wohnungseigentums- und Mietrecht, S. 60 f.

als wenn an den vermieteten Räumen **unterschiedliches SE** begründet worden wäre und auf Grund der Einheitlichkeit des Mietverhältnisses gemäß § 566 BGB mehrere SEer in das Mietverhältnis eingetreten wären. Das Verhältnis von Mieter und Vermieter bestimmt sich dann nach den Regelungen über die Bruchteilsgemeinschaft.[262] Umstritten ist allerdings, ob dem Mieter den anderen WEern ein Recht zum Besitz an dem GemE zusteht.[263] Das ist in entsprechender Anwendung des § 986 Abs. 2 BGB zu bejahen.[264] Sonst verblieben dem Mieter insoweit nur Gewährleistungsrechte gegen den Vermieter.

VII. Sondernutzungsrecht

1. Begriff, Rechtsnatur

73 Der **Begriff** des SNRs wird von dem Gesetz in § 5 Abs. 4 Satz 2 zwar verwandt, aber nicht definiert. Die Gesetzesmaterialien bezeichnen ihn als „eine Schöpfung der Rechtspraxis", die sich bewährt habe, so dass eine Definition „weder erforderlich noch sinnvoll" erscheine.[265] Nach dieser Rechtspraxis handelt es sich – trotz aller Kritik im Detail[266] – um die Befugnis, Teile des GemEs unter Ausschluss der übrigen WEer zu gebrauchen und die Vorteile daraus (Nutzungen) zu ziehen.[267] Die Befugnis ist wie das SE gekennzeichnet durch eine **positive und negative Komponente:**[268] Positiv wird einem oder mehreren Berechtigten das Recht zugewiesen, bestimmte Teile des GemEs wie ein Alleineigentümer zu gebrauchen und die Vorteile (sonstige Nutzungen, Früchte) daraus zu ziehen; negativ enthält sie das Recht, die übrigen WEer von dem Mitgebrauch samt der damit verbundenen Gebrauchsvorteile auszuschließen.

74 Das Sondernutzungsrecht kann in das Grundbuch eingetragen werden, muss aber nicht. Wird es eingetragen, wird es zum **Inhalt des SEs.** Damit ist es einerseits kein rein schuldrechtliches Nutzungsrecht mehr, andererseits aber auch kein dingliches oder grundstücksgleiches Recht,[269] sondern nach der Theorie vom Eigentum mit vereinbartem Inhalt (§ 10 Rn 118) ein vereinbartes Eigentumsrecht. Es verschafft dem Berechtigten eine eigentumsähnliche Rechtsposition, die regelmäßig nicht der Verwirkung unterliegt.[270] Es lässt die sachenrechtliche Zuordnung des Nutzungsgegenstandes zum GemE unverändert und stellt im Hinblick auf den Gebrauchsentzug auf Seiten der übrigen WEer keine Gebrauchsregelung iSd § 15 dar, sondern ändert § 13 Abs. 2 ab.[271] Hierdurch wird das SE des Berechtigten und der übrigen WEer inhaltlich ausgestaltet mit der Folge, dass dem Berechtigten nicht nur schuldrechtliche, sondern dingliche Eigentums- und Besitzstörungsansprüche[272] sowie die Abwehrrechte nach § 1004 BGB zustehen und spiegelbildlich die übrigen WEer einem dem SNR widersprechenden Gebrauch ebenfalls nach § 1004 BGB entgegentreten können (Rn 68, 150).[273]

75 Das eingetragene Recht ist kein selbstständiges Vermögensrecht iSd § 857 ZPO und deswegen **nicht pfändbar,** sondern unterliegt der **Immobiliarvollstreckung** (§ 864

[262] BGH NJW 2005, 3781 (3782).

[263] Bejahend BGH NZM 1999, 553 (555): § 986 Abs. 1 BGB; aA *Skauradszun* ZWE 2008, 458 (459).

[264] *Nüsslein,* Divergenzen S. 52.

[265] BT-Drucks. 16/887 S. 16.

[266] *Häublein,* Sondernutzungsrechte, S. 2 ff.

[267] BGHZ 145, 158 (167) = NJW 2000, 3500; OLG Köln WE 1997, 197; *Kreuzer* FS Merle (2000) S. 203; *Ott,* Sondernutzungsrecht, S. 3; Weitnauer/*Lüke* § 15 Rn 25.

[268] BayObLG Rpfleger 1990, 63; OLG Hamm WE 1999, 138.

[269] BGHZ 145, 133 (138) = NJW 2000, 3643.

[270] OLG Hamburg ZMR 2003, 522 (523).

[271] BGHZ 145, 158 (167) = NJW 2000, 3500.

[272] OLG Düsseldorf ZMR 2001, 220; KG ZMR 1999, 357.

[273] BayObLG ZMR 2000, 846 (849); OLG Hamm ZMR 1998, 716 (717).

ZPO).[274] Grundpfandrechte an dem WE und die Beschlagnahme des WEs im Wege der Zwangsvollstreckung erfassen auch das ihm zugeordnete SNR (§ 865 Abs. 1 ZPO, §§ 1120, 1123 f. BGB, §§ 20 Abs. 2, 148 Abs. 1 ZVG). Als Inhalt des SEs kann es zwar auf einen anderen WEer im Wege der dinglichen Einigung übertragen (Rn 123), nicht aber nach §§ 829, 835 ZPO losgelöst vom WE verwertet werden.[275] Wohl aber kann ein Gläubiger in **Früchte des SNRs** wie zB den gezogenen Mietzins nach §§ 829, 835 ZPO vollstrecken. Das SNR ist auch **kein dingliches Recht,** das isoliert **belastet** werden könnte. Nach hM kann auch das WE nicht mit einer Dienstbarkeit belastet werden, deren Ausübung auf den Gegenstand des SNRs beschränkt ist.[276] Etwas anderes soll nur gelten, wenn sämtliche WEer zustimmen.[277] Dagegen wird mit der unbeschränkten Belastung des WEs mit einer Dienstbarkeit der hieraus Berechtigte auch am Gegenstand des SNRs nutzungsbefugt.[278]

Dieser herrschenden obergerichtlichen Rechtsprechung ist *Ott*[279] mit gewichtigen Gründen entgegengetreten. Ihr ist in Konsequenz der Rspr. des BGH,[280] wonach das WE mit einer Fensterdienstbarkeit belastet werden kann, auch nicht zu folgen. Denn nach dieser Auffassung können die aus dem SE fließenden **Befugnisse** Gegenstand einer Belastung des WEs mit einer Grunddienstbarkeit sein; das gilt auch dann, wenn das Objekt der Ausübungsberechtigung zum GemE gehört. Wenn es aber für die Belastung mit einer Grunddienstbarkeit – entgegen der obergerichtlichen Rechtsprechung- nicht auf den Gegenstand, sondern darauf ankommt, wessen Befugnisse durch die Belastung betroffen sind, ist es nur konsequent, eine Dienstbarkeit am einzelnen WE, deren ausschließlicher Ausübungsbereich die Sondernutzungsfläche betrifft, zuzulassen.[281] 76

Der SNR-Berechtigte ist befugt, einen bestimmten Teil des GemEs unter Ausschluss der anderen WEer zu nutzen. Diese positive Komponente wird mit der Eintragung des SNRs im Grundbuch Inhalt des SEs und damit des WEs des SNR-Berechtigten. In entsprechender Anwendung des § 1018 Alt. 1 BGB kann dann als Inhalt einer Grunddienstbarkeit vereinbart werden, dass der Dienstbarkeitsberechtigte eine Befugnis aus dem WE (nämlich der positiven Komponente des Sondernutzungsrechts) unter Ausschluss des Eigentümers ausüben darf.[282] Das WE ist dann nicht nur Belastungs-, sondern auch Ausübungsobjekt einer Dienstbarkeit.[283] Auf die Art der Dienstbarkeit kommt es nicht an. Eine Belastung sämtlicher WEs-Rechte ist demnach nicht erforderlich. 77

Wird das SNR nicht in das Grundbuch eingetragen, handelt es sich nur um ein rein **schuldrechtliches Gebrauchsrecht.** Es wirkt als schuldrechtlicher Vertrag mit den mit den sich daraus ergebenden schuldrechtlichen Ansprüchen[284] auf Gewährung des ausschließlichen **Gebrauchs** und Unterlassung eines vertragswidrigen Gebrauchs nur zwischen den Vertragspartnern und denjenigen Sondernachfolgern, die in die vertraglichen Rechte und Pflichten bewusst eingetreten sind (Rn 107). 78

---

[274] Schneider Rpfleger 1998, 53 (60).

[275] OLG Stuttgart NZM 2002, 884; *Lüke/Becker* DNotZ 1996, 676 (679); *Schneider* Rpfleger 1998, 53 (60); aA *Schuschke* NZM 1999, 830 (831); *Hogenschurz* § 7 Rn 8 f.

[276] BayObLG NJW-RR 1997, 1236 = DNotZ 1998, 125 m. Anm. *Ott;* OLG Zweibrücken WE 1999, 145; aA *v. Oefele* DNotZ 2001, 222.

[277] OLG Hamburg ZMR 2001, 380 (381).

[278] BayObLGZ 1997, 81 = DNotZ 1998, 384; OLG Nürnberg MDR 1992, 26.

[279] *Ott* DNotZ 1998, 128 ff.

[280] BGHZ 107, 289 f. = NJW 1989, 2391 f.

[281] *Ott* DNotZ 1998, 128 (130).

[282] *Merle,* System, S. 195.

[283] *Merle,* System, S. 194; *Noack* Rpfleger 1975, 357; *Röll* Rpfleger 1978, 352; *ders.* Rpfleger 1980, 90 (91); *Amann* DNotZ 1990, 498 (500).

[284] Vgl. OLG Köln NZM 1998, 967; *Schuschke* NZM 1999, 242.

2. Begünstigte

79 Begünstigter kann nur ein **WEer** sein, nicht ein außerhalb der WEgem stehender **Dritter.**[285] Das folgt zum einen aus der Natur der Vereinbarung nach § 10 Abs. 2 Satz 2, Abs. 3 WEG, welche dem SNR zugrunde liegt, denn diese kann nur das Verhältnis der WEer untereinander regeln. Zum anderen ergibt sich das aus der Tatsache, dass das SNR durch Eintragung in das Grundbuch zum Inhalt des SEs wird und das SE nur einem WEer zustehen kann. Auch für die WEgem kann ein SNR nur begründet werden, wenn sie SEer ist.[286] **„Persönliche SNRe"** ohne Bindung an ein WE, die eine Übertragung auf Dritte zuließe, gibt es nicht.[287] Dass Begünstigter nur ein WEer sein kann, bedeutet aber – entgegen der Auffassung des KG[288] – nicht, dass ein SNR allein für einen einzelnen **MEer** von SE nicht bestellt werden kann. Denn WEer im Innenverhältnis nach §§ 10 f. sind auch die Gemeinschafter einer MEergem, einer Gütergemeinschaft oder einer Erbengemeinschaft (§ 10 Rn 7). Sie können den Mitgebrauch des GemEs nicht in ihrer gemeinschaftlichen Verbundenheit, sondern nur einzeln ausüben. Etwaige sich daraus für die übrigen WEer ergebenden Nachteile machen den Mitgebrauch nicht unzulässig, sondern führen zu einer Beschränkung nach § 14 Nr. 1. Wenn der MEer von WE aber nicht vom Mitgebrauch ausgeschlossen ist, kann für ihn nach dem Prinzip der Privatautonomie auch ein SNR bestellt werden. Dagegen ist es nicht möglich, für denselben Bereich mehrere SNRe für verschiedene WEer zu begründen, wohl aber kann ein SNR mehreren Begünstigten zugewiesen werden.[289]

3. Begründung durch Rechtsgeschäft

80 **a) Allgemeines.** Als ein den Mitgebrauch nach § 13 Abs. 2 ausschließendes Gebrauchs- und Nutzungsrecht kann das schuldrechtliche und dinglich wirkende SNR nach § 10 Abs. 2, 3 nur durch **Vereinbarung** begründet werden, die entweder schon von Anfang an in der GemO enthalten ist oder später von den WEern abgeschlossen wird. Die Vereinbarung bedarf keiner Form und kann ausdrücklich oder auch konkludent zustande kommen (§ 10 Rn 67).[290] Dafür reicht die unwidersprochene Hinnahme der alleinigen Nutzung durch einen WEer nicht aus. Denn die WEer haben nach Absatz 2 nur das Recht zum Mitgebrauch des GemEs, nicht auch die Pflicht. Voraussetzung ist, dass die übrigen WEer die alleinige Nutzung in dem Bewusstsein hinnehmen, sich dadurch auch für die Zukunft binden zu wollen.[291]

81 Ein **Mehrheitsbeschluss** genügt zur Begründung nicht und ist nichtig,[292] es sei denn, er ist durch eine **spezifizierte Öffnungsklausel** in der GemO formell legitimiert. Eine allgemeine Öffnungsklausel legitimiert nicht (§ 10 Rn 40 f.).[293] Ein hierauf fußender Beschluss ist nichtig. Einem legitimierten Beschluss fehlt dagegen nicht die Beschlussfassungskompetenz. Er greift auch nicht in den Kernbereich des SEs ein, weil sonst ein SNR auch nicht durch Vereinbarung begründet werden könnte. Denn der Kernbereich ist auch Schranke der Privatautonomie (§ 10 Rn 97). Die WEer waren jedoch durch die Vereinbarung einer entsprechenden Öffnungsklausel mit einer solchen späteren Inhaltsbestimmung durch Beschluss von vorneherein einverstanden (§ 10 Rn 41). Ein entsprechender

---

[285] BGHZ 73, 145 (149) = NJW 1979, 548 (549).

[286] AA wohl *Hogenschurz* § 5 Rn 25.

[287] Ebenso *Hogenschurz* § 1 Rn 44; aA wohl *Schneider* Rpfleger 1998, 9 (13) unter Hinweis auf die Entscheidung BayObLG DNotZ 1986, 87, die das jedoch nicht hergibt.

[288] KG FGPrax 2004, 57 = DNotZ 2004, 634 mit krit. Anm. *Häublein.*

[289] *Schneider* Rpfleger 1998, 9 (14).

[290] *Hogenschurz* § 2 Rn 7 f.

[291] *Ott,* Sondernutzungsrecht, S. 86 f.

[292] BGHZ 145, 158 = NJW 2000, 3500; OLG München ZMR 2008, 560 (561).

[293] Ebenso *Hogenschurz* § 2 Rn 109 f. mwN.

Beschluss ist deswegen nicht nichtig.[294] Schließlich kann die GemO auch einen **Begründungsvorbehalt** vorsehen, der einen WEer zur Bestellung eines SNRs im eigenen Namen oder im Namen eines anderen WEers berechtigt oder einen Dritten (zB der Verwalter[295]) hierzu bevollmächtigt (Rn 85). SNRe können auch befristet oder auflösend bzw. aufschiebend **bedingt** begründet werden, zB auflösend durch das Nicht-mehr-Wohnen oder Nicht-mehr-Halten eines PKWs[296] oder aufschiebend durch die Zahlung eines bestimmten Betrags an die WEgem.[297]

Durch **gerichtliche Entscheidung** kann ein SNR nicht begründet werden, weil im Verfahren nach § 43 nur Gebrauchsregelungen getroffen werden können, die einem Mehrheitsbeschluss nach § 15 Abs. 2 zugänglich wären.[298] 82

b) Schuldrechtliches Sondernutzungsrecht. Wird das vereinbarte SNR nicht eingetragen, handelt es sich um ein rein schuldrechtliches SNR. Es ist **nicht Inhalt des SEs** und wirkt als schuldrechtlicher Vertrag **nur inter partes** und denjenigen Sondernachfolgern, die in den Vertrag mit seinen Rechten und Pflichten bewusst ausdrücklich oder konkludent eingetreten sind (§ 10 Rn 107). Ein vom Mitgebrauch ausgeschlossener Sondernachfolger muss also diesen Ausschluss kennen und billigen. Auch für den durch das SNR begünstigten Sondernachfolger wirkt das SNR nach der hier vertretenen Auffassung (§ 10 Rn 122) nur, wenn er das Recht in Kenntnis seines Bestehens ausdrücklich oder konkludent übernommen hat. Werden die Rechte und Pflichten aus einem SNR bei einem **Eigentümerwechsel** nicht übernommen, wird die Vereinbarung wegen Unmöglichkeit der Zweckerreichung insgesamt unwirksam (§ 10 Rn 108). 83

c) Dinglich wirkendes Sondernutzungsrecht. Ist die Vereinbarung über die Begründung eines SNRs in das Grundbuch eingetragen, wird sie wie jede andere eingetragene Vereinbarung vereinbarter **Inhalt des SEs** (Rn 74, § 10 Rn 118). Dasselbe gilt allerdings auch für das durch formell legitimieren Mehrheitsbeschluss begründete SNR (Rn 81, § 10 Rn 120), so dass es zwei verschiedene Arten von dinglich wirkenden SNRen gibt, nämlich die im Grundbuch eingetragenen und die nicht eingetragenen, die sich einem Interessenten nur mittelbar über die eingetragene Öffnungsklausel erschließen. 84

d) Begründungsvorbehalt. SNRe können außer durch Vereinbarung auch durch einseitige Erklärung eines hierzu Berechtigten begründet werden, wenn dies so vereinbart ist und auch die erfolgte Zuordnung eingetragen wird (Rn 81).[299] Voraussetzung ist allerdings, dass der Berechtigte Mitglied der WEgem ist,[300] weil ein Dritter kein Mitgebrauchsrecht als Grundlage für die Begründung eines SNRs aus eigenem Recht hat und auch nicht abgetreten bekommen kann. Wohl aber kann er zur Bestellung eines SNRs **bevollmächtigt** werden (Rn 81). Die Bestimmung ist gem § 315 BGB nach billigem Ermessen zu treffen. Die Zulässigkeit einer einseitigen Begründung hat in der Praxis vor allem Bedeutung für den teilenden Alleineigentümer und sichert ihm die notwendige Gestaltungsfreiheit bei dem Verkauf der EWen, um auf die Wünsche der Erwerber eingehen zu können.[301] Verschiedene Möglichkeiten haben sich herausgebildet.[302] 85

---

[294] AA Riecke/Schmid/*Elzer* § 10 Rn 280, 297; *Schneider* NotBZ 2008, 442 (449).

[295] BayObLG DNotZ 1986, 479 m. Anm. Ertl; OLG Frankfurt ZMR 1997, 660.

[296] OLG Zweibrücken ZMR 2008, 667.

[297] BayObLG NJW-RR 1987, 1364; *Schneider* Rpfleger 1998, 9 (14).

[298] *Ott,* Sondernutzungsrecht, S. 108 f.

[299] OLG München NJOZ 2007, 4895; OLG Hamm ZMR 2008, 159 (160); *Ott,* Sondernutzungsrecht, S. 89 f.; Hogenschurz § 2 Rn 51 f.

[300] AA *Kreuzer* FS Merle (2000) S. 203 (211); *Häublein* in Köhler/Bassenge, Wohnungseigentumsrecht, Teil 12 Rn 73.

[301] OLG Frankfurt NZM 1998, 409 (410); OLG Stuttgart, MittBayNot 1997, 370 m. Anm. *Munzig; Röll* DNotZ 1994, 237.

[302] KG ZMR 2007, 384 (387) m. Anm. *Sauer* S. 235; *Häublein,* Sondernutzungsrechte, S. 276 f.; *Schneider* Rpfleger 1998, 53 (60 f.); *Schmenger* BWNotZ 2003, 73 (89).

86 **(1)** Der teilende Eigentümer wird in der GemO ermächtigt, SNRe ohne Zustimmung der übrigen WEer nachträglich zu begründen.[303] Eine solche **Ermächtigung** ist – anders als die Ermächtigung zur Umwandlung von GemE in SE (§ 10 Rn 92) – wirksam,[304] weil sie nicht die Eigentumsverhältnisse, sondern den Inhalt des SEs für das Gemeinschaftsverhältnis betrifft. Allerdings bedarf die Neubegründung der Zustimmung aller dinglich Berechtigten. Sie kann durch die GemO nicht abbedungen werden.[305]

87 **(2)** Sämtliche SNRe werden **von vorneherein** festgelegt und einem – dem teilenden Eigentümer vorbehaltenen – SE zugewiesen mit der Befugnis, die Einzelnen „geparkten" SNRe später ohne Mitwirkung der übrigen WEer, aber mit der erforderlichen Zustimmung der an den MEAen des teilenden Eigentümers dinglich Berechtigten[306] auf andere WEer zu übertragen.[307]

88 **(3)** Sämtliche WEer mit Ausnahme des teilenden Eigentümers werden von der Nutzung genau bestimmter Teile des GemEs ausgeschlossen; die **Zuweisung** der Nutzungsbefugnis wird dem teilenden Eigentümer **vorbehalten.**[308] Die Zuweisung kann dann zwar ohne Mitwirkung von weiteren Erwerbern und deren Gläubigern erfolgen, bedarf aber der Zustimmung der dinglich Berechtigten an der dem teilenden Eigentümer verbliebenen Einheit. Wird diese veräußert, ohne dass die Zuweisung vorher erfolgt ist, fällt das Zuweisungsrecht in die geborene Ausübungsbefugnis der WEgem, weil der aus der WEgem ausscheidende Eigentümer die Restnutzungsbefugnis als Grundlage des Zuweisungsrechts nicht mitnehmen kann.[309] Um die damit verbundenen Schwierigkeiten zu vermeiden, hat sich ein dritter Weg herausgebildet:[310]

89 **(4)** Die (anderen) WEer werden unter der aufschiebenden Bedingung der Zuweisung eines SNRs an einen bestimmten WEer, also **erst ab** dem Zeitpunkt der **Zuweisung,** vom Mitgebrauch **ausgeschlossen,** können also bis zur Zuweisung das GemE noch mit nutzen.[311] Für die positive Einräumung des SNRs an einen bestimmten WEer ist dann die Bewilligung der übrigen WEer und deren dinglich Berechtigter gemäß § 19 GBO und § 877 BGB nicht nötig, weil der Ausschluss von Anfang an – wenn auch aufschiebend bedingt – Inhalt der übrigen SE-einheiten war und damit zeitlich auch vor deren Belastung mit dinglichen Rechten liegt.[312] Andererseits bewirkt erst die Zuordnungserklärung den Bedingungseintritt für die Entstehung des Sondernutzungsrechts und die damit einhergehende Veränderung des Inhalts des SEs der einzelnen WE- und TE- Rechte, so dass bis zu diesem Zeitpunkt die Befugnis der übrigen WEer zum gemeinschaftlichen Gebrauch fortbesteht. Die infolge des Bedingungseintritts entstandenen SNRe sind in die Grundbücher der begünstigten Wohnungs- bzw. Teileigentümer im Wege der Grundbuchberichtigung einzutragen; erst dadurch wird auch die Bindungswirkung gegenüber einem Sondernachfolger gem. § 10 Abs. 3 herbeigeführt.[313] Das Zuweisungsrecht endet mit der ersten Zuweisung, selbst wenn dies nicht ausdrücklich so vorgesehen ist.

90 **e) Bestimmtheit des Sondernutzungsrechts.** Die Vereinbarung über das SNR muss den Erfordernissen der Bestimmtheit genügen. Das gilt sowohl für den Gegenstand des

---

[303] KG ZMR 2007, 384 (387).

[304] AA *Röll* DNotZ 2005, 392 (393).

[305] BayObLG NJW 2005, 444 = DNotZ 2005, 390 m. Anm. *Röll.*

[306] BGHZ 145, 133 (137) = NJW 2000, 3643 (3644).

[307] *Hogenschurz* § 2 Rn 63.

[308] BayObLG ZWE 2002, 78 (81); *Hogenschurz* § 2 Rn 66.

[309] *Schneider* Rpfleger 1998, 53 (61); *Schmenger* BWNotZ 2003, 73 (89).

[310] BayObLG NJW-RR 1986, 93 (94); OLG Düsseldorf NJW-RR 1987, 1491; OLG Hamm MittRhNotK 1998, 318; OLG Frankfurt DNotZ 1998, 392.

[311] OLG Hamm NZM 2000, 662; *Hogenschurz* § 2 Rn 70.

[312] BayObLG MittBayNot 1992, 226; OLG Düsseldorf Rpfleger 1993, 193; OLG Frankfurt MittBayNot 1998, 443.

[313] BayObLGZ 1985, 381 [386] = NJW-RR 1987, 1491; OLG Hamm NZM 2000, 662 (663).

SNRs als auch für Art und Umfang der Berechtigung. Für das **schuldrechtliche SNR** genügt jedoch, dass sich die WEer über Gegenstand und Inhalt des SNRs einig sind oder dass es anhand der Angaben in der Vereinbarung **bestimmbar** ist. Soll das SNR an **Räumen** oder **Verkehrsflächen** des GemEs entstehen (Umgebungsfläche eines Einfamilienhauses oder begrenzte Gartenfläche), so reicht es für ein schuldrechtliches SNR aus, dass sich die WEer über eine Mindestfläche einig sind.[314] Wird eine zeichnerische Darstellung verwandt, muss sie nicht notwendig maßstabsgerecht sein, aber eine Bestimmung der Größe, Lage und Zuschnitt der Sondernutzungsfläche ermöglichen. Nur wenn diese Voraussetzungen nicht gegeben sind, weil zB in einer für zwei SNRe vorgesehenen Gesamtfläche die einzelnen Rechte nicht voneinander abgegrenzt sind,[315] ist eine schuldrechtliche Bindung nicht entstanden.[316]

Davon zu unterscheiden ist das **Bestimmtheitserfordernis des Grundbuchrechts** 91 für das dinglich wirkende SNR. Es dient dem Verkehrsschutz, also dazu, dass jedermann aus der im Bestandsverzeichnis erfolgten Eintragung ersehen kann, ob und ggf an welchem Teil des GemEs mit welchem Inhalt ein SNR besteht. Es gelten die von der Rspr. entwickelten Grundsätze[317] für die Bezeichnung einer zu verkaufenden Teilfläche oder für die Festlegung der Ausübungsstelle einer Abbaurechtsdienstbarkeit.[318] Danach muss ein außenstehender Dritter auf Grund der in der Eintragungsbewilligung in Bezug genommenen Angaben in der Vereinbarung oder der zeichnerischen Darstellung die Grenzen des der Sondernutzung unterliegenden Gegenstandes einwandfrei und unschwer feststellen können. Wird auf eine zeichnerische Darstellung Bezug genommen, so muss der verwandte Aufteilungs- oder Lageplan bzw. die Skizze grundsätzlich maßstabsgerecht sein.[319]

Soll die genaue Grenzziehung noch einer Vermessung oder späteren **Festlegung vor-** 92 **behalten** bleiben, so ist es eine Frage der Auslegung, wem die genaue Festlegung zustehen soll. Lässt sich das unschwer bestimmen (zB der teilende Eigentümer oder der Verwalter), so ist das SNR schuldrechtlich wirksam begründet, grundbuchrechtlich aber erst in dem Augenblick eintragungsfähig, in dem der hierzu Berechtigte die Sondernutzungsfläche endgültig festlegt. Widersprechen sich Lageplan und Größenangabe in der verbalen Beschreibung, so ist der Lageplan maßgeblich.[320] Besteht der Widerspruch zwischen dem Lage- bzw. Aufteilungsplan und der verbalen Gegenstandsbestimmung in der Vereinbarung, so ist ein SNR nicht entstanden.[321] Jedoch kann sich aus der gemeinschaftsrechtlichen Treuepflicht ein Anspruch auf Mitwirkung an einer Änderung der Vereinbarung (GemO) ergeben, die zur Entstehung des SNRs führt (§ 10 Rn 51).[322]

f) Zustimmung dinglich Berechtigter. Eine Zustimmung von dinglich Berechtigten 93 kommt nur in Betracht, wenn das SNR **Inhalt des SEs** werden soll, nicht dagegen für die Begründung eines schuldrechtlichen SNRs. Es gelten die allgemeinen Grundsätze über die Zustimmung Dritter (§ 10 Rn 87), soweit nicht die Besonderheiten des § 5 Abs. 4 S. 3 eingreifen.[323] Wird das SNR durch Vereinbarung begründet, so bedarf es nach §§ 877, 876 BGB sachenrechtlich der Zustimmung und grundbuchrechtlich der Bewilligung durch alle Grundpfandrechts- und Reallastgläubiger der WEer, die von dem Ausschluss des Mit-

---

314 BayObLG ZWE 2002, 583.

315 OLG Hamm NZM 2000, 659.

316 BGH NJW 2002, 2247, 2248.

317 BGH NJW 2002, 2247 = EwiR 2002, 775 m. Anm. *Demharter;* BGH NZM 2008, 331; vgl. auch KG ZWE 2007, 447 (450) m. Anm. *Schmidt* S. 446.

318 BGH NJW 2002, 3021.

319 BGH NJW-RR 1999, 1030.

320 BayObLG NZM 2000, 509 (510).

321 BGH NJW 1995, 2851 zum SE.

322 OLG Hamm ZWE 2000, 316.

323 Vgl. dazu *Armbrüster* ZWE 2008, 329 (330); *Hogenschurz* § 2 Rn 87 f.

gebrauchsrechts betroffen sind.[324] Zustimmungs- und bewilligungsberechtigt sind die im Grundbuch eingetragenen Rechtsinhaber, bei Unrichtigkeit des Grundbuchs die wahren Berechtigten.[325] Entsprechendes gilt für die Begründung durch einen auf Grund spezifizierter Öffnungsklausel formell **legitimierten Mehrheitsbeschluss** (§ 10 Rn 41),[326] weil § 5 Abs. 4 die §§ 877, 876 BGB insoweit nicht verdrängt. Es bedarf insoweit nur keiner grundbuchrechtlichen Bewilligung und Eintragung.

94 Ebenso müssen **Nießbraucher** und **Wohnungsberechtigte** (§ 1093 BGB) zustimmen, wenn an den gemeinschaftlichen Anlagen und Einrichtungen, die sie mit benutzen dürfen, ein SNR bestellt wird.[327] Dasselbe gilt für den Berechtigten einer **Dienstbarkeit,** die an der Sondernutzungsfläche bestellt ist (zB auf Mitbenutzung des Kinderspielplatzes, von dem ein Teil als Kfz-Stellplatz genutzt werden soll).[328] Ebenso bedarf es der Zustimmung des **Inhabers einer Auflassungsvormerkung** an einem vom Mitgebrauch ausgeschlossenen WEs-Recht,[329] weil sonst das SNR ggü dem Vormerkungsberechtigten nach § 888 Abs. 1 BGB relativ unwirksam wäre und damit wegen Unmöglichkeit der Zweckereichung insgesamt unwirksam würde. Fehlt eine erforderliche Zustimmung, so ist die Vereinbarung oder der Beschluss (schwebend) unwirksam.

4. Gegenstand des Sondernutzungsrechts

95 Das SNR kann gegenständlich wie zB bei der faktischen Realteilung von Reihenhäusern oder Doppelhäusern (§ 10 Rn 76) auf das gesamte GemE erstreckt werden oder sich auf einzelne nach § 5 Abs. 2 nicht sondereigentumsfähige Teile des Gebäudes, also auch einen ganzen Raum,[330] sowie auf Anlagen oder Einrichtungen des gemeinschaftlichen Gebrauchs beziehen. Es kann auch nur einen bestimmten Teil hiervon betreffen, und zwar örtlich oder sachlich. Denn solche **Teilsondernutzungsrechte** sind nach dem Grundsatz der Privatautonomie ebenfalls zulässig. Gegenstand eines SNRs können daher sein der Bau einer Tiefgarage im Hof,[331] die Nutzung nur eines bestimmten Raumteils,[332] das Aufstellen einer Waschmaschine an einem bestimmten Ort des Gemeinschaftsraums[333] oder dessen alleinige Nutzung mit Ausnahme des Durchgangs zu einer sonst nicht erreichbaren anderen Fläche (im SNR oder GemE).[334]

96 Gegenstand eines SNRs kann nach der Rspr. auch eine **Grunddienstbarkeit** sein, die zur Benutzung einer Garage auf dem Nachbargrundstück berechtigt. Die Ausübung dieser Dienstbarkeit soll einer Vereinbarung nach § 10 Abs. 2 und damit auch der Zuweisung von SNRen zugänglich sein.[335] Diese Ansicht verdient Zustimmung. Denn die Grunddienstbarkeit gilt nach § 96 BGB als Bestandteil des Grundstücks, das im ME der WEer steht; als

[324] *Ott,* Sondernutzungsrecht, S. 68 f. und 92 ff.; aA *Häublein,* Sondernutzungsrechte, S. 154 ff., obwohl auch vom Boden seiner schuldrechtlichen Theorie aus die Bindungswirkung des § 10 Abs. 3 eine rechtliche Beeinträchtigung darstellt.

[325] Vgl. BGH NJW-RR 2006, 888 (889) Rn 14.

[326] Ebenso *Häublein* in Köhler/Bassenge, Wohnungseigentumsrecht, Teil 12 Rn 87; aA *Böhringer/Hintzen* Rpfleger 2007, 353 (356).

[327] *Ott,* Sondernutzungsrecht, S. 75 ff.

[328] BayObLGZ 2002 Nr. 19 = MittBayNot 2002, 397.

[329] BayObLG DNotZ 1990, 381 (382); BayObLGZ 1991, 313 (319); BayObLG Rpfleger 1999, 123; OLG Frankfurt WE 1998, 232 (233); OLG Düsseldorf NJW-RR 1996, 1418 (1419); *Schnauder,* FS für Bärmann/Weitnauer, S. 567 (587); aA *Ott,* Sondernutzungsrecht, S. 79 f.; *Häublein,* Sondernutzungsrecht, S. 130.

[330] Vgl. BGH NJW 1991, 2909.

[331] OLG Hamburg ZMR 2007, 981.

[332] AA OLG Jena Rpfleger 1999, 70 (71); krit. *Sauren,* FS Merle (2000) S. 261 f.

[333] AA OLG Naumburg FGPrax 1998, 92 (93); krit. *Sauren,* FS Merle (2000) S. 261 f.

[334] Vgl. KG NJW-RR 1990, 333 f.

[335] BayObLG DNotZ 1991, 600 (602); OLG Köln NJW-RR 1993, 982; NotBZ 2006, 436.

MEer sind sie zugleich gemeinschaftliche Berechtigte der Grunddienstbarkeit. Regeln sie die Ausübung der Grunddienstbarkeit, so regeln sie damit immer zugleich auch das Verhältnis der WEer untereinander. Weisen sie in der GemO das Recht zur Nutzung der Grunddienstbarkeit ausschließlich bestimmten WEern zu, so räumen sie diesen damit ein SNR ein.[336] Anders verhält es sich dagegen für Gebrauchsregelungen zwischen den Gemeinschaftern eines SEs (Rn 113). Der Gegenstand des SNRs bleibt ebenso **GemE** wie ein auf Grund des SNRs mit Berechtigung zur baulichen Veränderung zulässigerweise errichtetes Gebäude.[337]

Die wichtigsten Beispiele für ein SNR[338] sind: **97**
- nicht sondereigentumsfähige Grundstücksflächen, wie zB PKW-**Abstellplätze**[339] oder **Gartenflächen,**[340]
- nicht sondereigentumsfähige Gebäudeteile/Räume, wie Terrassen, nicht abgegrenzte Tiefgaragenstellplätzen, Stellflächen im **Duplexparker,**[341]
- nicht sondereigentumsfähige Teile einer Garage als Gegenstand einer Grunddienstbarkeit zugunsten aller MitEer am Nachbargrundstück,[342]
- das gesamte GemE an einem **Reihen-** oder **Doppelhaus** (faktische Realteilung),
- sondereigentumsfähige, aber im GemE befindliche Gebäudeteile wie **Dach-** und **Speicherräume,**[343] Kellerräume oder Garagen zur Nutzung und zum Ausbau, ggf sogar Wohnräume (Keller- oder Garagenmodell,[344] das durch die Entscheidung des GmS-OG v. 30. 6. 1992[345] jedoch obsolet wurde),
- zum GemE gehörende Gebäudeteile oder Flächen für bestimmte WEer, wie zB die Treppenhäuser, Flure oder Kellerräume für die Bewohner eines Gebäudes einer **Mehrhausanlage (Gruppensondernutzungsrecht)**[346],[347]

5. Umfang des Sondernutzungsrechts

Das Recht des Sondernutzungsberechtigten reicht so weit, wie es ihm eingeräumt ist. Es kann auf bestimmte Nutzungsarten beschränkt sein, aber auch ohne eine solche Beschränkung eingeräumt werden.[348] Es gewährt wie das SE ein **alleiniges Gebrauchs- und Nutzungsrecht.** Diese schließt die Befugnis ein, mit dem Gegenstand des SNRs nach Belieben zu verfahren, insbesondere diesen zu gebrauchen, zu vermieten,[349] zu verpachten oder in sonstiger Weise zu nutzen und die Sach- und Rechtsfrüchte (Obst, Mietzins)[350] zu ziehen, sofern nichts anderes bestimmt ist und die Nutzung nicht für die anderen WEer mit einem erheblichen Nachteil verbunden ist (§ 14 Nr. 1). Wird einem SEer die „ausschließliche Nutzung“ des **Dachbodens** erlaubt, so berechtigt dies nicht zum Ausbau und zur Nutzung als Wohnraum,[351] wohl aber zur Nutzung als Hobbyraum mit Sanitäranlagen und **98**

---

336 AA OLG Düsseldorf ZMR 2009, 132: „Sonderberechtigung zur Ausübung“.
337 BayObLG NZM 2002, 70.
338 Vgl. *Schmenger* BWNotZ 2003, 73 ff.; *Hogenschurz* § 1 Rn 2 f.
339 IE *Hogenschurz* § 3 Rn 99 f.
340 IE *Hogenschurz* § 3 Rn 70 f.
341 OLG Jena ZWE 2000, 232; iE *Hogenschurz* § 3 Rn 121 f.
342 OLG Köln NJW-RR 1993, 982.
343 IE *Hogenschurz* § 3 Rn 59 f.
344 BayObLG NJW 1992, 700; OLG Hamm Rpfleger 1993, 445; *Pause* NJW 1990, 3178; *ders.* NJW 1992, 671; *Schneider* Rpfleger 1991, 499 f.; *Schmidt* WE 1992, 2 ff.
345 GmS-OGB NJW 1992, 3290.
346 *Häublein* NZM 2003, 785 (787); *Hogenschurz* § 1 Rn 39
347 IE *Hogenschurz* § 3 Rn 111 f.
348 BayObLG DNotZ 1999, 672 (674).
349 *Ott,* Sondernutzungsrecht, S. 115.
350 BayObLG NZM 1998, 335; KG ZMR 2000, 399.
351 BayObLG MDR 1993, 1200; iE näher *Hogenschurz* § 3 Rn 59 f.

Zwischenwänden.[352] Ist Gegenstand des SNRs ein bestimmter **Gartenteil,**[353] so ist der berechtigte WEer befugt, die Fläche gärtnerisch zu **gestalten** oder zu Erholungszwecken zu benutzen,[354] insbesondere Gemüsebeete anzulegen, Obstbäume, Sträucher und Blumen anzupflanzen,[355] vorhandene Bepflanzungen zu entfernen,[356] in einer parkähnlichen Gartenanlage einen „japanischen Steingarten" anzulegen,[357] eine ca. 2 m hohen Schaukel[358] oder ein ortsübliches Rankgerüst[359] aufzustellen oder einen Baumschaukel oder Hängematte anzubringen.[360] Dagegen **berechtigt** das SNR **nicht** zu das Gesamtbild beeinflussenden schnell wachsenden Anpflanzungen,[361] zum Fällen großer Bäume,[362] oder zur Vornahme von zustimmungspflichtigen **baulichen Veränderungen** (Errichtung von Gartenhäusern,[363] Wintergärten, Carports,[364] Zäunen,[365] Abgrenzungen[366] oder Absperrungen,[367] einem Stellplatz, dem Anbringen von Markisen[368] oder Sichtschutzwänden,[369] Aufschütten oder Vergrößerung einer Terrasse[370]), sofern diese nicht ausdrücklich gestattet wurden.[371] Denn die Befugnis zur Vornahme von baulichen Veränderungen kann zum Inhalt eines SNRs gemacht werden. Soll nicht jede bauliche Veränderung gestattet sein, müssen allerdings einzelne zugelassene bauliche Maßnahmen genau bezeichnet sein. Darin liegt jedoch nicht die antizipierte Zustimmung zur Veränderung oder gar zur Einräumung von SE zugunsten des Begünstigten.[372]

99 Auch sonst müssen **Art und Umfang** der Berechtigung **bestimmt** genug, zumindest im Wege der Auslegung **bestimmbar** (Rn 90), sein.[373] Eine sich anderenfalls ergebende Nichtigkeit kann auch nur einzelne Teile der Regelung betreffen, sofern deswegen nicht die ganze Regelung unwirksam wird (§ 139 BGB). Kann also zB die Kostenregelung für Sondernutzungsflächen mangels ausreichender Bestimmtheit nicht praktiziert werden, so ist der gesetzliche Verteilungsschlüssel nicht wirksam abbedungen.[374]

6. Auslegung, Änderung

100 Für die Auslegung und Änderung eines **vereinbarten** SNRs gelten die allgemeinen Grundsätze für Vereinbarungen (§ 10 Rn 130, 133 f., 157). Das Recht des teilenden

[352] OLG Düsseldorf ZMR 2008, 395.
[353] IE *Hogenschurz* § 3 Rn 70 f.
[354] BayObLG NJW-RR 1987, 846; ZMR 2005, 132.
[355] BayObLG NZM 1999, 848; ZMR 2005, 132.
[356] BayObLG ZMR 2000, 849; OLG Hamburg ZMR 2003, 522 (524).
[357] LG München NZM 2006, 666.
[358] OLG Düsseldorf NJW-RR 1989, 1167.
[359] BayObLG ZMR 1998, 503 = WE 1999, 148.
[360] BayObLG ZMR 2005, 132 (133).
[361] KG NJW-RR 1987, 1360; OLG Köln ZMR 1997, 48.
[362] BayObLG ZWE 2001, 22.
[363] BayObLG NJW-RR 1988, 591; OLG Köln ZMR 1995, 606; NZM 1998, 664.
[364] BayObLG NZM 1999, 855; ZMR 2003, 364.
[365] OLG Hamburg ZMR 2003, 524; KG NJW-RR 1994, 526; OLG Köln NJOZ 2008, 3413 = IMR 2008, 278.
[366] BayObLG MDR 1981, 937.
[367] BayObLG DWE 1982, 133.
[368] KG ZMR 1994, 426 f.; OLG Köln MDR 1997, 1020.
[369] BayObLG NZM 2000, 678; OLG Hamburg ZMR 2002, 621.
[370] OLG Karlsruhe NZM 2001, 758; OLG Frankfurt NZM 2008, 322; aA OLG Schleswig ZWE 2001, 506.
[371] BayObLG DNotZ 1990, 381; NZM 2003, 199; LG Itzehoe ZMR 2009, 480 – Gestattung in der GemO; iE *Hogenschurz* § 3 Rn 85 f.
[372] BayObLG NZM 2002, 70.
[373] Köhler/Bassenge/*Häublein,* Wohnungseigentumsrecht, Teil 12 Rn 49 f.
[374] KG ZMR 2003, 873.

Eigentümers, SNRe einseitig zu ändern oder aufzuheben, endet mit dem Entstehen der (werdenden) Gemeinschaft.[375] Unter den Voraussetzungen des § 10 Abs. 2 Satz 3 kann sowohl der Berechtigte als auch jeder andere WEer von den übrigen WEern die Zustimmung zum Abschluss einer Änderungs- oder Aufhebungsvereinbarung verlangen. Ein solcher Anspruch kommt aber nur im Einzelfall nach Abwägung der beteiligten Interessen in Betracht. Er besteht nicht, wenn nur ein einfacherer Zugang zum SE eines anderen WEers geschaffen werden soll[376] oder wenn ein aus der Sondernutzung herausgenommener Mülltonnenplatz nicht mehr benötigt wird.[377] In Ausnahmefällen kann unter dem Gesichtspunkt der gemeinschaftsrechtlichen Treuepflicht (§ 10 Rn 49) auch ein Anspruch auf Mitnutzung[378] oder Überlassung der Sondernutzungsfläche gegen Zahlung eines Ausgleichs gegeben sein.[379] Wird dem Berechtigten dagegen das SNR genommen, so bedarf dies einer Vereinbarung und der Zustimmung der nachteilig betroffenen Grundpfandgläubiger (§ 5 Abs. 4 Satz 2). Gleiches gilt für eine Erweiterung der Befugnisse des Berechtigten für die Grundpfandgläubiger der übrigen WEer. Für die Auslegung und Änderung eines wirksam **beschlossenen** SNRs (Rn 81) gelten dagegen die für Beschlüsse maßgebenden Regeln (§ 10 Rn 187, 167). Soll das SNR in SE umgewandelt werden, bedarf dies nach § 4 der Auflassung und der Eintragung in das Grundbuch sowie der Zustimmung der dinglichen Gläubiger der übrigen WEer.[380] Das SNR erlischt dann.

Dagegen bedarf es der Mitwirkung der übrigen WEer und deren Gläubiger nicht, wenn die **Grenzen** von zwei Sondernutzungsteilflächen **innerhalb der Gesamtfläche verschoben** werden.[381] Es kann hier nichts anderes gelten als bei der Übertragung eines SNRs[382] oder bei dessen nachträglicher positiver Zuordnung[383] oder bei der Begründung zusätzlicher SNRe an dem in seinen Grenzen unverändert bleibenden Sondernutzungsbereich.[384] Ein rechtserheblicher Unterschied besteht zwischen den verschiedenen Fallgestaltungen nicht; entscheidend ist stets, dass die übrigen WEer vom Mitgebrauch der betreffenden Fläche bereits vorher ausgeschlossen waren. Eine Verlegung des SNRs an eine bisher dem Mitgebrauch unterliegende Stelle erfolgt dagegen nach den Regeln der Neubegründung.[385] 101

7. Umdeutung, Unterteilung, Umwandlung

Ist SE wegen Verstoßes gegen § 5 Abs. 2 nicht entstanden, kann die gescheiterte Begründung nicht in ein SNR **umgedeutet** werden.[386] Wohl aber kommt eine Umdeutung in Betracht, wenn die Entstehung von SE an der fehlenden Abgeschlossenheit gescheitert ist und so der Berechtigte wegen der fehlerhaften Eintragung keinen wirtschaftlichen Verlust befürchten muss.[387] 102

---

[375] BGH NZM 2005, 753 (754); BayObLG ZMR 1999, 115.

[376] BayObLG NJWE-MietR 1997, 80.

[377] BayObLG ZMR 2004, 48.

[378] *Hogenschurz* § 5 Rn 18.

[379] BayObLG ZMR 1998, 649; 2002, 368; NZM 2004, 713; OLG Hamburg ZMR 2004, 933; KG ZMR 1999, 356.

[380] BayObLGZ 1991, 313 = NJW-RR 1992, 208; *Ott,* Sondernutzungsrecht, S. 174; *Hogenschurz* § 2 Rn 144; aA *F. Schmidt* WE 1996, 157 (158).

[381] BayObLGZ 1999, 672 (674).

[382] Vgl. BGHZ 73, 145, = BGH NJW 1979, 548.

[383] Vgl. BayObLGZ 1985, 124 f.; 1985, 378 f.; OLG Düsseldorf Rpfleger 1993, 193.

[384] Vgl. BayObLG DNotZ 1988, 30 f.

[385] BayObLG NJW-RR 2001, 1164.

[386] BayObLG MDR 1981, 145; *Häublein* in Köhler/Bassenge, Wohnungseigentumsrecht, Teil 12 Rn 90.

[387] *Schmenger* BWNotZ 2003, 73 (75).

103 Das SNR kann wie das SE ohne Mitwirkung der übrigen WEer **unterteilt** werden.[388] Es kann als solches nicht in SE **umgewandelt** werden, wohl aber das GemE durch Einigung sämtlicher WEer in Auflassungsform und Eintragung in das Grundbuch. Die Umwandlung bedarf der Zustimmung dinglich Berechtigter, soweit ihre Rechtsposition hiervon nachteilig betroffen ist. Das gilt auch dann, wenn dem Erwerber hinsichtlich des betroffenen GemEs bereits ein SNR eingeräumt war, weil dies die Eigentumsverhältnisse unberührt gelassen hat.[389]

8. Verjährung, Verwirkung

104 Nach obergerichtlicher Rechtsprechung kann ein **SNR verwirkt** werden.[390] Dem liegt ein Verständnis des SNRs zugrunde, das von einem schuldrechtlichen Anspruch ausgeht. Es trifft nach der hier vertretenen Ansicht nur für das **schuldrechtliche,** nicht für das dinglich wirkende SNR zu. Dieses kann als Inhalt des SEs ebenso wenig verjähren oder verwirkt werden wie das Eigentum oder ein dingliches Recht (§ 902 BGB). Ebenso ist der dingliche Herausgabeanspruch des eingetragenen WEers unverjährbar (§ 902 BGB). Verwirkt kann er nur sein, wenn die Herausgabe für den Besitzer schlechthin unerträglich ist.[391]

105 Die **Abwehransprüche** aus § 1004 BGB und der schuldrechtliche **Anspruch aus § 15 Abs. 3** unterliegen dagegen der Regelverjährung[392] von **3 Jahren** (§ 195 BGB). § 902 Abs. 1 S. 1 BGB ist nicht anwendbar. Die Frist beginnt mit Schluss des Jahres, in dem der Anspruch entstanden ist und der WEer Kenntnis von den anspruchsbegründenden Umständen und der Person des Störers erlangt hat (§ 199 Abs. 1 BGB). Ist der Anspruch einmal entstanden, so hat ein Eigentümerwechsel auf der Gläubigerseite auf den Lauf der Frist keinen Einfluss.[393] Der Erwerber kann also einen verjährten oder verwirkten Anspruch nicht geltend machen.[394] Anders als der Anspruch auf Beseitigung einer fortwirkenden Beeinträchtigung aus ein und derselben Handlung entsteht der Anspruch auf Unterlassung von sich wiederholenden gleichartigen Rechtsverletzungen – wie zB einer unzulässigen Nutzung - mit jeder Wiederholung neu.[395]

106 Ggü der kurzen Verjährungsfrist hat die **Verwirkung**[396] mit ihrem Zeit- und Umstandsmoment[397] praktisch an Bedeutung verloren. Sie kommt im Wesentlichen noch als Duldungspflicht dort in Betracht, wo ein WEer der anderweitigen Nutzung seines SNRs wie zB als PKW-Stellplatz ausdrücklich oder konkludent zugestimmt hat,[398] worin allerdings auch ein Verzicht liegen kann, nicht aber die Begründung eines gegen den Sondernachfolger wirkenden SNRs.[399] Auch folgt daraus keine Verpflichtung, Baumaßnahmen zu dulden, die öffentlich-rechtlich zur Fortsetzung der Nutzung erforderlich werden und mit zusätzlichen Beeinträchtigungen verbunden sind.[400] Ebenso berechtigen Verjährung, Verwirkung bzw. der Verzicht nicht dazu, anstelle der bisherigen zweckbestimmungswidrigen

388 *Hogenschurz* § 4 Rn 19; *Schneider* Rpfleger 1998, 53 (58).

389 BayObLG Rpfleger 1992, 20; MittRhNotK 1993, 224; WE 1996, 155; aA *F. Schmidt* WE 1996, 157 (159); *Schneider* Rpfleger 1998, 53 (59).

390 OLG Celle NJW-RR 2007, 234.

391 Vgl. BGH NJW 2007, 2183 – Grundstückseigentum.

392 BGHZ 60, 235 (238) = NJW 1973, 703 (704); NJW 2004, 1035 (1036) für § 1004 BGB.

393 BGHZ 60, 235 (238) = NJW 1973, 703 (704).

394 OLG Hamburg ZMR 2005, 805.

395 BGH NJW 1990, 2555 (2556); NJW-RR 2006, 236; OLG Stuttgart IMR 2008, 277.

396 Vgl. OLG Hamburg ZMR 2006, 465 (466); OLG Düsseldorf IMR 2008, 206; OLG München NZM 2008, 848.

397 BGH NJW 2003, 824; 2006, 219 (220).

398 Vgl. BayObLG ZMR 2001, 987 (988); OLG Köln WE 1998, 236 u. OLG Celle NZM 2007, 840 (841) unter der Geltung von § 195 BGB aF.

399 OLG Hamm ZMR 2008, 159 (160).

400 BayObLG WE 1998, 194 (195).

Nutzung nunmehr eine andere, ebenfalls zweckbestimmungswidrige Nutzung fortsetzen zu dürfen[401] oder den duldungspflichtigen Zustand weiter nachteilig zu verändern. Eine hinzunehmende Funkantenne darf daher nicht nach Höhe und Durchmesser vergrößert werden, uz unabhängig davon, ob sie defekt ist, erneuert werden muss und bauliche Antennenteile für eine Reparatur nicht mehr verfügbar sind.[402]

An die mit der Verwirkung verbundene inhaltliche Begrenzung des SEs ist ein gutgläubiger Sondernachfolger nur gebunden, wenn das SNR im Grundbuch gelöscht worden ist. 107
Anderenfalls wird sein guter Glaube an das Bestehen des eingetragenen SNRs geschützt, hat er das **SNR** also **gutgläubig erworben.**[403] Grob fahrlässige Unkenntnis oder allein die Kenntnis der tatsächlichen Verhältnisse schaden nicht.

9. Abgrenzungen

a) Miete, Pacht. Das SNR unterscheidet sich von der **Miete oder Pacht** dadurch, dass 108
diese im Unterschied zu jenem den unmittelbaren Mitgebrauch nicht ausschließt, sondern nur durch den mittelbaren Fremdgebrauch ersetzt und an die Stelle des unmittelbaren Gebrauchs den Anteil an den Mieteinnahmen treten lässt. In der Praxis können gleichwohl Abgrenzungsprobleme auftreten, wenn das SNR nicht in das Grundbuch eingetragen worden ist, es also um die Auslegung eines schuldrechtlichen Vertrages geht. Hier ist in erster Linie der **Wille** der Parteien zu erforschen.[404] Hierbei können die **Umstände** des Zustandekommens, die **Dauer** der Regelung, ihre **Ausschließlichkeit,**[405] Bestimmtheit,[406] die Gegenleistung oder **Kompensation**[407] und die **Kündbarkeit** oder Widerruflichkeit wichtige Anhaltspunkte geben. Hilfsweise ist der objektive Erklärungswert der abgegebenen Erklärungen zu bestimmen.

b) Gebrauchsregelung. Auch für die Abgrenzung des SNRs von einer Gebrauchs- 109
regelung nach § 15 ist maßgebend, ob der **Mitgebrauch vollständig ausgeschlossen** werden soll oder nicht. Werden bestimmte abgegrenzte Stücke in der TErkl als GemE ausgewiesenen Flächen durch Mehrheitsbeschluss „der alleinigen Nutzung der entsprechenden WEer" unterstellt, so handelt es sich nicht mehr um eine dem Mehrheitsbeschluss zugängliche Gebrauchsregelung, sondern um die Zuweisung von SNRen, die nur durch Vereinbarung erfolgen kann und zur Nichtigkeit des Beschlusses führt.[408] Dasselbe gilt für die Zuweisung von im GemE stehenden **Außenwasserhähnen** an bestimmte SEer (§ 15 Rn 22).[409] Kann ein ordnungsmäßiger Gebrauch dagegen nur im Wege der turnusmäßigen Alleinnutzung **(Rotation)** sichergestellt werden, so handelt es sich nicht um die Begründung eines SNRs,[410] sondern um eine Gebrauchsregelung.[411] Dasselbe gilt für eine Regelung durch Beschluss, dass die gemeinschaftlichen Stellplätze zu bestimmten Zeiten (zB von 18:00 Uhr bis 8:00 Uhr) nur von bestimmten Personen genutzt werden dürfen.[412]

c) „Faktisches Sondernutzungsrechts". Ein Recht zur alleinigen Nutzung kann sich 110
auch aus der **Örtlichkeit** ergeben. So kann in einer **Mehrhausanlage** die Nutzung von

[401] KG ZWE 2007, 163.
[402] OLG Düsseldorf NZM 2009, 442.
[403] Dies übersieht OLG Celle NJW-RR 2007, 234 = NZM 2007, 840 (841).
[404] *Ott,* Sondernutzungsrecht, S. 9.
[405] OLG Düsseldorf Rpfleger 1999, 70 (71).
[406] OLG Naumburg FGPrax 1998, 92 (93).
[407] *Becker/Kümmel* ZWE 2001, 60 (67 f.).
[408] OLG Düsseldorf NZM 2003, 767.
[409] OLG München NJW-RR 2007, 806 = NZM 2007, 447.
[410] AA *Häublein* in Köhler/Bassenge, Wohnungseigentumsrecht, Teil 12 Rn 83.
[411] OLG Hamburg ZMR 1993, 425.
[412] OLG Frankfurt Beck RS 2007 15 770 = IMR 2007, 357 = NJW-Spezial 2007, 563.

Räumen oder Einrichtungen in einem Gebäude durch die Bewohner der anderen Gebäude für die Bewohner dieses Gebäudes einen nicht hinnehmbaren Nachteil iSd § 14 Nr. 1 mit sich bringen, wenn die anderen Gebäude über dieselben Räume oder Einrichtungen verfügen. Hier bleibt die Nutzung allein den jeweiligen Hausbewohnern überlassen. Entsprechendes gilt, wenn das **GemE** so gelegen ist, dass der Zugang nur über das SE möglich wäre, dem SEer bei der nach § 14 Nr. 1 gebotenen Interessenabwägung aber nicht zugemutet werden kann, den Zugang anderen WEern zu gewähren. Hier bleibt die Nutzung dem SEer vorbehalten. Das gilt zB für den **Spitzboden**[413] oder den nachträglich angebauten Balkon.[414] Obwohl hier dem SEer jeweils ein alleiniges Nutzungsrecht zusteht, handelt es sich weder um ein faktisches SNR,[415] noch um eine teleologische Reduktion von Absatz 2 oder um ein Annex-Gebrauchsrecht aus dem SE,[416]sondern um den **Ausschluss des Mitgebrauchs** der übrigen WEer nach § 14 Nr. 1. Ein SNR kann in diesen Fällen nur dadurch entstehen, dass die WEer den alleinigen Gebrauch in dem Bewusstsein dulden, sich aus der tatsächlichen Lage auch rechtlich für die Zukunft binden zu wollen. Von diesem durch bauliche Gegebenheiten begründeten Ausschluss des Mitgebrauchs zu unterscheiden ist die einseitige Begründung einer sondernutzungsähnlichen faktischen Nutzung wie zB durch die Errichtung eines Gartenhauses. Sie müssen die WEer nicht hinnehmen.[417]

111 **d) Mitbenutzungsrecht am Sondereigentum.** Ist **GemE** nicht über in GemE befindliche Zugangsflächen, sondern **nur über SE zu erreichen** und ist der Mitgebrauch des GemEs deswegen nicht nach § 14 Nr. 1 ausgeschlossen, so hat der SEer den Zugang, wenn auch nur für bestimmte Zwecke, zu gewähren.[418] Bei dieser Duldung handelt es sich ebenfalls nicht um ein SNR am SE, sondern um eine Begrenzung der Eigentümerbefugnisse nach § 14 Nr. 1 im Wege der Gebrauchsregelung nach § 15. Das gilt auch für andere Mitbenutzungsrechte am SE.[419]

112 **e) Sondernutzungsrecht am Sondereigentum („Doppelparker")?**[420] Bei einer Doppelstockgarage ist der Einzelne **Stellplatz** nach hM nicht sondereigentumsfähig, sondern nur die Parkeinrichtung insgesamt.[421] Daher ist es notwendig, beim Erwerb eines solchen SEs durch zwei verschiedene Käufer deren Benutzungsrecht zu regeln. Dies kann dadurch geschehen, dass die gesamte Einrichtung im GemE verbleibt und jeweilige SNRe mit entsprechender Kostenregelung für einzelne WEer begründet werden.[422] Das hindert jedoch den isolierten Verkauf eines Stellplatzes. Deswegen wird in der Praxis überwiegend an der gesamten Anlage TE begründet.

113 Heftig umstritten ist die Frage, ob für die einzelnen MEer ein SNR begründet werden kann.[423] Die **obergerichtliche Rspr.**[424] bejaht dies und hat dafür überwiegend Zustim-

---

[413] OLG Hamburg ZMR 2001, 999 (1000); OLG Hamm ZWE 2001, 122 (124); OLG Köln NZM 2001, 385.

[414] BayObLG 2004, 384.

[415] *Häublein* in Köhler/Bassenge, Wohnungseigentumsrecht, Teil 12 Rn 89; *Ott,* Sondernutzungsrecht, S. 109 f.; aA *Amann* DNotZ 1990, 498 (499 f.); *Ganten* PiG 15, S. 71 (76).

[416] AA *Häublein* in Köhler/Bassenge, Wohnungseigentumsrecht, Teil 12 Rn 88; *Hogenschurz* § 1 Rn 38.

[417] OLG Hamburg ZMR 2007, 635.

[418] BayObLG ZMR 2001, 562 (563); 2004, 844 (845).

[419] OLG Zweibrücken ZWE 2002, 142 (143).

[420] IE *Hogenschurz* § 3 Rn 121 f.

[421] AG Rosenheim ZMR 2008, 923.

[422] *Schmenger* BWNotZ 2003, 73 (74).

[423] Vgl. iE Hügel ZWE 2001, 42 ff.; *Milzer* ZNotP 2006, 290 (294).

[424] BayObLG NJW-RR 1994, 1427 = DNotZ 1995, 70 (71); OLG Frankfurt WE 2000, 151 = MittBayNot 2000, 440 m. Anm. *v. Oefele* = NZM 2001, 527; OLG Hamm DNotZ 1985, 442; OLG Jena FGPrax 2000, 7 = ZWE 2000, 232 m. Anm. *F. Schmidt* S. 207.

mung,[425] aber auch Kritik[426] erfahren. Letztere ist berechtigt. Schon der Ausgangspunkt ist zweifelhaft, dass nämlich der einzelne Stellplatz nicht sondereigentumsfähig sei.[427] Erst recht nicht zu folgen ist der Ansicht, der Gebrauch des SEs könnte im **Innenverhältnis der Miteigentümer** des SEs untereinander durch Vereinbarung nach § 10 Abs. 2 oder durch eine Gebrauchsregelung nach § 15 Abs. 2 geregelt werden. Wäre das richtig, könnten die WEer auch die Benutzung der einzelnen Räume des SEs für alle Fälle regeln, in denen WE einer WEgem (MEgem, Gütergemeinschaft, Erbengemeinschaft) gehört. Dass dies nicht geht, liegt auf der Hand. Durch Vereinbarung kann zwar der Mitgebrauch des GemEs durch die MEer einer Wohnung geregelt und deswegen auch einem MEer der EW ein SNR eingeräumt werden, weil es hier um das (Außen-)Verhältnis der Gemeinschafter einer EW zu den übrigen WEern geht. Dagegen betrifft die Frage, wie die Gemeinschafter in ihrem Innenverhältnis den Gebrauch der in ihrem SE stehenden Einheiten regeln, nicht deswegen das Verhältnis aller WEer untereinander iSd §§ 10 ff., weil die tragenden Teile des SEs im GemE stehen. Denn das Recht zur Nutzung des SEs ist nicht auf die Gebäudeteile beschränkt, die im SE des WEers stehen. Es erstreckt sich auch auf im GemE stehende Teile, die allein der WEer in Gebrauch nehmen darf. Deswegen richtet sich das Innenverhältnis einer WEgem am WE/TE nach ihren eigenen Rechtsregeln[428] und ist für die Bruchteilsgemeinschaft die **Miteigentümervereinbarung** nach § 1010 BGB der richtige Weg, die Benutzung eines Duplex-Parkers zu regeln.[429]

Der Anspruch auf Übertragung eines MEAs an dem TE „Doppelparker" und auf Abschluss und Eintragung einer Miteigentümervereinbarung kann durch eine **Vormerkung** gesichert werden. Eine einheitliche Vormerkung genügt, zwei getrennte Vormerkungen sind aber zulässig.[430] **114**

10. Schranken des Sondernutzungsrechts, Regelungskompetenz

Da der Gegenstand des SNRs für Gebrauchsregelungen dem SE gleich steht,[431] ist es denselben Schranken unterworfen. Das SNR ist demzufolge immanent beschränkt durch die seiner Begründung zugrunde liegende **Vereinbarung** und den sich daraus ergebenden Regelungen. Im Übrigen unterliegt es den Grenzen, die sich aus dem **Gesetz,** insbesondere dem gemeinschaftsrechtlichen **Nachbarrecht,**[432] den beschlossenen **Gebrauchsregelungen** oder den Rechten Dritter ergeben. Deswegen darf der Berechtigte von dem SNR nach **§ 14 Nr. 1** nur in solcher Weise Gebrauch machen, dass anderen WErn daraus kein erheblicher Nachteil erwächst. So darf der Berechtigte auf der ihm zugewiesenen Gartensondernutzungsfläche keinen Zaun errichten, wenn dieser den Gesamteindruck der Anlage nicht unerheblich verändert.[433] **115**

Ist die Nutzung für einen bestimmten **Zweck** zugelassen, gelten auch für eine zweckbestimmungswidrige Nutzung die allgemeinen Grundsätze. So darf zB auf einem zur Sondernutzung zugewiesenen **PKW-Abstellplatz** kein Wohnmobil abgestellt[434] oder eine Garage errichtet werden.[435] Das SNR an einem **Spitzboden** berechtigt nicht zum De- **116**

---

[425] *Frank* MittBayNot 1994, 512; *Schmenger* BWNotZ 2003, 73 (74); *F. Schmidt* MittBayNot 1995, 115; *ders.* ZWE 2000, 207; *Schneider* Rpfleger 1998, 9 (12); *v. Oefele* MittBayNot 2000, 441.

[426] *Basty* Rpfleger 2001, 169; *Hügel* NotBZ 2000, 349 = ZWE 2001, 42; *ders.* NZM 2004, 766 (767); *Schöner* Rpfleger 1997, 416 f.

[427] IE *Hügel* ZWE 2001, 42 (47).

[428] BayObLG WE 1994, 17; OLG Karlsruhe IBR 2007, 1010; Palandt/*Bassenge* Rn 9; § 15 Rn 1.

[429] *Milzer* ZNotP 2006, 290 (294).

[430] *Basty,* Der Bauträgervertrag, 6. Aufl., 2009, Rn 312.

[431] BayObLG, ZMR 1992, 202.

[432] IE *Hogenschurz* § 3 Rn 87 f.

[433] OLG Köln ZMR 2008, 817.

[434] BayObLG WE 1992, 348.

[435] OLG Hamm NZM 1998, 921.

ckendurchbruch sowie Einbau einer Wendeltreppe und eines Dachflächenfensters,[436] wohl aber zum Anbringen einer Verbindungstreppe ohne nachteilige Beeinträchtigungen iSd § 14 Nr. 1.[437] Bei Streitigkeiten über die Bepflanzung unmittelbar benachbarter Gartenteile, an denen jeweils ein SNR besteht, sind zudem die landesrechtlichen Bestimmungen über die **Grenzabstände von Bäumen und Sträuchern** und ihren Rückschnitt sowie über Ausschlussfristen mit heranzuziehen.[438] Eine zweckbestimmungswidrige Nutzung rechtfertigt Abwehransprüche der übrigen WEer, nicht dagegen Ansprüche auf Einräumung des Mitgebrauchs oder Zahlung einer Nutzungsentschädigung an die WEgem.[439]

117 Aus dem besonderen Rücksichtnahmegebot können sich aber auch wie bei dem SE (Rn 111) auf Grund der besonderen Lage **Mitbenutzungsrechte** ergeben, so zB wenn der SNR-Berechtigte einer Gartenfläche diese nur über die benachbarte Gartensondernutzungsfläche erreichen kann.[440] Außerdem unterliegt das SNR wie das SE, sofern Vereinbarungen nichts anderes ausdrücklich bestimmen, der **Regelungskompetenz nach § 15 Abs. 2 und** der **Hausordnung** (vgl. iE § 15 Rn 28).

11. Instandhaltungspflichten, Lasten und Kosten

118 Da der Gegenstand des SNRs unverändert zum GemE gehört, unterliegt die Instandhaltung und Instandsetzung nach § 21 Abs. 5 Nr. 2 der **Verwaltungskompetenz der WEer** und gilt für die Verteilung der Lasten und Kosten der gesetzliche oder vereinbarte Verteilungsschlüssel. Die WEer können jedoch entweder die idR auch die **Verkehrssicherungspflicht** umfassende[441] Instandhaltungspflicht und/oder die Kosten der Instandhaltung und Instandsetzung von Bauteilen, Einrichtungen oder Anlagen, an denen ein SNR eingeräumt ist, durch Vereinbarung[442] oder durch Beschluss nach § 16 Abs. 4 Satz 1 abweichend regeln, also auch **dem Sondernutzungsberechtigten auferlegen.** Der Umfang der auferlegten Verpflichtung ist durch Auslegung zu ermitteln und im Zweifel danach zu bestimmen, ob die Verpflichtung „gerade für und wegen der Sondernutzung" besteht.[443] Berechtigt das SNR auch zu baulichen Veränderungen, ist dies daher idR dahin auszulegen, dass der Berechtigte auch die Folgekosten zu tragen hat.[444] Soll der Berechtigte „im Zweifel die Rechte und Pflichten eines SEers haben", soll er im Zweifel auch die einen SEer treffenden Lasten und Kosten tragen. Ist unklar, welche Gebäude- und Grundstücksbestandteile von der Verpflichtung erfasst werden, ist davon auszugehen, dass der SNR-Berechtigte nicht schlechter stehen soll als ein SEer, so dass sich die Verpflichtung nur auf solche Bestandteile erstreckt, die auch sondereigentumsfähig sind.[445] Deswegen beinhaltet ein in der GemO den jeweiligen SEern zugewiesenes SNR an ihren **Balkonen** nicht auch die Instandsetzung der konstruktiven Bestandteile, sofern nicht ausdrücklich etwas anderes vereinbart ist.[446] Wird sie jedoch erforderlich, weil der SNR-Berechtigte seiner Instandsetzungspflicht für seinen Bereich nicht nachgekommen ist, so steht den WEern ein Schadensersatzanspruch nach § 280 BGB zu, der von der WEgem geltend zu machen ist (geborene Ausübungsbefugnis).

---

[436] BayObLG NJW-RR 1993, 1295.

[437] BayObLG DWE 1994, 113.

[438] BGH NJW 2007, 3636 = ZMR 2007, 976 m. Anm. *Hogenschurz*.

[439] OLG Hamm NZM 1998, 921.

[440] OLG Hamm ZWE 2009, 402; vgl. auch BayObLG ZMR 1996, 510; KG NJW-RR 1990, 333 f.

[441] Niedenführ/*Kümmel*/Vandenhouten Rn 51; *Hogenschurz* § 3 Rn 21.

[442] HM, vgl. BayObLG NZM 2001, 1138 (1140); ZMR 2004, 357; OLG München ZMR 2007, 557; *Hogenschurz* § 3 Rn 16 f.

[443] *Hogenschurz* § 3 Rn 18.

[444] *Hogenschurz* § 3 Rn 14.

[445] Niedenführ/*Kümmel*/Vandenhouten Rn 47.

[446] OLG München ZMR 2007, 557 (559); vgl. auch BayObLG NZM 1998, 339 für Tiefgarage.

119 Soll die Regelung auch die Verpflichtung enthalten, **erstmalig** einen ordnungsmäßigen Zustand in dem Sondernutzungsbereich herzustellen, muss dies unzweifelhaft zum Ausdruck kommen.[447] Besteht das SNR allerdings an einer unbestellten oder frei gestaltbaren **Gartenfläche,** so gehört die erstmalige Gestaltung sowie die Unterhaltung zur überlassenen Nutzung, deren Kosten der Berechtigte selbst zu tragen hat. Anderenfalls kann sich eine Kostentragungspflicht im Wege einer an der Verkehrssitte orientierten Auslegung der Begründungsvereinbarung oder auch aus einer Bestimmung in der GemO ergeben, die von der Instandhaltungs- und Instandsetzungspflicht für das GemE durch alle WEer das dem SNR unterliegende Eigentum ausnimmt.[448]

120 Eine Kostentragungsvereinbarung kann aber auch **konkludent** dadurch zustande kommen, dass die WEer einer baulichen Veränderung zustimmen, welcher der SNR-Berechtigte auf seine Kosten vornehmen will.[449] Ist die Regelung im Grundbuch eingetragen, ist die Kostentragungspflicht Inhalt des SEs. Gilt sie nur schuldrechtlich zwischen den WEern, muss sie bei der Übertragung des SNRs als Verpflichtung des neuen SNR-Berechtigten übernommen werden. Hat der Berechtigte die Kosten der Instandhaltung und Instandsetzung nach der GemO nicht zu tragen, so können sie ihm im Einzelfall gleichwohl nach **§ 16 Abs. 4** auferlegt werden.

12. Übertragung

121 **a) Schuldrechtliches Sondernutzungsrecht.** Das nicht dinglich wirkende SNR ist eine Regelung des Verhältnisses der WEer untereinander iSd § 10 Abs. 2. Es kann, sofern nichts anderes vereinbart ist, außen stehenden Dritte zwar zur Ausübung auf Zeit **überlassen** (vermietet), nicht dagegen auf sie auch übertragen werden, sondern nur auf einen **anderen WEer.**[450] Dies erfolgt durch **Abtretung** des vertraglichen Rechts nach §§ 398, 413 BGB unter Übernahme einer evtl. Kostentragungspflicht ex nunc[451] mit antizipierter Zustimmung der übrigen WEer, sofern nichts anderes vereinbart ist.[452] Einer Mitwirkung der übrigen WEer oder deren dinglichen Gläubiger bedarf es nicht, weil sich an dem Ausschluss vom Mitgebrauch nichts ändert.

122 Wird das **SE veräußert,** so geht das schuldrechtliche SNR nur mit Einverständnis aller Beteiligten im Wege eines Vertragsbeitritts über (Rn 83). Anders sieht es dagegen die hM. Danach wirkt die Vereinbarung über ein SNR nach § 746 BGB auch ohne Eintragung *zugunsten* eines Sondernachfolgers (§ 10 Rn 122),[453] während die Pflichten der von der Nutzung ausgeschlossenen WEer nur übergehen, wenn sie ausdrücklich übernommen werden.[454] Ist das nicht der Fall, wird die Vereinbarung über das SNR mit dem Eigentümerwechsel unwirksam (§ 10 Rn 108).[455] Ein gutgläubiger Erwerb ist nicht möglich.

123 **b) Eingetragenes Sondernutzungsrecht.** Das als Inhalt des SEs **eingetragene SNR** kann auf Grund seiner Verbindung zu einem MEA (§ 6 WEG) isoliert ebenfalls nur auf einen anderen SEer und nicht auf einen außen stehenden Dritten übertragen werden.[456] Es kann einem Dritten aber vermietet werden. Zur **isolierten Übertragung** bedarf es neben der schuldrechtlichen Vereinbarung auch der dinglichen **Einigung** der beteiligten WEer nach §§ 873, 877 BGB, der grundbuchrechtlichen **Bewilligung** des abgebenden WEers

[447] Vgl. BayObLG ZWE 2003, 187 (190).
[448] BayObLG ZMR 2004, 357.
[449] BayObLG ZMR 2001, 830 f.
[450] BGH NZM 2008, 732 (734) Rn 36 für das dinglich wirkende SNR.
[451] *Häublein* DNotZ 2005, 741 (744 f.); *Hogenschurz* § 4 Rn 14.
[452] Vgl. dazu *Hügel* FS Wenzel S. 219 (229 f.); *Hogenschurz* § 4 Rn 13.
[453] OLG Hamm FGPrax 1998, 175; OLG Schleswig FGPrax 1996, 56; *Hogenschurz* § 4 Rn 9.
[454] BayObLG FGPrax 2005, 106 m. Anm. *Häublein* DNotZ 2005, 741; *Böttcher* NotBZ 2007, 201.
[455] BGH NJW 2002, 2863 (2864).
[456] BGHZ 73, 145 (149) = BGH NJW 1979, 548 (549); BGH NZM 2008, 732.

nach § 19 GBO und der **Eintragung** in das Grundbuch.[457] Bewilligungsberechtigt ist als Sondernutzungsberechtigter der eingetragene WEer, bei Unrichtigkeit des Grundbuchs der wahre Eigentümer.[458] Eine Mitwirkung der übrigen WEer ist – wie beim schuldrechtlichen SNR – nicht erforderlich.[459] Ihr SE hat allein den Ausschluss der eigenen Berechtigung zum Inhalt, nicht auch die Zuordnung zu einem bestimmten SE. Verstößt die Übertragung gegen berechtigte Interessen der übrigen WEer, so kann ein Anspruch auf Aufhebung des SNRs gegeben sein.

124 Zustimmen müssen dagegen die **dinglich berechtigten Gläubiger des Übertragenden** – soweit nachteilig betroffen – (§ 10 Rn 150) und bei vereinbartem Zustimmungsvorbehalt auch der Zustimmungsberechtigte.[460] Die dinglich Berechtigten an dem erwerbenden SE müssen dagegen selbst dann nicht zustimmen, wenn die Pflicht zur Lasten- und Kostentragung mit übergeht, weil sie hiervon nicht rechtlich, sondern nur wirtschaftlich berührt werden.[461] Die Verpflichtung zur Übertragung bedarf im Unterschied zu der nach § 4 Abs. 3 nicht der Form des § 311 b Abs. 1 BGB. Der Anspruch auf Übertragung kann wie der auf Einräumung des SNRs durch Vormerkung gesichert werden.[462]

125 Wird das **WE veräußert,** so geht das eingetragene SNR als Inhalt des SEs ohne gesonderte Abtretung automatisch mit über. Wird ein dingliches Wohnungsrecht nach § 1093 BGB bestellt, so erstreckt sich dieses ohne Übertragung kraft Gesetzes auch auf das SNR (vgl. § 1093 Abs. 3).

126 **c) Beschlossenes Sondernutzungsrecht.** Ein durch legitimierten Mehrheitsbeschluss begründetes SNR geht als Inhalt des SEs bei einer Veräußerung des SEs zusammen mit diesem auf den Sondernachfolger über. Denn der Beschluss wirkt auch gegenüber dem Sondernachfolger (§ 10 Abs. 4). Da er nicht in das Grundbuch eingetragen werden kann, kann das SNR gutgläubig weder erworben noch wegerworben werden. Wegen der unzureichenden Publizität des Grundbuchs kann sich ein Erwerber gegen die unliebsame Überraschung eines Nutzungsausschlusses daher nur vertraglich ggü dem Verkäufer absichern. Ob das SNR ohne Veräußerung des SEs auch durch Beschluss übertragen werden kann, ist durch Auslegung der Öffnungsklausel zu ermitteln. In jedem Fall ist ein solcher Beschluss nur rechtmäßig, wenn für die Rechtsänderung ein sachlicher Grund besteht und kein WEer unbillig benachteiligt wird (§ 10 Rn 148). Anderenfalls erfolgt die isolierte Übertragung wie bei dem vereinbarten SNR durch schuldrechtliche und dingliche **Einigung** der beteiligten WEer nach §§ 873, 877 BGB, grundbuchrechtliche **Bewilligung** des abgebenden WEers nach § 19 GBO und **Eintragung** in das Grundbuch.[463] Hierdurch erlangt das bisher nicht eingetragene, durch Beschluss begründete SNR Grundbuchpublizität. Dass die Übertragung durch Beschluss nicht eingetragen wird, steht nicht entgegen, sondern beruht auf der gesetzlichen Anordnung des § 10 Abs. 4 S. 2.

13. Gutgläubiger Erwerb

127 Ein gutgläubiger Erwerb ist möglich, sofern der Begründungsakt eintragungsfähig ist. Das ist nur bei einer Begründung durch Vereinbarung der Fall. Ein wirksam beschlossene (dinglich wirkendes) SNR kann dagegen nicht eingetragen werden, wirkt aber trotzdem gegenüber dem Sondernachfolger (§ 10 Rn 189). Ist das SNR in dem Grundbuch **einge-**

[457] BGHZ 73, 145 (149) = BGH NJW 1979, 548; BGH NZM 2008, 732 (734); *Merle* Rpfleger 1978, 86 (87).

[458] Vgl. BGH NJW-RR 2006, 888 (889) Rn 14.

[459] BGHZ 73, 145 (149) = BGH NJW 1979, 548 (549).

[460] Vgl. *Hogenschurz* § 4 Rn 24 f.

[461] AA *Ott,* Sondernutzungsrecht, S. 149.

[462] *Kreuzer* FS Merle (2000) S. 203 (220).

[463] BGHZ 73, 145 (149) = BGH NJW 1979, 548; BGH v. 3. 7. 2008 – V ZR 20/07, NZM 2008, 732 (734) Rn 36; *Merle* Rpfleger 1978, 86 (87).

tragen, nehmen Inhalt und Bestand des Rechts nach hM[464] an dem öffentlichen Glauben des Grundbuchs teil. Das gilt sowohl für den **isolierten Erwerb** des SNRs durch einen anderen WEer[465] als auch für den Erwerb des SEs. Einem gutgläubigen Erwerb steht nicht entgegen,[466] dass Forderungsrechte grundsätzlich nicht gutgläubig erworben werden können. Denn das eingetragene SNR ist Inhalt des SEs.

Ein gutgläubiger Erwerb kommt insbesondere dann in Frage, wenn das SNR materiell nicht entstanden (zB wegen Geschäftsunfähigkeit oder fehlender Zugehörigkeit zur WEgem des Bestellenden, fehlender Zustimmung von Drittberechtigten, Eigentümerwechsel vor Bindungseintritt nach § 873 Abs. 2 BGB) oder sein Inhalt unzutreffend wiedergegeben ist. Er setzt ein **Verkehrsgeschäft**[467] voraus. Daran fehlt es, wenn das SE durch Zuschlag in der Zwangsversteigerung erworben wird oder Veräußerer und Erwerber rechtlich oder wirtschaftlich identisch sind, also etwa bei einer Veräußerung des SEs zwischen personenidentischen Gesellschaften,[468] von der Mutter- auf die Tochtergesellschaft[469] oder von dem Alleingesellschafter auf die Gesellschaft,[470] aber auch bei der Übertragung von Gesamthandsvermögen auf einen oder mehrere Gesamthänder,[471] etwa im Rahmen einer Erbauseinandersetzung.[472] Umgekehrt liegt immer dann ein Verkehrsgeschäft vor, wenn auf Erwerberseite mindestens eine Person beteiligt ist, die nicht zu den Veräußerern gehört.[473] Dagegen scheidet ein Gutglaubenserwerb aus, wenn die Grundbucheintragung zB wegen Widersprüchlichkeit der in der Eintragungsbewilligung in Bezug genommenen Unterlagen unzulässig ist.[474] 128

Ist das **SNR nicht** in dem Grundbuch **eingetragen,** ergeben sich Besonderheiten. Zwar erstreckt sich der gute Glaube im Allgemeinen auch darauf, dass das Grundbuch vollständig ist. Dies gilt aber nur für Rechte, die notwendigerweise in das Grundbuch eingetragen werden müssen, um gegenüber Sondernachfolgern zu wirken. Hierzu gehört das durch legitimierten Mehrheitsbeschluss begründete SNR nicht. Es bestimmt zwar ebenfalls den Inhalt des SEs, kann aber nicht eingetragen (§ 10 Abs. 4 Satz 2) und deswegen – anders als das vereinbarte SNR – nicht „wegerworben" werden, sondern wirkt auch ohne Eintragung gegen den gutgläubigen Sondernachfolger (§ 10 Abs. 4 Satz 1), vgl. Rn 126. 129

14. Aufhebung

Das SNR endet, sofern es nicht auflösend bedingt oder befristet begründet wurde, durch Aufhebung als „actus contrarius" zu seiner Begründung. Eine einseitige Aufgabeerklärung des Berechtigten analog § 875 BGB ist nach hM nicht möglich.[475] Eine Aufhebung durch den teilenden Alleineigentümer ist nur bis zum Beginn der (werdenden) WEgem (§ 10 Rn 16) möglich, sofern er sich die Aufhebung und Löschung nicht vorbehalten hat.[476] Erforderlich ist daher für das **schuldrechtliche SNR** eine entsprechende Vereinbarung 130

[464] BayObLG DNotZ 1990, 381 m Anm. *Weitnauer;* ZMR 1991, 313; OLG Hamm MittBayNot 1994, 130; OLG Stuttgart NJW-RR 1986, 318; *Müller* ZMR 2000, 473 f.; aA *Demharter* WuM 2001, 103 (104); *Weitnauer* WE 1994, 60 (62).

[465] Vgl. BGH NZM 2007, 686; *Häublein* in Köhler/Bassenge, Wohnungseigentumsrecht, Teil 12 Rn 151; aA *Weitnauer* DNotZ 1990, 385 (388); *Hogenschurz* § 2 Rn 126.

[466] AA *Demharter* WuM 2001, 103 (104).

[467] BGH NJW 2007, 3204 = NZM 2007, 686.

[468] BGH NJW-RR 1998, 1057 (1058).

[469] BGH NJW-RR 1989, 1207 = NJW 1989, 3149.

[470] BGH ZEV 1998, 479 = WM 1998, 1832 (1835).

[471] BGHZ 30, 255 (256) = NJW 1959, 1635.

[472] BGH, NJW 2001, 1069.

[473] BGH WM 1996, 1190 (1192) = NJW 1996, 1540; NJW 2007, 3204.

[474] BGH NJW-RR 2005, 10 (11).

[475] Grziwotz MietRB 2008, 276; aA *Röll* ZWE 2000, 343.

[476] *Hogenschurz* § 5 Rn 3 f.

oder ein formell legitimierter Mehrheitsbeschluss. Das SNR erlischt, wenn der letzte WEer zugestimmt hat oder der Aufhebungsbeschluss bestandskräftig geworden ist. In Ausnahmefällen kann unter dem Gesichtspunkt der gemeinschaftsrechtlichen **Treuepflicht** auch ein Anspruch auf Überlassung der Sondernutzungsfläche gegen Zahlung eines Ausgleichs gegeben sein.[477]

131 Für die Aufhebung des dinglich wirkenden **SNRs** hat der BGH[478] die Eintragung eines Löschungsvermerks auf Bewilligung des Berechtigten genügen lassen, weil nur dieser hiervon nachteilig betroffen werde. Die übrigen vom Mitgebrauch ausgeschlossenen WEer würden in ihrer Rechtsstellung nicht nachteilig beeinflusst und brauchten deshalb materiell-rechtlich nicht nach §§ 877, 873 BGB zuzustimmen. Aus dem Schutzzweck des § 877 BGB folge, dass sachenrechtlich nichts anderes gelte als grundbuchverfahrensrechtlich für die Eintragung eines Löschungsvermerks. Der Wegfall der dinglichen Wirkung des SNRs führe bei ihnen noch nicht einmal zu einem Zuwachs an Nutzungsmöglichkeiten und den damit verbundenen Instandhaltungs- bzw. Verkehrssicherungspflichten, solange die schuldrechtlich vereinbarte Nutzungsbeschränkung nicht einvernehmlich aufgehoben werde. Im Übrigen käme es hierauf noch nicht einmal an, weil die Frage, ob ein WEer mit seiner dinglichen Rechtsstellung von der Löschung nachteilig berührt werde, unabhängig von den Folgen der gestatteten Grundbucheintragung zu beurteilen sei.

132 Die Entscheidung hat den praktischen Vorzug, die Löschung entscheidend zu erleichtern, weil sie die Vorlage beglaubigter Zustimmungserklärungen sämtlicher WEer entbehrlich macht. Dogmatisch vermag die Reduzierung der inhaltlichen Bedeutung des § 877 BGB auf den Zweck der grundbuchverfahrensrechtlichen Bewilligungsnorm des § 19 GBO nicht zu überzeugen. Die Aufhebung eines SNRs kann rechtlich nicht anders beurteilt werden als die Begründung. Wenn § 877 BGB tatsächlich eine Schutzvorschrift vor bloß nachteiligen Beeinträchtigungen der dinglichen Rechtsstellung wäre, bedürfte auch die Begründung eines SNRs nicht der Einigung aller WEer. Das Gegenteil hat der BGH aber für richtig gehalten.[479] Insoweit besteht hier ein **Wertungswiderspruch.** In Wahrheit ist die rechtliche „Betroffenheit“, auf die der BGH abstellt, kein Tatbestandsmerkmal des § 877 BGB und nur für die Anwendung dieser Vorschrift iVm § 876 BGB von Bedeutung,[480] nicht dagegen im Rahmen der hier maßgeblichen §§ 877, 873 BGB.[481] Deswegen kommt es auf die Frage, ob der mit der Aufhebung meist verbundene Wegfall der mit dem SNR verknüpften Kostentragungspflicht lediglich eine wirtschaftliche und keine rechtliche Beeinträchtigung darstellt[482] oder ob für die Betroffenheit iSd § 19 GBO nicht der künftige Wegfall des Rechts durch den Eintritt eines Sondernachfolgers ausreicht,[483] in diesem Zusammenhang nicht an. Die Zustimmung der übrigen, bisher vom Mitgebrauch ausgeschlossenen WEer ist vielmehr deswegen erforderlich, weil sich durch die Aufhebung des SNRs auch der Inhalt ihres SEs ändert. Das im Grundbuch eingetragene SNR wird daher wie das schuldrechtliche SNR durch **Vereinbarung** aufgehoben. Sie bedarf darüber hinaus der dinglichen Einigung und der Löschung der Eintragung im Grundbuch sowie der Zustimmung der dinglich Berechtigten am verlierenden WE entsprechend §§ 877, 876 BGB, weil ihre Haftungsgrundlage geschmälert wird.[484] Das auf Grund spezifizierter Öff-

---

[477] BayObLG ZMR 2002, 368; KG ZMR 1999, 356.

[478] BGHZ 145, 133 = NJW 2000, 3643 = NZM 2000, 1187.

[479] BGHZ 91, 343 (346); 145, 133 (138).

[480] BGHZ 91, 343 (346) = NJW 1984, 2409 (2410).

[481] *Ott* ZMR 2002, 7 (9).

[482] *Böhringer* MDR 2000, 758; *Demharter* FGPrax 1996, 6; *Röll* ZWE 2000, 343; *Schneider* Rpfleger 1998, 53 (56); aA *Häublein* ZMR 2001, 120 (122); *Müller* ZMR 2000, 473 (474); *Ott* ZMR 2002, 7 (10).

[483] *Häublein* ZMR 2001, 120 (121).

[484] BGHZ 91, 343 (346) = NJW 1984, 2409; OLG Frankfurt ZMR 2009, 870; *Hogenschurz* § 5 Rn 16.

nungsklausel durch Beschluss begründete SNR (Rn 94) kann ebenfalls durch Vereinbarung aufgehoben werden. Ob die Öffnungsklausel auch die Aufhebung durch **Beschluss** legitimiert, ist durch Auslegung zu ermitteln. Ist das der Fall, ist der Beschluss nur rechtmäßig, wenn für die Aufhebung ein sachlicher Grund besteht und kein WEer unbillig benachteiligt wird (§ 10 Rn 148).

15. Grundbucheintragung

Das schuldrechtliche SNR bedarf keiner Eintragung und das auf Grund einer Öffnungs- 133
klausel wirksam beschlossene SNR (Rn 81) ist nicht eintragungsfähig (§ 10 Abs. 4 S. 2), obwohl es den Inhalt des SEs ändert. Das vereinbarte dingliche SNR wird als Inhalt des SEs in Spalte 3 des Bestandsverzeichnisses aller für die WE-Anlage angelegten Grundbuchblätter eingetragen. Die bloße Bezugnahme auf die Eintragungsbewilligung genügt (§ 7 Abs. 3; § 3 Abs. 2 WGV).[485] Ein sog. **Doppelvermerk,** dh ein positiver Vermerk sowohl in dem Grundbuch des begünstigten WEers auch ein negativer Vermerk in den Grundbüchern der vom Mitgebrauch ausgeschlossenen WEer, wird von der Literatur empfohlen,[486] von der Praxis aber weitgehend abgelehnt, weil die Gefahr besteht, dass beim Fehlen eines solchen Vermerks auf das Nichtbestehen des SNRs geschlossen wird, obwohl dieses durch schlichte Bezugnahme eingetragen ist. Vorzugswürdig ist daher eine Fassung, welche SNRe wegen ihrer besonderen Bedeutung bei der Bezugnahme wie folgt hervorheben: „Wegen des Inhalts des Sondereigentums, insbesondere wegen der Sondernutzungsrechte an … wird auf die Bewilligung Bezug genommen."[487] Die Praxis begnügt sich demggü meist mit dem Eintrag: „Sondernutzungsrechte wurden begründet" oder „… sind zugewiesen" bzw. „… sind hier zugeordnet" und lehnt eine Fassungsbeschwerde mit dem Ziel der näheren Kennzeichnung ab.[488]

Ist bei vereinbartem **Begründungsvorbehalt** der Mitgebrauch von vorneherein auf- 134
schiebend bedingt ausgeschlossen (negative Komponente) und erfolgt nachträglich nur die Zuweisung der Gebrauchsbefugnis des SNRs (positive Komponente), so muss nach erfolgter Zuweisung dem Grundbuchamt bei der Eintragung des SNRs in das Grundbuch des begünstigten WEers die Zuweisungserklärung als Bedingungseintritt nicht nachgewiesen werden. Die Eintragung auch in den Wohnungsgrundbüchern der nicht begünstigten Wohnungseigentumseinheiten ist zulässig und empfehlenswert.[489]

Die **nachträgliche Änderung,** Übertragung oder Aufhebung des dinglichen SNRs 135
wird durch einen gleich lautenden Vermerk in Spalte 6 des Bestandsverzeichnisses aller Wohnungsgrundbücher vollzogen. Eine bloße Bezugnahme auf die Eintragungsbewilligung wie zB durch einen Vermerk: „Der Inhalt des Sondereigentums ist geändert. Eingetragen unter Bezugnahme auf die Bewilligung vom …" ist unzulässig, wenn das SNR in Spalte 3, wie dies die Regel ist, konkret bezeichnet worden ist.[490] Die unzulässige Bezugnahme wirkt nicht als Eintragung.[491] Erforderlich ist dann vielmehr ein konkreter Vermerk wie zB: „Der Inhalt des Sondereigentums ist bezüglich der Sondernutzungsrechte an … geändert. Eingetragen …".[492] Die Praxis, selbst die Aufhebung nur noch im Grundbuch-

[485] OLG Hamm DNotZ 1985, 552; KG NJW-RR 1997, 205; OLG Frankfurt NZM 2008, 214; *Ertl* Rpfleger 1979, 81 ff.; *Kreuzer* FS Merle (2000) S. 203 (216 f.); *Schmenger* BWNotZ 2003, 73 (87).

[486] *Ertl* Rpfleger 1979, 81 ff.; *Kreuzer* FS Merle (2000) S. 203 (216 f.); *Schmenger* BWNotZ 2003, 73 (87).

[487] *Demharter* WuM 2001, 103.

[488] OLG Zweibrücken ZMR 2007, 490.

[489] BayObLG NJW-RR 1986, 93.

[490] Vgl. BGH NZM 2007, 925 (926) Rn 18 zur Änderung im Bestand des SEs.

[491] BGH NZM 2007, 925 (926) Rn 19 = ZWE 2008, 91 m. Anm. *F. Schmidt*.

[492] Vgl. *Demharter* WuM 2001, 103.

blatt des betroffenen WEers einzutragen,[493] ist abzulehnen, weil dann die übrigen Grundbuchblätter hinsichtlich des ursprünglich dem SNR unterliegenden Gegenstandes unrichtig sind.

VIII. Rechtsschutz

1. Ansprüche unter den Wohnungseigentümern

136 **a) Störung des Sondereigentums.** Da WE echtes Eigentum ist, stehen jedem **WEer** bei Entzug oder Störung seines SEs die allgemeinen Ansprüche aus dem Eigentum (§§ 985, 1004 BGB), aus dem Besitz und dem sich aus einem SNR ergebenden Teilbesitz (§§ 858 ff. BGB) sowie aus unerlaubter Handlung (§§ 823 ff. BGB) zu. **Handlungsstörer** ist derjenige, der die Eigentumsbeeinträchtigung durch sein Verhalten oder seine Willensbetätigung adäquat verursacht hat, wobei die Umstände, aus denen sich die Verantwortlichkeit des in Anspruch Genommenen ergeben soll, von dem Anspruchsteller nachzuweisen sind.[494] Die Handlungsstörereigenschaft erlischt weder durch die **Veräußerung** des WEs[495] noch durch die Löschung der als WEerin eingetragenen GmbH im Handelsregister.[496] Sie geht auf den Erben über.[497]Der Sondernachfolger ist dagegen nur Handlungsstörer, wenn er an der Störung selbst mitgewirkt hat,[498] kann aber sonst uU als Zustandsstörer[499] auf Duldung der Störungsbeseitigung in Anspruch genommen werden. Denn **Zustandsstörer** ist derjenige, von dessen Eigentum eine Störung ausgeht, die wenigstens mittelbar auf seinen Willen zurückzuführen ist,[500] auch wenn er auf sein Eigentum inzwischen verzichtet hat, weil er sich seiner Haftung hierdurch nicht entziehen kann.[501]

137 Stellt zB ein anderer WEer sein Fahrrad entweder in einem zum SE eines anderen WEers gehörenden Raum bzw. auf der diesem zugewiesenen Sondernutzungsfläche ab, benutzt er unberechtigt seinen in SE stehenden Keller oder seine Heizungsanlage mit[502] oder verlegt er einen Fußboden mit unzureichendem Trittschall,[503] so kann der gestörte WEer ihn als Handlungsstörer auf Herausgabe, Unterlassung oder Beseitigung in Anspruch nehmen. Die Auswahl der Mittel einer Beseitigung bleibt idR dem Störer überlassen.[504] Dagegen kann die WEgem nicht als Zustandsstörerin in Anspruch genommen werden, wenn im SE nach eigenmächtigem Einbau von Isolierglasfenstern Schimmel- und Stockflecken entstehen, die Fassadendämmung aber den bei Errichtung gelten den DIN-Vorschriften entspricht.[505]

138 Das Eigentum wird auch dadurch gestört, dass ein anderer WEer sein SE oder das GemE **zweckbestimmungswidrig,** unter Verletzung des **Rücksichtnahmegebots** nach § 14 Nr. 1 in einer andere SEer beeinträchtigenden Weise oder entgegen einer beschlossenen **Gebrauchsregelung** nutzt, sofern dieser Verstoß nicht aus dem Gemeinschaftsverhältnis

---

493 OLG Frankfurt NZM 2008, 214.

494 BGHZ 49, 340 (347) = NJW 1968, 1281; BGHZ 144, 200 (203) = NJW 2000, 2901; NJW-RR 2001, 232; NJW 2005, 1366 (1368).

495 LG München I ZWE 2009, 458 (459).

496 LG Hamburg ZMR 2008, 912.

497 LG München I ZWE 2009, 458 (459).

498 OLG München NZM 2007, 842 (844) = NJW-RR 2007, 1384 = ZMR 2007, 643 (646).

499 KG ZWE 2007, 352 (353) = NZM 2007, 845; OLG Düsseldorf ZMR 2008, 732 = ZWE 2008, 290 m. Anm. *F. Schmidt* S. 289; LG München I ZWE 2009, 458 (459).

500 BGHZ 28, 110 (111) = NJW 1958, 1580; BGHZ 90, 255 (266) = NJW 1984, 2207; BGHZ 120, 239 (254) = NJW 1993, 925; BGHZ 122, 283 (284) = NJW 1993, 1855; BGHZ 142, 66 (69) = NJW 1999, 2896; BGHZ 155, 99 (105) = NJW 2003, 2377; NJW 2005, 1366 (1368); 2007, 2182 (2183).

501 BGH NJW 2007, 2182 = NZM 2007, 537.

502 BayObLG NZM 2000, 516 – Heizung; OLG Düsseldorf ZWE 2008, 87 – Keller.

503 Vgl. KG ZWE 2007, 352 (353) = NZM 2007, 845.

504 KG ZWE 2007, 352 (353) = NZM 2007, 845.

505 OLG Düsseldorf NZM 2007, 930 (931) = ZWE 2008, 36 m. Anm. *Briesemeister.*

oder nach § 242 BGB hinzunehmen ist. Der gestörte SEer kann daher auch diese Störung nach den allgemeinen Vorschriften, aber auch nach § 15 Abs. 3 abwehren und einen gemeinschaftskonformen Gebrauch des SEs oder GemEs verlangen.[506] Haftet ein WEer hiernach auf Unterlassung oder Beseitigung, so bleibt die Auswahl unter den geeigneten Abwehrmaßnahmen grundsätzlich ihm überlassen.[507] Ist Handlungsstörer nicht er selbst, sondern sein Vorgänger gewesen, kommt allenfalls eine Haftung als Zustandsstörer in Betracht, die auf Duldung der Beseitigung geht.

Auch psychische Beeinträchtigungen wie zB **Beleidigungen und Beschimpfungen** **139** können zu einer Störung des SEs führen, wenn sie von dem räumlich-gegenständlichen Bereich des SEs oder GemEs ausgehen und in den räumlich-gegenständlichen Bereich des anderen SEs so hineinwirken, dass dieses nicht ungestört genutzt werden kann (§ 14 Rn 6).[508]

Wird das SE durch den Gebrauch eines anderen SEs beschädigt, so kann der geschädigte **140** SEer nach den allgemeinen Vorschriften **Schadensersatz** verlangen, und zwar nach § 823 Abs. 1 oder bei Verletzung drittschützender Normen aus § 823 Abs. 2 BGB und bei Verletzung von Pflichten aus dem Gemeinschaftsverhältnis nach § 280 BGB,[509] ggf auch aus § 826 BGB.[510] Auch ein verschuldensunabhängiger **Ausgleichsanspruch analog § 906 Abs. 2 Satz 2 BGB** kommt im Verhältnis der WEer untereinander in Betracht.[511] Er ist nicht nur bei der Zuführung von **Imponderabilien** (Lärm, Erschütterungen, Gase, Düfte, Staub, Laub uä), sondern auch bei **Grobimmissionen** in technischen Unfallschadensfällen, wie zB beim Rohrleitungsbruch oder einem übergreifenden elektrischen Brand, von Bedeutung.[512] Er kommt jedoch dann nicht zum Tragen, wenn die Immission auf einem zulässigen Gebrauch des SEs beruht und mit der baulichen Beschaffenheit des Gebäudes zusammenhängt (§ 14 Rn 11, 33).[513] Bei nicht verschuldeten **negativen oder immateriellen Immissionen** (§ 14 Rn 5 f) aus einem anderen SE kann nach dem bürgerlich-rechtlichen Vorbild eines verschuldensunabhängigen Anspruchs aus dem nachbarlichen Gemeinschaftsverhältnis ein entsprechender Ausgleichsanspruch aus dem die WEer verbindenden **gesetzlichen Schuldverhältnis** gegeben sein, sofern die Immission das „unvermeidliche Maß“ iSd § 14 Nr. 1 übersteigt (§ 10 Rn 52).

Die Ansprüche wegen Beeinträchtigung oder Beschädigung des SEs stehen den betroffe- **141** nen WEern als **Einzelgläubigern** auch dann, wenn die Störung von dem GemE ausgeht. Die WEgem kann die Ausübung dieser Rechte nicht an sich ziehen, weil sie nicht gemeinschaftsbezogen sind (§ 10 Rn 255). Gehört das SE mehreren MEern, kann jeder von ihnen nach **§ 1011 BGB** die Ansprüche allein geltend machen, die Herausgabe aber nach § 432 BGB nur an alle MEer verlangen.[514] Zum Selbsthilferecht gem. § 910 BGB Rn 50 und zum öffentlich-rechtlichen Nachbarschutz Rn 55.

---

[506] BayObLG MDR 1987, 409; WE 1997, 79; OLG Celle ZMR 2004, 689 (690); OLG Hamm ZMR 2002, 622; KG MDR 1986, 939.

[507] KG ZMR 2007, 639 (640).

[508] OLG Saarbrücken NJW 2008, 80 (81); KG NJW-RR 1988, 586.

[509] BGHZ 141, 224 (229) = NJW 1999, 2108 (2109); BayObLG ZMR 2002, 285 (286); OLG Saarbrücken NJW 2008, 80 (81) = ZMR 2007, 886 (887) – Mietausfallschaden nach Kündigung wegen Pöbeleien.

[510] BayObLG ZMR 2004, 49.

[511] OLG Stuttgart NJW 2006, 1744 = NZM 2006, 141 = ZMR 2006, 391 m. Anm. *Dötsch;* OLG München NJW-RR 2008, 461 = NZM 2008, 211; *Dötsch* MietRB 2006, 333 (335); *Wenzel* NJW 2005, 241 (244); Palandt/*Bassenge* Rn 6.

[512] BGH NJW 2003, 2377 – Rohrleitungsbruch; 2008, 992 – Brand im Nachbarhaus; iE *Wenzel* NJW 2005, 241 (243, 247); krit. *Popescu/Majer* NZM 2009, 181 f.

[513] OLG München NJOZ 2007, 1099 = ZMR 2007, 215 – Gerüche aus Pizzeria in der benachbarten Damenoberbekleidung.

[514] OLG Hamm ZMR 1999, 507, 509.

142 **b) Störung des Gemeinschaftseigentums.** Wird das GemE durch unberechtigte Alleinnutzung den übrigen WEern **vorenthalten,** so steht diesen ein dinglicher Herausgabeanspruch nach § 985 BGB und ein Unterlassungsanspruch nach § 1004 BGB zu.[515] zu. Wird das GemE **beeinträchtigt** (vgl. § 14 Rn 4 f.), so stehen den übrigen WEern die allgemeinen Besitzstörungs-, Abwehr oder Schadensersatzansprüche nach §§ 861 f., 823 f., 1004 BGB zu. Dasselbe gilt, wenn ein WEer einen über das ihm zustehende SNR hinausgehenden Bau errichtet und damit eine unzulässige bauliche Veränderung vornimmt.[516] Hat der Voreigentümer das GemE im Bereich des SEs baulich verändert, so kann der Sondernachfolger als Zustandsstörer nur auf Duldung der Beseitigung in Anspruch genommen werden.[517] Inhaber der Beseitigungs- und Schadensersatzansprüche sind die WEer. Da sie jedoch gemeinschaftsbezogen sind, hat die **WEgem** nach § 10 Abs. 6 S. 3 für den Schadensersatzanspruch eine geborene und für den Unterlassungs- sowie Beseitigungsanspruch eine gekorene **Ausübungsbefugnis** (§ 10 Rn 253 f.). Das bedeutet, dass der einzelne WEer den gegen den Handlungsstörer gerichteten Beseitigungsanspruch[518] oder Unterlassungsanspruch[519] nach § 1004 BGB bzw. den gegen den Zustandsstörer gerichteten Anspruch auf Duldung der Störungsbeseitigung[520] nur solange selbstständig geltend machen kann, als die WEgem die Rechtsverfolgung nicht zu ihrer Sache gemacht und damit ihre ausschließliche Zuständigkeit begründet hat (§ 10 Rn 254, 256).[521] Dem Anspruch kann allerdings im Einzelfall § 275 Abs. 2 BGB entgegenstehen.[522] Den deliktsrechtlichen **Schadensersatzanspruch** kann dagegen nur die WEgem verfolgen (§ 10 Rn 254 f.). Die Ausübungsbefugnis gehört zum Verbandsvermögen.

143 **c) Vermietung.** Hat der Vermieter dem Mieter Gebrauchsrechte eingeräumt, die ihm selbst nicht zustehen, steht den übrigen WEern **gegen den Vermieter** als mittelbaren Handlungsstörer wegen Verletzung seiner Pflicht aus § 14 Nr. 2 ein Anspruch auf **Beseitigung und Unterlassung** des unzulässigen Gebrauchs nach § 15 Abs. 3 und § 1004 BGB zu,[523] der Mieter ist zur Duldung der Beseitigung verpflichtet.[524]Dasselbe gilt, wenn der Vermieter die Mietsache ohne die nach der GemO erforderliche Zustimmung des Zustimmungsberechtigten vermietet hat[525] oder der Mieter die Mietsache von sich aus gemeinschaftswidrig nutzt.[526] Der Vermieter hat seinerseits gegen ihn allerdings nur einen Anspruch aus § 541 BGB, nicht auch aus § 1004 BGB.[527]

144 Hat der Mieter einen **Schaden** verursacht, so hat der Vermieter für ein Verschulden seines Mieters im Rahmen der den Vermieter treffenden Haftung aus dem unter den WEern bestehenden Gemeinschaftsverhältnisses nach § 278 BGB einzustehen,[528] es sei denn, die schuldhafte Handlung steht in keinem inneren sachlichen Zusammenhang mit dem Mietgebrauch (zB mutwillige Sachbeschädigung, Körperverletzung).[529] Erwächst also

---

515 KG ZMR 2007, 384 (385).

516 OLG Hamburg ZMR 2007, 981.

517 OLG Hamburg ZMR 2006, 377 (378).

518 BGHZ 116, 392 (395) = NJW 1992, 978 – Dachluke; vgl. auch BayObLG NJW-RR 2004, 1160.

519 BGH NJW 2006, 2187 (2188) – Mobilfunkantenne; vgl. auch BayObLG NJW-RR 2004, 1160.

520 BGH NJW 2007, 432 = NZM 2007, 130; aA KG ZMR 2007, 639, 640 für Sondernachfolge: Aktivlegitimiert ist nur die WEgem.

521 AA OLG München NZM 2008, 87 (89) m. abl. Bespr. *Wenzel* S. 74.

522 BGH NJW 2008, 3122 = NZM 2008, 863; NJW 2008, 3123 (3125); i. Erg. auch OLG Düsseldorf NZM 2007, 446 (447).

523 BGH NJW 2006, 992; BayObLG NJW-RR 1991, 658; OLG Hamm NJW 1992, 184 (186).

524 BGH NJW 2007, 432 = NZM 2007, 130 = ZMR 2007, 188; *Schmid* ZWE 2009, 200 (202).

525 OLG Frankfurt NJW-RR 2005, 1604 (1605).

526 OLG Celle ZMR 2004, 689 (690).

527 BGH NJW 2007, 2180.

528 OLG Saarbrücken NZM 2007, 774 = ZMR 2007, 886.

529 *Ruthmann,* Wohnungseigentumsrechtliche Bindungen, S. 84 f.; aA *Nüßlein,* Divergenzen, S. 132.

zB durch eine im vermieteten SE vorgenommene bauliche Veränderung einem anderen WEer ein Schaden oder sonst erheblicher Nachteil (§ 14 Nr. 1), gehen von einer im vermieteten TE stehenden Pumpenstation störende Immissionen aus, wird die vermietete Einheit zweckbestimmungswidrig genutzt,[530] verstößt der Mieter gegen ein beschlossenes Hundehaltungsverbot[531] oder schließt er sich im Wege eines „Sekundäranschlusses" unerlaubt an den Breitbandkabelanschluss anderer WEer an,[532] so kann jeder gestörte WEer den Vermieter nach § 1004 BGB auf Beseitigung und Unterlassung oder nach § 280 BGB auf Schadensersatz in Anspruch nehmen.

Die Durchsetzung eines Abwehranspruchs gegen den Vermieter kann in der **Zwangsvollstreckung** auf Schwierigkeiten stoßen. Wird eine **Beseitigung** geschuldet, so setzt die Ersatzvornahme nach § 887 ZPO voraus, dass der Mieter sein Einverständnis mit der durchzuführenden Maßnahme erklärt oder der Vollstreckungsgläubiger einen Duldungstitel gegen ihn erwirkt hat.[533] 888 Abs. 1 ZPO, durchsetzen, dass der Vermieter Namen und Anschrift seines Mieters bekannt gibt.[534] Fehlt das Einverständnis des Mieters oder ein Duldungstitel, scheidet eine Vollstreckung nach § 887 ZPO aus und kommt nur eine solche nach § 888 ZPO in Betracht. Sie setzt jedoch voraus, dass die Vornahme der Handlung von dem Willen des Schuldners abhängt. Sie scheidet daher aus, wenn eindeutig feststeht, dass der Vollstreckungsschuldner – erfolglos – alle zumutbaren Maßnahmen einschließlich eines gerichtlichen Vorgehens gegen den Mieter unternommen hat, um diesen zur Duldung der vorzunehmenden Handlung zu veranlassen.[535] Dies darzulegen, ist Aufgabe des Vollstreckungsschuldners (Vermieters), das Gegenteil, also die Zulässigkeit der Vollstreckung nach § 888 ZPO, zu beweisen, ist dagegen Sache des Vollstreckungsgläubigers. Bei der Höhe des Ordnungsmittels ist ggf zu berücksichtigen, wenn der Gläubiger den Mieter direkt in Anspruch nehmen kann.[536] Wird ein **Unterlassen** geschuldet, so setzt die Verhängung eines Ordnungsgeldes zur Erzwingung der Unterlassung nach § 890 ZPO voraus, dass der Vollstreckungsschuldner dem Unterlassungsgebot schuldhaft zuwidergehandelt hat.[537] Das ist nur der Fall, wenn er nicht alle Anstrengungen unternommen hat, um den Mieter zu einem entsprechenden Verhalten zu bewegen. Welche Schritte er hierzu gehen will, bleibt grds ihm überlassen und kann ihm nicht vorgeschrieben werden.[538] Aus diesem Grund ist die Anspruchnahme des Vermieters bisher als „stumpfe Waffe"[539] angesehen worden. 145

Für die Vollstreckung nach § 887 ZPO hilft die Entscheidung des BGH vom 1. Dezember 2006[540] weiter. Danach kann der **Mieter auf Duldung** der Beseitigung einer vom Vermieter vorgenommenen unerlaubten baulichen Veränderung (Errichtung eines Wintergartens auf dem Balkon und Ersetzung von Fenstern durch einen Balkon) in Anspruch genommen werden. Dem ist zuzustimmen, weil der Mieter ggü den anderen WEern einen störenden Zustand aufrechterhält, ohne ihnen ggü hierzu berechtigt zu sein. Dass sein Verhalten im Verhältnis zum Vermieter möglicherweise einen rechtlichen Grund hat, wirkt nur schuldrechtlich in diesem Verhältnis und ändert nichts daran, dass er dinglich den anderen WEern ggü als Zustandsstörer zur Beseitigung der Störung ebenso verpflichtet ist, wie er die Sache 146

---

[530] BayObLG ZMR 2000, 778.

[531] BGHZ 129, 329 (335).

[532] OLG Düsseldorf NJW-RR 2006, 956; OLG München NJW-RR 2006, 956 = NZM 2006, 782.

[533] BGH NZM 2009, 202; BayObLGZ 1988, 440 (443); OLG Frankfurt OLGZ 1983, 97 f.

[534] BGH NZM 2009, 202.

[535] BGH NZM 2009, 202; *Schmid* ZWE 2009, 200 (201).

[536] Vgl. OLG Stuttgart NJW-RR 1993, 24.

[537] BayObLG WE 1990, 65; 1996, 147.

[538] BGHZ 129, 329 (335); BayObLG NJW-RR 1991, 658; WE 1996, 147; KG ZWE 2000, 228 f; OLG Köln WE 1997, 429; einschränkend OLG Celle NZM 2004, 689 (690).

[539] BGH NJW 1996, 714 (715); *Hannemann* NZM 2004, 531 (532).

[540] BGH NJW 2007, 432.

auch dem wahren Eigentümer herausgeben müsste.[541] Auf Beseitigung kann er in Anspruch genommen werden, wenn er selbst Handlungsstörer ist (Rn 154).[542] Eine aus dem Mietvertrag folgende Erlaubnis ist den übrigen WEern gegenüber ohne Bedeutung.[543]

147 **d) Sondernutzungsrecht. aa) Schuldrechtliches SNR.** Wird ein schuldrechtliches SNR **durch einen anderen WEer** gestört, so kann der SNR-Berechtigte und jeder andere WEer von dem Störer nach § 15 Abs. 3 Unterlassung und Beseitigung verlangen. Bei Besitzentziehung oder Besitzstörung durch einen anderen WEer hat der Berechtigte darüber hinaus Ansprüche aus §§ 861, 862, 823 Abs. 1 iVm § 249 BGB.[544]

148 Bei einer **Störung durch Mieter** kann der Berechtigte von diesen nach §§ 862, 823 Abs. 1, 1004, 1011 BGB Beseitigung oder Unterlassung, bei völligem Besitzentzug Herausgabe nach § 985 iVm §§ 1011, 861 BGB verlangen.[545] Der Abwehranspruch kann auch von der WEgem ausgeübt werden (§ 10 Rn 263). Darüber hinaus kann der Berechtigte nach § 15 Abs. 3 auch gegen den Vermieter vorgehen, ggf von ihm nach §§ 280, 278 BGB Schadensersatz verlangen.

149 **bb) Dinglich wirkendes SNR.** Wird das eingetragene oder das durch legitimierten Mehrheitsbeschluss begründete SNR durch einen anderen **WEer** oder dessen **Mieter** beeinträchtigt, so liegt ein Eingriff in das SE des Begünstigten vor, den er nach Rn 136 f. abwehren kann. Darüber hinaus können auch die anderen WEer von dem Störer nach § 15 Abs. 3 Unterlassung oder Beseitigung verlangen. Wird dem Berechtigten der Besitz vorenthalten, kommt ein Herausgabeanspruch nach § 985 BGB in Betracht. Außerdem kann er Besitzschutzansprüche nach §§ 861, 862, 823 Abs. 1 BGB geltend machen.[546] Wird der Gegenstand des SNRs von anderen genutzt, müssen diese dem Begünstigten die gezogenen Gebrauchsvorteile nach §§ 812 Abs. 1, 818 Abs. 2 BGB ersetzen.[547]

150 Macht der Begünstigte von seinem SNR einen **unzulässigen Gebrauch,** so können die anderen WEer von ihm Unterlassung oder Beseitigung nach § 1004 BGB verlangen, weil jedem WEer ggü anderen WEern, Sondernachfolgern und Fremdnutzern (Mietern) das dingliche Recht zusteht, sein Eigentum unter Ausschluss eines abredewidrigen Gebrauchs anderer Einheiten, also auch des mit einem SNR ausgestatteten SEs, zu nutzen (§ 10 Rn 118).[548] Geht die Störung von einem außenstehenden Dritten aus, der an die Vereinbarung des SNRs nicht gebunden ist, so handelt es sich um eine Störung des GemEs, welche entweder die WEer selber oder die WEgem in Ausübung der Rechte der WEer nach § 1004 BGB abwehren können.

2. Ansprüche der Gemeinschaft

151 Der WEgem als Rechtssubjekt können Abwehr- oder Schadensersatzansprüche nur zustehen, wenn sie **selbst Eigentümerin** oder Besitzerin von SE ist, das durch andere WEer beeinträchtigt oder beschädigt wurde. Hiervon zu trennen sind die von ihr **ausgeübten Ansprüche der WEer** (§ 10 Rn 253 f.). Überschreitet zB der Sondernutzungsberechtigte die räumlichen Grenzen seines SNRs, so kann die WEgem von ihm nach §§ 987, 990 BGB ein Nutzungsentgelt verlangen, dessen Höhe sich nicht nach den tatsächlich gezogenen Nutzungen richtet, sondern nach denjenigen, die hätten gezogen werden können.[549] Überschreitet der Berechtigte dagegen nur die inhaltlichen Grenzen des SNRs,

---

541 *Schmid* ZWE 2009, 200 (202).
542 *Kümmel* ZWE 2008, 273 (276 f.).
543 *Schmid* ZWE 2009, 200 (202).
544 BayObLG WE 1998, 400 (401); *Ott,* Sondernutzungsrecht, S. 131.
545 *Ott,* Sondernutzungsrecht, S. 132.
546 BayObLG NJW-RR 1990, 1105 (1106); WE 1998, 509.
547 BayObLG WE 1998, 509.
548 AA *Ott,* Sondernutzungsrecht, S. 133 f.
549 KG FGPrax 2004, 216 = ZMR 2004, 377.

schuldet er kein Nutzungsentgelt,[550] allenfalls Schadensersatz nach § 280 oder §§ 823, 831 BGB wegen Beschädigung des GemEs.

3. Ansprüche gegen die Gemeinschaft

Wird das SE durch die WEgem beeinträchtigt oder beschädigt, so kann auch diese auf Unterlassung, Beseitigung oder Schadensersatz in Anspruch genommen werden. Die WEgem ist Störer, wenn sie eine ihr den WEern ggü obliegende Rücksichtnahme- oder Schutzpflicht, wie zB die **Verkehrssicherungspflicht** (§ 10 Rn 234, 271, 313) oder die Pflicht zur ordnungsmäßigen Verwaltung, insbesondere zur **Instandhaltung und Instandsetzung des GemE** verletzt. Wird also zB durch das sturmbedingte Umstürzen eines erkennbar gefährdeten Baums oder auf Grund eines erkennbaren Mangels des GemEs das SE beschädigt oder gehen von einer im GemE stehenden Pumpenanlage wesentliche Beeinträchtigungen aus, so hat der SEer einen Schadensersatz- oder Abwehranspruch nicht mehr – wie früher[551] – gegen die übrigen WEer, sondern gegen die WEgem. Ein Anspruch gegen die übrigen WEer kann jedoch nach § 280 BGB dann gegeben sein, wenn sie ihre **Mitwirkungspflicht** bei der Verwaltung des GemE (§ 10 Rn 47) schuldhaft verletzt und zB notwendige Sanierungsmaßnahmen verzögert haben.[552] 152

Erleidet ein **WEer** einen Schaden aus Anlass von Instandsetzungs- oder Modernisierungsarbeiten am GemE, so steht ihm im Falle eines Verschuldens nach § 280 BGB gegen die WEgem ein Schadensersatzanspruch wegen Verletzung ihrer Schutzpflichten zu, wobei sie für das Verschulden eines Erfüllungsgehilfen einzustehen hat (§ 10 Rn 53). Ist der Schaden durch das Betreten, die Benutzung, Beschädigung oder Zerstörung der im SE stehenden Gebäudeteile oder durch andere positiven Einwirkungen entstanden, so hat der WEer einen Aufopferungsentschädigungsanspruch gegen die WEgem nach § 14 Nr. 4 (§ 14 Rn 72 f, 80). 153

4. Ansprüche gegen Fremdnutzer (Mieter)

Geht die Störung des SEs von einer durch den Vermieter vorgenommenen baulichen Veränderung aus – der Vermieter hat zB den vermieteten Balkon unzulässig zu einem Wintergarten ausgebaut[553] –, so kann neben dem Vermieter auch der Mieter als **Zustandsstörer** entweder auf Duldung oder unmittelbar auf Beseitigung vor dem WE-Gericht in Anspruch genommen werden (Rn 146). Ist der Mieter **Handlungsstörer,** so kann auch hier sowohl der Vermieter (Rn 143) als auch der Mieter unmittelbar in Anspruch genommen werden. Hat der Mieter einen **Schaden** an anderem SE oder am GemE verursacht, hat er hierfür wegen unerlaubter Handlung nach § 823 BGB einzustehen. Der Anspruch wg Verletzung des GemEs wird von der WEgem ausgeübt (§ 10 Rn 250) und verjährt nicht nach § 558 BGB.[554] Ebenso findet das Institut des verschuldensunabhängigen **nachbarrechtlichen Ausgleichsanspruchs** nach § 906 Abs. 2 Satz 2 BGB Anwendung. Denn dieser Anspruch kann nicht nur von einem Mieter geltend gemacht werden (Rn 153), sondern auch gegen einen Mieter.[555] Nur im Verhältnis von Mietern untereinander kommt er nicht in Betracht.[556] Ihre Rechte und Pflichten bestimmen sich ausschließlich nach dem jeweiligen Rechtsverhältnis zum Vermieter.[557] 154

---

[550] OLG Hamm NZM 1998, 921 = ZMR 1998, 716.

[551] Vgl. KG ZMR 2001, 657 – Risse in den Kellerwänden; OLG Köln ZMR 1998, 722 – mangelhafte Kellerbodenplatte; Weitnauer/*Lüke* WEG Rn 4.

[552] OLG Hamburg ZMR 2000, 480 (482).

[553] BGH NJW 2007, 432.

[554] LG Stuttgart NZM 2009, 36.

[555] BGHZ 113, 384 (392); 155, 99 (102); NJW 2008, 993 (994).

[556] BGH NJW 2004, 775 = JZ 2004, 916 m. Anm. *Roth.*

[557] Vgl. hierzu *Nüßlein,* Divergenzen, S. 134 f.; *Ruthmann,* Wohnungseigentumsrechtliche Bindungen, S, 74 f., 81.

155 Umstritten ist, ob der Mieter auch dann als Handlungsstörer anzusehen ist, wenn er das SE **zweckbestimmungswidrig** oder entgegen einer sonstigen Gebrauchsregelung **nutzt.** Während die überwiegende Meinung in Rechtsprechung[558] und Literatur[559] dies bejaht, lehnt die Gegenansicht einen Anspruch gegen den Mieter aus § 1004 BGB ab, weil den Gebrauchsregelungen in welcher Form auch immer keine dingliche Wirkung ggü den Mietern zukomme.[560]

156 Richtigerweise ist zu **differenzieren:** Gebrauchsregelungen, die durch **Mehrheitsbeschluss** festgelegt worden sind, wirken nur unter den WEern, so dass der Mieter durch einen Verstoß nicht zum Handlungsstörer wird. Gebrauchsregelungen, die dagegen **Inhalt des SEs** geworden sind, wirken nicht nur unter den WEern und ihren Sondernachfolgern[561] sondern auch ggü den an ihre Stelle getretenen Fremdnutzern (Mieter, Pächter), § 10 Rn 118. Deswegen kann der Mieter bei einem Verstoß hiergegen auch unmittelbar auf Unterlassung und Beseitigung in Anspruch genommen werden,[562] uz nach § 862 BGB[563] und nach § 1004 BGB, nicht dagegen nach § 15 Abs. 3, weil diese Vorschrift nur auf das Verhältnis der WEer untereinander anwendbar ist. Darauf, ob der gemeinschaftswidrige Gebrauch dem Mietvertrag widerspricht, kommt es im Verhältnis des Mieters zu den übrigen WEern nicht an, wohl aber ist von Bedeutung, ob der gemeinschaftswidrige Gebrauch als nicht besonders störend hinzunehmen und der Abwehranspruch deshalb eingeschränkt ist.

5. Ansprüche gegen oder von außenstehenden Dritten

157 Geht die Störung von einem Dritten aus, stehen dem gestörten WEer die allgemeinen Abwehransprüche zu. Dies gilt nicht nur bei einer Beeinträchtigung des SEs oder GemEs, sondern auch bei der Verletzung absoluter Rechte (zB Leben, Gesundheit, Freiheit, allgemeines Persönlichkeitsrecht). Bei einer Störung des GemEs hat die WEgem eine gekorene Ausübungsbefugnis, kann also die Durchsetzung des Beseitigungs- oder Unterlassungsanspruchs an sich ziehen. Der Abwehranspruch richtet sich jedoch immer gegen eine konkrete Störung. Lärmt zB der Besucher eines WEers im Treppenhaus, so rechtfertigt weder die Ausübung des den WEern zustehenden Hausrechts durch die WEgem (§ 10 Rn 248) noch die gemeinschaftliche Ausübung des den WEern zustehenden Abwehranspruchs (§ 10 Rn 253 f.) ein Hausverbot, weil der Störer die Wahl hat, wie er die Störung beseitigen bzw. vermeiden will.[564] Lärmt der Besucher nur in der Wohnung, fehlt der WEgem von vorneherein jede Ausübungsbefugnis für den Abwehranspruch. Ein Hausverbot greift in den Kernbereich des SEs ein und kann daher nicht wirksam beschlossen werden (Rn 12, 14). Wird das SE in Ausführung eines von der WEgem erteilten Reparaturauftrages durch den ausführenden Werkunternehmer beschädigt, so

[558] BGH NJW-RR 1995, 715; OLG Frankfurt NJW-RR 1993, 981; KG NJW-RR 1997, 713 (714); NZM 2005, 382; OLG München NJW-RR 1992, 1492 (1493); OLG Stuttgart NJW-RR 1993, 24 (25); OLG Karlsruhe NJW-RR 1994, 146 (147).

[559] *Armbrüster* JuS 2002, 665 (666); ders. ZWE 2004, 217 (219); *Bub* WE 1989, 122 (124); Drasdo NZM 2001, 13 (17); *Hannemann* NZM 2004, 531 (533); *Merle* WE 1993, 148 (149); *Nüßlein,* Divergenzen, S. 130 f.; weitere Nachw. bei *Armbrüster* FS Seuß (2007) S. 1 (4) Fn. 8.

[560] *Blank* PiG 15 (1984), 33 (39); *Kümmel* ZWE 2008, 273 (275 f.); *J. Schmid* DWE 1987, 106 (108); *Schuschke* NZM 1998, 176; *Simon* NZM 2002, 848 (852); *Wangemann* WuM 1987, 43 (46); Riecke/Schmid/*Abramenko* Rn 4.

[561] KG Rpfleger 1983, 20 (21); BayObLGZ 1991, 313 (318); BayObLG DNotZ 1998, 125 (127); WE 1998, 269 f.; *Ganten* PiG 15, 71 (78 f.); *Demharter* DNotZ 1991, 28 (29); *Bielefeld* DWE 1995, 50 (52); Weitnauer/*Briesemeister* § 5 Rn 33; *Ott,* Sondernutzungsrecht, S. 46.

[562] *Armbrüster,* FS Seuß (2007) S. 3 (8).

[563] *Ruthmann,* Wohnungseigentumsrechtliche Bindungen, S. 72.

[564] BGHZ 123, 330 (336) = NJW 1993, 3329; NJW 1999, 3638; BVerfG ZWE 2009, 438 m. Anm. *Reichert.*

steht dem SEer neben dem Anspruch gegen die WEgem auch ein Schadensersatzanspruch gegen den Unternehmer wegen Verletzung der ihm obliegenden Sorgfaltspflicht zu, weil dem Vertrag auch eine Schutzwirkung zugunsten der WEer zukommt. Bei Einwirkungen auf das GemE zB nach §§ 906 f. BGB gilt Rn 142. Werden Dritte beeinträchtigt oder geschädigt, kommen je nach Art der Ursache und Verantwortlichkeit Ansprüche nach §§ 823 f., 906 Abs. 2 S. 2 analog, 1004 BGB und für den Personenkreis des § 14 Nr. 2 ggf auch solche nach § 280 BGB in Betracht. Gerät also zB durch ein defektes Küchengerät eine EW in Brand und wird durch den Rauch, den Ruß und das Löschwasser der benachbarte Mieter geschädigt, kann dieser von dem WEer entsprechend § 906 Abs. 2 S 2 BGB eine bei Substanzschäden auf vollen Schadensersatz gehende Entschädigung verlangen.[565]

6. Verjährung, Verwirkung

Wegen **Verjährung und Verwirkung** der dinglichen Abwehransprüche gelten die Erl. Rn 104 f. entsprechend. Ob die Geltendmachung von Abwehransprüchen eine **unzulässige Rechtsausübung** darstellt, lässt sich nur unter Berücksichtigung der Umstände des Einzelfalls entscheiden. Das Bestehen wechselseitiger Unterlassungsansprüche führt jedenfalls nicht zum Ausschluss eines oder beider Ansprüche. Denn es gibt keinen allgemeinen Grundsatz, dass nur derjenige Rechte geltend machen darf, der sich selbst rechtstreu verhalten hat.[566] Auch begründet die 25 jährige Duldung einer baulichen Veränderung (Balkonverglasung) keinen Anspruch auf Wiedererrichtung nach sanierungsbedingter Entfernung, weil die bloße Duldung den Beseitigungsanspruch nicht verwirken lässt.[567] Die Verjährung oder Verwirkung des individualrechtlichen Abwehranspruchs hindert die WEer nicht, eine Gebrauchsregelung zu beschließen, die den bisher geduldeten rechtswidrigen Gebrauch für die Zukunft generell untersagt.[568] 158

§ 14 Pflichten des Wohnungseigentümers

Jeder Wohnungseigentümer ist verpflichtet:

1. **die im Sondereigentum stehenden Gebäudeteile so instand zu halten und von diesen sowie von dem gemeinschaftlichen Eigentum nur in solcher Weise Gebrauch zu machen, daß dadurch keinem der anderen Wohnungseigentümer über das bei einem geordneten Zusammenleben unvermeidliche Maß hinaus ein Nachteil erwächst;**
2. **für die Einhaltung der in Nr. 1 bezeichneten Pflichten durch Personen zu sorgen, die seinem Hausstand oder Geschäftsbetrieb angehören oder denen er sonst die Benutzung der in Sonder- oder Miteigentum stehenden Grundstücks- oder Gebäudeteile überläßt;**
3. **Einwirkungen auf die im Sondereigentum stehenden Gebäudeteile und das gemeinschaftliche Eigentum zu dulden, soweit sie auf einem nach Nrn. 1, 2 zulässigen Gebrauch beruhen;**
4. **das Betreten und die Benutzung der im Sondereigentum stehenden Gebäudeteile zu gestatten, soweit dies zur Instandhaltung und Instandsetzung des gemeinschaftlichen Eigentums erforderlich ist; der hierdurch entstehende Schaden ist zu ersetzen.**

---

[565] BGH NJW 2008, 992 = NZM 2008, 256.
[566] OLG München ZMR 2007, 884 (885).
[567] LG Lüneburg ZMR 2008, 486 (487).
[568] OLG Hamm NZM 2009, 624 = ZMR 2009, 386.

Übersicht

Literatur: *Armbrüster,* Versicherungsschutz für Wohnungseigentümer und Verwalter, ZMR 2003, 1; *ders.,* Die Abwicklung von Gebäudeschäden mit dem Versicherer, ZWE 2009, 109; *Blank,* Tierhaltung in Eigentums- und Mietwohnungen, NJW 2007, 729; *Briesemeister,* Durchgriffsansprüche der Wohnungseigentümergemeinschaft gegen den Mieter eines Wohnungseigetümers, FS Blank (2006) S. 591 ff.; *ders.,* Zur Durchsetzung einer Versorgungssperre gegen den Mieter eines Wohnungseigentümers durch die Wohnungseigentümergemeinschaft, ZMR 2007, 661; *Derleder,* Besichtigung der Eigentumswohnung durch den Verwalter, ZWE 2001, 149; *ders.,* Parabolantennen in der Wohnungseigentumsanlage und digitales Fernsehen, ZWE 2006, 220; *ders.,* Gemeinschaftsnutzung in Mietshäusern und Wohnungseigentumsanlagen, NJW 2007, 812; *Drabek,* Obstruktives Eigentümerverhalten bei notwendigen Sanierungen am gemeinschaftlichen Eigentum, ZMR 2003, 241 ff.; *Flatow,* Mitbenutzung von Gemeinschaftsflächen durch den Mieter, NZM 2007, 432; *Fritsch,* Rechtsanspruch auf optimale Medienversorgung?, ZMR 2006, 180; *Gather,* Vertragswidriger Gebrauch der Mietsache, ZdWBay 1995, 561; *Hitpaß,* Aktuelle Rechtsprechung zur Videoüberwachung von Grundstücken, ZMR 2006, 247; *Hogenschurz,* Duldungspflicht und Aufopferungsanspruch gem. § 14 Nr. 4 WEG bei Instandhaltungs- und Instandsetzungsmaßnahmen, MietRB 2004, 90 ff.; *ders.,* Die Entwicklung der Rechtsprechung zur Errichtung von Parabolantennen durch einzelne Wohnungseigentümer, DWE 2005, 63; *Kirchhoff,* Die Verantwortlichkeit des Wohnungseigentümers für seine Mieter ZMR 1989, 323; *Köhler,* Die „gefestigte“ Rechtsprechung zu Satellitenanlagen, ZWE 2002, 97; *Kurbjuhn,* Gartenzwerg als Beeinträchtigung einer Wohnanlage, VersR 1988, 1180; *Lüke,* Zu den Duldungspflichten des Wohnungseigentümers bei Instandsetzungs- und Instandhaltungsmaßnahmen, FS Seuß (1997) S. 207 ff. = WE 1997, 370; *Mersson,* Barrierefreiheit – doch nicht hindernisfrei?, NZM 2002, 317; *v. Rechenberg,* Gestattungspflicht und Aufopferungsanspruch nach § 14 Nr. 4 WEG, ZWE 2005, 47; *Schmack,* Anspruch auf Beseitigung unzulässiger baulicher Veränderungen, ZWE 2000, 168; *Schmid,* Die Heizung und ihre Peripherie, ZMR 2008, 862; *Scholz,* Versorgungssperre bei vermietetem Sondereigentum, NZM 2008, 387; *Schopp,* Rechte und Pflichten der Wohnungseigentümer, PiG 41 (1993) S. 147; *Schuschke,* Kann die Gemeinschaft einen Wohnungseigentümer zur Kündigung eines unliebsamen Mietverhältnisses zwingen?, NZM 1998, 176; *ders.,* Veränderung und Umbauten in der eigenen Eigentumswohnung, ZWE 2000, 146; *Wenzel,* Der Störer und seine verschuldensunabhängige

Haftung im Nachbarrecht, NJW 2005, 241; *ders.*, Umstellung des Fernsehempfangs – bauliche Veränderung?, ZWE 2007, 179.

I. Normzweck

Die Vorschrift ist die Grundnorm des innergemeinschaftlichen Nachbarrechts und das notwendige Schrankenkorrelat zu § 13. Sie konkretisiert das zwischen den WEern bestehende Gemeinschaftsverhältnis in nachbarrechtlicher Hinsicht als ein besonderes **intensiviertes „Nachbarschaftsverhältnis"** und geht deswegen als Spezialnormen den allgemeinen Vorschriften des privaten und öffentlichen Rechts über das nachbarliche Gemeinschaftsverhältnis vor. Sie bezweckt den Interessenausgleich der WEer beim Gebrauch ihres WEs unter dem Gebot der gegenseitigen Rücksichtnahme bei der Ausübung ihrer Eigentümerrechte durch die Statuierung bestimmter Eigentümerpflichten. 1

Das Gesetz unterscheidet **Handlungspflichten** (Nr. 1, 2) und **Duldungspflichten** 2 (Nr. 3, 4), die dem Recht des WEers, mit dem SE nach Belieben zu verfahren und das GemE mit zu gebrauchen, ausdrücklich Schranken setzen. Die Regelung ist **nicht erschöpfend.** Weitere Schranken der Eigentümerbefugnisse ergeben sich aus der als Inhalt des SEs vereinbarten Zweckbestimmung des SEs und des GemEs, aus den Gebrauchsregelungen nach § 15 und aus dem unter den WEern bestehenden gesetzlichen Schuldverhältnis (§ 10 Rn 32 f.). Die Vorschrift ist **keine Anspruchsnorm.** Diese liegt vielmehr in Bezug auf schuldrechtliche Pflichten entweder in § 15 Abs. 3 oder in dem unter den WEern bestehenden gesetzlichen Schuldverhältnis, in Bezug auf deliktsrechtliche oder dingliche Pflichten in §§ 823 f. oder §§ 861 f., 985, 1004 BGB und für ein Zurückbehaltungsrecht in § 273 BGB. Wiederholte grobe Verstöße können auch einen Anspruch auf Entziehung des WEs nach § 18 begründen. Die Regelungen des § 14 sind **nicht zwingend,** sondern können durch Vereinbarung erweitert, eingeschränkt oder ganz abbedungen werden.

II. Verbot der Nachteilszufügung (Nr. 1)

1. Allgemeines

Die Vorschrift wird zu Recht als Ausdruck der **„goldenen Regel"** des menschlichen 3 Zusammenlebens bezeichnet: Was du nicht willst, das man dir tu, das füg' auch keinem anderen zu.[1] Die Norm konkretisiert das Gebot der gegenseitigen Rücksichtnahme und unterscheidet in diesem Zusammenhang zwischen zwei verschiedenen Pflichten, der Pflicht zur **Instandhaltung** des SEs und der Pflicht, von dem SE und dem GemE einen **schonenden Gebrauch** bzw. **Nichtgebrauch** zu machen. Letztere gilt auch für das **SNR.**[2] Die Vorschrift ist kein Schutzgesetz iSd § 823 Abs. 2 BGB.

2. Nachteil

Unter einem Nachteil ist jede **konkrete und objektive Beeinträchtigung** zu ver- 4 stehen.[3] Entscheidend ist, ob sich ein WEer nach der Verkehrsanschauung verständlicherweise beeinträchtigt fühlen kann.[4] Dabei ist die Schwelle im Hinblick auf den Ausnahmecharakter der Vorschrift ggü § 13 eher niedrig anzusetzen.[5] Theoretisch mögliche, zukünftig eventuell eintretende Nachteile reichen aber nicht aus.[6] Die Beeinträchtigung muss einen Bezug zum Gebrauch des SEs oder GemEs haben und darf nicht bloß personenbezo-

[1] Staudinger/*Kreuzer* Rn 4; Weitnauer/*Lüke* Rn 1.
[2] OLG Frankfurt NZM 2006, 265; OLG Hamm ZMR 2003, 372.
[3] BVerfG NVwZ 2005, 801 (802).
[4] BGHZ 116, 392 (396); 146, 241 (246).
[5] Vgl. BVerfG NVwZ 2005, 801 (802).
[6] OLG Hamburg ZMR 2003, 441 (442).

gen sein.[7] Zu Beleidigungen vgl. Rn 6. **Objektbezogene Beeinträchtigungen** können auch wirtschaftliche Nachteile sein, etwa Umsatzeinbußen durch den Nichtgebrauch von TE trotz zumutbarer Gebrauchsmöglichkeit (vgl. auch Rn 11).

5 **a) Bauliche Veränderungen.** Zu den zustimmungsbedürftigen Beeinträchtigungen im Rahmen des § 22 Abs. 1 zählen auf Dauer angelegte **Umgestaltungen des GemEs** wie die Anbringung einer Parabolantenne,[8] die Errichtung einer Pergola[9] oder einer Steinmauer[10] eines Zauns auf einer Sondernutzungsfläche,[11] ein die übliche Pflege überschreitender Heckenrückschnitt,[12] die Verkleidung eines Maschendrahtzauns mit Sperrholzplatten,[13] die Überdachung einer Terrasse,[14] der Ausbau eines Speichers zu Wohnzwecken;[15] ferner Eingriffe in konstruktiv tragende Gebäudeteile, bei denen eine Gefahr für die konstruktive Stabilität des Gebäudes und dessen Brandsicherheit auch bei technisch einwandfreier Ausführung nicht zweifelsfrei ausgeschlossen werden kann,[16] wie zB bei einem Balkonanbau,[17] nicht dagegen statisch unbedenkliche Wanddurchbrüche innerhalb des SEs, auch wenn sie zum Verlust der Abgeschlossenheit oder zu einem der TErkl widersprechenden Zustand führen,[18] vgl. iE § 22 Rn 138 f. Keine Bauliche Veränderung stellt auch die Herstellung eines zwar nicht in der TErkl bzw. dem Aufteilungsplan, wohl aber in der Baubeschreibung vorgesehenen Ausstattungsdetails des GemE wie die Errichtung eines Grenzzauns dar.[19]

6 **b) Immaterielle oder negative Einwirkungen.** Beeinträchtigungen können auch erwachsen aus immateriellen Einwirkungen wie zB der Verletzung von Grundrechten durch **Videoüberwachung,**[20] durch das Aufstellen von Gartenzwergen[21] oder durch das Anbringen politischer Spruchbänder an der Balkonbrüstung,[22] nicht aber durch das Anbringen von saisonüblichem Adventsschmuck;[23] ferner durch das gezielte Hineinschauen in eine EW von einer Gemeinschaftsfläche aus.[24] Auch psychische Beeinträchtigungen wie zB **Beleidigungen und Beschimpfungen** können zu objektbezogenen Störungen führen (§ 13 Rn 139).[25]

7 Zu den **negativen Einwirkungen** zählen zB die Behinderung der Licht-, Luft-, Windzufuhr oder des Ausblicks durch Zustandsveränderungen (zB Balkon- oder Terrassenbepflanzung), die Entziehung der Uneinsehbarkeit (zB Heckenrückschnitt), die Behinderung des Rundfunk-/Fernsehempfangs oder anderer Versorgungsleistungen und ähnliche Handlungen im Bereich des SEs oder GemEs, die sich negativ auf das betroffene SE auswirken. Hierzu kann auch der nachteilige Nichtgebrauch von SE/TE gehören.

---

[7] KG NJW-RR 1988, 586.
[8] BGH ZWE 2010, 29 m. Anm. *Elzer.*
[9] OLG München ZMR 2006, 800 (801).
[10] OLG Hamburg ZMR 2006, 468 (469).
[11] OLG Köln ZMR 2008, 817.
[12] OLG München ZMR 2006, 67.
[13] OLG München NZM 2006, 783.
[14] OLG München ZMR 2006, 230.
[15] OLG München ZMR 2006, 301 (302).
[16] BGHZ 146, 241 (248 f.) = NZM 2001, 196 (197 f.); BayObLGZ, 2000, 252 (255 f.); ZMR 2002, 537 f.
[17] OLG Hamburg ZMR 2006, 702 (703).
[18] BGHZ 146, 241 (246).
[19] OLG Hamm ZWE 2007, 491 m. Anm. *F. Schmidt.*
[20] OLG Düsseldorf NJW 2007, 780; OLG Köln ZWE 2008, 104; iE *Hitpass* ZMR 2006, 247.
[21] OLG Hamburg NJW 1988, 2052 (2053); AG Essen-Borbeck NJW-RR 2000, 461; *Schmittmann* MDR 2000, 753 mwN.
[22] KG NJW-RR 1988, 846 (847).
[23] LG Düsseldorf NJW-RR 1990, 785.
[24] OLG München NZM 2005, 949.
[25] OLG Saarbrücken NZM 2007, 774 (775); KG NJW-RR 1988, 586.

c) Immissionen. Nachteilige Einwirkungen auf den Gebrauch des SEs oder GemEs können sich ferner ergeben aus **Grobimmissionen** (wie zB Feuer, Wasser) oder sonstigen **Immissionen** iSd § 906 BGB wie Dämpfen, Gasen, Geräuschen, Gerüchen, Rauch und ähnlichen Einwirkungen (Laub, Nadeln, Blüten, Kleintiere, Licht,[26] Strahlungen durch elektromagnetische Felder, Chemikalien). Hierzu zählt auch die mit der Errichtung einer **Mobilfunkanlage** verbundene Strahlenbelastung, auch wenn die Grenzwerte der 26. BImSchV eingehalten werden, wegen der damit verbundenen Befürchtungen und Wertminderungen.[27] 8

d) Intensivere Nutzung. Nachteilig kann sich auch auswirken eine **intensivere Nutzung** des SEs[28] oder des GemEs, die zB aus der Zusammenlegung von mehreren Kellerräumen und ihre Ausstattung mit Sauna, Dusche und WC folgen kann,[29] aus der Wintergartenerrichtung auf einer Terrasse,[30] einer Aufstockung,[31] oder aus der Entstehung eines zusätzlichen Raums durch den Umbau eines Flachdachs in ein Giebeldach.[32] 9

e) Veränderungen des optischen Erscheinungsbildes. Schließlich können sich Beeinträchtigungen aus Veränderungen ergeben, die den optischen Gesamteindruck nach der Verkehrsanschauung verständlicherweise verschlechtern, wie zB Markisen, Balkonverkleidungen, Werbefolien an den Fenstern,[33] Lichterketten oder eine Parabolantenne[34] an der Balkonbrüstung[35] oder der „Wildwuchs" auf einer Gartensondernutzungsfläche.[36] Eine Verschlechterung kann dagegen zu verneinen sein beim Aufstellen eines Kaninchengeheges auf einer Gartensondernutzungsfläche,[37] beim Anbringen von außen nicht sichtbarer Klimageräte auf dem Balkon, beim Ersetzen von Rasenkanten durch eine Trockenmauer, von einer Schichtstoffplatte unter dem Fenster durch eine Glasscheibe[38] oder von Holzfenstern durch Kunststofffenster.[39] 10

3. Erheblichkeit

a) Maßstab. Ist ein Nachteil gegeben, so muss er **erheblich** sein. Unerhebliche oder unvermeidliche Beeinträchtigungen sind hinzunehmen. Entscheidend ist, ob sich ein verständiger Durchschnittseigentümer nach der Verkehrsanschauung in der entsprechenden Lage verständlicherweise beeinträchtigt fühlen kann.[40] Subjektive Empfindlichkeiten genügen nicht; ob eine Beeinträchtigung vorliegt, ist objektiv im Wege einer Interessenabwägung zu beurteilen,[41] die den besonderen Umständen des Einzelfalls Rechnung trägt **(differenziert-objektiver Maßstab).** Dabei sind sowohl die Regelungen in der GemO über die Zulässigkeit von Veränderungen der SEs oder GemEs[42] oder über die faktische 11

---

[26] Vgl. OLG Stuttgart MDR 2009, 459 = WuM 2009, 299.

[27] OLG Hamm NJW 2002, 1730; OLG Karlsruhe NZM 2006, 746; OLG München FGPrax 2007, 74 (76).

[28] BGHZ 146, 241 (246); BayObLG NZM 2005, 109 – Terrasse ggüb abfallendem Hang.

[29] BayObLG NJW-RR 1992, 272.

[30] BayObLG, NZM 2004, 836; vgl. auch OLG Frankfurt NZM 2008, 322 – Terrassenerweiterung.

[31] BGH ZWE 2010, 33 (36).

[32] OLG München ZMR 2007, 69.

[33] OLG Düsseldorf NZM 2006, 782.

[34] BGH NJW 2010, 438 = NZM 2010, 89 = ZWE 2010, 29 m. Anm. *Elzer.*

[35] LG Köln ZMR 2008, 993.

[36] BayObLG ZMR 2004, 841.

[37] OLG Köln NZM 2005, 785.

[38] OLG Düsseldorf ZMR 2007, 206 (208); OLG Hamburg ZMR 2008, 154 (156); OLG Celle ZMR 2008, 391.

[39] KG GE 2007, 1561.

[40] BGHZ 116, 392 (396); 146, 241 (246).

[41] OLG Hamburg ZMR 2005, 305 (306); OLG Hamm ZMR 2003, 372.

[42] OLG Düsseldorf ZMR 2008, 221 (222).

Realteilung von Doppel- bzw. Reihenhäusern[43] als auch die **örtlichen Gegebenheiten,** die Lage, die Bauweise und der Charakter des Gebäudes[44] sowie die Auswirkungen auf das Eigentum, auf die Gesundheit der WEer und die **Zweckbestimmung** des WEs zu berücksichtigen. Liegt danach ein zulässiger Gebrauch vor, so haben die übrigen WEer die sich hieraus ergebenden Beeinträchtigungen grundsätzlich zu dulden, selbst wenn dadurch die sich aus Normen oder Richtlinien ergebenen Standards nicht eingehalten werden (Rn 33).[45] Darüber hinaus können sich Duldungspflichten auch aus der mitgliedschaftlichen Treuepflicht (§ 10 Rn 48) ergeben. Rein *subjektbezogene* (Rn 4) **wirtschaftliche Interessen** einzelner WEer sind idR nicht zu berücksichtigen,[46] wohl aber kann eine *objektbezogene* Beeinträchtigung darin bestehen, dass sich eine trotz der gesetzlichen Regelung der Rechtsverhältnisse der Prostituierten[47] mit einem **sozialen Werturteil** verbundene Nutzung der EW zur **Prostitution** bzw. zu erotischen Massagen negativ auf den Verkehrswert oder den Mietpreis der übrigen Wohn- oder Gewerberäume auswirkt[48] oder zu konkreten Beeinträchtigungen der Mitbewohner/-nutzer führt (vgl. auch § 13 Rn 34). Allerdings darf ein Nachteil nicht pauschal und unabhängig von dem Charakter der Wohnanlage sowie einer konkreten Beeinträchtigung bejaht werden.[49]

12 **b) Technische Grenz- und Richtwerte.** Technische Regelungswerke wie **DIN-Normen,**[50] **VDI-Richtlinien** oder die **26. BImSchV** für elektromagnetische Strahlungen können zur Beurteilung der Erheblichkeit ebenfalls mit herangezogen werden. Sie regeln lediglich Mindestanforderungen zur Vermeidung unzumutbarer Belästigungen.[51] Werden die darin enthaltenen Grenz- oder Richtwerte überschritten, so indiziert das – wie bei § 906 BGB[52] – eine erhebliche Beeinträchtigung. Umgekehrt indiziert ihr Einhalten – anders als nach § 906 Abs. 1 Satz 2 BGB – nicht auch die Unerheblichkeit der Beeinträchtigung. Dasselbe gilt für ortsübliche Einwirkungen. Denn das Zusammenleben in einer WE-Anlage erfordert ein stärkeres Maß an gegenseitiger Rücksichtnahme als die Nachbarschaft außerhalb der Anlage.[53] Deswegen bedarf die Errichtung einer **Mobilfunkanlage** der Zustimmung aller WEer und nicht nur der WEer der auf den Standort bezogenen Untergemeinschaft einer Mehrhausanlage, weil sie, auch wenn die Immissionen die gesetzlichen Grenzwerte nicht überschreiten, jedenfalls wegen der allgemein verbreiteten Befürchtung auch Auswirkungen auf den Wert (Miet- bzw. Verkaufswert) aller EW in der Anlage hat, ohne dass es auf die Berechtigung dieser Befürchtung ankommt.[54]

13 Die Frage, **welche Fassung** der jeweiligen technischen Bestimmungen der Beurteilung zugrunde zu legen ist, lässt sich nur anhand der Umstände des Einzelfalls beantworten.[55] Dabei ist zu differenzieren. Für eine bloße Instandsetzung genügt die Ein-

[43] OLG München ZMR 2008, 566; OLG Frankfurt ZWE 2008. 353 (Kurzwidergabe).

[44] OLG München ZMR 2005, 650.

[45] OLG München ZMR 2007, 215 – Pizzeria neben Damenoberbekleidung; vgl. auch BGH NJW 2008, 1810 zu Schallimmissionen von Kühlaggregaten.

[46] BayObLG NZM 1998, 1007 (1009).

[47] Gesetz vom 20. 12. 2001, BGBl. I, 3983.

[48] VerfGH Berlin ZMR 2003, 207 (209); OLG Düsseldorf ZMR 2004, 447 (448); OLG Frankfurt NZM 2004, 950; OLG Hamburg ZMR 2005, 644 (645); IMR 2009, 18; OLG Zweibrücken IMR 2008, 169; 2009, 129; LG Hamburg ZMR 2008, 828 (829); zweifelnd BayObLG NZM 2004, 949 = ZMR 2005, 67 für eine TE-Anlage.

[49] *Armbrüster* ZWE 2008, 361 (365); vgl. auch BayObLG NZM 2004, 949 = ZMR 2005, 67; OLG Köln ZMR 2009, 387.

[50] BayObLG ZMR 2000, 311

[51] BGH NJW 2007, 2983 (2984) – Schallschutz; dazu *Boldt* NJW 2007, 2960.

[52] BGH NJW 2004, 1317 (1318) – Mobilfunksendeanlage; *Wenzel* NJW 2005, 241 (244).

[53] OLG Hamm NJW 2002, 1730 (1731); OLG Karlsruhe NZM 2006, 746; OLG Köln ZMR 1998, 46 (47); OLG München ZMR 2007, 391(392) – Mobilfunkanlage.

[54] OLG Hamm ZWE 2002, 319; OLG München FGPrax 2007, 74 (75).

[55] OLG München ZMR 2005, 650 (651).

haltung des bestehenden Standards.[56] Bei einer modernisierenden Instandsetzung,[57] einem nachträglichen Ausbau[58] oder einer anderen baulichen Veränderung[59] müssen die im **Zeitpunkt der baulichen Maßnahme** geltenden Regeln eingehalten werden. Nach Ansicht des *OLG München* hat dann anderes zu gelten, wenn bei der Errichtung bzw. Umwandlung des Wohngebäudes die EWen nach ihrer zB aus der Baubeschreibung, den Bauplänen, der GemO oder aus der Lage bzw. dem Charakter des Gebäudes oder der Nachbarwohnung zu entnehmenden Ausstattung mit einem *höheren* technischen Standard geschaffen wurden und dadurch ihr **besonderes Gepräge** erhalten haben.[60] Der den technischen Standard tatsächlich übersteigende Schallschutz darf nicht verschlechtert werden. Unterschreiten die „prägenden Umstände" den allgemeinen Standard bei Errichtung/Umwandlung, so ist der nunmehr aktuelle Stand der Technik einzuhalten. Das gilt vor allem für die **Trittschalldämmung** beim Austausch der Böden im SE (Rn 29).[61]

Öffentlich-rechtliche Vorschriften können nur dann herangezogen werden, wenn sie nachbarschützenden Charakter haben, was bei den bauordnungsrechtlichen Bestimmungen nicht der Fall ist.[62] 14

c) Interessenabwägung. Ob eine Beeinträchtigung erheblich ist, erfordert idR eine Interessenabwägung, bei der auch die **nachbarrechtlichen Vorschriften** des Privatrechts und des Öffentlichen Rechts wertend mit herangezogen werden können (§ 13 Rn 47 f., 55) und betroffene **Grundrechte** fallbezogen einzubeziehen sind.[63] So kann zB die Videoüberwachung eines Teils der Hoffläche einen nicht hinzunehmenden Eingriff in das allgemeine **Persönlichkeitsrecht** darstellen,[64] die unerlässliche Verwendung eines gesundheitsschädlichen Lösungsmittels im Zusammenhang mit der Sanierung der Außenfassade dagegen vorübergehend hinzunehmen sein.[65] Geraten die **Nutzungsinteressen verschiedener WEer** miteinander in Konflikt, so ist bei der Abwägung unter dem Gesichtspunkt der Erforderlichkeit zu differenzieren. Dabei sind im Prinzip die für das Wohnen unabdingbaren „primären" Nutzungsrechte von den schützenswerten „sekundären" bis hin zu den nützlichen „tertiären" Nutzungsinteressen abzugrenzen und abzustufen.[66] 15

aa) Barrierefreier Zugang. Erfordert die Nutzung einer EW die Schaffung eines barrierefreien Zugangs, so steht dem grundrechtlich geschützten **Eigentumsrecht** der durch die Baumaßnahme nachteilig betroffenen WEer das ebenfalls grundrechtlich geschützte Interesse des veränderungswilligen Eigentümers auf eine behindertengerechte Nutzung seiner Wohnung gegenüber,[67] wie dies auch in § 554 a BGB zum Ausdruck 16

---

[56] OLG Saarbrücken ZMR 2006, 802.

[57] BayObLG NZM 2000, 504 = ZMR 2000, 311 – Bad, Toilette; OLG Frankfurt NZM 2005, 68.

[58] Vgl. BGH NJW 2005, 218 – Trittschallschutz im Mietrecht; BayObLG ZWE 2000, 174; aA wohl OLG Düsseldorf ZWE 2002, 230 f.

[59] OLG Frankfurt NZM 2005, 68; 2006, 903.

[60] OLG München NZM 2008, 249; ZMR 2005, 650 (651); 2007, 809; 2008, 317 (Zusammenfassung) m. Anm. *Hegenschurz*.

[61] OLG Hamm ZWE 2009, 445 m. Anm. *Sauren*; OLG Düsseldorf NZM 2008, 288 = ZWE 2008, 99; OLG München ZMR 2006, 643; 2007, 809 u. NJW 2008, 592 = ZWE 2008, 335 m. Anm. *Sauren;* OLG Schleswig BeckRS 2007, 15 921 = IBR 2007, 354 = OLGR Schleswig 2008, 44; OLG Saarbrücken ZMR 2006, 802; BayObLG NZM 2000, 504 = ZMR 2000, 311; OLG Frankfurt NZM 2005, 68.

[62] OLG Saarbrücken NZM 1999, 265 (266).

[63] BVerfG NJW 1995, 1665, 1666; NJW-RR 2005, 454 (455).

[64] OLG Düsseldorf NJW 2007, 780.

[65] OLG Hamburg ZMR 2007, 476 (477).

[66] Zur Terminologie und Abwägung im Mietrecht *Flatow* NZM 2007, 432 (433 f.).

[67] BVerfG NJW 2000, 2658 (2659).

kommt. Die erforderlichen Feststellungen zum Maß der Behinderung und der Beeinträchtigung anderer WEer sowie die erforderliche Abwägung obliegen im Streitfall dem Tatrichter.[68] Er muss berücksichtigen, dass einerseits einem Behinderten der barrierefreie Zugang zu seiner Wohnung nicht vorenthalten oder unzumutbar erschwert werden darf, andererseits für den Zugang ein Weg gefunden werden muss, der nicht über das bei einem geordneten Zusammenleben mit Behinderten Zumutbare hinausgeht. Von daher ist anerkannt, dass die mit dem primären Nutzungsrecht verbundene barrierefreie Gestaltung des Eingangsbereichs oder des Treppenhauses einhergehende **optische und akustische Beeinträchtigung** eines bloß tertiären Nutzungsrechts als zumutbar und damit als unerheblich hingenommen werden muss. Dies gilt zB für den Einbau eines **Treppenlifts** im Treppenhaus zu einer im 2. OG befindlichen Wohnung,[69] für die Errichtung einer **Rollstuhlrampe** im Eingangsbereich des Hauses,[70] die Anlegung eines Rollstuhlweges von der im Erdgeschoss gelegenen Terrasse einer Wohnung zur Straße hin[71] oder für den Umbau einer Treppe mit offenem Geländer zu einer Betontreppe mit Treppenlift.[72] Bestehen mehrere Gestaltungsmöglichkeiten so haben die übrigen WEer bei der Auswahl und Gestaltung der Barrierefreiheitsmaßnahme ein **Mitbestimmungsrecht.**[73] Die Grenze der unerheblichen Beeinträchtigung ist dort erreicht, wo die Maßnahme zu einer nicht unerheblichen **Wertminderung** der Anlage oder auch nur einer besonders betroffenen EW führt. Hier ist der jeweilige WEer zur Erteilung seiner Zustimmung ggf nur gegen eine Ausgleichszahlung verpflichtet.

17 **bb) Parabolantenne.** Zu den Eigentumsrechten aus § 13 gehört auch der Rundfunk- und Fernsehempfang (§ 13 Rn 10). Für die Frage, ob ein WEer eine Parabolantenne installieren darf, kommt es nicht darauf an, ob der vorgesehene Installationsort zum Sonder- oder Gemeinschaftseigentum gehört. Auch ist es ohne Belang, ob es sich bei der Maßnahme um eine bauliche Veränderung handelt. Entscheidend ist allein, ob mit der Installation einer Parabolantenne für die anderen WEer ein nicht hinzunehmender **Nachteil** verbunden ist. Das ist zB dann nicht der Fall, wenn die Antenne auf Grund ihrer Größe und des Installationsortes das optische **Erscheinungsbild** der Wohnanlage nicht beeinträchtigt.[74] Wird es dagegen beeinträchtigt, kommt es darauf an, ob der Nachteil hinzunehmen ist.[75] Dies kann nur auf Grund einer einzelfallbezogenen Abwägung der beiderseits grundrechtlich geschützten Interessen beantwortet werden.[76] Dem Grundrecht des WEers aus Art. 5 Abs. 1 Satz 1 Halbsatz 2 GG, sich aus allgemein zugänglichen Quellen ungehindert zu unterrichten, und aus Art. 4 auf Teilnahme an Fernsehgottesdiensten[77] oder auf Information über Inhalte des eigenen Glaubens[78] steht das gleichrangige Grundrecht der anderen WEer aus Art. 14 Abs. 1 GG gegenüber, wenn von ihnen verlangt wird, eine Empfangsanlage an dem Gebäude zu dulden. Soweit die Abwägung dazu führt, dass ein Anspruch auf Anbringung einer Antenne besteht, bleibt den WEern überlassen, den Ort zu bestimmen, an dem die Antenne angebracht werden darf, weil sie dort am wenigsten stört. Die hierdurch entstehenden Mehrkosten hat grundsätzlich der WEer zu tragen, der die Anbringung der Antenne

---

[68] OLG München NZM 2008, 848 (849).

[69] BayObLG ZMR 2004, 209 (210 f.); LG Hamburg NZM 2001, 767.

[70] AG Pinneberg WuM 2004, 227.

[71] AG Dortmund MDR 1996, 468.

[72] LG Erfurt NZM 2003, 402 m. krit. Bespr. von *Derleder* ZWE 2004, 118 (123 f.).

[73] Staudinger/*Bub* § 22 Rn 55; *Jennißen* NJW 2004, 3527 (3528).

[74] OLG Zweibrücken ZMR 2007, 143.

[75] BGH NJW 2010, 438 = ZWE 2010, 29 m. Anm. *Elzer*, LG Hamburg ZMR 2010, 61.

[76] BGH NJW 2010, 438 = ZWE 2010, 29 m. Anm. *Elzer;* BVerfG NJW-RR 2005, 661 (662); BGH NZM 2008, 37 (38).

[77] OLG München NJW 2008, 235 = NZM 2008, 91.

[78] BGH NJW 2008, 216 (217) = NZM 2008, 37 (38).

verlangt;[79] denn die Informationsfreiheit sichert nicht die Kostenlosigkeit des Informationszugangs.[80] Handelt ein WEer eigenmächtig, indem er die Parabolantenne beeinträchtigend und ohne Eigentümerbeschluss aufstellt, läuft er Gefahr, sie auf Verlangen eines anderen WEers beseitigen zu müssen.[81]

Ein grundsätzliches Verbot von Behinderungen der freien Wahl oder Diskriminierungen 18
zwischen alternativen Empfangsmitteln für Dienste oder von Beschränkungen des Rechts auf Verwendung einer Parabolantenne lässt sich auch nicht dem freien Waren- und Dienstleistungsverkehr in der Europäischen Union entnehmen,[82] weil das Recht der Europäischen Gemeinschaften das Eigentumsrecht in gleicher Weise schützt.[83] Die erforderliche Abwägung kann auch dazu führen, dass ein WEer auf eine bestehende **gemeinschaftliche Empfangsanlage** (meist Bereitbandkabelnetz) verwiesen werden darf, sofern hierüber das grundrechtlich geschützte Informationsbedürfnis abgedeckt werden kann, auch wenn hierzu eigens ein Decoder benötigt wird.[84]

Umstritten ist, ob insoweit ein Recht auf **„optimale Medienversorgung"**[85] oder nur 19
ein Anspruch auf eine mediale Grundversorgung besteht. Während die Rechtsprechung des BVerfG und des VIII. Zivilsenats des BGH zum Mietrecht[86] für in Deutschland lebende Ausländer zwar ein Recht anerkennt, Programme aus ihrer kulturellen und sprachlichen Heimat zu empfangen, aber den Empfang von **5 bis 6 heimatsprachigen Sendern** für ausreichend erachtet und für einen darüber hinausgehenden Informationsbedarf ein Recht auf Installation einer eigenen Parabolantenne selbst dann ablehnt, wenn sie für die religiösen Bedürfnisse unzureichend sind,[87] hält der V. Zivilsenat des BGH[88] eine solche Beschränkung der Informationsfreiheit auf eine zahlenmäßig begrenzte Grundversorgung oder auf die „Hauptsender"[89] nicht für zulässig, ohne dass es auf die Staatsangehörigkeit ankommt.[90] Deswegen kann einem WEer der Zugang zu fremdsprachigen Programmen auch dann nicht versagt werden, wenn er an dem Empfang kein besonderes staatsbürgerliches oder berufliches Interesse hat wie etwa ein ausländischer Staatsbürger[91] oder ein deutscher Übersetzer und Dolmetscher, sondern „nur" ein allgemeines Informations- oder Fortbildungsinteresse.[92]

Kann das Informationsinteresse über die vorhandene Gemeinschaftsanlage nicht abge- 20
deckt werden, so darf einem WEer die Installation einer eigenen Parabolantenne nicht durch Mehrheitsbeschluss untersagt werden.[93] Wohl aber kann bei entsprechendem Interesse von mehreren WEern – im Rahmen des Zumutbaren – die Installation einer gemein-

---

[79] BGH NJW 2010, 438 = NZM 2010, 89 = ZWE 2010, 29 m. Anm. *Elzer.*

[80] Vgl. BVerfG NJW-RR 2005, 661 = NZM 2005, 252 (253); BVerfG BayVBl 2005, 691; BGH NJW-RR 2005, 596 = NZM 2005, 335 m. Anm. *Horst* NJW 2005, 2654.

[81] BGH NJW 2010, 438 = ZWE 2010, 29 m. Anm. *Elzer*; LG München I NZM 2008, 851 (852).

[82] Mitteilung der Europäischen Kommission über die Anwendung der allgemeinen Grundsätze des freien Waren- und Dienstleistungsverkehrs auf dem Gebiet der Nutzung von Parabolantennen vom 27. 6. 2001 – KOM (2001) 351.

[83] BGH NJW 2006, 1062.

[84] Vgl. BVerfG NJW-RR 2005, 661 = NZM 2005, 252 (253); BVerfG BayVBl 2005, 691; BGH NJW-RR 2005, 596 = NZM 2005, 335 m. Anm. *Horst* NJW 2005, 2654.

[85] Vgl. *Fritsch* ZMR 2006, 180.

[86] BVerfG NJW-RR 2005, 661 = NZM 2005, 252 (253); Beschluss v. 17. 3. 2005 – 1 BvR 42/03, BeckRS 2005 25 459; BGH NJW-RR 2005, 596 = NZM 2005, 335 m. Anm. *Horst* NJW 2005, 2654; BGH NZM 2008, 37 (38) Rn 13, 19 f.

[87] BGH NZM 2008, 37 (39) Rn 21.

[88] BGHZ 157, 322 (326) = NJW 2004, 937; ZWE 2010, 29 m. Anm. *Elzer.*

[89] BayObLG NJW-RR 2004, 443 (445).

[90] BGH NJW 2010, 438 = ZWE 2010, 29 m. Anm. *Elzer*; VerfGH Berlin GE 2007, 1178.

[91] Vgl. LG Dortmund IMR 2009, 82 für einen kurdischen Mieter.

[92] OLG Zweibrücken NZM 2006, 937; VerfGH Berlin IMR 2008, 190.

[93] BGHZ 157, 322 = NJW 2004, 937 = ZWE 2004, 352 m. Anm. *Köhler.*

samen Antenne verlangt werden. Kommen für eine einzelne oder gemeinsame Parabolantenne mehrere geeignete **Standorte** in Betracht, so haben die WEer bei der Auswahl ein **Mitbestimmungsrecht.**[94]

22 Etwas anderes gilt, wenn das Aufstellen einer **Parabolantenne in der GemO ausgeschlossen** ist. Denn bei dem Grundrecht auf Informationsfreiheit handelt es sich um ein Recht, das zwar unentziehbar ist, auf dessen Ausübung der WEer aber verzichten kann. Ist also die Wohnanlage in der GemO als eine parabolantennenfreie Zone ausgewiesen, so kann der Erwerb einer Wohnung als Verzicht auf den aus dem Informationsrecht fließenden Anspruch auf Anbringung einer Parabolantenne verstanden werden. Eine solche Regelung unterliegt jedoch der **Inhaltskontrolle** nach § 242 BGB, so dass immer auch zu prüfen ist, ob das Festhalten an dem generellen Verbot treuwidrig ist. Das kann zB dann der Fall sein, wenn Satellitenempfangsanlagen unauffällig in das optische Erscheinungsbild der Wohnanlage integriert werden können und auch sonstige berechtigte Interessen der WEer nicht berührt werden.[95] In einem solchen Fall ist kann dem WEer auch ein Anspruch auf Änderung der TErkl nach den allgemeinen Grundsätzen[96] zustehen.

23 Ob die **Umstellung einer gemeinschaftlichen Antennenanlage** auf einen Breitbandkabelanschluss oder eine Gemeinschaftsparabolantenne unter dem Gesichtspunkt des Rücksichtnahmegebots beschlossen werden kann, ist ebenfalls anhand der Umstände des Einzelfalles zu entscheiden.[97] Dabei ist bei einer Vergleichbarkeit dieser Systeme letztlich darauf abzustellen, welches Empfangssystem technisch und wirtschaftlich eher geeignet ist, der Wertentwicklung auf dem Immobilienmarkt Rechnung zu tragen und den Wohnwert der Anlage zu erhalten, ohne das Gemeinschaftseigentum unverhältnismäßig zu belasten. Denn eine Gemeinschaftsparabolantenne verändert in der Regel das **optische Erscheinungsbild** der Wohnanlage und kann sich negativ auf den Verkehrswert der Immobilie auswirken.[98] Dies steht der Ordnungsmäßigkeit der Maßnahme allerdings nur dann entgegen, wenn die mit der optischen Veränderung verbundenen Nachteile auf Grund der Örtlichkeit oder Ausstattung der Antenne nach § 14 Nr. 1 WEG über das bei einem geordneten Zusammenleben unvermeidliche Maß hinaus reichen. Die Entscheidung hängt damit auch in diesem Fall von **objektbezogenen Umständen** ab, insbesondere von der Quantität und Qualität des bisherigen und künftigen Programmangebots, der Möglichkeit eines ebenbürtigen Breitbandkabelanschlusses, von den Kosten und dem äußeren Erscheinungsbild.[99] Eine Orientierung allein anhand der Höchstzahl der jeweils empfangbaren Programme kommt dagegen auch nicht im Hinblick auf das Grundrecht der Informationsfreiheit in Betracht. Denn das Informationsrecht gewährt keinen Anspruch auf Bereitstellung eines Systems mit höchstmöglicher Programmvielfalt.

24 **d) Einzelbeispiele.** Ein Überblick über die Fälle, in denen die Rechtsprechung bisher einen Nachteil iSd § 14 Nr. 1 angenommen hat, zeigt, dass die Schwelle der Beeinträchtigung insgesamt eher niedrig angesetzt wurde. Als erheblicher Nachteil wurden zB[100] angesehen das Anbringen von Werbefolien an Fenstern,[101] von Abluftrohren oder eines Kaminabzugs,[102] von Außenspiegeln,[103] von Regenrinnen, Balkonverglasungen,[104] Katzen-

[94] BGH NJW 2010, 438 = NZM 2010, 89 = ZWE 2010, 29 m. Anm. *Elzer.*

[95] OLG Zweibrücken ZMR 2007, 143.

[96] BGHZ 130, 304 (312); 156, 192.

[97] Vgl. iE *Wenzel* ZWE 2007, 179 (181 f.).

[98] Vgl. *Kniep* WuM 2002, 598 (600); *Bobka,* RDM-Informationsdienst für Sachverständige 2003, Heft 5 S. 10 f.

[99] Weitnauer/*Lüke* § 21 Rn 34.

[100] Vgl. BVerfG NVwZ 2005, 801 (802).

[101] OLG Düsseldorf NZM 2006, 782 (783) = ZMR 2006, 461 (462).

[102] OLG München ZMR 2006, 948 – Abluftrohr; ZMR 2006, 884 – Kaminabzug.

[103] BayObLG NJW-RR 1996, 1358 (1359).

[104] BayObLG NJW-RR 1993, 337.

netzen[105] und Markisen[106] an der Fassade, das Aufstellen von Gartenhäuschen[107] und Geräteschuppen, die Errichtung eines 60 cm hohen Jägerzauns,[108] das Anbringen grünen Sichtschutzmatten,[109] von 2 m hohen Sperrholzplatten an einen Maschendrahtzaun, [110] die Verlegung von Trittplatten und die Errichtung eines Wintergartens,[111] oder auch der Anschluss eines Kaminofens an einen Schornstein, der keinen weiteren Anschluss zulässt.[112]

Dagegen kann in der Verlegung einer unterirdischen Gasleitung über den gemeinschaftlichen Zugangsweg zur Versorgung des rückwärtigen Gebäudes einer Wohnanlage[113] oder dem Einbau eines Dachflächenfensters[114] im Einzelfall ein unerheblicher Nachteil liegen, der eine Zustimmung der übrigen WEer zur baulichen Veränderung entbehrlich macht (Rn 51). 25

4. Pflicht zur Instandhaltung des Sondereigentums

a) Allgemeines. Jeder WEer ist – vorbehaltlich einer abweichenden Vereinbarung – verpflichtet, die im SE stehenden Gebäudeteile so instand zu halten, dass sie andere WEer nicht erheblich beeinträchtigen. Mit dieser Pflicht zur „tätigen Sorge" um das SE wird eine Schranke für das „Belieben" (§ 13 Abs. 1) gezogen, mit dem der WEer grundsätzlich über sein SE verfügen kann. Auch wenn das Gesetz nur von „Instandhaltung" spricht, kann die Pflicht auch **Instandsetzungsmaßnahmen** einschließen, die zur Vermeidung einer erheblichen Beeinträchtigung anderer WEer erforderlich sind. Der WEer darf sein SE also nur soweit **vernachlässigen,** als den anderen WEern kein Nachteil entsteht. Der Zustand des SEs ist umgekehrt so lange ohne Belang, als von ihm keine negativen Einflüsse auf das GemE und das SE anderer ausgehen. Bis zu dieser Grenze kann ein WEer seine Wohnung also auch ungenutzt lassen und ist nicht zu Instandhaltungsmaßnahmen verpflichtet.[115] Besteht dagegen die Gefahr, dass durch das **Leerstehen lassen** der EW oder die zeitweilige Abwesenheit von Bewohnern Versorgungsleitungen bei Kälte einfrieren, so ist der WEer verpflichtet, Vorsorge dagegen zu treffen,[116] ggf auch die Räume zu beheizen (vgl auch § 15 Rn 19). Dies gilt auch dann, wenn Leitungen und Heizkörper im GemE stehen. Insoweit besteht für den SEer zwar keine Instandhaltungspflicht, wohl aber eine Pflicht zu einem das GemE bzw. andere WEer schonenden Nichtgebrauch des GemEs (Rn 33). 26

Durch Vereinbarung kann dem SEer weiterführend auch die **Instandhaltungslast für Teile des GemEs** übertragen werden, wie zB für Fenster[117] oder Wohnungseingangstüren.[118] Die Überbürdung der Instandhaltungs- und Instandsetzungskosten muss jedoch klar und eindeutig zum Ausdruck kommen und ist als Ausnahmeregelung eng auszulegen.[119] Im Zweifel erfasst sie weder die erstmalige Herstellung eines ordnungsmäßigen 27

---

105 OLG Zweibrücken NZM 1998, 376.

106 BayObLG NJW-RR 1986, 178.

107 BayObLG NJW-RR 1988, 591; 1992, 975 (976).

108 OLG Düsseldorf NJWE-MietR 1997, 111.

109 BayObLG NJW-RR 2000, 1324; OLG Köln NZM 1999, 178 – Sichtschutzwand an der Grenze zweier Gartenflächen.

110 OLG München NZM 2008, 783 (784) – Trennwand zwischen Garagenplätzen.

111 BVerfG NVwZ 2005, 801 (802); BayObLG NJW-RR 2001, 1456.

112 LG München I ZMR 2009, 482 (483).

113 OLG München ZMR 2007, 998 (999) = NZM 2008, 320.

114 BGHZ 116, 392 (400) = NJW 1992, 978 (980) = ZMR 1992, 167 (170).

115 BayObLG NJW-RR 1990, 854.

116 BayObLG ZMR 1989, 349 (350); vgl. auch BGH NZM 2008, 781 zu den versicherungsrechtlichen Anforderungen an die Beheizung und Kontrolle.

117 BayObLG WuM 1993, 562; BGH NJW-RR 2010, 227.

118 OLG München NJW 2007, 2418.

119 KG ZMR 2009, 135 (136): „Im räumlichen Bereich des SEs".

Zustands, wie zB die Beseitigung bauseits vorhandener Nässeschäden[120] noch die Instandsetzung solcher Bauteile, die der Sicherheit und Standfestigkeit des gesamten Gebäudes dienen.[121] Diese bleiben Sache der WEgem. Zur Instandhaltungspflicht im Rahmen eines **SNRs** vgl. § 13 Rn 118.

28 **b) Versorgungsleitungen.** Ob die Versorgungsleitungen bis zur Abzweigung von den gemeinschaftlichen Versorgungsleistungen (Wasser, Gas, Elektrizität oder Heizung) von dem SEer instand gehalten werden müssen, hängt davon ab, ob sie zum SE gehören.[122] Die hM bejaht dies.[123] Richtigerweise wird jedoch zu differenzieren sein: Nicht die **Lage**[124] oder die Verzweigung der Leitung entscheidet, sondern ob sie ihrer **Funktion** nach als Teil eines gemeinschaftlichen Versorgungssystems instand gehalten werden muss, um die Versorgung der übrigen WEer nicht zu beeinträchtigen oder bei Nichtgebrauch des Anschlusses durch den SEer einen defektbedingten Abfluss zu verhindern. Von daher gehören zum GemE zB – anders als bei einer Zweirohrheizung oder bei Nachtstromspeicheröfen[125] – die **Heizkörperventile** bei einer Ein-Rohr-Heizleitung oder die Wasserleitung bis zum Ersten für die Handhabung durch den SEer vorgesehenen – noch zum GemE gehörenden[126] – Absperrventil in der Wohnung. Da sie jedoch dem Gebrauchsrecht aus § 13 unterfallen, hat der SEer insoweit auch eine gewöhnliche Unterhaltungs-, aber keine Erhaltungspflicht (arg. § 1041 BGB). Zu der gewöhnlichen Unterhaltung der Sache zählen nur solche Maßnahmen, die bei ordnungsgemäßer Bewirtschaftung regelmäßig in gewissen Zeitabständen zu erwarten sind (Streichen der Heizkörper).[127] Dagegen besteht keine Pflicht, ohne einen Anlass die **Heizkörper**[128] oder die **Wasserinstallation**[129] in regelmäßigem Abstand von einem Fachmann überprüfen zu lassen. Wohl aber hat der WEer dafür Sorge zu tragen, dass durch den Gebrauch oder Nichtgebrauch von Versorgungseinrichtungen oder von dem Gebrauchsrecht aus § 13 unterfallenden Gebäudeteilen anderen WEern keine Nachteile entstehen.

29 **c) Andere Beispielsfälle.** Die **Instandsetzung** umfasst auch die Erneuerung iS einer Ersatzbeschaffung einzelner Teile des SEs, wenn auf sonstige Weise ein ordnungsgemäßer Zustand nicht mehr hergestellt werden kann.[130] So sind im SE stehende **Bodenbeläge auf Balkonen** zu erneuern, wenn sie undicht geworden sind und dadurch das Eindringen weiterer Feuchtigkeit in den im GemE stehenden Bodenaufbau verhindert und die Gemeinschaft vor größeren Kosten für die Sanierung des GemEs bewahrt werden kann.[131] Müssen sie zunächst beseitigt und dann wieder erneuert werden, um die im GemE stehenden Gebäudeteile sanieren zu können, gehören die hierdurch entstehenden Kosten zu den Kosten nach § 16 Abs. 2.[132] Wird der Bodenbelag erneuert, darf der vorhandene **Trittschallschutz** nicht verringert werden (Rn 13).[133] Darauf, ob der verringerte Schall-

---

[120] BayObLG NJOZ 2003, 402; OLG München NZM 2007, 369.

[121] KG ZMR 2009, 135 (136).

[122] IE *Schmid* ZMR 2008, 862.

[123] BayObLG NJOZ 2002, 568; Staudinger/*Rapp* § 5 Rn 33; Weitnauer/*Briesemeister* § 5 Rn 20/25; aA *Müller*, Praktische Fragen, Rn 76; *Schmid* ZMR 2008, 862.

[124] AA KG WuM 1989, 89.

[125] OLG Hamm NJW-RR 1995, 909 (910).

[126] OLG Hamm ZWE 2001, 393; *Müller*, Praktische Fragen, Rn 83.

[127] Vgl. BGH NJW-RR 2003, 1290 zu § 1041 BGB.

[128] OLG Frankfurt OLGR 2005, 852.

[129] LG Berlin ZMR 2001, 390.

[130] BayObLG WuM 1993, 562; *Schmid* ZWE 2009, 200 (202).

[131] OLG Düsseldorf WE 1995, 314.

[132] OLG Düsseldorf ZMR 1999, 350.

[133] OLG Hamm ZWE 2001, 389 (391); ZWE 2009, 445 m. Anm. *Sauren*; OLG Düsseldorf NZM 2008, 288 = ZWE 2008, 99; OLG München ZMR 2006, 643; 2007, 809; NJW 2008, 592 = ZWE 2008, 335 m. Anm. *Sauren*; OLG Schleswig BeckRS 2007, 15 921 = IBR 2007, 354 = OLGR Schleswig 2008, 44; OLG Saarbrücken ZMR 2006, 802; aA BayObLG NZM 2000, 504 = ZWE

schutz noch die Anforderungen der DIN 4109 erfüllt, kann es nicht ankommen.[134] Der WEer ist dagegen nicht verpflichtet, den bei Begründung des WEs bestehenden Schallschutz durch nachträgliche Maßnahmen zu verbessern,[135] und zwar auch nicht im Rahmen von Instandhaltungsmaßnahmen.[136]

Zur Instandsetzung gehört auch die **erstmalige Herstellung** eines ordnungsmäßigen Zustands. Deswegen ist der SEer einer im Keller liegenden Gaststätte verpflichtet, eine von der Baubehörde geforderte **Hebeanlage** zum Schutz des Gebäudes vor einer Überschwemmung einzubauen.[137] 30

d) Verwaltungszuständigkeit. Die Entscheidung über die Durchführung von Instandhaltungs- oder Instandsetzungsarbeiten an den im SE liegenden Gebäudeteilen obliegt dem **SEer.** Mehrheitsbeschlüsse der WEer sind mangels Beschlusskompetenz nichtig.[138] Etwas anderes hat jedoch dann zu gelten, wenn die Instandsetzung des GemEs notwendig auch die Instandsetzung des SEs erfordert, wie zB der Austausch von **Doppelfenstern** bei getrennten Eigentumsverhältnissen an Außen- und Innenfenster.[139] Wird durch den Zustand von Gebäudeteilen im SE das GemE in der Substanz oder auch nur optisch beeinträchtigt oder erwächst anderen WEern daraus sonst ein Nachteil, so ist er nach Nr. 1 zur Durchführung der erforderlichen Maßnahmen verpflichtet und kann notfalls hierzu im Wege der Verpflichtungsklage auch angehalten werden.[140] Müssen **Versorgungseinrichtungen** im GemE im Rahmen einer Gesamtmaßnahme **saniert** werden, so besteht nach der hier für richtig gehaltenen Zuordnung zum GemE sowohl eine Beschlusskompetenz als auch ein **Zugangsrecht** nach Nr. 4. Sind in der TErkl. Gebäudeteile, wie zB die Außenfenster, entgegen § 5 Abs. 2 dem SE zugeordnet, so ist die Zuordnung zwar unwirksam, kann aber in eine zulässige[141] Vereinbarung umgedeutet werden,[142] dass der SEer verpflichtet ist, die im GemE stehenden Teile auf eigene **Kosten** instand zu setzen oder instand zu halten. In diesem Fall haben die WEer keine Beschlusskompetenz, können also weder die Durchführung von Instandsetzungsmaßnahmen mehrheitlich beschließen[143] noch die Ausübung etwaiger Mängelrechte an sich ziehen und einen Vergleich hierüber ohne Zustimmung des SEers abschließen.[144] 31

e) Versicherungsschutz. Hat die WEgem für das Gebäude eine Gebäudeversicherung abgeschlossen (§ 10 Rn 274), so unterscheidet diese idR nicht zwischen GemE und SE, sondern behandelt das Gebäude als Einheit. Es handelt sich um eine Versicherung für fremde Rechnung, bei der jeder WEer als Versicherter hinsichtlich seines SEs und seiner Beteiligung am GemE einen Anspruch gegen den Versicherer hat. Hat er einen **Schaden am GemE** selbst fahrlässig herbeigeführt, so ist sein Sachersatzinteresse mitversichert, so dass er auch vor Regressansprüchen des Gebäudeversicherers geschützt ist.[145] Gleiches gilt, wenn der **Mieter** den Schaden leicht fahrlässig verursacht. Jedoch kann der Gebäudeversicherer von dessen Haftpflichtversicherer nach § 69 Abs. 2 S. 1 VVG aF (§ 78 VVG nF) 32

2000, 174; OLG Frankfurt NZM 2005, 68; *Hogenschurz,* MDR 2003, 201: maßgebend sei die aktuelle DIN.

[134] AA BayObLG NJW-RR 1994, 598.

[135] OLG Frankfurt NZM 2005, 68 (69); OLG Stuttgart NJW-RR 1994, 1497; *Hogenschurz* MDR 2004, 201.

[136] AA BayObLG NZM 2000, 504 = ZWE 2000, 174; *Hogenschurz* MDR 2004, 201.

[137] BayObLG ZMR 1992, 66 f.

[138] OLG Düsseldorf ZMR 2002, 445 (446); 2002, 613 (614).

[139] LG München I ZMR 2008, 488 (489).

[140] Vgl. BayObLG ZMR 2004, 605 f.; iE *Nussbaum* NZM 2003, 617 (621).

[141] OLG Düsseldorf ZMR 1999, 350 f.

[142] OLG Hamm MDR 1992, 258.

[143] BayObLG NZM 2004, 659.

[144] OLG München NJW 2007, 2418.

[145] BGH NZM 2001, 624 (625); *Armbrüster* ZMR 2003, 1 (2); *ders.* ZWE 2007, 30 f.

einen Ausgleich in Höhe des anteiligen Zeitwerts beanspruchen.[146] Ab 1. 1. 2009 gilt hierfür zudem das Teilungsabkommen „Mieterregress". Versichert sind außerdem Schäden des Mieters, deretwegen er den Vermieter nach § 536 a Abs. 1 BGB in Anspruch nehmen kann.[147] Bei der Schadensregulierung mit dem Versicherer ist zu differenzieren:[148] Den Schaden am GemE hat der Verwalter für die WEgem abzuwickeln,[149] den Schaden am SE der einzelne WEer, der Versicherungsschutz begehrt. Dies kann der geschädigte WEer sein, der sein Sacherhaltungsinteresse geltend macht, oder der von ihm in Anspruch genommene Schädiger im Hinblick auf dessen Sachersatzinteresse. Der Verwalter muss ihnen alle für die Anspruchsverfolgung erforderlichen Informationen und Unterlagen (Versicherungsschein) überlassen.[150] Wickelt er dagegen für die WEgem den Schaden am SE selbst ab, so muss er die Entschädigungssumme an den WEer weiterleiten. Für etwaige Pflichtverstöße haftet die WEgem dem WEer nach §§ 280, 278 BGB.[151] Ein etwaiger Selbstbehalt ist nicht anteilig auf alle WEer zu verteilen, sondern bei der Schadensregulierung vorweg vom Gesamtschaden abzuziehen.[152]

5. Pflicht zum schonenden Gebrauch des Sondereigentums und des Gemeinschaftseigentums

33 **a) Allgemeines.** Das Recht zum Gebrauch des SEs und zum Mitgebrauch des GemEs umfasst auch den Nichtgebrauch (§ 13 Rn 7). Es steht unter dem Gebot der gegenseitigen Rücksichtnahme. Dieses erlaubt einerseits eine sozialadaequate und ortsübliche Nutzung und gebietet andererseits, erhebliche Beeinträchtigung anderer WEer zu vermeiden. Die Pflicht zum schonenden Gebrauch erfordert zwar, das SE und das GemE nur im Rahmen der jeweiligen Zweckbestimmung zu nutzen, erlaubt aber in diesem Rahmen jede mit der **baulichen Beschaffenheit** und dem zweckbestimmungsgemäßen Gebrauch üblicherweise verbundene Verhaltensweise und Emission (vgl. auch Rn 11). Deswegen kann der vermietende TEer eines Damenoberbekleidungsgeschäfts in einem Einkaufszentrum die sich aus dem unzureichenden Funktionieren des Lüftungssystems in seinem Laden ergebenden Geruchsbelästigungen aus der in der Nachbarschaft zulässig betriebenen Pizzeria auch dann nicht ggü dem TEer der Pizzeria abwehren, wenn dadurch die sich aus Normen oder Richtlinien ergebenen Standards nicht eingehalten werden.[153] Ebenso sind bei fehlendem oder unzureichendem Schallschutz des Gebäudes die gewöhnlichen Geräusche wie zB von fließendem Wasser, von Toilettenspülungen, von knarrenden Dielen oder normgerechten Kühlaggregaten[154] uÄ als unvermeidlich hinzunehmen.

34 Andererseits sind erhebliche Emissionen zu vermeiden. Typische Geräuschimmissionen durch **Schwerstbehinderte**[155] oder **Kinder** sind im Rahmen der Sozialadaequanz unvermeidlich, nicht dagegen die Ausübung von Freizeitsport wie Tennisspielen in der Wohnung.[156] **Küchengerüche** sind im Rahmen des sozial Üblichen zu dulden, können den WEer aber unter dem Gesichtspunkt der Rücksichtnahme uU zum Einbau einer den Nachbarn schonenden Dunstabzugshaube verpflichten.[157] Zum schonenden Gebrauch ge-

---

[146] BGH NJW-RR 2008, 1413; vgl. auch OLG Köln NZM 2009, 293 (294).
[147] KG NJW-RR 2008, 890 = NZM 2008, 569 = ZMR 2008, 621.
[148] *Armbrüster* ZWE 2007, 30 f.
[149] Vgl. OLG Köln NJW-RR 2003, 1612; allg *Sauren/Welcker* MietRB 2008, 60 f.
[150] *Armbrüster* ZMR 2003, 1 (6); allg. *Sauren/Welcker* MietRB 2008, 60 f.
[151] OLG Hamm ZWE 2008, 133 m. Anm. *Demharter* u. Bespr. *Armbrüster* ZWE 2009, 109.
[152] *Armbrüster* ZWE 2009, 109 (112).
[153] OLG München NJOZ 2007, 1099 = ZMR 2007, 215 – Pizzeria neben Damenoberbekleidung.
[154] BGH NJW 2008, 1810.
[155] AG Braunschweig ZMR 2007, 224 = NZM 2008, 172.
[156] OLG Saarbrücken ZMR 1996, 566 f.
[157] BayObLG NJW-RR 2001, 156 f.; OLG Köln ZMR 1998, 46 (47).

hört es außerdem, in der Wohnung keinen **zusätzlichen Heizkörper**[158] oder offenen Kamin bzw. **Kaminofen**[159] zum Nachteil anderer interessierter WEer anzuschließen, **Radio-, Fernsehsendungen** und Musikdisketten nicht in einer unverhältnismäßigen Lautstärke zu hören.

35 **b) Gebrauch des Sondereigentums. aa) Musizieren.** Zulässig ist auch das Musizieren in der Wohnung. Es gehört als sozialadaequater Gebrauch zu den Eigentumsrechten (§ 13 Rn 10) und kann nur mit Zustimmung aller WEer, also zB in der GemO, untersagt werden (§ 10 Rn 39, 85, 102). ein Mehrheitsbeschluss ist schwebend unwirksam, ein Verbot mit **Erlaubnisvorbehalt** dagegen ebenso wirksam wie eine **Beschränkung** auf bestimmte Zeiten oder einen bestimmten Umfang.[160] Die Einzelheiten richten sich nach den tatsächlichen Gegebenheiten, wie Charakter und Lage der Wohnanlage (zB Seniorenstift), Schallschutzausstattung des Gebäudes, Umgebungsgeräusche oder Immissionspegel des Musizierens. So kann zB in einer im Innenstadtbereich gelegenen, für eine beliebige gewerbliche Nutzung und zur Ausübung freiberuflicher Tätigkeiten ausgewiesenen Wohnanlage die Anordnung von Ruhezeiten ohne Ausnahme für berufsbedingt musizierende Bewohner anders als in einer Seniorenwohnanlage ordnungsmäßiger Verwaltung widersprechen[161] und ggf sogar einen Eingriff in den Kernbereich des SEs darstellen. Auch in einem als Gaststätte bezeichneten, in einem Wohnhaus gelegenen TE können nicht jegliche musikalischen Darbietungen untersagt werden, wohl aber stärkere Geräuschemissionen, als sie bei Verwendung einer lautstärkenbegrenzten Anlage auftreten und nach den öffentlichrechtlichen Auflagen zulässig sind.[162]

36 **bb) Tierhaltung.** Die Haustierhaltung[163] gehört nach den herkömmlichen soziokulturellen Vorstellungen ebenfalls zu den Eigentumsrechten aus § 13, wenn von ihr Störungen Dritter nicht ausgehen können wie dies bei Kleintieren (zB Ziervögel, Zierfische, Hamster, Schildkröten) der Fall ist,[164] vgl. § 13 Rn 11. Sie zählt allerdings **nicht zum Kernbereich** des SEs ieS, sondern kann durch **Vereinbarung** generell verboten, durch Mehrheitsbeschluss dagegen nur beschränkt werden (§ 10 Rn 39, 85, 102; § 15 Rn 20). Ein durch **Mehrheitsbeschluss** ausgesprochenes generelles Verbot ist dagegen – anders als ein Verbot mit **Erlaubnisvorbehalt** – schwebend unwirksam (§ 10 Rn 39),[165] nicht dagegen nach § 134 BGB iVm. §§ 13 Abs. 1, 15 Abs. 2 WEG nichtig, weil es sich hierbei nicht um Verbotsgesetze handelt.[166] Die Durchsetzung eines vereinbarten Verbots kann im Einzelfall allerdings der Treuepflicht widersprechen, wenn ein WEer aus gesundheitlichen Gründen auf die Tierhaltung angewiesen ist.[167] Ein partielles Verbot bestimmter Hunderassen bzw. Kreuzungen dieser Hunderassen, insbesondere von **Kampfhunden,**[168] giftigen **Schlangen,** nicht giftigen **Reptilien**[169] oder Pfeilfröschen[170] kann demgegenüber ordnungsgemä-

[158] OLG Schleswig NJW-RR 1993, 24.
[159] BayObLG ZMR 1985, 239; NJWE-MietR 1996, 179; NZM 1998, 310; OLG München ZWE 2008, 488.
[160] BGHZ 139, 288 (293) = NJW 1988, 3713 – Ruhezeiten.
[161] BayObLG ZMR 2002, 605 (606).
[162] BayObLG NJW-RR 1994, 337.
[163] Vgl. iE *Blank* NJW 2007, 729 f.; zum Begriff OLG Frankfurt NZM 2006, 265 = ZWE 2006, 80 (82) m. Anm. *Becker* S. 79 – Brieftauben.
[164] Vgl. BGH NJW 2008, 218 (220) Rn 15 für das Mietrecht; SaarlOLG NJW 2007, 779 (780) = NZM 2007, 168.
[165] AA *Drabek* ZWE 2007, 188 (189).
[166] AA OLG Saarbücken NJW 2007, 779 (780) = NZM 2007, 168.
[167] Vgl. BGHZ 129, 329 (334 f.) = NJW 1995, 2036; BayObLG NJW-RR 2002, 226 f.
[168] KG FGPrax 2003, 252; OLG Frankfurt NJW-RR 1993, 981.
[169] OLG Frankfurt NJW-RR 1990, 1430 (1431); OLG Karlsruhe NZM 2004, 551.
[170] OLG Karlsruhe NZM 2004, 551.

ßer Verwaltung entsprechen und durch Mehrheitsbeschluss ebenso angeordnet werden wie die zahlenmäßige Beschränkung der Tierhaltung,[171] ohne dass es auf die konkrete Geruchs- oder Geräuschbelästigung einzelner WEer ankommt.[172] Auch kann die zukünftige Anschaffung von Haustieren durch Mehrheitsbeschluss von der vorherigen Zustimmung des Verwalters und Beirats abhängig gemacht werden.[173]

37 **c) Gebrauch des Gemeinschaftseigentums. aa) Hauseingänge, Treppenhäuser, Zugangsflächen.**[174] Auch die Nutzung der Gemeinschaftsräume und -flächen unterliegt den Schranken der Zweckbestimmung und dem Rücksichtnahmegebot. Dies kann dazu führen, dass aus einer EW trotz geschlossener Tür wahrnehmbarer Zigarettenrauch zwar hinzunehmen ist,[175] aber das **Rauchen** im Treppenhaus[176] oder das Versprühen von **Duftstoffen**[177] ebenso wenig erlaubt ist wie das **Lagern** von Mülltüten oder sonstigen Abfällen,[178] das Anbringen von Regalen[179] und Garderoben,[180] das Aufstellen von **Blumenkästen,**[181] das Abstellen von **Fahrrädern,** Rollern u. dgl., sofern es in einem anderen Raum möglich und zumutbar ist. Anderes kann im Einzelfall für das Abstellen von **Kinderwagen,**[182] **Rollstühlen**[183] oder Rollatoren[184] gelten, wenn der betreffende WEer oder Nutzer hierauf angewiesen ist, die Größe des Hausflurs das Abstellen zulässt[185] und die Beschränkung gegen das Benachteiligungsverbot des § 19 AGG verstößt. Im Konfliktfall sind die widerstreitenden Nutzungsrechte unter Beachtung der baupolizeilichen Sicherheitsvorschriften nach dem Prinzip der Erforderlichkeit miteinander abzuwägen. Zulässig kann auch das Anbringen von **Werbetafeln** und Hinweisschildern sein (§ 13 Rn 16) sowie das Ablegen von briefkastenuntauglichen **Branchenbüchern** für die Mieter eines Hauses im Eingangsbereich, soweit hiervon keine Belästigung oder Gefährdung ausgeht.[186] Zur Zulässigkeit eines **Hausverbots** § 13 Rn 14.

38 **bb) Balkone, Terrassen.** Die Nutzung von Balkonen, Terrassen und Freiflächen (Hof, Garten) muss sich ebenfalls im Rahmen der Zweckbestimmung und des Rücksichtnahmegebots halten. **Rauchen auf dem Balkon** ist daher grundsätzlich zulässig, weil es die sonstigen Bewohner der Wohnung schont.[187] Die Pflicht zur Rücksichtnahme kann jedoch dazu zwingen, sich auf maßvolles Rauchen zu beschränken,[188] insbesondere wenn der Nachbar durch den Rauch erheblich beeinträchtigt wird. Unzulässig ist das Aufstellen von **Futterkästen für Tauben,** welche die Hausfassade verunreinigen, oder das Abbrennen geruchsintensiver **Duftkerzen** auf dem Balkon bzw. auf der Terrasse;[189] ferner das Anbrin-

---

[171] KG NJW-RR 1998, 1385 – 1 Hund/3 Katzen.
[172] OLG Frankfurt NZM 2006, 265; OLG Köln ZMR 1996, 98; OLG Zweibrücken ZMR 1999, 854.
[173] OLG Saarbrücken NZM 1999, 621.
[174] OLG Frankfurt ZMR 2009, 860; iE *Derleder* NJW 2007, 812 ff.; *Flatow* NZM 2007, 432 ff.
[175] Vgl. LG Paderborn NZM 2000, 710; LG Baden-Baden WuM 2001, 603.
[176] AG Hannover NZM 2000, 520; *Flatow* NZM 2007, 432 (435).
[177] OLG Düsseldorf NJW-RR 2003, 1098.
[178] OLG Düsseldorf NJWE-MietR 1996, 250.
[179] AG Köln WuM 1982, 86.
[180] OLG München NZM 2006, 378 = ZMR 2006, 712.
[181] BayObLG WE 1994, 17.
[182] BGH NJW 2007, 146 (147); OLG Hamm 2001, 1006 (1007).
[183] BGH NJW 2007, 146 (147); OLG Düsseldorf ZMR 1984, 161 f.; *Armbrüster* ZWE 2008, 361 (366).
[184] Vgl. AG Hannover NJW 2006, 3359; *Derleder* NZM 2006, 893.
[185] BGH NJW 2007, 146 (147); *Flatow* NZM 2007, 432 (434) – jew. zum Mietrecht.
[186] BGH NJW 2007, 146 (147) m. Bespr. *Flatow* NZM 2007, 432 ff.
[187] AG Bonn NZM 2000, 33.
[188] *Stapel* NZM 2000, 595 (596).
[189] OLG Düsseldorf NJW-RR 2003, 1098.

gen politischer Spruchbänder an der Balkonbrüstung,[190] nicht aber durch das Anbringen von saisonüblichem Adventsschmuck.[191]

cc) Garten, Freifläche. *Zulässig* ist das **Spielen** auf der Rasenfläche[192] oder im Hof[193] und auf der Zufahrt.[194] *Zweckbestimmungswidrig* und nachteilig ist es jedoch, hier einen **Rottweiler** oder anderen **großen Hund** frei herumlaufen zu lassen,[195] eine Grünfläche als **Trampelpfad** zur Straße zu nutzen,[196] **Bäume**[197] oder **Blumenbeete** eigenmächtig zu **entfernen,** auf einer Gemeinschaftsfläche Tische und Stühlen zum **Freiausschank**[198] oder im Garten ein **mobiles Schwimmbecken** mit einem Durchmesser von 3,5 m und einer Höhe von 90 cm[199] aufzustellen. Dagegen ist das **Halten von 20 Edeltauben** auf einer Sondernutzungsfläche und deren Freiflug von täglich bis zu 30 Minuten nicht übermäßig, wenn es im Umfeld eine starke Population von Wildvögeln gibt.[200] 39

Ob im Garten oder auf dem Balkon das **Grillen** uneingeschränkt verboten ist, zeitlich oder örtlich begrenzt erlaubt oder ohne Einschränkungen gestattet werden kann, hängt von den Gegebenheiten des Einzelfalles , insbesondere von Lage und Größe der Örtlichkeit, von der Häufigkeit des Grillens und von der Art des Grillgerätes ab.[201] UU kann ein WEer verlangen, dass ein direkt vor seinem Schlafzimmerfenster befindlicher Grillkamin beseitigt wird.[202] Die Installation von **Leuchten und Bewegungsmeldern** kann im Einzelfall ebenfalls unzulässig sein,[203] wenn von ihnen eine erhebliche Störung ausgeht.[204] Dasselbe gilt für das Aufstellen von **Garten- und Frustzwergen.**[205] 40

Die mit der Benutzung von Freiflächen verbundene Möglichkeit des **Einblicks in einzelne Wohnungen** kann nur dann nach § 1004 BGB und § 15 Abs. 3 abgewehrt werden, wenn die Möglichkeit des Einblicks im Einzelfall missbraucht wird (zB Spanner).[206] Im Übrigen ist es dem SEer zumutbar, sich vor unerwünschten Einblicken durch geeignete **Sichtschutzmaßnahmen** selbst zu schützen.[207]

c) Änderung der Regelung. Durch Beschluss zustande gekommene Gebrauchsregelungen können jederzeit im Wege des Beschlusses aufgehoben oder geändert werden. Dasselbe gilt, soweit eine Gebrauchsregelung durch gerichtliche Entscheidung getroffen ist.[208] 41

---

[190] KG NJW-RR 1988, 846 (847).

[191] LG Düsseldorf NJW-RR 1990, 785.

[192] OLG Frankfurt OLGZ 1992, 53.

[193] BGH NJW 2007, 146 (147).

[194] KG NZM 1998, 633.

[195] OLG Düsseldorf ZMR 2006, 944 (945); OLG Karlsruhe IMR 2008, 253.

[196] OLG Stuttgart NJW-RR 1995, 527.

[197] BayObLG NJWE-MietR 1997, 253.

[198] BayObLG ZMR 2002, 688.

[199] KG NZM 2007, 847.

[200] OLG Frankfurt NZM 2006, 265.

[201] BayObLGZ 1999, 82 = NJW-RR 1999, 957; OLG Düsseldorf, ZMR 1995, 415 = NVwZ 1995, 1034; OLG Frankfurt NZM 2008, 736 = ZWE 2008, 433 m. Anm. *Demharter*; *LG* Essen, ZMR 2002, 597; AG Bonn, NJW-RR 1998, 10; LG Düsseldorf, NJW-RR 1991, 1170.

[202] BayObLG ZMR 2002, 686.

[203] OLG Hamm WuM 1991, 127; LG Wiesbaden NZM 2002, 86 zum Nachbarrecht; aA AG Hamburg ZMR 2002, 870, 871.

[204] Vgl. OLG Karlsruhe NJW 2007, 3443 (3444) zum Nachbarrecht.

[205] AG Essen-Borbeck NJW-RR 2000, 461; *Schmittmann* MDR 2000, 753 mwN; vgl. auch OLG Hamburg NJW 1988, 2052.

[206] Vgl. auch OLG München NZM 2005, 949.

[207] Vgl. OLG Karlsruhe NJW 2007, 3443 (3445) zum Nachbarrecht.

[208] OLG Frankfurt ZMR 2009, 860; Riecke/Schmid/*Abramenko* § 15 Rn 38; Staudinger/*Bub* § 21 Rn 127.

6. Verstoß

42 Ein Verstoß gegen die Pflichten aus Nr. 1 rechtfertigt entweder einen Erfüllungs-, Unterlassungs- oder Beseitigungsanspruch nach § 15 Abs. 3 oder einen dinglichen Anspruch nach §§ 862, 1004 BGB (§ 15 Rn 46). Verletzt der WEer schuldhaft seine Pflicht zu der gebotenen ordnungsmäßigen Nutzung[209] oder zur Instandhaltung, ist er den anderen WEern nach § 280 BGB,[210] evtl. auch nach § 823 BGB zum **Schadensersatz** verpflichtet. Besteht das SE aus einem Reihen- oder Doppelhaus, greift darüber hinaus ggf. auch eine Haftung aus §§ 836, 838 BGB Platz. Auch ein verschuldensunabhängiger **Ausgleichsanspruch analog § 906 Abs. 2 S. 2 BGB** kommt in Betracht (§ 13 Rn 140, 153),[211] so zB wenn am Waschbecken ein Eckventil platzt oder der Zulauf zur Spülmaschine undicht wird und dadurch ein Wasserschaden entsteht. Ein Verstoß gegen die schuldrechtliche Pflicht zum schonenden Gebrauch führt zu einem Unterlassungs- oder Beseitigungsanspruch nach **§ 15 Abs. 3.** Dieser Anspruch besteht allerdings nur zwischen den WEern, nicht auch ggü Mietern. Anders verhält es sich, wenn es sich bei dem Verstoß um einen solchen gegen die zum Inhalt des SEs gewordene Zweckbestimmung des SEs oder GemEs handelt. Hier greifen die in § 13 unter Rn 155 f. beschriebenen Grundsätze. Die Ansprüche stehen den WEern und nicht der WEgem zu. Diese kann die Ausübung jedoch zu einer Angelegenheit der Verwaltung machen, wenn sie gemeinschaftlich geltend zu machen sind (§ 10 Abs. 6 S. 3).

III. Einwirkungspflicht auf Fremdnutzer (Nr. 2)

1. Personenkreis

43 Jeder WEer hat dafür Sorge zu tragen, dass die in Nr. 1 genannten Pflichten auch durch Personen eingehalten werden, die seinem Hausstand oder **Geschäftsbetrieb** angehören, oder denen er sonst die Benutzung der im SE oder ME stehenden Grundstücks- oder Gebäudeteile überlässt. Zum Geschäftsbetrieb gehören die in den Geschäftsräumen beschäftigten Personen (Geschäfts- oder Büroangestellte, Reinigungspersonal). Dem **Hausstand** gehören sämtliche Personen an, die sich mit Einverständnis des WEers ständig oder vorübergehend in dem WE/TE aufhalten,[212] insbesondere Ehegatten, Lebenspartner,[213] Familienangehörige, Pflegekinder, Verlobte oder Haushaltshilfen. Zu den Personen, denen die **Nutzung überlassen** ist, zählen Beherbergungsgäste des WEers, Pächter, **Mieter** und **Untermieter,**[214] aber auch der Erwerber, dem bereits vor Eigentumsübergang die Nutzung der EW gestattet wurde,[215] nicht dagegen Fremdnutzer, die sich den Besitz durch verbotene Eigenmacht verschafft haben oder von einer Behörde zwangsweise eingewiesen wurden.[216]

2. Haftung für Eigenverschulden

44 Die Vorschrift regelt nicht die Verantwortlichkeit für Fremdnutzer, sondern bestimmt nur eine Sorge- und Einwirkungspflicht.[217] Sie verpflichtet den WEer dazu, bei der Überlassung der Nutzung an einen Dritten für die Einhaltung der in Nr. 1 bezeichneten Pflichten zu sorgen, insbesondere keine Verträge abzuschließen, durch den dem **Fremd-**

---

209 BayObLG ZMR 2002, 285 (286).
210 BayObLG ZMR 2002, 285 (286).
211 AA BayObLG NJW-RR 1994, 718.
212 MüKommBGB/*Commichau* Rn 20.
213 OLG Saarbrücken NJW 2008, 80.
214 BayObLG MDR 1970, 586/7 = MDR 1970, 221; BayObLG ZMR 1994, 25.
215 KG NZM 2000, 681 = ZWE 2000, 419.
216 Riecke/Schmid/*Abramenko* Rn 28.
217 BayObLG ZMR 1994, 23 (25); Staudinger/*Kreuzer* Rn 21.

nutzer (Mieter, Pächter, Entleiher) ein gemeinschaftswidriger Gebrauch gestattet wird. Verstößt der Fremdnutzer gegen die Pflicht aus Nr. 1, so ist der WEer zum Einschreiten verpflichtet, ohne dass die Vorschrift die Art und Weise des Vorgehens vorgibt (Abmahnung, Kündigung). Die Einwirkungspflicht besteht den anderen WEern gegenüber und verpflichtet zu jeder Handlung, die im Rahmen des Möglichen und Zumutbaren geeignet und zulässig ist, von dem Nutzer die Einhaltung des Rücksichtnahmegebots aus Nr. 1 zu erreichen.[218] So hat zB ein WEer dafür zu sorgen, dass seine **Mitbewohnerin** (Lebensgefährtin) andere Hausbewohner nicht massiv beleidigt, oder ist der Teileigentümer einer Gaststätte verpflichtet, eine unzumutbare Lärmbelästigung anderer WEer durch den Pächter oder Unterpächter zu unterbinden. Er kann aber nicht verpflichtet werden, das Vertragsverhältnis zu kündigen und notfalls auf Räumung zu klagen; es muss ihm vielmehr selbst überlassen bleiben, auf welche Weise er den geschuldeten Erfolg erreicht.[219] Die Vorschrift ist insoweit eine spezielle Ausprägung der sich aus dem gesetzlichen Schuldverhältnis der WEer untereinander ergebenden **Treuepflicht.** Verletzt der WEer seine Pflicht schuldhaft, so ist er den anderen WEern nach § 280 BGB zum Schadensersatz verpflichtet. Kündigt zB ein gestörter Mieter, so hat der Vermieter Anspruch auf Ersatz des Mietausfallschadens.[220]

3. Haftung für Fremdverschulden

Ob und inwieweit der WEer im Verhältnis zu den übrigen WEern für einen Verstoß des Fremdnutzers gegen das Rücksichtnahmegebot aus Nr. 1 einzustehen hat, richtet sich nach den allgemeinen Vorschriften, nämlich nach **§ 278 BGB,** soweit es um die Verletzung schuldrechtlicher Verpflichtungen geht, und nach **§ 831 BGB** im Übrigen.[221] 45

Der Personenkreis, für den gehaftet wird, ergibt sich zunächst aus der Nr. 2. Es handelt sich um **Fremdnutzer,** denen das WE/TE selbstständig überlassen wird oder die zum **Hausstand** des WEers/TEers gehören (Rn 43). Nicht hierher zählen dagegen Hausierer oder Besetzer, denen die Benutzung nicht überlassen wird. 46

Der Kreis der Erfüllungsgehilfen erschöpft sich jedoch nicht in der in Nr. 2 genannten Personengruppe. Es gelten vielmehr die allgemeinen Grundsätze zu § 278 BGB, wonach auch für den Eigentümer tätig werdende **Dritte,** wie Gäste, Kaufinteressenten, Handwerker, Lieferanten, Frachtführer usw., eingeschlossen sind. Es ist daher Aufgabe des noch eingetragenen WEers, auf den Erwerber seines WEs dahin einzuwirken, dass dieser eine gerichtliche Entscheidung befolgt.[222] 47

Ob und inwieweit der WEer für ein Verschulden seines Erfüllungsgehilfen einzustehen hat, richtet sich danach, ob dieser bei der Erfüllung der dem WEer obliegenden schuldrechtlichen Pflicht tätig wird und sein Verhalten in einem sachlichen Zusammenhang mit der Nutzungsüberlassung steht. Das ist zB bei einem Gebrauch durch den **Fremdnutzer,** welcher der Zweckbestimmung, einer Gebrauchsregelung oder der Pflicht zur Instandhaltung und zum schonenden Gebrauch aus Nr. 1 zuwiderläuft, idR der Fall, uz auch dann, wenn dies mit Einverständnis des WEers geschieht. Denn der WEer kann sich seiner Verantwortung gegenüber den anderen WEern nicht durch Überlassung der EW an Dritte entziehen und sie oder die Gemeinschaft auf deliktsrechtliche Ansprüche gegen den Dritten beschränken. Er haftet daher für den Fremdnutzer nach § 278 BGB,[223] so zB für einen **Wasserschaden,** den sein Mieter schuldhaft verursacht hat.[224] Eine Haftung scheidet nur 48

[218] OLG Schleswig ZMR 2004, 940 (941).

[219] BayObLG NJW-RR 1994, 337.

[220] OLG Saarbrücken NZM 2007, 774 (775).

[221] Weitnauer/*Lüke* Rn 5.

[222] OLG Oldenburg ZMR 1980, 64.

[223] KG ZWE 2002, 529 (530).

[224] AG Frankfurt NJW-RR 1994, 1167; zB wenn er nicht ausreichend heizt und die Gasheizung einfriert: LG Berlin ZMR 2001, 390.

dann aus, wenn zwischen der Betätigung des Fremdnutzers im Rahmen des Pflichtenkreises des WEers und der Pflichtverletzung kein innerer Zusammenhang besteht[225] oder wenn die Verantwortlichkeit des Nutzers für eigenes Verschulden nach §§ 827, 828 BGB ausgeschlossen ist,[226] ihn also kein **Verschulden** trifft.

49 Unabhängig von der Haftung des WEers über Nr. 2 kommt auch eine unmittelbare Inanspruchnahme des Fremdnutzers oder sonstiger Hilfspersonen in Betracht. Hier gelten § 13 Rn 154 f.

50 Neben der schuldrechtlichen Haftung des WEers kann noch eine solche aus unerlaubter Handlung in Betracht kommen, und zwar für Verrichtungsgehilfen nach § 831 (§ 823 ff. BGB), sofern es sich nicht um die Verletzung einer Verpflichtung aus den §§ 10 ff. oder aus der Vereinbarung handelt, sondern um eine allgemeine Verletzung von Rechtsgütern im Sinne des § 823 Abs. 1.[227] Dagegen ist § 14 Nr. 2 **kein Schutzgesetz** im Sinne des § 823 Abs. 2 BGB.[228] Im Übrigen gelten § 13 Rn 143 f.

IV. Duldungspflicht (Nr. 3)

51 Jeder WEer muss nach Nr. 3 die Einwirkungen auf das SE oder das GemE hinnehmen, die auf einen zulässigen Gebrauch durch andere WEer oder die in Nr. 2 genannten Personen – nur das ist der Sinn der Verweisung[229]- zurückgehen. Die Duldungspflicht ist die Komplementärpflicht zu der Pflicht aus Nr. 1 sowie zur zulässigen Rechtsausübung nach § 13. Sie trifft neben dem **WEer** auch den **Fremdnutzer.**[230] Die zu duldenden Einwirkungen sind nicht auf die Immissionen des § 906 BGB beschränkt. Es fallen vielmehr alle **Beeinträchtigungen** des SEs und des GemEs hierunter, die sich **aus** einem **ordnungsmäßigen Gebrauch** anderen SEs und des GemEs ergeben, insbesondere aus der Zweckbestimmung, aus vereinbarten, meist schon in der GemO enthaltenen, Erlaubnissen (zB zu baulichen Veränderungen) und aus dem Rücksichtnahmegebot der Nr. 1. So müssen es zB WEer hinnehmen, dass im Zuge der Ausschachtungsarbeiten für die nach Nr. 1 zustimmungsfreie Verlegung einer unterirdischen Gasleitung der Zugang zu ihrem SE vorübergehend erschwert wird (Rn 25).[231] Schließlich sind auch Einwirkungen zu dulden, auf die ein rechtlicher Anspruch besteht, sei es aus dem gesetzlichen Treueverhältnis oder dem Nachbarrecht. So steht dem beeinträchtigten SEer kein Abwehranspruch zu, wenn ein anderer von seinem in der GemO verankerten Recht Gebrauch macht, zur Abgrenzung des in seinem SE stehenden Tiefgaragenplatzes ein Drahtgitter anzubringen, das für den benachbarten SEer Probleme beim Ein- und Aussteigen mit sich bringt,[232] oder wenn in Zusammenhang mit dem erlaubten Dachgeschossausbau unvermeidbarer Lärm entsteht,[233] oder wenn eine Reparatur des SEs unvermeidlich nur unter Inanspruchnahme der Nachbarwohnung durchgeführt werden kann.[234]

52 Weitere Duldungspflichten ergeben sich in Zusammenhang mit der **Instandhaltung und Instandsetzung des GemE** aus Nr. 4 und für Maßnahmen, die zur Herstellung einer

---

[225] OLG Düsseldorf NJW-RR 1995, 1166.

[226] OLG Düsseldorf NJW-RR 1995, 1165; BayObLG MDR 1970, 587; Palandt/*Heinrichs* § 278 Rn 24.

[227] BayObLG MDR 1970, 586/7.

[228] *Schmid* BlGBW 1982, 44; *ders.* MDR 1987, 894; aA KG NJW-RR 1988, 586 (587); Palandt/*Bassenge* § 14 Rn 10.

[229] Weitnauer/*Lüke* Rn 7.

[230] Palandt/*Bassenge* Rn 12.

[231] OLG München ZMR 2007, 998 (999 f.) = NZM 2008, 320.

[232] BayObLG WuM 2001, 400.

[233] KG ZMR 1998, 369.

[234] OLG Düsseldorf ZMR 2000, 476 (478); Staudinger/*Kreuzer* Rn 28.

Fernsprechteilnehmereinrichtung, einer **Rundfunk- und Fernsehempfangsanlage** oder eines **Energieversorgungsanschlusses** zugunsten eines anderen WEers notwendig werden, aus § 21 Abs. 5 Nr. 6 (s. § 21 Rn 136 ff.).[235] Sind sich die WEer einer aus zwei Wohnungen in einem Doppelhaus bestehenden Wohnanlage über den Anschluss beider Wohnungen an ein Breitbandkabelnetz einig, so ist der WEer, in dessen SE der Breitbandverteilanschluss angebracht ist, verpflichtet, die Verlegung einer Leitung zum SE der anderen Wohnung zu dulden.[236] Entsprechendes gilt für die Duldung einer durch GemE führenden elektrischen Leitung zwecks Anschlusses der Räume des SEs an den Hausanschluss des Stromversorgungsunternehmens.[237]

V. Gestattungspflicht (Nr. 4)

1. Grundlagen

Neben der allgemeinen Duldungspflicht aus Nr. 3 trifft jeden WEer auch noch die Pflicht, das **Betreten** und die **Benutzung** der im SE stehenden Gebäudeteile zu gestatten, soweit dies **zur Instandhaltung und Instandsetzung** des GemEs erforderlich ist. Beide Vorschriften stellen ein Gegenstück zu Nrn. 1 und 2 dar. Zum Ausgleich für die Gestattung ist der hierdurch entstehende Schaden zu ersetzen. Die Vorschrift gewährt insoweit in Korrelation zur jeweiligen Pflicht auch einen Anspruch.[238] 53

Der Katalog der Pflichten ist nicht abschließend geregelt; er kann **durch Vereinbarung** noch **erweitert** werden. Da die Vorschrift jedoch das Grundrecht auf Unverletzlichkeit der Wohnung aus Art. 13 GG berührt, ist immer auch die Bedeutung und Tragweite dieses Grundrechts zu beachten, soweit dessen Schutzbereich berührt ist.[239] Deswegen kann ein über die Vorschrift hinaus gehendes Betretungsrecht des Verwalters wirksam nur für den Fall vereinbart werden, dass ausreichende Anhaltspunkte für die Notwendigkeit von Instandhaltungs- oder Instandsetzungsmaßnahmen vorliegen. Dies gilt auch dann, wenn die Regelung auf den zweimaligen Zutritt pro Jahr beschränkt ist, sofern nicht besondere weitere Voraussetzungen hinzukommen.[240] 54

2. Rechtsnatur der Gestattungspflicht

Schon aus dem Wortlaut der Vorschrift, der im Unterschied zu Nr. 3 nicht von „dulden", sondern von „gestatten" spricht, folgt, dass es sich nicht um eine Duldungspflicht handelt. Andererseits kann es vor dem Hintergrund des Grundrechts auf Unverletzlichkeit der Wohnung (Art. 13 GG) auch nicht darum gehen, das Betreten und die Benutzung des SEs de lege zu gestatten mit der Folge, dass der Zutritt als Besitzstörung keine verbotene Eigenmacht (§ 858 BGB) wäre. Vielmehr ist die Pflicht aus Nr. 4 als eine **Erlaubnispflicht** einzustufen und damit als eine spezielle Ausprägung der mitgliedschaftsrechtlichen Treuepflicht.[241] 55

3. Anwendungsbereich

a) Instandhaltung und Instandsetzung des Gemeinschaftseigentums. Die Vorschrift gilt zunächst für die Inanspruchnahme der im SE stehenden Gebäudeteile, erfasst aber auch die Gebäudeteile und Flächen, die als vereinbarter Inhalt des SEs einem **SNR** 56

---

[235] BayObLG ZMR 2002, 211.
[236] BayObLG NJW-RR 1991, 463.
[237] OLG Hamburg ZMR 1992, 118.
[238] Vgl. iE *v. Rechenberg* ZWE 2005, 47 ff.
[239] Zur mittelbaren Drittwirkung des Grundrechts vgl. BVerfGE 89, 1, 11 = NJW 1993, 2035; BayObLGZ 1996, 146 (148); OLG Zweibrücken NJW-RR 2001, 730; *Lüke* WE 1997, 370 (372).
[240] OLG Zweibrücken NJW-RR 2001, 730.
[241] *v. Rechenberg* ZWE 2005, 47 (48).

unterliegen.[242] Sie betrifft Maßnahmen zur Instandhaltung und Instandsetzung des GemEs und knüpft damit an § 21 Abs. 5 Nr. 2 an, weswegen auf die dortigen Erl. Bezug genommen werden kann. Der Tatbestand erfasst grundsätzlich auch die erforderlichen **Vorbereitungsmaßnahmen** wie zB die Untersuchung, ob Maßnahmen der Instandhaltung oder Instandsetzung überhaupt in Betracht kommen[243] und ggf die Begutachtung durch einen Sachverständigen. Unter den Tatbestand fällt schließlich auch die **Beseitigung** unzulässiger **baulicher Veränderungen.** Bauliche Veränderungen selbst fallen dagegen nicht unter die Vorschrift. Zu ihrer Durchführung braucht der WEer das Betreten und Benutzen des SEs nur zu gestatten, wenn er der Maßnahme zugestimmt hat.[244]

57 **b) Andere Tatbestände.** Nicht unter den Tatbestand der Instandhaltung und Instandsetzung fallen der **Einbau** oder die **Benutzung** von ständigen Einrichtungen wie **Verbrauchszählern** oder **Absperrvorrichtungen** zur Realisierung einer beschlossenen **Versorgungssperre.**[245] Jedoch findet die Vorschrift **entsprechende Anwendung,** weil der in ihr zum Ausdruck gebrachte spezielle Treuegedanke auch für diese Tatbestände gilt und einen Rekurs auf die allgemeine Treuepflicht erübrigt. Das gilt auch für die „große Versorgungssperre", wenn die Aufrechterhaltung der Versorgung wegen der desolaten Wirtschaftslage der WEgem[246] unzumutbar ist. Wenn das Anbringen von Absperrvorrichtungen keine § 22 Abs. 1 unterfallende bauliche Veränderung darstellt, sondern als Maßnahme ordnungsmäßiger Verwaltung nach § 21 Abs. 3 auch gegen den Willen der betroffenen WEer beschlossen werden kann,[247] müssen diese ggf auch einen hierzu erforderlichen Zutritt ebenso gestatten wie für eine Instandsetzung des GemEs. Für das **Ablesen des Zählers** bzw. eine bloße Betätigung des Absperrventils kann per argumentum a maiore ad minus nichts anderes gelten.

58 Die Vorschrift ist wegen des in ihr zum Ausdruck gebrachten speziellen Treuegedankens darüber hinaus auch dann entsprechend anwendbar, wenn der Zutritt erforderlich ist

- zur Herstellung der in **§ 21 Abs. 5 Nr. 6** genannten Einrichtungen und Anlagen,
- zur **Vermessung** der Wohn-/Nutzfläche auf Grund einer Änderung des geltenden Kostenverteilungsschlüssels,[248]
- zur Instandhaltung und Instandsetzung von Teilen des **benachbarten fremden SEs**[249] oder
- zum erlaubten **Ausbau** des Dachgeschosses.[250]

4. Betreten und Benutzen des Sondereigentums

59 Gestattet werden müssen das Betreten und das Benutzen des SEs. Entsprechendes gilt für die mit einem **SNR** belegten Gebäudeteile oder Gemeinschaftsflächen.[251] Während das **Betreten** den bloßen Zugang zum GemE meint, umfasst die **Benutzung** die darüber hinaus gehende Inanspruchnahme der dem Alleinnutzungsrecht des WEers unterliegenden Gebäudeteile oder Flächen unter Einschluss der Substanzverletzung.[252] Gestattungspflichtig ist also nicht nur das Betreten, um zB gemeinschaftliche Einrichtungen zu warten oder zu

[242] OLG Düsseldorf ZMR 2006, 459 (460).
[243] BayObLGZ 1996, 146 (148) = NJWE-MietR 1996, 229; ZMR 2004, 762; OLG München NJW-RR 2006, 1022 (1023).
[244] Staudinger/*Kreuzer* Rn 38.
[245] *v. Rechenberg* ZWE 2005, 47 (49); aA *Armbrüster* WE 1999, 14 (17); *Gaier* ZWE 2004, 109 (116) mwN.
[246] AG Gladbeck ZMR 2007, 734 (735).
[247] Vgl. BGHZ 156, 192, 201 – Kaltwasserzähler; *Gaier* ZWE 2004, 109 (116).
[248] *v. Rechenberg* ZWE 2005, 47 (50).
[249] BayObLGZ 1977, 313; *v. Rechenberg* ZWE 2005, 47 (50).
[250] KG ZMR 1998, 369; Riecke/Schmid/*Abramenko* Rn 36.
[251] OLG Düsseldorf ZMR 2006, 459 (460).
[252] BayObLG ZMR 2004, 762.

reparieren,[253] oder das Aufstellen von Geräten oder Gerüsten,[254] sondern jede zur Instandhaltung oder Instandsetzung erforderliche substantielle **Einwirkung auf das SE,**[255] die den status quo der Sache verändert. Die Einwirkung kann bestehen in Zerstörung, Beschädigung, Veränderung oder Gebrauch, wie die Zerstörung des Bodenbelags bei einer Balkon- oder Terrassensanierung,[256] der **Wand- oder Deckenaufbruch** zur Reparatur eines undichten Leitungsrohrs oder zur Verlängerung einer Leitung zum Anschluss für ein WE.[257]

5. Erforderlichkeit

Die Gestattungspflicht besteht nur, soweit das Betreten und die Benutzung zur Instandhaltung oder Instandsetzung erforderlich sind. **Erforderlich** muss unter der gebotenen Berücksichtigung von Art. 13 GG[258] sowohl das Betreten und Benutzen sein als auch deren Zweck. Deswegen ist erforderlich nicht, was bloß der Erleichterung der Durchführung von Maßnahmen dient. 60

Ob der WEer das Betreten und die Nutzung des SEs gestatten muss oder die erforderlichen Arbeiten auf einem anderen Wege wie zB über ein Außengerüst durchgeführt werden können, ist im Einzelfall durch die **Abwägung der Interessen** des SEers mit denen der Gemeinschaft unter Berücksichtigung der verschiedenen Instandsetzungsmöglichkeiten zu entscheiden.[259] Dabei kommt es auch darauf an, ob ein mit dem anderen Weg verbundener Kostenaufwand der WEgem im Vergleich zu dem Aufwand für den WEer noch zuzumuten ist, wenn ein Eingriff in die Bausubstanz des SEs nicht erforderlich ist oder mit nur geringen Eingriffen durchgeführt werden kann. 61

Ob das Betreten und Benutzen zur Instandhaltung oder Instandsetzung erforderlich ist, hängt davon ab, ob hinreichend **tatsächliche Anhaltspunkte** für die Notwendigkeit einer entsprechenden Maßnahme vorliegen.[260] Denn im Hinblick auf Art. 13 GG sind an die Voraussetzungen, unter denen eine Verpflichtung iSd § 14 Nr. 4 WEG bejaht werden kann, strenge Anforderungen zu stellen. Dies gilt in besonderem Maße dann, wenn es nur um die Feststellung geht, ob Maßnahmen zur Instandhaltung oder Instandsetzung in Betracht kommen.[261] Ob ausreichende Anhaltspunkte vorliegen, unterliegt im Einzelfall der tatrichterlichen Beurteilung. Sind zB an allen anderen Terrassen **Abdichtungsmängel** aufgetreten, die saniert werden mussten, so muss der WEer die Untersuchung seiner Terrasse durch einen Sachverständigen auch dann gestatten, wenn in den letzten zwei Jahren es in der darunter liegenden Wohnung zu Feuchtigkeitsschäden nicht gekommen ist.[262] Ebenso reicht es aus, dass der Zustand der wasserzuführenden oder -abführenden Rohre in der zur Wohnung gehörenden Wand nach Zeugenaussagen und einem Untersuchungsbefund der Wasserwerke eine mögliche Ursache für die Feuchtigkeitsschäden in einer anderen Wohnung sein *können.*[263] 62

---

[253] HansOLG Hamburg ZMR 2001, 999 (1000).

[254] OLG Düsseldorf ZMR 2006, 459 (460).

[255] BayObLG ZMR 2004, 762; HansOLG Hamburg ZMR 2003, 131 (133); KG NJW-RR 1986, 696.

[256] BayObLG ZMR 2004, 762.

[257] BayObLG ZfIR 1999, 927 (929); OLG Hamburg ZMR 1992, 118.

[258] BayObLG WE 1997, 114 (115); HansOLG Hamburg ZMR 2000, 479 (480); OLG Zweibrücken ZMR 2001, 308 m. Anm. *J.-H. Schmidt.*

[259] BayObLG WE 1996, 152 (153); *Lüke* WE 1997, 370 (372).

[260] BayObLG ZMR 2004, 762; HansOLG Hamburg ZMR 2000, 479 (480); OLG München NJW-RR 2006, 1022 = NZM 2006, 635.

[261] BayObLGZ 1996, 146 (148) = NJWE-MietR 1996, 229; OLG München NJW-RR 2006, 1022.

[262] BayObLG ZMR 2004, 762.

[263] HansOLG Hamburg ZMR 2000, 479 (480).

63 Dagegen ist die bloße Tatsache, dass ein Dach etwa 40 Jahre alt ist und bereits Schäden aufweist, ohne weitere Feststellungen zur Bauweise, zum verwendeten Material und zum derzeitigen Erhaltungszustand als nicht ausreichend angesehen worden.[264] Eine solche Sicht überspannt jedoch die Anforderungen an das, was als Anhaltspunkt ausreicht, um einen Zugang zwecks Untersuchung gestatten zu müssen. Andererseits muss das Betreten zu reinen **Routinekontrollen** oder zur regelmäßigen Beobachtung einer Störungsmeldeanlage[265] nicht gestattet werden.[266] Auch eine Regelung in der GemO, die dem Verwalter erlaubt, eine Wohnung ohne sachlichen Grund zu Kontrollzwecken zu betreten, ist selbst dann nicht mit Art. 13 GG vereinbar, wenn das Betretungsrecht zeitlich auf zwei Termine pro Jahr beschränkt ist.[267]

64 Da zur Instandsetzung auch die **Beseitigung unerlaubter baulicher Veränderungen** gehört, müssen auch hierfür ausreichende Anhaltspunkte vorliegen, um die erforderlichen Feststellungen treffen zu können.

6. Gestattung

65 Die Pflicht aus Nr. 4 ist auf die Gestattung beschränkt. Die Vorschrift begründet **keine Handlungspflicht.** Der WEer ist daher nicht verpflichtet, bei den Arbeiten nach Kräften mitzuhelfen und zB alle Gegenstände zu entfernen, welche einer Instandhaltung oder Instandsetzung im Wege stehen.[268] Im Hinblick auf seine Treuepflicht ist er lediglich gehalten, **zumutbare Hilfestellungen** nicht zu verweigern.[269] Zeitpunkt und ungefähre Dauer des Gestattenmüssens sind dem WEer rechtzeitig bekannt zu geben. Drei Tage sind im Normalfall zu kurz, eine Woche in der Regel ausreichend.[270] Der Zeitraum bestimmt sich nach den üblichen Arbeitszeiten an Werktagen,[271] die Dauer nach dem Umfang der anstehenden Maßnahmen. Sind bei deren Durchführung erhebliche Beschädigungen des SEs zu erwarten, kann der pflichtige WEer die Gestattung der Eingriffe von einer vorherigen Sicherheitsleistung abhängig machen,[272] es sei denn, der Ersatz seines Schadens ist durch die vorhandene Rücklage oder eine erhobene Sonderumlage finanziell gesichert.[273]

7. Rechtliche Durchsetzung

66 Der Gestattungsanspruch steht wie der Duldungsanspruch aus Nr. 3 den (übrigen) WEern zu,[274] kann aber nur von der **WEgem** als Rechtssubjekt geltend gemacht werden (geborene Ausübungsbefugnis). Die Ausübung erfolgt durch entsprechende Beschlussfassung, an der auch der betroffene SEer zu beteiligen ist.[275]

67 Der Anspruch richtet sich **gegen** sowohl gegen den betroffenen **WEer** als auch gegen den Inhaber eines dinglichen Wohnrechts[276] oder gegen den **Fremdnutzer (Mieter),**[277] weil dieser gegenüber den anderen WEern keine stärkere Rechtsposition hat als der

---

[264] OLG München NJW-RR 2006, 1022.
[265] BayObLG WE 1992, 87.
[266] AA Weitnauer/*Lüke* Rn 8.
[267] OLG Zweibrücken NJW-RR 2001, 730; OLG München NJW-RR 2006, 1022.
[268] BayObLG WE 1996, 152 (153) – Blumentröge.
[269] *Lüke* ZWE 1997, 370 (372); v. *Rechenberg* ZWE 2005, 47 (52).
[270] *v. Rechenberg* ZWE 2005, 47 (52).
[271] *v. Rechenberg* ZWE 2005, 47 (52).
[272] KG NJW-RR 1986, 696; krit. *Lüke* WE 1997, 370 (375).
[273] *v. Rechenberg* ZWE 2005, 47 (52).
[274] *Lüke* WE 1997, 370 (372).
[275] *Lüke* WE 1997, 370 (374).
[276] AA LG Berlin NZM 2008, 531.
[277] Palandt/*Bassenge* Rn 13; aA KG ZMR 2006, 379; *v. Rechenberg* ZWE 2005, 47 (52); Niedenführ/*Kümmel*/Vandenhouten Rn 32.

nutzungsüberlassende WEer. Haben also die WEer zur Durchsetzung von Wohngeldrückständen eine **Versorgungssperre** beschlossen,[278] so richtet sich der Gestattungsanspruch ebenso gegen den Wohnberechtigten oder einen Mieter,[279] Insoweit gelten die von dem BGH zur Durchsetzung eines Beseitigungsanspruchs ggü dem Mieter entwickelten Grundsätze[280] entsprechend. Der Anspruch kann ohne entsprechende Ermächtigung durch die Gemeinschaft nicht von einem einzelnen WEer gegen einen anderen verfolgt werden.[281] Der **Verwalter** darf für die WEgem nach § 27 Abs. 3 Nr. 2 die laufenden Maßnahmen treffen. Dazu gehört auch die rechtzeitige Ankündigung des Termins und der Dauer des benötigten Zugangs zum GemE. Verweigert der WEer den Zugang, so ist der Verwalter in dringenden Fällen nach § 27 Abs. 3 Nr. 4 iVm Abs. 1 Nr. 3 berechtigt, in dem Verfahren nach § 43 Nr. 1 eine **einstweilige Verfügung** zu erwirken; in den übrigen Fällen benötigt er für die Vertretung der Gemeinschaft in dem Rechtsstreit auf Gestattung des Zugangs nach § 27 Abs. 3 Nr. 7 eine Ermächtigung.

Die Pflicht zur Gestattung erstreckt sich auch auf den **Kreis der zutrittsberechtigten Personen.** Hierzu gehören der Verwalter, ggf. der Sachverständige und die beauftragten Handwerker, nicht dagegen andere WEer oder der Verwaltungsbeirat ohne Mandat.[282] Die Gestattungspflicht ergibt sich nicht schon aus einem unangefochtenen Beschluss über die Durchführung der Maßnahme, sondern aus dem Gesetz.[283] Da es sich hierbei um einen Spezialtatbestand der allgemeinen Treuepflicht der WEer untereinander handelt, kann eine **schuldhafte Verletzung** der Pflicht zu einer Schadensersatzpflicht nach § 280 BGB führen.[284] Der WEer muss aber für einen Rechtsirrtum über das Gestattenmüssen nur einstehen, wenn er fahrlässig gehandelt hat. Muss er mit einer abweichenden Beurteilung durch das zuständige Gericht ernsthaft rechnen, handelt er allerdings auch dann schuldhaft, wenn er seine eigene Rechtsansicht sorgfältig gebildet hat. 68

Verweigert der **WEer** und/oder Mieter den Zugang, so muss die WEgem gegen ihn in einem Verfahren nach § 43 Nr. 1 einen **Duldungstitel** erwirken. Der Duldungstitel gegen den Vermieter berechtigt nicht zur Zwangsvollstreckung gegen den Mieter. Ist die Duldung tituliert, bedarf die Öffnung der EW durch den Gerichtsvollzieher keiner weiteren gerichtlichen Ermächtigung.[285] Geht es um die Durchsetzung einer **Versorgungssperre** in den Räumen des Mieters, so hat das Prozessgericht auch zu prüfen, ob die tatsächlichen Voraussetzungen des Zurückbehaltungsrechts und der Verhältnismäßigkeit der Maßnahme vorliegen.[286] Der Titel berechtigt zur Öffnung der Wohnung durch den Gerichtsvollzieher.[287] 69

Der Duldungstitel ist **nach § 890 ZPO zu vollstrecken** ist. Dass der Vollstreckungsschuldner die Tür zu öffnen und ggf kleinere Hilfestellungen zu leisten hat, steht dem nicht entgegen.[288] Denn die Verurteilung zu einer Duldung kann auch die nach § 890 ZPO vollstreckbare Verpflichtung zu einem positiven Tun enthalten, selbst wenn dies im Urteil nicht ausdrücklich ausgesprochen worden ist. Dies ist insbesondere dann der Fall, wenn der Schuldner der Pflicht, etwas zu unterlassen, nur dadurch gerecht werden kann, dass er 70

[278] BGH NZM 2005, 626 (627).

[279] Ebenso *Briesemeister* ZMR 2007, 661 (663); *Scholz* NZM 2008, 385 (390); aA *Gaier* ZWE 2004, 109 (116); *Hogenschurz* ZfIR 2005, 762 (763); *Suilmann* ZWE 2001, 476 (477).

[280] BGH NJW 2007, 432 (433) Rn 18.

[281] KG NJW-RR 1986, 696.

[282] *v. Rechenberg* ZWE 2005, 47 (53).

[283] *Wenzel* NZM 2004, 542 (543); *v. Rechenberg* ZWE 2005, 47 (52); aA BayObLG NJW-RR 2004, 1382.

[284] Weitnauer/*Lüke* Rn 10.

[285] BGH NZM 2006, 863.

[286] OLG München NZM 2005, 304.

[287] BGH NZM 2008, 863.

[288] AA *v. Rechenberg* ZWE 2005, 47 (58): Parallele Anwendung von §§ 887, 890 ZPO.

neben der Unterlassung auch positive Handlungen vornimmt, die notwendig sind, um das Betreten und die Nutzung des SEs zu ermöglichen.[289]

71 Ist das SE vermietet, richtet sich die Vollstreckung **gegen den Vermieter** nach § 888 ZPO. Verweigert der **Mieter** den Zugang, so muss die WEgem gegen ihn einen Duldungstitel erwirken, der ebenfalls nach § 890 ZPO zu vollstrecken ist. Einer weitergehenden, speziellen richterlichen Anordnung, wie sie bei Durchsuchungen iSd Art. 13 Abs. 2 GG, §§ 758, 758 a ZPO im Hinblick auf die dort betroffene Geheimsphäre erforderlich ist, bedarf es nicht.[290]

VI. Entschädigungsanspruch (Nr. 4)

1. Rechtsnatur

72 Ist durch das erforderliche Betreten und die Nutzung des SEs ein Schaden entstanden, so ist er zu ersetzen. Entgegen dem Wortlaut handelt es sich nicht um einen Schadensersatzanspruch[291] im eigentlichen Sinn, weil der Anspruch weder eine rechtswidrige Verletzungshandlung noch ein Verschulden voraussetzt. Er ist dem Anspruch aus § 904 Satz 2 BGB nachempfunden und stellt einen Spezialtatbestand des verschuldensunabhängigen **Aufopferungsentschädigungsanspruchs** dar,[292] was allerdings seiner versicherungsrechtlichen Einordnung als Schadensersatzanspruch iSd § 1 AHB nicht entgegensteht.[293] Hiervon zu trennen sind der nachbarrechtliche Ausgleichsanspruch entsprechend § 906 Abs. 2 S. 1 BGB bei positiven Immissionen (vgl. Rn 42, § 13 Rn 140, 154 f.) und der ebenfalls verschuldensunabhängige gemeinschaftsrechtliche Ausgleichsanspruch bei negativen Immissionen (Rn 80). Ist die Einwirkung verschuldet, finden die Grundsätze der unerlaubten Handlung nach §§ 823 f. BGB oder der schuldrechtlichen Haftung aus § 280 BGB Anwendung.

2. Voraussetzungen

73 Der Anspruch setzt voraus, dass der **SEer** oder **Sondernutzungsberechtigte**[294] durch das Betreten und die Benutzung der im SE stehenden oder einem SNR unterliegenden Gebäudeteile und Flächen und der zur Instandsetzung und Instandhaltung des GemEs erforderlichen substantiellen Einwirkung auf das SE (Rn 59) **adaequat kausal** einen **Schaden** erlitten hat. Die Vorschrift gilt daher nicht für Schäden am GemE, die der SEer nicht zu tragen hat, oder für Schäden, die der SEer durch Baumaßnahmen bei einem anderen SEer verursacht hat.[295] Sie gibt auch keinen Anspruch auf die Erstattung von Gutachter- und Rechtsanwaltskosten eines gegen den Willen der WEer eingeleiteten selbstständigen Beweisverfahrens zur Mangelfeststellung[296] oder auf Wiederherstellung einer unerlaubt vorgenommenen baulichen Veränderung am GemE,[297] erst recht nicht auf Kosten der Gemeinschaft.[298] Der Umstand, dass der rechtswidrige Bauzustand von den übrigen WEern bisher hingenommen wurde, begründet selbst dann keinen Anspruch auf Wieder-

---

289 Vgl. BGH NZBau 2007, 303.

290 BGH NJW 2006, 3352 (3353) = NZM 2006, 863.

291 AA HansOLG Hamburg ZMR 2003, 131 (134).

292 BGHZ 153, 182 (187) = NJW 2003, 826; BayObLGZ 1987, 50; KG ZMR 1998, 369; Staudinger/*Kreuzer* Rn 41; Weitnauer/*Lüke* Rn 8; *Gottschalg* FachV 1 (1996), 29 (30); *v. Rechenberg* ZWE 2005, 47 (49).

293 BGHZ 153, 182 (187).

294 OLG Düsseldorf ZMR 2006, 459 (460).

295 Vgl. KG ZMR 1998, 369.

296 OLG Frankfurt ZMR 2009, 383 (384) = ZWE 2009, 123 m. Anm. *Gottschalg*.

297 HansOLG Hamburg ZMR 2002, 451 (452); aA *v. Rechenberg* ZWE 2005, 47 (56).

298 AA *J.-H. Schmidt* ZMR 2001, 925.

herstellung des alten Zustands, wenn der Beseitigungsanspruch verwirkt war. Bestimmt die GemO, dass der WEer bestimmte Bauteile, wie zB die Fenster, auf eigene Kosten instand zu halten hat, so ist damit auch der Anspruch aus Nr. 4 abbedungen, sofern der Schaden bei ordnungsmäßiger Instandhaltung nicht entstanden wäre.[299]

3. Anspruchsinhaber und Anspruchsgegner

Anspruchsberechtigt ist der geschädigte **SEer.** Ist ein **SNR** betroffen, so ist zu differenzieren. Ist der Schaden am Eigentum des Nutzungsberechtigten, zB an Pflanzen einer Vorgartenfläche (§ 95 BGB), entstanden, so ist der Nutzungsberechtigte in entsprechender Anwendung von Halbsatz 2 auch anspruchsberechtigt.[300] Entsprechendes gilt für den Mieter.[301] Ist der Schaden an Gebäudeteilen oder Flächen eingetreten, die im GemE stehen, so ist der Sondernsnutzungsberechtigte nur anspruchsberechtigt, wenn er auch die Kosten der Instandhaltung und Instandsetzung zu tragen hat. Ist das nicht der Fall, kommt die Vorschrift nicht zum Tragen, weil es sich um einen Schaden am GemE handelt, für den die WEer nach § 16 Abs. 2 aufzukommen haben. 74

Entschädigungspflichtig sind alle **WEer.** Da es sich jedoch um eine gemeinschaftsbezogene Ersatzpflicht handelt, hinsichtlich derer der WEgem eine geborene Wahrnehmungsbefugnis zusteht (§ 10 Rn 260), ist **Anspruchsgegner** allein die rechtsfähige **WEgem.**[302] 75

4. Anspruchsumfang

Der Anspruch geht auf Schadloshaltung entsprechend den Regeln der §§ 249 ff. BGB,[303] wobei im Unterschied zum Deliktsrecht auch geringere Beeinträchtigungen ersatzfähig sein können.[304] Es dürfen dem SEer keine unmittelbaren finanziellen Nachteile aus der Durchführung der Arbeiten zur Last fallen. Dem **Umfang** nach zu ersetzen ist der **unmittelbare** (Substanzschaden[305]) und der **mittelbare Schaden** im SE. Hierzu zählen der Mietausfall, etwa wegen Mietminderung während der Instandsetzungsarbeiten,[306] der Nutzungsausfall der selbst genutzten und für die eigene Lebensführung wesentlichen Wohnung bei nachhaltiger, die Anmietung einer Ersatzwohnung rechtfertigender Störung,[307] der Verlust des vertraglich eingeräumten Nutzungsrechts an einer Wohnung,[308] die Kosten einer Ersatzunterkunft,[309] der Verdienstausfall, soweit er nicht auf ein ungewöhnliche Reaktion zurückgeht[310] oder durch Freizeitarbeit bzw. Nachbarhilfe hätte vermieden werden können,[311] angefallene Räumungs- Transport- und Lagerkosten[312] oder Vorsorgekosten,[313] 76

---

[299] OLG Schleswig NZM 2007, 46 (47) = NJW-RR 2007, 448.

[300] OLG Düsseldorf ZMR 2006, 459 (460).

[301] Vgl. BGHZ 70, 212 (220); 147, 45 (50); 155, 99 (101).

[302] Palandt/*Bassenge* Rn 15; Niedenführ/*Kümmel*/Vandenhouten Rn 48; Riecke/Schmid/*Abramenko* Rn 39; aA unausgesprochen OLG Frankfurt NZM 2007, 251 (252) = ZMR 2006, 625 (626) m. Anm. *Elzer* u. OLG Düsseldorf ZMR 2006, 459 f.

[303] KG ZMR 2000, 335 = NZM 2000, 284.

[304] BGH NJW 1993, 1793 (1794).

[305] BayObLG ZMR 1987, 227.

[306] BGHZ 153, 182 (187) = NJW 2003, 826; OLG Frankfurt NZM 2007, 251 (252) = ZMR 2006, 625 (626).

[307] Vgl. BGH NJW 1993, 1793 (1794); KG ZMR 1998, 369 (370).

[308] Vgl. BGH NJW 1993, 1793 (1794).

[309] BGHZ 153, 182 (187) = NJW 2003, 826.

[310] KG ZMR 2000, 335 = NZM 2000, 284: Verdienstausfall zur Beaufsichtigung der Handwerker ist nicht ersatzfähig.

[311] KG KGReport 2000, 115.

[312] BGHZ 153, 182 (187) = NJW 2003, 826.

[313] BayObLG ZMR 1994, 420 (422).

jeweils unter Berücksichtigung eines etwaigen Mitverschuldens.[314] Der WEer kann auch ordnungsgemäße Wiederherstellung beanspruchen,[315] ggf den Marktwert der eigenen Arbeitsleistung ersetzt verlangen.[316] Nicht ersatzfähig sind dagegen durch zumutbare Umdispositionen auffangbare Beeinträchtigungen des Gebrauchs einer Wohnung,[317] wie zB die Nichtnutzbarkeit von Nebenräumen, im Unterschied zu der vorübergehenden Vorenthaltung des Gebrauchs der Wohnung.[318] Nicht ersatzfähig ist auch der Nutzungsverlust der Terrasse, des Garten und der Garage.[319]

77 Rechtsgrund, Umfang und Höhe des Anspruchs können durch **Vereinbarung** oder durch Mehrheitsbeschluss nach § 16 Abs. 3 abweichend von den gesetzlichen Bestimmungen der im Grundsatz anwendbaren §§ 249 ff. BGB geregelt werden, weil es sich um **Kosten der Verwaltung** handelt (§ 16 Abs. 7),[320] so dass auch der betroffene WEer seinen Anteil an dem Schaden tragen muss[321] und die auf ihn entfallende Kostenverteilungsquote auf die Ersatzleistung anzurechnen ist.[322]

78 Die WEgem ist auch dann ersatzpflichtig, wenn der Schaden am GemE entsteht, für das dem WEer in der GemO die Instandhaltung und Instandsetzung auferlegt worden ist. Der Aufopferungsanspruch kann in diesem Fall aber ausgeschlossen sein, wenn es dem WEer zumutbar war, den Schaden durch geeignete Maßnahmen abzuwenden.[323]

5. Aufrechnungsverbot

79 Die Forderung aus § 14 Nr. 4 unterfällt idR dem Verbot der Aufrechnung mit Gemeinschaftsforderungen, auch wenn diese ihren Rechtsgrund in einem Sonderumlagenbeschluss für die Maßnahme haben, aus der der Entschädigungsanspruch hergeleitet wird.[324]

6. Gemeinschaftsrechtlicher Ausgleichsanspruch

80 Absatz 4 findet nach hM auch auf Gebäudeteile Anwendung, an denen ein **SNR** besteht (Rn 73). Dies ergibt sich bereits aus einer teleologischen Auslegung der Vorschrift, so dass es insoweit einer analogen Anwendung nicht bedarf. Fraglich ist, ob eine entsprechende Anwendung dann in Betracht kommt, wenn notwendige duldungspflichtige Maßnahmen zur Instandhaltung und Instandsetzung des GemEs, die ein Betreten oder Benutzen des SEs nicht erfordern, zu einem Schaden bei dem SEer führen. Dies ist für **„positive" Einwirkungen,** wie etwa Grobimmissionen (sturmbedingt herabfallende Teile eines zur Sanierung erforderlichen Gerüsts zerstören den im SE stehenden Balkonbelag) oder andere Immissionen iSd § 906 Abs. 1 BGB (Geräusche, Rauch etc.) zu bejahen, sofern sie über das „unvermeidliche Maß" (Nr. 1) hinausgehen. Da für das Verhältnis der WEer untereinander insoweit weitergehendere Rücksichtnahmepflichten gelten als im Nachbarecht (§ 13 Rn 42), kommt hier nur eine Analogie zu Abs. 4 in Betracht und nicht eine solche zu § 906 Abs. 2 S. 1 BGB. Etwaige durch Instandsetzungsarbeiten verursachte **negative oder**

---

[314] Vgl. OLG Celle ZMR 2004, 363 (365); iE *v. Rechenberg* ZWE 2005, 47 (54 f.).

[315] BayObLG ZMR 1987, 227; OLG Köln WE 1997, 199; OLG Schleswig NJW-RR 2007, 448 (449) = NZM 2007, 46.

[316] KG ZMR 2000, 335 = NZM 2000, 284.

[317] KG ZfIR 1998, 308.

[318] Vgl. BGH NJW 1993, 1793 (1794).

[319] Vgl. BGH NJW 1993, 1793 (1794).; aA BayObLG ZMR 1994, 420 (422) für Garten u. Terrasse.

[320] AA Niedenführ/*Kümmel*/Vandenhouten Rn 49: § 16 Abs. 4.

[321] OLG Schleswig NJW-RR 2007, 448 (449) = NZM 2007, 46.

[322] OLG Düsseldorf ZMR 1995, 86; KG WE 1994, 51.

[323] OLG Schleswig NJW-RR 2007, 448 (449) = NZM 2007, 46; aA Niedenführ/*Kümmel*/Vandenhouten Rn 65: Der Ersatzanspruch ist abbedungen.

[324] OLG München NZM 2007, 335 = ZMR 2007, 397; aA *v. Rechenberg* ZWE 2005, 47 (54).

ideelle Immissionen (Rn 6) sind dagegen idR hinzunehmen. Sie fallen schon nicht unter die allgemeinen Regelungen der §§ 904, 906 BGB, sondern sind im Nachbarrecht allenfalls unter dem Gesichtspunkt des nachbarlichen Gemeinschaftsverhältnisses ersatzpflichtig.[325] Dies lässt sich aber nicht auf das Verhältnis von SE zu GemE übertragen. Hier enthält vielmehr § 14 Nr. 4 einen Spezialtatbestand, der durch die Voraussetzungen „Betreten" und „Benutzung" ausschließlich auf die zur Instandhaltung erforderlichen positiven Einwirkungen abstellt. Wird also zB die Fensterfassade zur Sanierung verhängt und mindert der Mieter deswegen die Miete, so kann der Vermieter den Mietausfall nicht von der WEgem ersetzt verlangen.

§ 15 Gebrauchsregelung

(1) **Die Wohnungseigentümer können den Gebrauch des Sondereigentums und des gemeinschaftlichen Eigentums durch Vereinbarung regeln.**

(2) **Soweit nicht eine Vereinbarung nach Absatz 1 entgegensteht, können die Wohnungseigentümer durch Stimmenmehrheit einen der Beschaffenheit der im Sondereigentum stehenden Gebäudeteile und des gemeinschaftlichen Eigentums entsprechenden ordnungsmäßigen Gebrauch beschließen.**

(3) **Jeder Wohnungseigentümer kann einen Gebrauch der im Sondereigentum stehenden Gebäudeteile und des gemeinschaftlichen Eigentums verlangen, der dem Gesetz, den Vereinbarungen und Beschlüssen und, soweit sich die Regelung hieraus nicht ergibt, dem Interesse der Gesamtheit der Wohnungseigentümer nach billigem Ermessen entspricht.**

Übersicht

Literatur: *Armbrüster,* Kollision zwischen Gemeinschaftsordnung und Mietvertrag, ZWE 2004, 217; *Bielefeld,* Die Hausordnung für Wohnungseigentümer, DWE 1994, 7, 97, 133; 1995, 6; *ders.,* Garten und Gartennutzung in Wohnungseigentumsanlagen, DWE 1995, 51; *Elzer,* Die Hausordnung einer Wohnungseigentumsanlage, ZMR 2006, 733 f.; *Hügel,* Benutzungsregelungen nach § 15 WEG für Doppelparker, ZWE 2002, 42; *Huff,* Die Benutzungsregelung am Sondereigentum, „Duplex-Garage", WE 1996, 134; *ders.,* Grenzen der Videoüberwachung in der Wohnungseigentumsanlage, NZM 2002,

[325] Vgl. BGHZ 113, 384 (390 f.); BGH NJW-RR 2003, 1313 = NZM 2003, 727.

688; *Kahlen,* Gebrauch im Sinne des § 15 WEG – Abgrenzung zur baulichen Veränderung, Grundeigentum 1989, 858, 862, 867; *ders.,* Muss ein Kabel-Fernsehanschluss in der Eigentumswohnung geduldet werden? BlGBW 1983, 8; *ders.,* Schneeräum- und Streupflicht durch Mehrheitsbeschluss?, Grundeigentum 1988, 67; *Keuter,* Die Hausordnung – Ein Brennpunkt der Verwaltungspraxis, FS Deckert, 2002, 199; *Köhler,* Wohnraumüberlassung durch die Gemeinschaft an den Hausmeister, WE 1999, 55; *Kreuzer,* Vermietung gemeinschaftlichen Eigentums, ZWE 2004, 204; *Kümmel,* Der einstimmige Beschluss als Regelungsinstrument der Wohnungseigentümer, ZWE 2001, 52; *Merle,* Ermessensentscheidungen des Gerichts, ZWE 2008, 9; *Müller,* Instandhaltung und bauliche Veränderungen, WE 1993, 203; *Noack,* Die Veräußerung von Pkw-Abstellplätzen Rpfleger 1976, 193; *Ott,* Gebrauchsregelung, WE 1998, 179; *ders.,* Zur Belastung eines Wohnungseigentums mit einer Dienstbarkeit, deren Ausübungsbereich sich ausschließlich auf ein Sondernutzungsrecht bezieht, DNotZ 1998, 128; *Reichert,* Das Hausrecht in Wohnungseigentumsanlagen, ZWE 2009, 289; *Riecke,* Zu den Konsequenzen einer im Grundbuch eingetragenen Gebrauchsregelung für spätere Teileigentümer, MDR 1998, 1157; *Schmack/Kümmel,* Der einstimmige Beschluss als Regelungsinstrument im Wohnungseigentumsrecht, ZWE 2000, 433; *Wangemann,* Die Haftung für den unzulässigen Gebrauch in Sondereigentumsräumen WuM 1987, 3; *Wenzel,* Die Entscheidung des Bundesgerichtshofes zur Beschlusskompetenz und ihre Folgen, ZWE 2001, 226; *Zipperer,* Zur Gebrauchsregelung nach § 15 WEG, WE 1991, 142.

I. Normzweck

1 **Abs. 1** verbindet das Eigentumsrecht aus § 13, mit dem SE nach Belieben zu verfahren und das GemE mit zu gebrauchen, mit der Privatautonomie der WEer aus § 10 Abs. 2 S. 2, indem er den WEern erlaubt, den Gebrauch des SEs und des GemEs durch Vereinbarung zu regeln. **Abs. 2** verbindet das Eigentumsrecht aus § 13 mit der Verwaltungskompetenz aus § 21 Abs. 3, indem er das Mehrheitsprinzip gegenständlich erweitert und über den Gebrauch des GemEs hinaus auch auf den des SEs erstreckt. **Abs. 3** regelt eine sich aus den vorhergehenden Absätzen ergebende Rechtsfolge.

II. Anwendungsbereich

2 Die Vorschrift befasst sich nur mit dem Gebrauch, ohne ihn allerdings näher zu definieren. Der **Gebrauch** ist ein anderer Begriff für die Nutzung iSd. § 13. Er erfasst nur die tatsächliche oder rechtliche Verwendung der Sache (Vermietung), nicht ihre Instandsetzung oder substantielle Veränderung. Die Regelung des Gebrauchs unterscheidet sich dadurch von der **Verwaltung,** die auch diese Maßnahmen noch mit erfasst, ist aber gleichwohl gegenständlich ein Teil derselben. Deswegen kann die im Rahmen der Verwaltung nach § 21 Abs. 5 Nr. 1 aufzustellende Hausordnung auch Gebrauchsregelungen enthalten. Umgekehrt können Gebrauchsregelungen mit zu den Verwaltungsangelegenheiten der rechtsfähigen WEgem gehören.

3 § 15 betrifft nur das Verhältnis von WEern untereinander, nicht dagegen das **Innenverhältnis von MitEern am WE/TE** (§ 13 Rn 113). Sie können den Gebrauch des SEs untereinander weder durch Vereinbarung nach § 10 Abs. 2 noch durch eine Gebrauchsregelung nach § 15 Abs. 2 regeln. Ihr Innenverhältnis richtet sich nach den für ihre Gemeinschaft geltenden eigenen Rechtsregeln, wie zB § 1010 BGB.

4 **Inhalt** einer Gebrauchsregelung können sein der Nutzungszweck, Nutzungsbeschränkungen einschließlich Nutzungsverbot oder Nutzungspflicht sowie ein Zustimmungsvorbehalt für eine bestimmte Nutzung.

5 Keine Gebrauchsregelung ist der **vollständige Ausschluss** von dem Gebrauch oder Mitgebrauch. Deswegen fällt die Begründung eines **SNRs** oder die **Stilllegung** einer gemeinschaftlichen Einrichtung (Müllschlucker,[1] Aufzug[2]) nicht unter § 15 (§ 13 Rn 15), sondern bedarf als Abweichung von § 13 Abs. 2 einer Vereinbarung nach § 10 Abs. 2 S. 2. Zum SNR iE § 13 Rn 73 f.

---

[1] BayObLG NZM 2002, 447.

[2] OLG Saarbrücken FGPrax 2007, 114.

III. Abgrenzung von Abs. 1 und Abs. 2

Der Gebrauch kann geregelt werden nach Abs. 1 durch Vereinbarung oder nach Abs. 2 durch Mehrheitsbeschluss. Einer Vereinbarung bedürfen die Regelungen, die über die **Ordnungsmäßigkeit** des Gebrauchs hinausgehen. Das heißt allerdings nicht umgekehrt, dass entsprechende Beschlüsse wegen fehlender Beschlusskompetenz nichtig sind. Denn die Ordnungsmäßigkeit ist wegen der damit verbundenen Abgrenzungsschwierigkeiten aus Gründen der Rechtssicherheit **nicht kompetenzbegründend.**[3] Ein die Grenze der Ordnungsmäßigkeit nach Absatz 2 sprengender Beschluss ändert zudem nicht § 13 Abs. 1 WEG ab, so dass er auch nicht als vereinbarungsändernder Beschluss nichtig ist.[4] Denn das in § 13 Abs. 1 bestimmte Recht, mit den im SE stehenden Gebäudeteilen nach Belieben zu verfahren, steht unter dem Schrankenvorbehalt der §§ 14, 15 WEG, mithin also auch unter dem Vorbehalt eines Beschlusses nach § 15 Abs. 2 WEG. Fassen also die WEer einen solchen Beschluss, wird das Recht aus § 13 Abs. 1 nicht abgeändert, sondern eingeschränkt. Entspricht die Einschränkung nicht mehr ordnungsmäßigem Gebrauch, so ist der Beschluss rechtswidrig, aber nicht nichtig. Er ist entsprechend den allgemeinen Grundsätzen nur dann **nichtig,** wenn er von einer gesetzlichen oder vereinbarten Regelung abweicht **(vereinbarungsändernder Beschluss)** oder wenn er in den **Kernbereich** des WEs eingreift (§ 10 Rn 97 f.). Das ist zB dann der Fall, wenn durch einen Mehrheitsbeschluss (zB Hausordnung) die Möglichkeit, innerhalb des WEs baden, duschen oder die täglich anfallende Wäsche maschinell reinigen und in der Luft trocknen zu können, nicht nur im Rahmen von § 14 Nr. 1 eingeschränkt, sondern generell ausgeschlossen wird.[5] **6**

IV. Gebrauchsregelung durch Vereinbarung (Abs. 1)

1. Grundlagen

Nach Abs. 1 können die WEer den Gebrauch des SEs und des GemEs durch Vereinbarung regeln. Diese Gebrauchsregelungsvereinbarung ist eine spezielle Form der Vereinbarung nach § 10 Abs. 2 S. 2 (§ 10 Rn 79), die denselben Grundsätzen unterliegt. Wegen des Zustandekommens, der Form, der Wirksamkeitsschranken, der Wirkung gegenüber Sondernachfolgern und der Auslegung kann daher auf § 10 Rn 66 f., 91 f., 107 f., 129 f. Bezug genommen werden. Die Vereinbarung kann auch konkludent zustande kommen, so zB, wenn eine Garage im Sondernutzungsbereich jahrelang mit stillschweigende Billigung des SNR-Berechtigten durch einen anderen WEer genutzt wird.[6] Wegen der Abgrenzung zum allstimmigen Beschluss § 10 Rn 170 f. **7**

2. Zweckbestimmungen des Sonder- und Gemeinschaftseigentums

a) Allgemeines. Eine der bedeutendsten Gebrauchsregelungen ist die Zweckbestimmung von Räumen des SEs oder Einrichtungen, Anlagen bzw. Flächen des GemEs. Sie findet sich meist schon in der TErkl, in dem Aufteilungsplan oder in der GemO. Ist sie in der **TErkl** enthalten, so handelt es sich um eine **„Zweckbestimmung mit Vereinbarungscharakter“.** Die Formulierung macht deutlich, dass die TErkl im Gegensatz zur GemO zwar keine Vereinbarung iSd. § 10 Abs. 2 S. 2 darstellt, aber auch Regelungen mit Vereinbarungsinhalt enthalten kann, die wie eine Vereinbarung zu behandeln sind. Sie werden mit der Eintragung in das Grundbuch Inhalt des SEs. Wegen der sich daraus ergebenden immanenten Gebrauchsschranken siehe unter § 13 Rn 19 f. **8**

---

3 BGHZ 145, 158 (169) = NJW 2000, 3500; *Wenzel* ZWE 2001, 226 (231).

4 AA *Häublein* ZWE 2001, 2 (6).

5 OLG Frankfurt NZM 2001, 1136 (1137).

6 OLG Hamburg ZMR 2005, 975 (976).

9 **b) Widerspruch zwischen Teilungserklärung und Aufteilungsplan.** Angaben zur Zweckbestimmung finden sich oft nicht nur in der TErkl, sondern auch in dem **Aufteilungsplan,** welcher nach § 8 Abs. 2 der TErkl und nach § 7 Abs. 4 Nr. 1 der Eintragungsbewilligung beizufügen ist. Ob den Angaben im Aufteilungsplan zur Zweckbestimmung verbindliche, die Nutzungsmöglichkeiten des SEs beschränkende Wirkungen oder nur die Qualität eines Nutzungsvorschlags[7] zukommen soll, ist durch **Auslegung** zu ermitteln.[8] In der Regel handelt es sich hierbei nur um einen **unverbindlichen Nutzungsvorschlag,**[9] weil dem Aufteilungsplan lediglich eine sachenrechtliche Abgrenzungsfunktion zukommt. Die WEer sind daher zB nicht gehindert, eine der Teilungserklärung als „Gewerberaum" oder „Laden" und im Aufteilungsplan als „Café" bezeichneten Raum als Speiselokal,[10] oder einen im Aufteilungsplan als „Kinderzimmer" oder „Büro" bezeichneten Raum als Küche oder ein „Wohnzimmer" als Schlafzimmer zu benutzen (§ 13 Rn 33).[11] Nimmt die Aufteilungsurkunde jedoch nicht nur hinsichtlich der räumlichen Aufteilung sondern auch darüber hinaus auf den Aufteilungsplan Bezug, bedeuten die Nutzungsangaben im Aufteilungsplan in der Regel verbindliche Zweckbestimmungen mit Vereinbarungscharakter. Stehen sie in Widerspruch zu entsprechenden Angaben in der TEerkl, so gehen letztere vor.

10 Anders verhält es sich nur für **die räumliche Abgrenzung** von SE und GemE. Hier führt ein im Wege der Auslegung nicht ausräumbarer Widerspruch grds nicht zu einem Vorrang einer der sich widersprechenden Erklärungsinhalte, sondern dazu, dass SE nicht entstanden ist, sondern die betroffenen Räume im GemE stehen.[12] Wird bei der Umwandlung eines Altbaus in WE als Aufteilungsplan ein Eingabeplan verwendet, so hat die Beschreibung des bestehen bleibenden Altbestands in der Regel nicht den Charakter einer Zweckbestimmung mit Vereinbarungscharakter.[13]

11 **c) Widerspruch zwischen Teilungserklärung und Gemeinschaftsordnung.** Zu einem Widerspruch der Angaben zur Zweckbestimmung kann es auch zwischen TErkl bzw. Aufteilungsplan und GemO kommen. In diesem Fall geht grds die Regelung in der **GemO vor,**[14] wenn der teilende Eigentümer in seiner Erklärung ggü dem Grundbuchamt ausdrücklich zwischen beiden unterschieden hat.[15] Ebenso kann eine in die TErkl integrierte Gebrauchsregelung in diesem Sinn der an anderer Stelle unter Verwendung einer Funktionsbezeichnung vorgenommenen sachenrechtlichen Abgrenzung von Räumen vorgehen,[16] weil die Zweckbestimmung das Verhältnis der WEer untereinander regelt und hierfür im Verhältnis zur TErkl die GemO als Vereinbarung der maßgebliche Ort ist.

12 Wird ein TE in der TEerkl als „Bürogruppe" bezeichnet, während die GemO eine „gewerbliche Nutzung" vorsieht, so geht die Regelung in der GemO daher mit der Folge vor, dass in der „Bürogruppe" auch eine Zahnklinik betrieben werden darf, soweit sich nicht aus dem Charakter oder der baulichen Gestaltung der Anlage Einschränkungen

---

[7] Vgl. BayObLG WE 1986, 152; HansOLG Hamburg ZMR 2003, 445 (446); OLG Schleswig ZMR 2004, 68.

[8] BGH NZM 2010, 243 = ZMR 2010, 300; OLG Schleswig NZM 1999, 79 (80); vgl. auch OLG Frankfurt ZWE 2008, 433 m. Anm. *Demharter.*

[9] BayObLG WE 1986, 152; ZMR 2000, 234; HansOLG Hamburg ZMR 2003, 445 (446); OLG Schleswig ZMR 2004, 68; aA KG FGPrax 2005, 143 (144).

[10] BGH NZM 2010, 243 = ZMR 2010, 300.

[11] OLG Hamm NZM 2007, 294 (295) = ZMR 2006, 634 (635); OLG Frankfurt ZWE 2009, 98.

[12] BGHZ 130, 159 (167) – Speicher; OLG München NZM 2006, 704 (705) – Kellerraum.

[13] BayObLG MittBayNot 2004, 439.

[14] BayObLG WuM 1988, 407; ZMR 1998, 184; OLG Düsseldorf ZMR 2004, 448 (449); OLG Hamm OLGZ 1990, 34; OLG München NJOZ 2007, 4196 (4198); OLG Frankfurt ZWE 2008, 433 (436).; OLG Schleswig ZMR 2008, 990 (991).

[15] OLG München NJOZ 2007, 4196 (4198).

[16] OLG Schleswig ZMR 2008, 990 (991).

ergeben.[17] Ebenso kommt der Bezeichnung von SE in der TEerkl als „Laden" oder „Praxis" nicht die Bedeutung einer Nutzungsbeschränkung mit Vereinbarungscharakter zu, wenn sich aus der GemO ergibt, dass sämtliche SE-Einheiten keineswegs ausschließlich als gewerbliche Räume genutzt werden dürfen, sondern zB auch als Wohnräume.[18]

3. Gebrauchsbeschränkungen

Anders als der völlige Ausschluss kann der Gebrauch durch Vereinbarung im Rahmen der für diesen geltenden allgemeinen Schranken beschränkt werden. So ist es zulässig, zB in die GemO ein **generelles Musizier**[19]**- oder Tierhaltungs-**[20] oder auch nur **Hundehaltungsverbot**[21] sowie eine Beschränkung der allgemeinen (passiven) Informationsfreiheit auf die durch eine Gemeinschaftsanlage zur Verfügung gestellten Informationsquellen[22] aufzunehmen (§ 10 Rn 39, 85, 102). Dasselbe gilt für ein Verbot, über **Zimmerlautstärke** zu musizieren.[23] Allerdings kann die Durchsetzung derartiger Verbote im Ausnahmefall gegen die Treuepflicht verstoßen (§ 10 Rn 48). Unzulässig sind dagegen Eingriffe in den vereinbarungsfesten Kernbereich des WEs (§ 10 Rn 97 f.), wie zB den Zugang zu einer **medialen Grundversorgung** von Hörfunk und Fernsehen generell zu unterbinden oder das Baden, **Duschen** oder das tägliche maschinelle Waschen und das Lufttrocknen der Wäsche in der Wohnung allgemein auszuschließen,[24] nicht aber, die Art und Weise der Ausübung zu regeln. 13

4. Gebrauchserlaubnis, Zustimmungsvorbehalt

Durch Vereinbarung kann auch ein nach § 14 Nr. 1 unzulässiger Gebrauch, wie zB das **Grillen** auf dem Balkon (Rn 34), die Sicherung eines mit einem SNR belegten Kfz-Abstellplatzes durch **Absperrpfähle**[25] oder der **Zugang** zum GemE durch SE (vgl. § 13 Rn 110) **gestattet** oder einem **Zustimmungsvorbehalt** unterstellt werden. Auch kann ein solcher Vorbehalt für einen nach §§ 13, 14 Nr. 1 zulässigen Gebrauch oder für eine von der Zweckbestimmung in der TErkl abweichende Nutzung des WEs begründet werden (§ 12 Rn 20). 14

5. Nutzungsgebote und -verbote

Inhalt einer Gebrauchsregelungsvereinbarung können außerdem **Vermietungsgebote**[26] **oder Vermietungsverbote**[27] sein (§ 13 Rn 65). 15

V. Gebrauchsregelung durch Mehrheitsbeschluss (Abs. 2)

1. Grundlagen

Soweit nicht eine Vereinbarung nach Abs. 1 entgegensteht, können die WEer einen der Beschaffenheit des SEs und des GemEs entsprechenden ordnungsmäßigen Gebrauch auch 16

---

17 OLG Düsseldorf ZMR 2004, 448 (449).
18 OLG München NJOZ 2007, 4196.
19 BGHZ 139, 288 (293 f.) = NJW 1998, 3713.
20 OLG Saarbrücken NZM 2007, 168.
21 BGHZ 129, 329 (333).
22 BGHZ 157, 322 = NJW 2004, 937
23 BayObLG NJW 2001, 3635.
24 OLG Frankfurt NZM 2001, 1136 (1137).
25 Vgl. BayObLG MDR 1981, 937.
26 BayObLG WE 1988, 202.
27 *Armbrüster* ZWE 2004, 217 (221); *Ruthmann,* Wohnungseigentumsrechtliche Bindungen, S. 30 f.; *Schmidt* BlGBW 1982, 143; aA *Bub* WE 1989, 122; Staudinger/*Kreuzer* Rn 75.

beschließen. Die Regelungskompetenz ist auf das gemeinschaftliche Grundstück entsprechend seiner durch die Eintragung im Grundbuch entstandenen sachenrechtlichen Zuordnung beschränkt und erstreckt sich weder auf das von den WEern als Parkfläche genutzte Nachbargrundstück[28] noch auf ein von den MEern hinzu erworbenes Grundstück vor Vereinigung oder Zuschreibung mit dem in WE aufgeteilten Grundstück.[29]

17 Gebrauchsregelungsbeschlüsse sind häufig Bestandteil der **Hausordnung** (§ 21 Abs. 5 Nr. 1). Sie sind Ausfluss des Hausrechts, das den WEern für das GemE zusteht. Der Beschluss **bindet alle WEer,** auch wenn sie an der WEVers nicht teilgenommen haben, und die Sondernachfolger (§ 10 Abs. 4). Der Regelungsgegenstand muss **inhaltlich bestimmt**[30] und „aus sich heraus" klar sein.[31] Dazu genügt es, dass er im Wege einer zweckorientierten Auslegung bestimmbar ist. Das ist zB der Fall bei einer Regelung, dass Kinderwagen im Hausflur „vorübergehend" abgestellt werden dürfen.[32] Dagegen ist eine Bestimmung, die das Singen und Musizieren außerhalb von Ruhezeiten nur in „nicht belästigender Weise und Lautstärke" gestattet, zu unbestimmt und deswegen unwirksam.[33] Beschränkt sich eine Hausordnung nicht darauf, bestimmte **Ruhezeiten** festzusetzen, sondern will sie darüber hinaus die Lautstärke und Intensität von Musik auch außerhalb der Ruhezeiten reglementieren, so darf sie überhaupt nur schwerwiegende, nach dem Empfinden eines verständigen Durchschnittsmenschen nicht mehr hinnehmbare Störungen, wie zB Schlagzeugübungen oder die Proben einer Band,[34] erfassen und muss den Störungsgrad klar bestimmen, um eine Orientierungshilfe zu geben, ob das Musizieren dem Verbot der Hausordnung unterfällt. Dazu kann auf bestimmte Immissionsrichtwerte verwiesen werden.[35]

2. Ordnungsmäßigkeit

18 **a) Definition.** Eine Gebrauchsregelung ist ordnungsmäßig, die unter Berücksichtigung der Beschaffenheit des Gegenstands und der Verkehrssicherungspflichten dem Gebot gegenseitiger Rücksichtnahme und billigem Ermessen entspricht,[36] also ein geordnetes und störungsfreies Zusammenleben der WEer fördert und der Wahrung des Rechtsfriedens dient.[37] Das setzt voraus, dass sie die maßgebliche Zweckbestimmung beachtet, das Rücksichtnahmegebot des § 14 Nr. 1 wahrt, nicht willkürlich ist[38] und gesetzliche Vorschriften beachtet.[39] Ein Beschluss ist danach nur insoweit ordnungsmäßig, als er den nach **§ 14 Nr. 1** zulässigen Gebrauch **konkretisiert und nicht verbietet oder erweitert.**[40] Die Einzelheiten sind anhand der konkreten Umstände des Einzelfalls unter Berücksichtigung der Beschaffenheit und Zweckbestimmung des GemEs bei Beachtung des Gebots der allgemeinen Rücksichtnahme in Abwägung der allseitigen Interessen zu ermitteln. Dabei steht der WEVers ein nicht unerheblicher **Ermessensspielraum** zu.[41] Auch wenn Abs. 2

---

[28] Vgl. OLG Hamm ZWE 2006, 346 (348) m. Anm. *F. Schmidt.*

[29] OLG Frankfurt ZWE 2006, 341 u. 343 m. Anm. *Demharter.*

[30] OLG Düsseldorf ZMR 2010, 52 (53) = ZWE 2009, 389 m. Anm. *F. Schmidt.*

[31] BGHZ 139, 288 (295 f.) = NJW 1998, 3713.

[32] OLG Hamm ZMR 2001, 1006.

[33] BGHZ 139, 288 (295) = NJW 1998, 3713.

[34] BGHZ 139, 288 (296) = NJW 1998, 3713.

[35] BGHZ 139, 288 (296) = NJW 1998, 3713; *Pfeifer,* ZMR 1987, 361; *Gramlich,* NJW 1985, 2131 mwN.

[36] OLG München NJW-RR 2007, 1461 (1462); LG Nürnberg-Fürth ZMR 2009, 317 (318).

[37] Niedenführ/*Kümmel*/Vandenhouten Rn 5.

[38] BGHZ 139, 288 (296) = NJW 1998, 3713.

[39] Vgl. BGHZ 144, 386 (388 f.) = NJW 2000, 3211 (3212); OLG Köln NZM 2000, 191.

[40] Vgl. *Kümmel* in Köhler/Bassenge, Wohnungseigentumsrecht, Teil 11 Rn 303; LG Nürnberg-Fürth ZMR 2009, 317 (318).

[41] BGHZ 139, 288 (296) = NJW 1998, 3713; 144, 386 (388 f.) = NJW 2000, 3211 (3212).

insoweit an eine Gebrauchsregelung inhaltlich übereinstimmende Anforderungen stellt wie § 21 Abs. 3 an die Verwaltung des GemEs, so ist Abs. 2 für Gebrauchsregelungen doch eine Spezialregelung.[42] Dies schließt nicht aus, in Sonderfällen auch die Grundsätze ordnungsmäßiger Verwaltung ergänzend mit heranzuziehen.

b) Beispiele. aa) Sondereigentum. Durch Mehrheitsbeschluss darf der zulässige Gebrauch des SEs konkretisiert werden. So können zB Regelungen auch hinsichtlich der im SE stehenden **Heizkörper** beschlossen werden, soweit sie die Funktion der Heizkörper für die gemeinschaftliche Heizungsanlage oder das gemeinschaftliche Verbrauchserfassungssystem sicherstellen sollen.[43] Dies kann im Einzelfall auch das **Beheizen der Räume** bis zu einer bestimmten Mindesttemperatur einschließen, wenn sonst den anderen WEern ein nicht unerheblicher Nachteil entsteht (§ 14 Rn 26). Dagegen können die WEer nicht beschließen, dass jeder WEer seinen Abruf an Heizenergie am Durchschnitt des Verbrauchs in der Gemeinschaft orientiert.[44] 19

Ferner dürfen je nach den Umständen des Einzelfalls zB das Baden oder **Duschen** zur Nachtzeit,[45] das **Musizieren** (§ 14 Rn 35) oder die **Tierhaltung** (§ 14 Rn 36) in der Wohnung beschränkt oder andere Gebrauchsregelungen erlassen werden. Voraussetzung ist immer, dass **schützenswerte Interessen** anderer Hausbewohner überhaupt beeinträchtigt werden.[46] Das ist zB bei der Haltung von Zierfischen, Vögeln oder Hamstern idR ebenso wenig der Fall wie bei Geräuschen, die nicht nach außen dringen können. Ordnungsmäßig ist grds. auch die Festlegung von **Ruhezeiten** für freizeitbedingten Lärm[47] oder für das Musizieren über Zimmerlautstärke,[48] wenn ggf. bei ausgewiesenen Gewerbeeinheiten gewerbespezifische Ausnahmen zB für Berufsmusiker gemacht werden.[49] Zulässig ist auch das Verbot einer sichtbehindernden Bepflanzung von SE-Flächen,[50] eines Betriebs ruhestörender **Klimageräte** in einem Seniorenheim mit erhöhtem Ruhebedürfnis[51] oder eines Betriebs von **Wäschetrocknern** im SE, wenn hierfür spezielle Räume zur Verfügung stehen.[52] 20

bb) Gemeinschaftseigentum. Ebenso wie der Gebrauch des SEs darf auch der zulässige Gebrauch des GemEs durch Mehrheitsbeschluss konkretisiert werden. Ein zweckbestimmungswidriger oder sonst unzulässiger Gebrauch kann dagegen nicht durch Mehrheitsbeschluss erlaubt werden. Ein solcher Beschluss ist entweder wegen fehlender Beschlusskompetenz nichtig oder wegen fehlender Zustimmung schwebend unwirksam. Wegen des Gebrauchs von **Hauseingängen,** Fluren und Treppenhäusern vgl. § 14 Rn 37, von Gärten und **Freiflächen** vgl. § 14 Rn 39, von Terrassen und **Balkonen** § 14 Rn 38. 21

Neben anderen Formen der Konkretisierung in zeitlicher und sachlicher Hinsicht darf der gemeinschaftliche Gebrauch auch in Form einer gegenseitigen räumlichen **Abgrenzung der Nutzungsbereiche** geregelt werden. In dieser Weise kann auch eine bestimmte Teilfläche, wie zB ein bestimmter Stellplatz, bestimmten WEern zugewiesen werden, sofern die getroffene Regelung dem *gleichrangigen* Nutzungsrecht der einzelnen WEer 22

---

[42] BGHZ 144, 386 (388) = NJW 2000, 3211 (3212); HansOLG Hamburg ZMR 2003, 957 (958).

[43] OLG München IMR 2008, 168.

[44] OLG Hamm NZM 2006, 185 = ZMR 2006, 148.

[45] BayObLG WuM 1991, 300.

[46] Vgl. BGHZ 139, 288 (294) – Musizieren; BayObLGZ 1985, 107 (109); OLG Hamm NJW-RR 1986, 500 (501); OLG Frankfurt NJW 1985, 2138.

[47] BayObLG WE 1992, 264.

[48] BayObLG NJW 2001, 3635; NZM 2002, 492 = ZWE 2002, 312 (313); OLG Frankfurt NJW-RR 2004, 14.

[49] BayObLG NZM 2002, 492 = ZWE 2002, 312 (313).

[50] BayObLG ZMR 1992, 202.

[51] BayObLG NZM 2002, 493.

[52] OLG Düsseldorf OLGZ 1985, 437.

Rechnung trägt. So handelt es sich beispielsweise nicht um einen Ausschluss vom Mitgebrauch, sondern um eine Konkretisierung des gemeinschaftlichen Gebrauchs, wenn jedem WEer eine bestimmte **Gartenfläche** zur dauerhaften oder befristeten Nutzung[53] oder ein bestimmter **Kellerraum**[54] zugewiesen wird. *Anders* verhält es sich dagegen, wenn durch Mehrheitsbeschluss das Anbringen von **Garderoben** im Treppenhaus[55] oder [56]das Aufstellen eines Gefrierschrankes für einzelne WEer im gemeinschaftlichen Waschraum[57] erlaubt oder die an verschiedenen Orten befindlichen **Außenwasseranschlüssen**[58] einzelnen WEern zugewiesen werden (§ 13 Rn 109). Solche Regelungen bedürfen einer Vereinbarung, bzw. der Zustimmung aller WEer.

23 Besteht ein Mangel an **Kfz-Stellplätzen,** so hängt es von den Umständen des Einzelfalles ab, welche Verteilungsregelung ordnungsmäßigem Gebrauch entspricht. Das kann eine **Vermietung** unter vorrangiger Berücksichtigung der WEer und deren Mieter[59] oder die Zuteilung nach einem von der Gemeinschaft beschlossenen und vom Verwalter anzuwendenden und zu kontrollierenden **Punktesystem** sein, das zu einer gerechteren Platzvergabe führt als die Vergabe nach einem jährlichen **Losverfahren.**[60] Ordnungsmäßigem Gebrauch entspricht auch ein Beschluss, dass ein im GemE stehender Kfz-Stellplatz, an dem kein SNR bestellt ist, am Abend vor und am Tag der Müllabfuhr für das Aufstellen der Müllcontainer freizuhalten ist,[61] oder dass eine gemeinschaftliche Grundstücksfläche in der Zeit von 18:00 bis 8:00 Uhr als Parkplatz nur denjenigen WEern zur Verfügung steht, die keine Garage haben,[62] sowie ein Beschluss, der „das Abstellen von Fahr- oder Motorrädern sowie das Parken in einer Ein- und Anfahrtzone den jeweiligen Eigentümern der jeweiligen Garagen/Carports gestattet".[63]

24 Zulässig können außerdem sein Beschlüsse über eine **Belüftung** für den Waschkeller, den Heizungsraum, die übrigen Kellerräume und das Treppenhaus;[64] über das Verbot von **Blumenkästen** an der Brüstung einer Dachterrasse im Interesse einer einheitlichen Gestaltung,[65] über die Hundehaltung auf Freiflächen[66] oder deren Nutzung zum Spielen von Kindern mit Ausnahme des Ballspielens,[67] die Nutzung von **Gemeinschaftsräumen** als Hausmeisterbüro[68] oder über Zugangsbeschränkungen zum Heizungskeller[69] oder zu einem mit Zählereinrichtungen für Strom und Gas versehenen Raum;[70] ebenso Beschlüsse über das Verbot, auf dem Grundstück der Wohnanlage nicht fahrtaugliche **Kraftfahrzeuge** abzustellen,[71] über die **Öffnungszeiten** von gemeinschaftlichen Einrichtungen wie zB Sauna,[72] über die Aufteilung der **Stromkapazität** nach der Größe der MEAe oder nach Wohnflächen, wenn der gemeinschaftliche

---

[53] OLG Hamm FGPrax 2005, 113 = ZMR 2005, 400; *Wenzel* ZWE 2001, 226 (230 f.).
[54] KG NJW-RR 1990, 155.
[55] OLG München ZMR 2006, 712 (713).
[56] OLG Hamm ZMR 2005, 400 (401); OLG Köln ZMR 2009, 388 (389).
[57] AA OLG Frankfurt ZMR 2009, 385.
[58] OLG München NZM 2007, 447.
[59] HansOLG Hamburg ZMR 2003, 444.
[60] KG NJW-RR 1996, 779.
[61] OLG Hamm ZMR 2000, 634.
[62] OLG Frankfurt ZMR 2008, 398 = NZM 2008, 812.
[63] LG Nürnberg-Fürth ZMR 2009, 317 (318).
[64] BayObLG WE 1994, 17.
[65] BayObLG ZMR 2001, 819.
[66] OLG Hamburg ZMR 2008, 151; OLG Karlsruhe NZM 2008, 776.
[67] OLG Saarbrücken NJW-RR 1990, 24.
[68] OLG Düsseldorf ZMR 2002, 958 (960).
[69] OLG Köln WE 1997, 427.
[70] BayObLG NZM 2002, 256.
[71] KG NJW-RR 1996, 586.
[72] OLG Düsseldorf FGPrax 2003, 158–2 Tage/Woche.

Hausanschluss nicht zur Versorgung aller WEer mit Nachtstrom ausreicht[73] oder über die Benutzung des gemeinschaftlichen **Waschkellers** an Sonn- und Feiertagen[74] sowie über die Art und Weise des Anbringens von **Hinweisschildern** oder **Werbetafeln** (§ 13 Rn 17).

cc) Vermietung, Verpachtung von Gemeinschaftseigentum. Da § 13 Abs. 2 kein Recht zum Eigengebrauch des GemE gibt, sondern nur das Maß der Mitbenutzung bei geregelter Benutzungsart regelt,[75] können die WEer, soweit nicht eine Vereinbarung entgegensteht, beschließen, gemeinschaftliche Räume, Einrichtungen oder Anlagen (PKW-Stellplätze, Gartenfläche, Gemeinschaftsräume, Außenwandfläche, Dachfläche für Mobilfunkantenne)[76] – auch langfristig[77] – zu vermieten, zu verpachten oder sonst zur Nutzung zu überlassen, uz nicht nur an **Dritte,** sondern auch an **WEer.**[78] Sie handeln insoweit *für* die rechtsfähige WEgem, die – vertreten durch den Verwalter – den Mietvertrag abschließt (§ 10 Rn 248). Die – umsatzsteuerpflichtigen[79] – **Einnahmen und Verpflichtungen** aus der Vermietung gehören zum Verwaltungsvermögen.[80] 25

Die Tatsache, dass das vermietete GemE den WEern nicht mehr zum unmittelbaren Mitgebrauch zur Verfügung steht, widerspricht nicht **ordnungsmäßigem Gebrauch,** weil § 13 Abs. 2 kein Recht zum unmittelbaren Eigengebrauch gewährt und der Mitgebrauch mittelbar durch den Anteil an den Mieteinnahmen gewahrt bleibt.[81] Es müssen also besondere Umstände vorliegen, um die Vermietung als **nachteilig** iSd § 14 Nr. 1 und daher nicht ordnungsmäßig erscheinen zu lassen.[82] Dies ist zB dann der Fall, **wenn** ein **Eigenbedarf** besteht oder nachträglich entsteht, so dass das Mietverhältnis zu kündigen ist;[83] ferner, wenn die Vermietung zu einer unzumutbaren **Belästigung** eines WEers führt,[84] wenn eine andere Maßnahme wie zB das Losverfahren für die Zuweisung von Garagen zu einer größeren Verteilungsgerechtigkeit führt[85] oder wenn die **Gegenleistung kein adaequates Äquivalent** für die Nutzungsüberlassung darstellt. Als Gegenleistung kommen nicht nur Mieteinnahmen in Betracht. Soll zB die Vermietung von Verkehrsflächen im Rahmen der Umgestaltung eines großen Gewerbezentrums eine Überbauung ermöglichen, so kann die Gegenleistung auch in „Tauschflächen" bestehen, an denen sich der Gebrauchsvorteil fortsetzt. Der Beschluss über die Vermietung und der Abschluss des Mietvertrages bedürfen grds nicht der Zustimmung Drittberechtigter.[86] Etwas anderes hat nur dann zu gelten, wenn die Vermietung dazu dient, substantielle Strukturveränderungen zu ermöglichen. 26

dd) Erhebung von Nutzungsentgelten. Im Wege einer Gebrauchsregelung kann auch die Erhebung eines Entgelts für die Nutzung GemEs (zB **Sauna, Waschmaschine**) beschlossen werden. Eine solche Regelung betrifft nicht die Verteilung der durch den genutzten Gegenstand verursachten Kosten, sondern die Zahlung eines Entgelts für die 27

---

73 Vgl. BayObLG NJW-RR 1988, 1164.

74 OLG Köln ZMR 2000, 564 (565).

75 BGHZ 144, 386 (389) = NJW 2000, 3211 (3212).

76 IE *Kreuzer* ZWE 2004, 204.

77 HansOLG Hamburg ZMR 2003, 957–30 Jahre für Gartenfläche.

78 BGHZ 144, 386 (387 f.) = NJW 2000, 3211.

79 BFH NZM 2007, 52.

80 *Wenzel* NZM 2006, 321 (322).

81 BGHZ 144, 386 (388) = NJW 2000, 3211 (3212).

82 *Merle* DWE 2005, 55 (57), aA *ders.* WE 1989, 20.

83 BayObLGZ 1992, 1 ff. = NJW-RR 1992, 599 – Kfz-Stellplätze; OLG Frankfurt OLGZ 1987, 50 – Fahrradraum.

84 BayObLG WE 1988, 22; LG Nürnberg-Fürth ZMR 2007, 729 – Vermietung einer Terrrassenfläche zum Betrieb eines Außencafés.

85 KG WE 1990, 208 = WuM 1990, 404.

86 *Kreuzer* ZWE 2004, 204 (208).

Nutzung.[87] Ein solcher Beschluss ist daher entgegen der Ansicht des OLG Düsseldorf[88] nicht wegen fehlender Beschlusskompetenz nichtig, sondern als Beschluss nach Abs. 2 nur anfechtbar.

28 **ee) Sondernutzungsrechte.** Schließlich unterliegt auch der konkrete **Gebrauch eines SNRs** der Regelungskompetenz nach Abs. 2. Denn das SNR berechtigt den Rechtsinhaber nur, andere WEer von dem Gebrauch des ihnen zugewiesenen Gegenstands auszuschließen, er nimmt der WEgem aber nicht das Recht, den allgemeinen Gebrauch zu regeln, weil der Gegenstand des SNRs zum GemE gehört. Das bedeutet, dass die WEer das alleinige Gebrauchsrecht zwar nicht in Frage stellen, wohl aber die Ausübung in den von der GemO vorgegebenen Grenzen nach den Grundsätzen der Ordnungsmäßigkeit in einer Weise regeln dürfen, die der Beschaffenheit des GemEs und dem Interesse der Gesamtheit der Wohnungseigentümer nach billigem Ermessen entspricht.[89] Gebrauchsregelungsbeschlüsse sind daher ordnungsmäßig, wenn den ohnehin dem Rücksichtnahmegebot nach **§ 14 Nr. 1** unterfallenden Gebrauch[90] **konkretisieren und nicht verbieten oder erweitern,** bzw. in den Kernbereich des SNRs eingreifen oder eine gesetzes- bzw. vereinbarungsändernde Wirkung statuieren.[91]

29 So können die WEer zB den Betrieb eines **Biergartens** auf einer SN-Fläche für die Zeit nach 23 Uhr untersagen. Eine öffentlichrechtliche Erlaubnis, die den Gaststättenbetrieb im Freien bis 24 Uhr gestattet, steht dem idR nicht entgegen.[92] Ebenso können die WEer verbieten, dass ein im SNR befindlicher **Kfz-Stellplatz** abgesperrt wird,[93] oder vorschreiben, dass er nur von dem WEer sowie dessen Lebensgefährten und Kindern benutzt werden darf[94] oder nach 21:00 Uhr eine verschliessbare Schranke zu betätigen ist.[95] Nach überwiegender Ansicht[96] können die WEer dem Sondernutzungsberechtigten auch verbieten, sein SNR außenstehenden Dritten zur Nutzung zu überlassen.

30 Nicht mehr ordnungsmäßig ist dagegen ein Beschluss, der die Pflege einer **Gartensondernutzungsfläche** als „Ziergarten“ vorschreibt oder Veränderungen der Fläche von der Zustimmung aller WEer abhängig macht;[97] ferner ein Beschluss, der die Nutzung sonst unzulässig einschränkt und zB das Aufhängen einer Baumschaukel oder Hängematte sowie den Betrieb eines Komposters untersagt.[98]

31 **c) Nicht ordnungsmäßige Regelungen. aa) Verbote, Erlaubnisse.** Unzulässig sind Regelungen, welche eine nicht störende Nutzung verbieten. So dürfen **Geräusche,** welche überhaupt nicht nach außen dringen können, auch zu besonderen Ruhezeiten nicht untersagt werden, weil ein schützenswertes Interesse anderer Hausbewohner dieser Betätigung nicht entgegensteht.[99]

32 Nicht ordnungsmäßig sind auch **generelle** Verbote, die ausnahmslos die Handlungsfreiheit einschränken. Hierher gehören zB das allgemeine **Musizier- und Tierhaltungs-**

---

[87] IE *Merle* DWE 2005, 55 f.

[88] OLG Düsseldorf FGPrax 2003, 158.

[89] Vgl. BayObLG, ZMR 1992, 202; OLG Hamm ZWE 2009, 402.

[90] BayObLG ZMR 2005, 132 (133); OLG Köln NJW-RR 1997, 14 f.

[91] OLG Frankfurt NJW-RR 2007, 889 (890); vgl. auch BayObLG ZMR 1992, 202; ZMR 2005, 383.

[92] BayObLGR 2001, 41 = ZMR 2001, 823 = ZWE 2001, 606.

[93] BayObLG DWE 1982, 133; ZMR 2001, 824; KG NJW-RR 1996, 586.

[94] KG NJW-RR 1996, 586.

[95] OLG München NJW-RR 2007, 1461 = NZM 2008, 44.

[96] KG NJW-RR 1996, 586; *Schuschke,* NZM 1999, 1121 (1126); Weitnauer/*Lüke* Rn 27; zweifelnd: *Häublein,* in: Köhler/Bassenge, Wohnungseigentumsrecht, Teil 12 Rn 163, 166; *Seuß,* WE 1996, 234; offen gelassen von OLG Frankfurt NJW-RR 2007, 889 (890).

[97] BayObLG ZMR 2005, 132 (133).

[98] BayObLG ZMR 2005, 132.

[99] BGHZ 139, 288 (294).

verbot (§ 14 Rn 35, 36). Umgekehrt wird eine uneingeschränkte Erlaubnis als gemeinschaftswidrig angesehen, nach der sich Hunde in Begleitung und angeleint im GemE aufhalten dürfen, weil dies nicht gegen eine Verschmutzung durch Hundekot Sorge trage.[100] Nicht ordnungsmäßig sind ferner Regelungen in der Hausordnung, wonach „das sichtbare Aufhängen und Auslegen von Wäsche, Betten usw. auf Balkonen, Terrasse, im Gartenbereich und in den Fenstern usw. für unzulässig erklärt wird", weil dies einem generellen Verbot des **Wäschetrocknens im Freien** gleichkommt.[101]

bb) Ungleichbehandlung. Unzulässig sind auch Regelungen, die dem gleichrangigen Nutzungsrecht der einzelnen WEer nicht mehr Rechnung tragen, sondern einzelnen WEern eine **privilegierte Stellung** einräumen. Das ist zB bei einer Bestimmung in der Hausordnung der Fall, nach der die Gestaltung (incl. Aufstellen von Möbeln) des unter der Etage gelegenen Treppenabsatzes – unter Ausschluss der Beteiligung der übrigen WEer – den Bewohnern der jeweiligen Etage obliegt. Denn hierbei handelt es sich in Wahrheit um einen – nichtigen[102] – vereinbarungsändernden Beschluss, weil er der Sache nach **gegenständlich begrenzte Sondernutzungsrechte** der „Anlieger" begründet.[103] 33

cc) Andere Beispiele. Nicht ordnungsmäßigem Gebrauch können schließlich Regelungen entsprechen, welche die Nutzung von Kfz-**Abstellplätzen** durch die Kunden einer im TE befindlichen Gewerbeeinheit[104] oder das sichtbare **Aufhängen von Wäsche** und das Auslegen von Betten verbieten;[105] dsgl. Beschlüsse, die das **Aufstellen und Lagern** von Gegenständen außerhalb der Wohnung nur an ausgewiesenen Stellen gestatten,[106] die das Aufstellen eines **Getränkeautomaten** auf dem Gang einer aus Ferienappartements bestehenden Wohnanlage verbieten,[107] die das **Grillen** auf den Balkonen (vgl. § 14 Rn 40)[108] oder generell das Abstellen von **Kinderwagen** in einem engen Treppenhaus gestatten;[109] ferner Beschlüsse, welche die Benutzung einer **Rasenfläche** als Ballspielplatz erlauben,[110] es sei denn, der Beschluss ist mit einer Mehrheit gefasst worden, die nach der GemO auch zu einer Änderung der GemO ausreichen würde.[111] Nicht ordnungsmäßig ist auch ein Beschluss, wonach im Falle einer **Vermietung** dem Verwalter der Inhalt des Mietvertrags, insbesondere der Mietzins, mitzuteilen ist[112] oder der bei insgesamt 14 Gewerbeeinheiten je Einheit das Aufstellen von zwei beweglichen **Werbetafeln** vor den Geschäften erlaubt.[113] 34

3. Rechtsfolgen nicht ordnungsmäßiger Beschlüsse

a) Nichtigkeit. aa) Vereinbarungsändernder Beschluss. Ein Beschluss, der nicht nur die Grenze der Ordnungsmäßigkeit überschreitet, sondern darüber hinaus auch von gesetzlichen oder vereinbarten Regelungen abweicht, ist nicht nur anfechtbar, sondern mangels Beschlusskompetenz nichtig (§ 10 Rn 134). So kann zB die **Zweckbestimmung** von Räumen nur durch Vereinbarung und nicht durch Beschluss **geändert** 35

[100] OLG Köln ZMR 2009, 310 (311).
[101] OLG Düsseldorf NJW-RR 2004, 376
[102] BGHZ 145, 158 = NJW 2000, 3500.
[103] OLG Düsseldorf NJW-RR 2004, 376.
[104] BayObLG ZMR 1999, 776, 777.
[105] OLG Düsseldorf NJW-RR 2004, 376.
[106] BayObLG ZMR 2005, 132 (133).
[107] BayObLG NJW-RR 1990, 1104.
[108] LG Düsseldorf MDR 1991, 52.
[109] OLG Hamburg WE 1993, 87.
[110] OLG Düsseldorf MDR 1986, 852.
[111] OLG Frankfurt NJW-RR 1991, 1360.
[112] BayObLG BayObLGR 2004, 47.
[113] BayObLG NZM 2002, 257.

werden. Die WEer dürfen auch keinen vorübergehenden abweichenden Gebrauch der Räume beschließen, weil die geringe Dauer der Regelung keine Beschlusskompetenz begründet.[114] Jedoch kann ein solcher Beschluss dahin umgedeutet werden, dass die zweckbestimmungswidrige Nutzung für bestimmte Zeit **geduldet** wird. Ein solcher Beschluss ist wirksam.

36 Nichtig ist auch ein Beschluss, der die nach der Zweckbestimmung **erlaubte Nutzung einschränkt,** wie dies zB bei einem Verbot des Betriebs einer Schank- und Speisewirtschaft bei erlaubter „gewerblicher Nutzung“[115] ebenso der Fall ist wie bei der Zuweisung einer ausschnittweisen Nutzung an einzelne WEer oder bei der Begründung einer Pflicht zur Vermietung und/oder Teilnahme an dem **„Mietpool“**[116] sowie zur „boarding-house“-Nutzung.

37 **bb) Begründung von Leistungspflichten.** Nichtig sind ferner Beschlüsse, die den WEern **persönliche Dienstleistungspflichten („tätige Mithilfe“)** oder **Zahlungspflichten** auferlegen, sofern hierfür keine Öffnungsklausel besteht. Denn durch nicht formell legitimierte Beschlüsse können außerhalb von § 16 weder Ansprüche noch Pflichten in Abweichung oder Ergänzung gesetzlicher oder vereinbarter Regelungen begründet werden.[117] Nichtig sind daher zB Beschlüsse oder Bestimmungen in der Hausordnung, wonach die jeweiligen WEer zum Fegen von Laub und zur allgemeinen Reinigung der Außenanlagen[118] oder für das Bereitstellen der Abfallbehälter oder zum Winterdienst oder zu Gartenarbeit nach einem festen Plan sein sollen[119] oder die Reinigung von Dachrinnen vorzunehmen lassen haben.[120]

38 Nichtig sind weiterhin Beschlüsse, durch die konstitutiv eine **Verpflichtung zur Beseitigung** oder Unterlassung[121] begründet werden soll,[122] es sei denn der Beschluss kann dahin ausgelegt werden, dass der gesetzliche Anspruch aus § 1004 BGB von der WEgem durchgesetzt werden soll.[123] Dagegen sind **generelle Musizier-** oder **Tierhaltungsverbote** (nur) schwebend unwirksam (§ 14 Rn 35, 36), generelle Verbote mit **Erlaubnisvorbehalt** dagegen wirksam.

39 **cc) Verletzung zwingender Vorschriften, Kernbereich.** Nichtig ist schließlich ein Beschluss, der gegen ein zwingendes gesetzliches Verbot, gegen die guten Sitten (§§ 134, 138 BGB) sowie gegen zwingende Vorschriften des WEG verstößt[124] oder in den Kernbereich des WEs (§ 10 Rn 95 f.) bzw. SNRs eingreift. Letzteres ist zB bei einem Beschluss der Fall, der verbietet, die im SE befindlichen lose verlegten Platten auf den Balkonen

---

[114] AA OLG Schleswig ZMR 2005, 476 (478).

[115] OLG Düsseldorf ZMR 2003, 861 – Verbot einer Schank- und Speisewirtschaft bei erlaubter „gewerblicher Nutzung“.

[116] OLG Düsseldorf NJW-RR 2001, 877; vgl. auch OLG München NZM 2006, 587 (588) – Hotelbetriebsgesellschaft.

[117] OLG Zweibrücken NJW 2007, 2417 = ZWE 2007, 455 m. zustimmender Anm. *Demharter; J.-H. Schmidt/Riecke* ZMR 2005, 252 ff.; *Wenzel* NZM 2004, 542 (544); Riecke/Schmid/*Elzer* § 10 Rn 131; aA § 23 Rn 119: Schwebend unwirksam; OLG Köln NZM 2006, 662: Wirksam.

[118] OLG Düsseldorf NZM 2009, 162 = ZWE 2008, 428 m. Anm. *Sommer.*

[119] OLG Düsseldorf NJW-RR 2004, 376; KG NJW-RR 1994, 207; OLG Köln NJW-RR 2005, 529; aA BayObLG ZMR 2005, 132 (133) für Reinigungspflichten wie die Beseitigung von gefallenem Laub; BayObLG NJW-RR 1992, 344 für die Treppenhausreinigung; OLG Stuttgart NJW-RR 1987, 977 für die Schneeräum- und Streupflicht.

[120] BayObLG ZMR 2005, 132 (133).

[121] BGH ZWE 2010, 130 (131).

[122] BGH ZWE 2010, 130 (131).

[123] Insoweit zu großzügig KG NJW-RR 1996, 1102 (1103); 1997 1033, (1034 f); OLG Zweibrücken NJW 2007, 2417 = ZMR 2007, 646 = ZWE 2007, 455 m. zustimmender Anm. *Demharter;* aA OLG Hamm NZM 2007, 839 (840) = ZWE 2007, 494 m. Anm. *Briesemeister;* OLG München IMR 2008, 279; ferner OLG Hamburg ZMR 2009, 306 m. Anm. *J.-H. Schmid.*

[124] BGHZ 107, 268 (271).

durch einen festen Bodenbelag zu ersetzen[125] oder die Gartensondernutzungsfläche gärtnerisch ohne die Zustimmung aller WEer zu verändern. Zu der Frage, ob ein gegen Dritte verhängtes **Hausverbot** in den Kernbereich eingreift, vgl. § 13 Rn 14).

b) Anfechtbarkeit. aa) Vereinbarungsersetzender Beschluss. Da das Merkmal der Ordnungsmäßigkeit in Abs. 2 nicht kompetenzbegründend ist, kann es zu einer Überschneidung der Kompetenz zur Regelung durch Vereinbarung mit der Kompetenz zur Beschlussfassung kommen. An dieser Schnittstelle ist der „vereinbarungsersetzende Beschluss" angesiedelt. Der Begriff ist rein deskriptiver Natur und kennzeichnet den Bereich, in dem zwar eine Beschlusskompetenz gegeben ist, die Eigentümer aber keine Beschlüsse fassen dürfen, die über ordnungsmäßige Maßnahmen hinausgehen. Hierher gehören außer den Gebrauchsregelungen auch noch die Angelegenheiten, welche die Verwaltung (§ 21 WEG) und die baulichen Veränderungen (§ 22 WEG) betreffen. Ist die Ordnungsmäßigkeitsgrenze nicht gewahrt, überschreitet der Beschluss nicht die Grenze des rechtlichen Könnens, sondern nur die des rechtlichen Dürfens,[126] auch wenn der Regelungsgegenstand den Abschluss einer Vereinbarung oder Einstimmigkeit erfordert hätte.[127] Der Beschluss ist also nicht wegen fehlender Beschlusskompetenz nichtig, sondern nur wegen fehlender Ordnungsmäßigkeit der Regelung **anfechtbar.** 40

bb) Allgemeine Rechtsfehler. Anfechtbar sind außerdem alle Beschlüsse, die aus anderen Rechtsgründen rechtswidrig sind. Ob dies auch für den **Mangel der Bestimmtheit** gilt, ist allerdings umstritten.[128] Jedenfalls dann, wenn der Beschluss eine durchführbare Regelung noch erkennen lässt, die Unbestimmtheit also nicht auf inhaltlicher Widersprüchlichkeit beruht, führt der Mangel nicht zur Nichtigkeit, sondern nur zur Anfechtbarkeit.[129] 41

VI. Der Rechtsanspruch aus Abs. 3

1. Normzweck und Anwendungsbereich

Abs. 3 lehnt sich an die in § 745 Abs. 2 BGB getroffene Regelung an, ergänzt und modifiziert sie. Anders als § 745 Abs. 2 BGB gibt sie primär einen Anspruch auf einen dem Gesetz, den Vereinbarungen sowie Beschlüssen entsprechenden Gebrauch und nur hilfsweise einen Anspruch auf einen Gebrauch, der dem Interesse der Gesamtheit der WEer nach billigem Ermessen entspricht. 42

Die Vorschrift gewährt damit **unterschiedliche Ansprüche.** Der **Anspruch auf zulässigen Gebrauch** sichert die Einhaltung der sich aus §§ 10 Abs. 3, 14 Nr. 1, 15 Abs. 2 ergebenden Schranken der Eigentümerrechte aus § 13. Er tritt als **schuldrechtlicher Anspruch neben** die sich aus Besitz und Eigentum ergebenden **dinglichen Abwehrrechte** (§ 13 Rn 136 f.). Für seine Verjährung gilt § 195 BGB; die Verjährungsfrist beginnt mit der Zuwiderhandlung.[130] 43

Der **Anspruch auf interessengerechten Gebrauch** sichert das sich aus dem mitgliedschaftsrechtlichen Treueprinzip ergebende gegenseitige Rücksichtnahmegebot und geht auf eine **interessengerechte Gebrauchsregelung.** Beide Ansprüche konkretisieren das sich aus dem unter den WEern bestehenden gesetzlichen Schuldverhältnis ohnehin ergebende Recht. Sie sind als schuldrechtliche Ansprüche auf das **Innenverhältnis** der 44

---

125 OLG Düsseldorf ZMR 2002, 613 (614).

126 *Buck* WE 1998, 90 (92); *Wenzel* ZWE 2000, 2 (5); *ders.* ZWE 2001, 226 (230).

127 BGHZ 145, 158 (169) = NJW 2000, 3500.

128 Für Nichtigkeit: BayObLG NZM 2002, 875; OLG Frankfurt OLGZ 1993, 299; KG, OLGZ 1981, 307; Weitnauer/*Lüke,* § 23 Rn 21; für Anfechtbarkeit: BayObLGZ 1971, 313 (318); BayObLG WE 1994, 247; WE 1995, 247; offengelassen: BayObLGZ 1989, 13 (17) = NJW-RR 1989, 656; BayObLG WE 1993, 342.

129 BGHZ 139, 288 (298).

130 OLG Hamm ZMR 2009, 386.

WEer untereinander beschränkt und nicht im Verhältnis zu Dritten gegeben (zB Mieter, § 13 Rn 156).

2. Anspruch auf zulässigen Gebrauch

45 Der Anspruch des WEers auf einen Gebrauch, der dem Gesetz, bestehenden Vereinbarungen und Beschlüssen entspricht, erfasst zunächst den zulässigen **eigenen Gebrauch,** der ihm von den anderen WEern streitig gemacht wird. Er geht dann auf Feststellung des zulässigen Gebrauchs oder auf Gestattung bestimmter Maßnahmen, wie zB das Anbringen von Einbruchssicherungen vor den Fenstern bei konkreter Einbruchsgefahr.[131] Wird der eigene Gebrauch durch andere WEer gestört, kann der gestörte WEer Beseitigung und Unterlassung verlangen.

46 Der Anspruch erfasst aber auch den Gebrauch, den **andere WEer** in unzulässiger Weise von ihrem SE oder dem GemE machen. Er geht insoweit – neben dem Anspruch aus § 1004 BGB (vgl. dazu § 13 Rn 135) – auf Einhaltung der bestehenden Gebrauchsregelung[132] oder auf Unterlassung des unzulässigen Gebrauchs bzw. auf Beseitigung der Störung und Wiederherstellung des ordnungsmäßigen Zustands.[133] Ggf kann der WEer auch die Erteilung einer Auskunft[134] oder die Feststellung der Nichtigkeit einer beschlossenen Maßnahme verlangen.

47 **Passivlegitimiert** ist jeweils der störende WEer. Abs. 3 gewährt keinen Anspruch gegen störende Fremdnutzer (Mieter, Pächter) oder gegen Dritte wie den störenden Grundstücksnachbarn.[135] Hier kommen nur die eigentums- und deliktsrechtlichen Abwehransprüche zur Anwendung. **Aktivlegitimiert** ist der gestörte WEer. Im Falle der Störung des GemEs hat jedoch die WEgem die Möglichkeit, die Ausübung des Anspruchs an sich zu ziehen (§ 10 Rn 253 f.).

3. Anspruch auf interessengerechte Gebrauchsregelung

48 **a) Rechtsnatur.** Der Anspruch auf eine interessengerechte Gebrauchsregelung ist ein **Individualanspruch,** der jedem WEer zusteht,[136] nicht abtretbar ist und nicht der Ausübungsbefugnis der Gemeinschaft unterfällt. Er setzt voraus, dass sich eine solche Regelung weder aus dem Gesetz noch aus einer Vereinbarung oder einem Mehrheitsbeschluss nach Abs. 2 ergibt. Es genügt, dass eine sich daraus ergebende Regelung in einem konkreten Punkt lückenhaft ist und insoweit der Ergänzung durch Vereinbarung oder Beschluss bedarf. Der Anspruch kann also auch auf **Zustimmung zu einer Vereinbarung** gehen, wenn der Gebrauch nach billigem Ermessen nicht anders als durch Vereinbarung geregelt werden kann. Die Vorschrift bietet dagegen – anders als § 745 Abs. 2 BGB[137] – **keine Grundlage für** einen Anspruch auf **Abänderung einer Vereinbarung** oder eines Beschlusses. Ein solcher Anspruch richtet sich vielmehr nach § 10 Abs. 2 S. 3 oder nach § 21 Abs. 4.

49 **b) Durchsetzung des Anspruchs.** Der Anspruch ist, soweit es um den Gebrauch des GemEs geht, ein **Spezialtatbestand** des allgemeinen Anspruchs aus **§ 21 Abs. 4.** Er richtet sich wie dieser **gegen die übrigen WEer** und geht, wenn er auf den Abschluss einer Vereinbarung gerichtet ist, auf Zustimmung zu einem bestimmten Vertragstext. Kann über den Anspruch dagegen durch Beschluss entschieden werden, so ist nach dem Selbstorganisationsprinzip zunächst die WEVers zuständig. Hat sie eine Beschlussfassung verwei-

[131] KG NZM 2001, 341 = ZWE 2001, 534.
[132] BGH NZM 2008, 732.
[133] BayObLG NZM 1999, 29 – Wiederanbringen einer Absperrkette zwischen den Parkplätzen.
[134] Vgl. BayObLG WuM 1994, 156 – Auskunft über die Mieter in einem Studentenwohnheim.
[135] OLG Hamm ZMR 2006, 707 (708).
[136] KG ZMR 2002, 544 (545).
[137] Vgl. BGH NJW 1993, 3326 (3327); MünchKommBGB/*K. Schmidt* §§ 744, 745 Rn 35.

gert[138] oder einen entsprechenden Antrag abgelehnt, kann der Anspruch mit der Regelungsklage nach § 21 Abs. 8 durchgesetzt werden. Vorher fehlt für eine Klage das Rechtsschutzbedürfnis.[139] Sie ist als **Gestaltungsklage** darauf gerichtet, die gebotene, aber nicht beschlossene Regelung durch eine gerichtliche Ermessensentscheidung zu ersetzen.[140] Es handelt sich um eine **Regelungsstreitigkeit.** Passivlegitimiert sind nicht wie bei der Klage auf Zustimmung allein die widersprechenden, sondern alle übrigen WEer.[141] Wegen der Einzelheiten kann auf die Erläuterungen zu 27 Abs. 8 u. § 43 Rn 127f. verwiesen werden.[142] Verweigern die WEer die Verwirklichung des Anspruchs aus Abs. 3 schuldhaft, sind sie nach § 280 BGB zum Schadensersatz verpflichtet.

Der **Regelungsantrag** lautet nicht auf eine bestimmte Gebrauchsregelung, sondern auf **50** eine Regelung nach billigem Ermessen. Nur wenn eine andere Entscheidung nicht in Betracht kommt, kann wegen Ermessensreduktion eine bestimmte Regelung verlangt werden. Zur Bestimmtheit des Antrags genügt es, das Rechtsschutzziel („Parkplatzregelung") und den Rahmen anzugeben, innerhalb dessen die Ermessensentscheidung liegen soll („Rotationsprinzip").

Das Gericht ist bei seiner **Entscheidung** nicht nur an das Gesetz und Vereinbarungen, **51** sondern auch an bestandskräftige Eigentümerbeschlüsse gebunden, sofern nicht die Voraussetzungen für eine Abänderung (vgl. § 10 Rn 167) durch abändernden Beschlusses vorliegen. Dagegen ist das Gericht in seiner Entscheidung nicht durch einen vorangegangenen bestandskräftigen Negativbeschluss eingeschränkt, weil die Wirkung des Beschlusses sich in dem Verbrauch des Beschlussantrags erschöpft und einer erneuten Beschlussfassung oder gerichtlichen Entscheidung nicht entgegensteht (§ 43 Rn 93). Das Gericht kann jedoch immer nur eine solche Gebrauchsregelung treffen, die von den WEern auch nach Abs. 2 beschlossen werden könnte.[143]

c) Verhältnis von Beschlussanfechtung zur Anspruchsdurchsetzung. Haben die **52** WEer über den streitigen Punkt eine Gebrauchsregelung **beschlossen,** so kann der WEer, der seinen Anspruch nach Abs. 3 nicht gewahrt sieht, diesen nur über eine Anfechtung iVm einem entsprechenden Regelungsantrag durchsetzen, weil das Gericht an einen bestandskräftig gewordenen Beschluss gebunden wäre und für eine selbstständige Gestaltungsklage das Rechtsschutzinteresse fehlt. Fassen die WEer während des Verfahrens einen entsprechenden Zweitbeschluss, hat sich die Hauptsache erledigt, sofern nicht ein weitergehendes Anfechtungsinteresse fortwirkt.

Haben die WEer eine Beschlussfassung **verweigert,** so kann unmittelbar Gestaltungs- **53** klage erhoben werden, die sich ebenfalls erledigt, wenn der Beschluss doch noch gefasst wird. Will ein anderer WEer eine andere Regelung durchsetzen, muss er Widerklage erheben. Haben die WEer einen entsprechenden Beschluss mit Mehrheit **abgelehnt,** so kann der WEer auch ohne Anfechtung dieses Negativbeschlusses Regelungsklage erheben.

§ 16 Nutzungen, Lasten und Kosten

(1) [1]Jedem Wohnungseigentümer gebührt ein seinem Anteil entsprechender Bruchteil der Nutzungen des gemeinschaftlichen Eigentums. [2]Der Anteil bestimmt sich nach dem gemäß § 47 der Grundbuchordnung im Grundbuch eingetragenen Verhältnis der Miteigentumsanteile.

---

[138] KG NJW-RR 1994, 912 – Parkplatzverteilung.

[139] BGHZ 156, 192 (205) = NJW 2003, 3476.

[140] BGHZ 156, 192 (204) = NJW 2003, 3476; iE *Merle* ZWE 2008, 9.

[141] BGHZ 156, 192 (204) = NJW 2003, 3476; iE *Merle* ZWE 2008, 9.

[142] IE auch *Merle* ZWE 2008, 9.

[143] BayObLG MDR 1981, 145; KG NJW 1972, 691; vgl. auch MünchKomm-BGB/*K. Schmidt* §§ 744, 745 Rn 37

(2) **Jeder Wohnungseigentümer ist den anderen Wohnungseigentümern gegenüber verpflichtet, die Lasten des gemeinschaftlichen Eigentums sowie die Kosten der Instandhaltung, Instandsetzung, sonstigen Verwaltung und eines gemeinschaftlichen Gebrauchs des gemeinschaftlichen Eigentums nach dem Verhältnis seines Anteils (Absatz 1 Satz 2) zu tragen.**

(3) **Die Wohnungseigentümer können abweichend von Absatz 2 durch Stimmenmehrheit beschließen, dass die Betriebskosten des gemeinschaftlichen Eigentums oder des Sondereigentums im Sinne des § 556 Abs. 1 des Bürgerlichen Gesetzbuches, die nicht unmittelbar gegenüber Dritten abgerechnet werden, und die Kosten der Verwaltung nach Verbrauch oder Verursachung erfasst und nach diesem oder nach einem anderen Maßstab verteilt werden, soweit dies ordnungsmäßiger Verwaltung entspricht.**

(4) **[1] Die Wohnungseigentümer können im Einzelfall zur Instandhaltung oder Instandsetzung im Sinne des § 21 Abs. 5 Nr. 2 oder zu baulichen Veränderungen oder Aufwendungen im Sinne des § 22 Abs. 1 und 2 durch Beschluss die Kostenverteilung abweichend von Absatz 2 regeln, wenn der abweichende Maßstab dem Gebrauch oder der Möglichkeit des Gebrauchs durch die Wohnungseigentümer Rechnung trägt. [2] Der Beschluss zur Regelung der Kostenverteilung nach Satz 1 bedarf einer Mehrheit von drei Viertel aller stimmberechtigten Wohnungseigentümer im Sinne des § 25 Abs. 2 und mehr als der Hälfte aller Miteigentumsanteile.**

(5) **Die Befugnisse im Sinne der Absätze 3 und 4 können durch Vereinbarung der Wohnungseigentümer nicht eingeschränkt oder ausgeschlossen werden.**

(6) **[1] Ein Wohnungseigentümer, der einer Maßnahme nach § 22 Abs. 1 nicht zugestimmt hat, ist nicht berechtigt, einen Anteil an Nutzungen, die auf einer solchen Maßnahme beruhen, zu beanspruchen; er ist nicht verpflichtet, Kosten, die durch eine solche Maßnahme verursacht sind, zu tragen. [2] Satz 1 ist bei einer Kostenverteilung gemäß Absatz 4 nicht anzuwenden.**

(7) **Zu den Kosten der Verwaltung im Sinne des Absatzes 2 gehören insbesondere Kosten eines Rechtsstreits gemäß § 18 und der Ersatz des Schadens im Falle des § 14 Nr. 4.**

(8) **Kosten eines Rechtsstreits gemäß § 43 gehören nur dann zu den Kosten der Verwaltung im Sinne des Absatzes 2, wenn es sich um Mehrkosten gegenüber der gesetzlichen Vergütung eines Rechtsanwalts aufgrund einer Vereinbarung über die Vergütung (§ 27 Abs. 2 Nr. 4, Abs. 3 Nr. 6) handelt.**

Übersicht

Literatur: *Abramenko,* Die Freistellung von Kosten für bauliche Veränderungen gem. § 16 Abs. 3 WEG nach dem Ende des „Zitterbeschlusses", ZMR 2003, 468; *ders.,* Heizkostenverteilung und Beschlusskompetenz nach bisherigem und künftigem Recht, ZWE 2007, 61; *Alff/Hintzen,* Hausgelder in der Zwangsversteigerung und Zwangsverwaltung, Rpfleger 2008, 165; *Armbrüster,* Gebrauchsvorteile und Kostenlast bei baulichen Veränderungen am Gemeinschaftseigentum, ZfIR 1998, 395; *ders.,* Verteilung der Folgekosten beim Dachausbau, ZWE 2001, 85; *ders.,* Die Kosten des Gebrauchs des Sondereigentums, ZWE 2002, 145; *ders.,* Zu § 16 Abs. 2 WEG/E: Beschlusskompetenz zur Regelung von Kosten der Instandhaltung und baulicher Veränderungen, ZWE 2005, 139; *ders.,* Bauliche Veränderungen und Aufwendungen gemäß § 22 Abs. 1 WEG und Verteilung der Kosten gemäß § 16 Abs. 4 und 6 WEG, ZWE 2008, 61; *Becker,* Die Abrechnung der Verfahrenskosten in Wohnungseigentumssachen, MietRB 2004, 25; *ders.,* Zu § 16 Abs. 2 WEG/E: Beschlusskompetenz für Betriebskosten, ZWE 2005, 136; *ders.,* Beschlusskompetenz zur Verteilung der Heizkosten kraft Öffnungsklausel, ZWE 2006, 226; *ders.,* Die Verteilung der Kosten des Betriebs und der Verwaltung (§ 16 Abs. 3 WEG), ZWE 2008, 217; *ders.,* Einbau eine Aufzugsanlage: Regelungen zu den Instandhaltungs- und Instandsetzungskosten, GE 2008, 1412; *Bielefeld,* Änderung der Kostenverteilung durch mehrheitliche Beschlussfassung, DWE 2007, 115; *Bräuer/Opitz,* Hausgeldforderungen in der Zwangsversteigerung, ZWE 2007, 339; *Briesemeister,* Regelungen zur Tragung der Kosten des Gemeinschaftseigentums, ZWE 2002, 241; *ders.,* Die Beschlusskompetenz zur Regelung der Kosten des Gemeinschaftseigentums, DWE 2005, 157; *Bub,* Der Einbau von Kaltwasserzählern zur verbrauchsabhängigen Abrechnung der Wasserkosten, DWE 2001, 90; *ders.,* Einbau von Kaltwasserzählern, ZWE 2001, 457; *ders.,* Maßnahmen der Modernisierung und Anpassung an den Stand der Technik (§ 22 Abs. 2 WEG) und Verteilung der Kosten gem. § 16 Abs. 4 WEG, ZWE 2008, 205; *Deckert,* Die Verteilung der Prozesskosten in der Jahresabrechnung, ZWE 2009, 63; *Derleder,* Die Realisierung des Vorrangs des

Hausgeldes bei der Zwangsversteigerung und Zwangsverwaltung von Eigentumswohnungen, ZWE 2008, 13; *ders.*, Die neuen Mehrheitsbefugnisse der WEer nach der WEG-Reform, ZWE 2008, 253; *Drasdo,* Nochmals: Die Abrechnung der Kaltwasserkosten unter Wohnungs- und Teileigentümern, NZM 2001, 886; *ders.,* Die Zwangsverwaltung von Wohnungseigentum, ZWE 2006, 68; *Elzer,* Die Kostenverteilung bei Instandhaltungen und Instandsetzungen sowie bei modernisierenden Instandsetzungen, ZWE 2008, 153; *Fritsch,* Die erweiterte Beschlusskompetenz zur Verteilung von Betriebs- und Verwaltungskosten, MietRB 2007, 244; *Gottschalg,* Kostentragung, Kostenverteilung und Kostenbefreiung nach den neuen Bestimmungen des WEG, DWE 2007, 40; *ders.,* Kostenverteilung bei baulichen Veränderungen, NZM 2004, 529; *Greiner,* Abfallgebühren als Kosten des Sondereigentums – oder: das Recht auf die eigene Mülltonne, ZMR 2004, 319; *ders.,* Rechtsfragen der Abfallgebühren in WEergemeinschaften, ZMR 2000, 717; *Häublein,* Die Stärkung der Mehrheitsmacht durch zwingende Beschlusskompetenz – Überlegungen zu den Abänderungsverboten im novellierten WEG, FS für Bub (2007), S. 113; *ders.,* Die Willensbildung in der WEergemeinschaft nach der WEG-Novelle, ZMR 2007, 409; *ders.,* Zustandekommen und Wirksamkeit von WEerbeschlüssen über bauliche Veränderungen, NJW 2005, 1466; *ders.,* Kostenverteilungsschlüssel in der Gemeinschaftsordnung unter besonderer Berücksichtigung „bauträgerfreundlicher" Regelungen, PiG 69, 41; *ders.,* Bauliche Veränderungen nach der WEG-Novelle – neue Fragen und alte Probleme in „neuem Gewand", NZM 2007, 757; *ders.,* Die Verteilung der Folgekosten bei Baumaßnahmen, ZWE 2008, 368; *Hügel,* Die verbrauchsabhängige Verteilung der Kosten von Sonder- und Gemeinschaftseigentum, ZWE 2005, 204; *ders.,* Die Verteilung der Kosten eines gerichtlichen Verfahrens und erhöhter Gebührensätz für Rechtsanwälte in der Jahresabrechnung, ZWE 2008, 265; *Hogenschurz,* Die Abrechnung von Kabelanschluß- und Abfallgebühren nach der Entscheidung des BGH, ZMR 2003, 901; *ders.,* Die Verteilung der Kosten von baulichen Veränderungen, MietRB 2005, 23; *Jennißen,* Die Einführung einer verbrauchsabhängigen Heizkostenabrechnung bei Eigentümergemeinschaften, MietRB 2005, 21; *ders.,* Die verbrauchsabhängige Heiz- und Warmwasserkostenabrechnung im Wohnungseigentum, FS für Blank (2006), S. 635; *ders.,* Verfahrenskostenverteilung im Innenverhältnis der WEer, NZM 2007, 510; *Kuhla,* Prozesskostenvorschüsse aus der Gemeinschaftskasse, ZWE 2009, 196; *Lützenkirchen,* Beschlüsse über abweichende Verteilungsmaßstäbe: Was sind Betriebskosten im Sinne von § 16 Abs. 3 WEG?, GE 2008, 1274; *Meffert,* Beschlusskompetenz der WEer für Kostenregelungen gem. § 16 Abs. 3 und 4 WEG n. F., ZMR 2007, 667; *Merle,* Beschlusskompetenz und Kostentragung, ZWE 2001, 342; *ders.,* Entgelte für die Nutzung von Gemeinschaftseigentum und Mehrheitsbeschluss, ZWE 2006, 128; *ders.,* Zur Feststellung des Beschlussergebnisses bei Vereinbarungen zur Stimmkraft, ZWE 2009, 15; *Ott,* Die Zustimmung zu baulichen Veränderungen und zur Kostentragung, ZWE 2002, 61; *Schmid,* Änderung der Heizkostenverteilung nach § 16 Abs. 3 WEG n. F., ZMR 2007, 844; *ders.,* Novellierung der HeizkostenVO, NZM 2009, 104; *ders.,* Novellierung der Heizkostenverordnung zum 1. 1. 2009, ZMR 2009, 172; *ders.,* Änderung des Kostenverteilungsmaßstabs nach § 16 Abs. 3 WEG, MietRB 2010, 61; *J.-H. Schmidt,* Neue Möglichkeiten der Kostenverteilung bei baulichen Maßnahmen in Wohnungseigentumsanlagen, ZMR 2007, 913; *ders.,* Anfechtungsprozess – Prozesskostenverteilung vor rechtskräftiger gerichtlicher Entscheidung, MietRB 2009, 151; *Schneider,* Der dingliche Charakter von Hausgeldansprüchen gem. § 10 Abs. 1 Nr. 2 ZVG, ZMR 2009, 165; *ders.,* Ausgewählte Fragestellungen zur Immobiliarvollstreckung nach der WEG-Novelle 2007, ZfIR 2008, 161; *Stähling,* Rechtsverfolgungskosten in der Jahresabrechnung, NZM 2006, 766; *Vallender,* Wohnungseigentum in der Insolvenz, NZI 2004, 801; *Wenzel,* Die Zahlungspflichten des Zwangsverwalters ggü. der WEer-Gemeinschaft, ZWE 2005, 277.

I. Allgemeines

1. Der Normzweck

1 Die Vorschriften regeln die Verteilung der Nutzungen sowie der Lasten und Kosten des GemE im **Innenverhältnis** der WEer. Anknüpfend an die Regelungen über die Bruchteilsgemeinschaft (§§ 743 Abs. 1 und 748 BGB) lassen die Abs. 1 und 2 folgenden Grundgedanken erkennen: Jeder WEer ist im Verhältnis der im Grundbuch eingetragenen ME-Anteile an den Nutzungen des GemE beteiligt (Abs. 1); in demselben Verhältnis ist er aber auch verpflichtet, die Lasten und Kosten des GemE zu tragen (Abs. 2). In demselben Maße wie den WEern die Vorteile des GemE zugute kommen, sollen sie auch die Lasten und Kosten tragen. Derselbe Grundgedanke kehrt sich in Abs. 6 um: Ein WEer, dem die

Vorteile aus einer baulichen Veränderung des GemE mangels Zustimmung zu dieser Maßnahme nicht zustehen, soll auch nicht verpflichtet sein, die durch die Maßnahme verursachten Kosten zu tragen.

Als **Verteilungsmaßstab** bestimmt Abs. 1 Satz 2 das Verhältnis der im Grundbuch eingetragenen ME-Anteile. Im Interesse der Rechtssicherheit sah der Gesetzgeber im Jahre 1951 davon ab, eine Verteilung nach dem tatsächlichen Wertverhältnis der Sondereigentumsrechte zu bestimmen. In der Regel sei anzunehmen, dass den wertbildenden Faktoren – nutzbare Grundfläche, Lage und Beschaffenheit des SE – bei der Bestimmung der ME-Anteile Rechnung getragen werde. Der Gesetzgeber ging seinerzeit noch von dem Regelfall der vertraglichen Begründung von WE nach § 3 aus und nahm an, dass jeder WEer als Vertragspartei auf eine genaue Bestimmung seiner Anteile hinwirken werde.[1] In der Praxis hat sich jedoch die Begründung durch Teilung nach § 8 durchgesetzt, so dass es dem teilenden Bauträger obliegt, die ME-Anteile ohne Mitwirkung der künftigen Erwerber festzulegen. Die Erwerber sind an eine Verteilung nach Maßgabe der im GB eingetragenen ME-Anteile gebunden, auch wenn sich der Verteilungsmaßstab von Anfang an oder später auf Grund veränderter Umstände als unangemessen erweist. In diesen Fällen konnten die WEer vor Inkrafttreten der WEG-Reform 2007 den Verteilungsmaßstab nur durch Vereinbarung ändern. Ein Mehrheitsbeschluss zur Änderung der Kostenverteilung konnte mangels Beschlusskompetenz nicht in Bestandskraft erwachsen;[2] er war von Anfang an als nichtig anzusehen, sofern nicht in der GemO eine entsprechende Beschlussermächtigung (sog. Öffnungsklausel) vereinbart war. Nur wenn außergewöhnliche Umstände ein Festhalten an der geltenden Kostenverteilung als grob unbillig erscheinen ließen, konnte ein WEer eine Änderung des Verteilungsmaßstabes verlangen (Rn 69).[3] 2

Um die Änderung des Verteilungsmaßstabes zu erleichtern, hat das **Gesetz zur Änderung des WEG**[4] die Abs. 3 bis 5 neu eingefügt. Seither können die WEer ohne Rücksicht auf eine vereinbarte Öffnungsklausel eine von Abs. 2 abweichende Verteilung der Betriebskosten und der Kosten der Verwaltung mit einfacher Stimmenmehrheit beschließen (Abs. 3). Darüber hinaus können die WEer durch qualifizierten Mehrheitsbeschluss im Einzelfall auch die Kosten der Instandhaltung und Instandsetzung sowie die Kosten baulicher Maßnahmen abweichend von Abs. 2 verteilen (Abs. 4). Die Beschlusskompetenzen sind zwingend ausgestaltet; sie können durch Vereinbarung nicht eingeschränkt oder ausgeschlossen werden (Abs. 5). 3

Die übrigen Vorschriften stellen lediglich klar, welche besonderen Kosten zu den Kosten der Verwaltung gehören, die nach dem jeweils geltenden Verteilungsmaßstab auf alle WEer zu verteilen sind. Alle WEer haben die Kosten einer Entziehungsklage nach § 18 und die zur Erfüllung eines Ersatzanspruchs nach § 14 Nr. 4 aufgewendeten Kosten zu tragen (Abs. 7). Von den Kosten eines Rechtsstreits in WE-Sachen nach § 43 sind lediglich die Mehrkosten aus einer Vergütungsvereinbarung gem. § 27 Abs. 2 Nr. 4, Abs. 3 Nr. 6 nach dem allgemeinen Verteilungsmaßstab umzulegen (Abs. 8);[5] die übrigen Kosten des Rechtsstreits sollen der gerichtlichen Kostenentscheidung vorbehalten bleiben (Rn 152 ff.).[6] 4

---

[1] Begründung zu § 16, BR-Drucks. 75/51, PiG 8, S. 223 (232).

[2] BGHZ 145, 158 (169) = NJW 2000, 3500 = ZWE 2000, 518; vgl. die Begründung zu § 16, BR-Drucks. 75/51, PiG 8, 221 (224): „Zu betonen ist, dass die Vorschriften des § 16 durch Vereinbarung der Beteiligten abgeändert werden können; dagegen unterliegen sie keiner Änderung durch Mehrheitsbeschluss."

[3] BGHZ 156, 192 (202) = NJW 2003, 3476 (3477) = ZWE 2004, 66 m. Anm. *Ott;* BGHZ 160, 354 (358) = NJW 2004, 3413 = ZWE 2005, 72 m. Anm. *Hügel.*

[4] Gesetz zur Änderung des Wohnungseigentumsgesetzes und anderer Gesetze vom 26. 3. 2007, BGBl. I, S. 370.

[5] Beschlussempfehlung des Rechtsausschusses, BT-Drucks. 16/3843, S. 50.

[6] BGHZ 171, 335 (341) = ZMR 2007, 623 (625) = NJW 2007, 1869.

2. Das Verhältnis zu § 28

5 Die Vorschriften des § 16 regeln nur die Frage, wie Nutzungen, Lasten und Kosten im Verhältnis der WEer zu verteilen sind. Obgleich die Abs. 1 und 2 nahezu denselben Wortlaut haben wie die §§ 743 Abs. 1, 748 BGB, bestehen erhebliche Unterschiede im Vergleich zur Bruchteilsgemeinschaft. Entgegen ihrem Wortlaut sind Abs. 1 („gebührt") und Abs. 2 („ist verpflichtet") idR **keine Anspruchsgrundlagen,** auf die ein WEer sein Begehren auf Herausgabe anteiliger Nutzungen bzw. die Gemeinschaft ihren Anspruch auf Kostenbeiträge stützen kann.[7] Derartige Ansprüche der Gemeinschaft bzw. der einzelnen WEer werden grds. erst durch **Beschluss der WEer** begründet.[8] Die genannten Vorschriften werden insoweit durch das Finanz- und Rechnungswesen gem. § 28 überlagert und teilweise verdrängt.[9]

6 Gem. § 28 Abs. 5 beschließen die WEer über den **Wirtschaftsplan** und die **Jahresabrechnung.** Der Wirtschaftsplan enthält die anteilsmäßige Verpflichtung der WEer zur Lasten- und Kostentragung sowie die Beitragsleistung zur Instandhaltungsrücklage (§ 28 Abs. 1 Satz 2 Nr. 2 und 3). Erst auf der Grundlage des beschlossenen Wirtschaftsplans sind die WEer gem. § 28 Abs. 3 verpflichtet, entsprechende Beitragsvorschüsse zu leisten (§ 28 Rn 32). Entstehen der Gemeinschaft außerplanmäßige Kosten, etwa im Rahmen der Instandhaltung oder Instandsetzung des GemE, so können die WEer durch Beschluss Beitragspflichten zu einer **Sonderumlage** begründen. Weist die Einzelabrechnung nach Ende des Wirtschaftsjahres für einen WEer einen negativen Saldo aus, so begründet der Beschluss der Einzelabrechnung eine entsprechende Nachzahlungspflicht des WEers (§ 28 Rn 46). Auch die Nutzungen des GemE, etwa die Einnahmen der Gemeinschaft aus Vermietung oder Verpachtung, werden als Einnahmen in die Jahresabrechnung eingestellt und ggü. den WEern abgerechnet. Dem einzelnen WEer gebührt also der Anteil an den Nutzungen, soweit die beschlossene Jahresabrechnung für ihn ein Abrechnungsguthaben ausweist (Rn 17).

3. Gestaltungsmöglichkeiten

7 Die Vorschriften der § 16 Abs. 1 und 2 sind durch **Vereinbarung** abdingbar. Insbesondere können die WEer vereinbaren, die Nutzungen, Lasten und Kosten des GemE anstatt nach ME-Anteilen nach einem anderen Verteilungsmaßstab, etwa nach Wohn- bzw. Nutzfläche, zu verteilen (Rn 44 ff.). Um gegen **Sondernachfolger** zu wirken, muss die Vereinbarung als Inhalt des SEs im GB eingetragen sein (§ 10 Abs. 3). Nicht im GB eingetragene Vereinbarungen wirken im Verhältnis der an ihr beteiligten WEer. Kommt es zu einem Eigentümerwechsel im Wege der Sondernachfolge, so wird die Vereinbarung absolut unwirksam, es sei denn, dass sie zu Gunsten des Sondernachfolgers wirkt oder dieser mit Zustimmung der übrigen WEer den Beitritt zur Vereinbarung erklärt.[10] Eine relative Unwirksamkeit nur ggü. dem Sondernachfolger kommt insbesondere bei Vereinbarungen über den Verteilungsschlüssel nicht in Betracht, da eine Verteilung der Nutzungen, Lasten und Kosten nach verschiedenen Maßstäben – teilweise nach Wohn- bzw. Nutzfläche, teilweise nach ME-Anteilen – im Verhältnis der WEer praktisch undurchführbar wäre.

---

[7] Staudinger/*Bub* § 16 Rn 5.

[8] BGHZ 104, 197 (202 f.) = NJW 1988, 1910; NJW 1999, 3713 (3714); BayObLG ZWE 2002, 522 (523); OLG Zweibrücken ZWE 2002, 542 (543); OLG Köln ZMR 2008, 478 (479).

[9] *Bub,* Finanz- und Rechnungswesen, Rn 10.

[10] BGH ZWE 2002, 398 (399) = NJW 2002, 2863; OLG Düsseldorf ZWE 2001, 383 (385); OLG Hamburg ZMR 2002, 216 (217); OLG Köln NZM 2001, 1135 = ZMR 2002, 73 = DNotZ 2002, 223 (227) m. Anm. *Häublein;* BayObLG NZM 2003, 321 (322); KG NJW-RR 1991, 213; Staudinger/*Bub* § 16 Rn 23; *Wenzel,* FS für Deckert (2002), S. 519 (525); *Häublein,* PiG 69, 41 (51); aA *Ott,* Sondernutzungsrecht, S. 47 ff.

Die **Beschlusskompetenzen** zur abweichenden Verteilung der Kosten **nach § 16 Abs. 3 und 4** können jedoch gem. Abs. 5 nicht durch Vereinbarung eingeschränkt oder ausgeschlossen werden. Die dort geregelten Befugnisse der Mehrheit sind vereinbarungsfest (Rn 136). Entsprechendes gilt für die Verteilung der Kosten eines Rechtsstreits in WE-Sachen gem. Abs. 8. Die Verteilung der Kosten soll hier allein der Kostenentscheidung des Gerichts vorbehalten bleiben (Rn 152 ff.). 8

II. Nutzungen (Abs. 1)

1. Nutzungen des gemeinschaftlichen Eigentums

a) Der Begriff der Nutzungen. Gem. § 16 Abs. 1 gebührt jedem WEer ein seinem Anteil entspr. Bruchteil der Nutzungen des GemE. Abweichend von § 100 BGB sind „Nutzungen" iS dieser Vorschrift lediglich die unmittelbaren und mittelbaren Sach- und Rechtsfrüchte, nicht aber die Gebrauchsvorteile des GemE.[11] Der nicht teilbare Mitgebrauch des GemE ist in § 13 Abs. 2 Satz 1 geregelt. Nur wegen der „sonstigen Nutzungen" verweist § 13 Abs. 2 Satz 2 auf § 16. Das Gesetz unterscheidet hier in derselben Weise Früchte und Gebrauchsvorteile des GemE wie § 743 Abs. 1 und 2 BGB im Recht der Bruchteilsgemeinschaft. 9

Unmittelbare Sachfrüchte des GemE sind gem. § 99 Abs. 1 BGB die **Erzeugnisse** des gemeinschaftlichen Grundstücks, etwa Obst, Gemüse, Blumen oder das Holz gefällter Bäume. Zu den mittelbaren Sachfrüchten iSv § 99 Abs. 3 BGB gehören die **Einnahmen aus Vermietung und Verpachtung** gemeinschaftlicher Gegenstände. In Betracht kommen etwa Einnahmen aus der Vermietung von KfZ-Stellplatzflächen, Kellerräumen, Teilen der Fassade zu Werbezwecken oder von Dachflächen an einen Mobilfunkbetreiber. Auch **Entgelte für die Nutzung** gemeinschaftlicher Einrichtungen, etwa für die Nutzung von Sauna und Schwimmbad oder einer gemeinschaftlichen Waschmaschine, gehören zu den Früchten. Entsprechendes gilt für die **Nutzungsentschädigung,** die die Gemeinschaft von einem WEer verlangen kann, der unberechtigt seine Dachgeschosswohnung unter Inanspruchnahme von Gemeinschaftseigentum erweitert.[12] Zu den sonstigen Nutzungen gehören auch die **Rechtsfrüchte des Verwaltungsvermögens** (§ 10 Abs. 7), etwa Zinserträge aus Bankguthaben im Rahmen der Verwaltung gemeinschaftlicher Gelder. 10

b) Einziehung und Erwerb der Früchte. Die **Einziehung** der Früchte ist eine Angelegenheit der Verwaltung des GemE, die den WEern gem. § 21 Abs. 1 gemeinschaftlich zusteht. Im Rahmen einer ordnungsmäßigen Verwaltung können sie über die Art und Weise der Fruchtziehung gem. § 21 Abs. 3 durch Mehrheitsbeschluss entscheiden.[13] Ohne besondere Ermächtigung durch Vereinbarung oder Beschluss der WEer ist der Verwalter nicht berechtigt, über die Art und Weise der Fruchtziehung zu entscheiden; er ist gem. § 27 Abs. 1 Nr. 4 und 5 lediglich berechtigt, die Früchte entgegenzunehmen. Durch Vereinbarung oder Beschluss können auch einzelne WEer ermächtigt sein, für die Gemeinschaft Früchte zu Händen des Verwalters einzuziehen. Der einzelne WEer darf Früchte des GemE im eigenen Interesse einziehen, soweit ihm durch Vereinbarung ein Sondernutzungsrecht, etwa an einer Gartenfläche, eingeräumt ist. 11

Von der Zuständigkeit zur Einziehung der Früchte ist die Frage ihrer dinglichen **Rechtszuordnung** zu unterscheiden. Insbesondere wenn Drittgläubiger wegen einer Forderung gegen die Gemeinschaft vollstrecken, stellt sich die Frage, ob die eingezogenen Früchte als 12

[11] Staudinger/*Bub* § 16 Rn 64; Niedenführ/Kümmel/Vandenhouten/*Niedenführ* § 16 Rn 32; Palandt/*Bassenge* WEG § 16 Rn 17; aA Jennißen/*Jennißen* § 16 Rn 5.

[12] KG ZMR 2004, 377 = MietRB 2004, 236 m. Anm. *Ott;* OLG Düsseldorf MietRB 2005, 38 m. Anm. *Reichert.*

[13] Staudinger/*Bub* § 16 Rn 72; Weitnauer/*Gottschalg* § 16 Rn 7.

Vollstreckungsgegenstand zum **Verwaltungsvermögen** der Gemeinschaft iSv § 10 Abs. 7 oder zum **Bruchteilseigentum** der WEer gehören. **Erzeugnisse** des GemE, etwa das Holz gefällter Bäume, gehören gem. § 953 BGB auch nach der Trennung vom Grundstück grds. zum GemE der WEer.[14] Die bloße Trennung vom Grundstück hat nicht ohne weiteres zur Folge, dass die Erzeugnisse dem Verwaltungsvermögen zuzuordnen sind.[15] Erst wenn ein hierzu ermächtigter Verwalter oder ein WEer im Rahmen der Verwaltung getrennte Erzeugnisse für die Gemeinschaft in Besitz nimmt, gehören diese entspr. § 956 BGB zum Verwaltungsvermögen. Macht hingegen ein zur Sondernutzung berechtigter WEer von seinem Aneignungsrecht Gebrauch, so erwirbt er das Eigentum an den getrennten Erzeugnissen. Erfolgt die Trennung allerdings durch einen hierzu nicht berechtigten WEer, so stehen die Erzeugnisse weiterhin allen WEern nach Bruchteilen zu. Die Zuordnung zum Miteigentum nach Bruchteilen wirkt sich in der Praxis nicht aus, wenn die Gemeinschaft den unberechtigten Besitzer auf Herausgabe der Erzeugnisse in Anspruch nimmt (§ 985 BGB). Gem. § 10 Abs. 6 Satz 3 kann die Gemeinschaft gemeinschaftsbezogene Herausgabensprüche aus dem Miteigentum geltend machen.

13 **Rechtsfrüchte** des GemE, insbesondere die Einnahmen aus Vermietung und Verpachtung, stehen idR im Verwaltungsvermögen der Gemeinschaft (§ 10 Abs. 7). Miet- und Pachtzinsen werden von der Gemeinschaft als Vertragspartner des Mieters bzw. Pächters vereinnahmt. Etwas anderes gilt jedoch, wenn ein WEer GemE vermietet. Selbst wenn er Gegenstände des GemE unberechtigt vermietet, steht im das Entgelt aus dem Vertragsverhältnis zu. Die Gemeinschaft hat gegen ihn lediglich einen Anspruch auf Nutzungsentschädigung.[16]

2. Die anteilige Berechtigung

14 **a) Der Verteilungsmaßstab.** Die anteilige Beteilung der WEer an den Früchten ihres GemE einschließlich des Verwaltungsvermögens der Gemeinschaft richtet sich gem. § 16 Abs. 1 Satz 2 nach dem Verhältnis der im GB eingetragenen **ME-Anteile.** Der gesetzliche Verteilungsmaßstab kann durch **Vereinbarung** gem. § 10 Abs. 3 abgeändert werden. Die WEer können etwa vereinbaren, die Nutzungen nach dem Verhältnis der Wohn- und Nutzflächen des SE zu verteilen. Durch Vereinbarung kann die Verteilung je nach Art der Nutzungen auch unterschiedlich geregelt werden. Bestimmte Nutzungen, etwa die Nutzungen von Garagen oder Stellplätzen, können durch Vereinbarung von Sondernutzungsrechten ausschließlich einzelnen WEern zugewiesen werden. Es empfiehlt sich, die Nutzungen nach demselben Maßstab zu verteilen, wie die Lasten und Kosten des GemE (Rn 44 ff.).

15 Der vereinbarte Maßstab zur Verteilung der Nutzungen braucht jedoch nicht zwingend mit dem Verteilungsmaßstab der Lasten und Kosten übereinzustimmen. Eine Divergenz ergibt sich, wenn die WEer von ihrer Beschlusskompetenz aus § 16 Abs. 3 und 4 zur abweichenden Kostenverteilung Gebrauch machen. Diese Vorschrift räumt den WEern keine Kompetenz ein, den Verteilungsmaßstab für die Nutzungen durch **Beschluss** abzuändern.[17] Der Beschluss zur Änderung des Verteilungsmaßstabs ist nichtig, es sei denn, den WEern ist durch Vereinbarung einer Öffnungsklausel eine entspr. Beschlusskompetenz eingeräumt.

16 Mangels einer abweichenden Vereinbarung sind die Nutzungen auch dann noch im Verhältnis der im GB eingetragenen ME-Anteile zu verteilen, wenn ein WEer von seinem

[14] Weitnauer/*Briesemeister* § 1 Rn 10; Staudinger/*Rapp* Einl Rn 46; Riecke/Schmid/*Elzer* § 16 Rn 147.

[15] So aber Staudinger/*Bub* § 16 Rn 73; aA *ders.* ZWE 2007, 15 (18) für den Eigentumserwerb nach § 946 BGB.

[16] KG ZMR 2004, 377 = MietRB 2004, 236 m. Anm. *Ott.*

[17] Riecke/Schmid/*Elzer* § 16 Rn 142; vgl. OLG Düsseldorf NZM 2003, 28.

in der TE eingeräumten Recht Gebrauch macht, die Fläche seines SE durch eine Baumaßnahme zu vergrößern. In diesem Fall besteht idR kein **Anspruch auf Anpassung** der ME-Anteile an das veränderte Verhältnis der Wohn- und Nutzflächen.[18] Gem. § 10 Abs. 2 Satz 3 kann ein WEer jedoch eine vom Gesetz abweichende Verteilung der Nutzungen verlangen, soweit ein Festhalten an dem gesetzlichen Verteilungsmaßstab aus schwerwiegenden Gründen unter Berücksichtigung aller Umstände des Einzelfalles, insbesondere der Rechte und Interessen der anderen WEer, unbillig erscheint (Rn 69).[19]

b) Der Anspruch auf Auskehr. Die Vorschrift des § 16 Abs. 1 Satz 1 räumt dem einzelnen WEer keinen unmittelbaren Anspruch auf Auskehr des ihm gebührenden Anteils an den Nutzungen ein. Im Rahmen der ordnungsmäßigen Verwaltung sind die Nutzungen, insbesondere die **Einnahmen und Erträge,** zunächst zur Deckung der Lasten und Kosten iSv § 16 Abs. 2 zu verwenden. Deshalb gebührt den WEern von vornherein nur ein Anteil am **Reinertrag nach Abzug der Lasten und Kosten.**[20] Die Einnahmen werden in der Jahresabrechnung den Ausgaben gegenübergestellt und nach Maßgabe des jeweils geltenden Verteilungsschlüssels auf die einzelnen WEer verteilt. Ergibt sich für den Einzelnen ein Überschuss, so kann er von der Gemeinschaft nicht ohne weiteres die Auszahlung verlangen. Die WEer entscheiden durch **Beschluss,** ob der Überschuss an die WEer ausgekehrt oder mit künftigen Beitragsvorschüssen zur Lasten- und Kostentragung verrechnet wird (§ 28 Rn 117).[21] Gegen die Grundsätze der ordnungsmäßigen Verwaltung verstößt der Beschluss, die Früchte ohne Berichtigung der Lasten und Kosten vorab auszukehren. Der Beschluss ist ebenso anfechtbar wie der Beschluss, den Überschuss der Instandhaltungsrücklage zuzuführen.[22] 17

Erst der **Anspruch auf Auskehrung** eines Überschusses aus dem Beschluss der Jahresabrechnung ist selbstständig abtretbar, verpfändbar und pfändbar. Der dem WEer aus § 16 Abs. 1 gebührende Anteil ist hingegen untrennbar mit dem WE verbunden; er kann nicht isoliert abgetreten, verpfändet oder gepfändet werden.[23] Entsprechendes gilt für den Anspruch des WEers auf Abrechnung.[24] Ein Grundpfandgläubiger kann lediglich in das belastete WE vollstrecken. 18

Besonderheiten gelten für die Verteilung und **Auskehr von Erzeugnissen,** die zum persönlichen Verbrauch bestimmt sind. Auch hier hängt es von einem Beschluss der WEer ab, ob die Erzeugnisse in Natur verteilt oder verkauft werden sollen. Der Verkäufserlös der Gemeinschaft ist wiederum als Einnahme in die Jahresabrechnung einzustellen und mit den Lasten und Kosten zu verrechnen. 19

3. Der Ausschluss von den Nutzungen

Gem. § 16 Abs. 6 Satz 1 Hs. 1 ist ein WEer, der einer baulichen Veränderung iSv § 22 Abs. 1 nicht zugestimmt hat, nicht berechtigt, einen Anteil an den Nutzungen zu beanspruchen, die auf einer solchen Maßnahme beruhen (siehe Rn 148 ff.). Darüber hinaus kann der einzelne WEer nur durch **Vereinbarung** von den Nutzungen des GemE ausgeschlossen werden. Ein Mehrheitsbeschluss, der einzelne WEer von den Nutzungen ausschließt, ist mangels Beschlusskompetenz nichtig.[25] 20

---

[18] OLG Düsseldorf ZMR 2004, 613 f.

[19] Vgl. BGHZ 160, 354 (358) = NJW 2004, 3413 (3414) = ZMR 2004, 834 (835).

[20] Staudinger/*Bub* § 16 Rn 78; *Niedenführ*/Kümmel/Vandenhouten § 16 Rn 34; Weitnauer/*Gottschalg* § 16 Rn 6.

[21] KG NJW-RR 1993, 338; NJW-RR 1995, 975 f.

[22] Staudinger/*Bub* § 16 Rn 91.

[23] Staudinger/*Bub* § 16 Rn 81; aA Weitnauer/*Gottschalg* § 16 Rn 6.

[24] AA Riecke/Schmid/*Elzer* § 16 Rn 143.

[25] OLG Düsseldorf NZM 2003, 28.

III. Lasten und Kosten (Abs. 2)

1. Grundlagen

21 **a) Die Pflicht zur anteiligen Lasten- und Kostentragung.** Nach § 16 Abs. 2 ist jeder WEer den anderen WEern ggü. verpflichtet, die Lasten des GemE sowie die Kosten der Verwaltung und eines gemeinschaftlichen Gebrauchs des GemE nach dem Verhältnis seines ME-Anteils zu tragen. Der Wortlaut der Vorschrift lehnt sich an § 758 BGB an. Anders als im Recht der Bruchteilsgemeinschaft begründet § 16 Abs. 2 jedoch idR keine konkreten Beitragspflichten zur Lasten- und Kostentragung im Verhältnis der WEer. Erst der **Beschluss eines Wirtschaftsplans** oder einer **Sonderumlage** lässt eine anteilige Verpflichtung der WEer zur Lasten- und Kostentragung entstehen, auf die entsprechende Vorschüsse an die Gemeinschaft zu leisten sind (§ 28 Abs. 1 Satz 2 Nr. 2, Abs. 2). Die geleisteten Vorschüsse werden nach Ablauf des Wirtschaftsjahres in der **Jahreseinzelabrechnung** abgerechnet. Reichen die geleisteten Vorschüsse nicht aus, um den Anteil an den tatsächlichen Lasten und Kosten zu decken, so begründet der Beschluss der Abrechnung eine Nachzahlungspflicht in Höhe des negativen Abrechnungssaldos (§ 28 Rn 47).

22 Als Vorschuss- bzw. Nachschusspflicht besteht die Beitragspflicht **ggü der rechtsfähigen Gemeinschaft,**[26] nicht „ggü den anderen WEern", wie der Wortlaut des § 16 Abs. 2 nahe legt. Unmittelbare Kostenerstattungspflichten der WEer untereinander kommen nur ausnahmsweise in Betracht, etwa wenn die GemO einer aus zwei Einheiten bestehenden Doppelhausanlage bestimmt, dass beide Einheiten getrennt voneinander verwaltet werden, ohne dass Beiträge zur gemeinschaftlichen Lasten- und Kostentragung nach Maßgabe von Wirtschaftsplan und Jahresabrechnung geschuldet sind. Tätigt ein WEer in diesem Fall notwendige Aufwendungen zur Erhaltung des GemE, so kann er von dem anderen WEer **unmittelbar Aufwendungsersatz** in Höhe seines Anteils verlangen.[27] Ein unmittelbarer Ausgleich im Verhältnis der WEer kommt auch in Betracht, wenn ein WEer über seinen Haftungsanteil nach § 10 Abs. 8 Satz 1 hinaus im Wege der **Notgeschäftsführung** gem. § 21 Abs. 2 Verbindlichkeiten der Gemeinschaft ggü Dritten erfüllt. Ist ein Rückgriff gegen die Gemeinschaft aussichtslos, weil ihr keine finanziellen Mittel zur Verfügung stehen, so kann der WEer die übrigen WEern unmittelbar aus § 16 Abs. 2 im Verhältnis ihrer Anteile auf Ausgleich in Anspruch nehmen (§ 10 Rn 338).[28]

23 Im **Außenverhältnis** ggü Dritten haften die WEer für Verbindlichkeiten der Gemeinschaft als Teilschuldner nach dem Verhältnis ihrer ME-Anteile (§ 10 Abs. 8 Satz 1). Die WEer haben also im Außenverhältnis für Verbindlichkeiten der Gemeinschaft grds. in demselben Maße einzustehen wie sie im Innenverhältnis gem. § 16 Abs. 2 zur Lasten- und Kostentragung verpflichtet sind. Zu beachten ist, dass der Verteilungsmaßstab grds. nur im Verhältnis der WEer durch Vereinbarung oder Beschluss gem. § 16 Abs. 3 und 4 abgeändert werden kann. Zum Schutz des Rechtsverkehrs wirken derartige Vereinbarungen und Beschlüsse nicht unmittelbar ggü. Dritten, so dass Verteilungsmaßstab im Innenverhältnis und Haftungsquote im Außenverhältnis auseinanderfallen können (§ 10 Rn 340 ff.).[29] Im Verhältnis zu Dritten haftet ein WEer nach Maßgabe seines ME-Anteils somit auch, wenn

[26] BGHZ 163, 154 (177) = ZWE 2005, 422 (433); ZWE 2006, 285; OLG München NZM 2005, 673 (674); *Wenzel* ZWE 2006, 462 (465); so auch die Beschlussempfehlung des Bundesrates, BT-Drucks. 16/3843, S. 46; aA noch BT-Drucks. 16/887, S. 61.

[27] OLG Karlsruhe ZMR 2007, 138; BayObLG ZMR 2002, 607 (608); LG München I NJW-RR 2009, 1166.

[28] *Fauser*, Die Haftungsverfassung der WEer-Gemeinschaft nach dem neuen WEG, PiG 81, S. 284; vgl. Riecke/Schmid/*Elzer* § 16 Rn 9; Niedenführ/*Kümmel*/Vandenhouten § 10 Rn 109; Ausgleichsanspruch aus § 10 Abs. 8 Satz 1; OLG Düsseldorf NZM 1999, 176 = ZMR 1999, 276; NZM 2006, 382 (383): § 426 BGB.

[29] *Hügel* in Hügel/Elzer § 3 Rn 196; *Abramenko* § 6 Rn 25.

er intern auf Grund einer Vereinbarung von der Lasten- und Kostentragung freigestellt ist (siehe Rn 51 ff.). Er kann von der Gemeinschaft verlangen, dass sie ihn von der anteiligen Haftung im Außenverhältnis freistellt.

24 **b) Der Anwendungsbereich.** Als interne Regelung zur Lasten- und Kostentragung hat § 16 Abs. 2 einen weiten Anwendungsbereich. Die gesetzliche angeordnete Verteilung nach ME-Anteilen bildet den natürlichen Maßstab für den Ausgleich unter Miteigentümern.[30] Soweit kein anderer Verteilungsmaßstab vereinbart oder beschlossen wurde, sind deshalb alle Kosten, die vorläufig oder endgültig im Verhältnis der WEer zu verteilen sind, im Zweifel im Verhältnis der im GB eingetragenen ME-Anteile umzulegen. Der Maßstab gilt nicht nur für die Verteilung der **Lasten des GemE,** der **Kosten der Instandhaltung und Instandsetzung,** der **sonstigen Verwaltung** sowie eines **gemeinschaftlichen Gebrauchs des GemE.** Auch die Kosten des **Gebrauchs von SE,** die zunächst der Gemeinschaft zur Last fallen, etwa Kosten der Kaltwasserversorgung oder Kabelanschlusskosten, sind im Zweifel gem. Abs. 2 nach ME-Anteilen auf die SEer umzulegen.[31] Dies ergibt sich im Umkehrschluss aus § 16 Abs. 3, wonach die WEer derartige Betriebskosten des SE durch Beschluss „abweichend von Abs. 2" verteilen können (siehe Rn 76).

2. Lasten und Kosten des gemeinschaftlichen Eigentums

25 **a) Lasten des gemeinschaftlichen Eigentums.** Gem § 16 Abs. 2 sind die WEer verpflichtet, die Lasten des GemE anteilig zu tragen. „Lasten" das GemE sind Verpflichtungen zu regelmäßig wiederkehrenden oder einmaligen Geldleistungen, die aus dem gemeinschaftlichen Grundstück zu entrichten sind und den Nutzungswert des Grundstücks mindern.[32] Da das Grundstück zum GemE gehört (§ 1 Abs. 5), aber nach der Begründung von WE kein selbstständiger Gegenstand des Rechtsverkehrs ist,[33] ruhen die Leistungspflichten entspr. § 1132 Abs. 1 BGB als Gesamtlast auf sämtlichen WE-Rechten.[34] Zu unterscheiden sind öffentliche und private Lasten.

26 **Öffentliche Lasten** des GemE sind Leistungspflichten aller WEer, die nach den öffentlich-rechtlichen Vorschriften des Bundes oder der Länder den Grundstückseigentümer treffen. Der anteiligen Lastentragung gem. § 16 Abs. 2 unterliegen öffentliche Lasten, wenn sie nach den Vorschriften des öffentlichen Rechts auf dem Grundstück, d. h. als Gesamtlast auf sämtlichen WE-Rechten ruhen und eine gesamtschuldnerische persönliche Haftung der WEer zum Gegenstand haben.[35] An einer gemeinschaftlichen Last fehlt es hingegen, wenn die WEer im Außenverhältnis jeweils für sich als Teilschuldner in Höhe ihres ME-Anteils haften und die öffentliche Last dementsprechend nur auf dem einzelnen WE ruht. Die Lasten des WE hat jeweils der einzelne WEer zu tragen; sie sind nicht nach § 16 Abs. 2 zu verteilen.

27 Die **Grundsteuer** ist keine öffentliche Last des GemE. Da WE gem. § 93 Abs. 1 Satz 1 BewG als selbstständiger Steuergegenstand anzusehen ist, lastet die Grundsteuer auf jedem einzelnen WE und nicht als Gesamtlast auf allen WE-Rechten. Entspr. gilt für **Erschlie-**

---

[30] BGHZ 171, 335 (347) = ZMR 2007, 623 (626) = NJW 2007, 1869: Kosten der Rechtsverfolgung; BGH NJW 2007, 3492 = NZM 2007, 886 = ZMR 2007, 975 = ZWE 2008, 47; OLG München ZMR 2007, 811.

[31] Vgl. BGHZ 156, 192 (203) = NJW 2003, 3476 = ZWE 2004, 66: Kaltwasserkosten; BGH NJW 2007, 3492 = NZM 2007, 886 = ZMR 2007, 975 = ZWE 2008, 47 m. Anm. *Armbrüster;* OLG München ZMR 2007, 811 m. Anm. *Elzer* = MietRB 2007, 265 m. Anm. *Becker;* KG NZM 2005, 425; aA OLG Hamm ZMR 2004, 774; *Hogenschurz* ZMR 2003, 901 (902) jeweils zu Kabelanschlusskosten; *Kümmel* ZWE 2003, 285 (286): Verteilung nach Wohnfläche entspr. § 556 a Abs. 1 BGB.

[32] RGZ 66, 316 (318); OLG Hamm NJW 1989, 840; Staudinger/*Bub* § 16 Rn 99; *Niedenführ*/Kümmel/Vandenhouten § 16 Rn 37; *Greiner* ZMR 2004, 319 (320).

[33] *Merle,* System, S. 192 ff.

[34] *Becker* DWE 1994, 52 (54).

[35] BVerwG NJW 1985, 2658 f.; OVG Saarlouis NJW-RR 1992, 1491; *Greiner* ZMR 2004, 319 (320); *Hügel* ZWE 2005, 204 (210).

ßungsbeiträge nach §§ 127 ff. BauGB. Auch sie gehören nicht zu den Lasten des GemE, da die Last gem. § 134 Abs. 2 BauGB nur auf dem einzelnen WE ruht.[36] Im Recht der Kommunalabgaben hängt es von den jeweiligen Landesgesetzen ab, ob **Abgaben, Beiträge und Gebühren** für öffentliche Einrichtungen und Anlagen, etwa für den Anschluss an öffentliche Versorgungsnetze (Wasser, Kanalisation), als öffentliche Lasten auf dem Grundstück ruhen und damit als Lasten des GemE in den Anwendungsbereich des § 16 Abs. 2 fallen. Einige Landesgesetze bestimmen ausdrücklich, dass die Leistungspflichten nur auf dem einzelnen WE lasten.[37]

28 Die **Kehr- und Überprüfungsgebühren** des Schornsteinfegers ruhen als öffentliche Last auf dem gemeinschaftlichen Grundstück; gem. § 25 Abs. 4 Satz 1 Fall 2 SchfG haftet hierfür die Gemeinschaft der WEer. Eine Haftung der Gemeinschaft ist jedoch nicht gerechtfertigt, wenn die kehr- und überprüfungspflichtige Anlage, etwa eine Gasetagenheizung, zum SE eines einzelnen WEers gehört. In diesem Fall ist der einzelne WEer nach richtiger Ansicht entspr. § 25 Abs. 4 Satz 1 Fall 1 SchfG wie ein einzelner Grundstückseigentümer zu behandeln mit der Folge, dass die Gebühr als öffentliche Last auf dem einzelnen WE ruht.[38]

29 **Privatrechtliche Lasten** des GemE sind rechtsgeschäftlich begründete Geldleistungspflichten aller WEer, für die sämtliche WE-Einheiten dinglich haften. Sind sämtliche WE-Rechte mit einer Gesamthypothek gem. § 1132 Abs. 1 BGB belastet, so gehören nach zutreffender Ansicht auch die Kapitalkosten zum Haftungsverband der Hypothek.[39] Sie sind Lasten des GemE, da entsprechende Leistungen alle WEer entlasten. Wegen der fehlenden Akzessorietät der Grundschuld, sind bei Gesamtgrundschulden Zins- und Tilgungsbeiträge auf den Kredit nur dann als Lasten des GemE zu behandeln, wenn sie nach Maßgabe der Tilungsbestimmung zugleich auch auf die Grundschuld gezahlt werden; andernfalls gehören sie zu den Kosten der sonstigen Verwaltung.[40]

30 **b) Instandhaltungs- und Instandsetzungskosten.** Der anteiligen Kostentragungspflicht der WEer unterliegen gem. § 16 Abs. 2 die Kosten der Instandhaltung und Instandsetzung des GemE. Es sind Kosten für Maßnahmen gem. § 21 Abs. 5 Nr. 2, die einen ordnungsmäßigen Zustand des GemE erhalten oder einen vormals vorhandenen ordnungsmäßigen Zustand wiederherstellen. Zu den Kosten der **Instandhaltung** zählen begrifflich auch die Kosten der Wartung von gemeinschaftlichen Anlagen und Einrichtungen. Nach § 2 BetrKV fallen Wartungskosten teilweise unter den Begriff der Betriebskosten, die zu den Kosten des Gebrauchs iSv § 16 Abs. 2 gehören. Praktische Bedeutung erlangt die Unterscheidung, wenn die WEer die Kosten durch Beschluss abweichend von Abs. 2 verteilen wollen. Die Beschlusskompetenz zur abweichenden Verteilung der Instandhaltungskosten ist gem. § 16 Abs. 4 an strengere Voraussetzungen geknüpft (siehe Rn 127).

31 Zu den Kosten der Instandsetzung gehören auch die Kosten der **erstmaligen Herstellung** eines ordnungsmäßigen Zustands sowie die Kosten einer sog. **modernisierenden Instandsetzung** iSv § 22 Abs. 3 (§ 22 Rn 351). Obgleich in § 16 Abs. 2 nicht ausdrücklich genannt, sind ohne Rücksicht auf einen konkreten Instandsetzungsbedarf auch **Maßnahmen der Modernisierung** und der Anpassung an den Stand der Technik iSv § 22 Abs. 2 im Zweifel nach dieser Vorschrift zu verteilen. Dies ergibt der Umkehrschluss aus § 16 Abs. 4, wonach die WEer für derartige Maßnahmen die Kostenverteilung im Einzelfall „abweichend von Abs. 2" regeln können (siehe Rn 114). Die Kosten einer darüber

[36] Staudinger/*Bub* § 16 Rn 105; Palandt/*Bassenge* WEG § 16 Rn 18; Niedenführ/Kümmel/Vandenhouten/*Niedenführ* § 16 Rn 48; *Becker* DWE 1994, 52 (58); *Kirchhoff* ZWE 2000, 562 (564).

[37] So Art. 5 Abs. 7 Satz 1 BayKAG; § 21 Abs. 2 BWKAG; *Becker* DWE 1994, 52 (58).

[38] *Becker* WE 1994, 361 (362 f.); Staudinger/*Bub* § 16 Rn 117; BayVGH WE 1994, 370; aA BVerwG WE 1994, 369; vgl. VG Darmstadt NZM 2007, 417 (418); Timme/*Bonifacio* § 16 Rn 20.

[39] BayObLGZ 1973, 142 (143) = NJW 1973, 1881; Staudinger/*Bub* § 16 Rn 121; Niedenführ/Kümmel/Vandenhouten/*Niedenführ* § 16 Rn 39; aA Weitnauer/*Gottschalg* § 16 Rn 15.

[40] Staudinger/*Bub* § 16 Rn 121.

hinaus gehenden baulichen Veränderung iSv § 22 Abs. 1 sind jedoch im Zweifel nicht anteilig auf alle WEer zu verteilen; hier ist die spezielle Regelung in Abs. 6 maßgeblich (siehe Rn 141 ff.).

Soweit die Kosten einer Instandsetzungs- oder Modernisierungsmaßnahme gemeinschaftlich zu tragen sind, erfasst die anteilige Kostenlast auch **Vorbereitungs- und Folgekosten.** Beauftragt die Gemeinschaft etwa im Rahmen einer ordnungsmäßigen Verwaltung einen Sachverständigen mit der Feststellung der Mängelursachen, so sind die hierfür anfallenden Kosten gem. § 16 Abs. 2 auf alle WEer umzulegen.[41] Macht die Instandsetzung des GemE Arbeiten am SE einzelner WEer erforderlich, so sind die hierfür anfallenden Kosten grds. von allen WEern zu tragen.[42] Müssen etwa zur Erneuerung der Isolierschicht einer Dachterrasse die im SE befindlichen Bodenfliesen entfernt und neu verlegt werden, trifft die Kostenlast alle WEer zu gleichen Anteilen, ohne dass der betroffene SEer nach dem Grundsatz „neu für alt“ einen erhöhten Anteil tragen muss.[43] 32

Zu den Kosten der Instandsetzung des GemE gehören schließlich die Kosten einer **Erneuerung** oder **Ersatzbeschaffung** von Anlagen und Einrichtungen, die dem gemeinschaftlichen Gebrauch der WEer dienen und die deshalb gem. § 5 Abs. 2 dem GemE zuzuordnen sind. Insbesondere sind die Kosten der Reparatur und des Austauschs von defekten Thermostatventilen und sonstiger Einrichtungen zur Regelung des Energieverbrauchs Kosten der Instandsetzung des GemE, die alle WEer anteilig zu tragen haben.[44] 33

c) Kosten der sonstigen Verwaltung. Kosten der sonstigen Verwaltung iSv § 16 Abs. 2 sind Aufwendungen der Gemeinschaft im Zusammenhang mit der Verwaltung des GemE, die nicht zu den Kosten der Instandhaltung und Instandsetzung gehören. Im Gegensatz zu den Kosten der Instandhaltung und Instandsetzung können die WEer die Kosten der Verwaltung gem. § 16 Abs. 3 ohne Rücksicht auf den Einzelfall durch Beschluss abweichend von Abs. 2 verteilen (siehe Rn 86 ff.). 34

Zu den sonstigen Kosten der Verwaltung zählen Aufwendungen, die im Rahmen der **Verwaltung der gemeinschaftlichen Gelder** anfallen, etwa Kontoführungsentgelte und Steuern sowie Kapitalkosten einer gemeinschaftlichen Kreditaufnahme. **Versicherungskosten,** insbesondere die Kosten einer Versicherung gegen Feuer-, Sturm-, Glas- oder Leitungswasserschäden, gehören zu den Kosten der sonstigen Verwaltung, für die alle WEer anteilig aufzukommen haben. Anteilig zu tragen haben die WEer auch den **Aufwendungsersatz,** den die Gemeinschaft den Mitgliedern des Verwaltungsbeirats auf Grund besonderer Vereinbarung oder einzelnen WEern wegen der Durchführung einer Notverwaltungsmaßnahme gem. § 21 Abs. 2 aus § 670 BGB schuldet. 35

Die **Verwaltervergütung** gehört ebenfalls zu den Kosten der sonstigen Verwaltung. Mangels einer abweichenden Vereinbarung oder Beschlussfassung nach § 16 Abs. 3 ist das Vergütungsentgelt auch dann nach ME-Anteilen zu verteilen, wenn der Verwaltervertrag die Vergütung nach Wohneinheiten berechnet.[45] 36

Zu den Kosten der Verwaltung zählen auch die **Kosten eines Rechtsstreits,** den die Gemeinschaft kraft ihrer Ausübungsbefugnis gem § 10 Abs. 6 Satz 3 gegen Dritte, etwa gegen den Bauträger wegen Mängeln am GemE führt.[46] Führt der Bauträger einen Rechtsstreit gegen einzelne WEer auf Abnahme des GemE, so sind die Kosten der Rechtsverfolgung auf alle WEer umzulegen, wenn sie die Klageabwehr durch Beschluss zu einer Angelegenheit der Gemeinschaft gemacht haben.[47] Die Kosten eines selbstständigen Be- 37

[41] OLG Düsseldorf ZWE 2001, 166.
[42] OLG Düsseldorf NZM 1999, 176; KG NJWE-MietR 1997, 35.
[43] BayObLG NZM 1998, 408; OLG Köln NZM 2002, 125 (126).
[44] OLG Hamm ZWE 2001, 293; OLG Stuttgart MietRB 2008, 44 m. Anm. *Becker.*
[45] BayObLG ZMR 2004, 358; OLG Köln NZM 2002, 615; *Briesemeister* ZWE 2003, 307 (316).
[46] BayObLG NZM 2001, 766 f.
[47] BayObLG NZM 1999, 862.

weisverfahrens sind gleichfalls von allen WEern anteilig zu tragen, selbst wenn sich herausstellt, dass der Mangel durch das Verhalten eines WEers verursacht wurde; dem betroffenen WEer dürfen die Kosten nur auferlegt werden, wenn er schuldhaft gehandelt hat.[48] Zu den Kosten einer Entziehungsklage und den Besonderheiten einer Klage in WE-Sachen siehe § 16 Abs. 7 und 8 (Rn 150 ff.).

38 **d) Kosten des Gebrauchs.** Im Gegensatz zu den sonstigen Verwaltungskosten sind die Kosten eines **gemeinschaftlichen Gebrauchs des GemE** iSv § 16 Abs. 2 nicht durch die Verwaltung, sondern durch den Gebrauch der im GemE stehenden Räume, Anlagen und Einrichtungen veranlasst. Eine – begrifflich kaum mögliche – Abgrenzung beider Kostenarten ist für die wohnungseigentumsrechtliche Praxis entbehrlich. Die Kosten des Gebrauchs entsprechen weitgehend den Betriebskosten iSv § 2 BetrKV; im Hinblick auf die Beschlusskompetenz zur abweichenden Kostenverteilung werden sie gem. § 16 Abs. 3 gleich behandelt (siehe Rn 76 ff.). Zu den Kosten des gemeinschaftlichen Gebrauchs des GemE gehören etwa **Allgemeinstromkosten** für Beleuchtung und Betrieb gemeinschaftlicher Anlagen, die Kosten für den Betrieb einer Aufzugsanlage, die Kosten der **Straßen- und Gehwegreinigung** einschließlich der Schnee- und Eisbeseitigung sowie die Kosten der **Gartenpflege.**

39 Über den Wortlaut des § 16 Abs. 2 hinaus sind auch die **Kosten des individuellen Gebrauchs von SE** im Zweifel nach ME-Anteilen auf die SEer umzulegen, soweit sie nicht unmittelbar ggü. Dritten, sondern zunächst über die Gemeinschaft abgerechnet werden. Kosten der **Nutzung eines Kabelanschlusses,** die auf Grund eines gemeinschaftlichen Nutzungsvertrages der Gemeinschaft in Rechnung gestellt werden, sind grds. nach ME-Anteilen zu verteilen.[49] Entspr. gilt für die Kosten der **Kaltwasserversorgung** einschließlich der Kosten der Entwässerung,[50] für die Kosten der **Energieversorgung** und für die Kosten der **Abfallbeseitigung**[51] im Bereich des SE, wenn mit dem Ver- oder Entsorger nur ein gemeinschaftliches Vertragsverhältnis besteht. In diesen Fällen haben die WEer gem. § 16 Abs. 3 die Möglichkeit, eine verbrauchs- oder verursachungsabhängige Kostenverteilung zu beschließen (siehe Rn 79). Besonderheiten gelten für die **Heiz- und Warmwasserkosten;** sie sind vorrangig nach Maßgabe der HeizkostenV verbrauchsabhängig auf die WEer zu verteilen (siehe Rn 56 ff.). Zu den Kosten des gemeinschaftlichen Gebrauchs des GemE gehören die Kosten der **Installation, Wartung und Eichung von Verbauchserfassungsgeräten,** die eine verbrauchsabhängige Kostenverteilung der im SE anfallenden Kosten ermöglichen.[52]

3. Der gesetzliche Verteilungsmaßstab

40 Soweit Lasten und Kosten von den WEern gemeinschaftlich zu tragen sind, richtet sich die Verteilung gem. § 16 Abs. 2 iVm Abs. 1 Satz 2 grds. nach dem **Verhältnis der im GB eingetragenen ME-Anteile.** Das Verhältnis der ME-Anteile können die Eigentümer – idR der teilende Bauträger – bei der Begründung von WE frei bestimmen.[53] In der Praxis werden die Anteile regelmäßig nach Wohn- oder Nutzfläche des SE festgelegt. Je nach Lage oder Beschaffenheit der Räume im SE können einzelne Einheiten höher oder geringer zu bewerten sein. Im Hinblick auf die Lasten- und Kostentragung werden etwa

[48] BayObLG NZM 2002, 448 = ZWE 2002, 217 f.

[49] BGH NJW 2007, 3492 = NZM 2007, 886 = ZMR 2007, 975 = ZWE 2008, 47 m. Anm. *Armbrüster;* OLG München ZMR 2007, 811 m. Anm. *Elzer* = MietRB 2007, 265 m. Anm. *Becker;* KG NZM 2005, 425; aA OLG Hamm ZMR 2004, 774; *Hogenschurz* ZMR 2003, 901 (902).

[50] BGHZ 156, 192 = NJW 2003, 3476 = ZWE 2004, 66; OLG Bremen ZMR 2007, 633 (634); aA *Drasdo* NZM 2001, 886 (887); *Ott* ZWE 2004, 73 (74).

[51] *Greiner* ZMR 2004, 319 (320).

[52] *Häublein* NJW 2003, 3529 (3530); *Maroldt* ZWE 2002, 459 (460).

[53] BGH NJW 1976, 1976; NJW 1986, 2759 (2760); BayObLG NJW 1958, 116.

einer Dachgeschosswohnung gegenüber einer Erdgeschosswohnung üblicherweise mehr ME-Anteile am GemE zugeordnet als dem Verhältnis der Wohnflächen entspricht. Auch Sondernutzungsrechte, die als Inhalt des SE im GB eingetragen sind, können bei der Festlegung der ME-Anteile berücksichtigt werden. Eine nachträgliche Änderung der ME-Anteile ist im Rahmen der Lasten- und Kostentragung erst ab dem Zeitpunkt der Eintragung im GB zu berücksichtigen.[54]

Der gesetzliche Verteilungsmaßstab gilt grds. unabhängig davon, ob einzelne WEer bestimmte Einrichtungen oder Anlagen des GemE gebrauchen oder nicht gebrauchen können. Ein WEer wird nicht etwa deshalb von den Kosten freigestellt, weil die Räume seines SE leerstehen. Soweit in der GemO nichts anderes vereinbart oder nach § 16 Abs. 3 beschlossen ist, sind etwa auch die Eigentümer der Erdgeschosswohnungen im Verhältnis ihrer ME-Anteile an den Kosten der Treppenhausreinigung oder den Kosten des Betriebs einer Aufzugsanlage zu beteiligen.[55] Dasselbe gilt für die WEer einer Mehrhausanlage, die Treppenhaus und Aufzug in einem anderen Haus derselben Anlage nicht nutzen.[56] **41**

Probleme der Kostenverteilung ergeben sich, wenn nach Anlegung der Wohnungsgrundbücher **noch nicht alle Wohnungen errichtet** sind. Nach Maßgabe der im GB eingetragenen ME-Anteile sind grds. auch die WEer an den gemeinschaftlichen Lasten und Kosten, insbesondere an den Verwaltungskosten zu beteiligen, deren SE noch nicht hergestellt ist.[57] Allerdings entspricht es ordnungsmäßiger Verwaltung, sie für die Zeit bis zur Herstellung ihres SE von den verbrauchsabhängigen Betriebskosten für Wasser, Abwasser, Strom und Heizung freizustellen. Fehlt eine entspr. Vereinbarung in der GemO, können diese Eigentümer gem. § 21 Abs. 4 eine Beschlussfassung iSv § 16 Abs. 3 verlangen, die sie vorläufig von den Kosten freistellt. **42**

Anders sind die Fälle zu beurteilen, in denen nach Anlegung der Wohnungsgrundbücher **Gebäudeteile oder Einrichtungen nicht** mehr wie geplant **errichtet** werden oder nicht entspr. der Zweckbestimmung genutzt werden können.[58] Sollte nach der Teilungserklärung etwa SE an den Räumen einer später nicht errichteten Tiefgarage begründet werden, so spiegeln die auf der Grundlage der Nutzfläche der Tiefgarage festgelegten ME-Anteile die tatsächlichen Wertverhältnisse nicht mehr wider.[59] Auch eine vom Aufteilungsplan abweichende Bauausführung kann dazu führen, dass sich die Wohn- und Nutzflächen der SE-Einheiten verändern. Soweit in derartigen Fällen ein Festhalten an der gesetzlichen Kostenverteilung nach ME-Anteilen unter Berücksichtigung aller Umstände des Einzelfalles unbillig erscheint, kann der benachteiligte WEer gem. § 10 Abs. 2 Satz 3 eine vom Gesetz abweichende Kostenverteilung verlangen (siehe Rn 69 ff.). **43**

4. Abweichende Vereinbarungen

Durch Vereinbarung können die WEer den Verteilungsmaßstab allgemein oder für bestimmte Lasten- und Kostenarten abweichend von § 16 Abs. 2 regeln. Regelmäßig bestimmt bereits der teilende Eigentümer bei der Begründung von WE gem. §§ 8 Abs. 2, 5 Abs. 4 für einzelne Kostenarten eine andere Kostenverteilung. Abweichende Vereinbarungen zur Lasten- und Kostenverteilung wirken nur gegen den Sondernachfolger eines WEers, wenn sie als Inhalt des SE im GB eingetragen sind (§ 10 Abs. 3). Der Inhalt einer Vereinbarung zur Lasten- und Kostentragung ist durch objektive Auslegung zu ermitteln. **44**

---

[54] BayObLG NZM 2000, 287.

[55] OLG Celle NZM 2007, 217 = MietRB 2007, 97 *(Reichert)*.

[56] BGHZ 92, 18 (22) = NJW 1984, 2576; BayObLG ZMR 2005, 639 (640) = ZWE 2005, 230 m. Anm. *Hügel*.

[57] BGHZ 130, 304 (313) = NJW 1995, 2792.

[58] BayObLGZ 1987, 66; OLG Düsseldorf NZM 1999, 81.

[59] BayObLGZ 1987, 66: 75/1000 ME-Anteil im GB gegenüber 28/1000 ME-Anteil entspr. der tatsächlichen Nutzfläche des SE.

Maßgebend ist der Wortlaut der GB-Eintragung und ihr Sinn, wie er sich aus unbefangener Sicht als nächstliegende Bedeutung der Eintragung ergibt (§ 10 Rn 130).[60] Unklare und undurchführbare Kostenregelungen ändern den gesetzlichen Verteilungsmaßstab nicht ab.[61]

45 **a) Wohn- und Nutzfläche.** Eine Vereinbarung über die Kostenverteilung nach Wohnfläche ist dahingehend auszulegen, dass bei TE die Nutzfläche maßgeblich ist.[62] Sind Wohn- und Nutzflächen in der Teilungserklärung angeben, so sind die Kosten grds. nach diesen Flächen zu verteilen.[63] Nur wenn die Flächenangaben, etwa wegen einer vom Aufteilungsplan abweichenden Bauausführung, erheblich von den tatsächlichen Flächen abweichen, sind die Flächenangaben der Teilungserklärung nicht als verbindlich anzusehen. In diesem Fall können die WEer die neu vermessenen Flächen durch Mehrheitsbeschluss gem § 16 Abs. 3 als verbindlich festlegen (siehe Rn 92 f.).[64]

46 Enthält die Teilungserklärung keine exakten Flächenangaben, so ist durch Auslegung mit Rücksicht auf die Verkehrssitte zu ermitteln, wie sich Wohn- und Nutzfläche berechnen. Zur **Berechnung der Wohnfläche** kann man die WoFlV[65] zugrunde legen, die seit dem 1. 1. 2004 an die Stelle der §§ 42 bis 44 der II. BV getreten ist. Balkone, Loggien, Dachgärten und Terrassen sind idR mit einem Viertel der Grundfläche anzurechnen (§ 4 Nr. 4 WoFlV).[66] Eine nach 1983 vereinbarte Kostenverteilung „nach den Wohn- und Nutzflächen gem. DIN in der jeweils gültigen Fassung" ist lückenhaft, denn die DIN 283 wurde 1983 vom Normenausschuss für Bauwesen zurückgezogen. Die Berechnung der Wohn- und Nutzflächen ist im Wege der ergänzenden Auslegung zu ermitteln (§ 10 Rn 131). Hätten die WEer gewusst, dass keine DIN zur Berechnung der Wohnflächen existiert, so hätte sie zunächst die Regelungen der II. BV, an ihrer Stelle nunmehr die WoFlV zugrunde gelegt.[67] Räume, die nicht zu Wohnzwecken bestimmt sind, etwa Keller- und Abstellräume, fallen gem. § 2 Abs. 3 Nr. 1 nicht in den Anwendungsbereich der WoFlV. Deshalb sind die WEer in diesem Fall gehalten, den Ansatz zur **Berechnung der Nutzflächen** im Rahmen ordnungsmäßiger Verwaltung gem. § 16 Abs. 3 durch Mehrheitsbeschluss festzulegen. Wenn Balkone und Terrassen mit einem Viertel ihrer Grundfläche anzurechnen sind, dürfte es ordnungsmäßiger Verwaltung widersprechen, Keller- und Abstellräume mit 100% ihrer Grundfläche in Ansatz zu bringen. Ein entspr. Beschluss unterliegt der Anfechtung.[68]

47 **b) Verteilung nach Einheiten.** Durch Vereinbarung kann bestimmt werden, dass bestimmte Kosten jeweils in gleicher Höhe auf die WE-Einheiten zu verteilen sind, etwa Aufzugskosten[69] oder Hausmeisterkosten.[70] Sachgerecht ist es, die **Kosten der Verwaltung** nach Eigentumseinheiten umzulegen. Dadurch lässt sich dem Umstand Rechnung tragen, dass der Verwaltungsaufwand nicht vom Wert und der Größe einzelner Einheiten abhängt.[71] Bedeutung hat die Vereinbarung einer Kostenverteilung nach Einheiten insbesondere für die Verwaltervergütung. Es genügt nicht, die Höhe der Vergütung im Verwaltervertrag nach der Anzahl der Einheiten zu berechnen. Die Verwalterkosten sind im Ver-

---

[60] BGHZ 156, 192 (197) = ZMR 2003, 937 (938) = ZWE 2004, 66; BGHZ 121, 236 (239) = ZMR 1993, 287 (288); BGHZ 139, 288 (292).

[61] OLG Hamburg ZMR 2004, 614; KG ZMR 2003, 873; OLG Köln NZM 2002, 665; OLG Frankfurt IBR 2005, 716 (Ls).

[62] BayObLG NZM 2001, 141 (142); OLG Frankfurt NZM 2007, 490.

[63] OLG Frankfurt NZM 2007, 490.

[64] KG ZWE 2002, 224 (225); Staudinger/*Bub* § 16 Rn 30.

[65] Verordnung zur Berechnung der Wohnfläche vom 25. 11. 2003, BGBl. I S. 2346.

[66] Staudinger/*Bub* § 16 Rn 30; vgl. BayObLG NJW 1996, 2106; aA Timme/*Bonifacio* § 16 Rn 71: $^{1}/_{2}$.

[67] Vgl. OLG Düsseldorf NZM 2002, 262 (263).

[68] KG ZWE 2002, 224 (225); aA Staudinger/*Bub* § 16 Rn 30: Nichtigkeit.

[69] BayObLG ZWE 2001, 317 (318).

[70] KG ZMR 2005, 568.

[71] BGHZ 171, 335 (348) = ZMR 2007, 623 (627) = NJW 2007, 1869: Rechtsverfolgungskosten.

hältnis der WEer nur nach Einheiten zu verteilen, wenn die WEer eine derartige Verteilung vereinbart oder gem. § 16 Abs. 3 beschlossen haben.[72]

Die Kostenverteilung nach WE-Einheiten wirkt sich im Falle der **Unterteilung** von WE aus. Entstehen durch Unterteilung einer WE zwei Einheiten, so sind beide Einheiten im Verhältnis zu den übrigen Einheiten zu gleichen Teilen zu berücksichtigen.[73] 48

c) Verteilung nach Verbrauch. Auf Grund einer entspr. Vereinbarung sind verbrauchabhängige Kosten, etwa die Kosten des Kaltwasserverbrauchs, nach dem individuellen Verbrauch auf die einzelnen WEer zu verteilen.[74] Eine Regelung der GemO, wonach Verbrauchserfassungsgeräte einzubauen sind, ist idR dahingehend auszulegen, dass verbrauchsabhängigen Kosten auch nach Verbrauch verteilt werden.[75] Sehen die Vereinbarungen der GemO eine Kostenverteilung nach Verbrauch vor, sind aber noch keine Verbrauchserfassungsgeräte vorhanden, können die WEer im Rahmen ordnungsmäßiger Verwaltung gem. § 16 Abs. 3 den Einbau solcher Geräte beschließen (siehe Rn 90). Der einzelne WEer kann gem. § 21 Abs. 4 den Einbau von Verbrauchserfassungsgeräten verlangen, damit eine den Vereinbarungen entspr. Kostenverteilung möglich wird. 49

Werden die Kosten des individuellen Gebrauchs von SE und die Kosten des gemeinschaftlichen Gebrauchs des GemE, etwa die Kosten der Gartenbewässerung, getrennt nach Verbrauch erfasst, sind letztere im Zweifel gem. § 16 Abs. 2 nach ME-Anteilen auf sämtliche WEer umzulegen. Wenn der Gesamtverbrauch im Einzelfall wegen etwaiger Durchleitungsverluste höher ist als die Summe des für die einzelnen SE-Einheiten gemessenen Verbrauchs, so ist die Differenz gleichfalls nach ME-Anteilen auf die WEer zu verteilen.[76] 50

d) Individuelle Kostenlasten nach Gebrauch. Abweichend von § 16 Abs. 2 können die WEer individuelle Kostenlasten einzelner WEer vereinbaren, um dadurch dem unterschiedlichen Gebrauch Rechnung zu tragen. Durch Vereinbarung können einzelne WEer von der Kostenlast befreit wenn, solange sie von ihrem WE – etwa im Fall eines noch unausgebautes Dachgeschosses – noch keinen Gebrauch machen können.[77] Verbreitet sind Vereinbarungen, wonach jeder WEer die **Kosten der Instandhaltung und Instandsetzung** von Gebäudeteilen im Bereich seines SE oder seines Sondernutzungsrechts, etwa Fenster oder Balkone, allein zu tragen hat.[78] Inhalt und Reichweite derartiger Vereinbarungen sind jeweils im Wege der Auslegung zu ermitteln. Bestimmt die Vereinbarung lediglich, dass die Kosten für die Instandsetzung der Fensterscheiben von dem jeweiligen WEer zu tragen sind, so fallen dem betroffenen WEer nicht auch die Kosten für den kompletten Austausch der **Fenster** zur Last.[79] Einzelfälle werden in der Rspr. oftmals unterschiedlich behandelt. Ist ein WEer verpflichtet, im Bereich seines SE Glasschäden an den Fenstern und Türen auf eigene Kosten zu beheben, soll dazu auch das Auswechseln „blind“ gewordener Scheiben einer verglasten Dachgaube gehören;[80] ein wintergartenähnlicher Glasvorbau soll hingegen nicht mehr als „Fenster“ anzusehen sein.[81] 51

---

[72] BayObLG ZMR 2004, 358 = NZM 2004, 623; OLG Köln NZM 2002, 615.

[73] Vgl. BayObLG ZWE 2001, 317 (318).

[74] Vgl. BGHZ 156, 192 (197) = ZWE 2004, 66 (70) = NJW 2003, 3476 = ZMR 2003, 937: Kaltwasserkosten.

[75] Palandt/*Bassenge* WEG § 16 Rn 6.

[76] AG Darmstadt ZMR 2001, 153 (154); *Bielefeld* DWE 2003, 125 (127); *Häublein* NJW 2003, 3529 (3530).

[77] Vgl. OLG Brandenburg ZMR 2009, 857.

[78] BayObLG NZM 1999, 27; OLG Düsseldorf ZMR 1999, 304; OLG Schleswig ZMR 2006, 963; OLG Braunschweig ZMR 2006, 787; OLG München ZMR 2007, 557: Balkone; BayObLG ZWE 2000, 135; ZMR 2002, 846; ZWE 2004, 92; OLG Düsseldorf NZM 1999, 277: Fenster.

[79] OLG Düsseldorf ZMR 2003, 696; AG Pinneberg ZMR 2005, 157.

[80] OLG Düsseldorf NZM 2005, 264; BayObLG NZM 2001, 1081.

[81] BayObLG ZMR 2002, 846.

52 Im Rahmen einer **Balkonsanierung** kann sich die Frage stellen, ob ein Balkonnutzer auch die Kosten der Instandsetzung konstruktiver Balkonbestandteile, etwa der Isolierschicht oder der Tragplatte, allein zu tragen hat. Die Rspr. kommt auch hier zu unterschiedlichen Auslegungsergebnissen. Sind „Einrichtungen, Anlagen und Gebäudeteile, die dem ausschließlichen Gebrauch eines WEers dienen (zB Balkone)" von dem jeweiligen WEer auf eigene Kosten instand zu setzen, so erfasst die Kostenlast nach Ansicht einiger OLGe nicht die Kosten für die Instandsetzung konstruktiver Balkonteile.[82] Anders entscheidet das OLG München, wenn der jeweilige Balkonnutzer nach der GemO „alle Kosten der Instandhaltung, mit Ausnahme des Balkonanstrichs" allein zu tragen hat; die Kostentragungspflicht soll in diesem Fall auch die konstruktiven Teile des Balkons umfassen.[83]

53 Die Kosten der Instandhaltung und Instandsetzung von bestimmten Einrichtungen, Anlagen und abgrenzbaren Baukörpern, etwa einer Tiefgarage, können durch Vereinbarung allein einer **Benutzergruppe** auferlegt werden. Auf diese Weise ergeben sich getrennte Abrechnungseinheiten mit der Folge, dass etwa nur die TEer der Tiefgarage bzw. die WEer mit einem Sondernutzungsrecht an einem Tiefgaragenstellplatz für die Kosten der Instandsetzung der Bodenplatte und der Stützpfeiler aufzukommen haben.[84]

54 **e) Mehrhausanlagen.** Eine nach Benutzergruppen getrennte Verteilung der Lasten und Kosten kommt insbesondere bei Mehrhausanlagen in Betracht. Bestimmt die GemO, dass jeweils die an einem Gebäude allein zur Sondernutzung berechtigten WEer die auf dieses Gebäude entfallenden Lasten und Kosten zu tragen haben, so sind diese Kosten jeweils nach Gebäuden getrennt auf die jeweiligen Eigentümer der Gebäude zu verteilen. Eine nach Gebäuden getrennte Kostentragung kommt jedoch nur in Betracht, soweit eine derartige Kostenverteilung klar und eindeutig vereinbart ist und sich die Kosten von den übrigen gemeinschaftlichen Kosten absondern und einzelnen Gebäuden zuordnen lassen.[85] Betriebskosten sind idR nur einem bestimmten Objekt zuzuordnen, wenn diese durch Verbrauchserfassungsgeräte getrennt nach Objekten erfasst werden. Möglich ist etwa eine Zuordnung für getrennt erfasste Kosten der Treppenhausbeleuchtung im räumlichen Bereich eines Hauses, wenn der Stromverbrauch durch Zähler für jedes Haus getrennt erfasst wird. Nicht möglich ist jedoch die Kostentrennung bei den Kosten der Gartenbewässerung, wenn für die Sondernutzungsflächen mehrerer Häuser nur ein einheitlicher Wasseranschluss zur Verfügung steht.

55 **f) Umdeutung nichtiger Sondereigentumszuweisung.** Mitunter werden bestimmte Gebäudebestandteile, etwa Außenfenster oder Balkone, in der Teilungserklärung dem SE zugeordnet, obwohl sie gem. § 5 Abs. 2 nicht sondereigentumsfähig sind (§ 5 Rn 56, 71). Die nichtige Zuweisung in der Teilungserklärung kann im Einzelfall gem. § 140 BGB in eine wirksame Regelung zur Kostentragung umgedeutet werden, wonach jeder die Kosten der Instandhaltung und Instandsetzung des Gebäudeteils im Bereich seines SEs zu tragen hat.[86] Voraussetzung für eine Umdeutung ist, dass die WEer einer derartige individuelle Kostentragung des jeweiligen SEers gewollt hätten, wenn ihnen die Nichtigkeit der Zuweisung zum SE bekannt gewesen wäre. Auch im Rahmen der Umdeutung ist ein

---

[82] OLG Schleswig ZMR 2006, 963; OLG Düsseldorf ZMR 1998, 304.

[83] OLG München ZMR 2007, 557 (559); ebenso OLG Braunschweig ZMR 2006, 787 (788); LG Braunschweig ZMR 2006, 395; AG Kerpen ZMR 2004, 948.

[84] BayObLG ZMR 2004, 765; vgl. auch OLG Hamm ZWE 2006, 433; OLG Frankfurt IBR 2005, 716 (Ls).

[85] BayObLG WuM 1993, 297; ZWE 2005, 230 = ZMR 2005, 639.

[86] BayObLG NZM 2004, 106; OLG Hamm WE 1992, 82; WE 1997, 152; OLG Düsseldorf NZM 1998, 269; OLG Karlsruhe NZM 2002, 220; Weitnauer/*Gottschalg* § 16 Rn 20; Niedenführ/Kümmel/Vandenhouten/*Niedenführ* § 16 Rn 13.

objektiver Maßstab zugrunde zu legen. Maßgeblich ist der objektive Sinn der Teilungserklärung wie er sich aus der GB-Eintragung für einen unbefangenen Betrachter als nächstliegende Bedeutung ergibt.[87]

5. Die Verteilung von Heiz- und Warmwasserkosten

a) Die Anwendung der HeizkostenV. Die Kosten des Betriebs einer gemeinschaftlich betriebenen Heizungs- und/oder Warmwasserversorgungsanlage und die Kosten der Lieferung von Wärme und Warmwasser sind vorrangig nach Maßgabe der HeizkostenV[88] zu verteilen. Gem. § 3 Satz 1 HeizkostenV sind die Vorschriften dieser Verordnung im Verhältnis der WEer unabhängig davon anzuwenden, ob durch Vereinbarung oder Beschluss der WEer abweichende Bestimmungen über die Verteilung der Heiz- und Warmwasserkosten getroffen worden sind. Die WEer sind daher verpflichtet, den Verbrauch an Wärme und Warmwasser im Bereich von GemE und SE getrennt zu erfassen (§ 4 HeizkostenV) und die Kosten verbrauchsabhängig im Verhältnis untereinander zu verteilen (§ 6 HeizkostenV). Jeder WEer kann gem. § 21 Abs. 4 die Einführung einer verbrauchsabhängigen Kostenverteilung verlangen.[89] 56

Die Vorschriften der HeizkostenV gehen **abweichenden Vereinbarungen** der WEer vor (§ 2 HeizkostenV).[90] Der Anwendungsvorrang hat jedoch nicht die Nichtigkeit abweichender Vereinbarungen zur Folge. Der von der HeizkostenV abweichende Verteilungsmaßstab wird lediglich „überlagert". Solange die WEer durch Beschluss oder Vereinbarung keine verbrauchsabhängige Verteilung eingeführt haben, sind die Heiz- und Warmwasserkosten nach dem vereinbarten Verteilungsmaßstab, subsidiär gem. § 16 Abs. 2 nach ME-Anteilen umzulegen.[91] 57

Der Vorrang der HeizkostenV gilt auch im Verhältnis der WEer einer **Zweiergemeinschaft.** Gem. § 2 HeizkostenV gilt der Vorrang zwar nicht für Gebäude mit zwei Wohnungen, von denen eine der Vermieter selbst bewohnt. Diese Vorschrift geht jedoch ersichtlich von einem Zweifamilienhaus aus, das der Grundstückseigentümer als Vermieter selbst bewohnt. Im Verhältnis der WEer einer WE-Anlage mit zwei Wohnungen betrifft die Vorschrift lediglich den Fall, dass beide Wohnungen demselben Eigentümer gehören und dieser eine seiner Wohnungen vermietet. Im Verhältnis zweier Eigentümer gelten die Vorschriften der Heizkosten uneingeschränkt auch dann, wenn ein WEer seine Wohnung selbst bewohnt und der andere seine Wohnung vermietet.[92] 58

Die Vorschriften der HeizkostenV über die verbrauchsabhängige Abrechnung der Wärmeversorgungskosten sind ausnahmsweise **nicht anzuwenden** auf Räume in Gebäuden, die einen Heizwärmebedarf von weniger als 15 kWh/m^2 pro Jahr aufweisen (sog. **Passivhausstandard;** § 11 Abs. 1 Nr. 1 a HeizkostenV). Entsprechendes gilt für Räume, bei denen die Ausstattung mit Verbrauchserfassungsgeräten, die Erfassung des Wärmeverbrauchs oder die Verteilung der Kosten des Wärmeverbrauchs nicht oder nur mit **unverhältnismäßig hohen Kosten** möglich ist (§§ 3 Satz 2, 11 Abs. 1 Nr. 1 a HeizkostenV). Unverhältnismäßig hohe Kosten liegen vor, wenn diese nicht durch die Einsparungen, die 59

---

[87] OLG Karlsruhe NZM 2002, 220.

[88] Verordnung über die verbrauchsabhängige Abrechnung der Heiz- und Warmwasserkosten i. d. F. der Bek. vom 5. 10. 2009, BGBl. I S. 3250; siehe Anhang III 3.

[89] OLG München ZMR 2007, 1001; OLG Köln ZMR 2005, 77 = NZM 2005, 20.

[90] OLG Düsseldorf ZMR 2003, 109 (110); BayObLG ZMR 2005, 135 (136) = NZM 2005, 106; OLG Köln ZMR 2005, 77 (78) = NZM 2005, 20.

[91] OLG Köln ZMR 2005, 77 (78) = NZM 2005, 20; NJW-RR 2002, 1308 (1309) = NZM 2002, 665; Staudinger/*Bub* § 16 Rn 238; *Abramenko* ZWE 2007, 61 (62).

[92] OLG München ZMR 2007, 1001; OLG Düsseldorf ZMR 2004, 694 (696); Jennißen/*Jennißen* § 16 Rn 105; *ders.,* FS für Blank (2006), S. 635 (636); aA AG Hamburg-Blankenese ZMR 2004, 554; Staudinger/*Bub* § 16 Rn 215; *Lammel,* HeizkV § 2 Rn 44.

in der Regel innerhalb von zehn Jahren erzielt werden können, erwirtschaftet werden können.[93] Entsprechend der Vorgabe des § 12 Abs. 1 Satz 1 HeizkostenV können für die Kostenersparnis 15% der Gesamtkosten einer Abrechnung in Ansatz gebracht werden, die dem Vergleichzeitraum vorangegangen ist. Im Rahmen der erforderlichen Prognose kann eine zu erwartende Erhöhung der Energiepreise berücksichtigt werden.[94] Soweit die Kosten der Wärmeversorgung gem. § 11 Abs. 1 Nr. 1 HeizkostenV nicht verbrauchsabhängig abzurechnen sind, bestimmt sich die Kostenverteilung – vorbehaltlich einer abweichenden Vereinbarung oder Beschlussfassung – nach § 16 Abs. 2.

60 Über die Einführung einer verbauchsabhängigen Verteilung der Heiz- und Warmwasserkosten entscheiden die WEer durch **Mehrheitsbeschluss.** Die Beschlusskompetenz ergibt sich aus § 3 Satz 2 HeizkostenV, wonach die für die Verwaltung des GemE maßgeblichen Regelungen entsprechend anzuwenden sind.[95] Ein Beschluss, der zu Unrecht eine verbrauchsabhängige Kostenverteilung nach Maßgabe der HeizkostenV ablehnt, ist nach richtiger Ansicht nichtig und nicht lediglich anfechtbar.[96] Der ablehnende Beschluss kann keine weitergehenden Wirkungen entfalten als eine von den Vorgaben der HeizkostenV abweichende Vereinbarung. Ein WEer kann deshalb gem. § 21 Abs. 4 die Einführung einer verbrauchsabhängigen Verteilung nach Maßgabe der HeizkostenV verlangen, ohne dass die Bestandskraft eines ablehnenden Beschlusses dem Anspruch entgegensteht.[97]

61 **b) Die Verbrauchserfassung.** Über Anbringung und Auswahl der Verbrauchserfassungsgeräte können die WEer durch Mehrheitsbeschluss entscheiden. Bei der **Auswahl des Verbauchserfassungssystems** ist den WEern ein Ermessensspielraum eingeräumt. Das System muss jedoch für das jeweilige Heizsystem geeignet sein und den anerkannten Regeln der Technik entsprechen (§ 5 Abs. 1 HeizkostenV). Sind Verbrauchserfassungsgeräte ungeeignet oder ist die Eichfrist abgelaufen, müssen die WEer über die Anschaffung neuer Geräte durch Beschluss entscheiden.[98] Solange keine geeigneten Verbrauchserfassungsgeräte eingebaut sind, ist ein verbrauchsabhängige Abrechnung nach der HeizkostenV nicht möglich; es gilt der gesetzliche Verteilungsmaßstab gem. § 16 Abs. 2.[99]

62 Durch Mehrheitsbeschluss können die WEer grds. auch darüber entscheiden, ob Verbrauchserfassungsgeräte **gekauft oder gemietet** werden sollen. Ein Mehrheitsbeschluss über die Anmietung der Geräte wirkt gem. § 10 Abs. 5 gegen alle WEer unabhängig davon, ob sie an der Beschlussfassung mitgewirkt haben. Im Verhältnis der WEer findet § 4 Abs. 4 Satz 2 HeizkostenV keine Anwendung, wonach der Grundstückseigentümer die Miete von Verbauchserfassungsgeräten den Nutzern vorher unter Angabe der dadurch entstehenden Kosten mitteilen muss.[100] Bedeutung erlangt die Vorschrift lediglich bei vermietetem WE. Um die Kosten der Anmietung von Verbrauchserfassungsgeräten entspr. §§ 7 Abs. 2, 8 Abs. 2 HeizkostenV auf seine Mieter umlegen zu können, muss der vermietende WEer seinen Mietern vorher die Kosten gem. § 4 Abs. 4 Satz 2 HeizkostenV mitteilen. Die Umlegung der Kosten ist unzulässig, wenn die Mehrheit der Mieter innerhalb eines Monats nach Zugang der Mitteilung widerspricht. Der vermietende WEer trägt somit das Risiko, seinen Anteil an den Mietkosten nicht auf seine Mieter umlegen zu

---

[93] So bereits OLG Köln ZMR 2007, 389; BayObLG ZMR 2005, 135 (136); KG ZMR 1996, 282 (283) vor Inkrafttreten der Neureglung in § 11 Abs. 1 Nr. 1 b.

[94] BayObLG ZMR 2005, 135 (136); NJW-RR 1994, 145 (146); aA Staudinger/*Bub* § 16 Rn 217: Marktübliche Energiepreise im Zeitpunkt der Ausstattung.

[95] OLG München ZMR 2009, 64 (65) = ZWE 2009, 27 (29) m. Anm. *Häublein*; OLG Hamburg ZMR 2007, 210; BayObLG NJW-RR 1994, 145 (146).

[96] OLG Hamm NJW-RR 1995, 465 (466); aA AG Duisburg DWE 1989, 35; wohl auch BayObLG ZMR 2005, 135 (136); Niedenführ/Kümmel/Vandenhouten/*Niedenführ*, HeizkostenV Rn 18.

[97] Im Ergebnis ebenso *Abramenko* ZWE 2007, 61 (63); *Schmid* DWE 2008, 38 (39).

[98] BayObLG FGPrax 1998, 102.

[99] BayObLG NZM 2001, 296 (297).

[100] Riecke/Schmid/*Schmid* § 4 HeizkostenV Rn 34; *Schmid* DWE 2008, 38 (41).

können. Im Verhältnis der WEer ist er an den Mehrheitsbeschluss gebunden, selbst wenn mehr als die Hälfte der Wohnungen vermietet sind und sämtliche Mieter der Anmietung der Zähler widersprechen.[101] Allerdings sind die übrigen WEer im Rahmen ihrer Treuepflicht gehalten, auf die Interessen der vermietenden WEer Rücksicht zu nehmen. Die Treuepflicht kann es u. U. gebieten, die Anmietung von Verbrauchserfassungsgeräten unter der aufschiebenden Bedingung zu fassen, dass innerhalb einer angemessenen Frist – etwa eine Frist von zwei Monaten – die Mehrheit der Mieter nicht widerspricht.[102] Der Mehrheitsbeschluss ist anfechtbar, wenn die Entscheidung schützenswerte Interessen der vermietenden WEer verletzt.[103]

Im Verhältnis der WEer sind die **Kosten der Ausstattung** mit Verbrauchserfassungs- 63
geräten gem. § 3 Satz 3 HeizkostenV nach den Regelungen über die Verwaltungskosten, also gem. § 16 Abs. 2 nach ME-Anteilen zu verteilen. Da die Kosten der Anmietung von Verbrauchserfassungsgeräten gem. § 2 Nr. 4 a BetrKV zu den Betriebskosten gehören, können die WEer die Kosten durch Beschluss gem. § 16 Abs. 3 abweichend verteilen. Entspr. gilt für die Kosten des Ankaufs, die gem. § 3 Satz 3 HeizkostenV wie Verwaltungskosten zu behandeln sind.[104] Für Gebäude, in denen die freiliegenden Leitungen der Wärmeversorgung überwiegend ungedämmt sind und deswegen ein wesentlicher Anteil des Wärmeverbrauchs nicht erfasst wird, bestimmt § 7 Abs. 1 Satz 3 u. 4 HeizkostenV, dass der Wärmeverbrauch **nach anerkannten Regeln der Technik** gem. Beiblatt zur VDI-Richtlinie 2077 bestimmt werden kann.[105] Die WEer entscheiden durch Mehrheitsbeschluss, ob sie von dieser Möglichkeit Gebrauch machen.

c) Der Verteilungsmaßstab. Die Kosten der Versorgung mit Wärme und Warmwasser 64
sind gem. §§ 7 Abs. 1 Satz 1, 8 Abs. 1 HeizkostenV **mindestens zu 50%, höchstens jedoch zu 70% nach Verbrauch,** im Übrigen nach der Wohn- oder Nutzfläche zu verteilen. Gem. § 16 Abs. 3 können die WEer durch Mehrheitsbeschluss erstmals eine von § 16 Abs. 2 abweichende verbrauchsabhängige Kostenverteilung nach Maßgabe der §§ 7 Abs. 1, 8 Abs. 1 HeizkostenV einführen (siehe Rn 100). Sie können hierzu auch eine Vereinbarung abändern, die den Anforderungen der HeizkostenV nicht entspricht. Rechnen die WEer die Heiz- und Warmwasserkosten über Jahrzehnte hinweg abweichend von der GemO zu 50% nach Verbrauch um, so liegt darin eine konkludente Vereinbarung einer verbrauchsabhängigen Kostenverteilung nach Maßgabe der HeizkostenV. Sie wirkt auch ohne Eintragung im GB gegen Sondernachfolger, die die Abrechnungspraxis konkludent bestätigen.[106] Sobald ein Verteilungsmaßstab nach Maßgabe der HeizkostenV eingeführt ist, können die WEer diesen im Rahmen der HeizkostenV durch Mehrheitsbeschluss gem. § 6 Abs. 4 HeizkostenV für künftige Abrechnungszeiträume aus sachgerechten Gründen ohne zeitliche Beschränkung abändern.[107] In Gebäuden, die nicht die Anforderungen der Wärmeschutzverordnung 1994 erfüllen, die mit einer Öl- oder Gasheizung versorgt werden und in denen die freiliegenden Strangleitungen der Wärmeverteilung überwiegend gedämmt sind, besteht seit dem 1. 1. 2009 gem. § 7 Abs. 1 Satz 2 HeizkostenV ein **starrer Verteilungsmaßstab:** Von den Kosten des Betriebs der zentralen Heizungsanlage sind **zwingend 70% nach Verbrauch** zu verteilen. Im Einzelfall dürfte erhebliche Unsicherheit darüber bestehen, ob die Voraussetzungen des starren Verteilungsmaßstabs vorliegen. Im Interesse der Rechtssicherheit ist daher anzunehmen, dass im Verhältnis der WEer keine Änderung des Verteilungsmaßstabs kraft Gesetzes eintritt. Um die Änderung mit Wirkung für künftige

---

[101] AA Jennißen/*Jennißen* § 16 Rn 107.

[102] Im Ergebnis ebenso Jennißen/*Jennißen* § 16 Rn 107 ohne Rückgriff auf die Treuepflicht.

[103] AA Riecke/Schmid/*Schmid* § 4 HeizkostenV Rn 41.

[104] AA Jennißen/*Jennißen* § 16 Rn 108; Riecke/Schmidt/*Schmid* § 3 HeizkostenV Rn 22.

[105] Vgl. BR-Drucks. 570/08.

[106] OLG Hamburg ZMR 2007, 210 (211); aA *Schmid* DWE 2008, 38 (40).

[107] So schon KG NJW-RR 1988, 1167; aA noch OLG Zweibrücken ZMR 1986, 63 (65) zu § 6 Abs. 4 HeizkostenV aF: Einmalige Änderung bis zum Ablauf von drei Abrechnungszeiträumen.

Abrechnungszeiträume herbeizuführen, bedarf es eines Beschlusses der WEer, den jeder Einzelne bei Vorliegen der gesetzlichen Voraussetzungen gem. § 21 Abs. 4 verlangen kann.[108]

65 Gem. § 10 HeizkostenV bleiben rechtsgeschäftliche Bestimmungen unberührt, die einen höheren Verbrauchsanteil als 70% vorsehen. Die WEer können daher durch Vereinbarung bestimmen, dass die Heiz- und Warmwasserkosten zu 100% nach Verbrauch verteilt werden.[109] Da auch Mehrheitsbeschlüsse gem. § 16 Abs. 3 „rechtsgeschäftliche Bestimmungen" sind (siehe § 23 Rn 24), können die WEer im Rahmen ihrer gesetzlichen Beschlusskompetenz einen höheren Verbrauchsanteil beschließen.[110] Der Vereinbarung einer Öffnungsklausel bedarf es hierzu nicht. Allerdings widerspricht eine 100%ige Verteilung nach Verbrauch idR einer ordnungsmäßigen Verwaltung, wenn man davon ausgeht, dass ein Drittel der Brennstoffkosten unabhängig vom Verbrauch anfällt. Der Beschluss über eine vollständige Kostenverteilung nach Verbrauch ist daher regelmäßig anfechtbar.[111]

66 Nichtig sind hingegen Beschlüsse, die einen Verbrauchsanteil von weniger als 50% oder gar eine verbrauchsunabhängige Verteilung der Heiz- und Warmwasserkosten anordnen, etwa die ausschließliche Verteilung nach Wohn- oder Nutzfläche.[112] Die Vorschriften der HeizkostenV sind gem. § 3 Satz 1 HeizkostenV im Verhältnis der WEer zwingend anzuwenden.[113] Deshalb fehlt den WEern die Beschlusskompetenz, die Verteilung von Heiz- und Warmwasserkosten abweichend von den Vorgaben der HeizkostenV zu regeln.

67 **d) Mängel der Verbrauchserfassung.** Kann der anteilige Wärme- und Wasserverbrauch wegen eines Geräteausfalls oder aus anderen zwingenden Gründen – etwa mangels Austauschs von Messampullen[114] – für einzelne Räume nicht ordnungsgemäß erfasst werden, so ist der Verbrauch gem. § 9 a Abs. 1 HeizkostenV für diese Räume zu schätzen.[114a] Die Schätzung kann wahlweise auf der Grundlage des Verbrauchs derselben Räume in vergleichbaren früheren Zeiträumen, des Verbrauchs vergleichbarer anderer Räume im jeweiligen Abrechnungszeitraum oder des Durchschnittsverbauchs des Gebäudes bzw. der Nutzergruppe erfolgen. Die Auswahl der Schätzmethode obliegt den WEern nach billigem Ermessen, wobei die Ermessensentscheidung der gerichtlichen Überprüfung unterliegt.[115] Die WEer können die Auswahl der Schätzmethode zunächst dem beauftragten Abrechnungsunternehmen überlassen. Legt das Abrechnungsunternehmen bei der Erstellung der Heiz- und Warmwasserkostenabrechnung eine Schätzmethode zugrunde, so ist idR anzunehmen, dass die WEer die gewählte Methode durch Beschluss der Jahresabrechnung genehmigen. Der Beschluss der Jahresabrechnung ist dann nicht mit der Begründung anfechtbar, die WEer hätten die gewählte Schätzmethode nicht durch Beschluss vorab gebilligt.[116]

68 Überschreitet die von der Schätzung betroffene Wohn- oder Nutzfläche 25% der gesamten Wohn- oder Nutzfläche bzw. des gesamten umbauten Raumes, so sind die Heiz- und Warmwasserkosten hilfsweise nach Wohn- oder Nutzfläche bzw. nach dem umbauten Raum zu verteilen (§ 9 a Abs. 2 HeizkostenV). Der Flächenmaßstab ist nach zutreffender Ansicht auch maßgeblich, wenn keine Verbrauchserfassungsgeräte vorhanden sind oder keine Vergleichs-

---

108 AA Riecke/Schmid/*Schmid* § 7 HeizkostenV Rn 6 a; *ders.* NZM 2009, 104 (106).

109 OLG Hamm NZM 2004, 657 (658); OLG Düsseldorf NJW 1986, 386; Staudinger/*Bub* § 16 Rn 237; Jennißen/*Jennißen* § 16 Rn 110.

110 *Abramenko* ZWE 2007, 61 (66); aA Jennißen/*Jennißen* § 16 Rn 110; *Schmid* DWE 2008, 38 (43).

111 OLG Hamm ZWE 2006, 228 (230) m. Anm. *Becker* ZWE 2006, 226 zur Beschlussfassung auf Grund einer Öffnungsklausel; kritisch *Abramenko* ZWE 2007, 61 (65 f.).

112 OLG Hamm NJW-RR 1995, 465 (466); OLG Düsseldorf NZM 2001, 760 f.; *Becker* ZWE 2006, 226 (228); aA BayObLG ZMR 2005, 135 (136) = NZM 2005, 106; *Abramenko* ZWE 2007, 61 (66): Anfechtbarkeit.

113 OLG Hamburg ZMR 2007, 210.

114 OLG Hamburg ZMR 2004, 769 (770).

114a KG ZMR 2010, 133 (135): Schätzung für zwei Räume.

115 OLG Hamburg ZMR 2004, 769 (770).

116 Jennißen/*Jennißen* § 16 Rn 112; aA OLG Hamburg ZMR 2004, 769 (770).

maßstäbe für eine Schätzung nach § 9 a Abs. 1 HeizkostenV vorliegen.[117] Dieser Verteilungsmaßstab hat Vorrang vor einer Kostenverteilung nach ME-Anteilen gem. § 16 Abs. 2. Die Heiz- und Warmwasserkosten sind nur dann nach ME-Anteilen zu verteilen, wenn die Verteilung dieser Kosten weder durch Vereinbarung noch durch Beschluss geregelt ist.

6. Der Anspruch auf Änderung des Verteilungsmaßstabs

Unter besonderen Voraussetzungen steht dem einzelnen WEer gegen die übrigen Miteigentümer ein Anspruch auf Änderung des geltenden Kostenverteilungsschlüssels zu. In der Vergangenheit gewährte die Rspr. einen derartigen Anspruch nur unter der Voraussetzung, dass der geltende Verteilungsmaßstab unter außergewöhnlichen Umständen zu grob unbilligen, mit Treu und Glauben (§ 242 BGB) nicht zu vereinbarenden Ergebnissen führt.[118] Nach Inkrafttreten der WEG-Novelle 2007 ist der Anspruch in § 10 Abs. 2 Satz 3 ausdrücklich geregelt (§ 10 Rn 152 ff.). Die Vorschrift soll die Abänderung eines unbilligen Verteilungsschlüssels ggü. den strengen Anforderungen der bisherigen Rspr. erleichtern.[119] Jeder WEer kann die Anpassung eines gesetzlichen oder vereinbarten Verteilungsschlüssels verlangen, soweit ein Festhalten an der geltenden Regelung aus **schwerwiegenden Gründen** unter Berücksichtigung aller Umstände des Einzelfalles, insbesondere der Rechte und Interessen der anderen WEer, **unbillig** erscheint. 69

Ob ein Festhalten am geltenden Verteilungsmaßstab aus schwerwiegenden Gründen unbillig erscheint, bestimmt sich zunächst nach dem **Maß der Kostenmehrbelastung,** die ein WEer nach der geltenden Regelung im Vergleich zu der begehrten sachgerechten Kostenverteilung hinnehmen muss. Unter den strengen Anforderungen außergewöhnlicher Umstände hat die Rspr. eine grobe Unbilligkeit in Fällen bejaht, in denen die betroffenen WEer fast das Dreifache an Kosten im Verhältnis zu einer sachgerechten Kostenverteilung zu zahlen hatten.[120] Ein Änderungsanspruch wurde etwa angenommen, wenn einem WEer 40% der Nutzfläche des gesamten Objekts zur Verfügung stehen, er aber 75% der Instandhaltungskosten zu tragen hat.[121] Verneint wurde hingegen eine grobe Unbilligkeit bei einer Mehrbelastung bis zu 59%.[122] Insbesondere der BGH sah eine Mehrbelastung von 58% nicht als hinreichend an, um einen Abänderungsanspruch zu begründen.[123] 70

Nach Inkrafttreten der Neuregelung des § 10 Abs. 2 Satz 3 ist die Eingriffsschwelle für einen Abänderungsanspruch abgesenkt. Dies entspricht der Intention des Gesetzes, das nicht mehr auf „außergewöhnliche Umstände" und eine „grobe" Unbilligkeit abstellt, sondern „schwerwiegende Gründe" genügen lässt, die den bisherigen Verteilungsmaßstab als „unbillig" erscheinen lassen. Im Hinblick auf das noch hinzunehmende Maß einer Mehrbelastung orientiert sich die Gesetzesbegründung an der Rspr. des KG.[124] Das Gericht hatte bereits vor der WEG-Novelle die Ansicht vertreten, die Rspr. habe die Anforderungen an einen Änderungsanspruch überspannt.[125] Es hatte für einen Anspruch genügen lassen, dass die Wohn- und Nutzfläche von der Größe der für die Kostenverteilung maßgeblichen ME-Anteile um mehr als 25% abweicht.[126] 71

---

[117] BayObLG ZMR 2004, 359 (360); OLG Düsseldorf ZMR 2007, 379 (380); *Gruber* NZM 2000, 842 (843); aA KG WuM 1994, 400 (402): Verteilung nach MEA.

[118] BGHZ 160, 354 (358) = NJW 2004, 3413 = ZWE 2005, 72 = ZMR 2004, 834 (835); BGHZ 156, 192 (202); 130, 304 (312).

[119] BT-Drucks. 16/887, S. 18.

[120] BayObLG NJW-RR 1995, 529; OLG Zweibrücken NJW-RR 1999, 886.

[121] BayObLG WuM 1997, 61 (62).

[122] OLG Frankfurt NZM 2001, 140.

[123] BGHZ 160, 354 (361) = NJW 2004, 3413.

[124] BT-Drucks. 16/887, S. 19.

[125] So auch *Deckert* PiG 63, 227 (247); *Müller* ZWE 2001, 191 (192).

[126] KG NZM 2004, 549; vgl. OLG München ZMR 2008, 567 (568): 60%; LG Hamburg ZMR 2010, 144 (145); LG Nürnberg-Fürth ZWE 2010, 145: 13% Mehrbelastung genügen nicht.

72 Im Anwendungsbereich von § 10 Abs. 2 Satz 3 ist die Kostenmehrbelastung nicht das alleinige Kriterium. Zu berücksichtigen sind alle **Umstände des Einzelfalls,** insbesondere die Rechte und Interessen der übrigen WEer. So ist etwa zu berücksichtigen, ob die Mehrbelastung in den Risikobereich des betroffenen WEers fällt oder die Auswirkungen einer nicht sachgerechten Kostenverteilung bereits beim Erwerb absehbar waren.[127] Ergibt sich etwa infolge einer nachträglichen baulichen Veränderung, dass die tatsächlichen Wohn- und Nutzflächen nicht mehr mit der Größe der ME-Anteile übereinstimmen, so kann im Falle einer erheblichen Abweichung ein Änderungsanspruch begründet sein. Eine Kostenbelastung kann zudem unbillig sein, weil das SE etwa mangels einer behördlichen Genehmigung nicht wie ursprünglich vorgesehen genutzt werden darf.[128] Zu berücksichtigen ist im Einzelfall auch, ob die Kostenregelung für alle Kosten oder nur für bestimmte Kostenarten gilt. Findet die beanstandete Kostenverteilung nur auf einzelne Kostenarten Anwendung, kann es auf das Verhältnis der hierdurch bedingten Mehrkosten zur gesamten Kostenlast des WEers ankommen.[129]

73 Ein Rechtsschutzbedürfnis für die Durchsetzung eines Änderungsanspruch nach § 10 Abs. 2 Satz 3 fehlt, soweit die WEer von ihrer gesetzlichen Beschlusskompetenz gem. § 16 Abs. 3 oder von einer vereinbarten Beschlusskompetenz (Öffnungsklausel) zur Änderung der Kostenverteilung Gebrauch machen können. Der betroffene WEer ist grds. gehalten, zunächst einen Eigentümerbeschluss herbeizuführen, soweit ein Beschlusskompetenz der WEer besteht.[130] Erst wenn ein Beschluss über die abweichende Kostenverteilung nicht zustande kommt oder das Zustandekommen von vornherein aussichtslos ist, besteht ein **Rechtsschutzbedürfnis** für eine Klage auf Abänderung des Verteilungsschlüssels nach § 10 Abs. 2 Satz 3. Eine Klage auf Anpassung des Kostenverteilungsschlüssels ist ohne vorherige Befassung der Eigentümerversammlung zulässig, wenn die WEer die begehrte Änderung nicht beschließen können, etwa weil der Betroffene über die Beschlusskompetenz nach § 16 Abs. 4 hinausgehende generelle Regelung der Instandsetzungskosten begehrt (siehe Rn 116).[130a] Zur Durchsetzung des Anspruchs siehe § 10 Rn 162 ff.

IV. Beschlüsse zur Kostenverteilung (Abs. 3 bis 5)

1. Grundlagen

74 Nach Maßgabe der Abs. 3 bis 5 können die WEer für bestimmte Kostenarten eine **vom Gesetz abweichende** Kostenverteilung durch Mehrheitsbeschluss regeln. Die durch das Gesetz zur Änderung des WEG[131] eingefügten Vorschriften sollen die Willensbildung in Angelegenheiten der Kostentragung erleichtern.[132] Nach der vor der WEG-Reform geltenden Rechtslage konnten die WEer den gesetzlichen oder vereinbarten Verteilungsmaßstab durch Mehrheitsbeschluss nur abändern, soweit sie hierzu durch Vereinbarung (sog. Öffnungsklausel) ermächtigt waren (§ 10 Rn 140 ff.).[133] Nunmehr können sie auch ohne eine derartige Vereinbarung kraft Gesetzes beschließen, Betriebs- und Verwaltungskosten statt nach ME-Anteilen nach Verbrauch oder nach einem anderen Maßstab zu verteilen (Abs. 3; Rn 76 ff.). Der Beschluss zur generellen Änderung des Verteilungsmaßstabs bedarf lediglich einer **einfachen Mehrheit** in der WEer-Versammlung. Die Kosten der Instand-

---

[127] BGH ZMR 2004, 834 (836); BayObLG ZWE 2002, 320 = ZMR 2001, 473; ZWE 2002, 31 (32); OLG Köln ZMR 2002, 153 (154); OLG Düsseldorf ZWE 2001, 444 (446); OLG Hamm ZMR 2003, 286 (287).

[128] OLG Zweibrücken NZM 1999, 808.

[129] BGH ZMR 2004, 834 (836); BayObLG WuM 2001, 88 (89).

[130] OLG Hamm ZMR 2008, 156 (159) = MietRB 2008, 46 f. m. Anm. *J.-H. Schmidt*; OLG Schleswig ZMR 2006, 889.

[130a] BGH ZWE 2010, 174 (176) = NZM 2010, 205.

[131] BGBl. I 2007, 370.

[132] BT-Drucks. 16/887, S. 10 f.

[133] BGHZ 145, 158 (166) = ZWE 2000, 518 = NJW 2000, 3500.

haltung und Instandsetzung sowie die Kosten baulicher Veränderungen im Sinne von § 22 Abs. 1 und 2 können hingegen nach Abs. 4 nur im Einzelfall abweichend vom geltenden Verteilungsschlüssel verteilt werden, wobei der Beschluss eine **qualifizierte Mehrheit** von drei Viertel aller stimmberechtigten WEer nach Köpfen (§ 25 Abs. 2) und eine Mehrheit aller Miteigentumsanteile erfordert. Unverständlich bleibt, warum der Beschluss zur Verteilung der Kosten der Instandhaltung im Einzelfall einer qualifizierten Mehrheit aller WEer bedarf, eine generelle Änderung der Verteilung von Betriebs- und Verwaltungskosten hingegen bereits mit einfacher Mehrheit der in der Versammlung vertretenen WEer beschlossen werden kann.[134] Wertungswidersprüche ergeben sich insbesondere bei den Kosten der laufenden Instandhaltung, die durch Rechtsfortbildung nach Sinn und Zweck der Regelung zu beseitigen sind (Rn 82 ff.).

Im Rahmen der gesetzlichen Beschlusskompetenzen können die WEer auch eine **von** 75
den Vereinbarungen abweichende Kostenverteilung beschließen. Der Gesetzeswortlaut räumt ausdrücklich zwar nur die Kompetenz zu einer „von Abs. 2 abweichenden" Verteilung ein. Im Umkehrschluss zu Abs. 5 ergibt sich jedoch, dass auch die Abänderung des vereinbarten Verteilungsschlüssels möglich ist.[135] Nach dieser Vorschrift kann die Beschlusskompetenz nicht durch Vereinbarung eingeschränkt oder ausgeschlossen werden (Rn 136). Auch eine Vereinbarung über eine von Abs. 2 abweichende Kostenverteilung hätte einschränkende Wirkung, wenn sie nicht durch Mehrheitsbeschluss abgeändert werden könnte. Nach Sinn und Zweck der Regelung sollen die WEer gerade die Möglichkeit haben, eine unangemessene, durch den teilenden Eigentümer gem. §§ 8 Abs. 2, 5 Abs. 4 einseitig bestimmte Kostenverteilung abzuändern.[136] Über die gesetzlichen Beschlusskompetenzen nach Abs. 3 und 4 hinaus können die WEer auch von einer **vereinbarten Öffnungsklausel** Gebrauch machen, soweit sie ggü. der gesetzlichen Regelung keine strengeren Anforderungen an die Beschlussfassung stellt (Rn 137).

2. Betriebs- und Verwaltungskosten (Abs. 3)

a) Der Normzweck. Nach Abs. 3 können die WEer durch Beschluss nicht nur die 76
Verwaltungs- und Betriebskosten des GemEs, sondern auch die **Betriebskosten des SE** „abweichend von Abs. 2" verteilen. Auf den ersten Blick erscheint die Regelung systemwidrig. Abs. 2 regelt nur die Verteilung der Kosten des gemeinschaftlichen Gebrauchs von GemE. Da die Betriebskosten des SE vom Wortlaut dieser Vorschrift nicht erfasst werden, weicht ein Beschluss zur Verteilung der Betriebskosten des SE bei unbefangener Betrachtung nicht von dieser Regelung ab. Sinn und Zweck der Vorschrift erschließen sich erst vor dem Hintergrund der Entscheidung des **BGH** zur Erfassung und Verteilung der **Kalt- und Abwasserkosten,**[137] die dem Gesetzgeber als Anknüpfungspunkt dient.[138] Die Kosten eines individuellen Kaltwasserverbrauchs im SE einschließlich der hieran gekoppelten Kosten der Abwasserentsorgung zählen nach Ansicht des BGH nicht zu den in Abs. 2 geregelten Lasten und Kosten.[139] Werden die Kosten vom Wasserversorger ggü der Gemeinschaft abgerechnet

---

[134] Zutreffend *Merle* ZWE 2007, 217 gegen die Gesetzesbegründung, die auf die „besondere Wichtigkeit" und die „erhebliche vermögensrechtliche Bedeutung" der Instandhaltungsmaßnahmen abstellt; BT-Drucks. 16/887, S. 25.

[135] LG München ZMR 2010, 66; Riecke/Schmid/*Elzer,* § 16 Rn 59; *ders.* ZMR 2007, 430 (431); *Spielbauer/Then* § 16 Rn 22; Timme/*Bonifacio* § 16 Rn 105; *Briesemeister* GE 2008, 1244; *Hinz* ZMR 2005, 271 (275); *Schmid* ZMR 2007, 844; aA AG Hamburg ZMR 2009, 320; *Rapp* DNotZ 2009, 335 (351).

[136] BT-Drucks. 16/887, S. 25.

[137] BGHZ 156, 192 = NJW 2003, 3476 = ZWE 2004, 66 m. Anm. *Ott.*

[138] BT-Drucks. 16/887, S. 22.

[139] Ebenso *Armbrüster* ZWE 2002, 145 (146); *Bub* ZWE 2001, 457 (458); *Derleder* ZfIR 2003, 407 (409); *Hogenschurz* NZM 2001, 497 (501); *Jennißen* ZWE 2001, 461 (462); *Kümmel* ZWE 2003, 285; *Schuschke* NZM 2001, 497 (501); *Slomian* ZWE 2000, 566 (567); *Wenzel* ZWE 2001, 226 (236).

und ist deren Verteilung im Verhältnis der WEer nicht durch Vereinbarung geregelt, so könnten die WEer durch Mehrheitsbeschluss eine verbrauchsabhängige Kostenverteilung einführen.[140] Zur Umsetzung einer verbrauchsabhängigen Verteilung könne im Rahmen der ordnungsmäßigen Verwaltung gem. § 21 Abs. 3 auch der Einbau von Kaltwasserzählern beschlossen werden. Die Beschlusskompetenzen zur verbrauchsabhängigen Erfassung und Verteilung von Betriebskosten des SE, die über die Gemeinschaft abgerechnet werden, sind nunmehr in Abs. 3 ausdrücklich geregelt. Es handelt es sich um eine von Abs. 2 abweichende Kostenverteilung, weil diese Kosten mangels einer Vereinbarung subsidiär entspr. Abs. 2 nach ME-Anteilen zu verteilen sind.[141] In der Sache sind Betriebskosten des SE wie solche des GemE zu behandeln, wenn sie nicht unmittelbar ggü. Dritten, sondern zunächst über das Verwaltungsvermögen der Gemeinschaft abgerechnet werden (Rn 79).[142]

77 Die Vorschrift des Abs. 3 gestattet es den WEern auch, die Betriebskosten nur für **einzelne Kostenarten** abweichend von Abs. 2 nach Verbrauch oder Verursachung zu erfassen und zu verteilen.[143] Sie sind nicht gehalten, einen anderen Verteilungsmaßstab für alle Betriebskosten insgesamt zu beschließen. Soweit für die jeweilige Kostenart die gesetzlichen Anforderungen an die Beschlussfassung erfüllt sind, können die WEer durch Mehrheitsbeschluss für einzelne Kostenarten unterschiedliche Verteilungsschlüssel einführen.

78 **b) Betriebskosten. aa) Der Verweis auf § 556 BGB.** Die Beschlusskompetenz erfasst Betriebskosten iSv § 556 Abs. 1 BGB. „Betriebskosten" sind dort für das Mietrecht definiert als „Kosten, die dem Eigentümer oder Erbbauberechtigten durch das Eigentum oder das Erbbaurecht am Grundstück oder durch den bestimmungsmäßigen Gebrauch des Gebäudes, der Nebengebäude, Anlagen, Einrichtungen und des Grundstücks laufend entstehen." Für die Aufstellung der Betriebskosten verweist § 556 Abs. 1 Satz 2 BGB auf die Regelungen der BetrKV, insbesondere auf den Katalog der Betriebskosten gem. § 2 BetrKV. Ob der Verweis auf den mietrechtlichen Betriebskostenbegriff die Rechtsanwendung erleichtert, ist auf Grund der unterschiedlichen Funktion des Begriffs zweifelhaft.[144] Im Mietrecht soll geklärt werden, welche Kosten der Vermieter durch Vereinbarung im Mietvertrag auf den Mieter umlegen kann. Im WE-Recht steht hingegen außer Frage, dass sämtliche Betriebskosten, die bei der Gemeinschaft anfallen, auf die WEer umzulegen sind. Hier ist lediglich zu klären, *wie* die Kosten erfasst werden und nach welchem Maßstab sie im Verhältnis der WEer zu verteilen sind. Die Besonderheiten des WE-Rechts sind bei Auslegung und Anwendung des mietrechtlichen Betriebskostenbegriffs stets zu berücksichtigen.[145]

79 **bb) Der Betrieb des Sondereigentums.** Über die Verteilung von Betriebskosten des SE können die WEer beschließen, soweit sie in ihrem Verhältnis zu verteilen sind. Hier geht es um Kosten, die zwar beim Gebrauch des SE anfallen, die aber auf Grund einer Verbindlichkeit der Gemeinschaft im Verhältnis zu Dritten zunächst das Verwaltungsvermögen der Gemeinschaft belasten. Zu diesen Kosten gehört etwa das Entgelt für die Nutzung eines **Kabelanschlusses** im Bereich des SE, das der Kabelnetzbetreiber auf Grund

[140] BGH ZWE 2004, 66 (77); aA *Drasdo* NZM 2001, 886 (887); *Ott* ZWE 2004, 73 (74).

[141] BGH NJW 2007, 3492 = NZM 2007, 886 = ZMR 2007, 975 = ZWE 2008, 47 m. Anm. *Armbrüster;* OLG München ZMR 2007, 811 m. Anm. *Elzer* = MietRB 2007, 265 m. Anm. *Becker;* KG NZM 2005, 425; aA OLG Hamm, ZMR 2004, 774; *Hogenschurz* ZMR 2003, 901 (902) jeweils zu Kabelanschlusskosten.

[142] BT-Drucks. 16/887; aus der älteren Rspr. auch BayObLG, ZMR 1997, 152 (153); OLG Düsseldorf, NJW-RR 2002, 731 (732): Kosten der Verwaltung oder des gemeinschaftlichen Gebrauchs von GemE.

[143] *Abramenko* § 3 Rn 22.

[144] So die Gesetzesbegründung, BT-Drucks. 16/887, S. 22; kritisch *Becker* ZWE 2005, 136 (137); *Elzer* ZWE 2008, 153 (155).

[145] Vgl. Riecke/Schmid/*Elzer* § 16 Rn 63 c; *ders.* ZWE 2008, 153 (156); *Häublein* ZMR 2007, 409 (415); *J.-H. Schmidt* ZMR 2007, 913 (923); aA Timme/*Bonifacio* § 16 Rn 113; *Schmid* MDR 2007, 989; *ders.* ZMR 2008, 440 (441).

eines Vertrages mit der Gemeinschaft von der Gemeinschaft erhebt (§ 2 Nr. 15 b BetrKV). Mangels einer abweichenden Vereinbarung in der GemO sind die Kosten im Verhältnis der nutzenden SEer entsprechend Abs. 2 auch dann nach ME-Anteilen zu verteilen, wenn sich das von der Gemeinschaft vertraglich geschuldete Nutzungsentgelt nach der Anzahl der angeschlossenen Wohneinheiten bemisst.[146] In diesem Fall können die WEer beschließen, dass auch die interne Kostenverteilung nach Wohneinheiten erfolgen soll. Mit der Entscheidung über den Vertragsschluss können die WEer zugleich beschließen, dass sich für die Dauer des Kabelnutzungsvertrages auch die interne Kostenverteilung nach dem im Vertrag zugrunde gelegten Berechnungsschlüssel richtet. Entsprechendes gilt für die Kosten der **Wasserversorgung** von SE einschließlich der Kosten der **Entwässerung** (§ 2 Nr. 2, 3 BetrKV)[147] sowie für die Kosten der **Energieversorgung,**[148] wenn die Kosten auf Grund eines gemeinschaftlichen Liefervertrages mit dem Versorgungsunternehmen zunächst bei der Gemeinschaft anfallen und sodann im Verhältnis der SEer nach Verbrauch oder nach einem anderen Maßstab zu verteilen sind. Auch die Kosten der **Abfallbeseitigung** gehören hierher (§ 2 Nr. 8 BetrKV), wenn sich die Verursachung im Bereich des SE feststellen lässt, etwa indem für jede Wohnung eine Mülltonne bereitgestellt wird.[149] Über die Verteilung der Kosten des Betriebs einer zentralen **Heiz- und Warmwasserversorgungsanlage** können die WEer gem. Abs. 3 nur nach Maßgabe der HeizkostenV beschließen (§ 2 Nr. 4 ff. BetrKV; Rn. 65 f.). Entsprechendes gilt für die Kosten der Versorgung von SE mit **Fernwärme,** wenn das Versorgungsunternehmen das Entgelt für die Wärmelieferung über die Gemeinschaft abrechnet.

Die WEer können nicht über die Erfassung und Verteilung von Betriebskosten des SE **80**
beschließen, die nicht über die Gemeinschaft, sondern **unmittelbar ggü. Dritten** abgerechnet werden. Hierzu zählen etwa die Kosten der Energieversorgung des SE (Strom, Gas), wenn die SEer **individuelle Verträge** mit Versorgungsunternehmen abschließen. Als Vertragspartner haften sie unmittelbar ggü. dem Unternehmen jeweils für ihre eigene Entgeltschuld, ohne dass die Gemeinschaft mit zu verteilenden Kosten belastet wird. Auch die Kosten der Reinigung und Wartung von Etagenheizungen und Einzelfeuerstätten (§ 2 Nr. 4 d BetrKV) sowie von verbundenen Etagenheizungs- und Warmwasserversorgungsanlagen (§ 2 Nr. 6 c BetrKV) im SE werden in der Regel auf Grund individueller Verträge unmittelbar ggü. Dritten abgerechnet. Zu den unmittelbar ggü. Dritten abzurechnenden Kosten gehört auch die **Grundsteuer,** die im Mietrecht gem. § 2 Nr. 1 BetrKV zu den umlagefähigen Betriebskosten zählt.[150] Da die Grundsteuer auf dem einzelnen WE lastet, ist der einzelne SEer unmittelbar als Steuerschuldner anzusehen. Entsprechendes gilt für **Erschließungsbeiträge** zu den Kosten der erstmaligen Erschließung des Grundstücks, da die WEer hierfür gem. § 134 Satz 4 Hs. 2 BauGB unmittelbar anteilig haften (s. o. Rn 27). Da in den genannten Fällen das Verwaltungsvermögen der Gemeinschaft von vornherein nicht mit Kosten belastet wird, steht eine Entscheidung über die Kostenverteilung im Verhältnis der WEer nicht an. Ihnen fehlt die Befugnis, durch Beschluss über die Kostenverteilung in individuelle Rechtsverhältnisse der SEer einzugreifen; ein Beschluss wäre mangels Beschlusskompetenz von Anfang an nichtig.

cc) Der Betrieb des Gemeinschaftseigentums. Die Beschlusskompetenz der WEer **81**
nach Abs. 3 erstreckt sich auf die Erfassung und Verteilung der Betriebskosten des GemE, die ohne weiteres bei der Gemeinschaft anfallen. Nach dem Katalog des § 2 BetrKV

[146] BGH NJW 2007, 3492 = NZM 2007, 886 = ZMR 2007, 975 = ZWE 2008, 47 m. Anm. *Armbrüster;* OLG München ZMR 2007, 811 m. Anm. *Elzer* = MietRB 2007, 265 m. Anm. *Becker.*

[147] BGHZ 156, 192 (199) = NJW 2003, 3476 = ZWE 2004, 66 m. Anm. *Ott.*

[148] BT-Drucks. 16/887, S. 22.

[149] OLG Oldenburg ZMR 2005, 814; OLG Köln NZM 2006, 467 = ZMR 2006, 68; Jennißen/*Jennißen,* § 16 Rn 131; *Greiner* ZMR 2004, 319.

[150] *Becker* ZWE 2005, 136 (137); *Köhler* ZMR 2005, 19 (20).

gehören hierzu die Kosten der **Wasserversorgung** des GemE, etwa die Kosten der **Gartenbewässerung** (Nr. 2), die Kosten des **Betriebs einer Aufzugsanlage** (Nr. 7), den Kosten der **Straßenreinigung** (Nr. 8) und der **Gebäudereinigung** (Nr. 9), **Allgemeinstromkosten,** etwa die Kosten der Treppenhaus- und Wegebeleuchtung (Nr. 11), die Kosten einer **Sach- und Haftpflichtversicherung** (Nr. 13) sowie die Kosten für den **Hauswart** (Nr. 14). Auch die Kosten der **Abfallbeseitigung** (Nr. 8) wird man zu den Betriebskosten des GemE zählen müssen, wenn sich die Verursachung durch den Gebrauch des SE nicht feststellen lässt.[151]

82 **dd) Die Abgrenzung zur Instandhaltung und Instandsetzung.** Problematisch ist die Abgrenzung der Betriebskosten von den Kosten der Instandhaltung und Instandsetzung des GemE.[152] Eine Abgrenzung ist erforderlich, weil die WEer Instandhaltungs- und Instandsetzungskosten – anders als Betriebskosten – nicht generell mit einfacher Mehrheit, sondern gem. § 16 Abs. 4 nur im Einzelfall durch qualifizierten Mehrheitsbeschluss abweichend vom allgemeinen Verteilungsmaßstab verteilen können. Der Katalog des § 2 BetrKV deklariert einzelne Kostenarten zu umlagefähigen Betriebskosten, die eigentlich zu den Kosten der Instandhaltung oder Instandsetzung gehören.[153] Der Erhaltung oder der Wiederherstellung eines ordnungsmäßigen Zustands dienen etwa die Wartung von Wassermengenreglern (Nr. 2), die Pflege und Reinigung einer Aufzugsanlage (Nr. 7) und die Erneuerung von Pflanzen und Gehölzen im Rahmen der Gartenpflege (Nr. 10). Nach überwiegender Ansicht fallen die Kosten für derartige Maßnahmen gleichwohl in den Anwendungsbereich von § 16 Abs. 3, der auf den mietrechtlichen Begriff der „Betriebskosten" verweist.[154]

83 In der Literatur wird hingegen auch die Ansicht vertreten, die Kosten pflegender Maßnahmen seien ungeachtet der Bezeichnung als „Betriebskosten" als Kosten der Instandhaltung und Instandsetzung dem Anwendungsbereich des Abs. 4 zuzuordnen.[155] Nach dieser Auffassung könnten WEer die Verteilung von Wartungs- und Reinigungskosten sowie der Kosten der Gartenpflege nur im Einzelfall durch qualifizierten Mehrheitsbeschluss abweichend vom gesetzlichen Verteilungsschlüssel verteilen. Praktische Bedeutung hätte die Beschlusskompetenz wohl nur, wenn man den Abschluss von Dauerschuldverträgen zur Vornahme der Wartungs- und Reinigungsarbeiten als Einzelfall ansieht, der jeweils bezogen auf das Vertragsverhältnis eine abweichende Kostenverteilung ermöglicht.[156]

84 Der vorgenannten Ansicht ist nicht zu folgen. Es wäre ein Wertungswiderspruch, wenn etwa WEer einer Mehrhausanlage die Kosten der Beleuchtung der Zugänge und Treppenhäuser (§ 2 Nr. 11 BetrKV) durch einfachen Mehrheitsbeschluss nach Objekten getrennt erfassen und verteilen könnten, die Kosten für den Austausch defekter Leuchtmittel aber nur im Einzelfall durch qualifizierten Mehrheitsbeschluss aller WEer objektsbezogen auf die betroffenen WEer der einzelnen Häuser umlegen könnten. Dieses Ergebnis widerspricht erkennbar dem Sinn und Zweck des § 16 Abs. 4. Der Gesetzgeber hat dort die Kosten der Instandhaltung- und Instandsetzung zusammen mit kostenintensiven baulichen Verän-

---

[151] OLG Köln, NJW-RR 2006, 1023 = ZMR 2008, 68; siehe auch BT-Drucks. 16/887, S. 22.

[152] Zur Abgrenzung umlagefähiger Wartungskosten von den Kosten der vorbeugenden Instandhaltung im Mietrecht siehe Schmidt-Futterer/*Langenberg,* Mietrecht, 9. Aufl. 2007, § 556 Rn 207 ff.

[153] Zur Vereinbarung weiterer umlagefähiger „sonstiger Betriebskosten" iSv § 2 Nr. 17 BetrKV im Mietrecht siehe BGH ZMR 2004, 430: Kosten turnusmäßiger Dachrinnenreinigung; BGH ZMR 2007, 361: Wiederkehrende Kosten der Wartung einer Elektroanlage.

[154] LG Nürnberg-Fürth NZM 2009, 363 (364) = ZMR 2009, 639 (640); LG München I ZWE 2010, 232; LG Düsseldorf ZMR 2010, 59 (60): Hausreinigungskosten; Riecke/Schmid/*Elzer* § 16 Rn 63 e; *Hügel/Elzer* NZM 2009, 457 (463); *Moosheimer* ZMR 2009, 809 (810); *Lützenkirchen* GE 2008, 1306 (1307); *Schmid* ZMR 2008, 440; *J.-H. Schmidt* ZMR 2007, 913 (924).

[155] *Spielbauer/Then* § 16 Rn 24, 43; *Klimesch* ZMR 2009, 342; *Elzer* ZWE 2008, 153 (156); aA nunmehr Riecke/Schmid/*Elzer* § 16 Rn 63 e.

[156] So *Meffert* ZMR 2007, 667 (669).

derungen geregelt. Die Kompetenz zur Verteilung der Kosten ist auf den Einzelfall beschränkt und an ein qualifiziertes Mehrheitserfordernis geknüpft, weil derartige Maßnahmen eine erhebliche vermögensrechtliche Bedeutung für die WEer haben (Rn 116).[157] Sie sollen nicht einer generellen Mehrheitsentscheidung zur Instandsetzungslast unterworfen sein, deren finanzielle Tragweite die WEer im Hinblick auf künftige Instandsetzungsmaßnahmen im Zeitpunkt der Beschlussfassung noch nicht überblicken können. Die WEer sollen aber die Möglichkeit haben, anlässlich einer Entscheidung über eine konkrete Maßnahme auch über die Verteilung der Kosten dieser Maßnahme zu entscheiden. Auf diese Weise trägt der Gesetzgeber dem Umstand Rechnung, dass die WEer in der Praxis Maßnahme und dadurch ausgelöste Kosten als einheitlichen Lebenssachverhalt ansehen und die Entscheidung über die Maßnahme mit der Entscheidung über die Kostverteilung verbinden.[158] Diese Verbindung besteht jedoch nicht, soweit **laufende Instandhaltungs- und Instandsetzungsmaßnahmen** keiner Entscheidung der WEer bedürfen, sondern gem. § 27 Abs. 3 Satz 1 Nr. 3 ohne besondere Beschlussermächtigung ohne weiteres durch den Verwalter vorgenommen werden können. Nach Sinn und Zweck der Regelung unterliegt die Verteilung von Kosten laufender Instandhaltungs- und Instandsetzungsmaßnahmen nicht den strengen Anforderungen der auf den Einzelfall beschränkten Beschlusskompetenz nach Abs. 4, wenn die WEer wegen der geringen vermögensrechtlichen Bedeutung über die Vornahme einzelner Maßnahmen nicht selbst durch Beschluss entscheiden müssen. Vielmehr ist davon auszugehen, dass die Kosten laufender Instandhaltungs- und Instandsetzungsmaßnahmen, etwa die Kosten einer turnusmäßigen Wartung gemeinschaftlicher Anlagen, die Kosten von Kleinreparaturen oder der Ersatzbeschaffung von Kleinteilen, entsprechend Abs. 3 nach den Regeln über die Betriebskosten zu verteilen sind.[159]

Kosten der Instandhaltung und Instandsetzung, die über laufende Maßnahmen der Instandhaltung und Instandsetzung hinausgehen, unterliegen uneingeschränkt der Beschlusskompetenz nach § 16 Abs. 4.[160] Bei sog. **Vollwartungsverträgen,** die über die laufenden Wartungs- und Pflegemaßnahmen hinaus auch größere Instandhaltungsmaßnahmen zum Gegenstand haben, müsste also der über die laufenden Maßnahmen der Instandhaltung und Instandsetzung hinausgehende Kostenanteil herausgerechnet und gem. § 16 Abs. 2 nach ME-Anteilen verteilt werden, wenn die WEer für die Betriebskosten nach § 16 Abs. 3 eine abweichende Verteilung beschlossen haben.[161] Eine Abgrenzung ist hingegen entbehrlich, wenn die WEer bei Abschluss des Vertrages mit der nach § 16 Abs. 4 erforderlichen Mehrheit beschließen, die gesamten Kosten aus diesem Vertrag abweichend von Abs. 2 zu verteilen. Der Abschluss des Vertrages betrifft einen Einzelfall iSv § 16 Abs. 4 (siehe Rn 116 ff.).[162] 85

c) Kosten der Verwaltung. Die Beschlusskompetenz zur abweichenden Kostenverteilung erfasst nach Abs. 3 auch die „Kosten der Verwaltung". Sie sind in Abs. 3 ausdrücklich genannt, da sie nicht zu den Betriebskosten iSv § 556 BGB gehören (§ 2 Abs. 2 Nr. 1 BetrKV). Gemeint sind die Kosten der „sonstigen" Verwaltung iSv Abs. 2, die nicht als „Kosten der Instandhaltung und Instandsetzung" dem Anwendungsbereich des Abs. 4 unterfallen. Im Unterschied zu den Betriebskosten erstreckt sich die Beschlusskompetenz nur auf die Kosten der Verwaltung von GemE, da die Kosten der Verwaltung von SE von vornherein nicht über die Gemeinschaft abgerechnet werden. 86

---

[157] BT-Drucks. 16/887, S. 25.

[158] BT-Drucks. 16/887, S. 23.

[159] Ebenso *J.-H. Schmidt* ZMR 2007, 913 (924 f.); aA AG Oldenburg NZM 2008, 495 (496); LG München I ZWE 2010, 232: Begriff „Wartungskosten" ist zu unbestimmt.

[160] Vgl. LG Düsseldorf ZMR 2010, 59 (60): Instandsetzung von Aufzügen.

[161] So Jennißen/*Jennißen* § 16 Rn 56; *Häublein* ZMR 2007, 409 (416).

[162] So wohl auch LG München I ZWE 2010, 232; *Meffert* ZMR 2007, 667 (669).

87 Praktische Bedeutung hat die Beschlusskompetenz insbesondere für die Verteilung der **Verwaltervergütung.** Als Vertragspartner des Verwalters schuldet die rechtsfähige Gemeinschaft die Vergütung aus dem Verwaltervertrag (§ 26 Rn 131),[163] so dass die Zahlungen zur Verwaltervergütung der Gemeinschaft zur Last fallen. Mangels abweichender Vereinbarung sind diese Kosten gem. Abs. 2 im Verhältnis der ME-Anteil auf die WEer zu verteilen, auch wenn der Verwaltervertrag die Vergütung nach der Anzahl der Einheiten bestimmt.[164] Nach Abs. 3 können die WEer beschließen, die Kosten zur Verwaltervergütung generell nach Wohneinheiten zu verteilen. Sie können aber auch die Entscheidung über den Abschluss eines Verwaltervertrages zum Anlass nehmen, zugleich für die Dauer des Vertrages die interne Kostenverteilung dem vertraglichen Berechnungsmaßstab anzupassen. Ob sie von dieser Möglichkeit Gebrauch gemacht haben, ist durch Auslegung des Beschlussinhalts zu ermitteln (§ 23 Rn 52). Der Beschluss über den Abschluss des Verwaltervertrages lässt nicht ohne weiteres den Rechtsfolgewillen erkennen, auch die interne Verteilung der Kosten zu regeln. Klarheit schafft ein ausdrücklicher Beschluss, wonach die Berechnungsgrundlage der Vergütung im Verwaltervertrag auch für die Kostenverteilung im Verhältnis der WEer gelten soll.

88 Beschlusskompetenz besteht darüber hinaus für die Verteilung sonstiger Verwaltungskosten, insbesondere der Kosten der **Verwaltung gemeinschaftlicher Gelder** (Kontoführungsentgelte, Steuern auf Zinsen), der **Aufwendungen für den Verwaltungsbeirat** (Prämien zur Vermögensschadenshaftpflichtversicherung), der Kosten einer Erstellung von Jahresabrechnungen und Beschluss-Sammlungen durch Dritte), der Kosten für die **Anmietung von Räumen** oder die **Kosten sachverständiger Beratung** in Verwaltungsangelegenheiten, etwa durch einen Rechtsanwalt.[165] Zu den Kosten der Verwaltung gehören nach Abs. 7 Kosten, die die Gemeinschaft für **Ersatzansprüche im Falle des § 14 Nr. 4** aufzuwenden hat (Rn 161 ff.) und die **Kosten eines Rechtsstreits** nach § 18 (Rn 150 ff.). Bei Rechtsstreitigkeiten in WE-Sachen nach § 43 können die mit dem Rechtsanwalt vereinbarten Mehrkosten im Verhältnis aller WEer aber auch die allgemeinen Kosten im Verhältnis der Kostenschuldner als Kosten der Verwaltung nach Abs. 3 verteilt werden, ohne dass Abs. 8 entgegensteht (Rn 152 ff., 155).

89 Zu den Verwaltungskosten gehören auch die Kosten für einen **besonderen Verwaltungsaufwand,** die bereits nach **§ 21 Abs. 7** durch Beschluss geregelt werden können. Der Regelungsgehalt dieser Vorschrift überschneidet sich mit § 16 Abs. 3, soweit das Verwaltungsvermögen der Gemeinschaft mit Kosten belastet ist, die über den normalen Verwaltungsaufwand hinausgehen.[166] Hierzu zählen insbesondere **Sondervergütungen** des Verwalters, die aus dem Verwaltervertrag für besondere Tätigkeiten geschuldet sind, etwa für die Durchführung außerordentlicher Versammlungen der WEer oder für die Nichtteilnahme einzelner WEer am Lastschriftverfahren (siehe § 21 Rn 161). Da die nach dem Verwaltervertrag geschuldete Sondervergütung das Verwaltungsvermögen belastet, handelt sich um Kosten, die die WEer ohne weiteres durch Beschluss gem. § 16 Abs. 3 auf die Verursacher der Kosten umlegen können. Selbstständige Bedeutung hat die Beschlusskompetenz aus § 21 Abs. 7, wenn eine Kostenlast der Gemeinschaft oder einzelner WEer durch Beschluss originär begründet werden soll. Ist etwa eine Sondervergütung des Verwalters für besonderen Verwaltungsaufwand im Verwaltervertrag nicht vereinbart, so können die WEer durch Beschluss eine Sondervergütungspflicht der Gemeinschaft zu Gunsten des Verwalters begründen.[167]

---

[163] OLG Düsseldorf ZMR 2007, 56 (58); OLG Hamm NZM 2006, 632 = ZMR 2006, 633.

[164] BayObLG ZMR 2004, 358; OLG Köln NZM 2002, 615; OLG Frankfurt OLG-Report 2005, 7.

[165] Vgl. *Häublein* ZMR 2007, 409 (416); *Fritsch* MietRB 2007, 244 (245).

[166] *Merle* ZWE 2007, 321 (325); *Elzer* in Hügel/Elzer § 8 Rn 63.

[167] *Merle* ZWE 2007, 321 (325 f.); *Köhler,* Das neue WEG, Rn 310; aA *Häublein* ZMR 2007, 409 (419).

Auch ein Beschluss zur Begründung von Zahlungspflichten einzelner WEer, etwa bei Nichtteilnahme am Lastschriftverfahren[168] oder die Erhebung einer Umzugskostenpauschale, lässt sich nur auf § 21 Abs. 7 stützen. Die Vorschrift des § 16 Abs. 3 regelt lediglich die Verteilung der angefallenen Kosten, nicht aber die die Begründung besonderer Kostenlasten.[169] Der Unterschied beider Kompetenznormen zeigt sich, wenn die Begründung von Sonderlasten durch Vereinbarung ausgeschlossen ist. Im Gegensatz zur Kompetenz aus § 16 Abs. 3 kann die Beschlusskompetenz aus § 21 Abs. 7 nach zutreffender Ansicht durch Vereinbarung ausgeschlossen werden (§ 21 Rn 145).[170] Ist die Begründung besonderer Kostenlasten ausgeschlossen, so fallen der Gemeinschaft von vornherein keine derartigen Kosten zur Last, so dass sich ein Beschluss zur Verteilung dieser Kosten nach § 16 Abs. 3 erübrigt.

d) Kostenerfassung und -verteilung. aa) Die Kostenerfassung. Die Beschlusskompetenz aus § 16 Abs. 3 erfasst zunächst die Entscheidung über die Erfassung der Betriebs- und Verwaltungskosten nach Verbrauch oder Verursachung. **„Verbrauch"** bezieht sich auf vorhandene Güter wie Wasser, Gas, Strom oder Wärme, die durch bestimmungsmäßige Inanspruchnahme nicht mehr zur Verfügung stehen. Im Rahmen der ordnungsmäßigen Verwaltung können die WEer den Einbau von Einrichtungen zur Verbrauchserfassung beschließen, umso die Voraussetzungen für eine verbrauchsabhängige Kostenverteilung der Betriebskosten schaffen.[171] Bei einer Kostenerfassung nach **„Verursachung"** wird das Maß des Gebrauchs gemeinschaftlicher Einrichtungen nach Dauer und Häufigkeit des Gebrauchs, nach der Gebrauchsmöglichkeit, nach der Anzahl der nutzenden Personen oder durch Zählung erfasst. Geht es um die zeitanteilige Erfassung des Gebrauchs bestimmter gemeinschaftlicher Einrichtungen, so kann die Nutzungsdauer etwa durch den Einbau von Zeitschaltuhren erfasst werden. Darüber hinaus lassen sich konkrete Kostenanteile häufig nur schwer bestimmen, etwa die Kosten der Abfallbeseitigung.[172] Wenn eine konkrete Erfassung der Verursachung nicht möglich ist, können die WEer im Rahmen einer ordnungsmäßigen Verwaltung auch pauschalierte Erfahrungswerte zugrunde legen und zwischen WE und TE unterscheiden.[173] 90

Der missverständliche Wortlaut des § 16 Abs. 3 darf nicht zu der falschen Annahme verleiten, die Beschlusskompetenz beziehe sich lediglich auf Betriebs- und Verwaltungskosten, die nach Verbrauch oder Verursachung erfasst werden können. Auch **verbrauchs-** und **verursachungsunabhängige** Kosten, etwa die Kosten der Gartenpflege, der Schnee- und Eisbeseitigung oder die Kosten der Gebäudeversicherung werden von der Kompetenz erfasst. Hierfür spricht die gesetzlich vorgesehene Möglichkeit, die Kosten „nach einem anderen Maßstab" als nach Verbrauch oder Verursachung zu verteilen. Der weit gefasste Wortlaut lässt erkennen, dass der Gesetzgeber verbrauchs- und verursachungsunabhängige Kosten regeln wollte.[174] 91

bb) Die Kostenverteilung. Die von Abs. 3 erfassten Kosten können nach Verbrauch oder Verursachung oder nach einem anderen Maßstab verteilt werden. Über den Vertei- 92

---

[168] BT-Drucks. 16/887, S. 27; zur Rechtslage vor der WEG-Reform siehe OLG München, MietRB 2007, 11 m. Anm. *Becker.*

[169] AA Riecke/Schmid/*Elzer* § 16 Rn 20; OLG Hamm ZMR 2008, 60 (62) zur Rechtslage vor der WEG-Reform.

[170] *Merle* ZWE 2007, 321 (322); *Häublein* FS für Bub (2007), S. 113 (117); aA *Elzer* in Hügel/Elzer § 8 Rn 72: § 16 Abs. 5 gilt im Falle des § 21 Abs. 7 entsprechend.

[171] So bereits BGHZ 156, 192 (201) = NJW 2003, 3476 = ZWE 2004, 66 (71) vor der WEG-Reform.

[172] Vgl. OLG Köln, ZMR 2006, 68 = NJW-RR 2007, 1023 zur Rechtslage vor der WEG-Reform.

[173] *Abramenko* § 3 Rn 26.

[174] Jennißen/*Jennißen* § 16 Rn 35; *Hügel* in Hügel/Elzer § 5 Rn 13; Riecke/Schmid/*Elzer* § 16 Rn 74; *ders.* ZMR 2007, 430 (431); *Briesemeister,* WEG-Reform, S. 85; *Drasdo* ZMR 2008, 421 (423); *Meffert* ZMR 2007, 667.

lungsmaßstab können die WEer im Rahmen der ordnungsmäßigen Verwaltung frei entscheiden. Sie können darüber beschließen, „ob" sie die Kostenverteilung abweichend vom bisher geltenden Verteilungsschlüssel regeln. Sodann können sie darüber entscheiden, „wie" – d. h. nach welchem abweichenden Maßstab – die Kosten künftig verteilt werden sollen. Neben einer Verteilung nach **Verbrauch** oder **Verursachung** ist grds. eine Verteilung „nach einem anderen Maßstab", etwa nach **Wohn- oder Nutzfläche,** nach **Personenzahl,** oder nach dem Maß des tatsächlichen bzw. möglichen **Gebrauchs** gemeinschaftlicher Einrichtungen zulässig. So können die WEer etwa beschließen, die Kosten für den Betrieb einer Aufzugsanlage oder einer Tiefgarage lediglich auf die Eigentümer der oberen Stockwerke bzw. die Eigentümern von Tiefgaragenstellplätzen umzulegen. Bei einer **Mehrhausanlage** kommt eine nach Häusern getrennte Kostenverteilung in Betracht.[175]

93 Nach dem Wortlaut des Gesetzes können die WEer auch beschließen, dass die nach Verbrauch oder Verursachung erfassten Kosten gleichwohl „nach einem anderen Maßstab" verteilt werden. Jedoch dürfte es regelmäßig den Grundsätzen ordnungsmäßiger Verwaltung zuwiderlaufen, wenn die WEer nach dem Einbau von Verbrauchserfassungsgeräten beschließen, Betriebskosten nicht nach Verbrauch sondern nach einem anderen Maßstab, etwa nach Wohn- oder Nutzfläche umzulegen.[176] Eine nicht verbrauchsabhängige Verteilung kann im Einzelfall rechtmäßig sein, wenn der Verbrauch wegen Geräteausfalls oder aus sonstigen Gründen nicht erfasst werden kann.[177] Beschließen die WEer eine Verteilung nach Wohn- oder Nutzfläche, so müssen die Wohn- und Nutzflächen hinreichend bestimmt sein (s. o. Rn 46). Ein nicht hinreichend bestimmter Beschluss ist von Anfang an als nichtig anzusehen (§ 23 Rn 147).[178] Es empfiehlt sich, die Flächen im Beschluss konkret zu bezeichnen.

94 **cc) Grundsätze ordnungsmäßiger Verwaltung.** Beschlüsse zur abweichenden Erfassung und Verteilung der Betriebs- und Verwaltungskosten sind nach Abs. 3 nur rechtmäßig, soweit sie ordnungsmäßiger Verwaltung entsprechen. Die Grundsätze der ordnungsmäßigen Verwaltung sind **nicht kompetenzbegründend.**[179] Der Beschluss einer ordnungswidrigen Kostenverteilung ist daher nicht mangels Beschlusskompetenz nichtig, sondern lediglich im Wege der fristgebundenen Beschlussanfechtungsklage anfechtbar.

95 Welcher Maßstab den Grundsätzen ordnungsmäßiger Verwaltung entspricht, ist jeweils nach den Umständen des Einzelfalls zu beurteilen. Auf Grund ihres Selbstorganisationsrechts ist den WEern ein **Ermessensspielraum** eingeräumt. Dieser ermöglicht es ihnen, alle Umstände abzuwägen, die für und gegen eine verbrauchs- oder verursachungsabhängige Kostenverteilung sprechen.[180] Bei überwiegend vermietetem WE kann es etwa ordnungsmäßiger Verwaltung entsprechen, die Betriebskosten nach dem Verhältnis der Wohn- oder Nutzfläche umzulegen, um die Erstellung der Betriebskostenabrechnung auf der Grundlage der Jahresabrechnung zu erleichtern. Umgekehrt kann es ordnungsmäßiger Verwaltung widersprechen, das Grundstück betreffende Kosten (Gartenpflege, Gebäudeversicherung, Straßenreinigung) anders als nach ME-Anteilen zu verteilen.[181] Die Umstände des Einzelfalls können zu einer **Ermessensreduktion** führen mit der Folge, dass nur die verbrauchsabhängige Kostenverteilung ordnungsmäßiger Verwaltung entspricht. Sind

---

[175] *Gottschalg* DWE 2007, 40.

[176] So auch AG Dortmund BeckRS 2010, 07454; *Hügel* in Hügel/Elzer § 5 Rn 23; aA wohl *Abramenko* § 3 Rn 27; *Fritsch* MietRB 2007, 244 (246).

[177] Vgl. OLG Düsseldorf NZM 2007, 525 (526).

[178] OLG Düsseldorf ZMR 2004, 848 (849); AG Charlottenburg GE 2009, 527; vgl. BayObLG ZfIR 2004, 72.

[179] BGHZ 145, 158 (169) = ZWE 2000, 518 = NJW 2000, 3500; missverständlich BT-Drucks. 16/887, S. 23.

[180] BT-Drucks. 16/887, S. 23 im Anschluss an BGHZ 156, 192 (203) = NJW 2003, 3476 = ZWE 2004, 66 (71); LG Düsseldorf ZMR 2010, 59 (60); LG München I ZMR 2010, 66 (67); AG München ZMR 2009, 238.

[181] So AG Hannover ZMR 2009, 558.

etwa auf Grund landesrechtlicher Vorschriften[182] Kaltwasserzähler zwingend vorgeschrieben oder bereits eingebaut, so entspricht idR nur eine verbrauchsabhängige Verteilung der Kaltwasserkosten ordnungsmäßiger Verwaltung.[183] Die Erfassung und Verteilung nach Verbrauch kann nach den Umständen des Einzelfalls aber auch den Grundsätzen ordnungsmäßiger Verwaltung widersprechen, wenn etwa die Aufwendungen für den Einbau von Verbrauchserfassungsgeräten, deren Wartung und Ablesung oder für eine zusätzliche Abrechnung unverhältnismäßig hoch sind.[184] Maßgeblich ist eine **Kosten-Nutzen-Analyse** im Einzelfall.[185] Nach der Gesetzesbegründung sollen hier die Grundsätze Anwendung finden, die die Rspr.[186] zur Verbrauchserfassung für die Wärme- und Warmwasserversorgung gem. § 11 Abs. 1 Nr. 1 lit. a Abs. 2 HeizkostenV entwickelt hat. Die Einführung einer verbrauchsabhängigen Kostenverteilung steht danach nicht mehr im Einklang mit den Grundsätzen ordnungsmäßiger Verwaltung, wenn die Aufwendungen die Einsparungen überschreiten, die sich über 10 Jahre hinweg voraussichtlich erzielen lassen.[187] Ob sich die Einführung einer verbrauchsabhängigen Kostenverteilung nur dann als ordnungsmäßig erweist, wenn sich die dafür erforderlichen Aufwendungen innerhalb einer bestimmten Zeit amortisieren, wird zu Recht bezweifelt.[188] Die HeizkostenV und die Beschlusskompetenz nach § 16 Abs. 3 verfolgen unterschiedliche Zwecke; während es dort vorrangig um Energieeinsparung geht, dient die Beschlusskompetenz zur Kostenverteilung der Verteilungsgerechtigkeit im Verhältnis der WEer. Deshalb darf im Rahmen einer Kosten-Nutzen-Analyse nicht allein der Amortisationsgedanke von Bedeutung sein. Maßgeblich ist vielmehr, ob der gewählte Verteilungsmaßstab einer angemessenen Kostenverteilung im Verhältnis der WEer entspricht.

Die Änderung des Verteilungsschlüssels entspricht nur ordnungsmäßiger Verwaltung, **96**
wenn einzelne WEer ggü dem früheren Rechtszustand nicht unbillig benachteiligt werden.[189] Das **Benachteiligungsverbot** hat seine Grundlage in der Treuepflicht der WEer im Verhältnis untereinander. Die Mehrheit darf sich in Angelegenheiten der Kostentragung nicht über schutzwürdige Belange der Minderheit hinwegsetzen. Von mehreren in Betracht kommenden Verteilungsschlüsseln hat die Mehrheit denjenigen zu wählen, der die Interessen der Gemeinschaft und des einzelnen WEers angemessen berücksichtigt und insbesondere nicht zu einer ungerechtfertigten Benachteiligung Einzelner führt. An die Auswahl eines angemessenen Verteilungsschlüssels dürfen jedoch nicht zu strenge Anforderungen gestellt werden. Zu berücksichtigen ist, dass sich jede Änderung des Verteilungsmaßstabs zwangsläufig auf die Kostenlast des einen oder anderen WEers auswirkt.[190] Nicht jede Mehrbelastung eines WEers ist unbillig. Eine unangemessene Kostenverteilung liegt erst bei einer erheblichen Mehrbelastung einzelner WEer vor.

---

182 Vgl. etwa § 39 Abs. 2 BauO Berlin; § 40 Abs. 2 LBauO Mecklenburg-Vorpommern.

183 BGHZ 156, 192 (203) = NJW 2003, 3476 = ZWE 2004, 66 (72) mit dem Hinweis auf die Wertung des § 556 a Abs. 1 Satz 2 BGB.

184 BGHZ 156, 192 (204) = NJW 2003, 3476 = ZWE 2004, 66 (72); vgl. OLG Hamm ZMR 2008, 156 zum Aufwand zur Einführung einer nach WE und Gewerbe-TE getrennten verbrauchs-abhängigen Erfassung von Abwasserkosten.

185 BT-Drucks. 16/887, S. 23; KG ZMR 2003, 600 (601); *Armbrüster* ZWE 2002, 145 (149); *Bub* ZWE 2001, 457 (459); *Hogenschurz* NZM 2001, 1122; *Hügel* ZWE 2005, 204 (207).

186 BayObLG NJW-RR 1994, 145 (146); KG NJW-RR 1993, 468; ZMR 1996, 282 (283); OLG Köln WuM 1998, 621.

187 BT-Drucks. 16/887, S. 23 im Anschluss an BGHZ 156, 192 (204) = NJW 2003, 3476 = ZWE 2004, 66 (72); OLG Köln ZMR 2007, 389.

188 *Hügel* ZWE 2005, 204 (207); *Abramenko* § 3 Rn 34; Riecke/Schmid/*Elzer* § 16 Rn 89 a; *Meffert* ZMR 2007, 667 (668 f.).

189 BT-Drucks. 16/887, S. 23; vgl. BGHZ 95, 137 (143) = NJW 1985, 2832 (2833) zur Änderung des Verteilungsschlüssels auf Grund einer Öffnungsklausel.

190 *Häublein* ZMR 2007, 409 (417).

97 Nach der Gesetzesbegründung entspricht die Änderung des Kostenverteilungsschlüssels nur ordnungsmäßiger Verwaltung, wenn ein **sachlicher Grund** für die Änderung besteht.[191] Der Gesetzgeber knüpft hier an die Rspr. zur Änderung des Kostenverteilungsschlüssels auf Grund einer vereinbarten Öffnungsklausel an.[192] Ein sachlicher Grund für eine Änderung des Verteilungsschlüssels sei insbesondere gegeben, wenn sich die Verhältnisse ggü. früher in wesentlichen Punkten geändert hätten oder die ursprünglich vorgesehene Verteilung – weil den tatsächlichen Verhältnissen nicht angemessen – sich nicht bewährt habe. Sachlich gerechtfertigt ist danach etwa eine Anpassung des Verteilungsschlüssels, wenn nach dem Ausbau einer Wohnung die Wohnflächen nicht mehr den ME-Anteilen entsprechen.[193]

98 Das Erfordernis eines sachlichen Grundes stößt auf Kritik.[194] Sie ist berechtigt, soweit es um die Abänderung des gesetzlichen Verteilungsschlüssels nach Abs. 2 geht. Angesichts der gesetzlich eingeräumten Beschlusskompetenz zur Regelung einer abweichenden Kostenverteilung darf grds. kein WEer darauf vertrauen, dass der gesetzliche Verteilungsschlüssel Bestand hat. In diesem Fall ist die Minderheit durch das Benachteiligungsverbot hinreichend vor einer unangemessenen Kostenverteilung geschützt. Deshalb sind an das Erfordernis des sachlichen Grundes idR keine hohen Anforderungen zu stellen. Es geht lediglich darum, willkürliche Änderungen des geltenden Verteilungsschlüssels auszuschließen.[195] Die Änderung des Verteilungsmaßstabs ist sachlich begründet, wenn dadurch der unterschiedlichen Gebrauchsmöglichkeit einzelner WEer Rechnung getragen wird. Allerdings darf der Gebrauchsmaßstab – etwa für die Kosten des Winterdienstes – nicht willkürlich ohne Rücksicht auf eine etwaige Verkehrssicherungspflicht gewählt werden, die alle Eigentümer gleichermaßen trifft.[196] Strengere Anforderungen gelten idR, wenn einzelne WEer erstmals an Kosten beteiligt werden sollen, die bislang auf Grund einer Vereinbarung aus sachlichen Gründen von bestimmten Kosten befreit sind. In diesem Fall dürfen die von der Kostenlast befreiten WEer grds. darauf vertrauen, nicht ohne sachlichen Grund erstmals an den Kosten beteiligt zu werden. Sind etwa Eigentümer der Erdgeschosswohnungen durch Vereinbarung von den Betriebskosten einer Aufzugsanlage freigestellt, so bedarf es eines sachlichen Grundes, um sie erstmals an diesen Kosten zu beteiligen.[197] Ihre Kostenbeteiligung entspricht idR nur ordnungsmäßiger Verwaltung, wenn sich die tatsächlichen Verhältnisse geändert haben, etwa eine neue Aufzugsanlage eingebaut wird, die es auch den WEern im Erdgeschoss erstmals erlaubt, über den Aufzug in das Kellergeschoss zu gelangen.

99 Das Erfordernis eines sachlichen Grundes hat Auswirkungen auf die **Darlegungs- und Beweislast** im Beschlussanfechtungsprozess. Während der Anfechtungskläger Tatsachen darlegen und beweisen muss, aus denen sich eine unangemessene Benachteiligung ergibt,[198] müssen die Beklagten in den genannten Fällen Umstände darlegen, aus denen sich die sachliche Rechtfertigung einer Kostenmehrbelastung ergibt.

100 **dd) Die Verteilung von Heiz- und Warmwasserkosten.** Besonderheiten gelten für Beschlüsse zur Verteilung von Heiz- und Warmwasserkosten, die beim Gebrauch von SE anfallen. Hier sind die zwingenden Anforderungen der **HeizkostenV** an eine verbrauchsabhängige Kostenverteilung zu beachten (Rn 56 ff.). Gem. § 3 Satz 2 HeizkostenV gelten

---

191 BT-Drucks. 16/887, S. 23; so auch LG München I ZMR 2010, 66 (67); LG Düsseldorf ZMR 2010, 59 (60); AG Hamburg ZMR 2009, 320; *Abramenko* § 3 Rn 32; *Gottschalg* DWE 2007, 40.

192 BGHZ 95, 137 (143) = NJW 1985, 2832 (2833); BayObLGZ 1990, 107; OLG Zweibrücken ZWE 2000, 46 (47); OLG Hamm ZWE 2006, 228 (230); ZMR 2007, 293 (294).

193 OLG Hamm ZMR 2007, 293 (295).

194 LG Nürnberg-Fürth NZM 2009, 363 = ZMR 2009, 640; Riecke/Schmid/*Elzer* § 16 Rn 83; *Hügel* in Hügel/Elzer § 5 Rn 22; *Hügel/Elzer* NZM 2009, 457 (463); *Häublein* ZMR 2007, 409 (417); *Meffert* ZMR 2007, 667 (668).

195 Insoweit auch LG München I ZMR 2010, 66 (67); AG Dortmund BeckRS 2010, 07454.

196 LG München I ZMR 2010, 66 (67).

197 So BGHZ 95, 137 (143) = NJW 1985, 2832 (2833).

198 LG Düsseldorf ZMR 2010, 59 (60); *J.-H. Schmidt* ZMR 2007, 913 (930).

für die Entscheidungen des Grundstückseigentümers über die Erfassung und Verteilung der Heiz- und Warmwasserkosten die Vorschriften über die Verwaltung des GemE entsprechend, so dass § 16 Abs. 3 im Rahmen der HeizkostenV Anwendung findet. Wenn in der Gemeinschaft bisher weder durch Vereinbarung noch durch Mehrheitsbeschluss eine verbrauchsabhängige Kostenverteilung nach Maßgabe der HeizkostenV eingeführt ist, können die WEer durch Mehrheitsbeschluss erstmals abweichend von § 16 Abs. 2[199] eine verbrauchsabhängige Erfassung und Verteilung der Heizkosten nach Maßgabe der §§ 7 Abs. 1, 8 Abs. 1 HeizkostenV (mindestens 50%, höchstens 70% nach Verbrauch, im Übrigen nach Wohn- oder Nutzfläche) einführen (s. o. Rn 64).

101 **e) Der Mehrheitsbeschluss. aa) Mehrheitserfordernisse.** Soweit Abs. 3 den WEern Beschlusskompetenz einräumt, können sie eine abweichende Verteilung der Betriebs- und Verwaltungskosten „durch Stimmenmehrheit" beschließen. Es genügt die **einfache Mehrheit** der in der Versammlung anwesenden oder vertretenen WEer nach Köpfen (§ 25 Abs. 2). Auf das Erfordernis einer qualifizierten Mehrheit hat der Gesetzgeber bewusst verzichtet. Da eine nach SE-Einheiten getrennte Verteilung der Betriebskosten des SE bereits vor der Gesetzesänderung durch einfachen Mehrheitsbeschluss eingeführt werden konnte, soll im Interesse einheitlicher Mehrheitserfordernisse auch für die Verteilung der Kosten des GemE eine einfache Stimmenmehrheit genügen.[200]

102 Die Beschlussfassung über die Kostenverteilung kann nicht durch **abweichende Vereinbarung** qualifizierter Mehrheitserfordernisse eingeschränkt werden. Eine derartige Vereinbarung im Rahmen einer Öffnungsklausel verstößt gegen § 16 Abs. 5. Soweit sie den Anwendungsbereich des § 16 Abs. 3 betrifft, ist sie gem. § 134 BGB nichtig.[201] Nach zutreffender Ansicht verstoßen auch vom gesetzlichen Kopfprinzip gem. § 25 Abs. 2 Satz 1 abweichende Vereinbarungen der Stimmkraft nach dem Objekt- oder Wertprinzip gegen Abs. 5 (§ 25 Rn 31).[202] Nach dem Willen des Gesetzgebers soll die in Abs. 3 geregelte Befugnis durch abweichende Vereinbarung nicht zu Ungunsten der vorgesehenen Mehrheit eingeschränkt werden können.[203] Eine abweichende Vereinbarung des Objekt- oder Wertprinzips würde die Befugnis der gesetzlich vorgesehenen Stimmenmehrheit nach Köpfen einschränken, einen Beschluss über die abweichende Kostenverteilung zustande zu bringen. Allgemeine Vereinbarungen zur Stimmkraft und zu den Mehrheitserfordernissen sind daher im Zweifel dahingehend auszulegen, dass sie auf die zwingenden Regeln des novellierten Gesetzes zur Beschlusskompetenz keine Anwendung finden.[204] Abweichende Vereinbarungen über die Stimmkraft sind auch dann nicht anzuwenden, wenn sie im Einzelfall eine Beschlussfassung nach § 16 Abs. 3 erleichtern. Die Befugnis der gesetzlich vorgesehenen Mehrheit nach Köpfen, einen bestimmten Verteilungsmaßstab zu beschließen, wäre eingeschränkt., wenn eine Mehrheit nach dem Objekt- oder Wertprinzip – etwa der Bauträger als vormaliger Alleineigentümer – in derselben Angelegenheit gegen ihren Willen einen anderen Verteilungsmaßstab beschließen könnte. Ungeachtet abweichender Vereinbarungen über die Stimmkraft ist ein positiver Beschluss nach Abs. 3 nur festzustellen, wenn die erforderliche Mehrheit nach Köpfen erreicht wird.[205]

---

[199] Zur subsidiären Anwendung von § 16 Abs. 2 siehe Rn 57; OLG Köln NZM 2005, 20 = ZMR 2005, 77; NJW-RR 2002, 1308 (1309); BayObLG NZM 1999, 908; *Abramenko* ZWE 2007, 61 (62); aA *Jennißen* FS für Blank (2006), S. 635 (641).

[200] BT-Drucks. 16/887, S. 22.

[201] *Häublein* ZMR 2007, 409 (410); *ders.* FS für Bub (2007), S. 113 (123 f.).

[202] *Häublein* ZMR 2007, 409 (411); aA Riecke/Schmid/*Elzer* § 16 Rn 77; Palandt/*Bassenge* WEG § 16 Rn 11; *Derleder* ZWE 2008, 253 (256); *Hügel/Elzer* NZM 2009, 457 (463); *Müller* ZWE 2008, 278 (281).

[203] BT-Drucks. 16/887, S. 25.

[204] *Häublein* ZMR 2007, 409 (411); *ders.* FS für Bub (2007), S. 113 (121).

[205] AA noch 10. Aufl.; Riecke/Schmid/*Elzer* § 16 Rn 55 b; *Häublein* ZMR 2007, 409 (411); *ders.* FS für Bub (2007), S. 113 (121); *Merle* ZWE 2009, 15 (19).

103 **bb) Der Zweitbeschluss.** Ist ein Mehrheitsbeschluss über eine abweichende Verteilung der Kosten zustande gekommen, können die WEer den Verteilungsmaßstab grds. durch erneuten Beschluss mit Stimmenmehrheit wieder abändern. Der abändernde Zweitbeschluss entspricht jedoch nur ordnungsmäßiger Verwaltung, wenn er **schutzwürdige Belange** berücksichtigt, die sich aus dem Inhalt und den Wirkungen des Erstbeschlusses ergeben (§ 23 Rn 75).[206] Entgegen einer im Schrifttum[207] vertretenen Ansicht sind die Schranken einer erneuten Beschlussfassung in derselben Angelegenheit auch bei einer Änderung des Kostenverteilungsschlüssels nach Abs. 3 zu berücksichtigen.[208] Die nach Abs. 5 unverzichtbare Beschlusskompetenz in Angelegenheiten der Kostenverteilung bedeutet nicht, dass die Mehrheitsherrschaft im Rahmen der Selbstorganisation schrankenlos garantiert ist. Das Gebot der Rücksichtnahme auf schutzwürdige Belange einzelner WEer ergibt sich aus der Treuepflicht der WEer im Verhältnis untereinander. Der Mehrheitsbeschluss über die Änderung eines beschlossenen Kostenverteilung unterliegt daher denselben Schranken wie ein Beschluss, der erstmals eine Vereinbarung zur Kostenverteilung abändert (s. o. Rn 96 ff.). Aufgrund der gesetzlichen Änderungsbefugnis darf ein WEer grds. zwar nicht darauf vertrauen, dass ihm die tatsächlichen Vorteile eines bestimmten Verteilungsmaßstabs erhalten bleiben. Sind jedoch einzelne WEer aus sachlichen Gründen von bestimmten Kosten freigestellt, etwa die Eigentümer der Erdgeschosswohnung von den Betriebskosten einer Aufzugsanlage, so dürfen diese darauf vertrauen, nicht an diesen Kosten beteiligt zu werden, solange sich die tatsächlichen Verhältnisse nicht ändern.

104 **cc) Wirkungen des Beschlusses.** Kommt ein Beschluss zur Änderung der Kostenverteilung zustande, so ist der neue Verteilungsschlüssel für künftige Wirtschaftspläne, Sonderumlagen und Jahresabrechnungen maßgeblich. Im Zweifel ist die im Laufe eines Wirtschaftsjahres beschlossene Kostenverteilung bereits der Abrechnung der in diesem Jahr anfallenden Kosten zugrunde zu legen. Da die WEer über die Verteilung der konkret angefallenen Kosten endgültig erst nach Ablauf des Wirtschaftsjahres entscheiden, schadet es nicht, dass die Beitragsvorschüsse während des laufenden Wirtschaftsplans noch auf der Grundlage des alten Verteilungsschlüssels erhoben werden. Die WEer können eine Änderung des Verteilungsschlüssels auch noch in der Versammlung beschließen, die über die Genehmigung der Jahresgesamt- und Einzelabrechnung entscheidet. Allerdings erfolgt die Festlegung des Verteilungsschlüssels nicht unmittelbar im Rahmen der Jahreseinzelabrechnung. Diese dient lediglich der Abrechnung angefallener Kosten. Dem Beschluss über die Einzelabrechnungen lässt sich daher idR kein Rechtsfolgewillen im Hinblick auf eine Änderung des Verteilungsschlüssels entnehmen.[209] Erforderlich ist idR ein ausdrücklicher Vorschaltbeschluss. Wollen die WEer den neuen Verteilungsmaßstab erst für künftige Wirtschaftsjahre in Geltung setzen, können sie eine entspr. aufschiebende Befristung ausdrücklich beschließen. Die **rückwirkende** Änderung des Kostenverteilungsschlüssels für bereits abgerechnete Wirtschaftsjahre führt regelmäßig zu einer unbilligen Benachteiligung der betroffenen WEer und zur Anfechtbarkeit des Beschlusses. Sie dürfen grds. darauf vertrauen, dass die Abrechnung vergangener Jahre Bestand hat.[210]

---

[206] BGHZ 156, 192 (202 f.) = NJW 2003, 3476 = ZWE 2004, 66 (71); BGHZ 113, 197 (200) = NJW 1991, 979; OLG Frankfurt NZM 2007, 50.

[207] Riecke/Schmid/*Elzer* § 16 Rn 84 f.; Timme/*Bonifacio* § 16 Rn 153; *Hügel* in Hügel/Elzer § 5 Rn 33 ff.; *ders.* ZMR 2007, 237 (239).

[208] So *Abramenko* § 3 Rn 41; *Fritsch* MietRB 2007, 244 (248); *Wenzel* IMR 2006, 56; wohl auch Jennißen/*Jennißen* § 16 Rn 39.

[209] Zutreffend OLG München ZMR 2007, 811 (812) m. Anm. *Elzer* = MietRB 2007, 265 m. Anm. *Becker;* aA OLG Hamm ZMR 2004, 774 (775); offen lassend BGH NJW 2007, 3492 = NZM 2007, 886 = ZMR 2007, 975 = ZWE 2008, 47 m. Anm. *Armbrüster.*

[210] OLG Hamm ZMR 2007, 293 (295); Riecke/Schmid/*Elzer* § 16 Rn 86; *Moosheimer* ZMR 2009, 809 (810).

Nach einem Eigentümerwechsel wirkt der Beschluss zur Änderung der Kostenverteilung gem. § 10 Abs. 4 auch gegen den **Sondernachfolger** eines WEers, ohne dass es einer Eintragung in das GB bedarf (§ 10 Rn 190). Nach den Wertungen des Gesetzes wird der Erwerber hinreichend durch die Möglichkeit geschützt, sich durch Einsichtnahme in die Beschluss-Sammlung gem. § 24 Abs. 7 Klarheit über abweichende Beschlüsse zur Kostentragung zu verschaffen.[211] Da sich die Änderung des Verteilungsschlüssels außerhalb des GB vollzieht, darf der Erwerber von WE nicht auf den Bestand einer im GB verlautbarten Vereinbarung zur Kostenverteilung vertrauen. Ein gutgläubiger Erwerb gem. § 892 Abs. 1 Satz 1 BGB kommt insoweit nicht in Betracht. Entgegen einer im Schrifttum vertretenen Ansicht[212] scheidet damit auch eine klarstellende **GB-Berichtigung** aus. Um das GB vor überflüssigen und gegenstandslosen Eintragungen freizuhalten, dürfen Eintragungen nur vorgenommen werden, wenn das Gesetz sie ausdrücklich vorschreibt oder Rechtswirkungen an die Eintragung oder Nichteintragung knüpft. Im Unterschied zur Löschung einer Veräußerungsbeschränkung gem. § 12 Abs. 4 Satz 3 ist die Eintragung von Beschlüssen zur Kostentragung nicht gesetzlich vorgeschrieben. Da der Beschluss ohne GB-Eintragung gegen Rechtsnachfolger wirkt und sich der öffentliche Glaube des GBs nicht auf den Bestand eingetragener Vereinbarungen zur Kostentragung erstreckt, ist auch eine Eintragung zum Zwecke der GB-Berichtigung nicht möglich.[213] Vereinbarungsändernde Beschlüsse nach Abs. 3 sind weder eintragungsbedürftig noch eintragungsfähig.[214] **105**

f) Das Verhältnis zu § 10 Abs. 2 S. 3. Kommt ein Beschluss nach Abs. 3 nicht zustande, kann ein einzelner WEer eine Änderung des gesetzlichen oder vereinbarten Verteilungsschlüssels grds. nur unter den in § 10 Abs. 2 Satz 3 genannten Voraussetzungen verlangen (§ 10 Rn 152 ff.). Ein Anspruch auf Abänderung besteht demnach nur, soweit ein Festhalten an der geltenden Regelung aus **schwerwiegenden Gründen** unter Berücksichtigung aller Umstände des Einzelfalles, insbesondere der Rechte und Interessen der anderen WEer, **unbillig** erscheint (s. o. Rn 69 ff.). Diese Anforderungen müssen grds. erfüllt sein, gleich ob ein WEer die Änderung des gesetzlichen, eines vereinbarten oder eines nach Abs. 3 beschlossenen Verteilungsmaßstabs begehrt (§ 10 Rn 167).[215] **106**

Abzulehnen ist demgegenüber die in der Literatur vertretene Auffassung, § 16 Abs. 3 verdränge als lex specialis einen Anspruch aus § 10 Abs. 2 Satz 3.[216] Gegen diese Ansicht spricht bereits, dass beide Vorschriften unterschiedliche Regelungsgegenstände haben. Als Kompetenznorm räumt § 16 Abs. 3 der Mehrheit der WEer Entscheidungsbefugnisse ein, wohingegen § 10 Abs. 2 Satz 3 einem Einzelnen einen Individualanspruch auf Zustimmung zur Änderung der Kostenverteilung gewährt.[217] Soweit das Begehren des einzelnen WEers die Abänderung eines vereinbarten Kostenverteilungsschlüssels im Regelungsbereich des § 16 Abs. 3 zum Gegenstand hat, ist **§ 10 Abs. 2 Satz 3** als Anspruchsgrundlage **lex** **107**

---

211 BT-Drucks. 16/887, S. 20 f.

212 *Hügel* in Hügel/Elzer § 5 Rn 44; *Hügel* DNotZ 2007, 326 (355); Riecke/Schmid/*Elzer* § 16 Rn 92; Palandt/*Bassenge* WEG § 16 Rn 7; *Derleder* ZWE 2008, 253 (260).

213 *Demharter* DNotZ 1991, 28 (31 ff.); *Rapp* DNotZ 2009, 335 (350).

214 Niedenführ/*Kümmel*/Vandenhouten, § 10 Rn 55; zur Rechtslage vor der WEG-Novelle siehe BGHZ 127, 99 (104); BayObLGZ 1984, 257 (267); WuM 1993, 750 (751); OLG Frankfurt OLGZ 1980, 160 (161); *Becker* ZWE 2002, 341 (343 f.); aA *Hügel,* DNotZ 2001, 176 (189); *ders.* ZWE 2002, 503 (505 f.); *Müller* FS für Bärmann/Weitnauer (1990), S. 505 (512); *Ott* ZWE 2001, 466 (469); *Schneider* ZfIR 2002, 108 (112 f.); *Wenzel* FS für Deckert (2002), S. 517 (529 f.).

215 OLG Hamm, MietRB 2008, 47 m. Anm. *J.-H. Schmidt.*

216 Riecke/Schmid/*Elzer* § 16 Rn 40 b; *Hügel* in Hügel/Elzer § 3 Rn 123 und § 5 Rn 51; zutreffend dagegen Palandt/*Bassenge* WEG § 10 Rn 13; Niedenführ/*Kümmel*/Vandenhouten, § 10 Rn 49; *Rapp* DNotZ 2009, 335 (349).

217 BGH ZWE 2010, 174 (177) = NZM 2010, 205.

specialis ggü **§ 21 Abs. 4.**[218] Auf diese Weise wird vermieden, dass die Voraussetzungen einer Abänderung – etwa durch Anfechtung eines Negativbeschlusses verbunden mit einem Antrag auf positive Beschlussfassung – unterlaufen werden.[219] Überdies ist der Anspruch aus § 21 Abs. 4 nur auf eine Verwaltung gerichtet, „die den Vereinbarungen und Beschlüssen" entspricht. Die Änderung einer vereinbarten oder bestandskräftig beschlossenen Kostenverteilung kann also nach dieser Vorschrift von vornherein nicht verlangt werden.[220] Ein Anspruch auf Anpassung des Verteilungsmaßstabs ergibt sich aus § 21 Abs. 4 allenfalls für verbrauchsabhängige Betriebskosten des SE, wenn die Verteilung dieser Kosten bislang nicht durch Vereinbarung oder Beschluss geregelt ist und auf Grund der besonderen Umstände nur eine verbrauchsabhängige Kostenverteilung ordnungsmäßiger Verwaltung entspricht (s. o. Rn 95).[221]

108 Erweist sich der geltende Verteilungsschlüssel aus schwerwiegenden Gründen als unbillig, ist der Anspruch aus § 10 Abs. 2 Satz 3 wegen der nach § 16 Abs. 3 eingeräumten Beschlusskompetenz auf eine abändernde Beschlussfassung gerichtet. Ein **Rechtsschutzbedürfnis** für eine Klage aus § 10 Abs. 2 Satz 3 ist grds. nur gegeben, wenn der Kläger zuvor vergeblich versucht hat, einen abändernden Beschluss der Eigentümerversammlung herbeizuführen.[222] Verweigern die WEer einen Beschluss nach Abs. 3, so besteht ein Bedürfnis, den erforderlichen abändernden Beschluss durch eine gerichtliche Entscheidung ersetzen zu lassen. Dem Rechtsschutzbedürfnis steht nicht entgegen, dass die WEer später eine rechtskräftige gerichtliche Entscheidung durch Beschluss gem. Abs. 3 wieder abändern können (vgl. § 21 Rn 194).[223] Entsprechen mehrere Verteilungsschlüssel der Billigkeit, entscheidet das Gericht hierüber auf Antrag gem. § 21 Abs. 8 nach billigem Ermessen (§ 21 Rn 191).

3. Kosten baulicher Maßnahmen (Abs. 4)

109 **a) Der Normzweck.** Maßnahmen der Instandhaltung oder Instandsetzung iSv § 21 Abs. 5 Nr. 2 und bauliche Veränderungen iSv § 22 Abs. 1 und 2 lösen im Einzelfall erhebliche Kosten aus. In der Praxis nehmen die WEer derartige Maßnahmen oftmals zum Anlass, mit der Maßnahme zugleich eine vom allgemeinen Verteilungsmaßstab abweichende Regelung der Kostentragung zu beschließen. Die Kosten baulicher Maßnahmen, etwa die Kosten der Instandsetzung einer Tiefgarage, sollen nur die Eigentümer tragen, denen die Maßnahme zu Gute kommt, etwa den Nutzern der Tiefgarage. Die durch das Gesetz zur Änderung des WEG[224] eingefügte Regelung in § 16 Abs. 4 trägt den Bedürfnissen der Praxis Rechnung und räumt den WEern die Befugnis zur abweichenden Verteilung der Kosten ein. Vor der WEG-Novelle 2007 wurden derartige Beschlüsse zumindest als anfechtbar angesehen, weil sie im Einzelfall gegen den geltenden Kostenverteilungsschlüssel verstießen.[225] In der Literatur wurde aber auch die Ansicht vertreten, die Beschlüsse zur abweichenden Kostenverteilung seien von Anfang an nichtig, da die WEer nicht die Beschlusskompetenz hätten, eine vom geltenden Verteilungsschlüssel abweichende Vertei-

---

[218] AA *Abramenko* § 3 Rn 35 ff.; *ders.* ZMR 2005, 22 (24); Riecke/Schmid/*Elzer* § 16 Rn 40; Timme/*Bonifacio* § 16 Rn 157.

[219] BT-Drucks. 16/887, S. 20 gegen *Abramenko* ZMR 2005, 22 (24).

[220] OLG Hamm ZMR 2008, 156 (158).

[221] BGHZ 156, 192 (203) = NJW 2003, 3476 = ZWE 2004, 66 (72 f.) für Kaltwasserkosten.

[222] OLG Hamm ZMR 2008, 156 (159); Niedenführ/Kümmel/Vandenhouten/*Niedenführ* § 16 Rn 103; *Abramenko* ZMR 2005, 22 (24); *Hinz* ZMR 2005, 271 (272).

[223] So aber Riecke/Schmid/*Elzer* § 16 Rn 40 b; *Hügel* in Hügel/Elzer § 3 Rn 130.

[224] Gesetz zur Änderung des Wohnungseigentumsgesetzes und anderer Gesetze vom 26. 3. 2007, BGBl. I, S. 370.

[225] BayObLG ZWE 2001, 370 (371) m. Anm. *Häublein* ZWE 2001, 363 = ZMR 2001, 822; NJW-RR 2004, 228; OLG Köln OLG-Report 2002, 335; *Müller,* Praktische Fragen, Rn 626; *Abramenko* ZMR 2003, 468; *Briesemeister* ZWE 2004, 302 (304).

lung der Kosten in der Jahresabrechnung zu legitimieren.[226] Nach dieser Auffassung hätte die Nichtigkeit der Kostenregelung im Zweifel die Gesamtnichtigkeit des Beschlusses zur Folge (§ 139 BGB). Diese Konsequenz will der Gesetzgeber vermeiden.[227] Deshalb ist den WEern in Abs. 4 ausdrücklich die Beschlusskompetenz eingeräumt, die Kosten baulicher Maßnahmen abweichend vom allgemeinen Verteilungsmaßstab zu verteilen. Um den einzelnen WEer vor den unüberschaubaren Folgen einer generellen Kostenregelung zu schützen, kann der Beschluss nur „im Einzelfall" (Rn 116 ff.) mit einer qualifizierten Mehrheit von „drei Viertel aller stimmberechtigten WEer und mehr als der Hälfte aller ME-Anteile" (Rn 127 ff.) gefasst werden. Der abweichende Maßstab muss dem „Gebrauch oder der Möglichkeit des Gebrauchs durch die WEer" Rechnung tragen (Rn 123 ff.).

Für Kosten einer „besonderen Nutzung" des GemE, die nicht durch eine bauliche Maß- **110** nahme ausgelöst werden, ergibt sich eine Beschlusskompetenz aus § 21 Abs. 7. Nach dieser Vorschrift können Nutzungsentgelte oder -pauschalen für eine besondere Nutzung gemeinschaftlicher Einrichtungen bereits mit einfacher Mehrheit beschlossen werden (§ 21 Rn 154 ff.).

b) Instandhaltungs- und Instandsetzungskosten. Die Beschlusskompetenz aus § 16 **111** Abs. 4 erfasst zunächst die Kosten einzelner Instandhaltungs- und Instandsetzungsmaßnahmen iSv. § 21 Abs. 5 Nr. 2, einschließlich der Maßnahmen einer modernisierenden Instandsetzung iSv. § 22 Abs. 3. Es handelt sich um Aufwendungen für Maßnahmen, die den ursprünglichen Zustand des GemE erhalten, einen mangelhaften Zustand beseitigen und einen ordnungsmäßigen Zustand erstmals oder wieder herstellen (s. o. Rn 30 f.). Die WEer können etwa jeweils im Einzelfall die Kosten der Instandsetzung einer Tiefgarage allein auf die Eigentümer der Tiefgaragenstellplätze umlegen[228] oder Kosten der Instandsetzung der zum GemE gehörenden Fenster im räumlichen Bereich des SE dem jeweiligen SEer auferlegen.[229]

Die Kosten der **Instandhaltung- und Instandsetzung des SE** fallen nicht unter die **112** Beschlusskompetenz. Wenn zur Instandsetzung des GemE, etwa bei einer Deckensanierung, zwangläufig Eingriffe in das SE erforderlich sind, so dienen die dabei anfallenden Kosten auch der Instandsetzung des GemE.[230] Diese Kosten können gem. § 16 Abs. 4 verteilt werden. Aufwendungen für Ersatzansprüche wegen Inanspruchnahme von SE iSv § 14 Nr. 4 gehören hingegen gem. § 16 Abs. 7 zu den Kosten der Verwaltung; sie unterfallen der Beschlusskompetenz nach § 16 Abs. 3 (s. o. Rn 88).

Nach Sinn und Zweck erfasst die Beschlusskompetenz aus § 16 Abs. 4 nicht die Kosten **113** für **laufende Maßnahmen der Instandhaltung und Instandsetzung.** Soweit Instandhaltungskosten, wie etwa die Kosten der Gehwegreinigung oder der Gartenpflege, als Betriebskosten iSv § 2 BetrKV anzusehen sind, werden die Kosten bereits von der Beschlusskompetenz gem. § 16 Abs. 3 erfasst (s. o. Rn 82).[231] Für diese Kosten gelten also nicht die strengen Anforderungen nach § 16 Abs. 4, die eine abweichende Kostenverteilung nur im Einzelfall mit qualifizierter Mehrheit zulassen. Entsprechendes gilt nach richtiger Ansicht auch für sonstige Kosten laufender Maßnahmen der Instandhaltung und Instandsetzung, die der Verwalter gem. § 27 Abs. 3 Satz 1 Nr. 3 ohne eine Entscheidung der WEer treffen kann. Da wegen den geringen vermögensrechtlichen Bedeutung im Einzelfall keine Entscheidung der WEer über laufende Maßnahmen der Instandhaltung erforderlich ist, besteht nach den Wertungen des Gesetzes kein Bedürfnis, abweichende

---

[226] So *Merle* ZWE 2001, 342 (344); *Wenzel* ZWE 2001, 226 (236); differenzierend *Becker/Strecker* ZWE 2001, 569 (572).

[227] BT-Drucks. 16/887, S. 23.

[228] Vgl. BayObLG ZMR 2004, 765; OLG Hamburg ZMR 2004, 614 zu einer entspr. Vereinbarung.

[229] Vgl. OLG München ZMR 2006, 952 = ZWE 2007, 157 = MietRB 2006, 324 m. Anm. *Gottschalg*.

[230] OLG Düsseldorf NZM 1999, 176; Riecke/Schmid/*Elzer* § 16 Rn 102.

[231] LG Nürnberg-Fürth ZMR 2009, 638 (639): Hausreinigungskosten; LG München I ZWE 2010, 232.

Regelungen zur Kostentragung auf Maßnahmen im Einzelfall zu beschränken (s. o. Rn 84).

114 **c) Kosten baulicher Veränderungen.** Die Beschlusskompetenz nach § 16 Abs. 4 erfasst auch die Kosten baulicher Veränderungen und Aufwendungen iSv. § 22 Abs. 1 und 2. Der Hinweis auf § 22 Abs. 2 macht deutlich, dass auch die **Kosten von Maßnahmen der Modernisierung** und der **Anpassung an den Stand der Technik** durch Beschluss abweichend von § 16 Abs. 2 geregelt werden können. Als Modernisierungsmaßnahme können die WEer gem. § 22 Abs. 2 Satz 1 mit qualifizierter Mehrheit den Einbau eines Aufzuges[232] beschließen. Mit derselben Mehrheit können sie nach § 16 Abs. 4 eine Regelung treffen, wonach nur die nutzungsberechtigen WEer die Kosten des Einbaus zu tragen haben.

115 Kosten baulicher Veränderungen iSv § 22 Abs. 1, die nicht als Modernisierungs- oder Anpassungsmaßnahmen anzusehen sind, etwa die Kosten eines Dachgeschossausbaus, sind grds. gem. § 16 Abs. 6 Satz 1 Hs. 2 auf die WEer zu verteilen, die der Maßnahme zugestimmt haben (Rn 141). Insoweit ist der Wortlaut des § 16 Abs. 4 Satz 1 missverständlich, der lediglich eine Abweichung vom Verteilungsmaßstab des § 16 Abs. 2 vorsieht. Aus § 16 Abs. 6 Satz 2 ergibt sich, dass ein hiervon abweichender Beschluss nach § 16 Abs. 4 Vorrang genießt (Rn 140). Ein Beschluss, der die Kosten einer baulichen Veränderung abweichend von § 16 Abs. 6 Satz 1 Hs. 2 verteilt, ist daher nunmehr – entgegen einer früher vertretenen Ansicht[233] – grds. wirksam.

116 **d) Die Regelung im Einzelfall. aa) Die Funktion.** Die Beschlusskompetenz zur abweichenden Regelung der Kosten baulicher Maßnahmen ist den WEern nur „im Einzelfall" eingeräumt. Das kompetenzbegrenzende Merkmal[234] dient dem Schutz der WEer vor den nicht absehbaren finanziellen Folgen einer generellen Abänderung der Kostenverteilung über den Einzelfall hinaus. Die Beschränkung der Beschlusskompetenz beruht auf der gesetzgeberischen Erwägung, dass WEer von einer Kostenregelung im Einzelfall weniger stark betroffen sind; anlässlich der Entscheidung über eine konkrete Maßnahme könne der einzelne WEer deren nachteilige Auswirkungen leichter erkennen.[235] Deshalb räumt § 16 Abs. 4 Satz 1 ihnen nur die Befugnis ein, den geltenden Verteilungsmaßstab im Einzelfall punktuell zu durchbrechen. Ihnen ist hingegen nicht die Beschlusskompetenz eingeräumt, den Verteilungsmaßstab für die Kosten baulicher Maßnahmen über den Einzelfall hinaus für die Zukunft abzuändern. Hierzu bedarf es einer Vereinbarung aller WEer,[236] die ein Einzelner nur unter den Voraussetzungen des § 10 Abs. 2 Satz 3 herbeiführen kann. Ein Mehrheitsbeschluss, der über den Einzelfall hinaus die Kosten baulicher Maßnahmen abweichend vom geltenden Verteilungsmaßstab regelt oder generell auf einzelne WEer verlagert, ist mangels Beschlusskompetenz von Anfang an nichtig.[237]

117 **bb) Definition und Abgrenzung.** Eine Kostenregelung im Einzelfall ist regelmäßig anzunehmen, wenn sie sich in der abschließenden Regelung der Kosten einer – im Zeitpunkt der Beschlussfassung dem Umfang nach erkennbaren – Maßnahme erschöpft und darüber hinaus nicht als Rechtsgrundlage für die Verteilung der Kosten künftiger Maß-

[232] Siehe BT-Drucks. 16/887, S. 30.

[233] OLG Schleswig NZM 2007, 650 (651); Staudinger/*Bub* § 16 Rn 263; Weitnauer/*Gottschalg* § 16 Rn 57 a; *ders.* ZWE 2005, 32 (34); *ders.* NZM 2004, 529 (530); *Merle* ZWE 2001, 342 (344); *Abramenko* ZMR 2003, 468 f.; *Ott* ZWE 2002, 61 (67); aA *Häublein* NJW 2005, 1466 (1467); *Bielefeld* DWE 2001, 5 (11); *Deckert* NZM 2002, 414 (417) jeweils zur Rechtslage vor der WEG-Novelle 2007.

[234] *Häublein* ZMR 2007, 409 (422); *J.-H. Schmidt* ZMR 2007, 913 (914).

[235] BT-Drucks. 16/887, S. 24.

[236] OLG München ZMR 2006, 952.

[237] BGH NZM 2009, 866 (867); AG Hannover ZMR 2010, 483 (484); Riecke/Schmid/*Elzer* § 16 Rn 99 a; *Abramenko* § 4 Rn 18; *J.-H. Schmidt,* ZMR 2007, 913 (915); *Bub* ZWE 2008, 205 (215); *Niedenführ* NJW 2007, 1841 f.; so bereits *Merle* ZWE 2001, 49 (50); *ders.* ZWE 2001, 196 (199); *Wenzel* ZWE 2001, 226 (234); *Becker/Kümmel* ZWE 2001, 128 (132); *Becker/Strecker* ZWE 2001, 569 (570 f.) zur Rechtslage vor der WEG-Novelle.

nahmen dient.[238] Solange Art und Umfang einer künftigen Maßnahme im Zeitpunkt der Beschlussfassung noch nicht erkennbar sind, fehlt den WEern die Beschlusskompetenz zur abweichenden Regelung der Kostentragung.[239] Die WEer können hingegen wirksam auch die Verteilung der Kosten umfangreicher Instandsetzungsmaßnahmen beschließen, wenn der Instandsetzungsbedarf feststeht und der Umfang der Instandsetzungsmaßnahme im Zeitpunkt der Beschlussfassung erkennbar ist. Der Beschluss der Kostenregelung kann der Entscheidung über die Maßnahme nachfolgen;[240] auf Grund der vorherigen Beschlussfassung über die Maßnahme ist deren Umfang für die WEer erkennbar, so dass Sinn und Zweck des § 16 Abs. 4 keine gleichzeitige Beschlussfassung erfordern.

cc) Objektsbezogene Teilinstandsetzung. Probleme ergeben sich, wenn die Kosten 118
der Instandsetzung einzelner Gebäudeteile, etwa **Fenster** oder **Balkone,** abweichend von § 16 Abs. 2 objektsbezogen auf die jeweiligen Nutzer verteilt werden sollen. Sind sämtliche Balkone instandsetzungsbedürftig, so können die WEer ohne weiteres eine objektsbezogene Kostenverteilung beschließen, selbst wenn die Durchführung der Maßnahme über Abrechnungsperioden hinweg erfolgt. Zweifelhaft ist die Beschlusskompetenz jedoch, wenn lediglich einzelne Balkone sanierungsbedürftig sind. Nach den Motiven des Gesetzes ist es den WEern verwehrt, eine objektsbezogene Kostenverteilung auch für die künftige Instandsetzung anderer Gebäudeteile zu regeln. Ein Beschluss mit diesem Inhalt wäre mangels Beschlusskompetenz im Zweifel gem. § 139 BGB insgesamt nichtig,[241] so dass die Kosten der Instandsetzung des sanierungsbedürftigen Balkons auf alle WEer zu verteilen wären. Die Nichtigkeit ginge aber zu Lasten desjenigen, der in Unkenntnis der Nichtigkeit tatsächlich die gesamten Instandsetzungskosten aufbringt und darauf vertraut, von den Kosten einer künftigen Instandsetzung der übrigen Gebäudeteile freigestellt zu werden. Dieses Vertrauen ist schützenswert, wenn die zur Instandsetzung seines Gebäudeteils angefallenen Kosten bestandskräftig objektsbezogen abgerechnet sind. In diesem Fall widerspricht es einer ordnungsmäßigen, dem Interesse der Gesamtheit der WEer entsprechenden Verwaltung, die Kosten objektsbezogener Instandsetzungsmaßnahmen der gleichen Art auf alle WEer umzulegen. Aus § 21 Abs. 4 hat der benachteiligte WEer einen Anspruch darauf, dass gleichgelagerte Einzelfälle nicht willkürlich ungleich behandelt werden.[242] Ein Beschluss, der ohne sachlichen Grund die Kosten einer späteren gleichartigen Maßnahme abweichend verteilt, ist anfechtbar.[243]

119 Der Beschluss über die objektsbezogene Kostenverteilung im Einzelfall kann von vornherein unter der auflösenden Bedingung einer hiervon abweichenden Kostenverteilung in anderen gleichartigen Einzelfällen gefasst werden (§ 158 Abs. 2 BGB). In diesem Fall hat die abweichende Kostenverteilung in einem gleichartigen Einzelfall zur Folge, dass der frühere Zustand wieder eintritt und die bereits objektsbezogen abgerechneten Kosten der vorangegangenen Maßnahme neu verteilt werden müssen. Auf Grund der auflösenden Bedingung steht die Bestandskraft der Abrechnung dieser Kosten einer Neuverteilung nicht entgegen. Die rückwirkende Änderung der Kostenverteilung stellt in diesem Fall keine unbillige Benachteiligung der übrigen WEer dar.[244] Die zu Unrecht mit Kosten belasteten WEer können die Neuabrechnung gem. § 21 Abs. 4, 8 gerichtlich durchsetzen.[245]

120 **dd) Folgekosten baulicher Veränderungen.** Problematisch ist die Beschlusskompetenz zur Verteilung der Folgekosten baulicher Veränderungen, die nur einzelnen WEern

---

[238] So wohl auch Riecke/Schmid/*Elzer* § 16 Rn 98; *J.-H. Schmidt* ZMR 2007, 913 (915).

[239] OLG Düsseldorf WuM 2008, 298 (299) = MietRB 2008 173 m. Anm. *Hogenschurz.*

[240] *J.-H. Schmidt* ZMR 2007, 913 (915).

[241] Riecke/Schmid/*Elzer* § 16 Rn 99 a.

[242] OLG Hamm ZMR 2007, 296 (297); aA wohl AG Oldenburg NZM 2008, 495 (496) = ZMR 2008, 499 (500).

[243] Jennißen/*Jennißen* § 16 Rn 77; *Hügel* in Hügel/Elzer § 5 Rn 68.

[244] Vgl. OLG Hamm ZMR 2007, 293.

[245] OLG Hamm ZMR 2007, 296 (297).

zu Gute kommen. Beschließen die WEer etwa den Einbau einer Aufzugsanlage, die nur dem Gebrauch der Eigentümer in den oberen Stockwerken dient, so können sie gem. § 16 Abs. 4 die Errichtungskosten und gem. § 16 Abs. 3 auch die erhöhten Betriebskosten im Verhältnis der zum Gebrauch Berechtigten verteilen. Nach § 16 Abs. 4 ist es ihnen aber womöglich verwehrt, die künftig anfallenden Kosten der Instandhaltung und Instandsetzung der Anlage vorab generell auf diejenigen zu verteilen, denen die Gebrauchsmöglichkeit zugewiesen ist.[246] Über die Verteilung der Instandhaltungs- und Instandsetzungskosten müssten die WEer jeweils im Einzelfall eine alleinige Kostenlast der zum Gebrauch Berechtigten beschließen. Kommt ein qualifizierter Mehrheitsbeschluss nach § 16 Abs. 4 nicht zustande, bliebe den übrigen WEern allenfalls die Möglichkeit, im Einzelfall eine Kostenfreistellung gem. § 21 Abs. 4, 8 gerichtlich durchzusetzen.

121 Eine derartige Initiativlast der vom Gebrauch ausgeschlossenen WEer wird den Interessen der Gesamtheit der WEer nicht gerecht.[247] Die durch eine bauliche Veränderung allein Begünstigten dürfen nicht auf eine anteilige Kostenlast der übrigen WEer vertrauen, wenn die WEer in Kenntnis der Gebrauchsmöglichkeit ausdrücklich eine Freistellung der übrigen WEer von den Folgekosten beschließen. Erfolgt die Errichtung einer baulichen Anlage ausschließlich **im Interesse einzelner WEer**, ist angesichts der Verbindung von Genehmigungs- und Kostenfreistellungsbeschluss für die Begünstigten von vornherein erkennbar, dass sie sich die Errichtungsbefugnis gegen Befreiung der übrigen Eigentümer von den Folgekosten „erkaufen". Unter diesen Umständen ist es nach Sinn und Zweck des § 16 Abs. 4 nicht gerechtfertigt, die Freistellung von den Folgekosten auszunehmen. Diese Kosten betreffen nicht die Instandsetzung des im Zeitpunkt der Beschlussfassung vorhandenen Bestands; sie werden vielmehr erst durch die Errichtung der baulichen Anlage verursacht, die allein dem Gebrauch einzelner WEer dient. Deshalb ist die bauliche Veränderung einschließlich der durch sie verursachten Folgen als „Einzelfall" anzusehen.[248] Die WEer können anlässlich der Genehmigung einer baulichen Veränderung zugleich die Freistellung der nicht begünstigen WEer von den Folgekosten beschließen.[249]

122 Eine andere Frage ist hingegen, ob die Mehrheit dem durch die bauliche Veränderung Begünstigten im Rahmen einer ordnungsmäßigen Verwaltung zeitlich unbegrenzt sämtliche Folgekosten auferlegen darf. Bei einem genehmigten Dachausbau ist etwa zu berücksichtigen, dass ein neu errichtetes Dach dem Bestand und der Sicherheit des Gebäudes und damit den Interessen aller WEer dient. Sachgerecht ist es daher, dem Ausbauberechtigten lediglich die Folgekosten aufzubürden, die im Vergleich zu den Bestandswohnungen einen höheren Instandsetzungsaufwand verursachen,[250] etwa den infolge der Errichtung von Dachgauben und Dachterrassen **erhöhten Instandsetzungsbedarf.**[251] Ein Beschluss, der eine nicht sachgerechte Verteilung der Folgekosten vorsieht, ist anfechtbar.

122a Um die bestehende Rechtsunsicherheit hinsichtlich der Folgekosten einer baulichen Maßnahme – etwa dem Einbau einer Aufzugsanlage – zu vermeiden, kann die Gemeinschaft auf Grund eines Mehrheitsbeschlusses mit den „bauwilligen" WEern vertraglich vereinbaren, dass diese die Kosten der künftigen Instandhaltung und Instandsetzung allein zu tragen haben. Um die **vertraglich übernommene Folgekostenlast** im Falle einer Sondernachfolge zu schützen, kann die Übernahme der Kosten durch die Bestellung einer Reallast zu Gunsten der Gemeinschaft dinglich abgesichert werden.[252] Problematisch ist es hingegen, die Zustimmung zur Durchführung einer Baumaßnahme unter der auflösenden

---

[246] Riecke/Schmid/*Elzer* § 16 Rn 98 a; *J.-H. Schmidt* ZMR 2007, 913 (915).

[247] Zutreffend *Häublein* NZM 2007, 752 (761); aA Timme/*Bonifacio* § 16 Rn 188.

[248] *Häublein* NZM 2007, 752 (761); *ders.* ZWE 2008, 368 (369); *Armbrüster* ZWE 2008, 61 (67); *Bub* ZWE 2008, 205 (215); aA Riecke/Schmid/*Elzer* § 16 Rn 98 a; *ders.* ZWE 2008, 153 (162).

[249] So bereits OLG Düsseldorf NZM 2006, 109 zur Rechtslage vor der WEG-Novelle 2007.

[250] *Armbrüster* ZWE 2001, 85 (87); aA Timme/*Bonifacio* § 16 Rn 186.

[251] BayObLG ZWE 2000, 526.

[252] *Becker* GE 2008, 1412 (1414 ff.).

Bedingung zu erteilen, dass die jeweils begünstigten WEer die übrigen Eigentümer von den Folgekosten freistellen.[253] In diesem Fall könnten die bauwilligen WEer uU auf Rückbau in Anspruch genommen werden, wenn einzelne von ihnen bzw. ihre Rechtsnachfolger später die Folgekosten nicht übernehmen und damit die auflösende Bedingung eintritt.

e) Gebrauch und Gebrauchsmöglichkeit. Der nach § 16 Abs. 4 Satz 1 beschlossene Verteilungsmaßstab muss dem „Gebrauch oder der Möglichkeit des Gebrauchs Rechnung" tragen. Nach den Motiven des Gesetzes soll der am Gebrauch orientierte Verteilungsmaßstab der Verteilungsgerechtigkeit dienen.[254] Die vom allgemeinen Verteilungsmaßstab abweichende Verteilung der Kosten baulicher Maßnahmen entspricht nur ordnungsmäßiger Verwaltung, wenn die Kostenlast des Einzelnen auf Grund individueller Gebrauchsvorteile gerechtfertigt ist. Da der Gebrauchsbezug lediglich die **Grundsätze ordnungsmäßiger Verwaltung** konkretisiert, wird die Beschlusskompetenz dadurch nicht beschränkt.[255] Ein Beschluss, der sich im Rahmen der Kostenverteilung nicht am Gebrauch oder der Möglichkeit des Gebrauchs orientiert, ist daher nicht nichtig, sondern lediglich anfechtbar. **123**

Unter „Gebrauch" ist die **eigennützige Verwendung** von Teilen, Einrichtungen und Anlagen des GemE zu verstehen.[256] Da das Gesetz nicht nur auf den tatsächlichen Gebrauch von GemE abstellt, bleibt den WEern ein **Ermessensspielraum.**[257] Die Kosten einer Maßnahme können nach der Zugangsmöglichkeit zu einer Einrichtung, etwa einer Tiefgarage oder eines Aufzugs, verteilt werden.[258] Bei gleichmäßiger **Zugangsmöglichkeit** kann die Kostenverteilung nach der **Häufigkeit des Gebrauchs** (Nutzungsfrequenz), nach **Personenzahl** oder **objektsbezogen** nach der räumlichen Zuordnung bestimmter Teile des GemE erfolgen. Eine Verteilung nach **Wohn- oder Nutzfläche** des jeweiligen SE scheidet als Verteilungsmaßstab idR aus, da die Flächen des SE keinen Bezug zur eigennützigen Verwendung bestimmter Teile des GemE aufweisen. Möglich ist aber, eine objektsbezogene Verteilung mit der Nutzfläche als Verteilungsmaßstab zu kombinieren, etwa die Verteilung der Kosten einer Balkonsanierung im Verhältnis der jeweils dem individuellen Gebrauch unterliegenden Nutzflächen zu verteilen. **124**

Die Kosten der Instandhaltung oder Instandsetzung einzelner Bauteile können **objektsbezogen** auf die WEer verteilt werden, denen ein **Sondernutzungsrecht** an dem Bauteil eingeräumt ist.[259] Auch ohne Vereinbarung von Sondernutzungsrechten lassen sich bestimmte Gebäudeteile, etwa Fenster und Balkone im räumlichen Bereich des SEs zuordnen. In diesen Fällen können die WEer im Rahmen ordnungsmäßiger Verwaltung eine der exklusiven Gebrauchsmöglichkeit entsprechende Verteilung von Instandsetzungskosten beschließen.[260] **125**

Probleme bereitet die objektsbezogene Kostenverteilung bei Gebäudeteilen, die keine exklusive Gebrauchsmöglichkeiten gewähren. Dach- und Fassade eines Gebäudes lassen sich auch bei einer **Mehrhausanlage** nicht dem exklusiven Gebrauch einzelner WEer zuordnen.[261] Balkonen etwa dienen Tragplatte und Isolierschicht dem Bestand und der Sicherheit des Gebäudes, was allen WEern gleichermaßen zu Gute kommt. Die Decke einer Tiefgarage lässt sich nicht dem alleinigen Gebrauch der Tiefgaragennutzer zuordnen, **126**

---

[253] So der Vorschlag von *Häublein* ZWE 2008, 368 (370).

[254] BT-Drucks. 16/887, S. 24.

[255] *J.-H. Schmidt* ZMR 2007, 913 (920).

[256] Riecke/Schmid/*Elzer* § 16 Rn 114.

[257] *Hügel* in Hügel/Elzer § 15 Rn 65.

[258] Vgl. BayObLG ZMR 2004, 765 zum Inhalt einer Vereinbarung.

[259] OLG München ZMR 2007, 557 (559); BayObLG ZMR 2004, 357 zur Vereinbarung.

[260] Vgl. AG Halle, U. v. 2. 3. 2010 – 120 C 4092/09; AG Hannover, ZMR 2004, 383; AG Hamburg-Wandsbek ZMR 2004, 382; *Becker/Strecker* ZWE 2001, 569 (571 f.); aA AG Wennigsen ZMR 2010, 489 (490): Dachflächenfenster.

[261] LG München I ZWE 2010, 221 = ZMR 2010, 150; aA AG München ZMR 2009, 238.

wenn darauf ein Wohngebäude errichtet ist. Für eine ordnungsmäßige, am Gebrauch orientierte Kostenverteilung dürfte maßgeblich sein, ob es sich um einen Gebäudeteil handelt, der im Falle seiner nachträglichen Errichtung als bauliche Veränderung lediglich einzelnen WEern exklusive Gebrauchsvorteile verschaffen würde. Die Kosten einer Balkonsanierung lassen sich auf diese Weise auch hinsichtlich der konstruktiven Teile dem Gebrauch der jeweiligen Balkonnutzer zuordnen.[262] Etwas anderes dürfte hingegen für die Bodenplatte einer Dachterrasse gelten, die zugleich das darunter gelegene SE noch oben abschließt. Bodenplatte und Isolierschicht dienen hier nicht allein dem Dachterrassennutzer, so dass es einer ordnungsmäßigen Verwaltung widerspricht, ihm insoweit die Instandsetzungskosten aufzuerlegen. Erforderlich ist jedoch stets eine hinreichend bestimmte Regelung, die eine Zuordnung der Kosten ermöglicht; anderenfalls ist der Verteilungsbeschluss wegen inhaltlicher Unbestimmtheit nichtig (§ 23 Rn 147).

127 **f) Der qualifizierte Mehrheitsbeschluss. aa) Mehrheitserfordernisse.** Der Beschluss zur abweichenden Verteilung der Kosten baulicher Maßnahmen bedarf gem. § 16 Abs. 4 Satz 2 einer Mehrheit von drei Viertel aller stimmberechtigten WEer iSd § 25 Abs. 2 und mehr als der Hälfte der ME-Anteile. Da bauliche Maßnahmen idR erhebliche finanzielle Bedeutung haben, soll das Erfordernis einer qualifizierten Mehrheit nach dem Kopf- und Wertprinzip die Minderheit schützen. Es soll verhindert werden, dass die Mehrheit nach Köpfen einer Minderheit eine zusätzliche Kostenlast auferlegt, die die Mehrheit der ME-Anteile innehat und damit gem. § 16 Abs. 2 ohnehin den überwiegenden Teil der Kosten zu tragen hat.[263]

128 Erforderlich ist zunächst eine **Dreiviertel-Mehrheit aller stimmberechtigten WEer,** nicht nur der in einer Versammlung anwesenden oder vertretenen WEer. Wie der Verweis auf § 25 Abs. 2 deutlich macht, bemisst sich die Mehrheit **nach Köpfen,** wobei nur die **stimmberechtigten** WEer zu zählen sind. Unberücksichtigt bleiben WEer, die einem Stimmverbot gem. § 25 Abs. 5 unterliegen (§ 25 Rn 115 ff.). Soweit in einer Mehrhausanlage das Stimmrecht gegenständlich auf die jeweils betroffenen WEer eines Gebäudes beschränkt ist (§ 25 Rn 92), bezieht sich das Quorum nur auf die Mitglieder der jeweiligen Untergemeinschaft.[264] Zudem ist die **einfache Mehrheit nach ME-Anteilen** erforderlich. Die WEer, die der Kostenverteilung zustimmen, müssen mehr als die Hälfte aller im GB eingetragenen ME-Anteile repräsentieren.

129 Die Befugnis der gesetzlich vorgesehenen Mehrheit kann gem. Abs. 5 durch **abweichende Vereinbarungen** nicht eingeschränkt werden. Allgemeine Vereinbarungen, die die Stimmkraft für sämtliche Angelegenheiten abweichend von § 25 Abs. 2 nach WE-Einheiten (Objektsprinzip) oder ME-Anteilen (Wertprinzip) bemessen, finden auf Beschlüsse nach § 16 Abs. 4 von vornherein keine Anwendung.[265] Vereinbarte Öffnungsklauseln sind geltungserhaltend dahingehend auszulegen, dass sie eine Mehrheitsentscheidung nach § 16 Abs. 4 im Einzelfall zwar erleichtern, nicht aber erschweren können. Durch Vereinbarung können die WEer etwa auf das Erfordernis einer Mehrheit der ME-Anteile verzichten und den Beschluss zur abweichenden Kostenverteilung lediglich von einer Dreiviertel-Mehrheit nach Köpfen abhängig machen. Sieht die Öffnungsklausel hingegen eine Mehrheit nach Objekten vor, so bleibt es bei dem gesetzlichen Erfordernis einer Dreiviertel-Mehrheit nach Köpfen.[266] Die Befugnis der gesetzlich vorgesehenen Mehrheit nach Köpfen, die Kosten einer bestimmten Maßnahme nach einem bestimmten

---

[262] AG Oldenburg NZM 2008, 495 (496); vgl. OLG München ZMR 2007, 557 (559); OLG Braunschweig ZMR 2006, 787; AG Kerpen ZMR 2004, 948; aA OLG Düsseldorf ZMR 1998, 304 jeweils zur Vereinbarung („Gebäudeteile, die dem Gebrauch einzelner dienen, zB Balkone").

[263] BT-Drucks. 16/887, S. 25.

[264] Riecke/Schmid/*Elzer* § 16 Rn 106; *J.-H. Schmidt* ZMR 2007, 913 (914).

[265] *Häublein* FS für Bub (2007), S. 113 (121); *ders.* ZMR 2007, 409 (411).

[266] AA noch 10. Aufl.; Riecke/Schmid/*Elzer* § 16 Rn 106 a; *Häublein* FS für Bub (2007), S. 113 (123); *Merle* ZWE 2009, 15 (19).

Maßstab zu verteilen, wäre eingeschränkt, wenn etwa der Bauträger als vormaliger Alleineigentümer auf Grund einer einseitig bestimmten Vereinbarung mit seiner Stimmenmehrheit nach Objekten in derselben Angelegenheit gegen den Willen der Dreiviertel-Mehrheit nach dem Kopfprinzip eine abweichende Kostenverteilung beschließen könnte.[267] Es kommt daher im Einzelfall darauf an, ob die nach Abs. 4 Satz 2 oder einer abweichenden Vereinbarung erforderliche Stimmenmehrheit nach Köpfen erreicht ist. Ein Beschluss zur Verteilung der Kosten kommt zustande, wenn entweder die nach Abs. 4 Satz 2 erforderliche qualifizierte Mehrheit oder eine hiervon abweichend vereinbarte, die Beschlussfassung erleichternde Stimmenmehrheit nach Köpfen erreicht wird (§ 25 Rn 31).

bb) Zustandekommen und Wirkungen. Ist die erforderliche qualifizierte Mehrheit nicht erreicht, kommt ein Beschluss nach § 16 Abs. 4 nicht zustande. Ein gleichwohl festgestellter und verkündeter Beschluss ist wirksam, solange er nicht im Beschlussanfechtungsverfahren für ungültig erklärt wird (§ 23 Rn 45).[268] 130

Verbinden die WEer in der Versammlung die Entscheidung über die bauliche Maßnahme mit der Regelung zur Verteilung der durch sie ausgelösten Kosten, so ist zu beachten, dass für den Beschluss der Maßnahme **unterschiedliche Mehrheitserfordernisse** gelten. Lediglich Maßnahmen der Modernisierung und Anpassung an den Stand der Technik unterliegen gem. § 22 Abs. 2 derselben qualifizierten Mehrheit wie die Kostenregelung nach § 16 Abs. 4. Bei Maßnahmen der Instandhaltung und Instandsetzung sind die Anforderungen geringer; hier genügt gem. § 21 Abs. 3, 5 Nr. 2 bereits die einfache Mehrheit der in der Versammlung anwesenden oder vertretenen WEer. Bauliche Veränderungen, die nicht der Modernisierung oder der Anpassung an den Stand der Technik dienen, bedürfen gem. § 22 Abs. 1 der Zustimmung aller beeinträchtiger WEer; zur Regelung der Kosten gem. § 16 Abs. 4 ist hingegen nicht erforderlich, dass alle zustimmen, die mit Kosten belastet werden.[269] Wegen der unterschiedlichen Mehrheitserfordernisse sollte der Versammlungsleiter über Maßnahme und Kostenregelung getrennt abstimmen lassen. Indem die WEer zunächst über die Maßnahme und anschließend über die Verteilung der Kosten beschließen, machen sie deutlich, dass die Durchführung der Maßnahme nicht mit der Kostenregelung „stehen und fallen" soll. Auf diese Weise lässt sich vermeiden, dass eine ungültige Kostenregelung gem. § 139 BGB im Zweifel auch die Ungültigkeit des Maßnahmebeschlusses nach sich zieht. 131

Beschließen die WEer zugleich eine **Sonderumlage** zur Finanzierung der Maßnahme, so sind die Beiträge zur Sonderumlage idR bereits nach dem beschlossenen Verteilungsmaßstab zu berechnen. In besonderen Fällen, etwa bei vorübergehenden Liquiditätsengpässen einzelner WEer, können sie aber auch beschließen, die Sonderumlage zunächst nach dem allgemeinen Verteilungsschlüssel zu erheben und die Kosten erst später in der Jahresgesamt- und Einzelabrechnung endgültig nach dem abweichenden Verteilungsmaßstab zu verteilen. Auf Mittel der **Instandhaltungsrücklage** dürfen die WEer allenfalls zur vorläufigen Finanzierung von Instandsetzungsmaßnahmen zurückgreifen. Zur endgültigen Finanzierung dürfen die Mittel der Instandhaltungsrücklage nicht herangezogen werden, wenn sie entgegen der beschlossenen Kostenverteilung nach dem allgemeinen Verteilungsmaßstab angesammelt wurden; ein entsprechender Beschluss der Jahresabrechnung ist anfechtbar.[270] Soweit die Bestandskraft der Abrechnung nicht entgegensteht, kann ein durch Beschluss nach § 16 Abs. 4 von den Kosten freigestellter WEer gem. § 21 Abs. 4 132

---

[267] Vgl. BT-Drucks. 16/887, S. 25.

[268] BGHZ 152, 46 (61); OLG München ZMR 2007, 480 (481); OLG Düsseldorf ZWE 2002, 418 (419); aA Riecke/Schmid/*Elzer* § 16 Rn 110; *Derleder* ZWE 2008, 253 (258).

[269] BT-Drucks. 16/887, S. 25.

[270] Jennißen/*Jennißen* § 16 Rn 78; *J.-H. Schmidt* ZMR 2007, 913 (920); vgl. AG Hannover ZMR 2007, 572.

verlangen, dass die entnommenen Mittel der Instandhaltungsrücklage Rücklage wieder zugeführt werden.[271]

133 Die WEer können den Beschluss zur abweichenden Verteilung der Kosten einer baulichen Maßnahme auch nachträglich im Zusammenhang mit der **Jahresabrechnung** fassen. Soweit der Beschluss nach § 16 Abs. 4 über den abzurechnenden Einzelfall hinaus keine Regelungswirkung entfaltet – zu Folgekosten siehe Rn 120 ff. –, kann die abweichende Verteilung hier – anders als im Fall des § 16 Abs. 3 (s. o. Rn 104) – unmittelbar über die jeweilige Einzelabrechnung erfolgen.[272] Der Beschluss der Jahresabrechnung ist jedoch anfechtbar, wenn die nach § 16 Abs. 4 Satz 2 erforderliche qualifizierte Mehrheit nicht erreicht ist. Der Beschluss unterliegt auch der Anfechtung, soweit die Abrechnung die Kosten baulicher Maßnahmen abweichend von dem zuvor gem. § 16 Abs. 4 beschlossenen Verteilungsmaßstab nach dem allgemeinen Verteilungsschlüssel verteilt. Die durch den Erstbeschluss von den Kosten entlasteten WEer können darauf vertrauen, nicht ohne sachlichen Grund durch den **Zweitbeschluss** mit zusätzlichen Kosten belastet zu werden.

134 Im Falle eines Eigentümerwechsels wirkt der Beschluss iSv § 16 Abs. 4 auch gegen den **Sondernachfolger** eines WEers (§ 10 Abs. 4). Für die nach dem beschlossenen Verteilungsschlüssel berechneten Kostenbeiträge haftet der Sondernachfolger jedoch nur, soweit sie nach dem Eigentümerwechsel – Eigentumsumschreibung im GB oder Zuschlag in der Zwangsversteigerung – als Beiträge zu einer Sonderumlage oder als Nachzahlung aus einem negativen Abrechnungssaldo fällig werden (Rn 165).[273]

135 **g) Der Anspruch aus § 21 Abs. 4.** Kommt ein Beschluss zur abweichenden Verteilung der Kosten einer baulichen Maßnahme nicht zustande, hat ein einzelner WEer uU aus § 21 Abs. 4 ein Anspruch auf eine vom geltenden Verteilungsschlüssel abweichende Kostenverteilung.[274] Der Anspruch auf abweichende Kostenverteilung im Einzelfall setzt nach Ansicht des BGH gem. § 10 Abs. 3 Satz 2 voraus, dass ein Festhalten an dem geltenden Verteilungsschlüssel aus schwerwiegenden Gründen unbillig erscheint.[274a] Da es hier nicht um eine generelle Abänderung, sondern nur um eine punktuelle Durchbrechung des geltenden Kostenverteilungsschlüssels geht, findet § 10 Abs. 3 Satz 2 nach richtiger Ansicht keine Anwendung. Gem. § 21 Abs. 4 kann ein WEer verlangen, dass die Kostenverteilung den Vereinbarungen und Beschlüssen und, soweit solche nicht bestehen, der Gesamtheit der WEer nach billigem Ermessen entspricht. Eine Ermessensreduzierung kann sich aus der Vorwirkung vorangegangener Beschlüsse in gleichartigen Einzelfällen ergeben. Ein einzelner WEer kann verlangen, dass in gleichartigen Fällen ohne sachlichen Grund kein anderer Verteilungsmaßstab zugrunde gelegt wird (s. o. Rn 118).[275] Kommt ein Beschluss nach § 16 Abs. 4 nicht zustande, so kann der betroffene WEer den Negativbeschluss anfechten und die Beschlussanfechtungsklage mit dem Antrag auf gerichtliche Entscheidung nach § 21 Abs. 8 verbinden (§ 21 Rn 181).

4. Abweichende Vereinbarungen (Abs. 5)

136 Die Befugnisse zur abweichenden Kostenverteilung aus § 16 Abs. 3 und 4 können gem. § 16 Abs. 5 weder durch geltende noch durch künftige Vereinbarungen eingeschränkt oder ausgeschlossen werden. Das Verbot soll die Entscheidungsbefugnisse der Mehrheit insbesondere gegen abweichende Vereinbarungen absichern, die auf der einseitigen Gestaltungsmacht des teilenden Eigentümers nach §§ 8 Abs. 2, 5 Abs. 4 und nicht auf einer

---

[271] Vgl. OLG Hamm ZWE 2002, 600 (601) = NZM 2002, 874 = ZMR 2002, 965 (966); BayObLG ZWE 2000, 135 = NZM 2000, 280 = ZMR 2000, 238.

[272] AA Timme/*Bonifacio* § 16 Rn 215.

[273] BGHZ 104, 197 (201) = NJW 1988, 1910; BGHZ 131, 228 (231 f.) = NJW 1996, 725 (726).

[274] BGH ZWE 2010, 174 (177); *J.-H. Schmidt* ZMR 2007, 913 (918); *Bub* ZWE 2008, 205 (215 f.).

[274a] BGH ZWE 2010, 174 (177) = NZM 2010, 205; aA wohl LG Köln ZWE 2010, 222 (223).

[275] OLG Hamm ZMR 2007, 296 (297).

privatautonomen Entscheidung der Erwerber beruhen.[276] Vereinbarungen, die Beschlusskompetenzen verbotswidrig **einschränken** oder **ausschließen,** sind gem. § 134 BGB nichtig. Nichtig ist etwa eine Vereinbarung, wonach die abweichende Verteilung von Betriebs- und Verwaltungskosten abweichend von § 16 Abs. 3 nur mit einer qualifizierten Mehrheit beschlossen werden kann. Vereinbarungen über eine vom gesetzlichen Kopfprinzip abweichende Stimmkraft (Wert- oder Objektprinzip) schränken die Befugnis der gesetzlich vorgesehenen Mehrheit nach Köpfen ein, einen abweichenden Verteilungsmaßstab zu beschließen. Sie finden daher gem. Abs. 5 auf Beschlüsse nach Abs. 3 und 4 keine Anwendung (s. o. Rn 102, 129; § 25 Rn 31).

Unberührt bleiben **Öffnungsklauseln,** die die Kompetenz zur Verteilung der Kosten ggü. den gesetzlichen Tatbeständen **erweitern.** So ist es ohne weiteres möglich, auf das Erfordernis einer qualifizierten Mehrheit nach § 16 Abs. 4 Satz 2 zu verzichten. Wirksam ist etwa eine Vereinbarung, wonach die WEer befugt sind, den Verteilungsmaßstab für Kosten der Instandhaltung und Instandsetzung über den Einzelfall hinaus generell durch Beschluss abzuändern. Beschlüsse auf Grund einer derartigen Öffnungsklausel müssen im Einzelfall jedoch einer richterlichen Inhaltskontrolle standhalten.[277] Die beschlossene Änderung des Kostenverteilungsschlüssels darf einzelne WEer ggü dem bisherigen Rechtszustand nicht unbillig benachteiligen.[278] Auf Grund einer vereinbarten Öffnungsklausel ist eine generelle Änderung des Verteilungsschlüssels idR nur zulässig, wenn sich die Verhältnisse ggü. früher geändert haben oder sich die ursprüngliche Regelung nicht bewährt hat. **137**

V. Nutzungen und Kosten baulicher Veränderungen (Abs. 6)

1. Grundlagen

a) Der Normzweck. Beschließen die WEer eine bauliche Veränderung des GemE, die über eine ordnungsmäßige Instandhaltung oder Instandsetzung hinausgeht, so bedarf der Beschluss gem. § 22 Abs. 1 Satz 1 der Zustimmung aller WEer, die durch die Maßnahme über das nach § 14 Nr. 1 bestimmte Maß hinaus beeinträchtigt werden. Wenn die WEer keinen Beschluss zur Kostentragung gem. § 16 Abs. 4 fassen, soll ein bestandskräftiger Beschluss über die Maßnahme grds. nicht zur Folge haben, dass WEer, die der Maßnahme nicht zugestimmt haben, mit den Kosten der Maßnahme belastet werden. Deshalb ordnet § 16 Abs. 6 Satz 1 Hs. 2 an, dass ein WEer von den Kosten freigestellt ist, wenn er einer baulichen Veränderung nicht zugestimmt hat. Im Gegenzug ist er gem. § 16 Abs. 6 Satz 1 Hs. 2 aber auch nicht berechtigt, einen Anteil an den Nutzungen zu beanspruchen, die auf einer solchen Maßnahme beruhen. Die Vorschrift beruht auf dem Grundgedanken, dass derjenige, dem die Vorteile der Maßnahme nicht zu Gute kommen, auch nicht verpflichtet sein soll, sich an den Kosten zu beteiligen. Insoweit macht § 16 Abs. 6 Satz 1 eine Ausnahme von Abs. 1 und 2, wonach grds. jeder WEer einerseits einen Anteil an den Nutzungen des GemE beanspruchen kann, andererseits aber auch die Kosten des GemE anteilig zu tragen hat. **138**

b) Der Anwendungsbereich. Die Regelung gilt ihrem Wortlaut nach nur für die **Kosten baulicher Veränderungen iSv § 22 Abs. 1,** die der Zustimmung derjenigen bedürfen, die durch die Maßnahme über das zumutbare Maß hinaus beeinträchtigt werden. Nicht erfasst werden damit die Kosten baulicher Veränderungen iSv § 22 Abs. 2, die der Modernisierung oder der Anpassung an den Stand der Technik dienen.[279] Diese Maßnahmen sind nicht an die Zustimmung einzelner WEer geknüpft, so dass die Kostenfreistellung hier nicht an die fehlende Zustimmung anknüpfen kann. Beschließen die WEer mit der **139**

[276] BT-Drucks. 16/887, S. 21, 25.

[277] Siehe Köhler/Bassenge/*Becker* Teil 4 Rn 128 ff.; KG ZMR 2005, 899.

[278] BGHZ 95, 137 (143); BayObLGZ 1990, 107; OLG Zweibrücken ZWE 2000, 46 (47).

[279] Jennißen/*Jennißen* § 16 Rn 153; Niedenführ/Kümmel/Vandenhouten/*Niedenführ* § 16 Rn 86; *Hügel* in Hügel/Elzer § 7 Rn 49; *J.-H. Schmidt* ZMR 2007, 913 (917); *Elzer* ZMR 2007, 430 (431).

nach § 22 Abs. 2 erforderlichen qualifizierten Mehrheit eine Modernisierungsmaßnahme, ohne zugleich gem. § 16 Abs. 4 die Verteilung der Kosten zu regeln, so sind alle WEer gem. § 16 Abs. 2 im Verhältnis ihrer ME-Anteile an den Kosten zu beteiligen.

140 Die Vorschrift des § 16 Abs. 6 findet keine Anwendung, soweit die WEer das Zustimmungserfordernis nach § 22 Abs. 1 **durch Vereinbarung abbedungen** haben (§ 22 Rn 321 ff.). Eine Vereinbarung, die einem Einzelnen das Recht zur Vornahme baulicher Veränderungen, etwa das Recht zum Dachausbau, einräumt, ersetzt die Zustimmung der übrigen WEer. Inwieweit die übrigen WEer an den Errichtungs- und Folgekosten zu beteiligen sind, hängt von Inhalt der Vereinbarung ab, der im Einzelfall durch Auslegung zu ermitteln ist. Entsprechendes gilt, wenn die erforderliche Zustimmung iSv. § 22 Abs. 1 auf Grund einer Vereinbarung durch Mehrheitsbeschluss ersetzt wird. In diesem Fall haben sich alle WEer an den Kosten der baulichen Veränderung zu beteiligen, soweit nicht die übrigen WEer auf Grund der Vereinbarung oder nach Maßgabe eines Mehrheitsbeschlusses gem. § 16 Abs. 4 von den Kosten freigestellt sind (s. o. Rn 114 f.).[280]

2. Die Befreiung von den Kosten (Abs. 6 S. 1 Hs. 2)

141 **a) Die fehlende Zustimmung.** Nach § 16 Abs. 6 Satz 1 Hs. 1 ist ein WEer von den Kosten einer baulichen Veränderung befreit, wenn er der Maßnahme „nicht zugestimmt hat.“ Nach verbreiteter Ansicht ist die Regelung auf die WEer beschränkt, deren Zustimmung gem. § 22 Abs. 1 Satz 2 mangels Beeinträchtigung nicht erforderlich ist und die deshalb der Maßnahme nicht zustimmen.[281] Dieser Auffassung steht jedoch der Wortlaut des § 16 Abs. 6 Satz 1 Hs. 2 entgegen. Maßgeblich für die Befreiung ist allein die fehlende Zustimmung, ohne dass es darauf ankommt, ob die Zustimmung zur baulichen Veränderung nach § 22 Abs. 1 Satz 1 erforderlich ist.[282] Deshalb werden grds. auch die benachteiligten WEer von den Kosten einer baulichen Veränderung freigestellt, die die übrigen WEer ohne ihre Zustimmung bestandskräftig beschließen. Wer einer baulichen Veränderung des GemE, etwa der Umgestaltung des Gartens, nicht zustimmt, ist auf Grund eines **bestandskräftigen Mehrheitsbeschlusses** zwar verpflichtet, die Maßnahme zu dulden. Ohne seine Zustimmung ist er jedoch nicht verpflichtet, die Kosten der Maßnahme anteilig zu tragen,[283] selbst wenn ihm durch Mitgebrauch zwangsläufig die Vorteile der baulichen Veränderung zu Gute kommen.[284] Der Umstand, dass ein WEer von einer Anfechtungsklage absieht, löst für sich genommen keine anteilige Kostentragungspflicht aus.[285] Ein Schweigen kann regelmäßig nicht als konkludente Zustimmung gewertet werden.

142 Umgekehrt ist jeder, der einer baulichen Veränderung des GemE zustimmt, bereits gem. § 16 Abs. 2 zur anteiligen Kostentragung verpflichtet.[286] Die Kostenlast des Zustimmenden besteht auch hier unabhängig davon, ob ihm die Gebrauchsvorteile, etwa an einer umge-

[280] Vgl. BayObLGZ 1989, 437 (441); WuM 1996, 787 (789); ZWE 2001, 424 (426 f.); Demharter MDR 1988, 265 (266 f.); aA OLG Frankfurt OLGZ 1981, 313 (314); Staudinger/*Bub* § 22 Rn 9.

[281] So OLG Frankfurt OLGZ 1981, 313 f.; BayObLG WuM 1996, 787 (789); OLG Saarbrücken, ZMR 1997 31 (33); OLG Hamm ZWE 2002, 600 (602) = ZMR 2002, 965 (966); *Abramenko* § 4 Rn 7; *Demharter* MDR 1988, 265 (266); offen lassend OLG Schleswig NZM 2007, 650.

[282] BGHZ 73, 196 (199 f.) = NJW 1979, 817 (818); OLG Hamm NJW-RR 1997, 970 = ZMR 1997, 371; Riecke/Schmid/*Elzer* § 16 Rn 284; Staudinger/*Bub* § 16 Rn 256; Niedenführ/Kümmel/Vandenhouten/*Niedenführ* § 16 Rn 86; *Gottschalg* NZM 2004, 529; *Ott* ZWE 2002, 61 (66); *Sandweg* DNotZ 1993, 707 (720).

[283] BayObLGZ 1977, 89 (91); OLG Hamm NJW-RR 1997, 970; *Kreuzer* ZdWBay 1997, 535 (540); *Niedenführ* NZM 2001, 1105 (1109); aA *Demharter* MDR 1988, 265 (267).

[284] OLG Hamm ZWE 2002, 600 (602) = ZMR 2002, 965 (966); Staudinger/*Bub* § 16 Rn 261.

[285] *Abramenko* ZMR 2003, 468 (469); *Hogenschurz* MietRB 2005, 23 (26); aA *Niedenführ* NZM 2001, 1105 (1110).

[286] Vgl. BGHZ 116, 392 (397) = NJW 1992, 105 (106); *Demharter* MDR 1988, 265 (266) zur Anwendung des § 16 Abs. 2 als Grundnorm; aA *Sandweg* DNotZ 1993, 724.

staltteten Gartenfläche, zustehen. Der Gedanke der **Korrelation** zwischen **Gebrauchsvorteilen** und **Kostenlast** rechtfertigt – entgegen einer in der Literatur vertretenen Ansicht[287] – keine entsprechende Anwendung des § 16 Abs. 6 Satz 1. Der Vorschrift lässt sich lediglich eine Korrelation zwischen Kostenlast und Nutzungen entnehmen, zu denen jedoch nur die Früchte, nicht aber die Gebrauchsvorteile des GemE gehören (Rn 9). Zudem fehlt es an einer Regelungslücke, nachdem die WEer gem. § 16 Abs. 4 eine Kostentragung regeln können, die dem Gebrauch und der Möglichkeit des Gebrauchs Rechnung trägt. Derjenige, der keine Gebrauchsvorteile aus einer baulichen Veränderung zieht, kann seine Zustimmung zu der Maßnahme davon abhängig machen, dass die Gemeinschaft ihn durch Beschluss von den Errichtungs- und Folgekosten freistellt.[288] Er kann darüber hinaus die Zustimmung unter Verwahrung gegen die Kostenlast erklären.[289] Ob und inwieweit sich der Zustimmende sich gegen die Kosten verwahrt hat, ist im Einzelfall durch Auslegung zu ermitteln. Kommt mit seiner Zustimmung ein bestandskräftiger Beschluss lediglich über die Baumaßnahme zustande, so hat der Zustimmende uU aus § 21 Abs. 4 einen Anspruch auf eine Kostenverteilung, die den Interessen aller WEer gerecht wird (s. o. Rn 135). Erfolgt die bauliche Veränderung, etwa ein Dachausbau, ausschließlich im Interesse einzelner WEer, so können die übrigen WEer verlangen, von den Errichtungs- und Folgekosten freigestellt zu werden.

b) Folgen der Kostenfreistellung. Dient die bauliche Veränderung lediglich den Interessen einzelner WEer, sind diejenigen, die der Maßnahme nicht zustimmen, sowie ihre Sondernachfolger grds. in vollem Umfang von der Kostentragung befreit. Bei einem Dachausbau im Interesse eines WEers haben sie also weder die **Herstellungskosten** noch die **Folgekosten,** dh die Kosten des laufenden Unterhalts und die Kosten einer künftigen Instandsetzung des baulich veränderten GemE zu tragen.[290] Die Freistellung von den Folgekosten ist nicht entspr. § 634 a Abs. 1 Nr. 2 BGB auf fünf Jahre nach Abnahme der baulichen Maßnahme befristet.[291] Die Kosten einer künftigen Instandhaltung und Instandsetzung sind keine Kosten der Beseitigung einer mangelhaften Bauausführung, so dass mangels einer vergleichbaren Interessenlage die im Vertragsverhältnis zum Bauunternehmer geltenden Verjährungsfristen nicht entspr. anzuwenden sind. **143**

Die Kostenfreistellung wirkt nur im Verhältnis der WEer, **nicht im Außenverhältnis** ggü. Dritten. Deshalb haftet der im Innenverhältnis von den Kosten freigestellte WEer ggü. Dritten gem. § 10 Abs. 8 Satz 1 anteilig für Verbindlichkeiten, die die Gemeinschaft im Rahmen der ordnungsmäßigen Instandsetzung des baulich veränderten GemE begründet. In diesem Fall kann ein WEer, der der baulichen Maßnahme nicht zugestimmt hat, aus § 16 Abs. 6 Satz 1 Hs. 2 verlangen, dass die Gemeinschaft ihn von den Kosten freistellt und die infolge der Maßnahme erhöhten Instandsetzungskosten auf die WEer umlegt, die der Maßnahme seinerzeit zugestimmt haben. Im Falle der anteiligen Inanspruchnahme im Außenverhältnis kann der im Innenverhältnis von der Kostenlast befreite WEer die Gemeinschaft, idR aber nicht unmittelbar die kostentragungspflichtigen WEer,[292] in voller Höhe auf Kostenerstattung in Anspruch nehmen (§ 10 Rn 336). Die zur Kostenerstattung **144**

---

[287] *Armbrüster* ZfIR 1998, 395 (398 f.); *ders.* ZWE 2001, 85 (86); Staudinger/*Bub* § 16 Rn 256; *Briesemeister* ZWE 2002, 241 (244 f.); *J.-H. Schmidt* ZMR 2001, 924 (925).

[288] So auch *Armbrüster* ZWE 2008, 61 (68).

[289] OLG Düsseldorf NZM 2006, 109; Staudinger/*Bub* § 16 Rn 256; Jennißen/*Hogenschurz* § 22 Rn 25; *ders.* MietRB 2005, 23 (24); *Huff* PiG 51, 53 (58); *Armbrüster* ZfIR 1998, 395 (399); zweifelnd nunmehr *ders.* ZWE 2007, 386 (387) im Hinblick auf § 16 Abs. 4.

[290] BGHZ 116, 392 (397) = NJW 1992, 978 (979); BayObLG ZWE 2000, 526 (527); ZWE 2004, 91; KG ZMR 2005, 402 (403); OLG Düsseldorf NZM 2006, 109; OLG Hamm ZMR 2006, 630 (632).

[291] So Jennißen/*Jennißen* § 16 Rn 148.

[292] Vgl. *Fauser,* Die Haftungsverfassung der WEer-Gemeinschaft nach dem neuen WEG, PiG 81, S. 284; aA noch BGHZ 116, 392 (398) zur gesamtschulderischen Außenhaftung nach altem Recht.

aufgewendeten Mittel haben allein die im Innenverhältnis zur Kostentragung verpflichteten WEer ggf. im Wege einer Sonderumlage aufzubringen.[293] Werden die Kosten aus Mitteln der Instandhaltungsrücklage finanziert, so hat der von der Kostenlast befreite WEer gem. § 21 Abs. 4 einen Anspruch gegen die Gemeinschaft, dass die Mittel der Instandhaltungsrücklage wieder zugeführt werden.[294]

145 Besonderheiten gelten, wenn eine dem **Gemeinschaftsinteresse** dienende bauliche Veränderung die Instandhaltung oder Instandsetzung des GemE betrifft, die nur deshalb gem. § 22 Abs. 1 Satz 1 der Zustimmung bedarf, weil sie über eine ordnungsmäßige Instandhaltung oder Instandsetzung hinausgeht. In diesem Fall wäre es unbillig, nicht zustimmende WEer von sämtlichen Kosten zu befreien. Im Rahmen einer ordnungsmäßigen Instandhaltung oder Instandsetzung hätten sämtliche WEer gem. § 16 Abs. 2 die Kosten tragen müssen. Deshalb ist § 16 Abs. 6 Satz 1 Hs. 2 dahingehend zu reduzieren, dass nicht zustimmende WEer die auf eine ordnungsmäßige Instandhaltung und Instandsetzung entfallenden Kosten einschließlich der Folgekosten als **„Sowieso-Kosten"** anteilig zu tragen haben und im Übrigen nur von den Mehrkosten freigestellt sind.[295] Dient eine Maßnahme, etwa die Erneuerung einer Fassade mit einem Wärmedämmsystem, der Modernisierung oder der Anpassung an den Stand der Technik, so müssen ohnehin alle WEer anteilig die Kosten der Maßnahme tragen, wenn ein Beschluss nach § 22 Abs. 2 zustande kommt.[296]

146 Führt der zum Ausbau Berechtigte die bauliche Veränderung, etwa den erlaubten Dachausbau, nicht vollständig oder mangelhaft aus, haften die übrigen WEer nicht für die **Fertigstellungs-** oder **Mangelbeseitigungskosten.** Die Freistellung von den Kosten ergibt sich in diesem Fall jedoch nicht aus § 16 Abs. 6 Satz 1 Hs. 2; sie ist vielmehr Folge der alleinigen Herstellungs- und Ersatzpflicht des Ausbauenden.[297] Der Unterschied zeigt sich im Verhältnis zu einem **Sondernachfolger** des Ausbauenden. Ohne besondere Vereinbarung geht die Pflicht zur Fertigstellung und zur Mangelbeseitigung nicht auf den Sondernachfolger über. Vielmehr kann er seinerseits die Gemeinschaft auf mangelfreie Herstellung des GemE in Anspruch nehmen.[298]

147 Die Kosten für die Beseitigung einer rechtswidrigen baulichen Veränderung sind **Kosten der Wiederherstellung** des ursprünglichen Zustands. Sie gehören nicht zu den Folgekosten, die der Zustimmende nach § 16 Abs. 6 Satz 1 Hs. 2 zu tragen hat.[299] Nach Sinn und Zweck der Vorschrift ist es nicht gerechtfertigt, dem Zustimmenden auf Grund seiner bloßen Zustimmung das Risiko zuzuweisen, dass sich die bauliche Maßnahme eines anderen nur deshalb als rechtswidrig erweist, weil nicht alle iSv § 22 Abs. 1 Satz 1 Beeinträchtigten ihr zugestimmt haben.

3. Der Ausschluss von den Nutzungen (Abs. 6 S. 1 Hs. 1)

148 Gem. § 16 Abs. 6 Satz 1 Hs. 1 sind WEer, die einer baulichen Veränderung iSv § 22 Abs. 1 nicht zugestimmt haben, abweichend von § 16 Abs. 1 nicht berechtigt, einen Anteil an den Nutzungen zu beanspruchen, die auf einer solchen Maßnahme beruhen. Die Vorschrift hat geringe praktische Bedeutung, denn als Ausnahmeregelung zu Abs. 1 sind auch hier mit **„Nutzungen"** nur die Früchte iSv § 99 BGB, etwa Mieteinnahmen, nicht aber die Gebrauchsvorteile des baulich veränderten GemE gemeint (s. o.

[293] Vgl. OLG München ZMR 2008, 321 (322).

[294] OLG Hamm ZWE 2002, 600 (601) = ZMR 2002, 965 (966).

[295] *Demharter* MDR 1988, 265 (268); *Ott* ZWE 2002, 61 (67); *Hogenschurz* MietRB 2005, 23 (24); *Huff* PiG 51, 53 (61); *Merle* WE 1988, 6 (8); aA OLG Schleswig NZM 2007, 650 (651).

[296] AA OLG Schleswig NZM 2007, 650 (651) zur Rechtslage vor der WEG-Reform 2007.

[297] KG ZWE 2000, 362 (365); Staudinger/*Bub* § 16 Rn 254; *Armbrüster* ZWE 2001, 85 (87).

[298] KG ZWE 2000, 362 (365).

[299] OLG Hamburg ZMR 2006, 377 (378); aA Riecke/Schmid/*Elzer* § 16 Rn 295.

Rn 9).[300] Für diese Ansicht streitet die Systematik des Gesetzes. Der Gesetzgeber hat in § 16 Abs. 4 bewusst davon Abstand genommen, den Verteilungsmaßstab im Rahmen der Beschlusskompetenz an die „Nutzung“ oder „Nutzungsmöglichkeit“ zu binden.[301] Die Anknüpfung an den „Gebrauch“ soll dort klarstellen, dass zur Kostenverteilung in Abkehr vom Begriff der „Nutzung“ nicht nur die Möglichkeit der Fruchtziehung, sondern der Gebrauchsvorteil als Maßstab heranzuziehen ist. Daraus folgt im Umkehrschluss, dass § 16 Abs. 6 Satz 1 Hs. 1 nur den Ausschluss von den „sonstigen Nutzungen“, nicht aber den Ausschluss vom Mitgebrauch des GemE gem § 13 Abs. 2 Satz 1 anordnet. Lediglich im Rahmen des ordnungsmäßigen Gebrauchs können die WEer durch Mehrheitsbeschluss gem. § 15 Abs. 2 einzelne WEer vom Mitgebrauch einer neu errichteten Anlage, etwa eines gemeinschaftlichen Kabelanschlusses, ausschließen, wenn diese eine Kostenbeteiligung ablehnen.[302]

Im Übrigen ist das Recht zum Mitgebrauch des GemE für sich genommen noch kein **149**
Rechtsgrund dafür, dass ein WEer die vermögenswerten Vorteile seines Mitgebrauchs eines baulich veränderten GemE behalten darf, obgleich er sich an den Kosten nicht beteiligt. Erst die Zustimmung zur baulichen Veränderung und die damit verbundene anteilige Kostentragungspflicht schaffen den Rechtsgrund für das Behaltendürfen der Gebrauchsvorteile. Erlangen WEer, die der Maßnahme nicht zugestimmt haben, durch den unvermeidbaren Mitgebrauch des durch die bauliche Veränderung Geschaffenen einen Vermögensvorteil, so haben sie den Wert der gezogenen Vorteile nach den Grundsätzen der **ungerechtfertigten Bereicherung** (§§ 812 Abs. 1 Satz 1 Fall 2, 818 Abs. 2 BGB) zu ersetzen.[303] Im Einzelfall ist stets zu prüfen, ob dem Einzelnen durch die bauliche Veränderung überhaupt ein Vermögenswert zugeflossen ist. Daran wird es häufig fehlen, wenn eine den Rahmen der Ordnungsmäßigkeit überschreitende Instandsetzungsmaßnahme, etwa eine Luxussanierung des Treppenhauses, keine zusätzlichen Gebrauchsvorteile bietet. Ein Ersatzanspruch ist zudem nach den Grundsätzen einer aufgedrängten Bereicherung ausgeschlossen, wenn der WEer auf den Mitgebrauch angewiesen ist. Ein Bereicherungsanspruch kommt somit nur in Betracht, wenn durch die Maßnahme über den bisherigen Bestand des GemE hinaus Einrichtungen geschaffen werden, die denjenigen zu Gute kommen, die der Errichtung nicht zugestimmt haben.[304] Zu beachten ist, dass bei einer nach § 22 Abs. 2 beschlossenen Maßnahme der Modernisierung oder der Anpassung an den Stand der Technik, etwa bei einer Erneuerung der Heizungsanlage,[305] von vornherein kein ungerechtfertigt erlangter Vorteil auszugleichen ist, da ohnehin alle WEer die Kosten dieser Maßnahme gem. § 16 Abs. 2 anteilig zu tragen haben (s. o. Rn 31).

VI. Besondere Verwaltungskosten (Abs. 7 und 8)

1. Kosten der Entziehungsklage (Abs. 7 Var. 1)

Zu den Kosten der Verwaltung iS des § 16 Abs. 2 gehören gem. § 16 Abs. 7 auch die **150**
Kosten eines Rechtsstreits wegen Entziehung des WE gem. § 18. Somit ist klargestellt, dass sich der Beklagte in Höhe seines ME-Anteils an den Kosten einer Entziehungsklage der Gemeinschaft zu beteiligen hat. Bis zur Erteilung des Zuschlags in der Zwangsversteigerung ist der Beklagte noch Mitglied der Gemeinschaft, so dass er anteilig für die Kosten des Verfahrens aufkommen muss. Die Kosten der Rechtsverfolgung, dh die Kosten eines Rechts-

[300] *Ott* ZWE 2002, 61 (67); Weitnauer/*Gottschalg* § 16 Rn 5; aA Staudinger/*Bub* § 16 Rn 88; *Armbrüster* ZfIR 1998, 395 (398); *Kreuzer* WE 1996, 450 (454); wohl auch OLG Düsseldorf ZWE 2006, 188 (191) m. Anm. *Briesemeister.*

[301] BT-Drucks. 16/887, S. 24.

[302] Staudinger/*Bub* § 16 Rn 264.

[303] BayObLG NJW 1981, 690 (692); OLG Hamm ZWE 2002, 600 (602); *Ott* ZWE 2002, 61 (67); kritisch Staudinger/*Bub* § 16 Rn 261; Jennißen/*Jennißen* § 16 Rn 150.

[304] *Ott* ZWE 2002, 61 (68); Staudinger/*Bub* § 16 Rn 261.

[305] So im Fall des OLG Hamm ZWE 2002, 600 (602).

anwalts sowie der Gerichtskostenvorschuss, sind bei einer Entziehungsklage unter Einschluss des Beklagten von allen WEern anteilig zu tragen. Die Kosten können aus den gemeinschaftlichen Geldern des Verwaltungsvermögens, uU durch Erhebung einer Sonderumlage unter allen WEern finanziert werden.

151 Unterliegt die Gemeinschaft im Entziehungsprozess, so hat die Gemeinschaft gem. § 91 Abs. 1 Satz 1 ZPO dem Beklagten die notwendigen Kosten der Rechtsverfolgung zu erstatten. Zweifelhaft ist, ob sich der Beklagte im Innenverhältnis mit seinem Anteil an diesen Kosten zu beteiligen hat.[306] Gegen eine anteilige Beteiligung an den Kosten seines eigenen Erstattungsanspruchs spricht, dass sich die interne Kostenverteilung nicht über die gerichtliche Kostenentscheidung im Streitverhältnis hinwegsetzen darf. Im Entziehungsprozess gehören daher nur die eigenen Rechtsverfolgungskosten der Gemeinschaft zu den Kosten der Verwaltung, die alle WEer anteilig zu tragen haben. Hierzu zählen nicht die Kosten der Rechtsverfolgung des Beklagen, die die Gemeinschaft ihm nach Maßgabe der gerichtlichen Kostenentscheidung zu erstatten hat. Die an den Beklagten geleistete Kostenerstattung ist deshalb als Ausgabe in die Jahresabrechung einzustellen und unter Ausschluss des Beklagten auf die übrigen WEer anteilig nach dem geltenden Verteilungsmaßstab zu verteilen.

2. Kosten eines Rechtsstreits nach § 43 (Abs. 8)

152 **a) Der Normzweck.** Nach § 16 Abs. 8 gehören Kosten eines Rechtsstreits in WE-Sachen gem. § 43 nur dann zu den Kosten der Verwaltung iSv Abs. 2, wenn es sich um Mehrkosten aus einer Streitwertvereinbarung gem. § 27 Abs. 2 Nr. 4, Abs. 3 Nr. 6 handelt (s. Rn 156). Im Übrigen gehören die Kosten eines Rechtsstreits der WEer untereinander nicht zu den Verwaltungskosten, die *jeder* WEer gem. Abs. 2 anteilig zu tragen hat. Die Vorschrift soll verhindern, dass Streitigkeiten im Verhältnis der WEer untereinander auf Kosten *aller* WEer ohne Rücksicht auf die jeweilige Parteistellung und die gerichtliche Kostenentscheidung ausgetragen werden.[307] Die Vorschrift des § 16 Abs. 8 verfolgt den Zweck, im Verhältnis der WEer den Vorrang der gerichtlichen Kostenentscheidung zu sichern. Stehen sich in einem Rechtsstreit WEer als Kläger und Beklagte gegenüber, so soll die gerichtliche Kostenentscheidung die Kosten des Rechtsstreits – Gerichtskosten und außergerichtliche Kosten – endgültig zwischen den Parteien verteilen.

153 **b) Streitigkeiten der WEer.** Der Normzweck bringt es mit sich, dass § 16 Abs. 8 nur einen reduzierten Anwendungsbereich hat. Sie erfasst nur Rechtsstreitigkeiten, an denen einzelne WEer sowohl auf Klägerseite als auch auf Beklagtenseite beteiligt sind. Hierzu gehören **Streitigkeiten der WEer** über ihre Rechte und Pflichten aus dem Gemeinschaftsverhältnis, etwa über die Grenzen eines zulässigen Gebrauchs von SE oder GemE (§ 43 Nr. 1). Auch **Beschlussmängelklagen einzelner WEer** betreffen das Verhältnis der WEer untereinander, da die Klage gem. § 46 Abs. 1 Satz 1 gegen die übrigen WEer als Beklagte zu richten ist.

154 In diesen individuellen Rechtsstreitigkeiten der WEer sind die Kosten der Rechtsverfolgung – dh Rechtsanwaltskosten und Gerichtskosten – grds. von den Parteien selbst zu tragen. Die Kosten einer Partei dürfen nicht aus den gemeinschaftlichen Geldern finanziert werden.[308] Insbesondere widerspricht es einer ordnungsmäßigen Verwaltung, alle WEer anteilig an einer Sonderumlage zu beteiligen, um die Rechtsverfolgungskosten der Beklagten im Beschlussmängelverfahren zu finanzieren; ein entspr. Mehrheitsbeschluss ist anfechtbar.[309] Lediglich der Verwalter ist im Rahmen seiner Ermächtigung zur Prozessführung auf Passiv-

[306] OLG Düsseldorf ZMR 1996, 571 (572) m. Anm. *Drasdo;* NZM 2007, 569 = ZWE 2007, 308 m. Anm. *Kümmel;* BayObLGZ 1983, 109; *Bärmann/Seuß/Wanderer,* C Rn 1673.

[307] BGHZ 171, 335 (344) = ZMR 2007, 623 (625) = NJW 2007, 1869; BayObLGZ 1976, 223 (225); OLG Hamm OLGZ 1989, 47 (49).

[308] OLG München ZMR 2007, 140 (141) = NZM 2007, 251; BayObLG ZMR 2004, 763; Staudinger/*Bub* § 16 Rn 182; Riecke/Schmid/*Elzer* § 16 Rn 324.

[309] OLG München ZMR 2007, 140 (141) = NZM 2007, 251; aA *Deckert* ZWE 2009, 63 (67).

seite berechtigt, die Kosten der nach § 27 Abs. 2 Nr. 2 erforderlichen Maßnahmen **vorläufig** aus den gemeinschaftlichen Geldern zu bestreiten (§ 27 Rn 118).[310] Der Verwalter darf die Mittel vorläufig aus dem Verwaltungsvermögen bestreiten, ohne dass Sonderrücklagen für Prozesskosten zu bilden sind oder eine Sonderumlage unter den Beklagten zu erheben ist.[311] Die zu Lasten der Gemeinschaft aufgewendeten Kosten sind in die Jahresgesamtabrechnung einzustellen und in den Einzelabrechnungen lediglich auf die jeweiligen Kostenschuldner zu verteilen.[312]

Gesetzlich nicht geregelt ist, in welchem Verhältnis **mehrere Kostenschuldner** die auf 155
sie entfallenden gerichtlichen und außergerichtlichen Kosten eines Rechtsstreits nach § 43 Nr. 1 oder Nr. 4 zu tragen haben. Die Frage stellt sich insbesondere im Falle einer erfolgreichen Beschlussanfechtungsklage eines WEers. Nach der gerichtlichen Kostenentscheidung haben die übrigen WEer als Beklagte dem Anfechtungskläger die Gerichtskosten und die außergerichtlichen Kosten zu erstatten. Im **Außenverhältnis** haften die Streitgenossen dem Anfechtungskläger gem. § 100 Abs. 1 ZPO anteilig nach Kopfteilen und nicht gem. § 100 Abs. 4 ZPO als Gesamtschuldner.[313] **Kostenerstattungsansprüche** des Anfechtungsklägers gegen die Beklagten können zunächst aus Mitteln des Verwaltungsvermögens erfüllt und anschließend im Verhältnis der Kostenschuldner umgelegt werden.[314] Im **Innenverhältnis** der Kostenschuldner ist der im Verhältnis der WEer vereinbarte Verteilungsmaßstab anzuwenden. Fehlt eine abweichende Vereinbarung, so ist § 16 Abs. 2 der allgemeine Grundsatz zu entnehmen, dass mehrere Miteigentümer im Zweifel nach dem Verhältnis ihrer ME-Anteile an den gemeinschaftlichen Kosten zu beteiligen sind.[315] Hiervon abweichend können die WEer gem. § 16 Abs. 3 beschließen, dass die Kosten des Rechtsstreits als Kosten der Verwaltung im Verhältnis der Kostenschuldner nach einem anderen Verteilungsmaßstab, etwa noch Kopfteilen zu verteilen sind.[315a] § 16 Abs. 8 steht dem nicht entgegen, da die Vorschrift lediglich verhindern soll, dass jeder WEer ohne Rücksicht auf seine Parteistellung an den Kosten beteiligt wird (s. o. Rn 152).

In Rechtsstreitigkeiten der WEer nach § 43 Nr. 1 und 5 gehören die **Mehrkosten aus** 156
einer Streitwertvereinbarung nach § 27 Abs. 2 Nr. 4 gem. § 16 Abs. 8 zu den Kosten der Verwaltung, die alle WEer nach dem allgemeinen Verteilungsschlüssel zu tragen haben. Gem. § 27 Abs. 2 Nr. 4 kann der Verwalter als Vertreter der WEer auf der Passivseite einer Beschlussanfechtungsklage mit einem Rechtsanwalt vereinbaren, dass sich die Rechtsanwaltsgebühren nach einem höheren als dem gesetzlichen Streitwert bemessen, der sich gem. § 49a Abs. 1 GKG lediglich auf das fünffache Eigeninteresse des Klägers beschränkt (§ 27 Rn 207 ff.). Vereinbart der Verwalter mit dem Rechtsanwalt eine Gebühr auf der Basis von höchstens 50% des Gesamtinteresses aller Parteien, so sollen alle WEer unabhängig von ihrer Parteistellung an den Mehrkosten beteiligt werden. Die gerichtliche Entscheidung wirkt gegen alle WEer, so dass es unbillig wäre, den Kläger im Falle des Unterliegens

---

[310] Jennißen/*Jennißen* § 16 Rn 167; *ders.* NZM 2007, 510 (512); *Kuhla* ZWE 2009, 196 (198); aA *Schmid* NZM 2008, 385 (386).

[311] AA *Kuhla* ZWE 2009, 196 (198); Timme/*Bonifacio* § 16 Rn 279.

[312] OLG Köln MietRB 2003, 110; aA noch OLG Köln WuM 1996, 245.

[313] *Schmid* NZM 2008, 385 (386); *Niedenführ* NJW 2008, 1768 (1771); *Deckert* ZWE 2009, 63 (68); aA AG Dortmund NZM 2008, 172; *Wolicki* NZM 2008, 385.

[314] Niedenführ/Kümmel/Vandenhouten/*Niedenführ* § 46 Rn 90; *Briesemeister* ZWE 2009, 306 (308).

[315] BGHZ 171, 335 (346) = ZMR 2007, 623 (626); KG ZMR 2006, 153 (154); OLG Köln ZfIR 2003, 683; Staudinger/*Bub* § 16 Rn 182; *Becker* MietRB 2004, 25 (27 f.); *Schnauder* WE 1992, 30 (36 f.); *Schmid* ZMR 2004, 316 (319); *Stuhrhan* NZM 2004, 84 (86); aA OLG Düsseldorf ZMR 2003, 228 = NZM 2003, 327; AG Neuss, WuM 1994, 398 f.; *Drasdo* WuM 1993, 226 (227); *ders.* ZfIR 2002, 1002 f.; *Ott* ZWE 2007, 297 f.: Haftung nach Kopfteilen.

[315a] Jennißen/*Jennißen* § 16 Rn 167, KG NJW-RR 1992, 845; *Stuhrhan* NZM 2004, 84 (85); aA *Hügel* ZWE 2008, 265 (266).

nicht an den Mehrkosten zu beteiligen, die den anderen WEern durch die Rechtsverteidigung entstehen.[316]

157 **c) Streitigkeiten mit Dritten.** Kosten eines Rechtsstreits mit Dritten, an dem die Gemeinschaft selbst oder sämtliche WEer gemeinsam und gleichgerichtet beteiligt sind, haben alle WEer gemeinschaftlich zu tragen.[317] Hierzu zählen **Klagen Dritter,** die sich gegen die Gemeinschaft oder gegen alle WEer richten und sich auf das GemE beziehen (§ 43 Nr. 5). Auch Streitigkeiten über **Rechte und Pflichten des Verwalters** bei der Verwaltung des GemE (§ 43 Nr. 3) fallen nicht in den Anwendungsbereich des § 16 Abs. 8, gleich ob die Gemeinschaft gegen den amtierenden oder ausgeschiedenen Verwalter klagt oder sie von diesem verklagt wird.[318] Schließlich richtet sich die **Beschlussanfechtungsklage des Verwalters** gegen alle WEer (§§ 43 Nr. 4, 46 Abs. 1), so dass die Rechtsverfolgungskosten im Passivprozess von allen WEern gemeinschaftlich zu tragen sind. An diesen Streitigkeiten ist die Gemeinschaft oder die Gesamtheit *aller* WEer entweder auf Klägerseite oder auf Beklagtenseite beteiligt. Die Prozesskosten sind Verwaltungskosten iSv. § 16 Abs. 2 WEG, die aus den gemeinschaftlichen Geldern zu finanzieren und in der Jahresabrechnung nach Maßgabe des geltenden Kostenverteilungsschlüssels auf *alle* kostentragungspflichtigen WEer umzulegen sind.

158 **d) Streitigkeiten der Gemeinschaft.** Nach zutreffender Ansicht gehören die Kosten eines Rechtsstreits, den die rechts- und parteifähige Gemeinschaft im Rahmen der Verwaltung gegen einzelne WEer führt (§ 43 Nr. 2), zu den Kosten der Verwaltung, die sämtliche WEer anteilig zu tragen haben.[319] Es macht keinen Unterschied, ob die Gemeinschaft eigene **Wohngeldforderungen** oder gem. § 10 Abs. 6 Satz 3 **gemeinschaftsbezogene Rechte** der WEer im Wege der Prozessstandschaft geltend macht. In beiden Fällen ist die Gemeinschaft selbst Partei des Rechtsstreits, so dass ihre Mitglieder einschließlich des Beklagten im Innenverhältnis gemeinschaftlich für die Rechtsverfolgungskosten der Gemeinschaft, d. h. für die Rechtsanwaltskosten und Gerichtskostenvorschüsse, aufzukommen haben. Die Kosten der Rechtsverfolgung können also von den gemeinschaftlichen Geldern, insbesondere durch Erhebung einer Sonderumlage im Verhältnis aller WEer, finanziert werden.[320]

159 Der in der Literatur vertretenen Gegenansicht[321] kann nach Anerkennung der Rechts- und Parteifähigkeit der Gemeinschaft nicht gefolgt werden. Sie verkennt, dass alle Mitglieder der Gemeinschaft gemeinschaftlich die Finanzierungsverantwortung für die Gemeinschaft in Angelegenheiten der Verwaltung des GemE tragen.[322] Da die Einziehung von Wohngeldforderungen und die gerichtliche Geltendmachung gemeinschaftsbezogener Rechte Angelegenheiten der Verwaltung des GemE darstellen, muss sich auch der Beklagte als Mitglied der Gemeinschaft anteilig an deren Rechtsverfolgungskosten beteiligen. Würde etwa der verklagte Wohngeldschuldner von den Rechtsverfolgungskosten freigestellt, bestünde überdies ein Wertungswiderspruch zu den Kosten einer Entziehungsklage wegen erheblicher Wohngeldrückstände, an denen sich der Beklagte gem. § 16 Abs. 7 mit seinem Anteil zu beteiligen hat (s. o. Rn 150 f.).

---

316 BT-Drucks. 16/887, S. 77; kritisch Riecke/Schmid/*Elzer* § 16 Rn 320; *Elzer* in Hügel/Elzer § 11 Rn 76.

317 BGHZ 171, 335 (345) = ZMR 2007, 623 (626) = NJW 2007, 1869; OLG Hamm OLGZ 1989, 47 (48 f.); Staudinger/*Bub* § 16 Rn 182; *Becker* MietRB 2004, 25 f.; *Merle* WE 1991, 4 f.; *Schnauder* WE 1992, 30 (36).

318 OLG Hamm OLGZ 1989, 47 (48); OLG Köln WuM 1996, 243.

319 So wohl BGHZ 171, 335 (345) = ZMR 2007, 623 (626); OLG München ZMR 2007, 140 (141); Staudinger/*Bub* § 16 Rn 182; *Bub/Petersen* NZM 1999, 646; offen lassend KG ZMR 2006, 153 (154); aA noch BGHZ 142, 290 (293) = NJW 1999, 3713 = ZMR 1999, 834 vor Anerkennung der Rechtsfähigkeit.

320 OLG München ZMR 2007, 140 (141)

321 Riecke/Schmid/*Elzer* § 16 Rn 318; *Jennißen,* NZM 2007, 510 (511); *Hügel* ZWE 2008, 265 (268).

322 BGH ZWE 2005, 422 (433) = ZMR 2005, 547.

Unterliegt die Gemeinschaft in dem Rechtsstreit, so hat der Beklagte wegen seiner eigenen Rechtsverfolgungskosten einen **Kostenerstattungsanspruch** gegen die Gemeinschaft nach Maßgabe der gerichtlichen Kostenentscheidung. In diesem Fall darf die gerichtliche Kostenentscheidung nach Sinn und Zweck des § 16 Abs. 8 nicht umgangen werden. Die an den Beklagten geleistete Kostenerstattung ist deshalb als Ausgabe in die Jahresabrechung einzustellen und unter Ausschluss des Beklagten auf die übrigen WEer anteilig nach dem geltenden Verteilungsmaßstab zu verteilen. 160

3. Schadensersatz nach § 14 Nr. 4 (Abs. 7 Var. 2)

Zu den Kosten der Verwaltung iSv § 16 Abs. 2 gehört gem. § 16 Abs 7 auch der Ersatz des Schadens im Falle des § 14 Nr. 4. Ein WEer muss die Benutzung seines SE dulden, um erforderliche Instandhaltungs- und Instandsetzungsmaßnahmen am GemE durchführen zu können; er kann jedoch den hierdurch entstehenden Schaden von der Gemeinschaft ersetzt verlangen (§ 14 Rn 72ff.). Die Vorschrift des § 16 Abs. 7 stellt klar, dass der geschädigte WEer im Verhältnis seines ME-Anteils an den Kosten der Erfüllung seines Ersatzanspruchs zu beteiligen ist.[323] 161

Da die Erstattungskosten zu den Kosten der Verwaltung iSv § 16 Abs. 2 gehören, können die WEer gem. Abs. 3 die zum Schadensausgleich aufgewendeten Kosten nach einem anderen Maßstab, etwa nach Wohneinheiten verteilen. Allerdings können sie durch Beschluss nicht die Höhe und den Umfang des Schadensersatzes regeln.[324] Der Ersatzanspruch steht dem geschädigten WEer individuell gegen die Gemeinschaft zu. Da den WEern die Beschlusskompetenz fehlt, in individuelle Rechte einzelner WEer einzugreifen,[325] ist ein derartiger Beschluss von Anfang an nichtig (§ 23 Rn 139). 162

VII. Lasten- und Kostenschuldner

1. Der WEer als Kostenschuldner

Zur anteiligen Lasten- und Kostentragung verpflichtet ist gem. § 16 Abs. 2 grds. jeder **im GB eingetragene WEer,**[326] auch wenn er WE nur als Treuhänder erworben hat.[327] Die Lasten- und Kostentragungspflicht besteht auch für den **Inhaber eines isolierten ME-Anteils,** der infolge fehlerhafter Begründung von WE nicht mit dem SE an bestimmten Räumen verbunden wurde (§ 2 Rn 58).[328] Mehrere Inhaber eines WE haften als Gesamtschuldner für den auf sie entfallenden Anteil.[329] Fallen wirklicher und im GB eingetragener Eigentümer auseinander, so ist nicht der **Scheineigentümer,** sondern der wahre Eigentümer zur anteiligen Lasten- und Kostentragung verpflichtet.[330] Gem. § 891 BGB wird vermutet, dass der im GB eingetragene Scheineigentümer als Kostenschuldner zu gelten hat.[331] Der Scheineigentümer kann aber die Vermutung widerlegen, indem er etwa nachweist, dass er wegen einer unwirksamen Auflassung kein WE erworben hat. In der Vergangenheit ohne Rechtsgrund geleistete Beiträge zur Lasten- und Kostentragung kann er nach den Regeln der ungerechtfertigten Bereicherung (§§ 812ff. BGB) von der Ge- 163

---

[323] OLG Schleswig NJW-RR 2007, 448 (449); OLG Frankfurt ZMR 2006, 625 (627) m. Anm. *Elzer.*

[324] AA Jennißen/*Jennißen* § 16 Rn 158; Niedenführ/*Kümmel*/Vandenhouten § 14 Rn 68; Timme/*Bonifacio* § 16 Rn 254: Beschlusskompetenz aus § 16 Abs. 4.

[325] OLG Düsseldorf ZMR 2006, 459 (460).

[326] BGHZ 87, 138 (140) = NJW 1983, 1615 (1616); OLG Karlsruhe ZMR 2005, 310.

[327] OLG Düsseldorf ZMR 2002, 70 (71) = NZM 2002, 260 = ZWE 2001, 615.

[328] OLG Hamm ZMR 2007, 213 (214) = MietRB 2007, 67 m. Anm. *Hügel.*

[329] BayObLGZ 1979, 56 (60); OLG Stuttgart OLGZ 1986, 32 (35); OLG Hamm NJW-RR 1988, 655f.; OLG Frankfurt DWE 1987, 62.

[330] BGH NJW 1994, 3352f. = LM § 16 WEG Nr. 15 m. Anm. *Niedenführ;* BayObLG NZM 2002, 263 = ZWE 2002, 76 m. Anm. *Becker* ZWE 2002, 71 (72); OLG Düsseldorf ZMR 2005, 719.

[331] OLG Hamm NJW-RR 1989, 655; AG Hamburg-Barmbek ZMR 2004, 781.

meinschaft erstattet verlangen,[332] es sei denn, die Rückforderung verstieße nach den Umständen des Einzelfalls gegen Treu und Glauben.[333] Nach Ansicht des BGH sind die Mitglieder einer sog. **werdenden WEer-Gemeinschaft** beim Erwerb vom teilenden Bauträger bereits vor Eigentumsumschreibung entspr. § 16 Abs. 2 zur anteiligen Lasten- und Kostentragung verpflichtet, sobald für den jeweiligen Ersterwerber eine Auflassungsvormerkung im GB eingetragen und ihm die Wohnung übergeben ist (§ 10 Rn 16).[334] Die Lasten- und Kostentragungspflicht soll unter diesen Voraussetzungen bereits vor Anlegung der WsGBer bestehen. Ausreichend sei die Eintragung einer Vormerkung im GB des noch ungeteilten Grundstücks.[335] Die Pflicht der Mitglieder der werdenden Gemeinschaft soll bestehen bleiben, wenn mit Eintragung eines ersten Erwerbers in das angelegte WsGB später eine WEer-Gemeinschaft im Rechtssinne entsteht.[336] Gegen des Lasten- und Kostentragungspflicht der Erstwerber unter den Voraussetzungen einer „werdenden Gemeinschaft" spricht, dass sich in der Praxis der Zeitpunkt des Besitzübergangs und damit der Beginn der Kostentragungspflicht des Erwerbers oftmals nicht mit Sicherheit feststellen lässt. Rechtsicherheit über den Lasten- und Kostenschuldner besteht nur, wenn die Lasten- und Kostentragungspflicht stets nur denjenigen trifft, der als WEer im angelegten WsGB eingetragen ist.[337] Der im GB eingetragene WEer hat im Falle der Veräußerung die anteiligen Lasten und Kosten nach § 16 Abs. 2 bis zur Eigentumsumschreibung auf den Erwerber zu tragen. Bauträger und Ersterwerber haften nicht als Gesamtschuldner.[338] Die Parteien des Erwerbsvertrages können die Lasten- und Kostentragung im Verhältnis untereinander im Erwerbsvertrag regeln. Zur Vollstreckung siehe Rn 186.

164 **Inhaber dinglicher Rechte** am WE, insbesondere Nießbraucher und Wohnberechtigte (§§ 1030, 1093 BGB) sind im Verhältnis der WEer nicht an den Lasten und Kosten zu beteiligen.[339] Eine Lasten- und Kostentragungspflicht besteht lediglich im Verhältnis zum Eigentümer des belasteten WEs nach Maßgabe des jeweiligen Nutzungsrechts.

2. Kostenschuldner bei Eigentümerwechsel

165 Im Falle der **Veräußerung** von WE haftet der Veräußerer für Beiträge zur Lasten- und Kostentragung, die bis zur Eigentumsumschreibung im GB entstanden und fällig geworden sind. Für Beitragspflichten, die nach der Umschreibung fällig werden, hat der Erwerber einzustehen (sog. **Fälligkeitstheorie;** zur Kritik s. § 28 Rn 152).[340] In der **Zwangsversteigerung** erwirbt der Ersteher bereits mit Zuschlag Eigentum. Er haftet gem. § 56 Satz 2 ZVG für Lasten- und Kostenbeiträge, die nach Erteilung des Zuschlags fällig werden.[341]

166 Erfolgt die Eigentumsumschreibung oder der Zuschlag im Laufe eines Wirtschaftsjahres, so haftet nach Ablauf des Jahres lediglich der Erwerber/Ersteher, nicht aber sein Rechts-

---

332 KG ZWE 2001, 440 (441) = NZM 2002, 129.

333 OLG Stuttgart ZMR 2005, 983 (984).

334 BGHZ 177, 53 = NJW 2008, 2339 = ZfIR 2008, 866 m. Anm. *Becker* = ZMR 2008, 805 m. Anm. *Elzer*; OLG Köln NZM 2006, 301 (302); OLG Frankfurt ZMR 1997, 609; KG NZM 2003, 400 f.; OLG München ZMR 2006, 308; *Wenzel* NZM 2008, 625 (628).

335 BGH ZfIR 2008, 866 (868); OLG Köln ZfIR 1999, 601 (602); aA KG NJW-RR 2003, 589; offen lassend OLG Hamm ZMR 2003, 776 (777).

336 BGH ZfIR 2008, 866 (868); vgl. AG Leipzig ZMR 2009, 155: Pfändung der Auflassung lässt Kostentragungspflicht unberührt.

337 *Becker* ZfIR 2008, 869 f.; *Belz* FS für Merle (2000), S. 51 (61); so auch BGHZ 87, 138 (141).

338 So auch *Schneider* ZWE 2010, 204 (206); aA *Elzer* ZMR 2007, 714 (715); *Müller* FS für Merle (2010), S. 255 (260).

339 BGHZ 150, 109 (118) = NJW 2002, 1647 = ZMR 2002, 440 (444).

340 BGHZ 142, 290 (299) = NJW 1999, 3713; BGHZ 107, 285 (288) = NJW 1989, 2697; BGHZ 104, 197 (201); 87, 138 (142) = NJW 193, 1615 (1616); OLG Hamm, NJW-RR 1996, 911; OLG Karlsruhe ZMR 2005, 310; OLG Köln ZMR 2008, 478 (479 f.); *Wenzel* FS für Seuß (1997), S. 313 (318).

341 BGHZ 95, 118 (121) = NJW 1985, 2717.

vorgänger für eine **Abrechnungsspitze** aus der beschlossenen Jahreseinzelabrechnung (§ 28 Rn 150).[342] Der Beschluss der Abrechnung begründet eine originäre Nachzahlungspflicht in Höhe der Abrechnungsspitze allein für denjenigen, der im Zeitpunkt der Beschlussfassung Eigentümer der abgerechneten Einheit ist. Der Erwerber haftet für Beitragsrückstände des Veräußerers, wenn Veräußerer und Erwerber den Schuldbeitritt des Erwerbers vereinbart haben oder eine Vereinbarung der WEer eine Erwerberhaftung begründet. Eine derartige Vereinbarung wirkt gem. § 10 Abs. 3 nur gegen den Erwerber, wenn sie als Inhalt des SE im GB eingetragen ist. Sie wirkt hingegen nicht gegen den Ersteher von WE in der Zwangsversteigerung.[343] Eine Vereinbarung, die den Ersteher mit Beitragsrückständen seines Rechtsvorgängers belastet, verstößt gegen § 56 Satz 2 ZVG; sie ist gem. § 134 BGB nichtig.[344] Durch Mehrheitsbeschluss kann eine Erwerberhaftung für Beitragsrückstände des Rechtsvorgängers von vornherein nicht begründet werden; der Beschluss wäre mangels Beschlusskompetenz der WEer nichtig.[345]

3. Die Haftung des Erben

Nach dem Tod eines WEers haftet sein Erbe als Gesamtrechtsnachfolger für Beitragsschulden, die bereits **im Zeitpunkt des Erbfalls begründet** waren. Der Erbe haftet also für rückständige Beitragsforderungen aus Wirtschaftsplänen und Jahresabrechnungen, die vor dem Erbfall beschlossen wurden. Derartige Erblasserschulden sind Nachlassverbindlichkeiten iSv § 1967 Abs. 1 BGB. Für diese Verbindlichkeiten kann der Erbe die Anordnung der Nachlassverwaltung oder die Eröffnung eines Nachlassinsolvenzverfahrens beantragen (§§ 1980, 1981 BGB), um seine Haftung auf den Nachlass zu beschränken (§ 1975 BGB). Wird die Nachlassverwaltung angeordnet oder das Nachlassinsolvenzverfahren eröffnet, haftet der Erbe nicht mit seinem sonstigen Vermögen für Beitragsrückstände des Erblassers. Scheitert die Anordnung der Nachlassverwaltung oder die Eröffnung des Nachlassinsolvenzverfahrens mangels Masse, so kann der Erbe wegen der rückständigen Beitragsforderungen die Einrede der Unzulänglichkeit des Nachlasses erheben (§ 1990 Abs. 1 BGB). 167

Die Möglichkeit der Haftungsbeschränkung auf den Nachlass besteht nach zutreffender Ansicht auch für Beitragsschulden, die **im Zeitpunkt des Erbfalls** auf Grund eines beschlossenen Wirtschaftsplans begründet, aber **noch nicht fällig** waren.[346] Es handelt sich um Nachlassverbindlichkeiten, die bereits vor dem Erbfall durch Beschluss der WEer begründet wurden. Beitragsschulden, die erst **nach dem Erbfall** durch Beschluss **begründet** werden, sind jedoch – entgegen einer verbreiteten Ansicht[347] – als Nachlasserbenschulden anzusehen, die keine Haftungsbeschränkung auf den Nachlass erlauben.[348] Der Beschluss des Wirtschaftsplans wird zu einem Zeitpunkt gefasst, in dem der Erbe bereits WEer ist. Als Eigentümer ist er gem. § 10 Abs. 5 an den Beschluss gebunden unabhängig davon, ob er an der Beschluss- 168

---

[342] BGHZ 104, 197 (203), 131, 228 (230) = NJW 1996, 725 (726); NJW 1994, 1866 (1867); OLG Hamburg ZWE 2002, 424 (426); OLG München ZMR 2007, 805 (806) m. krit. Anm. *Rau;* aA Jennißen/*Jennißen* § 16 Rn 181; *ders.,* Verwalterabrechnung, VIII Rn 32: Zeitanteilige Aufteilung nach Dauer der Zugehörigkeit zur Gemeinschaft.

[343] BGHZ 88, 302 (305) = NJW 1984, 308.

[344] BGHZ 99, 358 (360) = NJW 1987, 1638 (1639); KG ZMR 2002, 860; ZMR 2003, 292 (293).

[345] BGHZ 142, 290 (298) = NJW 1999, 3713; OLG Köln ZMR 2008, 478 (480).

[346] Staudinger/*Bub* § 28 Rn 174; Palandt/*Bassenge* § 16 Rn 40; *Bonifacio* MDR 2006, 244; aA Riecke/Schmid/*Elzer* § 16 Rn 199; *Dötsch* ZMR 2006, 902 (906); offen lassend *Siegmann* NZM 2000, 995 (996).

[347] BayObLG ZWE 2000, 414 (416) = NZM 2000, 41 (42) = ZMR 2000, 105 = ZEV 2000, 151 m. Anm. *Marotzke;* OLG Köln ZMR 1992, 35 (36); Staudinger/*Bub* § 28 Rn 174; Niedenführ/Kümmel/Vandenhouten/*Niedenführ* § 16 Rn 130; *ders.* NZM 2000, 641 (642); *Hügel* ZWE 2006, 174 (179 f.).

[348] Riecke/Schmid/*Elzer* § 16 Rn 199; *Bonifacio* MDR 2006, 244; *Dötsch* ZMR 2006, 902 (906); *Siegmann* NZM 2000, 995 (996).

fassung mitgewirkt hat. Es handelt sich mithin nicht um eine Nachlassverbindlichkeit, die der Erbe selbst zum Zwecke der ordnungsmäßigen Verwaltung des Nachlasses eingeht.

169 Auch der **unbekannte Erbe** hat nach den genannten Grundsätzen für Beiträge zur Lasten- und Kostentragung einzustehen. Die Gemeinschaft kann als Nachlassgläubigerin beim Nachlassgericht die **Bestellung eines Nachlasspflegers** beantragen (§§ 1960 Abs. 1, 1961 BGB), um Beitragsansprüche gegen den unbekannten Erben gerichtlich geltend machen zu können. Der Nachlasspfleger hat die Aufgabe, den Nachlass zu sichern und zu erhalten. Im Rahmen dieser Aufgabe ist er berechtigt, aber nicht selbst verpflichtet, Beitrage zur Lasten- und Kostentragung aus Nachlassmitteln an die Gemeinschaft zu leisten.[349]

VIII. Anhang zu § 16: Insolvenz und Zwangsvollstreckung

1. Die Insolvenz des WEers

170 **a) Die Haftung der Insolvenzmasse.** Durch Eröffnung des Insolvenzverfahrens über das Vermögen eines WEers geht die Verfügungs- und Verwaltungsbefugnis auf den Insolvenzverwalter über (§ 80 Abs. 1 InsO). Beiträge zur Lasten- und Kostentragung, die **nach Eröffnung des Insolvenzverfahrens** fällig werden, gehören zu den Masseverbindlichkeiten iSv § 55 Abs. 1 Nr. 1 InsO, die der Insolvenzverwalter vorab aus der Insolvenzmasse zu befriedigen hat.[350] Die bereits **vor Eröffnung des Insolvenzverfahrens** fälligen, durch den Schuldner nicht gezahlten Beiträge zur Lasten- und Kostentragung sind lediglich Insolvenzforderungen gem. § 38 InsO, die mit der Insolvenzquote zu befriedigen sind. Vor Verfahrenseröffnung fällige Beitragsforderungen auf Grund eines beschlossenen Wirtschaftsplans bleiben einfache Insolvenzforderungen, auch wenn die WEer nach Eröffnung des Verfahrens die Jahresabrechnung durch Beschluss genehmigen.[351] Dies ergibt sich aus der insoweit nur bestätigenden und verstärkenden Wirkung des Abrechnungsbeschlusses, der keinen Einfluss auf die Qualität der aus dem Wirtschaftsplan geschuldeten Beitragsforderungen hat (§ 28 Rn 46).[352] Die Gemeinschaft kann daher im Insolvenzverfahren über das Vermögen eines WEers die vor der Eröffnung begründeten und fällig gewordenen **Vorschussansprüche** auch dann nur als Insolvenzforderungen (§ 38 InsO) geltend machen, wenn sie sie auf eine nach der Eröffnung des Insolvenzverfahrens beschlossene Jahresabrechnung stützt. Durch den Beschluss über die Jahresabrechnung werden jedoch insoweit Ansprüche erstmalig und originär begründet, als das Abrechnungsergebnis die auf Grund des Wirtschaftsplans geschuldeten Vorschüsse übersteigt (sog. **Abrechnungsspitze**). Forderungen in Höhe der Abrechnungsspitze sind daher als Masseforderungen gemäß §§ 53, 55 InsO vorweg aus der Masse zu befriedigen, wenn die Jahresabrechnung nach Eröffnung des Insolvenzverfahrens beschlossen wird.[353] Auch die anteilige Verpflichtung aus einer nach Eröffnung des Insolvenzverfahrens beschlossenen **Sonderumlage** ist eine vorweg zu befriedigende Masseverbindlichkeit iSv. § 55 Abs. 1 Nr. 1 InsO, weil durch einen solchen Beschluss erstmals Verbindlichkeiten der WEer begründet werden.[354] Umstritten ist, ob dies auch für **Sonderumlagen zur Deckung rückständiger Beiträge** gilt, die *vor* Eröffnung

---

[349] Köhler/Bassenge/*Klose* Teil 16 Rn 1022; *Hügel* ZWE 2006, 174 (180).

[350] BGHZ 152, 136 = NJW 2002, 3709; BGHZ 108, 44 = NJW 1989, 3018; BayObLG NZM 1999, 74 = NZI 1999, 27; KG ZWE 2000, 532 (533) = NZM 2001, 238; aA wohl *Beutler/Vogel* ZMR 2002, 802 (804).

[351] BGH NJW 1994, 1866 = ZMR 1994, 256.

[352] BGHZ 131, 228 (231).

[353] Vgl. BGH NJW 1994, 1866 = WE 1994, 210 = LM § 28 Nr. 4 m. Anm. *Niederführ;* BGHZ 131, 228 (231) = ZMR 1996, 215; BayObLG WE 1999, 155 (156) = NZM 1999, 74; KG ZIP 2000, 2029; vgl. auch *Wenzel,* FS für Seuß (1997), S. 313 (317) = WE 1997, 124 (126); aA *Beutler/Vogel* ZMR 2002, 802 (804 f.); *Lüke* ZWE 2010, 62 (65).

[354] BGH NJW 1989, 3018; AG Moers NZM 2007, 51 (52).

des Verfahrens fällig waren. Der V. Zivilsenat des BGH[355] hat die anteilmäßige Verpflichtung eines insolventen WEers zur Zahlung einer Umlage, die zur Deckung des insolvenzbedingten Ausfalls erhoben wird, als Masseverbindlichkeit eingeordnet. Die Sonderumlage lasse die ursprüngliche Verpflichtung unberührt. Der Umlagebeschluss begründe eine neue Schuld zusätzlich zum Rückstand, so dass keine Umwandlung einer einfachen Insolvenzforderung in eine Masseforderung vorliege. Der IX. Zivilsenat des BGH[356] zieht diese Auffassung zu Recht in Zweifel. Durch Beschluss einer Ausfalldeckungsumlage könnten die WEer wegen einer Insolvenzforderung eine Masseverbindlichkeit in Höhe des auf den Schuldner entfallenden Anteils begründen. Da die Insolvenzmasse für die zu erfüllende anteilige Verpflichtung keine äquivalente Gegenleistung erhielte, würden die übrigen Insolvenzgläubiger unangemessen benachteiligt. Diese Konsequenz widerspricht dem Grundsatz der gleichmäßigen Befriedung der Insolvenzgläubiger. Deshalb können die WEer Insolvenzforderungen der Gemeinschaft wegen rückständiger Beiträge zur Lasten- und Kostentragung nicht durch Beschluss einer Ausfalldeckungsumlage teilweise in eine Masseforderung umwandeln.[357]

b) Die abgesonderte Befriedigung. Vor Inkrafttreten der WEG-Novelle 2007 konnte die Gemeinschaft nach Eröffnung des Insolvenzverfahrens über das Vermögen des WEers wegen bereits titulierter Beitragsforderungen nicht die Zwangsvollstreckung in das WE des Schuldners betreiben (§ 89 Abs. 1 InsO).[358] Seit der am 1. 7. 2007 in Kraft getretenen Änderung des § 10 Abs. 1 Nr. 2 ZVG[359] besteht für Beitragsansprüche aus dem Jahr der Beschlagnahme und den letzten zwei Jahren davor in begrenztem Umfang jedoch ein Recht auf vorrangige „Befriedigung aus dem Grundstück" in Rangklasse 2 (siehe Rn 177). Nach Maßgabe dieser Vorschrift hat die Gemeinschaft seither ein Recht auf abgesonderte Befriedigung aus dem WE des Schuldners gem. § 49 InsO, so dass die Gemeinschaft wegen ihrer bevorrechtigten Beitragsansprüche außerhalb des Insolvenzverfahrens die Zwangsversteigerung des WE betreiben kann (siehe Rn 185).[360] Einen Zahlungstitel gegen den insolventen WEer kann sie entspr. § 727 ZPO gegen den Insolvenzverwalter umschreiben lassen mit der Maßgabe, dass dieser die Zwangsvollstreckung in das WE aus Rangklasse 2 in Höhe von bis zu 5% des Verkehrswertes zu dulden hat. Liegt noch kein Zahlungstitel vor, kann die Gemeinschaft den Insolvenzverwalter wegen ihrer bevorrechtigten Ansprüche auf Duldung der Zwangsvollstreckung in Anspruch nehmen.[361] 171

c) Die Freigabe aus der Insolvenzmasse. Der Insolvenzverwalter kann das WE aus der Insolvenzmasse freigeben (§ 32 Abs. 3 InsO). Die Freigabe hat zur Folge, dass der Insolvenzverwalter aus der Insolvenzmasse keine Beiträge zur Lasten- und Kostentragung an die Gemeinschaft zahlen muss, die **nach der Freigabe fällig** werden. Wegen dieser Beiträge kann die Gemeinschaft nur noch den insolventen WEer in Anspruch nehmen,[362] der mit 172

---

[355] BGHZ 108, 44 (49) = NJW 1989, 3018.

[356] BGHZ 150, 305 (307) = ZIP 2002, 1043 (1047); offen lassend BGHZ 179, 336 = NJW 2009, 1674 = ZWE 2009, 209 (213) m. Anm. *Sauren.*

[357] *Wenzel* ZWE 2005, 277 (280); *Vallender* NZI 2004, 401 (407); insoweit auch *Beutler/Vogel* ZMR 2002, 802 (805); *Lüke* ZWE 2010, 62 (65).

[358] BGH NZM 2009, 439 = ZfIR 2009, 482.

[359] Art. 2 des Gesetzes zur Änderung des WEG und anderer Gesetze vom 26. 3. 2007, BGBl. I S. 370; siehe Anhang I 1.

[360] BGH NZM 2009, 439 = ZfIR 2009, 482; LG Berlin ZWE 2010, 228 = ZMR 2010, 142; AG Koblenz Rpfleger 2010, 282; *Derleder* ZWE 2008, 13 (20); *Schneider* ZMR 2009, 165 (170); *Alff/Hintzen* ZInsO 2008, 480 (484); *Alff* ZWE 2010, 105 (111); aA *Kesseler* NJW 2009, 121 (122); differenzierend *Bärmann/Seuß/Bergerhoff* F Rn 893: Absonderungsrecht nur im anhängigen ZVG-Vollstreckungsverfahren.

[361] *Alff* ZWE 2010, 105 (112); *Lüke* ZWE 2010, 62 (69); *Schneider* ZMR 2009, 165 (171); *ders.* ZfIR 2008, 161 (166 f.); *Derleder* ZWE 2008, 13 (20); *Alff/Hintzen* ZInsO 2008, 480 (484).

[362] KG NZM 2004, 383 (384); AG Magdeburg ZMR 2006, 324.

seinem insolvenzfreien Vermögen für die Verbindlichkeiten haftet.[363] Nach der Freigabe gehört das WE zum insolvenzfreien Vermögen des Beitragsschuldners,[364] das hinsichtlich der **Insolvenzforderungen** grds. weiterhin dem Vollstreckungsverbot des § 89 Abs. 1 InsO unterliegt.[365] Billigt man der Gemeinschaft wegen ihrer nach § 10 Abs. 1 Nr. 2 ZVG bevorrechtigten Beitragsansprüche ein Recht auf abgesonderte Befriedigung zu (s. o. Rn 171), kann die Gemeinschaft gleichwohl aus einem vor Eröffnung des Insolvenzverfahrens gegen den Schuldner erwirkten Zahlungstitel die bevorrechtigte Zwangsversteigerung des WE betreiben.[366] Hat die Gemeinschaft wegen einer Insolvenzforderung noch keinen Zahlungstitel gegen den Schuldner erwirkt, kann sie ihn nach Freigabe des WE auf Duldung der Zwangsversteigerung aus Rangklasse 2 in Anspruch nehmen und aus dem Duldungstitel vollstrecken. Einen Zahlungstitel gegen den Insolvenzverwalter wegen einer **Masseforderung** kann sie nach der Freigabe gegen den Schuldner mit der Maßgabe umschreiben lassen, dass dieser die Zwangsversteigerung seines WE aus Rangklasse 2 zu dulden hat.[367]

173 **d) Die Masseunzulänglichkeit.** Stellt sich nach Eröffnung eines Insolvenzverfahrens über das Vermögen eines WEers heraus, dass die Insolvenzmasse nicht ausreicht, um neben den Kosten des Verfahrens auch die sonstigen Masseverbindlichkeiten zu erfüllen, so hat der Insolvenzverwalter dem Insolvenzgericht die Unzulänglichkeit der Insolvenzmasse anzuzeigen (§ 208 Abs. 1 InsO). Beiträge zur Lasten- und Kostentragung, die **nach der Anzeige fällig** werden, sind Neumasseverbindlichkeiten iSv § 209 Abs. 1 Nr. 2, Abs. 3 Nr. 2 InsO.[368] Die Gemeinschaft kann diese Verbindlichkeiten gegen den Insolvenzverwalter im Wege der Leistungsklage geltend machen, sofern sich nicht der Insolvenzverwalter erneut auf die Masseunzulänglichkeit beruft. Im Zivilprozess muss der Involvenzverwalter die Masseunzulänglichkeit darlegen und ggf. beweisen.[369] Beiträge zur Lasten- und Kostentragung, die nach Eröffnung des Insolvenzverfahrens, aber **vor** der erstmaligen **Anzeige der Masseunzulänglichkeit fällig** werden, sind sog. Altmasseverbindlichkeiten. Sie unterliegen dem Vollstreckungsverbot des § 210 InsO und können nicht mehr im Wege der Leistungsklage geltend gemacht werden.[370] Billigt man der Gemeinschaft wegen ihrer nach § 10 Abs. 1 Nr. 2 ZVG bevorrechtigten Beitragsforderungen ein Absonderungsrecht zu (s. o. Rn 171), steht § 210 InsO eine bevorrechtigten Zwangsversteigerung des WE außerhalb des Insolvenzverfahrens nicht entgegen. Um die Zwangsversteigerung wegen bevorrechtigter Altmasseforderungen betreiben zu können, kann die Gemeinschaft den Insolvenzverwalter auf Duldung der Zwangsversteigerung in Anspruch nehmen.[371]

174 Der **Insolvenzverwalter** haftet der Gemeinschaft uU gem. § 61 InsO auf **Schadensersatz,** wenn er es bei Masseunzulänglichkeit unterlässt, das WE des Schuldners freizugeben.[372] Die persönliche Haftung des Insolvenzverwalters setzt voraus, dass die Masseverbindlichkeiten durch seine Rechtshandlung begründet worden sind. Die Verbindlichkeiten gegen-

---

[363] Staudinger/*Bub* § 28 Rn 211; Niedenführ/Kümmel/Vandenhouten/*Niedenführ* § 16 Rn 142; *Lüke,* FS für Wenzel (2005), S. 235 (241); *Vallender* NZI 2004, 401 (405); aA AG Mannheim NZM 2004, 800: Haftung mit gesamtem Vermögen.

[364] BGH NJW 2005, 2015.

[365] BGH NZM 2009, 439 = ZfIR 2009, 482; LG Berlin ZMR 2005, 910; LG Heilbronn Rpfleger 2006, 430; AG Wedding ZMR 2008, 751; *Pape* ZfIR 2007, 817 (821).

[366] BGH NZM 2009, 439 = ZfIR 2009, 482; *Schneider* ZMR 2009, 165, (172); *Alff/Hintzen* ZInsO 2008, 480 (485).

[367] Niedenführ/*Kümmel*/Vandenhouten IV Rn 46.

[368] OLG Düsseldorf ZMR 2007, 204 (205) = NZM 2007, 47.

[369] OLG Düsseldorf ZMR 2007, 204 (205) = NZM 2007, 47.

[370] OLG Düsseldorf ZMR 2007, 204 = NZM 2007, 47.

[371] LG Berlin ZMR 2010, 142.

[372] OLG Düsseldorf ZMR 2007, 204 (205); aA LG Stuttgart NZM 2008, 532 = MietRB 2008, 209; Niedenführ/Kümmel/Vandenhouten/*Niedenführ* § 16 Rn 155; *Pape* ZfIR 2007, 817; *Lüke* ZWE 2010, 62 (67).

über der Gemeinschaft beruhen zwar nicht unmittelbar auf einer Rechtshandlung des Insolvenzverwalters, sondern auf Beschlüssen der WEer. Gleichwohl steht es einer Rechtshandlung gleich, wenn der Insolvenzverwalter es pflichtwidrig unterlässt, eine Wohnung aus der Insolvenzmasse freizugeben, die lediglich Masseverbindlichkeiten begründet, ohne Einkünfte für die Insolvenzmasse zu erzielen. Die unterlassene Freigabe führt zu einem Schaden der Gemeinschaft, wenn diese bei rechtzeitiger Freigabe in der Zwangsvollstreckung gem. § 10 Abs. 1 Nr. 2 ZVG vorrangig befriedigt worden wäre. Die Haftung des Insolvenzverwalters ist ausgeschlossen, wenn der Verwalter bei Begründung der Beitragsschulden nicht erkennen konnte, dass die Masse nicht zur Erfüllung der Beitragsschulden ausreicht (§ 61 Satz 2 InsO). Hierfür trägt der Insolvenzverwalter die Darlegungs- und Beweislast.

e) Die Restschuldbefreiung. Kündigt das Insolvenzgericht auf Antrag des Schuldners 175
die Restschuldbefreiung an und wird das Insolvenzverfahren durch rechtskräftigen Beschluss des Insolvenzgerichts aufgehoben (§ 289 Abs. 2 Satz 2 InsO), können Insolvenzgläubiger während der sechsjährigen Wohlverhaltensperiode grds. nicht in das Vermögen des Schuldnern vollstrecken (§ 294 Abs. 1 InsO). Entsprechendes gilt, wenn das Insolvenzgericht nach Anzeige der Masseunzulänglichkeit und Verteilung der Masse die Restschuldbefreiung ankündigt und das Verfahren einstellt (§ 289 Abs. 3 InsO). Das **Vollstreckungsverbot** hindert die Gemeinschaft aber nicht, Beiträge zu den Lasten und Kosten des WE gegen den Schuldner einzuklagen.[373] Darüber hinaus kann die Gemeinschaft wegen titulierter Beitragsforderungen, die gem. § 10 Abs. 1 Nr. 2 ZVG bevorrechtigt sind, auch während der Wohlverhaltensperiode die Zwangsvollstreckung in das WE betreiben. Da eine Restschuldbefreiung gem. § 301 Abs. 2 Satz 1 InsO das Recht der Gemeinschaft zur abgesonderten Befriedigung wegen bevorrechtigter Ansprüche unberührt lässt (s. o. Rn 171), kann sie ihr Recht auch vor Erteilung der Restschuldbefreiung durchsetzen.[374]

Erwirbt der Schuldner während der Wohlverhaltensperiode WE von Todes wegen oder 176
im Wege der vorweggenommenen Erbfolge, so kann die Gemeinschaft Beitragsansprüche gegen den Schuldner titulieren lassen und aus ihnen nach Maßgabe von § 10 Abs. 1 Nr. 2 ZVG die Zwangsversteigerung des WE in Rangklasse 2 betreiben (siehe Rn 181). Dass der Schuldner in diesem Fall das erworbene Vermögen gem. § 295 Abs. 1 Nr. 2 InsO zur Hälfte des Wertes an den Treuhänder herausgeben muss, steht der Vollstreckung nicht entgegen. Lediglich ein nach Berichtigung der vorrangigen Lasten- und Kostenbeiträge verbleibender Überschuss ist an den Treuhänder zur Befriedigung der Insolvenzgläubiger herauszugeben.

2. Die Zwangsversteigerung

a) Das Vorrecht nach § 10 Abs. 1 Nr. 2 ZVG. Seit Inkrafttreten des Gesetzes zur 177
Änderung des WEG und anderer Gesetze[375] zum 1. 7. 2007 gewähren die Beiträge zu den Lasten- und Kosten bei der Zwangsversteigerung von WE gem. § 10 Abs. 1 Nr. 2 ZVG ein begrenztes Vorrecht auf Befriedigung aus dem WE in Rangklasse 2. Die bevorrechtigten Beitragsansprüche der Gemeinschaft werden also bei der Verteilung eines Versteigerungserlöses vor den dinglich gesicherten Ansprüchen der Grundpfandgläubiger in Rangklasse 4 berücksichtigt. Beitragsansprüche, die nicht in den Vorrang fallen, sind gem. § 10 Abs. 1 Nr. 5 ZVG nachrangig in Ranklasse 5 zu befriedigen.

Bevorrechtigt sind Beiträge zu den Lasten und Kosten des GemE und des SE, die „nach 178
§ 16 Abs. 2, § 28 Abs. 2 und 5 des Wohnungseigentumsgesetzes geschuldet werden, einschließlich der Vorschüsse und Rückstellungen." Gemeint sind fällige Beiträge, die der Schuldner der Gemeinschaft **objektbezogen** für das zu versteigernde WE aus beschlossenen **Wirtschaftsplänen** bzw. **Sonderumlagen** oder **Jahresabrechnungen** schuldet. Un-

---

373 BGH NZM 2007, 771; Niedenführ/Kümmel/Vandenhouten/*Niedenführ* § 16 Rn 155.

374 AG Göttingen NZI 2006, 1063 (1064).

375 Gesetz vom 26. 3. 2007, BGBl. I S. 370.

erheblich ist, ob die Beiträge als Vorschuss auf die Bewirtschaftungskosten oder als Beiträge zu Instandhaltungsrücklage zu zahlen sind.

179 In zeitlicher Hinsicht erfasst das Vorrecht die „laufenden Beträge", die nach der Beschlagnahme fällig werden. Ferner werden „die rückständigen Beträge aus dem Jahr der Beschlagnahme und den letzten zwei Jahren" erfasst. Gemeint sind die letzten **zwei Kalenderjahre** vor dem Jahr der Beschlagnahme.[376] Vorrang genießen somit sämtliche Beitragsforderungen, die im Kalenderjahr der Beschlagnahme und in den beiden Kalenderjahren zuvor fällig geworden sind. Beitragsforderungen aus einer Jahresabrechnung, die durch Beschluss der Abrechnung innerhalb dieses Zeitraums begründet werden (sog. Abrechnungsspitze, siehe § 28 Rn 47), die sich jedoch auf einen davor liegenden Zeitraum beziehen, sollen nach der Gesetzesbegründung nicht den Vorrang der Rangklasse 2 erhalten.[377] Erfolgt etwa die Beschlagnahme im Jahr 2010, so sind fällige Beitragsforderungen der Jahre 2010, 2009 und 2008 bevorrechtigt. Haben die WEer im Jahre 2008 die Jahresabrechnung 2007 beschlossen, so erhält eine Nachforderung in Höhe der Abrechnungsspitze nicht den Vorrang, obgleich sie durch Beschluss innerhalb des maßgeblichen Zeitraums begründet wurde.

180 Das Vorrecht einschließlich aller Nebenleistungen ist der Höhe nach **begrenzt auf 5% des Verkehrswertes** des WE, den das Vollstreckungsgericht gem. § 74a Abs. 5 ZVG festsetzt. Als Nebenleistungen einzubeziehen sind Zinsen und etwaige Rechtsverfolgungskosten, etwa die im Vollstreckungsverfahren anfallenden Anwaltskosten oder die Prozesskosten des Wohngeldverfahrens.[378] Soweit in diesem Verfahren auch nicht bevorrechtigte Beitragsforderungen tituliert wurden, sind die Prozesskosten anteilig nach dem Verhältnis der bevorrechtigten und nicht bevorrechtigten Forderungen anzurechnen.[379]

181 **b) Die Versteigerung auf Betreiben der Gemeinschaft.** Die Gemeinschaft kann wegen ihrer titulierten bevorrechtigten Beitragsansprüche die Zwangsversteigerung aus Rangklasse 2 betreiben, indem sie beim Vollstreckungsgericht die Zwangsversteigerung beantragt. Sie kann einem bereits anhängigen Versteigerungsverfahren in Rangklasse 2 beitreten, wenn das Verfahren nach dem 1. 7. 2007 anhängig geworden ist.[380] Voraussetzung ist in beiden Fällen ein **vollstreckbarer Titel,** aus dem die Verpflichtung des Schuldners zur Zahlung, die Art und der Bezugszeitraum des Anspruchs sowie seine Fälligkeit zu erkennen sind (§ 10 Abs. 3 Satz 2 ZVG). Soweit etwa bei einem Versäumnisurteil die Art und der Bezugszeitraum des Anspruchs sowie die Fälligkeit nicht zu erkennen sind, hat die Gemeinschaft die Umstände in sonstiger Weise glaubhaft zu machen (§ 10 Abs. 3 Satz 3 ZVG). Sie kann etwa die Wirtschaftspläne oder Jahresabrechnungen nebst Niederschrift der darüber gefassten Beschlüsse vorlegen (§ 45 Abs. 3 ZVG). Auf diese Weise kann die Gemeinschaft bis zu Beginn des Versteigerungstermin bevorrechtigte Beitragsansprüche, die erst nach der Beschlagnahme fällig werden, ohne gesonderten Titel in Rangklasse 2 anmelden.

182 Das Betreiben der Zwangsversteigerung aus Rangklasse 2 setzt voraus, dass die titulierten Beträge einschließlich aller Nebenleistungen **3% des Einheitswertes** des WE übersteigen (§ 10 Abs. 3 Satz 1 Halbs. 1 ZVG). Diese Voraussetzung kann die Gemeinschaft durch Vorlage des Einheitswertbescheides des Finanzamts glaubhaft machen. Liegt ein vollstreckbarer Titel vor, so kann die Gemeinschaft vom Finanzamt die Mitteilung des Einheitswerts verlangen, ohne dass § 30 AO dem entgegensteht (§ 10 Abs. 3 Satz 1 Halbs. 2 ZVG).[381]

---

[376] BT-Drucks. 16/887 S. 44 ff.; LG Amberg ZWE 2010, 99.

[377] BT-Drucks. 16/887 S. 45; ebenso *Stöber* § 10 ZVG Rn 4.5; *Alff* ZWE 2010, 105 (107); *Alff/Hintzen* Rpfleger 2008, 165 (166); kritisch Niedenführ/*Kümmel*/Vandenhouten IV Rn 9; *Bärmann/Seuß/Bergerhoff,* F Rn 739.

[378] *Stöber* § 10 ZVG Rn 4.4; *Alff/Hintzen* Rpfleger 2008, 165 (166).

[379] *Alff/Hintzen* Rpfleger 2008, 165 (169).

[380] BGH NJW 2008, 1383; *Wedekind* ZfIR 2007, 704 (707) zu § 62.

[381] Eingefügt durch Art. 8 des Gesetzes zur Reform des Kontopfändungsschutzes vom 7. 7. 2009, BGBl. I, S. 1701 (1711); kritisch dazu *Hogenschurz* MietRB 2010, 25 (26); *Schneider* ZfIR 2009, 479 (481); *Elzer* NJW 2009, 2508 f. Zur Praxis vor Inkrafttreten des Gesetzes am 11. 7. 2009 siehe BGH

Die Mitteilung des Einheitswertes ist nicht erforderlich, wenn die Gemeinschaft mit ihrer titulierten Beitragsforderung in Rangklasse 2 dem Versteigerungsverfahren eines anderen Gläubigers beitritt und die Forderung 3% des bereits festgesetzten Verkehrswertes übersteigt.[382] Wird der Mindestbetrag anfänglich nicht erreicht, kann die Gemeinschaft die Versteigerung zunächst in Rangklasse 5 betreiben und in demselben Verfahren weitere Beitragsforderungen gem. § 45 Abs. 3 ZVG in Rangklasse 2 bis zur Höchstgrenze nach § 10 Abs. 1 Nr. 2 ZVG nachträglich anmelden.[383] Nachträgliche Zahlungen des Schuldners auf die titulierte, bevorrechtigte Forderung lassen das Recht, die Zwangsversteigerung in Rangklasse 2 zu betreiben, auch dann nicht entfallen, wenn dadurch die Mindestgrenze während des Verfahrens unterschritten wird.[384]

Löst ein **nachrangiger Grundpfandgläubiger** die bevorrechtigte Forderung durch Zahlung an die Gemeinschaft ab, geht die Forderung mit dem Vorrang auf den ablösenden Gläubiger über (§§ 268 Abs. 3 Satz 1, 401, 412 BGB).[385] Erreicht der abgelöste Betrag 5% des Verkehrswertes, ist die Rangklasse 2 durch die übergegangene Forderung vollständig besetzt. Weitere, nicht abgelöste Beitragsforderungen der Gemeinschaft sind in demselben Versteigerungsverfahren nicht mehr bevorrechtigt.[385a] Sie rücken erst wieder in Rangklasse 2 auf, wenn der ablösende Gläubiger seinen Versteigerungsantrag zurücknimmt und die abgelöste Forderung aus dem Bezugszeitraum nach § 10 Abs. 1 Nr. 2 ZVG heraus fällt.[386] 183

c) Die Anmeldung von Beitragsansprüchen. Betreibt ein Dritter die Zwangsversteigerung des WE, kann die Gemeinschaft ihre nach § 10 Abs. 1 Nr. 2 ZVG bevorrechtigten, titulierten oder nicht titulierten Beitragsforderungen einschließlich der Rechtsverfolgungskosten gem. § 45 Abs. 3 ZVG im anhängigen Verfahren **anmelden,** damit sie in Rangklasse 2 bei der Verteilung des Versteigerungserlöses berücksichtigt werden. Die Anmeldung kann durch den nach § 27 Abs. 3 Nr. 2 ermächtigten Verwalter durch schriftliche Mitteilung an das Vollstreckungsgericht oder durch Erklärung zu Protokoll der Geschäftsstelle erfolgen. Liegt kein Titel vor, sind die bevorrechtigten Forderungen in sonstiger Weise, etwa durch Vorlage der Einzelwirtschaftspläne oder Einzelabrechnungen nebst den Niederschriften über entsprechende Beschlüsse glaubhaft zu machen. Um den Vorrang zu sichern, muss die Anmeldung spätestens im Versteigerungstermin erfolgen, bevor das Gericht zur Abgabe von Geboten auffordert (§ 110 ZVG). 184

d) Die dingliche Haftung. Nach zutreffender Ansicht gewährt § 10 Abs. 1 Nr. 2 ZVG der Gemeinschaft ein „dingliches" Recht auf vorrangige Befriedigung aus dem WE.[387] Für eine dingliche Haftung des WE sprechen Wortlaut („Recht auf Befriedigung 185

NJW 2008, 1956; NZM 2009, 707; ZMR 2009, 775; NZM 2009, 744: Mitteilung des Finanzamts auf Ersuchen des Vollstreckungsgerichts zur Berechnung der Gerichtskosten gem. § 54 Abs. 1 S. 4 GKG; dazu *Klein* ZWE 2008, 449 (453); *Kesseler* NZM 2008, 796; *Bornemann* ZWE 2009, 314; *Heinemann* MietRB 2008, 207; *Roth* NZM 2009, 223 (225).

[382] BGH ZMR 2009, 701.

[383] *Schneider* ZfIR 2008, 161 (164); Köhler/Bassenge/*Klose* Teil 16 Rn 536; Niedenführ/*Kümmel*/Vandenhouten IV Rn 20.

[384] *Hügel/Elzer* § 15 Rn 15; *Bräuer/Opitz* ZWE 2007, 327 (329); *Derleder* ZWE 2008, 13 (15); *Schneider* ZMR 2010, 340 (343); *Alff* ZWE 2010, 105 (111).

[385] *Derleder* ZWE 2008, 13 (16); *Alff/Hintzen* Rpfleger 2008, 165 (169); *Schneider* ZMR 2010, 340 (341).

[385a] BGH ZMR 2010, 383.

[386] *Alff/Hintzen* Rpfleger 2008, 165 (169 f.); aA *Schneider* ZMR 2010, 340 (342): Verhältnismäßige Berücksichtigung.

[387] So BGH NZM 2009, 439 = ZfIR 2009, 482; LG Berlin ZWE 2010, 228 = ZMR 2010, 142; AG Koblenz Rpfleger 2010, 282; *Alff* ZWE 2010, 105 (106); Riecke/Schmid/*Elzer* § 16 Rn 220; *Schneider* ZMR 2009, 165 (166); *ders.* ZfIR 2008, 161 (166); *Alff/Hintzen* ZInsO 2008, 480 (484); *Derleder* ZWE 2008, 13 (20); aA *Kesseler* NJW 2009, 121 (122); unentschieden Niedenführ/*Kümmel*/Vandenhouten IV Rn 40 ff.

aus dem Grundstück") und Entstehungsgeschichte der Vorschrift; bereits für die vormals in Rangklasse 2 eingeordneten Litlohnansprüche war anerkannt, dass sie nach einem Eigentümerwechsel weiterhin auf dem Grundstück lasten.[388] Ferner kann die Gemeinschaft bevorrechtigte Beitragsansprüche gem. § 45 Abs. 3 ZVG auch ohne Titel im Versteigerungsverfahren eines Dritten anmelden; diese Befugnis haben nur Gläubiger, denen ein dingliches Recht auf Befriedigung aus dem Grundstück zusteht.

186 Wie bei den übrigen in § 10 Abs. 1 ZVG genannten Rechten besteht die dingliche Wirkung des Vorrechts unabhängig davon, ob durch andere Gläubiger bereits ein Zwangsversteigerungsverfahren eingeleitet wurde.[388a] In der Insolvenz des Schuldners steht der Gemeinschaft ein **Absonderungsrecht** nach § 49 InsO zu (s. o. Rn 171). Nach einem **Eigentümerwechsel** haftet das WE weiter für bevorrechtigte Beitragsrückstände des Veräußerers. Die Gemeinschaft kann den im GB eingetragenen Erwerber auf Duldung der Zwangsvollstreckung in Anspruch nehmen und aus dem Duldungstitel die Zwangsvollstreckung in das WE betreiben.[388b] Sie kann einen Zahlungstitel gegen den Veräußerer entspr. § 727 ZPO gegen den Erwerber mit der Maßgabe umschreiben lassen, dass dieser in Höhe von 5% des Verkehrswertes die Zwangsversteigerung in Rangklasse 2 zu dulden hat. Eine rechtsfähige sog. **werdende Gemeinschaft** (§ 10 Rn 16, 205) kann hingegen einen Zahlungstitel, den sie gegen einen persönlich haftendes Mitglied erwirkt hat (s. o. Rn 163), nicht gegen den noch im GB eingetragenen teilenden Eigentümer umschreiben lassen, da dieser nicht Rechtsnachfolger des Titelschuldners ist. Um wegen bevorrechtigter Beitragsschulden in das WE vollstrecken zu können, muss sie den teilenden Eigentümer auf Duldung der Zwangsvollstreckung in Anspruch nehmen. Aus einem Zahlungstitel gegen den persönlichen Schuldner kann sie nicht in das WE vollstrecken, solange dieses im GB noch nicht auf ihn umgeschrieben ist.[389] Der Ersteher von WE haftet nicht für rückständige Beitragsschuldner; bei unterbliebener Anmeldung erlischt die dingliche Haftung mit Zuschlagserteilung (§§ 52 Abs. 1 Satz 2, 56 ZVG).[389a]

187 Bevorrechtigte Beitragsansprüche der Gemeinschaft haben Vorrang gegenüber einer **Auflassungsvormerkung,** die im Zeitpunkt der Beschlagnahme für einen Dritten in das GB eingetragen ist. Die in Rangklasse 4 zu berücksichtigende Vormerkung steht einer Zwangsversteigerung auf Betreiben der Gemeinschaft in Rangklasse 2 nicht entgegen. Sie fällt nicht in das geringste Gebot und erlischt mit Zuschlag im Versteigerungstermin (§§ 44 Abs. 1, 52 Abs. 1 ZVG). Wird das WE vor dem Versteigerungstermin auf den Auflassungsempfänger im GB umgeschrieben, kann die Gemeinschaft die Zwangsversteigerung aus Rangklasse 2 weiter betreiben, nachdem sie eine Titelumschreibung gegen den neuen WEer veranlasst hat. Der Rang seines Eigentums bestimmt sich nach dem Rang der für ihn eingetragenen Vormerkung (§ 883 Abs. 3 BGB), so dass der neue WEer die Zwangsversteigerung aus der bevorrechtigten Rangklasse 2 zu dulden hat.[390] Er kann die Versteigerung nur verhindern, indem er die bevorrechtigten Beitragsansprüche der Gemeinschaft gem. § 268 Abs. 1 BGB ablöst.

3. Die Zwangsverwaltung

188 **a) Ausgaben der Zwangsverwaltung.** Bei der Zwangsverwaltung von WE sind die aus den Nutzungen vorweg zu bestreitenden Ausgaben der Zwangsverwaltung (§ 155 Abs. 1 ZVG) von den in § 10 Abs. 1 Nr. 1 bis 5 ZVG bezeichneten Ansprüchen zu unter-

---

[388] Vgl. *Schneider* ZMR 2009, 165 (166 f.) mwN.

[388a] AA *Bärmann/Seuß/Bergerhoff,* F Rn 744; vgl. dagegen BGH, Urt. v. 18. 2. 2010 – IX ZR 101/09 Rn 6 aE zur öffentlichen Last.

[388b] *Alff/Hintzen* ZInsO 2008, 480 (486); aA AG Heilbronn ZMR 2010, 241: Unzulässige Vollstreckung in schuldnerfremdes Vermögen.

[389] BGH NZM 2009, 912 = ZWE 2010, 215; kritisch *Schneider* ZWE 2010, 204 ff.

[389a] *Alff* ZWE 2010, 105 (112).

[390] *Schneider* ZMR 2009, 165 (169 f.); Niedenführ/*Kümmel*/Vandenhouten IV Rn 51; aA *Kesseler* NJW 2009, 121.

scheiden, die erst bei der Verteilung eines verbleibenden Überschusses nach Maßgabe des Teilungsplans zu berücksichtigen sind (§ 155 Abs. 2 ZVG). **Laufende Beträge** zu den Lasten und Kostenbeiträge nach § 16 Abs. 2, die **nach der Beschlagnahme fällig** werden, gehören zu den Ausgaben der Verwaltung gem. § 155 Abs. 1 ZVG. Der Zwangsverwalter hat sie aus den Einnahmen etwa aus der Vermietung des WE oder – falls diese nicht ausreichen – aus Gläubigervorschüssen vorweg zu bestreiten.[391]

Nach zutreffender Ansicht hat die **Neuregelung in § 156 Abs. 1 Satz 2 ZVG** nichts an **189**
dieser Rechtslage geändert.[392] Die durch das Gesetz zur Änderung des WEG[393] eingefügte Vorschrift stellt die laufenden Beträge zur Lasten- und Kostentragung den öffentlichen Lasten gleich, die von dem Verwalter ohne weiteres Verfahren zu berichtigen sind. Die Gleichstellung mit den öffentlichen Lasten hat nicht zur Folge, dass die laufenden Beträge zur Lasten- und Kostentragung erst bei der Verteilung der erzielten Überschüsse gem. § 10 Abs. 1 Nr. 2 ZVG in Rangklasse 2 zu berücksichtigen sind. Der Gesetzgeber hielt die Gleichstellung mit den öffentlichen Lasten lediglich für geboten, um eine Schlechterstellung der Gemeinschaft zu vermeiden.[394] Dabei ging er von der Prämisse aus, dass mit der Einordnung der laufenden Lasten- und Kostenbeiträge in das Rangklassensystem des § 10 Abs. 1 ZVG diese in der Zwangsverwaltung zwangsläufig erst bei der Überschussverteilung zu berücksichtigen sind. Auf der Grundlage der vor der WEG-Novelle 2007 allgemein anerkannten Rechtslage ist diese Prämisse unzutreffend:[395] Sieht man die laufenden Beiträge zu den Lasten und Kosten als Ausgaben der Verwaltung gem. § 155 Abs. 1 ZVG an, stellt sich die Frage nach der Verteilung im Rangklassensystem gem. § 10 Abs. 1 ZVG nicht. Da der Gesetzgeber mit der Neuregelung erkennbar nicht von der bisherigen Rechtslage abweichen wollte, ist § 156 Abs. 1 ZVG wie folgt zu verstehen: Die Vorschrift stellt klar, dass die laufende Beiträge zu den Lasten und Kosten des WE wie bisher „ohne weiteres Verfahren" gem. § 155 Abs. 1 ZVG vorweg aus den Einnahmen und ggf. aus Gläubigervorschüssen zu bestreiten sind.[396]

Nicht abschließend geklärt ist die Frage, in welchem **Umfang** der Zwangsverwalter **190**
Beiträge zu den Lasten als Ausgaben der Verwaltung ggf. aus Gläubigervorschüssen vorweg zu bestreiten hat. Zu den Ausgaben der Verwaltung iSv § 155 Abs. 1 ZVG zählen sämtliche Aufwendungen, die notwendig sind, um eine ordnungsgemäße Nutzung und Instandhaltung des WE aufrecht zu erhalten.[397] Hierzu zählen Beitragsvorschüsse, die nach der Anordnung der Zwangsverwaltung auf Grund eines beschlossenen **Wirtschaftsplans** fällig werden. Unerheblich ist, dass in den Vorschüssen auch Beiträge zur Instandhaltungsrücklage enthalten sind.[398] Nach zutreffender Ansicht gilt Entsprechendes für Beiträge zu einer nach Beschlagnahme beschlossenen **Sonderumlage**,[399] sofern diese nicht ausschließlich dem Zweck dient, rückständige Beiträge des Vollstreckungsschuldners aus der Zeit vor der

[391] BGH NZM 2009, 909 (910) = ZfIR 2010, 37; NJW 2009, 598 = NZM 2009, 129; NJW 2009, 1674 = NZM 2009, 243 (245).

[392] BGH NZM 2009, 909 (910) = ZfIR 2010, 37; LG Köln NZM 2008, 926; LG Düsseldorf ZMR 2009, 713; LG Frankenthal RPfleger 2008, 519; *Sauren* ZWE 2009, 214 (215); *Schädlich* ZfIR 2009, 265 (268 ff.); *Stapper/Schädlich* ZfIR 2009, 335; *Becker* ZfIR 2010, 77; aA AG Duisburg NZM 2008, 937; AG Schöneberg ZMR 2009, 157 (158); *Stöber* § 152 ZVG Rn 18.7; *Bergsdorf* ZfIR 2008, 343; *Böhringer/Hintzen* Rpfleger 2007, 353 (360); *Drasdo* ZInsO 2009, 862 (865); *Keller* ZfIR 2009, 385 (386); *Mayer* RpflStud 2006, 71 (72); *Schmidberger* ZfIR 2007, 746 (750); *Schneider* NZM 2008, 919; *ders.* ZfIR 2008, 161 (169).

[393] Gesetz vom 26. 3. 2007, BGBl. I, S. 370.

[394] BT-Drucks. 16/887, S. 47.

[395] Vgl. BGH ZMR 2008, 471; OLG Hamm ZMR 2004, 457; *Wenzel* ZWE 2005, 277 (280).

[396] *Schädlich* ZfIR 2009, 265 (270); *Becker* ZfIR 2010, 77 (78); *Alff/Hintzen* Rpfleger 2008, 165 (175); für öffentliche Lasten ebenso *Mayer* Rpfleger 2000, 260 (262); *Stapper/Schädlich* NZI 2009, 906 f.; kritisch *Schmidberger* ZfIR 2010, 1; *Schneider* ZWE 2010, 77 (81) mit der Empfehlung, § 156 ZVG ersatzlos zu streichen.

[397] Vgl. *Hintzen* in Haarmeyer/Wutzke/Förster, Zwangsverwaltung, § 155 ZVG Rn 4.

[398] *Gaier* ZWE 2004, 323 (326)

Beschlagnahme auszugleichen (s. o. Rn 170).[400] Auch Nachzahlungen aus einer nach Beschlagnahme beschlossenen **Jahresabrechnung** gehören nach richtiger Ansicht zu den Ausgaben der Verwaltung gem. § 155 Abs. 1 ZVG; der Beschluss der Einzelabrechnung begründet objektsbezogen eine originäre Beitragsschuld in Höhe der Abrechnungsspitze (§ 28 Rn 46), für die der Zwangsverwalter mit der Masse einzustehen hat.[401]

191 Nicht zu den vorweg zu bestreitenden Ausgaben der Verwaltung zählen **rückständige Beträge** zu den Lasten und Kosten nach § 16, die bereits **vor der Beschlagnahme fällig** waren. Vor Anordnung der Zwangsverwaltung fällige Ansprüche der Gemeinschaft aus beschlossenen Wirtschaftsplänen, Sonderumlagen und Jahresabrechnungen sind im Zwangsverwaltungsverfahren nicht bevorrechtigt. Sie sind im Verteilungsverfahren gem. § 155 Abs. 2 Satz 2 ZVG lediglich in Rangklasse 5 zu berücksichtigen, wenn die Gemeinschaft wegen dieser Ansprüche die Zwangsverwaltung betreibt. Werden rückständige Beiträge aus der Zeit vor Beschlagnahme zu Unrecht in eine nach Beschlagnahme beschlossene Jahresabrechnung eingestellt, so sind diese nicht auf Grund eines bestandskräftigen Abrechnungsbeschlusses als Ausgaben der Verwaltung geschuldet.[402] Die WEer können durch Beschluss der Jahresabrechnung rückständige Beiträge nicht zu Ausgaben der Verwaltung machen.[403]

192 Der Zwangsverwalter ist gem. § 152 Abs. 1 ZVG verpflichtet, die laufenden Beträge zu den Lasten und Kosten aus den Einnahmen der Zwangsverwaltung zu bedienen. Reichen die Einnahmen hierzu nicht aus, hat er von dem Gläubiger, der die Zwangsverwaltung betreibt, einen entsprechenden **Gläubigervorschuss** anzufordern. Das Vollstreckungsgericht kann dem Zwangsverwalter gem. § 153 Abs. 1 ZVG zur Abforderung von Gläubigervorschüssen anweisen. Werden mehrere WE-Rechte desselben Schuldners zwangsverwaltet, so darf der Zwangsverwalter von demselben Gläubiger nur für das Objekt Vorschüsse anfordern, für das er keine Einnahmen erzielt.[404] Zahlt der Gläubiger den zu Recht angeforderten Vorschuss nicht, hat der Zwangsverwalter das Vollstreckungsgericht in Kenntnis zu setzen, damit das Gericht über die Aufhebung der Zwangsverwaltung gem. § 161 Abs. 3 ZVG entscheiden kann.

193 **b) Die Haftung des Zwangsverwalters.** Zahlt der Zwangsverwalter die nach der Beschlagnahme fälligen Beiträge zu den Lasten und Kosten des WE nicht, kann ihn die Gemeinschaft auf Zahlung aus der Zwangsverwaltungsmasse in Anspruch nehmen. Für die Erfüllung seiner ihm kraft Amtes obliegenden Verpflichtungen haftet er der Gemeinschaft gem. § 154 ZVG als Beteiligte, selbst wenn diese im Verfahren keine Rechte angemeldet hat.[405] Deshalb ist er der Gemeinschaft persönlich zum **Schadensersatz** verpflichtet, wenn er schuldhaft fällige Beiträge zu den Lasten und Kosten über längere Zeit nicht aus den Einnahmen bedient oder es unterlässt, einen Gläubigervorschuss anzufordern.

194 **c) Die Haftung des WEers.** Neben dem Zwangsverwalter haftet auch der Eigentümer der zwangsverwalteten Wohnung für die nach Anordnung der Zwangsverwaltung fällig werdenden Beiträge zu den Lasten und Kosten seines WEs.[406] Er wird nur in Höhe der durch den Zwangsverwalter erbrachten Leistungen frei.[407] Die Inanspruchnahme des Schuldners

---

[399] BGHZ 179, 336 = NJW 2009, 1674 = ZWE 2009, 209 (213) m. Anm. *Sauren*; OLG München ZMR 2007, 216 (217); Riecke/Schmid/*Elzer* § 16 Rn 228 b.

[400] BGHZ 150, 305 (317); *Wenzel* ZWE 2005, 277 (280); aA KG WE 2001, 9 (10); OLG Düsseldorf NJW-RR 1991, 724 f.; Staudinger/*Bub* § 28 Rn 217; *Drasdo* ZWE 2006, 68 (72); *Sauren* ZWE 2009, 214 (215); offen lassend BGH ZWE 2009, 209 (213).

[401] BGHZ 142, 290 = NJW 1999, 3713; OLG München ZMR 2007, 216 (217); AG Reutlingen ZMR 2010, 156; *Alff* ZWE 2010, 105 (116); Riecke/Schmid/*Elzer* § 16 Rn 228 c.

[402] BayObLG NZM 1999, 715; aA noch 10. Aufl. Rn 177.

[403] Vgl. auch *Schmidberger* ZfIR 2010, 1.

[404] Vgl. BGH ZWE 2009, 175 (176) m. Anm. *Briesemeister*.

[405] BGH ZWE 2009, 209 (210); *Müller* ZMR 2007, 747 (749); aA KG NZM 2007, 451 = ZMR 2007, 800.

[406] OLG München ZMR 2007, 216 (217).

empfiehlt sich für den Fall, dass die Zwangsverwaltung aufgehoben wird und der Zwangsverwalter dadurch seine Prozessführungsbefugnis auf Passivseite eines Wohngeldprozesses verliert. Aus einem Zahlungstitel gegen den WEer kann die Gemeinschaft die bevorrechtigte Zwangsversteigerung des WE gem. § 10 Abs. 1 Nr. 2 ZVG in Rangklasse 2 betreiben (s. o. Rn 181), ohne dass ein anhängiges Zwangsverwaltungsverfahren auf Betreiben eines Dritten entgegensteht. Die Zwangsversteigerung aus Rangklasse 2 ist auch möglich, wenn das Zwangsverwaltungsverfahren bereits vor dem 1. 7. 2007 – dem Inkrafttreten des § 10 Abs. 1 Nr. 2 ZVG nF – anhängig war. Zwangsverwaltung und Zwangsversteigerung sind verschiedene Verfahren mit unterschiedlichen Zielen, so dass die Zwangsversteigerung aus Rangklasse 2 nicht an § 62 Abs. 1 WEG scheitert.[408]

4. Die Eintragung einer Zwangshypothek

Wegen titulierter Ansprüche zur Lasten- und Kostentragung kann die Gemeinschaft beim GBA die Eintragung einer Zwangshypothek in das GB beantragen (§ 867 ZPO). Die Eintragung einer Zwangshypothek verschafft der Gemeinschaft uU eine bessere Rangstelle in Rangklasse 4, soweit ihre titulierten Ansprüche nicht bereits gem. § 10 Abs. 1 Nr. 2 ZVG in die Rangklasse 2 fallen (s. o. Rn 177 ff.). Ist das WE jedoch bereits bis zu seinem Wert mit Grundpfandrechten anderer Gläubiger belastet, macht die Eintragung einer Zwangshypothek keinen Sinn, da bereits eingetragene Grundpfandrechte derselben Rangklasse vorgehen. **195**

§ 17 Anteil bei Aufhebung der Gemeinschaft

[1]Im Falle der Aufhebung der Gemeinschaft bestimmt sich der Anteil der Miteigentümer nach dem Verhältnis des Wertes ihrer Wohnungseigentumsrechte zur Zeit der Aufhebung der Gemeinschaft. [2]Hat sich der Wert eines Miteigentumsanteils durch Maßnahmen verändert, deren Kosten der Wohnungseigentümer nicht getragen hat, so bleibt eine solche Veränderung bei der Berechnung des Wertes dieses Anteils außer Betracht.

Übersicht

Literatur: *Kreuzer,* WE 1996, 451.

I. Der Normzweck

Aus dem Regierungsentwurf 1951 (vgl. die amtlich nicht veröffentlichte Begründung zu dem Regierungsentwurf des WEG: BR-Drucks. 75/51) geht hervor, dass die Regelung darauf abzielt, den Anteil der Miteigentümer für den Fall der Aufhebung der Gemeinschaft – durch Vereinbarung der WEer oder durch Gegenstandslosigkeit iSd § 9 Abs. 1 Nr. 2 oder auf Grund einer Vereinbarung nach § 11 Abs. 1 Satz 2 – zu regeln. **1**

Die Vorschrift ist nach allg. M. **abdingbar.**[1]

[407] Staudinger/*Bub* § 28 Rn 221.

[408] So aber BGH NJW 2008, 1383 = ZMR 2008, 385 für den Beitritt zu einer anhängigen Zwangsversteigerung.

II. Voraussetzungen

2 Eine Aufhebung der Gemeinschaft kommt, wie oben zu § 11 schon ausgeführt, grundsätzlich nur in zwei Fällen in Betracht:
- Durch Vereinbarung sämtlicher WEer.[2]
- Auf das einseitige Verlangen eines WEers nur dann, wenn das Gebäude ganz oder teilweise zerstört ist, ein Wiederaufbau nach Maßgabe des § 22 Abs. 4 nicht beschlossen oder verlangt werden kann, eine Deckung des Schadens durch Versicherung oder in anderer Weise nicht vorliegt und die Vereinbarung eine Auflösbarkeit der Gemeinschaft in diesem Falle gemäß § 11 Abs. 1 Satz 3 ausdrücklich vorsieht.

3 Eine Verpflichtung zum **Wiederaufbau** kann sich insbesondere aus dem Inhalt der abgeschlossenen **Feuerversicherung** ergeben, dann nämlich, wenn die Feuerversicherungssumme nicht anders als zum Wiederaufbau verwendet werden darf.

4 Der in § 9 Abs. 1 Nr. 2 vorgesehene Fall, dass die Wgsgrundbücher geschlossen werden, beruht auf der Voraussetzung, dass sämtlicher WEer Antrag dahin gestellt haben (sobald alle SEs-Rechte durch völlige Zerstörung des Gebäudes gegenstandslos geworden sind und der Nachweis hierfür durch eine Bescheinigung der Baubehörde erbracht ist). In dieser Bestimmung handelt es sich nur um eine Befreiung von den Formerfordernissen des Aufhebungsvertrages nach § 4 Abs. 1.

5 Im Übrigen behandeln § 4 Abs. 1 sowohl wie § 9 Abs. 1 Nr. 2 nur den Fall der Aufhebung des SEs, nicht also den der Auflösung der Gemeinschaft; von dem letzteren Fall dagegen handelt § 11. Die Folge der Aufhebung des SEs ist das Entstehen gewöhnlichen MEs; die Folge der Aufhebung der Gemeinschaft ist unmittelbar und ohne weitere Erklärung die Anwendung der §§ 752 ff. BGB, also die Teilung in Natur, soweit möglich, oder die Teilung durch Verkauf und Verteilung des Erlöses (s. § 11 Rn 17). Im Falle der Aufhebung des SEs wäre noch eine zusätzliche Erklärung über Aufhebung der gewöhnlichen MEer-Gemeinschaft nach § 749 (oder aber auch durch einen Gläubiger eines MEers nach § 751 oder den Insolvenzverwalter nach § 84 Abs. 2 InsO) erforderlich, bevor die Anwendung der §§ 752 ff. BGB in Betracht kommen könnte. Der Grund und Boden oder das Erbbaurecht werden in der Regel immer noch vorhanden sein. Auch darüber ist bei **Aufhebung** der Gemeinschaft im Sinne des § 17 eine Auseinandersetzung durchzuführen. Es kann dem auch nicht entgegengehalten werden, dass ein Wert der WEs-Rechte im Falle der völligen Zerstörung nicht mehr vorhanden sei. Die WEs-Rechte sind nicht völlig untergegangen, außer unter der Voraussetzung der Aufhebung oder des berechtigten Auflösungsverlangens im Sinne des § 11 Abs. 1 S. 3 und § 22 Abs. 4. Bis zu diesem Zeitpunkt des Auflösungsverlangens bestehen die WEs-Rechte auch ohne Substanz des SEs **fiktiv** weiter. Allerdings werden in diesem Falle die einzelnen Anteile immer dem MEs-Bruchteil entsprechen, es sei denn, dass nachweisbar eine erhebliche Divergenz zwischen dem grundbuchmäßig festgelegten MEs-Bruchteil und der (wenn auch nur der Substanz nach untergegangenen) SEs-Berechtigung bestanden hätte. So könnte etwa ein MEer, der $^{9}/_{10}$ der Kosten für den Bauplatz und für die Errichtung des Gebäudes ausgelegt, aber sich mit $^{1}/_{10}$ oder einem sonstigen geringeren Bruchteil des MEs zufriedengegeben hat, bei der Teilung nach Aufhebung der Gemeinschaft nicht auf den nach § 7 mit $^{1}/_{10}$ (grundbuchmäßig ausgewiesenen) MEs-Bruchteil verwiesen werden.

III. Bedeutung

6 Es handelt sich um die **Bestimmung** der Einzelnen **Auseinandersetzungsguthaben.** Wesentlich ist dies vor allem für den Fall der Verwertung nach § 753 BGB, also durch Verkauf oder notfalls auch durch Zwangsversteigerung zum Zwecke der Aufhebung der Gemeinschaft gemäß § 180 ZVG. Es ist sodann entsprechend § 17 über die Verteilung des Erlöses zu entscheiden.

---

[2] BayObLG Rpfleger 1980, 110; Soergel/*Stürner* § 17 Rn 1.

Grundsätzlich wird, abgesehen von dem oben behandelten Fall der Teilung des bloßen noch vorhandenen Grundstücks, eine Teilung in Natur nach § 752 nicht in Betracht kommen, da eine Teilung nach Stockwerken schon bei einer gewöhnlichen Gemeinschaft nicht erzwungen werden kann, umso weniger natürlich, wenn es sich gerade darum handelt, eine bestehende WEer-Gemeinschaft aufzuheben. Dies würde einen Widerspruch bedeuten. **7**

§ 17 gilt nicht für die Verteilung von Nutzungen (dazu § 16). **8**

§ 17 erfasst nur den Fall der Aufhebung der Gemeinschaft **im Ganzen,** also der Aufhebung sowohl des SEs wie das MEs nach Bruchteilen; daneben ist der Fall der bloßen Aufhebung des SEs unter Weiterbestehen des MEs-Verhältnisses gemäß §§ 1008 ff. BGB nicht behandelt. Für letzteren Fall ist die Form des § 4 zu beachten (Form wie für Auflassung). Wird nur das SE aufgehoben, so können gleichfalls Wertausgleiche notwendig erscheinen. Es empfiehlt sich daher, diese Wertausgleiche **analog** § 17 vorzunehmen.[3] **9**

Wird nur das SE aufgehoben, ohne dass eine Änderung der grundbuchmäßigen Bruchteile des MEs entsprechend den veränderten Wertverhältnissen der SEs-Rechte im Augenblick der Aufhebung vereinbart wird, so kann gleichwohl der Anspruch auf Grund eines höheren Wertes eines aufgegebenen SEs im Verhältnis zu den anderen SEs-Rechten noch geltend gemacht werden, sei es in der Form des Verlangens auf Berichtigung der Bruchteile, sei es auf höhere Zuteilung aus dem Erlös im Verteilungsplan. Dieses Verlangen gründet sich auf Bereicherungsrecht (§§ 812 ff. BGB). Die Vereinbarung auf Aufhebung der SEs-Rechte selbst steht diesem Verlangen nicht entgegen, sofern sich aus den Umständen nichts anderes ergibt. **10**

IV. Wertberechnung

1. Verhältniswert (S. 1)

Maßgebend für den Wertausgleich ist das Verhältnis des **Wertes der SEs-Rechte** im Augenblick der Aufhebung der Gemeinschaft; die von den einzelnen SEern an ihrem SE vorgenommenen Werterhöhungen kämen in diesem Augenblick, rein wertmäßig gesehen, den übrigen MEern zugute. Unabhängig von der grundbuchmäßigen Bruchteilsaufteilung, aber auch unabhängig von der für die Verteilung der Lasten etwa aufgestellten Quotentabelle, ist der Wert des einzelnen SEs durch **Schätzung,** sofern eine Vereinbarung nicht zu erzielen ist, festzustellen, dies geschieht nötigenfalls im Rahmen einer Auseinandersetzungsklage im Zivilprozess[4] oder mit von vornherein oder nachträglich vereinbarter Schätzung durch **Schiedspersonen** oder von **Dritten** (zB Industrie- und Handelskammer, LGpräsident) bestimmten Personen. **11**

Während oben zu § 16 Abs. 4 (Rn 2 ff.) gesagt werden muss, dass nicht der gegenwärtige Wert, sondern der **ursprüngliche** Wert maßgeblich sei für die Berechnung der Quoten an den Lasten, also nur der relative Vergleich zu den anderen SEs-Rechten in ihrem ursprünglichen Bestande zugrunde zu legen ist (ab ovo), ist nach § 17 der **gegenwärtige** Wert zu berücksichtigen unter Anrechnung aller gemachten Aufwendungen, wie Anstrich, Tapeten, Luxusbad, künstlerisches Mosaik usw.; auch müssen die Lage innerhalb des Grundstücks (Stockwerkshöhe, Himmelsrichtungen, Zugänglichkeit) und sonstige ursprüngliche Vorteile berücksichtigt werden. Etwaige größere Investitionen eines WEers zur Ausstattung bleiben ihm also gewährleistet. Allerdings ist Voraussetzung, dass diese Ausstattungswerte im Zeitpunkt der Teilung noch vorhanden sind. Wenn nicht (zB Teilzerstörung des Hauses), ist der gewöhnliche Verhältniswert des WEs anzusetzen, unter Abzug des Wertes des etwa zerstörten SEs. **12**

§ 17 spricht vom **Wert** der WEs-Rechte. Hierzu gehört nicht nur das „Sondereigentum", sondern auch der MEs-Bruchteil. Es kann sein, dass letzterer in keinem angemessenen Verhältnis zum ursprünglichen wie gegenwärtigen Wert des SEs steht. Zum Wert des WEs **13**

---

[3] So a. Palandt/*Bassenge* § 17 Rn 1; Soergel/*Stürner* § 17 Rn 4; Weitnauer/*Lüke* § 17 Rn 7.

[4] Soergel/*Stürner* § 17 Rn 5.

(nach § 17) wäre aber nur der MEs-Bruchteil nach dem GB einzurechnen. Dies ist dann gerechtfertigt, wenn der WEer zu Erstellung, Instandhaltung, Instandsetzung, Veränderung, Wiederaufbau des gemeinschaftlichen Eigentums nur immer im Verhältnis seines MEs-Bruchteils beigetragen hat. Hat eine höhere oder geringere Beteiligung hieran stattgefunden, so ist ein Ausgleich seines Anteils nach § 17 auf der Grundlage der ungerechtfertigten Bereicherung (§§ 812 ff. BGB) zu gewähren. Dies muss umso mehr gelten, als meist der Wert des gemeinschaftlichen Eigentums, das die Hauptbestandteile des Gebäudes und Grund und Boden umfasst, weit über dem (rein baulichen Wert) der SEs-Gegenstände liegt.

14 Zu empfehlen ist von vornherein eine vorbeugende Fassung der Vereinbarung, wenn MEs-Bruchteile und Anteil an den Kosten und Lasten erheblich voneinander abweichen. Im anderen Fall werden sich komplizierte Bewertungsprobleme ergeben.

15 Im **Rahmen des § 17** ist also in erster Linie der **Wert** jedes SEs in seinem **gegenwärtigen tatsächlichen Zustand,** also z. Zt. der Aufhebung, festzustellen;[5] das grundbuchmäßige MEs-Bruchteilsverhältnis kann dafür schon deshalb nicht ohne weiteres zugrunde gelegt werden, weil es uU von Anfang an von dem wirklichen Wertverhältnis der SEs-Rechte und -Gegenstände abgewichen ist, jedenfalls aber durch die verschiedenartige Erhaltung und Ausstattung nun nicht mehr damit übereinstimmen wird. Damit kann der Wert des MEs-Anteils(-Bruchteils) nicht ausschließlich maßgeblich sein, sondern der Wert der SEs-Räume unter Einbeziehung eines angemessenen Werts des MEs-Anteils.[6] Zu diesem Wert des SEs käme der grundbuchmäßige Anteil am gemeinschaftlichen Eigentum. Auch diesbezüglich sind aber Verrechnungen wegen höherer oder geringerer Leistungen möglich. Allerdings kann aus allem immer nur der **„Verhältniswert"** gewonnen werden, nämlich: in welchem Verhältnis ein vorhandener Erlös aus freiwilliger Verwertung oder im Verteilungstermin bei Zwangsversteigerung auf die berechtigten WEer zu verteilen ist. Notfalls ist im Wege der Teilungsklage hierüber zu entscheiden. Zur Zwangsversteigerung s. §§ 113, 124 ZVG, 878 ZPO. Zu beachten ist, dass von § 17 Satz 1 und 2 **abweichende** Vereinbarungen getroffen werden können, auch im Fall einer Öffnungsklausel.

16 Dagegen ist ein **Beschluss,** der den gesetzlichen Verteilungsmaßstab ändern soll, wegen fehlender Kompetenz dazu nichtig.[7]

2. Wertveränderung (S. 2)

17 Eine besondere Berücksichtigung der Wertverhältnisse am gemeinschaftlichen Eigentum schreibt § 17 für den Fall vor, dass ein WEer anlässlich einer Maßnahme keine Kosten (mit)getragen hat. Der neu formulierte Satz 2 geht auf § 16 Abs. 4 (neu) zurück, nach dem es den WEern möglich ist, die Kosten einer Maßnahme i. S. von § 22 Abs. 1 (bauliche Veränderungen und dort genannte Aufwendungen) auch **den** WEern aufzuerlegen, die der Maßnahme nicht zugestimmt haben. Voraussetzung ist allerdings, dass diese WEer einen **Gebrauchsvorteil** von ihr haben. Sofern aber eine **Beteiligung** an den Kosten erfolgt ist, dann soll der betreffende WEer auch „an einer Wertsteigerung der Miteigentumsanteile partizipieren, unabhängig davon, ob er die Maßnahme selbst unterstützt hat".[8] Wenn er keinen Vorteil hat, zB im Hinblick auf Nutzungen (allerdings auch an den Lasten und Kosten) nicht teilnimmt), kann er auch an den dadurch eingetretenen Werterhöhungen keinen Anteil haben. Die betreffende Einrichtung oder Anlage (zB ein Fahrstuhl, eine Waschküche, Garage) wird wertmäßig nur den anderen WEern zugerechnet und zugeteilt. Satz 2 gilt auch für den Fall, dass ein WEer einer Maßnahme **nicht** zustimmen musste (und auch nicht zustimmte), da er durch sie nicht beeinträchtigt war i. S. von § 22 Abs. 1 S. 2. Dabei ist eine begründete (sachverständige) Schätzung vorzunehmen.

[5] Einschließlich getätigter Investitionen s. Soergel/*Stürner* § 17 Rn 2; *Diester* § 17 Anm. 3.
[6] BGH = NZM 2004, 709. WuM 2004, 559; vgl. *Kreuzer,* WE 1996, 451.
[7] BGH NJW 2000, 3500.
[8] BT-DRs. 16/887 S. 26.

Praktisch müssten also zunächst die Werte der reinen SEs-Gegenstände, sodann die Gegenstände des gemeinschaftlichen Eigentums schlechthin und die Einrichtungen unter Berücksichtigung des § 22 Abs. 1 gesondert geschätzt werden. Die Summe dieser Werte müsste dann in Verhältnis gesetzt werden zu dem zur Verteilung vorhandenen Erlös, woraus sich dann eine prozentual gleichmäßige Erhöhung oder Verminderung der nach oben (Rn 11) festgestellten Schätzwerte ergibt. Welche Ermittlungsmethode dabei angewendet wird, steht im pflichtgemäßen Ermessen des Tatrichters.[9] Die an den Erlös angepassten Werte der SEs-Gegenstände stehen den einzelnen WEern grundsätzlich unverändert zu. Die Verteilung des sich auf die gemeinschaftlichen Teile schlechthin beziehenden angepassten Betrages erfolgt grundsätzlich nach den MEs-Bruchteilen, vorbehaltlich der Geltendmachung von (ungerechtfertigten Bereicherungs-)Ansprüchen auf Ausgleich von Leistungen, die von diesem MEs-Bruchteilsverhältnis abweichen, nicht aber von Zerstörungen an gemeinschaftlichem Eigentum, da deren Höhe allen zur Last fällt (s. oben Rn 9 f.). Der angepasste Betrag für Einrichtungen im Rahmen des § 22 Abs. 1 ist in gleicher Weise unter die Berechtigten zu verteilen. 18

V. Verfahren

Erfolgt die Aufhebung auf Grund Vereinbarung aller, so kann aus dieser Vereinbarung, falls die Quoten der Auseinandersetzung nicht geregelt sind, auf Durchführung der Auseinandersetzung geklagt und im Rahmen der Durchführung der behauptete Wert des SEs geltend gemacht werden. Der Kläger aus einer solchen Vereinbarung erlangt ein vollstreckbares Urteil auf Aufhebung der Gemeinschaft gegen die anderen WEer, auf Grund dessen er die Zwangsvollstreckung zum Zwecke der Aufhebung der Gemeinschaft gemäß §§ 180 ff. ZVG betreiben kann. Im Verteilungsverfahren (§§ 105 ff. ZVG) spätestens kann er seinen Anspruch geltend machen, dem Verteilungsplan gegebenenfalls widersprechen (§§ 113, 124). Die Klageerhebung muss er binnen einer Frist von einem Monat dem Vollstreckungsgericht nachweisen (§ 878 S. 1 ZPO). 19

Das gleiche Verfahren gilt im Falle des Verlangens der Aufhebung der Gemeinschaft auf Grund entsprechender Vereinbarung gemäß § 11 Abs. 1 Satz 2. 20

Im Falle des § 9 Abs. 1 Nr. 2 entsteht nach Vollzug des Antrags sämtlicher WEer infolge Schließung der Wsgrundbücher normales ME nach Bruchteilen (§§ 1008 f. BGB; dessen Aufhebung richtet sich nach §§ 749 ff. BGB, insbesondere 752, 753). Eine Anwendung des Verfahrens nach § 43 Nr. 1 kommt kraft positiver Vorschrift in keinem Fall in Betracht. 21

Für das Verfahren und die Zuständigkeiten gelten ZPO und GVG. Nach der Neufassung des § 43 ist im Rahmen des § 17 zu unterscheiden. Besteht der Streit **über** die Aufhebung der Gemeinschaft **überhaupt,** handelt es sich (noch) um eine Streitigkeit der WEer i. S. des § 43 Nr. 1. In diesem Fall gelten die Vorschriften der §§ 43 Nr. 1 iV mit der ZPO und § 23 Nr. 2 c GVG. Geht es dagegen um Ansprüche, die sich **aus** der Aufhebung der Gemeinschaft ergeben, gelten die allgemeinen Vorschriften von GVG und ZPO. 22

VI. Schuldenregelung

Die Einzelverpflichtungen und -belastungen eines WEers gehen diesen allein an, belasten individuell sein Vermögen und sind dinglich gegen sein WE und den darauf treffenden Anteil am Erlös zu verrechnen. Hier gilt gleiches wie für das Grundpfandrecht an einem MEs-Bruchteil (§ 1114 BGB); die Belastung geht auch auf den Ersteher in der Zwangsversteigerung über. 23

Gesamtschulden der WEer sind gemäß § 755 BGB auf Verlangen aus dem Erlös zu befriedigen, es sei denn, dass eine schuldbefreiende Übernahme durch einen Erwerber bereits eingetreten sei (§§ 414 ff. BGB). Auf diese Vorabbefriedigung kann jeder WEer gegen alle auf Zustimmung klagen; aber nicht im Verfahren nach § 43. Haften dagegen die 24

[9] BGH NZM 2004, 709.

WEer im Außenverhältnis gegenüber Dritten nach § 10 Abs. 8 S. 1 Hs. 1, kann die *anteilige* Haftung diesen entgegengesetzt werden.

25 Für Verpflichtungen der WEer untereinander aus Lasten- und Kostentragung, insbesondere auch bei Vorlagen hierauf durch einzelne WEer, gilt § 756 BGB; das Ersatzverlangen ist vorab zu befriedigen, dh vor einer Zuteilung an den belasteten WEer.

§ 18 Entziehung des Wohnungseigentums

(1) [1]**Hat ein Wohnungseigentümer sich einer so schweren Verletzung der ihm gegenüber anderen Wohnungseigentümern obliegenden Verpflichtungen schuldig gemacht, daß diesen die Fortsetzung der Gemeinschaft mit ihm nicht mehr zugemutet werden kann, so können die anderen Wohnungseigentümer von ihm die Veräußerung seines Wohnungseigentums verlangen.** [2]**Die Ausübung des Entziehungsrechts steht der Gemeinschaft der Wohnungseigentümer zu, soweit es sich nicht um eine Gemeinschaft handelt, die nur aus zwei Wohnungseigentümern besteht.**

(2) **Die Voraussetzungen des Absatzes 1 liegen insbesondere vor, wenn**

1. **der Wohnungseigentümer trotz Abmahnung wiederholt gröblich gegen die ihm nach § 14 obliegenden Pflichten verstößt;**
2. **der Wohnungseigentümer sich mit der Erfüllung seiner Verpflichtungen zur Lasten- und Kostentragung (§ 16 Abs. 2) in Höhe eines Betrages, der drei vom Hundert des Einheitswertes seines Wohnungseigentums übersteigt, länger als drei Monate in Verzug befindet; in diesem Fall steht § 30 der Abgabenordnung einer Mitteilung des Einheitswerts an die Gemeinschaft der Wohnungseigentümer oder, soweit die Gemeinschaft nur aus zwei Wohnungseigentümern besteht, an den anderen Wohnungseigentümer nicht entgegen.**

(3) [1]**Über das Verlangen nach Absatz 1 beschließen die Wohnungseigentümer durch Stimmenmehrheit.** [2]**Der Beschluß bedarf einer Mehrheit von mehr als der Hälfte der stimmberechtigten Wohnungseigentümer.** [3]**Die Vorschriften des § 25 Abs. 3, 4 sind in diesem Falle nicht anzuwenden.**

(4) **Der in Absatz 1 bestimmte Anspruch kann durch Vereinbarung der Wohnungseigentümer nicht eingeschränkt oder ausgeschlossen werden.**

Übersicht

Literatur: *Bärmann/Seuß,* Praxis des WEs, Teil A VII; *Drasdo,* Neues vom wohnungseigentumsrechtlichen Entziehungsverfahren, NJW-Spezial, 2007, 433; *Friese,* Versteigerung von WE MDR 1951, 593; *Kahlen,* Entziehung des Wohnungseigentums – gesetzlich möglich, faktisch kaum durchsetzbar, Grundeigentum 1988, 660; *Köhler,* WEG-Reform – Die Entziehung des Wohnungseigentums, MietRB 2007, 156; *Meyer,* Die Entziehung von Wohnungseigentum – (§§ 18, 19, 53 ff.) – Was kann die gesetzliche Regelung leisten, und wie könnte sie verbessert werden? WEZ 87, 17; *Schmidt,* Streitwert der Entziehungsklage, JurBüro 64, 863; *Schmidt, Fr.,* Einheitswert und Entziehung des Wohnungseigentums, ZWE 2002, 113; *Stache,* Die Problematik der §§ 18, 19 WEG, jur. Diss. Münster 1968; *Weimar,* Entziehung des Wohnungseigentums, JurBüro 81, 661.

Bemerkung: Abs. 1 Satz 2 wurde durch Art. 1 Nr. 9 des G v. 26. 3. 2007 (BGBl. I S. 370) angefügt. Abs. 2 Nr. 2 Halbs. 2 wurde angefügt durch Art. 9 des G v. 7. 7. 2009 (BGBl. I S. 1707).

I. Der Normzweck

Die Grundgedanken des Entziehungsrechtes nach §§ 18, 19 gibt am besten die Begründung von 1951 zu §§ 18, 19 wieder: 1

„Da die Gemeinschaft der WEer grundsätzlich unlöslich ist, muss ein Rechtsbehelf geschaffen werden, der es ermöglicht, einen WEer aus der Gemeinschaft zu entfernen, wenn er gegen die aus ihr erwachsenden Pflichten verstößt. Gerade das Fehlen einer solchen Vorschrift hat viel dazu beigetragen, die Hausgemeinschaft im Falle des Stockwerkseigentums alter Art zu einer Quelle unerträglicher Streitigkeiten zu machen."

Das enge Zusammenleben als Eigentümer innerhalb desselben Gebäudes erfordert eine Sozialbeschränkung des Eigentums, um andererseits seine pflichtgebundene Ausübung zu ermöglichen. Daraus kann jedoch nicht gefolgert werden, dass es sich beim WE überhaupt nicht mehr um Eigentum handele, wie dies gelegentlich geschehen ist *(Wesenberg)*. Die mit den §§ 10ff. auferlegten Verpflichtungen bzw. die Einschränkung der Rechte sind nicht solcher Art, dass sie das grundsätzliche Dispositionsrecht des Eigentümers aufheben oder wesentlich beschneiden würden. Die Entziehungsklage hat vielmehr die Vorstellung zur Grundlage, dass es einen wirksamen Behelf gegen Rechtsanmaßungen und Pflichtwidrigkeiten innerhalb einer WEer-Gemeinschaft geben muss. Damit steht die Vorschrift im Einklang mit Art. 14 GG.[1]

Schon der Entwurf 252 (§ 22) sah eine Eigentumsentziehung vor; der Entwurf 4707/50 gab gleichfalls das Recht zum Ausschluss eines WEers wegen grober Pflichtverletzung. Auch dort ist schon gesagt, dass infolge der Unauflöslichkeit des Gemeinschaftsverhältnisses ein durchgreifender Schutz gegen WEer geschaffen würden müsse, die ihre aus dem Gemeinschaftsverhältnis entspringenden Verpflichtungen gröblich verletzten. Der letztgenannte § 19 des Entwurfs 4707/50 gab eine Generalklausel und zwei besondere Tatbestände, während Abs. 3 die technische Durchführung regelte. § 23 des Entwurfes 252 sah eine freiwillige Veräußerung vor und, falls dies nicht geschah, die Verpflichtung zur Anbietung an eine bestimmte dritte Person. Auch Vorschriften für die Zahlung des Kaufpreises waren dort mitaufgenommen. 2

U. U. kommt eine **entsprechende** Anwendung der §§ 18, 19 bereits **vor Entstehung** der WEer-Gemeinschaft in Frage.[2] Da Dritte hierbei weniger tangiert sind als die werdende Gemeinschaft, können die genannten Vorschriften zB nach Abschluss der auf Begründung von WE gerichteten notariellen Verträge angewandt werden, um einen untragbaren Erwerber zu eliminieren. Gleiches kann gelten beim Verkauf einer EW, wenn sich vor Eigentumserwerb entsprechende Nachteile in der Person eines Käufers zeigen.[3] In allen Fällen ist entscheidend die Bindung der Beteiligten nach § 873 Abs. 2 BGB, aber auch schon nach einem in der Form des § 311b nF BGB abgeschlossenen schuldrechtlichen Vertrag und Auflassungsvormerkung. 3

Zum **Verhältnis** zu den **allgemeinen Vorschriften des BGB** hat der BGH[4] Stellung genommen. Nach ihm besteht ein Rücktrittsrecht aus positiver Forderungsverletzung zugunsten des Verkäufers bis zum dinglichen Erwerb des Käufers mittels Auflassung und Eintragung ins GB. Ab diesem Zeitpunkt aber das Recht nach § 18. Während der BGH offenlässt, ob andere Ansprüche aus solchen Kaufverträgen auch noch nach dem dinglichen Erwerb des WEs in Frage kommen,[5] bejaht er ein vertragliches Rücktrittsrecht des Verkäufers nur bis zum Rechtsübergang. Dies erscheint bedenklich, einmal, weil ein materieller Anspruch abhängig wäre von einem Ereignis, auf das der Verkäufer keinen Einfluss hat 4

[1] BVerfG FGPrax 1998, 90.

[2] LG Nürnberg-Fürth ZMR 1985, 347.

[3] Dazu *Hägele,* Zur Anwendbarkeit des WEG auf die werdende Wohnungseigentümergemeinschaft, S. 85ff., 89.

[4] NJW 1972, 1667 = BB 1972, 1031 = WM 1972, 908 = MittBayNot 1972, 224 = DNotZ 1973, 22.

[5] Was sicher zu bejahen ist, Palandt/*Bassenge* § 18 Rn 1; wohl auch BGH WM 1971, 958.

(Eintragung), zum anderen, da der Anspruch aus dem Rücktrittsrecht in diesem Falle ein ganz anderes Ziel verfolgt, nämlich Rückfall des WEs an den Verkäufer. Käme hier ausschließlich § 18 zur Anwendung, wäre der Verkäufer schlechter gestellt, wenn der Erlös bei der Versteigerung unter dem Wert des WEsrechts liegt. Es kann aber nicht der Sinn einer solchen Anspruchskonkurrenz sein, den Verkäufer zu enteignen. Im Übrigen handelt es sich um eine Vertragsverletzung im Verhältnis Verkäufer-Käufer, während es sich im Rahmen des § 18 um eine Verletzung von Gemeinschaftsinteressen handeln muss. Insofern beansprucht § 18 nur dann Ausschließlichkeit, wenn es sich um Störungen des Gemeinschaftsverhältnisses handelt.[6]

5 Das Entziehungsrecht des § 18 erinnert an die nach § 737 mit § 723 Abs. 1, § 626 BGB und §§ 140 ff. HGB gegebenen Möglichkeiten. Dieses Kündigungs- oder Ausschlussrecht enthält einen allgemeinen Rechtsgrundsatz, „der auf Dauerverhältnisse, insbesondere solche, die ein persönliches Zusammenarbeiten und dabei gutes Einvernehmen erfordern, auch die Miete, entsprechend anzuwenden ist".[7] Es geht dabei um eine entsprechende Anwendung auf „langfristige, auf gegenseitiges Vertrauen gegründete Vertragsverhältnisse bei Erschütterung des Vertrauens".[8]

6 Als **wichtigen Grund** für einen solchen Ausschluss betrachtet § 18 „eine so schwere Verletzung der gegenüber anderen WEern obliegenden Verpflichtungen, dass diesen die Fortsetzung der Gemeinschaft mit dem Verletzer nicht mehr zugemutet werden kann.[9] Er gilt **auch ohne Verschulden.**[10] Auch ein **Zerwürfnis** allein genügt.[11] Allerdings ist bei der Terminologie der Entziehungsgründe Vorsicht geboten. „Nachbarrechtliche Störungen und schwere persönliche Misshelligkeiten" weisen eine mangelnde Bestimmtheit auf und sind deshalb nicht eintragungsfähig ins GB.[12] Das Nachschieben von Gründen auch solcher aus der Zeit nach Klageerhebung (oder Beschluss), ist zulässig.[13] Die **Beweislast** hat der Klagende.[14]

7 Die eben genannten Sätze sind nach Maßgabe der §§ 18, 19 auch auf die Entziehung entsprechend anwendbar; die Fälle des wichtigen Grundes nur, soweit sie mit dem Inhalt des § 18 verträglich sind, sowohl mit der Generalklausel (Abs. 1) wie mit den Sonderfällen (Abs. 2).

Im Rahmen der Veräußerungsklage werden die Voraussetzungen nach den Absätzen 1 und 2, also auch die Verletzung der Verpflichtung gegenüber den anderen WEern, überprüft. Das gilt nicht nur für das AG nach § 43 Nr. 1 iVm § 23 Nr. 2 c GVG im Rahmen seiner sachlichen Zuständigkeit, sondern auch für das Berufungsgericht, das LG (zur örtlichen Zuständigkeit s. § 43). Die Revision erfolgt beim BGH (§§ 43, 62 Abs. 2). Auch die Schwere der Verletzung (Grad) unterliegt der Kontrolle durch die Instanzgerichte.[15]

8 **Verwirkung** des Entziehungsrechts durch jahrelange Nichtgeltendmachung (sei es, dass kein Beschluss herbeigeführt, der Beschluss nicht durchgeführt oder das Urteil nach § 19

---

[6] Kritisch auch *Hägele,* Zur Anwendbarkeit des WEG ..., S. 86 ff.

[7] RG 160, 270, 366; BGH BB 1953, 691; NJW 1972, 1128; Palandt/*Thomas* § 626 Rn 1 aE; zur Anwendung auf GmbH z. B. s. *Scholz,* Ausschließung und Austritt aus der GmbH, 1947; *Hueck,* Betrieb 1951, 108; RG 169, 333; die Kommentare zum GmbHG; RGRK/*v. Gamm* § 723 Rn 7, 13.

[8] AG Emmendingen ZMR 1986, 212; entspr. Anwendung von § 61 Abs. 1 GmbHG; s. RG 142, 212; 160, 257 [268 ff.]; Palandt/*Thomas* § 705 Rn 50: Verträge mit längerer Interessenverknüpfung.

[9] Zum Begriff des wichtigen Grundes s. BAG 2, 138; BGH WM 1966, 31; RG 65, 37 f.: richterliches Ermessen; RG 142, 215; *Gerauer* Anm. zu LG Passau Rpfleger 1984, 412.

[10] S. a. Weitnauer/*Lüke* § 18 Rn 5; AG Emmendingen ZMR 1986, 213; LG Tübingen NJW-RR 1995, 650; anders *Diester* § 18 Anm. 5 a; vertragliche Erweiterung ist immer möglich.

[11] BGHZ 80, 346; RG 142, 217; 162, 392; der allein Schuldige oder Verursachende kann nicht kündigen, RG JW 1937, 3157.

[12] OLGR Düsseldorf 2001, 108 = WuM 2000, 366 = ZMR 2000, 549 = NZM 2000, 873 = NJW-RR 2001, 231.

[13] RG JW 38, 1897; Palandt/*Thomas* § 723 Rn 4.

[14] BGHZ 80, 346, Palandt/*Thomas* § 723 Rn 4.

[15] Palandt/*Bassenge,* Rn 5 vor § 43.

nicht vollstreckt wurde) tritt ohne weiteres ein, wenn die Gründe inzwischen weggefallen sind;[16] sonst ist dies zweifelhaft.[17] Längere Nichtausübung für sich allein begründet eine Verwirkung nicht; besondere Umstände, die die späte Geltendmachung als gemeinschaftswidrig und anstößig erscheinen lassen, müssen hinzu kommen; sonst bleibt es bei den Verjährungsregeln (hier 3 Jahre).[18]

Das LG Kassel hat eine Bestimmung der GemO für unwirksam gehalten, in der der 9
Anspruch nach § 18 ausgeschlossen war, wenn seit Kenntnis des Verwalters von dem Entziehungsgrund mehr als sechs Monate, ohne Rücksicht auf die Kenntnis zwei Jahre verstrichen seien.[19] Die Frage kann nur von Fall zu Fall entschieden werden unter Berücksichtigung der angeführten Gesichtspunkte. Im Allgemeinen dürfte eine Befristung, wie sie der letztgenannten Entscheidung zugrunde lag, zu kurz sein.[20] Da Abs. 4 eine Einschränkung bzw. einen Ausschluss des Anspruchs aus Abs. 1 ausdrücklich verwehrt, kommt nur die Anwendung des § 242 BGB im Einzelfall in Frage. So offensichtlich auch *Weitnauer,*[21] der ebenso wie *Diester* zumindest die Eintragung solcher Vereinbarungen in das GB befürwortet.[22]

Für den Fall der „Entziehung" **vor** Eintragung des WEs in das GB s. oben Rn 3. 10

Vorbild zu der Entziehungsklage dürfte auch noch die Regelung in dem württemberg-badischen Gesetz über ME nach Wohneinheiten[23] gewesen sein, das inzwischen wieder aufgehoben wurde.

Persönliche Freistellungs- und Ausgleichsansprüche aus der Verletzung von Gemeinschaftspflichten kann ein WEer (unbeschadet der Vorschrift des § 18) auch ohne vorherigen Gemeinschaftsbeschluss gegen einen anderen WEer geltend machen.[24]

II. Voraussetzungen

1. Generalklausel des Abs. 1 S. 1

Entsprechend den zitierten Bestimmungen (§§ 737 mit 723 Abs. 1, 626 BGB, 140 ff. 11
HGB) muss also ein Umstand eingetreten sein, „der nach Treu und Glauben" die Fortsetzung des bestehenden Zustandes, also der Gemeinschaft mit dem Störer, als unzumutbar erscheinen lässt. Das Gesetz spricht davon, dass der Störer sich **„schuldig gemacht"** habe. Demnach scheint ein Verschulden vorausgesetzt zu werden im Gegensatz zur Auslegung der oben zitierten Bestimmungen; dort nimmt man allgemein an, dass es nur auf die objektiven Verhältnisse ankäme, nicht auf ein Verschulden;[25] ein Grund zur Ausschließung würde also nach den allgemeinen Grundsätzen immer dann vorliegen, wenn den übrigen Gemeinschaftern die Fortsetzung der Gesellschaft mit dem in Frage stehenden Mitglied infolge seines Verhaltens oder seiner Persönlichkeit nicht mehr zuzumuten ist, oder wenn seine weitere Mitgliedschaft den Fortbestand der Gemeinschaft unmöglich macht oder ihn ernstlich gefährdet. § 10 verweist nur auf die Anwendbarkeit der Vorschriften über die

[16] RG JW 36, 2546; RGRK/*Fischer,* § 723 Anm. 23.

[17] Zur Verwirkung s. allg. Palandt/*Ellenberger* Überbl. Rn 16 vor § 194, § 242 Rn 87 ff.; RG 144, 22, mit Vorsicht anzuwenden, RG 159, 107; zuletzt dazu BGHZ 105, 298; NJW 1982, 1999.

[18] Palandt/*Ellenberger,* a. a. O. Einzelheiten und Entwicklung der Rspr. § 242 Rn 55 ff. und RG JW 38, 3295, *Kleine* JZ 51, 9, RG 155, 152 u. a.; vor allem auch RGRK/*Johannsen,* Anm. 8 vor § 194, § 242 Anm. 190 ff.; BGH MDR 1951, 225; NJW 1984, 1684; OGH 1, 181; *Siebert,* Verwirkung und Unzulässigkeit der Rechtsausübung 1934 u. a.

[19] Zit. bei *Diester* Rpfleger 1965, 202 ff.

[20] AA offenbar *Diester* Rspr. S. 130.

[21] Weitnauer/*Lüke* § 18 Rn 11.

[22] AA LG Kassel aaO.

[23] V. 12. 6. 1950 (Regierungsblatt 57).

[24] KG ZMR 1988, 310.

[25] Palandt/*Thomas* § 723 Rn 4; BGH WM 1975, 329.

Gemeinschaft, nicht auf die über die Gesellschaft, so dass §§ 737 mit 723 BGB hier nicht unmittelbar anwendbar sein können. Andererseits jedoch nennt auch § 723 Abs. 1 S. 2 als wichtigen Grund eine vorsätzliche oder grob fahrlässige Verletzung von Gesellschaftsverpflichtungen neben der Unmöglichkeit der Erfüllung solcher Verpflichtungen.

12 Trotzdem sind Literatur und Rechtsprechung dazu gekommen, ein Verschulden nicht als entscheidend anzusehen (s. schon oben Rn 6; Gleiches gilt bezüglich §§ 140, 133 Abs. 2 HGB). Daraus wird mindestens soviel zu folgern sein, dass auf die Schuldfrage bei § 18 kein allein entscheidendes Gewicht zu legen sein wird.[26] Ob „Schuldig-Machen“ schuldhaftes Handeln oder nicht voraussetzt, ist nach Auffassung des BVerfG eine Frage des einfachen Rechts.[27] Deswegen kommt es allein den Fachgerichten (damals der FG) zu, diese Frage zu klären (ebenda). Eine Auslegung des „Schuldig-Machens“ iS eines Schutzes gegen schwerwiegende Störungen unabhängig von der Schuld des Störenden stellt jedenfalls dann keine die Grundrechte (hier Art. 14 GG) verletzende Fehlinterpretation dar, wenn die Schuldunfähigkeit bei der Beurteilung der Schwere der Pflichtverletzung berücksichtigt wird (ebenda). Letztlich haben die WEer einen weiten **Beurteilungsspielraum** darüber, ob die Störung eines WEers so gravierend ist, dass sie diesen durch Prozess zur Veräußerung seines WEs zwingen wollen.[28]

So steht zB der Entziehung im Fall fehlender Behandlungseinsicht eines psychisch Kranken nicht entgegen, dass das Verhalten des Kranken möglicherweise nicht von einem Verschulden iS einer persönlichen Vorwerfbarkeit bzw. Zurechenbarkeit getragen ist.[29] Grundsätzlich sind die Voraussetzungen des Zusammenlebens bei einer Hausgemeinschaft sogar engerer Natur als bei einer oHG; Vermögenswerte sind zudem in beiden Fällen gefährdet. Auch Mitschuld anderer MEer kann von Bedeutung sein.[30]

13 Die §§ 323, 324 BGB aF (jetzt § 326) sollen grundsätzlich anwendbar sein mit einzelnen Abweichungen;[31] dagegen ist das Rücktrittsrecht nach §§ 325, 326 (jetzt § 326 Abs. 5 nF) bei der Gemeinschaft so wenig, wie bei der Gesellschaft nach Entstehung möglich.[32] Wegen der Unauflöslichkeit der Gemeinschaft (§ 11) scheidet nicht nur das Rücktrittsrecht, sonder auch die Geltendmachung von Abschlussmängeln[33] aus.

14 Aus den Gründen, die analog der Auflösung einer Gesellschaft zur Entziehung des WEs führen können, seien genannt:

Nach der besonderen Lage und den gesamten Umständen des Falles darf ein ersprießliches Zusammenarbeiten nicht mehr möglich und die Fortsetzung der Gemeinschaft vernünftigerweise nicht mehr zumutbar sein.[34] Evtl. muss geprüft werden, ob nicht eine gewisse **Frist** bis zur Durchführung der Entziehung gelassen werden muss. § 18 sieht weder unmittelbar die Gewährung einer Räumungsfrist vor noch wäre eine analoge Anwendung mietrechtlicher Vorschriften mit Sinn und Zweck der Entziehungsklage vereinbar.[35] Die Entziehungsklage als intensivste Form des Eingriffs schließt mE nicht aus, im Einzelfalle die Räumung auf einen späteren Termin hin anzuordnen. Es darf lediglich kein Zweifel an der

---

[26] BVerfG NJW 1994, 241 f.; Weitnauer/*Lüke* § 18 Rn 5; vgl. BGH WM 84, 873 zur Aufhebung einer MEergemeinschaft nach § 749 Abs. 2 BGB; wie hier Palandt/*Bassenge* § 18 Rn 2; Niedenführ/*Vandenhouten,* § 18 Rn 14; RGRK/*Augustin* § 18 Rn 10; *Hogenschurz,* NZM 2005, 612.

[27] NJW 1994, 241, 242.

[28] KG WuM 1996, 299 = FGPrax 98, 90.

[29] LG Tübingen NJW-RR 1995, 650 = ZMR 1995, 179.

[30] RG JW 38, 1393.

[31] RGZ 158, 326, StRspr.; RGRK/*v. Gamm* § 705 Rn 9: einschränkend zu § 323 u. RGZ 158, 326.

[32] HM u. st. Rspr. RGRK aaO Anm. 9; RGZ 81, 305; 112, 283; JW 37, 2230, 2970; RGZ 158, 326.

[33] Palandt/*Thomas* § 705 Rn 10 f.

[34] RGZ 65, 38; 105, 376; RG in LZ 16, 40; JW 29, 1360; 36, 2071, Seuff. Arch. 67, 413.

[35] LG Tübingen NJW-RR 1995, 650 = ZMR 1995, 179.

Endgültigkeit der Entscheidung entstehen. Festzuhalten ist, dass der Veräußerungsanspruch als **letztes Mittel,** wenn andere Rechtsbehelfe nicht zum Erfolg geführt haben, erst Anwendung finden kann.[36]

UU kann das Zusammentreffen mehrerer Gründe rechtfertigend sein,[37] auch in der 15
Person mehrerer Gemeinschafter.[38] Das kann besonders bei heftigen nachbarrechtlichen Streitigkeiten von Bedeutung sein, bei welchen das Maß des Verschuldens des einzelnen nicht feststellbar ist. Immer sind zu berücksichtigen Zweckbestimmung, Charakter und Lage des betroffenen Grundstückes. Schon ein Zerwürfnis zwischen einzelnen Gemeinschaftern muss genügen, wenn ein gedeihliches Zusammenleben nicht mehr zu erwarten ist.[39]

Auch Gründe, die erst nach der Einberufung der maßgebenden Eigentümerversamm- 16
lung, aber vor dem Entziehungsurteil (§ 19) eintreten, können noch herangezogen werden.[40] Dagegen kommt es nicht darauf an, ob die Pflichtverletzung im Zeitpunkt der Letzten mündlichen Verhandlung noch fortdauert.[41]

Besonders verwiesen sei auf die Feststellung in RGZ 160, 270 u. 366,[42] dass § 723 17
Abs. 1 Satz 2 (neben § 626) einen allgemeinen Rechtsgrundsatz enthalte, der auf Dauerschuldverhältnisse, insbesondere solche, die ein persönliches Zusammenarbeiten und daher gutes Einvernehmen erfordern, entsprechend anzuwenden sei; wie für die Mieter, wird dies erst recht für das Zusammenleben in einer WEer-Gemeinschaft gelten müssen. Dass die Fassung: „schuldig gemacht" **nicht** in dem Sinne der Voraussetzung eines subjektiven **Verschuldens** in jedem Falle aufzufassen ist, dafür spricht auch Abs. 2 Nr. 2; die Nichterfüllung der Lasten- und Kostentragung **muss** nicht auf Verschulden beruhen.

Die **Verletzung** obliegender Verpflichtungen muss eine **schwere** sein, dh den übrigen 18
Gemeinschaften muss das Verbleiben des Störers in der Gemeinschaft nicht mehr zugemutet werden können.[43] Dies ergibt sich schon daraus, dass ein so bedeutsamer Einschnitt wie das Verfahren nach §§ 18, 19 erst als letztes Mittel in Frage kommt, wenn weniger schwere rechtliche Maßnahmen ausgeschöpft sind, oder nicht in Frage kommen.[44] Es ist auch nicht erforderlich, dass die Pflichtverletzung noch fortdauert.[45]

Abs. 2 Nr. 1 nimmt auf die Pflichten nach § 14 Bezug. Ist ein **Gemeinschafter** zugleich 19
Verwalter, so kann ein unredliches Verhalten in dieser Eigenschaft auch Rückwirkungen auf die Zumutbarkeit seines Verbleibens in der Gemeinschaft haben.[46] Auch **arglistige Täuschung** oder Unredlichkeit beim Abschluss des Verwaltervertrages oder bei der Erwirkung der Zustimmung der WEer zum Erwerb eines WEs kann zur Entziehung berechtigen.[47]

---

[36] LG Aachen ZMR 1993, 233; LG Bonn MittRhNot 1996, 271; BGH NJW 2007, 1353.

[37] RG JW 36, 2071.

[38] RGZ 34, 137.

[39] RG 142, 217; 162, 392.

[40] RG JW 38, 1392, 1897.

[41] LG Nürnberg-Fürth Eigenwohner 64, 34 ff.

[42] St. Rspr.

[43] BGH WM 1966, 31; *Niedenführ/Vandenhouten* § 18 Rn 8, MünchKomm/*Engelhardt* § 18 Rn 2 f.; *Bärmann/Pick* § 18 Rn 3; das LG Passau Rpfleger 1984, 412 m. krit. Anm. *Gerauer* spricht missverständlich von einer „wirklich schweren Verfehlung".

[44] AG München MDR 1961, 604 = ZMR 1961, 304; *Diester* Rspr. S. 128; LG Passau Rpfleger 1984, 412; BVerfG NJW 1994, 242.

[45] LG Nürnberg, Dtsch. Rspr. I (152) Bl. 21.

[46] Hinsichtlich der Geschäftsführung in einer oHG siehe vergleichsweise RG in LZ 14, 1036; ROHG 20, 244 mit 55; KG in DJZ 25, 1180; KG in OLGE 36, 272; 38, 178; OLG Dresden in LZ 18, 1156; aA wohl LG Berlin DWE 1995, 168.

[47] S. OLGE 24, 408.

20 Die WEer haben jede Handlung zu unterlassen, die das Ansehen der Gemeinschaft nach außen herabsetzt oder die im Innenverhältnis den Gemeinschaftsfrieden und das Vertrauensverhältnis stört. Hierunter fallen auch: die **Schmähung** eines Gemeinschafters gegenüber Dritten,[48] **dauernde** grundlose Widersprüche gegen Maßnahmen der Verwaltung und des Verwalters, dauernde Misstrauensbezeugung, **Beleidigung** und **Tätlichkeiten** gegenüber anderen Gemeinschaftern und dem Verwalter. Von Bedeutung ist, dass der Gemeinschaftsfrieden und das Vertrauensverhältnis gestört sind.[49] Auch dauernde Ehrverletzung eines MEers gehört hierher, wie auch Verlust der eigenen Ehre, zB durch Verurteilung, wenn dadurch das Ansehen der gesamten Hausgemeinschaft, der soziale Charakter derselben unter Berücksichtigung der übrigen Bewohner beeinträchtigt wird. Doch sind hieran strenge Anforderungen zu stellen. Eintreten dieser Umstände in der Person eines Familienmitglieds dürfte im Allgemeinen noch nicht genügen.

21 Außer der Analogie zum Gesellschaftsrecht können auch die Vorschriften des Mietrechts, §§ 538 ff. BGB, mit der gebotenen Zurückhaltung entsprechend herangezogen werden, vor allem § 543 Abs. 1, zB erhebliche Belästigung der anderen WEer, auch des Verwalters, Gefährdung der Räume oder des Gebäudes schlechthin, mit anderen Worten, Verletzungen solcher Pflichten, die dem WEer nach § 14 unter allen Umständen obliegen, und der Schranken seiner Rechte, die sich aus § 13 ergeben. Allerdings werden im Allgemeinen die Anforderungen an § 18 höher zu stellen sein als die an das Mietrecht. Immerhin können auch hierher schwere persönliche Angriffe gegenüber WEern, deren Angehörigen, Gehilfen und Gästen zählen.[50]

22 Unter die Generalklausel und nicht unter den Sonderfall des Abs. 2 Nr. 2 (Verzug) fällt der Fall des Verzugs, in dem ein WEer permanent **unpünktlich** die Zahlung von Wohngeld und anderen Beiträgen gegenüber der Gemeinschaft vornimmt und wegen der Verletzung der Ansprüche die ordnungsmäßige Verwaltung nachhaltig beeinträchtigt wird.[51] Auch anderen Spielarten nicht ordnungsmäßiger Zahlung sind denkbar, zB wenn grundlos dauernd Zahlungsvorbehalte oder Erschwerung des Zugriffs auf die geschuldeten Gelder erfolgen. Auch in diesem Fall bedarf es der vorherigen Abmahnung (s. Rn. 36).

23 Die Aufnahme ungeeigneter Personen kann ebenfalls nur in schweren Fällen und bei besonderer Störung zur Entziehung berechtigen.[52] Zur Haftung für Erfüllungsgehilfen s. BayObLG MDR 1970, 586.

24 Das unsittliche Verhalten muss sich als solches nicht immer gegen einen dies duldenden WEer richten. Bei bordellartigen Zuständen gilt dies nicht nur gegenüber dem dies duldenden Eigentümer der betreffenden Wohnung, sondern auch gegenüber der Prostituierten als WEerin selbst. Das Betreiben dieses Gewerbes ist im allg. als Entziehungsfall anzusehen. Allerdings ist auch hier auf die örtlichen und zeitlichen Umstände Rücksicht zu nehmen (s. §§ 13, 14).

25 Nach der Rspr.[53] ist ein Wohnungseigentümer wegen fortgesetzter Duldung unsittlicher Zustände in der von ihm vermieteten EW für die Gemeinschaft als untragbar anzusehen und deshalb zum Verkauf **dieser** Wohnung zu verurteilen. Nicht jedoch wurde dieser Vermieter auch zum Verkauf der von ihm selbst bewohnten EW in demselben Haus verurteilt. Ob dies zutreffend ist, wird von den Umständen des Einzelfalles abhängen.

26 So rechtfertigen ständig andauernde, stechend-beißende Fäkalgerüche aus der Wohnung eines psychisch Kranken die Entziehung jedenfalls dann, wenn eine Änderung dieses

---

[48] RG in Sächs. Arch. 99, 66.

[49] AG Dachau ZMR 2006, 319: Grobe Beleidigungen; *Niedenführ/Vandenhouten* § 18 Rn 9.

[50] So auch *Diester* § 18 Anm. 5 a.

[51] BGH NJW 2007, 1353.

[52] Ähnlich LG Bremen WM 1955, 26; zum Fall des „pöbelnden Lebensgefährten" s. OLG Saarbrücken NJW 2008, 80.

[53] Der Eigenwohner 64, 34 ff.

Zustandes auch auf absehbare Zeit mangels vorhandener Behandlungseinsicht nicht zu erwarten ist.[54]

27 Die Verpflichtungen, die als Voraussetzung für den Entziehungsfall verletzt sein müssen, brauchen nicht auf der Gemeinschaft der WEer selbst zu beruhen. Es kann sich auch um Verpflichtungen handeln, die aus allgemeinen Bestimmungen obliegen, wie sie beispielsweise auch für einen Mieter bestehen. Es ist auch nicht erforderlich, dass die Verletzung gegenüber sämtlichen anderen WEern eintritt; vielmehr genügt auch eine, allerdings erhebliche, Beeinträchtigung einzelner oder auch eines einzigen WEers, zB des Wohnungsnachbarn.

28 **Nicht ausreichend** sind Pflichtverletzungen in der Funktion des Verwalters/Eigentümers,[55] eine noch nicht endgültig vollendete Verletzung der WEerpflichten ohne Wiederholungsgefahr[56] und wiederholte, aber nicht querulatorische Anfechtung der Beschlüsse der WEer.[57]

2. Art der Verletzung

29 Es muss sich um eine schwere Pflichtverletzung handeln, sie muss ein solches Ausmaß angenommen haben, dass sämtlichen oder einigen der übrigen WEer die Fortsetzung der Gemeinschaft mit dem Störer nicht mehr zugemutet werden kann.

30 Ist eine **Personenmehrheit** Eigentümerin eines WEs, so ist mE die Entziehungsklage gegen die Mehrheit zulässig, auch wenn nur **einer** der mehreren Eigentümer (in Gesamthand oder nach Bruchteilen) einen Entziehungsgrund liefert. Analog dem Gesamtschuldverhältnis haben sämtliche Eigentümer eines bestimmten WEs die Verpflichtung, für die Einhaltung der ihnen aus dem Gesetz oder der Vereinbarung obliegenden Pflichten und entsprechende Beschränkung ihrer Rechte Sorge zu tragen. Sämtliche übrige WEer haben einen unteilbaren Anspruch auf dieses Verhalten. Analog § 421 BGB genügt also das Vorliegen eines Entziehungsgrundes in der Person eines der Eigentümer an einem WE, um zur Entziehung zu führen.[58] Der Tatbestand ist insbesondere dann verwirklicht, wenn die übrigen WEer an diesem WE nichts zur Verhinderung oder Abstellung der schädigenden Handlung getan haben. In diesem Falle haben sie unter Umständen die ihnen obliegende Aufsichtspflicht verletzt.[59] Anders dürfte der Fall zu beurteilen sein, wenn einer von mehreren Bruchteilsberechtigten (zB ein Ehegatte) von der Entziehung **betroffen** ist. Hier dürfte eine „Mithaft" anderer Bruchteilsberechtigter ausscheiden.[60]

31 Da nach § 14 Abs. 1 Nr. 2 jeder WEer dafür Sorge zu tragen hat, dass die ihm nach § 14 Abs. 1 Nr. 1 obliegenden Pflichten auch durch Personen eingehalten werden, die seinem Hausstand oder seinem Geschäftsbetrieb angehören oder denen er sonst die Benutzung der im Sonder- oder ME stehenden Grundstücks- oder Gebäudeteile überlässt, haftet der WEer auch grundsätzlich, ggfs. im Rahmen der §§ 278, 831 BGB (Auswahl, Beaufsichtigung und Leitung), für die bezeichneten **dritten** Personen (s. a. oben Rn 23 und § 14). Dabei ist die Schwelle etwa zur Schadensersatzpflicht geringer anzusetzen als bei den Entziehungsgründen.[61]

---

[54] LG Tübingen NJW-RR 1995, 650 = ZMR 1995, 179.

[55] LG Berlin DWE 1995, 168.

[56] LG Augsburg ZMR 2005, 230.

[57] OLG Köln NJW-RR 2004, 877.

[58] AA *Hubernagel* § 18 Anm. 1 b; Palandt/*Bassenge*, § 18 Rn 1: Nur bei gesamthänderischer Berechtigung.

[59] LG Köln ZMR 2002, 227 (hM).

[60] Offen gelassen von BayObLGZ 1999, Nr. 18 (S. 66) = NZM 1999, 578 = NJW-RR 1999, 887: für den Fall von Ehegatten.

[61] OLG Saarbrücken NJW 2008, 80.

32 Zur Entziehung berechtigende Pflichtverletzungen gesetzlicher Vertreter gehen zu Lasten des Vertretenen; bei bevollmächtigten Vertretern ist dies nicht anzunehmen (von Sonderfällen des Einsatzes für die Erfüllung ganz bestimmter vertraglicher Pflichten den anderen WEern gegenüber abgesehen); sie sind also nicht nach § 278 BGB hinsichtlich der Haftung zu behandeln, sondern nach § 831 BGB, dies umso mehr, als es sich bei der Entziehungsklage nicht um ein gewöhnliches schuldrechtliches Mittel der Erfüllungszwingung handelt, sondern um eine Maßnahme, die fast strafrechtlichen Charakter hat.[62]

3. Recht der Gemeinschaft nach Abs. 1 S. 2

33 Satz 2 wurde durch das WEs-Reformgesetz 2007 eingeführt (s. o.). Er stellt eine Erweiterung der Teilrechtsfähigkeit zu Gunsten der Gemeinschaft gegenüber § 10 Abs. 6 dar, der im Grundsatz die Teilrechtsfähigkeit auf die Rechtsgeschäfte und Rechtshandlungen „im Rahmen der gesamten Verwaltung" erfasst. Dabei hätte jedoch zweifelhaft sein können, ob damit auch die Entfernung eines WEers gemeint ist, die in erster Linie eine Personalentscheidung darstellt und das Verhältnis der WEer **untereinander** betrifft.[63] Denn es können auch nichtvermögensrelevante Gründe für das Ausschlussverlangen maßgeblich sein. Insoweit enthält Satz 2 mit der Formulierung, dass die Ausübung des Entziehungsrechts der **Gemeinschaft** der WEer zustehe, eine **Klarstellung.**

34 In der Begründung des RechtsA des BTs wird die Gemeinschaft bewusst in Gegensatz zur „Gesamtheit der Wohnungseigentümer" gestellt,[64] wobei offensichtlich die WEer als Zusammenwirken aller WEer gemeint ist.

Für **Zweiergemeinschaften** wird in Satz 2 Halbsatz 2 von der Ausübungsbefugnis der Gemeinschaft eine Ausnahme gemacht, die wegen des gesetzlichen Kopfprinzips in § 25 Abs. 2 S. 1 als Regelfall notwendig ist, da in diesem Fall sonst keine Mehrheitsbeschlüsse zu Stande kommen.[65] Entsprechend dem geltenden Recht ist in solchen Fällen **jeder** WEer zur Initiierung der Entziehung befugt.[66]

4. Sondertatbestände des Abs. 2

35 **a) Verstöße gegen § 14 (Nr. 1).** Es handelt sich um dabei nicht eine abschließende Spezialregelung, wie der Ausdruck **„insbesondere"** zeigt.[67] Zum Inhalt der Verpflichtung nach § 14 siehe oben bei § 14. Es kommen praktisch alle in den 4 Nrn. des § 14 aufgeführten Verpflichtungen in Betracht, die verletzt werden können und die damit bei einem gewissen Grade der Verletzung, nämlich wiederholt gröblich, zur Entziehung berechtigen. Die Haftung für Dritte, zum Hausstand oder Geschäftsbetrieb gehörende Personen bestimmt sich auch nach § 14 Nr. 2; § 278 kommt nur insoweit in Betracht, als es oben bei § 14 ausgeführt wurde. Eine einmalige Verletzung der Pflichten nach § 14 kann übrigens, ohne § 18 Abs. 2 Nr. 1 zu genügen (weil nicht wiederholt), doch den Generaltatbestand des § 18 Abs. 1 unter Umständen erfüllen und zur Entziehung berechtigen.[68] Allerdings ist dabei die Frage der Zumutbarkeit der Störung streng zu prüfen, während bei wiederholt gröblichen Verstößen gegen § 14 die Zumutbarkeit nicht mehr in Betracht zu ziehen ist. Die Unzumutbarkeit wird hier vielmehr unterstellt.

---

[62] *Hubernagel* aaO.

[63] *Bärmann/Pick,* 18. Aufl., ErgBd., S. 283.

[64] *Bärmann/Pick,* aaO S. 354; vgl. schon die Begr. der BReg., aaO S. 283.

[65] *Bärmann/Pick,* aaO. S. 283.

[66] A. zuletzt aaO.

[67] LG Nürnberg-Fürth ZMR 1985, 347; so auch BayObLG NJW-RR 1992, 787/LS; OLG Hamm DWE 1994, 37, 38.

[68] Palandt/*Bassenge* § 18 Rn 2.

Im Falle der Nr. 1 verlangt das Gesetz ausdrücklich eine **Abmahnung.** In ergänzender Auslegung des Tatbestands ist eine Abmahnung auch in den anderen in § 18 geregelten Fällen zu postulieren, weil die Entziehung als letztes Mittel anzusehen ist, die erst greifen soll, wenn alle weniger einschneidenden Maßnahmen erfolglos waren.[69] Daraus ergibt sich auch, dass die Abmahnung auch **vor** der Beschlussfassung über die Entziehung des WEs vorgenommen sein muss. Diese Formen der Abmahnung sind dagegen nicht selbstständig anfechtbar. 36

Nach der Rspr. müssen im allg. mindestens **drei** grobe, wenn auch nicht notwendig gleichwertige, Verstöße vorliegen. Dabei muss **einer vor** der Abmahnung liegen, die beiden weiteren nach ihr. Bei weniger Verstößen kann die Abmahnung uU durch den ersten Eigentümerbeschluss erfolgen.[70] Der Wiederholung gröblicher Verletzung muss übrigens **eine** Abmahnung vorausgegangen sein.[71] Die Abmahnung erfolgt idR durch Beschluss der WEer. In diesem Fall gelten die allg. Vorschriften über die Beschlussfassung nach § 25. Dieser Beschluss ist anfechtbar. Eine Abmahnung kann aber auch durch den Verwalter und durch mehrere oder jeden einzelnen WEer erfolgen. **Diese** Formen der Abmahnung sind dagegen **nicht** selbstständig anfechtbar. Die wiederholten Verstöße, **nach** der Abmahnung mindestens 2,[72] müssen alle gröblicher Art sein. Nach allg. Grundsätzen (§ 242 BG) kann die Abmahnung ausnahmsweise **unterbleiben,** wenn sie gegenüber den übrigen WEern unzumutbar ist oder wenn sie keinen Erfolg verspricht.[73] **Unzulässig** ist, auf einen WEer dadurch Druck auszuüben, dass ihm, um die **serienhafte Anfechtung** von Beschlüssen zu unterlassen, für den Zuwiderhandlungsfall eine **Abmahnung** mit der **Androhung** der Entziehung des WEs in Aussicht gestellt wird.[74] Ein Entziehungsbeschluss ohne die erforderliche **vorherige** Abmahnung kann in eine Abmahnung **umgedeutet** werden.[75]

b) Zahlungsverzug (Nr. 2). Die ordnungsgemäße Erfüllung der Kosten- und Lastenbeitragspflicht ist Voraussetzung für ein gutes Funktionieren der WEer-Gemeinschaft. Deshalb hat § 18 Abs. 2 Nr. 2 mit Recht eine Verletzung dieser Verpflichtung als Entziehungsfall aufgenommen. Hier gilt als Kriterium allerdings nicht die wiederholte erhebliche oder gröbliche Verletzung (s. dazu aber o. Rn 14 ff.), sondern es wird ein (sehr geringer) Mindestbetrag für die Verletzung dieser Zahlungspflicht herausgestellt, nämlich 3% des Einheitswerts des betreffenden WEs.[76] Außerdem muss der Verzug sich auf länger als 3 Monate erstrecken.[77] Die Verpflichtung zur Lasten- und Kostentragung ist eine Pflicht gegenüber den anderen WEern, also gegenüber der Gemeinschaft; es rechnen hierher nicht Verpflichtungen gegenüber dritten Gläubigern, auch wenn diese aus der Lasten- und Kostentragungspflicht herrühren, zB aus alleiniger Schuldübernahme oder aus direkter Inanspruchnahme durch einen Gläubiger oder daraus, dass ein WEer Maßnahmen nach § 21 Abs. 2 ergriffen hatte, für die er zunächst die Kosten als Veranlassender selbst zu tragen hat, auch wenn er sie nach der angezeigten Vorschrift auf die Gemeinschaft umlegen kann. Es muss sich um Lasten oder Kosten im Sinne des § 16 Abs. 2 gehandelt haben. Das gilt für die Beiträge zur Instandhaltung und Instandsetzung des Gebäudes, für Kapitalzinsen, nicht aber für Tilgungsbeträge auf Hypotheken und Grundschulden, auch wenn diese Gesamtbelastungen sind.[78] 37

---

[69] BGH NJW 2007, 1353.

[70] BayObLG NJW-RR 1996, 12.

[71] So auch Weitnauer/*Lüke* § 18 Rn 7; BGH NJW 2007, 1353; Palandt/*Bassenge,* § 18 Rn 3: die Abmahnung durch den Verwalter oder einen WEer ist nicht selbstständig anfechtbar. Dagegen der Beschluss der WEer.

[72] *Diester* § 18 Anm. 6; Palandt/*Bassenge* § 18 Rn 2.

[73] BGH aaO.

[74] OLG Köln NZM 2004, 260.

[75] BGH NZM 2007, 290.

[76] *Diester* § 18 Anm. 6; Palandt/*Bassenge* § 18 Rn 2.

[77] AG Mühlheim Der WEer 1986, 92.

[78] S. jedoch die Ausführungen oben zu § 16.

38 Verschulden ist bei Nr. 2 nicht vorausgesetzt, es gilt § 276 Abs. 1 S. 1 BGB.[79] Die Vorschrift entfaltet gegenüber WEern allerdings keine Wirkung, deren Eigentum überlastet ist.[80]

39 **Verzugsbetrag** und Verzugsdauer sind außerordentlich entgegenkommend gehalten. Der Verzugsbetrag würde[81] etwa einer Vierteljahresmiete entsprechen. Hinsichtlich der Verzugsdauer ist noch hinzuzufügen, dass während des Erkenntnisverfahrens und noch bis zur Erteilung des Zuschlags (s. § 19 Rn 15) abgewendet werden können, nämlich durch Bezahlung der rückständigen Beträge. Außerdem entscheidet die Mehrheit der WEer immer noch darüber, ob von dem Urteil zum Zwecke der Zwangsvollstreckung Gebrauch gemacht werden soll. Im Allgemeinen kann hier vorsichtige und wertende Abwägung der Gründe erwartet werden. Andererseits kann dem in Verzug befindlichen Schuldner kein Freibrief für seinen Verzug gewährt werden im Interesse der Erhaltung des guten Verhältnisses im Gebäude und in der Gemeinschaft. Es ist zu berücksichtigen, dass die Entziehung von WE in manchen Fällen nicht das richtige Mittel ist, gegen eine Säumnis der Lasten- und Kostentragungspflicht eines WEers vorzugehen. Insbesondere bei hoher Belastung einer Wohnung mit Grundpfandrechten könnte ein Fall von Überschuldung eintreten. Hier könnte es im Interesse der Gemeinschaft günstiger sein, auf das Zurückbehaltungsrecht nach § 273 BGB zurückzugreifen und den säumigen WEr solange von der Versorgung mit Wasser und Wärmeenergie auszuschließen, bis die Rückstände ausgeglichen sind.[82]

40 Nicht unter b) fällt aber ein etwaiger Verzug gegenüber einem Regressanspruch eines in Vorlage getretenen WEers, weil dieser Verzug nicht gegenüber der Gemeinschaft eintritt (dafür § 426 BGB).

41 Der Verzug (nach b) muss im Zeitpunkt der Letzten mündlichen Verhandlung über die Entziehungsklage noch bestehen (zur Abwendung der Folgen des Urteils s. § 19 Abs. 2). Zahlt der Beklagte während des Prozesses, so ist die Klage in der Hauptsache erledigt, Entscheidung nur noch über Kostenantrag.

Für Verbindlichkeiten der WEer untereinander, die in § 16 Abs. 2 wurzeln, haftet der Erwerber auch dann, wenn es sich um Nachforderungen aus Abrechnungen für frühere Jahre handelt, sofern nur der Beschluss durch den die Nachforderungen begründet wurden (§ 28 Abs. 5) erst **nach** dem Eigentumserwerb gefasst worden ist.[83]

Der neu eingefügte **Halbsatz 2** der Nr. 2 beinhaltet eine Klarstellung (sog. Offenbarungszulassung) nach § 30 Abs. 4 Nr. 2 AO.[84] Danach kann die Gemeinschaft bzw. der andere WEer im Falle der Zweiergemeinschaft die Mitteilung des Einheitswertes des betroffenen WEs durch die Finanzbehörde verlangen, um den erforderlichen Verzugsbetrag errechnen zu können.

5. Beschlussfassung (Abs. 3)

42 Der Beschluss der WEer nach § 18 Abs. 3 ist eine besondere **Prozessvoraussetzung** für die Veräußerungsklage.[85]

Abs. 1 sagt zwar, dass die anderen WEer von dem säumigen WEer die Veräußerung seines WEs **verlangen können.** Abs. 3 Satz 1 unterstellt dieses Verlangen jedoch der Mehrheitsentscheidung, die sich nur auf dieses Verlangen, nicht auf das Bestehen des

[79] So auch Palandt/*Bassenge* § 18 Rn 2.

[80] OLG Hamm DWE 1994, 37.

[81] S. Weitnauer/*Lüke* § 18 Rn 8 aE.

[82] OLG Celle NJW-RR 1991, 1118; BayObLG WuM 1992, 207; *Deckert* WE 1991, 209, 210; s. o. § 16 Rn 113.

[83] BGH NJW 1988, 1910.

[84] Art. 9 des G v. 7. 7. 2009 (BGBl. I S. 1707).

[85] BayObLG WuM 1990, 95; BayObLG 1999, 66.

Anspruchs selbst bezieht.[86] Die bloße **Ermächtigung** des Verwalters zur gerichtlichen Geltendmachung reicht nicht aus.[87] Die sachliche Entscheidung hat das Prozessgericht nach § 43 Nr. 1. Nach Satz 2 ist eine Mehrheit von mehr als der Hälfte der stimmberechtigten WEer erforderlich, also **nach Köpfen**[88] **(absolute Mehrheit),** nach Maßgabe der ihnen zustehenden Stimmen. Dabei hat jeder WEer unabhängig von der Größe seines MEsanteils oder der Zahl seiner EWen nur **eine** Stimme.[89] Gegenüber den allgemeinen Grundsätzen des Mehrheitsbeschlusses (§ 25) besteht in Satz 3 einmal die Abweichung, dass die erforderliche Mehrheit **nicht** von mehr als der Hälfte der Miteigentumsanteile nach § 25 Abs. 3 abhängig gemacht werden kann. Zum anderen besteht die Sonderregelung darin, dass auch nach einer ersten beschlussunfähigen Versammlung nicht eine folgende zweite ohne Einhaltung der Beschlussfähigkeitsvorschriften gemäß § 25 Abs. 4 entscheiden kann. Dagegen ist der betroffene WEer nicht berechtigt, mitzustimmen,[90] denn § 25 Abs. 5 bleibt anwendbar, ist durch § 18 Abs. 3 nicht etwa ausgeschlossen. Andererseits ist die Bestimmung einer GemO unzulässig, nach der das Stimmrecht des WEers **nach** der Beschlussfassung gemäß Abs. 3 ruhen soll.[91] Sind nur **zwei** WEer vorhanden, wäre eine Beschlussfassung nur eine Formalität und ist deshalb entbehrlich.[92]

Zur Geltendmachung der Entziehung ist also zunächst ein Beschluss der WEer notwendig; dazu hat die Einberufung der Eigentümerversammlung zu erfolgen, entweder durch den Verwalter aus eigener Initiative, ggfs. den Vorsitzenden des Verwaltungsbeirats, oder gemäß § 24 Abs. 2 auf Verlangen eines Viertels der WEer. Für die Bezeichnung des Beschlussgegenstands genügt in der Ladung die Angabe „Abmeierungsklage".[93] Notwendig für den Beschluss ist eine Mehrheit von mehr als der Hälfte der stimmberechtigten WEer, nicht nur der in der Versammlung Anwesenden oder Vertretenen, maW nicht nur der Erschienen.[94] Die Mehrheit wird berechnet nach den stimmberechtigten WEern, also gemäß § 25 Abs. 2, soweit nichts anderes bestimmt, nach Köpfen. Gemäß § 25 Abs. 2 hat jeder WEer eine Stimme, eine Mehrheit von WEern an einem WE nur eine einheitliche Stimme (§ 25 Abs. 2 S. 2). Dabei wird auf die Höhe des Anteils und auf den Wert des SEs keine Rücksicht genommen (s. § 25). Die wohl hM verlangt eine Abstimmung nach Köpfen auch für den Fall, dass § 25 Abs. 2 S. 1 ansonsten für die **Verwaltung** des GemEs abbedungen ist.[95] Das ist unzweckmäßig; es empfiehlt sich deswegen, auch für den Fall der **Entziehung** in der GemO, die Stimmen entweder nach dem Bruchteilseigentum oder nach der Werttabelle zu berechnen; hier allerdings eher nach dem ersteren, da es sich nicht um eine Frage der Beitragspflicht handelt. 43

Für eine Änderung des Beschlusses gilt Gleiches, auch wenn über Klagerücknahme oder den Verzicht auf Klageerhebung beschlossen werden soll. 44

Dem Beschluss ist insofern keine übermäßig große Bedeutung beizulegen, als über die Maßnahme selbst durch das Gericht zu entscheiden ist, nämlich über die Entziehung. Das Veräußerungsverlangen als solches löst noch keine unmittelbare Wirkung zu Lasten des störenden WEers aus.[96]

[86] S. a. Weitnauer/*Lüke* § 18 Rn 10.
[87] OLG Hamm WE 1990, 97.
[88] KG NJW-RR 1992, 1298; BayObLG NJW-RR 2000, 17 = NZM 1999, 868.
[89] OLG Rostock NZM 2009, 489.
[90] BGHZ 59, 104.
[91] KG ZMR 1986, 127.
[92] So die hM; LG Köln ZMR 2002, 227; Palandt/*Bassenge* § 18 Rn 3; Staudinger/*Kreuzer* § 18 Rn 31; Weitnauer/*Lüke* § 18 Rn 9; LG Aachen ZMR 1993, 233; offengelassen von BayObLGZ 1983, 109 = Rpfleger 1983, 346/LS.
[93] KG NJW-RR 1996, 526 = DWE 1996, 41/LS.
[94] Palandt/*Bassenge* § 18 Rn 3.
[95] BayObLG 1999, 176.
[96] Vgl. KG WuM 1996, 299; zur Frage des Beurteilungsspielraums der WEer s. o. Rn 12.

45 Die Beschlussfassung kann nicht durch die Entscheidungsbefugnis eines oder bestimmter WEer oder des Verwalters oder eines Dritten (Gläubiger oder früherer Eigentümer, Bauträger) ausgeschaltet werden. Das würde Abs. 4 widersprechen (Einschränkung der Mitentscheidungsrechte der anderen). Es kann eine qualifizierte Mehrheit für den Beschluss vereinbart werden, auch als Inhalt des SEs iS des § 10 Abs. 2,[97] auch Allstimmigkeit, Mehrheit der Erschienenen oder der WEer generell oder bzw. die Mehrheit nach MEsanteilen[98] dagegen nicht eine Minderheit.

6. Verwirkung

46 Eine Verzögerung der Geltendmachung des Rechtes auf Entziehung und die Fortsetzung der Gemeinschaft mit dem Störer kann zur **Verwirkung** des Entziehungsrechts führen (s. ausführlich oben Rn 8 f. mit Hinweisen).

7. Anfechtbarkeit des Beschlusses

47 Der Beschluss durch den von einem WEer die Veräußerung seines WEs verlangt wird, ist im Anfechtungsverfahren der §§ 43 Nr. 4, 46 nur auf Mängel zu überprüfen, die das Zustandekommen und den Inhalt des Beschlusses betreffen.[99] Ein Beschluss, durch den von einem störenden WEer die Veräußerung seines Eigentums verlangt wird, ist anfechtbar, wenn er lediglich den Verwalter ermächtigt, den Entziehungsprozess im eigenen Namen zu führen und der Wortlaut des Beschlusses nicht das Veräußerungsverlangen erkennen lässt.[100]

Auch ein Beschluss, den betreffenden WEer iS des Abs. 2 Nr. 1 unter Hinweis auf § 18 **abzumahnen,** ist im Beschlussanfechtungsverfahren nur darauf zu überprüfen, ob formelle Mängel vorliegen, nicht jedoch darauf, ob die Abmahnung materiell gerechtfertigt ist.[101] Dies gilt jedenfalls dann, wenn ein die Entziehung generell rechtfertigender Grund darin genannt wird.[102] Auch ein Beschluss, der einen entsprechenden Antrag **ablehnt,** ist unter den allg. Voraussetzungen des § 21 Abs. 4 anfechtbar.[103]

III. Die Entziehungsklage

48 Der Beschluss der WEer mit Stimmenmehrheit führt noch nicht zur Entziehung selbst. § 737 BGB lässt zwar die Berechtigung des Ausschlusses aus dem Mehrheitsbeschluss folgen (Gleiches beim Ausschluss eines Vereinsmitgliedes); dagegen verlangt § 140 HGB ein Ausschlussurteil.[104] Mehrheitsbeschluss lässt RG, DR 43, 812 auch für Ausschluss eines GmbH-Gesellschafters genügen.[105] Bei Ausschluss eines Vereinsmitgliedes soll dem Gericht nur die Prüfung zustehen, ob grobe Unbilligkeit[106] oder formelle Verstöße vorliegen. Beim Ausschluss nach § 737 hat das Gericht[107] die volle Nachprüfung des wichtigen Grundes vorzunehmen. Im Rahmen des § 18 unterliegt der Mehrheitsbeschluss über die Entziehung der **richterlichen Nachprüfung** gemäß §§ 23 Abs. 4 S. 2, § 43 Nr. 1,

[97] OLG Celle DNotZ 1955, 320 ff.; Weitnauer/*Lüke* § 18 Rn 12; einschränkend hins. Abs. 3 *Diester* § 18 Anm. 11; dazu unten Rn 55.

[98] OLG Hamm NJW-RR 2004, 1380.

[99] BayObLG 1999, Nr. 18 = NZM 1999, 578 = NJW-RR 1999, 887.

[100] OLG Hamm MDR 1990, 343 = OLGZ 1990, 57.

[101] BayObLG MittBayNot 1995, 283/LS = NJW-RR 1996, 12, unter Aufgabe von BayObLGZ 1985, 171/177; Palandt/*Bassenge,* § 18 Rn 5.

[102] BayObLG NJW-RR 1996, 12.

[103] KG FGPrax 1996, 94.

[104] S. BGH WM 1971, 20.

[105] S. BGHZ 9, 157.

[106] RGZ 147, 14; 140, 23.

[107] RG, JW 37, 1548; BGH NJW 1954, 833.

Nr. 4 in formeller Hinsicht durch das Prozessgericht im Rahmen einer Anfechtungsklage.[108] Die Frage, ob das Gericht im Rahmen der Entziehungsklage auch die sachliche Richtigkeit eines entspr. Beschlusses zu überprüfen hat, ist str.[109] Für die Beschränkung auf die formelle Seite spricht die Prozessökonomie, da dies Sache des Prozessgerichts im Anfechtungsverfahren ist.[110] Daraus folgt auch die Möglichkeit, das Entziehungsverfahren bis zur rechtskräftigen Entscheidung über die Anfechtung des Entziehungsbeschlusses auszusetzen.[111] Bei sachlicher oder örtlicher Unzuständigkeit des AG gilt § 281 ZPO. Der Verweisungsbeschluss ist für das neue Gericht grundsätzlich bindend, wenn der Verweisungsbeschluss formell rechtskräftig geworden ist. Eine Ausnahme gilt nur dann, wenn die Verweisung offensichtlich nicht berechtigt, der Beschluss also ohne Rechtsgrundlage in § 281 ZPO ist.[112]

Berechtigt zur Klageerhebung ist seit der WEG-Reform 2007 nur die **Gemeinschaft** 49
(s. o. Rn 33). Unabhängig davon kann die Gemeinschaft einen oder mehrere WEer ermächtigen, für sie den Prozess zu führen. Dasselbe gilt für ein Mandat des Verwalters. Problematisch ist der Fall, wenn die Gemeinschaft nach dem Veräußerungsverlangen gemäß Abs. 1 und 3 nicht tätig wird, um eine Entziehungsklage einzureichen.

Entscheidend dürfte die Anwendung des § 21 Abs. 4 sein. Danach kann jeder WEer 50
eine Verwaltung verlangen, die den Vereinbarungen und Beschlüssen entspricht. Diese Verwaltung kann zunächst von sämtlichen übrigen WEern verlangt werden auch wenn die teilrechtsfähige Gemeinschaft für das Entziehungsverfahren zuständig ist. Die Teilrechtsfähigkeit berührt das Schuldverhältnis **zwischen** den WEern nicht. Grundsätzlich enthält das mit absoluter Mehrheit beschlossene Veräußerungsverlangen gem. § 18 Abs. 1 und Abs. 3 regelmäßig die Ermächtigung zur **Mandatserteilung** für die Entziehungsklage gegen den Störer.[113] Sie geht aber grundsätzlich nicht auf eine selbstständige Anweisung an den Verwalter. Andererseits ist der Verwalter verpflichtet, die gefassten Beschlüsse durchzuführen. Er ist aber wiederum ohne besondere Bevollmächtigung nicht zur gerichtlichen Vertretung befugt. Enthält der Beschluss eine solche Bevollmächtigung nicht, so kann der Verwalter also auch das Klagerecht aus dem Beschluss über die Entziehung nicht durchführen. Jeder WEer hat jedoch einen Anspruch darauf, dass die übrigen WEer an der Durchführung der Beschlüsse mitwirken. Damit kann jeder WEer die Initiative ergreifen, mit Zustimmung der übrigen WEer oder deren mehrheitlichen Einverständnisses, einen Rechtsanwalt mit dem Mandat der Gemeinschaft zu betrauen. Weigern sie sich, so steht ihm das Recht zu, nach § 43 Nr. 1 das Gericht anzurufen, das dann auch in rechtsgestaltender Sachentscheidung anordnen kann, dass durch den Verwalter (indem dieser ermächtigt wird) die Klage auf Entziehung aus dem Entziehungsbeschluss erhoben wird.

In Ausnahmefällen nur könnte jeder einzelne WEer die Klage erheben, wenn sie erforderlich wäre zur Abwendung eines dem gemeinschaftlichen Eigentum unmittelbar drohenden Schadens (§ 21 Abs. 2). Allerdings wird dies doch gelegentlich vorliegen, weil man ohne einen solchen drohenden Schaden wahrscheinlich den Entziehungsbeschluss nicht gefasst haben würde. Der auf Grund des **Entziehungsurteils** sodann gegebene **Antrag auf Versteigerung** des WEes steht ebenfalls der **Gemeinschaft** nach Abs. 1 S. 2

---

[108] Vgl. o. Rn 47; § 43.

[109] Offen gelassen von BayObLGZ 1983, 109 = Rpfleger 1983, 346/LS.

[110] Ebenso BayObLG WuM 1990, 95; BayObLGZ 1999 Nr. 18; KG OLGZ 1967, 462/467; KG NJW-RR 1994, 855; LG Düsseldorf ZMR 1991, 314; Palandt/*Bassenge* § 18 Rn 3; Niedenführ/*Vandenhouten,* § 18 Rn 21; Weitnauer/*Lüke* § 18 Rn 10.

[111] OLG Hamburg WuM 1991, 310; Niedenführ/*Vandenhouten* § 18 Rn 21.

[112] BGH FamRZ 1988, 943; *Reichold* in Thomas/Putzo, § 281 Rn 13; zur früheren Rechtslage vgl. BayObLG NZM 2000, 388 = ZMR 2000, 184 = WuM 2000, 154.

[113] KG NJW-RR 1992, 1298; vgl. auch Staudinger/*Kreuzer,* § 18 Rn 36; Niedenführ/*Vandenhouten* § 18 Rn 24; aA wohl KG ZMR 1988, 310.

zu, der als Vollstreckungsgläubigerin auch die Vollstreckungsklausel zu erteilen ist. Ist das Urteil auf Grund des Antrags des Verwalters (nach der oben genannten Berechtigung) erfolgt, so dürfte auch ihm das Recht auf Antrag auf Versteigerung im Namen der Gemeinschaft zuzusprechen sein.

51 Der Klageantrag geht auf Veräußerung des WEs schlechthin, nicht etwa an eine bestimmte Person. Bei der Veräußerung selbst sind auch etwaige Veräußerungsbeschränkungen nach § 12 zu beachten (im Übrigen siehe § 19).[114] Das Verfahren, in dem der Anspruch auf Entziehung des WEs geltend gemacht wird, ist der Zivilprozess.

52 Die **Aussetzung** des Verfahrens ist im Rahmen der in der ZPO zugelassenen Fälle möglich.[115] Im Übrigen können die Parteien **selbst** das **Ruhen** des Entziehungsverfahrens beschließen, zB um dem betreffenden WEer die Möglichkeit zu geben, sich zu rehabilitieren.[116]

53 Die **Kosten des Verfahrens** auf Entziehung gehen zu Lasten der Gemeinschaft, als Verwaltungskosten (§ 16 Abs. 7). Wie dort schon gesagt, nimmt so der obsiegende beklagte WEer unter Umständen selbst an der Kostentragung teil.[117] Für den Streitwert ist § 49 a GKG maßgebend. Unerheblich für die im Innenverhältnis zu tragenden Kosten kann im Außenverhältnis eine teilschuldnerische Verpflichtung gegenüber dem beauftragten Rechtsanwalt bestehen (§ 10 Abs. 8 S. 1).[118] Dies gilt unabhängig von der Frage, ob eine Entziehungsklage zulässiger- oder unzulässigerweise im Namen des WEer erhoben worden ist.[119]

54 Über die Wirkungen des Urteils im Einzelnen siehe unten § 19, zur Versteigerung siehe das ZVG. An die Stelle des Urteils nach § 19 kann auch ein gerichtlicher oder von einer Gütestelle geschlossener **Vergleich** treten.[120]

IV. Grenzen der Abdingbarkeit (Abs. 4)

55 Grundsätzlich **unabdingbar** ist die Entziehung aus Gründen der Generalklausel gemäß **Abs. 1.** Die Möglichkeit, die Entziehung, dh die Veräußerung des WEs von einem störenden WEer zu verlangen, kann nicht generell ausgeschlossen werden; darüber hinaus kann sie auch nicht eingeschränkt werden, etwa durch Aufzählung von ausschließlichen Gründen in Einengung der Generalklausel des Abs. 1, Festlegung bestimmter Tatsachen als nicht zur Begründung der Entziehung genügend, Erschwerung des Anspruchs.[121] Dagegen ist eine **Modifizierung** der Voraussetzungen nach **Abs. 2** möglich. Da aber Abs. 2 auf Abs. 1 Bezug nimmt („die Voraussetzungen des Abs. 1 liegen insbesondere vor“, ohne dass damit eine erschöpfende Aufzählung gegeben wäre), kann auch nicht etwa durch Einschränkung der Nr. 1 (Pflichten aus § 14) von vornherein Entziehungsmöglichkeiten genommen werden; Gleiches gilt grundsätzlich auch von der Nr. 2 (Verzug in der Lasten- und Kostentragung).[122] Da aber § 14 dispositiver Natur ist, können an die Stelle der nach § 14 obliegenden Pflichten andere, in der Vereinbarung festgelegte, Pflichten treten. Aus der Sicht der übrigen WEer **erleichternde,** also **erweiternde** Vereinbarungen sind unbenommen und können immer vereinbart werden.[123] So zB auch in der Weise, dass Verzugs-

[114] Niedenführ/*Vandenhouten* aaO Rn 8.
[115] *Hüßtege* in Thomas/Putzo Vorb. 8 vor § 239.
[116] *Hüßtege* aaO § 251 Rn 1 ff.; BayObLGZ 1975, 57.
[117] OLG Stuttgart NJW-RR 1986, 379.
[118] Überholt insoweit OLG Karlsruhe, Die Justiz, 83, 416.
[119] OLG Karlsruhe aaO.
[120] § 19 Abs. 3; s. § 19 Rn 26.
[121] LG Bonn MittRhNot 1996, 271.
[122] Palandt/*Bassenge* § 18 Rn 5; aA RGRK/*Augustin* § 18 Rn 26.
[123] OLGR Düsseldorf 2001, 108 = ZfIR 2000, 558 = WuM 2000, 366 = ZMR 2000, 549 = MittRhNotK 2000, 342 = NJW-RR 2001, 231.

rückstände geringerer Art, zB schon 2% des Einheitswertes oder eine bestimmte mindere Summe, für die Entziehung genügen. Dies gilt zB auch für das Absehen von bestimmten tatsächlichen Voraussetzungen oder Nichtberücksichtigung des Verschuldens.[124] Eine **Einschränkung** der Entziehungsgründe auf die Beeinträchtigung eines engeren Kreises der WEer (zB der engeren Nachbarn des jeweiligen WEers) erscheint nach § 18 Abs. 2 Nr. 1 nicht zulässig.

Die Unabdingbarkeit erstreckt sich aber wegen der Bezugnahme auf Abs. 1 grundsätzlich auch auf den Inhalt des **Abs. 3.**[125] Dem steht nicht entgegen, dass für die Beschlussfassung eine qualifizierte Mehrheit von bsw. 3/4 oder 2/3 vereinbart wird;[126] es handelt sich dabei nämlich nicht um eine Einschränkung des in Abs. 1 geregelten Anspruches, sondern lediglich um eine Erhöhung der Anforderungen an einen entsprechenden Beschluss.[127] 56

Als **Einschränkung** des Anspruchs nach Abs. 1 – und damit als unzulässige Bestimmung – ist eine Vereinbarung anzusehen, die einen Ausschluss nach bestimmtem Zeitablauf oder Ereignis (zB Kenntnis des Entziehungsgrunds) enthält.[128] Dies steht einer **Verwirkung** des Anspruchs durch Zeitablauf (§ 242 BGB) nicht entgegen; das beurteilt sich jedoch nur aus den Umständen des Einzelfalls (s. oben § 18 Rn 8). 57

Vereinbarungen dahingehend, dass bei festgestellter Entziehung (wozu ein Urteil nach § 19 notwendig ist, wenn keine freiwillige Einigung erfolgt) die übrigen WEer in einer gewissen Reihenfolge oder nur einzelne von ihnen ein Ankaufsrecht haben, sind zulässig. Im Übrigen erfassen Veräußerungsbeschränkungen nach § 12 **auch** den Entziehungsfall. Hierbei geht es ebenfalls nicht um eine (unzulässige) Einschränkung des Verlangens auf Entziehung selbst. Dagegen kommen Vorkaufs- und Ankaufsrechte nicht in Betracht (s. § 19 Rn 1). 58

V. Sittenwidrige Vereitelung

Eine solche kann dann vorliegen, wenn der betreffende WEer in der Erwartung der Entziehungsmaßnahme gegen ihn übermäßige, vielleicht auch fiktive Belastungen seines WEs vornimmt. Eine einstweilige Verfügung nach §§ 835 ff. ZPO wäre nur bei Nachweis der Gefährdung des Entziehungsanspruches möglich, wobei die §§ 932 Abs. 3, 929 Abs. 3 ZPO entsprechend anzuwenden sind mit dem Ziel, dem WEer die weitere Belastung seines WEs zu sperren durch Eintragung einer Verfügungsbeschränkung iSd §§ 136, 892 I 2 BGB.[129] Es handelt sich um Rechte und Pflichten, die sich aus der Gemeinschaft ergeben, da der einzelne WEer auch nichts tun darf, was die Durchführung des Gesetzes oder der Vereinbarungen, also hier des Entziehungsanspruches, sittenwidrig vereiteln würde (s. a. § 19 Rn 14).[130] 59

Eine Vorbeugung gegen späteren Rückerwerb des entzogenen WEs durch den alten WEer sieht das Gesetz jedoch nicht vor (anders Saarland; s. unten § 19 Rn 9). 60

---

[124] Palandt/*Bassenge* § 18 Rn 8.

[125] Weitnauer/*Lüke* § 18 Rn 12.

[126] So OLG Celle DNotZ 1955, 232; Weitnauer/*Lüke* § 18 Rn 12; *Diester* Rspr. Nr. 49 Anmerkung zum OLG Celle aaO; Palandt/*Bassenge* § 18 Rn 5; aM aber *Diester* Anm. 11 zu § 18 u. *Karstädt* BlGBW 1964, 99.

[127] Vgl. RGRK/*Augustin* § 18 Rn 27; Palandt/*Bassenge* § 18 Rn 5; offen gelassen von OLG Rostock NZM 2009, 489; s. a. BayObLG NZM 1999, 868 = NJW-RR 2000, 17.

[128] Richtig LG Kassel – Beschl. v. 20. 6. 1963 – 6 T 220/63 – zit. bei *Diester* Rspr. S. 120 gegen *Diester* aaO u. Weitnauer/*Lüke* § 18 Rn 11.

[129] RGZ 151, 156; *Reichold* in Thomas/Putzo § 936 Rn 10; s. a. KG OLGZ 1979, 146 = ZMR 1979, 218 = BlGBW 1980, 75 = Rpfleger 1979, 198; s. a. § 19 Rn 19.

[130] Nach h. M. besteht zwischen den WEern ein gesetzliches Schuldverhältnis (OLG Saarbrücken NJW 2008, 80).

§ 19 Wirkung des Urteils

(1) [1]**Das Urteil, durch das ein Wohnungseigentümer zur Veräußerung seines Wohnungseigentums verurteilt wird, berechtigt jeden Miteigentümer zur Zwangsvollstreckung entsprechend den Vorschriften des Ersten Abschnitts des Gesetzes über die Zwangsversteigerung und die Zwangsverwaltung.** [2]**Die Ausübung dieses Rechts steht der Gemeinschaft der Wohnungseigentümer zu, soweit es sich nicht um eine Gemeinschaft handelt, die nur aus zwei Wohnungseigentümern besteht.**

(2) **Der Wohnungseigentümer kann im Falle des § 18 Abs. 2 Nr. 2 bis zur Erteilung des Zuschlags die in Absatz 1 bezeichnete Wirkung des Urteils dadurch abwenden, daß er die Verpflichtungen, wegen deren Nichterfüllung er verurteilt ist, einschließlich der Verpflichtung zum Ersatz der durch den Rechtsstreit und das Versteigerungsverfahren entstandenen Kosten sowie die fälligen weiteren Verpflichtungen zur Lasten- und Kostentragung erfüllt.**

(3) **Ein gerichtlicher oder vor einer Gütestelle geschlossener Vergleich, durch den sich der Wohnungseigentümer zur Veräußerung seines Wohnungseigentums verpflichtet, steht dem in Absatz 1 bezeichneten Urteil gleich.**

Übersicht

Literatur: S. a. unter § 18.

Allgemein: *Stöber,* ZVG, 19. Aufl. 2009; *Thomas/Putzo* Bearbeiter, 30. Aufl. 2009.

Speziell: *Abramenko,* Die Entfernung des zahlungsunfähigen oder unzumutbaren Miteigentümers aus der Gemeinschaft. Neue Möglichkeiten durch die Teilrechtsfähigkeit des Verbandes, ZMR, 2006, 338; *Hintzen/Alff,* Änderungen des ZVG aufgrund des Zweiten ZuModG, Rpfleger 2007, 233; *Müller,* Zwangsversteigerung von Wohnungseigentum, ZWE 2006, 378; *Sauren,* Die WEG-Novelle 2007, DStR 2007, 1307; *Weis,* Änderungen in ZVG und WEG und die Auswirkungen auf die Zwangsversteigerungs- und Zwangsverwaltungspraxis, ZfIR 2007, 477.

Bemerkung: Abs. 1 Sätze 1 und 2 wurden geändert, Satz 3 ist aufgehoben durch das WEG-ÄndG v. 26. 3. 2007 (BGBl. I S. 370).

I. Der Normzweck

1 Während bei der Gesamthand (Gesellschaft nach BGB, OHG, KG) im Falle des Ausschlusses eines Gesellschafters, dessen Anteil am Gesellschaftsvermögen den übrigen Gesellschaftern kraft Gesetzes anwächst (§ 738 BGB, 105 Abs. 2, 161 Abs. 2 HGB), muss für den WEer, der der Entziehung unterliegt, ein anderer WEer gefunden werden. Der Weg eines gesetzlichen Vor- oder Ankaufsrechts (s. § 12 und § 1) für die übrigen WEer ist nicht gewählt, wäre auch bei einem solchen Verbande unzweckmäßig, Es handelt sich daher darum, die technische Durchführung einer nach § 18 beschlossenen Maßnahme möglichst

schnell und reibungslos vor sich gehen zu lassen. Die Kosten eines Verfahrens gemäß § 18 gehören zu den gemeinschaftlichen Kosten der Verwaltung (vgl. § 16 Abs. 7). Die Wirkung des Urteils ergibt sich aus § 19. Das Verfahren der freiwilligen Versteigerung war in den §§ 53 ff. näher geregelt. Sie wurden durch das WEG-ÄndG aufgehoben. Das Urteil wird jetzt im Wege der Zwangsversteigerung nach den Vorschriften des ZVG vollstreckt.

1. Bedeutung des Urteils (Abs. 1 S. 1)

a) Wirkung (S. 1). Statt des früheren aufgehobenen Verfahrens der freiwilligen Ver- 2
steigerung nach den §§ 53 ff. aF gelten nunmehr die Vorschriften über die Zwangsversteigerung nach den §§ 1 bis 145 a ZVG. Im ersten Teil des **Satzes 1** wird festgehalten, dass das Urteil „jeden Miteigentümer zur Zwangsvollstreckung" berechtigt. Dies bedeutet, dass jeder WEer die Zwangsversteigerung aus dem Urteil vornehmen kann. Er kann also auch gegen den Willen der Gemeinschaft das Verfahren der Zwangsversteigerung in Gang setzen[1] mit dem Ziel der zwangsweisen Veräußerung des WEs.

b) Ausübungsbefugnis (S. 2). Der neue **Satz 2** dient allerdings der Klarstellung, dass 3
die Zwangsvollstreckung von der **Gemeinschaft** ausgeübt wird und weder von der Gesamtheit der WEer noch von einem Einzelnen.[2] Das bedeutet, dass Gläubigerin der Vollstreckung die Gemeinschaft ist. Auch wenn ein WEer auf Grund des Veräußerungsurteils tätig wird, wird das Verfahren der Gemeinschaft zugerechnet. Nur so lässt sich der angebliche Widerspruch zu Satz 2 auflösen.[3] Zwar schweigt hierzu die Begründung des Gesetzes,[4] doch ist auch der Satz 1 ganz bewusst geändert worden; nach mM deshalb, um dem einzelnen WEer, insbesondere auch dem, der besonders von dem gemeinschaftswidrigen Verhalten des beklagten WEers betroffen ist, nicht von der Entscheidung der Gemeinschaft abhängig zu machen, von dem **erstrittenen** Urteil keinen Gebrauch machen zu wollen. Dies ginge nur im Konsens aller. Nach Hs. 2 steht bei einer Zweiergemeinschaft wie in der Parallelregelung des § 18 Abs. 1 S. 2 das Recht zur Zwangsvollstreckung jedem einzelnen WEer zu.[5]

Das Urteil muss mindestens vorläufig vollstreckbar sein gemäß § 704 Abs. 1 ZPO. Die 4
Vollstreckungsklausel hat die Gemeinschaft als dazu Berechtigte nach §§ 724, 725 ZPO zu bezeichnen, da sie auch Ausübungsbefugte und Klägerin nach Satz 2 ist. Die Zwangsvollstreckung findet zugunsten der Gemeinschaft statt (§ 750 Abs. 1 S. 2 ZPO).

Die Vollstreckung des Urteils richtet sich nach § 10 Abs. 1 Nr. 5 ZVG, was den Rang betrifft. Die gegenteilige Meinung[6] berücksichtigt nicht, dass der Gesetzgeber in der Begründung nachdrücklich festhält, dass Abs. 1 Satz 1 „ausdrücklich eine entsprechende Anwendung des ZVG" vorsieht.[7] Dagegen ist das Vorrecht für Hausgeldansprüche in der Rangklasse 2 geltend zu machen. Dabei müssen die WEer (Gemeinschaft) den entspr. Zahlungsanspruch durch Anmeldung im laufenden Zwangsversteigerungsverfahren bzw. in einem eigenständigen Verfahren geltend machen.

2. Zuschlagswirkung

Entsprechend § 20 ZVG (analoge Anwendung) hat der Beschluss, mit dem die Zwangs- 5
versteigerung angeordnet wird, die Wirkung einer Beschlagnahme des WEs. Die Beschlagnahme enthält gemäß § 23 Abs. 1 S. 1 ZVG analog ein Veräußerungsverbot. Mit dem

[1] Formulierung des G. bei *Bärmann/Pick,* 18. Aufl., Erg Bd., S. 314 (durch den RechtsA des BTs).

[2] *Bärman/Pick* aaO S. 354.

[3] Wie hier *Köhler,* Das neue WEG, Rn 293; *Drasdo* NJW-Special 2007, 434: WEer kann Vollstreckung verlangen; aA Jennißen/*Heinemann* § 19 Rn 30; *Abramenko,* Das neue WEG, § 6 Rn 22.

[4] *Bärmann/Pick* aaO S. 354.

[5] *Bärmann/Pick* aaO S. 355 (RechtsA des BTs).

[6] *Bärmann/Pick* aaO S. 167 f.; aM Jennißen/*Heinemann* § 19 Rn 29.

[7] *Bärmann/Pick* aaO S. 167/8.

Zuschlag in der Zwangsversteigerung geht das Eigentum kraft Gesetzes (§ 90 ZVG) auf den Ersteher über. Seine Eintragung im GB dient lediglich zu dessen Berichtigung. Insofern hat sich die Rechtslage gegenüber der freiwilligen Versteigerung nach den §§ 53 bis 58 WEG a. F. grundlegend geändert (vgl. die 8. Aufl.); damit sind künftig die im ehemaligen Verfahren möglichen Manipulationen ausgeschlossen.

Mit der Anwendung der §§ 1 ff. ZVG analog findet auch die Vollstreckung auf Räumung und Herausgabe auf Grund des Zuschlagsbeschlusses entspr. § 93 Abs. 1 S. 1 ZVG zu Gunsten des Erstehers statt.

Umstritten ist, ob die Gemeinschaft das WE in der Zwangsversteigerung selbst erwerben kann.[8] Man wird hierbei unterscheiden müssen, ob der Erwerb durch die Gemeinschaft eine sinnvolle Verwaltungsmaßnahme darstellt. Dies dürfte nur dann der Fall sein, wenn anderenfalls ein Schaden drohen würde, der über den bereits eingetretenen hinausginge und durch keine weniger weitreichende Verwaltungsmaßnahmen vermieden werden kann. Dafür spricht die insoweit gestärkte Position der Gemeinschaft in rechtlicher und verfahrensmäßiger Hinsicht.

3. Ausscheiden aus der Gemeinschaft

6 Mit dem Zuschlag ist nicht nur der gesetzliche Eigentumsübergang auf den Ersteher, sondern auch die Entfernung des beklagten WEers aus der Gemeinschaft verbunden. Er verliert seine Rechte aus der Mitgliedschaft, insbesondere kann er auch das **Stimmrecht** nicht mehr wahrnehmen, dessen er allerdings bereits mit der Rechtskraft des Urteils nach §§ 18 Abs. 1, 19 verlustig gegangen war.

4. Sonstige Befugnisse

7 Stellt der Ersteher, sei es auch auf Grund böswilligen Zusammenwirkens mit dem schuldigen WEer, keinen Antrag auf Vollzug im GB, ist jedoch zu fragen, ob nicht die Ausübungsberechtigten nach S. 2 ein Recht auf Antrag zur Berichtigung des GBs haben. § 18 gibt den anderen WEern das Recht, vom betroffenen WEer die „Veräußerung seines WEs zu verlangen". Mit dem Zuschlag im Zwangsversteigerungsverfahren ist der Eigentumsübergang allerdings auf den Ersteher vollzogen. Deswegen besteht weder ein entspr. Anspruch noch ist ein Rechtsschutzbedürfnis gegeben. Durch Nichtzahlung der Grunderwerbsteuer kann der Ersteigerer die Berichtigung jedoch aufhalten. Vor allem aber schließt das Recht, die Veräußerung zu verlangen, auch das Recht ein, die Besitzaufgabe zu verlangen, falls dieser Besitz die Ursache der Störung war.[9] *Stacke* übersieht, dass § 18 eine endgültige Trennung herbeiführen will. Dem würde unter der hier vertretenen Einschränkung – Besitz = Ursache der Störung – nicht entsprochen werden können, wenn der Grund des Anstoßes erhalten bliebe.[10]

8 Das Urteil gemäß § 19 enthält nämlich gleichzeitig zugunsten des Erstehers (also eines gar nicht am Prozess Beteiligten!) den Titel für die Vollstreckung der Räumung und Herausgabe.[11] Die schuldrechtlichen Verpflichtungen des Erstehers, insbesondere zur Lastenantragung, sind als mit Erteilung des Zuschlags zu der Versteigerung übergangen zu sehen. Dies ist von der Eintragung als WEer nicht abhängig; in das Gemeinschaftsverhältnis ist der Ersteher schon vor Eintragung eingetreten,[12] denn er gehört der Gemeinschaft mit

[8] S. *Heinemann* in Jennißen, WEG, § 19 Rn 43; *Schneider* ZMR 2006, 813; *Vandenhouten* in Niedenführ, WEG, § 19 Rn 9 (unentschieden); bejahend auch *Armbrüster* GE 2007, 420; verneinend LG Nürnberg-Fürth ZMR 2006, 812, allerdings zur früheren Rechtslage.

[9] AA *Stacke* aaO S. 98.

[10] Wie hier *Westermann* § 68 I 3 c.

[11] Palandt/*Bassenge* § 19 Rn 1.

[12] AA *Stacke* aaO S. 96 und Weitnauer/*Lüke* § 19 Rn 7 zur ehemaligen Rechtslage.

allen Rechten und Pflichten bereits an. Den anderen WEern stehen auch alle sonstigen Rechte gegen den Ersteher zu, zB wegen Nichterfüllung von Zahlungsverpflichtungen.

Wenn der betroffene WEer **selbst** verkauft (ohne es zur Versteigerung kommen zu lassen) und dann zu sabotieren versucht, ist der Gegenstand des Verfahrens (noch) nicht erreicht und somit ohne Einfluss auf das Veräußerungsverfahren. Dies gilt auch nach der Auflassung. Erst mit dem Rechtsübergang auf einen Anderen ist das Ziel der Veräußerung erreicht. **9**

Gegenüber einem zweifelhaften Erwerber oder bei Manipulationsverdacht bleibt nur ggfs. die Verweigerung der Zustimmung nach § 12, sofern sie vereinbart ist. **10**

5. Zuständigkeit

Örtlich und sachlich zuständig für das Entziehungsverfahren ist das AG als Prozessgericht nach § 43 Nr. 1 in erster Instanz. Diese Zuständigkeiten sind ausschließlich. Berufungsgericht ist das für den Sitz des OLG zuständige LG. **11**

6. Wirkung gegenüber Dritten

Die Vollstreckung hat nicht nur Wirkung gegen den verurteilten WEer (s. o. Rn 5), sondern kann sich auch auf Dritte erstrecken. Der Ersteher hat auf Grund des Zuschlags (beschlusses) auch die Möglichkeit, gegen Besitzer der Wohnung Räumung und Herausgabe durchzusetzen. Während dies bei unberechtigtem Besitz unproblematisch ist, haben berechtigte Besitzer etwa auf Grund eines Miet- oder Nießbrauchverhältnisses bzw. Wohnrechts im Falle der Benachteiligung die Befugnis nach § 771 ZPO, wenn trotz der Vorschrift des § 93 Abs. 1 S. 2 ZVG die Vollstreckung erfolgt (§ 93 Abs. 1 S. 3 ZVG). **12**

Im Falle eines **Miet-** bzw. Pachtverhältnisses gelten über die Verweisung in Abs. 1 S. 1 die Vorschriften der §§ 57 ff. ZVK entsprechend. Dem Schutz des Mieters dient die Vorschrift des § 566 Abs. 1 BGB. Danach tritt der Ersteher (Erwerber) in die Rechtsstellung des Vermieters (WEers) ein. Allerdings hat der Ersteher u. U. ein Sonderkündigungsrecht nach § 57 a ZVG, das jedoch Einschränkungen unterliegt (s. §§ 57 c ZVG, 573, 574 BGB).[13]

7. Keine vormundschaftsgerichtliche/verwaltungsrechtliche Genehmigung

Das es sich nicht mehr (seit dem WEG-ÄndG 2007) um eine Veräußerung auf Grund Vertrages handelt, die den Charakter eines Kaufvertrages hat, sind alle sonstigen etwaigen **Genehmigungs**vorschriften nicht mehr gegeben,[14] wie die des Vormundschaftsgerichts nach §§ 1821, 1643 BGB, der Verwaltungsbehörden nach BauGB, GrdstVerkG und dergleichen. **13**

8. Vorbeugung gegen Vereitelung

Wie oben bei § 18 Rn 54 f. schon gesagt wurde, kann die Gefahr der Vereitelung der Durchführung des Entziehungsurteils durch übermäßige Belastung entstehen. Ist ein Urteil im Sinne des § 19 erwirkt, so kann der Vereitelung dadurch vorgebeugt werden, dass nach § 895 ZPO eine **Vormerkung** an dem betreffenden WE eingetragen wird.[15] Sie gilt als zur Sicherung des Anspruchs der Kläger auf Übereignung an künftige Ersteher bewilligt.[16] Diese Vormerkung hat nicht den Charakter eines absoluten Veräußerungsverbots oder einer absoluten Verfügungsbeschränkung; sie hat nur relative Wirkung gegenüber einem **14**

[13] BGHZ 84, 90.

[14] *Stöber,* ZVG, § 15 Rn 24.

[15] So auch Staudinger/*Ring* § 19 Rn 9 und Palandt/*Bassenge* § 19 Rn 2; KG OLGZ 1979, 146 = ZMR 1979, 218 = BlGBW 1980, 75 = Rpfleger 1979, 198.

[16] KG aaO.

etwaigen Erwerber, der sich dann auch die Durchführung des Entziehungsurteils gefallen und diese gegen sich gelten lassen muss. Sie wird gegenstandslos mit der Eintragung des Versteigerungsvermerks an dem betr. WE.[17] Betreibt hingegen der **Ersteher** nicht die Vollstreckung gegenüber dem verurteilten WEer, indem er diesem gegenüber nicht die **Räumung** und Herausgabe der Wohnung durchsetzt, bleibt nur, das Entziehungsverfahren gegen den Ersteher (neu) einzuleiten.

II. Abwendung (Abs. 2)

15 Sie ist in erster Linie dadurch möglich, dass der Betroffene bis zum Zuschlag die Rückstände, derentwegen die Entziehung beantragt wurde, aber auch etwa weiter fällig gewordene Leistungen, Prozess- und angefallene Versteigerungskosten bezahlt. Bei Vorliegen der hierzu erforderlichen Voraussetzungen kann er hinterlegen und durch Verzicht auf Rücknahme die Erfüllungswirkung herbeiführen.[18] Damit ist die Wirkung des Urteils endgültig beseitigt. Treten neue Gründe für Entziehung ein, zB durch neuerliche Rückstände, so ist ein neues Urteil zu erwirken. Allerdings kann ein Urteil, das nicht nur aus Gründen des Zahlungsverzugs ergangen ist, sondern auch noch aus anderen Gründen, durch die nachträgliche Zahlung nicht abgewendet werden.

16 Im Übrigen richten sich die Rechtsbehelfe nach dem Zeitpunkt der Erfüllung der in Abs. 2 genannten Rückstände, die allerdings **vollständig** gemäß dem Titel zu zahlen sind. Hat der WEer bereits vor Klageerhebung geleistet, ist die Klage als **unbegründet** abzuweisen. Zahlt er während des laufenden Verfahrens, **vor** der Letzten mündlichen Verhandlung, gilt das Gleiche. Bei Zahlung **nach Rechtshängigkeit** liegt eine Erledigung der Hauptsache vor. Im Versteigerungsverfahren hat der WEer, falls über die Erfüllung der Rückstände und Kosten nach Abs. 2 Streit entsteht, bis zum Zuschlag die Vollstreckungsgegenklage nach § 767 ZPO zu erheben. Unter den Voraussetzungen des § 769 ZPO kann eine einstweilige Anordnung des Prozessgerichts erwirkt werden.[19] Gleiches gilt beim Nachweis der Erfüllung oder Stundung durch öffentliche Urkunde, Privaturkunde der Antragsteller oder Postschein nach §§ 775 Ziff. 4 und 5, 776 ZPO. Der säumige WEer wendet sich damit gegen den Inhalt des Urteils, weshalb ihm diese Mittel zustehen.

17 Endlich wird man auch die Anwendung des § 771 ZPO mit der Widerspruchsklage bejahen können,[20] und zwar für den, dem ein Recht an dem WE (analog dem Berechtigten am Anteil des Bruchteilseigentümers) zusteht, oder wenn er ein die Veräußerung hinderndes Recht an dem WE hat.

18 Durch Zahlung kann die Vollstreckung nur dann abgewendet werden, wenn einmal die Entziehung wegen Zahlungsverzugs ausgesprochen wurde, andererseits, wenn der **vollständige** rückständige und fällige Betrag samt Kosten bezahlt wird.

III. Verwirkung wegen unzulässiger Rechtsausübung

19 Gemäß § 765 a ZPO kann das Vollstreckungsgericht eine Maßnahme der Zwangsvollstreckung ganz oder teilweise aufheben, untersagen oder einstweilen einstellen aus sozialen Gründen in besonderen Härtefällen, falls die Eingriffe sittenwidrig wären (Abs. 1).[21] Diese Vorschrift hat allerdings Ausnahmecharakter.[22] Sie gilt auch für Maßnahmen eines Vollstreckungsorgans nach dem ZVG.[23]

---

[17] Vgl. KG Rpfleger 1979, 198; Niedenführ/Kümmel/Vandenhouten/*Vandenhouten* § 19 Rn 5.

[18] S. a. *Hubernagel* § 19 Anm. 5.

[19] S. a. *Hubernagel* § 30 Anm. 5 c.

[20] *Hüßtege* in Thomas/Putzo § 769 Rn 3; KG FGPrax 2004, 91.

[21] BGHZ 44, 138.

[22] BVerfG NJW 1979, 2607; FamRZ 2005, 1972.

[23] BGHZ 44, 138.

IV. Vergleich (Abs. 3)

Nach **Abs. 3** ersetzen gerichtliche oder Gütestellenvergleiche das Urteil; in diesen Fällen ist jedoch darauf zu achten, dass die Auflassungserklärungen und gegebenenfalls eine entsprechende Auflassungsvollmacht mit aufgenommen werden. Im Übrigen steht ein solcher Vergleich dem gerichtlichen Urteil gleich (§ 794 Abs. 1 Nr. 1 ZPO). **20**

V. Abdingbarkeit

Da Abs. 1 und Abs. 3 als Verfahrensvorschriften eine notwendige Ergänzung zu § 18 Abs. 1 darstellen, kommt eine Abdingbarkeit insoweit nicht in Betracht.[24] Dies gilt nicht für Abs. 2, der der Disposition der WEer durch Vereinbarung unterliegt. **21**

---

[24] Weitnauer/*Lüke* § 19 Rn 20; Soergel/*Stürner* § 19 Rn 5; *Vandenhouten* in: Niedenführ, § 19 Rn 14.

3. Abschnitt. Verwaltung

Vorbemerkung vor § 20

1 Die Regelung der **Verwaltung** des GemE betrifft die Rechtsbeziehungen der WEer untereinander, d. h. das **Innenverhältnis der Gemeinschaft der WEer.** Wegen ihrer besonderen Bedeutung für das Funktionieren der WEgem hat der Gesetzgeber die sie betreffenden Vorschriften im 3. Abschnitt des WEG zusammengefasst. Die §§ 20 ff. lehnen sich zum Teil an Vorschriften über die Verwaltung der Gemeinschaft gem. §§ 741 ff. BGB an, insbesondere an die §§ 744, 745 BGB, haben aber auch vereins- und gesellschaftsrechtliche Regelungen zum Vorbild. Dies erlaubt es, die zu analogen gesellschaftsrechtlichen Fragestellungen seit Jahrzehnten entwickelten Lösungen und Rechtsgrundsätze unter Berücksichtigung der wohnungseigentumsrechtlichen Besonderheiten in das WE-Recht zu übertragen, soweit dort keine ausdrückliche Regelung existiert. Dadurch wird erreicht, dass das WE-Recht kein vom allgemeinen Privatrecht losgelöstes Eigenleben führt, sondern einheitliche Strukturen im Recht der Personenvereinigungen zur inneren Einheit der Zivilrechtsordnung beitragen.

2 Die gesamte Regelung der Verwaltung des GemE steht gem. § 10 Abs. 2 Satz 2 zur **Disposition** der WEer, soweit nicht ausdrücklich etwas anderes bestimmt ist. Die §§ 20 ff. können daher grundsätzlich durch **Vereinbarung** der WEer abgeändert oder ergänzt werden, so dass sie den besonderen Umständen und Bedürfnissen des Einzelfalles angepasst werden können. Dies ermöglicht es den WEern, durch Vereinbarung auch völlig andere Verwaltungsstrukturen zu schaffen. Konkrete Beschränkungen der Gestaltungsfreiheit der WEer ergeben sich aus den zwingenden Vorschriften des WEG, insbes. den §§ 20 Abs. 2, 26 Abs. 1 Satz 4 und 27 Abs. 4 sowie aus dem unentziehbaren Kernbereich des WE. Die sich aus allgemeinen Grundsätzen ergebenden Schranken jeder Gestaltungsfreiheit, etwa aus den §§ 134, 138, 242 BGB, sind selbstverständlich ebenfalls zu beachten.

§ 20 Gliederung der Verwaltung

(1) **Die Verwaltung des gemeinschaftlichen Eigentums obliegt den Wohnungseigentümern nach Maßgabe der §§ 21 bis 25 und dem Verwalter nach Maßgabe der §§ 26 bis 28, im Falle der Bestellung eines Verwaltungsbeirats auch diesem nach Maßgabe des § 29.**

(2) **Die Bestellung eines Verwalters kann nicht ausgeschlossen werden.**

Übersicht

I. Allgemeines

1 Nach § 20 Abs. 1 obliegt die Verwaltung des GemE den WEern nach Maßgabe der §§ 21 bis 25 und dem Verwalter, dessen Bestellung nicht ausgeschlossen werden kann, nach Maßgabe der §§ 26 bis 28. Als fakultative Verwaltungseinrichtung ist der Verwaltungsbeirat vorgesehen, dem im Falle seiner Bestellung die Verwaltung nach Maßgabe des § 29 obliegt.

Die Vorschrift des § 20 Abs. 1 enthält lediglich eine Übersicht über die Gliederung der Verwaltung, d. h. der Kompetenzen zu Verwaltungsentscheidungen und Verwaltungsmaßnahmen.

II. Die Verwaltung des gemeinschaftlichen Eigentums

1. Das gemeinschaftliche Eigentum

Die Verwaltung iSd §§ 20 ff. beschränkt sich, wie § 20 Abs. 1 klarstellt, ausschließlich auf das GemE nebst seiner wesentlichen Bestandteile[1] und bezieht sich nicht auf das SE des einzelnen WEers.[2] Dieser ist in den Grenzen des § 13 Abs. 1 frei, seine im SE stehenden Räume selbstständig und unabhängig von den übrigen WEern ausschließlich nach eigener Vorstellung zu verwalten, soweit sich nicht aus §§ 14, 15 oder aus einer Vereinbarung der WEer[3] etwas anderes ergibt. 2

Zum GemE gehören nach § 1 Abs. 5 das Grundstück sowie die Teile, Anlagen und Einrichtungen des Gebäudes, die nicht im SE oder Eigentum eines Dritten stehen.[4] Nicht zum gemE gehört das **Verwaltungsvermögen,** das den WEern nicht gemeinschaftlich, sondern gem. § 10 Abs. 7 der Gemeinschaft der WEer gehört. Zum Verwaltungsvermögen gehören nach § 10 Abs. 7 Satz 2 die im Rahmen der gesamten Verwaltung des gemE gesetzlich begründeten und rechtsgeschäftlich erworbenen Sachen und Rechte sowie die entstandenen Verbindlichkeiten.[5] Hierzu zählen etwa die sog. **Sozialansprüche** der WEer, d. h. Ansprüche der WEgem gegen einen einzelnen WEer, die auf dem Gemeinschaftsverhältnis beruhen, insbesondere die Beitragsansprüche gem. § 28 Abs. 5. Ferner gehören zum Verwaltungsvermögen auch **die durch Verwaltungsrechtsgeschäfte mit Dritten erworbenen Gegenstände,** etwa Rechte aus Verträgen (Forderungen) oder das Eigentum an Sachen (Bargeld, Waschmaschine etc.). Da zum Verwaltungsvermögen nur Gegenstände gehören, die auf der Verwaltung des GemE beruhen, unterfallen sie ebenfalls der Verwaltung durch die WEer, den Verwalter und den Verwaltungsbeirat nach Maßgabe des § 20 (arg. § 27 Abs. 1 Nr. 6 für eingenommene Gelder). 3

Trotz der Beschränkung der Verwaltung gem. §§ 20 ff. auf das GemE und der relativen Unabhängigkeit des einzelnen WEers bei der Verwaltung seines SE können sich bei der Verwaltung des GemE Berührungspunkte mit Gegenständen des SE ergeben. Dies dürfte idR dann der Fall sein, wenn sich wegen der Baukonstruktion Gegenstände des GemE und des SE berühren, wie etwa bei einer Dachterrasse oder bei einem Balkon, wo idR der oberste Belag im SE steht, während die darunter liegenden Schichten (Feuchtigkeitsisolierung, Schalldämmung) GemE sind. Maßnahmen zur Instandhaltung und Instandsetzung des GemE sind in solchen Fällen ohne Eingriff in das SE kaum möglich. 4

2. Die Verwaltung

Unter „Verwaltung" iSd § 20 Abs. 1 ist sowohl die Verwaltungs**entscheidung** als auch die Verwaltungs**maßnahme** zu verstehen.[6] Hinsichtlich der **Verwaltungsentscheidungen** geht es um die Verteilung der Entscheidungszuständigkeiten zwischen den WEern, dem Verwalter und ggf. dem Verwaltungsbeirat. Im Verhältnis der WEer untereinander geht es auch um die **kollektive** Entscheidungskompetenz der WEer durch Vereinbarung (§ 10 Abs. 2), Mehrheitsbeschluss (§ 21 Abs. 3), einstimmigen Beschluss (§ 21 Abs. 1) und Zu- 5

---

[1] OLG Stuttgart NJW-RR 1990, 659.

[2] Vgl. BayObLG Rpfleger 1979, 216.

[3] Vgl. Staudinger/*Bub,* § 20 Rn 11; ausführlich *F. Schmidt* ZWE 2000, 506 (507).

[4] Siehe ausführlich § 1 Rn 52 ff.

[5] Einzelheiten siehe § 10 Rn 282 ff.

[6] Vgl. MünchKomm-*K. Schmidt,* §§ 744, 745 BGB Rn 1 ff. zum analogen Problem bei der Gemeinschaft.

stimmung beeinträchtigter WEer (§ 22 Abs. 1) im Unterschied zu **individuellen** Handlungsbefugnissen des einzelnen WEers: Die kollektive Regelungsautonomie der WEer tritt ausnahmsweise gem. § 21 Abs. 2 zur Abwendung eines dem GemE unmittelbar drohenden Schadens zurück. **Verwaltungsmaßnahmen** sind Gegenstand von Verwaltungsentscheidungen. Hierzu gehören Maßnahmen rechtlicher und tatsächlicher Art, die dem gemeinschaftlichen Interesse aller WEer innerhalb der Gemeinschaft dienen. Was darunter in concreto fällt, hängt von der Art, Beschaffenheit und Situationsgebundenheit des GemE ab.

6 Verwaltung iSd § 20 Abs. 1 ist demnach jede Entscheidung und Maßnahme, die eine Regelung der Sachlage oder eine Geschäftsführung in rechtlicher oder tatsächlicher Beziehung zum GemE enthält und im Interesse der Gesamtheit der WEer erforderlich ist. Verwaltungsentscheidungen können etwa sein: Regelungen über die Durchführung von Instandhaltungs- oder Instandsetzungsmaßnahmen, von baulichen Veränderungen, die Anlage von Geldern, Bestellung oder Abberufung des Verwalters oder eines Mitgliedes der Verwaltungsbeirates, die Entscheidung über den Abschluss von Verträgen oder der Führung eines Prozesses bezüglich des GemE. Verwaltungsmaßnahmen können rechtlicher oder tatsächlicher Art sein, etwa: Der Abschluss eines Vertrages über die Durchführung von Instandhaltungs- oder Instandsetzungsmaßnahmen, Abschluss oder Kündigung des Verwalter- oder Beiratsvertrages, die Vermietung von GemE, die Beseitigung einer Gefahrenquelle, die Instandsetzung, die Führung eines Prozesses. Nicht zur Verwaltung gehören Organisationsakte, etwa eine Vereinbarung, durch die die WEer ihr Verhältnis untereinander regeln, ferner die Aufhebung der Gemeinschaft, die Veräußerung des gemeinschaftlichen Grundstücks.

7 Die **Verwaltung** des GemE ist zu unterscheiden von **Gebrauch** und **Nutzung** desselben. Während die Verwaltung dem gemeinschaftlichen Interesse aller WEer dient, dienen Gebrauch und Nutzung dem Interesse der einzelnen WEer. Durch kollektive Verwaltungsentscheidung der WEer kann nach Maßgabe des § 15 der individuelle Gebrauch sowohl des GemE als auch des SE geregelt werden. Mithin unterscheidet sich die Verwaltung vom Gebrauch dadurch, dass sie über die Voraussetzungen und den Umfang des Gebrauchs, d. h. den Eigengebrauch des einzelnen WEers, entscheidet. Demgegenüber existiert kein Gegensatz zwischen **Verwaltung und Verfügung.**[7] Verfügungen tatsächlicher und rechtlicher Art können Gegenstand von Verwaltungsentscheidungen sein und Verwaltungsmaßnahmen darstellen, etwa die Entscheidung über die Veräußerung eines zum Verwaltungsvermögen gehörenden Gegenstandes und dessen Veräußerung.

3. Recht und Pflicht zur Verwaltung

8 Nach § 20 Abs. 1 **obliegt** die Verwaltung des GemE den WEern, dem Verwalter und dem Verwaltungsbeirat nach näherer Maßgabe der gesetzlichen Regelung. Das Gesetz regelt damit, wie sich aus dem Zusammenhang mit den §§ 21, 27 f., 29 ergibt, das **Recht** zu Verwaltungsentscheidungen und Verwaltungsmaßnahmen. Das Recht zur Verwaltung kann durch Vereinbarung gestaltet werden, wobei der Kernbereich des WE nicht eingeschränkt werden darf. Ein völliger Ausschluss von Mitverwaltungsrechten, etwa des Stimmrechts, wäre daher unwirksam.[8] Eine allgemeine **Pflicht zur Verwaltung** durch die in § 20 Abs. 1 genannten Organe lässt sich dieser Vorschrift nicht entnehmen, vielmehr ist insoweit zu differenzieren. Für die **WEer** besteht keine allgemeine Pflicht zur Mitwirkung an Verwaltungsentscheidungen und an Verwaltungsmaßnahmen.[9] Die Verwaltung durch die WEer ist nur eine Obliegenheit, deren Nichterfüllung Nachteile, etwa durch die Verschlechterung des GemE, für die WEer mit sich bringen kann. Ausnahmsweise sieht § 21 Abs. 4 eine Pflicht der WEer zur Mitwirkung bei Verwaltungsentscheidungen vor. Eine

[7] So auch Weitnauer/*Lüke* Vor § 20 Rn 3.

[8] BayObLG Rpfleger 1965, 224 (226); OLG Hamm WE 1990, 70 (72); vgl. auch BGHZ 99, 90 (94) zur Einschränkung der Vertretung.

[9] AA Staudinger/*Bub* § 20 Rn 1, 13.

Pflicht des einzelnen WEers zur Mitwirkung an der Verwaltung kann sich auch aus dem Gemeinschaftsverhältnis der WEer, insbesondere aus der Treuepflicht der WEer untereinander ergeben,[10] so dass auch das Recht zur Gefahrenabwehr gem. § 21 Abs. 2 zur Pflicht werden kann.[11] Für den **Verwalter** besteht dagegen eine **Pflicht** zur Verwaltung des GemE insbes. nach Maßgabe der §§ 27, 28; dasselbe gilt für die Mitglieder des **Verwaltungsbeirates** nach Maßgabe des § 29.

III. Die Organe der Verwaltung

Die Verwaltung des GemE obliegt nach § 20 Abs. 1 den WEern, dem Verwalter und im Falle seiner Bestellung auch dem Verwaltungsbeirat. Versteht man unter einem Organ einen mit eigenem Namen bedachten Teil der Organisation einer Personenmehrheit, dem durch Organisationsnormen eine bestimmte Funktion zugewiesen ist,[12] so können die in § 20 Abs. 1 genannten Organisationsteile als Organe bezeichnet werden.[13] 9

Als Willensbildungsorgan ist der Teil der Organisation anzusehen, der seiner Funktion nach der zur natürlichen Willensbildung unfähigen Personenmehrheit im Innenverhältnis einen kollektiven Willensbildungsakt zurechnen soll. Die Organisationsnormen der Gemeinschaft der WEer bestimmen, welcher Organisationsteil als Willensbildungsorgan anzusehen ist. Da die Bildung des kollektiven Willens der WEer sowohl in einer Versammlung der WEer (§ 23 Abs. 1) als auch bei Zustimmung aller WEer außerhalb einer Versammlung im schriftlichen Verfahren (§ 23 Abs. 3) erfolgen kann, ist sowohl die Organqualität der **Gesamtheit der WEer** als auch der **Versammlung der WEer** anzuerkennen.[14] 10

Ausführendes Organ der WEgem ist der **Verwalter,** der zugleich auch Vertreter der WEer ist.[15] Der Verwalter ist nach § 27 Abs. 1 Nr. 1 berechtigt und verpflichtet, die Beschlüsse, d. h. den kollektiven Willen der WEer durchzuführen. Er hat insoweit zur Vertretung der WEgem **gesetzliche** Vertretungsmacht nach Maßgabe des § 27 Abs. 3, zur Vertretung der WEer **gesetzliche** Vertretungsmacht gem. § 10 Abs. 5, deren Umfang **rechtsgeschäftlich** durch Beschluss der WEer bestimmt wird, so dass seine Rechtshandlungen insoweit den WEern zugerechnet werden. Darüber hinaus hat er nach Maßgabe der §§ 27, 28 weitere unabdingbare Aufgaben und Befugnisse sowie zusätzliche gesetzliche Vertretungsmacht zur Vornahme bestimmter Rechtsgeschäfte namens der WEer und namens der WEgem, um die zur Verwaltung des GemE erforderlichen Geschäfte sowohl im Verhältnis zu den WEern als auch mit Dritten besorgen zu können. Die Anerkennung des Verwalters als Organ der Gemeinschaft der WEer[16] allein besagt aber noch nichts über die Anwendung gesetzlicher Bestimmungen auf den Verwalter. Sie schließt nicht aus, gewisse Vorschriften, die für die rechtsgeschäftlich erteilte Vertretungsmacht (Vollmacht) gelten, auf den Verwalter anzuwenden, etwa § 166 Abs. 2 BGB, wenn der Verwalter seine Befugnis nach Weisungen der WEer ausübt,[17] oder die §§ 172 ff.[18] 11

Fakultatives Organ ist der **Verwaltungsbeirat.** Er hat keine Befugnisse, Verwaltungsentscheidungen zu treffen und Verwaltungsmaßnahmen vorzunehmen. Seine Funktion beschränkt sich auf Unterstützung, Beratung und – im Rahmen des Finanzwesens der 12

---

[10] Vgl. dazu *Merle,* System, S. 153 ff.; *Armbrüster* ZWE 2002, 333 ff.

[11] Vgl. § 21 Rn 38; LG Aachen ZMR 1993, 233 (234); aA OLG Hamm WE 1989, 102 (103).

[12] Vgl. *Baltzer* S. 29.

[13] So schon BRats-Drucks. 75/51 zu § 20; *Gottschalg,* Haftung, Rn 3 f.

[14] Vgl. *Becker* S. 10 f.; so auch für die GmbH Hachenburg/*Hüffer* GmbHG § 48 Rn 3.

[15] Vgl. BT-Drucks. 16/887, S. 69 unter 4.

[16] Vgl. *Merle,* Verwalter, S. 10 ff.; BGHZ 106,122; BT-Drucks. 16/887, S. 69 unter 4; aA BayObLGZ 1972, 139; OLG Frankfurt OLGZ 1985, 144.

[17] Vgl. *Merle,* Verwalter, S. 10 f.

[18] *Weitnauer* PiG 3, S. 55 (58).

WEer – auf Prüfung von Verwaltungsunterlagen zur Vorbereitung von Verwaltungsentscheidungen und Verwaltungsmaßnahmen.

IV. Die Unabdingbarkeit der Verwalterbestellung (Abs. 2)

13 Nach § 20 Abs. 2 kann die Bestellung eines Verwalters nicht ausgeschlossen werden. Der Verwalter ist mithin unabdingbar notwendiges Organ der Gemeinschaft der WEer.[19] Weder durch Vereinbarung[20] noch durch Mehrheitsbeschluss[21] kann die Bestellung eines Verwalters verhindert werden, sie ist unverzichtbar.[22] Vereinbarungen oder Beschlüsse, durch die die Bestellung eines Verwalters ausgeschlossen wird, sind nach § 134 BGB wegen Verstoßes gegen ein gesetzliches Verbot nichtig. Dies gilt auch für den zeitweiligen, vorübergehenden Ausschluss der Bestellung eines Verwalters.[23] Eine Vereinbarung, etwa in einer Teilungserklärung, wonach vorläufig kein Verwalter bestellt werden soll, ist daher nichtig.[24]

14 Aus § 20 Abs. 2 folgt jedoch keine durchsetzbare Verpflichtung der WEer zur Bestellung eines Verwalters. Auch kann ein Verwalter nicht von Amts wegen bestellt werden. Die Bestellung eines Verwalters kann daher de facto unterbleiben, wenn sich alle WEer darüber einig sind, einen Verwalter nicht zu bestellen, etwa weil sie die anfallenden Verwaltungsmaßnahmen selbst durchführen wollen. Ein Verstoß gegen § 20 Abs. 2 liegt nicht vor. Es kann somit durchaus, insbesondere bei kleineren Gemeinschaften vorkommen, dass ein Verwalter trotz der Regelung des § 20 Abs. 2 nicht vorhanden ist.[25]

15 Fehlt ein Verwalter, so kann die Bestellung eines Verwalters gemäß §§ 21 Abs. 4, 43 Nr. 1 als Maßnahme ordnungsmäßiger Verwaltung durchgesetzt werden.[26] Die Verpflichtung der WEer zur Bestellung eines Verwalters wird aus §§ 21 Abs. 4, 26, 20 Abs. 2 hergeleitet. Die Unterlassung der Bestellung führt bei Verzug der WEer, deren Mitwirkung an der Verwalterbestellung verlangt wird, zum Schadensersatz im Verhältnis der WEer untereinander.[27] Der gerichtlich bestellte Verwalter hat in jeder Hinsicht die gleiche Rechtsstellung wie ein von den WEern bestellter Verwalter.[28]

16 Ist im Einzelfall ein **Verwalter nicht vorhanden,** müssen die WEer die Verwaltung gemeinsam durchführen. Verwaltungsentscheidungen müssen grds. einstimmig, also durch einstimmigen Beschluss erfolgen;[29] idR ist aber gem. § 21 Abs. 3 ein Mehrheitsbeschluss ausreichend, soweit die Verwaltungsentscheidung ordnungsmäßiger Verwaltung entspricht. Zur Vornahme von Verwaltungsmaßnahmen können die WEer einzelne WEer oder Dritte beauftragen. Rechtsgeschäfte namens der WEgem können nach § 27 Abs. 3 Satz 2 nur alle WEer gemeinsam vornehmen, wenn nicht die WEer gem. § 27 Abs. 3 Satz 3 mit Stimmenmehrheit einen oder mehrere WEer zur Vertretung der Gemeinschaft ermächtigt haben. Nur ausnahmsweise kann ein einzelner WEer unter den Voraussetzungen des § 21 Abs. 2 die Maßnahmen treffen, die zur Abwendung eines dem GemE unmittelbar drohenden Schadens notwendig ist,[30] hat dann aber keine Vertretungsmacht zur Vertretung der WEgem.

---

[19] Vgl. BGHZ 106, 222 = NJW 1989, 1091 (1092) = WE 1989, 94 (95).

[20] BayObLG WE 1990, 67; LG Hannover DWE 1983, 124; *Bader,* FS für *Seuß* (1987), S. 1 f.; *Giesen* DWE 1993, 130 (136).

[21] Vgl. *Bader,* FS für Seuß (1987), S. 1 f.; *Giesen* DWE 1993, 130 (136).

[22] BGHZ 107, 268 (272) = NJW 1989, 2059 (2060).

[23] Vgl. *Niedenführ*/Kümmel/Vandenhouten § 26 Rn 3.

[24] AA OLG Köln, MittRhNotK 1981, 200; *Weitnauer/Lüke* § 20 Rn 4; vgl. auch BayObLG WE 1993, 83.

[25] Vgl. LG Hannover DWE 1983, 124; *Niedenführ*/Kümmel/Vandenhouten § 26 Rn 3; *Giesen* DWE 1993, 130 (136); *Gottschalg,* Haftung, Rn 6.

[26] Siehe dazu § 26 Rn 250 ff.

[27] Staudinger/*Bub* § 20 Rn 19, 22.

[28] BGH NJW 1993, 1924 = WE 1993, 308.

[29] *Schmack/Kümmel* ZWE 2000, 433 ff.; *Kümmel* ZWE 2001, 52 ff.

[30] Vgl. § 21 Rn 4 ff.

§ 21 Verwaltung durch die Wohnungseigentümer

(1) **Soweit nicht in diesem Gesetz oder durch Vereinbarung der Wohnungseigentümer etwas anderes bestimmt ist, steht die Verwaltung des gemeinschaftlichen Eigentums den Wohnungseigentümern gemeinschaftlich zu.**

(2) **Jeder Wohnungseigentümer ist berechtigt, ohne Zustimmung der anderen Wohnungseigentümer die Maßnahmen zu treffen, die zur Abwendung eines dem gemeinschaftlichen Eigentum unmittelbar drohenden Schadens notwendig sind.**

(3) **Soweit die Verwaltung des gemeinschaftlichen Eigentums nicht durch Vereinbarung der Wohnungseigentümer geregelt ist, können die Wohnungseigentümer eine der Beschaffenheit des gemeinschaftlichen Eigentums entsprechende ordnungsmäßige Verwaltung durch Stimmenmehrheit beschließen.**

(4) **Jeder Wohnungseigentümer kann eine Verwaltung verlangen, die den Vereinbarungen und Beschlüssen und, soweit solche nicht bestehen, dem Interesse der Gesamtheit der Wohnungseigentümer nach billigem Ermessen entspricht.**

(5) **Zu einer ordnungsmäßigen, dem Interesse der Gesamtheit der Wohnungseigentümer entsprechenden Verwaltung gehört insbesondere:**

1. die Aufstellung einer Hausordnung;
2. die ordnungsmäßige Instandhaltung und Instandsetzung des gemeinschaftlichen Eigentums;
3. die Feuerversicherung des gemeinschaftlichen Eigentums zum Neuwert sowie die angemessene Versicherung der Wohnungseigentümer gegen Haus- und Grundbesitzerhaftpflicht;
4. die Ansammlung einer angemessenen Instandhaltungsrückstellung;
5. die Aufstellung eines Wirtschaftsplans (§ 28);
6. die Duldung aller Maßnahmen, die zur Herstellung einer Fernsprechteilnehmereinrichtung, einer Rundfunkempfangsanlage oder eines Energieversorgungsanschlusses zugunsten eines Wohnungseigentümers erforderlich sind.

(6) **Der Wohnungseigentümer, zu dessen Gunsten eine Maßnahme der in Absatz 5 Nr. 6 bezeichneten Art getroffen wird, ist zum Ersatz des hierdurch entstehenden Schadens verpflichtet.**

(7) **Die Wohnungseigentümer können die Regelung der Art und Weise von Zahlungen, der Fälligkeit und der Folgen des Verzugs sowie der Kosten für eine besondere Nutzung des gemeinschaftlichen Eigentums oder für einen besonderen Verwaltungsaufwand mit Stimmenmehrheit beschließen.**

(8) **Treffen die Wohnungseigentümer eine nach dem Gesetz erforderliche Maßnahme nicht, so kann an ihrer Stelle das Gericht in einem Rechtsstreit gemäß § 43 nach billigem Ermessen entscheiden, soweit sich die Maßnahme nicht aus dem Gesetz, einer Vereinbarung oder einem Beschluss der Wohnungseigentümer ergibt.**

Übersicht

Literatur: *Abramenko,* Die Haftung der WEer für ihr Stimmverhalten, FS Merle (2010), 1; *Armbrüster,* Mehrheitsbeschluss über die Vermietung von Gemeinschaftseigentum, ZWE 2001, 20; *ders.,* Versicherungsschutz für WEer und Verwalter, ZMR 2003, 1; *ders.,* Die Abwicklung von Gebäudeschäden mit dem Versicherer, ZWE 2009, 109; *ders.,* Haftpflicht- und Vermögensschadenversicherung für Verwalter und Beiräte, ZWE 2010, 117; *ders.,* Rechtsschutzversicherung und Wohnungseigentum, FS Merle (2010), 13; *Becker/Kümmel,* Die Grenzen der Beschlusskompetenz der Wohnungseigentümer, ZWE 2001, 128; *Becker/Strecker,* Mehrheitsherrschaft und Individualrechtsschutz bei der Instandsetzung des gemeinschaftlichen Eigentums, ZWE 2001, 569; *Bub,* Die Instandhaltung und Instandsetzung des gemE – dringende Maßnahmen, ZWE 2009, 245; *Derleder,* Die Einführung des Lastschriftverfahrens für die WEer nach dem neuen WEG, ZMR 2008, 10; *Gottschalg,* Aufstellung und Inhalt einer Hausordnung für die WEgem, DWE 2010, 2; *Häublein,* Erstattungsansprüche des WEers für Maßnahmen gem. § 21 Abs. 2 WEG, ZWE 2008, 410; *Jacoby,* Beschlussvorschläge zu § 21 Abs. 7 WEG, ZWE 2010, 57; *Kümmel,* Der einstimmige Beschluss als Regelungsinstrument der WEer, ZWE 2001, 52; *Kuhla,* Prozesskostenvorschüsse aus der Gemeinschaftskasse, ZWE 2009, 196; *Merle,* Neue Beschlusskompetenzen in Geldangelegenheiten gem. § 21 Abs. 7 WEG, ZWE 2007, 321; *Müller Beate,* Neue Zitterbeschluss-Möglichkeiten nach § 27 Abs. 7 WEG, ZMR 2008, 177; *Müller, Beate,* Neue Zitterbeschluss-Möglichkeiten nach § 21 Abs. 7 WEG, ZWE 2008, 177; *Müller Horst,* Beschlüsse in Geldangelegenheiten gem. § 21 Abs. 7 WEG, ZWE 2008, 278; *Sauren/Welcker,* Besondere Probleme bei Versicherungen für das gemE, MietRB 2008, 60; *Schmid,* Zur Verjährung des Anspruchs auf Herstellung eines ordnungsgemäßen Zustandes, ZMR 2009, 585; *J.-H. Schmidt,* Die Durchsetzung der WEG-Hausordnung gegenüber dem Mieter und dem Eigentümer durch den WEG-Verwalter, ZMR 2009, 325; *Schultz* Zur Anbringung von Rauchwarnmeldern im WE, ZWE 2009, 383. Zur älteren Literatur siehe 9. Aufl.

I. Der Grundsatz der gemeinschaftlichen Verwaltung

Nach § 21 Abs. 1 steht die Verwaltung des GemE den WEern gemeinschaftlich zu. 1
Inhaltlich entspricht diese Vorschrift dem § 744 Abs. 1 BGB für die schlichte Bruchteilsgemeinschaft. Zum Begriff der Verwaltung siehe § 20 Rn 5 ff. Nach Anerkennung der Rechtsfähigkeit der WEgem folgt aus dieser Regelung eine gemeinschaftliche **Geschäftsführungsbefugnis der WEer** für die WEgem, die ggf. ergänzt wird durch eine gemeinschaftliche Vertretungsbefugnis aller WEer nach Maßgabe des § 27 Abs. 3 Satz 2. Diese gemeinschaftliche Geschäftsführungsbefugnis der WEer ist umfassend.

Der gemeinschaftlichen Verwaltung unterliegt das **gemeinschaftliche Eigentum der WEer.** Hierunter fallen nach § 1 Abs. 5 das Grundstück sowie die Teile, Anlagen und Einrichtungen, die nicht im SE oder im Eigentum eines Dritten stehen. Während somit das SE grds. nicht der gemeinschaftlichen Verwaltung unterliegt,[1] gilt dies nicht für solche Teile des GemE, an denen einem WEer ein **Sondernutzungsrecht** eingeräumt worden ist. Auch wenn ein Sondernutzungsrecht besteht, bleiben sie Teil des GemE und werden somit nicht vollständig der gemeinschaftlichen Verwaltung entzogen. Vielmehr verbleibt ein Rest an gemeinschaftlicher Verwaltungskompetenz, denn für die gemeinschaftliche Verwaltung durch die WEer ist es nicht von Bedeutung, ob das GemE auch gemeinschaftlich genutzt wird.[2] Gegenstand der gemeinschaftlichen Verwaltung ist auch das **Verwaltungsvermögen,** das gemäß § 10 Abs. 7 der Gemeinschaft der WEer gehört (§ 20 Rn 3).

Den WEern steht die Verwaltung des gemE gem. § 21 Abs. 1 **gemeinschaftlich** zu. Damit 2
ist einerseits geregelt, dass die Verwaltung des gemE Angelegenheit der **WEer** ist, andererseits, dass die **WEer in ihrer Gesamtheit** über das gemE in demselben Umfang und in derselben Weise rechtlich und tatsächlich verfügen können, wie ein Alleineigentümer.[3] Grundsätzlich bedürfen daher Verwaltungsmaßnahmen der Zustimmung aller WEer im Wege des einstimmigen Beschlusses.[4] Wird die Zustimmung aller WEer erreicht, ist ein Beschluss nicht etwa deshalb anfechtbar, weil er inhaltlich die Grenze der Ordnungsmäßigkeit überschreitet.[5]

Von dem **Einstimmigkeitsprinzip** macht das Gesetz wichtige Ausnahmen. Die vor- 3
herige oder nachträgliche Zustimmung der anderen WEer ist etwa nach § 21 Abs. 2 entbehrlich, wenn der einzelne WEer Maßnahmen trifft, die zur Abwendung eines dem gemE unmittelbar drohenden Schadens erforderlich sind **(sog. Notgeschäftsführung).**[6] Des Weiteren ist nach § 22 Abs. 1 bei baulichen Veränderungen und Aufwendungen, die über die ordnungsgemäße Instandhaltung und Instandsetzung des GemE hinausgehen, die

[1] BayObLGZ 1973, 68 (73 f.); OLG Hamm WE 1992, 258.

[2] OLG Frankfurt/M. NJW-RR 1987, 1163.

[3] *Merle* WE 1992, 239 (240).

[4] *Schmack/Kümmel* ZWE 2000, 433 ff.; *Kümmel* ZWE 2001, 52 ff.; *Wenzel* ZWE 2001, 226 (230); *Häublein* ZWE 2001, 2 (5, 7); aA Staudinger/*Bub* § 21 Rn 32.

[5] *Kümmel* ZWE 2001, 516 (518); *ders.* ZWE 2001, 52 (55).

[6] *Bub* ZWE 2009, 245; *Merle* WE 1992, 239 (241).

Zustimmung derjenigen WEer entbehrlich, deren Rechte durch die Veränderung nicht über das in § 14 bestimmte Maß hinaus beeinträchtigt werden. Den wohl wichtigsten Ausnahmefall vom Einstimmigkeitsprinzip enthält § 21 Abs. 3. Hiernach können die WEer Maßnahmen der **ordnungsgemäßen Verwaltung** des gemE, vorbehaltlich einer anderweitigen Vereinbarung, **durch Stimmenmehrheit** beschließen. Nach § 21 Abs. 7 können die WEer die dort genannten Maßnahmen ordnungsmäßiger Verwaltung auch dann mit Stimmenmehrheit beschließen, wenn eine Vereinbarung entgegensteht. Trifft das Gericht an Stelle der WEer eine Entscheidung nach § 21 Abs. 8, kann die gerichtliche Gestaltung durch eine privatautonome Regelung der WEer geändert werden, auch wenn die gerichtliche Entscheidung rechtskräftig geworden ist.[7] Ist durch das Gericht ein Beschluss ersetzt worden, so kann er durch Beschluss der WEer mit der jeweils erforderlichen Stimmenmehrheit geändert werden, wenn die Voraussetzungen für einen Zweitbeschluss vorliegen.[8]

II. Die Notgeschäftsführung (Abs. 2)

1. Allgemeines

4 Jeder WEer ist nach § 21 Abs. 2 berechtigt, **alleine und ohne die Zustimmung der anderen WEer** diejenigen Maßnahmen zu treffen, die notwendig sind, einen **unmittelbar drohenden Schaden für das gemE** abzuwenden. In § 21 Abs. 2 ist lediglich das Recht, nicht aber auch die Pflicht zur Notgeschäftsführung normiert. Gleichwohl kann idR aus dem Gemeinschaftsverhältnis eine **Pflicht des einzelnen WEers** hergeleitet werden, Maßnahmen zur Abwehr von Schäden für die Gemeinschaft zu ergreifen.[9]

5 Die Befugnis eines WEers zur Notgeschäftsführung ist im Vergleich zur Befugnis des Teilhabers einer schlichten Bruchteilsgemeinschaft nach §§ 741 ff. BGB erheblich eingeschränkt. Während ein MitEer nach § 744 Abs. 2 BGB jede „zur Erhaltung des Gegenstandes notwendige Maßregel" durchführen kann, darf ein WEer gem. § 21 Abs. 2 nur die zur „Abwendung eines dem gemE unmittelbar drohenden Schadens" notwendigen Maßnahmen treffen. Diese Beschränkung ist im WE-Recht aus mehreren Gründen geboten. Jedes eigenmächtige Verhalten der WEer in Bezug auf das gemE erschwert eine ordnungsgemäße Verwaltung und muss daher auf möglichst enge Ausnahmen begrenzt bleiben. Ferner liefe eine so weitgehende Befugnis des einzelnen WEers wie die des Teilhabers einer schlichten Bruchteilsgemeinschaft dem Grundsatz der gemeinschaftlichen Verwaltung zuwider und würde den Mehrheitsbeschluss in weiten Bereichen der Verwaltung überflüssig machen.[10] Der wichtigste Gesichtspunkt ist jedoch, dass die WEgem gem. § 27 Abs. 1 Nr. 2 in dem Verwalter ein zur Instandhaltung und Instandsetzung des GemE befugtes und verpflichtetes Organ hat. Der Verwalter ist verpflichtet, die zur ordnungsgemäßen Verwaltung erforderlichen Maßnahmen zu treffen. Eine daneben bestehende, gleichwertige Verwaltungskompetenz des einzelnen WEers würde zu einer Konkurrenzsituation führen und den Verwalter letztlich überflüssig machen; die Vorschrift ist daher eng auszulegen.[11]

6 Eine dem § 744 Abs. 2, 2. Hs. BGB vergleichbare Regelung, wonach jeder Teilhaber der Gemeinschaft nach Bruchteilen verlangen kann, dass die anderen Teilhaber ihre Einwilligung zu einer Maßnahme im Voraus erteilen, besteht im WEG nicht. Für das WEG findet § 21 Abs. 4, wonach jeder WEer eine Verwaltung verlangen kann, die dem Interesse der

---

[7] Vgl. Rn 194; KG NJW-RR 1996, 779 (780); *Abramenko* § 2 Rn 103.

[8] Vgl. Rn 194.

[9] Im Ergebnis auch: LG Aachen ZMR 1993, 233 (234); OLG Oldenburg DWE 1988, 64; *Bub* ZWE 2009, 245; *Bärmann,* WE, Rn 541; *Armbrüster,* FS *Merle,* 1 (13); aA OLG Hamm WE 1989, 102 (103).

[10] So im Ergebnis OLG Celle WE 1988, 171 (172); OLG München ZMR 2008, 321.

[11] BayObLG WEM 1979, 129 f.; auch *Bub* ZWE 2009, 245 (246).

Gesamtheit der WEer nach billigem Ermessen entspricht, Anwendung. Nach dieser Vorschrift kann der einzelne WEer eine bestimmte Maßnahme verlangen, wenn nur sie ordnungsgemäßer Verwaltung entspricht. Zur Durchführung der Maßnahme bleibt aber auch in diesem Fall der Verwalter verpflichtet. Daher besteht auch für eine subsidiäre Anwendung des § 744 Abs. 2, 2. Hs. BGB kein Raum.

Für Rechtsgeschäfte, die zur Abwendung eines dem gemE unmittelbar drohenden 7 Schadens notwendig sind, hat der handelnde WEer **keine Vertretungsmacht** gem. § 21 Abs. 2, denn § 10 Abs. 5 begründet nur für solche Rechtshandlungen eine Vertretungsmacht, die auf Grund eines Mehrheitsbeschlusses vorgenommen werden.[12] Die Gegensicht, die ein Notvertretungsrecht des einzelnen WEers für die WEgem mit einem Vergleich zu Erbengemeinschaft und GbR bejaht,[13] verkennt, dass schon die nur quotale Haftung aller WEer gemäß § 10 Abs. 8 zur persönlichen Haftung des einzelnen WEers führt, was bei der GbR gerade gegen eine Notvertretungsmacht ins Feld geführt wird, und bei Insolvenz gar zur unbeschränkten persönlichen Haftung eines WEers führen kann.[14] Handelt ein WEer dennoch im Namen der WEgem, haftet er Dritten gegenüber gem. § 179 Abs. 1 BGB, es sei denn, die WEer genehmigen (§ 177 BGB) das von ihm vorgenommene Rechtsgeschäft mit Stimmenmehrheit. Der WEer, der im Rahmen der Notgeschäftsführung im eigenen Namen handelt, wird aus dem von ihm vorgenommenen Rechtsgeschäften nur selbst berechtigt und verpflichtet. Er kann aber von der WEgem Ersatz seiner Aufwendungen verlangen.

2. Die Voraussetzungen der Notgeschäftsführung

Der einzelne WEer ist nach § 21 Abs. 2 dann zum Eingreifen berechtigt, wenn dem 8 **gemE** iSd § 1 Abs. 5 unmittelbar ein Schaden droht. Die Vorschrift gilt entsprechend bei einer Gefährdung des **Verwaltungsvermögens.**[15] Ist das **SE** betroffen, kann sich aus dem Gemeinschaftsverhältnis eine Pflicht zum Hinweis auf die Gefährdung oder gar zu Gefahrenabwehr ergeben.[16]

Ein Tätigwerden nach § 21 Abs. 2 setzt immer eine Gefahrensituation für das GemE 9 voraus, d. h. eine Situation, in der ein verständiger WEer nicht länger abwarten würde und in der er weder den nach § 27 Abs. 1 Nr. 2, 3 zuständigen Verwalter noch die anderen WEer zur Behebung der Notlage heranziehen kann.[17] Daher ist ein Eingreifen mangels Eilbedürftigkeit dann nicht erlaubt, wenn ein gefahrträchtiger Zustand, etwa die Baufälligkeit eines Daches, bereits mehrere Jahre besteht und auch der Verwalter bereits längere Zeit Kenntnis von der Situation hat[18] oder die WEer bereits Gespräche darüber geführt haben,[19] Ist eine Maßnahme jedoch unaufschiebbar geworden, braucht ein WEer nicht einen Beschluss gem. §§ 21 Abs. 3, Abs. 5 Nr. 2 herbeizuführen oder gar den Verwalter oder die übrigen WEer gerichtlich zum Eingreifen zu zwingen, etwa durch Ersetzung eines Beschlusses gem. § 21 Abs. 8.[20] Das Eingreifen des einzelnen WEers kann auch geboten

[12] Vgl. zu § 10 Abs. 4 aF *Hauger* WE 1996, 9; *Augustin* § 21 Rn 11, 15.

[13] Staudinger/*Bub* § 26 Rn 39; *ders.* ZWE 2009, 245 (248 f.).

[14] Vgl. § 10 Rn 302 aE.

[15] *Bub* ZWE 2009, 245 (246).

[16] KG OLGZ 1978, 146; *Bub* ZWE 2009, 245 (246).

[17] BGH NJW 2003, 2162 f.; OLG Hamm ZWE 2009, 369 (372); OLG Hamburg, ZMR 2007, 129; OLG Frankfurt ZWE 2009, 123 (125); OLG Oldenburg WE 1988, 175 (176); BayObLG WE 1991, 200 (201); WuM 1997, 398 (399) = NJWE-MietR 1997, 163; OLG Celle ZWE 2002, 369 (370); LG Köln WuM 1992, 640 (641).

[18] OLG Hamburg, ZMR 2007, 129; BayObLG ZWE 2001, 418 f.; WuM 1993, 482 (483); AG Charlottenburg ZMR 1986, 314 (315).

[19] BayObLG WE 1994, 154 (155); ZWE 2001, 418 f.; OLG Celle ZWE 2002, 369 (370).

[20] Vgl. OLG München ZWE 2008, 384 (385); *Bub* ZWE 2009, 245 (246).

sein, wenn sich der Verwalter weigert, Maßnahmen zur Gefahrenabwehr einzuleiten, oder wenn ein Verwalter fehlt.[21]

10 Ist ein **Schaden bereits eingetreten,** so besteht eine Berechtigung zur Notgeschäftsführung nur dann noch, wenn durch die beabsichtigten Maßnahmen verhindert werden soll, dass noch weitere Schäden hinzutreten.[22] Ansonsten entfällt nach Eintritt des Schadens die Eilbedürftigkeit für ein Eingreifen des einzelnen WEers. Der Schaden muss nunmehr im gewöhnlichen Geschäftsgang der Verwaltung beseitigt und reguliert werden.[23]

11 Maßnahmen im Rahmen der Notgeschäftsführung sind auf erforderliche Maßnahmen zur Erhaltung der Substanz oder des wirtschaftlichen Wertes des gemE beschränkt. Sie können baulicher, rechtlicher oder wirtschaftlicher Natur sein. Sie sind generell nur zulässig, soweit sie **ordnungsgemäßer Verwaltung** entsprechen und **keine bauliche Veränderungen iSv § 22** darstellen.[24] Im Übrigen lässt sich der Maßstab für den zulässigen Umfang einer Maßnahme aus §§ 683, 670 BGB entnehmen. Danach darf der einzelne WEer im Rahmen der Notgeschäftsführung solche Maßnahmen treffen, die er den Umständen nach für erforderlich halten darf. Grundsätzlich sind daher nur solche Maßnahmen, die eine unmittelbare Beseitigung der Gefahr bedeuten, nicht aber darüber hinausgehende Aufwendungen von § 21 Abs. 2 erfasst.[25]

12 Als Maßnahmen der Notgeschäftsführung kommen etwa in Betracht: die **Beauftragung eines Gasnotdienstes** bei Gasgeruch, **eines Rohrreinigungsdienstes** bei Rohrverstoppfung **oder eines Handwerkernotdienstes,** um ein infolge Rohrbruchs oder unsachgemäßer Verlegung undichtes Wasserrohr abzudichten, selbst wenn ein Verfahren nach § 43 bereits anhängig ist;[26] die **Eindeckung eines durch Sturm abgedeckten** oder sonst **altersbedingt sanierungsbedürftigen Daches**[27] zum Schutz vor Wasserschäden; der **Ersatz eines schadhaften Fensters** zur Vermeidung von Mietminderung;[28] Maßnahmen zur **Hemmung** oder zum **Neubeginn** der unmittelbar bevorstehenden **Verjährung;**[29] die **Einziehung von Forderungen,** etwa von **Beitragsforderungen** oder von **Schadensersatzansprüchen** gegen den Verwalter,[30] sofern bei einem weiteren Zuwarten mit dem zwischenzeitlichen Eintritt der Leistungsunfähigkeit zu rechnen ist oder wenn die Gemeinschaft durch Ausbleiben der Zahlung illiquide zu werden droht und Versorgungsbetriebe die Einstellung ihrer Leistungen ankündigen; die **Erneuerung eines aufgebrochenen Schlosses;** das **Verlegen neuer Terrassenplatten,** wenn bei Sanierungsarbeiten festgestellt wird, dass die aufgenommenen Platten nicht wieder verwendet werden können, die Platten aber im Zuge der Sanierungsarbeiten verlegt werden sollten.;[31] die **Einholung eines Sachverständigengutachtens** zur Ermittlung von Baumängeln, wenn Beweise verloren zu gehen drohen;[32] die Zahlung rückständiger Versicherungsprämien zur Vermeidung einer Kündigung.[33] Die **Durchführung eines selbstständigen Beweisverfahrens**

---

[21] OLG Oldenburg WE 1988, 175 (176) = DWE 1988, 64.

[22] So im Ergebnis OLG Oldenburg WE 1988, 175 (176) = DWE 1988, 64.

[23] *Bub* ZWE 2009, 245 (246).

[24] OLG Oldenburg WE 1988, 175 = DWE 1988, 64 (65); *Augustin* § 21 Rn 12.

[25] BayObLG ZWE 2002, 129 (131).

[26] LG Berlin GE 1990, 487 f.

[27] AG Hamburg-Blankenese WuM 1994, 403 (404); OLG München ZWE 2008, 384 f.; aA *Bub* ZWE 2009, 245 (247): keine Neueindeckung.

[28] OLG Oldenburg DWE 1988, 64; aA BayObLG NJOZ 2004, 90 (94).

[29] BayObLGZ 1975, 53 (58); OLG Düsseldorf WE 1989, 200 f.; *Bub* ZWE 2009, 245 (247); aA BayObLG WEM 1979, 128 (130).

[30] OLG Düsseldorf WE 1989, 200 (201); *Bub* ZWE 2009, 245 (248).

[31] BayObLG WE 1991, 200 (201), kritisch *Bub* ZWE 2009, 245 (247).

[32] OLG Hamm WE 1993, 110 f.; OLGZ 1994, 22; OLG Frankfurt/M OLGZ 1985, 144 (146); LG Stuttgart NZM 2003, 826 f.

[33] OLG Köln NZM 1999, 672.

nach §§ 485 ff. ZPO ist kein Fall der Notgeschäftsführung, wenn dies nur der vorsorglichen Beweiserhebung vor Beginn eines möglichen Prozesses dient, nicht aber der Abwendung eines unmittelbar drohenden Schadens.[34]

§ 21 Abs. 2 berechtigt den einzelnen WEer hingegen nicht zur **Einberufung einer WEVers,** selbst wenn weder ein Verwalter noch ein Verwaltungsbeirat bestellt ist. Dies gilt auch dann, wenn selbst durch die Bestellung eines Verwalters nach § 21 Abs. 4 im Wege einstweiliger Verfügung eine drohende Gefahr nicht mehr verhindert werden kann. Der einzelne WEer ist im Rahmen der Notgeschäftsführung berechtigt, die erforderlichen Maßnahmen in eigener Regie durchzuführen, weshalb schon aus diesem Grund eine vorherige Beschlussfassung der WEVers entbehrlich ist. Zudem ist schon zweifelhaft, ob in Fällen, in denen noch Raum für die Einberufung einer WEVers ist, überhaupt eine unmittelbare Gefahr gegeben sein kann. Nicht zulässig ist es auch, im Rahmen der Notgeschäftsführung einen **Hausmeister einzustellen.**[35] 13

3. Der Aufwendungsersatzanspruch des Notgeschäftsführers

Derjenige WEer, der berechtigterweise Maßnahmen zur Notgeschäftsführung gem. § 21 Abs. 2 ergreift, kann von der **WEgem** Ersatz seiner Aufwendungen in Geld[36] analog §§ 110 HGB, 713, 670 BGB[37] verlangen. Bei den Maßnahmen der Notgeschäftsführung handelt es sich um berechtigte Geschäftsführung ohne Auftrag zur Verwaltung des GemE, weshalb die erforderlichen Aufwendungen Kosten der Verwaltung iSd § 16 Abs. 2 sind.[38] Da es sich um eine sog. Sozialverbindlichkeit der WEgem handelt, braucht sich der Notgeschäftsführer nicht einen seinem nach der GO oder nach § 16 Abs. 2 entsprechenden Anteil anrechnen zu lassen,[39] sondern wird hiermit erst in der Jahresabrechnung belastet; andernfalls müsste er Kosten des gemE vorfinanzieren. 14

Zu erstatten sind dem Notgeschäftsführer die Aufwendungen, die er den Umständen nach für erforderlich halten durfte, um einen dem GemE unmittelbar drohenden Schaden abzuwenden. Zu den notwendigen und erstattungsfähigen Aufwendungen zählen auch die zur Feststellung von Bauschäden angefallenen Kosten eines öffentlich bestellten und vereidigten Sachverständigen,[40] grundsätzlich aber **nicht** Kreditkosten zur Finanzierung der in Auftrag gegebenen Mängelbeseitigungsarbeiten[41] oder Aufwendungen, die das SE betreffen.[42] 15

Werden WEer unmittelbar gem. § 10 Abs. 8 als Teilschuldner in Anspruch genommen, sind sie berechtigt, den in Vorlage getretenen WEer auf **Befriedigung aus dem Verwaltungsvermögen** zu verweisen, da es sich um Kosten des GemE iSv § 16 Abs. 2 handelt.[43] In diesem Fall muss sich der WEer an den Verwalter wenden, der zur Berichti- 16

---

[34] BayObLG WE 1996, 152 (154) = NJWE-MietR 1996, 36 f. = WuM 1995, 728 (730); vgl. *Gottschalg* ZWE 2009, 127; vgl. auch *Bub* ZWE 2009, 245 (247).

[35] OLG Stuttgart OLGZ 1989, 179 (180).

[36] OLG München ZMR 2008, 321 = ZWE 2008, 384 m. Anm. *Drabek* = ZWE 2008, 202 *(Elzer);* OLG Hamm ZMR 2008, 230; ZWE 2009, 369 (372); OLGZ 1994, 22 (24) = WE 1993, 110 (111); OLGZ 1994, 134 (140) = WE 1993, 314 (315); OLG Frankfurt/M. OLGZ 1985, 144; OLG Stuttgart OLGZ 1986, 32; BayObLG 1986, 322.

[37] Überzeugend *Häublein* ZWE 2008, 410 (412 f.).

[38] Vgl. BayObLGZ 1986, 322 = NJW-RR 1986, 1463 = BayObLG WE 1987, 14; WuM 2003, 481; OLG Köln NZM 1999,672; OLG Hamm WE 1993, 110 f.; iErg ebenso *Bub* ZWE 2009, 245 (250).

[39] So aber OLG Hamm ZWE 2009, 369 (372); OLGZ 1994, 134; wie hier *Häublein* ZWE 2008, 410 (413).

[40] OLG Hamm OLGZ 1994, 134 (149); OLG Stuttgart OLGZ 1986, 32.

[41] OLG Hamm OLGZ 1994, 22 (25) = WE 1993, 110 (111).

[42] BayObLG ZWE 2003, 187.

[43] OLG Hamm OLGZ 1994, 22 (24) = WE 1993, 110 (111); *Elzer* ZMR 2008, 323 f.; abweichend OLG München ZMR 2008, 321 (322); vgl. auch *Bub* ZWE 2009, 245 (251).

gung der Forderung nach § 27 Abs. 1 Nr. 5, Abs. 3 Nr. 4 verpflichtet ist. Der Notgeschäftsführer bleibt aber auch dann berechtigt, Ersatz der Kosten aus dem Verwaltungsvermögen und damit einhergehend uU die Erhebung einer Sonderumlage zu verlangen, wenn er zunächst Aufwendungsersatz durch Zahlung in Geld verlangt hat, insbesondere um einen Forderungsausfall zu decken.

17 Der WEer kann Befriedigung seines Anspruchs auf Ersatz der ihm bei der Notgeschäftsführung entstandenen Aufwendungen auch dadurch erreichen, dass er seinen **Anspruch auf Aufwendungsersatz gegen Beitragsforderungen der WEgem gem. §§ 387, 389 BGB aufrechnet.**[44] Eine Aufrechnung gegen Beitragsansprüche ist aber nur möglich, wenn es sich um eine eigene, von dem aufrechnenden WEer selbst vorgenommene Notgeschäftsführung handelt, da Ansprüche aus einer Notgeschäftsführung im WE-Recht personengebunden und nicht beliebig übertragbar sind; denn die Aufrechnung mit einer aus einer Abtretung erlangten Gegenforderung ist mit dem Grundsatz von Treu und Glauben nicht vereinbar.[45]

18 Ist der WEer im Rahmen der Notgeschäftsführung eine Verbindlichkeit eingegangen, so hat er gegen die WEgem **gem. § 257 BGB** Anspruch auf **Befreiung von dieser Verbindlichkeit.**[46]

4. Notgeschäftsführung und Geschäftsführung ohne Auftrag

19 Nach hM sind die WEer trotz der nur eingeschränkten Befugnis zur Notgeschäftsführung berechtigt, Geschäfte der WEgem auch dann zu besorgen und nach den §§ 677 ff. BGB von den übrigen WEern Aufwendungsersatz zu verlangen, wenn sie nicht zur Abwendung eines dem gemE unmittelbar drohenden Schadens tätig werden.[47] Dies gilt insbesondere, wenn ein einzelner WEer eine Maßnahme vornimmt, deren Erfüllung im **öffentlichen Interesse** liegt (§ 679 BGB); hierzu zählt etwa eine aus Sicherheitsgründen notwendig gewordene Verkehrssicherungsmaßnahme.

20 Ein Rückgriff auf die Regeln der GoA ist darüber hinaus auch in den Fällen erforderlich, in denen ein WEer versehentlich, etwa weil er die Gefahrensituation auf Grund fachlicher Unkenntnis falsch beurteilte, von einem drohenden Schaden für das GemE ausgegangen ist. Nach § 21 Abs. 2 wäre ein Aufwendungsersatzanspruch des WEers ausgeschlossen, da das Vorliegen des Tatbestandsmerkmals „drohender Schaden" objektiv zu beurteilen ist. In diesen Fällen muss ihm die Möglichkeit verbleiben, soweit die Voraussetzungen des § 683 Satz 2 BGB gegeben sind, seine Aufwendungen nach dieser Vorschrift zu liquidieren. Dies gilt umso mehr, als der WEer, wie dies von der hM vertreten wird, aus dem Gemeinschaftsverhältnis **verpflichtet** sein soll, bei drohendem Schadenseintritt Maßnahmen zur Gefahrenabwehr einzuleiten. Es wäre in hohem Maße unbillig, dem handelnden WEer das Risiko jeder Fehleinschätzung aufzubürden.[48]

21 Ein Anspruch auf Aufwendungsersatz nach den Vorschriften der GoA kommt somit auch dann in Betracht, wenn die Maßnahme ordnungsgemäßer Verwaltung entspricht, aber nicht von § 21 Abs. 2 gedeckt ist, weil sie nicht zur Abwendung eines unmittelbar dro-

---

[44] BayObLG NJW 2003, 2323; ZWE 2003, 179 f.: WuM 1991, 413 (414); WE 1987, 17; BayObLGZ 1988, 212 (215); KG NZM 2002, 745; WE 1995, 213 (214); NJW-RR 1996, 465; OLG Frankfurt NZM 2003, 686; NJW-RR 2004, 1089.

[45] KG NJW-RR 1995, 719 (720); *Bub* ZWE 2009, 245 (251).

[46] Vgl. *Bub* ZWE 2009, 245 (251).

[47] OLG Hamburg ZMR 2007, 129 (130); ZMR 2004, 137 ff.; OLG Köln WE 1995, 240; KG MDR 1984, 495; BayObLGZ 1986, 322 (326); WE 1996, 152 (154) = WuM 1995, 728 (730); WE 1998, 355 (356); ZMR 2000, 187 f.; OLG Frankfurt ZWE 2009, 123 (125); OLGZ 1984, 148 (149; OLG Hamm OLGZ 1994, 134 (136) = WE 1993, 314 (315); OLG Celle ZWE 2002, 369 (370); *Bub* ZWE 2009, 245 (252); aA AG München WE 1994, 143 (144); *Kaminski* DWE 1995, 141.

[48] AA *Bub* ZWE 2009, 245 (252).

henden Schadens notwendig war. Dabei ist im Einzelnen gem. § 683 Satz 1 BGB zu prüfen, ob die Aufwendung dem **Interesse *und*** dem **wirklichen** oder **mutmaßlichen Willen** der WEer entsprochen hat und ob der handelnde WEer die Maßnahme den Umständen nach für erforderlich halten durfte (§ 670 BGB). Ergibt sich aus einem vorangegangenen Beschluss, dass die Maßnahme nicht dem wirklichen Willen der WEer entspricht, scheidet ein Anspruch auf Aufwendungsersatz aus.[49] Im Übrigen ist zu vermuten, dass die WEer in einem Fall, der nicht von der Notgeschäftsführung gedeckt ist, selbst von ihrer Entscheidungsbefugnis Gebrauch machen wollen.[50] Insbesondere wenn neben der von einem einzelnen WEer getroffenen Maßnahme weitere Maßnahmen in Betracht gekommen wären, entspricht sie im Zweifel nicht dem mutmaßlichen Willen der anderen WEer.[51] Etwas anderes gilt, wenn die vorgenommene Maßnahme ordnungsmäßiger Verwaltung entspricht, auf die der handelnde WEer nach § 21 Abs. 4 Anspruch hatte.[52] Berechtigte GoA soll vorliegen, wenn die Maßnahme objektiv dem Interesse der WEgem entspricht.[53] Keine berechtigte GoA ist etwa anzunehmen, wenn ein WEer ohne zustimmenden Beschluss der übrigen WEer und ohne Zustimmung des Verwalters neue Fenster in seiner Wohnung einbauen lässt, weil sich infolge mangelnder Dichtigkeit der alten Fenster nicht die von ihm erwünschte Behaglichkeit in seiner Wohnung einstellt, ein von den WEern eingeholtes Gutachten jedoch ergibt, dass die alten Fenster mit einem neuen, preisgünstigen Farbanstrich noch sechs bis acht Jahre dem gängigen Standard an Wärmeschutz entsprochen hätten.[54] Andererseits hat etwa ein WEer dann einen Anspruch auf Aufwendungsersatz, wenn er im Zuge eines ihm gestatteten Dachausbaus den Verwalter und die WEer über eine notwendige Sanierung des im GemE stehenden Dachstuhles unterrichtet und auf Grund einer vom Verwalter, dem Verwaltungsbeirat und der WEVers angewandten Hinhaltetaktik, die sich auf die Abwehr der Kostenbeteiligung beschränkt, die Sanierung schließlich selbst vornimmt.[55]

Kommt ein Anspruch aus §§ 683 Satz 1 iVm 670 BGB den Umständen nach nicht in **22** Betracht, so kann sich ein Zahlungsanspruch auf Grund nachträglicher Genehmigung der Geschäftsführung gem. § 684 Satz 2 BGB ergeben.[56] Bei Versagung dieser Genehmigung kann ein Anspruch aus ungerechtfertigter Bereicherung gem. **§§ 684 Satz 1, 812 ff. BGB** auf Ersatz der durch eine nützliche Maßnahme bewirkten Wertsteigerung gegeben sein.[57] Hiernach kann aber nur Ersatz solcher werterhaltenden Aufwendungen verlangt werden, die für die WEgem später unausweichlich ebenfalls angefallen wären.[58] **Bei aufgedrängten Aufwendungen** kommt ein bereicherungsrechtlicher Wertersatz nur in Betracht, wenn eine ordnungsmäßige Verwaltung des gemE es erfordert hätte, die vom einzelnen WEer eigenmächtig vorgenommene Maßnahme zumindest innerhalb eines überschaubaren Zeitraums von der WEgem durchzuführen.[59] Bei baulichen Maßnahmen kann sich ein **Zahlungsanspruch auch aus §§ 951 Abs. 1 iVm 812 ff. BGB** ergeben, wenn die eingebauten Gegenstände durch die Verbindung mit dem Gebäude gem. §§ 946, 94 BGB Teil

---

[49] OLG Hamburg ZMR 2007, 129 (130).

[50] Vgl. BayObLG NZM 2000, 299 (300); OLG Frankfurt/M ZMR 2009, 382 (383).

[51] OLG Celle ZWE 2002, 369 (370); *Bub* ZWE 2009, 245 (252).

[52] BayObLG NZM 2000, 299 (300); OLG Frankfurt/M ZMR 2009, 382 (383).

[53] OLG Köln NZM 2002, 125.

[54] OLG Köln WE 1995, 240.

[55] KG WE 1998, 223, mit Anm. *Armbrüster* WE 1998, 240.

[56] BayObLG WE 1998, 355 f.

[57] OLG Hamm WE 1993, 110 (111); BayObLGZ 1986, 322 (325 f.); WE 1989, 63 (64); *Bub* ZWE 2009, 245 (253).

[58] OLG Frankfurt/M ZWE 2009, 123 (126) m. Anm. *Gottschalg* = ZMR 2009, 382 (383); BayObLG NZM 2000, 299 (300); OLG Hamburg ZMR 2007, 129 (130); ZMR 2004, 137 ff.; OLG Schleswig OLGR 2004, 139 f.; LG Hamburg ZMR 2007, 818 f.

[59] OLG Hamburg ZMR 2007, 129 (130 f.); LG Hamburg ZMR 2007, 818 f.

des GemE werden. Dies ist etwa beim Einbau von Fenstern gem. § 94 Abs. 2 BGB der Fall,[60] wobei aber immer zu prüfen bleibt, ob die WEer den Bereicherungsanspruch nach den **Grundsätzen über die „aufgedrängte Bereicherung“** abwehren können.[61]

III. Die ordnungsgemäße Verwaltung durch Mehrheitsbeschluss (Abs. 3)

1. Allgemeines

23 Eine weitere wichtige Ausnahme von dem Grundsatz, wonach die Verwaltung des GemE allen WEern gemeinschaftlich zusteht, enthält § 21 Abs. 3. Danach können die WEer eine der Beschaffenheit des gemE entsprechende ordnungsgemäße Verwaltung durch Stimmenmehrheit beschließen, soweit nicht bereits eine Regelung durch Vereinbarung erfolgt ist. § 21 Abs. 3 ist dem § 745 Abs. 1 Satz 1 BGB nachgebildet,[62] der insoweit auf die Bedürfnisse der WEgem abgewandelt worden ist. Damit können auch im WE-Recht die wichtigsten Angelegenheiten des täglichen Lebens durch Mehrheitsbeschluss geregelt werden.[63] Anders als nach § 15 Abs. 2, wonach die WEer nicht nur den Gebrauch des gemE, sondern auch des SE durch Mehrheitsbeschluss regeln können, besteht die Beschlusskompetenz nach § 21 Abs. 3 nur für das **gemE.** Maßnahmen die auch das **SE** eines WEers betreffen, werden daher nur von § 21 Abs. 3 gedeckt, wenn diese für die Instandhaltung oder Instandsetzung des gemE, etwa zur Beseitigung von Gefahrenquellen wie Einbau von Rauchwarnmeldern[64] oder zur Erfüllung von Verkehrssichtungspflichten, erforderlich und deshalb nach § 14 Nr. 4 zu dulden sind.[65]

24 Die WEer können einen Mehrheitsbeschluss über die ordnungsgemäße Verwaltung jederzeit durch erneuten Mehrheitsbeschluss abändern oder aufheben. Dieser sog. **„Zweitbeschluss“** muss aber seinerseits ordnungsgemäßer Verwaltung entsprechen.[66] Soweit der Inhalt eines Mehrheitsbeschlusses nicht ordnungsgemäßer Verwaltung entspricht, ist er nach fristgerechter Anfechtung durch das Gericht gem. § 43 Nr. 4 für ungültig zu erklären.[67] Ein nicht für ungültig erklärter Beschluss wirkt gem. § 10 Abs. 4 auch ohne Eintragung im Grundbuch gegenüber dem Sondernachfolger.

25 Die den WEern in Angelegenheiten der Verwaltung des GemE eingeräumte Beschlusskompetenz besteht nach § 21 Abs. 3 nur, „soweit die Verwaltung des GemE nicht durch Vereinbarung geregelt ist.“ Durch Vereinbarung können die WEer also ihre gesetzliche Beschlusskompetenz zur Ausgestaltung einer ordnungsmäßigen Verwaltung beschränken und somit Verwaltungsentscheidungen mehrheitsfest machen (sog. **Vereinbarungsvorbehalt**).[68] Im Einzelfall ist durch Auslegung zu ermitteln, inwieweit die WEer Angelegenheiten der Verwaltung durch Vereinbarung mit der Folge regeln wollten, dass eine spätere Änderung der Verwaltungsentscheidung ihrerseits nur durch Vereinbarung aller WEer und nicht durch Mehrheitsbeschluss vorgenommen werden kann. Ist eine Angelegenheit, über die die WEer nach dem Gesetz durch Mehrheitsbeschluss entscheiden können, in der GemO durch „Vereinbarung“ geregelt, so lässt sich aus dem formalen Vereinbarungscha-

---

[60] Vgl. Palandt/*Heinrichs* § 94 Rn 7.

[61] Hierzu OLG Hamburg ZMR 2007, 129 (131); *Palandt/Bassenge* § 951 Rn 18 ff.; Staudinger/*Gursky* § 951 Rn 39 ff.

[62] BR-Drucks., 75/51 = PiG 8, 223 (235).

[63] Protokoll der 115. Sitzung des Deutschen Bundestages in PiG 8, 205 (211).

[64] OLG Frankfurt ZMR 2009, 864 f.

[65] BayObLGZ 1973, 68 (73 f.); LG München ZMR 2008, 488 (489); OLG Frankfurt ZMR 2009, 864 f.

[66] Zum abändernden und aufhebenden Zweitbeschluss sowie zu den Grenzen seiner Zulässigkeit vgl. § 23 Rn 56 ff. sowie *Merle,* WE 1995, 363.

[67] Zur Beschlussanfechtung und zur Bestandskraft von Beschlüssen vgl. § 23 Rn 157 ff., 195 ff.

[68] Vgl. *Becker/Kümmel* ZWE 2001, 128 (135); zur Erweiterung der Beschlusskompetenz durch sog. Öffnungsklausel s. § 23 Rn 14 ff.

rakter allein nicht der Wille entnehmen, die vereinbarte Regelung mehrheitsfest zu machen. Es müssen vielmehr besondere Anhaltspunkte vorliegen, die auf einen entsprechenden rechtsgeschäftlichen Willen schließen lassen. Auch können bei Begründung von WE Beschlussangelegenheiten entsprechend §§ 5 Abs. 4, 8 Abs. 2 geregelt werden, welche die Erwerber nur solange binden, als sie nicht mit Mehrheit etwas anderes beschließen.[69] Die Aufstellung einer Hausordnung in der GemO ist daher als einseitiger Entschluss des Gründers ab Entstehen der werdenden WEgem wie ein einstimmiger schriftlicher Beschluss iSd § 23 Abs. 3 zu behandeln.[70] Dies hat zur Folge, dass ab diesem Zeitpunkt § 21 Abs. 5 Nr. 1 WEG gilt, so dass die Hausordnung durch Beschluss geändert werden kann (vgl. Rn 61).

2. Ordnungsgemäße Verwaltung

Zu einer Beschlussfassung durch Mehrheitsbeschluss sind die WEer nach § 21 Abs. 3 nur **26**
berechtigt, soweit die beabsichtigte Maßnahme „ordnungsgemäßer Verwaltung" entspricht. Was unter dem Begriff der ordnungsgemäßen Verwaltung zu verstehen ist, lässt das Gesetz offen. Es konkretisiert diesen unbestimmten Rechtsbegriff jedoch an verschiedenen Stellen, zunächst in §§ 15 Abs. 2, 21 Abs. 3, wonach ordnungsgemäß ist, was der Beschaffenheit des gemE entspricht. Des Weiteren ergibt sich aus dem Wortlaut der §§ 21 Abs. 5, 4 und 15 Abs. 3, dass Maßnahmen, die dem Interesse der Gesamtheit der WEer nach billigem Ermessen entsprechen, zu einer ordnungsgemäßen Verwaltung gehören. Schließlich lässt sich aus §§ 14 Nr. 1, 21 Abs. 5 Nr. 1 entnehmen, dass ordnungsgemäß ist, was dem geordneten Zusammenleben der WEer dient. Unter Maßnahmen der ordnungsgemäßen Verwaltung fallen somit alle **Maßnahmen, die im Interesse aller WEer auf die Erhaltung, Verbesserung oder dem der Zweckbestimmung des gemE entsprechenden Gebrauch gerichtet sind.**[71] Diese Maßnahmen können wirtschaftlicher Art, wie etwa die in § 21 Abs. 5 beispielhaft aufgezählten Maßnahmen, oder rechtlicher Art sein, wie etwa der Abschluss von Verträgen mit Handwerkern, Mietern oder Pächtern oder das Geltendmachen von Forderungen der WEgem.[72] Im Übrigen lassen sich allgemein gültige Regeln nicht aufstellen. Es ist jeweils im Einzelfall, der mit einer Maßnahme verbundene Nutzen für die WEer gegen die damit verbundenen Risiken abzuwägen.[73]

Eine Maßnahme erfolgt im **Interesse der Gesamtheit der WEer,** wenn sie bei **27**
objektiv vernünftiger Betrachtungsweise unter Berücksichtigung **der besonderen Umstände** des Einzelfalles **nützlich** ist.[74] Dies ist der Fall, wenn sich die Maßnahme bei einer an den konkreten Bedürfnissen und Möglichkeiten ausgerichtete Kosten-Nutzen-Analyse und unter Berücksichtigung der Verkehrsauffassung[75] und der wirtschaftlichen Leistungsfähigkeit der Gemeinschaft im Einzelfall als vertretbar erweist.[76] So kann etwa die Anschaffung eines Schneeräumgerätes unter Berücksichtigung seines Preises, der klimatischen Verhältnisse und der Größe der Gemeinschaft ordnungsgemäßer Verwaltung entsprechen[77] oder die Erfüllung von Ansprüchen einzelner WEer gegen die WEgem.[78] Die

---

[69] Eingehend *Wenzel,* FS Bub (2007), S. 249 (266 ff.); s. a. § 26 Rn 67 f.; iErg ebenso, aber abweichende Begründung: *Schmidt* ZMR 325 (328); Riecke/Schmid/*Elzer* § 10 Rn 75 ff.

[70] *Wenzel,* FS Bub 2007, S. 249 (267 f.); *Gottschalg* NZM 2002, 841 (842); *Schmidt* ZMR 2009, 725 (735 f.).

[71] OLG Hamm MDR 1991, 350 (351) = NJW-RR 1992, 403; BayObLGZ 1975, 201 (203).

[72] OLG Düsseldorf ZMR 2000, 243 (244); LG Hamburg ZMR 2010, 64 (65).

[73] KG ZMR 2008, 474 (475).

[74] AllgA; s. nur: OLG Stuttgart DWE 1987, 99 (100); BayObLGZ 1975, 201; Weitnauer/*Lüke* § 21 Rn 12.

[75] Weitnauer/*Lüke* § 21 Rn 12.

[76] Statt vieler: KG WE 1989, 136 (137).

[77] BayObLG WuM 1991, 209 (210).

[78] OLG Düsseldorf WuM 2008, 368 (370 f.); AG Neuss NZM 2002, 31.

Nützlichkeit einer Maßnahme ist zu verneinen, wenn sie ausschließlich im Interesse eines Dritten erfolgt,[79] etwa dann, wenn die WEer einer Hotelanlage verpflichtet werden sollen, die Ablösesumme für Stellplätze eines Tagungsanbaus zu bezahlen, der von der Hotelbetriebsgesellschaft errichtet worden ist.[80] Auch die **konkrete Situation der WEgem,** ihre Größe sowie die örtlichen und klimatischen Gegebenheiten müssen bei der Beurteilung der Ordnungsgemäßheit der Maßnahme Berücksichtigung finden. Auch können Sicherheitserwägungen berücksichtigt werden, wobei schon die Beseitigung einer abstrakten Gefahr ausreicht.[81] Für die Nützlichkeit einer Maßnahme genügt indes nicht, dass die Maßnahme lediglich zweckdienlich ist und die Verwaltung erleichtert.[82]

28 Im Besonderen ist bei der Beurteilung der Nützlichkeit einer Maßnahme auch **die finanzielle Leistungsfähigkeit** der Gemeinschaft zu berücksichtigen. Eine zweckdienliche Maßnahme, die den finanziellen Rahmen der WEgem sprengt, entspricht nicht ordnungsgemäßer Verwaltung, wenn preiswertere Lösungen bestehen. Daher ist in jedem Fall eine **Kosten-Nutzen-Analyse** (10-Jahres-Vergleich) vorzunehmen[83] und es ist darauf zu achten, dass die beabsichtigte Maßnahme die einzelnen WEer in finanzieller Hinsicht nicht überfordert. Jedoch ist es möglich, dass trotz hoher finanzieller Belastung der WEer das Verschieben von Instandsetzungsmaßnahmen angesichts einer fortschreitenden Verschlechterung des Bauzustandes nicht in Frage kommt.[84]

Kommen im Rahmen der ordnungsgemäßen Verwaltung mehrere Maßnahmen in Betracht, die den o. g. Kriterien entsprechen, so ist es Sache der WEer, durch Stimmenmehrheit eine Auswahl zu treffen. Ihnen verbleibt somit ein **Beurteilungsspielraum** zwischen mehreren möglichen Maßnahmen.[85] Dieses aus ihrer Verwaltungsautonomie entspringende Ermessen,[85a] was Notwendigkeit und Zweckmäßigkeit einer Regelung angeht, ist gerichtlicher Nachprüfung weitgehend entzogen.[86] Keineswegs entspricht zwangsläufig immer nur die kostengünstigere Alternative ordnungsgemäßer Verwaltung. Vielmehr ist darauf abzustellen, ob der durch die Maßnahme verursachte finanzielle Aufwand im Hinblick auf die finanziellen Verhältnisse der WEer vertretbar ist.[87] Auch hinsichtlich der Vergabe von größeren Aufträgen zur Durchführung von Instandsetzungs- oder Instandhaltungsarbeiten ist den WEern zwar ein gewisser Beurteilungsspielraum zuzubilligen, jedoch verstößt ein Beschluss der WEer über die Vergabe solcher Aufträge regelmäßig gegen die Grundsätze ordnungsmäßiger Verwaltung, wenn zuvor nicht mehrere (mindestens drei)[88] **Vergleichsangebote** eingeholt worden sind.[89]

3. Einzelfälle

29 **a) Maßnahmen ordnungsgemäßer Verwaltung.** Maßnahmen ordnungsgemäßer Verwaltung können insbesondere sein: Der **Abschluss von Kauf-, Werk- und War-**

[79] BayObLG Rpfleger 1975, 367 (368).

[80] BayObLG WE 1993, 344 (345).

[81] BayObLG WE 1992, 197 (198).

[82] BGH WE 1991, 321 (322).

[83] OLG Köln ZMR 2007, 389.

[84] BayObLG DWE 1996, 75 (76) = WE 1996, 476.

[85] BayObLG WE 1992, 233; KG WE 1991, 324 (325); OLG Düsseldorf ZWE 2001, 37 (38 f.) = NZM 2000, 1067; *Elzer* ZMR 2001, 418 (421 f.).

[85a] Zum Ermessen s. OLG Hamburg ZMR 2010, 129 (130).

[86] OLG Frankfurt NZM 2009, 440.

[87] Statt vieler: KG WE 1989, 136 (137); OLG Düsseldorf ZWE 2008, 428 (431) m. Anm. *Sommer.*

[88] AG Rosenheim ZMR 2008, 923 f.

[89] BayObLG ZWE 2000, 37 (38) = NZM 2000, 512 mit zust. Anm. *Armbrüster* ZWE 2000, 20; ZMR 2004,148; OLG Köln ZMR 2004, 148; LG München ZMR 2008, 489; AG Hannover ZMR 2009, 151 f.; anders noch BayObLG NJW-RR 1997, 715 (717).

tungsverträgen, sowie von Versicherungsverträgen und Miet- und Pachtverträgen;[90] der **Abschluss eines Vergleichs;**[91] das **Anbringen einer Regenrinne** an einer Balkonbrüstung;[92] die **Anlage eingenommener Gelder;** die **Anschaffung von gemeinschaftlichen Gegenständen,** etwa die Anschaffung eines Schneeräumgerätes;[93] die **Anstellung eines Fahrstuhlwärters,** wenn dies nach der FahrstuhlVO für den Aufzug der WE-Anlage erforderlich ist;[94] die **Anstellung eines Hausmeisters**[95] oder eines **Nachtportiers** in einer WE-Anlage, zu der ein Hotelkomplex gehört.[96]

Der **Erwerb von Grundstücken** sowie **von WE oder TE** für die WEgem (§ 10 Abs. 6 Satz 1) kann ordnungsmäßiger Verwaltung entsprechen.[97] Sie kann daher als SEerin im Grundbuch eingetragen werden.[98] Ordnungsmäßiger Verwaltung können nicht nur Maßnahmen der Bewirtschaftung des gemE entsprechen, sondern auch einer Erweiterung desselben. 30

Ordnungsgemäßer Verwaltung entspricht regelmäßig auch die **Aufnahme eines Kontokorrentkredites,** da dies im allgemeinen Geschäftsverkehr durchaus üblich ist und eine relativ kostengünstige Möglichkeit darstellt, kurzfristigen Finanzbedarf zu decken. Deshalb vermag die Kreditaufnahme ordnungsgemäßer Verwaltung zu entsprechen, wenn sie auf die nur vorübergehende, dringend notwendige und nicht anders regelbare Überziehung des Gemeinschaftskontos gerichtet ist,[99] sofern das Kreditvolumen die Summe der Hausgeldvorauszahlungen aller WEer für den Zeitraum von drei Monaten nicht übersteigt. Denn die WEer sind verpflichtet, ihre Angelegenheiten aus eigenen Mitteln zu finanzieren, statt die WEgem übermäßig zu verschulden.[100] 31

Das **Aufstellen von jeweils einer Mülltonne für jede Wohnung** entspricht regelmäßig ordnungsmäßiger Verwaltung; etwas anderes gilt, falls darin ein Verstoß gegen öffentlich-rechtliche Vorschriften des Kommunalrechts zu sehen ist.[101] 32

Die **Aufstellung von Jahresabrechnung und Wirtschaftsplan** sowie eine entspr. **Beschlussfassung** im neuen Wirtschaftsjahr.[102] Zur ordnungsgemäßen Abrechnung zählen nicht nur eine geordnete Zusammenstellung aller Einnahmen und Ausgaben, sondern auch die Aufteilung des Ergebnisses der Gesamtabrechnung auf die einzelnen Eigentümer. 33

Die **Auftragserteilung** für die Durchführung einstimmig beschlossener Sanierungsarbeiten und die Festlegung der Einzelheiten der Durchführung, auch wenn diese über eine ordnungsgemäße Instandsetzung hinausgehen;[103] die Durchführung **bauordnungs-** 34

[90] Zur Vermietung von Gegenständen des gemE vgl. *Gottschalg* DWE 2000, 50 (55 ff.).

[91] BayObLG DWE 1982, 104; OLG Hamburg, ZMR 2008, 152 f.

[92] OLG Düsseldorf WE 1990, 204.

[93] BayObLG WuM 1991, 209 (210).

[94] OLG Hamm DWE 1986, 16, für eine gewerblich genutzte Anlage.

[95] BGHZ 106, 179 (181); WE 1989, 50; BayObLG WuM 1991, 310, für eine Maßnahme der Instandsetzung gem. § 21 Abs. 5 Nr. 2.

[96] BayObLG WE 1988, 104 (105).

[97] OLG Celle ZWE 2008, 237 (239) m. Anm. *Hügel* = NZM 2008, 370 ff. = ZMR 2008, 310 ff.; LG Hannover ZMR 2007, 893 m. Anm. *Kümmel.*

[98] *Kümmel* ZMR 2007, 894; aA LG Hannover ZMR 2007, 893 f.; LG Nürnberg-Fürth ZMR 2006, 812; LG Heilbronn ZMR 2007, 649 f. m. abl. Anm *Hügel.*

[99] OLG Hamm OLGZ 1992, 313 (315) = NJW-RR 1992, 403 (Ls); BayObLG WE 1991, 111 (112); KG NJW-RR 1994, 1105 (1107) = WE 1994, 271 (272); *Brych* WE 1991, 98 mwN aus der Rspr.

[100] Vgl. OLG Hamm OLGZ 1992, 313 (317 f.) = NJW-RR 1992, 403 (Ls); *Brych* WE 1992, 270 (270 f.) mwN.

[101] Im Ergebnis aA: BayObLG NJW-RR 1993, 1165 (1166).

[102] OLG Hamm WE 1990, 25 mwN; OLG Hamburg OLGZ 1988, 299 (300); zum Inhalt von Jahresabrechnung und Wirtschaftsplan s. die Kommentierung zu § 28.

[103] BayObLG WE 1992, 20.

rechtlicher Maßnahmen;[104] die **Berichtigung eines Fehlers im Protokoll** der WE-Ver;[105] die **Berichtigung eines Rechtsirrtums** im Zusammenhang mit der Jahresabrechnung jedenfalls dann, wenn sich der Irrtum auf die Abrechnungsmodalitäten beschränkt;[106] ein **Beschluss, der einen WEer daran festhält,** Kosten für die Beseitigung von Mängeln am gemE zu tragen, wenn sich dieser zuvor wirksam zur Kostenübernahme verpflichtet hat;[107] der **Betrieb der Heizungsanlage** auch während der **Sommermonate,** sofern eine Vereinbarung nicht entgegensteht;[108] die **Bestätigung eines früheren Beschlusses,**[109] die Durchführung eines **selbständigen Beweisverfahrens zur Ermittlung von Baumängeln.**[110]

35 Die **Bestellung des Verwalters**[111] einschließlich des Abschlusses des **Verwaltervertrages.**[112] Der Beschluss entspricht auch dann ordnungsgemäßer Verwaltung, wenn eine GmbH als Verwalterin bestellt wird; da dem Registergericht gem. § 8 Abs. 2 GmbHG nachgewiesen werden muss, dass die Hälfte des Mindeststammkapitals iHv Euro 25 000,– (§ 5 Abs. 1 GmbHG) aufgebracht ist, ehe die GmbH entsteht (§ 11 Abs. 1 GmbHG), ist hinreichend vorgesorgt, dass evtl. Ansprüche der WEer gegen die Verwalterin erfüllt werden können.[113] Bei der Frage, ob die Bestellung eines Verwalters ordnungsgemäßer Verwaltung entspricht, ist dessen persönliche und fachliche Eignung besonders kritisch zu prüfen, wenn ein Mehrheitseigentümer sein absolutes Stimmübergewicht gegen den Willen der Miteigentümer zur Durchsetzung seiner Eigeninteressen einsetzt.[114] **Erweiterung** der Aufgaben des Verwalters für **Steuerbescheinigung nach § 35 a EStG.**[115]

36 Die **Abberufung des Verwalters,**[116] auch eine sofortige Abberufung, wenn sie aus wichtigem Grunde erfolgt,[117] etwa weil der Verwalter aus dem Verwaltungsvermögen Zahlungen in beachtlicher Höhe an WEer erbracht hat.[118] Ein wichtiger Grund liegt vor, wenn den WEern nach Treu und Glauben eine Fortsetzung der Zusammenarbeit mit dem Verwalter nicht mehr zugemutet werden kann und deshalb das notwendige Vertrauensverhältnis zerstört ist.[119]

37 Die **Billigung bestehender Anpflanzungen** und **das Verbot weiterer Anpflanzungen,** wenngleich die Gemeinde weitere Anpflanzungen nicht untersagt;[120] die **Einrichtung einer Hauszentrale** in einer WE-Anlage, zu der ein Hotelkomplex gehört;[121] die **gerichtliche Klärung von Ansprüchen,** insbesondere von Schadensersatzansprüchen wegen Beschädigung des gemE[122] und von Gewährleistungsansprüchen wegen mangelhafter Leistungen in Bezug auf das GemE,[123] auch wenn die Erfolgsaussichten zweifelhaft

---

[104] OLG Düsseldorf MDR 1983, 320; AG Ahrensburg ZMR 2009, 78 ff.
[105] KG WE 1989, 139; BayObLG WE 1991, 81 (82); OLG Hamm OLGZ 1989, 314 (315) = WE 1989, 174.
[106] OLG Stuttgart OLGZ 1990, 175 (177) = WE 1990, 106 (106 f.).
[107] BayObLG WE 1993, 140 (141 f.).
[108] BayObLG DWE 1993, 82 (Ls); vgl. auch BayObLG WE 1994, 150 (151).
[109] OLG Stuttgart OLGZ 1988, 437; s. zum Zweitbeschluss § 23 Rn 56 ff.
[110] BayObLG ZWE 2002, 217 (218) = NJW-RR 2002, 805.
[111] BayObLG NJW-RR 1989, 461; Weitnauer/*Lüke* § 21 Rn 16.
[112] BayObLG WE 1991, 111 (112); WuM 1991, 310 (310 f.).
[113] BayObLG WuM 1993, 488 (489 f.).
[114] OLG Düsseldorf WuM 1995, 610 (611).
[115] KG ZMR 2009, 709 f.
[116] KG WE 1988, 168; OLG Düsseldorf WE 1991, 252.
[117] BayObLG NJW-RR 1989, 461; KG DWE 1989, 39.
[118] KG DWE 1989, 39.
[119] BayObLG DWE 1992, 131 (Ls); s. § 26 Rn 166 ff.
[120] BayObLG WE 1994, 28 = WuM 1993, 207 (208).
[121] BayObLG WE 1988, 104 (105).
[122] OLG Köln NJW 1968, 2063 (2063 f.).
[123] BayObLG DWE 1982, 104.

sind;[124] **Einziehung von Forderungen der WEgem gegen einzelne WEer;**[125] die **Ermächtigung des Verwalters,** Schadensersatzansprüche gegen den früheren Verwalter gerichtlich geltend zu machen, wenn der Anspruch nicht offensichtlich unbegründet ist;[126] die **Entfernung asbesthaltiger** Pflanzentröge wegen der von ihnen ausgehenden Gesundheitsgefahren;[127] die **Entfernung von Blumenkästen** aus Sicherheitsgründen von der Außenseite eines Balkons, der sich über dem Gehweg und der Garageneinfahrt befindet[128] bzw. von Spieltonnen von einer Dachterrasse;[129] der Beschluss über die **Farbe des im gemE stehenden Geländers eines Balkons** auch dann, wenn die WEer sich geeinigt haben, dass jeder WEer sein Geländer auf eigene Kosten streicht, eine Einigung über die Farbe aber nicht erfolgt ist;[130] die **Erhebung einer Sonderumlage,** um den Ausfall von Wohngeld auszugleichen;[131] die **Ergänzung eines Beschlusses** der WEVers durch einen neuen Beschluss;[132] die **Ermächtigung des Verwalters,** Streitfragen in der Gemeinschaft gerichtlich klären zu lassen,[133] insbesondere die Klärung einer Streitfrage im Rahmen eines bereits anhängigen Rechtsstreits, auch wenn dieser zwischenzeitlich ruht;[134] die **erneute Beschlussfassung** über denselben Gegenstand, wenn der neue Beschluss schutzwürdige Belange der einzelnen WEer berücksichtigt, die ihnen aus dem ersten Beschluss erwachsen sind;[135] die **Festlegung näherer Einzelheiten** – das „Wie" – **einer baulichen Veränderung,** wenn die Durchführung – das „Ob" – der Maßnahme als solche bereits wirksam beschlossen oder vereinbart wurde;[136] die Durchführung entspricht ordnungsgemäßer Verwaltung, wenn vor Vergabe eines größeren Auftrags an einen Handwerker Alternativ- oder Konkurrenzangebote eingeholt werden;[137] die **Festlegung des Mietzinses** bei Vermietung von GemE;[138] die **Festsetzung eines erhöhten Verwalterhonorars** für vermietete Wohnungen ggü. selbstgenutzten Wohnungen.[139] **Sondervergütungen** sind grds. immer ordnungsgemäß, wenn sie für Leistungen erbracht werden, die mit viel Zeit- und Arbeitsaufwand verbunden sind,[140] etwa für **Bescheinigung nach § 35 a EStG.**[141] Die Sondervergütung muss der Höhe nach angemessen sein und den voraussichtlichen Zeit- und Arbeitsaufwand berücksichtigen.[142] Da sich dieser bei der Beschlussfassung noch nicht endgültig absehen lässt, bestehen regelmäßig keine Bedenken dagegen, eine pauschale Sondervergütung festzulegen, die

---

124 OLG Frankfurt/M ZMR 2009, 462; OLGR Frankfurt 2006, 475; BayObLG NZM 1999, 862.

125 OLG Düsseldorf ZMR 2000, 243 (244): LG Hamburg ZMR 2010, 64 f.; BayObLGZ 1973, 68 (73 f.).

126 BayObLG WuM 1994, 571 (572) = ZMR 1994, 428 (429).

127 BayObLG WuM 1993, 207 (208).

128 BayObLG WE 1992, 197 (198).

129 BayObLG ZWE 2000, 173.

130 BayObLG WE 1997, 156 = ZMR 1997, 37 (38).

131 BGH DWE 1989, 130 (131); KG NJW-RR 1995, 397.

132 BayOblG DWE 1990, 62.

133 BayObLG DWE 1983, 94.

134 BayObLG WE 1988, 205 (206), für den Streit über die Beseitigung von Baumängeln.

135 BGHZ 113, 197 (200); s. dazu § 23 Rn 74 f.

136 BayObLG NJW-RR 1988, 1169; WE 1992, 20.

137 BayObLG ZWE 2000, 37 (38) = NZM 2000, 512 m. Anm. *Armbrüster* ZWE 2000, 20.

138 BayObLG Rpfleger 1979, 265.

139 OLG Frankfurt/M. NJW-RR 1991, 659.

140 BayObLG WE 1988, 200 (201), gegen die Ordnungsgemäßheit einer Gebühr von 120,– DM für die Einleitung eines Mahnverfahrens.

141 KG ZMR 2009, 709 (711).

142 BayObLG WE 1996, 440 = WuM 1996, 490 (491) ablehnend bezüglich einer zusätzlichen Vergütung zu Lasten der WEer, die bei Wohngeldzahlungen nicht am Lastschriftverfahren teilnehmen; s. auch OLG Düsseldorf WE 1999, 105 (107) = NZM 1999, 267.

auf Erfahrungswerten beruht. Deshalb kann für die gerichtliche Durchsetzung von Forderungen der WEgem eine Berechnung der Vergütung nach RVG mit Mehrheitsbeschluss vorgesehen werden.[143]

38 Die **Fortsetzung eines lange ruhenden Rechtsstreits,** um die abschließende Klärung einer Streitfrage herbeizuführen;[144] die **gärtnerische Gestaltung,** wobei auch das Anpflanzen einer Hecke zur ordnungsgemäßen Verwaltung gehören soll, allerdings mit der kaum überzeugenden Begründung, dass dies anders als die Errichtung eines Zaunes nicht mit einer gegenständlichen Veränderung des Grundstücks verbunden sei;[145] Duldung eines **Zugangs zum Garten;**[146] der Auftrag an einen Rechtsanwalt, öffentlich-rechtliche Schutzansprüche nach dem BImSchG wegen **Geruchs- und Lärmbelästigung** gegen einen WEer im verwaltungs- oder verwaltungsgerichtlichen Verfahren geltend zu machen;[147] **Haustür-Schließregelung.**[148]

39 Die **gleichzeitige Abstimmung über eine Sonderumlage,** mit der die Kosten für ein anhängiges WE-Verfahren bestritten werden sollen, **und über den Wirtschaftsplan;**[149] die **Kündigung eines Mietvertrages** über GemE wegen Eigenbedarfs;[150] die Anschaffung einer **Leiter** für Wartungs- und Reparaturarbeiten;[151] das **Markieren von Pkw-Stellplätzen** entspr. den Eintragungen in der Teilungserklärung;[152] die **Pacht** von Pkw-Stellplätzen anstelle des ursprünglich vorgesehenen Erwerbs zur Erfüllung einer behördlichen Auflage;[153] die **Pflege des vorhandenen Baumbestandes** einschließlich des Auslichtens durch Entfernung einiger Bäume;[154] die **Beseitigung eines** einzelnen **lichtentziehenden Baumes;**[155] die **Rechnungsprüfung;** die **Beauftragung eines Rechtsanwaltes,** sofern nicht die vertretenen Rechtspositionen offenkundig unhaltbar sind;[156] die Einholung eines **Rechtsgutachtens** zur Prüfung der Wirksamkeit von Beschlüssen;[157] die **Regelung des Gebrauchs einer gepflasterten Fläche zum Abstellen von Pkw;**[158] die **Schließung eines Schwimmbades** aus Wirtschaftlichkeitsgründen;[159] die Sicherung der **Zugänglichkeit** von Zufahrtswegen für **Rettungsfahrzeuge;**[160] die **Überlassung einer Hotelappartementanlage** an einen Hotelbetreiber, wenn sie von den WEern einheitlich und verbindlich für einen längeren Zeitraum beabsichtigt ist, denn unter diesen Voraussetzungen ist eine wirtschaftlich sinnvolle Nutzung der Anlage gesichert;[161] die **Umlage zur Beseiti-**

---

[143] BGHZ 122, 326 (332) = NJW 1993, 1924 (1925)= WE 1993, 308 (309); zustimmend: *Giesen* DWE 1993, 130 (138); für die Ordnungsgemäßheit einer Sondervergütung auch: OLG Köln NJW 1991, 1302 (1303); aA KG NJW 1991, 1304 (1304 f.); iErg offen gelassen: BayObLGZ 1988, 200 (201); s. ausführlich § 26 Rn 145 ff.

[144] BayObLG WE 1988, 205 (206).

[145] BayObLG WE 1992, 177 (178); WE 1992, 179.

[146] OLG Köln ZWE 2009, 284 f. *(Abramenko).*

[147] BayObLG NZM 1999, 175.

[148] OLG Frankfurt/M NZM 2009, 440.

[149] BayObLG DWE 1993, 82 (Ls).

[150] OLG Frankfurt/M. OLGZ 1987, 50; OLG Hamburg WE 1996, 429 (430) = NJWE-MietR 1996, 254 zur Kündigung eines bei der Begründung von WE nach § 571 Abs. 1 BGB auf die WEer übergegangenen Mietverhältnisses.

[151] BayObLG WE 1998, 154 (155).

[152] BayObLG NJW-RR 1987, 1490 (1491).

[153] BayObLG WE 1998, 506 (507).

[154] OLG Celle DWE 1989, 80; AG Düsseldorf ZMR 2010, 234.

[155] LG Freiburg NJW-RR 1987, 655.

[156] BayObLG WE 1999, 199.

[157] OLG Köln WE 1997, 428 (429).

[158] OLG Hamburg WE 1993, 167 (168); BayObLG NJW-RR 1998, 433 = WE 1998, 359.

[159] BayObLG WE 1988, 21 (22); Weitnauer/*Lüke* § 21 Rn 14.

[160] BayObLG B. v. 25. 4. 2001, 2 Z BR 56/01, ZWE 2001, 547 (548).

[161] BayObLG WE 1991, 83.

gung von Liquiditätsschwierigkeiten;[162] die **Umstellung der Verteilung der Heizkosten** auf eine der HKV entspr. verbrauchsabhängige Abrechnung (§ 6),[163] oder die Vornahme geeigneter **technischer Maßnahmen zur ordnungsgemäßen Wärmeerfassung** nach HKV,[164]sofern solche Maßnahmen nach einer Kosten-Nutzen-Analyse (10-Jahres-Vergleich) nicht unverhältnismäßig sind; **Wärmedämmung** gem. EnEV 2007;[164a] die **Unterbrechung der Stromzufuhr** vom Gemeinschaftszähler zum SE;[165] das **Verbot von Anpflanzungen** einer bestimmten Größe auf Sondernutzungsflächen, um Schäden für die darunter liegende Tiefgarage zu vermeiden;[166] die **Verfügung über gemE;**[167] die Wahrung der **Verkehrssicherungspflicht,** durch ausreichende **Beleuchtung** der Anlage[168] oder das Errichten eines Zaunes;[169] das **Verlangen nach Rechnungslegung** (§ 28 Abs. 4); die gemeinschaftsinterne **Verteilung der Schneeräum- und Streupflicht** auf den Verwalter oder die einzelnen WEer;[170] die Anschaffung von **Warmwasserzählern;**[171] der **Austausch eines Zeitschalters** für die Außenbeleuchtung durch einen Dämmerungsschalter, um eine ausreichende Beleuchtung des Zugangs sicherzustellen;[172] die **Wiederholung einer Abstimmung** in der WEVers, weil WEern nicht bewusst war, dass ihre Enthaltungen als Nein-Stimmen zu werten sind.[173]

b) Maßnahmen nicht ordnungsgemäßer Verwaltung. Verwaltungsmaßnahmen, 40
die nicht mehr ordnungsmäßig sind, können nur mit **Zustimmung aller WEer** der Gemeinschaft, also einstimmig beschlossen werden (§ 21 Abs. 1).[174] Wird eine nicht ordnungsmäßige Verwaltungsmaßnahme mit Stimmenmehrheit beschlossen, ist dieser Beschluss gem. § 23 Abs. 4 anfechtbar. Wird die Zustimmung aller WEer erreicht, scheidet hingegen eine Anfechtung wegen inhaltlicher Ordnungswidrigkeit des Beschlusses aus.[175] Zu den nicht ordnungsmäßigen Verwaltungsmaßnahmen zählen insbesondere: der **Abschluss eines Verwaltervertrages,** soweit es dieser dem Verwalter erlaubt, die WEer mit unkalkulierbaren finanziellen Verpflichtungen zu belasten oder den Verwalter zu einer unwirtschaftlichen Anlage eingenommener Gelder ermächtigt bzw. ihm ein überhöhtes Verwalterhonorar einräumt;[176] die Aufnahme von Regelungen in den Verwaltervertrag, die gegen die §§ 305 ff. BGB oder die GemO verstoßen oder denen die nötige Bestimmtheit fehlt;[177] das **Abstellen von Motorrädern** im Keller;[178] das **Anmieten eines Stellplatzes** für einen WEer auf einem Nachbargrundstück;[179] die **Aufstellung und Beschlussfassung hinsichtlich des Wirtschaftsplans,** der zu wesentlich überhöhten Wohngeldforderungen oder zu erheblichen Nachzahlungen führt;[180] die

[162] BGH DWE 1989, 130 (131); LG Saarbrücken ZMR 2009, 877.
[163] KG OLGZ 1988, 429 (430); OLG Hamm OLGZ 1987, 141 (142 f.); AG Düsseldorf WuM 1988, 171.
[164] OLG Köln ZMR 2007, 389; BayObLGZ 1998, 278 = WE 1998, 156.
[164a] AG Hannover ZMR 2010, 238.
[165] BayObLG WE 1992, 169.
[166] BayObLG WE 1994, 114; DWE 1993, 39 (Ls).
[167] BGH NJW 1987, 3177; OLG Hamm DWE 1991, 121 (122).
[168] BayObLG ZWE 2000, 580 (581) = NZM 2000, 499 (Ls).
[169] BayObLGZ 2000, 43 (46 f.) = ZWE 2000, 350 (351)= NJW-RR 2000, 968.
[170] OLG Stuttgart NJW-RR 1987, 976 (977), str.; hierzu eingehend unten Rn 78 ff.
[171] BayObLG WE 1990, 136 (137); OLG Düsseldorf ZWE 2008, 428 (430 f.).
[172] BayObLG WuM 1993, 758 (759).
[173] OLG Düsseldorf DWE 1989, 80 (Ls).
[174] *Schmack/Kümmel* ZWE 2000, 433 ff.; *Kümmel* ZWE 2001, 52 ff.; *Wenzel* ZWE 2001, 226 (230).
[175] *Kümmel* ZWE 2001, 516 (518); *ders.* ZWE 2001, 52 (55).
[176] OLG Düsseldorf ZWE 2001, 219 (221 ff.) = NJW-RR 2001, 660.
[177] BayObLG WE 1991, 295 (296).
[178] BayObLG WE 1988, 143.
[179] OLG Köln WE 1999, 115 (116).
[180] BayObLG WE 1989, 64 (65).

Auszahlung des „Guthabens" an der Instandhaltungsrückstellung;[181] die Übernahme einer **Baulast** auf das gemeinschaftliche Grundstück zugunsten des Nachbargrundstücks, z. B. der Verzicht auf die Abstandsfläche zu einem Bauwerk;[182] die **Beschlussfassung,** obschon die WEer über die rechtlichen, wirtschaftlichen und tatsächlichen Folgen des Beschlusses nicht hinreichend aufgeklärt worden sind;[183] **Beschlüsse, die auf rechtsmissbräuchlicher Stimmrechtsausübung beruhen,** wenn konkrete Umstände hinzukommen, die die Stimmrechtsausübung als einen Verstoß gegen das Gebot der Rücksichtnahme ggü. der WEgem erscheinen lassen;[184] die **grundlose inhaltsgleiche Wiederholung** früherer Eigentümerbeschlüsse, die bereits angefochten sind;[185] **der das Protokoll einer WEgem „genehmigende" Beschluss,** weil dieser geeignet ist, den unrichtigen Eindruck zu erwecken, auch die nicht zustimmenden WEer könnten Protokollierungsfehler nicht mehr geltend machen;[186] der Beschluss über die Wiederherstellung des ursprünglichen baulichen Zustands ohne vorherige Prüfung, ob zwischenzeitlich vorgenommene bauliche Veränderungen **Bestandsschutz** genießen;[187] der **Beschluss** der Eigentümer einer Hausgemeinschaft innerhalb einer Mehrhausanlage, einen **Wartungsvertrag** zu **kündigen,** wenn die WEgem Vertragspartner ist;[188] die **Bestellung eines weiteren Verwalters** bei Ungewissheit hinsichtlich der Wirksamkeit der Abberufung des bisherigen Verwalters, weil die Gefahr besteht, die Verwaltung doppelt vergüten zu müssen;[189] die **Wiederbestellung eines Verwalters,** dessen Zustimmung zur Veräußerung von WE nach § 12 erforderlich ist und der zugleich als Immobilienmakler tätig wird;[190] der Beschluss, Salden aus der Jahresabrechnung auf neue Rechnung vorzutragen;[191] eine Einzelabrechnung, in die ein noch gegenüber dem Veräußerer von WE fällig gestellter anteiliger Sonderumlagen-Beitrag als ein vom Erwerber auszugleichender Rückstand eingestellt wird;[192] die **Einleitung** eines **aussichtslosen** gerichtlichen **Verfahrens;**[193] die **Entlastung des Verwaltungsbeirats**[194] **oder des Verwalters,** obwohl dieser eine vollständige Abrechnung für das vergangene Wirtschaftsjahr noch nicht[195] oder unrichtig[196] erstellt hat oder obwohl den WEern aus anderen Gründen möglicherweise noch Ansprüche zustehen und kein Anlass besteht, auf sie zu verzichten;[197] die Verpflichtung der WEer, im Falle der Nichtteilnahme am **Lastschriftverfahren,** eine **unangemessene Sondervergütung** an den Verwalter zu zahlen;[198] die **Erteilung eines Reparaturauftrags mit den Stimmen einer Mehrheitsgruppe an ein anderes Mitglied dieser Gruppe,** wenn weitere Kostenangebote nicht vorliegen, wobei es auf die Frage, ob der Preis überhöht ist, nicht ankommen soll, da anderenfalls bei einer gerichtlichen Auseinandersetzung hohe Kosten für Sachverstän-

[181] OLG Hamm WE 1991, 108 (109).
[182] OLG Hamm DWE 1991, 121 (122).
[183] LG Hamburg WuM 1986, 153.
[184] KG WE 1989, 168; NJW-RR 1987, 268 = ZMR 1987, 61; NJW-RR 1986, 643 (644).
[185] KG WE 1994, 58 (59).
[186] BayObLG WE 1988, 18 (19).
[187] OLG Düsseldorf NJWE-MietR 1997, 111 = WE 1997, 309; vgl. § 22 Rn 197.
[188] BayObLG ZWE 2000, 523 (524 f.) = NZM 2000, 1021.
[189] KG GE 1990, 439.
[190] BayObLG WE 1997, 439 (440) = NJW-RR 1998, 302; vgl. § 26 Rn 20.
[191] LG Düsseldorf WuM 1994, 399.
[192] KG OLGZ 1994, 141 (144) = NJW-RR 1994, 83 (84) = WE 1994, 48 (49).
[193] BayObLG ZWE 2001, 548 (549) = NZM 2001, 539.
[194] BayObLG WuM 1993, 488 (489).
[195] KG NJW-RR 1987, 79 (80).
[196] KG WE 1988, 167.
[197] BayObLGZ 1987, 86 (94 f.); WE 1991, 164; ZWE 2000, 268 (271) = NZM 2000, 319.
[198] BayObLG WE 1996, 440 = WuM 1996, 490 (491); vgl. auch OLG Düsseldorf WE 1999, 105 (107); OLG Hamm ZWE 2000, 424 (425) = NJW-RR 2000, 1181; vgl. § 26 Rn 125.

dige entstünden;[199] der Beschluss über die **Zahlung einer Werklohnforderung** ohne Vorbehalt und vor Abnahme, wenn erkennbar in Betracht kommt, dass dem Unternehmer die geforderte Vergütung nicht in der verlangten Höhe zusteht und nicht aus besonderen Gründen Anlass besteht, gleichwohl Zahlung zu leisten.[200]

Der **Erwerb eines weiteren Grundstücks,** wenn nicht außergewöhnliche Umstände eine andere Beurteilung rechtfertigen;[201] die Verpflichtung der WEer einer Hotelanlage, die **Ablösesumme für Stellplätze** eines von einem Dritten errichteten Tagungsanbaus zu übernehmen;[202] die **gemeinsame** Durchführung der **WEVers** zweier rechtlich selbstständiger WEgem;[203] die **nachträgliche Anerkennung,** dass ein Rechtsanwalt seine Tätigkeit für alle WEer erbracht hat, obwohl einige WEer von Anfang an klargestellt hatten, dass sie durch den betreffenden Rechtsanwalt nicht vertreten sein wollten;[204] der Beschluss über die **Stilllegung eines Müllschluckers,** wenn er allein mit der durch öffentliche Vorschriften geforderten Mülltrennung begründet ist;[205] das Erstatten einer **Strafanzeige** gegen den Verwalter, da nach dem Straf- und Strafprozessrecht der einzelne WEer darüber entscheiden können muss, ob er eine Strafanzeige erstattet.[206] 41

Der **Verzicht auf die Bezeichnung eines Beschlussgegenstandes** bei der Einberufung der WEVers;[207] der **Verzicht auf die Heizkostenverbrauchserfassung,** wenn eine solche nach der HKV erforderlich ist;[208] die Weiterbenutzung eichpflichtiger **Wärme- oder Warmwasserverbrauchserfassungsgeräte** nach Ablauf der Eichfrist;[209] die **Wahl eines Verwalters oder eines Mitglieds des Verwaltungsbeirates,** wenn ein wichtiger Grund gegen dessen Wahl spricht, weil unter Berücksichtigung aller Umstände nicht mit dem erforderlichen Vertrauensverhältnis zu rechnen ist und eine Zusammenarbeit mit dem Gewählten schlechthin unzumutbar ist;[210] die Nichtgeltendmachung von schlüssigen Forderungen der WEgem.[211] 42

Die Weigerung, einem WEer die **Anbringung von werbenden Hinweisen am gemE** zu gestatten, wenn gleichzeitig einem Zwischenvermieter, dem die überwiegende Zahl der WEer ihre Wohnungen vermieten, die Anbringung erlaubt wird. 43

IV. Der Anspruch auf ordnungsgemäße Verwaltung (Abs. 4)

1. Allgemeines

Nach § 21 Abs. 4 hat jeder WEer einen individuellen Rechtsanspruch auf eine Verwaltung des gemE, die den Vereinbarungen und Beschlüssen und, soweit solche nicht bestehen, „dem Interesse der Gesamtheit der WEer nach billigem Ermessen entspricht". Hierunter ist, wie sich aus § 21 Abs. 5 ersehen lässt, **eine ordnungsgemäße Verwaltung** zu verstehen.[212] Neben der auf §§ 43 Nr. 4, 46 beruhenden Befugnis des einzelnen WEers zur Anfechtung von Beschlüssen, die insbes. nicht ordnungsgemäßer Verwaltung entspre- 44

[199] KG OLGZ 1994, 149 (150) = WE 1993, 311 (312).
[200] KG ZMR 2008, 474 (475).
[201] BayObLGZ 1973, 30 (34).
[202] BayObLG WE 1993, 344 (345).
[203] BayObLGZ 2000, 340 (344) = ZWE 2001, 213 (215) = NJW-RR 2001, 1233.
[204] BayObLG WE 1993, 142 (142 f.).
[205] BayObLG NJWE-MietR 1996, 159 = WE 1996, 474.
[206] KG OLGZ 1991, 306 (307 f.) = WE 1991, 323.
[207] OLG Hamm NJW-RR 1993, 468 (469) = WE 1993, 111 (113).
[208] OLG Düsseldorf DWE 1989, 29.
[209] BayObLGZ 1998, 97 = NJW-RR 1998, 1626 = WE 1999, 26.
[210] Für den Verwalter: BayObLG WE 1991, 167 (168); 1990, 68; ZWE 2001, 22 (24) = NZM 2001, 672; für Mitglied des Verwaltungsbeirats: BayObLG WE 1991, 226 (227).
[211] OLG Düsseldorf NZM 2000, 347; LG Hamburg ZMR 2010, 64 (65).
[212] Vgl. *Schmid* ZfIR 2009, 721 (722).

chen, stellt der Gesetzgeber dem **einzelnen WEer** mit § 21 Abs. 4 eine Anspruchsnorm zur Seite, mit der er aktiv, auch wenn er sich insoweit innerhalb der WEgem in einer Minderheitenposition befinden sollte, ohne Mitwirkung der übrigen WEer die ordnungsgemäße Verwaltung des GemE, insbes. durch entsprechende Beschlüsse, sicherstellen kann. Der Schadensersatzanspruch eines WEers nach § 280 BGB wegen unterbliebener, verzögerter oder fehlerhafter Beschlussfassung richtet sich gegen die WEer, die die Pflicht zur ordnungsmäßigen Verwaltung schuldhaft verletzt haben.[213]

45 Von dem Anspruch des einzelnen WEers gegen die übrigen WEer gem. § 21 Abs. 4, der nicht gegen die WEgem besteht,[214] ist der **Anspruch der rechtsfähigen WEgem gegen die WEer** auf ordnungsmäßige Verwaltung zu unterscheiden.[215] Die WEer treffen Treuepflichten,[216] die ein Mindestmaß an Loyalität gegenüber der WEgem erfordern. Hierzu gehört u. a. die Pflicht, der WEgem die finanzielle Grundlage zur Begleichung der laufenden Verpflichtungen durch Beschluss über Wirtschaftsplan, Sonderumlage oder Jahresabrechnung zu verschaffen. Dieser Anspruch der WEgem aus dem Treueverhältnis ist pfändbar. Erfüllen die WEer schuldhaft ihre Verpflichtung ggü. der WEgem zur Beschlussfassung nicht, so kann die WEgem die WEer auf Schadensersatz wegen Pflichtverletzung nach § 280 BGB in Anspruch nehmen.[217]

46 Der Anspruch gem. § 21 Abs. 4 steht **nur** dem **einzelnen WEer,** nicht aber Dritten, etwa dem Mieter eines WEers **zu;** dieser kann von seinem Vermieter aber evtl. auf Grund des Mietvertrages verlangen, die erforderlichen Maßnahmen zu ergreifen, um die anderen WEer zur Mitwirkung an einer ordnungsgemäßen Verwaltung, insbesondere einer Instandsetzung zu bewegen.[218] Die WEer können die Regelung des § 21 Abs. 4 durch Vereinbarung modifizieren oder gänzlich abbedingen.[219]

2. Der Inhalt des Anspruchs gem. § 21 Abs. 4

47 Der generelle Anspruch des einzelnen WEers nach § 21 Abs. 4 richtet sich gegen die übrigen **WEer,**[220] den **Verwalter**[220a] oder **Mitglieder des Verwaltungsbeirats.**[221] Er ist auf Einhaltung und Durchführung von **Beschlüssen** und **Vereinbarungen** der WEer gerichtet. Daraus folgt, dass bei der Überprüfung eines Beschlusses die Bindung der WEer an frühere Beschlüsse zu beachten ist.[222] Bestehen Vereinbarungen oder Beschlüsse nicht, so kann die **Mitwirkung der WEer** an einer **ordnungsgemäßen Verwaltung** verlangt werden. Die konkrete Mitwirkung der übrigen WEer kann darin liegen, einer Maßnahme, die ordnungsgemäßer Verwaltung entspricht, durch Beschluss **zuzustimmen,**[223] etwa zur Einführung einer verbrauchsabhängigen Abrechnung, weil sie dem Verursacherprinzip Rechnung trägt und damit zu Einsparungen führt,[224] auf Herstellung eines erstmaligen

---

213 OLG München NZM 2008, 211 (212) = ZMR 2008, 562 (563).

214 OLG München ZMR 2008, 562 (563); 2009, 225 (226); 2010, 395; LG München I ZWE 2010, 218; MünchKomm-*Engelhardt* § 14 Rn 21; aA *Schmid* ZfIR 2009, 721 (722); *Horst* DWE 2008, 110 (112); *Neumann* WuM 2006, 489.

215 BGH ZMR 2005, 547 (554 f.); *Schmid* ZfIR 2009, 721 (723); unklar OLG München NZM 2008, 211 (212).

216 Vgl. dazu allgemein *Armbrüster* ZWE 2002, 333 f.

217 BGH ZMR 2005, 547 (555); *Neumann* WuM 2006, 489 (492).

218 LG Berlin WuM 1988, 156; AG Charlottenburg GE 1986, 1127; *Emmerich/Sonnenschein,* Miete, 5. Aufl. 1989, Rn 14 §§ 535, 536; aA: LG Berlin GE 1989, 113.

219 AA Staudinger/*Bub* § 26 Rn 18, der eine völlige Abdingbarkeit verneint.

220 BGH ZMR 2005, 547 (555); LG München I ZMR 2010 67 (68); ZWE 2010, 218; vgl. auch OLG Hamburg ZWE 2002, 134 (135) für eine aus zwei WEern bestehende Gemeinschaft.

220a LG München I ZWE 2010, 218.

221 Vgl. *Schmid* ZfIR 2009, 721 (722 f.).

222 OLG Stuttgart OLGZ 1988, 437 (438) = WE 1988, 197.

223 LG München I ZMR 2010, 67 (68).

224 OLG Düsseldorf ZWE 2009 395 (398).

ordnungsgemäßen Zustandes,[225] auf Geltendmachung von Forderungen der WEgem[226] Der konkrete Einzelanspruch unterliegt der dreijährigen **Verjährungsfrist** des § 195 BGB.[227] Sie beginnt zu dem Zeitpunkt, in dem der Gläubiger von dem Anspruch Kenntnis erlangt oder seine Unkenntnis auf eine grobe Fahrlässigkeit zurückzuführen ist; als Zweiterwerber muss sich ein WEer die Kenntnis seines Rechtsvorgängers bzw. dessen fahrlässige Unkenntnis zurechnen lassen.[228]

Mit der Durchsetzung des Anspruch nach § 21 Abs. 4 kann der einzelne WEer eine ordnungsgemäße Verwaltung **für die Zukunft** sicherstellen; der Anspruch besteht allerdings nur, wenn nicht eine Vereinbarung oder ein Beschluss entgegensteht. Ein WEer kann daher nicht verlangen, dass ordnungswidrige Maßnahmen rückgängig gemacht werden, wenn diese auf Grund eines bestandskräftigen Beschlusses vorgenommen wurden. Einen Beseitigungs- oder Folgenbeseitigungsanspruch gewährt § 21 Abs. 4 nur gegen solche Maßnahmen, die auf Grund eines nichtigen oder für ungültig erklärten Beschlusses vorgenommen wurden.[229] 48

Der Anspruch muss sich nicht stets gegen alle übrigen WEer richten, er kann **auch gegen einen einzelnen WEer** geltend gemacht werden.[230] Dies wird etwa der Fall sein, wenn ein einzelner WEer durch Vereinbarung ermächtigt ist, einen Ausbau seines SE vorzunehmen, der möglicherweise in das GemE eingreift, und die übrigen WEer einen ordnungsgemäßer Verwaltung entsprechenden Ausbau einfordern wollen. Da auch die erstmalige Herstellung eines ordnungsgemäßen Zustandes zur ordnungsgemäßen Instandhaltung und Instandsetzung gehört, kann von dem zum Ausbau berechtigten WEer gemäß §§ 21 Abs. 4, 5 Nr. 2 verlangt werden, dass er die Bauarbeiten den anerkannten Regeln der Technik und Baukunst entsprechend durchführt.[231] Ein Anspruch gegen einen einzelnen WEer besteht auch, wenn die tatsächliche Bauausführung hinsichtlich des SEs vom Aufteilungsplan abweicht. Der benachteiligte WEer kann von dem Begünstigten die Herstellung eines aufteilungsplangemäßen Zustandes fordern.[232] Dies gilt auch dann, wenn sich die Abweichung auf Sondernutzungsrechte bezieht.[233] Eine Grenze findet dieser Anspruch allerdings in Treu und Glauben, so dass der Anspruch auf Herstellung des plangemäßen Zustandes dann nicht durchsetzbar ist, wenn dies nur durch tiefgreifende Eingriffe in das Bauwerk verwirklicht werden könnte.[234] Entspricht hingegen die tatsächliche Bauausführung dem Aufteilungsplan, fehlt es jedoch tatsächlich an der Abgeschlossenheit, so kann zur nachträglichen Herstellung grds. nicht die bauliche Veränderung fremden SEs verlangt werden.[235] 49

Der Verwalter kann über § 21 Abs. 4 dazu angehalten werden, die ihm durch Gesetz, etwa gem. §§ 24, 27,[236] 28,[237] durch Vereinbarung oder durch Beschluss[238] zugewiesenen Aufgaben auszuführen. Hierzu gehört auch ein Auskunftsanspruch aus § 21 Abs. 4 iVm 50

---

[225] OLG Düsseldorf ZWE 2009, 706 ff.; AG Hamburg ZMR 2009, 804 ff.; LG München I ZMR 2010, 67 (68).

[226] AA *Schmid* ZfIR 2009, 721 (722): Anspruch gegen WEgem.

[227] Vgl. *Schmid* ZMR 2009, 585 (587 f.).

[228] OLG Düsseldorf ZWE 2009, 706 (708); AG Hamburg ZMR 2009, 804 (805).

[229] Vgl. BayObLG NJW-RR 1992, 1367 = WE 1993, 287; WE 1997, 156 = ZMR 1997, 37 (38).

[230] *Schmid* ZfIR 2009, 721 (722 f.); aA *Bub* WE 1996, 408 (409).

[231] BayObLG WE 1993, 140; 1993, 254 (255); ZWE 2002, 523 (524).

[232] BayObLG WE 1997, 73.

[233] BayObLG ZWE 2001, 72 (73) = NZM 2000, 1011.

[234] BayObLG WE 1997, 73; ZWE 2002, 589; OLG Hamburg ZWE 2002, 592 (595).

[235] OLG Düsseldorf WuM 1996, 441 (442).

[236] BayObLG ZWE 2001, 370 (372) = NJW-RR 2001, 1020.

[237] OLG Frankfurt/M. DWE 1983, 58 = Rpfleger 1981, 399.

[238] OLG Celle OLGZ 1979, 133 (133 f.).

§ 28 Abs. 3–5, wenn die WEgem ihr Auskunftsrecht nicht wahrnimmt.[239] Gegen den Verwalter ist auch der Anspruch gerichtet, einen bestimmten Punkt in die Tagesordnung für eine WEVers aufzunehmen.[240]

51 § 21 Abs. 4 gibt den WEern darüber hinaus auch einen Anspruch auf **Einhaltung gerichtlicher Entscheidungen.**[241] Hat das Gericht an Stelle der WEer gem. § 21 Abs. 8 entschieden, kann die gerichtliche Gestaltung aber durch privatautonome Regelung der WEer geändert werden, auch wenn die gerichtliche Entscheidung rechtskräftig geworden ist.[242] Ist durch das Gericht eine Vereinbarung ersetzt worden, so ist zu deren Änderung eine Vereinbarung der WEer erforderlich, wurde ein Beschluss ersetzt, kann die Entscheidung durch Beschluss der WEer mit der jeweils erforderlichen Stimmenmehrheit geändert werden, wenn die Voraussetzungen für einen Zweitbeschluss vorliegen.

52 Das Verlangen nach ordnungsgemäßer Verwaltung gem. § 21 Abs. 4 kann im Einzelfall gem. § 242 BGB **rechtsmissbräuchlich** sein, insbesondere wenn die Durchführung der Maßnahme unzumutbar ist.[243] In diesem Fall kann sich der Anspruch auf Ersatz des durch die Benachteiligung entstehenden Schadens richten.[244] Enge verwandtschaftliche Beziehungen zwischen den WEern begründen alleine noch keinen Missbrauch des Begehrens nach ordnungsgemäßer Verwaltung. Eine Ausnahme kann sich auf Grund der Beistandspflicht gem. § 1618 a BGB bei einer Zwei-Personen-Gemeinschaft hinsichtlich der Räum- und Streupflicht mit der Folge ergeben, dass ein Mitglied der Gemeinschaft von der Räum- und Streupflicht befreit ist.[245]

3. Die gerichtliche Durchsetzung des Anspruchs

53 Der einzelne WEer kann seinen Anspruch aus § 21 Abs. 4 gerichtlich gem. § 43 Nr. 1 durchsetzen, wenn die **übrigen WEer** seinem Begehren nach ordnungsgemäßer Verwaltung nicht nachkommen. Eine gerichtliche Durchsetzung des Anspruchs aus § 21 Abs. 4 kommt insbesondere in Betracht, wenn ein Antrag auf Durchführung einer Maßnahme, die allein ordnungsgemäßer Verwaltung entspricht, durch Beschluss abgelehnt wird,[246] etwa wenn bei einer **Zwei-Personen-Gemeinschaft** Stimmengleichheit erzielt wird.[247] Darüber hinaus ist die Möglichkeit gerichtlicher Durchsetzung einer ordnungsgemäßen Verwaltung namentlich dann von praktischer Bedeutung, wenn die Bestellung oder Abberufung eines Verwalters erforderlich ist. Nimmt der **Verwalter** erforderliche Maßnahmen nicht vor, kann der Anspruch auf ordnungsgemäße Verwaltung gegen ihn gerichtlich gem. § 43 Nr. 3 durchgesetzt werden.[248]

54 Haben die WEer einen ordnungsgemäßer Verwaltung widersprechenden Beschluss gefasst, so muss er nach §§ 43 Nr. 4, 46 angefochten werden, andernfalls bleibt er gültig (§ 23 Abs. 4). Ein WEer kann nicht gem. § 21 Abs. 4 verlangen, dass die Ausführung eines **bestandskräftig gewordenen** Beschlusses unterbleibt, selbst wenn er im konkreten Fall

[239] OLG Hamm OLGZ 1988, 37 (40 f.); im Ergebnis auch NJW-RR 1988, 268 (269); OLG Celle OLGZ 1983, 177 (178); BayObLG WE 1991, 253; KG OLGZ 1987, 185 (186).

[240] BayObLG WE 1992, 234 (235) ; ZWE 2001, 603; vgl. § 23 Rn 84 f.

[241] BayObLG DWE 1982, 102 = MDR 1982, 757 (758); vgl. auch OLG Köln ZWE 2000, 591 (592).

[242] Vgl. Rn 194 ; KG NJW-RR 1996, 779 (780); *Abramenko* § 2 Rn 103.

[243] So im Ergebnis: BayObLG WE 1989, 221; WE 1995, 284 (285); NJWE-MietR 1996, 256 = WE 1996, 239; ZWE 2001, 366 (368).

[244] OLG Celle OLGZ 1981, 106 (108 f.); BayObLG NJW-RR 1990, 332 (333), für einen Fall der Unzumutbarkeit der Herstellung des plangemäßen Zustandes unter Beseitigung des planwidriger Gegebenheiten.

[245] BayObLG NJW-RR 1993, 1361 (1362) = WE 1994, 242 (243).

[246] OLG Hamm DWE 1995, 80 (81).

[247] Vgl. BayObLG ZWE 2002, 357 (358) = NZM 2002, 609 (610).

[248] Vgl. § 43 Rn 77 ff.

anfechtbar gewesen wäre.[249] Schon aus § 21 Abs. 4 selbst lässt sich unmittelbar entnehmen, dass die Verwaltung des GemE vorrangig den getroffenen Beschlüssen der WEer entsprechen muss. Dies gilt nicht, wenn schwerwiegende Gründe, etwa wegen Änderung tatsächlicher Verhältnisse,[250] ein Festhalten an einer Vereinbarung (§ 10 Abs. 2 Satz 3) oder an einem bestandskräftigen Beschluss[251] als unbillig und damit als gegen Treu und Glauben verstoßend erscheinen lassen.[252] Einer Beschlussanfechtung bedarf es nicht, wenn die WEer den Antrag auf Durchführung einer Maßnahme mehrheitlich abgelehnt haben (sog. negativer Beschluss; vgl. § 23 Rn 160).

Eine **Klage** auf „Durchführung" einer bestimmten Maßnahme ordnungsgemäßer Ver- 55
waltung gem. § 43 Nr. 1 kann **Leistungsklage** auf **Zustimmung** der übrigen WEer zur Durchführung dieser konkret bezeichneten Maßnahme ordnungsgemäßer Verwaltung nach § 21 Abs. 4 oder **Gestaltungsklage** auf gerichtliche **Regelung** nach §§ 21 Abs. 4, 21 Abs. 8 sein.[253] Beide unterscheiden sich nach dem Rechtsschutzziel. Ob das eine oder andere gewollt ist, unterliegt dem Dispositionsgrundsatz und ist ggf. durch Auslegung zu ermitteln. Rechtsschutzziel einer **Gestaltungsklage** ist idR die gerichtliche Ersetzung eines von den WEern nicht gefassten Beschlusses, der als Maßnahme ordnungsmäßiger Verwaltung erforderlich gewesen wäre. Soll ein Beschluss der WEer durch gerichtliche Entscheidung ersetzt werden, sind alle übrigen WEer zu verklagen.[254]

Beide Klagen sind jedoch, soweit sie gegen die übrigen WEer erhoben werden, subsidiär 56
zu einer Beschlussfassung der primär zuständigen WEVers. Soweit es um die Mitwirkung der übrigen WEer an einer ordnungsgemäßen Verwaltung geht, muss sich der Kläger vor Anrufung des Gerichts um eine Beschlussfassung in der WEVers bemühen, da seiner Klage sonst das **Rechtsschutzbedürfnis** fehlen kann. Denn wegen des Selbstorganisationsrechts ist ein **Rechtsschutzinteresse** für eine **Klage** auf Durchführung einer Maßnahme ordnungsmäßiger Verwaltung gem. § 21 Abs. 4 nur gegeben, wenn der Kläger im Rahmen des Möglichen und Zumutbaren zuvor vergeblich versucht hat, die Maßnahme durch Beschluss der WEer herbeizuführen.[255] Der vorherigen Einschaltung der WEVers bedarf es jedoch nicht, wenn mit an Sicherheit grenzender Wahrscheinlichkeit ein Beschluss nicht zustande kommen wird, etwa wegen der Stimmrechtsverhältnisse nicht mit einer Beschlussfassung zu rechnen ist und ohne weitere Aufklärung feststeht, dass der klagende WEer ohnehin keine Mehrheit in der WEVers finden wird.[256] War die WEVers mit der Angelegenheit befasst und hat sie den Antrag abgelehnt, so muss der WEer diesen Negativbeschluss anfechten und zugleich Klage auf Durchsetzung des Anspruchs aus § 21 Abs. 4 durch richterliche **Gestaltung** nach § 21 Abs. 8.erheben. Für eine **Leistungsklage** auf Zustimmung derjenigen, die den Antrag abgelehnt haben, fehlt idR das Rechtsschutzbedürfnis, wenn das Beschlussverfahren abgeschlossen ist.[257] Entsprechend § 27 Abs. 1 Nr. 1 muss der Verwalter das Urteil ausführen.

Die **gerichtliche Entscheidung** geht bei der Leistungsklage idR auf Zustimmung der 57
anderen WEer, also auf Abgabe einer Willenserklärung. Wurde eine Maßnahme von der

[249] BayObLG WE 1995, 286; 1999, 159; OLG Hamm DWE 1995, 80 (81); *Schmid* ZfIR 2009, 721 (723).

[250] Vgl. BayObLG WE 1994, 310.

[251] Vgl. *Abramenko* ZWE 2007, 336 ff.

[252] Vgl. BayObLG NJW 1991, 1620 (1621) = WE 1992, 60; WE 1986, 20 (21); ZMR 1999, 494.

[253] Einzelheiten s. u. Rn 176 ff. und § 43 Rn 127 ff.

[254] Vgl. iE § 43 Rn 129.

[255] BGH ZWE 2010, 174 (176); vgl. eingehend § 43 Rn 188; Hügel/*Elzer* § 13 Rn 223 f.; vgl. zum alten Recht BayObLG NZM 1999, 504, 506; ZMR 2001, 470 f.; OLG Hamm WE 1996, 33, 39; KG ZWE 2000, 40 f; OLG Köln NZM 1999, 126; LG München I ZWE 2010, 98.

[256] BayObLG ZWE 2000, 580 (581) = NZM 2000, 676 (L); OLG Düsseldorf WE 1994, 375 (377); OLG Hamburg ZWE 2002, 134 (135); KG ZMR 1999, 509 (510); OLG Stuttgart OLGZ 1977, 433 (434 f.); LG Hamburg ZMR 2009, 941 (942).

[257] Vgl. § 43 Rn 176.

WEgem abgelehnt, ist sie auf Ersetzung dieser Entscheidung durch Gestaltungsurteil gerichtet.[258] Das rechtskräftige Urteil gestaltet die Rechtslage so, als ob die WEer einen entsprechenden Beschluss gefasst hätten.[259] Statt die anderen WEer zur Abgabe einer Willenserklärung zu verpflichten, kann dass Gericht die als ordnungsgemäß erkannte, abgelehnte Maßnahme auch unmittelbar anordnen (s. § 21 Rn 176 ff.); es kann etwa einem WEer die begehrte Prozessführungsbefugnis zur gerichtlichen Geltendmachung eines Anspruchs erteilen, wenn das Führen eines Rechtsstreits durch den WEer als Prozessstandschafter dem Interesse der Gesamtheit der WEer nach billigem Ermessen entspricht.[260] Das Urteil muss der Verwalter entspr. § 27 Abs. 1 Nr. 1 ausführen. Das Gericht kann die einzelnen WEer aber darüber hinaus auch zur Mitwirkung bei der Ausführung der begehrten Maßnahme verpflichten. Insofern ist die Rechtslage nicht anders als bei § 745 Abs. 2 BGB.[261] Die gerichtliche Entscheidung kann auch eine Anweisung an den Verwalter enthalten, die als ordnungsgemäß erkannte Maßnahme durchzuführen.

58 Wird die **Bestellung oder Abberufung eines Verwalters nach § 21 Abs. 4** als Maßnahme ordnungsmäßiger Verwaltung verlangt, kann das Gericht im Rahmen des ihm gem. § 21 Abs. 8 eingeräumten Rechtsfolgeermessens die Bestellung oder Abberufung unmittelbar vornehmen.[262]

V. Die Fälle ordnungsgemäßer Verwaltung gem. § 21 Abs. 5

1. Allgemeines

59 In § 21 Abs. 5 sind besondere Maßnahmen aufgezählt, die regelmäßig zu einer ordnungsgemäßen Verwaltung des GemE gehören. Der Katalog des § 21 Abs. 5 ist nicht erschöpfend, er enthält nur praktisch wichtige Beispiele dafür, welche Verwaltungshandlungen die WEer mit Stimmenmehrheit beschließen oder nach § 21 Abs. 4 verlangen können, damit eine ordnungsgemäße Verwaltung gewährleistet ist. Die Vorschrift enthält keine Verpflichtung, die genannten Maßnahmen auch tatsächlich durchzuführen. Den WEern ist es etwa unbenommen, auf die Aufstellung einer Hausordnung zu verzichten, wenn dies für eine ordnungsgemäße Verwaltung entbehrlich ist oder alle WEer dem Verzicht zustimmen. Im Übrigen entsprechen die in § 21 Abs. 5 aufgezählten Regelungsgegenstände nicht schon an sich ordnungsgemäßer Verwaltung, erforderlich ist vielmehr, dass sie in ihrer konkreten Ausgestaltung dem Interesse der Gesamtheit der WEer entsprechen.[263]

2. Die Aufstellung einer Hausordnung (Nr. 1)

60 **a) Erlass und Abänderung einer Hausordnung.** Die WEer können für ihre Wohnanlage eine Hausordnung mit Stimmenmehrheit beschließen. Sie enthält im Wesentlichen **Verhaltensvorschriften,** mit denen der Schutz des Gebäudes, die Aufrechterhaltung von Sicherheit und Ordnung und die Erhaltung des Hausfriedens sichergestellt werden soll. Die Hausordnung muss nicht zwingend durch Beschluss der WEer erlassen werden, sie kann auch vereinbart werden etwa in der GemO oder mit der Teilungserklärung.[264] Eine durch

[258] BGH NJW 1997, 2106 (2107) = WE 1997, 306 = LM § 675 BGB Nr. 236 m. Anm. *Niedenführ* OLG Hamm DWE 1995, 80 (81); BayObLG NJW-RR 1994, 145; KG OLGZ 1993, 308 = NJW-RR 1993, 468; vgl. *Hauger* WE 1996, 8.

[259] KG NJWE-MietR 1997, 205 = WE 1998, 34 (35).

[260] Vgl. BGH NJW 1997, 2106 (2107) = WE 1997, 306 = LM § 675 BGB Nr. 236 m. Anm. *Niedenführ.*

[261] Hierzu vgl. Staudinger/*Huber* § 745 BGB Rn 49.

[262] Vgl. BayObLG NJW-RR 1989, 461; KG WE 1990, 211; vgl. auch § 26 Rn 225 ff., 250 ff.

[263] AA *Staudinger/Bub* § 21 Rn 120.

[264] BayObLGZ 75, 201 ff.

Mehrheitsbeschluss aufgestellte Hausordnung kann jederzeit durch Stimmenmehrheit abgeändert oder aufgehoben werden.[265] Eine durch **Vereinbarung** aufgestellte Hausordnung kann ihrerseits nur durch Vereinbarung abgeändert oder aufgehoben werden, sofern die Auslegung der Vereinbarung ergibt, dass die WEer ihre Beschlusskompetenz aus § 21 Abs. 3 beschränken und die Hausordnung mehrheitsfest machen wollten.[266] Um Auslegungsschwierigkeiten zu vermeiden, sollte die Abänderung durch Mehrheitsbeschluss durch eine spezielle Öffnungsklausel vorgesehen werden (vgl. § 23 Rn 14 ff.). Die WEer haben dann die Möglichkeit, die vereinbarte Hausordnung mit Stimmenmehrheit aktuellen Bedürfnissen anzupassen. Eine andere Regelung dürfte selten zweckmäßig sein.[267]

Eine Hausordnung, die einseitig als **Bestandteil einer GemO** oder mit der **TE** etwa vom Bauträger aufgestellt wurde, kann mit Stimmenmehrheit nach § 21 Abs. 5 Nr. 1, Abs. 3 geändert werden. Wenn es den Gründern möglich ist, den Inhalt des SE durch Vereinbarung so lange mit Wirkung gegen Sondernachfolger festzulegen, als die Erwerber nichts anderes vereinbaren, muss es ihnen erst recht auch möglich sein, Regelungen in Beschlussangelegenheiten entsprechend §§ 5 Abs. 4, 8 Abs. 2 zu treffen, welche die Erwerber nur solange binden, als sie nicht mit Mehrheit etwas anderes beschließen.[268] Die Aufstellung einer Hausordnung in der GemO ist daher als einseitiger Entschluss des Gründers ab Entstehen der werdenden WEgem wie ein einstimmiger schriftlicher Beschluss iSd § 23 Abs. 3 zu behandeln.[269] Dies hat zur Folge, dass ab diesem Zeitpunkt § 21 Abs. 5 Nr. 1 WEG gilt, so dass die Hausordnung durch Beschluss geändert werden kann. 61

Möglich ist es auch, den **Verwalter durch Vereinbarung in der GemO** oder **mit der Teilungserklärung zu ermächtigen,** eine für alle WEer verbindliche Hausordnung aufzustellen und damit die Gemeinschaftsaufgabe nach § 21 Abs. 5 Nr. 1 auf ihn zu delegieren.[270] Eine solche Hausordnung wäre dann, ohne dass die WEer hierüber weitere Beschlüsse fassen müssten, für alle verbindlich. Den WEern bleibt es in einem solchen Fall aber unbenommen, jederzeit selbst eine neue Hausordnung zu beschließen oder die vom Verwalter erstellte Hausordnung abzuändern.[271] Aus der Zuweisung der Kompetenz zum Aufstellen einer Hausordnung an den Verwalter durch Vereinbarung ist nämlich nicht zu entnehmen, dass sich die WEer der Zuständigkeit, eine Hausordnung selbst zu beschließen, endgültig begeben wollen.[272] Die Kompetenz des Verwalters ist vielmehr lediglich im Sinne der Vorbereitung und Hilfestellung bzgl. der Zusammenfassung der Gebrauchs- und Verwaltungsregelungen, welche die Hausordnung darstellt, aufzufassen.[273] Denn der Verwalter ist in erster Linie Sachwalter der Eigentümerinteressen, er hat aber den WEern nicht gegen deren Mehrheitswillen Gebrauchs- und Verwaltungsregeln vorzuschreiben. 62

Eine **Ergänzung der Hausordnung,** die die bestehenden Regelungen unberührt lässt, ist durch Mehrheitsbeschluss immer möglich, selbst dann, wenn die Hausordnung vereinbarungsfest sein sollte.[274] Etwas anderes gilt nur, wenn zugleich eine abschließende 63

---

[265] AllgM: KG NJW-RR 1990, 1495 (1496); BayObLG WuM 1992, 498 (499) mwN.

[266] Vgl. LG Nürnberg NJW-RR 1990, 1355.

[267] So auch BayObLGZ 1975, 201 (204); BayObLGZ 1991, 421 (422) = WE 1992, 291 (292).

[268] Eingehend *Wenzel,* FS Bub (2007), S. 249 (266 ff.); s. a. § 26 Rn 67 f.; iErg ebenso, aber abweichende Begründung: *Schmidt* ZMR 325 (328); iErg Schmid/Riecke/*Elzer* § 10 Rn 80 ff.

[269] *Wenzel,* FS Bub 2007, S. 249 (267 f.); *Gottschalg* NZM 2002, 841 (842); *Schmidt* ZMR 2009, 725 (735 f.).

[270] BayObLGZ 1975, 201; 1991, 421 (422) = NJW-RR 1992, 343; BayObLGZ 2001, 232 (233) = ZWE 2001, 595 = NJW 2001, 595; KG OLGZ 1992, 182 (183) = WE 1992, 110; OLG Stuttgart NJW-RR 1987, 976; aA *Müller,* Praktische Fragen, Rn 210 (S. 160).

[271] BayObLGZ 1991, 421 (422 f.) = NJW-RR 1992, 343; 2001, 232 (233) = ZWE 2001, 595 = NJW 2001, 595; KG ZMR 1992, 68.

[272] KG OLGZ 1992, 182 (183) = WE 1992, 110.

[273] KG OLGZ 1992, 182 (183) = WE 1992, 110.

[274] OLG Frankfurt/M. OLGZ 1990, 414 = NJW-RR 1990, 1430 = ZMR 1991, 113.

Regelung gewollt war. Soll die bestehende Hausordnung durch einen Mehrheitsbeschluss abgeändert werden, so muss er schutzwürdige Belange der WEer berücksichtigen.[275]

64 Entspricht die Aufstellung einer Hausordnung ordnungsgemäßer Verwaltung und lehnen WEer dies dennoch mehrheitlich ab, so kann eine **Hausordnung auf Klage** eines WEers auch im Verfahren nach §§ 43 Nr. 1, 21 Abs. 8, Abs. 4 vom **Gericht** erlassen werden.[276] Erforderlich ist grds, dass zuvor die WEVers damit befasst worden ist.[277]

65 **b) Die Geltung der Hausordnung ggü. Dritten.** Unabhängig davon, ob die Hausordnung durch Vereinbarung, Beschluss oder durch den Verwalter erlassen worden ist, verpflichtet sie nur die WEer zu ihrer Einhaltung und ist Dritten, insbesondere dem Mieter eines WEers, gegenüber nicht ohne weiteres verbindlich. Ein WEer, der sein WE vermietet, ist ggü. den anderen WEern aber nach § 14 Nr. 2 dafür verantwortlich, dass auch sein Mieter sich an die Hausordnung hält. Daher hat der vermietende WEer im Mietvertrag, etwa durch Einbeziehung der Hausordnung oder durch eine entsprechende Verweisungsklausel dafür Vorsorge zu tragen, dass im Verhältnis zum Mieter eine solche Bindung eintritt. Der WEer ist uU auch berechtigt, als Vermieter seinerseits eine Regelung zu erlassen, die inhaltlich den Regelungen der Hausordnung der WEgem entspricht, sofern dadurch vertraglich gesicherte Positionen des Mieters nicht beeinträchtigt werden.[278]

66 **c) Einzelne Regelungen der Hausordnung.** Die Hausordnung kann **Benutzungsregelungen für Aufzüge** enthalten, wobei auch eine separate Aufzugsordnung in Betracht kommen kann.[279] Sie kann die **Beleuchtung und das Verhalten** in Treppenhäusern und Gängen sowie der im GemE stehende **Grünfläche** regeln, insbesondere ihre Nutzung als Liegewiese und Kinderspielplatz.[280]

67 Gehört zur WE-Anlage ein **Schwimmbad,** so werden die Öffnungszeiten, sowie die Höhe der Wasser- und Lufttemperatur zweckmäßigerweise in der Hausordnung geregelt. Hierbei dürfte entspr. der Handhabung bei öffentlichen Hallenbädern jedenfalls eine Festlegung der Wassertemperatur zwischen 20 und 24 Grad C ordnungsgemäß sein.

68 Aus den Regelungen der Hausordnung zu den **Stellplätzen** kann sich ergeben, dass das Parken eines Wohnmobils,[281] das Abstellen von Freizeitgegenständen, wie Booten und Surfbrettern sowie die Vornahme von Reparaturen an Kraftfahrzeugen unzulässig ist. Auch der konkrete Gebrauch eines in der Teilungserklärung bestimmten Sondernutzungsrechts unterliegt der Regelungskompetenz einer Hausordnung.[282]

69 Nutzungsregelungen für **Waschküchen** und **Trockenräume** müssen gewährleisten, dass berufstätige WEer noch am späten Nachmittag nach Arbeitsschluss die Wascheinrichtungen benutzen können.[283] Zulässig ist es, die Erlaubnis zum Betrieb von **Wäschetrocknern** von einer gleichzeitigen Entlüftung sowie der Vermeidung unzumutbarer Geräusch- und Geruchsemissionen abhängig zu machen.[284]

70 Zum Zwecke des **Feuerschutzes** und zur Vermeidung von Rauch kann in der Hausordnung der Betrieb von befeuerten **Grillgeräten** und sonstigen offenen Feuerstellen auf

---

[275] BayObLG NJW-RR 1998, 433 = WE 1998, 359. Zum abändernden Zweitbeschluss s. § 23 Rn 76f.

[276] OLG Hamm OLGZ 1970, 399 (401ff.) = NJW 1969, 884; *Blank,* FS für Seuß (1987) S. 53 (61).

[277] Vgl. *Schmidt* ZMR 2009, 325; Rn 56.

[278] Vgl. *Blank,* FS für Seuß (1987), S. 53 (54ff.).

[279] Musterordnungen bei *Bärmann/Seuß,* Praxis.

[280] BayObLG DWE 1992, 131 (Ls).

[281] BayObLG WE 1992, 348; OLG Stuttgart MDR 1982, 583.

[282] KG NJW-RR 1996, 586.

[283] KG ZMR 1985, 131 (132).

[284] OLG Frankfurt/M., B. v. 13. 2. 1992, 2/9 T 113/92.

Balkonen und Terrassen[285] sowie der Zugang von Kellern, Heizungsräumen und Speichern mit **offenem Licht**[286] untersagt werden.

In der Hausordnung kann die **Haustierhaltung** geregelt werden, etwa in der Weise, dass jeder WEer verpflichtet ist, Katzen und Hunde so zu halten, dass sie in den Außenanlagen und im Haus nicht frei herumlaufen und die Wohnungen sowie Gartenteile anderer WEer nicht betreten können. Die WEer können die zulässige Anzahl von Haustieren mehrheitlich beschließen.[287] Das Verbot der Kampfhundhaltung ist durch Mehrheitsbeschluss ebenfalls statthaft.[288] Zulässig ist darüber hinaus auch eine Bestimmung, dass nach mehrfacher erfolgloser schriftlicher Abmahnung die Tierhaltung vom Verwalter untersagt werden muss.[289] **Unzulässig** ist es hingegen, durch Mehrheitsbeschluss ein **generelles Verbot der Haustierhaltung** in der Hausordnung zu verankern. Eine solche Regelung kann nur durch Vereinbarung nach § 15 Abs. 1 erfolgen.[290] Allerdings greift **ein Verbot der Hundehaltung nicht in den dinglichen Kernbereich des WEs ein,** mit der Folge, dass ein entspr. Mehrheitsbeschluss nicht von vornherein nichtig ist und in Bestandskraft erwachsen kann, wenn er nicht fristgerecht angefochten wird.[291] 71

Zulässig ist es, in einer durch Mehrheitsbeschluss verabschiedeten Hausordnung das **Halten von Schlangen** und die Verwahrung von als Lebendfutter dienenden **Ratten und Mäusen** zu verbieten.[292] Diese Tiere gehören üblicherweise nicht zu einer allgemeinen Lebensführung; insbesondere Ratten gelten zudem als Überträger von Krankheiten. Daher entspricht es regelmäßig dem Interesse der Gesamtheit der WEer, ein Halten dieser Tiere zu untersagen.[293] Dies dürfte idR für alle Tiere gelten, die nicht Haustiereigenschaft haben. 72

Zum **Schutz vor Kälte** kann in der Hausordnung bestimmt werden, dass Fenster geschlossen zu halten sind[294] und Heizungsleitungen bei Frost nicht gänzlich abgestellt werden dürfen. 73

Die häusliche Ruhe kann nach billigem Ermessen unter Beachtung des Rücksichtnahmegebotes durch eine **Bestimmung von Sperrfristen für Lärm und Geräusche** sowie von **Grenzwerten für die Lautstärke von akustischen Geräten** geregelt werden.[295] Solche Bestimmungen erlegen den WEern idR ein weitergehendes Maß an Rücksichtnahme auf, als öffentlich-rechtliche Lärmschutzvorschriften, weil diese Vorschriften für die WEer ohnehin zwingend gelten und nicht durch eine Hausordnung abbedungen werden können. Für eine Beurteilung der Ordnungsgemäßheit der konkreten Regelung sind die öffentlich-rechtlichen Lärmschutzvorschriften daher nicht zu berücksichtigen.[296] Die Hausordnung kann auch für bestimmte Tageszeiten ein **absolutes Musizierverbot** vorsehen, etwa eine Regelung, wonach während der Mittagszeit das Musizieren zu unterbleiben hat.[297] Hierbei haben die WEer einen Gestaltungsspielraum, 74

---

285 AG Wuppertal Rpfleger 1977, 445.

286 BayObLGZ 1972, 94 (96).

287 KG NJW-RR 1998, 1385; vgl. auch OLG Saarbrücken NZM 1999, 621.

288 OLG Frankkfurt/M. NJW-RR 1993, 981 f.

289 BayObLG NJW-RR 1994, 658 = WE 1995, 60 (61).

290 OLG Düsseldorf WE 1997, 422 (423) = WuM 1997, 387 (388).

291 BGH NJW 1995, 2037 (2038) mwN; OLG Düsseldorf WE 1997, 422 (423) = WuM 1997, 387 (388); aA KG OLGZ 1992, 420 (422) = NJW 1992, 2577 = WE 1992, 111.

292 OLG Frankfurt/M. OLGZ 1990, 414 = NJW-RR 1990, 1430 = ZMR 1991, 113.

293 OLG Frankfurt/M. OLGZ 1990, 414 = NJW-RR 1990, 1430 = ZMR 1991, 113.

294 OLG Karlsruhe MDR 1976, 758.

295 OLG Braunschweig NJW-RR 1987, 845.

296 KG OLGZ 1992, 182 (184) = WE 1992, 110; aA OLG Braunschweig NJW-RR 1987, 845 (845 f.).

297 Vgl. OLG Hamm OLGZ 1986, 167 (170 f.); OLG Hamburg, WuM 1999, 230 vgl. § 15 Rn 9, § 23 Rn 125.

um den konkreten Umständen des Einzelfalls Rechnung zu tragen.[298] Regelungen von Ruhezeiten und unzulässigem Lärm müssen hinreichend bestimmt und objektivierbar sein; zu unbestimmt ist etwa eine Regelung, die das Singen und Musizieren nur in „nicht belästigender Weise und Lautstärke" gestattet[299] oder die jedes unnötige und störende Geräusch verbietet.[300] Ein völliges Musizierverbot kann, ebenso wie ein völliges Verbot der Haustierhaltung, nur durch Vereinbarung (§ 15 Abs. 1) geregelt werden;[301] ein Mehrheitsbeschluss ist jedoch der Bestandskraft fähig. Zulässig ist es auch, in der Hausordnung ein **Bade- und Duschverbot** für bestimmte Zeiten, etwa für die Zeit von 23.00 Uhr bis 5.00 Uhr, vorzusehen.[302]

75 Gegenstand der Hausordnung können insbesondere Regelungen sein über das **Abstellen von Kinderwagen**[303] **und Fahrrädern,** die **Behandlung von Abfällen,** das **Betreten des Heizungsraumes**[304] und anderer gemeinschaftlicher Anlagen, das **Öffnen und Schließen der Haus- und Hoftüren**[305] sowie der Dachfenster und Dachluken; sie kann auch **Vorschriften über die Verwahrung von Schlüsseln** enthalten.

76 Die Grundsätze ordnungsgemäßer Verwaltung gebieten es, bei der Regelung einer Hausordnung die **Verkehrssicherungspflicht** zu beachten, umso Haftungsrisiken möglichst gering zu halten. Die WEer müssen daher insbesondere die zur Verhütung von Unfällen im Treppenhaus erforderlichen Maßnahmen treffen. In diesem Zusammenhang können sie in der Hausordnung besonders gefahrträchtige Verhaltensweisen verbieten. Dies darf aber nicht so weit gehen, dass übliche und nachvollziehbare Verhaltensweisen von Hausbewohnern unterbunden werden, um denkbare, entfernte Gefahren abzuwenden.[306] Das Abstellen von **Kinderwagen in Fluren** darf daher insoweit gestattet werden, sofern die Eingänge freigehalten werden.[307] Keine sozial übliche und nachvollziehbare Verhaltensweise dürfte idR das verkehrsgerechte Abstellen von **Schuhen im Treppenhaus** sein, sodass dies in der Hausordnung verboten werden kann.[308] Die Hausordnung kann weiterhin das **Aufstellen** von Schränken, Garderoben, Schirmständern und Bänken, das **Aufhängen** von Spiegeln oder das Belegen des Fußbodens mit Teppichen **im Treppenhaus**[309] verbieten.

77 Die Hausordnung kann die **Benutzung von Kinderspielplätzen** regeln[310] oder erlauben, dass Kinder auf einer im GemE stehenden Grünfläche spielen dürfen.[311] Sofern die Erlaubnis jedoch zu einer **Nutzungsänderung** führt, weil die Rasenfläche bislang ihrer Zweckbestimmung nach als gärtnerische Anlage das Grundstück optisch gestaltete und

---

298 OLG Stuttgart WE 1998, 503 (504); BayObLGZ 1985, 104; ZWE 2002, 312 (313); OLG Zweibrücken MDR 1990, 1121, das ein überwiegendes Interesse an der Musikausübung von 20.00 bis 22.00 Uhr annimmt.

299 BGH NJW 1998, 3713 (3715) = WE 1999, 93 (94). Zu den Rechtsfolgen fehlender Bestimmtheit s. § 23 Rn 148.

300 OLG Düsseldorf NZM 2009, 748.

301 OLG Frankfurt/M. DWE 1984, 237; OLG Hamm NJW 1981, 465; Weitnauer/*Lüke* § 15 Rn 18; aA Staudinger/*Bub* § 21 Rn 130, der ein völliges Musizierverbot auch bei einer Vereinbarung für nichtig hält.

302 BayObLG WE 1992, 60.

303 OLG Hamm ZWE 2002, 44 (46) = NJW-RR 2002, 10.

304 BayObLG ZMR 1972, 227 (228).

305 OLG Frankfurt NZM 2009, 440; LG Wuppertal Rpfleger 1972, 451 m. Anm. *Diester;* BayObLGZ 1982, 90 (94 f.).

306 OLG Hamm NJW-RR 1988, 1171 (1172).

307 OLG Hamburg OLGZ 1993, 310 (311 f.) = WE 1993, 87 (88).

308 *Kümmel* ZWE 2000, 342; vgl. auch OLG Hamm NJW-RR 1988, 1171.

309 KG NJW-RR 1993, 403 f.

310 BayObLG DWE 1982, 67.

311 OLG Saarbrücken NJW-RR 1990, 24 (25); BayObLG DWE 1992, 131; OLG Frankfurt/M. WE 1992, 82.

nunmehr auch für Ballspiele freigegeben werden soll, **bedarf es einer Vereinbarung der WEer;** die Änderung der Hausordnung durch Mehrheitsbeschluss genügt in diesem Fall nicht.[312] In der Hausordnung kann ferner verboten werden, dass Kinder auf Stellplätzen für Kraftfahrzeuge und auf den Zufahrtsflächen spielen, weil mit dem dortigen Spiel erhebliche Gefahren verbunden sind.[313]

d) Tätige Mithilfe der WEer. aa) Der Meinungsstand. Umstritten ist, ob und inwieweit die WEer in einer Hausordnung zur tätigen Mithilfe bei der Verwaltung des gemE, etwa zu **Gartenpflegearbeiten,** zu **Schneeräumarbeiten, Streudiensten** oder **Laubfegen** herangezogen werden dürfen oder ob ihnen auferlegt werden kann, regelmäßig selbst für einen **Anstrich der Fenster, Balkone und Loggien** oder für die **Reinigung von Teilen des GemE, etwa von Treppenhäusern oder gemeinschaftlichen Räumen,** Sorge zu tragen. Während eine solche Regelung jedenfalls dann generell für unbedenklich gehalten wird, wenn sie auf einer **Vereinbarung aller WEer** beruht,[314] ist umstritten, ob die „tätige Mithilfe" der WEer auch **durch Stimmenmehrheit** beschlossen werden kann. In der Literatur wird dies überwiegend abgelehnt,[315] während die Rspr. uneinheitlich entscheidet: Reinigungs-, Gartenarbeits- oder Räum- und Streupflichten können den WEern nicht durch Mehrheitsbeschluss persönlich auferlegt werden;[316] denn hierdurch würden Aufgaben, die in den Pflichtenkreis des Verwalters gehören und für die der Verwalter u. a. honoriert wird, auf die WEer verlagert. Hingegen soll eine Regelung in der Hausordnung, wonach die WEer zu **Winterdiensten** herangezogen werden können, zulässig sein.[317] Die Heranziehung zu bestimmten Instandhaltungs- und Instandsetzungsarbeiten, etwa dem **Streichen von Fenstern** wird überwiegend für nicht zulässig gehalten.[318] Unterschiedlich entscheiden die Gerichte dagegen die Frage, ob und in welchem Umfang die WEer zur **turnusmäßigen Reinigung des Treppenhauses oder der gemeinschaftlichen Räume** (Kellerräume) herangezogen werden dürfen.[319] 78

bb) Die Grenzen der Beschlusskompetenz. Einzelne WEer können durch Mehrheitsbeschluss nur zur tätigen Mithilfe bei der Verwaltung des GemE verpflichtet werden, soweit das Gesetz oder eine Vereinbarung eine Beschlusskompetenz einräumt (vgl. § 23 Rn 9 ff.). Fehlt die Beschlusskompetenz, so ist ein Beschluss wegen absoluter Beschlussunzuständigkeit nichtig (vgl. § 23 Rn 203 ff.). 79

---

[312] OLG Düsseldorf MDR 1986, 852.

[313] BayObLG WE 1992, 201.

[314] KG OLGZ 1994, 273 = NJW-RR 1994, 207 = WE 1994, 213; LG Landshut ZMR 2007, 493; Staudinger/*Bub* § 21 Rn 132; *Bader* WE 1994, 288 (291).

[315] *Schmidt/Riecke* ZMR 2005, 252 (262); *Schmidt* ZMR 2009, 325 (326); *Wenzel* NZM 2004, 542 (544); *Becker/Kümmel/Ott* Rn 355; Staudinger/*Bub* § 21 Rn 132; *Horst* MDR 2001, 187 (191); anders Riecke/Schmid/*Elzer* § 16 Rn 167 ff., wonach bestehende Pflichten durch Beschluss verteilt werden können.

[316] OLG Düsseldorf NZM 2009, 162 (163): Laubfegen; NZM 2004, 107: Winterdienst, Gartenarbeit; OLG Hamm DWE 1992, 126 (128): Eigenleistung von 50 Stunden pro Jahr sowie Vertragsstrafe von 15,– DM pro nicht geleistete Arbeitsstunde; KG OLGZ 1994, 273 = NJW-RR 1994, 207 = WE 1994, 213: Gartenarbeiten im vierzehntägigen Rhythmus, wobei die WEer bei nicht tatsächlicher Wahrnehmung zur Kostenübernahme verpflichtet wurden.

[317] OLG Stuttgart NJW-RR 1987, 976; vgl. auch AG Freising ZMR 2008, 836 f.

[318] OLG Hamm OLGZ 1980, 261; NJW 1982, 1108; BayObLG DWE 1983, 123; WE 1986, 82; KG OLGZ 1978, 146 = NJW 1978, 1439; offen gelassen: OLG Hamburg OLGZ 1989, 164 = WE 1989, 140; für zulässig hält dies KG WE 1991, 325 (325), wenn die WEer hierfür eine ortsübliche Vergütung erhalten.

[319] Für zulässig halten dies: OLG Hamm DWE 1987, 63 (Ls); BayObLGZ 1991, 421 (423) = NJW-RR 1992, 343 (344) = WE 1992, 291 (292); WE 1994, 316 = WuM 1994, 403 = ZMR 1994, 430; aA AG München WE 1993, 198 (199); offen gelassen KG OLGZ 1994, 273 = NJW-RR 1994, 207 = WE 1994, 213.

80 Aus § 21 Abs. 5 Nr. 1 ergibt sich die Kompetenz, die WEer zu solchen Tätigkeiten verpflichten zu können, die *typischerweise* Gegenstand einer Hausordnung sind.[320] Hierzu dürften die turnusmäßige **Treppenhaus- und Gehwegreinigung** sowie **Winterdienste** gehören.[321] Zu solchen Tätigkeiten können WEer durch Mehrheitsbeschluss herangezogen werden. Der Beschluss ist allenfalls anfechtbar, wenn die konkrete Ausgestaltung der Tätigkeit nicht ordnungsmäßiger Verwaltung entspricht (s. dazu Rn 120 ff.).

81 Darüber hinausgehende **Instandhaltungs- und Instandsetzungsarbeiten** – wie etwa das Streichen der gemeinschaftlichen Fenster oder der Fassade – werden typischerweise nicht in einer Hausordnung geregelt. Die Hausordnungskompetenz kann daher nicht eine durch Beschluss getroffene Verpflichtung zur persönlichen Vornahme von Instandhaltungs- und Instandsetzungsmaßnahmen legitimieren.[322] Zwar können die WEer nach § 21 Abs. 3, Abs. 5 Nr. 2 WEG eine ordnungsmäßige Instandhaltung und Instandsetzung des GemE durch Stimmenmehrheit beschließen. Damit ist den WEern jedoch nicht die Kompetenz eingeräumt, die gemeinschaftliche Kompetenz zur Instandhaltung und Instandsetzung des GemE auf einzelne WEer zu übertragen.[323] Auch fehlt den WEern die Beschlusskompetenz zur Verpflichtung einzelner WEer, Instandhaltung *durch Dritte* vornehmen zu lassen; dem Verwalter würde dadurch teilweise seine nach § 27 Abs. 1 Nr. 2, Abs. 4 unentziehbar eingeräumte Befugnis entzogen, die für die ordnungsmäßige Instandhaltung und Instandsetzung des GemE erforderlichen Maßnahmen zu treffen.[324] Sollen einzelne WEer durch Beschluss verpflichtet werden, *auf eigene Kosten* für die Instandsetzung und Instandhaltung des GemE zu sorgen, enthält der Beschluss eine von § 16 Abs. 2 abweichende Regelung der Kostentragung; hierzu wäre nach § 10 Abs. 2 Satz 2 eine Vereinbarung erforderlich,[325] sofern nicht ausnahmsweise eine Beschlusskompetenz nach § 16 Abs. 3 oder Abs. 4 vorliegt. Mangels Beschlusskompetenz nichtig ist deshalb ein Beschluss, der jeden WEer generell verpflichtet, die Fenster im Bereich seines SE auf eigene Kosten instand zu setzen und instand zu halten.[326]

82 Durch Mehrheitsbeschluss können einzelne WEer auch nicht verpflichtet werden, bestimmte Instandsetzungsmaßnahmen – etwa das Streichen der Fenster oder der Fassade – *einmalig* vorzunehmen. Nach § 21 Abs. 3, Abs. 5 Nr. 2 können die WEer zwar durch Mehrheitsbeschluss über die Vornahme bestimmter Instandsetzungsmaßnahmen entscheiden. Allerdings lässt sich allgemeinen verbandsrechtlichen Wertungen entnehmen, dass einzelnen WEern ohne ihre Zustimmung weder zusätzliche Leistungspflichten auferlegt noch ihre unentziehbaren Rechte beeinträchtigt werden können (vgl. § 35 BGB, § 53 Abs. 3 GmbHG).[327] Gegen dieses Belastungsverbot verstößt ein Beschluss, der einzelne WEer zur Vornahme bestimmter Instandsetzungsmaßnahmen ohne deren Zustimmung verpflichtet.[328] Allerdings können die WEer gem. § 16 Abs. 4 im Einzelfall mit qualifizierter Mehrheit beschließen, dass der einzelne WEer die Kosten der Maßnahme zu tragen hat.[329]

---

320 Niedenführ/Kümmel/*Vandenhouten* § 21 Rn 59; aA *Schmidt* ZMR 2009, 325 (326); *Schmidt/Riecke* ZMR 2005, 252 (262).

321 BayObLGZ 1991, 421 (423); OLG Stuttgart NJW-RR 1987, 976; AG Freising ZMR 2008, 836 f.; iErg ebenso Riecke/Schmid/*Elzer* § 16 Rn 167 ff.

322 *Merle* ZWE 2001, 342 (345).

323 Vgl. OLG Düsseldorf WuM 1996, 443; KG ZWE 2001, 332 (333); BayObLG ZWE 2001, 366 (368).

324 *Merle* ZWE 2001, 342 (345); *Münstermann-Schlichtmann* ZWE 2002, 295 (298); kritisch *Becker/Strecker* ZWE 2001, 569 (571).

325 So auch AG Neuss NZM 2002, 31 (32).

326 *Merle* ZWE 2001, 49 (50); *ders.* ZWE 2001, 196 (199); *Wenzel* ZWE 2001, 226 (234); *Becker/Kümmel* ZWE 2001, 128 (132); *Becker/Strecker* ZWE 2001, 569 (570); aA *Müller* ZWE 2001, 191 (194).

327 Ausführlich dazu *Becker/Strecker* ZWE 2001, 572 (573).

328 OLG Hamm DWE 1995, 80 (81).

329 Vgl. *Becker/Strecker* ZWE 2001, 569 (575 f.).

cc) Die ordnungsmäßige Ausgestaltung der tätigen Mithilfe. Sofern den WEer Beschlusskompetenz eingeräumt ist, einzelne WEer zur tätigen Mithilfe zu verpflichten, muss die konkrete Ausgestaltung der Tätigkeit ordnungsgemäßer Verwaltung, d. h. dem Interesse der Gesamtheit der WEer nach billigem Ermessen entsprechen. Dies ist nicht der Fall, wenn die WEer, wegen der Größe der WE-Anlage nicht annähernd gleichmäßig zu den Arbeiten herangezogen werden können.[330] Für die Ordnungsmäßigkeit der Regelung kann es auch von Bedeutung sein, ob die WEer überhaupt in der Lage sind, die ihnen anvertrauten Aufgaben angemessen zu bewältigen. Sind sie etwa aus gesundheitlichen Gründen nicht in der Lage, Reinigungsarbeiten im Turnus zu bewältigen, so kann ihnen nicht zugemutet werden, eine Reinigungskraft um jeden Preis einzustellen. Entscheidender Gesichtspunkt bei der Heranziehung der WEer zur Mitarbeit ist auch, ob die WEer durch die selbstständige Wahrnehmung der Arbeiten und durch den Verzicht auf Reinigungsunternehmen etwa zur **Kostenersparnis** beitragen. Dem Interesse der Gesamtheit der WEer entspricht es etwa nicht, wenn die WEer, die ihre Wohnung nicht selbst nutzen, hohe Kosten für den Einsatz von Fremdunternehmen oder für die Überwachung und Kontrolle der Durchführung auf sich nehmen müssten, die in keinem Verhältnis zur Entlastung der Gemeinschaftskasse stünden. Das Gleiche gilt, wenn die WEer die Kostenersparnis für die Gemeinschaftskasse dadurch herbeiführen, dass sie selbst in hohem Umfang Arbeitsstunden leisten müssen.[331] Ob die Heranziehung zur tätigen Mithilfe ordnungsgemäßer Verwaltung entspricht, ist somit eine Frage des Einzelfalles, wobei auf die konkrete Situation in der WEgem abzustellen ist. 83

Bei **Reinigungspflichten** für Hausflure und Treppenhäuser, die durch Hausordnung geregelt werden, fehlt es an einer ausgewogenen Verpflichtung der WEer im Verhältnis zueinander, wenn den WEern die Reinigungspflicht für den jeweils von ihnen bewohnten Etagenbereich übertragen wird. Da im Eingangsbereich ein erheblich höherer Reinigungsbedarf besteht als in den oberen Stockwerken, werden die Bewohner der oberen Stockwerke gegenüber denjenigen des Erdgeschosses ungerechtfertigt privilegiert.[332] 84

Die Verteilung der **Winterdienste** auf die WEer entspricht immer dann ordnungsgemäßer Verwaltung, wenn sichergestellt ist, dass die Räum- und Streupflichten von den WEern zuverlässig erfüllt werden, da dies wegen des Haftungsrisikos auf Grund einer Verletzung der Verkehrssicherungspflicht von besonderer Bedeutung ist. Insbesondere ist darauf zu achten, dass ein Turnus gefunden wird, der die WEer anteilsmäßig gleich belastet, so wie es § 16 Abs. 2 für die Verteilung der Lasten und Kosten der Verwaltung des GemE vorsieht. Eine Übertragung der Winterdienste auf die WEer entspricht nur dann ordnungsgemäßer Verwaltung, wenn sie im Wesentlichen den Unwägbarkeiten, die sich aus unterschiedlichen, nicht vorhersehbaren Witterungen ergeben, gerecht wird.[333] Ausnahmsweise kann ein WEer bei einer Zwei-Personen-Gemeinschaft auf Grund der verwandtschaftlichen Beistandspflicht des anderen WEers gem. § 1618 a BGB von der Pflicht zur tätigen Mithilfe befreit sein.[334] 85

3. Die ordnungsgemäße Instandhaltung und Instandsetzung des GemE (Nr. 2)

a) Normzweck und Anwendungsbereich. Durch die ausdrückliche Einbeziehung von Instandhaltungs- und Instandsetzungsmaßnahmen (vgl. Rn. 89) in die mit einfacher Stimmenmehrheit zu beschließende ordnungsgemäße Verwaltung ist ein wichtiger Bereich der Verwaltung des GemE flexibel gestaltet. Hierzu zählen auch provisorische bzw. vorsorg- 86

[330] BayObLGZ 1991, 421 (423) = NJW-RR 1992, 343 (344) = WE 1992, 291 (292).

[331] Vgl. etwa OLG Hamm DWE 1992, 126; KG OLGZ 1994, 273 = NJW-RR 1994, 207 = WE 1994, 213.

[332] BayObLGZ 1991, 421 (422); NJW-RR 1992, 343 (344).

[333] OLG Hamm MDR 1982, 150; AG München WE 1993, 198 (200).

[334] BayObLG WuM 1993, 561 (562).

liche Maßnahmen, wenn sie dazu dienen, (weitere) Schäden an den im GemE stehenden Gebäudeteilen und Anlagen zu vermeiden.[335] Zu denken ist etwa an die vorläufige Abdichtung eines sturmgeschädigten Daches mit einer Plane, weil Regenwasser in das Gebäude eindringt und weitere Schäden an der Wohnanlage zu besorgen sind, bis das Dach endgültig durch einen Fachmann repariert wird. Zur ordnungsgemäßen Instandhaltung und Instandsetzung des GemE gehört prinzipiell auch die Regelung der Kostenverteilung hierzu.[336]

87 Im Rahmen der ordnungsgemäßen Instandhaltung und Instandsetzung des GemE ist es nach § 27 Abs. 1 Nr. 2 die **Aufgabe des Verwalters,** die für eine ordnungsgemäße Instandhaltung und Instandsetzung erforderlichen Maßnahmen zu treffen; diese Aufgabe kann gem. § 27 Abs. 4 durch Vereinbarung der WEer nicht eingeschränkt werden. Dazu gehört in erster Linie festzustellen, ob und welche Instandhaltungs- oder Instandsetzungsmaßnahmen erforderlich sind, die Unterrichtung der WEer über die notwendigen Maßnahmen, die Einholung mehrerer Angebote[337] sowie die Entscheidung der WEer über das weitere Vorgehen herbeizuführen.[338] Die Anordnung, ob und welche Maßnahmen durchzuführen sind, ist grds. von den WEern gemeinschaftlich zu treffen, während der Verwalter nach § 27 Abs. 1 Nr. 3, Abs. 3 Satz 1 Nr. 3 nur bei dringenden Fällen und laufenden Maßnahmen befugt ist, von sich aus tätig zu werden. Zwar kann der Verwalter zur Vergabe des Auftrags ermächtigt werden, nicht aber können ihm grundsätzliche Ermessensentscheidungen übertragen werden, die der WEgem vorbehalten sind, etwa die Auswahl des Vertragspartners.[339]

88 Die ordnungsgemäße Instandhaltung und Instandsetzung, die nach § 21 Abs. 5 Nr. 2 zur ordnungsgemäßen, mit Stimmenmehrheit zu beschließenden Verwaltung gehört, bezieht sich nur auf das GemE.[340] Daran ändert sich nichts dadurch, dass aus Rentabilitätserwägungen außer dem GemE auch das SE in den Versicherungsschutz, insbesondere der Feuerversicherungen einbezogen werden kann.[341] Soweit dennoch ein Anspruch des einzelnen WEers auf ordnungsgemäße Herstellung sowohl des eigenen SEs als auch des der anderen WEer angenommen wird, folgt dieser Anspruch allenfalls aus § 14 Nr. 1,[342] nicht jedoch aus einer analogen Anwendung des § 21 Abs. 4, Abs. 5 Nr. 2,[343] deren Anwendungsbereich als Vorschriften der Verwaltung dem Sinn und Zweck nach auf das GemE beschränkt ist. Da nach § 21 Abs. 3 die Verwaltung des GemE auch durch Vereinbarung der WEer geregelt werden kann, können die WEer wirksam vereinbaren, die **Instandsetzungslast** für im GemE stehende Gebäudeteile dem **SEer** der jeweils angrenzenden Räumlichkeiten aufzuerlegen.[344] Die durch Vereinbarung auferlegte Instandsetzungslast des einzelnen WEers umfasst jedoch nicht die Verpflichtung, erstmalig einen ordnungsgemäßen Zustand des GemE herzustellen (vgl. Rn 96).[345]

89 Eine genaue Kategorisierung einer Maßnahme als **Instandhaltung** oder **Instandsetzung** ist idR nicht von praktischer Bedeutung, da der Gesetzgeber die Instandhaltung und

---

[335] BayObLG NJW RR 1996, 1166 = WE 1997, 72.

[336] OLG Düsseldorf NZM 2008, 529 (530); BayObLG WE 1996, 476.

[337] Vgl. Rn 23.

[338] BayObLG WuM 1995, 677; s. § 27 Rn 48 ff.

[339] Vgl. LG München ZMR 2008, 488 (489); § 27 Rn 39.

[340] KG OLGZ 1992, 318 (320) = WE 1992, 107 (108); BayObLG WE 1994, 21; NJW-RR 1996, 1298 = WE 1997, 39; LG Frankenthal DWE 1988, 32 (33).

[341] KG OLGZ 1992, 318 (320) = WE 1992, 107 (108); BayObLG NJW-RR 1996, 1298 = WE 1997, 39; *Lüke* ZWE 2009, 102; differenzierend *F. Schmidt* ZWE 2000, 506 (510).

[342] Ausdrücklich offen gelassen in BayObLG DWE 1992, 78, für einen den Regeln der Baukunst entspr. Estrich; BayObLG WE 1993, 283 für Schallschutzmaßnahme.

[343] So aber OLG Karlsruhe Die Justiz 1987, 189 (190).

[344] OLG Düsseldorf WE 1996, 347 (348) = WuM 1996, 443 = NJWE-MietR 1997, 78; KG ZWE 2002, 531 (532); vgl. *Becker/Strecker* ZWE 2001, 569 ff. zur Beschlusskompetenz.

[345] BayObLG NJWE-MietR 1996, 231 = ZMR 1996, 574; 2003, 366; OLG München NZM 2007, 369 .

Instandsetzung in § 21 Abs. 5 Nr. 2 gleichwertig behandelt.[346] Begrifflich gehören zur Instandhaltung alle Maßnahmen, die darauf gerichtet sind, **den bestehenden Zustand der im gemE stehenden Einrichtungen und Anlagen zu erhalten,**[347] zur Instandsetzung die Maßnahmen zur **Wiederherstellung eines früheren Zustandes** und zur **erstmaligen Herstellung eines ordnungsgemäßen Zustandes,**[348] insbesondere entsprechend den Bauplänen[349] und nach der Baubeschreibung.[350] Zur Instandsetzung können auch Maßnahmen gehören, die das GemE baulich verändern.[351] Bauliche Veränderungen können jedoch nach § 22 Abs. 1 nur beschlossen werden, wenn jeder WEer zustimmt, dessen Rechte hierdurch über das in § 14 Nr. 1 bestimmte Maß beeinträchtigt werden. Die Abgrenzung zu § 22 Abs. 1 und 2 ist insbesondere problematisch in den Fällen der sog. **modernisierenden Instandsetzung,** also bei Modernisierungsmaßnahmen, bei denen die Vorteile technischer Neuerungen genutzt und an Stelle technisch veralteter neue, technisch bessere Anlagen installiert werden.[352] Von Bedeutung ist die Abgrenzung zwischen **Instandhaltung** und **Instandsetzung,** wenn die Kosten solcher Maßnahmen durch Vereinbarung oder Beschluss unterschiedlich geregelt werden.[353]

Nur Maßnahmen der **„ordnungsmäßigen"** Instandhaltung und Instandsetzung fallen **90**
unter § 21 Abs. 5 Nr. 2. Damit ist nichts anderes gemeint, als dass die Maßnahmen **ordnungsgemäßer Verwaltung** iSv § 21 Abs. 3 und Abs. 4 entsprechen müssen.[354] Den WEern steht nicht nur hinsichtlich der zu treffenden Maßnahmen, sondern auch hinsichtlich der einzelnen Schritte ein nicht kleinlicher Ermessensspielraum zu.[355] Hierbei ist insbesondere das **Gebot der Wirtschaftlichkeit** zu beachten.[356] Dies erfordert, dass die Kostenfrage[357] und die Finanzierung ordnungsgemäß geregelt sind.[358] Dabei können auch kostenintensive Komplett- und Teilsanierungen[359] ebenso wie provisorische Maßnahmen ordnungsgemäßer Instandsetzung entsprechen,[360] auch wenn mit ihnen ein Eingriff in die Substanz des GemE verbunden ist. Vor größeren Vorhaben ist es zunächst erforderlich, den Schadensumfang festzustellen bzw. den Instandsetzungs-/Instandhaltungsbedarf zu ermitteln,[361] nicht sanierungsbedürftige Teile von einer Gesamtmaßnahme auszunehmen[362] und Alternativangebote einzuholen, ehe der Auftrag vergeben wird,[363] um eine Überteuerung zu vermeiden, was ordnungsgemäßer Instandhaltung oder Instandsetzung widersprechen

---

[346] Vgl. BGHZ 141, 224 (228); *Bub* ZdWBay 1997, 14 (15).

[347] OLG Zweibrücken NJW-RR 1991, 1301; OLG Hamm ZWE 2002, 600 (602).

[348] OLG Hamm ZWE 2007, 491 (492); HansOLG ZWE 2008, 445 *(Wagner);* BayObLG WE 1990, 175 (175); 181 mwN; 183; WuM 1996, 299 (300); NJW-RR 1996, 1101 (1102); OLG Köln ZWE 2000, 376 (377); vgl. Rn 96; § 22 20 ff.

[349] BayObLGZ 1989, 470 (473); NZM 2000, 515; ZWE 200, 312.

[350] BayObLGZ 1990, 120 (122); OLG Hamm ZWE 2007, 491 (492 f.).

[351] OLG Hamburg WE 1991, 194 (195); BayObLG NJW-RR 1992, 664 = WE 1992, 290 (291); KG DWE 1992, 37; aA LG Nürnberg-Fürth DWW 1988, 353; im Ergebnis auch LG Hamburg DWE 1990, 31; ebenso noch BayObLGZ 1989, 465 (467) = NJW-RR 1990, 330 (331).

[352] BayObLG FGPrax 2005, 108; vgl. hierzu unten Rn 101 ff. und § 22 Rn 351.

[353] Vgl. KG ZWE 2009, 278 f. *(Reichert)* = ZMR 2009, 625.

[354] Zum Begriff der ordnungsgemäßen Verwaltung vgl. oben Rn 26 ff.

[355] OLG München ZMR 2007, 557 (558); OLG Hamm ZMR 2007, 131; BayObLG WE 1995, 287 f.; 1990, 181 f.

[356] OLG München ZMR 2007, 557 (558); BayObLG WE 1995, 287 f.; 1990, 181 f.

[357] BayObLG WuM 1996, 239; OLG Saarbrücken ZMR 1997, 31 (33); OLG Düsseldorf ZMR 2008, 553 (554).

[358] OLG München ZMR 2008, 233 f.

[359] BayObLG WE 1992, 177.

[360] OLG Braunschweig WE 1991, 107.

[361] BayObLG WE 1999, 119 = NZM 1999, 280; OLG Köln ZWE 2000, 321 (323).

[362] OLG München ZMR 2007, 557 (558).

[363] Vgl. Rn 28 a. E.

kann;[364] es ist aber nicht notwendig, das billigste Angebot anzunehmen.[365] Ein Reparaturauftrag an einen WEer widerspricht regelmäßig schon dann ordnungsgemäßer Verwaltung, wenn der beauftragte WEer Mitglied der Mehrheitsgruppe der WEer ist und die Auftragsvergabe mit den Stimmen der Mehrheitsgruppe ohne vorherige Einholung vergleichender Kostenangebote erfolgte.[366] Die **Mithilfe der WEer** bei der Instandhaltung und Instandsetzung gegen Zahlung eines ortsüblichen Entgeltes aus der Instandhaltungsrücklage entspricht ordnungsgemäßer Verwaltung, weshalb etwa erforderliche Anstricharbeiten an den Außenfenstern auf die Eigentümer der betreffenden Wohnungen übertragen werden können.[367] Voraussetzung ist jedoch stets, dass die mangelfreie Ausführung der Arbeiten durch den WEer erwartet werden kann.[368] Die Verpflichtung zur Vornahme kann jedoch nicht ohne Zustimmung der betroffenen WEer mit Stimmenmehrheit beschlossen werden (s. o. Rn 82).

91 **b) Einzelfälle ordnungsgemäßer Instandhaltung und Instandsetzung.**[369] Zur **Erhaltung und Wiederherstellung des GemE** dienen **Gartenpflege- und Reinigungsarbeiten.**[370] Die Gartenpflege ist jedoch nur dann als ordnungsgemäße Instandhaltung anzusehen, wenn sie den „üblichen" Rahmen einhält.[371] Dies ist etwa beim üblichen Baumschnitt, Rasenmähen und Blumengießen der Fall. Über derlei reine Pflegearbeiten hinaus zählt auch die gärtnerische Gestaltung zur ordnungsgemäßen Instandhaltung; im Hinblick auf das bei der Neuanlage nicht hinreichend planbare Pflanzenwachstum steht den WEern hierbei im Rahmen ordnungsmäßiger Verwaltung ein Ermessensspielraum zu.[372] Daher stellt das Anpflanzen einer Hecke, die im Gegensatz zum Aufstellen eines Zaunes nicht mit einer gegenständlichen Veränderung des Grundstückes verbunden ist, keine bauliche Veränderung dar.[373] Bei der Erneuerung abgestorbener Bäume handelt es sich um Instandsetzung des GemE.[374] Ordnungsgemäßer Instandhaltung entspricht auch das Zurückschneiden[375] sowie das Einschneiden eines Durchgangs in eine Hecke, um den WEern ein ungehindertes Betreten der im GemE stehenden Grundstücksflächen zu ermöglichen.[376] Sogar das **Entfernen von Bäumen,** die das Erscheinungsbild der Wohnanlage prägen, kann eine Maßnahme zur ordnungsgemäßen Instandhaltung des GemE darstellen, wenn Anhaltspunkte dafür bestehen, dass Baumwurzeln Schäden am GemE verursachen.[377]

92 Die **Anstellung eines Hausmeisters** kann als Maßnahme ordnungsgemäßer Instandhaltung angesehen werden, da es Aufgabe eines Hausmeisters ist, die laufenden Pflege- und Reinigungsarbeiten sowie kleinere Reparaturen durchzuführen; erforderlich ist aber, dass die Anstellung auf Grund der Größe der Anlage notwendig ist.[378] Auch die Anmietung

---

[364] BayObLG WE 1990, 183; WE 1995, 287 (288); ZMR 2002, 689 (691).
[365] BayObLG WE 1995, 287 (288).
[366] KG OLGZ 1994, 149 (151) = WE 1993, 311 (312).
[367] KG WE 1991, 325 (326); vgl. auch BayObLG WE 1998, 154 (155) zur Übertragung kleinerer Reparaturarbeiten auf einen WEer.
[368] BayObLG WE 1998, 154 (155).
[369] Vgl. auch die Übersicht bei *Bub* ZdWBay 1997, 14 (18 f.).
[370] Zur Gartenpflege vgl. OLG Düsseldorf NJWE-MietR 1997, 85 = WE 1997, 145; aA Staudinger/*Bub* § 21 Rn 160.
[371] OLG Karlsruhe DWE 1994, 43 (Ls).
[372] OLG Hamm NJWE-MietR 1996, 85 = WE 1996, 310 (311); OLG Saarbrücken WE 1998, 69 (71).
[373] BayObLG NJW-RR 1991, 1362; vgl. auch OLG Hamm NJWE-MietR 1996, 85 = WE 1996, 310 (311).
[374] Dazu OLG Karlsruhe DWE 1994, 43 (Ls).
[375] BayObLGZ 1985, 164 (165); OLG Saarbrücken WE 1998, 69 (71) bzgl. Weinlaub.
[376] BayObLG WE 1990, 60 (61).
[377] BayObLG NJW-RR 1996, 1166 = WE 1997, 72.
[378] BayObLG WuM 1991, 310 (310 f.); weitergehend für jede WEgem unabhängig von der Größe der Anlage KG ZMR 1993, 478.

einer Garage als Stauraum für Gartengeräte kommt als ordnungsgemäße Instandhaltungsmaßnahme in Betracht, wenn eine anderweitige Unterbringung nicht möglich oder unzweckmäßig ist.[379]

Zur Instandhaltung zählen auch alle **Maßnahmen, die der Überprüfung des baulichen Zustandes der Anlage dienen** und notwendige Ausbesserungs- und Renovierungsmaßnahmen auf ein vernünftiges Maß begrenzen helfen. Da diese Kontrollaufgabe in erster Linie Sache des Verwalters ist, müssen sie im Einzelfall zumutbar sein.[380] Unter dem Gesichtspunkt der Gebäudebesitzerhaftung nach § 836 BGB sind alle zumutbaren Maßnahmen zu treffen, die aus technischer Sicht geboten und geeignet sind, die Gefahr einer Ablösung von Dachteilen, sei es auch nur bei starkem Sturm, möglichst rechtzeitig zu erkennen und ihr zu begegnen. Dies gilt umso mehr, je älter Gebäude und Bestandteile sind.[381] Eine vorbeugende Maßnahme kann auch der Abschluss eines Wartungsvertrags oder die Einholung eines Gutachtens bzgl der Gefahren baulicher Konstruktionen für das GemE sein. Auch eine **vorbeugende Erneuerung** von Bauteilen kann ordnungsgemäß sein, wenn die Funktionsuntüchtigkeit einer Anlage bevorsteht,[382] etwa eine **Heizungsanlage** jederzeit auszufallen droht.[383] **93**

Auch die **Wiederherstellung eines früheren Zustandes ist eine Maßnahme der Instandhaltung- und Instandsetzung.** Hierzu zählen etwa Ausbesserungen an einer Zufahrtstraße, dem Hof oder an Stellplätzen, Beseitigung eines Deckendurchbruchs zur Verbindung von zwei Eigentumswohnungen,[384] Dachreparaturen,[385] das Anbringen neuer Namensschilder, ein Neuanstrich[386] der Fassade, der Flure, der Kellerräume etc., das Anbringen mehrlagigen Verputzes auf sanierten Betonflächen,[387] das Anbringen einer im Aufteilungsplan vorgesehenen und ursprünglich vorhandenen Absperrkette zwischen PKW-Stellplätzen.[388] **94**

Kann der frühere Zustand nicht durch Reparaturmaßnahmen wiederhergestellt werden, so kommt eine **Ersatzbeschaffung** in Betracht. Die Ersatzbeschaffung ist als ordnungsgemäße Instandsetzung anerkannt worden für folgende unbrauchbar gewordene Geräte und Anlagen: Kehrmaschinen, Kinderschaukeln, auch wenn diese an anderer Stelle auf der gemeinschaftlichen Fläche neu aufgestellt werden,[389] Schiebetüren,[390] Waschmaschinen.[391] **95**

Zur ordnungsgemäßen Instandhaltung- und Instandsetzung des gemE zählt auch die **erstmalige Herstellung des planmäßigen Zustandes.**[392] Dieser wird bestimmt durch die TE und den Aufteilungsplan, aber auch durch Baupläne und Baubeschreibung.[393] Ob ein anfänglicher Baumangel idS vorliegt, beurteilt sich nicht alleine nach DIN-Werten. **96**

---

379 OLG Düsseldorf MDR 1986, 677.

380 OLG Zweibrücken NJW-RR 1991, 1301 gegen die Verpflichtung des Verwalters zur Dachbegehung wegen Unzumutbarkeit.

381 BGH DWE 1993, 82 (Ls).

382 BayObLG WE 1992, 203.

383 OLG München ZWE 2008, 27 (32); BayObLG NJW-RR 1991, 976 (977); WuM 1994, 504 f.; *J. Schmidt* in FS Merle, 265 (271 ff.).

384 KG DWE 1993, 83 (Ls).

385 OLG Düsseldorf ZflR 1999, 284 (285).

386 KG WE 1991, 325 (326).

387 BayObLG NJW-RR 1988, 1169.

388 BayObLG NZM 1999, 29.

389 KG WE 1990, 210.

390 OLG Düsseldorf WE 1996, 348 (349) = NJWE-MietR 1997, 78.

391 BayObLG NJW 1975, 2296 (2297).

392 BayObLGZ 1989, 470 (473); WE 1992, 20 (21); 1995, 344 (345); WuM 1996, 491 (492); ZWE 2001, 422; OLG Frankfurt/M. OLGZ 1984, 129 (130); OLG Hamm DWE 1987, 54; OLG Köln ZWE 2000, 376 (377) = NZM 2000, 1019 (Ls).

393 OLG Hamm ZMR 2008, 227 f.; Baupläne: BayObLGZ 1989, 470 (473); ZMR 2000, 394 (396); ZWE 2000, 312; Baubeschreibung: BayObLGZ 1990, 120 (122); vgl. Rn 89.

Diese stellen nur Mindestwerte dar, die lediglich eine widerlegbare Vermutung für entspr. der Technik ausgeführte Arbeiten darstellen.[394] Daher kann ein beseitigungsbedürftiger Baumangel vorliegen, obgleich die DIN-Werte bei der Bauleistung eingehalten wurden.[395] Macht ein WEer den Anspruch auf erstmalige Herstellung des planmäßigen Zustandes geltend, steht ihm dieser allerdings dann nicht zu, wenn einer seiner Rechtsvorgänger, z. B. der teilende Alleineigentümer gem. § 8 WEG, wirksam auf die Herstellung eines solchen Zustandes verzichtet hat;[396] der Anspruch unterliegt der dreijährigen Regelverjährung des § 195 BGB.[397] Die Beseitigungsmaßnahmen müssen unter Berücksichtigung ihrer Wirtschaftlichkeit insbesondere technisch geeignet sein, die Mängel dauerhaft zu beseitigen.[398] Steht die Ursache eines Mangels nicht sicher fest, entspricht es ordnungsgemäßer Verwaltung, die in Betracht kommenden Quellen nacheinander auszuschalten.[399] Da es im Vorfeld von Beseitigungsmaßnahmen oftmals unerlässlich ist, zunächst die Mängel iE festzustellen, sind auch entspr. Vorbereitungsmaßnahmen zur ordnungsgemäßen Instandsetzung zu zählen.[400] Ebenso fällt die Entscheidung darüber, ob der Mangel überhaupt beseitigt werden soll,[401] und wie die bei einer unmöglich gewordenen Mängelbeseitigung als Ersatz oder Minderung erhaltenen Mittel verwendet werden, unter § 21 Abs. 5 Nr. 2.[402]

97 Eine Maßnahme iSd § 21 Abs. 5 Nr. 2 liegt insbesondere vor: bei der **Anlage eines befestigten Fußweges,** wenn erst dadurch für alle WEer ein gesicherter und ständig begehbarer Zugang zu ihrem SE geschaffen wird, wie etwa bei Einfamilienhäusern, die um eine Rasenfläche gruppiert sind;[403] bei der **Auswahl** des Standortes für die auf dem Grundstück anzulegenden **Stellplätze;**[404] bei der **Beseitigung asbesthaltiger Pflanzentröge;**[405] bei der **Beseitigung eines** ohne Rechtsgrundlage entstandenen öffentlichen **Fußwegs** auf dem gemeinschaftlichen Grundstück;[406] beim **Ersetzen eines korrosionsgefährdeten Boilers;**[407] bei der **Komplettsanierung eines mangelhaften Flachdachs;**[408] bei einer **nachträglichen Schallisolierung;**[409] bei einer nachträglichen **Wärmedämmung;**[410] bei der **Verkleidung der gesamten Fassade,** wenn durch diese auch nur in einzelnen Bereichen Feuchtigkeit eindringt;[411] bei der Erneuerung von außen an der Gebäudefassade angebrachten **Rollladenkästen;**[412] bei der **Versetzung von Zäunen**[413] **und Garagen**[414]

[394] OLG Frankfurt/M. OLGZ 1984, 129 (130); im Ergebnis auch BayObLG WE 1994, 147; *Pastor,* Der Bauprozess, Rn 1023–1027.

[395] BayObLG WE 1991, 23 (24).

[396] BayObLG ZWE 2001, 215 (216).

[397] OLG Düsseldorf ZMR 2009, 706 (708).

[398] BayObLG WE 1990, 181; WE 1990, 183.

[399] OLG Köln ZWE 2000, 321 (323 f).

[400] BayObLGZ 1982, 203 (206 f.).

[401] OLG Hamm WE 1993, 244 (245).

[402] BGH WE 1990, 129 (130).

[403] BayObLG DWE 1989, 38 (Ls).

[404] BayObLG WE 1990, 72.

[405] BayObLG WuM 1993, 207 (208) = DWE 1993, 38 (Ls), wobei offengeblieben ist, ob es sich um eine Maßnahme der Instandhaltung oder Instandsetzung handelt.

[406] BayObLG NJW-RR 1990, 82.

[407] BGH NJW 1977, 44 (46).

[408] OLG Hamm DWE 1987, 54 f.

[409] BayObLG NJW-RR 1992, 974 (975).

[410] BayObLG WE 1990, 183; 1991, 23 (24); OLG Frankfurt/M. OLGZ 1984, 129 (130); KG ZWE 2000, 534 (536) = NZM 2001, 341.

[411] LG Bielefeld WuM 1989, 101 (101 f.).

[412] OLG Saarbrücken ZMR 1997, 31 (32).

[413] BayObLG WuM 1994, 640 = DWE 1994, 161 (Ls); ZWE 2001, 72 (73) = NZM 2000, 1011.

[414] BayObLGZ 1989, 470 (473).

entspr. dem Teilungsplan. Wegen der damit ggfs verbundenen tiefgreifenden Eingriffe in das Bauwerk sind einem Anspruch auf die Versetzung aus § 21 Abs. 4 durch den Rechtsgedanken von Treu und Glauben nach § 242 BGB Grenzen gesetzt. Steht dieser Einwand dem Anspruch entgegen, so kommt ein Ausgleichsanspruch in Betracht. Neben der praktisch weitaus bedeutsameren Beseitigung von Baumängeln kommen auch gestalterische Maßnahmen zur Herstellung des geplanten Zustandes oder zur Korrektur von Planungsfehlern in Betracht.[415]

Eine ordnungsgemäße Instandhaltung und Instandsetzung des GemE ist auch gegeben bei solchen Maßnahmen, mit denen den **Erfordernissen öffentlich-rechtlicher Vorschriften** entsprochen werden soll.[416] Hierzu zählt etwa die Beachtung der Regelungen der HeizkostenVO,[417] der EnergieeinsparVO,[418] der WärmeschutzVO,[419] der EnergieeinsparVO.[420] Der Einbau von **Rauchwarnmeldern**[421] kann auch dann ordnungsmäßiger Verwaltung entsprechen, wenn eine öffentlich-rechtliche Einbaupflicht nicht besteht.[422] **98**

c) Einzelfälle nicht ordnungsgemäßer Instandhaltung und Instandsetzung. Experimente an gemeinschaftlichen Anlagen dürfen nicht als Maßnahme ordnungsgemäßer Verwaltung iSd § 21 Abs. 5 Nr. 2 durchgeführt werden. Dies gilt selbst dann, wenn die mit der Maßnahme betraute Person als Ingenieur über technische Fachkenntnisse, aber nicht über die im Einzelfall erforderlichen Spezialkenntnisse verfügt.[423] Auch die Umstellung des Heizungssystems von der Fernwärmeversorgung auf eine neu zu errichtende Zentralheizungsanlage hält sich nicht mehr im Rahmen einer ordnungsgemäßen Instandsetzung.[424] Gleiches gilt für den Umbau eines Fensters zu einer Tür[425] und den Ausbau einer ehedem nur für die Beleuchtung und den Betrieb üblicher Haushaltsgeräte ausgelegte Stromversorgung in der Weise, dass der gesamte Heizungs- und Warmwasserbedarf der WEer mit Nachtstrom gedeckt werden kann, auch wenn zeitweise die Stromversorgung infolge Überlastung zusammenbricht. Die Entfernung einer 18 Jahre alten und 6–7 m hohen Bepflanzung der Gartenfläche kann nicht als Instandhaltung des GemE angesehen werden.[426] **99**

Einer ordnungsgemäßen Instandsetzung entspricht ferner nur die Anpassung der Anlage an einen sachgerechten Gebrauch des vorhandenen GemE, nicht aber die Anpassung an neu aufgetretene Bedürfnisse oder die Veränderung zur Nutzung neuer technischer Möglichkeiten.[427] Ordnungsgemäßer Instandsetzung entspricht daher auch nicht der Anbau eines Aufzuges an das Treppenhaus eines älteren Hauses, da das Vorhandensein eines Aufzuges keine Frage des Standes der Technik, sondern des Komforts des Hauses ist.[428] Solche Maßnahmen können aber unter den Voraussetzungen des § 22 Abs. 2 mit qualifizierter Mehrheit beschlossen werden. **100**

d) Die modernisierende Instandsetzung. Die WEer sind im Rahmen der ordnungsgemäßen Instandsetzung des gemE nicht darauf beschränkt, bei notwendig gewordenen **101**

---

[415] Für die Beseitigung eines öffentlichen Fußwegs BayObLG NJW-RR 1990, 82.

[416] BGH ZfIR 2002, 914 (918); OLG Hamm ZWE 2002, 600 (602); BayObLG NJW 1981, 690; NJW-RR 1992, 81 (83); vgl. auch OLG Köln ZWE 2000, 428 (429) = NZM 2000, 297 (Ls); OLG München ZWE 2008, 27 (32).

[417] S. dazu § 16 Rn 56 ff.

[418] OLG München 2008, 27 (32).

[419] OLG Hamm ZWE 2009, 261 (264).

[420] *Drabek* ZWE 2009, 266.

[421] AG Ahrensburg ZMR 2009, 78 (80); eingehend *Schultz* ZWE 2009, 383.

[422] OLG Frankfurt ZMR 2009, 864 f.

[423] KG NJW-RR 1987, 205 (206), für Experimente an der Heizungsanlage.

[424] OLG Frankfurt/M. DWE 1987, 51 (Ls).

[425] BayObLG ZMR 1993, 534 (536).

[426] OLG Düsseldorf WE 1994, 374 = NJW-RR 1994, 1167 (1168).

[427] BayObLG WE 1989, 62 (63); aA Staudinger/*Bub* § 21 Rn 168.

[428] BayObLG WE 1993, 285 (286).

Renovierungsarbeiten oder Ersatzbeschaffungen lediglich den früheren Zustand wiederherzustellen. Vielmehr kann eine Instandsetzung des gemE über die bloße Reproduktion hinausgehen, wenn sie eine aktuelle, technisch bessere und wirtschaftlich sinnvollere Lösung ggü. derjenigen ist, die sich auf die Wiederherstellung des mangelfreien Zustandes beschränkt.[429] Voraussetzung für eine sog. **modernisierende Instandsetzung** in Abgrenzung zu Maßnahmen der Modernisierung iSd § 22 Abs. 2[430] ist ein vorhandener[431] oder absehbarer Instandsetzungsbedarf. Modernisierende Instandsetzung ist aber nicht erst zulässig, wenn gemE gebrauchs- oder funktionsuntüchtig geworden ist, sondern schon dann, wenn ein Ausfall oder eine zumindest partielle Funktionsunfähigkeit zu befürchten ist.[432] Der dabei anzulegende Maßstab eines vernünftigen, wirtschaftlich denkenden und erprobten Neuerungen gegenüber aufgeschlossenen Hauseigentümers[433] darf gerade bei der technischen Ausstattung eines Gebäudes nicht zu eng am bestehenden Zustand ausgerichtet werden, wenn die im WE stehenden Gebäude nicht zum Schaden aller WEer vorzeitig veralten und an Wert verlieren sollen.[434]

102 Zulässig sind Maßnahmen, wenn sie dem derzeitigen Stand der Technik Rechnung tragen und die Vorteile neuerer technischer Entwicklungen nutzen.[435] Der jeweilige „Stand der Technik" ergibt sich dabei aus den vorhandenen technischen Regelwerken (DIN-Normen).[436] Für die Beurteilung der Frage, wo im Einzelfall die Grenzen ordnungsgemäßer Instandsetzung ggü. einer darüber hinausgehenden baulichen Veränderung liegen, können verschiedene Gesichtspunkte eine Rolle spielen, insbesondere die Funktionsfähigkeit der bisherigen Anlage, das Verhältnis zwischen wirtschaftlichem Aufwand und zu erwartendem Erfolg, die künftigen laufenden Kosten, die langfristige Sicherung des Energiebedarfs, Gesichtspunkte der Umweltverträglichkeit und auch, inwieweit sich die geplante Modernisierung bewährt und durchgesetzt hat.[437] Die Berechnung der Wirtschaftlichkeit durch eine **Kosten-Nutzen-Analyse** ist für die Beurteilung einer Maßnahme als modernisierende Instandsetzung ein wichtiger Umstand. Nach der Rspr.[438] liegt der maximale Zeitraum, bei dem noch von einer wirtschaftlich sinnvollen Amortisation der Mehraufwendungen für modernisierende Instandsetzung gesprochen werden kann, bei etwa 10 Jahren; bei einer längeren Dauer ist eine realistische Einschätzung der Entwicklung, etwa der Energiepreise kaum möglich und wird immer unsicherer.

103 „Modernisierende Instandsetzung" im Sinne einer ordnungsgemäßen Instandsetzung ist in folgenden **Einzelfällen** bejaht worden:[439] Komplette **Erneuerung einer veralteten Heizungsanlage,**[440] die **Reduzierung der Betriebsgeräusche einer Heizungsanlage,**[441] **Sanierung eines Flachdaches** durch Anbringung eines Pultdachs aus Kupfer-

[429] BayObLG FGPrax 2005, 108; OLG München ZMR 2006, 82; NZM 2002, 76; KG WE 1994, 335 (336); NJW-RR 1994, 1358; WuM 1996, 300 (301); WE 1998, 405 f. = NZM 1998, 338; OLG Düsseldorf ZWE 2001, 37 (38) = NZM 2000, 554; OLG Hamm ZMR 2007, 131; HansOLG ZMR 2003, 866; LG Hamburg ZMR 2009, 314 (315).

[430] Vgl. § 22 Rn 328, 351 f.

[431] OLG Hamm ZWE 2002, 600 (602); OLG Schleswig NZM 2007, 650.

[432] BayObLGZ 1988, 271 (273) ZMR 1994, 279; OLG Celle WuM 1993, 89.

[433] BayObLG ZMR 2004, 442.

[434] OLG Hamm ZWE 2009, 261 (264); DWE 1992, 126 (128).

[435] OLG Hamm DWE 1992, 126 (128); BayObLG WE 1998, 405 f = NZM 1998, 338.

[436] OLG Schleswig WuM 1999, 180 (181) zu Schallschutznormen.

[437] OLG Hamm ZWE 2009, 261 (264); DWE 1992, 126 (128); BayObLGZ 1988, 271 (273 f.); 1990, 28 (31) = WE 1991, 196; KG WE 1989, 136 (137); zur Abgrenzung der nach § 21 Abs. 5 Nr. 2 zulässigen Maßnahmen zu den baulichen Veränderungen vgl. auch § 22 Rn 16 ff.

[438] KG FGPrax 1996,95; ebenso BayObLG FGPrax 2005, 108.

[439] Vgl. *Drabek* ZWE 2001, 470 (472 ff.); *Gottschalg* NZM 2001, 729 ff.

[440] KG WuM 1993, 427 (429); BayObLG ZWE 2002, 315 (317); OLG Düsseldorf ZWE 2002, 477 (Ls); vgl. auch OLG Hamm ZWE 2002, 600 (602).

[441] OLG Schleswig WuM 1999, 180 (181).

blech[442] oder durch Wiederherstellung der ursprünglichen W**almdachkonstruktion,**[443] **Sanierung** einer **Fassade** unter erstmaliger **Aufbringung** einer **Wärmedämmung**[444] auch der Kellerdecke,[445] Austausch von **Holzfenstern gegen Kunststofffenster,**[446] Verwendung von Ziegeln anstelle von Wellteerpappe,[447] Ersetzen der vorhandenen Raufasertapete durch eine **Glasfasertapete** im Zusammenhang mit der Renovierung des Treppenhauses,[448] Ersetzen morscher Holzpfosten einer Zaunanlage durch einbetonierte **Stahlpfosten,**[449] **Umrüstung** eines **Fahrstuhls** zur Senkung der Defektanfälligkeit,[450] nachträglicher Einbau einer automatischen **Regulierungsanlage** für die **Zentralheizung,**[451] Umrüstung einer **Ölheizung** auf **Erdgasbefeuerung**[452] oder auf Gas-Brennwertkessel,[453] dagegen die **Umstellung von Fernwärme auf Zentralheizung,**[454] **nicht** Umstellung einer Öl-Zentralheizungsanlage auf Fernwärme wenn ein alsbaldiger Ausfall der Heizungsanlage nicht wahrscheinlich und eine sofortige Erneuerung nicht erforderlich ist,[455] **nicht** erstmalige Errichtung einer **Solaranlage zur Warmwasseraufbereitung,**[456] **nicht Ersetzung** einer nur mit unverhältnismäßigem Kostenaufwand reparaturfähigen zentralen Heizungsanlage **(Wärmepumpenanlage)** durch eine kostengünstigere **Gas-Heizungsanlage,**[457] **nicht** Einbau eines **Blockheizkraftwerkes.**[458] Die **Umstellung der Wärmeversorgung von Nachtspeicherstrom auf Gas** bedarf dann der Zustimmung aller WEer und ist keine modernisierende Erneuerung iSv § 21 Abs. 5 Nr. 2, wenn bislang keine gemeinschaftliche Heizungsanlage vorhanden war, die vorhandenen Heizaggregate vielmehr im SE der einzelnen WEer oder im Eigentum der Wohnungsmieter standen.[459] Ebenso stellt eine modernisierende Instandsetzung, bei der die **Amortisation der Mehrkosten** frühestens nach 20 Jahren eintritt, keine ordnungsgemäße Instandsetzung dar, die mehrheitlich beschlossen werden kann;[460] als bauliche Veränderung bedarf eine solche Maßnahme nach § 22 Abs. 1 grds. eines Beschlusses mit Zustimmung aller beeinträchtigten WEer,[461] sofern nicht die Voraussetzungen des § 22 Abs. 2 vorliegen. Vgl. auch die Stichworte bei § 22 Rn 34 ff.

Auch Maßnahmen zur Materialschonung können Gegenstand ordnungsgemäßer Instandhaltung und Instandsetzung sein, da sie einem vorzeitigen Veralten der Anlage und einem Wertverlust vorbeugen.[462] **104**

---

442 BayObLGZ 1990, 28 (31) = WE 1991, 196.

443 KG OLGZ 1994, 401 (403) = NJW-RR 1994, 528 (529) = WE 1994, 335 (336); BayObLGZ 1990, 28 (31) = WE 1991, 196; WE 1998, 405 f. = NZM 1998, 338.

444 OLG Düsseldorf ZWE 2001, 37 (38) = NZM 2000, 554; ZWE 2002, 420 (Ls); BayObLG ZWE 2002, 222 (223) = NZM 2002, 75; OLG Hamm ZMR 2007, 131; ZWE 2009, 261 (264).

445 OLG Hamm ZMR 2007, 131.

446 BayObLG WuM 1991, 56; OLG Köln ZMR 1998, 49 = WuM 1997, 455.

447 OLG Braunschweig 1994, 501 (503) = DWE 1994, 34 (35).

448 OLG Düsseldorf NJW-RR 1994, 1169 (1170) = WE 1995, 149 (150).

449 OLG Düsseldorf MDR 1986, 677.

450 OLG Düsseldorf ZWE 2001, 499 (501) = NJW-RR 2002, 83.

451 OLG Hamm OLGZ 1982, 260 (261 f.).

452 OLG Celle WE 1993, 224 (224 f.); BayObLG ZWE 2002, 315 (317); vgl. auch BayObLG WuM 1994, 504 (505) = ZMR 1994, 279 (280).

453 LG Koblenz ZWE 2009, 282 f. *(Elzer).*

454 OLG Frankfurt/M. DWE 1987, 51 (Ls).

455 OLG Düsseldorf WE 1998, 188 = FGPrax 1998, 49.

456 BayObLG FGPrax 2005, 108.

457 KG NJW-RR 1994, 1358 (1359) = WE 1995, 58; vgl. dazu auch § 22 Rn 64 f.

458 LG Koblenz ZWE 2009, 282 f. *(Elzer).*

459 OLG Hamm NJW-RR 1995, 909 (910); aA Staudinger/*Bub* § 21 Rn 164.

460 Vgl. BayObLG FGPrax 2005, 108.

461 KG WE 1996, 345 (346) = NJWE-MietR 1996, 133 = WuM 1996, 300 (301).

462 Offengelassen in KG NJW-RR 1987, 205 (206).

105 **e) Anschluss an das Breitbandkabelnetz.** Der Anschluss an das **Breitbandkabelnetz** bei Vorhandensein einer Gemeinschaftsantenne kann ordnungsgemäßer Instandsetzung entsprechen, wenn mit der vorhandenen Antennenanlage ein einwandfreier Empfang gängiger Hörfunk- und Fernsehprogramme nicht erreicht werden kann. Sofern die mangelhafte Empfangsqualität darauf beruht, dass die vorhandene **Antennenanlage defekt oder überaltert** ist, kommt eine Ersatzbeschaffung, die dem derzeitigen technischen Standard entspricht oder eine „modernisierende Instandsetzung", die die Vorteile neuerer technischer Entwicklungen nutzt, in Betracht.[463] Ist dagegen auf Grund örtlicher Gegebenheiten, etwa wegen schwacher Sendeleistung, von Anfang an kein störungsfreier Empfang möglich, so ist auch an eine ordnungsgemäße Instandsetzung unter dem Gesichtspunkt der erstmaligen Herstellung einer einwandfreien Anlage zu denken.[464] Eine solche erstmalige Herstellung setzt nämlich nicht voraus, dass die ursprünglich installierte Antennenanlage iSd Gewährleistungsrechts fehlerhaft ist, sondern kann auch der Korrektur von Planungsfehlern dienen, etwa, wenn durch die vorhandene Antennenanlage kein ausreichender Empfang gewährleistet werden kann; hierzu gehört nicht nur der Empfang von ARD und ZDF, sondern auch die üblicherweise mit Breitbandkabel zu empfangenden Privatsender, insbesondere RTL und Sat 1.[465] Im Falle modernisierender Instandsetzung darf der Anschluss an das Breitbandkabelnetz nicht erheblich kostspieliger sein als die Erneuerung der vorhandenen Anlage.[466] Bei dem Vergleich sind jedoch die Vorteile des Kabelanschlusses zu berücksichtigen, die dieser ggü. einer herkömmlichen Anlage bietet. Der Annahme einer ordnungsgemäßen Instandsetzung gem. § 21 Abs. 5 Nr. 2 kann auch nicht entgegengehalten werden, dass es sich bei dem Kabelanschluss um eine bauliche Veränderung handelt,[467] die bereits sprachlich nicht mehr mit dem Begriff einer „ordnungsgemäßen Instandsetzung" zu vereinbaren sei.[468] § 21 Abs. 5 Nr. 2 erfasst nämlich auch bauliche Veränderungen (vgl. § 22 Rn 16).

106 Auch wenn eine **Gemeinschaftsantenne nicht reparaturbedürftig,** sondern noch funktionstauglich ist, kann eine Umstellung auf **Breitbandkabel** nach § 21 Abs. 3 mit Stimmenmehrheit beschlossen werden, wenn sie als eine der Beschaffenheit des Gegenstandes entsprechende Maßnahme ordnungsmäßiger Verwaltung einzuordnen ist. Dies ist der Fall, wenn der Kabelanschluss zum üblichen Wohnkomfort und gewöhnlichen Ausstattungsstandard gehört, sofern die Kosten nicht außer Verhältnis zu dem Nutzen stehen.[469] Da ein Kabelanschluss wegen der mit ihm zu empfangenden Programmvielfalt inzwischen als selbstverständlich für einen modernen Lebens- und Wohnstandard angesehen wird,[470] dürfte auch die Umstellung einer funktionsfähigen Gemeinschaftsantenne auf Breitbandkabel idR eine Maßnahme ordnungsmäßiger Verwaltung sein und keine bauliche Veränderung. Sie kann daher mit einfacher Stimmenmehrheit beschlossen werden. Entspricht die

[463] BayObLG NJW-RR 1992, 664 (665) mwN; OLG Celle DWW 1988, 66; OLG Hamm WE 1998, 111 (112); *Florian* ZMR 1989, 128; *Gottschalg* NZM 2001, 729 (733); *Drabek* ZWE 2001, 470 (472).

[464] BayObLG NJW-RR 1992, 664 (665) mwN; LG Hamburg DWE 1992, 31 (32); OLG Hamburg WE 1991, 194 (195); diesem zustimmend, im Ergebnis aber offen gelassen KG DWE 1992, 37; vgl. Rn 139.

[465] Vgl. OLG Hamm WE 1998, 111 (112); zur erstmaligen Herstellung vgl. Rn 133.

[466] OLG Celle DWW 1988, 66; ebenso: KG DWE 1992, 37; *Florian* ZMR 1989, 128.

[467] S. nur BayObLG NJW-RR 1992, 664 = WE 1992, 290 (291) mwN; AA AG Hannover DWW 1985, 288 (288), wonach allenfalls eine besondere Aufwendung iSd § 22 in Betracht kommt; AG Nürnberg DWW 1988, 50 (51).

[468] So aber ausdrücklich LG Nürnberg-Fürth DWW 1988, 353; im Ergebnis auch LG Hamburg DWE 1990, 31; BayObLGZ 1989, 465 (467) = NJW-RR 1990, 330 (331).

[469] Vgl. *Wenzel* ZWE 2007, 180 f.

[470] Vgl. LG Hamburg DWE 1990, 31 (32); BayObLGZ 1989, 465 (465 f.) = NJW-RR 1990, 330 (331); NJW-RR 1992, 664 (665) = WE 1992, 290 (291); OLGZ 1986, 397 (401); AG Nürnberg DWW 1988, 50 (51).

Umstellung wegen der Umstände des Einzelfalles nicht ordnungsmäßiger Verwaltung, ist sie als bauliche Veränderung nach § 22 Abs. 1 oder Abs. 2 einzuordnen.

f) Die Installation einer Parabolantenne. Auch eine vorhandene terrestrische **Gemeinschaftsantenne,** die **reparaturbedürftig oder überaltert** ist, kann im Rahmen einer modernisierenden Instandsetzung gem. § 21 Abs. 5 Nr. 2 durch eine **Gemeinschaftsparabolantenne** ersetzt werden, vorausgesetzt eine Kosten-Nutzen-Analyse ergibt, dass die Modernisierung wirtschaftlich sinnvoll ist.[471] Ist die **Gemeinschaftsantenne noch funktionsfähig,** wird die Umstellung auf eine **Gemeinschaftsparabolantenne** meistens als bauliche Veränderung angesehen,[472] die nach § 22 Abs. 1 der Zustimmung der beeinträchtigten WEer bedarf[473] oder unter den Voraussetzungen des § 22 Abs. 2 als Maßnahme der Modernisierung mit qualifizierter Mehrheit beschlossen werden kann. Wie bei der Umstellung von der Gemeinschaftsantenne auf Breitbandkabel liegt auch hier eine Maßnahme ordnungsmäßiger Verwaltung vor, die mit Stimmenmehrheit beschlossen werden kann, wenn die Maßnahme dazu dient, den **Wohnwert** der Anlage durch Anpassung an den technischen Fortschritt zu **erhalten,** also wenn die Gemeinschafsparabolantenne zum üblichen Wohnkomfort und gewöhnlichen Ausstattungsstandard gehört.[474] Dient die Maßnahme im Einzelfall nicht dazu, den Wohnwert einer Anlage zu erhalten sondern durch Anpassung an den technischen Fortschritt zu **verbessern,** liegt eine bauliche Maßnahme vor, deren Zulässigkeit nach § 22 Abs. 1 oder Abs. 2 zu beurteilen ist. Entsprechendes gilt für die **Umstellung von einem Breitbandkabelanschluss** auf eine Gemeinschaftsparabolantenne. 107

g) Antennenfernsehen DVB-T. Die Umstellung einer **Antennenanlage zum analogen Empfang** von Sendungen auf den Empfang des digitalen **Antennenfernsehens DVB-T** dürfte wegen der damit im Verhältnis zum Breitbandkabel und zur Parabolantenne verbundenen Nachteile (begrenzte Empfangsmöglichkeiten, standortbedingte Störanfälligkeit) idR nicht ordnungsmäßiger Verwaltung entsprechen.[475] Ob die Umstellung einer vorhandenen Antennenanlage ordnungsmäßiger Verwaltung entspricht, hängt letztlich davon ab, welches Empfangssystem technisch und wirtschaftlich eher geeignet ist, der Wertentwicklung auf dem Immobilienmarkt Rechnung zu tragen und den Wohnwert der Anlage zu erhalten, ohne das GemE unverhältnismäßig zu belasten. 108

h) Instandhaltung und Instandsetzung bei vermietetem WE. Vermietet ein WEer seine Wohnung, so ist er dem Mieter ggü. nach §§ 535, 536 BGB verpflichtet, die Wohnung in einem zum vertragsgemäßen Gebrauche geeigneten Zustand zu überlassen und sie während der Mietzeit in diesem Zustand zu erhalten; hierbei handelt es sich um eine vertragliche Hauptleistungspflicht des Vermieters. Begehrt der Mieter die Beseitigung von Mängeln an seiner Wohnung, so kann der WEer einem solchen Verlangen nicht ohne weiteres nachkommen, wenn der Mangel an Teilen des GemE besteht,[476] etwa ein Fensterrahmen morsch und daher nicht mehr nutzbar ist. Denn nach § 27 Abs. 1 Nr. 2 ist der Verwalter berechtigt und verpflichtet, die für die ordnungsgemäße Instandhaltung und Instandsetzung des GemE erforderlichen Maßnahmen zu treffen. Der einzelne WEer ist hingegen nicht berechtigt, Arbeiten am GemE vorzunehmen, da die Verwaltung des GemE den WEern nur gemeinschaftlich zusteht. Lediglich unter den Voraussetzungen des § 21 Abs. 2 kann der einzelne WEer berechtigt sein, ohne Zustimmung der anderen WEer Maßnahmen zu treffen, die zur Abwendung eines dem GemE unmittelbar drohenden Schadens erforderlich sind. 109

---

[471] *Bielefeld* DWE 1993, 3 f.; weitergehend *Wenzel* ZWE 2007, 181.

[472] OLG Frankfurt/M. OLGZ 1994, 151 (152 f.) = NJW 1993, 2817 (2817); OLG Köln WuM 1996, 292 = DWE 1996, 74; *Kreile/Kreile,* FS für Gaedertz, S. 323.

[473] OLG Frankfurt/M. OLGZ 1994, 151 (152 f.) = NJW 1993, 2817 (2817); OLG Köln WE 1996, 432 (433) = WuM 1996, 292; vgl. § 22 Rn 247 ff.

[474] *Wenzel* ZWE 2007, 181.

[475] *Wenzel* ZWE 2007, 181.

[476] Vgl. hierzu *Witten* DWE 1990, 131.

110 Gleichwohl ist in diesen Fällen der Mieter einer Eigentumswohnung nicht daran gehindert, einen ihm gegen seinen Vermieter nach §§ 535, 536 BGB zustehenden Instandsetzungsanspruch gerichtlich durchzusetzen, auch wenn es hinsichtlich der Instandsetzung noch an einem Beschluss der WEer gem. §§ 21, 23 fehlt.[477] Die interne Aufgabenverteilung in der WEgem im Hinblick auf die Instandsetzung und Instandhaltung des GemE hat nicht die rechtliche Unmöglichkeit der Instandsetzung der Mietsache zur Folge. Mit der erforderlichen Beschlussfassung der WEer oder ihrer Ersetzung durch das Gericht ist der geschuldete Erfolg zur Instandsetzung erreichbar, so dass insoweit nur ein vorübergehendes Leistungshindernis für den vermietenden WEer besteht.[478] Ein solcher Titel auf Durchführung bestimmter Instandsetzungsmaßnahmen ist auch vollstreckbar.[479] Allerdings darf der Mieter nicht ohne Vorliegen der Zustimmung der übrigen WEer nach § 887 ZPO ermächtigt werden, die Instandsetzungsmaßnahmen auf Kosten des Vermieters selbst durchzuführen. Da hier außer dem Vermieter als Schuldner auch Dritte mitzuwirken haben, erfolgt die Zwangsvollstreckung, solange deren Mitwirkung noch aussteht, nach § 888 ZPO.[480] Im Übrigen ist es auch noch im Vollstreckungsverfahren Sache des Vermieters, die rechtlichen Voraussetzungen für die Zulässigkeit der Instandsetzungsmaßnahmen zu schaffen. Kann der Schuldner nachweisen, dass er vergeblich alles ihm zumutbare getan hat, um den notwendigen Erfolg zu erzielen, so kann sein Unvermögen im Vollstreckungsverfahren berücksichtigt werden; der WEer müsste notfalls eine Vollstreckungsgegenklage erheben.

4. Feuer-, Haus- und Grundbesitzerhaftpflichtversicherungen (Nr. 3)

111 **a) Allgemeines.** Nach § 21 Abs. 5 Nr. 3 gehört zu einer ordnungsgemäßen Verwaltung auch die **Feuerversicherung** des GemE zum Neuwert sowie die angemessene Versicherung der WEer gegen Haus- und Grundbesitzerhaftpflicht. Die Vorschrift nennt als Mindestanforderungen, die an einen ausreichenden Versicherungsschutz zu stellen sind, die Feuerversicherung als wichtigste Sachversicherung und die Haus- und Grundbesitzerhaftpflichtversicherung. Da sich die Formulierung „insbesondere" in § 21 Abs. 5 auch auf Nr. 3 erstreckt, hat die Erwähnung dieser Versicherungsarten nur beispielhaften Charakter und ist nicht abschließend.[481] Es ist eine Frage des Einzelfalls, welche Risiken sinnvollerweise durch Versicherungen abgedeckt werden sollen. So entspricht etwa der Abschluss einer Elementarversicherung ordnungsmäßiger Verwaltung, wenn eine zuverlässige Prognose künftiger Schäden nicht möglich ist.[482] Keineswegs soll mit der Regelung eine öffentlich-rechtliche Versicherungspflicht angeordnet werden. Die Vorschrift begründet auch keine Versicherungspflicht zugunsten eines Dritten, etwa einer (staatlichen) Versicherungsanstalt für Brandschaden oder eines Mieters.[483] Dritte können die WEer daher nicht auf Abschluss bestimmter Versicherungen in Anspruch nehmen.

112 Die Versicherungspflicht besteht nur hinsichtlich des GemE iSv § 1 Abs. 5. Von § 21 Abs. 5 Nr. 3 wird **die Versicherung des SEs** hingegen nicht erfasst. Zur Versicherung des SEs sind die WEer auch nicht verpflichtet. Die Versicherung des SE ist nicht Gegenstand der Verwaltung des GemE. Zweckmäßigerweise wird ihr Abschluss in der GemO ausdrücklich vorgeschrieben. Da die Versicherungsunternehmen idR für WE-Anlagen nur einheitliche **Gebäudeversicherungen** anbieten, die sowohl das gemE als auch das SE

---

477 KG ZMR 1990, 336 (337).

478 KG ZMR 1990, 336 (338).

479 AA AG Charlottenburg GE 1986, 1127.

480 LG Berlin GE 1989, 113 (115).

481 Umfassend zu einzelnen Versicherungskonzepten *Jansen* WE 1997, 8 ff.; *Gottschalg,* Haftung, Rn 510 ff.

482 OLG Köln ZMR 2007, 987.

483 BayObLG WE 1991, 140.

abdecken, ist die Beschränkung der Versicherungspflicht nach § 21 Abs. 5 Nr. 3 auf das GemE nur noch von geringer praktischer Bedeutung. Erstreckt sich die Versicherung danach sowohl auf das GemE als auch auf das SE, so fällt der Versicherungsvertrag insgesamt in die gemeinschaftliche Verwaltung.[484] Versicherungsnehmerin und Prämienschuldnerin ist die WEgem. Es handelt sich um eine Versicherung für fremde Rechnung (§§ 43 ff. VVG): Jeder WEer ist Versicherter, d. h. Gläubiger des Anspruchs gegen die Versicherung hinsichtlich seines SE und seiner Beteiligung am gemE.[485] Entsteht ein Schaden am **gemE,** so ist der Verwalter für die Schadensbehebung und die Abwicklung mit dem Versicherer zuständig.

Die Erweiterung des Versicherungsschutzes auf das SE infolge einer **Gebäudeversicherung** hat nicht zur Folge, dass sich die Pflicht zur Instandhaltung und Instandsetzung als Gegenstand ordnungsgemäßer Verwaltung nach Eintritt des Versicherungsfalles auch auf das SE erstreckt.[486] Denn die kombinierte Versicherung für das gesamte Gebäude erfolgt allein aus versicherungspraktischen Gründen. Die Behebung von **Schäden am SE** müssen die WEgem und der Verwalter grds. dem betroffenen WEer überlassen. Die Pflicht des Verwalters beschränkt sich insoweit neben der Schadensanzeige beim Versicherer (§ 30 VVG) darauf, den WEer bei der Geltendmachung von dessen Entschädigungsanspruch gegenüber dem Versicherer zu unterstützen.[487] Soweit sich für das gemE und das SE eine einheitlich bemessene Versicherungsprämie für die gesamte Anlage deswegen erhöht, weil einzelne Wohnungen der WE-Anlage besonders aufwändig ausgestattet sind, kann der erhöhte Anteil an der Prämie auf die Eigentümer der betreffenden Wohnungen abgewälzt werden.

Die WEer können die für den Versicherungsschutz erforderlichen Entscheidungen mit **113**
Stimmenmehrheit beschließen, wenn die betreffenden Maßnahmen **ordnungsgemäßer Verwaltung** entsprechen. Hierzu zählt insbesondere auch der Beschluss über die auszuwählende Versicherungsgesellschaft und über die Konditionen der Versicherung. So entspricht es ordnungsgemäßer Verwaltung, wenn die WEer nach sorgfältiger Kalkulation und Prognose die Vereinbarung eines Selbstbehaltes beschließen.[488] Auch kann bei dauerhaft desolaten finanziellen Verhältnissen eine Einschränkung des Versicherungsschutzes ordnungsmäßiger Verwaltung entsprechen, wenn damit einer Kündigung des Versicherers vorgebeugt werden soll.[489] Die WEer können darüber hinaus nach § 21 Abs. 4 von den übrigen WEern die Mitwirkung bei der Herstellung eines ordnungsgemäßen Versicherungsschutzes verlangen und ggf. gerichtlich durchsetzen.

Die Pflicht zur Versicherung iSd § 21 Abs. 5 Nr. 3 ist anders als die Pflicht zur ordnungs- **114**
gemäßen Instandsetzung nicht in den Katalog der Aufgaben und Befugnisse des Verwalters in § 27 aufgenommen worden. Demnach ist der Verwalter weder berechtigt noch verpflichtet, selbstständig eine Versicherung abzuschließen. Der Verwalter bedarf daher einer besonderen Ermächtigung, wenn er die WEer beim Abschluss oder nach dem Eintritt des Versicherungsfalls bei der Kündigung eines Versicherungsvertrags vertreten soll.[490] Hat ein Alleineigentümer vor der Teilung nach § 8 eine Gebäudeversicherung als angeblicher Verwalter für die noch nicht bestehende WEgem abgeschlossen, wird dadurch regelmäßig kein nach §§ 177 ff. schwebend unwirksames Versicherungsverhältnis begründet, sondern eine Versicherung für Rechnung „wen es angeht".[491] Der Alleineigentümer bleibt damit alleiniger Prämienschuldner.

---

[484] KG MDR 1984, 584; vgl. *F. Schmidt* ZWE 2000, 506 (510); *Demharter* ZWE 2008, 136.
[485] Vgl. *Armbrüster* ZWE 2009, 109.
[486] KG NJW-RR 1992, 150; *F. Schmidt* ZWE 2000, 506 (510).
[487] *Armbrüster* ZWE 2009, 109 (110 f.).
[488] Vgl. hierzu *Köhler* FachV 1, 39 (42 f.).
[489] LG Essen ZMR 2007, 817.
[490] So auch *Gottschalg,* Haftung, Rn 517.
[491] OLG Koblenz Recht und Schaden (r+s) 1996, 450.

115 **b) Die einzelnen Sachversicherungen.** Als wichtigste der Sachversicherungen ist in **§ 21 Abs. 5 Nr. 3** die **Feuerversicherung** vorgesehen, die angesichts des öffentlichen Interesses an der Erhaltung und erforderlichenfalls an einer Wiederherstellung von Wohnraum ausdrücklich genannt wurde. Mit der Gebäudefeuerversicherung sind die Versicherungsnehmer, d. h. die WEer gemeinschaftlich, versichert gegen Brand, Blitzschlag, Explosionen und Schäden durch Löschen, Niederreißen oder Aufräumen, ferner gegen Beschädigungen durch den Absturz von Luftfahrzeugen und Luftfahrzeugteilen. Die auf dem Baugrundstück während des Baus befindlichen Rohstoffe sollten befristet mitversichert werden. Es ist auch ratsam, Werkzeuge, Antennen, Transportmittel, Mobiliar für Treppen, Flure, Heizvorräte u. ä. in die Versicherung mit einzubeziehen. Um einen etwa notwendigen Wiederaufbau sicherzustellen, ist die Versicherung zum **Neuwert** abzuschließen. Insoweit empfiehlt sich der Abschluss einer „gleitenden Neuwertversicherung". Ein Beschluss, der bei dauerhaft desolaten finanziellen Verhältnissen eine erhebliche Einschränkung des Versicherungsschutzes vorsieht, um einer Kündigung des Versicherers zuvorzukommen, entspricht ordnungsmäßiger Verwaltung.[492]

116 Weiterhin sollte eine Versicherung gegen **Hagel-, Sturm- und Leitungswasserschäden** abgeschlossen werden. Da der Abschluss einer solchen Versicherung regelmäßig ordnungsgemäßer Verwaltung entspricht, sollte sich eine Ermächtigung des Verwalters auch auf diese Versicherungsarten beziehen.[493] Die Versicherungsunternehmen bieten häufig Feuerversicherungen an, die auch diese Risiken mit abdecken **(sog. verbundene Gebäudeversicherung).** Enthält das Gebäude kostspielige Isolierglaskonstruktionen, ist auch der Abschluss einer **Gebäudeglasversicherung** ratsam, wenn nicht bereits eine Hausratversicherung besteht, die Glasbruch mit umfasst.

117 **c) Die Haftpflichtversicherungen.**[494] Die Haftpflichtversicherung hat zum Inhalt, dass begründete Schadensersatzansprüche gegen den Versicherungsnehmer befriedigt und unbegründete Ansprüche abgewehrt werden. Als besonderer Fall der Haftpflichtversicherungen ist in § 21 Abs. 5 Nr. 3 die **Versicherung gegen Haus- und Grundbesitzerhaftpflicht** vorgeschrieben. Mit ihr werden Risiken abgedeckt, die ihre Grundlage in den vom GemE ausgehenden Gefahren haben. Ein solches Risiko ist etwa die Haftung wegen Verletzung der Verkehrssicherungspflicht oder die Haftung des Gebäudebesitzers aus § 836 BGB. Neben der Haftung der WEer erstreckt sich die Versicherung auf die Haftung der WEgem, des Verwalters und ggf. des Hausmeisters. Das Erfordernis der Angemessenheit dieser Versicherung bezieht sich primär auf die Höhe der Versicherungssumme. In welcher Höhe eine Versicherungssumme „angemessen" ist, richtet sich nach den Umständen des Einzelfalls, insbesondere nach dem Wert der Anlage und dem Grad der Gefahr, die von dem Gebäude auf Grund örtlicher und baulicher Gegebenheiten ausgeht.

118 In besonderen Fällen ist der Abschluss zusätzlicher Versicherungen zu erwägen. So kommt insbesondere bei Anlagen mit einer Ölheizung der Abschluss einer **Gewässerschadenhaftpflichtversicherung** in Betracht, da das Risiko, dass der Öltank undicht ist, angesichts der bei einem Eindringen von Heizöl in das Grundwasser zu erwartenden Schadenshöhe, verhältnismäßig groß ist.[495]

Wegen der mit der Tätigkeit als Verwalter und Mitglied des Verwaltungsbeirats verbundenen Risiken sind **Vermögensschadenhaftpflichtversicherungen** für Verwalter und Verwaltungsbeiräte sinnvoll.[495a] Ihr Abschluss ist grds. Sache des jeweiligen Verwalters oder Beirats. Die WEgem kann aber solche Versicherungen auch zugunsten des Verwalters

---

[492] LG Essen ZMR 2007, 817.

[493] *Jansen/Köhler* WE 1993, 132; *Gottschalg,* Haftung, Rn 510 ff.

[494] Vgl. *Gottschalg,* Haftung, Rn 514 ff.

[495] OLG Braunschweig OLGZ 1966, 571 (573 f.); vgl. *Gottschalg,* Haftung, Rn 519 f.

[495a] Vgl. ausführlich *Armbrüster* ZWE 2010, 117.

oder des Verwaltungsbeirats als Versicherte abschließen.[496] Beschlusskompetenz besteht insoweit nach §§ 21 Abs. 3, 26 Abs. 1, 29 Abs. 1 zwecks näherer Ausgestaltung der Anstellungsverhältnisse. Ein solcher Beschluss dürfte aber nur bei ehrenamtlichen Verwaltern und insbes. Verwaltungsbeiräten ordnungsgemäßer Verwaltung entsprechen.[497] Auch **Rechtsschutzversicherungen** in Wohnungseigentumssachen können für die WEgem und für WEer sinnvoll sein.[497a]

5. Die Ansammlung einer Instandhaltungsrückstellung (Nr. 4)

a) Allgemeines. Nach § 21 Abs. 5 Nr. 4 gehört zu einer ordnungsgemäßen Verwaltung die Ansammlung einer angemessenen Instandhaltungsrückstellung. Die Angemessenheit bestimmt sich nach den Umständen des Einzelfalles, insbesondere Alter, Größe, bauliche Besonderheiten und Zustand.[498] Die Höhe kann mit Stimmenmehrheit beschlossen und jederzeit geändert werden. Dabei haben die WEer einen weiten Ermessenspielraum; nur wesentlich überhöhte Ansätze können ordnungsmäßiger Verwaltung widersprechen.[499] Inhalt und Umfang der Instandhaltungsrückstellung lassen sich am ehesten der Regelung des § 28 II. BVO für die Instandhaltungskosten von öffentlichen Mietwohnungen entnehmen.[500] Zwar handelt es sich nicht um eine Rückstellung im bilanztechnischen Sinne, weswegen bisweilen der Begriff der Instandhaltungsrücklage verwendet wird.[501] Da eine Unterscheidung im Bereich des WEG jedoch ohne Belang ist, sollte am Wortlaut des Gesetzes trotz verschiedener Reformbestrebungen[502] festgehalten werden. Die Instandhaltungsrückstellung ist zweckbestimmt. Sie dient ausschließlich der wirtschaftlichen Absicherung künftig notwendiger Instandhaltungs- und Instandsetzungsmaßnahmen.[503] Mit der Bildung einer Instandhaltungsrückstellung wird Vorsorge getroffen, dass ggf. Mittel bereitstehen, um erforderliche Instandhaltungsmaßnahmen finanzieren zu können. Die zum GemE gehörenden Gebäudeteile sollen nicht deswegen verwahrlosen, weil es den WEern an Mitteln fehlt, um umfangreichere Instandhaltungs- oder Instandsetzungsmaßnahmen durchführen zu können, wenn diese nötig werden.[504] Dieses zu Zeiten des Stockwerkseigentums erhebliche Problem sollte mit der Bildung einer Instandhaltungsrückstellung beseitigt werden.[505] 119

Die WEer können in der GemO Instandhaltungsrückstellungen für unterschiedliche Teile des GemE, etwa bei **Mehrhausanlagen** mit unterschiedlichen Gebäuden, gem. § 10 Abs. 2 Satz 2 vereinbaren.[506] Rücklagen für Untergemeinschaften gehören der WEgem, nicht der Untergemeinschaft; sie sind nur buchhalterisch gesondert ausgewiesene und zweckbestimmte Gelder der WEgem.[507] Die WEer können die Rückstellung durch Vereinbarung auch gänzlich ausschließen oder verbindlich vorschreiben. Ein Beschluss mit diesem Inhalt ist indes mangels Beschlusskompetenz nichtig.[508] 120

---

[496] Vgl. *Gottschalg,* Haftung, Rn 541, 546.

[497] Vgl. *Häublein* ZMR 2003, 233 (240).

[497a] Vgl. dazu ausführlich *Armbrüster,* Rechtsschutzversicherung und Wohnungseigentum, FS Merle (2010), S. 13 ff.

[498] OLG Hamm ZWE 2007, 34 (38).

[499] OLG Düsseldorf ZWE 2002, 535; OLG Hamm ZWE 2007, 34 (38).

[500] *Seuß* PiG 18, 221 (267 f.); OLG Hamm ZWE 2007, 34 (38).

[501] So Weitnauer/*Lüke* § 21 Rn 42; zur steuerlichen Behandlung s. *Jennißen,* Abrechnung, Rn 449 ff.

[502] Gesetzentwürfe des Bundesrates, BR-Drucks. 8/161 vom 8. 3. 1977, und der Bundesregierung, BT-Drucks. 8/244 vom 27. 12. 1978 = PiG 8, 257 (274).

[503] OLG München NZM 2008, 613.

[504] OLG Hamm OLGZ 1971, 96 (102 f.); OLG Frankfurt/M. MDR 1974, 848.

[505] Begründung zum Gesetzentwurf des Bundesrates, BR-Drucks. 8/161 vom 8. 3. 1977, 8 zu Nummer 8, = PiG 8, 257 (257 ff.).

[506] KG ZMR 2008, 67; BayObLG NJW-RR 1988, 274; vgl. auch OLG Düsseldorf WE 1998, 486 (487); *Hügel,* NZM 8 (13); *Jennißen,* Abrechnung, Rn 429.

[507] Vgl. *Hügel* NZM 8 (13).

[508] *Merle* PiG 63, S. 165 (171); AG Hannover ZMR 2008, 845.

121 **b) Der Anteil an der Instandhaltungsrückstellung.** Die Instandhaltungsrückstellung gehört zum Verwaltungsvermögen, das nach § 10 Abs. 7 Satz 1 der WEgem gehört. Die früher umstrittene Rechtslage bzgl der Instandhaltungsrückstellung ist damit geklärt.[509] Träger des Verwaltungsvermögens ist nur die rechtsfähige WEgem unabhängig von einem Eigentümerwechsel. Der einzelne WEer hat daher an der Instandhaltungsrückstellung keinen Anteil,[510] ein solcher kann daher auch bei der Zwangsvollstreckung gegen einen WEer nicht gepfändet werden. Bei einem Eigentumswechsel bleibt die Instandhaltungsrückstellung Vermögen der Gemeinschaft der WEer, eine Auseinandersetzung findet nicht statt. Der Sondernachfolger ist daran über seine Mitgliedschaft beteiligt, unabhängig davon, ob das WE rechtsgeschäftlich oder durch Zuschlag in der Zwangsversteigerung erworben wird. Eine gesonderte Übertragung der Instandhaltungsrückstellung durch den Veräußerer ist weder erforderlich noch diesem als Nichtberechtigtem möglich. Eine Auseinandersetzung findet insoweit nicht statt. Soll die Instandstandhaltungsrückstellung im Wege der Zwangsvollstreckung verwertet werden, ist ein Titel gegen die WEgem als solcher erforderlich.

122 **c) Die Ansammlung der Instandhaltungsrückstellung.** Die Ansammlung einer Instandhaltungsrückstellung unterliegt als Maßnahme ordnungsgemäßer Verwaltung der Beschlussfassung der WEer. Die Instandhaltungsrückstellung wird im Wesentlichen durch Beiträge der WEer angesammelt. Daneben können aber auch Einkünfte aus dem GemE der Instandhaltungsrückstellung zugeführt werden, wie der Erlös aus dem Betrieb einer im GemE stehenden Waschmaschine.[511] Über die Höhe der Beiträge wird durch Beschluss über den Wirtschaftsplan entschieden. Der Beschluss entspricht ordnungsgemäßer Verwaltung, wenn der Gesamtbetrag der Rückstellung der Höhe nach angemessen ist und eine anteilige Verteilung des Aufkommens für die Rückstellung vorgesehen ist.

123 Als **Sonderzahlungen in die Instandhaltungsrückstellung** werden bisweilen **Umzugskostenpauschalen** erhoben, weil die gemeinschaftlichen Anlagen, etwa die Aufzüge, Hausflure und Beleuchtung, bei einem Ein- oder Auszug in besonderem Maße benutzt werden, was neben einer stärkeren Verschmutzung[512] zu einer erhöhten Gefahr von Beschädigungen führen kann. Die Sonderumlage kann nach § 21 Abs. 7 durch Stimmenmehrheit beschlossen werden, soweit dies ordnungsmäßiger Verwaltung entspricht.[513]

124 **d) Die Höhe der Instandhaltungsrückstellung.** Nur die Ansammlung einer angemessenen Instandhaltungsrückstellung entspricht ordnungsgemäßer Verwaltung.[514] Die Angemessenheit bestimmt sich nach den besonderen Umständen des Einzelfalles. Bei der Bemessung der Instandhaltungsrückstellung und des jährlichen Beitrags zur Instandhaltungsrückstellung haben die WEer einen weiten **Ermessensspielraum.**[515] Nur wesentlich überhöhte oder zu niedrige Ansätze widersprechen einer ordnungsmäßigen Verwaltung. In der Praxis gibt es verschiedene Kriterien zur Ermittlung der angemessenen Höhe der Instandhaltungsrückstellung. So bietet § 28 II. BV für öffentlich geförderte Mietwohnungen Anhaltspunkte für die Bemessung der Instandhaltungsrückstellung und der Beiträge der WEer.[516] Danach können je nach Alter der Wohnungen pro qm Wohnfläche jährlich zwischen Euro 7,10 für Wohnungen, deren Bezugsfertigkeit am Ende des Kalenderjahres weniger als 22 Jahre zurückliegt, und Euro 11,50 für Wohnungen, deren Bezugsfertigkeit am Ende des Kalenderjahres mindestens 32 Jahre zurückliegt, angesetzt werden. Diese Sätze

---

509 Vgl. dazu 9. Aufl. § 21 Rn 157 ff.

510 Unklar *Jennißen,* Abrechnung, Rn 446: ideeller Anteil.

511 BayObLG WE 1991, 164.

512 LG Wuppertal MDR 1978, 318.

513 Vgl. unten Rn 157.

514 So im Ergebnis bereits: BayObLG Rpfleger 1981, 284 (Ls).

515 BayObLG WE 1999, 35 (36) = NZM 1999, 34; OLG Düsseldorf NZM 2002, 959.

516 OLG Düsseldorf FGPrax 2002, 210 ff.; AG Mettmann ZMR 2009, 720.

verringern sich bei eigenständig gewerblicher Leistung von Wärme um Euro 0,20. In der Praxis reichen diese Beträge idR jedoch nicht aus, um die Kosten zu decken. Werden diese Grenzen eingehalten, dürfte die Ansammlung jedenfalls angemessen sein.[517]

In der Praxis werden verschiedene Berechnungsmethoden vorgeschlagen.[518] Nach der sog. **Peters'schen Formel**[519] sind zur Berechnung der Instandhaltungsrückstellung die Baukosten im Erstellungsjahr zu den Baukosten im Jahr der Durchführung evtl. entstehender Instandhaltungs- oder Instandsetzungsmaßnahmen ins Verhältnis zu setzen: Bedarf pro qm Wohnnutzungsfläche jährlich = 125

$$\frac{\text{Baukosten} \times 1{,}5 \times 65 \text{ bis } 70\%^{520}}{80 \text{ (Jahre)} \times \text{Wohnfläche in qm} \times 100}$$

Diese Formel eignet sich lediglich für die Berechnung der Rückstellung bei älteren WE-Anlagen; bei jüngeren WE-Anlagen führt sie zu überhöhten Rückstellungen, was den Grundsätzen ordnungsgemäßer Verwaltung widerspricht.[521] Nach der groben Faustregel, die der Fachverband für Wohnungseigentumsverwalter e. V. aufgestellt hat, liegt der jährliche Zuweisungsbetrag ab Baufertigstellung hingegen zwischen 0,8% bis 1,0% des Kaufpreises. Für eine bei einem dreißigjährigen Planungszeitraum auf der Grundlage des jeweiligen Einzelfalles anzustellende Berechnung des Zuweisungsbetrages plädieren *v. Hauff/Homann.*[522] 126

e) Die Verwaltung der Instandhaltungsrückstellung. Nach § 27 Abs. 1 Nr. 6 und Abs. 5 ist für die Verwaltung der Instandhaltungsrückstellung der Verwalter zuständig.[523] Er führt die Konten, auf denen die Instandhaltungsrückstellung angesammelt wird und ihm obliegt es auch, den angesammelten Betrag gewinnbringend anzulegen.[524] Über die Art der Anlage entscheiden die WEer durch Beschluss.[525] Erteilen diese keine Weisung, hat der Verwalter bei der Auswahl zwischen mehreren Anlageformen neben der Gewinnspanne vorrangig die Verfügbarkeit der Instandhaltungsrückstellung zu berücksichtigen.[526] Die Bindung auch nur eines Teils der Instandhaltungsrücklage durch Abschluss eines Bausparvertrages entspricht idR nicht ordnungsgemäßer Verwaltung.[527] Die Einrichtung eines separaten Kontos für die Instandhaltungsrückstellung ist nicht zwingend erforderlich.[528] 127

Den WEern verbleibt das Recht, insbesondere über die Ansammlung einer Instandhaltungsrückstellung als solche, über ihre Gesamthöhe, die Beitragshöhe der einzelnen WEer sowie über die Verwendung und Auflösung einer bereits angesammelten Instandhaltungsrückstellung durch Beschluss zu entscheiden. Da die Instandhaltungsrückstellung als Rechnungsposten in den Wirtschaftsplan und die Jahresabrechnung einzustellen ist, wird über ihre Ansammlung und die Beitragspflichten der WEer im Zusammenhang mit dem Wirtschaftsplan und der Jahresabrechnung Beschluss gefasst. Für die Beschlussfassung und die Anfechtung von Beschlüssen, die die Instandhaltungsrückstellung betreffen, gelten die all- 128

[517] Vgl. AG Mettmann ZMR 2009, 720.

[518] Vgl. dazu *Jennißen,* Abrechnung, Rn 433 ff.

[519] Vgl. *Peters,* Instandhaltung und Instandsetzung von Wohnungseigentum, 1984, S. 228 ff.; auf *Peters* und auf § 28 II. BV bezugnehmend *Röll/Sauren,* Handbuch, Rn 110.

[520] = Der Anteil der Baukosten für die gesamte Anlage, der auf das gemE entfällt.

[521] *Seuß,* Die Eigentumswohnung, S. 453 f.

[522] *v. Hauff/Homann* DWE 1997, 16 (25 f.).

[523] Vgl. ausführlich § 27 Rn 74 ff.

[524] *Jennißen,* Abrechnung, Rn 38 ff.; vgl. § 27 Rn 86.

[525] Staudinger/*Bub* § 21 Rn 210.

[526] AG Düsseldorf WuM 1995, 337.

[527] OLG Düsseldorf WE 1996, 275 (276) = WuM 1996, 112 = DWE 1996, 34; AG Düsseldorf WuM 1995, 337.

[528] BayObLG WE 1991, 164 mwN.

gemeinen Grundsätze.[529] So sind Mehrheitsbeschlüsse, die nicht ordnungsgemäßer Verwaltung entsprechen, etwa weil sie eine unangemessene Höhe der Beitragspflichten vorsehen, anfechtbar. Sie werden jedoch bestandskräftig, wenn die Anfechtungsfrist versäumt ist §§ 46 Abs. 1, 23 Abs. 4).

129 Da Anteile der einzelnen WEer an der Instandhaltungsrückstellung nicht bestehen, können die WEer auch nicht darüber verfügen. Die Instandhaltungsrückstellung gehört allein der WEgem. in ihrer jeweiligen Zusammensetzung. Nicht bloß anfechtbar, sondern nichtig ist daher ein Beschluss, der darauf gerichtet ist, Beitragsschulden eines einzelnen WEers mit seinem „Guthabenanteil" an der Instandhaltungsrückstellung zu verrechnen.[530]

130 **f) Entnahmen aus der Instandhaltungsrückstellung.** Über Entnahmen aus der Instandhaltungsrücklage können die WEer mit Stimmenmehrheit beschließen.[531] Ausgehend vom Zweck der Instandhaltungsrückstellung, ausschließlich Mittel für künftige Instandhaltungs- und Instandsetzungsmaßnahmen bereitstellen zu können, ist die Entnahme zu anderen Zwecken als der Finanzierung von Instandhaltungs- und Instandsetzungsmaßnahmen grds. unzulässig. Der Verwalter darf daher etwa Sachverständigen- oder Rechtsanwaltshonorare, Heizöl[532] oder Kosten eines Genehmigungsverfahrens[533] nicht aus der Instandhaltungsrückstellung bezahlen – jedenfalls nicht ohne Beschluss der WEer. Auch darf der amtierende Verwalter wegen seines Vergütungsanspruchs nicht auf die Instandhaltungsrücklage zugreifen, wohl aber der ausgeschiedene Verwalter.[534] In den Wirtschaftsplan und die Jahresabrechnung sind unter dem Rechnungsposten „Instandhaltungsrückstellung" ausschließlich Gelder für Instandhaltungs- oder Instandsetzungsmaßnahmen einzustellen.[535] Handelt es sich bei einer baulichen Veränderung nicht um eine Maßnahme der Instandsetzung, verstößt eine Finanzierung der Maßnahme gegen die Zweckbindung der Instandhaltungsrückstellung.

131 Zu Recht weist *Seuß*[536] darauf hin, dass die Zweckbindung der Instandhaltungsrückstellung überdehnt und die einzelnen Maßnahmen einer ordnungsgemäßen Verwaltung unzulässigerweise isoliert betrachtet würden, wenn auch in einer Deckung der laufenden, routinemäßig anfallenden Instandhaltungskosten und in einer kurzfristigen anderweitigen Verwendung rückgestellter Gelder grds. ein Verstoß gegen den Grundsatz ordnungsgemäßer Verwaltung gesehen wird, es sei denn, die Rückstellung übersteigt eine angemessene Höhe.[537] Dem ist im Ergebnis zuzustimmen.[538] Nach § 21 Abs. 3, 5 Nr. 4 können die WEer über die Ansammlung einer Instandhaltungsrückstellung durch Stimmenmehrheit beschließen. Folglich können die WEer auch die Ansammlung einer Rückstellung *zur Deckung sonstiger Kosten,* etwa aller Kosten der Verwaltung des gemE beschließen, was in der Regel ordnungsmäßiger Verwaltung entsprechen dürfte.[539] Wegen der aus § 21 Abs. 3, 5 Nr. 4 folgenden Beschlusskompetenz kann auch eine zunächst angesammelte Instandhaltungsrückstellung in eine Rückstellung zur Deckung sonstiger Kosten durch Beschluss umgewandelt, d. h. deren Zweckbestimmung geändert werden. Nichts anderes bedeutet aber ein Beschluss der WEer, Gelder einer Instandhaltungsrückstellung anderweitig zu verwenden. In einem solchen Beschluss liegt eine von der Beschlusskompetenz des § 21

[529] Vgl. § 28 Rn 30 ff.
[530] OLG Hamm WE 1991, 108 (109).
[531] BayOLG NZM 2004, 745; OLG München ZWE 2008, 381 (383) = NZM 2008, 613.
[532] Hierzu BayObLG DWE 1984, 124.
[533] BayObLG NZM 1999, 275 f.
[534] OLG Hamm ZWE 2008, 182 (183); OLG Düsseldorf WuM 2005, 359.
[535] BayObLGZ 1987, 86 (93); LG Saarbrücken ZMR 1999, 360.
[536] *Seuß* PiG 18, 221 (238); ergänzend *Bub* WE 1988, 114 (117 f.); ähnlich *Jennißen,* Abrechnung, Rn 424 ff.; vgl. auch OLG Hamm ZWE 2001, 446 (450).
[537] So OLG München ZWE 2008, 381 (383) = NZM 2008, 613 = ZMR 2008, 410.
[538] IErg ebenso *Jennißen,* Abrechnung, Rn 424 ff.
[539] AA wohl OLG Hamm ZWE 2001, 446 (451).

Abs. 3 gedeckte Änderung der Zweckbestimmung einer Instandhaltungsrückstellung verbunden mit dem Beschluss über die konkrete Verwendung, die ebenfalls der Beschlusskompetenz des § 21 Abs. 3 unterfällt.[540] Wegen der bestehenden Beschlusskompetenz ist ein solcher Beschluss nicht nichtig. Entspricht er nicht ordnungsmäßiger Verwaltung, was von den Umständen des Einzelfalles abhängt,[541] wird er nach Anfechtung für ungültig erklärt; mangels Anfechtung wird er bestandskräftig.

Instandsetzungsmaßnahmen, die bauliche Veränderungen darstellen und über eine ordnungsgemäße Verwaltung hinausgehen, dürfen nicht aus der Instandhaltungsrückstellung finanziert werden. Darüber hinaus können die WEer im Einzelfall durch Beschluss eine Entnahme aus der Instandhaltungsrückstellung zur Deckung von Instandhaltungs- oder Instandsetzungskosten ausschließen und die Kosten auf die WEer umlegen oder mit Fremdkapital finanzieren, solange die Instandhaltungsrückstellung noch nicht eine angemessene Höhe erreicht hat.[542] Ordnungsgemäßer Verwaltung kann es dagegen widersprechen, wenn die Instandhaltungsrückstellung zur Finanzierung einer Instandsetzungsmaßnahme vollständig aufgezehrt wird; eine Notreserve muss verbleiben.[543] Sofern der Instandhaltungsrückstellung unzulässigerweise Geld entnommen worden ist, können die WEer beschließen und gem. § 21 Abs. 4 verlangen, dass diese Summe der Instandhaltungsrückstellung wieder zugeführt wird.[544] Dies gilt auch für treuwidrige Entnahmen zugunsten des SEs durch den Verwalter.[545] 132

g) Die Auflösung der Instandhaltungsrückstellung. Da der Gesetzgeber ein Verbot der Auflösung der Instandhaltungsrückstellung zu anderen Zwecken als der Instandsetzung des GemE nicht in das Gesetz aufgenommen hat,[546] können die WEer vorbehaltlich einer abweichenden Vereinbarung beschließen, eine vorhandene Instandhaltungsrückstellung wieder aufzulösen. Wegen der Vorsorgefunktion der Instandhaltungsrückstellung für den Bestand und Erhalt der Wohnanlage widerspricht die Auflösung der Instandhaltungsrückstellung jedoch idR ordnungsgemäßer Verwaltung, so dass die Entscheidung nicht durch Mehrheitsbeschluss, sondern nur durch einstimmigen Beschluss unanfechtbar getroffen werden kann.[547] 133

6. Die Aufstellung eines Wirtschaftsplans (Nr. 5)

a) Allgemeines. Als einen besonderen Fall ordnungsgemäßer Verwaltung bestimmt § 21 Abs. 5 Nr. 5 die Aufstellung eines Wirtschaftsplans. Die Aufstellung erfolgt gem. § 28 Abs. 1 vorrangig durch den Verwalter, während die endgültige Feststellung den WEern obliegt, die hierüber gem. § 28 Abs. 5 durch Beschluss entscheiden. Zum Begriff und Inhalt eines Wirtschaftsplanes, zu seiner Aufstellung und der Beschlussfassung s. die eingehende Kommentierung zu § 28. Der Wirtschaftsplan dient dazu, die Finanzierung der Verwaltung des GemE im laufenden Wirtschaftsjahr zu regeln. Seine Aufstellung ist daher eine wesentliche Voraussetzung für eine funktionierende Verwaltung des GemE. Deswegen ist die Aufstellung eines Wirtschaftsplans – im Gegensatz zur Jahresabrechnung – einschl. der Beschlussfassung durch die WEer gem. 21 Abs. 5 Nr. 5 ausdrücklich zu einer 134

[540] *Merle* PiG 63, 165 (171).

[541] OLG München ZWE 2008, 381 (383) m. Anm. *H. Müller* = ZMR 2008, 410 f.; OLG Saarbrücken NJW-RR 2000, 87.

[542] BayObLG Rpfleger 1981, 284 (285) (Ls) für Reparaturkosten.

[543] OLG München NZM 2008, 613; AG München WE 1991, 112.

[544] OLG Hamm ZWE 2002, 600 (601).

[545] So im Ergebnis OLG Köln WE 1991, 332.

[546] Gesetzesentwürfe des Bundesrates, BR-Drucks. 8/161 vom 8. 3. 1977 mit Begründung, und der Bundesregierung, BT-Drucks. 8/244 vom 27. 12. 1978 = PiG 8, 257 (274 f.).

[547] Vgl. auch LG Saarbrücken ZMR 1999, 360 (361); ähnlich *Jennißen,* Abrechnung, Rn 445 f.

Pflichtaufgabe erhoben worden, auf deren Erfüllung der einzelne WEer nach § 21 Abs. 4 Anspruch hat.[548]

135 **b) Die gerichtliche Festsetzung und Aufhebung eines Wirtschaftsplans.** Verlangt ein WEer gem. § 21 Abs. 4, Abs. 5 Nr. 5 von der Gesamtheit der WEer oder vom Verwalter die Aufstellung eines Wirtschaftsplans, kann das WE-Gericht über einen vorläufigen Wirtschaftsplan, auch im Wege der einstweiligen Verfügung, noch im Laufe des Wirtschaftsjahres an Stelle der WEer gem. § 28 Abs. 8 entscheiden,[549] d. h. den erforderlichen Beschluss der WEer durch Gestaltungsurteil ersetzen.[550] In einem solchen Falle ist es zur Sicherstellung der weiteren Vorschussansprüche ratsam, dass zugleich die Weitergeltung des Wirtschaftsplans bis zur Beschlussfassung über den nächsten Wirtschaftsplan angeordnet wird.[551] Die **Ungültigerklärung eines Beschlusses über einen Wirtschaftsplans** mit zu geringen Ansätzen ist nur zulässig, wenn das Gericht zugleich einen zumindest vorläufigen Wirtschaftsplan mit höheren Ansätzen ersatzweise bestimmt, weil bei einer bloßen Ungültigerklärung eines Wirtschaftsplanes die Fälligkeit der Beitragsforderungen entfiele und die Finanzierung einer ordnungsgemäßen Verwaltung insgesamt gefährdet wäre.[552]

7. Die Duldung von Anschlüssen (Nr. 6)

136 Die Pflicht der WEer nach § 21 Abs. 5 Nr. 6, alle Maßnahmen, die zur Herstellung einer Fernsprechteilnehmeranlage, einer Rundfunkempfängeranlage oder eines Energieversorgungsanschlusses zugunsten eines WEers erforderlich sind, zu dulden, besteht nur hinsichtlich solcher Maßnahmen, die das GemE betreffen, nicht auch für Maßnahmen, die das SE eines WEers berühren. Sofern daher Maßnahmen zur Errichtung einer der genannten Anlagen das SE berühren, in dem etwa Wohnungswände oder Decken für Verlegungsarbeiten aufgestemmt werden müssen, bedarf die Durchführung der Maßnahme der Zustimmung des betroffenen WEers. Allerdings folgt aus dem Gemeinschaftsverhältnis (§ 242 BGB) die Verpflichtung der WEer zur Duldung solcher Maßnahmen, soweit nicht wichtige Gründe entgegenstehen. Dies ergibt sich aus dem Rechtsgedanken des § 14 Nr. 3, 4. Betreffen die Maßnahmen dagegen ausschließlich das GemE, so sind sie von den WEern gem. § 21 Abs. 5 Nr. 6 auch dann zu dulden, wenn sie als bauliche Veränderung einzelne WEer über das in § 14 bestimmte Maß hinaus beeinträchtigen.[553]

137 Sinn des § 21 Abs. 5 Nr. 6 ist es, einen gewissen Mindeststandard zu gewährleisten. Deshalb kann nach dieser Vorschrift nur die erstmalige Herstellung der genannten Einrichtungen verlangt werden, nicht jedoch die Installation einer weiteren (zweiten) Anlage, etwa eines zweiten Telefonanschlusses.[554] Die Zulässigkeit einer solchen Maßnahme richtet sich entweder nach § 21 Abs. 5 Nr. 2 oder § 22 Abs. 1.[555] Die anderen WEer haben nur Anschlüsse an bereits vorhandene Hauptleitungen der Wohnanlage zu dulden, nicht dagegen den Anschluss an eine außerhalb der Wohnanlage verlaufende Versorgungsleitung.[556]

138 Den Ausgleich für evtl. Nachteile, die dem einzelnen WEer aus seiner Duldungspflicht nach § 21 Abs. 5 Nr. 6 erwachsen können, hat der Gesetzgeber in § 21 Abs. 6 vorgesehen.

---

548 KG DWE 1993, 83 (Ls).

549 KG OLGZ 1990, 425 (428) = NJW-RR 1990, 1298 (1299) = WE 1991, 104 (104 f.); WE 1991, 193; 1993, 221 (222); BGH NJW 1985, 912 (913).

550 Vgl. unten Rn 176 ff.

551 KG OLGZ 1994, 27 (31) = WuM 1993, 303 (304); im Ergebnis ebenso BayObLG DWE 1993, 83 (Ls).

552 KG WE 1991, 193; BGHZ 104, 197 (200 ff.) = NJW 1988, 1910.

553 BayObLG ZWE 2002, 73 (74); OLG Hamburg OLGZ 1992, 186 (188) = WE 1992, 115 (116).

554 AA Staudinger/*Bub* § 21 Rn 217; offen gelassen von BayObLG ZWE 2002, 73 (74).

555 Vgl. hierzu § 22 Rn 26.

556 BayObLG WE 1994, 21 (22) = WuM 1993, 79 (80) = DWE 1993, 123 (124).

Demnach ist derjenige WEer, zu dessen Gunsten eine Maßnahme iSd § 21 Abs. 5 Nr. 6 durchgeführt wird, den anderen WEern zum Ersatz des Schadens verpflichtet, die diese durch die Maßnahme erleiden.

139 § 21 Abs. 5 Nr. 6 findet **analoge Anwendung für den Fall der Errichtung von Fernsehempfangsanlagen,** weil diese, anders als noch zu Zeiten der Normierung des WEGs, nunmehr zur Standardausstattung von Wohngebäuden zählen und das WEG insofern eine Regelungslücke enthält. Neben den herkömmlichen Fernsehantennen kommen **Parabolantennen zum Empfang auch von Satellitenprogrammen** und **Anschlüsse an das Breitbandkabelnetz** als Fernsehempfangsanlagen in Betracht. Grundsätzlich kann § 21 Abs. 5 Nr. 6 auch auf deren Installation Anwendung finden. Überträgt man die Rspr. zum Mietrecht[557] ins WE-Recht, dürfte eine vorhandene Versorgung mit fünf bis sechs Hauptsendern über eine Gemeinschaftsanlage die Anwendung des § 21 Abs. 5 Nr. 6 ausschließen, weil damit eine Mindestgrundversorgung gesichert ist.[558] § 21 Abs. 5 Nr. 6 kann daher idR die WEer nicht zur Duldung der Installation einer weiteren Empfangseinrichtung, etwa eines Kabelanschlusses oder einer Parabolantenne verpflichten. Vgl. ausführlich zum Kabelfernsehen § 22 Rn 67 ff. und Rn 230 ff. sowie zur Parabolantenne § 22 Rn 81 ff. und Rn 247 ff.

140 § 27 Abs. 3 Nr. 4, Abs. 1 Nr. 8 enthält ergänzend zu § 21 Abs. 5 Nr. 6 die Befugnis des **Verwalters,** die zur Installation der Einrichtungen **erforderlichen Erklärungen mit Wirkung für und gegen die Gemeinschaft der WEer abzugeben.** Solche Zustimmungserklärungen werden demnach nicht vom einzelnen WEer, sondern vom Verwalter für die WWEgem abgegeben.

VI. Maßnahmen ordnungsmäßiger Verwaltung gem. § 21 Abs. 7

1. Allgemeines

141 **a) Der Normzweck.** Zur Erleichterung der Verwaltung hat der Gesetzgeber in § 21 Abs. 7 den WEern die Kompetenz eingeräumt, bestimmte Geldangelegenheiten mit Stimmenmehrheit zu regeln. Diese Beschlusskompetenz soll, soweit sie sich nicht schon bisher aus anderen Vorschriften ergeben hat, für bestimmte Angelegenheiten klarstellen, dass auch ihre Regelung dem Mehrheitsprinzip unterfällt. Damit wird der Katalog des § 21 Abs. 5 durch den neuen Absatz 7 erweitert. Da es sich bei den nach § 21 Abs. 7 zulässigen Regelungen inhaltlich jeweils um Maßnahmen der Verwaltung handelt, müssen auch diese ordnungsmäßiger Verwaltung entsprechen.[559]

142 **b) Abweichungen von Vereinbarungen und Gesetz.** Regelungen, die gemäß § 21 Abs. 7 mit Stimmenmehrheit beschlossen werden können, stehen nicht wie die unter § 21 Abs. 5 fallenden Maßnahmen gemäß § 21 Abs. 3 unter dem Vorbehalt einer Vereinbarung.[560] Die WEer können daher auch dann eine der unter § 21 Abs. 7 fallenden Maßnahmen mit Stimmenmehrheit beschließen, wenn im konkreten Einzelfall bereits eine *anderslautende Vereinbarung* besteht, d. h. sie können in diesen Fällen von einer bestehende Vereinbarung mit Stimmenmehrheit abweichen und diese ändern. Auch wenn eine Vereinbarung über die in Absatz 7 mit Stimmenmehrheit beschliessbaren Regelungen erst künftig getroffen wird, steht die Beschlusskompetenz des Absatzes 7 nicht unter dem Vereinbarungsvorbehalt des Absatzes 3; dies bedeutet, dass auch solche künftigen *Vereinbarungen* mit Stimmenmehrheit

[557] BVerfG NJW-RR 2005,661 = NZM 2005, 252; BVerfG B. v. 17. 3. 2005 – 1 BvR 42/03; BGH NJW-RR 2005, 596 = NZM 2005, 335.

[558] Vgl. *Wenzel* ZWE 2007, 184 f.; tendenziell anders BGH ZWE 2004, 352 (355).

[559] LG Berlin ZMR 2010, 225 (226); vgl. BT-Drucks. 16/887 S. 27 unter 8. a).

[560] Vgl. BT-Drucks. 16/887 S. 27 unter 8. a); *Abramenko* § 2 Rn 21; *Häublein* ZMR 2007, 409 (418).

abgeändert werden können.[561] Dem gesetzgeberischen Willen dürfte es ferner entsprechen, dass die WEer mit Stimmenmehrheit in den unter § 21 Abs. 7 fallenden Angelegenheiten von den *gesetzlichen Vorschriften abweichende Regelungen* treffen können. Denn die in der Begründung[562] beispielhaft aufgeführten Regelungen, etwa die Einführung übergesetzlicher Verzugszinsen bei Beitragsrückständen, die nach § 21 Abs. 7 mit Stimmenmehrheit sollen geregelt werden können, stellen Abweichungen von gesetzlichen Vorschriften dar.

143 **c) Zur Beschlusskompetenz.** Die in § 21 Abs. 7 genannten Geldangelegenheiten können die WEer mit Stimmenmehrheit regeln, sofern die Regelung ordnungsmäßiger Verwaltung entspricht.[563] Da die Frage, ob eine solche Regelung ordnungsmäßiger Verwaltung entspricht, von den Umständen des Einzelfalles abhängt, kann die Beschlusszuständigkeit, wie bei Maßnahmen nach § 21 Abs. 3, nicht davon abhängen, ob eine Regelung nach § 21 Abs. 7 ordnungsmäßiger Verwaltung entspricht oder nicht. Die Ordnungsmäßigkeit einer Regelung ist daher aus Gründen der Rechtssicherheit auch bei § 21 Abs. 7 nicht kompetenzbegründend.[564] Entspricht daher ein Beschluss, durch den eine unter § 21 Abs. 7 fallende Geldangelegenheit geregelt wird, nicht ordnungsmäßiger Verwaltung, so ist er dennoch nach § 23 Abs. 4 Satz 2 wirksam,[565] solange er nicht durch rechtskräftiges Urteil für ungültig erklärt ist.

144 Die Beschlusskompetenz zur Regelung der Kosten für eine Nutzung des gemE und für einen Verwaltungsaufwand erstreckt sich nur auf die Regelung von Kosten für eine *besondere* Nutzung des gemE bzw. für einen *besonderen* Verwaltungsaufwand. Es wird also den WEern ausdrücklich die Möglichkeit eingeräumt, mit Stimmenmehrheit die Kosten einer Nutzung des gemE bzw. eines Verwaltungsaufwandes zu regeln, sofern es sich um eine *besondere* Nutzung bzw. um einen *besonderen* Aufwand handelt. Die Versammlung der WEer ist daher nicht von vornherein für eine Beschlussfassung absolut unzuständig. Sie darf nur keine Beschlüsse fassen, die nicht eine besondere Nutzung bzw. einen besonderen Verwaltungsaufwand betreffen. Ob eine Nutzung des gemE oder ein Verwaltungsaufwand als *besondere* Nutzung bzw. *besonderer* Verwaltungsaufwand anzusehen ist, hängt aber – wie die Beantwortung der Frage, ob eine Regelung ordnungsmäßiger Verwaltung entspricht – von den Umständen des Einzelfalles ab. Die Beschlusszuständigkeit kann daher nicht von der vielfach nicht leicht zu entscheidenden Frage abhängen, ob jeweils auch die Voraussetzungen dieses unbestimmten Rechtsbegriffs erfüllt sind oder nicht. Das Vorliegen einer *besonderen* Nutzung bzw. eines *besonderen* Verwaltungsaufwandes kann daher aus Gründen der Rechtssicherheit ebenfalls nicht kompetenzbegründend sein.[566] Werden daher durch Beschluss Kosten einer Nutzung des gemE oder eines Verwaltungsaufwandes geregelt, die nicht als Kosten einer *besonderen* Nutzung des gemE bzw. eines *besonderen* Verwaltungsaufwand anzusehen sind, so ist er ebenfalls nach § 23 Abs. 4 Satz 2 wirksam, solange er nicht durch rechtskräftiges Urteil für ungültig erklärt ist.

145 **d) Gestaltungsmöglichkeiten.** Die Vorschrift des § 21 Abs. 7 ist dispositiv. Nach § 10 Abs. 2 Satz 2 können die WEer, da nicht ausdrücklich etwas anderes bestimmt ist, hiervon abweichende Vereinbarungen treffen. Sie können daher die Beschlusskompetenzen des § 21 Abs. 7 durch Vereinbarung erweitern, einschränken oder ausschließen.[567] Dies folgt daraus, dass der Gesetzgeber, anders als in §§ 12 Abs. 4 Satz 2, 16 Abs. 5, 22 Abs. 2 Satz 2, für § 21

[561] So wohl auch *H. Müller* ZWE 2008, 278 (280); aA *Abramenko* § 2 Rn 21.

[562] BT-Drucks. 16/887 S. 27 unter 8. a).

[563] Vgl. BT-Drucks. 16/887 S. 27 unter 8. a).

[564] Vgl. BGHZ 145, 158, 169 = ZWE 2000, 518, 520; § 23 Rn 10; *H. Müller* ZWE 2008, 278 (282).

[565] *Abramenko* § 2 Rn 19; *H. Müller* ZWE 2008, 278 (282).

[566] *H. Müller* ZWE 2008, 278 (282).

[567] So auch *Abramenko* § 2 Rn 21; *Mossheimer* ZMR 2009, 809 (811); Riecke/Schmid/*Drabek* § 21 Rn 287; *Gottschalg,* FS Merle (2010), 131 (138); aA *Hügel/Elzer* § 8 Rn 72; *B. Müller* ZWE 2008, 179; *H. Müller* ZWE 2008, 278 (281).

Abs. 7 gerade nicht angeordnet hat, dass die dort den WEern eingeräumten Beschlusskompetenzen nicht eingeschränkt oder ausgeschlossen werden können. Da mithin nicht *ausdrücklich* etwas anderes bestimmt ist, können die WEer nach § 10 Abs. 2 Satz 2 von § 21 Abs. 7 abweichende Vereinbarungen treffen. Der für die Gegenansicht angenommene Rechtssatz, dass *Beschlussmacht durch eine Vereinbarung nicht abgeändert oder ausgeschlossen werden kann,*[568] ist nicht bekannt; würde er existieren, wären die neuen Regelungen in §§ 12 Abs. 4 Satz 2, 16 Abs. 5, 22 Abs. 2 Satz 2 überflüssig. Im Übrigen ist auch für die schon bestehenden Beschlusskompetenzen, etwa in den §§ 21 Abs. 3, 28 Abs. 5, 29 Abs. 1, allgemein anerkannt, dass sie durch Vereinbarung abgeändert oder ausgeschlossen werden können.[569]

2. Regelungen der Art und Weise von Zahlungen

Nach § 21 Abs. 7 können die WEer die Regelung der Art und Weise von Zahlungen 146
mit Stimmenmehrheit beschließen. Dies betrifft sowohl Zahlungen der einzelnen WEer an die Gemeinschaft als auch Zahlungen der Gemeinschaft an die einzelnen WEer,[570] also sog. Sozialansprüche und Sozialverpflichtungen, nicht aber Zahlungen der WEer untereinander;[571] die Beschlusskompetenz betrifft nicht die Regelung von individuellen Ansprüchen der WEer untereinander, denn diese betreffen nicht die Verwaltung des gemE, die Regelungsgegenstand des § 21 ist. Die WEer können daher etwa mit Mehrheit beschließen, dass zur Erfüllung von Beitragsforderungen aus Wirtschaftsplan und Jahresabrechnung ein Dauerüberweisungsauftrag zu erteilen ist. Auch kann generell das **Lastschriftverfahren** als Einzugsermächtigungs- oder Abbuchungsverfahren eingeführt werden.[572] Ein solcher Beschluss entspricht aber nur dann ordnungsmäßiger Verwaltung, wenn der Höhe nach bestimmte, regelmäßig zu leistende Beträge, unregelmäßige und außerordentliche Beträge aber nur nach Ablauf einer angemessenen Frist nach ihrer Ankündigung per Lastschrift eingezogen werden können.[573] Sammelüberweisungen können verboten werden. Sanktionen für die Nichteinhaltung der beschlossenen Art und Weise von Zahlungen können als Verzugsfolgen oder als Kosten eines besonderen Verwaltungsaufwandes beschlossen werden.[574]

3. Regelungen der Fälligkeit

Mit Stimmenmehrheit können die WEer die Fälligkeit insbesondere von Beitragsforde- 147
rungen nicht nur für einen konkreten Einzelfall regeln, sondern allgemeine Regelungen der Fälligkeit etwa von Beitragsvorschüssen[575] oder von Ansprüchen aus Beschlüssen über Sonderumlagen oder Abrechnungen treffen.[576] Für solche Regelungen bedarf es keiner Vereinbarung nach § 10 Abs. 2 Satz 2. Bei Zahlung durch Banküberweisung muss der geschuldete Betrag zum Zeitpunkt der Fälligkeit dem maßgeblichen Konto gutgeschrieben sein, wenn Verzugszinsen vermieden werden sollen.

Die WEer haben die Beschlusskompetenz, die Fälligkeit von *Vorschussansprüchen* all- 148
gemein abweichend von § 28 Abs. 2 zu regeln; Entsprechendes gilt für die Fälligkeit von Ansprüchen aus einer Sonderumlage. Die WEer können die Fälligkeit von Vorschussforderungen durch Beschluss auf kalendermäßig bestimmte oder bestimmbare Termine festlegen, etwa dahingehend, dass jeder WEer jeweils am Ersten eines Monats ein

[568] *Hügel/Elzer* § 8 Rn 72.
[569] Vgl. § 21 Rn 25, § 28 Rn 5, § 29 Rn 3.
[570] Abweichend *Häublein* ZMR 2007, 409 (418) Fn. 74.
[571] So auch *Häublein* ZMR 2007, 409 (418) Fn. 74.
[572] Vgl. dazu *Derleder* ZMR 2008, 10 ff.; *Briesemeister* S. 86.
[573] *Derleder* ZMR 2008, 10 (12).
[574] AA *Abramenko* § 2 Rn 7.
[575] *Briesemeister* S. 86.
[576] *H. Müller* ZWE 2008, 278 (282).

Zwölftel seiner anteilmäßigen Verpflichtung zu leisten hat. Für einen solchen Beschluss besteht Beschlusskompetenz. Daraus folgt, dass auch ein sog. Vorfälligkeitsbeschluss, wonach die gesamte Leistung aus der anteilmäßigen Verpflichtung zur Kostentragung fällig werden soll, wenn ein WEer mit seinen Vorschussleistungen in Verzug gerät, wirksam ist.[577]

149 Es kann auch generell die **Fortdauer der Fälligkeit von Vorschussansprüchen aus dem Wirtschaftsplan** über das konkrete Wirtschaftsjahr hinaus bis zur Genehmigung des neuen Wirtschaftsplans beschlossen werden;[578] wenn die WEer schon nach § 28 Abs. 5 mit dem Beschluss über den einzelnen Wirtschaftsplan auch dessen Fortgeltung beschließen können,[579] und dies ordnungsmäßiger Verwaltung entspricht, dann muss auch generell die Fortgeltung eines Wirtschaftsplans mit Stimmenmehrheit beschlossen werden können. Für das Erfordernis einer jährlich erneuten Beschlussfassung über die Fortgeltung des jeweiligen Wirtschaftsplans ist ein Bedürfnis nicht ersichtlich, zumal bei jeder Beschlussfassung über einen Wirtschaftsplan dessen generell beschlossene Fortdauer durch Beschluss auch wieder beseitigt werden könnte.

150 Die WEer können auch die Fälligkeit von Ansprüchen aus der **Jahresabrechnung** abweichend von § 271 Abs. 1 BGB mit Stimmenmehrheit regeln.

4. Regelungen der Folgen des Verzugs

151 Die WEer können die Regelung der *Folgen* des Verzugs mit Stimmenmehrheit beschließen; die Beschlusskompetenz erstreckt sich damit nicht auf die Regelung der *Voraussetzungen* des Verzuges.[580] Diese ergeben sich aus den §§ 286 ff. BGB.

152 Nach § 288 Abs. 1 BGB hat ein WEer im Falle des Verzugs mit der Erfüllung einer Beitragsschuld Verzugszinsen zu zahlen; der Verzugszins beträgt für das Jahr fünf Prozentpunkten über dem Basiszinssatz, wenn der Schuldner Verbraucher ist. Um pünktliche Beitragszahlungen zu gewährleisten, können die WEer mit Stimmenmehrheit unabhängig von Eintritt und Höhe eines Schadens, der etwa in zu zahlenden Kreditzinsen bestehen kann, bei Beitragsrückständen pauschalierte Verzugszinsen beschließen, die über den in § 288 BGB vorgesehenen Prozentsatz hinausgehen.[581] Eine Vereinbarung gem. § 10 Abs. 2 Satz 2 ist hierzu nicht erforderlich. Nicht beschlossen werden kann, dass fällige Zinsen wieder Zinsen tragen sollen (vgl. § 248 BGB). Folge des Verzugs eines WEers ist nach §§ 280, 286 BGB auch die Verpflichtung zum Ersatz des durch den Verzug entstehenden Verzögerungsschadens. Auch insoweit kann mit Stimmenmehrheit eine Regelung beschlossen werden. So könnten etwa Regelungen für den Ersatz der Kosten einer erforderlichen Rechtsverfolgung getroffen werden. Als Verzugsfolge kann auch beschlossen werden, dass die gesamte Leistung aus der anteilsmäßigen Verpflichtung eines WEers zur Kostentragung fällig sein soll, wenn er mit seinen Vorschussleistungen in Verzug gerät (sog. Vorfälligkeitsregelung).

153 Die nach der Begründung[582] als Folge des Verzugs auch beschliessbare Vertragsstrafe bei Verstoß gegen eine Vermietungsbeschränkung beruht wohl nicht auf einem Versehen.[583] Bei der Verpflichtung, nicht oder nur mit Zustimmung zu vermieten, handelt es sich um eine Unterlassungspflicht, deren Verletzung Verzugsfolgen auslösen kann. Diese können als „Vertragsstrafe" mit Stimmenmehrheit geregelt werden.

---

[577] Dazu auch *Merle* ZWE 2004, 312, 315; abratend *Köhler* Rn 307.

[578] Riecke/Schmid/*Abramenko* § 28 Rn 9.

[579] Vgl. § 28 Rn 48.

[580] Vgl. *Hügel/Elzer* § 8 Rn 62.

[581] *Köhler* Rn 308; *Briesemeister* S. 86; *Hügel/Elzer* § 8 Rn 61: bis zu 20%.

[582] BT-Drucks. 16/887 S. 27.

[583] So aber *Abramenko* § 2 Rn 9; dagegen auch *Köhler* Rn 305.

5. Regelungen der Kosten für eine besondere Nutzung des GemE

a) Zur besonderen Nutzung. Mit Stimmenmehrheit können die WEer nach § 21 Abs. 7 die Tragung von Kosten für eine *besondere Nutzung* des gemE – nicht die Tragung *besonderer Kosten*[584] für eine Nutzung des gemE – regeln, also Zahlungspflichten begründen. Schwierigkeiten bereitet die Feststellung einer *besonderen* Nutzung des gemE, weil das Gesetz den maßgebenden Vergleichsmaßstab der gewöhnlichen, normalen Nutzung nicht erkennen lässt.[585] Elzer[586] stellt darauf ab, ob der nach § 13 Abs. 2 zulässige Mitgebrauch überschritten wird. Häublein[587] scheint wegen der Möglichkeit, die Kosten dem Verursacher auferlegen zu können, einem *individuell-konkreten* Ansatz, wonach auf die gleichmäßige Nutzung durch alle WEer abzustellen wäre, den Vorzug vor einem *verobjektivierenden bzw. generalisierenden* (abstrakten) Vergleichsmaßstab zu geben, wonach die Nutzung entscheidend wäre, die gewöhnlich in einer Gemeinschaft erfolgt. Die Nutzung einer Sauna ist hiernach keine besondere Nutzung, wenn man auf den nach § 13 Abs. 2 zulässigen Mitgebrauch der Sauna durch alle Eigentümer oder auf die gewöhnlich in einer Gemeinschaft erfolgende Nutzung der Sauna abstellt. Sie ist aber als *besondere* Nutzung anzusehen, wenn der individuell-konkrete Ansatz maßgebend wäre und nicht alle WEer die Sauna gleichmäßig nutzen würden. 154

Bei einem individuell-konkreten Vergleichsmaßstab würde die Einordnung einer Nutzung des gemE als eine *besondere* Nutzung von dem Nutzungsverhalten der übrigen Eigentümer dieser Gemeinschaft abhängen. Völlig unklar bliebe zudem, ob eine *besondere* Nutzung des gemE durch einen WEer vorliegt, wenn schon nur ein anderer Eigentümer dieses gemE nicht oder nicht so nutzt oder wenn mehrere Eigentümer es nicht oder nicht so nutzen oder ob zur Annahme einer besonderen Nutzung gar erforderlich ist, dass die Mehrheit der Eigentümer dieses gemE nicht (so) nutzt. Dies spricht dafür, den unbestimmten Rechtsbegriff *„besondere Nutzung"* abstrakt (objektiv) zu interpretieren. Unter *besonderer Nutzung* dürfte daher ein über die normale, gewöhnliche, übliche Nutzung hinausgehender, übermäßiger Gebrauch des gemE zu verstehen, der zusätzliche Kosten für Instandhaltungs- und Instandsetzungsmaßnahmen, Verbrauch von Wasser und Strom etc. verursacht.[588] Ob die Voraussetzungen des unbestimmten Rechtsbegriffes der *besonderen* Nutzung des gemE erfüllt sind, hängt maßgeblich von den Umständen des Einzelfalles ab. So dürfte etwa die tägliche Nutzung einer Sauna nicht als üblicher, sondern übermäßiger Gebrauch und damit als *besondere* Nutzung anzusehen sein. 155

Unerheblich ist, ob die besondere Nutzung zulässig oder aber unzulässig ist, also den nach § 13 Abs. 2 zulässigen Mitgebrauch übersteigt;[589] Letzteres dürfte aber in der Regel eine *besondere* Nutzung sein.[590] 156

b) Mögliche Regelungen. Die nach § 21 Abs. 7 beschliessbare Regelung kann einen Einzelfall betreffen, kann aber auch abstrakt erfolgen; sie muss idR vor der besonderen Nutzung beschlossen werden, ein Beschluss nach der besonderen Nutzung dürfte ordnungsmäßiger Verwaltung widersprechen. § 21 Abs. 7 ermöglicht etwa[591] die Festsetzung einer Umzugskostenpauschale;[592] diese soll für die besondere Nutzung der Aufzüge, Hausflure und Beleuchtung bei einem Ein- oder Auszug, die auch zu einer stärkeren Verschmutzung 157

---

[584] So aber *Hügel/Elzer* § 8 Rn 63; vgl. auch *H. Müller* ZWE 2008, 278 (283).

[585] Vgl. *Hügel/Elzer* NZM 2009, 457 (466); *Klimesch* ZMR 2009, 342 (344).

[586] Vgl. *Hügel/Elzer* § 8 Rn 64; auch *H. Müller* ZWE 2008, 278 (284).

[587] *Häublein* ZMR 2007, 409 (418 f.); ebenso *Klimesch* ZMR 2009, 342 (344); dagegen LG Berlin ZWE 2010, 227 = ZMR 2010, 255.

[588] Zustimmend *Moosheimer* ZMR 2009, 809 (811); LG Berlin ZWE 2010, 227 = ZMR 2010, 255.

[589] Anders wohl *Hügel/Elzer* § 8 Rn 64.

[590] Riecke/Schmid/*Drabek* § 21 Rn 296.

[591] Weitere Beispiele bei *H. Müller* ZWE 2008, 278 (284 f.).

[592] LG Berlin ZWE 2010, 227 = ZMR 2010, 255; auch Begründung, BT-Drucks. 16/887 S. 27; zweifelnd *Köhler* Rn 309.

und zu Beschädigungen führen können, erhoben werden.[593] Denkbar sind auch Pauschalen für zusätzliche Kosten (Reinigung, Wasser- und Stromverbrauch, Abfall, Instandhaltung) der übermäßigen Nutzung eines Abstellplatzes oder sonstiger gemeinschafticher Flächen (Flure, Treppenhäuser, Aufzüge), etwa wenn dort Gegenstände auf Dauer gelagert werden oder wenn eine Rasenfläche übermäßig strapaziert (Feste, Zeltaufbau, Ballspielen etc.) wird. Zu erwägen kann auch die Einführung einer Kostentrennung bei einer Mehrhausanlage sein.[594]

Auch für eine besondere Nutzung von gemE, an dem ein **Sondernutzungsrecht** besteht, kann eine Kostenregelung beschlossen werden.[595] Dies kommt insbes. in Betracht, wenn bei Begründung des SNR eine solche nicht getroffen worden ist; eine Regelung nach § 21 Abs. 7 muss ordnungsmäßiger Verwaltung entsprechen und berechtigte Belange des SNR-Berechtigten berücksichtigen.

158 Die Zahlung eines *Entgelts* als Gegenleistung für die besondere Nutzung des gemE kann nach § 21 Abs. 7 nicht beschlossen werden. Die Beschlusskompetenz des § 21 Abs. 7 ermächtigt nur zu Regelungen der *Kosten,* die durch eine besondere Nutzung des gemE verursacht werden.[596] Wenn durch die besondere Nutzung des gemE, etwa für Werbemaßnahmen oder das bloße, dauerhafte Abstellen von Gegenständen im Treppenhaus, keine Kosten verursacht werden, kommt eine Kostenregelung nach § 21 Abs. 7 nicht in Betracht.[597]

159 **c) Entgeltsregelungen für gewöhnliche und besondere Nutzung.** Die Nutzung von Räumen und Einrichtungen, die im gemE stehen, etwa einer Sauna, eines Schwimmbades, einer Waschmaschine oder eines Wäschetrockners, zu dem vorgesehenen Zweck stellt idR die normale, gewöhnliche, *keine besondere Nutzung* des gemeinschaftlichen Eigentums iSd § 21 Abs. 7 dar.[598] Gleichwohl kann auch für deren normale Nutzung eine Verpflichtung der nutzenden WEer zur Zahlung eines *Entgelts* begründet werden. Ein entgeltlicher Gebrauch bei üblicher, aber auch bei besonderer Nutzung kann durch Stimmenmehrheit gemäß 15 Abs. 2 als Gebrauchregelung beschlossen werden, wenn – im Unterschied zu § 21 Abs. 7 – keine Vereinbarung entgegensteht und der entgeltliche Gebrauch ordnungsmäßiger Verwaltung entspricht.[599] Letzteres dürfte idR der Fall sein, da durch eine solche *Entgeltsregelung* die Kosten der Nutzung nicht der Gemeinschaft, sondern überwiegend den WEern auferlegt werden, die diese verursachen; damit wird dem Verursacherprinzip Rechnung getragen.

6. Regelungen der Kosten für einen besonderen Verwaltungsaufwand

160 **a) Allgemeines.** Die WEer können nach § 21 Abs. 7 die Regelung der Kosten für einen *besonderen Verwaltungsaufwand* mit Stimmenmehrheit beschließen. Unter einem *besonderen* Verwaltungsaufwand ist – wie beim Begriff der *besonderen Nutzung* – ein über den normalen, üblichen Aufwand bei der Verwaltung des gemE hinausgehender, übermäßiger Verwaltungsaufwand zu verstehen, der zusätzliche Kosten verursacht.[600] Kosten für einen besonderen Verwaltungsaufwand können der Gemeinschaft der WEer, dem Verwalter aber auch sonstigen Personen entstehen.

161 **b) Besonderer Verwaltungsaufwand der Gemeinschaft. aa) Besonderer Verwaltungsaufwand.** Der *Gemeinschaft der WEer* können Kosten für einen besonderen Verwaltungsaufwand entstehen, wenn sie Ansprüche des Verwalters aus dem Verwaltervertrag auf

[593] Vgl. dazu *Elzer* WE 2009, 7; *H. Müller* ZWE 2008, 278 (284).
[594] Vgl. *B. Müller* ZWE 2008, 177 (180).
[595] Riecke/Schmid/*Drabek* § 21 Rn 298.
[596] Zutreffend *Abramenko* § 2 Rn 13; aA *Briesemeister* S. 86; *H. Müller* ZWE 2008, 278 (283).
[597] *Abramenko* § 2 Rn 13; aA wohl *Hügel/Elzer* § 8 Rn 65 a. E., unklar Rn 63.
[598] AA *Hügel/Elzer* § 8 Rn 65 a. E.
[599] Vgl. eingehend *Merle* DWE 2005, 55 ff. = ZWE 2006, 128 ff.; *H. Müller* ZWE 2008, 278 (286).
[600] Abweichend *H. Müller* ZWE 2008, 278 (287).

Zahlung einer Sondervergütung erfüllen muss.[601] Sondervergütungen können für zusätzliche Tätigkeiten des Verwalters vereinbart werden, die über die gesetzlich zugewiesenen Aufgaben hinaus gehen, etwa die Geltendmachung von Ansprüchen der Gemeinschaft,[602] die Erteilung einer Veräußerungszustimmung, die Vornahme einer vor Amtsantritt fälligen Abrechung, für den Mehraufwand bei Nichtteilnahme eines WEers am Lastschriftverfahren, die Verwaltung vermieteten WEs,[603] die Anfertigung von Kopien von Schriftsätzen, Niederschriften oder von der Beschluss-Sammlung etc. Sondervergütungen für den Verwalter können auch vereinbart werden, wenn eine zum gesetzlichen Aufgabenbereich des Verwalters gehörende Leistung nach dem Verwaltervertrag nicht durch das vereinbarte Honorar abgegolten wird, wie etwa die Durchführung weiterer, außerordentlicher Versammlungen der WEer, die Führung eines Passivprozesses für die Gemeinschaft nach § 27 Abs. 3 Satz 1 Nr. 2 oder die Unterrichtung der WEer nach § 27 Abs. 1 Nr. 7 über die Anhängigkeit einer Rechtsstreitigkeit.[604] Ein besonderer Verwaltungsaufwand kann der Gemeinschaft ferner dadurch entstehen, dass sie Kosten für eine Versorgungssperre, Mehrkosten für ein gerichtliches Verfahren nach § 16 Abs. 8[605] oder Auslagen des Verwaltungsbeirats oder eines WEers zu tragen hat.

bb) Mögliche Regelungen. Die Zahlung der Kosten für einen besonderen Verwaltungsaufwand der Gemeinschaft erfolgt aus dem Verwaltungsvermögen. Die Kosten sind in der **Jahresabrechnung,** wenn nichts anderes beschlossen wird, nach dem gesetzlichen oder vereinbarten Verteilungsschlüssel umzulegen.[606] Nach § 21 Abs. 7 können die WEer aber die Tragung der Kosten für einen besonderen Verwaltungsaufwand der Gemeinschaft mit Stimmenmehrheit abweichend vom maßgeblichen Kostentragungsschlüssel regeln, soweit dies ordnungsmäßiger Verwaltung entspricht. So können konkret angefallene Kosten für einen besonderen Verwaltungsaufwand im Einzelfall abweichend vom maßgeblichen Verteilungsschlüssel verteilt werden und etwa auf den oder die Verursacher umgelegt werden. Auch kann eine abstrakt generelle, vom maßgeblichen Verteilungsschlüssel abweichende Regelung für die Verteilung der durch bestimmten besonderen Verwaltungsaufwand entstehenden Kosten getroffen werden. Um den Risiken eines Eigentümerwechsels vorzubeugen, sollte objektbezogen auf den jeweiligen Eigentümer eines WEs abgestellt werden.[607] Die jeweiligen Kosten sind in der Jahresabrechnung entsprechend der jeweils beschlossenen Regelung zu verteilen. Insoweit ist der Regelungsgehalt des § 21 Abs. 7 mit dem des § 16 Abs. 3 identisch.[608] Sind die Kosten für einen besonderen Verwaltungsaufwand der Gemeinschaft von dem betroffenen WEer bereits bezahlt, etwa weil die beschlossene Regelung eine **unmittelbare Zahlungspflicht** mit sofortiger Fälligkeit vorsieht, ist in der Abrechnung die Zahlung als Einnahme dem Betroffenen gutzuschreiben und dieser mit den entstandenen Kosten zu belasten.[609] 162

Mehrkosten eines Rechtsstreits auf Grund einer Streitwertvereinbarung nach § 27 Abs. 2 Nr. 4, Abs. 3 Nr. 6 können als besonderer Verwaltungsaufwand (§ 16 Abs. 8) durch Beschluss auf den oder die Prozessgegner der WEgem bzw. der WEer umgelegt werden, wenn sie diese Kosten verursacht haben. Dies ist der Fall, soweit sie unterliegen, nicht

---

[601] So wohl auch *Abramenko* § 2 Rn 17; *ders.* ZWE 2009, 154 (159); Hügel/*Elzer* § 8 Rn 69; *Müller* ZWE 2008, 278 (287); *Gottschalg* NZM 2009, 217 (223).

[602] Vgl. § 26 Rn 126 f.

[603] Vgl. OLG Frankfurt/M NJW-RR 1991, 659 = ZMR 1991, 72.

[604] *Vandenhouten* ZWE 2009, 145 (153); Hügel/*Elzer* § 11 Rn 57.

[605] So auch ausführlich *Abramenko* ZWE 2009, 154 (159).

[606] *Gottschalg* NZM 2009, 217 (223).

[607] Vgl. *B. Müller* ZWE 2008, 177 (180); *H. Müller* ZWE 2008, 278 (288); *Gottschalg* NZM 2009, 217 (223).

[608] So auch *Häublein* ZMR 2007, 409 (418).

[609] Abweichend *Hügel/Elzer* § 8 Rn 71.

jedoch, wenn die WEgem bzw. die WEer unterliegen.[610] Solche Mehrkosten sind bereits im Kostenfestsetzungsverfahren geltend zu machen; dieses ist der einfachere Weg, so dass für deren eigenständige gerichtliche Geltendmachung das Rechtsschutzbedürfnis fehlt.[611]

163 **c) Besonderer Verwaltungsaufwand des Verwalters. aa) Zur Beschlusskompetenz.** Die Kosten, die durch einen besonderen Verwaltungsaufwand des Verwalters verursacht werden, können die WEer ebenfalls mit Stimmenmehrheit regeln. § 21 Abs. 7 steht nicht entgegen, denn er beschränkt die den WEern eingeräumte Beschlusskompetenz nicht auf die Regelung der Kosten eines besonderen Verwaltungsaufwandes gerade der Gemeinschaft der WEer.[612] Eine solche Beschränkung wäre auch wenig sinnvoll, weil die WEer ohnehin mit Stimmenmehrheit gemäß § 21 Abs. 3 beschließen könnten, den Verwaltervertrag um eine Sondervergütung für besonderen Verwaltungsaufwand des Verwalters zu ergänzen, um dann die dadurch der Gemeinschaft entstehenden Kosten für diese Sondervergütung als besonderen Verwaltungsaufwand nach § 21 Abs. 7 zu regeln. Deshalb liegt es nahe, die Beschlusskompetenz des § 21 Abs. 7 entsprechend seinem Wortlaut auch auf besonderen Verwaltungsaufwand des Verwalters zu beziehen.

164 **bb) Besonderer Verwaltungsaufwand.** Der besondere, zusätzliche Verwaltungsaufwand des Verwalters kann etwa aus der Geltendmachung von Ansprüchen der Gemeinschaft, der Erteilung einer Veräußerungszustimmung, der Vornahme einer vor Amtsantritt fälligen Abrechnung, der Nichtteilnahme eines WEers am Lastschriftverfahren, der Anfertigung von Kopien, der Ermittlung einer Anschrift, der Ausstellung von Bescheinigung über haushaltsnahe Dienstleistungen[613] etc. resultieren. Führt der Verwalter einen gegen WEer gerichtetem Rechtsstreit gem. § 27 Abs. 2 Nr. 2, so ist der an den Rechtsanwalt zu zahlende Prozesskostenvorschuss kein besonderer Verwaltungsaufwand des Verwalters, da dieser nicht vom Verwalter, sondern von den beklagten WEern geschuldet wird.[614]

Zum besonderen Verwaltungsaufwand des Verwalters zählt grundsätzlich nicht ein Aufwand für solche Tätigkeiten, die im Rahmen der ihm vom Gesetz zugewiesenen Aufgaben und Befugnisse liegen und zum typischen Berufsbild eines Verwalters gehören.[615] Daher dürften etwa die Kosten einer Mahnung in der Regel keinen besonderen Verwaltungsaufwand darstellen,[616] da die Mahnung eines WEers zu den gesetzlichen Aufgaben des Verwalters gem. § 27 Abs. 1 Nr. 4 gehört.[617] Der Aufwand für solche Tätigkeiten wird idR durch das vereinbarte Verwalterhonorar abgegolten. Wird eine zu den gesetzlichen Aufgaben und Befugnissen des Verwalters gehörende Tätigkeit, etwa die Durchführung weiterer Eigentümerversammlungen oder die Führung der Beschlusssammlung nach dem konkreten Verwaltervertrag nicht durch das vereinbarte Honorar oder ein vereinbartes Sonderhonorar abgegolten, ist der hierdurch entstehende Aufwand jedoch als besonderer Verwaltungsaufwand des Verwalters anzusehen.[618]

165 Ob eine Leistung des Verwalters durch das vereinbarte Verwalterhonorar abgegolten wird, ist durch Auslegung des Verwaltervertrages zu ermitteln. Mangels irgendwelcher Anhaltspunkte ist davon auszugehen, dass sämtliche vom Verwalter zu erbringende Leistungen, die ihm vom Gesetz zugewiesene Aufgaben betreffen und damit zum typischen Berufsbild des

---

[610] Ausführlich *Abramenko* ZWE 2009, 154 (160), der für den Fall des Teilunterliegens eine Quotelung im Beschluss empfiehlt.

[611] *Abramenko* ZWE 2009, 154 (159 f.).

[612] AA *Häublein* ZMR 2007, 409 (419).

[613] *H. Müller* ZWE 2008, 278 (287); vgl. auch § 28 Rn 87.

[614] AA *Kuhla* ZWE 2009, 196 (199).

[615] So auch *Gottschalg* NZM 2009, 217 (223).

[616] So auch *H. Müller* ZWE 2008, 278 (287); aA *Abramenko* § 2 Rn 17; *Köhler* Rn 310; *Hügel/Elzer* § 8 Rn 69.

[617] Vgl. § 27 Rn 106.

[618] Vgl. AG Aachen ZMR 2008, 833 (835) mit krit. Anm. *Sauren;* iErg auch *H. Müller* ZWE 2008, 278 (287); aA wohl *Abramenko* § 2 Rn 16.

Verwalters gehören, mit der vereinbarten Vergütung abgegolten werden. Hierzu zählen insbesondere auch Leistungen, die nicht regelmäßig, sondern nur gelegentlich zu erbringen sind, wie etwa die Führung eines Passivprozesses für die Gemeinschaft (§ 27 Abs. 3 Satz 1 Nr. 2), die Rechnungslegung (§ 28 Abs. 4), die Führung der Beschluss-Sammlung durch Gewährung von Einsicht und der Anfertigung von Kopien (§ 24 Abs. 7),[619] die Unterrichtung der WEer über die Anhängigkeit eines Rechtsstreits gem. § 43 (§ 27 Abs. 1 Nr. 7) etc.

cc) Mögliche Regelungen. Möglich sind Regelungen über Aufwendungsersatz des Verwalters wie auch über die interne Verteilung dieser Kosten. Zu den Aufwendungen des Verwalters gehört auch dessen eigene Arbeitskraft und Tätigkeit[620] für die besondere Verwaltungstätigkeit, so dass auch Regelungen über die Vergütung des Verwalters für diesen besonderen Verwaltungsaufwand zu dessen Gunsten beschlossen werden können, wenn der Verwaltervertrag ein Sonderentgelt nicht vorsieht.[621] Die WEer können daher etwa beschließen, dass solche Kosten im Außenverhältnis zum Verwalter von der Gemeinschaft zu zahlen, intern aber abweichend vom maßgeblichen Verteilungsschlüssel von dem verursachenden WEer zu tragen und auf ihn allein in der Jahresabrechnung umzulegen sind. Der Gesetzeswortlaut ermöglicht auch einen Beschluss zugunsten des Verwalters, wonach solche Kosten vom verursachenden WEer unmittelbar an den Verwalter zu zahlen sind.[622] Der Beschluss muss ordnungsmäßiger Verwaltung entsprechen. Er darf daher nicht zu unangemessen hohen Kosten führen.[623] 166

d) Besonderer Verwaltungsaufwand sonstiger Personen. Auch sonstige Personen können einen besonderen Aufwand bei der Verwaltung des gemeinschaftlichen Eigentums haben. In Betracht kommen Mitglieder des VB, der Vorsitzende der Versammlung der WEer, ein anderer WEer, der nach § 24 Abs. 8 zur Führung der Beschluss-Sammlung bestellt oder nach § 27 Abs. 3 Satz 3 zur Vertretung der WEer ermächtigt ist, der Ersatzzustellungsvertreter gem. § 45.[624] Auch für diese Personen bedeutet der Aufwand für Tätigkeiten zur Erfüllung ihrer gesetzlich vorgesehenen Aufgaben keinen *besonderen* Verwaltungsaufwand. Für darüber hinausgehenden Aufwand, etwa Kopier-, Porto- und Telekommunikationskosten, Reisekosten etc., können die WEer nach § 21 Abs. 7 die Kostentragung abweichend vom maßgeblichen Verteilungsschlüssel regeln. 167

VII. Die Pflicht zur ordnungsgemäßen Verwaltung und die Haftung bei Pflichtverletzung

1. Allgemeines

Die WEer haben zur ordnungsgemäßen Verwaltung zusammenzuwirken. Die Pflicht des einzelnen WEers erwächst aus dem Gemeinschaftsverhältnis selbst, sie korrespondiert aber mit dem Anspruch der anderen WEer aus § 21 Abs. 4 auf eine ordnungsgemäße Verwaltung. Auch der Verwalter ist zu einer ordnungsgemäßen Verwaltung nach Maßgabe insbes. des § 27 verpflichtet, sofern nichts Abweichendes vereinbart ist. Verletzen die WEer 168

[619] Für die Gewährung von Einsicht in die Beschluss-Sammlung und die Anfertigung von Kopien daraus kommt zwar ein Aufwendungsersatzanspruch des Verwalters nach §§ 675, 670 BGB in Betracht, aber wiederum nur insoweit, als die geltend gemachten Beträge nicht bereits durch die Vergütung des Verwalters abgegolten sind (vgl. § 26 Rn 126); ist letzteres der Fall, handelt es sich aber auch nicht um besondere Verwaltungsaufwendungen.

[620] Vgl. hierzu Palandt/*Sprau* § 670 BGB Rn 3.

[621] So auch *Köhler* Rn 310; unklar *Abramenko* § 2 Rn 17.

[622] *H. Müller,* ZWE 2008, 177 (180); *H. Müller* ZWE 2008, 278 (287); aA *Hügel/Elzer* § 8 Rn 70; *Schmid* ZfIR 2009, 721 (724).

[623] Für Nichtteilnahme am Lastschriftverfahren vgl. BayObLG WE 1996, 440 = WuM 1996, 490 (491); vgl. auch OLG Düsseldorf WE 1999, 105 (107); OLG Hamm ZWE 2000, 424 (425) = NJW-RR 2000, 1181; vgl. § 26 Rn 125.

[624] *Drabek* ZWE 2008, 25; *H. Müller* ZWE 2008, 278 (286).

oder der Verwalter schuldhaft diese Pflichten, sind sie nach §§ 280, 286 oder 823 BGB iVm § 21 Abs. 4 zum Schadensersatz verpflichtet.[625] Der Schadensersatzanspruch ist ein individueller, der dem einzelnen WEer gegen die übrigen WEer zusteht, die eine Pflichtverletzung begangen haben.[626] In der Praxis wird Schadensersatz vorwiegend begehrt, wenn einem WEer infolge der Verletzung der Pflicht zur Instandhaltung oder Instandsetzung des GemE ein **Schaden an seinem SE** entsteht.[627] Richtet sich der Anspruch aber auf Ersatz von Schäden, die nicht am SE sondern am GemE entstanden sind, so sind die WEer zwar individuell anspruchsberechtigt. Die Gemeinschaft kann aber diese Ansprüche nach Maßgabe des § 10 Abs. 6 Satz 3 ausüben.[628]

2. Pflichtverletzungen der WEer

169 Verletzen WEer schuldhaft ihre Pflicht zur Mitwirkung an einer ordnungsgemäßen Verwaltung, können sie dem einzelnen WEer, der infolge der Pflichtverletzung einen Schaden erlitten hat, unter den Voraussetzungen der §§ 280 Abs. 1, 286 Abs. 1 BGB oder aus unerlaubter Handlung schadensersatzpflichtig sein,[629] etwa wenn eine zur ordnungsmäßigen Verwaltung erforderliche Beschlussfassung unterbleibt oder ein Beschluss ordnungsmäßiger Verwaltung widerspricht. Ein nicht ordnungsmäßiger Verwaltung entsprechender Beschluss widerspricht, auch wenn er bestandskräftig wird, weiterhin ordnungsmäßiger Verwaltung und hindert daher nicht die Entstehung von Schadensersatzansprüchen, die sich aus einer schuldhaft ordnungswidrigen Beschlussfassung ergeben.[630]

Zur ordnungsgemäßen Verwaltung gehört nach § 21 Abs. 5 Nr. 2 insbes. die Instandhaltung und Instandsetzung des gemE, die nach § 21 Abs. 4 jeder WEer verlangen kann. Sie obliegt den WEern gemeinschaftlich und kann mit Stimmenmehrheit beschlossen werden. Zu den Aufgaben der WEer zählt es u. a. in einem angemessenen zeitlichen Rahmen für die Beseitigung von Schäden am gemE zu sorgen.[631] Die Pflichtverletzung kann etwa darin bestehen, dass erkannte Mängel nicht oder nicht rechtzeitig beseitigt oder angezeigt,[632] die zur Mängelbeseitigung erforderlichen Vorschüsse nicht erbracht oder einer Maßnahme ordnungsgemäßer Verwaltung in der WEVers nicht zugestimmt wurde, so dass die erforderliche Mehrheit daher nicht zustande kam.[633] Schadensersatzansprüche wegen fehlerhaften Stimmverhaltens kommen nur in Betracht, wenn der Schaden weder durch Beschlussanfechtung noch durch Beschlussersetzung abgewendet werden kann.[633a] Über die Beschlussfassung hinaus schuldet jeder WEer die sachgerechte Durchführung ordnungsgemäßer Verwaltungsmaßnahmen, da der Begriff der „Verwaltung" tatsächliche Maßnahmen mit einschließt, so dass auch die fehlerhafte oder verzögerte Ausführung einer Verwaltungsmaßnahme als

---

[625] OLG München ZMR 2009, 225 (226).

[626] OLG München ZMR 2009, 468 (469); ZMR 2008, 562 (564).

[627] Vgl. BayObLG WE 1997, 395 (396) = NJWE-MietR 1997, 279; WE 1998, 40; OLG Hamburg ZMR 2008, 315; Schadensersatz kommt aber insbesondere auch wegen einer Verletzung von sonstigen absoluten Rechten infolge Verletzung der Verkehrssicherungspflichten in Betracht: BGH NJW-RR 1989, 394 (394 f.); allgemein hierzu *Horst* DWE 1999, 140 (142).

[628] Einzelheiten siehe § 10 Rn 237 ff.

[629] OLG München ZMR 2009, 225 (226); OLG Frankfurt/M. DWE 1985, 121; KG NJW-RR 1986, 1078; BayObLGZ 1992, 146 (148) = NJW-RR 1992, 1102 (1103); BayObLGZ 1998, 278 = WE 1998, 156 (157); ZMR 2002 843 (844); OLG München ZMR 2008, 655 (656); zur Verkehrsicherungspflicht der WEer untereinander vgl. OLG Frankfurt/M. OLGZ 1993, 188 (189).

[630] OLG München ZMR 2009, 468 (469); OLG Düsseldorf ZMR 2006, 459; *Schmidt/Riecke* ZMR 2005, 252.

[631] OLG München ZMR 2009, 468 (469); BayObLG ZMR 2002, 843 (844) = NZM 2002, 705.

[632] OLG Frankfurt/M. DWE 1985, 121.

[633] OLG München ZMR 2008, 655 (656); ZMR 2009, 468 (469); OLG Köln ZWE 2000, 376 (377) = NZM 2000, 1019 (Ls); vgl. auch KG ZWE 2001, 613 (614) = NZM 2001, 759 (Ls).

[633a] Ausführlich hierzu *Abramenko* FS Merle (2010), 1 ff.

pflichtwidriges Verhalten eines WEers angesehen werden kann.[634] So beschränkt sich etwa die Pflicht zur ordnungsmäßigen Instandsetzung nicht darauf, an einem Beschluss mitzuwirken, der die Instandsetzung ermöglicht; sie umfasst auch die entsprechende Instandsetzungsmaßnahme selbst, die dann z. B. mit Hilfe eines Werkunternehmers durchgeführt wird.[635]

Voraussetzung für eine Haftung aus §§ 280, 286 BGB oder Delikt ist aber immer ein Verschulden, d. h. ein vorsätzliches oder fahrlässiges Verhalten gem. § 276 BGB des in Anspruch genommenen WEers.[636] Es besteht keine verschuldensunabhängige Haftung kraft Gesetzes für Schäden am SE, die auf Mängel am GemE zurückzuführen sind (s. auch § 14 Nr. 4).[637] WEer haften nach § 278 BGB auch für das Verschulden eines von ihnen mit der Durchführung von Instandsetzungsmaßnahmen beauftragten Werkunternehmers, wenn dadurch Schäden am SE eines einzelnen WEers entstehen. 170

3. Pflichtverletzungen des Verwalters

Da die Instandhaltung und Instandsetzung als solche gem. § 21 Abs. 5 Nr. 2 primär Aufgaben der WEer sind und nicht dem Verwalter obliegen, kommt gegen den Verwalter nur bei einer schuldhaften Verletzung seiner aus § 27 Abs. 1 Nr. 2, 3 resultierenden Pflichten zur Feststellung von Mängeln am GemE und zur Unterrichtung der WEer zwecks Entscheidung hinsichtlich des weiteren Vorgehens (s. dazu § 27 Rn 290 ff.) ein Anspruch gem. § 280 BGB wegen Verletzung seiner Pflichten aus dem Verwaltervertrag in Betracht.[638] Der Verwalter haftet den WEern nicht auf Ersatz der Schäden, die infolge der Durchführung eines später für ungültig erklärten Beschlusses entstanden sind. Insoweit fehlt es an einer Pflichtverletzung, weil der Verwalter gem. § 27 Abs. 1 Nr. 1 zur Durchführung von Beschlüssen verpflichtet ist, solange diese nicht für ungültig erklärt sind.[639] Dem Verwalter kann auch kein Verschulden des von ihm mit einer Verwaltungsmaßnahme betrauten Hausmeisters gem. § 278 BGB zugerechnet werden, wenn der Hausmeister ihm obliegende Aufgaben wahrnimmt; denn soweit der Hausmeister eigene Pflichten erfüllt, ist er im Verhältnis zum Verwalter nicht Dritter iSv § 278 BGB.[640] 171

Der Verwalter ist **im Verhältnis der WEer untereinander** nicht als Dritter iSv § 278 BGB anzusehen.[641] Denn die WEer bestellen und ermächtigen den Verwalter **gemeinschaftlich.** Im Verhältnis der einzelnen WEer zueinander sowie im Verhältnis eines WEers zur WEgem[642] wird der Verwalter daher, anders als im Verhältnis zu Dritten, nicht zur Erfüllung einer Verbindlichkeit tätig. Er nimmt innerhalb der WEgem eigene, ihm gesetzlich zugewiesene Aufgaben wahr.[643] Sofern sich die WEer zum Zwecke der Erfüllung ihrer untereinander bestehenden Verpflichtung zur ordnungsgemäßen Verwaltung, insbesondere zur ordnungsgemäßen Instandhaltung oder Instandsetzung, oder auch zur Erfüllung von Verkehrssicherungspflichten[644] eines Unternehmens bedienen, ist ein Verschulden dieses 172

---

[634] BGHZ 141, 224 (228 f.) = ZWE 2000, 23 (25) = NJW 1999, 2108; OLG Hamburg ZMR 2008, 315 f.; *Becker* ZWE 2000, 56 (57 f.).

[635] HansOLG ZWE 2008, 445 *(Wagner)*.

[636] BayObLGZ 1992, 146 (148) = NJW-RR 1992, 1102 (1103); WE 1997, 395 (396) = NJWE-MietR 1997, 279; OLG München ZMR 2009, 225 (226).

[637] KG NJW-RR 1986, 1078; AG Hannover ZMR 2010, 324.

[638] OLG Frankfurt/M. DWE 1985, 121; BayObLGZ 1992, 146 (148) = NJW-RR 1992, 1102 (1103); DWE 1993, 126.

[639] BayObLG WE 1991, 198 (199).

[640] BayObLG DWE 1993, 126.

[641] OLG Frankfurt/M. DWE 1985, 121; BayObLG WE 1996, 159 = NJWE-MietR 1996, 38 (39); OLG Hamburg OLGZ 1991, 47; KG NJW-RR 1986, 1078 (1078 f.); LG München I ZWE 2010, 218 (219).

[642] OLG Hamm ZMR 2008, 401 (402); 2005, 462.

[643] OLG Frankfurt/M OLGZ 1993, 188 (189); DWE 1985, 121; KG NJW-RR 1986, 1078 (1078 f.).

[644] BGH NJW-RR 1989, 394 (394 f.) = WE 1989, 95 (95 f.).

Unternehmens bzw. seiner Angestellten gem. § 278 BGB den WEern,[645] nicht aber dem Verwalter zurechenbar, dem die Instandsetzung als solche nicht obliegt und der idR nicht Vertragspartner des Unternehmens wird. Den Verwalter kann allenfalls ein Verschulden bei der Auswahl des Fachunternehmens treffen.[646] Dieses kann als Pflichtverletzung des Verwaltervertrags iSv § 280 Abs. 1 BGB beachtlich sein. Der beauftragte Unternehmer ist idR nicht Verrichtungsgehilfe der WEer, so dass § 831 BGB nicht anwendbar ist.[647] Da ein Fachunternehmen idR von der WEgem, vertreten durch den Verwalter, beauftragt wird und eine Verbindlichkeit erfüllt, die allen WEern im Verhältnis zueinander obliegt, muss sich auch der Schadensersatz begehrende WEer nach §§ 254, 278 BGB ein Verschulden des Unternehmers bzw. dessen Angestellter entsprechend seinem Anteil am GemE anrechnen lassen.[648]

4. Einzelfälle

173 Schadensersatzansprüche der WEer wegen Verletzung der Pflicht zur Mitwirkung an einer ordnungsgemäßen Verwaltung kommen in folgenden Konstellationen in Betracht: Am SE, insbes. den Wohnräumen, entsteht infolge unterbliebener Instandhaltung des GemE ein Schaden. Dies kann etwa auf **mangelhaften Abdichtungen,**[649] **Verschleppung** von **Sanierungsmaßnahmen**[650] oder darauf beruhen, dass eine **schadhafte Außenwand**[651] oder ein **undichtes Dach**[652] **nicht isoliert** worden sind und deshalb Regenwasser eindringt.

174 In Betracht kommt weiterhin das **Unterlassen, Feuchtigkeit** im Fundament **zu beseitigen,** wenn dadurch Schwamm auch in den Wohnräumen auftritt. Ferner kann sich eine Schadensersatzforderung ergeben, wenn der Anspruch eines WEers gegen die anderen auf sachverständige **Feststellung von Baumängeln** nicht erfüllt wird und infolge dieser Mängel ein Schaden am SE entsteht.[653] Ersatzpflichtig ist auch derjenige WEer, der dem Verwalter den **Zugang zu seiner Wohnung** zwecks Behebung von Schäden an der Heizungsanlage nicht ermöglicht, wenn dadurch Feuchtigkeitsschäden an anderen Wohnungen entstehen.[654]

175 Bei vertraglicher oder faktischer **Übernahme von Verkehrssicherungspflichten,** etwa der Streu- oder Wegereinigungspflicht, durch einen Dritten, kann dieser gem. § 823 Abs. 1 BGB auch ggü. einem WEer für einen Schaden ersatzpflichtig werden, den letzterer wegen einer Verletzung der übernommenen Verkehrssicherungspflicht erleidet.[655] In diesem Fall kommt eine Minderung des Ersatzanspruchs gem. § 254 BGB sowohl unter dem Gesichtspunkt eines eigenverantwortlichen Mitverschuldens als auch wegen der Stellung als verkehrssicherungspflichtiger WEer in Betracht.[656]

---

[645] BayObLGZ 1992, 146 (150 f.) = NJW-RR 1992, 1102 (1103) = WE 1993, 278; DWE 1996, 35 (36); aA ohne Begründung OLG Frankfurt/M. OLGZ 1985, 144 (145 f.).

[646] BayObLGZ 1992, 146 (150) = NJW-RR 1992, 1102 (1103) = WE 1993, 278.

[647] Im Ergebnis ebenso BayObLGZ 1992, 146 (150) = NJW-RR 1992, 1102 (1103) = WE 1993, 278 (278 f.); WE 1996, 159 = NJWE-MietR 1996, 38 (39).

[648] BGH NZM 1999, 562 (563); BayObLGZ 1992, 146 (150 f.) = NJW-RR 1992, 1102 (1104) = WE 1993, 278 (279).

[649] BayObLGZ 1992, 146 = NJW-RR 1992, 1102 = WE 1993, 278; vgl. auch OLG Hamm NZM 1999, 225 (226 f.).

[650] OLG München ZMR 2009, 225 f.

[651] BayObLG DWE 1984, 59.

[652] KG NJW-RR 1986, 1078 (1078 ff.).

[653] BayObLG DWE 1982, 102; WE 1998, 40; OLG Frankfurt/M. DWE 1985, 121.

[654] LG Bochum DWE 1988, 69.

[655] BGH NJW-RR 1989, 394 (395) = WE 1989, 95.

[656] Zur Verkehrssicherungspflicht vgl. § 10 Rn 259, 271.

VIII. Ermessensentscheidungen des Gerichts gem. § 21 Abs. 8

1. Der Normzweck

Treffen die WEer eine nach dem Gesetz erforderliche Maßnahme nicht, so kann nach § 21 Abs. 8 an ihrer Stelle das Gericht in einem Rechtsstreit gemäß § 43 nach billigem Ermessen entscheiden, soweit sich die Maßnahme nicht aus dem Gesetz, einer Vereinbarung oder einem Beschluss der WEer ergibt. Ohne diese Vorschrift würde der Rechtsschutz der WEer nach Erstreckung der ZPO-Vorschriften auf WE-Verfahren eingeschränkt.[657] Nach § 43 Abs. 2 aF konnte der Richter in WE-Sachen nämlich nach billigem Ermessen entscheiden, wenn die WEer nach dem Gesetz erforderliche Maßnahmen versäumt hatten, etwa bei Scheitern eines nach § 28 Abs. 5 WEG erforderlichen Beschlusses über den Wirtschaftsplan oder über die Jahresabrechnung. § 21 Abs. 8 ist nunmehr Rechtsgrundlage für Ermessensentscheidungen des Gerichts im ZPO-Verfahren, wenn in einer Streitigkeit über eine nach dem Gesetz erforderliche, aber von den WEern unterlassene Maßnahme bindende Vorgaben für die Entscheidung fehlen. Damit zielt die Vorschrift auf eine Gestaltung des materiellen Rechts durch das Gericht. 176

Ohne die Möglichkeit einer Ermessensentscheidung des Gerichts müsste ein WEer, der seinen Individualspruch auf ordnungsmäßige Verwaltung gem. § 21 Abs. 4 verfolgt, wegen § 253 Abs. 2 Nr. 2 ZPO dem Gericht mit dem Klageantrag eine genau bestimmte Verwaltungsmaßnahme unterbreiten. Hierzu dürfte er idR kaum in der Lage sein. Vor allem bliebe unklar, wer in einer solchen Situation ein den WEern im Rahmen ihrer Selbstorganisation eingeräumtes Ermessen ausüben sollte. Deshalb ist in § 21 Abs. 8 nach dem Vorbild des § 315 Abs. 3 Satz 2 BGB eine Sonderregelung getroffen worden, die es dem Gericht ermöglicht, auch im ZPO-Verfahren eine Ermessensentscheidung anstelle der WEer zu treffen. 177

2. Die Voraussetzungen

a) Nichttreffen einer Maßnahme. aa) Allgemeines. Voraussetzung für eine Ermessensentscheidung des WE-Gerichts ist, dass die WEer eine nach dem Gesetz erforderliche Maßnahme nicht getroffen haben. Durch dieses Tatbestandsmerkmal unterscheidet sich § 21 Abs. 8 von der bisherigen Regelung in § 43 Abs. 2 aF. Während nach § 43 Abs. 2 aF der Richter generell in allen WE-Sachen nach billigem Ermessen entscheiden konnte, ist dies nunmehr nur dann zulässig, wenn die WEer eine nach dem Gesetz erforderliche Regelung nicht getroffen haben. Daher sind Ermessensentscheidungen des Gerichts gemäß § 21 Abs. 8, obwohl nach dessen Wortlaut *in einem Rechtsstreit gemäß § 43 nach billigem Ermessen* entschieden werden kann, wohl nur in Verfahren nach § 43 Nr. 1 möglich. Ermessensentscheidung in Streitigkeiten mit dem Verwalter (§ 43 Nr. 3), in Beschlussanfechtungsverfahren (§ 43 Nr. 4), die bisher zulässig waren, sowie bei Klagen Dritter (§ 43 Nr. 5) kommen dagegen nicht in Betracht. 178

Wegen der systematischen Stellung des § 21 Abs. 8 im 3. Abschnitt muss es sich um eine **Maßnahme zur Verwaltung des gemE** handeln. Verwaltung erfolgt durch die WEer im Rahmen ihres Selbstorganisationsrechts idR mittels Verwaltungs*entscheidungen;* die darauf beruhenden Verwaltungs*maßnahmen* werden grds. vom Verwalter ausgeführt.[658] Da das Gericht an Stelle der WEer *entscheiden* kann, sind unter *Maßnahmen* iSd § 21 Abs. 8 Verwaltungs*entscheidungen* zu verstehen, zumal die Vornahme von Maßnahmen tatsächlicher Art durch das Gericht, die zu den Aufgaben des Verwalters gehört, etwa die Vornahme einer Instandsetzung oder die Ansammlung einer Rücklage, nicht in Betracht kommt.[659] Das Gericht kann vielmehr an Stelle der WEer entscheiden, wenn diese eine Verwaltungsent- 179

---

[657] Zum Normzweck s. BT-Drucks. 16/887 S. 27 f.

[658] Vgl. § 20 Rn 5.

[659] So auch *Abramenko* § 2 Rn 97.

scheidung durch Vereinbarung oder Beschluss nicht getroffen, d. h. eine Angelegenheit der Verwaltung nicht geregelt haben.

180 **bb) Beschlüsse.** Beschlüsse können nach dem Gesetz zur ordnungsgemäßen Verwaltung des gemE erforderlich sein. Es geht mithin primär um die bisherigen **Regelungsstreitigkeiten,** in denen die gerichtliche Entscheidung unmittelbar die Beziehungen der WEer regelt durch **Ersetzung einer von den WEer nicht beschlossenen Regelung.**[660] Eine Maßnahme ist durch die WEer nicht getroffen worden, wenn eine Regelung der fraglichen Angelegenheit fehlt, etwa weil die WEer untätig bleiben oder weil ein Beschlussantrag auf Vornahme einer Maßnahme durch Negativbeschluss abgelehnt worden ist.[661] Ob eine erforderliche Maßnahme (Regelung) getroffen wurde, ist ggf. durch Auslegung zu ermitteln.

181 **cc) Vereinbarungen.** Für Vereinbarungen (GO) gilt zwar grds. Vertragsfreiheit. Aber auch eine Vereinbarung kann durch gerichtliche Ermessensentscheidung gem. § 21 Abs. 8 **ersetzt** werden.[662] Dies kommt jedoch nur in Betracht, wenn WEer eine vom Gesetz abweichende Vereinbarung nicht treffen oder sie die Anpassung einer Vereinbarung (GO) unterlassen, obwohl darauf ein Anspruch gem. § 10 Abs. 2 Satz 3 WEG besteht, sie also *nach dem Gesetz erforderlich* ist. Insbesondere kann das Gericht unter diesen Voraussetzungen einen erforderlichen und auf Grund einer **gesetzlichen Öffnungsklausel** zulässigen Beschluss der WEer ersetzen, etwa über eine von der GO abweichende Kostenverteilung nach § 16 Abs. 3. Entsprechendes muss dann auch bei Vorliegen einer **vereinbarten Öffnungsklausel** gelten. Können aber bei Vorliegen einer gesetzlichen oder vereinbarten Öffnungsklausel die hiernach zulässigen Beschlüsse zu einer vom Gesetz oder einer Vereinbarung abweichenden Regelung, die materiell Vereinbarungscharakter hat, ersetzt werden, kann bei Vorliegen eines Anspruchs gem. § 10 Abs. 2 Satz 3 auch eine Vereinbarung ersetzt werden. Sind in einem solchen Fall unterschiedliche Regelungen möglich, besteht auch ein Bedürfnis für die Ersetzung einer Vereinbarung durch Entscheidung des Gerichts nach billigem Ermessen.

182 **b) Gesetzlich erforderliche Maßnahme.** Die Maßnahme, die von den WEern nicht getroffen worden ist, muss nach dem Gesetz erforderlich sein. Dies ist der Fall, wenn die WEer von ihrem Selbstorganisationsrecht keinen Gebrauch gemacht haben, obwohl eine Maßnahme zur Gestaltung des Innenverhältnisses notwendig war. Da nach dem Gesetz keine Maßnahmen zwingend erforderlich sind,[663] ist, wenn § 21 Abs. 8 einen Sinn haben soll, eine *nach dem Gesetz erforderliche Maßnahme* iSd § 21 Abs. 8 eine solche, die zur Regelung einer ordnungsmäßigen, dem Interesse der Gesamtheit der WEer entsprechenden Verwaltung erforderlich ist,[664] auf die mithin ein Anspruch besteht.[665] Denn nach § 21 Abs. 4 kann jeder WEer eine Verwaltung verlangen, die, soweit Vereinbarungen und Beschlüsse nicht bestehen, dem Interesse der Gesamtheit der WEer nach billigem Ermessen entspricht. Entsprechendes gilt nach § 15 Abs. 3 für den Gebrauch des SE und des gemE. Hiernach erforderliche Maßnahmen, auf die ein Anspruch besteht, können etwa Beschlüsse über Angelegenheiten iSd § 21 Abs. 3 und 5, über Wirtschaftsplan und Jahresabrechnung, die Bestellung oder Abberufung eines Verwalters,[666] den Gebrauch des SE und des gemE etc. sein.

183 **c) Bindung an Gesetz, Vereinbarung, Beschluss.** Das WE-Gericht kann nur nach billigem Ermessen entscheiden, soweit sich die Maßnahme nicht aus dem Gesetz, einer Vereinbarung oder einem bestandskräftigen Beschluss der WEer ergibt. Das Gericht hat we-

---

[660] Vgl. insoweit Staudinger/*Wenzel* (2005) § 43 WEG Rn 48; AG Freising ZMR 2008, 836 f.

[661] AG Freising ZMR 2008, 836 f.

[662] Vgl. KG ZMR 2002, 544 (545); wohl auch Riecke/Schmid/*Drabek* § 21 Rn 309; aA *Abramenko* § 2 Rn 103.

[663] Vgl. *Köhler* Rn 311; *Bonifacio* MietRB 2007, 216 (217 f.).

[664] Ebenso Hügel/*Elzer* § 13 Rn 220; *Köhler* Rn 311; vgl. AG Freising ZMR 2008, 836 f.

[665] OLG Düsseldorf ZMR 2007, FGPrax 2008, 14; OLG München ZMR 2010, 395; *Abramenko* § 2 Rn 98, 101.

[666] LG Berlin GE 2008, 1203.

gen des Vorrangs von Vereinbarungen und Beschlüssen das Selbstorganisationsrecht der WEer zu beachten.[667] Damit ist dem Gericht eine Ermessensentscheidung nur in Ausnahmefällen eröffnet. Das Gericht ist nicht nur an das Gesetz und privatrechtliche Vereinbarungen,[668] sondern auch an Beschlüsse der WEer gebunden. So ist das Gericht etwa bei Entscheidungen über Wirtschaftsplan und Jahresabrechnung an ein abweichend von § 28 Abs. 1 vereinbartes Wirtschaftsjahr gebunden. Nicht gebunden ist das Gericht an Vereinbarungen und Beschlüsse, die nichtig sind[669] oder an rechtskräftig für ungültig erklärte Beschlüsse.[670]

Die Bindung des Gerichts besteht grds. auch an Beschlüsse, die gegen Grundsätze der Billigkeit oder der ordnungsmäßigen Verwaltung verstoßen.[671] Ist der Beschluss noch nicht bestandskräftig, kann der Kläger die Anfechtungsklage mit der Regelungsklage verbinden. Ist der Beschluss bestandskräftig, entfällt die Bindung, wenn schwerwiegende Gründe, etwa wegen Änderung tatsächlicher Verhältnisse,[672] ein Festhalten an diesem bestandskräftigen Beschluss[673] als unbillig und damit als gegen Treu und Glauben verstoßend erscheinen lassen.[674] So stellt ein bestandskräftiger Beschluss, der eine zeitlich unbegrenzte Vermietung an einzelne WEer vorsieht, obwohl für 13 WEer nur 6 Parkplätze zur Verfügung stehen, eine grob unbillige Gebrauchsregelung dar, an die das Gericht nicht gebunden ist, wenn eine neue Regelung nicht zustande kommt; das Gericht kann dann eine Regelung bestimmen, die es allen WEer ermöglicht, am Gebrauch des knappen Parkraums teilzuhaben.[675] **184**

Die Beachtung des Selbstorganisationsrechts der WEer gilt bereits für die Klageerhebung. Ein Rechtsschutzinteresse für eine **Regelungsklage** zur Regelung des Gebrauchs gem. § 15 Abs. 3 oder zur ordnungsmäßigen Regelung der Verwaltung gem. § 21 Abs. 4 besteht nur, wenn der Kläger im Rahmen des Möglichen und Zumutbaren zuvor vergeblich versucht hat, die Maßnahme durch Beschluss der WEer herbeizuführen oder wenn mit an Sicherheit grenzender Wahrscheinlichkeit die Maßnahme nicht beschlossen worden wäre.[676] **185**

3. Die Rechtsfolgen

a) Bindung an Antrag und Sachverhalt. Das Gericht kann an Stelle der WEer nach billigem Ermessen entscheiden. Der Antrag muss dieses **Rechtsschutzziel** gem. § 253 Abs. 2 Nr. 2 ZPO zweifelsfrei erkennen lassen, muss also hinsichtlich der Klageart **bestimmt** sein.[677] Das Gericht ist auf Grund des Dispositionsgrundsatzes nicht an den Wortlaut, wohl aber an das mit dem Antrag verfolgte **Rechtsschutzziel** gebunden. Dieses muss auf eine Maßnahme, d. h. Regelung einer Angelegenheit nach gerichtlichem Ermessen zielen.[678] Wird beantragt, die WEer zur Vornahme einer bestimmten Maßnahme nach gerichtlichem Ermessen zu verpflichten, so ist nicht nur die begehrte konkrete Regelung, sondern auch jede andere sachgerechte Regelung Verfahrensgegenstand, die dem Wortlaut des Antrags zwar nicht entspricht, aber als ein dem Interesse aller WEer berücksichtigendes Aliud oder Minus von ihm erfasst wird; entspricht die beantragte Regelung nicht dem Interesse aller WEer, so hat das Gericht eine Maßnahme festzulegen, **186**

---

[667] *Gaier* NZM 2004, 527 (528).
[668] OLG Hamm OLGZ 1975, 428 (429).
[669] BGHZ 107, 268 (271).
[670] OLG Hamm DNotZ 1967, 38.
[671] BGHZ 122, 327 (333); KG NJW-RR 1994, 912 f.; ZMR 2002, 544 (545); BayObLG 1987, 66; OLG Frankfurt OLGZ 1982, 269 f.; OLG Hamm OLGZ 1975, 428; *Gaier* NZM 2004, 527 ff.; Jennißen/*Suilmann* § 21 Rn 140; vgl. auch § 21 Rn 48; aA Hügel/*Elzer* § 13 Rn 222.
[672] Vgl. BayObLG WE 1994, 310.
[673] Vgl. *Abramenko* ZWE 2007, 336 ff.
[674] Vgl. BayObLG NJW 1991, 1620 (1621) = WE 1992, 60; WE 1986, 20 (21); ZMR 1999, 494.
[675] Vgl. KG NJW-RR 1990, 1495 = WuM 1990, 404; WuM 1994, 394.
[676] BGH ZWE 2010, 174 (176); vgl. eingehend § 43 Rn 187; Hügel/*Elzer* § 13 Rn 223 f.
[677] Vgl. § 43 Rn 133.
[678] Ebenso Hügel/*Elzer* § 13 Rn 84 f., 226.

die die Interessen aller WEer berücksichtigt.[679] Der Kläger, der etwa einen Beschluss nach § 28 Abs. 5 anstrebt, braucht nicht dem Gericht exakt formulierte Wirtschaftspläne oder Jahresabrechnungen zu unterbreiten; ausreichend ist es, wenn er sein Verfahrensziel deutlich macht und das Gericht durch detaillierten Sachvortrag in die Lage versetzt, nach billigem Ermessen zu entscheiden.

187 Wird auf Abgabe einer Willenserklärung geklagt, etwa auf Zustimmung zu einem Beschluss über eine Maßnahme ordnungsmäßiger Verwaltung (Bestellung eines Verwalters, Absammlung einer Instandhaltungsrückstellung, Jahresabrechnung etc.), ist Rechtsschutzziel nicht eine Entscheidung iSd § 21 Abs. 8, so dass das Gericht, sofern überhaupt ein Rechtsschutzinteresse vorliegt,[680] nicht nach billigem Ermessen entscheiden kann.

188 Die **tatsächlichen Grundlagen** der Ermessensentscheidung sind nach dem Verhandlungsgrundsatz von den Parteien vorzutragen und, soweit erforderlich, zu beweisen. Das Gericht muss ggf. nach § 139 ZPO darauf hinwirken, dass die zur Ermessensausübung erforderlichen Tatsachen von den Parteien beigebracht werden. Bei Klage auf Bestellung eines Verwalters durch das Gericht braucht es daher nicht selbst einen geeigneten Verwalter und die Vertragskonditionen zu ermitteln, sondern muss nur auf entsprechenden Tatsachenvortrag der Parteien hinwirken.[681] Maßgebende Urteilsgrundlage ist der vorgebrachte Prozessstoff am Schluss der mündlichen Verhandlung, im Verfahren nach § 128 Abs. 2 ZPO der entsprechende Zeitpunkt. Tatsachenvorbringen in einem anderen Verfahren, auf das die Parteien nicht Bezug genommen haben, beigezogene Verfahrens- und Grundakten sowie sonst gerichtskundiges Wissen darf nur dann verwertet werden, wenn es als Entscheidungsgrundlage ordnungsgemäß in das Verfahren eingeführt und den Parteien hierzu rechtliches Gehör gewährt wurde.

189 **b) Die Entscheidung. aa) Allgemeines.** § 21 Abs. 8 räumt dem Gericht im Rahmen der Bindungen für die Sachentscheidung – wie § 43 Abs. 2 aF[682] – ein Ermessen bei der Festsetzung der Rechtsfolgen ein. In dem das Gericht an Stelle der WEer entscheiden kann, d. h. eine von den WEern durch Vereinbarung oder Beschluss zu treffende Maßnahme durch Urteil ersetzen kann, hat es die Befugnis, die materielle Rechtslage durch Urteil zu gestalten.[683] Das Urteil tritt an Stelle der von den WEern zu treffenden privatautonomen Regelung.[683a] Dass ein **Gestaltungsurteil** nicht *ausdrücklich* im Gesetz vorgesehen ist, steht nicht entgegen,[684] denn auch die als Vorbild des § 21 Abs. 8 dienende Leistungsbestimmung nach § 315 Abs. 3 Satz 2 BGB erfolgt durch Gestaltungsurteil,[685] ohne dass dies *ausdrücklich* vorgesehen wäre. Die antragsgemäße Verurteilung zur Abgabe einer Willenserklärung eines einzelnen WEers, etwa zur Zustimmung zu einem Beschluss, ist zwar unter den Voraussetzungen der §§ 15 Abs. 3, 21 Abs. 4 denkbar, die Verurteilung beruht jedoch nicht auf einer Ermessensentscheidung iSd § 21 Abs. 8; insoweit handelt es sich nämlich nicht um eine Maßnahme der WEer, sondern um die Zustimmung zu einer Maßnahme der WEer, mithin um eine individuelle Erklärung eines einzelnen WEers.

190 Das Gericht kann jedoch nicht generell auch alle Anordnungen treffen, die zu ihrer Durchführung erforderlich sind, wie nach § 44 Abs. 4 aF.[686] Nach § 21 Abs. 8 kann das Gericht an Stelle der WEer entscheiden. Das bedeutet, dass das Gericht nur insoweit entscheiden kann, als die WEer privatautonom eine Verwaltungsangelegenheit regeln können.

---

[679] Vgl. KG NJW-RR 1996, 587 (588) = WE 1996, 271 (272).
[680] Vgl. dazu § 43 Rn 187.
[681] Vgl. § 26 Rn 264.
[682] Vgl. BayObLG ZMR 1999, 494.
[683] Hügel/*Elzer* § 13 Rn 216.
[683a] Vgl. OLG München ZMR 2010, 395.
[684] So aber *Bonifacio* MietRB 2007, 218; wie hier Jennißen/*Suilmann* § 21 Rn 124.
[685] Vgl. Palandt/*Heinrichs* § 315 Rn 17.
[686] So aber Jennißen/*Suilmann* § 21 Rn 148 f.

Das Gericht kann daher etwa bei unterbliebenen Instandhaltungsmaßnahmen nicht einen klagenden WEer unmittelbar zur Ersatzvornahme auf Kosten der Gemeinschaft ermächtigen.[687] Die Durchführung eines entsprechenden, durch gerichtliches Urteil ersetzten Beschlusses ist analog § 27 Abs. 1 Nr. 1 originäre Aufgabe des Verwalters; insoweit besteht keine Beschlusskompetenz der WEer (§ 27 Abs. 4). Andererseits kann bei gerichtlicher Ersetzung eines Beschlusses über die Geltendmachung einer Forderung der klagende WEer auch zur Prozessführung ermächtigt werden, so dass dieser die Forderung für die WEgem im eigenen Namen einklagen kann, da insoweit auch eine Beschlusskompetenz besteht.

bb) Billiges Ermessen. Inhalt und Umfang des Ermessens werden vom Maß der Bindung an Gesetz sowie Vereinbarungen und Beschlüsse der WEer bestimmt. Da das Gericht an Stelle der WEer nach billigem Ermessen entscheiden kann, hat es eine Regelung nach denselben Maßstäben zu treffen, wie sie das WEG den WEern vorgibt. Die Ausübung des Ermessens darf aber in das Selbstorganisationsrecht der WEer nur insoweit eingreifen, als dies zur Regelung der von den WEern nicht getroffenen Maßnahme notwendig ist, um effektiven Rechtsschutz zu gewähren. Als Maßstab sollte der vernünftige, wirtschaftlich denkende WEer dienen.[688] Dem Gericht steht innerhalb dieses Rahmens der gesamte Ermessensspielraum zur Verfügung, den auch die WEer auf Grund ihres Selbstorganisationsrechts in Anspruch nehmen können. Entspricht nur eine einzige Maßnahme ordnungsmäßiger Verwaltung, reduziert sich das Ermessen der Gerichts auf die Ersetzung des entsprechenden Beschlusses. Bei seiner Gestaltung ist das Gericht nicht durch eine Bindung an vorangegangene, nicht angefochtenen Negativbeschlüsse beschränkt.[689] Denn die WEer können jederzeit durch einen erneuten Beschluss über denselben Gegenstand die Bestandskraft eines Negativbeschlusses umgehen,[690] so dass auch das Gericht nicht an einen ablehnenden Beschluss gebunden sein kann. 191

cc) Prozesskosten. Wird gemäß § 21 Abs. 8 nach billigem Ermessen entschieden, so können gem. § 49 Abs. 1 auch die Prozesskosten nach billigem Ermessen verteilt werden. Bei der Ausübung des Ermessens dürfte sich das Gericht mangels sonstiger Anhaltspunkte idR daran orientieren, wer die Selbstorganisation der WEer verhindert und mithin das Verfahren veranlasst hat.[691] 192

dd) Einstweiliger Rechtsschutz. § 21 Abs. 8 legitimiert nicht vorläufige Regelungen des streitigen Rechtsverhältnisses durch das Gericht. Dieses kann also nicht, wie bisher nach § 44 Abs. 3 aF, von Amts wegen einstweilige Anordnungen für die Dauer des Verfahrens treffen. Ist die Regelung eines einstweiligen Zustandes zur Abwendung wesentlicher Nachteile für das gemE oder aus anderen Gründen nötig, so kann das Gericht unter den Voraussetzungen der §§ 935 ff. ZPO auf Antrag im Wege einstweiliger Verfügung die erforderlichen Maßnahmen anordnen. 193

4. Änderung der Ermessensentscheidung

Da das Gericht an Stelle der WEer entscheidet, kann die gerichtliche Gestaltung – wie bisher – durch eine privatautonome Regelung der WEer geändert werden, auch wenn die gerichtliche Entscheidung rechtskräftig geworden ist.[692] Ist durch das Gericht eine Vereinbarung ersetzt worden, so ist zu deren Änderung eine Vereinbarung der WEer erforderlich, wurde ein Beschluss ersetzt, kann die Entscheidung durch Beschluss der WEer mit der jeweils erforderlichen Stimmenmehrheit geändert werden, wenn die Voraussetzungen für einen Zweitbeschluss vorliegen. 194

[687] AA Jennißen/*Suilmann* § 21 Rn 148 f.
[688] *Augustin* in RGRK, 12. Aufl. 1996, § 21 WEG Rn 38; *Gaier* NZM 2004, 529.
[689] Vgl. *Gaier* ZMR 2004, 527 (529); Jennißen/*Suilmann* § 21 Rn 144.
[690] BGHZ 152, 46 (51) = NZM 2002, 995.
[691] Ähnlich Hügel/*Elzer* § 13 Rn 232 ff.
[692] Vgl. KG NJW-RR 1996, 779 (780); *Abramenko* § 2 Rn 103.

§ 22 Besondere Aufwendungen, Wiederaufbau

(1) [1]**Bauliche Veränderungen und Aufwendungen, die über die ordnungsmäßige Instandhaltung oder Instandsetzung des gemeinschaftlichen Eigentums hinausgehen, können beschlossen oder verlangt werden, wenn jeder Wohnungseigentümer zustimmt, dessen Rechte durch die Maßnahmen über das in § 14 Nr. 1 bestimmte Maß hinaus beeinträchtigt werden.** [2]**Die Zustimmung ist nicht erforderlich, soweit die Rechte eines Wohnungseigentümers nicht in der in Satz 1 bezeichneten Weise beeinträchtigt werden.**

(2) [1]**Maßnahmen gemäß Absatz 1 Satz 1, die der Modernisierung entsprechend § 559 Abs. 1 des Bürgerlichen Gesetzbuches oder der Anpassung des gemeinschaftlichen Eigentums an den Stand der Technik dienen, die Eigenart der Wohnanlage nicht ändern und keinen Wohnungseigentümer gegenüber anderen unbillig beeinträchtigen, können abweichend von Absatz 1 durch eine Mehrheit von drei Viertel aller stimmberechtigten Wohnungseigentümer im Sinne des § 25 Abs. 2 und mehr als der Hälfte aller Miteigentumsanteile beschlossen werden.** [2]**Die Befugnis im Sinne des Satzes 1 kann durch Vereinbarung der Wohnungseigentümer nicht eingeschränkt oder ausgeschlossen werden.**

(3) **Für Maßnahmen der modernisierenden Instandsetzung im Sinne des § 21 Abs. 5 Nr. 2 verbleibt es bei den Vorschriften des § 21 Abs. 3 und 4.**

(4) **Ist das Gebäude zu mehr als der Hälfte seines Wertes zerstört und ist der Schaden nicht durch eine Versicherung oder in anderer Weise gedeckt, so kann der Wiederaufbau nicht gemäß § 21 Abs. 3 beschlossen oder gemäß § 21 Abs. 4 verlangt werden.**

Übersicht

Literatur: *Abramenko,* Die Wirkung von Beschlüssen über bauliche Veränderungen, ZMR 2009, 97; *Armbrüster,* Bauliche Veränderungen und Aufwendungen gem. § 22 Abs. 1 WEG und Verteilung der Kosten gem. § 16 Abs. 4 und 6 WEG, ZWE 2008, 61; *Armbrüster/Merle,* E-Mail-Diskussion zum Beschlusserfordernis bei baulichen Veränderungen, ZWE 2007, 384; *Bub,* Maßnahmen der Modernisierung und Anpassung an den Stand der Technik (§ 22 Abs. 1 WEG) und Verteilung der Kosten gem. § 16 Abs. 4 WEG, ZWE 2008, 205 ff.; *Hogenschurz,* Rechte bei eigenmächtigen baulichen Veränderungen eines WEers, MietRB 2008, 85; *Hügel,* Zustimmungsbeschluss und/oder Zustimmungserklärung zu baulichen Veränderungen, FS Merle (2010), 167; *Kümmel,* Die Genehmigung baulicher Veränderungen gem. § 22 Abs. 1 WEG, ZMR 2007, 932; *Lüke,* Die Mitwirkung der WEer an baulichen Veränderungen nach § 22 Abs. 1 und 2 WEG, ZfIR 2009, 225; *Merle,* Neues WEG: Beschluss und Zustimmung zu baulichen Veränderungen, ZWE 2007, 374; *Riesenberger,* Der steckengebliebene Bau, FS Deckert, 2002, 395; *Rix,* Der steckengebliebene Bau, 1991; *Schmid,* Der Störer in einer Wohnungseigentumsanlage – Handlungs- und Duldungspflichten, ZWE 2009, 200; *Wenzel,* Umstellung des Fernsehempfangs – bauliche Veränderung?, ZWE 2007, 179. Zur älteren Literatur siehe Vorauflage.

I. Der Normzweck

Durch das G zur Änderung des WEG[1] ist § 22 verändert und erweitert worden. Um entstandene Missverständnisse und Interpretationsschwierigkeiten zu beseitigen, ist der bisherige Absatz 1 zur Beseitigung von Missverständnissen und zur Klarstellung neu formuliert worden.[2] Durch Absatz 2 wird dagegen eine neue Beschlusskompetenz der WEer geschaffen; diese können mit qualifizierter Mehrheit auch Maßnahmen zur Modernisierung und Anpassung des GemE an den Stand der Technik ohne Zusammenhang mit einer Instandhaltung oder Instandsetzung beschließen. Zur Klarstellung wird im neuen Absatz 3 ausdrücklich geregelt, dass die Kompetenz nach § 21 Abs. 3, mit einfacher Mehrheit Maßnahmen der modernisierenden Instandsetzung beschließen zu können, davon unberührt bleibt. Der bisherige Absatz 2 bleibt unverändert als Absatz 4 erhalten. 1

Die Regelung des § 22 ergänzt § 21. Hiernach können Maßnahmen der ordnungsgemäßen Instandhaltung und Instandsetzung gem. § 21 Abs. 3, Abs. 5 Nr. 2 von den WEern mit Stimmenmehrheit beschlossen werden; eine derartige Verwaltung kann gem. § 21 Abs. 4 vom einzelnen WEer verlangt werden. § 22 Abs. 1 Satz 1 stellt dagegen klar, dass bauliche Veränderungen und Aufwendungen, die über die ordnungsgemäße Instandhaltung und Instandsetzung hinausgehen, nicht gem. § 21 Abs. 3 mit Stimmenmehrheit beschlossen und nach § 21 Abs. 4 verlangt werden können. Derartige, über eine ordnungsgemäße Instandhaltung und Instandsetzung des gemE hinausgehende Maßnahmen greifen regelmäßig sehr viel stärker in die Rechte des einzelnen WEers ein als Maßnahmen ordnungsgemäßer Verwaltung.[3] Bauliche Veränderungen und Aufwendungen, die sich nicht mehr im Rahmen ordnungsgemäßer Verwaltung halten, können deshalb gem. § 22 Abs. 1 Satz 1 nur beschlossen oder verlangt werden, wenn jeder WEer zustimmt, dessen Rechte durch die Maßnahme über das in § 14 Nr. 1 bestimmte Maß hinaus beeinträchtigt werden. Die Zustimmung aller beeinträchtigten WEer ist insbesondere erforderlich, weil im Gegensatz zum allgemeinen Gemeinschaftsrecht gem. § 11 Abs. 1 Satz 1 die Aufhebung der Gemeinschaft nicht verlangt werden kann.[4] Dass für Maßnahmen, die über eine 2

[1] BGBl. I 2007, 370.
[2] BT-Drucks. 16/887 S. 28 f.
[3] BGHZ 73, 196 (199) = NJW 1979, 817 (818).
[4] Weitnauer/*Lüke* § 22 Rn 4.

ordnungsgemäße Verwaltung hinausgehen, Einstimmigkeit erforderlich ist, ergibt sich bereits aus der Grundregel des § 21 Abs. 1. Insofern bedeutet § 22 Abs. 1 Satz 1 lediglich eine modifizierte Klarstellung, wonach bauliche Veränderungen wie bisher grundsätzlich nur einstimmig beschlossen werden können, weil sie idR mit nur wenigen Ausnahmen alle WEer beeinträchtigen.[5]

3 Die Norm entspricht § 745 Abs. 3 Satz 1 BGB,[6] wobei es allerdings nach § 22 Abs. 1 nicht darauf ankommt, dass die Maßnahme zu einer „wesentlichen Veränderung" des GemE führt. Die Zustimmung eines WEers ist gem. § 22 Abs. 1 Satz 2 dann nicht erforderlich, wenn durch eine Maßnahme dessen Rechte nicht in der in Satz 1 bezeichneten Weise beeinträchtigt werden. Der WEer, dessen Rechte durch eine Maßnahme der anderen WEer ohnehin nicht beeinträchtigt werden, bedarf nicht des Schutzes des § 22 Abs. 1 Satz 1.[7] Die Vorschrift ist ohne Entsprechung im allgemeinen Gemeinschaftsrecht. Folglich ist bei baulichen Veränderungen und Aufwendungen, die sich nicht mehr im Rahmen ordnungsgemäßer Verwaltung halten, nur die Zustimmung derjenigen WEer notwendig, deren Rechte durch die Maßnahme über das in § 14 bestimmte Maß hinaus beeinträchtigt sind. Diese Erleichterung ist möglich, da der nicht zustimmende WEer gem. § 16 Abs. 6 Hs. 2 keine Kosten der Umgestaltung zu tragen hat. Letztlich erleichtert § 22 Abs. 1 demnach die Durchführung baulicher Veränderungen und Aufwendungen, denn abweichend von der Grundregel des § 21 Abs. 1 müssen nicht ausnahmslos alle WEer einer derartigen Maßnahme zustimmen.

4 Um eine Anpassung des GemE an veränderte Umstände durch wirtschaftlich sinnvoll und wünschenswert erscheinende Maßnahmen zu ermöglichen und dadurch einen Wertverlust des GemE und des SE zu vermeiden (z. B. Erneuerung, Umgestaltung von Anlagen und Einrichtungen, Änderungen am Grundstück), erleichtert § 22 Abs. 2 bauliche Veränderungen, wenn es sich um Maßnahmen zur Modernisierung und Anpassung des GemE an den Stand der Technik handelt. Statt mit der nach Abs. 1 erforderlichen Zustimmung aller durch die Maßnahme beeinträchtigten WEer können die WEer mit qualifizierter Mehrheit Maßnahmen zur Modernisierung und Anpassung des GemE an den Stand der Technik beschließen, ohne dass wie bei der sog. modernisierenden Instandsetzung Instandhaltungs- oder Instandsetzungsmaßnahmen schon notwendig oder in absehbarer Zeit erforderlich werden. Unberührt bleibt davon die Kompetenz der WEer, mit einfacher Mehrheit Maßnahmen der modernisierenden Instandsetzung beschließen zu können. Dies ist zur Klarstellung in § 22 Abs. 3 ausdrücklich festgelegt.

5 § 22 Abs. 4 regelt den Wiederaufbau eines ganz oder teilweise zerstörten Gebäudes. Die Norm bezweckt, den WEer vor den enormen Kosten eines Wiederaufbaus des GemE zu bewahren, wenn das Gebäude zu mehr als der Hälfte seines Wertes zerstört ist und der Schaden nicht durch eine Versicherung oder anderweitig gedeckt ist. § 22 Abs. 4 sieht vor, dass der Wiederaufbau in einem derartigen Fall nur mit Zustimmung aller WEer durchgeführt werden kann.

II. Bauliche Veränderungen und Aufwendungen (Abs. 1)

1. Begriffe

6 § 22 Abs. 1 Satz 1 unterscheidet zwischen baulichen Veränderungen und Aufwendungen, die über die ordnungsgemäße Instandhaltung oder Instandsetzung hinausgehen.

7 **a) Bauliche Veränderungen.** Bauliche Veränderung iSd § 22 Abs. 1 Satz 1 ist jede Umgestaltung des GemE, die vom Aufteilungsplan oder früheren Zustand des Gebäudes nach Fertigstellung abweicht und über die ordnungsgemäße Instandhaltung und Instandset-

[5] Vgl. BT-Drucks. 16/887 S. 28.
[6] BR-Drucks. 75/51 (s. Anh.).
[7] Vgl. BGHZ 73, 196 (199) = NJW 1979, 817 (818).

zung hinausgeht.[8] Dies setzt eine auf Dauer angelegte gegenständliche Veränderung des GemE voraus,[9] die auf Veränderung des vorhandenen Zustandes gerichtet ist und zwar dadurch, dass Gebäudeteile verändert, Einrichtungen oder Anlagen neu geschaffen oder geändert werden.[10]

Bauliche Veränderung iSd § 22 Abs. 1 kann nach dem eindeutigen Wortlaut der Vorschrift nur eine **Umgestaltung des GemE** sein. **Entsprechend anwendbar** ist § 22 Abs. 1 auf eine Zustimmung zur Unterschreitung des öffentlich-rechtlichen Bauwichs durch einen Nachbarn der WEgem.[11] Nicht erfasst werden bauliche Veränderungen, die sich ausschließlich auf den Bereich des SEs beschränken.[12] In diesem Bereich ergeben sich für den einzelnen WEer lediglich aus § 14 Nr. 1 Beschränkungen. Wirkt sich eine Umgestaltung des SEs allerdings nachteilig auf das GemE aus, so liegt darin eine bauliche Veränderung iSd Abs. 1.[13] Unerheblich ist, ob die durchgeführte Maßnahme tatsächlich bauliche Tätigkeiten erfordert.[14] Es kommt alleine darauf an, ob durch die Umgestaltung der bauliche Zustand des GemE geändert wird.[15] Maßgebend ist folglich allein das erzielte Ergebnis, nicht mit welchen Mitteln es erreicht wird. 8

Bauliche Veränderungen werden jedoch nur dann von § 22 Abs. 1 Satz 1 erfasst, wenn sie sich **nicht mehr im Rahmen einer ordnungsgemäßen Instandhaltung und Instandsetzung des GemE** halten.[16] Der Relativsatz in § 22 Abs. 1 Satz 1 bezieht sich nicht nur auf den Begriff der „Aufwendungen", sondern auch auf den Begriff der „baulichen Veränderungen".[17] Damit wird das entscheidende Abgrenzungskriterium zu § 21 Abs. 3 deutlich. Eine Maßnahme, die zu einer gegenständlichen Veränderung realer Teile des gemE führt, ist nur dann eine bauliche Veränderung iSd § 22 Abs. 1 Satz 1, wenn sie über die ordnungsgemäße Instandhaltung oder Instandsetzung hinausgeht.[18] Hält sich die Umgestaltung dagegen in diesem Rahmen, stellt sie eine Maßnahme der ordnungsgemäßen Verwaltung dar und kann von der Mehrheit der WEer nach § 21 Abs. 3 beschlossen werden. Dies ändert sich auch nicht dadurch, dass die Maßnahme Umgestaltungen des gemE mit sich bringt. Nur die über die ordnungsgemäße Verwaltung hinausgehende bauliche Maßnahme wird von § 22 Abs. 1 erfasst. Führen Maßnahmen folglich zu einer Umgestaltung des gemE, so sind sie entweder als bauliche Veränderung iSd § 22 Abs. 1 Satz 1 oder als Maßnahme der ordnungsgemäßen Verwaltung iSd § 21 Abs. 3 einzuordnen.[19] 9

Als bauliche Veränderungen iSd § 22 Abs. 1 Satz 1 kommen etwa folgende Maßnahmen in Betracht: 10

– Umgestaltungen des gemE, die nicht als Maßnahmen ordnungsgemäßer Instandhaltung oder Instandsetzung zulässig sind.[20] Erfasst werden auch Umgestaltungen unbebauter

---

[8] OLG Hamm OLGZ 1976, 61 (62); *Palandt/Bassenge* § 22 Rn 1.

[9] Vgl. BayObLG WE 1990, 60 (61).

[10] OLG Düsseldorf ZMR 2007, 206 f.

[11] BGH ZWE 2010, 34 f.

[12] BayObLG ZMR 1996, 46; *Kersten,* FS für Bärmann/Weitnauer, (1990), S. 438; vgl. auch OLG Düsseldorf WuM 1996, 441 (442) = NJWE-MietR 1997, 81; ZWE 2002, 279 (280).

[13] BayObLG ZMR 1996, 46.

[14] OLG Frankfurt/M. OLGZ 1980, 78 (80).

[15] OLG Frankfurt/M. OLGZ 1980, 78 (80) mwN; OLG Köln WE 1996, 76 (77) = WuM 1995, 502 (503).

[16] OLG Braunschweig DWE 1994, 34 (35).

[17] BGHZ 73, 196 (199) = NJW 1979, 817 (818); aA wohl *Pick* NJW 1972, 1742 sowie LG Düsseldorf DWE 1991, 124 (124).

[18] BGHZ 73, 196 (199) = NJW 1979, 817 (818); Weitnauer/*Lüke* § 22 Rn 4.

[19] Vgl. BayObLG WuM 1991, 209 (210); OLG Braunschweig DWE 1994, 34 (35); OLG Saarbrücken WE 1998, 69 (71).

[20] BayObLG ZMR 1981, 285 (286); NJWE-MietR 1997, 179.

Teile des gemE, denn anders als § 22 Abs. 4 spricht der Wortlaut des § 22 Abs. 1 Satz 1 nicht vom Gebäude, sondern vom gemE.[21]

– Umgestaltungen des gemE, die zwar Instandhaltung oder Instandsetzung sind, aber nach den Umständen des Einzelfalls nach billigem Ermessen nicht den Interessen der Gesamtheit der WEer entsprechen und sich deshalb nicht im Rahmen ordnungsgemäßer Instandhaltung oder Instandsetzung halten.[22]

11 **b) Aufwendungen.** § 22 Abs. 1 Satz 1 erfasst neben baulichen Veränderungen auch Aufwendungen, die über die ordnungsgemäße Instandhaltung und Instandsetzung hinausgehen. Der Begriff der Aufwendung ist hier wie im BGB zu verstehen. Danach sind Aufwendungen freiwillige Vermögensopfer im Interesse eines anderen.[23] Als Aufwendungen im Rahmen des § 22 Abs. 1 Satz 1 müssen damit alle freiwilligen Vermögensopfer der WEer angesehen werden, die nicht einer baulichen Veränderung dienen und über die ordnungsgemäße Instandhaltung oder Instandsetzung des gemE hinausgehen. Insofern gelten die Ausführungen unter Rn 8 entsprechend. Haben die Aufwendungen allerdings eine Umgestaltung des gemeinschaftlichen Eigentums zur Folge, handelt es sich um bauliche Veränderungen.

12 Aufwendungen iSd § 22 Abs. 1 können etwa sein:

– unnötige Verwaltungsmaßnahmen, die nicht zu einer baulichen Veränderung führen, z. B. eine unnötig teure Ersatzbeschaffung oder die Einstellung eines hauptberuflichen Hausmeisters;[24]

– Maßnahmen, die das gemE nicht umgestalten, sondern dem bestehenden Zustand etwas hinzufügen, z. B. die Anschaffung nicht benötigter Geräte.

13 Die Grenzen zwischen baulichen Veränderungen und besonderen Aufwendungen sind fließend. Der Außenanstrich des Gebäudes kann z. B. sowohl bauliche Veränderung als auch besondere Aufwendung sein. Erfolgt er in der gleichen Farbe in der das Gebäude vorher gestrichen war, so ist er als besondere Aufwendung einzuordnen. Wird dagegen eine andere Farbgestaltung vorgenommen, wird die äußere Gestalt des Gebäudes umgestaltet, so dass der Anstrich als bauliche Veränderung qualifiziert werden muss, immer vorausgesetzt, es handelt sich nicht mehr um eine Maßnahme der ordnungsgemäßen Instandhaltung oder Instandsetzung.

14 Im Einzelfall ist eine scharfe Unterscheidung zwischen baulichen Veränderungen und besonderen Aufwendungen entbehrlich, denn § 22 Abs. 1 ordnet in beiden Fällen die gleichen Rechtsfolgen an.[25] Entscheidendes Kriterium für die Anwendbarkeit des § 22 Abs. 1 Satz 1 ist vielmehr, dass sich die Maßnahme nicht mehr im Rahmen der ordnungsgemäßen Instandhaltung oder Instandsetzung hält.

2. Abgrenzungsfragen

15 Maßnahmen, die als bauliche Veränderungen oder besondere Aufwendungen unter § 22 Abs. 1 fallen sind von Maßnahmen der ordnungsgemäßen Instandhaltung oder Instandsetzung (§ 21 Abs. 3, Abs. 5), von Maßnahmen gem. § 21 Abs. 5 Nr. 6, von Maßnahmen der Notgeschäftsführung (§ 21 Abs. 2), von Modernisierungen (§ 22 Abs. 2) und vom bloßen Gebrauch des gemE abzugrenzen.

16 **a) Die Abgrenzung von § 21 Abs. 3, Abs. 5 Nr. 2.** Eine Maßnahme, die als ordnungsgemäße Instandhaltung oder Instandsetzung anzusehen ist, kann nicht zugleich eine bauliche Veränderung oder besondere Aufwendung iSd § 22 Abs. 1 sein. Dies gilt unab-

[21] BayObLGZ 1975, 177 (181); KG OLGZ 1987, 410 (412).

[22] OLG Düsseldorf ZWE 2000, 281 (282) = NZM 2001, 392; vgl. zur Instandhaltung und Instandsetzung im Übrigen § 21 Rn 123 ff.

[23] BGHZ 59, 329 (329 f.); Palandt/*Heinrichs* BGB § 256 Rn 1.

[24] Einzelheiten unter Rn 64.

[25] So auch BayObLG NJW-RR 1988, 273 (273).

hängig davon, ob die ordnungsgemäße Verwaltung zu einer baulichen Veränderung führt oder nicht.[26] Ob eine Maßnahme noch der ordnungsgemäßen Instandhaltung oder Instandsetzung zuzuordnen ist oder bereits eine bauliche Veränderung oder besondere Aufwendung darstellt, entscheiden die konkreten Umstände des Einzelfalls.[27]

17 Als Abgrenzungskriterien zwischen § 21 Abs. 3, Abs. 5 einerseits und § 22 Abs. 1 andererseits kommen u. a. die Funktionsfähigkeit der bisherigen Anlage, das Verhältnis zwischen wirtschaftlichem Aufwand und dem zu erwartenden Erfolg (etwa eine höhere Lebensdauer der umgebauten Teile des gemE),[28] die künftigen laufenden Kosten, Gesichtspunkte der Umweltverträglichkeit und ob sich die geplante Maßnahme bereits bewährt und durchgesetzt hat in Betracht.[29] Maßstab ist dabei der vernünftige, wirtschaftlich denkende WEer.[30]

18 Im Rahmen ordnungsgemäßer Instandhaltung oder Instandsetzung halten sich insbesondere Maßnahmen, die das gemE pflegen und Schäden vorbeugen sowie Maßnahmen, die den ursprünglichen Zustand nach einer Beschädigung wiederherstellen[31] (vgl. § 21 Rn 94).

19 Ist eine bestimmte Veränderung des gemE durch öffentlich-rechtliche Pflichten geboten, so stellt diese eine Maßnahme der ordnungsgemäßen Verwaltung dar, unterfällt somit nicht dem Anwendungsbereich des § 22 Abs. 1.[32]

20 **aa) Erstmalige Herstellung des gemE.** Eine Maßnahme ordnungsgemäßer Verwaltung ist auch die **erstmalige Herstellung des gemE in den ordnungsgemäßen Zustand.**[33] Werden Baumaßnahmen zur Fertigstellung des gemE nachgeholt, handelt es sich demnach nicht um bauliche Veränderungen iSd § 22 Abs. 1 Satz 1, wenn die Herstellung des gemE in dieser baulichen Form in Teilungserklärung oder Aufteilungsplan vorgesehen ist.[34] Nach Sinn und Zweck des § 22 Abs. 1 Satz 1 ist in derartigen Fällen, in denen lediglich die Vervollständigung der Bauausführung – wie sie von Anfang an unter den WEern vorgesehen war – nachgeholt wird, nicht erforderlich, den einzelnen WEer über das Erfordernis der Zustimmung in § 22 Abs. 1 Satz 1 zu schützen. Alle WEer konnten sich von Anfang an auf die durch die Vervollständigung der Bauausführung anfallenden Kosten einstellen.[35] Bestehen mehrere Möglichkeiten zur Herstellung des ordnungsmäßigen Zustands, so können die WEer grds. über die vorzunehmende Maßnahme mit Stimmenmehrheit entscheiden, soweit die gewählte Maßnahme dem Interesse der Gesamtheit der WEer nach billigem Ermessen entspricht.[36]

21 Ist in der Teilungserklärung TE als Rohbau bezeichnet, so hält sich auch der Einbau einer Ladentür, um das TE zugänglich zu machen, im Rahmen der Fertigstellungsmaß-

---

[26] BayObLG WE 1990, 183 (183); OLG Saarbrücken WE 1998, 69 (71).

[27] *Röll/Sauren,* Handbuch, Rn 169.

[28] BayObLGZ 1990, 28 (31) = WE 1991, 196 (196).

[29] BayObLGZ 1988, 271 (273 f.); OLG Braunschweig DWE 1994, 34 (35); vgl. zu den Einzelheiten § 21 Rn 101 ff.

[30] BayObLG 1988, 271 (274).

[31] Vgl. KG OLGZ 1994, 401 (403); BayObLG NJWE-RR 1997, 1166 = WE 1997, 72.

[32] BGH ZfIR 2002, 914 (918); BayObLG NJW-RR 1992, 81 (83); OLG München ZWE 2008, 27 (32); vgl. § 21 Rn 98 zu den Einzelheiten.

[33] OLG Hamm OLGZ 1982, 260 (261 ff.); NJW-RR 1987, 842 (844); KG OLGZ 1986, 174 (176); BayObLG NJW-RR 1988, 587 (588); WE 1992, 206 (207); WuM 1996, 299 (300); WE 1999, 38 (39); NZM 1999, 578 (579); ZWE 2000, 312 = NZM 2000, 1021 (Ls); OLG Braunschweig DWE 1991, 77 (77); OLG Schleswig WE 1994, 87 (87); KG ZWE 2000, 362 (365) = NZM 2000, 1012; vgl. auch § 21 Rn 96.

[34] KG MDR 1981, 149 (149); OLGZ 1986, 174 (176); OLG Hamm NJW-RR 1987, 842 (844); BayObLG NJW-RR 1986, 762 (762); NJW-RR 1988, 587 (588); WE 1992, 206 (207); WE 1995, 344 (345); NJWE MietR 1996, 248 = WE 1997, 73; OLG Köln ZWE 2000, 378.

[35] KG OLGZ 1986, 174 (176 f.).

[36] BayObLG WuM 1996, 299 (300).

nahmen, die nicht unter § 22 Abs. 1 Satz 1 fallen, sondern eine Maßnahme der ordnungsgemäßen Verwaltung darstellen.[37] Dies gilt auch für Baumaßnahmen, zu deren Vornahme die WEer nach **öffentlichem Baurecht** verpflichtet sind.[38] Die Vornahme solcher Baumaßnahmen – etwa die Anlage von Stellplätzen oder eines Kinderspielplatzes – ist Voraussetzung für die Baugenehmigung; sie dienen deshalb auch der erstmaligen Herstellung eines ordnungsmäßigen Zustands des GemE.[39]

22 Auch der umgekehrte Fall, die **erstmalige Herstellung des gemE durch den Bauträger-Eigentümer, abweichend von den ursprünglichen Plänen und der Baubeschreibung** ist keine bauliche Veränderung iSd § 22 Abs. 1 Satz 1.[40] Schon sprachlich setzt der Begriff der baulichen „Veränderung" in § 22 Abs. 1 Satz 1 voraus, dass ein bestehender Zustand umgestaltet wird. Wird das gemE jedoch von Beginn an anders errichtet als von den WEern geplant, liegt schon deshalb keine Umgestaltung eines bestehenden Zustandes vor.[41] Ein WEer, der einen abweichend vom Bauplan erstellten Zustand beseitigen lassen will, verlangt nicht, eine bauliche Veränderung rückgängig zu machen. Es geht ihm vielmehr darum, das gemE erstmalig in dem ursprünglich geplanten Zustand zu errichten.[42] Diese erstmalige Herstellung des gemE in den planmäßigen Zustand ist jedoch eine **Maßnahme der ordnungsgemäßen Verwaltung.**[43] Jeder WEer kann die Herstellung des planmäßigen Zustandes gem. § 21 Abs. 4 von den anderen WEern verlangen.[44] Der Anspruch entfällt jedoch, soweit ein WEer nach der GemO berechtigt ist, das GemE umzugestalten.[45] Auch bei erforderlichen tiefgreifenden Eingriffen in das Bauwerk kann der Anspruch nach Treu und Glauben (§ 242 BGB) ausgeschlossen sein.[46] Besteht die WEgem nur aus zwei Personen, richtet sich der Anspruch auf erstmalige Herstellung unmittelbar gegen den zweiten MitEer.[47]

23 Davon zu trennen sind die schuldrechtlichen **Gewährleistungsansprüche** eines Erwerbers gegen seinen Veräußerer.[48] Jeder WEer ist berechtigt, seine Gewährleistungsansprüche wegen Mängeln am GemE selbstständig geltend zu machen.[49] Die Gewährleistungsansprüche haben keine Auswirkungen auf das Innenverhältnis der WEer. Zu den Mängelrechtenn aus Bauträgerverträgen s. Anhang zu § 10.

24 Haben die WEer bauliche Veränderungen bereits **wirksam beschlossen** oder **vereinbart,** sei es als Maßnahme der ordnungsgemäßen Verwaltung gem. § 21 Abs. 3 oder mit Zustimmung aller Beeinträchtigten gem. § 22 Abs. 1, können sie die näheren **Einzel-**

---

[37] OLG Karlsruhe Die Justiz 1987, 189 (190).

[38] *Gottschalg* NZM 2001, 729 (731).

[39] BayObLG WE 1999, 38 (39) = NZM 1998, 817; vgl. auch OLG Köln ZWE 2000, 428 (429) = NZM 2000, 297.

[40] BayObLG WE 1986, 99 (100) = NJW-RR 1986, 954 (955); WE 1987, 89 (90); NJW-RR 1988, 587 (588); WE 1990, 142 (144); NJW-RR 1994, 276; WE 1997, 317 (318); WE 1999, 36 (37) = NZM 1999, 286; OLG Hamm WE 1993, 318 (319); NJW-RR 1998, 371 = WE 1998, 110 (111); KG NJW-RR 1997, 713 (714) = WE 1997, 190; Weitnauer/*Lüke* § 22 Rn 5; *Gottschalg* WE 1997, 2; aA *Bärmann* WE 1986, 109 f.

[41] BayObLG WE 1987, 89 (90).

[42] BayObLG WE 1986, 99 (100) = NJW-RR 1986, 954 (955).

[43] Vgl. oben Rn 20.

[44] BayObLG WE 1987, 89 (90); NJW-RR 1994, 276; ZWE 2002, 407 (408); OLG Hamm WE 1993, 318 (319); NJW-RR 1998, 371; OLG Schleswig WE 1994, 87; OLG Frankfurt NZM 2008, 322 (323); OLG Düsseldorf ZMR 2010, 387.

[45] Vgl. BayObLG ZWE 2002, 408 (409).

[46] BayObLG WuM 1996, 491 (492); ZMR 2002, 685 (686): Fensterrückbau; OLG Hamburg ZWE 2002, 592 (595).

[47] OLG Schleswig WE 1994, 87 (87).

[48] OLG Hamm WE 1993, 244 (245); Weitnauer/*Lüke* § 22 Rn 5.

[49] BGHZ 74, 258 (261 f.) = NJW 1979, 2207 (2208); vgl. auch *Bergmann,* Der WEer als Kläger und Verfahrensführer, 1994, S. 13 ff. mwN.

heiten der Umgestaltung gem. § 21 Abs. 3 mit Stimmenmehrheit beschließen.[50] Die Festlegung des „Wie", also der konkreten Ausgestaltung einer baulichen Maßnahme hält sich im Rahmen der ordnungsgemäßen Verwaltung, wenn über das „Ob" bereits wirksam beschlossen worden ist.

bb) Modernisierungen. Eine bauliche Maßnahme, die der **Modernisierung des GemE** dient, kann bauliche Veränderung iSd § 22 Abs. 1 Satz 1 oder Maßnahme ordnungsgemäßer Verwaltung iSd § 21 Abs. 3 sein. Eine Modernisierung kann als sog. „modernisierende Instandsetzung" im Rahmen ordnungsgemäßer Instandhaltung oder Instandsetzung über die bloße Reparatur oder Wiederherstellung des früheren Zustandes hinausgehen, wenn die Neuerung die technisch bessere oder wirtschaftlich sinnvollere Lösung darstellt;[51] dies kann auch für Präventivmaßnahmen gelten.[52] Liegen die Voraussetzungen für eine ordnungsgemäße Instandhaltung oder Instandsetzung vor, kann eine modernisierende Instandsetzung gem. §§ 22 Abs. 3, 21 Abs. 3 mit Mehrheit beschlossen werden, auch wenn sie bauliche Veränderungen des gemE erfordert. Andernfalls handelt es sich bei einer Modernisierung um eine bauliche Veränderung oder Aufwendung iSd § 22 Abs. 1 Satz 1, die grds. nur mit Zustimmung aller beeinträchtigten WEer zulässig ist, im Falle des § 22 Abs. 2 aber auch ohne Instandsetzungsbedarf mit qualifizierter Mehrheit beschlossen werden kann, wenn sie der Modernisierung des GemE entsprechend § 559 Abs. 1 BGB oder dessen Anpassung an den Stand der Technik dient. Zu den Voraussetzungen einer „modernisierenden Instandsetzung" vgl. § 21 Rn 101 ff. 25

Gleiches gilt für die **Ersatzbeschaffung** unbrauchbarer Geräte und Anlagen. Auch sie kann eine Maßnahme der ordnungsgemäßen Instandsetzung darstellen,[53] selbst wenn der Ersatz in modernerem Zustand beschafft wird.[54] 26

b) Die Abgrenzung von § 21 Abs. 3, Abs. 5 Nr. 6. Nach § 21 Abs. 3, Abs. 5 Nr. 6 gehört auch die Duldung aller Maßnahmen, die zur Herstellung einer Fernsprechteilnehmereinrichtung, einer Rundfunkempfangsanlage oder eines Energieversorgungsanschlusses zugunsten eines WEers erforderlich sind, zur ordnungsgemäßen Verwaltung (vgl. im Einzelnen § 21 Rn 136 ff.). Analog wird diese Norm auch auf die Herstellung einer Fernsehempfangsanlage angewendet. Derartige Maßnahmen haben die WEer, soweit ausschließlich das gemE betroffen ist, hinzunehmen und zwar unabhängig von einer Beeinträchtigung iSd § 22 Abs. 1 Satz 2. Allerdings erfasst § 21 Abs. 5 Nr. 6 nur die erstmalige Herstellung der genannten Einrichtungen; es soll ein gewisser Mindeststandard gewährleistet werden. Besteht bereits eine Fernsprechteilnehmereinrichtung oder eine Rundfunkempfangsanlage etc. kann nach § 21 Abs. 5 Nr. 6, Abs. 4 nicht die Herstellung einer weiteren Anlage verlangt werden.[55] Anzuwenden ist vielmehr § 22 Abs. 1. Soll eine der in § 21 Abs. 5 Nr. 6 genannten Anlagen umgestaltet werden, richtet sich die Rechtmäßigkeit dieser Maßnahme entweder nach § 21 Abs. 5 Nr. 2 oder nach § 22 Abs. 1, nicht jedoch nach § 21 Abs. 5 Nr. 6. Nach Ansicht des BayObLG[56] soll gem. § 21 Abs. 5 Nr. 6 nur der Anspruch zugunsten eines WEers an eine bereits bestehende Hauptleitung innerhalb des Gebäudes, nicht jedoch an eine außerhalb des Hauses verlaufende öffentliche Leitung zu dulden sein; dabei soll es sich vielmehr um eine bauliche Veränderung handeln. 27

---

[50] OLG Frankfurt ZWE 2009, 285 (*Briesemeister*); BayObLG NJW-RR 1988, 1169; WE 1992, 20 (21); vgl. auch § 23 Rn 58.

[51] Vgl. § 21 Rn 139 ff.; KG WE 1994, 335 (336); NJW-RR 1994, 1358; WuM 1996, 300 (301); BayObLG ZWE 2002, 222 (223) = NZM 2002, 75.

[52] *J. Schmidt,* FS Merle, 265 (271 ff.); vgl. § 21 Rn 130.

[53] Vgl. § 21 Rn 95.

[54] BayObLG 1988, 271 (273); OLG Hamm DWE 1992, 126 (128); KG NJW-RR 1994, 1358.

[55] AA Staudinger/*Bub* § 21 Rn 217.

[56] BayObLGZ 1991, 296 (298) = NJW-RR 1992, 16 (16) = WE 1992, 199 (199); WE 1994, 21 (22).

28 **c) Die Abgrenzung von § 21 Abs. 2.** Bauliche Veränderungen oder Aufwendungen können darüber hinaus erforderlich sein, um einen dem gemE unmittelbar drohenden Schaden abzuwenden. Die bauliche Veränderung oder Aufwendung wird also im Rahmen der Notgeschäftsführung erforderlich, etwa wenn ein vom Sturm abgedecktes Dach neu eingedeckt wird. Liegen die Voraussetzungen der Notgeschäftsführung vor, stellt diese Maßnahme keine bauliche Veränderung oder besondere Aufwendung iSd § 22 Abs. 1 Satz 1 dar. Eine im Rahmen der Notgeschäftsführung getätigte Maßnahme hält sich immer im Rahmen ordnungsgemäßer Verwaltung, so dass § 22 Abs. 1 keine Anwendung findet.

29 **d) Die Abgrenzung von Modernisierung und Anpassung an den Stand der Technik.** Bei Maßnahmen gem. § 22 Abs. 2, die der Modernisierung entsprechend § 559 Abs. 1 BGB oder der Anpassung des GemE an den Stand der Technik dienen, handelt es sich schon nach § 22 Abs. 2 Satz 1 um Maßnahmen gem. Absatz 1 Satz 1, d. h. um bauliche Veränderungen oder Aufwendungen, die über die ordnungsmäßige Instandhaltung oder Instandsetzung des GemE hinausgehen. Dies bedeutet, dass solche Maßnahmen grds. der Zustimmung jedes beeinträchtigten WEers bedürfen, unter den besonderen Voraussetzungen des Absatzes 2 Satz 1 aber mit qualifizierter Mehrheit beschlossen werden können.

30 **e) Die Abgrenzung vom Gebrauch des gemE.** Von baulichen Veränderungen und außerordentlichen Aufwendungen ist der bloße Gebrauch des gemE zu unterscheiden. Während es beim Gebrauch lediglich um die Benutzung des gemE geht,[57] ist das Kennzeichen der Maßnahmen, die von § 22 Abs. 1 Satz 1 erfasst werden, dass tatsächlich die Substanz des gemE betroffen ist. Bloße Nutzung des gemE kann niemals bauliche Veränderungen oder besondere Aufwendungen mit sich bringen. Die Abgrenzung erfolgt anhand der Zweckbestimmung des gemeinschaftlichen Eigentums.[58] Eine Maßnahme ist solange bloßer Gebrauch, wie sie sich im Rahmen der durch die Zweckbestimmung vorgesehenen Nutzung hält. Eine bauliche Veränderung liegt jedenfalls dann vor, wenn die Umgestaltung des gemE zu einer Änderung der Zweckbestimmung führt.[59] Die Zweckbestimmung ergibt sich entweder aus der Teilungserklärung oder dem Aufteilungsplan.[60] Kann der Teilungserklärung oder dem Aufteilungsplan keine Zweckbestimmung entnommen werden, ist anhand der faktischen Gegebenheiten zu ermitteln, welchem Zweck der umgestaltete Teil des gemeinschaftlichen Eigentums vor der Umgestaltung gedient hat. Sodann ist festzustellen, welchem Zweck der Teil des gemE nach der Umgestaltung dient. Führt dies zu dem Ergebnis, dass die Änderung mit der ursprünglichen Zweckbestimmung nicht mehr vereinbar ist, das gemeinschaftliche Eigentum durch die Umgestaltung folglich eine neue Zweckbestimmung erhält, liegt eine bauliche Veränderung iSd § 22 Abs. 1 Satz 1 vor.[61] Jedoch ist § 22 Abs. 1 Satz 1 in seinem Anwendungsbereich nicht auf Maßnahmen beschränkt, die zu einer Änderung der Zweckbestimmung des gemE führen. Eine bauliche Veränderung kann auch vorliegen, ohne dass die Zweckbestimmung des gemE Eigentums geändert wird.

31 **f) Sondernutzungsrecht.** Ein SNR, das einem WEer das ausschließliche Recht zur **Nutzung des GE** einräumt, berechtigt nur dann zur Vornahme baulicher Veränderungen, wenn die Befugnis besonders eingeräumt wurde.[62] Andernfalls sind bauliche Veränderungen nur unter den Voraussetzungen des § 22 zulässig.

32 **g) Maßnahmen vor Beginn der WEgem.** Nicht anwendbar ist § 22 Abs. 1 Satz 1 schließlich auf bauliche Veränderungen, die vom Eigentümer-Bauträger vor Beginn der

---

[57] Vgl. § 13 Rn 14.

[58] *Müller,* Praktische Fragen, Rn 161 (S. 120).

[59] AG Siegburg DWE 1988, 70 (71).

[60] AG Siegburg DWE 1988, 70 (71).

[61] AG Siegburg DWE 1988, 70 (71).

[62] OLG Düsseldorf ZWE 2001, 79; OLG Köln ZWE 2000, 486; ZMR 2008, 817; OLG Schleswig ZWE 2001, 506 f.; *Schuschke* NZM 1998, 738 f.

Gemeinschaft „werdender WEer" durchgeführt werden.[63] Bis zur Teilung nach § 8 kann der Alleineigentümer das Grundstück im Rahmen des § 903 BGB baulich verändern. Aber auch nach Teilung ist es dem Eigentümer möglich, das gemE umzugestalten, solange er Eigentümer aller WE- und TE-Einheiten ist.[64] § 22 Abs. 1 Satz 1 ist auf Veränderungen in diesem Stadium nicht anwendbar. Ein WEer ist auch dann nicht zur Beseitigung einer in diesem Zeitpunkt vorgenommenen baulichen Veränderung verpflichtet, wenn er sie vor dem Kauf durch eine entsprechende Abrede mit dem Bauträger veranlasst hat.[65] Allerdings kann jeder WEer gem. § 21 Abs. 4 von der Gemeinschaft, also von allen anderen WEern verlangen, das gemE erstmalig im geplanten Zustand herzustellen.[66]

Ab dem Zeitpunkt, in dem eine **werdende WEgem** (s. dazu § 10 Rn 16 ff.) entstanden ist, sind bauliche Veränderungen dagegen nur noch unter den Voraussetzungen des § 22 Abs. 1 zulässig.[67] Dem Eigentümer, der eine Umgestaltung des gemE in diesem Stadium vornimmt, steht die Verfügungsgewalt über das gemE nicht mehr alleine zu, sondern im Rahmen des § 22 Abs. 1 nur noch in Gemeinschaft mit den anderen „faktischen" WEern. 33

3. Einzelfälle zu § 22 Abs. 1 S. 1

Aufstockung. Die im deutschen Recht nicht speziell geregelte Aufstockung eines Gebäudes ist eine bauliche Veränderung.[68] 34

Aufzug. Dies gilt auch für den Anbau eines Aufzuges an der Außenseite des Gebäudes, insbesondere wenn zur Schaffung eines Zugangs Durchbrüche in der Außenwand erforderlich sind.[69] 35

Außenjalousien. s. Stichwort „Rollläden". 36

Außenspiegel. Die Anbringung eines Außenspiegels stellt eine bauliche Veränderung dar.[70] 37

Balkon. Der Anbau eines Balkons,[71] einer Balkontreppe,[72] die Verglasung eines Balkons oder einer Loggia[73] und der Anbau eines Ausstieges an eine Loggia in den gemeinschaftlichen Garten[74] sind bauliche Veränderungen, auch wenn die Balkone nach der GemO dem SE zugeordnet sind.[75] Dies gilt auch für die Installation einer Trockenstange[76] und das 38

---

[63] BayObLG WE 1988, 23 (24 f.); 1992, 194; WE 1991, 364; NJW-RR 1994, 276 (277); OLG Hamm WE 1993, 318 (319 f.); OLG Schleswig WE 1994, 87 (87); OLG Zweibrücken ZWE 2002, 378 (379).

[64] BayObLGZ 1987, 78 (81 f.) = NJW-RR 1987, 717 (718); WE 1991, 364 (364).

[65] BayObLG WE 1992, 194 mwN.

[66] BayObLG WE 1991, 364 (365); OLG Hamm 1993, 318 (320); OLG Schleswig WE 1994, 87; vgl. auch Rn 23.

[67] BayObLGZ 1987, 78 (81) = NJW-RR 1987, 717 (717); WE 1991, 364 (364); NJW-RR 1994, 276 (277); OLG Frankfurt/M. OLGZ 1993, 299 f. = ZMR 1993, 125 = DWE 1993, 77.

[68] KG OLGZ 1976, 56 (60); ausführlich: *v. Rechenberg* Ptdm Tage 2000, 116 ff.

[69] BayObLG WE 1993, 285 (286).

[70] BayObLG NJW-RR 1996, 1358 = WE 1997, 77 (78).

[71] BayObLG WE 1995, 64; DWE 1984, 27 (28); WuM 1991, 215 (216); OLG Düsseldorf NJWE-MietR 1997, 232 = WE 1997, 344; ZWE 2001, 224 (Ls) = FGPrax 1999, 218; AG Düsseldorf ZMR 2008, 249.

[72] BayObLGZ 1974, 269 (272); OLG Karlsruhe NZM 1999, 36.

[73] BayObLG WE 1995, 249; NJW 1995, 202 (203) = WE 1994, 306; NJW-RR 1987, 1357; WE 1990, 71; NJW-RR 1990, 1168 = WE 1991, 257 (258); NJW-RR 1993, 337 = WE 1993, 286 (287); WuM 1993, 750 (751); WE 1995, 249; WE 1996, 470; WE 1998, 276; WE 1999, 34; NZM 1999, 274; ZWE 2001, 65 (66); OLG Düsseldorf WE 1995, 217; OLG Frankfurt/M. OLGZ 1985, 48 (49); ZMR 1994, 381; OLG Hamm WuM 1995, 220 (221); OLG Zweibrücken NJW-RR 1987, 1358.

[74] BayObLG WuM 1990, 403 (404); LG Essen WuM 1987, 37.

[75] BayObLG WuM 1993, 750 (751).

[76] AG Stuttgart DWE 1980, 128.

Verlegen von Bodenfliesen[77] auf dem Balkon. Dagegen handelt es sich bei der Anbringung von Kronenblechen auf den Brüstungsmauern der Balkone um eine Maßnahmen der ordnungsgemäßen Verwaltung, wenn damit verhindert werden soll, dass Feuchtigkeit in das Mauerwerk dringt.[78]

39 **Beleuchtung.** Die Anbringung eines Dämmerschalters, um eine Beleuchtung des Zuganges zur Wohnanlage zu ermöglichen, hält sich im Rahmen ordnungsgemäßer Verwaltung.[79]

40 **Bodenbelag.** Keine bauliche Veränderung iSd § 22 Abs. 1 liegt vor, wenn der innerhalb des SEs auf den Estrich verlegte Bodenbelag (Teppich, Fliesen, Parkett etc.) verändert oder beseitigt wird, da dieser im SE steht.[80] Erst wenn der darunter liegende Estrich betroffen ist, handelt es sich um eine Umgestaltung des gemE.

41 **Blumenkästen.** Bauliche Veränderungen sind die Anbringung fest montierter Blumenkästen.

42 **Dach.** Die Anbringung eines Pultdaches auf einem Flachdach ist eine bauliche Veränderung, es sei denn, das Flachdach ist ohnehin sanierungsbedürftig und die weiteren Voraussetzungen für eine modernisierende Instandsetzung liegen vor (vgl. Rn 25; § 21 Rn 101 ff.).[81] Auch die Wiederherstellung eines Flachdaches in der ursprünglichen Walmdachkonstruktion kann sich im Rahmen ordnungsgemäßer Instandsetzung halten.[82] Das Öffnen eines Dachgiebels zum Einbau eines Fensters ist eine bauliche Veränderung.[83]

43 **Dachfenster.** Bauliche Veränderungen sind der Einbau eines Dachfensters,[84] von Dachgauben,[85] die Vergrößerung und Umgestaltung von Giebelfenstern[86] und der Umbau einer Dachluke zu einem Dachflächenfenster.[87]

44 **Dachgeschoss.** Der Ausbau des Dachgeschosses führt oft zu Eingriffen in die Substanz des Gebäudes,[88] so dass bereits aus diesem Grund eine bauliche Veränderung vorliegt.[89] Aber auch ohne derartige Eingriffe in die Substanz führt der Ausbau eines Dachgeschosses oder einer Kellergarage zu einer Änderung der Zweckbestimmung dieser Räume und stellt sich deshalb als bauliche Veränderung dar,[90] es sei denn, der Ausbau ist bereits in der Teilungserklärung vorgesehen. Auch der Einbau eines WC in einem Dachraum ist eine bauliche Veränderung.[91] Ebenso kann es sich bei dem Einbau einer Treppe vom Speicherraum zu der darunter liegenden Wohnung um eine bauliche Veränderung handeln.[92]

---

[77] LG Köln ZWE 2001, 921 mit Anm. *Schmidt* ZWE 2001, 924.

[78] OLG Hamm DWE 1984, 126 (Ls); *Kahlen* GE 1987, 265.

[79] BayObLG WE 1994, 251 (252).

[80] BayObLG WE 1994, 312.

[81] Vgl. BayObLGZ 1990, 28 (30 f.) = WE 1991, 196.

[82] KG OLGZ 1994, 401 (403) = WE 1994, 335 (336) = NJW-RR 1994, 528 (529).

[83] AG Hamburg DWE 1989, 78.

[84] BayObLG WuM 1991, 53 (54); OLG Karlsruhe ZMR 1985, 209; KG NJW-RR 1992, 1232 = WE 1992, 256; OLG Köln ZWE 2000, 546 (547) = NZM 2000, 765.

[85] LG München I ZMR 2009, 874.

[86] BayObLG Rpfleger 1983, 14 (Ls).

[87] BGHZ 116, 392 (394) = NJW 1992, 978 (979) = WE 1992, 105 (106); OLG Köln ZWE 2000, 546 (547) = NZM 2000, 765.

[88] Vgl. BayObLG WE 1994, 277; WuM 1989, 263 (264); NJW-RR 1991, 140 = WE 1992, 19 (20).

[89] OLG Braunschweig WuM 1991, 367; BayObLG NJW-RR 1991, 140 = WE 1992, 19 (20); BayObLGZ 1992, 358 (359) = NJW-RR 1993, 336; NJW-RR 1994, 82; ausführlich: *v. Rechenberg* Ptdm Tage 2000, 116 ff.

[90] Vgl. oben Rn 8; BayObLG WE 1994, 302; aA Staudinger/*Bub* § 22 Rn 117: nur bei Eingriff in die Bausubstanz.

[91] BayObLG NJW-RR 1988, 589.

[92] BayObLG WE 1994, 126 (127); WE 1994, 277; WE 1994, 302; vgl. auch OLG Schleswig WuM 1996, 360 (361).

Dachterrasse. Die Errichtung einer Dachterrasse[93] sowie die Umwandlung von Dachflächen in eine Dachterrasse[94] hält sich nicht mehr im Rahmen einer Gebrauchsregelung iSd § 15 WEG; dies gilt auch für die Errichtung eines Wintergartens und einer Blockhütte auf einer Dachterrasse[95] (zur Terrasse s. Rn 102). Die Beseitigung einer Kiesschicht auf einer Dachterrasse bis auf die auf der Betondecke aufliegende Abdichtungsfolie stellt eine bauliche Veränderung dar.[96] 45

Deckendurchbruch. Unter § 22 Abs. 1 fällt ein Deckendurchbruch, um zwei Wohnungen miteinander zu verbinden,[97] eine Wohnung im Erdgeschoss mit dem Keller zu verbinden[98] oder eine Dachgeschosswohnung mit dem darüber liegenden Speicherraum zu verbinden,[99] selbst wenn dem WEer an dem Speicherraum ein Sondernutzungsrecht zusteht.[100] 46

Estrich. Eingriffe in den Estrich sind bauliche Veränderungen. 47

Entlüftung. Bei Mauerdurchbrüchen zum Zwecke der Entlüftung handelt es sich um bauliche Veränderungen.[101] Entsprechendes gilt für die Installation einer Entlüftungsanlage am Fenster eines TE, das zum Betrieb einer Gaststätte dient.[102] 48

Fahnenstange. Unter § 22 Abs. 1 fällt die Anbringung einer Fahnenstange. 49

Fahrradständer. Die Installation von Fahrradständern an einer störenden Stelle, etwa im Eingangsbereich der Wohnanlage, kann bauliche Veränderung iSd § 22 Abs. 1 sein.[103] 50

Fahrstuhl. Der Einbau und die Stilllegung eines Fahrstuhls[104] sind bauliche Veränderungen.[105] 51

Fassade. Das Verputzen einer Fassade aus Sichtbeton stellt eine bauliche Veränderung dar,[106] es sei denn, der nachträgliche Farbanstrich der Fassade ist notwendig, um ein vollständiges Abschlagen des Putzes zu vermeiden.[107] Die Erneuerung einer Fassade unter Anbringung einer zusätzlichen Wärmedämmung entsprechend den Anforderungen der EnEV kann als modernisierende Instandsetzung anzusehen sein (vgl. § 21 Rn 101 ff.).[108] 52

Fenster. Der Einbau[109] bzw. das Zumauern eines Fensters,[110] der Umbau eines Fensters zu einer Tür, um einen Zugang zum Hof zu schaffen[111] und die Vergrößerung und 53

---

93 BayObLG ZWE 2001, 267 (268) = NJW-RR 2001, 1592.

94 OLG Hamburg MDR 1985, 501; OLG Braunschweig WuM 1991, 367; BayObLG DWE 1992, 75; OLG Köln WE 1997, 430; KG WE 1998, 346 = NZM 1998, 771.

95 BayObLG WE 1996, 146 = WuM 1995, 504 (505); WE 1998, 29.

96 BayObLG NJW-RR 1996, 1165 = WuM 1996, 495.

97 KG OLGZ 1990, 155 (156) = NJW-RR 1990, 334 (334) = WE 1990, 91 (92); OLGZ 1993, 427 f. = NJW-RR 1993, 909 = WE 1993, 20 (22); BayObLG WE 1988, 23 (25); NJW-RR 1992, 272 (273) = WE 1992, 228; WE 1998, 399.

98 BayObLG NJW-RR 1992, 272 (273) = WE 1992, 228.

99 BayObLG ZMR 1993, 476 (477).

100 BayObLG ZMR 1993, 476 (477).

101 BayObLG NJWE-MietR 1997, 112 = WuM 1997, 186.

102 OLG Köln ZWE 2000, 428 (429) = NZM 2000, 297 (Ls).

103 BayObLG DWE 1991, 142 (r.); nicht jedoch an einer nicht störenden Stelle, vgl. BayObLG WE 1991, 228 (229).

104 OLG Köln WE 1990, 26.

105 AG München ZMR 1976, 312 (Ls).

106 BayObLG WEZ 1988, 182 (184); offen gelassen von BayObLG NJW-RR 1988, 1169.

107 KG NJW-RR 1993, 1104 = WE 1993, 275.

108 BayObLG ZWE 2002, 222 (223) = NZM 2002, 75 für § 9 II Nr. 1 WärmeschutzV (nunmehr § 8 EnEV); OLG Düsseldorf ZWE 2002, 420 (Ls).

109 OLG Düsseldorf ZWE 2001, 116 (117) = NJW-RR 2001, 803.

110 OLG Düsseldorf DWE 1989, 176 (177).

111 BayObLG WE 1988, 26; WE 1994, 245; B. v. 10. 3. 1994, 2 Z BR 125/93; NZM 1998, 444; OLG Hamburg OLGZ 1992, 186 (187) = WE 1992, 115 (116); OLG Düsseldorf WuM 1999, 181 (182) = NZM 1999, 264.

Veränderung der Fenster,[112] auch wenn diese in einem im SE stehenden Kellerraum installiert sind,[113] sind bauliche Veränderungen. Dagegen stellt der Austausch von Holzfenstern gegen ähnlich gestaltete moderne Kunststofffenster idR keine bauliche Veränderung dar, sondern eine Maßnahme der ordnungsgemäßen Instandhaltung oder Instandsetzung.[114] Gleiches sollte gelten, wenn einfach verglaste Fenster durch Thermoppanfenster ersetzt werden.[115] Eine bauliche Veränderung liegt hingegen vor, wenn der Austausch des Fensters im Rahmen einer ordnungsgemäßen Instandhaltung noch nicht erforderlich war.[116] Dies gilt auch, wenn Fenster statt der bisher vorhandenen Glasbausteine eingebaut werden.[117] Die Anbringung von Fenstergittern bei erhöhter Einbruchgefahr stellt regelmäßig eine bauliche Veränderung dar.[118]

54 **Flur.** Eine bauliche Veränderung ist die Abtrennung eines im gemeinschaftlichen Eigentum stehenden Flurteiles.[119]

55 **Funkantenne.** Die Installation einer Amateurfunkantenne auf dem Dach des Gebäudes[120] ist eine bauliche Veränderung.

56 **Garage.** Bauliche Veränderungen sind die Errichtung einer Garage,[121] die Beseitigung bestehender Garagen, die Umwandlung eines Parkplatzes in eine Garage,[122] das Anbringen eines verschliessbaren Tores an einer offenen Garage,[123] die Errichtung eines Maschendrahtzaunes zwischen den beiden Stellflächen einer Doppelgarage,[124] das Anbringen von Metallblechen als seitliche Begrenzungen, das Anbringen eines Schwingtores[125] und das Betonieren der Garagenzufahrt[126] sowie die Errichtung einer Balkenüberdachung über der Garagenzufahrt.[127]

57 **Garderobe.** Das Anbringen einer Garderobe im zum GemE gehörenden Treppenhaus stellt eine bauliche Veränderung dar.[128]

58 **Garten.** Die Veränderung einer vorhandenen gärtnerischen Gestaltung des gemeinschaftlichen Grundstücks ist regelmäßig eine auf Dauer angelegte gegenständliche Veränderung realer Teile des GemE und damit eine bauliche Veränderung, soweit sie über die übliche Gartenpflege hinausgehen.[129] Eine bauliche Veränderung ist insbesondere gegeben, wenn eine vorhandene Bepflanzung radikal beseitigt wird und eine nach Charakter, Erscheinungsbild und Funktion völlig andere Gartenanlage geschaffen wird.[130] In der Rspr. wird etwa die Anpflanzung eines stark wachsenden Baumes, etwa einer Hänge-

---

[112] OLG Köln WuM 1995, 331; NZM 1999, 263; BayObLG Rpfleger 1983, 14 (Ls); OLG Frankfurt/M. Rpfleger 1983, 64 (64); OLG Düsseldorf NJW-RR 1994, 277; WuM 1996, 170 (171).

[113] OLG Düsseldorf NJW-RR 1994, 277.

[114] BayObLG WE 1992, 50; OLG Oldenburg WE 1988, 175 (176); vgl. auch § 21 Rn 204.

[115] AA aber OLG Köln NJW 1981, 585.

[116] BayObLG WE 1995, 125 (126).

[117] BayObLG WE 1999, 147.

[118] OLG Zweibrücken ZWE 2000, 283 = NJW 2000, 2894; KG ZWE 2000, 534 (535) = NZM 2001, 341; offen gelassen in OLGZ 1994, 391 (392) = NJW-RR 1994, 401.

[119] OLG Düsseldorf DWE 1989, 80 (Ls).

[120] BayObLG NJW-RR 1990, 1167 (1168) = WE 1991, 261; NJW-RR 1996, 1358 = WE 1997, 77 (78).

[121] BayObLG B. v. 12. 10. 1994, 2 Z BR 69/94; OLG Frankfurt/M. WE 1986, 141.

[122] BayObLGZ 1973, 78 (81).

[123] BayObLG NZM 1999, 282 (283).

[124] BayObLG NJW-RR 1991, 722 = WE 1992, 58 (59).

[125] BayObLG WE 1998, 390.

[126] OLG Celle MDR 1968, 48 (49).

[127] BayObLG WE 1991, 228 f.

[128] BayObLG WE 1999, 146.

[129] OLG Hamm WE 1997, 387.

[130] OLG Hamm WE 1997, 387; NJWE 1996, 58 = FGPrax 1996, 47; OLG Köln ZWE 2000, 429 (430) = NZM 2000, 305 (Ls).

buche,[131] nicht jedoch die Anpflanzung einer Hecke[132] als bauliche Veränderung angesehen. Auch die Umwandlung eines Teils einer Grünfläche in einen Müllsammelplatz,[133] Weg,[134] Spielplatz,[135] Parkplatz[136] oder die (teilweise) Pflasterung einer Grünfläche[137] ist nur unter den Voraussetzungen des § 22 Abs. 1 zulässig. Die übliche Gartenpflege bzw. gärtnerische Gestaltung, wie etwa Rasenmähen, Schneiden von Bäumen, Hecken, Pflanzen und Blumen etc., und bloße Gebrauchsregelungen, wie etwa die vorübergehende Benutzung der Rasenfläche als Spielfläche, das Aufstellen einzelner Spielgeräte oder Bänke ohne feste Verbindung mit dem Boden etc., werden nicht von § 22 Abs. 1 Satz 1 erfasst.[138] Keine bauliche Veränderung ist auch das Einschneiden einer Hecke, um allen WEern das ungehinderte Betreten des gemeinschaftlichen Eigentums zu ermöglichen; eine solche Maßnahme fällt wie die erstmalige gärtnerische Gestaltung nicht unter § 22 Abs. 1.[139] Ob das Fällen von Bäumen als bauliche Veränderung nicht durch Stimmenmehrheit beschlossen werden kann, hängt von den Umständen des Einzelfalls ab.[140] Ist das Fällen etwa infolge von Standunsicherheit erforderlich und verspricht die Anwendung weniger einschneidender Maßnahmen keinen Erfolg, entspricht das Abholzen ordnungsgemäßer Verwaltung gem. § 21 Abs. 3. Dies gilt ebenso, wenn ein WEer durch Bäume etwa wegen des Entzugs von Licht ganz erheblich beeinträchtigt wird.[141] In allen anderen Fällen hingegen stellt das Fällen von Bäumen eine bauliche Veränderung dar, weil Teile des GemE (vgl. § 94 Abs. 1 S. 2 BGB) beseitigt werden.[142] Eine außerordentliche Aufwendung iSd § 22 Abs. 1 ist die unnötig teure Ersatzbeschaffung von **Gartengeräten.** Um bauliche Veränderungen handelt es sich bei der Errichtung einer kniehohen **Beeteinfassungsmauer,**[143] eines **Gartenhäuschens,**[144] selbst wenn dem Errichtenden ein Sondernutzungsrecht an der Gartenfläche zusteht[145] und der Anbringung eines **Gartentores.**[146] Eine bauliche Veränderung ist darüber hinaus die Errichtung eines Sandkastens im Garten der Wohnanlage,[147] uU selbst das Aufstellen von fest angebrachten **Gartenzwergen.**[148]

---

[131] KG OLGZ 1987, 410 (412 f.).

[132] BayObLG WE 1992, 179, NJW-RR 1991, 1362; ZflR 1999, 283 (284).

[133] OLG Zweibrücken NJW-RR 1987, 1359 = WE 1987, 162.

[134] BayObLG WE 1991, 290.

[135] LG Mannheim ZMR 1976, 51.

[136] LG Siegen WuM 1988, 413 (414).

[137] BayObLG WE 1998, 318 (319); ZWE 2001, 599 (600) = NJW-RR 2002, 158; OLG Hamburg ZWE 2002, 136.

[138] OLG Düsseldorf DWE 1989, 176; OLG Saarbrücken NJW-RR 1990, 24 (25); BayObLG NJW-RR 1991, 1362; WE 1992, 177 (178); ZMR 2002, 688; OLG Karlsruhe, DWE 1994, 43 (Ls); OLG Hamm WE 1996, 310 (311); OLG Saarbrücken WE 1998, 69 (71); OLG Schleswig NZM 2002, 960 (961); LG Frankfurt/M. NJW-RR 1990, 24.

[139] KG NJW-RR 1987, 1360 (1361); vgl. auch *Schmid* DWE 1987, 74 ff.

[140] Vgl. *Huff,* FS für Bärmann/Weitnauer, S. 384 ff. mwN.

[141] BayObLG WuM 1996, 493 (494); LG Freiburg NJW-RR 1987, 655 (656); LG Frankfurt NJW-RR 1990, 24; OLG Köln NZM 1999, 623 (624); ZWE 2000, 320 (321) = NZM 2000, 1021 (Ls); OLG Schleswig MietRB 2008, 51.

[142] OLG Düsseldorf WE 1994, 374; LG Frankfurt NJW-RR 1990, 24; aA BayObLG WE 1999, 77 (78); vermittelnd OLG Köln NZM 1999, 623 (624); ZWE 2000, 320 (321) = NZM 2000, 1021 (Ls), nachdem es darauf ankommen soll, ob die betroffenen Bäume den Gesamteindruck der Wohnanlage prägen.

[143] KG WE 1994, 336.

[144] BayObLG WuM 1995, 227; NJW-RR 1988, 591; NJW-RR 1992, 975; ZflR 1999, 283 (284), KG OLGZ 1993, 52 (53) = NJW-RR 1992, 720 (721) = WE 1992, 283; OLG Oldenburg WuM 1997, 391; OLG Zweibrücken ZWE 2000, 95 (96) = NZM 2000, 293.

[145] BayObLG NJW-RR 1988, 591; ZWE 2000, 355 (356).

[146] Vgl. BGHZ 73, 196 (201) = NJW 1979, 817 (818).

[147] LG Paderborn WuM 1994, 104.

[148] Offengelassen von OLG Hamburg NJW 1988, 2052.

59 **Gasanschluss.** Der Einbau eines Hausanschlusses für Gas[149] und die Stilllegung einer Gasleitung sind bauliche Veränderungen,[150] es sei denn, die Stilllegung ist erforderlich, um Gefahren für die WEer abzuwehren.

60 **Gegensprechanlage.** Unter § 22 Abs. 1 fällt auch der Einbau eines Klingeltableaus mit Gegensprechanlage.[151]

61 **Gemeinschaftsraum.** Die Umgestaltung eines im Aufteilungsplan als Waschküche bezeichneten Raums in einen zur Durchführung von WEVers geeigneten Gemeinschaftsraum ist eine bauliche Veränderung.[152]

62 **Geräteschuppen.** Die Errichtung eines Geräteschuppens ist eine bauliche Veränderung.[153]

63 **Grillplatz.** Auch die Errichtung bzw. Entfernung eines Grillplatzes oder Grillkamins stellt eine bauliche Veränderung dar.[154]

64 **Hausmeister.** Die Einstellung eines Hausmeisters wird als Aufwendung von § 22 Abs. 1 erfasst, wenn dies etwa wegen der Größe der Wohnanlage nicht erforderlich ist.

65 **Heizung.** Der nachträgliche Einbau einer Zentralheizungsanlage, der Einbau zusätzlicher oder das Entfernen[155] von **Heizkörpern** stellen eine bauliche Veränderung dar, soweit dadurch das GemE umgestaltet wird. Dies gilt auch für die Umrüstung des **Heizungssystems** einer WE-Anlage von der Fernwärmeversorgung auf eine noch zu errichtende Zentralheizungsanlage,[156] die Umstellung einer Öl- Zentralheizungsanlage auf Fernwärme, wenn ein alsbaldiger Ausfall der Heizungsanlage nicht wahrscheinlich und eine sofortige Erneuerung nicht erforderlich ist,[157] die Umrüstung von Nachtstromspeicheröfen, die im SE der einzelnen WEer stehen, auf eine Gemeinschaftsheizungsanlage[158] sowie die Installation einer von der Zentralheizung gespeisten Fußbodenheizung, die zu der in den übrigen Wohnungen installierten Heizung über Radiatoren hinzutritt.[159] Auch der Einbau einer Gasetagenheizung kann eine bauliche Veränderung sein,[160] ebenso die Ersetzung einer konventionellen Heizung durch ein **Blockheizkraftwerk,** das auch der Erzeugung von Strom dient.[161]

66 Dagegen wird die **Modernisierung einer bestehenden Heizungsanlage,** die anlässlich einer ohnehin erforderlichen oder zu erwartenden Reparatur vorgenommen wird, nicht unter § 22 Abs. 1 Satz 1, sondern als „modernisierende Instandsetzung" unter § 21 Abs. 5 Nr. 2 fallen. Voraussetzung ist, dass die Modernisierung im Rahmen einer vernünftigen Kosten-Nutzen-Analyse geboten ist.[162] So kann etwa die Umstellung der Heizung von Öl auf Gas eine Maßnahme der „modernisierenden Instandsetzung" sein, wenn die Erneuerung der Heizungsanlage ohnehin erforderlich ist.[163] Werden im Rahmen einer

---

149 AG Hannover Rpfleger 1969, 132.

150 BayObLG Rpfleger 1976, 291 (Ls).

151 BayObLG WE 1998, 402 = NZM 1998, 522; AG Bremen DWE 1985, 128 (Ls).

152 BayObLG NJWE-MietR 1997, 179.

153 KG Rpfleger 1977, 314; BayObLG ZWE 2001, 609 (611) = NZM 2002, 127 (Ls).

154 Für die Errichtung *Huff,* FS für Bärmann/Weitnauer, S. 387; für die Entfernung BayObLG ZWE 2001, 545 = NZM 2002, 130 (Ls); vgl. auch BayObLG ZMR 2002, 686.

155 LG Hannover ZMR 2008, 829 f.

156 OLG Frankfurt/M. WEZ 1987, 174 (Ls) = DWE 1987, 51 (r.); *Voges* GE 1990, 569.

157 OLG Düsseldorf WE 1998, 188 = FGPrax 1998, 49.

158 OLG Hamm NJW-RR 1995, 910 (911).

159 OLG Karlsruhe WuM 1987, 97.

160 OLG Frankfurt/M. OLGZ 1993, 51 (51) = NJW-RR 1992, 1494.

161 AG Freiburg ZWE 2008, 355 f. *(Elzer).*

162 BayObLG DWE 1994, 100; OLG Celle WE 1993, 224 (225); KG WE 1995, 58; NJW-RR 1994, 1358; WuM 1993, 427 (429); OLG Düsseldorf ZWE 2002, 477 (LS); *Drabek* ZWE 2001, 470 (472); *Gottschalg* NZM 2001, 729 (732). vgl. zu den Einzelheiten § 21 Rn 101 ff.

163 KG NJW-RR 1994, 1358; OLG Celle WE 1993, 224 (225); offen gelassen von BayObLGZ 1988, 271 (273 f.) = WE 1987, 156 (157) für den Fall der Umstellung einer Ölheizung auf den

Heizungsmodernisierung, die ordnungsgemäßer, „modernisierender" Instandsetzung entspricht und mit Mehrheit beschlossen wurde, damit zusammenhängende Baumaßnahmen zwingend notwendig, wie etwa die Verringerung des Schornsteinquerschnitts oder das Verlegen eines Gasanschlusses, so halten sich auch diese Maßnahmen im Rahmen des § 21 Abs. 5 Nr. 2.[164] Abzulehnen ist die Ansicht, die derartig untergeordnete Baumaßnahmen als bauliche Veränderungen iSd § 22 Abs. 1 Satz 1 ansieht, die jedoch gem. § 22 Abs. 1 Satz 2 iVm § 14 Nr. 1 als unvermeidlich hinzunehmen seien.[165] Erfordert eine Heizungsmodernisierung, die sich im Rahmen ordnungsgemäßer Verwaltung hält, zwingend damit verbundene Baumaßnahmen, so fallen auch diese auf Grund des Sachzusammenhangs unter § 21 Abs. 5 Nr. 2 und nicht unter § 22 Abs. 1. Dies gilt selbst dann, wenn etwaige Gasanschlüsse zeitlich vor der erforderlichen neuen Heizungsanlage installiert werden, um für den Fall eines Defektes der überalterten Ölheizung eine sofortige Umstellung auf Gasheizung zu ermöglichen.[166] Auch der Austausch von Thermostatventilen gegen modernere wird sich im Regelfall im Rahmen ordnungsgemäßer Verwaltung halten.[167]

Kabelfernsehen. Der Anschluss einer Wohnanlage an das Breitbandkabelnetz bei vorhandener Gemeinschaftsantenne kann Maßnahme – modernisierender – Instandsetzung nach § 21 Abs. 5 Nr. 2 oder bauliche Veränderung nach § 22 sein.[168] Ist die Gemeinschaftsantenne **nicht mehr funktionstauglich und deshalb instandsetzungsbedürftig,** braucht sie nicht repariert oder erneuert zu werden, sondern kann schon im Rahmen modernisierender Instandsetzung durch Anschluss an ein Breitbandkabelnetz ersetzt werden, wenn die Anschlusskosten unter Berücksichtigung des verbesserten Angebots zu den Reparaturkosten nicht außer Verhältnis stehen. Die damit verbundenen baulichen Maßnahmen sind dann keine baulichen Veränderungen iSd § 22. Der Kabelanschluss kann daher als erstmalige Herstellung einer einwandfreien Anlage oder als modernisierende Instandsetzung mit Stimmenmehrheit (§§ 22 Abs. 3 iVm § 21 Abs. 3, Abs. 5 Nr. 2) beschlossen werden. Gehört ein Kabelanschluss zum üblichen Wohnkomfort und gewöhnlichen Ausstattungsstandard, kann die Umstellung einer instandsetzungsbedürftigen Gemeinschaftsantenne auf Breitbandkabel auch als eine der Beschaffenheit des Gegenstandes entsprechende Maßnahme ordnungsmäßiger Verwaltung nach § 21 Abs. 3 mit Stimmenmehrheit beschlossen werden.[169] 67

Ist die vorhandene **Gemeinschaftsantenne noch funktionstauglich,** wurde der Anschluss der Wohnanlage an das Breitbandkabelnetz bislang als bauliche Veränderung iSd § 22 Abs. 1 eingeordnet,[170] die grds. nur mit Zustimmung aller beeinträchtigten WEer wirksam beschlossen werden kann. Denn eine „modernisierende Instandsetzung" setzt voraus, dass die vorhandene Antennenanlage reparaturbedürftig oder überaltert ist;[171] nur in diesem Fall sollte der Anschluss an das Kabelnetz, wenn er wirtschaftlich sinnvoll ist, unter 68

---

wahlweisen Betrieb mit Erdöl oder Erdgas; mit Anm. von *Röll* WE 1987, 182 f.; *Seuß* WE 1987, 157 f.; *Müller* WEZ 1987, 87 f. und *Merle* WE 1988, 6 ff.

164 OLG Celle WE 1993, 224 (225).

165 So aber KG WuM 1993, 427 (429).

166 OLG Celle WE 1993, 224 (225).

167 OLG Karlsruhe DWE 1990, 106.

168 S. § 21 Rn 105 ff.

169 Vgl. *Wenzel* ZWE 2007, 181.

170 BayObLGZ 1989, 465 (466) = NJW-RR 1990, 330 (331); NJW-RR 1992, 664; OLG Celle OLGZ 1986, 397 (400 ff.) = NJW-RR 1986, 1271 (1272); WE 1988, 170; WE 1999, 153 = NZM 1999, 264; KG WE 1992, 109; OLG Oldenburg WuM 1989, 346; OLG Karlsruhe NJW-RR 1989, 1041; OLG Köln WE 1996, 39; OLG Hamm WE 1998, 111 (112); *Florian* ZMR 1989, 128; *Pfeifer,* Kabelfernsehen, S. 40 ff.; aA AG Nürnberg DWW 1988, 49 (50) und 50 (51); AG Hannover DWW 1985, 288 f.

171 OLG Hamburg OLGZ 1991, 295 (297) = NJW-RR 1991, 1119 (1120); BayObLG ZflR 1999, 198 (199); vgl. *Kreile/Kreile,* FS für Gaedertz, S. 323; vgl. § 21 Rn 105.

§ 21 Abs. 5 Nr. 2 fallen;[172] diese Voraussetzungen fehlen jedoch, wenn eine funktionsfähige Gemeinschaftsantenne vorhanden ist oder diese nur teilweise defekt ist, so dass eine Reparatur relativ günstig ist.[173] Gleichwohl kann die Umstellung auf Breitbandkabel nach § 21 Abs. 3 mit Stimmenmehrheit beschlossen werden, wenn sie als eine der Beschaffenheit des Gegenstandes entsprechende Maßnahme ordnungsmäßiger Verwaltung angesehen werden kann.[174] Dies ist der Fall, wenn der Kabelanschluss zum üblichen Wohnkomfort und gewöhnlichen Ausstattungsstandard gehört, sofern die Kosten nicht außer Verhältnis zu dem Nutzen stehen; andernfalls handelt es sich um eine bauliche Veränderung, die entweder nach § 22 Abs. 1 der Zustimmung aller beeinträchtigten WEer bedarf oder nach § 22 Abs. 2 als Maßnahme der Modernisierung mit qualifizierter Mehrheit beschlossen werden kann. Da ein Kabelanschluss wegen der mit ihm zu empfangenden Programmvielfalt inzwischen als selbstverständlich für einen modernen Lebens- und Wohnstandard angesehen wird,[175] dürfte auch die Umstellung einer funktionsfähigen Gemeinschaftsantenne auf Breitbandkabel idR eine Maßnahme ordnungsmäßiger Verwaltung sein und keine bauliche Veränderung. Sie kann daher mit einfacher Stimmenmehrheit beschlossen werden. Entspricht die Umstellung wegen der Umstände des Einzelfalles nicht ordnungsmäßiger Verwaltung, ist sie als bauliche Veränderung nach § 22 Abs. 1 oder Abs. 2 einzuordnen.

69 Abzulehnen ist die gegenteilige Ansicht, die im Anschluss an das Kabelnetz immer eine bauliche Veränderung iSd § 22 Abs. 1 Satz 1 sieht.[176] Unter den genannten Voraussetzungen kann darin eine „modernisierende Instandsetzung" oder eine Maßnahme ordnungsmäßiger Verwaltung liegen, die auf Grund eines Mehrheitsbeschlusses der WEer durchgeführt werden kann.[177]

70 Schließlich entspricht der Anschluss an das Kabelnetz in dem praktisch wohl kaum relevanten Fall ausnahmsweise ordnungsgemäßer Verwaltung, wenn ein einzelner WEer den Kabelanschluss gem. § 21 Abs. 5 Nr. 6 für sich verlangt und keine funktionierende Gemeinschaftsantenne vorhanden ist.

71 **Kamin.** Der Anschluss eines Kamins oder eines Kaminofens an einen bestehenden Leerschornsteinzug ist bauliche Veränderung.[178] Dies trifft auch auf die Errichtung eines Außenkamins zu, selbst wenn hiervon nur ein Gebäude einer Mehrhausanlage betroffen ist.[179] Wird ein Kamin beseitigt, liegt auch hierin eine bauliche Veränderung.[180]

72 **Katzennetz.** Das Anbringen eines Katzennetzes am Balkon einer Wohnung stellt eine bauliche Veränderung dar.[181]

73 **Kellerausbau.** Der Ausbau von Kellerräumen stellt eine bauliche Veränderung dar. Das Gleiche gilt für die **Vergrößerung eines Kellerfensters.**[182] Es gilt das zum Dachgeschossausbau Gesagte entsprechend.[183]

---

[172] Vgl. zu den Voraussetzungen § 21 Rn 105 f.

[173] OLG Celle WE 1988, 170 f.

[174] Vgl. *Wenzel* ZWE 2007, 181.

[175] Vgl. LG Hamburg DWE 1990, 31 (32); BayObLGZ 1989, 465 (465 f.) = NJW-RR 1990, 330 (331); NJW-RR 1992, 664 (665) = WE 1992, 290 (291); OLGZ 1986, 397 (401); AG Nürnberg DWW 1988, 50 (51).

[176] So AG München WE 1989, 105 (106); *Müller,* Praktische Fragen, Rn 480.

[177] Zu den Einzelheiten vgl. § 21 Rn 105 f.; vgl. auch OLG Hamburg OLGZ 1991, 295 (297) = NJW-RR 1991, 1119 (1120); OLG Hamm WE 1998, 111 (112); *Wenzel* ZWE 2007, 180 f.

[178] OLG Frankfurt/M. OLGZ 1986, 43 (44); BayObLG WE 1998, 154 = NZM 1998, 310.

[179] OLG Köln ZWE 2000, 592 (593) = NZM 2000, 764.

[180] OLG Köln ZWE 2000, 378 = NZM 2000, 1019 (Ls).

[181] OLG Zweibrücken WE 1998, 237 = NZM 1998, 376.

[182] OLG Düsseldorf NJW-RR 1994, 277; OLG Köln MDR 1995, 1211.

[183] Vgl. Rn 44.

Klimaanlage. Der Einbau einer Klimaanlage[184] oder eines Klimagerätes in ein Außenfenster ist bauliche Veränderung. Zur Installation einer Klimaanlage, die das gesamte Gebäude klimatisiert, gelten die Ausführungen zum Stichwort Heizung entsprechend.[185] 74

Leuchtreklame, Lichterkette. Die Installation einer Leuchtreklame an einer Außenwand ist bauliche Veränderung.[186] Dasselbe gilt für eine Lichterkette, die am Balkongeländer befestigt.[187] 75

Markise. Deren Anbau ist eine bauliche Veränderung.[188] 76

Mauer. Die Errichtung einer Mauer im Garten zwischen zwei Gebäuden einer WE-Anlage ist eine bauliche Veränderung.[189] Dies gilt auch für die Errichtung einer im Boden verankerten Betonplatte als Sichtschutz zwischen zwei Gebäuden einer WE-Anlage[190] und einer kniehohen Beeteinfassungsmauer.[191] 77

Mobilfunkanlage. Die Errichtung einer Mobilfunkanlage auf dem Dach ist eine bauliche Veränderung.[192] 78

Müllboxen/Mülltonnenabstellplatz. Die Verlegung der Müllboxen,[193] der Umbau einer Böschungsstützmauer zur Aufnahme von Mülltonnen[194] und die Einrichtung eines Abstellplatzes für Mülltonnen[195] sind bauliche Veränderungen. 79

Neubauten. Diese oder ähnliche Umgestaltungen der Außenanlage sind nur unter den Voraussetzungen des § 22 Abs. 1 oder Abs. 2 möglich. 80

Parabolantenne. In der Praxis führt insbesondere die Installation von Parabolantennen zu erheblichen Problemen. Ist ein **Gemeinschaftsanschluss nicht vorhanden,** kann jeder WEer als Grundversorgung eine dem aktuellen technischen Standard und zeitgemäßen Wohnkomfort entsprechende Gemeinschaftsanlage zum Empfang von Hörfunk und Fernsehen als Maßnahme ordnungsmäßiger Verwaltung verlangen, sofern nicht ein hörfunk- und fernsehfreies Gebäude wirksam vereinbart ist.[196] Wird das spezielle Informationsinteresse eines WEers hierdurch nicht befriedigt, kann er uU eine eigene Anlage (Parabolantenne) errichten, wenn hierdurch die anderen WEer nicht unzulässig beeinträchtigt werden.[197] Analog § 21 Abs. 5 Nr. 6 entspricht grds. auch die Duldung von Maßnahmen zur Herstellung eines Fernsehanschlusses zugunsten eines einzelnen WEers ordnungsgemäßer Verwaltung. Hierzu gehört aber nur die Duldung des **erstmaligen Anschlusses.** Denn § 21 Abs. 5 Nr. 6 bezweckt lediglich, eine gewisse Grundversorgung jedes WEers mit Energie und Informationen sowie grundlegende Kommunikationsmöglichkeiten zu gewährleisten. Diesem Zweck ist Genüge getan, wenn ein Kabelanschluss, nicht aber wenn nur eine terrestrische Gemeinschaftsantenne vorhanden ist, mit der erhebliche Informationseinbußen verbunden sind.[198] 81

---

184 OLG Düsseldorf ZMR 2007, 206 f.

185 OLG Frankfurt/M. DWE 1986, 64 (Ls).

186 OLG Hamm OLGZ 1980, 274 (276); BayObLG ZWE 2001, 67 = NZM 2000, 1236; vgl. auch Rn 113 (Werbeschilder).

187 LG Köln ZMR 2008, 993.

188 BayObLG NJW-RR 1996, 266; 1986, 178; OLG Frankfurt/M. OLGZ 1986, 42; KG WE 1995, 122 = NJW-RR 1995, 587; WuM 1994, 99; OLG Köln ZWE 2000, 591 f.

189 KG NJW-RR 1994, 526.

190 OLG Hamburg OLGZ 1989, 309 (311) = WE 1989, 141.

191 S. o. Rn 58; KG WE 1994, 336.

192 OLG München ZMR 2007, 391; OLG Schleswig ZWE 2002, 138 (140) = NZM 2001, 1035; BayObLG ZWE 2002, 309 (310); OLG Hamm ZWE 2002, 319 (321) m. Anm. *Köhler* ZWE 2002, 302.

193 OLG Hamburg MDR 1977, 230; BayObLG ZWE 2002, 213.

194 OLG Karlsruhe OLGZ 1978, 172 (173).

195 AA LG Bremen WuM 1997, 389 (390) = NZM 1998, 725.

196 Vgl. BGHZ 157, 322 = ZWE 2004, 352 m. Anm. *Köhler.*

197 *Wenzel* ZWE 2007, 182.

198 Vgl. BGH, ZWE 2004, 352 (355).

82 Ist ein **Kabelanschluss oder eine herkömmliche Antennenanlage vorhanden,** kann ein WEer dennoch das **SE** mit einer eigenen Empfangsanlage versehen, soweit dadurch das **GemE** nicht (Zimmerantenne für DVB-T) oder nicht in einer andere WEer beeinträchtigenden Weise (versteckte, installierte oder mobile Parabolantenne)[199] in Anspruch genommen wird (§ 14 Nr. 1). Wird eine **einzelne Parabolantenne** installiert, etwa auf dem Dach des Gebäudes oder im Garten, liegt idR eine beeinträchtigende bauliche Veränderung iSd § 22 Abs. 1 Satz 1 vor;[200] dies gilt auch, wenn die Antenne sichtbar auf einem Balkon[201] oder im Bereich einer Loggia angebracht wird, an der ein Sondernutzungsrecht bestellt ist.[202] In einem solchen Fall kann ein WEer idR zwar auf einen bestehenden Kabelanschluss verwiesen werden, aber wegen der damit verbundenen erheblichen Informationseinbußen nicht auf die Möglichkeit des Empfangs terrestrisch ausgestrahlter Rundfunkprogramme über herkömmliche Antennenanlagen.[203] Letztere entsprechen heute nicht mehr dem Mindeststandard für eine Informationsgrundversorgung, so dass WEer, die eine Parabolantenne zusätzlich zu vorhandenen terrestrischen Gemeinschaftsantenne installieren, sich auf § 21 Abs. 5 Nr. 6 berufen können.[204] Im Übrigen ist es unerheblich, ob die Aufstellung einer Parabolantenne mit oder ohne Eingriff in die Substanz des GemE vorgenommen wird oder wegen der damit verbundenen Auswirkungen auf den optischen Gesamteindruck des Gebäudes eine bauliche Veränderung darstellt. Entscheidend ist allein, ob der Gebrauch des SEs oder des GemE oder dessen bauliche Veränderung gem. § 14 Nr. 1 zu einem Nachteil führt, der über das bei einem geordneten Zusammenleben unvermeidliche Maß hinausgeht. Ist dies nicht der Fall, dann haben die übrigen WEer die Installation einer Parabolantenne auch dann zu dulden (§ 14 Nr. 3), wenn sie als bauliche Veränderung zu qualifizieren ist.[205] Zur Frage des Nachteil iSd § 14 Nr. 1 s. Rn 247 ff.

83 Auch eine vorhandenen terrestrischen **Gemeinschaftsantenne,** die **reparaturbedürftig oder überaltert** ist, kann im Rahmen einer modernisierenden Instandsetzung gem. § 21 Abs. 5 Nr. 2 durch eine **Gemeinschaftsparabolantenne** ersetzt werden, vorausgesetzt eine Kosten-Nutzen-Analyse ergibt, dass die Modernisierung wirtschaftlich sinnvoll ist.[206] Ist die **Gemeinschaftsantenne noch funktionsfähig,** wird die Umstellung auf eine **Gemeinschaftsparabolantenne** meistens als bauliche Veränderung angesehen,[207] die nach § 22 Abs. 1 der Zustimmung der beeinträchtigten WEer bedarf[208] oder unter den Voraussetzungen des § 22 Abs. 2 als Maßnahme der Modernisierung mit qualifizierter Mehrheit beschlossen werden kann. Wie bei der Umstellung von der Gemeinschaftsantenne auf Breitbandkabel liegt auch hier eine Maßnahme ordnungsmäßiger Verwaltung vor, die mit

[199] Vgl. OLG München, B. v. 12. 12. 2005 – 34 Wx 83/05 – ibr-online; BGH ZWE 2004, 352 (355).

[200] BayObLG NJW 1995, 337 = WE 1995, 342; OLG Hamm OLGZ 1993, 314 (315) = NJW 1993, 1276; OLG Hamm WE 1998, 111 (113); OLG Zweibrücken NJW 1992, 2899 = WE 1992, 318; BayObLGZ 1991, 296 (298) = NJW-RR 1992, 16; OLG Düsseldorf NJW 1993, 1274 = WE 1993, 86; OLG Celle NJW-RR 1994, 977; LG Stuttgart WuM 1991, 212; LG Heilbronn NJW-RR 1993, 588; *Kreile/Kreile,* FS für Gaedertz, S. 322 f.; offen gelassen von LG Frankfurt/M. DWE 1992, 39.

[201] OLG München NZM 2006, 345; LG Bremen WuM 1994, 391.

[202] OLG Düsseldorf WE 1994, 108.

[203] BGH ZWE 2004, 352 (355).

[204] AA noch OLG Frankfurt/M. OLGZ 1994, 151 (152 f.) = NJW 1993, 2817; BayObLGZ 1991, 296 (298) = NJW-RR 1992, 16.

[205] BGH ZWE 2004, 352 (354 f.); *Wenzel* ZWE 2007, 183.

[206] Weitergehend *Wenzel* ZWE 2007, 181.

[207] OLG Frankfurt/M. OLGZ 1994, 151 (152 f.) = NJW 1993, 2817 (2817); OLG Köln WuM 1996, 292 = DWE 1996, 74; *Kreile/Kreile,* FS für *Gaedertz,* S. 323.

[208] OLG Frankfurt/M. OLGZ 1994, 151 (152 f.) = NJW 1993, 2817 (2817); OLG Köln WE 1996, 432 (433) = WuM 1996, 292; *Kreile/Kreile,* FS für *Gaedertz,* S. 323.

Stimmenmehrheit beschlossen werden kann, wenn die Maßnahme dazu dient, den Wohnwert der Anlage durch Anpassung an den technischen Fortschritt zu erhalten, also wenn die Gemeinschaftsparabolantenne zum üblichen Wohnkomfort und gewöhnlichen Ausstattungsstandard gehört.[209]

Entsprechendes gilt, wenn der bisherige Breitbandkabelanschluss durch eine Gemeinschaftsparabolantenne ausgetauscht werden soll.[210] Vgl. im übrigen Rn 67 (Kabelfernsehen) und § 21 Rn 101 ff. zu den Voraussetzungen einer modernisierenden Instandsetzung; ferner § 22 Rn 252. **84**

Parkplatz. Die Umwandlung eines Platzes für Müllcontainer in einen Parkplatz[211] und die Anbringung von **Parkabsperrbügeln** (sog. „Parkwächtern“)[212] sind bauliche Veränderungen. Dagegen stellt das Anbringen einer im Aufteilungsplan vorgesehenen und ursprünglich vorhandenen Absperrkette zwischen PKW-Stellplätzen keine bauliche Veränderung, sondern eine Maßnahme ordnungsmäßiger Instandsetzung dar.[213] Im Rahmen ordnungsgemäßer Verwaltung können Farbmarkierungen auf einem Parkplatz angebracht oder verändert werden.[214] Auch **Parkplatzregelungen,** die allen WEern dienen, können im Rahmen des § 15 mit Mehrheit beschlossen werden.[215] **85**

Pergola. Das Anbringen einer Pergola[216] und deren nachträgliches Überdachen sind bauliche Veränderungen.[217] **86**

Pflanztrog. Das Aufstellen eines nicht fest mit dem Boden verbundenen Pflanztrogs stellt keine bauliche Veränderung dar.[218] Es kann allerdings die Grenzen des nach § 14 Nr. 1 zulässigen Gebrauchs überschreiten, wenn Pflanztröge auf einer gemeinschaftlichen Dachfläche aufgestellt werden, die nicht betreten werden darf.[219] **87**

Regenrinne. Der Anbau einer unauffälligen Regenrinne an der Balkonbrüstung ist keine bauliche Veränderung.[220] **88**

Reparaturaufträge. Die Vergabe von Reparaturaufträgen an einen WEer, ohne weitere Angebote einzuholen, ist eine außerordentliche Aufwendung, die von § 22 Abs. 1 erfasst wird.[221] **89**

Rollladen. Die Installation von Rollläden an Fenstern oder Balkontüren einzelner Wohnungen ist bauliche Veränderung.[222] **90**

Rollstuhlrampe. Das Errichten einer betonierten Rollstuhlrampe ist bauliche Veränderung.[223] **91**

Saunahaus. Die Aufstellung eines Saunahauses auf einer Terrasse stellt eine bauliche Veränderung dar.[224] **92**

---

[209] *Wenzel* ZWE 2007, 181.
[210] BayObLG ZWE 2000, 309 (311) = NJW-RR 2001, 10.
[211] OLG Frankfurt/M. OLGZ 1980, 78 (80).
[212] OLG Frankfurt/M. OLGZ 1992, 437 (439) = NJW-RR 1993, 86 (87); OLG Schleswig NJWE-MietR 1997, 29.
[213] BayObLG NZM 1999, 29; s. auch § 21 Rn 94.
[214] BayObLG WEZ 1988, 52 (53); OLG Köln OLGZ 1978, 287 (288 f.).
[215] OLG Stuttgart NJW 1961, 1359; OLG Frankfurt/M. OLGZ 1992, 437 (439); NJW-RR 1993, 86 (87).
[216] KG NJW-RR 1991, 1300 = WE 1991, 328; BayObLG WE 1991, 48; WE 1999, 148 (149); ZWE 2001, 152 (153) = NZM 2001, 769.
[217] BayObLG WE 1990, 177 (178).
[218] BayObLG WE 1997, 395 (396); WE 1998, 149 (151).
[219] BayObLG WE 1998, 149 (151).
[220] Vgl. OLG Düsseldorf WE 1990, 204.
[221] Vgl. KG WE 1993, 311 (312).
[222] OLG Düsseldorf WE 1996, 32 (33); ZWE 2001, 34 (35) = NZM 2001, 243; BayObLG WE 1992, 232; LG Bad Kreuznach DWE 1984, 127 (Ls).
[223] BayObLG ZWE 2000, 577 (578) = NJW-RR 2000, 1399.
[224] BayObLG ZWE 2001, 428 f.; vgl. auch ZWE 2001, 483 (484) = NJW-RR 2002, 445.

93 **Schaukel.** Bauliche Veränderung ist die Errichtung einer Kinderschaukel auf einer Rasenfläche,[225] nicht jedoch Abriss und Neuaufbau an einer nur geringfügig anderen Stelle.[226] S. auch Garten.

94 **Schließzylinder.** Auch das Auswechseln bestehender Schließzylinder eines Sicherheitsschlüsselsystems in einzelnen Wohnungstüren ist eine bauliche Veränderung.[227]

95 **Schornstein.** Die Veränderung oder Errichtung eines Schornsteines ist eine bauliche Veränderung.[228]

96 **Schirmständer.** Der Einbau von Schirmständern in der Eingangsdiele einer kleinen Wohnanlage fällt nicht unter § 22 Abs. 1.[229]

97 **Schrank.** Der Einbau von Schränken im Bereich der Wohnungstür ist eine Umgestaltung iSd § 22 Abs. 1.[230]

98 **Sichtschutzwand.** Das Errichten einer Sichtschutzwand, z. B. an der Grenze zweier in Sondernutzung befindlicher Gartenflächen oder zum Verdecken einer offenen Holzliege, stellt eine bauliche Veränderung iSv § 22 Abs. 1 dar.[231] Gleiches gilt für das Anbringen einer größeren Sichtschutzmatte.[232]

99 **Solarzelle.** Eine bauliche Veränderung ist die Anbringung von Solarzellen, etwa an einem vorhandenen Antennenmast auf dem Dach des Gebäudes oder das Aufstellen eines Sonnenkollektors auf einem Flachdach.[233]

100 **Speicher.** S. Dachgeschoss.

101 **Stromversorgungsanlage.** Die Erweiterung einer nur für Beleuchtung und übliche elektrische Haushaltsgeräte ausgelegten Stromversorgungsanlage in der Weise, dass der gesamte Heizungs- und Warmwasserverbrauch mit Nachtstrom betrieben werden kann, ist eine bauliche Veränderung.[234] Auch der Einbau eines Stromzählerkastens im Treppenhaus kann bauliche Veränderung sein.[235]

102 **Terrasse.** Die Anlage einer Terrasse,[236] die Terrassenunterkellerung,[237] die Terrassenverbauung,[238] die Umbauung einer auf freien Stützen ruhenden Terrasse,[239] die Erweiterung eines Plattenbelages,[240] die Vergrößerung einer Terrasse unter Einbeziehung eines Teils der zum Sondernutzungsrecht gehörenden Rasenfläche[241] und der Einbau einer Betontreppe in die Böschung einer Terrasse sind bauliche Veränderungen[242] (zur Dachterrasse vgl. Rn 45). Unter § 22 Abs. 1 fällt auch die Errichtung eines Wintergartens,[243] die Erweiterung einer

---

[225] LG Hannover Nds. Rpfleger 1990, 97 f.
[226] KG OLGZ 1991, 54 (55) = WE 1990, 210 f.
[227] *Schmid* DWE 1989, 91.
[228] OLG Celle WuM 1995, 338 (339); BayObLG DWE 1986, 22 (r.).
[229] BayObLG NJW-RR 1993, 1165 (1166); ZMR 2002, 688.
[230] KG DWE 1993, 82 (Ls); BayObLG NJW-RR 1993, 1165 (1166) = WE 1994, 178; BayObLG WE 1993, 50.
[231] OLG Köln NZM 1999, 178; BayObLG ZWE 2000, 79 (80).
[232] BayObLG ZWE 2000, 409 (411) = NJW-RR 2000, 1324.
[233] BayObLG WE 1993, 345 (346); ZWE 2000, 308 (309) = NJW-RR 2000, 1179 mit dem Hinweis, dass ein evtl. Beseitigungsanspruch ggü. Solaranlagen nicht allein deshalb entfällt, weil es sich um eine besonders umweltfreundliche Art der Energiegewinnung handelt; vgl. auch ZWE 2002, 124 (Ls) = NZM 2002, 74.
[234] BayObLG WE 1989, 62 (63).
[235] BayObLG ZWE 2002, 73 (74).
[236] KG OLGZ 1971, 492 (493); BayObLG NZM 1998, 240; OLG Celle ZWE 202, 371.
[237] OLG Hamm OLGZ 1976, 61 (62).
[238] BayObLG WuM 1991, 303.
[239] OLG Köln ZWE 2000, 486 = NZM 2000, 296.
[240] BayObLG NJW-RR 1995, 395 (396).
[241] BayObLG WE 1997, 317.
[242] BayObLG WE 1992, 198.
[243] BayObLG NJW-RR 1995, 653 (654); WE 1999, 29.

Terrassenüberdachung und eine Rundumverglasung.[244] Dagegen hält sich das Aufstellen von Pflanzkübeln auf der Terrasse und deren Bepflanzung im Rahmen ordnungsgemäßer Verwaltung.[245] Dies gilt auch für die Entfernung derartiger Pflanztröge von der im gemeinschaftlichen Eigentum stehenden Terrasse, wenn die Entfernung nötig ist, weil die Tröge asbesthaltig sind und eine konkrete Gefahr für die Gesundheit der WEer besteht.[246]

Tore und Türen. Der Einbau von Türen vor dem eigentlichen Wohnungszugang,[247] 103
der Einbau einer Tür anstelle eines Fensters und das Auswechseln der Wohnungstür sind bauliche Veränderungen.[248] Ebenso die Errichtung von Toren, etwa vor einer offenen Tiefgarage.[249]

Treppenhausschräglift. Der Einbau eines Treppenhausschrägliftes ist eine bauliche 104
Veränderung.[250]

Versorgungsleitung. Der Einbau von Versorgungsleitungen hat meist Durchbrüche 105
durch eine im gemeinschaftlichen Eigentum stehende Wand zur Folge,[251] ebenso die Beseitigung bestehender Versorgungsleitungen[252] und die Verlegung von Versorgungsleitungen in einem stillgelegten Schornstein.[253]

Videoüberwachung. Die Installation einer Videoüberwachungsanlage, etwa an einer 106
Klingelanlage oder zur sonstigen Überwachung des GemE, stellt eine bauliche Veränderung dar.[254]

Wanddurchbruch. Der Durchbruch durch eine tragende Wand zwischen zwei Woh- 107
nungen stellt eine bauliche Veränderung dar.[255] Ein Wanddurchbruch durch eine Brandmauer, um TE um einen zusätzlichen Raum zu erweitern, ist unabhängig davon, ob vor Begründung des WEs einmal eine Maueröffnung bestand oder nicht, eine bauliche Veränderung, solange die Maueröffnung bei Begründung des WEs nicht vorhanden war.[256] Auch Durchbrüche durch eine Außenwand[257] oder eine andere tragende oder nicht tragende Wand werden von § 22 Abs. 1 erfasst.[258] Um eine bauliche Veränderung handelt es sich ferner, wenn auf dem Nachbargrundstück an die Außenwand der Wohnanlage angebaut wird und damit zugleich ein Eingriff in die Substanz des GemE verbunden ist.[259]

Wärmemengen- oder Wasserzähler. Der Einbau von Wärmemengen- oder Was- 108
serzählern stellt keine bauliche Veränderung dar. Der Einbau von Kaltwasserzählern soll

[244] BayObLG WE 1996, 146 = WuM 1995, 504 (505); OLG Zweibrücken OLGZ 1989, 181.

[245] BayObLG WE 1992, 203 (204).

[246] BayObLG WE 1994, 26 f.

[247] OLG Stuttgart WEM 1980, 75 (76 f.).

[248] BayObLG WuM 1988, 99; WE 1998, 149 (151); NZM 1998, 444; OLG Düsseldorf WuM 1999, 181 (182) = NJW 1999, 264.

[249] BayObLG MDR 1986, 853.

[250] OLG München NZM 2008, 848 (849).

[251] OLG Zweibrücken WE 1988, 60; vgl. auch OLG Zweibrücken ZWE 2002, 378 (379): Unterirdisch verlegte Wasserleitung.

[252] Vgl. BayObLG WuM 1990, 177 f.

[253] KG WE 1994, 51 (52).

[254] *Huff* NZM 2002, 89 (91 f.); OLG Köln ZMR 2008, 559 f.; aA KG ZWE 2002, 409 (412) = NZM 2002, 702 (Videoauge mit 0,5 cm Durchmesser); BayObLG WuM 2005, 478.

[255] BayObLG ZWE 2002, 358 (359); AG Hamburg ZMR 2008, 839 f.

[256] BayObLG NJW-RR 1991, 1490 (1491) = WE 1992, 171.

[257] BayObLGZ 1990, 120 (122) = WE 1991, 254; WuM 1990, 403 (404) = WE 1991, 204 (Ls).

[258] BGHZ 146, 241 (245) = ZWE 2001, 314 = NJW 2001, 1212 mit Anm. *Hügel* NotBZ 2001, 107 und krit. Anm. *Schmidt* ZfIR 2001, 212; BayObLG NJW-RR 1988, 589; NJW-RR 1992, 272 (273) = WE 1992, 228; NJW-RR 1995, 649; WE 1998, 399; WE 1999, 194 (195); BayObLGZ 2000, 252 (254) = ZWE 2000, 575 = NZM 2000, 1231; OLG Köln DWE 1988, 24 (25); OLG Zweibrücken WE 1988, 60; OLG Düsseldorf WE 1989, 98 (99); OLG Köln WE 1995, 221; *Schuschke* ZWE 2000, 146 (150); vgl. auch Rn 166.

[259] Vgl. OLG Köln WE 1996, 76 (77) = WuM 1995, 502 (503).

eine verbrauchsabhängige Abrechnung der Wasserkosten ermöglichen. Die im Bereich des SE entstandenen Wasserkosten sind keine Kosten des Gebrauchs des GemE, so dass sie nicht unter § 16 Abs. 2 fallen. Der Zählereinbau dient dazu, die Kosten des SE von denen des GemE getrennt zu erfassen, weshalb es sich hierbei um eine Maßnahme zur Verwaltung des GemE handelt, über die grundsätzlich nach § 21 Abs. 3 mehrheitlich beschlossen werden kann.[260] Ebenfalls keine bauliche Veränderung ist der Einbau eines Absperrventils für Wasser- und Heizenergie, um einen sich mit Wohngeldzahlungen im Rückstand befindlichen WEer von Wasser und Heizung auszuschließen.[261] Da es sich dabei um eine vorübergehende Maßnahme handelt, um den MitEer zur Erfüllung seiner gesetzlichen Verpflichtungen anzuhalten, kann diese Maßnahme gem. § 15 Abs. 2 im Rahmen der ordnungsgemäßen Verwaltung mit Stimmenmehrheit beschlossen werden.[262]

109 **Wäschetrockenplatz.** Das Verlegen eines Wäschetrockenplatzes unter Umsetzen und Einbetonieren der Wäschestangen ist eine bauliche Veränderung,[263] es sei denn, der Standplatz der Wäschespinne war von Anfang an verfehlt gewählt. Dann ist die Verlegung als erstmalige Herstellung eines einwandfreien Zustandes und somit als Maßnahme ordnungsgemäßer Verwaltung anzusehen.[264] Ist eine Wäschespinne hingegen nicht fest und dauerhaft installiert, sondern wird nur bei Bedarf in ein im Boden eingelassenes Führungsrohr geschoben, liegt keine bauliche Veränderung vor.[265]

110 **Waschküche.** Der Umbau eines im Aufteilungsplan als Waschküche bezeichneten Raum in einen zur Durchführung von Wohnungseigentümerversammlungen geeigneten Versammlungsraum stellt eine bauliche Veränderung dar.[266]

111 **Wasserenthärtungsanlage.** Der erstmalige Einbau einer Wasserenthärtungsanlage fällt unter § 22 Abs. 1.[267]

112 **Wege und Zufahrten.** Die Plattierung einer Rasenfläche zur Schaffung eines Weges fällt wie die Beseitigung eines Weges unter § 22 Abs. 1, da die Zweckbestimmung des Rasens als Grünfläche geändert wird.[268] Sie stellt jedoch eine Maßnahme der ordnungsgemäßen Verwaltung dar, wenn erst durch den plattierten Weg ein rechtlich gesicherter und ständig begehbarer Zugang zum SE aller WEer geschaffen wird.[269] Hierbei handelt es sich um eine Maßnahme, die dazu dient, den erstmaligen ordnungsgemäßen Zustand des gemeinschaftlichen Eigentums herzustellen.[270] Auch die Anlage oder Beseitigung eines Plattenweges auf einer im GemE stehenden Fläche, an der ein Sondernutzungsrecht besteht, ist eine bauliche Veränderung.[271] Die Sperrung eines an die Grundstücksgrenzen führenden Weges, indem dieser aufgerissen und ein Zaun quer über den Weg errichtet wird sowie Sträucher gepflanzt werden, ist ebenfalls eine bauliche Veränderung,[272] nicht jedoch die Beseitigung eines öffentlichen Fußweges, der

[260] Vgl. BGH ZWE 2004, 66 (71) = NJW 2003, 3476; AG Hannover ZWE 2002, 491 u. 492; *Maroldt* ZWE 2002, 459; *Bub* ZWE 2001, 457 ff. = PiG 61, 273 ff.; *Armbrüster* ZWE 2002, 145 ff. = PiG 63, 117.

[261] BayObLG WuM 1992, 207 (208); OLG Celle OLGZ 1991, 50 (52 f.) = NJW-RR 1991, 1118 (1119) = WE 1991, 107 (108); OLG Hamm WE 1994, 84 (85).

[262] OLG Celle OLGZ 1991, 50 = NJW-RR 1991, 1118 (1119) = WE 1991, 107 (108).

[263] BayObLG WE 1988, 18; WE 1994, 151.

[264] BayObLG WE 1994, 151 f.

[265] OLG Zweibrücken ZWE 2000, 95 = NZM 2000, 293.

[266] BayObLG NJWE-MietR 1997, 179.

[267] BayObLG MDR 1984, 406; OLG Karlsruhe WuM 1999, 52 = NZM 1999, 274.

[268] BayObLG WE 1989, 178 (179); 1996, 195 (196); siehe auch Rn 58.

[269] BayObLG WE 1989, 178 (179).

[270] BayObLG WE 1989, 178 (179).

[271] BayObLG WE 1996, 195.

[272] AG Siegburg DWE 1988, 70 (71).

ohne rechtliche Grundlage durch tatsächliche Benutzung auf dem Grundstück entstanden ist.[273]

113 **Werbeschilder.** Das Anbringen eines Werbeschildes an der Außenwand des Gebäudes stellt eine bauliche Veränderung dar.[274] Vermieten die WEer ihre Wohnungen überwiegend an einen Zwischenvermieter, entspricht es nicht ordnungsgemäßer Verwaltung, wenn diesem, nicht aber einem einzelnen WEer, der die Wohnung selbst vermietet, das Anbringen von werbenden Hinweisen gestattet wird.[275]

114 **Wintergarten.** Der Anbau eines Wintergartens ist eine bauliche Veränderung.[276] Dies gilt auch, wenn ein Wintergarten anstelle einer im Aufteilungsplan bezeichneten Pergola errichtet wird, deren Verglasung die WEer genehmigt haben.[277]

115 **Zaun.** Um eine bauliche Veränderung handelt es sich schließlich bei der Errichtung eines **Zaunes,**[278] bspw. eines massiven Holzzaunes als Windschutz[279] oder zur Einfriedung des Grundstücks[280] oder einer Sondernutzungsfläche.[281]

4. Beschluss und Verlangen baulicher Veränderungen

116 **a) Problem und Meinungsstand.** Nach bisherigem Recht konnten bauliche Veränderungen und Aufwendungen, die über die ordnungsmäßige Instandhaltung und Instandsetzung hinausgehen, nicht gemäß § 21 Abs. 3 beschlossen oder gemäß § 21 Abs. 4 verlangt werden. Die Zustimmung eines WEers war insoweit nicht erforderlich, als durch die Veränderung dessen Rechte nicht über das in § 14 bestimmte Maß hinaus beeinträchtigt wurden. Dies bedeutete verkürzt, dass bauliche Veränderungen der Zustimmung aller WEer bedurften, deren Rechte durch das in § 14 Nr. 1 bestimmte Maß beeinträchtigt wurden. Da diese Bestimmung in der Praxis vielfach missverstanden wurde, ist § 22 Abs. 1 zur Vermeidung der entstandenen Missverständnisse neu gefasst worden.[282]

117 Nunmehr können nach § 22 Abs. 1 Satz 1 bauliche Veränderungen beschlossen oder verlangt werden, wenn jeder WEer zustimmt, dessen Rechte durch die Maßnahmen über das in § 14 Nr. 1 bestimmte Maß hinaus beeinträchtigt werden; die Zustimmung ist nach Satz 2 nicht erforderlich, soweit die Rechte eines WEers nicht in der in Satz 1 bezeichneten Weise beeinträchtigt werden. Durch die Neufassung des § 22 Abs. 1 wird den WEern jetzt ausdrücklich die Kompetenz eingeräumt, bauliche Veränderungen und Aufwendungen, die über die ordnungsmäßige Instandhaltung und Instandsetzung hinausgehen, zu beschließen,[283] eine **Beschlusskompetenz,** die nach bisherigem Recht zwar auch bestand,[284] aber sich nicht ausdrücklich aus §§ 21, 22 ergab. Darüber hinaus wird für den einzelnen WEer ein individueller Anspruch gegen die anderen WEer begründet, eine Maßnahme gemäß § 22 Abs. 1 Satz 1 durch Beschluss zu gestatten, wenn ihr alle WEer zustimmen, deren Rechte über das in § 14 Nr. 1 bestimmte Maß hinaus beeinträchtigt werden.

---

[273] BayObLG NJW-RR 1990, 82 = WE 1991, 47.

[274] KG NJW-RR 1995, 333 (334); BayObLG WE 1988, 18.

[275] BayObLG WE 1995, 61.

[276] BayObLG NJW-RR 1994, 276; NJW-RR 1995, 653 (654); WE 1998, 149 (150); WE 1999, 29 = NZM 1999, 132; OLG Düsseldorf DWE 1994, 42; OLG Schleswig NZM 2002, 960 (962); OLG Zweibrücken ZWE 2000, 93 = NZM 2000, 294 (Ls).

[277] BayObLG WE 1998, 149 (150).

[278] BayObLG WE 1992, 179; WE 1992, 177 f. = NJW-RR 1991, 1362; NZM 1999, 261 (Ls); KG ZMR 1985, 27; OLG Düsseldorf WE 1997, 310; *Huff,* FS für Bärmann/Weitnauer, S. 387.

[279] LG Hannover DWE 1984, 127 (Ls).

[280] BayObLG WE 1992, 197 (Ls).

[281] OLG Köln ZMR 2008, 817; KG NJW-RR 1997, 713; WE 1994, 213 (214) mwN.

[282] Vgl. Begründung zum Gesetzentwurf, BT-Drucks. 16/887 S. 28.

[283] *Abramenko* ZMR 2009, 97 f.

[284] BGH NJW 2000, 3500 (3503); *Hügel*/Elzer, Das neue WEG-Recht, 2007, § 7 Rn 2.

118 Nach bisherigem Verständnis konnte die nach § 22 Abs. 1 Satz 2 aF erforderliche Zustimmung des einzelnen beeinträchtigten WEers formlos außerhalb einer Versammlung, aber auch durch Beschluss in einer Versammlung erteilt werden.[285] Demgegenüber ist Rechtsfolge des neuen § 22 Abs. 1 Satz 1, dass bauliche Veränderungen beschlossen, d. h. durch entsprechende kollektive Willensbildung gestattet werden können und dass eine solche Willensbildung verlangt werden kann; einem Beschluss über bauliche Veränderungen muss jeder WEer zustimmen, dessen Rechte in der in § 22 Abs. 1 Satz 1 bezeichneten Weise beeinträchtigt wird. Problematisch ist, ob auch nach neuem Recht die erforderliche Zustimmung eines WEers zu baulichen Veränderungen außerhalb einer Versammlung erteilt werden kann[286] und mithin ein Beschluss der WEer nicht erforderlich ist[287] oder ob sie nunmehr nur durch Zustimmung zu einem Beschluss über diese baulichen Veränderungen und nicht mehr – wie nach bisherigem Recht – auch außerhalb einer Versammlung ohne Beschlussfassung formlos erteilt werden kann.[288]

119 **b) Die Zulässigkeit baulicher Veränderungen. aa) Der Wortlaut der Norm.** Nach dem Wortlaut des § 22 Abs. 1 Satz 1 können bauliche Veränderungen beschlossen werden, wenn jeder WEer zustimmt, dessen Rechte durch die Maßnahme über das in § 14 Nr. 1 bestimmte Maß hinaus beeinträchtigt werden. In dieser Regelung wird zwischen zwei verschiedenen Rechtsgeschäften differenziert, nämlich zwischen dem *Beschluss* der WEer über bauliche Veränderungen und der *Zustimmung* des einzelnen beeinträchtigten Wohnungseigentümers zu diesem Beschluss. Bauliche Veränderungen können nach dem Wortlaut der Norm durch einen Beschluss legitimiert werden, nicht durch *Zustimmung* beeinträchtigter WEer zu baulichen Veränderungen. Vielmehr müssen die erforderlichen Zustimmungen beeinträchtigter WEer durch Stimmabgabe zum Beschluss über die baulichen Veränderungen erklärt werden. Eine Regelung der Legitimation baulicher Veränderungen durch formlose Zustimmung außerhalb eines Beschlussverfahrens ist dem Wortlaut des § 22 Abs. 1 daher nicht zu entnehmen.

120 Die Verwendung des Modalverbs *können* deutet zwar darauf hin, dass der Beschluss eine Möglichkeit der Legitimation baulicher Veränderungen neben anderen ist. Da aber in § 22 andere Möglichkeiten, insbesondere die einer formlosen Zustimmung außerhalb eines Beschlussverfahrens, weder genannt noch geregelt werden, vielmehr neben dem Beschluss über bauliche Veränderungen auch noch ein Anspruch auf einen solchen Beschluss geschaffen wird, ist dieser nach § 22 Abs. 1 Satz 1 allein Voraussetzung einer baulichen Veränderung. Die Verwendung des Modalverbs *können* ist deshalb gerechtfertigt, weil bauliche Veränderungen in Ergänzung des § 22 Abs. 1 gemäß § 10 Abs. 2 Satz 2 auch durch Vereinbarung der WEer gerechtfertigt werden können.[289] Der Wortlaut des § 22 Abs. 1 Satz 1 enthält, soweit es die neu formulierte Beschlusskompetenz betrifft, keine Regelung einer formlosen Zustimmung zu baulichen Veränderungen, sondern nur eine Kompetenz der WEer zur Regelung baulicher Veränderungen durch Beschluss. Daraus ist zu schließen, dass Maßnahmen im Sinne des § 22 Abs. 1, sofern nicht eine Vereinbarung vorliegt, stets eines Beschlusses bedürfen.

---

[285] Vgl. Riecke/Schmid/*Drabek* § 22 Rn 23; *Hügel*/Elzer § 7 Rn 13.

[286] So *Häublein* ZMR 2007, 409 (420); *ders.* NZM 2007, 752; *Köhler,* Das neue WEG, Rn 387; *Armbrüster* ZWE 2007, 384 ff.; *ders.* ZWE 2008, 63 ff.; Jennißen/*Hogenschurz* § 22 Rn 13, 29.

[287] So wohl *Abramenko* § 4 Rn 4.

[288] So eingehend *Merle* ZWE 2007, 374 ff.; *Lüke* ZfIR 2009, 225 (228); ausführlich *Hügel,* FS Merle (2010), 167 ff.; *Spielbauer/Then* § 22 Rn 8; Palandt/*Bassenge* § 22 WEG Rn 6; *Elzer* ZWE 2007, 165 (176); *Hügel/Elzer* NZM 2009, 457 (464); *Hügel*/Elzer § 7 Rn 15 f.; Niedenführ/Kümmel/*Vandenhouten* § 22 Rn 4, 6; Riecke/Schmid/*Drabek* § 22 Rn 23; *Kümmel* ZMR 2007, 933; *Moosheimer* ZMR 2009, 809 (811); grds. auch *Derleder* ZWE 2008, 253 (262).

[289] Vgl. Staudinger/*Bub* (2005) § 22 Rn 43 a. E.; OLG Hamm ZMR 2005, 220 (221); *Bub,* FS Wenzel (2005), 123, 138 ff.

bb) Die Systematik. (1) Die Regelung des § 21. Nach § 21 Abs. 1 steht die Verwaltungskompetenz grundsätzlich allen WEern gemeinschaftlich zu, d. h. Verwaltungsmaßnahmen können nur mit Zustimmung sämtlicher WEer getroffen werden.[290] Dieser Grundsatz wird durch Absatz 3 durchbrochen: Maßnahmen ordnungsmäßiger Verwaltung *können* mit Stimmenmehrheit beschlossen werden, auf deren Vornahme zudem jeder einzelne WEer nach Absatz 4 einen individuellen Anspruch hat. Die Vornahme solcher Maßnahmen setzt trotz der Verwendung des Modalverbs *können* einen Beschluss der WEer voraus, wenn nicht die Verwaltungsmaßnahme durch gesetzliche Vorschriften oder – wie in Absatz 3 ausdrücklich vorgesehen – durch Vereinbarung der WEer legitimiert ist. **121**

Die Regelung des § 22 Abs. 1 steht in einem engen Zusammenhang mit § 21. Sie enthält für bauliche Veränderungen eine modifizierende Klarstellung.[291] Die Regelungsstrukturen beider Normen sind identisch. Unter näher genannten Voraussetzungen *können* nach 21 Abs. 3 Verwaltungsmaßnahmen, nach § 22 Abs. 1 Satz 1 bauliche Veränderungen beschlossen werden und hat jeder WEer einen individuellen Anspruch auf Vornahme einer Verwaltungsmaßnahme (§ 21 Abs. 4) bzw. einer baulichen Veränderung (§ 22 Abs. 1 Satz 1). Deshalb liegt für § 22 Abs. 1 Satz 1 die Annahme nahe, dass auch dort trotz Verwendung des Modalverbs *können* die Vornahme baulicher Veränderungen stets eines Beschlusses bedarf, wenn nicht die bauliche Veränderung durch Vereinbarung oder gesetzliche Regelung legitimiert ist. Damit fügt sich § 22 Abs. 1 zwanglos in die vorhandenen Regelungsinstrumente der WEer *„Vereinbarung und Beschluss"* ein. **122**

(2) Die Regelung des Anspruchs in § 22 Abs. 1 Satz 1. Nach § 22 Abs. 1 Satz 1 können bauliche Veränderungen verlangt werden, d. h. dem einzelnen WEer steht ein individueller Anspruch gegen die übrigen WEer zu, eine Maßnahme gemäß § 22 Abs. 1 Satz im Beschlusswege zu gestatten, wenn jeder WEer zustimmt, dessen Rechte durch die beabsichtigte Maßnahme über das in § 14 Nr. 1 bestimmte Maß hinaus beeinträchtigt werden. Die Schaffung eines solchen Anspruchs ist sinnvoll, wenn ein solcher Beschluss Voraussetzung für die Vornahme einer baulichen Veränderung ist.[292] **123**

Die Einräumung eines Individualanspruchs auf Legitimation baulicher Veränderungen durch Beschluss macht dagegen wenig Sinn, wenn die Zustimmung zu baulichen Veränderungen auch formlos ohne Beschlussverfahren erteilt werden kann. Denn der Anspruch auf einen Beschluss setzt die Zustimmung der beeinträchtigten WEer voraus, d. h. er besteht ohne deren vorherige, formlose Zustimmung nicht. Der einzelne WEer kann daher einen Anspruch auf einen Beschluss baulicher Veränderungen nur erfolgreich geltend machen, wenn die erforderlichen Zustimmungen bereits vorliegen. Liegen diese aber vor *und* kann die Zustimmung beeinträchtigter WEer zu baulichen Veränderungen formlos erteilt werden, benötigt ein WEer, der bauliche Veränderungen vornehmen will, für deren Zulässigkeit keinen Beschluss mehr. Vielmehr kann er ohne Weiteres die beabsichtigten baulichen Veränderungen vornehmen, weil die Zustimmungen der beeinträchtigten WEer – formlos – vorliegen. Der Schaffung eines Individualanspruchs im neuen § 22 Abs. 1 wäre überflüssig. **124**

Im Übrigen ist zweifelhaft, ob eine Klage, mit der ein WEer seinen Anspruch auf Zustimmung zu einem Beschluss über bauliche Veränderungen geltend macht, zulässig ist, wenn ein solcher Beschluss nicht Voraussetzung baulicher Veränderungen ist. Denn wenn die für die Entstehung und damit für die Geltendmachung des Anspruchs erforderlichen Zustimmungen der beeinträchtigten WEer vorliegen, kann der bauwillige Eigentümer die baulichen Veränderungen ohne Beschluss vornehmen, weil die erforderlichen Zustimmungen ja bereits vorliegen. Eine Klage auf einen Beschluss über die geplanten baulichen Veränderungen dürfte daher in der Regel mangels Rechtsschutzbedürfnisses unzulässig **125**

---

[290] Vgl. Staudinger/*Bub* § 21 Rn 3.

[291] Vgl. Rn 1 ff.; Staudinger/*Bub* (2005) § 22 Rn 6.

[292] Zustimmend *Lüke* ZfIR 2009, 225 (229); Niedenführ/Kümmel/*Vandenhouten* § 22 Rn 7.

sein,[293] weil der Kläger sein Ziel, bauliche Veränderungen vornehmen zu dürfen, bereits ohne Titel erreicht hat. Die Schaffung eines Individualanspruchs auf Gestattung baulicher Veränderungen durch Beschluss, der gerichtlich nicht durchsetzbar ist, ist aber sinnlos. Auch dies spricht dafür, dass ein Beschluss stets Voraussetzung einer Maßnahme im Sinne des § 22 Abs. 1 Satz 1 ist.

126 **(3) Die Regelung des § 23 Abs. 3.** Nach § 23 Abs. 3 ist ein Beschluss auch ohne Versammlung gültig, wenn alle WEer ihre Zustimmung zu diesem Beschluss schriftlich erklären. In dieser Norm wird derselbe Begriff der *Zustimmung* verwendet, wie in § 22 Abs. 1, soweit es dort um die Beschlusskompetenz geht. *Zustimmung* in § 23 Abs. 3 bedeutet positive Stimmabgabe zu einem Beschluss.[294] Diese Zustimmung kann nur im Rahmen des schriftlichen Beschlussverfahrens und nur gegenüber dem Initiator durch Abgabe von Ja-Stimmen erfolgen. Eine Zustimmung die nicht gegenüber dem Initiator oder außerhalb des schriftlichen Beschlussverfahrens erklärt wird, ist für das Zustandekommen des Beschlusses ohne Relevanz.

127 Auch in § 22 Abs. 1 Satz 1 erfolgt die *Zustimmung* zum Beschluss baulicher Veränderungen durch Abgabe von Ja-Stimmen im Rahmen einer Beschlussfassung, denn nach der Begründung zum Gesetzentwurf soll das Erfordernis der Zustimmung aller Beeinträchtigten *die benötigte Stimmenzahl regeln,*[295] also die Stimmabgabe. Die Zustimmung durch Stimmabgabe erfolgt daher in der Versammlung oder im Rahmen eines schriftlichen Beschlussverfahrens; formlos außerhalb eines Beschlussverfahrens kann die nach § 22 Abs. 1 Satz 1 für das Zustandekommen eines Beschlusses über bauliche Veränderungen erforderliche Zustimmung ebenso wenig erklärt werden, wie nach § 23 Abs. 3. Diese Auslegung harmoniert mit den Wertungen des § 23 Abs. 3 und vermeidet Widersprüche.

128 **cc) Die Entstehungsgeschichte.**[296] Aus der Begründung zum Regierungsentwurf lässt sich nicht nur *nicht* entnehmen, dass die bisherige Rechtslage, wie sie aus § 22 Abs. 1 Satz 1 aF entwickelt worden ist, völlig unverändert bleiben sollte. Vielmehr spricht die Begründung zur Neufassung des § 22 Abs. 1 Satz 1 dafür, dass nur ein Beschluss bauliche Veränderungen legitimieren kann, sofern diesen nicht eine Vereinbarung der WEer zugrunde liegt. Die missverständliche Formulierung, dass äußerstenfalls ein WEer bauliche Veränderungen *ähnlich* wie nach geltender Rechtslage allein durchführen kann, besagt nicht, dass ein Beschluss entbehrlich ist und die Zustimmung beeinträchtigter WEer ohne Beschlussverfahren erklärt werden kann.

129 **dd) Sinn und Zweck. (1) Der konkrete Gesetzeszweck.** Aus der Begründung zum Regierungsentwurf[297] folgt u. a. als konkreter Gesetzeszweck, dass die Eigentümergemeinschaft vor Durchführung einer baulichen Maßnahme mit der Sache befasst werden soll, damit nicht vollendete Tatsachen geschaffen werden, bevor ausreichend geprüft ist, wen eine Maßnahme nachteilig beeinträchtigt. Dieser Regelungszweck kann nur erreicht werden, wenn für jede Maßnahme im Sinne des § 22 Abs. 1 Satz 1 ein Beschluss der WEer erforderlich ist, sofern nicht eine Vereinbarung diese legitimiert. Kann eine Zustimmung zu solchen Maßnahmen auch außerhalb eines Beschlussverfahrens erklärt werden, kann es dazu kommen, dass diese ohne Beratung in der Eigentümergemeinschaft und auch ohne jegliche Information der Miteigentümer vorgenommen werden; äußerstenfalls könnten bauliche Veränderungen des GemE vorgenommen werden, von der nur der bauwillige WEer etwas weiß. Da dem *abgeholfen* werden soll, erfordert es der konkrete Gesetzeszweck, dass bauliche Veränderungen des GemE, wenn insoweit keine Vereinbarung vorliegt, durch Beschluss der WEer legitimiert werden. Nur dann ist gewährleistet, dass die Eigentümergemeinschaft

---

[293] So auch *Abramenko* § 4 Rn 4.

[294] Zustimmend *Lüke* ZfIR 2009, 225 (229).

[295] Vg. Begründung zum Regierungsentwurf BT-Drucks. 16/887 S. 28 r. Sp. unten.

[296] Vgl. dazu ausführlich *Merle* ZWE 2007, 374 (376 ff.).

[297] Vgl. BT-Drucks. 16/887 S. 28.

vor der Durchführung einer Maßnahme im Sinne des § 22 Abs. 1 Satz 1 damit befasst und darüber informiert wird. Dies bedeutet, dass die Zustimmung eines beeinträchtigten WEers zu baulichen Veränderungen nur durch Zustimmung zu einem diese rechtfertigenden Beschluss erklärt werden kann, nicht aber außerhalb eines Beschlussverfahrens.[298]

(2) Abstrakte Gesetzeszwecke. Kann die Zustimmung zu baulichen Veränderungen, die nicht vereinbart sind, nur durch Zustimmung zu einem diese legitimierenden Beschluss erteilt werden, dann wird für eine solche Regelung von den beiden Gestaltungsinstrumenten, die für privatautonome Regelungen des Verhältnisses der WEer untereinander vom Gesetz allgemein vorgesehen sind, der Beschluss verwendet. Könnte die Zustimmung eines beeinträchtigten WEers auch formlos außerhalb eines Beschlussverfahrens erteilt werden, würde dieses Instrumentarium lediglich für bauliche Veränderungen um einen Sonderfall im System der Willensbildung der WEer[299] erweitert, ohne dass hierfür ein Bedürfnis erkennbar ist. 130

Nach § 21 Abs. 3 bedürfen Maßnahmen ordnungsmäßiger Verwaltung, die nicht vereinbart sind oder auf gesetzlichen Vorschriften beruhen, stets eines Beschlusses, obwohl es um Maßnahmen geht, die auf die Erhaltung, Verbesserung und zweckbestimmungsgemäße Nutzung des GemE, d. h. dessen Werterhaltung gerichtet sind. Wäre nach § 22 Abs. 1 für bauliche Veränderungen kein Beschluss erforderlich, so läge ein Wertungswiderspruch vor. Denn bei baulichen Veränderungen geht es nicht um Werterhaltung, sondern um weitergehende Eingriffe in die Substanz des GemE, die jeden WEer als Mitberechtigten sachlich betreffen, so dass hieraus ein Recht auf Mitsprache abzuleiten ist, unabhängig davon, ob sich die Maßnahme für ihn vorteilhaft oder nachteilig auswirkt.[300] Die Möglichkeit, bauliche Veränderungen durch formlose Zustimmung nur beeinträchtigter WEer außerhalb eines Beschlussverfahrens zu legitimieren, würde das Mitspracherecht aller WEer gegenstandslos werden lassen. Deshalb ist es sachgerecht, für bauliche Veränderungen stets einen Beschluss zu erfordern. 131

Auch unter dem Gesichtpunkt der Praktikabilität ist eine Auslegung des § 22 Abs. 1 WEG vorzugswürdig, wonach nicht vereinbarte bauliche Veränderungen als Legitimation stets eines Beschlusses bedürfen und nicht schon auf Grund formloser Zustimmung nur der beeinträchtigten WEer vorgenommen werden können. Insbesondere das höchst umstrittene Problem[301] der **Bindung des Sondernachfolgers** eines WEers an eine bereits erteilte Zustimmung zu baulichen Veränderungen durch den Rechtsvorgänger entfällt. Liegt ein Beschluss baulicher Veränderungen vor, so wirkt dieser nämlich nach § 10 Abs. 4 auch gegen einen Sondernachfolger.[302] Die umstrittene Rechtsfrage, ob bauliche Veränderungen im Zeitpunkt der Rechtsnachfolge zumindest teilweise bereits begonnen worden sein müssen oder nicht, ist dann irrelevant und damit einhergehende, erforderliche tatsächliche Feststellungen entbehrlich. 132

ee) Ergebnis. Bauliche Veränderungen und Aufwendungen, die über die ordnungsmäßige Instandhaltung und Instandsetzung des GemE hinausgehen, bedürfen eines **Beschlusses** der WEer, sofern diese Maßnahmen nicht durch Vereinbarung der WEer gerechtfertigt sind. Die **Zustimmung** eines WEers, der durch eine solche Maßnahme nachteilig beeinträchtigt wird, kann nur im Rahmen eines **Beschlussverfahrens durch positive Stimmabgabe** zu dem entsprechenden Beschluss erklärt werden. Die Zustimmung beeinträchtigter WEer außerhalb eines Beschlussverfahrens legitimiert nicht die Vornahme von Maß- 133

---

[298] So auch *Kümmel* ZMR 2007, 933; Niedenführ/Kümmel/*Vandenhouten* § 22 Rn 2; Riecke/Schmid/*Drabek* § 22 Rn 23.

[299] Vgl. Staudinger/*Bub* (2005) § 22 Rn 2 zum bisherigen Recht.

[300] Vgl. auch Staudinger/*Bub* (2005) § 22 Rn 2.

[301] Siehe zuletzt *Bub,* FS Wenzel (2005) 123 ff.

[302] Vgl. hierzu *Hügel*/Elzer, § 7 Rn 21; dies. NZM 2009, 457 (465); *Hügel,* FS Merle (2010) 167 (177); zum bisherigen Recht siehe *Bub,* FS Wenzel, 123 (134 ff.).

nahmen im Sinne des § 22 Abs. 1 Satz 1. Die Rechtmäßigkeit baulicher Veränderungen, die nicht vereinbart sind, setzt nach nunmehr h. M. einen Beschluss oder eine Vereinbarung der WEer voraus. Ein einstimmiger Beschluss nur der beeinträchtigten WEer[302a] oder der Entschluss eines einzelnen WEers, wenn kein anderer WEer beeinträchtigt ist, die nach bisherigem Recht bauliche Veränderungen legitimieren konnten, reichen für die Rechtmäßigkeit baulicher Veränderungen nicht mehr aus.[303]

134 **c) Der Beschluss baulicher Veränderungen.** Nach § 22 Abs. 1 Satz 1 WEG haben WEer die Kompetenz, bauliche Veränderungen zu beschließen, wenn jeder WEer zustimmt, dessen Rechte durch die Maßnahme über das in § 14 Nr. 1 bestimmte Maß hinaus beeinträchtigt werden. Ein solcher Beschluss kann in einer Versammlung (§ 23 Abs. 1) oder im schriftlichen Verfahren (§ 23 Abs. 3) gefasst werden. Hierfür gelten die allgemeinen Vorschriften für die jeweilige Beschlussfassung mit der Besonderheit, dass zu einem Beschluss über bauliche Veränderungen die Zustimmung der WEer erforderlich ist, deren Rechte in der in § 22 Abs. 1 Satz 1 bezeichneten Weise beeinträchtigt werden. Die Aufhebung eines solchen Beschlusses bedarf dagegen nicht der Zustimmung aller von der Baumaßnahme betroffenen WEer, weil dieser Zweitbeschluss keine bauliche Veränderung zum Gegenstand hat.[304]

135 **aa) Die Stimmenmehrheit. (1) Beschluss in einer Versammlung.** Ein Beschluss über bauliche Veränderungen, der in einer WEVers gefasst werden soll, erfordert – Beschlussfähigkeit der WEVers vorausgesetzt – stets zumindest die Stimmenmehrheit der in der Versammlung erschienenen stimmberechtigten WEer;[305] die Zustimmung nur der WEer, die durch zu beschließende bauliche Veränderungen beeinträchtigt werden, reicht nicht aus, wenn diese nicht zugleich die Mehrheit der in der Versammlung erschienenen stimmberechtigten WEer repräsentieren. Ein Beschluss über eine bauliche Veränderung kommt daher nicht zustande, wenn trotz Zustimmung aller beeinträchtigten WEer zu geplanten baulichen Veränderungen nicht die Mehrheit aller in der Versammlung erschienenen WEer erreicht wird.

136 Eine Mehrheit von nicht durch eine bauliche Veränderung beeinträchtigten WEern kann folglich das Zustandekommen eines Beschlusses – zunächst – verhindern, wenn wegen ihres Stimmverhaltens die erforderliche Mehrheit der in der Versammlung erschienenen WEer verfehlt wird.[306] Im Falle eines solchen negativen Beschlusses fehlt die Legitimation für die beabsichtigte bauliche Veränderung durch Beschluss, obwohl die Zustimmungen der beeinträchtigten WEer vorliegen, so dass die Maßnahme nicht durchgeführt werden darf. Allerdings können bauwillige WEer, wenn alle beeinträchtigten WEer den baulichen Veränderungen zugestimmt haben, von den nicht beeinträchtigten WEern nach § 22 Abs. 1 Satz 1 verlangen, die bauliche Veränderung im Beschlusswege zu gestatten und so deren Gestattung – notfalls auch gerichtlich – durchsetzen. Hierzu ist eine Ungültigerklärung des negativen Beschlusses im Wege der Anfechtungsklage jedoch nicht erforderlich und auch nicht möglich.[307] Denn das festgestellte und verkündete negative Beschlussergebnis ist rechtmäßig. Rechtswidrig ist lediglich die Stimmabgabe des einzelnen WEers, der gegen einen Beschluss

---

302a *Hügel,* FS Merle (2010), 167 (177 f.)

303 So eingehend *Merle* ZWE 2007, 374 ff.; *Lüke* ZfIR 2009, 225 (228); *Hügel,* FS Merle (2010), 167 ff.; *Spielbauer/Then* § 22 Rn 8; Palandt/*Bassenge* § 22 WEG Rn 6; *Elzer* ZWE 2007, 165 (176); *Hügel/Elzer* NZM 2009, 457 (464); *Hügel*/Elzer § 7 Rn 15 f.; Niedenführ/Kümmel/*Vandenhouten* § 22 Rn 4, 6; Riecke/Schmid/*Drabek* § 22 Rn 23; *Kümmel* ZMR 2007, 933; *Moosheimer* ZMR 2009, 809 (811); grds. auch *Derleder* ZWE 2008, 253 (262); *Moosheimer* ZMR 2009, 809 (811); aA *Armbrüster* ZWE 2008, 64 f.

304 OLG Köln NZM 2002, 454; *Häublein* ZMR 2009, 424 (425).

305 Niedenführ/Kümmel/*Vandenhouten* § 22 Rn 117; aA insoweit *Lüke* (ZfIR 2009, 225 (228), der einen Stimmrechtsdausschluss nicht benachteiligter WEer annimmt.

306 So auch *Bub* ZWE 2005, 142 (143).

307 AA *Bub* ZWE 2005, 142 (143).

über bauliche Veränderungen gestimmt hat, wenn alle beeinträchtigten WEer diesem zugestimmt haben; in einem solchen Fall kann nämlich nach § 22 Abs. 1 Satz 1 die Zustimmung durch jeden einzelnen WEer zur Durchführung der Maßnahme verlangt werden, d. h. der Einzelne nicht beeinträchtigte WEer ist verpflichtet, dem Beschluss über die geplanten baulichen Veränderungen zuzustimmen. Die Bestandskraft des negativen Beschlusses steht einer erneuten Beschlussfassung der WEer über die geplanten baulichen Veränderungen nicht entgegen, vielmehr ermöglicht die Beschlusskompetenz gemäß § 22 Abs. 1 Satz 1 den WEern einen sog. Zweitbeschluss zu fassen.[308] Eine durch negativen Beschluss bereits geregelte bauliche Veränderung kann daher erneut und abweichend durch einen neuen Beschluss der WEer ohne oder mit gerichtlicher Hilfe geregelt werden.

(2) Beschluss im schriftlichen Verfahren. Soll ein Beschluss über bauliche Verän- 137
derungen im schriftlichen Verfahren gefasst werden, ist nach § 23 Abs. 3 stets die schriftliche Zustimmung aller WEer zu diesem Beschluss erforderlich. Ob ein WEer durch die beabsichtigte bauliche Maßnahme beeinträchtigt wird, ist für das Erfordernis der Zustimmung unerheblich.

bb) Die Zustimmung. (1) Erklärung. Für einem Beschluss nach § 22 Abs. 1 Satz 1 138
ist neben der Stimmenmehrheit der in einer Versammlung erschienenen WEer auch die Zustimmung der durch die baulichen Veränderungen beeinträchtigten WEer erforderlich. Das Erfordernis der Zustimmung aller Beeinträchtigten *regelt* nach der Begründung zum Regierungsentwurf *die benötigte Stimmenzahl.*[309] Die Zustimmung, erfolgt daher durch Abgabe von Ja-Stimmen im Rahmen der Beschlussfassung in der Versammlung;[310] formlos außerhalb eines Beschlussverfahrens kann die nach § 22 Abs. 1 Satz 1 für das Zustandekommen eines Beschlusses über bauliche Veränderungen erforderliche Zustimmung nicht erteilt werden. Ist die Stimmenmehrheit der in einer WEVers erschienenen WEer erreicht und umfasst sie auch die Zustimmungen der durch die bauliche Veränderung beeinträchtigten WEer, liegen die Voraussetzungen für die Feststellung und Verkündung eines positiven Beschlussergebnisses durch den Versammlungsleiter vor.

(2) Fehlende Zustimmung. Wird die Stimmenmehrheit der in der Versammlung 139
erschienenen WEer zwar erreicht, fehlt aber die Zustimmung auch nur eines beeinträchtigten WEers, etwa weil er sich der Stimme enthält[311] oder seine Zustimmung erfolgreich nach den §§ 119 ff. BGB anficht,[312] liegt ein **positives Beschlussergebnis nicht** vor;[313] der Versammlungsleiter hat festzustellen und zu verkünden, dass ein Beschluss über die geplante bauliche Veränderung nicht zustande gekommen ist.[314] Eine fehlende Zustimmung kann nicht nachgeholt werden, weil die Zustimmung durch positive Stimmabgabe in der WEVers gegenüber dem Versammlungsleiter abzugeben ist.[315] Stellt der Versammlungsleiter entgegen der wahren Rechtslage gleichwohl ein positives Beschlussergebnis fest und verkündet es, so ist der Beschluss wirksam; denn das Erfordernis der Zustimmung aller Beeinträchtigten ist nicht kompetenzbegründend.[315a] Die Rechtswirkungen dieses zunächst wirksamen Beschlusses können nur durch Anfechtung gemäß §§ 23 Abs. 4 Satz 2, 46 Abs. 1 beseitigt werden.[316] Fehlende Zustimmungen werden durch die Bestandskraft des Beschlusses ersetzt.

---

[308] Vgl. § 23 Rn 56.

[309] Vgl. Begründung zum Regierungsentwurf BT-Drucks. 16/887 S. 28 r. Sp. unten.

[310] So wohl auch LG München I NZM 2009, 868; vgl. Rn 133.

[311] OLG Celle OLGZ 1991,431 (432) = WE 1991, 330 = NJW-RR 1992, 86 (87).

[312] BayObLG ZWE 2001, 480 (481 f.) = NJW 2002, 71.

[313] AA *Armbrüster* ZWE 2008, 61 (66) und ZMR 2009, 252 ff.: Beschluss ist wirksam, zur Durchführung bedarf es der fehlenden Zustimmungen; dagegen *Abramenko* ZMR 2009, 97 (98).

[314] Vgl. LG München I NZM 2009, 868 = ZMR 2009, 874.

[315] BGHZ ZfIR 2002, 914 (915); vgl. § 23 Rn 31.

[315a] *Gottschalg,* FS Merle (2010), 131 (140).

[316] Begründung zum Regierungsentwurf, BT-Drucks. 16/887 S. 28 f.; *Briesemeister* S. 80; Niedenführ/Kümmel/ *Vandenhouten* § 22 Rn 5.

140 Wird eine bauliche Veränderung mehrheitlich beschlossen, durch die überstimmte WEer über das in § 14 bestimmte Maß hinaus beeinträchtigt werden, so verstößt der Mehrheitsbeschluss gegen § 22 Abs. 1. Ein solcher Beschluss ist allerdings nicht nichtig, sondern nur ungültig, wenn er gem. § 43 Nr. 4 für ungültig erklärt worden ist[317] (vgl. § 23 Abs. 4 Satz 2). § 22 Abs. 1 ist keine zwingende Norm[318] Auf Klage eines WEers ist der Beschluss für ungültig zu erklären. Dies gilt entgegen der Rspr. selbst dann, wenn der Mehrheitsbeschluss gefasst wurde, obwohl für alle Beteiligten keinerlei Zweifel bestanden, dass für einen derartigen Beschluss die Zustimmung aller WEer erforderlich ist.[319] Denn der Verkündung des Beschlussergebnisses kommt konstitutive Bedeutung zu, weshalb der Beschluss mit seiner Verkündung existent ist; auf das Bewusstsein der WEer, die bauliche Veränderung könne nur einstimmig vorgenommen werden, kommt es nicht an (vgl. dazu § 23 Rn 41 ff.).

141 Wird ein Antrag auf Ungültigkeitserklärung des Beschlusses nicht in der Frist des § 46 Abs. 1 Satz 2 gestellt oder erklärt das Gericht den Mehrheitsbeschluss nicht für ungültig, so bleibt es bei dessen Wirksamkeit.[320] Der Beschluss erwächst in Bestandskraft und bindet alle WEer, auch die hierdurch beeinträchtigten WEer, die nicht zugestimmt haben.[321] Die auf Grund des Beschlusses durchgeführte bauliche Veränderung ist rechtmäßig und von allen, auch von den beeinträchtigten WEern, zu dulden;[322] individuelle Beseitigungsansprüche der beeinträchtigten WEer sind gemäß § 1004 Abs. 2 BGB ausgeschlossen.[323] Nach Ansicht des OLG Hamm ist ein Beschluss der WEer nichtig, der inhaltlich darauf gerichtet ist festzustellen, dass ein rechtskräftig titulierter Anspruch eines einzelnen WEers auf Beseitigung einer baulichen Veränderung erfüllt sei.[324] Ein derartiger Beschluss dürfte regelmäßig im Sinne einer nachträglichen Genehmigung des gegenwärtigen baulichen Zustands auszulegen sein, die den anspruchsberechtigten WEer bindet, sofern der Beschluss nicht auf fristgerechte Anfechtung für ungültig erklärt wird; da der nachträgliche Genehmigungsbeschluss nicht Gegenstand der gerichtlichen Entscheidung über den Beseitigungsanspruch war, steht die Rechtskraft dieser Entscheidung einer bestandskräftigen Genehmigung nicht entgegen.

142 **(3) Behördliche Genehmigung.** Hat der die bauliche Veränderung vornehmende WEer diese durch die zuständige Behörde genehmigen lassen, ersetzt die öffentlich-rechtliche Genehmigung nicht die Zustimmung der anderen WEer gem. § 22 Abs. 1 S. 1. Baugenehmigungen etwa ergehen regelmäßig unbeschadet der privaten Rechte Dritter, so dass sie das privatrechtliche Verhältnis der WEer untereinander nicht beeinflussen.[325]

143 **cc) Kombinierte Beschlussfassung.** Es ist anerkannt, dass ein Beschluss grundsätzlich auch in der Weise gefasst werden kann, dass ein Teil der WEer in einer Versammlung und

[317] St. Rspr. BGHZ 54, 65 (69); BayObLG ZMR 1986, 249 (250); NJW-RR 1988, 1169; WE 1988, 32 (33); WE 1989, 53 (54); WE 1992, 26; NJW-RR 1993, 85 (86); WE 1991, 50; B. v. 17. 2. 1994, 2 Z BR 133/93; ZWE 2000, 577 (578) = NJW-RR 2000, 1399; KG OLGZ 1993, 52 (53) = NJW-RR 1992, 720 (721) = WE 1992, 283; OLG Hamm NJW-RR 1995, 909 (910); OLG Köln ZWE 2000, 591 f.

[318] Vgl. zum bisherigen Recht BGHZ 54, 65 (69).

[319] In diesem Fall wollen KG OLGZ 1993, 52 (55) = NJW-RR 1992, 720 (721) und OLG Frankfurt/M. OLGZ 1992, 437 (438) = NJW-RR 1993, 86 (86 f.) einen Nichtbeschluss annehmen; dieser Rspr. zustimmend *Gottschalg* WE 1997, 2.

[320] St. Rspr. BGHZ 54, 65 (69); BayObLG NJW-RR 1988, 1169; WE 1989, 53 (54); WE 1992, 26; WE 1992, 54; ZWE 2001, 480 (481) = NJW 2002, 71; KG OLGZ 1993, 52 54 f. = NJW-RR 1992, 720 (721) = WE 1992, 283; BayObLG NJW-RR 1993, 85 (86).

[321] *Abramenko* ZMR 2009, 97 f.; aA *Armbrüster* ZWE 2008, 61 (66); ZMR 2009, 252 f.

[322] *Sandweg* DNotZ 1993, 712; OLG Hamm WE 1997, 387 (388) = NJWE-RR 1997, 970.

[323] *Becker/Strecker* ZWE 2001, 569 (574).

[324] OLG Hamm ZWE 2001, 273 (275) = NZM 2001, 543.

[325] BayObLG WE 1992, 84 für eine Baugenehmigung; OLG Köln ZWE 2000, 486 (487) = NZM 2000, 296 für eine Genehmigung der Denkmalschutzbehörde.

ein anderer Teil außerhalb der Versammlung schriftlich dem Beschlussantrag zustimmt.[326] Die zu einer solchen kombinierten Beschlussfassung (sog. Sukzessivbeschluss) entwickelten Rechtsgrundsätze müssen jedoch vor dem Hintergrund, dass Feststellung und Verkündung des Beschlussergebnisses in der Versammlung bzw. die Mitteilung des Beschlussergebnisses bei schriftlicher Beschlussfassung notwendige Wirksamkeitsvoraussetzungen eines Beschlusses sind,[327] modifiziert werden.

(1) Versammlungsbeschluss und nachträgliche Zustimmung. Ohne Vereinbarung ist es unzulässig,[328] die bei Beschlussfassung in einer Versammlung für die erforderliche Stimmenmehrheit der erschienenen WEer fehlenden Ja-Stimmen und fehlende Zustimmungen beeinträchtigter WEer zu einem Beschluss über bauliche Veränderungen nachträglich durch schriftliche Zustimmungserklärungen nachzuholen.[329] Denn wenn in einer Versammlung die erforderlichen Zustimmungserklärungen nicht vorliegen, hat der Versammlungsleiter noch in der Versammlung[330] ein negatives Beschlussergebnis festzustellen und zu verkünden; dieses ist dann maßgebend und kann nicht nachträglich auf Grund neuer Tatsachen, weil nachträglich Zustimmungen erklärt worden sind, korrigiert werden. Stellt der Versammlungsleiter wegen erhoffter weiterer Zustimmungserklärungen ein Beschlussergebnis nicht fest, kann dieses nach späterer Abgabe von Zustimmungserklärungen nicht vom Versammlungsleiter außerhalb und nach der Versammlung festgestellt werden. Eine mögliche gerichtliche Feststellung des Beschlussergebnisses darf nur das Abstimmungsergebnis in der Versammlung berücksichtigen, weil es um die gerichtliche Ersetzung der unterbliebenen Feststellung des Versammlungsleiters geht, und muss daher einen Negativbeschluss zum Inhalt haben. 144

(2) Vorherige Zustimmung und Versammlungsbeschluss. Anders dürfte der umgekehrte Fall zu beurteilen sein, dass zunächst im schriftlichen Beschlussverfahren nach § 23 Abs. 3, das etwa von einem bauliche Veränderungen planenden WEer initiiert sein mag, schriftliche Zustimmungen beeinträchtigter WEer vorliegen und dann in einer Versammlung der Beschluss über geplante bauliche Veränderungen komplettiert werden soll. Dies ist notwendig, wenn nicht oder noch nicht alle WEer dem schriftlichen Beschluss zugestimmt haben, unabhängig davon, ob sie durch die baulichen Veränderung beeinträchtigt werden oder nicht. Auch ist es denkbar, dass ein bauliche Veränderungen planender WEer vorab die schriftlichen Zustimmungserklärungen nur der beeinträchtigten WEer einholt, um dann in einer Versammlung die baulichen Veränderungen beschließen zu lassen. Ein solches Vorgehen ist deshalb praktikabel und sinnvoll, weil der bauwillige WEer, wenn die beeinträchtigten WEer zugestimmt haben, von den anderen WEern den Beschluss der baulichen Veränderungen verlangen kann. Im Übrigen ist bei einem Versammlungsbeschluss nicht die Zustimmung aller WEer, sondern nur die Mehrheit der in der Versammlung erschienenen WEer erforderlich. Legt der bauwillige WEer die schriftlichen Zustimmungserklärungen in der Versammlung vor und werden in der Versammlung die eventuell erforderlichen Zustimmungen weiterer beeinträchtigter WEer erklärt und/oder die für die Mehrheit der in der Versammlung erschienenen WEer erforderlichen Ja-Stimmen abgegeben, dürften – auch wenn die schriftlich zustimmenden WEer nicht anwesend sind – die notwendigen Voraussetzungen eines Beschlusses über die baulichen Veränderungen erfüllt sein. Der Versammlungsleiter darf daher einen entspre- 145

[326] Vgl. § 23 Rn 103; Staudinger/*Bub* (2005) § 23 WEG Rn 208; Weitnauer/*Lüke* § 23 Rn 11; *Prüfer*, Schriftliche Beschlüsse, gespaltene Jahresabrechnungen (2001), S. 138 f.

[327] Vgl. § 23 Rn 41 ff., 103 ff.

[328] Vgl. § 23 Rn 101 f.

[329] AA Staudinger/*Bub* (2005) § 23 Rn 208; *Drasdo* S. 385 Rn 33.

[330] BGH ZWE 2001, 530 (534); die Ansicht von Staudinger/*Bub* (2005) § 23 Rn 208 unter Berufung auf Sauren (WEG, 4. Aufl. 2004), dieser unter Berufung auf eine 1995 ergangene Entscheidung des AG Aachen, wonach ein Beschluss unter Vorbehalt späterer Zustimmungen möglich sein soll, dürfte durch die Entscheidung des BGH aus dem Jahre 2001 überholt sein.

chenden Beschluss feststellen und verkünden. Dadurch wird vermieden, dass beeinträchtigte WEer, die ihre Zustimmung zu baulichen Veränderungen vorab schriftlich erklärt haben, in der Versammlung anwesend sein müssen, um nochmals ihre Zustimmung zum entsprechenden Beschluss zu erklären.

146 Begründen lässt sich dies damit, dass man die Vorlage der schriftlichen Zustimmungserklärungen abwesender WEer als Übermittlung der Ja-Stimmen durch Boten[331] entsprechend dem Rechtsgedanken des § 108 Abs. 3 AktG qualifiziert oder dass man in den schriftlichen Zustimmungserklärungen zugleich die konkludente Bevollmächtigung zur Stimmabgabe des die Zustimmungserklärungen vorlegenden WEer sieht. Lässt sich die Beschlussfassung rechtlich so erklären, liegt eine Beschlussfassung in einer Versammlung der WEer gemäß § 23 Abs. 1 vor.

147 Lässt sich aus rechtlichen Gründen die Vorlage schriftlicher Zustimmungserklärungen abwesender WEer nicht mit dem Boten- oder Vertretungsrecht erfassen, liegt eine **kombinierte Beschlussfassung** nach § 23 Abs. 1 und Abs. 3 vor.[332] Diese ist nur zulässig, wenn die WEer eine entsprechende Vereinbarung getroffen haben. Wird ohne eine solche Vereinbarung ein Beschluss durch Kombination von Abstimmungserklärungen, die in einer Versammlung und außerhalb einer Versammlung schriftlich abgegeben worden sind, als gefasst angesehen und verkündet, führt dies nicht zur Nichtigkeit des verkündeten Beschlusses.[333]

148 **dd) Inhalt und Rechtsfolgen des Beschlusses. (1) Zum Inhalt.** Inhaltlich ist in dem Beschluss zumindest die Art der vorzunehmenden baulichen Maßnahmen (Aufzug, Garage) festzulegen, ohne dass die konkrete Bauausführung schon bestimmt sein muss. Liegen dem Beschluss Bauzeichnungen zugrunde, kann darin eine Billigung der konkreten Bauausführung liegen.[334] Ist zwar das „Ob" einer geplanten baulichen Veränderung beschlossen, das „Wie" aber noch nicht detailliert geregelt, können **Konkretisierungen** durch Festlegung von Einzelheiten der Bauausführung, der Materialien, des Standortes, der Unternehmen etc. als Maßnahme ordnungsmäßiger Verwaltung nach § 21 Abs. 3 mit Stimmenmehrheit beschlossen werden;[335] ein solcher Konkretisierungsbeschluss muss dem Interesse der Gesamtheit der WEer nach billigem Ermessen entsprechen (§ 21 Abs. 4). Der Beschluss baulicher Veränderungen kann unter Bedingungen erfolgen, etwa kann seine Wirksamkeit von der Erfüllung von Auflagen[336] oder der Übernahme der (auch verschuldensunabhängigen) Haftung durch den ausbauenden WEer bei Schäden am GemE anhängig gemacht werden.[337]

149 Ob einzelne WEer durch eine bauliche Veränderung, die auf Grund eines Mehrheitsbeschlusses durchgeführt werden soll, beeinträchtigt werden oder nicht, ist durch **Auslegung** eben dieses Beschlusses zu ermitteln (siehe hierzu § 23 Rn 52 ff.). In der Praxis problematisch ist meist die Frage, inwieweit ein Mehrheitsbeschluss über bauliche Veränderungen auch Fragen der **Kostentragung** regelt. Einem Mehrheitsbeschluss, der eine bauliche Veränderung iSd § 22 Abs. 1 vorsieht, ohne ausdrücklich die Frage der Kostentragung zu regeln, kann grds. nicht entnommen werden, dass alle WEer entgegen der gesetzlichen Regelung des § 16 Abs. 6 Satz 1 Hs. 2 die Kosten der Umgestaltung tragen sollen. Vielmehr bleibt es bei der gesetzlich vorgesehenen Regelung, dass nicht zustimmen-

[331] Vgl. § 25 Rn 79.
[332] Vgl. § 23 Rn 101 f.
[333] Vgl. § 23 Rn 102.
[334] Vgl. OLG Hamburg WE 470 (471) m. Anm. *Ott* WE 1998, 472.
[335] Vgl. BayObLG NJW-RR 1988, 1169; OLG Braunschweig DWE 1991, 76 (77); BayObLG WE 1992, 20 (21); 1995, 286; NZM 1999, 910; OLG Düsseldorf NZM 2000, 390; Staudinger/*Bub* (2005), § 21 Rn 174 c.
[336] Vgl. BayObLG WE 1999, 194 (195); OLG Zweibrücken ZWE 2000, 283 (284) = NJW 2000, 2894.
[337] Vgl. *Armbrüster* WE 1998, 480 (481).

de WEer keine Kosten zu tragen haben.[338] Beschließen WEer mehrheitlich, dass entgegen der Regelung des § 16 Abs. 6 Satz 1 Hs. 2 alle WEer die Kosten der Umgestaltung zu tragen haben, ist dieser Beschluss entgegen der früheren Rechtslage nicht mangels Beschlusskompetenz nichtig.[339] Die erforderliche Beschlusskompetenz ergibt sich aus § 16 Abs. 4; liegen dessen Voraussetzungen nicht vor, ist der Beschluss aber anfechtbar.

(2) Legitimation und Sondernachfolge. Der vor Durchführung einer baulichen Veränderung gefasste Beschluss legitimiert die baulichen Maßnahmen. Eine nicht legitimierte bauliche Veränderung kann nachträglich durch Beschluss genehmigt werden.[340] Ob dies gewollt ist, muss durch Auslegung des Beschlusses ermittelt werden; in einem Beschluss, der sich lediglich gegen den Abriss einer rechtswidrigen baulichen Veränderung ausspricht, kann keine Genehmigung der Umgestaltung gesehen werden.[341] **Sondernachfolger** sind an den Beschluss nach § 10 Abs. 4 gebunden.[342] **150**

(3) Die Durchführung des Beschlusses. Zur Durchführung eines Beschlusses baulicher Veränderungen ist der Verwalter nach § 27 Abs. 1 Nr. 1 berechtigt und verpflichtet. Er hat daher die zur Ausführung der beschlossenen baulichen Veränderungen erforderlichen tatsächlichen und rechtlichen Maßnahmen vorzunehmen. Dies betrifft nicht nur bauliche Veränderungen, die im Interesse aller WEer vorgenommen werden, wie etwa der Einbau eines Fahrstuhls, Veränderung der gärtnerischen Gestaltung des Grundstücks oder die Installation einer Videoüberwachungsanlage. **151**

Der Verwalter ist auch berechtigt und verpflichtet, Beschlüsse über bauliche Veränderungen des gemE durchzuführen, die nur im Interesse eines einzelnen oder weniger WEer erfolgen, wie etwa der Durchbruch durch eine tragende Wand zwischen zwei Wohnungen oder das Anbringen einer Markise. Ein solche bauliche Veränderungen wünschender WEer kann diese daher nicht *ohne weiteres vornehmen,*[343] weil die Durchführung von Beschlüssen nach § 27 Abs. 4 zu den unabdingbaren Aufgaben und Befugnissen des Verwalters gehört. Das bedeutet jedoch nicht, dass der Verwalter diese Maßnahmen stets selbst vorzunehmen oder zu veranlassen hat. Die WEer können nämlich auf Grund ihrer Geschäftsführungsbefugnis ohne Verstoß gegen § 27 Abs. 4 die konkrete Art und Weise bestimmen, in der der Verwalter eine ihm zustehende, nicht einschränkbare Aufgabe zu erledigen hat.[344] Daher kann in einem Beschluss über bauliche Veränderungen eine konkrete Art der Durchführung vorgesehen werden, welche etwa den Abschluss von Werkverträgen durch den interessierten WEer und auch Eigenleistungen dieses WEers umfasst.[345] Nur vor diesem Hintergrund wird die Bemerkung in der Begründung des Regierungsentwurfs verständlich, wonach auf Verlangen eine einzelnen WEers durch Beschluss *die Erklärung des Einverständnisses mit der Durchführung der Maßnahme durch den Einzelnen, nicht aber dahin, dass die Gemeinschaft selbst die Maßnahme durchzuführen habe,* verlangt werden könne. Der Verwalter hat bei einer solchen Fallgestaltung die Ausführung der baulichen Veränderung durch den interessierten WEer zu überwachen und zu kontrollieren. Dies ist sinnvoll, denn dadurch wird erreicht, dass bei der Umgestaltung von Eigentum, das allen WEern gemeinschaftlich gehört, die Interessen der **152**

---

[338] BayObLGZ 1977, 89 (91); OLG Hamm WE 1997, 387 (388) = NJWE-RR 1997, 970; *Demharter* MDR 1988, 265 (267); *Niedenführ* NZM 2001, 1105 (1106); vgl. auch BayObLG WE 1987, 156 (157) mit abl. Anm. *Seuß;* aA *Röll* WE 1987, 182.

[339] Vgl. *Merle* ZWE 2001, 342 (344); *Wenzel* ZWE 2001, 226 (236) s. auch Rn 194; aA noch OLG Hamm NJW-RR 1995, 909 (910); *Niedenführ* NZM 2001, 1105 (1110); *Gottschalg* NZM 2001, 729 (730).

[340] BayObLG ZWE 2000, 577 (578) = NJW-RR 2000, 1399; BayObLG NZM 1999, 30 hinsichtlich der Genehmigung einer abweichenden Bauausführung.

[341] BayObLG WuM 1995, 504 (505).

[342] OLG Hamm WE 1991, 331 (332); NJW-RR 1996, 971 (972) = WE 1996, 351 f.

[343] Niedenführ/Kümmel/ *Vandenhouten* § 22 Rn 117; aA *Abramenko* § 4 Rn 4.

[344] Vgl. § 27 Rn 281.

[345] Vgl. auch BT-Drucks. 16/887 S. 29 l. Sp.

übrigen WEer hinsichtlich des GemE gewahrt werden. Eine solche Überwachungs- und Kontrollpflicht des Verwalters im Interesse aller WEer dürfte die Rechte der übrigen WEer nicht über das in § 14 Nr. 1 WEG bestimmte Maß hinaus beeinträchtigen, so dass aus diesem Grunde nicht die Zustimmung aller WEer erforderlich ist.[346]

153 **d) Der Anspruch auf bauliche Veränderungen. aa) Der Normzweck.** Nach § 22 Abs. 1 Satz 1 können bauliche Veränderungen und Aufwendungen, die über die ordnungsmäßige Instandhaltung und Instandsetzung des gemeinschaftlichen Eigentums hinausgehen, verlangt werden, wenn jeder WEer zustimmt, dessen Rechte durch die Maßnahme über das in § 14 Nr. 1 bestimmte Maß hinaus beeinträchtigt werden. Nach der Begründung zum Regierungsentwurf[347] *hat ein einzelner WEer einen individuellen Anspruch gegen die anderen WEer, eine Maßnahme im Sinne des § 22 Abs. 1 Satz 1 im Beschlusswege zu gestatten, wenn ihr alle dadurch beeinträchtigten WEer zugestimmt haben. Dies sei dahin zu verstehen, dass auf Verlangen etwa eines einzelnen WEers eine entsprechende Willensbildung der Eigentümergemeinschaft eingefordert werde, also der Erklärung des Einverständnisses mit der Durchführung der Maßnahme durch den Einzelnen, nicht aber dahin, dass die Gemeinschaft selbst die Maßnahme durchzuführen habe.* Damit wird ein Anspruch des einzelnen WEers auf Durchführung baulicher Veränderungen geschaffen, der bisher nicht existierte[348] und der es ihm jetzt ermöglicht, die rechtlich verbindliche Klärung der Zulässigkeit einer geplanten baulichen Veränderung vor deren Durchführung zu erreichen.[348a]

154 **bb) Die Voraussetzungen des Anspruchs.** Voraussetzungen des Anspruchs sind bauliche Veränderungen und Aufwendungen, die über die ordnungsmäßige Instandhaltung und Instandsetzung des GemE hinausgehen, *und* die Zustimmung jedes WEers, dessen Rechte durch die Maßnahmen über das in § 14 Nr. 1 bestimmte Maß hinaus beeinträchtigt werden. Gehen bauliche Veränderungen und Aufwendungen nicht über die ordnungsmäßige Instandhaltung und Instandsetzung des GemE hinaus, ist Rechtsgrundlage für die Vornahme einer solchen Maßnahme nicht § 22 Abs. 1, sondern § 21.

155 Die Zustimmung der WEer, deren Rechte durch konkrete bauliche Veränderungen in der in § 22 Abs. 1 Satz 1 bezeichneten Weise beeinträchtigt werden, ist Voraussetzung für die Entstehung des Anspruchs. Die Zustimmungserklärungen sämtlicher beeinträchtigten WEer müssen daher vorliegen, damit der Anspruch auf bauliche Veränderungen entsteht, denn andernfalls kann er nicht geltend gemacht werden. Es handelt sich folglich bei einer solchen Zustimmung nicht – wie bei der Regelung der Beschlusskompetenz – um die Abgabe einer Ja-Stimme im Rahmen eines Beschlussverfahrens, sondern um die Erklärung des Einverständnisses mit der Durchführung einer bestimmten tatsächlichen Maßnahme.[349] Fehlt auch nur die Zustimmung eines beeinträchtigten WEers, besteht kein Anspruch auf bauliche Veränderungen.

156 **cc) Die Rechtsfolge.** Fehlt eine Beeinträchtigung oder haben alle beeinträchtigten WEer geplanten baulichen Veränderungen zugestimmt, ist Rechtsfolge des Anspruchs gemäß § 22 Abs. 1 Satz 1, dass diese *baulichen Veränderungen verlangt werden können.* Dies bedeutet, dass jeder WEer von den anderen WEern verlangen kann, die geplanten baulichen Veränderungen durch Beschluss zu gestatten,[350] d. h. an einer diesbezüglichen Beschlussfassung teilzunehmen. Da ein Beschluss durch Abgabe entsprechender Willenserklärungen zustande kommt, ist jeder WEer nach § 22 Abs. 1 Satz 1 auch verpflichtet, die zur Beschlussfassung erforderliche Willenserklärung in Form einer Ja-Stimme abzugeben. Gläu-

[346] AA offenbar *Hügel*/Elzer, § 7 Rn 26 insoweit der Begründung zum Regierungsentwurf folgend (BT-Drucks. 16/887 S. 29 l. Sp. unten vor b).

[347] BT-Drucks. 16/887 S. 29 l. Sp.; *Hügel*/Elzer, § 7 Rn 26.

[348] *Abramenko* § 4 Rn 3.

[348a] LG München I ZWE 2010, 98.

[349] Zur Rechtsnatur der Zustimmungserklärung siehe *Bub,* FS Wenzel, 123 (124 ff.); wohl auch Niedenführ/Kümmel/ *Vandenhouten* § 22 Rn 139.

[350] Vgl. LG München I ZWE 2010, 98; BT-Drucks. 16/887 S. 29 l. Sp.

biger des Anspruchs ist der einzelne WEer. Schuldner des Anspruchs sind die anderen WEer, unabhängig davon, ob sie durch die bauliche Veränderung beeinträchtigt werden oder nicht. Im Ergebnis bedeutet dies, dass, wenn bauliche Veränderungen verlangt werden können, jeder WEer als Schuldner den anderen WEern gegenüber verpflichtet ist, an der entsprechenden Beschlussfassung mitzuwirken und einen positiven Beschluss über die baulichen Veränderungen durch Abgabe einer Ja-Stimme herbeizuführen.

Mangels Pflicht zur Teilnahme an einer Versammlung der WEer kann der Anspruch durch 157 Zustimmung zur baulichen Veränderung uU nur im Wege schriftlicher Beschlussfassung gemäß § 23 Abs. 3 verwirklicht werden. Der bauliche Veränderungen verlangende WEer kann daher einen Beschluss bestimmter baulicher Veränderungen, denen die beeinträchtigten WEer zugestimmt haben, im schriftlichen Verfahren initiieren und die nicht zustimmenden WEer gerichtlich auf Zustimmung in Anspruch nehmen.[351] Einer Klage gegen alle, auch gegen die WEer, die bereits zugestimmt haben, dürfte das Rechtsschutzbedürfnis fehlen.[352]

Die unter Berufung auf die Begründung zum Regierungsentwurf vertretene Ansicht,[353] 158 der einzelne WEer habe nur einen Anspruch darauf, dass die Eigentümergemeinschaft das Einverständnis zur Durchführung einer Maßnahme gemäß § 22 Abs. 1 Satz 1 durch ihn erkläre, nicht aber darauf, dass die Gemeinschaft selbst die Maßnahme durchführe, steht in Widerspruch zu § 27 Abs. 1 Nr. 1, Abs. 4. Der einzelne WEer hat, wenn alle beeinträchtigten WEer einer baulichen Maßnahme zugestimmt haben oder die Zustimmung der übrigen WEer nicht erforderlich ist, weil diese nicht beeinträchtigt sind, einen Anspruch auf Gestattung einer baulichen Veränderung im Beschlusswege. Davon zu unterscheiden ist die Durchführung der beschlossenen Maßnahme. Hierzu enthält § 22 Abs. 1 keine Regelung. Vielmehr gehört die Durchführung von Beschlüssen der WEer zu den unabdingbaren Aufgaben und Befugnissen des Verwalters unabhängig davon, in wessen Interesse die beschlossene Maßnahme liegt. Dies ist sinnvoll, da es um bauliche Veränderungen des allen WEern gehörenden GemE geht, so dass diese zumindest vom Verwalter im Interesse der Gemeinschaft überwacht und kontrolliert werden müssen. Dies schließt nicht aus, dass die WEer die Art und Weise der Durchführung konkretisieren und einen WEer mit der Vornahme betrauen, allerdings unter Kontrolle des Verwalters.[354]

dd) Die gerichtliche Durchsetzung des Anspruchs. (1) Zum Rechtsschutzbedürfnis. 159 Für Gestaltungsklagen auf eine bestimmte Regelung des Gebrauchs gemäß § 15 Abs. 3 oder auf eine ordnungsmäßige Regelung der Verwaltung gemäß § 21 Abs. 4 ist nach allgemeiner Ansicht[355] ein Rechtsschutzbedürfnis grundsätzlich erst dann gegeben, wenn der Kläger im Rahmen des Möglichen und Zumutbaren zuvor vergeblich versucht hat, die Regelung durch Beschluss herbeizuführen. Dasselbe muss für eine Klage auf Gestattung einer baulichen Veränderung gelten.[355a] Denn auch für Regelungen baulicher Veränderungen sind primär die WEer zuständig. Dadurch wird sichergestellt, dass die WEer über die geplante bauliche Veränderung informiert werden und dann einen Willen bilden. Erst danach kann das Ergebnis dieser Willensbildung gerichtlich überprüft werden. Eine Vorbefassung der WEer ist nur dann entbehrlich, wenn mit an Sicherheit grenzender Wahrscheinlichkeit feststeht, dass ein Beschluss baulicher Veränderungen von vornherein nicht die erforderliche Mehrheit finden würde.

(2) Zur gerichtlichen Geltendmachung. Verlangt ein WEer nach § 22 Abs. 1 bauli- 160 che Veränderungen, so hat er nach dem Dispositionsgrundsatz grds. die Wahl zwischen

---

[351] Vgl. Staudinger/*Bub* (2005) § 21 Rn 104 zum entsprechenden Anspruch nach § 21 Abs. 4.

[352] AA Niedenführ/Kümmel/*Vandenhouten* § 22 Rn 140: Klage gegen alle WEer.

[353] So *Abramenko* § 4 Rn 4; wie hier Niedenführ/Kümmel/*Vandenhouten* § 22 Rn 139.

[354] Siehe § 27 Rn 264; Niedenführ/Kümmel/*Vandenhouten* § 22 Rn 139.

[355] Vgl. § 43 Rn 187; Staudinger/*Wenzel* (2005) Vorbem. zu §§ 43 ff. Rn 61 mit weit. Nachw.; vgl. § 21 Rn 56.

[355a] LG München I ZWE 2010, 98.

einer Klage auf Zustimmung zu einem Beschluss über die geplanten baulichen Veränderungen durch Abgabe einer entsprechenden Willenserklärung und einer Klage auf Ersetzung des Beschlusses der Wohnungseigentümer gemäß § 21 Abs. 8.[356]

161 Eine **Klage auf Zustimmung** zu einem Beschluss über geplante bauliche Veränderungen, der in einer Versammlung der WEer nicht zustande gekommen ist, **fehlt** idR das **Rechtsschutzbedürfnis,** weil das Beschlussverfahren mit Verkündung des ablehnenden Beschlusses abgeschlossen ist. Zwar könnte ein WEer in einem solchen Fall oder wenn von vornherein feststeht, dass er für einen Gestattungsbeschluss keine Mehrheit findet, ein schriftliches Beschlussverfahren gem. § 23 Abs. 3 einleiten und auf Zustimmung der WEer klagen, die gegen den Gestattungsbeschluss gestimmt haben oder deren Zustimmung nicht zu erwarten ist. Indessen dürfte auch für solche Leistungsklagen idR das Rechtsschutzbedürfnis fehlen, weil mit der **Gestaltungsklage** sicherer und wirkungsvoller der Gestattungsbeschluss herbeigeführt werden kann.

162 Kommt ein Beschluss baulicher Veränderungen in einer Versammlung der WEer nicht zustande, weil trotz Zustimmung aller beeinträchtigten WEer die erforderliche Mehrheit nicht erreicht wird, ist es daher idR erforderlich, unmittelbar auf **gerichtliche Ersetzung des Beschlusses** (§ 21 Abs. 8) der WEer über die konkret vorgesehenen baulichen Veränderungen zu klagen. Die Klage nach § 43 Nr. 1 ist als **Gestaltungsklage** gegen alle übrigen WEer zu erheben.[357]

163 **e) Die Vereinbarung baulicher Veränderungen.** Bauliche Veränderungen können auch durch Vereinbarung der WEer legitimiert werden.[358] Einer Vereinbarung stehen solche Regelungen gleich, die vom aufteilenden Eigentümer gemäß §§ 8 Abs. 2, 5 Abs. 4 WEG getroffen und zwecks Bindung der Sondernachfolger als Inhalt ins Grundbuch (Gemeinschaftsordnung) eingetragen worden sind.

164 Die Vereinbarung eines **Sondernutzungsrechtes** kann eine Vereinbarung der WEer zur Vornahme von baulichen Veränderungen durch den Sondernutzungsberechtigten enthalten. Ob dies der Fall ist, muss durch Auslegung ermittelt werden. Hierbei ist davon auszugehen, dass ein SNR grds. nicht zu baulichen Veränderungen iSv § 22 Abs. 1 berechtigt. Berechtigt ein SNR nämlich bloß zur ausschließlichen Nutzung eines Teils des gemE, liegt die Vornahme einer baulichen Veränderung außerhalb des eingeräumten Rechts, da bauliche Veränderungen dauerhaft das gemE verändern. Räumt das SNR hingegen etwa die Befugnis ein, dass WEer auf ihren Balkonen Wintergärten errichten dürfen, deckt dies eine infolgedessen vorgenommene Balkonverglasung ab, die als bauliche Veränderung sonst eines Beschlusses der WEer bedurft hätte.[359]

165 Ist eine bauliche Veränderung vereinbart worden, so bindet diese Vereinbarung nach § 10 Abs. 3 auch **Sondernachfolger,** wenn sie als Inhalt des SE im **Grundbuch eingetragen** ist.[360] Eine **nicht im Grundbuch eingetragene Vereinbarung** wirkt **für** den Sondernachfolger eines WEers auch ohne Eintragung im GB, so dass ihn begünstigende Regelungen zur Vornahme baulicher Veränderungen bei Sondernachfolge erhalten bleiben;[361] **gegen** den Sondernachfolger, d. h. zu seinem Nachteil, wirkt sie nicht, so dass sie bei Sondernachfolge insgesamt hinfällig wird. Dies hat zur Folge, dass bei Sondernachfolge des WEers, dem bauliche

---

[356] Vgl. zur entsprechenden Rechtslage bei § 21 Abs. 4 Staudinger/*Wenzel* (2005) Vorbem. zu §§ 43 ff. Rn 64; Staudinger/*Bub* (2005) § 21 Rn 118; vgl. § 21 Rn 55.

[357] Vgl. § 43 Rn 190.

[358] OLG Hamm, ZMR 2005, 220 (221); *Bub* FS Wenzel (2005) 123 (138 ff.); *Lüke* ZfIR 2009, 225 (229); Niedenführ/Kümmel/*Vandenhouten* § 22 Rn 141.

[359] BayObLG WE 1999, 148 (149); OLG Düsseldorf ZWE 2001, 79 = NZM 2000, 334 (Ls); OLG Köln MDR 1997, 1020; ZWE 2000, 486 = NZM 2000, 296; OLG Schleswig ZWE 2001, 506 (507); *Schuschke* NZM 1998, 737 (738 f.); *Ott,* Sondernutzungsrecht, S. 118 ff.

[360] Ausführlich *Bub, FS* Wenzel (2005), S. 123 (138 ff.).

[361] BayObLG NZM 2003, 3212 f.; OLG Düsseldorf NZM 2001, 530; OLG Hamm WE 1999,70 = NZM 1998, 873.

Veränderungen gestattet wurden, die Wirksamkeit der Vereinbarung nicht berührt wird, so dass auch dem Sondernachfolger das vereinbarte Recht zu baulichen Veränderungen zusteht. Der Sondernachfolger eines beeinträchtigten WEers, der baulichen Veränderungen zugestimmt und dadurch seinen Unterlassungsanspruch verloren hat, ist dagegen an die nicht eingetragene Vereinbarung nur gebunden, wenn er rechtsgeschäftlich in sie eingetreten ist, was Kenntnis der Vereinbarung und einen rechtsgeschäftlichen Eintrittswillen erfordert.[362] Dasselbe gilt für Vereinbarungen baulicher Veränderungen **vor Entstehen der Gemeinschaft.**[363]

5. Die Entbehrlichkeit der Zustimmung

a) Zweck der Regelung. Nach § 22 Abs. 1 Satz 2 ist die Zustimmung eines WEers zu baulichen Veränderungen und Aufwendungen, die über die ordnungsmäßige Instandhaltung oder Instandsetzung des gemE hinausgehen, nicht erforderlich, soweit seine Rechte durch die Maßnahmen nicht über das in § 14 Nr. 1 bestimmte Maß hinaus beeinträchtigt werden. Ein WEer, der durch solche Maßnahmen in seinen Rechten nicht oder nur in einem Maße verletzt wird, das bei einem geordneten Zusammenleben unvermeidlich ist, bedarf nicht des Schutzes durch § 22 Abs. 1 Satz 1. Werden seine Rechte nicht oder nur unerheblich verletzt, ist seine Zustimmung entbehrlich. Die Zustimmung aller beeinträchtigten WEer würde gewünschte Veränderungen des gemE unnötig erschweren. Dies gilt es insbesondere deshalb zu vermeiden, da im Gegensatz zur Bruchteilsgemeinschaft die WE-gem unaufhebbar ist. Aus diesem Grund mildert § 22 Abs. 1 Satz 2 das Zustimmungserfordernis des Abs. 1 Satz 1 ab.[364] 166

Wird ein WEer durch eine Veränderung nicht oder nur unwesentlich in seinen Rechten beeinträchtigt, ist es bereits im Hinblick auf den Sinn und Zweck des § 22 Abs. 1 nicht erforderlich, die bauliche Veränderung auch von seiner Zustimmung abhängig zu machen. Abs. 1 Satz 2 stellt damit nicht bloß eine Ausprägung des § 242 BGB dar, die Norm führt die Regelung des Abs. 1 Satz 1 vielmehr konsequent zu Ende, indem sie bestimmt, unter welchen Voraussetzungen ein einzelner WEer baulichen Veränderungen nicht zuzustimmen braucht. 167

Aus dem Kreis der WEer, deren Zustimmung notwendig ist, scheiden damit nach Abs. 1 Satz 2 diejenigen aus, deren Rechte nicht über das in § 14 bestimmte Maß hinaus beeinträchtigt werden.[365] Alle anderen beeinträchtigten WEer müssen der Maßnahme zustimmen. 168

b) Die Bedeutung der Verweisung auf § 14 Nr. 1. Nach § 22 Abs. 1 hängt die Frage, welche WEer zuzustimmen haben, davon ab, ob durch die Maßnahme ein WEer über das in § 14 Nr. 1 bestimmte Maß hinaus beeinträchtigt wird oder nicht. Danach ist jeder WEer verpflichtet, die im SE stehenden Gebäudeteile so instand zu halten und diese sowie das gemeinschaftliche Eigentum so zu gebrauchen, dass dadurch **keinem anderen WEer über das bei einem geordneten Zusammenleben unvermeidliche Maß hinaus ein Nachteil erwächst.** 169

§ 22 Abs. 1 Satz 2 ist folglich so zu verstehen, dass die Zustimmung derjenigen WEer zu Maßnahmen iSd Abs. 1 entbehrlich ist, denen durch die Veränderung kein über das bei einem geordneten Zusammenleben unvermeidliche Maß hinausgehender Nachteil erwächst. **Nachteil** iSd § 14 Nr. 1 ist dabei jede nicht ganz unerhebliche Beeinträchtigung.[366] Mit anderen Worten: Es muss sich um eine Rechtsbeeinträchtigung handeln, die nicht bloß völlig belanglosen oder bagatellartigen Charakter hat.[367] 170

---

[362] OLG Hamm, WE 1997, 32 f.; aA zum alten Recht *Bub,* FS Wenzel (2005), S. 123 (141 f.).

[363] KG ZMR 2001, 656.

[364] Vgl. BGHZ 116, 392 (398) = NJW 1992, 978 (980) = WE 1992, 105 (106).

[365] BGHZ 116, 392 (398) = NJW 1992, 978 (980) = WE 1992, 105 (106).

[366] St. Rspr.: vgl. OLG Düsseldorf ZWE 2010, 92 (93); ZMR 2008, 221 (222); BayObLG WE 1987, 51 (52); BayObLGZ 1982, 69 (75); BayObLG DWE 1984, 27 (28); NJW-RR 1992, 150 (151) = WE 1992, 201 (202); BayObLGZ 1992, 358 (360) = NJW-RR 1993, 336; KG OLGZ 1993, 427 (428) = NJW-RR 1993, 909 = WE 1993, 220; OLG Zweibrücken WE 1999, 139 (144).

[367] OLG Düsseldorf NJW-RR 1994, 277.

171 Folglich ist zunächst zu prüfen, ob ein WEer durch die Veränderung überhaupt in seinen Rechten nicht nur ganz unwesentlich beeinträchtigt wird, d. h. durch die Veränderung einen Nachteil erleidet. Im Rahmen dieser Prüfung ist allein die Beeinträchtigung des WEers maßgeblich, eine Güterabwägung findet nicht statt.[368] Es spielt keine Rolle, ob eine bestimmte bauliche Veränderung zwingend erforderlich ist.[369]

172 Ist ein solcher Nachteil festgestellt worden, muss in einem zweiten Schritt geprüft werden, ob dieser das bei einem geordneten Zusammenleben der WEer unvermeidliche Maß überschreitet.[370] Indem § 22 Abs. 1 Satz 2 iVm mit § 14 Nr. 1 auf „das bei einem geordneten Zusammenleben unvermeidliche Maß" abstellt, erlangt § 22 Abs. 1 Satz 2 generalklauselartigen Charakter.[371] Aus diesem Grund ist bei der Frage, ob eine Beeinträchtigung über dieses Maß hinausgeht, zu berücksichtigen, welche Interessen die beteiligten WEer verfolgen. Dabei spielt insbesondere die Bedeutung der einzelnen Interessen eine Rolle. Zwar findet auch an dieser Stelle keine Güterabwägung in dem Sinne statt, dass dem gewichtigeren Interesse stets der Vorzug gebührt.[372] Soll jedoch geklärt werden, ob eine bestimmte Beeinträchtigung vermeidbar ist oder nicht, ist es zwingend erforderlich, die Interessen des oder der änderungswilligen WEer und die der beeinträchtigten Eigentümer zu vergleichen und gegeneinander abzuwägen.[373] Im Rahmen der Feststellung, welche Nachteile bei einem geordneten Zusammenleben unvermeidbar sind, müssen folglich die Interessen aller Beteiligten Berücksichtigung finden.

173 **c) Maßstab und Kriterien zur Bestimmung einer Beeinträchtigung.** Von Bedeutung sind nur **objektive und konkret feststellbare Beeinträchtigungen.**[374] Es muss sich tatsächlich um einen Nachteil für einen oder mehrere WEer handeln. Eine Veränderung des gemE, die ausschließlich Verbesserungen für alle bringt, kann keine Beeinträchtigung im Sinne des § 22 Abs. 1 Satz 2 zur Folge haben.[375] Auch in einer Veränderung, die zwar keine Verbesserung bringt, jedoch auch nicht nachteilig wirkt, kann ein Nachteil nicht gesehen werden.[376] Einen Nachteil stellt allerdings die Belastung mit den Kosten dar (vgl. dazu Rn 158 und 248).

174 **Maßstab** zur Beurteilung, ob eine Umgestaltung beeinträchtigend wirkt, ist, ob sich nach der Verkehrsanschauung ein WEer in der betreffenden Situation verständlicherweise beeinträchtigt fühlen kann.[377] Es ist eine objektivierte Betrachtung notwendig. Das subjektive Empfinden eines Eigentümers, seine Ängste und Befürchtungen allein spielen bei der Beurteilung keine Rolle.[378] Ausreichend ist auch nicht die fern liegende, mehr oder weniger theoretische Möglichkeit einer Rechtsbeeinträchtigung.[379] So reicht etwa die nur theoretische Möglichkeit, dass durch den Einbau einer Lichtkuppel Undichtigkeiten am Dach auftreten können, nicht aus, wenn derartige Un-

---

[368] OLG Hamm WE 1993, 318 (319).

[369] So noch BayObLGZ 1971, 273 (281).

[370] *Junker* WEZ 1987, 11 f. und 15 f.; vgl. auch OLG Düsseldorf NJW-RR 1994, 277.

[371] *Junker* WEZ 1987, 16.

[372] *Junker* WEZ 1987, 16; OLG Hamm WE 1993, 318 (319); OLG Düsseldorf WE 1997, 310.

[373] OLG Düsseldorf ZWE 2010, 92 (93); *Junker* WEZ 1987, 16; allg. für eine Interessenabwägung: *Röll* NJW 1984, 106; OLG Köln NJW 1981, 585.

[374] BGHZ 116, 392 (396) = NJW 1992, 978 (979) = WE 1992, 105 (106); KG OLGZ 1993, 427 (428) = NJW-RR 1993, 909 = WE 1993, 220; WuM 1994, 99; OLG Düsseldorf NJW-RR 1994, 277; KG NJW-RR 1997, 587 (588); *Junker* WEZ 1987, 12.

[375] Vgl. LG Hamburg DWE 1987, 31 (Ls).

[376] BayObLG ZMR 1987, 344 (345).

[377] BGHZ 116, 392 (396) = NJW 1992, 978 (979) = WE 1992, 105 (106); KG OLGZ 1993, 427 (428) = NJW-RR 1993, 909 = WE 1993, 220; BayObLG WE 1987, 156 (157).

[378] OLG Düsseldorf ZWE 2010, 92 (93); BayObLG WE 1987, 156 (157); Weitnauer/*Lüke* § 22 Rn 12.

[379] BayObLG WE 1992, 19 (20); *Junker* WEZ 1987, 12; aA wohl OLG Celle Nds. RPfl. 1981, 38 (39) und OLG Celle DWE 1981, 31 (34).

dichtigkeiten bei einem handwerklich fachgerechten Einbau des Oberlichts praktisch ausgeschlossen sind.[380] Das bloße **Risiko** einer Beeinträchtigung ist eben noch keine Beeinträchtigung und damit im Rahmen des § 22 Abs. 1 Satz 2 unbeachtlich. Ein Nachteil liegt erst vor, wenn durch die bauliche Maßnahme die Beeinträchtigung eines anderen WEers hinreichend wahrscheinlich ist. Das nur theoretische Risiko einer Beeinträchtigung hat sich in diesem Fall bereits zu einer **Gefahr** verdichtet. Gefährdungen stellen jedoch bereits Nachteile iSd § 22 Abs. 1 Satz 2 dar, die nur zu dulden sind, wenn sie nicht über das bei einem geordneten Zusammenleben unvermeidliche Maß hinausgehen.

Zu berücksichtigen ist vor allem die konkrete Situation der WE-Anlage, in der die bauliche Veränderung durchgeführt wird. Dabei spielt insbesondere der **räumliche Bezug** eines WEers zu einer Umgestaltung des gemE eine Rolle.[381] So kann bei einer Mehrhausanlage die Zustimmung derjenigen WEer nach § 22 Abs. 1 Satz 2 entbehrlich sein, die im benachbarten Gebäude leben und deshalb durch die nicht in ihrem Gebäude vorgenommene bauliche Veränderung keinen Nachteil erleiden.[382] Auch die **personelle Zusammensetzung** einer Anlage ist im Rahmen der Prüfung, ob jemand über das in § 14 Nr. 1 bestimmte Maß hinaus beeinträchtigt ist, von Bedeutung. Sind WEer eng miteinander verwandt, müssen sie im Rahmen des § 22 Abs. 1 auch Nachteile als unvermeidlich hinnehmen, die von Fremden in einem vergleichbaren Fall nicht hätten hingenommen werden müssen.[383] Dies folgt für Eltern und Kinder aus § 1618 a BGB, der diese zur gegenseitigen Rücksichtnahme verpflichtet. § 1618 a BGB dient dabei als Interpretationshilfe, welche Nachteile im Rahmen eines geordneten Zusammenlebens in einer WE-Anlage unvermeidbar sind.[384] 175

Ebenso kann berücksichtigt werden, ob einem WEer, der bauliche Veränderungen an einem bestimmten Teil des gemeinschaftlichen Eigentums vornimmt, ein **Sondernutzungsrecht** an diesem Teil bestellt ist. Dieses berechtigt zwar grundsätzlich nicht zu baulichen Veränderungen (vgl. Rn 31). Jedoch zeigen WEer, die einem Einzelnen ein derartiges Recht einräumen, dass sie mit einer intensiveren Inanspruchnahme dieses Teiles des gemE durch den Eigentümer einverstanden sind.[385] Auch dies kann im Rahmen des § 22 Abs. 1 Satz 2 von Bedeutung sein.[386] Eine bauliche Veränderung, die eine zweckbestimmungswidrige Nutzung eines Teileigentums ermöglicht, bewirkt jedoch einen nicht hinzunehmenden Nachteil.[387] 176

Ist zu prüfen, ob einem WEer ein unvermeidbarer Nachteil erwächst, spielt ebenfalls eine Rolle, wie sich die bauliche Veränderung in Zukunft auswirken wird, allerdings nur, wenn sich die Veränderungen zwangsläufig ergeben. So ist etwa zu bedenken, dass Bäume im Laufe der Zeit wachsen und so die Zufuhr von Licht in Zukunft verhindern können.[388] Ebenso muss bei einem neuen Betonfundament in Rechnung gestellt werden, dass dieses in einer anderen Jahreszeit durch stärkere Benutzung zu erheblichen Geräuschentwicklungen führt.[389] In derartigen Fällen darf nicht nur die zeitliche Situation unmittelbar nach Umgestaltung des gemeinschaftlichen Eigentums maßgebend sein. 177

---

[380] KG OLGZ 1992, 426 (428) = WE 1992, 285.

[381] Vgl. OLG Hamburg OLGZ 1989, 309 (311 f.) und KG NJW-RR 1988, 586 (586) zu § 14 Nr. 1.

[382] LG Kiel NJW-RR 1990, 719 f.

[383] BayObLGZ 1992, 358 (369) = NJW-RR 1993, 336 f. = WE 1994, 25 (26).

[384] Vgl. MünchKomm-*Hinz* BGB § 1618 a Rn 12.

[385] *Junker* WEZ 1987, 13; *Ott,* Sondernutzungsrecht, S. 121 f.

[386] Vgl. zu einem Fall des bloßen Gebrauchs des gemeinschaftlichen Eigentums OLG Düsseldorf WE 1990, 24 f.; aA wohl BayObLG WE 1990, 210 (211).

[387] OLG Düsseldorf WuM 1996, 170.

[388] Vgl. LG Frankfurt NJW-RR 1990, 24.

[389] OLG Hamburg OLGZ 1989, 309 (312) = WE 1989, 141.

178 Dagegen bleibt **außer Betracht,** ob statt der durchgeführten baulichen Veränderungen andere Maßnahmen zu ähnlichen oder noch intensiveren Beeinträchtigungen anderer WEer geführt hätten.[390] Hierbei handelt es sich um sog. hypothetische Kausalverläufe. Zu beurteilen ist ausschließlich die konkret vorgenommene bauliche Veränderung, nicht eine noch mögliche, zukünftige Umgestaltung, die ungewiss ist. Zukünftige Veränderungen werden nur dann berücksichtigt, wenn sie zwangsläufig mit der konkreten Umgestaltung verbunden sind. Ohne Bedeutung ist ebenfalls, ob durch die bauliche Veränderung Teile des gemE vernichtet oder beschädigt wurden. Maßgeblich ist alleine, ob die Maßnahme zu Beeinträchtigungen der WEer führt. Eine Maßnahme kann folglich gem. § 22 Abs. 1 Satz 2 zustimmungsfrei sein, obwohl Teile des gemE dadurch zerstört werden.[391] Schließlich spielt es für die Beurteilung, ob anderen WEern Nachteile entstehen keine Rolle, dass eine bauliche Maßnahme bereits behördlich genehmigt wurde.[392] Ein Nachteil kann nicht bereits aus dem Umstand hergeleitet werden, dass die Baumaßnahme gegen gesetzliche Bestimmungen oder Vereinbarungen der WEer verstoßen.[393]

179 Aufgrund des generalklauselartigen Charakters des § 22 Abs. 1 Satz 2 iVm mit § 14 Nr. 1 ist bei der Beurteilung der Frage, ob ein Nachteil vorliegt, der das in § 14 Nr. 1 bestimmte Maß übersteigt, auch der objektive Wertgehalt der **Grundrechte** zu berücksichtigen.[394] Diese sind zwar primär Abwehrrechte des Individuums gegen den Staat. Ihnen kann jedoch auch eine objektive Wertentscheidung entnommen werden, die bei der Auslegung des einfachen Rechts zu berücksichtigen ist.[395] § 22 Abs. 1 Satz 2 dient insofern als „Einfallstor" der Grundrechte in das WE-Recht und ermöglicht so deren **mittelbare Drittwirkung.** Im Rahmen des § 22 Abs. 1 Satz 2 spielen insbesondere Art. 5 und 14 GG eine Rolle (vgl. dazu Rn 231, 247 ff.).

180 **d) Mögliche Beeinträchtigungen.** Die Beeinträchtigungen, die im Rahmen des § 22 Abs. 1 von Bedeutung sind, lassen sich in die nachfolgenden Gruppen einteilen. Diese Aufzählung ist jedoch nicht abschließend, sondern dient lediglich dazu, mögliche Nachteile übersichtlicher darzustellen.

181 **aa) Eingriffe in Statik und Substanz des Gebäudes.** Ein Nachteil kann darin liegen, dass durch die Veränderung des gemE in die bauliche Substanz und Statik des Gebäudes eingegriffen wird. Darin wird meist ein Nachteil für andere WEer liegen. Jedoch führt nicht jeder Eingriff in die Bausubstanz des Gebäudes schon zu einer Beeinträchtigung der anderen WEer, so dass deren Zustimmung erforderlich würde.[396] Ansonsten würde jede bauliche Veränderung, die Mauer- oder Deckendurchbrüche erfordert, zwangsläufig alle anderen WEer über das in § 14 bestimmte Maß beeinträchtigen. Zu fordern ist vielmehr, dass der Eingriff in die bauliche Substanz oder Statik des Gebäudes von einiger **Erheblichkeit** ist.[397] Dies ist immer dann der Fall, wenn die Umgestaltung umfangreiche Sicherungs- und Ausgleichsmaßnahmen erforderlich macht, um Gefahren für die Standsicherheit des Gebäudes zu vermeiden.[398] Bei derart weitreichenden Baumaßnahmen können eventuelle **Schäden am GemE** oft nur unter Schwierigkeiten festgestellt werden, bzw. ist nicht mehr

390 Vgl. OLG Düsseldorf WE 1989, 98 (100); aA Staudinger/*Bub* § 22 Rn 62.

391 BayObLG NJW-RR 1987, 1359 = WE 1988, 34 (35).

392 KG OLGZ 1990, 155 (158) = NJW-RR 1990, 334 (335) = WE 1990, 91 (92).

393 BayObLG ZWE 2002, 213 f.

394 BVerfG NJW 1995, 1665 = DWE 1995, 61; OLG Düsseldorf NJW 1993, 1274 (1275) = WE 1993, 86; AG Dortmund WuM 1996, 242 (243); *Kreile/Kreile,* FS für Gaedertz, S. 326.

395 St. Rspr. vgl. BVerfGE 98, 205 ff.

396 OLG Hamburg WE 1987, 161.

397 So auch BayObLGZ 1990, 120 (123) = WE 1991, 254; NJW-RR 1991, 1490 (1491) = WE 1992, 171 (172); NJW-RR 1992, 272 (273) = WE 1992, 228; OLG Zweibrücken WE 1999, 139 (144). Ähnlich OLG Düsseldorf ZMR 1993, 581 (582), das darauf abstellt, dass statische Probleme auftreten.

398 BayObLG NJW-RR 1992, 272 (273); vgl. auch OLG Köln 1995, 502 (503).

feststellbar, ob Schäden auf diesen konkreten baulichen Veränderungen beruhen.[399] Insofern lassen sich negative Auswirkungen auf das gemeinschaftliche Eigentum nicht ausschließen. Darin ist ein Nachteil iSd § 22 Abs. 1 iVm § 14 Nr. 1 zu sehen, der regelmäßig über das bei einem geordneten Zusammenleben unvermeidbare Maß hinausgeht (vgl. Rn 184).

Bei Durchbrüchen durch Decken und Wände zur Verbindung von zwei selbstständigen WE-Einheiten liegt ein Nachteil nicht schon darin, dass ein der Teilungserklärung und § 3 Abs. 2 S. 1 widersprechender Zustand entsteht. § 3 Abs. 2 S. 1 ist eine bloße Sollvorschrift, die im Wesentlichen die WEer schützen soll, deren Einheiten durch die fehlende Trennung berührt werden. Verbinden zwei WEer ihre Einheiten miteinander, erfasst § 3 Abs. 2 S. 1 diesen Fall nicht. Da die bauliche Veränderung als tatsächliches Geschehen die Teilungserklärung unverändert lässt, führt ein Wand- oder Deckendurchbruch keine Unrichtigkeit des Grundbuchs herbei, so dass die anderen WEer auch insoweit nicht beeinträchtigt werden. Im Übrigen ist anerkannt, dass die WEer eine Vereinigung mehrerer WE-Einheiten analog § 890 BGB nicht verhindern können, so dass auch dies dagegen spricht, ihnen das Recht zuzugestehen, eine tatsächliche Vereinigung von WE-Rechten zu untersagen.[400] 182

bb) Schäden am gemE oder SE. Nachteilig sind auch bauliche Veränderungen, die zu Schäden am Eigentum anderer WEer, sei es am gemeinschaftlichen Eigentum oder am SE führen. 183

Ein Nachteil iSd Abs. 1 liegt bereits dann vor, wenn Schäden am gemE oder SE hinreichend wahrscheinlich sind, also die **Gefahr eines Schadens** besteht. Der Nachteil kann auch darin liegen, dass durch die Baumaßnahme eventuelle Schäden nicht mehr oder nur noch erschwert feststellbar, zuzuordnen oder behebbar sind.[401] Dies wird regelmäßig bei Baumaßnahmen der Fall sein, die in erheblichem Maße in Statik und Substanz des Gebäudes eingreifen.[402] Bei größeren Bauvorhaben ist deshalb schon aus diesem Grund sachverständliche Beratung hinsichtlich aller bautechnischen Fragen unbedingt erforderlich. Nur so lässt sich beurteilen, ob der Eintritt von Schäden ausgeschlossen ist.[403] 184

cc) Nachteilige Veränderung des optischen Gesamteindrucks. Auch eine Veränderung des optischen Bildes des gemE kann einen Nachteil iSd § 22 Abs. 1 darstellen. Diese Fallgruppe ist in der Praxis von großer Bedeutung. Ob in einer Veränderung des optischen Gesamteindruckes ein Nachteil zu sehen ist, richtet sich nach den allgemeinen Maßstäben und Kriterien (vgl. Rn 173 f.), nämlich ob WEer durch die Veränderung in ihren Rechten beeinträchtigt werden. Dies ist nur der Fall, wenn sich die Veränderung erstmalig oder verstärkend objektiv nachteilig auf das optische Bild des Gebäudes auswirkt.[404] Nicht jede 185

---

[399] BayObLGZ 1990, 120 = WE 1991, 254.

[400] BGHZ 146, 241 (246 f.) = ZWE 2001, 314 = NJW 2001, 1212 mit Anm. *Hügel* NotBZ 2001, 107 und krit. Anm. *Schmidt* ZfIR 2001, 212; BayObLGZ 2000, 252 (253) = ZWE 2000, 575 = NZM 2000, 1231 unter Aufgabe seiner früheren Rspr. – vgl. WE 1997, 118 (119); *Heerstraßen* DWE 1994, 3; *Niedenführ* NZM 2001, 1105 (1108 f.); *Röll* WE 1998, 367 f; aA noch KG OLGZ 1990, 155 (158) = NJW-RR 1990, 334 (335) = WE 1990, 91 (92); OLGZ 1993, 427 (428) = NJW-RR 1993, 909 = WE 1993, 220; OLG Zweibrücken ZMR 2000, 254 mit abl. Anm. *Abramenko* ZMR 2000, 255.

[401] BayObLGZ 1990, 120 (123) = WE 1991, 254; WE 1991, 256 (257).

[402] Vgl. Rn 181.

[403] BayObLG WE 1995, 159 (160).

[404] BGHZ 116, 392 (396) = NJW-RR 1992, 978 (979) = WE 1992, 105 (106); BayObLG WE 1995, 249; WuM 1994, 565; NJW-RR 1987, 1357 (1358); WEZ 1988, 34 (36); NJW-RR 1988, 588 (589); WE 1989, 65 (66); WuM 1990, 90; WuM 1991, 303; WE 1992, 138 (139); WE 1992, 201 (202) = NJW-RR 1992, 150 (151); WE 1993, 88 (Ls); WuM 1992, 563 (564); NJW 1995, 202 = WE 1994, 306; WE 1994, 26 (27); WE 1995, 125 (126); NJWE-MietR 1997, 112 = WuM 1997, 186 in st. Rspr.; wohl auch OLG Karlsruhe DWE 1991, 28; OLG Düsseldorf ZMR 1993, 581 (583); ZMR 2008, 222; OLG Frankfurt/M. DWE 1994, 115; OLG Zweibrücken NJW 1992, 2899 = WE 1992, 318 (319); WE 1998, 237 = NZM 1998, 376; OLG Schleswig NZM 1999, 422; zur Verstärkung des optischen nachteiligen Gesamteindrucks OLG Düsseldorf ZWE 2001, 34 (36) = NZM 2001, 243.

optische Veränderung hat zwangsläufig einen Nachteil für die WEer zur Folge. Veränderungen, die den optischen Gesamteindruck der WE-Anlage verbessern oder jedenfalls nicht verschlechtern, wirken sich nicht nachteilig iSd § 22 Abs. 1 aus. Vgl. dazu die Beispiele unter Rn 204 (Balkon), Rn 205 (Blumenkästen), Rn 207 (Dachfenster), Rn 217 (Fenster), Rn 240 (Leuchtreklame), Rn 247 (Parabolantenne), Rn 264 (Rollladen), Rn 273 (Tore und Türen) und Rn 284 (Werbeschilder).

186 Die gegenteilige Ansicht,[405] die in jeder, das architektonische Bild verändernden Maßnahme einen Nachteil sieht, ist abzulehnen. Diese Meinung widerspricht dem Wortlaut des § 22 Abs. 1, der eindeutig auf eine Rechtsbeeinträchtigung abstellt. Eine bloße Veränderung führt jedoch nicht zwangsläufig zu einer Beeinträchtigung. Dazu bedarf es vielmehr der weiteren Feststellung, ob der optische Gesamteindruck der Anlage nachteilig betroffen ist.[406] Die gegenteilige Ansicht des KG widerspricht außerdem der Auffassung des BGH,[407] der eine Beeinträchtigung iSd Abs. 1 ebenfalls erst dann annimmt, wenn ein WEer sich nach der Verkehrsanschauung verständlicherweise beeinträchtigt fühlen darf.

187 **dd) Erhöhung der Wartungs- oder Reparaturanfälligkeit.** Ein Nachteil kann darin liegen, dass sich durch die Umgestaltung die Wartungs- oder Reparaturanfälligkeit des gemeinschaftlichen Eigentums erhöht,[408] unabhängig davon, wer die Kosten hierfür zu tragen hat.[409] Allerdings reicht die rein theoretische Möglichkeit eines erhöhten Reparaturbedarfes nicht aus. Eine erhöhte Reparatur- oder Wartungsanfälligkeit kann auch nicht allein mit dem Hinweis begründet werden, Teile des gemE würden durch die bauliche Veränderung technisch komplizierter.[410] Technisch aufwändiger heißt eben noch nicht zwangsläufig reparaturanfälliger. Da Umgestaltungen fast immer Modernisierungen zur Folge haben und damit häufig Teile des gemE technisch komplizierter werden, führt die gegenteilige Ansicht des OLG Karlsruhe[411] dazu, dass nahezu jede bauliche Veränderung Nachteile mit sich bringt.

188 **ee) Intensivere Nutzung.** Eine Beeinträchtigung iSd § 22 Abs. 1 kann darin liegen, dass die bauliche Veränderung eine intensivere Nutzung des Eigentums ermöglicht.[412] Dies ist regelmäßig der Fall, wenn **Räume des gemE,** die vorher nicht zu Wohnzwecken dienten, in einer Weise umgebaut werden, die eine Wohnnutzung ermöglicht. Die Nutzung eines Raumes zu Wohnzwecken ist so erheblich intensiver als zu sonstigen Zwecken (z. B. Keller, Speicher), dass in dieser gesteigerten Nutzung immer eine Beeinträchtigung aller anderen WEer liegt.[413] Daran ändert auch ein zugunsten eines WEers bestelltes SNR

---

[405] OLG Zweibrücken NJW-RR 1987, 1358; OLGZ 1989, 181 (182) = WE 1989, 102; WE 1998, 237 = NZM 1998, 376; offen lassend WE 1999, 139 (144); seine bisherige Rspr. aufgebend nunmehr ZWE 2000, 93 (94) = NZM 2000, 294 (Ls); KG WE 1992, 256 = NJW-RR 1992, 1232, wohl aufgegeben durch KG OLGZ 1992, 426 (428) = WE 1992, 285; OLG Köln NJW 1981, 585; WE 1990, 172; ZWE 2000, 546 (547) = NZM 2000, 765; wohl auch OLG Düsseldorf WE 1990, 203; *Niedenführ* NZM 2001, 1105 (1108).

[406] LG Hamburg ZMR 2009, 141 (142).

[407] BGHZ 116, 392 (396) = NJW 1992, 978 (979) = WE 1992, 105 (106); vgl. auch BayObLG WE 1993, 345 (346).

[408] Vgl. BayObLG WE 1989, 65 (66); KG OLGZ 1991, 186 (188) = WE 1991, 133 (134) = DWE 1991, 28; OLGZ 1992, 426 (428) = WE 1992, 285.

[409] BayObLG WE 1989, 66.

[410] So aber für den Austausch einer Dachluke durch ein Dachflächenfenster OLG Karlsruhe DWE 1991, 28.

[411] DWE 1991, 28.

[412] Vgl. BayObLG WE 1987, 51 (52); NJW-RR 1988, 589; WE 1990, 70 (71); WE 1992, 19 (20) = NJW-RR 1991, 140; WE 1992, 171 (172); NJW-RR 1992, 272 (273) = WE 1992, 228; ZMR 1993, 543 (536); ZMR 1993, 476 (477); NJW-RR 1994, 82 f.; OLG Hamburg OLGZ 1992, 186 (187); KG OLGZ 1993, 427 (429) = NJW-RR 1993, 909 (910) = WE 1993, 220; OLG Frankfurt NZM 2008, 322 (323).

[413] BayObLG WE 1990, 70 (71); ZMR 1993, 476 (478) = NJW-RR 1993, 1295 (Ls); OLG Köln ZWE 2000, 546 (547) = NZM 2000, 765.

an den umgestalteten (Keller- oder Speicher-)Räumen nichts.[414] Dieses berechtigt lediglich, den Teil des gemE etwa als Keller bzw. Speicher zu nutzen, jedoch nicht zu Wohnzwecken.

Auch eine intensivere Nutzung von **SE** kann eine Beeinträchtigung anderer WEer zur Folge haben.[415] Ein WEer kann sein SE gem. §§ 13 Abs. 1, 14 Nr. 1 nicht schrankenlos nutzen. Allerdings liegt die Schwelle, ab der eine intensivere Nutzung des SE zu einer Beeinträchtigung der anderen WEer führt, höher als bei einer intensiveren Nutzung des gemE. Denn dem Grundsatz nach ist jedem WEer sein SE gem. § 13 Abs. 1 zur alleinigen Nutzung zugewiesen, während er das gemE nur mit den anderen WEern zusammen nutzen darf. Haben WEer über längere Zeit eine der Teilungserklärung widersprechende Nutzung eines TE zu Wohnzwecken geduldet, so müssen sie nicht auch bauliche Veränderungen am gemeinschaftlichen Eigentum hinnehmen, die durch öffentliches Recht für eine Wohnnutzung dieser Art vorgeschrieben ist.[416] **189**

Auch eine **Änderung der Zweckbestimmung** des Eigentums, sei es des gemeinschaftlichen oder des SE, stellt dann eine Beeinträchtigung der anderen WEer dar, wenn eine intensivere Nutzung ermöglicht wird (vgl. Rn 148).[417] **190**

ff) Entzug der Gebrauchsmöglichkeit des gemE. Ein Nachteil kann anderen WEern dadurch entstehen, dass sie von der Möglichkeit, das gemE gem. § 13 Abs. 2 zu gebrauchen, ausgeschlossen werden.[418] Dies folgt schon daraus, dass der die Veränderung vornehmende Eigentümer Alleinbesitz an Teilen des gemE begründet, worin eine verbotene Eigenmacht gem. § 858 Abs. 1 BGB liegt.[419] Jedoch ist auch in diesen Fällen zu untersuchen, ob die Begründung von Alleinbesitz nur einen so geringen Teil des gemE betrifft, dass die Beeinträchtigung nicht das in § 14 Nr. 1 bestimmte Maß überschreitet. Dieses Maß wird idR nicht überschritten, wenn ein WEer an seiner Wohnung eigenmächtig einen Balkon anbringt, der alle anderen Eigentümer vom Gebrauch eines nur 75 cm breiten Grundstücksteils ausschließt;[420] auch wird hierdurch nicht ein SNR eingeräumt.[421] Kann an einen Kamin nur ein Ofen angeschlossen werden, werden durch den Anschluss eines Kaminofens durch einen WEer alle übrigen WEer vom Mitgebrauch völlig ausgeschlossen.[422] **191**

gg) Gefährdung der WEer. Eine bauliche Veränderung bedarf der Zustimmung aller WEer, wenn diese durch die Umgestaltung erhöhten Gefährdungen ausgesetzt werden. Davon kann regelmäßig ausgegangen werden, wenn bestehende Sicherheitseinrichtungen am Gebäude entfernt und nicht durch äquivalente Einrichtungen ersetzt werden. Ein Nachteil in diesem Sinne kann etwa dadurch entstehen, dass das Gebäude nach der Veränderung nicht mehr so feuersicher ist, wenn eine Brandmauer durchgebrochen und eine nicht ausreichend feuersichere Tür eingebaut wird. Gefährdungen liegen jedoch nicht nur vor, wenn bestehende Sicherheitsvorkehrungen entfernt werden. Diese können auch dann entstehen, dass bei einem Umbau gesundheitsgefährdende Materialien (etwa Asbest)[423] verwendet werden. Eine solche Gefährdung lässt sich nicht allein mit dem Hinweis ent- **192**

---

[414] Vgl. BayObLG WE 1990, 70 f.; ZMR 1993, 476 (478) = NJW-RR 1993, 1295 (Ls).

[415] Vgl. BayObLG NJW-RR 1988, 589; WE 1992, 228 = NJW-RR 1992, 272 (273); OLG Köln DWE 1988, 24 (25).

[416] BayObLG WE 1989, 65 (66).

[417] OLG Düsseldorf WuM 1996, 170 (171); *Niedenführ* NZM 2001, 1105 (1108); Palandt/*Bassenge* § 22 Rn 17.

[418] BayObLG NJW-RR 1993, 85 (86); OLG Düsseldorf DWE 1989, 80 (Ls); OLG Köln ZWE 2000, 486 = NZM 2000, 296.

[419] KG ZMR 1985, 346 (347), NJW-RR 1993, 403 = WE 1993, 50.

[420] Vgl. BayObLG WuM 1991, 215 (216).

[421] Vgl. BayObLG NZM 2004, 384 f.

[422] LG München I ZMR 2009, 482 (483).

[423] Vgl. *Halstenberg* WuM 1993, 155 ff.

kräften, die bauliche Maßnahme sei **behördlich genehmigt,** genüge also bau- und feuerpolizeilichen Anforderungen.[424] Denn von behördlicher Seite wird nur geprüft, ob bestimmte Mindestanforderungen eingehalten werden. Die behördliche Genehmigung einer Baumaßnahme ist allerdings ein Indiz, dass Gefährdungen nicht zu erwarten sind.

193 **hh) Immissionen.** Auch Immissionen können zu Beeinträchtigungen anderer WEer führen.[425] Dabei kommen zunächst alle Immissionen in Betracht, die auch **im Rahmen des § 906 BGB** eine Rolle spielen.[426] Eine große Bedeutung haben in der Praxis Lärmimmissionen. Als Orientierung, ob Lärm über das bei einem geordneten Zusammenleben unvermeidliche Maß hinausgeht, können die in technischen Regelwerken enthaltenen Schallschutzanforderungen (DIN-Normen) dienen.[427] Unmittelbare Bindungswirkung entfalten DIN-Normen jedoch nicht.[428] Auch Geruchsimmissionen können sich nachteilig auswirken.[429]

194 Im Rahmen des § 22 Abs. 1 sind außerdem, die von § 906 BGB nicht erfassten sog. **„negativen Immissionen"** zu berücksichtigen. So kann etwa der Entzug von Licht oder Luft für andere WEer einen über das in § 14 Nr. 1 bestimmte Maß hinausgehenden Nachteil bedeuten. Eine derartige „negative Immission" kann sich zugleich auch auf den optischen Gesamteindruck des gemeinschaftlichen Eigentums auswirken und auch deshalb nachteilig sein.

195 Keine Beeinträchtigung werden regelmäßig Immissionen hervorrufen, die nur bei der Durchführung der Baumaßnahme entstehen. Diese sind nur von kurzer Dauer und werden sich deshalb regelmäßig in den durch § 14 Nr. 1 gezogenen Grenzen halten.[430] Ausnahmsweise können bei lang andauernden und größeren Bauvorhaben Immissionen verursacht werden, die dieses Maß überschreiten und deshalb die anderen WEer iSd § 22 Abs. 1 beeinträchtigen.[431]

196 **ii) Wirtschaftliche Entwertung des Eigentums.** Ein Nachteil kann darin liegen, dass die Umgestaltung des gemE eine wirtschaftlich vorteilhafte bauliche Gestaltung beseitigt.[432] Führt die Umgestaltung nur zur wirtschaftlichen Entwertung eines SEs, so erleidet nur dieser WEer einen Nachteil, wird dagegen das gemE entwertet, sind alle Eigentümer iSd § 22 Abs. 1 betroffen.

197 **kk) Bestandsschutz.** Eine Beeinträchtigung anderer WEer kommt auch dann in Betracht, wenn eine durchgeführte bauliche Veränderung rückgängig gemacht werden soll, für die – sei es auf Grund der Zustimmung der benachteiligten WEer oder auf Grund fehlenden Nachteils für andere WEer gem. §§ 22 Abs. 1, 14 Nr. 1 – Bestandsschutz besteht. So entspricht ein Beschluss der WEer, wonach allgemein die von verschiedenen WEern vorgenommenen baulichen Veränderungen zu beseitigen und der vormalige Bauzustand wiederherzustellen ist, nicht ordnungsmäßiger Verwaltung, weil zunächst geklärt werden muss, ob und gegebenenfalls welche baulichen Veränderungen Bestandsschutz genießen.[433]

198 **e) Unbeachtliche Beeinträchtigungen.** Bestimmte Nachteile, die für die anderen WEer durch eine bauliche Veränderung entstehen, sind im Rahmen des § 22 Abs. 1 bedeutungslos.

---

[424] OLG Celle Nds. Rpfleger. 1981, 38 (39).

[425] BayObLG WE 1990, 91 (92), WE 1991, 204 (Ls); OLG Hamburg OLGZ 1989, 309 (312) = WE 1989, 141.

[426] Vgl. dazu Palandt/*Bassenge* BGB § 906 Rn 4 ff.

[427] BayObLG WuM 1993, 287 (288); OLG Düsseldorf ZMR 2007, 206 ff.; 2008, 223 ff.

[428] BayObLG WuM 1993, 287 (288).

[429] BayObLG WE 1991, 204 (Ls).

[430] BayObLGZ 1990, 120 (124) = WE 1991, 254.

[431] BayObLGZ 1990, 120 (124) = WE 1991, 254.

[432] OLG Stuttgart OLGZ 1991, 40 (43) = WE 1991, 139.

[433] OLG Düsseldorf WE 1997, 309.

aa) Das „faktische Kostenrisiko". Für § 22 Abs. 1 ist es nicht relevant, dass WEer, die einer baulichen Veränderung nicht zugestimmt haben, evtl. faktisch mit Folgekosten der Maßnahme belastet werden.[434] WEer, die einer Maßnahme nach § 22 Abs. 1 nicht zugestimmt haben, sind gem. § 16 Abs. 6 Satz 1 Hs. 2 nicht verpflichtet, die durch die Umgestaltung verursachten Kosten zu tragen (vgl. dazu unten Rn 252 f.). Damit werden die der Umgestaltung nicht zustimmenden WEer grds. auch von den Folgekosten freigestellt.[435] Zwar können diese WEer ausnahmsweise mit Folgekosten belastet werden, falls diese durch eine ordnungsgemäße Instandhaltung oder Instandsetzung verursacht werden, wenn das baulich veränderte gemE nach einiger Zeit ordnungsgemäß instand gehalten oder instandgesetzt werden muss. In diesen Fällen kann der mit diesen Kosten belastete Eigentümer im Innenverhältnis bei den Eigentümern, die die bauliche Veränderung vorgenommen haben, Regress nehmen. Im Außenverhältnis haftet er jedoch zunächst für derartige, durch eine ordnungsgemäße Verwaltung verursachte Kosten. Sollten WEer, die der baulichen Veränderung zugestimmt haben, insolvent sein, bleibt es auch im Innenverhältnis entgegen § 16 Abs. 6 Satz 1 Hs. 2 faktisch bei der Kostentragung durch nicht zustimmende WEer (sog. **„faktisches Kostenrisiko"**). Allein die Möglichkeit, für insolvente WEer durch ordnungsgemäße Verwaltung bedingte Kosten tragen zu müssen, kann jedoch nicht als Nachteil iSd § 22 Abs. 1 angesehen werden.[436] Die Möglichkeit für wirtschaftlich ausfallende Eigentümer haften zu müssen, ist bereits im Gemeinschaftsverhältnis an sich angelegt und stellt gerade kein durch die bauliche Veränderung verursachtes Risiko dar.[437] Außerdem würde die Regelung des § 22 Abs. 1 hinfällig, denn das Risiko für wirtschaftlich ausfallende WEer haften zu müssen, besteht bei jeder baulichen Veränderung. Insofern wäre gem. § 22 Abs. 1 Satz 2 immer die Zustimmung aller WEer zu baulichen Veränderungen erforderlich. 199

bb) Der Bereicherungsausgleich. Keinen Nachteil erleiden einzelne WEer, wenn sie gem. § 812 BGB durch die bauliche Veränderung erlangte Vorteile herauszugeben haben. Denn die §§ 812 ff. BGB schöpfen lediglich rechtsgrundlos erlangte Vermögensvorteile wieder ab. Darin kann keine Beeinträchtigung iSd § 22 Abs. 1 liegen.[438] 200

cc) Die Mitwirkungspflicht zur Beseitigung einer baulichen Veränderung. Ein im Rahmen des § 22 Abs. 1 relevanter Nachteil ergibt sich nicht aus einer möglichen Inanspruchnahme gem. § 21 Abs. 4.[439] Danach kann jeder WEer im Fall einer unzulässigen baulichen Veränderung deren Beseitigung von der Gemeinschaft verlangen, wenn der Störer, der gem. §§ 1004 BGB, 22 Abs. 1 primär zur Beseitigung verpflichtet wäre, wirtschaftlich dazu nicht in der Lage ist[440] (Einzelheiten unter Rn 319). Demnach kann gem. § 21 Abs. 4 jeder WEer in Anspruch genommen werden, an der Beseitigung einer baulichen Veränderung mitzuwirken. Darin liegt jedoch keine Beeinträchtigung dieser WEer iSd § 22 Abs. 1. Denn der Anspruch gem. § 21 Abs. 4 setzt voraus, dass es sich um eine unzulässige und damit von der Gemeinschaft zu beseitigende bauliche Veränderung handelt. Darüber entscheidet jedoch erst § 22 Abs. 1. Eine bauliche Veränderung ist nach dieser Norm unzulässig, wenn nicht zustimmende WEer durch die Veränderung in ihren Rechten beeinträchtigt werden. Die Beeinträchtigung und somit die Unzulässigkeit einer baulichen Veränderung kann jedoch nicht mit der Inanspruchnahme aus § 21 Abs. 4 begründet werden, da dieser Anspruch seinerseits voraussetzt, dass es sich um eine beeinträchtigende und damit unzulässige bauliche Veränderung 201

[434] BGHZ 116, 392 (396 ff.) = NJW 1992, 978 (979 f.) = WE 1992, 105 (106).
[435] BGHZ 116, 392 (397) = NJW 1992, 978 (980) = WE 1992, 105 (106).
[436] BGHZ 116, 392 (398 f.) = NJW 1992, 978 (980) = WE 1992, 105 (106).
[437] BGHZ 116, 392 (398 f.) = NJW 1992, 978 (980) = WE 1992, 105 (106).
[438] *Demharter* MDR 1988, 269; *Kreuzer* ZdWBay 1997, 535 (539).
[439] So aber KG OLGZ 1993, 427 (428 f.) = NJW-RR 1993, 909 f. = WE 1993, 220.
[440] Vgl. KG OLGZ 1993, 427 (428 f.) = NJW-RR 1993, 909 f. = WE 1993, 220 und *Heerstraßen* DWE 1994, 4.

handelt.[441] Darüber hinaus ist auch das Risiko, gem. § 21 Abs. 4 in Anspruch genommen zu werden, ein dem Gemeinschaftsverhältnis an sich immanentes Risiko.[442] Die Inanspruchnahme gem. § 21 Abs. 4 stellt für die WEer folglich keine Beeinträchtigung dar, die das in § 14 Nr. 1 bestimmte Maß überschreitet. Durch ordnungsgemäße Verwaltung gem. § 21 Abs. 4 entstehen höchstens Nachteile, die nicht über das bei einem geordneten Zusammenleben unvermeidliche Maß hinausgehen,[443] so dass mit der Inanspruchnahme aus § 21 Abs. 4 eine Beeinträchtigung aller WEer gem. § 22 Abs. 1 nicht begründet werden kann. Die gegenteilige Ansicht des KG führt letztlich dazu, dass die Zustimmung aller WEer zu einer baulichen Veränderung immer erforderlich wäre. Denn der Anspruch aus § 21 Abs. 4 besteht immer, wenn unzulässige bauliche Veränderungen vorgenommen werden. § 22 Abs. 1 Satz 2 würde folglich faktisch obsolet.[444]

202 **f) Einzelfälle zu § 22 Abs. 1 S. 2. Aufstockung.** Die Aufstockung des Gebäudes beeinträchtigt alle anderen WEer, da so eine intensivere Nutzung möglich wird.[445]

203 **Aufzug.** Der Anbau eines Aufzuges an der Außenseite des Gebäudes, beeinträchtigt den optischen Eindruck der Anlage.[446]

204 **Balkon.** Der Anbau eines Balkons führt zu Beeinträchtigungen, soweit das optische Bild des Gebäudes dadurch nachteilig verändert oder der Lichteinfall beschränkt wird.[447] Dagegen werden andere WEer nicht beeinträchtigt, wenn ein Balkon 50 cm über dem Erdboden angebracht, der optische Gesamteindruck des Gebäudes nicht beeinträchtigt und die Nutzung des Grundstückes nur ganz unerheblich eingeschränkt wird.[448] Auch wird hierdurch ein SNR nicht begründet, weil die übrigen WEer nicht von einer gegebenen Gebrauchsmöglichkeit ausgeschlossen werden.[449] Die **Verglasung** eines Balkons oder einer Loggia führt oft zu einer Beeinträchtigung des optischen Gesamteindruckes des Gebäudes;[450] dies ist eine Frage des Einzelfalls.[451] Auch der Anbau eines Ausstieges an einen Balkon oder an eine Loggia in den gemeinschaftlichen Garten ermöglicht dessen intensivere Nutzung[452] oder verändert, wie das Anbringen einer Lichterkette,[453] den optischen Gesamteindruck der Anlage nachteilig und bedarf somit der Zustimmung aller WEer.

205 **Blumenkasten.** Die Anbringung fest montierter Blumenkästen wird sich meist nicht nachteilig auf den optischen Eindruck auswirken.

206 **Dach.** Das Öffnen eines Dachgiebels in einem im SE stehenden Reihenhausgebäude wirkt sich nachteilig auf den architektonischen Gesamteindruck der Anlage aus.[454] Generell wird bei Maßnahmen am Dach der Anlage häufig ein Nachteil für andere WEer entstehen.[455]

---

[441] *Heerstraßen* DWE 1994, 4.

[442] Vgl. BGHZ 116, 392 (398 f.) = NJW 1992, 978 (980) = WE 1992, 105 (106 f.).

[443] *Heerstraßen* DWE 1994, 4 ff. mwN.

[444] *Heerstraßen* DWE 1994, 4 mwN.

[445] S. o. Rn 33; KG OLGZ 1976, 56 (60); ausführlich: *v. Rechenberg* Ptdm Tage 2000, 116 ff.

[446] BayObLG WE 1993, 285 (286); WE 1995, 286.

[447] BayObLG WE 1995, 64; AG Düsseldorf ZMR 2008, 249 f.

[448] BayObLG WuM 1991, 215 (216) = WE 1992, 54 (Ls).

[449] BayObLG NZM 2004, 384 f.

[450] OLG Hamm WuM 1995, 220 (221); BayObLG NJW-RR 1987, 1357 (1358); NJW-RR 1990, 1168 (1169) = WE 1991, 257 (258); WE 1990, 71; WuM 1992, 708 (709); WE 1993, 286 (287) = NJW-RR 1993, 337; WuM 1993, 750 (751); WE 1994, 306; WE 1995, 249; WE 1998, 276; WE 1999, 34; ZWE 2001, 65 (66) = NZM 2001, 200 (Ls); OLG Bremen WuM 1993, 209 (210); OLG Frankfurt/M. ZMR 1994, 381 = DWE 1994, 115; OLG Zweibrücken NJW-RR 1987, 1358, das allerdings die bloße Veränderung des optischen Eindrucks ausreichen lässt.

[451] Vgl. BayObLG WE 1993, 286 (287) = NJW-RR 1993, 337; WuM 1995, 59; WE 1998, 276.

[452] BayObLG WuM 1990, 403 (404); OLG Karlsruhe NZM 1999, 36; *Armbrüster* ZWE 2000, 20.

[453] LG Köln MietRB 2008, 145 *(Becker)*.

[454] AG Hamburg DWE 1989, 78.

[455] Vgl. BayObLG WE 1995, 159 (160).

Dachfenster. Der Einbau von Dachflächenfenster (Velux-Fenster) wird idR zu einer erhöhten Wartungs- und Reparaturanfälligkeit des Daches führen und deshalb einen nicht unerheblichen Nachteil darstellen.[456] Werden Dachflächenfenster an Stelle von Lukenfenstern eingebaut, führt dies idR nicht zu Beeinträchtigungen der anderen WEer, jedenfalls wenn das Fenster von einem Fachmann eingebaut wird und damit nicht zugleich der Dachraum als Wohnung ausgebaut wird.[457] 207

Dachgeschoss. Werden Dachgeschosse bzw. Speicher ausgebaut, ermöglicht diese bauliche Veränderung fast immer eine intensivere Nutzung des Dachraumes und beeinträchtigt somit alle anderen WEer.[458] Dabei ist unerheblich, ob der umgebaute Dachraum im Sonder- oder GemE steht. Ein derartiger Ausbau ist trotz § 1618 a BGB auch nicht unter eng verwandten WEern zu dulden.[459] Der Einbau eines WC in einem Dachraum ermöglicht ebenfalls eine intensivere Nutzung und führt somit zur Beeinträchtigung aller anderen WEer.[460] Der WEer darf jedoch eine Verbindungstreppe einbauen, wenn dadurch weder Nachteile in statischer, schalltechnischer oder brandtechnischer Hinsicht entstehen noch eine wohnungsähnliche Nutzung in Betracht kommt.[461] 208

Dachluke. S. Dachfenster. 209

Dachterrasse. Die Errichtung einer Dachterrasse führt regelmäßig zu einem erheblichen Eingriff in die Dachsubstanz und beeinträchtigt meist auch den optischen Gesamteindruck des Gebäudes[462] (zur Terrasse s. Rn 230). Auch bei der Beseitigung einer auf einer Dachterrasse befindlichen Kiesschicht und der anschließenden Bepflanzung handelt es sich um eine von den anderen WEern nicht hinzunehmende Beeinträchtigung, da auch bei technisch einwandfreier Planung und Durchführung von vornherein nicht auszuschließende Schäden am GemE nur erschwert festgestellt und zugeordnet werden können.[463] 210

Deckendurchbruch. Derartige Umgestaltungen, um zwei Wohnungen miteinander, eine Wohnung mit dem Keller oder eine Dachgeschosswohnung mit dem darüber liegenden Speicherraum zu verbinden, haben meist einen erheblichen Eingriff in die Statik und Substanz des Gebäudes zur Folge.[464] Indiz für einen derart erheblichen Eingriff ist die Tatsache, dass umfangreiche Sicherungs- und Ausgleichsmaßnahmen erforderlich sind, um die Standsicherheit des Gebäudes zu erhalten. Benachteiligungen der WEer können sich darüber hinaus durch erhöhte Lärmimmissionen sowie eine intensivere Nutzung der durch den Deckendurchbruch miteinander verbundenen Räume ergeben.[465] Im Einzelfall können Beeinträchtigungen zu verneinen sein (vgl. auch Rn 182 u. 279).[466] 211

---

[456] OLG Düsseldorf ZWE 2001, 116 (117) = NJW-RR 2001, 803; ZMR 2008, 395 f.

[457] BGHZ 116, 392 (396 f.) = NJW 1982, 978 (979 f.) = WE 1992, 105 (106 f.); OLG Karlsruhe ZMR 1985, 209 mit zustimmender Anmerkung *Schulze;* aA KG WE 1992, 256 und OLG Köln ZWE 2000, 546 (547) = NZM 2000, 765, die in jeder Veränderung der Optik einen Nachteil sehen.

[458] OLG Braunschweig WuM 1991, 367; BayObLGZ 1992, 358 (360) = NJW-RR 1993, 336; BayObLG NJW-RR 1994, 82 (83); zu weiteren möglichen Nachteilen vergleiche *Armbrüster* WE 1998, 480 (481); *ders.* Ptdm Tage 2000, 97 (101); ausführlich: *v. Rechenberg* Ptdm Tage 2000, 116 ff.

[459] BayObLGZ 1992, 358 (361) = NJW-RR 1993, 336 (337).

[460] BayObLG NJW-RR 1988, 589.

[461] BayObLG WE 1994, 126 (127).

[462] OLG Braunschweig WuM 1991, 367; OLG Köln WE 1997, 430; mit anderer Begründung nimmt das OLG Hamburg MDR 1985, 501 f. eine Beeinträchtigung aller WEer an; vgl. auch BayObLG DWE 1992, 75; ZWE 2001, 267 (268) = NJW-RR 2001, 1592.

[463] BayObLG NJW-RR 1996, 1165 = WE 1997, 74; vgl. auch OLG Hamm NJWE-MietR 1997, 277 = WE 1997, 356 (357).

[464] BayObLG NJW-RR 1992, 272 (273) = WE 1992, 228 s. auch BGHZ 146, 241 ff. = ZWE 2001, 314.

[465] BayObLG WE 1988, 23 (25); ZMR 1993, 476 (478) = WE 1994, 251 (Ls); NJWRR 1994, 82 f.; KG OLGZ 1990, 155 (158) = NJW-RR 1990, 334 f. = WE 1990, 91 (92).

[466] BayObLG B. v. 22. 4. 1994, 2 Z BR 9/94.

212 **Entlüftung.** Ein Mauerdurchbruch zum Zwecke der Entlüftung verschlechtert idR den optischen Gesamteindruck. Die Beeinträchtigung kann jedoch ausnahmsweise unbeträchtlich sein, wenn die Öffnung vor allem wegen ihrer Lage so gut wie nicht ins Auge fällt, z. B. weil sie sich im untersten Bereich der Außenwand befindet.[467] Wird zur Entlüftung eines als Gaststätte genutzten TE eine entsprechende Anlage an einem Fenster angebracht, beeinträchtigt dies die übrigen WEer auf Grund der Gefahr von Geruchsbelästigungen.[468]

213 **Fahnenstange.** S. Trockenstange.

214 **Fahrradständer.** Die Installation von Fahrradständern im Eingangsbereich kann zu optischen Beeinträchtigungen führen.[469]

215 **Fahrstuhl.** Der Einbau eines Fahrstuhls führt zu Beeinträchtigungen aller WEer, wenn dafür ein Teil des GemE in Anspruch genommen und so einer anderen Nutzung entzogen wird.[470] Ein Außenfahrstuhl kann optisch beeinträchtigen. Auch die Stilllegung eines Aufzuges beeinträchtigt alle WEer.

216 **Fassade.** Arbeiten an der Fassade verändern häufig das optische Bild des Gebäudes nachteilig.

217 **Fenster.** Das Zumauern eines Fensters bedarf auf Grund der nachteiligen Wirkung auf die Optik des Gebäudes der Zustimmung aller WEer.[471] Der Umbau eines Fensters zu einer Tür kann eine intensivere Nutzung des angrenzenden Gartens, bzw. Hofes oder der durch die Tür zugänglichen Räume zur Folge haben.[472] Ob das in § 14 Nr. 1 bestimmte Maß überschritten wird, ist jeweils im Einzelfall zu ermitteln.[473] Auch die Vergrößerung von Fenstern,[474] der Austausch einer Schichtstoffverbundplatte durch eine Glasscheibe[475] oder das Ersetzen von Glasbausteinen[476] kann sich nachteilig auf den architektonischen Gesamteindruck auswirken. Im konkreten Fall ist zu entscheiden, ob durch den Austausch der bestehenden Fenster gegen modernere, das optische Bild der Wohnanlage so nachteilig verändert wird, dass darin eine über das Maß des § 14 Nr. 1 hinausgehende Beeinträchtigung zu sehen ist.[477] Allein der Umstand, dass der Einbau neuer Fenster Eingriffe in die Bausubstanz erforderlich macht, reicht nicht aus, um einen Nachteil iSv § 22 Abs. 1 anzunehmen (s. o. Rn 181).[478] Der Einbau eines Dreh-Kippfensters anstelle eines Kippfensters kann eine nicht hinzunehmende Benachteiligung bewirken, wenn dadurch die Funktion des Fensters aufgehoben wird, vor einer Einsichtnahme in eine andere Wohnung zu schützen.[479] Die vorübergehende Anbringung von Fenstergittern wegen Einbruchsgefahr beeinträchtigt andere WEer häufig nicht.[480] Erhöht die Installation eines Fenstergitters selbst aber wiederum die Einbruchsgefahr für andere

---

[467] BayObLG NJWE-MietR 1997, 112 = WuM 1997, 186.

[468] OLG Köln ZWE 2000, 428 (429) = NZM 2000, 297 (Ls).

[469] BayObLG DWE 1991, 142.

[470] OLG Köln WE 1990, 26.

[471] OLG Düsseldorf DWE 1989, 176 (177).

[472] BayObLG WE 1988, 26; WE 1994, 245; WE 1998, 392 (Ls) = NZM 1998, 444; OLG Düsseldorf ZMR 2008, 221 ff.

[473] Vgl. OLG Hamburg OLGZ 1992, 186 (187) = WE 1992, 115 (116); Nachteil verneinend OLG Düsseldorf WuM 1999, 181 (182) = NZM 1999, 264.

[474] OLG Düsseldorf NJW-RR 1994, 277 (278); vgl. auch BayObLG ZWE 2001, 160 (Ls) = NZM 2001, 895 unter Hinweis auf erhöhte Geräusch- und Geruchsbelästigungen infolge der Vergrößerung eines Fensters.

[475] OLG Celle ZMR 2008, 391 f.

[476] BayObLG WE 1999, 147.

[477] Bejaht von OLG Frankfurt/M. DWE 1983, 59 (60); verneint von BayObLG WE 1995, 125 (126); WE 1992, 50; OLG Köln NJW 1981, 585.

[478] OLG Zweibrücken WE 1999, 139 (144).

[479] OLG Köln NZM 1999, 263.

[480] KG NJW-RR 1994, 401 f. = WE 1994, 217 (218); anders auf Grund abweichenden Sachverhalts ZWE 2000, 534 (535) = NZM 2001, 341.

Wohnungen, in dem das Gitter etwa als Kletterhilfe missbraucht werden kann, beeinträchtigt dies die anderen WEer und löst die Notwendigkeit ihrer Zustimmung aus.[481] S. a. „Dachflächenfenster".

Flur. Die Abtrennung eines im GemE stehenden Flurteiles schließt alle anderen WEer vom Mitgebrauch aus.[482] S. auch „Garderobe", „Schrank". 218

Garage. Die Errichtung einer Garage führt zu Lärmbelästigungen, optischen Beeinträchtigungen und schließt andere WEer von der Benutzung dieser Garagenfläche aus, so dass die Zustimmung aller WEer erforderlich ist.[483] Gleiches gilt für die Umwandlung eines Parkplatzes in eine Garage[484] sowie für das Anbringen von Metallblechen als seitliche Begrenzungen und das Anbringen eines Schwingtores.[485] Die Errichtung eines Maschendrahtzaunes zwischen den beiden Stellplätzen einer Doppelgarage hat dagegen keine Beeinträchtigungen zur Folge.[486] Das Anbringen eines verschliessbaren Tores an einer offenen Garage kann zumindest zu einer Veränderung des optischen Eindrucks und damit zu einer Beeinträchtigung führen.[487] Auch das Betonieren der **Garagenzufahrt** kann zu Beeinträchtigungen führen.[488] Die Errichtung einer Balkenüberdachung über der Garagenzufahrt, die wiederum mit einer Plane überdacht wird, kann das Gebäude optisch beeinträchtigen.[489] Allerdings ist nach Ansicht des OLG Düsseldorf bei einer größeren Wohnanlage nicht allgemein ein über das in § 14 bestimmte Maß hinausgehender Nachteil anzunehmen, wenn auf hierfür eingerichteten Gemeinschaftsflächen zusätzliche Garagen und Einstellplätze in angemessener Zahl entstehen und damit ein bestimmtes Ausmaß an Beeinträchtigungen für die WEer verbunden ist.[490] 219

Garderobe. Das Anbringen einer Garderobe im zum GemE gehörenden Treppenhaus stellt eine bauliche Veränderung dar, die als Inanspruchnahme des Alleingebrauchs an Teilen des GemE grds. der Zustimmung aller WEer bedarf.[491] 220

Garten. Die Anpflanzung eines stark wachsenden Baumes kann die WEer iSd § 22 Abs. 1 beeinträchtigen, wenn der Baum im ausgewachsenen Zustand erheblichen Schatten wirft und ein Fällen und Beschneiden durch eine Baumschutzsatzung untersagt ist.[492] Die Wurzeln der Bäume können darüber hinaus zu Schäden am Gebäude selbst führen.[493] Werden Bäume oder Sträucher ersatzlos gefällt oder Teile des Gartens beseitigt, kann dies eine nachteilige Veränderung des optischen Gesamteindrucks der Anlage zur Folge haben, soweit nicht der Charakter der Gesamtgartenanlage erhalten bleibt.[494] Werden Teile einer Grünfläche in einen Müllsammelplatz,[495] Weg[496] oder Spielplatz[497] umgewandelt, beeinträchtigt dies regelmäßig das optische Gesamtbild der Anlage. Entsprechendes gilt, wenn Teile des Gartens durch die Verlegung von Terrassenplatten 221

---

[481] OLG Zweibrücken ZWE 2000, 283 (284) = NJW 2000, 2894.
[482] OLG Düsseldorf DWE 1989, 80 (Ls).
[483] BayObLGZ 1971, 313 (322); OLG Frankfurt/M. WE 1986, 141.
[484] BayObLGZ 1973, 78 (81).
[485] BayObLG WE 1998, 390.
[486] BayObLG NJW-RR 1991, 722 f. = WE 1992, 58 (59).
[487] BayObLG NZM 1999, 282 (283).
[488] Vgl. OLG Celle MDR 1968, 48 (49).
[489] BayObLG WE 1991, 228 (229).
[490] OLG Düsseldorf NJW-RR 1996, 1228 = WE 1996, 425 (426).
[491] BayObLG WE 1999, 146.
[492] KG OLGZ 1987, 410 (413).
[493] Vgl. KG OLGZ 1987, 410 (413).
[494] Vgl. OLG Düsseldorf ZMR 1994, 376 (377); OLG Hamburg WE 1994, 377 (378); OLG Köln NZM 1999, 623.
[495] Vgl. OLG Zweibrücken NJW-RR 1987, 1359 f.
[496] BayObLG ZWE 2001, 599 (601) = NJW-RR 2002, 158.
[497] Vgl. nur BayObLG WE 1991, 280 (290 f.).

versiegelt werden.[498] Ähnlich kann das Aufstellen einer Kinderschaukel auf einer Rasenfläche zu beurteilen sein.[499] Eine unnötig teure Ersatzbeschaffung von im GemE stehenden **Gartengeräten** beeinträchtigt – wegen der Kostenfreistellung des § 16 Abs. 6 Satz 1 Hs. 2 – die nicht zustimmenden WEer nicht. Die Errichtung einer kniehohen **Beeteinfassungsmauer,**[500] eines **Gartenhäuschens,**[501] die Anbringung eines massiven **Gartentores**[502] und das Aufstellen von **Gartenzwergen** mit leuchtend roten Zipfelmützen[503] sowie die Errichtung eines **Geräteschuppens**[504] können zu optischen Beeinträchtigungen der Anlage führen. Die Errichtung eines **Sandkastens** unter Beseitigung eines Teiles des gemeinschaftlichen Gartens macht dessen Gebrauch teilweise unmöglich.[505] Darf ein WEer im Rahmen seines SNR eine Fläche gärtnerisch gestalten und erweckt eine bauliche Veränderung den Eindruck, Teil der gärtnerischen Gestaltung zu sein, beeinträchtigt sie die anderen WEer nicht über das in § 14 bestimmte Maß hinaus.[506]

222 **Gasanschluss.** Die Stilllegung einer Gasleitung beeinträchtigt alle daran angeschlossenen WEer.[507] Für die Verlegung einer unterirdischen Gasleitung kann mangels Beeinträchtigung die Zustimmung der übrigen WEer entbehrlich sein.[508]

223 **Gegensprechanlage.** Der Einbau eines Klingeltableau mit einer Gegensprechanlage stellt eine Beeinträchtigung dar.[509]

224 **Grillplatz.** Die Errichtung eines Grillplatzes oder ähnlicher Plätze führt häufig zu Lärm- und Geruchsimmissionen und bedarf deshalb der Zustimmung aller WEer, die diesen Immissionen ausgesetzt sind.[510]

225 **Heizung.** Der Einbau zusätzlicher **Heizkörper** beeinträchtigt andere WEer erst, wenn die Heizungsanlage für eine derartige Belastung nicht ausgelegt ist und so eine ausreichende Versorgung aller Bewohner mit Wärme nicht gewährleistet ist. In der Praxis haben insbesondere Fragen der **Heizungsmodernisierung** Bedeutung erlangt. Oft wird sich eine derartige Modernisierung im Rahmen ordnungsgemäßer Instandhaltung oder Instandsetzung halten (s. Rn 66). Selbst wenn es sich um eine bauliche Veränderung iSd § 22 Abs. 1 handelt, werden dadurch nicht zustimmende WEer regelmäßig nicht beeinträchtigt. Keine Beeinträchtigung stellt zunächst die mehr oder weniger theoretische Gefahr einer Explosion bei Gasheizungen dar. Diese bleibt beim heutigen technischen Standard und der großen Verbreitung von **Gasetagenheizungen** außer Betracht.[511] Aus diesem Grund beeinträchtigt der nachträgliche Einbau einer Gasetagenheizung durch einen einzelnen WEer nicht die anderen MitEer, kann also regelmäßig gem. § 22 Abs. 1 ohne deren Zustimmung vorgenommen werden.[512]

---

[498] BayObLG WE 1991, 291; OLG Hamburg ZWE 2002, 136 (137).

[499] LG Hannover Nds. Rpfleger 1990, 97 (98).

[500] KG WE 1994, 336.

[501] BayObLG WuM 1995, 227; NJW-RR 1988, 591; NJW-RR 1992, 975 (976); ZflR 1999, 283 (284); ZWE 2000, 355 (356); OLG Oldenburg WuM 1997, 391; OLG Zweibrücken ZWE 2000, 95 (96) = NZM 2000, 293.

[502] BGHZ 73, 196 (202) = NJW 1979, 817 (819).

[503] OLG Hamburg NJW 1988, 2052, soweit es sich überhaupt um eine bauliche Veränderung handelt.

[504] KG Rpfleger 1977, 314.

[505] Vgl. LG Paderborn WuM 1994, 104 f.

[506] BayObLG ZWE 2001, 109 f. = NZM 2001, 200, für die Errichtung einer natursteinverkleideten Mauer, die den Eindruck eines Steingartens hervorruft.

[507] BayObLG Rpfleger 1976, 291 (Ls).

[508] OLG München IMR 2007, 353 – ibr-online.

[509] BayObLG WE 1998, 402 = NZM 1998, 522; AG Bremen DWE 1985, 128 (Ls).

[510] *Huff,* FS für Bärmann/Weitnauer, S. 387.

[511] Vgl. OLG Frankfurt/M. OLGZ 1993, 51 (52) = NJW-RR 1992, 1494; BayObLG ZWE 2002, 315 (317); WE 1986, 156 (157) m. Anm. *Seuß; Merle* WE 1988, 6 (7).

[512] OLG Frankfurt/M. OLGZ 1993, 51 (52) = NJW-RR 1992, 1494.

Wird eine vorhandene **Zentralheizungsanlage** gegen eine modernere Anlage ausgetauscht, kann ein möglicher Nachteil für die nicht zustimmenden WEer in der Belastung mit den Kosten des Umbaus liegen. Hierbei ist zu unterscheiden. 226

Wird der Austausch einer Heizungsanlage mit Stimmenmehrheit beschlossen oder ohne einen Beschluss der WEer durchgeführt, befreit § 16 Abs. 6 Satz 1 HS 2 die nicht zustimmenden WEer von einer Kostentragung. Die Kostenbefreiung erfasst jedoch nur solche Kosten, die durch die über die ordnungsmäßige Verwaltung hinausgehenden Maßnahmen entstehen. Kosten, die den nicht zustimmenden WEern auch ohne den Austausch der Heizungsanlage entstehen würden, müssen sie auch nach der Umgestaltung tragen (vgl. auch Rn 297). § 16 Abs. 6 Satz 1 HS 2 gilt sowohl bzgl. der Investitionskosten als auch für die Folgekosten[513] und zwar selbst dann, wenn dem nicht zustimmenden WEer durch die Nutzung zwangsläufig auch die Vorteile der neuen moderneren Heizungsanlage zukommen.[514] Darin kann auch kein Widerspruch zu § 16 Abs. 6 Satz 1 Hs. 1 gesehen werden.[515] Zwar geht § 16 Abs. 6 davon aus, dass nur derjenige die Kosten für eine bauliche Veränderung nicht tragen soll, dem auch kein Anteil an den Nutzungen der Umgestaltung zusteht. Der Begriff der „Nutzungen" in § 16 ist jedoch ein anderer als der in § 100 BGB, da er nur Früchte iSd § 99 BGB erfasst. Die durch die Heizung produzierte Wärme ist wegen der fehlenden Sachqualität von Energie keine Frucht derselben.[516] Die „Nutzung" der Heizung stellt vielmehr einen Gebrauchsvorteil dar, der nicht von § 16, sondern von §§ 13 Abs. 2, 14, 15 erfasst wird. Der Mitgebrauch und damit auch die Gebrauchsvorteile am GemE stehen den WEern gemäß §§ 14 und 15 in gleichem Umfang zu und kann nur gem. § 15 Abs. 1 durch Vereinbarung bzw. gem. § 15 Abs. 2 im Rahmen ordnungsgemäßer Verwaltung durch Mehrheitsbeschluss eingeschränkt werden. Aus diesem Grund ist es nicht widersprüchlich, wenn § 16 Abs. 4 Satz 1 Hs. 2 nicht zustimmende WEer von den Kosten der baulichen Veränderung freistellt, obwohl diesen WEern die Vorteile durch den Gebrauch der baulichen Veränderung zugute kommen. § 16 Abs. 6 Satz 1 Hs. 1 will die nicht zustimmenden WEer eben nur von der Fruchtziehung ausschließen. Nicht zustimmende WEer werden somit mangels Kostenbelastung nicht gem. § 22 Abs. 1 beeinträchtigt. 227

Haben die WEer mit Stimmenmehrheit **beschlossen,** eine neue Heizungsanlage einzubauen, führt dies regelmäßig zum gleichen Ergebnis. Denn ohne besondere Anhaltspunkte lässt sich einem derartigen Beschluss keine Kostentragungspflicht für alle WEer entnehmen.[517] Insofern bleibt es bei der oben dargestellten Kostenbefreiung gem. § 16 Abs. 6 Satz 1 Hs. 2. Eine Beeinträchtigung muss jedoch dann angenommen werden, wenn die Kosten der Umrüstung einer Heizung durch Beschluss gem. § 16 Abs. 4 auf alle MitEer umgelegt werden sollen; ein solcher Beschluss kann zwar mit doppelt qualifizierter Mehrheit gefasst werden, hat aber zur Folge, dass dann alle WEer durch die Kostenbelastung beeinträchtigt werden und deshalb der baulichen Maßnahme zustimmen müssen.[518] Ob ein Mehrheitsbeschluss dies vorsieht, muss durch Auslegung des Beschlusses ermittelt werden.[519] Dies ist etwa der Fall, wenn im Beschluss bestimmt ist, den Umbau aus der Instandhaltungsrücklage zu finanzieren. Gleiches gilt, wenn diese 228

[513] Vgl. nur BGHZ 116, 392 (397) = NJW 1992, 978 (979 f.) = WE 1992, 105 (106); *Demharter* MDR 1988, 267.

[514] *Demharter* MDR 1988, 268; *Merle* WE 1988, 6 (7); aA *Müller* WEZ 1987, 87 (88); *Seuß* WE 1987, 157.

[515] So aber *Müller* WEZ 1987, 87 und *Seuß* WE 1987, 157.

[516] Vgl. Staudinger/*Dilcher* BGB § 99 Rn 9; MünchKomm-*Holch* BGB § 99 Rn 4; Palandt/*Heinrichs* BGB § 99 Rn 2; aA Erman/*Michalski* BGB § 99 Rn 5.

[517] So implizit BayObLG NJW 1981, 690 (691); WE 1987, 156 (157); *Merle* WE 1988, 6 (7); *Demharter* MDR 1988, 267; aA *Röll* WE 1987, 182 f. und *Seuß* WE 1987, 157.

[518] Vgl. auch OLG Hamm NJW-RR 1995, 910 (911).

[519] *Schmid* WEZ 1988, 357.

Art der Finanzierung nachträglich durch Genehmigung der Jahresabrechnung gebilligt wird.[520]

229 Ein iSd § 22 Abs. 1 relevanter Nachteil ergibt sich ferner auch nicht dadurch, dass die nicht zustimmenden WEer gem. § 812 BGB verpflichtet sind, durch den Umbau bedingte Heizkostenersparnisse herauszugeben. Denn über § 812 BGB wird lediglich ein rechtsgrundlos erlangter Vermögensvorteil wieder genommen.[521] Folgerichtig hat die Rspr. beim nachträglichen Einbau von sog. Rauchgasklappen[522] und bei der Erneuerung einer mit Öl betriebenen Heizungsanlage durch eine wahlweise mit Öl oder Gas betreibbare Anlage[523] eine Beeinträchtigung iSd § 22 Abs. 1 verneint. Ebenso zu beurteilen sind Fälle, in denen die nicht zustimmenden WEer durch einen Beschluss ausdrücklich von der Kostentragung befreit werden.

230 **Kabelfernsehen.** Der Anschluss einer WE-Anlage an das Kabelnetz der Telekom führt im Regelfall zu Beeinträchtigungen aller WEer. Diese entstehen jedoch regelmäßig nicht durch den Verlust der bisher zu empfangenen Radioprogramme. Unabhängig von der Frage, ob mit der bestehenden Gemeinschaftsantenne überhaupt Lang- oder Mittelwellen empfangen werden können, ist es auch nach der Verkabelung möglich, diese durch die bisherige Antenne empfangenen Signale in das Hausnetz einzuspeisen.[524] Für Kurzwellenempfang sind Dachantennen normalerweise ohnehin nicht konzipiert.[525] Im Übrigen ist ein Mittel- und Kurzwellenempfang im üblichen Umfang normalerweise auch ohne Gemeinschaftsantenne möglich.[526] Nachteile entstehen durch den Abbau der Gemeinschaftsantenne ausnahmsweise, wenn tatsächlich nachgewiesen ist, dass WEern der Empfang von Rundfunkprogrammen – etwa ausländischer Sender – abgeschnitten wird;[527] nicht spürbare Beeinträchtigungen müssen hingenommen werden.[528] Das Angebot von Rundfunkprogrammen im UKW-Bereich und das Angebot von Fernsehprogrammen wird durch den Kabelanschluss im Normalfall nicht eingeschränkt, sondern ggü. dem Empfang durch eine terrestrische Gemeinschaftsantenne erweitert. Dies kann im Einzelfall anders sein, wenn bereits eine Gemeinschaftsparabolantenne installiert ist, die den Empfang von Satellitenfernsehen ermöglicht. Dann führt eine Beschränkung auf die über Kabel angebotenen Programme immer noch zu einer geringeren Programmvielfalt und damit zu einer Benachteiligung der nicht zustimmenden WEer.

231 WEer werden durch den Kabelanschluss nicht nur dann beeinträchtigt, wenn sie bestimmte Programme nicht mehr empfangen können. Ein Nachteil iSd § 22 Abs. 1 kann vielmehr auch darin liegen, dass ihnen bestimmte Programme „aufgedrängt" werden, deren Empfang sie nicht wünschen. Denn im Rahmen des § 22 Abs. 1 ist die mittelbare Drittwirkung der Grundrechte zu berücksichtigen (s. Rn 179). Art. 5 Abs. 1 Satz 1 GG schützt nicht nur die Freiheit, sich Informationen aus allgemein zugänglichen Quellen zu beschaffen, sondern auch dies nicht zu tun (sog. negative Informationsfreiheit). Ein WEer, der dem Kabelanschluss nicht zustimmt, weil er zusätzliche Programme nicht empfangen will, wird in seiner negativen Informationsfreiheit beeinträchtigt. Derartige Beeinträchtigungen durch aufgezwungene Programme werden vermieden, wenn durch entsprechende Filter gewähr-

---

[520] Vgl. dazu BayObLG NJW 1981, 690 (691).

[521] *Demharter* MDR 1988, 265 (269); *Kreuzer* ZdWBay 1997, 535 (539).

[522] BayObLG NJW 1981, 690 f.

[523] BayObLG WE 1987, 156 (157).

[524] *Florian* ZMR 1989, 129; OLG Celle OLGZ 1986, 397 (402).

[525] OLG Celle OLGZ 1986, 397 (402 f.); BayObLGZ 1989, 465 (470) = NJW-RR 1990, 330 (332) = WE 1991, 161 (162); OLG Hamm WE 1998, 111 (113).

[526] BayObLGZ 1989, 465 (470) = NJW-RR 1990, 330 (332) = WE 1991, 161 (162); aA wohl LG Würzburg NJW 1986, 66 (67).

[527] Vgl. LG Nürnberg-Fürth DWE 1988, 353 (354); LG Würzburg NJW 1986, 66 (67).

[528] OLG Köln WE 1996, 39.

leistet ist, dass den nicht zustimmenden WEern nur die Programme zugeführt werden, die sie vorher

In der Praxis am bedeutendsten ist die Frage der **Kostentragung** für den Kabelanschluss. Hierbei ist zu unterscheiden, ob die WEer den Anschluss an das Kabelnetz mehrheitlich beschlossen haben oder nicht. Ist ein **Mehrheitsbeschluss** nicht gefasst worden, erleiden nicht zustimmende Eigentümer keinen Nachteil. Denn gem. § 16 Abs. 6 sind sie von den Kosten der baulichen Maßnahme freigestellt (vgl. auch oben Rn 227). **232**

Anders verhält es sich, wenn die WEer den Anschluss an das Kabelnetz mit Mehrheit beschließen. Hier ist zu unterscheiden. Ist in dem Beschluss festgelegt, dass die Kosten gemäß § 16 Abs. 4 von allen WEern zu tragen sind, erleiden die überstimmten Eigentümer einen Nachteil iSd § 22 Abs. 1, denn der Kostentragungsbeschluss ist nicht mangels Beschlusskompetenz nichtig. Dagegen erleiden nicht zustimmende WEer dann keinen Nachteil, wenn sie durch den Mehrheitsbeschluss von jeglicher Kostentragung befreit sind.[529] Im Gegenzug können diese WEer durch den Einbau sog. Sperrfilter auf den Konsum der auch über die terrestrische Gemeinschaftsantenne zu empfangenden Programme beschränkt werden, allerdings nur dann, wenn die Eigentumswohnanlage in einer „Sternarchitektur" verkabelt wurde.[530] Die Beschränkung der nicht zustimmenden WEer auf die auch durch eine Gemeinschaftsantenne zu empfangenden Programme kann gem. § 15 Abs. 2 mehrheitlich beschlossen werden, da diese WEer auch von der Pflicht zur Kostentragung ausgenommen sind. So wird folglich die gleiche Situation geschaffen, die § 16 Abs. 6 für die Fruchtziehung einerseits und die Kostentragung andererseits vorsieht. Die Zustimmung aller WEer zum Beschluss des Kabelanschlusses ist folglich mangels Kostentragungspflicht entbehrlich. **233**

Vertragspartner der Kabelgesellschaft sind die anschlusswilligen WEer als sog. **„Teilnehmergemeinschaft"**, die idR eine BGB-Gesellschaft nach § 705 BGB darstellen wird. Sie allein tragen die Kosten der Umrüstung und die laufenden Gebühren.[531] Bei Mehrhausanlagen sind im Rahmen des § 22 Abs. 1 nur diejenigen WEer zu berücksichtigen, die im umzurüstenden Haus wohnen.[532] WEer eines Nachbarhauses werden durch die Umrüstung auf das Kabelfernsehen nicht berührt. **234**

Fraglich ist, wie ein Mehrheitsbeschluss **auszulegen** ist, der nicht ausdrücklich die Frage der **Kostentragung** für die Umrüstung auf das Kabelfernsehen regelt. Allein aus der Tatsache, dass nicht zustimmende Eigentümer den Kabelanschluss auch tatsächlich nutzen können, lässt sich jedenfalls nicht schließen, dass diese auch Kosten der Umrüstung und spätere Folgekosten tragen sollen (s. Rn 149). Auch ist es technisch durchaus möglich, bestimmte Eigentümer durch entsprechende Filter von den zusätzlichen Programmen auszuschließen.[533] Eine Kostentragungspflicht für alle WEer lässt sich einem Beschluss nur dann entnehmen, wenn dafür konkrete Anhaltspunkte vorliegen, etwa dass bauliche Veränderung aus der Instandhaltungsrücklage finanziert werden soll.[534] Indiz für eine Kostentragung durch alle WEer kann auch der in der WEer-Versammlung ergangene Hinweis sein, „gegen das Kabelfernsehen bestehe eine Einspruchsfrist von vier Wochen nach Beschlussfassung. Danach werde ein Anschlussvertrag mit der Telekom geschlossen".[535] Finden sich keine Anhaltspunkte dafür, dass der Mehrheitsbeschluss im Sinne einer Kostentragungspflicht für alle WEer ausgelegt werden muss, verbleibt es bei der Regelung des **235**

529 BayObLGZ 1989, 465 (468) = NJW-RR 1990, 330 (331) = WE 1991, 161 (162); KG WE 1992, 109 f.; *Florian* ZMR 1989, 129 f.

530 *Florian* ZMR 1989, 129 f.; *Pfeifer,* Kabelfernsehen, S. 9 ff.; aA noch OLG Celle OLGZ 1986, 397.

531 Vgl. *Florian* ZMR 1989, 130 mwN.

532 BayObLG WE 1991, 167 (169).

533 Anders noch OLG Celle OLGZ 1986, 397 (403 f.).

534 BayObLG WE 1992, 290 (291).

535 Vgl. OLG Celle OLGZ 1986, 397 (404).

§ 16 Abs. 6 Satz 1 Hs. 2. Die überstimmten WEer erleiden dann keine Beeinträchtigung iSd § 22 Abs. 1.

236 **Kamin.** Der Anschluss eines Kamins an einen bestehenden Leerschornsteinzug beeinträchtigt diejenigen WEer, die dadurch von der Benutzung dieses Schornsteins ausgeschlossen werden.[536] Die Errichtung eines Außenkamins kann für die anderen WEer zu Belästigungen durch entweichenden Rauch führen.[537] Wird ein Kamin beseitigt, büßen die anderen WEer dessen Nutzungsmöglichkeiten ein, was das nach § 14 zu duldende Maß an Beeinträchtigungen überschreitet.[538]

237 **Katzennetz.** Das Anbringen eines Katzennetzes kann im Einzelfall eine nicht ganz unerhebliche Beeinträchtigung des optischen Gesamteindrucks einer Wohnanlage bewirken.[539]

238 **Kellerausbau.** Es gilt hier das zum Dachgeschossausbau Gesagte entsprechend.[540] Die Vergrößerung eines **Kellerfensters** verändert den optischen Eindruck.[541]

239 **Klimaanlagen.** Der Einbau von Klimaanlagen in eine Außenwand[542] des Gebäudes beeinträchtigt alle anderen WEer; ebenso die Installation eines solchen Gerätes in ein Außenfenster.[543] Geräuschimmissionen, welche den Richtwert der TA Lärm übersteigen, sind erhebliche Beeinträchtigungen.[544] Soll im gesamten Gebäude eine zentrale Klimaanlage eingebaut werden, so gelten die Ausführungen zum Stichwort Heizungsanlage entsprechend (vgl. Rn 225 ff.).

240 **Leuchtreklame.** Ob eine Leuchtreklame an der Außenwand zu Beeinträchtigungen anderer WEer führt, ist Tatfrage.[545] Darf Teileigentum nach der Teilungserklärung gewerblich genutzt werden, muss diesem WEer auch eine ortsübliche und angemessene Werbung, etwa durch Leuchtreklame in der Nähe seines TEs gestattet sein. Dadurch verursachte Beeinträchtigungen erreichen lediglich ein Maß, das bei einem geordneten Zusammenleben – wie durch die Teilungserklärung vorgesehen – unvermeidbar ist.[546]

241 **Loggia.** S. Balkon.

242 **Markise.** Soweit diese sich in Größe und Farbe der Umgebung anpasst, kann darin keine Beeinträchtigung anderer WEer gesehen werden.[547] Die Anbringung einer Ladenmarkise kann jedoch zu einer Beeinträchtigung führen, wenn die Sicht auf das Praxisschild eines WEers verschlechtert wird.[548]

243 **Mauer.** Die Errichtung einer Mauer von 50 cm Höhe und sechs Meter Länge im Garten der Wohnanlage beeinträchtigt alle WEer.[549] Auch der Aufbau einer im Boden verankerten Betonplatte als Sichtschutz zwischen zwei Gebäuden führt zu einer Beeinträchtigung des optischen Gesamtbildes und evtl. auch zu Lärmemissionen.[550] Entspr. gilt für die Errichtung einer kniehohen Beeteinfassungsmauer.[551]

---

[536] OLG Frankfurt/M. OLGZ 1986, 43 (44).

[537] OLG Köln ZWE 2000, 592 (593) = NZM 2000, 764.

[538] OLG Köln ZWE 2000, 378 = NZM 2000, 1019 (Ls).

[539] OLG Zweibrücken WE 1998, 237 (238) = NZM 1998, 376.

[540] Vgl. Rn 208.

[541] OLG Köln MDR 1995, 1211.

[542] OLG Zweibrücken ZWE 2000, 90 (92); LG Krefeld DWE 1987, 32 (Ls).

[543] OLG Frankfurt/M. WE 1986, 104.

[544] OLG Düsseldorf ZMR 2007, 206; ZMR 2010, 385 f.

[545] OLG Hamm OLGZ 1980, 274 (276 f.).

[546] Vgl. OLG Frankfurt/M. Rpfleger 1982, 64; BayObLG ZWE 2001, 67 = NZM 2000, 1236; vgl. auch Rn 240 (Werbeschilder).

[547] Vgl. BayObLG NJW-RR 1986, 178; OLG Frankfurt/M. OLGZ 1986, 42; KG WuM 1994, 99 (100).

[548] KG WE 1995, 122 = NJW-RR 1995, 587.

[549] KG NJW-RR 1994, 526 (527) = WE 1994, 336.

[550] OLG Hamburg WE 1989, 141 f.

[551] S. o. Rn 221; KG WE 1994, 336.

Mauerdurchbruch s. Wanddurchbruch.

Mobilfunkanlage. Die Errichtung einer Mobilfunkantenne wird regelmäßig eine erhebliche optische Beeinträchtigung darstellen. Darüber hinaus dürfte die konstruktive Stabilität des Daches, insbesondere bei Flachdächern, beeinträchtigt werden, da idR zusätzliche technische Anlagen erheblichen Ausmaßes angebracht werden müssen.[552] Ferner kann sich eine tatsächliche Beeinträchtigung durch gesundheitsgefährdende elektromagnetische Strahlen ergeben, die beim Betrieb einer Mobilfunkanlage freigesetzt werden. Bereits die Ungewissheit, ob und in welchem Maße gesundheitliche Gefahren für die in unmittelbarer Nähe der Anlagen wohnenden Menschen führt, genügt für die Annahme einer tatsächlichen Beeinträchtigung.[553] Bei einer Mehrhausanlage werden idR alle WEer beeinträchtigt.[554] Lediglich der Nachweis, dass mit dem Betrieb der Anlage keine Gesundheitsgefährdung verbunden ist, schließt eine Beeinträchtigung iSv § 14 Nr. 1 aus; der Nachweis, dass die geltenden Strahlenschutzgrenzwerte eingehalten sind, genügt nicht.[555] 244

Müllboxen/Mülltonnenabstellplatz. Ob die Verlegung von Müllboxen, der Umbau von Böschungsstützmauern zur Aufnahme von Mülltonnen oder die Einrichtung eines Mülltonnenabstellplatzes zu einer Beeinträchtigung des optischen Gesamtbildes oder zu Geruchsimmissionen führt, ist Frage des Einzelfalls.[556] 245

Neubauten. Der Zustimmung aller WEer bedürfen Neubauten jeglicher Art auf bisher unbebauten Grundstücksteilen. 246

Parabolantenne. Im Einzelfall problematisch ist, wann die Anbringung einer Satellitenantenne durch einen WEer andere WEer über das in § 14 bestimmte Maß hinaus beeinträchtigt. Nach der zum Mietrecht ergangenen Rechtsprechung des BVerfG,[557] die auf das WE-Recht ausgedehnt worden ist,[558] hat eine fallbezogene Abwägung stattzufinden, die den Grundrechten sowohl des WEers auf Informations- und Religionsausübungsfreiheit (Art. 4, 5 GG), als auch der WEer, die in ihrem Eigentumsrecht beeinträchtigt werden (Art. 14 GG), hinreichend Rechnung tragen muss (vgl. Rn 251 ff.). Führt der Gebrauch des SE oder des gemE nicht zu einem Nachteil iSd § 14 Nr. 1, besteht ein Anspruch nach § 22 Abs. 1 auf bauliche Veränderung durch Anbringung einer Parabolantenne.[559] Relevante Nachteile können sowohl im technischen als auch im ästhetischen Bereich liegen. 247

Die Installation kann zu einem erheblichen **Eingriff in die bauliche Substanz** des GemE führen, meist am Dach des Gebäudes. Ein Nachteil kann auch darin liegen, dass das gemE durch die Parabolantenne weiteren Schäden ausgesetzt wird. Sowohl ein nachteiliger Eingriff in die Substanz des Daches als auch die Gefahr weiterer Schäden am GemE können jedoch im Regelfall dann ausgeschlossen werden, wenn die Parabolantenne von einem Fachmann technisch einwandfrei geplant und angebracht wird.[560] Nur ausnahmsweise kann trotz fachgerechter Installation ein erheblicher und damit nachteiliger Eingriff in die Substanz des GemE angenommen werden, etwa wenn ein Parabolspiegel von fast 2 Meter 248

[552] OLG Schleswig ZWE 2002, 138 (140) = NZM 2001, 1035.

[553] OLG München ZMR 2007, 391; OLG Karlsruhe NZM 2006, 746.

[554] OLG München ZMR 2007, 391.

[555] OLG Hamm ZWE 2002, 319 (321); BayObLG ZWE 2002, 309 (311); *Köhler* ZWE 2002, 302 (304).

[556] Vgl. dazu OLG Karlsruhe OLGZ 1978, 172 (173 f.); BayObLG ZWE 2002, 213; LG Bremen WuM 1997, 389 (390).

[557] BVerfGE 90, 27 (31 ff.) = NJW 1994, 1147 = WE 1994, 205; ZMR 2005, 932; aA AG Kerpen ZMR 2009, 153.

[558] BVerfG NJW 1995, 1665 (1666); BGH ZWE 2004, 352 (355).

[559] BGH NJW 2004, 937; OLG München NZM 2008, 91.

[560] Vgl. *Pfeifer,* Satellitenantennen, S. 7 f.; OLG Düsseldorf ZWE 2001, 336 (337) = NZM 2002, 257 (Ls).

Durchmesser auf dem Flachdach eines relativ kleinen Gebäudes installiert wird.[561] Es bedarf besonderer Feststellungen, um einen derartigen Nachteil zu begründen.

249 In der Praxis von größerer Bedeutung ist die Benachteiligung der anderen WEer durch eine **ästhetische Beeinträchtigung** des Gesamtbildes der Wohnanlage. Im Gegensatz zum Substanzeingriff wird sich eine angebrachte Satellitenantenne, wenn sie von außen sichtbar ist, regelmäßig nachteilig auf den optischen Gesamteindruck auswirken.[562] Auch dies muss jedoch letztlich in jedem Einzelfall entschieden werden. Kriterien sind dazu insbesondere die Größe der Antenne, ihre Farbe und der Ort der Installation im Vergleich zur Größe und Gestaltung des Gebäudes. Kann eine auf dem Dach eines mehrstöckigen Hauses angebrachte 80 cm große Antenne von in der Nähe liegenden Wohnungen aus nicht gesehen werden und ist sie aus einiger Entfernung nur wenig auffällig, da das Dach wegen verschiedener Kaminaufbauten kein einheitliches harmonisches Bild bietet, handelt es sich lediglich um eine unerhebliche Beeinträchtigung des optischen Gesamteindruckes, der im Rahmen des Abs. 1 außer Betracht bleibt.[563] Eine erhebliche Beeinträchtigung kann dagegen bei einer 85 cm großen Antenne vorliegen, die rückseitig an exponierter Stelle des Kamins angebracht wird.[564]

250 Eine Beeinträchtigung anderer WEer kann nicht mit dem Argument bejaht werden, zwar wirke sich die Installation dieser einen Parabolantenne noch nicht nachteilig aus, jedoch könnte es anderen WEern nicht versagt werden, ebenfalls eine Parabolantenne anzubringen, nachdem die Erste installiert ist; mehrere Parabolantennen würden den optischen Gesamteindruck dagegen nachteilig verändern („Antennenwald“).[565] Dabei handelt es sich um hypothetische Kausalverläufe, die im Rahmen des § 22 Abs. 1 unberücksichtigt bleiben müssen, weil es ausschließlich auf die konkrete Beeinträchtigung durch die aktuelle Umgestaltung ankommt. Die abstrakte Möglichkeit, dass andere WEer in Zukunft identische bauliche Veränderungen vornehmen wollen, stellt keine konkrete Beeinträchtigung zum jetzigen Zeitpunkt dar. Auch muss später nicht jedem WEer ebenfalls eine Parabolantenne zugestanden werden, sobald einmal eine Antenne am Gebäude installiert wurde. Ein WEer kann aus Gründen der Gleichbehandlung die Installation einer weiteren Antenne eben nur dann verlangen, wenn diese nach § 22 Abs. 1 zulässig ist. Dies ist jedoch nur der Fall, wenn dabei wiederum nicht zustimmende Eigentümer keine Beeinträchtigungen erleiden. Einen darüber hinausgehenden Anspruch auf Gleichbehandlung gibt es im WEG nicht. Somit entscheidet § 22 Abs. 1 bei jeder Einzelnen baulichen Veränderung, ob diese zulässig ist oder nicht. Die abstrakte Gefahr von Nachfolgeeffekten, bleibt deshalb grds. unberücksichtigt.[566] Erforderlich ist vielmehr, dass konkrete Tatsachen vorliegen, die es befürchten lassen, dass weitere WEer die Gestattung der errichtung von Parabolantennen fordern, dass insgesamt eine beeinträchtigung der Eigentumsrechte der WEer eintritt.[567]

251 Ist im Einzelfall festgestellt, dass die Installation zu Beeinträchtigungen anderer WEer führt, folgt daraus noch **nicht zwangsläufig,** dass deren **Zustimmung erforderlich** ist. Vielmehr ist weiter zu untersuchen, ob sich die Beeinträchtigung nicht lediglich in einem

---

[561] Vgl. BayObLGZ 1991, 296 (299) = NJW-RR 1992, 16 f. = WE 1992, 199.

[562] OLG München NZM 2008, 91; LG Hamburg ZMR 2009, 872 f.; BGH ZWE 2010, 29 f.

[563] Vgl. OLG Düsseldorf NJW 1993, 1274 (1275) = WE 1993, 86 f.; ZWE 2001, 336 (337) = NZM 2002, 257 (Ls); vgl. auch BayObLG ZWE 2002, 358 (Ls); *Kreile/Kreile,* FS für Gaedertz, S. 325.

[564] OLG Hamm WE 1998, 111.

[565] So BayObLG WE 1999, 238 m. Anm. *Bogen;* NJW-RR 1992, 16; BayObLGZ 1991, 296 (299); OLG Zweibrücken NJW 1992, 2899 (2900) = WE 1992, 318 (319); OLG Hamm OLGZ 1993, 314 (315 f.) = NJW 1993, 1276 (1277) = WE 1993, 108 (109); OLG Köln WuM 1996, 292; kritisch hierzu OLG München, ZMR 2008, 91 (92); 659 (660).

[566] *Bogen* WE 1999, 240; OLG München ZMR 2008, 659 (660); OLG Düsseldorf NJW 1993, 1274 (1276) = WE 1993, 86 (87); WE 1994, 108 (109); OLG Stuttgart WuM 1996, 177; aA Staudinger/*Bub* § 21 Rn 219; *Niedenführ* NZM 2001, 1105 (1108).

[567] OLG München ZMR 2008, 659 (660).

Maß hält, das bei einem geordneten Zusammenleben unvermeidlich ist.[568] Denn derartige Beeinträchtigungen sind gem. § 22 Abs. 1 hinzunehmen. Bei dieser Beurteilung sind insbesondere die Interessen der beteiligten WEer zu berücksichtigen. Zugunsten des die Parabolantenne anbringenden WEers ist vor allem sein **Grundrecht auf Informationsfreiheit** aus Art. 5 Abs. 1 Satz 1 GG zu berücksichtigen (vgl. oben Rn 179). Art. 5 Abs. 1 Satz 1 GG schützt, sich aus allgemein zugänglichen Quellen zu informieren, also aus Quellen, die technisch geeignet und bestimmt sind, der Allgemeinheit Informationen zu verschaffen.[569] Da es nicht darauf ankommt, wo eine Informationsquelle zugänglich ist,[570] wird auch der Empfang mittels Satellitenantennen von Art. 5 GG erfasst.[571] WEer, die Parabolantennen installieren wollen, handeln folglich in Ausübung ihres Grundrechtes aus Art. 5 GG. Auch das **Grundrecht auf Religionsausübungsfreiheit** (Art. 4 Abs. 2 GG), welches die Teilnahme an gottesdienstlichen Handlungen gewährleistet, ist zu berücksichtigen.[572] Diese Wertentscheidungen der Verfassung sind bei der Auslegung des Zivilrechts – hier des § 22 Abs. 1 – zu berücksichtigen[573] (**mittelbare Drittwirkung;** vgl. Rn 179, 231).

Daraus folgt jedoch nicht zwangsläufig ein Recht auf Installation der Antenne. Denn **252** Art. 5 Abs. 1 Satz 1 GG gilt nicht schrankenlos, sondern findet seine Schranke in den allgemeinen Gesetzen. Dazu gehören die durch die §§ 1004 BGB, 22 gezogenen Grenzen. Außerdem können sich diejenigen WEer, die durch die Parabolantenne beeinträchtigt werden, ihrerseits auf ihr gleichwertiges **Eigentumsgrundrecht aus Art. 14 Abs. 1 GG** berufen.[574] Somit hat letztlich zwischen dem Interesse des die Parabolantenne wünschenden WEers auf der einen Seite und den Interessen der anderen WEer eine fallbezogene **Abwägung** zu erfolgen.[575] Diese darf sich nicht in abstrakten Erwägungen erschöpfen, sondern muss an den konkreten Umständen des Einzelfalls orientiert sein.[576]

Aus diesen Gründen darf nicht pauschal darauf abgestellt werden, dem Informations- **253** bedürfnis eines WEers sei durch den vorhandenen Anschluss an die Gemeinschaftsantenne oder an das Kabelnetz Genüge getan, sondern es ist eine fallbezogene Abwägung vorzunehmen.[577] Die Abwägung zwischen Eigentumsschutz und Informations- sowie Religionsausübungsrecht[578] führt idR dazu, dass ein WEer auf einen bestehenden Kabelanschluss oder Nutzung des Internets verwiesen werden kann,[579] wegen der damit verbundenen erheblichen Informationseinbußen, jedoch nicht auf die Möglichkeit des Empfangs terrestrisch

---

568 Vgl. *Elzer* ZWE 2010, 31 f.

569 BVerfGE 27, 71 (83); 33, 52 (65); NJW 1993, 1252 (1253); BVerfGE 90, 27 (31 ff.) = NJW 1995, 1665 = DWE 1995, 61.

570 BVerfGE 27, 71 (84).

571 BVerfG NJW 1993, 1252 (1253); WE 1994, 205 (206); NJW 1994, 2143; WuM 1994, 365 (366); NJW 1995, 1665 = DWE 1995, 61.

572 OLG München NZM 2008, 91 = ZWE 2008, 196.

573 St. Rspr. vgl. BVerfGE 7, 198 (200); WE 1994, 205 (206); NJW 1995, 1665 (1666) = DWE 1995, 61.

574 BVerfG NJW 1995, 1665 = DWE 1995, 61; so auch BayObLGZ 1991, 296 (300) = NJW-RR 1992, 16 (17) = WE 1992, 199.

575 BGH ZWE 2004, 352 (355); BayObLG NZM 1999, 423 (424); OLG Zweibrücken ZWE 2002, 238 (239) = NJW-RR 2002, 587; vgl. auch BVerfGE 7, 198 (212); aA AG Kerpen ZMR 2009, 153.

576 BVerfG WE 1994, 205 (206); NJW 1994, 2143; OLG München NZM 2008, 91 f.

577 BVerfG NJW 1995, 1665 (1666) = DWE 1995, 61; so auch *Depenheuer* WE 1994, 129 ff.; anders jedoch LG Stuttgart WuM 1991, 212 (213); AG Remscheidt WE 1992, 148; differenzierend BayObLG ZWE 2001, 102 (103 f.) = NZM 2001, 433, nachdem der pauschale Verweis auf die Existenz einer Gemeinschaftsantenne der Interessenabwägung nicht genügt, jedoch das Vorhandensein eines Kabelanschlusses typischerweise dem Recht auf Informationsfreiheit hinreichend Rechnung trage.

578 S. *Wenzel* ZWE 2007, 183.

579 Vgl. OLG München NJW 2008, 235 = ZMR 2008, 659; OLG Zweibrücken NZM 2006, 937 (938 f.) = ZMR 2007, 143; *Elzer* ZWE 2010, 31 f.

ausgestrahlter Rundfunkprogramme über herkömmliche Antennenanlagen.[580] Selbst bei vorhandenem Kabelanschluss kann ein besonderes Informationsinteresse die Installation einer Parabolantenne rechtfertigen, wenn die Nutzung nur des Kabelanschlusses nachhaltige Informationseinbußen zur Folge hat.[581] Dies kann insbes. bei **ausländischen WEern** der Fall sein, deren Heimatprogramme nicht oder nur in geringer Zahl in das deutsche Kabelnetz eingespeist werden. Sie sind idR daran interessiert, die Programme ihres Heimatlandes zu empfangen, um sich über das dortige Geschehen zu unterrichten und die kulturelle und sprachliche Verbindung aufrechterhalten zu können, so dass sie die Installation einer Parabolantenne, die ihnen den Empfang mehrerer Programme ihres Heimatlandes ermöglicht, nach § 22 Abs. 1 verlangen können. Auch bei **deutschen WEern** kann im Einzelfall das verfügbare Medienangebot ihr Grundrecht auf freie Information nicht ausreichend sichern, so dass dann auch ihnen die Installation einer Parabolantenne nicht verweigert werden darf.[582] Darüber hinaus muss ein WEer, um sich auf die Wertung des Art. 5 Abs. 1 Satz 1 GG berufen zu können, grds. nicht darlegen, warum er bestimmte Programme empfangen will;[583] häufig dürfte dies offensichtlich sein.[584] Bei der Abwägung der widerstreitenden Interessen kann jedoch zu berücksichtigen sein, ob ein WEer ein besonderes Interesse daran hat, durch die Parabolantenne sonst nicht zu empfangende Programme zu sehen. Das Interesse eines in Deutschland lebenden Ausländers an Informationen aus seinem Heimatland und das Interesse eines im Ausland geborenen und aufgewachsenen Deutschen an im Ausland ausgestrahlten Fernsehsendungen kann unterschiedlich gewichtet werden.[585]

254 Auch wenn die Wohnanlage bereits an das Kabelnetz angeschlossen ist,[586] ist fraglich, ob im Einzelfall – auch deutsche – WEer noch auf einen vorhandenen Kabelanschluss verwiesen werden können; denn ob das im Kabelnetz verfügbare Medienangebot die Meinungsvielfalt noch hinreichend widerspiegelt, wird vom BGH angesichts der zwischenzeitlichen Entwicklung, in deren Folge mehrere Hundert Hörfunk- und Fernsehprogramme über Satellit zu empfangen sind, bezweifelt.[587] Überträgt man dagegen die Rechtsprechung zum Mietrecht[588] ins WE-Recht,[589] kann künftig sowohl einem ausländischen als auch einem deutschen WEer die Installation einer Parabolantenne unter Hinweis darauf verwehrt werden, dass über die Gemeinschaftsanlage eine zahlenmäßig auf fünf bis sechs Hauptsender begrenzte Programmversorgung gesichert ist, soweit die Höhe des hierfür zu zahlenden Entgelts überschaubar und tragbar bleibt. Die WEgem braucht dann im Rahmen ordnungsmäßiger Verwaltung auch nur noch diese Versorgung zu ermöglichen. Es bleibt dem einzelnen WEer überlassen, sich die mit der fortschreitenden digitalen Empfangstechnik im Bereich des Breitbandkabels zunehmende Programmvielfalt

---

580 BGH ZWE 2004, 352 (355); *Wenzel* ZWE 2007, 183.

581 Vgl. BGH ZWE 2004, 353 (355); BVerfG NJW 1995, 1665 (1666) = DWE 1995, 61; OLG Düsseldorf NJW 1993, 1274 (1275) = WE 1993, 86 (87); WE 1996, 71 (72); BayObLG NJW 1995, 337; OLG Stuttgart WuM 1996, 177; OLG Hamm ZWE 2002, 280 (281) = NZM 2002, 445 zur Aufnahme eines ausländischen Lebenspartners; kritisch: *Köhler* ZWE 2002, 97 (102), der eine generelle Gleichbehandlung von Deutschen und Ausländern befürwortet.

582 BGH ZWE 2004, 352 (355); *Wenzel* ZWE 2007, 183; BayObLG ZflR 1999, 45 (46); ZWE 2001, 102 (104) = NZM 2001, 433; weitergehend *Depenheuer* WE 1994, 130; vgl. auch BVerfG WE 1994, 205 (207).

583 *Depenheuer* WE 1994, 130 mwN.

584 BGH ZWE 2010, 29 (30).

585 OLG Hamm WE 1998, 111.

586 Vgl. BVerfG NJW 1995, 1665 (1666); BayObLG ZflR 1999, 45 (46).

587 BGHZ 157, 322 = ZWE 2004, 352 (355); *Wenzel* ZWE 2007, 183.

588 BVerfG NJW-RR 2005, 661 = NZM 2005, 252; BVerfG B.v. 17. 3. 2005 – 1 BvR 42/03; BGH NJW-RR 2005, 596 = NZM 2005, 335.

589 S. hierzu *Wenzel* ZWE 2007, 184 f.

durch Installation zusätzlicher Geräte und Übernahme der entsprechenden Kosten zu erschließen.

255 Hat ein WEer ein besonderes Interesse an einer Parabolantenne, so hat er gegen die anderen WEer idR nach § 22 Abs. 1 einen Anspruch auf deren Anbringung; dadurch entstehende Beeinträchtigungen sind hinzunehmen, wenn das Informationsbedürfnis des WEers oder seine Teilnahme an gottesdienstlichen Handlungen derzeit und in absehbarer Zukunft nicht durch eine bestehende Gemeinschaftsantenne, einen Breitbandkabelanschluss oder in sonstiger Weise, sondern nur durch Installation einer Parabolantenne befriedigt werden kann. Um die von einer Parabolantenne ausgehenden Beeinträchtigungen möglichst gering zu halten, können die WEer im Rahmen des Interessenausgleichs und des ihnen zustehenden Ermessensspielraums die Zustimmung durch Mehrheitsbeschluss davon abhängig machen,[590] dass
- die Parabolantenne baurechtlich und denkmalschutzrechtlich zulässig ist,[591]
- die Parabolantenne an einem von ihnen bestimmten unauffälligen, aber technisch geeigneten Ort installiert wird, auch wenn dadurch erhebliche, nicht aber unzumutbare Kosten verursacht werden,[592]
- die Installation auf Kosten des betreffenden WEers durch einen Fachmann durchgeführt wird, um eine Beschädigung und erhöhte Reparaturanfälligkeit des gemE zu vermeiden.[593] Der Beschluss ist vom Verwalter durchzuführen (Rn 151 f.), der WEer darf die Parabolantenne nicht eigenmächtig installieren,[594]
- der begünstigte WEer ein etwaiges Haftungsrisiko durch Abschluss einer Versicherung abdeckt und Sicherheit für die voraussichtlichen Kosten des Rückbaus der Anlage erbringt.[595]

256 Eine vergleichbare Abwägung zwischen den betroffenen Rechten der einzelnen WEer hat auch dann stattzufinden, wenn eine **Gemeinschafts-Parabolantenne** einen bereits vorhandenen und funktionstüchtigen **Breitbandkabelanschluss ersetzen** soll. Sind dabei über eine Parabolantenne weniger Radio- und Fernsehprogramme als über einen Breitbandkabelanschluss zu empfangen, gewährleistet die Antenne aber gleichwohl den Zugang zu einem quantitativ und qualitativ ausreichenden Angebot an Funk- und Fernsehprogrammen, beeinträchtigt dies die Rechte von WEern nicht. Denn kein WEer hat Anspruch darauf, jedes erdenkliche Programm in bester Qualität empfangen zu können.[596] Vgl. auch Rn 81 f.

257 Im Gegensatz zum Mietrecht[597] ist es im WEG nicht erforderlich, dass der die Antenne anbringende WEer alle anderen MitEer von den mit der Installation zusammenhängenden Kosten freistellt.[598] Denn die Kostenfreistellung der nicht zustimmenden WEer ergibt sich bereits aus § 16 Abs. 6 Satz 1 Hs. 2. Diese gesetzlich angeordnete Kostenfreistellung erfasst gerade auch die Folgekosten einer baulichen Veränderung.[599] Das verbleibende sog. **„faktische Kostenrisiko"**, d.h. das Risiko für Folgemaßnahmen, die durch eine ordnungsgemäße Instandhaltung und Instandsetzung verursacht werden, dennoch in Anspruch

---

590 Siehe hierzu OLG München NZM 2008, 91 (92).

591 BGHZ 157, 322 = ZWE 2004, 352 m. Anm. *Köhler*.

592 BGHZ 157, 322 = ZWE 2004, 352; ZWE 2010, 29 (30) m. Anm. *Elzer;* OLG Frankfurt NJW-RR 2005, 1034 = NZM 2005, 427; OLG Celle, WE 2002, 8; OLG Düsseldorf NJW-RR 1996, 141.

593 BGHZ 157, 322; OLG Celle NJW-RR 1994, 977; OLG Düsseldorf NJW-RR 1996, 141.

594 OLG Schleswig NZM 2003, 558 (559).

595 OLG Celle, WE 2002, 8.

596 BayObLG ZWE 2000, 309 (311) = NJW-RR 2001, 10.

597 Vgl. OLG Frankfurt/M. WuM 1992, 458 (459); OLG Karlsruhe NJW 1993, 2815 (2817) = WuM 1993, 525 (527).

598 AA wohl *Kreile/Kreile,* FS für Gaedertz, S. 325 f.

599 BGHZ 116, 392 (397) = NJW 1992, 978 (980) = WE 1992, 105 (106).

genommen werden zu können, macht die Zustimmung der anderen WEer nicht erforderlich[600] (vgl. Rn 199).

258 Hat ein WEer zulässigerweise eine eigene Parabolantenne installiert, die nachträglich entbehrlich wird, weil etwa eine Gemeinschaftsempfangsanlage installiert oder umgerüstet wird, können die WEer deren Beseitigung verlangen.[601] Das Informationsinteresse wird nämlich nicht tangiert, weil es durch die Gemeinschaftsanlage befriedigt wird, während das Eigentümerinteresse an einem durch Parabolantennen optisch nicht beeinträchtigten äußeren Erscheinungsbild des Gebäudes fortbesteht.

259 Die oben Rn 255 genannten Voraussetzungen führen auch dazu, dass ein WEer der seine Eigentumswohnung vermietet, die Anbringung einer Parabolantenne durch seinen Mieter nur dann dulden muss, wenn er selbst ggü. seinen MitEern zur Anbringung der Antenne berechtigt ist. Die Kriterien ermöglichen somit einen Gleichlauf zwischen Miet- und WE-Recht. Diese für das Mietrecht entwickelten Grundsätze gelten auch im WEG.[602] Insbesondere haben die übrigen WEer die Anbringung einer Antenne durch den Mieter zu dulden, wenn dieser einen Duldungsanspruch gegen den vermietenden WEer hat.[603]

260 Die Verpflichtung, eine Parabolantenne gem. § 14 Nrn. 1 und 3 zu dulden, kann **durch Vereinbarung** der WEer gem. § 10 Abs. 2 Satz 1 **abweichend geregelt** werden, auch wenn dies eine Einschränkung der grundrechtlich geschützten Informationsfreiheit zur Folge hat.[604] Da ein WEer nicht gezwungen ist, von diesem Freiheitsrecht Gebrauch zu machen, kann er sich auch dazu verpflichten, die Anbringung einer Parabolantenne zu unterlassen. Ein Ausschluss oder eine Einschränkung der Befugnis zur Anbringung einer Parabolantenne durch Vereinbarung in der GO bindet, wenn sie im Grundbuch eingetragen ist, nach § 10 Abs. 4 auch einen **Rechtsnachfolger;**[605] denn der Erwerb von WE mit einer solchen inhaltlichen Regelung des Gemeinschaftsverhältnisses durch Beschränkung der Nutzungsbefugnisse ist als Verzicht auf die Ausübung des Grundrechts auf Informationsfreiheit zu verstehen. Eine Inhaltskontrolle nach § 242 BGB kann ein Festhalten an einem generellen Verbot von Parabolantennen als treuwidrig erscheinen lassen, wenn Satellitenempfangsanlagen wegen der technischen Entwicklung auf Grund ihrer Größe und der nun geeigneten Installationsorte das optische Erscheinungsbild der Wohnanlage nicht beeinträchtigen und auch sonstige Interessen der WEer nicht berührt sind. Auch kann einem Erwerber, insbes. auf Grund nachträglich eintretender Umstände, ein Anspruch auf Änderung der GO nach § 10 Abs. 2 Satz 3 zustehen, wenn das Verbot von Parabolantennen aus schwerwiegenden Gründen unter Berücksichtigung aller Umstände des Einzelfalles unbillig erscheint.[606]

261 Ein Ausschluss der Befugnis zur Installation einer Parabolantenne durch **Beschluss** ist ohne Zustimmung aller WEer unwirksam.[607] Die für einen solchen Beschluss erforderliche Kompetenz lässt sich zwar § 15 Abs. 2 entnehmen, falls nicht eine durch Vereinbarung getroffene Gebrauchsregelung entgegensteht, was schon wegen absoluter **Beschlussunzuständigkeit** zur Nichtigkeit eines solchen Beschlusses führen würde. I. Ü. ist den WEern ein **Eingriff in den Kernbereich** des WEs verwehrt, so dass sie den wesentlichen Inhalt der Nutzung von WE nicht durch Mehrheitsbeschluss einschränken können. Da die Wohnung typischerweise der Ort ist, an dem Informationsangebote genutzt werden, wird

---

600 BGHZ 116, 392 (397) = NJW 1992, 978 (980) = WE 1992, 105 (106).

601 *Wenzel* ZWE 2007, 185; *Derleder* ZWE 2006, 225 f.

602 BVerfG NJW 1995, 1665 (1666) = DWE 1995, 61; OLG Celle NJW-RR 1994, 977 (978), dazu *Bielefeld* DWE 1994, 63; aA LG Bremen WuM 1994, 391.

603 OLG Hamm ZWE 2002, 280 (281) = NZM 2002, 445.

604 BGH ZWE 2004, 352 /356 f.); OLG München ZMR 2008, 564 (565 f.); aA OLG Zweibrücken ZWE 2002, 238 (240); OLG Düsseldorf, ZWE 2001, 336 (337 f.).

605 AA *Derleder* ZWE 2006, 224.

606 Vgl. BGH ZWE 2004, 352 (357).

607 BGH ZWE 2004, 352 (358).

dieser Gebrauch des WEs, der wesentliches Element der Nutzung einer Wohnung ist, durch ein mit Mehrheit beschlossenes Verbot von Parabolantennen in erheblichem Umfang eingeschränkt. Das unentziehbare Recht auf Informationsfreiheit, auf dessen Ausübung zwar verzichtet werden kann, ist jedoch mehrheitsfest, so dass die fehlende **Zustimmung des betroffenen WEers** zunächst zur schwebenden, Unwirksamkeit des Beschlusses führt.[608] Wird die Zustimmung durch Stimmabgabe in der Versammlung oder konkludent durch Nichtanfechtung[609] erteilt, wird der Beschluss wirksam, die Verweigerung der Zustimmung führt zu dessen endgültiger Unwirksamkeit.[610]

Parkplatz. Die Anbringung von Parkabsperrbügeln (sog. „Parkwächtern") stellt eine Beeinträchtigung für nicht zustimmende WEer dar, wenn die Benutzung der Parkplätze nur WEern gestattet sein soll, die die Kosten für die Anbringung dieser Parkwächter aufgebracht haben.[611] Besteht an der Parkfläche ein Sondernutzungsrecht, stellt die Anbringung eines Sperrbügels keine übermäßige Beeinträchtigung dar.[612] **262**

Pergola. Das Anbringen einer Pergola kann sich nachteilig auf den optischen Gesamteindruck der Wohnanlage auswirken.[613] Dies gilt auch für deren Überdachung.[614] **263**

Rollladen. Die Anbringung von Rollläden oder Außenjalousien an Fenstern oder Balkontüren einzelner Wohnungen kann den optischen Eindruck der Anlage ebenfalls beeinträchtigen.[615] Soweit die Rollläden jedoch kaum erkennbar sind, wirken sie sich selten nachteilig aus.[616] **264**

Saunahaus. Wird ein Saunahaus auf einer Terrasse errichtet, beeinträchtigt dies nachteilig das äußere Erscheinungsbild der Wohnanlage.[617] **265**

Schrank. Der Einbau von Schränken im Bereich des GemE bedarf der Zustimmung aller WEer, da diese sonst vom Gebrauch des entsprechenden Flurteils/Treppenhauses ausgeschlossen sind.[618] **266**

Sichtschutzwand. Das Errichten einer Sichtschutzwand an der Grenze zweier in Sondernutzung befindlicher Gartenflächen überschreitet jedenfalls dann das in § 14 bestimmte Maß, wenn es einen erheblichen Teil des einfallenden Lichts nimmt.[619] Wird eine größere Sichtschutzmatte angebracht, kann dies das optische Erscheinungsbild der Wohnanlage negativ beeinträchtigen.[620] **267**

Sondereigentum. Wird durch bauliche Maßnahmen SE eines WEers in Anspruch genommen, beeinträchtigt dies den betroffenen WEer.[621] **268**

Speicher. S. Dachgeschoss. **269**

Stromversorgungsanlage. Die Erweiterung der Stromversorgungsanlage derart, dass der gesamte Heizungs- und Warmwasserbedarf mit Nachtstrom gedeckt werden kann, hat keine Beeinträchtigung der nicht zustimmenden WEer zur Folge, da sie gem. §§ 16 Abs. 6 Satz 1 Hs. 2 keine Kosten dieser Maßnahme tragen müssen.[622] Der Einbau eines Stromzäh- **270**

---

608 *Becker* ZWE 2002, 341 (344 f.); BGH ZWE 2004, 352 (359).

609 Vgl. *Wenzel* ZWE 2007, 184; vgl. auch AG Hannover ZMR 2009, 233.

610 BGH ZWE 2004, 352 (359).

611 OLG Frankfurt/M. OLGZ 1992, 437 (439) = NJW-RR 1993, 86 (87).

612 OLG Schleswig NJWE-MietR 1997, 29.

613 BayObLG WE 1991, 48; WE 1999, 148 (149).

614 BayObLG WE 1990, 177 (178).

615 BayObLG WE 1992, 232 (233); DWE 1992, 155 (156); OLG Düsseldorf WE 1990, 203; WE 1996, 32 (33); ZWE 2001, 34 (36) = NZM 2001, 243.

616 Vgl. LG Bad Kreuznach DWE 1984, 127 (Ls).

617 BayObLG ZWE 2001, 428 f.; vgl. auch ZWE 2001, 483 (484) = NJW-RR 2002, 445.

618 Vgl. KG DWE 1993, 82 (Ls).

619 OLG Köln NZM 1999, 178.

620 BayObLG ZWE 2000, 409 (411) = NJW-RR 2000, 1324.

621 BayObLG WE 1999, 194 (195).

622 Vgl. BayObLG WE 1989, 62 f., das diese Frage offen gelassen hat.

lerkastens im Treppenhaus beeinträchtigt die anderen WEer nicht in jedem Fall über das in § 14 vorgesehene Maß hinaus.[623]

271 **Terrasse.** Die Anlage oder Vergrößerung einer Terrasse ermöglicht eine intensivere Nutzung des GemE und kann zu Lärmimmissionen führen.[624] Die Unterkellerung einer Terrasse stellt einen erheblichen Eingriff in Statik und Substanz des GemE dar.[625] Wird eine auf freien Stützen stehende Terrasse ummauert, wird hierdurch den anderen WEern die Nutzung dieser Fläche entzogen, was sie nachhaltig beeinträchtigt.[626] Der Einbau einer Betontreppe in die Böschung einer Terrasse sowie die Terrassenbegrenzung mittels eines Walls oder einer Palisade führt zu optischen Beeinträchtigungen.[627] Auch die Erweiterung einer Terrassenüberdachung sowie die Rundverglasung eines Freisitzes können im Einzelfall zu einer optischen Beeinträchtigung führen[628] (zur Dachterrasse vgl. Rn 210). Die Errichtung einer Holzterrasse auf einer unbebauten Grundstücksfläche stellt eine erhebliche Beeinträchtigung dar, wenn dadurch der Zugang zu einem Kanalschacht verhindert wird.[629]

272 **Trockenstange.** Die Installation einer Trockenstange auf einem einzelnen Balkon verändert das Gesamtbild des Gebäudes nur unwesentlich und kann deshalb ohne Zustimmung aller anderen WEer vorgenommen werden.[630] Dies gilt auch für Fahnenstangen.

273 **Tore und Türen.** Der Einbau von Vortüren[631] oder der Austausch von Wohnungstüren wird im Regelfall alle anderen WEer nicht beeinträchtigen, wenn diese sich optisch den anderen Türen im Gebäude anpassen.[632] Die Anbringung eines Tores, etwa vor einer offenen Tiefgarage, kann zu einer optischen Beeinträchtigung führen. Allerdings sind an die Gestaltung dieser Teile des GemE nicht so strenge Anforderungen zu stellen, wie etwa an die Gestaltung der Gebäudefassade.[633]

Treppenhaus. S. Flur, Garderobe, Schrank.

274 **Treppenhausschräglift.** Der Einbau eines Treppenhausschrägliftes beeinträchtigt andere WEer idR nicht über das in § 14 definierte Maß hinaus. Zwar mag ein solcher Lift optische Veränderungen des Treppenhauses zur Folge haben bzw. sein Betrieb akustische Belästigungen herbeiführen. Da ein solcher Lift jedoch typischerweise zur Unterstützung behinderter Menschen dient, bewirkt idR das Diskriminierungsverbot des Art. 3 Abs. 3 Satz 2 GG, dass diese Belastungen seitens der anderen WEer hinzunehmen sind.[634]

275 **Versorgungsleitung.** Das Verlegen von Versorgungsleitungen, um einen im SE stehenden Kellerraum als Gästezimmer zu benutzen, beeinträchtigt alle WEer des Gebäudes, wenn die Leitungen durch zwei im GemE stehende Räume geführt werden und tragende Wände durchbohrt werden müssen.[635] Auch der Einbau von Versorgungsleitungen in einen stillgelegten Schornstein wirkt sich nachteilig aus, da der Gebrauch des Kamins unmöglich wird.[636] Ebenso bedarf die Beseitigung bestehender Versorgungsleitungen der

---

[623] BayObLG ZWE 2002, 73 (74).
[624] KG OLGZ 1971, 492 (493); OLG Frankfurt NZM 2008, 322.
[625] OLG Hamm OLGZ 1976, 61 (62).
[626] OLG Köln ZWE 2000, 486 = NZM 2000, 296.
[627] BayObLG WuM 1991, 303; WE 1992, 198; OLG Schleswig NZM 1999, 422.
[628] OLG Zweibrücken OLGZ 1989, 181 (182).
[629] BayObLG NZM 1998, 240.
[630] AG Stuttgart DWE 1980, 128.
[631] Vgl. dazu OLG Stuttgart WEM 1980, 75 (77).
[632] Offen gelassen von BayObLG WuM 1988, 99 f.
[633] BayObLG MDR 1986, 853.
[634] OLG München NZM 2005, 707; NZM 2008, 848 (849 f.); LG Hamburg ZWE 2001, 503 (505 f.) = NZM 2001, 767; BT-Drucks. 16/887 S. 31.
[635] OLG Zweibrücken WE 1988, 60.
[636] KG WE 1994, 51 (52).

Zustimmung aller WEer.[637] Der Einbau einer unterirdischen Wasserleitung kann hingegen eine unerhebliche Beeinträchtigung darstellen, die nicht der Zustimmung aller WEer bedarf.[638]

Videoüberwachung. Sofern der Einbau einer Videoüberwachungsanlage als bauliche Veränderung beschlossen wird, sind im Rahmen des § 14 Nr. 1 die Wertungen des § 6b BDSG zu berücksichtigen;[639] danach ist eine private Überwachung öffentlich zugänglicher Räume zulässig, wenn dies zur Wahrung des Hausrechts oder zur Wahrnehmung berechtigter Interessen für konkrete Zwecke erforderlich ist und keine Anhaltspunkte dafür bestehen, dass schutzwürdige Interessen der Betroffenen überwiegen. Im Einzelfall ist mithin eine Abwägung zwischen dem allgemeinen Persönlichkeitsrecht (Recht am eigenen Bild) der aufgenommenen Personen und den berechtigten, verfassungsrechtlich geschützten Interessen des oder der Überwachenden vorzunehmen. Ein Beschluss des Einbaus einer Videoüberwachungsanlage muss klar zum Ausdruck bringen, wie die Anlage gestaltet sein soll; er entspricht nur ordnungsmäßiger Verwaltung, wenn zugleich festgelegt wird, dass und wie der Umstand der Beobachtung und der verantwortlichen Stelle erkennbar gemacht wird (§ 6 Abs. 2 BDSG) und wie das erforderliche Löschen der Daten geregelt wird.[640] 276

Eine Videoanlage zur Überwachung des im **gemE** stehenden Hauseingangsbereichs ist hiernach zulässig, wenn sie betreffende Besucher nur von den Wohnungen aus identifiziert werden können, die dem System angeschlossen sind und deren Klingel betätigt wurde.[641] Eine Videoüberwachung ohne solche technischen Beschränkungen, die etwa eine weitere Beobachtung des Eingangsbereichs oder den Einbau eines Aufzeichnungsgerätes ermöglichen,[642] bedeutet für die WEer eine über das Maß des § 14 Nr. 1 hinaus gehende Beeinträchtigung. Entsprechendes dürfte für die Überwachung eines Fahrstuhls gelten.[643] Unzulässig ist auch eine Videoüberwachung des Hauseingangsbereichs durch Übertragung in das hausinterne Kabelnetz.[644] Da in diesem Fall auch die Persönlichkeitsrechte Dritter – etwa von Besuchern – betroffen sind, dürfte der Beschluss über den Einbau einer unzulässigen Videoüberwachungsanlage nicht in Bestandskraft erwachsen, sondern wegen Verstoßes gegen § 6b BDSG gem. § 134 BGB nichtig sein. Keine unzulässige Beeinträchtigung ist hingegen anzunehmen, wenn die Videoüberwachung lediglich den Türspion an der Wohnungseingangstür eines einzelnen WEers ersetzt.[645] 277

Werden durch die Kamera eines WEers nur Bereiche überwacht, die in dessen **SE** stehen oder an denen ihm ein **SNR** zusteht und sind die Aufnahmen nur ihm zugänglich, erwächst den anderen WEern dadurch kein Nachteil, der über das unvermeidbare Maß der Beeinträchtigung hinausgeht.[646] Werden durch die Kamera eines WEers **auch GemE,** insbesondere Zugangswege, und fremdes SE erfasst, entspricht dies nicht den Vorgaben des § 6b BDSG, bedeutet daher idR einen unzulässigen Eingriff in die Persönlichkeitsrechte (Recht am eigenen Bild) der betroffenen Eigentümer und Besucher und damit eine nicht hin- 278

[637] BayObLG WuM 1990, 177 f.

[638] OLG Zweibrücken ZWE 2002, 378 (379 f.).

[639] *Huff* NZM 2002, 89 (90); *ders.*, FS Bub (2007), S. 127 ff.; *Bittner* MietRB 2009, 305 ff.; vgl. auch KG ZWE 2002, 409 (412) = NZM 2002, 702; OLG Köln ZWE 2008, 104.

[640] KG FGPrax 2002, 211 f. = NZM 2002, 702.

[641] BayObLG NJW-RR 2005, 384 = ZMR 2005, 299 (300).

[642] OLG Köln ZMR 2008, 559 (560).

[643] Vgl. *Huff, FS* Bub, S. 127 (130).

[644] So im Ergebnis auch KG ZWE 2002, 409 (412) = NZM 2002, 702: Verstoß gegen die Grds. ordnungsmäßiger Verwaltung.

[645] *Huff* NZM 2002, 89 (93); im Ergebnis ebenso Staudinger/*Bub* § 21 Rn 174a: modernisierende Instandsetzung.

[646] OLG München NZM 2005, 668 (669); OLG Düsseldorf, NJW 2007, 780.

nehmbare Beeinträchtigung.[647] Dies gilt nicht, wenn überwiegende schutzwürdige Interessen an der dauernden Überwachung sämtlicher Passanten vorliegen.[648] Hierzu genügt es nicht, dass von einem Teil der WEer Belästigungen ausgehen[649] oder Eigentum vor Beschädigungen durch Dritte geschützt werden soll;[650] etwas anderes kann gelten, wenn die körperliche Unversehrtheit eines WEers bewahrt werden soll.[651]

279 **Wanddurchbruch.** Ein Durchbruch durch eine **nicht tragende, im SE stehende Wand** ist keine Beeinträchtigung anderer WEer, weil weder ein Eingriff in die Substanz des GemE vorliegt, noch eine Beeinträchtigung der Statik oder sonstige Nachteile ernsthaft zu befürchten sind. Handelt es sich um eine **tragende, im GemE stehende Wand,** ist dagegen ein Nachteil für andere WEer erst dann ausgeschlossen, wenn kein vernünftiger Zweifel daran besteht, dass ein wesentlicher Eingriff in die Substanz des GemE unterblieben ist, insbesondere zum Nachteil der übrigen WEer keine Gefahr für die konstruktive Stabilität des Gebäudes und dessen Brandsicherheit[652] geschaffen wurde.[653] Indiz für eine solche Gefahr ist, dass Sicherungs- oder Ausgleichsmaßnahmen erforderlich werden.[654] Führen Wanddurchbrüche zwischen zwei Wohnungen zum Verlust der Abgeschlossenheit oder einem der TE widersprechenden Zustand, so bedeutet dies nicht schon deshalb eine Beeinträchtigung der anderen WEer (vgl. Rn 182).[655] Mögliche Nachteile können auch dadurch entstehen, dass der Durchbruch eine intensivere Nutzung der miteinander verbundenen Gebäudeteile ermöglicht.[656]

280 **Wärmemengen- oder Wasserzähler.** Der Einbau solcher Zähler beeinträchtigt WEer nicht iSd § 22 Abs. 1.[657]

281 **Wäschetrockenplatz.** Ob das Verlegen eines Wäschetrockenplatzes unter Einbetonierung der Wäschestangen zu optischen Beeinträchtigungen führt, ist Frage des Einzelfalls.[658]

282 **Wasserenthärtungsanlage.** Der Einbau einer solchen Anlage kann eine Gefährdung der WEer durch den Genuss enthärteten Wassers nach sich ziehen.[659]

283 **Wege und Zufahrten.** Die Sperrung eines Weges führt zu Beeinträchtigungen, wenn WEer deshalb einer höheren Gefährdung durch den Straßenverkehr ausgesetzt sind[660] oder ein ordnungsgemäßer Zugang des Grundstückes nicht mehr gewährleistet ist, kann aber auch sonst zu Beeinträchtigungen führen.[661]

---

[647] OLG Düsseldorf NJW 2007, 780; OLG Köln ZMR 2008, 559 (560).

[648] OLG München NZM 2005, 668 (669); OLG Düsseldorf NJW 2007, 384.

[649] OLG München NZM 2005, 668 (669).

[650] OLG Düsseldorf NJW 2007, 384; s. a. auch OLG Köln NJW 2005, 2997.

[651] OLG Düsseldorf NJW 2007, 384.

[652] Vgl. auch BayObLG NJW-RR 1991, 1490 (1491) = WE 1992, 171 (172).

[653] BGHZ 146, 241 (249) = ZWE 2001, 314 = NJW 2001, 1212 mit Anm. *Hügel* NotBZ 2001, 107 und abl. Anm. *Schmidt* ZflR 2001, 212; BayObLGZ 2000, 252 (255 f.) = ZWE 2000, 575 = NZM 2000, 1231; ZWE 2002, 358 (359); BayObLGZ 1990, 120 (123) = WE 1991, 254; NJW-RR 1995, 649; NJW-RR 1992, 272 (273) = WE 1992, 228; WE 1997, 112 (112); WE 1998, 399; OLG Köln WE 1995, 221; OLG Zweibrücken WE 1988, 60; OLG Celle ZWE 2002, 533 (534); AG Hamburg ZMR 2008, 839 f.; im Einzelfall eine Beeinträchtigung verneint OLG Köln DWE 1988, 24 (25); *Schuschke* ZWE 2000, 146 (150); *Röll,* FS Deckert, S. 417.

[654] OLG Düsseldorf WE 1989, 98 (99 f.); BayObLGZ 2000, 252 (256) = ZWE 2000, 575 = NZM 2000, 1231.

[655] Vgl. BGHZ 146, 241 ff. = ZWE 2001, 314 = NJW 2001, 1212; BayObLG ZWE 2002, 525.

[656] OLG Düsseldorf WE 1989, 98 (99 f.); BayObLGZ 2000, 252 (256) = ZWE 2000, 575 = NZM 2000, 1231.

[657] BayObLG NJW-RR 1988, 273 f.

[658] Offen gelassen von BayObLG WE 1988, 18.

[659] BayObLG MDR 1984, 406 (407); OLG Karlsruhe WuM 1999, 52 = NZM 1999, 274.

[660] AG Siegburg DWE 1988, 70 (71).

[661] BayObLG WE 1996, 195 (196).

Werbeschilder. Schilder, die an der Außenwand des Gebäudes angebracht werden, halten sich solange in dem von § 14 Nr. 1 bestimmten Maß, wie es sich um ortsübliche und angemessene Werbung für ein in der Wohnanlage zulässigerweise betriebenes Gewerbe handelt.[662] 284

Wintergarten. Der Anbau eines Wintergarten beeinträchtigt das optische Gesamtbild.[663] 285

Zaun. Die Errichtung eines ca. 60 cm hohen Jägerzaunes kann über das in § 14 Nr. 1 bestimmte Maß hinaus beeinträchtigen, wenn er auf der Trennlinie der den WEern zur Sondernutzung zugeteilten Gartenflächen aufgestellt wird und dadurch zu einer negativen Umgestaltung der Wohnanlage führt oder wenn die Anlage parkähnlich und ohne Begrenzungszäune gestaltet ist; es kommt nicht darauf an, ob die mit der Errichtung des Zaunes für einen WEer verbundenen Vorteile die Nachteile für die anderen WEer überwiegen.[664] 286

6. Die Rechtsfolgen

Es ist zu unterscheiden, ob bauliche Veränderungen oder Aufwendungen, die über die ordnungsmäßige Instandsetzung oder Instandhaltung des GemE hinausgehen, rechtmäßig sind oder nicht. 287

a) Rechtmäßige Maßnahmen. Werden Maßnahmen iSd § 22 Abs. 1 beschlossen oder vereinbart, so sind sie rechtmäßig und zulässig. Die WEer haben gem. § 16 Abs. 2 Kosten und Lasten der Umgestaltung des GemE zu tragen.[665] Gem. § 16 Abs. 1 steht den zustimmenden WEern ein entsprechender Bruchteil an den Nutzungen zu. Unter „Nutzungen“ iSd § 16 Abs. 1 sind nach der Terminologie des BGB allerdings nur **die Früchte** (§ 99 BGB) zu verstehen (vgl. Rn 186). Die sich aus der Veränderung ergebenden Gebrauchsvorteile stehen dagegen allen WEern nach Maßgabe der §§ 13 Abs. 2 Satz 1, 14, 15 zu. Auch wenn einem Beschluss nicht alle WEer zugestimmt haben, handelt es sich unabhängig davon, ob deren Zustimmung erforderlich war oder nicht, um eine rechtmäßige Maßnahme iSd § 22 Abs. 1. Die Rechtmäßigkeit der Maßnahme beruht auf dem Beschluss, der gültig ist, solange er nicht durch rechtskräftiges Urteil für ungültig erklärt ist (§ 23 Abs. 4 Satz 2). Die nicht zustimmenden WEer sind gem. § 1004 Abs. 2 BGB iVm § 22 Abs. 1 verpflichtet, bauliche Veränderungen des GemE zu dulden. Ein Beseitigungsanspruch steht ihnen nicht zu.[666] 288

aa) Die Befreiung von der Kostentragung (§ 16 Abs. 6 Satz 1 Hs. 2). Gem. § 16 Abs. 6 Satz 1 Hs. 2 sind die WEer, die einer Maßnahme iSd § 22 Abs. 1 nicht zugestimmt haben, auch nicht verpflichtet, Kosten, die durch eine solche Maßnahme verursacht sind, zu tragen. Das Gleiche gilt für die WEer, die sich bei der Erklärung der Zustimmung gegen die Kostentragung verwahrt haben, etwa weil sie wegen der Zustimmung aller beeinträchtigten WEer dem entsprechenden Beschluss nach § 22 Abs. 1 Satz 1 zustimmen müssen oder zur Zustimmung verurteilt worden sind[667] oder aus Toleranz einer baulichen Veränderung, an der sie selbst kein Interesse haben, zustimmen. Ein WEer braucht auch dann keine Kosten zu tragen, wenn die WEer im Einzelfall gem. § 16 Abs. 4 eine abweichende Kostenverteilung beschlossen haben. 289

---

[662] BayObLG NJW-RR 1995, 333 (334); WE 1988, 18; KG WE 1995, 19 (20); OLG Frankfurt/M. Rpfleger 1982, 64.

[663] BayObLG NJW-RR 1994, 276; NJW-RR 1995, 653 (654); WE 1999, 29 = NZM 1999, 132; OLG Düsseldorf DWE 1994, 42.

[664] OLG Köln ZMR 2008, 817 f.; OLG Düsseldorf NJWE-MietR 1997, 111 = WE 1997, 310.

[665] *Huff* WE 1997, 282 (283); aA *Armbrüster* ZfIR 1998, 395 (398 f); Staudinger/*Bub* § 16 Rn 251, die den zustimmenden WEern nur bei Zugang zu den Gebrauchsvorteilen die Kostenlast auferlegen wollen; vgl. dazu Rn 289.

[666] BayObLG WE 1997, 317 (318).

[667] *Hügel/Elzer* NZM 2009, 457 (466).

290 Die Kostenbefreiung des § 16 Abs. 6 soll stets auch denjenigen WEern zugute kommen, die der baulichen Veränderung zwar zugestimmt haben, aber von vornherein von den Gebrauchsvorteilen ausgeschlossen sind (bauliche Veränderung im Bereich des SE).[668] Soweit sich im Wege der ergänzenden Auslegung der Zustimmungserklärung eine Kostenverwahrung ergibt, ist dem zuzustimmen.[669] Ob daneben eine analoge Anwendung des § 16 Abs. 6 Satz 1 Hs. 2 bei vorbehaltlos erklärter Zustimmung in Frage kommt, ist indes zweifelhaft. Zur Begründung der Analogie wird darauf verwiesen, dass nach dem WEG eine Korrelation zwischen *Gebrauchsvorteilen* und Kostenlast bestünde.[670] Dem ist entgegenzuhalten, dass sich aus § 16 Abs. 6 lediglich eine Korrelation zwischen *Nutzungen* und Kosten ergibt. Nutzungen sind dabei lediglich die Früchte einer Sache, aber nicht deren Gebrauchsvorteile (vgl. Rn. 297). Außerdem ist das Vorliegen einer (planwidrigen) Regelungslücke zweifelhaft, da der Gesetzgeber mit § 16 Abs. 6 eine zwar pauschale, dadurch aber praktikable Regelung geschaffen hat, die komplizierte Differenzierungen zwischen den einzelnen Kostenarten nicht erfordert.[671] Nach der Konzeption des § 16 Abs. 2 und Abs. 6 ist es daher Sache des zustimmenden WEers, die als unangemessen empfundenen Ergebnisse der gesetzlichen Regelung im Einzelfall durch eine Kostenverwahrung oder durch eine abweichende Kostenverteilung (§ 16 Abs. 4) zu vermeiden. Eine analoge Anwendung des § 16 Abs. 6 kommt deshalb nicht in Betracht.

291 Die Kostenbefreiung des § 16 Abs. 6 bezieht sich allgemein ausschließlich auf Kosten des GemE; insoweit schränkt § 16 Abs. 6 die Grundregel des § 16 Abs. 2 ein.[672] Dies gilt zunächst für die gesamten **Investitionskosten.** Maßnahmen iSd § 22 Abs. 1 dürfen nicht aus der Instandhaltungsrücklage oder mittels Sonderumlage durch alle WEer finanziert werden,[673] wenn ein WEer Kosten einer solchen Maßnahme nicht zu tragen hat. In die Jahresabrechnung dürfen diese Kosten nur eingestellt werden, wenn sie – zu Recht oder zu Unrecht – aus Geldern der Gemeinschaft bezahlt wurden, wobei in der Einzelabrechnung § 16 Abs. 6 zu berücksichtigen ist.

292 Die Kostenbefreiung gem. § 16 Abs. 6 Satz 1 Hs. 2 erfasst auch **die Folgekosten** der Maßnahme, also die Kosten des laufenden Unterhalts eines baulich veränderten GemE, insbesondere die Kosten einer zukünftig erforderlichen Instandhaltung oder Instandsetzung,[674] soweit sie durch eine solche Maßnahme verursacht sind. Jedoch kann ein WEer, ohne dass er einer baulichen Veränderung zugestimmt hat, verpflichtet sein, im Rahmen ordnungsgemäßer Instandhaltung oder Instandsetzung gem. § 21 Abs. 3 des baulich veränderten GemE im Außenverhältnis nach § 10 Abs. 8 Folgekosten der Umgestaltung zu tragen. Dem in Anspruch genommenen WEer steht dann ein Regressanspruch gegen die WEgem zu. Diese Kosten sind auf die WEer umzulegen, die der Maßnahme zugestimmt haben, so dass er letztlich doch von den Folgekosten der Maßnahme befreit wird. Das dennoch verbleibende Risiko, im Falle der Insolvenz derjenigen WEer, die der baulichen

---

[668] *Armbrüster* ZfIR 1998, 395 (398 f.); *ders.* Ptdm Tage 2000, 97 (103 f.); *ders.* ZWE 2001, 85 (86); zustimmend: *Briesemeister* ZWE 2002, 241 (244 f.); *Schmidt* ZMR 2001, 924 (925); Staudinger/*Bub* § 16 Rn 251.

[669] *Ott* Sondernutzungsrecht, S. 120; *ders.* ZWE 2002, 61 (65); zumindest für die Baukosten auch *Armbrüster* Ptdm Tage 2000, 97 (104).

[670] *Armbrüster* ZfIR 1998, 395 (399); *ders.* Ptdm Tage 2000, 97 (105); *ders.* ZWE 2001, 85 (86).

[671] Umfangreiche Kostendifferenzierungen als Folge der Analogie bei *Armbrüster* ZWE 2001, 85 (87 f.).

[672] Ganz hM, vgl. BGHZ 116, 392 (397) = NJW 1992, 978 (979) = WE 1992, 105 (106); *Demharter* MDR 1988, 266; aA nur *Sandweg* DNotZ 1993, 724, der das gemeinschaftliche Eigentum durch teleologische Reduktion vom Anwendungsbereich des § 16 Abs. 3 aF ausnehmen will und diese Norm nur auf das sog. „gesonderte Eigentum" beziehen will.

[673] BGHZ 116, 392 (397) = NJW 1992, 978 (979) = WE 1992, 105 (106).

[674] BGHZ 116, 392 (397) = NJW 1992, 978 (979) = WE 1992, 105 (106); *Demharter* MDR 1988, 267.

Veränderung zugestimmt haben, tatsächlich keinen Regress nehmen zu können und somit faktisch doch Folgekosten der baulichen Veränderung tragen zu müssen (sog. **„faktisches Kostenrisiko“**), ist ein Risiko, das bereits im Gemeinschaftsverhältnis an sich angelegt ist und deshalb gem. § 16 Abs. 6 Satz 1 Hs. 2 nicht ausgeschlossen werden kann.[675] Bei der Freistellung von den Investitions- und Folgekosten der Umgestaltung bleibt es für die nicht zustimmenden WEer selbst dann, wenn ihnen zwangsläufig auch die Vorteile der baulichen Veränderung zugute kommen.[676] Gem. § 16 Abs. 6 Satz 1 Hs. 2 hängt die Kostenfreistellung nicht davon ab, dass der nicht zustimmende WEer gem. Abs. 6 Satz 1 Hs. 1 auch von den Nutzungen ausgeschlossen ist.[677]

Entgegen einer teilweise vertretenen Ansicht[678] gilt die Kostenfreistellung auch für WEer, die iSv § 22 Abs. 1 Satz 2 benachteiligt sind und deren Zustimmung damit erforderlich ist.[679] Nach dem Wortlaut des § 16 Abs. 6 Satz 1 Hs. 2 ist die Kostenfreistellung nicht auf den Fall beschränkt, dass die Zustimmung des WEers nach § 22 Abs. 1, 14 Nr. 1 nicht erforderlich war. Da § 16 Abs. 6 Satz 1 Hs. 2 insoweit allein auf die fehlende Zustimmung abstellt, werden auch die benachteiligten WEer von den Kosten einer baulichen Maßnahme freigestellt, die die übrigen WEer ohne ihre Zustimmung auf Grund eines **bestandskräftigen Mehrheitsbeschlusses** durchgeführt haben.[680] Die dem Beschluss nicht zustimmenden WEer müssen zwar die bauliche Maßnahme dulden, denn insoweit sind sie an den bestandkräftigen Mehrheitsbeschluss gebunden (s. Rn 150). Wenn jedoch der bestandkräftige Mehrheitsbeschluss keine Regelung über die Kostentragung trifft, brauchen die nicht zustimmenden WEer gem. § 16 Abs. 6 Satz 1 Hs. 2 nicht die Kosten zu tragen, die durch eine bestandskräftig beschlossene Maßnahme verursacht werden.[681] Haben die WEer hingegen im Einzelfall durch Beschluss die Kostentragung abweichend von § 16 Abs. 6 geregelt, so ist diese Regelung wegen der bestehenden Beschlusskompetenz (§ 16 Abs. 4) wirksam und geht § 16 Abs. 6 vor. 293

Entsprechendes gilt, wenn der Mehrheitsbeschluss über eine Maßnahme iSd § 22 Abs. 1 auf einer von dieser Vorschrift abweichenden Regelung in der GemO beruht (siehe dazu Rn 321). Wird nämlich die an sich erforderliche Zustimmung aller benachteiligten WEer zu einer solchen Maßnahme (s. Rn 134 ff.) auf Grund einer Vereinbarung der WEer durch einen Mehrheitsbeschluss ersetzt, so ist § 22 Abs. 1 abbedungen und mithin auch § 16 Abs. 6 Satz 1 Hs. 2 nicht anwendbar.[682] Dies bedeutet, dass der Mehrheitsbeschluss alle WEer bindet und sich alle WEer an den Kosten der beschlossenen Maßnahme zu beteiligen haben,[683] es sei denn, dass die § 22 Abs. 1 abbedingende Vereinbarung den die bauliche Veränderung vornehmenden WEern die Pflicht auferlegt, die damit in Zusammenhang stehenden Kosten zu tragen.[684] 294

---

[675] BGHZ 116, 392 (398) = NJW 1992, 978 (980) = WE 1992, 105 (106).

[676] *Demharter* MDR 1988, 268.

[677] *Demharter* MDR 1988, 268; *Merle* WE 1988, 6 (7); BayObLG WE 1987, 156 (157) für die Investitionskosten; offengelassen für die laufenden Folgekosten; aA *Müller* WEZ 1987, 88.

[678] OLG Frankfurt/M. OLGZ 1981, 313; BayObLG WuM 1996, 787 (789); *Demharter* MDR 1988, 265 (266).

[679] Zutreffend OLG Hamm WE 1997, 387 (388) = NJWE-RR 1997, 970.

[680] OLG Hamm WE 1997, 387 (388) = NJWE-RR 1997, 970; ZWE 2002, 600 (601); aA *Demharter* MDR 1988, 265 (266 f.), der die Kostenfreistellung in diesem Fall auf die nicht benachteiligten WEer beschränken will.

[681] BayObLGZ 1977, 89 (91); OLG Hamm WE 1997, 387 (388) = NJWE-RR 1997, 970; *Kreuzer* ZdWBay 1997, 535 (540); *Niedenführ* NZM 2001, 1105 (1109); vgl. auch BayObLG WE 1987, 156 (157) mit abl. Anm. *Seuß; aA Röll* WE 1987, 182; *Demharter* MDR 1988, 265 (267); *Belz,* Handbuch, Rn 160.

[682] AA OLG Frankfurt/M. OLGZ 1981, 313 (314); Staudinger/*Bub* § 22 Rn 9.

[683] BayObLG NJW-RR 1990, 209 f.; WE 1996, 395 (396); WE 1997, 478; zustimmend *Huff* WE 1997, 282 (284).

[684] BayObLG ZWE 2001, 424 (427 f.) = NZM 2001, 1138.

295 In dem Sonderfall, dass eine Instandsetzungsmaßnahme oder Modernisierung nur deshalb unter § 22 Abs. 1 und nicht unter § 21 Abs. 3, Abs. 5 Nr. 2 fällt, weil sie im Einzelfall über das notwendige Maß hinausgeht und sich somit nicht mehr im Rahmen einer ordnungsgemäßen Instandhaltung und Instandsetzung hält, erscheint es unbillig, nicht zustimmende WEer gem. § 16 Abs. 6 Satz 1 Hs. 2 völlig von der Kostentragung freizustellen. Unter der Voraussetzung, dass das gemE grds. instandsetzungsbedürftig war, hätten alle WEer gem. § 16 Abs. 2 die Kosten einer derartigen ordnungsgemäßen Instandsetzung tragen müssen. Nur weil im Einzelfall die Instandsetzung über eine ordnungsgemäße Verwaltung hinausgeht, können die dieser Maßnahme nicht zustimmenden WEer nicht gem. § 16 Abs. 6 Satz 1 Hs. 2 vollständig von allen Kosten befreit sein. Denn instand gesetzt werden musste das GemE auf jeden Fall. Im Ergebnis gerecht wäre es folglich, nicht zustimmende WEer nur in Höhe der Kosten anteilig heranzuziehen, die für eine ordnungsgemäße Instandhaltung oder Instandsetzung aufzuwenden gewesen wären. Haben die WEer die bauliche Veränderung auf Grund eines Mehrheitsbeschlusses durchgeführt, lässt sich dieses Ergebnis konstruktiv erreichen, indem man den Beschluss aufspaltet in einen Beschluss über die ordnungsgemäße Instandhaltung oder Instandsetzung, mit der Folge der anteiligen Kostentragung durch alle WEer gem. § 16 Abs. 2 und einen Beschluss über die darüber hinausgehende bauliche Veränderung mit der Folge, dass insoweit nicht zustimmende WEer gem. § 16 Abs. 6 Satz 1 Hs. 2 keine Kosten zu tragen haben.[685]

296 Aber auch wenn eine derartige, über die ordnungsgemäße Instandhaltung und Instandsetzung hinausgehende, Modernisierung ohne Mehrheitsbeschluss vorgenommen wird, beschränkt sich die Kostenfreistellung nach § 16 Abs. 6 Satz 1 Hs. 2 auf diejenigen Mehrkosten, die entstehen, weil die Instandsetzung sich nicht mehr im Rahmen ordnungsgemäßer Verwaltung hält. Soweit Kosten durch eine ordnungsgemäße Instandsetzung nachweislich entstanden wären, haben diese Kosten alle WEer anteilig zu tragen. Denn gem. § 21 Abs. 4 hätten auch die nicht zustimmenden WEer an einer derartigen ordnungsgemäßen Verwaltung mitwirken müssen, mit der Folge einer anteiligen Kostentragung aller WEer gem. § 16 Abs. 2.[686] Für die darüber hinausgehenden Mehrkosten verbleibt es bei der Freistellung gem. § 16 Abs. 6 Satz 1 Hs. 2.

297 **bb) Der Ausschluss von Nutzungen (§ 16 Abs. 6 Satz 1 Hs. 1).** Gem. § 16 Abs. 6 Satz 1 Hs. 1 sind die WEer, die einer baulichen Veränderung gem. § 22 Abs. 1 nicht zugestimmt haben, nicht berechtigt, einen Anteil an **Nutzungen** zu beanspruchen, die auf einer solchen Maßnahme beruhen. Der Begriff der Nutzungen in § 16 WEG ist jedoch missverständlich. Denn mit Nutzungen sind hier nur die **Früchte** einer Sache gemeint; nicht erfasst werden die Gebrauchsvorteile des GemE.[687] Nach **aA** umfasst der Nutzungsausschluss gem. § 16 Abs. 6 auch den Gebrauch des durch bauliche Veränderung geschaffenen GemE bzw. die Gebrauchsvorteile.[688] Diese Ansicht vermag jedoch nicht zu erklären, weshalb der Begriff der „Nutzungen" in § 16 Abs. 6 ein anderer sein soll als in § 13 Abs. 2 Satz 2 und § 16 Abs. 1 Satz 1. Somit sind nicht zustimmende WEer gem. § 16 Abs. 6 Satz 1 Hs. 1 auch nicht von den Gebrauchsvorteilen einer baulichen Veränderung ausgeschlossen. Vielmehr steht auch diesen WEern das Recht zu, das baulich veränderte GemE zu gebrauchen und damit auch die Gebrauchsvorteile gem. § 13 Abs. 2 Satz 1, 14, 15 zu beanspruchen. Allerdings können die WEer im Einzelfall durch Mehrheitsbeschluss diejenigen vom Gebrauch ausschließen, die der baulichen Veränderung gem. § 22 Abs. 1 Satz 2

[685] *Merle* WE 1988, 6 (8); mit anderer Begründung *Demharter* MDR 1988, 265 (268); *Huff* WE 1997, 281 (284); vgl. auch *Kreuzer* ZdWBay 1997, 535 (541); dogmatisch anders *Ott* ZWE 2002, 61 (67), der eine teleologische Reduktion des § 16 Abs. 3 aF befürwortet.

[686] Vgl. auch OLG Hamm ZWE 2002, 600 (602): verfrühte Instandsetzung; *Demharter* MDR 1988, 268.

[687] S. o. Rn 227; vgl. Weitnauer/*Gottschalg* § 16 Rn 5; *Ott* ZWE 2002, 61 (67).

[688] *Huff* WE 1998, 282 (284); *Kreuzer* WE 1996, 450 (454); *Armbrüster* ZfIR 1998, 395 (398); *ders.* Ptdm Tage 2000, 97 (107 f.); Staudinger/*Bub* § 16 Rn 88.

nicht zugestimmt haben, wenn dies technisch möglich ist und ordnungsgemäßer Verwaltung entspricht (§ 15 Abs. 2).[689]

WEer, die einer Maßnahme iSd § 22 Abs. 1 nicht zugestimmt haben, sollen nach der Rspr. gem. **§ 812 BGB** verpflichtet sein, eine ungerechtfertigte Bereicherung, die sie auf Grund des Gebrauchs des GemE erlangt haben, herauszugeben, obwohl sie gem. § 16 Abs. 6 Satz 1 Hs. 2 keine Kosten der baulichen Veränderung zu tragen haben (vgl. auch oben Rn 229). Dem ist im Ergebnis zuzustimmen. Allerdings kann dies nicht mit dem Argument begründet werden, gem. § 16 Abs. 6 Satz 1 Hs. 1 seien nicht zustimmende WEer zur Nutzung des baulich veränderten GemEs nicht berechtigt, erlangten somit die Gebrauchsvorteile ohne Rechtsgrund.[690] Denn § 16 Abs. 6 Satz 1 Hs. 1 regelt ausschließlich das Recht zur Fruchtziehung. Soweit es bloße Gebrauchsvorteile gibt, stehen diese gem. §§ 13 Abs. 2 Satz 1, 14, 15 auch den nicht Zustimmenden zu. Damit ist jedoch noch nicht gesagt, dass diese WEer die Gebrauchsvorteile mit Rechtsgrund iSd § 812 BGB erlangt haben. Den Rechtsgrund stellt in diesem Fall vielmehr die Zustimmung zur baulichen Veränderung des GemE gem. § 22 Abs. 1 dar. Im Ergebnis kann folglich der Rspr. zugestimmt werden, dass WEer Gebrauchsvorteile einer baulichen Veränderung rechtsgrundlos erlangt haben und verpflichtet sind, diese gem. §§ 812 ff. BGB herauszugeben.[691] Der Herausgabeanspruch ist nicht nach den Grundsätzen über die **aufgedrängte Bereicherung** ausgeschlossen,[692] denn soweit der WEer die Gebrauchsvorteile einer Maßnahme nach § 22 Abs. 1 tatsächlich zieht, realisiert er eine Vermehrung seines Vermögens unabhängig davon, ob er der Maßnahme zugestimmt hat.[693] Soweit die Gegenansicht die Anwendbarkeit der §§ 812 ff. BGB mit dem Argument verneint, es fehle im Falle der Sondernachfolge die Unmittelbarkeit zwischen Leistung und Bereicherung,[694] übersieht sie, dass sich der Herausgabeanspruch nicht aus einer Leistungskondiktion sondern aus einer Nichtleistungskondiktion ergibt. Denn der bereicherte WEer erlangt die Gebrauchsvorteile nicht bereits durch die bauliche Veränderung und damit nicht etwa durch Leistung der WEer, die die bauliche Veränderung vorgenommen haben, sondern erst dadurch, dass er das GemE selbst gebraucht. So besteht bspw. ein Kondiktionsanspruch gegen den bereicherten WEer, der dem Bau eines Schwimmbades nicht zugestimmt hat, nicht schon mit dem Bau des Bades sondern erst dann, wenn er das Schwimmbad tatsächlich nutzt. Er hat damit gemäß § 818 Abs. 2 BGB den Wert der gezogenen Gebrauchsvorteile zu ersetzen. 298

Ein WEer, dessen Zustimmung zu einer baulichen Veränderung gem. § 22 Abs. 1 entbehrlich ist und der einer Maßnahme auch nicht zugestimmt hat, kann nach Durchführung der Umgestaltung nicht durch einseitige Erklärung an den Früchten teilhaben.[695] Dazu bedarf es vielmehr einer Vereinbarung mit allen WEern, die gem. § 16 Abs. 6 zur Fruchtziehung berechtigt sind.[696] 299

cc) Wertsteigerung bei verweigerter Zustimmung (§ 17 S. 2). Gem. § 17 Satz 1 richtet sich der Anteil der WEer im Falle der Aufhebung der Gemeinschaft nach dem wirklichen Wert ihrer WE-Rechte und nicht nach dem in § 16 Abs. 1 Satz 2 bezeichneten Verhältnis. Damit würden grds. auch zwischenzeitlich durchgeführte bauliche Veränderungen bei der Wertberechnung berücksichtigt. Davon macht § 17 Satz 2 eine Ausnahme. Hat sich der Wert des GemE durch bauliche Veränderungen erhöht, deren Kosten ein WEer 300

---

[689] Zustimmend: *Armbrüster* Ptdm Tage 2000, 97 (108).

[690] So aber *Demharter* MDR 1988, 269 f.

[691] Vgl. BayObLG NJW 1981, 690 (691); OLG Hamm ZWE 2002, 600 (602); *Demharter* MDR 1988, 268 f.; *Kreuzer* ZdWBay 1997, 535 (442).

[692] So aber *Huff* WE 1997, 282 (285); *Armbrüster* Ptdm Tage 2000, 97 (109).

[693] *Ott* ZWE 2001, 61 (67).

[694] *Sandweg* DNotZ 1993, 707 (719); Staudinger/*Bub* § 16 Rn 261.

[695] *Demharter* MDR 1988, 266.

[696] Vgl. auch *Huff* WE 1997, 282 (286), der in Ausnahmefällen aus § 242 BGB einen Anspruch auf Zustimmung herleiten will.

nicht getragen hat, bleibt die Werterhöhung des GemE durch diese baulichen Veränderungen bei der Berechnung des Wertes ihres Anteils außer Betracht. Die Werterhöhung wird bei der Berechnung des Anteils derjenigen WEer, die die Kosten der Maßnahme nicht getragen haben, nicht berücksichtigt, sondern vielmehr anteilig den WEern zugeschlagen, welche die Kosten getragen haben, etwa nach § 16 Abs. 4. Es wäre ungerecht, wenn denjenigen Eigentümern, die von den Kosten einer baulichen Veränderung befreit sind, bei der Aufhebung der Gemeinschaft dennoch die Werterhöhung des GemE durch die bauliche Veränderung anteilmäßig zugute käme. § 17 Satz 2 erreicht, dass diese WEer bei Aufhebung der Gemeinschaft keinen wirtschaftlichen Vorteil durch zwischenzeitlich durchgeführte bauliche Veränderung erlangen. Ohne diese Regelung wäre auch die Kostenbefreiung der nicht zustimmenden WEer gem. § 16 Abs. 6 Satz 1 Hs. 2 nicht möglich.

301 Die Regelung des § 17 Satz 2 ist auf Wertberechnungen im Rahmen der Festsetzung des **Einheitswertes** des WE entsprechend anzuwenden.

302 **b) Unrechtmäßige Maßnahmen.** Wird eine Maßnahme iSd § 22 Abs. 1 nicht durch Vereinbarung oder Beschluss legitimiert, ist die Maßnahme nicht rechtmäßig. Das Gleiche gilt, wenn zwar die GemO einem WEer Maßnahmen iSd § 22 Abs. 1 gestattet, jedoch mehrere Möglichkeiten der Gestaltung bestehen und der die Maßnahme durchführende WEer eine Lösung wählt, die die übrigen WEer in vermeidbarer Weise wesentlich mehr beeinträchtigt als andere.[697]

303 **aa) Die Haftung der Handlungsstörer. (1) Der Beseitigungsanspruch gem. § 1004 BGB.** Jeder WEer kann gem. §§ 1004 Abs. 1 BGB, 22 Abs. 1 Beseitigung einer unzulässigen baulichen Veränderung von dem oder den WEern verlangen, die diese vorgenommen haben **(Handlungsstörer).**[698] § 1004 BGB ist auch im Innenverhältnis der MitEer anwendbar.[699] Der Handlungsstörer ist verpflichtet, den früheren Zustand auf seine Kosten wiederherzustellen; er ist auch verpflichtet, dazu erforderliche öffentlich-rechtliche Genehmigungen einzuholen.[700] Dem Anspruch aus § 1004 BGB kann der Rechtsgedanke des § 275 Abs. 2 BGB entgegen stehen.[701] Danach kann der Schuldner die Leistung verweigern, soweit sie einen Aufwand erfordert, der unter Beachtung des Schuldverhältnisses und der Gebote von Treu und Glauben in einem groben Missverhältnis zum Leistungsinteresse des Gläubigers stehen, etwa wenn der Schuldner mit seiner Maßnahme einen Zustand geschaffen hat, der dem Willen der übrigen WEer entspricht.

304 Handlungsstörer ist nicht schon jeder, der einer baulichen Veränderung gem. § 22 Abs. 1 zugestimmt hat. Handlungsstörer sind nur diejenigen WEer, denen die bauliche Veränderung als Handlung zuzurechnen ist, das heißt, sie durch eigenes Tun oder pflichtwidriges Unterlassen **unmittelbar oder mittelbar**[702] **hervorgerufen** haben.[703] Handlungsstörer ist daher auch nicht der WEer, der einer von seinem **Mieter** vorgenommenen baulichen Veränderung zugestimmt hat;[704] er haftet vielmehr als Zustandsstörer (vgl. Rn 317). Als

---

[697] BayObLG NJWE-MietR 1997, 256 = WE 1997, 394.

[698] BayObLG WE 1987, 51 (53); NJW-RR 1988, 587 (588); WE 1992, 54; WE 1992, 198; NJW-RR 1991, 1234 (1235); WE 1992, 84; KG WE 1991, 324 (325); OLG Hamm OLGZ 1990, 159 (163) = WE 1990, 101; WE 1991, 331; OLG Düsseldorf WE 1996, 391 (392) = NJWE-MietR 1997, 12; ZMR 2008, 224 f.

[699] BGHZ 116, 392 (395) = NJW 1992, 978 (979) = WE 1992, 105 (106); BayObLG ZWE 2000, 216.

[700] BayObLG WE 1987, 51 (53); OLG Köln ZWE 2000, 486 (487) = NZM 2000, 296; *Armbrüster* Ptdm Tage 2000, 97 (113).

[701] OLG Düsseldorf ZMR 2007, 710.

[702] KG ZMR 2007, 639 f.; OLG Düsseldorf NZM 2001, 136.

[703] OLG München ZMR 2007, 642 (645); BayObLG WE 1991, 324 (325); OLG Köln WE 1999, 114 (Ls); vgl. *Schmid* ZWE 2009, 200 f.

[704] So aber BayObLG NJWE-MietR 1997, 11 = WE 1997, 154; ebenso OLG Düsseldorf ZWE 2001, 116 (117) = NJW-RR 2001, 803 für den Sonderfall, dass zwei GmbH Parteien des Miet-

Handlungsstörer kann in diesem Fall auch der Mieter nach § 1004 BGB im normalen Zivilprozess auf Beseitigung der Störung in Anspruch genommen werden.[705]

Wird der **Rechtsnachfolger** eines Handlungsstörers auf Beseitigung einer unzulässigen baulichen Veränderung in Anspruch genommen, ist zu unterscheiden: Stirbt der Handlungsstörer, so richtet sich der gegen ihn begründete Beseitigungsanspruch aus § 1004 BGB nunmehr gem. § 1967 BGB gegen den Erben als **Gesamtrechtsnachfolger.**[706] Dagegen kann im Falle der Veräußerung von WE der **Sondernachfolger** nicht auf Beseitigung der baulichen Veränderung in Anspruch genommen werden, denn eine Sonderrechtsnachfolge in Beseitigungsansprüche aus Handlungsstörungen findet nicht statt.[707] Vielmehr bleibt der bisherige WEer als Handlungsstörer zur Beseitigung einer baulichen Veränderung auch verpflichtet, wenn er sein WE veräußert hat.[708] Der Sondernachfolger kann auch als Zustandsstörer nicht auf Beseitigung in Anspruch genommen werden, denn hinsichtlich des GemE sind alle gemeinsam dafür verantwortlich, dass es in einem ordnungsmäßigen Zustand bleibt und von ihm keine Beeinträchtigungen ausgehen (s. Rn 318); der Sondernachfolger ist lediglich verpflichtet, die Beseitigung zu dulden.[709] 305

Inhaltlich geht der Anspruch aus § 1004 BGB auf Beseitigung der Beeinträchtigung, also darauf, die Beeinträchtigung des GemE für die Zukunft abzustellen. Die Auswahl unter den geeigneten Maßnahmen bleibt dem Schuldner überlassen.[710] Darüber hinaus kann auch die Wiederherstellung des früheren Zustandes verlangt werden, wenn die Wiederherstellung des früheren Zustandes die einzige Möglichkeit ist, die Beeinträchtigung zu beseitigen. Dies wird regelmäßig der Fall sein wird, da die Beeinträchtigung des GemE bei baulichen Veränderungen gerade in der Umgestaltung des ursprünglichen Zustandes liegt.[711] 306

Denjenigen WEer, der die Beseitigung einer Beeinträchtigung nach § 1004 BGB verlangt, trifft die **Beweislast,** dass sein Eigentum gegenwärtig noch beeinträchtigt wird und dass der in Anspruch genommene WEer als Störer für diese Beeinträchtigung verantwortlich ist.[712] Jeder WEer, dessen Eigentum durch die bauliche Veränderung beeinträchtigt wird, kann den Beseitigungsanspruch alleine und ohne Ermächtigung durch die übrigen WEer geltend machen.[713] Soweit die Beeinträchtigung auf Handlungen mehrerer Störer beruht, ist jeder allein für die Beseitigung voll verantwortlich. Der WEer hat die Wahl, sich entspr. dem Rechtsgedanken des § 840 Abs. 1 BGB wahlweise an einen der Störer zu halten. Zur Vorbereitung eines Beseitigungsanspruchs nach § 1004 BGB hat der einzelne WEer einen Anspruch aus Treu und Glauben (§ 242 BGB) gegen den auf Beseitigung in **Anspruch** genommenen WEer **auf Auskunft** über den Umfang der Beeinträchtigung, wenn eine Rechtsbeeinträchtigung dem Grunde nach vorliegt oder zumindest überwiegend wahr- 307

---

vertrages sind und jeweils durch denselben Geschäftsführer vertreten werden; Staudinger/*Bub* § 22 Rn 231.

705 KG NJW-RR 1997, 713 (714).

706 OLG Frankfurt NZM 2005, 68f; LG München I ZWE 2009, 458 (459); BayObLG NJWE-MietR 1996, 248 (250); WE 1998, 390 (391).

707 Vgl. OLG Hamburg OLG 2007, 62; OLG Düsseldorf, ZMR 2008, 731 f.

708 LG München I ZWE 2009, 458 (459).

709 OLG München ZMR 2007, 642 (646); OLG Düsseldorf ZMR 2008, 731 f.; KG NJW-RR 1991, 1421 = WE 1991, 328 (329); NJW-RR 1997, 713 (714); BayObLG WE 1998, 276; ZWE 2002, 317 (318); ZMR 2003, 857 f.; OLG Köln WE 1999, 114 (Ls); *Armbrüster* Ptdm Tage 2000, 97 (112); Staudinger/*Bub* § 22 Rn 235; aA *Deckert* WE 1997, 97, der von einer „verdinglichten" Störquelle ausgeht.

710 KG ZMR 2007, 639 f.; BGH MDR 1996, 579.

711 Vgl. BayObLG WE 1987, 51 (53); 1996, 195 (196); ZWE 2000, 124 (125) = NZM 2000, 47.

712 BayObLG WE 1990, 110.

713 BGHZ 116, 392 (394 f.) = NJW 1992, 978 (979) = WE 1992, 105 (106); KG OLGZ 1990, 155 (159) = NJW-RR 1990, 334 (335) = WE 1990, 91 (92); BayObLGZ 1975, 177 (180); WE 1997, 317; OLG Köln WE 1996, 77 (78) = WuM 1995, 608; OLG Düsseldorf WuM 1996, 444 (Ls); allgemein zur Geltendmachung von Ansprüchen im Innenverhältnis der WEer § 21 Rn 33 ff.

scheinlich ist, dass der Anspruchsteller in entschuldbarer Weise über das Bestehen und den Umfang der Beeinträchtigung im Ungewissen ist und der in Anspruch genommene WEer die zur Beseitigung der Ungewissheit erforderlichen Auskünfte unschwer geben kann.[714] Da im Zweifel allein der in Anspruch genommene mögliche Störer die begehrte Auskunft über den Umfang der Beeinträchtigung geben kann, besteht der Auskunftsanspruch unter dem Gesichtspunkt „nachwirkender Treuepflicht" auch dann noch fort, wenn der in Anspruch genommene mögliche Störer sein WE während des anhängigen Verfahrens veräußert hat.[715]

308 Umstritten ist die Frage, ob ein bestandskräftiger **Mehrheitsbeschluss** mit dem die Beseitigung einer baulichen Veränderung gefordert wird, bereits einen Anspruch der WEer auf diese Beseitigung begründet. Hierbei geht es um die Frage, ob durch Beschluss der WEer eine gesetzlich oder vertraglich nicht bestehende oder zusätzliche Verpflichtung eines WEers begründet werden kann. Diese Frage wird von der Rspr. zT noch bejaht,[716] jetzt aber auch vom BGH zu Recht verneint,[717] da eine solche Beschlusskompetenz nur in Einzelfällen (§ 21 Abs. 7) besteht. Häufig kann aber ein Beschluss, mit dem die Beseitigung einer baulichen Veränderung verlangt wird, lediglich als Vorbereitung eines gerichtlichen Verfahrens zu dieser Frage angesehen werden.[718] Ist die bauliche Veränderung unrechtmäßig, besteht der Anspruch auf Beseitigung bereits ohne einen entsprechenden Beschluss.[719] Ist die bauliche Veränderung dagegen rechtmäßig, so bedarf es zur Begründung eines (tatsächlich nicht bestehenden) Anspruches eines Vertrages (§ 311 Abs. 1 BGB) aller WEer. Beschließen die WEer hingegen lediglich über das Bestehen eines (vermeintlichen) Anspruches, um diesen erst zu begründen, so wollen sie die materielle Rechtslage gestalten. Auch wenn sie neben einem bestehenden Anspruch durch Beschluss einen inhaltsgleichen Anspruch begründen, würden sie, etwa hinsichtlich der Verjährung, den bestehenden Anspruch durch den inhaltsgleich beschlossenen Anspruch gestalten.[720] Die WEer können jedoch durch Mehrheitsbeschluss weder einem einzelnen WEer ohne dessen Zustimmung zusätzliche Pflichten aufzuerlegen, die sich dem Grunde nach weder aus dem Gesetz noch aus einer Vereinbarung ergeben,[721] noch den gesetzlichen Inhalt der aus dem Gemeinschaftsverhältnis entspringenden Ansprüche ändern.[722] Geht man davon aus, dass die WEer regelmäßig im Rahmen ihrer rechtlichen Befugnisse handeln wollen, so kann ein nicht eindeutiger Beschluss ohne besondere Anhaltspunkte nicht als konstitutive Begründung einer Sonderpflicht, sondern lediglich als Androhung gerichtlicher Maßnahmen verstanden werden;[723] ergibt die Auslegung, dass die Begründung einer Pflicht erfolgen sollte, so wäre der Beschluss mangels Beschlusskompetenz nichtig.[724]

309 **(2) Der Wiederherstellungsanspruch gem. § 823 Abs. 1 BGB.** Nach §§ 823 Abs. 1, 249 BGB kann jeder WEer von dem oder den die bauliche Veränderung durch-

---

[714] OLG Düsseldorf NJWE-MietR 1997, 181 (182) = WE 1997, 149.

[715] OLG Düsseldorf NJWE-MietR 1997, 181 (182) = WE 1997, 149.

[716] HansOLG Hamburg ZMR 2009, 306 f. m. abl. Anm. *J.-H. Schmidt*; BayObLG WuM 1985, 31 (32); NJWE-MietR 1997, 11 = WE 1997, 154; ZMR 2001, 211; NZM 2003, 239; OLG Köln NZM 1999, 424; ZMR 2004, 215; NZM 2006, 662; OLG Düsseldorf ZWE 2005, 236; LG Hamburg ZMR 2010, 310.

[717] BGH ZWE 2010, 130 (131) = ZMR 2010, 378 m. Anm. *Kümmel;* OLG Zweibrücken ZWE 2007, 455 f. m. zust. Anm. *Demharter;* KG ZMR 2009, 790 (791); *Wenzel* NZM 2004, 542; *Schmidt/Riecke* ZMR 2005, 252; *J.-H. Schmidt* ZMR 2009, 307 ff.; offen gelassen OLG Hamm ZWE 2007, 494 (501).

[718] KG ZMR 2009, 790 (791); NJW-RR 1996, 1102 (1103); NJW-RR 1997, 1033 = WE 1997, 227 (228) = ZMR 1997, 318 (321).

[719] OLG Hamburg ZMR 2007, 981 (982).

[720] OLG Hamm ZWE 2007, 494 (501).

[721] Vgl. *Becker/Strecker* ZWE 2001, 569 (575).

[722] OLG Hamm ZWE 2007, 494 (501).

[723] KG ZWE 2010, 186 (187); ZMR 2009, 790 (791); NJW-RR 1997, 1033 = ZMR 1997, 318 (321).

[724] BGH ZWE 2010, 130 (131); OLG Hamm ZWE 2007, 494 (500).

führenden WEern die Wiederherstellung des früheren Zustandes verlangen.[725] Denn in einer § 22 Abs. 1 widersprechenden baulichen Veränderung liegt zugleich eine widerrechtliche Verletzung des GemE der übrigen WEer. Der Anspruch aus § 823 Abs. 1 BGB setzt im Unterschied zu § 1004 BGB voraus, dass die WEer, die die bauliche Veränderung durchgeführt haben, ein Verschulden trifft. Eine fahrlässige Eigentumsverletzung dürfte immer dann anzunehmen sein, die bauliche Veränderung nicht auf einer Vereinbarung oder einem Beschluss beruht. Die Feststellung des Verschuldens ist letztlich eine Frage des Einzelfalls. Kann im Einzelfall ein Verschulden nachgewiesen werden, besteht außerdem ein Anspruch gem. § 823 Abs. 2 iVm §§ 1004, 249 BGB; § 1004 BGB ist Schutzgesetz iSd § 823 Abs. 2 BGB.[726]

Inhaltlich gehen beide Ansprüche auf **Wiederherstellung** des Zustandes, der vor der 310
baulichen Veränderung bestanden hat.[727] Insofern kann es für die beeinträchtigten WEer im Einzelfall günstiger sein, sich auf den Anspruch aus § 823 BGB zu stützen, da gem. § 1004 BGB grds. nur Beseitigung der Beeinträchtigung verlangt werden kann, immer vorausgesetzt, ein Verschulden ist nachzuweisen.

(3) Der Unterlassungsanspruch gem. § 1004 Abs. 1 Satz 2 BGB. Schon vor 311
Durchführung zukünftiger baulicher Veränderungen können WEer gem. §§ 1004 Abs. 1 Satz 2 BGB, 22 einen Anspruch auf Unterlassung einer künftigen baulichen Veränderung geltend machen. Ein solcher Unterlassungsanspruch besteht, wenn die Besorgnis begründet ist, ein oder mehrere WEer werden das GemE rechtswidrig baulich verändern. Diese Besorgnis ist immer dann begründet, wenn ein WEer eine bauordnungsrechtliche Genehmigung der baulichen Veränderung beantragt.[728] Auch die Tatsache, dass in der Vergangenheit schon mehrfach eigenmächtige bauliche Veränderungen durch einen WEer vorgenommen wurden, kann diese Besorgnis begründen.[729]

(4) Der Ausschluss der Ansprüche. Dem Beseitigungsanspruch aus §§ 1004 BGB, 22 312
kann der in Anspruch genommene WEer ein **Zurückbehaltungsrecht** gem. § 273 Abs. 1 BGB entgegensetzen, wenn er die bauliche Veränderung nur deshalb vorgenommen hat, um Baumängel des GemE zu beseitigen und die Gemeinschaft keine Ansprüche wegen dieser Baumängel beim Bauträger geltend gemacht hat.[730] Haben die WEer dagegen bereits die Mängelansprüche geltend gemacht, ist das Zurückbehaltungsrecht aus § 273 BGB ausgeschlossen.[731] Gegen die Inanspruchnahme auf Wiederherstellung des früheren Zustandes aus §§ 823 Abs. 1, 249 BGB kann ein Zurückbehaltungsrecht aus § 273 Abs. 1 BGB dann nicht geltend gemacht werden, wenn die bauliche Veränderung in dem Bewusstsein vorgenommen wurde, dass sie nicht durch Vereinbarung oder Beschluss legitimiert ist. Hier ist § 393 BGB entsprechend anzuwenden.

Beseitigungs- und Wiederherstellungsansprüche können gem. § 226 BGB ausgeschlos- 313
sen sein, wenn die Beseitigung der Beeinträchtigung bzw. die Wiederherstellung des früheren Zustandes nur verlangt wird, um dem oder den WEern, die die Umgestaltung vorgenommen haben, Schaden zuzufügen oder wenn bei der Geltendmachung solcher Ansprüche ohne sachlichen Grund zwischen einzelnen WEer unterschieden wird **(Schikaneverbot).**[732] Beseitigungs- oder Wiederherstellungsverlangen sind jedoch erst dann schikanös, wenn sie objektiv ausschließlich der Schadenszufügung dienen. Allein die

---

725 BayObLG NJW-RR 1991, 1234 (1235); WE 1999, 77 (78); ZWE 2000, 124 (125) = NZM 2000, 47.

726 Palandt/*Thomas* § 823 BGB Rn 145.

727 Vgl. BayObLG NJW-RR 1991, 1234 (1235) = WE 1992, 55.

728 BayObLG WE 1994, 116.

729 BayObLG WE 1994, 116.

730 BayObLG NJW-RR 1991, 1234 (1235) = WE 1992, 55.

731 BayObLG NJW-RR 1991, 1234 (1235) = WE 1992, 55.

732 BayObLG NJW-RR 1987, 1492 f.; WEZ 1988, 175 (177); ZWE 2000, 216; OLG Düsseldorf ZWE 2000, 281 (282) = NZM 2001, 392; KG ZMR 2009, 790 (792).

Tatsache, dass ein die Beseitigung verlangender WEer selbst eine ähnliche bauliche Veränderung vornehmen wollte oder vorgenommen hat, lässt nicht auf ein schikanöses Verhalten schließen.

314 Beseitigungs- und Wiederherstellungsansprüche können außerdem gem. **§ 242 BGB** ausgeschlossen sein, wenn sich die Geltendmachung dieser Ansprüche als **rechtsmissbräuchlich** erweist.[733] Dies ist etwa der Fall, wenn das Beseitigungs- oder Wiederherstellungsverlangen auf eine Leistung zielt, die **alsbald zurückzugewähren** wäre, weil der WEer Anspruch auf Zustimmung durch Gestattungsbeschluss nach § 22 Abs. 1 Satz 1 zur Vornahme der baulichen Veränderung hat[734] oder etwa im Rahmen einer zukünftigen, zulässigen Renovierung wieder der Zustand hergestellt würde, der gerade durch die unzulässige bauliche Veränderung geschaffen wurde.[735] Ebenso kann es sich als rechtsmissbräuchlich darstellen, wenn die WEer bei der Geltendmachung von Beseitigungsansprüchen **ohne sachlichen Grund** zwischen einzelnen WEern **unterscheiden,** indem sie eine von einem anderen WEer vorgenommene vergleichbare bauliche Veränderung ausdrücklich billigen.[736] Ein Beseitigungsverlangen kann außerdem als rechtsmissbräuchlich angesehen werden, wenn die Beseitigung **unverhältnismäßig** große Aufwendungen erfordert und deshalb unzumutbar ist.[737] Dies wird allerdings nur in ganz seltenen Ausnahmefällen anzunehmen sein, da allein hohe Kosten regelmäßig noch nicht zur Unzumutbarkeit des Beseitigungsverlangens führen.[738] Da das Verbot des Rechtsmissbrauchs im Übrigen nicht dazu führen darf, dass ein WEer durch bewusst eigenmächtiges Handeln vollendete Tatsachen schafft, ist ein etwaiges Verschulden zu berücksichtigen.[739] Das Verlangen, eine **vorsätzliche** unzulässige bauliche Veränderung zu beseitigen, ist daher in aller Regel nicht rechtsmissbräuchlich.[740] Gleiches gilt, wenn sich die Eigentümerversammlung zuvor ausdrücklich gegen die bauliche Maßnahme ausgesprochen hat.[741] Die Unverhältnismäßigkeit des Beseitigungsverlangens kann weiterhin nicht allein daraus gefolgert werden, dass die durch die bauliche Veränderung verursachten Nachteile auch durch andere, den Störer weniger belastende Maßnahmen abgemildert oder ausgeschlossen werden könnten.[742] Rechtsmissbräuchlich ist ein Beseitigungsverlangen jedoch, wenn der Kläger die vorgenommene bauliche Veränderung im eigenen Interesse nutzt, da dies § 242 BGB unter dem Gesichtspunkt **widersprüchlichen Verhaltens** berührt.[743]

315 Beseitigungs- oder Wiederherstellungsansprüche sind hingegen nicht deshalb rechtsmissbräuchlich, weil der die Beseitigung bzw. Wiederherstellung verlangende WEer selbst gegen § 22 Abs. 1 verstoßende bauliche Veränderungen vorgenommen oder eine vergleichbare bauliche Veränderung anderer WEer geduldet hat.[744] Eine gegenseitige „Auf-

[733] Vgl. BayObLG NJW-RR 1987, 1492 (1493); WE 1999, 34; LG Hamburg DWE 1991, 83 (Ls); dogmatische Begründung mit der Treuepflicht der WEer: *Armbrüster* Ptdm Tage 2000, 97 (113).

[734] OLG Hamburg ZWE 2002, 186 (187) = NZM 2001, 1133; vgl. auch Rn 113.

[735] Vgl. BayObLG WEZ 1988, 177 (178 f.).

[736] OLG Oldenburg WuM 1997, 391.

[737] BGHZ 62, 388 (391) mwN; BayObLG NJW-RR 1990, 1168 (1169) = WE 1991, 257 (258); ZWE 2000, 308 (309) = NJW-RR 2000, 1179; OLG Frankfurt/M. FGPrax 1997, 54.

[738] OLG Bremen WuM 1993, 209 (210); OLG Zweibrücken ZWE 2000, 93 (94) = NZM 2000, 294 (Ls); OLG Köln ZWE 2000, 592 (593) = NZM 2000, 764; KG ZWE 2001, 275 (278) = NZM 2002, 252 (Ls).

[739] BayObLG NJW-RR 1990, 1168 ff.; *Schmack* ZWE 2000, 168 (170); Staudinger/*Bub* § 22 Rn 246.

[740] *Schmack* ZWE 2000, 168 (170).

[741] BayObLG NJW-RR 1990, 1168 (1169) = WE 1991, 257 (258).

[742] OLG Düsseldorf WE 1996, 391 (392) = NJWE-MietR 1997, 12.

[743] BayObLG ZWE 2001, 609 (611) = NZM 2002, 127 (Ls).

[744] BayObLG WE 1992, 198; NJW-RR 1993, 337 (338) = WE 1993, 286 (287); NJWE-MietR 1997, 59 = ZIR 1997, 96 (97 f.); KG ZMR 2009, 790 (792).

rechnung“ baulicher Veränderungen kommt nicht in Betracht.[745] Vielmehr steht es dem in Anspruch genommenen WEer frei, ebenfalls die Beseitigung dieser baulichen Veränderung zu verlangen.

Weiterhin kommt ein Ausschluss der Unterlassungs-, Beseitigungs- und Wiederherstellungsansprüche gem. § 242 BGB wegen **Verwirkung** in Betracht, soweit die Schädigungshandlung ohne Vorsatz begangen wurde.[746] Nach allgemeinen Grundsätzen ist ein Recht verwirkt, wenn der Berechtigte sein Recht längere Zeit nicht geltend gemacht hat, wenn der Verpflichtete nach dem gesamten Verhalten des Berechtigten darauf vertrauen durfte, dieser werde sein Recht auch in Zukunft nicht geltend machen und wenn er sich darauf eingerichtet hat, dass das Recht nicht mehr geltend gemacht werde.[747] Der Ablauf einer längeren Zeitspanne seit der baulichen Veränderung allein ist danach nicht ausreichend, um eine Verwirkung des Unterlassungs-, Beseitigungs- bzw. Wiederherstellungsansprüche annehmen zu können. Vielmehr müssen darüber hinausgehende Umstände darauf schließen lassen, dass die Anspruchsinhaber ihre Ansprüche nicht mehr geltend machen werden.[748] Die Umstände, die ein Vertrauen des Pflichtigen in die weitere Nichtausübung des Rechts zu rechtfertigen vermögen, müssen umso erheblicher sein, je weniger Zeit seit der Durchführung der baulichen Veränderung verstrichen ist.[749] Nach einer relativ kurzen Zeitspanne von bis zu einem Jahr tritt regelmäßig noch keine Verwirkung ein.[750] Ein Beseitigungsanspruch ist idR verwirkt, wenn eine bauliche Veränderung jahrelang ohne Beanstandung hingenommen wurde.[751] Voraussetzung ist jedoch stets, dass die Maßnahme allen WEern bekannt war.[752] Allein der Umstand, dass die WEer den Beseitigungsanspruch jahrelang lediglich nicht gerichtlich geltend gemacht, sondern die bauliche Veränderung bloß geduldet haben, erfüllt noch nicht den Tatbestand der Verwirkung.[753] Eine bloß geduldete bauliche Veränderung begründet nach deren sanierungsbedingter Entfernung keinen Anspruch auf Wiederanbringung/Neuaufbau.[754] Die Verwirkung eines Beseitigungsanspruchs kann auch ggü. einem **Rechtsnachfolger** wirken, wenn dies nicht der positiven Begründung eines dinglich wirkenden SNR gleichkommt.[755] Nach Verkürzung der regelmäßigen **Verjährungsfrist** des § 195 BGB von 30 auf 3 Jahre verbleibt für eine vor Ablauf der Verjährungsfrist eintretende Verwirkung von Ansprüchen nur noch ein geringer Anwendungsbereich.[756] 316

---

[745] KG ZMR 2009, 790 (792); BayObLG NJWE-MietR 1997, 59 = ZIR 1997, 96 (97 f.); WE 1998, 149 (150); OLG Frankfurt/M. FGPrax 1997, 54; OLG Zweibrücken ZWE 2000, 93 (94) = NZM 2000, 294 (Ls).

[746] Palandt/*Heinrichs* BGB § 242 Rn 108 mwN.

[747] Vgl. BGH NJW 2003, 824; ZMR 2006, 107 (109) = NJW 2006, 219 (220); OLG München ZMR 2008, 663 f. = NZM 2008, 848.

[748] OLG Oldenburg WuM 1997, 391; BayObLG WEZ 1988, 175 (176); vgl. auch OLG Köln NJW-RR 1995, 851; NZM 1999, 263 (264); ZWE 2000, 546 (548) = NZM 2000, 765; OLG Hamburg ZWE 2002, 596 (597); *Deckert* WE 1997, 97 (98).

[749] Vgl. OLG Köln WE 1997, 430 (431); OLG Hamburg ZWE 2002, 596 (597).

[750] BayObLG WE 1991, 366; WE 1992, 84.

[751] BayObLG NJW-RR 1993, 1165 = WE 1994, 178 im konkreten Fall über 17 Jahre; KG OLGZ 1989, 305 (307) = NJW-RR 1989, 976 = WE 1989, 170 über acht Jahre; WE 1997, 190 = NJW-RR 1997, 713 (714): über sechs Jahre; OLG Hamburg ZWE 2002, 596 (597): mehr als 30 Jahre.

[752] OLG Köln WE 1997, 430 (431).

[753] OLG Oldenburg WuM 1997, 391: Duldung 8 Jahre; LG Lüneburg ZMR 2008, 486: Duldung 25 Jahre.

[754] OLG Hamburg ZMR 2002, 451 (Pflanzkübel); LG Lüneburg ZMR 2008, 486 (Balkonverglasung); vgl. aber AG Hannover ZMR 2008, 494.

[755] KG WE 1994, 51 (52); BayObLG NJW-RR 1991, 1041; OLG Hamm ZMR 2008, 159 (161); 2000, 123; KG ZWE 2007, 237; OLG Köln DNotZ 2002, 223 f.; OLG Celle IMR 2007, 1087.

[756] Vgl. dazu *Röll* ZWE 2002, 353; *Hogenschurz* ZWE 2002, 512.

Ein WEer, der wegen einer von ihm vorgenommenen baulichen Veränderung beseitigungspflichtig ist, aber aus rechtlichen Gründen, etwa wegen Verjährung, von den übrigen WEern nicht mehr in Anspruch genommen werden kann, erlangt eine rechtsposition nur insofern, als bezüglich einer bestimmten baulichen Maßnahme und damit bezüglich eines zu einem bestimmten Zeitpunkts bestehenden Zustands die übrigen WEer eine faktische Duldungspflicht trifft.[757] Dies gibt dem betreffenden WEer aber grundsätzlich nicht die Befugnis, den erreichten Zustand später durch modernisierende Instandsetzung weiter zu verändern und den optischen Nachteil auszuweiten, unabhängig davon, ob die duldungspflichtige Anlage defekt ist, erneuert werden muss und baugleiche Ersatzteile nicht mehr verfügbar sind.

317 **bb) Die Haftung der Zustandsstörer.** Zustandsstörer iSd § 1004 BGB ist derjenige, der die Beeinträchtigung zwar nicht verursacht hat, durch dessen maßgebenden Willen ein eigentumsbeeinträchtigender Zustand aber aufrecht erhalten wird, von dessen Willen also die Beseitigung dieses Zustandes abhängt, ohne dass er selbst gehandelt hat.[758] Notwendig ist, dass der in Anspruch Genommene die Quelle der Störung beherrscht, also die Möglichkeit der Beseitigung hat, und dass ihm die Beeinträchtigung zurechenbar ist, weil er aus irgendeinem Rechtsgrund zur Duldung der Störungsbeseitigung verpflichtet ist.[759] Als Zustandsstörer kann etwa ein WEer gem. § 1004 BGB in Anspruch genommen werden, der seine Eigentumswohnung vermietet hat, wenn der Mieter innerhalb der Wohnung eine rechtswidrige bauliche Veränderung durchgeführt hat. Hat der vermietende WEer dem Mieter bauliche Veränderungen – in Überschreitung seiner eigenen Rechte – im Mietvertrag gestattet oder gegen die bauliche Veränderung nichts unternommen, obwohl er auf Grund des Mietvertrages dazu in der Lage wäre, geht die Störung des GemE nur mittelbar auch auf den Willen dieses WEers zurück; er ist Zustandsstörer.[760] Die Übergänge zwischen Handlungs- und Zustandsstörerhaftung sind fließend (s. o. Rn 303).

318 Im Übrigen kommt § 1004 BGB als Anspruchsgrundlage regelmäßig nicht in Betracht. Denn hinsichtlich des GemE sind alle WEer gemeinsam dafür verantwortlich, dass es in einem ordnungsgemäßen Zustand bleibt und von ihm keine Beeinträchtigungen ausgehen.[761] Die Beseitigung der Beeinträchtigung hängt folglich nicht vom Willen eines einzelnen, sondern vom Willen aller WEer ab. Da Zustandsstörer jedoch nur derjenige ist, von dessen Willen die Beseitigung des beeinträchtigenden Zustandes abhängt, wird ein einzelner WEer dies idR nicht sein.[762] Daran ändert sich auch nichts, wenn das baulich veränderte GemE in der räumlichen Nähe des SE eines einzelnen WEers liegt.[763] Demgemäß ist auch der Rechtsnachfolger eines WEers, der unberechtigt eine bauliche Veränderung vorgenommen hat, nur verpflichtet, deren Beseitigung und die Wiederherstellung des ursprünglichen Zustands auf Kosten der WEer zu dulden.[764]

319 **cc) Der Anspruch auf Wiederherstellung des ordnungsgemäßen Zustandes.** Als Zustandsstörer haftet ein WEer nicht auf Beseitigung einer störenden Einrichtung, sondern

---

[757] OLG Düsseldorf NZM 2009, 442.

[758] Vgl. BGH ZMR 2007, 188 (189) = NJW 2007, 432; OLG Düsseldorf ZMR 2008, 731 (732); vgl. auch *Schmid* ZWE 2009, 201 f.

[759] Vgl. auch *Schmid* ZWE 2009, 200 (202).

[760] AA BayObLG NJWE-MietR 1997, 11 = WE 1997, 154 Haftung als Handlungsstörer; ebenso OLG Düsseldorf ZWE 2001, 116 (117) = NJW-RR 2001, 803 für den Sonderfall, dass zwei GmbH Parteien des Mietvertrages sind und jeweils durch denselben Geschäftsführer vertreten werden.

[761] KG WE 1991, 324 (325); OLGZ 1992, 55 (56) = NJW-RR 1991, 1421 f. = WE 1991, 328 (329); WE 1991, 329 (330).

[762] KG WE 1991, 324 (325); OLGZ 1992, 55 (56) = NJW-RR 1991, 1421 f. = WE 1991, 328 (329); WE 1991, 329 (330).

[763] KG WE 1991, 324 (325); OLGZ 1992, 55 (56) = NJW-RR 1991, 1421 f. = WE 1991, 328 (329); WE 1991, 329 (330).

[764] BayObLG WE 1998, 276 (276).

allenfalls auf Duldung der Beseitigung durch die WEgem.[765] Die Wiederherstellung eines ordnungsgemäßen Zustandes des GemE und damit auch die Beseitigung einer widerrechtlichen baulichen Veränderung ist eine Aufgabe, die allen WEern im Rahmen ordnungsgemäßer Instandsetzung des GemE gem. § 21 Abs. 3, Abs. 5 Nr. 2 obliegt. Denn wenn schon die erstmalige Herstellung des GemE in einen ordnungsgemäßen Zustand eine Maßnahme der ordnungsgemäßen Verwaltung darstellt,[766] muss auch die Wiederherstellung des GemE in einen ordnungsgemäßen Zustand eine Maßnahme ordnungsgemäßer Verwaltung sein.[767] Ein ordnungsgemäßer Zustand ist jedoch erst dann hergestellt, wenn die Beeinträchtigung des GemE, letztlich damit also die bauliche Veränderung, beseitigt ist. Gem. § 21 Abs. 4 kann jeder WEer eine solche ordnungsgemäße Instandsetzung des GemE verlangen.[768] Der Anspruch richtet sich gegen alle anderen WEer und geht auf Mitwirkung an der Beseitigung der rechtswidrigen baulichen Veränderung. Folglich sind gem. § 21 Abs. 4 alle WEer zur Beseitigung der baulichen Veränderung verpflichtet. Aus der Tatsache, dass § 1004 BGB einen Anspruch gegen den Störer gibt, während § 21 Abs. 4 ein Anspruch ist, der sich aus dem Gemeinschaftsverhältnis der WEer ableitet, folgt, dass primär der Störer die Beeinträchtigung zu beseitigen hat; er ist vorrangig für die unzulässige bauliche Veränderung verantwortlich. Demzufolge sind zuerst die Ansprüche aus § 1004 gegen den Störer geltend zu machen. Ist dieser jedoch nicht in der Lage, die bauliche Veränderung zu beseitigen, der Anspruch gem. § 1004 folglich nicht durchsetzbar, bleibt es bei der Verpflichtung aller WEer, gem. § 21 Abs. 4 das GemE ordnungsgemäß instandzusetzen.[769]

Auch der Anspruch aus § 21 Abs. 4 auf ordnungsgemäße Instandsetzung des GemE kann **320** gem. § 242 BGB wegen **Verwirkung** ausgeschlossen sein, etwa wenn eine bauliche Veränderung über den Zeitraum von zehn Jahren hingenommen wird und die WEer sich auf diesen Zustand des GemE eingestellt haben (s. o. Rn 316).[770]

7. Gestaltungsmöglichkeiten

§ 22 Abs. 1 ist durch Vereinbarung der WEer abdingbar.[771] Die WEer können vom **321** Erfordernis der Einstimmigkeit des Abs. 1 Satz 1 abweichende Regelungen treffen, etwa bauliche Veränderungen unabhängig von der Zustimmung beeinträchtigter WEer von einem **Mehrheitsbeschluss** abhängig machen.[772] Dies ist etwa der Fall bei einer Vereinbarung, die alle erforderlichen Maßnahmen zu Angelegenheiten der ordnungsgemäßen Verwaltung erklärt;[773] zur Kostentragung in einem solchen Fall s. Rn 289. Auch eine

[765] BGH NJW 2007, 432 (433); KG ZMR 2007, 639 (640); LG München I ZWE 2009, 458 (459).

[766] Vgl. Rn 20 und § 21 Rn 96.

[767] *Heerstraßen* DWE 1994, 3 f.; vgl. auch KG OLGZ 1993, 427 (429) = NJW-RR 1993, 909 (910) = WE 1993, 220; BayObLG WE 1999, 77 (78).

[768] KG ZMR 2007, 639 (640).

[769] *Heerstraßen* DWE 1994, 4; anders wenn mehrere Störer gem. 1004 BGB verantwortlich sind. Hier können wahlweise Handlungs- als auch Zustandsstörer in Anspruch genommen werden. Vgl. *Baur/Stürner* § 12 III 3.

[770] Vgl. dazu OLG Hamm OLGZ 1989, 305 (307); OLGZ 1990, 159 (165 f.).

[771] St. Rspr. BGH MDR 1970, 753 (754); BayObLGZ 1986, 29 (33); 1989, 437 (438); NJW-RR 1986, 761; NJW-RR 1987, 1357; WE 1990, 134; WE 1992, 54; WuM 1993, 565 (566); WuM 1996, 787 (788); WE 1996, 470; NJW-RR 1997, 269 = WE 1997, 157; WE 1998, 318 (319); WE 1998, 507; WE 1999, 148 (149); KG WE 1998, 346 = NZM 1998, 771; OLG Düsseldorf WE 1990, 204; OLG Stuttgart NJW-RR 1987, 330 (331); OLG Zweibrücken NJW-RR 1987, 1359 (1360); ZWE 2000, 90; *Lüke* ZfIR 2009, 225 (229).

[772] Vgl. BayObLGZ 1989, 437 (438 f.); BayObLG NJW-RR 1992, 664 f. = WE 1992, 290 (291); WE 1996, 395 (396); WE 1999, 148 (149); NZM 1999, 30; ZWE 2001, 424 (426) = NZM 2001, 1138.

[773] BayObLG WuM 1993, 562 (563).

Regelung, die zwar grds. am Erfordernis des Abs. 1 Satz 1 festhält, allerdings entgegen Abs. 1 Satz 2 die Zustimmung bestimmter WEer trotz Beeinträchtigung für entbehrlich erklärt, ist denkbar. So kann etwa einem WEer gestattet werden, auf Grundstücksflächen, an denen ihm ein Sondernutzungsrecht zusteht, ohne Zustimmung aller übrigen WEer bauliche Veränderungen vorzunehmen.[774] Bestehen im konkreten Fall mehrere Möglichkeiten der baulichen Gestaltung, so brauchen die WEer eine konkrete Bauausführung nicht hinzunehmen, die in vermeidbarer Weise ihre Belange wesentlich mehr beeinträchtigt als eine andere.[775] Möglich ist es schließlich auch, § 22 Abs. 1 vollständig abzubedingen und jedem WEer die Vornahme baulicher Veränderungen zu ermöglichen. In einem solchen Fall kann eine bauliche Veränderung jedoch nach § 15 Abs. 3 dann abgewehrt werden, wenn sie gegen nachbarrechtliche Normen des Privatrechts bzw. des öffentlichen Rechts verstößt, soweit letztere den Schutz des einzelnen WEers bezwecken.[776] Umgekehrt kann eine Vereinbarung abweichend von § 22 Abs. 1 die Zulässigkeit einer baulichen Veränderung in jedem Fall von der Zustimmung aller WEer abhängig machen.[777] Denkbar sind auch Vereinbarungen, die die Zustimmung zu baulichen Veränderungen dann verlangen, wenn diese nach § 922 Satz 3 BGB zulässig wäre.[778] Vereinbart werden kann auch, dass ein einzelner WEer berechtigt ist, das Dachgeschoss auszubauen.[779] Einem einzelnen WEer kann das Recht eingeräumt werden, auf dem gemeinschaftlichen Grundstück ein Bauwerk zu errichten und an diesem SE zu begründen.[780] Die GemO kann einem WEer gestatten, seinen Keller ohne Zustimmung der anderen WEer zu gewerblichen Zwecken oder als Wohnraum zu nutzen. Eine solche Gestattung enthält die Verpflichtung der übrigen WEer, die zur Herbeiführung einer solchen Nutzung erforderlichen Maßnahmen, einschließlich baulicher Veränderungen des GemE, zu dulden.[781] Allerdings ist eine Regelung in der Gemeinschaftsordnung unwirksam, die es einem WEer ermöglicht, durch eine bauliche Veränderung an tragenden Wänden einen der Teilungserklärung widersprechenden Zustand – etwa die Zusammenlegung zweier Sondereigentumseinheiten – zu schaffen.[782]

322 Ob und inwieweit § 22 Abs. 1 durch eine Vereinbarung der WEer abbedungen ist, ist durch Auslegung dieser Vereinbarung zu ermitteln.[783] Bestimmt die GemO, dass bauliche Veränderungen von der **Zustimmung des Verwalters** abhängig sind, so liegt darin allein noch keine Abbedingung des § 22 Abs. 1;[784] vielmehr handelt es sich um ein Vorschalterfordernis um eigenmächtiges Handeln eines WEers zu verhindern. Soweit nicht ausdrücklich vereinbart wird, dass *nur* die Zustimmung des Verwalters erforderlich ist, kann daher idR nur angenommen werden, dass die Verwalterzustimmung lediglich zusätzlich eingeholt werden soll.[785] Deshalb ist auch eine Bestimmung in der GemO, nach der die Zustimmung des Verwalters durch einen Mehrheitsbeschluss der WEer ersetzt werden kann, regelmäßig

---

[774] Vgl. BayObLG WE 1990, 139 (140); OLG Hamm WE 1999, 70 m. Anm. *Ott* WE 1999, 80 = NZM 1998, 873; *Ott,* Sondernutzungsrecht, S. 119 f.

[775] BayObLG WE 1999, 29 = NZM 1999, 132.

[776] BayObLG ZMR 1997, 41 (42); ZWE 2000, 175 (176 f.) = ZMR 2000, 234 (236) m. Anm. *Schmack* ZWE 2000, 168 (169); ZWE 2001, 152 (154) = NZM 2001, 769; ZWE 2002, 407 (409).

[777] BayObLG WE 1998, 318 (319); ZWE 2001, 609 (610) = NZM 2002, 127 (Ls).

[778] BayObLG WE 1994, 119.

[779] KG OLGZ 1993, 434 = WE 1993, 138; OLG Hamm WE 1999, 70 m. Anm. *Ott* WE 1999, 80 = NZM 1998, 873.

[780] BayObLG NJW-RR 1994, 781 (782).

[781] BayObLG ZMR 1997, 317 (318) = NJWE-MietR 1997, 256 = WE 1997, 394; WE 1999, 29.

[782] BayObLG WE 1997, 112 (113).

[783] Vgl. BayObLGZ 1989, 437 (438 f.); NJW-RR 1992, 664 f. = WE 1992, 290 (291); OLG Zweibücken ZWE 2000, 90 f.

[784] KG WE 1991, 328 (328) = OLGZ 1991, 188 (197); BayObLG WE 1992, 195 (196); vgl. auch OLG Zweibrücken WE 1999, 139 (144); LG München I ZMR 2009, 875 (876).

[785] BayObLG WE 1992, 195 (196); WE 1998, 276; ZWE 2000, 217 = NZM 2000, 686 (Ls); OLG Düsseldorf NJWE-MietR 1997, 1103 = WE 1997, 344 f.; KG WE 1998, 346 = NZM 1998, 771; aA

nicht dahingehend auszulegen, dass bauliche Veränderungen mehrheitlich ohne Zustimmung der beeinträchtigten WEer beschlossen werden können.[786] Darf die Zustimmung des Verwalters zu einer baulichen Veränderung nach der GemO nur aus wichtigem Grund verweigert werden und bestehen ernstliche Zweifel, ob ein wichtiger Grund zur Versagung der Zustimmung vorliegt, so kann auch der gewerblich tätige Verwalter die Frage den WEern zur Beschlussfassung vorlegen.[787] Auch in einer Vorschrift der GemO, die bauliche Veränderungen innerhalb der SE-Einheiten vom Nachweis der statischen Unbedenklichkeit abhängig macht, kann keine von § 22 Abs. 1 abweichende Vereinbarung gesehen werden.[788] Dagegen bedeutet die Regelung in einer GemO, dass ein WEer „die äußere Gestalt des Bauwerkes oder die im GemE stehenden Bestandteile nicht ändern darf", nicht nur eine Wiederholung der gesetzlichen Regelung, sondern dass jede nicht völlig unerhebliche bauliche Veränderung ohne Rücksicht auf ihre Auswirkung auf das optische Erscheinungsbild der Wohnanlage von der Zustimmung aller übrigen WEer abhängig ist.[789] Eine Regelung in der GemO, nach dem es einem Teileigentümer gestattet ist, sein Sondereigentum zu gewerblichen oder zu Wohnzwecken zu nutzen, ist demgegenüber regelmäßig dahingehend auszulegen, dass die übrigen WEer verpflichtet sind, die zur Herbeiführung einer solchen Nutzung erforderlichen baulichen Veränderungen des GemE – etwa die Anbringung eines Briefkastens an der Hauseingangstür – zu dulden; bestehen in diesem Fall mehrere bauliche Gestaltungsmöglichkeiten, so braucht jedoch eine bauliche Veränderung nicht hingenommen zu werden, die die Belange der übrigen WEer in vermeidbarer Weise wesentlich mehr beeinträchtigt als eine andere.[790] Gestattet die GemO die Vornahme einer baulichen Veränderung, so ergibt sich daraus nicht ohne weiteres, dass die anderen WEer eine dadurch hervorgerufene Gesundheitsgefährdung hinnehmen müssen.[791]

Sieht die GemO vor, dass **bauliche Veränderungen auf Grund Mehrheitsbeschlusses** vorgenommen werden können, sind die durch die bauliche Veränderung benachteiligten WEer, die dem Beschluss nicht zugestimmt haben, nicht schutzlos. Sie müssen darauf vertrauen können, dass nicht nach Belieben in ihre Rechte eingegriffen wird. Deshalb ist ein derartiger Beschluss dann auf Anfechtung hin für ungültig zu erklären, wenn für die bauliche Veränderung keine sachlichen Gründe vorliegen oder andere WEer unbillig benachteiligt werden.[792] Können die WEer nach der GemO die „Änderung der äußeren Gestalt des Gebäudes" mehrheitlich beschließen, so können idR auch weniger beeinträchtigende Maßnahmen – etwa bauliche Veränderungen im Gebäudeinneren – mit Stimmenmehrheit beschlossen werden.[793] Haben die WEer die Regelung des § 22 Abs. 1 vollständig **durch Vereinbarung abbedungen,** dann dürfen im Rahmen des öffentlich-rechtlich Zulässigen bauliche Veränderungen durchgeführt werden.[794] Die am Verwaltungsverfahren nicht beteiligten WEer können die Einhaltung drittschützender Normen des öffentlichen Rechts – etwa Abstandsflächenvorschriften der jeweiligen Landesbauordnung – verlangen; 323

Bub WE 1998, 16 (19); Staudinger/*Bub* § 22 Rn 25; differenzierend nach der Größe der Gem. *Schuschke* ZWE 2000, 146 (149).

786 OLG Düsseldorf NJWE-MietR 1997, 1103 = WE 1997, 344 f.

787 BGH NJW 1996, 1216 (1217) = WE 1996, 265 (266) = WuM 1996, 240 (241); zur Haftung des Verwalters im Falle der rechtswidrigen Verweigerung der Zustimmung vgl. § 27 Rn 295.

788 BayObLG NJW-RR 1994, 82 (83).

789 BayObLG WuM 1996, 487.

790 BayObLG WE 1997, 394 (395) = NJWE-MietR 1997, 256.

791 BayObLG ZWE 2002, 309 (311); OLG Hamm ZWE 2002, 319 (321) zum Betrieb einer Mobilfunkanlage; vgl. dazu Rn 244.

792 BayObLGZ 1989, 437 (439 f.); KG ZWE 2000, 220 (221) = NZM 2000, 348; *Gottschalg* WE 1997, 2 (4).

793 OLG Düsseldorf WE 1999, 105 (107) = NZM 1999, 267.

794 BayObLG WuM 1989, 451 (452); NJW-RR 1997, 269; WE 1998, 507.

im Falle des Verstoßes gegen eine drittschützende Norm kann die materielle Baurechtswidrigkeit eines genehmigten Bauvorhabens geltend gemacht werden.[795]

324 Ist § 22 Abs. 1 durch eine Vereinbarung der WEer abbedungen, diese Regelung jedoch in sich widersprüchlich, ohne dass dieser Widerspruch aufzulösen ist, kommt wieder die gesetzliche Regelung zum Tragen, es sei denn, eine geltungserhaltende Auslegung der Vereinbarung ist möglich.[796]

8. Das Verfahren

325 Streitigkeiten der WEer über die Zulässigkeit baulicher Veränderungen sind gem. § 43 Nr. 1 im WE-Verfahren zu entscheiden. Dies gilt für alle Fragen, die mit einer baulichen Veränderung zusammenhängen. Auch Ansprüche auf Beseitigung der Beeinträchtigung durch eine bauliche Veränderung oder auf Wiederherstellung des früheren Zustandes des GemE sind gem. § 43 Nr. 1 dem Verfahren der ZPO zugewiesen. Dies gilt ebenso für Fragen der Kostentragung und für Streitigkeiten über die Nutzungen des baulich veränderten GemE. Schon vor einer Beschlussfassung über eine Umgestaltung des GemE kann gem. § 43 Nr. 1 gerichtlich geklärt werden, ob dazu die Zustimmung einzelner WEer entbehrlich ist. Ist dagegen ein Mehrheitsbeschluss gefasst, der die Durchführung einer baulichen Veränderung vorsieht, so ist die Gültigkeit dieses Beschlusses gem. § 43 Nr. 4 zu überprüfen.

326 Ist ein WEer zur Beseitigung einer baulichen Veränderung oder zur Wiederherstellung des früheren Zustandes des GemE rechtskräftig verpflichtet, richtet sich die **Zwangsvollstreckung** grds. nach den Vorschriften über die Vollstreckung einer vertretbaren Handlung gem. § 887 ZPO. Die Ersatzvornahme ist damit die richtige Vollstreckungsart. Dies gilt auch, wenn bauliche Veränderungen ausschließlich im Bereich des SE eines WEers liegen. Notfalls ist gem. § 892 ZPO die Hilfe des Gerichtsvollziehers hinzuzuziehen, um Widerstand des Vollstreckungsschuldners zu überwinden. Liegt die bauliche Veränderung dagegen im Bereich einer SE-Einheit, die einem Dritten, etwa einem Mieter, überlassen ist, ohne dass gegen den Dritten ein Duldungstitel existiert, ist die Zwangsvollstreckung gem. § 888 Abs. 1 ZPO vorzunehmen.[797] Gegen den Vollstreckungsschuldner können gem. § 888 Abs. 1 ZPO Zwangsgeld und Zwangshaft verhängt werden, es sei denn, er kann darlegen, dass er alles getan hat, um die Zustimmung des Dritten zur Beseitigung der baulichen Veränderung zu erlangen.[798] Dazu ist notfalls auch erforderlich, gerichtlich gegen den Dritten vorzugehen. Ansprüche auf Unterlassung zukünftiger baulicher Veränderungen sind gem. § 890 ZPO zu vollstrecken. Zuständiges Vollstreckungsorgan ist immer das Gericht des ersten Rechtszuges.[799]

III. Modernisierung und Anpassung an den Stand der Technik (Abs. 2)

1. Allgemeines

327 Bauliche Veränderungen bedürfen nach § 22 Abs. 1 vielfach der Zustimmung aller WEer, weil sie idR durch jede nicht ganz unerhebliche Veränderung des gemE beeinträchtigt werden. Da die Zustimmung aller WEer nur schwer zu erreichen ist, scheitern in der Praxis viele, auch sinnvolle Maßnahmen. Gerade bei älteren Wohnanlagen droht daher

[795] BayObLG WE 1997, 155 = NJW-RR 1997, 269 unter Hinweis auf BVerwG NVwZ 1990, 655 f.; VGH Mannheim BauR 1996, 371; abweichend BayObLG WuM 1989, 451 (452), wonach öffentlich-rechtliche Vorschriften nur unter dem Gesichtspunkt des Rechtsmissbrauchs im Verfahren der FG überprüft werden können.

[796] Vgl. OLG Stuttgart NJW-RR 1987, 330 (331).

[797] BayObLG NJW-RR 1989, 462 mwN; DWE 1994, 28.

[798] BayObLG NJW-RR 1989, 462 (463).

[799] Vgl. auch BayObLG DWE 1994, 28.

mangels Anpassung an die Erfordernisse der Zeit ein Wertverlust sowohl des gemE als auch des SE. Zwar können Maßnahmen der modernisierenden Instandsetzung mehrheitlich beschlossen werden.[800] Da dies aber voraussetzt, dass eine Reparatur bereits notwendig oder absehbar ist, werden von der modernisierenden Instandsetzung nur ein kleiner Teil von Neuerungen, Umgestaltungen und Änderungen erfasst. Durch die neue Regelung des § 22 Abs. 2 wird deshalb den WEern die Kompetenz eingeräumt, mit qualifizierter Mehrheit auch Maßnahmen zur Modernisierung und Anpassung des GemE an den Stand der Technik ohne aktuellen Instandsetzungsbedarf zu beschließen.[801] Unberührt bleibt hiervon die Kompetenz, wie § 22 Abs. 3 klar stellt, mit einfacher Mehrheit Maßnahmen modernisierender Instandsetzung beschließen zu können.

Auf die Vornahme von Maßnahmen der Modernisierung und der Anpassung des gemE an den Stand der Technik hat der einzelne WEer **keinen Anspruch.** Nach § 22 Abs. 1 Satz 1 können zwar bauliche Veränderungen verlangt werden, wenn jeder WEer zustimmt, dessen Rechte durch die Maßnahmen über das in § 14 Nr. 1 bestimmte Maß hinaus beeinträchtigt werden. Da aber in Absatz 2 eine solcher Anspruch nicht kodifiziert worden ist, besteht kein eigenständiger Anspruch auf Vornahme von Maßnahmen der Modernisierung und der Anpassung des gemE an den Stand der Technik. Soweit eine solche Maßnahme zur ordnungsmäßigen Instandhaltung und Instandsetzung gehört oder der modernisierenden Instandsetzung unterfällt, hat jeder WEer gemäß § 21 Abs. 4 einen Anspruch auf deren Vornahme. Liegen diese Voraussetzungen nicht vor, können Maßnahmen der Modernisierung und der Anpassung des gemE an den Stand der Technik nach § 22 Abs. 1 Satz 1 verlangt werden, wenn ihnen jeder beeinträchtigte WEer zustimmt, denn solche Maßnahmen sind immer auch bauliche Veränderungen oder Aufwendungen iSd § 22 Abs. 1.[802] 328

2. Voraussetzungen

Nach § 22 Abs. 2 Satz 1 können bauliche Maßnahmen und Aufwendungen, die über die ordnungsmäßige Instandhaltung oder Instandsetzung hinausgehen, mit qualifizierter Mehrheit beschlossen werden, wenn sie der Modernisierung entsprechend § 559 BGB oder der Anpassung des gemE an den Stand der Technik dienen, die Eigenart der Wohnanlage nicht ändern und keinen WEer gegenüber anderen unbillig beeinträchtigen. Solche Maßnahmen dienen der Modernisierung bzw. der Anpassung des gemE an den Stand der Technik, wenn sie hierzu aus der Sicht eines vernünftigen, wirtschaftlich denkenden und sinnvollen Neuerungen gegenüber aufgeschlossenen WEers voraussichtlich geeignet sind.[803] Keine Voraussetzung ist die Erforderlichkeit einer solchen Maßnahme.[804] 329

a) Modernisierung. Die Beschlusskompetenz des § 22 Abs. 2 Satz 1 erfasst über die ordnungsmäßige Instandhaltung oder Instandsetzung des gemE hinausgehende bauliche Veränderungen und Maßnahmen, die der Modernisierung entsprechend § 559 Abs. 1 BGB dienen. Nach der Legaldefinition des § 559 Abs. 1 BGB muss es ich um Maßnahmen handeln, die den Gebrauchswert der Mietsache nachhaltig erhöhen, die allgemeinen Wohnverhältnisse auf Dauer verbessern oder nachhaltig Einsparungen von Energie oder Wasser bewirken. Wegen der unterschiedlichen Regelungszwecke[805] ist der mietrechtliche Begriff der Modernisierung in § 559 BGB gem. § 22 Abs. 2 Satz 1 **nur entsprechend anwendbar.** Soweit Maßnahmen zwar Modernisierung iSd § 559 BGB darstellen, nach § 21 Abs. 3 aber als Maßnahmen ordnungsmäßiger Verwaltung mit Stimmenmehrheit beschlossen 330

[800] Vgl. § 21 Rn 101.
[801] AG Hannover ZMR 2008, 250 f.
[802] *Hügel*/Elzer § 7 Rn 42.
[803] LG München I ZWE 2009, 318 (319); Begründung BT-Drucks. 16/887 S. 30.
[804] LG München I ZWE 2009, 318 (320).
[805] Dazu *Abramenko* § 4 Rn 31.

werden können, unterfallen sie nicht dem Erfordernis einer qualifizierten Mehrheit nach § 22 Abs. 2.[806] Hierzu gehören Maßnahmen der Instandhaltung und Instandsetzung des gemE wie der Einbau von Kaltwasserzählern,[807] aber nach Abs. 3 auch Maßnahmen modernisierender Instandsetzung,[808] ferner die erstmalige Herstellung eines ordnungsmäßigen Zustandes[809] und die Erfüllung öffentlich-rechtlicher Vorschriften und Auflagen.[810] Auch erfasst die Beschlusskompetenz zur Modernisierung nach § 22 Abs. 2 nur Maßnahmen, die das gemE betreffen, nicht aber Maßnahmen, die das SE betreffen.[811] Denn die Verwaltung des SE obliegt dem jeweiligen WEer allein. Dies schließt nicht aus, dass sich Maßnahmen zur Modernisierung des gemE auf das SE auswirken können und analog § 14 Nr. 3 zu dulden sind und ggf. zum Schadensersatz analog § 14 Nr. 4 berechtigen.[812] Die Modernisierungsmaßnahme braucht nicht allen WEern zugute zukommen,[813] ein evtl. Ausgleich kann über eine Kostenregelung nach § 16 Abs. 4 erfolgen.[814]

331 **aa) Erhöhung des Gebrauchswertes.** Unter Gebrauch ist der bestimmungsgemäße Gebrauch nach Maßgabe der Teilungserklärung und der GO zu verstehen.[815] Als Maßnahmen, die den Gebrauchswert des gemE und des SE nachhaltig erhöhen, können entsprechend der Rechtsprechung zum Mietrecht in Betracht kommen: Einbau einer Zentralheizungs- oder Warmwasserversorgungsanlage,[816] eines Aufzugs, eines Außenaufzugs,[817]Anschluss an Fernheizung statt Gasetagenheizung, Austausch von Holz- gegen Kunststofffenster,[818] Einbau von Isolierglas oder Schallschutzfenstern,[819] Einbau einer Türöffnungs- oder Gegensprechanlage,[820] einbruchshemmende Maßnahmen, Einbau von Treppen in den Garten,[821] Anbau eines Balkons[822] etc., nicht Errichtung eines Wintergartens auf Balkonflächen oder Einbau zusätzlicher Fenster.[823] Unerheblich ist, ob die Maßnahmen auch eine Energieeinsparung oder Anpassung an den Stand der Technik bewirkt, da diese nicht kumulative, sondern alternative Voraussetzungen sind.[824]

332 **bb) Verbesserung der Wohnverhältnisse.** Diese Variante überschneidet sich erheblich mit dem Modernisierungsgrund der nachhaltigen Erhöhung des Gebrauchswertes, so dass ihre eigenständige Bedeutung gering sein dürfte.[825] Als Maßnahmen, welche die Wohnverhältnisse auf Dauer verbessern kommen in Betracht: Erleichterung des Zugangs zum Gebäude, Einbau eines Aufzugs oder einer Gegensprechanlage, Errichtung von Kinderspielplätzen, Grünanlagen, Stellplätzen, Anbau eines Balkons etc.

333 **cc) Einsparung von Energie und Wasser.** Die im Mietrecht aus dem Gebot der Wirtschaftlichkeit abgeleiteten Grenzen der Kostentragungspflicht eines Mieters können

---

[806] Vgl. *Bub* ZWE 2008, 205 (206).
[807] BGH NJW 2003, 3476 (3478); OLG Hamburg ZMR 2004, 936.
[808] Vgl. Rn 351.
[809] BGH NJW 2006, 3426.
[810] BGH NZM 2002, 3629 (3632).
[811] Vgl. *Bub* ZWE 2008, 205 (205 f.).
[812] *Abramenko* § 4 Rn 34.
[813] *Häublein* NZM 2007, 752 (759).
[814] *Bub* ZWE 2008, 205 (208).
[815] *Bub* ZWE 2008, 205 (208 f.); *Häublein* ZMR 2007, 409 (420).
[816] LG München WuM 1989, 27.
[817] AG Konstanz ZMR 2008, 494 (497).
[818] LG München I ZWE 2009, 318 (319); vgl. auch BayObLGR 2005, 266; OLG Köln WuM 1997, 455.
[819] LG Berlin GE 2003, 122 (123).
[820] LG München WuM 1989, 27.
[821] AG Hannover ZMR 2008, 250 f.
[822] AG Konstanz MietRB 2008, 148 *(Hogenschurz)*.
[823] AG Konstanz ZMR 2008, 494 (496).
[824] LG München I ZWE 2009, 318 (319).
[825] Vgl. *Häublein* ZMR 2007, 409 (420).

nicht in das WEG transformiert werden, weil einem WEer, dem eine solche Modernisierung idR werterhöhend zugute kommt, stärkere Kostenbelastungen zugemutet werden können als einem Mieter, der nur temporärer Nutzer ist. Unwirtschaftliche Maßnahmen können aber wegen unbilliger Beeinträchtigung unzulässig sein.[826] **Energieeinsparende** Maßnahmen betreffen alle Arten von Energie, nicht nur Heizenergie. Zahlreiche hierzu zählende Maßnahmen können wohnungseigentumsrechtlich als Maßnahmen modernisierender Instandsetzung mehrheitlich beschlossen werden, etwa die Verbesserung der Wärmedämmung von Fenstern,[827] das Isolieren der Fassade[828] oder der Einbau von Kaltwasserzählern.[829] Unter § 22 Abs. 2 fallen daher nur Maßnahmen, die bisher als bauliche Veränderung der Zustimmung aller beeinträchtigten WEer bedurften.

Hierzu können etwa zählen, soweit es sich nicht um Maßnahmen modernisierender Instandsetzung handelt: Anschluss an **Fernwärmeversorgung,**[830] **Wärmerückgewinnung,** kostensparende Energiequelle, Maßnahmen zur Stromeinsparung wie Einbau drehzahlgeregelter **Umwälzpumpen,** von **Energiesparlampen, Zeitschaltuhren.** Der Einbau eines **Blockheizkraftwerkes** zur Erzeugung von Wärme und Strom[831] oder von **Wärmepumpen, Solaranlagen** dient nicht der Einsparung von Energie, sondern von Kosten der Energiebeschaffung, so dass er nicht unter § 22 Abs. 2 fällt.[832] Zu wassersparenden Maßnahmen können solche gehören, die den Wasserverbrauch mindern, wie der Einbau von **Durchlaufbegrenzern,** Verwendung von **Regenwasser** für Gartenbewässerung oder WC-Spülung etc. Soweit solche Maßnahmen das SE betreffen, können sie nicht gem. § 22 Abs. 2 beschlossen werden.[833] 334

b) Anpassung des gemE an den Stand der Technik. Die Beschlusskompetenz des § 22 Abs. 2 Satz 1 erfasst auch über die ordnungsmäßige Instandhaltung oder Instandsetzung des gemE hinausgehende bauliche Veränderungen und Maßnahmen, die der Anpassung des gemE an den Stand der Technik dienen. Eine Anpassung des gemE an den Stand der Technik kann **zugleich eine Maßnahme der Modernisierung** darstellen, wenn durch sie der Gebrauchswert des gemE nachhaltig erhöht wird, die allgemeinen Wohnverhältnisse auf Dauer verbessert oder nachhaltig Einsparungen von Energie oder Wasser bewirkt werden. Stellt eine Maßnahme keine Modernisierung entsprechend § 559 Abs. 1 BGB dar, kann sie der Beschlusskompetenz des § 22 Abs. 2 unterfallen, wenn sie als Maßnahme zur Anpassung des gemE an den Stand der Technik eingeordnet werden kann. In Betracht kommt etwa der Einbau von Sonnenkollektoren oder von neuen Mess- und Ableseeinrichtungen.[834] 335

Unter dem **„Stand der Technik"** wird das Niveau einer anerkannten und in der Praxis bewährten, fortschrittlichen technischen Entwicklung verstanden,[835] welches das Erreichen des gesetzlich vorgegebenen Ziels gesichert erscheinen lässt. Nicht wird nur abgestellt auf die „anerkannten Regeln der Technik", weil ein höheres Anforderungsniveau einen Streit über den mit einer bestimmten Maßnahme erreichbaren Grad der Modernisierung vermeiden soll. Dagegen unterfallen § 22 Abs. 2 keine Maßnahmen, die über den Stand der 336

---

826 *Bub* ZWE 2008, 205 (209).

827 BayObLG NZM 1999, 34; OLG Hamburg NZM 2002, 872 f.; OLG Köln ZMR 1998, 49: Ersetzen einfach verglaster Fenster durch Isolierglas.

828 BayObLG NJW-RR 1989 1293 (Vollwärmedämmung); OLG Düsseldorf, NZM 2003, 28 (Thermohaut).

829 BGH NJW 2003, 3476.

830 OLG Düsseldorf ZMR 1998, 185; s. a. LG Berlin NZM 2002, 64.

831 LG Koblenz ZWE 2009, 282 f.; *Bub* ZWE 2008, 205 (208); zweifelnd *Elzer* ZWE 2008, 356; 2009, 283.

832 Vgl. *Bub* ZWE 2008, 205 (209); aA *Klimesch* ZMR 2009, 342 (343).

833 *Bub* ZWE 2008, 205 (206, 208).

834 Vgl. dazu *Abramenko* § 4 Rn 38.

835 Vgl. hierzu BT-Drucks. 16/887 S. 30.

Technik hinausgehend dem „Stand von Wissenschaft und Technik" entsprechen.[836] Mit dem Abstellen auf den „Stand der Technik" soll eine Überforderung der WEer vermieden werden, so dass eine besonders kostenintensive Technik nicht eingeführt werden kann, wenn dies keinen entsprechenden Nutzen bringt. Durch Verwendung des Begriffs „Stand der Technik" sollen auch wirtschaftliche Gesichtspunkte zu berücksichtigen sein.[837]

337 **c) Grenzen der Beschlusskompetenz.** Die Beschlusskompetenz des § 22 Abs. 2 erstreckt sich nur auf solche Maßnahmen der Modernisierung und der Anpassung des gemE an den Stand der Technik, welche die Eigenart der Wohnanlage nicht ändern und keinen WEer gegenüber anderen unbillig beeinträchtigen.

338 **aa) Änderung der Eigenart der Wohnanlage.** Maßnahmen nach § 22 Abs. 2 Satz 1 dürfen die Eigenart der Wohnanlage nicht ändern. Das Vertrauen eines Erwerbers auf den wesentlichen inneren und äußeren Bestand eines Wohnanlage soll ebenso geschützt werden wie auf den Fortbestand einer GO. Ob eine Änderung der Eigenart der Wohnanlage vorliegt, hängt stets von den Umständen des Einzelfalles ab. Als unzulässige Umgestaltung führt die Gesetzesbegründung[838] als Beispiele an: Errichtung eines **Anbaus,** etwa eines Wintergartens,[839] eine **Aufstockung** oder einen **Abriss** von Gebäudeteilen; auch vergleichbare **Veränderungen des inneren oder äußeren Bestandes** sollen die Eigenart der Wohnanlage unzulässig ändern, etwa wenn ein Wohnhaus einfacher Wohnqualität **luxussaniert,**[840] wenn ein Speicher zu Wohnzwecken ausgebaut oder wenn eine Grünfläche zum Abstellen von Autos asphaltiert wird. Diese Maßnahmen dürften schon keine Modernisierung iSd Abs. 2 sein,[841] sind also idR bauliche Veränderungen nach Abs. 1. Als Änderung der Eigenart der Wohnanlage kann auch eine **nachteilige Veränderung des optischen Gesamteindrucks** in Betracht kommen, wofür aber nicht schon jede nicht ganz unerhebliche Veränderung des optischen Gesamteindrucks ausreicht,[842] sondern die Eigenart einer Wohnanlage kann insbes. durch Maßnahmen verändert werden, durch die ein **uneinheitlicher Gesamteindruck** entsteht, etwa wenn nur einzelne Balkone errichtet oder verglast oder mit einer Markise versehen, Dachgauben unsymmetrisch angebracht oder Außenaufzüge[843] errichtet werden. Auch Maßnahmen, die zur spezifischen Eigenart einer Wohnanlage in Widerspruch stehen,[844] etwa Errichtung eines Kinderspielplatzes in einer Seniorenresidenz, Einbau eines Treppenliftes in Studentenwohnheim oder Sporthotel, können eine Änderung dieser Eigenart bewirken. Entsprechendes gilt, wenn eine Wohnanlage einfachen Standards durch Einbau technisch hochwertiger Einrichtungen in eine Wohnanlage mit hohem Standard aufgewertet wird.[845] Maßnahmen, welche die **Eigenart einer Wohnanlage ändern,** bedürfen nach § 22 Abs. 1 der Zustimmung aller Beeinträchtigten. Wird gleichwohl ein entsprechender Beschluss verkündet, ist dieser wirksam, aber anfechtbar.[846]

339 **bb) Unbillige Beeinträchtigung eines WEers.** Maßnahmen nach § 22 Abs. 2 dürfen keinen WEer gegenüber anderen unbillig beeinträchtigen. Ein WEer soll einer solchen Maßnahme nicht mit Erfolg widersprechen können, wenn diese sinnvoll ist und er gegen-

---

[836] LG Koblenz ZWE 2009, 282 f. *(Elzer).*

[837] Vgl. *Saumweber* MittBayNot 2007, 357 (365); *Bub* ZWE 2008, 205 (210).

[838] BT-Drucks. 16/887 S. 30; kritisch hierzu *Abramenko* § 4 Rn 40.

[839] Vgl. AG Hamburg DWE 2008, 50: Umbau einer Loggia in Wintergarten; AG Konstanz ZMR 2008, 494 (496 f.): Errichtung eines Wintergartens auf Balkonflächen.

[840] Vgl. *Abramenko* § 4 Rn 49 a. E.

[841] *Bub* ZWE 2008, 205 (210).

[842] So auch *Häublein* ZMR 2007, 409 (421); s. a. *Klimesch* ZMR 2009, 342 (343).

[843] AG Konstanz ZMR 2008, 494 (497), kritisch hierzu *Hügel/Elzer* NZM 2009, 457 (465); aA *Klimesch* ZMR 2009, 342 (343).

[844] Niedenführ/Kümmel/*Vandenhouten* § 22 Rn 166.

[845] *Bub* ZWE 2008, 205 (210); *Häublein* ZMR 2007, 409 (421).

[846] *Abramenko* § 4 Rn 55.

über anderen nicht unbillig beeinträchtigt wird. Ob dies der Fall ist, ist nach objektiven und subjektiven, personenbezogenen Gesichtspunkten unter Berücksichtigung aller Umstände des Einzelfalles zu ermitteln.[847] Hierzu sind die Auswirkungen einer Maßnahme auf den einzelnen WEer mit den Interessen der Mehrheit an der Durchführung einer Maßnahme und der Beeinträchtigung anderer WEer zu vergleichen. Während nach § 22 Abs. 1 schon jede nicht ganz unerhebliche Beeinträchtigung die Zustimmung eines WEers zur geplanten baulichen Veränderung erforderlich macht, ist eine Maßnahme iSd § 22 Abs. 2 nur unzulässig, wenn sie einen WEer gegenüber anderen unbillig beeinträchtigt; die Anforderungen an die Beeinträchtigung, die einen Beschluss über eine Modernisierungsmaßnahme ausschließt, werden dadurch verschärft.[848] Dies hat zur Folge,[849] dass **Umstände, die zwangsläufig mit Modernisierungen verbunden** sind, für sich allein nicht ausreichen, eine Beeinträchtigung zu bejahen, so etwa die nach technischer Anpassung erhöhte Wartungs- oder Reparaturanfälligkeit oder die Kompliziertheit einer neuen technischen Anlage oder die mit dem Einbau eines Fahrstuhls oder der Aufstellung von Fahrradständern verbundene Einschränkung der Gebrauchsmöglichkeit des gemE[850] oder eine intensivere Nutzung von Obergeschossen. Wird ein WEer durch eine Modernisierungsmaßnahme unbillig beeinträchtigt, so ist dies nach dem Rechtsgedanken des § 22 Abs. 1 unbeachtlich, wenn er der Maßnahme zugestimmt hat.[851]

Bei Maßnahmen der Modernisierung dürften **Änderungen des optischen Gesamteindrucks der Wohnanlage** nur selten als unbillige Beeinträchtigung eines WEers einzuordnen sein, weil solche Änderungen, selbst wenn es sich um grobe ästhetische Beeinträchtigungen handelt, idR alle WEer gleichmäßig betreffen, also nicht einen WEer **gegenüber anderen** unbillig beeinträchtigen.[852] Entsprechendes gilt für Gefährdungen des gemE, nicht dagegen des SE eines WEers. Hat eine Maßnahme nach § 22 Abs. 2, etwa die Errichtung eines Aufzugs im Treppenhaus oder an der Außenseite nicht unerhebliche **Geräusch- oder Geruchseinwirkungen** auf das SE eines WEers zur Folge, oder wird der **Lichteinfall vermindert,** die **Einsehbarkeit in ein WE erhöht,** kann dies eine unbillige Beeinträchtigung eines WEers gegenüber anderen darstellen,[853] die aber idR durch geeignete Maßnahmen verhindert werden kann. 340

Eine unbillige Beeinträchtigung kann sich ausnahmsweise auch durch die Kosten der **Maßnahme** ergeben.[854] Mit Maßnahmen, die dazu dienen, das gemE in einen Zustand zu versetzen, wie er allgemein üblich ist, etwa zur Energieeinsparung oder zur Schadstoffminderung, muss jeder WEer **nunmehr** wegen der Beschlusskompetenz des § 22 Abs. 2 rechnen. Die dadurch entstehenden Kosten stellen daher keine unbillige Benachteiligung dar;[855] erforderlichenfalls muss ein WEer private Rücklagen bilden, um sie finanzieren zu können. **Aufwendungen, die darüber hinaus gehen,** können einen WEer gegenüber anderen WEern ebenso unbillig beeinträchtigen wie unwirtschaftliche Maßnahmen, nämlich wenn die Kosten die Aufwendungen übersteigen, die dazu dienen, das gemE in einen allgemein üblichen Zustand zu versetzen.[856] Wie bei der modernisierenden Instandsetzung[857] ist daher in solchen Fällen auch bei der Modernisierung eine langfristige Rentabili- 341

[847] BR-Drucks. 16/3843 S. 50.
[848] *Abramenko* § 4 Rn 42 f.
[849] Vgl. BT-Drucks 16/887 S. 31; *Demharter* NZM 2006, 489.
[850] Dazu *Abramenko* § 4 Rn 45.
[851] *Bub* ZWE 2008, 205 (211).
[852] AA *Abramenko* § 4 Rn 43; *Bub* ZWE 2008, 205 (211).
[853] *Abramenko* § 4 Rn 46 f.; *Bub* ZWE 2008, 205 (211).
[854] BT-Drucks. 16/887 S. 31; dazu *Häublein* ZMR 2007, 409 (422); *Abramenko* § 4 Rn 49; *Bub* ZWE 2008, 205 (211).
[855] IErg auch LG München I ZWE 2009, 318 (320).
[856] LG München I ZWE 2009, 318 (320).
[857] Vgl. KG ZMR 2003, 600 = ZWE 2004, 281.

tätsprognose über einen Zeitraum von etwa 10 Jahren anzustellen.[858] Wäre ein WEer wegen der Kosten von Modernisierungsmaßnahmen gezwungen, sein WE zu veräußern, kann dies eine unbillige Beeinträchtigung sein. Letzteres lässt sich allerdings durch rechtzeitige, angemessene Rückstellungen vermeiden. Auch können die WEer im Einzelfall unter den Voraussetzungen des § 16 Abs. 4 mit qualifizierter Mehrheit eine Kostenverteilung und Finanzierung beschließen, die eine unbillige Beeinträchtigung ausschließt. Bei der Konkretisierung des unbestimmten Rechtsbegriffs der unbilligen Beeinträchtigung ist auch zu berücksichtigen, dass ein WEer, der sein WE vor der Reform des WEG erworben hat, idR darauf vertrauen konnte, dass es nicht durch Mehrheitsbeschluss verändert werden kann, also in seiner ursprünglichen Form mehrheitsfest ist und damit unverändert fortbesteht.[859]

3. Rechtsfolgen

342 a) **Beschlusskompetenz.** § 22 Abs. 2 räumt den WEern die Kompetenz ein, Maßnahmen gemäß Absatz 1 Satz 1, die der Modernisierung oder der Anpassung des gemE an den Stand der Technik dienen, mit qualifizierter Mehrheit zu beschließen. Das **Erreichen der qualifizierten Mehrheit** ist **ebenso wenig kompetenzbegründend**[860] wie der Umstand, ob eine Maßnahme iSd § 22 Abs. 2 der **Modernisierung** oder **der Anpassung des gemE an den Stand der Technik dient.** Entgegen der Ansicht von *Abramenko*[861] haben die WEer *eben* nicht *nur für die in § 22 Abs. 2 vorgesehenen Änderungen eine Beschlusskompetenz.* Maßnahmen iSd § 22 Abs. 2 können nämlich nach der gesetzlichen Regelung nur bauliche Veränderungen und Aufwendungen gem. § 22 Abs. 1 Satz 1 sein, die über die ordnungsmäßige Instandhaltung oder Instandsetzung des gemE hinausgehen. Maßnahmen der Modernisierung und der Anpassung des gemE an den Stand der Technik sind daher Sonderfälle der Maßnahmen gemäß § 22 Abs. 1 Satz 1 und damit logischerweise immer auch solche Maßnahmen.[862] Da Maßnahmen nach § 22 Abs. 1 Satz 1 beschlossen werden können, wenn jeder beeinträchtigte WEer zustimmt, besteht insoweit eine Beschlusskompetenz und damit nach § 22 Abs. 1 Satz 1 notwendigerweise auch für Maßnahmen, die unter § 22 Abs. 2 fallen. Dies hat zur Folge, dass Maßnahmen der Modernisierung als bauliche Veränderung nach § 22 Abs. 1 dann mit einfacher Stimmenmehrheit beschlossen werden können, wenn weniger als drei Viertel der WEer durch die Maßnahme beeinträchtigt wird und die beeinträchtigten WEer zustimmen.[863]

343 Im Übrigen hängt die Frage, ob eine Maßnahme der Modernisierung dient, von der Erfüllung unbestimmter Rechtsbegriffe ab, nämlich davon, ob der Gebrauchswert *nachhaltig erhöht,* die *allgemeinen Wohnverhältnisse auf Dauer verbessert* oder *nachhaltig Einsparungen* von Energie oder Wasser bewirkt wird. Da stets auf die Umstände des Einzelfalles abzustellen ist, kann das Tatbestandsmerkmal, wonach eine Maßnahmen iSd § 22 Abs. 2 der Modernisierung oder der Anpassung des gemE an den Stand der Technik dienen muss, aus Gründen der Rechtssicherheit ebenso **wenig kompetenzbegründend** sein, wie die Ordnungsmäßigkeit einer Regelung gem. § 21 Abs. 3.[864] Zutreffend werden auch die Voraussetzungen, dass **die Eigenart der Wohnanlage nicht geändert** und **ein WEer nicht unbillig beeinträchtigt** werden darf, **nicht** als **kompetenzbegründend** angesehen.[865] Die Kompetenz, mit qualifizierter Mehrheit Maßnahmen iSd § 22 Abs. 2 beschließen zu können,

---

858 *Häublein* ZMR 2007, 409 (412); einschränkend auch LG München I ZWE 2009, 318 (320).

859 *Bub* ZWE 2008, 205 (212). auch zum Recht auf niedrigen Standard.

860 AA *Derleder* ZWE 2008, 253 (258).

861 *Abramenko* § 4 Rn 52.

862 *Bub* ZWE 2008, 205 (208); *Hügel/Elzer* NZM 2009, 457 (465); Riecke/Schmid/*Drabek* § 22 Rn 124.

863 So auch *Bub* ZWE 2008, 205 (208); *Häublein* NZM 2007, 752 (758 f.).

864 Vgl. BGHZ 145, 158, 169 = ZWE 2000, 518, 520.

865 *Abramenko* § 4 Rn 55.

hängt daher nicht von der ggf. nicht leicht zu entscheidenden Frage ab, ob eine Maßnahme der Modernisierung oder der Anpassung des gemE an den Stand der Technik dient. Die WEVers darf nur keine Beschlüsse fassen, die nicht diesem Zweck dienen. Soll daher durch Beschluss eine Maßnahme iSd des § 22 Abs. 2 geregelt werden, die aber nicht der Modernisierung oder der Anpassung des gemE an den Stand der Technik dient, so ist der Beschluss wegen der Beschlusskompetenz nach § 22 Abs. 1 Satz 1 dennoch gem. § 23 Abs. 4 Satz 2 WEG wirksam, solange er nicht durch rechtskräftiges Urteil für ungültig erklärt ist.[866] Ein Beschluss nach § 22 Abs. 2 muss auch im Übrigen ordnungsmäßiger Verwaltung entsprechen.[867]

Die **Aufhebung eines Beschlusses** über eine Maßnahme nach § 22 Abs. 2 bedarf nicht der qualifizierten Mehrheit, weil Gegenstand des Beschlusses idR nicht eine solche Maßnahme ist. Ist die Maßnahme bereits ausgeführt, kann ein Aufhebungsbeschluss unter § 22 Abs. 1 fallen.[868]

b) Doppelt qualifizierte Mehrheiten. Der Beschluss über eine Maßnahme der Modernisierung oder der Anpassung des gemE an den Stand der Technik kann abweichend von Absatz 1 durch eine Mehrheit von drei Viertel aller stimmberechtigten WEer iSd § 25 Abs. 2 und mehr als der Hälfte aller ME-Anteile beschlossen werden. Erforderlich ist hiernach zunächst eine Mehrheit von **mindestens drei Viertel** aller stimmberechtigten, im Grundbuch eingetragenen WEer. Nicht ausreichend ist eine Mehrheit von drei Viertel der in einer Versammlung erschienenen WEer. Da nach § 25 Abs. 2 jeder WEer eine Stimme hat,[869] ist die erforderliche Mehrheit nach Köpfen zu berechnen; nicht stimmberechtigte WEer sind nicht zu berücksichtigen.[870] Erforderlich ist zudem eine Mehrheit von **mehr** als der Hälfte aller ME-Anteile. Werden die beiden Mehrheiten erreicht, ist ein positiver Beschluss festzustellen und zu verkünden. In **Zweier- und Dreiergemeinschaften** ist stets ein allstimmiger Beschluss erforderlich, weil die nach § 22 Abs. 2 erforderlichen Mehrheiten nicht möglich sind.[871] 344

Werden beide Mehrheiten oder wird eine der beiden Mehrheiten nicht erreicht, kann der Beschluss dennoch zustande gekommen sein, wenn die Voraussetzungen des § 22 Abs. 1 Satz 1 vorliegen. Denn Beschlüsse nach § 22 Abs. 2 betreffen immer auch Maßnahmen nach § 22 Abs. 1 Satz 1, so dass sie unter den in diesem Auffangtatbestand geregelten Voraussetzungen zustande kommen können.[872] Der Versammlungsleiter hat daher, wenn ein Beschluss die doppelte Mehrheit des § 22 Abs. 2 nicht erreicht, das Abstimmungsergebnis darauf hin zu überprüfen, ob evtl. die nach § 22 Abs. 1 Satz 1 erforderliche einfache Stimmenmehrheit erreicht worden ist **und** alle beeinträchtigten WEer zugestimmt haben. Nur wenn dies der Fall ist, darf er ein positives Beschlussergebnis feststellen und verkünden.[873] Nicht erforderlich ist es, vor der Beschlussfassung klarzustellen, dass ein Modernisierungsbeschluss auch nach § 22 Abs. 1 Satz 1 zustande kommen kann;[874] denn das Abstimmungsergebnis ist nur an den rechtlichen Erfordernissen zu messen, die für den konkreten Beschluss gelten, nämlich hier an den Absätzen 2 **oder** 1 des § 22. 345

---

866 Zutr. *Niedenführ* NJW 2007, 1841 f.

867 LG München I ZWE 2009, 318 (321).

868 Vgl. *Häublein* ZMR 2009, 424 (425 f.); OLG Köln NZM 2002, 454. Niedenführ/Kümmel/*Vandenhouten* § 22 Rn 172.

869 LG München I ZWE 2009, 318 (320).

870 *Elzer* ZWE 2007, 165 (175).

871 Vgl. *Bub* ZWE 2008, 205 (213).

872 *Häublein* NZM 2007,752 (757 ff.);*Derleder* ZWE 2008, 253 (263); *Moosheimer* ZMR 2009, 809 (811); Niedenführ/Kümmel/*Vandenhouten* § 22 Rn 171; wohl auch *Hügel/Elzer* NZM 2009, 457 (465).

873 *Abramenko* § 4 Rn 36, abweichend Rn 53; *Hügel*/Elzer § 7 Rn 41; aA *J.-H. Schmidt,* FS Merle (2010), 329 (342).

874 So aber *Häublein* (NZM 2007, 757 ff.); *Derleder* (ZWE 2008, 263); Niedenführ/Kümmel/*Vandenhouten* § 22 Rn 171; *J.-H. Schmidt,* FS Merle (2010), 329 (342).

346 Werden weder die nach § 22 Abs. 2 noch die nach § 22 Abs. 1 erforderlichen Mehrheiten erreicht, gleichwohl aber ein entsprechender Beschluss verkündet, so ist dieser wirksam, aber anfechtbar.[875] Denn Modernisierungsmaßnahmen iSd des § 22 Abs. 2 sind stets auch Maßnahmen iSd § 22 Abs. 1 Satz 1, für die anerkannt ist, dass die Bestandskraft eines mit Stimmenmehrheit gefassten Beschlusses die beschlossene Maßnahme legalisiert.[876] Dasselbe gilt, wenn zwar die nach § 22 Abs. 2 erforderliche Mehrheit erreicht wird, der Beschluss aber nicht eine Maßnahme betrifft, die der Modernisierung oder der Anpassung des gemE an den Stand der Technik dient; wird in einem solchen Falle die nach § 22 Abs. 1 Satz 1 erforderliche Mehrheit erreicht, ist der Beschluss ordnungsgemäß zustande gekommen.

347 **c) Vereinbarungen zur Beschlusskompetenz.** Nach § 22 Abs. 2 Satz 2 kann die Befugnis, mit doppelter Mehrheit Maßnahmen, die der Modernisierung oder der Anpassung des gemE an den Stand der Technik dienen, durch Vereinbarung der WEer **nicht eingeschränkt oder ausgeschlossen** werden. Mit dieser Beschränkung der Vertragsfreiheit, die für bestehende und künftige Vereinbarungen gilt, wird die Gestaltungsmacht der Mehrheit gesichert. Eine Vereinbarung, wonach für einen Beschluss über eine Maßnahme iSd § 22 Abs. 2 eine größere Mehrheit als nach § 22 Abs. 2 erforderlich ist, etwa eine Mehrheit von vier Fünftel oder Einstimmigkeit aller stimmberechtigten WEer, wäre als Einschränkung der Beschlusskompetenz gemäß § 134 BGB nichtig.[877] Dadurch würde nämlich das Zustandekommen eines Modernisierungsbeschlusses im Vergleich zur gesetzlichen Regelung erschwert, mithin die Befugnis der WEer nach § 22 Abs. 2 Satz 1 eingeschränkt.[878] Dasselbe gilt, wenn durch Vereinbarung die Beschlusskompetenz für Modernisierungsmaßnahmen ausgeschlossen wird, etwa durch eine Regelung, wonach jede bauliche Veränderung einer Vereinbarung der WEer bedarf. Eine Regelung, die das Zustandekommen eines solchen Beschlusses im Vergleich zur gesetzlichen Regelung **erleichtert,** etwa eine Mehrheit von nur zwei Dritteln aller WEer oder drei Vierteln der anwesenden WEer genügen lässt, wäre dagegen wirksam, weil die Beschlusskompetenz nicht eingeschränkt, sondern erweitert wird;[879] insoweit ist eine abweichende Vereinbarung zulässig.[880]

348 Enthält eine GO eine Regelung über bauliche Veränderungen, ohne zwischen allgemeinen baulichen Veränderungen iSd § 22 Abs. 1 und Maßnahmen iSd § 22 Abs. 2 zu unterscheiden, wie das insbesondere bei solchen **aus der Zeit vor Inkrafttreten der Neuregelung** der Fall sein dürfte, so ist diese einschränkend dahingehend auszulegen, dass sie nicht anwendbar ist, wenn ein Beschluss nach § 22 Abs. 2 leichter zustande kommt.[881] Können nach der GO bauliche Veränderung etwa mit einer vier Fünftel Mehrheit aller stimmberechtigten WEer beschlossen werden, so zielte eine solche Regelung in der Vergangenheit stets auf eine Erleichterung der Willensbildung, denn nach der früheren gesetzlichen Regelung war idR die Zustimmung aller WEer erforderlich. Wenn jetzt § 22 Abs. 2 die Willensbildung noch über eine solche in der GO vereinbarte Regelung hinaus unabdingbar erleichtert, rechtfertigt dies eine gesetzeskonforme Auslegung, wonach die Regelung der GO nicht anwendbar ist, wenn dadurch die Willensbildung im Verhältnis zur jetzt geltenden gesetzlichen Regelung erschwert wird. Der Versammlungsleiter muss daher künftig bei Beschlüssen über Maßnahmen iSd § 22 Abs. 2 alternativ prüfen, ob der Beschluss die nach § 22 Abs. 2 oder die nach der in der GO vereinbarten Regelung –

[875] Zweifelnd *Drasdo* S. 275 Rn 102; aA *Abramenko* § 4 Rn 37; *Derleder* ZWE 2008, 253 (258).

[876] BT-Drucks. 16/887 S. 29 li. Sp. oben.

[877] OLG Hamm ZWE 2008, 465 (469) = ZMR 2009, 219 (221 f.).

[878] *Bub* ZWE 2008, 205 (214).

[879] Vgl. LG Dessau-Rosslau ZMR 2008, 324 (325); *Häublein* ZMR 2007, 409 (410 f.); aA *Derleder* ZWE 2008, 253 (256).

[880] Spielbauer/Then § 22 Rn 25 a. E.; aA LG München I ZWE 2009, 318 (320).

[881] Vgl. *Häublein* ZMR 2007, 409 (410 f.); abweichend wohl *Bub* ZWE 2008, 205 (213).

Maßnahmen iSd § 22 Abs. 2 sind immer zugleich auch bauliche Veränderungen iSd § 22 Abs. 1 – erforderliche Mehrheit erhalten hat. Liegen die gesetzlichen oder vereinbarten Mehrheiten vor, ist ein positiver Beschluss festzustellen und zu verkünden.[882] Sieht eine Regelung der GO für bauliche Veränderungen etwa eine Zwei-Drittel-Mehrheit vor, so erleichtert dies das Zustandekommen eines Beschlusses über eine Maßnahme iSd § 22 Abs. 2 im Vergleich zur gesetzlichen Regelung, so dass § 22 Abs. 2 Satz 2 nicht entgegensteht.

Enthält eine GO eine Regelung, wonach sich das Stimmrecht nicht gem. § 25 Abs. 2 nach dem Kopfprinzip bemisst, sondern sich das **Stimmrecht** nach der Anzahl der Wohnungen **(Objektprinzip)** oder nach ME-Anteilen **(Wertprinzip)** bemisst, so kann eine solche Modifizierung des Stimmrechts in concreto die Willensbildung erschweren.[883] Eine solche Regelung verstößt daher als Beschränkung der Willensbildung gegen § 22 Abs. 2 Satz 2 und ist nach § 134 BGB unwirksam.[884] Ein positives Beschlussergebnis ist mithin nur festzustellen, wenn die erforderliche Mehrheit nach dem Kopfprinzip erreicht wird.[885] Dass **neben** dem unabdingbaren Kopfprinzip **auch** das vereinbarte Objekt- oder Wertprinzip zur Feststellung des Beschlussergebnisses anzuwenden ist, kann nicht angenommen werden, weil das Beschlussergebnis andernfalls vom Zufall abhängen könnte, etwa von der Formulierung des Beschlussantrages oder der Reihenfolge der Abstimmungen.[886] 349

4. Kosten der Modernisierung

Die Kosten einer Maßnahme iSd § 22 Abs. 2 sind von den WEern, vorbehaltlich einer davon abweichenden Vereinbarung gem. § 16 Abs. 2 nach ME-Anteilen zu tragen. Dies betrifft auch WEer, die gegen die Modernisierung gestimmt haben, denn § 16 Abs. 6 Satz 1 2. Halbsatz gilt nur für Maßnahmen nach § 22 Abs. 1.[887] Die WEer können aber gem. § 16 Abs. 4 Satz 1 im Einzelfall zu baulichen Veränderungen iSd § 22 Abs. 2 durch Beschluss die Kostenverteilung abweichend von § 16 Abs. 2 regeln, wenn der abweichende Maßstab dem Gebrauch oder der Möglichkeit des Gebrauchs durch die WEer Rechnung trägt.[888] Ein solcher Beschluss bedarf nach § 16 Abs. 4 Satz 2 derselben doppelt qualifizierten Mehrheit wie ein Beschluss nach § 22 Abs. 2 Satz 1, nämlich einer Mehrheit von drei Viertel aller stimmberechtigten WEer und mehr als der Hälfte aller ME-Anteile. Entspricht nur eine bestimmte Verteilung der Kosten ordnungsmäßiger Verwaltung, etwa beim Einbau eines Treppenliftes für einen WEer, so kann nach § 21 Abs. 4 ein Anspruch auf einen entsprechenden Beschluss bestehen.[889] 350

5. Modernisierende Instandsetzung (Abs. 3)

Nach § 22 Abs. 3 verbleibt es für Maßnahmen der modernisierenden Instandsetzung iSd § 21 Abs. 5 Nr. 2 bei den Vorschriften des § 21 Abs. 3 und 4. § 22 Abs. 3 dient der Klarstellung.[890] Maßnahmen der modernisierenden Instandsetzung können die WEer weiterhin mit einfacher Mehrheit beschließen.[891] Für die Abgrenzung zu Maßnahmen, die der 351

[882] *Bub* ZWE 2008, 205 (214); *Gottschalg,* FS Merle (2010), 131 (139).

[883] Vgl. *Merle* ZWE 2009, 15 ff.

[884] *Drasdo* S. 274 Rn 100; *Moosheimer* ZMR 2009, 809 (811).

[885] Niedenführ/Kümmel/*Vandenhouten* § 22 Rn 171; abweichend noch *Merle* ZWE 2009, 15 (19 ff.).

[886] Vgl. § 25 Rn 31; aA Voraufl.; *Merle* ZWE 2009 15 (19 ff.).

[887] Ebenso Jennißen/*Jennißen* § 16 Rn 124; *Bub* ZWE 2008, 205 (216); vgl. auch § 16 Rn 31.

[888] Vgl. § 16 Rn 109 ff.; *Bub* ZWE 2008, 205 (215).

[889] *Bub* ZWE 2008, 205 (215 f.).

[890] BT-Drucks. 16/887 S. 32.

[891] Siehe dazu § 21 Rn 101.

Modernisierung oder der Anpassung des gemE an den Stand der Technik dienen, kommt es darauf an, ob die Neuerung einen Bezug zur Instandhaltung oder Instandsetzung hat, ob also vorhandene Einrichtungen wegen bereits **notwendiger**[892] oder **absehbarer**[893] Reparaturen technisch auf einen aktuellen Stand gebracht oder einen zeitgemäßen Standard[894] schaffen sollen, vorausgesetzt, dies ist die wirtschaftlich sinnvollere Lösung. Das Vorliegen dieser Voraussetzung ist durch eine **Kosten-Nutzen-Analyse** zu ermitteln,[895] wobei auf einen vernünftigen, wirtschaftlich denkenden und gegenüber erprobten Neuerungen ausgeschlossenen WEer abzustellen ist.[896] Über die hM hinaus gehend dürfte auch **ohne Vorliegen eines aktuellen oder absehbaren Instandsetzungsbedarfes** die Schaffung eines **zeitgemäßen Standards** ordnungsmäßiger Instandsetzung und Instandhaltung entsprechen, wenn sich dieser als **üblicher** Standard durchgesetzt hat, wie etwa der Anschluss an das Breitbandkabelnetz.[897]

352 Solche **Maßnahmen der modernisierenden Instandsetzung** können – wie bisher – gem. § 21 Abs. 3 und 5 Nr. 2 mit **einfacher Stimmenmehrheit** beschlossen werden. Auch kann jeder WEer unter den Voraussetzungen des § 21 Abs. 4 einen Anspruch auf Vornahme einer modernisierenden Instandsetzung geltend machen. Maßnahmen iSd § 22 Abs. 2, die der Modernisierung oder der Anpassung des gemE an den Stand der Technik dienen, haben dagegen keinen Bezug zur Instandsetzung oder Instandhaltung. Sie können nur mit qualifizierter Mehrheit beschlossen werden, ein Anspruch auf Vornahme solcher Maßnahmen besteht nach § 22 Abs. 2 nicht.[898]

353 Für Maßnahmen, die weder als modernisierende Instandsetzung einzuordnen sind, noch der Modernisierung oder der Anpassung des gemE an den Stand der Technik dienen, ist nach § 22 Abs. 1 ein Beschluss erforderlich, der der Zustimmung aller nicht unerheblich beeinträchtigten WEer bedarf.

IV. Der Wiederaufbau (Abs. 4)

354 § 22 Abs. 4 regelt den Wiederaufbau eines zerstörtes Gebäudes. Danach soll der Wiederaufbau nicht gem. § 21 Abs. 3 beschlossen oder gem. § 21 Abs. 4 verlangt werden können, wenn das Gebäude zu mehr als der Hälfte seines Wertes zerstört und der Schaden nicht durch eine Versicherung oder in anderer Weise gedeckt ist. § 22 Abs. 4 ist negativ formuliert. Unter den oben genannten Voraussetzungen schränkt die Norm die Rechtsfolgen der § 21 Abs. 3 und 4 ein, der Wiederaufbau kann in diesen Fällen nicht mehrheitlich beschlossen oder verlangt werden. Demnach ergibt sich aus § 22 Abs. 4 selbst keine **Pflicht zum Wiederaufbau,** sie folgt vielmehr aus § 21.

355 Nach seinem Wortlaut greift § 22 Abs. 4 nur ein, wenn das Gebäude zerstört ist, d. h. in seiner Funktionsfähigkeit in einem erheblichen Maße ganz oder teilweise beeinträchtigt ist. Nicht jede Beschädigung eines Gebäudes ist bereits eine **Zerstörung.** Es kann sich auch um eine Beschädigung erheblichen Ausmaßes handeln. Allerdings ist eine scharfe Trennung zwischen Beschädigung und Zerstörung eines Gebäudes nicht erforderlich, da sich die Wiederaufbaupflicht nicht aus § 22 Abs. 4 ergibt, sondern dieser lediglich die Rechtsfolgen des § 21 Abs. 3 und 4 einschränkt.

---

[892] OLG Schleswig ZWE 2007, 248 m. Anm. *F. Schmidt* = NZM 2007, 650; OLG Hamm ZWE 2002, 600 (602); OLG Düsseldorf NZM 2000, 1067; vgl *Hügel/Elzer* NZM 2009, 457 (466).

[893] BayObLGZ 1988, 273; ZMR 1994, 279; OLG Celle WuM 1993, 89; LG Hamburg ZMR 2009, 314 (315).

[894] BayObLG DWE 2004, 89; OLG Düsseldorf NZM 2002, 705.

[895] BayObLG FGPrax 2005, 18.; KG WuM 1996, 300.

[896] BayObLG ZMR 2004, 442 f.

[897] So *Bub* ZWE 2008, 205 (207).

[898] *Hügel/Elzer* § 7 Rn 42; siehe aber Rn 328.

Ist ein Gebäude nur beschädigt, ohne dass bereits von einer Zerstörung die Rede sein kann, wird meist auch das gemE beschädigt sein, so dass dieses gem. § 21 Abs. 5 Nr. 2 instand zu setzen ist. Die gleiche Rechtsfolge ordnet § 21 Abs. 5 Nr. 2 auch bei Zerstörung des gemeinschaftlichen Eigentums an. § 21 Abs. 5 Nr. 2 unterscheidet nicht zwischen Beschädigung und Zerstörung, sondern knüpft allein an die Instandsetzungsbedürftigkeit des gemE an. Insoweit ist es unerheblich, ob ein Gebäude nur beschädigt oder bereits zerstört ist; in beiden Fällen kann der Wiederaufbau gem. § 21 Abs. 3 beschlossen oder gem. § 21 Abs. 4 verlangt werden, soweit gemE beschädigt oder zerstört ist und die Voraussetzungen des § 22 Abs. 4 nicht vorliegen. Zu der Frage der Zerstörung von SE vgl. unten Rn 366. Unerheblich ist, worauf die Zerstörung beruht.[899] 356

1. Die Verpflichtung zum Wiederaufbau

Regelmäßig geht, wie § 22 Abs. 4 zeigt, das WEG davon aus, dass der Wiederaufbau gem. § 21 Abs. 3 mehrheitlich beschlossen und gem. § 21 Abs. 4 verlangt werden kann und damit ordnungsgemäßer Verwaltung entspricht. 357

a) Der Zerstörungsgrad. Unter § 21 Abs. 3, 4 fällt der Wiederaufbau, wenn das Gebäude nicht mehr als zur Hälfte seines Wertes zerstört ist; ob der Schaden durch eine Versicherung oder sonst gedeckt ist, spielt keine Rolle.[900] Maßgebend ist allein der Wert des Gebäudes, auf den Wert des Grund und Bodens kommt es nicht an.[901] Str. ist, ob bei der Wertberechnung ausschließlich auf das gemeinschaftliche Eigentum abzustellen ist oder ob auch Sonder- und MitE zu berücksichtigen sind. Teilweise wird die Ansicht vertreten, es komme allein auf den Wert des gemE an, denn nur dieses könne Gegenstand einer Wiederaufbaupflicht sein.[902] Dafür spricht zwar die systematische Stellung des § 22 Abs. 4 im dritten Abschnitt des WEG, zumal gem. § 21 Abs. 3 bzw. § 21 Abs. 4 nur der Wiederaufbau des gemE beschlossen werden kann. Allerdings stellt der Wortlaut des § 22 Abs. 4 eindeutig auf den Begriff des „Gebäudes" ab. Dem natürlichen Sprachgebrauch nach umfasst der Begriff „Gebäude" neben dem gemeinschaftlichen Eigentum auch das SE. Außerdem ist es wirtschaftlich wenig sinnvoll, allein auf den Wert des gemE abzustellen. Ein Wert kommt im Wirtschaftsleben nur dem Gebäude als Ganzem zu.[903] Gegen eine Wertberechnung, die sich am gesamten Gebäude orientiert, spricht auch nicht, dass die Wiederaufbaupflicht aus §§ 21 Abs. 3, Abs. 4 folgt und somit nur bzgl. des gemE bestehen kann. Denn hier geht es allein um die Frage, ab welchem Zerstörungsgrad eine Wiederaufbaupflicht besteht und nicht darum, **was** Gegenstand der Aufbaupflicht ist. Da § 22 Abs. 4 eindeutig auf den Wert des Gebäudes abstellt, sind bei der Wertberechnung grds. das gemE und das SE zu berücksichtigen. Einzurechnen ist allerdings nur der Wert des normal ausgestatteten SEs. Außerordentliche Ausstattungen, die im SE stehen, bleiben bei der Wertberechnung außer acht. Sonst hätten es einzelne WEer in der Hand, durch besondere Ausstattung ihres SEs den Wert des Gebäudes und damit auch die Grenze der Wiederaufbaupflicht einseitig zu erhöhen. Deshalb scheidet auch eine an den Grundsätzen des § 17 orientierte Wertberechnung aus. Wertverbesserungen des gemE werden dagegen ebenso berücksichtigt wie erhebliche Wertminderungen des gemE oder SEs in Folge grober Vernachlässigung. 358

In der Praxis erfolgt die Wertberechnung durch Schätzung. Auszugehen ist vom Wert des Gebäudes nach dessen Fertigstellung. Aus diesem ergibt sich, abzüglich der Wertminderungen und der zu berücksichtigenden Wertsteigerungen der Verkehrswert zum Zeitpunkt des Schadenseintritts. Dieser wird mit dem Restwert nach der Zerstörung verglichen. 359

[899] Vgl. *Alsdorf* BlGBW 1977, 88.
[900] BayObLG WE 1996, 468 = WuM 1996, 495.
[901] *Röll* WE 1997, 94.
[902] Staudinger/*Bub* § 22 Rn 260.
[903] So auch *Diester* § 22 Rn 10.

Bei der Berechnung des Restwertes des zerstörten Gebäudes bleiben die Trümmer unberücksichtigt.

360 Da ein Wiederaufbau bei Zerstörung von mehr als der Hälfte des Gebäudewertes nicht mehr mit Mehrheit beschlossen werden kann, ist es den WEern auch verwehrt, den Grad der Zerstörung oder den Verkehrswert des Gebäudes durch Mehrheitsbeschluss verbindlich festzusetzen. Denn sonst könnte über einen ausreichend hohen, mehrheitlich festgesetzten Verkehrswert, indirekt eine Wiederaufbaupflicht begründet werden. Einstimmig können dagegen Gebäudewert und Zerstörungsgrad festgesetzt werden, denn § 22 Abs. 4 ist dispositiv (Rn 371). Steht es den WEern frei, von Abs. 4 abweichende Regelungen zu treffen, kann dies auch indirekt geschehen, indem der Verkehrswert des Gebäudes festgelegt wird.

361 Wird bei einer **Mehrhausanlage** nur eines von mehreren Gebäuden zerstört, kommt es ausschließlich auf den Zerstörungsgrad dieses Gebäudes an; die anderen unzerstörten Gebäude der Anlage bleiben außer Betracht.

362 **b) Die Schadensdeckung.** Nach § 21 Abs. 3 und 4 kann der Wiederaufbau darüber hinaus unabhängig vom Grad der Zerstörung beschlossen werden, wenn der durch die Zerstörung des Gebäudes eingetretene Schaden durch eine Versicherung oder in anderer Weise gedeckt ist. Dies gilt zunächst, wenn der eingetretene Schaden in voller Höhe gedeckt ist. Auf den Grad der Zerstörung des Gebäudes kommt es nicht mehr an. Der Wiederaufbau kann aber auch dann gem. § 21 Abs. 3, 4 beschlossen oder verlangt werden, wenn der Schaden zwar nur teilweise gedeckt ist, die Schadensdeckung jedoch einen Teilwiederaufbau dergestalt ermöglicht, dass das Gebäude danach nicht mehr als zur Hälfte seines Wertes zerstört ist. Denn in diesem Fall stehen die WEer so, als ob das Gebäude von Anfang an nur zu weniger als der Hälfte seines Wertes zerstört gewesen wäre. Dem Schutzzweck des § 22 Abs. 4 ist auch in diesem Fall Genüge getan.

363 Immer muss die Schadensdeckung tatsächlich realisierbar sein. Allein das Bestehen eines Anspruches reicht nicht aus, der Anspruch muss auch durchsetzbar sein. Ist dies etwa wegen Vermögenslosigkeit des Ersatzpflichtigen nicht möglich, besteht keine Schadensdeckung iSd § 22 Abs. 4. Dagegen ist nicht erforderlich, dass der Ersatz bereits tatsächlich geleistet wurde. Es reicht aus, dass ein Ersatzanspruch besteht und jederzeit durchsetzbar ist. Notfalls muss der Anspruch gerichtlich geltend gemacht werden.

364 Unerheblich ist, welcher **Art der Anspruch** ist. Maßgebend ist ausschließlich, dass er den durch die Zerstörung des Gebäudes eingetretenen Schaden deckt. In Frage kommen neben zivilrechtlichen Ansprüchen insbesondere auch solche öffentlich-rechtlicher Natur. So kann der Schaden etwa durch eine Feuer- oder Haftpflichtversicherung, durch zivilrechtliche Schadensersatzansprüche, durch spezielle Rücklagen der WEer oder durch Ansprüche aus Staatshaftung gedeckt sein. Auch die vereinbarte Verpflichtung der WEer, das SE abweichend von § 14 Nr. 1 stets in gutem Zustand zu halten, ist als Deckung des Schadens in anderer Weise, nämlich durch Übernahme zusätzlicher Pflichten durch die WEer, zu berücksichtigen.

2. Die Rechtsfolgen und der Inhalt der Wiederaufbaupflicht

365 Unklar ist, worauf sich die Wiederaufbaupflicht bezieht. Teilweise wird vertreten, eine Pflicht zum Wiederaufbau bestehe nur für das gemE.[904] Überwiegend wird jedoch angenommen, auch das SE sei wiederaufzubauen.[905] Die Gesetzesmaterialien sprechen eher dafür, dass § 22 Abs. 4 die WEer verpflichten will, das gesamte Gebäude wiederaufzubauen.[906] § 20 eines früheren Entwurfes sah vor, dass im Falle des Wiederaufbaus jeder WEer die Kosten der Wiederherstellung seines SEs selbst zu tragen habe, die Gemeinschaft

[904] Weitnauer/*Lüke* § 22 Rn 25, anders wohl in dem Fall, dass auch die Zerstörung des SE durch Ersatzansprüche gedeckt ist; Staudinger/*Bub* § 22 Rn 274.

[905] *Alsdorf* BlGBW 1977, 88 (89 f.); *Röll* WE 1997, 94; *Rix* S. 61 mwN.

[906] Vgl. BR-Drucks. 75/51, zu § 22.

dagegen nur für die Wiederherstellung des gemE verantwortlich sei. Eine derartige Trennung scheint § 22 Abs. 4 nicht mehr vorzunehmen, denn es ist vom Gebäude an sich die Rede und nicht vom gemE. Zum Begriff des Gebäudes vgl. Rn 358. Auch ist bei der Wertberechnung aus Praktikabilitätsgründen das Gebäude an sich maßgebend, denn der Wert des gemE kann nicht isoliert ermittelt werden. Diesem kommt ohne das SE im Wirtschaftsverkehr kein Wert zu. Einen wirtschaftlichen Wert haben ausschließlich das gesamte Gebäude oder die einzelnen WE-Einheiten. Es sind somit Praktikabilitätsgründe, die auf der Tatbestandsseite des § 22 Abs. 4 zur Anknüpfung an den Wert des Gebäudes führen. Daraus kann jedoch nicht geschlossen werden, § 22 Abs. 4 ordne auf der Rechtsfolgenseite eine Verpflichtung zum Aufbau des gesamten Gebäudes, also des SE und des gemE an.[907] Diese Ansicht verkennt die Funktion des § 22 Abs. 4. Die Norm soll die WEer vor den enormen Kosten eines Wiederaufbaus schützen. Sie statuiert keine Wiederaufbaupflicht, vielmehr ist sie negativ formuliert („kann nicht") und schränkt den Anwendungsbereich des § 21 Abs. 3 und 4 ein. Ohne § 22 Abs. 4 würde gem. § 21 Abs. 5 Nr. 2 der Wiederaufbau des gemE selbst bei völliger Zerstörung des Gebäudes auch ohne Schadensdeckung ordnungsgemäßer Verwaltung entsprechen. Nur er könnte gem. § 21 Abs. 3 mehrheitlich beschlossen und gem. § 21 Abs. 4 verlangt werden. Davon macht § 22 Abs. 4 eine Ausnahme, soweit das Gebäude zu mehr als der Hälfte seines Wertes zerstört ist und der Schaden nicht gedeckt ist. Sinn und Zweck des § 22 Abs. 4 ist somit, die aus § 21 Abs. 4, Abs. 5 Nr. 2 resultierende Pflicht zur Instandsetzung des gemE unter bestimmten Voraussetzungen zu beschränken. Es widerspricht dieser Funktion des § 22 Abs. 4, wenn der Norm im Umkehrschluss auch eine Aufbaupflicht bzgl. des SEs entnommen wird. Denn die Funktion des § 22 Abs. 4 ist es, bestehende Pflichten einzuschränken, um die WEer vor den finanziellen Folgen zu schützen, nicht jedoch neue Pflichten zu begründen. Allein dieses Ergebnis entspricht auch der systematischen Stellung des § 22 Abs. 4 im WEG. Der dritte Abschnitt des WEG behandelt nur die Verwaltung des gemE. Aus diesem Grund wäre es systemwidrig, § 22 Abs. 4 eine Aufbaupflicht hinsichtlich des SEs zu entnehmen.[908] Dies ist auch sinnvoll, denn bzgl. seines SEs hat jeder WEer die Stellung eines Alleineigentümers; die Verwaltung des SEs und damit insbesondere dessen Instandsetzung obliegt konsequenterweise ihm allein.[909] Folglich hat er auch die Zerstörung seines SEs selbst zu tragen[910] und ist grds. nicht zum Wiederaufbau seines SEs verpflichtet. Richtig ist zwar, dass das SE keine Rechtsstellung vermittelt, die nur den Schranken des § 903 BGB unterworfen ist, sondern den Sonderregelungen des WEG unterliegt.[911] Diese Sonderregeln finden sich jedoch in den §§ 13 ff. und nicht in § 22 Abs. 4.

Ausnahmsweise besteht auch hinsichtlich des SEs eine Wiederaufbaupflicht. Diese kann 366 sich aus § 14 Nr. 1 ergeben, wonach jeder WEer verpflichtet ist, seine im SE stehenden Gebäudeteile so instand zu halten, dass keinem WEer ein über das bei einem geordneten Zusammenleben unvermeidliche Maß hinaus ein Nachteil erwächst. Erleidet im Einzelfall ein WEer, durch die Zerstörung von SE eines anderen WEers einen derartigen Nachteil, kann er von diesem SEer den Wiederaufbau des SEs verlangen, soweit der Nachteil nur auf diese Weise beseitigt werden kann. Die Wiederaufbaupflicht hinsichtlich des SEs beruht dann auf § 14 Nr. 1, nicht jedoch auf §§ 21, 22. Eine Aufbaupflicht hinsichtlich des SE kann sich auch aus einer **Vereinbarung** ergeben, etwa das SE dauernd in gutem Zustand zu halten.

Es ist somit folgendes Ergebnis festzuhalten: Liegen die Voraussetzungen des § 22 Abs. 4 367 nicht vor, können die WEer den Wiederaufbau des **gemE** gem. § 21 Abs. 3 mit einfacher Mehrheit beschließen. Jeder WEer kann den Wiederaufbau gem. § 21 Abs. 4 verlangen.

[907] AA *Rix* S. 61; *Alsdorf* BlGBW 1977, 90.
[908] So im Ergebnis auch Weitnauer/*Lüke* § 22 Rn 25.
[909] KG NJW-RR 1992, 150; Weitnauer/*Lüke* Vor § 20 Rn 1.
[910] Weitnauer/*Lüke* § 22 Rn 25.
[911] So *Alsdorf* BlGBW 1977, 90.

Eine Pflicht, **SE** wiederaufzubauen, ergibt sich nicht aus § 21 Abs. 3, 4 iVm § 22 Abs. 4, sie besteht vielmehr nur unter den Voraussetzungen des § 14 Nr. 1. Allein diese Auslegung entspricht Sinn und Zweck des § 22 Abs. 4 und der Systematik des WEG. Wirtschaftlich gesehen führt der Wiederaufbau des gemE regelmäßig zur Wiederherstellung der wesentlichen Teile des Gebäudes, denn diese stehen zwingend im gemE.[912]

368 Ist der Wiederaufbau gem. § 21 Abs. 3 beschlossen oder kann er gem. § 21 Abs. 4 verlangt werden, ist das gemE in dem Zustand wieder aufzubauen, der vor der Zerstörung bestand. Dieser ergibt sich aus dem Aufteilungsplan unter Berücksichtigung der zwischenzeitlich durchgeführten, rechtmäßigen baulichen Veränderungen. Soll der Wiederaufbau abweichend vom ursprünglichen Zustand erfolgen, ist dies – wie bei einer baulichen Veränderung – nur unter den Voraussetzungen des § 22 zulässig.[913]

3. Die Folgen einer fehlenden Wiederaufbaupflicht

369 Ist das Gebäude zu mehr als der Hälfte seines Wertes zerstört, ohne dass der Schaden gedeckt ist, kann der Wiederaufbau des gemE nicht gem. § 21 Abs. 3 beschlossen und nach § 21 Abs. 4 verlangt werden. Es besteht keine Wiederaufbaupflicht.

370 Allerdings erlöschen die WEgem und das Rechtsinstitut WE damit nicht automatisch. Die Gemeinschaft wandelt sich auch nicht ipso iure in eine schlichte Bruchteilsgemeinschaft um. Die Auflösung der WEgem richtet sich vielmehr nach § 11 Abs. 1 Satz 3. Danach kann ein einzelner WEer die Aufhebung der Gemeinschaft im Falle der Zerstörung des Gebäudes verlangen, wenn die WEer dies vereinbart haben. Fehlt eine derartige **Vereinbarung** bleibt die Gemeinschaft bestehen, es sei denn, die WEer vereinbaren nach der Zerstörung ihre Aufhebung. Ohne eine entsprechende Vereinbarung ist nach dem Wortlaut des § 11 Abs. 1 Satz 3 die Auflösung nicht möglich. Dies muss über den Wortlaut der Norm hinaus angenommen werden, wenn die Auflösung ordnungsgemäßer Verwaltung entspricht, wovon regelmäßig auszugehen ist, wenn das Gebäude zerstört ist und eine Wiederaufbaupflicht nicht besteht. Denn ohne eine Pflicht zum Wiederaufbau ist der Fortbestand des zerstörten WEs, jedenfalls, wenn mehr als die Hälfte des Gebäudewertes zerstört ist, auf Dauer sinnlos. In einem derartigen Fall können die WEer die Aufhebung der Gemeinschaft mehrheitlich beschließen (§ 21 Abs. 3), jeder WEer kann die Aufhebung der Gemeinschaft verlangen (§ 21 Abs. 4).[914] Vgl. dazu die Kommentierung zu § 11.

4. Gestaltungsmöglichkeiten

371 Die Regelung des § 22 Abs. 4 ist **abdingbar.**[915] So kann etwa **vereinbart** werden, dass eine Pflicht zum Wiederaufbau unabhängig vom Zerstörungsgrad des Gebäudes und der Schadensdeckung bestehen soll. Auch kann ein anderer Zerstörungsgrad, als der in Abs. 4 festgelegte, vereinbart werden oder die Wiederaufbaupflicht davon abhängig gemacht werden, dass der Schaden ganz oder zu einem gewissen Teil gedeckt ist. Derartige Regelungen können mit der Teilungserklärung, aber auch später **vereinbart, nicht** aber mit Stimmenmehrheit **beschlossen** werden.[916] Auch kann vereinbart werden, dass bei „teilweiser Zerstörung" der Wiederaufbau des Gebäudes nur mit qualifizierter Mehrheit beschlossen werden kann; diese Regelung gilt jedoch allenfalls im Falle einer plötzlichen Zerstörung, nicht jedoch für eine durch unterlassene Instandsetzungsmaßnahmen bewirkte Baufälligkeit.[917] Ergibt sich aus einer Vereinbarung, dass ein im gemE stehendes Gebäude

[912] Vgl. *Rix* S. 61, der allerdings auch das SE als von der Wiederaufbaupflicht erfasst ansieht.
[913] OLG Köln WE 1990, 26.
[914] So im Ergebnis auch *Röll* WE 1997, 94 (95); aA Staudinger/*Bub* § 22 Rn 272.
[915] Vgl. BayObLG WE 1996, 468 = WuM 1996, 495.
[916] Vgl. BayObLG WE 1996, 468 = WuM 1996, 495.
[917] KG NJWE-MietR 1997, 205 = WE 1998, 34; BayObLG ZWE 2001, 366 (368).

(hier: teilweise zerstörte Scheune) wiederaufgebaut werden soll, so hat jeder WEer einen Anspruch auf Instandsetzung dieses Gebäudes (§ 21 Abs. 4).[918] Über Art und Weise der Instandsetzung kann dann gem. § 21 Abs. 3 mehrheitlich beschlossen werden.

Eine vereinbarte Pflicht zum Wiederaufbau des gemE betrifft idR nicht das SE, kann aber durch Vereinbarung darauf erstreckt werden. Umgekehrt erstreckt sich eine vereinbarte Pflicht zur Instandsetzung des SEs bei Zerstörung auch auf das gemE, wenn das SE ohne den Wiederaufbau des gemE nicht nutzbar wäre; andernfalls wäre nämlich die Pflicht zum Wiederaufbau des SEs sinnlos. Auch kann sich eine Verpflichtung zum Wiederaufbau auch des SEs aus einer Vereinbarung der WEer ergeben, das gesamte Gebäude – also Sonder und MitE – gegen Schäden zu versichern[919] oder das SE dauernd in gutem Zustand zu halten. 372

Schließlich steht es den WEern frei, abweichende Vereinbarungen für den Fall zu treffen, dass eine Wiederaufbaupflicht nicht besteht. Dazu gehört zunächst die Vereinbarung nach § 11 Abs. 1 Satz 3. Anstatt eines Anspruches auf Aufhebung der Gemeinschaft können aber auch andere Formen der Abwicklung vereinbart werden.[920] So kann etwa kraft Vereinbarung ein Anspruch der WEer, die das Gebäude wiederaufbauen wollen, gegen die nicht aufbauwilligen WEer auf Übertragung der diesen gehörenden WE-Rechte begründet werden.[921] Eine solche Vereinbarung bedarf der notariellen Beurkundung. 373

V. Der steckengebliebene Bau

Ähnlichkeiten zur Zerstörung eines bereits errichteten Gebäudes weist der Fall des sog. „steckengebliebenen Baues" auf. Ein Bauwerk wird, nachdem WE begründet ist und bereits eine zumindest werdende WEgem besteht, vom Bauträger auf Grund wirtschaftlicher Schwierigkeiten nicht vollendet. Der Bauträger stellt seine Tätigkeiten vielmehr ein. Teilweise wird diese Fallkonstellation auch als „Bauruine", „nicht fertiggestelltes Bauvorhaben" oder „unvollendete Ersterstellung" bezeichnet. Um einen Fall des „steckengebliebenen Baues" handelt es sich nur, wenn das Bauvorhaben wegen **Insolvenz des Bauträgers** nicht weitergeführt wird. Steckengeblieben ist der Bau selbst dann, wenn das Bauvorhaben von Dritten, insbesondere den WEern weitergeführt wird, es sei denn, der Dritte erfüllt damit die Verpflichtungen des Bauträgers gem. § 267 Abs. 1 BGB.[922] 374

In Lit. und Rspr. wird vor allem die Frage erörtert, ob die WEer verpflichtet sind, das Gebäude fertig zustellen. Weitgehend Einigkeit besteht darüber, dass eine Pflicht zur Erstherstellung des Gebäudes besteht, kontrovers diskutiert wird dagegen, unter welchen Voraussetzungen die Pflicht besteht und auf welcher Rechtsgrundlage sie beruht.[923] 375

1. Der Stand der Meinungen

a) Die Analogie zu § 22 Abs. 4. Ein Teil der Lit.[924] und überwiegend auch die Rspr.[925] befürworten eine analoge Anwendung des § 22 Abs. 4 auf die Fälle des steckengebliebenen Baues. Diese wird mit der vergleichbaren Interessenlage zwischen der Zer- 376

---

[918] OLG Braunschweig WE 1991, 107.

[919] Im Ergebnis ähnlich Weitnauer/*Lüke* § 22 Rn 24; zur Versicherung der SEs s. § 21 Rn 112.

[920] Weitnauer/*Lüke* § 22 Rn 28.

[921] Weitnauer/*Lüke* § 22 Rn 25.

[922] Ausführlich *Rix* S. 41 ff.

[923] Ausführlich dazu *Rix* S. 17 ff.

[924] Grundlegend *Röll* NJW 1978, 1507 (1508); Niedenführ/Kümmel/*Vandenhouten* § 22 Rn 207; Riecke/Schmid/*Drabek* § 22 Rn 169; Staudinger/*Bub* § 22 Rn 288; *Weitnauer* DNotZ 1977 (Sonderheft), S. 45 f.; weitere Nachweise bei *Rix S.* 18.

[925] OLG Karlsruhe OLGZ 1979, 287 (288) = NJW 1981, 466 (467) mit Anm. *Röll;* BayObLG ZWE 2000, 214 (215); ZMR 1983, 419 (421); WE 1993, 142; LG Bonn ZMR 1985, 63; OLG Köln WE 1990, 26; OLG Frankfurt/M. OLGZ 1991, 293 = WuM 1994, 35; WuM 1994, 36; OLG

störung eines Gebäudes und der Nichtfertigstellung einer Eigentumsanlage bei Insolvenz des Bauträgers begründet. Eine Fertigstellungspflicht bestehe, wenn das Gebäude bereits zu mehr als der Hälfte seines Wertes fertiggestellt sei. Solange dies noch nicht der Fall sei, könne die Gemeinschaft analog §§ 11 Abs. 1 Satz 3, 22 Abs. 4 aufgelöst werden.[926]

377 **b) Die immanente Aufbaupflicht.** Ein anderer Teil der Lit.[927] und das OLG Hamm[928] sind der Ansicht, die Verpflichtung zur Ersterstellung des Gebäudes sei immanenter Inhalt des WEs. Mit Eintritt in die WEgem hätten sich die WEer dieser dem WEG immanenten Herstellungspflicht unterworfen. Eine Analogie zu § 22 Abs. 4 sei nicht notwendig. Letztlich handele es sich dabei um eine Frage ordnungsgemäßer Verwaltung.[929]

2. Die Herstellungspflicht

378 **a) Die Voraussetzungen.** Die Ansicht, die eine analoge Anwendung des § 22 Abs. 4 befürwortet, verkennt, dass die Voraussetzungen einer Analogie nicht vorliegen. Erforderlich ist zunächst eine planwidrige Unvollständigkeit des Gesetzes.[930] Wie noch zu zeigen ist, ergibt sich die Aufbaupflicht unmittelbar aus dem WEG (Rn 380), weshalb es mithin schon an einer Gesetzeslücke fehlt.[931] Darüber hinaus fehlt es auch an der zweiten Voraussetzung für eine analoge Anwendung des § 22 Abs. 4. Eine Analogie käme nur in Betracht, wenn der Fall des zerstörten Gebäudes mit dem des steckengebliebenen Baus vergleichbar wäre. Dies ist jedoch nicht der Fall.[932] Bei der Zerstörung eines Gebäudes haben die WEer bereits einmal das zur Ersterstellung erforderliche Kapital in das Gebäude investiert. Der Wiederaufbau stellt sich für sie als eine zweite „Ersterstellung" dar. Den WEern werden ein weiteres Mal finanzielle Aufwendungen abverlangt, die einer Ersterstellung nahe kommen. Davor will § 22 Abs. 4 sie schützen, indem die Norm den Wiederaufbau des gemeinschaftlichen Eigentums für ausgeschlossen erklärt, wenn das Gebäude zu mehr als der Hälfte seines Wertes zerstört ist und der Schaden nicht gedeckt ist.

379 Dies ist nicht mit der Situation des steckengebliebenen Baus vergleichbar. Der Erwerber hat hier auf Grund der MaBV regelmäßig nur den konkret getätigten Baufortschritt bezahlt. Bei Insolvenz des Bauträgers ist es ihm deshalb durchaus zumutbar, den Bau selbst fertig zustellen. Damit sind für die WEer grds. keine Aufwendungen verbunden, die ohne die Insolvenz des Bauträgers nicht auch angefallen wären.[933] Der innere Grund, der eine Einschränkung der Wiederaufbaupflicht durch § 22 Abs. 4 erfordert, WEer von nicht zu erwartenden, enormen finanziellen Belastungen freizuhalten (vgl. Rn 5), fehlt beim steckengebliebenen Bau. Eine analoge Anwendung des § 22 Abs. 4 scheidet deshalb aus.

380 Auch aus den Bauträgerverträgen resultieren für die Erwerber keine Aufbaupflichten.[934] Die Aufbaupflicht ist vielmehr Ausfluss der **Pflicht zur ordnungsgemäßen Verwaltung** und beruht auf § 21 Abs. 3 und Abs. 4.[935] Die erstmalige Herstellung des gemE entsprechend dem Aufteilungsplan kann als Maßnahme der ordnungsgemäßen Verwaltung mit

---

Hamburg WE 1990, 204 (205) obiter dictum; OLG Hamm DWE 1984, 121 (122); offen gelassen OLG Dresden ZMR 2008, 812 f.

[926] Ausführlich dazu *Rix* S. 18 ff.

[927] *Pick* PiG 7, 59 und 68; *Rix* S. 48 ff.; *Riesenberger,* FS Deckert, S. 395 (409 f.); Weitnauer/*Lüke* § 22 Rn 29; differenzierend *Bucher* PiG 5, 168 ff.

[928] Rpfleger 1978, 182.

[929] Wohl auch Weitnauer/*Lüke* § 22 Rn 29; vgl. auch OLG Dresden ZMR 2008, 812 f.

[930] Vgl. *Larenz,* Methodenlehre 6. Aufl. 1991, S. 373 ff. und 381.

[931] AA Staudinger/*Bub* § 22 Rn 289.

[932] AA Staudinger/*Bub* § 22 Rn 292.

[933] Eingehend dazu *Rix* S. 33 ff.

[934] *Rix* S. 43 ff.; aA *Sauren* § 22 Rn 68.

[935] Riecke/Schmid/*Drabek* § 22 Rn 170 ; *Ott* NZM 2003, 134; *Rix* S. 51 ff.

Mehrheit gem. § 21 Abs. 3 beschlossen werden, und jeder WEer kann die Erstherstellung nach § 21 Abs. 4 verlangen (vgl. Rn 20). Die Pflicht zur Erstherstellung bezieht sich aber nur auf das **gemE.** Das SE wird nicht erfasst.[936] § 21 regelt ausschließlich die Verwaltung des gemE, das SE verwaltet jeder WEer allein, darauf kann sich die Ersthherstellungspflicht nicht beziehen. Dieser Grundsatz wird entgegen *Rix*[937] auch nicht durch § 22 Abs. 4 durchbrochen, denn auch im Falle der Zerstörung besteht eine Wiederaufbaupflicht nur bzgl. des gemE (vgl. Rn 366). Auch die Tatsache, dass zwischen dem SE und dem gemE enge Wechselwirkungen bestehen,[938] spricht nicht zwingend dafür, dass sich die Verwaltung gem. § 21 im Einzelfall auch auf das SE erstrecken kann. Sicherlich bestehen allein durch die räumliche Verbundenheit enge Wechselwirkungen zwischen Sonder- und MitE-Sphären, dennoch hat das WEG die Verwaltung der beiden Eigentumssphären streng getrennt.

Für eine dem WEG immanente Aufbaupflicht hinsichtlich des gemE spricht ferner, dass die Gemeinschaft auch bei einem im Aufbau befindlichen Gebäude unauflöslich ist. Die Unauflöslichkeit soll ein Zusammenleben der WEer auf Dauer gewährleisten.[939] Bei der unauflöslichen Gemeinschaft bleibt es auch, wenn das gemE nicht hergestellt wird, ein Zusammenleben der WEer also nicht möglich ist. Der Unauflöslichkeitsgrundsatz verfehlt hier seinen Zweck, denn ohne fertiggestelltes gemE ist ein Zusammenleben der WEer unmöglich. Auch aus diesem Grund muss eine Pflicht zum Aufbau des gemE bestehen.[940] Denn sonst würde eine unauflösbare Gemeinschaft entstehen, ohne die Möglichkeit, zusammenleben zu können. Die Ersthherstellung des gemE ist aber auch ausreichend. Denn damit entsteht ein Zustand, der jeden WEer in die Lage versetzt, in seiner EW zu wohnen. Die Tatsache, dass einzelne WEer ihre SE-Einheiten nicht herstellen, beeinträchtigt das Zusammenleben der übrigen WEer regelmäßig nicht. Durch den Aufbau des gemE wird somit ein Zustand hergestellt, der eine unauflösbare Gemeinschaft sinnvoll erscheinen lässt. **381**

Im Einzelfall können WEer auch verpflichtet sein, ihr **SE** – wie im Aufteilungsplan vorgesehen – herzustellen und zwar, wenn anderen MitEern ohne die Herstellung des SEs ein über das in § 14 Nr. 1 bestimmte Maß hinausgehender Nachteil erwächst. Die Aufbaupflicht hinsichtlich des SEs beruht dann auf § 14 Nr. 1, nicht jedoch auf § 21 (vgl. Rn 366). **382**

Voraussetzung einer Pflicht zur Ersthherstellung ist jedoch immer, dass der oder die Käufer bereits eine **werdende WEgem** bilden.[941] Ist dies der Fall, besteht die Aufbaupflicht selbst dann, wenn noch nicht alle Eigentumswohnungen verkauft sind und der Bauträger noch Eigentümer einzelner Wohnungseinheiten ist.[942] **383**

b) Die Rechtsfolgen. Über die Fertigstellung des MitEs haben die WEer gem. § 21 Abs. 3 zu beschließen; der Beschluss ist vom Verwalter gem. § 27 Abs. 1 Nr. 1 auszuführen.[943] Kommt ein Mehrheitsbeschluss nicht zustande, kann jeder WEer den Aufbau gem. § 21 Abs. 4 verlangen. Über Streitigkeiten der Ersthherstellungspflicht entscheidet das Gericht gem. § 43 Nr. 1.[944] **384**

Inhaltlich orientiert sich die Pflicht zum Aufbau des gemE am Aufteilungsplan, der auch in den Bauträgerverträgen als verbindlich anerkannt wurde. Das gemE ist exakt so auf- **385**

---

[936] Niedenführ/Kümmel/ *Vandenhouten* § 22 Rn 210; *Ott* NZM 2003, 134; aA *Rix* S. 61; LG Bonn ZMR 1985, 63 f. *Riesenberger* FS Deckert, S. 395 (411 f.).

[937] *Rix* S. 61, unter Berufung auf *Alsdorf* BlGBW 1977, 89 f.; *Riesenberger,* FS Deckert, S. 395 (413).

[938] So *Rix* S. 57; *Alsdorf* BlGBW 1977, 89 f.

[939] *Rix* S. 65.

[940] *Rix* S. 66 f., der die Pflicht allerdings auch auf das SE bezieht.

[941] BayObLG WE 1993, 142, das allerdings § 22 Abs. 2 aF analog anwendet.

[942] Ausführlich dazu *Rix* S. 90 ff.

[943] *Rix* S. 87; *Riesenberger,* FS Deckert, S. 395 (407 f.).

[944] *Rix* S. 95.

zubauen, wie im Aufteilungsplan vorgesehen. Besteht auch gem. § 14 Nr. 1 eine Aufbaupflicht, gilt dies auch für das SE. Abweichungen vom Aufteilungsplan stellen bauliche Veränderungen iSd § 22 Abs. 1 dar, die nur unter den dort genannten Voraussetzungen zulässig sind. Allerdings gelten auch hier die Grundsätze zur „modernisierenden Instandsetzung", so dass derartige Modernisierungen auch im Rahmen der Ersthestellung des gemE mehrheitlich beschlossen werden können[945] (vgl. zur modernisierenden Instandsetzung § 21 Rn 101 ff.).

386 Die **Kosten der Ersthestellung** des gemE haben alle MitEer gem. § 16 Abs. 2 nach dem Verhältnis ihrer MitE-Anteile zu tragen.[946] Ein von § 16 Abs. 2 abweichender Kostenverteilungsschlüssel kann unter den Voraussetzungen des § 16 Abs. 4 mehrheitlich beschlossen werden.[947] Die Kosten des Aufbaus seines SEs hat dagegen jeder WEer selbst zu tragen. Hat ein einzelner WEer vor Insolvenz des Bauträgers mehr an diesen gezahlt als andere MitEer, werden diese Zahlungen auf den auf ihn entfallenden Anteil an den Herstellungskosten (§ 16 Abs. 2) angerechnet, soweit sie nachweislich in den Bau eingegangen sind.[948] Für Zahlungen, die im Rahmen des § 3 Abs. 2 der MaBV geleistet wurden, wird dies vermutet.[949] Leistet ein Erwerber darüber hinaus mehr an den Bauträger, als nach der MaBV erforderlich, hat er zu beweisen, dass diese Zahlungen dem Bauwerk tatsächlich zugute gekommen sind.[950] Kann er das nicht, bleiben bereits erbrachte Leistungen außer Betracht.

387 Soweit ein WEer im Gegensatz zu seinen MitEern zu viel geleistet hat, stehen ihm **Ansprüche aus Geschäftsführung ohne Auftrag und aus ungerechtfertigter Bereicherung** zu. Gegenüber einem WEer, der sich an den Aufbaukosten nicht oder nur in einem erheblich geringeren Umfang beteiligt hat, kann ein **Zurückbehaltungsrecht** ausgeübt werden; der WEer kann von der Belieferung mit Wasser und Heizenergie ausgeschlossen werden.[951]

388 Im Außenverhältnis haften die WEer für Aufbauschulden nach § 10 Abs. 8 anteilig entspr. ihren MitE-Anteilen; es besteht keine Gesamtschuld.[952]

§ 23 Wohnungseigentümerversammlung

(1) **Angelegenheiten, über die nach diesem Gesetz oder nach einer Vereinbarung der Wohnungseigentümer die Wohnungseigentümer durch Beschluß entscheiden können, werden durch Beschlußfassung in einer Versammlung der Wohnungseigentümer geordnet.**

(2) **Zur Gültigkeit eines Beschlusses ist erforderlich, daß der Gegenstand bei der Einberufung bezeichnet ist.**

(3) **Auch ohne Versammlung ist ein Beschluß gültig, wenn alle Wohnungseigentümer ihre Zustimmung zu diesem Beschluß schriftlich erklären.**

(4) **[1]Ein Beschluss, der gegen eine Rechtsvorschrift verstößt, auf deren Einhaltung rechtswirksam nicht verzichtet werden kann, ist nichtig. [2]Im Übrigen ist ein Beschluss gültig, solange er nicht durch rechtskräftiges Urteil für ungültig erklärt ist.**

---

945 *Rix* S. 88 f.

946 OLG Frankfurt/M. OLGZ 1991, 293 f. = WuM 1994, 35; WuM 1994, 36; BayObLG ZWE 2001, 214 (215); ZMR 1983, 419 (421); LG Bonn ZMR 1985, 63 (64).

947 OLG Frankfurt/M. WuM 1994, 36; Niedenführ/Kümmel/*Vandenhouten* § 22 Rn 208.

948 *Rix* S. 76 f.

949 Vgl. *Rix* S. 76; Niedenführ/Kümmel/*Vandenhouten* § 22 Rn 208; aA *Ott* NZM 2003, 134 (138).

950 Weitnauer/*Lüke* § 22 Rn 29; vgl. dazu auch OLG Frankfurt/M. OLGZ 1991, 293 f.; OLG Hamburg OLGZ 1990, 308 (310) = WE 1990, 204 (205); aA wohl OLG Karlsruhe NJW 1981, 466 (467).

951 Vgl. BayObLG WuM 1992, 207 (206); OLG Celle NJW-RR 1991, 1118 (1119) für ein Zurückbehaltungsrecht bei Wohngeldzahlungen; vgl. dazu § 28 Rn 161 ff.

952 So schon zum früheren Recht *Rix* S. 83 ff. mwN.

Übersicht

Literatur: *Abramenko,* Der Anspruch auf Abänderung von Beschlüssen, ZWE 2007, 336; *ders.,* Die Wohnungseigentümergemeinschaft als Eigentümerin in derselben Wohnanlage, ZWE 2010, 193; *Armbrüster,* Korrektur einer ungültigen Stimmabgabe, ZWE 2000, 455; *ders.,* Die guten Sitten im WE-Recht, FS Bub 2007, 1; *Bassenge,* Nichtursächlichkeit von Verfahrensmängeln, FS für *Merle* (2000), 17; *Becker,* Die Teilnahme an der Versammlung der Wohnungseigentümer (1996); *ders.,* Der Einberufungsmangel und seine Heilung durch bestätigenden Beschluss, WE 1999, 162 = PiG 56, 155; *ders.,* Beschlusskompetenz kraft Vereinbarung – sog. Öffnungsklausel, PiG 63, 99 = ZWE 2002, 341; *ders.,* Ergebnisfeststellung und Beschlusstatbestand, ZWE 2002, 93; *ders.,* Die Feststellung des Inhalts fehlerhaft protokollierter Eigentümerbeschlüsse, ZMR 2006, 489; *Becker/Gregor,* Feststellung und Bekanntgabe des Beschlussergebnisses, ZWE 2001, 245; *Becker/Kümmel,* Die Grenzen der Beschlusskompetenz der Wohnungseigentümer, ZWE 2001, 128; *Becker/Strecker,* Mehrheitsbeschluss und Individualrechtsschutz bei der Instandsetzung gemeinschaftlichen Eigentums, ZWE 2001, 569; *Bonifacio,* Die Auslegung von Beschlüssen der WEer unter Berücksichtigung der Versammlungsniederschrift, ZMR 2006, 583; *Breiholt,* Der Wohnungseigentümerbeschluss im schriftlichen Verfahren per Telefax, ZMR 2010, 168; *Bub,* Die Anfechtung der Stimmabgabe in der Eigentümerversammlung, FS Merle, S. 119 = ZWE 2000, 337; *Bub,* Der schwebend unwirksame Beschluss im WE-Recht, ZWE 2007, 339; *Deckert,* Die korrekte Verkündung von Entscheidungsergebnissen der Eigentümer einer WEgem durch den Verwalter, ZMR 2008, 585; *Dötsch/Hogenschurz,* Darlegungs- und Beweislast im Wohnungseigentumsrecht – Erläutert am Beispiel der Beschlussanfechtungsklage nach § 46 WEG, NZM 2010, 297; *Elzer* Die Hausordnung einer WE-Anlage, ZMR 2006, 733; *ders.,* Die fehlerhafte Verkündung eines positiven Beschlusses, ZWE 2007, 165; *ders.,* Die Zustimmung zu baulichen Veränderungen, die Anfechtungsfrist und das Gesellschaftsrecht: Eine kurze Aufforderung zum Nachdenken, ZWE 2010, 70; *Hügel,* Die Gestaltung von Öffnungsklauseln, ZWE 2001, 578; *Kümmel,* Der einstimmige Beschluss als Regelungsinstrument der Wohnungseigentümer, ZWE 2001, 52; *ders.,* Die Anfechtbarkeit nicht ordnungsmäßiger Beschlüsse der Wohnungseigentümer, ZWE 2001, 516; *ders.,* Beschlüsse auf Grund „schuldrechtlicher" Öffnungsklausel, ZWE 2002, 68; *Schmidt, J.-H.,* Zur Haftung des WEG-Verwalters bei Verkündung rechtswidriger Beschlussergebnisse, FS Merle (2010), 329; *Wenzel,* Die Haftung des Verwalters aus der Durchführung angefochtener Beschlüsse, WE 1998, 455; *ders.,* Die Bestandskraft von Mehrheitsbeschlüssen der Wohnungseigentümer mit Vereinbarungsinhalt, FS für Hagen (1999), S. 231; *ders.,* Der vereinbarungsersetzende, vereinbarungswidrige und vereinbarungsändernde Mehrheitsbeschluss, ZWE 2000, 2; *ders.,* Die Anfechtung von Nichtbeschlüssen, ZWE 2000, 382; *ders.,* Beschluss oder Vereinbarung, FS Deckert, 2002, S. 517; *ders.,* Der Negativbeschluss und seine rechtlichen Folgen, ZMR 2005, 413. Zur älteren Literatur siehe Vorauflage.

I. Der Normzweck

1 Die §§ 23–25 haben formelle Regelungen über das Verfahren der Beschlussfassung durch die WEer zum Inhalt. Sie knüpfen damit an diejenigen Vorschriften an, die eine Beschlussfassung vorsehen (z. B. §§ 15 Abs. 3, 18 Abs. 3, 21 Abs. 3). Die Regelungen des § 23 sind grds. abdingbar;[1] zur Abdingbarkeit von Abs. 3 s. Rn 107 ff.

2 In § 23 Abs. 1 wird die Beschlussfassung grds. einem besonderen Organ, der **Versammlung der WEer,** zugewiesen. Unter Abweichung von der Regelung des § 745 Abs. 1 BGB, der für die schlichte Bruchteilsgemeinschaft ein solches Willensbildungsorgan nicht vorsieht, lehnt sich das WEG damit an die Regelung des Vereinsrechts an (vgl. § 32 BGB).[2] Der Gesetzgeber weist der WEVers in 23 Abs. 1 nicht nur den formalen Akt der Beschlussfassung zu, sondern sieht in der Versammlung das Organ, durch das im Wege des gegenseitigen Gedankenaustausches eine gemeinsame Willensbildung erst ermöglicht wird und Minderheiten ihre Meinung artikulieren können.[3] Diese für den Minderheitenschutz besondere Funktion der Versammlung als Willensbildungsorgan ergibt sich daraus, dass der Gesetzgeber die an Einstimmigkeit gebundene Beschlussfassung im schriftlichen Verfahren nach § 23 Abs. 3 nur als Ausnahme zur Beschlussfassung in der Versammlung nach § 23 Abs. 1 vorgesehen hat.[4] Dem Minderheitenschutz dient auch die aus § 32 Abs. 1 Satz 2 BGB übernommene Formulierung des § 23 Abs. 2. Durch die Bezeichnung des Beschlussgegenstandes bei der Einberufung als Voraussetzung der Gültigkeit eines Beschlusses soll der einzelne WEer vor überraschenden Beschlüssen geschützt werden. Nach § 23 Abs. 4 Satz 2 ist die Fehlerhaftigkeit eines Beschlusses grds. im Beschlussanfechtungsverfahren nach § 43 Nr. 4 geltend zu machen, soweit kein Fall der Nichtigkeit vorliegt. Im Interesse der Rechtssicherheit[5] und der Rechtsklarheit lässt § 46 Abs. 1 den anfechtbaren Beschluss nach Ablauf einer einmonatigen Anfechtungsfrist bestandskräftig werden. Die Bestandskraft fehlerhafter Beschlüsse dient insbesondere dem Schutz des Vertrauens des Rechtsnach-

[1] BGH WuM 1983, 1412; BayObLGZ 1970, 1 (3); WE 1988, 67 (alle zu § 23 Abs. 2); Rpfleger 1982, 100; AG Mannheim DWE 1984, 29; Niedenführ/*Kümmel*/Vandenhouten § 23 Rn 1.

[2] So ausdrücklich der Regierungsentwurf zum WEG, BR-Drucksache 75/51 = PiG 8, 223 (234).

[3] OLG Köln WEM 1977, 52 (54).

[4] Vgl. BR-Drucksache 75/51 = PiG 8, 223 (234).

[5] Vgl. BGHZ 54, 67 (69).

folgers, der sich wegen der Bindungswirkung nach § 10 Abs. 4 auf die Wirksamkeit gefasster Beschlüsse verlassen muss. Die Regelung des Abs. 4 will damit einen angemessenen Ausgleich zwischen ordnungsgemäßer Beschlussfassung einerseits und der Rechtssicherheit andererseits schaffen.[6]

II. Die Beschlussfassung in der WEer-Versammlung (Abs. 1)

1. Die Versammlung der Wohnungseigentümer

Nach § 23 Abs. 1 fassen die WEer ihre Beschlüsse in einer Versammlung der WEer.[7] Die Beschlussfassung erfolgt damit – im Gegensatz zur Bruchteilsgemeinschaft (vgl. § 745 Abs. 1 BGB) – im Rahmen einer besonderen Organisationsform. 3

a) Die Versammlung als Willensbildungsorgan. Die WEVers ist das Willensbildungsorgan der WEgem.[8] In ihr üben die WEer ihre Mitverwaltungsrechte, insbesondere das Stimmrecht aus. Da die WEer primär die „Herren der Verwaltung" sind, ist die WEvers zugleich das höchste Organ der Gemeinschaft der WEer, deren Beschlüsse vom Verwalter als sekundärem Verwaltungsorgan durchzuführen sind (vgl. § 27 Abs. 1 Nr. 1). Die zur Verwaltung des gemE gehörenden Angelegenheiten sind deshalb grds. in der Versammlung der WEer zu behandeln.[9] 4

Eine Versammlung der WEer iSd Abs. 1 liegt regelmäßig nur vor, wenn eine Einberufung der Versammlung erfolgt ist. Eine Telefonkonferenz ist keine WEVers.[10] In einer **spontanen „Zusammenkunft"** der WEer ohne Einberufung können regelmäßig keine wirksamen Versammlungsbeschlüsse gefasst werden,[11] es sei denn alle WEer sind zugegen und deklarieren das Zusammentreffen übereinstimmend als WEVers.[12] Die WEVers wird grds. durch den Verwalter mindestens einmal im Jahr einberufen (vgl. § 24 Abs. 1), der auch idR den Vorsitz in der Versammlung führt und das Hausrecht ausübt (vgl. § 24 Rn 96 ff.). Bei der Beschlussfassung hat jeder WEer auf Grund seiner Mitgliedschaft ein Stimmrecht, das jedoch unter den Voraussetzungen des § 25 Abs. 5 ausgeschlossen ist. Zum Recht auf Teilnahme an der Versammlung der WEer und dem Kreis der teilnahmeberechtigten Personen siehe § 24 Rn 57 ff. 5

b) Die „Vollversammlung". Die WEVers ist nicht identisch mit der Gesamtheit der WEer. Nur die erschienenen WEer bilden die Versammlung. Sind jedoch ausnahmsweise alle WEer einer Gemeinschaft anwesend, so spricht man von einer sog. „Vollversammlung". Zu den Auswirkungen der Vollversammlung auf die Anfechtbarkeit wegen Einberufungsmängeln s. u. Rn 171. 6

c) Die Teilversammlung bei Großgemeinschaften. Bei größeren WEgem – insbesondere bei **Mehrhausanlagen** – kann die Durchführung der WEVers auf praktische Schwierigkeiten stoßen. Ob neben der zulässigen Beschränkung des Stimmrechts auf Angelegenheiten, die nur einen abgrenzbaren Teil von WEern betreffen (vgl. § 25 Rn 92), die getrennte Durchführung mehrerer Teilversammlungen vereinbart werden kann, ist streitig. Nach einer in der Lit. vertretenen Ansicht sollen Teilversammlungen zur Beratung und Beschlussfassung lediglich über Angelegenheiten vereinbart werden können, die nur die WEer der Teilversammlung betreffen.[13] Dem einzelnen WEer sei es sonst nicht mehr 7

---

[6] §§ 241 ff. AktG liegt der gleiche Gedanke zugrunde; vgl. G. *Hueck* § 25 VI, S. 248.

[7] Zur Möglichkeit einer virtuellen Versammlung *Mankowski* ZMR 2002, 246.

[8] Vgl. *Becker* S. 10 ff.; aA *Prüfer,* Diss., S. 21 ff., der die Gesamtheit der WEer als Willensbildungsorgan einstuft und Beschlüsse in Versammlungen bzw. nach § 23 Abs. 3 als bloße Willensbildungsverfahren betrachtet.

[9] OLG Hamburg, WE 1994, 110 = NJW-RR 1994, 783.

[10] AG Königstein NZM 2008, 171.

[11] OLG Hamm WE 1993, 24 (25).

[12] *Kahlen* GE 1986, 298 (300); zur Anfechtbarkeit siehe Rn 171.

[13] Soergel/*Stürner* § 23 Rn 2.

möglich, seine Interessen ggü. allen WEern zu vertreten; auch könne eine Mehrheit schon vorliegen, bevor die letzte Teilversammlung tage. Aus Gründen des Minderheitenschutzes müsse § 23 Abs. 1 hinsichtlich der Frage der Zulässigkeit von Teilversammlungen über **gemeinsame Angelegenheiten aller WEer** als unabdingbar angesehen werden. Aus § 10 Abs. 2 Satz 2 folgt, dass WEer wirksam vereinbaren können, über **gemeinsame Angelegenheiten** örtlich und zeitlich getrennte Teilversammlungen durchzuführen.[14] Besteht jedoch im Einzelfall ein berechtigtes Interesse eines einzelnen WEers daran, sich nicht nur in seiner Teilversammlung Gehör zu verschaffen, so ist ihm auch in den anderen Teilversammlungen ein Rederecht einzuräumen.[15] Liegt keine entsprechende Vereinbarung der WEer vor, so kommt eine Addition der Abstimmungsergebnisse aus mehreren Teilversammlungen nicht in Betracht.[16] Bei Addition der Abstimmungsergebnisse kommt der Beschluss mit seiner Feststellung und Verkündung zustande. Zur Frage der Zulässigkeit von sog. „Vertreterversammlungen" unter dem Aspekt der „verdrängenden Vollmacht" s. § 25 Rn 80.

8 **d) Die „Einmannversammlung".** Zum umstrittenen Begriff der sog. „Einmannversammlung"[17] s. u. Rn 28.

2. Die Zuständigkeit der WEer-Versammlung

9 Nach § 23 Abs. 1 ist die WEVers zuständig zur Beschlussfassung über solche Angelegenheiten, über die nach dem WEG oder nach einer Vereinbarung der WEer die WEer durch Beschluss entscheiden können. Diese Vorschrift macht deutlich, dass die Mehrheitsherrschaft im Verhältnis der WEer untereinander stets der **Legitimation durch Kompetenzzuweisung** bedarf.[18] Die Kompetenz der WEer, ihre Angelegenheiten in der Versammlung durch Beschluss zu regeln, kann sich aus einer gesetzlichen oder aus einer vereinbarten Beschlussermächtigung ergeben. Fehlt es an einer gesetzlichen (Rn 10 ff.) oder vereinbarten (Rn 14 ff.) Beschlussermächtigung, so ist ein Beschluss von vornherein wegen absoluter Beschlussunzuständigkeit nichtig, ohne dass es einer gerichtlichen Ungültigerklärung nach § 23 Abs. 4 Satz 1 bedarf (s. Rn 142).[19]

10 **a) Die Beschlusskompetenz nach dem WEG.** Das Gesetz legitimiert die Mehrheitsherrschaft grds. nur, soweit es um das der Gemeinschaftsgrundordnung nachrangige Verhältnis der WEer untereinander geht.[20] So können die WEer Angelegenheiten des ordnungsmäßigen Gebrauchs (§ 15 Abs. 2) und der ordnungsmäßigen Verwaltung des GemE (§ 21 Abs. 3) mehrheitlich in einer Versammlung beschließen, soweit der Gebrauch bzw. die Verwaltung nicht durch Vereinbarung geregelt ist. Da die „Ordnungsmäßigkeit" des Gebrauchs und der Verwaltung stets von den Umständen des Einzelfalls abhängt, ist sie im Interesse der Rechtssicherheit nicht kompetenzbegründend.[21] Überschreitet ein Beschluss

---

[14] OLG Stuttgart DWE 1980, 62 (63); *Becker* S. 86 ff.; *Hügel* NZM 2010, 8 (15); abweichend Staudinger/*Bub* § 23 Rn 34; *Bub* ZWE 2000, 194 (198) = PiG 59, 5 (16 f.).

[15] Vgl. *Becker* S. 87; *Hügel* NZM 2010, 8 (15).

[16] OLG Köln DWE 1994, 43 (LS).

[17] Ausdruck von *Röll* NJW 1989, 1070 (1072).

[18] BGHZ 145, 158 (166) = ZWE 2000, 518 = NJW 2000, 3500.

[19] BGHZ 145, 158 (168) = ZWE 2000, 518 = NJW 2000, 3500 im Anschluss an *Buck* PiG 54, 185 (190 f.); *Wenzel,* FS für Hagen, S. 231 (236); vgl. auch *Buck,* Mehrheitsentscheidungen mit Vereinbarungsinhalt, S. 166. Zur Entscheidung des BGH vgl. *Demharter* NZM 2000, 1153; *Casser* NZM 2001, 514; *Merrsson* NZM 2001, 933; *Sauren* ZMR 2001, 80; *Bielefeld* DWE 2001, 5; *Volmer* ZfIR 2000, 931; *Lüke* ZWE 2002, 49; *Rau* ZMR 2001, 241; *Müller* ZWE 2001, 191; *Merle* ZWE 2001, 196, 342; *Wenzel* ZWE 2001, 226; zum Meinungsstand vor der BGH-Entscheidung vgl. *Merle* ZWE 2000, 502 mwN.

[20] BGHZ 145, 158 (166) = ZWE 2000, 518 = NJW 2000, 3500; so bereits BGHZ 115, 151 (154).

[21] BGHZ 145, 158 (169) = ZWE 2000, 518 = NJW 2000, 3500; BayObLG ZWE 2002, 405 (406); vgl. auch OLG Düsseldorf ZWE 2002, 590 (591); aA *Häublein* ZMR 2000, 423 (429); *ders.* ZWE 2001, 2 (4).

die Grenzen der Ordnungsmäßigkeit, so ist er auf fristgerechte Anfechtung für ungültig zu erklären (§ 23 Abs. 4 Satz 2).

Besondere Kompetenzzuweisungen im Bereich der Verwaltung ergeben sich darüber hinaus aus folgenden Vorschriften: § 10 Abs. 6 (Beschluss über Ausübung gemeinschaftsbezogener Rechte), § 21 Abs. 7 (Beschlüsse über Geldangelegenheiten), § 24 Abs. 5 (Beschluss über die Bestimmung des Versammlungsvorsitzenden), § 24 Abs. 8 (Beschluss über die Bestellung des die Beschluss-Sammlung Führenden), § 26 Abs. 1 (Bestellung und Abberufung des Verwalters), § 27 Abs. 2 Nr. 3 (Ermächtigung des Verwalters zur Geltendmachung von Ansprüchen), § 27 Abs. 3 Satz 1 Nr. 7 (Ermächtigung des Verwalters zur Vornahme von Rechtgeschäften), § 27 Abs. 3 Satz 2 (Ermächtigung eines WEers zur Vertretung der WEgem), § 28 Abs. 4 (Mehrheitsbeschluss über das Verlangen nach Rechnungslegung), 28 Abs. 5 (Mehrheitsbeschluss über Wirtschaftsplan, Abrechnung und Rechnungslegung), § 29 Abs. 1 (Bestellung eines Verwaltungsbeirats), § 45 Abs. 2 (Bestellung eines Ersatzzustellungsvertreters). Einer Beschlussfassung zugänglich sind auch bauliche Veränderungen und über die ordnungsgemäße Instandhaltung hinausgehende Aufwendungen sowie Modernisierungen (§ 22).[22] Gem. § 18 Abs. 3 können die WEer auch über die Entziehung von WE mit Stimmenmehrheit beschließen. 11

Die **Grenzen** der gesetzlichen Beschlusskompetenz sind idR überschritten, wenn die WEer ihr **Gemeinschaftsverhältnis** untereinander *abweichend* von den Vorschriften des Gesetzes oder einer Vereinbarung *regeln* wollen. Nach § 10 Abs. 2 Satz 2 bedarf es hierzu grds. einer **Vereinbarung** aller WEer,[23] soweit nicht eine **gesetzliche** (§§ 12 Abs. 4, 16 Abs. 3 und 4) oder **rechtsgeschäftliche Öffnungsklausel** vorliegt. Eine vom Gesetz oder von einer Vereinbarung abweichende Regelung des Gemeinschaftsverhältnisses ist darauf gerichtet, die gesetzliche oder vereinbarte Gemeinschaftsgrundordnung *dauerhaft, vorläufig oder im Einzelfall abzuändern.* Eine die Gemeinschaftsgrundordnung abändernde Regelung erschöpft sich daher nicht in ihrem Vollzug, sondern ist darüber hinaus darauf gerichtet, weitere – gegen die Gemeinschaftsgrundordnung *verstoßende* – Entscheidungen oder Maßnahmen im Verhältnis der WEer untereinander zu legitimieren oder gesetzliche bzw. vereinbarte Aufgaben und Befugnisse zu entziehen.[24] Eine gesetzliche Kompetenz zur Änderung des Gemeinschaftsgrundverhältnisses durch **Beschluss** ergibt sich nunmehr aus § 12 Abs. 4 (Aufhebung einer Veräußerungsbeschränkung), § 16 Abs. 4 (Änderung der Verteilung der Betriebs- und Verwaltungskosten) und § 16 Abs. 5 (Änderung der Verteilung der Kosten der Instandsetzung und baulicher Veränderungen/Modernisierungen im Einzelfall). 12

Während ein *gemeinschaftsordnungswidriger,* im Rahmen gesetzlicher Beschlusskompetenz gefasster Beschluss – etwa über die Genehmigung einer gegen den geltenden Kostenverteilungsschlüssel verstoßende Jahresabrechnung – lediglich gegen die Gemeinschaftsgrundordnung verstößt und nur auf fristgerechte Beschlussanfechtung gem. §§ 46 Abs. 1, 23 Abs. 4 Satz 2 für ungültig zu erklären ist, bedarf es keiner Anfechtung eines *gemeinschaftsordnungsändernden* Beschlusses, etwa über die Änderung der geltenden Stimmrechtsregelung.[25] Gemeinschaftsordnungsändernde Beschlüsse sind mangels Beschlusskompetenz von Anfang an nichtig, sofern nicht eine gesetzliche Bestimmung oder eine Vereinbarung Beschlusskompetenz zur Änderung der gesetzlichen oder vereinbarten Gemeinschaftsgrundordnung einräumt. 13

b) Die Beschlusskompetenz kraft Vereinbarung (sog. rechtsgeschäftliche Öffnungsklausel). Die Beschlusskompetenz der WEer kann gem. § 23 Abs. 1 auch auf einer 14

[22] Vgl. BGHZ 73, 196 ff.

[23] BGHZ 145, 158 (166) = ZWE 2000, 518 = NJW 2000, 3500; s. auch *Becker/Kümmel* ZWE 2001, 128 (134 f.).

[24] *Becker/Strecker* ZWE 2001, 569 (570); *Becker/Kümmel* ZWE 2001, 128 (132); *Wenzel* ZWE 2001, 226 (234); *ders.* PiG 59, 55 (57).

[25] Zu Einzelheiten s. Rn 144.

Vereinbarung der WEer beruhen. Die Vorschrift nimmt insoweit Bezug auf § 10 Abs. 2 Satz 2, wonach die WEer ihr Verhältnis untereinander durch Vereinbarung gestalten können (zur Abgrenzung von Vereinbarung und Beschluss vgl. Rn 25 und § 10 Rn 170 ff.). Da die WEer nach dieser Vorschrift grds. von der gesetzlichen Regelung abweichende Vereinbarungen treffen können, bestimmt sich auch die Zuständigkeit der WEvers in erster Linie nach den Vereinbarungen der WEer. So können die WEer die abdingbaren gesetzlichen Regelungen über das Gemeinschaftsverhältnis oder die vereinbarte GemO durch Beschluss ändern, soweit eine Vereinbarung hierzu die Möglichkeit einer Mehrheitsentscheidung „eröffnet" (sog. rechtsgeschäftliche Öffnungsklausel).[26] Ob ein so gefasster Beschluss wirksam und bestandskräftig ist, bestimmt sich nach allgemeinen Regeln (s. Rn 24 ff.). Eine mehrheitlich beschlossene Änderung der GemO muss von der Reichweite der konkret vereinbarten Beschlussermächtigung gedeckt sein (s. Rn 15); zudem darf der auf Grund der Beschlussermächtigung gefasste Mehrheitsbeschluss die in der Rechtsprechung anerkannten inhaltlichen Schranken einer Mehrheitsentscheidung nicht überschreiten (s. Rn 19). Ein Beschluss, der die nach der Öffnungsklausel erforderliche Mehrheit nicht erreicht, ist wegen bestehender Beschlusskompetenz wirksam, aber anfechtbar; wird er betsandskräftig, ändert er die GemO dauerhaft ab.[27]

15 **aa) Die Ermächtigungsgrundlage.** Die vereinbarte Beschlusskompetenz bedarf einer hinreichend bestimmten Ermächtigung in der GemO,[28] die für die WEer und ihre Sondernachfolger erkennen lässt, in welchem Umfang die GemO durch Mehrheitsbeschluss abgeändert werden kann. Entgegen einer im Schrifttum vertretenen Ansicht erfordert dieser **Bestimmtheitsgrundsatz** jedoch nicht zwingend eine sachlich auf die Änderung konkreter Regelungen begrenzte Öffnungsklausel **(spezielle Öffnungsklausel).**[29] Eine derartige Beschränkung lässt sich dem Gesetz nicht entnehmen.[30] Zudem engen abschließende Kataloge abänderbarer Regelungen die Möglichkeit der WEer ein, ihre GemO veränderten Umständen anzupassen, die bei der Errichtung der GemO nicht erkennbar waren. Zulässig und idR zweckmäßig sind daher auch **allgemeine Öffnungsklauseln,** nach der sämtliche Regelungen der GemO durch Mehrheitsbeschluss abgeändert werden können.[31] Um den Anwendungsbereich einer allgemeinen Öffnungsklausel zu verdeutlichen, kann die Klausel durch Regelbeispiele ergänzt werden, in denen eine Änderung der GemO „insbesondere" in Betracht kommt; es sollte allerdings klargestellt werden, dass es sich nicht um eine abschließende Aufzählung handelt.[32] Sofern in der GemO etwa eine Hausordnung oder eine sonstige Angelegenheit der Verwaltung „vereinbart" ist, über die WEer kraft Gesetzes mehrheitlich entscheiden können, empfiehlt sich eine spezielle Öffnungsklausel, die klarstellt, dass die Regelung im Rahmen der Beschlusskompetenz durch Mehrheitsbeschluss geändert werden kann.[33]

16 Eine kompetenzbegründende Öffnungsklausel liegt grds. nicht vor, wenn eine Änderungsklausel in der GemO eine Änderung von dem Eintritt bestimmter Umstände, nicht aber von einem Änderungsbeschluss der WEer abhängig macht. Nur wenn die in der Änderungsklausel bezeichneten Vorgaben für eine Änderung ausfüllungsbedürftig sind,

---

[26] BGHZ 95, 137 (140) = NJW 1985, 2832 (2833); vgl. zum Ganzen *Grebe* DNotZ 1987, 5; *Hügel* ZWE 2001, 578; *Becker* PiG 63, 99 = ZWE 2002, 341.

[27] LG München I ZMR 2008, 915 f.

[28] BGHZ 145, 158 (166) = ZWE 2000, 518 = NJW 2000, 3500; AG Hannover ZMR 2008, 843 f.

[29] So *Rapp* DNotZ 2000, 864 (868); *Wudy* MittRhNotK 2000, 387.

[30] Vgl. BGHZ 95, 137 (140).

[31] *Wenzel,* FS Deckert, S. 517 (527 f.); *Hügel* ZWE 2001, 578 (579); *Becker* PiG 63, 99 (101 f.) = ZWE 2002, 341 (342); *Deckert* NZM 2001, 613; *Müller* ZWE 2001, 191 (192); *Röll* DNotZ 2000, 898 (902); *Buck,* Mehrheitsentscheidungen, S. 62 f. mwN zum Gesellschaftsrecht.

[32] So die Empfehlung von *Hügel* ZWE 2001, 578 (580).

[33] Zur Auslegung solcher „Vereinbarungen mit Beschlussinhalt" vgl. § 21 Rn 25.

können die WEer im Interesse der Rechtssicherheit durch Beschluss darüber entscheiden, ob die Vorgaben im konkreten Fall erfüllt sind (sog. **verdeckte Öffnungsklausel**).[34]

17 Als Ermächtigungsgrundlage für eine Mehrheitsentscheidung kann die Öffnungsklausel die zur Änderung der GemO **erforderliche Stimmenmehrheit** regeln. Dem Interesse am Bestand der GemO dient das Erfordernis einer qualifizierten Stimmenmehrheit – etwa einer 3/4-Mehrheit aller WEer **(qualifizierte Mehrheitsklausel).**[35] Denkbar ist auch die Vereinbarung einer qualifizierten Mehrheit, die zugleich der Mehrheit aller Miteigentumsanteile entspricht (doppeltqualifizierte Mehrheit).

18 Die Vereinbarung einer Öffnungsklausel wirkt als Ermächtigungsgrundlage für eine gemeinschaftsordnungsändernde Mehrheitsentscheidung gemäß § 10 Abs. 2 nur gegen **Sondernachfolger,** wenn sie als Inhalt des SEs im GB eingetragen ist. Sondernachfolger sollen bereits aus dem GB ersehen können, in welchem Umfang sich die WEer dem Mehrheitsprinzip unterworfen haben. Eine nicht im GB eingetragene Öffnungsklausel (sog. **schuldrechtliche Öffnungsklausel**) wirkt als Ermächtigungsgrundlage nicht gegenüber Sondernachfolgern.[36] Gemeinschaftsordnungsändernde Beschlüsse auf Grund einer nicht im GB eingetragenen Öffnungsklausel sind im Falle eines Eigentümerwechsels gegenüber allen WEern unwirksam; eine relative Änderung der GemO – etwa des Kostenverteilungsschlüssels – gegenüber den an der Vereinbarung beteiligten WEern kommt nicht in Betracht.[37]

19 **bb) Der Änderungsbeschluss.** Der auf Grund einer im GB eingetragenen Öffnungsklausel gefasste Änderungsbeschluss muss vom Umfang der vereinbarten Beschlussermächtigung gedeckt sein. Überschreitet der Änderungsbeschluss die inhaltlichen **Grenzen der Beschlussermächtigung,** ist er mangels Beschlusskompetenz nichtig. Nach der Rechtsprechung ist ein gemeinschaftsordnungsändernder Mehrheitsbeschluss auf Grund einer Öffnungsklausel darüber hinaus nur zulässig, wenn hierfür ein **sachlicher Grund** vorliegt und einzelne WEer gegenüber dem bis dahin bestehenden Rechtszustand **nicht unbillig** benachteiligt werden.[38] Diese Anforderungen erfüllt etwa ein Beschluss zur Änderung des Kostenverteilungsschlüssels, sofern nicht die Voraussetzungen gem. § 16 Abs. 4, 5 oder § 21 Abs. 7 vorliegen, wenn sich die Verhältnisse gegenüber früher in wesentlichen Punkten geändert haben oder sich die ursprüngliche Regelung nicht bewährt hat.[39] Besteht kein sachlicher Grund für die beschlossene Änderung oder werden einzelne WEer durch die Änderung unbillig benachteiligt, so ist der Änderungsbeschluss auf fristgerechte Anfechtung für ungültig zu erklären.[40] Einer Anfechtung bedarf es hingegen nicht, wenn der Änderungsbeschluss auf Grund einer allgemeinen Öffnungsklausel in **unentziehbare Sonderrechte** – etwa in Sondernutzungsrechte – einzelner WEer eingreift, oder ihnen zusätz-

---

[34] Vgl. KG ZWE 2002, 38 (39 f.) = NJW-RR 2002, 374 zu einer Änderungsklausel, die im Falle eines Dachausbaus die Änderung des Kostenverteilungsschlüssels vom „Baubeginn" abhängig macht; vgl. auch *Briesemeister* ZWE 2002, 241 (243).

[35] Vgl. die Beispiele bei *Becker* PiG 63, 99 (103) = ZWE 2002, 341 (343); *Deckert* NZM 2001, 613; *Hügel* ZWE 2001, 578 (580); *Müller* ZWE 2001, 191 (192); *Röll* DNotZ 2000, 892 (902).

[36] So *Kümmel* ZWE 2002, 68 (69); *Becker* PiG 63, 99 (105) = ZWE 2002, 341 (343 f.); insoweit auch *Ott* ZWE 2001, 466 (469); aA *Rau* ZMR 2001, 241 (247 f.); *Deckert* NZM 2002, 414 (418).

[37] Vgl. KG NJW-RR 1991, 213; *Demharter* DNotZ 1991, 28 (34); *Kümmel* ZWE 2000, 387 (390); *Volmer* ZfIR 2000, 931 (940); *Wenzel* ZWE 2001, 226 (227), FS Deckert, S. 517 (528 f.); aA wohl *Häublein* ZMR 2000, 421 (432); *Rapp* DNotZ 2000, 185 (194); *ders.* ZWE 2000, 392 (394).

[38] BGHZ 95, 137 (142 f.) = NJW 1985, 2832 (2833), seitdem st. Rspr. zuletzt BGH WE 1995, 183 (184); OLG Düsseldorf WE 1999, 105 (106) = NZM 1999, 267; LG Köln ZMR 2010, 313 (314); *Wenzel,* FS Deckert, S. 517 (528); aA *Häublein* ZMR 2007, 417; *Elzer* ZMR 2007, 237 (240).

[39] So BGHZ 95, 137 (143).

[40] Staudinger/*Kreuzer* § 10 Rn 94.

liche Leistungspflichten auferlegt, die sich weder aus dem Gesetz noch aus der bisherigen GemO ergeben.[41] Auch Sondernutzungsrechte zugunsten einzelner WEer können nicht auf Grund einer allgemeinen Öffnungsklausel durch Mehrheitsbeschluss begründet werden, da dadurch den übrigen WEern gemeinschaftsordnungsändernd ihr Mitgebrauchsrecht nach § 13 Abs. 2 WEG entzogen würde;[42] ein ohne Zustimmung aller betroffenen WEer gefasster Änderungsbeschluss ist unwirksam (s. Rn 119).

20 Die umstrittene Frage, ob die Änderung der GemO durch Mehrheitsbeschluss auf Grund einer im GB eingetragenen oder gesetzlichen Öffnungsklausel der **Zustimmung der dinglich am WE Berechtigten,** insbesondere der Grundpfandgläubiger bedarf, hat wegen der Neuregelung in § 5 Abs. 4 idR praktische Bedeutung nur noch für SNR und iÜ nur für dinglich Berechtigte, die nicht Grundpfandgläubiger sind. Nach hM besteht entspr. §§ 877, 876 BGB ein Zustimmungserfordernis, wenn nicht ausgeschlossen werden kann, dass die Änderung den Drittberechtigten rechtlich benachteiligt.[43] Gegen diese Ansicht spricht, dass dem Inhaber eines beschränkten dinglichen Rechts keine weitergehende Rechtsmacht als dem Vollrechtsinhaber zukommen kann, der auf Grund der im GB eingetragenen Öffnungsklausel an eine Mehrheitsentscheidung gebunden ist. Die Zustimmung Drittberechtigter dürfte daher generell entbehrlich sein.[44]

21 Ein kraft Öffnungsklausel gefasster Mehrheitsbeschluss, der von einer gesetzlichen Regelung abweicht oder eine GO ändert, hat zwar die Funktion einer Vereinbarung, kann aber nicht als Inhalt des SE im GB eingetragen werden.[45] Vielmehr bedarf er zu seiner Wirksamkeit gegen den Sondernachfolger eines WEers nach jetzt ausdrücklicher Regelung in § 10 Abs. 4 Satz 2 nicht der Eintragung in das GB, d.h. er wirkt auch gegen einen Sondernachfolger. Dadurch kann das GB unrichtig werden, so dass ein Erwerber von etwaigen Änderungen der GemO nicht durch Einsicht in das GB, sondern allenfalls durch Einsicht in die Beschluss-Sammlung Kenntnis nehmen kann.

22 **c) Kompetenzverdrängende Vereinbarungen.** Die gesetzlichen Beschlusskompetenzen können durch Vereinbarung der WEer beschränkt werden,[46] soweit sie nicht zwingend sind. Dies ergibt sich bereits aus § 10 Abs. 2 Satz 2, wonach die WEer vom Gesetz abweichende Vereinbarungen über die Beschlusskompetenzen treffen können, soweit nicht etwas anderes ausdrücklich bestimmt ist, wie etwa in §§ 12 Abs. 4 Satz 2, 16 Abs. 5, 22 Abs. 2 Satz 2. Zudem bestimmt § 15 Abs. 2, dass die WEer den Gebrauch durch Stimmenmehrheit beschließen können, soweit nicht eine Vereinbarung entgegensteht. Einen entsprechenden „Vereinbarungsvorbehalt" enthält auch § 21 Abs. 3, wonach die Beschlusskompetenz der WEer in Angelegenheiten der Verwaltung des GemE nur besteht, soweit die Verwaltung nicht durch Vereinbarung geregelt ist (s. § 21 Rn 25). Demnach kann vereinbart werden, dass Angelegenheiten, die an sich durch Beschluss entschieden werden können, durch Vereinbarung der WEer zu regeln sind.

23 Eine Regelung der Hausordnung in einer vereinbarten GemO dürfte idR nicht so zu verstehen sein, dass sie nur durch Vereinbarung abgeändert werden kann.[47] Vielmehr führt die Regelung einer Angelegenheit, die durch Stimmenmehrheit entschieden werden kann,

---

41 *Becker* PiG 63, 99 (108) = ZWE 2002, 341 (344).

42 Vgl. OLG Köln WE 1998, 193 (194); wohl auch *Wenzel,* FS Deckert, S. 517 (528); aA wohl *Hügel* DNotZ 2001, 578 (581).

43 OLG Düsseldorf ZMR 2004, 284; *Gaier* ZWE 2005, 39 (42); *Wenzel* ZWE 2004, 130 (134); *Sauren* ZMR 2008, 514 ff.; Niedenführ/*Kümmel*/Vandenhouten § 10 Rn 31; Palandt/*Bassenge* § 10 Rn 2 unter Hinweis auf ein obiter dictum in BGHZ 127, 99 (104) = NJW 1994, 3230. Vgl. § 10 Rn 146.

44 So *Schmack* ZWE 2001, 89 (91); *Becker* PiG 63, 99 (109) = ZWE 2001, 341 (345); *Wenzel,* FS Deckert, S. 517 (528).

45 OLG München ZWE 2010, 128, dazu *Commichau* ZWE 2010, 126 ff.

46 Vgl. BayObLG ZWE 2002, 405 (406).

47 Vgl. § 21 Rn 61; BayObLGZ 1975, 20.

durch Vereinbarung idR nicht dazu, dass die WEer ihre Beschlusskompetenz verlieren, d. h. über diese Angelegenheit nicht mehr mit Stimmenmehrheit befinden können.[48] Ist etwa in der GemO eine Ermächtigung des Verwalters vereinbart, die Hausordnung aufzustellen, so verlieren die WEer dadurch nicht die Kompetenz, nach § 21 Abs. 3, 5 Nr. 1 eine Hausordnung mit Stimmenmehrheit zu beschließen.[49] Dagegen kann dem Verwalter die durch Vereinbarung eingeräumte Ermächtigung, eine Hausordnung aufzustellen, nicht durch Mehrheitsbeschluss entzogen werden.[50] Ist in der GemO die Zustimmung des Verwalters zu baulichen Veränderungen vorgeschrieben, so verdrängt der Zustimmungsvorbehalt nicht die Befugnis der WEer, auf Anfrage des Verwalters über die Zustimmung verbindlich zu beschließen.[51]

3. Der Beschluss als Rechtsgeschäft

a) Die Rechtsnatur. § 23 Abs. 1 bestimmt, dass die „Angelegenheiten ... durch Beschlussfassung in einer Versammlung der WEer geordnet" werden. Dadurch wird zum Ausdruck gebracht, dass der Gesamtwille der WEgem durch einen Akt kollektiver Willensbildung – der Beschlussfassung – gebildet wird. Der Beschluss ist ein mehrseitiges Rechtsgeschäft eigener Art – ein sog. **Gesamtakt**[52] –, bestehend aus mehreren gleichgerichteten Willenserklärungen und bildet den verbindlichen Willen der WEer. 24

aa) Beschluss und Vereinbarung. Der Beschluss unterscheidet sich seiner Rechtsnatur nach von der Vereinbarung als Vertrag, der nicht aus gleichgerichteten, sondern aus gegenseitigen, in Bezug aufeinander abgegebenen Willenserklärungen besteht.[53] Die unterschiedliche Rechtsnatur von Beschluss und Vereinbarung ergibt sich insbesondere daraus, dass der Beschluss bei Geltung des Mehrheitsprinzips nicht die Willensübereinstimmung aller WEer voraussetzt. Vielmehr bindet der (Mehrheits-)Beschluss auch die WEer, die gegen den Beschlussantrag gestimmt haben, sich der Stimmabgabe enthalten haben (zur Wirkung der Stimmenthaltung siehe § 25 Rn 109 ff.) oder die der Versammlung ferngeblieben sind.[54] Andererseits hat ein Mehrheitsbeschluss insofern nicht die Bindungswirkung einer Vereinbarung, als er durch Mehrheitsbeschluss, eine Vereinbarung idR dagegen nur mit Einverständnis aller WEer aufgehoben oder verändert werden kann.[55] 25

Wird eine Regelung mit **Zustimmung aller WEer** getroffen, ist durch Auslegung zu ermitteln, ob eine Vereinbarung oder ein Beschluss vorliegt. Die hM stellt nicht auf die äußere Form oder Bezeichnung, sondern auf den Regelungsinhalt ab.[56] Soweit die WEer das Grundverhältnis der Gemeinschaft abweichend von den gesetzlichen Vorschriften oder 26

---

[48] Vgl. BayObLG ZWE 2002, 405 (406).

[49] KG OLGZ 1992, 182 (183) = WE 1992, 110 = ZMR 1992, 68 (69); BayObLG ZWE 2001, 595 (596).

[50] Vgl. § 21 Rn 62; offen lassend KG OLGZ 1992, 182 (184).

[51] BGH NJW 1996, 1216 (1217) = WuM 1996, 240 (241).

[52] BayObLGZ 1975, 284; 1977, 226; 1984, 198; Rpfleger 1982, 100; WuM 1996, 113 (115); OLG Stuttgart OLGZ 1985, 259; LG Stuttgart WuM 1991, 213 (214); *Bassenge* PiG 25, 101 (106); Staudinger/*Bub* § 23 Rn 65.

[53] OLG Köln NJW-RR 1992, 598.

[54] Vgl. auch *Larenz/Wolf* AT § 18 II 2; *Medicus* AT Rn 205; Soergel/*Hadding* BGB § 32 Rn 21 zum Verein.

[55] Vgl. *Merle,* Verwalter, S. 52 ff.

[56] OLG Hamm ZMR 2007, 131 (132); BayObLGZ 1974, 172 (174); 1978, 377 (381); WE 1990, 214; NJW-RR 1990, 1102; 1992, 81 (83); 1992, 403; ZfIR 2002, 645 (647) = NZM 2002, 747; ZWE 2002, 583 (585); OLG Hamm WE 1997, 32; OLG Zweibrücken WE 1997, 234; ZWE 2001, 563 (567) = NZM 2001, 1136 (Ls); OLG Hamburg, ZMR 2008, 154 f.; *Staudinger/Kreuzer* § 10 Rn 128; *ders.* ZWE 2000, 325 (327) = PiG 59, 33 (39 f.); aA OLG Köln NJW-RR 1992, 598 (obiter dictum); *Deckert* PiG 54, 19 (29 f.).

in Ergänzung der GemO regeln wollen, liege eine Vereinbarung vor (vgl. § 10 Abs. 2 Satz 2, Abs. 3); betreffe der Regelungsgegenstand dagegen die laufende Verwaltung des GemE, so sei regelmäßig ein Beschluss anzunehmen. Diese Abgrenzung nach dem Regelungsinhalt stößt zunehmend auf im Ergebnis berechtigte Kritik.[57]

27 Die hM ist abzulehnen. Vom Regelungsinhalt kann nicht auf das Regelungsinstrument geschlossen werden.[58] Das WEG stellt den WEern die Regelungsinstrumente Vereinbarung und Beschluss zur Verfügung. Weitergehend bestimmt das Gesetz, in welchen Fällen die WEer die Instrumente Vereinbarung und Beschluss einsetzen müssen, um eine rechtmäßige Regelung treffen zu können. Daraus kann aber im Umkehrschluss nicht gefolgert werden, dass die WEer im konkreten Fall auch das richtige Regelungsinstrument eingesetzt haben, also z. B. im Falle einer Regelung, die durch Vereinbarung zu treffen ist, auch tatsächlich eine Vereinbarung – im rechtstechnischen Sinne – getroffen haben. Da sowohl Beschluss als auch Vereinbarung Rechtsgeschäfte sind, entscheidet der Wille der WEer darüber, ob eine Regelung die Rechtsnatur einer Vereinbarung oder eines Beschlusses hat.[59] Dieser Wille muss aber erkennbar geäußert werden, wobei die Begleitumstände, unter denen die Erklärung erfolgt, Teil der Erklärung sein können.[60] Umschreibt die Niederschrift den Hergang der Entscheidungsfindung mit den Worten „Beschlussgegenstand", „Abstimmung" oder „Beschlussfeststellung" so kann mangels anderer Anhaltspunkte, etwa bei Zustimmung zu einem vorliegenden Vertragsentwurf, von einer Regelung in Form des Beschlusses ausgegangen werden.[61] Soll trotz Beschlussform eine Vereinbarung gewollt sein, dann muss dies von allen WEern erkennbar zum Ausdruck gebracht werden. Letztlich muss aber davon ausgegangen werden, dass die WEer ihre Entscheidung mit dem Regelungsinstrument treffen, welches sie im Versammlungsprotokoll genannt haben oder welches sie offensichtlich benutzen wollten. Auch erkennbar gewollte Rechtsfolgen der Regelung, etwa Bindung abwesender WEer, Änderungsmöglichkeit mit Mehrheit, Eintragung ins Grundbuch etc., sind bei der Ermittlung des maßgeblichen Willens der WEer zu berücksichtigen.[62]

28 **bb) Der „Einmannbeschluss".** Aus der Rechtsnatur des Beschlusses als Gesamtakt ergibt sich, dass ein Beschluss iSv § 23 Abs. 1 nur gefasst werden kann, wenn mindestens eine aus zwei WEern bestehende Gemeinschaft – auch als „werdende WEer-Gemeinschaft" (vgl. § 10 Rn 16) – vorliegt.[63] Der teilende Alleineigentümer kann zwar gem. §§ 8 Abs. 2, 5 Abs. 4 die GemO festlegen, aber er kann grds. keine – erst recht nicht als geringere Regelung – sog. „Einmannbeschlüsse" fassen.[64] Der Hinweis auf die Zulässigkeit von „Einmannbeschlüssen" im GmbH-Recht vermag nicht zu überzeugen, da eine Gemeinschaft der WEer bei der Teilung durch den Alleineigentümer – anders als im GmbH-Recht, das die Rechtsfigur der Einmann-GmbH kennt (vgl. §§ 1, 48 Abs. 3 GmbHG) – erst mit dem Entstehen der werdenden WEgem existiert. Eine Einpersonengemeinschaft gibt es nicht.[65] Etwas anderes gilt für **„Entschlüsse" des teilenden Allein-**

---

[57] Vgl. *Wenzel,* FS Deckert, S. 519; Staudinger/*Bub* § 23 Rn 163 a; *Deckert* WE 1999, 2 ff.; *Wangemann/Drasdo* Rn 333; *Häublein* ZMR 2000, 423 (425), 2001, 165 (168); *Röll* WE 1991, 212.

[58] *Wenzel,* FS Deckert, S. 517 (522).

[59] Vgl. *Merle,* Verwalter, S. 54; *Wenzel,* FS Deckert, S. 517 (524).

[60] So auch OLG Köln NJW-RR 1992, 598; vgl. OLG Hamm ZMR 2007, 131 (132); *Deckert* PiG 54, 19 (30); *Häublein* ZMR 2001, 165 (169); vgl. auch Staudinger/*Bub* § 23 Rn 163 a; *Röll* WE 1991, 212.

[61] So auch Staudinger/*Bub* § 23 Rn 163 a; *Häublein* ZMR 2001, 165 (169).

[62] Vgl. hierzu auch *Wenzel,* FS Deckert, S. 517 (525).

[63] OLG Frankfurt/M. OLGZ 1986, 40 (41); OLGZ 1988, 439 = DWE 1989, 32; LG Frankfurt/M. ZMR 1989, 351.

[64] OLG Köln ZWE 2008, 242 (244) = ZMR 2008, 478; *Elzer* ZMR 2009, 7 (10) unter Hinweis auf BGH NZM 2008, 649.

[65] Vgl. *Wenzel,* FS Bub 2007, 263 ff.; aA *Becker* FS Seuß 2007, 19 ff.

eigentümers, die analog §§ 5 Abs. 4, 8 Abs. 2 zum formellen Bestandteil der GemO (Bestellung des Verwalters, Aufstellen der Hausordnung, Wirtschaftsplan) gemacht werden.[66] Ein „Beschluss" des Alleineigentümers ist damit als „juristisches Nihil" aufzufassen; einer Anfechtung nach § 23 Abs. 4 bedarf es nicht.[67] Insoweit ist auch der Begriff der „Einmannversammlung" abzulehnen.[68] Etwas anderes gilt bei einer in Vollzug gesetzten WEgem, wenn an einer ordnungsgemäß einberufenen Versammlung nur einer von mehreren WEern teilnimmt, auch wenn er zugleich Versammlungsleiter ist. In diesem Fall ist eine Gemeinschaft von WEern vorhanden, denen der Einmannbeschluss zugerechnet werden kann. Allerdings kommt aus Gründen der Beweisbarkeit und Rechtsklarheit ein Beschluss in einer derartigen Versammlung nur zustande, wenn das Beschlussergebnis in der „Einmannversammlung" – etwa durch schriftliche Niederlegung oder durch vorläufige Aufzeichnung auf einen Ton- oder Datenträger – festgestellt und verkündet wird (vgl. Rn 41 ff.); das spätere Abfassen einer Niederschrift durch den Versammlungsteilnehmer reicht nicht aus.[69]

cc) Die Probeabstimmung. Ein Beschluss als Rechtsgeschäft liegt nur vor, wenn nach dem Willen der Beteiligten eine **verbindliche Regelung** getroffen werden soll. Ob ein solcher Rechtsbindungswille und damit ein Beschluss der WEer vorliegt, ist durch Auslegung zu ermitteln. Dabei ist – wie bei der Auslegung des Beschlussinhalts (s. u. Rn 52) – auf den objektiven Erklärungswert abzustellen, wobei auch solche Begleitumstände zu berücksichtigen sind, die in der Versammlungsniederschrift (vgl. § 24 Abs. 6) festgehalten sind.[70] Ein Beschluss mit Regelungscharakter ist danach zu verneinen, wenn das objektiv Erklärte nur auf eine Probeabstimmung schließen lässt, die lediglich der Feststellung der Mehrheitsverhältnisse dient. Dies ist insbesondere dann der Fall, wenn hinsichtlich einer Abstimmung ausdrücklich in der Niederschrift vermerkt ist, dass die – vor der Abstimmung bereits als fraglich erkannte – Rechtslage bezüglich einer evtl. erforderlichen Einstimmigkeit nach § 22 Abs. 1 noch geprüft werden muss.[71] Hier fehlt der Wille der Beteiligten, eine verbindliche Regelung zu treffen, bevor die Rechtslage hinsichtlich des erforderlichen Quorums nicht geklärt ist. Demgegenüber schließt alleine der Hinweis des Versammlungsleiters auf das Einstimmigkeitserfordernis den Rechtsbindungswillen nicht aus.[72] 29

dd) Die Anwendung allgemeiner Vorschriften. Da der Beschluss Rechtsgeschäft ist, finden grds. die allgemeinen Regeln über Rechtsgeschäfte Anwendung. Dies gilt insbesondere für die Bestimmungen über die Nichtigkeit von Rechtsgeschäften (§§ 125, 134, 138, 139, 140 BGB).[73] Da der Beschluss als solches keine Willenserklärung ist, gelten die Vorschriften der §§ 116 ff. BGB über Willenserklärungen für den Beschluss nicht. Mangels Vertragscharakter können die Vorschriften über Verträge (§§ 145 ff. BGB) ebenfalls keine Anwendung finden. Für die Auslegung von Beschlüssen kommt jedoch eine entspr. Anwendung der §§ 133, 157 BGB in Betracht (zur Auslegung von Beschlüssen s. u. Rn 51 ff.).[74] Als Rechtsgeschäft können Beschlüsse nach § 158 Abs. 1 und 2 BGB auch 30

---

[66] Vgl. § 26 Rn 68, § 21 Rn 61; *Wenzel* FS Bub 2007, 266 f.

[67] OLG Frankfurt/M. OLGZ 1986, 40 (41); OLG München FG Prax 2006, 308; AG Hamburg ZMR 2008, 837 f.

[68] So jedoch *Röll* NJW 1989, 1070 (1072).

[69] OLG München NZM 2008, 577 = ZMR 2008, 409 kritisch *Elzer* dazu ZMR 2009, 7 (9 f.); BayObLG WE 1996, 197 (199) = NJW-RR 1996, 524 (525) = WuM 1996, 113 (115); aA *Röll* WE 1996, 370 (371); Staudinger/*Bub* § 23 Rn 94; vgl. auch Rn 51.

[70] LG Stuttgart WuM 1991, 213 (214) unter Hinweis auf BayObLG WuM 1990, 92 = WE 1991, 76 (77); vgl. ferner BayObLG WuM 1991, 711 (712).

[71] So im Fall von LG Stuttgart WuM 1991, 213.

[72] *Müller* ZWE 2000, 237 (242) = PiG 59, 73 (86).

[73] Vgl. *K. Schmidt,* Gesellschaftsrecht, § 15 I 2 a).

[74] *Bassenge* PiG 25, 101 (106); zum Vereinrecht vgl. Soergel/*Hadding* BGB § 32 Rn 21.

unter einer aufschiebenden oder auflösenden Bedingung gefasst werden (zu den Auswirkungen auf die Beschlussanfechtung vgl. Rn 158).[75]

31 **b) Die Stimmabgabe als Willenserklärung.** Die einzelne Stimmabgabe, aus der sich der Gesamtakt „Beschluss" zusammensetzt, ist empfangsbedürftige Willenserklärung, die in der Versammlung ggü. dem Versammlungsleiter als Vertreter der WEer – auch konkludent – abzugeben ist.[76] Sie ist bedingungsfeindlich, da sie auf die Rechtsfolge der Gesamtwillensbildung gerichtet ist und diese erst mit Abgabe sämtlicher Stimmen eintritt.[77] Die Stimmabgabe ist damit kein selbstständiges einseitiges Rechtsgeschäft. Als Willenserklärung unterliegt die Stimmabgabe jedoch den allgemeinen Regeln des BGB für Willenserklärungen, insbesondere den Vorschriften über die Geschäftsfähigkeit (§§ 105 ff. BGB), Nichtigkeit und Anfechtbarkeit (§§ 116 ff., 134 ff., 142 ff. BGB), und das Wirksamwerden (§§ 130 ff. BGB).[78] Wird eine Stimme angefochten, kann der anfechtende WEer seine Stimmabgabe bis zum Abschluss des Abstimmungsverfahrens, d. h. bis zum Ende der Auszählung, wiederholen, da dies eine erneute Beschlussfassung vermeidet.[79] Dies gilt auch für den Fall, dass eine wirksame Stimmabgabe aus anderen Gründen noch nicht erfolgt ist.[80] Hingegen kommt ein Widerruf der Stimme gem. § 130 Abs. 1 Satz 2 BGB nur bis zu ihrem Zugang in Betracht, d. h. bis zu dem Moment, in dem der Versammlungsleiter die Stimme zur Ermittlung des Abstimmungsergebnisses zur Kenntnis nimmt. Eine außerhalb der Versammlung erklärte Zustimmung zu einem Beschluss kann mangels Zugangs in der Versammlung keine Wirkung entfalten.[81] Zu den Folgen einer Anfechtung der Einzelstimme für die Gültigkeit des Beschlusses siehe Rn 177.

4. Das Zustandekommen eines Beschlusses

32 Formal vollzieht sich die Beschlussfassung in der Versammlung in der Weise, dass über einen bestimmten Beschlussantrag nach vorheriger Beratung abgestimmt wird, und sodann das Beschlussergebnis festzustellen und zu verkünden ist.

33 **a) Der Beschlussantrag. aa) Inhalt und Form des Antrags.** Der Beschlussantrag legt den Gegenstand der Beschlussfassung fest. Der Versammlungsvorsitzende – regelmäßig der Verwalter (vgl. § 24 Rn 2) – hat dafür zu sorgen, dass der Antrag zur Beschlussfassung klar, verständlich und bestimmt gefasst ist, um zukünftige Streitigkeiten zwischen den WEern über den Beschlussinhalt zu vermeiden, die im Wege der Beschlussanfechtung nach §§ 46 Abs. 1, 23 Abs. 4 zur Ungültigerklärung durch das Gericht führen können (zur Unbestimmtheit von Beschlüssen s. Rn 51, 147). Der Beschlussantrag bedarf nicht der Schriftform. Es ist jedoch zweckmäßig, einen Beschlussentwurf schriftlich vorzuformulieren, der als Grundlage der Beratung dient und anschließend evtl. geändert bzw. präzisiert werden kann.[82] Die Schriftform kann in der GemO vereinbart, nicht aber mehrheitlich beschlossen

---

[75] Vgl. BayObLG NJWE-MietR 1997, 15 = WE 1997, 153; *Merle,* FS für Bärmann/Weitnauer (1990), S. 497 ff.

[76] BGH ZfIR 2002, 914 (915); BayObLG WuM 1996, 113 (115); BayObLGZ 2000, 66 (68 f.) = ZWE 2000, 469 = NJW-RR 2000, 1036; *Bassenge* PiG 25, 101 (106); *Hadding* ZWE 2001, 179 (181); *Lehmann-Richter* ZMR 2007, 741 (743).

[77] OLG Düsseldorf ZWE 2002, 418 (419).

[78] BGH ZfIR 2002, 914 (915); BayObLG WE 1999, 149 (150); BayObLGZ 2000, 66 (69) = ZWE 2000, 469 = NJW-RR 2000, 1036 mit Anm. *Armbrüster* ZWE 2000, 455; BayObLG ZWE 2001, 480 (481 f.) = NJW 2002, 71; *Bassenge* PiG 25, 101 (106); *Bub,* FS Merle, S. 119.

[79] BayObLGZ 2000, 66 (69) = ZWE 2000, 469 = NJW-RR 2000, 1036; im Ergebnis zustimmend *Armbrüster* ZWE 2000, 455 (456).

[80] *Armbrüster* ZWE 2000, 455 (456); aA *Müller* ZWE 2000, 237 (245) = PiG 59, 73 (94).

[81] BayObLG NZM 1999, 282 (283); zur kombinierten Beschlussfassung außerhalb der Versammlung s. Rn 103.

[82] Vgl. *Merle* WE 1987, 138 zur Formulierung des Beschlussantrags vgl. auch *Müller* ZWE 2000, 237 (242 f.) = PiG 59, 73 (88 f.).

werden.[83] Um unanfechtbare Beschlüsse in der Versammlung fassen zu können, ist es erforderlich, dass sich der Beschlussantrag auf einen Tagesordnungspunkt bezieht, der nach § 23 Abs. 2 in der Einberufung der Versammlung bezeichnet ist (vgl. dazu Rn 76 ff.).

34 **bb) Das Antragsrecht.** In der Versammlung ist jeder WEer berechtigt, einen Antrag zur Beschlussfassung zu stellen. Das Antragsrecht des WEers gehört zum Inhalt seines auf dem Mitverwaltungsrecht beruhenden Teilnahmerechts (vgl. § 24 Rn 59). Ferner steht ein Antragsrecht auch dem Verwalter zu. Dieses ergibt sich nicht aus seinem entziehbaren Teilnahmerecht (vgl. § 24 Rn 89 f.), sondern folgt mittelbar aus § 46 Abs. 1: Wer berechtigt ist, Klage auf Ungültigerklärung eines Beschlusses zu erheben, der muss auch berechtigt sein, Beschlussanträge zu stellen. Dritte sind grds. nicht antragsberechtigt, es sei denn, ihnen steht ein vom WEer abgeleitetes Stimmrecht in der Versammlung zu (vgl. § 24 Rn 72 ff.).[84]

35 **b) Die Abstimmung.** Der Beratung über den Beschlussantrag schließt sich die Abstimmung an. Es kann nur über einen gestellten Antrag abgestimmt werden. Über ein Weniger gegenüber dem gestellten Antrag kann nur abgestimmt werden, wenn ein dem Weniger entsprechender Antrag vorliegt.[85] Ohne Abstimmung kommt durch bloße Informationen und Diskussionen über eine Angelegenheit ein Beschluss nicht zustande.[86]

36 **aa) Das Abstimmungsverfahren.** Über die Verfahrensweise bei Abstimmungen enthält das WEG keine Regelung. Sie kann jedoch durch die GemO oder durch einfachen Geschäftsordnungsbeschluss auf Vorschlag des Versammlungsleiters festgelegt werden.[87] Wird auch auf diese Weise keine Regelung getroffen, so obliegt es dem Versammlungsleiter, nach pflichtgemäßem Ermessen den Abstimmungsmodus zu bestimmen.[88] In Betracht kommt die Abstimmung durch Handheben, durch Abgabe oder Heben von Stimmzetteln, durch Zuruf, durch elektronische Zählmaschinen (insbesondere bei Großgemeinschaften), durch Akklamation, durch namentliche Abstimmung oder durch Schweigen auf die Frage nach Gegenstimmen.[89] Die Abstimmung kann offen oder geheim erfolgen; die GemO kann allerdings einzelnen WEern das Recht einräumen, eine geheime Abstimmung zu verlangen.[90] Für die Ausübung des Ermessens ist die Sicherstellung der ungestörten Willensbildung der Versammlungsteilnehmer und der klaren Feststellung des Abstimmungsergebnisses maßgeblich. So findet die Wahlfreiheit hinsichtlich des Abstimmungsverfahrens dort ihre Grenze, wo dieses das Abstimmungsergebnis manipuliert (z. B. Abstimmung durch vorgedruckte Stimmzettel, versehen mit dem Namen eines vom Versammlungsleiter favorisierten Kandidaten für die Wahl eines Verwaltungsbeiratsmitglieds).[91] Darüber hinaus liegt es auch im Ermessen des Versammlungsleiters, die Reihenfolge der Abstimmungsfragen (Fragen nach Zustimmung, Ablehnung oder Enthaltung) festzulegen.[92] Die Reihenfolge darf auch während der Versammlung wechseln, sofern bei jeder Abstimmung die Frage für die Teilnehmer klar erkennbar ist, weil sie nur so ihre Stimme ihrem Willen entspr. abgeben können. Die Reihenfolge der Abstimmungsfragen führt somit grds. nicht zur Anfechtbarkeit eines Beschlusses.[93]

37 **bb) Das Abstimmungsergebnis.** Ergebnis jeder Beschlussfassung ist die Annahme oder Ablehnung des Beschlussantrages. Die Ermittlung der Zahl der zu einem Beschluss-

---

[83] Vgl. KG ZWE 2002, 413 (Ls).
[84] Siehe auch *Becker* S. 28.
[85] OLG München ZMR 2009, 224.
[86] OLG Frankfurt/M ZMR 2009, 463.
[87] KG Rpfleger 1985, 412 = ZMR 1985, 105.
[88] Vgl. *Merle* WE 1987, 138.
[89] Vgl. Niedenführ/*Kümmel*/Vandenhouten § 23 Rn 46; *Merle* WE 1987, 138.
[90] Vgl. Soergel/*Hadding* BGB § 32 Rn 30 zum Verein.
[91] Vgl. Soergel/*Hadding* BGB § 32 Rn 30 zum Verein.
[92] Vgl. *Merle* WE 1987, 138 (139).
[93] KG ZMR 1985, 105 (106).

antrag von den WEern abgegebenen Ja- und Nein-Stimmen sowie der Stimmenthaltungen ist Aufgabe des Versammlungsleiters. Sie ist Grundlage der ihm ebenfalls – nach Prüfung der Gültigkeit der Stimmen – obliegenden Feststellung des **Abstimmungsergebnisses,** das nach rechtlicher Beurteilung durch den Versammlungsleiter zur Feststellung und Verkündung (vgl. Rn 41 ff.) des **Beschlussergebnisses** führt. Zur Ermittlung des Abstimmungsergebnisses bedarf es zunächst des rechnerischen Vorgangs der Stimmauszählung nach abgegebenen „Ja-“ und „Nein-Stimmen“, sowie „Stimmenthaltungen“.[94] Unter Außerachtlassung der ungültigen Einzelstimmen (z. B. mangelnde Geschäftsfähigkeit oder Vertretungsmacht, Stimmrechtsschranken, vgl. § 25 Rn 114 ff.) ergibt sich das Abstimmungsergebnis. Soweit durch GemO oder Beschluss der WEer nichts anderes geregelt ist, kann das tastsächliche Abstimmungsergebnis auch dadurch festgestellt werden, dass bereits nach Abstimmung über zwei von drei – auf Zustimmung, Ablehnung oder Enthaltung gerichteten – Abstimmungsfragen die Zahl der noch nicht abgegebenen Stimmen als Ergebnis der dritten Abstimmungsfrage gewertet wird (sog. Subtraktionsverfahren);[95] ein Hinweis des Versammlungsleiters auf das Subtraktionsverfahren vor der Abstimmung ist ratsam, aber nicht Voraussetzung für seine Anwendung. Durch eine solche Auslegung (§§ 133, 157 BGB) des Verhaltens der WEer kann das tatsächliche Abstimmungsergebnis aber nur dann hinreichend verlässlich ermittelt werden, wenn für den Zeitpunkt der jeweiligen Abstimmung die Anzahl der anwesenden und vertretenen WEer und – bei Abweichung vom Kopfprinzip – auch deren Stimmkraft feststeht. Sind die notwendigen organisatorischen Maßnahmen zur exakten Feststellung der Gesamtzahl der Stimmen nicht sichergestellt, etwa durch Dokumentation von Veränderungen in der Anwesenheit durch Zeitangaben auch in Bezug auf die Behandlung der Tagesordnungspunkte, muss der Versammlungsleiter bei unklaren Mehrheiten von der Subtraktionsmethode Abstand nehmen. Lässt sich nämlich die Zahl der anwesenden WEer nicht mehr aufklären und verbleiben dadurch Zweifel an den Mehrheitsverhältnissen, so ist bei Beschlussanfechtung davon auszugehen, dass der Versammlungsleiter die Zahl von im Subtraktionsverfahren ermittelten Ja-Stimmen zu Unrecht festgestellt hat.[96]

38 **c) Das Beschlussergebnis.** Um aus dem bloßen Abstimmungsergebnis das Beschlussergebnis iSd Annahme oder Ablehnung des Beschlussantrags zu ermitteln, ist das Abstimmungsergebnis durch den Versammlungsleiter an den rechtlichen Erfordernissen (einfache Mehrheit, qualifizierte Mehrheit, Einstimmigkeit) zu messen, die für das Zustandekommen des konkreten Beschlusses gelten. Ist die erforderliche Mehrheit erreicht, ist der Beschluss angenommen, andernfalls abgelehnt; dies ist das sog. Beschlussergebnis. Wird ein Beschlussantrag abgelehnt, ist weder das Gegenteil des Antrags beschlossen noch wird etwas abgelehnt, was nicht ausdrücklich beantragt worden ist; daher kann bei einem umfassend gestellten Antrag nur dann ein Beschluss geringeren Umfangs zustande kommen, wenn entsprechende Anträge oder Hilfsanträge vorliegen.[97]

39 Gem. § 21 Abs. 1 bedürfen Verwaltungsmaßnahmen grds. eines einstimmigen Beschlusses, also der Zustimmung aller WEer der Gemeinschaft.[98] Soweit die Maßnahme ordnungsgemäßer Verwaltung entspricht, genügt nach § 21 Abs. 3 allerdings die einfache Mehrheit der Anwesenden. Gleiches gilt für die Aufhebung einer Veräußerungsbeschränkung (§ 12 Abs. 4), die Änderung der Verteilung der Betriebs- oder Verwaltungskosten (§ 16 Abs. 3), Geldangelegenheiten (§ 21 Abs. 7), Bestellung und Abberufung des Verwalters (§ 26 Abs. 1 Satz 1) sowie für die Bestellung eines Beschluss-Sammlungsführers (§ 24 Abs. 8),

---

[94] OLG Düsseldorf ZWE 2000, 423 (424) = NJW-RR 2001, 11.

[95] BGH ZfIR 2002, 914 (915); BayObLG WuM 1989, 459; KG WuM 1984, 101; aA OLG Düsseldorf NJW-RR 2001, 11.

[96] Ausführlich BGH ZfIR 2002, 914 (915); OLG Köln NZM 2002, 458 f.

[97] OLG München ZMR 2009, 224.

[98] *Schmack/Kümmel* ZWE 2000, 433 ff.; *Kümmel* ZWE 2001, 52 ff.; *Wenzel* ZWE 2001, 226 (230).

Verwaltungsbeirates (§ 29 Abs. 1 Satz 1) und Ersatzzustellungsvertreters (§ 45 Abs. 2). Mit einfacher Stimmenmehrheit beschließen die WEer grds. auch über die Rechnungslegung des Verwalters (§ 28 Abs. 4) sowie über Wirtschaftsplan und Jahresabrechnung (§ 28 Abs. 5). Ist eine bauliche Veränderung gem. § 22 Abs. 1 Gegenstand der Beschlussfassung, so ist regelmäßig die Zustimmung aller beeinträchtigten WEer erforderlich; es ist jedoch im Einzelfall zu prüfen, ob die Zustimmung einzelner nach § 22 Abs. 1 Satz 2 iVm § 14 entbehrlich ist (vgl. § 22 Rn 166 ff.). Besonderheiten bestehen auch bei der Beschlussfassung über die Entziehung von WE nach § 18. Hier ist gem. § 18 Abs. 3 die Mehrheit aller stimmberechtigten WEer erforderlich; die Mehrheit der Anwesenden genügt nicht (vgl. § 18 Abs. 3 Satz 2, wonach die Regeln über die Beschlussfähigkeit der Versammlung nach § 25 Abs. 3 und 4 nicht gelten). Qualifizierte Mehrheiten sind für die abweichende Verteilung von Kosten der Instandsetzung, baulicher Veränderungen und Modernisierungen (§ 16 Abs. 4) sowie für Beschlüsse über Maßnahmen der Modernisierung und der Anpassung an den Stand der Technik erforderlich (§ 22 Abs. 2).

Durch Vereinbarung können grds. die Mehrheitserfordernisse für bestimmte oder alle 40 Angelegenheiten über eine qualifizierte Mehrheit bis zur Einstimmigkeit gesteigert werden, soweit nicht ausdrücklich etwas anderes bestimmt ist, etwa in den §§ 12 Abs. 4 Satz, 16 Abs. 5, § 22 Abs. 2 Satz 2, 26 Abs. 1 Satz 5. Mangels hinreichender Bestimmtheit unwirksam ist eine Vereinbarung, nach der Beschlüsse grds. nur mit Dreiviertelmehrheit zustande kommen und lediglich in Angelegenheiten, denen keine „erhebliche Bedeutung" zukommt, die einfache Mehrheit ausreichen soll.[99] Für die Bestellung zum Verwalter oder zum Verwaltungsbeirat mit mehreren Bewerbern kann auch das Erfordernis einer relativen Mehrheit vereinbart werden (vgl. § 26 Rn 82; § 29 Rn 19).

d) Feststellung und Verkündung des Beschlussergebnisses. Im Anschluss an die 41 Ermittlung des Abstimmungs- und Beschlussergebnisses erfolgt dessen Feststellung und Verkündung durch den Versammlungsleiter. Der Verwalter darf nur Beschlüsse feststellen und verkünden, welche den rechtlichen Erfordernissen entsprechen, insbes. die erforderliche Mehrheit erreicht haben.[100]

aa) Ergebnisfeststellung und Wirksamkeit des Beschlusses. Feststellung und Ver- 42 kündung des Beschlussergebnisses in der Versammlung sind notwendige Wirksamkeitsvoraussetzungen eines Beschlusses.[101] Die konstitutive Wirkung der Feststellung und Verkündung des Beschlussergebnisses lässt sich auf einen allgemein im Recht der Personenvereinigungen geltenden Grundsatz stützen, wonach überall dort, wo die Geltendmachung von Beschlussmängeln im gerichtlichen Verfahren an eine Frist gebunden ist, die Existenz eines Beschlusses notwendig dessen Feststellung und Verkündung voraussetzt. Tragender Grund für diesen allgemeinen Rechtsgedanken ist der Ausnahmecharakter des fristgebundenen gerichtlichen Anfechtungsverfahrens ggü. dem allgemeinen Grundsatz, dass die Nichtigkeit von Rechtsgeschäften – also auch die Nichtigkeit von Beschlüssen – außerhalb eines gerichtlichen Verfahrens jederzeit geltend gemacht werden kann. Da im WE-Recht ein fristgebundenes Anfechtungsverfahren mit einer kurzen Monatsfrist besteht, müssen auch hier Feststellung und Verkündung des Beschlussergebnisses konstitutive Wirkung für die Existenz eines Beschlusses haben.

Eine **konkludente Feststellung** und Verkündung des Beschlussergebnisses genügt; eine 43 Aufnahme in die Niederschrift ist nicht erforderlich. Da zumindest dann, wenn ein Beschluss

[99] KG WE 1998, 378 (379) = NZM 1998, 520.

[100] LG München I NZM 2009, 868 = ZMR 2009, 874; *Kümmel/v. Seldeneck* GE 2002, 382.

[101] So BGHZ 148, 335 = ZWE 2001, 530 (532 ff.) = NJW 2001, 3339 unter Bezugnahme auf die Vorarbeiten von *Merle,* Verwalter, S. 41 ff.; *ders.* PiG 18, 125 (130); PiG 25, 119 (127); nunmehr auch BayObLG ZWE 2002, 315 (316); OLG Düsseldorf ZWE 2002, 418 (419); ebenso *Wenzel* ZWE 2000, 382 (384). Zum Meinungsstand im Gesellschaftsrecht *Becker/Gregor* ZWE 2001, 245 (247 ff.); eine konstitutive Wirkung der Beschlussergebnisfeststellung im Gesellschaftsrecht generell verneinend *Zöllner,* FS für Lutter (2000), 821 (826 f.).

auch für Sondernachfolger gelten soll (§ 10 Abs. 4), für die Auslegung nur solche Umstände Berücksichtigung finden können, die für jedermann ohne weiteres erkennbar sind, sich insbesondere aus der Niederschrift ergeben,[102] wird für die Annahme einer konkludenten Feststellung idR die Wiedergabe des für sich genommen eindeutigen Abstimmungsergebnisses in der Niederschrift genügen. Etwas anderes gilt, wenn sich das hieraus folgende Beschlussergebnis nach den zu berücksichtigenden Umständen, insbes. auf Grund der protokollierten Erörterungen in der WEVers vernünftigerweise in Frage stellen lässt. Allein aus dem Fehlen einer Beschlussfeststellung in der Niederschrift lässt sich hiernach idR noch nicht schließen, dass ein Beschluss nicht zustande gekommen ist. Im Zweifel wird vielmehr bei einem protokollierten klaren Abstimmungsergebnis von einer konkludenten Beschlussfeststellung auszugehen sein.[103]

44 Fehlen zumindest konkludente Feststellung und Verkündung des Beschlussergebnisses, so ist der Beschluss unwirksam;[104] er unterliegt nicht der fristgebundenen Anfechtung nach § 46. Da der Versammlungsleiter dafür Sorge tragen muss, dass in der Versammlung formell wirksame Beschlüsse gefasst werden, ist er auch zur Feststellung und Verkündung des Beschlussergebnisses verpflichtet;[105] er darf aber keinen materiell evident rechtswidrigen Beschluss feststellen und verkünden, etwa wenn die erforderliche Mehrheit nicht erreicht worden ist.[106] Weigert er sich pflichtwidrig, so kann das Beschlussergebnis auf Klage eines WEers oder des Verwalters im Verfahren nach § 43 Nr. 4 gerichtlich festgestellt werden, wenn die erforderliche Mehrheit gegeben ist. (eingehend § 43 Rn 105 ff.); der Beschluss wird dann erst mit Rechtskraft der gerichtlichen Entscheidung wirksam.[107] Die Feststellung des Beschlussergebnisses ist damit eine durch den Versammlungsleiter außerhalb der Versammlung nicht mehr nachholbare „Gültigkeitsvoraussetzung" eines Versammlungsbeschlusses, die nur durch eine rechtskräftige gerichtliche Feststellung des Beschlussergebnisses im Verfahren nach § 43 Nr. 4 ersetzt werden kann. In diesem Verfahren entscheidet das Gericht unter Berücksichtigung sämtlicher Nichtigkeits- und Anfechtungsgründe abschließend über die „Gültigkeit" eines Beschlusses.[108] Die Rechtskraft einer solchen gerichtlichen Entscheidung steht einer weiteren Beschlussanfechtung gem. § 43 Nr. 4, 46 entgegen.[109]

45 **bb) Ergebnisfeststellung und Beschlussinhalt.** Ist die Feststellung und Verkündung des Beschlussergebnisses notwendige Voraussetzung für die Existenz eines Beschlusses, so folgt daraus nicht notwendig, dass die Ergebnisfeststellung auch den Beschlussinhalt fixiert. Die Frage nach der inhaltsfixierenden Wirkung der Ergebnisfeststellung stellt sich immer dann, wenn der Versammlungsleiter auf Grund eines Fehlers bei der Ermittlung des Beschlussergebnisses (z. B. die Nichtbeachtung von Stimmrechtsausschlüssen) ein unrichtiges, den tatsächlichen und rechtlichen Verhältnissen nicht entspr. Ergebnis feststellt. In Rspr.[110]

---

[102] Vgl. BGHZ 139, 288 (292).

[103] BGHZ 148, 335 (345); BayObLG ZMR 2007, 220 (222); kritisch *Schmidt* NZM 2008, 431 f.

[104] Nach BGHZ 148, 335 = ZWE 2001, 530 (534 f.) = NJW 2001, 3339 gehört die konstitutive Ergebnisfeststellung zum Entstehungstatbestand eines Beschlusses; kritisch dazu *Becker* ZWE 2002, 93 (94 ff.), der zutreffend zwischen dem *Beschlusstatbestand* und den Wirksamkeitsvoraussetzungen eines Beschlusses unterscheidet.

[105] *Becker/Gregor* ZWE 2001, 245 (252); AG Rastatt ZMR 2008, 922; eingehend *J.-H. Schmidt,* FS Merle (2010), 329 (332 ff.).

[106] LG München I ZMR 2009, 874 = ZMR 2009, 874; *Kümmel/v. Seldeneck* GE 2002, 382.

[107] BGHZ 148, 335 = ZWE 2001, 530 (533) = NJW 2001, 3339; AG Rastatt ZMR 2008, 922; *Merle* PiG 18, 125 (135).

[108] BayObLG ZMR 2007, 221 (223); *Becker* ZWE 2006, 157 (161); vgl. § 43 Rn 110; aA AG Hamburg-Blankenese ZMR 2008, 1001 (1002) m. zust. Anm. *Elzer.*

[109] Vgl. § 43 Rn 110; *Becker* ZWE 2002, 93 (97); aA AG Hamburg-Blankenese ZMR 2008, 1001 (1002) m. zust. Anm. *Elzer.*

[110] BGHZ 148, 335 = ZWE 2001, 530 (533) = NJW 2001, 3339; OLG Hamm OLGZ 1979, 296 (297); OLGZ 1990, 180 (183) = WE 1990, 102 (103); LG Lübeck DWE 1986, 63; LG Köln NJW-RR 1991, 214 (215); KG NZM 2002, 613 (614); tendenziell auch KG OLGZ 1990, 421 = NJW-RR

und Schrifttum[111] wird zu Recht die Auffassung vertreten, dass für den Beschlussinhalt bis zu einer späteren Anfechtung vorläufig das vom Versammlungsleiter festgestellte und verkündete Ergebnis maßgeblich ist. Denn im Interesse der Rechtssicherheit müssen die WEer auf das festgestellte und verkündete Beschlussergebnis vertrauen können. Damit wird auch dem Zweck des fristgebundenen Beschlussanfechtungsverfahrens nach §§ 23 Abs. 4, 46 Rechnung getragen, innerhalb einer kurzen Frist Klarheit über die Rechtsbeständigkeit von Beschlüssen zu schaffen.[112] Zudem würde der Rechtsschutz des einzelnen WEers gefährdet, wenn statt des festgestellten das wahre Beschlussergebnis maßgeblich wäre, da die Beteiligten auf eigenes Risiko die Schlussfolgerung aus dem Abstimmungsergebnis auf das Beschlussergebnis ziehen müssten.[113] Gegen die Befugnis des Versammlungsleiters, eine verbindliche Feststellung des Beschlussinhalts vorzunehmen, kann auch nicht die Gefahr der Manipulation durch den Versammlungsleiter angeführt werden,[114] da dieser Gefahr während der Versammlung durch Abwahl und Wahl eines anderen Versammlungsleiters (vgl. § 24 Abs. 5), und später durch Beschlussanfechtung begegnet werden kann.[115] Hat danach die Ergebnisfeststellung neben der konstitutiven auch eine inhaltsfixierende Wirkung, so liegt bei unrichtiger Feststellung durch den Versammlungsleiter zunächst stets ein wirksamer positiver oder negativer Beschluss vor, der einer gerichtlichen Nachprüfung zugänglich ist.

(1) Die unrichtige Feststellung eines positiven Beschlussergebnisses. Stellt der Versammlungsleiter entgegen der wahren Rechtslage ein positives Beschlussergebnis fest, so können die Rechtswirkungen dieses zunächst wirksamen positiven Beschlusses nur durch Anfechtungsklage gem. §§ 23 Abs. 4, 43 Nr. 4 beseitigt werden.[116] Nicht gefolgt werden kann der für das bisherige Recht vertretenen Auffassung des KG, das im Falle der unrichtigen Feststellung eines positiven Beschlussergebnisses einen Antrag an das Gericht für statthaft hielt, das Nichtzustandekommen eines Beschlusses **festzustellen,** und unter Anerkennung des von § 23 Abs. 4 verfolgten Zwecks, Rechtssicherheit zu schaffen, diesen **Feststellungsantrag** an die Monatsfrist des § 23 Abs. 4 Satz 2 aF bindet.[117] Denn dieser Ansicht steht entgegen, dass sich die Frist des jetzigen § 46 ihrem eindeutigen Wortlaut nach nur auf den Antrag auf Ungültigerklärung eines existierenden Beschlusses bezieht, nicht jedoch auf einen Feststellungsantrag, der nur den „Rechtsschein" eines Beschlusses beseitigen soll. Es wird damit deutlich, dass der Schutzzweck des § 23 Abs. 4 Satz 2 nur dann zur Entfaltung kommen kann, wenn man bei unrichtiger Feststellung eines positiven Beschlussergebnisses zunächst von einem wirksamen, aber anfechtbaren Beschluss ausgeht. Deshalb kommt ein anfechtbarer Beschluss zustande, wenn der Beschlussantrag zwar eine nach der GO erforderliche **qualifizierte Mehrheit** nicht erreicht, der Versammlungsleiter jedoch ein positives Beschlussergebnis feststellt.[118] 46

(2) Die unrichtige Feststellung eines negativen Beschlussergebnisses. Wenn der Versammlungsleiter an Stelle eines positiven Beschlussergebnisses oder bei fehlender 47

1991, 213 = WE 1992, 207; NJW-RR 1992, 720 (721) = WE 1992, 283; offen lassend OLG Frankfurt/M. NJW-RR 1993, 86 (87); aA BayObLG MDR 1984, 495; BayObLGZ 1984, 213 (216); WE 1998, 511.

[111] *Merle* PiG 18, 125 (139); *ders.* PiG 25, 119 (129); Niedenführ/*Kümmel*/Vandenhouten § 23 Rn 55; *Suilmann* WE 1998, 512; *Wenzel* ZWE 2000, 382 (386); *Becker/Gregor* ZWE 2001, 245 (250 f.); Staudinger/*Bub* § 23 Rn 172; aA *Rinke* ZMR 2001, 389 (389 f.).

[112] OLG Hamm OLGZ 1990, 180 (185); *Wenzel* ZWE 2000, 382 (386).

[113] *Merle* PiG 18, 125 (139).

[114] So aber OLG Schleswig DWE 1987, 133; *Müller* ZWE 2000, 237 (246) = PiG 59, 73 (96).

[115] BGHZ 148, 335 = ZWE 2001, 530 (535) = NJW 2001, 3339; *Merle* PiG 18, 125 (140).

[116] OLG Düsseldorf ZWE 2002, 418 (419); so auch LG Lübeck DWE 1986, 63 als Vorinstanz von OLG Schleswig DWE 1987, 133 (s. o. Rn 46); im Ergebnis auch *Becker/Gregor* ZWE 2001, 245 (252).

[117] KG OLGZ 1990, 421 (423) = NJW-RR 1991, 213 (214) = WE 1990, 207; NJW-RR 1992, 720 (721); kritisch auch BayObLG NJW-RR 1990, 210; OLG Hamm OLGZ 1990, 180 (185).

[118] Vgl. KG NZM 2002, 613 (614).

Beschlussfassung mangels Stimmabgabe[119] unrichtig die Ablehnung des Antrags feststellt, so ist diese Feststellung vorbehaltlich einer gerichtlichen Nachprüfung maßgeblich, es sei denn, sie erfolgt willkürlich.[120] Zur Beseitigung der Rechtswirkungen dieses „negativen" Beschlusses bedarf es der Ungültigerklärung des Beschlusses im fristgebundenen Verfahren nach § 23 Abs. 4 iVm § 43 Nr. 4.[121] Das grds. Bedenken gegen die Anfechtung negativer Beschlüsse mit der Folge, eine positive Entscheidung des Gerichts oder der gerichtlichen Feststellung, dass ein Beschluss nicht gefasst worden ist, zu erreichen, die sich über den Willen der Mehrheit der WEer hinwegsetzt (vgl. Rn 160), trifft in diesem Fall nicht zu, da es gerade darum geht, den wahren Willen der Mehrheit der WEer hinsichtlich einer positiven Entscheidung oder fehlenden Beschlussfassung verbindlich zu machen.

48 Die erfolgreiche Anfechtung eines „negativen" Beschlusses kann jedoch nicht zu einem positiven Beschluss iSd des wahren Beschlussergebnisses führen. Es ist daher erforderlich, die Klage auf Ungültigerklärung des zu Unrecht festgestellten negativen Beschlusses mit der Klage auf Feststellung eines positiven Beschlusses oder eines Nichtbeschlusses zu verbinden (vgl. § 43 Rn 105 ff. zur Anwendbarkeit dieses Verfahrens für die Feststellung der Gültigkeit von Beschlüssen).[122]

49 Der „negative Beschluss" kann nicht dem sog. „Nichtbeschluss" gleichgesetzt werden, der keiner Ungültigerklärung zugänglich ist (vgl. Rn 114 ff.).[123] Ein **„negativer Beschluss"** liegt immer dann vor, wenn die Ablehnung eines Beschlussantrages vom Versammlungsleiter festgestellt wird, auch wenn ein Beschluss wegen ausschließlichen Vorliegens von Stimmenthaltungen nicht gefasst worden ist;[124] unwirksam ist dagegen ein Beschluss, wenn dessen Feststellung und Verkündung gänzlich fehlt.[125]

50 **e) Die Protokollierung des Beschlussergebnisses.** Einer Protokollierung des Beschlussergebnisses in der Versammlungsniederschrift oder einer Aufnahme in die Beschluss-Sammlung bedarf es für die Wirksamkeit eines Beschlusses grds. nicht (zur Funktion der Versammlungsniederschrift vgl. § 24 Rn 111 ff.).[126] Die fehlende Ergebnisverkündung in der Versammlung kann auch nicht durch die Protokollierung des Beschlussergebnisses geheilt werden.[127] Aus § 10 Abs. 2 Satz 2 ergibt sich jedoch, dass die WEer die **konstitutive Wirkung** der Protokollierung für das Zustandekommen eines Beschlusses vereinbaren können. Ob die Protokollierung konstitutive Wirkung für das Zustandekommen eines Beschlusses haben soll oder lediglich eine bei Verstoß zur **Anfechtung berechtigende „Gültigkeitsvoraussetzung"** iSv § 23 Abs. 4 darstellen soll, ist durch Auslegung der Vereinbarung zu ermitteln.[128]

---

[119] OLG München ZMR 2007, 480 f.: nur Stimmenthaltungen; aA *Elzer* ZMR 2009, 7 (12).

[120] BGHZ 148, 355 = NJW 2001, 3339 (3343); OLG München ZMR 2007, 480 f.; OLG Düsseldorf ZWE 2002, 372 (373) = NZM 2002, 613 (Ls); OLG Hamm OLGZ 1979, 296 (297); OLGZ 1990, 180 (182 f.).

[121] Im Ergebnis ebenso *Becker/Gregor* ZWE 2001, 245 (252); Staudinger/*Bub* § 23 Rn 174; *Zöllner,* FS für Lutter (2000), S. 821 (830 f.), der insoweit von einer „Ergebnisrichtigstellungsklage" spricht.

[122] BGH ZfIR 2002, 907 (909); OLG München ZMR 2007, 480 f.; BayObLGZ 2003, 61 ff.; OLG Hamm OLGZ 1979, 296 (298); OLGZ 1990, 180 (183).

[123] BGH ZWE 2001, 530 (535 f.); OLG Düsseldorf ZWE 372 (373); BayObLGZ 2002, 20 (22 f.) = ZWE 2002, 214 = NJW-RR 2002, 732; aA noch BayObLG NJW-RR 1987, 1490 (1491); WE 1996, 146 = WuM 1995, 504 (505).

[124] OLG München ZMR 2007, 480 f.

[125] *Wenzel* ZWE 2000, 382 (383); *Hadding* ZWE 2001, 179 (182).

[126] BayObLG MDR 1984, 495; BayObLGZ 1984, 213 (216); KG NJW-RR 1989, 1162 = WE 1989, 207.

[127] Vgl. auch OLG Düsseldorf ZWE 2000, 423 (424) = NJW-RR 2001, 11.

[128] Vgl. BGHZ 136, 187 = NJW 1997, 2956 = WE 1997, 466 = JZ 1998, 415 m. abl. Anm. *Lüke;* OLG München ZMR 2007, 883; siehe auch Rn 118, 183 mwN.

5. Inhalt und Auslegung von Beschlüssen

a) Der Beschlussinhalt. Der Inhalt eines Beschlusses muss, insbes. weil ein Sondernachfolger nach § 10 Abs. 4 an Beschlüsse gebunden ist, klar und bestimmt oder zumindest bestimmbar sein;[129] ob dies der Fall ist, ist durch Auslegung zu ermitteln. Der Inhalt muss dem Beschluss selbst zu entnehmen sein.[130] Nimmt ein Beschluss der WEer Bezug auf ein bestimmtes Ereignis oder einen bestimmten Gegenstand, so erfordert das Gebot der inhaltlichen Klarheit und **Bestimmtheit,** dass der in Bezug genommene Gegenstand mit hinreichender Sicherheit bestimmbar ist,[131] z. B. die Bezugnahme auf ein datumsmäßig bestimmtes Sanierungskonzept oder Angebot bei einer Beschlussfassung über eine Maßnahme der ordnungsgemäßen Instandhaltung gem. § 21 Abs. 5 Nr. 2. Ein Beschluss über eine Sonderumlage anlässlich einer Instandsetzungsmaßnahme ist auch dann hinreichend bestimmt, wenn der auf den einzelnen WEer entfallende Anteil nicht mitbeschlossen wird; es genügt, wenn der jeweilige Anteil durch einfache Rechenvorgänge auf Grund der im GB eingetragenen MEA bestimmbar ist (vgl. § 16 Abs. 2).[132] Dagegen fehlt einem Beschluss die hinreichende Bestimmtheit, der – unabhängig von bestimmten Ruhezeiten – das **Singen und Musizieren** nur in „nicht belästigender Weise und Lautstärke" gestattet.[133] Zu unbestimmt ist auch ein Beschluss, der die generelle **Aufhebung** der während der Verwaltertätigkeit des vormaligen Verwalters gefassten **Beschlüsse** zum Gegenstand hat.[134] Wollen die WEer frühere Beschlüsse aufheben oder ändern, so müssen sie diese iE bezeichnen.[135] Insoweit genügt auch ein allstimmig gefasster Beschluss nicht, da ein Sondernachfolger an den Aufhebungsbeschluss nach § 10 Abs. 4 gebunden ist und dieser mit hinreichender Klarheit die Reichweite des Beschlusses übersehen können muss.[136] Nicht hinreichend bestimmt ist ein Beschluss, aus dem sich nicht entnehmen lässt, welche **Maßnahmen zur Instandsetzung** vorgenommen werden sollen,[137] wobei der Sanierungsumfang nicht exakt feststehen muss[138] oder ein Beschluss unter einer hinreichend definierten Bedingung.[138a] Auch ein Beschluss, der, soweit überhaupt zulässig, einem einzelnen WEer **konstitutiv eine Pflicht auferlegt,** muss dies für den Betroffenen klar erkennbar machen.[139] Zu den Rechtsfolgen der fehlenden Bestimmtheit eines Beschlusses siehe Rn 148. 51

Beschlüsse, die keine Regelung enthalten, sondern nur die **gesetzliche** oder eine **vereinbarte Regelung** inhaltlich zutreffend **wiederholen,** können ordnungsgemäßer Verwaltung (§ 21 Abs. 3) entsprechen,[140] wenn erkennbar nur deklaratorisch auf die ohnehin geltende Rechtslage hingewiesen werden soll.[141] Wird der Eindruck erweckt, es werde

---

[129] KG ZMR 2009, 790 (793); OLG Hamburg ZMR 2007, 210 f.; LG München I ZMR 2008, 915 (916).

[130] AG Pinneberg ZMR 2009, 559.

[131] KG ZMR 2009, 790 (793); BayObLG WuM 1993, 707; WE 1994, 247; WE 1995, 245 (246) = WuM 1995, 62 (63); ZWE 2002, 523 (524); OLG Düsseldorf ZWE 2001, 499 (501) = NJW-RR 2002, 83; OLG Hamburg ZMR 2001, 725 (726); OLG Hamm ZWE 2002, 44 (46) = NJW-RR 2002, 10.

[132] KG NJW-RR 1991, 912; zur gleichen Situation beim Beschluss über den Wirtschaftsplan vgl. BayObLG NJW-RR 1990, 720.

[133] BGH NJW 1998, 3713 (3715) = WE 1999, 93 (94).

[134] KG WE 1989, 135.

[135] Zur Änderung von Beschlüssen durch Zweitbeschluss vgl. Rn 74.

[136] BayObLG WE 1993, 342 (343).

[137] LG Köln ZMR 2007, 652; AG Pinneberg ZMR 2009, 569 f.

[138] OLG München ZMR 2007, 557 f.

[138a] AG Tostedt ZMR 2010, 326 f.

[139] BayObLG WE 1988, 65 (66); WuM 1999, 179 (180).

[140] AA KG NJW-RR 1993, 1104 (1105); WE 1989, 135; *Staudinger/Bub* § 21 Rn 89, Nichtigkeit: § 23 Rn 257.

[141] BayObLG ZWE 2001 538 (540); *Elzer* ZMR 2005, 892; vgl. *Grziwotz/Jennißen* § 10 Rn 9; KG WE 1989, 135.

etwas geregelt, sind solche Beschlüsse nichtig, sofern keine Beschlusskompetenz besteht,[142] andernfalls sind sie anfechtbar, weil sie geeignet sind, Unsicherheit über die bestehende Rechtslage zu erzeugen.[143]

52 **b) Die Auslegung von Beschlüssen.** Ist der Inhalt eines Beschlusses nicht klar und bestimmt, so ist er durch Auslegung zu ermitteln. Maßgeblich für die Auslegung ist das vom Versammlungsleiter festgestellte und verkündete Beschlussergebnis (vgl. Rn 45 ff.).

53 **aa) Die Auslegungsmethode.** Für die Auslegung von Beschlüssen gelten grds. die allgemeinen Auslegungsregeln für Rechtsgeschäfte (§§ 133, 157 BGB).[144] Jedoch kann der allgemeine Grundsatz des § 133 BGB, wonach im Wege der natürlichen Auslegung der wirkliche Wille zu erforschen und nicht am Wortlaut zu haften ist, keine uneingeschränkte Anwendung finden. Beschlüsse wirken nach § 10 Abs. 4 ohne Eintragung im GB für und gegen Sondernachfolger, die die subjektiven Vorstellungen der Abstimmenden nicht kennen und daher auf das objektiv Erklärte vertrauen müssen.[145] Deshalb sind Beschlüsse der WEer wie im GB eingetragene Regelungen der GO „aus sich heraus" objektiv und normativ auszulegen, ohne dass es auf die subjektiven Vorstellungen der an der Beschlussfassung Beteiligten ankommt.[146] Maßgebend sind dabei der Wortlaut und der sonstige Protokollinhalt; Umstände außerhalb des protokollierten Beschlusses können nur berücksichtigt werden, wenn sie nach den besonderen Verhältnissen des Einzelfalls für jedermann ohne weiteres erkennbar sind. Diese Grundsätze gelten nicht nur für die Auslegung von Beschlüssen, die eine Dauerregelung auch für den Sondernachfolger treffen sollen,[147] denn der an dem Beschluss nicht beteiligte Sondernachfolger ist nach § 10 Abs. 4 unabhängig davon an den Beschluss gebunden, ob er eine Dauerregelung oder eine Einzelfallregelung zum Gegenstand hat.[148] Die genannten Auslegungsgrundsätze gelten auch für die Frage, ob überhaupt ein Beschluss vorliegt.[149]

54 **bb) Die ergänzende Auslegung.** Beschlüsse der WEer sind – wie jede Art von Rechtsgeschäften – einer ergänzenden Auslegung zugänglich.[150] Die Grundsätze der ergänzenden Auslegung greifen aber nur ein, wenn im Wege der normativen Auslegung (s. o. Rn 53) zunächst festgestellt wird, dass der Beschluss einen regelungsbedürftigen Punkt nicht regelt, d. h. eine Regelungslücke aufweist. Sodann ist zu ermitteln, was redliche WEer bei einer angemessenen Interessenabwägung geregelt haben würden, wenn sie den nicht geregelten Fall bedacht hätten.[151] Zudem sind bei der ergänzenden Auslegung von Be-

---

[142] Vgl. BayObLG ZMR 2005, 891; LG Karlsruhe ZWE 2009, 355 m. Anm. *Schmidt.*

[143] KG NJW-RR 1993, 1104 (1105); LG Karlsruhe ZWE 2009, 355 m. Anm. *Schmidt.*

[144] *Bassenge* PiG 25, 101, 106; vgl. auch *Scholz/K. Schmidt* § 45 Rn 24 zur Auslegung von Gesellschafterbeschlüssen.

[145] BGH NJW 1998, 3713 (3714) = WE 1999, 93 (94); BayObLG WE 1995, 61 (62); 245 (246); WE 1991, 76 (77); WE 1989, 212; KG OLGZ 1981, 307 (308); OLG Stuttgart NJW-RR 1991, 913; OLG Hamm NJWE-MietR 1997, 180 (181) = WE 1997, 384 (385); OLG Schleswig ZWE 2001, 506 (508).

[146] BGH NJW 1998, 3713 (3714) = WE 1999, 93 (94); KG ZMR 2009, 790 (793); OLG Hamburg ZMR 2008, 225 ff.; OLG Oldenburg ZMR 2005, 814; OLG München ZMR 2007, 69; BayObLGZ 1986, 322 (326); WE 1991, 76 (77); WE 1990, 69 (70); WE 1988, 65; WE 1987, 14 (15) m. Anm. *Weitnauer;* WuM 1996, 439 (440); NJWE-MietR 1997, 13 f. = WE 1997, 236 (237); ZWE 2000, 135 (137) = NJW-RR 2000, 603; OLG Hamm OLGZ 1990, 57 (60); NJWE-MietR 1997, 180 (181) = WE 1997, 384, 385; WE 1997, 387 (388) = NJWE-RR 1997, 970; OLG Schleswig ZWE 2001, 506 (508).

[147] OLG Frankfurt ZMR 2008, 398 f.; ZMR 2009, 56 (57); ähnlich *Müller* ZWE 2000, 237 (247) = PiG 59, 73 (100 f.); offen lassend BGH NJW 1998, 3713 (3714).

[148] KG ZWE 2010, 186.

[149] BayObLG NJW-RR 1993, 85 (86) = WE 1993, 341; WE 1992, 229; WE 1991, 289 f.; WE 1989, 58; NJWE-MietR 1997, 179; OLG München NZM 2010, 247.

[150] BayObLG WuM 1993, 482 (483); WE 1994, 154; zur ergänzenden Auslegung allgemein vgl. Palandt/*Heinrichs* BGB § 157 Rn 2 f.

[151] Vgl. BGHZ 84, 1 (7); Palandt/*Heinrichs* BGB § 157 Rn 7.

schlüssen der WEer die besonderen, über die jedem Schuldverhältnis innewohnenden Pflichten hinausgehenden Schutz- und Treuepflichten zu beachten, die jedem WEer sowohl ggü. der Gemeinschaft als auch jedem anderen WEer ggü. obliegen.[152] Die ergänzende Auslegung muss sich jedoch im Rahmen des Regelungsgegenstandes des Beschlusses halten; dessen Erweiterung ist nicht zulässig.[153]

cc) Die Auslegung im gerichtlichen Verfahren. Im gerichtlichen Verfahren nach § 43 obliegt die Auslegung von Beschlüssen dem Tatrichter. Er hat zunächst die für die Auslegung relevanten Tatsachen zu ermitteln, bevor er sie im Wege der Auslegung rechtlich würdigen kann. Die tatrichterliche Auslegung ist nicht nur beschränkt auf Rechtsfehler nachprüfbar.[154] Vielmehr kann das Revisionsgericht jedenfalls solche Beschlüsse uneingeschränkt selbst auslegen, die als Dauerregelung auch für den Sondernachfolger eines WEers gelten sollen.[155] Die uneingeschränkte Auslegung rechtfertigt der BGH mit der in diesen Fällen gebotenen objektiven Auslegung der Beschlüsse, die auch bei im Grundbuch eingetragenen Erklärungen vorzunehmen ist. Für Eintragungen im Grundbuch einschließlich der dort in Bezug genommenen Eintragungsbewilligung, Teilungserklärung und GemO ist anerkannt, dass das Revisionsgericht die Erklärungen uneingeschränkt selbst auslegen kann.[156] Entsprechendes muss für die Auslegung von Beschlüssen der WEer gelten, die auch ohne Eintragung in das Grundbuch für und gegen Sondernachfolger wirken. Eine eingeschränkte Auslegungsbefugnis des Revisionsgerichts rechtfertigt sich dadurch, dass die Ermittlung der für die Auslegung relevanten Tatsachen allein dem Tatrichter obliegt. Soweit jedoch ein Beschluss – objektiv und normativ – „aus sich heraus" auszulegen ist und nur für jedermann erkennbare Umstände außerhalb des protokollierten Beschlusses herangezogen werden dürfen (s. Rn 53), stehen die für die Auslegung relevanten Umstände von vornherein fest. In diesem Fall besteht kein Grund, die Auslegung als rechtliche Würdigung dem Tatrichter vorzubehalten.[157] Allerdings kann die selbstständige Auslegung nicht auf Beschlüsse beschränkt bleiben, die als Dauerregelung auch für Sondernachfolger gelten sollen. Nach § 10 Abs. 4 wirkt jeder Beschluss ohne Eintragung im GB für und gegen den Sondernachfolger unabhängig davon, ob eine Dauerregelung oder eine Einzelfallregelung getroffen werden sollte.[158] 55

6. Der Zweitbeschluss

a) Die Zulässigkeit des Zweitbeschlusses. aa) Die Beschlusskompetenz der WEer. Aus der Beschlusskompetenz der WEer (s. o. Rn 10 ff.) ergibt sich nach allgemeiner 56

[152] BayObLG WE 1994, 154 (155); WE 1992, 87 (88).

[153] BayObLG WE 1994, 154 (155) unter Hinweis auf BGHZ 77, 301 (304).

[154] BayObLGZ 1985, 171 (175); 1986, 322 (325); WE 1987, 14 (15); WE 1988, 58 (59); WE 1989, 212; WE 1990, 69 (70); WE 1991, 76 f.; WE 1991, 200; WuM 1991, 711 (712); WE 1992, 229; NJW-RR 1993, 85 (86) = WE 1993, 341; WE 1994, 154 (155); WuM 1997, 344; ZMR 1998, 643 (644); für Beschlüsse, die einen abgeschlossenen Einzelfall zum Gegenstand haben auch noch BayObLG WE 1998, 356 (357); WE 1998, 390.

[155] BGH NJW 1998, 3713 (3714) = WE 1999, 93 (94) = LM § 15 WEG Nr. 6 m. Anm. *Niedenführ;* zuvor bereits OLG Stuttgart NJW-RR 1991, 913 = WE 1991, 332; OLG Stuttgart WE 1998, 383; OLG Köln ZWE 2000, 429 (430) = NZM 2000, 305 (Ls); BayObLG ZWE 2000, 305 (306); Palandt/*Heinrichs* BGB § 133 Rn 31.

[156] BGH NJW 1998, 3713 (3714) unter Hinweis auf BGHZ 37, 147 (149); 113, 374 (379); 121, 236 (239); 136, 187.

[157] So zutreffend BGH NJW 1998, 3713 (3714); OLG Stuttgart NJW-RR 1991, 913 = WE 1991, 332; OLG Köln WE 1995, 221; Staudinger/*Wenzel* § 45 Rn 40; Staudinger/*Bub* § 23 Rn 184.

[158] Zutreffend Staudinger/*Wenzel* § 45 Rn 40 a. E.; ebenso KG ZWE 2010, 186 (187); ZWE 2000, 218 (219) = NZM 2000, 553 am Beispiel eines Sonderumlagebeschlusses; aA BayObLG WE 1998, 356 (357); WE 1998, 390.

Meinung[159] auch ihre Befugnis, einen sog. Zweitbeschluss zu fassen, d. h. einen Beschluss, durch den eine bereits durch Beschluss geregelte Angelegenheit der WEer erneut geregelt wird. Die Bestandskraft des Erstbeschlusses steht einer erneuten Willensbildung der WEer nicht entgegen; sie hat nur zur Folge, dass der Erstbeschluss idR nicht mehr gerichtlich gem. §§ 23 Abs. 4, 43 Nr. 4 für ungültig erklärt werden kann. Aus welchen Gründen eine Gemeinschaft eine erneute Beschlussfassung für angebracht hält, spielt für die Beschlusskompetenz der WEer und damit für die Wirksamkeit des Zweitbeschlusses grds. keine Rolle.

57 **bb) Allgemeine Wirksamkeitsvoraussetzungen. (1) Die Willensbildung.** Die Mehrheitserfordernisse für den Zweitbeschluss bestimmen sich grundsätzlich nach der Norm, aus der sich die jeweilige Beschlusskompetenz der WEer ergibt; sie richten sich nicht nach dem Erstbeschluss. Bedarf hiernach ein Beschluss der Einstimmigkeit, etwa ein Beschluss über eine bauliche Veränderung gem. § 22 Abs. 1, so bedarf auch der Zweitbeschluss der Einstimmigkeit, wenn eine bauliche Veränderung geregelt wird, mag auch der Erstbeschluss ein bestandskräftig gewordener Mehrheitsbeschluss sein; wird ein Beschluss über eine bauliche Veränderung aufgehoben, genügt ein Mehrheitsbeschluss, da der Aufhebungsbeschluss keine bauliche Veränderung zum Gegenstand hat.[160]

58 Genügt für einen Beschluss eine Stimmenmehrheit, etwa über eine Maßnahme ordnungsgemäßer Verwaltung gemäß § 21 Abs. 3 oder zur Abänderung einer Vereinbarung auf Grund einer vereinbarten Öffnungsklausel, so genügt auch für den Zweitbeschluss die nach dem WEG oder der Vereinbarung erforderliche einfache oder qualifizierte Mehrheit. Dies gilt auch, wenn der Erstbeschluss einstimmig gefasst worden sein sollte;[161] denn der Erstbeschluss wird durch Einstimmigkeit nicht zur Vereinbarung iSd § 10 Abs. 2 Satz 2, sondern bleibt Beschluss.

59 **(2) Der sachliche Grund.** Die WEer sind grds. berechtigt, über eine schon geregelte Angelegenheit erneut zu beschließen, wobei es nach zutreffender Ansicht des BGH[162] keine Rolle spielt, aus welchen Gründen sie eine erneute Beschlussfassung für angebracht halten. Das KG[163] meint, der BGH habe mit dieser Entscheidung auch klargestellt, dass sachliche Gründe für eine erneute Beschlussfassung vorliegen müssen. Dieser Auffassung ist in dieser Allgemeinheit mangels Rechtsgrundlage nicht zuzustimmen.[164]

60 Die Beschlusskompetenz der WEer für einen Zweitbeschluss ergibt sich aus der Privatautonomie, die es den WEern gerade erlaubt, inhaltsgleiche, zusätzliche oder abändernde Regelungen nach ihrem freien Willen zu beschließen, ohne dies begründen zu müssen und ohne dass sachliche Gründe den Zweitbeschluss rechtfertigen. Allerdings können sich aus der Norm, aus der sich die jeweilige Beschlusskompetenz der WEer ergibt, inhaltliche Anforderungen an einen Zweitbeschluss ergeben. Beruht die Beschlusskompetenz der WEer etwa auf § 21 Abs. 3, so muss auch ein Zweitbeschluss seinem Inhalt nach, wenn er nicht einstimmig gefasst wurde, ordnungsgemäßer Verwaltung entsprechen.[165] So entspricht es sicherlich ordnungsgemäßer Verwaltung, wenn WEer einen inhaltsgleichen

---

[159] Vgl. BGHZ 113, 197 (200); BayOblGZ 1985, 57 (61); BayObLG NJW-RR 1992, 403 (404); WE 1996, 395 (396); WuM 1996, 372; WE 1997, 436 (438); ZWE 2002, 360 (361); KG WE 1995, 58 (59); OLG Düsseldorf ZWE 2000, 368 f. = NJW-RR 2000, 1541; OLG Köln ZWE 2000, 429 = NZM 2000, 305 (Ls); OLG Naumburg ZWE 2000, 143 (144) = NZM 2000, 1025; *Merle* WE 1995, 363 ff.

[160] OLG Köln NZM 2002, 454.

[161] So auch OLG Saarbrücken WE 1998, 69 (71); OLG Köln ZWE 2000, 429 (430) = NZM 2000, 305 (Ls).

[162] Vgl. BGHZ 113, 197.

[163] KG WE 1995, 58 (59); aA BayObLGZ 1985, 57 (61 f.); ZWE 2002, 360 (361).

[164] Wie hier *Lüke* ZWE 2000, 98 (100) = PiG 59, 103 (108 ff.), der auch auf das Problem der Feststellung eines sachlichen Grundes hinweist.

[165] So auch BayObLG ZWE 2002, 360 (361).

Zweitbeschluss fassen, um die Anfechtbarkeit eines fehlerhaften Erstbeschlusses durch den Zweitbeschluss unter Vermeidung der Mängel des Erstbeschlusses zu beseitigen. Ein inhaltsgleicher Zweitbeschluss, der nicht zur Vermeidung früherer Fehler gefasst wurde, sondern allein in der Hoffnung, bei der dritten oder fünften Wiederholung werde die Minderheit die Anfechtungsfrist versäumen oder auf Grund psychischer oder finanzieller Erschöpfung auf eine Anfechtung verzichten widerspricht dagegen ordnungsgemäßer Verwaltung.[166] Solche grundlose, inhaltsgleiche Wiederholung früherer Beschlüsse, die bereits Gegenstand von Anfechtungsverfahren sind, ist mit den Grundsätzen ordnungsgemäßer Verwaltung nicht vereinbar. Ist ein Beschluss aber rechtskräftig für ungültig erklärt worden, so ist die Rechtskraft kein Hindernis dafür, dass die WEer erneut einen Beschluss mit gleichem Inhalt fassen, der dann Gegenstand einer weiteren Anfechtungsklage sein kann.[167]

Im Übrigen steht auch die Beschlusskompetenz der WEer unter dem Vorbehalt von 61 Treu und Glauben (§ 242 BGB), so dass es rechtsmissbräuchlich sein kann, wenn WEer einen Zweitbeschluss und insbesondere einen inhaltsgleichen Zweitbeschluss fassen.

(3) Sonstige Wirksamkeitsvoraussetzungen. Im Hinblick darauf, dass die WEer die 62 durch den Zweitbeschluss geregelte Angelegenheit bereits geregelt haben, können an seine Wirksamkeit zusätzliche Anforderungen zu stellen sein. Die durch einen Zweitbeschluss ausgelösten Rechtsfolgen hängen vom jeweiligen Inhalt des Zweitbeschlusses ab. Sie sollen nachfolgend für den mit dem Erstbeschluss **inhaltsgleichen** Zweitbeschluss, für den den Erstbeschluss **ergänzenden** und den den Erstbeschluss **abändernden** Zweitbeschluss erörtert werden.

b) Der inhaltsgleiche Zweitbeschluss. aa) Der Zweck. Die WEer können einen 63 Zweitbeschluss fassen, der inhaltlich identisch ist mit dem Erstbeschluss, d. h. dieselbe Regelung trifft wie der Erstbeschluss. Ob der Zweitbeschluss mit dem Erstbeschluss wörtlich übereinstimmt oder nur den Erstbeschluss „bestätigt", ist unerheblich, weil die WEer auch bei bloßer **„Bestätigung"** klar zum Ausdruck bringen, die im Erstbeschluss getroffenen Regelungen erneut zu wollen. Zweck eines solchen mit dem Erstbeschluss inhaltsgleichen Zweitbeschluss ist es idR, die Anfechtbarkeit des Erstbeschluss wegen ihm anhaftender formeller Mängel durch den Zweitbeschluss unter Vermeidung der Mängel des Erstbeschlusses zu beseitigen.[168] Denn selbst wenn der Erstbeschluss wegen der ihm anhaftenden Mängel für ungültig erklärt würde, wären die WEer an den inhaltsgleichen Zweitbeschluss gebunden, so dass bei Vorliegen eines bestandskräftigen inhaltsgleichen Zweitbeschlusses nach allgemeiner Ansicht regelmäßig das Rechtschutzbedürfnis zur Anfechtung des Erstbeschlusses entfällt.[169] Diese Rechtslage entspricht der in § 244 AktG für die mit dem Anfechtungsverfahren nach §§ 23 Abs. 4, 43 Nr. 4 vergleichbaren Anfechtungsklage im Aktienrecht getroffenen Regelung, so dass sie entsprechend anwendbar ist.[170] Die dort vorgesehene materiell-rechtliche Heilung fehlerhafter Beschlüsse durch bestandskräftigen bestätigenden Beschluss führt auch im WE-Recht zu einer Heilung fehlerhafter Beschlüsse, sofern sie durch inhaltsgleichen Zweitbeschluss bestätigt werden. Hierdurch können lange Rechtsstreitigkeiten über Formalien des Erstbeschlusses vermieden werden, weil die dort getroffene Regelung wegen des Zweitbeschlusses für alle Beteiligten bereits bindend ge-

---

166 *Drasdo* S. 143 Rn 62.

167 BayObLG NJW-RR 1994, 648 f.; WE 1996, 395 (396); vgl. *Becker* WE 1999, 162 (167) = PiG 56, 117 (128 f.).

168 Dazu ausführlich *Buß,* Bestätigung, S. 12 ff.

169 Vgl. BGHZ 106, 113 (115); BayObLGZ 1977, 226 (229); NJW-RR 1987, 9; OLG Hamm Rpfleger 1978, 319.

170 Vgl. BGHZ 106, 113 (116) m. Anm. *Merle* JR 1989, 505; BayObLGZ 1977, 226 (230); OLG Zweibrücken ZMR 1986, 63 (64); *K. Schmidt* NJW 1979, 409 (410); *Becker* WE 1999, 162 (164) = PiG 56, 117 (124); *Buß,* Bestätigung, S. 45 ff.; kritisch unter Berufung auf die Unterschiedlichkeit der Probleme im Aktienrecht und im Wohnungseigentumsrecht *Lüke* ZWE 2000, 98 (103 f.) = PiG 59, 103 (117 ff.).

worden ist.[171] Ist sowohl ein gerichtliches Verfahren über die Gültigkeit des Erstbeschlusses und des bestätigenden Zweitbeschlusses anhängig, so rechtfertigt dieses verfahrensökonomische Interesse eine **Aussetzung des Erstverfahrens** bis zur rechtskräftigen Entscheidung im Zweitverfahren.[172]

64 **bb) Die Heilungswirkung. (1) Die Bestandskraft des Zweitbeschlusses.** Die Heilung eines fehlerhaft zustande gekommenen Beschlusses durch inhaltsgleichen Zweitbeschluss (= Bestätigung) setzt entsprechend § 244 Satz 1 AktG voraus, dass der bestätigende Beschluss nicht innerhalb der Anfechtungsfrist des § 46 Abs. 1 angefochten oder eine Klage auf Ungültigerklärung dieses Beschlusses rechtskräftig abgewiesen wird.[173] Denn nur wenn der Zweitbeschluss bestandskräftig wird, können die Beteiligten an der Ungültigerklärung des angefochtenen Erstbeschlusses idR kein Interesse mehr haben, weil sie – auch wenn der Erstbeschluss für ungültig erklärt würde – an den inhaltsgleichen Zweitbeschluss wegen dessen Bestandskraft gebunden sind, die durch eine Ungültigerklärung des Erstbeschlusses nicht berührt wird.[174] Ist dagegen der Zweitbeschluss nicht bestandskräftig, wird der fehlerhafte Erstbeschluss nicht geheilt, weil der Zweitbeschluss möglicherweise wegen irgendwelcher Mängel der Ungültigerklärung unterliegt.[175] Würde auch ein nicht bestandskräftiger Zweitbeschluss zur Heilung eines fehlerhaften Erstbeschlusses führen, so würde das Rechtsschutzbedürfnis für dessen Anfechtung entfallen, d. h. der Erstbeschluss würde bestandskräftig. Würde dann der Zweitbeschluss für ungültig erklärt, so wäre er als von Anfang unwirksam zu behandeln, könnte also niemals zur Heilung eines fehlerhaften Erstbeschlusses geführt haben. Schon aus diesem Grund kann ein nicht bestandskräftiger Zweitbeschluss nicht zur Heilung des fehlerhaften Erstbeschlusses führen. Die so herbeigeführte Bestandskraft des Erstbeschlusses würde zudem die Beteiligten in ihrem Recht darauf beeinträchtigen, dass Beschlüsse in einem formell ordnungsgemäßen Verfahren gefasst werden.

65 Diese Ansicht entspricht grundsätzlich auch der des BGH,[176] jedenfalls für den Fall, dass der den angefochtenen Erstbeschluss bestätigende, nicht bestandskräftige Zweitbeschluss wegen anderer formeller Mängel der Aufhebung unterliegt. Dies gilt aber auch dann, wenn der Zweitbeschluss an demselben Mangel leidet wie der Erstbeschluss: Mit der Bestandskraft des inhaltsgleichen Zweitbeschlusses wird der Erstbeschluss geheilt, unabhängig davon, ob dem Zweitbeschluss identische oder andere Mängel anhaften wie dem Erstbeschluss. Dies folgt aus dem entsprechend anwendbaren § 244 Satz 1 AktG, der nicht danach unterscheidet, aus welchen Gründen der Zweitbeschluss angefochten wird.[177] Entscheidend ist, dass der Zweitbeschluss auch bei Mangelidentität nicht Verfahrensgegenstand des Anfechtungsverfahrens bezüglich des Erstbeschlusses ist, so dass auch bei Ungültigerklärung des Erstbeschlusses der Zweitbeschluss ohne rechtzeitige Anfechtung bestandskräftig wird und die WEer bindet. Soll daher die Heilungswirkung eines inhaltsgleichen Zweitbeschlusses verhindert werden, so muss dieser auch bei identischem Mangel angefochten werden. Abgesehen davon lässt sich die Frage, ob dem Zweitbeschluss identische oder andere Mängel als dem Erstbeschluss anhaften, erst in

---

[171] Vgl. BGHZ 106, 113 (116); BayObLGZ 1977, 226 (232).

[172] BGHZ 106, 113 (116 f.); Staudinger/*Wenzel* § 46 Rn 23; so auch *Zöllner*, FS Beusch (1993), S. 973 (982); *Hüffer* § 244 Rn 9 zu § 244 AktG; zweifelnd *Becker* WE 1999, 162 (166) = PiG 56, 117 (126) bei entspr. Anwendung von § 148 ZPO.

[173] BGHZ 106, 113 (116); BayObLGZ 1977, 226 (230); WE 1990, 174 (175); OLG Düsseldorf WE 1998, 308 (309); *Merle* JR 1989, 505 (506); im Ergebnis auch *Lüke* ZWE 2000, 98 (104) = PiG 59, 103 (119 f.).

[174] BGHZ 106, 113 (115); BayObLG ZWE 2002, 315 (317); *Merle* JR 1989, 505 (506).

[175] BGHZ 106, 113 (117); OLG Hamm WE 1996, 33 (35).

[176] BGHZ 106, 113 (117); so auch OLG Düsseldorf WE 1998, 308 (309).

[177] So auch die hM zum Aktienrecht, vgl. *Hüffer* § 244 Rn 4; KölnerKomm/*Zöllner*, § 244 Rn 14 f.; aA noch BGHZ 21, 354 (358) zur Rechtslage vor dem AktG 1965.

einem – separaten – Beschlussanfechtungsverfahren ermitteln, dessen Gegenstand der Zweitbeschluss ist.[178]

66 Gleichwohl kann ein Interesse daran bestehen, dass ein angefochtener Erstbeschluss trotz bestandskräftigen inhaltsgleichen Zweitbeschlusses für ungültig erklärt wird, damit er nicht schon für die Zeit bis zum Zweitbeschluss bestandskräftig wird und die WEer bindet. In einem solchen Falle kann trotz Bestandskraft eines inhaltsgleichen Zweitbeschlusses entsprechend § 244 Satz 2 AktG auf Erklärung der Ungültigkeit des Erstbeschlusses für die Zeit bis zum Zweitbeschluss geklagt werden, wenn der Kläger ein rechtliches Interesse daran hat, dass der mangelhafte Erstbeschluss für diese Zeit für ungültig erklärt wird. Mithin entfällt bei Vorliegen eines solchen rechtlichen Interesses ausnahmsweise nicht das Rechtschutzbedürfnis zur Anfechtung des Erstbeschlusses auf Grund des bestandskräftigen Zweitbeschlusses.[179] Ein rechtliches Interesse an der Ungültigkeitserklärung des Erstbeschlusses für die Zeit bis zum inhaltsgleichen Zweitbeschluss dürfte idR dann anzunehmen sein, wenn sich aus der Zeit der Wirksamkeit des Erstbeschlusses für die WEer oder den Verwalter unterschiedliche Rechtsfolgen ergeben.[180]

67 **(2) Rechtsfolgen. (a) Die Bestandskraft des Erstbeschlusses.** Der inhaltsgleiche, bestandskräftige Zweitbeschluss führt dazu, dass für eine Klage auf Ungültigkeitserklärung des nicht bestandskräftigen Erstbeschlusses idR das Rechtschutzbedürfnis fehlt.[181] Wenn daher, nachdem die WEer den Zweitbeschluss gefasst haben, auf Erklärung der Ungültigkeit des Erstbeschlusses geklagt wird, so ist diese Klage als unzulässig abzuweisen; mit der rechtskräftigen Abweisung wird der Erstbeschluss bestandskräftig. Ist bei Erlass des Zweitbeschlusses ein Anfechtungsverfahren bezüglich des Erstbeschlusses bereits anhängig, so erledigt sich die Hauptsache des Anfechtungsverfahrens, wenn der Zweitbeschluss später bestandskräftig wird.[182] Mit der rechtskräftigen Feststellung der Erledigung der Hauptsache wird der Erstbeschluss ebenfalls bestandskräftig. Dies ist die sog. Heilungswirkung des inhaltsgleichen, bestandskräftigen Zweitbeschlusses.

68 Ist der Erstbeschluss bereits bestandskräftig und wird er durch einen inhaltsgleichen Zweitbeschluss bestätigt, so soll er nach Ansicht des BayObLG und des OLG Zweibrücken[183] seine Bestandskraft verlieren; er lebe auch dann nicht mehr auf, wenn der Zweitbeschluss für ungültig erklärt werde. Demgegenüber meint das OLG Stuttgart,[184] die Bindung der WEer an den Erstbeschluss bleibe auch dann bestehen, wenn er mit dem für ungültig erklärten Zweitbeschluss inhaltsgleich sei. Bei der Lösung dieser Streitfrage muss danach differenziert werden, ob durch den inhaltsgleichen Zweitbeschluss der Erstbeschluss **novatorisch ersetzt**[185] und damit zugleich – stillschweigend – aufgehoben werden soll oder ob der Erstbeschluss durch den inhaltsgleichen Zweitbeschluss nur **bestätigt und verstärkt**[186] werden soll.[187]

---

178 Vgl. *Hüffer* § 244 Rn 4 zur AG.

179 Vgl. *Hüffer* § 244 Rn 7 zur AG; Baumbach/Hueck/*Zöllner* Anh. § 47 Rn 69 zur GmbH.

180 Eine auf § 244 Satz 2 AktG gestützte Einschränkung des Antrages auf Ungültigkeitserklärung stellt eine Antragsänderung dar, die ungeachtet der in Wohnungseigentumssachen entsprechend anwendbaren §§ 263, 264 ZPO zulässig ist. Zur vergleichbaren Rechtslage bei der AG s. *Hüffer* § 244 Rn 7.

181 Vgl. BGH ZfIR 2002, 907 (909) zum Rechtsschutzbedürfnis bei fehlerhaft festgestelltem negativen Erstbeschluss; vgl. dazu Rn 160.

182 OLG Düsseldorf NJWE-MietR 1997, 233 = WE 1997, 311 (312); zur Erledigung der Hauptsache vgl. § 46 Rn 90.

183 Vgl. BayObLGZ 1975, 284 (286): „regelmäßig"; ebenso BayObLGZ 1988, 54 (57); OLG Zweibrücken in: BGH WE 1995, 183 sub I.

184 OLG Stuttgart OLGZ 1988, 437.

185 Vgl. dazu BGH NJW 1994, 1866 (1867).

186 Vgl. dazu *Hauger,* FS für Bärmann/Weitnauer (1990), S. 353 (361 f.).

187 So im Ergebnis auch BGHZ 127, 99 (101 f.) = WE 1995, 183 m. zust. Anm. *Niedenführ* LM Nr. 14 zu § 10; BayObLGZ 1975, 284 (287); OLG Hamm WE 1996, 33 (35); *Buß,* Bestätigung, S. 136 ff. (142).

69 Wird durch einen inhaltsgleichen Zweitbeschluss der Erstbeschluss **aufgehoben** und **novatorisch ersetzt,** so ist der Erstbeschluss schwebend unwirksam und hat damit keinen Bestand mehr. Mit der Bestandskraft des Zweitbeschlusses wird der Erstbeschluss endgültig unwirksam.[188] Wird dagegen der Zweitbeschluss im Hinblick auf seine ersetzende Regelung gem. § 43 Nr. 4 für ungültig erklärt, ist er insoweit rückwirkend unwirksam, so dass entspr. § 139 BGB regelmäßig auch die in ihm enthaltene Aufhebung des Erstbeschlusses entfällt: Dieser bleibt grds. wirksam. Die Aufhebung des Erstbeschlusses bleibt damit nur dann bestehen, wenn sich im Einzelfall feststellen lässt, dass sie auch bei Kenntnis der Ungültigkeit der ersetzenden Regelung beschlossen worden wäre.[189] Haben die WEer nicht ausdrücklich beschlossen, den Erstbeschluss novatorisch zu ersetzen und aufzuheben, so ist ein solcher Wille durch Auslegung zu ermitteln. Der Umstand allein, dass die durch den Erstbeschluss getroffene Regelung inhaltsgleich nochmals beschlossen wird, vermag angesichts des Umstandes, dass idR eine Novation nicht gewollt ist,[190] die Annahme eines novatorischen Willens nicht zu rechtfertigen.[191]

70 Wird durch einen inhaltsgleichen Zweitbeschluss der Erstbeschluss nicht aufgehoben, sondern dieselbe Regelung erneut getroffen, so liegen zwei inhaltsgleiche Beschlüsse vor. Wird der Zweitbeschluss für ungültig erklärt, so hat dies keine Auswirkungen auf den Erstbeschluss: Dieser bleibt wirksam. Sein rechtliches Schicksal bestimmt sich ausschließlich nach seinen Voraussetzungen und seinem Inhalt.[192]

71 **(b) Die „Rückwirkung" des Zweitbeschlusses.** In der Frage, ob der inhaltsgleiche, bestandskräftige Zweitbeschluss zurückwirkt oder nur – wie das KG[193] meint – Rechtswirkungen für die Zukunft auslöst, ist mit dem BayObLG[194] im Ergebnis eine Wirksamkeit des Erstbeschlusses von Anfang an anzunehmen. Man kann dies mit § 144 BGB begründen;[195] primär ergibt sich die sog. „Rückwirkung" aber aus folgender Überlegung: Der fehlerhafte Erstbeschluss ist gemäß § 23 Abs. 4 trotz der ihm anhaftenden Mängel und trotz eines eventuell anhängigen Beschlussanfechtungsverfahrens wirksam, d. h. er entfaltet seine Rechtswirkung ab dem Zeitpunkt der Beschlussfassung. Wird der Erstbeschluss bestandskräftig, weil der Antrag auf seine Ungültigerklärung wegen des Zweitbeschlusses zurückgewiesen wird oder sich aus diesem Grunde die Hauptsache des Anfechtungsverfahrens erledigt, so entfallen seine Regelungen nicht rückwirkend, sondern bleiben weiterhin wirksam und zwar ab dem Zeitpunkt der (Erst-)Beschlussfassung. Es handelt sich mithin nicht um eine echte Rückwirkung des Zweitbeschlusses, dessen Wirkungen und dessen Bestandskraft ex nunc eintreten. Vielmehr geht es nur darum, dass der von Anfang an anfechtbare, aber nach § 23 Abs. 4 Satz 2 wirksame Erstbeschluss weiterhin wirksam bleibt; § 144 BGB bestätigt dieses Ergebnis.

72 Demgegenüber meint *K. Schmidt*[196] wohl, die ex-nunc-Beseitigung des Anfechtungsgrundes ergebe sich aus § 244 Satz 2 AktG, weil die hiernach ausnahmsweise zulässige Ungültigerklärung des Erstbeschlusses für die Zeit bis zum inhaltsgleichen Zweitbeschlusses

---

188 BayObLG WE 1997, 436 (438).

189 BGHZ 127, 99 (101 f.); BayObLG WE 1999, 149 (150); abweichend *Drasdo* S. 152 Rn 95.

190 Vgl. BGH NJW 1994, 1866 (1867).

191 BGHZ 127, 99 (102) = NJW 1994, 3230 = WE 1995, 55; BayObLG WE 1997, 436 (438); anders aber wohl BayObLGZ 1975, 284 (286); 1988, 54 (57).

192 KG ZMR 2009, 790

193 KG DWE 1988, 136 (137); zustimmend *Buß,* Bestätigung, S. 94 ff. (98); *K. Schmidt* NJW 1979, 409 (410); vgl. auch Baumbach/Hueck/*Zöllner* Anh. § 47 Rn 69 zur GmbH; Hachenburg/*Raiser* Anh. § 47 Rn 169 zur GmbH; *Hüffer* § 244 Rn 6 und KölnerKomm-*Zöllner* § 244 Rn 8 zur AG; aA Baumbach/Hueck/*Zöllner* § 244 Anm. 2, 5 und Großkomm-*Schilling* AktG § 244 Anm. 2, 5 zur AG.

194 So BayObLGZ 1977, 226 (232); ZMR 1979, 213 (214); OLG Zweibrücken ZMR 1986, 63 (64).

195 AA *Lüke* ZWE 2000, 98 (105) = PiG 59, 103 (121 f.).

196 *K. Schmidt* NJW 1979, 409 (410); so auch *Buß,* Bestätigung, S. 98.

nicht denkbar wäre, wenn bereits für diesen Zeitraum eine rückwirkende Heilung durch den Zweitbeschluss angenommen würde. Wäre es richtig, wie *K. Schmidt* meint, dass der inhaltsgleiche Zweitbeschluss oder dieser zusammen mit dem Erstbeschluss nur zu einer Heilung für die Zukunft, d. h. zu einer Regelung ab dem Zeitpunkt des Zweitbeschlusses führt, so hätte dies zur Konsequenz, dass der Erstbeschluss bis zum Zeitpunkt des Zweitbeschlusses keine Rechtswirkung entfaltet. Der Möglichkeit, den Erstbeschluss für die Zeit bis zum Zweitbeschluss entsprechend § 244 Satz 2 AktG für ungültig erklären zu können, bedürfte es nicht; sie wäre überflüssig und sinnlos, weil der Erstbeschluss ohnehin erst ab dem Zeitpunkt des Zweitbeschlusses wirken würde. Da aber nicht angenommen werden kann, dass der Gesetzgeber mit § 244 Satz 2 AktG eine überflüssige Regelung geschaffen hat, muss der Erstbeschluss von Anfang an wirksam sein. Weil dem so ist, ist § 244 Satz 2 AktG auch keine „rätselhafte Besonderheit“,[197] sondern logisch zwingende Konsequenz daraus, dass der Erstbeschluss vom Zeitpunkt seiner Fassung an wirksam ist: Es handelt sich um eine Regelung, die es ausnahmsweise ermöglicht den Erstbeschluss trotz seiner Gültigkeit temporär, d. h. für die Zeit bis zum Zweitbeschluss für ungültig zu erklären.[198]

c) Der ergänzende Zweitbeschluss. Ein Beschluss der WEer, der zwar denselben Gegenstand wie ein früherer Beschluss betrifft, aber die Regelung dieses Erstbeschlusses weder bestätigt noch ändert, sondern eine zusätzliche Regelung enthält, ist ein ergänzender Zweitbeschluss. Die Voraussetzungen eines solchen ergänzenden Beschlusses richten sich nach seinem Regelungsgegenstand, nicht nach dem Erstbeschluss. Haben WEer etwa einstimmig gem. § 22 Abs. 1 den Einbau eines Aufzuges und die Ermächtigung des Verwalters beschlossen, Kostenangebote zum Einbau eine Aufzuges „im Hinterhof in Turmform und Glasbauweise mit Zugängen zum Treppenhaus“ einzuholen und haben anschließend mehrheitlich beschlossen, den „Glasaufzug“ entsprechend einem der eingeholten Angebote einbauen zu lassen, so bedarf dieser Zweitbeschluss, der den Erstbeschluss ergänzt, nicht der Zustimmung aller WEer gem. § 22 Abs. 1; denn die bauliche Veränderung war bereits bestandskräftig beschlossen und der Zweitbeschluss regelt etwas anderes, nämlich die Durchführung der baulichen Veränderung im Rahmen ordnungsgemäßer Verwaltung. Ein solcher ergänzender Beschluss kann daher mit Stimmenmehrheit gefasst werden und muss gemäß § 21 Abs. 3, 4 den Vereinbarungen und Beschlüssen der WEer und soweit solche nicht bestehen, dem Interesse der Gesamtheit der WEer nach billigem Ermessen entsprechen.[199] 73

d) Der abändernde Zweitbeschluss. Ein Beschluss der WEer, der denselben Gegenstand wie ein früherer Beschluss betrifft und die durch diesen Erstbeschluss getroffene Regelung ändert oder aufhebt, ist ein abändernder Zweitbeschluss. Er ist ebenfalls grundsätzlich zulässig. Allerdings ist zu berücksichtigen, dass die ursprüngliche Rechtslage bei Aufhebung des Erstbeschlusses wieder hergestellt wird, während dessen Änderung diese modifiziert.[200] 74

Jeder WEer kann nach § 21 Abs. 3 und 4 verlangen, dass durch den Zweitbeschluss schutzwürdige Belange aus Inhalt und Wirkungen des Erstbeschlusses berücksichtigt werden.[201] Die dabei einzuhaltenden Grenzen richten sich nach den Umständen des Einzelfalles. Schutzwürdige Belange können insbesondere dann beeinträchtigt sein, wenn der Erstbeschluss ein subjektives Recht eines WEers begründet, das durch den Zweitbeschluss wieder entzogen werden soll.[202] Die Entziehung subjektiver Rechte dürfte idR über die 75

---

[197] So *K. Schmidt* NJW 1979, 409 (410).

[198] Vgl. dazu *Buß,* Bestätigung, S. 114 ff.

[199] Vgl. zu einem anderen Sachverhalt BayObLG ZWE 2002, 127 (129).

[200] Vgl. *Häublein* ZMR 2009, 424 (426).

[201] Vgl. BGHZ 113, 197 (200); OLG Schleswig ZWE 2007, 51 (55); OLG Düsseldorf WE 2000, 2; OLG München ZMR 2008, 560 (561).

[202] BayObLG WE 1989, 56 (57); WuM 1988, 322; OLG Stuttgart OLGZ 1990, 175 (177); OLG Köln ZWE 2000, 429 = NZM 2000, 305 (Ls).

Beschlusskompetenz der WEVers hinausgehen.[203] Eine Verletzung schutzwürdiger Belange eines WEers kommt insbesondere dann in Betracht, wenn ein WEer durch den abändernden Zweitbeschluss einen *rechtlichen* Nachteil im Verhältnis zur Regelung des Erstbeschlusses erleidet,[204] etwa wenn der Beschluss über eine bereits umgesetzte bauliche Maßnahme aufgehoben wird.[205] Das bedeutet jedoch nicht, dass durch den abändernden Beschluss etwaige *tatsächliche* Vorteile erhalten bleiben müssen, die ein WEer nach dem Erstbeschluss gehabt hätte.[206] Schutzwürdige Belange eines WEers werden etwa nicht dadurch verletzt, dass die WEer den Verwalter generell durch Beschluss ermächtigen und verpflichten, bei zweckbestimmungswidriger Nutzung von SE oder ME gegen den Störer vorzugehen, diesen Beschluss später aber wieder aufheben; denn ein Beschluss wird idR unter der selbstverständlichen Voraussetzung jederzeitiger Abänderbarkeit gefasst, so dass der einzelne WEer idR nicht darauf vertrauen kann, dass in Zukunft das Kostenrisiko beim Vorgehen gegen einen Störer immer von der WEgem getragen wird.[207] Entsprechendes gilt, wenn die WEer im Wege des Zweitbeschlusses eine Jahresabrechnung korrigieren, die die Heizkosten infolge fehlerhaft arbeitender Messgeräte falsch verteilte. Gegenüber diesem abändernden Zweitbeschluss kann sich der durch die fehlerhafte Abrechnung Begünstigte nicht auf Vertrauensschutz zu Lasten der Gemeinschaft berufen. Zwar entzieht ihm die Korrektur einen durch den Abrechnungsbeschluss begründeten tatsächlichen Vorteil, jedoch hatte er auf diesen Vorteil rechtlich keinen Anspruch, so dass der abändernde Zweitbeschluss keine schutzwürdigen Belange des betroffenen WEers verletzt.[208]

III. Die Bezeichnung des Beschlussgegenstandes (Abs. 2)

76 Nach § 23 Abs. 2 ist zur Gültigkeit eines Beschlusses erforderlich, dass der Beschlussgegenstand bei der Einberufung bezeichnet ist. Durch diese Regelung – die die gleich lautende Vorschrift des § 32 Abs. 1 Satz 2 BGB zum Vorbild hat – soll der WEer vor überraschenden Beschlüssen geschützt werden;[209] er soll die Möglichkeit haben, sich anhand der Tagesordnung auf die Beratung und Beschlussfassung in der Versammlung über bestimmte Tagesordnungspunkte vorzubereiten bzw. sich zu entscheiden, ob er an der Versammlung teilnehmen will, wenn es um Beschlussgegenstände geht, die ihn nicht interessieren.[210] Die Bezeichnung des Gegenstandes eines TOP deckt idR auch eine Beschlussfassung darüber, auch wenn dies im Einladungsschreiben nicht ausdrücklich angekündigt wird.[211] § 23 Abs. 2 soll darüber hinaus den ordnungsgemäßen Ablauf der Ver-

---

[203] OLG Frankfurt MietRB 2005, 206 *(Elzer).* Nach Staudinger/*Bub* § 23 Rn 123 liegt bei der Entziehung subjektiver Rechte idR ein unzulässiger Eingriff in den Kernbereich des WE's vor; aA *Lüke* ZWE 2000, 98 (102 f.) = PiG 59, 103 (114 ff.), der durch Beschluss zugewiesene subjektive Rechte für grundsätzlich entziehbar hält, die zu berücksichtigenden schutzwürdigen Belange jedoch mit Hilfe des Rechtsinstituts der Verwirkung konkretisiert.

[204] OLG Düsseldorf ZWE 2000, 368 f. = NJW-RR 2000, 1541; ZWE 2001, 34 (35) = NZM 2001, 243.

[205] OLG Frankfurt MietRB 2005, 206 *(Elzer),* anders bei einer noch nicht begonnenen baulichen Veränderung.

[206] OLG Saarbrücken WE 1998, 69 (71).

[207] Im Ergebnis ebenso BayObLG WuM 1996, 372.

[208] OLG Düsseldorf ZWE 2000, 368 f.

[209] OLG Schleswig ZWE 2007, 51 853); BayObLGZ 1992, 79 (84) = WE 1993, 276 (277).

[210] OLG Schleswig ZWE 2007, 51 (53); BayObLGZ 1981, 220 (226); NJW 1970, 1136 (1137); 1973, 1086; Rpfleger 1978, 445; WE 1988, 67; 1990, 27 (28); NJW-RR 1990, 784 (785); NJW-RR 1992, 403 = WuM 1992, 84; WuM 1995, 500 (501); 1996, 116 (117); NJWE-MietR 1997, 61 = WE 1997, 239 f.; OLG Hamm DWE 1992, 35 (36); NJW-RR 1993, 468 (469) = WE 1993, 111 = DWE 1993, 28; Staudinger/*Bub* § 23 Rn 187.

[211] OLG Frankfurt/M. OLGZ 1980, 418 (419); BayObLG, WE 1999, 199.

sammlung garantieren, der nicht durch die Ankündigung verschiedener Tagesordnungspunkte von bestimmten WEer-Gruppen mit wechselnden Mehrheiten gestört werden soll.[212]

1. Der Inhalt der Bezeichnung

Der Inhalt der Bezeichnung ist von der Bedeutung des Beschlussgegenstandes abhängig und richtet sich nach dem berechtigten Informationsbedürfnis der WEer.[213] An die Bezeichnung dürfen keine übertriebenen Anforderungen gestellt werden; idR genügt eine schlagwortartige Bezeichnung.[214] Regelmäßig ist nicht erforderlich, dass der einzelne WEer die tatsächlichen und rechtlichen Auswirkungen der Beschlussfassung in allen Einzelheiten überblicken kann. Je bedeutsamer der Gegenstand der Beschlussfassung für den einzelnen WEer ist, desto genauer ist er in der Einladung zur Versammlung zu bezeichnen. Insbesondere bei einfachen Sachverhalten genügt eine schlagwortartige Bezeichnung des Beschlussgegenstandes.[215] Dies gilt auch, wenn die WEer auf Grund einer früheren Beratung, einer vormaligen Beschlussfassung oder auf Grund eines gerichtlichen Verfahrens bereits mit der betreffenden Angelegenheit vertraut sind.[216] Bei schwerwiegenden Beschlüssen erfordert das Informationsbedürfnis, dass die WEer auch die rechtlichen und tatsächlichen Folgen der Beschlussfassung erkennen können.[217] Dagegen ist es nicht erforderlich, bereits den Inhalt eines beabsichtigten Beschlusses oder einen konkreten Beschlussantrag mitzuteilen.[218] Ob die Bezeichnung den Anforderungen des Abs. 2 genügt, ist jeweils im Einzelfall zu entscheiden. 77

Beschlüsse über das Verfahren der WEVers (sog. Geschäftsordnungsbeschlüsse, s. Rn 161) brauchen bei der Einberufung nicht angekündigt zu werden. Solche Beschlüsse erledigen sich mit Ablauf der jeweiligen Versammlung von selbst, so dass eine isolierte Anfechtung nicht in Betracht kommt. Dies gilt insbesondere für die nach § 24 Abs. 5 mögliche Beschlussfassung über die Wahl eines Vorsitzenden der Versammlung der WEer.[219] 78

2. Einzelfälle

a) Ausreichende Bezeichnungen. Enthält die Tagesordnung eine Beschlussfassung über die **„Wahl eines Verwalters“** oder **„Neuwahl eines Verwalters“**, so ist für jeden WEer erkennbar, dass damit nicht nur die Bestellung eines Verwalters an sich beschlossen werden soll, sondern auch die wesentlichen Bedingungen des Verwaltervertrages beraten und beschlossen werden können.[220] Der Bezeichnung von Einzelheiten bedarf es insoweit nicht. Derselbe Tagesordnungspunkt deckt auch eine mögliche Abwahl des bisherigen Verwalters.[221] Unter dem Tagesordnungspunkt **„Erneuerung des Verwaltervertrages“** 79

---

212 OLG Düsseldorf NJW-RR 1986, 96.

213 OLG Hamm NJW-RR 1993, 468 (469); DWE 1992, 35 (36); BayObLG WE 1988, 67; *Becker* WE 1999, 162 (163).

214 BayObLGZ 1992, 79 (84 f.); WE 1999, 199; WuM 1999, 231; OLG Düsseldorf ZWE 2001, 499 (500) = NJW-RR 2002, 83; OLG Celle ZWE 2002, 474 (475).

215 OLG Hamm NJW-RR 1993, 468 (469); BayObLG WE 1988, 67; WuM 1995, 500 (501); WE 1999, 29 (30) = NZM 1998, 668; NZM 1999, 175.

216 BayObLG ZMR 2005, 460; WE 1988, 67; 1990, 27 (28); NJW-RR 1992, 403; OLG Hamm DWE 1992, 35 (36).

217 BayObLG Rpfleger 1978, 445; OLG Hamm DWE 1992, 35 (36); AG Düsseldorf ZMR 2008, 917.

218 OLG Hamm WE 1997, 352 (353) = NJWE-MietR 1997, 179; OLG Celle ZWE 2002, 474.

219 BayObLG NJW 1965, 821 (823); OLG Düsseldorf DWE 1981, 25.

220 OLG München ZMR 2009, 64 (65); OLG Schleswig ZWE 2007, 51 (53); BayObLGZ 1981, 220 (226); WE 1999, 29 (30) = NZM 1998, 668; OLG Celle ZWE 2002, 474 (475).

221 KG WE 1989, 137 (138).

ist auch eine Beschlussfassung über die Erhöhung der Verwaltervergütung möglich.[222] Der in der Einberufung bezeichnete Tagesordnungspunkt **„Vertragsschluss mit neuer Hausverwaltung"** schließt die Wiederwahl des bisherigen Verwalters in der Versammlung grds. nicht aus, da die Bezeichnung „neu" nur darauf hinweist, dass überhaupt ein Verwalter zu bestellen ist, ohne den bisherigen Verwalter von der Wiederwahl auszunehmen.[223] Ebenso ist ein Beschluss über die Verlängerung des Verwaltervertrages mit dem bisherigen Verwalter durch die Einberufung unter dem Tagesordnungspunkt **„Verwaltervertrag"** gedeckt.[224] Auch die Bezeichnung **„außerordentliche Kündigung des Verwaltervertrages"** deckt die Beschlussfassung über die Abberufung des Verwalters aus wichtigem Grund.[225] Für den Beschluss über den Umfang der Vollmacht des Verwalters genügt die Bezeichnung **„Rechte des Verwalters".**[226] Wird in der Versammlung neben der Beschlussfassung über die Jahresabrechnung (§ 28 Abs. 5) die Entlastung des Verwalters beschlossen, so soll dazu die Bezeichnung des Tagesordnungspunktes **„Abrechnungsbericht"**[227] genügen. Für einen Beschluss über die Instandhaltungsrücklage bzw. ihre Erhöhung stellt die Bezeichnung „Wirtschaftsplan" den Beschlussgegenstand hinreichend klar.[228] Von der Bezeichnung **„Genehmigung des Wirtschaftsplans für einen abgelaufenen Zeitraum"** ist auch eine Beschlussfassung über das Fortgelten des Wirtschaftsplans gedeckt.[229] Die Bezeichnung **„Reinigung des Treppenhauses"** umfasst auch die Beschlussfassung über die Reinigungskosten.[230] Soll in der Versammlung über einen ganzen Regelungskomplex beraten und beschlossen werden (z. B. Baumängel am GemE bei neu erstellten Wohnanlagen), so brauchen nicht alle Detailpunkte in die Tagesordnung aufgenommen zu werden; es genügt eine stichwortartige Bezeichnung (z. B. **„Baumängel am GemE; gerichtliche und außergerichtliche Geltendmachung von Gewährleistungsansprüchen, technische Überprüfung und Finanzierung einzuleitender Maßnahmen"**).[231] So genügt die Bezeichnung **„Hausfassade Rückseite"**, wenn alle WEer bereits vorher über die Schadhaftigkeit der Fassade informiert wurden und in der Versammlung beschlossen wird, Gewährleistungsansprüche gegen einen Bauunternehmer gerichtlich geltend zu machen.[232] Ist ein Beschluss über die Geltendmachung bestimmter Schadensersatzansprüche gegen einen Miteigentümer angekündigt, so ist die Ermächtigung des Verwalters zur gerichtlichen Geltendmachung dieser Ansprüche damit stets gedeckt.[233] Nimmt die Bezeichnung des Beschlussgegenstands Bezug auf eine Beschlussfassung in einer früheren Versammlung, die mit einer falschen Jahreszahl angegeben ist, so ist dieser Schreibfehler unbeachtlich, wenn er für alle Beteiligten offensichtlich ist.[234]

80 **b) Ungenügende Bezeichnungen.** Besonders strenge Grundsätze gelten für den Beschluss über das **Veräußerungsverlangen nach § 18 Abs. 3.** Da es sich bei der Entziehung von WE um die einschneidendste Maßnahme gegen einen WEer handelt, muss der Beschlussgegenstand so klar bezeichnet sein, dass für jeden WEer unzweideutig erkennbar

---

[222] BayObLG MDR 1985, 412.
[223] OLG Schleswig ZWE 2007, 51 (53); BayObLG WuM 1987, 237 (238).
[224] BayObLGZ 1992, 79 (85) = WE 1993, 276 (277); OLG Hamm NJWE-MietR 1997, 179 = WE 1997, 352 (353).
[225] BayObLG WuM 1996, 116 (117).
[226] OLG Hamm NJWE-MietR 1997, 179 = WE 1997, 352 (353).
[227] *Müller,* Praktische Fragen, Rn 366 (S. 304).
[228] BayObLG WE 1996, 234 (236); ZWE 2001, 68 = NJW-RR 2001, 374.
[229] KG DWE 1990, 110 = WuM 1990, 367 (368).
[230] AG Lüdenscheid WuM 1985, 35.
[231] Vgl. *Müller,* Praktische Fragen, Rn 366 (S. 304); *Deckert* Gr. 4/40 d.
[232] BayObLGZ 1973, 68 (70).
[233] BayObLG NJWE-MietR 1997, 61 = WE 1997, 239 (240).
[234] OLG Hamm DWE 1992, 35 (36).

wird, dass ein Beschluss nach § 18 Abs. 3 gefasst werden soll. So kann etwa unter der Bezeichnung „Unterrichtung der Eigentümergemeinschaft über die jüngsten Aktivitäten des WEers X, seinen aktuellen Schuldenstand und Beschlussfassung hierzu" auch dann kein fehlerfreier Beschluss über die Entziehung von WE gefasst werden, wenn die WEer bereits in einer vorangegangenen Versammlung die Entziehung des WE beschlossen hatten.[235] Wird dagegen nur eine Abmahnung als weniger einschneidende Maßnahme beschlossen, so genügt die Bezeichnung „Entzug von Wohnungseigentum" unter Hinweis auf eine Pflichtverletzung nach § 18 Abs. 1.[236] Für den Beschluss über die Entziehung von WE genügt die Bezeichnung „Abmeierungsklage".[237]

Die Bezeichnung **„Behandlung eingehender Anträge"** genügt nicht den Anforde- 81
rungen des § 23 Abs. 2.[238] Wird in einer Gemeinschaft, die aus WEer und TEern besteht, über die Wohngelderhöhung für die TEer Beschluss gefasst, so genügt die allgemeine Bezeichnung **„Wohngeld"** bei der Einberufung nicht, da nicht erkennbar ist, dass das Wohngeld nicht allgemein, sondern nur für die TEer erhöht werden soll.[239] Den Anforderungen des Abs. 2 entspricht es nicht, wenn nach der Ankündigung **„Beschluss über den Wirtschaftsplan"** über die Erhöhung der Hausmeistervergütung beschlossen wird, auch wenn der der Einladung beigefügte Entwurf des Wirtschaftsplan unter dem Punkt **„Hausmeisterkosten"** einen höheren Kostenansatz ausweist als im Vorjahr;[240] denn daraus ist nicht erkennbar, ob sich die Erhöhung des Ansatzes aus Umständen ergibt, auf die die WEer keinen Einfluss haben, oder ob sie erst durch eine zu beschließende Erhöhung der Vergütung zustande kommt. Soll über die Änderung des Wirtschaftsplanes durch eine **Sonderumlage** beschlossen werden, enthält die Ladung aber keine Angaben zu Zweck und Höhe der Umlage, genügt sie nicht den durch § 23 Abs. 2 gestellten Anforderungen.[241] Angesichts der großen Anzahl von in der Hausordnung geregelten Verhaltensnormen (vgl. § 21 Rn 66 ff.) genügt die Bezeichnung „Änderung der Hausordnung" nicht, wenn durch Beschluss nur ein einzelner Gegenstand der Hausordnung geändert werden soll.[242] Die Bezeichnung **„Verwaltung/Verwalter"** lässt nicht erkennen, dass es um die Abwahl des Verwalters geht, so dass diese nicht ordnungsgemäß beschlossen werden kann.[243] Unter dem Tagesordnungspunkt **„Verschiedenes"** oder **„Sonstiges"** kann allenfalls über Angelegenheiten von ganz untergeordneter Bedeutung Beschluss gefasst werden, mit deren Beratung und Beschlussfassung jedermann rechnen muss.[244] Dies gilt etwa dann, wenn der Verwalter durch Beschluss aufgefordert wird, ggü. den WEern das durchzusetzen, wozu diese ohnehin verpflichtet sind.[245] Etwas anderes gilt insbesondere für einen Beschluss über eine abweichende Kostenregelung hinsichtlich der in der Jahresabrechnung ausgewiesenen Prozesskosten. Dieser Beschlussgegenstand fällt auch nicht unter den Tagesordnungspunkt **„Rücknahme aller anhängigen Prozesse"**.[246] Ein Beschluss über den Standort von Müllcontainern auf dem gemeinschaftlichen Grundstück gehört nicht zu den Angelegenheiten von untergeordneter Bedeutung, da die einzelnen WEer von den Lärm- und Geruchsbelästigungen, die vom Müllcontainer ausgehen, unterschied-

[235] OLG Düsseldorf WE 1998, 308; vgl. dazu *Becker* WE 1999, 162.
[236] BayObLG WuM 1995, 500 (501).
[237] KG NJW-RR 1996, 526 (527) = DWE 1996, 30 (31).
[238] OLG München NZM 2008, 848 (849).
[239] BayObLG Rpfleger 1978, 445.
[240] BayObLG WE 1990, 27 (28).
[241] KG ZWE 2000, 40 (42) = NZM 2000, 286.
[242] OLG Köln DWE 1988, 24.
[243] OLG Düsseldorf NJW-RR 1986, 96 (97).
[244] BayObLG WE 1988, 67; NJW-RR 1990, 784 = WE 1991, 227; OLG Hamm NJW-RR 1993, 468 (469) = WE 1993, 111; Staudinger/*Bub* § 23 Rn 196.
[245] OLG Köln WE 1998, 192.
[246] OLG Hamm NJW-RR 1993, 468 (469) = WE 1993, 111.

lich betroffen sein können.[247] Ebenso kann unter dem Tagesordnungspunkt „Verschiedenes“ nicht über die Nutzung eines gemeinschaftlichen Tischtennisraumes als Geräteraum,[248] die Abwahl des Verwalters[249] oder über die Gebrauchszeitenregelung der Waschmaschinen, deren Betriebsgeräusche einzelne WEer belästigen können,[250] die Vorlauftemperatur der Heizung in den Sommermonaten[251] oder über die Errichtung einer Nottreppe[252] beschlossen werden. Etwas anderes gilt aber dann, wenn unter **„Verschiedenes“** einzelne Beschlussgegenstände so bezeichnet sind, dass dies den Anforderungen des § 23 Abs. 2 entspricht.[253]

3. Die Bezeichnung durch den Einberufenden

82 **a) Die Bezeichnungspflicht des Einberufenden.** Die Bezeichnung der Gegenstände der Beschlussfassung hat durch denjenigen zu erfolgen, der die Versammlung der WEer einberuft. Dies ist nach § 24 Abs. 1 und Abs. 2 idR der **Verwalter.** Da die Versammlung rechtmäßige Beschlüsse fassen soll, obliegt es dem Verwalter auch, den Gegenstand der Beschlussfassung bei der Einberufung zu bezeichnen. Wenn der Verwalter die Versammlung einzuberufen hat, so muss er auch dafür sorgen, dass in ihr rechtmäßige Beschlüsse gefasst werden. Dies gilt insbesondere auch für die Bezeichnung der Bestellung eines Nachfolgers, wenn dies nach § 26 Abs. 1 geboten ist. Nur ein solches Verhalten entspricht den Anforderungen an eine ordnungsgemäße Verwaltung durch den Verwalter.[254] Zum Kostenrisiko des Verwalters im Anfechtungsverfahren im Falle der fehlerhaften Bezeichnung siehe Rn 92.

83 Da die Einberufung nach § 24 Abs. 4 in Textform erfolgt, werden auch die Gegenstände der Beschlussfassung idR in Schriftzeichen bezeichnet. *Bub* erachtet die schriftliche Wiedergabe der Beschlussgegenstände auch als Rechtmäßigkeitsvoraussetzung.[255] Dieses Erfordernis ergibt sich jedoch nicht zwingend aus dem Gesetzeswortlaut, denn die Gegenstände sind „bei“ der Einberufung, nicht aber „in“ der Einberufung zu bezeichnen; der Einberufende kann also auch die Tagesordnungspunkte auf andere Weise bezeichnen. Erforderlich ist lediglich, dass sie zeitlich mit der Einberufung bezeichnet werden. Nicht ausreichend ist es daher, wenn in einer Versammlung bereits die Tagesordnung für eine kommende Versammlung vom Vorsitzenden mitgeteilt wird, sofern nicht alle WEer anwesend sind.

84 **b) Das Bezeichnungsrecht des einzelnen WEers.** Der einzelne WEer hat nach § 21 Abs. 4 einen **Anspruch** gegen den Verwalter **auf Aufnahme** konkret benannter Beschlussgegenstände **in die Tagesordnung,** wenn die Behandlung dieser Punkte ordnungsgemäßer Verwaltung entspricht.[256] Daher besteht etwa kein Anspruch gegen den Verwalter, die Neubestellung eines Verwalters auf die Tagesordnung zu setzen, wenn die Bestellungszeit erst über ein Jahr später enden wird, da dies ordnungsgemäßer Verwaltung widerspricht.[257] Der Anspruch des einzelnen WEers, konkret benannte Beschlussgegenstände auf die Tagesordnung setzen zu lassen, findet seine Grenze in § 242 BGB, so dass

[247] BayObLG NJW-RR 1990, 784 (785) = WE 1991, 227.
[248] BayObLG WuM 1985, 101.
[249] KG OLGZ 1974, 399 (401).
[250] BayObLG WE 1988, 67.
[251] AG Unna DWE 1981, 24.
[252] BayObLG WuM 1992, 90.
[253] BayObLG WuM 1999, 231.
[254] *Merle,* Verwalter, S. 28.
[255] Staudinger/*Bub* § 23 Rn 199.
[256] OLG Frankfurt/M ZMR 2009, 133 = NZM 2009, 34 (35); ZMR 2004, 288; SaarlOLG ZMR 2004,533; vgl. auch *Merle,* Verwalter, S. 28.
[257] BayObLG WE 1992, 234 (235), das das Vorliegen eines sachlichen Grundes verneint.

z. B. dem Eigentümer, der mittels seiner Anträge nur das Stören der Versammlung bezweckt, der Einwand des Rechtsmissbrauchs entgegengehalten werden kann.[258] Weigert sich der Verwalter **pflichtwidrig,** einen Tagesordnungspunkt aufzunehmen, d. h. obwohl eine ordnungsgemäße Verwaltung dessen Aufnahme erfordert, kann der **Vorsitzende des Beirats** die Tagesordnung gestalten.[259]

Einzelne **WEer** sind dagegen **nicht berechtigt,** von **sich aus** weitere Beschlussgegenstände selbst **auf die Tagesordnung** zu setzen; denn dies würde den ordnungsgemäßen Ablauf der Versammlung und damit eine ordnungsgemäße Verwaltung gefährden.[260] Weigert sich der Verwalter pflichtwidrig, eine Versammlung mit bestimmten Tagesordnungspunkten einzuberufen, so kommt eine Einberufung nach § 24 Abs. 2 oder durch gerichtliche Ermächtigung nach § 43 Nr. 3 iVm § 887 ZPO in Betracht.[261] Damit in dieser Versammlung rechtmäßige Beschlüsse gefasst werden können, muss der Einberufende auch die Beschlussgegenstände bezeichnen können.[262] Ein solches Verfahren ist jedoch umständlich, wenn der Verwalter eine WEVers selbst einberuft, sich aber pflichtwidrig weigert, bestimmte Beschlussgegenstände in die Tagesordnung aufzunehmen. In einem solchen Fall, kann der **Vorsitzende des Beirats** die Tagesordnung gestalten.[263] Fehlt ein Verwaltungsbeirat, bietet sich eine Ermächtigung eines einzelnen WEers nach § 43 Nr. 3 iVm § 887 ZPO an.[264] Wenn ein WEer auf diese Weise zur Einberufung einer WEVers und zur Ankündigung der Tagesordnung ermächtigt werden kann, dann muss es erst recht zulässig sein, dass er zur Ankündigung bestimmter Tagesordnungspunkte für eine vom Verwalter einberufene Versammlung ermächtigt wird.[265] Im Fall der Einberufung der Versammlung durch den Verwaltungsbeiratsvorsitzenden oder seines Vertreters nach § 24 Abs. 3 obliegt es diesem auch, die Beschlussgegenstände zu bezeichnen.[266] 85

4. Rechtsfolgen eines Verstoßes gegen Abs. 2

Da es sich bei § 23 Abs. 2 um eine abdingbare Vorschrift handelt,[267] auf deren Einhaltung durch Vereinbarung rechtswirksam verzichtet werden kann, führt ein Verstoß gegen diese Vorschrift nicht zur Nichtigkeit des in der Versammlung gefassten Beschlusses, sondern allenfalls zur Anfechtbarkeit nach § 23 Abs. 4 iVm § 43 Nr. 4.[268] 86

a) Die Heilung durch „Vollversammlung". Eine Beschlussanfechtung wegen formeller Mängel, insbes. wegen Verletzung des § 23 Abs. 2, scheidet dann aus, wenn in einer „Voll-" oder „Universalversammlung" (s. o. Rn 6) sämtliche WEer auf die Einhaltung solcher Vorschriften **verzichten** (zur Heilung von Einberufungsmängeln in der Vollversammlung vgl. Rn 171). Es können dann unanfechtbare Beschlüsse gefasst werden, auch wenn etwa der jeweilige Beschlussgegenstand bei der Einberufung nicht bezeichnet worden ist. Eine konkludente Zustimmung zu einer Beschlussfassung unter Verzicht auf die Rüge der Verletzung von Formvorschriften wird in der Rspr. entsprechend § 51 Abs. 3 GmbHG 87

---

[258] BayObLG ZWE 2001, 538 (541).

[259] OLG Frankfurt/M ZWE 2009, 43 (47) m. zust. Anm. *Gottschalg* = ZMR 2009, 133 = NZM 2009, 34 (35); vgl. § 24 Rn 37.

[260] So OLG Düsseldorf NJW-RR 1986, 96.

[261] Vgl. § 24 Rn 24 ff.; *Merle,* Verwalter, S. 25 f.; aA BayObLG NJW 1970, 1136 (1137), das § 37 Abs. 2 BGB analog anwenden will.

[262] OLG Frankfurt/M ZMR 2009, 133.

[263] OLG Frankfurt/M ZMR 2009, 133 = NZM 2009, 34 (35); vgl. § 24 Rn 37.

[264] *Merle,* Verwalter, S. 29.

[265] Vgl. *Merle,* Verwalter, S. 29; s. auch OLG Düsseldorf NJW 1986, 96 (97) hinsichtlich der Einberufung durch den Verwaltungsbeirat nach § 24 Abs. 3.

[266] Vgl. OLG Düsseldorf NJW-RR 1986, 96 (97).

[267] BayObLG WE 1988, 67; NJW 1970, 1136; KG OLGZ 1974, 399 (401); OLG Hamm NJW-RR 1993, 468 (469); Rpfleger 1979, 342 (343); Staudinger/*Bub* § 23 Rn 40.

[268] BayObLG Rpfleger 1982, 100; ZMR 1986, 249; Staudinger/*Bub* § 23 Rn 186.

bereits dann angenommen, wenn sich sämtliche WEer an der Beratung und der Abstimmung beteiligen und keiner die Beschlussfassung trotz der Nichteinhaltung des § 23 Abs. 2 rügt.[269] Indessen darf aus der bloßen Anwesenheit eines WEers in der Vollversammlung, seinem Schweigen und seiner Teilnahme an der Abstimmung nicht regelmäßig auf eine Zustimmung zur Durchführung der Beschlussfassung unter Verzicht auf Formvorschriften geschlossen werden; zu berücksichtigen ist vielmehr das Gesamtverhalten bei und nach Bekanntgabe der TOP, während des Verlaufs der Versammlung und bei den Abstimmungen.[270]

88 Der Ansicht des BayObLG, das für einen konkludenten Verzicht die Kenntnis der Anwesenden vom Inhalt des § 23 Abs. 2 für erforderlich hält,[271] ist nicht zu folgen, da hierdurch eine Heilung durch bloße „Vollversammlung" faktisch ausgeschlossen ist; denn im Verfahren nach § 23 Abs. 4 iVm § 43 Nr. 4 hätten die Beklagten, die sich auf die Heilung des Verstoßes gegen § 23 Abs. 2 berufen, auch die Kenntnis aller Teilnehmer vom Inhalt des § 23 Abs. 2 zu beweisen. Dies wäre jedoch nur möglich, wenn in der Niederschrift (vgl. § 24 Rn 108) vermerkt ist, dass vor der Beschlussfassung die Frage des Verzichts auf die Einhaltung dieser Vorschrift erörtert worden ist.[272] Auch der Schutzzweck des § 23 Abs. 2, den einzelnen WEer vor überraschender Beschlussfassung zu schützen (s. o. Rn 77) gebietet eine Erschwerung der Heilung nicht; denn fühlt sich der einzelne WEer mangels ausreichender Vorbereitung zur Beschlussfassung nicht in der Lage, so ist ihm zuzumuten, sich nicht widerspruchslos an der Beratung und Abstimmung zu beteiligen. Rügt er den Verstoß gegen § 23 Abs. 2 nicht und beteiligt sich an Beratung und Abstimmung, so indiziert dies, dass er zur Beschlussfassung auch ohne vorherige Information über den Beschlussgegenstand bei der Einberufung fähig ist. Zudem kann im Einzelfall bei „Überrumpelung" eine Anfechtung der eigenen Stimmabgabe (§ 123 BGB) sowie des Beschlusses wegen Eingriffs in das Teilnahmerecht, das ein Recht auf sachliche Erörterung einschließt (vgl. § 24 Rn 59), in Betracht kommen.[273] Rügt ein WEer in der Vollversammlung einen formellen Mangel wie etwa die fehlende Bezeichnung des Beschlussgegenstandes, nimmt er jedoch an Beratung und Abstimmung teil, so ist im Zweifel anzunehmen, dass die Rüge aufrecht erhalten bleibt und dass die Ablehnung des Beschlussantrags hilfsweise zur Durchsetzung des Widerspruchs gegen die sachliche Beschlussfassung dienen sollte.[274]

89 Problematisch ist die Heilung eines Verstoßes gegen § 23 Abs. 2 nach den genannten Grundsätzen, wenn für einen WEer ein nur für die betreffende Versammlung bevollmächtigter Vertreter anwesend ist. Hier wird die Vollmacht regelmäßig so ausgelegt werden müssen, dass sie sich nur auf die in der Einberufung genannten TOP erstreckt; eine darüber hinausgehende Vollmacht wird idR nicht gewollt sein, da der Vollmachtgeber sonst mit einem unvorhersehbaren rechtsgeschäftlichen Handeln des Bevollmächtigten zu rechnen hätte.[275] Eine Heilung tritt nicht ein, wenn der Beteiligte außerhalb der Einladung auf andere Weise erfährt, dass über einen bestimmten Gegenstand in der Versammlung abgestimmt werden soll.[276] Eine Heilung des Verstoßes gegen § 23 Abs. 2 tritt nicht durch nachträgliche Verzichtserklärung eines Prozessbevollmächtigten im gerichtlichen Verfahren ein.[277]

---

[269] KG OLGZ 1974, 399 (401); OLG Hamm OLGZ 1979, 296 (300) = Rpfleger 1979, 342 (343): Nach § 51 Abs. 3 GmbHG können trotz eines Einberufungsmangels Beschlüsse gefasst werden können, wenn sämtliche Gesellschafter anwesend sind, vgl. BGHZ 100, 264 (269 f.); ZIP 2008, 757.

[270] Vgl. *Hogenschurz* ZMR 2009, 824; BGH NZG 2009, 385.

[271] BayObLG WE 1988, 67; im Ergebnis auch *Augustin* § 23 Rn 7.

[272] Darauf weist auch BayObLG WE 1988, 67 hin.

[273] Vgl. Scholz/*K. Schmidt* § 51 Rn 40 zu § 51 Abs. 3 GmbHG.

[274] Vgl. Scholz/*K. Schmidt* § 51 Rn 43 zur GmbH.

[275] OLG Hamm NJW-RR 1993, 468 (469).

[276] OLG Hamm NJW-RR 1993, 468 (469).

[277] KG OLGZ 1974, 399 (403).

b) Anfechtbarkeit und Verfahrenskosten. Kommt eine Heilung nicht in Betracht, so wird die Kausalität des Verstoßes gegen § 23 Abs. 2 für die Stimmrechtsausübung – im Gegensatz zur Nichtbeachtung anderer Einberufungsvorschriften, die keine ausdrückliche Gültigkeitsvoraussetzung aufstellen (z. B. Soll-Vorschrift des § 24 Abs. 4 Satz 2, vgl. § 24 Rn 33) – unwiderleglich vermutet, so dass die Beschlussanfechtung stets erfolgreich ist.[278] Auf eine **unwiderlegliche Kausalitätsvermutung** läuft auch die von der Rspr. vertretene Auffassung hinaus, wonach eine Ungültigerklärung wegen eines Einberufungsmangels ausnahmsweise ausscheidet, wenn feststeht, dass der Beschluss auch bei ordnungsgemäßer Einberufung genauso gefasst worden wäre (vgl. Rn 170);[279] denn eine solche Feststellung kann idR nicht erfolgen, da nicht zweifelsfrei geklärt werden kann, welche WEer bei ordnungsgemäßer Bezeichnung der Beschlussgegenstände zur Versammlung erschienen wären und welches Abstimmungsergebnis sich ergeben hätte, wenn die WEer bei der Einberufung hinreichend informiert worden wären.[280] 90

Hat ein WEer infolge fehlender oder unzureichender Bezeichnung des Beschlussgegenstandes bei der Einberufung zu spät Kenntnis von der Beschlussfassung erlangt, um innerhalb der Monatsfrist des § 46 Abs. 1 Klage auf Erklärung der Ungültigkeit des Beschlusses erheben zu können, so kommt eine **Wiedereinsetzung in den vorigen Stand** nach §§ 46 Abs. 1 Satz 3, 233 f. ZPO in Betracht (vgl. dazu § 46 Rn 48 ff.).[281] Die Beschlussanfechtung unter Berufung auf einen Einberufungsmangel nach § 23 Abs. 2 kann im Einzelfall gegen Treu und Glauben verstoßen (§ 242 BGB) mit der Folge, dass dem anfechtenden WEer der Arglisteinwand entgegengehalten werden kann. Der Arglisteinwand ist begründet, wenn sich der Anfechtende in Kenntnis des Mangels mit der Beschlussfassung einverstanden erklärt, da er in diesem Fall einen Vertrauenstatbestand für die anderen WEer schafft. Die bloße Mitwirkung bei der Beschlussfassung genügt jedoch nicht.[282] 91

Wird ein Beschluss im gerichtlichen Verfahren wegen einer unzureichenden Bezeichnung des Beschlussgegenstandes für ungültig erklärt, so trägt der einberufende **Verwalter** ein besonderes **Kostenrisiko.**[283] Denn nach § 49 Abs. 2 können dem Verwalter, auch wenn er nicht Partei des Rechtsstreits ist, Prozesskosten auferlegt werden, soweit die Tätigkeit des Gerichts durch ihn veranlasst wurde und ihn ein grobes Verschulden trifft. Nach der bisherigen Rspr. des BGH entsprach es billigem Ermessen, wenn das Gericht bei der Kostenentscheidung nach § 47 aF berücksichtigt, dass der Verwalter das Beschlussanfechtungsverfahren schuldhaft veranlasst hat und deswegen den WEern nach materiellem Recht kostenerstattungspflichtig ist.[284] Allerdings lässt sich erst in der Versammlung beurteilen, ob der konkret beabsichtigte Beschluss von dem zuvor bei der Einberufung bezeichneten 92

---

[278] *Merle,* Verwalter, S. 31; aA *Drasdo* S. 68 Rn 193; *Staudinger/Bub* § 23 Rn 202: widerlegliche Kausalitätsvermutung.

[279] BayObLGZ 1985, 436 (437) = NJW-RR 1986, 813; NJW-RR 1990, 784 (785) = WE 1991, 227; WE 1993, 169; OLG Hamm OLGZ 1992, 309 (312); WE 1996, 33 (36); OLG Köln DWE 1988, 24; WuM 1996, 33 (35); OLG Düsseldorf WE 1998, 308 f.; WE 1997, 145 (146); KG B. v. 18. 11. 1998, 24 W 4180/97; KG ZMR 1999, 426 (428); großzügiger OLG Karlsruhe WE 1998, 189 = NZM 1998, 768.

[280] OLG Köln DWE 1988, 24; *Rau* ZMR 1998, 1 (4 Fn. 38); vgl. auch KG, B. v. 18. 11. 1998, 24 W 4180/97; zu den Möglichkeiten der Feststellung der Nichtursächlichkeit *Bassenge,* FS für Merle (2000), 17 (23 ff.).

[281] BayObLGZ 1989, 13 (14 f.) = NJW-RR 1989, 656.

[282] OLG Hamm NJW-RR 1993, 468, 469.

[283] Vgl. BayObLG WE 1990, 61 f.; *Drasdo* DWE 1998, 57 (62); *Rau* ZMR 1998, 1 (3); *Briesemeister* DWE 1998, 153; *Becker* WE 1999, 162 (167) = PiG 56, 117 (129).

[284] BGH NJW 1997, 755 (756) = WE 1998, 105; WE 1997, 466 (468) = NJW 1997, 2956 zur fehlerhaften Protokollierung eines Beschlusses.

Beschlussgegenstand gedeckt ist. Deshalb kann von dem Verwalter regelmäßig nur verlangt werden, die WEer vor der Abstimmung darauf hinzuweisen, dass der beabsichtigte Beschluss nicht mehr von dem angekündigten Tagesordnungspunkt gedeckt ist. Kommt der Verwalter dieser Hinweispflicht nach und fassen die WEer dennoch den beabsichtigten Beschluss, so kann dem Verwalter die spätere Ungültigerklärung regelmäßig nicht mehr angelastet werden. Unterlässt der Verwalter schuldhaft einen entsprechenden Hinweis, so hat er idR auch das Beschlussmängelverfahren schuldhaft veranlasst und ist den WEern gegenüber zur Kostenerstattung verpflichtet.[285] Diese Rspr. kann grds. zu § 49 Abs. 2 übernommen werden, wobei die Frage, ob den Verwalter ein **grobes Verschulden** trifft, von den Umständen des Einzelfalles abhängt.

IV. Die Beschlussfassung im schriftlichen Verfahren (Abs. 3)

93 Gem. § 23 Abs. 3 ist ein Beschluss ausnahmsweise[286] auch ohne Versammlung gültig, wenn alle WEer ihre Zustimmung zu diesem Beschluss schriftlich erklären. Die Norm entspricht wörtlich § 32 Abs. 2 BGB im Vereinsrecht; eine vergleichbare Regelung für die GmbH findet sich in § 48 Abs. 2 GmbHG. Die in § 23 Abs. 3 enthaltenen gesteigerten Anforderungen an die Beschlussfassung dienen dem Schutz der Minderheit der WEer, die außerhalb der Versammlung nicht durch Teilnahme an Aussprache und Beratung auf den Willensbildungsprozess Einfluss nehmen können. Zur Abdingbarkeit vgl. Rn 107 f.

1. Die Initiative zur schriftlichen Beschlussfassung

94 Eine Beschlussfassung nach § 23 Abs. 3 setzt zunächst eine unmissverständliche Initiative zur schriftlichen Universalentscheidung voraus, damit für jeden WEer erkennbar ist, dass eine verbindliche Entscheidung und nicht lediglich eine unverbindliche Meinungsäußerung herbeigeführt werden soll.[287]

95 Zur Einleitung eines schriftlichen Beschlussverfahrens ohne Versammlung ist jeder WEer berechtigt.[288] Als Mitglied in der Gemeinschaft der WEer stehen jedem WEer hinsichtlich des gemE Mitverwaltungsrechte zu, zu denen u. a. das Recht zählt, schriftliche Beschlüsse zu initiieren.[289] Nach ganz hM sind auch der Verwalter[290] sowie der Vorsitzende des Verwaltungsbeirats bzw. dessen Vertreter zur Einleitung schriftlicher Beschlussverfahren berechtigt. Der gegenteiligen Ansicht,[291] die das Initiativrecht ausschließlich den WEern vorbehält, kann nicht gefolgt werden. Verleihen nämlich § 24 Abs. 1 bzw. § 24 Abs. 3 dem Verwalter bzw. Mitgliedern des Beirates das Recht Versammlungen einzuberufen (vgl. § 24 Rn 19 ff.), dürfen sie auch schriftliche Beschlussverfahren einleiten. Gegenüber dem Initiator sind dann auch die einzelnen Stimmen abzugeben.[292]

---

[285] *Becker* WE 1999, 162 (167) = PiG 56, 117 (129).

[286] Zum Ausnahmecharakter des Abs. 3 im Verhältnis zu Abs. 1 vgl. BR-Drucks. 75/51 = PiG 8, 223 (234); aA *Prüfer,* Diss., S. 21 ff. der Beschlüsse nach § 23 Abs. 1 und Abs. 3 als einander gleichwertige Willensbildungsverfahren der WEer ansieht.

[287] KG OLGZ 1974, 399 (403); *Merle,* Verwalter, S. 44; *Bassenge* PiG 25, 161 (107); *Prüfer,* Diss., S. 34.

[288] *Merle,* Verwalter, S. 44; *ders.* PiG 18, 125 (134).

[289] *Prüfer,* Diss., S. 28 f.; vgl. auch *Merle,* Verwalter, S. 44, mit dem Hinweis, dass die WEer auch ohne weiteres Vereinbarungen initiieren können.

[290] OLG München ZMR 2007, 304 f.; BayObLGZ 1971, 313; OLG Hamburg MDR 1971, 1012.

[291] *Prüfer,* Diss., S. 30 ff.

[292] *Prüfer,* Diss., S. 49 f.

2. Die Schriftform

Die in § 23 Abs. 3 angeordnete Schriftform der Zustimmungserklärung erfordert nach § 126 Abs. 1 BGB mindestens die eigenhändige Namensunterschrift des Erklärenden oder ein notariell beglaubigtes Handzeichen.[293] **Telegraphische** Einverständniserklärung, Übermittlung durch **Telefax, SMS** oder **EMail** genügen diesen Anforderungen **nicht.**[294] Die Schriftform ist auch gewahrt durch ein von allen WEern unterzeichnetes Rundschreiben, sog. „Umlaufbeschluss".[295] Im Falle der Stellvertretung bedarf es gem. § 167 Abs. 2 BGB keiner schriftlichen Vollmacht.[296] Die vom Vertreter abgegebene Zustimmung kann jedoch nach § 174 BGB zurückgewiesen werden, wenn er eine Vollmachtsurkunde nicht vorlegt (zur Anwendbarkeit des § 174 BGB in der Versammlung vgl. § 25 Rn 57). Es ist daher auch im schriftlichen Beschlussverfahren nach § 23 Abs. 3 zu empfehlen, eine Vollmachtsurkunde auszustellen. Soll der Nachweis einer Verwalterbestellung in der Form des § 29 Abs. 1 Satz 1 GBO geführt werden, so ist im Fall der schriftlichen Beschlussfassung außerhalb der Versammlung die Erklärung aller WEer in öffentlich beglaubigter Form erforderlich. § 26 Abs. 4, der sich seinem Wortlaut nach nur auf die Versammlungsniederschrift nach § 24 Abs. 6 bezieht, findet keine entspr. Anwendung.[297] 96

3. Die Zustimmung aller WEer

§ 25 Abs. 3 verlangt die „Zustimmung aller WEer" zum Beschluss (Einstimmigkeit). Besonderheiten bestehen bei abgesonderten Stimmrechten einzelner Gruppen von WEern – insbesondere bei **Mehrhausanlagen** (s. o. Rn 7, § 25 Rn 80 ff.). Soweit nur die Mitglieder der bestimmten Gruppe stimmberechtigt sind, deren Angelegenheiten behandelt werden, ist auch nur ihre schriftliche Zustimmung erforderlich, da sie auch berechtigt sind, Teilversammlungen abzuhalten.[298] 97

a) Der Inhalt der Zustimmung. Die Zustimmungserklärung muss sich nach der gesetzlichen Regelung sowohl auf die Form der schriftlichen Beschlussfassung als auch auf den materiellen Inhalt des beantragten Beschlusses beziehen, auch wenn es sich um Beschlussgegenstände handelt, die einem Mehrheitsbeschluss zugänglich sind.[299] Sie ist damit Einverständnis mit dem schriftlichen Verfahren und zugleich Abstimmungserklärung. In der schriftlichen Zustimmung zum Beschlussinhalt ist zugleich die konkludente Zustimmung zur schriftlichen Beschlussfassung zu sehen. Nach der gesetzlichen Konzeption des Abs. 3 ist es also – anders als bei § 48 Abs. 2, 2. Fall GmbHG – auf Grund formloser Einverständniserklärung aller WEer grds. nicht möglich, wirksame unanfechtbare Mehrheitsbeschlüsse in Form von schriftlichen Abstimmungserklärungen zu fassen.[300] 98

Der einstimmige, im schriftlichen Verfahren gefasste **Beschluss** ist von einer **Vereinbarung** zu unterscheiden, die ebenfalls der Zustimmung aller WEer bedarf. Die Abgrenzung erfolgt hier nach denselben Kriterien wie beim Versammlungsbeschluss nach § 23 Abs. 1 (s. o. Rn 25 ff.). 99

---

[293] *Prüfer,* Diss., S. 44 ff.; *Bassenge* PiG 25, 101 (107).

[294] *Prüfer,* Diss., S. 44 ff.; *Breiholt* ZMR 2010, 169; Niedenführ/*Kümmel*/Vandenhouten § 23 Rn 55; vgl. auch BGH NJW 1997, 3169 f.; aA *Müller,* Praktische Fragen, Rn 844; Jennißen/*Elzer* § 23 Rn 86.

[295] *Röll* WE 1991, 308.

[296] *Prüfer,* Diss., S. 46 ff.; *Bassenge* PiG 25, 101 (106); aA *Soergel/Stürner* § 23 Rn 4; *Augustin* § 23 Rn 9, die den schriftlichen Nachweis der Vollmacht verlangen.

[297] BayObLG NJW-RR 1986, 565 f.

[298] *Müller,* Praktische Fragen, Rn 404 (S. 339); *Bassenge* PiG 25, 101 (108).

[299] *Müller,* Praktische Fragen, Rn 404 (S. 339).

[300] AA *Kümmel* ZWE 2000, 62 (63), der jedoch nicht hinreichend zwischen § 48 Abs. 2 Alt. 1 und Alt. 2 GmbHG unterscheidet; vgl. grundsätzlich zum Verhältnis von § 23 Abs. 3 und § 48 Abs. 2 GmbHG *Prüfer,* Diss., S. 43.

100 **b) Die Zustimmung nicht stimmberechtigter WEer.** Im schriftlichen Verfahren nach Abs. 3 ist auch die schriftliche Zustimmung solcher WEer erforderlich, die nach § 25 Abs. 5 nicht stimmberechtigt sind (z. B. WEer als Verwalter bei Beschluss über seine Abberufung aus wichtigem Grund, vgl. § 25 Rn 123).[301] Für diese Auffassung spricht bereits der Wortlaut des Gesetzes; denn dieser unterscheidet zwischen den nur „stimmberechtigten WEern" in § 25 Abs. 3 und „allen WEern" in § 23 Abs. 3, so dass unter letztere Vorschrift auch die nicht stimmberechtigten WEer fallen. Zudem ist zu bedenken, dass auch der nicht stimmberechtigte WEer an der Versammlung teilnehmen (vgl. § 24 Rn 60) und so die Willensbildung beeinflussen kann. Wird ihm durch die schriftliche Beschlussfassung ohne Versammlung dieses Recht auf Teilnahme an Beratung und Aussprache genommen, so muss auch seine schriftliche Zustimmung zum Beschluss erforderlich sein, die zugleich auch den Verzicht auf eine Versammlung enthält.[302] Findet somit das Stimmverbot des § 25 Abs. 5 im schriftlichen Beschlussverfahren keine Anwendung, muss sich die Zustimmung des vom Stimmrecht Ausgeschlossenen – anders als vereinzelt unter Hinweis auf § 48 Abs. 2 GmbHG vertreten[303] – nicht allein auf die Zustimmung zum Verfahren, sondern auch auf den materiellen Beschlussinhalt beziehen. Denn die im GmbH-Recht zu § 48 Abs. 2 GmbHG geltende Rechtslage ist nicht auf § 23 Abs. 3 übertragbar: Nach § 48 Abs. 2 GmbHG ist zwar die Zustimmung eines nicht stimmberechtigten Gesellschafters zum Verfahren schriftlicher Beschlussfassung erforderlich, aber auch ausreichend,[304] da er dem materiellen Beschlussinhalt nicht zuzustimmen braucht;[305] demgegenüber ist nach § 23 Abs. 3 die Zustimmung eines nicht stimmberechtigten WEers auch zum Inhalt des zu fassenden Beschlusses erforderlich (s. Rn 98).

101 **c) Die kombinierte Beschlussfassung (sog. „Sukzessivbeschluss").** Beschlüsse der WEer werden gem. § 23 Abs. 1 grds. in Versammlungen, also bei gleichzeitiger Anwesenheit der WEer gefasst. Abweichend vom Regelfall einer Versammlung ermöglicht § 23 Abs. 3 die Beschlussfassung, wenn alle WEer ihre Zustimmung zu diesem Beschluss schriftlich erklären. Nach § 10 Abs. 2 Satz 2 können die WEer hiervon abweichende Vereinbarungen für die Beschlussfassung treffen, da nicht ausdrücklich etwas anderes bestimmt ist. § 23 enthält mithin keine abschließende Regelung über die Form, in der Beschlüsse der WEer gefasst werden können, sondern ermöglicht den WEern, durch **Vereinbarung** abweichende Regelungen zu treffen. Auf diesem Wege können die WEer auch eine **kombinierte Beschlussfassung** vorsehen, wonach die Zustimmung zu einem Beschluss sowohl in einer Versammlung und als auch schriftlich außerhalb einer Versammlung erklärt werden kann. Dies gilt auch, wenn alle WEer sich mit einer kombinierte Abstimmung **ad hoc einverstanden** erklären, denn eine Vereinbarung der WEer kann formlos erfolgen. Ein Beschluss der WEer, der auf einer vereinbarten kombinierten Beschlussfassung beruht, wird erst mit Feststellung und Verkündung des Beschlussergebnisses wirksam.

102 Eine Beschlussfassung durch Kombination von Abstimmungserklärungen, die in einer Versammlung und außerhalb einer Versammlung schriftlich abgegeben worden sind, **ohne** dass ein entsprechendes kombiniertes Verfahren **vereinbart** worden ist, führt anders als im GmbH-Recht[306] **nicht** zur **Nichtigkeit** eines verkündeten Beschlusses. Im Unterschied

[301] BayObLG ZMR 2002, 138; Staudinger/*Bub* § 23 Rn 216; *Bassenge* PiG 25, 101 (107 f.); *Müller,* Praktische Fragen, Rn 404 (S. 339); aA Niedenführ/*Kümmel*/Vandenhouten § 23 Rn 66; *Kümmel* ZWE 2000, 62.

[302] Vgl. *Merle,* Verwalter, S. 45 f.; LG Dortmund MDR 1966, 843 (844).

[303] *Prüfer,* Diss., S. 42 ff.

[304] Vgl. Scholz/*K. Schmidt* § 48 Rn 64; *Hachenburg/Hüffer* § 48 Rn 43; Lutter/*Hommelhoff* § 48 Rn 10; Baumbach/Hueck/*Zöllner* § 48 Rn 20; aA OLG Düsseldorf MDR 1977, 846; Meyer-Landrut/Miller/*Niehus* § 48 Rn 24.

[305] Vgl. *Merle,* Verwalter, S. 45.

[306] Vgl. BGH DNotZ 2006, 548.

zum Recht der GmbH führen nämlich Einberufungsmängel nicht zur Nichtigkeit von Beschlüssen, die in einer fehlerhaft einberufenen Versammlung der WEer gefasst worden sind,[307] so dass im WE-Recht insoweit kein Wertungswiderspruch vorliegt, wenn in einem nicht legitimierten Abstimmungsverfahren Beschlüsse wirksam gefasst werden können. Nach § 23 Abs. 4 sind Beschlüsse aus Gründen der Rechtssicherheit nämlich nur nichtig, wenn sie gegen zwingendes Recht verstoßen. Da Regelungen über das Abstimmungsverfahren dispositiv sind, führt die **kombinierte Beschlussfassung ohne entsprechende Vereinbarung** grds. nur zur **Anfechtbarkeit** der durch Verkündung zustande kommenden Beschlüsse. Auf diese Weise kann etwa ein wegen fehlender Mehrheit in einer Versammlung nicht zustande gekommener Beschluss vervollständigt werden.[308]

4. Zustandekommen und Wirksamkeit eines schriftlichen Beschlusses

Auch ein Beschluss im schriftlichen Verfahren kommt erst zustande, wenn nach Zustimmung aller WEer das Zustandekommen des Beschlusses festgestellt und das Beschlussergebnis verkündet, d. h. allen WEern mitgeteilt.[309] Die Wirksamkeit eines schriftlichen Beschlusses setzt somit voraus, dass der Beschlussinitiator, dem die schriftlichen Zustimmungserklärungen zugegangen sind, das Beschlussergebnis den WEern bzw. dem Verwalter – falls dieser nicht Beschlussinitiator ist – durch Aushang oder Rundschreiben mitteilt.[310] Die Mitteilung des Beschlussergebnisses hat daher – ebenso wie die Feststellung und Verkündung in der Versammlung – konstitutive Wirkung für das wirksame Zustandekommen und den Inhalt eines Beschlusses im schriftlichen Verfahren. Da ein Beschluss ggü. allen WEern und dem Verwalter nur einheitlich existent werden kann, ist eine wirksame Beschlussfassung nach Abs. 3 nur dann erfolgt, wenn etwa ein Aushang allen Beteiligten zugänglich gemacht wird oder ein Rundschreiben abgesendet wird, da dann nach dem gewöhnlichen Verlauf der Dinge mit einer Kenntnisnahme durch die Beteiligten zu rechnen ist. 103

Wegen der konstitutiven Wirkung der Feststellung und Mitteilung des Beschlussergebnisses kann auch nicht der Ansicht gefolgt werden, dass der **Mangel der Einstimmigkeit** im schriftlichen Verfahren zu einem „Nichtbeschluss“ führe und eine Anfechtung mit der Begründung, der Beschluss sei nicht mit Zustimmung aller WEer gefasst worden, daher nicht in Betracht komme.[311] Denn ob ein „Nichtbeschluss“ oder ein fehlerhafter – nichtiger oder anfechtbarer Beschluss – vorliegt, bestimmt sich allein nach der Mitteilung des Beschlussergebnisses. Hat der Abstimmungsleiter im schriftlichen Verfahren ein positives oder negatives Beschlussergebnis den WEern mitgeteilt, so liegt zunächst ein positiver oder negativer Beschluss vor, auch wenn nicht alle WEer ihre Zustimmung schriftlich erklärt haben oder wenn die Zustimmungserklärungen nicht der Schriftform entsprechen.[312] Da Abs. 3 auch hinsichtlich des Einstimmigkeitserfordernisses als abdingbar angesehen werden muss (vgl. Rn 110), verstößt die fehlende Einstimmigkeit auch nicht gegen eine Rechtsvorschrift, auf deren Einhaltung rechtswirksam nicht verzichtet werden kann, so dass – kein nichtiger, sondern lediglich ein nach § 23 Abs. 4 anfechtbarer Beschluss gegeben ist. Da die Mitteilung des Beschlussergebnisses jedoch konstitutive Wirkung hat, liegt ein wirksamer Beschluss nicht vor, solange die Mitteilung des Beschlussergebnisses unterbleibt. 104

---

[307] Vgl. Rn 164 ff.

[308] IE ebenso Staudinger/*Bub* § 23 Rn 208; *Drasdo* S. 384 Rn 31.

[309] BGHZ 148, 335 (347); KG OLGZ 1974, 399 (403); Staudinger/*Bub* § 23 Rn 217.

[310] BGHZ 148, 335 = ZWE 2001, 530 (535) = NJW 2001, 3339; so bereits *Merle,* Verwalter, S. 47, *ders.* PiG 18, 125 (134); vgl. auch *Prüfer,* Diss., S. 51 ff., der jedoch eine individuelle Information der WEer für erforderlich hält.

[311] So BayObLG DWE 1981, 55; WE 1997, 317; ZMR 2002, 138 (140 f.); OLG Zweibrücken ZMR 2004, 60 (63).

[312] AG Hamburg-Barmbek ZMR 2009, 406; Riecke/Schmid/*Drabeck* § 23 Rn 48; eingehend *Breiholt* ZMR 2010, 169; aA *Deckert* ZMR 2008, 585 (589).

105 Die **bedingte Zustimmung** zur schriftlichen Beschlussfassung ist unwirksam und steht damit dem Zustandekommen eines Beschlusses nach § 23 Abs. 3 entgegen. Dies ergibt sich aus dem Rechtsgedanken der §§ 107, 111, 180 BGB, die einen Schwebezustand bei Willenserklärungen vermeiden sollen, deren Rechtswirkungen vom Willen des Adressaten unabhängig sind.[313]

5. Der Widerruf der Zustimmungserklärung

106 Umstritten ist, ab welchem Zeitpunkt der WEer an seine schriftliche Zustimmungserklärung gebunden ist. Hierzu wird die Ansicht vertreten, dass der WEer seine Zustimmungserklärung bis zum Zugang der letzten Erklärung beim Beschlussinitiator widerrufen könne.[314] Der Gegenansicht, die unter Berufung auf § 130 Abs. 1 Satz 2 BGB eine Bindung des WEers bereits mit Zugang seiner eigenen Zustimmungserklärung annimmt,[315] ist zwar zuzugeben, dass die Zustimmung als Willenserklärung bereits mit Zugang wirksam wird (§ 130 Abs. 1 Satz 1 BGB). Daraus kann jedoch nicht der Schluss gezogen werden, dass der WEer bereits zu diesem Zeitpunkt gebunden ist. Auch Willenserklärungen im Rahmen der §§ 873, 929 BGB entfalten mit Zugang noch keine Bindungswirkung.[316] Der Grundsatz des § 130 Abs. 1 Satz 2 BGB kann nicht auf die schlichte Zustimmungserklärung nach § 23 Abs. 3 angewendet werden, da sie im Hinblick auf eine Beschlussfassung erfolgt und damit für die WEer keine selbstständige Regelungswirkung entfaltet. Anders als etwa beim Vertragsangebot nach § 145 BGB werden mit dem Zugang der Zustimmungserklärung auch keine schutzwürdigen Belange des Adressaten begründet. Da eine verbindliche Regelung, auf die jeder WEer vertrauen kann, erst vorliegt, wenn ein Beschluss zustande gekommen ist, kann eine Bindung des einzelnen WEers an seine im Hinblick auf diese Beschlussfassung abgegebene Zustimmungserklärung auch erst zu diesem Zeitpunkt eintreten. Dies ist jedoch nach der hier vertretenen Ansicht nicht der Zeitpunkt des Zugangs der letzten Zustimmungserklärung beim Beschlussinitiator, sondern der Zeitpunkt, zu dem das Beschlussergebnis mitgeteilt worden ist (s. o. Rn 104). Ein WEer kann danach seine Zustimmungserklärung bis zur Mitteilung des Beschlussergebnisses – dem Zeitpunkt des Entstehens des Beschlusses – widerrufen.[317]

6. Gestaltungsmöglichkeiten

107 **a) Änderungen des Beschlussverfahrens.** In Ergänzung der gesetzlichen Regelung des Abs. 3 können die WEer das Verfahren der schriftlichen Beschlussfassung durch Vereinbarung regeln.[318] Es kann insbesondere die Frage geregelt werden, ob die schriftliche Beschlussfassung in Form des Zirkulars oder durch Einzelabstimmung erfolgen soll. Ferner können Regelungen über den Nachweis der Vertretungsmacht oder über eine Abgabefrist vereinbart werden.[319] So kann etwa vereinbart werden, dass alle nicht binnen einer bestimmten Frist abgegebenen Stimmen als Nein-Stimmen anzusehen sind;[320] denn ebenso

---

[313] BayObLG WuM 1995, 227 (228).

[314] OLG Hamburg MDR 1971, 1012; Staudinger/*Bub* § 23 Rn 222; Soergel/*Stürner* § 23 Rn 5; *Prüfer,* Diss., S. 139 ff., der jedoch einen wichtigen Grund für den Widerruf fordert.

[315] *Müller,* Praktische Fragen, Rn 405 (S. 340).

[316] Vgl. *Merle,* Verwalter, S. 46 Fn 124.

[317] So bereits *Merle,* Verwalter, S. 46 Fn 124; Niedenführ/*Kümmel*/Vandenhouten § 23 Rn 45; Weitnauer/*Lüke* § 23 Rn 11; Staudinger/*Bub* § 23 Rn 222.

[318] Vgl. OLG Schleswig ZMR 2006, 803; Riecke/Schmid/*Drabek* § 23 Rn 50; *Müller,* Praktische Fragen, Rn 407 (S. 341).

[319] So im Fall von BayObLGZ 1980, 331.

[320] Offen lassend BayObLGZ 1980, 331 (336), wonach unabdingbar die schriftliche Zustimmung aller WEer erforderlich ist, vgl. Rn 109.

wie vereinbart werden kann, dass bei der Abstimmung in der Versammlung die Stimmenthaltung als Nein-Stimme zu werten ist,[321] muss auch für das schriftliche Verfahren außerhalb der Versammlung vereinbart werden können, dass die nicht abgegebenen Zustimmungserklärungen als Nein-Stimmen zu werten sind.

Dagegen wird in Rspr.[322] und Lit.[323] bisher eine Vereinbarung, nach der bei schriftlicher Abstimmung **Schweigen als Zustimmung** gilt, als unwirksam angesehen, da eine solche Fiktion einer Willenserklärung dazu führen würde, dass das Vorhandensein einer Stimmenmehrheit nicht mehr sicher festgestellt werden könne und damit als Voraussetzung für die Wirksamkeit von Beschlüssen in Frage gestellt würde.[324] Dieser Auffassung ist nicht zuzustimmen. Treffen die WEer die vorgenannte Abrede, vereinbaren sie in Übereinstimmung mit dem allgemeinen Zivilrecht, dass ihrem Schweigen die Bedeutung einer Willenserklärung, mithin einer Stimmabgabe, zukommen soll.[325] Solange den einzelnen WEern ein hinreichend langer Zeitraum für einen Widerspruch gegen den Beschluss eingeräumt wird, sowie sichergestellt ist, dass jedem WEer der Beschlussantrag zugeht (vgl. auch § 24 Rn 30 ff.), deckt die durch § 10 Abs. 2 S. 2 betonte Gestaltungsfreiheit der Eigentümer eine entsprechende Vereinbarung.[326] Da bereits der Widerspruch eines Eigentümers einen schriftlichen Beschluss verhindert, kann stets sicher festgestellt werden, ob ein Beschluss nach § 23 Abs. 3 gefasst wurde. Im Übrigen hat der BGH hinsichtlich einer vereinbarten Genehmigungsfiktion der Jahresabrechnung nach § 28 Abs. 5 anerkannt, dass in Abweichung von § 23 Abs. 3 die schriftliche Zustimmung durch eine unwiderlegbare Zustimmungsvermutung ersetzt werden und somit an das Schweigen der WEer die Fiktion eines Beschlusses geknüpft werden kann.[327] Es kann daher wirksam vereinbart werden, dass bei schriftlicher Beschlussfassung Schweigen als Zustimmung gilt.[328] 108

b) Die Zulässigkeit von Mehrheitsbeschlüssen. Nach überwiegender Auffassung soll Abs. 3 unabdingbar sein, soweit die Zustimmung aller WEer verlangt wird, so dass nicht vereinbart werden könne, im schriftlichen Beschlussverfahren auch Mehrheitsbeschlüsse zuzulassen.[329] Zur Begründung wird auf den Gedanken des Minderheitenschutzes verwiesen, wonach dem einzelnen WEer nicht ohne seine Zustimmung die Möglichkeit genommen werden dürfe, durch Teilnahme an der Beratung in der Versammlung – nach vorheriger Angabe des Beschlussgegenstandes in der Einberufung (Abs. 2) – sich zu artikulieren und auf die Mehrheit einzuwirken.[330] 109

Dieser Auffassung kann nicht gefolgt werden. Denn aus § 10 Abs. 2 Satz 2 ergibt sich auch die Abdingbarkeit des Abs. 3 hinsichtlich des Einstimmigkeitserfordernisses, das der Gesetzgeber nicht „ausdrücklich" iSv § 10 Abs. 2 Satz 2 für unverzichtbar erklärt hat.[331] Wenn die Gegenansicht es dagegen genügen lässt, dass sich die zwingende Natur einer 110

[321] BayObLG NJW-RR 1992, 83 (84).

[322] AG Königstein/Taunus MDR 1979, 760.

[323] *Bassenge* PiG 25, 101 (108).

[324] So AG Königstein/Taunus MDR 1979, 760.

[325] Vgl. hierzu *Prüfer,* Diss., S. 58 ff.

[326] Vgl. zu diesen Erwägungen grundlegend *Prüfer,* Diss., S. 64 ff.

[327] BGHZ 113, 197 (199) = WE 1991, 132; dagegen *Schnauder* WE 1991, 144 (147); zur Genehmigungsfiktion der Jahresabrechnung vgl. § 28 Rn 103 ff.

[328] *Prüfer,* Diss., S. 77; so auch Staudinger/*Bub* § 23 Rn 54.

[329] OLG Köln WEM 1977, 52 (54); BayObLGZ 1980, 331 (337); 81, 384; OLG Hamm OLGZ 1978, 292; WE 1993, 24 (25); Niedenführ/*Kümmel*/Vandenhouten § 23 Rn 1; *Müller,* Praktische Fragen, Rn 407 (S. 341) *Groß* ZMR 1979, 36; aA *Merle* JR 1991, 512; Staudinger/*Bub* § 23 Rn 46 ff.; *Prüfer* PiG 54, 133 ff.; *Riecke*/Schmid § 23 Rn 53; OLG Schleswig ZWE 2007, 51 (54) = ZMR 2006, 803.

[330] OLG Köln WEM 1977, 52 (54); BayObLGZ 1980, 331 (337).

[331] So auch AG Königstein/Taunus MDR 1979, 760; OLG Schleswig ZWE 2007, 51 (54); Riecke/Schmid/*Drabek* § 23 Rn 46 f.; *Breiholt* ZMR 2010, 168 (172); *Merle* JR 1991, 512; Staudinger/*Bub* § 23 Rn 46 ff.; *Prüfer* PiG 54, 133 ff.

Vorschrift des WEG auch aus dem mit ihr verfolgten Zweck ergeben kann,[332] so verkennt sie den eindeutigen Wortlaut des § 10 Abs. 2 Satz 2, der eine *ausdrückliche* Ausnahme von der Abdingbarkeit verlangt (vgl. §§ 26 Abs. 1 Satz 5, 27 Abs. 4). Abgesehen hiervon, rechtfertigt auch der Verweis auf den Schutz des einzelnen WEers nicht den Schluss auf die Unabdingbarkeit des § 23 Abs. 3. Zunächst verfängt der von der ganz hM betonte Hinweis auf den Zusammenhang zwischen Allstimmigkeit und der in einer Versammlung möglichen Diskussion nicht, da § 23 Abs. 3 den WEern kein unverzichtbares „Recht auf Diskussion" einräumt. § 23 Abs. 3 – der ein schriftliches Beschlussverfahren regelt – sieht ein „Recht auf Diskussion" naturgemäß nicht vor. Hiergegen lässt sich nicht einwenden, dass die für schriftliche Beschlüsse vorgesehene Allstimmigkeit dazu führt, dass bereits bei Widerspruch eines WEers eine Versammlung stattfindet, in der die Möglichkeit der Diskussion eröffnet ist. Denn diese Möglichkeit ist nur die tatsächliche Konsequenz, d. h. der Reflex der vom Gesetzgeber in § 23 Abs. 3 WEG verlangten allseitigen Zustimmung der Eigentümer zum Beschlussantrag. Ein unverzichtbares „Diskussionsrecht", welches die Unabdingbarkeit des § 23 Abs. 3 zur Folge hätte, resultiert hieraus nicht.[333] Des Weiteren ist darauf zu verweisen, dass die WEer berechtigt sind, einem Mehrheitsbeschluss einen Teil seiner Legitimation zu entziehen, in dem sie z. B. die Vorschriften der §§ 23 Abs. 2, 25 Abs. 3 oder § 25 Abs. 2 abbedingen. Dies wird etwa dann deutlich, wenn auf Grund einer Vereinbarung eine Versammlung der Eigentümer stets unabhängig von der Anzahl der Stimmberechtigten beschlussfähig ist, nur 1/10 aller Eigentümer erscheint und Mehrheitsbeschlüsse gefasst werden. Ist es aber anerkanntermaßen grundsätzlich zulässig, einem Mehrheitsbeschluss seine Legitimationsgrundlagen zu entziehen, leuchtet es nicht ein, gerade dann anders zu entscheiden, wenn die Möglichkeit der Diskussion betroffen ist.[334] Letztlich ist zu beachten, dass der Gesetzgeber mit § 23 Abs. 3 an die wortgleiche Vorschrift des § 32 Abs. 2 BGB anknüpft,[335] die ebenfalls hinsichtlich des Erfordernisses der Einstimmigkeit abbedungen werden kann (vgl. § 40 BGB). Dagegen kann nicht eingewandt werden, eine unterschiedliche Behandlung von WE- und Vereinsrecht sei deshalb gerechtfertigt, weil es im WE-Recht im Gegensatz zum Vereinsrecht um erhebliche Vermögensinteressen der WEer gehe; denn im Gesellschaftsrecht – wo ebenfalls über Vermögensangelegenheiten Beschluss gefasst wird – ist anerkannt, dass die schriftliche Mehrheitsbeschlussfassung zugelassen werden kann, wie insbesondere § 48 Abs. 2, 2. Fall GmbHG zeigt, wonach auch die schriftliche Mehrheitsbeschlussfassung möglich ist, wenn sich alle Gesellschafter mit der schriftlichen Stimmabgabe einverstanden erklären.[336] Da somit auf das Erfordernis der Einstimmigkeit verzichtet werden kann, ist ein verkündeter Mehrheitsbeschluss im schriftlichen Verfahren ohne entspr. Vereinbarung lediglich ein nach § 23 Abs. 4 anfechtbarer Beschluss.[337]

V. Fehlerhafte Beschlüsse (Abs. 4)

1. Allgemeines

111 § 23 Abs. 4 ist durch das G zur Änderung des WEG[338] geändert worden, um klarzustellen, dass ein Verstoß gegen unverzichtbare Rechtsvorschriften die Nichtigkeit eines Beschlusses ohne gerichtliche Ungültigerklärung zur Folge hat;[339] eine Änderung der

[332] BayObLGZ 1980, 331 (338).
[333] Grundlegend *Prüfer,* Diss., S. 79 ff.
[334] Grundlegend *Prüfer,* Diss., S. 85 ff.
[335] Vgl. BR-Drucks. 75/51 = PiG 8, 223 (234); *Prüfer,* Diss., S. 104 f. zu weiteren vergleichbaren Fällen.
[336] Vgl. BGHZ 28, 353 (358 f.); zu § 48 GmbHG vgl. Hachenburg/*Hüffer* § 48 Rn 44.
[337] Vgl. KG WM 1972, 708 (710).
[338] BGBl. I 2007, 370.
[339] BT-Drucks. 16/887 S. 32, 50.

bisherigen Rechtslage sollte hierdurch nicht erfolgen. Nach § 23 Abs. 4 Satz 2 ist ein Beschluss der WEer im Übrigen gültig, solange er nicht durch rechtskräftiges Urteil für ungültig erklärt ist. Die Klage eines oder mehrerer WEer auf Erklärung der Ungültigkeit eines Beschlusses ist nach § 46 Abs. 1 Satz 1 gegen die übrigen WEer, die Klage des Verwalters gegen die WEer zu richten. Sie muss nach § 46 Abs. 1 Satz 2 innerhalb eines Monats nach der Beschlussfassung erhoben und innerhalb zweier Monate nach der Beschlussfassung begründet werden.

In Abweichung von der Rechtslage im Vereinsrecht – wo fehlerhafte Beschlüsse ohne weiteres keine Rechtswirkungen entfalten[340] – können damit Beschlussmängel – ähnlich wie im Aktienrecht (vgl. §§ 246 ff. AktG) – idR nur in einem gerichtlichen Anfechtungsverfahren geltend gemacht werden. Fehlerhafte Beschlüsse sind daher für die beteiligten WEer, deren Sondernachfolger (vgl. § 10 Abs. 4) sowie den Verwalter (vgl. § 27 Abs. 1 Nr. 1) grds. solange verbindlich, bis sie durch richterliches Gestaltungsurteil rechtskräftig für ungültig erklärt worden sind.[341] Nach Ablauf der Monatsfrist erwächst ein fehlerhafter Beschluss in Bestandskraft mit der Folge, dass der Mangel nicht mehr geltend gemacht werden kann (s. u. Rn 195). Die Regelung des § 23 Abs. 4 gilt sowohl für Versammlungsbeschlüsse nach § 23 Abs. 1 als auch für schriftliche Beschlüsse nach § 23 Abs. 3. Keine Anwendung findet die Vorschrift auf Vereinbarungen; ist eine Vereinbarung fehlerhaft, so ist sie ohne weiteres unwirksam, ohne dass es einer Anfechtung im gerichtlichen Verfahren bedarf. Zur Abgrenzung von Vereinbarung und Beschluss vgl. Rn 25. **112**

a) Der Zweck der Regelung. Die aus § 23 Abs. 4 folgende Bestandskraft fehlerhafter Beschlüsse nach Ablauf der Monatsfrist schützt das Vertrauen der WEer in die Rechtsverbindlichkeit von Beschlüssen. Der Rechtssicherheit wird damit ggü. der Rechtmäßigkeit von Beschlüssen der Vorrang eingeräumt. Auf diese Weise soll erreicht werden, dass unter den WEern Klarheit über die Rechtslage besteht und dass nicht Streitigkeiten über die Wirksamkeit von Beschlüssen das Verhältnis der WEer untereinander noch längere Zeit belasten.[342] Das Vertrauen in die Bestandskraft von Beschlüssen ist jedoch dann nicht schutzwürdig, wenn diese inhaltlich oder in der Art und Weise ihres Zustandekommens gegen eine Rechtsvorschrift verstoßen, auf deren Einhaltung rechtswirksam nicht verzichtet werden kann. Die gesetzliche Regelung in § 23 Abs. 4 Satz 1 stellt klar, dass nach allgemeinen Grundsätzen ein Beschluss, der gegen eine unverzichtbare Rechtsvorschrift verstößt, nichtig ist, also nicht in Bestandskraft erwachsen kann. **113**

b) Die Arten der Fehlerhaftigkeit. aa) Nichtbeschlüsse. Die Anwendung des § 23 Abs. 4 setzt voraus, dass überhaupt ein Beschluss vorliegt, der durch richterlichen Gestaltungsakt für ungültig erklärt werden kann. Eine Beschluss ist gefasst, wenn eine Stimmabgabe für oder gegen einen Beschlussantrag vorliegt. Liegen nur Stimmenthaltungen vor, ist keine Stimme für oder gegen den Beschlussantrag abgegeben worden, so dass ein Beschluss nicht gefasst worden ist.[343] Dasselbe gilt, wenn das Verfahren der Beschlussfassung unter so erheblichen Mängeln leidet, dass von vornherein kein Beschluss zustande kommt, sondern nur ein sog. **„Nichtbeschluss"** oder **„Scheinbeschluss"** vorliegt, der keine Rechtswirkungen entfaltet. In Abgrenzung zum sog. **negativen Beschluss,** dessen wirksam zustande gekommene Regelung sich in der Ablehnung eines Beschlussantrages er- **114**

---

[340] Vgl. BGHZ 55, 381; 59, 396; BGH NJW 1975, 2101; *Sauter/Schweyer* Rn 212; Soergel/*Hadding* BGB § 32 Rn 37 a; aA MünchKomm-*Reuter* BGB § 32 Rn 56 ff., der eine Analogie zu den §§ 241 ff. AktG annimmt.

[341] BayObLG ZWE 2000, 77 (Ls).

[342] BGHZ 54, 65 (69); OLG Hamm OLGZ 1990, 180 (185) = WE 1990, 102 (104); KG OLGZ 1990, 421 (423) = NJW-RR 1991, 102 (104); OLG Frankfurt/M. OLGZ 1992, 437 (438); OLG Köln OLGZ 1979, 282 (284).

[343] OLG München ZMR 2007, 480 f.

schöpft,[344] fehlt beim Nichtbeschluss bereits eine konstitutive Tatbestandsvoraussetzung (vgl. auch Rn 49).

115 Das Zustandekommen eines Beschlusses nach § 23 Abs. 1 setzt voraus, dass der Beschluss in einer Versammlung der WEer iSd WEG gefasst wird. Eine Beschlussfassung während einer bloßen „Zusammenkunft" einiger WEer ohne Einberufung einer Versammlung genügt den Anforderungen an eine WEVers regelmäßig nicht, so dass hier von vornherein keine wirksamen Beschlüsse gefasst werden können,[345] es sei denn, alle WEer sind zugegen und deklarieren das Zusammentreffen übereinstimmend als Versammlung der WEer[346] Entsprechendes gilt, wenn die Versammlung durch einen beliebigen Dritten einberufen wird, der in keinerlei Beziehung zu den WEern steht (zur Einberufung der Versammlung durch einen unbefugten WEer, ein Verwaltungsbeiratsmitglied oder einen ehemaligen Verwalter vgl. Rn 165).[347]

116 **b) Unwirksame Beschlüsse.** Ein tatbestandlich zustande gekommener Beschluss ist unwirksam, solange noch nicht alle Wirksamkeitsvoraussetzungen erfüllt sind. Hinsichtlich der Rechtsfolgen steht der unwirksame Beschluss einem nichtigen Beschluss gleich (s. Rn 120). Im Unterschied zum nichtigen Beschluss wird der „schwebend" unwirksame Beschluss wirksam, sobald die nachholbare Wirksamkeitsvoraussetzung vorliegt.[348]

117 **(1) Fehlende Feststellung und Verkündung des Beschlussergebnisses.** Unwirksam ist ein Beschluss der WEer, wenn in der Versammlung die konstitutiv wirkende Feststellung und Verkündung des Beschlussergebnisses durch den Versammlungsleiter unterbleibt;[349] Entspr. gilt im schriftlichen Beschlussverfahren nach § 23 Abs. 3, solange es an einer konstitutiv wirkenden Mitteilung des Beschlussergebnisses an die WEer fehlt.[350] Die unterbliebene Feststellung und Verkündung des Beschlussergebnisses kann auf Klage durch eine gerichtliche Ergebnisfeststellung im Verfahren nach § 43 Nr. 4 ersetzt werden.[351] Mit Rechtskraft der gerichtlichen Entscheidung wird der Beschluss endgültig wirksam. Da das Gericht in diesem Verfahren den Parteivortrag hinsichtlich sämtlicher Nichtigkeits- und Anfechtungsgründe zu prüfen hat, steht die Rechtskraft einer gerichtlichen Ergebnisfeststellung einer erneuten Beschlussanfechtungsklage in einem weiteren Verfahren entgegen.[352]

118 **(2) Fehlende vereinbarte Wirksamkeitsvoraussetzung.** Ein unwirksamer Beschluss liegt auch vor, solange eine vereinbarte Wirksamkeitsvoraussetzung – etwa die Protokollierung des Beschlusses (s. o. Rn 50) – fehlt. In diesen Fällen ist durch Auslegung der Vereinbarung zu ermitteln, ob es sich um eine vereinbarte „Gültigkeitsvoraussetzung" handelt, deren Fehlen lediglich zur Anfechtbarkeit eines Beschlusses nach § 23 Abs. 4 führt (vgl. Rn 182 ff.).

119 **(3) Zustimmungsbedürftige Beschlüsse.** Unwirksam sind schließlich auch zustimmungsbedürftige Beschlüsse der WEer, die in unentziehbare Individualrechte einzelner

---

[344] Vgl. Rn 48 ff.; aA BayObLG NJW-RR 1987, 1490 (1491); WE 1996, 146 = WuM 1995, 504 (505); WE 1997, 435; BayObLGZ 2000, 252 (254) = ZWE 2000, 575 (576) = NZM 2000, 1231 sowie OLG Düsseldorf ZWE 2000, 279 (280), die den negativen Beschluss als Nichtbeschluss bezeichnen.

[345] OLG Hamm WE 1993, 24 (25); NZM 2008, 89 f.; zu Ausnahmen siehe Rn 5.

[346] *Kahlen* GE 1986, 298 (300).

[347] Vgl. BayObLG WE 1991, 285 (286).

[348] Vgl. *Noack,* Fehlerhafte Beschlüsse in Gesellschaften und Vereinen, 1989, S. 12 f.; vgl. *Elzer* ZWE 2010, 70 f.

[349] Vgl. BGHZ 148, 335 = ZWE 2001, 530 (533) = NJW 2001, 3339; zum Meinungsstand s. o. Rn 41.

[350] Vgl. BGHZ 148, 335 = ZWE 2001, 530 (535) = NJW 2001, 3339.

[351] BGHZ 148, 335 = ZWE 2001, 530 (535) = NJW 2001, 3339; vgl. dazu § 43 Rn 42.

[352] Zutreffend *Becker* ZWE 2002, 93 gegen *Müller* ARGE Miet- und Wohnungsrecht/Info-Letter 1/2002, S. 19; *ders.,* FS Deckert, S. 255 (264 f.).

WEer eingreifen oder ihnen zusätzliche, sich weder aus dem Gesetz noch aus einer Vereinbarung ergebende Leistungspflichten auferlegen, solange die erforderliche Zustimmung einzelner WEer fehlt.[353] Ein Zustimmungserfordernis besteht insbesondere, wenn einzelne WEer durch Mehrheitsbeschluss zur tätigen Mithilfe bei der Instandsetzung des GemE verpflichtet werden sollen (vgl. § 21 Rn 82). Hierfür spricht, dass der Individualschutz keine absolute Nichtigkeit erfordert, wenn der betroffene WEer durch seine Zustimmung auf seinen Schutz verzichtet. Der Beschluss ist also mit Zustimmung des Betroffenen wirksam. Fraglich ist allerdings, ob der Beschluss im Falle der Zustimmung des betroffenen WEers gemäß § 10 Abs. 4 auch gegen den Sondernachfolger wirkt.[354]

cc) Nichtige Beschlüsse. Nach § 23 Abs. 4 Satz 1 ist ein Beschluss, der gegen eine Rechtsvorschrift verstößt, auf deren Einhaltung rechtswirksam nicht verzichtet werden kann, nichtig. Im Unterschied zu „schwebend" unwirksamen Beschlüssen entfalten nichtige Beschlüsse endgültig keine Rechtswirkungen. Deshalb bedarf es keiner Ungültigerklärung durch richterlichen Gestaltungsakt gemäß §§ 23 Abs. 4 Satz 2, 46 Abs. 1.[355] Sofern eine unverzichtbare Rechtsvorschrift nicht ausdrücklich die Nichtigkeit des Beschlusses anordnet, entscheidet der Schutzzweck der verletzten Norm, ob der Verstoß die Nichtigkeit oder nur die Anfechtbarkeit des Beschlusses zur Folge hat (s. Rn 128).[356] Die Nichtigkeit eines Beschlusses kann im Gegensatz zur Anfechtbarkeit von jedermann jederzeit ohne gerichtliches Verfahren geltend gemacht werden.[357] Wird allerdings eine Anfechtungsklage als unbegründet abgewiesen, kann nach § 48 Abs. 4 nicht mehr geltend gemacht werden, der Beschluss sei nichtig. Zulässig ist die Feststellung der Nichtigkeit im Verfahren nach § 43 Nr. 4.[358] 120

dd) Anfechtbare Beschlüsse. In allen Fällen, in denen kein Nichtbeschluss, unwirksamer oder nichtiger Beschluss vorliegt, sind Beschlussmängel im Verfahren nach § 23 Abs. 4 geltend zu machen (vgl. dazu i. E. Rn 157 ff.). 121

2. Die Nichtigkeit von Beschlüssen

a) Nichtigkeitsgründe. Im Gegensatz zur aktienrechtlichen Regelung in § 241 AktG enthält das WEG keinen ausdrücklichen Katalog der Nichtigkeitsgründe. Der gesetzlichen Regelung in § 23 Abs. 4 Satz 1 lässt sich nur entnehmen, dass ein Beschluss, der gegen eine unverzichtbare Rechtsvorschrift verstößt, nichtig ist[359] und nicht innerhalb eines Monats seit der Beschlussfassung bestandskräftig werden kann. Da der Beschluss ein Rechtsgeschäft ist (s. o. Rn 24), richtet sich die Nichtigkeit nach den allgemein für Rechtsgeschäfte geltenden Nichtigkeitsgründen (§§ 125, 134, 138 BGB). Von der **Nichtigkeit des Gesamtaktes** ist die **Nichtigkeit der Einzelstimme** zu unterscheiden. Diese führt nicht ohne weiteres zur Nichtigkeit des Beschlusses, sondern kann den Beschluss unter bestimmten Voraussetzungen anfechtbar machen (vgl. Rn 177). Aus Gründen der Rechtssicherheit ist von einem numerus clausus der Nichtigkeitsgründe auszugehen, so dass die WEer durch Vereinbarung den Kreis der absoluten Nichtigkeitsgründe nicht erweitern können. Ob ein Beschluss nichtig ist, beurteilt sich ausschließlich nach den Tatsachen, die zum Zeitpunkt der Vornahme des Rechtsgeschäfts vorlagen; die Nichtig- 122

---

[353] *Becker/Strecker* ZWE 2001, 569 (572 ff.) unter Hinweis auf allgemeine verbandsrechtliche Grundsätze.

[354] Bejahend *Becker/Strecker* ZWE 2001, 569 (577).

[355] BGHZ 54, 65 (69); 107, 268 (270) = NJW 1989, 2059.

[356] *Merle/Becker,* FS Deckert, S. 231 (245 f.).

[357] BGHZ 107, 268 (271) = NJW 1989, 2059; OLG Stuttgart OLGZ 1980, 70; *Staudinger/Bub* § 23 Rn 225.

[358] BGHZ 107, 268 (270) = NJW 1989, 2059; vgl. § 43 Rn 66.

[359] Vgl. BGH ZMR 2009, 698 (700).

keit kann nicht dadurch geheilt werden, dass nachträglich eintretende Umstände eine andere Beurteilung zulassen.[360]

123 **aa) Der Verstoß gegen die guten Sitten (§ 138 BGB).** Gem. § 138 Abs. 1 BGB ist ein Beschluss nichtig, der gegen die guten Sitten verstößt.[361] Ob ein Sittenverstoß vorliegt, ist wertend nach dem „Anstandsgefühl aller billig und gerecht Denkenden“ zu ermitteln.[362] Maßstab für die „guten Sitten“ ist das Minimum sittlicher Handlungsweise unabhängig von der Sittlichkeit im gesinnungsethischen Sinne.[363] Dieses ethische Minimum ergibt sich aus den Grundwerten der geltenden Rechtsordnung, insbesondere aus der objektiven Wertordnung des Grundgesetzes.[364] Die Sittenwidrigkeit kann sich sowohl aus dem Inhalt als auch aus dem Gesamtcharakter des Beschlusses ergeben. Im letzteren Fall ist nicht nur der objektive Gehalt des Beschlusses maßgeblich; zu berücksichtigen sind auch die Motive der Beteiligten sowie der Zweck der Regelung.[365] Auf die Kenntnis der Sittenwidrigkeit kommt es nicht an; es genügt, wenn sich die Beteiligten der Umstände bewusst sind, aus denen sich die Sittenwidrigkeit ergibt.[366]

124 **Einzelfälle:** Ein Mehrheitsbeschluss, der in seinen praktischen Auswirkungen ein vollständiges **Musizierverbot** zur Folge hat – etwa die Verpflichtung eines berufstätigen WEers, nur werktags zwischen 10.15 und 11.30 Uhr zu musizieren –, beeinträchtigt den einzelnen WEer in unzumutbarer Weise in der freien Entfaltung seiner Persönlichkeit (Art. 2 Abs. 1 GG) und ist deshalb wegen Sittenwidrigkeit nach § 138 BGB nichtig; im Übrigen ist ein Beschluss, der das Musizieren auf mehrere Stunden am Tag beschränkt, oder nur die Zeiten absoluten Musizierverbotes (unabhängig davon, ob das Musizieren andere stört oder nicht) regelt und keine Erlaubnisregelung enthält, wann das Musizieren erlaubt ist, nicht zu beanstanden.[367] Ein Beschluss, der einem **schwerbehinderten WEer** das Abstellen eines Rollstuhls im Treppenhaus verbietet, obwohl ihm eine andere Abstellmöglichkeit nicht zumutbar ist, verstößt gegen die guten Sitten.[368]

125 Die **rechtsmissbräuchliche Ausnutzung** formaler Gestaltungsmöglichkeiten reicht dagegen allein nicht aus, um die Sittenwidrigkeit eines Beschlusses zu begründen. Daher ist ein Beschluss über die Jahresabrechnung nicht deshalb sittenwidrig, weil die Beschlussfassung in rechtsmissbräuchlicher Weise verzögert wurde, um mit einem Erwerber einen neuen finanzkräftigen Schuldner zu gewinnen. Der nach dem Eigentumswechsel erfolgte Beschluss über die Jahresabrechnung ist lediglich wegen Rechtsmissbrauchs (§ 242 BGB) anfechtbar.[369] Ebenso stellt ein Beschluss, nach dem Reparaturkosten für das gemeinschaftliche Eigentum durch Darlehensaufnahme zu finanzieren und die Annuitätsraten den Wohngeldern bzw. der Instandhaltungsrückstellung zu entnehmen sind, keine unzumutbare sittenwidrige Benachteiligung eines Erwerbers dar.[370] Eine sittenwidrige Benachteiligung einzelner WEer kann auch nicht in einem Beschluss gesehen werden, nach dem die

---

[360] Hamm OLGZ 1993, 295 (297) = NJW-RR 1993, 379; BayObLG ZMR 1998, 509 (511).

[361] BGHZ 129, 329 (333 f.) = NJW 1995, 2036; NZM 2009, 436 (438); eingehend *Armbrüster,* FS Bub 2007, 1 ff.; BayObLG WE 1988, 21 (22).

[362] Vgl. BGHZ 69, 297; Palandt/*Heinrichs* § 138 Rn 2; MünchKomm-*Mayer-Maly/Armbrüster* BGB § 138 Rn 14.

[363] Vgl. *Jauernig* § 138 Anm. 2 a.

[364] Vgl. Palandt/*Heinrichs* BGB § 138 Rn 4; zur sog. mittelbaren Drittwirkung der Grundrechte vgl. allgemein BVerfGE 7, 198 (205 f.); 73, 261 (269).

[365] Vgl. Palandt/*Heinrichs* § 138 Rn 8; MünchKomm-*Mayer-Maly/Armbrüster* BGB § 138 Rn 30.

[366] Vgl. BGH NJW 1988, 1374; Palandt/*Heinrichs* § 138 Rn 8.

[367] OLG Hamm OLGZ 1986, 167 (170 f.) = NJW-RR 1986, 500 (501); MDR 1981, 320; OLG Hamburg, WuM 1999, 230; vgl. *Armbrüster,* FS Bub 2007, S. 1 (7); § 15 Rn 9, § 21 Rn 110.

[368] ZMR 1984, 161 (162).

[369] BayObLG WE 1992, 180.

[370] LG Wuppertal WE 1993, 172 mit Anm. *Brych* WE 1993, 155.

Gemeinschaft abweichend von einer Regelung in der GemO die Kosten von Reparaturen am SE oder im Bereich eines SNR übernimmt.[371]

Nach Auffassung des KG[372] ist ein Mehrheitsbeschluss, der ohne konkrete Gefährdungslage ein generelles **Verbot der Hundehaltung** anordnet, wegen Sittenwidrigkeit nach § 138 Abs. 1 BGB nichtig, da diese Regelung auch den ordentlichen Hundehalter betreffe, der die Beeinträchtigungen der Umgebung auf ein allgemein akzeptiertes Mindestmaß herabsetzt. Demgegenüber weisen der BGH[373] und die übrige Rspr.[374] zutreffend darauf hin, dass ein generelles Verbot der Hundehaltung grundsätzlich nicht durch Mehrheitsbeschluss, sondern als Gebrauchsregelung nach § 15 Abs. 1 nur durch Vereinbarung angeordnet werden kann. Da eine derartige Vereinbarung auf Grund der mit der Hundehaltung in einer Eigentumswohnung verbundenen Beeinträchtigungen der übrigen WEer (Verschmutzung der Gemeinschaftsanlagen, Lärmbelästigung) weder willkürlich noch sachlich völlig unbegründet ist und nicht in den Kernbereich des Sondereigentums (vgl. § 13 Abs. 1) eingreift,[375] verstößt auch ein entsprechender Mehrheitsbeschluss inhaltlich nicht gegen die guten Sitten.[376] Vielmehr handelt es sich um einen vereinbarungsersetzenden Mehrheitsbeschluss, der anfechtbar ist und nach Ablauf der Frist des § 23 Abs. 4 Satz 2 bestandskräftig wird.[377] Einem generellen Verbot der Tierhaltung steht es gleich, wenn die Haustierhaltung durch Mehrheitsbeschluss von der schriftlichen Genehmigung aller WEer abhängig gemacht wird.[378] 126

bb) Eingriff in den Kernbereich des WEs. Ein Beschluss, der in den dinglichen **Kernbereich** des WEs eingreift, ist nichtig.[379] Ein so weitgehender Beschlussinhalt ist aber wohl nur bei Beschlüssen mit Vereinbarungsinhalt denkbar.[380] Soweit solche Beschlüsse vereinbarungs- oder gesetzesändernden Inhalt haben, sind sie bereits mangels Beschlusskompetenz nichtig, so dass sich die Frage nach einem unzulässigen Eingriff in den Kernbereich nicht stellt. Die Frage kann allenfalls dann Bedeutung erlangen, wenn eine Öffnungsklausel die Änderung der GemO durch Mehrheitsbeschluss zulässt, denn dann besteht Beschlusskompetenz.[381] Der Kernbereich des WEs umfasst nach Ansicht des BGH den „wesentlichen Inhalt der Nutzung von Wohnungseigentum".[382] In der obergerichtlichen Rspr. wurde ein Eingriff in den Kernbereich bislang angenommen: wenn ein Teil des SE oder ein Teil des ME-Anteils ohne die Zustimmung des berechtigten WEers teilweise auf einen anderen WEer übertragen werden soll,[383] bei **Umwandlung von GemE in SE** und umgekehrt bzw. bei entsprechender Ermächtigung des Verwalters.[384] Im Anschluss an die 127

[371] OLG Köln NZM 1999, 273 (274); zum Verstoß gegen die GemO vgl. Rn 180 ff.

[372] KG OLGZ 1992, 420 (424) = WE 1992, 111.

[373] BGH NJW 1995, 2036 = WE 1995, 311 (312) = JR 1996, 235 m. Anm. *Buck; Armbrüster,* FS Bub S. 1 (7 f.).

[374] BayObLG (Vorlageb.) WuM 1995, 329 (330) = ZMR 1995, 167; OLG Düsseldorf WE 1997, 422 (423) = WuM 1997, 387 (388); BayObLGZ 1972, 90; OLG Stuttgart Rpfleger 1982, 220; OLG Karlsruhe WE 1988, 96; dieser Grundsatz gilt nicht für andere als herkömmliche Haustiere (Schlangen, Ratten, Mäuse), OLG Frankfurt NJW-RR 1990, 1430 (1431); vgl. § 15 Rn 8.

[375] So KG OLGZ 1992, 420 (425).

[376] BGH NJW 1995, 2036 (2037) = WE 1995, 311 (312); BayObLG WuM 1995, 329 (330).

[377] BGH NJW 1995, 2036 = WE 1995, 311 (312); BayObLG WuM 1995, 329 (330); OLG Düsseldorf ZWE 2002, 535 (Ls); s. auch BGHZ 145, 158 (168) = ZWE 2000, 518 = NJW 2000, 3500; vgl. Rn 180 ff.

[378] OLG Karlsruhe WE 1988, 96.

[379] BGH NZM 2009, 436 (438); OLG Hamm NJW-RR 1986, 500 (501 f.).

[380] Zum Mehrheitsbeschluss mit Vereinbarungsinhalt vgl. Rn 180 ff.

[381] Vgl. auch *Lüke* ZWE 2002, 49 (52).

[382] BGHZ 129, 329 = NJW 1995, 2036; zum Kernbereich siehe auch *Kreuzer* WE 1997, 362 (364).

[383] BayObLG WE 1999, 76 (77).

[384] BayObLG NJW-RR 1987, 329 (330); OLG Düsseldorf WE 1996, 69 (70) = NJW-RR 1996, 210; KG WE 1998. 306 (307); *F. Schmidt* ZWE 2000, 506 (511) lässt Einschränkung des Gebrauchsrechts am Sondereigentum genügen.

Rechtsprechung des BGH[385] zur Beschlusskompetenz dürfte allerdings in diesen Fällen schon die Regelungskompetenz fehlen (s. Rn 137 ff.). Ein Eingriff in den Kernbereich wurde ferner angenommen bei der Anordnung der Schließung eines bei der Teilung vorhandenen, im Aufteilungsplan auch zeichnerisch dargestellten Zugangs zu einer TEeinheit gegen den Willen des Betroffenen.[386] Kein Eingriff in den Kernbereich liegt dagegen im generellen **Verbot der Hundehaltung,**[387] sowie in der Regelung über die **Nutzung des GemE,** soweit der Beschluss nicht in ein bereits bestehendes Sondernutzungsrecht eingreift.[388] Zum Kernbereich des WEs gehören ferner die **Mitverwaltungsrechte,** wie das **Recht auf Teilnahme** an der Versammlung, das **Stimmrecht,** das **Beschlussanfechtungsrecht** sowie **Einsichts- und Auskunftsrechte.**[389] Einem Beschluss über die Begründung eines **Sondernutzungsrechts** fehlt die Beschlusskompetenz.[390]

128 **cc) Der Verstoß gegen zwingende Vorschriften.** Der Regelung des § 23 Abs. 4 Satz 1 ist zu entnehmen, dass ein Beschluss, der gegen eine unverzichtbare Rechtsvorschrift – etwa gegen ein gesetzliches Verbot (§ 134 BGB) – verstößt, als von Anfang an nichtig anzusehen ist.[391] Sofern die jeweilige Rechtsvorschrift nicht wie § 134 BGB ausdrücklich die Nichtigkeit eines Rechtsgeschäfts anordnet, entscheidet der Schutzzweck der verletzten Rechtsvorschrift, ob Nichtigkeit oder lediglich Anfechtbarkeit anzunehmen ist.[392] Auch ist zu bedenken, dass ein Verstoß gegen eine zwingende Rechtsvorschrift nicht zwangsläufig die Verletzung eines Verbotsgesetzes iSv § 134 BGB darstellt.[393] Im Gegensatz zu gesetzlichen Verboten, die das rechtliche „Dürfen“ sanktionieren, schränken zwingende Normen bereits die rechtsgeschäftliche Gestaltungsmacht – das rechtliche „Können“ – ein, so dass es keiner ausdrücklichen Anordnung der Nichtigkeit nach § 134 BGB bedarf.[394] Der genannte Unterschied lässt sich bereits im WEG aufzeigen: Nach § 26 Abs. 1 Satz 1 haben die WEer grds. die Rechtsmacht, den Verwalter zu bestellen. Diese wird jedoch durch das in Abs. 1 Satz 2 enthaltene Verbot eingeschränkt, wonach die Bestellung nur auf höchstens 5 bzw. 3 Jahre vorgenommen werden „darf“. Demgegenüber bestimmt § 27 Abs. 4, dass eine Beschränkung der in Abs. 1 und 2 genannten Verwalteraufgaben und -befugnisse von vornherein nicht vorgenommen werden „kann“.[395] In der Praxis ist jedoch, eine genaue Differenzierung zwischen Verbotsgesetzen und zwingenden Normen entbehrlich, sofern die verletzte Norm nach ihrem Schutzzweck die Nichtigkeit des Beschlusses gebietet.[396]

129 **(1) Zwingende Normen des WEG.** Nichtig sind zunächst Beschlüsse, die ihrem Inhalt nach gegen Vorschriften des WEG verstoßen, von denen die WEer nicht durch Vereinbarung abweichen können. Demgegenüber begründen Verstöße gegen dispositive Vorschriften des WEG nur die Anfechtbarkeit eines Beschlusses.

---

[385] BGHZ 145, 158 = ZWE 2000, 518 = NJW 2000, 3500; OLG Düsseldorf ZWE 279 (280).

[386] OLG Düsseldorf NJWE-MietR 1997, 81 = WE 1996, 392 (Ls).

[387] BGHZ 129, 329 = NJW 1995, 2036; BayObLGZ 1995, 42; KG NJW-RR 1998, 1385 = WE 1998, 347; aA noch KG OLGZ 1992, 420 (424 f.).

[388] OLG Düsseldorf NZM 1999, 378.

[389] Staudinger/*Kreuzer* (12. Aufl.) § 10 Rn 59; *ders.* MittBayNot 1996, 339 (341); zum Teilnahmerecht: *Becker* S. 84 ff.

[390] BGHZ 145, 158 = ZWE 2000, 518 = NJW 2000, 3500.

[391] BGHZ 107, 268 (271); BayObLGZ 1984, 198 (203); 1989, 4 (7) = NJW-RR 1989, 526.

[392] *Merle/Becker,* FS Deckert, S. 231 (245 f.).

[393] Vgl. MünchKomm-*Mayer-Maly/Armbrüster* BGB § 134 Rn 44, der von einer auf ein Verbotsgesetz hinweisenden Indizkraft spricht.

[394] Vgl. Palandt/*Heinrichs* § 134 Rn 1.

[395] Zur zweifelhaften Bewertung der Diktion vgl. MünchKomm-*Mayer-Maly/Armbrüster* BGB § 134 Rn 44.

[396] Ohne Differenzierung daher OLG Stuttgart OLGZ 1980, 70 (72); AG Hochheim NJW-RR 1986, 563 (564); BayObLG WE 1988, 21 (22).

Nach § 10 Abs. 2 Satz 2 können die WEer von den Vorschriften des WEG, die das Verhältnis der WEer untereinander regeln, abweichende Vereinbarungen treffen, soweit nicht etwas anderes „ausdrücklich" bestimmt ist. Danach sind solche Normen des WEG zwingend, die einen ausdrücklichen Vorbehalt enthalten: § 11 Abs. 1 (Unauflöslichkeit der Gemeinschaft; Ausnahme nach Satz 3 bei teilweiser oder völliger Zerstörung des Gebäudes), § 12 Abs. 2 (Verweigerung der Zustimmung zur Veräußerung von WE nur aus wichtigem Grund), § 12 Abs. 4 (Aufhebbarkeit einer Veräußerungsbeschränkung durch Beschluss), § 16 Abs. 3–5 (Änderbarkeit der Kostenverteilung durch Beschluss), § 18 Abs. 4 iVm Abs. 1 (keine Beschränkung des Anspruchs auf Entziehung von WE bei schwerer Pflichtverletzung eines WEers), § 20 Abs. 2 (kein Ausschluss der Verwalterbestellung, vgl. § 20 Rn 13 ff.), § 22 Abs. 2 (Beschlusskompetenz für Modernisierungsmaßnahmen), § 26 Abs. 1 Satz 5 (keine über das Gesetz hinausgehende Beschränkung der Bestellung und Abberufung des Verwalters), § 27 Abs. 4 (keine Beschränkung der Aufgaben und Befugnisse des Verwalters nach Abs. 1 und 2). Im Umkehrschluss aus § 5 Abs. 3 ergibt sich, dass die notwendigen Gegenstände des gemE nach § 5 Abs. 2 nicht zur Disposition der WEer stehen. Gleiches gilt auch für die Unselbstständigkeit des SEs nach § 6 (vgl. § 6 Rn 1). Unabdingbar sind schließlich auch die Vorschriften der §§ 43 ff. über das gerichtliche Verfahren;[397] zur Zulässigkeit von Schiedsgerichtsvereinbarungen vgl. Vor § 43 Rn 11 ff. 130

Nach verbreiteter Ansicht soll sich der zwingende Charakter von WEG-Vorschriften darüber hinaus durch Auslegung ermitteln lassen, wenn das Schutzinteresse der WEer ihre Unabdingbarkeit gebietet.[398] Dem kann nicht gefolgt werden, da die normative Auslegung nicht über den eindeutigen Wortlaut des § 10 Abs. 2 Satz 2 hinausgehen kann, wonach die WEer vom Gesetz abweichende Vereinbarungen treffen können, soweit dieses nicht „ausdrücklich" etwas anderes bestimmt (vgl. Rn 107 zur Abdingbarkeit von § 23 Abs. 3).[399] § 10 Abs. 2 Satz 2 ergänzt damit den Schutzzweck des § 23 Abs. 4 Satz 1, Rechtssicherheit zu schaffen, indem ein Verstoß gegen WEG-Vorschriften nur dann zur Nichtigkeit eines Beschlusses führt, wenn die Unabdingbarkeit der Norm ausdrücklich bestimmt ist. Für das schriftliche Beschlussverfahren nach dem abdingbaren § 23 Abs. 3 folgt daraus, dass ein Beschluss, dem nicht alle WEer zugestimmt haben, nur anfechtbar ist, wenn den WEern ein abweichendes positives Beschlussergebnis verkündet worden ist.[400] Zu den Besonderheiten des § 24 Abs. 2 vgl. § 24 Rn 8 ff. 131

Einzelfälle: Ein Beschluss, der auf Aufhebung der Gemeinschaft der WEer gerichtet ist, ohne dass das Gebäude ganz oder teilweise zerstört ist, verstößt gegen die zwingende Norm des § 11 Abs. 1 und ist deshalb nichtig. In gleicher Weise ist ein Beschluss nichtig, durch den entgegen § 12 Abs. 2 Satz 1 die Zustimmung zur Veräußerung eines WEs ohne wichtigen Grund versagt wird (vgl. § 12 Rn 47).[401] Die Bestellung eines Verwalters ist nichtig, soweit sie entgegen § 26 Abs. 1 Satz 2 über fünf Jahre hinaus erfolgt.[402] Ferner kann wegen § 26 Abs. 1 Satz 5 die Auswahl und Bestellung des Verwalters nicht auf einen Dritten übertragen werden,[403] etwa auf den Verwaltungsbeirat.[404] Wegen der Unvereinbarkeit des Geschäftsführungsamtes des Verwalters mit dem Kontrollamt des Verwaltungsbeirats ist der Beschluss, den Verwalter in den Verwaltungsbeirat zu wählen, nichtig.[405] 132

---

[397] Vgl. *Bärmann* WE, Rn 530.

[398] Vgl. Staudinger/*Bub* § 23 Rn 230; OLG Köln WEM 1977, 52 (54); BayObLGZ 1980, 331 (338) zu § 23 Abs. 3; s. o. Rn 106.

[399] Zustimmend *Drasdo* S. 236 Rn 9.

[400] Anders die hM, vgl. OLG Frankfurt/M. Rpfleger 1979, 217; vgl. Rn 103.

[401] OLG Hamm OLGZ 1993, 295 (297) = NJW-RR 1993, 279 = WE 1993, 52; BayObLGZ 1980, 29 (37).

[402] BayObLG Rpfleger 1980, 391; vgl. Rn 153, § 26 Rn 49.

[403] *Merle,* Verwalter, S. 64.

[404] LG Lübeck Rpfleger 1985, 232 (233); vgl. § 26 Rn 78.

[405] OLG Zweibrücken OLGZ 1983, 438 (439), vgl. § 29 Rn 13.

133 **(2) Sonstige zwingende Vorschriften.** Zur Nichtigkeit eines Beschlusses führt über die genannten Fälle hinaus jeder Verstoß gegen eine sonstige zwingende Rechtsvorschrift des **privaten** oder **öffentlichen Rechts.** Als zwingende Rechtsvorschriften kommen sowohl formelle Gesetze als auch Rechtsverordnungen in Betracht.

134 **Einzelfälle:** Ist über das Vermögen eines WEers das **Insolvenzverfahren** eröffnet worden und schuldete er zu diesem Zeitpunkt noch rückständige Wohngelder, so können die WEer nicht wirksam beschließen, den durch die rückständigen Zahlungen entstandenen Ausfall auf alle WEer einschließlich des Gemeinschuldners umzulegen, da so durch Beschluss eine Insolvenzforderung teilweise in eine Masseverbindlichkeit umgewandelt würde. Dies würde eine gegen die Grundprinzipien des **Insolvenzverfahren** (vgl. §§ 38, 87 InsO) verstoßende Bevorzugung eines einzelnen Insolvenzgläubigers darstellen, so dass ein entspr. Beschluss insoweit nichtig ist.[406]

135 Über die Regelung des **§ 134 BGB** werden rechtsgeschäftliche Verstöße gegen **Strafgesetze** mit der Nichtigkeitsfolge bedacht, so dass nach dieser Norm ein Beschluss nichtig ist, der die Vornahme einer Straftat zum Gegenstand hat. Auch ein Beschluss, der auf Abänderung öffentlich-rechtlicher Ruhezeiten gerichtet ist, entfaltet keine Rechtswirkung.[407]

136 Ein Beschluss der WEer, durch den ein früherer Beschluss über die Installation von Wärmemengenerfassungsgeräten und die Einführung einer verbrauchsabhängigen Heizkostenabrechnung aufgehoben wird, ist nichtig, wenn er aus Gründen erfolgt, die außerhalb der Regelungsgegenstände des § 3 Satz 2 HeizkostenV liegen.[408] Denn **§ 3 Satz 1 HeizkostenV** ordnet ausdrücklich an, dass die Vorschriften der HeizkostenV auf das WE unabhängig davon anzuwenden sind, ob durch Vereinbarung oder Beschluss der WEer abweichende Bestimmungen über die Verteilung der Kosten der Versorgung mit Wärme und Warmwasser getroffen sind. Da nach dieser Vorschrift bereits keine abweichenden Vereinbarungen zulässig sind, handelt es sich um eine Vorschrift zwingenden Rechts, auf die rechtswirksam nicht verzichtet werden kann.[409] Nur soweit die §§ 3 Satz 2, 11 Abs. 1 Nr. 1 lit. a HeizkostenV Ausnahmeregelungen treffen, ist eine wirksame Mehrheitsbeschlussfassung der WEer möglich.[410] Ob die Voraussetzungen der Ausnahmevorschrift vorliegen ist im Beschlussanfechtungsverfahren zu überprüfen.[411]

137 **dd) Die absolute Unzuständigkeit der WEer.** In der Rspr. wird die Nichtigkeit eines Beschlusses häufig auch mit der absoluten Unzuständigkeit der WEVers begründet.[412] Darunter ist eine Überschreitung der den WEern zustehenden Regelungskompetenz zu verstehen. Bei der Entscheidung, ob ein Gegenstand noch der Regelungskompetenz der WEer unterliegt, ist kein enger Maßstab anzulegen.[413] Von der Nichtigkeit werden Beschlüsse erfasst, deren Gegenstand einer Regelung durch die WEer schlechthin entzogen ist. Eine absolute Unzuständigkeit ist immer dann anzunehmen, wenn die Regelung nicht das Gemeinschaftsverhältnis der WEer untereinander betrifft und sie deshalb bereits einer

---

[406] Vgl. OLG Stuttgart OLGZ 1980, 70 (72); OLG Köln WE 1996, 112 (113).

[407] KG ZMR 1992, 68 (70) = DWE 1992, 33.

[408] OLG Hamm NJW-RR 1995, 465 = WE 1995, 153 = DWE 1995, 80; *Gruber* NZM 2000, 842.

[409] OLG Hamm NJW-RR 1995, 465 (466) = WE 1995, 153 = DWE 1995, 80.

[410] OLG Hamm NJW-RR 1995, 465 (466) = WE 1995, 153 = DWE 1995, 80; AG Duisburg DWE 1989, 35 (36).

[411] OLG Hamm NJW-RR 1995, 465 (466) = WE 1995, 153 = DWE 1995, 80; BayObLG ZMR 1989, 317 f.; OLG Düsseldorf DWE 1989, 28 f.

[412] Vgl. BayObLGZ 1984, 198 (200 f.); 1985, 345; 1990, 312 (314); DNotZ 1995, 66 (67); NJW-RR 1987, 329 (330); WuM 1993, 701; WE 1995, 190; OLG Hamm WE 1991, 108; der Nichtigkeitsgrund erfasst auch schriftliche Beschlüsse außerhalb der Versammlung. Zum Begriff der „absolut unzuständigen Versammlung“ vgl. *Wangemann* WuM 1987, 367 ff.; kritisch dagegen *Schmid* MDR 1990, 297; das Dogma der absoluten Unzuständigkeit ablehnend Staudinger/*Bub* § 23 Rn 113 ff.

[413] BayObLG ZMR 1998, 363 (364).

Vereinbarung nicht zugänglich ist.[414] So fehlt den WEern die Regelungskompetenz, GemE in SE bzw. SE in GemE umzuwandeln,[415] denn die dingliche Zuordnung kann nur durch dingliche Auflassung und Eintragung im GB, nicht aber durch schuldrechtliche Vereinbarung iSv § 10 Abs. 2 Satz 2 geändert werden. Bei einer **Mehrhausanlage** fehlt einer **Teilversammlung** die Kompetenz, über Angelegenheiten zu beschließen, die alle WEer betrifft;[416] ein dennoch gefasster Beschluss zulasten der nicht beteiligten WEer ist nichtig.[417] Sofern ein Mehrheitsbeschluss eine gemeinschaftliche Angelegenheit regelt, die nur durch Vereinbarung geregelt werden kann, ist der Beschluss wegen **Beschlussunzuständigkeit** der WEer unwirksam (vgl. Rn 142).

Wegen absoluter Unzuständigkeit der WEer wirkungslos sind auch Beschlüsse, deren **138** Rechtswirkung die WEer nach dem Gesetz nicht herbeiführen können. Wirkungslos ist daher ein Beschluss, wonach **Wohngeldrückstände** eines WEers mit seinem Guthabenanteil an der **Instandhaltungsrücklage zu verrechnen** sind, da ein solcher Anteil nicht existiert.[418]

Nichtig wegen absoluter Unzuständigkeit der WEer sind Beschlüsse, die ausschließlich in **139** die individuelle **Rechtszuständigkeit einzelner WEer** eingreifen,[418a] ohne eine gemeinschaftliche Angelegenheit, insbes. gemeinschaftsbezogene Rechte und Pflichten (§ 10 Abs. 6) der WEer zu regeln. Mangels Regelungskompetenz der WEer nichtig sind deshalb Mehrheitsbeschlüsse, die in das SE eines einzelnen WEers eingreifen.[419] Auch stehen individuelle Ansprüche eines einzelnen WEers gegen einen anderen WEer wegen Verletzung seines Persönlichkeitsrechts nicht zur Disposition der Gesamtheit der WEer und können daher auch dann nicht Gegenstand eines Beschlusses sein, wenn der Gemeinschaftsfriede mittelbar beeinträchtigt worden ist.[420] Ein Beschluss, der den Verwalter ermächtigt, individuelle Ansprüche eines einzelnen WEers geltend zu machen, ist deshalb ebenfalls nichtig; vgl. aber § 10 Abs. 6. Dagegen ist eine Überschreitung der Regelungsbefugnis der WEer zu verneinen, wenn der Verwalter durch Beschluss mit der Restabwicklung einer neben der WEgem bestehenden Bauherrengemeinschaft beauftragt wird, da WEer, die nicht Bauherren sind, ein berechtigtes Interesse daran haben, durch die Abwicklung klare wirtschaftliche Verhältnisse zu schaffen.[421] Auch Beschlüsse in Angelegenheiten der Verwaltung des GemE sind nicht ohne weiteres nichtig, wenn sie einzelne WEer dadurch in ihren **individuellen Rechten aus dem Gemeinschaftsverhältnis** beeinträchtigen. So können die WEer etwa durch bestandskräftigen Beschluss eine bauliche Veränderung gemäß § 22 Abs. 1 genehmigen; wird der Beschluss nicht fristgerecht angefochten, so sind individuelle Unterlassungs- und Beseitigungsansprüche gemäß § 1004 Abs. 2 BGB ausgeschlossen.[422] Nach Ansicht des OLG Hamm ist jedoch ein Beschluss der WEer nichtig, der inhaltlich darauf gerichtet ist festzustellen, dass ein rechtskräftig titulierter Beseitigungsanspruch eines einzelnen WEers erfüllt sei.[423] Allerdings dürfte ein derartiger Beschluss regelmäßig im Sinne einer nachträglichen Genehmigung des gegenwärtigen baulichen Zustands auszulegen sein, die den anspruchsberechtigten WEer bindet, sofern der Beschluss nicht auf fristgerechte Anfechtung für ungültig erklärt wird. Sofern jedoch einem einzelnen

---

[414] Vgl. OLG Düsseldorf ZWE 2002, 279 (280); *Wangemann* WuM 1987, 367 (377).

[415] OLG Düsseldorf ZWE 2002, 279 (280); *Briesemeister* ZWE 2002, 241 (245).

[416] BayObLGZ 1983, 320.

[417] OLG München ZMR 2007, 391 (393); OLG Schleswig WuM 2000, 370 ff.

[418] Zur früheren Rechtslage auch OLG Hamm WE 1991, 108 (109), vgl. auch BGH NJW 1989, 3018 (3019).

[418a] AG Pankow/Weißensee ZMR 2010, 155 f.

[419] OLG Düsseldorf ZWE 2002, 420 (421); BayObLG ZfIR 2002, 646 (647) = NZM 2002, 747.

[420] BayObLGZ 1990, 312 (314 f.).

[421] BayObLG WE 1989, 55 (56).

[422] *Becker/Strecker* ZWE 2001, 569 (574); vgl. § 22 Rn 245.

[423] OLG Hamm ZWE 2001, 273 (275) = NZM 2001, 543.

WEer ein unentziehbares Recht aus dem Gemeinschaftsverhältnis – etwa ein Aufwendungsersatzanspruch wegen einer nach § 21 Abs. 2 durchgeführten Notmaßnahme – durch Beschluss der WEer entzogen werden soll, ist der Beschluss ohne die Zustimmung des betroffenen WEers unwirksam (s. o. Rn 119).[424]

140 Wegen absoluter Unzuständigkeit nichtig sind ferner Beschlüsse, die Dritten eine Rechtspflicht auferlegen **(Beschlüsse zulasten Dritter).** Nichtig ist daher ein Beschluss, wonach der Ersteher von WE in der Zwangsversteigerung für die **Wohngeldrückstände** seines Rechtsvorgängers haften soll.[425] Ein nichtiger Beschluss zu Lasten Dritter liegt auch insoweit vor, als ein Beschluss über die **Jahresabrechnung** die Haftung eines Erwerbers für Wohngeld begründen soll, obwohl dieser das WE zum Zeitpunkt der Beschlussfassung bereits wieder veräußert hat und der Zweiterwerber schon im GB eingetragen ist.[426] Ebenso ist ein Beschluss über die Jahresabrechnung jedenfalls insoweit wegen absoluter Unzuständigkeit der WEer nichtig, als die Jahresabrechnung offene Altschulden aus der Zeit vor dem Entstehen der WEgem ausweist, die aus einer anderen Bewirtschaftungsperiode herrühren.[427] Die Nichtigkeit eines Beschlusses über die Jahresabrechnung ist dagegen zu verneinen, wenn es um Zahlungsvorgänge desjenigen Wirtschaftsjahres geht, in dem die WEgem entstanden ist.[428] Eine einheitliche Jahresabrechnung führt auch nicht zur Anfechtbarkeit eines solchen Beschlusses, da sie auf Grund der tatsächlichen Schwierigkeit, eine separate Abrechnung für den im Vorhinein ungewissen Zeitraum bis zur Entstehung der Gemeinschaft (mit Anlegung der Wohnungsgrundbücher bzw. mit Eintragung des Ersterwerbers) zu erstellen, noch den Grundsätzen ordnungsgemäßer Verwaltung entspricht.[429] Ebenfalls zu verneinen ist die Nichtigkeit eines Beschlusses über die Entrichtung von Wohngeld für künftige Teileigentumsrechte an zu errichtenden Gebäudeteilen für die Zeit nach der baulichen Fertigstellung.[430] Ein Beschluss, der die Entschädigung mehrerer, durch Bauarbeiten am gemeinschaftlichen Eigentum betroffener WEer nach § 14 Nr. 4 pauschal regelt, ist nicht wegen absoluter Unzuständigkeit der WEer nichtig; der Beschluss ist mit der Begründung anfechtbar, dass ein höherer Schaden entstanden sei.[431]

141 Den WEern fehlt weiterhin die Regelungskompetenz für einen **Eingriff in einen staatlichen Hoheitsakt.** Deshalb ist ein Beschluss nichtig, durch den ein im Wege der einstweiligen Verfügung für die Dauer eines WE-Verfahrens gerichtlich bestellter Verwalter vor Abschluss des Verfahrens mit sofortiger Wirkung abberufen werden soll; die Befugnis, für die Zeit ab Außerkrafttreten der einstweiligen Verfügung einen anderen Verwalter zu bestellen, bleibt unberührt.[432]

142 **ee) Die Beschlussunzuständigkeit.** Ein Mehrheitsbeschluss der WEer, durch den eine gesetzliche oder vereinbarte Reglung des Verhältnisses der WEer untereinander geändert wird, ist nichtig, weil hierzu nach § 10 Abs. 2 Satz 2 eine Vereinbarung der WEer erforderlich ist. Die Vorschrift des § 23 Abs. 4 ist auf einen solchen *gesetzes-* oder *vereinbarungsändernden* Beschluss nicht anwendbar, da sie nur für Beschlüsse gem. § 23 Abs. 1 gilt: Nur Beschlüsse in Angelegenheiten, über die nach dem WEG oder einer Vereinbarung der WEer diese durch Beschluss entscheiden können, ihnen also die **Beschlusskompetenz** (s. dazu o.

---

424 *Becker/Strecker* ZWE 2001, 569 (574).

425 BayObLGZ 1984, 198; vgl. auch BGH ZMR 1987, 273 (274) = WuM 1987, 326, wonach eine entspr. Vereinbarung gegen die zwingende Vorschrift des § 56 Satz 2 ZVG verstoßen würde.

426 Vgl. BGHZ 104, 197 (202 f.) = NJW 1988, 1910; BayObLG NJW-RR 1990, 81 (82); vgl. auch OLG Düsseldorf WE 1997, 470 (471).

427 KG WE 1992, 285 (286) = DWE 1994, 81; BayObLG WuM 1993, 701.

428 BayObLG WE 1994, 247 = WuM 1993, 701; KG NJW-RR 1986, 1274 = WE 1986, 103; WE 1992, 285 (286); vgl. § 28 Rn 124.

429 Offen lassend BayObLG WuM 1993, 701.

430 BayObLG WE 1998, 270.

431 BayObLG DNotZ 1995, 66 (67).

432 Vgl. KG OLGZ 1989, 435 = WE 1989, 202.

Rn 10ff.) zusteht, sind nach Maßgabe des § 23 Abs. 4 gültig und können bestandskräftig werden; andernfalls sind sie wegen Verstoßes gegen § 10 Abs. 2 Satz 2 nichtig (sog. absolute Beschlussunzuständigkeit).[433] Daraus folgt zugleich, dass ein vom Gesetz abweichender oder vereinbarungsändernder Beschluss wirksam ist und gem. § 23 Abs. 4 mangels Anfechtung bestandskräftig werden kann, wenn durch eine sog. Öffnungsklausel (s. o. Rn 14) das Mehrheitsprinzip für die Regelung des Verhältnisses der WEer untereinander kraft Gesetzes oder kraft Vereinbarung gilt. Bei einer **Mehrhausanlage** fehlt einer **Teilversammlung** die Kompetenz, über Angelegenheiten zu beschließen, die alle WEer betrifft;[434] ein dennoch gefasster Beschluss zulasten der nicht beteiligten WEer ist nichtig.[435]

Wird durch einen Beschluss der WEer die gesetzliche oder vereinbarte Regelung des Verhältnisses der WEer untereinander *nicht abgeändert,* sondern diese nur fehlerhaft angewendet, so ist ein solcher *gesetzes-* oder *vereinbarungswidriger* Beschluss zwar rechtswidrig, aber gültig, auch wenn die Angelegenheit einem Mehrheitsbeschluss nicht zugänglich war, sondern einer Vereinbarung oder der Einstimmigkeit bedurft hätte; mangels fristgerechter Anfechtung wird er bestandskräftig. Die Abgrenzung von nichtigen gemeinschaftsordnungsändernden Beschlüssen und lediglich anfechtbaren gemeinschaftsordnungswidrigen Beschlüssen kann im Einzelfall Schwierigkeiten bereiten.[436] Maßgebliches Unterscheidungskriterium ist die Beschlusskompetenz. Diese kann sich aus dem WEG ergeben. Betrifft der Beschlussgegenstand das der Gemeinschaftsgrundordnung nachrangige Verhältnis der WEer in Angelegenheiten des Gebrauchs (§ 15 Abs. 2), der Verwaltung des GemE (§ 21 Abs. 3 als Generalklausel; §§ 21 Abs. 7, 22 Abs. 2, 24 Abs. 5 und 8, 26 Abs. 1 Satz 1, 27 Abs. 2 Nr. 3, Abs. 3 Satz 1 Nr. 7, 28 Abs. 5, 29 Abs. 1 Satz 1, 45 Abs. 2), bestimmte Fälle der Kostenverteilung (§ 16 Abs. 3, Abs. 4) oder die Aufhebung einer Veräußerungsbeschränkung (§ 12 Abs. 4), so ist der Beschluss grds. von der gesetzlich eingeräumten Beschlusskompetenz gedeckt. *Verstößt* der im Rahmen der Beschlusskompetenz gefasste Beschluss gegen die gesetzlichen oder vereinbarten Regelungen – etwa gegen den Grundsatz ordnungsmäßiger Verwaltung[437] –, so liegt ein gesetzes- oder vereinbarungswidriger Beschluss vor. Dieser ist regelmäßig nur auf fristgerechte Anfechtung für ungültig zu erklären, sofern der Beschluss nicht aus anderen Gründen – etwa wegen Eingriffs in unentziehbare Rechte einzelner WEer (s. o. Rn 139) – unwirksam ist. Hat der Beschluss jedoch bei fehlender Beschlusskompetenz eine von Gesetz oder Vereinbarung *abweichende Regelung* der *Gemeinschaftsgrundordnung* zum Gegenstand, so sind die Grenzen der gesetzlichen Kompetenzzuweisung überschritten. Hierzu bedarf es gem. § 10 Abs. 2 Satz 2 einer Vereinbarung aller WEer. Eine vom Gesetz oder einer Vereinbarung abweichende Regelung des Gemeinschaftsverhältnisses enthält eine *dauerhafte* oder *vorläufige Abänderung* der Gemeinschaftsgrundordnung. Ein mangels Beschlusskompetenz nichtiger gemeinschaftsordnungsändernder Beschluss erschöpft sich idR nicht in einem einmaligen Vollzug, sondern ist darauf gerichtet, weitere – gegen die Grundordnung *verstoßende* – Entscheidungen und Maßnahmen im Verhältnis der WEer untereinander zu legitimieren oder gesetzliche bzw. vereinbarte Aufgaben und Befugnisse zu entziehen.[438] 143

Mangels Beschlusskompetenz nichtig ist etwa ein Beschluss, der auf eine dauerhafte, **nicht einen Einzelfall** betreffende **Änderung** des gesetzlichen (vgl. § 16 Abs. 2, Abs. 4) oder vereinbarten **Kostenverteilungsschlüssels** für Instandhaltungs- oder Instandset- 144

[433] BGHZ 145, 158 (168) = ZWE 2000, 518 = NJW 2000, 3500.

[434] BayObLGZ 1983, 320.

[435] OLG München ZMR 2007, 391 (393); OLG Schleswig WuM 2000, 370ff.; *Hügel* NZM 2010, 8, 14f.

[436] Vgl. hierzu auch *Lüke* ZWE 2002, 49 (53f.); *Wenzel* ZWE 2001, 226 (234); *Becker/Kümmel* ZWE 2001, 128 (129f.) sowie die Übersicht bei *Becker/Strecker* ZWE 2001, 569 (577).

[437] Die „Ordnungsmäßigkeit" ist kein kompetenzbegründendes Merkmal; vgl. BGHZ 145, 158 (169) = ZWE 2000, 518 (520) = NJW 2000, 3500; aA *Häublein* ZMR 2000, 423 (429).

[438] So *Becker/Strecker* ZWE 2001, 569 (570).

zungsmaßnahmen oder für bauliche Veränderung nach § 22 gerichtet ist.[439] Genehmigen die WEer hingegen durch Mehrheitsbeschluss eine Jahresabrechnung oder beschließen sie über eine Sonderumlage auf der Grundlage eines unrichtigen Kostenverteilungsschlüssels, so entscheiden sie im Rahmen ihrer Beschlusskompetenz nach § 28 Abs. 5, ohne über den Beschlussgegenstand hinaus den Kostenverteilungsschlüssel zu ändern.[440] Der wegen Verstoßes gegen den geltenden Verteilungsschlüssel gemeinschaftsordnungswidrige Beschluss ist lediglich auf fristgerechte Anfechtung für ungültig zu erklären.

145 Soweit keine Beschlusskompetenz kraft Vereinbarung besteht, sind mangels gesetzlicher Beschlusskompetenz etwa auch Beschlüsse mit folgenden Beschlussgegenständen nichtig: Beseitigung von Messeinrichtungen im SE;[441] **Begründung von Sondernutzungsrechten,** die stets das Mitgebrauchsrecht anderer WEer abweichend von § 13 Abs. 2 ausschließen;[442] **Beschränkung von Sondernutzungsrechten;**[443] **Auflösung der Gemeinschaft** (§ 11 Abs. 1), Begründung von **Veräußerungsbeschränkungen** (§ 12), **Übertragung von Aufgaben und Befugnissen** der WEer auf Verwalter oder Verwaltungsbeirat; **Herabsetzung der Mindestanforderungen an den Wirtschaftsplan;**[444] **Änderung des Wirtschaftsjahres;**[445] die Begründung der **Erwerberhaftung** für Beitragsrückstände des Veräußerers.[446] Mit Ablauf der Anfechtungsfrist bestandskräftig werden hingegen Mehrheitsbeschlüsse über **Gebrauchsregelungen,** über die **Verwaltung des GemE** (§ 21) und über **bauliche Veränderungen** (§ 22).

146 Auch vor der Entscheidung des BGH vom 20. 9. 2000 gefasste Beschlüsse mit vereinbarungsänderndem Inhalt sind grds. von Anfang an als nichtig anzusehen **(sog. Rückwirkung).** Die Nichtigkeit eines gemeinschaftsordnungsändernden Beschlusses mit Vereinbarungsinhalt wird durch einen Zweitbeschluss der WEer nicht berührt, nach dem die ursprüngliche Regelung der GemO nur für die Zukunft, nicht aber für die Vergangenheit gelten soll.[447] Sofern der durch gemeinschaftsordnungsändernden Beschluss geregelte Sachverhalt noch nicht abgeschlossen ist, soll es nach Ansicht des BGH allein darauf ankommen, ob und inwieweit im Vertrauen auf den früher in der Rspr. anerkannten Rechtssatz, dass bestandskräftige Mehrheitsbeschlüsse mit Vereinbarungsinhalt gültig sind, rechtlich schützenswerte Positionen entstanden sind, deren Beseitigung zu unzumutbaren Härten führen würde; in diesen Fällen sollen die Folgen der Entscheidung des BGH nach dem **Grundsatz von Treu und Glauben** ausnahmsweise nur für die Zukunft gelten.[448] Eine unzumutbare Härte braucht nicht angenommen zu werden, wenn ein im GB eingetragener Erwerber im Vertrauen auf eine mehrheitlich beschlossene Aufhebung einer gem. § 12 vereinbarten Zustimmungspflicht mangels der erforderlichen Veräußerungszustimmung in der Vergangenheit kein WE erworben hat; denn der Erwerb lässt sich durch Genehmigung, auf die

[439] BGHZ 145, 158 (169) = ZWE 2000, 518 = NJW 2000, 3500; OLG Köln NZM 2002, 615; BayObLG WuM 2001, 407 unter Aufgabe der bisherigen Rspr.

[440] Vgl. OLG Düsseldorf ZWE 2001, 444 = NJW-RR 2002, 157; ZWE 2001, 382 = NZM 2001, 711; KG ZWE 2001, 218 = NZM 2001, 294; BayObLG ZWE 2001, 370 = NJW-RR 2001, 1020 zur Sonderumlage; vgl. aber § 28 Rn 86.

[441] BayObLG ZWE 2002, 583 (585).

[442] BGHZ 145, 158 = ZWE 2000, 518 = NJW 2000, 3500; BayObLG ZWE 2001, 267 = NJW-RR 2001, 1592; OLG Köln NJW-RR 2001, 1304; *Ott* ZWE 2000, 333 (336); *ders.* ZWE 2001, 99 (100); *Wenzel* ZWE 2000, 2 (5); differenzierend *Becker/Kümmel* ZWE 2001, 128 (136).

[443] OLG Köln NZM 2002, 612 (613); BayObLG ZWE 2002, 523 (524 f.).

[444] *Wenzel* ZWE 2001, 226 (234); aA noch BayObLG ZMR 1999, 723.

[445] *Merle* PiG 63, S. 165 (166); *Wenzel* ZWE 2001, 226 (234).

[446] *Merle* PiG 63, S. 165 (181 f.); *Wenzel* ZWE 2001, 226 (234); aA noch BayObLG ZMR 1999, 721; s aber § 28 Rn 144.

[447] Zutreffend *Lüke* ZWE 2002, 49 (57) gegen OLG Stuttgart ZWE 2001, 454 = NJW-RR 2001, 1454; zum Zweitbeschluss s. o. Rn 56 ff.

[448] BGHZ 145, 158 (170) = ZMR 2000, 518 = NJW 2000, 3500.

idR aus dem zugrunde liegenden schuldrechtlichen Vertrag ein Anspruch besteht, vollenden. Ohnehin lässt die Entscheidung des BGH die **Rechtskraft einer gerichtlichen Entscheidung** unberührt, die in der Vergangenheit die Gültigkeit eines gemeinschaftsordnungsändernden Beschlusses festgestellt hat. Die WEer einschließlich der Sondernachfolger (§ 10 Abs. 4) sind an die Rechtskraft der gerichtlichen Entscheidung gebunden. In diesem Fall können sie grds. nicht durch Zweitbeschluss zur ursprünglichen Regelung der GemO zurückkehren, denn auf Grund der rechtskräftigen gerichtlichen Entscheidung gilt die durch den Erstbeschluss geänderte Regelung. Der Zweitbeschluss hat somit gemeinschaftsordnungsändernden Charakter; er ist mangels Beschlusskompetenz nichtig, sofern keine Öffnungsklausel vereinbart ist.

ff) Die Unbestimmtheit des Beschlussinhalts. In der Rspr. unterschiedlich beurteilt wird die Frage, ob ein Verstoß gegen die Erfordernisse der inhaltlichen Klarheit und Bestimmtheit (s. o. Rn 51) stets zur Nichtigkeit eines Beschlusses führen. Während teilweise der Beschluss wegen fehlender Bestimmtheit für nichtig angesehen wird,[449] nehmen andere lediglich die Anfechtbarkeit des Beschlusses nach § 23 Abs. 4 an.[450] 147

Richtigerweise wird man hier zu differenzieren haben.[451] Da nach § 23 Abs. 4 fehlerhafte Beschlüsse nur anfechtbar sind, sind auch Beschlüsse mangels hinreichender Bestimmtheit nur anfechtbar, soweit eine durchführbare Regelung noch erkennbar ist (z. B. hinsichtlich der generellen Aufhebung von Beschlüssen, die innerhalb eines bestimmten Zeitraumes gefasst wurden);[452] andernfalls ist er nichtig.[453] Führt die Unbestimmtheit zur inhaltlichen Widersprüchlichkeit des Beschlusses, so ist er wegen Perplexität als nichtig anzusehen, da es an einer vollziehbaren Regelung überhaupt fehlt (z. B. Beschlussfassung über die Auflösung der Instandhaltungsrücklage unter gleichzeitigem Ausschluss des Anspruchs eines einzelnen WEers auf Auszahlung seines Anteils).[454] Auch ist es nicht gerechtfertigt, einen WEer nach Ablauf der Anfechtungsfrist an einen Beschluss zu binden, der ihm mit konstitutiver Wirkung eine besondere Verpflichtung auferlegt, wenn er mangels hinreichender Bestimmtheit nicht in der Lage ist, die Berechtigung der ihm auferlegten Belastung zu überprüfen.[455] Unabhängig von der Frage der Nichtigkeit oder Anfechtbarkeit ist jedoch zuvor durch Auslegung zu klären, ob auf Grund der Unbestimmtheit überhaupt ein Beschluss mit Regelungscharakter vorliegt.[456] 148

b) Die Rechtsfolgen der Nichtigkeit. Ein nichtiger Beschluss ist von vornherein **absolut unwirksam.** Eine Heilung der Nichtigkeit kommt anders als bei bloßer Anfechtbarkeit (vgl. Rn 186) ausnahmsweise nach § 48 Abs. 4 in Betracht. Hiernach kann, wenn durch Urteil eine Anfechtungsklage als unbegründet abgewiesen wird, nicht mehr geltend 149

---

[449] So KG OLGZ 1981, 306, 307 (anders jedoch in WE 1989, 135 und ZWE 2000, 189 (190) = NZM 2000, 511, wo von „Ungültigerklärung" die Rede ist); OLG Hamburg ZMR 2001, 725 (727).

[450] So offenbar BayObLG WuM 1993, 707 (708); WE 1995, 245 (246); ZWE 2002, 269 = NZM 2002, 171; OLG Düsseldorf WE 1999, 105 (106) = NZM 1999, 267; offen lassend jedoch BayObLGZ 1989, 13 (17); WE 1993, 342; LG Köln ZMR 2007, 652.

[451] So auch OLG Hamburg ZMR 2008, 225; Staudinger/*Bub* § 23 Rn 257; *Drasdo* S. 239 Rn 20. s. a. *Elzer* ZMR 2009, 7 (13).

[452] BayObLG ZWE 2002, 583 (585); OLG Düsseldorf NZM 2008, 612 = ZMR 2009, 55 (56); NZM 2008, 844 (847); das KG nimmt daher in WE 1989, 135 zu Recht nur die Anfechtbarkeit des Beschlusses an; s. o. Rn 51.

[453] BayObLG ZMR 2005, 639 (640).

[454] OLG Hamm WE 1991, 108 (109); vgl. auch BayObLG WE 1991, 51. Missverständlich ist die Formulierung des BayObLG WuM 1993, 707 (Ls); WE 1993, 342 (Ls), wonach „ein Eigentümerbeschluss für ungültig zu erklären ist, wenn ihm die zur rechtlichen Beachtlichkeit erforderliche Bestimmtheit fehlt". Denn einer Ungültigerklärung im Anfechtungsverfahren bedarf es dann nicht, wenn ein Beschluss wegen Unbestimmtheit rechtlich von vornherein unbeachtlich – also nichtig – ist.

[455] BayObLG WuM 1999, 179 (180).

[456] Vgl. oben Rn 51.

gemacht werden, der Beschluss sei nichtig; Ergibt sich aus dem Vortrag der Parteien, der allein Entscheidungsgrundlage ist, die Nichtigkeit eines Beschlusses nicht, kann dessen Nichtigkeit nach rechtskräftiger Abweisung der Anfechtungsklage nicht mehr geltend gemacht werden, d. h. der Beschluss wird wirksam.[457]

150 Die Nichtigkeit eines Beschlusses kann von jedermann jederzeit geltend gemacht werden, ohne dass es einer Ungültigerklärung im Verfahren nach § 23 Abs. 4 Satz 2 iVm § 43 Nr. 4 bedarf.[458] Möglich ist jedoch eine auf **deklaratorische Feststellung der Nichtigkeit** gerichtete Feststellungsklage im Verfahren nach § 43 Nr. 4.[459] Da im Einzelfall die Unterscheidung zwischen Nichtigkeit und Anfechtbarkeit eines Beschlusses schwierig sein kann, kommt eine gerichtliche Feststellung der Nichtigkeit auch dann in Betracht, wenn nur die Ungültigerklärung nach §§ 23 Abs. 4 Satz 2, 43 Nr. 4 beantragt worden ist.[460] In Betracht kommt auch eine Nichtigkeitsfeststellung auf Zwischenfeststellungsklage.[461] Unabhängig von einer gerichtlichen Feststellung ist die Nichtigkeit in einem gerichtlichen Verfahren, in dem es auf die Wirksamkeit eines Beschlusses als Vorfrage ankommt, **von Amts wegen** zu berücksichtigen (z. B. Prüfungspflicht des GBAs hinsichtlich der Nichtigkeit der Bestellung eines Verwalters, dessen Zustimmung zur Eintragung der Auflassung eines WEs erforderlich ist).[462] Allerdings kann ein rechtskräftiges Feststellungsurteil mit Bindungswirkung nach § 48 Abs. 3 nur im Verfahren nach § 43 Nr. 4 getroffen werden.[463] Andererseits gilt § 48 Abs. 3 auch für die rechtskräftige Verneinung der Nichtigkeit bzw. Feststellung der Gültigkeit im Verfahren nach § 43 Nr. 4, so dass sich danach niemand mehr auf die Nichtigkeit des Beschlusses berufen kann.[464]

151 **c) Die Teilnichtigkeit (§ 139 BGB).** Erfasst die Nichtigkeit nur einen Teil des Beschlusses, so gilt § 139 BGB.[465] Danach ist regelmäßig auch der restliche Teil des Beschlusses nichtig, wenn nicht ausnahmsweise der Beschluss nach dem realen oder mutmaßlichen Willen der Beteiligten auch ohne den nichtigen Teil gefasst worden wäre.

152 Voraussetzung ist jedoch, dass ein **einheitlicher Beschluss** vorliegt; maßgeblich ist der durch Auslegung zu ermittelnde Einheitlichkeitswille der Beteiligten zurzeit der Beschlussfassung.[466] Zwei rechtlich zu trennende Beschlüsse mit unterschiedlichen Regelungsgegenständen liegen etwa bei einer einheitlichen Abstimmung über die Jahresabrechnung und die Entlastung des Verwalters vor[467] oder über die Verwalterbestellung und Ermächtigung zum Abschluss des Verwaltervertrages; § 139 BGB ist damit nicht anwendbar.[468]

153 Ferner muss der Beschluss **teilbar** sein; d. h. der vom Nichtigkeitsgrund nicht erfasste Teil muss als selbstständige Regelung Bestand haben können.[469] Teilbarkeit kann auch in

---

[457] Vgl. § 48 Rn 44 ff.; *Abramenko* § 2 Rn 2.

[458] BGHZ 107, 268 (271) = NJW 1989, 2059; BayObLGZ 1989, 4 (7) = NJW-RR 1989, 526.

[459] BGHZ 107, 268 (270) = NJW 1989, 2059; OLG Zweibrücken OLGZ 1983, 438; *Bassenge* DNotZ 1988, 708.

[460] BayObLGZ 1986, 444; 1980, 29 (36) mit dem zutreffenden Hinweis, dass der Rechtsfrieden innerhalb der WEer-Gemeinschaft gefährdet wäre, wenn nach Abschluss des auf Ungültigerklärung gerichteten Verfahrens dort nicht behandelte Nichtigkeitsgründe geltend gemacht werden können.

[461] Palandt/*Bassenge* § 23 Rn 25.

[462] BGHZ 107, 268 (271) = NJW 1989, 2059 unter Abweichung von BGHZ 81, 35 (39) = NJW 1981, 1841; BayObLGZ 1989, 4 (7) = NJW-RR 1989, 526; Staudinger/*Bub* § 23 Rn 258; *Bassenge* DNotZ 1988, 708 (709); *Demharter* RPfleger 1988, 118; aA OLG Frankfurt/M. NJW-RR 1988, 139 = DNotZ 1988, 707 (708); *Derleder,* FS für Seuß (1987), S. 115 (119).

[463] *Bassenge* DNotZ 1988, 708.

[464] Vgl. BayObLGZ 1980, 29 (30).

[465] Vgl. etwa OLG Köln ZMR 2007, 68.

[466] Vgl. OLG Köln ZMR 2008, 70; allgemein *Jauernig* § 139 Anm. 2 a; *Medicus,* AT, Rn 502.

[467] Vgl. BayObLG WE 1989, 144 (145) zur Anfechtung und Ungültigerklärung; OLG Düsseldorf WE 1991, 251; *Niedenführ*/Kümmel/Vandenhouten § 28 Rn 206; vgl. § 28 Rn 125 f.

[468] AA OLG Köln ZMR 2008, 70

[469] Vgl. *Jauernig* § 139 Anm. 3 a; *Medicus,* AT, Rn 505.

zeitlicher Hinsicht gegeben sein. So ist etwa die Bestellung eines Verwalters für einen längeren Zeitraum als 5 bzw. 3 Jahre (§ 26 Abs. 1 Satz 2) nicht insgesamt nichtig; die Bestellungszeit endet automatisch mit Ablauf der 5- bzw. 3-Jahres-Frist, wenn dies dem mutmaßlichen Willen der Beteiligten entspricht.

d) Die Umdeutung nichtiger Beschlüsse (§ 140 BGB). Ein nichtiger Beschluss kann 154
als nichtiges Rechtsgeschäft unter den Voraussetzungen des § 140 BGB in einen wirksamen Beschluss umgedeutet werden.[470] Dies setzt voraus, dass beim Abschluss eines nichtigen Rechtsgeschäfts zugleich sämtliche Wirksamkeitsvoraussetzungen eines anderen Ersatzgeschäftes erfüllt sind und das Ersatzgeschäft „bei Kenntnis der Nichtigkeit gewollt sein würde".

Ein nichtiger Mehrheitsbeschluss kann nach diesen Grundsätzen nicht in einen Ersatz- 155
beschluss umgedeutet werden, der der Einstimmigkeit bedarf; denn insoweit ist bereits eine **Wirksamkeitsvoraussetzung des Ersatzbeschlusses** nicht erfüllt, ohne dass es auf den hypothetischen Willen der WEer ankommt. Aus dem gleichen Grunde scheidet auch eine Umdeutung in eine Vereinbarung aus. Demnach kommt die Umdeutung eines nichtigen Mehrheitsbeschlusses über die Umwandlung von Gemeinschafts- in Sondereigentum (s. o. Rn 124) in einen wirksamen Ersatzbeschluss über die Begründung eines Sondernutzungsrechts nicht in Betracht; denn die Einräumung eines Sondernutzungsrechts bedarf einer Vereinbarung aller WEer, so dass es in diesem Fall an der Mitwirkung aller WEer fehlt.[471] Das Fehlen dieser Wirksamkeitsvoraussetzung kann auch nicht durch die Bestandskraft eines nicht angefochtenen vereinbarungsersetzenden Mehrheitsbeschlusses überwunden werden. Es fehlt von vornherein eine Voraussetzung der Umdeutung, so dass kein Ersatzbeschluss vorliegt, der in Bestandskraft erwachsen könnte. Ein nichtiger Mehrheitsbeschluss kann somit nicht deshalb mit inhaltlich beschränkter Bindungswirkung nach § 23 Abs. 4 Satz 2 ausgestattet sein, weil ein im Wege der Umdeutung ermittelter, aber gleichfalls mangelhafter Ersatzbeschluss nicht angefochten worden ist; eine derartige Umdeutung eines nichtigen Beschlusses würde zudem die überstimmte Minderheit unangemessen benachteiligen, weil der nichtige Beschluss keiner Anfechtung bedurfte, ein etwaiger Ersatzbeschluss jedoch ausdrücklich nicht verlautbart wurde.[472]

Sind alle Wirksamkeitsvoraussetzungen des Ersatzbeschlusses erfüllt, so ist zu fragen, ob 156
die Umdeutung dem **mutmaßlichen Willen** der WEer entspricht. Bei der Umdeutung eines nichtigen Mehrheitsbeschlusses ist allerdings nicht auf den mutmaßlichen Willen aller Stimmberechtigten abzustellen.[473] Maßgeblich ist allein der mutmaßliche Wille der Mehrheit, die dem nichtigen Beschluss zugestimmt hat; denn der Inhalt des umzudeutenden Beschlusses beruht allein auf dem Willen der zustimmenden Mehrheit. Der mutmaßliche Wille ist nach den Grundsätzen der ergänzenden Auslegung zu ermitteln (s. o. Rn 54). Entscheidend ist danach, ob die zustimmenden WEer bei Kenntnis der Nichtigkeit den Ersatzbeschluss hinsichtlich der von ihnen verfolgten Ziele vernünftigerweise gefasst hätten.[474] Gegenüber dem mutmaßlichen Willen hat jedoch der wirkliche Wille Vorrang, wenn sich dieser ausnahmsweise feststellen lässt. Eine Umdeutung gegen den eindeutig erklärten Willen ist unzulässig.[475] Gleiches gilt, wenn den Beteiligten bei der Beschlussfassung die Nichtigkeit bekannt war.[476]

---

[470] Offen lassend OLG Düsseldorf WE 1996, 69 (70) = WuM 1995, 606 (607).

[471] OLG Düsseldorf WE 1996, 69 (70) = WuM 1995, 606 (607); s. auch BGHZ 145, 158 = ZWE 2000, 518 = NJW 2000, 3500.

[472] OLG Düsseldorf WE 1996, 69 (70) = WuM 1995, 606 (607).

[473] Offen lassend OLG Düsseldorf WE 1996, 69 (70) = WuM 1995, 606 (607).

[474] Vgl. BGHZ 19, 269 (273) zur Umdeutung eines nichtigen Vertrages.

[475] Vgl. Palandt/*Heinrichs* BGB § 140 Rn 8.

[476] Vgl. Palandt/*Heinrichs* BGB § 140 Rn 8.

3. Die Anfechtbarkeit von Beschlüssen

157 Soweit keine Nichtigkeit vorliegt, unterliegen fehlerhafte Beschlüsse der Anfechtung im gerichtlichen Verfahren nach § 23 Abs. 4 iVm § 43 Nr. 4.

158 **a) Der Anfechtungsgegenstand. aa) Allgemeines.** Gegenstand der Anfechtung sind Beschlüsse der WEer über ihre gemeinschaftlichen Angelegenheiten, die als **Versammlungsbeschlüsse** (s. o. Rn 41 ff.) oder **Beschlüsse im schriftlichen Verfahren** (s. o. Rn 93 ff.) oder in einem **vereinbarten Beschlussverfahren (kombinierte Beschlussfassung)** wirksam zustande gekommen sind. Sog. **Nicht- oder Scheinbeschlüsse** (Rn 114) unterliegen daher nicht der gerichtlichen Ungültigerklärung. Dagegen können neben **auflösend bedingten** Beschlüssen auch **aufschiebend bedingte** Beschlüsse (s. o. Rn 30) – etwa ein Beschluss über die Genehmigung der Jahresabrechnung vorbehaltlich einer Prüfung durch den Verwaltungsbeirat – im gerichtlichen Verfahren für ungültig erklärt werden;[477] als Rechtsgeschäft ist der aufschiebend bedingte Beschluss bereits mit Feststellung und Verkündung des Beschlussergebnisses tatbestandlich vollendet und voll gültig, er entfaltet lediglich keine Rechtswirkungen bis zum Eintritt der Bedingung.[478] Die WEer sind bereits vor Eintritt der Bedingung an den aufschiebend bedingten Beschluss gebunden. Um im Falle des Bedingungseintritts die Rechtswirkungen des Beschlusses nicht eintreten zu lassen, ist fristgerechte Klage auf Ungültigerklärung erforderlich. Allerdings entfällt das Rechtsschutzbedürfnis für eine derartige Klage, sobald feststeht, dass die Bedingung nicht mehr eintreten und der Beschluss endgültig keine Rechtswirkungen mehr entfalten kann.[479] Gleiches gilt im Fall des auflösend bedingten Beschlusses, wenn die Bedingung eintritt.

159 Von den anfechtbaren Beschlüssen der WEer sind Beschlüsse der **Teilhaber einer Bruchteilsgemeinschaft** an einem WE abzugrenzen; sie betreffen nicht die Angelegenheiten aller WEer und können daher nicht im gerichtlichen Verfahren nach § 43 Nr. 4 angefochten werden.[480] Auch die **Anfechtung der Einzelstimme** als Willenserklärung (s. o. Rn 31) wegen Irrtums, arglistiger Täuschung oder widerrechtlicher Drohung ist von der Anfechtung des Beschlusses im gerichtlichen Verfahren nach § 23 Abs. 4 iVm § 43 Nr. 4 zu unterscheiden.[481] Die Anfechtung der Einzelstimme wegen eines Willensmangels richtet sich nach den Vorschriften des BGB und ist auch nach Ablauf der Frist des § 46 Abs. 1 möglich. Sie führt jedoch nur zur Ungültigerklärung des Beschlusses als Gesamtakt, wenn innerhalb der Frist des § 46 Abs. 1 Klage auf Erklärung seiner Ungültigkeit erhoben wird und sich der Mangel der Einzelstimme auf das Beschlussergebnis auswirkt.[482] Nach Ablauf der Monatsfrist kann dem Abstimmenden aber gem. §§ 46 Abs. 1 Satz 3, 233 ff. ZPO Wiedereinsetzung in den vorigen Stand gewährt werden (vgl. § 46 Rn 48).[483]

160 **bb) Die Anfechtung negativer Beschlüsse.** Das für die Anfechtung negativer Beschlüsse erforderliche Rechtsschutzbedürfnis ergibt sich daraus, dass der Kläger durch die Ablehnung des Beschlussantrages gegebenenfalls in seinem Recht auf ordnungsmäßige Verwaltung verletzt wird.[484] Dies bedeutet, dass abweichend von der bisherigen Rechtslage

[477] So wohl auch BayObLG NJWE-MietR 1997, 15 = WE 1997, 153 (154); *Jennißen* NJW 1998, 2253 (2256); anders noch *Merle,* FS für Bärmann/Weitnauer (1990), S. 497 (500).

[478] Vgl. Palandt/*Heinrichs* BGB Einf. vor § 158 Rn 8 mwN.

[479] Vgl. BayObLG WE 1997, 154 (154).

[480] BayObLG WE 1998, 403 (404) = NJW-RR 1998, 1624; DWE 1994, 161 (Ls).

[481] Vgl. BayObLG NJW-RR 1990, 1102 (1103) = WE 1991, 259; OLG Frankfurt/M. OLGZ 1979, 144 (145 f.); *Merle* PiG 18, 125 (140).

[482] Vgl. *Merle* PiG 18, 125 (140 f.); *Bub* ZWE 2000, 337 (339 f.) = FS Merle S. 119 (122 ff.); OLG Frankfurt/M. OLGZ 1979, 144 (145 f.); BayObLG WE 1999, 149 (150).

[483] So auch *Bub* ZWE 2000, 337 (340 f.) = FS Merle S. 119 (125).

[484] BGH ZWE 2010, 174 (175).

das Rechtsschutzbedürfnis idR vorliegt, wenn der Kläger geltend macht, über einen von ihm gestellten Beschlussantrag sei ablehnend entschieden.[485] Ein ablehnender Beschluss ist zudem einer Ungültigerklärung zugänglich, wenn er sich nicht allein in der Ablehnung des Beschlussantrages erschöpft, sondern zugleich eine darüber hinausgehende bindende Regelung für die Zukunft enthält, etwa Bindung des Verwalters an die Ablehnung der Zustimmung der WEer zur Umwandlung einer Wohnung in eine Arztpraxis, die durch die GemO dem Verwalter übertragen worden ist,[486] oder Ablehnung einer baulichen Maßnahme;[487] vgl. § 27 Abs. 1 Nr. 1.

cc) Die Anfechtung von Geschäftsordnungsbeschlüssen. Beschlüsse über Verfahrensfragen einer WEVers (sog. Geschäftsordnungsbeschlüsse, z. B. Wahl des Versammlungsleiters, Reihenfolge der Abstimmung über Tagesordnungspunkte) können mangels Rechtsschutzbedürfnisses nicht selbstständig angefochten werden, da sie sich mit Ablauf der jeweiligen Versammlung erledigen; ein fehlerhafter Geschäftsordnungsbeschluss kann jedoch zur Anfechtung sonstiger in der Versammlung gefasster Beschlüsse führen, wenn sich der Fehler auf die Beschlussfassung auswirkt.[488] 161

Um einen unanfechtbaren Geschäftsordnungsbeschluss handelt es sich idR bei einem Beschluss der WEer über den Ausschluss eines WEers,[489a] eines Vertreters oder eines Beistands bzw. Beraters von der Versammlung. Ist der Ausschluss rechtswidrig, so kommt nur eine Anfechtung der nach dem Ausschluss gefassten materiellen Beschlüsse zu den Tagesordnungspunkten in Betracht (vgl. dazu § 24 Rn 94).[489] Ausnahmsweise ist eine isolierte Anfechtung des Ausschließungsbeschlusses möglich, wenn sich der rechtswidrige Ausschluss über die gegenwärtige Versammlung hinaus auch auf künftige Versammlungen bezieht.[490] Denn in diesem Fall handelt es sich nicht um einen Geschäftsordnungsbeschluss, der sich nach Ablauf der konkret einberufenen Versammlung erledigt. Dementsprechend hat das OLG Köln[491] zutreffend einen am Ende der Versammlung gefassten Mehrheitsbeschluss als ungültig angesehen, wonach unter Polizeischutz stehende Personen von der Teilnahme an der Versammlung ausgeschlossen sein sollen (vgl. dazu § 24 Rn 93). 162

b) Die Anfechtungsgründe. Beschlussmängel, die nicht zur Nichtigkeit führen, begründen nur die Anfechtbarkeit eines Beschlusses im gerichtlichen Verfahren nach § 43 Nr. 4. Im Umkehrschluss aus § 23 Abs. 4 Satz 2 ergibt sich, dass Beschlüsse im Anfechtungsverfahren dann für ungültig erklärt werden können, wenn sie gegen dispositive Vorschriften verstoßen. Beschlüsse können unter formellen und materiellen Mängeln leiden. 163

aa) Einberufungsmängel. Zu den formellen Mängeln von Versammlungsbeschlüssen zählen Fehler bei der Einberufung der Versammlung. Einberufungsmängel sind jedoch nur erheblich, wenn sie sich auf das Beschlussergebnis auswirken. 164

(1) Die Einberufung durch Nichtberechtigte. Wird die Versammlung nicht durch den nach § 24 Abs. 2 grds. zur Einberufung befugten Verwalter, sondern durch eine unbefugte Person einberufen (z. B. WEer, früherer Verwalter, Vorsitzender des Verwaltungsbeirates ohne die Voraussetzungen nach § 24 Abs. 3; vgl. § 24 Rn 25 ff.), so führt dies nach überwiegender Rspr.[492] grds. nicht zur Nichtigkeit, sondern lediglich zur Anfechtbarkeit der 165

---

[485] Vgl. § 46 Rn 14 f.

[486] BayObLG WE 1993, 342; NJW-RR 1990, 657 (659); BayObLGZ 1980, 29 (37).

[487] LG München I ZMR 2009, 875 (876); vgl. auch OLG München ZMR 2006, 474.

[488] BayObLG NJW-RR 1987, 1363; WuM 1996, 113 (114); 116 (117); NJWE-MietR 1997, 62 = WE 1997, 23; *Staudinger/Bub* § 23 Rn 265.

[489a] LG Nürnberg-Fürth ZWE 2010, 233 (234).

[489] Vgl. BayObLG NJW-RR 1991, 531 (533); BayObLG WE 1997, 436 (437); ZWE 2001, 490 (491) = NZM 2001, 766.

[490] BayObLG WuM 1996, 113 (114).

[491] Beschluss v. 14. 8. 1995, 16 Wx 126/95.

[492] BayObLG WE 1991, 285; MDR 1982, 323; NJW-RR 1987, 204; NZM 1999, 129 (130); offen lassend WE 1991, 170 (171); WE 1994, 343 (344) = WuM 1994, 227 (228); OLG Frankfurt/M.

in der Versammlung gefassten Beschlüsse. Nach aA[493] soll die Einberufung durch einen Unbefugten bewirken, dass keine Versammlung der WEer iSd WEG besteht, in der wirksame Beschlüsse zustande kommen können; etwas anderes solle nur gelten, wenn die Einberufung durch eine Person erfolgt, die die WEer für den Verwalter halten.[494] Gegen diese Auffassung spricht jedoch, dass eine Differenzierung nach den subjektiven, kaum verifizierbaren Vorstellungen der WEer die von § 23 Abs. 4 angestrebte Rechtssicherheit gefährden würde.[495] Die Wirksamkeit von Beschlüssen ist vielmehr nach objektiven Kriterien zu bestimmen. Auch die Rspr. des BGH zur Gesellschafterversammlung der GmbH, wonach ein Beschluss analog § 241 Nr. 1 AktG nichtig ist, wenn die Versammlung entgegen § 49 Abs. 1 GmbHG durch einen unbefugten Gesellschafter einberufen wurde,[496] kann nicht auf das WE-Recht übertragen werden. Denn für eine analoge Anwendung des § 241 Nr. 1 AktG ist – im Gegensatz zur GmbH – mangels einer Regelungslücke kein Raum, da im WE-Recht nach der abschließenden Regelung des § 23 Abs. 4 Satz 2 ein Beschluss nur dann nichtig ist, wenn er gegen zwingende Vorschriften verstößt.[497] Da die Regelungen über die Einberufung in § 24 Abs. 1 und 3 abdingbar sind, führt die unbefugte Einberufung der Versammlung grds. nur zur Anfechtbarkeit der in der Versammlung gefassten Beschlüsse.[498]

166 **Einzelfälle.** Lediglich der Anfechtung im Verfahren nach § 43 Nr. 4 unterliegen danach Beschlüsse, die in einer Versammlung gefasst werden, die durch einen nicht dazu ermächtigten **WEer** einberufen wurde.[499] Dies gilt ferner, wenn die Versammlung durch ein **Mitglied des Verwaltungsbeirats** einberufen wurde, ohne dass die Voraussetzungen des § 24 Abs. 3 vorliegen.[500] Auf Anfechtung für ungültig zu erklären sind Versammlungsbeschlüsse auch dann, wenn die Versammlung von einer Person einberufen wurde, die von **vornherein unwirksam zum Verwalter bestellt** worden ist, jedoch die Verwalteraufgaben tatsächlich wahrnimmt.[501] Anfechtbar sind die in einer Versammlung gefassten Beschlüsse auch dann, wenn die Versammlung durch einen früheren Verwalter einberufen wurde, dessen **Bestellungszeit abgelaufen** ist, der wirksam als Verwalter **abberufen** wurde,[502] oder der sein **Amt niedergelegt** hat,[503] da hier die Einberufungsbefugnis bereits zum Zeitpunkt der Einberufung fehlt. Die Anfechtbarkeit der Versammlungsbeschlüsse bleibt daher auch dann bestehen, wenn nachträglich der Beschluss über die Abberufung gerichtlich für ungültig erklärt wird; auch die tatsächliche Wahrnehmung der Verwalter-

---

OLGZ 1985, 142 (143); KG NJW 1987, 386 (387); OLG Hamm OLGZ 1981, 24 (25); WE 1993, 24 (25); OLG Düsseldorf DWE 1989, 28 (29); OLG Köln WuM 1996, 246 = WE 1996, 311 (312) = DWE 1996, 77; AG Lahr WE 1993, 116 mit Anm. *Seuß;* Staudinger/*Bub* § 24 Rn 147 ff.; *Wangemann* WEZ 1988, 303 (344 f.); *Röll,* FS für Schippel, S. 267 (271 f.); *Drabek* ZWE 2000, 395.

[493] Im Ergebnis wohl auch OLG Stuttgart NJW-RR 1986, 315 (316), wonach die Rechtswirkungen eines Mehrheitsbeschlusses ggü. der Minderheit nur dann gerechtfertigt seien, wenn die Einberufung nach den gesetzlichen Regeln erfolgt oder vom Willen aller WEer getragen ist.

[494] *Weitnauer/Lüke* § 23 Rn 16.

[495] Vgl. OLG Hamm WE 1993, 24 (25).

[496] BGHZ 87, 1 (2); vgl. Baumbach/Hueck/*Zöllner* Anh § 47 Rn 20.

[497] So auch BayObLG WE 1991, 285 (286).

[498] BayObLG WE 1991, 285 f.; OLG Hamm OLGZ 1992, 309 (311) = WE 1992, 314 = NJW-RR 1992, 722 (Ls); OLG Köln WuM 1996, 246 = WE 1996, 311 (312) = DWE 1996, 77.

[499] BayObLG MDR 1982, 323; NJW-RR 1987, 204; ZWE 2001, 590 (592) = NZM 2002, 300; OLG Frankfurt/M. OLGZ 1985, 142 (143); KG NJW 1987, 386 (387); OLG Stuttgart WE 1990, 106.

[500] OLG Hamm OLGZ 1981, 24 (25); BayObLG ZWE 2002, 360 (361); ZWE 2002, 526 (527).

[501] OLG Stuttgart WE 1990, 106; OLG Köln WE 1996, 311 (312) = WuM 1996, 246 = DWE 1996, 77.

[502] BayObLGZ 1992, 79 (82) = NJW-RR 1992, 910 (911) = WE 1993, 276; OLG Hamm OLGZ 1992, 309 = WE 1992, 314; WE 1994, 345; Düsseldorf DWE 1989, 28 zur abgelaufenen Bestellungszeit; BayObLG WE 1991, 285 zur Abberufung.

[503] BayObLG WuM 1990, 235.

aufgaben nach Beendigung der Verwalterstellung vermag die fehlende Einberufungsbefugnis nicht zu ersetzen.[504]

Berufen dagegen **sonstige beliebige Dritte** eine „Versammlung" ein, so liegt keine WEVers iSd WEG vor, in der rechtsverbindliche Beschlüsse der WEer gefasst werden können (vgl. Rn 115). 167

Problematisch sind jedoch Beschlüsse einer WEVers, die durch einen **Verwalter** einberufen wurde, dessen **Bestellung** zurzeit der Einberufung zwar **angefochten** war, aber erst nach der Beschlussfassung in der Versammlung rechtskräftig für ungültig erklärt wird. Dadurch verliert der Bestellte mit rückwirkender Kraft seine Verwalterstellung.[505] Der Verwalter war aber vom Zeitpunkt seiner Bestellung an berechtigt und verpflichtet, die Aufgaben und Befugnisse als Verwalter wahrzunehmen.[506] Auch während des Verfahrens über die Anfechtung seiner Bestellung darf der Verwalter seine Tätigkeit nicht einstellen. Dieses Handeln des Verwalters wird durch die Ungültigerklärung des Bestellungsbeschlusses nicht unberechtigt, sondern bleibt nach dem heute gewohnheitsrechtlich geltenden Rechtsgedanken des § 32 FGG – jetzt § 47 FamFG - wirksam.[507] Die in einer von dem Verwalter zwischenzeitlich einberufenen WEVers gefassten Beschlüsse bleiben daher wirksam und sind nicht wegen eines Einberufungsmangels für ungültig zu erklären.[508] Zudem erledigt sich die Einberufung als Verfahrenshandlung – ähnlich wie Geschäftsordnungsbeschlüsse der WEer (vgl. Rn 161) – mit Ablauf der jeweiligen Versammlung und ist als formeller Einberufungsmangel nur erheblich, wenn er sich auf das Ergebnis der in der Versammlung gefassten Beschlüsse auswirkt. Dieser tatsächliche Kausalzusammenhang zwischen fehlerhafter Einberufung und Beschlussergebnis kann nicht nachträglich durch den Verlust der mit der Verwalterstellung verbundenen Einberufungsbefugnis hergestellt werden, so dass für die Beurteilung der Anfechtbarkeit von Beschlüssen stets die zurzeit der Einberufung bestehende Einberufungsbefugnis maßgeblich ist. Entfällt aber die Einberufungsbefugnis des Verwalters trotz nachträglicher Ungültigerklärung der Bestellung nicht rückwirkend, so können die in der einberufenen Versammlung gefassten Beschlüsse nicht ihrerseits wegen fehlender Einberufungsbefugnis auf Anfechtung für ungültig erklärt werden.[509] 168

(2) Sonstige Einberufungsmängel. Nach § 23 Abs. 4 anfechtbar sind Versammlungsbeschlüsse auch bei fehlender oder unzureichender **Bezeichnung der Beschlussgegenstände bei der Einberufung** (Verstoß gegen die abdingbare Vorschrift des § 23 Abs. 2, vgl. Rn 86) sowie bei Verletzung der von § 24 Abs. 4 Satz 1 vorgeschriebenen **Textform** (vgl. § 24 Rn 30). Bei der Regelung der **Einberufungsfrist** in § 24 Abs. 4 Satz 2 handelt es sich nur um eine Soll-Vorschrift, so dass allein ein Verstoß gegen diese Norm nicht zur Ungültigerklärung eines Beschlusses führen kann.[510] Nach der Rspr. soll auch die **Nichtladung** einzelner WEer regelmäßig nur zur Anfechtbarkeit der in der Versammlung gefassten Beschlüsse führen.[511] Da der nicht geladene WEer mit einer ihn bindenden 169

---

[504] Vgl. BayObLGZ 1992, 79 (82) = NJW-RR 1992, 910 (911) = WE 1993, 276 f.

[505] KG ZMR 2009, 784 f.; BGH ZMR 1997, 308 (312); ZMR 2007, 798; BayObLG NJW-RR 1991, 531 (532) mwN; WE 1992, 261.

[506] BGHZ 151, 164 (171); *Wenzel* ZWE 2001, 510 (512).

[507] BGH NJW 1997, 2106 (2107; ZMR 2007, 798 (799); BayObLG NJW-RR 1991, 531 f.; KG NJW 1991, 274; NJW-RR 1990, 153; *Drasdo* S. 15 Rn 25.

[508] KG ZMR 2009, 784 (785); BayObLG NJW-RR 1992, 787 = WE 1993, 143; NJW-RR 1991, 531 (532) = WE 1993, 143; OLG Hamm OLGZ 1992, 309 (312 f.); OLGR Köln 2002, 53.f.

[509] So im Ergebnis auch BayObLG NJW-RR 1991, 531 (532); WE 1992, 227; OLG Hamm OLGZ 1992, 309 (313); LG Frankfurt/M. MDR 1982, 497; aA Staudinger/*Bub* § 24 Rn 155, der Anfechtbarkeit bejaht.

[510] BGH WuM 2002, 277 (281); OLG Düsseldorf ZWE 2002, 590 (591); Staudinger/*Bub* § 24 Rn 160; aA *Drabek* ZWE 2000, 395 (398).

[511] BGH ZfIR 2002, 914 (918); BayObLGZ 1985, 436 (437); 1992, 79 (82) = NJW-RR 1992, 910 (911) = WE 1993, 276 (277); NJW-RR 1990, 784 (785); NJW-RR 1991, 531 (533) = WE 1991,

Beschlussfassung nicht zu rechnen braucht, kann die gänzlich unterbliebene Ladung eines WEers nicht mit der Ladung mit unzureichender Bezeichnung der Beschlussgegenstände gleichgesetzt werden.[512] Durch die Nichtladung eines WEers wird der unantastbare Kernbereich seiner Mitgliedschaft berührt, so dass im Falle der gänzlich unterbliebenen Ladung eines WEers Beschlüsse nicht bestandskräftig werden (vgl. Rn 172).[513] Bei völlig **fehlender Einberufung** der WEvers ist davon auszugehen, dass es sich nicht um eine Versammlung der WEer iSd Gesetzes handelt, die zur Beschlussfassung legitimiert ist, es sei denn, alle WEer sind zugegen und deklarieren das Zusammentreffen übereinstimmend als WEvers.[514] In einer ad hoc erfolgten Zusammenkunft einzelner WEer getroffene Entscheidungen sind daher als Nichtbeschlüsse zu behandeln (s. o. Rn 115).[515]

170 **(3) Die Kausalität des Einberufungsmangels.** Nach bisherigem Recht wird die Ursächlichkeit des Mangels für die Beschlussfassung vermutet,[516] so dass eine Ungültigerklärung dann ausscheidet, wenn feststeht, dass der jeweilige Beschluss auch bei ordnungsmäßiger Einberufung ebenso gefasst worden wäre.[517] Insoweit müssen die beklagten WEer darlegen und beweisen, dass das Beschlussergebnis hierauf nicht beruht.[518] Richtig erscheint, die gesellschaftsrechtliche Rspr. (Relevanztheorie)[518a] im Interesse der Einheit der Rechtsordnung auf Wohnungseigentumssachen zu übertragen.[518b] Hiernach ist bei Einberufungsmängeln, ohne dass es auf die Frage der Auswirkung des Mangels im konkreten Fall ankäme, stets eine Relevanz des Fehlers ohne Rücksicht auf die Mehrheitsverhältnisse anzunehmen, da diese Vorschriften den Schutz der Minderheit durch ein ordentliches Verfahren gewährleisten sollen. So ließen sich interessengerechte Lösungen erreichen, nämlich Schutz der Minderheitsinteressen, aber auch Bestandsschutz nach Ablauf der Anfechtungsfrist. Die nachfolgenden Erläuterungen beruhen noch auf der bisherigen Rspr.

171 Im Fall der **Nichteinladung** einzelner WEer oder eines sonstigen Mangels der Einberufung beruht die Beschlussfassung idR bereits dann nicht auf dem Einberufungsmangel, wenn sämtliche WEer dennoch in einer sog. **„Vollversammlung"** oder **„Universalversammlung"** erschienen oder vertreten sind (vgl. §§ 51 Abs. 3 GmbHG, 241 Nr. 1 AktG);[519] denn der Zweck der Einberufung, die Teilnahme aller WEer an der Versammlung zu ermöglichen, ist trotz des Einberufungsmangels erreicht worden. Da die nach § 23 Abs. 2 erforderliche **Bezeichnung des Beschlussgegenstandes** bei der Einberufung darüber hinaus der Information der WEer im Vorfeld der Versammlung dient (s. o. Rn 76), genügt das bloße Zusammentreffen in einer Vollversammlung als solches nicht zur Heilung eines Verstoßes gegen § 23 Abs. 2; hierzu ist vielmehr erforderlich, dass sich alle WEer widerspruchslos an der Beratung und Abstimmung beteiligen **und** zumindest konkludent auf die Einhaltung dieser Vorschrift nachträglich verzichten.[520]

367; WE 1999, 27 (28); NZM 1999, 129 (130); OLG Köln WE 1989, 30; KG ZMR 1987, 274 (275); 1999, 354 (355); 1999, 426; LG Hamburg DWE 1989, 34.

[512] So aber BayObLG NJW-RR 1990, 784 (785).

[513] Vgl. *Suilmann* S. 34 f. mwN zur Rechtslage im Gesellschaftsrecht.

[514] *Kahlen* GE 1986, 298 (300).

[515] OLG Hamm OLGZ 1992, 309 (311 f.); WE 1993, 24 (25); OLG Celle DWE 1983, 62 (Ls).

[516] OLG Frankfurt ZWE 2007, 84 (86 f.)

[517] BGH ZFIR 2002, 914 (918); BayObLGZ 1985, 436 (437); 1992, 79 (82) = NJW-RR 1992, 910 (911); NJW-RR 1990, 784 (785); NJW 1991, 531 (533); BayObLGZ 2002, 20 (21); ZWE 2002, 360 (362); ZWE 2002, 526 (527); OLG Hamm OLGZ 1992, 309 (312); OLG Köln WuM 1996, 246; OLG Karlsruhe NZM 1998, 768; KG ZMR 1999, 426 (428); vgl. hierzu *Bassenge,* FS für Merle (2000), 17.

[518] Vgl. § 46 Rn 72.

[518a] BGH NJW 2002, 1128 (1129); NJW 2004, 3561 (3562).

[518b] Siehe hierzu ausführlich *Dötsch/Hogenschurz* NZM 2010, 297 (302 f.).

[519] KG WE 1993, 221; BayObLG ZMR 1997, 93.

Wird ein WEer versehentlich **nicht geladen** und nimmt er deshalb nicht an der Versammlung teil, so sind die in der Versammlung gefassten Beschlüsse anfechtbar,[521] außer wenn feststeht, dass sie bei ordnungsgemäßer Ladung ebenso gefasst worden wären und keine sachlichen Einwände gegen sie vorgebracht werden.[522] Hiergegen spricht jedoch, dass die Nichtladung eines WEers eine rechtswidrige Beschränkung des Teilnahmerechts des WEers und damit einen Eingriff in den Kernbereich seiner Mitgliedschaft darstellt (vgl. § 24 Rn 63). Insoweit macht es einen Unterschied, ob der einzelne WEer mit fehlender oder unzureichender Bezeichnung der Beschlussgegenstände nach § 23 Abs. 2 geladen wird oder ob seine Ladung gänzlich unterbleibt. Im erstgenannten Fall muss er mit einer Beschlussfassung in der Versammlung rechnen und hat somit grundsätzlich Veranlassung, an der Versammlung teilzunehmen. Dagegen ist ihm bei vorsätzlich oder fahrlässig unterbliebener Ladung die Möglichkeit der Teilnahme an der einberufenen Versammlung bereits deshalb verwehrt, weil er keine Kenntnis von der Einberufung erlangt. Da er insoweit von der Möglichkeit der Ausübung seines Teilnahmerechts rechtswidrig ausgeschlossen ist und sich nicht mit Sicherheit feststellen lässt, wie sich seine Teilnahme auf das jeweilige Beschlussergebnis der in der Versammlung gefassten Beschlüsse ausgewirkt hätte, kann es im Falle der gänzlich unterbliebenen Ladung eines WEers nicht auf die hypothetische Kausalität des Einberufungsmangels im Hinblick auf die Beschlussergebnisse ankommen. Auch nach Auffassung des OLG Hamm sind an die Feststellung, dass die Versammlungsbeschlüsse nicht auf einem Einberufungsmangel beruhen, strenge Anforderungen zu stellen; dafür reicht nicht bereits der Umstand aus, dass die Beschlüsse von einer bestimmten Mehrheit der WEer getragen worden sind und dieselbe Mehrheit die Beschlüsse in einer Wiederholungsversammlung erneut gefasst hat.[523] Da der nicht geladene WEer mit einer ihn bindenden Beschlussfassung nicht zu rechnen braucht, können die in der Versammlung gefassten Beschlüsse nach Ablauf der Monatsfrist des § 23 Abs. 4 Satz 2 nicht bestandskräftig werden. Die gänzlich unterbliebene Ladung eines WEers entzieht diesem faktisch sein Teilnahmerecht und damit regelmäßig auch die Möglichkeit zur fristgerechten Beschlussanfechtung im gerichtlichen Verfahren. Da bei vorsätzlicher und **versehentlicher Nichtladung** eines WEers der unverzichtbare Kernbereich der Mitgliedschaft berührt ist und die in der Versammlung gefassten Beschlüsse somit gegen eine unverzichtbare Rechtsvorschriften verstoßen, sind solche Beschlüsse nichtig. Dies kann jederzeit ohne Anfechtung geltend gemacht werden.[524] Hat ein WEer es jedoch unterlassen, eine ladungsfähige Anschrift anzugeben, so ist es ihm nach Treu und Glauben verwehrt, den Ladungsmangel geltend zu machen. 172

bb) Mängel des Beschlussverfahrens. Anfechtbar sind auch Beschlüsse, die in einem fehlerhaften Verfahren der Beschlussfassung zustande gekommen sind. Verfahrensmängel können sich aus unzulässigen Maßnahmen des Verwalters oder aus fehlerhaften Geschäftsordnungsbeschlüssen der WEer ergeben, die einer selbstständigen Beschlussanfechtung nicht zugänglich sind (s. o. Rn 161). Auch Mängel des Beschlussverfahrens sind nur beachtlich, wenn sie sich auf das Beschlussergebnis ausgewirkt haben (vgl. Rn 170). 173

Einzelfälle: Versammlungsbeschlüsse nach § 23 Abs. 1 sind anfechtbar, wenn sie an einem **Versammlungsort** gefasst werden, der die Nichtöffentlichkeit der Versammlung (vgl. § 24 174

---

[520] KG OLGZ 1974, 399 (401); OLG Hamm OLGZ 1979, 296 (300); BayObLG WE 1988, 67 verlangt zusätzlich die Kenntnis der Anwesenden vom Inhalt des § 23 Abs. 2; vgl. dazu Rn 88.

[521] BGHZ 142, 190 (194); OLG München ZMR 2006, 68 (70); BayObLG ZMR 2005, 801; Köln OLGReport 2004, 243 (245); differenzierend OLG Celle ZWE 2002, 132 f.; ZWE 2002, 276 (277); AG München ZMR 2010, 325 (326): Nichtigkeit bei vorsätzlicher Nichtladung.

[522] Zu den Möglichkeiten, die Nichtursächlichkeit festzustellen, *Bassenge,* FS für Merle (2000), 17 (20 ff.).

[523] OLG Hamm WE 1996, 33 (35 f.).

[524] Vgl. *Merle/Becker,* FS Deckert, S. 231 (246 f.); für Nichtigkeit *Suilmann* S. 34 f. mwN zur Rechtslage im Gesellschaftsrecht; für den Fall der vorsätzlichen Nichtladung OLG Celle ZWE 2002, 132 f.; ZWE 2002, 276 (277); AG München ZMR 2010, 325 (326); aA *Elzer* ZWE 2010, 235 f.

Rn 49 f.) nicht mehr garantiert und so eine geordnete Willensbildung der WEer ausschließt.[525] Bei der Wahl des Versammlungsortes ist stets auch die Bedeutung der zu behandelnden Tagesordnungspunkte zu berücksichtigen (vgl. § 24 Rn 49 f.); bei kurzer Tagesordnung kann daher eine Versammlung auch in der Waschküche abgehalten werden, um Kosten für die Anmietung eines Versammlungsraumes zu vermeiden.[526] Dagegen können Beschlüsse – wie etwa ein Beschluss über die Entziehung von WE nach § 18 Abs. 3 Satz 1 – anfechtbar sein, soweit sie in einer Gaststätte in Anwesenheit anderer Gäste gefasst werden.[527] Während das OLG Frankfurt/M in diesen Fällen den Gegenbeweis der fehlenden Kausalität des Formmangels ausschließt, ohne auf die konkreten Umstände des Einzelfalls – wie Lärmpegel und Größe der Gemeinschaft – abzustellen,[528] muss nach Ansicht des KG stets im Einzelfall festgestellt werden, inwieweit sich die äußeren Umstände auf die angefochtenen Beschlüsse ausgewirkt haben.[529] Anfechtbar sind jedenfalls Beschlüsse, die in einer WEVers gefasst werden, die durch gespaltenen, gegeneinander arbeitenden Vorsitz und gegensätzliches, manipuliertes Abstimmungsverhalten unterschiedlicher Gruppen von WEern jede Grundlage für eine geordnete Beratung der Tagesordnungspunkte verliert.[530] Anfechtbar sind Beschlüsse, die in einer **beschlussunfähigen WEVers** zustande gekommen sind (vgl. § 25 Rn 95 ff.).[531] Dies gilt auch für Beschlüsse, die in einer auf Grund **fehlerhafter Eventualeinberufung** anberaumten Zweitversammlung nach § 25 Abs. 4 gefasst werden (vgl. § 25 Rn 103 f.).[532]

175 Mängel des Beschlussverfahrens ergeben sich auch, wenn ein WEer zu Unrecht in seinem Recht auf Teilnahme an der Versammlung beschränkt (z. B. **Nichtberücksichtigung** von in der erforderlichen Form eingebrachten **Beschlussanträgen** einzelner WEer, vgl. § 24 Rn 59, unzulässige **Beschränkung der Redezeit,** unberechtigter **Verweis aus dem Versammlungslokal,** unberechtigter **Ausschluss eines Vertreters oder Beraters,** vgl. § 24 Rn 94, 101) oder von der **Abstimmung ausgeschlossen** wird.[533] Entsprechendes gilt, wenn die **Tagesordnungspunkte** und die Abstimmung darüber **nicht in richtiger Reihenfolge** behandelt werden (§ 24 Rn 96).

176 Nach Ansicht des BayObLG[534] führt **der nicht begründete Ausschluss eines WEers** oder seines Vertreters von der Versammlung – ebenso wie die unterbliebene Ladung eines WEers – dann nicht zur Ungültigerklärung der nach dem Ausschluss gefassten materiellen Beschlüsse zu den Tagesordnungspunkten, wenn feststeht, dass die Beschlüsse bei ordnungsmäßigem Vorgehen ebenso gefasst worden wären. Dieser Auffassung kann nicht zugestimmt werden; denn eine derartige rechtswidrige Beschränkung des Teilnahmerechts des WEers stellt zugleich einen rechtswidrigen Eingriff in den unverzichtbaren Kernbereich der Mitgliedschaft des WEers dar, gegen den – mangels isolierter Anfechtbarkeit des Ausschließungsbeschlusses (s. o. Rn 162) – nachträglicher Rechtsschutz auf andere Weise nicht zu erlangen ist.[535] Zudem lässt sich im Falle eines rechtswidrigen Ausschlusses von der

---

[525] OLG Hamm OLGZ 1990, 57 (60); BayObLG NJW-RR 1998, 1164 = WE 1998, 274; KG NJW-RR 1997, 1171 = WE 1998, 31; vgl. auch OLG Frankfurt/M. WuM 1996, 177 (178).

[526] OLG Düsseldorf WuM 1993, 305.

[527] OLG Hamm OLGZ 1990, 57 (60).

[528] OLG Frankfurt/M. WuM 1996, 177 (178); kritisch dazu *Drasdo* WuM 1996, 135.

[529] KG NJW-RR 1997, 1171 = WE 1998, 31; zu den Möglichkeiten, die Nichtursächlichkeit für das Beschlussergebnis festzustellen *Bassenge,* FS für Merle (2000), 17 (28 ff.).

[530] KG NJW-RR 1991, 530 (531) = WE 1991, 133.

[531] BGH NZM 2009, 436 (438) = ZMR 2009, 698 (701); BayObLG WuM 1993, 488 (489); WE 1994, 184 (185); OLG Hamm WE 1993, 24.

[532] AG Hamburg DWE 1989, 78.

[533] Zur Beschränkung des Teilnahmerechts OLG Köln ZWE 2000, 488 (489) = NJW-RR 2000, 1616; zum Ausschluss vom Stimmrecht KG WE 1989, 207 = NJW-RR 1989, 1162 (1163).

[534] NJW-RR 1991, 531 (533); 1990, 784 (785); NZM 2002, 616; wohl auch OLG Köln WE 1998, 311 (Ls); ebenso *Bassenge,* FS für Merle (2000), 17 (28).

[535] Vgl. *Becker* S. 81 ff., § 15 III 4 d.

Teilnahme an der Versammlung im gerichtlichen Verfahren nicht mit Sicherheit feststellen, wie sich die Einflussnahme des zu Unrecht Ausgeschlossenen auf die jeweiligen Beschlussergebnisse ausgewirkt hätte. Deshalb ist bei rechtswidrigen Eingriffen in das Teilnahmerecht des WEers ausnahmsweise nicht auf die hypothetische Kausalität des Versammlungsausschlusses im Hinblick auf das Beschlussergebnis abzustellen. Es muss vielmehr der Nachweis genügen, dass die angefochtenen Beschlüsse zeitlich nach dem rechtswidrigen Ausschließungsbeschluss gefasst worden sind.[536]

cc) Fehlende Stimmenmehrheit. Beschlüsse, die keine einfache oder – bei entspr. 177 Regelung – qualifizierte Stimmenmehrheit in der Versammlung erreicht haben, sind nicht nichtig, sondern lediglich anfechtbar.[537] Die fehlende Mehrheit kann sowohl auf einem Fehler bei der Ermittlung des Abstimmungsergebnisses (Auszählungsfehler) als auch einer falschen rechtlichen Bewertung von Einzelstimmen beruhen. Letzteres ist insbesondere anzunehmen, wenn der Versammlungsleiter Stimmrechtsausschlüsse nicht beachtet (vgl. § 25 Rn 8ff.) oder Stimmenthaltungen rechtlich falsch bewertet (vgl. § 25 Rn 109ff.). Kann zweifelsfrei geklärt werden, dass sich auch ohne Berücksichtigung der fehlerhaften Stimmen eine Mehrheit ergibt, so kommt eine Ungültigerklärung nicht in Betracht.[538] Wegen fehlender Mehrheit sind insbesondere solche Beschlüsse für ungültig zu erklären, die auf **fehlerhaften Einzelstimmen** beruhen. Ist die einzelne Stimmabgabe als Willenserklärung wegen Geschäftsunfähigkeit des Abstimmenden (§§ 104ff. BGB), wegen Anfechtung auf Grund eines Willensmangels (§§ 119ff. BGB)[539] oder auf Grund eines rechtsmissbräuchlichen Stimmverhaltens (s. § 25 Rn 158ff.) unwirksam,[540] so hat dies nicht automatisch die Anfechtbarkeit des Beschlusses zur Folge; vielmehr ist dazu erforderlich, dass die fehlende Mehrheit sich gerade aus der Außerachtlassung der fehlerhaften Einzelstimme ergibt.[541] Aus dem Gesichtspunkt des Schutzes des Geschäftsunfähigen ergibt sich keine andere Beurteilung; bleibt eine Mehrheit bestehen, so ist auch der Geschäftsunfähige an den Beschluss gebunden, da es sich bei dem Beschluss um einen Gesamtakt handelt, über dessen Fortbestand im Interesse der übrigen WEer nach dem vorrangigen Schutzzweck des § 23 Abs. 4 Rechtsklarheit herrschen soll.[542]

Ein Mehrheitsbeschluss der WEer über eine Angelegenheit, die nach Gesetz oder Ver- 178 einbarung der Zustimmung aller WEer bedarf, ist nach Abs. 4 grds. nur ungültig, wenn er auf Grund fristgerechter Anfechtung für ungültig erklärt wurde.[543] Nichtig ist ein solcher Beschluss nur, wenn er gegen eine unabdingbare Rechtsvorschrift verstößt. Der Mangel der Einstimmigkeit kann auch auf fehlerhaften Einzelstimmen beruhen. Zum Mehrheitsbeschluss mit Vereinbarungsinhalt siehe aber Rn 180ff.

Bei **Mehrheitsbeschlüssen über bauliche Veränderungen** ist zu beachten, dass nach 179 § 22 Abs. 1 Satz 2 die Zustimmung der WEer entbehrlich ist, deren Rechte durch die Veränderung nicht über das in § 14 bestimmte Maß hinaus beeinträchtigt wird (vgl. § 22 Rn 166ff.). Eine Ungültigerklärung des Mehrheitsbeschlusses ist daher ausgeschlossen,

---

[536] LG Nürnberg-Fürth ZWE 2010, 233 (234); iErg Hachenburg/*Hüffer* GmbHG § 48 Rn 28, 36; Scholz/*K. Schmidt* GmbHG § 45 Rn 103, § 48 Rn 37; *Zöllner* in: Baumbach/Hueck GmbHG § 48 Rn 7; *Rowedder/Koppensteiner* GmbHG § 48 Rn 11 zur GmbH; offen lassend BGHZ 44, 245 (256) zur AG; zum rechtswidrigen Ausschluss von der Versammlung vgl. § 24 Rn 94.

[537] BGH NZM 2009, 436 (438) = ZMR 2009, 698 (701).

[538] BayObLG WE 1991, 81.

[539] Zur Anfechtung der Stimmabgabe s. *Bub,* FS Merle, S. 119.

[540] Zur Unwirksamkeit der Stimmabgabe bei rechtsmissbräuchlicher Stimmrechtsausübung im Gesellschaftsrecht *Zöllner,* FS für Lutter (2000), 821 (825).

[541] OLG Stuttgart DWE 1986, 60 (61); OLG Frankfurt/M. OLGZ 1979, 144 (145f.); BayObLG WE 1999, 149 (150); *Merle* PiG 18, 125 (140).

[542] Vgl. OLG Stuttgart DWE 1986, 60 (61).

[543] BGHZ 54, 65 (69); BayObLG WEZ 1988, 34.

wenn kein WEer – also auch nicht der anfechtende – von der beschlossenen Veränderung in rechtserheblicher Weise beeinträchtigt wird.[544]

180 **dd) Mehrheitsbeschluss mit Vereinbarungsinhalt.** Fassen die WEer einen Mehrheitsbeschluss in einer Angelegenheit, die nur durch Vereinbarung geregelt werden kann, liegt ein Mehrheitsbeschluss mit Vereinbarungsinhalt (sog. **Pseudovereinbarung**) vor. Da den WEern die Beschlusskompetenz zur Regelung von Angelegenheiten fehlt, die nur durch Vereinbarung aller WEer geregelt werden können,[545] sind Mehrheitsbeschlüsse mit Vereinbarungsinhalt wegen absoluter Beschlussunzuständigkeit der WEer von Anfang an nichtig, ohne dass es einer fristgebundenen Beschlussanfechtung nach § 23 Abs. 4 bedarf (s. o. Rn 10 ff., 142 ff.).

181 **ee) Formmängel.** Abweichend von § 125 BGB sind Beschlüsse nach § 23 Abs. 4 anfechtbar und nicht nichtig, wenn sie gegen eine gesetzliche oder vereinbarte Form verstoßen. Deshalb ist auch ein nach § 23 Abs. 3 außerhalb der Versammlung gefasster einstimmiger Beschluss anfechtbar, wenn nicht alle WEer schriftlich zustimmen. Da die Protokollierung eines Beschlusses in der Versammlungsniederschrift nach § 24 Abs. 6 grds. keine Voraussetzung für das wirksame Zustandekommen eines Beschlusses ist (s. o. Rn 50), führt ein Protokollierungsmangel nicht zur Ungültigerklärung.[546] Etwas anderes gilt, wenn die WEer in der GemO vereinbart haben, dass eine bestimmte Form der Protokollierung Gültigkeitsvoraussetzung sein soll (s. dazu Rn 183).

182 **ff) Fehlende vereinbarte Gültigkeitsvoraussetzung.** In Ergänzung zu den gesetzlichen Vorschriften können die WEer bestimmte Gültigkeitsvoraussetzungen vereinbaren. Das Fehlen einer vereinbarten Gültigkeitsvoraussetzung macht den verkündeten Beschluss **regelmäßig anfechtbar.**[547] Ist etwa in der GemO bestimmt, dass Änderungen der GemO mit Zustimmung der Grundpfandrechtsgläubiger beschlossen werden können, so ist ein ohne solche Zustimmung verkündeter Beschluss im gerichtlichen Verfahren für ungültig zu erklären.[548] Einer Anfechtung im gerichtlichen Verfahren bedarf es jedoch nicht, wenn eine **konstitutive Wirksamkeitsvoraussetzung** vereinbart ist, deren Fehlen dem wirksamen Zustandekommen eines Beschlusses von vornherein entgegensteht (s. o. Rn 50 ff.).

183 Haben die WEer abweichend von § 24 Abs. 6 vereinbart, dass eine bestimmte Form der **Protokollierung** Voraussetzung für die Gültigkeit eines Beschlusses sein soll,[549] so ist zunächst durch Auslegung zu ermitteln, ob die Protokollierung **konstitutive Wirkung** für den Beschluss haben soll[550] oder die fehlende Protokollierung **lediglich zur Anfechtbarkeit** führen soll. Haben die WEer etwa vereinbart, dass „in Ergänzung des § 23 zur Gültigkeit eines Beschlusses außer den dort genannten Bestimmungen die Protokollierung des Beschlusses erforderlich ist", so lässt der Wortlaut auf eine Gültigkeitsvoraussetzung iSv § 23 Abs. 4 schließen, deren Nichtbeachtung lediglich zur Anfechtung im Verfahren nach § 43 Nr. 4 berechtigen soll.[551] Es handelt sich nicht um eine bloße Regelung zur Beweis-

---

[544] BayObLGZ 1992, 288 (295) = NJW-RR 1993, 206 (207) = WE 1993, 345 (346).

[545] BGHZ 145, 158 (167) = ZWE 2000, 518 = NJW 2000, 3500 im Anschluss an *Buck* PiG 54, 185 (190 f.); *Wenzel,* FS für Hagen, S. 231 (236); vgl. auch *Buck,* Mehrheitsentscheidungen mit Vereinbarungsinhalt, S. 166.

[546] BayObLGZ 1973, 68 (75); KG WE 1994, 45 (46); vgl. § 24 Rn 113.

[547] OLG München ZMR 2007, 883.

[548] BayObLG WE 1998, 75 (76) = NJWE-MietR 1997, 206.

[549] BGHZ 136, 187 = NJW 1997, 2956 = WE 1997, 466 (467); OLG Oldenburg ZMR 1985, 30; OLG Hamm DNotZ 1985, 147 (149 f.); aA *Lüke* JZ 1998, 417 ff. für Nichtigkeit der Klausel.

[550] Vgl. OLG München ZMR 2007, 883 f.

[551] BGHZ 136, 187 (192 f.) = NJW 1997, 2956 (2960) = WE 1997, 466 (467); NJW 1998, 755 (756) = WE 1998, 105; OLGR Frankfurt 2006, 421; ZMR 2009, 56 (58); OLG Oldenburg ZMR 1985, 30; aA Staudinger/*Bub* § 24 Rn 27 b; *ders.,* FS für *Seuß* (1997), 53 (57) = WE 1997, 402 (403 f.), der den nicht protokollierten Beschluss als schwebend unwirksam ansieht.

erleichterung.[552] Die Formulierung „Gültigkeitsvoraussetzung in Ergänzung des § 23 WEG“ zeigt, dass im Fall der fehlenden oder fehlerhaften Protokollierung der Beschluss erst auf Antrag im gerichtlichen Verfahren nach § 23 Abs. 4 für ungültig erklärt werden soll.[553] Wie beim Verstoß gegen die in § 23 Abs. 2 genannte Gültigkeitsvoraussetzung kommt auch hier zunächst ein wirksamer Beschluss zustande (s. o. Rn 42); die Anfechtungsfrist beginnt stets mit der Beschlussfassung.[554] Die Vereinbarung einer „Gültigkeitsvoraussetzung in Ergänzung des § 23“ ist damit nicht mit der – grds. möglichen (s. Rn 50, 118) – Vereinbarung einer **konstitutiven Wirksamkeitsvoraussetzung** für die Existenz eines Beschlusses gleichzusetzen.[555] Die Zulässigkeit solcher Vereinbarungen folgt aus § 10 Abs. 2 Satz 2; die Grenzen der Vertragsfreiheit (§§ 134, 138, 242 BGB) werden durch eine vereinbarte „Gültigkeitsvoraussetzung“ iSv § 23 Abs. 4 nicht berührt.[556]

Soll eine vereinbarte Protokollierung bezwecken, die in der Versammlung nicht anwesenden WEer und die Sonderrechtsnachfolger vor der Existenz nicht oder fehlerhaft protokollierter Beschlüsse zu schützen, so muss dieser Zweck in der Vereinbarung zum Ausdruck kommen. In diesem Fall muss erkennbar die Vereinbarung einer **konstitutiven Wirksamkeitsvoraussetzung** gewollt sein, was durch Auslegung zu ermitteln ist. So kann etwa die nach der GO erforderliche **Eintragung in ein Protokollbuch**[557] oder zweite **Unterschrift eines WEers**[558] unter dem Protokoll der WEVers als Wirksamkeitserfordernis auszulegen sein. Bis zu seiner ordnungsgemäßen Protokollierung ist der Beschluss schwebend unwirksam;[559] die fehlende Unterschrift kann, auch im gerichtlichen Verfahren, noch nachgeholt werden,[560] die fehlende Eintragung in das Protokollbuch nur zeitnah, allenfalls bis zur nächsten WEVers.[561] 184

gg) Inhaltsmängel. Ein Beschluss, dessen Inhalt unter einem Mangel leidet, der nicht zur Nichtigkeit führt (vgl. Rn 122 ff.), ist auf Anfechtung für ungültig zu erklären. Ein Inhaltsmangel liegt vor, wenn ein Mehrheitsbeschluss gegen eine abdingbare Rechtsvorschrift oder eine Vereinbarung[562] der WEer verstößt. Der Anfechtung unterliegen danach Mehrheitsbeschlüsse, deren Inhalt den Grundsätzen ordnungsgemäßer Verwaltung widerspricht (§ 21 Abs. 3).[563] Bei einem Beschluss über die Bestellung zum Verwalter bzw. zum Mitglied des Verwaltungsbeirates ist ein Verstoß gegen die Grundsätze ordnungsgemäßer Verwaltung anzunehmen, wenn ein wichtiger Grund gegen seine Bestellung vorliegt (vgl. § 26 Rn 40 ff. bzw. § 29 Rn 21).[564] Ein Anfechtungsgrund ist auch gegeben, wenn ein nicht ordnungsgemäßer Gebrauch des gemE iSv § 15 Abs. 2 beschlossen wird (vgl. § 15 Rn 16 ff., 40).[565] Die inhaltliche Unbestimmtheit macht einen Beschluss anfechtbar und nicht nichtig, wenn er eine durchführbare Regelung noch erkennen lässt (s. o. Rn 148). Mangels der erforderlichen Klarheit und Bestimmtheit für ungültig zu 185

---

552 So aber KG WE 1994, 45 (46); ihm folgend Weitnauer/*Lüke* § 24 Rn 18 f.

553 So auch BGHZ 136, 187 (192 f.) = NJW 1997, 2956 f. = WE 1997, 466 (467); NJW 1998, 755 (756); ZMR 2009, 296 (299); OLG Oldenburg ZMR 1985, 30; OLG Hamm ZWE 2002, 234 (236) = NZM 2002, 295; kritisch *Elzer* ZMR 2009, 7 (14 f.).

554 So auch OLG Hamm OLGZ 1985, 147 (149).

555 Vgl. OLG München ZMR 2007, 883 f.

556 So zutreffend BGHZ 136, 187 (193); kritisch *Lüke* JZ 1998, 415 ff.

557 OLG Köln ZMR 2006, 711; 2007, 388 f.

558 OLG München ZMR 2007, 883 (884)

559 OLG München ZMR 2007, 883 (884); *Bub,* FS für Seuß (1997), 53 (57).

560 OLG München ZMR 2007, 883 (884); *Drasdo* S. 332 Rn 37.

561 OLG Köln ZMR 2007, 388 f.

562 Vgl. OLG München ZMR 2007, 725.

563 BayObLGZ 1986, 263 (266); WE 1988, 143.

564 BayObLG WE 1990, 69; 111 (112) zur Verwalterbestellung; BayObLG WE 1991, 226 (227); ausführlich *Elzer* ZMR 2001, 418 (422 ff.).

565 BayObLG WE 1988, 143; KG WE 1991, 327.

erklären ist ein Beschluss, der rückwirkend einen WEer von den Warmwasserverbrauchskosten freistellt, obwohl Zähler zur Erfassung des Warmwasserverbrauchs nicht vorhanden sind.[566] Für ungültig zu erklären ist auch ein Beschluss, der ohne eingehende Beratung generell eine in einer Anlage näher bezeichnete Gesamtzahl früherer Beschlüsse aufhebt.[567] Anfechtbar sind Beschlüsse, die gegen den Grundsatz von Treu und Glauben (§ 242 BGB) verstoßen, etwa wenn die Stimmenmehrheit rechtsmissbräuchlich zum Nachteil der Minderheit ausgeübt wird (vgl. § 25 Rn 178 f.).[568] Ferner ist ein Mehrheitsbeschluss wegen Verletzung des Gleichbehandlungsgrundsatzes anfechtbar, wenn die WEer in einem früheren gleichgelagerten Fall anders entschieden haben, es ei denn die frühere Entscheidung entsprach nicht ordnungsgemäßer Verwaltung.[569] Nach fristgerechter Anfechtung für ungültig zu erklären sind schließlich Mehrheitsbeschlüsse, die auf Grund einer Öffnungsklausel (vgl. Rn 14) die GemO ändern, ohne dass ein sachlich gerechtfertigter Grund für die Änderung vorliegt oder einzelne WEer ggü. dem bisherigen Rechtszustand unbillig benachteiligt werden.[570] Wird einem WEer ohne seine Zustimmung durch Beschluss ein subjektives Recht entzogen, so ist dieser Beschluss unwirksam, ohne dass es einer Beschlussanfechtung bedarf (s. o. Rn 139). Eine Besonderheit gilt für Beschlüsse über die Entziehung von WE nach § 18 Abs. 3, die im gerichtlichen Verfahren nach § 43 Nr. 4 nur auf ihre formelle Rechtmäßigkeit zu überprüfen sind; ob im Einzelfall die sachlichen Voraussetzungen für einen Entziehungsanspruch vorliegen, ist im Rechtsstreit über die Entziehungsklage zu prüfen.[571]

186 **c) Die Heilung anfechtbarer Beschlüsse.** Soweit gegen die abdingbare Einberufungsvorschrift des § 23 Abs. 2 verstoßen wurde, kommt eine Heilung durch nachträglichen Verzicht in einer „Vollversammlung" in Betracht (s. o. Rn 87). Bei sonstigen Einberufungsmängeln genügt idR bereits die Teilnahme aller WEer an der „Vollversammlung" (s. o. Rn 171), so dass eine ausdrückliche Verzichtserklärung aller WEer entbehrlich ist; zur Möglichkeit der kombinierten Beschlussfassung nach § 23 Abs. 1 und Abs. 3 siehe Rn 101.

187 Ein formell fehlerhafter Beschluss (z. B. fehlende Beschlussfähigkeit) kann durch einen inhaltsgleichen Zweitbeschluss unter Vermeidung des Beschlussmangels geheilt werden (Rn 63 ff.).

188 **d) Die Anfechtungsbefugnis.** Eine materiell-rechtliche Anfechtungsbefugnis ist in § 23 Abs. 4 nicht geregelt; aus § 46 Abs. 1 ergibt sich jedoch die Befugnis jedes WEers sowie des Verwalters, auf Erklärung der Ungültigkeit eines Beschlusses zu klagen. Zur Klagebefugnis sowie zum Rechtsschutzbedürfnis vgl. § 43 Rn 40 ff., 46 Rn 4 ff.

4. Die Rechtsfolgen der Anfechtung

189 **a) Die Wirkung der Erhebung der Anfechtungsklage nach § 46 Abs. 1.** Die Klage auf Ungültigerklärung nach § 46 Abs. 1 hat **keine aufschiebende Wirkung;**[572] der angefochtene Beschluss ist damit bis zur gerichtlichen Ungültigerklärung für die WEer, deren Sondernachfolger (vgl. § 10 Abs. 4) sowie für den Verwalter bindend, der gem. § 27 Abs. 1 Nr. 1 den Beschluss durchzuführen hat.[573] Insbesondere stellt ein Beschluss über die Jahresabrechnung oder den Wirtschaftsplan eine verbindliche Anspruchsgrundlage

---

[566] OLG Düsseldorf WE 1999, 105 (106) = NZM 1999, 267.

[567] KG WuM 1989, 91.

[568] Vgl. BayObLG WuM 1994, 570; WE 1990, 67 (68); KG OLGZ 1979, 28 (33); NJW-RR 1986, 643 (644); WE 1994, 53 (54); OLG Düsseldorf OLGZ 1984, 289; OLG Zweibrücken WE 1990, 108.

[569] BayObLG WE 1993, 256; KG ZMR 2009, 790 (792).

[570] Vgl. BGHZ 95, 137; BayObLGZ 1989, 437 (440 f.) s. o. Rn 13.

[571] Vgl. BayOblG NZM 1999, 578; OLG Köln WE 1998, 382; s. § 18 Rn 57.

[572] Vgl. zu früheren Recht: BayObLGZ 1975, 53 (56); WE 1989, 60; NJW-RR 1998, 1386 = NZM 1998, 337; WE 1999, 77 (78); KG OLGZ 1978, 178 (180); LG Hamburg DWE 1989, 34.

[573] Vgl. § 27 Rn 18 ff.

für Wohngeldansprüche dar, solange der Beschluss nicht rechtskräftig für ungültig erklärt ist.[574] Um für die Dauer des Verfahrens die Vollziehung des angefochtenen Beschlusses zu unterbinden, ist jedoch der Erlass einer einstweiligen Verfügung durch das Gericht nach §§ 935 ff. ZPO möglich.[575]

b) Die Ungültigerklärung. Ein anfechtbarer Beschluss ist nach § 23 Abs. 4 Satz 2 nur ungültig, wenn er durch rechtskräftiges Urteil für ungültig erklärt ist. Soweit kein Fall der Nichtigkeit vorliegt, bedarf auch ein Beschluss der gerichtlichen Ungültigerklärung, der unter der auflösenden Bedingung der Anfechtung gefasst wird (vgl. § 158 Abs. 2 BGB); das gerichtliche Verfahren ist in diesem Fall nicht entbehrlich.[576] Mit rechtskräftiger Ungültigerklärung durch das Gericht ist der angefochtene Beschluss mit Wirkung auch ggü. dem Sondernachfolger von Anfang an **(ex tunc)** als ungültig anzusehen.[577] Die Rechtskraft der Ungültigerklärung eines Beschlusses steht jedoch einer erneuten Beschlussfassung mit gleichen Inhalt nicht entgegen (zur Heilung formeller Beschlussmängel vor der Ungültigerklärung durch inhaltsgleichen Beschluss s. o. Rn 84 ff.).[578] 190

aa) Der Umfang der Ungültigerklärung. Inwieweit der angefochtene Beschluss für ungültig zu erklären ist, bestimmt sich nach dem Inhalt des Antrags; das Gericht darf sich bei der Erforschung des Klagebegehrens gem. § 308 ZPO nicht über den erklärten Willen des Klägers hinwegsetzen, da andernfalls der Umfang der Bestandskraft des Beschlusses ungewiss bliebe.[579] Hat der Kläger die Anfechtung auf den Teil eines Beschlusses beschränkt (Teilanfechtung)[580], so beschränkt sich auch die Ungültigerklärung auf diesen Teil **(Teilungültigerklärung).**[581] Im Übrigen wird der Beschluss bestandskräftig, so dass die Teilungültigkeit entgegen § 139 BGB nicht zur Ungültigkeit des gesamten Beschlusses führt.[582] Eine Teilungültigkeit kommt insbes. dann in Betracht, wenn sich bei einem Beschluss über die Jahresabrechnung der Klageantrag nur auf einen selbstständigen Rechnungsposten beschränkt.[583] Erstreckt sich die Klage auf die **Ungültigerklärung des gesamten Beschlusses** und ist dieser nur bzgl. einer Teilregelung mangelhaft, so ist der Beschluss entspr. § 139 BGB grds. in seiner Gesamtheit für ungültig zu erklären, es sei denn, die WEer hätten den mangelfreien Teil auch ohne den ungültigen Teil beschlossen.[584] Wurde ein Beschluss über die Jahresabrechnung in seiner Gesamtheit angefochten und leiden alle Einzelabrechnungen an dem Mangel, dass über eine vollständige Gesamtabrechnung nicht beschlossen wurde, so ist der Beschluss sowohl hinsichtlich der Gesamtabrechnung als auch hinsichtlich aller Einzelabrechnungen für ungültig zu erklären (vgl. § 28 Rn 119 ff.).[585] Auch ein Beschluss, durch den die WEer einem mit einem Dritten geschlossenen Mietvertrag zustimmen, ist grundsätzlich insgesamt für ungültig zu erklären, wenn nur einzelne Bestimmungen des Vertrages nicht den Grundsätzen ordnungsgemäßer 191

---

[574] BayObLG WuM 1994, 570; WE 1989, 147.

[575] Vgl. § 27 Rn 20.

[576] *Merle,* FS für Bärmann/Weitnauer (1990), S. 497 (502) gegen *Deckert* PiG 32, 101 (112).

[577] Vgl. BGHZ 106, 113 (116) = NJW 1989, 1087 (1088); BayObLGZ 1976, 211 (213); KG OLGZ 1978, 178 (182); *Merle,* Verwalter, S. 104.

[578] BayObLG WE 1991, 72.

[579] BayObLGZ 1985, 171 (176); 1986, 263 (268); WE 1995, 245 (246).

[580] Grds. zulässig: BGH ZMR 2007, 623 (624); OLG München ZMR 2008, 905.

[581] Vgl. KG WE 1998, 225.

[582] So aber Staudinger/*Bub* § 28 Rn 552 zur Teilanfechtung des Beschlusses über die Jahresabrechnung.

[583] KG WE 1991, 325 (326); BayObLGZ 1985, 172 (176); WE 1987, 76; 1989, 64 (65); 1989, 144; 1991, 111 (112); NJW-RR 1992, 1169; 1989, 656 (657); 1993, 1039 = WE 1994, 177.

[584] BGH NJW 1998, 3713 (3715) = WE 1999, 93 (95); BayObLG ZWE 2002, 312 (314); OLG Düsseldorf WE 1991, 251; ZMR 2009, 303 (304); BayObLG WE 1995, 245 (247) = WuM 1995, 62 (64); s. a. OLG Hamburg ZMR 2008, 152 f.

[585] BayObLG WuM 1994, 568 (569); KG NJW-RR 1996, 844 (846) = WE 1996, 385.

Verwaltung entsprechen (z. B. die Ermächtigung des Mieters zur Vornahme von „erforderlichen baulichen Veränderungen“); denn hier ist regelmäßig nicht feststellbar, welche Regelung anstelle der unwirksamen Bestimmung gelten soll und ob der Vertrag mit dem Dritten ohne die Bestimmung überhaupt noch Sinn macht.[586]

192 Neben der Ungültigerklärung des Beschlusses kommt eine Ersetzung des ungültigen Beschlusses durch eine gestaltende Regelung des Gerichts nur in Betracht, wenn die Klage auf Erklärung der Ungültigkeit eines Beschlusses mit einer Klage nach §§ 15 Abs. 3, 21 Abs. 4 auf Regelung nach billigem Ermessen gem. § 21 Abs. 8 verbunden worden ist.[587]

193 **bb) Die Rechtsfolgen der Ungültigerklärung.** Die rückwirkende Ungültigerklärung erfasst auch Beschlüsse, die vorher bereits tatsächlich vollzogen worden sind. Jeder WEer kann nach § 21 Abs. 4 ggf. einen **Folgenbeseitigungsanspruch**[588] geltend machen. Zur rückwirkenden Ungültigerklärung des Beschlusses über die **Bestellung eines Verwalters** (§ 26 Abs. 1 Satz 1) vgl. § 26 Rn 236 ff.

194 Wenn der Verwalter auf Grund eines für ungültig erklärten Beschlusses bereits namens der WEer ein Rechtsgeschäft mit einem Dritten abgeschlossen hat, lässt die rückwirkende Ungültigerklärung die Vertretungsmacht des Verwalters zwar nachträglich entfallen,[589] dennoch kommt eine Haftung des Verwalters als Vertreter ohne Vertretungsmacht gem. § 179 BGB nicht in Betracht, da dies nicht mit seiner Pflicht nach § 27 Abs. 1 Nr. 1 vereinbar wäre, die wirksamen Beschlüsse der WEer ohne Rücksicht auf ihre Anfechtbarkeit unverzüglich durchzuführen (vgl. § 27 Rn 18 ff.).[590] Wenn die WEer ggü. dem Dritten den Rechtsschein einer rechtmäßigen Vertretung durch den Verwalter geschaffen haben (Anscheinsvollmacht),[591] haftet die WEgem oder die WEer – ebenso wie im Fall der ungültigen Verwalterbestellung – auf Erfüllung und nicht lediglich auf das Vertrauensinteresse analog § 122 BGB.[592] Gegen den Verwalter können Schadensersatzansprüche nicht allein wegen der Vollziehung eines nicht bestandskräftigen, nachträglich für ungültig erklärten Beschlusses geltend gemacht werden.[593]

5. Die Bestandskraft von Beschlüssen

195 **a) Die Bindungswirkung.** Ein anfechtbarer Beschluss, der nicht fristgerecht angefochten wird, erwächst in Bestandskraft,[594] so dass der Anfechtungsgrund nicht mehr geltend gemacht werden kann (z. B. Verstoß gegen Treu und Glauben).[595] Bestandskraft tritt ferner ein, wenn die Klage auf Ungültigerklärung eines Beschlusses rechtskräftig abgewiesen oder zurückgenommen wurde; wird eine Anfechtungsklage als unbegründet abgewiesen, ist kann gem. § 48 Abs. 4 nicht mehr geltend gemacht werden, der Beschluss sei nichtig, was bei Versäumung der Anfechtungsfrist jederzeit geltend gemacht werden könnte. Dies bedeutet, dass der Beschluss auch hinsichtlich vorliegender Nichtigkeitsgründe als wirksam anzusehen ist. Die WEer sind auch nach gerichtlicher Ungültigerklärung eines Beschlusses nicht gehindert, einen erneuten Beschluss mit gleichem Inhalt zu fassen.[596]

---

[586] BayObLG WE 1995, 61 (62) = WuM 1994, 562.
[587] Vgl. BayObLGZ 1985, 171 (176).
[588] Staudinger/*Bub* § 23 Rn 315; *Wenzel* WE 1998, 455 (456); *Gottschalg* NZM 2001, 113 (115).
[589] Vgl. *Merle* PiG 6, 65 (76); *Keith* PiG 14, 21 f.
[590] Vgl. § 27 Rn 21 ff.; *Gottschalg,* Haftung, Rn 77; abweichend *Drasdo* S. 311 Rn 103 f.
[591] Vgl. § 27 Rn 23; *Merle* PiG 6, 65 (76); *Gottschalg,* Haftung, Rn 76.
[592] Vgl. auch Keith PiG 14, 24; dagegen *Müller,* Praktische Fragen, Rn 479 (S. 393).
[593] BayObLG WE 1991, 198.
[594] BayObLGZ 1975, 284; KG WE 1991, 323; OLG Zweibrücken WE 1991, 140.
[595] BayObLG NJW-RR 1992, 15 (16) = WE 1992, 50; KG ZWE 2001, 218 = NZM 2001, 294.
[596] BayObLG WE 1996, 395 (396); s. o. Rn 63 ff.

Ein bestandskräftiger Beschluss wirkt für und gegen alle WEer sowie Sondernachfolger (vgl. § 10 Abs. 4), auch schon vor Eintritt der Bestandskraft.[597] Der Verwalter ist berechtigt und verpflichtet, den Beschluss durchzuführen (§ 27 Abs. 1 Nr. 1). **196**

b) Die Auswirkungen auf das gerichtliche Verfahren. In Verfahren nach § 43 ist die Bestandskraft eines Beschlusses zu berücksichtigen. Wird etwa ein WEer von den anderen WEern auf Grund einer durch bestandskräftigen Beschluss begründeten Verpflichtung in Anspruch genommen, so können Einwendungen gegen die Wirksamkeit des Beschlusses nicht mehr erhoben werden.[598] Die Bestandskraft eines bestätigenden inhaltsgleichen Beschlusses heilt die formellen Mängel eines zuvor gefassten Beschlusses und führt zur Erledigung der Hauptsache im Verfahren über die Ungültigerklärung des Erstbeschlusses (s. o. Rn 67). **197**

c) Aufhebung und Änderung bestandskräftiger Beschlüsse. Ein bestandskräftiger Beschluss kann durch einen **Zweitbeschluss** aufgehoben oder geändert werden (s. o. Rn 57 ff., 74). **198**

Der einzelne WEer hat einen **Anspruch auf Änderung eines Beschlusses** analog § 10 Abs. 2 Satz 3, wenn ein Festhalten an der beschlossenen Regelung aus schwerwiegenden Gründen unter Berücksichtigung aller Umstände des Einzelfalles, insbesondere der Rechte und Interessen der anderen WEer, unbillig erscheint.[599] Für eine gerichtliche Geltendmachung des Änderungsanspruch fehlt das Rechtsschutzbedürfnis, wenn der Kläger nicht zuvor die WEVers mit seinem Änderungsbegehren befasst hat, sofern dies nicht ausnahmsweise entbehrlich ist.[600] Liegt das Rechtsschutzbedürfnis vor, kann der Kläger gem. §§ 43 Nr. 4, 21 Abs. 8 die Änderung des ursprünglichen Beschlusses nach gerichtlichem Ermessen beantragen. Diese Gestaltungsklage ist gegen alle WEer zu erheben. Ein Negativbeschluss braucht nicht angefochten zu werden.[601] Denn die WEer können jederzeit durch einen erneuten Beschluss über denselben Gegenstand die Bestandskraft eines Negativbeschlusses umgehen,[602] so dass auch das Gericht nicht an einen ablehnenden Beschluss gebunden sein kann. Anfängliche Fehler eines Beschlusses können nur mit der fristgebundenen Anfechtungsklage korrigiert werden; nach dessen Bestandskraft sind diese geheilt. **199**

6. Gestaltungsmöglichkeiten

Da es sich bei § 23 Abs. 4 – im Gegensatz zu § 43 Nr. 4 – um eine materielle Rechtsvorschrift handelt, die das Verhältnis der WEer untereinander regelt, ist diese Vorschrift gem. § 10 Abs. 2 Satz 2 durch Vereinbarung abdingbar.[603] Durch Vereinbarung kann die gerichtliche Anfechtbarkeit von Beschlüssen beschränkt werden, etwa durch Vereinbarung des Erfordernisses der vorherigen Anrufung der WEVers, der Vorschaltung eines Güteverfahrens oder der Vereinbarung eines Schiedsverfahrens.[604] **200**

Zulässig ist auch der gänzliche Ausschluss des gerichtlichen Anfechtungsverfahrens, in dem eine dem Vereinsrecht entspr. Regelung geschaffen wird, die nur die Gültigkeit oder Nichtigkeit eines Beschlusses kennt.[605] Rechtsschutz ist hier im Verfahren nach § 43 Nr. 4 über die Feststellung der Nichtigkeit möglich (vgl. § 43 Rn 100). **201**

---

[597] BayObLG WE 1993, 344; NJW 1995, 202 (203); OLG Frankfurt/M. WE 1989, 171.

[598] BayObLG WE 1995, 187 zum Beschluss über die Jahresabrechnung; OLG Bremen WuM 1995, 58 (59) zum Einwand, das Recht auf Informationsfreiheit stehe der beschlossenen Beseitigung einer Parabolantenne entgegen; vgl. dazu auch § 22 Rn 208 ff.

[599] Ausführlich § 10 Rn 167 f.; *Abramenko* ZWE 2007, 336 ff.

[600] Zum Rechtsschutzbedürfnis vgl. § 21 Rn 185.

[601] So aber *Abramenko* ZWE 2007, 336 (338); vgl. § 21 Rn 191.

[602] BGHZ 152, 46 (51) = NZM 2002, 995.

[603] BayObLG Rpfleger 1983, 14 (Ls); OLG Zweibrücken ZMR 1986, 63 (64); Staudinger/*Bub* § 23 Rn 55.

[604] *Merle*, FS Seuß (1997) 219 ff.

[605] So auch Staudinger/*Bub* § 23 Rn 59.

§ 24 Einberufung, Vorsitz, Niederschrift

(1) Die Versammlung der Wohnungseigentümer wird von dem Verwalter mindestens einmal im Jahre einberufen.

(2) Die Versammlung der Wohnungseigentümer muß von dem Verwalter in den durch Vereinbarung der Wohnungseigentümer bestimmten Fällen, im übrigen dann einberufen werden, wenn dies schriftlich unter Angabe des Zweckes und der Gründe von mehr als einem Viertel der Wohnungseigentümer verlangt wird.

(3) Fehlt ein Verwalter oder weigert er sich pflichtwidrig, die Versammlung der Wohnungseigentümer einzuberufen, so kann die Versammlung auch, falls ein Verwaltungsbeirat bestellt ist, von dessen Vorsitzenden oder seinem Vertreter einberufen werden.

(4) [1] Die Einberufung erfolgt in Textform. [2] Die Frist der Einberufung soll, sofern nicht ein Fall besonderer Dringlichkeit vorliegt, mindestens zwei Wochen betragen.

(5) Den Vorsitz in der Wohnungseigentümerversammlung führt, sofern diese nichts anderes beschließt, der Verwalter.

(6) [1] Über die in der Versammlung gefaßten Beschlüsse ist eine Niederschrift aufzunehmen. [2] Die Niederschrift ist von dem Vorsitzenden und einem Wohnungseigentümer und, falls ein Verwaltungsbeirat bestellt ist, auch von dessen Vorsitzenden oder seinem Vertreter zu unterschreiben. [3] Jeder Wohnungseigentümer ist berechtigt, die Niederschriften einzusehen.

(7) [1] Es ist eine Beschluss-Sammlung zu führen. [2] Die Beschluss-Sammlung enthält nur den Wortlaut

1. **der in der Versammlung der Wohnungseigentümer verkündeten Beschlüsse mit Angabe von Ort und Datum der Versammlung,**
2. **der schriftlichen Beschlüsse mit Angabe von Ort und Datum der Verkündung und**
3. **der Urteilsformeln der gerichtlichen Entscheidungen in einem Rechtsstreit gemäß § 43 mit Angabe ihres Datums, des Gerichts und der Parteien,**

soweit diese Beschlüsse und gerichtlichen Entscheidungen nach dem 1. Juli 2007 ergangen sind. [3] Die Beschlüsse und gerichtlichen Entscheidungen sind fortlaufend einzutragen und zu nummerieren. [4] Sind sie angefochten oder aufgehoben worden, so ist dies anzumerken. [5] Im Falle einer Aufhebung kann von einer Anmerkung abgesehen und die Eintragung gelöscht werden. [6] Eine Eintragung kann auch gelöscht werden, wenn sie aus einem anderen Grund für die Wohnungseigentümer keine Bedeutung mehr hat. [7] Die Eintragungen, Vermerke und Löschungen gemäß den Sätzen 3 bis 6 sind unverzüglich zu erledigen und mit Datum zu versehen. [8] Einem Wohnungseigentümer oder einem Dritten, den ein Wohnungseigentümer ermächtigt hat, ist auf sein Verlangen Einsicht in die Beschluss-Sammlung zu geben.

(8) [1] Die Beschluss-Sammlung ist von dem Verwalter zu führen. [2] Fehlt ein Verwalter, so ist der Vorsitzende der Wohnungseigentümerversammlung verpflichtet, die Beschluss-Sammlung zu führen, sofern die Wohnungseigentümer durch Stimmenmehrheit keinen anderen für diese Aufgabe bestellt haben.

Übersicht

Literatur: *Armbrüster,* Die Treuepflicht der Wohnungseigentümer, FS für Merle (2000), 1; *Bassenge,* Nichtursächlichkeit von Verfahrensmängeln, FS für *Merle* (2000), 17; *Becker,* Die Teilnahme an der Versammlung der Wohnungseigentümer, 1996; *Drasdo,* Die Beschluss-Sammlung in der Reform des WEG, ZMR 2007, 501; *ders.,* Rechtsfragen der Führung der Beschluss-Sammlung, ZWE 2008, 169; *Elzer,* Die Vertretung eines WEers in der WEG-Versammlung, MietRB 2010, 29; *ders.,* WEG-Versammlung – Die Begleitung eines WEers durch einen Dritten, MietRB 2010, 89; *Gottschalg,* Eigentümerversammlung in (Schul-)Ferienzeiten? NZM 2009, 529; *Häublein,* Aktuelle Fragen der Einberufung und Durchführung von WEVers, ZMR 2004, 723; *Heggen,* Die Unterschriften unter der Niederschrift über eine WEVers, NotBZ 2009, 401; *Kümmel,* Der einstimmige Beschluss als Regelungsinstrument der Wohnungseigentümer, ZWE 2001, 52; *Kümmel/v. Seldeneck,* Beschlussfeststellung bei inhaltlich ordnungswidrigen Beschlüssen, GE 2002, 382; *Mankowski,* Die virtuelle Wohnungseigentümerversammlung, ZMR 2002, 246; *ders.,* Textform und Formerfordernisse im Miet- und Wohnungseigentumsrecht, ZMR 2002, 481; *Merle,* Zur Absage einer einberufenen Versammlung der Wohnungseigentümer, ZMR 1980, 225; *ders.,* Neues WEG – Die Beschluss-Sammlung, ZWE 2007, 272; *Prüfer,* Schriftliche Beschlüsse, gespaltene Jahresabrechnungen, 2001; *Reichert,* Rechtsfragen der Beschluss-Sammlung, ZWE 2007, 388; *Schramm,* Die Beschluss-Sammlung nach § 24 Abs. 7 WEG, DWE 2007, 76. Zur älteren Literatur siehe Vorauflage.

I. Der Normzweck

§ 24 enthält umfangreiche Regelungen über die Einberufung und Durchführung einer WEVers, über die Protokollierung der in ihr gefassten Beschlüsse sowie über die Führung 1 der Beschluss-Sammlung Die Vorschrift orientiert sich an den §§ 36, 37 BGB, wobei sie auf die Besonderheiten einer.[1] WEgem zugeschnitten ist. Parallelen bestehen auch zu Vorschriften des Aktien- (§§ 121 ff. AktG) und des GmbH-Rechts (§ 49 GmbHG). Im Einzelfall ist daher zur Klärung von Auslegungsstreitigkeiten ein Rückgriff auf die vereins- und gesellschaftsrechtlichen Regelungen möglich.

II. Die Einberufung durch den Verwalter

1. Die Zuständigkeit des Verwalters

2 Aus § 24 Abs. 1 ergibt sich die grds. Zuständigkeit des amtierenden Verwalters zur Einberufung der WEVers.[2] Neben dem Verwalter ist nur der Vorsitzende des Verwaltungsbeirats oder sein Vertreter unter den Voraussetzungen des § 24 Abs. 3 zur Einberufung befugt. Ein WEer kann durch das WE-Gericht ermächtigt werden, eine WEVers einzuberufen.

3 Verwalter einer WEgem ist diejenige Person, welche in der TErkl, gem. § 26 Abs. 1 durch Beschluss der WEer oder durch gerichtliches Urteil[3] zum Verwalter bestellt worden ist. Die Befugnis, eine WEVers gem. Abs. 1 einzuberufen, ergibt sich allein aus der Verwalterstellung. Auf das Bestehen eines Verwaltervertrages kommt es dagegen nicht an.[4] Ohne Einfluss auf die Zuständigkeit des Verwalters ist es auch, wenn seine Bestellung gem. § 43 Nr. 4 angefochten wird. Erst wenn die Bestellung gem. § 43 Nr. 4 für ungültig erklärt wird, entfällt rückwirkend das Verwalteramt, aber die Befugnis zur Einberufung der WEVers, nur für die Zukunft.[5]

4 Dem Einberufungsberechtigten – regelmäßig der Verwalter – steht es zu, eine Versammlung **abzusagen** und zu **verlegen.**[6] Die Anordnung der Verlegung muss eindeutig erfolgen. Ihre Wirksamkeit ist aus Gründen der Rechtssicherheit nicht davon abhängig, dass sie ordnungsgemäßer Verwaltung entspricht.[7]

2. Einberufungsgründe

5 Der Verwalter ist zur Einberufung der WEVers verpflichtet:
- nach § 24 Abs. 1 mindestens einmal im Jahr,
- nach § 24 Abs. 2 auf Verlangen von mehr als 1/4 der WEer,
- wenn nach den Grundsätzen ordnungsgemäßer Verwaltung die Einberufung geboten ist,
- in den durch die GemO bestimmten Fällen,
- wenn die einberufene Versammlung nicht beschlussfähig ist (§ 25 Abs. 4 Satz 1).

6 **a) Turnusmäßige Einberufung (Abs. 1).** Der Verwalter hat die WEVers gem. § 24 Abs. 1 mindestens einmal im Jahr einzuberufen. Dies wird regelmäßig am Anfang oder a. E. eines Kalenderjahres geschehen, da die WEer jährlich über den Wirtschaftsplan und die Abrechnung des Verwalters Beschluss fassen.

7 Die WEer können gem. § 10 Abs. 2 Satz 2 von § 24 Abs. 1 abweichende Vereinbarungen treffen; durch Beschluss ist eine Abweichung von § 24 Abs. 1 nicht möglich. In der GemO kann etwa vorgesehen werden, dass zwei oder mehr WEVers jährlich stattfinden müssen. Zulässig ist es auch, einen über ein Jahr hinausgehenden Turnus zu vereinbaren oder auf eine turnusmäßige WEVers gänzlich zu verzichten.[8] Gegen die Zulässigkeit des

---

[1] Vgl. *Drasdo* S. 1 Rn 1 ff.

[2] BayObLGZ 1970, 1 (3); OLG Stuttgart DWE 1987, 31 (Ls); KG GE 1991, 303.

[3] *Drasdo* S. 21 Rn 45 ff.

[4] BayObLG WE 1988, 205 (206); Staudinger/*Bub* § 24 Rn 35.

[5] BGH NJW 1997, 2106 (2107; ZMR 2007, 798 (799); vgl. § 26 Rn 236; zu den Rechtsfolgen der Einberufung einer WEVers durch eine unzuständige Person unten Rn 25 ff.

[6] Vgl. zur Verlegung OLG Hamm OLGZ 1981, 24 (25 f.); *Merle* ZMR 1980, 225.

[7] Vgl. *Merle* ZMR 1980, 225 (226).

[8] Staudinger/*Bub* § 24 Rn 7 f.; aA *Bärmann/Pick* § 24 Rn 2.

gänzlichen Verzichts auf eine turnusmäßige Versammlung in der GemO kann nicht eingewandt werden, damit würden die WEer der Möglichkeit zur Einflussnahme auf die Verwaltung des gemE beraubt. Denn der Verwalter bleibt weiterhin verpflichtet, eine WEVers einzuberufen, wenn die Grundsätze der ordnungsgemäßen Verwaltung dies erforderlich machen oder wenn 1/4 der WEer dies verlangen (§ 24 Abs. 2 2. Alt.).

b) Einberufung auf Verlangen der WEer (Abs. 2). Der Verwalter ist gem. Abs. 2 zur Einberufung der WEVers verpflichtet, wenn dies schriftlich unter Angabe des Zweckes und der Gründe von mehr als 1/4 der WEer beantragt wird. Das Einberufungsverlangen stellt ein Minderheitsrecht dar, welches unabhängig von den in der Versammlung zu erwartenden Mehrheitsverhältnissen der Minderheit die Möglichkeit geben soll, ihren Standpunkt im Rahmen einer WEVers darzulegen.[9] 8

aa) Die Bestimmung des Minderheitenquorums. Bei der Berechnung der erforderlichen Zahl von WEern kommt es allein auf die Kopfzahl der WEer an.[10] Dies gilt auch dann, wenn das Stimmrecht abweichend von § 25 Abs. 2 nach dem Wert- oder Objektprinzip geregelt ist. Würde die für die Einberufung erforderliche Quote nach dem Wert- oder Objektprinzip bemessen, wäre der Charakter als Minderheitsrecht nicht mehr unbedingt garantiert.[11] Dies macht es erforderlich, hier allein auf die Kopfzahl der WEer abzustellen. Das Einberufungsverlangen kann auch von einem WEer mitgetragen werden, der gem. § 25 Abs. 5 von der Ausübung des Stimmrechts ausgeschlossen ist.[12] Steht eine WE-Einheit mehreren WEern gemeinschaftlich zu, müssen sie ihr Einberufungsverlangen analog § 25 Abs. 2 Satz 2 einheitlich ausüben.[13] Für die Ermittlung des Quorums ist die MitWEer-Gemeinschaft wie ein WEer zu behandeln. 9

Umstritten ist, ob und inwieweit das Einberufungsverlangen der rechtsgeschäftlichen Gestaltungsfreiheit der WEer unterliegt. Teilweise wird Abs. 2 für gänzlich abdingbar gehalten.[14] Für diese Ansicht spricht zumindest § 10 Abs. 2 Satz 2, der eine abweichende Vereinbarung durch die WEer zulässt, sofern nicht etwas anderes ausdrücklich bestimmt ist. Die **hM** hält das Einberufungsverlangen dagegen für **nicht gänzlich abdingbar.**[15] Dieser Ansicht ist zu folgen. Das Einberufungsverlangen zählt zu den grundlegenden Minderheitsrechten in einer Personengemeinschaft,[16] welches nicht der Disposition der Mitglieder unterliegt. Dieses Ergebnis widerspricht nicht dem § 10 Abs. 2 Satz 2, der die grds. Gestaltungsfreiheit der WEer ausdrücklich kodifiziert, denn auch die Gestaltungsfreiheit unterliegt gewissen immanenten Schranken. Ihre Beschränkung ist aber nur insoweit gerechtfertigt, als dies zur Erhaltung des Minderheitsrechts erforderlich ist. Keine Bedenken bestehen daher, wenn die GemO die Voraussetzung für das Einberufungsverlangen **erleichtert,** insbesondere die Quote der erforderlichen WEer verringert.[17] Auch nach den §§ 37 BGB, 50 GmbHG, 45 GenG ist jeweils nur eine 10%ige Minderheit für das Einberufungsverlangen erforderlich. 10

Fraglich ist, inwieweit die WEer die Voraussetzungen für das Einberufungsverlangen **erschweren,** insbesondere die Quote der für das Einberufungsverlangen erforderlichen 11

---

[9] BayObLGZ 1972, 314 (319); KG NJW 1962, 1917 zum Vereinsrecht.

[10] Vgl. OLG Hamm NJW 1973, 2300 (2301); BayObLGZ 1972, 314 (318); Niedenführ/*Kümmel*/Vandenhouten § 24 Rn 8; *Briesemeister* NZM 2000, 992 (995).

[11] *Häublein* ZMR 2003, 233 f.; aA Staudinger/*Bub* § 24 Rn 32, aber auch Rn 68; *Müller,* Praktische Fragen, Rn 352 (S. 294).

[12] Staudinger/*Bub* § 24 Rn 68; Jennißen/*Elzer* § 24 Rn 11; aA Niedenführ/*Kümmel*/Vandenhouten § 24 Rn 9.

[13] Staudinger/*Bub* § 24 Rn 68.

[14] Vgl. OLG Hamm NJW 1973, 2300 (2301); BayObLG Rpfleger 1982, 15.

[15] BayObLGZ 1972, 314 (319); Niedenführ/*Kümmel*/Vandenhouten § 24 Rn 9; Staudinger/*Bub* § 24 Rn 28 ff.

[16] Vgl. auch § 37 BGB; § 50 GmbHG; § 122 Abs. 1 AktG; § 45 GenG.

[17] Staudinger/*Bub* § 24 Rn 31; *Müller,* Praktische Fragen, Rn 352 (S. 294).

WEer erhöhen können. Unstreitig ist, dass die erforderliche Zahl an WEern nicht auf die Hälfte oder mehr festgesetzt werden darf, da sonst der Charakter als Minderheitsrecht verloren gehen würde.[18] Aber auch eine Erhöhung der Quote über die vom Gesetzgeber vorgesehene Größe bis zur Grenze von maximal 49% ist unzulässig. Vielmehr ist die vom Gesetzgeber vorgesehene Quote als Höchstgrenze anzusehen.[19] Zwar kann das Einberufungsverlangen bei einer Quote von 49% nominell auch von einer Minderheit geltend gemacht werden. Allerdings geht bei einer solchen Quote der Charakter als echtes Minderheitsrecht verloren.[20]

12 Andere Erschwerungen des Einberufungsverlangens (z. B. des Verfahrens) sind generell zulässig, soweit sie den Charakter als Minderheitsrecht nicht berühren und mit den allgemeinen Schranken der Vertragsfreiheit vereinbar sind.

13 **bb) Form und Inhalt des Einberufungsverlangens.** Das Einberufungsverlangen muss von den WEern schriftlich gestellt werden. Gem. § 126 Abs. 1 BGB müssen die betreffenden WEer das Einberufungsverlangen eigenhändig unterschreiben. Das Einberufungsverlangen ist an den Verwalter zu richten und muss diesem zugehen. Des Weiteren muss das Schreiben den Zweck und die Gründe enthalten, auf die sich das Einberufungsverlangen stützt. Der Zweck der Einberufung wird durch das Ziel bestimmt, welches die WEer mit der WEVers erreichen wollen. Dieses wird regelmäßig in einer Beschlussfassung – z. B. über die Abberufung des Verwalters – liegen. Die Gründe betreffen diejenigen Tatsachen, welche die Einberufung in den Augen der WEer notwendig machen.

14 **cc) Die Einberufungspflicht des Verwalters.** Hat die erforderliche Anzahl von WEern die Einberufung schriftlich unter Angabe des Zwecks und der Gründe verlangt, so ist der Verwalter verpflichtet, unverzüglich eine WEVers einzuberufen. Ein materielles Prüfungsrecht kommt dem Verwalter dabei nicht zu, da sonst der Charakter eines Minderheitsrechts nicht mehr gewahrt wäre.[21] Durch § 24 Abs. 2 soll eine qualifizierte Minderheit gerade dann in der Lage sein, die Einberufung einer WEVers zu erreichen, wenn der Verwalter dies nicht für erforderlich hält. Dies gilt auch, wenn das Einberufungsverlangen einen Bereich zum Gegenstand hat, der nach dem Verwaltervertrag dem Aufgabenbereich des Verwalters zugeordnet ist.[22] Die Pflicht des Verwalters zur Einberufung entfällt aber dann, wenn die WEer ihr Einberufungsverlangen **offensichtlich missbrauchen.**[23] Insoweit kommt dem Verwalter doch ein eingeschränktes materielles Prüfungsrecht zu. Ein offensichtlicher Missbrauch kann etwa dann vorliegen, wenn nach einer gem. § 24 Abs. 2 einberufenen Versammlung, die nicht zu dem gewünschten Ergebnis geführt hat, von denselben WEern erneut die Einberufung einer Versammlung unter Angabe derselben Gründe und desselben Zwecks verlangt wird. Der Verwalter hat seine Einberufungspflicht mit dem Versenden der Einberufungsschreiben erfüllt; deren Zugang liegt in der Risikosphäre des einzelnen WEers.[24]

15 Sofern der Verwaltervertrag keine abweichende Bestimmung enthält, umfasst die Verwaltervergütung nicht nur die turnusmäßige Einberufung nach Abs. 1, sondern auch die nach Abs. 2 einzuberufenden Versammlungen.

16 **c) Ordnungsgemäße Verwaltung.** Der Verwalter ist zur Einberufung der WEVers verpflichtet, wenn dies nach den Grundsätzen ordnungsgemäßer Verwaltung erforderlich ist. Unterlässt er die erforderliche Einberufung, liegt darin regelmäßig eine pflichtwidrige

---

[18] BayObLGZ 1972, 314 (320).

[19] AA Staudinger/*Bub* § 24 Rn 31.

[20] Vgl. zur ähnlichen Problematik im Vereinsrecht Soergel/*Hadding* § 37 Rn 5, der auf §§ 122 Abs. 1 Satz 2 AktG, 45 Abs. 1 GenG hinweist, wonach nur eine geringere Quote festgesetzt werden kann.

[21] BayObLG WE 1991, 358 (359).

[22] BayObLG WE 1991, 358 (359).

[23] BayObLG WE 1991, 358 (359); *Staudinger/Bub* § 24 Rn 68 a.

[24] AG Aachen ZMR 2009, 718 f.

Weigerung iSd § 24 Abs. 3. In einem solchen Fall kann die Einberufung dann auch durch den Vorsitzenden des Verwaltungsbeirats oder seinem Vertreter erfolgen.

d) Einberufungsgründe in der GemO. Die WEer können neben den in § 24 festgelegten Gründen weitere Einberufungsgründe vereinbaren. Auch bei Vorliegen solcher Einberufungsgründe ist, wie § 24 Abs. 2 klarstellt, grds. nur der Verwalter zur Einberufung befugt, sofern die Vereinbarung nichts anderes vorsieht. 17

e) Wiederholungsversammlung (§ 25 Abs. 4 S. 1). Der Verwalter ist ferner gem. § 25 Abs. 4 Satz 1 zur Einberufung verpflichtet, wenn eine einberufene WEVers nicht beschlussfähig ist. Ist ausnahmsweise eine andere Person zur Einberufung der ersten WEVers zuständig gewesen, so ist diese in entsprechender Anwendung des § 25 Abs. 4 Satz 1 auch zur Einberufung der neuen Versammlung berechtigt und verpflichtet. 18

III. Die Einberufung durch den Vorsitzenden des Verwaltungsbeirats (Abs. 3)

Die WEVers kann gem. Abs. 3 auch vom Vorsitzenden des Verwaltungsbeirats oder seinem Vertreter einberufen werden, wenn ein Verwalter fehlt oder sich pflichtwidrig weigert, die WEVers einzuberufen. Die WEer können Abs. 3 vollständig abbedingen.[25] 19

1. Das Fehlen eines Verwalters

Der Vorsitzende des Verwaltungsbeirats oder sein Vertreter können die WEVers einberufen, wenn ein Verwalter fehlt (vgl. auch § 26 Rn 253). Diese Voraussetzung liegt vor, wenn kein Verwalter bestellt wurde, seine Amtszeit abgelaufen, der Verwalter sein Amt niedergelegt hat, die Bestellung des Verwalters für ungültig erklärt worden oder von vornherein nichtig ist. Als Fehlen eines Verwalters iSd § 24 Abs. 3 ist es auch anzusehen, wenn ein Verwalter nicht nur vorübergehend gehindert ist, seine Aufgaben zu erfüllen.[26] 20

2. Die pflichtwidrige Weigerung des Verwalters

Der Vorsitzende des Verwaltungsbeirats oder sein Vertreter können die WEvers ferner dann einberufen, wenn der Verwalter die Einberufung pflichtwidrig verweigert. Der Verwalter handelt pflichtwidrig, wenn er die turnusmäßige Versammlung nach § 24 Abs. 1 oder die in der GemO vorgesehene bzw. die von einer ausreichenden Anzahl von WEern gewünschte Versammlung nach § 24 Abs. 2 nicht einberuft, aber auch dann, wenn eine Versammlung, die nach den Grundsätzen ordnungsgemäßer Verwaltung notwendig wäre, nicht einberufen wird. Eine Weigerung liegt nur vor, wenn der Verwalter die Versammlung trotz einer entsprechenden Aufforderung durch einen oder mehrere WEer oder durch den Vorsitzenden des Verwaltungsbeirats nicht einberuft, da nur bei einem Untätigbleiben nach entsprechender Aufforderung von einer Weigerung gesprochen werden kann.[27] In einer einmaligen Verlegung einer anberaumten Versammlung wird man im Allgemeinen noch kein pflichtwidriges Verhalten sehen können, anders aber dann, wenn der Verwalter durch mehrmaliges oder langfristiges Verschieben die Versammlung faktisch verhindert.[28] Bei der Bestimmung des Versammlungstermins kommt dem Verwalter ein gewisser Ermes- 21

[25] OLG Frankfurt OLGZ 1988, 43 (45); BayObLG WE 1991, 297 (298); OLG Köln WE 1996, 311 (312) = WuM 1996, 246 = DWE 1996, 77.

[26] *Merle,* Verwalter, S. 79; *Kahlen* GE 1986, 298; *Drasdo* PiG 61, 63 (97 f.) mit Beispielen; kritisch *Müller,* Praktische Fragen, Rn 354 (S. 296): Das „Fehlen" sei überwiegend objektiver Natur; aA Staudinger/*Bub* § 24 Rn 71 a.

[27] OLG Hamm OLGZ 1981, 24 (27 f); ZMR 1997, 49 f.; Staudinger/*Bub* § 24 Rn 72; *Drasdo* PiG 61, 63 (99 f.).

[28] OLG Hamm OLGZ 1981, 24 (28).

sensspielraum zu.[29] Zu Recht weist *Lüke*[30] auf die Schwierigkeiten hin, die im Zusammenhang mit der Einberufung bei pflichtwidrigem Unterlassen des Verwalters entstehen. Die Frage, ob der Verwalter tatsächlich pflichtwidrig die Einberufung der WEVers unterlassen hat, kann möglicherweise erst vor Gericht geklärt werden. Wird durch das Gericht eine Pflichtwidrigkeit des Verwalters nicht festgestellt, war der Vorsitzende des Verwaltungsbeirats nicht zur Einberufung zuständig. Die in einer solchen Versammlung gefassten Beschlüsse sind folglich anfechtbar.[31]

22 Die pflichtwidrige Weigerung des Verwalters kann seine Abberufung aus wichtigem Grund und die Kündigung des Verwaltervertrages[32] rechtfertigen.

3. Einzelheiten

23 Liegt eine der in Abs. 3 genannten Voraussetzungen vor, kann der **Vorsitzende** des Verwaltungsbeirats oder sein **Vertreter** die WEVers einberufen. Eine Verpflichtung zur Einberufung besteht nicht.[33] Ist die Einberufung nach Ansicht eines oder mehrerer WEer notwendig, bleibt ihnen nur der Weg über das Einberufungsverlangen gem. § 24 Abs. 2 2. Alt (s. Rn 8 ff.). oder die Anrufung des Gerichts (vgl. Rn 24). Die Befugnis zur Einberufung besteht auch, wenn das zuständige Verwaltungsbeiratsmitglied kein WEer ist. In erster Linie ist der Vorsitzende des Verwaltungsbeirats zur Einberufung befugt. Wenn auch nach dem Wortlaut des § 24 Abs. 3 sowohl der Vorsitzende des Verwaltungsbeirats als auch sein Vertreter zur Einberufung befugt sind, wird man aus Gründen der Rechtssicherheit eine primäre Zuständigkeit des Vorsitzenden annehmen müssen und seinem Vertreter nur im Falle der Verhinderung des Vorsitzenden oder nach vorheriger Ermächtigung durch diesen zur Einberufung als befugt ansehen können.[34] Eine von sämtlichen Mitgliedern des Beirats unterzeichnete Einberufung einer WEVers entspricht § 24 Abs. 3, denn sie enthält notwendigerweise auch die Unterschrift des Mitgliedes, das Vorsitzender des Beirats ist oder bei einer Wahl zum Vorsitzenden gewählt worden wäre.[35] **Sonstige Mitglieder** des Beirats sind nicht zur Einberufung der WEVers berechtigt.[36]

IV. Die Einberufung durch einen Wohnungseigentümer

24 Das WEG regelt ausdrücklich kein Selbsthilferecht des einzelnen oder mehrerer WEer, wonach diese unter gewissen Voraussetzungen selbst zur Einberufung der WEVers befugt sind.[37] Eine eigenmächtige Einberufung durch einen oder mehrere WEer ist nicht zulässig. Eine **Ausnahme** hiervon ist nur zu machen, wenn die Einberufung einvernehmlich durch **alle WEer** erfolgt.[38] Mit der Rspr.[39] und hL[40] ist zudem eine Rechtsanalogie zu den §§ 37

[29] BayObLG WE 1992, 51 (52) = WuM 1991, 131 (133); vgl. auch BayObLG ZWE 2002, 526 (527) zur Weigerung, die Versammlung in den Schulferien einzuberufen.

[30] Weitnauer/*Lüke* § 24 Rn 5.

[31] Vgl. zu den Rechtsfolgen der Einberufung einer WEVers durch ein unzuständiges Organ unten Rn 25 ff.

[32] OLG Frankfurt OLGZ 1988, 43 (45).

[33] Palandt/*Bassenge* § 24 Rn 3; *Drasdo* S. 59 Rn 168 f.; aA AG Charlottenburg ZMR 2010, 76; *Kahlen* GE 1986, 298; Staudinger/*Bub* § 24 Rn 75.

[34] AA Staudinger/*Bub* § 24 Rn 69.

[35] OLG Zweibrücken, WE 1999, 191 (192); OLG Köln ZWE 2000, 488 = NJW-RR 2000, 1616.

[36] AG Siegburg ZMR 2007, 736 f.

[37] Anders bei anderen Personenverbänden, vgl. §§ 37 Abs. 2 BGB, 50 Abs. 3 GmbHG, 122 Abs. 3 AktG, 45 Abs. 3 GenG.

[38] OLG Köln NZM 2003, 810; OLGR Celle 2000, 251 (252) = MDR 2000, 1428.

[39] OLGR Frankfurt 2005, 95; OLG Köln NZM 2003, 810; BayObLG WuM 1990, 320; OLG Hamm ZMR 1997, 49 (50); KG NJW 1987, 386; AG Wangen ZWE 2008, 146; AG Gummersbach Rpfleger 2009, 305; aA AG Charlottenburg ZMR 2010, 76.

[40] Jennißen/*Elzer* § 24 Rn 33; *Röll*, FS für Schippel, S. 267 (269); aA Staudinger/*Bub* § 24 Rn 62.

Abs. 2 BGB, 122 Abs. 3 AktG, 45 Abs. 3 GenG zu befürworten. Dies hat zur Folge, dass die WEer, die das Verlangen nach Abs. 2 gestellt haben, zur Einberufung und Leitung der WEVers ermächtigt werden können. Der Anspruch auf Einberufung und Leitung der WEVers kann im Verfahren der FGG gegen die WEgem durchgesetzt werden; durch Beschluss können die antragstellenden WEer zur Einberufung und Leitung der WEVers ermächtigt werden. Hierfür besteht auch ein Rechtsschutzbedürfnis.[41] Auch im Wege einstweiligen Rechtsschutzes kann sich ein WEer zur Einberufung deiner WEVers ermächtigen lassen.[42] Zwar besteht auch die Möglichkeit, den Verwalter auf Klage eines WEers nach §§ 43 Nr. 3, 21 Abs. 4 zur Einberufung einer WEVers zu verurteilen. Die Einberufung durch den Verwalter kann dann gem. § 887 ZPO erzwungen werden, wobei auch eine Ermächtigung des klagenden WEers zur Einberufung der WEVers in Betracht kommt. Aber im Verhältnis zu einer solchen Ermächtigung erst im Vollstreckungswege ist die unmittelbare Ermächtigung der Minderheits-WEer zur Einberufung einer WEVers der einfachere Weg, so dass hierfür das Rechtsschutzbedürfnis zu bejahen ist. Das Gericht hat dabei lediglich zu prüfen, ob die vorgetragenen Gründe die Einberufung rechtfertigen, nicht dagegen, ob diese inhaltlich zutreffen. Die durch den Richter erteilte Ermächtigung wird durch die ordnungsgemäße Einberufung einer WEVers verbraucht.[43]

V. Die Einberufung durch eine unzuständige Person

Wird die WEVers von einer unzuständigen Person einberufen (z. B. WEer, früherer 25
Verwalter, Vorsitzender des Verwaltungsbeirats ohne die Voraussetzungen nach § 24 Abs. 3), so sind die in einer solchen Versammlung gefassten Beschlüsse nach hM wirksam, aber anfechtbar und können in Bestandskraft erwachsen.[44] Nach aA[45] soll die Einberufung durch einen Unbefugten bewirken, dass keine Versammlung der WEer iSd WEG besteht, in der wirksame Beschlüsse zustande kommen können, es sei denn die Einberufung erfolge durch eine Person, die die WEer für den Verwalter hielten. Gegen diese Auffassung spricht jedoch, dass eine Differenzierung nach den subjektiven, kaum verifizierbaren Vorstellungen der WEer die von § 23 Abs. 4 angestrebte Rechtssicherheit gefährden würde.[46] Die Wirksamkeit von Beschlüssen ist vielmehr nach objektiven Kriterien zu bestimmen. Auch die Rspr. des BGH zur Gesellschafterversammlung der GmbH, wonach ein Beschluss analog § 241 Nr. 1 AktG nichtig ist, wenn die Versammlung entgegen § 49 Abs. 1 GmbHG durch einen unbefugten Gesellschafter einberufen wurde,[47] kann nicht auf das WE-Recht übertragen werden. Denn für eine analoge Anwendung des § 241 Nr. 1 AktG ist – im Gegensatz zur GmbH – mangels einer Regelungslücke kein Raum, da im WE-Recht nach der abschließenden Regelung des § 23 Abs. 4 ein Beschluss nur dann nichtig ist, wenn er gegen zwingende Vorschriften verstößt.[48] Da die Regelungen über die Einberufung in § 24 Abs. 1 und 3 abdingbar sind, führt die unbefugte Einberufung der Versammlung durch einen unwirksam bestellten oder einen abberufenen Verwalter, durch den nicht berechtigten Verwaltungsbeiratsvorsitzenden oder durch einen unbefugten WEer grds. nur zur

---

[41] AA Staudinger/*Wenzel* § 43 Rn 50; differenzierend *Drasdo* S. 30 Rn 73.

[42] *Hügel/Elzer* NZM 2009, 457 (467); *Briesemeister* NZM 2009, 64 f.

[43] BayObLG WE 1991, 226.

[44] BayObLG WE 1991, 285; MDR 1982, 323; NJW-RR 1987, 204; ZWE 2002, 360 (361); offen lassend WE 1991, 170 (171); WE 1994, 343 (344) = WuM 1994, 227 (228); OLG Frankfurt/M. OLGZ 1985, 142 (143); KG NJW 1987, 386 (387); OLG Hamm OLGZ 1981, 24 (25); WE 1993, 24 (25); OLG Düsseldorf DWE 1989, 28 (29); OLG Köln WE 1996, 311 (312) = WuM 1996, 246 = DWE 1996, 77; AG Lahr WE 1993, 116 mit Anm. *Seuß; Drado* S. 29 Rn 72; *Röll,* FS für Schippel, S. 267 (271 f.).

[45] *Sauren* WEG § 24 Rn 6.

[46] Vgl. OLG Hamm WE 1993, 24 (25).

[47] BGHZ 87, 1 (2); vgl. Baumbach/Hueck/*Zöllner* Anh. § 47 Rn 20.

[48] So auch BayObLG WE 1991, 285 (286).

Anfechtbarkeit der in der Versammlung gefassten Beschlüsse (vgl. § 23 Rn 165).[49] Lediglich dann, wenn eine „Versammlung" durch einen beliebigen Dritten einberufen wird, liegt keine WEVers iSd WEG vor, in der rechtsverbindliche Beschlüsse der WEer gefasst werden können (vgl. § 23 Rn 115, 167). In beiden Fällen sind aber die in einer derartigen Versammlung gefassten Beschlüsse fehlerfrei, wenn sämtliche WEer die Einberufung durch die unzuständige Person genehmigt haben.[50]

26 Nicht anfechtbar sind Beschlüsse einer WEVers, die durch einen **Verwalter** einberufen wurde, dessen **Bestellung** zurzeit der Einberufung im Verfahren nach § 43 Nr. 4 zwar **angefochten** war, aber erst nach der Beschlussfassung in der Versammlung rechtskräftig für ungültig erklärt wird. Die rückwirkende Ungültigerklärung des Bestellungsbeschlusses führt nicht zum nachträglichen Verlust der Einberufungsbefugnis des zunächst wirksam bestellten Verwalters.[51]

27 Gegen die Einberufung einer WEvers durch eine unzuständige Person kann jeder WEer schon vor dem Versammlungstermin im Verfahren der einstweiligen Verfügung beantragen,[52] die Durchführung der WEVers zu untersagen.

28 Allein auf Grund der fehlenden Einberufungskompetenz können die Beschlüsse allerdings nicht für ungültig erklärt werden. Hinzukommen muss, dass der Einberufungsmangel für das Zustandekommen des Beschlusses kausal geworden ist. Die Kausalität fehlt, wenn feststeht, dass der betreffende Beschluss bei ordnungsgemäßer Einberufung ebenso gefasst worden wäre, womit die materielle Feststellungslast bei den WEern liegt, die den Beschluss gefasst haben.[53] Grds kann jeder WEer, unabhängig davon, ob er an der von einer unzuständigen Person einberufenen WEVers teilgenommen und in welcher Weise er sein Stimmrecht bei den Beschlussfassungen ausgeübt hat, auf Erklärung der Ungültigkeit der dort gefassten Beschlüsse klagen. Die Anfechtung kann aber im Einzelfall rechtsmissbräuchlich sein, wenn etwa der anfechtende WEer in Kenntnis der Unzuständigkeit der einberufenden Person gegen die zu Beginn der WEVers festgestellte ordnungsgemäße Einberufung und Beschlussfähigkeit keine Einwendungen erhoben hat.[54]

VI. Modalitäten der Einberufung

1. Der Inhalt der Einberufung

29 Die Einberufung zur WEVers muss zumindest den Tagungsort, die Anfangszeit der Versammlung und die Tagesordnung enthalten sowie die Person des Einberufenden erkennen lassen. Die Tagesordnung muss so formuliert werden, dass jeder WEer erkennen kann, über welche konkreten Angelegenheiten Beschlüsse gefasst werden sollen.[55] Fehlt eine Tagesordnung, so sind die in einer solchen WEVers gefassten Beschlüsse grds. anfechtbar (s. § 23 Rn 86). Die Einberufung braucht regelmäßig nicht den Hinweis auf eine Vertretungs-

[49] BayObLG WE 1991, 285 f.; OLG Hamm OLGZ 1992, 309 (311) = WE 1992, 314 = NJW-RR 1992, 722 (Ls); OLG Köln WE 1996, 311 (312) = WuM 1996, 246 = DWE 1996, 77.

[50] OLG Stuttgart NJW-RR 1986, 315 (316) zur Einberufung durch den ehemaligen Verwalter; vgl. auch § 24 Rn 52.

[51] BGH NJW 1997, 2106 (2107; ZMR 2007, 798 (799); vgl. § 26 Rn 236, § 23 Rn 168.

[52] Vgl. KG WE 1987, 18.

[53] OLG Hamm OLGZ 1992, 309 (312) = WE 1992, 314; BayObLG NJW-RR 1986, 813 f.; NJW-RR 1991, 531 (533); WuM 1992, 331 (332); ZWE 2002, 526 (527); OLG Köln WE 1996, 311 (312) = WuM 1996, 246 = DWE 1996, 77; zur Möglichkeit der Feststellung der Nichtursächlichkeit vgl. *Bassenge*, FS für Merle (2000), 17 (25 ff.); zur Kausalität des Einberufungsmangels vgl. § 23 Rn 170 ff.

[54] BayObLG WuM 1992, 331 (332); Staudinger/*Bub* § 24 Rn 94; *Fischer* ZfIR 2000, 325 (326); aA OLG Hamm 23. 4. 1991, 15 W 50/91.

[55] Zu den inhaltlichen Voraussetzungen der Tagesordnung, insbesondere der Bezeichnung von Beschlussgegenständen vgl. § 23 Rn 76 ff.

möglichkeit oder einen Stimmrechtsausschluss[56] zu enthalten. Erfolgt jedoch ein derartiger Hinweis, so muss die Regelung zur Vertretung oder zum Stimmrechtsausschluss zutreffend wiedergegeben werden (s. § 23 Rn 82); ein unrichtiger Hinweis kann jedoch nach fristgerechter Anfechtung allenfalls dann zur Ungültigerklärung der in der einberufenen Versammlung gefassten Beschlüsse führen, wenn sich der Hinweis auf die jeweiligen Beschlussergebnisse ausgewirkt hat (s. § 23 Rn 170).[57]

2. Die Form

Nach § 24 Abs. 4 Satz 1 erfolgt die Einberufung zur WEVers in **Textform.** Gem. 30 § 126 b BGB muss die Erklärung demnach in einer Urkunde oder in anderer zur dauerhaften Wiedergabe in Schriftzeichen geeigneten Weise abgegeben werden, die Person des Erklärenden genannt und der Abschluss der Erklärung erkennbar sein. Zulässig ist somit die Einberufung per Post, (Computer-)Fax, E-Mail oder SMS, soweit aus der übermittelten Erklärung die Person des Einberufenden – im Regelfall der Verwalter – z. B. durch Nennung im Text ersichtlich ist und ein Abschluss der Einberufung in geeigneter Weise – etwa mittels Grußformel oder Datierung – ersichtlich wird.[58] Anders als bisher[59] ist eine eigenhändige Unterschrift des Verwalters unter der Ladung nicht mehr erforderlich und das Versenden von Kopien statthaft. Da § 126 b BGB die geringsten Formanforderungen stellt, ist eine Einberufung, die die Voraussetzungen der strengeren Schriftform gem. § 126 BGB wahrt, jedoch weiterhin möglich. Die mit der Textform verbundenen Erleichterungen sollen nach dem Willen des Gesetzgebers den modernen Entwicklungen des Rechtsverkehrs in Anbetracht neuer Informationstechnologien Rechnung tragen.[60] Erfüllt die Einberufung nicht die in § 126 b BGB aufgestellten Voraussetzungen, ist sie nach § 125 S. 1 BGB formnichtig; eventuell gefasste Beschlüsse sind ggf. anfechtbar (vgl. § 23 Rn 169 f.).

Fraglich ist, ob für die Wirksamkeit der Einberufung ein **Zugang** des Ladungsschrei- 31 bens bei den WEern analog § 130 Abs. 1 BGB erforderlich ist. Bei der Ladung zur Gesellschafterversammlung einer GmbH wird nach ganz überwiegender Ansicht allein auf die ordnungsgemäße Aufgabe des Ladungsschreibens bei der Post abgestellt, ein Zugang dagegen für entbehrlich gehalten.[61] Demgegenüber ist bei der Ladung zur WEVers an dem Zugangserfordernis festzuhalten. Die unterschiedliche Behandlung rechtfertigt sich daraus, dass § 51 Abs. 1 GmbHG im Unterschied zu § 24 Abs. 4 die Ladung mittels eingeschriebenen Briefes zwingend vorschreibt, mithin ein Formerfordernis aufstellt, welches bereits eine erhöhte Gewähr für einen erfolgreichen Zugang mit sich bringt.[62] Entsprechendes muss aber auch für die Ladung zur WEVers gelten, wenn sie durch **eingeschriebenen Brief** erfolgt. Auch in diesem Fall genügt die Aufgabe des Einschreibens bei der Post.[63] In allen anderen Fällen ist hingegen der Zugang der Ladung analog § 130 Abs. 1 Satz 1 BGB bei jedem WEer erforderlich.[64] Steht ein **WE mehreren gemeinschaftlich** zu, so muss die Einberufung jedem einzelnen MitWEer zugehen.[65]

---

[56] AA AG Hannover ZMR 2009, 410 f.

[57] Offen lassend BayObLG NJW-RR 1998, 1164 = WE 1998, 274.

[58] Vgl. dazu *Mankowski* ZMR 2002, 481 (489).

[59] Die Textform wurde durch Gesetz vom 13. Juli 2001 zum 1. August 2001 eingeführt; vgl. BGBl. I 2001 S. 1542.

[60] BT-Drs 14/4987 S. 18 f.; *Bielefeld* DWE 2001, 95; *ders.* NZM 2001, 1121.

[61] Scholz/*K. Schmidt* § 51 Rn 15; Baumbach/Hueck/*Zöllner* § 51 Rn 3; BGHZ 100, 264 (267), jeweils unter Berufung auf RGZ 60, 144 ff.

[62] So zutreffend bereits RGZ 60, 144 (145 f.).

[63] Ebenso im Vereinsrecht: RGZ 60, 144; Staudinger/*Weick* § 32 BGB Rn 11; RGRK/*Steffen* § 32 BGB Rn 5; aA *Staudinger/Bub* § 24 Rn 57 a; Niedenführ/*Kümmel*/Vandenhouten § 24 Rn 35.

[64] *Bernhard/Bub* FD-MietR 2007, 241252; *Drasdo* S. 33 Rn 85; aA *Elzer* (ZMR 2009, 7, 8), der § 189 ZPO anwenden will.

[65] OLG Köln WE 1989, 30; *Ziege* NJW 1973, 2185 (2186); aA *Bärmann*, WE, Rn 481.

Dies ergibt sich schon daraus, dass jeder MitWEer teilnahmeberechtigt ist und unabhängig von den anderen MitWEern von seinem Rede- und Antragsrecht Gebrauch machen darf (vgl. Rn 59). Nur hinsichtlich der Stimmabgabe sind die MitWEer als eine Person zu behandeln, indem sie gem. § 25 Abs. 2 Satz 2 ihr Stimmrecht nur einheitlich ausüben können. Der Zugang der Einberufung bei nur einem MitWEer ist nur dann ausreichend, wenn dieser von den anderen MitWEern bevollmächtigt ist. Erfolgt die **Einberufung** zur Versammlung mittels (Computer-) **Fax** oder **E-Mail,** werden also die mit der Textform verbundenen Erleichterungen nach § 126b BGB genutzt, geht die Erklärung dem Empfänger jedoch nur dann zu, wenn er sich mit dieser Form der Übermittlung, etwa durch Mitteilung seiner Faxnummer oder E-Mail-Adresse, einverstanden erklärt hat. Anderenfalls kann der Ladende nicht davon ausgehen, dass es sich bei Faxgerät bzw. Mailbox um Einrichtungen des WEers handelt, die dieser für den Empfang von rechtserheblichen Erklärungen bereithält.[66]

32 Die WEer können vereinbaren, dass der **Zugang** unter bestimmten Voraussetzungen **fingiert** wird. So ist etwa eine Vereinbarung wirksam, wonach die Ladung als zugegangen gilt, wenn sie vom Verwalter ordnungsgemäß an die ihm vom WEer zuletzt genannte Adresse abgesandt wurde.[67] Durch Beschluss kann diese Regelung hingegen nicht eingeführt werden; es fehlt insoweit die Beschlusskompetenz.[68] Ist eine solche Regelung als formularmäßige Klausel im Verwaltervertrag enthalten, ist sie gem. § 308 Nr. 6 BGB unwirksam, da sie eine Zugangsfiktion enthält.[69] Wirksam ist eine Vereinbarung, wonach für die Ordnungsmäßigkeit der Einladung der Nachweis der rechtzeitigen Absendung ausreichend ist.[70] Ein WEer, dem eine Ladung nicht zugeht, weil er trotz Wohnsitzwechsels seine neue Anschrift dem Verwalter nicht mitgeteilt hat, kann sich nicht auf den fehlenden Zugang der Ladung berufen. Denn wer als Partei eines Rechtsverhältnisses, wie dem Gemeinschaftsverhältnis der WEer untereinander, mit dem Zugang von Willenserklärungen und Ladungen rechnen muss, hat die Obliegenheit, im Falle eines Wechsels des Wohnsitzes seine neue Anschrift den übrigen Beteiligten, vertreten durch den Verwalter, mitzuteilen.[71]

3. Die Einberufungsfrist (Abs. 4 S. 2)

33 Nach Abs. 4 Satz 2 soll die Frist der Einberufung, sofern nicht ein Fall besonderer Dringlichkeit vorliegt, mindestens zwei Wochen betragen. Es handelt sich dabei um eine Sollvorschrift; sie bezweckt, das Teilnahmerecht eines jeden WEers sicherzustellen. Wird die Frist nicht eingehalten, kann eine Ungültigerklärung der in einer solchen Versammlung gefassten Beschlüsse gem. § 43 Nr. 4 **allein** aus diesem Grunde nicht erfolgen.[72] Ist der Mangel ursächlich für die Beschlussfassung, ist der Beschluss auf Anfechtung für ungültig zu erklären, es sei denn, es steht fest, dass er auch ohne den Mangel ebenso gefasst worden wäre.[73] Beachtet der Verwalter die Frist nicht, kann er sich aber dennoch schadensersatz-

[66] Vgl. MünchKomm-*Einsele,* § 130 Rn 18 für eine E-Mailbox; Palandt/*Heinrichs* § 126b Rn 3 für beide Fälle.

[67] Staudinger/*Bub* § 24 Rn 17a; *Belz,* Handbuch, Rn 193; *Sauren,* WEG § 24 Rn 16; *Augustin* § 24 Rn 3; *Wangemann/Drasdo* Rn 73; vgl. auch *Prüfer,* Diss., S. 72ff., der einer solchen Vereinbarung jedoch nur deklaratorischen Charakter zumisst; aA LG Magdeburg MittBayNot 1996, 421 = Rpfleger 1997, 108 mit ablehnender Anm. *Röll.*

[68] *Merle* ZWE 2001, 196f.

[69] KG ZMR 2008, 476 (477); BayObLG WuM 1991, 312 (313); zustimmend Staudinger/*Bub* § 24 Rn 17a.

[70] OLG Hamm ZMR 2009, 217 (218).

[71] Vgl. RGZ 58, 406 (409); *Merle* ZWE 2001, 196f.

[72] BGH WuM 2002, 277 (281); OLG Hamm ZMR 2007, 984 (986); OLG Düsseldorf ZWE 2002, 590 (591); AG Hannover DWE 1978, 58; vgl. *Drabek* ZWE 2000, 395 (398).

[73] AG Hannover ZMR 2007, 404; vgl. § 23 Rn 170.

pflichtig machen.[74] Das dem Verwalter bei der Frist eingeräumte Ermessen ist gerichtlich nachprüfbar,[75] insbesondere daraufhin, ob die Abkürzung der Frist durch die Dringlichkeit der Maßnahme gerechtfertigt war und ob durch die Fristverkürzung ein WEer an der Ausübung seines Stimmrechts behindert worden ist.

Den WEern können gem. § 10 Abs. 2 Satz 2 eine verbindliche Einberufungsfrist, auch eine kürzere als in Absatz 4 Satz 2 geregelt, **vereinbaren;**[76] im Verwaltervertrag kann eine solche Regelung nicht getroffen werden.[77] Vor der Reform vereinbarte kürzere Ladungsfristen gelten weiter.[78] Allerdings sollte die Frist mindestens 2 Wochen betragen, um möglichst allen WEern die Gelegenheit zu geben, ihre Termine danach einzurichten. Dies ist insbesondere dann sinnvoll, wenn die WEer nur die Rolle von Anlegern haben und nicht am Ort wohnen. Wird eine vereinbarte Einberufungsfrist nicht eingehalten, hat dies grds. die Anfechtbarkeit der in einer solchen Versammlung gefassten Beschlüsse zur Folge (vgl. § 23 Rn 169). Etwas anderes gilt aber dann, wenn feststeht, dass der Einberufungsmangel auf die Beschlüsse keine Auswirkungen hatte.[79] 34

Mangels einer abweichenden Vereinbarung ist für den **Beginn der Einberufungsfrist** der Tag maßgebend, an dem die schriftliche Einberufung dem WEer entspr. § 130 BGB zugeht.[80] Soweit teilweise unter Berufung auf § 51 GmbHG auf den Tag abgestellt wird, an dem mit einem Zugang des Schreibens normalerweise gerechnet werden kann,[81] ist dem nur für den Fall zuzustimmen, dass die Einberufung durch eingeschriebenen Brief erfolgt, da nur insoweit eine dem § 51 GmbHG vergleichbare Interessenlage besteht.[82] 35

Die **Berechnung** der Frist bestimmt sich nach den §§ 186 ff. BGB. Danach beginnt die Frist mit dem Tag, der auf den Tag des fristauslösenden Ereignisses folgt (§ 187 Abs. 1 BGB). Die Zwei-Wochenfrist endet mit Ablauf desjenigen Tages, der durch seine Benennung dem Tag entspricht, an dem das fristauslösende Ereignis stattfand (§ 188 Abs. 2 BGB).[83] Ist der die Frist auslösende Tag etwa ein Montag, so soll die Versammlung frühestens am Dienstag der übernächsten Woche stattfinden. Fällt das Ende der Frist auf einen Sonnabend, Sonntag oder einen gesetzlichen Feiertag, so findet § 193 BGB keine Anwendung, der den nächsten Werktag als Fristende bestimmt. Da innerhalb der Einberufungsfrist seitens der WEer weder eine Willenserklärung abzugeben noch eine Leistung zu bewirken ist, gilt die Vorschrift bereits ihrem Wortlaut nach nicht. Da es sich bei der Einberufungsfrist lediglich um eine Überlegungsfrist handelt, kommt auch eine entsprechende Anwendung nicht in Betracht.[84] Zur Frage, ob dagegen die Versammlung selbst am Wochenende oder an einem Feiertag stattfinden kann, siehe Rn 51. 36

4. Die Tagesordnung

Das Recht und die Pflicht, die Tagesordnung zu erstellen, korrespondiert mit der Befugnis, die WEVers einzuberufen. Dies ergibt sich schon daraus, dass eine ordnungsgemäße Einberufung immer eine Tagesordnung enthalten muss. Im Regelfall ist folglich der **Verwalter** zur Erstellung der Tagesordnung berechtigt und verpflichtet. Über die Aufnahme 37

---

[74] Vgl. dazu § 27 Rn 290 ff.

[75] OLG Frankfurt/M. OLGZ 1982, 418.

[76] BayObLG WuM 2005, 148; WE 1991, 261 (262); OLG Dresden ZMR 2009, 301.

[77] OLG Dresden ZMR 2009, 301.

[78] *Hügel/Elzer* NZM 2009, 457 (467).

[79] BayObLG WE 1991, 261 (262); JR 1986, 247 (248); OLG Hamm ZWE 2001, 560 (561) = NZM 2001, 1086.

[80] Offen gelassen OLG Hamm ZMR 2007, 984 f.; Staudinger/*Bub* § 24 Rn 82.

[81] Vgl. BGHZ 100, 264 zum GmbH-Recht.

[82] Ebenso *Drasdo* S. 34 Rn 89; vgl. Rn 30.

[83] OLG Hamm ZMR 2007, 984 (985).

[84] So auch Baumbach/Hueck/*Zöllner* § 51 Rn 18; aA Scholz/*K. Schmidt,* GmbHG § 51 Rn 14 jeweils zu § 51 Abs. 1 Satz 2 GmbHG.

von bestimmten Tagesordnungspunkten entscheidet der Verwalter nach pflichtgemäßem Ermessen. Dabei muss er insbesondere berücksichtigen, dass nach § 23 Abs. 2 die genaue Bezeichnung des Beschlussgegenstandes für die Wirksamkeit eines Beschlusses Voraussetzung ist.[85] Unter dem Tagesordnungspunkt „Sonstiges" können nur Beschlüsse über Angelegenheiten von untergeordneter Bedeutung gefasst werden.[86] Erfährt ein WEer auf andere Weise als durch die Einberufung, worüber unter dem Tagesordnungspunkt „Sonstiges" abgestimmt werden soll, verliert er dadurch nicht sein Anfechtungsrecht.[87] Jeder Einzelne **WEer** kann gem. § 21 Abs. 4 – unabhängig von dem Quorum nach § 24 Abs. 2 – die Aufnahme bestimmter Tagesordnungspunkte vom Verwalter verlangen, wenn die Behandlung dieses Punktes ordnungsgemäßer Verwaltung entspricht.[88] Weigert sich der Verwalter pflichtwidrig, d. h. obwohl eine ordnungsgemäße Verwaltung die Aufnahme des Punktes erfordert, kann der Vorsitzende des **Verwaltungsbeirats** analog § 24 Abs. 3 die Tagesordnung gestalten. Ggf kann der Verwalter vom Gericht zur Aufnahme bestimmter Punkte in die Tagesordnung verurteilt werden; die Entscheidung kann nach § 887 ZPO vollstreckt werden. Auch kommt eine einstweilige Verfügung in betracht. Unter den Voraussetzungen des § 24 Abs. 3 steht auch dem Vorsitzenden des Verwaltungsbeirats oder seinem Vertreter das Recht zu, bestimmte Punkte auf die Tagesordnung zu setzen.[89] Dazu genügt aber nicht ein Schreiben an den Verwalter; vielmehr ist die Ergänzung der Tagesordnung durch den Verwaltungsbeirat an alle WEer zu versenden.

38 Wird die WEVers gem. § 24 Abs. 3 von dem Vorsitzenden des Verwaltungsbeirats, seinem Vertreter oder im Falle der gerichtlichen Ermächtigung[90] von einem WEer einberufen, so sind diese Personen zur Erstellung der Tagesordnung berechtigt und verpflichtet.[91]

5. Der Kreis der zu Ladenden

39 Zur WEVers müssen in jedem Fall alle WEer geladen werden. Wird ein WEer nicht geladen und nimmt er deshalb nicht an der WEVers teil, so sind die dort gefassten Beschlüsse nach hM nicht nichtig, sondern lediglich anfechtbar,[92] es sei denn, die Nichteinladung erfolgte vorsätzlich.[92a]

40 Zu laden sind regelmäßig die Personen, die **im Grundbuch als WEer eingetragen** sind.[93] Ein WEer ist auch dann zu laden, wenn er hinsichtlich aller Tagesordnungspunkte von der Ausübung des Stimmrechts nach § 25 Abs. 5 ausgeschlossen ist, da ihm gleichwohl das Recht zusteht, sich an der Aussprache zu beteiligen und ggf. Anträge zu stellen.[94] Ist das Grundbuch unrichtig und ist dies dem einberufenden Verwalter bekannt, so hat er den wirklichen WEer zu laden. Ist dieser nicht bekannt, wird sich der nicht eingetragene WEer

[85] Vgl. dazu § 23 Rn 76 ff.

[86] OLG Hamm WE 1993, 111 (112 f.); BayObLG NJW-RR 1990, 1784 (1785); WuM 1985, 101; OLG Stuttgart NJW 1974, 2137; *Kahlen* GE 1986, 298.

[87] OLG Hamm WE 1993, 111 (112 f.).

[88] OLG Frankfurt ZWE 2009, 43 (47) = NZM 2009,34 (35); BayObLGZ 1988, 287 = WE 1989, 175 (176); WE 1992, 234 (235); OLG Düsseldorf WE 1994, 375 (376); *Merle,* Verwalter, S. 29; Staudinger/*Bub* § 24 Rn 43 a. E., § 21 Rn 109; aA LG Hamburg NJW 1962, 1867 (1868); BayObLG MDR 1970, 507; OLG Düsseldorf DWE 1986, 23 = NJW-RR 1986, 96; vgl. hierzu ausführlich § 23 Rn 84.

[89] OLG Düsseldorf DWE 1986, 23 = NJW-RR 1986, 96.

[90] Vgl. Rn 24.

[91] Vgl. *Merle,* Verwalter, S. 29.

[92] BGH NJW 1999, 3713; OLG Celle ZWE 2002, 276 (277); OLG München ZMR 2006, 325 (326); OLG Düsseldorf NJW-RR 1995, 464 (465) = WE 1995, 123 (124); WE 1998, 157; kritisch dazu § 23 Rn 172.

[92a] OLG Celle ZWE 2002, 132 f.; 2002, 276 f.; AG München ZMR 2010, 325 (326).

[93] OLG Hamm ZMR 2007, 712 (713); BayObLG NZM 2002, 616.

[94] Staudinger/*Bub* § 24 Rn 57; *Drasdo* S. 41 Rn 114.

die an den Scheineigentümer ergangene Ladung entspr. § 893 BGB zurechnen lassen müssen, so dass allein die fehlende Ladung ihn nicht zur Anfechtung berechtigt.

Steht das WE mehreren gemeinschaftlich iSd § 25 Abs. 2 Satz 2 zu, sind sämtliche **Mitberechtigte** zu laden.[95] 41

Bei einer **werdenden WEgem** sind die sog. Ersterwerber zu laden, welche die WEgem faktisch in Vollzug gesetzt haben,[96] nicht der im Grundbuch noch eingetragene Bauträger. Davon zu unterscheiden ist die Veräußerung eines bereits bestehenden WEs (Zweiterwerb). Hier kommt dem werdenden WEer bis zur erfolgten Umschreibung kein eigenes Stimmrecht zu, weshalb er auch nicht zur WEVers zu laden ist.[97] 42

Besteht an dem WE ein **Nießbrauch,** ein **Wohnungsrecht** iSd § 1093 BGB oder ein **Dauerwohnrecht** iSd § 31, sind neben dem WEer die dinglich berechtigten Personen nicht zu laden.[98] 43

Steht das WE unter Zwangsverwaltung, so nimmt der **Zwangsverwalter** alle Rechte und Pflichten des WEers wahr mit der Folge, dass er zur WEVers neben dem WEer geladen werden muss.[99] Gleiches gilt für den **Insolvenzverwalter,** wenn das WE zur Insolvenzmasse gehört, da während des Insolvenzverfahrens der Insolvenzverwalter die Rechte und Pflichten des WEers wahrnimmt (vgl. § 80 Abs. 1 InsO).[100] 44

Die **Mitglieder des Verwaltungsbeirats** sind, sofern sie WEer sind, schon in dieser Eigenschaft zu laden. Möglich ist es aber auch, Dritte zum Mitglied des Verwaltungsbeirates zu bestellen.[101] Fraglich ist dann, ob diese Personen allein wegen ihrer Eigenschaft als Verwaltungsbeiratsmitglieder zu laden sind. Nach der Ansicht des BayObLG[102] ist die Teilnahme an der WEVers für die ordnungsgemäße Wahrnehmung der Aufgaben als Mitglied des Verwaltungsbeirats nicht zwingend erforderlich. Dem kann insbesondere im Hinblick auf die Pflicht des Vorsitzenden des Verwaltungsbeirats bzw. des Vertreters zur Unterzeichnung der Niederschrift gem. § 24 Abs. 6 nicht gefolgt werden. Durch die Unterschrift wird schließlich bestätigt, dass die Niederschrift die gefassten Beschlüsse richtig wiedergibt. Pflichtgemäß kann diese Aufgabe nur bei Teilnahme an der Versammlung wahrgenommen werden. Aber auch für die anderen Aufgaben des Verwaltungsbeirats kann die Teilnahme an der WEVers im Einzelfall erforderlich sein. Es sind daher auch grds. die Mitglieder des Verwaltungsbeirats zur WEVers zu laden, die nicht WEer sind, zumindest wenn deren Aufgabenbereich betroffen sein kann.[103] Zu folgen ist dem BayObLG[104] aber darin, dass die fehlende Ladung eines Verwaltungsbeiratsmitglieds, das nicht WEer ist, nicht zur Anfechtbarkeit der in der WEvers gefassten Beschlüsse führt. 45

Ein **abberufener Verwalter** braucht zu einer Versammlung auch dann nicht geladen zu werden, wenn in der Versammlung seine Abberufung bestätigt werden soll; mit Zugang der Erklärung der Abberufung auf Grund des entsprechenden Beschlusses stehen ihm keine Verwaltungsbefugnisse mehr zu, die eine Teilnahme an der Versammlung rechtfertigen.[105] 46

---

[95] Niedenführ/*Kümmel*/Vandenhouten § 24 Rn 32; s. o. Rn 30.

[96] BGH ZMR 2008, 805; OLG Hamm ZMR 2007, 712 (713); *Elzer* ZMR 2009, 7 (9).

[97] BGHZ 106, 113 (118 ff.) = NJW 1989, 1087 (1089) = WE 1989, 48 (49).

[98] Vgl. BGH ZWE 2002, 260 (261); aA KG WE 1987, 126 (131); *Schöner* DNotZ 1975, 78 (86); vgl. zur Problematik des Stimmrechts § 25 Rn 13 ff.

[99] OLG Hamm DWE 1987, 54 (55); KG NJW-RR 1987, 77 (78); Staudinger/*Bub* § 24 Rn 57; *Wangemann/Drasdo* Rn 101, vgl. hierzu § 25 Rn 22.

[100] KG WE 1989, 28 (29); *Müller* ZWE 2000, 237 (240).

[101] Vgl. BayObLG NJW-RR 1988, 270 mwN; *Kümmel,* ZWE 2001, 52 (54); aA BayObLG WE 1992, 206, wonach Dritte nur noch zum Verwaltungsbeirat bestellt werden können, wenn dies die GemO vorsieht. Siehe dazu § 29 Rn 14.

[102] BayObLG NJW-RR 1988, 270.

[103] So auch OLG Hamm ZMR 2007, 133 (135); aA BayObLG WE 1988, 99.

[104] BayObLG NJW-RR 1988, 270.

[105] OLG Hamm NZM 1999, 229 (230) = WE 1999, 231 (232).

47 Bei **Mehrhausanlagen** können getrennte Versammlungen von WEern einzelner Häuser innerhalb der Gesamtanlage durchgeführt werden, wenn es sich um Angelegenheiten handelt, die **ausschließlich** die WEer eines oder mehrerer Häuser betreffen.[106] Es sind dann nur die betroffenen WEer zu laden und auch nur diese haben das Stimmrecht (vgl. § 25 Rn 92). Im Übrigen gelten die für die Einberufung einer WEVers maßgebenden Vorschriften auch für eine solche Teilversammlung.

6. Ort und Zeit der Versammlung

48 Das WEG enthält bzgl. der Modalitäten – insbesondere Ort und Zeit – der WEVers keine Bestimmungen.[107] Soweit die GemO keine Regelung vorsieht, steht es der zur Einberufung zuständigen Person zu, nach pflichtgemäßem Ermessen über die Modalitäten zu entscheiden.[108] Die pflichtgemäße Ausübung des Ermessens ist gerichtlich überprüfbar.[109]

49 **a) Der Ort der Versammlung.** Bei der Wahl eines geeigneten Versammlungsortes ist sowohl die Lage als auch die Beschaffenheit der Räumlichkeiten zu berücksichtigen.[110] Mangels gegenteiliger Vereinbarung soll auf den Leistungsort der dem Verwalter obliegenden Verbindlichkeit abzustellen sein.[111] Leistungsort (§ 269 BGB) und damit auch Versammlungsort sei daher stets die Wohnungseigentumsanlage selbst. Dagegen kommt es nach dem OLG Frankfurt/M.[112] für die Wahl des Versammlungsortes lediglich darauf an, ob dadurch den WEern die Teilnahme nicht erschwert oder sonst unzumutbar gemacht wird. Dem ist zuzustimmen. Die Ermessensgrenzen bei der Wahl des Ortes ergeben sich aus der Funktion der WEVers als Ort der gemeinsamen Willensbildung. Sofern die Teilnahme an der gemeinsamen Willensbildung nicht unzumutbar erschwert wird, kann der Einberufende nach seinem Ermessen über den Versammlungsort entscheiden. Der Versammlungsort braucht daher nicht am Ort der Anlage zu sein.[113] Der Versammlungsort sollte aber, auch bei einem hohen Anteil auswärtiger WEer, immer noch einen räumlichen Bezug zur Wohnanlage aufweisen.[114] Ein Versammlungsort, der zwar für 80% der WEer gut erreichbar ist, sich aber nicht im näheren Umkreis der Wohnanlage befindet, ist daher nicht zumutbar.[115] Das Interesse der in der Anlage wohnenden Eigentümer ist ggü. den WEern, die nur als Anleger auftreten, regelmäßig stärker zu berücksichtigen.[116] Ist in der Wohnungseigentumsanlage ein geeigneter Raum für die WEvers vorhanden, so sollte dieser, schon um die dann unnötigen Kosten für die Anmietung eines anderen Raumes zu vermeiden, als Versammlungsort bestimmt werden.

50 Der Versammlungsort muss weiterhin so beschaffen sein, dass die **ordnungsgemäße Durchführung** der WEVers gewährleistet ist. Insbesondere muss gewährleistet sein, dass die WEVers nicht-öffentlich und frei von akustischen Beeinträchtigungen durchgeführt

---

[106] OLG München ZMR 2007, 391 (392); LG Köln ZWE 2010, 191.

[107] Vgl. *Drasdo* S. 35 Rn 94 ff.; zur Möglichkeit einer „virtuellen Versammlung" *Mankowski* ZMR 2002, 246; *Huff,* FS Deckert, S. 173.

[108] Ausführlich zu Ort und Zeit der WEVers *Huff* WE 1988, 51 ff.

[109] OLG Frankfurt OLGZ 1982, 418; Staudinger/*Bub* § 24 Rn 44, 47; *Müller* PiG 25, 23 (38).

[110] *Drasdo* S. 35 Rn 95.

[111] AG Charlottenburg NJW-RR 1987, 1162 f.; bestätigt durch LG Berlin DWE 1987, 360 (Ls).

[112] OLG Frankfurt/M. OLGZ 1984, 333; OLG Hamm WE 1992, 136 (137); ZWE 2001, 560 (561) = NZM 2001, 1086.

[113] OLG Frankfurt/M. OLGZ 1984, 333; OLG Düsseldorf DWE 1990, 116.

[114] AG Strausberg ZWE 2009, 183 (186); *Huff* WE 1988, 51.

[115] OLG Köln WE 1990, 171; NJW-RR 1991, 725; AG Hannover ZMR 2007, 315 f.

[116] Zu weitgehend aber Staudinger/*Bub* § 24 Rn 45: Der Wohnsitz der nicht in der Anlage wohnenden WEer bleibt unberücksichtigt.

werden kann.[117] Hat die WEVers nur eine kurze Tagesordnung, können an die Geeignetheit des Versammlungsortes geringere Anforderungen gestellt werden, so dass die Versammlung auch in der Waschküche[118] oder im Kellerflur[119] stattfinden kann. Gewährleistet der Versammlungsort keinen geordneten Ablauf der Versammlung, so hat dies nicht die Nichtigkeit der in der Versammlung gefassten Beschlüsse, sondern lediglich deren Anfechtbarkeit zur Folge (s. § 23 Rn 173 f.).[120]

b) Der Zeitpunkt der Versammlung. Den Zeitpunkt der WEVers hat der Einberufende nach pflichtgemäßem Ermessen unter Abwägung der Belange aller WEer zu bestimmen.[121] WEVers können an **Werk-** und an **Sonn- und Feiertagen** stattfinden,[122] auch an einem Samstag um 20 Uhr nach einem Feiertag.[123] WEVers in Ferienzeiten sind zulässig, es ist aber auf WEer mit schulpflichtigen Kindern Rücksicht zu nehmen.[124] Die Zeit muss verkehrsüblich und zumutbar sein, um allen WEern die Teilnahme zu ermöglichen und nicht zu erschweren, wobei auf die Bedürfnisse **Berufstätiger,** WEVers möglichst außerhalb der üblichen Dienstzeiten anzusetzen, Rücksicht zu nehmen ist.[125] Die Anberaumung einer WEVers **vor 18 Uhr** kann aber interessengerecht sein, etwa bei weiten Anfahrtswegen auswärtiger WEer oder bei voraussichtlich mehrstündiger Dauer der WEVers.[126] An Sonn- und Feiertagen hat die Wahl des Zeitpunktes unter Berücksichtigung der Art. 4, 140 GG, 139 WRV und der öffentlichen Bestimmungen zum Schutze der Feiertage zu erfolgen.[127] Insbesondere ist den WEern Gelegenheit zu geben, ihrem Recht auf **Religionsausübung** nachzugehen. Als Richtlinie sollte die Versammlung an Sonn- und Feiertagen daher nicht vor 11.00 Uhr anberaumt werden.[128] Als unzumutbar wurde deshalb angesehen der Vormittag des Karfreitags,[129] zumindest wenn dadurch die Teilnahme am Gottesdienst gestört wird[130] und der Karfreitag Nachmittag.[131] 51

7. Die Universal- oder Vollversammlung

Aus der Abdingbarkeit der für die Einberufung geltenden Regelungen folgt die Möglichkeit, auch außerhalb einer sich durch Einberufung konstituierten Versammlung wirksame Beschlüsse zu fassen, etwa anlässlich eines zufälligen Zusammentreffens der WEer.[132] Voraussetzung ist die Anwesenheit sämtlicher WEer (Voll- oder Universalversammlung) sowie das ausdrücklich oder konkludent erklärte Einverständnis aller, dass unter Verzicht auf eine 52

---

[117] Vgl. dazu OLG Hamm OLGZ 1990, 57 (58, 60) = WE 1990, 97; KG NJW-RR 1997, 1171 = WE 1998, 31; OLG Köln WuM 1999, 297 (298); OLG Frankfurt/M WuM 1996, 177 (178) m. Anm. *Drasdo* WuM 1996, 135 zur Versammlung im offenen Gastraum einer Gaststätte.

[118] OLG Düsseldorf WuM 1993, 305 = DWE 1993, 99.

[119] OLG Hamm WE 1992, 136 (137).

[120] BayObLG NJW-RR 1998, 1164 = WE 1998, 274; KG NJW-RR 1997, 1171 = WE 1998, 31.

[121] OLG Köln ZMR 2005, 77; *Drasdo* S. 39 Rn 104 ff.; *Gottschalg* NZM 2009, 529 f.

[122] OLG Stuttgart NJW-RR 1986, 315 f.; OLG Schleswig NJW-RR 1987, 1362 = WE 1988, 59.

[123] OLG Zweibrücken WE 1994, 146.

[124] AG Dorsten NZM 2008, 778 f.; vgl. *Gottschalg* NZM 2009, 529 f.

[125] OLG Köln ZMR 2005, 77; OLG Frankfurt OLGZ 1982, 418; OLG Zweibrücken WE 1994, 146.

[126] Vgl. OLG Köln ZMR 2005, 77; AG Dorsten NZM 2008, 779; abweichend AG Köln ZMR 2004, 546; vgl. auch *Häublein* ZMR 2004, 723 (727).

[127] BayObLGZ 1987, 219 (221) = WE 1988, 32; NJW-RR 1987, 1362 (1363).

[128] BayObLGZ 1987, 219 (221) = WE 1988, 32; so auch OLG Stuttgart NJW-RR 1986, 315 (316).

[129] LG Lübeck NJW-RR 1986, 313.

[130] OLG Schleswig NJW-RR 1987, 1363.

[131] OLG Schleswig DWE 1989, 143.

[132] Staudinger/*Bub* § 24 Rn 12; *Drasdo* S. 84 Rn 239 f.

förmliche Einberufung Beschlüsse gefasst werden sollen.[133] Ein konkludentes Einverständnis ist in der rügelosen Teilnahme an der Versammlung und an der jeweiligen Abstimmung zu sehen.[134] Sind in einer Spontanversammlung nicht alle WEer anwesend oder verweigert auch nur ein WEer sein Einverständnis, sind gleichwohl gefasste Beschlüsse nicht nur anfechtbar, sondern nichtig, da in diesen Fällen schon begrifflich keine WEvers vorliegt, in welcher gem. § 23 Abs. 4 zwar fehlerhafte aber vorbehaltlich einer Anfechtung wirksame Beschlüsse gefasst werden können.[135]

53 Unter denselben Voraussetzungen, unter denen die WEer in einer Vollversammlung auf eine Einberufung völlig verzichten können, ist es ihnen auch möglich, sich einvernehmlich über **einzelne Einberufungsmängel** hinwegzusetzen.[136] Anders als bei einem völligen Fehlen der Einberufung, sind Einberufungsmängel aber nicht ohne weiteres für die WEer als solche erkennbar. Insofern kann nicht schon in der bloßen Teilnahme an der Versammlung und an der Abstimmung ein **konkludenter Verzicht** auf die Einhaltung bestimmter Einberufungserfordernisse gesehen werden. Erforderlich ist vielmehr, dass sich die WEer gerade in Kenntnis des Einberufungsmangels an der Abstimmung beteiligen. Zu weitgehend ist es aber, wenn das BayObLG[137] bei der unterbliebenen Ankündigung eines Tagesordnungspunktes einen besonderen Nachweis darüber fordert, dass sich die WEer in Kenntnis des § 23 Abs. 2 an der Abstimmung beteiligt haben. Die fehlende Ankündigung eines Tagesordnungspunktes ist ebenso wie das völlige Fehlen einer Einberufung für den WEer erkennbar, so dass auch hier bereits die rügelose Teilnahme an der Abstimmung seinem objektiven Erklärungswert nach nur als Verzicht auf eine formell ordnungsgemäße Ankündigung anzusehen ist; ein weitergehender Nachweis hinsichtlich des Verzichtswillens ist nicht erforderlich.[138] Auch bei übrigen Einberufungsmängeln wird man darauf abstellen müssen, ob diese für die WEer offenkundig waren. In jedem Fall ist es empfehlenswert, vor der Abstimmung einen rechtzeitig erkannten Einberufungsmangel zu bezeichnen und ein ausdrückliches Einverständnis aller WEer einzuholen. Liegen bei bloßen Einberufungsmängeln die Voraussetzungen eines Verzichts aller WEer nicht vor, sind die gefassten Beschlüsse nicht nichtig, sondern allenfalls anfechtbar.[139]

VII. Die Durchführung der Versammlung

1. Der Vorsitz

54 Der Verwalter führt nach Abs. 5 den Vorsitz in der WEvers, sofern diese nicht in der GemO etwas anderes vereinbart haben oder in der Versammlung beschließen. In der GemO können die WEer von vornherein eine andere Person als den Verwalter zum Vorsitzenden bestellen. Für einen abweichenden Beschluss genügt entspr. § 25 Abs. 1 die einfache Mehrheit. Die Wahl eines anderen Versammlungsvorsitzenden braucht nicht in der Tagesordnung angekündigt zu werden, da § 24 Abs. 5 dies bereits vorsieht.[140] Die Wahl des Vorsitzenden ist nicht selbstständig anfechtbar.[141] Der für den

---

[133] OLG Stuttgart ZMR 1989, 468 (469).

[134] Staudinger/*Bub* § 24 Rn 12.

[135] OLG Hamm WE 1993, 24 (25).

[136] KG OLGZ 1974, 399 (401); OLG Hamm OLGZ 1979, 296 (300); BayObLG WE 1988, 67 (unterbliebene Ankündigung eines Tagesordnungspunktes); BayObLG ZMR 1997, 93 = WuM 1997, 9 (Einberufung durch den Notverwalter, dessen gerichtliche Bestellung noch nicht rechtskräftig ist); KG WE 1993, 221 (Einberufung durch den früheren Verwalter); vgl. *Drado S.* 84 Rn 240 f.

[137] BayObLG WE 1988, 67.

[138] Im Ergebnis ebenso Staudinger/*Bub* § 24 Rn 12; s. a. *Drasdo* S. 85 Rn 241.

[139] Vgl. hierzu im Einzelnen § 23 Rn 164 ff.

[140] BayObLG NJW 1965, 821 (822); *Bub* WE 1987, 68 (69).

[141] BayObLGZ 1965, 34 (45).

Versammlungsvorsitz kandidierende WEer ist bei seiner Wahl zum Vorsitzenden nicht entspr. § 25 Abs. 5 1. Fall von seinem Stimmrecht ausgeschlossen, da kein vergleichbarer Interessenkonflikt vorliegt.[142] Können sich die WEer nicht auf einen Vorsitzenden einigen und wird die Versammlung dann völlig ungeordnet durch gespaltenen, gegeneinander arbeitenden Vorsitz geführt, weil mehrere die Versammlungsleitung für sich in Anspruch nehmen, sind die in einer solchen Versammlung gefassten Beschlüsse anfechtbar.[143]

Ist eine **juristische Person** oder eine **Personenhandelsgesellschaft** zum **Verwalter** 55
bestellt, kann diese mangels eigener Handlungsfähigkeit nicht selbst den Vorsitz wahrnehmen. Welcher natürlichen Person die Aufgabe der Versammlungsleitung in diesen Fällen zukommt, richtet sich in erster Linie nach den im Verwaltervertrag getroffenen Vereinbarungen. Soweit eine diesbezügliche Regelung fehlt, kann der Vorsitz jedenfalls von einem vertretungsberechtigten Organ oder von einem rechtsgeschäftlich bestellten Vertreter, etwa dem Prokuristen, übernommen werden.[144] Die Versammlungsleitung ist nicht auf den Kreis der gesetzlich oder rechtsgeschäftlich bestellten Vertreter des Verwalters beschränkt, sie kann ohne Zustimmung der WEer weiter delegiert werden. Die Vorschriften über die Stellvertretung gem. §§ 164 ff. BGB sind von vornherein nicht einschlägig, da es bei der Versammlungsleitung nicht um die Zurechnung von Willenserklärungen geht. Es geht vielmehr um die Frage, ob sich der Verwalter bei der Erfüllung seiner Aufgaben anderer Personen bedienen darf.[145] Dies ist durch Auslegung des Verwaltervertrages zu ermitteln, wobei die jeweiligen Umstände des Einzelfalls zu berücksichtigen sind. Mangels anderer Anhaltspunkte ist bei juristischen Personen und Personengesellschaften regelmäßig davon auszugehen, dass alle beim Verwalter beschäftigten und geeigneten Mitarbeiter durch diesen zur Übernahme des Vorsitzes bestimmt werden können, nicht jedoch Dritte, die außerhalb der juristischen Person oder der Gesellschaft stehen, selbst wenn sie im Übrigen rechtsgeschäftlich bevollmächtigt sind.[146] Entsprechendes gilt, wenn eine **natürliche Person** zum Verwalter bestellt ist. Auch hier ist eine Delegierung im Zweifel dann zulässig, wenn der Verwalter für die WEer erkennbar Mitarbeiter beschäftigt.[147] In den übrigen Fällen ist nach den Auslegungsregeln der §§ 664 Abs. 1 S. 1, 613 S. 1 BGB im Zweifel von einer höchstpersönlichen Verpflichtung des Verwalters zur Versammlungsleitung auszugehen.[148]

Fraglich ist, ob Abs. 5 auch dann anwendbar ist, wenn die Einberufung durch den 56
Vorsitzenden des Verwaltungsbeirats gem. § 24 Abs. 3 oder durch einen oder mehrere gerichtlich dazu ermächtigte WEer erfolgt. Sofern ein Verwalter fehlt, kann dieser auch nicht den Vorsitz führen. Aber auch, wenn der Verwalter die Einberufung pflichtwidrig unterlassen hat, ist es nicht angebracht, diesem mangels einer anderen Beschlussfassung den Vorsitz zu überlassen. Es besteht dann die nahe liegende Gefahr, dass der Verwalter auch die Position als Vorsitzender nicht pflichtgemäß ausüben wird. Wird die Versammlung von dem Vorsitzenden des Verwaltungsbeirats oder seinem Vertreter einberufen, ist dieser in entspr. Anwendung des § 24 Abs. 5 berechtigt, den Vorsitz in der WEVers zu führen, sofern nicht ein anderer gewählt wird.[149] Gleiches gilt bei der Einberufung durch einen WEer, der zur Einberufung durch das WE-Gericht ermächtigt worden ist.

---

142 Vgl. zu mitgliedschaftlichen und privaten Interessen § 25 Rn 115.

143 KG WE 1991, 133.

144 OLG Schleswig WE 1997, 388.

145 OLG München ZMR 2008, 236 (237); *Buß* DWE 1998, 14 (15); vgl. hierzu auch § 26 Rn 86.

146 Staudinger/*Bub* § 24 Rn 87 a; *Drasdo* S. 191 Rn 7 f.

147 *Buß* DWE 1998, 14 (15).

148 Ebenso Staudinger/*Bub* § 24 Rn 85.

149 AA Staudinger/*Bub* § 24 Rn 84; *Drasdo* S. 190 Rn 3.

2. Teilnahmeberechtigte Personen

57 Bei der Frage, welche Personen im Einzelnen zur Teilnahme an der Versammlung berechtigt sind, muss zwischen der Teilnahme der WEer und der Teilnahme Dritter unterschieden werden.

58 **a) Das Teilnahmerecht des Wohnungseigentümers.** Aus der Mitgliedschaft in der Gemeinschaft der WEer ergibt sich das Recht jedes WEers auf Teilnahme an der Versammlung.[150] Eine Pflicht hierzu besteht nicht.[151]

59 **aa) Der Inhalt des Teilnahmerechts.** Inhaltlich erschöpft sich das Teilnahmerecht nicht in dem bloßen **Recht auf Anwesenheit.** Es stellt ein umfassendes Recht auf Beteiligung an der Willensbildung dar, umfasst also auch das **Recht auf Gehör** im Rahmen einer der Beschlussfassung vorausgehenden Beratung der Beschlussgegenstände.[152] Dieses Rederecht ist ein wichtiges Element des Minderheitenschutzes in der WEgem, da so ein WEer stets durch eigenen Sachvortrag das Abstimmungsverhalten der Mehrheit beeinflussen kann.[153] Eine Ausprägung des Teilnahmerechts der WEer ist auch das Recht, konkrete Anträge zur Beschlussfassung zu stellen **(Beschlussantragsrecht).**[154] Die Ausübung des Beschlussantragsrechts setzt allerdings nicht voraus, dass der Beschlussantrag durch einen Anwesenden in der Versammlung gestellt wird. Denn aus dem § 130 Abs. 1 Satz 1 BGB zugrundeliegenden Rechtsgedanken ergibt sich, dass ein Beschlussantrag schriftlich oder durch Boten der Versammlung übermittelt und dort durch den Versammlungsvorsitzenden zur Abstimmung gestellt werden kann.[155]

60 **bb) Teilnahmerecht und Stimmrecht.** Im Verhältnis zum Stimmrecht (vgl. dazu § 25 Rn 83) kommt dem Teilnahmerecht eine Hilfsfunktion zu, soweit es dem WEer die Ausübung des Stimmrechts in der Versammlung ermöglicht.[156] Daraus folgt der **Grundsatz,** dass jeder, der **stimmberechtigt** ist, notwendig auch ein **Recht auf aktive Teilnahme** an der Versammlung hat.

61 Die Selbstständigkeit des Teilnahmerechts gegenüber dem Stimmrecht zeigt sich darin, dass das Teilnahmerecht des WEers auch dann besteht, wenn er auf Grund eines **Stimmverbotes** nach § 25 Abs. 5 (vgl. dazu § 25 Rn 115 ff.) im Einzelfall von der Ausübung des Stimmrechts ausgeschlossen ist.[157] Dies ergibt sich aus dem funktionalen Zusammenhang zwischen Teilnahmerecht und dem Beschlussanfechtungsrecht nach § 43 Nr. 4: Bereits mit Rücksicht auf sein Beschlussanfechtungsrecht muss auch der vom Stimmrecht ausgeschlossene WEer als Anwesender in der Versammlung darüber wachen können, dass die gesetzlichen oder vereinbarten Förmlichkeiten der Beschlussfassung eingehalten werden.[158] Ohne Teilnahme kann er nicht beurteilen, ob auf Grund eines Fehlers bei der Beschlussfassung in der Versammlung eine Beschlussanfechtung im gerichtlichen Verfahren nach § 43 Nr. 1 in Betracht kommt. Deshalb kommt dem Teilnahmerecht im Verhältnis zum Beschlussanfechtungsrecht die Funktion eines Kontrollrechts zu, das einen effektiven Rechtsschutz gegen fehlerhaft zustande gekommene Beschlüsse erst ermöglicht.[159]

62 Aus diesem funktionalen Zusammenhang lässt sich der allgemeine Grundsatz ableiten, dass jeder, der nach § 43 Nr. 4 berechtigt ist, die Ungültigerklärung von Beschlüssen zu

---

[150] Vgl. dazu *Becker* S. 21 ff.

[151] AG Mettmann ZMR 2008, 847.

[152] Zur Beschränkung der Redezeit vgl. Rn 101.

[153] Vgl. *Becker* S. 26 ff.

[154] Vgl. *Becker* S. 28 ff.

[155] Vgl. *Becker* S. 30 ff.

[156] Vgl. *Becker* S. 38 ff.

[157] BayObLG NJW 1993, 603 (604); NZM 2002, 616; *Kefferpütz* S. 182.

[158] Vgl. dazu *Becker* S. 45 ff. unter Hinweis auf BGH NJW 1971, 2225 zur GmbH vgl. auch LG Nürnberg-Fürth ZWE 2010, 233 (234).

[159] Zur Kontrollfunktion der Versammlung vgl. *Becker* S. 15 ff.

beantragen, zumindest auch das Recht hat, in der Versammlung der WEer anwesend zu sein. Deshalb bleibt auch dem rechtskräftig nach § 18 zur Veräußerung seines WEs verurteilten WEer trotz des **Ruhens seines Stimmrechts nach § 25 Abs. 5** (vgl. dazu § 25 Rn 163 ff.) das Recht auf Anwesenheit in der Versammlung erhalten; bis zur Übertragung des WEs auf den Ersteher im Versteigerungsverfahren ist er Mitglied der Gemeinschaft der WEer und damit anfechtungsberechtigt.[160] Analog § 25 Abs. 5 ruht bei rechtskräftiger Verurteilung zur Veräußerung des WEs nur das Recht auf aktive Teilnahme an der Versammlung, da insoweit der Zweck dieser Vorschrift berührt wird, die gemeinschaftliche Willensbildung vor den gemeinschaftsfremden Interessen des rechtskräftig zur Veräußerung verurteilten WEers zu schützen (vgl. dazu § 25 Rn 163).[161]

cc) Beschränkungen des Teilnahmerechts. Das Teilnahmerecht des WEers kann in den Grenzen der Vertragsfreiheit (§§ 134, 138, 242 BGB) durch Vereinbarung mit Wirkung für den Rechtsnachfolger (vgl. § 10 Abs. 2) näher geregelt, jedoch nicht substantiell entzogen werden, da es zum unantastbaren Kernbereich der Mitgliedschaft des WEers zählt.[162] Durch eine Vereinbarung, durch die der Verwalter einen WEer, der mit der Zahlung von Beiträgen länger als einen Monat in Verzug ist, nicht nur von der Abstimmung, sondern auch von der Teilnahme an der Versammlung ausschließen darf, ist daher unwirksam.[163] Die entgegenstehende Ansicht lässt sich nicht mit der Zulässigkeit einer Vereinbarung über das Ruhen des Stimmrechts im Falle des Zahlungsverzuges begründen,[164] da im Hinblick auf das Beschlussanfechtungsrecht des WEers nach § 43 Nr. 4 ein Ruhen des Stimmrechts nicht ohne weiteres den Ausschluss von der Versammlung rechtfertigt (s. o. Rn 61 f.). Zu den Beschränkungen des Teilnahmerechts durch Maßnahmen der Versammlungsleitung – insbesondere zur Beschränkung der Redezeit – s. u. Rn 101, 104 f. 63

dd) Mitberechtigte und juristische Personen. Besondere Probleme der Ausübung des Teilnahmerechts ergeben sich, wenn WE mehreren Mitberechtigten gemeinschaftlich zusteht oder eine juristische Person Inhaber des WEs ist. Auszugehen ist auch hier von dem Grundsatz, dass die Ausübung des Stimmrechts notwendig auch die Teilnahme an der Versammlung voraussetzt.[165] 64

Für eine **juristische Person** als WEer ist damit das vertretungsberechtigte Organ, das das Stimmrecht ausübt, teilnahmebefugt. Gleiches gilt für die das Stimmrecht ausübenden vertretungsberechtigten Gesellschafter von **Personenhandelsgesellschaften** (§§ 125, 161 Abs. 2 HGB) und Partner einer Partnerschaft (§§ 7 Abs. 3 PartGG, 125 HGB). Der Grundsatz der Gleichbehandlung aller WEer verlangt jedoch, dass nur so viele Vertreter an der Versammlung teilnehmen dürfen, wie zur wirksamen Vertretung erforderlich sind; im Fall der Einzelvertretung (vgl. § 125 Abs. 1 HGB) ist somit das Teilnahmerecht bereits mit der Teilnahme eines Vertreters verbraucht.[166] Besteht dagegen Gesamtvertretung (vgl. §§ 78 Abs. 2 Satz 1 AktG, 25 Abs. 1 Satz 1 GenG, 35 Abs. 2 Satz 2 GmbHG, 125 Abs. 2 Satz 1 HGB), so sind alle Gesamtvertreter teilnahmeberechtigt, da die einheitliche Stimmabgabe vom Willen aller Gesamtvertreter getragen sein muss und daher jeder grds. die Gelegenheit haben muss, an dem der Abstimmung vorausgehenden Meinungsbildungsprozess in der Versammlung teilzuhaben.[167] 65

---

[160] *Becker* S. 64 ff.

[161] *Becker* S. 64 ff.

[162] Vgl. *Becker* S. 84 ff.; LG Nürnberg-Fürth ZWE 2010, 233 (234).

[163] So auch *Pick* PiG 6, 17 (31); *Kahlen* GE 1986, 1094; aA LG München RPfleger 1978, 381 (381). Zur Frage der Stimmrechtsbeschränkung im Falle des Zahlungsverzuges vgl. § 25 Rn 175.

[164] So aber LG München RPfleger 1978, 381 (382).

[165] S. o. Rn 60; zur Stimmrechtsausübung durch mehrere Berechtigte nach § 25 Abs. 2 S. 2 und zur Stimmrechtsausübung bei der juristischen Person vgl. § 25 Rn 77.

[166] Vgl. *Becker* S. 126 ff.; vgl. auch *Großfeld/Spennemann* AG 1979, 128 (132) zum Gesellschaftsrecht.

[167] *Becker* S. 128 f.; so auch *Großfeld/Spennemann* AG 1979, 128 für die GmbH, aA Baumbach/Hueck/*Zöllner* § 48 Rn 4; Scholz/*K. Schmidt* § 48 Rn 19.

66 Aus dem gleichen Grund steht bei einer **Bruchteilsgemeinschaft** an einem WE, bei der die MitEer das Stimmrecht nach § 25 Abs. 2 Satz 2 nur gemeinschaftlich ausüben können, jedem MitEer das Teilnahmerecht zu.[168] Fasst man die **GbR** als WEer ebenfalls unter § 25 Abs. 2 Satz 2 (vgl. § 25 Rn 43), so muss danach auch ein Teilnahmerecht aller GbR-Gesellschafter bestehen. Gleiches gilt grds. für die **eheliche Gütergemeinschaft** sowie die **Erbengemeinschaft.**[169] Für die genannten Fälle der Mitberechtigung mehrerer an einem WE ist der einzelne Mitberechtigte jedoch dann von der Teilnahme an der Versammlung der WEer ausgeschlossen, wenn er im Innenverhältnis der Mitberechtigten untereinander durch Vertrag von der Verwaltung bzw. Geschäftsführung ausgeschlossen ist und ihm insoweit bereits im Innenverhältnis keine Mitwirkungsbefugnisse zustehen. Haben die Mitberechtigten einem gemeinschaftlichen Vertreter nach Maßgabe des Innenverhältnisses Stimmrechtsvollmacht erteilt und diesen damit gleichzeitig zur Ausübung des Teilnahmerechts ermächtigt, so ist nur der gemeinschaftliche Vertreter teilnahmeberechtigt.[170] Die Ausübung des Teilnahmerechts durch einen gemeinschaftlichen Vertreter kann wirksam durch Vereinbarung der WEer nach § 10 Abs. 2 Satz 2 vorgeschrieben werden, da eine derartige Vereinbarung lediglich die Ausübung des Teilnahmerechts nach außen betrifft und die interne Willensbildung der Mitberechtigten im Innenverhältnis unberührt lässt.[171]

67 Bei der **Vorerbschaft** hat der Vorerbe während der Dauer der Vorerbschaft die volle Rechtsstellung des verstorbenen WEers, so dass nur der Vorerbe und nicht der Nacherbe teilnahmeberechtigt ist.[172]

68 **b) Die Teilnahme Dritter. aa) Der Grundsatz der Nichtöffentlichkeit.** Nach § 23 Abs. 1 erfolgt die Beschlussfassung ausdrücklich in einer „Versammlung der WEer", so dass Dritte grds. nicht teilnahmeberechtigt sind (Ausnahmen vgl. Rn. 78 ff.). Da die Gesamtheit der WEer ein berechtigtes Interesse an der vertraulichen Behandlung ihrer internen Angelegenheiten hat, ist die WEVers nicht öffentlich.[173] Der Schutzzweck der Nichtöffentlichkeit, fremden Einfluss von der WEVers fernzuhalten,[174] ist stets betroffen, wenn ein nicht an die Willensbildung gebundener Dritter durch aktive Teilnahme an der WEVers auf die Willenbildung der WEer einwirkt; auch wird der weitergehende Zweck der Nichtöffentlichkeit tangiert, eine unnötige Verbreitung interner Angelegenheiten der WEer in der Öffentlichkeit zu vermeiden.[175] Die WEer sollen Meinungsverschiedenheiten grds. allein unter sich austragen, d. h. ohne Einflussnahme Dritter auf die Meinungsbildung erörtern und regeln können.[176] Eine **gemeinsame Versammlung** für mehrere WEgem ist daher unzulässig.[177] Beschlüsse, die unter Verstoß gegen das Gebot der Nichtöffentlichkeit zustande kommen, sind auf Anfechtungsklage für ungültig zu erklären, wenn sich die Ursächlichkeit des Verstoßes nicht ausschließen lässt.[178]

---

[168] *Becker* S. 106 f.; zur gleichen Rechtslage bei der GmbH vgl. Scholz/*K. Schmidt* § 48 Rn 13.

[169] Vgl. zur Rechtslage im GmbH-Recht Scholz/*K. Schmidt* § 48 Rn 13.

[170] Vgl. *Becker* S. 110 ff.

[171] Vgl. *Becker* S. 120 f.

[172] Vgl. Niedenführ/*Kümmel*/*V*andenhouten § 24 Rn 31; zur Vorerbschaft an GmbH-Geschäftsanteilen Scholz/*K. Schmidt* § 48 Rn 13.

[173] BGHZ 121, 236 (241) = NJW 1993, 1329 = WE 1993, 165; BayObLG NZM 2002, 616 (617); OLG Hamm OLGZ 1990, 57 (58) = WE 1990, 97; KG NJW-RR 1997, 1171 = WE 1998, 31; OLG Frankfurt/M WuM 1996, 177 (178) m. Anm. *Drasdo* WuM 1996, 135; zum Geltungsgrund des Grundsatzes der Nichtöffentlichkeit vgl. *Becker* S. 135 ff.

[174] Vgl. OLG Hamm OLGZ 1990, 57 (58 f.).

[175] Zu diesem Schutzzweck vgl. OLG Hamm OLGZ 1990, 57 (58 f.); *Armbrüster,* FS Merle, 1 (13 f.), der eine Verschwiegenheitspflicht der WEer über gemeinschaftsinterne Angelegenheiten annimmt.

[176] OLG Köln ZMR 2009, 869 f.; OLG Hamburg ZMR 2007, 550 (552); BayObLG NZM 2004, 388.

[177] AG Mettmann ZMR 2009, 959.

[178] BayObLG NZM 2004, 388; KG NJW-RR 1997, 1171 f.

bb) Das Teilnahmerecht des „werdenden" WEers. Als Dritter ist auch derjenige anzusehen, der bei einer in Vollzug gesetzten Gemeinschaft auf Grund eines wirksamen Erwerbsvertrages bereits Besitz an der Wohnung erlangt hat, jedoch noch nicht als WEer im GB eingetragen ist. Mangels Mitgliedschaft in der Gemeinschaft der WEer steht ihm kein originäres Teilnahmerecht zu.[179] Denn mit der Rspr. des BGH ist davon auszugehen, dass der Zweiterwerber die Mitgliedschaftsrechte erst mit der Eintragung ins GB erlangt.[180] Demgegenüber steht dem Mitglied einer **werdenden WEgem** ein eigenes Teilnahmerecht zu, welches ihm auch dann noch erhalten bleibt, wenn die WEgem durch Eintragung mindestens eines Erwerbers rechtlich in Vollzug gesetzt wird.[181] **69**

Da der Erwerber mit Eintragung im GB berechtigt ist, die ohne seine Mitwirkung zustande gekommenen fehlerhaften Versammlungsbeschlüsse im gerichtlichen Verfahren nach § 43 Nr. 4 anzufechten, soweit die Anfechtungsfrist des § 46 Abs. 1 noch nicht abgelaufen ist,[182] muss er zur Ausübung seines Beschlussanfechtungsrechts in der Lage sein, etwaige Fehler des Beschlussverfahrens in der Versammlung zu erkennen. Aus dem funktionalen Zusammenhang zwischen dem Beschlussanfechtungsrecht und dem Teilnahmerecht (s. o. Rn 60), sowie dem Gebot des effektiven Rechtsschutzes gegen fehlerhafte Beschlüsse ergibt sich damit für den noch nicht im GB eingetragenen Erwerber eine Vorwirkung der Mitgliedschaft, nach der er als Wohnungsanwärter zumindest das Recht hat, in der beschließenden Versammlung anwesend zu sein.[183] Voraussetzung einer solchen Vorwirkung ist jedoch, dass zum Zeitpunkt der Versammlung eine Eintragung des Erwerbers im GB vor Ablauf der Anfechtungsfrist des § 46 Abs. 1 möglich erscheint. Diese Voraussetzung ist erfüllt, wenn zum Zeitpunkt der Versammlung bereits der Antrag auf Eintragung des Erwerbers beim Grundbuchamt gestellt worden ist.[184] **70**

Darüber hinaus kann der Wohnungsanwärter aktiv an der Versammlung teilnehmen, wenn er zur Ausübung des Teilnahmerechts durch den berechtigten Veräußerer ermächtigt worden ist.[185] In der Ermächtigung zur Stimmrechtsausübung ist stets die konkludente Ermächtigung zur Ausübung des Teilnahmerechts enthalten.[186] **71**

cc) Das Teilnahmerecht Dritter kraft Gesetzes. Bestimmte Dritte haben ein Teilnahmerecht, soweit sie kraft Gesetzes zur Ausübung des Stimmrechts eines WEers berechtigt sind. **72**

(1) Dinglich Berechtigte. Ein gesetzliches Teilnahmerecht haben zunächst Inhaber eines dinglichen Rechts an einem WE, soweit die dingliche Berechtigung gerade auch ein Mitverwaltungsrecht einräumt. So hat zwar ein **Grundpfandgläubiger** (Hypothekar, Grundschuldgläubiger) eine beschränkt dingliche Rechtsposition; da diese jedoch nur ein Befriedigungsrecht gewährt (§§ 1113, 1147, 1191, 1192 BGB), besteht kein vom WEer abgeleitetes Teilnahmerecht.[187] Auch dem **Nießbraucher** ist kraft Gesetzes im Verhältnis zu den WEern kein Mitverwaltungsrecht bezüglich des gemE eingeräumt,[188] so dass er nicht berechtigt ist, an der Versammlung teilzunehmen. Dies gilt in gleicher Weise auch für **73**

---

179 Vgl. *Becker* S. 23 ff.

180 So BGHZ 106, 113 (118) = NJW 1989, 1087 = WE 1989, 48 für das Stimmrecht, vgl. § 25 Rn 8; aA wohl OLG Düsseldorf DWE 1989, 80 (Ls).

181 Vgl. zum Stimmrecht § 25 Rn 8 f.

182 Vgl. OLG Frankfurt/M OLGZ 1992, 439 (440).

183 Vgl. *Becker* S. 147.

184 Vgl. *Becker* S. 151 ff.

185 Zur Zulässigkeit einer derartigen Ausübungsermächtigung vgl. *Becker* S. 155 ff.

186 Zur Übertragung der Stimmrechtsausübung durch den Veräußerer vgl. § 25 Rn 10.

187 Vgl. *Becker* S. 166; zum Stimmrecht vgl. § 25 Rn 21; zur gleichen Rechtslage beim Pfandrecht an einem GmbH-Geschäftsanteil vgl. *Vogel,* Gesellschafterbeschlüsse, S. 140; Scholz/*K. Schmidt* § 48 Rn 13.

188 Vgl. BGH ZWE 2002, 260 (262) zum Stimmrecht; vgl. § 25 Rn 13 ff.

Wohnberechtigte iSv § 1093 BGB sowie für **Dauerwohnberechtigte** iSv § 31 WEG, da sie ebenfalls in der Versammlung nicht stimmberechtigt sind.[189]

74 **(2) Vermögensverwalter.** Keine dingliche Berechtigung, aber ein vom WEer abgeleitetes Mitverwaltungsrecht hinsichtlich des gemE besteht für jeden Vermögensverwalter, der auf gesetzlicher Grundlage die Mitverwaltungsrechte eines WEers ausübt (**Insolvenzverwalter,** § 80 Abs. 1 InsO; **Zwangsverwalter,** § 152 Abs. 1 ZVG;[190] **Nachlassverwalter,** § 1985 Abs. 1 BGB; **Testamentsvollstrecker,** § 2165 BGB[191]).[192] Daher steht auch ihnen ein Teilnahmerecht kraft Gesetzes zu, das das Teilnahmerecht des WEers insoweit verdrängt.

75 **(3) Gesetzliche Vertreter.** Ein gesetzliches Teilnahmerecht haben schließlich auch die gesetzlichen Vertreter eines WEers, die auch zur Stimmrechtsausübung berechtigt sind (vgl. § 25 Rn 77 f.). Mehrere gesetzliche Vertreter eines WEers sind im Falle der Gesamtvertretung (z. B. Eltern gem. § 1629 Abs. 1 Satz 2 BGB) teilnahmeberechtigt; besteht dagegen Einzelvertretungsmacht (vgl. § 1629 Abs. 1 Satz 3 BGB), so ist nur ein Einzelvertreter zur Teilnahme an der Versammlung berechtigt.[193] Eine Vertretungsbeschränkung in der GemO, wonach sich jeder WEer in der Versammlung nur durch seinen Ehegatten, einen anderen WEer oder durch den Verwalter vertreten lassen kann,[194] erfasst nicht die Fälle der gesetzlichen Vertretung, da den WEern insoweit die Regelungskompetenz fehlt.[195]

76 **dd) Die Teilnahme Bevollmächtigter.** Da die rechtsgeschäftliche Vertretung eines WEers in der Versammlung grds. zulässig ist, kann auch ein zur Ausübung des Stimmrechts bevollmächtigter Dritter an der Versammlung teilnehmen.[196] Die Bevollmächtigung eines Dritten zur Stimmrechtsausübung enthält zugleich die konkludente Ermächtigung zur Ausübung des Teilnahmerechts.[197] Da durch die Ermächtigung eines Bevollmächtigten zur Ausübung des Teilnahmerechts keine Verdoppelung der Mitgliedschaftsrechte eintreten kann, ist eine gleichzeitige Teilnahme von Vollmachtgeber und Bevollmächtigtem nicht zulässig; durch Widerruf der Vollmacht nach § 168 Satz 2 BGB hat der Vollmachtgeber jedoch jederzeit die Möglichkeit, sein Teilnahmerecht persönlich auszuüben.[198]

77 Die Befugnis der WEer, sich in der Versammlung vertreten zu lassen, kann durch Vereinbarung gem. § 10 Abs. 2 Satz 2 auf einen bestimmten Personenkreis – z. B. auf den Ehegatten, auf andere WEer oder den Verwalter – beschränkt werden (sog. **„Vertreterklausel“**).[199] In diesem Fall ist ein Bevollmächtigter, der nicht zu dem bezeichneten Personenkreis gehört, nicht teilnahmeberechtigt.[200] Ausnahmsweise können sich die WEer allerdings nicht auf die Vertreterklausel berufen, wenn die Vertretungsbeschränkung auf bestimmte Personen im Einzelfall nach Treu und Glauben (§ 242 BGB) unzumutbar ist.[201]

---

[189] Zum Stimmrecht vgl. § 25 Rn 17 ff.

[190] BayObLG WE 1992, 59 (60) = BayObLGZ 1991, 93 (97), wonach der Zwangsverwalter im Rahmen der Verwaltung die Rechte des WEers des beschlagnahmten WE wahrnimmt; LG Berlin ZMR 2009, 474 (475).

[191] AG Essen NJW-RR 1996, 79.

[192] Zum Stimmrecht der Vermögensverwalter vgl. § 25 Rn 22.

[193] Vgl. *Becker* S. 185 f.

[194] Zur Zulässigkeit derartiger Klauseln vgl. § 25 Rn 59 f. sowie *Becker* S. 195 ff.

[195] AG Essen WuM 1995, 673.

[196] Zur Vertretung bei der Stimmabgabe und deren Beschränkung in der GemO vgl. § 25 Rn 65 ff.

[197] *Becker* S. 187 ff.

[198] *Becker* S. 189 ff.

[199] Vgl. hierzu im Einzelnen § 25 Rn 73 ff.; *Elzer* MietRB 2010, 29 ff.; zur Teilnahme von ausgeschlossenen Vertretern als Berater oder Beistände eines WEers s. u. Rn 86 ff.

[200] KG WuM 1992, 392 (393 f.); bestätigt durch BGHZ 121, 236 (240).

[201] BGHZ 99, 90 (96); 121, 236 (240); OLG Hamm ZWE 2002, 486 (487); OLG Hamburg ZMR 2007, 477 f. vgl. § 25 Rn 73.

ee) Teilnahme und Anwesenheit Dritter. Sind Dritte in einer WEVers zugegen, ist zwischen der **Teilnahme** im Interesse eines WEers mit dem Recht auf Anwesenheit, Gehör, Beschlussanträge (vgl. Rn 59) und der **Anwesenheit** im Interesse der Gesamtheit der WEer zwecks punktueller Anhörung, Befragung oder Beratung zu einzelnen TOP zu unterscheiden. 78

(1) Teilnahme im Individualinteresse. Wegen des Grundsatzes der Nichtöffentlichkeit der WEVers (Rn 68) ist ein außenstehender **Dritter** grds. von der **Teilnahme** an der WEVers **ausgeschlossen.**[202] Seine Teilnahme (Rn 59) an der Erörterung einzelner oder aller TOP verstößt grds. gegen den gesetzlichen Grundsatz der Nichtöffentlichkeit,[203] ist daher nur bei abweichender **Vereinbarung** zulässig und kann **nicht durch Beschluss** erlaubt werden.[204] 79

Eine **Ausnahme** gilt dann, wenn der einzelne WEer im Einzelfall ein berechtigtes Interesse an der Hinzuziehung eines Beraters hat, das gewichtiger ist, als das Interesse der anderen WEer, die WEVers auf den Kreis der WEer zu beschränken.[205] Bei Teilnahme insbes. von **Beratern** oder **Beiständen** an einer WEVers im Interesse eines WEers, kollidiert das Interesse der Gesamtheit der WEer, den Kreis der Versammlungsteilnehmer auf die WEer zu begrenzen, mit dem Interesse des einzelnen WEers, sich in der WEVers zur angemessenen Ausübung seiner Mitgliedschaftsrechte beraten zu lassen. Ein überwiegendes Interesse eines WEers an sachkundiger Beratung kann sich aus einem in seiner Person liegenden beachtlichen Grund (z. B. hohes Lebensalter oder Krankheit) oder aus dem Schwierigkeitsgrad der Angelegenheit ergeben, über die nach der Tagesordnung zu beschließen ist.[206] Im Übrigen ist es dem WEer zumutbar, sich vor Beginn der WEVers durch eine Person seines Vertrauens beraten zu lassen. 80

Ob ein WEer in Begleitung eines Beistands oder Beraters an der WEVers teilnehmen darf, ist für den **jeweiligen TOP** in der konkreten WEVers durch Abwägung zwischen dem Beistands- oder Beratungsinteresse des einzelnen WEers einerseits und dem Interesse der übrigen WEer an der Nichtöffentlichkeit der WEVer andererseits zu entscheiden.[207] Da sich die Interessenabwägung nach Art und Bedeutung des jeweiligen Beschlussgegenstandes im Einzelfall richtet, ist erst in der WEVers über die Teilnahme des Beraters zu befinden.[208] 81

Über die vom BGH angeführten Fälle eines berechtigten Beratungsinteresses (hohes Lebensalter, Krankheit des WEers, Schwierigkeit der konkreten Angelegenheit)[209] hinaus wird im Rahmen der Interessenabwägung auch zu berücksichtigen sein, inwieweit das konkrete Auftreten der Vertrauensperson in der WEVers das Interesse an der Nichtöffentlichkeit der Versammlung beeinträchtigt. Insoweit macht es einen Unterschied, ob die Vertrauensperson als bloßer **Berater** lediglich den WEer intern berät, ohne in der Versammlung das Wort zu ergreifen, oder ob er als **Beistand** aktiv nach außen an der 82

---

[202] BGHZ 121, 236 = NJW 1993, 1329 = WE 1993, 165 m. Anm. *Deckert* = DWE 1993, 60 auf Vorlageb. des KG NJW-RR 1993, 25; zustimmend BayObLG WE 1997, 436 (437); *Elzer* MietRB 2010, 89.

[203] OLG Köln NZM 2002, 617.

[204] Ähnlich *Drasdo* S. 117 Rn 17 f.; AG Bochum ZMR 2009, 230 f.: Teilnahmerecht von Mietern.

[205] BGHZ 121, 236 (241) = WE 1993, 165; auf das Erfordernis eines berechtigten Interesses des WEers weisen hin: LG Hamburg DWE 1990, 32; OLG Hamm DWE 1986, 31, abweichend jedoch OLG Hamm OLGZ 1990, 57 (59) = WE 1990, 97; OLG Köln MietRB 2008, 178 f. (Berg) wg. Entziehung des WE.

[206] BGHZ 121, 236 (241) = WE 1993, 165 (166); BayObLG WE 1997, 436 (437); NZM 2002, 616 (617).

[207] OLG Köln ZWE 2008, 402 (Drabek); *Wenzel* WE 1993, 335; vgl. *Becker* S. 219 ff., WE 1996, 50 (51); *Elzer* MietRB 2010, 89 f.

[208] BGHZ 121, 236 (242) = NJW 1993, 1329 = WE 1993, 165; OLG Düsseldorf NJW-RR 1995, 1294.

[209] BGHZ 121, 236 (242); BayObLG WE 1997, 436 (437); BayObLG NZM 2002, 616 (617).

Beratung der Beschlussgegenstände teilnimmt und auf diese Weise die Willensbildung beeinflusst.[210] Die Teilnahme eines bloßen Beraters, der nicht aktiv auf die Willensbildung einwirkt, wird damit eher zulässig sein, als die aktive Teilnahme eines Beistands. Ein Recht auf Hinzuziehung eines Rechtsanwaltes als Berater in einer WEVers lässt sich nicht aus berufsrechtlichen Bestimmungen herleiten.[211] Ein berechtigtes Interesse an der Hinzuziehung eines Rechtsanwalts ergibt sich nicht bereits aus dem Umstand, dass die WEer untereinander zerstritten sind; es bedarf stets eines beachtlichen Grundes, der in der Person des hinzuziehenden WEers liegen oder sich aus den besonderen rechtlichen Schwierigkeiten oder wirtschaftlichen Folgen (Entziehung des WE)[212] der zu beschließenden Angelegenheiten ergeben kann.[213] Im Übrigen ist es dem WEer zuzumuten, sich vor der WEVers sachkundig durch einen Rechtsanwalt beraten zu lassen.

83 **(2) Anwesenheit im Kollektivinteresse.** Die Anwesenheit Dritter, insbes. technischer oder rechtlicher Berater (z. B. Mieter, Hausmeister, Architekten, Buchprüfer, Rechtsanwälte etc.) im **Interesse der Gesamtheit der WEer** verstößt nicht gegen den Grundsatz der Nichtöffentlichkeit, wenn diese in der WEVers nur zwecks **punktueller** Anhörung, Befragung oder Beratung zu einzelnen TOP **anwesend** sind **und** vor deren interner Behandlung die WEVers **verlassen.**[214] Hierdurch wird das berechtigte Interesse der WEer an der vertraulichen Behandlung ihrer internen Angelegenheiten (Rn 68) nicht tangiert. Eine solche Hinzuziehung Dritter muss ordnungsmäßiger Verwaltung iSd § 21 Abs. 3 entsprechen, etwa zur sachgerechten Information der Gesamtheit der WEer erforderlich sein und so den Willensbildungsprozess fördern oder um einen Beratungsbedarf zu decken, der nur in der WEVers sachgerecht erfüllt werden kann.[215]

Wird ein Dritter, etwa als technischer Berater oder Rechtsberater im Interesse der Gesamtheit der WEer zur WEVers hinzugezogen, handelt er, soweit er in seiner Beraterfunktion an der WEVers teilnimmt, im Auftrag der WEgem, von deren Einverständnis der zur Neutralität verpflichtete Verwalter ausgehen kann, solange sich kein Widerspruch erhebt und damit ein konkreter Interessengegensatz zwischen einem einzelnen WEer und der Gesamtheit der übrigen WEer hervorgetreten ist.[216] Ein Beschluss, einen Rechtsanwalt mit der Beratung einer WEgem in der WEVers zu beauftragen, weil die WEgem zerstritten ist, stellt für sich allein keinen sachlichen Grund dar und widerspricht ordnungsmäßiger Verwaltung.[217]

84 Unabhängig von einer Interessenabwägung kann ein Berater oder Beistand durch den Vorsitzenden der WEVers kraft seines Ordnungsrechts von der Versammlung ausgeschlossen werden, wenn er den **ordnungsgemäßen Ablauf der Versammlung stört.**[218]

85 **(3) Gestaltungsmöglichkeiten.** Die Teilnahme von Beratern kann durch Vereinbarung in der GemO geregelt werden.

86 Nach teilweise vertretener Ansicht[219] enthält eine Klausel, die die „Vertretung" in der WEVers auf den Verwalter, den Ehegatten oder einen anderen WEer beschränkt (sog.

---

[210] Zu dieser Differenzierung zwischen Beistand und Berater in Anlehnung an den Begriff des Beistands in § 90 Abs. 2 ZPO vgl. *Becker* S. 207 f.

[211] BayObLG NZM 2002, 616 (617); KG WE 1992, 287 (288); aA *Becker* S. 225 f., der die Anwesenheit des Beraters zur Kontrolle des Beschlussverfahrens im Hinblick auf eine etwaige Beschlussanfechtung regelmäßig zulassen will; so auch *Deckert* WE 1993, 166.

[212] OLG Köln MietRB 2008, 178 f. (*Berg*) = ZWE 2008, 402 (*Drabek*).

[213] BayObLG WE 1997, 436 (437) verneint besondere rechtliche Schwierigkeiten bei baulichen Veränderungen und Fragen des Gebrauchs des GemE.

[214] Vgl. BayObLG NZM 2004, 388.

[215] BayObLG NZM 2004, 388; OLG Köln ZMR 2009, 869 f.

[216] OLG Köln ZMR 2009, 869 (870); BayObLG NZM 2004, 388; OLG München ZMR 2006, 960 (961); LG Dresden ZMR 2007, 492.

[217] OLG Hamm ZMR 2004, 699 (700).

[218] Zum Ordnungsrecht s. u. Rn 104.

[219] BayObLGZ 1981, 161 (164); WE 1997, 436 (437); OLG Karlsruhe WuM 1986, 229.

„Vertreterklausel“), nur eine zulässige Beschränkung der rechtsgeschäftlichen Vertretung im Sinne der §§ 164 ff. BGB bei der Ausübung des Stimmrechts durch Stimmabgabe, nicht jedoch den Ausschluss der Teilnahme eines Beraters an der WEVers. Dieser engen Auslegung ist das KG[220] entgegengetreten, indem es unter „Vertretung“ iS dieser Klausel auch die Teilnahme und Mitwirkung bei der Meinungsbildung vor der Stimmabgabe versteht. Der BGH[221] vertritt zutreffend eine differenzierende Ansicht: Die „Vertreterklausel“ erfasst nur den Ausschluss der aktiven Beteiligung eines Beistandes in Form der Abgabe von Erklärungen oder der Antragstellung. Demgegenüber wird eine lediglich beratende Funktion nicht erfasst. Dies ergibt sich aus einer Auslegung der Klausel, bei der nicht allein auf den Begriff der „Vertretung“ in seiner juristischen Bedeutung als rechtsgeschäftliches Handeln im eigenen Namen für den Vertretenen (§ 164 I BGB), sondern vielmehr auf den allgemeinen Sprachgebrauch abzustellen ist, der unter „Vertretung“ jede Art der Wahrnehmung fremder Interessen nach außen hin versteht.[222] In dieser Auslegung geht die Klausel nicht über die vom BGH gesteckten Grenzen der Teilnahme von Beiständen und Beratern hinaus, so dass sie diesbezüglich durch die Rspr. des BGH ihre praktische Bedeutung verloren hat. Besteht nach den genannten Grundsätzen im Einzelfall ein überwiegendes Beratungs- oder Beistandsinteresse eines einzelnen WEers, so können sich die übrigen WEer jedenfalls nicht auf die Vertreterklausel berufen.[223]

Von der Vertreterklausel erfasst werden jedoch die Fälle, in denen ein Dritter, der nicht **87** zu dem in der Klausel benannten Personenkreis zählt, nur formal als „Berater“ eines bevollmächtigten anderen WEers auftritt, um die Vertretungsbeschränkung zu umgehen.[224] Hier liegt im Ergebnis eine Beeinflussung der Willensbildung durch den Dritten vor, die nach Sinn und Zweck der Vertreterklausel unterbunden werden sollte, so dass er nicht teilnahmeberechtigt ist. Die WEer können daher unter Berufung auf die Vertreterklausel mit Stimmenmehrheit beschließen, dass der Dritte von der Teilnahme an der Versammlung ausgeschlossen wird.[225]

Nach Auffassung des KG[226] soll eine Klausel, wonach „Besucher keinen Zutritt“ zur **88** Versammlung haben (sog. **„Besucherklausel“**), jedenfalls dann die Teilnahme von „Zuhörern und Beratern“ ausschließen, wenn nur ein WEer widerspricht. Abgesehen von der zweifelhaften Frage, ob sich der „Berater“ noch unter den Begriff „Besucher“ fassen lässt,[227] stellt diese Klausel nur einen Hinweis auf den ohnehin geltenden Grundsatz der Nichtöffentlichkeit dar, die jedenfalls das Recht des WEers nicht ausschließen kann, bei Vorliegen eines überwiegenden berechtigten Interesses einen Berater in der WEVers hinzuzuziehen.

ff) Teilnahme von Verwalter und Verwaltungsbeirat. Sofern der Verwalter nicht **89** ausnahmsweise zugleich WEer ist,[228] steht ihm kein mitgliedschaftliches Teilnahmerecht mit dem oben beschriebenen Inhalt (Rn 58) zu. Ein eigenes Teilnahmerecht anderer Art ergibt sich aus seiner Stellung als Versammlungsvorsitzender (§ 24 Abs. 5). Da die WEer als „Herren der Verwaltung“ jedoch durch Mehrheitsbeschluss einen anderen Vorsitzenden bestimmen können, kann dem Verwalter ein mit dieser Stellung verbundenes Teilnahmerecht wirksam entzogen werden. Zwar ist der Verwalter nach § 20 zur Verwaltung des

---

[220] KG WE 1992, 287 = DWE 1992, 115 = NJW-RR 1993, 25.

[221] BGHZ 121, 236 (240) = WE 1993, 165; so auch OLG Hamm WE 1997, 352 (353) = NJWE-MietR 1997, 179.

[222] Eine enge Auslegung kommt nur in Betracht, wenn eine Vertretungsklausel ausdrücklich bestimmt, dass jeder WEer einen Dritten bevollmächtigen kann, das Stimmrecht für ihn auszuüben, vgl. AG Neuss DWE 1996, 38 (39).

[223] Vgl. *Becker* S. 229 ff.; so im Ergebnis auch BayObLG WE 1997, 436 (437).

[224] OLG Düsseldorf NJW-RR 1995, 1294 (1295) = WE 1996, 31.

[225] OLG Düsseldorf NJW-RR 1995, 1294 (1295) = WE 1996, 31.

[226] KG OLGZ 1986, 51 = MDR 1986, 320.

[227] Insoweit kritisch *Kahlen* GE 1986, 1094 (1095).

[228] Zur Vereinbarkeit beider Rechtsstellungen vgl. § 26 Rn 4.

gemE berufen, jedoch nur nach Maßgabe der §§ 26 bis 28. Die dort geregelten Aufgaben und Befugnisse – insbesondere die Ausführung der Beschlüsse nach § 27 Abs. 1 Nr. 1 – machen eine Teilnahme an der Versammlung von Rechts wegen nicht notwendig.[229] Da der Verwalter jedoch nach §§ 43 Nr. 4, 46 das Recht hat, auf Erklärung der Ungültigkeit von Beschlüssen zu klagen, steht ihm auch ein Recht auf Anwesenheit in der Versammlung zu, um das ordnungsgemäße Zustandekommen der Beschlüsse kontrollieren zu können.[230] Aufgrund seines in § 24 Abs. 5 bzw. § 43 Nr. 4 wurzelnden Teilnahmerechts kann der Verwalter während der Versammlung Mitarbeiter hinzuziehen, soweit dies zur Erfüllung der von ihm konkret wahrzunehmenden Aufgaben erforderlich ist. Eine solche Notwendigkeit liegt etwa dann nahe, wenn dem Verwalter die Versammlungsleitung obliegt. Interessen der WEer werden hierdurch nicht verletzt, da teilnehmende Mitarbeiter auf Grund ihrer vertraglichen Beziehungen zum Verwalter zur Verschwiegenheit über die ihnen zur Kenntnis gelangten Interna der WEer verpflichtet sind. Insoweit sind Mitarbeiter des Verwalters nicht als von der Teilnahme grds. ausgeschlossene Dritte anzusehen.[231]

90 Mangels Mitgliedschaft in der WEgem ist ein mitgliedschaftliches Teilnahmerecht von **Verwaltungsbeiratsmitgliedern,**[232] die nicht zugleich WEer sind, abzulehnen. Einem Dritten als Verwaltungsbeiratsmitglied steht ein Recht auf Teilnahme an der WEVers zu, wenn er nach § 24 Abs. 6 Satz 2 die Versammlungsniederschrift zu unterschreiben hat (vgl. Rn 110 f.) oder sonst dessen Aufgabenbereich betroffen ist, etwa bei Abberufung des Verwalters wegen Zerrüttung des Vertrauensverhältnisses zu ihm; denn seine Funktion als Beiratsmitglied kann er solchenfalls nur durch Teilnahme an der Versammlung ausüben.[233]

91 **c) Entscheidung über Teilnahme und Anwesenheit.** Die **Teilnahme** Dritter (Rn 59, 72 ff.) an der WEVers ist nur bei entsprechender Vereinbarung zulässig. Nimmt bei Anwesenheit **aller WEer** ein Dritter widerspruchslos an der WEVers teil, kann hierin eine konkludente, formlos wirksame Vereinbarung zur Abweichung vom gesetzlichen Prinzip der Nichtöffentlichkeit gesehen werden. Auf die Einhaltung der Nichtöffentlichkeit kann **stillschweigend verzichtet** werden, etwa dadurch, dass von den in einer WEVers anwesenden WEern niemand die Teilnahme Dritter rügt[234] oder in deren Kenntnis an der Erörterung des TOP teilnimmt, es sei denn die Teilnahme Dritter ist zuvor gerügt worden. Rügt auch nur ein WEer die unberechtigte Teilnahme eines Dritten, ist dessen Teilnahme unzulässig.[235] Über die **bloße Anwesenheit** Dritter, die nach Anhörung, Befragung oder Beratung die WEVers vor der internen Behandlung der Angelegenheit verlassen sollen (Rn 78), entscheidet idR zunächst der Versammlungsleiter (s. u. Rn 99 ff.). Bei Widerspruch in der WEVers kann gem. § 21 Abs. 3 mit **Stimmenmehrheit** deren partielle Anwesenheit, nicht die Teilnahme (Rn 59) erlaubt werden, wenn sie ordnungsmäßiger Verwaltung entspricht (Rn 78).[236]

92 **d) Der Rechtsschutz gegen den rechtswidrigen Ausschluss von der Teilnahme.** Ist ein WEer, sein Vertreter oder sein Beistand bzw. sein Berater durch Beschluss der WEer rechtswidrig von der Teilnahme an der Versammlung ausgeschlossen worden, so stellt sich die Frage, welche Rechtsfolgen sich aus der Verletzung des Teilnahmerechts ergeben.[237]

---

229 *Becker* S. 234 f.

230 Vgl. *Becker* S. 235 f.; aA Niedenführ/*Kümmel*/Vandenhouten § 24 Rn 53.

231 KG ZWE 2001, 75 (76) = NZM 2001, 297 (Ls); BayObLG ZWE 2001, 490 (491) = NZM 2001, 766; vgl. zum Problem des Erfüllungsgehilfen des Verwalters § 26 Rn 86.

232 Zur Zulässigkeit der Bestellung von Nichtwohnungseigentümern vgl. § 29 Rn 14.

233 Vgl. OLG Hamm ZMR 2007, 133 (135); *Wangemann/Drasdo* Rn 107; *Becker* S. 237 f.; zur Ladung der Verwaltungsbeiratsmitglieder s. o. Rn 45.

234 OLG Hamburg ZMR 2007, 550 (552); OLGReport Frankfurt 2005, 736.

235 Im Erg. ebenso: KG OLGZ 1986, 51; KG GE 2000, 1693; AG Neuss DWE 1996, 38; *Drasdo,* S. 117 Rn 17.

236 *Becker* S. 137 f.

237 Vgl. dazu *Becker* WE 1996, 50 (52 f.).

aa) Die Anfechtbarkeit des Ausschließungsbeschlusses. Nach Ansicht des BGH kann sich der WEer im Falle der rechtswidrigen Ablehnung der Teilnahme eines Beraters durch Anfechtung nach § 43 Nr. 4 wehren, wobei nicht deutlich wird, ob es sich um die Anfechtung des Beschlusses über den Ausschluss oder um die Anfechtung der materiellen Beschlüsse zu den Tagesordnungspunkten handelt.[238] Da es sich bei dem Beschluss über den Ausschluss von der Teilnahme regelmäßig um einen Geschäftsordnungsbeschluss handelt, der sich nach Ablauf der jeweiligen Versammlung erledigt und damit mangels Rechtsschutzbedürfnisses nicht anfechtbar ist (vgl. § 23 Rn 161), kommt nur eine Anfechtung der in der Versammlung gefassten materiellen Beschlüsse zu den einzelnen Tagesordnungspunkten in Betracht.[239] Ein Ausschließungsbeschluss ist allerdings wegen unzulässigen Entzugs eines Mitgliedschaftsrechts von Anfang an nichtig, wenn sich der Ausschluss nicht nur auf die gegenwärtige Versammlung, sondern darüber hinaus auch auf zukünftige Versammlungen bezieht und ein sachlicher Grund für die Ausschließung nicht gegeben ist.[240] 93

bb) Die Ungültigerklärung der materiellen Beschlüsse. Nach der Rspr.[241] sind die nach dem rechtswidrigen Ausschluss eines WEers oder seines Vertreters gefassten Beschlüsse – ebenso wie die bei unterbliebener Ladung eines WEers – im Verfahren nach § 43 Nr. 4 für ungültig zu erklären, es sei denn, dass die Beschlüsse auch bei ordnungsgemäßem Vorgehen ebenso gefasst worden wären. Dieser Auffassung kann nicht zugestimmt werden, da sich ex post nicht mit Sicherheit feststellen lässt, inwieweit die berechtigte Teilnahme sich auf die Willensbildung und damit auf die Beschlussergebnisse ausgewirkt hätte. Zudem stellt die Verletzung des Teilnahmerechts des WEers einen schweren Eingriff in den unantastbaren Kernbereich der Mitgliedschaft dar, gegen den auf andere Weise regelmäßig nachträglicher Rechtsschutz nicht zu erlangen ist. Es ist daher nicht auf die hypothetische Kausalität des Versammlungsausschlusses im Hinblick auf das Beschlussergebnis abzustellen. Es muss vielmehr für die Ungültigerklärung eines Beschlusses genügen, dass er gefasst worden ist, nachdem ein WEer, sein Vertreter, Beistand oder Berater rechtswidrig von der Teilnahme an der Versammlung der WEer ausgeschlossen worden ist (vgl. § 23 Rn 176).[242] 94

cc) Der Feststellungsantrag nach § 256 ZPO. Im Einzelfall kann ein WEer nach § 256 ZPO sein Recht auf Hinzuziehung eines Beraters oder Beistands für zukünftige Versammlungen gerichtlich feststellen lassen.[243] Das dafür erforderliche besondere Rechtsschutzbedürfnis liegt jedoch nur dann vor, wenn ein in seiner Person liegender Grund gegeben ist, der auf Dauer die Hinzuziehung eines Dritten in der Versammlung erforderlich macht.[244] 95

3. Die Leitung der Versammlung

Die Leitung der Versammlung und etwaiger Abstimmungen obliegt vorbehaltlich einer anderen Bestimmung durch die WEer gem. § 24 Abs. 5 dem Verwalter als Vorsitzendem. Er hat diese Aufgabe unparteilich und unter Berücksichtigung rechtsstaatlicher Prinzipien wahrzunehmen. Dabei ist er nicht wie die WEvers ein eigenständiges Organ, sondern hat als ihr Funktionsgehilfe für die sachgemäße Erledigung der Tagesordnung zu sorgen und 96

---

[238] BGHZ 121, 236 (242).

[239] BayObLG WuM 1996, 113 (114); WE 1997, 436 (437); ZWE 2001, 490 (491) = NZM 2001, 766; NZM 2002, 616 (617); *Drasdo* S. 117 Rn 19; LG Nürnberg-Fürth ZWE 2010, 233 (234); aA OLG Karlsruhe WuM 1986, 229.

[240] Vgl. *Becker* WE 1996, 50 (52).

[241] NJW-RR 1991, 531 (533); 1990, 784 (785), NZM 2002, 616; OLG Hamm ZWE 2002, 486 (489); OLG Düsseldorf WuM 1999, 181 (182) = NZM 1999, 271; *Bassenge,* FS für Merle, S. 17 (28).

[242] LG Nürnberg-Fürth ZWE 2010, 233 (234); iErg auch *Becker* S. 81 ff., 227 f. mit dem Hinweis auf die Rechtslage im GmbH-Recht; vgl. Hachenburg/*Hüffer* § 48 Rn 28, 36.

[243] BGHZ 121, 236 (242); BayObLG WE 1997, 436 (437); *Drasdo* S. 118 Rn 22.

[244] *Becker* S. 228.

eine ungestörte Willensbildung in der Versammlung sicherzustellen.[245] Bei der Behandlung der einzelnen Tagesordnungspunkte und der Abstimmung darüber hat sich der Verwalter grds. an die in der Einladung mitgeteilte Tagesordnung zu halten.[246] Ein neuer Tagesordnungspunkt kann erst aufgerufen und zur Abstimmung gestellt werden, wenn der vorhergehende Punkt, idR durch Abstimmung über einen Beschlussantrag, erledigt ist; dieser normale Verlauf einer Versammlung kann durch Geschäftsordnungsbeschlüsse (Rn 100) geändert werden oder durch Anordnung des Vorsitzenden, wenn keiner der anwesenden WEer widerspricht.[247] Widersprechen Behandlung und Abstimmung der Tagesordnungspunkte diesen Regeln, ist ein Beschluss anfechtbar, es sei denn, es besteht kein vernünftiger Zweifel, dass der Beschluss bei ordnungsgemäßer Durchführung der Versammlung ebenso gefasst worden wäre.

97 **a) Die Geschäftsordnung.** Die WEer sind berechtigt, sich eine Geschäftsordnung zu geben, in der sie die formellen Regeln für die Durchführung einer Versammlung bestimmen. Sie können diese bereits in der GemO vereinbaren oder mehrheitlich in der WEVers beschließen.[248] Verstöße gegen die Geschäftsordnung führen grds. nicht zur Anfechtbarkeit der in der Versammlung gefassten Sachbeschlüsse, es sei denn, der Verstoß schlägt auf die Beschlussfassung durch. Nicht isoliert anfechtbar sind auch die Beschlüsse zur Geschäftsordnung selbst, da es hierfür idR an einem Rechtsschutzbedürfnis fehlt.[249]

98 **b) Aufgaben und Befugnisse bei der Leitung. aa) Anträge zur Geschäftsordnung** sind jederzeit zulässig und grds. vor anderen Anträgen zu behandeln. Die Entscheidung hierüber erfolgt mit einfacher Mehrheit. Die Stimmkraft verteilt sich bei Abstimmungen über Geschäftsordnungsanträge nach dem Kopfprinzip, auch wenn sie sich sonst nach dem Objekt- oder Wertprinzip richtet, denn diese Stimmkraftverteilung gilt idR nur für Beschlüsse zur Tagesordnung, nicht aber zur Geschäftsordnung. Denn es ist kein Grund erkennbar, weshalb ein WEer auf Geschäftsordnungsbeschlüsse einen größeren Einfluss haben sollte als andere WEer.[250]

99 Da sich die Notwendigkeit von Geschäftsordnungsanträgen erst aus dem Verlauf der Versammlung ergibt, müssen und können diese nicht in der Tagesordnung aufgenommen sein. Soll dagegen über eine Geschäftsordnung Beschluss gefasst oder eine bereits bestehende Geschäftsordnung abgeändert werden, so bedarf dies der vorherigen Ankündigung in der Tagesordnung.[251] Über die Änderung der Reihenfolge der Tagesordnung kann ohne vorherige Ankündigung durch Mehrheitsbeschluss entschieden werden.

100 Sofern über Fragen zu entscheiden ist, welche sich auf die Beschlussfassung auswirken können (etwa die Zulassung eines Vertreters), ist die WEVers entscheidungsbefugt. Dies gilt auch für alle Entscheidungen, die unmittelbar die Tagesordnung betreffen, etwa die Absetzung bestimmter Punkte von der Tagesordnung oder die Vertagung der Versammlung auf einen neuen Termin.[252]

101 **bb) Die Beschränkung der Redezeit.** Die Redezeit kann für alle Teilnehmer vor Beginn der Versammlung beschränkt werden, wenn dies für die ordnungsgemäße Durchführung der Versammlung erforderlich ist.[253] Die Beschränkung kann bereits in der GemO vorgesehen sein oder durch Mehrheitsbeschluss erfolgen. Darüber hinaus ist auch der Versammlungsvorsitzende befugt, von sich aus eine generelle Beschränkung der Redezeit anzuordnen, wenn ohne Begrenzung auf Grund der Art und des Umfangs der Tagesord-

[245] *Becker* S. 69 ff.; KG ZMR 1985, 105.
[246] Vgl. *Drasdo* S. 200 Rn 35 ff.
[247] BayObLG NZM 1999, 672.
[248] Vgl. *Drasdo* S. 201 Rn 39.
[249] BayObLG NJW-RR 1987, 1363; KG WE 1989, 168 (169).
[250] *Becker* S. 75; aA LG Berlin WuM 1989, 203; Staudinger/*Bub* § 24 Rn 92; *Drasdo* S. 202 Rn 44.
[251] *Bub* WE 1987, 68.
[252] BayObLG NZM 1999, 672; *Becker* S. 79 f.
[253] OLG Stuttgart DWE 1987, 30 (Ls).

nung ein ordnungsgemäßer Ablauf der Versammlung nicht gesichert erscheint.[254] Bei einer generellen Begrenzung der Redezeit ist darauf zu achten, dass jeder WEer die Möglichkeit erhalten muss, zu einem umstrittenen Tagesordnungspunkt Stellung zu nehmen, damit sein Recht auf Gehör gewahrt bleibt.[255] Dieses Recht ist zur Bestimmung einer angemessenen Redezeit mit der Problematik der Materie und der voraussichtlichen Versammlungsdauer abzuwägen. Die Bemessung der dem einzelnen WEer einzuräumenden Redezeit hat nach dem Kopfprinzip zu erfolgen, selbst wenn sich die Stimmkraft nach Miteigentumsanteilen oder dem Objektprinzip richtet.

cc) Die Durchführung von Abstimmungen. Der Vorsitzende hat darüber zu befin- 102
den, in welcher Reihenfolge bei Abstimmungen die Fragen nach Zustimmung, Ablehnung und Enthaltung gestellt werden, sofern dies weder durch Vereinbarung noch Beschluss festgelegt ist.[256] Er hat darüber hinaus nach einer Abstimmung über die Annahme oder Ablehnung eines Beschlussantrages zu entscheiden.[257] Die **Feststellung und Verkündung des Beschlussergebnisses** durch ihn ist Voraussetzung für einen wirksamen Beschluss. Unterbleibt sie, so führt dies dazu, dass die Abstimmung keine Rechtswirkungen entfaltet und lediglich ein der Anfechtung nicht unterliegender unwirksamer Beschluss vorliegt.[258] Die Feststellung des Beschlusses hat darüber hinaus inhaltsfixierende Wirkung, d. h. sie bestimmt rechtlich verbindlich, ob und mit welchem Inhalt ein positiver Beschluss zustande gekommen ist oder ob ein Beschlussantrag keine Mehrheit gefunden hat.[259] Verletzt der Vorsitzende die ihm obliegende Pflicht, das richtige Beschlussergebnis bekannt zu gegeben, so können ihm gem. § 49 Abs. 2 im Beschlussanfechtungsverfahren die Kosten auferlegt werden.[260]

dd) Unterbrechung, Auflösung und Beendigung der Versammlung. Der Vor- 103
sitzende hat das Recht, die WEVers zu **unterbrechen,** wenn dies für ihre ordnungsgemäße Fortführung erforderlich ist. Die vorzeitige **Auflösung** der WEVers steht dem Vorsitzenden dagegen nicht zu.[261] Die ordnungsgemäß einberufene Versammlung ist vom Vorsitzenden grds. unabhängig.[262] Sie kann einen neuen Vorsitzenden wählen und dann die Versammlung fortführen. Verlassen WEer nach der unberechtigten Auflösung durch den Vorsitzenden die Versammlung im Vertrauen auf eine wirksame Beendigung, sind die auf der dann fortgeführten Versammlung getroffenen Beschlüsse allerdings anfechtbar.[263] Regelmäßig ist nach der Behandlung aller Tagesordnungspunkte die **Beendigung** der Versammlung durch den Vorsitzenden festzustellen.[264] Besteht dennoch Handlungsbedarf und wird deshalb der Beendigung widersprochen, so kann der Vorsitzende die Versammlung fortsetzen, soweit noch kein WEer im Vertrauen auf die Beendigungserklärung den Versammlungsort verlassen hat. Verlässt der Vorsitzende nach der Abhandlung aller Tagesordnungspunkte die Versammlung ohne förmliche Feststellung der Beendigung, so ist die Versammlung mit seinem Weggang konkludent als beendet anzusehen.[265] Auch in diesem Fall sind die danach gefassten Beschlüsse idR nur anfechtbar, wenn einzelne WEer den

---

[254] *Becker* S. 74 f.

[255] Vgl. *Becker* S. 75; OLG Düsseldorf ZMR 2008, 220.

[256] KG ZMR 1985, 105; ausführlich § 23 Rn 35 ff.

[257] OLG Hamm OLGZ 1979, 296 (299); KG ZMR 1985, 105.

[258] Vgl. BGHZ 148, 335 = ZWE 2001, 530 (533) = NJW 2001, 3339; hierzu ausführlich § 23 Rn 44.

[259] Vgl. ausführlich § 23 Rn 45 ff.

[260] Vgl. *Kümmel/v. Seldeneck* GE 2002, 382 (384).

[261] KG NJW-RR 1989, 16 (17); OLG Celle ZWE 2002, 276 (277) = NZM 2002, 458 (Ls) für den Regelfall, dass der Verwalter den Vorsitz führt.

[262] KG ZMR 1999, 426 (427).

[263] KG WE 1989, 26 = NJW-RR 1989, 16 (17).

[264] Staudinger/*Bub* § 24 Rn 104.

[265] Insoweit auch BayObLG WE 1999, 77 (78).

Versammlungsort im Vertrauen auf die Beendigung der Versammlung verlassen haben;[266] andernfalls hätte es der Vorsitzende in der Hand, allein durch seinen Weggang das Zustandekommen rechtmäßiger Beschlüsse der WEer zu unterbinden.

104 **c) Das Ordnungsrecht des Vorsitzenden.** Der Vorsitzende kann auf Grund seiner Kompetenz zur Versammlungsleitung die Teilnehmer mit Ordnungsmaßnahmen belegen, um einen ordnungsgemäßen Ablauf der Versammlung zu gewährleisten. Hierzu zählen die **Beschränkung des Rederechts,** der **Entzug des Wortes** sowie der **Ausschluss aus der Versammlung.**[267] Das Ordnungsrecht steht dem Versammlungsleiter nicht originär zu, sondern ist eine von der WEVers abgeleitete Befugnis mit der Folge, dass diese Ordnungsmaßnahmen des Vorsitzenden jederzeit mit einfacher Mehrheit aufheben kann; ihr steht somit das Letztentscheidungsrecht zu.[268] Die Ordnungsgewalt des Vorsitzenden beruht nicht auf einem „Hausrecht", sondern ist ein mit der Leitung der Versammlung verbundenes Recht.[269] Obgleich dem Vorsitzenden bei der Ausübung des Ordnungsrechts ein weiter Ermessensspielraum zusteht, unterliegen Ordnungsmaßnahmen, da sie in die Mitgliedschaftsrechte des einzelnen WEers eingreifen, inhaltlichen Bindungen, die sich aus dem Gleichbehandlungsgrundsatz und aus dem Grundsatz der Verhältnismäßigkeit ergeben.[270]

105 **aa) Einzelheiten.** Eine **Begrenzung der Redezeit** ist zulässig und geboten, wenn der Redner weitschweifige Ausführungen macht, sich ständig wiederholt oder sich zum Gegenstand der Tagesordnung überhaupt nicht oder nur mit unsachlichen Bemerkungen äußert.[271] Macht der Redner in Inhalt und Form beleidigende Äußerungen, so kann ihm der Versammlungsleiter das Wort entziehen.[272] Die **Entziehung des Wortes** kommt nach vorheriger Abmahnung auch in Betracht, wenn der jeweilige Redner die ihm zugestandene Redezeit überschreitet.[273] Der **Ausschluss eines Teilnehmers von der Versammlung** ist anzudrohen und kann nur dann erfolgen, wenn der störungsfreie Ablauf der Versammlung anders nicht zu gewährleisten ist (ultima ratio).[274] Dem Auszuschließenden ist vorher Gelegenheit zu geben, einen anderen Teilnehmer zur Ausübung seines Stimmrechts zu bevollmächtigen.[275]

106 **bb) Rechtsschutz gegen Ordnungsmaßnahmen.** Unabhängig davon, ob Ordnungsmaßnahmen vom Vorsitzenden oder durch Beschluss verhängt werden, kann der Betroffene eine nachträgliche gerichtliche Korrektur idR nicht verlangen. Denn die verhängten Ordnungsmittel wirken nur für die Dauer der Versammlung und erledigen sich mit ihrem Ablauf. Ergibt sich aber bereits im Vorfeld einer Versammlung, dass ein WEer rechtswidrig von der Teilnahme ausgeschlossen werden soll, so kann dieser zum Schutz seines aus dem WE fließenden Teilnahmerechts von den anderen WEern gem. § 1004 BGB Unterlassung verlangen, wobei auch der Erlass einer einstweiligen Verfügung in Betracht kommt.[276]

4. Die Kosten

107 Die bei der ordnungsgemäßen Durchführung einer WEvers anfallenden Kosten (z. B. für die Miete eines Versammlungsraumes) sind Kosten der sonstigen Verwaltung, die von den

---

[266] AA insoweit BayObLG WE 1999, 77 (78).
[267] *Becker* S. 73 ff.
[268] *Becker* S. 69 ff.
[269] Vgl. ausführlich *Becker* S. 69 ff.
[270] *Bub* PiG 25, 49 (57 ff.); *ders.* WE 1987, 68 (69); *Becker* S. 71 ff.
[271] *Becker* S. 75 f.
[272] *Becker* S. 76 f.
[273] *Bub* WE 1987, 68 (70); *Becker* S. 76 f.
[274] BGHZ 44, 245 (251) zum Aktienrecht; *Becker* S. 77 f.
[275] *Bub* WE 1987, 68 (69).
[276] Zutreffend *Becker* S. 81 ff.

WEern nach § 16 Abs. 2 zu tragen sind. Etwas anderes gilt nur dann, wenn der Verwalter nach dem Verwaltervertrag die Kosten für die Durchführung der WEvers zu tragen hat.

VIII. Die Niederschrift

1. Form und Inhalt der Niederschrift

Das WEG regelt die Niederschrift der WEVers nur sehr unvollständig. In § 24 Abs. 6 Satz 1 heißt es lediglich, dass über die in der Versammlung gefassten Beschlüsse eine Niederschrift aufzunehmen ist. Keine Anwendung findet § 24 Abs. 6 auf Beschlüsse, die gem. § 23 Abs. 3 ohne Versammlung der WEer gefasst werden.[277] Von der Niederschrift über die in der Versammlung gefassten Beschlüsse ist die Beschluss-Sammlung nach § 24 Abs. 7 und 8 zu unterscheiden (siehe dazu Rn 131 ff.). 108

Die Niederschrift muss **zumindest** den genauen **Wortlaut der gefassten Beschlüsse** sowie das **Abstimmungsergebnis schriftlich** festhalten. Für die Gültigkeit eines Beschlusses ist seine Aufnahme in eine Niederschrift nicht erforderlich (vgl. Rn 116). Die WEer können aber auch strengere Anforderungen an die Form vereinbaren und sogar ihre notarielle Beurkundung vorsehen. Des Weiteren sind die Angabe von Ort und Zeitpunkt der Versammlung wesentliche Bestandteile der Niederschrift. Nicht vorgeschrieben ist, dass die Niederschrift die Teilnehmer der Versammlung aufführt oder eine Teilnehmerliste beigefügt werden muss. Dies ist aber insbesondere im Hinblick auf die Frage der Beschlussfähigkeit zu empfehlen. Mangels anderweitiger Bestimmungen in der GemO oder eines entsprechenden Beschlusses, steht es grds. im freien Ermessen des Protokollanten, ob er über den gesetzlichen Mindestinhalt hinaus auch noch andere Inhalte der WEVers in die Niederschrift aufnimmt.[278] Der Umfang des Ermessensspielraums hängt von der rechtlichen Bedeutung der Äußerungen der Teilnehmer ab, so dass idR rechtserhebliche Erklärungen protokolliert werden müssen.[279] 109

2. Die Anfertigung der Niederschrift

Nicht gesetzlich geregelt ist, wer die Niederschrift anzufertigen hat. IdR ist der Vorsitzende der WEVers zur Anfertigung der Niederschrift berechtigt und verpflichtet. Die WEer können aber durch Mehrheitsbeschluss eine andere Person dazu bestimmen. Wechselt in einer WEVers der Vorsitz, so sind beide Vorsitzende für die Niederschrift zuständig.[280] 110

Die Niederschrift ist gem. § 24 Abs. 6 Satz 2 von dem Vorsitzenden der Versammlung und einem WEer und, falls ein Verwaltungsbeirat bestellt worden ist, auch von dessen Vorsitzenden oder seinem Vertreter zu **unterschreiben.** Diese Personen bestätigen durch ihre Unterschriften die inhaltliche Richtigkeit der Niederschrift. Eine solche Bestätigung kann aber nur dann erfolgen, wenn diese Personen selbst in der WEVers anwesend sind.[281] Fehlen sowohl der Vorsitzende des Verwaltungsbeirats als auch sein Vertreter, ist ihre Unterschrift folglich entbehrlich. Auch ein unterzeichnender WEer muss in der Versammlung anwesend gewesen sein. Ist eine der in § 24 Abs. 6 Satz 2 genannten Personen in Doppelfunktion tätig, so muss sie nur einmal unterschreiben, etwa bei Identität von Versammlungs- und Beiratsvorsitzendem; es genügt dann idR, wenn der Versammlungsvorsitzende und ein WEer die Niederschrift unterzeichnen.[281a] Bei zulässiger Vertretung aller 111

[277] Staudinger/*Bub* § 24 Rn 130 a. E.; aA *Augustin* § 24 Rn 8; vgl. aber zur Aufbewahrungspflicht Rn 121.

[278] OLG Hamm OLGZ 1989, 314 (316); BayObLGZ 1982, 445 (447); Rpfleger 1972, 411 (412); WuM 1990, 173 (174).

[279] LG Lüneburg ZMR 2007, 895.

[280] Staudinger/*Bub* § 24 Rn 130.

[281] Vgl. OLG München ZMR 2007, 883 (884); OLG Hamm ZMR 2009, 217 (218).

[281a] OLG Düsseldorf ZWE 2010, 182 (183).

WEer durch Dritte sind diese unterschriftsbefugt, ist neben dem Vorsitzenden der Versammlung nur ein Vertreter der WEer anwesend, reicht dessen Unterschrift aus.[282] Ein Verstoß begründet nicht die Anfechtbarkeit des Beschlusses, sondern beeinträchtigt die Beweiskraft der Niederschrift.[283]

3. Die Frist zur Erstellung der Niederschrift

112 Eine gesetzlich geregelte Frist, innerhalb derer die Niederschrift anzufertigen ist, besteht nicht. Es hat sich aber die Ansicht durchgesetzt, dass der Vorsitzende im Hinblick auf die Anfechtungsfrist des § 46 Abs. 1 dazu verpflichtet ist, die Niederschrift **mindestens eine Woche vor Ablauf der Anfechtungsfrist** zu erstellen.[284] Die Verletzung dieser Frist wirkt sich auf die Gültigkeit der Niederschrift nicht aus. Allerdings ist nach § 46 Abs. 1 Satz 3, 233 ff. ZPO eine Wiedereinsetzung in den vorigen Stand wegen unverschuldeter Fristversäumung möglich (vgl. § 46 Rn 48); nach Ansicht des KG soll es zu Gunsten des in der Versammlung abwesenden WEers nicht darauf ankommen, ob die gefassten Beschlüsse in der Tagesordnung ordnungsgemäß angekündigt worden sind.[285] Diese Rspr. ist zweifelhaft, denn der einzelne WEer muss mit wirksamen Versammlungsbeschlüssen rechnen, wenn ihm eine Ladung zugegangen ist.[286] Im Falle der nicht rechtzeitig erstellten Versammlungsniederschrift kann er vorsorglich alle in der Versammlung gefassten Beschlüsse anfechten und den Klageantrag später auf einzelne Beschlüsse beschränken.[287] Die gerichtlichen und außergerichtlichen Kosten einer vorsorglichen Beschlussanfechtung sind regelmäßig dem zur rechtzeitigen Anfertigung der Niederschrift verpflichteten Verwalter (§ 49 Abs. 2) aufzuerlegen.[288] Soweit ein anderer zur Anfertigung der Niederschrift verpflichtet ist oder deren Anfertigung verzögert, ist er zum Schadensersatz nach § 280 Abs. 1 BGB ggü. den WEern verpflichtet,[289] die hierdurch einen Schaden erleiden, etwa durch Auferlegung von Gerichtskosten.

113 Eine Pflicht, die Niederschrift innerhalb dieser Frist zu **vervielfältigen** und an die WEer zu **versenden** besteht grundsätzlich nicht.[290] Durch Abs. 6 Satz 3 wird dem WEer lediglich ein Einsichtsrecht in die Niederschrift gewährt.[291]

4. Prozessuale und materiell-rechtliche Folgen

114 Die ordnungsgemäß erstellte Niederschrift ist eine Privaturkunde iSd § 416 ZPO.[292] Ihre Beweiskraft beschränkt sich folglich auf die Urheberschaft des Ausstellers, nicht aber auf die inhaltliche Richtigkeit der Niederschrift, auch nicht bei Genehmigung durch die WEer.[293] Im Hinblick auf die dingliche Wirkung der Beschlüsse gem. § 10 Abs. 4 ggü. den WEern

[282] OLG Hamm ZMR 2009, 217 (218).

[283] AG Hamburg ZMR 2007, 150 f.

[284] BayObLGZ 1972, 246 (249); WE 1989, 224; WE 1991, 204; ZWE 2001, 432 (436 f.) = NZM 2001, 754; OLG Frankfurt/M. WuM 1990, 461 (462); LG Freiburg NJW 1968, 1973; Staudinger/*Bub* § 24 Rn 120.

[285] Zum Fall der ordnungsgemäßen Ankündigung vgl. KG ZWE 2002, 179 (180 f.) = NZM 2002, 168 (Ls); zum Fall ordnungswidriger Ankündigung vgl. BayObLG WE 1989, 224.

[286] *Merle/Becker*, FS Deckert, S. 231 (249).

[287] BayObLG ZWE 2002, 220 (221).

[288] BayObLG WE 1991, 229; ZWE 2002, 220 (221).

[289] Vgl. Rn 118.

[290] Vgl. aber Rn 123.

[291] Vgl. zum Einsichtsrecht unten Rn 122 ff.

[292] BayObLGZ 1982, 445 (448); 1984, 213 (216); WE 1988, 18; NZM 2002, 616; ZWE 2002, 583 (585); OLG München ZWE 2006, 456, dazu *Elzer* ZMR 2009, 7 (12 f.).

[293] BayObLG WE 1988, 18; WE 1997, 396 (397) = NJWE-MietR 1997, 182; ZWE 2002, 583 (585); *Bub* WE 1997, 402; wird die Niederschrift dagegen von einem Notar aufgenommen, handelt es sich um eine mit der Beweiskraft des § 415 ZPO ausgestattete öffentliche Urkunde, vgl. Staudinger/*Bub* § 24 Rn 118; *ders.* WE 1997, 402.

und den Rechtsnachfolgern kommt der Niederschrift in einem Verfahren aber ein erheblicher Beweiswert zu.[294] Die Niederschrift hat dagegen keine gestaltende Wirkung.[295] Für die Frage, ob und mit welchem Inhalt ein Beschluss zustande gekommen ist, kommt es allein auf die Feststellung und Verkündung des Versammlungsleiters nach Abschluss der Abstimmung an (vgl. § 23 Rn 41 ff.). Fehlt eine der erforderlichen Unterschriften unter der Niederschrift (s. Rn 111), wird dadurch der Beweiswert hinsichtlich der Richtigkeit und Vollständigkeit der Niederschrift beeinträchtigt.[296]

Ist für den Nachweis der Verwaltereigenschaft eine öffentlich beglaubigte Urkunde erforderlich, kann dieser Nachweis gem. § 26 Abs. 3 auch durch die Niederschrift erbracht werden, wenn die nach § 24 Abs. 6 Satz 2 erforderlichen Unterschriften öffentlich beglaubigt sind.[297] Ein Nachweis der Eigenschaften der unterzeichnenden Personen ggü. dem GBA ist nicht erforderlich.[298] Das Grundbuchamt kann die Unterschrift des Vorsitzenden des Verwaltungsbeirats nicht schon allein deshalb verlangen, weil die WEer die Einrichtung eines Verwaltungsbeirats vereinbart haben. Dies ist vielmehr erst dann möglich, wenn ein Anhaltspunkt für die Annahme besteht, dass ein Verwaltungsbeirat tatsächlich gebildet wurde.[299] Bedarf ein WEer zur Veräußerung seines WE der Zustimmung der WEVers, so wird diese dem Grundbuchamt in der Form des § 29 GBO dadurch nachgewiesen, dass ihm eine Niederschrift über die Beschlussfassung vorgelegt wird, bei der die Unterschriften der in dem § 24 Abs. 6 bezeichneten Personen öffentlich beglaubigt werden;[300] dies gilt aber nur dann, wenn für die Zustimmung ein Mehrheitsbeschluss ausreicht. Müssen dagegen alle oder nur ganz bestimmte WEer ihre Zustimmung erteilen, so muss jede einzelne persönliche Zustimmung dem Grundbuchamt in der Form des § 29 GBO nachgewiesen werden. **115**

Die Gültigkeit der in einer WEVers gefassten Beschlüsse wird grds. vom Fehlen oder von Mängeln einer Niederschrift, auch wenn zusätzlich vereinbarte Formerfordernisse verletzt sind, nicht berührt.[301] Etwas anderes gilt, wenn die Protokollierung als solche oder deren Form auf Grund einer Vereinbarung der WEer zur Gültigkeit eines Beschlusses erforderlich ist; ob die WEer eine derartige, zur Anfechtung berechtigende Gültigkeitsvoraussetzung" vereinbart haben, ist durch Auslegung zu ermitteln.[302] Wird ein Beschluss über die Jahres- und Einzelabrechnung gefasst, ist dieser auch dann wirksam, wenn die Abrechnungen in der Niederschrift nicht ausdrücklich bezeichnet sind.[303] Es genügt vielmehr, wenn sich aus den Umständen ergibt, über welche Abrechnungen iE beschlossen worden ist. **116**

Fehlt eine Niederschrift oder weist diese Mängel auf, so verschiebt sich die Beweislast zu Lasten dessen, der einen nicht oder nicht ordnungsgemäß protokollierten Beschluss behauptet. **117**

---

[294] BayObLGZ 1982, 445 (448); 1973, 68 (75); NJW-RR 1990, 210 (211); DWE 1992, 130 (Ls); *Bub*, FS für Seuß (1997), 53 (54) = WE 1997, 402.

[295] KG WuM 1992, 282 = DWE 1992, 125; BayObLG ZWE 2001, 211 = NZM 2001, 712 (Ls).

[296] BGHZ 136, 187 = NJW 1997, 2956 = WE 1997, 466 (467); BayObLG WE 1991, 81; OLG Hamm ZMR 2009, 217 (218).

[297] Dies entsprach auch vor der ausdrücklichen Regelung in § 26 Abs. 3 der hM; vgl. BayObLG NJW 1964, 1962 (1963); *Diester*, Anm. zu BayObLG DNotZ 1964, 722 (727); DNotZ 1964, 724.

[298] *Heggen* NotBZ 2009, 401 f.

[299] LG Oldenburg Rpfleger 1983, 436.

[300] BayObLGZ 1961, 392 (395); NJW 1962, 494 (Ls) = ZMR 1962, 188.

[301] Vgl. KG WE 1994, 45 (46) = ZMR 1993, 532 (533); OLG Hamm DNotZ 1967, 38 (39); AG Hannover DWE 1978, 58 (59); BayObLG MDR 1984, 495.

[302] BGHZ 136, 187 (191) = NJW 1997, 2956 (2960) = WE 1997, 466 (467); WE 1998, 105 = NJW 1998, 755 (756); OLG Celle ZWE 2002, 132 (133); OLG Oldenburg ZMR 1985, 30; aA KG WE 1994, 45 (46); vgl. § 23 Rn 50, 183.

[303] BayObLG WE 1994, 153 (154) = WuM 1993, 487 (488); WE 1995, 339 (340) = ZMR 1995, 41 (42).

118 Aus der nicht ordnungsgemäßen Erstellung der Niederschrift können sich **Schadensersatzansprüche** gegen den zur Anfertigung Verpflichteten – idR den Verwalter – ergeben. Die rechtliche Grundlage liegt in der Verletzung der Verpflichtung aus Auftrag oder Geschäftsbesorgung (§ 675 BGB). Der Schaden kann vor allem darin bestehen, dass ein WEer wegen der fehlenden Niederschrift über die gefassten Beschlüsse nicht informiert ist und daher von Rechten, die ihm gegen diese Beschlüsse zustehen, keinen Gebrauch macht, insbesondere Fristen wegen mangelnder Unterrichtung versäumt.[304] Dabei ist ein Mitverschulden des WEers gem. § 254 BGB zu berücksichtigen.[305] Weicht das Beschlussprotokoll von einer vereinbarten Gültigkeitsvoraussetzung ab und macht der Protokollierungsmangel die gefassten Beschlüsse anfechtbar (s. Rn 119), trägt der protokollierende **Verwalter** ein besonderes **Kostenrisiko** im gerichtlichen Beschlussmängelverfahren. Ein mit der Versammlung befasster und für die Protokollführung verantwortlicher Berufsverwalter hat das Risiko einer Anfechtung zu meiden und dafür zu sorgen, dass die Bestimmungen der GemO eingehalten werden. Verletzt der Verwalter diese Verpflichtung grob fahrlässig, so können ihm nach § 49 Abs. 2 Prozesskosten auferlegt werden.[306]

5. Gestaltungsmöglichkeiten

119 Die in § 24 Abs. 6 enthaltenen Regelungen sind nicht ausdrücklich für unabdingbar erklärt. Insofern können die WEer gem. § 10 Abs. 2 Satz 2 grds. von Abs. 6 abweichende Vereinbarungen treffen. Angesichts der nur fragmentarischen gesetzlichen Regelung sind konkretisierende Vereinbarungen der WEer sogar angebracht. Empfehlenswert ist insbesondere eine Vereinbarung über eine Frist zur Erstellung der Niederschrift und über die Versendung von Kopien der Niederschrift an alle WEer. Auch können die WEer ergänzend oder abweichend von § 24 Abs. 6 besondere Formerfordernisse festlegen; sie können etwa vereinbaren, dass die Niederschrift von bestimmten WEern zu unterzeichnen ist, die zuvor von der Versammlung bestimmt worden sind.[307] Weitergehend können die WEer auch die Rechtsfolgen eines Formverstoßes regeln, indem sie etwa die Form als konstitutive Voraussetzung für die „Gültigkeit" der Beschlüsse im Sinne von § 23 Abs. 4 bestimmen.[308]

120 Wegen der Gestaltungsfreiheit nach § 10 Abs. 2 Satz 2 können die WEer § 24 Abs. 6 gänzlich durch Vereinbarung abbedingen.[309] Bedenken ergeben sich auch nicht aus § 10 Abs. 4, wonach wegen der Wirkung von Beschlüssen gegen Sondernachfolger auf eine Dokumentation nicht verzichtet werden könne.[310] Denn Sondernachfolger können sich idR durch Einsicht in die Beschluss-Sammlung über die Beschlusslage der WEgem informieren. Selbst wenn auch die Pflicht zur Führung einer Beschluss-Sammlung durch Vereinbarung ausgeschlossen ist, bleibt es bei der Möglichkeit, auch die Anfertigung einer Niederschrift auszuschließen. Da insoweit nicht ausdrücklich etwas anderes bestimmt ist, hat die privatautonome Gestaltungsfreiheit nach § 10 Abs. 2 Satz 2 Vorrang.

---

[304] Vgl. aber zur Möglichkeit der Wiedereinsetzung in den vorigen Stand BayObLG WE 1991, 229; WE 1989, 224.

[305] BayObLG WEM 1981, 46.

[306] Vgl. zum früheren Recht: BGH NJW 1998, 755 (756) = WE 1998, 105; NJW 1997, 2956 (2960) = WE 1997, 466 (467); vgl. dazu *Rau* ZMR 1998, 1 (2); *Drasdo* DWE 1998, 57 (58 f.).

[307] Vgl. BGHZ 136, 187 = NJW 1997, 2956 (2960) = WE 1997, 466 (467); NJW 1998, 755 (756) = WE 1998, 105.

[308] BGHZ 136, 187 = NJW 1997, 2956 (2960) = WE 1997, 466 (467); NJW 1998, 755 (756) = WE 1998, 105; OLG Hamm ZWE 2001, 234 (236) = NZM 2002, 295; aA *Lüke* JZ 1998, 417 (419 f.); vgl. dazu § 23 Rn 183 mwN zum Meinungsstand.

[309] Vgl. BGHZ 136, 187; NJW 1998, 755; BayObLG NJW-RR 1989, 1168; WuM 1990, 173 f.; kritisch *Drado* S. 324 Rn 2.

[310] So aber Staudinger/*Bub* § 24 Rn 21 zum früheren Recht.

6. Die Aufbewahrungspflicht

Das WEG enthält über die Aufbewahrung der Niederschriften keine Regelung. Da die Niederschrift gem. § 24 Abs. 6 Satz 1 zumindest die in der Versammlung gefassten Beschlüsse wiedergibt und diese Beschlüsse gem. § 10 Abs. 4 auch ggü. möglichen Rechtsnachfolgern bindend sind, müssen die Niederschriften vom Verwalter grds. dauernd aufbewahrt werden.[311] Entsprechendes gilt für Beschlüsse, die gem. § 23 Abs. 3 ohne Versammlung der WEer gefasst werden.[312] 121

7. Das Einsichtsrecht

Nach § 24 Abs. 6 Satz 3 ist jeder WEer berechtigt, die Niederschriften einzusehen. Ein berechtigtes Interesse an der Einsicht braucht ein WEer nicht darzulegen. Ein Einsichtsrecht in die vom Protokollführer zur Anfertigung der Niederschrift gemachten Aufzeichnungen hat der WEer dagegen nicht.[313] Der WEer kann auch einen Dritten, z. B. einen Kaufinteressenten, Rechtsanwalt oder Steuerberater zur Einsicht ermächtigen. Ermächtigt der WEer einen Dritten zur Einsicht in die Niederschriften, so muss er dabei auch die Interessen der anderen WEer beachten. Eine solche Ermächtigung ist daher nur dann zulässig, wenn der Dritte ein berechtigtes Interesse an der Einsichtnahme hat. Auch muss sichergestellt werden, dass dem Dritten nur insoweit Einsicht in die Niederschriften gewährt wird, als hierfür ein berechtigtes Interesse besteht. Ein eigenes Einsichtsrecht steht Dritten dagegen nicht zu.[314] 122

Das Einsichtsrecht umfasst auch die Befugnis, sich Abschriften zu fertigen oder von Dritten anfertigen zu lassen.[315] Der Verwalter ist aber ohne eine entsprechende Vereinbarung grds. nicht verpflichtet, den WEern eine Fotokopie der Niederschrift zu übersenden oder ihnen in sonstiger Weise den Inhalt der gefassten Beschlüsse unaufgefordert mitzuteilen.[316] Eine derartige Verpflichtung kann sich aber ausnahmsweise dann ergeben, wenn der Verwalter auf Grund einer längeren Übung in der Vergangenheit das Vertrauen geschaffen hat, es werde eine Kopie der Niederschrift auch in Zukunft unaufgefordert an die WEer versandt.[317] Im Übrigen ergibt sich aus §§ 242, 675, 666 BGB die Pflicht zur Unterrichtung der nicht in der Versammlung anwesenden WEer, wenn über einen nicht angekündigten Tagesordnungspunkt Beschluss gefasst wurde.[318] 123

Das Einsichtsrecht gilt auch für sog. Zirkularbeschlüsse nach § 23 Abs. 3 und für gerichtliche Entscheidungen, die der Verwalter ebenfalls als Maßnahme ordnungsgemäßer Verwaltung aufzubewahren hat. 124

8. Der Berichtigungsanspruch

Dem einzelnen WEer kann unter bestimmten Voraussetzungen ein Anspruch auf Berichtigung der Niederschrift zustehen. Ein solcher Anspruch kann sich zum einen aus §§ 823, 1004 BGB und zum anderen aus dem Gesichtspunkt der ordnungsgemäßen Verwaltung gem. § 21 Abs. 4 ergeben.[319] Voraussetzung ist in beiden Fällen, dass der WEer 125

[311] Eingehend zur Aufbewahrungspflicht der Niederschrift und anderer Unterlagen *Schmid* DWE 1989, 146.

[312] Staudinger/*Bub* § 24 Rn 119, 130.

[313] KG NJW 1989, 532 (533); kritisch dazu *Dürr* DWE 1989, 94 (95).

[314] Ebenso Staudinger/*Bub* § 24 Rn 135.

[315] OLG Zweibrücken WE 1991, 333 (334); OLG Karlsruhe MDR 1976, 758.

[316] BayObLG WE 1992, 139 (140); OLG Zweibrücken WE 1991, 333 (334); OLG Frankfurt WuM 1990, 461 f.; Staudinger/*Bub* § 24 Rn 141.

[317] Staudinger/*Bub* § 24 Rn 142.

[318] Staudinger/*Bub* § 24 Rn 142.

[319] Vgl. dazu OLG Hamm OLGZ 1989, 314 (315) = WE 1989, 174; KG WE 1989, 139; BayObLG WE 1991, 81 (82).

durch den Inhalt der Niederschrift rechtswidrig beeinträchtigt wird oder eine rechtlich erhebliche Erklärung falsch wiedergegeben ist.[320]

126 Ein WEer hat einen Anspruch auf Berichtigung der Niederschrift aus §§ 823, 1004 BGB, wenn der Inhalt der Niederschrift sein Persönlichkeitsrecht rechtswidrig beeinträchtigt. Dabei führt nicht bereits jede Kritik zu einem Berichtigungsanspruch. Dieser besteht nur dann, wenn die in der Niederschrift enthaltenen Ausführungen einen sachlichen Bezug vermissen lassen und zur bloßen Schmähung eines WEers herabsinken. Dies ist insbesondere dann der Fall, wenn die Niederschrift bloßstellende oder sonst diskriminierende Ausführungen über einen WEer enthält.

127 Des Weiteren steht dem WEer ein Anspruch auf Berichtigung der Niederschrift zu, wenn diese nicht den Grundsätzen ordnungsgemäßer Verwaltung (§ 21 Abs. 4) entspricht. Dem Protokollanten steht bei der Niederschrift aber ein Ermessensspielraum zu, dessen Umfang von der rechtlichen Relevanz der Versammlungsinhalte abhängig ist. Wann dieser überschritten ist, kann nur im Einzelfall beurteilt werden. Ein Verstoß gegen die Grundsätze ordnungsgemäßer Verwaltung liegt aber jedenfalls dann vor, wenn der Beschlussinhalt in der Niederschrift falsch, unvollständig oder überhaupt nicht wiedergegeben wird.[321]

128 Für einen Antrag auf Berichtigung des Protokolls einer WEvers hinsichtlich der Zahl der abgegebenen Ja-Stimmen fehlt aber dann das **Rechtsschutzbedürfnis,** wenn sich die behauptete Unrichtigkeit auf das Abstimmungsergebnis nicht auswirkt.[322] Beeinträchtigt die Niederschrift das Persönlichkeitsrecht eines WEers, so stellt dies regelmäßig auch einen Verstoß gegen die Grundsätze ordnungsgemäßer Verwaltung dar, der zur Berichtigung der Niederschrift verpflichtet.

129 Vielfach ist in der GemO eine **Genehmigung der Niederschrift** durch Mehrheitsbeschluss vorgesehen. Ist eine solche Genehmigung erfolgt, so schließt dies nicht das Recht der überstimmten oder der nicht anwesenden WEer aus, einen Berichtigungsanspruch vor Gericht geltend zu machen. Solange die Genehmigung nicht erfolgt ist, fehlt für einen Berichtigungsantrag das **Rechtsschutzbedürfnis.**[323] Ist eine Genehmigung in der GemO nicht vorgesehen, so wird vom BayObLG[324] die Ansicht vertreten, dass ein Beschluss, der die Niederschrift einer WEvers genehmigt, nicht ordnungsgemäßer Verwaltung entspricht, da hierdurch bei den überstimmten und nicht anwesenden WEern der Eindruck entstehen könne, die Unrichtigkeit der Niederschrift dürfe nicht mehr geltend gemacht werden. Dem wird man zustimmen können, da sich an der Beweiskraft der Niederschrift als Privaturkunde durch die Genehmigung nichts ändert, so dass ein Genehmigungsbeschluss zu Missverständnissen führen kann und deshalb ordnungsgemäßer Verwaltung widerspricht.

130 Wird die Berichtigung einer inhaltlich unrichtigen Niederschrift begehrt, so muss eine entsprechende Klage nicht innerhalb der Frist des § 46 Abs. 1 erhoben werden; diese Frist gilt nur für die Anfechtung von Beschlüssen, da ansonsten der Niederschrift rechtsgestaltende Wirkung zukäme (vgl. § 23 Rn 50).[325] Beweispflichtig ist, wer die Berichtigung begehrt.[326]

---

[320] BayObLG WE 1992, 86; WuM 1991, 310 (311); WuM 1990, 173 (174); WE 1992, 178 (179); KG WuM 1989, 347.

[321] BayObLG WE 1992, 86.

[322] BayObLG WE 1992, 87 = WuM 1991, 310 (311); aA *Sauren* WEG § 24 Rn 40.

[323] BayObLGZ 1989, 342 (346) = NJW-RR 1989, 1168; *Seuß* WE 1995, 271.

[324] BayObLG WE 1988, 18; zustimmend *Seuß* WE 1995, 271; *Bub,* FS für Seuß (1997), 53 (59 f.) = WE 1997, 402 (404 f.).

[325] So zutreffend BayObLG NJW-RR 1990, 210; Niedenführ/*Kümmel*/Vandenhouten § 24 Rn 72; *v. Rechenberg/Riecke* MDR 1996, 518 (519); Staudinger/*Bub* § 24 Rn 124; aA OLG Hamm OLGZ 1985, 147 (148); *Fischer* ZfIR 2000, 325 (328).

[326] AG Landshut ZMR 2008, 498.

IX. Die Beschluss-Sammlung

1. Allgemeines

a) Normzweck. Durch das G zur Änderung des WEG[327] ist in den neuen Absätzen 7 und 8 des § 24 die Pflicht zur Führung einer Beschluss-Sammlung sowie die Art und Weise ihrer Führung geregelt worden. Der Inhalt der Sammlung soll einem Erwerber von WE, den WEern selbst und dem Verwalter in übersichtlicher Form Kenntnis von der aktuellen Beschlusslage der Gemeinschaft und damit zusammenhängenden gerichtlichen Entscheidungen geben.[328] Die Eintragung in die Sammlung hat keine konstitutive Wirkung für das Zustandekommen eines Beschlusses, vielmehr soll sie die Eintragung von Beschlüssen in das Grundbuch ersetzen und so die Publizität der nach § 10 Abs. 4 auch gegen Sondernachfolger wirkenden Beschlüsse sicherstellen. Der Beschluss-Sammlung kommt aber keine Registerpublizität zu, d. h. der Rechtsverkehr kann sich nicht auf die Richtigkeit und Vollständigkeit der Beschluss-Sammlung verlassen.[329] 131

b) Beschluss-Sammlung und Niederschrift. Da § 24 Abs. 6 unverändert weiter gilt, ist die Beschluss-Sammlung unabhängig von der Niederschrift, die über die in einer Versammlung gefassten Beschlüsse aufzunehmen ist, und neben dieser zu führen.[330] Sie enthält neben den in einer Versammlung gefassten Beschlüssen auch schriftliche Beschlüsse, gerichtliche Entscheidungen sowie Vermerke und Löschungen. Die Beschluss-Sammlung informiert daher umfassender über die Rechtslage einer Gemeinschaft, zumal durch Vermerke und Löschungen auch nachträgliche Veränderungen der Rechtslage zu dokumentieren sind. 132

Demgegenüber ist eine Niederschrift nur über die in einer Versammlung gefassten Beschlüsse aufzunehmen. Sie kann und sollte neben dem gesetzlichen Mindestinhalt[331] weitere rechtserhebliche Vorkommnisse enthalten, während die Beschluss-Sammlung auf die Wiedergabe des Wortlauts der Beschlüsse und Urteilsformeln beschränkt ist. Nachträgliche Veränderungen der Rechtslage führen nicht zur Berichtigung einer Niederschrift. 133

c) Gestaltungsfreiheit. Die WEer können nach § 10 Abs. 2 Satz 2, da nichts anderes ausdrücklich bestimmt ist, von den Regelungen des Gesetzes **abweichende Vereinbarungen** treffen.[332] Sie können daher die Führung einer Beschluss-Sammlung gegenüber der gesetzlichen Regelung durch Vereinbarung konkretisieren oder modifizieren, etwa indem sie die Sammlung der Niederschriften zur Beschluss-Sammlung bestimmen. Auch kann die Aufnahme eines Beschlusses in die Beschluss-Sammlung zur Voraussetzung für die Gültigkeit eines Beschlusses gemacht werden. 134

Aus dem Umstand, dass in zahlreichen, im G zur Änderung des WEG enthaltenen neuen Vorschriften ausdrücklich Regelungen zu abweichenden Vereinbarungen enthalten sind, die aber nicht die Regelungen zur Beschluss-Sammlung betreffen, muss geschlossen werden, dass die WEer auch die Führung einer Beschluss-Sammlung durch Vereinbarung **völlig ausschließen** können.[333] Dies entspricht, da nichts anderes ausdrücklich bestimmt ist, dem klaren Wortlaut des § 10 Abs. 2 Satz 2. 135

Werden Regelungen, die von § 24 Abs. 7 abweichen, durch **Beschluss** getroffen, so sind sie unwirksam, da insoweit eine Beschlusskompetenz der WEer nicht besteht.[334] Wird abweichend von § 24 Abs. 8 Satz 1 durch Beschluss anstelle des Verwalters ein anderer mit der Führung der Beschluss-Sammlung beauftragt, so ist ein solcher Beschluss dagegen 136

---

327 BGBl. I 2007, 370.

328 BT-Drucks. 16/887 S. 33 unter 11. b); vgl. *Drasdo* ZWE 2008, 169 f.

329 *Drasdo* ZWE 2008, 169 (170).

330 *Drasdo* ZWE 2008, 169 f.

331 Vgl. dazu § 24 Rn 108 f.

332 *Drasdo* ZWE 2008, 169 (171); *Moosheimer* ZMR 2009, 809 (812).

333 Einschränkend *Hügel/Elzer* NZM 2009, 457 (467).

334 Ebenso *Drasdo* ZWE 2008, 169 (171).

wirksam, da gemäß § 24 Abs. 8 Satz 2 eine Kompetenz der WEer besteht, für diese Aufgabe durch Stimmenmehrheit eine anderen zu bestellen, wenn ein Verwalter fehlt; fehlt ein Verwalter nicht, so ist ein solcher Beschluss zwar wirksam, aber anfechtbar.

2. Die Führung der Beschluss-Sammlung

137 **a) Allgemeines.** „Führen" umfasst alle mit der Anlegung der Sammlung, den Eintragungen, der Aktualisierung, der Löschung und der Einsichtnahme verbundenen Maßnahmen. Das Gesetz regelt nicht das äußere Erscheinungsbild der Beschluss-Sammlung. Nicht im Detail geregelte Fragen können unter Berücksichtigung von Sinn und Zweck der Vorschrift gelöst werden, nämlich Erwerber, WEer und Verwalter besonders übersichtlich über die Beschlusslage und Entscheidungen der Gemeinschaft zu informieren.[335] Mangels gesetzlicher Regelung kann die Beschluss-Sammlung in schriftlicher Form, etwa als Stehordner, aber auch in elektronischer Form angelegt werden, soweit dabei eine ungehinderte Einsicht, etwa durch einen Ausdruck, ermöglicht wird. Sinn und Zweck der Sammlung sowie das Gebot der Ordnungsmäßigkeit erfordern, dass sie zweckmäßig und übersichtlich geführt wird. Insoweit kann es je nach den Umständen angezeigt sein, ein Inhaltsverzeichnis anzulegen, in dem auch der Gegenstand, etwa eines Beschlusses, in Kurzform bezeichnet werden könnte. Um die Übersichtlichkeit zu gewährleisten, dürfte es auch zulässig sein, umfangreiche Beschlüsse, etwa über den Wirtschaftsplan oder die Jahresabrechnung in eine Anlage zur Beschluss-Sammlung aufzunehmen.

138 **b) Der Verpflichtete. aa) Der Verwalter.** Nach Absatz 8 Satz 1 ist die Beschluss-Sammlung vom Verwalter zu führen. Die organschaftliche Pflicht des Verwalters zur Führung der Beschluss-Sammlung besteht gegenüber der Gemeinschaft der WEer. Wird in einer Versammlung ein neuer Verwalter bestellt, so hat der neu bestellte Verwalter die auf Grund der Versammlung erforderlich werdenden Eintragungen vorzunehmen. Wie bei der Erstellung der Jahresabrechnung[336] ist auf die Fälligkeit der zu erbringenden Leistung abzustellen. Die Vornahme von Eintragungen wird aber erst unverzüglich nach der Versammlung fällig, in der Beschlüsse verkündet werden, die Eintragungen erforderlich machen. Folglich hat der neu bestellte Verwalter die Beschluss-Sammlung hinsichtlich der Eintragungen und Vermerke zu führen, die durch die Versammlung verursacht werden, in der er zum Verwalter bestellt worden ist.

139 **bb) Der Vorsitzende der Versammlung.** Fehlt ein Verwalter, etwa bei kleinen Gemeinschaften, so ist nach Absatz 8 Satz 2 der Vorsitzende der Versammlung verpflichtet, die Beschluss-Sammlung zu führen, d. h. die auf Grund der in der von ihm geleiteten Versammlung gefassten Beschlüsse erforderlichen Eintragungen vorzunehmen.[337] Ein Verwalter fehlt, wenn ein Verwalter überhaupt nicht bestellt worden ist oder wenn ein Verwalter seine Verwalterstellung verloren hat, sei es durch Ablauf der Bestellungszeit, durch Abberufung, durch Ungültigerklärung des Bestellungsbeschlusses, durch Tod, durch Eintritt einer auflösenden Bedingung oder sei es durch Niederlegung des Amtes seitens des Verwalters.[338] Ein Verwalter fehlt aber auch, wenn er nicht nur vorübergehend tatsächlich an der Ausübung seiner Funktionen gehindert ist, etwa durch Erkrankung oder Abwesenheit. Dem Fehlen eines Verwalters ist es gleich zu stellen, wenn dieser sich weigert, eine Eigentümerversammlung durchzuführen und zu leiten.[339]

140 **cc) Sonstige.** Fehlt ein Verwalter, können die WEer nach § 24 Abs. 8 Satz 2 anstelle des Vorsitzenden der Versammlung mit Stimmenmehrheit auch einen anderen zur Führung der Beschluss-Sammlung bestellen. Dieser muss nicht WEer sein. Er kann zur Führung der Be-

---

335 Siehe dazu *Drasdo* ZWE 2008, 169 (176).

336 Vgl. § 28 Rn 65.

337 Kritisch *Drasdo* ZWE 2008, 169 (171); *Köhler* Rn 455.

338 Vgl. § 26 Rn 253; Staudinger/*Bub* (2005) § 26 WEG Rn 488.

339 Im Erg. ebenso *Abramenko* § 2 Rn 54.

schluss-Sammlung für einen Einzelfall bestellt werden. Wird er auf Dauer für die Zeit des Fehlens eines Verwalters bestellt, entfallen mit der Bestellung eines Verwalters die Voraussetzungen für die Bestellung nach § 24 Abs. 8 Satz 2 und endet die Bestellungszeit des zur Führung der Beschluss-Sammlung Bestellten. Wird generell ein anderer auf Dauer – nicht nur für die Zeit des Fehlens eines Verwalters – zum Führen der Beschluss-Sammlung mit Stimmenmehrheit bestellt, ist der Beschluss zwar gesetzeswidrig, aber wegen der bestehenden Beschlusskompetenz wirksam. Auf Anfechtungsklage ist er jedoch für ungültig zu erklären, weil die Führung der Beschluss-Sammlung gesetzliche Aufgabe des Verwalters ist, die nur durch Vereinbarung gemäß § 10 Abs. 2 Satz 2 WEG auf einen anderen übertragen werden kann.[340]

Mit der Annahme der Bestellung erlangt der Bestellte eine organähnliche Rechtsstellung für einen begrenzten Aufgabenbereich, nämlich die Führung der Beschluss-Sammlung.[341] Zugleich kommt zwischen der Gemeinschaft und dem Bestellten ein Schuldverhältnis zustande, und zwar bei unentgeltlicher Tätigkeit des Bestellten ein Auftrag, andernfalls ein Geschäftsbesorgungsvertrag. **141**

c) Die Vornahme von Eintragungen. Beschlüsse und gerichtliche Entscheidungen sind nach § 24 Abs. 7 Satz 3 historisch fortlaufend, d. h. in chronologischer Reihenfolge einzutragen und **fortlaufend zu nummerieren.** Die fortlaufende Nummer dient als Indiz für die Vollständigkeit der Sammlung. Ob allein nach dem Datum der Entscheidungen und Beschlüsse oder auch nach anderen Sachgebieten geordnet wird, hängt von den Umständen des Einzelfalles ab und bleibt dem für die Führung der Sammlung Verantwortlichen überlassen, idR also dem Verwalter. **142**

Nach Satz 7 sind die Eintragungen, Vermerke und Löschungen **unverzüglich** zu erledigen und mit Datum zu versehen. „Unverzüglich" bedeutet nach der Legaldefinition des § 121 BGB „ohne schuldhaftes Zögern". Daraus folgt, dass Beschlüsse unmittelbar im Anschluss an die Verkündung, nicht erst nach Anfertigung oder Unterzeichnung der Niederschrift einzutragen sind.[342] Findet, wie vielfach üblich, die beschlussfassende Versammlung abends statt, dann muss die Eintragung von Beschlüssen gleich am nächsten Geschäftstag vorgenommen werden; nur dadurch wird gewährleistet, dass sich ein WEer, der nicht an der Versammlung teilgenommen hat, umgehend über die gefassten Beschlüsse informieren kann. Eine Eintragung, die Tage später vorgenommen wird, erfolgt idR nicht mehr „unverzüglich" im Sinne des § 24 Abs. 7 Satz 7.[343] Die Angabe des Datums der jeweiligen Eintragung dient dazu festzustellen, ob die Eintragung „unverzüglich" erfolgt ist und soll so die Aktualität der Eintragungen, Vermerke und Löschungen sichern. **143**

Fehlt bei Verkündung eines Beschlusses eine vereinbarte Wirksamkeitsvoraussetzung,[344] etwa die Protokollierung des Beschlusses oder die Zustimmung eines betroffenen WEers,[345] so ist der verkündete Beschluss noch nicht wirksam. Er ist daher erst dann **unverzüglich** in die Beschluss-Sammlung einzutragen, wenn die bei seiner Verkündung noch fehlenden Wirksamkeitsvoraussetzungen vorliegen. Andernfalls würde die Beschlusslage der Gemeinschaft unrichtig dokumentiert.[346] **144**

Vermerke sind **unverzüglich** einzutragen nach Erlangung der Kenntnis von der zu vermerkenden Anfechtung oder Aufhebung. Für **Löschungen** spielt die unverzügliche Erledigung keine Rolle, da die Vornahme von Löschungen im Ermessen des die Beschluss- **145**

---

[340] Siehe oben Rn 136.

[341] *Abramenko* § 2 Rn 58.

[342] Vgl. *Drasdo* ZWE 2008, 169 (175 f.).

[343] LG München I NJW 2008, 1823 f.; BT-Drucks. 16/887, S. 34; aA LG Berlin ZWE 2010, 224 (225): „binnen einer Woche", und „unverzüglich", dagegen zu Recht *Reichert* ZWE 2010, 227.

[344] Vgl. § 23 Rn 50, 119.

[345] Vgl. § 23 Rn 120.

[346] Vgl. auch *Abramenko* § 2 Rn 49; *Moosheimer* ZMR 2009, 809 (812); aA *Drasdo* ZWE 2008, 169 (171).

Sammlung Führenden steht. Im Übrigen wird die Beschluss-Sammlung durch die Nichtvornahme einer möglichen Löschung nicht unrichtig, vielmehr ergibt sich die Rechtslage der Gemeinschaft aus anderen Eintragungen in der Beschluss-Sammlung.

146 **d) Pflichtverletzungen.** Die Pflicht zur Führung der Beschluss-Sammlung besteht als organschaftliche Pflicht des Verwalters gegenüber der Gemeinschaft; analog § 27 Abs. 1 iVm mit § 21 Abs. 4 besteht sie auch gegenüber jedem WEer.[347] Wird die Beschluss-Sammlung nicht entsprechend den gesetzlichen und vereinbarten Regelungen geführt, stellt dies eine Pflichtverletzung dar, die nach § 280 Abs. 1 BGB eine Schadenersatzpflicht desjenigen zur Folge haben kann, der die Sammlung nicht ordnungsgemäß geführt hat.[348] Entstehen einer Gemeinschaft hierdurch etwa Kosten für die Überprüfung und Korrektur der Beschluss-Sammlung, um sie in einen ordnungsgemäßen Zustand zu versetzen, kann dieser Schaden von demjenigen ersetzt verlangt werden, der sie durch nicht ordnungsmäßige Führung der Sammlung verursacht hat. Ein einzelner WEer etwa kann Ersatz seines Schadens verlangen, den er im Vertrauen auf eine fehlende oder unzutreffende Eintragung erleidet. Gegenüber einem künftigen Erwerber, der Einsicht in die Sammlung nimmt, kommt mangels vertraglicher Beziehungen allenfalls eine Haftung unter dem Gesichtspunkt des Vertrages mit Schutzwirkung zugunsten Dritter in Betracht. In der nicht ordnungsmäßigen Führung der Beschluss-Sammlung liegt im Übrigen nach § 26 Abs. 1 Satz 4 ein wichtiger Grund zur Abberufung des Verwalters.[349]

3. Der Inhalt der Sammlung

147 **a) Allgemeines.** In die Beschluss-Sammlung sind die in § 24 Abs. 7 Satz 2 Nrn. 1 bis 3 bezeichneten, nach Inkrafttreten des Gesetzes verkündeten Beschlüsse und ergangene gerichtliche Entscheidungen einzutragen. Frühere Beschlüsse und Entscheidungen brauchen nicht aufgenommen zu werden. Den WEern bleibt es aber unbenommen, auch Beschlüsse und Entscheidungen aus der Zeit vor Inkrafttreten des Gesetzes, die für die WEer noch Bedeutung haben, in die Beschluss-Sammlung aufzunehmen.[350] Ein solches Vorgehen dürfte idR ordnungsmäßiger Verwaltung entsprechen und kann daher nach § 21 Abs. 3 mit Stimmenmehrheit beschlossen werden. Kann die Beschlusslage für die Zeit vor Inkrafttreten des Gesetzes nicht mehr nachvollzogen werden, kann es sinnvoll sein, die nicht mehr auffindbaren, irrelevanten oder unklaren Beschlüsse aufzuheben und auf diese Weise Rechtssicherheit zu schaffen; eine Pflicht hierzu besteht aber weder für die WEer noch für den Verwalter.

148 Schon vorhandene Beschluss-Sammlungen können weiter genutzt werden, müssen aber für die Zeit ab Inkrafttreten des Gesetzes nach Maßgabe der gesetzlichen Vorgaben geführt werden. Für die Zeit vor Inkrafttreten des Gesetzes braucht eine bereits vorhandene Beschluss-Sammlung nicht den jetzt maßgeblichen gesetzlichen Regelungen angepasst zu werden.

149 **b) Eintragungen.** In die Beschluss-Sammlung ist jeweils **nur der Wortlaut** der in § 24 Abs. 7 Satz 2 Nrn. 1 bis 3 bezeichneten Beschlüsse und gerichtlichen Entscheidungen einzutragen. Damit die Sammlung übersichtlich bleibt, dürfen nicht einfach die in § 24 Abs. 6 genannten Niederschriften in die Sammlung aufgenommen werden. Diese sind in der Praxis vielfach zu umfangreich, so dass eine Aneinanderreihung der Niederschriften die Kenntnisnahme von den Beschlüssen erschweren würde.

150 **aa) Versammlungsbeschlüsse.** Einzutragen ist nur der Wortlaut aller in einer Versammlung der WEer verkündeten Beschlüsse mit Angabe von Ort und Datum der Versammlung. Verkündete, aber unwirksame Beschlüsse sind nicht einzutragen. Fehlt bei Verkündung eines Beschlusses eine vereinbarte Wirksamkeitsvoraussetzung,[351] etwa die

---

[347] Vgl. § 26 Rn 30.
[348] *Abramenko* § 2 Rn 82 ff.
[349] Vgl. § 26 Rn 191.
[350] S. dazu kritisch *Drasdo* ZWE 2008, 169 (177).
[351] Vgl. § 23 Rn 50, 119.

Protokollierung des Beschlusses, oder die Zustimmung eines betroffenen WEers,[352] so ist der verkündete Beschluss noch nicht wirksam. Er ist daher erst dann **unverzüglich** in die Beschluss-Sammlung einzutragen, wenn die bei seiner Verkündung noch fehlenden Wirksamkeitsvoraussetzungen vorliegen. Andernfalls würde die Beschlusslage der Gemeinschaft unrichtig dokumentiert.[353]

(1) Einzutragen ist der sog. **positive Beschluss,** d. h. ein vom Versammlungsleiter verkündetes positives Beschlussergebnis, und zwar unabhängig davon, ob die vom Versammlungsleiter getroffene Feststellung richtig oder unrichtig ist. Da hierdurch die Rechtslage der Gemeinschaft geregelt wird, ist der Inhalt der Regelung, der durch den Beschlussantrag bestimmt wird, einzutragen, nicht das Abstimmungsergebnis. Der Wortlaut des in die Sammlung einzutragenden Beschlusses muss mit dem in die Niederschrift aufgenommenen Wortlaut übereinstimmen. **151**

Einzutragen ist der volle Wortlaut des Beschlusses. Eine Eintragung, die nur die Annahme eines Beschlussantrages wiedergibt, etwa „Top 11 – Der Antrag wurde angenommen" erfüllt nicht die Voraussetzungen an eine ordnungsmäßige Führung der Beschluss-Sammlung. Denn aus einer solchen Eintragung mit Bezugnahme auf ein außerhalb der Beschluss-Sammlung sich befindendes Dokument lässt sich die getroffene Regelung nicht entnehmen, so dass allein der Inhalt der Sammlung ohne zusätzliche Informationen aus der Tagesordnung oder der Niederschrift keine Kenntnis von der aktuellen Beschlusslage der Gemeinschaft gibt. Dies bedeutet auch, dass bei Beschlüssen über den Wirtschaftsplan oder die Jahresabrechnung eine Eintragung „Der Wirtschaftsplan/die Jahresabrechnung 2007 wurde beschlossen/angenommen" nicht den gesetzlichen Erfordernissen genügt. Vielmehr sind der Gesamtwirtschaftsplan sowie die Einzelwirtschaftspläne und auch die Gesamtjahresabrechnung und die Einzelabrechnungen in die Beschluss-Sammlung einzutragen. Denn da sich insbesondere die Zahlungspflichten des einzelnen WEers nur den Einzelwirtschaftsplänen und den Einzelabrechnungen entnehmen lassen, müssen sie in die Beschluss-Sammlung aufgenommen werden, wenn diese über die aktuelle Beschlusslage informieren soll.[354] Allerdings kann dies bei großen Gemeinschaften dazu führen, dass wegen des Umfangs solcher Beschlüsse die Beschluss-Sammlung unübersichtlich wird. Um die gesetzlich angestrebte übersichtliche Form der Information über die Beschlusslage zu gewährleisten, dürfte es daher zulässig sein, wenn Beschlüsse über Wirtschaftspläne oder Abrechnungen in die Beschluss-Sammlung eingetragen, die einzelnen Pläne und Abrechnungen aber in einen Anhang zur Beschluss-Sammlung genommen werden;[355] in der Beschluss-Sammlung muss dann allerdings ein entsprechender Vermerk angebracht werden. **152**

(2) Einzutragen ist grundsätzlich auch die verkündete **Ablehnung eines Beschlussantrages,**[356] unabhängig davon, ob das negative Beschlussergebnis richtig oder unrichtig festgestellt wurde. Denn die Rechtswirkungen insbesondere eines zu Unrecht festgestellten sog. **negativen Beschlusses** können nur durch Beschlussanfechtung beseitigt werden.[357] Eine Eintragung in der Sammlung „Der Beschlussantrag wurde abgelehnt" oder „Es ist kein Beschluss zustande gekommen" würde dem Zweck der Beschluss-Sammlung nicht gerecht, da nicht erkennbar wird, worüber abgestimmt worden ist, also ein negativer Beschluss gefasst wurde. Daher ist bei einem negativen Beschluss auch der Wortlaut des zur Abstimmung gestellten Beschlussantrages in die Sammlung aufzunehmen, weil diese nur dann Kenntnis von der aktuellen Beschlusslage der Gemeinschaft gibt.[358] Der Wortlaut des in die **153**

---

[352] Vgl. § 23 Rn 120.
[353] Vgl. auch *Abramenko* § 2 Rn 49.
[354] AA Niedenführ/*Kümmel*/Vandenhouten § 24 Rn 80.
[355] Zustimmend *Drasdo* ZWE 2008, 169 (174 f.).
[356] *Reichert* ZWE 2007, 388; *Drasdo* ZWE 2008, 169 (171).
[357] Vgl. § 23 Rn 47 f.
[358] Ebenso *Abramenko* § 2 Rn 29.

Sammlung einzutragenden Beschlusses muss mit dem in die Niederschrift aufgenommenen Wortlaut übereinstimmen.

154 Die durch einen **negativen Beschluss** getroffene Regelung erschöpft sich häufig in der Ablehnung eines Beschlussantrages, so dass auch für eine Anfechtung regelmäßig das Rechtsschutzbedürfnis fehlt.[359] Ein solcher negativer Beschluss hat für die WEer idR keine Bedeutung. Da aber eine Eintragung nach Satz 6 gelöscht werden kann, wenn sie für die WEer keine Bedeutung mehr hat, wäre es reiner Formalismus, einen solchen negativen Beschluss zunächst in die Sammlung einzutragen und sogleich anschließend wegen Bedeutungslosigkeit wieder zu löschen. Vielmehr braucht ein negativer Beschluss, der für die WEer von vornherein keine Bedeutung hat, gar nicht erst in die Beschluss-Sammlung eingetragen zu werden.

155 Dagegen ist ein negativer Beschluss, der für die WEer Bedeutung hat, in die Beschluss-Sammlung einzutragen. Dies ist etwa dann der Fall, wenn ein WEer einen klagbaren Anspruch auf positive Beschlussfassung hat (z. B. Beschlussfassung über Wirtschaftsplan oder Jahresabrechnung gemäß §§ 21 Abs. 4, 28 Abs. 5)[360] oder wenn bei unrichtiger Feststellung eines negativen Beschlussergebnisses die Klage auf Ungültigerklärung mit der Klage auf Feststellung eines positiven Beschlusses verbunden werden kann.[361] Auch ein negativer Beschluss, der sich nicht in der Ablehnung des Beschlussantrages erschöpft, sondern eine darüber hinausgehende bindende Regelung enthält, muss in die Sammlung eingetragen werden, etwa bei Bindung des Verwalters an die Ablehnung der Zustimmung der WEer zur Umwandlung einer Wohnung in eine Arztpraxis, die durch die GemO dem Verwalter übertragen worden ist.[362]

156 **(3)** Beschlüsse über Verfahrensfragen einer WEVers, sog. **Geschäftsordnungsbeschlüsse,** sind grds. auch in die Sammlung einzutragen.[363] Zwar erledigen sie sich idR mit Ablauf der jeweiligen Versammlung, so dass sie nicht selbständig angefochten werden können. Ein fehlerhafter Geschäftsordnungsbeschluss kann aber zur Anfechtung sonstiger in der Versammlung gefasster Beschlüsse führen,[364] so dass auch Geschäftsordnungsbeschlüsse für die WEer Bedeutung haben können und einzutragen sind. Dies ist etwa der Fall, wenn ein WEer, ein Vertreter oder Beistand von der Teilnahme an der Versammlung ausgeschlossen wird oder wenn sich ein Geschäftsordnungsbeschluss auch auf künftige Versammlungen auswirkt.

157 **(4)** Neben dem Wortlaut der Beschlüsse sind **Ort und Datum der Versammlung** anzugeben. Der Ort kann mit der postalischen Anschrift bezeichnet werden.

158 **bb) Schriftliche Beschlüsse.** In die Beschluss-Sammlung sind auch die Beschlüsse einzutragen, die im schriftlichen Verfahren nach § 23 Abs. 3 zustande gekommen sind. Dies ist der Fall, wenn alle WEer ihre Zustimmung zu dem Beschluss schriftlich erklärt haben, das Ergebnis der Abstimmung festgestellt und den WEern mitgeteilt worden ist.[365] Das Datum dieser Verkündung des Beschlusses, etwa durch Aushang oder Rundschreiben, und der Ort der Verkündung sind in die Sammlung einzutragen. Erfolgt die Verkündung durch Rundschreiben, ist der Absendeort, maßgebend; die Eintragung der unterschiedlichen Orte des Zugangs macht keinen Sinn und dürfte der Übersichtlichkeit der Sammlung entgegenstehen.[366] Erklären nicht alle WEer schriftlich ihre Zustimmung zu einem Beschlussantrag, kommt ein Beschluss im schriftlichen Verfahren nicht zustande; auch ein

---

359 Vgl. § 23 Rn 160.

360 Vgl. hierzu OLG Frankfurt/M. OLGZ 1980, 418 f.

361 Vgl. BGH ZflR 2002, 907 (909).

362 Vgl. BayObLG WE 1993, 342; NJW-RR 1990, 657 (659); BayObLGZ 1980, 29 (37); § 23 Rn 160.

363 *Köhler* Rn 452; *Abramenko* § 2 Rn 30; abweichend *Drasdo* ZWE 2008, 169 (174).

364 Vgl. § 23 Rn 161 f.

365 Vgl. § 23 Rn 93 ff.

366 Vgl. *Köhler* Rn 449, 453.

solcher **negativer Beschluss** muss wie ein negativer Versammlungsbeschluss in die Beschluss-Sammlung eingetragen werden.[367]

cc) Gerichtliche Entscheidungen. In die Beschluss-Sammlung einzutragen sind auch die Urteilsformeln der gerichtlichen Entscheidungen in einem Rechtsstreit gemäß § 43 mit Angabe ihres Datums, des Gerichts und der Parteien. 159

(1) Zu den **Rechtsstreiten gemäß § 43,** deren Entscheidungen mit der Urteilsformel einzutragen sind, gehören Streitigkeiten über die sich aus der Gemeinschaft der WEer und aus der Verwaltung des gemE ergebenden Rechte und Pflichten der WEer untereinander (Nr. 1), über die Rechte und Pflichten zwischen der Gemeinschaft der WEer und WEern (Nr. 2), über die Rechte und Pflichten des Verwalters bei der Verwaltung des gemE (Nr. 3), über die Gültigkeit von Beschlüssen der WEer (Nr. 4) sowie über Klagen Dritter, die sich gegen die Gemeinschaft der WEer oder gegen WEer richten und sich auf das gemE, seine Verwaltung oder das SE beziehen (Nr. 5). Da auch Entscheidungen in Verfahren der WEgem gegen Dritte die Rechtslage der WEgem regeln können, sind über den Wortlaut des § 43 Nr. 5 hinaus auch diese einzutragen.[368] 160

Haben Entscheidungen in diesen Verfahren für die WEer keine Bedeutung, wie dies etwa bei Streitigkeiten zwischen zwei WEern nach Nr. 1 wegen Lärmbelästigung, oder der Klage eines Dritten (Nr. 5) gegen einen einzelnen WEer, die sich auf das SE bezieht, der Fall sein kann, brauchen die Urteilsformeln nicht eingetragen zu werden.[369] Nicht zu den Rechtsstreiten gemäß § 43 gehören Mahnverfahren nach Nr. 6, da es sich hierbei nicht um Rechtsstreitigkeiten handelt.[370]

(2) Einzutragen sind die **Urteilsformeln der gerichtlichen Entscheidungen,** unabhängig von ihrer Rechtskraft. Hierunter sind nicht nur Endurteile zu verstehen,[371] sondern auch verfahrensbeendende Beschlüsse, etwa Verwerfung oder Zurückweisung einer Berufung nach § 522 ZPO oder Beschlüsse in Altverfahren nach § 62. Im Übrigen sind nicht nur Entscheidungen in der Hauptsache einzutragen, sondern auch in **Nebenverfahren,** die für die WEer von Bedeutung sind, etwa über die Wirkung einer Klagerücknahme (§ 269 Abs. 4 ZPO), im Vollstreckungsverfahren etc. Verfahrensleitende Entscheidungen sind dagegen nicht in die Beschluss-Sammlung einzutragen. 161

Zu den gerichtlichen Entscheidungen gehören Urteile, die der Klage stattgeben. Aber auch Urteile, durch die eine Klage abgewiesen wird, können für die Rechtslage der Gemeinschaft von Bedeutung und deshalb in die Sammlung einzutragen sein. Wird etwa eine Klage auf Ungültigerklärung eines Beschlusses als unbegründet abgewiesen, so kann gemäß § 48 Abs. 4 nicht mehr geltend gemacht werden, der Beschluss sei nichtig; die Rechtskraft eines solchen klageabweisenden Urteils erstreckt sich auch auf Nichtigkeitsgründe. 162

Aufzunehmen ist jeweils die Urteilsformel iSd § 314 Abs. 1 Nr. 4 ZPO. Bei einem klageabweisenden Urteil macht jedoch allein die Eintragung des Tenors „Die Klage wird abgewiesen“ keinen Sinn, weil sich daraus nicht die aktuelle Rechtslage der Gemeinschaft erkennen lässt. Vielmehr ist in einem solchen Fall über den Wortlaut des § 24 Abs. 7 Satz 2 Nr. 3 hinaus auch der Klageantrag in die Beschluss-Sammlung einzutragen, damit sich aus der Sammlung selbst die Rechtslage ergibt.[372] 163

Wird ein Rechtsstreit durch **Vergleich** beendet, liegt eine „gerichtliche Entscheidung“ nicht vor. Gleichwohl ist auch ein solcher Vergleich in die Beschluss-Sammlung einzutra- 164

---

[367] Siehe Rn 153 f.; aA *Köhler* Rn 453.

[368] Niedenführ/*Kümmel*/Vandenhouten § 24 Rn 82; *Drasdo* ZWE 2008, 169 (172); aA *Moosheimer* ZMR 2009, 809 (813).

[369] *Abramenko* § 2 Rn 36.

[370] AA *Deckert/Kappus* NZM 2007, 745; *Drasdo* ZWE 2008, 169 (173 f.); *Moosheimer* ZMR 2009, 809 (813): Vollstreckungsbescheide.

[371] Vgl. *Abramenko* § 2 Rn 32 ff.

[372] Ähnlich *Abramenko* § 2 Rn 37; vgl. auch *Köhler* Rn 454; *Demharter,* NZM 2006, 493; aA Niedenführ/*Kümmel*/Vandenhouten § 24 Rn 83.

gen, wenn auch dieser die Rechtslage in der Gemeinschaft bestimmt, die ja aus der Sammlung ersichtlich sein soll.[373]

165 **(3)** Der Wortlaut der Urteilsformeln der gerichtlichen Entscheidungen sind mit Angabe des **Datums, des Gerichts und der Parteien** in die Beschluss-Sammlung einzutragen. Nach der gesetzlichen Regelung braucht das jeweilige Aktenzeichen nicht eingetragen zu werden. Da aber nur dieses eine exakte Bezeichnung und Auffindung der gerichtlichen Entscheidung ermöglicht, sollte es ebenfalls regelmäßig angegeben werden. Anzugeben sind die Parteien des Rechtsstreits. Diese Angabe kann durch namentliche Bezeichnung der Parteien erfolgen; nicht erforderlich ist die Angabe der jeweiligen Anschrift. Die Eintragung aller namentlich bezeichneten Parteien, etwa in einem Beschlussanfechtungsverfahren, kann bei großen Gemeinschaften zur Unübersichtlichkeit der Beschluss-Sammlung führen. Es dürfte daher zulässig sein, etwa nur den oder die Kläger namentlich und die beklagten WEer mit einer Sammelbezeichnung, etwa „Beklagte: Die übrigen WEer" anzugeben, sofern sich daraus die Parteien ermitteln lassen.

4. Vermerke und Löschungen

166 **a) Vermerke.** Sind Beschlüsse oder gerichtliche Entscheidungen **angefochten oder aufgehoben** worden, so ist dies nach § 24 Abs. 7 Satz 4 anzumerken. Eine solche Anmerkung, dient der Aktualität der Sammlung. **Angefochten** ist ein Beschluss, wenn Klage auf Erklärung seiner Ungültigkeit gem. § 46 erhoben ist, eine gerichtliche Entscheidung ist angefochten, wenn gegen sie ein Rechtsmittel eingelegt worden ist. **Aufgehoben** ist ein Beschluss, wenn er durch Beschluss der WEer ausdrücklich aufgehoben worden ist; auch durch Änderungsbeschluss kann die Regelung eines früheren Beschlusses aufgehoben werden. Wird ein Beschluss durch gerichtliche Entscheidung für **ungültig erklärt,** ist dies zwar keine *Aufhebung* in wohnungseigentumsrechtlicher Terminologie. Versteht man aber den Begriff *Aufhebung* als Oberbegriff für außergerichtliche und gerichtliche Gestaltungen, kann auch die gerichtliche Ungültigerklärung eines Beschlusses hierunter subsumiert werden;[374] ein entsprechender Vermerk beim angefochtenen Beschluss ist daher erforderlich, aber auch sinnvoll, denn er dient der Übersichtlichkeit der Sammlung.[375] Eine gerichtliche Entscheidung ist aufgehoben, wenn sie durch die Rechtsmittelinstanz aufgehoben, etwa durch Klageabweisung, oder geändert wird.

167 Als Anmerkung reicht der Hinweis, dass ein Beschluss angefochten, durch Beschluss aufgehoben, durch Urteil für ungültig erklärt oder dass gegen eine gerichtliche Entscheidung ein Rechtsmittel, etwa Berufung, eingelegt worden ist, etwa „Angefochten mit Klage vom ...". Die Anmerkung ist bei dem Beschluss oder der Entscheidung anzubringen, der von ihr betroffen ist. Bei einer entsprechenden Anmerkung lässt sich der Stand der aktuellen Beschluss- und Rechtslage aus der Beschluss-Sammlung ersehen.

168 **b) Löschungen. aa) Aufhebung.** Um einer Unübersichtlichkeit der Sammlung vorzubeugen, kann nach Satz 5 im Falle einer Aufhebung von einer Anmerkung abgesehen und die Eintragung gelöscht werden; Vermerke und Löschungen können nicht isoliert gelöscht werden.[376] Ob eine Eintragung gelöscht wird, steht im Ermessen desjenigen, der die Beschluss-Sammlung führt. Die Löschung der Eintragung im Falle einer Aufhebung sollte idR nur erfolgen, wenn die Eintragung für die WEer keine Bedeutung mehr hat.

169 Bei einer Sammlung in Papierform kann zur Löschung der Text der Eintragung durchgestrichen und die Löschung mit einem entsprechenden Hinweis, etwa „Gelöscht am ..."

[373] Vgl. *Bielefeld* DWE 2007, 20; *Abramenko* § 2 Rn 31 Fn. 41; aA *Drasdo* ZWE 2008, 169 (172f.); *Moosheimer* ZMR 2009, 809 (813); Niedenführ/*Kümmel*/Vandenhouten § 24 Rn 86.

[374] AA *Abramenko* § 2 Rn 39.

[375] Im Ergebnis ebenso *Abramenko* § 2 Rn 38.

[376] Vgl. *Abramenko* § 2 Rn 40f.

vermerkt werden. Bei einer Sammlung in elektronischer Form kann zur Löschung der Text entfernt werden; die laufende Nummer muss erhalten bleiben und die Löschung daneben vermerkt werden. Da es sich um eine Kann-Vorschrift handelt, ist es auch zulässig, von einer Löschung abzusehen. In einem solchen Fall muss aber die nach Satz 4 erforderliche Anmerkung, dass der Beschluss oder die Entscheidung aufgehoben ist, angebracht werden.

bb) Nachträgliche Bedeutungslosigkeit. Eine Eintragung **kann** nach § 24 Abs. 7 170
Satz 6 auch gelöscht werden, wenn sie aus einem anderen Grund für die WEer **keine Bedeutung mehr** hat. Dies ist Voraussetzung für die Ausübung des Ermessens. Relevant ist insoweit vor allem, ob der der Eintragung zugrunde liegende Beschluss oder die gerichtliche Entscheidung noch eine rechtliche Bedeutung für die WEer hat, aber auch jede andere Bedeutung kann gegen eine Löschung sprechen. So kann es für WEer, die ihr WE veräußern wollen, erhebliche wirtschaftliche Bedeutung haben, einem Kaufinteressenten die Belastung mit Kosten in den vergangenen Jahren durch Einsicht in die Jahresabrechnungen zu belegen, auch wenn diese keine rechtliche Bedeutung mehr haben. Eine Eintragung hat idR dann keine Bedeutung mehr für die WEer, wenn der ihr zugrunde liegende Beschluss durch eine spätere Regelung überholt, wenn er sich durch Ausführung oder Zeitablauf erledigt hat. Für die Beurteilung kommt es maßgeblich auf die Umstände des Einzelfalles an. Da die Bewertung nicht immer einfach ist, **kann** von einer Löschung auch abgesehen werden („Kann-Vorschrift"), insbesondere dann, wenn Zweifel bestehen, ob eine Eintragung noch Bedeutung hat.

cc) Anfängliche Bedeutungslosigkeit. Hat ein Beschluss oder eine gerichtliche Ent- 171
scheidung **von vornherein keine Bedeutung** für die WEer, etwa bei einem negativen Beschluss oder bei einer Klageabweisung, so muss ein solcher Beschluss oder eine solche gerichtliche Entscheidung nicht erst eingetragen werden, um dann anschließend nach § 24 Abs. 7 Satz 6 wegen Bedeutungslosigkeit wieder gelöscht werden zu können. Vielmehr braucht ein solcher Beschluss gar nicht erst in die Beschluss-Sammlung eingetragen zu werden. Zwar fehlt dann in der Sammlung die fortlaufende Nummer. Aber bei einer nachträglichen Löschung einer Eintragung etwa in eine elektronische Sammlung, wird der Text entfernt und es bleibt lediglich die laufende Nummer mit einem Löschungsvermerk bestehen, die beide ohne jede inhaltliche Aussage sind. Die bestehen bleibende laufende Nummer rechtfertigt nur die nächste laufende Nummer. Wird daher von vornherein eine bedeutungslose Eintragung nicht vorgenommen, ergibt sich die Reihenfolge der laufenden Nummern von selbst.

5. Fehler der Beschluss-Sammlung

a) Fehler und Berichtigungsverfahren. Die Beschluss-Sammlung kann fehlerhaft 172
sein. Fehler können Schreibfehler, sonstige offenbare Unrichtigkeiten oder auch unzulässige Einträge, etwa Eintragung von Redebeiträgen oder nichtigen Beschlüssen, sein. Die Fehlerhaftigkeit einer Sammlung, kann auch darin bestehen, dass sie unvollständig ist oder dass eine Eintragung nicht den gesetzlichen Erfordernissen entspricht, etwa dass der eingetragenen Wortlaut eines Beschlusses nicht mit dem verkündeten Wortlaut übereinstimmt. Solche Fehler hat der die Sammlung Führende in eigener Verantwortung zu berichtigen, denn zum Führen der Beschluss-Sammlung gehört auch die Korrektur von Fehlern, um eine ordnungsgemäße Dokumentation der Rechtslage der Gemeinschaft zu erreichen. Einer vorherigen Anhörung der WEer bedarf es nicht.[377] Wenn schon nach § 24 Abs. 7 Satz 6 eine Eintragung gelöscht werden kann, ohne dass die WEer gehört werden müssen, dann muss dies auch für bloße Berichtigungen gelten, zumal fehlerhafte Eintragungen für die WEer auch keine Bedeutung haben. Allerdings hat der die Beschluss-Sammlung

[377] Vgl. *Abramenko* § 2 Rn 68.

Führende die WEer gemäß § 666 BGB über die Berichtigung zu informieren, wenn bereits eine Einsichtnahme in die Beschluss-Sammlung stattgefunden hat; andernfalls ist eine solche Information nicht erforderlich.

173 **b) Form der Berichtigung.** Ist eine Einsichtnahme in die zu berichtigende Sammlung noch nicht erfolgt, kann die Berichtigung dadurch erfolgen, dass die fehlerhafte Eintragung beseitigt und durch die korrekte Eintragung ersetzt wird; eines Berichtigungsvermerks bedarf es nicht.[378] Nach Einsichtnahme in die fehlerhafte Sammlung hat die Berichtigung entsprechend § 24 Abs. 7 Satz 6 zu erfolgen, d. h. eine zu löschende Eintragung wird unter Beibehaltung der laufenden Nummer durchgestrichen oder entfernt und mit einem Löschungsvermerk versehen, Änderungen einer Eintragung sind mittels eines Berichtigungsvermerks vorzunehmen.

174 **c) Rechtsschutzmöglichkeiten. aa) Die Gemeinschaft.** Weist eine Beschluss-Sammlung Fehler auf, beruht dies darauf, dass sie nicht ordnungsgemäß geführt wird. Werden Fehler von dem die Beschluss-Sammlung Führenden nicht berichtigt, können die Wohnungseigentümer daher als Maßnahme ordnungsmäßiger Verwaltung gemäß § 21 Abs. 3 die konkrete Berichtigung der Sammlung beschließen. Diesen Beschluss muss der Verwalter als Beschluss-Sammlungs-Führer nach § 27 Abs. 1 Nr. 1 ausführen. Führt ein anderer gemäß § 24 Abs. 8 Satz 2 die Beschluss-Sammlung, hat dieser nach § 665 BGB die Weisung des Auftragsgebers zu befolgen.

175 Führt der Verwalter als Beschluss-Sammlungs-Führer einen Beschluss der WEer über die Berichtigung der Beschluss-Sammlung nicht durch, kann er im Verfahren nach § 43 Nr. 3 zur Durchführung des Beschlusses verurteilt werden. Weigert sich ein WEer, der nach § 24 Abs. 8 Satz 2 zur Führung der Beschluss-Sammlung bestellt ist, eine beschlossene Berichtigung vorzunehmen, kann er hierzu im Verfahren nach 43 Nr. 1 verurteilt werden. In beiden Fällen erfolgt die Vollstreckung dieser unvertretbaren Handlung nach § 888 ZPO.

176 **bb) Der einzelne WEer.** Jeder einzelne WEer hat nach § 21 Abs. 4 einen Anspruch auf ordnungsgemäße Verwaltung, wozu auch die Führung der Beschluss-Sammlung entsprechend den gesetzlichen oder vereinbarten Regelungen gehört. Daher steht jedem WEer, wie bei der Niederschrift,[379] ein Berichtigungsanspruch zu, wenn die Beschluss-Sammlung nicht den maßgeblichen Regelungen entspricht. Dieser Anspruch richtet sich gegen denjenigen, der bei Geltendmachung des Anspruchs zur Führung der Beschluss-Sammlung verpflichtet ist. Gegen den Verwalter kann der Anspruch im Verfahren nach § 43 Nr. 3, gegen einen WEer im Verfahren nach § 43 Nr. 1 gerichtlich durchgesetzt werden.

177 **d) Fehlerhafte Berichtigung.** Führt eine „Berichtigung" dazu, dass die Beschluss-Sammlung fehlerhaft wird oder bleibt, kann die aktuelle Beschluss-Sammlung erneut berichtigt werden. Es gelten hierfür die vorstehend erläuterten Grundsätze. Beruht die Fehlerhaftigkeit auf einem Berichtigungsbeschluss der WEer, den der Verwalter ausgeführt hat, stehen weder die Bestandskraft dieses Beschlusses[380] noch eine rechtskräftige Entscheidung über die Gültigkeit dieses Beschlusses einer Berichtigung entgegen; denn die Richtigkeit der Berichtigung ist eine Vorfrage, die weder in Bestandskraft noch in Rechtskraft erwächst.

6. Das Recht zur Einsichtnahme

178 **a) Der Berechtigte.** Nach § 24 Abs. 7 Satz 8 ist einem WEer oder einem Dritten, den ein WEer ermächtigt hat, auf sein Verlangen Einsicht in die Beschluss-Sammlung zu geben. Durch diese Verpflichtung soll die mit der Beschluss-Sammlung bezweckte

---

378 AA *Abramenko* § 2 Rn 69 ff.

379 Vgl. oben Rn 125 ff.

380 *Abramenko* § 2 Rn 80.

bessere Informationsmöglichkeit erreicht werden. Ein berechtigtes oder sonstiges Interesse an der Einsichtnahme muss nicht dargelegt werden. Ein Dritter, etwa ein potentieller Erwerber, auch ein Bieter in der Zwangsversteigerung, hat kein eigenes Recht zur Einsichtnahme, sondern darf nur dann Einsicht nehmen, wenn er hierzu von einem WEer ermächtigt worden ist;[381] er macht dann ein fremdes Einsichtsrecht im eigenen Namen geltend.[382]

b) Die Einsichtnahme. Die Einsichtnahme erfolgt idR nach Absprache in den Geschäftsräumen des Verwalters, wenn sich diese am Ort der Wohnanlage befinden.[383] Sind nach § 24 Abs. 8 andere Personen zur Führung der Beschluss-Sammlung verpflichtet, kommt für die Einsichtnahme der Ort in Betracht, an dem die Sammlung aufbewahrt wird, ggf. auch der Ort der Wohnanlage. Die Einsichtnahme kann dadurch ermöglicht werden, dass ein Stehordner zur Einsichtnahme vorgelegt wird oder Einsicht in die elektronische Fassung oder in Ausdrucke gewährt wird. 179

Wird die Einsichtnahme verweigert,[384] kann nach § 43 Nrn. 1, 3 gegen den die Beschluss-Sammlung Führenden auf Gestattung der Einsicht geklagt und ggf. nach § 888 ZPO die Zwangsvollstreckung betrieben werden. Die Verweigerung der Einsicht stellt zudem eine nicht ordnungsgemäße Führung der Beschluss-Sammlung dar, was Schadensersatzansprüche zur Folge haben kann und nach § 26 Abs. 1 Satz 4 ein wichtiger Grund zur Abberufung des Verwalters ist. 180

c) Ablichtungen. Die Herausgabe der Beschluss-Sammlung zwecks Einsichtnahme kann wegen der damit verbundenen Risiken (Verlust, Manipulation) nicht verlangt werden. Aber die Verpflichtung, Einsicht in die Sammlung zu geben, schließt auch die Verpflichtung ein, auf ein entsprechendes Verlangen Ablichtungen zu fertigen oder von Dritten fertigen zu lassen.[385] Der Verwalter ist ohne entsprechende Vereinbarung nicht verpflichtet, den WEern Fotokopien der Eintragungen zu übersenden[386] oder ihnen in sonstiger Weise den Inhalt gefasster Beschlüsse unaufgefordert mitzuteilen.[387] Im Übrigen ergibt sich aus §§ 242, 675, 666 BGB die Pflicht zur Unterrichtung der nicht in der Versammlung anwesenden WEer, wenn über einen nicht angekündigten Tagesordnungspunkt Beschluss gefasst wurde. 181

d) Verwaltungsaufwand. Die Gewährung der Einsichtnahme und die Anfertigung von Ablichtungen können einen besonderen Verwaltungsaufwand darstellen. Ist dies der Fall, können die WEer hierfür mit Stimmenmehrheit gem. § 21 Abs. 7 eine Erstattung der Kosten beschließen.[388] Ist der Verwaltungsaufwand für die Gewährung der Einsichtnahme und/oder die Anfertigung von Ablichtungen bereits mit der Vergütung des Verwalters abgegolten, wie dies vor allem bei Bestellung des Verwalters nach dem 1. Juli 2007 der Fall sein kann, liegt ein besonderer Verwaltungsaufwand nicht vor, so dass ein Beschluss über die Erstattung der durch diesen Verwaltungsaufwand entstandenen Kosten gesetzeswidrig ist. Durch einen solchen Beschluss kann allerdings nur ein WEer, nicht aber ein Dritter, etwa ein Kaufinteressent, zur Kostenerstattung verpflichtet werden. Die zu erstattenden Kosten sind entweder an die Gemeinschaft zu zahlen oder bei einem Beschluss zugunsten des Verwalters unmittelbar an diesen. 182

---

381 *Drasdo* ZWE 2008, 169 (178).

382 AA *Abramenko* § 2 Rn 89.

383 Vgl. *Drasdo* ZWE 2008, 169 (178).

384 S. hierzu *Abramenko* § 2 Rn 94 f.

385 Vgl. BT-Drucks. 16/887 S. 34 unter 11; insoweit zur Niederschrift: OLG Zweibrücken WE 1991, 333 (334); OLG Karlsruhe MDR 1976, 758.

386 AA Niedenführ/*Kümmel*/Vandenhouten § 24 Rn 95.

387 Zur Niederschrift s. BayObLG WE 1992, 139 (140); OLG Zweibrücken WE 1991, 333 (334); OLG Frankfurt WuM 1990, 461 f.

388 Vgl. § 21 Rn 164.

§ 25 Mehrheitsbeschluß

(1) **Für die Beschlußfassung in Angelegenheiten, über die die Wohnungseigentümer durch Stimmenmehrheit beschließen, gelten die Vorschriften der Absätze 2 bis 5.**

(2) [1]**Jeder Wohnungseigentümer hat eine Stimme.** [2]**Steht ein Wohnungseigentum mehreren gemeinschaftlich zu, so können sie das Stimmrecht nur einheitlich ausüben.**

(3) **Die Versammlung ist nur beschlußfähig, wenn die erschienenen stimmberechtigten Wohnungseigentümer mehr als die Hälfte der Miteigentumsanteile, berechnet nach der im Grundbuch eingetragenen Größe dieser Anteile, vertreten.**

(4) [1]**Ist eine Versammlung nicht gemäß Absatz 3 beschlußfähig, so beruft der Verwalter eine neue Versammlung mit dem gleichen Gegenstand ein.** [2]**Diese Versammlung ist ohne Rücksicht auf die Höhe der vertretenen Anteile beschlußfähig; hierauf ist bei der Einberufung hinzuweisen.**

(5) **Ein Wohnungseigentümer ist nicht stimmberechtigt, wenn die Beschlußfassung die Vornahme eines auf die Verwaltung des gemeinschaftlichen Eigentums bezüglichen Rechtsgeschäfts mit ihm oder die Einleitung oder Erledigung eines Rechtsstreits der anderen Wohnungseigentümer gegen ihn betrifft oder wenn er nach § 18 rechtskräftig verurteilt ist.**

Übersicht

Literatur: *Bornheimer,* Das Stimmrecht im Wohnungseigentumsrecht, 1993; *Göken,* Die Mehrhausanlage, WE 1998, 129; *Elzer,* Aktuelles zur Eigentümerversammlung, ZMR 2009, 7; *Häublein,* Beschlussfähigkeit der Wohnungseigentümerversammlung und Stimmrechtsausschluss, NZM 2004, 534; *ders.*Die Stärkung der Mehrheitsmacht durch zwingende Beschlusskompetenz, FS Bub (2007), 113; *Kefferpütz,* Stimmrechtsschranken im Wohnungseigentumsrecht, Diss., Münster 1994; *Kümmel,* Schriftliche Mehrheitsbeschlüsse der Wohnungseigentümer, ZWE 2000, 62; *Lotz-Störmer,* Stimmrechtsausübung und Stimmrechtsbeschränkung im Wohnungseigentumsrecht, Diss., Marburg 1993; *Merle,* Zur Vertretung beim gemeinschaftlichen Stimmrecht, ZWE 2007, 125; *ders.,* Zur Feststellung des Beschlussergebnisses bei Vereinbarungen zur Stimmkraft, ZWE 2009, 15; *Prüfer,* Schriftliche Beschlüsse, gespaltene Jahresabrechnungen, Diss. 2001; *ders.,* Stimmrecht des Nießbrauchers, ZWE 2002, 258; *Wendel,* Rechtsfolgen missbräuchlicher Stimmrechtsausübung, ZWE 2002, 545. Zur älteren Literatur siehe Vorauflage.

I. Der Normzweck

1 Für Beschlussfassungen in den praktisch besonders bedeutsamen Angelegenheiten,[1] über die die WEer durch Stimmenmehrheit beschließen können, gelten die Vorschriften der Absätze 2 bis 5 des § 25. Mehrheitsbeschlüsse der WEer sind in folgenden Vorschriften vorgesehen: §§ 12 Abs. 4, 16 Abs. 3 und Abs. 5, 15 Abs. 2, 18 Abs. 3, 21 Abs. 3 und 7, 22 Abs. 1 und Abs. 2, 26 Abs. 1, 27 Abs. 2 Nr. 3 und Abs. 3 Satz 1 Nr. 7, Satz 3, 28 Abs. 4 und 5, 29 Abs. 1, 45 Abs. 2. § 25 regelt die Beschlussfassung in idR[2] abdingbaren Vorschriften: Jeder WEer hat ohne Rücksicht auf die Größe seines Anteils nur eine Stimme (Abs. 2); für die Beschlussfähigkeit ist hingegen nach Abs. 3 und 4 die Größe der in der Versammlung vertretenen MEA maßgebend. Stimmrechtsschranken enthält Absatz 5 in Anlehnung an andere verbandsrechtliche Regelungen, insbesondere an § 34 BGB. Im Übrigen finden auch auf Mehrheitsbeschlüsse die Vorschriften der §§ 23 und 24 Anwendung. Mehrheitsbeschlüsse binden alle WEer, auch diejenigen, die gegen den Beschluss gestimmt oder an der Beschlussfassung nicht mitgewirkt haben; dies gilt nach § 10 Abs. 5 auch für Rechtshandlungen, die auf Grund eines Mehrheitsbeschlusses vorgenommen werden. Im Übrigen wirken Mehrheitsbeschlüsse gem. § 10 Abs. 4 auch gegen den Sondernachfolger eines WEers.

II. Mehrheitsbeschlüsse (Abs. 1)

1. Das Mehrheitsprinzip

2 Das Prinzip der Einstimmigkeit kann in einer Personenvereinigung, die grds unauflösbar ist und von der sich der Einzelne nur unter Aufgabe seiner Rechte lösen kann, nicht allgemein aufrechterhalten werden. Vielmehr muss im Interesse seiner Handlungsfähigkeit das Prinzip der Einstimmigkeit durch das Mehrheitsprinzip abgeschwächt werden. Es

[1] BR-Drucks. 75/51.
[2] Vgl. OLG Hamm ZWE 2008, 465 (468).

könnten sonst, wie das Beispiel der Verwaltung des gemE zeigt, selbst notwendige Maßnahmen durch eine einzige Gegenstimme verhindert werden. Das Mehrheitsprinzip dient so der Entscheidungsfähigkeit der WEgem, aber auch den Veränderungsinteressen des einzelnen WEers. Es rechtfertigt sich durch die „Richtigkeitsgewähr" privatautonomer Entscheidung, die die Interessen der WEgem und die Interessen der einzelnen WEer möglichst zur Deckung bringt, ohne die Handlungsfähigkeit der WEgem zu beeinträchtigen. Dem Mehrheitsprinzip kommt im Rahmen des WEG ganz besondere Bedeutung auch deshalb zu, weil nach § 10 Abs. 4 der Mehrheitsbeschluss gegen Sonderrechtsnachfolgern eines WEers auch ohne Eintragung in das Grundbuch wirksam ist. Des Weiteren sind Beschlüsse gem. § 23 Abs. 4 auch bei Form- und Inhaltsmängeln grds gültig und erwachsen nach Ablauf der Anfechtungsfrist in Bestandskraft.

2. Der Anwendungsbereich für Mehrheitsbeschlüsse

3 Die einem Mehrheitsbeschluss zugänglichen Angelegenheiten sind im WEG abschließend aufgeführt[3] (vgl. u. a. §§ 12 Abs. 4, 15 Abs. 2, 18 Abs. 3, 21 Abs. 3 und 7, 26 Abs. 1, 27 Abs. 2 Nr. 3 und Abs. 3 Satz 1 Nr. 7, 28 Abs. 4 und 5, 29). Auf die Vorschriften über die Gemeinschaft kann gem. § 10 Abs. 2 Satz 1 nur zurückgegriffen werden, soweit das WEG keine besonderen Bestimmungen enthält, weshalb sich aus § 745 Abs. 1 BGB keine allgemeine Zuständigkeit für Mehrheitsbeschlüsse ableiten lässt. Inwieweit die Verwaltung des gemE durch Mehrheitsbeschlüsse geregelt werden kann, ist nämlich im WEG abschließend geregelt. Die WEer können aber den Anwendungsbereich für Mehrheitsbeschlüsse erweitern oder einschränken. Statt der vorgesehenen einfachen Mehrheit kann auch eine qualifizierte Mehrheit für bestimmte Angelegenheiten der Verwaltung des gemE vereinbart werden. Mangels hinreichender Bestimmtheit unwirksam ist allerdings eine Vereinbarung, nach der Beschlüsse grds nur mit Dreiviertelmehrheit zustande kommen und lediglich in Angelegenheiten, denen keine „erhebliche Bedeutung" zukommt, die einfache Mehrheit ausreichen soll.[4]

III. Das Stimmrecht (Abs. 2)

1. Der Träger des Stimmrechts

4 **a) Der WEer.** Nach § 25 Abs. 2 Satz 1 ist Träger des Stimmrechts grds der WEer. Für das Entstehen der einzelnen Wohnungseigentumsrechte ist u. a. stets die Eintragung in das Grundbuch erforderlich. Dies gilt auch beim rechtsgeschäftlichen Erwerb von WE (vgl. § 873 Abs. 1 BGB). Stimmrechtsträger iSd § 25 Abs. 2 Satz 1 ist folglich derjenige, der im Einklang mit der materiellen Rechtslage im Wohnungsgrundbuch als Eigentümer eingetragen ist.[5] Ohne Einfluss auf das Stimmrecht ist es, ob das Gebäude ganz oder nur teilweise fertiggestellt ist[6] oder ob bereits SE entstanden ist.[7]

5 **b) Der Scheineigentümer.** Ist das Grundbuch unrichtig, d. h. weist es nicht den wirklichen Eigentümer, sondern eine andere Person als WEer aus (Scheineigentümer), stellt sich die Frage, wer stimmberechtigt ist. Die Unrichtigkeit kann sich daraus ergeben, dass sich der Eigentumserwerb außerhalb des Grundbuchs vollzieht, etwa durch Erbfolge (§ 1922 BGB) oder durch Zuschlag in der Zwangsversteigerung (§ 90 Abs. 1 ZVG) und eine Berichtigung des Grundbuchs noch nicht erfolgt ist oder daraus, dass der rechtsgeschäftliche Erwerber trotz Unwirksamkeit des Übereignungsgeschäfts als neuer Eigentümer in das

[3] *Wangemann* WuM 1987, 367 (368 f.); vgl. auch *Schmid* MDR 1990, 297 (298).
[4] KG WE 1998, 378 (379) = NZM 1998, 520.
[5] BayObLGZ 1968, 233 (237); NJW 1990, 3216 (3217); KG ZMR 1986, 132 (133); *Bornheimer* S. 37 f.; *Lotz-Störmer* S. 28 f.; *Weitnauer* WE 1988, 3; *Seuß,* FS für Bärmann/Weitnauer, S. 599, 600.
[6] OLG Hamm NJW 1974, 2134 (2135); BayObLG MDR 1980, 142; *Strunz* BlGBW 1985, 78.
[7] OLG Dresden ZMR 2008, 812 (814); OLG Hamm Rpfleger 2007, 137.

Grundbuch eingetragen wird. Entscheidend ist, dass die Eintragung im Grundbuch nicht der materiellen Rechtslage entspricht. Folglich ist nicht der im Grundbuch eingetragene Scheineigentümer, sondern nur der wirkliche WEer Träger des Stimmrechts.[8] Zum Schutze der anderen redlichen WEer muss sich der wirkliche Eigentümer aber unter bestimmten Voraussetzungen die Stimmabgabe durch den Scheineigentümer zurechnen lassen. Nach Ansicht des KG[9] muss der wirkliche WEer nach § 891 Abs. 1 BGB die Stimmabgabe durch den Scheineigentümer solange gegen sich gelten lassen, als ein Widerspruch im Grundbuch nicht eingetragen ist. Die Ansicht des KG kann jedoch nicht überzeugen, da § 891 Abs. 1 BGB nur eine widerlegliche Rechtsvermutung aufstellt, die den wirklichen WEer nicht daran hindert, seine materielle Berechtigung nachzuweisen.

Nach Ansicht von Weitnauer[10] muss sich der wirkliche WEer zum Schutze der anderen 6 redlichen WEer die Stimmabgabe gem. § 893 BGB zurechnen lassen. Weitnauer stellt damit offenbar auf § 893 2. Fall ab. Dessen Voraussetzungen liegen aber nur dann vor, wenn der Beschluss das WE-Recht inhaltlich verändert, also Verfügungscharakter hat.[11] Bei anderen Beschlüssen kann § 893 2. Fall BGB hingegen nicht unmittelbar, sondern nur analog angewendet werden.[12]

Der wirkliche WEer muss sich die Stimmabgabe aber nur dann zurechnen lassen, wenn 7 die anderen WEer gutgläubig sind. Für die Gutgläubigkeit kommt es gem. §§ 166 Abs. 1, 164 Abs. 3 BGB zum einen auf den Vorsitzenden der Versammlung an, der in Bezug auf die Stimmabgabe als Empfangsvertreter für die anderen WEer fungiert. Dieser ist dann bösgläubig, wenn er die Unrichtigkeit des Grundbuchs kennt. Zum anderen entfällt der Gutglaubensschutz, wenn sämtliche WEer an der Beschlussfassung beteiligt sind und alle von der Unrichtigkeit des Grundbuchs positiv Kenntnis haben.[13]

c) Der „werdende Wohnungseigentümer". Beim Erwerb von WE vergeht oftmals 8 ein längerer Zeitraum bis der Erwerber als Eigentümer im Grundbuch eingetragen wird. Da erst mit Grundbucheintragung der Eigentumsübergang vollzogen ist, der Erwerber die Wohnung häufig aber schon vorher wie ein WEer nutzt, stellt sich die Frage, ob ihm schon vor der Umschreibung ein Stimmrecht zusteht. Hierbei ist zwischen dem Einzelrechtsnachfolger bei bestehender WEgem (sog. Zweiterwerb) und dem Mitglied einer werdenden WEgem (sog. Ersterwerb) zu unterscheiden.[14] Die Terminologie ist uneinheitlich.[15]

aa) Der Einzelrechtsnachfolger bei bestehender WEgem. Der BGH[16] hat ein 9 Stimmrecht des werdenden WEers, der WE bei bereits bestehender WEgem erwirbt, mit überzeugenden Gründen abgelehnt. Denn der eingetragene WEer bleibt bis zur Umschreibung des Eigentums nach § 16 Abs. 2 verpflichtet, die Lasten und Kosten des gemeinschaftlichen Eigentums zu tragen,[17] weshalb er auch die Möglichkeit haben muss, mit seinem

---

[8] *Bornheimer* S. 38.

[9] KG WuM 1989, 456.

[10] *Weitnauer* WE 1988, 3.

[11] Beispiele für Beschlüsse mit Verfügungscharakter: Änderung der Art und Weise der Kosten- und Lastenverteilung, Änderung von Sondernutzungsrechten.

[12] Ausführlich *Bornheimer* S. 40 f.; aA Staudinger/*Bub* § 25 Rn 118, wonach § 893 BGB auf Beschlüsse, die keinen Verfügungscharakter haben, auch nicht analog anwendbar ist.

[13] AA Staudinger/*Bub* § 25 Rn 119, wonach schon die Bösgläubigkeit nur eines WEers genügen soll.

[14] Vgl. eingehend § 10 Rn 16 ff.

[15] Teilweise wird nur in der ersten Fallgruppe vom werdenden WEer gesprochen, während das Mitglied einer werdenden WEgem als „Wohnungsanwärter" bezeichnet wird, vgl. *Wenzel* FachV 2, 28; teilweise wird nur das Mitglied einer werdenden WEgem als „werdender WEer", der Einzelrechtsnachfolger bei bestehender WEgem dagegen als „Wohnungseigentumserwerber" bezeichnet; vgl. § 10 Rn 16 ff.

[16] BGHZ 106, 113 (118 f.) = NJW 1989, 1087 = WE 1989, 48 (49); ebenso KG WE 1988, 91; WuM 1990, 363 (364); GE 1990, 875 f.

[17] Vgl. dazu BGHZ 87, 138 (142).

Stimmrecht auf die Verwaltung des gemeinschaftlichen Eigentums Einfluss zu nehmen. Eine Aufteilung des Stimmrechts nach dem jeweiligen Beschlussgegenstand kommt nicht in Betracht, da dies zu erheblichen Schwierigkeiten bei der Ermittlung des Stimmberechtigten führen könnte. Darüber hinaus ist eine Analogie zu § 25 Abs. 2 Satz 2 abzulehnen, weil die Interessenlage beim eingetragenen und beim werdenden WEer nicht mit der von gemeinschaftlichen WEern vergleichbar ist.[18]

10 Auch wenn dem werdenden WEer danach kein eigenes Stimmrecht zusteht, kann der Veräußerer sein ihm bis zur Umschreibung zustehendes **Stimmrecht** aber an den werdenden WEer **übertragen.** Eine solche Abspaltung des Stimmrechts vom WE-Recht ist in diesem Fall ausnahmsweise erlaubt, weil der Veräußerer regelmäßig schon vor der Umschreibung sein Interesse an der Ausübung seines Stimmrechts verloren hat.[19] Die Übertragung des Stimmrechts auf den Erwerber ist auch dann möglich, wenn der Veräußerer Eigentümer mehrerer WE-Einheiten ist, diese aber nicht alle veräußert.[20] Dem kann nicht entgegengehalten werden, die Übertragung des Stimmrechts auf den Erwerber führe zu einer unzulässigen Stimmrechtsmehrung, da der Veräußerer hinsichtlich der nicht verkauften Wohnungen weiterhin stimmberechtigt bleibe.[21] Eine Vermehrung des Stimmrechts tritt in jedem Fall dann ein, wenn der Erwerber als Eigentümer in das Grundbuch eingetragen wird. Schützenswerte Belange der übrigen WEer werden nicht beeinträchtigt, wenn diese Folge auf den Zeitpunkt des Anwartschaftserwerbs vorverlegt wird. Eine Stimmrechtsmehrung tritt im Übrigen auch dann ein, wenn der Eigentümer sämtliche Einheiten an verschiedene Erwerber veräußert und ihnen bis zur Eintragung im GB das Stimmrecht überträgt. Anstatt das Stimmrecht zu übertragen, kann der Veräußerer den werdenden WEer selbstverständlich auch zur Ausübung des Stimmrechts ermächtigen oder bevollmächtigen. Von einer solchen **Ermächtigung durch den Erwerbsvertrag** ist auf Grund der bestehenden Interessenlage zwischen Veräußerer und werdendem WEer regelmäßig für die Zeit auszugehen, für die dem werdenden WEer nach dem Erwerbsvertrag die Nutzungen zustehen und er die Lasten zu tragen hat.[22] Demnach ist der Vorsitzende der WEVers nur dann verpflichtet, die Stimmberechtigung des werdenden WEers zu überprüfen, wenn insoweit konkrete Zweifel bestehen.

11 **bb) Das Mitglied einer werdenden WEgem.** Vom Einzelrechtsnachfolger bei bestehender WEgem (sog. Zweiterwerb) ist das Mitglied einer werdenden WEgem zu unterscheiden. Bei der Begründung von WE nach § 8 ist davon auszugehen, dass bereits vor Entstehung der WEgem durch Eintragung des ersten Erwerbers im Grundbuch eine sog. **werdende WEgem** vorliegen kann, auf welche die Vorschriften des WEG entsprechend anwendbar sind.[23] Voraussetzung hierfür ist, dass ein wirksamer, auf die Übereignung von WE gerichteter Erwerbsvertrag vorliegt, der Übereignungsanspruch mindestens eines Erwerbers durch Vormerkung gesichert und Besitz an der Wohnung auf den Erwerber übergegangen ist. Alle Erwerber, die diese Voraussetzungen erfüllen (sog. Ersterwerb), sind Mitglieder der **werdenden** (faktischen) **WEgem** und analog § 25 Abs. 2 Satz 1 stimmberechtigt.[24] Die Entscheidung des BGH[25] zum **werdenden WEer** (Zweiterwerb) steht

[18] BGHZ 106, 113 (120); ihm folgend: BayObLG WuM 1989, 656; 1990, 617 (618); *Bornheimer* S. 49 f.; *Lotz-Störmer* S. 50; *Merle* JR 1989, 505; *Deckert* WE 1989, 34.

[19] Ausführlich *Bornheimer* S. 147 f.

[20] KG OLGZ 1979, 290 (295); OLG Celle ZWE 2002, 474 (475).

[21] So aber Staudinger/*Bub* § 25 Rn 112; Niedenführ/*Kümmel*/Vandenhouten § 25 Rn 7.

[22] So KG OLGZ 1979, 290 (293); *Becker* S. 158 ff.; weitergehend KG NJW-RR 1995, 147 = WE 1995, 119 (120); vgl. auch BayObLG ZWE 2001, 590 (593) = NZM 2002, 300 zur Auslegung einer solchen Ermächtigung m. kritischer Anm. *F. Schmidt* DNotZ 2002, 147 (148 f.).

[23] Vgl. im Einzelnen § 10 Rn 16 f.

[24] BGH ZMR 2008, 805 (807); OLG Hamm ZMR 2007, 712 (714).

[25] BGHZ 106, 113 = NJW 1989. 1087 = WE 1989, 48; vgl. Rn 9.

dem nicht entgegen.[26] Das Stimmrecht eines Mitglieds einer **werdenden WEgem**[27] geht nicht dadurch verloren, dass sich die werdende WEgem mit Eintragung mindestens eines Erwerbers als Eigentümer in das Grundbuch in eine rechtlich bestehende WEgem umwandelt.[28] Ebenso wie die eingetragenen WEer sind die noch nicht eingetragenen Erwerber stimmberechtigt, sofern sie schon vor Entstehung der WEgem Mitglied der **werdenden WEgem** waren. Dies dürfte auch für **Ersterwerber** gelten, die eine grundbuchrechtlich gesicherte Erwerbsposition und den Wohnungsbesitz erst nach der Eintragung des ersten Erwerbers erlangen.[29] Erwerber, die nach Entstehung der WEgem aber vor Eintragung aller WEer im GB durch Erwerb von einem bereits eingetragenen WEer die Stellung eines **werdenden WEers** (sog. Zweiterwerb) erlangen, haben dagegen kein Stimmrecht.[30]

d) Das Abspaltungsverbot. Das WE setzt sich gem. § 1 Abs. 2 aus dem SE an einer 12
Wohnung und dem dazugehörigen MEA zusammen. Untrennbar mit dem WE verbunden ist die mitgliedschaftliche Stellung in der WEgem mit den sich daraus ergebenden Rechten und Pflichten. Das wichtigste Mitgliedschaftsrecht ist das Stimmrecht, durch welches der WEer auf die Verwaltung des gemE Einfluss nehmen kann. Eine dauernde Abspaltung des Stimmrechts auf einen anderen WEer oder einen Dritten würde die sich aus dem WE ergebende Rechtsstellung aushöhlen und ist daher unzulässig.[31] Eine dauernde Abspaltung des Stimmrechts ist mit § 137 BGB nicht zu vereinbaren. Dieser schützt die Freiheit und Sicherheit des Rechtsverkehrs, die aber gefährdet wäre, wenn aus einem Vermögensrecht eine bedeutende Einzelfunktion dauernd abgespalten werden könnte. Ebenso ist es unzulässig, einen WEer durch Vereinbarung gänzlich von seinem Stimmrecht auszuschließen.[32]

2. Dritte als Stimmrechtsträger kraft Gesetzes

a) Der Nießbraucher. Der WEer kann sein WE zu Gunsten eines anderen WEers oder 13
eines Dritten mit einem Nießbrauch belasten. In einem solchen Fall stellt sich die Frage, ob und inwieweit dem Nießbraucher ein eigenes Stimmrecht zukommt. Die lange heftig umstritten Frage[33] ist durch den BGH[34] geklärt worden.

In Übereinstimmung mit dem BGH ist ein Stimmrecht des Nießbrauchers trotz § 1066 14
Abs. 1 BGB abzulehnen. Ein Stimmrecht des Nießbrauchers käme nur für Beschlüsse in Betracht, die sein dingliches Recht beeinflussen, während in allen sonstigen Fällen das Stimmrecht beim WEer verbliebe. Die bei Annahme eines Nießbraucherstimmrechts zu ziehende Grenze, lässt sich indessen nicht hinreichend klar bestimmen, da kaum Beschlüsse denkbar sind, die nur die Interessen eines der beiden Beteiligten betreffen. Keinen Ausweg

---

[26] BGH ZMR 2008, 805 (808); *Wenzel* FachV 2, 28 (30 f.); *Merle* WE 1998, 160; *Coester* NJW 1990, 3184 (3185).

[27] OLG Hamm ZMR 2007, 712 (714); BayObLGZ 1990, 101 (105) = NJW 1990, 3216 = WE 1991, 203; BayObLG WE 1998, 157; Staudinger/*Bub* § 25 Rn 114 ff.; *Merle* WE 1998, 160; *Wenzel* FachV 2, 28 (31); *Coester* NJW 1990, 3184 (3185); aA OLG Saarbrücken NZM 2002, 610 (611); NJW-RR 1998, 1094 = WE 1998, 314 ff. mit ablehnender Anm. *Deckert* WE 1998, 320, dagegen auch OLG Hamm FGPrax 2000, 11.

[28] BGH, ZMR 2008, 805 (807 f.); BayObLGZ 1990, 101 (105) = NJW 1990, 3216 = WE 1991, 203; BayObLG WE 1998, 157; Staudinger/*Bub* § 25 Rn 116.

[29] Vgl. BGH ZMR 2008, 805 (808) m. insoweit ablehnender Anm. *Elzer.*

[30] BayObLGZ 1990, 101 (106); *Wenzel* FachV 2, 28 (33); *Merle* WE 1998, 160; aA *Coester* NJW 1990, 3184 (3185).

[31] AllgA: *Bornheimer* S. 145 f.; KG Rpfleger 1979, 316; *Bader* PIG (25), 67 (79); Weitnauer/*Lüke* § 25 Rn 7. Vgl. zum Gesellschaftsrecht: BayObLG DB 1986, 421 mwN.

[32] KG WE 1994, 370; BGH NJW 1987, 650 (651); BayObLGZ 1965, 34 (42); aA *Prüfer,* Diss., S. 96 ff.

[33] Zum Meinungsstand vgl. Vorauflage § 25 Rn. 14.

[34] BGH ZWE 2002, 260 (261 ff.) m. Anm. *Prüfer* ZWE 2002, 258; OLG Düsseldorf ZWE 2002, 590 (591).

aus diesem Abgrenzungsproblem bietet die analoge Anwendung der §§ 25 Abs. 2 S. 2 WEG, 18 GmbHG, 69 AktG. Die gegenläufigen Interessen von Nießbraucher und WEer lassen keine einheitliche Stimmabgabe erwarten, so dass – anders als in den genannten Normen vorausgesetzt – die mit dem nießbrauchsbelasteten WE verbundene Stimme oftmals „verloren gehen" kann.[35] Im Interesse der Funktionsfähigkeit des Willensbildungsprozesses der WEgem ist demnach trotz § 1066 Abs. 1 BGB ein Stimmrecht des Nießbrauchers abzulehnen, zumal für eine solches auch keine hinreichende Notwendigkeit besteht.

15 Mit Einräumung eines Nießbrauchs an einem WE erwirbt der Begünstigte unter anderem das Recht, das SE des Bestellers zu eigenen Zwecken zu nutzen. Das Recht zur Nutzung des SE, das bei der Nießbrauchsbestellung wirtschaftlich erkennbar im Vordergrund steht, ist weitgehend vor unmittelbaren Eingriffen der WEer mittels Beschlüssen geschützt, so dass der Nießbraucher keines Stimmrechts bedarf, um seine Interessen zu wahren. Wird das Nutzungsrecht des Nießbrauchers mittelbar durch Beschlüsse zur Verwaltung des gemE betroffen – etwa Beschlüsse nach §§ 16, 21, 28 WEG – ist der den Nießbrauch bestellende WEer auf Grund des zwischen ihm und dem Nießbraucher bestehenden gesetzlichen Begleitschuldverhältnisses[36] verpflichtet, seine Stimme unter Berücksichtigung der Interessen des Nießbrauchers abzugeben. Verstößt er gegen diese Pflicht, schützt den Nießbraucher ein hieraus resultierender Schadensersatzanspruch.[37]

16 Hat die Bestellung eines Nießbrauchs entgegen § 1066 Abs. 1 BGB kein Stimmrecht des dinglich Berechtigten zur Folge, gilt dies unabhängig davon, ob sich das Recht des Nießbrauchers auf das gesamte oder nur einen Teil des WE erstreckt. Ebenso unerheblich ist, ob der Nießbrauch an einem oder mehreren WE-Einheiten besteht.[38]

17 **b) Der Wohnungsberechtigte iSd § 1093 BGB.** Das Wohnungsrecht iSd § 1093 BGB ist ein beschränkt dingliches Recht, welches dem Wohnungsberechtigten erlaubt, unter Ausschluss des WEers die Eigentumswohnung zu benutzen. In Bezug auf die Stimmberechtigung des Wohnungsberechtigten werden, drei Ansichten vertreten. Zum Teil wird auch bei Belastung des WEs mit einem Wohnungsrecht iSd § 1093 BGB allein der WEer als stimmberechtigt angesehen[39] bzw. eine Stimmrechtsspaltung zwischen WEer und dinglich Berechtigtem befürwortet.[40] Nach Lüke[41] sollen der WEer und der Wohnungsberechtigte analog § 25 Abs. 2 Satz 2 nur gemeinsam und einheitlich zur Ausübung des Stimmrechts berechtigt sein.

18 Aus den zum Nießbrauch aufgeführten Gründen hat die Bestellung eines Wohnungsrechts kein Stimmrecht des dinglich Berechtigten zur Folge. Auch im Falle des § 1093 BGB ist eine die Rechtssicherheit gefährdende Stimmrechtsspaltung und die Analogie zu § 25 Abs. 2 S. 2 mangels vergleichbarer Sachverhalte abzulehnen. Soweit der BGH[42] abweichend hiervon vertritt, dass dem Wohnungsberechtigten ein Stimmrecht zusteht, ist ihm nicht zu folgen. Begründet der BGH nämlich das Stimmrecht des Wohnungsberechtigten mit der Erwägung, dass Beschlüsse der WEer das Wohnungsrecht beeinträchtigen können, verfängt diese Argumentation mit Blick auf § 1093 BGB ebenso wenig wie beim Nießbrauch.[43]

---

[35] Vgl. Rn 42.

[36] Zum gesetzlichen Begleitschuldverhältnis Staudinger/*Frank* Vorbem zu §§ 1030 ff. Rn 6.

[37] Vgl. auch *Prüfer* ZWE 2002, 258 (259).

[38] Zu damit zusammenhängenden Folgefragen bei Befürwortung eines Nießbraucherstimmrechts vgl. Vorauflage § 25 Rn 14 f.

[39] Staudinger/*Bub* § 25 Rn 135; *Lotz-Störmer* S. 67; *Bader* PiG 25, 67 (71); *Müller,* Praktische Fragen, Rn 379 (S. 314).

[40] MünchKommBGB/*Petzoldt,* § 1030 BGB Rn 26; *Augustin* § 25 Rn 24; siehe auch *Bornheimer* S. 170 f., der noch weiter differenziert.

[41] Weitnauer/*Lüke* § 25 Rn 11.

[42] BGH MDR 1977, 299 f.

[43] So auch *Prüfer* ZWE 2002, 258 (259).

c) Der Dauerwohnberechtigte iSd § 31. Auch das Dauerwohnrecht iSd § 31 ist ein beschränkt dingliches Recht. Ebenso wenig wie dem Nießbraucher bzw. dem dinglich Wohnungsberechtigten gebührt einem Dauerwohnberechtigten ein Stimmrecht. Seine Rechtsstellung – vgl. § 31 Abs. 3 – ist der Position eines dinglich Wohnberechtigten angenähert, so dass ihm keine Rechte zustehen können, die einem nach § 1093 BGB dinglich Berechtigten nicht zugeordnet sind.[44] 19

d) Mieter, Pächter. Dem Mieter oder Pächter kommt keine dingliche Rechtsposition zu. Infolgedessen haben sie nach einhelliger Ansicht auch kein eigenes Stimmrecht.[45] 20

e) Der Grundpfandgläubiger. Auch dem Grundpfandgläubiger kommt nach allgemeiner Ansicht kein eigenes Stimmrecht zu.[46] Zwar erhält auch der Grundpfandgläubiger eine beschränkt dingliche Rechtsposition. Diese Rechtsposition gibt dem Grundpfandgläubiger allerdings nur das Recht, sich aus dem WE zu befriedigen (§§ 1113, 1147, 1191, 1192 BGB). Dagegen stehen ihm hinsichtlich des Gebrauchs und der Verwaltung des gemE keine Rechte zu. Ein Stimmrecht des Grundpfandgläubigers wird daher zu Recht allgemein abgelehnt. 21

f) Der Zwangsverwalter. Nach überwiegender Ansicht in Rspr.[47] und Lehre[48] steht dem Zwangsverwalter ein umfassendes Stimmrecht zu. Demgegenüber verdrängt nach Ansicht des KG[49] der Zwangsverwalter den WEer jedoch nicht gänzlich aus seinem Stimmrecht. Zu prüfen sei jeweils, ob die Ausübung des Stimmrechts durch den in § 152 ZVG festgelegten Zweck gedeckt sei, im Interesse der Gläubiger alle Maßnahmen zu ergreifen, um das WE in seinem wirtschaftlichen Bestand zu erhalten und ordnungsgemäß zu benutzen. Dem Zwangsverwalter sei es folglich verwehrt, bauliche Veränderungen vorzunehmen oder in die Substanz des WEs einzugreifen. In einer späteren Entscheidung hat das KG seine Ansicht dahingehend ergänzt, dass eine Vermutung dafür spreche, dass ein Beschlussgegenstand die Zwangsverwaltung berühre.[50] 22

Das von der hM dem Zwangsverwalter zu Recht eingeräumte umfassende Stimmrecht ergibt sich aus dem Zweck der Verwaltung, der darin besteht, aus den Erträgen des zwangsverwalteten WEs die Gläubiger zu befriedigen. Entgegen der Ansicht des KG ist auch eine bauliche Veränderung durch den Zwangsverwalter zulässig, wenn sie durch den Zweck der Verwaltung gedeckt ist.[51] Im Ergebnis kommt dem Zwangsverwalter daher ein umfassendes Stimmrecht zu.[52] 23

Gehören einem WEer mehrere Wohnungseigentumsrechte und ist nur ein Teil von ihnen zwangsverwaltet, so kommt es für die Frage, wer das Stimmrecht ausübt, zunächst darauf an, ob die WEer eine von § 25 Abs. 2 abweichende Regelung getroffen haben. Beim Objekt- oder Wertprinzip, steht dem Zwangsverwalter das Stimmrecht nur in Höhe der belasteten Objekte bzw. der belasteten MEAe zu. Wird das Stimmrecht dagegen nach dem Kopfprinzip bemessen, sind WEer und Zwangsverwalter nach Ansicht des KG[53] analog § 25 Abs. 2 Satz 2 nur gemeinsam stimmberechtigt; gelingt es ihnen nicht, sich auf 24

---

[44] So auch *Prüfer* ZWE 2002, 258 (259); aA *Bornheimer* S. 175 f.

[45] *Bornheimer* S. 177; *Bader* PiG 25, 67 (71); *Müller* PiG 6, 53 (59); Staudinger/*Bub* § 25 Rn 137; *Augustin* § 25 Rn 4.

[46] *Bornheimer* S. 178; Staudinger/*Bub* § 25 Rn 138; *Bader* PiG 25, 67 (71); *Weimar* BlGBW 1977, 11 (12).

[47] OLG Hamm DWE 1987, 54; OLG Karlsruhe WE 1990, 105; LG Berlin ZMR 2009, 474 (475); *Häublein* ZfIR 2005, 337 (340); offengelassen vom BayObLG WuM 1991, 308 (309).

[48] *Bornheimer* S. 179 f.; *Bader* PiG 25, 67 (76); *Müller,* Praktische Fragen, Rn 380 (S. 316); *ders.* ZWE 2000, 237 (240) = PiG 59, 73 (80); *Augustin* § 25 Rn 24; *Weitnauer* WE 1988, 3 (4).

[49] KG WE 1987, 120; NJW-RR 1987, 77 (78).

[50] KG WE 1990, 206; so auch BayObLG WE 1999, 157 = NZM 1999, 77.

[51] Vgl. *Stöber* § 152 ZVG Rn 16; *Steiner/Hagemann* § 152 Rn 48.

[52] Kritisch *Riecke*/Schmid § 25 Rn 9 ff.

[53] KG WE 1989, 207; zustimmend Staudinger/*Bub* § 25 Rn 141.

eine einheitliche Ausübung des Stimmrechts zu einigen, so soll ihre Stimme nicht mitgezählt werden. Hiergegen spricht jedoch, dass dann der WEer in der Lage wäre, das gemeinsame Stimmrecht zu blockieren. Außerdem widerspräche dies dem Willen des Gesetzgebers, dass nur der Zwangsverwalter über rentabilitätsbezogene Maßnahmen entscheidet. Eine Analogie zu § 25 Abs. 2 Satz 2 kommt daher nicht in Betracht. Als sachgerechte Lösung bleibt nur, das Stimmrecht zwischen dem WEer und dem Zwangsverwalter nach Bruchteilen aufzuteilen.[54]

25 **g) Insolvenzverwalter.** Wird über das Vermögen eines WEers das Insolvenzverfahren eröffnet, so fällt auch das WE als Vermögenswert in die Insolvenzmasse. Nach § 80 Abs. 1 InsO gehen ab diesem Zeitpunkt alle Verwaltungsbefugnisse auf den Insolvenzverwalter über. Entsprechend der bislang schon zu § 6 Abs. 2 KO einhellig vertretenen Ansicht[55] ist daher anstelle des WEers allein der Insolvenzverwalter stimmberechtigt.

26 **h) Nachlassverwalter und Testamentsvollstrecker.** Bei Anordnung der Nachlassverwaltung gehen die Verwaltungs- und Verfügungsbefugnisse des Erben gem. § 1984 BGB auf den Nachlassverwalter über. Dieser übt daher das Stimmrecht für ein zur Erbmasse gehörendes WE als Organ der Rechtspflege im eigenen Namen und aus eigenem Recht aus.[56] Entspr. gilt für den Testamentsvollstrecker, der nach § 2205 BGB zum Zwecke der Nachlassverwaltung sämtliche aus der Mitgliedschaft eines WEers sich ergebenden Rechte wahrnimmt, mithin auch das Stimmrecht für ein zum Nachlass gehörendes WE ausübt.[57]

3. Die Stimmkraft

27 **a) Das Kopfprinzip.** Das Stimmrecht besteht aus zwei Komponenten, der Stimmkraft und dem gegenständlichen Umfang des Stimmrechts. In Bezug auf die Stimmkraft bestimmt § 25 Abs. 2 Satz 1, dass jeder WEer eine Stimme hat. § 25 Abs. 2 Satz 1 stellt nicht auf das WE, sondern auf den Eigentümer, den WEer ab. Danach hat jeder WEer unabhängig von der Größe und dem Wert seines MEA oder der Anzahl seiner WE-Rechte nur eine Stimme (sog. Kopfprinzip).[58] Diese Auslegung entspricht auch dem Gesetzeszweck, keinem WEer von vornherein ein Stimmenübergewicht zu geben.

28 Die in § 25 Abs. 2 Satz 1 enthaltene Regelung ist wegen § 10 Abs. 2 Satz 2 grds. abdingbar.[59] Schranken der rechtsgeschäftlichen Gestaltungsfreiheit ergeben sich aus §§ 12 Abs. 4 Satz 2, 16 Abs. 5, 22 Abs. 2 Satz 2 und 26 Abs. 1 Satz 5, wonach die dort geregelten Befugnisse nicht durch Vereinbarung ausgeschlossen oder eingeschränkt werden können (s. u. Rn 31). Im Übrigen können die WEer vereinbaren, die Stimmkraft nach anderen Kriterien zu bemessen, etwa nach dem Wert- oder Objektprinzip. Zulässig ist auch eine Regelung, durch die einem teilenden Alleineigentümer, der noch nicht alle Wohnungen veräußert hat, in der Weise ein Vetorecht eingeräumt wird, dass gegen seine Stimme ein Beschluss nicht gefasst werden kann.[60] Liegt eine vom gesetzlichen Kopfprinzip abweichende Vereinbarung der WEer vor und erfolgt die Beschlussfeststellung dann aber gleichwohl

---

[54] *Bornheimer* S. 182; zustimmend *Riecke*/Schmid § 25 Rn 12; aA Staudinger/*Bub* § 25 Rn 141: gemeinschaftliches Stimmrecht.

[55] *Bornheimer* S. 183 f.; *Bader* PiG 25, 67 (76); *Müller*, Praktische Fragen, Rn 380 (S. 316); *Augustin* § 25 Rn 24.

[56] *Kefferpütz* S. 120; Palandt/*Bassenge* § 25 Rn 5.

[57] AG Essen NJW-RR 1996, 79; *Bornheimer* S. 183; *Kefferpütz* S. 120.

[58] BGHZ 49, 250 (256); OLG Frankfurt Rpfleger 1978, 415; BayObLG 1982, 203 (206); NJW-RR 1986, 566; OLG Karlsruhe WuM 1988, 325 (326); KG Rpfleger 1978, 24 mit Anm. *Merle;* OLG Hamm Rpfleger 1978, 182; aA *Schoene* NJW 1981, 435 f., hiergegen LG München I ZWE 2009, 320.

[59] KG WE 1994, 370; BayObLG WE 1991, 83 (84); WE 1990, 111; BayObLGZ 1986, 10 (12); 1982, 203 (206); NJW-RR 1986, 566; WE 1991, 83 (84); WE 1989, 183; WE 1990, 111; KG WuM 1988, 324 (325); OLG Hamm Rpfleger 1975, 401 (402); OLG Zweibrücken Rpfleger 1989, 453.

[60] BayObLG NJW-RR 1997, 1305 = WE 1997, 435.

nach dem Kopfprinzip ist dies unschädlich, wenn feststeht, dass eine Mehrheit auch nach der Regelung der GemO erreicht ist.[61]

b) Das Wertprinzip. Beim Wertprinzip richtet sich die Stimmkraft nach der Größe der MEA. Bei einer Stimmrechtsverteilung nach dem Wertprinzip besteht allerdings die Gefahr, dass ein WEer die Mehrheit aller Stimmen auf sich vereinigt und er als Mehrheitseigentümer in die Lage versetzt wird, sein Stimmrecht für seine Zwecke zu missbrauchen, ohne die Belange der WEgem zu berücksichtigen. Diese Gefahr macht die Stimmrechtsverteilung nach dem Wertprinzip indes nicht unzulässig. Vielmehr besteht im Hinblick auf § 16 Abs. 2, der die Kosten- und Lastentragungspflicht nach der Größe der MEA bemisst, ein berechtigtes Interesse, die Stimmrechtsverteilung nach dem Wertprinzip zu regeln.[62] Zulässig ist es aber auch, das Wertprinzip zu modifizieren und den Wert der einzelnen WE-Rechte auch von anderen Kriterien abhängig zu machen.[63] Auch ist es zulässig, die MEA abweichend von dem Wert der einzelnen WE-Rechte festzulegen.[64] Das Wertprinzip kann auch in einer Gemeinschaft mit nur zwei WE-Rechten, deren MEA unterschiedlich groß sind, vereinbart werden.[65] Gegen einen Missbrauch des Stimmrechts ist der WEer mit dem kleineren MEA durch die Möglichkeit der Beschlussanfechtung gem. § 43 Nr. 4 hinreichend geschützt. 29

c) Das Objektprinzip. Neben dem Wertprinzip wird häufig die Stimmrechtsverteilung nach dem Objektprinzip vereinbart. Beim Objektprinzip bestimmt sich die Stimmkraft nach der Anzahl der dem jeweiligen WEer zustehenden WE-Rechte. Das Objektprinzip ermöglicht im Gegensatz zum Wertprinzip eine problemlose Feststellung des Abstimmungsergebnisses. Dabei kann es aber im Hinblick auf die Kosten- und Lastentragungspflicht bei Gemeinschaften, in denen die Größe der einzelnen WE-Rechte stark variiert, zu Verzerrungen kommen. Dies macht die Vereinbarung des Objektprinzips aber nicht unzulässig.[66] Bei wirtschaftlichem Ungleichgewicht der Stimmrechte und der Gefahr einer Majorisierung besteht nur unter den Voraussetzungen des § 10 Abs. 2 Satz 3 ein Anspruch einzelner WEer auf Änderung des in der Teilungserklärung festgelegten Objektprinzips.[67] 30

d) Schranken der Gestaltungsfreiheit. aa) Die Stimmkraft bei Änderungsverboten. Nach den §§ 12 Abs. 4, 16 Abs. 3 und 4 sowie 22 Abs. 2 können die dort geregelten Beschlusskompetenzen nicht durch Vereinbarung eingeschränkt oder ausgeschlossen werden.[68] Wegen dieser gesetzlichen Verbote iSd § 134 BGB kann weder das Kopfprinzip des § 25 Abs. 2 Satz 1[69] noch ggf die doppelt qualifizierte Mehrheit[70] gemäß § 10 Abs. 2 Satz 2 eingeschränkt oder durch Vereinbarung des Objekt- oder Wertprinzips ausgeschlossen werden, weil insoweit etwas anderes *ausdrücklich* bestimmt ist. Dies gilt auch für Beschlüsse §§ 12 Abs. 4, 16 Abs. 3, weil das Kopfprinzip gemäß § 25 II WEG zwingend zum Tatbestand dieser vereinbarungsfesten Kompetenznormen gehört; diese sind 31

---

[61] BayObLG DWE 1984, 93; WE 1990, 140 (141).

[62] BayObLG NJW-RR 1986, 566; OLGZ 1976, 145 (148); OLG Frankfurt/M. Rpfleger 1978, 415; OLG Saarbrücken WE 1998, 69 (72).

[63] Vgl. dazu OLG Karlsruhe WuM 1988, 325 (327) = NJW-RR 1987, 975 (976); OLG Zweibrücken WE 1990, 108 = OLGZ 1990, 186 (188f.) wo Gewerbeeinheiten im Verhältnis zu Wohneinheiten überproportional bemessen wurden; kritisch *Witten* DWE 1990, 48f.

[64] KG WE 1994, 370.

[65] BayObLGZ 1986, 10 (11f.) = NJW-RR 1986, 566 (567).

[66] Vgl. BayObLG WE 1989, 183; OLG Oldenburg NJW-RR 1997, 775f.

[67] Vgl. auch KG OLGZ 1994, 389 = NJW-RR 1994, 525 (526) = WE 1994, 370.

[68] Vgl. ausführlich *Merle* ZWE 2009, 15ff.; *Häublein* FS Bub (2007) S. 115ff.

[69] HM: *Häublein* ZMR 2007, 409 (410); *ders.* FS Bub, 2007, S. 113 (117ff.); *Merle* ZWE 2009, 15 (18); MünchKommBGB/*Engelhardt*, § 16 WEG Rn 29, § 22 WEG Rn 41; *Deckert/Riesenberger/Blankenstein* ZMR 2008, 585 (590); *Becker* ZWE 2008, 215; *Drasdo* S. 157 Rn 12, S. 274 Rn 100f.; *ders.* RNotZ 2007, 207; *Gottschalg* DWE 2007, 40.

[70] LG München I ZWE 2009, 318 (320).

durch den Zusatz „nach Köpfen" zu ergänzen, da ohne eine Bestimmung der Stimmkraft die Kompetenznormen unbestimmt wären. Eine Erweiterung der genannten Befugnisse durch Erleichterung der Beschlussfassung ist dagegen zulässig.

Vereinbarungen nach dem 1. 7. 2007: Eine Vereinbarung, wonach für alle Beschlüsse das Objekt- oder Wertprinzip gelten soll, mit Ausnahme von Beschlüssen nach den §§ 12 Abs. 4, 16 Abs. 3 und 4 sowie § 22 Abs. 2, ist zulässig. Dasselbe dürfte für eine Vereinbarung gelten, wonach für alle Beschlüsse das Objekt- oder das Wertprinzip gelten soll, bei Beschlüssen nach den §§ 12 Abs. 4, 16 Abs. 3 und 4 sowie § 22 Abs. 2 aber ***auch*** das unabdingbare Kopfprinzip des § 25 Abs. 2. Durch eine solche Regelung würden die jeweiligen Befugnisse nicht eingeschränkt, sondern erweitert. Ein positives Beschlussergebnis wäre nämlich immer dann festzustellen, wenn eine Mehrheit nach Köpfen erreicht wird, aber auch dann, wenn nur eine Mehrheit nach dem vereinbarten Objekt- bzw. Wertprinzip vorliegt. Eine Vereinbarung, wonach ausnahmslos für alle Beschlüsse ***nur*** das Objekt- oder Wertprinzip gelten soll, wäre nach § 134 BGB teilweise unwirksam, nämlich insoweit, als das unabdingbare Kopfprinzip des § 25 Abs. 2 für Beschlüsse nach den §§ 12 Abs. 4, 16 Abs. 3 und 4 sowie § 22 Abs. 2 ausgeschlossen wird; für solche gilt dann nur das Kopfprinzip.

Vereinbarungen vor dem 1. 7. 2007: Bei Vereinbarungen, durch die abweichend von § 25 Abs. 2 Satz 1 für Beschlüsse das Objekt- oder Wertprinzip gelten soll, ergibt sich idR im Wege ergänzender Auslegung, dass sie auf Beschlüsse nach den §§ 12 Abs. 4, 16 Abs. 3 und 4 sowie § 22 Abs. 2 nicht anwendbar sind.[71] Dass **neben** dem unabdingbaren Kopfprinzip **auch** das vereinbarte Objekt- oder Wertprinzip zur Feststellung des Beschlussergebnisses anzuwenden ist, kann nicht angenommen werden, weil das Beschlussergebnis andernfalls – außer bei § 12 Abs. 4 – vom Zufall abhängen könnte, etwa von der Formulierung des Beschlussantrages oder der Reihenfolge der Abstimmungen. Ein positives Beschlussergebnis ist daher bei Beschlüssen nach den §§ 16 Abs. 3 und 4 sowie § 22 Abs. 2 nur festzustellen, wenn die erforderliche Mehrheit nach dem Kopfprinzip erreicht wird.[72]

32 **bb) Die Stimmkraft bei Bestellung und Abberufung des Verwalters.** Die für Beschlüsse nach den §§ 12 Abs. 4, 16 Abs. 3 und 4 sowie § 22 Abs. 2 maßgebende Rechtslage ist insbesondere aus systematischen Erwägungen auf Beschlüsse über die Bestellung und Abberufung eines Verwalters nach § 26 Abs. 1 zu übertragen, um Wertungswidersprüche zu vermeiden.[73] Entgegen der noch fast einhelligen Meinung[74] stellt eine vom Kopfprinzip abweichende Regelung des Stimmrechts (Objekt- oder Wertprinzip) eine unzulässige Beschränkung der Bestellung oder Abberufung des Verwalters iSd § 26 Abs. 1 Satz 5 dar.[75] Daher kommt ein Beschluss über die Bestellung oder Abberufung des Verwalters nur zustande, wenn eine Mehrheit nach dem Kopfprinzip erreicht wird. Eine Mehrheit nach vereinbartem Objekt- oder Wertprinzip genügt nicht für die Feststellung eines positiven Beschlussergebnisses.[76]

33 **cc) Die disproportionale Stimmkraft.** Auch wenn zu Recht allgemein von der Abdingbarkeit des § 25 Abs. 2 Satz 1 ausgegangen wird, stellt sich die Frage, ob der Gestaltungsfreiheit gewisse Schranken gesetzt sind. Sowohl beim Wert- als auch regelmäßig beim Objektprinzip findet die von Abs. 2 Satz 1 abweichende Verteilung der Stimmkraft ihre innere Rechtfertigung in der damit korrespondierenden Lasten- und Kostentragungspflicht.[77] Bedenken werden deshalb erhoben, wenn die Stimmkraft abweichend von der

---

[71] Vgl. *Häublein* FS Bub (2007) S. 113 (123).

[72] Abweichend noch *Merle* ZWE 2009, 15 (19 ff.).

[73] Ausführlich *Merle* ZWE 2009, 15 (21 f.).

[74] BGH NZM 2002, 995 (997); vgl. § 26 Rn 39.

[75] So schon AG Berlin-Schöneberg ZMR 1976, 316; *Pfennig/Duske* ZMR 1976, 289 (290); *Groß* ZMR 1977, 67.

[76] Vgl. Rn. 31; aA noch *Merle* ZWE 2009, 15 (22).

[77] Vgl. *Bornheimer* S. 33; *Lotz-Störmer* S. 252.

Lasten- und Kostentragungspflicht verteilt wird und dadurch bestimmten WE-Rechten ein überproportional großes Stimmrecht zugeordnet wird. Teilweise wird die Ansicht vertreten, eine solche Vereinbarung der WEer sei grds unwirksam, weil ihr die innere Rechtfertigung fehle.[78] Dagegen wird eine disproportionale Verteilung der Stimmkraft in der Rspr.[79] überwiegend als zulässig angesehen.

Eine disproportionale Verteilung der Stimmkraft kann insbesondere dadurch erfolgen, dass einzelnen WE-Rechten größere MEA zugewiesen werden, als es ihnen nach dem Verhältnis aller WE-Rechte zueinander zustehen würde. Gegen eine solche Verteilung der MEA, die allgemein als zulässig angesehen wird,[80] gibt es auch aus Sicht des Stimmrechts keine Bedenken. Anders sieht es aber aus, wenn nur die Stimmkraft, nicht aber die Lasten- und Kostentragungspflicht diesem Verteilungsschlüssel folgt. Zumindest wenn die Verteilungsschlüssel deutliche Unterschiede aufweisen, fehlt es dann an einer inneren Rechtfertigung für die vorgesehene Verteilung der Stimmkraft. Für die Zulässigkeit einer solchen Regelung kann nicht angeführt werden, dass sowohl die Verteilung der MEA als auch die Lasten- und Kostentragungspflicht abweichend vom Gesetz geregelt werden könnten.[81] Dies hat nämlich auf die Verteilung der Stimmkraft keinen zwingenden Einfluss, sofern etwa das Kopf- oder Objektprinzip gilt. Entscheidend ist vielmehr, ob durch eine Kombination dieser Gestaltungsspielräume ein modifiziertes Wertprinzip geschaffen wird, bei dem die Verteilung der Stimmkraft keine innere Rechtfertigung hat. Zwar kann es auf Grund der unterschiedlichen Größe von WE-Rechten auch beim Objektprinzip zu einer disproportionalen Verteilung der Stimmkraft kommen. Jedoch ist dies auf Grund der mit dem Objektprinzip einhergehenden Erleichterungen hinzunehmen. Dagegen gibt es für eine disproportionale Verteilung der Stimmkraft nach einem modifizierten Wertprinzip keine plausiblen Gründe, was regelmäßig die Vermutung nahe legt, dass durch eine solche Regelung bestimmte WE-Rechte übervorteilt werden sollen. 34

Bei dem Stimmrecht handelt es sich um das wichtigste und sensibelste Mitgliedschaftsrecht des WEers, weshalb die Gestaltungsfreiheit nicht erst durch die Schranke des § 138 BGB begrenzt wird, sondern dort endet, wo eine Vereinbarung die Funktionstüchtigkeit einer WEgem zumindest gefährdet und eine vermehrte Inanspruchnahme der Gerichte befürchten lässt. Im Wohnungseigentumsrecht besteht nämlich grds kein rechtliches Interesse, die Stimmkraft disproportional zur Lasten- und Kostentragungspflicht zu verteilen. Auch ein Blick in das Gesellschaftsrecht lässt keine andere Bewertung zu. Dort kann etwa dem Gründer einer Gesellschaft auf Grund seiner Aufbauarbeit oder besonders um die Gesellschaft bemühten Gesellschaftern ein über ihre eigentliche Beteiligung hinausgehendes Stimmrecht zuerkannt werden. Solche Unterschiede können hingegen zwischen WEern nicht bestehen. Der Zweck einer WEgem bezieht sich vielmehr auf die Verwaltung des gemE, an der alle WEer im gleichen Maße interessiert und berechtigt sind. Auch besteht bei einer disproportionalen Verteilung der Stimmkraft die erhöhte Gefahr einer missbräuchlichen Ausübung des Stimmrechts, da der erhöhten Stimmkraft keine entsprechende Lasten- und Kostentragungspflicht gegenübersteht. Ein Verstoß gegen den auch im Wohnungseigentumsrecht geltenden Gleichbehandlungsgrundsatz käme allerdings insofern nicht in Betracht. Dieser ist nur dann zu beachten, wenn eine Person ihren Willen ohne Rück- 35

[78] *Lotz-Störmer* S. 255; LG Frankenthal, auszugsweise abgedruckt bei OLG Zweibrücken Rpfleger 1989, 453, welches den gegenteiligen Standpunkt vertritt.

[79] OLG Zweibrücken Rpfleger 1989, 453 (454): Verteilung von 51% der Stimmen auf 28% der MEA; OLG Karlsruhe WuM 1988, 325 (326): Zuteilung größerer MEA an Gewerbeeinheiten; KG NJW-RR 1994, 525 (526).

[80] Vgl. BGH NJW 1986, 2759 (2760); OLG Karlsruhe WuM 1988, 325 (326) und OLG Zweibrücken Rpfleger 1989, 453 (454) mwN.

[81] So aber OLG Karlsruhe WuM 1988, 325 (326) und OLG Zweibrücken Rpfleger 1989, 453 (454).

sicht auf einen Konsens einer anderen Person aufzwingen kann.[82] Bei der Vereinbarung zwischen den WEern über die Verteilung der Stimmkraft liegt diese Situation jedoch nicht vor. Dies gilt auch für Regelungen durch den teilenden Eigentümer nach § 8, da der Erwerber in seiner Entscheidungsfreiheit über den Erwerb des WEG nicht beeinträchtigt wird.

Ob eine disproportionale Verteilung der Stimmkraft ausnahmsweise gerechtfertigt sein kann, erscheint zweifelhaft. Insbesondere gibt es keinen Grund, gewerblich genutztes SE insoweit generell zu bevorzugen. Denkbar dürfte es dagegen sein, die Stimmkraft bzgl. bestimmter Beschlussgegenstände disproportional zu regeln, soweit Besonderheiten einzelner WE-Rechte eine solche Disproportionalität rechtfertigen.

4. Das Stimmrecht bei Unterteilung und Vereinigung von WE

36 Die Anzahl der Stimmrechte bleibt in einer WEgem grds konstant, da sich die Anzahl der WE-Rechte idR nicht verändert. Veränderungen treten aber ein, wenn ein WEer seinen MEA in mehrere selbstständige WE-Rechte unterteilt oder ursprünglich selbstständige WE-Rechte zu einem einheitlichen WE-Recht vereinigt werden.

37 **a) Die Unterteilung von WE.** Wird ein MEA in mehrere selbstständige WE-Rechte unterteilt, stellt sich die Frage, wie sich dies auf die Anzahl der Stimmrechte in der Gemeinschaft auswirkt. Zu beachten ist hierbei, dass durch die zustimmungsfreie Unterteilung und Veräußerung eines so entstandenen WE-Rechts die Rechte der anderen WEer nicht nachteilig verändert werden und dass sich aus der Summe der neu geschaffenen WE-Rechte nicht mehr Befugnisse als aus dem ursprünglichen WE-Recht ergeben dürfen.[83]

38 Keine Probleme ergeben sich, wenn die WEer das **Wertprinzip** vereinbart haben. Wird ein MEA unterteilt, so entfällt auf jeden neuen MEA das Stimmrecht in Höhe des jeweiligen Anteils. Wir ein solcher MEA, also ein durch Unterteilung entstandenes neues WE-Recht veräußert, steht das Stimmrecht dem Erwerber in Höhe des erworbenen MEA zu.

39 Auch bei der Geltung des gesetzlich vorgesehenen **Kopfprinzips** ergeben sich keine Probleme, solange der teilende WEer die neu geschaffenen WE-Rechte noch nicht an Dritte veräußert hat, da ihm unabhängig von der Anzahl seiner WE-Rechte nur eine Stimme zukommt. Aber auch wenn ein durch Unterteilung neu geschaffenes WE an einen Dritten veräußert wird, führt dies nicht zu einer Vermehrung der Stimmrechte.[84] Eine Vermehrung des Stimmrechts hätte nämlich zur Folge, dass die einseitige, zustimmungsfreie Aufteilung und Veräußerung eines MEA durch einen WEer die übrigen schutzwürdigen WEer in ihrer Stimmkraft erheblich beschränken könnte. Eine solche Beschneidung der Rechte der übrigen WEer ist ohne deren Zustimmung nicht möglich; andernfalls wären Manipulationen des Stimmrechts durch Unterteilung eines MEA ohne Weiteres möglich.[85] Zwar kommt es bei Geltung des Kopfprinzips auch zu einer Vermehrung der Stimmrechte, wenn einem WEer mehrere Wohnungen gehören und er eine dieser Wohnungen an einen Dritten veräußert.[86] Aber eine solche Erhöhung der Stimmrechte ist im Unterschied zur nachträglichen Unterteilung aus der Teilungserklärung zuverlässig ersichtlich, ist also quasi

---

[82] Vgl. *K. Schmidt,* Gesellschaftsrecht, § 16 II 4. b) aa).

[83] BGHZ 73, 150 (155) = NJW 1979, 870 f.; OLG Düsseldorf NJW-RR 1990, 521 f. = OLGZ 1990, 152 (154 f.) = WE 1990, 170; BayObLG NJW-RR 1991, 910 = WE 1992, 55 (56); *Streblow* MittRhNotK 1987, 141 (147).

[84] BGHZ 73, 150 (155) = NJW 1979, 870; OLG Stuttgart NZM 2005, 312; LG München I ZWE 2009, 456 (457); aA Niedenführ/*Kümmel*/Vandenhouten § 25 Rn 12; OLG Düsseldorf NZM 2004, 234; KG ZWE 2000, 313 (314) = NZM 2000, 671; Voraufl Rn 39.

[85] LG München ZWE 2009, 456 (457 re. Sp.).

[86] OLG München NZM 2007, 45.

mitvereinbart.[87] Dem Erwerber eines durch Unterteilung entstandenen WE-Rechts steht ein Bruchteil der Stimme des aufteilenden WEers zu.[88] Sachgerecht erscheint es, wie bei Maßgeblichkeit des Objektprinzips (vgl. Rn 40) die auf das ursprüngliche WE entfallende Stimme gleichmäßig nach Bruchteilen auf die neuen WE-Rechte aufzuteilen.[89] Eine entsprechende Anwendung des § 25 Abs. 2 S. 2, wonach das Stimmrecht nur gemeinschaftlich ausgeübt werden kann, kommt mangels Rechtsgemeinschaft nicht in Betracht.[90]

Das Problem der Vermehrung der Stimmrechte entsteht bei der Geltung des **Objektprinzips** bereits mit der Teilung einer Eigentumswohnung. Hier ist es sachgerecht, die auf das ursprüngliche WE entfallende Stimme gleichmäßig nach Bruchteilen auf die neuen WE-Rechte aufzuteilen,[91] da nur so eine Vermehrung der Stimmrechte in einer Person verhindert werden kann. Solange der teilende WEer noch Inhaber der neu gebildeten Einheiten ist, führt dies dazu, dass sich an der Stimmrechtsverteilung nichts ändert; dem teilenden WEer steht insgesamt weiterhin nur eine Stimme zu;[92] diese kann er nur einheitlich ausüben.[93] Die Aufteilung des Stimmrechts entsprechend der Anzahl der neu gebildeten Einheiten bleibt auch nach Veräußerung einzelner dieser Einheiten erhalten.[94] Eine entsprechende Anwendung des § 25 Abs. 2 S. 2, wonach das Stimmrecht nur gemeinschaftlich ausgeübt werden kann, kommt aber mangels vergleichbarer Interessenlage nicht in Betracht, da die Eigentümer nicht in einer Rechtsgemeinschaft zusammengefasst, sondern Inhaber selbstständiger WE-Einheiten sind.[95] 40

b) Die Vereinigung von WE. Die Vereinigung von Wohnungseigentumsrechten führt in Bezug auf das Stimmrecht nicht zu einer Beeinträchtigung der anderen WEer. Während beim Kopf- oder Wertprinzip die Anzahl der Stimmen von der Vereinigung nicht berührt werden, fallen beim Objektprinzip eine oder mehrere Stimmen weg.[96] Dieser Umstand wirkt sich auf die bestehenden Stimmrechte aber nur vorteilhaft aus.[97] 41

5. Das Stimmrecht mehrerer Inhaber eines WE

a) Normzweck. Ein WE kann auch mehreren gemeinschaftlich zustehen. Für diesen Fall bestimmt § 25 Abs. 2 Satz 2, dass die MitWEer ihr Stimmrecht nur einheitlich ausüben können. Den MitWEern steht folglich nur eine Stimme zu, die von allen einheitlich auszuüben ist.[98] Hierdurch sollen die anderen WEer vor divergierenden Stimmabgaben geschützt und im Interesse der Rechtsklarheit ein problemloser Versammlungsablauf gewährleistet werden. Für die Anwendbarkeit des § 25 Abs. 2 Satz 2 kommt es entscheidend darauf an, dass ein WE mehreren Personen dinglich zugeordnet ist. Die Mitberechtigung muss auf gleicher Ebene liegen. 42

---

[87] LG München I ZWE 2009, 456 (457).

[88] LG München I ZWE 2009, 456 (458).

[89] Vgl. BGHZ 160, 354 (365) = NJW 2004, 3413 = ZMR 2004, 834.

[90] AA *Drasdo* S. 163 Rn 30.

[91] BGHZ 160, 354 (365) = NJW 2004, 3413 = ZMR 2004, 834; OLG Düsseldorf OLGZ 1990, 152 (153 f.); NJW-RR 1990, 521 (522); KG ZMR 1999, 426 (427); OLG Hamm ZWE 2002, 489 (490); Staudinger/*Bub* § 25 Rn 158; OLG Köln WE 1992, 259 f.; *Bornheimer* S. 128 f.; *Lotz-Störmer* S. 139 f.; *Briesemeister* NZM 2000, 992 (994).

[92] So wohl nunmehr auch *Bielefeld* FS Merle, S. 75 (82); aA *Hauger* WE 1991, 66 (71).

[93] Vgl. Rn 83.

[94] Staudinger/*Bub* § 25 Rn 159; *Bielefeld,* FS Merle, S. 75 (86); aA *Müller,* Praktische Fragen, Rn 381 (S. 316): Vermehrung des Stimmrechts mit Veräußerung.

[95] OLG Düsseldorf OLGZ 1990, 152 (153); Staudinger/*Bub* § 25 Rn 160; *Bornheimer* S. 129 f.; *Briesemeister* NZM 2000, 992 (994); aA Staudinger/*Rapp* § 6 Rn 7.

[96] Staudinger/*Bub* § 25 Rn 161; aA *Drasdo* S. 161 Rn 24, S. 163 Rn 30.

[97] *Bornheimer* S. 131.

[98] AllgM: *Bornheimer* S. 54; *Lotz-Störmer* S. 119; *Bassenge,* FS für Seuß, S. 33; *Ziege* NJW 1973, 2185 f.

43 **b) Arten der Mitberechtigung.** Eine Mitberechtigung iSd § 25 Abs. 2 Satz 2 liegt in jedem Fall dann vor, wenn am WE mehrere nach **Bruchteilen** (§ 741 BGB) berechtigt sind. Bei einer Berechtigung zur **gesamten Hand** ist zwischen den einzelnen Formen der Gesamthand zu unterscheiden. Bei der **Erbengemeinschaft** und der **Gütergemeinschaft** ist § 25 Abs. 2 Satz 2 anzuwenden. Bei den rechtsfähigen **Personengesellschaften** und dem **nichtrechtsfähigen Verein**[99] besteht dagegen eine weitgehende Verselbstständigung der Gesamthand nach außen hin. Es ist gewährleistet, dass durch die jeweiligen Vertreter eine einheitliche Stimmabgabe erfolgt. Diese Gesamthandsgemeinschaften fallen daher nicht in den Anwendungsbereich des § 25 Abs. 2 Satz 2.[100]

44 **c) Die Ausübung des Stimmrechts.** Alle Mitberechtigten als gemeinsame Träger des Stimmrechts sind zur gemeinschaftlichen Mitwirkung bei der Ausübung des Stimmrechts und insbesondere auch zur Teilnahme an WEVers berechtigt. Die Frage, wie das Stimmrecht von den Mitberechtigten auszuüben ist, ist eine Frage der Verwaltung des gemeinschaftlichen WE. Diese steht den Teilhabern, d. h. den Mitberechtigten i. S. des § 25 Abs. 2 Satz 2, grundsätzlich gemeinschaftlich zu. Haben die Teilhaber das Stimmverhalten vor der Abstimmung in der WEVers einvernehmlich durch Vereinbarung oder einstimmigen Beschluss geregelt, kann die einheitliche Ausübung des Stimmrechts durch gleich lautende Abstimmung aller Mitberechtigten in der Versammlung der WEer erfolgen.[101] Üben alle Mitberechtigten in der WEVers ihr WE-Stimmrecht ohne vorherige Regelung des Stimmverhaltens einheitlich aus, kann dies zugleich als gemeinschaftliche Regelung verstanden werden.[102]

45 Die MitWEer können aber auch einen gemeinsamen Vertreter benennen, der für sie die Stimme abgibt.[103] Die Benennung eines gemeinsamen Vertreters stellt grds eine Maßnahme der ordnungsgemäßen Verwaltung dar, so dass gem. §§ 745, 2038 Abs. 2 BGB ein Mehrheitsbeschluss genügt.[104] Bei der GbR reicht dagegen ein Mehrheitsbeschluss nur aus, wenn das Einstimmigkeitserfordernis gem. § 709 Abs. 2 BGB abbedungen wurde.

46 **d) Die Vertretung bei der Gemeinschaft bürgerlichen Rechts.** Die Ausübung des Stimmrechts in der WEVers erfolgt durch Abgabe entsprechender Willenserklärungen gegenüber dem Versammlungsleiter als Vertreter der WEer,[105] also in der Regel gegenüber dem Verwalter (§ 24 Abs. 5 WEG). Wenn nicht alle Miteigentümer, denen ein WE nach Bruchteilen zusteht, gemeinschaftlich in der WEVers das Stimmrecht ausüben, sondern nur ein einzelner abstimmt oder wenn mehrere, aber nicht alle Mitberechtigten sich an der Abstimmung beteiligen, kann die von § 25 Abs. 2 Satz 2 geforderte einheitliche Ausübung des Stimmrechts nur vorliegen, wenn deren Stimmabgabe für und gegen alle Miteigentümer wirkt. Bei Anwesenheit nur eines einzigen Mitberechtigten besteht zwar nicht die Gefahr einer *uneinheitlichen* Ausübung des Stimmrecht. Aber da Träger des Stimmrechts nur alle Miteigentümer gemeinschaftlich sind, ist die Stimmabgabe durch einen oder mehrere, aber nicht alle Miteigentümer nur wirksam, wenn diese zugleich für und gegen die übrigen Mitberechtigten wirkt. Hierzu ist nach § 164 BGB erforderlich, dass der abstimmende Mitberechtigte seine Stimme *im Namen des Vertretenen* und *innerhalb der ihm zustehenden Vertretungsmacht* abgibt.

47 **aa) Die Stimmabgabe namens des Vertretenen.** Wenn der Abstimmende bei der Stimmabgabe ausdrücklich erklärt, dass er die Stimme sowohl im eigenen Namen als auch im Namen der anderen Mitberechtigten am Wohnungseigentum abgibt, sind die Voraussetzungen dieses Tatbestandsmerkmals des § 164 Abs. 1 Satz 1 BGB erfüllt.

---

[99] Insoweit anders aber Staudinger/*Bub* § 25 Rn 164 unter Hinweis auf § 54 S. 1 BGB.

[100] *Bornheimer* S. 56, 58; *Lotz-Störmer* S. 118 (Fn. 130); *Ziege* NJW 1973, 2185.

[101] Vgl. Staudinger/*Bub* § 25 Rn 205.

[102] Vgl. MünchKommBGB/*K. Schmidt* §§ 744, 745 Rn 10 für Mehrheitsvotum bei der Verwaltung gemeinschaftlicher Gesellschaftsanteile.

[103] BayObLG NJW-RR 1994, 1236 = WuM 1994, 567 = ZMR 1994, 338.

[104] BayObLG WE 1991, 226 f.; *Bornheimer* S. 60.

[105] BGH, NJW 2002, 3629 f.; § 23 Rn 31.

Erfolgt die Stimmabgabe nicht ausdrücklich im Namen der übrigen Mitberechtigten, darf der Verwalter, dem gegenüber die Abgabe einer Stimme als Versammlungsleiter erfolgt, idR nach § 164 Abs. 1 Satz 2 BGB annehmen, dass derjenige, der sich an einer Abstimmung beteiligt, eine wirksame Stimme abgeben will und sie folglich auch im Namen aller Mitberechtigten abgibt; andernfalls wäre die Stimmabgabe von vornherein unwirksam. Da die an einem WE Mitberechtigten nur gemeinsam Träger des Stimmrechts sind und dieses auch nur gemeinsam und einheitlich ausüben können, muss der Versammlungsleiter davon ausgehen, dass ein einzelner mitberechtigter WEer bei einer Abstimmung seine Stimme sowohl im eigenen als auch im Namen der übrigen, nicht an der Abstimmung teilnehmenden Mitberechtigten an diesem WE abgibt.[106] Unerheblich ist, ob der Name des oder der Mitberechtigten bei der Stimmabgabe benannt wird.[107] **48**

bb) Die Vertretungsmacht zur Stimmabgabe. Die erforderliche Vertretungsmacht kann sich aus rechtsgeschäftlicher Erteilung, aus gesetzlicher Regelung oder aus Rechtsschein ergeben. **49**

(1) Rechtsgeschäftlich erteilte Vertretungsmacht. Jeder einzelne Mitberechtigte kann einem anderen Mitberechtigten oder einem Dritten gemäß § 167 Abs. 1 BGB Vollmacht zur Stimmabgabe in der WEVers erteilen. Ist eine solche Stimmrechtsvollmacht erteilt und stimmt der Bevollmächtigte in einer WEVers im Namen des Vollmacht erteilenden Mitberechtigten ab, so wirkt seine Stimme für und gegen diesen Mitberechtigten. Stimmt der Bevollmächtigte namens des Vertretenen mit den übrigen Mitberechtigten in der WEVers gleich lautend ab, liegt eine einheitliche Ausübung des Stimmrechts i. S. des § 25 Abs. 2 Satz 2 vor. **50**

Bevollmächtigen alle Mitberechtigten durch Mehrheitsbeschluss gemäß § 745 Abs. 1 BGB[108] einen Anderen als **gemeinsamen Vertreter** zur Ausübung des ihnen gemeinschaftlich zustehenden Stimmrechts, d. h. haben sie einen gemeinsamen Vertreter bestellt, der die Stimme im Namen aller Mitberechtigten abgibt, wird das Stimmrecht durch die alleinige Stimmabgabe des Bevollmächtigten im Namen des oder der Vertretenen notwendigerweise einheitlich ausgeübt. **51**

(2) Gesetzliche Vertretungsmacht. Ist rechtsgeschäftlich Vertretungsmacht nicht erteilt worden, nimmt aber ein Mitberechtigter oder nehmen mehrere Mitberechtigte an einer Abstimmung in der WEVers teil, kann sich deren **Vertretungsmacht** auch aus einem **Mehrheitsbeschluss der Mitberechtigten** ergeben.[109] Nach überwiegend geteilter Auffassung des BGH[110] kann die Mehrheit auf Grund eines wirksamen Mehrheitsbeschlusses, der keine Verfügung betrifft, die Minderheit vertreten. Insoweit besteht also eine Vertretungsmacht kraft Gesetzes,[111] deren Umfang sich nach dem Mehrheitsbeschluss bestimmt. Dies hat zur Folge, dass die Stimmabgabe auf Grund eines nach § 745 Abs. 1 BGB mehrheitlich beschlossenen Stimmverhaltens in der WEVers durch die Teilhaber, welche die Mehrheit repräsentieren, für und gegen alle Mitberechtigten wirksam ist,[112] so dass eine einheitliche Ausübung des wohnungseigentumsrechtlichen Stimmrechts i. S. des § 25 Abs. 2 Satz 2 vorliegt. Dies ist aber nicht möglich, wenn ein WE nur zwei Miteigentümern mit gleichen Anteilen zusteht, etwa Eheleuten, da dann ein Mehrheitsbeschluss als Grundlage einer Vertretungsmacht ausscheidet.[113] **52**

---

[106] So auch OLG Rostock, B. vom 12. 9. 2005 – 7 W 43/03, ibr-online = BeckRS 2005 12220; eingehend *Merle* ZWE 2007, 125 (126).

[107] Vgl. Staudinger/*Schilken* § 164 Rz. 5; Vorbem. zu §§ 164 ff. Rz. 35.

[108] OLG Düsseldorf, WuM 2004, 113 (114); *Lotz-Störmer,* S. 124.

[109] Ausführlich *Merle* ZWE 2007, 125 (127 f.).

[110] BGHZ 56, 47 (49 f.); MünchKommBGB/*K. Schmidt,* §§ 744, 745 Rz. 31 m. weit. Nachw.

[111] AA Niedenführ/*Kümmel*/Vandenhouten § 25 Rn 10.

[112] AA *Ziege* NJW 1973, 2185 (2187).

[113] MünchKommBGB/*K. Schmidt* §§ 744, 745 Rn 21; Staudinger/*Langhein* § 745 Rn 15.

53 Haben die Teilhaber das Stimmverhalten vor der Abstimmung in der WEVers nicht ausdrücklich durch Mehrheitsbeschluss geregelt, sind aber **alle mitberechtigten Teilhaber** bei der Abstimmung **anwesend** und stimmen uneinheitlich ab, so führt die uneinheitliche Abstimmung dennoch nicht zur Unwirksamkeit der auf das WE entfallenden Stimme. Die Ausübung des wohnungseigentumsrechtlichen Stimmrechts in der WEVers kann nämlich zugleich als interne Regelung des Stimmverhaltens der Teilhaber durch Stimmenmehrheit gemäß § 745 Abs. 1 BGB angesehen werden. Dieser **konkludente Mehrheitsbeschluss** der Bruchteils-MEer ermächtigt die Mehrheit der Mitberechtigten, die Minderheit bei der Stimmabgabe in der WEVers zu vertreten,[114] so dass die Abstimmung durch alle mitberechtigten Teilhaber entsprechend dem Mehrheitsvotum zu bewerten ist und folglich eine einheitliche Ausübung des Stimmrechts vorliegt.

54 Ist **nur ein mitberechtigter Teilhaber,** der die Mehrheit der Anteile hat, bei der Abstimmung **anwesend** und nimmt daran teil, dann kann seine Stimme als einheitliche Ausübung des Stimmrechts in Vertretung aller Mitberechtigten angesehen werden, weil in der Stimmabgabe zugleich ein wirksamer Mehrheitsbeschluss liegt. Da mangels gesetzlicher Vorschriften eine Beschlussfassung bei der Gemeinschaft völlig formlos erfolgen kann,[115] hängt nach ganz hM die Wirksamkeit eines Beschlusses nicht davon ab, ob der Minderheit ausreichend Gelegenheit zur Mitwirkung gegeben worden ist.[116] Die Mehrheit kann daher Beschlüsse fassen auch ohne die Minderheit zuzuziehen, so dass ein Teilhaber, der die Mehrheit hat, Beschlüsse auch „in pectore" fassen kann.[117] Die Abgabe der Stimme in der WEVers durch einen Mitberechtigten, der die Mehrheit der Anteile hat, kann wiederum zugleich als Regelung des Stimmverhaltens durch Mehrheitsbeschluss gemäß § 745 Abs. 1 BGB gewertet werden, der den abstimmenden Mehrheits-Mitberechtigten ermächtigt, die Minderheit bei der Stimmabgabe zu vertreten.

55 Entgegen verbreiteter Ansicht[118] kann daher ein einzelner Mitberechtigter das Stimmrecht in der WEVers auch allein ausüben, nämlich wenn ihm die Mehrheit der Anteile an einem WE zusteht. Die Stimmabgabe lediglich durch einen einzelnen Mitberechtigten führt aber dann zur Unwirksamkeit der Stimme, wenn dieser nicht die Mehrheit der Anteile verkörpert, insbesondere bei der Zwei-Personen-Gemeinschaft mit gleichen Anteilen der Teilhaber.

56 **(3) Vertretungsmacht kraft Rechtsscheins.**[119] Ist rechtsgeschäftlich Vertretungsmacht nicht erteilt worden und steht einem Bruchteils-Mitberechtigten mangels Mehrheit der Anteile auch nicht kraft Gesetzes Vertretungsmacht zu, kann sich Vertretungsmacht eines an einer Abstimmung in der WEVers teilnehmenden Mitberechtigten auch aus einer Rechtsscheinsvollmacht ergeben.[120] Es handelt sich hierbei um die Fälle, in denen WE einer **Zwei-Personen-Gemeinschaft mit gleichen Anteilen** gehört oder aber ein **Teilhaber** an einer Abstimmung teilnimmt, dem nur die **Minderheit der Anteile** zusteht. Gibt in einem solchen Falle ein Mitberechtigter an einem WE bei Beschlussfassung in einer WEVers in Abwesenheit der übrigen Mitberechtigten in deren Namen seine Stimme ab, ist nach den Grundsätzen der Rechtsscheinsvollmacht in der Regel von einer Duldungs- oder Anscheinsvollmacht des Abstimmenden auszugehen.[121] Denn ein solcher abstimmender

---

[114] Im Ergebnis so auch *Bornheimer,* S. 65.

[115] Staudinger/*Langhein,* § 745 Rn 17.

[116] BGHZ 56, 47, 56; Staudinger/*Langhein* § 745 Rn 19; aA MünchKommBGB/*K. Schmidt* §§ 744, 745 Rn 19.

[117] Staudinger/*Langhein* § 745 Rn 19 „in petto".

[118] Vgl. *Bornheimer,* S. 61.

[119] Ausführlich *Merle* ZWE 2007, 125 (129 ff.).

[120] Siehe dazu Staudinger/*Schilken* § 167 Rn 28 ff.

[121] So im Ergebnis auch OLG Rostock, Beschl. v. 12. 9. 2005, 7 W 43/03; BayObLG, NJW-RR 1994, 1236; *Ziege* NJW 1973, 2185 (2187); Weitnauer/*Lüke* § 25 Rn 9; *Sauren* § 25 Rn 18; a. A.

Mitberechtigter handelt als Vertreter, ohne Vertretungsmacht zu haben, und der Versammlungsleiter als Geschäftsgegner darf aus dem Schweigen der vertretenen, abwesenden Mitberechtigten schließen, dass diese dem Abstimmenden Stimmrechtsvollmacht erteilt haben. Entweder wissen die abwesenden Mitberechtigten, dass der Abstimmende in ihrem Namen handelt, weil sie das im Wege normativer Auslegung aus den Umständen ermittelte Handeln des Abstimmenden in ihrem Namen kennen und sie unternehmen nichts dagegen, sondern dulden es. Oder aber die abwesenden Mitberechtigten hätten bei pflichtgemäßer Sorgfalt erkennen können, dass ein anwesender Mitberechtigter bei der Stimmabgabe regelmäßig auch in ihrem Namen handelt und sie hätten den Rechtsschein einer Stimmrechtsvollmacht durch Information des Verwalters verhindern können. Das Vorliegen einer Rechtsscheinsvollmacht hat zur Folge, dass die Stimmabgabe nach § 164 Abs. 1 Satz 1 BGB für und gegen alle Mitberechtigten wirkt und insoweit eine einheitliche Ausübung des Stimmrechts gemäß § 25 Abs. 2 Satz 2 vorliegt. Der Versammlungsleiter hat folglich diese Stimme bei der Feststellung und Verkündung des Beschlussergebnisses zu berücksichtigen.

cc) Zurückweisungsrecht des Verwalters. Nach § 174 Satz 1 BGB kann der Verwalter als Vertreter der WEer,[122] wenn der Bevollmächtigte eine Vollmachtsurkunde nicht vorlegt, eine Stimme aus diesem Grunde unverzüglich zurückweisen. Folge der Zurückweisung ist die Unwirksamkeit der Stimmabgabe und zwar unabhängig davon, ob eine Vertretungsmacht besteht oder nicht. Die abgegebene Stimme hat daher bei der Feststellung des Beschlussergebnisses unberücksichtigt zu bleiben. Eine Heilung oder Genehmigung scheidet aus. Dies gilt auch, wenn es um die gesetzliche Vertretungsmacht eines Mitberechtigten kraft Mehrheitsbeschlusses geht.[123] 57

dd) Stimmabgabe ohne Vertretungsmacht. Eine von einem an einer Abstimmung teilnehmenden Mitberechtigten abgegebene Stimme wirkt nicht für und gegen den oder die vertretenen Mitberechtigten, wenn diese den Verwalter informiert haben, dass Stimmrechtsvollmacht nicht erteilt worden ist. Da hierdurch die Grundlage für eine Rechtsscheinshaftung beseitigt wird, handelt der abstimmende Mitberechtigte, wenn weder eine rechtsgeschäftliche noch eine gesetzliche Vertretungsmacht vorliegt, als Vertreter ohne Vertretungsmacht. Nach § 180 Satz 1 BGB hat dies zur Folge, dass die Stimme unwirksam ist und bei der Feststellung des Beschlussergebnisses nicht berücksichtigt werden darf. Beanstandet ein Verwalter eine solche Stimme dennoch nicht, sondern berücksichtigt er sie bei der Feststellung des Beschlussergebnisses, kann die Stimme unter den Voraussetzungen der §§ 180 Satz 2, 177 Abs. 1, 184 BGB noch durch Genehmigung wirksam werden. Ein eventuell anfechtbarer Beschluss würde dadurch insoweit seine Fehlerhaftigkeit rückwirkend verlieren. 58

ee) Überprüfung der Vertretungsmacht. Zu unterscheiden von der Frage, welche Maßnahmen der Verwalter ergreifen *kann,* wenn in einer WEVers der WEer nur ein einzelner Mitberechtigter an einem WE, das mehreren gemeinschaftlich nach Bruchteilen zusteht, seine Stimme abgibt, ist die Frage, ob er *verpflichtet* ist, die behauptete **Vertretungsmacht** eines abstimmenden Mitberechtigten zu **überprüfen.** Überwiegend wird angenommen, dass der Verwalter idR nicht gehalten sei, bei der Abgabe einer Stimme durch einen Mitberechtigten dessen Vertretungsmacht zu prüfen; nur in Zweifelsfällen könne er die Vorlage einer schriftlichen Vollmacht verlangen.[124] Dass der 59

Staudinger/*Bub* § 25 Rz. 208; Riecke in KK-WEG § 25 Rn 54; *Bornheimer* S. 63; *Lotz-Störmer* S. 121 f.

[122] Vgl. *Lehmann-Richter* ZMR 2007, 743 f.

[123] Ausführlich *Merle* ZWE 2007, 125 (131 f.).

[124] OLG Rostock, Beschl. v. 12. 9. 2005, 7 W 43/03, ibr-online; BayObLG, NJW-RR 1994, 1236; OLG Düsseldorf, FGPrax 2003, 216; *Ziege* NJW 1973, 2185; *Sauren* § 25 Rn 18; Staudinger/*Bub* § 25 Rn 206; Weitnauer/*Lüke* § 25 Rn 9; *Häublein* ZMR 2004, 728; a. A. *Riecke* in KK-WEG § 25 Rn 54; *Bornheimer* S. 63; *Lotz-Störmer,* S. 122.

Verwalter als Vertreter der WEer die Vorlage einer Vollmachtsurkunde *stets* verlangen *kann,* ergibt sich aus § 174 BGB.[125] Die Berechtigung zur Zurückweisung einer Stimme hängt hiernach nicht davon ab, dass begründete Zweifel am Bestehen einer Vertretungsmacht vorliegen.[126]

60 Die Frage, ob der Verwalter als Versammlungsleiter von seiner Befugnis gemäß § 174 BGB Gebrauch machen *muss,* betrifft das Verhältnis des Verwalters zur WEgem. Als Leiter einer WEVers hat der Verwalter für ein rechtlich nicht zu beanstandendes Zustandekommen von Beschlüssen zu sorgen.[127] Hierzu hat er die Maßnahmen durchzuführen, die erforderlich sind, um den Willen der WEer korrekt festzustellen und diesen in ordnungsmäßige Beschlussfeststellungen umzusetzen.[128] Zu diesen Maßnahmen kann auch die Überprüfung einer behaupteten Vertretungsmacht gehören.

61 Gibt in einer WEVers nur ein einzelner Mitberechtigter an einem WE, das mehreren gemeinschaftlich nach Bruchteilen zusteht, seine Stimme auch im Namen der übrigen Mitberechtigten ab, *kann* der Verwalter die abgegeben Stimme bei der Feststellung des Beschlussergebnisses grds berücksichtigen. Entweder ist dem Abstimmenden eine Stimmrechtsvollmacht erteilt worden oder er hat kraft Mehrheitsbeschlusses der Teilhaber die Rechtsmacht zur Vertretung aller Mitberechtigten. Liegen diese Voraussetzungen nicht vor, ist von einer Rechtsscheinsvollmacht des Abstimmenden auszugehen, sofern nicht die Grundlage des Rechtsscheins beseitigt ist. In allen genannten Fällen wirkt die Stimme für und gegen alle Mitberechtigten, so dass die Berücksichtigung dieser Stimme zu einer korrekten Feststellung des Beschlussergebnisses führt. Es besteht daher keine Veranlassung, dass der Verwalter von dem Recht der Zurückweisung gemäß § 174 BGB Gebrauch macht.

62 Liegt der Rechtsschein einer Bevollmächtigung nicht vor, wirkt die abgegebene Stimme mangels Rechtsscheinsvollmacht nicht für und gegen den oder die vertretenen Mitberechtigten. Gleichwohl kann eine Vertretungsmacht zur Stimmabgabe vorliegen, sei es auf Grund einer Vollmacht, sei es auf Grund eines Mehrheitsbeschlusses der mitberechtigten Teilhaber. Will der Verwalter den Willen der WEer korrekt ermitteln, um einen ordnungsmäßigen Beschluss feststellen zu können, muss er das Recht zur Zurückweisung dieser Stimme gemäß § 174 BGB ausüben mit der Folge, dass die abgegebene Stimme unwirksam ist, unabhängig davon, ob Vertretungsmacht besteht oder nicht. Das ohne Berücksichtigung dieser unwirksamen Stimme festgestellte Beschlussergebnis ist dann ordnungsgemäß. Das entscheidende Kriterium für die Beantwortung der Frage, ob ein Verwalter als Abstimmungsleiter verpflichtet ist, die Vertretungsmacht eines allein abstimmenden Mitberechtigten zu überprüfen, ist daher das Vorliegen oder Nichtvorliegen des für die Annahme einer Rechtsscheinsvollmacht erforderlichen Vertrauenstatbestandes.[129]

6. Das Stimmrecht bei mehrfacher Mitberechtigung

63 Ist ein WEer an mehreren WE-Rechten mitberechtigt und bemisst sich die Stimmkraft nach dem Kopfprinzip, stellt sich die Frage, welche WEer jeweils als ein „Kopf" im Sinne des § 25 Abs. 2 Satz 1 anzusehen sind. Sind mehrere Mitberechtigte in einer Rechtsgemeinschaft, etwa einer GbR zusammengeschlossen, steht ihnen lediglich ein Stimmrecht zu, welches gem. § 25 Abs. 2 Satz 2 nur einheitlich ausgeübt werden kann.[130] Nichts

[125] So auch Staudinger/*Bub*, § 25 Rn 206; *Häublein* ZMR 2004, 728.

[126] So zu Unrecht *Bornheimer,* S. 63.

[127] Staudinger/*Bub* § 25 Rn 90.

[128] Vgl. BGH NJW 2002, 3629; 2002, 3704 (3708).

[129] So im Ergebnis auch OLG Düsseldorf, ZMR 2004, 53 = WuM 2004, 113 (114).

[130] AG Hamburg ZMR 2006, 81; *Bornheimer* S. 68 f.; *Lotz-Störmer* S. 141 f.; in diese Richtung auch KG OLGZ 1988, 434 (436).

anderes gilt, wenn dieselben Mitberechtigten an mehreren Rechtsgemeinschaften mit unterschiedlichen rechtlichen Strukturen[131] beteiligt sind. Entscheidend ist, dass bzgl. der Mitberechtigten Personenidentität besteht.

Haben mehrere Mitberechtigtengemeinschaften iSd § 25 Abs. 2 Satz 2 mehrere WE-Rechte und fehlt es an einer Personenidentität, ist die Stimmberechtigung problematisch. 64
Bei vollständiger Personenverschiedenheit steht jeder Gemeinschaft ein Stimmrecht zu.[132] Sind die Beteiligten jedoch nur teilweise verschieden oder noch zusätzlich alleinberechtigte WEer derselben WEgem, ist die Lösung streitig. Nach Ansicht des KG sind unterschiedliche Rechtsträger und damit auch Rechtsgemeinschaften grds als verschiedene Köpfe iSd § 25 Abs. 2 Satz 1 zu behandeln.[133] *Bassenge*[134] meint hingegen, dass die Stimme der mehrfach berechtigten WEer nur einmal berücksichtigt werden könne. Übt demnach ein Mitberechtigter sein Stimmrecht hinsichtlich eines WE-Rechts aus, so wäre das Stimmrecht für ein anderes WE, an dem er ebenfalls eine Mitberechtigung hat, vollständig ausgeschlossen. Damit würde aber das Stimmrecht der MitWEer des letztgenannten WE in unzulässiger Weise verkürzt. Die einzelnen Personen verschiedener Rechtsgemeinschaften sind daher grds als unterschiedliche Köpfe iSd Kopfprinzips anzusehen.[135] Da jedoch das Kopfprinzip den Zweck verfolgt, eine Majorisierung durch Mehrfachberechtigte zu verhindern (s. o. Rn 27), bedarf es einer Einschränkung dieses Grundsatzes für den Fall, dass ein WEer, der mehrere WE-Rechte innehat, durch die Einräumung geringer Mitberechtigungen seine Stimme praktisch verdoppelt, weil er innerhalb jeder Rechtsgemeinschaft die Willensbildung über die Stimmrechtsausübung beherrscht.[136] Um eine derartige Umgehung des Kopfprinzips auszuschließen, ist einem an mehreren Rechtsgemeinschaften beteiligten Mitberechtigten, der im Verhältnis zu den übrigen Mitberechtigten jeweils mehr als die Hälfte der Stimmen auf sich vereinigt, nur eine Stimme zu gewähren, die er mit den übrigen Mitberechtigten einer Rechtsgemeinschaft einheitlich auszuüben hat.[137]

7. Die Vertretung bei der Stimmabgabe

a) Die rechtsgeschäftliche Vertretung. Das WEG enthält anders als das Vereinsrecht 65
(§ 38 Satz 2 BGB) keine Regelung, wonach der WEer seine Mitgliedschaftsrechte nur persönlich ausüben darf. Da die Ausübung des Stimmrechts kein höchstpersönliches Recht ist, kann der WEer grds eine andere Person zur Ausübung des Stimmrechts, d. h. zur Stimmabgabe gem. § 167 BGB bevollmächtigen.[138] Die Bevollmächtigung umfasst dabei regelmäßig nicht nur das Recht zur Stimmabgabe, sondern ermächtigt den Vertreter auch zur Ausübung der anderen Rechte des WEers in der Versammlung, insbes. des Rede- und Antragsrechts.[139] Jeder WEer, auch der Verwaltungsbeirat, hat das individuelle Recht, in

---

[131] Das kann nach *Bornheimer* S. 69, bspw. eine Bruchteilsgemeinschaft, GbR oder eine Miteigentümergemeinschaft mit unterschiedlichen Quoten sein.

[132] KG OLGZ 1988, 434 = WuM 1988, 324 (325).

[133] KG OLGZ 1988, 434 (436 f.) = WuM 1988, 324; so auch OLG Frankfurt ZMR 1997, 156; AG Oldenburg B. v. 27. 3. 1984, 17 II 118/83.

[134] *Bassenge,* FS für Seuß (1986) S. 33 (38 f.); LG Lübeck, B. v. 18. 4. 1986, Az.: 7 T 411/84.

[135] Vgl. OLG Dresden ZMR 2005, 894; *Bornheimer* S. 72.

[136] Insoweit zutreffend *Bassenge* in FS für Seuß (1986) S. 33 (38 Fn. 27).

[137] Zutreffend LG Hamburg ZMR 2008, 827 f.; *Bornheimer* S. 72 f.; *Lotz-Störmer* S. 145; Staudinger/*Bub* § 25 Rn 150; aA OLG Dresden ZMR 2005, 894; OLG Frankfurt ZMR 1997, 156; offen lassend KG OLGZ 1988, 434 (436) = WuM 1988, 324.

[138] AllgA: BGHZ 99, 90 (93); BayOblGZ 1981, 161 (164); 1981, 220 (224); OLG Celle NJW 1958, 307 (308); *Lotz-Störmer* S. 53; *Lehmann-Richter* ZMR 2007, 741.

[139] BGH NJW 1993, 1329 (1330) = WuM 1993, 285 (286); vgl. KG WuM 1992, 392; daraus folgt, dass eine Vereinbarung, die den Personenkreis möglicher Vertreter beschränkt, zugleich auch die Teilnahme an der WEVers beschränkt.

der WEVers Vollmachten einzusehen, etwa um deren Beschlussfähigkeit oder das Stimmrecht und Anwesenheitsrecht des Vertreters nachzuprüfen.[140]

Die Erteilung der Vollmacht bedarf gem. § 167 Abs. 2 BGB keiner Form, kann also auch mündlich erfolgen.[141] Die WEer können aber eine abweichende Vereinbarung treffen, insbesondere die Schriftform für die Erteilung der Vollmacht[142] oder für die Vollmachtsurkunde vorschreiben. In diesem Fall kann der Versammlungsleiter den Vertreter zurückweisen, wenn dieser seine Vollmacht oder Vollmachtsurkunde nicht in der vorgeschriebenen Form nachweist; ein Nachreichen der Vollmacht ist bei Rüge nicht möglich.[143] Wird der Vertreter nicht zurückgewiesen, ist seine Stimmabgabe aber wirksam, falls er tatsächlich – wenn auch nicht in der vorgeschriebenen Form – bevollmächtigt war.[144] Aber auch ohne Vereinbarung einer bestimmten Form kann jeder WEer, der Versammlungsleiter als Vertreter der WEer,[145] eine Stimmabgabe durch einen Vertreter entsprechend § 174 BGB zurückweisen, wenn dieser eine Vollmachtsurkunde nicht vorlegt. Es ist daher in jedem Fall empfehlenswert, eine Vollmachtsurkunde auszustellen. Weist ein WEer eine Stimmabgabe analog § 174 BGB zurück, ist die Stimmangabe unwirksam. Wird die Stimmabgabe durch einen Vertreter, der seine Bevollmächtigung ordnungsgemäß nachweisen kann, zurückgewiesen, so sind die in der Versammlung gefassten Beschlüsse anfechtbar, sofern die nicht abgegebene oder nicht berücksichtigte Stimme erheblich war. Die Situation ist insofern mit der fehlenden Ladung eines WEers vergleichbar, der aus diesem Grund sein Stimmrecht nicht wahrgenommen hat.

66 Die Stimmabgabe durch einen **Vertreter ohne Vertretungsmacht** ist nach § 180 Satz 1 BGB unzulässig. Ist in der Versammlung die von einem Vertreter behauptete Vertretungsmacht bei der Stimmabgabe nicht beanstandet worden oder sind die WEer einverstanden gewesen, dass jemand als Vertreter eines WEers ohne Vertretungsmacht handelt, so kann die Stimmabgabe durch Genehmigung des vertretenen WEers rückwirkend wirksam werden (§§ 180 Satz 2, 177 Abs. 1 BGB).[146] Anders verhält es sich, wenn die WEer vereinbart haben, dass die Stimmabgabe durch einen Bevollmächtigten nur dann wirksam sein soll, wenn dieser eine schriftliche Vollmachtsurkunde vorlegt. Die Stimmabgabe ist dann ohne Vorlage einer Vollmachtsurkunde wegen Fehlens einer Wirksamkeitsvoraussetzung unwirksam; einer Zurückweisung des Vertreters bedarf es in diesem Fall nicht.[147]

67 Die Zulässigkeit einer **Unterbevollmächtigung** richtet sich danach, ob der Vertretene erkennbar ein Interesse an der persönlichen Ausübung der Vertretungsmacht durch den Bevollmächtigten hat.[148] Ein Interesse an einer Unterbevollmächtigung hat das BayObLG[149] angenommen, wenn die Zahl der Vertretungen durch eine Person beschränkt ist und eine Person mehr als die zulässige Anzahl von Vollmachten erhalten hat. In einem solchen Fall habe der WEer ein Interesse an einer Unterbevollmächtigung, da sonst sein Stimmrecht nicht zum Tragen käme. Eine Unterbevollmächtigung ist dagegen nicht zulässig, wenn die Vollmacht schriftlich nachgewiesen werden muss und sich die Zulässigkeit einer Unterbevollmächtigung nicht zweifelsfrei aus der Vollmachtsurkunde entnehmen

---

[140] OLG München ZWE 2008,58; *Elzer* ZMR 2009, 7 (11).

[141] AG Hannover DWE 1978, 58.

[142] OLG München ZMR 2008, 236 (237); aA *Kümmel* ZWE 2000, 292 (294).

[143] OLG München ZMR 2008, 236 (237).

[144] BayObLG WE 1991, 261 (262) unter Hinweis darauf, dass Vereinbarungen, welche die Befugnis zur Vollmachtserteilung einschränken, nicht weit ausgelegt werden dürfen; vgl. auch AG Neuss DWE 1996, 38 (39).

[145] Vgl. *Lehmann-Richter* ZMR 2007, 743 f.; OLG München ZMR 2008, 236 (237); *Elzer* ZMR 2009, 7 (10).

[146] Vgl. Lehmann-Richter ZMR 2007, 745 f.

[147] Vgl. *Kümmel* ZWE 2000, 292 (294); eingehend *Lehmann-Richter* ZMR 2007, 746.

[148] BGH BB 1959, 319; OLG München WM 1984, 834.

[149] BayObLG NJW-RR 1990, 784 (785).

lässt.[150] Zur Erteilung einer Untervollmacht durch den Vertreter im Falle eines Stimmverbots s. Rn 136.

Hinsichtlich der **Person des Bevollmächtigten** unterliegt der WEer – vorbehaltlich einer abweichenden Vereinbarung[151] – keinen Beschränkungen. Im Einzelfall kann aber in der Bevollmächtigung einer bestimmten Person ein Verstoß gegen den Grundsatz von Treu und Glauben liegen. Ein solcher Verstoß liegt etwa nahe, wenn der WEer einen ehemaligen WEer, der nach § 18 ausgeschlossen wurde oder einen ehemaligen Verwalter, dem aus wichtigem Grund gekündigt wurde, zur Stimmabgabe bevollmächtigt. 68

Ein Vertreter kann auch mehrere Personen gleichzeitig vertreten (sog. **Gruppenvertretung**). In der Praxis wird häufig der Verwalter von mehreren WEern bevollmächtigt. Stehen einem WEer mehrere Stimmen zu, so kann er deren Ausübung nicht in der Weise aufspalten, dass der Vertreter nur einen Teil der Stimmen ausübt. 69

Den **Umfang der Vollmacht** in zeitlicher und sachlicher Hinsicht bestimmt allein der Vertretene. So kann die Vertretungsmacht für zukünftige Versammlungen, für eine einzelne Versammlung oder auch nur für einzelne Tagesordnungspunkte erteilt werden. Wird die Vollmacht nur für eine einzige Versammlung erteilt, erstreckt sie sich im Zweifel nur auf die in der Einladung aufgeführten Tagesordnungspunkte.[152] Erteilt ein WEer dem Verwalter die Stimmrechtsvollmacht auf einem vom Verwalter vorbereiteten und mit der Einladung verschickten Formular, so umfasst diese Vollmacht nicht die Ausübung des Stimmrechts für erstmals in einer nachfolgenden Einladung aufgeführte Tagesordnungspunkte.[153] Macht der Vertreter von der Ausübung des Stimmrechts weisungswidrig keinen Gebrauch, führt dies weder zur Nichtigkeit des ohne seine Mitwirkung gefassten Beschlusses, noch begründet dies ein Anfechtungsrecht für den Vollmachtgeber.[154] 70

Die Vollmacht zur Stimmabgabe kann jederzeit **widerrufen** werden (§ 168 BGB). **Eine unwiderrufliche Vollmacht** ist nur zulässig, wenn sie einem besonderen Interesse des Vertreters dient. Eine Vollmacht mit der Maßgabe, dass der Vollmachtgeber auf die eigene Ausübung des Stimmrechts verzichtet, ist unzulässig.[155] 71

Der Vertreter ist nicht stimmberechtigt, wenn in seiner Person oder in der Person des Vertretenen die Voraussetzungen für ein Stimmverbot nach § 25 Abs. 5 vorliegen.[156] Entsprechendes gilt, wenn die WEer weitere Stimmverbote vereinbart haben. Die Vertretungsmacht als solche bleibt jedoch unberührt. So kann der Vertreter an der Versammlung teilnehmen (vgl. § 24 Rn 76 f.) und auch zu den Punkten von seinem Rederecht Gebrauch machen, bei denen er nicht stimmberechtigt ist. 72

b) Beschränkungen der Vertretung. Das Recht, eine andere Person zur Ausübung des Stimmrechts zu bevollmächtigen, kann durch Vereinbarung der WEer,[157] nicht aber durch Mehrheitsbeschluss[158] auf einen bestimmten Personenkreis – z. B. auf den Ehegatten, auf andere WEer oder den Verwalter – beschränkt werden.[159] 73

---

150 OLG Zweibrücken ZMR 1992, 206 (Ls).

151 S. u. Rn 73 ff.

152 OLG Hamm NJW-RR 1993, 468.

153 AG Neuss WuM 1994, 505 (506).

154 KG WE 1997, 189 = NJW-RR 1997, 776 f.; NJW-RR 1998, 1385 = WE 1998, 347 (348); Staudinger/*Bub* § 25 Rn 175.

155 Staudinger/*Bub* § 25 Rn 202; vgl. auch zu § 47 GmbHG: BGH DB 1976, 2295 (2297) mwN.

156 S. aber Rn 66 f.

157 BGHZ 99, 90 (94) = WE 1987, 79 m. Anm. *Schmidt;* BGHZ 121, 236 (238) = NJW 1993, 1329 = WE 1993, 165 m. Anm. *Deckert;* BayObLGZ 1981, 220 (224); 161 (163 f.); NJW-RR 1997, 463 f. = WuM 1997, 122; OLG Frankfurt/M. OLGZ 1979, 134 (135); OLG Karlsruhe 1976, 273 (274); OLG Düsseldorf NJW-RR 1995, 1294 = WE 1996, 31; OLG Hamm ZWE 2002, 486 (487); LG Wuppertal ZMR 1995, 423 f.; Staudinger/*Bub* § 25 Rn 36.

158 BayObLG WE 1988, 208.

159 Vgl. aber Rn 76.

74 *Lüke*[160] vertritt dagegen die Auffassung, dass die WEer den Personenkreis möglicher Vertreter auch durch eine Vereinbarung nicht wirksam beschränken können. Vielmehr sei die Erteilung einer Vollmacht immer zulässig, sofern sich nicht aus dem Gesetz ein anderes ergebe. Auch sei die Beschränkung der Vollmachtserteilung mit § 137 Satz 1 BGB nicht vereinbar, wonach niemand auf seine Handlungsfreiheit verzichten könne. Dieser Ansicht kann nicht gefolgt werden. Durch die Beschränkung des Personenkreises möglicher Vertreter, begibt sich der WEer nicht seiner Handlungsfreiheit. Insbesondere verbleibt ihm die Möglichkeit, sein Stimmrecht selbst auszuüben, aber auch die Möglichkeit der Vertretung durch einen beschränkten Personenkreis. Die WEer können an einer solchen Beschränkung des Personenkreises auch ein berechtigtes Interesse haben, um fremde Einflüsse von der Gemeinschaft fernzuhalten oder um zu verhindern, dass interne Gemeinschaftsangelegenheiten nach außen getragen werden.[161] Die Gestaltungsfreiheit findet erst dort ihre Grenzen, wo die personenrechtliche Gemeinschaftsstellung der WEer ausgehöhlt wird. Wird der Personenkreis möglicher Vertreter lediglich eingeschränkt, so kommt es weder zu einem rechtlichen noch zu einem tatsächlichen Ausschluss vom Stimmrecht. Auch im Gesellschaftsrecht ist der Personenkreis möglicher Vertreter nach allgemeiner Ansicht beschränkbar.[162]

75 Der Kreis der zur Vertretung berechtigten Personen ist im Zweifel durch Auslegung zu ermitteln. Hierbei ist der mit der Vertreterklausel verfolgte Zweck zu berücksichtigen, der regelmäßig darin besteht, gemeinschaftsfremde Einflüsse von der Versammlung fernzuhalten.[163] Die Beschränkung der Vertretung auf Familienangehörige, andere WEer und den Verwalter schließt daher nicht aus, dass sich eine **Handelsgesellschaft** durch einen **Angestellten** vertreten lässt, da von ihm, ebenso wenig wie von einem Angehörigen, gemeinschaftsfremde Einflüsse zu erwarten sind.[164] Ist die Vertretung auf nahe Angehörige beschränkt und werden diese als Ehegatten und Kinder definiert, kann sich ein WEer durch ein Elternteil vertreten lassen, wenn eine Vertretung durch einen Ehegatten oder durch Kinder ausscheidet.[165] Der Partner einer **nichtehelichen Lebensgemeinschaft** ist dagegen weder einem Ehegatten noch einem Verwandten gleichzustellen.[166] Mangels einer ausdrücklichen Regelung ist regelmäßig davon auszugehen, dass eine Vertreterklausel die Möglichkeit zur Bevollmächtigung eines **werdenden WEers** vor dessen Eintragung im Grundbuch[167] nicht ausschließen soll, da dieser die typischen Interessen eines WEers wahrnimmt und somit auch hier gemeinschaftsfremde Einflüsse nicht zu befürchten sind.[168] Eine Vereinbarung, die den Personenkreis möglicher Vertreter beschränkt, betrifft nicht nur das Recht zur Stimmrechtsvertretung, sondern beschränkt auch das **Recht zur Teilnahme an der Versammlung** auf diesen Personenkreis.[169]

---

160 *Lüke* WE 1987, 79; *ders.* WE 1993, 260ff.; vgl. auch *Lotz-Störmer* S. 226f., die in der Beschränkung des Personenkreises möglicher Vertreter eine erhebliche Beeinträchtigung des Stimmrechts sieht.

161 BGHZ 99, 90 (95); OLG Karlsruhe OLGZ 1976, 273 (275); OLG Frankfurt/M. OLGZ 1979, 134 (135f.).

162 Vgl. zu § 47 GmbHG: *Rowedder/Koppensteiner* § 47 Rn 45 mwN.

163 OLG Frankfurt/M. OLGZ 1979, 134 (135f.); BayObLGZ 1981, 220 (224).

164 OLG Frankfurt/M. OLGZ 1979, 134 (135f.); BayObLGZ 1981, 220 (224f.).

165 LG Wuppertal WuM 1995, 673, für den Fall, dass ein WEer von seinem Ehegatten getrennt lebt und seine Kinder erst 16 Jahre alt sind.

166 BayObLG WE 1997, 276 = NJW-RR 1997, 463 = BayObLGZ 1996, 297; Staudinger/*Bub* § 25 Rn 40.

167 Vgl. § 25 Rn 10.

168 *Merle* JR 1989, 505; *Becker* S. 155ff.; *Bornheimer* S. 147ff.; Staudinger/*Bub* § 25 Rn 39; offengelassen von KG WE 1995, 119 (120).

169 KG WuM 1992, 392 (393f.); bestätigt durch BGHZ 121, 236 (240).

Unzulässig dürfte es sein, die Möglichkeit der **Vertretung** bei der **Stimmabgabe gänzlich auszuschließen** oder auf die Person des Verwalters zu beschränken.[170] Als wohl wichtigstes Argument für die Zulässigkeit, den Personenkreis möglicher Vertreter einzuschränken, ist das Interesse der WEer anzusehen, fremde Einflüsse von der WEVers, als dem Ort gemeinsamer Willensbildung, fernzuhalten. Dieses Interesse ist nicht berührt, wenn der Personenkreis möglicher Vertreter allein aus Personen besteht, die bereits wegen ihrer Stellung als WEer, Verwalter oder Verwaltungsbeirat ohnehin an der WEVers teilnehmen können. Im Übrigen ist zu beachten, dass es den WEern auch bei einer an sich zulässigen Vertreterklausel nach dem Grundsatz von Treu und Glauben (§ 242 BGB) **verwehrt** sein kann, sich **auf die Vertretungsbeschränkung** zu berufen, wenn diese auf Grund besonderer Umstände im Einzelfall für einen WEer unzumutbar ist.[171] So können sich die WEer nicht auf eine Beschränkung der Vertretung nur durch Ehegatten, den Verwalter oder einen anderen WEer berufen, wenn etwa der Ehegatte aus gesundheitlichen Gründen zur Vertretung nicht in der Lage ist, der WEer selbst mit den übrigen WEern völlig zerstritten ist und erst unmittelbar vor der Versammlung ein neuer Verwalter bestellt worden ist, den der verhinderte WEer nicht kennt.[172] Auch kann bei kleineren Wohnanlagen das Festhalten an einer Vertretungsbeschränkung treuwidrig sein, wenn auf Grund der Zerstrittenheit der WEer untereinander zu befürchten ist, dass bei einer Vertretung durch andere WEer die Interessen des Vertretenen nicht hinreichend gewahrt werden würden.[173] Ein Verstoß gegen Treu und Glauben ist auch anzunehmen, wenn die WEer über mehrere Jahre die von einer vereinbarten Vertretungsbeschränkung abweichende Vertretung eines WEers hingenommen haben und sich nunmehr auf die Vertreterklausel berufen, ohne dem betroffenen WEer rechtzeitig Gelegenheit zu geben, für eine anderweitige, der Regelung in der GemO entsprechende Vertretung zu sorgen.[174] Schließlich kann es einem im Ausland lebenden WEer durch ein Vertreterklausel nicht verwehrt sein, einen Angehörigen als Vertreter in die Versammlung zu entsenden.[175] 76

c) Die gesetzliche Vertretung. Ist eine **juristische Person** WEerin, so übt der gesetzliche Vertreter (vgl. §§ 35 GmbHG, 78 AktG, 26 Abs. 2 BGB) das Stimmrecht in der WEVers aus. Bei der **Gesellschaft iSd § 705 BGB** und den **Personenhandelsgesellschaften** wird das Stimmrecht regelmäßig durch den bzw. die vertretungsberechtigten Gesellschafter ausgeübt. Sind mehrere Gesellschafter nur gemeinsam vertretungsberechtigt, so müssen diese das Stimmrecht einheitlich ausüben, da sie nur durch gemeinschaftliche Stimmabgabe rechtswirksam für die Gesellschaft handeln können. Für eine Personenhandelsgesellschaft kann auch der Prokurist (§ 48 HGB) oder ein Handlungsbevollmächtigter (§ 54 HGB) das Stimmrecht ausüben;[176] ihre Vertretung richtet sich aber nach den Regeln über die rechtsgeschäftliche Vertretungsmacht. 77

Für geschäftsunfähige oder beschränkt geschäftsfähige WEer gelten auch hinsichtlich der Ausübung des Stimmrechts die allgemeinen Rechtsgrundsätze. Für **Geschäftsunfähige** übt der gesetzliche Vertreter das Stimmrecht aus. Die **beschränkt Geschäftsfähigen** können dagegen ihr Stimmrecht selbst ausüben, solange ihnen daraus kein rechtlicher Nachteil erwächst (§ 107 BGB). Andernfalls muss der gesetzliche Vertreter selbst das Stimmrecht ausüben oder in die Ausübung des Stimmrechts des beschränkt Geschäftsfähigen einwilligen (§ 111 BGB). Die Stimmabgabe durch einen Minderjährigen ist unwirksam, wenn er die 78

---

[170] Für die Zulässigkeit einer solchen Vereinbarung wohl BGH NJW 1993, 1329 (1330) = WuM 1993, 285 (286); wie hier Staudinger/*Bub* § 25 Rn 37.

[171] BGHZ 99, 90 (96); 121, 236 (238) = NJW 1993, 1329 = WE 1993, 165 m. Anm. *Deckert; Armbrüster,* FS Merle, 1 (13 f.); OLG Hamm ZWE 2002, 486 (487).

[172] OLG Düsseldorf WuM 1999, 182 (183) = NZM 1999, 271.

[173] OLG Braunschweig NJW-RR 1990, 979 (980).

[174] OLG Hamm WE 1997, 352 (353) = NJWE-MietR 1997, 179; ZWE 2002, 486 (487).

[175] Vgl. OLG Hamburg ZMR 2007, 477 f.; LG Nürnberg-Fürth NZM 2002, 619 (Ls).

[176] OLG Frankfurt/M. OLGZ 1979, 134 (135 f.).

erforderliche Einwilligung des gesetzlichen Vertreters nicht in schriftlicher Form vorlegt und der Vorsitzende der Versammlung die Stimmabgabe aus diesem Grunde unverzüglich zurückweist. Allerdings ist die Zurückweisung ausgeschlossen, wenn der gesetzliche Vertreter den Vorsitzenden der Versammlung von der Einwilligung in Kenntnis gesetzt hatte (§ 111 BGB).

79 **d) Die Stimmabgabe durch Boten.** Der WEer ist entsprechend dem Rechtsgedanken des § 108 Abs. 3 AktG auch berechtigt, seine Stimme durch einen Boten zu übermitteln. Funktion der WEVers ist zwar die Willensbildung in der Gemeinschaft, aber der einzelne WEer kann auf sein Rederecht und damit auf die Teilnahme an der Willensbildung verzichten. IÜ könnte ein WEer auch einen Vertreter bestellen und diesem Weisungen erteilen, so dass eine Beteiligung an der Willensbildung ebenfalls entfallen würde.

80 **e) Vertreterversammlungen.** Sehr umstritten ist, ob die WEer vereinbaren können, dass anstelle der einzelnen WEer Vertreter in einer Vertreterversammlung die Stimmrechte ausüben (sog. Vertreterversammlung). Z. T. wird eine die Vereinbarung solcher Vertreterversammlungen für unzulässig angesehen.[177] Die Vertreterversammlung würde das Stimmrecht des einzelnen WEers in rechtswidriger Weise ausschließen und die Wirkung einer verdrängenden Vollmacht haben, die in Anlehnung an die Rspr. des BGH[178] zu den Handelsgesellschaften unzulässig sei. Auch könne sich in einem solchen Falle eine Mehrheit bei einer Beschlussfassung ergeben,[179] obwohl die Einzelnen von den WEern in Teilversammlungen abgegebenen Stimmen keine entsprechende Mehrheit ergeben würden.

81 Von der Gegenansicht wird die Möglichkeit einer Vertreterversammlung bei großen WE-Anlagen für zwingend erforderlich gehalten, um die Funktionsfähigkeit solcher Anlagen zu gewährleisten.[180] Dem ist im Ergebnis zuzustimmen. Ansatzpunkt dafür ist die sich aus § 10 Abs. 2 Satz 2 ergebende Vertragsfreiheit im WE-Recht. Da § 25 eine abweichende Vereinbarung nicht ausdrücklich verbietet, können die WEer eine andere Form der Stimmrechtsausübung – also auch die Schaffung einer Vertreterversammlung – vereinbaren. In der Vertreterversammlung werden die einzelnen WEer durch rechtsgeschäftlich bestellte Vertreter iSd §§ 164 ff. BGB repräsentiert, wobei die WEer ihren Vertretern Weisungen erteilen und sie jederzeit wieder abberufen können. Insoweit wird den WEern ihr Stimmrecht nicht entzogen,[181] sondern nur die Art der Ausübung des Stimmrechts geregelt.[182]

82 Ist eine Vertreterversammlung vorgesehen, sollte für die Bestellung der Gruppenvertreter das Mehrheitsprinzip vereinbart werden, da es beim Einstimmigkeitserfordernis zu unüberbrückbaren Schwierigkeiten kommen könnte, falls auch nur ein WEer seine Zustimmung verweigert; eine Klage vor Gericht würde das Problem nicht kurzfristig lösen können. Dies würde zu Schwierigkeiten bei der Verwaltung des gemE führen, die durch die Vertreterversammlung gerade vermieden werden sollen. Der Vertreter ist grds verpflichtet, nach den Weisungen der von ihm vertretenen WEer zu handeln. Etwas anderes kann sich nur ergeben, wenn aus nicht vorhersehbaren Gründen eine andere Handlungsweise geboten erscheint. Auch eine weisungswidrige Stimmabgabe ist im Außenverhältnis wirksam, da der Vorsitzende der Versammlung nicht in der Lage ist, die einzelnen Weisungen der WEer-

---

[177] *Müller,* Praktische Fragen, Rn 382 (S. 317); *Diester,* Rechtsfragen, Rn 286; *Lotz-Störmer* S. 221 f.; *Bub* ZWE 2000, 194 (197) = PiG 59, 5 (14 f.).

[178] BGHZ 3, 354; 20, 363.

[179] *Lotz-Störmer* S. 222.

[180] Vgl. *Drado* S. 121 Rn 6 ff.; *Tasche* DNotZ 1984, 581 (586 ff.); *Hurst* AcP 181 (1981), 169 ff.; *Bärmann* Rpfleger 1977, 233 (235); *Bader* PiG 25, 67 (80); *Gernhuber* JZ 1995, 381 (390); *Prüfer,* Diss., S. 89 ff.

[181] So aber *Lotz-Störmer* S. 223, wonach der Zwang zur Gruppenvertretung zu einer nicht gerechtfertigten Beeinträchtigung und Aushöhlung der Mitverwaltungsrechte des einzelnen WEers führe.

[182] Vgl. zu weiteren Einwänden gegen die Vertreterversammlung *Prüfer,* Diss., S. 89 ff.

Gruppen zu überprüfen. Als Vertreter kommt sowohl ein WEer als auch ein Dritter in Betracht.[183]

8. Die Ausübung des Stimmrechts

Die Ausübung des Stimmrechts erfolgt durch Abgabe einer empfangsbedürftigen Willenserklärung.[184] Sie kann folglich gem. §§ 119, 123 BGB angefochten werden. Die Anfechtung der Stimmabgabe wirkt sich aber nicht unmittelbar auf den Beschluss aus. Vielmehr ist der Beschluss nur dann von der Anfechtung betroffen, wenn die angefochtene Stimme für das Zustandekommen des Beschlusses erheblich war.[185] In welcher Form die Ausübung des Stimmrechts (z. B. geheime Abstimmung) erfolgt, steht mangels einer abweichenden Vereinbarung im Ermessen des Vorsitzenden der Versammlung.[186] **83**

Gehören einem WEer mehrere WE-Rechte und richtet sich die Stimmkraft abweichend von Abs. 2 Satz 1 nach dem Wert- oder Objektprinzip, kann ein WEer seine Stimmrechte nicht uneinheitlich ausüben, d. h. er kann bei der Beschlussfassung nicht teilweise mit „Ja" und teilweise mit „Nein" abstimmen **(„gespaltene Stimmabgabe").**[187] Das Stimmrecht ist durch § 25 Abs. 2 Satz 1 an die Person des WEers gebunden. Diesem kommt nach dem Willen des Gesetzgebers nur ein einheitliches Stimmrecht zu, welches er grds auch nur einheitlich ausüben darf. Übt der WEer sein Stimmrecht in unzulässiger Weise uneinheitlich aus, sind sämtliche von ihm abgegebenen Stimmen ungültig. Gleiches gilt, wenn der WEer nur Inhaber eines WE ist und ihm nach dem Wertprinzip mehrere Stimmrechte zustehen. Aus § 25 Abs. 2 Satz 2 ergibt sich der Wille des Gesetzgebers, dass WEer, denen lediglich ein WE zusteht, ihr Stimmrecht einheitlich ausüben müssen.[188] Das Erfordernis der einheitlichen Stimmabgabe besteht jedoch nur insoweit, als sich mehrere Stimmen in der Person eines WEers vereinigen. Gibt der WEer daher nicht nur eigene Stimmen ab, sondern handelt er zugleich als Vertreter für einen oder mehrere andere WEer, so muss das zwar in der Weise erfolgen, dass auch die Stimmen der jeweils Vertretenen einheitlich abgegeben werden, diese müssen jedoch nicht mit den Stimmen der anderen Vertretenen oder des abstimmenden WEers übereinstimmen.[189] **84**

9. Stimmbindungsverträge

a) Begriff. Als Stimmbindungsverträge werden solche Verträge bezeichnet, in denen sich der Inhaber eines Stimmrechts verpflichtet, sein Stimmrecht in einer bestimmten Art und Weise auszuüben.[190] Denkbar ist der Abschluss eines Stimmbindungsvertrages zwischen WEern, aber auch zwischen einem WEer und einem Dritten. Eine besondere Art des Stimmbindungsvertrages liegt vor, wenn mehrere WEer eine einheitliche Stimmabgabe vereinbaren, die idR durch eine vorherige interne Beschlussfassung bestimmt wird. Ein solcher Vertrag wird auch als Konsortialvertrag bezeichnet. **85**

b) Die Zulässigkeit. Stimmbindungsverträge sind im WE-Recht, wie auch im Gesellschaftsrecht, grds zulässig.[191] Ein Verstoß gegen das Abspaltungsverbot kann darin nicht **86**

---

[183] AA *Prüfer,* Diss., S. 92 ff., der nur die WEer für geeignete Vertreter hält, um einem Verstoß gegen das Abspaltungsverbot vorzubeugen.

[184] BayObLG NJW-RR 1990, 1102 (1103); 1981, 161.

[185] LG Wuppertal Rpfleger 1972, 451.

[186] Vgl. dazu auch § 24 Rn 102.

[187] Ausführlich zu dieser Problematik *Bornheimer* S. 135 f.

[188] AA Staudinger/*Bub* § 25 Rn 212, wonach bei Vereinbarung des Objektprinzips eine gespaltene Stimmabgabe zulässig sein soll.

[189] Insoweit zutreffend Staudinger/*Bub* § 25 Rn 211.

[190] Vgl. *Rowedder/Koppensteiner* § 47 Rn 25.

[191] *Bornheimer* S. 95; vgl. zum GmbH-Recht: *Rowedder/Koppensteiner* § 47 Rn 26 mwN.

gesehen werden, da die Stimmbindung nur schuldrechtliche Wirkung hat.[192] Zulässig sind sowohl Stimmbindungsverträge mit anderen WEern als auch mit Dritten. Dagegen verlangt *Lotz-Störmer* für die Wirksamkeit von Stimmbindungsverträgen mit Dritten eine besondere Rechtfertigung.[193] Diese sei dann gegeben, wenn die Stimmbindung in den Dienst eines nach wohnungseigentumsrechtlichen Kriterien zulässigen „Vertrags-Hauptzwecks" zwischen dem WEer und dem bindenden Dritten gestellt ist. Diese Einschränkung überzeugt nicht. Bei Stimmbindungsverträgen mit Dritten kann es zwar zu einem Einfluss von Außenstehenden auf die Verwaltung des gemE kommen. Eine gemeinschaftsschädliche Ausübung des Stimmrechts kann aber nicht erzwungen werden, da eine solche Stimmbindung gegen § 138 BGB verstößt und folglich nichtig ist.[194] Die Interessen der WEgem an einer an den Grundsätzen ordnungsgemäßer Verwaltung orientierten Willensbildung sind dadurch hinreichend gewahrt.

87 Der Abschluss eines Stimmbindungsvertrages mit dem Verwalter ist in entsprechender Anwendung des § 136 Abs. 2 AktG nicht zulässig.[195] Nach der Konzeption der §§ 20ff. sind die WEer die Träger und Herren der Verwaltung. Ein Stimmbindungsvertrag mit dem Verwalter könnte diese Kompetenzverteilung zwischen WEVers und Verwalter unterlaufen.

88 Wie andere Verträge unterliegen auch die Stimmbindungsverträge den allgemeinen Schranken für Rechtsgeschäfte.[196] Die Nichtigkeit eines Stimmbindungsvertrages kann sich dabei insbesondere aus einem Verstoß gegen ein gesetzliches Verbot (§ 134 BGB) oder gegen die guten Sitten (§ 138 BGB) ergeben.[197] Die lange Laufzeit eines Stimmbindungsvertrages verstößt alleine noch nicht gegen § 138 BGB.[198] Da der Stimmbindungsvertrag als Auftrag iSd § 662 BGB einzuordnen ist, kann der WEer nach § 671 Abs. 2 BGB jederzeit kündigen. Unzulässig sind Stimmbindungsverträge mit WEern, die gem. Abs. 5 von einem Stimmverbot betroffen sind. Nach dem Sinn und Zweck des Abs. 5 soll ein vom Stimmverbot betroffener WEer auch nicht durch einen Stimmbindungsvertrag auf die Beschlussfassung Einfluss nehmen können.[199]

89 Ist für die Veräußerung des WE gem. § 12 Abs. 1 die Zustimmung der WEer erforderlich, so bedarf auch ein Stimmbindungsvertrag mit dem Erwerber einer entsprechenden Zustimmung.[200] Andernfalls könnte der Erwerber auf die Beschlussfassung über die Veräußerungszustimmung Einfluss nehmen.

90 **c) Die Stimmabgabe.** Ohne Einfluss auf die Wirksamkeit der Stimmabgabe ist es, ob der WEer abredegemäß oder abredewidrig von seinem Stimmrecht Gebrauch macht. Unwirksam ist die Stimmabgabe nur dann, wenn ihr ein eigener Mangel – z. B. ein Verstoß gegen Treu und Glauben – anhaftet. In einem solchen Fall kann der darauf beruhende Beschluss anfechtbar sein.

91 **d) Die Vollstreckung.** Die Erfüllung des Stimmbindungsvertrages kann eingeklagt[201] und im Wege der Zwangsvollstreckung durchgesetzt werden. Die Art und Weise der

---

[192] *Bornheimer* S. 96f.

[193] *Lotz-Störmer* S. 247; einschränkend auch Staudinger/*Bub* § 25 Rn 217, wonach Stimmbindungsverträge mit Dritten nur bei Beschlüssen zulässig sein sollen, die nicht in den Kernbereich des WE eingreifen.

[194] *Bornheimer* S. 97, 100.

[195] *Bornheimer* S. 97f.; Staudinger/*Bub* § 25 Rn 216; aA *Lotz-Störmer* S. 245. Eine analoge Anwendung des § 136 Abs. 2 AktG sei nicht möglich, da es eine vergleichbare Gewaltentrennung wie zwischen der Hauptversammlung und dem Vorstand im Wohnungseigentumsrecht nicht gebe.

[196] *Lotz-Störmer* S. 243; *Bornheimer* S. 99 mwN.

[197] Ausführlich zu den Zulässigkeitsgrenzen von Stimmbindungsverträgen *Bornheimer* S. 99f.

[198] AA *Lotz-Störmer* S. 242; wie hier *Bornheimer* S. 101.

[199] Vgl. dazu auch unten Rn 152.

[200] *Bornheimer* S. 107f.

[201] Vgl. dazu BGH JZ 1968, 24 (25f.).

Vollstreckung richtet sich nach dem Inhalt der Stimmbindung.[202] Eine negative Abstimmungsverpflichtung wird gem. § 890 ZPO vollstreckt.[203] Bei einer positiven Abstimmungspflicht mit konkretem Inhalt wird die Ausübung des Stimmrechts gem. § 894 ZPO durch das rechtskräftige Urteil ersetzt. Eine einstweilige Verfügung auf vertragsgemäße Stimmabgabe kann dagegen nicht ergehen, da sie die Hauptsache in unzulässiger Weise vorwegnehmen würde.[204]

10. Das Blockstimmrecht

Insbesondere bei großen WE-Anlagen mit baulich voneinander getrennten Wohn- oder Teileigentumskomplexen (sog. **Mehrhausanlagen**) können Angelegenheiten zur Beschlussfassung anstehen, die nur einen begrenzten Teil der WEer betreffen, etwa eine Untergemeinschaft.[205] Hier war im Anschluss an eine Entscheidung des BGH[206] zum Zustimmungserfordernis gem. § 22 anerkannt, dass bei solchen Angelegenheiten auch ohne entsprechende Vereinbarung nur die betroffenen WEer stimmberechtigt sind,[207] sofern die Maßnahme nicht die Gesamtgemeinschaft betrifft.[208] Ein solches gegenständlich beschränktes Stimmrecht wird als **Blockstimmrecht** bezeichnet. Unter welchen Umständen eine Angelegenheit nur einen begrenzten Teil der WEer betrifft, kann nur im Einzelfall entschieden werden.[209] Bei **kostenverursachenden Maßnahmen** sind jedenfalls alle WEer stimmberechtigt, wenn sie intern Kosten zu tragen haben, etwa nach § 16 Abs. 2, [210] **oder** wenn sie Dritten gegenüber haften, etwa nach § 10 Abs. 8. Vor diesem rechtlichen Hintergrund ist ein Blockstimmrecht nur noch für Angelegenheiten denkbar, die nur Wirkungen innerhalb der Untergemeinschaft erzeugen, etwa Gebrauchsregelungen für das einzelne Gebäude.[211] Etwas anderes kann sich aber dann ergeben, wenn die interne Kostentragungspflicht **und** die externe Haftung abweichend geregelt sind. Ist § 16 Abs. 2 in der Weise abbedungen, dass nur diejenigen WEer zur Kostentragung verpflichtet sind, in deren Gebäude die Kosten anfallen[212] oder sind durch Beschluss die Kosten abweichend von § 16 Abs. 2 nur von den Betroffenen zu tragen, etwa nach § 16 Abs. 4, **und** wird zugleich im Außenverhältnis eine Haftung der übrigen WEer nach § 10 Abs. 8 vermieden, etwa dadurch, dass ein Vertrag nicht namens der WEgem geschlossen wird, dann sind nur die WEer stimmberechtigt, die intern und extern haften. Unabhängig von der Kostentragungspflicht ist ein gegenständlich beschränktes Stimmrecht nicht denkbar, wenn durch eine Maßnahme der Gesamtcharakter der WE-Anlage verändert wird. Dies kann etwa dann anzunehmen sein, wenn die Außenfassade eines Gebäudes neu gestaltet wird,[213] oder ein bisher als „Laden" genutztes Teileigentum künftig als Gaststätte betrieben werden soll.[214] 92

[202] *Bornheimer* S. 114 f.; i. E. ist dies sehr umstritten. Vgl. zum Meinungsstand im GmbH-Recht: *Scholz/K. Schmidt* § 47 Rn 56.

[203] AA Staudinger/*Bub* § 25 Rn 220.

[204] Staudinger/*Bub* § 25 Rn 221.

[205] Ausführlich *Hügel* NZM 2010, 8 (14); s. auch *Häublein* ZWE 2010, 149 ff.

[206] BGHZ 73, 196.

[207] BayObLGZ 1961, 322; 1975, 177; 1994, 98 (101); DNotZ 1985, 414; NJW-RR 1996, 1101 (1102); ZMR 1999, 418 (419); ZWE 2000, 268 (270) = NZM 2000, 554; LG Wuppertal Rpfleger 1972, 451; KG NJW 1975, 318; ausführlich *Bader* PiG (25), 67 (92 ff.).

[208] AG Saarbrücken ZMR 2008, 925 f.

[209] Beispiele bei *Bader* PiG (25), 67 (93).

[210] Vgl. BayObLG ZWE 2001, 269 = NZM 2001, 771 für den Wirtschaftsplan; BayObLGZ 1994, 98 (101) = WuM 1994, 567 f. für die Jahresabrechnung.

[211] Vgl. *Hügel* NZM 2010, 8 (14).

[212] OLG Köln WE 1998, 190; ZWE 2000, 376 f. = NZM 2000, 1019 (Ls); *Göken* WE 1998, 129 (131 f.).

[213] OLG Köln WE 1998, 191; ZWE 2000, 376 f. = NZM 2000, 1019 (Ls).

[214] *Bader* PiG (25), 67 (93); *Göken* WE 1998, 129 (132).

93 Die Voraussetzungen einer ordnungsgemäßen Beschlussfassung richten sich bei einem Beschlussgegenstand, der nur einen Teil der WEer betrifft, nur nach diesen WEern. So braucht ein WEer nicht zur WEVers geladen zu werden, wenn in dieser nur Gegenstände behandelt werden, die ihn nicht betreffen.[215] Auch bestimmt sich die Beschlussfähigkeit der Versammlung nur nach den WEern, die vom Beschlussgegenstand betroffen sind.[216]

94 Einem nicht betroffenen WEer steht auch kein Anfechtungsrecht zu. Eine entsprechende Klage gem. § 43 Nr. 4 ist wegen fehlenden Rechtsschutzbedürfnisses bereits unzulässig.[217]

IV. Die Beschlussfähigkeit der Versammlung (Abs. 3 und 4)

1. Die erste Versammlung

95 Die Anforderungen an die Beschlussfähigkeit für die sog. erste Versammlung sind in § 25 Abs. 3 geregelt. Die erste Versammlung ist beschlussfähig, wenn die erschienenen stimmberechtigten WEer mehr als die Hälfte der im Grundbuch eingetragenen MEA vertreten. Grundlage der Beschlussfähigkeit ist daher anders als beim Stimmrecht die Größe der MEA. Erschienen iSd Abs. 3 sind auch diejenigen WEer, die in der WEVers ordnungsgemäß vertreten sind.[218] Wie sich aus dem eindeutigen Wortlaut des Abs. 3 ergibt, werden für die Beschlussfähigkeit nur die MEA von erschienenen und stimmberechtigten WEern berücksichtigt. Die Anteile von WEern, die zwar erschienen, aber nicht stimmberechtigt sind, werden dagegen nicht mitgezählt.[219] Die Beschlussfähigkeit ist daher nicht für die gesamte Versammlung, sondern für jede einzelne Beschlussfassung getrennt zu beurteilen.[220] Dies bedeutet aber nicht, dass vor jeder Beschlussfassung die Beschlussfähigkeit durch den Vorsitzenden erneut festgestellt werden muss. Eine solche Pflicht ergibt sich nur dann, wenn der Vorsitzende begründete Zweifel an der Beschlussfähigkeit hat oder solche Zweifel von WEern geäußert werden.[221] Sind bzgl. eines Beschlussgegenstandes mehr als die Hälfte aller MEA vom Stimmrecht ausgeschlossen, findet Abs. 3 insoweit keine Anwendung, so dass es der Einberufung einer neuen Versammlung nicht bedarf.[222] Andernfalls könnte hinsichtlich dieses Beschlussgegenstandes eine erste Versammlung nie beschlussfähig sein. Abs. 3 ist jedoch anwendbar, wenn das Stimmrecht einzelner WEer auf Grund einer Regelung in der GemO ruht.[223]

96 Bei der Feststellung der Beschlussfähigkeit werden die MEA von geschäftsunfähigen oder beschränkt geschäftsfähigen Personen, die nicht ordnungsgemäß vertreten sind, nicht mitgezählt. Nicht berücksichtigt werden ferner die MEA, die durch einen Vertreter vertreten werden, der seine Bevollmächtigung nicht ordnungsgemäß nachweisen kann.[224]

97 Auf die Beschlussfähigkeit wirkt es sich nicht aus, ob die erschienenen WEer oder deren Vertreter von ihrer Stimme Gebrauch machen oder nicht. Insbesondere ist eine Stimm-

---

215 BayObLG DNotZ 1985, 414 f.; NZM 1999, 420 (421); BayObLGZ 1999, 40 (45) = ZWE 2000, 529 = NJW-RR 1999, 739.

216 BayObLG ZWE 2000, 268 (270) = NZM 2000, 554.

217 BayObLG DNotZ 1985, 414 (415).

218 OLG Celle NJW 1988, 307; BayObLG WuM 1994, 105 (106).

219 BayObLG ZMR 1987, 191; WuM 1994, 105 (106); WEM 1981, 30 f.; KG OLGZ 1974, 419 (420); OLG Düsseldorf WE 1992, 81; MDR 1992, 374; WE 1999, 69 = NZM 1999, 269; aA KG OLGZ 1989, 35 ff.; OLG Frankfurt/M. OLGZ 1989, 429 (430).

220 BayObLG WE 1990, 140 (141); OLG Köln DWE 1988, 24; OLG Zweibrücken ZWE 2002, 283 (284) = NJW-RR 2002, 735; anders im Ergebnis *Drabek* ZWE 2000, 395 (399).

221 BayObLG WE 1990, 140 (141 f.); WE 1993, 169; WuM 1992, 283 (Ls).

222 BayObLG WE 1988, 104 (105); 1992, 288 (293); NJW-RR 1993, 206 (207); KG WuM 1994, 41 (43); WE 1994, 82 (83); NJW-RR 1994, 659 (660); ZWE 2002, 364 (366); OLG Düsseldorf WE 1999, 69; LG Itzehoe ZMR 2009, 142 (143); aA *Häublein* NZM 2004, 534 f.

223 OLG Düsseldorf NZM 1999, 270; aA KG NJW-RR 1994, 659.

224 BayObLG 1981, 220 (224); *Drasdo* S. 197 Rn 27.

enthaltung und eine von vornherein erklärte Passivität für die Beschlussfähigkeit unbeachtlich. Die Voraussetzungen der Beschlussfähigkeit müssen im Moment der Abstimmung über den Beschluss tatsächlich gegeben sein. Entfernt sich ein stimmberechtigter WEer nach Feststellung der Beschlussfähigkeit, aber vor der Abstimmung, so ist die Beschlussfähigkeit erneut zu prüfen, wenn nunmehr Zweifel daran bestehen.

Die zur Berechnung der Beschlussfähigkeit maßgeblichen MEA sind nach dem Grundbuch festzustellen, das auch insoweit öffentlichen Glauben genießt. Ist die Unrichtigkeit des Grundbuchs dem Vorsitzenden der Versammlung bekannt, so ist der wirkliche materielle Rechtszustand zu beachten. 98

Die in § 25 Abs. 3 enthaltene Regelung ist **abdingbar.**[225] Die WEer können die Anzahl der für die Beschlussfähigkeit erforderlichen MEA verändern oder die Beschlussfähigkeit nach anderen Kriterien (z. B. nach dem Kopf- oder Objektprinzip) regeln.[226] Die WEer können auch vereinbaren, dass sich die Beschlussfähigkeit allein nach den erschienenen MEA oder den vertretenen WE-Rechten richtet, ohne dass es auf die Stimmberechtigung ankommt.[227] Auch dürfte es zulässig sein, auf die Beschlussfähigkeit insgesamt zu verzichten und jede WEVers unabhängig von den erschienenen WEern als beschlussfähig anzusehen.[228] Mängel der Beschlussfähigkeit führen nicht zur Nichtigkeit, sondern lediglich zur Anfechtbarkeit der in einer solchen Versammlung gefassten Beschlüsse.[229] 99

2. Die zweite Versammlung

Der Gesetzgeber hat in Abs. 4 berücksichtigt, dass die erschienenen bzw. vertretenen WEer uU nicht das nach Abs. 3 vorgesehene Quorum erreichen, etwa wenn eine größere Anzahl von WEern die Wohnungen nicht selbst bewohnt und deshalb kein Interesse hat, an der WEVers teilzunehmen. Um die Verwaltung nicht zu blockieren, muss bei Beschlussunfähigkeit der ersten Versammlung gem. § 25 Abs. 4 eine sog. zweite Versammlung einberufen werden, die dann ohne Rücksicht auf die Anzahl der vertretenen Anteile beschlussfähig ist. Eine zweite Versammlung iSd § 25 Abs. 4 liegt aber nur dann vor, wenn die neu einberufene Versammlung **dieselbe Tagesordnung** hat wie die Erste beschlussunfähige Versammlung; es muss sich also um eine echte Wiederholung handeln. Möglich ist es aber auch, dass sich die zweite Versammlung nur teilweise mit der ersten WEVers deckt. Dann gelten die besonderen Voraussetzungen des § 25 Abs. 4 nur hinsichtlich dieser Teilbereiche. Eine solche Teilwiederholung kann erforderlich sein, wenn die erste Versammlung nur bzgl. einzelner Beschlussgegenstände beschlussunfähig war. 100

Darüber hinaus ist erforderlich, dass der Einberufende auf die von den vertretenen Anteilen unabhängige Beschlussfähigkeit der Versammlung ausdrücklich hinweist. Unterbleibt der Hinweis, so richtet sich die Beschlussfähigkeit nach § 25 Abs. 3. Stellt die neue Versammlung nur zu einem Teil eine Wiederholung der ersten Versammlung dar, so muss sich aus der Einberufung zweifelsfrei ergeben, hinsichtlich welcher Teile sich die Beschlussfähigkeit nach Abs. 4 richtet. Für die neuen Tagesordnungspunkte bestimmt sich die Beschlussfähigkeit für eine erste Versammlung nach § 25 Abs. 3.[230] Fehler der Einberufung 101

[225] OLG Frankfurt ZWE 2007, 84 (87); BayObLG WE 1994, 184; NJW-RR 1995, 203; BayObLGZ 1992, 79 (84) = NJW-RR 1992, 910 (911); 1981, 50 (55); KG NJW-RR 1994, 659 = WE 1994, 82; OLG Hamburg OLGZ 1989, 318 (320); *Prüfer,* Diss., S. 88 f.

[226] KG WuM 1994, 41 (42 f.); BayObLG WE 1989, 64; WuM 1994, 105 (106) = WE 1994, 82.

[227] OLG Frankfurt ZWE 2007, 84 (87); BayObLG WE 1989, 64 (65); KG NJW-RR 1994, 659 (660) = DWE 1994, 33.

[228] Ebenso *Sauren,* WEG § 24 Rn 25.

[229] BayObLG WE 1994, 184; 1991, 285 (286); 1981, 50 (55); WuM 1988, 329; OLG Hamburg WE 1989, 140; vgl. § 23 Rn 174.

[230] OLG Frankfurt/M. OLGZ 1983, 29 = Rpfleger 1983, 22.

der Erstversammlung führen nur dann zur Beschlussunfähigkeit einer nach Abs. 4 einberufenen Wiederholungsversammlung, wenn festgestellt werden kann, dass diese sich ursächlich auf die Beschlussunfähigkeit der Erstversammlung (§ 25 Abs. 3) ausgewirkt haben.[231]

102 Nach dem Wortlaut des § 25 Abs. 4 ist allein der Verwalter zur Einberufung der zweiten Versammlung befugt. Der Wortlaut ist insoweit zu eng. Vielmehr steht die Einberufung zur zweiten Versammlung derselben Person zu, die auch für die erste Versammlung zuständig war, etwa dem Vorsitzenden des Verwaltungsbeirats oder seinem Vertreter. Im Übrigen gelten für die Einberufung der zweiten Versammlung dieselben Voraussetzungen wie für die erste Versammlung.[232]

3. Die sog. Eventualeinberufung

103 Die Einberufung der zweiten Versammlung kann erst dann erfolgen, wenn die Beschlussunfähigkeit der ersten Versammlung festgestellt worden ist.[233] Dies ergibt sich bereits aus dem Wortlaut des § 25 Abs. 4, wonach der Verwalter erst nach Feststellung der Beschlussunfähigkeit erneut einberufen kann. Die Einberufung einer zweiten Versammlung bereits in der Einladung zur ersten Versammlung für den Fall, dass die erste Versammlung beschlussunfähig sein sollte, ist unzulässig.[234] Eine solche sog. Eventualeinberufung verstößt gegen den Sinn und Zweck des § 25 Abs. 4, der auch zur Teilnahme an der zweiten Versammlung Gelegenheit geben muss. Die in einer solchen Versammlung gefassten Beschlüsse sind anfechtbar, nicht jedoch nichtig.[235] Eine Eventualeinberufung ist selbst dann unzulässig, wenn zwischen dem ersten und zweiten Termin ein Zeitraum von einer Woche liegt. Auch die sofortige Einberufung einer neuen Versammlung ist unzulässig.

104 Die WEer können von Abs. 4 **abweichende Vereinbarungen** treffen.[236] Ein von Abs. 4 abweichender Beschluss ist dagegen wegen fehlender Beschlusskompetenz der WEer nichtig. Sehen die Vereinbarungen der WEer die Zulässigkeit einer Eventualeinberufung vor, so ist der Übergang in die zweite Versammlung, die unabhängig von den vertretenen MEA stimmberechtigt ist, vom Vorsitzenden der Versammlung förmlich festzustellen.[237] Nach Ansicht des LG Offenburg[238] darf aber auch eine in der GemO vorgesehene Eventualeinberufung nicht bereits auf 30 Minuten nach der Erstversammlung terminiert werden. Dies widerspreche dem Sinn und Zweck des Abs. 4, der gewährleisten wolle, dass ein WEer, der bei der ersten Versammlung verhindert war, an der zweiten Versammlung teilnehmen kann. Etwas anderes könne nur dann gelten, wenn die GemO eine solche Eventualeinberufung ausdrücklich zulassen würde.[239] Dem kann nicht gefolgt werden. Haben die WEer die Zulässigkeit einer Eventualeinberufung vereinbart, haben sie dadurch zugleich die in Abs. 4 enthaltene Regelung in zulässiger Weise abbedungen. Folglich kann

---

[231] Vgl. OLG Hamm ZMR 2007, 984 (985); aA *Elzer* ZMR 2009, 7 f.

[232] OLG Frankfurt/M. NJW 1983, 398 (für die Einberufung der zweiten Versammlung auf den Vormittag eines Werktages).

[233] LG Köln WuM 1989, 460 f.; OLG Köln NJW-RR 1990, 26; OLG Bremen Rpfleger 1980, 295; AG Hamburg DWE 1989, 78; *Tasche* DNotZ 1974, 581 (583).

[234] Staudinger/*Bub* § 25 Rn 260; *Augustin* § 25 Rn 5; *Drasdo* S. 79 Rn 224 ff.; aA LG Wuppertal Rpfleger 1978, 23; *Deckert* NJW 1979, 2291 (2292).

[235] AG Hamburg DWE 1989, 78.

[236] BayObLG WE 1990, 140; WuM 1995, 500 (501); OLG Köln NJW-RR 1990, 26; LG Offenburg WuM 1993, 710; AG Wuppertal WuM 1993, 711; *Drasdo* S. 81 Rn 230 ff.

[237] BayObLG WE 1990, 140.

[238] LG Offenburg WuM 1993, 710 (711).

[239] Ähnlich *Drasdo* WuM 1995, 225 (228 f.), wonach ohne ausdrückliche Vereinbarung die Zweitversammlung nicht am selben Tag stattfinden darf.

Abs. 4 auch nicht mehr zum Maßstab für die Ordnungsmäßigkeit der Eventualeinberufung genommen werden.[240]

V. Die Stimmenmehrheit

1. Allgemeines

In § 25 ist keine ausdrückliche Regelung enthalten, unter welchen Voraussetzungen die für einen Mehrheitsbeschluss erforderliche Stimmenmehrheit gegeben ist. Für die Beschlussfassung über die Entziehung des WEs hat der Gesetzgeber in § 18 Abs. 3 Satz 2 speziell geregelt, dass ein solcher Beschluss einer Mehrheit von mehr als der Hälfte der stimmberechtigten WEer bedarf. Da es sich hierbei um eine Ausnahme von der Regel handelt, muss in allen anderen Fällen die Stimmenmehrheit der in der Versammlung **erschienenen** stimmberechtigten WEer genügen. **105**

Bei Stimmengleichheit ist ein Beschluss nicht zustande gekommen. Dasselbe gilt, wenn die Neinstimmen überwiegen.[241] Ggf. kann jeder WEer dann nach § 21 Abs. 4, notfalls durch Klage gem. §§ 43 Nr. 1, 21 Abs. 8 eine dem Interesse der Gesamtheit nach billigem Ermessen entsprechende Verwaltung erzwingen. Dies gilt auch bei nur zwei WEern mit gleichen Stimmrechten. **106**

Ergibt sich nachträglich, dass fehlerhafte Stimmen abgegeben worden sind, so kommt eine Ungültigkeitserklärung im Anfechtungsprozess nur in Betracht, wenn die erforderliche Mehrheit nach Abzug der fehlerhaften Stimmen nicht mehr erreicht wird, die fehlerhaften Stimmen also kausal für das Zustandekommen des Beschlusses geworden sind. Schon wenn das Fehlen der Kausalität zweifelhaft ist, kommt eine Ungültigkeitserklärung durch Urteil in Betracht.[242] Bestehen keine Anhaltspunkte für eine Ursächlichkeit, kommt eine Ungültigerklärung nicht in Betracht.[243] **107**

Die **Art und Weise der Abstimmung** ist im Gesetz nicht geregelt. Es besteht die Möglichkeit der mündlichen, namentlichen oder geheimen Abstimmung, etwa durch Handaufheben mit oder ohne Gegenprobe, der geheimen schriftlichen Abstimmung, der Abstimmung durch Zuruf, wobei Schweigen Zustimmung bedeuten soll.[244] Es muss jedoch jedem Stimmberechtigten die Möglichkeit zur Wahrnehmung seines Stimmrechtes gegeben werden, etwa auch Stummen oder Blinden. Die Stimmzettel, sofern schriftlich abgestimmt wird, werden zweckmäßigerweise mit der Niederschrift aufbewahrt. **108**

2. Stimmenthaltungen

Bei der Abstimmung haben die WEer die Möglichkeit, für oder gegen den Beschlussantrag zu stimmen oder sich ihrer Stimme zu enthalten. Die umstrittene Frage, wie sich die Stimmenthaltung auf das Beschlussergebnis auswirkt, ist für die Praxis geklärt. Für die Ermittlung der erforderlichen Mehrheit ist allein das Verhältnis der für und wider abgegebenen Stimmen maßgebend.[245] Der WEer, der sich seiner Stimme enthält, will auf die Beschlussfassung nicht einwirken und die Entscheidung in die Hände der anderen WEer **109**

---

[240] Wie hier BayObLG WE 1998, 403 (404) = NJW-RR 1998, 1624; LG Magdeburg WE 1997, 400; OLG Köln NZM 1999, 378 (Ls); AG Wuppertal WuM 1993, 711; Staudinger/*Bub* § 25 Rn 264.

[241] BayObLG WEM 1981, 38/9 (sog. negativer Beschluss).

[242] BayObLG MDR 1986, 502.

[243] OLG Düsseldorf ZMR 1995, 84 (86) = WuM 1995, 218 (220).

[244] KG ZMR 1985, 105.

[245] BGHZ 106, 179 (183 f.); BGH NJW 1989, 1090 (1091) = WE 1989, 50 (51); BayObLG ZWE 2001, 599 f. = NJW-RR 2002, 158; OLG Celle Rpfleger 1983, 271; *Merle* NJW 1978, 1440; Staudinger/*Bub* § 25 Rn 94; *Müller,* Praktische Fragen, Rn 401 (S. 336); ausführlich *Lotz-Störmer* S. 146 f.

legen. Dieser Abstimmungswille würde bei der Wertung der Enthaltung als Ablehnung verfälscht. Für die Stimmenmehrheit kommt es daher **allein auf das Verhältnis der Ja- und Nein-Stimmen** an. Die WEer können aber gem. § 10 Abs. 2 Satz 2 vereinbaren, dass Stimmenthaltungen als Gegenstimmen gelten.[246]

110 Auf die **Beschlussfähigkeit** der Versammlung haben Stimmenthaltungen keinen Einfluss.[247] Der gegenteiligen Ansicht von *Schwenn*[248] kann nicht gefolgt werden. Zwar ist im Ergebnis die Stimmenthaltung so zu bewerten, als ob der WEer nicht an der Versammlung teilgenommen hätte. Dies führt aber nicht dazu, dass nur positiv oder negativ ausgeübte Stimmrechte für die Beschlussfähigkeit maßgebend sind. Bereits nach Wortlaut des § 25 Abs. 3 ist allein die potentielle Stimmberechtigung und nicht die tatsächliche Ausübung des Stimmrechts für die Beschlussfähigkeit entscheidend.

111 Nach Ansicht des OLG Celle[249] ist aber, wenn für bestimmte Beschlussgegenstände eine qualifizierte Mehrheit vereinbart worden ist, eine entsprechende Anzahl von „Ja-Stimmen" erforderlich. Den Stimmenthaltungen komme daher bei qualifizierten Mehrheitsbeschlüssen eine ablehnende Wirkung zu. Zur Begründung verweist das OLG Celle auf Vorschriften im Grundgesetz, bei denen für eine $^2/_3$-Mehrheit auch eine entsprechende Anzahl von Ja-Stimmen erforderlich ist. Zum anderen sei eine vereinbarte qualifizierte Mehrheit im Zweifel nach strengeren Maßstäben zu ermitteln als eine einfache Mehrheit. Dem kann nicht zugestimmt werden. Die Vereinbarung einer qualifizierten Mehrheit hat keinen Einfluss darauf, welche Wirkung eine Stimmenthaltung hat. Vielmehr besteht mangels einer abweichenden ausdrücklichen Vereinbarung kein Grund, für Stimmenthaltungen bei einfacher oder qualifizierter Mehrheit unterschiedliche Rechtsfolgen anzunehmen. Unabhängig von der erforderlichen Mehrheit gibt der WEer mit seiner Stimmenthaltung zu erkennen, dass er die Entscheidung in die Hände der anderen WEer legen möchte. Die bloße Vereinbarung einer $^2/_3$-Mehrheit hat auf diesen Willen keinen Einfluss. Es kommt daher bei einer vereinbarten qualifizierten Mehrheit allein auf das Verhältnis der für und wider einen Beschluss abgegeben Stimmen an.[250] Dasselbe gilt für qualifizierte Mehrheiten, die nach gesetzlicher Regelung erforderlich sind, etwa nach den §§ 16 Abs. 4, 22 Abs. 2 Satz 2.

112 Ist zur Gültigkeit eines Beschlusses die Einstimmigkeit aller WEer erforderlich, lässt bereits eine Enthaltung den Beschluss scheitern.[251]

3. Die Feststellung des Beschlussergebnisses

113 Eine Feststellung des Ergebnisses der Abstimmung durch den Vorsitzenden ist zwar nicht ausdrücklich im Gesetz vorgesehen, gleichwohl aber Wirksamkeitsvoraussetzung für das Zustandekommen eines Beschlusses; die Feststellung des Abstimmungsergebnisses und ihre Verkündung hat darüber hinaus inhaltsfixierende Wirkung und bestimmt vorbehaltlich einer Anfechtung im Beschlussanfechtungsverfahren, ob und mit welchem Inhalt ein Beschluss gefasst worden ist.[252] Ist die für einen Mehrheitsbeschluss erforderliche Anzahl an Stimmen nicht erreicht worden, liegt ein sog. „negativer Beschluss" vor.[253] Bei der Feststellung, ob ein Beschluss die erforderliche Mehrheit erreicht hat, ist zu berücksichtigen, wie das Stimmrecht (Kopf-, Wert- oder Objektsprinzip) in der GemO verteilt ist. Ist für

---

[246] BayObLG NJW-RR 1992, 83 (84) = DWE 1992, 162.

[247] *Lotz-Störmer* S. 156; *Deckert* WE 1988, 46.

[248] *Schwenn* ZMR 1989, 344.

[249] OLG Celle WE 1991, 330 = NJW-RR 1992, 86 (87).

[250] Im Ergebnis ebenso Staudinger/*Bub* § 25 Rn 96; AG Köln ZMR 2009, 234 (236).

[251] OLG Celle WE 1991, 330 = NJW-RR 1992, 86.

[252] Vgl. hierzu § 24 Rn 102 und § 23 Rn 41 ff.

[253] BayObLG NJW-RR 1987, 1490 (1491) spricht hier von einem „Nichtbeschluss". Zur Terminologie vgl. § 23 Rn 49.

einen Beschluss eindeutig die erforderliche Mehrheit erreicht worden, braucht aber nicht geklärt zu werden, ob nach dem richtigen Prinzip abgestimmt wurde.[254]

VI. Stimmrechtsschranken (Abs. 5)

1. Allgemeines

Das Stimmrecht steht jedem WEer als eigenes Recht zu, durch welches er maßgeblich auf die Verwaltung des GemE Einfluss nehmen kann. Als Inhaber des Stimmrechts steht es dem WEer grds frei, ob oder wie er von seinem Stimmrecht Gebrauch macht. Wie bei anderen Rechten ist aber auch die Ausübung des Stimmrechts nicht schrankenlos zulässig. Zu differenzieren ist zwischen sog. starren und beweglichen Stimmrechtsschranken.[255] Starre Stimmrechtsschranken beschränken das Stimmrecht ohne Wertungsmöglichkeit, d. h. ohne Rücksicht darauf, ob im konkreten Einzelfall eine Beschränkung überhaupt erforderlich wäre. Sie sind in § 25 Abs. 5 geregelt. Die beweglichen Stimmrechtsschranken beschränken das Stimmrecht nur anhand des konkreten Einzelfalles, sie können nicht zum vollständigen Ausschluss des Stimmrechts führen, sondern nur die Art und Weise der Ausübung beschränken. Die wichtigste bewegliche Stimmrechtsschranke ergibt sich aus dem Grundsatz von Treu und Glauben, der es dem WEer verbietet, sein Stimmrecht zu missbrauchen.[256] Die Stimmrechtsschranken regeln allein die Befugnis des WEers, seine Stimme bei der Beschlussfassung abzugeben. Auf das Teilnahme- und Rederecht in der WEVers haben die Stimmrechtsschranken dagegen keine Auswirkungen.[257] 114

2. Die Stimmverbote des Abs. 5

a) Sinn und Zweck. In Abs. 5 sind zwei Fälle geregelt, in denen der WEer von einem Stimmverbot betroffen ist:[258] Der WEer ist nicht stimmberechtigt, wenn die Beschlussfassung die Vornahme eines Rechtsgeschäfts mit ihm oder die Einleitung oder Erledigung eines Rechtsstreits gegen ihn betrifft. Der Grund für das Stimmverbot liegt in der besonderen Beziehung des WEers zum konkreten Beschlussgegenstand. Der WEer befindet sich jeweils in einer Doppelrolle; zum einen als Partei des Rechtsgeschäfts oder Rechtsstreits und zum anderen als Mitglied der WEgem. Hier besteht die nahe liegende Gefahr, dass der WEer sich bei der Beschlussfassung von seinen privaten Sonderinteressen leiten lässt und die mitgliedschaftlichen Interessen nicht berücksichtigt.[259] Um dies zu verhindern, wird der WEer durch Abs. 5 von seinem Stimmrecht ausgeschlossen. Die Vorschrift bezweckt folglich, die Willensbildung in der WEgem von privaten Sonderinteressen freizuhalten, umso die Interessen der Gemeinschaft zu wahren. 115

b) Die Vornahme eines Rechtsgeschäfts (§ 25 Abs. 5 1. Fall). aa) Der Begriff des Rechtsgeschäfts. Ein WEer ist gem. Abs. 5 1. Fall nicht stimmberechtigt, wenn die Beschlussfassung die Vornahme eines Rechtsgeschäfts mit ihm betrifft. Ist ein WEer an einem Rechtsgeschäft mit einem anderen WEer interessiert, ist er nicht vom Stimmrecht ausgeschlossen.[260] Im Zivilrecht wird der Begriff Rechtsgeschäft üblicherweise als ein Tatbestand umschrieben, der aus mindestens einer Willenserklärung sowie oft aus weiteren Elementen besteht und an den die Rechtsordnung den Eintritt des gewollten rechtlichen 116

[254] BayObLG WE 1988, 205 (206).

[255] Vgl. zur Terminologie *Zöllner* S. 101, 287; *Kefferpütz* S. 34 f.

[256] Vgl. dazu noch unten Rn 177 ff.

[257] AllgM: *Kefferpütz* S. 182.

[258] Die in § 25 Abs. 5 3. Fall geregelte Stimmrechtsschranke ist kein Stimmverbot, sondern als Ruhen des Stimmrechts einzuordnen. Vgl. dazu *Kefferpütz* S. 35 f.; aA *Lotz-Störmer* S. 159 f.; Staudinger/*Bub* § 25 Rn 314 f.

[259] Ausführlich zu den Interessen bei der Willensbildung in der WEgem: *Kefferpütz* S. 29 f.

[260] OLG Düsseldorf ZMR 2008, 732 (733).

Erfolges knüpft.[261] Der WEer ist folglich nicht stimmberechtigt, wenn darüber Beschluss gefasst wird, ob mit ihm etwa ein Kaufvertrag, ein Werkvertrag, ein Mietvertrag abgeschlossen werden soll oder wenn ihm Sonderrechte[262] eingeräumt werden sollen. Unerheblich ist, ob es sich um einseitige, zweiseitige oder mehrseitige Rechtsgeschäfte handelt. Erfasst werden auch geschäftsähnliche Handlungen, wie etwa Mahnung oder Verlangen von Schadensersatz statt der Leistung.[263]

117 Der Begriff des Rechtsgeschäft in Abs. 5 1. Fall umfasst aber nicht alle Rechtsgeschäfte iSd zivilrechtlichen Dogmatik. Im Hinblick auf den Sinn und Zweck der Vorschrift und der großen Bedeutung des Stimmrechts für den WEer ist dieser nur bei der Beschlussfassung über solche Rechtsgeschäfte nicht stimmberechtigt, bei denen er ein privates Sonderinteresse hat. Nimmt der WEer dagegen rein mitgliedschaftliche Interessen wahr, führt dies nicht zu einem Stimmrechtsausschluss nach Abs. 5 1. Fall.[264] Diese Rechtsgeschäfte werden als sozialrechtliche Rechtsgeschäfte bezeichnet. Dogmatisch handelt es sich dabei um eine teleologische Reduktion des Rechtsgeschäftsbegriffs in Abs. 5 1. Fall.[265] Welche Rechtsgeschäfte als sozialrechtliche zu qualifizieren sind, ist iE umstritten.

118 **bb) Einzelfälle. (1) Die Bestellung des Verwalters.** Ein WEer ist nach der Rspr. und ganz hL[266] bei der Beschlussfassung über seine Bestellung zum Verwalter nicht gem. § 25 Abs. 5 1. Fall von einem Stimmverbot betroffen. Zwar betrifft der Bestellungsbeschluss die Vornahme eines Rechtsgeschäfts,[267] jedoch verfolgt der WEer dabei lediglich mitgliedschaftliche Interessen. Die Wahrnehmung mitgliedschaftlicher Interessen soll durch die Stimmverbote des § 25 Abs. 5 nicht beeinträchtigt werden. Nicht gefolgt werden kann der allein von *Schmid*[268] vertretenen Ansicht, der ein Stimmverbot des WEers mit der Einheitstheorie begründet. Die Einheitstheorie, welche die Anstellung und Bestellung des Verwalters als einheitliches Bestellungsrechtsverhältnis ansieht, kann heute allgemein als überwunden angesehen werden.[269]

119 Auch bei einer Beschlussfassung über seine Bestellung zum Verwaltungsbeirat[270] oder über seine Wahl zum Vorsitzenden der WEVers ist der WEer nicht gem. § 25 Abs. 5 1. Fall von einem Stimmverbot betroffen.

120 **(2) Die Abstimmung über den Verwaltervertrag.** Der WEer ist auch bei der Beschlussfassung über den mit ihm abzuschließenden Verwaltervertrag stimmberechtigt.[271] Zwar kann dem WEer im Hinblick auf seine Verwaltervergütung ein privates Interesse an der Beschlussfassung nicht schlechthin abgesprochen werden. Aber Bestellung und Anstellung des Verwalters sind im Hinblick auf das mitgliedschaftliche Interesse des WEers untrennbar miteinander verbunden, so dass beide hinsichtlich der Stimmberechtigung

---

[261] Palandt/*Heinrichs* Überbl. v. § 104 Rn 2.

[262] Vgl. dazu BayObLG WuM 1987, 101.

[263] Staudinger/*Bub* § 25 Rn 266.

[264] KG WE 1994, 335; *Kefferpütz* S. 30, 60; *Münstermann-Schlichtmann* WE 1998, 412.

[265] Vgl. dazu BGH ZfIR 2002, 907 (911).

[266] BGH ZfIR 2002, 907 (911); BayObLG WE 1994, 184 (185); OLG Hamm Rpfleger 1978, 182 (183); OLG Celle NJW 1958, 307; OLGR 2002, 75 (77); LG Dortmund Rpfleger 1966, 335 (336); OLG Köln NJW 1968, 992 (993); OLG Karlsruhe Die Justiz 1983, 412; OLG Zweibrücken ZMR 1986, 369 (379); BayObLG NJW-RR 1987, 78; OLG Düsseldorf OLGZ 1984, 289 (290); NZM 1999, 285; KG Rpfleger 1978, 182; NJW-RR 1987, 268; WE 1996, 70 (71); OLG Stuttgart OLGZ 1977, 433; OLG Frankfurt/M. OLGZ 1983, 175; OLG Saarbrücken WE 1998, 69 (72); OLG Celle ZWE 2002, 474 (476); *Merle* WE 1987, 35 (36); *ders.,* Verwalter, S. 34; *Kefferpütz* S. 59 f.; im Ergebnis ebenso *Lotz-Störmer* S. 179 f.; unklar *Münstermann-Schlichtmann* WE 1998, 412 (413 f.).

[267] *Merle,* Verwalter, S. 20; *Kefferpütz* S. 59 f.; aA *Lotz-Störmer* S. 179.

[268] *Schmid* BlGBW 1979, 41 (42).

[269] S. § 26 Rn 25 f.; vgl. zur Kritik an der Ansicht von *Schmid* auch *Kefferpütz* S. 60 f.

[270] BayObLG WE 1991, 226 (227); ZWE 2002, 32 (33) = NZM 2001, 990 (Ls); *Kefferpütz* S. 86.

[271] So BGH NJW 2002, 3704 = ZfIR 2002, 907 (912); *Kefferpütz* S. 74, 78 f.; aA BayObLG WE 1987, 45; OLG Düsseldorf WuM 1999, 59 (60) für die Kündigung des Verwaltervertrages.

gleich behandelt werden müssen. Wäre der WEer bei der Beschlussfassung über seinen Verwaltervertrag nicht stimmberechtigt, würde dadurch auch das Stimmrecht bei der Bestellung ausgehöhlt, wenn die Minderheit durch Festlegung unannehmbarer Anstellungsbedingungen den Mehrheitskandidaten zum Verzicht auf sein Amt bewegen könnte.[272] Um dies zu verhindern, muss der WEer auch bei der Beschlussfassung über seinen Verwaltervertrag stimmberechtigt sein. Dies betrifft die Begründung, Änderung und Kündigung des Verwaltervertrages. Einem eventuellen Missbrauch des Stimmrechts durch den WEer-Verwalter sind die übrigen WEer nicht schutzlos ausgeliefert, denn sie können einen solchen Beschluss gem. §§ 23 Abs. 4, 43 Nr. 4 innerhalb eines Monats anfechten.

Aus dem gleichen Grund ist der WEer auch dann nicht gem. § 25 Abs. 5 1. Fall von **121** einem Stimmverbot betroffen, wenn über Bestellung und Anstellung zum Verwalter nicht getrennt, sondern in einem Akt entschieden wird.[273] Insofern gilt hier nichts anderes als im Gesellschaftsrecht, wo ein Gesellschafter bei der Beschlussfassung über seinen Anstellungsvertrag ebenfalls nicht von seinem Stimmrecht ausgeschlossen ist.[274]

(3) Die Abberufung des Verwalters. Auch bei der Beschlussfassung über seine Ab- **122** berufung als Verwalter ist der WEer stimmberechtigt,[275] denn sonst könnte der mit seiner Stimme gewählte Verwalter bei knappen Mehrheitsverhältnissen anschließend sofort wieder abberufen werden. Etwas anderes gilt auch nicht, wenn bei der Beschlussfassung über die Abberufung zugleich über die Kündigung des Verwaltervertrages Beschluss gefasst wird.[276] Die gegenteilige Ansicht basiert auf der Annahme, dass der WEer bei Begründung, Änderung oder Kündigung des Verwaltervertrages nicht stimmberechtigt ist. Da der WEer auch in diesen Fällen stimmberechtigt ist, kann für die Beschlussfassung über seine Abberufung nichts anderes gelten, auch wenn zugleich die Kündigung des Verwaltervertrages beschlossen wird.[277]

(4) Abberufung und Kündigung aus wichtigem Grund. Der WEer ist nicht stimm- **123** berechtigt, wenn über seine Abberufung aus wichtigem Grund Beschluss gefasst wird.[278] Die Begründungen für diese Ansicht fallen unterschiedlich aus. In den von der Rspr. entschiedenen Fällen wurde immer über die Abberufung und die Kündigung aus wichtigem Grund gemeinsam abgestimmt, womit dann auch der Stimmrechtsausschluss begründet wurde.[279] Andere verweisen auf den Grundsatz des Richters in eigener Sache oder auf

---

[272] *Merle* WE 1987, 35 (36); *ders.,* Verwalter, S. 34; *Kefferpütz* S. 72 f.; vgl. zu den Stimmverboten des Vereins- und Gesellschaftsrechts *Zöllner,* Schranken, S. 233 f.

[273] *Kefferpütz* S. 176.

[274] StRspr.: RGZ 74, 276 (279 f.); BGHZ 18, 205 (210); 48, 163 (167); 51, 209 (215 f.); BGH WM 1976, 1226; WM 1987, 71 (72); OLG Frankfurt/M. WM 1989, 438 (442); Baumbach/Hueck/*Zöllner* § 47 Rn 54; Hachenburg/*Hüffer* § 47 Rn 171; *Rowedder/Koppensteiner* § 47 Rn 59; *Lutter/Hommelhoff* § 47 Rn 24; *Meyer-Landrut* § 47 Rn 49; *Siegmund* BB 1981, 1674 (1677); im Ergebnis ebenso, aber mit abweichender Begründung, Scholz/*K. Schmidt* § 46 Rn 75.

[275] BGH ZfIR 2002, 907 (911) = NJW 2002, 3704; OLG Celle NJW 1958, 307; KG OLGZ 1979, 28; LG Dortmund Rpfleger 1966, 335 (336); LG Düsseldorf MittRheinNotK 1973, 442; KG Rpfleger 1979, 65; OLG Stuttgart OLGZ 1977, 433; OLG Düsseldorf OLGZ 1984, 289 (290); NZM 1999, 285; OLG Zweibrücken ZMR 1986, 369 (370); BayObLG NJW-RR 1987, 78; *Merle* WE 1987, 35 (36); *Kefferpütz* S. 62 f.; *Lotz-Störmer* S. 187; *Müller,* Praktische Fragen, Rn 387 (S. 324); *Münstermann-Schlichtmann* WE 1998, 412 (413); aA *Schmid* BlGBW 1979, 41 (42).

[276] Zutreffend BGH ZfIR 2002, 907 (912); aA: BayObLG NJW-RR 1987, 78 f.; *Lotz-Störmer* S. 188.

[277] Vgl. *Merle* WE 1987, 35 (36); *ders.,* Verwalter, S. 35; *Kefferpütz* S. 176; so auch BGH ZfIR 2002; 907 (911); KG NZM 2002, 618.

[278] BGH ZfIR 2002, 907 (912); BayObLG WE 1987, 45 = NJW-RR 1987, 78 f.; OLG Düsseldorf ZWE 2001, 557 = NJW-RR 2001, 1668; KG NZM 2002, 618; *Kefferpütz* S. 66 f.; *Gerauer* ZMR 1987, 165 (167); *Lotz-Störmer* S. 26 Rn 189; *Münstermann-Schlichtmann* WE 1998, 412 (413); aA LG Dortmund Rpfleger 1986, 335 (337); OLG Celle NJW 1958, 307.

[279] Vgl. BayObLG WE 1987, 45 = NJW-RR 1987, 78 f.

die entlastende Wirkung eines negativen Beschlusses. Der wahre Grund für den Stimmrechtsausschluss dürfte sich dagegen aus dem in den §§ 712 Abs. 1, 737 BGB, 117, 127, 140 HGB enthaltenen Rechtsgedanken ergeben.[280] Danach ist ein Gesellschafter immer dann nicht stimmberechtigt, wenn ihm eine Rechtsposition aus wichtigem Grund entzogen werden soll. Dadurch soll verhindert werden, dass der Gesellschafter mit seiner eigenen Stimme in der Rechtsposition verbleiben kann, obwohl er eine schwere Pflichtverletzung begangen hat. Dieser Rechtsgedanke lässt sich auch auf das WE-Recht übertragen. Auch hier wäre es für die anderen WEer unerträglich, wenn der Verwalter trotz Vorliegens eines wichtigen Grundes mit seiner eigenen Stimme im Amt bleiben könnte. Aus demselben Grund ergibt sich auch der Stimmrechtsausschluss bei der Beschlussfassung über die Kündigung des Verwaltervertrages aus wichtigem Grund. Der WEer ist aber nur dann von einem Stimmverbot betroffen, wenn der wichtige Grund tatsächlich vorliegt.[281] Dies ergibt sich aus dem Umstand, dass die Abberufung unmittelbar durch den Beschluss herbeigeführt wird und der WEer sonst praktisch ohne eine effektive Rechtschutzmöglichkeit wäre. Über das Vorliegen eines wichtigen Grundes hat in der WEVers vorläufig der Versammlungsleiter zu entscheiden, denn für die ihm obliegende, vorläufig verbindliche Feststellung des Beschlussergebnisses hat er auch über die Gültigkeit der abgegebenen Stimmen zu befinden; abschließend wird im gerichtlichen Verfahren (§ 43 Nr. 4) darüber entschieden, ob ein wichtiger Grund tatsächlich vorliegt.[282]

124 **(5) Entlastung und Jahresabrechnung.** Betrifft der Beschluss die **Entlastung** eines WEers als Verwalter oder Verwaltungsbeiratsmitglied, so ist dieser nach allgM nicht stimmberechtigt.[283] Überwiegend wird ein solches Stimmverbot unmittelbar aus § 25 Abs. 5 1. Fall hergeleitet, womit zugleich ausgedrückt wird, dass der Entlastungsbeschluss die Vornahme eines Rechtsgeschäfts mit dem WEer betrifft.[284] Dagegen will das OLG Stuttgart[285] § 25 Abs. 5 1. Fall nur entspr. anwenden. Eine Analogie ist aber nur dann erforderlich, wenn der Entlastungsbeschluss nicht auf die Vornahme eines sog. Ausführungsgeschäftes mit dem WEer gerichtet ist. Die Entlastung ist aber als negatives Schuldanerkenntnis iSd § 397 Abs. 2 BGB einzuordnen.[286] Dabei ist zwischen der Beschlussfassung als Akt interner Willensbildung einerseits und der darauf beruhenden Entlastung andererseits zu unterscheiden.[287] Folglich betrifft auch der Entlastungsbeschluss die Vornahme eines Rechtsgeschäfts mit dem WEer, weshalb sich ein Stimmverbot unmittelbar aus § 25 Abs. 5 1. Fall ergibt.

125 Ein WEer ist dagegen nicht gem. § 25 Abs. 5 1. Fall von einem Stimmverbot betroffen, wenn über die von ihm als Verwalter aufgestellte **Jahresabrechnung** (§ 28 Abs. 5) Beschluss gefasst wird.[288] Die Jahresabrechnung und die Entlastung sind zwei verschiedene

---

[280] Ausführlich *Merle* WE 1987, 35 (36); *Kefferpütz* S. 66 f.; Staudinger/*Bub* § 26 Rn 424; so jetzt auch BGH ZfIR 2002, 907 (912) = NJW 2002, 3704.

[281] LG Saarbrücken ZWE 2009, 49 (51).

[282] BGH ZfIR 2002, 907 (912) = NJW 2002, 3704. Ausführlich *Kefferpütz* S. 67 ff.

[283] Vgl. nur OLG Zweibrücken ZWE 2002, 283 (284) = NJW-RR 2002, 735 mwN; OLG Karlsruhe ZMR 2008, 408.

[284] BayObLG Rpfleger 1979, 66 (67); NJW-RR 1987, 595 (596) = WE 1987, 158 (159); WuM 1988, 329 (330); OLG Frankfurt/M. OLGZ 1983, 175 (176); LG Lübeck DWE 1985, 93 (94); LG Frankfurt/M. NJW-RR 1988, 596; AG Emmendingen ZMR 1984, 101; AG Karlsruhe Rpfleger 1969, 432 (433); OLG Zweibrücken ZMR 1992, 206 (Ls); *Kefferpütz* S. 83; *Lotz-Störmer* S. 191 f.

[285] OLG Stuttgart OLGZ 1974, 404 (408) = Rpfleger 1974, 361 (362); ähnlich AG Frankfurt/M. WE 1992, 88, welches auf das Verbot, Richter in eigener Sache zu sein, und auf § 136 Abs. 1 Satz 1 1. Fall AktG hinweist.

[286] Vgl. dazu § 28 Rn 128.

[287] Vgl. *Kefferpütz* S. 83.

[288] AG Frankfurt/M. WE 1992, 88 = ZMR 1992, 171 (172) = DWE 1993, 36; BayObLG WE 1996, 234 (235 f.); *Kefferpütz* S. 84 f.; aA LG Frankfurt/M. NJW-RR 1988, 596; AG Karlsruhe Rpfleger 1969, 432 (433); wohl auch OLG Zweibrücken WE 1991, 357.

Beschlussgegenstände, die voneinander zu unterscheiden sind. Der Beschluss über die Jahresabrechnung betrifft nicht die Vornahme eines Rechtsgeschäfts mit dem WEer. Für eine entsprechende Anwendung fehlt es auf jeden Fall an einer Vergleichbarkeit der Sachverhalte. Der WEer hat an der Beschlussfassung über die Jahresabrechnung kein privates Sonderinteresse. Etwas anderes gilt aber dann, wenn mit dem Beschluss über die Jahresabrechnung zugleich über die Entlastung des Verwalters entschieden wird.[289]

(6) Die Ermächtigung eines WEers zur Prozessführung. Wird ein WEer von der WEVers dazu ermächtigt, ein gerichtliches Verfahren auf Entziehung des WEs zu führen, ist dieser bei der Beschlussfassung nicht nach § 25 Abs. 5 1. Fall von seinem Stimmrecht ausgeschlossen.[290] Ein solcher Beschluss betrifft zwar die Vornahme eines Rechtsgeschäfts mit dem WEer. Dabei nimmt dieser aber allein mitgliedschaftliche Interessen wahr. **126**

Etwas anderes gilt jedoch, wenn der WEer in seiner Eigenschaft als **Rechtsanwalt** tätig werden soll. Denn der Bevollmächtigung eines Rechtsanwalts zur Prozessführung liegt in aller Regel ein Dienstvertrag in der Form eines entgeltlichen Geschäftsbesorgungsvertrags zugrunde, der entsprechende Beschluss betrifft also die Vornahme eines Rechtsgeschäfts mit einem WEer. Der WEer ist auch dann nicht stimmberechtigt, wenn nicht er selbst, sondern sein Partner, mit dem zusammen er eine Anwaltssozietät betreibt, beauftragt werden soll, da Anwaltssozietäten rechtlich als GbR einzuordnen sind,[291] mit der Folge, dass der Geschäftsbesorgungsvertrag idR mit der GbR zustande kommt, deren Gesellschafter er ist.[292] Zum Stimmverbot vgl. Rn 116 f. **127**

(7) Rechtlich vorteilhafte Rechtsgeschäfte. Der WEer ist auch dann nicht gem. § 25 Abs. 5 1. Fall von seinem Stimmrecht ausgeschlossen, wenn die Beschlussfassung die Vornahme eines für die WEgem lediglich rechtlich vorteilhaften Rechtsgeschäfts mit ihm betrifft.[293] In einem solchen Fall kann es zu keiner Kollision von Gemeinschaftsinteressen und privaten Sonderinteressen kommen. Entsprechendes gilt, wenn das Rechtsgeschäft ausschließlich in der Erfüllung einer Verbindlichkeit des WEers ggü. der WEgem besteht.[294] **128**

cc) Die Ermächtigung zur Vornahme eines Rechtsgeschäfts. Nach dem Wortlaut des § 25 Abs. 5 1. Fall wird auch ein Beschluss über die Ermächtigung des Verwalters zur Vornahme eines Rechtsgeschäftes mit einem WEer erfasst, da der Beschluss damit zugleich die Vornahme des Rechtsgeschäfts selbst betrifft. Der betroffene WEer ist folglich bei einem Beschluss über eine solche Ermächtigung nicht stimmberechtigt. Das Gleiche muss grds auch dann gelten, wenn dem Verwalter ein gewisser Entscheidungsspielraum eingeräumt wird. In einem solchen Fall ist für die Anwendbarkeit des § 25 Abs. 5 1. Fall jedoch entscheidend, inwieweit der WEer, mit dem oder ggü dem das Rechtsgeschäft vorgenommen werden soll, schon bestimmt oder aus den Umständen bestimmbar ist. Nur wenn der WEer individualisierbar ist, kann es zu einer Interessenkollision kommen, die durch Abs. 5 1. Fall verhindert werden soll.[295] **129**

dd) Die Genehmigung eines Rechtsgeschäfts. Auch die Genehmigung eines bereits getätigten Rechtsgeschäfts betrifft grds die Vornahme eines Rechtsgeschäfts iSd § 25 Abs. 5 1. Fall. Es kommt jedoch darauf an, ob die Genehmigung Wirksamkeitsvoraussetzung für das Rechtsgeschäft ist (§ 184 BGB) oder nicht.[296] Im ersten Fall hat der betroffene WEer ein privates Sonderinteresse an der Beschlussfassung und ist daher nicht stimmberechtigt. Ist **130**

---

289 BayObLG NJW-RR 1987, 595 (596); WuM 1988, 329 (330); LG Frankfurt/M. NJW-RR 1988, 596.

290 KG WE 1994, 335 = NJW-RR 1994, 855 (856) = WuM 1994, 405 (406).

291 BGHZ 56, 355 (357).

292 Vgl. BayObLG NJW-RR 1995, 395 (396).

293 *Kefferpütz* S. 87.

294 Vgl. zu § 47 GmbHG: *Rowedder/Koppensteiner* § 47 Rn 56.

295 Ausführlich *Kefferpütz* S. 89 f.; vgl. zu § 47 GmbHG: Scholz/*K. Schmidt* § 47 Rn 120 aE mwN.

296 Vgl. *Kefferpütz* S. 92 f.

das Rechtsgeschäft dagegen auch ohne die „Genehmigung" wirksam, liegt hierin die Entlastung des Verwalters und es besteht ein solches privates Sonderinteresse nicht mehr. Sollte der WEer aus sachfremden Erwägungen (z. B. persönliche Verbundenheit zum Verwalter) der „Genehmigung" zustimmen, ist dies ein Problem des Stimmrechtsmissbrauchs.[297] Zu beachten ist aber, dass die „Genehmigung" den Verwalter entlastet. Dieser ist daher, sofern er WEer ist, gem. Abs. 5 1. Fall von seinem Stimmrecht ausgeschlossen (Rn 124).

131 **c) Einleitung oder Erledigung eines Rechtsstreites (Abs. 5 2. Fall).** Der WEer ist gem. Abs. 5 2. Fall nicht stimmberechtigt, wenn der Beschluss die Einleitung oder Erledigung eines Rechtsstreits der anderen WEer gegen ihn betrifft.

132 **aa) Der Rechtsstreit gegen einen WEer.** Der Begriff „Rechtsstreit" umfasst alle streitigen Zivilverfahren , also insbesondere auch die Verfahren nach § 43. Dazu gehören auch das Mahnverfahren, das Zwangsvollstreckungsverfahren,[298] der einstweilige Rechtsschutz sowie das Schiedsgerichtsverfahren. Der Rechtsstreit muss sich gegen den WEer richten. Ist der WEer zugleich Verwalter, ist er auch dann gem. § 25 Abs. 5 2. Fall nicht stimmberechtigt, wenn er nicht in seiner Eigenschaft als WEer, sondern als Verwalter gerichtlich in Anspruch genommen werden soll.[299] Beschließen die WEer, sowohl einen Rechtstreit gegen einen WEer als auch gegen einen Dritten – etwa wegen Baumängeln am gemeinsam errichteten GemE – einzuleiten, dann ist der betroffene WEer auch insoweit vom Stimmrecht ausgeschlossen, als der Dritte verklagt werden soll.[300]

133 Auch der Beschluss über die Entziehung des WE nach § 18 betrifft die Einleitung eines Rechtsstreits ggü dem WEer. Gehören dem auszuschließenden WEer mehrere Wohnungen und bemisst sich die Stimmkraft nach dem Objektprinzip, so ist der WEer mit allen Stimmen von der Beschlussfassung ausgeschlossen.[301]

134 **bb) Die Einleitung oder Erledigung des Rechtsstreits.** Zur Einleitung eines Rechtsstreits gehören neben den unmittelbar prozessualen Maßnahmen (Klageerhebung, Antrag auf Mahnbescheid oder einstweiligen Rechtsschutz, selbstständiges Beweisverfahren, Streitverkündung) auch vorprozessuale Maßnahmen,[302] wie die Beauftragung eines Rechtsanwalts, die Anfertigung von Gutachten und die Erhebung einer Sonderumlage für die Prozesskosten.[303] Die Erledigung des Rechtsstreits umfasst alle Maßnahmen, die den Fortgang (z. B. Rechtsmittel, Antrag auf Aussetzung des Verfahrens, Prozessstrategie) oder die Beendigung (Klagerücknahme, Verzicht, Anerkenntnis, Vergleich) des Rechtsstreits betreffen.[304]

135 **d) Der persönliche Anwendungsbereich. aa) Das Stimmverbot des WEers.** Bei § 25 Abs. 5 ist grds auf die Person des WEers abzustellen. Persönliche Näheverhältnisse, insbesondere verwandtschaftliche Beziehungen zu einer befangenen Person, führen nicht zu einem Stimmverbot nach § 25 Abs. 5.[305] Übt der WEer sein Stimmrecht im Interesse der ihm nahe stehenden, befangenen Person aus, kann darin aber ein Verstoß gegen den Grundsatz von Treu und Glauben liegen.[306]

---

[297] Vgl. *Kefferpütz* S. 93 f.

[298] BayObLG ZWE 2001, 490 (491) = NZM 2001, 766.

[299] BGHZ 106, 222 (229) = WE 1989, 94 (95).

[300] BayObLG NJW-RR 1998, 231 = WE 1998, 353 (354).

[301] LG Hannover NdsRpfl. 1992, 119 (120).

[302] *Kefferpütz* S. 104; *Lotz-Störmer* S. 169; *Müller,* Praktische Fragen, Rn 387 (S. 323).

[303] BayObLG WE 1993, 27 = WuM 1992, 209; NJW-RR 1998, 231 = WE 1998, 353.

[304] *Kefferpütz* S. 104 f.

[305] *Kefferpütz* S. 107 f.; OLG Saarbrücken WE 1998, 69 (73); vgl. zum Gesellschaftsrecht: BGH NJW 1971, 1265 (1267); NJW 1981, 1512 (1513); OLG Hamm GmbHR 1989, 79; *Zöllner,* Schranken, S. 281 f.; *Rowedder/Koppensteiner* § 47 Rn 51; Hachenburg/*Hüffer* § 47 Rn 140; aA *Roth* § 47 Anm. 5.4.4.

[306] Vgl. zur Beschränkung des Stimmrechts durch den Grundsatz von Treu und Glauben Rn 158.

bb) Stimmverbot und Vertretung. Die Frage eines Stimmverbotes im Falle der Vertretung ist in § 25 Abs. 5 nicht ausdrücklich geregelt.[307] Dabei kann sowohl die Person des Vertretenen als auch die des Vertreters maßgeblich sein. Liegen die Voraussetzungen des § 25 Abs. 5 beim WEer als dem Vertretenen vor, kann er keinen anderen, auch nicht den Verwalter, zur Ausübung seines Stimmrechts bevollmächtigen,[308] da er keine Rechtsmacht zur Ausübung übertragen kann, die ihm selbst nicht zusteht.[309] Ist ein WEer aber nicht vom Stimmrecht ausgeschlossen, kann der von ihm zur Stimmabgabe bevollmächtigte Verwalter, auch wenn er nicht zugleich WEer ist, als dessen Stellvertreter über seine eigene (erneute) Bestellung oder Abberufung abstimmen. Weder § 25 Abs. 5 noch § 181 BGB stehen entgegen;[310] dies gilt auch dann, wenn über den Verwaltervertrag oder dessen Änderung abgestimmt wird.[311] 136

Wie sich hingegen ein **Stimmverbot in der Person des Vertreters** auf das Stimmrecht auswirkt, ist umstritten. Nach Rspr.[312] und hL[313] ist ein vom Stimmverbot betroffener WEer nicht befugt, einen anderen WEer zu vertreten. Dies gilt auch bei gebundener Vertretungsmacht iSd § 166 Abs. 2 BGB.[314] Denn da im Einzelfall schwer feststellbar ist, ob eine gebundene Vertretung vorliegt und ob der Vertreter sich auch tatsächlich an die Weisungen hält, ist einer solchen Differenzierung aus Gründen der Rechtssicherheit nicht zu folgen. Andererseits wird die Auffassung vertreten, der vom Stimmverbot betroffene WEer könne einen anderen WEer bei der Ausübung dessen Stimmrechts vertreten, da sich das Stimmverbot nur auf das eigene und nicht auch auf das vertretungsweise ausgeübte Stimmrecht auswirke.[315] Richtig daran ist, dass ein Stimmverbot in der Person des Vertreters das Stimmrecht des Vertretenen unberührt lässt. Er kann sein Stimmrecht selbst ausüben oder einen anderen bevollmächtigen. Die Vertretung durch einen vom Stimmverbot betroffenen WEer kommt dagegen nach dem Sinn und Zweck des § 25 Abs. 5 nicht in Betracht. Der vom Stimmverbot Betroffene soll wegen seiner privaten Sonderinteressen nicht auf die Beschlussfassung einwirken, wobei es unerheblich ist, ob diese Einwirkung im eigenen oder im fremden Namen erfolgt;[316] denn auch der WEer, der im fremden Namen handelt, gibt eine **eigene** Willenserklärung, d. h. Stimme ab. Entsprechendes gilt auch, wenn der Vertreter nicht ein WEer, sondern ein Dritter ist, mit dem ein Rechtsgeschäft vorgenommen oder gegen den ein Rechtsstreit geführt werden soll.[317] Einem Stimmverbot unterliegt deshalb auch der von einem WEer bevollmächtigte **Verwalter,** wenn etwa ein Beschluss über seine Entlastung gefasst werden soll (s. § 28 Rn 133). Der bevollmächtigte Vertreter kann jedoch 137

---

307 Anders zB bei § 47 Abs. 4 GmbHG.

308 BayObLG NJW-RR 1987, 595; NZM 1998, 668; OLG Düsseldorf NZM 1999, 285; NJW-RR 2001, 1668; OLG Zweibrücken ZWE 2002, 283 (284) = NJW-RR 2002, 735; AG Frankfurt/M. WE 1992, 88; *Kefferpütz* S. 123 f.; *Lotz-Störmer* S. 199; *Müller,* Praktische Fragen, Rn 386 (S. 322); *Schmidt* WE 1989, 2.

309 *Kefferpütz* S. 124; *Lotz-Störmer* S. 199.

310 OLG Hamm ZWE 2007, 40 (41 f.); OLG Schleswig ZWE 2007, 51 (54); OLG Hamburg ZMR 2001, 997; OLG Köln ZMR 2007, 715.

311 Vgl. KG ZMR 2009, 709.

312 BayObLG Rpfleger 1979, 66; Rpfleger 1983, 15; WE 1991, 226 (227); KG NJW-RR 1989, 144; OLG Stuttgart Rpfleger 1974, 362; OLG Zweibrücken WE 1991, 357; OLG Düsseldorf WuM 1999, 59 (60) = NZM 1999, 285; ZWE 2001, 557 f. = NJW-RR 2001, 1668; LG Frankfurt/M. NJW-RR 1988, 596; LG Freiburg DWE 1987, 31 (Ls).

313 *Kefferpütz* S. 128 f.; *Lotz-Störmer* S. 202 f.; *Bielefeld,* FS für Seuß, S. 41 (46); *Münstermann-Schlichtmann* WE 1998, 412 (414 f.).

314 AA *Kahlen* BlGBW 1984, 22 (23).

315 MünchKommBGB/*Röll,* § 25 WEG Rn 32.

316 Zusrimmend *Drasdo* S. 108 Rn 58 f.

317 KG NJW-RR 1989, 144; OLG Zweibrücken WE 1991, 357; OLG Düsseldorf WuM 1999, 59 (60); ZWE 2001, 557 (558) = NJW-RR 2001, 1668; LG Lübeck DWE 1985, 93 (94); *Kefferpütz* S. 130 f.; *Lotz-Störmer* S. 204 f.

einem WEer **Untervollmacht** erteilen, wenn dies dem Willen des Hauptvollmachtgebers entspricht und der Vertreter die Untervollmacht nicht mit Weisungen für die Abstimmung verbunden hat, um das Stimmverbot zu umgehen.[318]

138 **cc) Stimmverbot und Stimmrecht Dritter. (1) Nutzungsberechtigte.** Dem Nießbraucher, Wohnungsrechtsinhaber iSd § 1093 BGB und dem Dauerwohnberechtigten iSd § 31 WEG steht kein Stimmrecht anstelle des WEers zu.[319] Daher kann ein Stimmverbot des WEers das Stimmrecht des Nutzungsberechtigten nicht berühren.

139 **(2) Zwangsverwalter, Insolvenzverwalter.** Wird das WE durch einen Zwangs- oder Insolvenzverwalter verwaltet, so nimmt dieser anstatt des WEers das Stimmrecht wahr.[320] Da dem WEer gem. § 148 Abs. 2 ZVG bzw. § 80 InsO im Interesse der Gläubiger keine Verwaltungsbefugnisse mehr zukommen, hat er auch kein subsidiäres Stimmrecht, wenn der Zwangs- oder Insolvenzverwalter von einem Stimmverbot betroffen ist.[321] Umgekehrt berührt ein Stimmverbot des WEers nicht das Stimmrecht des Vermögensverwalters, da dieser nicht als Interessenvertreter des WEers anzusehen ist.[322] Vielmehr nehmen die genannten Vermögensverwalter ihre Aufgabe als unabhängiges Organ der Rechtspflege wahr und handeln neutral zur Wahrung aller am Vermögen beteiligten Interessen.

140 **dd) Mittelbar wirkende Rechtsgeschäfte.** Wird über einen **Vertrag zugunsten Dritter** Beschluss gefasst und ist der begünstigte Dritte ein WEer, so ist dieser nicht stimmberechtigt.[323] Dieser Fall ist zwar vom Wortlaut des § 25 Abs. 5 1. Fall nicht erfasst, da das Rechtsgeschäft nicht mit dem Dritten, sondern mit dem Versprechenden vorgenommen wird. Wegen der vergleichbaren Interessenlage ist § 25 Abs. 5 1. Fall hier aber entspr. anzuwenden, da der begünstigte Dritte an der Leistung ein privates Sonderinteresse hat, welches sich weder qualitativ noch quantitativ von dem eines unmittelbar am Rechtsgeschäft beteiligten WEer unterscheidet. Dies gilt unabhängig davon, ob der Dritte unmittelbar ein Recht erhalten soll, die Leistung zu fordern.

141 Aus den gleichen Erwägungen ist § 25 Abs. 5 1. Fall entspr. anzuwenden, wenn der Beschlussgegenstand die Übernahme einer **Bürgschaft** für eine Schuld eines WEers betrifft,[324] da der Hauptschuldner und damit der WEer ein privates Sonderinteresse am Zustandekommen des Bürgschaftsvertrages hat. Dieser wird nämlich regelmäßig Bedingung eines Rechtsgeschäfts sein, aus dem sich die zu sichernde Forderung ergibt.

142 Bei **Kommissionsgeschäften** sind zwei Vertragsverhältnisse zu unterscheiden, zum einen der Kommissionsvertrag zwischen dem Kommissionär und dem Kommittenten und zum anderen das Ausführungsgeschäft zwischen dem Kommissionär und dem Dritten. Ist ein WEer Kommissionär und betrifft der Beschluss die Vornahme des Kommissionsvertrages oder des Ausführungsgeschäftes mit ihm, folgt ein Stimmverbot des WEers bereits unmittelbar aus § 25 Abs. 5 1. Fall. Hat der WEer dagegen die Rolle des Kommittenten und betrifft der Beschluss die Vornahme des Ausführungsgeschäftes, geht es nicht um die Vornahme eines Rechtsgeschäftes mit dem WEer. Auch in diesem Fall ist § 25 Abs. 5 1. Fall aber entspr. anzuwenden.[325] Der Leistungsaustausch vollzieht sich bei wirtschaftlicher

---

318 OLG Zweibrücken WE 1998, 504 (505) = NZM 1998, 671; BayObLG WE 1999, 29 (30) = NZM 1998, 668; zur Untervollmacht allgemein s. Rn 67.

319 S. dazu bereits oben Rn 13 ff.

320 S. dazu oben Rn 22 ff.

321 *Kefferpütz* S. 118.

322 *Kefferpütz* S. 118 f.

323 *Kefferpütz* S. 134; Staudinger/*Bub* § 25 Rn 278; vgl. zum Gesellschaftsrecht: Hachenburg/*Hüffer* § 47 Rn 152; *Zöllner,* Schranken, S. 282 f.; *Rowedder/Koppensteiner* § 47 Rn 51.

324 *Kefferpütz* S. 137; vgl. zum Gesellschaftsrecht: *Rowedder/Koppensteiner* § 47 Rn 51; Hachenburg/*Hüffer* § 47 Rn 152.

325 *Kefferpütz* S. 136; Staudinger/*Bub* § 25 Rn 272; vgl. zu den Stimmverboten des Gesellschaftsrechts: RGZ 104, 128 (129 f.); Scholz/*K. Schmidt* § 47 Rn 151; *Rowedder/Koppensteiner* § 47 Rn 51; *Zöllner,* Schranken, S. 282; Hachenburg/*Hüffer* § 47 Rn 152.

Betrachtungsweise allein zwischen dem Kommittenten (WEer) und dem Dritten. Dieser hat daher ein privates Sonderinteresse an der Beschlussfassung. Das Interesse des Kommissionärs an dem Ausführungsgeschäft bezieht sich dagegen nicht auf den Leistungsaustausch, sondern in erster Linie auf den Provisionsanspruch aus § 396 Abs. 1 HGB.

ee) Stimmverbot und Mitberechtigung. Gehört ein WE mehreren gemeinschaftlich, können diese ihr Stimmrecht gem. Abs. 2 Satz 2 nur einheitlich ausüben. Fraglich ist, wie sich Stimmverbote auf das gemeinsame Stimmrecht der Mitberechtigten auswirken. Unproblematisch ist es, wenn alle Mitberechtigten in Bezug auf einen Beschlussgegenstand in der gleichen Art und Weise von einem Stimmverbot betroffen sind. In einem solchen Fall sind die Mitberechtigten selbstverständlich nicht stimmberechtigt. **143**

Schwieriger ist dagegen zu beurteilen, wie sich die Stimmverbote auf das gemeinschaftliche Stimmrecht auswirken, wenn nur ein Teil der Mitberechtigten oder gar nur ein einzelner Mitberechtigter unmittelbar selbst von einem Stimmverbot betroffen ist. Von der Rspr.[326] und einem Teil der Lit.[327] wird die Ansicht vertreten, dass sich das bei einem Mitberechtigten angesiedelte Stimmverbot auch auf das Stimmrecht der nicht unmittelbar betroffenen Mitberechtigten auswirke. Zur Begründung wird dabei im Wesentlichen auf die sich aus Abs. 2 Satz 2 ergebende Pflicht zur einheitlichen Ausübung des Stimmrechts verwiesen.[328] Dies kann nicht überzeugen. Die Pflicht zur einheitlichen Stimmabgabe besagt nur, dass die Mitberechtigten ihr Stimmrecht nicht unterschiedlich im Sinne einer divergierenden Stimmabgabe ausüben dürfen. Auch wenn ein Mitberechtigter von einem Stimmverbot betroffen ist, hindert dies die Mitberechtigten nicht daran, ihr Stimmrecht einheitlich auszuüben.[329] Die inzwischen wohl herrschende Ansicht in der Lit.[330] befürwortet dagegen in Anlehnung an die ganz hL zu den Stimmverboten im Gesellschaftsrecht[331] eine differenzierende Betrachtungsweise. *Bassenge*[332] und *Lotz-Störmer*[333] stellen dabei übereinstimmend auf die interne Willensbildung der Mitberechtigtengemeinschaft ab. Hat der vom Stimmverbot Betroffene einen maßgeblichen Einfluss auf die Willensbildung, sei das Stimmverbot den anderen Mitberechtigten zuzurechnen. Dieser Ansicht ist im Grundsatz zuzustimmen, denn bei einem maßgeblichen Einfluss auf die interne Willensbildung kann er seine privaten Sonderinteressen unmittelbar in die Willensbildung der WEgem einfließen lassen.[334] Sofern die Willensbildung der Mitberechtigten durch Mehrheitsbeschluss erfolgt, ist ein maßgeblicher Einfluss des vom Stimmverbot betroffenen Mitberechtigten gegeben, wenn dieser mindestens die Hälfte der Stimmen in der Mitberechtigtengemeinschaft hält, denn er könnte dann eine ihm nicht genehme Willensbildung verhindern.[335] Hat die Willensbildung innerhalb der Mitberechtigtengemeinschaft dagegen einstimmig zu erfolgen, ist diese bereits dann von der Ausübung ihres Stimmrechts **144**

---

326 AG Emmendingen ZMR 1984, 101 f.; bestätigt durch BayObLGZ 1992, 288 (291 f.) = NJW-RR 1993, 206 f. = WuM 1992, 709 = DWE 1994, 77 (78).

327 *Müller,* Praktische Fragen, Rn 387 (S. 325); *Sauren,* WEG § 25 Rn 41; ebenso *Pick* in der 6. Auflage § 25 Rn 59 aE.

328 BayObLGZ 1992, 288 (292).

329 *Kefferpütz* S. 144 f.

330 *Kefferpütz* S. 144 f.; *Bassenge,* FS für Seuß, S. 33 (36 f.); *Lotz-Störmer* S. 194 f.; *Ziege,* NJW 1973, 2185 (2188), differenziert danach, ob der Zweck des einzelnen Stimmverbots und ggf. der Einzelfall es erfordere, auch die nicht unmittelbar von einem Stimmverbot betroffenen Mitberechtigten vom Stimmrecht auszuschließen. Dies kann nicht überzeugen, da es für den Vorsitzenden unabhängig von den konkreten Umständen des Einzelfalls möglich sein muss, die Stimmberechtigung der WEer zu ermitteln.

331 Grundlegend *Zöllner* S. 274 ff.; dem folgend BGHZ 49, 183 (194); 51, 209 (219); WM 1976, 204 (205); *Rowedder/Koppensteiner* § 47 Rn 53.

332 Palandt/*Bassenge* § 25 WEG Rn 15; *Bassenge* in FS für Seuß, S. 33 (36 f.).

333 *Lotz-Störmer* S. 194.

334 *Kefferpütz* S. 150.

335 *Kefferpütz* S. 152 f.

ausgeschlossen, wenn ein Mitberechtigter unmittelbar von einem Stimmverbot betroffen ist.[336] Gleiches gilt, wenn einem Mitberechtigten allein Einzelvertretungsbefugnis eingeräumt ist und dieser gem. § 25 Abs. 5 nicht stimmberechtigt ist. Die hier vertretene Ansicht wird auch den Bedürfnissen der Praxis gerecht. Sofern Ehegatten ein WE gemeinschaftlich zusteht, lässt sich die im Ergebnis wünschenswerte Zurechnung eines nur bei einem Ehegatten angesiedelten Stimmverbots unproblematisch mit dem Einfluss auf die Willensbildung begründen. Gleichzeitig bietet das Kriterium der Einflussmöglichkeit auf die Willensbildung die Möglichkeit, das Stimmrecht größerer Mitberechtigtengemeinschaften zugunsten der nicht unmittelbar betroffenen Mitberechtigten zu erhalten.

145 **ff) Juristische Personen und Personenhandelsgesellschaften.** Wie bereits bei der Berücksichtigung persönlicher Näheverhältnisse festgestellt wurde, ist ein WEer grds nur dann gem. § 25 Abs. 5 von einem Stimmverbot betroffen, wenn die Voraussetzungen in seiner Person vorliegen (Rn 135). Daher ist stets zwischen den bei einer juristischen Person und den bei den Mitgliedern oder Organen angesiedelten Stimmverboten zu unterscheiden. Andererseits stellt sich die Frage, ob nicht unter gewissen Umständen eine Zurechnung von Stimmverboten geboten sein kann. Die Notwendigkeit einer Zurechnung wird etwa dann deutlich, wenn die Frage zu beurteilen ist, ob eine juristische Person bei der Beschlussfassung über die Vornahme eines Rechtsgeschäfts mit deren Alleingesellschafter stimmberechtigt ist. An der Identität der privaten Sonderinteressen der juristischen Person und des Alleingesellschafters können in einem solchen Fall keine ernsthaften Zweifel bestehen. Die Rspr.[337] und ein Teil der Lit.[338] nimmt eine Zurechnung von Stimmverboten unter dem Gesichtspunkt der wirtschaftlichen und personellen Verflechtung vor. Dabei wird jedoch nicht näher dargelegt, nach welchen Kriterien eine Zurechnung erfolgen soll. Dies ist mit dem Bedürfnis an Rechtssicherheit[339] im Rahmen des Anwendungsbereichs der Stimmverbote nicht zu vereinbaren. Auch muss es für den Vorsitzenden der WEVers möglich sein, das Stimmrecht der einzelnen WEer festzustellen. Bei der Suche nach geeigneten Kriterien für die Zurechnung von Stimmverboten unabhängig vom konkreten Einzelfall ist zu unterscheiden: Einerseits besteht die Möglichkeit, der juristischen Person das bei den Mitgliedern oder Organen angesiedelte Stimmverbot zuzurechnen und anderseits ist es umgekehrt möglich, den Organen oder Mitgliedern das bei der juristischen Person angesiedelte Stimmverbot zuzurechnen.

146 Ist eine juristische Person WEerin und sind die Voraussetzungen für ein **Stimmverbot** nur **bei Mitgliedern oder Organen** erfüllt, kommt es für die Zurechnung von Stimmverboten entscheidend auf deren Einfluss auf die Willensbildung der juristischen Person an. Eine Zurechnung von Stimmverboten ist bei einem entsprechenden Einfluss deshalb angezeigt, weil die juristische Person selbst nicht zur Willensbildung fähig ist, sondern diese vielmehr je nach der Kompetenzverteilung durch die unmittelbar vom Stimmverbot betroffenen Mitglieder oder Organe erfolgt.[340]

147 Bei der **Aktiengesellschaft** liegt die Geschäftsführung gem. § 76 Abs. 1 AktG allein in den Händen des Vorstands. Das beim Vorstand angesiedelte Stimmverbot ist der AG folglich zuzurechnen, sofern mindestens die Hälfte der Vorstandsmitglieder unmittelbar von einem Stimmverbot betroffen sind.[341] Stimmverbote bei den Aktionären haben dage-

---

[336] *Kefferpütz* S. 153; aA *Bassenge,* FS für Seuß, S. 33 (37) und *Lotz-Störmer* S. 197 f., die auch in diesem Fall die Zurechnung eines Stimmverbots nur dann befürworten, wenn der betroffene WEer mindestens die Hälfte aller Stimmen der Mitberechtigtengemeinschaft hält.

[337] OLG Frankfurt/M. OLGZ 1983, 175 f.; KG NJW-RR 1986, 642 = ZMR 1986, 94 (95); BayObLG WE 1990, 69; WE 1992, 27; OLG Düsseldorf WuM 1999, 59 (60) = NZM 1999, 285.

[338] *Müller,* Praktische Fragen, Rn 387 (S. 323); *Münstermann-Schlichtmann* WE 1998, 412 (413).

[339] Vgl. dazu *Kefferpütz* S. 43 f.

[340] OLG Karlsruhe ZMR 2008, 408; vgl. *Kefferpütz* S. 161.

[341] *Kefferpütz* S. 163; vgl. zu § 47 Abs. 4 GmbHG *Rowedder/Koppensteiner* § 47 Rn 53.

gen auf das Stimmrecht der AG keinen Einfluss. Eine Zurechnung kommt hier nur dann in Betracht, wenn ein Alleinaktionär von einem Stimmverbot betroffen ist.

Bei der **GmbH** liegt die Geschäftsführung grds in den Händen des bzw. der Geschäftsführer. Allerdings kann die Gesellschafterversammlung jederzeit die Geschäftsführung an sich ziehen und dem Geschäftsführer verbindliche Anweisungen erteilen. Von daher sind sowohl die beim Geschäftsführer als auch die bei den Gesellschaftern angesiedelten Stimmverbote der GmbH zuzurechnen, sofern diesen ein maßgeblicher Einfluss auf die Willensbildung zukommt.[342] Ein maßgeblicher Einfluss eines betroffenen Gesellschafters ist anzunehmen, wenn er mindestens die Hälfte der Stimmen in seiner Person vereinigt, da dann eine Willensbildung ohne sein Einverständnis nicht mehr zustande kommen kann. **148**

Wie bei der AG und der GmbH ist auch bei **anderen juristischen Personen** für die Frage der Zurechnung immer danach zu fragen, wem die Willensbildung zusteht. Gleiches gilt für die **Personengesellschaften** GbR, OHG und KG sowie für die Partnerschaft. Diese sind zwar keine juristischen Personen und sind aber rechtsfähig und haben daher eigene Rechtspersönlichkeit. Sie sind daher in weiten Bereichen des Rechtsverkehrs den juristischen Personen gleichgestellt, was die hier vorgenommene Gleichbehandlung rechtfertigt. **149**

Davon zu unterscheiden ist die umgekehrte Situation, in der ein WEer Mitglied oder Organ einer juristischen Person ist, mit der ein Rechtsgeschäft vorgenommen oder gegen die ein Rechtsstreit eingeleitet oder erledigt werden soll. Hier geht es um die Zurechnung eines **bei der juristischen Person** angesiedelten **Stimmverbots** auf ihre Mitglieder. Zurechnungskriterium kann also nicht der Einfluss auf die Willensbildung sein.[343] Vielmehr ist danach zu fragen, unter welchen Voraussetzungen sich der WEer bei der Beschlussfassung von den privaten Sonderinteressen der vom Stimmverbot betroffenen juristischen Person leiten lassen wird. Dies wird regelmäßig dann der Fall sein, wenn es für ihn wirtschaftlich günstiger ist, die Interessen der unmittelbar von einem Stimmverbot betroffenen juristischen Person wahrzunehmen. Unproblematisch hat die Zurechnung eines Stimmverbots dann zu erfolgen, wenn der WEer Alleingesellschafter der juristischen Person ist. Bei einer geringeren Beteiligung bildet das Maß der Beteiligung an der WEgem und an der juristischen Person ein brauchbares Abgrenzungskriterium. Ist seine Beteiligung an der juristischen Person größer als die an der WEgem, wird er sich regelmäßig deren private Sonderinteressen zu eigen machen, was eine Zurechnung des Stimmverbotes gebietet.[344] Wird über die Vornahme eines Rechtsgeschäfts mit oder die Einleitung oder Erledigung eines Rechtsstreits gegen eine **Personengesellschaft** oder **Partnerschaft** Beschluss gefasst, so ist ein WEer, der persönlich haftender Gesellschafter der betroffenen Gesellschaft ist, ebenfalls nicht stimmberechtigt.[345] Hat der WEer nur die Stellung eines **Kommanditisten,** bleibt sein Stimmrecht dagegen bestehen.[346] Ein hinreichender Schutz der anderen WEer kann hier wieder über das Missbrauchsverbot erfolgen. **150**

Die Kriterien einer solchen Zurechnung können auch vom Vorsitzenden der WEVers unproblematisch festgestellt werden. Zwar entzieht sich die Beteiligung eines WEers an einer juristischen Person oder Personengesellschaft regelmäßig dem Kenntnisbereich des Vorsitzenden. Diese Schwierigkeiten lassen sich aber dann ausräumen, wenn es dem betreffenden WEer obliegt, seine Beteiligung an der Drittgesellschaft nachzuweisen.[347] Erbringt dieser keinen entsprechenden Nachweis, so muss es dem Vorsitzenden möglich sein, den WEer, ähnlich wie einen Vertreter, der seine Vertretungsmacht nicht nachweisen kann (s. Rn 65), von der Beschlussfassung auszuschließen. **151**

---

342 *Kefferpütz* S. 163.
343 Vgl. *Kefferpütz* S. 169; aA *Lotz-Störmer* S. 208.
344 OLG Karlsruhe ZMR 2008, 408; ausführlich *Kefferpütz* S. 169 f.
345 BayObLG WE 1992, 27, zur GmbH & Co KG.
346 Staudinger/*Bub* § 25 Rn 295 f.; *Münstermann-Schlichtmann* WE 1998, 412 (413).
347 *Kefferpütz* S. 170.

152 **gg) Stimmverbote und Stimmbindungsverträge.** Ein Stimmverbot kann zum einen in der Person des gebundenen WEers und zum anderen in der Person des aus dem Stimmbindungsvertrag Berechtigten vorliegen. Ist der gebundene WEer von einem Stimmverbot betroffen, wirkt dies auch, wenn die Stimmbindung zugunsten einer Person besteht, die selbst nicht von einem Stimmverbot betroffen ist.[348] Andernfalls würde sich der Stimmbindungsvertrag als Vertrag zu Lasten Dritter darstellen, weil er die im Interesse aller WEer bestehenden Stimmverbote beseitigen könnte. Dieses Ergebnis entspricht auch dem Sinn und Zweck der Stimmverbote, da der gebundene WEer auf Grund seiner nur schuldrechtlichen Verpflichtung nicht daran gehindert ist, die Stimmbindung zu ignorieren und die Willensbildung mit seinen privaten Sonderinteressen zu beeinflussen.

153 Ist der Berechtigte eines Stimmbindungsvertrages von einem Stimmverbot betroffen, wirkt sich dies auf das Stimmrecht des gebundenen WEers nicht aus.[349] Dies gilt unabhängig davon, ob der gebundene WEer sein Stimmrecht im Sinne der Stimmbindung oder abweichend von dieser ausübt.[350] Der Stimmbindungsvertrag ist, soweit er einen Beschlussgegenstand betrifft, bei dem der Berechtigte von einem Stimmverbot betroffen ist, unwirksam.[351] Folglich hat der Berechtigte keine Möglichkeit, den Einfluss seiner privaten Sonderinteressen auf die Willensbildung zu erzwingen, weshalb erhebliche Unterschiede zwischen einem Stimmverbot beim WEer selbst und einem beim Berechtigten des Stimmbindungsvertrages angesiedelten Stimmverbot bestehen. Übt der WEer sein Stimmrecht im Sinne der Stimmbindung aus, kann dem durch die beweglichen Stimmrechtsschranken begegnet werden.

154 Bei einem sog. **Konsortialvertrag** (Rn 85) wirkt sich das Stimmverbot eines WEers nicht auf das Stimmrecht der anderen gebundenen WEer aus.[352] Vielmehr ist auch der Konsortialvertrag insoweit unwirksam. Es ist dann eine Frage der Auslegung, ob dieser dann zwischen den übrigen WEern wirksam bleibt oder insoweit die Stimmbindung insgesamt entfällt. Von letzterem ist gem. § 139 BGB im Zweifel auszugehen.

155 **e) Stimmverbote aller WEer.** Das Stimmverbot des § 25 Abs. 5 1. Fall[353] findet keine Anwendung, wenn alle WEer bzgl. eines Beschlussgegenstandes in der gleichen Art und Weise vom Stimmverbot betroffen sind.[354] Dies ist z. B. dann der Fall, wenn über die Vermietung eines im gemE befindlichen Ladengeschäfts an eine GbR Beschluss gefasst wird, der alle WEer angehören. Liegt dagegen eine gleichartige Befangenheit nicht vor, so muss der Beschlussgegenstand aufgeteilt und getrennt abgestimmt werden.

156 **f) Sonstige Interessenkollisionen.** In § 25 Abs. 5 hat der Gesetzgeber zwei Fälle geregelt, bei denen der WEer auf Grund der Interessenlage von seinem Stimmrecht ausgeschlossen ist. Durch die enumerative Aufzählung hat er damit zugleich zum Ausdruck gebracht, dass das Stimmrecht im Übrigen unabhängig von der jeweiligen Interessenlage bestehen bleibt.[355] Der WEer ist folglich auch dann stimmberechtigt, wenn er zwar erhebliche private Sonderinteressen bei der Beschlussfassung hat, aber kein Fall des § 25 Abs. 5 vorliegt, bzw. nicht ausnahmsweise eine Analogie zu § 25 Abs. 5 in Betracht kommt; eine solche soll möglich sein, wenn ein WEer alleine seine Sonderinteressen durchsetzen will.[356] Aus § 25 Abs. 5 folgt kein allgemeines Stimmverbot bei Interessenkol-

---

348 *Kefferpütz* S. 172.

349 AA Staudinger/*Bub* § 25 Rn 300.

350 *Kefferpütz* S. 174; *Bornheimer* S. 100 f.

351 Die Unwirksamkeit Stimmausschlüsse umgehender Verträge gehört mittlerweile zum gesicherten Bestand gesellschaftsrechtlicher Rechtsprechung: Vgl. u. a. BGH JZ 1968, 24; OLG Stuttgart JZ 1987, 570; s. auch *Kefferpütz* S. 100.

352 *Kefferpütz* S. 176.

353 Bei § 25 Abs. 5 2. ist ein gleichzeitiger Ausschluss aller WEer nicht denkbar.

354 *Kefferpütz* S. 177 f.; vgl. zu § 47 GmbHG: Scholz/*K. Schmidt* § 47 Rn 106.

355 *Kefferpütz* S. 43; aA *Müller,* Praktische Fragen, Rn 386 (S. 321).

356 AG Kerpen ZMR 2009, 153 (155).

lision. So ist etwa der einem Anspruch aus § 14 Nr. 4 ausgesetzte WEer bei der Beschlussfassung über die Geltendmachung dieses Anspruches ihm gegenüber stimmberechtigt.[357] Kann nach der GemO die Nutzungsänderung eines zum SE gehörenden Raums mit Mehrheit beschlossen werden, so ist der dadurch begünstigte WEer grds nicht von der Ausübung seines Stimmrechts ausgeschlossen.[358] Ebenso unterliegt der WEer keinem Stimmrechtsausschluss, wenn darüber Beschluss gefasst werden soll, ob Sanierungskosten seinem SE oder dem GemE zuzuordnen sind.[359] Im Einzelfall kann sich aber eine Beschränkung des Stimmrechts aus dem Grundsatz von Treu und Glauben ergeben.[360]

g) Rechtsfolgen eines Stimmverbots. Ein WEer, der von einem Stimmverbot betroffen ist, darf bei der betreffenden **Beschlussfassung** nicht mitstimmen. Eine dennoch abgegebene Stimme ist unwirksam und darf vom Versammlungsleiter bei der Feststellung des Abstimmungsergebnisses nicht berücksichtigt werden. Wird die Stimme zu Unrecht mitgezählt, kann der Beschluss im Beschlussanfechtungsverfahren gem. §§ 23 Abs. 4, 43 Nr. 4 angefochten werden;[361] er ist aber nur dann für ungültig zu erklären, wenn sich die Stimmabgabe auf das Beschlussergebnis ausgewirkt hat.[362] 157

Die Stimmverbote wirken sich auch auf die **Beschlussfähigkeit** der Versammlung aus. Aus dem Wortlaut des Abs. 3 ergibt sich eindeutig, dass die Anteile von WEern, die zwar erschienen, jedoch gem. § 25 Abs. 5 nicht stimmberechtigt sind, nicht mitgezählt werden (Rn 95).[363] Sind ein oder mehrere WEer, die mindestens die Hälfte aller MEA vertreten, hinsichtlich aller oder einzelner Beschlussgegenstände von einem Stimmverbot betroffen, ist Abs. 3 nicht anwendbar.[364] Andernfalls könnte insoweit eine erste Versammlung niemals beschlussfähig sein (Rn 95). 158

Die Stimmverbote des § 25 Abs. 5 schließen den betroffenen WEer nur von seinem Stimmrecht aus. Auf das Rede-, Teilnahme- und Antragsrecht in der Versammlung haben die Stimmverbote dagegen keinen Einfluss.[365] Ebenso verliert der von einem Stimmverbot betroffene WEer nicht die Befugnis, den Beschluss, bei dem er nicht stimmberechtigt war, gem. § 43 Nr. 4 anzufechten.[366] 159

h) Gestaltungsmöglichkeiten. Die in § 25 Abs. 5 geregelten Stimmverbote unterliegen grds der rechtsgeschäftlichen **Gestaltungsfreiheit.**[367] Dies ergibt sich aus § 10 Abs. 2 Satz 2, wonach die WEer vom Gesetz abweichende Vereinbarungen treffen können, soweit nicht etwas anderes ausdrücklich bestimmt ist. Auch aus §§ 34, 40 BGB lässt sich kein allgemeiner Rechtsgedanke herleiten, wonach die Stimmverbote des § 25 Abs. 5 nicht abdingbar wären.[368] Der Gesetzgeber hat die rechtsgeschäftliche Gestaltungsmöglichkeit hinsichtlich der Stimmverbote im Vereins- und Gesellschaftsrecht sehr unterschiedlich geregelt. So hat er in § 45 Abs. 2 GmbHG ausdrücklich auch die Stimmverbote des § 47 Abs. 4 GmbHG für abdingbar erklärt; dies spricht entscheidend gegen die Herleitung eines allgemeinen Rechtsgedankens aus den §§ 34, 40 BGB. 160

---

[357] *Lüke* WE 1997, 370 (374).

[358] BayObLG WE 1998, 75 (76) = NJWE-MietR 1997, 206.

[359] OLG Düsseldorf WE 1998, 146 = NZM 1998, 523.

[360] Vgl. dazu unten Rn 177 ff.

[361] OLG Düsseldorf WE 1998, 146 = NZM 1998, 523; WuM 2008, 368 (369).

[362] Vgl. OLG Düsseldorf ZMR 2008, 732 (733); OLG München NZM 2005, 668; LG Itzehoe ZMR 2009, 142 (143).

[363] *Kefferpütz* S. 181 f.

[364] BayObLG NJW-RR 1993, 206 (207); ZMR 1988, 148 (149); *Kefferpütz* S. 182.

[365] *Becker* S. 45 ff.; *Kefferpütz* S. 182 f.; *Müller,* Praktische Fragen, Rn 387 (S. 325).

[366] KG NJW-RR 1986, 642; OLG Frankfurt/M. OLGZ 1992, 439 (440); BayObLG NJW-RR 1996, 1101 = WE 1996, 478; aA AG Stuttgart-Bad Cannstatt ZMR 1997, 260.

[367] OLG Düsseldorf WE 1998, 146 = NZM 1998, 523. Ausführlich zu dieser Problematik: *Kefferpütz* S. 221 ff.

[368] *Kefferpütz* S. 229 f.

161 Die sich aus § 10 Abs. 2 Satz 2 ergebende Gestaltungsfreiheit ist aber nicht schrankenlos gewährleistet. Die **Gestaltungsfreiheit** findet dort ihre **Grenze,** wo wichtige Rechte, insbesondere solche der Minderheit, faktisch gegenstandslos würden und dadurch auch die Funktionstüchtigkeit der WEgem gefährdet wäre. So ist es bei **Maßnahmen aus wichtigem Grund** nicht vorstellbar, dass die Person, gegen die sich die Maßnahme richtet, selbst mitstimmt. Eine entsprechende Vereinbarung der WEer hätte nicht nur zur Folge, dass diese Person mitstimmen könnte, sondern würde zugleich das Recht, Maßnahmen aus wichtigem Grund zu beschließen, in unzulässiger Weise einschränken.[369] Entsprechendes gilt für das Stimmverbot bei der **Entlastung.**[370] Bereits der Inhalt eines Entlastungsbeschlusses setzt voraus, dass die zu entlastende Person nicht selbst mitstimmen darf, da es sich um ein Kontrollrecht der anderen WEer handelt. Eine Vereinbarung, die das Stimmverbot bei der Entlastung abbedingt, würde folglich auch die Möglichkeit einer Entlastung im eigentlichen Sinne abschaffen. Schließlich ist auch das Stimmverbot bei der Einleitung oder Erledigung eines Rechtsstreits nicht abdingbar, da sichergestellt sein muss, dass eine Person nicht auf beiden Seiten eines Rechtsstreits Einfluss nehmen kann.[371] Der rechtsgeschäftlichen Gestaltungsmöglichkeit unterliegt dagegen das Stimmverbot bei der Vornahme eines Rechtsgeschäfts, soweit es nicht um eine Maßnahme aus wichtigem Grund oder um eine Entlastung geht.[372]

162 **i) Die schriftliche Beschlussfassung.** Von einem Teil der Lit.[373] wird die Ansicht vertreten, die Stimmverbote seien auch bei schriftlicher Beschlussfassung nach § 23 Abs. 3 anwendbar. Gegen diese Ansicht spricht die Regelung des Abs. 1, wonach die in § 25 Abs. 5 geregelten Stimmrechtsschranken für Beschlussfassungen in Angelegenheiten gelten, über welche die WEer durch Mehrheit beschließen. Da bei schriftlicher Beschlussfassung nach § 23 Abs. 3 alle WEer dem Beschluss zustimmen müssen, ist § 25 Abs. 5 schon nach dem Wortlaut des Abs. 1 hierauf nicht anwendbar. Denn Abs. 5 gilt für Beschlussfassungen in Angelegenheiten, über die die WEer durch Stimmenmehrheit „beschließen", nicht „beschließen können". Mithin verweist das LG Dortmund[374] zu Recht darauf, dass in der schriftlichen Zustimmung zu einem Beschluss zugleich der Verzicht auf eine Versammlung liege. Zumindest mit diesem Verzicht muss auch ein nach § 25 Abs. 5 nicht stimmberechtigter WEer einverstanden sein, da sich ein Stimmverbot nicht auf sein Teilnahme-, Rede- und Antragsrecht in der Versammlung auswirkt. Folglich ist im schriftlichen Verfahren auch die Zustimmung der von einem Stimmverbot betroffenen WEer erforderlich.

3. Das Ruhen des Stimmrechts

163 **a) Allgemeines.** In § 25 Abs. 5 3. Fall hat der Gesetzgeber das Ruhen des Stimmrechts für den nach § 18 rechtskräftig verurteilten WEer angeordnet. Als Ruhen des Stimmrechts wird der Fall bezeichnet, dass der Stimmrechtsinhaber generell von der Mitwirkung bei Beschlussfassungen ausgeschlossen ist.[375] Im Unterschied zu den Stimmverboten betrifft das Ruhen des Stimmrechts unabhängig von dem konkreten Beschlussgegenstand alle Beschlussfassungen. Gegen diese Einordnung der in § 25 Abs. 5 3. Fall geregelten Stimmrechtsschranke kann nicht eingewandt werden, dass von einem Ruhen des Stimmrechts nur

369 *Kefferpütz* S. 232.

370 *Kefferpütz* S. 232 f.; ebenso für § 47 Abs. 4 Satz 1 1. Fall GmbHG: BGH WM 1980, 649 (650); WM 1989, 1090 (1092).

371 Vgl. *Kefferpütz* S. 233.

372 Vgl. *Kefferpütz* S. 233.

373 *Kümmel* ZWE 2000, 62; Niedenführ/*Kümmel*/Vandenhouten § 23 Rn 54.

374 LG Dortmund Rpfleger 1966, 843 (844); ebenso *Kefferpütz* S. 180; *Augustin* § 23 Rn 8; *Soergel/Baur* § 23 Rn 4. Vgl. für das schriftliche Verfahren gem. § 48 Abs. 2 1. Alt. GmbHG OLG Düsseldorf ZIP 1989, 1554 (1556); Scholz/*K. Schmidt* § 48 Rn 63.

375 Vgl. zur Terminologie *Zöllner* S. 128; *Kefferpütz* S. 35.

dann gesprochen werden könne, wenn das Stimmrecht auch wieder aufleben kann.[376] Voraussetzung für ein Wiederaufleben des Stimmrechts ist nicht unbedingt, dass dieses in der Person des nach § 18 verurteilten WEers geschieht.[377] Vielmehr kommt es zu einem Wiederaufleben spätestens beim Erwerber des WE.

b) Ruhen des Stimmrechts gem. § 25 Abs. 5. aa) Sinn und Zweck des § 25 Abs. 5 3. Fall. Anders als bei den Stimmverboten schließt § 25 Abs. 5 3. Fall das Stimmrecht des nach § 18 rechtskräftig verurteilten WEers bei allen Beschlussfassungen aus. Sinn und Zweck dieser Regelung liegen daher nicht in einer Interessenkollision bzgl. des konkreten Beschlussgegenstandes. Vielmehr wird § 25 Abs. 5 3. Fall dem Umstand gerecht, dass der nach § 18 rechtskräftig verurteilte WEer noch bis zur Versteigerung WEer bleibt. Faktisch ist dieser aber schon mit der rechtskräftigen Verurteilung gem. § 18 nicht mehr mit dem weiteren Schicksal der Gemeinschaft verbunden und soll daher auch nicht mehr auf die Verwaltung des gemE mit seinem Stimmrecht Einfluss nehmen.[378] 164

bb) Die rechtskräftige Verurteilung nach § 18. Ein WEer ist nach § 25 Abs. 5 3. Fall nicht stimmberechtigt, wenn er nach § 18 rechtskräftig verurteilt ist, sein WE zu veräußern. Entscheidend ist die formelle Rechtskraft des Urteils gem. § 705 ZPO. Diese tritt nach Ablauf der Rechtsmittelfristen ein. Die beantragte Wiederaufnahme des Verfahrens (§§ 578, 707 ZPO) oder Wiedereinsetzung in den vorigen Stand (§§ 233, 707 ZPO) geben das Stimmrecht nicht wieder, da sie keine aufschiebende Wirkung haben. Wird aber dem Antrag auf Wiederaufnahme des Verfahrens oder Wiedereinsetzung in den vorigen Stand stattgegeben, hebt dies die formelle Rechtskraft wieder auf.[379] Folglich ist der WEer dann bis zur endgültigen Entscheidung wieder stimmberechtigt.[380] Dies entspricht auch Sinn und Zweck des § 25 Abs. 5 3. Fall: Ein Ruhen des Stimmrechts ist nur dann gerechtfertigt, wenn das Gericht definitiv über die Entziehungsklage entschieden hat. 165

Die Pflichtverletzung des WEers muss nach § 18 Abs. 1 so geartet sein, dass den anderen WEern die Fortsetzung der Gemeinschaft mit diesem nicht mehr zugemutet werden kann. Eine Ausnahme hiervon hat der Gesetzgeber in § 19 Abs. 2 selbst geregelt. Danach kann ein nach § 18 Abs. 2 Nr. 2 verurteilter WEer noch bis zur Erteilung des Zuschlags die zwangsweise Veräußerung abwenden, wenn er die dort genannten Pflichten erfüllt. Gegen die Vollstreckung des Urteils kann sich der WEer dann mit der Vollstreckungsgegenklage gem. § 767 ZPO wenden. Dadurch wird allerdings nicht die formelle Rechtskraft des Urteils beseitigt. Nach dem Wortlaut des § 25 Abs. 5 3. Fall wäre der WEer auch weiterhin nicht stimmberechtigt. Da sich der WEer mit Erfüllung seiner Verpflichtungen nach § 19 Abs. 2 rehabilitiert hat und weiterhin Mitglied der Gemeinschaft bleibt, muss § 25 Abs. 5 3. Fall teleologisch reduziert werden und das Ruhen des Stimmrechts entfallen.[381] Diese Wirkung tritt ein, sobald der verurteilte WEer seine Beitragsverpflichtung vollständig erfüllt hat und nicht erst mit Rechtskraft einer von ihm erhobenen Vollstreckungsgegenklage.[382] 166

cc) Der persönliche Anwendungsbereich. Vom Ruhen des Stimmrechts ist primär der WEer selbst betroffen. Nicht ausdrücklich geregelt ist jedoch, wie sich das Ruhen des Stimmrechts auf die Vertretung, das Stimmrecht Dritter und auf den Fall der Mitberechtigung an einem WE auswirkt. 167

---

[376] So aber *Lotz-Störmer* S. 159, die § 25 Abs. 5 3. Fall als Stimmverbot einordnet, da das Stimmrecht idR nicht wieder auflebe; aA *Kefferpütz* S. 35 f.

[377] Auch dies ist ausnahmsweise bei einer Pflichtverletzung iSd § 18 Abs. 2 Nr. 2 möglich.

[378] Vgl. *Kefferpütz* S. 187.

[379] BGHZ 1, 200 (203); MünchKommBGB/*Faber,* ZPO, § 233 Rn 4; Zöller/*Stöber* § 705 Rn 1.

[380] Vgl. dazu *Kefferpütz* S. 188 f.

[381] *Kefferpütz* S. 190; *Drasdo* S. 175 Rn 57.

[382] So aber Staudinger/*Bub* § 25 Rn 320.

168 **(1) Die Vertretung.** Der WEer, dessen Stimmrecht nach § 25 Abs. 5 3. Fall ruht, kann auch keine andere Person zur Ausübung des Stimmrechts bevollmächtigen.[383] Da der Vertreter die Befugnis zur Ausübung des Stimmrechts allein vom Inhaber des Stimmrechts ableitet, kann er auch keine weitergehenden Rechte erhalten, als diesem selbst zustehen.

169 Problematisch ist dagegen, ob ein nach § 18 rechtskräftig verurteilter WEer einen anderen WEer vertreten kann. Ein Ausschluss auch von der Vertretung kann hier nicht, wie bei den Stimmverboten (Rn 137), mit einer Interessenkollision begründet werden. Für die Möglichkeit der Vertretung spricht, dass grds auch Dritte als Vertreter bestellt werden können. Die fehlende Verbundenheit des nach § 18 Verurteilten mit dem weiteren Schicksal der WEgem kann deshalb nicht als Argument gegen die Möglichkeit der Vertretung herangezogen werden. Andererseits erfolgt eine Verurteilung nach § 18 als ultima ratio nur bei schweren Pflichtverletzungen des WEers, die den anderen WEern die Fortsetzung der Gemeinschaft mit diesem unzumutbar machen. Den anderen WEern kann es daher auch nicht zugemutet werden, dass der nach § 18 rechtskräftig Verurteilte noch weiterhin als Vertreter auf die Willensbildung Einfluss nehmen kann, da er bei der Abstimmung eine eigene Willenserklärung abgibt.[384] Insoweit wird das Ermessen der WEer, einen Vertreter frei zu wählen, reduziert. Dies gilt selbstverständlich auch für die Zeit nach der zwangsweisen Veräußerung des WE.

170 **(2) Das Stimmrecht Dritter.** Steht das Stimmrecht ganz oder teilweise einem Dritten zu,[385] stellt sich die Frage, wie sich die rechtskräftige Verurteilung eines WEers nach § 18 auf das Stimmrecht des Dritten auswirkt. Das Ruhen des Stimmrechts gem. § 25 Abs. 5 3. Fall bezieht sich nicht auf das WE, sondern auf den störenden WEer. Das Stimmrecht des Insolvenz-, Zwangs- und Nachlassverwalters bleibt deshalb bestehen. Diese üben ihr Stimmrecht als Organ der Rechtspflege selbstständig, im eigenen Namen und aus eigenem Recht aus.[386]

171 **(3) Das Stimmrecht bei Mitberechtigung.** Sofern alle Mitberechtigten am WE nach § 18 zur Veräußerung des WE verurteilt sind, ergeben sich keine Probleme. Das Urteil richtet sich in diesem Fall gegen alle Mitberechtigten, so dass deren Stimmrecht nach § 25 Abs. 5 3. Fall ruht.

172 Sind dagegen nicht alle Mitberechtigten für die Pflichtverletzung verantwortlich, ist nach der Art der Mitberechtigten zu differenzieren. Bei einer **Mitberechtigung nach Bruchteilen** kann die Veräußerung des Anteils am WE nur von den WEern verlangt werden, die für die Pflichtverletzung verantwortlich sind.[387] Für das Stimmrecht folgt daraus, dass diejenigen Mitberechtigten, die weiterhin in der WEgem verbleiben, selbstverständlich auch weiterhin stimmberechtigt sind.[388]

173 Bei einer Mitberechtigung zur gesamten Hand kann eine auf die störenden WEer beschränkte Verurteilung nicht erfolgen, da der Anteil am Gesamthandseigentum nicht übertragbar ist. Für eine Verurteilung der Gesamthand reicht es nach hM bereits aus, wenn ein Mitberechtigter sich einer Pflichtverletzung iSd § 18 schuldig gemacht hat. Folglich ruht bei einer Mitberechtigung zur gesamten Hand gem. § 25 Abs. 5 3. Fall das Stimmrecht aller Mitberechtigten unabhängig davon, ob in ihrer Person die Voraussetzungen des § 18 gegeben sind.

174 **dd) Die Abdingbarkeit.** Das Ruhen des Stimmrechts gem. § 25 Abs. 5 3. Fall kann durch Vereinbarung der WEer abbedungen werden. Etwas anderes ergibt sich auch nicht

---

[383] *Kefferpütz* S. 191.

[384] Ebenso *Kefferpütz* S. 192.

[385] Zwangsverwalter, Insolvenzverwalter, Nachlassverwalter; vgl. zum Stimmrecht dieser Personen Rn 13 ff.

[386] BayObLG WE 1998, 157 = NZM 1999, 132; *Kefferpütz* S. 196.

[387] Vgl. Palandt/*Bassenge* § 18 Rn 1; aA Staudinger/*Kreuzer* § 18 Rn 21: Entziehung nur gegen alle MitWEer möglich.

[388] AA Staudinger/*Bub* § 25 Rn 316: Ausschluss aller Mitberechtigten.

aus § 18 Abs. 4. Darin ist allein der in § 18 Abs. 1 bestimmte Anspruch für unabdingbar erklärt, nicht aber die Auswirkungen einer rechtskräftigen Verurteilung nach § 18 auf das Stimmrecht des WEers.

c) Das Ruhen des Stimmrechts in anderen Fällen. Aus dem Grundsatz der Gestal- 175
tungsfreiheit (§ 10 Abs. 2 Satz 2) ergibt sich, dass grds ein Ruhen des Stimmrechts über § 25 Abs. 5 hinaus auch für sonstige Fälle **vereinbart** werden kann.[389] Schranken können sich insofern jedoch insbes. aus der Bedeutung des Stimmrechts für den einzelnen WEer ergeben.[390] Ohne sein Stimmrecht kann der WEer praktisch keinen Einfluss auf die Verwaltung des gemE Einfluss nehmen. Ihm bleibt dann lediglich der Anspruch auf eine ordnungsgemäße Verwaltung gem. § 21 Abs. 4. Die Vereinbarung weiterer Tatbestände, bei denen das Stimmrecht ruht, muss also immer die besondere Bedeutung des Stimmrechts für den einzelnen WEer berücksichtigen. Ein Ruhen des Stimmrechts ist deshalb nur gerechtfertigt, wenn dafür ein hinreichender Grund besteht, der insbes. darin liegen kann, dass der betroffene WEer seinen Pflichten nicht nachkommt. In diesen Fällen ist es legitim, den WEer durch ein Ruhen des Stimmrechts dazu zu veranlassen, seine Pflichten ordnungsgemäß zu erfüllen. Aus diesem Zweck ergibt sich auch, dass es sich grds um noch erfüllbare Pflichten handeln muss, da von einem Ruhen des Stimmrechts nur gesprochen werden kann, wenn dieses beim Eintritt gewisser Voraussetzungen wieder auflebt.[391] Das Wiederaufleben des Stimmrechts darf dabei nicht in der Willkür der anderen WEer liegen, sondern muss sich nach objektiven Kriterien beurteilen lassen. Weiterhin muss die Pflichtverletzung des WEers grds schuldhaft begangen worden sein.[392] In Übereinstimmung mit diesen Voraussetzungen wird in der Praxis häufig ein **Ruhen des Stimmrechts** für den Fall vereinbart, dass ein WEer seiner **Pflicht zur Zahlung des Wohngeldes** nicht nachkommt. Vereinbarungen der WEer, die ein Ruhen des Stimmrechts vorsehen, sind dabei im Zweifel eng auszulegen.[393]

Die WEer können dagegen nicht vereinbaren, dass das Stimmrecht des WEers ruht, 176
gegen den ein Beschluss nach § 18 Abs. 3 gefasst wurde.[394] Würde allein die Beschlussfassung gem. § 18 Abs. 3 für den Ausschluss vom Stimmrecht genügen, wäre die Gefahr des Missbrauchs sehr groß. Der WEer wäre dann während der gesamten Dauer eines Entziehungsklageverfahrens nicht stimmberechtigt. Im Gegensatz zu den Stimmverboten aus § 25 Abs. 5 1 u. 2. Fall wäre der WEer bei sämtlichen Beschlussfassungen, möglicherweise ohne jeglichen Grund, nicht stimmberechtigt.

VII. Das Stimmrecht und der Grundsatz von Treu und Glauben

1. Der Missbrauch des Stimmrechts

Dem Stimmrecht immanente Schranken bilden die Treuepflicht der WEer und der 177
Grundsatz von Treu und Glauben,[395] die insbes. eine rechtsmissbräuchliche Ausübung verbieten. Ob eine solche vorliegt, kann nur im Einzelfall festgestellt werden. Zwischen der Beschränkung des Stimmrechts durch die Treuepflicht und den Grundsatz von Treu und Glauben sowie den in § 25 Abs. 5 geregelten Stimmverboten ist streng zu unterscheiden. Ist ein WEer von einem Stimmverbot betroffen, ist dessen Stimmrecht von vornherein

[389] KG OLGZ 1986, 179 (180); LG Hamburg NJW 1962, 1867; AG Hannover ZMR 2009, 409 f.; *Kefferpütz* S. 236; *Lotz-Störmer* S. 166 f. mwN.

[390] KG OLGZ 1986, 179 (181); BayObLG NJW 1973, 151; OLG Hamm OLGZ 1975, 428 (431); *Sauren,* FS für Bärmann/Weitnauer S. 531 (538 f.).

[391] *Kefferpütz* S. 240 f.

[392] BayObLG NJW 1965, 821 (822).

[393] BayObLG NJW 1965, 821 (822).

[394] KG OLGZ 1986, 179 (180 f.); *Kefferpütz* S. 242 f.; *Lotz-Störmer* S. 167 f.; Staudinger/*Bub* § 25 Rn 72.

[395] Ausführlich zum Missbrauch des Stimmrechts *Kefferpütz* S. 200 f.

völlig ausgeschlossen. Dagegen kann sich ein Verstoß gegen den Grundsatz von Treu und Glauben nur aus der konkreten Ausübung des Stimmrechts ergeben.[396] Des Weiteren können die Treuepflicht und der Grundsatz von Treu und Glauben auch nicht zum vollständigen Ausschluss des Stimmrechts führen. Dem WEer verbleibt immer zumindest eine Möglichkeit, von seinem Stimmrecht in nicht rechtsmissbräuchlicher Weise Gebrauch zu machen. Eine rechtsmissbräuchliche Stimmrechtsausübung unter dem Gesichtspunkt widersprüchlichen Verhaltens kann anzunehmen sein, wenn ein WEer der Nutzung von Kellerräumen zu Wohnzwecken zugestimmt hat, später aber einem Beschluss zustimmt, der zur Unterlassung einer derartigen Nutzung auffordert.[397] Auch die treuwidrige Verweigerung der Zustimmung zur Änderung der GO bei einer Öffnungsklausel kann bei Vorliegen eines Zustimmungsanspruchs rechtsmissbräuchlich sein.[398]

2. Die Majorisierung

178 Als Majorisierung wird der Fall bezeichnet, dass ein WEer (sog. Mehrheitseigentümer) sein Stimmenübergewicht dazu missbraucht, einen ihm genehmen Beschluss herbeizuführen.[399] Grds steht es auch einem Mehrheitseigentümer frei, ob und in welcher Weise er von seinem Stimmrecht Gebrauch macht. Sofern der Beschluss den Mehrheitseigentümer selbst betrifft, ist dieser in den meisten Fällen von einem Stimmverbot betroffen und daher nicht stimmberechtigt. Stimmberechtigt ist der Mehrheitseigentümer aber bei der Verwalterbestellung und zwar unabhängig davon, ob er selbst oder ein von ihm favorisierter Kandidat zur Bestellung steht. Die Problematik der Majorisierung entsteht deshalb in der Praxis nahezu ausschließlich bei der Verwalterwahl.[400]

179 Nach teilweise vertretener Ansicht soll ein Missbrauch des Stimmrechts schon dann vorliegen, wenn der Mehrheitseigentümer mit seinen Stimmen einen Beschluss gegen die Stimmen aller anderen WEer durchsetzt.[401] Dem kann nicht gefolgt werden. Andernfalls würde den überstimmten WEern eine Sperrminorität zuerkannt. Die Tatsache allein, dass der Mehrheitseigentümer sein Stimmenübergewicht dazu benutzt, die anderen WEer zu überstimmen, stellt daher noch keine rechtsmissbräuchliche Ausübung des Stimmrechts dar.[402] Vielmehr müssen weitere Umstände hinzutreten, um die Ausübung des Stimmrechts durch den Mehrheitseigentümer als missbräuchlich und gegen die Grundsätze ordnungsgemäßer Verwaltung verstoßend anzusehen. Solche Umstände können bei der Verwalterwahl[403] insbesondere liegen in der fehlenden persönlichen und fachlichen Eignung des Kandidaten,[404] in der Art und Weise, wie es zur Wahl des Kandidaten kommt, etwa wenn der Mehrheitseigentümer erst in der WEVers einen Kandidaten vorschlägt, so dass die

---

[396] BayObLG WE 1999, 149 (150); WE 1999, 157 = NZM 1999, 77; *Bader* WE 1990, 118 (120); OLG Celle ZWE 2002, 474 (476); *Kefferpütz* S. 202.

[397] BayObLG WE 1999, 149 (150).

[398] Vgl. *Wendel* ZWE 2002, 545 ff.

[399] Vgl. BGH ZfIR 2002, 907 (913); ausführlich zur Majorisierung und zum Begriff des Mehrheitseigentümers; *Bader* WE 1990, 118 ff.

[400] Vgl. BGH ZfIR 2002, 907 (913).

[401] OLG Hamm RPfleger 1978, 182 (183) = OLGZ 1978, 184 ff.; LG Berlin DWE 1986, 62; *Stein* DWE 1987, 7 jeweils zur Wahl eines Verwalters durch den Mehrheitseigentümer.

[402] BGH ZfIR 2002, 907 (913); KG NJW-RR 1987, 268 = WE 1987, 25; WE 1989, 168; BayObLGZ 1986, 10 (14); OLG Karlsruhe WuM 1988, 325 (326); OLG Düsseldorf NJWE-MietR 1997, 233 = WE 1997, 311 (312); ZWE 2002, 418 (419); OLG Saarbrücken WE 1998, 69 (72); Staudinger/*Bub* § 25 Rn 230; *Kefferpütz* S. 207 f.; *Bader* WE 1990, 118 (122).

[403] Vgl. zu den verschiedenen Aspekten BayObLG ZWE 2001, 492 (494 f.) = NZM 2001, 862 (Ls).

[404] BGH ZfIR 2002, 907 (913); KG WE 1989, 168; OLG Celle WE 1989, 199 (200): rechtsmissbräuchliche Stimmrechtsausübung, wenn ein WEer sein absolutes Stimmenübergewicht zur Wahl eines mit ihm wirtschaftlich eng verbundenen Verwalters seines Vertrauens einsetzt; OLG Düsseldorf NJWE-MietR 1997, 233 = WE 1997, 311 (312): der pauschale Hinweis auf eine bisherige mangel-

anderen WEer keine Möglichkeit haben, sich von diesem ein Bild zu machen oder in der Bestellung des Ehemanns der Bauträgerin zum Verwalter, wenn der Verwalter nach der GemO Baumängel am gemE gegenüber dem Bauträger geltend machen soll.[405] Es ist daher grds auch nicht zu beanstanden, wenn die Mehrheit die Vergabe eines Reparatur- oder sonstigen Auftrages an einen WEer beschließt, solange dies nicht zu überhöhten Preisen oder zu sonst ungewöhnlichen und für die WEgem nachteiligen Konditionen erfolgt.

Etwas anderes soll nach der Ansicht des KG[406] aber dann gelten, wenn sich in einer WEgem festgefügte Gruppen gegenüberstehen. In einem solchen Fall widerspreche es den Grundsätzen ordnungsgemäßer Verwaltung, wenn ohne Vorliegen eines weiteren Angebots der Auftrag mit den Stimmen der Mehrheitsgruppe an ein weiteres Mitglied dieser Gruppe beschlossen würde. Dem ist nur im Ergebnis zuzustimmen. Die rechtsmissbräuchliche Ausübung des Stimmrechts kann dabei nicht aus dem Umstand hergeleitet werden, dass die Auftragsvergabe auf den Stimmen der Mehrheitsgruppe beruht. Vielmehr ist ausschlaggebend, dass es, sofern keine besondere Eilbedürftigkeit besteht, den Grundsätzen ordnungsgemäßer Verwaltung entspricht, mehrere Angebote einzuholen. Setzt sich die Mehrheitsgruppe mit ihren Stimmen über diese Anforderungen an eine ordnungsgemäße Verwaltung hinweg, missbraucht sie dadurch ihr Stimmrecht. Die Frage, wann eine rechtsmissbräuchliche Ausübung des Stimmrechts vorliegt, ist folglich von den Mehrheitsverhältnissen in der WEgem unabhängig. Dies macht es auch entbehrlich, den Begriff des Mehrheitseigentümers zu definieren, da aus ihm alleine keine Schlussfolgerungen für eine rechtsmissbräuchliche Stimmrechtsausübung gezogen werden können. Allein im Rahmen der Rechtsfolgen ist zu prüfen, welche Stimmen in rechtsmissbräuchlicher Weise ausgeübt wurden.

3. Die Rechtsfolgen eines Stimmrechtsmissbrauchs

Missbraucht ein WEer sein Stimmrecht, so ist die Stimmabgabe nichtig,[407] ein darauf beruhender Beschluss aber lediglich anfechtbar.[408] Eine Ungültigerklärung durch das WE-Gericht kommt aber nur dann in Betracht, wenn sich die Stimmabgabe auf das Abstimmungsergebnis ausgewirkt hat.[409] **180**

4. Vorbeugende Stimmrechtsbeschränkung

Umstritten ist, ob das Stimmrecht aus dem Grundsatz von Treu und Glauben für bestimmte Angelegenheiten für die Zukunft beschränkt werden kann. Ein Bedürfnis für eine entsprechende einstweilige Verfügung kann bestehen, wenn die missbräuchliche Ausübung des Stimmrechts durch einen WEer anhand konkreter Anhaltspunkte zu erwarten ist. Nach Ansicht des KG[410] kommt eine vorbeugende Stimmrechtsbeschränkung unter keinen Umständen in Betracht. Ob ein Rechtsmissbrauch vorliege, könne nur im Zeitpunkt der Ausübung des Stimmrechts beurteilt werden. Das OLG Düsseldorf[411] hält dagegen eine vorbeugende Stimmrechtsbeschränkung für zulässig, um die übrigen WEer **181**

hafte Verwaltertätigkeit genügt nicht; zur Wahl des Ehegatten vgl. OLG Düsseldorf WE 1996, 70 (71); OLG Saarbrücken WE 1998, 69 (73).

405 BayObLG ZWE 2001, 550 (552).

406 KG OLGZ 1994, 149 (150) = WE 1993, 311 (312).

407 Vgl. *Wendel* ZWE 2002, 545 (546 f.).

408 BayObLG WE 1990, 67 (68); WE 1999, 149 (150); MDR 1978, 673; OLG Hamm OLGZ 1982, 260 (263); BayObLGZ 1986, 10 (14); OLG Karlsruhe OLGZ 1976, 146; BayObLG WuM 1994, 570; OLG Düsseldorf WE 1995, 123 (124); *Kefferpütz* S. 213.

409 Vgl. hierzu § 23 Rn 177.

410 BGH ZfIR 2002, 907 (913); KG WE 1988, 167 (168) = OLGZ 1988, 432 (433); WE 1994, 370.

411 OLG Düsseldorf OLGZ 1984, 289 (293).

vor den Folgen des Missbrauchs zu schützen, weil ein rechtsmissbräuchlich zustande gekommener Beschluss während der Dauer des Anfechtungsverfahrens wirksam bleibe. Da die anderen WEer ggf durch einstweilige Verfügung vor den Folgen eines solchen Beschlusses geschützt werden können,[412] besteht für eine vorbeugende Beschränkung des Stimmrechts kein Bedürfnis. Auch ist die Ansicht des OLG Düsseldorf nicht mit der dogmatischen Grundlage der Stimmrechtsbeschränkung aus Treu und Glauben vereinbar. Danach kann sich ein Stimmrechtsmissbrauch erst aus der konkreten Ausübung des Stimmrechts ergeben.

5. Die positive Stimmpflicht

182 Im Gesellschaftsrecht wird unter bestimmten Voraussetzungen aus dem Grundsatz von Treu und Glauben die Pflicht eines Gesellschafters hergeleitet, von seinem Stimmrecht in einer bestimmten Art und Weise Gebrauch zu machen.[413] Die positive Stimmpflicht ist von Bedeutung, wenn die Mehrheit das Zustandekommen von zwingend notwendigen Beschlüssen treuwidrig vereitelt. Im WE-Recht ist die Herleitung einer positiven Stimmpflicht aus dem Grundsatz von Treu und Glauben dagegen nicht erforderlich, da in diesen Fällen jeder WEer nach § 21 Abs. 4 einen Anspruch auf ordnungsgemäße Verwaltung des gemE hat.[414] Diesen Anspruch kann jeder WEer im Verfahren nach § 43 Nr. 1 geltend machen.[415]

6. Schadensersatzpflicht für treuwidriges Abstimmungsverhalten

183 Aus dem Fehlen einer positiven Stimmpflicht einerseits sowie der Möglichkeit einer Beschlussanfechtung bei treuwidriger Ausübung des Stimmrechts andererseits folgt, dass ein WEer wegen der Art und Weise seiner Stimmrechtsausübung den anderen WEern grundsätzlich nicht zum Schadensersatz verpflichtet ist. Dies gilt sowohl dann, wenn auf Grund einer missbräuchlichen Ausübung des Stimmrechts ein nachteiliger Beschluss gefasst wird,[416] als auch in den Fällen, in denen ein vorteilhafter Beschluss verhindert wird.[417] Das WEG ermöglicht mit den §§ 21 Abs. 4, 43 Nr. 4 die Korrektur eines gemeinschaftsschädlichen Abstimmungsergebnisses. Eine Schadensersatzpflicht kommt aber ausnahmsweise dann in Betracht, wenn durch ein Abstimmungsergebnis vollendete Tatsachen geschaffen werden, die selbst durch Inanspruchnahme einstweiligen Rechtsschutzes nicht hätten verhindert werden können.[418]

VIII. Stimmrecht und Gleichbehandlungsgrundsatz

184 Der für den Bereich des Vereins- und Gesellschaftsrechts entwickelte Gleichbehandlungsgrundsatz gilt grds auch im WE-Recht[419] Der wesentliche Inhalt des Gleichbehandlungsgrundsatzes ist, dass im Rahmen des Gemeinschaftsverhältnisses jedes Mitglied bei gleichen Voraussetzungen gleich behandelt werden muss. Differenzierungen, für die ein sachlicher Grund besteht, verstoßen dagegen nicht gegen den Gleichbehandlungsgrundsatz. Auch ergibt sich kein Anspruch auf Gleichbehandlung im Unrecht. Werden einem WEer unrechtmäßig Vorteile zuerkannt, kann ein anderer WEer daher nicht auf der Grundlage des Gleichbehandlungsgrundsatzes fordern, ebenso behandelt zu wer-

---

[412] Vgl. *Kefferpütz* S. 215 f.
[413] Vgl. Scholz/*K. Schmidt* § 47 Rn 31; *Roth* § 47 Anm. 4.4.
[414] Vgl. zum Anspruch auf ordnungsgemäße Verwaltung § 21 Rn 44 ff.
[415] Vgl. § 21 Rn 53.
[416] KG WuM 1991, 130 (131).
[417] Staudinger/*Bub* § 25 Rn 240.
[418] KG ZWE 2002, 37 f. = NJW-RR 2002, 11; Staudinger/*Bub* § 25 Rn 240 f.
[419] BayObLG DWE 1993, 37 (Ls); *Bornheimer* S. 32; *Merle,* System, S. 153; *Kefferpütz* S. 217.

den.[420] Ebenfalls keine Auswirkungen hat der Gleichbehandlungsgrundsatz in Bereichen, in denen die WEer ihr Verhältnis durch Vereinbarungen geregelt haben. Insofern geht der Grundsatz der Vertragsfreiheit dem Gleichbehandlungsgrundsatz vor.[421] Dasselbe gilt für einstimmig gefasste Beschlüsse aller WEer. Haben sich dagegen nicht alle WEer an der einstimmigen Beschlussfassung beteiligt, verlieren diese nicht ihren Anspruch auf Gleichbehandlung. Der Gleichbehandlungsgrundsatz ist deshalb insbesondere im Bereich der Mehrheitsbeschlüsse von Bedeutung. Als Stimmrechtsschranke kommt dem Gleichbehandlungsgrundsatz vor allem die Aufgabe zu, die Minderheit davor zu schützen, dass sich die Mehrheit Sondervorteile verschafft. Der Gleichbehandlungsgrundsatz gilt allerdings nicht für alle Angelegenheiten, die Inhalt eines Beschlusses sein können. Vielmehr beschränkt sich der Anwendungsbereich auf die Angelegenheiten, die Gegenstand des Gemeinschaftsverhältnisses sind, also den WEer in seiner Rolle als Mitglied der WEgem betreffen.[422] Angelegenheiten des Individualrechtsverkehrs, etwa die Vergabe eines Reparaturauftrags an einen WEer, werden dagegen nicht erfasst. Verstößt ein Beschluss gegen den Gleichbehandlungsgrundsatz, ist dieser nicht nichtig, sondern lediglich anfechtbar.

§ 26 Bestellung und Abberufung des Verwalters

(1) **[1]Über die Bestellung und Abberufung des Verwalters beschließen die Wohnungseigentümer mit Stimmenmehrheit. [2]Die Bestellung darf auf höchstens fünf Jahre vorgenommen werden, im Falle der ersten Bestellung nach der Begründung von Wohnungseigentum aber auf höchstens drei Jahre. [3]Die Abberufung des Verwalters kann auf das Vorliegen eines wichtigen Grundes beschränkt werden. [4]Ein wichtiger Grund liegt regelmäßig vor, wenn der Verwalter die Beschluss-Sammlung nicht ordnungsmäßig führt. [5]Andere Beschränkungen der Bestellung oder Abberufung des Verwalters sind nicht zulässig.**

(2) **Die wiederholte Bestellung ist zulässig; sie bedarf eines erneuten Beschlusses der Wohnungseigentümer, der frühestens ein Jahr vor Ablauf der Bestellungszeit gefaßt werden kann.**

(3) **Soweit die Verwaltereigenschaft durch eine öffentlich beglaubigte Urkunde nachgewiesen werden muß, genügt die Vorlage einer Niederschrift über den Bestellungsbeschluß, bei der die Unterschriften der in § 24 Abs. 6 bezeichneten Personen öffentlich beglaubigt sind.**

Übersicht

[420] BayObLG DWE 1993, 37 (Ls).
[421] *Kefferpütz* S. 218.
[422] *Kefferpütz* S. 218.

Literatur: *Abramenko,* Parteien und Zustandekommen des Verwaltervertrages nach der neuen Rspr. zur Teilrechtsfähigkeit, ZMR 2006, 6; *ders.,* Die gerichtliche Verwalterbestellung ohne Anrufung der Eigentümerversammlung, ZMR 2009, 429; *Becker,* Die Anfechtung des Abberufungsbeschlusses durch den abberufenen Verwalter, ZWE 2002, 211; *ders.,* Der Rechtsschutz des Verwalters gegen Abberufung und Kündigung des Verwaltervertrages, ZWE 2002, 567; *ders.,* Umwandlung von Verwaltungsunternehmen – Kontinuität im Verwalteramt?, FS Merle (2010), 51; *Becker/Kümmel,* Die Grenzen der Beschlusskompetenz der Wohnungseigentümer, ZWE 2001, 128; *Bogen,* Die Amtsniederlegung des Verwalters im Wohnungseigentumsrecht, 2002; *ders.,* Die Niederlegung des Amtes durch den Verwalter im Wohnungseigentumsrecht, ZWE 2002, 153; *ders.,* Bestellung und Anstellung des Verwalters im Wohnungseigentumsrecht, ZWE 2002, 289; *Bonifacio,* WEG-Reform – Möglichkeiten der Bestellung eines Notverwalters, MietRB 2007, 216; *Briesemeister,* Bestellung des Wohnungseigentumsverwalters durch einstweilige Verfügung, NZM 2009, 64; *Bub,* Beschränkung der Verwalterbestellung durch Übertragung der Zustimmungsberechtigung im Falle der Veräußerung gem. § 12 WEG, NZM 2001, 502; *Drasdo,* Pflicht des Verwalters zur Herausgabe einer aktuellen Eigentümerliste, NZM 2009, 724; *Gottschalg,* Die Haftung von Verwalter und Beirat in der Wohnungseigentümergemeinschaft, 2002; *ders.,* Inhaltliche Gestaltung von Verwalterverträgen nach der WEG-Novelle, NZM 2009, 217; *ders.,* Verwalteraufgaben und Risiken bei der Fassung von Eigentümerbeschlüssen auf der Grundlage der neuen Beschlusskompetenzen, FS Merle (2010), 131; *Greiner,* Zum Abschluss des Verwaltervertrages, ZWE 2008, 454; *Haas,* Haftung des Verwalters einer WEgem, 2007; *Häublein,* Drittwirkung der Verwalterpflichten, ZWE 2008, 1 ff., 80 ff.; *Jacoby,* Zum Abschluss des Verwaltervertrages, ZWE 2008, 327; *ders.,* Grundfragen des Verwaltervertrages, FS Merle (2010), 181; *Merle,* Bestellung und Abberufung des Verwalters nach § 26 WEG, 1977; *ders.,* Gemeinschaftsordnung und Rechtsstellung des Verwalters, ZWE 2001, 145; *ders.,* Zur Anfechtung der Abberufung durch den abberufenen Verwalter, in: FS für Weitnauer (1980), S. 195; *ders.,* Zur ersten Bestellung des Verwalters nach der Begründung von WE, ZWE 2007, 233; *Ott,* Anfechtung des Beschlusses über die Verwalterbestellung, ZMR 2007, 584; *Pießkalla/Reichart,* Verwalters Sondervergütung in der AGB-Kontrolle, NZM 2009, 728; *Skauradszun* Die Verwalterhaftung – Pflichten und Haftungsbeschränkungen, ZWE 2008, 419; *Suilmann,* Beschlussanfechtung durch den abberufenen Verwalter, ZWE 2000, 106; *Wenzel,* Die Befugnis des Verwalters zur Anfechtung des Abberufungsbeschlusses, ZWE 2001, 510. Zur älteren Literatur siehe Vorauflage.

I. Der Normzweck

1 § 26 regelt die Bestellung und Abberufung des Verwalters, die Dauer der Verwalterbestellung, die wiederholte Bestellung und die Anforderungen an den Nachweis der Verwaltereigenschaft. Seine heutige Fassung hat § 26 durch das Gesetz zur Änderung des WEG vom 26. 3. 2007 erhalten.[1] Als wesentliche Neuerungen wurden die Begrenzung der Höchstdauer der ersten Bestellung des Verwalters auf drei Jahre eingeführt und die Möglichkeit der Bestellung eines Notverwalters ersatzlos gestrichen.

II. Der Verwalter

1. Allgemeines

2 Der Verwalter ist nach § 20 Abs. 2 ein unabdingbar notwendiges Organ der Gemeinschaft der WEer.[2] Die große wirtschaftliche Bedeutung des GemE für den Bestand des WE verlangt eine geeignete Persönlichkeit, die als Verwalter dafür Sorge trägt, dass es ordnungsgemäß verwaltet, instand gesetzt und gehalten wird, sowie seine Benutzung und die Verteilung der gemeinschaftlichen Dienste geregelt werden. Die Befähigung eines Verwalters für sein Amt ist für die Entwicklung einer WE-Anlage von entscheidender Bedeutung. Der Verwalter ist neben der WEVers das wichtigste Organ der WEgem.[3] Die Bedeutung des Verwalters wird vom Gesetzgeber dadurch unterstrichen, dass er ihm in § 27 unabdingbare Mindestaufgaben und Befugnisse übertragen hat; diese können weder durch Vereinbarung der WEer untereinander noch durch Vereinbarung mit Dritten eingeschränkt werden; zulässig ist allein eine Erweiterung des Aufgabenkreises.

2. Die Person des Verwalters

3 **a) Personen als Verwalter.** Zum Verwalter können nur im Rechtsverkehr geschäfts- und handlungsfähige natürliche oder juristische Personen sowie Gesellschaften, die als rechtlich selbstständige Einheit handlungsfähig sind, bestellt werden.

4 **aa) Natürliche Personen.** Jede natürliche Person, die geschäftsfähig ist, kann zum Verwalter bestellt werden. Da das WEG keine Beschränkung enthält, wonach nur ein Dritter, nicht aber ein WEer Verwalter werden darf, kann auch ein WEer zum Verwalter bestellt

[1] BGBl. I 2007 S. 370.
[2] Vgl. auch BGHZ 106, 222 = NJW 1989, 1091 = WE 1989, 94 (95).
[3] BR-Drucks. 75/51 = PiG 8, 223 (235); OLG Düsseldorf OLGZ 1984, 289 (290).

werden.[4] Der teilende Grundstückseigentümer kann gem. §§ 8 Abs. 2, 5 Abs. 4 in der Teilungserklärung[5] mit Wirkung gegen die Erwerber (§ 10 Abs. 3) auch sich selbst[6] oder einen Dritten[7] zum (ersten) Verwalter bestellen (vgl. Rn 67). Ist zum Verwalter ein Einzelkaufmann bestellt worden und tritt er unter seiner Firma auf, so ist der Kaufmann persönlich der Verwalter (vgl. § 17 HGB).

5 Aus dem Grundsatz, dass nur eine im Rechtsverkehr geschäfts- und handlungsfähige Person zum Verwalter bestellt werden kann, ergibt sich, dass nicht gleichzeitig mehrere Personen, ohne dass diese eine handlungsfähige Rechtseinheit bilden, Verwalter werden können.[8] Ein Beschluss, durch den etwa ein **Ehepaar** zum Verwalter bestellt wird, ist nichtig.

6 Nicht möglich ist es, für die einzelnen Häuser einer **Mehrhausanlage** jeweils gesonderte Verwalter zu bestellen.[9] Auch für **verschiedene Gruppen von WEern** können nicht mehrere Verwalter bestellt werden. Entsprechende Bestimmungen in der GemO oder entsprechende Bestellungsbeschlüsse sind gem. § 134 BGB nichtig.[10]

7 Ausgeschlossen ist es auch, mehrere oder alle WEer, etwa die Mitglieder des Verwaltungsbeirats, gemeinsam zum Verwalter zu bestellen.[11] Denkbar ist allein die Bestellung mehrerer WEer (oder auch Dritter) im turnusmäßigen Wechsel.[12] Hierbei ist zu beachten, dass auch in diesem Fall der Zeitraum von fünf Jahren insgesamt für alle Verwalter zusammen nicht überschritten werden darf.[13] Eine Bestellung des ganzen Verwaltungsbeirates, d. h. aller seiner Mitglieder, zum Verwalter ist nicht zulässig.[14]

8 **bb) Juristische Personen.** Bei den juristischen Personen ist insbesondere an die GmbH und die AG zu denken.[15] Die Bestellung einer GmbH zum Verwalter ist trotz der beschränkten Haftung der GmbH unter dem Blickwinkel der ordnungsgemäßen Verwaltung (§ 21 Abs. 3) nicht zu beanstanden.[16] Verwalter kann auch ein eingetragener Verein sein, bei dem alle oder eine größere Anzahl von WEern Mitglieder sind,[17] ebenso ein gemeinnütziges Wohnungsunternehmen.[18]

9 Nicht zulässig ist es, nicht rechtsfähige Organisationseinheiten selbstständig zum Verwalter zu bestellen, wie etwa eine bestimmte Abteilung einer Bank, die Bauabteilung eines größeren Unternehmens, eine sonstige rechtlich unselbstständige Abteilung oder auch eine örtliche Niederlassung einer auswärtigen Gesellschaft.[19] Ihnen fehlt die Handlungsfähigkeit im Rechtsverkehr. Das Gleiche gilt für einen nicht eingetragenen Verein[20] und für eine in Liquidation befindliche und damit nur noch im Rahmen des Abwicklungszwecks handlungsfähige Handelsgesellschaft.

---

[4] Palandt/*Bassenge* § 26 Rn 1; *Bielefeld,* FS für Seuß (1987), S. 41 (42); vgl. *Merle,* Verwalter, S. 72 f.

[5] Ausführlich *Wenzel,* FS Bub (2007), S. 249 ff.

[6] BayObLGZ 1974, 305 (309, 311 f.) = NJW 1974, 2136; *Müller,* Praktische Fragen, Rn 418 (S. 351).

[7] BayObLGZ 1974, 305 (311 f.) = NJW 1989, 2059.

[8] Vgl. BGH WE 1990, 84; OLG Zweibrücken ZMR 2007, 727 f.

[9] Vgl. BayObLG WE 1996, 150 (151); LG Nürnberg-Fürth ZMR 2010, 315; LG Düsseldorf NZM 2010, 288.

[10] LG Nürnberg-Fürth ZMR 2010, 315; LG Düsseldorf NZM 2010, 288; *Bub* ZdWBay 1992, 577 (578 f.); *Merle* WE 1992, 239 (242).

[11] OLG Zweibrücken ZMR 2007, 727 f.; *Bader,* FS für Seuß (1987), S. 1 (3).

[12] S. ausführlich Rn 50; LG München II, MittBayNot 1978, 59; *Augustin* § 26 Rn 4.

[13] Vgl. LG Freiburg WuM 1994, 406.

[14] *Bader,* FS für Seuß (1987), S. 1 (3).

[15] BGHZ 107, 268 (272) = NJW 1989, 2059; BayObLGZ 1989, 4 (6) = WE 1990, 60 ff. = NJW-RR 1989, 526 f.; OLG Düsseldorf NJW-RR 1990, 1299 (1300); OLG Frankfurt/M. WE 1989, 172; LG Freiburg DNotZ 1985, 452; *Bub* ZdWBay 1992, 577.

[16] BayObLG WuM 1993, 488 (489 f.).

[17] *Bader,* FS für Seuß (1987), S. 1 (2).

[18] OVG Bremen NJW 1981, 414.

[19] *Bader,* FS für Seuß (1987), S. 1 (2 f.).

[20] *Bader,* FS für Seuß (1987), S. 1 (2).

b) Personengesellschaften als Verwalter. aa) Personenhandelsgesellschaften. Die handelsrechtlichen Personengesellschaften, d. h. die OHG, KG[21] und auch die GmbH & Co KG[22] können zum Verwalter bestellt werden, da sie im Rechtsverkehr weitestgehend rechtlich verselbstständigt und rechtsfähig sind (vgl. §§ 124 Abs. 1, 161 Abs. 2 HGB) und – wenn sie im Handelsregister eingetragen sind – darüber hinaus auch den weiteren Voraussetzungen genügen, deren Erfüllung das WEG von einem Verwalter verlangt.[23] Mangels Eintragung einer OHG im Handelsregister kann diesem nicht entnommen werden, wer für diese handeln kann, so dass eine Bestellung zum Verwalter nichtig ist.[24] 10

bb) Die Partnerschaft. Auch Partnerschaften iSd Partnerschaftsgesellschaftsgesetzes (PartGG)[25] können zum Verwalter bestellt werden, da gem. § 7 Abs. 2 PartGG auf diese Gesellschaften § 124 HGB entsprechend anzuwenden ist. Zwar verweist § 1 Abs. 4 PartGG auf die §§ 705 ff. BGB, soweit nicht das PartGG abweichende Vorschriften enthält, auf Grund einzelner Verweisungen sind jedoch im Ergebnis in erster Linie OHG-Regeln anzuwenden (§§ 4 Abs. 1, 6 Abs. 3, 7 Abs. 2 und 3, 8 Abs. 1, 9 Abs. 1, 10 PartGG).[26] Insbesondere das Außenverhältnis ist durch die Verweisung auf die §§ 124 ff. HGB geprägt, weshalb die Partnerschaftsgesellschaft unter ihrem Namen Rechte erwerben und Verbindlichkeiten eingehen, vor Gericht klagen und verklagt werden kann, mithin rechtsfähig ist.[27] Die Vertretungsbefugnisse lassen sich dem Partnerschaftsregister entnehmen. 11

Wer als Partner in Betracht kommt, bestimmt sich nach § 1 Abs. 2 PartGG, der an § 18 EStG angelehnt ist.[28] Danach können nur Angehörige eines freien Berufes Partner iSd PartGG sein.[29] Verwalter können sich demnach nicht zu einer Partnerschaft zusammenschließen, da sie idR gewerblich tätig werden und auch im Übrigen nicht den freien Berufen nach § 18 Abs. 1 Nr. 1 EStG zugeordnet werden. 12

cc) Die Gesellschaft bürgerlichen Rechts. Das Gesetz geht davon aus, dass die Verwaltung aus Gründen der erforderlichen Klarheit der Verantwortlichkeit nur einer einzigen Person übertragen werden darf.[30] Somit kann eine Personenmehrheit nur Verwalter sein, wenn sie als rechtlich selbstständige Einheit handlungsfähig ist,[31] und den Anforderungen entspricht, die das WEG an die Eignung zum Verwalter stellt. Trotz der Rechtsfähigkeit der Außen-GbR kann diese nach st. Rspr.[32] – im Unterschied zu den juristischen Personen und zu Personenhandelsgesellschaften – **nicht zur Verwalterin** bestellt werden; mehrere Personen – etwa Eheleute – können demnach nicht in der Rechtsform einer GbR zu Verwaltern bestellt werden.[33] Die Bestellung einer GbR zum Verwalter ist nichtig.[34] Die umstrittene Frage der Verwaltereignung der GbR ist damit für die Praxis geklärt. 13

---

[21] BayObLGZ 1989, 4 (6); OLG Düsseldorf NJW-RR 1990, 1299 (1300); OLG Frankfurt/M. WE 1989, 172; OLG Hamburg OLGZ 1988, 299 (302); OLG München ZMR 2008, 657 (658).

[22] BayObLGZ 1987, 54 (56 mwN); LG Freiburg DNotZ 1985, 452.

[23] Vgl. dazu BGH ZWE 2006, 183 ff.

[24] So auch Jennißen/*Jennißen* § 26 Rn 3.

[25] Gesetz v. 25. 7. 1994, BGBl. I S. 1744.

[26] Vgl. *Schmidt* NJW 1995, 1 (2 f.).

[27] Zu den Einzelheiten vgl. *Schmidt* NJW 1995, 1 (5).

[28] *Schmidt* NJW 1995, 1.

[29] *Seibert* DB 1994, 2381 (2382).

[30] BGHZ 107, 268 (272); BayObLGZ 1989, 4 (6); LG Freiburg DNotZ 1985, 452 (453).

[31] BGH WE 1990, 84; BGHZ 107, 268 (272) = NJW 1989, 2059.

[32] BGH ZWE 2006, 183 = NZM 2006, 263; BGHZ 107, 268 (271 f.) = NJW 2006, 2189; NZM 2009, 547 = ZMR 2009, 789; OLG München NZM 2007, 45.

[33] BGHZ 107, 268 (271 f.) mwN = NJW 1989, 2059; BayObLG WE 1992, 27; BayObLGZ 1989, 4 (5 f.); LG Freiburg DNotZ 1985, 452 (453); AG Essen DWE 1993, 36; *Bader,* FS für Seuß (1987), S. 1 (2); *Bub* ZdWBay 1992, 577 (578); *Drasdo* ZMR 1999, 303 (305); aA *Schäfer* NJW 2006, 2160; Palandt/*Bassenge* § 26 Rn 1.

[34] BGH ZWE 2006, 183 = NZM 2006, 263; BGHZ 107, 268.

14 Der BGH begründet seine Ansicht weitestgehend überzeugend[35] mit dem Argument, dass eine GbR als Verwalterin die erforderliche Handlungsfähigkeit der WEgem im Rechtsverkehr nicht sicher stellen kann. Der Verwalter hat die in § 27 genannten Aufgaben und Befugnisse, insbesondere hat er auch Willenserklärungen und Zustellungen für die WEer bzw. die WEgem entgegenzunehmen. Diese in § 27 Abs. 2 Nr. 1 und Abs. 3 Satz 1 Nr. 1 geregelte Befugnis dient dem Schutz des Rechtsverkehrs. WEer und Dritte müssen darauf vertrauen können, dass dem Verwalter gegenüber abgegebene Erklärungen und an diesen erfolgte Zustellungen gegen die WEgem oder die WEer wirken. Deshalb dürfen über Identität und Befugnis des Verwalters zur Vertretung der WEer bzw. der WEgem keine Zweifel bestehen. Dies wäre aber bei einer GbR als Verwalterin der Fall, weil ein Wechsel der Gesellschaftereigenschaft und eine Änderung der Vertretungsbefugnisse ein Internum der GbR sind und Dritte hiervon nicht durch ein öffentliches Register sichere Kenntnis erlangen können. Für die GbR wird kein Register geführt und mithin das Vertrauen in die Gesellschaftereigenschaft und die im Gesellschaftsvertrag vereinbarten Vertretungsregelungen nicht geschützt, was sich auch nicht durch Einsichtnahme in den Gesellschaftervertrag ausgleichen lässt.[36]

3. Die Qualifikation des Verwalters

15 Das WEG enthält keine Regelung darüber, wer Verwalter sein kann und welche subjektiven Voraussetzungen er erfüllen muss. Das Gesetz setzt weder einen Befähigungsnachweis noch andere persönliche Qualifikationen voraus. Die Zugehörigkeit zu einem Verband ist nicht erforderlich. Allerdings haben sich mehrere Verbände gebildet, die die fachlichen und wirtschaftlichen Interessen der Wohnungseigentumsverwalter wahrnehmen. Die WEer sollten wegen der umfangreichen Aufgaben und Befugnisse darauf achten, dass der Verwalter den an ihn gestellten Anforderungen gewachsen ist.

4. Der Verwalter im Gewerbe- und Steuerrecht

16 **Gewerberechtlich** betreibt der Verwalter ein sog. stehendes Gewerbe, so dass er lediglich den Beginn der Berufsausübung dem örtlichen Gewerbeamt gem. § 14 Abs. 1 GewO anzeigen muss. Darüber hinaus sind keine Zulassungsvoraussetzungen vorhanden.[37] Es besteht nur die Möglichkeit, dem Verwalter, wie jedem anderen Gewerbetreibenden auch, die weitere Tätigkeit gem. § 35 GewO bei Unzuverlässigkeit zu untersagen.[38]

17 **Steuerrechtlich** kann die Tätigkeit eines Verwalters als sonstige selbstständige Tätigkeit unter § 18 Abs. 1 Nr. 3 EStG fallen oder aber als Gewerbebetrieb iSv § 15 EStG anzusehen sein. Die Tätigkeit ist selbstständige Arbeit, wenn die persönliche Arbeitsleistung des Verwalters im Vordergrund steht und fremde Personen nur zur Hilfeleistung herangezogen werden (idR der Fall bei Betreuung nur weniger Häuser).[39]

18 Sobald jedoch der Umfang der vom Verwalter zu bewältigenden Aufgaben die ständige Beschäftigung dritter Personen als Mitarbeiter erfordert, liegt eine gewerbliche Tätigkeit vor.[40] Ist also für die Hausverwaltertätigkeit wegen einer Vielzahl von betreuten Wohnungseinheiten (zuletzt angenommen bei 280 Wohneinheiten[41]) eine wie auch immer geartete kaufmännische Organisation erforderlich, wird die Hausverwaltung zur gewerb-

[35] Vgl. aber auch *Armbrüster* ZWE 2006, 181.
[36] So schon BGHZ 107, 268 (272); BayObLG ZMR 2003, 218 (220); *Hügel* ZWE 2003, 323 (324 f.).
[37] *Bärmann/Pick* § 26 Rn 3.
[38] *Bader,* FS für Seuß (1987), S. 1 (3).
[39] BFHE 86, 305 (306); FG Bremen EFG 1985, 357.
[40] BFHE 101, 215 (217).
[41] FG Bremen EFG 1985, 357.

lichen Tätigkeit und unterfällt damit nicht mehr dem Anwendungsbereich von § 18 Abs. 1 Nr. 3 EStG.[42]

5. Der Verwalter nach dem Wohnungsvermittlungsgesetz[43]

Der Verwalter nach dem WEG ist grds nicht Verwalter iSv § 2 Abs. 2 Nr. 2 WohnVermG.[44] Danach ist ein Anspruch auf Entgelt für eine Wohnungsvermittlung ausgeschlossen, wenn es sich bei dem Vermittler um den Verwalter der Wohnräume handelt. Für seine Vermittlungstätigkeit beim Verkauf einer Eigentumswohnung kann der Verwalter iSd WEG demgemäß eine Provision verlangen, wenn ihm über die §§ 27, 28 hinaus keine zusätzlichen Aufgaben hinsichtlich des SE übertragen wurden.[45] Dies ergibt sich daraus, dass er gerade nicht Verwalter des einzelnen SE ist, sondern vielmehr das GemE verwaltet und somit nicht für seine Tätigkeit im Interesse des einzelnen WEers bezahlt wird.[46] 19

Ist dem Verwalter über die gesetzlichen Aufgaben hinaus jedoch die Wohnungsverwaltung einer bestimmten Wohnung übertragen (z. B. Mietinkasso, Reparaturen am SE), wird er also in doppelter Funktion tätig,[47] ist der Tatbestand des § 2 Abs. 2 Nr. 2 WohnVermG einschlägig. In diesem Fall erhält er folglich keine Provision für seine Vermittlungstätigkeit.[48] Bei einem Handeln des Verwalters in doppelter Funktion soll das Eingreifen des § 2 Abs. 2 Nr. 2 WohnVermG davon abhängig sein, ob es sich bei der erbrachten Tätigkeit für das SE um eine einmalige Service- bzw. Gefälligkeitshandlung[49] oder um die ständige Übernahme wesentlicher Verwalteraufgaben iSd § 2 Abs. 2 WohnVermG handelt.[50] Ein Verwalter, von dessen Zustimmung nach § 12 die Gültigkeit einer Veräußerung von WE abhängt, kann allerdings wegen des sich daraus ergebenden Konflikts mit den Interessen des Käufers nicht dessen Makler sein.[51] Die Entscheidung über die Zustimmung zur Veräußerung trifft der Verwalter treuhänderisch im Interesse der WEer; er hat diese davor zu schützen, dass WE an einen persönlich oder finanziell Unzuverlässigen veräußert wird. Mit der treuhänderischen Entscheidung über die Zustimmung zur Veräußerung würde der Verwalter aber zugleich über den Provisionsanspruch nach § 652 Abs. 1 BGB entscheiden. Es besteht also stets die Gefahr, dass sich der Verwalter als Makler bei der Entscheidung über die Zustimmung zur Veräußerung nicht von den Interessen der WEer, sondern von seinem Provisionsinteresse leiten lässt. Eine derartige Interessenkollision ist mit einer dem gesetzlichen Leitbild entsprechenden Maklertätigkeit nicht zu vereinbaren; dementsprechend kann der als Makler tätige Verwalter von dem Käufer keine Maklerprovision nach § 653 BGB verlangen.[52] Der Interessenkonflikt zwischen der Verwalterstellung und der Maklertätigkeit stellt zugleich einen wichti- 20

---

[42] BFHE 86, 305 (306); FG Bremen EFG 1985, 357 (358).

[43] Gesetz zur Regelung der Wohnungsvermittlung vom 4. November 1971, BGBl. I S. 1745, zuletzt geändert durch Art. 8 G. vom 9. 12. 2004, BGBl. I S. 3214.

[44] Hierzu OLG Hamburg DB 1976, 577; OLG München MDR 1975, 931; AG Köln BB 1974, 1095; LG München I NJW 1974, 2287; ausführlich *Schopp* PiG 36, 199 (201); *Breiholdt* MDR 1986, 284; aA v. *Hoyningen-Huene* BB 1974, 1006 auf Grund einer weiten Auslegung der Vorschrift.

[45] OLG Hamburg DB 1976, 577.

[46] *Schopp* PiG 36, 199 (201); *Breiholdt* WE 1995, 52 (53).

[47] Zur Doppeltätigkeit vgl. *Schmidt* WE 1995, 49 ff.; *Breihold* WE 1995, 52 ff.; *F. Schmidt* ZWE 2000, 506 (513).

[48] So auch *Schopp* PiG 36, 199 (201).

[49] Vgl. hierzu *Breiholdt* WE 1995, 52 (53).

[50] *Breiholdt* MDR 1986, 284; vgl. auch OLG Düsseldorf NJW-RR 1993, 401; AG Augsburg WuM 1990, 231.

[51] BGHZ 112, 240 (242); NJW 1991, 168 = ZMR 1991, 71 = WuM 1991, 46; vgl. auch *Schopp* PiG 36, 199 (206).

[52] BGHZ 112, 240 (242).

gen Grund dar, der zur Abberufung des Verwalters und zur Anfechtung des Bestellungsbeschlusses berechtigt.[53]

III. Begründung und Beendigung der Verwaltereigenschaft – Grundlagen

1. Körperschaftlicher Akt und Verwaltervertrag

21 **a) Die Trennungstheorie.** Begründung und Beendigung der Verwalterstellung erfolgen nach § 26 durch Bestellung und Abberufung, worüber die WEer mit Stimmenmehrheit beschließen. Da das WEG keine näheren Einzelheiten dieser Rechtsvorgänge regelt, sind die allgemeinen, zu anderen körperschaftlich strukturierten Personenvereinigungen entwickelten Rechtsgrundlagen für die Begründung und Beendigung der Rechtsstellung von Mitgliedern eines Organs[54] auch im WE-Recht zugrunde zu legen, soweit dessen Besonderheiten nicht etwas anderes gebieten. Dementsprechend ist nach der heute herrschenden **Trennungstheorie**[55] zwischen dem Bestellungs- bzw. Abberufungsakt und dem Abschluss bzw. der Beendigung des Verwaltervertrages zu differenzieren.[56] Ein Bestellungsbeschluss entspricht demgemäß auch dann ordnungsgemäßer Verwaltung, wenn der Inhalt des Verwaltervertrages noch nicht festgelegt ist (vgl. Rn 43); in diesem Fall gelten die gesetzlichen Bestimmungen.[57] Im Rahmen der Trennungstheorie ist jedoch umstritten, zu welchem Zeitpunkt der Bestellte die organschaftliche Rechtsstellung eines Verwalters erhält. Bedeutsam ist diese Frage deshalb, weil den Verwalter mit der Erlangung der Verwalterstellung die im Gesetz, insbesondere die in den §§ 27, 28 geregelten, nicht einschränkbaren Pflichten treffen.[58]

22 **b) Organstellung und Bestellungsbeschluss.** Vereinzelt wird vertreten, dass die organschaftliche Rechtsstellung bereits durch den Bestellungsbeschluss erworben wird.[59] Dem ist entgegenzuhalten, dass der Bestellungsbeschluss zunächst nur das Innenverhältnis der WEer regelt, die sich hierdurch wechselseitig zur Bestellung des Verwalters verpflichten.[60] Der Beschluss der WEer nach § 26 Abs. 1 Satz 1 über die Bestellung bzw. Abberufung stellt noch nicht „die Bestellung“ oder „die Abberufung“ iSd Gesetzes dar. Erst seine Ausführung durch Erklärung der Bestellung bzw. der Abberufung ggü. dem Verwalter ist als „Bestellung“ oder „Abberufung“ zu qualifizieren.[61]

23 Gegen die Auffassung, die Rechtsstellung als Verwalter werde bereits durch den bloßen Bestellungsbeschluss der WEer erlangt, spricht entscheidend, dass das Gesetz dem Inhaber

---

[53] BayObLG WE 1997, 439 (440).

[54] Vgl. *Mertens,* Kölner Kommentar zum Aktienrecht, § 84 Rn 2.

[55] BGH NJW 1997, 2106 (2107) = WE 1997, 306 (307) = LM § 675 BGB Nr. 236 m. Anm. *Niedenführ;* NZM 2002, 788 (789); BayObLG WE 1996, 314 (315); 1991, 223; 1990, 111 (112); 1988, 205 (206); NJW-RR 1987, 78; BayObLGZ 1974, 305 (309); grundlegend schon BayObLGZ 1958, 234 (237 f.); OLG Köln WE 1990, 171; OLG Hamm NJW-RR 1993, 845 = WE 1993, 246; OLG Zweibrücken ZMR 2004, 66; OLG Düsseldorf ZWE 2007, 459; *Gerauer* ZMR 1989, 208 f.; *Bogen* ZWE 2002, 289; *Gottschalg,* Verwalter, Rn 10; auf die Einheitstheorie näher eingehend: *Merle,* Verwalter, S. 15 ff.

[56] Nach der heute als überwunden geltenden Einheitstheorie wurde eine solche Differenzierung nicht vorgenommen: So noch *Trautmann,* Die Verfahrenszuständigkeit in Wohnungseigentümersachen, S. 72; *Merle/Trautmann* NJW 1973, 118 ff.; *Ziege* NJW 1973, 2185 (2188, Fn 23); vgl. auch *Merle,* Verwalter, S. 17.

[57] BayObLG WE 1990, 111 (112).

[58] *Merle,* Verwalter, S. 19.

[59] BayObLGZ 1958, 234 (237); *Gerauer* ZMR 1989, 208 (209); so wohl auch BayObLG WE 1988, 205 (206) wonach sich die Befugnis des Verwalters nach § 24 Abs. 1 allein aus dem Bestellungsakt durch Eigentümerbeschluss ableite.

[60] *Bogen* ZWE 2002, 289; *Müller,* Praktische Fragen, Rn 421 (S. 352); vgl. *Augustin* § 26 Rn 9.

[61] BGH NZM 2002, 788 (789).

der Organstellung Pflichten und Aufgaben auferlegt, die es erforderlich machen, dass der durch Mehrheitsbeschluss Bestimmte sein Einverständnis zur Übernahme des Amtes erklärt, da ihm sonst durch einen Beschluss zu Lasten Dritter Pflichten einseitig auferlegt werden könnten.

c) Organstellung und Zustimmung des Bestellten. Es ist daher in Anlehnung an die Rechtslage im Körperschaftsrecht[62] zwischen den, Bestellungsbeschluss und der Zustimmung des künftigen Verwalters zur Bestellung.[63] Hiernach wird die Organstellung bereits dann begründet, wenn der durch Beschluss Bestellte seine Zustimmung zur Übernahme des Verwalteramtes erklärt, während es des Abschlusses eines Verwaltervertrages nicht bedarf.[64] 24

d) Organstellung und Verwaltervertrag. Nach früher überwiegender Meinung[65] war neben dem Bestellungsbeschluss und seiner Annahme durch den Bestellten der Abschluss eines schuldrechtlichen Vertrages erforderlich, um die Rechtsstellung des Verwalters zu erlangen (sog. **Vertragstheorie**). Die Wirksamkeit der Bestellung war hiernach bedingt durch den Abschluss eines rechtsgültigen schuldrechtlichen Vertrages, in dem der Verwalter zumindest die essentiellen Pflichten als Organ übernimmt.[66] Im Abschluss des Verwaltervertrages wurde idR zugleich konkludent die Zustimmung zur Bestellung oder in der Zustimmung zur Bestellung zugleich die Annahme des idR konkludent im Bestellungsbeschluss liegenden Angebotes[67] zum Abschluss des Verwaltervertrages gesehen. Grundlage der Vertragstheorie war die Annahme, dass sich eine Pflichtenbindung des Verwalters allein aus dem schuldrechtlichen Verwaltervertrag und nicht aus dem Bestellungsrechtsverhältnis ergeben könne.[68] Diese Auffassung beruhte auf einem Vergleich zur rechtsgeschäftlichen Stellvertretungslehre.[69] Durchgesetzt hat sich im Körperschaftsrecht jedoch einhellig die **Trennungstheorie** im engeren Sinne, wonach bereits die Annahme der Bestellung das Organ zur Amtsführung verpflichtet.[70] In der Begründung von Rechten **und** Pflichten allein durch die Bestellung unterscheidet sich eine körperschaftsrechtlicher Bestellungsakt gerade von einer rechtsgeschäftlichen Vollmachtserteilung.[71] Mit der Bestellung entsteht zwischen Organ und Verband ein Schuldverhältnis „sui generis".[72] 25

Im Interesse der Einheit der Rechtsordnung und in Übereinstimmung mit den allgemeinen Grundsätzen ist auch im WE-Recht bei der Begründung der Verwalterstellung von der **Trennungstheorie im engeren Sinne** auszugehen;[73] für die Beendigung der Verwalter- 26

---

[62] Vgl. für das Aktienrecht: *Mertens,* Kölner Kommentar zum Aktiengesetz, § 84 AktG Rn 3; *Henn,* Handbuch des Aktienrechts, S. 250 Rn 538 (6. Auflage).

[63] *Müller,* Praktische Fragen, Rn 421 (S. 352); *Bärmann,* WE, Rn 572; *Striewski* ZWE 2001, 8 (10).

[64] Vgl. *Striewski* ZWE 2001, 8 (10).

[65] BayObLGZ 1974, 305 (309); OLG Hamburg ZWE 2002, 133 (134); OLG Köln WE 1990, 171 (172); Rpfleger 1986, 298 (299); OLG Oldenburg Rpfleger 1979, 266; unklar insoweit BayObLG WE 1991, 223; Staudinger/*Bub* § 26 Rn 130; *Augustin* § 26 Rn 9; *Niedenführ* NZM 2001, 517.

[66] Vgl. *Merle,* Verwalter, S. 19.

[67] Vgl. zuletzt BGH NJW 1997, 2106 (2107) = WE 1997, 306 (307) = LM § 675 BGB Nr. 236 m. Anm. *Niedenführ;* BayObLG NJWE-MietR 1997, 182 (183) = WE 1997, 396 (397 f.); WE 1991, 223; DWE 1989, 24 (26); *Müller,* Praktische Fragen, Rn 421 (S. 352).

[68] *Merle,* Verwalter S. 18, 19, 49.

[69] Für das Gesellschaftsrecht *Mack,* S. 101, 107; für das Wohnungseigentumsrecht *Merle,* Verwalter, S. 17 f.

[70] Vgl. *K. Schmidt,* Gesellschaftsrecht, S. 422 f., welcher eine Bestellung ohne Anstellung grds. für wirksam hält wegen der gesetzlichen Regelungen in §§ 27 Abs. 3 BGB, 713 BGB; *Flume,* AT I/2, § 10 I 2, S. 345, 346; *Reichert/van Look,* S. 273 Rn 756, S. 428 Rn 1235; *Mertens,* Kölner Kommentar zum Aktiengesetz, § 84 Rn 3; Scholz/*Schneider,* GmbHG, § 35 Rn 151; Baumbach/Hueck/*Zöllner,* § 35 Rn 10; *Müller* GenG, § 24 Rn 29.

[71] Geßler/Hefermehl/Eckardt/Kropff/*Geßler* § 84 Rn 5.

[72] Für das Verbandsrecht *Flume,* AT § 10 I 2, S. 345; für das Wohnungseigentumsrecht *Bogen* ZWE 2002, 289 (293); *Schmidt* WE 1998 S. 209; *Müller,* Praktische Fragen, Rn 531 (S. 431).

[73] Ebenso *Niedenführ*/Kümmel/Vandenhouten § 26 Rn 6.

stellung gilt Entsprechendes. Nach der Trennungstheorie Sinne erlangt der Verwalter seine Rechtsstellung wirksam und allein durch die Annahme der auf den Beschluss beruhenden Bestellungserklärung. Er ist damit zur Amtsausführung berechtigt und verpflichtet; ihn treffen die gesetzlichen Rechte und Pflichten nach §§ 24, 25 Abs. 4, 27, 28 WEG. Bestätigt wird die Richtigkeit der Trennungstheorie durch § 26 Abs. 3, wonach die Verwaltereigenschaft ausschließlich durch den **Bestellungsbeschluss** nachgewiesen werden kann; auf den Verwaltervertrag kommt es nicht an.[74] Aus dem Bestellungsrechtsverhältnis folgt ein Anspruch des bestellten Verwalters auf Abschluss eines Verwaltervertrages (§ 242 BGB).

2. Die Ausführung des körperschaftlichen Aktes

27 Der Beschluss, durch den eine bestimmte Person zum Verwalter bestellt oder abberufen wird, ist zunächst ein rein interner Vorgang,[75] durch den der Betroffene noch nicht zum Verwalter wird und der Abberufene noch nicht die Verwaltereigenschaft verliert; soll der Beschluss Außenwirkungen erzeugen, so muss eine dem Beschlussinhalt entspr. rechtsgeschäftliche Erklärung erfolgen.[76]

28 Der im Beschluss zum Ausdruck kommende Willen, eine bestimmte Person zum Verwalter zu bestellen oder den Verwalter abzuberufen, muss durch die rechtsfähige WEgem verwirklicht werden. Die Bestellung bzw. Abberufung muss der betroffenen Person gegenüber durch einen Vertreter namens der WEgem zumindest konkludent erklärt werden. Diese einseitige, zugangsbedürftige Erklärung kann, wenn ein Verwalter fehlt oder zur Vertretung nicht berechtigt ist, nach § 27 Abs. 3 Satz 2 durch alle WEer, oder durch einen von den WEern nach § 27 Abs. 3 Satz 3 Ermächtigten, etwa den Abstimmungsleiter,[77] erfolgen. Ist der zu Bestellende oder Abzuberufende in der WEVers anwesend, dürfte idR in der Verkündung des Beschlusses zugleich die Erklärung der Bestellung bzw. Abberufung durch den konkludent hierzu ermächtigten Versammlungsleiter liegen und mit dem Zugang wirksam werden.

29 Gesamtrechtsnachfolger werden durch einen Bestellungs- bzw. Abberufungsbeschluss gleicherweise berechtigt und verpflichtet, wie der WEer, an dessen Stelle sie treten (vgl. §§ 1922, 1967 BGB). Beschlüsse der WEer wirken nach § 10 Abs. 4 auch gegen den Sondernachfolger.[78]

3. Das Bestellungsrechtsverhältnis

30 Mit dem Entstehen des Bestellungsrechtsverhältnisses zwischen der WEgem und dem Verwalter durch Zustimmung zur Bestellungserklärung werden kraft Gesetzes Rechte und Pflichten des Verwalters begründet, die zur Ausübung seiner Tätigkeit als Organ der WEgem und Vertreter der WEer erforderlich sind. Hierzu gehören etwa die in §§ 24, 25 Abs. 4, 27, 28 geregelten Pflichten, aber auch hieraus abgeleitete, nicht ausdrücklich normierte Pflichten wie Informationspflichten. Diese durch die Bestellung begründeten Rechte und Pflichten berechtigen und verpflichten den Verwalter **ggü den WEern** und **ggü der WEgem.** Dies ist zwar nur für die in § 27 Abs. 1 genannten Pflichten und Befugnisse ausdrücklich geregelt, muss aber auch für alle anderen auf dem Bestellungsrechtsverhältnis beruhenden Aufgaben und Befugnisse gelten, da ein sachlicher Grund für eine unterschiedliche Regelung nicht ersichtlich ist. So wäre es etwa widersprüchlich, wenn

---

[74] So auch *Bogen* ZWE 2002, 289 (290); *Wenzel* ZWE 2001, 510 (512); *Gottschalg,* Haftung, S. 5 f.; Jennißen/*Jennißen* § 26 Rn 17.

[75] Ebenso *Müller,* Praktische Fragen, Rn 421 (S. 352).

[76] BGH, NZM 2002, 788 (789); OLG Hamburg ZWE 2002, 483 (484); eingehend zur Wirkung des Beschlusses *Merle,* Verwalter, S. 47 ff.

[77] Vgl. näher *Merle,* Verwalter, S. 49.

[78] OLG Köln WE 1990, 171 für den Bestellungsbeschluss; *Augustin* § 26 Rn 9.

der Verwalter, der nach § 27 Abs. 1 Nr. 6 auch den WEern ggü verpflichtet ist, eingenommene Gelder zu verwalten, nach § 28 nur der WEgem ggü zur Abrechnung verpflichtet wäre. In Analogie zu der Neuregelung in § 27 Abs. 1, die den normativen Willen des Gesetzes zum Ausdruck bringt, muss daher für die formal unverändert gebliebenen sonstigen Pflichten des Verwalters angenommen werden, dass diese nicht nur ggü der WEgem, sondern **auch ggü den WEern** bestehen. Bestätigt wird dies durch § 21 Abs. 4, wonach der einzelne WEer einen individuellen Anspruch gegen den Verwalter auf ordnungsgemäße Verwaltung hat, wozu insbes. auch die Erfüllung der diesem kraft Gesetzes obliegenden Verpflichtungen gehört.[79]

IV. Die Begründung der Verwalterstellung

1. Allgemeines

31 Die Bestellung eines Verwalters erfolgt idR gem. § 26 Abs. 1 durch **Beschluss** der WEer.[80] Ein Verwalter kann aber auch durch **Vereinbarung** der WEer iSd § 10 Abs. 2 bestimmt[81] werden; ist die Bestellung Bestandteil der Teilungserklärung,[82] so ist sie nur **formeller Bestandteil** der Vereinbarung.[83] Ein Verwalter kann statt von den WEern unter den Voraussetzungen des §§ 21 Abs. 4 und 8, 43 Nr. 1 auch durch das Gericht als Maßnahme ordnungsmäßiger Verwaltung bestellt werden.[84]

32 Auch die **Verwalterbestellung in einer „werdenden" WEgem** unterfällt den Vorschriften des WEG.[85] Hat sich der teilende Grundstückseigentümer in der Teilungserklärung ohne weitere Einschränkungen die Befugnis vorbehalten, den ersten Verwalter zu bestellen, so endet diese Befugnis grundsätzlich mit dem Entstehen der „werdenden" WEgem. Ab diesem Zeitpunkt sind die Mitglieder berechtigt, über die Verwalterbestellung durch Beschluss zu entscheiden.[86]

2. Die Bestellung des Verwalters gem. § 26 Abs. 1

33 **a) Die Beschlusskompetenz.** Nach § 26 Abs. 1 Satz 1 beschließen die WEer über die Bestellung eines Verwalters durch Stimmenmehrheit. Die Beschlusskompetenz deckt auch Entscheidungen über die Dauer des jeweiligen Bestellungsrechtsverhältnisses, soweit die Bestellungszeit die in § 26 Abs. 1 Satz 2 bestimmte Höchstdauer von fünf Jahren nicht überschreitet (vgl. dazu Rn 44 ff.).[87] Gem. § 26 Abs. 1 Satz 3 kann die Abberufung auf das Vorliegen eines wichtigen Grundes beschränkt werden (vgl. Rn 223 f.). Dem Wortlaut der Vorschrift lässt sich nicht entnehmen, dass es hierzu einer Vereinbarung bedarf. Auch ohne eine entsprechende Vereinbarung in der GemO können die WEer anlässlich der Bestellung eines Verwalters im Rahmen ihrer Beschlusskompetenz – auch durch Regelung im Verwaltervertrag[88] – beschließen, dass *dieser* Verwalter nur aus wichtigem Grund abberufen werden kann.[89] Demgegenüber bedarf es einer Vereinbarung aller WEer, wenn die WEer die Abberufung – über das konkrete Bestellungsrechtsverhältnis mit dem zu bestellenden

---

[79] Vgl. § 21 Rn 50; s. a. *Schmid* ZfIR 2009, 721 (722).

[80] BayObLGZ 1974, 275 (278); *Bärmann,* WE, Rn 549.

[81] BayObLG WE 1992, 171.

[82] Vgl. BayObLG NJW-RR 1991, 978 (979); BayObLGZ 1974, 305 (309, 311 f.); KG WE 1987, 121.

[83] Vgl. Rn 61; aA BayObLGZ 1974, 275 (278 f.); 1974, 305 (309) = NJW 1974, 2136.

[84] Vgl. Rn 250 ff.

[85] BayObLG NJW-RR 1994, 784; zu den rechtlichen Voraussetzungen einer „werdenden" WEer-Gemeinschaft vgl. § 10 Rn 16 ff.

[86] BayObLG NJW-RR 1994, 784.

[87] Brandenb. OLG ZMR 2008, 387.

[88] Vgl. OLG Düsseldorf NZM 2005, 828 = OLGReport Düsseldorf 2006, 1.

[89] Vgl. OLG Düsseldorf NZM 2005, 828; *Drasdo* NZM 2001, 923 (926 f.); aA *Reuter* ZWE 2001, 286 (293).

Verwalter hinaus – generell auf das Vorliegen eines wichtigen Grundes beschränken wollen; ein Mehrheitsbeschluss wäre mangels Beschlusskompetenz nichtig (§ 23 Rn 10 ff.).

34 Den WEern steht nach § 26 Abs. 1 Satz 1 lediglich die Beschlusskompetenz zu, das **individuelle Bestellungsrechtsverhältnis** zu begründen und im Rahmen des gesetzlich Zulässigen auszugestalten.[90] So können die WEer etwa die Haftung des bestellten Verwalters für die Verletzung von Pflichten aus dem Bestellungsrechtsverhältnis auf Vorsatz und grobe Fahrlässigkeit beschränken. Im Rahmen ihrer Beschlusskompetenz nach § 21 Abs. 3 können die WEer über den Abschluss eines Verwaltervertrages beschließen, der eine individuelle Haftungsbeschränkung vorsieht.[91] Auch können die WEer beschließen, dass dem Verwalter zusätzliche Aufgaben und Befugnisse eingeräumt werden sollen, soweit dadurch den WEern oder dem Verwaltungsbeirat nicht für die Dauer der Bestellung die Kompetenz entzogen wird, über Angelegenheiten der Verwaltung zu entscheiden (vgl. § 27 Rn 95 f.).

35 **b) Modalitäten der Beschlussfassung.** Die Beschlussfassung über die Bestellung erfolgt idR in einer Versammlung der WEer (§ 23 Abs. 1), kann aber auch im schriftlichen Verfahren nach § 23 Abs. 3 erfolgen. Sie setzt idR die Einholung mehrerer Angebote durch die WEer voraus, um die Angemessenheit der Honorarvorstellungen beurteilen zu können.[92] Existieren mehrere Bewerber, kann unter ihnen vor der Abstimmung eine Vorauswahl getroffen werden, sofern dadurch das Recht der WEer, auch über andere Bewerber abzustimmen, nicht ausgeschlossen wird.[93] Es besteht kein Anspruch der WEer auf Anhörung von Bewerbern um das Verwalteramt in der WEVers.[94] Eine Pflicht zur Annahme der Bestellung und zur Übernahme des Verwalteramtes besteht für niemanden, auch für einen WEer nicht. Zu der Frage, wie bei der erstmaligen Bestellung eines Verwalters zu verfahren ist, insbesondere wer anstelle des vom Gesetz in § 24 vorgesehenen Verwalters zur erstmaligen Einberufung einer Versammlung berechtigt ist, s. u. Rn 65 f.

36 Wird bei der Bestellung des Verwalters gleichzeitig über mehrere Kandidaten abgestimmt, und erreicht keiner die Mehrheit der abgegebenen Stimmen iSd § 26 Abs. 1 Satz 1, so ist keiner der Kandidaten bestellt,[95] weil kein Kandidat die Mehrheit der abgegebenen Stimmen auf sich vereinigt hat.[96] Stellt der Versammlungsleiter aber die Bestellung eines Kandidaten fest, der nur die relative Mehrheit der Stimmen erlangt hat, so ist das von ihm verkündete Abstimmungsergebnis vorbehaltlich einer Beschlussanfechtung maßgeblich, weil für den Beschlussinhalt das festgestellte und verkündete Ergebnis maßgebend ist.[97]

37 Haben sich bei der Bestellung des Verwalters mehrere Kandidaten vor der Abstimmung bei den WEern „vorgestellt", so liegt schon in der Abstimmung zugunsten des ersten Bewerbers eine Entscheidung über alle Kandidaten. Der mit Stimmenmehrheit gewählte Verwalter ist unanfechtbar „bestellt", auch wenn über die Gegenkandidaten nicht abgestimmt worden ist.[98]

---

[90] *Becker/Kümmel* ZWE 2001, 128 (133); *Drasdo* NZM 2001, 923 (926 f.); *Wenzel* ZWE 2001, 226 (233).

[91] *Merle* ZWE 2001, 196 (197); *Becker/Kümmel* ZWE 2001, 128 (133); *Gottschalg,* Haftung, S. 105 f.; vgl. Rn 116.

[92] OLG Hamm ZMR 2009, 59; DWE 2008, 60 (62); ZWE 2002, 486; offen gelassen OLG München ZMR 2007, 1000; aA BayObLG WuM 1993, 488 (489).

[93] OLG Düsseldorf ZWE 2002, 185 (186) = NJW-RR 2002, 661 m. Anm. *Maroldt* ZWE 2002, 172 (173).

[94] OLG München ZMR 2007, 1000; vgl. aber Rn 40.

[95] OLG Schleswig DWE 1987, 133; *Bärmann,* WE, Rn 549; eingehend zur relativen Mehrheit: *Bader,* FS für Seuß (1987), S. 1 (7 ff.).

[96] Vgl. *Bub* ZdWBay 1992, 577 (579).

[97] Vgl. § 23 Rn 46 f.; s. a. OLG Schleswig DWE 1987, 133 f.; aA *Deckert* ZMR 2008, 585 (587).

[98] OLG Düsseldorf NJW-RR 1991, 594 (595); OLG Köln ZWE 2000, 488 (489) = NJW-RR 2000, 1616.

c) Das Stimmrecht bei der Verwalterbestellung. Bei der Abstimmung über die Verwalterbestellung ist ein WEer auch dann stimmberechtigt, wenn er selbst zum Verwalter bestellt werden soll.[99] § 25 Abs. 5 ist auf die Bestellung des Verwalters nicht anwendbar.[100] Ebenso kann der Verwalterkandidat das Stimmrecht von WEern, die er kraft Vollmacht vertritt, bei der Abstimmung über seine eigene Bestellung zum Verwalter ausüben.[101] 38

Ist abweichend vom Kopfprinzip des § 25 Abs. 2 Satz 1 – die Bestimmung des § 25 Abs. 2 ist abdingbar[102] – in der GemO eine Abstimmung nach dem Wertprinzip vereinbart worden, so wird hierin bisher keine unzulässige Beschränkung iSd § 26 Abs. 1 Satz 5 gesehen.[103] Da jede vom Kopfprinzip des § 25 Abs. 2 Satz 1 abweichende Regelung des Stimmrechts das Gewicht und damit die Wertigkeit der einzelnen Stimme verändert, lässt sich nicht generell klären, ob dadurch die Bestellung eines Verwalters erschwert und damit beschränkt wird. Entgegen der noch fast einhelligen Meinung[104] stellt eine vom Kopfprinzip abweichende Regelung des Stimmrechts (Objekt- oder Wertprinzip) eine unzulässige Beschränkung der Bestellung oder Abberufung des Verwalters iSd § 26 Abs. 1 Satz 5 dar.[105] Daher kommt ein Beschluss über die Bestellung oder Abberufung des Verwalters nur zustande, wenn eine Mehrheit nach dem Kopfprinzip erreicht wird. Eine Mehrheit nach vereinbartem Objekt- oder Wertprinzip genügt entgegen der hM nicht für die Feststellung eines positiven Beschlussergebnisses.[106] 39

d) Die Bestellung als Maßnahme ordnungsgemäßer Verwaltung. Die Bestellung des Verwalters gehört zu den Angelegenheiten der ordnungsgemäßen Verwaltung. Die Beschlussfassung muss daher nach § 21 Abs. 3, 4 ordnungsmäßiger Verwaltung entsprechen.[107] Liegt ein Verstoß gegen die Grundsätze ordnungsgemäßer Verwaltung vor, weil gravierende Bedenken, insbesondere ein wichtiger Grund in der Person des Kandidaten gegen seine Bestellung zum Verwalter sprechen,[108] etwa weil er zuvor aus wichtigem Grund abberufen worden ist, so ist der Beschluss im Falle einer Anfechtung nach § 43 Nr. 4 für ungültig zu erklären.[109] Ein Verstoß gegen die Grundsätze ordnungsgemäßer Verwaltung kann insbesondere dann gegeben sein, wenn der Mehrheitseigentümer sein absolutes Stimmübergewicht rechtsmissbräuchlich zur Bestellung eines persönlich und 40

---

[99] Siehe z. B. BayObLG WE 1990, 67; eingehend zum Problem der Stimmberechtigung: *Merle,* Verwalter, S. 31 ff.; *Gottschalg* DWE 2001, 51 (52); § 25 Rn 104.

[100] KG NJW-RR 1987, 268; OLG Düsseldorf WE 1996, 70 (71); OLG Saarbrücken WE 1998, 69 (72).

[101] *Bub* ZdWBay 1992, 577 (580) mwN; BayObLG WuM 1993, 488 (489); OLG Hamburg ZWE 2002, 483 für den bisherigen Verwalter; zu der Frage, wann eine Stimmrechtsausübung in diesen Fällen missbräuchlich ist vgl. § 25 Rn 136.

[102] BayObLG WE 1990, 111; OLG Zweibrücken OLGZ 1990, 186 (187) = WE 1990, 108.

[103] BGH NZM 2002, 995 (997); BayObLG Rpfleger 1982, 143 f.; BayObLGZ 1981, 220 (225 f.); OLG Zweibrücken OLGZ 1990, 186 (187); OLG Karlsruhe Die Justiz 1983, 412; OLG Hamm OLGZ 1978, 184 (185 f.); OLG Frankfurt/M. Rpfleger 1978, 415; KG Rpfleger 1978, 24 mit zustimmender Anm. von *Merle;* OLG Saarbrücken WE 1998, 69 (72); *Bub* ZdWBay 1992, 577 (580).

[104] BGH NZM 2002, 995 (997); vgl. § 25 Rn 31.

[105] So schon AG Berlin-Schöneberg ZMR 1976, 316; *Pfennig/Duske* ZMR 1976, 289 (290); *Groß* ZMR 1977, 67.

[106] Vgl. § 25 Rn 31; aA noch *Merle* ZWE 2009, 15 (22).

[107] OLG Düsseldorf NJW 2006, 3645; ZMR 2008, 472; BayObLG WE 1991, 167 (168); WE 1990, 111 (112); WE 1990, 68; OLG Stuttgart NJW-RR 1986, 315 (317) = DWE 1987, 31.

[108] OLG Düsseldorf NJW 2006, 3645; BayObLG WE 1991, 167 (168); WE 1990, 111 (112); WE 1990, 68; OLG Stuttgart NJW-RR 1986, 315 (317); umfassend *Elzer* ZMR 2001, 418 (420 ff.).

[109] OLG Stuttgart NJW-RR 1986, 315 (317); *Ott* ZMR 2007, 584 ff.; zu den Rechtsfolgen einer Ungültigerklärung s. u. Rn 234 ff.

fachlich ungeeigneten Verwalters seines Vertrauens einsetzt;[110] in solchen Fällen ist die persönliche Eignung des Verwalters besonders kritisch zu prüfen.[111] Eine Pflicht, persönlich anwesende Bewerber für das Verwalteramt anzuhören, besteht grds nicht.[112] Persönliche Vorstellung und Anhörung in der WEVers anwesender Bewerber sind aber erforderlich, wenn sich die WEer nur so ein ausreichendes Bild von ihnen machen können; denn die Verwalterstellung basiert auf persönlichem Vertrauen, so dass eine persönliche Vorstellung unbekannter Bewerber für eine ordnungsmäßige Willensbildung erforderlich ist.[113]

41 Ein **wichtiger Grund gegen die Bestellung** liegt entspr. den für die Abberufung eines Verwalters geltenden Grundsätzen[114] vor, wenn unter Berücksichtigung aller, nicht notwendig vom Verwalter verschuldeter Umstände[115] nach Treu und Glauben eine Zusammenarbeit mit dem zu bestellenden Verwalter unzumutbar und das erforderliche Vertrauensverhältnis von Anfang an nicht zu erwarten ist.[116] Das ist der Fall, wenn Umstände in der Person des Verwalters vorliegen, die ihn als unfähig oder ungeeignet für dieses Amt erscheinen lassen,[117] etwa wenn er sich einer Untreue strafbar gemacht hat (außer bei positiver Prognose),[118] wenn die begründete Besorgnis fehlender Neutralität besteht,[119] wenn er zuvor aus wichtigem Grund abberufen wurde,[120] oder wenn Pflichtverletzungen seine erneute Bestellung nicht mehr vertretbar erscheinen lassen, weil er über mehrere Jahre weder Jahresabrechnungen noch Wirtschaftspläne zur Beschlussfassung vorgelegt hat.[121] Zwischen Bestellung und Abberufung besteht jedoch ein wesentlicher Unterschied: Mit der Abberufung hat sich die Mehrheit der WEer gegen, mit der Bestellung aber für einen bestimmten Verwalter ausgesprochen. Für die Beurteilung, ob ein **wichtiger, gegen die Bestellung sprechender Grund** vorliegt, sind daher schärfere Maßstäbe anzulegen als bei der Abberufung, weil nicht ohne zwingenden Grund in die Mehrheitsentscheidung der WEer eingegriffen werden darf.[122] Der wichtige Grund muss im Zeitpunkt der Beschlussfassung vorliegen, jedoch kann die weitere Entwicklung der Verwaltungsführung berücksichtigt werden.[123]

42 Die vom Verwalter für seine Tätigkeit verlangte **Höhe der Vergütung**[124] kann ebenso wie die Entgegennahme von Provisionen beim Abschluss von Versicherungsverträgen für die Gemeinschaft[125] als wichtiger Grund gegen dessen Bestellung zum Verwalter sprechen.

---

[110] OLG Düsseldorf WuM 1995, 610 (611); ZMR 472 (473); OLG Zweibrücken WE 1990, 108; BayObLG WE 1997, 115 (116) = NJWE-MietR 1997, 16; ZWE 2001, 22 (24) = NZM 2001, 672; ZWE 2001, 550 (552); ZWE 2002, 360 (361); LG Mönchengladbach ZMR 2007, 895 (897).

[111] BGHZ 152, 46 = ZMR 2002, 930 (936); OLG Saarbrücken ZMR 1998, 50.

[112] OLG München ZWE 2008, 34 m. Anm. Drabek; *Elzer* ZMR 2009, 7 (11); OLG Düsseldorf ZMR 2008, 472 f.

[113] *Kümmel* MietRB 2008, 145.

[114] Gegen entspr. Anwendung der Grundsätze *Elzer* ZMR 2001, 418 (419 ff.).

[115] BayObLG WE 1990, 68.

[116] BayObLG WE 1991, 167 (168); WuM 1997, 397 (398) = NJW-RR 1998, 302 = WE 1997, 439; ZWE 2001, 432 (435 f.) = NZM 2001, 754; vgl. Rn 186 ff. zur Abberufung aus wichtigem Grund.

[117] BayObLG WuM 1989, 264 (265).

[118] OLG Köln ZMR 2008, 734.

[119] AG Hamburg ZMR 2008, 841 f.

[120] Differenzierend *Elzer* ZMR 2001, 418 (420).

[121] OLG München ZMR 2007, 807 (809).

[122] OLG Köln ZMR 2008, 734; KG ZMR 2007, 801 f.; OLG München ZMR 2007, 807 (809); OLG Frankfurt, OLG Report 2006, 136; 2005, 378; BayObLG WE 1991, 167 (168); WE 1990, 111 (112); WE 1990, 68; OLG Köln NZM 1999, 128; AG Hannover ZMR 2008, 842 (844); aA AG Hamburg ZMR 2008, 575 (576); *Ott* ZMR 2007, 586.

[123] BayObLG ZMR 2005, 561; LG Konstanz ZMR 2008, 329.

[124] Vgl. BayObLG WE 1990, 111 (112); ZWE 2001, 22 (24) = NZM 2001, 672.

[125] Vgl. BayObLG WE 1990, 68.

Liegt die Vergütung des Verwalters um rund 40% über den Konkurrenzangeboten, entspricht die Bestellung nur dann ordnungsmäßiger Verwaltung, wenn dafür ein sachlicher Grund gegeben ist.[126] Ein wichtiger Grund gegen die Wiederbestellung des Verwalters, dessen Zustimmung zur Veräußerung von WE nach § 12 erforderlich ist, liegt auch dann vor, wenn der Verwalter den WEern seine Dienste als Immobilienmakler beim Verkauf anbietet, denn wegen des damit institutionalisierten Konflikts mit den Interessen des Käufers kann der Verwalter nicht Makler der WEer sein.[127] Hingegen kann eine im Strafregister getilgte Vorstrafe nicht als Begründung dafür herangezogen werden, dass die Verwalterbestellung gegen die Grundsätze ordnungsgemäßer Verwaltung verstoße; denn getilgte Vorstrafen haben nach § 51 Abs. 1 BZRG unberücksichtigt zu bleiben und müssen auch auf entspr. Fragen von dem Verurteilten nicht offenbart werden.[128] Auch führt nicht jeder in der Vergangenheit begangene Abrechnungsfehler des Verwalters dazu, dass seine erneute Bestellung als Verstoß gegen die Grds. ordnungsmäßiger Verwaltung angesehen werden kann; erst bei einer groben Pflichtverletzung – etwa Anwendung eines falschen Verteilungsschlüssels – widerspricht die erneute Bestellung ordnungsmäßiger Verwaltung.[129] Ist **zweifelhaft,** ob die **Abberufung eines Verwalters wirksam** ist, widerspricht es regelmäßig ordnungsgemäßer Verwaltung, vor Klärung der Zweifel einen neuen Verwalter zu bestellen, da dann die Gefahr besteht, doppelte Vergütung zahlen zu müssen.[130]

Der Beschluss über die Bestellung des Verwalters soll sich nur dann im Rahmen ordnungsmäßiger Verwaltung halten, wenn „die Bestellung" nicht wenigstens die **wichtigsten Elemente des Verwaltervertrages,** nämlich die **Vertragslaufzeit** und die **Vergütung** mitregelt.[131] Diese Ansicht ist Folge der überwundenen Vertragstheorie, welche ohne Vertrag keinen wirksam bestellten Verwalter anerkennt und lässt unberücksichtigt, dass nach der herrschenden Trennungstheorie strikt zwischen der Bestellung des Verwalters als Organisationsakt einerseits und dem Verwaltervertrag andererseits zu unterscheiden ist.[132] Eine isolierte Bestellung des Verwalters ohne gleichzeitige Regelung von Elementen eines Verwaltervertrages widerspricht daher idR nicht ordnungsmäßiger Verwaltung. Wird nämlich der Bestellungszeitraum nicht geregelt, liegt eine Bestellung auf unbestimmte Zeit vor (Rn 54). Aus dem Bestellungsrechtsverhältnis folgt ein Anspruch des Verwalters (§ 242 BGB) auf Abschluss eines Verwaltervertrages, auf Grund dessen er mangels Vergütungsregelung nach §§ 675, 612 BGB die branchenübliche Vergütung verlangen kann (Rn 132). Die wichtigsten Elemente des abzuschließenden Verwaltervertrages, nämlich Vertragsdauer und Verwaltervergütung, brauchen daher bei der Bestellung nicht mitbeschlossen zu werden. Werden im Bestellungsbeschluss auch schuldrechtliche Vertragsbestandteile geregelt, liegt eine gleichzeitige Regelung von Bestellungsrechts- und Anstellungsverhältnis vor. 43

e) Die Dauer der Bestellung. aa) Die Bestellung auf bestimmte Zeit. Die WEer können den Verwalter für eine bestimmte Zeit bestellen. Nach § 26 Abs. 1 Satz 2 darf, in Anlehnung an § 84 Abs. 1 Satz 1 AktG, die Bestellung des Verwalters nur auf höchstens fünf Jahre vorgenommen werden. Durch diese, im Jahre 1973 eingeführte[133] zeitliche 44

---

[126] OLG München ZMR 2007, 1000.

[127] BayObLG WE 1997, 439 (440) = WuM 1997, 397 (398) = NJW-RR 1998, 302; s. Rn 20.

[128] KG WuM 1993, 761 (762); KG NJW-RR 1989, 842 (843) = WE 1989, 168; vgl. *Bader,* FS für Seuß (1987), S. 1 (3 f.) mwN.

[129] OLG Köln NZM 1999, 128; vgl. dazu *Sauren* WE 1999, 99.

[130] KG GE 1990, 439.

[131] OLG Düsseldorf NJW 2006, 3645; OLG Hamm ZWE 2002, 486; kritisch hierzu Niedenführ/*Kümmel*/Vandenhouten § 26 Rn 20.

[132] Vgl. Rn 21 ff.

[133] Vgl. Art. 1 Nr. 5 des Gesetzes zur Änderung des WEG und der Verordnung über das Erbbaurecht vom 30. 7. 1973 (BGBl. I, 910).

Begrenzung soll eine unbefristete, unwiderrufliche oder sich über Jahrzehnte hin erstreckende Bestellung eines Verwalters unterbunden und damit den WEern eines ihrer wichtigsten Eigentumsrechte erhalten werden.[134] Die Regelung soll die WEer in die Lage versetzen, den Verwalter nach fünf Jahren ohne das Erfordernis einer Abwahl durch einen anderen ersetzen zu können.[135]

45 Im Fall der **ersten Bestellung eines Verwalters nach Begründung von WE** darf dieser nach § 26 Abs. 1 Satz 2 2. Halbs. allerdings nur für höchstens drei Jahre bestellt werden. Da Bauträger bei der Begründung von WE den ersten Verwalter idR auf die Höchstdauer von fünf Jahren bestellen, die Frist für die Verjährung von Mängelansprüchen bei neu errichteten Wohnungen nach § 634a Abs. 1 Nr. 2 BGB ebenfalls fünf Jahre beträgt, birgt der Gleichlauf von Bestellungsdauer und Verjährungsfrist die Gefahr von Interessenkonflikten in sich. Um diese zu vermeiden, ist im Jahre 2007[136] die Bestellungszeit für die erste Bestellung eines Verwalters generell auf drei Jahre begrenzt worden, auch wenn in concreto die Gefahr eines Interessenkonflikts nicht vorliegt.[137] Diese Regelung ist anwendbar auf die erstmalige Bestellung eines Verwalters nach dem 1. 7. 2007, nicht auf Bestellungen aus der Zeit davor.

46 § 26 Abs. 1 Satz 2 2. Halbs. betrifft insbesondere die Fälle, in denen der teilende Alleineigentümer bereits in der mit der **Teilungserklärung** verbundenen GemO entsprechend §§ 8 Abs. 2, 5 Abs. 4 die **erste Bestellung eines Verwalters** vornimmt. Da WE in diesen Fällen erst mit der Anlegung der Wohnungsgrundbücher durch Eintragung aller WE-Rechte in dieselben begründet wird, erfolgt dieser erste Bestellungsakt genau genommen schon *vor* der Begründung von Wohnungseigentum, so dass er zwar vom Wortlaut der Neuregelung nicht erfasst wird. Da die Bestellungszeit des so bestellten Verwalters frühestens erst mit der Entstehung der werdenden Gemeinschaft der WEer, also nach der Begründung von WE beginnt,[138] rechtfertigen Sinn und Zweck des § 26 Abs. 1 Satz 2 2. Halbsatz aber seine Anwendbarkeit in diesen Fällen;[139] denn gerade hier besteht die Gefahr von Interessenskonflikten, die durch die Neuregelung verhindert werden sollen. Wird ein nach § 5 Abs. 4 WEG bestellter erster Verwalter nur für die Dauer von wenigen Monaten bestellt, damit nach Ablauf seiner Bestellungszeit unter Ausnutzung einer noch bestehenden Stimmenmehrheit des Bauträgers der zweite, dem Bauträger nahe stehende Verwalter für die dann zulässige Höchstdauer von fünf Jahren bestellt werden kann, dürfte dies in der Regel als Umgehungsgeschäft ebenfalls nichtig sein.

47 § 26 Abs. 1 Satz 2 2. Halbsatz gilt aber auch, wenn die **erste Verwalterbestellung** nach der Begründung von WE durch **Beschluss** der WEer gem. § 26 Abs. 1 erfolgt. Da die erste Bestellung nach der Begründung von WE – nicht die Bestellung des ersten Verwalters – auf höchstens drei Jahre vorgenommen werden darf, gilt dies auch für die Fälle, in denen etwa durch *einen* Beschluss der WEer sowohl der erste Verwalter für die Dauer von drei Jahren, als auch schon der nachfolgende Verwalter, etwa für fünf Jahre, bestellt wird; in einem solchen Fall ist die Bestellung schon des nachfolgenden Verwalters wegen Verstoßes gegen die zulässige Höchstdauer der Bestellungszeit von drei Jahren bei der ersten Bestellung eines Verwalters nach § 134 BGB nichtig. Nach Ablauf dieser Zeit sollen die WEer frei in der Bestellung des nachfolgenden Verwalters sein; andernfalls wäre die Gefahr von Interessenkonflikten, denen die Neuregelung gerade vorbeugen will, nicht gebannt.

---

134 Vgl. Amtl. Begründung = PiG 8, S. 254.

135 Vgl. Amtl. Begründung = PiG 8, S. 250.

136 Vgl. BT-Druchsache 16/3843 S. 51; zu Möglichkeiten der Umgehung s. *Merle,* ZWE 2007, 233f.

137 *Abramenko* § 5 Rn 39.

138 Vgl. Rn 51.

139 Ebenso *Abramenko* § 5 Rn 40; *Schmidt* ZMR 2009, 725 (734).

Die Vorschrift des § 26 Abs. 1 Satz 2 ist **nicht** durch Vereinbarung der WEer **abdingbar,** da dies eine nach Satz 5 unzulässige Beschränkung der Bestellung oder Abberufung wäre.[140] 48

Die WEer können durch Vereinbarung generell oder Beschluss individuell die Amtsdauer des Verwalters regeln, sie aber nicht über den Zeitraum von fünf Jahren, bzw. drei Jahren bei der ersten Bestellung, hinaus verlängern. Eine Verwalterbestellung, die über die Dauer von fünf bzw. drei Jahren hinausgeht, ist insoweit nach § 134 BGB nichtig, im Übrigen ist sie aber entgegen der Auslegungsregel des § 139 BGB bis zum Ablauf der Höchstfrist gültig; denn es ist anzunehmen, dass der Verwalter, der für einen längeren Zeitraum als fünf bzw. drei Jahre bestellt worden ist, wenigstens für den gesetzlich zulässigen Zeitraum von fünf bzw. drei Jahren bestellt sein soll.[141] In einem solchen Fall endet die Amtsdauer automatisch mit dem Ablauf von fünf bzw. drei Jahren. 49

Die **Bestellung mehrerer Verwalter** nacheinander darf nach hM zusammen nicht den Zeitraum von fünf Jahren übersteigen.[142] Dies soll auch für eine turnusmäßige Verwalterbestimmung durch Regelung in einer Vereinbarung gelten.[143] Durch § 26 Abs. 1 Satz 2 solle eine langfristige Bindung der WEer verhindert und vermieden werden, dass in der GemO im Voraus verschiedene Verwalter nacheinander bestellt würden und so den WEern die Kompetenz zur Bestellung eines Verwalters genommen würde.[144] Dieser Auffassung kann jedoch nicht im vollen Umfang gefolgt werden. Ein Verstoß gegen § 26 Abs. 1 Satz 2 kann nicht angenommen werden, wenn die WEer **durch Beschluss** verschiedene Verwalter nacheinander für mehrere (etwa) fünfjährige Amtsperioden bestimmen. Zwar kann ein Verwalter nach dieser Vorschrift auf höchstens fünf Jahre bestellt werden. Diese fünfjährige Frist beginnt jedoch erst in dem Zeitpunkt zu laufen, in dem der Verwalter seine Tätigkeit aufzunehmen hat,[145] weshalb nicht der Tag der Bestellung, sondern der Tag der Aufnahme der Tätigkeit durch den jeweiligen Verwalter entscheidend ist. Auch aus § 26 Abs. 2, wonach die wiederholte Bestellung eines Verwalters frühestens ein Jahr vor Ablauf der Bestellungszeit zulässig ist, kann nichts anderes hergeleitet werden. Diese Bestimmung betrifft ersichtlich nur den Fall der wiederholten Bestellung. Hätte der Gesetzgeber auch die Bestellung eines anderen als des amtierenden Verwalters früher als ein Jahr vor Ablauf der Bestellungszeit als unzulässig angesehen, so hätte er den § 26 Abs. 2 anders formuliert. Demgemäß können die WEer **durch Beschluss** mehrere Verwalter für fünfjährige Amtsperioden bestimmen,[146] sofern dies nicht ordnungsgemäßer Verwaltung widerspricht. Soweit eine solche Regelung jedoch **durch Vereinbarung** erfolgt, ist sie als nach § 26 Abs. 1 Satz 5 unzulässige Beschränkung der Bestellung des Verwalters nichtig. Bei der erstmaligen Bestellung eines Verwalters, dessen Bestellungszeit auf drei Jahre begrenzt ist, würde die bei der ersten Bestellung gleichzeitig erfolgende Bestellung schon des nachfolgenden Verwalters gegen §§ 26 Abs. 1 Satz 2, 134 BGB verstoßen, denn im Fall der ersten Bestellung nach der Begründung von WE darf die Bestellung eines oder mehrerer Verwalter nur auf drei Jahre vorgenommen werden. 50

(1) Der Beginn der Bestellungszeit. Welcher Zeitpunkt für den Beginn der Bestellungszeit maßgebend ist, ist umstritten. So soll der Bestellungsakt[147] bzw. der Zeitpunkt der Annahme der Bestellung durch den Verwalter[148] maßgeblich sein; werde die Bestellung 51

---

140 IErg ebenso *Abramenko* § 5 Rn 39; Palandt/*Bassenge* § 26 Rn 2.

141 OLG München ZMR 2007, 989 (990); vgl. LG Köln Mitt. RhNotk 1984, 121; *Bärmann,* WE, Rn 551; *Bub* ZdWBay 1992, 577 (580); *Merle,* Verwalter, S. 67; *Abramenko* § 5 Rn 39.

142 *Bärmann,* WE, Rn 551.

143 LG Freiburg WuM 1994, 406.

144 Soergel/*Stürner* § 26 Rn 4.

145 S. sogleich unten Rn 51.

146 Vgl. hierzu auch BayObLG WE 1992, 234.

147 LG Bremen Rpfleger 1987, 199; *Seuß* S. 419.

148 *Bärmann,* WE, Rn 573; *Müller,* Praktische Fragen, Rn 420 (S. 352) für die GemO und Rn 421 (S. 352) für den Beschluss.

bereits in der Teilungserklärung vorgenommen, soll wegen der Vorschrift des § 8 Abs. 2 Satz 2 die Frist mit der Anlegung der Wohnungsgrundbücher beginnen, weil erst dann die WEgem rechtswirksam begründet werde.[149] Richtigerweise ist zu differenzieren. Bei einer **bestehenden Gemeinschaft** sollte der Amtsbeginn des neu bestellten Verwalters im Bestellungsbeschluss bzw. der Bestellungserklärung festgelegt werden. So kann der Beginn des Verwalteramtes mit dem Ende des Amtes des Vorgängers in Einklang gebracht werden. Fehlt eine Regelung bei der Bestellung,[150] ist mit der hM in der Lit.[151] maßgeblich, wann der Verwalter seine Tätigkeit aufzunehmen hat. Dies ist allgM im Körperschaftsrecht[152] und es ist sachgerecht, den Verwalterwechsel im WE-Recht einem Organwechsel im Körperschaftsrecht gleichzusetzen. Im Unterschied zum Körperschaftsrecht ist die Bestellung eines Verwalters aber nicht konstitutive Voraussetzung für das Entstehen einer WEgem. Während im Körperschaftrecht[153] aus der Unverzichtbarkeit eines Organs für die Entstehung der Gesellschaft gefolgert wird, dass die Amtszeit des ersten Vorstandes mit der Bestellung und nicht erst mit der Eintragung der Gesellschaft beginne, ist im WE-Recht maßgeblich, wann im **Gründungsstadium** die Anwendbarkeit des WEG beginnt. Erst dann kann ein in der GemO Bestellter den maßgeblichen Vorschriften des WEG unterfallen. Die neuere Lit.[154] spricht treffend von der rechtlichen Verwaltungsmöglichkeit als Voraussetzung für den Beginn der Bestellungszeit. Mithin beginnt das Verwalteramt im Gründungsstadium mit dem Entstehen der werdenden Gemeinschaft.[155] Zu betonen ist, dass der Beginn des Verwalteramtes unabhängig vom Abschluss des Verwaltervertrages ist (Rn 25). Mit der Trennungstheorie werden die Probleme bei der Erlangung der Rechtsstellung im Gründungsstadium überwunden. Der Amtsbeginn des Verwalters ist nicht aufgeschoben bis zum oft schwer nachweisbaren Abschluss eines Anstellungsvertrages mit den Erwerbern.[156]

52 **(2) Höchst- und Mindestdauer der Bestellung.** Wird die Bestellung des Verwalters ausdrücklich auf eine **bestimmte Zeit** vorgenommen, so kann dies unterschiedliche Bedeutung haben. Soll die Zeitbestimmung sowohl **Mindestdauer als auch Höchstdauer** der Bestellung sein, so ist eine Abberufung innerhalb dieses Zeitraumes nur aus wichtigem Grund möglich. Wollen die WEer mit dem festgelegten Zeitpunkt **nur die Höchstdauer** der Bestellung bestimmen, so kann der Verwalter jederzeit durch einfache Stimmenmehrheit abberufen werden. Ist die Bestellung hingegen **nur als Mindestdauer** vorgesehen, ist die Abberufung bis zum Ablauf der Mindestdauer wiederum nur aus wichtigem Grund möglich; danach liegt eine Bestellung auf unbestimmte Zeit bis zur gesetzlich festgelegten Höchstdauer von fünf Jahren vor.[157] Ist die Abberufung für eine bestimmte Zeit ausgeschlossen, so gilt dies als Bestellung für eine bestimmte Mindestdauer.[158]

53 **bb) Die Bestellung auf unbestimmte Zeit.** Der Verwalter kann auch auf unbestimmte Zeit bestellt werden. Eine Bestellung auf unbestimmte Zeit liegt vor, wenn sie

---

149 LG Bremen Rpfleger 1987, 199.

150 Für diesen Vorrang *Sauren* § 26 Rn 9, welcher bei fehlender Festlegung aber eine sofortige Wirksamkeit aus § 271 BGB folgert.

151 Staudinger/*Bub* § 26 Rn 28.

152 *Mertens* § 84 AktG Rn 15; *Geßler/Hefermehl/Eckhardt/Kropff* § 84 Rn 21, welche den Beginn der Amtszeit mit der Tätigkeitsaufnahme gleichsetzen.

153 *Geßler/Hefermehl/Eckhardt/Kropff* § 84 Rn 22.

154 *Müller* WE 1997, S. 448 = ZdWBay 1998, 192; zum gleichen Ergebnis kommt auch *Drasdo,* FachV 2, S. 84 (87).

155 Vgl. § 10 Rn 16 ff.; aA *Schmidt* ZMR 2009, 725 (734): mit Beurkundung der TE und Annahme durch Bestellten.

156 AA Staudinger/*Bub* § 26 Rn 184, 217, 224 ff. auf Grund der Vertragstheorie.

157 Vgl. auch *Bärmann,* WE, Rn 551.

158 Zu den Einzelheiten: *Merle,* Verwalter, S. 26 ff.

ausdrücklich „auf unbestimmte Zeit" vorgenommen wird. Allerdings unterliegt auch eine solche Bestellung der in § 26 Abs. 1 Satz 2 vorgesehenen Höchstfrist von fünf bzw. drei Jahren.[159] Die Bestellung auf unbestimmte Zeit hat zur Folge, dass der Verwalter jederzeit mit Stimmenmehrheit abberufen werden kann.

Ob auch dann eine Bestellung auf unbestimmte Zeit anzunehmen ist, wenn eine Dauer nicht bestimmt ist, und sich eine solche auch nicht durch Auslegung oder aus dem Verwaltervertrag entnehmen lässt, erscheint zweifelhaft. Im Aktienrecht wird in diesem Fall zumeist von einer zeitlich bestimmten, nämlich fünfjährigen Bestellung ausgegangen,[160] weil in der Praxis eine kürzere Bestellung ohne besonderen Anlass nur selten vorkomme. Für die Bestellungszeit des Verwalters in einem solchen Falle sind die Auswirkungen auf die Abberufung maßgeblich. Ist von einer Bestellung auf unbestimmte Zeit auszugehen, kann der Verwalter jederzeit durch Stimmenmehrheit abberufen werden. Bei der Annahme einer Bestellung auf fünf Jahre kann der Verwalter hingegen nur noch aus wichtigem Grund abberufen werden, sofern es sich nicht lediglich um eine Höchstfrist handeln soll.[161] Da die Beschränkung der Abberufung auf einen wichtigen Grund Ausnahmecharakter hat, muss eine Bestellung auf unbestimmte Zeit angenommen werden, wenn die Bestellungsdauer weder bestimmt noch durch Auslegung zu ermitteln ist, so dass der Verwalter jederzeit abberufen werden kann.[162] **54**

cc) Die wiederholte Bestellung gem. § 26 Abs. 2. Nach § 26 Abs. 2 ist eine wiederholte Bestellung des Verwalters zulässig. Dadurch soll verhindert werden, dass sich die WEer lediglich im Hinblick auf die Befristung der Bestellung von einem bewährten Verwalter trennen müssen.[163] Die erneute Bestellung bedarf eines Beschlusses der WEer, der **frühestens ein Jahr** vor Ablauf der Bestellungszeit gefasst werden kann. Damit soll eine Verlängerung der fünfjährigen Bestellungszeit, also eine Umgehung des § 26 Abs. 1 Satz 2 durch eine erneute Bestellung lange vor Ablauf der Bestellungszeit unterbunden werden.[164] Auch für die wiederholte Bestellung gilt die Höchstfrist des § 26 Abs. 1 Satz 2, d. h. auch sie darf maximal nur auf fünf Jahre erfolgen. Die Bestellungszeit der Wiederbestellung beginnt – sofern nicht ein früherer Termin vereinbart wurde – mit dem Ende der abgelaufenen Bestellungszeit. Wie auch sonst ist für die Frist nicht der Zeitpunkt des Bestellungsbeschlusses, sondern die Übernahme der Tätigkeit entscheidend.[165] Ein Beschluss über die **Fortsetzung des Verwaltervertrages** kann als Beschluss über die **erneute Bestellung** des Verwalters ausgelegt werden.[166] **55**

Problematisch ist eine erneute Bestellung, die mehr als ein Jahr vor Ablauf der Bestellungszeit beschlossen wird **(„sog. verfrühter Bestellungsbeschluss").** Soll die erneute Bestellung mehr als ein Jahr vor Ablauf der Bestellung erst mit Ablauf der Bestellungszeit wirksam werden, so könnte die Fünf-Jahresfrist des § 26 Abs. 1 Satz 2 leicht umgangen und damit deren Zweck vereitelt werden; die WEer könnten sich durch eine Aneinanderreihung mehrerer Bestellungsbeschlüsse über einen wesentlich längeren Zeitraum als von fünf Jahren an einen Verwalter binden.[167] Ein solcher Wiederbestellungsbeschluss verstößt daher gegen § 26 Abs. 2 und ist nichtig.[168] **56**

---

[159] LG Frankfurt/M. Rpfleger 1984, 14 (15); *Bärmann,* WE, Rn 551.

[160] Baumbach/*Hueck,* AktG, § 84 Anm. 5; *Mertens,* Kölner Kommentar zum AktG, § 84 AktG Rn 11.

[161] Wegen der Vorschrift des § 84 Abs. 3 AktG spielt diese Problematik im Aktienrecht keine Rolle.

[162] Vgl. *Merle,* Verwalter, S. 68 f.

[163] Amtliche Begründung PiG 8, S. 254.

[164] Vgl. *Merle,* Verwalter, S. 69.

[165] Ebenso *Müller,* Praktische Fragen, Rn 424 (S. 355); ausführlich Rn 51.

[166] OLG Schleswig ZWE 2007, 51 (54).

[167] Siehe eingehender *Merle,* Verwalter, S. 70; vgl. OLG Hamm OLGZ 1990, 191 (192) = WE 1990, 104.

[168] KG WE 1998, 66 (68); *Müller,* Praktische Fragen, Rn 424 (S. 354).

57 Davon ist eine Ausnahme zu machen, wenn die erneute Bestellung mehr als ein Jahr vor Ablauf der Bestellungszeit mit **sofortiger Wirkung** beschlossen und dadurch die Gesamtdauer der Bestellung auf über fünf Jahre ausgedehnt wird. Ein solcher Wiederbestellungsbeschluss, bei dem die neue Amtszeit mit der Neubestellung zu laufen beginnt, ist wirksam.[169] Dem steht zwar der Wortlaut des § 26 Abs. 2, nicht aber der Zweck des § 26 Abs. 1 Satz 2 entgegen. Dieser verbietet ein solches Vorgehen nicht, denn die WEer binden sich nicht länger als fünf Jahre.[170] § 26 Abs. 2 wiederum dient nur dazu, die ratio des § 26 Abs. 1 Satz 2 zu verwirklichen, indem Umgehungen des § 26 Abs. 1 Satz 2 verhindert werden sollen. Daraus folgt, dass Maßnahmen, die dem Zweck des § 26 Abs. 1 Satz 2 nicht zuwiderlaufen, zulässig sein müssen, auch wenn der Wortlaut des § 26 Abs. 2 entgegensteht (teleologische Reduktion des § 26 Abs. 2[171]). Ferner ist eine Bestellung zulässig, die zwar **nicht mit sofortiger Wirkung** beschlossen wird, sondern erst ein halbes Jahr nach der Beschlussfassung wirksam werden soll.[172] § 26 Abs. 2 erlaubt auch sonst für den Fall der Widerbestellung eine Bindung auf maximal sechs Jahre[173] ab Beschlussfassung. Ebenso wie bei einem Beschluss über die Bestellung mit sofortiger Wirkung liegt daher kein Widerspruch zum Zweck des § 26 Abs. 2 vor, wenn die Bestellung innerhalb eine Jahres ab Beschlussfassung wirksam werden soll und so die erlaubte Bindung von bis zu sechs Jahren nicht überschritten wird.

58 Des Weiteren kann eine erneute Bestellung, die mehr als ein Jahr vor Ablauf der Bestellungszeit erfolgt, zulässigerweise beschlossen werden, sofern dadurch die **Bestellungszeit insgesamt fünf Jahre nicht übersteigt.**[174] Denn wenn schon von vornherein eine fünfjährige Bestellungszeit zulässig ist, dann muss eine solche auch möglich sein, wenn der Verwalter schon bestellt ist, sofern nur die zulässige Gesamtdauer nicht überschritten wird.

59 Es besteht keine generelle Verpflichtung des Verwalters, die Frage der Neubestellung des Verwalters länger als ein Jahr vor Ablauf der Bestellungszeit auf die Tagesordnung einer WEVers zu setzen, obwohl ein WEer, wenn sachliche Gründe vorliegen, nach § 21 Abs. 4 gegen den Verwalter einen Anspruch auf Behandlung eines bestimmten Punktes in einer ordentlichen WEVers hat. Insbesondere würde bei einer solchen Verfahrensweise eine wiederholte Bestellung des bisherigen Verwalters gem. § 26 Abs. 2 ausgeschlossen, da ein Beschluss hierüber frühestens ein Jahr vor Ablauf der Bestellungszeit gefasst werden kann.[175] Es widerspricht nicht ordnungsmäßiger Verwaltung, wenn bei der **erneuten Bestellung** des Verwalters **keine Alternativangebote** vorgelegt werden.[176]

60 **dd) Verlängerungsklauseln.** Die Bestellungszeit kann sich auch ohne erneuten Beschluss der WEer verlängern, wenn eine entspr. Verlängerungsklausel im Erstbeschluss oder in der GemO (Anhang zur Teilungserklärung) enthalten ist. Voraussetzung für eine zulässige Verlängerungsklausel im Bestellungsbeschluss ist, dass die Gesamtbestellungszeit nicht mehr als fünf Jahre beträgt.[177] Es kann daher ein Verwalter auf 3 Jahre bestellt werden mit der Maßgabe, dass sich seine Bestellung um 2 Jahre verlängert, falls er nicht zuvor abberufen wird. Die Klausel könnte auch dahingehend abgefasst werden, dass der Verwalter für die

---

169 BGH NJW-RR 1995, 780 (781); OLG Hamm OLGZ 1990, 191 (193); AG Siegburg ZMR 2009, 83 (84); *Bub* ZdWBay 1992, 577 (580).

170 OLG Hamm OLGZ 1990, 191 (192 f.); vgl. *Müller,* Praktische Fragen, Rn 424 (S. 354).

171 *Merle,* Verwalter, S. 70, dort auch zur zulässigen Abberufung des Verwalters und seiner anschließenden Neubestellung.

172 BGH NJW-RR 1995, 780.

173 BGH NJW-RR 1995, 780 (781).

174 Vgl. *Mertens,* Kölner Kommentar zum AktG, § 84 Rn 10.

175 Eingehend: BayObLG WE 1992, 234 (235).

176 OLG Schleswig ZWE 2007, 51 (52); OLG Hamburg ZMR 2001, 997 f.

177 BayObLG WE 1996, 314 (315); aA Staudinger/*Bub* § 26 Rn 31, da bei der Neufassung des § 26 bewusst auf eine § 84 Abs. 1 S. 4 AktG entsprechende Regelung verzichtet worden sei.

Dauer von einem Jahr bestellt wird und sich seine Bestellung jeweils um ein Jahr verlängert, sofern er nicht abberufen wird. Die Bestellung endet dann nach spätestens fünf Jahren auch ohne Abberufung durch die WEer, weil nach § 26 Abs. 1 Satz 2 die maximale Bestellungszeit höchstens fünf Jahre beträgt.[178] Eine schuldrechtliche Verlängerungsklausel im Anstellungsvertrag vermag die Dauer des organschaftlichen Amtes hingegen nicht zu beeinflussen. Auch hier wirkt sich die Trennungstheorie im engeren Sinne (Rn 25 f.) aus. Über die Dauer der Bestellung haben allein die WEer zu beschließen; auch die wiederholte Bestellung bedarf eines erneuten Beschlusses. In einer Verlängerungsklausel des Verwaltervertrages bezüglich der Dauer der Bestellung liegt eine unzulässige Beschränkung der Entscheidungsfreiheit der WEer iSd § 26 Abs. 1 S. 5.[179] Die Bestellungsdauer ist damit einer Verlängerungsklausel in einem Verwaltervertrag unzugänglich.[180] Der Vorrang des Bestellungsrechtsverhältnisses wirkt sich auf schuldrechtliche Verlängerungsklauseln aus, die ihre Wirkung nur entfalten, wenn die WEer den Verwalter durch Mehrheitsbeschluss wiederbestellen, denn sonst läge ein Verstoß gegen § 26 Abs. 1 S. 5 vor.[181]

ee) Die bedingte Bestellung. Nach ganz überwiegender Auffassung soll eine aufschiebend oder auflösend bedingte Verwalterbestellung generell unwirksam sein.[182] Argumentiert wird in Anlehnung an das Vereinsrecht,[183] dass im Interesse der Rechtssicherheit eindeutig feststehen müsse, wer Verwalter sei und wem die Rechte aus § 27 zustünden.[184] **61**

Nach hier vertretener Ansicht kann der Verwalter aber auch unter einer Bedingung bestellt werden. Die Gegenansicht, die das für das Vereinsrecht schon zweifelhafte Argument der Rechtssicherheit übernommen hat, verkennt, dass im Vereinsrecht die bedingte Bestellung vor allem wegen der Eintragung des Vorstandes in das Vereinsregister als unzulässig angesehen wird. Es soll aus dem Vereinsregister klar und unzweideutig hervorgehen, wer den Verein wirksam vertreten kann.[185] Im WE-Recht gibt es keine Eintragung des Verwalters in ein öffentliches Register und auch keine Vorschriften, denen zu entnehmen wäre, dass eine bedingte Bestellung unzulässig ist. Auch kann dem Gesichtspunkt der Rechtssicherheit eine geringere Bedeutung beigemessen werden, weil der Umfang der Vertretungsmacht des Verwalters wesentlich geringer ist als der eines Vereinsvorstandes. Eine bedingte Bestellung ist im WE-Recht daher zulässig. Hierfür spricht auch, dass bei anderen privatrechtlichen Personenverbänden die Bestellung eines Organs unter einer **aufschiebenden Bedingung** zulässig ist, etwa der Vorstand einer AG.[186] **62**

Die Bestellung unter einer **auflösenden Bedingung** wird im Aktienrecht zutreffend für unzulässig angesehen, weil das auf eine Umgehung des § 84 Abs. 3 AktG hinauslaufen würde.[187] Dieses Argument kann im Recht des WEs nicht durchgreifen, weil hier die Abberufung des Verwalters nicht nur aus wichtigem Grund, sondern grds jederzeit möglich **63**

---

[178] OLG Köln WE 1990, 171; OLG Frankfurt/M. OLGZ 1984, 257; LG Frankfurt/M. Rpfleger 1984, 14; AG Lahr WE 1992, 320; *Müller,* Praktische Fragen, Rn 423 (S. 354).

[179] Vgl. *Bub* ZdWBay 1992, 577 (581); Staudinger/*Bub* § 26 Rn 44, 293; ausführlich AG Kerpen WuM 1998, 507, 508.

[180] AG Kerpen WuM 1998, 507.

[181] Staudinger/*Bub* § 26 Rn 44, 293, welcher schuldrechtliche Verlängerungsklauseln stillschweigend unter die Bedingung stellt, dass die WEer den Verwalter wiederbestellen; die Unwirksamkeit der Verlängerungsklauseln des Vertrages ohne Wiederbestellung ergibt sich aber unmittelbar aus dem Vorrang des Bestellungsrechtsverhältnisses, vgl. Rn 157 und 161.

[182] *Müller,* Praktische Fragen, Rn 425 (S. 355); Staudinger/*Bub* § 26 Rn 121; *Bärmann,* WE, Rn 548, 551 aE; zur aufschiebenden Bedingung: KG OLGZ 1976, 266 (267); aA *Merle,* Verwalter, S. 71.

[183] Vgl. BayObLG NJW-RR 1992, 802; Soergel/*Hadding* § 27 BGB Rn 8 u. § 26 BGB Rn 8; Erman/*H. P. Westermann* § 27 BGB Rn 1.

[184] KG OLGZ 1976, 266 (270); *Müller,* Praktische Fragen, Rn 425 (S. 355); *Bärmann,* WE, Rn 548.

[185] Vgl. BayObLG NJW-RR 1992, 802; vgl. auch Soergel/*Hadding* § 26 BGB Rn 8.

[186] Vgl. *Mertens,* Kölner Kommentar zum AktG, § 84 AktG Rn 5, 21; *Mack* S. 61 ff.

[187] Vgl. *Mertens* § 84 AktG Rn 21.

ist (s. Rn 179ff.). Im Übrigen kann für die Bestellung eines Verwalters unter einer auflösenden Bedingung ein praktisches Bedürfnis bestehen. Wenn nämlich ein abberufener Verwalter, der nur aus wichtigem Grund abberufen werden kann, auf Ungültigerklärung des Abberufungsbeschlusses klagt, dann ist es zweckmäßig, einen zwischenzeitlich neu zu bestellenden Verwalter nur unter der auflösenden Bedingung zu bestellen, dass der Beschluss über die Abberufung für ungültig erklärt wird.[188] Mit der evtl. Wiedereinsetzung des abberufenen Verwalters endet dann die Amtszeit des neu bestellten Verwalters. Andernfalls käme es zu finanziellen Belastungen der WEer durch zwei Verwalter. Außerdem wäre der Bestellungsbeschluss bzgl. des neuen Verwalters anfechtbar, da er wegen der Gefahr der Doppelvergütung gegen die Grundsätze ordnungsgemäßer Verwaltung verstieße.[189] Die Bestellung eines Verwalters unter der auflösenden Bedingung, dass der Beschluss über die Abberufung des bisherigen Verwalters für ungültig erklärt wird, ist daher nicht nur zulässig, sondern im Wege ergänzender Auslegung stets bei entsprechenden Fallkonstellationen anzunehmen.

64 Dem Bedürfnis nach einer auflösenden Bedingung kann evtl. durch Vereinbarung eines entspr. Kündigungsrechtes Rechnung getragen werden. *Müller*[190] schlägt vor, die auflösende Bedingung durch die Bestellung des neuen Verwalters nur für eine bestimmte Dauer zu umgehen; das Ende der bestimmten Dauer habe sich an dem Zeitpunkt der Rechtskraft des Gerichtsbeschlusses zu orientieren. Unter Berufung auf die Rspr. halten *Müller*[191] und *Bub*[192] es nunmehr für ausreichend, nicht die Verwalterbestellung, sondern den Verwaltervertrag auflösend zu bedingen. Mit der rückwirkenden Ungültigerklärung der Abberufung des Erstverwalters sei die Bestellung des Zweitverwalters von Anfang an auf einen rechtlich unmöglichen Erfolg gerichtet und daher nichtig.[193] Sein Verwaltervertrag hingegen sei als stillschweigend auflösend bedingt anzusehen, wobei die auflösende Bedingung der Eintritt der Rechtskraft des Urteils sei, mit dem die Abberufung des Erstverwalters für ungültig erklärt werde.[194] Bei dieser Lösung sind die WEer dem Zweitverwalter für die Zeit seiner Tätigkeit vergütungspflichtig, aber auch dem Erstverwalter, allerdings gekürzt nach § 615 BGB. Diese Lösungsversuche sind zwar geeignet, die aus der Nichtzulassung einer bedingten Verwalterbestellung entstehenden Probleme zu mildern, vermögen aber nicht das praktische Bedürfnis nach ihrer Zulässigkeit zu beseitigen.

65 **f) Die erste Bestellung eines Verwalters.** Wird in einer neu entstandenen WEgem erstmalig ein Verwalter durch Mehrheitsbeschluss bestellt, so ist das Verfahren genau zu beachten, um eine an Mängeln leidende Beschlussfassung zu vermeiden. Da nach der gesetzlichen Regelung in § 24 Abs. 1 die Versammlung vom Verwalter einzuberufen ist, kann ein einzelner WEer nicht ohne weiteres eine Versammlung zwecks Bestellung eines Verwalters einberufen (zur Einberufung durch einen WEer siehe § 24 Rn 24). Nur wenn alle WEer an einer nicht ordnungsgemäß einberufenen Versammlung teilnehmen und sich in Kenntnis des Einberufungsmangels an der Abstimmung beteiligen, würde eine evtl. Anfechtung des Bestellungsbeschlusses nicht zu dessen Ungültigerklärung führen.[195]

---

188 So auch Riecke/Schmid/*Abramenko* § 26 Rn 9; vgl. auch OLG Zweibrücken ZMR 2004, 63 (64).

189 KG GE 1990, 439.

190 *Müller,* Praktische Fragen, Rn 425 (S. 355).

191 *Müller* WE 1997, 448 (451) unter Berufung auf BGH WE 1997, 306 (307) = NJW 1997, 2106 (2107), der den Verwaltervertrag als unter der stillschweigend vereinbarten auflösenden Bedingung späterer Ungültigerklärung der Bestellung geschlossen ansieht.

192 Staudinger/*Bub* § 26 Rn 165, 228, 469.

193 Staudinger/*Bub* § 26 Rn 468.

194 *Müller* WE 1997, 448 (451).

195 BayObLG NJW-RR 1988, 1168; OLG Düsseldorf DWE 1989, 28 (29).

66 Haben die WEer einen Verwaltungsbeirat bestellt, ist dessen Vorsitzender oder sein Vertreter gemäß § 24 Abs. 3 zur Einberufung einer Versammlung berechtigt. Den WEern verbleiben im Übrigen nur zwei Möglichkeiten: Sie können gem. §§ 43 Nr. 1, 21 Abs. 4 und 8 die gerichtliche Bestellung eines Verwalters veranlassen, der auch mit der Maßgabe bestellt werden kann, lediglich eine Versammlung zur Bestellung eines Verwalters einzuberufen. In diesem Fall endet mit der Verwalterbestellung zugleich die Bestellungszeit des gerichtlich bestellten Verwalters. Die andere Möglichkeit besteht darin, dass sich ein WEer vom Gericht zur Einberufung der WEVers ermächtigen lässt.[196] Nicht möglich ist es hingegen, dass der teilende Eigentümer, ohne dass bereits eine „werdende WEgem" vorliegt, als „Alleineigentümer" aller WE-Rechte einen Bestellungsbeschluss fasst;[197] ein solcher sog. Einmannbeschluss wäre ein Nichtbeschluss (s. § 23 Rn 28).

3. Die Bestellung des Verwalters durch Vereinbarung

67 Allgemein anerkannt ist,[198] dass bei vertraglicher Begründung von WE nach § 3 eine Verwalterbestellung in der **GemO**[199] und bei Begründung gem. § 8 einseitig vom Alleineigentümer in der **Teilungserklärung** gem. §§ 8 Abs. 2, 5 Abs. 4 getroffen werden kann.[200] Der teilende Grundstückseigentümer kann einen Dritten,[201] aber auch sich selbst[202] zum Verwalter bestellen. Fraglich ist jedoch, ob es sich um eine Verwalterbestellung durch Vereinbarung iSv § 10 Abs. 2 Satz 2 handelt.[203] Durch Vereinbarung regeln die WEer ihr Verhältnis untereinander in Ergänzung oder Abweichung von Vorschriften des Gesetzes. Sofern ein namentlich benannter Verwalter in der GemO bestellt wird, wird dadurch aber nicht das materielle Grundstatut der Gemeinschaft geregelt. Nach st. Rspr. und Lit.[204] im Körperschaftsrecht kann die Organbestellung lediglich formeller Satzungsbestandteil sein, der nicht den Satzungsänderungsvorschriften unterliegt. Dementsprechend ist auch die Bestellung eines bestimmten Verwalters im WE-Recht nur als formeller Bestandteil der GemO einzuordnen. Sie fußt nicht auf einer kollektiven Willensbildung iS eines Beschlusses, sondern auf einem einseitigen, in der GemO niedergelegten „Entschluss"[205] des teilenden Alleineigentümers, der in Übereinstimmung mit § 26 Abs. 1 aber in seinen Rechtsfolgen einem Beschluss gleichzusetzen ist.[206] Die Kritik an dieser Einordnung, dass vor Begründung der – ggf. werdenden – WEgem in der mit der Teilungserklärung verbundenen GemO kein Beschluss enthalten sein könne[207] und die in die GemO aufgenommene

---

[196] Vgl. hierzu § 24 Rn 24.

[197] OLG Frankfurt/M. OLGZ 1986, 40 (41); *Bub* ZdWBay 1992, 577 (579); *Bader,* FS für Seuß (1987), S. 1 (10 f.); aA: OLG Köln Rpfleger 1986, 298.

[198] Siehe eingehend *Wenzel* FS Bub 2007, S. 249 ff.

[199] Zur Zulässigkeit der Verwalterbestellung im Teilungsvertrag: *Müller,* Praktische Fragen, Rn 418 (S. 350 f.); *Bub* ZdWBay 1992, 577 (579).

[200] Vgl. BGH NZM 2002, 788 (791); BayObLGZ 1974, 275 (279); NJW-RR 1994, 784 = WE 1995, 90; KG WE 1987, 121 = DWE 1987, 97; OLGZ 1976, 266 (268); OLG Düsseldorf ZWE 2001, 386 (387); ausführlich *Schmidt* ZMR 2009, 725, 733 f.; *Gottschalg* DWE 2001, 51 (51).

[201] BayObLGZ 1974, 305 (311 f.).

[202] BayObLGZ 1974, 305 (309, 311 f.); *Müller* ZWE 2002, 391.

[203] So noch *Merle,* Verwalter, S. 51; BayObLGZ 1974, 275 (278); WE 1995, 90.

[204] Ständige Rspr. seit BGHZ 18, 205 (208); fortführend BGH WM 1961, 241; Baumbach/Hueck/*Zöllner* § 53 Rn 6; § 6 Rn 14; Scholz/*Priester* § 53 Rn 11, 16; *Fleck* WM 1968, Sonderbeilage Heft 3, S. 10 Nr. 5, 6 d).

[205] Staudinger/*Bub* § 26 Rn 122. An die Stelle von Beschlüssen tritt auch im GmbH-Recht der „Entschluss" des Geschäftsführers einer Einmann-GmbH, vgl. Baumbach/Hueck/*Zöllner* § 46 Rn 5, § 48 Rn 30; *K. Schmidt,* Gesellschaftsrecht, § 40 II 2 a, S. 1241. Kritisch zum Begriff „Entschluss" *Schmidt* ZMR 2009, 725 (732); vgl. auch Riecke/Schmid/*Elzer* § 10 Rn 75 ff.

[206] Vgl. *Wenzel,* FS Bub 2007, S. 249 (266 f.); *Müller* ZWE 2002, 391.

[207] Staudinger/*Bub* § 26 Rn 183.

Bestellung daher Vereinbarungscharakter habe,[208] übersieht, dass § 5 Abs. 4 sich auf Vereinbarungen der WEer untereinander, d. h. materielle Bestandteile der GemO beschränkt.

68 Wenn es aber den Gründern schon möglich ist, den Inhalt des SE durch Vereinbarung so lange mit Wirkung gegen den Sondernachfolger festzulegen, als die Erwerber nichts anderes vereinbaren, muss es ihnen erst recht auch möglich sein, Regelungen in Beschlussangelegenheiten entsprechend §§ 5 Abs. 4, 8 Abs. 2 zu treffen, welche die Erwerber nur solange binden, als sie nicht mit Mehrheit etwas anderes beschließen.[209] Die Erstbestellung eines Verwalters in der GemO ist daher als einseitiger Entschluss des Gründers ab Entstehen der werdenden WEgem wie ein einstimmiger schriftlicher Beschluss iSd § 23 Abs. 3 zu behandeln.[210] Dies hat zur Folge, dass ab diesem Zeitpunkt § 26 WEG gilt, so dass die Bestellung bzw. die inhaltliche Gestaltung des Bestellungsrechtsverhältnisses durch Beschluss geändert werden kann. Ab diesem Zeitpunkt läuft die maximale Bestellungsdauer von drei Jahren.

69 Wegen § 26 Abs. 1 Satz 5 kann der Alleineigentümer sich die Bestellung eines Verwalters nicht für einen Zeitpunkt vorbehalten, zu dem die WEgem oder auch nur eine „werdende" WEgem entstanden ist.[211] Er kann dann von seinem Vorbehalt keinen Gebrauch mehr machen, weil schon mit dem Entstehen der „werdenden" WEgem die Verwalterbestellung nach § 26 vorzunehmen ist.[212] Aus diesem Grund kann in der Teilungserklärung auch nur der Erstverwalter, nicht aber auch schon sein Nachfolger bestellt werden.[213]

70 Werden Beginn und Ende der Bestellungszeit in der GemO allgemein geregelt, werden sie bei der Bestellung diese Regelung zum Inhalt des Bestellungsrechtsverhältnisses, so dass diese Regelung als Vereinbarung bindend ist; eine andersartige Bestimmung im Verwaltervertrag wäre unwirksam.[214]

71 Nach der **Trennungstheorie** (Rn 25 f.) ist die Annahme der Bestellungserklärung mit dem Inhalt der mit der Teilungserklärung verbundenen GemO bzw. Teilungsvereinbarung ausreichend zur Erlangung des Verwalteramtes. Ebenso wie die Bestellung des Verwalters in der GemO keine Vereinbarung iSd § 10 Abs. 2 S. 2 ist (Rn 67), sind auch Regelungen des Verwaltervertrages in der GemO nicht als Vereinbarung, d. h. als materieller Satzungsbestandteil anzusehen. Im Rahmen einer Vereinbarung können die WEer sich nur untereinander verpflichten, in welcher Weise der Verwaltervertrag auszugestalten ist.

4. Beschränkungen der Bestellung des Verwalters

72 Nach § 26 Abs. 1 Satz 1 beschließen die WEer mit Stimmenmehrheit über die Bestellung des Verwalters, die nach Satz 2 auf höchstens fünf bzw. drei Jahre vorgenommen werden kann. Andere Beschränkungen der Bestellung sind nach Satz 5 nicht zulässig. Wegen des vom Gesetz beabsichtigten Schutzes der WEer werden die Absätze 1 und 2 des § 26 überwiegend als unabdingbar angesehen.[215] Dem ist in dieser Allgemeinheit nicht zuzustimmen. Wegen § 10 Abs. 2 Satz 2 sind die genannten Bestimmungen nur in dem sich aus § 26 Abs. 1 Satz 5 und Abs. 2 ergebenden Umfange unabdingbar. Insbesondere durch § 26 Abs. 1 Satz 5 soll verhindert werden, dass sich die WEer schuldrechtlich zur

[208] Staudinger/*Bub* § 26 Rn 139, 180, welcher auch eine Bindungswirkung dieser Bestellung nach § 10 Abs. 2 bejaht.

[209] Eingehend *Wenzel,* FS Bub (2007), S. 249 (266 ff.).

[210] *Wenzel,* FS Bub 2007, S. 249 (268); *Gottschalg* NZM 2002, 841 (842).

[211] BayObLG NJW-RR 1994, 784 = WE 1995, 90; *Müller* ZWE 2002, 391 (392).

[212] So zutreffend BayObLG NJW-RR 1994, 784 = WE 1995, 90.

[213] *Bader,* FS für Seuß (1987), S. 1 (11 Fn 34).

[214] KG WE 1987, 121.

[215] LG München II MittBayNot 1978, 59; LG Lübeck DWE 1986, 64; vgl. *Bader,* FS für Seuß (1987), S. 1 (4); vgl. *Bärmann,* WE, Rn 552.

Bestellung eines bestimmten Verwalters verpflichten oder eine solche Regelung durch Vereinbarung in der GemO vorsehen. Auch soll verhindert werden, dass die Bestellung an die Zustimmung Dritter geknüpft wird, da der Verwalter nicht die Interessen Dritter, sondern die der WEer wahrzunehmen hat. Rechtsgeschäftliche Beschränkungen der Bestellung sind daher als Verstoß gegen das gesetzliche Verbot des § 26 Abs. 1 Satz 5 gem. § 134 BGB nichtig.

Verträge mit Dritten, etwa mit dem Bauträger, mit Kreditinstituten, mit Grundpfandrechtsgläubigern, dem Verwalter oder einzelnen WEern, durch die sich die WEer **verpflichten,** einen bestimmten **Verwalter zu bestellen,** sind hiernach gem. § 134 BGB nichtig. Dasselbe gilt, wenn die **Wirksamkeit der Bestellung** unmittelbar von der **Zustimmung eines Dritten** abhängig gemacht wird.[216] 73

Ein unzulässiger Zwang zur Bestellung eines bestimmten Verwalters kann auch dadurch ausgeübt werden, dass die WEer mit dem Verwalter einen **Verwaltervertrag** schließen, dessen Dauer über die Bestellungsdauer hinausgeht. Hierdurch würden die WEer faktisch gezwungen, den Verwalter nach Ablauf der Bestellungszeit erneut bis zum endgültigen Ablauf des Verwaltervertrages zu bestellen, denn nur so ließe sich eine doppelte Vergütungspflicht vermeiden. Dadurch wären die WEer nicht mehr frei in ihrer Entscheidung, es läge mithin eine unzulässige Beschränkung der Bestellung iSd § 26 Abs. 1 Satz 5 vor. Folglich ist ein Verwaltervertrag unwirksam, soweit er auf eine längere Zeit als die Bestellungszeit eingegangen wird. Daher endet nicht nur die Bestellung, sondern auch der Verwaltervertrag spätestens nach Ablauf von fünf Jahren.[217] Zur Laufzeit des Verwaltervertrages s. Rn 154. 74

Eine Absprache der WEer mit dem Verwalter, wonach ihm für den Fall, dass er nicht erneut zum Verwalter bestellt wird, eine übermäßige **Abfindung** versprochen wird, ist unwirksam, da hierdurch ein unzulässiger Zwang zur Wiederwahl ausgeübt würde, der mit § 26 Abs. 1 Satz 5 nicht vereinbar ist. 75

Unzulässig ist es auch, die Verwalterbestellung durch Beschluss oder Vereinbarung der WEer dahingehend einzuschränken, dass nur bestimmte Personen oder Personenkreise, etwa nur WEer,[218] ein Wohnungsunternehmer oder der Haus- und Grundbesitzerverein zum Verwalter bestellt werden können.[219] 76

Auch eine Vereinbarung, nach der für die Bestellung des Verwalters statt der in § 26 Abs. 1 Satz 1 vorgesehenen einfachen Stimmenmehrheit eine qualifizierte Mehrheit[220] oder gar Einstimmigkeit[221] erforderlich ist, verstößt gegen zwingendes Recht und ist daher nach § 134 BGB unwirksam. Eine Vereinbarung, wonach Beschlüsse zur Verwaltung des gemE einstimmig zu fassen sind, gilt nicht für Beschlüsse über die Bestellung oder Abberufung des Verwalters.[222] 77

Sowohl die Auswahl als auch die **Bestellung des Verwalters** können nicht einem oder mehreren Dritten, etwa einem Bauträger, dem Verwaltungsbeirat[223] oder einer Minderheit von WEern[224] **übertragen** werden,[225] weder durch Beschluss noch durch Vereinbarung in 78

---

[216] *Bader,* FS für Seuß (1987), S. 1 (15).

[217] BGH NZM 2002, 788 (792); *Müller,* Praktische Fragen, Rn 437 (S. 364).

[218] BayObLG B. v. 12. 10. 1994, 2 Z BR 97/94.

[219] BayObLG WuM 1995, 229 (230); OLG Bremen Rpfleger 1980, 68; *Müller,* Praktische Fragen, Rn 430 (S. 358); *Bader,* FS für Seuß (1987), S. 1 (11), Fn 34.

[220] OLG Hamm ZMR 2009, 219 (222); BayObLG WE 1994, 154 (155) = DWE 1995, 154 (155); WuM 1996, 497; BayObLGZ 1985, 57 (62); OLG Karlsruhe Die Justiz 1983, 412; *Bader,* FS für Seuß, S. 1; *Niedenführ*/Kümmel/Vandenhouten § 26 Rn 27.

[221] Vgl. OLG Köln NZM 2003, 685; OLG Hamm ZWE 2008, 465 (469) = ZMR 2009, 219 (222).

[222] OLG Köln NZM 2003, 685.

[223] LG Lübeck Rpfleger 1986, 232; AG Niebüll DWE 1988, 31.

[224] AG Niebüll DWE 1988, 31.

[225] *Bader,* FS für Seuß (1987), S. 1 (15).

der GemO.[226] Ein derartiger Beschluss wäre, ebenso wie eine entsprechende Vereinbarung, nichtig, und bedarf nicht der Ungültigerklärung nach § 43 Nr. 4,[227] denn die WEer würden durch ein solches Vorgehen ihre Befugnis, über die Bestellung des Verwalters selbst zu beschließen, nicht nur beschränken, sondern völlig ausschließen. Wäre dieses Verfahren zulässig, könnte das Verbot, die Wirksamkeit der Bestellung mit der Zustimmung eines Dritten zu verknüpfen, dadurch umgangen werden, dass man dem Dritten ganz die Verwalterbestellung überträgt.

79 Teilweise wird davon ausgegangen, dass auch **Erweiterungen der Aufgaben und Befugnisse** des Verwalters einen Verstoß gegen § 26 Abs. 1 Satz 5 darstellen.[228] Durch Vereinbarung der WEer untereinander könne dem Verwalter etwa nicht die Verpflichtung auferlegt werden, die Zustimmung zur Veräußerung iSv § 12 Abs. 1 zu erteilen.[229] Diese Kompetenzerweiterung könne mit einem erhöhten Haftungsrisiko des Verwalters einhergehen. Da die WEer nur Personen zum Verwalter bestellen dürfen, die bereit sind, das erhöhte Haftungsrisiko zu übernehmen, würde dadurch der Kreis der zur Auswahl stehenden Verwalter mittelbar beschränkt. Dieser Ansicht ist jedoch entgegenzuhalten, dass die WEer auch im Falle der Vereinbarung zusätzlicher Aufgaben in ihrer Entscheidung frei sind, über die Bestellung des Verwalters zu entscheiden. Ob der Bestellte bereit ist, der Bestellung zuzustimmen (s. dazu Rn 23), hängt idR von den Vertragsverhandlungen zum Abschluss des Verwaltervertrages ab. Der Wahrnehmung zusätzlicher Aufgaben sowie dem damit verbundenen Haftungsrisiko kann durch eine entsprechend höhere Vergütung Rechnung getragen werden, ohne dass darin eine nach § 26 Abs. 1 Satz 5 unzulässige Beschränkung der Bestellung liegt.

80 Wird ein Verwalter durch Vereinbarung bestellt oder sieht man die Bestellung eines Verwalters in der GemO als **Vereinbarung** an, wäre es den WEern an sich verwehrt, durch Stimmenmehrheit einen anderen Verwalter zu bestellen, weil eine Vereinbarung grds nur einstimmig geändert werden kann. Wenn die WEer einen Verwalter aber nur einstimmig bestellen können, weil eine entspr. Vereinbarung nur einstimmig geändert werden kann, so liegt eine nach § 26 Abs. 1 Satz 5 unzulässige Beschränkung der Verwalterbestellung vor. Die unabdingbare Vorschrift des § 26 Abs. 1 S. 5 führt daher dazu, dass eine Verwalterbestellung durch Vereinbarung **Beschlusscharakter** hat und deshalb durch Mehrheitsbeschluss abgeändert werden kann.[230] Die Verwalterbestellung ist daher als formeller, aber nicht als materieller Bestandteil der GemO anzusehen und nimmt an der Bindungswirkung der übrigen Vereinbarungen nicht teilnimmt (Rn 67). Daher ist die Bestellung eines anderen Verwalters in direkter Anwendung des § 26 durch Mehrheitsbeschluss möglich.[231]

81 Wird durch Vereinbarung der WEer die nach § 26 Abs. 1 Satz 2 höchstens zulässige Bestellungszeit von fünf Jahren herabgesetzt, so dass ein Verwalter nur für eine Zeit von weniger als fünf Jahren bestellt werden kann, so stellt dies eine unzulässige Beschränkung der Bestellung des Verwalters, nämlich auf fünf Jahre, dar.[232]

---

[226] OLG Hamm WuM 1991, 218 (220); OLG Schleswig WE 1997, 388 (389); LG Lübeck Rpfleger 1986, 232 (233); AG Niebüll DWE 1988, 31; *Bader,* FS für Seuß (1987), S. 1 (15); *Müller,* Praktische Fragen, Rn 434 (S. 361).

[227] LG Lübeck Rpfleger 1986, 232; AG Niebüll DWE 1988, 31; vgl. *Bader,* FS für Seuß (1987), S. 1 (15).

[228] *Bub* NZM 2001, 502 (505); *J. Schmidt* PiG 59, 163 (173).

[229] Vgl. *Bub* NZM 2001, 502 (505): Umdeutung in eine Verpflichtung, eine Entscheidung der WEer über die Zustimmung herbeizuführen.

[230] Staudinger/*Bub* § 26 Rn 417; *Bärmann,* WE, Rn 548 aE; *Niedenführ*/Kümmel/Vandenhouten § 26 Rn 23 für die Teilungserklärung; i. E. ebenso BayObLGZ 1958, 234 (237); aA: OLG Oldenburg Rpfleger 1979, 266, das die Abberufung nur durch einen einstimmigen Beschluss erlaubt, und sich damit über die zwingende Regelung des § 26 Abs. 1 Satz 5 hinwegsetzt.

[231] BayObLGZ 1974, 275 (279) = NJW 1974, 2134 (2135); *Müller,* Praktische Fragen, Rn 418 (S. 351).

[232] OLG Düsseldorf ZMR 2008, 472 (473); *Niedenführ*/Kümmel/Vandenhouten § 26 Rn 30.

Vereinbarungen, welche die Bestellung des Verwalters zugunsten der WEer erleichtern, verstoßen nicht gegen § 26 Abs. 1 Satz 5 und sind daher zulässig.[233] Solche Vereinbarungen sind, jedoch schwer vorstellbar, weil jede Erleichterung der Bestellung idR zugleich eine Beschränkung für die WEer bedeutet, die gegen die konkrete Bestellung sind.[234] Zu denken wäre beispielsweise an eine Vereinbarung, wonach eine geringere als die einfache Mehrheit für die Bestellung eines Verwalters ausreichen soll, etwa wenn bei gleichzeitiger Abstimmung über mehrere Kandidaten die relative Mehrheit genügen soll.[235] 82

5. Ausübung und Delegation der Verwaltung, Rechtsnachfolge

Da die WEer die Auswahl und Bestellung des Verwalters wegen § 26 Abs. 1 Satz 5 nicht einem Dritten übertragen können, kann sich ein Verwalter auch nicht vorbehalten, die Verwalterstellung auf einen anderen ganz oder teilweise zu übertragen, ohne dass den WEern ein Mitspracherecht eingeräumt wird.[236] Eine solche Ermächtigung im Verwaltervertrag oder in einer Vereinbarung (GemO) ist nach § 134 BGB nichtig.[237] Es bedarf für die jeweilige Übertragung immer einer Zustimmung der WEer,[238] die aber wirksam nur dann erteilt werden kann, wenn sie mit § 26 im Einklang steht.[239] So darf etwa eine GmbH als Verwalterin nicht die gesamte tatsächliche Ausübung der Verwaltertätigkeit auf eine zu diesem Zweck gegründete GmbH übertragen, auch wenn diese weisungsgebunden und personell mit der Verwalter-GmbH verflochten ist.[240] Auch darf eine Verwalter-GmbH nicht mit einer anderen GmbH eine „gemeinsame Verwaltung“ von WE vereinbaren und dieser dabei einen wesentlichen Teil der Verwalteraufgaben übertragen.[241] 83

Ein Dritter erlangt die Stellung als Verwalter auch dann nicht, wenn der zunächst bestellte Verwalter seine Befugnisse **vor Aufnahme der Verwaltung** auf Grund einer Ermächtigung in der Teilungserklärung auf ihn überträgt und keiner der WEer widerspricht.[242] Auch hier begeben sich die WEer ihres Rechts zur Verwalterbestellung nach § 26, weshalb nicht von Bedeutung sein kann, ob der Verwalter bereits seine Tätigkeit aufgenommen hat. Entscheidend ist allein, ob die Mehrheit der WEer der Übertragung der Verwaltung in concreto zugestimmt hat. Die bloße widerspruchslose Hinnahme der Verwaltertätigkeit eines Dritten kann regelmäßig nicht als Zustimmung gewertet werden.[243] Stillschweigendes Verhalten kann unter Umständen zum konkludenten Abschluss eines Verwaltervertrages führen, nicht aber einen Bestellungsbeschluss ersetzen.[244] 84

Die Verwalterstellung kann auch nicht durch **Gesamtrechtsnachfolge** bei Eintritt eines Erbfalles gem. § 1922 BGB erworben werden.[245] Ebenso ist ein Übergang der 85

[233] Begründung B. I.5.a) aE = PiG 8, S. 254; *Bärmann,* WE, Rn 553; *Müller,* Praktische Fragen, Rn 429 (S. 357).

[234] Zu einem solchen Fall der Erleichterung siehe *Merle,* Verwalter, S. 65.

[235] So auch *Niedenführ*/Kümmel/Vandenhouten § 26 Rn 30.

[236] Vgl. BayObLG NJW-RR 1997, 1443; KG ZWE 2002, 364 (366).

[237] OLG Schleswig WE 1997, 388 (389); BayObLGZ 1990, 173 (176); 1987, 54, (57); 1975, 327; OLG Hamm WuM 1991, 218 (220); OLG Frankfurt/M. Rpfleger 1976, 253; Soergel/*Stürner* § 26 Rn 6; *Bub* ZdWBay 1992, 577 (579).

[238] BayObLGZ 1990, 173 (176); 1975, 327 (331); vgl. Staudinger/*Bub* § 26 Rn 364.

[239] Vgl. auch BayObLGZ 1975, 327 (331).

[240] BayObLGZ 1990, 173; OLG Hamm FGPrax 1996, 218 = WE 1997, 24 (26) mit krit. Anm. *Seuß.*

[241] BayObLG WE 1998, 114 (115).

[242] AA OLG Frankfurt/M. Rpfleger 1976, 253; in die gleiche Richtung wohl BayObLGZ 1990, 173 (177).

[243] So auch OLG Schleswig WE 1997, 388 (389); aA OLG Hamm FGPrax 1996, 218 (219) = WE 1997, 24 (26) mit krit. Anm. *Seuß.*

[244] Staudinger/*Bub* § 26 Rn 147.

[245] *Drasdo* WE 1998, 429 (430 f.); vgl. Rn 153.

Verwalterstellung beim Erwerb des Einzelhandelsgeschäftes eines zum Verwalter bestellten Kaufmannes ausgeschlossen.[246] **Rechtsnachfolge** in das personenbezogene Verwalteramt findet grds nicht statt, denn durch die Bestellung wird ein besonderes Vertrauensverhältnis begründet, das eine Rechtsnachfolge ohne Mitwirkung der WEer idR ausschließt.[247] Ordnet das UmwG den Übergang des Rechtsverhältnisses des Verwalters an, geht dieses auf den neuen Rechtsträger über, wenn das Rechtsverhältnis des Verwalters übertragbar ausgestaltet ist.[247a] Scheidet etwa aus einer zweigliedrigen Personengesellschaft ein Gesellschafter aus, so erlischt diese und damit das Verwalteramt.[248] Ein Übergang der Verwalterstellung ist demnach ausgeschlossen bei der Beendigung einer GmbH & Co KG, wenn der einzige Kommanditist seinen Geschäftsanteil auf den einzigen Komplementär, die GmbH, überträgt[249] oder wenn das Vermögen einer Verwalter-KG einer GmbH anwächst.[250]

86 Allerdings können einzelne Verwaltertätigkeiten einem Dritten, sofern nicht je nach Rechtsnatur des Verwaltervertrages die §§ 675, 613 oder § 664 BGB entgegenstehen, **zur Ausübung überlassen** werden.[251] Die „Überlassung der Ausübung" der Verwaltertätigkeit enthält Elemente verschiedener Rechtsgeschäfte. Soweit es die Rechte aus der Verwalterstellung betrifft, liegt eine Ermächtigung des Dritten vor, diese Rechte im eigenen Namen geltend zu machen; soweit es die Pflichten aus der Verwalterstellung betrifft, bleibt der bestellte Verwalter weiterhin verpflichtet, bedient sich aber zur Erfüllung seiner Pflichten eines Dritten. Die Vertretungsmacht des die Verwaltung ausübenden Dritten wird durch Erteilung einer Untervollmacht erworben.[252] Der Verwalter ist nicht verpflichtet, alle Aufgaben in eigener Person wahrzunehmen; er kann sich bei der Verwaltertätigkeit Dritter iSv § 278 BGB bedienen.[253] Auch eine Übertragung der persönlichen Verpflichtung des Verwalters auf einen Dritten durch Mehrheitsbeschluss ist möglich, wenn und soweit dies im Verwaltervertrag erkennbar vereinbart ist und zwingendes Recht nicht entgegensteht (§ 134 BGB, zu § 27 Abs. 4 vgl. § 27 Rn 280 f.); dies ergibt sich aus der Willensund Entschließungsfreiheit der WEer bei der Bestellung und Abberufung des Verwalters (§ 26 Abs. 1 Satz 5) sowie aus der Weisungsgebundenheit des Verwalters (§ 27 Abs. 1 Nr. 1).[254]

87 **Erfüllungsgehilfen** iSd § 278 BGB stehen nur zum Verwalter in rechtlichen Beziehungen.[255] Wird der Verwalter abberufen, endet auch die Befugnis des Dritten, die ihm vom Verwalter übertragene Aufgabe auszuführen. Das Verhalten des Dritten, dessen sich der Verwalter zur Ausübung der Verwaltertätigkeit bedient, kann einen wichtigen Grund zur Abberufung darstellen. Im Übrigen ist es rechtlich nicht von Bedeutung, ob sich Verwaltergesellschaften zur Ausübung ihres Verwalteramtes eigener Mitarbeiter, etwa des Geschäfts-

---

246 Vgl. BayObLGZ 1990, 28; aA AG Viechtach ZfIR 2001, 752 (753) mit zustimmender Anm. *Rapp* ZfIR 2001, 754 (754 f.) für den Fall der Ausgliederung eines einzelkaufmännischen Unternehmens.

247 BayObLG ZWE 2002, 214; OLG Köln MietRB 2004, 81 *(Hügel);* ZMR 2006, 385.

247a Vgl. ausführlich *Becker,* FS Merle (2010), 51 ff.

248 *Sauren* § 26 Rn 4; vgl. Rn 174.

249 Vgl. BayObLGZ 1987, 54 = WE 1988, 19.

250 Vgl. OLG Düsseldorf OLGZ 1990, 428; vgl. Rn 155.

251 Vgl. BayObLG NJW-RR 1997, 1443 = WE 1998, 114 (115).

252 S. auch OLG Frankfurt/M. Rpfleger 1976, 253 und *Bub* WE 1998, 42; zur Beschränkung der Erteilung einer Untervollmacht auf Grund der Vorschriften des AGBG vgl. *Furmans* NZM 2000, 985 (988).

253 BayObLGZ 1975, 327 (329); OLG Düsseldorf WE 1996, 72 (73); OLG Schleswig WE 1997, 388 (390); OLG Hamm FGPrax 1996, 218; WE 1997, 24 (25); *Gottschalg,* FachV 2, S. 103 (104); *Schmidt* WE 1998, 253 (255).

254 OLG Düsseldorf WE 1996, 72 (73) zur Erstellung der Jahresabrechnung durch einen Dritten.

255 *Bader,* FS für Seuß (1987), S. 1 (16).

führers oder anderer Angestellter oder eines Dritten bedienen. Die Zuständigkeiten innerhalb einer Verwaltungsgesellschaft können wechseln, ohne dass darin eine Bestellungsbeschränkung iSd § 26 Abs. 1 Satz 5 gesehen werden kann.

V. Der Verwaltervertrag

Der Verwaltervertrag ist ein Vertrag zwischen dem Verwalter einerseits und der rechtsfähigen WEgem andererseits.[256] Er regelt die gegenseitigen Rechte und Pflichten zwischen dem Verwalter und der WEgem. Die **WEer sind nicht Partei** des Verwaltervertrages.[257] Er ist idR kein Vertrag zugunsten der WEer,[258] entfaltet aber Schutzwirkungen für die WEer.[259] Zu Erfüllungs- und Schadensersatzansprüchen der WEer s. Rn 112. **88**

1. Das Zustandekommen des Verwaltervertrages

a) Grundlagen. Die WEer können nach § 21 Abs. 3 über den Inhalt des abzuschließenden Verwaltervertrages mit Stimmenmehrheit beschließen oder einen von einem Vertreter ohne Vertretungsmacht geschlossenen Vertrag durch Beschluss genehmigen (§ 177 BGB). Ein WEer, der zum Verwalter bestellt wurde, kann trotz § 25 Abs. 5 ebenso wie beim organisationsrechtlichen Bestellungsbeschluss auch an der Abstimmung über den mit ihm abzuschließenden Vertrag mitwirken.[260] Ein Mehrheitsbeschluss, durch den ein Verwaltervertrag gebilligt wird, dessen Bestimmungen gegen §§ 305 ff. BGB oder die GemO verstoßen oder die inhaltlich unklar sind, entspricht nicht ordnungsgemäßer Verwaltung und ist auf Anfechtung hin für ungültig zu erklären.[261] Mit dem Beschluss über den Verwaltervertrag kommt dieser noch nicht mit dem künftigen Verwalter zustande. Vielmehr sind übereinstimmende Willenserklärungen für das Zustandekommen des Verwaltervertrages zwischen der WEgem und dem Verwalter erforderlich. Es gelten die allgemeinen Vorschriften (§§ 145 ff. BGB).[262] **89**

Da die WEer nicht Partei des Verwaltervertrages sind, sondern die rechtsfähige WEgem Partei ist, muss diese bei Abschluss des Verwaltervertrages vertreten werden. Nach § 27 Abs. 3 Satz 2 können insoweit nur alle WEer die WEgem vertreten. IdR muss daher aus Gründen der Praktikabilität ein WEer, der Verwalter oder ein Dritter durch Beschluss (§ 27 Abs. 3 Satz 3) zum Abschluss des Vertrages ermächtigt werden.[263] Diese Rechtslage kann durch **Vereinbarung** (GemO) **generell** geändert werden und es kann etwa dem Verwaltungsbeirat oder einem Dritten die Befugnis zum Aushandeln und Abschluss des Verwaltervertrages übertragen werden.[264] Mit **Stimmenmehrheit** kann aber eine Ermächti- **90**

[256] OLG Hamm NZM 2006, 632; ZWE 2008, 470 (474 f.); OLG München NZM 2007, 88 = ZMR 2007, 220; OLG Düsseldorf NJW 2007, 56 f.; 161; OLG Hamburg ZMR 2008, 899 (901); *Armbrüster* ZWE 2006, 470; *Wenzel* NZM 2006, 321; *Niedenführ* NJW 2007, 1841 (1843); *Abramenko* ZMR 2006, 6; *Hügel* ZMR 2008, 2; *Jacoby,* FS Merle (2010), 181 (182 ff.).

[257] OLG Düsseldorf ZWE 2007, 92 (94); OLG Hamm FGPrax 2006, 153; eingehend *Häublein* ZWE 2008, 2 ff.; *Hügel*/Elzer § 3 Rn 47 ff.; aA *Gottschalg* NZM 2009, 217 (218); Jennißen/*Jennißen* § 26 Rn 63, dagegen AG Saarbrücken ZMR 2009, 560 (561); *Müller,* FS Seuß, S. 217, 221.

[258] So aber *Abramenko* ZMR 2006, 6 (9); Riecke/Schmid/*Abramenko* § 26 Rn 37; zustimmend *Niedenführ*/Kümmel/Vandenhouten § 26 Rn 31.

[259] HM: OLG Hamm ZWE 2008, 470 (474 f.); OLG Frankfurt ZWE 2008, 470.

[260] BGH NJW 2002, 3704; KG ZMR 2009, 709; eingehend § 25 Rn 120 f.; Staudinger/*Bub* § 26 Rn 207.

[261] OLG Düsseldorf NJW 2006, 3645; BayObLG WE 1991, 295.

[262] Vgl. *Jacoby* ZWE 2008, 327; FS Merle (2010), 181 (185).

[263] OLG Hamm NZM 2001, 49; OLG Düsseldorf NWE 1998, 265 (266); OLG Köln NJW 1991, 1302 (1303); *Jacoby* ZWE 2008, 327 f.; *Gottschalg* DWE 2001, 51 (53); aA *Bub* ZWE 2002, 7 (17) = PiG 61, 17 (27).

[264] AG Saarbrücken ZMR 2009, 560 (561).

gung zum Aushandeln und Abschluss eines **konkreten** Verwaltervertrages beschlossen werden (s. Rn 98).

91 Für die Annahme eines Angebots auf Abschluss des Verwaltervertrages kann nach § 148 BGB eine Frist bestimmt werden. Eine stillschweigende Fristbestimmung ist idR anzunehmen, wenn der künftige Verwalter zur Aufnahme der Verwaltertätigkeit nicht vor einem bestimmten Zeitpunkt berechtigt oder verpflichtet ist.[265]

92 In der **erneuten Bestellung des Verwalters** durch Beschluss der WEer ist zumeist nicht nur eine wiederholte Verwalterbestellung, sondern im Wege der Auslegung auch eine **Verlängerung** des mit der erstmaligen Bestellung verbundenen **Verwaltervertrages** zu sehen.[266]

93 **b) Zur Vertretung der WEgem. aa) Der Vertreter. (1) Alle WEer.** Die WEgem kann bei Abschluss des Verwaltervertrages gem. § 27 Abs. 3 Satz 2 von allen WEern vertreten werden. Geht der Antrag auf Abschluss des Verwaltervertrages vom künftigen Verwalter aus, etwa durch Vorlage eines schriftlichen Vertragsentwurfs, kann die Annahme dadurch erfolgen, dass alle WEer den Vertrag unterzeichnen, was inbes. bei kleinen WEgem vorkommt. Der Antrag kann auch von der WEgem, vertreten durch alle WEer, etwa durch ein von allen WEern unterzeichnetes Vertragsformular, gemacht werden. Der Vertrag kann auch durch Unterzeichnung eines vorformulierten Textes durch alle WEer und den Verwalter zustande kommen.

94 Vertreten alle WEer gem. § 27 Abs. 3 Satz 2 gemeinsam die WEgem, etwa durch ein von ihnen unterzeichnetes schriftliches Angebot, braucht der Verwaltervertrag nicht ordnungsmäßiger Verwaltung zu entsprechen, wenn er auf gemeinschaftlicher Verwaltung nach § 21 Abs. 1 und nicht auf einem Mehrheitsbeschluss iSd § 21 Abs. 3 beruht.[267]

95 **(2) Sonstige Vertreter.** Nach § 27 Abs. 3 Satz 3 können die WEer durch Beschluss mit Stimmenmehrheit **einen oder mehrere WEer** zur Vertretung der WEgem bei Abschluss des Verwaltervertrages ermächtigen. In der Praxis, zumal bei größeren WEgem kann es sinnvoll sein, insoweit etwa den Vorsitzenden des **Beirats** oder alle Mitglieder des Beirats zu ermächtigen.[268] Ist ein **Verwalter** vorhanden, kann nach § 27 Abs. 3 Satz 1 Nr. 7 auch dieser ermächtigt werden, den Verwaltervertrag namens der WEgem mit seinem Nachfolger abzuschließen. Schließlich ist es auch denkbar, einen sonstigen **Dritten,** etwa einen Rechtsanwalt, zur Vertretung beim Abschluss des Verwaltervertrages zu bevollmächtigen (§ 21 Abs. 3).

96 **(3)** Die WEgem kann das Angebot zum Abschluss des Verwaltervertrages nicht unmittelbar durch Beschluss der WEer annehmen, sondern es bedarf der Umsetzung des Beschlusses durch Abgabe und Zugang einer entsprechenden Erklärung.[269] Ist allerdings der künftige Verwalter bei der **Beschlussfassung** über ein von ihm vorgelegtes **Vertragsangebot** anwesend, kann die Verkündung des Beschlussergebnisses idR zugleich als Abgabe der Annahmeerklärung durch den hierzu **konkludent ermächtigten Versammlungsleiter** gewertet werden.[270] Geht der Antrag zum Abschluss des Vertrages von den WEern aus, kann er nach überwiegender Meinung bereits im Bestellungsbeschluss der WEer liegen,[271] der dem anwesenden künftigen Verwalter mit Verkündung durch den Versammlungsleiter zugeht.

---

[265] BayObLG NJWE-MietR 1997, 182 (183) = WE 1997, 396 (398).

[266] BayObLG WE 1991, 223; *Müller,* Praktische Fragen, Rn 421 (S. 352 f.).

[267] Vgl. zur Vertretung beim Abschluss des Verwaltervertrages Rn 93; zur ordnungsgemäßen Verwaltung bei allstimmigem Handeln der WEer § 21 Rn 40.

[268] OLG München ZMR 2009, 64 (65); OLG Düsseldorf NZM 2006, 936; OLG Hamm ZWE 2008, 470 (476).

[269] Zutr. *Jacoby* ZWE 2008, 327 (328), FS Merle (2010), 181 (185 f.); *Hügel* ZMR 2008, 1 (3); aA *Greiner* ZWE 2008, 454 f.

[270] Abweichend *Hügel* ZMR 2008, 4.

[271] BayObLG WE 1991, 223; DWE 1989, 24 (25); NJWE-MietR 1997, 182 (183) = WE 1997, 396 (397 f.); *Niedenführ*/Kümmel/Vandenhouten § 26 Rn 33. Staudinger/*Bub* § 26 Rn 215.

(4) Konkludent durch Entgegennahme oder Hinnahme der Tätigkeit eines Verwalters durch die WEer kann die Annahme durch die WEgem **nicht** erklärt werden,[272] weil der kollektive Wille der WEgem nur in einem förmlichen Beschlussverfahren gebildet werden kann. 97

bb) Die Ermächtigung. Die Ermächtigung einzelner Personen setzt stets einen Beschluss voraus, der mit Stimmenmehrheit gefasst werden kann. Der **Umfang der Vollmacht** zum Abschluss des Verwaltervertrages ergibt sich aus dem jeweiligen Ermächtigungsbeschluss. Da der Verwaltervertrag auf der Grundlage eines Mehrheitsbeschlusses inhaltlich ordnungsmäßiger Verwaltung entsprechen muss, darf die Vollmacht auch nur zum Abschluss eines Verwaltervertrages mit ordnungsgemäßer Verwaltung entsprechendem Inhalt ermächtigen, andernfalls der Ermächtigungsbeschluss selbst nicht ordnungsmäßiger Verwaltung entspricht.[273] 98

Haben die WEer über den Inhalt des abzuschließenden Verwaltervertrages einen Beschluss gem. § 21 Abs. 3 gefasst, ergibt sich hieraus idR der Umfang der Vertretungsmacht des Vertreters. Dies gilt auch dann, wenn der beschlossene Inhalt des abzuschließenden Vertrages nicht ordnungsmäßiger Verwaltung entspricht. Allerdings ist der Ermächtigungsbeschluss in einem solchen Fall anfechtbar. 99

Insbesondere wenn der Vertreter nur ermächtigt ist, einen von den WEern beschlossenen Vertragsentwurf **„zu unterzeichen"**, liegt idR eine inhaltliche Beschränkung der Vollmacht vor, die jeden Ermessenspielraum des Vertreter beim Abschluss des Vertrages ausschließt; die Vollmacht ist dann darauf beschränkt, lediglich zu Beweiszwecken eine Vertragsurkunde zu schaffen.[274]

IÜ berechtigt eine **generelle Ermächtigung,** den konkreten Verwaltervertrag **„auszuhandeln"** bzw. **„abzuschließen"**, nur zu Regelungen im Rahmen ordnungsmäßiger Verwaltung, so dass sich der Inhalt des Verwaltervertrages im Rahmen der durch § 21 Abs. 3 gezogenen Grenzen halten muss.[275] Haben die WEer nur über einzelne Klauseln, etwa die Dauer des Vertrages, die Vergütung etc, beschlossen, iÜ aber dem Ermächtigten überlassen, die einzelnen Vertragsbestandteile auszuhandeln, erstreckt sich dessen Vertretungsmacht insoweit nur auf Regelungen im Verwaltervertrag, die ordnungsmäßiger Verwaltung entsprechen.[276] Zulässig ist auch eine **Ermächtigung ohne Vorgaben,** den Verwaltervertrag auszuhandeln und abzuschließen, allerdings nur durch Vereinbarung, denn dies gehört zur Kernkompetenz der WEer;[277] erfolgt eine solche Ermächtigung durch bestandskräftigen Mehrheitsbeschluss, erstreckt sich der Umfang der Vertretungsmacht nur auf den Abschluss eines Verwaltervertrages, dessen Regelungen ordnungsmäßiger Verwaltung entsprechen. Werden die Grenzen ordnungsmäßiger Verwaltung überschritten, handelt der Vertragsschließende insoweit ohne Vertretungsmacht.[278] Schließt der Ermächtigte einen Verwaltervertrag ab, der inhaltlich vom Beschluss der WEer bzw. von der Ermächtigung abweicht, so besteht auch insoweit keine Vertretungsmacht des Bevollmächtigten.[279] Die Abweichung wird dann nicht Inhalt des Verwaltervertrages, es sei denn, die WEer 100

---

[272] Zum bisherigen Recht BayObLG NJWE-MietR 1997, 182 (183) = WE 1997, 396 (397 f.).

[273] Vgl. OLG Düsseldorf NJW 2006, 3645.

[274] OLG Hamm ZWE 2008, 470 (477); NZM 2001, 49.

[275] OLG Hamm NZM 2001, 49; ZWE 2008, 470 (477); OLG Frankfurt/M ZMR 2008, 985 (987); OLG Düsseldorf ZMR 2006, 871.

[276] Vgl. OLG Hamburg OLGZ 1988, 299 (302); BayObLGZ 1974, 305 (309); NJWE-MietR 1997, 182 (183) = WE 1997, 396 (397); vgl. auch KG ZMR 2008, 476 (477); OLG Düsseldorf ZMR 2006, 870.

[277] OLG Düsseldorf WuM 1998, 50 (52); NJW 2006, 3645; OLG Hamm NZM 2003, 486; OLG Hamburg ZMR 2003, 776; *Niedenführ*/Kümmel/Vandenhouten § 26 Rn 40; aA OLG Köln ZMR 2003, 604.

[278] OLG Hamm ZWE 2001, 81 (83) = NJW-RR 2001, 226.

[279] OLG Hamm ZWE 2001, 81 (84) = NJW-RR 2001, 226; AG Lahr WE 1992, 320.

genehmigen den Vertrag insoweit durch Genehmigungsbeschluss (§ 177 BGB). Die Wirksamkeit des Vertrages insgesamt richtet sich nach § 139 BGB.

101 **c) Wirksamkeitsvoraussetzungen. aa) Die Form.** Der Verwaltervertrag ist **formfrei** gültig.[280] Wird aber vereinbart, dass der Vertrag schriftlich geschlossen werden soll, so kommt er grds erst mit Errichtung einer privatschriftlichen Vertragsurkunde zustande. § 154 Abs. 2 BGB ist nicht anwendbar, wenn die vereinbarte Schriftform nur Beweiszwecken dienen soll, was idR anzunehmen sein dürfte.[281] Die Nichteinhaltung der ursprünglich vereinbarten Schriftform führt auch dann nicht zum Scheitern des Vertrages, wenn die Vertragspartner ausdrücklich oder durch schlüssiges Verhalten auf den Abschluss des zunächst vorgesehenen schriftlichen Vertrages verzichtet haben und damit die verabredete Schriftform aufgehoben wird;[282] der Vertragsschluss scheitert in einem solchen Fall nicht an der Auslegungsregel des § 154 Abs. 2 BGB, die für eine verabredete Schriftform entsprechend anwendbar ist.[283]

102 **bb) Sonstige.** IÜ sind die allgemeinen **Wirksamkeitsvoraussetzungen,** insbes §§ 134, 138 BGB zu beachten. Werden etwa mehrere Personen in der Form einer GbR unwirksam zum Verwalter bestellt,[284] ist der mit ihnen abgeschlossene Verwaltervertrag von vornherein nichtig.[285] Vertragsbestimmungen, die nicht kraft Gesetzes nichtig sind, jedoch gegen die Grundsätze ordnungsmäßiger Verwaltung verstoßen, können die Anfechtbarkeit des Beschlusses begründen, auf dem die Ermächtigung zum Abschluss des Verwaltervertrages beruht.[286] Nach der Ungültigerklärung des Ermächtigungsbeschlusses gem. § 43 Nr. 4 ist der Verwaltervertrag idR mangels **Vertretungsmacht** insoweit unwirksam, als sein Abschluss ordnungsmäßiger Verwaltung widerspricht. Hinsichtlich des restlichen Vertrages ist § 139 BGB zu beachten.

103 **d) Verwaltervertrag und AGB.** Ein formularmäßig abgeschlossener Verwaltervertrag unterliegt den Bestimmungen der §§ 305 ff. BGB.[287] Klauseln können daher nach den §§ 305 ff. BGB auch dann unwirksam sein, wenn der Beschluss, auf dem der Verwaltervertrag beruht, nicht angefochten wurde.[288] Bei gewerblichen Verwaltern unterfällt er als **Verbrauchervertrag** gem. § 310 Abs. 3 BGB den Vorschriften der §§ 305 ff. BGB,[289] sofern er nicht als Individualvertrag voll und ganz ausgehandelt wird,[290] oder Vertragsentwurf von der WEgem vorgelegt wird.[291] Ein Eigentümerbeschluss, durch den ein Verwaltervertrag gebilligt wird, dessen Bestimmungen in zahlreichen Punkten gegen die §§ 305 ff. BGB verstoßen, entspricht nicht ordnungsgemäßer Verwaltung.[292] Sind nur eine einzelne Klauseln oder Nebenpunkte[293] unwirksam, widerspricht der Verwaltervertrag idR nicht ordnungsmäßiger Verwaltung; vielmehr tritt an Stelle der unwirksamen Klausel das dispositive Gesetzesrecht.[294] Der Vertrag im Übrigen bleibt nach § 306 Abs. 1 BGB wirksam.

---

[280] *Bub* ZdWBay 1992, 577 (580); *Müller,* Praktische Fragen, Rn 433 (S. 360).

[281] *Niedenführ*/Kümmel/Vandenhouten § 26 Rn 33; Staudinger/*Bub* § 26 Rn 212.

[282] BayObLG DWE 1989, 24; BayObLG NJWE-MietR 1997, 182 (183) = WE 1997, 396 (398).

[283] Vgl. hierzu Palandt/*Heinrichs* § 154 Rn 4.

[284] BGH ZWE 2006, 183; BGHZ 107, 268 (271 f.); s. o. Rn 13 ff.

[285] AG Essen DWE 1993, 36.

[286] OLG Düsseldorf ZWE 2001, 219 (221) = NJW-RR 2001, 660.

[287] Zur Anwendbarkeit des AGB-Rechts vgl. *Pießkalla/Reichart* NZM 2009, 728 (729 f.); *Furmans* NZM 2000, 985 (986).

[288] Kritisch *Pießkalla/Reichart* NZM 2009, 728 730 f.).

[289] Vgl. OLG München ZMR 2009, 137 (138) = ZWE 2009, 27; LG Nürnberg-Fürth ZMR 2008, 831 f.; *Armbrüster* ZWE 2007, 290; *Gottschalg* NZM 2009, 217 (219); *Elzer* MietRB 2009, 308 ff.; aA LG Rostock NZM 2007, 370 = ZMR 2007, 290.

[290] Ausführlich *Schmidt* WE 1998, 253 (254).

[291] Vgl. *Elzer* MietRB 2009, 308 (310).

[292] BayObLG WE 1991, 295 = WuM 1991, 312; KG ZMR 2008, 476 /477); LG Mönchengladbach ZMR 2007, 895 f.

[293] OLG München ZMR 2009, 64 (67).

[294] KG ZMR 2008, 476 (478); LG Mönchengladbach ZMR 2007, 895 f.

Ein Verstoß gegen § 308 Nr. 6 BGB liegt etwa vor, wenn der Verwaltervertrag bestimmt, dass eine Ladung zur Eigentümerversammlung wirksam ist, wenn sie an die letzte dem Verwalter bekannte Adresse des Eigentümers gerichtet ist; die Einladung zur Eigentümerversammlung ist eine Erklärung von besonderer Bedeutung, deren Zugang fingiert werden soll.[295] **104**

Regelungen, die gegen § 307 BGB verstoßen, sind unwirksam.[296] Hierzu zählen etwa unklare **Vergütungsregelungen** oder **Sondervergütungen für gesetzlich zu erbringende Aufgaben,**[297] unangemessene **Haftungsbeschränkungen,**[298] die auch die sog. **Kardinalspflichten** des Verwalters (§§ 27, 28) umfassen,[299] **Kompetenzverlagerungen** von der WEVers auf den Verwalter, insbes. auch ohne gegenständliche Beschränkung, Budgetierung oder Begrenzung der Höhe nach, so dass für die WEgem ein nicht überschaubares finanzielles Risiko entsteht,[300] die Befreiung vom **Verbot des § 181 BGB,**[301] Erlaubnis zur Erteilung von **Untervollmacht,**[302] die **fingierte Anerkennung** der **Jahresrechnung,**[303] unangemessene Benachteiligung der WEer durch das beliebige Recht zur **Beauftragung von Hilfskräften,**[304] durch **Sondervergütung** für WEVers, die der Verwalter zu vertreten hat.[305]

Bei der Verwendung eines Formularvertrages war umstritten, ob § 309 Nr. 9 a BGB auf den Verwaltervertrag anwendbar ist. Nach dieser Vorschrift darf der andere Teil durch einen Dienstvertrag nicht länger als zwei Jahre gebunden werden. Mit dem BGH[306] ist davon auszugehen, dass § 26 Abs. 1 Satz 2 als lex specialis Vorrang vor der Bestimmung des § 309 Nr. 9 a BGB hat. Denn die Klauselverbote der §§ 307 bis 309 BGB gelten nur für Bestimmungen in AGB, durch die von Rechtsvorschriften abweichende oder diese ergänzende Regelungen vereinbart werden (§ 307 Abs. 3 BGB). Wenn § 26 Abs. 1 Satz 2 die Bestellung des Verwalters für die Dauer von bis zu fünf Jahren für zulässig erklärt, dann kann nicht die Laufzeit des Verwaltervertrages auf maximal zwei Jahre begrenzt werden. Es ist davon auszugehen, dass nicht nur die Bestellung, sondern auch der Verwaltervertrag eine maximale Laufzeit von fünf Jahren haben darf. **105**

Verjährungsregelungen können ebenfalls eine unzulässige Haftungsbegrenzung darstellen.[307] Verjähren nach einer AGB-Klausel solche Ansprüche auch bei vorsätzlichem Handeln des Verwalters unabhängig von der Kenntnis des Geschädigten nach drei Jahren, benachteiligt dies die WEgem unangemessen und ist deshalb unwirksam (§ 307 BGB).[308] **106**

---

[295] KG ZMR 2008, 476 (477); OLG München ZMR 2009, 64 (65 f.) = ZWE 2009, 27; BayObLG WE 1991, 295 (296).

[296] Vgl. dazu *Gottschalg* NZM 2009, 217 (219).

[297] KG ZMR 2008, 476 (477); LG Hanau ZMR 2010, 398; *Pießkalla/Reichart* NZM 2009, 728 (730).

[298] Vgl. *Gottschalg* NZM 2009, 217 (219 f.).

[299] OLG Hamm ZMR 2001, 138 (143); ZWE 2008, 470 (478); BGH NJW 1993, 335; LG Hanau ZMR 2010, 398; vgl. *Gottschalg* Rn 323; *ders.* DWE 2003, 43; Riecke/Schmid/*Abramenko* § 26 Rn 51; offen gelassen OLG Frankfurt ZMR 2008, 935 (987); vgl. auch *Skauradszun* ZWE 2008, 419 (422).

[300] OLG München ZMR 2009, 64 (66) = ZWE 2009, 27; OLG Düsseldorf NZM 2006, 936 (937).

[301] OLG München ZMR 2009, 64 (66) = ZWE 2009, 27; OLG Düsseldorf NZM 2006, 936 (937).

[302] OLG München ZMR 2009, 64 (66) = ZWE 2009, 27.

[303] OLG München ZMR 2009, 137 (138) = ZWE 2009, 27.

[304] KG ZMR 2008, 476 (477).

[305] OLG München ZMR 2009, 64 (66) = ZWE 2009, 27; OLG Düsseldorf NZM 2006, 936 (937).

[306] BGH NZM 2002, 788 (792); *Drabek* WE 1998, 216 (217); *Müller* WE 1997, 448 (454); *Schmidt* WE 1998, 253 (254); aA KG NJW-RR 1989, 839 (840) = WE 1989, 132 (133); WE 1991, 105 (106).

[307] OLG München ZMR 2007, 221; OLG Düsseldorf NZM 2006, 936 = ZMR 2006, 870 (872); OLG Frankfurt ZMR 2008, 985 (988); OLG Hamm, ZWE 2008, 470 (478); vgl. *Gottschalg,* Haftung, Rn 386 ff.; *Furmans* NZM 2004, 201 (205).

[308] OLG München ZMR 2007, 220 f.; *Gottschalg* DWE 2003, 41 (43).

107 **e) Der Abschluss des Verwaltervertrages im Gründungsstadium. aa) Der Verwaltervertrag bei Begründung nach § 8.** Der Abschluss des Verwaltervertrages durch den teilenden Eigentümer bei Begründung von WE nach § 8 mit Wirkung für und gegen die zukünftige WEgem wirft dogmatische Probleme auf. Die Bestellung des Erstverwalters durch den Alleineigentümer mit Bindung für die WEgem entspricht dem Willen des Gesetzgebers,[309] diese Bestellungsform ist der WEgem gegenüber wirksam und ausreichend zur Begründung der organschaftlichen Stellung des Verwalters (Rn 25 f., 67). Problematisch ist aber, wie die WEgem Vertragspartner eines schuldrechtlichen Anstellungsvertrages wird, welchen der teilende Alleineigentümer mit dem Bestellten aushandelt.[310] Geht man davon aus, dass der Alleineigentümer namens der künftigen WEgem den Verwaltervertrag als Vertreter ohne Vertretungsmacht abschließt, wird der Vertrag für und gegen die WEgem durch Genehmigung der WEgem wirksam (§ 177 BGB). Diese kann durch ausdrücklichen Beschluss erfolgen. Ob sie auch konkludent durch rügelosen Ablauf der ersten WEVers erfolgen kann,[311] erscheint zweifelhaft, weil der kollektive Wille der WEgem nur durch Beschluss ermittelt werden kann, was dessen Verkündung erfordert.

108 Der Verwalter kann gem § 178 BGB von sich aus den Vertragsschluss nicht widerrufen, weil er den Mangel der Vertretungsmacht des teilenden Eigentümers gekannt hat. Er kann aber nach Entstehen der WEgem sofort eine WEVers einberufen, um den Verwaltervertrag genehmigen zu lassen.

109 Bestellt sich der **teilende Eigentümer selbst zum Verwalter,** so kann er den Verwaltervertrag zugleich als Vertreter ohne Vertretungsmacht für die werdende WEgem mit sich selbst im Wege eines **Insichgeschäfts** abschließen. Die hierfür erforderliche Gestattung des Insichgeschäfts erfolgt dann nachträglich durch Genehmigung in der ersten WEVers.

110 **bb) Der Abschluss des Verwaltervertrages bei Begründung nach § 3.** Bei der Begründung von WE nach § 3 ist die Bestellung des Erstverwalters im Anhang zum Teilungsvertrag der Miteigentümer ebenso anerkannt wie im Anhang zur Teilungserklärung nach § 8.[312] Den Verwaltervertrag schließen die MEer namens der künftigen WEgem mit dem bestellten Verwalter. Inhaltlich wird er oft in den Anhang zum Teilungsvertrag aufgenommen. Sofern WE aber auf der Grundlage eines Bauherrenmodells geschaffen werden soll, und der Treuhänder selbst die GemO für die Bauherren erstellt und im Zuge dessen auch den Erstverwalter be- und anstellt, ist dies nur möglich, sofern die Treuhand vollmacht nicht nur die Gebäudeerrichtung, sondern auch die Begründung von WE und ausdrücklich die Be- und Anstellung des Erstverwalters umfasst.[313] Vor Anwendbarkeit des WEG können die Bauherren den Erstverwalter nicht in einer Bauherrenversammlung nach § 26 bestellen; als Ausnahme zu § 26 ist nur die Aufnahme in den Anhang zum Teilungsvertrag anerkannt.[314]

111 **f) Der bedingte Verwaltervertrag.** Ebenso wie der Bestellungsbeschluss kann auch der Verwaltervertrag unter einer aufschiebenden oder einer auflösenden Bedingung geschlossen werden.[315] Wird die Bestellung unter einer Bedingung vorgenommen, so ist davon auszugehen, dass auch der Verwaltervertrag nur unter dieser Bedingung eingegangen werden sollte.[316] Zumindest für die auflösende Bedingung (§ 158 Abs. 2 BGB) erkennt das

---

309 Vgl. BT-Drucks. VII/62, BGBl. 1973 I, 910, abgedruckt in PiG 8, 247 (250) B 2.

310 Zum bisherigen Recht siehe 9. Aufl.

311 So *Wenzel,* FS Bub (2007) S. 249 (262).

312 Diese Bestellungsformen sind die Einzigen anerkannten Ausnahmen zum Grundfall der Bestellung nach § 26, ausführlich *Bader,* FS Seuß (1987), S. 1 (11, 14); *Wenzel,* FS Bub (2007) S. 249 (250).

313 *Müller,* FS Seuß (1987), S. 211 (212 f.).

314 *Bader,* FS Seuß (1987), S. 1 (11) mit dem Hinweis, dass es keinen „vorläufigen Verwalter" gibt.

315 AA Staudinger/*Bub* § 26 Rn 228, welcher wegen einer Bedingungsfeindlichkeit der Bestellung auch eine aufschiebende Bedingung des Verwaltervertrages ablehnt. Die bedingte Bestellung ist entgegen der Auffassung der hM zulässig, vgl. ausführlich oben Rn 61 ff.

316 *Merle,* Verwalter, S. 77.

KG[317] an, dass der auf der Grundlage einer noch nicht bestandskräftigen Verwalterbestellung abgeschlossene Verwaltervertrag stets unter der stillschweigend vereinbarten Bedingung abgeschlossen wird, dass der Bestellungsbeschluss nicht für ungültig erklärt wird. Für diese ergänzende Vertragsauslegung hat sich auch der BGH[318] ausgesprochen, um der Interessenlage bis zur Bestandkraft der Bestellung gerecht zu werden. Die gerichtliche Ungültigerklärung der Bestellung lässt die vertragliche Bindung an den Verwaltervertrag damit nur für die Zukunft entfallen, für die Zwischenzeit bis zur Rechtskraft der gerichtlichen Entscheidung sei nach dem Willen der Vertragschließenden von der Rechtswirksamkeit des Verwaltervertrages auszugehen.[319]

2. Rechtsnatur und Inhalt des Verwaltervertrages

a) Grundlagen. Der Verwaltervertrag ist ein Vertrag zwischen dem Verwalter einerseits und der rechtsfähigen WEgem andererseits.[320] Er regelt die gegenseitigen Rechte und Pflichten zwischen dem Verwalter und der WEgem. Die **WEer sind nicht Partei** des Verwaltervertrages.[321] Er ist **idR kein Vertrag zugunsten der WEer.**[322] Um eigenständige Schadensersatzansprüche der einzelnen WEer unmittelbar gegen den Verwalter für den Fall zu begründen, dass durch Verletzung von Pflichten aus dem Verwaltervertrag ein einzelner WEer geschädigt wird, wird zutreffend angenommen, dass der Verwaltervertrag **Schutzwirkungen** ggü den WEern entfaltet.[323] Indessen vermag dies nicht zu begründen, dass einzelne Ansprüche aus dem Verwaltervertrag wie etwa der Anspruch auf Belegeinsicht (§§ 666, 259 BGB) oder der Auskunftsanspruch (§ 666 BGB) von den WEern selbst geltend gemacht werden können, obwohl sie nicht Partei des Verwaltervertrages sind. Einen eigenen Anspruch auf Erfüllung der geschuldeten Leistung hat der einzelne WEer gegen den Verwalter jedenfalls dann, wenn im Verwaltervertrag vereinbart ist, dass bestimmte Pflichten des Verwalters auch gegenüber den WEern bestehen. Werden insoweit **Rechte zugunsten der WEer** gem. § 328 BGB nicht ausdrücklich vereinbart, muss gem. § 328 Abs. 2 BGB durch Auslegung des Verwaltervertrages ermittelt werden, ob den WEern ausnahmsweise ein primärer Erfüllungsanspruch zustehen soll.[324] Dies ist aber nur erforderlich, wenn sich eine Verpflichtung des Verwalters lediglich aus dem Verwaltervertrag ergibt. Beruht die identische Pflicht zugleich auf dem Bestellungsrechtsverhältnis, etwa die Pflicht, Einsicht in Belege zu gewähren oder Auskunft zu erteilen, besteht sie kraft Gesetzes auch ggü dem einzelnen WEer,[325] dem deshalb insoweit ein **primärer Erfüllungsanspruch** zusteht.[326] Vertraglicher Regelungen im Verwaltervertrag zwischen der WEgem und dem Verwalter zugunsten der WEer bedarf es daher insoweit nicht, um für die WEer eigene Erfüllungsansprüche zu begründen.[327] 112

[317] KG WE 1991, 105 = WuM 1991, 57.

[318] BGH NJW 1997, 2106 (2107) = WE 1997, 306 (307).

[319] BGH WE 1997, 306 (307) = NJW 1997, 2106.

[320] OLG Hamm NZM 2006, 632; OLG München NZM 2007, 88 = ZMR 2007, 220; OLG Düsseldorf NJW 2007, 161; *Armbrüster* ZWE 2006, 470; *Wenzel* NZM 2006, 321; *Niedenführ* NJW 2007, 1841 (1843); *Abramenko* ZMR 2006, 6.

[321] OLG Düsseldorf ZWE 2007, 92 (94); OLG Hamm FGPrax 2006, 153; eingehend *Häublein* ZWE 2008, 3 f.; *Hügel*/Elzer § 3 Rn 47 ff.; aA Jennißen/*Jennißen* § 26 Rn 63; *Müller,* FS Seuß, S. 217, 221.

[322] Vgl. Rn 88.

[323] OLG Düsseldorf ZWE 2007, 56 (57); 92 (94); OLG Hamm ZWE 2008, 470 (474 f.); OLG München NZM 2007, 448; *Wenzel* NZM 2006, 321 (322 f.); ausführlich *Häublein* ZWE 2008, 6 f.; *Hügel* ZMR 2008, 2.

[324] Vgl. *Häublein* ZWE 2008, 7 f.

[325] Vgl. Rn 30.

[326] Siehe § 28 Rn 95.

[327] Kritisch auch *Hügel* ZMR 2008, 2.

113 Bei dem Verwaltervertrag handelt es sich, wenn er **entgeltlich** ist, nach einhelliger Meinung um einen **Geschäftsbesorgungsvertrag,** der teilweise **dienstvertragliche,** teilweise **werkvertragliche Merkmale** aufweist.[328] So hat die Verpflichtung des Verwalters zur Aufstellung des Wirtschaftsplanes und der Jahresabrechnung als Teil der ihm obliegenden Geschäftsbesorgung werkvertraglichen Charakter, da der Verwalter insofern die Herbeiführung eines Arbeitsergebnisses als Erfolg schuldet.[329] Die Rechtsnatur des Vertrages ändert sich im Zweifel nicht dadurch, dass ein WEer Verwalter ist. Soweit die Tätigkeit, wie dies insbesondere bei kleinen Gemeinschaften häufig der Fall sein kann, **unentgeltlich** ausgeführt wird, ist von einem **Auftrag gem. §§ 662 ff. BGB** auszugehen.[330]

114 **b) Möglichkeiten der Gestaltung.** Die Parteien können in dem Verwaltervertrag die **gegenseitigen** Rechte und Pflichten privatautonom in den Grenzen der §§ 134, 138 242 BGB regeln.[331] Für den Individualvertrag gilt grds Vertragsfreiheit. Zum **Formularvertrag** s. Rn 103. **Regelungen,** die das **Gemeinschaftsverhältnis** betreffen, etwa Verlängerung der Ladungsfrist, können dagegen im Verwaltervertrag nicht getroffen werden.[332] IdR dürften im Verwaltervertrag die Höhe seiner Vergütung, iE festgelegt[333] und die ihm bereits gesetzlich eingeräumten Befugnisse erweitert werden.[334] So kann er etwa über die §§ 27, 28 hinaus ermächtigt werden, mit Wirkung für und gegen die WEgem Zahlungen von einzelnen WEern im Namen der WEgem, gegebenenfalls gerichtlich, beizutreiben.[335] Auch kann der Verwalter verpflichtet werden, die Jahresabrechnung so zu erstellen, dass die WEer damit bestimmte Ausgaben steuerlich als Steuerermäßigung geltend machen können.[336] Hinsichtlich der Aufgaben und Befugnisse bildet lediglich § 27 Abs. 4 insofern eine Schranke, als die vom Gesetz als unabdingbar angesehenen Mindestaufgaben von den Vertragsparteien nicht wirksam ausgeschlossen werden können. Zwar bezieht sich diese Vorschrift ihrem Wortlaut nach nur auf Vereinbarungen der WEer, sie schränkt aber als zwingendes Recht auch die Vertragsfreiheit der Parteien im Hinblick auf den Verwaltervertrag ein.[337] Ist der Verwalter verpflichtet, alles zu einer ordnungsgemäßen Verwaltung Notwendige zu tun, so umfasst dies auch die Verkehrssicherungspflicht.[338]

115 Es ist zweckmäßig und notwendig, dem Verwalter eindeutige Vollmachten zu erteilen, da er zur gesetzlichen Vertretung der WEgem und der WEer nur in dem engen Rahmen des § 27 befugt ist. Der Verwalter kann insbesondere im Verwaltervertrag ermächtigt werden, Ansprüche der WEgem und der WEer gegen einen WEer außergerichtlich und gerichtlich geltend zu machen. Ebenso können im Verwaltervertrag Leistungen, etwa die Verzinsung rückständiger Hausgelder, vereinbart werden, die ein WEer zugunsten der WEgem zu erbringen hat.[339] Im Verwaltervertrag kann wirksam verein-

[328] BGH NJW 1980, 2466 (2468); BGHZ 78, 166 (173, 175) = NJW 1981, 282; BayObLG WE 1993, 288; 1992, 23 (24); 1996, 314 (315); WE 1997, 391 = NJWE-MietR 1997, 162; OLG Hamm NJW-RR 1993, 845 (846); *Gottschalg* DWE 2001, 51 (53).

[329] BayObLG WE 1993, 288; OLG Hamm NJW-RR 1993, 845 (846); *Bärmann,* WE, Rn 571; *Müller,* Praktische Fragen, Rn 431 (S. 359).

[330] Vgl. *Merle,* Verwalter, S. 75, dort auch zu Besonderheiten des Verwaltervertrages ggü. anderen Geschäftsbesorgungsverträgen.

[331] Vgl. *Gottschalg* NZM 2009, 217 (218).

[332] OLG Dresden ZMR 2009, 301; KG ZMR 2010, 136; *Jacoby,* FS Merle (2010), 181 (188).

[333] *Schmid* DWE 1990, 2.

[334] BayObLG WE 1990, 138.

[335] BayObLG DWE 1994, 88 = WM 1994, 298; zur Übertragung von Sondereigentumsverwaltung vgl. *F. Schmidt* ZWE 2000, 506 (512).

[336] Vgl. KG ZMR 2009, 709 (711); auch § 28 Rn 87.

[337] *Schmidt* DWE 1990, 2.

[338] OLG Karlsruhe ZMR 2009, 623; BayObLG NZM 2005, 24 = ZMR 2005, 137; OLG München NZM 2006, 110.

[339] BayObLG WE 1995, 254.

bart werden, dass die WEer verpflichtet sind, dem Verwalter eine **Einzugsermächtigung** zu erteilen.[340]

Individualvertraglich kann im Verwaltervertrages die **Haftung** des Verwalters für Pflichtverletzungen – etwa auf Vorsatz und grobe Fahrlässigkeit oder bestimmte Höchstbeträge – **beschränkt** werden.[341] Lediglich die Haftung für Vorsatz kann gem. § 276 Abs. 3 BGB im Voraus nicht erlassen werden. Auch ist individualvertraglich eine **Verkürzung der Verjährungsfrist** zulässig (vgl. § 202 Abs. 1 BGB). Beschließen die WEer auf Grund ihrer Kompetenz nach § 21 Abs. 3,[342] die Haftung des Verwalters im Verwaltervertrag zu beschränken, muss dies im Einzelfall ordnungsmäßiger Verwaltung entsprechen, was bei einer nachträglichen Haftungsbeschränkung ohne Gegenleistung fraglich sein kann.[343] Die Haftungsbeschränkung wird wirksam, wenn die WEer auf Grund des Beschlusses einen entsprechenden Verwaltervertrag mit dem Verwalter abschließen. Sie erfasst regelmäßig auch die Verletzung von Pflichten, die sich aus dem Bestellungsrechtsverhältnis ergeben (vgl. § 27 Rn 306).[344] Eine durch **Vereinbarung** erfolgte Haftungsbeschränkung wirkt für jeden Verwalter. Zu Regelungen in **AGB** s. Rn. 103 ff. 116

c) Ergänzende gesetzliche Bestimmungen. Soweit in dem Verwaltervertrag die Rechte und Pflichten des Verwalters nicht abschließend geregelt sind, werden sie durch die gesetzlichen Bestimmungen des WEG, insbesondere der §§ 12, 24, 25, 27, 28 konkretisiert. Vereinbarungen der WEer, etwa in der GemO, durch die Rechte und Pflichten des Verwalters begründet werden, sind für den Verwalter auch dann maßgebend, wenn sie nicht Inhalt des Bestellungsrechtsverhältnisses oder Verwaltervertrages geworden sind.[345] „Ungeschriebene" Verpflichtungen können sich im Einzelfall auch aus dem Berufsbild des Verwalters ergeben, etwa die Verpflichtung, die Feststellung von Baumängeln zu ermöglichen oder zu veranlassen.[346] Der Verwalter ist zu einer ordnungsgemäßen Buchführung verpflichtet, andernfalls verletzt er seine Pflichten aus dem Verwaltervertrag.[347] 117

d) Insbesondere die Vorschriften des Auftragsrechts. Auf den Verwaltervertrag finden, da er regelmäßig eine Geschäftsbesorgung zum Gegenstand hat, über § 675 BGB bestimmte Vorschriften des Auftragsrechts Anwendung. 118

aa) Auskunfts- und Einsichtsrechte. Nach **§ 666 BGB** hat der Verwalter der WEgem ggü. eine **Auskunfts- und Rechenschaftspflicht.**[348] Diese Pflichten bestehen auch nach der Beendigung der Verwaltertätigkeit.[349] Dem **einzelnen WEer** steht idR auch das individuelle **Recht auf Einsichtnahme** in sämtliche Buchführungsunterlagen, Ausgabenbelege und sonstige Abrechnungsunterlagen des Verwalters zu.[350] Das gilt auch für Einsichtnahmen durch Bevollmächtigte der WEer. Erteilt der Verwalter Auskünfte, muss er die 119

---

340 OLG Düsseldorf NJW-RR 1990, 154; OLG Saarbrücken WE 1998, 69 (73).

341 Vgl. *Skauradszun* ZWE 2008, 419 (421 f.).

342 *Merle* ZWE 2001, 196 (179); *Becker/Kümmel* ZWE 2001, 128 (133); *Gottschalg,* Haftung, S. 105 f.

343 Vgl. BayObLG ZMR 2003, 283, dazu *Skauradszun* ZWE 2008, 419 (422); OLG Hamm ZMR 2001, 142.

344 *Haas,* S. 131.

345 Ausführlich *Merle* ZWE 2001, 145 (147); KG NJW-RR 1989, 839 (840) = WE 1989, 132 (133) für die Beschränkung der Abberufung auf einen wichtigen Grund; allgemein *Schmid* DWE 1990, 2, Staudinger/*Bub* § 26 Rn 225, 409; *ders.* PiG 30, 13 (27); *ders.* NZM 2001, 502 (505); *J. Schmidt* PiG 59, 163 (168).

346 OLG Frankfurt/M. OLGZ 1985, 144.

347 BayObLGZ 1985, 63 (65).

348 *Sauren* WE 1989, S. 4 ff.; *Seuß* WE 1989, 38 ff.; speziell zu den Auswirkungen des Datenschutzes auf diese Pflicht, s. *Müller* DWE 1991, 46 f.

349 Vgl. BGHZ 78, 166 (175 f.) = NJW 1981, 282; OLG München ZWE 2007, 509; *Merle* ZWE 2000, 9 (11); AG Kelheim ZMR 2008, 83: Einsichtnahme in Verwaltungsunterlagen beim ausgeschiedenen Verwalter durch einstweilige Verfügung.

350 Vgl. Rn 30; § 28 Rn 95; auch *Häublein* ZWE 2008, 82 f.; zum bisherigen Recht: BayObLG WE 1991, 358 (359); *Müller* DWE 1991, 46 (47) mwN; *Seuß* WE 1989, 38 f.

Vorschriften des Bundesdatenschutzgesetzes (BDSG) beachten, das nach § 1 Abs. 2 BDSG auch im nichtöffentlichen Verkehr gilt, soweit dort Daten in oder aus Dateien geschäftsmäßig oder für berufliche oder gewerbliche Zwecke verarbeitet oder genutzt werden.[351] Der Verwalter ist verpflichtet, dem einzelnen WEer über die Namen und Anschriften aller übrigen WEer zutreffende Auskunft zu geben.[352]

120 **bb) Die Pflicht zur Jahresabrechnung.** Auch die Pflicht des Verwalters zur Erstellung der Jahresabrechnung (§ 28 Abs. 3) ergibt sich zugleich aus § 666 BGB; sie ist Hauptleistungspflicht des Verwalters.[353] Der Anspruch gegen den Verwalter auf Erstellung der Jahresabrechnung steht nach § 21 Abs. 4 auch jedem einzelnen WEer zu.[354] Dabei wird ein Verwalter, dessen Verpflichtung zur Erstellung einer bestimmten Jahresabrechnung einmal entstanden ist, wenn die Abrechnung also bei Beendigung des Verwaltervertrages bereits fällig war,[355] von dieser Verpflichtung durch sein Ausscheiden aus dem Amt nicht befreit. Da die Abrechnung aber erst „nach Ablauf des Kalenderjahres" vom Verwalter aufzustellen ist (§ 28 Abs. 3), hat nicht der im Laufe des Kalenderjahres ausgeschiedene Verwalter, sondern der neue Verwalter die Abrechnung für das abgelaufene Kalenderjahr zu erstellen.[356]

121 **cc) Die Rechenschaftspflicht.** Die Verpflichtung des Verwalters, nach Beendigung seiner Tätigkeit der WEgem Rechnung zu legen, umfasst neben der verständlichen und nachvollziehbaren Darlegung aller Einnahmen und Ausgaben auch – unter Beifügung der entsprechenden Belege – eine Aufstellung der noch bestehenden Forderungen, Verbindlichkeiten und Kontostände.[357] Auch wenn der Verwalter die Rechtsmacht hat, ihm zustehende Beiträge aus Mitteln der WEgem an sich selbst auszuzahlen, so bleibt er nach § 666 BGB zur **Rechenschaft** verpflichtet. Denn es ist grds Sache des Verwalters darzulegen, dass er über die Mittel, die er zu verwalten hatte, ordnungsgemäß verfügt hat.[358]

122 **dd) Die Herausgabepflicht.** Gem. **§§ 675, 667 BGB** ist der Verwalter verpflichtet, alles, was er zur Ausführung der Verwaltertätigkeit erhält und was er hierdurch erlangt, an die WEgem zu Händen des neuen Verwalters herauszugeben.[359] Vor Beendigung der Verwaltertätigkeit besteht die **Herausgabepflicht** vorbehaltlich einer anderen vertraglichen Vereinbarung aber nur dann, wenn die Besorgnis besteht, der Verwalter könne im Hinblick auf eigene Vorteile bei der weiteren Verwaltertätigkeit veranlasst werden, die Interessen der WEgem außer acht zu lassen.[360] Da ein Beschluss über die Abberufung aus wichtigem Grund die Verwalterstellung sofort beendet, hat der abberufene Verwalter die Verwaltungsunterlagen auch bei Anfechtung des Beschlusses sofort und vollständig herauszugeben.[361] Herauszugeben sind insbesondere alle Belege, Konten und Verwaltungsunterlagen, in denen Vorgänge betreffend die WEgem vermerkt sind, auch solche, die der Verwalter von seinem Vorgänger erhalten hat.[362] Die Verwaltungsunterlagen müssen nur

---

[351] Hierzu ausführlich *Röll/Sauren,* Handbuch, Rn 321; *ders.* WEM 3/1981, 7; *Müller* DWE 1991, 46; *Mohr* DWE 1988, 110; *Drasdo* NZM 1999, 542; vgl. auch *Seuß* WE 1989, 38.

[352] OLG Saarbrücken ZMR 2007, 141 f.; ausführlich *Drasdo* NZM 2009, 724 f.; vgl. auch LG Stuttgart ZWE 2009, 286 *(Elzer);* vgl § 28 Rn 101.

[353] BayObLG WE 1997, 391 = NJWE-MietR 1997, 162.

[354] AG Rastatt ZMR 2008, 922 f.; § 28 Rn 60 ff.

[355] BayObLG WE 1994, 280.

[356] Vgl. § 28 Rn 65.

[357] OLG München ZWE 2007, 509 m. Anm. *Sauren.*

[358] BayObLGZ 1985, 63 (68); zu den weiteren Einzelheiten vgl. § 28 Rn 135 ff.

[359] OLG Hamburg ZMR 2008, 148 (150); eingehend *Köhler* ZWE 2002, 255 ff.; *Sauren* WE 1989, 4 (7 ff.).

[360] Vgl. BGH WM 1978, 115 (117); s. auch *Sauren* WE 1989, 4 (8).

[361] AG Syke ZWE 2008, 489 *(Wagner)* unter Hinweis auf OLG Celle.

[362] OLG Hamm ZMR 2007, 982 (983); ZWE 2008, 193 (194); NJW-RR 1988, 268 f.; BayObLG WE 1993, 288 mwN; BayObLGZ 1975, 327 (332); OLG Düsseldorf ZWE 2001, 114 (115) = NZM 2001, 546; *Sauren* WE 1989, 4 (8).

dann im Einzelnen bezeichnet werden, wenn nicht alle – dann Vollstreckung nach § 888 ZPO – sondern nur die zur Verwaltung erforderlichen Unterlagen heraus verlangt werden.[363] Dieser Anspruch kann ggf im Wege einstweiliger Verfügung geltend gemacht werden, wenn die WEgem auf die sofortige Herausgabe angewiesen ist.[364] Der Verwalter schuldet die Herausgabe der Originalbelege und -rechnungen, zumal der neue Verwalter für seine Tätigkeit auf Originalbelege angewiesen ist. Hat der ausgeschiedene Verwalter die Verwaltungsunterlagen einem Dritten überlassen, so ist der ausgeschiedene Verwalter verpflichtet, die Unterlagen zu beschaffen.[365] Auf das Eigentum an den Unterlagen oder ob ein Konto auf die WEgem lautet,[366] kommt es nicht an. Den Interessen des ausgeschiedenen Verwalters wird dadurch Rechnung getragen, dass ihm ein Einsichtsrecht in die an seinen Nachfolger übergebenen Unterlagen zusteht oder er sich ggf. Kopien anfertigen kann.[367] Der bisherige Verwalter kann gegen den Herausgabeanspruch kein Zurückbehaltungsrecht wegen eines Zahlungsanspruches geltend machen, weil die WEgem auf die Verwaltungsunterlagen zur Aufrechterhaltung ihres Rechnungswesens angewiesen ist, so dass der Verwalter diese jederzeit zur Verfügung der WEgem zu halten hat.[368]

Der frühere **Bauträger-Verwalter** hat ferner die Unterlagen herauszugeben, die er in 123 seiner Eigenschaft als Bauträger und früherer Eigentümer erhalten hat.[369] Das sind u. a. Unterlagen, die die Planung, Errichtung, Abrechnung und Mängelbeseitigung des Bauvorhabens betreffen. Dies gilt nach § 402 BGB jedenfalls dann, wenn der Bauträger-Verwalter die Gewährleistungsansprüche hinsichtlich des in seinem Namen errichteten Objekts im Rahmen der Veräußerung der Wohneinheiten an die Erwerber abgetreten hat. Es kommt nicht darauf an, ob er die Unterlagen als Verwalter oder Bauträger besessen hat. Auch wenn er die Unterlagen nicht im Besitz hat, besteht die Pflicht zur Herausgabe. In diesem Fall steht der WEgem ein Verschaffungsanspruch zu.[370]

Der Verwalter hat bei Beendigung seiner Verwaltertätigkeit alle ihm überlassenen **Hausschlüssel** 124 herauszugeben.[371] Das gilt bei einem Generalschlüssel auch dann, wenn der Generalschlüssel auch anderen Wohnanlagen dient, bei denen die Verwaltungstätigkeit des Verwalters nicht beendet ist.[372] Schließlich ist der ausgeschiedene Verwalter nach §§ 675, 667 BGB verpflichtet, der WEgem ihm zur Erfüllung seiner Aufgaben überlassenen und **nicht bestimmungsgemäß verbrauchten Wohngelder** herauszugeben,[373] wobei den Verwalter die Beweislast für die bestimmungsmäßige Verwendung trifft.[374] Der entsprechende Herausgabeanspruch setzt nicht voraus, dass ein bestandskräftiger Beschluss der WEer über die Jahresabrechnung (§ 28 Abs. 3) oder die Rechnungslegung (§ 28 Abs. 4 WEG) vorliegt. Der Anspruch auf Rechnungslegung dient zwar der Geltendmachung von Ansprüchen nach § 667 BGB (s. § 28 Rn 135 ff.); daraus folgt jedoch nicht, dass der

363 OLG Hamburg ZMR 2008, 148 (150).

364 AG Kelheim ZMR 2008, 83.

365 OLG Frankfurt/M. WuM 1999, 61 (62).

366 OLG Hamm ZWE 2008, 193 (194) m. Anm. *Ott.*

367 BayObLG WE 1993, 288; BayObLGZ 1969, 209 (215); vgl. auch OLG Frankfurt/M. WuM 1999, 61. Was der Verwalter i. E. alles herauszugeben hat, dazu detailliert *Köhler* ZWE 2002, 255 (256 f.); *Sauren* WE 1989, 4 (8 f.).

368 OLG Hamm ZMR 2007, 982 (983 f); OLG Frankfurt/M. DWE 1994, 163 (Ls).

369 BayObLG ZWE 2001, 431 (432) = NJW-RR 2001, 1667; *Köhler* ZWE 2002, 255 (256 f.); einschränkend *Müller* ZWE 2002, 391 (396), soweit Bauunterlagen nicht Bestandteil der Verwaltungsunterlagen geworden sind.

370 Vgl. OLG Hamm NJW-RR 1988, 268 (269).

371 BayObLG ZMR 1985, 212.

372 BayObLG WE 1986, 64 (64 f.).

373 BGH NJW 1997, 2106 (2108) = WE 1997, 306 (308) = LM § 675 Nr. 236 m. Anm. *Niedenführ;* BayObLG ZWE 2000, 262 (263) = NJW-RR 2000, 155; *Niedenführ* NZM 2000, 270 (270).

374 BayObLG ZWE 2000, 187 (188).

Herausgabeanspruch umgekehrt nur nach vorheriger Rechnungslegung geltend gemacht werden kann. Zudem hat der Beschluss über die Jahresabrechnung nur konstitutive Bedeutung für das Entstehen einer die geleisteten Vorschusszahlungen bzw. die noch offenen Vorschusszahlungen übersteigende Zahlungsverpflichtung im Verhältnis der WEgem zu den WEern (vgl. § 28 Rn 46); er kann daher kein konstitutives Element für den Herausgabeanspruch gegen den ausgeschiedenen Verwalter sein.[375] Für die Rechtsbeziehungen zwischen WEgem und Verwalter ist allein bedeutsam, ob dem Verwalter mit dem Beschluss über die Jahresabrechnung Entlastung erteilt wird (vgl. § 28 Rn 118). Die Entlastung wiederum kann zwar als negatives Schuldanerkenntnis der Geltendmachung von Schadensersatz- und Herausgabeansprüchen entgegenstehen; sie ist damit jedoch nicht umgekehrt Voraussetzung für die Geltendmachung solcher Ansprüche (vgl. § 28 Rn 128).[376]

125 **ee) Weitere Rechte und Pflichten aus dem Auftragsrecht.** Der Verwalter ist nach **§ 665 BGB** berechtigt, von den Weisungen, insbesondere den Beschlüssen der WEer abzuweichen, wenn er den Umständen nach annehmen darf, dass diese bei Kenntnis der Sachlage die Abweichung billigen würden. Wenn nicht Gefahr im Verzuge ist, hat der Verwalter aber den WEern vorher seine Absicht anzuzeigen und ihre Entschließung abzuwarten.

126 Aus **§ 668 BGB** ergibt sich die Verpflichtung des Verwalters, ihm überlassenes Geld zu verzinsen. Er kann seinerseits gem. **§ 669 BGB** von der WEgem verlangen, dass ihm für die zu seiner Tätigkeit erforderlichen **Aufwendungen** ein Vorschuss gewährt wird. Gem. **§ 670 BGB** hat der Verwalter gegen die WEgem Anspruch auf Ersatz seiner Aufwendungen,[377] soweit die geltend gemachten Beträge nicht bereits durch die Verwaltervergütung abgegolten sind.[378] Hat der Verwalter etwa den Fehlbestand eines Treuhandkontos aus eigenen Mitteln ausgeglichen, so ist sein fälliger Aufwendungsersatzanspruch gegen die WEgem bereits vor Eintritt des Verzuges nach § 256 BGB zumindest in der Höhe des gesetzlichen Zinssatzes von 4% (§ 246 BGB) zu verzinsen;[379] höhere Verzugszinsen von fünf Prozentpunkten über dem Basiszinssatz des § 247 BGB kann der Verwalter nur verlangen, wenn er die WEgem zur Erstattung des Fehlbestandes aufgefordert und in Verzug gesetzt hat (§ 288 Abs. 1 BGB).[380] Auch wenn die WEer über mehrere Jahre keine Beschlüsse über Jahresabrechnungen gefasst haben, kann nicht darauf vertraut werden, dass Nachzahlungen in Form des Aufwendungsersatzes nicht mehr geschuldet sind.[381] Als Anspruch des Verwalters hängt der Aufwendungsersatzanspruch nicht von der vorherigen Beschlussfassung über den Wirtschaftsplan oder die Jahresabrechnung ab.[382] Nach der regelmäßigen Verjährungsfrist des § 195 BGB verjähren Aufwendungsersatzansprüche des (gewerbsmäßigen) Verwalters aus § 670 BGB in drei Jahren. Die regelmäßige Verjährungsfrist beginnt gem. § 199 Abs. 1 BGB mit dem Schluss des Jahres, indem der Anspruch entstanden ist und der Gläubiger von den anspruchsbegründenden Umständen und der Person des Schuldners Kenntnis erlangt oder ohne grobe Fahrlässigkeit erlangen müsste. Ohne Rücksicht auf die Kenntnis oder grob fahrlässige Kenntnis verjährt der Aufwendungsersatzanspruch gem. § 199 Abs. 4 BGB in zehn Jahren von seiner Entstehung an. Dem Aufwendungsersatzanspruch kann die Einwendung der Verwirkung entgegenstehen.[383]

---

[375] So zutreffend BGH NJW 1997, 2106 (2108) = WE 1997, 306 (308) = LM § 675 Nr. 236 m. Anm. *Niedenführ.*

[376] BGH NJW 1997, 2106 (2108) = WE 1997, 306 (308) = LM § 675 Nr. 236 m. Anm. *Niedenführ.*

[377] OLG Zweibrücken ZMR 2007, 488 f.

[378] Vgl. BayObLG ZWE 2001, 487 (488 f.) = ZWE 2001, 487.

[379] KG WE 1998, 32 (33); zum Treuhandkonto vgl. § 27 Rn 96.

[380] Vgl. KG ZWE 2000, 271 (272) = NZM 1999, 379.

[381] BayObLG WE 1998, 198 (199).

[382] BayObLG WE 1998, 391 mwN.

[383] OLG Zweibrücken ZMR 2007, 488 (489).

e) Die Haftung des Verwalters für Pflichtverletzungen. Bei schuldhafter Verletzung vertraglicher Pflichten haftet der Verwalter der WEgem aus §§ 280 Abs. 1, 280 Abs. 2, 286 BGB auf Schadensersatz.[384] In Einzelfällen kann auch eine Haftung auf Schadensersatz statt der Leistung nach Maßgabe von §§ 280 Abs. 3, 281, 282 bzw. 283 BGB in Betracht kommen. Nach § 276 BGB hat der Verwalter, auch der sog. Amateurverwalter,[385] Vorsatz und Fahrlässigkeit zu vertreten. Allerdings kann die Haftung im Verwaltervertrag auf Vorsatz und grobe Fahrlässigkeit beschränkt werden (s. o. Rn 116). Ein einzelner WEer ist zur Geltendmachung dieses Anspruchs der WEgem nur berechtigt, wenn er dazu ermächtigt ist.[386] 127

Das Verschulden eines Dritten muss sich der Verwalter unter den Voraussetzungen des § 278 BGB zurechnen lassen. Den Rechtsirrtum eines Rechtsanwalts, auf dessen rechtlicher Beurteilung das Verhalten eines Verwalters beruht, muss sich der Verwalter jedenfalls dann wie das Verschulden eines Dritten zurechnen lassen, wenn der Rechtsirrtum auf Grund fehlerhafter Einschätzung einer eindeutigen Rechtslage vermeidbar war.[387] 128

Der zwischen der WEgem und dem Verwalter bestehende Vertrag entfaltet Schutzwirkungen zugunsten der WEer.[388] Dem einzelnen WEer steht daher ein eigenständiger vertraglicher Schadensersatzanspruch gegen den Verwalter zu, wenn dieser seine vertraglichen Pflichten gegenüber der WEgem verletzt und dadurch dem einzelnen WEer ein Schaden entsteht. 129

Neben Ansprüchen aus vertraglicher Haftung können im Einzelfall zudem Schadenersatzansprüche kraft Gesetzes, etwa aus unerlaubter Handlung (§§ 823 ff. BGB), gegen den Verwalter bestehen.[389] 130

3. Die Vergütung des Verwalters

a) Allgemeines. Der Anspruch des Verwalters auf Vergütung ergibt sich nur aus dem Verwaltervertrag, nicht aus dem Bestellungsrechtsverhältnis. Im Rahmen der Vertragsfreiheit können Umfang und Höhe der Vergütung des Verwalters im Verwaltervertrag frei vereinbart werden;[390] dies gilt auch für Sonderhonorare für Leistungen des Verwalters, die über die ihm kraft Gesetzes obliegenden Aufgaben hinausgehen (s. Rn 142 ff.). Auch in der GO können Regelungen zur Vergütung des Verwalters getroffen werden,[391] allerdings nicht unabänderlich für die Zukunft.[392] Die Höhe der Verwaltervergütung kann nicht einseitig durch Mehrheitsbeschluss der WEer geändert werden, sondern setzt vielmehr einen Änderungsvertrag mit dem Verwalter voraus.[393] Auch wenn der Verwalter seine Tätigkeit erst im Laufe eines Monats beginnt oder im laufenden Monat beendet, steht ihm idR das volle monatliche Honorar zu.[394] Mit den Grundsätzen einer ordnungsmäßigen Verwaltung ist es idR nicht vereinbar, ohne besondere Leistungen des Verwalters die vertraglich vereinbarte Verwaltervergütung rückwirkend 131

[384] Vgl. auch § 21 Rn 171 ff.; BayObLG WE 1992, 23 = DWE 1992, 118; OLG Frankfurt ZMR 2008, 985; OLG Hamburg DWE 1994, 148 (151).

[385] Vgl. dazu *Schultz* ZWE 2009, 161 (163 f.).

[386] AG Dortmund ZMR 2009, 845 f.

[387] OLG Hamburg DWE 1994, 148 (151).

[388] Eingehend *Häublein* ZMR 2008, 6 f.

[389] Zur Haftung des Verwalters vgl. § 27 Rn 289 ff.

[390] BayObLG DWE 1985, 124; *Gottschalg* NZM 2009, 217 (220); 2000, 473; *ders.* ZWE 2002, 200.

[391] Vgl. OLG Hamm ZWE 2008, 293 f. m. Anm. *Briesemeister.*

[392] KG WE 1994, 83; *Gottschalg* NZM 2009, 217 (220).

[393] AG Hamburg DWE 1987, 140 (Ls); *Gottschalg* NZM 2000, 473 (475); *ders.* ZWE 2002, 200 (203).

[394] KG NJW 1994, 138 (139) = WuM 1993, 760 (761) für den gerichtlich bestellten Verwalter; differenzierend OLG Düsseldorf ZMR 1995, 216.

zu erhöhen.[395] Endet der Verwaltervertrag, erlischt der vertragliche Vergütungsanspruch des Verwalters.[396]

132 **b) Die Höhe der Vergütung.** Die Höhe der Verwaltervergütung wird regelmäßig im Verwaltervertrag vereinbart, kann aber auch in der GO geregelt sein.[397] Sie bemisst sich idR nach den jeweils zu erbringenden Verwalterleistungen. Diese wiederum bestimmen sich nach der Art und der Größe der zu verwaltenden Gemeinschaftseinrichtungen sowie nach dem zu erwartenden Instandhaltungsbedarf.[398] Einen Anspruch auf **Mehrwertsteuer** zusätzlich zur vereinbarten Vergütung bzw. zur üblichen Vergütung hat der Verwalter nur, wenn dies ausdrücklich vereinbart ist.[399] Ohne ausdrückliche Vereinbarung der Vergütungshöhe im Verwaltervertrag ist gem. §§ 675, 612 Abs. 1, 2 BGB ein Anspruch auf **die branchenübliche Vergütung** gegeben. Einen Anhaltspunkt für die übliche Vergütung im Hinblick auf die gesetzlichen Aufgaben des Verwalters gibt die jeweilige Höhe der „Verwaltungskosten" iSd § 26 der II. BVO.[400] Der Verwaltungskostenansatz beträgt mit Wertanpassung ab 1. 1. 2005 275 Euro pro Jahr und Wohnung (§ 41 Abs. 2 II. BVO) und bis zu 30 Euro pro Garage oder Stellplatz gem. § 26 Abs. 3 der II. BVO.

133 Die Höhe der im **Verwaltervertrag** vereinbarten Vergütung kann im Einzelfall gegen die **Grundsätze ordnungsmäßiger Verwaltung** verstoßen, wenn das Äquivalenzverhältnis von Verwalterleistung und Vergütung erheblich gestört ist. Dies ist sowohl bei einer erheblich überhöhten als auch bei einer erheblich zu niedrig bemessenen Vergütung der Fall.[401] Die Rspr. hat etwa eine monatliche Vergütung von 7 Euro (DM 14) netto je Hobbyraum oder Garage als deutlich überhöht angesehen.[402] Demgegenüber soll eine Vergütung von 50 Euro (DM 100) pro aufgewandter Stunde zzgl. Auslagen und Mehrwertsteuer noch im Rahmen des Üblichen und Angemessenen liegen.[403] Ein Mehrheitsbeschluss der WEer ist auf Anfechtung für ungültig zu erklären, soweit er auf Abschluss eines Verwaltervertrages gerichtet ist, der eine den Grundsätzen ordnungsmäßiger Verwaltung widersprechende Vergütung enthält. Die Ungültigerklärung des Beschlusses kann die Unwirksamkeit des Verwaltervertrages zur Folge haben, wenn dadurch die Vertretungsmacht eines Bevollmächtigten zum Abschluss des Verwaltervertrages entfällt (zur Vergütung im Falle eines unwirksamen Verwaltervertrages vgl. Rn 148 ff.). Grob unbillige, in der **GO vereinbarte Regelungen** zur Verwaltervergütung sind nichtig (§§ 242, 315 BGB), etwa wenn für den Mehraufwand des Verwalters bei Säumnis eines WEers die doppelte, bei gerichtlichen Maßnahmen die dreifach jährliche Verwaltergebühr zu entrichten ist.[404]

134 **c) Die Haftung der Gemeinschaft.** Der Anspruch des Verwalters auf das Verwalterhonorar besteht gegen die WEgem. Die WEer haften für diese Schuld der WEgem nach § 10 Abs. 8 in Höhe ihres MEA. Der Verwalter ist berechtigt, seine Vergütung aus den seiner Verwaltung unterliegenden Geldern der WEgem zu entnehmen. Ein unzulässiges Insichgeschäft nach § 181 BGB liegt insoweit nicht vor, denn die Leistungen zu seinen Gunsten erfolgen ausschließlich zur Erfüllung einer Verbindlichkeit der WEgem.[405] Hat der Verwalter vorsätzlich zu viel Geld entnommen, so steht § 393 BGB einer Aufrechnung nicht entgegen, die der Verwalter ggü dem Rückzahlungsanspruch mit einer Forderung aus

---

[395] OLG Düsseldorf WE 1998, 488 (489) = NZM 1998, 770.

[396] OLG Düsseldorf ZWE 2007, 458 f.

[397] OLG Hamm ZWE 2008, 293 f. m. Anm. *Briesemeister.*

[398] Staudinger/*Bub* § 23 Rn 263; *Gottschalg* ZWE 2002, 200 (201); *ders.* NZM 2000, 473.

[399] BGHZ 60, 199 (203).

[400] S. dazu auch *Bub* ZdWBay 1992, 577 (582); *Gottschalg* NZM 2000, 473 (474); *ders.* ZWE 2002, 200 (201).

[401] Staudinger/*Bub* § 26 Rn 263.

[402] OLG Düsseldorf ZWE 2001, 219 (222).

[403] BayObLG ZMR 2000, 858 (859).

[404] OLG Hamm ZWE 2008, 293 f. m. Anm. *Briesemeister.*

[405] *Bub* ZdWBay 1992, 577 (583).

dem Verwaltervertrag erklärt.[406] Der amtierende Verwalter darf wegen seines Vergütungsanspruchs aber nicht auf die Instandhaltungsrücklage zugreifen, wohl aber der ausgeschiedene Verwalter.[407] Hat der Verwalter nach dem Verwaltervertrag Anspruch auf eine bestimmte Vergütung pro Wohneinheit, so berechnet sich danach nur die Höhe der Vergütungspflicht der WEgem im Verhältnis zum Verwalter. Im Verhältnis der WEer untereinander richtet sich die Pflicht des einzelnen WEers zur Tragung der Verwalterkosten im Innenverhältnis trotzdem nach § 16 Abs. 2, also nach seinem MEA oder nach dem vereinbarten Verteilungsschlüssel.[408] Soll stattdessen jeder WEer im Verhältnis untereinander die nach dem Verwaltervertrag pro Wohneinheit geschuldete Vergütung tragen, bedarf es einer Vereinbarung aller WEer oder eines Beschlusses gem. § 16 Abs. 3.

d) Verwaltervergütung bei Schlecht- und Nichterfüllung. Eine **Schlechterfüllung der Verwalterpflichten** führt nicht zum Wegfall des Vergütungsanspruchs, sondern allenfalls zu Schadensersatzansprüchen der WEgem gegen den Verwalter, mit denen ggf. gegen den Vergütungsanspruch des Verwalters aufgerechnet werden kann.[409] Erbringt der Verwalter überhaupt **keine Leistungen,** sind hinsichtlich der Vergütung die §§ 323 bis 326, 615, 616 BGB maßgeblich.[410] Dabei wird die geschuldete Dienstleistung trotz ihres Fixschuldcharakters dadurch, dass sie für einen bestimmten Zeitraum nicht erbracht wird, nur dann iSd §§ 326 Abs. 1, 275 Abs. 1 BGB unmöglich, wenn sie nicht mehr nachgeholt werden kann. Nicht mehr nachholbar ist, etwa die Abhaltung einer WEVers, die Aufstellung von Wirtschaftsplänen und Jahresabrechnungen für eine in der Vergangenheit abgeschlossene Wirtschaftsperiode.[411] Soweit die geschuldete Leistung des Verwalters nicht mehr nachholbar ist, entfällt grds der Vergütungsanspruch des Verwalters (§ 326 Abs. 1 BGB); die WEgem kann die nicht geschuldete Vergütungsleistung vom Verwalter zurückfordern (§ 326 Abs. 4 BGB). Ist die Dienstleistung dagegen nachholbar, so wird der Verwalter im **Annahmeverzug** der WEgem nach §§ 615, 293 ff. BGB von seiner Dienstleistungspflicht frei, ohne seinen Vergütungsanspruch zu verlieren.[412] 135

e) Die Anpassung der Vergütung. Die im Verwaltervertrag vereinbarte Vergütung kann grds. nur durch Änderungsvertrag zwischen der WEgem und dem Verwalter erhöht werden. Im Verhältnis untereinander können die WEer mit Stimmenmehrheit über den Abschluss eines Änderungsvertrages beschließen. Die Beschlusskompetenz der WEer, über den Verwaltervertrag zu entscheiden, ergibt sich aus § 21 Abs. 3.[413] Widerspricht ein Mehheitsbeschluss über die Erhöhung der Verwaltervergütung den Grundsätzen ordnungsmäßiger Verwaltung, so ist er auf Anfechtung für ungültig zu erklären (vgl. Rn 133). Auch die Ablehnung einer Erhöhung kann im Einzelfall ordnungsmäßiger Verwaltung widersprechen. In diesem Fall hat der Verwalter einen Anspruch auf eine sachlich gerechtfertigte und angemessene Erhöhung seiner Vergütung.[414] 136

Auch ohne Änderungsvertrag besteht die Möglichkeit einer Anpassung der Vergütung, sofern der Verwaltervertrag eine Anpassungsklausel enthält. Allerdings ist eine **Wertsicherungsklausel** bei Verwalterverträgen seit in Kraft treten des Euro-Einführungsgesetzes grds. 137

---

406 OLG Stuttgart ZMR 1983, 422; zur Zulässigkeit der Aufrechnung im Allgemeinen BayObLGZ 1976, 165 (166).

407 OLG Hamm ZWE 2008, 182 f. mit Anm. *Drabek.*

408 BGH ZWE 2007, 398 (403); KG DWE 1985, 126; OLG Köln NZM 2002, 615.

409 BayObLG WE 1997, 391 = NJWE-MietR 1997, 162; KG OLGZ 1990, 61 (64) = NJW-RR 1990, 153 = WE 1990, 88.

410 BayObLG WE 1997, 391 = NJWE-MietR 1997, 162.

411 BayObLG WE 1997, 391 = NJWE-MietR 1997, 162.

412 BayObLG WE 1997, 391 = NJWE-MietR 1997, 162; vgl. auch Palandt/*Putzo* § 615 Rn 5.

413 *Gottschalg* ZWE 2002, 200 (203); vgl. auch *Becker/Kümmel* ZWE 2001, 128 (133); *Merle* ZWE 2001, 196 (197); *Wenzel* ZWE 2001, 226 (233).

414 KG ZMR 1986, 94 (96); Staudinger/*Bub* § 26 Rn 275; *Gottschalg* ZWE 2002, 200 (203); *ders.* NZM 2000, 473 (475).

unzulässig.[415] Unter den Voraussetzungen des § 2 Preisangaben- und Preisklauselgesetzes können Ausnahmegenehmigungen vom Bundesamt für Wirtschaft erteilt werden. Solche Genehmigungen kommen aber für den Bereich der WEG-Verwaltung nicht in Betracht, da die Genehmigungsvoraussetzungen – Vertragsdauer von mehr als 10 Jahren oder besondere Gründe des Wettbewerbs nicht erfüllt sind.[416] Eine Wertsicherungsklausel im Verwaltervertrag ist damit unwirksam. Die WEer können die auf Grund einer derartigen Klausel geleisteten höheren Verwaltergebühren gem. § 812 Abs. 1 BGB zurückverlangen.[417]

138 Zulässig ist eine **Staffelvereinbarung** im Verwaltervertrag, nach der sich die Vergütung zu bestimmten Zeitpunkten in bestimmter Höhe ändert.[418] Die Höhe der Vergütung kann auch durch eine sog. **Spannungsklausel** vom künftigen Preis oder Wert einer mit der Leistung des Gläubigers vergleichbaren Leistung abhängig gemacht werden. Mangels Vergleichbarkeit der Leistungen kann die Verwaltervergütung jedoch nicht an die Gehaltsentwicklung im öffentlichen Dienst geknüpft werden.[419] Möglich ist eine **Leistungsvorbehaltsklausel** im Verwaltervertrag, nach der die Höhe der Vergütung bei Eintritt bestimmter Voraussetzungen durch eine Partei oder durch einen Dritten neu festgesetzt werden kann. Sofern die Klausel nichts anderes bestimmt, muss die Anpassung billigem Ermessen entsprechen (§§ 315, 317 BGB).[420]

139 Eine Vereinbarung der WEer, durch die das Verwalter-Honorar der Höhe nach für die Zukunft unabänderbar festgelegt wird, verstößt gegen die unabdingbare Vorschrift des § 20 Abs. 2 WEG und ist damit rechtsunwirksam.[421] Denn die Festlegung der Höhe des Verwalter-Honorars durch Vereinbarung in der GemO könnte die Gewinnung eines geeigneten gewerblichen Verwalters vereiteln oder beeinträchtigen und damit den Kernbereich der durch Vereinbarungen nicht abdingbaren Bestimmung des § 20 Abs. 2 berühren.

140 **f) Fälligkeit und Verjährung.** Die **Fälligkeit** der Vergütung bestimmt sich in erster Linie nach den Bestimmungen des Verwaltervertrages (z. B. monatliche Fälligkeit[422]). Fehlt jedoch eine vertragliche Regelung, so gilt für die Fälligkeit der Vergütung § 614 Satz 1 und nicht § 614 Satz 2 BGB. Die Vergütung ist demnach erst nach Erbringung der Leistung, insbesondere nach Vorlage der Jahresabrechnung, zu entrichten.[423] Die Vergütungsansprüche des Verwalters **verjähren** nach § 195 BGB in drei Jahren; die Verjährungsfrist beginnt grds nach Maßgabe des § 199 Abs. 1 BGB mit dem Schluss des Jahres, in dem der Vergütungsanspruch entstanden – d. h. fällig geworden – ist.

141 Die Fälligkeit der Vergütung ist nicht von der vorherigen Beschlussfassung der WEer über den Wirtschaftsplan abhängig. Das gilt auch, wenn die Verwaltervergütung nach dem Verwaltervertrag zusammen mit den dem Wirtschaftsplan entsprechenden Vorschüssen zu zahlen ist und die Fälligkeit der Vorschüsse von einem Eigentümerbeschluss über den Wirtschaftsplan abhängig ist. Mit dem Wirtschaftsplan regeln die WEer nur im Innenverhältnis die Höhe der Vorauszahlungen auf die zu erwartenden Kosten für das GemE.[424]

---

[415] Vgl. § 2 Preisangaben- und PreisklauselG (PaPkG).

[416] Vgl. BT-Drs 13/10 334, S. 41; *Gottschalg* NZM 2000, 473 (475); *ders.* ZWE 2002, 200 (202); allgemein MünchKomm-BGB/*Grundmann,* §§ 244, 245 BGB Rn 84; *Schmidt-Räntsch* NJW 1998, 3166 (3169).

[417] OLG Köln NJW-RR 1995, 146 (Ls) = WE 1995, 21.

[418] Staudinger/*Bub* § 26 Rn 278; *Gottschalg* NZM 2000, 473 (474); *ders.,* ZWE 2002, 200 (202).

[419] So OLG Köln BB 1994, 2310.

[420] Vgl. *Gottschalg* NZM 2000, 473 (475); *ders.* ZWE 2002, 200 (203).

[421] KG NJW-RR 1994, 402 = WE 1994, 83 (84); *Gottschalg* NZM 2000, 473 (474); *ders.* ZWE 2002, 200 (201).

[422] Vgl. KG OLGZ 1990, 61 (63) = NJW-RR 1990, 153 = WE 1990, 88.

[423] Vgl. OLG Hamm OLGZ 1994, 32 (34) = NJW-RR 1993, 845 (846) = WE 1993, 246; aA Staudinger/*Bub* § 26 Rn 279.

[424] KG OLGZ 1990, 61 (63 f.) = NJW-RR 1990, 153 = WE 1990, 88; OLG Hamm NJW-RR 1993, 845 (846) = WE 1993, 246.

g) Sondervergütungen. Der Verwalter hat grds keinen Anspruch auf Zahlung einer zusätzlichen Verwaltervergütung für solche Tätigkeiten, die im Rahmen der ihm vom Gesetz zugewiesenen Aufgaben und Befugnisse liegen[425] und zum typischen Berufsbild eines Verwalters gehören.[426] Ein Beschluss über eine Sondervergütung für diesbezügliche Tätigkeiten verstößt gegen die Grundsätze ordnungsgemäßer Verwaltung.[427] Dazu gehört die Betreuung von Instandsetzungsmaßnahmen,[428] das Führen der Beschlusssammlung (außer bei Rückwärtsdokumentation),[429] die Unterrichtung der WEer über Rechtsstreitigkeiten,[430] auch die Durchführung von Eigentümerversammlungen,[431] so dass auch für nach § 24 Abs. 2 zusätzlich erforderliche WEVers kein Anspruch auf Sondervergütung besteht, die Erhebung einer Sonderumlage.[431a] Etwas anderes gilt, wenn im Verwaltervertrag etwas anderes vereinbart ist.[432] Jedoch kann für besondere, darüber hinausgehende Leistungen eine Sondervergütung **im Verwaltervertrag** vereinbart werden, etwa für aufwändige Bauüberwachung[433] oder die Geltendmachung von Baumängeln oder wenn dem Verwalter durch Gesetz zusätzliche Pflichten auferlegt werden.[434] Auch für die Erstellung von Bescheinigungen, dass bestimmte Ausgaben als Steuerermäßigung, etwa **haushaltsnahe Dienstleistungen** iSv § 35 a EStG,[435] geltend gemacht werden können, kann eine Sondervergütung vereinbart werden. Umfang und Höhe einer Sondervergütung können grds frei ausgehandelt werden. In AGBs muss die Höhe dem Transparenz- und Aquivalenzgebot entsprechen.[436] 142

Sofern nicht alle WEer (§ 27 Abs. 3 Satz 2) unmittelbar der Vereinbarung einer Sondervergütung im Verwaltervertrag zustimmen, können die WEer zunächst **mit Stimmenmehrheit** über die Vereinbarung einer Sondervergütung **beschließen** und jemanden zum Abschluss des Vertrages ermächtigen. Allerdings entfällt die Vertretungsmacht zur Vereinbarung einer Sondervergütung im Verwaltervertrag, wenn der Beschluss für ungültig erklärt ist (vgl. Rn 98 ff.); er ist auf Anfechtung für ungültig zu erklären, wenn die Sondervergütung nicht mit den Grundsätzen ordnungsmäßiger Verwaltung im Einklang steht (§ 21 Abs. 3),[437] insbes. wenn sie für Tätigkeiten vereinbart wird, die zu den typischen Aufgaben des Verwalters gehören und idR mit der Verwaltervergütung abgegolten sind. Im Übrigen müssen sich derartige Sondervergütungen der Höhe nach in angemessenem Rahmen halten und den voraussichtlichen zusätzlichen besonderen Zeit- und Arbeitsaufwand möglichst im Einzelfall berücksichtigen.[438] Es ist deshalb bedenklich, wenn eine Sondervergütung für eine 143

[425] BGH NJW 1993, 1924 (1925) = WE 1993, 308; KG ZMR 2009, 709 (711); BayObLGZ 1988, 54 = NJW-RR 1988, 847 (848) = WE 1988, 200; WuM 1996, 490 (491); LG Hamburg MDR 1988, 410 (411); ausführlich *Pießkalla/Reichart* NZM 2009, 728 (729).

[426] AG Nürnberg ZMR 2008, 750; *Sauren* § 26 Rn 25.

[427] OLG Düsseldorf NZM 1998, 770 = ZMR 1998, 653 (654) bzgl. Tätigkeiten des Verwalters bei einer Tiefgaragensanierung; vgl. *Pießkalla/Reichart* NZM 2009, 728 (730 f.).

[428] Vgl. BayObLGZ 1985, 63 (69); OLG Düsseldorf NZM 1998, 770; 1999, 267.

[429] AG Aachen ZMR 2008, 833 (835) m. krit. Anm. *Sauren; Gottschalg* NZM 2009, 217 (222).

[430] *Vandenhouten* ZWE 2009, 145 (153); Hügel /*Elzer* § 11 Rn 57.

[431] OLG München ZMR 2009, 64 (67).

[431a] LG Hanau ZMR 2010, 398.

[432] OLG München ZMR 2009, 64 (67) – 300 €; AG Saarbrücken ZMR 2009, 560 (562) – 100 €; LG Hamburg MDR 1988, 410 (411); zu vielen Einzelfragen der besonderen Vergütung im Rahmen der dem Verwalter gesetzlich zugewiesenen Aufgaben s. *Schmid* DWE 1990, 2 (4 ff.).

[433] OLG Köln NZM 2001, 470.

[434] AG Aachen ZMR 2008, 833 (835).

[435] KG ZMR 2009, 709 (711): 8,50 € zzgl. MWSt. pro Einheit/Jahr; AG Neuss NZM 2008, 464 und LG Düsseldorf NZM 2008, 453: 25 € pro Einheit/Jahr.

[436] Vgl. *Pießkalla/Reichart* NZM 2009 m 728 (731).

[437] Vgl. *Merle* WE 1994, 3 (6); *Gottschalg* NZM 2000, 473 (476 ff.) *ders.* ZWE 2002, 200 (203).

[438] BGH NJW 1993, 1924 (1925) = WE 1993, 308; BayObLGZ 1985, 63 (69 f.); 1988, 54 = NJW-RR 1988, 847 (848) = WE 1988, 200; WuM 1996, 490 (491); OLG Köln NJW 1991, 1302 (1303) =

Veräußerungszustimmung des Verwalters iSv § 12 nach einem Prozentsatz des Kaufpreises und nicht nach dem tatsächlichen Prüfungsaufwand berechnet wird.[439] Da es nach § 27 Abs. 1 Nr. 2 zu den Aufgaben des Verwalters gehört, die für die ordnungsgemäße Instandsetzung des GemE erforderlichen Maßnahmen zu treffen, entspricht ein Beschluss nicht ordnungsmäßiger Verwaltung, nach dem der Verwalter für relativ geringfügige Instandsetzungsarbeiten eine Zusatzvergütung von 5% der Bausumme erhalten soll.[440] Soll der Verwalter eine Verwalteraufgabe wahrnehmen, etwa eine Abrechnungsverpflichtung, die bereits vor seinem Amtsantritt fällig war, so ist es von dem im Einzelfall erforderlichen Arbeitsaufwand abhängig, ob er verpflichtet ist, diese ohne eine Sondervergütung zu erfüllen.[441]

144 Einzelne WEer können durch Mehrheitsbeschluss gem. § 21 Abs. 7 **im Verhältnis untereinander** verpflichtet werden, eine Sondervergütung an den Verwalter zu zahlen, wenn sie das Wohngeld nicht im **Lastschriftverfahren** bezahlen.[442] Auch als Inhalt des Verwaltervertrages kann vereinbart werden, dass WEer **im Verhältnis zum Verwalter** verpflichtet sind, eine Mehraufwandsgebühr für die Nichtteilnahme am Lastschriftverfahren zu zahlen.[443] Hinsichtlich der im Verwaltervertrag zu vereinbarenden Höhe der Vergütung ist zu berücksichtigen, dass die das Wohngeld betreffende Buchführung ohnehin zu den vom Gesetz umschriebenen gewöhnlichen Aufgaben des Verwalters gehört (§ 27 Abs. 1 Nrn. 4, 6, Abs. 3 Nr. 4) und es den WEern grds. freistehen muss, ob sie die rechtzeitige Zahlung des Wohngeldes durch die Teilnahme am Lastschriftverfahren sicherstellen. Nach Ansicht des BayObLG[444] enspricht deshalb eine Sondervergütung in Höhe von monatlich 11,50 DM (ca. 6,– Euro) einschließlich Mehrwertsteuer bei einem Wohngeld von 24,– DM (ca. 12,20 Euro) nicht ordnungsmäßiger Verwaltung.[445] Dagegen hat das OLG Düsseldorf[446] ein Mehraufwandsentgelt von 5,– DM (ca. 2,50 Euro) pro Monat noch als angemessen angesehen. Nach Auffassung des OLG Frankfurt/M.[447] entspricht ein Mehrheitsbeschluss, der die **Verwaltervergütung für vermietetes WE** um 5,– DM (ca. 2,50 Euro) je Monat höher festsetzt als für selbstgenutztes WE, den Grundsätzen ordnungsgemäßer Verwaltung. Dem ist zuzustimmen, da die Verwaltung vermieteter Wohnungen erfahrungsgemäß einen höheren Aufwand verursacht und eine unterschiedliche Vergütung sachlich rechtfertigt.

145 Bei der Frage, ob ein Beschluss der WEer, durch den dem Verwalter ein **Sonderhonorar für die gerichtliche und außergerichtliche Geltendmachung ihrer Ansprüche** bewilligt wird, ordnungsgemäßer Verwaltung entspricht, ist zu differenzieren.[448] Ermächtigen die WEer den Verwalter gem. § 27 Abs. 2 Nr. 3, Abs. 3 Satz 1 Nr. 7 Ansprüche gerichtlich und außergerichtlich geltend zu machen, so ist er nach § 27 Abs. 1 Nr. 1 verpflichtet, diesen Beschluss auszuführen. Die hierbei zu entfaltende Tätigkeit gehört mithin zu den dem Verwalter vom Gesetz zugewiesenen Aufgaben, die mit der vereinbarten Vergütung grds abgegolten sind.[449] Ein Beschluss der WEer, durch den dem Verwalter gleich-

---

WE 1990, 212; KG WE 1998, 36 (37) = NJW-RR 1997, 1231; ausführliche Darstellung von Einzelfällen *Gottschalg* NZM 2000, 473 (476 ff.); *ders.* ZWE 2002, 200 (203 ff.).

[439] KG WE 1998, 36 (37) = NJW-RR 1997, 1231: pauschal 600 DM.

[440] OLG Düsseldorf WE 1999, 105 (107) = NZM 1999, 267; allgemein OLG Köln NZM 2001, 470.

[441] KG NJW-RR 1993, 529.

[442] *Gottschalg* NZM 2009, 217 (221); zum Lastschriftverfahren vgl.§ 21 Rn 164, § 27 Rn 66.

[443] Vgl. *Merle* ZWE 2001, 196 (198).

[444] WuM 1996, 490 (491) = WE 1996, 440.

[445] Vgl. dazu *Drasdo,* FS für Seuß (1997), 89 (97 ff.).

[446] WE 1999, 105 (107) = NZM 1999, 267.

[447] OLG Frankfurt/M. NJW-RR 1991, 659 = ZMR 1991, 72; zustimmend *Gottschalg* NZM 2009, 217 (221).

[448] Vgl. hierzu *Merle* WE 1994, 3 (6).

[449] Kritisch *Gottschalg* NZM 2009, 217 (221); aA Staudinger/*Bub* § 26 Rn 264, der nicht danach differenziert, ob der Verwalter das Verfahren selbst führt und die gerichtliche Geltendmachung von Beitragsforderungen grds. nicht zu den üblichen Leistungen zählt, vgl. Rn 146.

wohl eine Sondervergütung dafür bewilligt wird, dass er lediglich die geschuldete Leistung anfordert, anmahnt, mit Tilgungswirkung entgegennimmt oder einen Rechtsanwalt beauftragt, die WEer gerichtlich zu vertreten,[450] entspricht daher idR nicht ordnungsgemäßer Verwaltung. Der Rspr,[451] wonach die Vereinbarung einer Sondervergütung für jedes einzelne Mahnschreiben ordnungsgemäßer Verwaltung entspricht, kann daher nicht gefolgt werden.

Etwas anderes gilt für die Bewilligung einer Sondervergütung für den Fall, dass der Verwalter selbst, ohne einen Rechtsanwalt mit der Verfahrensführung zu beauftragen, das gerichtliche Verfahren als **Prozessstandschafter** im eigenen Namen oder als Vertreter der WEer oder WEgem in deren Namen führt. Es entspricht ordnungsgemäßer Verwaltung, wenn der hierdurch anfallende höhere Zeit-, Arbeits- und Materialaufwand gesondert vergütet wird, zumal dadurch idR keine höheren Kosten entstehen, als wenn der Verwalter einen Rechtsanwalt mit der Verfahrensführung beauftragt. Entsprechendes gilt für das gerichtliche Mahnverfahren gem. §§ 688 ff. ZPO. Die Höhe einer dem Verwalter für die selbstständige Verfahrensführung bewilligten Sondervergütung muss sich in angemessenem Rahmen halten und den voraussichtlichen besonderen Zeit- und Arbeitsaufwand berücksichtigen. Mit dem BGH[452] ist eine Vergütung für zulässig anzusehen, die nach den sich am Wert des Gegenstandes ausrichtenden **Pauschgebühren des RVG** berechnet wird. Dadurch wird dem Verwalter der im Einzelfall schwer zu führende Nachweis seines Zeit- und Arbeitsaufwandes erspart, der zudem kaum überprüft werden könnte. Für die WEer hat eine Berechnung nach dem RVG den Vorteil, dass die Vergütung des Verwalters in etwa kalkulierbar und kontrollierbar ist. Ordnungsgemäßer Verwaltung entspricht auch die Bewilligung einer **Pauschale,** etwa in Höhe einer jährlichen Verwaltervergütung der betreffenden Wohnung, für die gerichtliche Geltendmachung von Beitragsforderungen der WEgem.[453] Eine unterschiedslose Vergütung von 61,– Euro (ca. 120,– DM) je Einleitung eines Mahnverfahrens ohne Berücksichtigung des Zeit- und Arbeitsaufwandes entspricht dagegen nicht ordnungsgemäßer Verwaltung.[454] Unbedenklich sollen sein: Pauschalhonorar von 120,– € für die Bearbeitung von Gerichtsverfahren[455] oder 128,– € für Vorbereitung und Begleitung von Gerichtsverfahren.[456] Eine vereinbarte Sondervergütung für die Führung eines gerichtlichen Verfahrens durch den Verwalter soll auch anfallen, wenn der Verwalter die WEgem nicht selbst vor Gericht vertritt, sondern den Prozess durch einen Anwalt führen lässt.[457] 146

Die Zahlung einer Sondervergütung wird grds von der WEgem geschuldet. Eine geschuldete Sondervergütung kann nur dann auf einzelne WEer abgewälzt werden, wenn der WEgem ein entsprechender Anspruch etwa aus Verzug oder auf Grund einer schuldhaften Pflichtverletzung zusteht. 147

h) Die Vergütung bei unwirksamer Verwalterstellung. Unwirksamkeitsgründe können das Bestellungsrechtsverhältnis oder den Verwaltervertrag betreffen. Beide Rechtsverhältnisse sind maßgeblich für die bestehenden Ansprüche des Verwalters, so dass im Folgenden differenziert werden muss. 148

---

[450] AA AG Nürnberg ZMR 2008, 750.

[451] BayObLG WE 1991, 111; WE 1991, 295 (296 f.); vgl. auch OLG Düsseldorf NZM 2003, 119; OLG Hamm NZM 2001, 49; AG Düsseldorf MietRB 2008, 113.

[452] BGH NJW 1993, 1924 f. = WE 1993, 308; OLG Köln NJW 1991, 1302 (1303); OLG Hamm NJW-RR 2001, 226; LG Lüneburg ZMR 2008, 488; aA KG NJW 1991, 1304 (1305) = WE 1991, 191.

[453] Vgl. OLG Köln NJW 1991, 1302 (1303) = WE 1990, 212.

[454] Vgl. BayObLGZ 1988, 84 = NJW-RR 1988, 847 (848) = WE 1988, 200.

[455] AG Düsseldorf ZMR 2008, 80 f., 668 f.

[456] OLG Düsseldorf NZM 2003, 119.

[457] AG Nürnberg ZMR 2008, 750.

149 **aa) Der Anspruch auf Aufwendungsersatz aus Geschäftsführung ohne Auftrag (§§ 677 ff. BGB).** Voraussetzung für diesen Aufwendungsersatzanspruch ist, dass weder eine wirksame Verwalterbestellung noch ein wirksamer Anstellungsvertrag vorliegt. Im Falle einer wirksamen Bestellung ist der Verwalter zur Amtsführung berechtigt und verpflichtet (Rn 26), so dass die Regeln der GoA nicht anwendbar sind, § 677 2. Fall BGB.[458] Im Falle eines wirksamen Anstellungsvertrages stehen dem Verwalter die vertraglichen Vergütungsansprüche zu, so dass die Regeln der GoA nach § 677 1. Fall BGB unanwendbar sind. Für den Fall, dass keine Verwalterbestellung vorgenommen, sondern lediglich ein Geschäftsbesorgungsvertrag mit einer Verwaltungsgesellschaft geschlossen wurde, dieser sich jedoch später als unwirksam herausstellt, etwa mangels Vertretungsmacht[459] oder wegen Anfechtung gem. §§ 119, 142 BGB, hat der BGH dem Verwalter für die erbrachten Leistungen ebenfalls die **übliche Vergütung nach § 683 S. 1 BGB** zugesprochen.[460] Auch hier steht weder eine wirksame Bestellung noch eine wirksame Anstellung der Anwendbarkeit der Regeln über die GoA entgegen.

150 **bb) Wirksame Bestellung, fehlender Anstellungsvertrag.** Bei wirksamer Bestellung, aber fehlendem Anstellungsvertrag nimmt der BGH[461] an, dass „eine Anwendung der Vorschriften über die GoA in Betracht kommt, wenn eine mit ihrer Zustimmung zum Verwalter bestellte Person ohne Verwaltervertrag tätig ist oder auf Grund eines Vertrages, der an einem Unwirksamkeits- oder Nichtigkeitsgrund leidet." Dies beruht wohl noch auf der überwundenen Vertragstheorie, denn Voraussetzung für diesen Schluss ist, dass die organschaftliche Verwalterstellung ohne Vertrag generell als unwirksam angesehen wird, so dass einer Anwendbarkeit der Vorschriften über die GoA nichts im Wege steht.[462]

151 Nach der maßgebenden **Trennungstheorie** (Rn 25 f.) ist eine Anwendung der Vorschriften über die GoA im Falle einer wirksamen Bestellung ohne Verwaltervertrag nicht möglich.[463] Allein durch die Annahme der auf Grund eines Beschlusses ergangenen Bestellungserklärung erlangt der Verwalter seine organschaftliche Rechtsstellung mit dem Mindestumfang der gesetzlichen Rechte und Pflichten. Diese Verpflichtung und Legitimation zur Geschäftsbesorgung aus der Organstellung heraus schließt die Anwendbarkeit der Regeln über die GoA aus.[464] Ein Verwalter, der ohne Vertrag für die Gemeinschaft tätig wird, handelt idR in deren Interesse und erbringt mit seinen Aufwendungen freiwillige Vermögensopfer. Ein Ersatzanspruch dieses Verwalters ist daher sachgerecht. Zur seiner dogmatischen Begründung muss differenziert werden.

152 Haben die WEgem und der Verwalter einen Verwaltervertrag geschlossen, ist dieser aber unwirksam, so entspricht in Anlehnung an das Gesellschaftsrecht eine Anwendung der **Grundsätze über fehlerhafte Anstellungsverträge** der vergleichbaren Sach- und Rechtslage im WE-Recht. Die Vertragsparteien haben gegenseitige schuldrechtliche Ansprüche ausgehandelt und sind über längere Zeit – etwa bei einem unerkannt gebliebenen Vertretungsmangel – von der Wirksamkeit des Verwaltervertrages ausgegangen. Im Aktienrecht wird ein solcher fehlerhafter Anstellungsvertrag so behandelt, als wäre der Vertrag für die Vergangenheit wirksam;[465] das Vorstandsmitglied ist für die schon erbrachten Dienst-

---

[458] Allgemein für Organe oder Amtsträger *Seiler,* § 677 Rn 36; diese Unanwendbarkeit der GoA bei wirksamer Bestellung beachtet *Belz* WE 1998, 369 (370 f.) nicht.

[459] Zu diesem Fall BGH NJW-RR 1989, 970.

[460] BGH NJW-RR 1989, 970.

[461] BGH NJW 1997, 2106 (2107) = WE 1997, 306 (307).

[462] So Staudinger/*Bub* § 26 Rn 287; der BGH NJW 1997, 2106 (2107) bezieht sich zur Begründung konsequent auf eine frühere Entscheidung (BGH NJW-RR 1989, 970), in der weder eine Bestellung noch eine wirksame Anstellung des tätigen „Verwalters" vorlag. Die Gleichsetzung dieser beiden Fälle hinsichtlich ihrer Rechtsfolgen ist nur nach der Vertragstheorie haltbar.

[463] *Striewski* ZWE 2001, 8 (11).

[464] MünchKomm-BGB/*Seiler* § 677 Rn 36.

[465] BGHZ 41, 282 (287).

leistungen nach Maßgabe des Anstellungsvertrages zu entlohnen.[466] Entsprechend ist auch der fehlerhafte Anstellungsvertrag des Verwalters im WE-Recht daher nach den Grundsätzen über fehlerhafte Arbeitsverhältnisse für die Zeit seiner Tätigkeit als gültig anzusehen.[467]

Die Anwendung dieser Grundsätze scheidet nach hL[468] aber aus, wenn zwischen WEgem 153
und Verwalter niemals Willenserklärungen auf Abschluss eines schuldrechtlichen Anstellungsvertrages abgegeben wurden. Denn auch ein fehlerhafter Vertrag setzt einen tatsächlich vorhandenen, wenn auch unwirksamen Vertrag voraus. Das WEG weist insoweit eine Regelungslücke für die berechtigten Ansprüche des Verwalters ohne Vertrag auf. Weder die Regeln der GoA noch die Grundsätze über fehlerhafte Anstellungsverträge sind anwendbar. Als Lösung ist wegen der vergleichbaren Rechts- und Interessenlage eine **Analogie** zu dem für das Vereinsrecht maßgeblichen **§ 27 Abs. 3 BGB** zu befürworten. Beim Idealverein ist die unentgeltliche, ehrenamtliche Tätigkeit des Vereinsvorstandes ohne Anstellungsvertrag der gesetzliche Normalfall. Dennoch eröffnet § 27 Abs. 3 BGB für seine Vermögensopfer den Weg zum Aufwendungsersatzanspruch des § 670 BGB. Der Umfang des Anspruchs beschränkt sich auf den Ersatz für die tatsächlich erbrachten Vermögensopfer des Verwalters. Er kann nicht Aufwendungsersatz in Höhe der üblichen Vergütung verlangen.[469] Dieser Ersatzanspruch steht auch einem Verwalter zu, solange er ohne Verwaltervertrag für die WEgem tätig ist. In der Praxis mit zumeist gewerblich tätigen Verwaltern wird diese Konstellation selten auftreten. Wegen ihres wirtschaftlichen Risikos werden sie idR nicht ohne Verwaltervertrag tätig werden. Sollte es trotz wirksamer Bestellung nicht zur Einigung auf einen die Vergütung regelnden Verwaltervertrag mit der WEgem kommen, steht dem aus dem Amt verpflichteten Verwalter das Recht zur Amtsniederlegung zu (Rn 228).

4. Die Vertragsdauer

Haben die Vertragsparteien die Laufzeit des Verwaltervertrages ausdrücklich vereinbart, 154
so endet er mit Ablauf dieser Zeit. Dies gilt jedenfalls dann, wenn die Dauer des Vertrages mit der in dem Bestellungsbeschluss bzw. in der Bestellungsvereinbarung bestimmten Bestellungsdauer übereinstimmt. Aus § 26 Abs. 1 Satz 2 WEG folgt aber eine Begrenzung der Laufzeit des von der Verwalterbestellung zu unterscheidenden Verwaltervertrags auf höchstens fünf Jahre.[470] Problematisch ist es, wenn die Laufzeiten entweder nicht geregelt sind oder nicht übereinstimmen. Bei der Frage, zu welchem Zeitpunkt der Verwaltervertrag endet, ist in solchen Fällen zwischen der Verwalterbestellung auf bestimmte und der Verwalterbestellung auf unbestimmte Zeit zu differenzieren.

a) Bestellung auf bestimmte Zeit. Bei Bestellung des Verwalters auf bestimmte Zeit 155
wird der Verwaltervertrag üblicherweise für denselben Zeitraum wie die Bestellungszeit abgeschlossen. Enthält der Verwaltervertrag keine Bestimmung zur Laufzeit, obwohl die Bestellung nur auf bestimmte Zeit (z. B. zwei Jahre) erfolgen sollte, so ist gem. §§ 133, 157 BGB der Vertrag regelmäßig dahingehend auszulegen, dass er für die Dauer der Bestellung eingegangen worden ist.[471] Ergibt die Auslegung des Verwaltervertrages dagegen, dass ausnahmsweise die **Vertragsdauer über den Bestellungszeitraum** hinausgehen soll, so ist der Verwaltervertrag insoweit nach § 26 Abs. 1 Satz 5 iVm § 134 BGB unwirksam, als die

[466] BGHZ 41, 282 (288 ff.); ebenso für den Geschäftsführer einer GmbH *Lutter/Hommelhoff* GmbHG, Anh. § 6 Rn 68.

[467] Entsprechende Übertragung auf den Anstellungsvertrag eines Vorstandmitgliedes BGHZ 41, 282 (286); *Mertens,* Kölner Kommentar zum Aktiengesetz, § 84 Rn 54.

[468] MünchKomm-BGB/*Müller-Glöge,* § 611 Rn 330; *Stein,* Das faktische Organ, S. 49; *Walker* JA 1985, S. 138 (148).

[469] *Striewski* ZWE 2001, 8 (11).

[470] BGH NZM 2002, 788.

[471] Ebenso *Bärmann,* WE, Rn 574.

Vertragsdauer die bestimmte Bestellungszeit übersteigt (s. Rn 45). Sonst wären die WEer nach Ablauf der Bestellungszeit wegen der sich aus dem Verwaltervertrag ergebenden Verpflichtungen nicht mehr in der Entscheidung über die Bestellung eines Nachfolgers frei.[472]

156 Nach der **Trennungstheorie** (Rn 25, 26) steht dem Abschluss eines Verwaltervertrages mit **kürzerer Dauer als die Bestellungszeit** nichts entgegen. Demnach ist es möglich und entspricht oft beiderseitigen Interessen, nach Ablauf einer kürzer bemessenen Vertragsdauer über eine Vertragsanpassung an evtl. veränderte tatsächliche Gegebenheiten zu verhandeln. Unterbleibt eine Vertragsanpassung, so ist nach allgemeinen Auslegungsgrundsätzen dennoch zumeist eine konkludente Vertragsverlängerung festzustellen.[473]

157 **Verlängerungsklauseln** im Verwaltervertrag sind zulässig und verstoßen nicht gegen § 26 Abs. 2,[474] sofern die Gesamtvertragsdauer nicht mehr als fünf Jahre beträgt und eine wiederholte Bestellung nicht aus der schuldrechtlichen Verlängerungsklausel für den Verwaltervertrag abgeleitet wird (ausführlich Rn 60).

158 **b) Bestellung auf unbestimmte Zeit.** Ist die Verwalterbestellung auf unbestimmte Zeit erfolgt, so läuft auch der Verwaltervertrag regelmäßig auf unbestimmte Zeit, maximal aber 5 Jahre. Die für die Verwalterbestellung in § 26 Abs. 1 Satz 2 geregelte Höchstfrist gilt auch für den Verwaltervertrag. Könnte der Verwaltervertrag für mehr als fünf Jahre abgeschlossen werden, wären die WEer wegen des weiterbestehenden Vergütungsanspruchs in der Frage der Neubestellung nicht frei in ihrer Entscheidung. Darum endet ein Verwaltervertrag, der für die Dauer von mehr als fünf Jahren abgeschlossen worden ist, auch auf Grund von § 26 Abs. 1 Satz 2 mit Ablauf von fünf Jahren. Soweit der Vertrag eine längere Laufzeit als fünf Jahre hat, ist er insoweit als Beschränkung der Bestellung nach § 26 Abs. 1 Satz 4 iVm § 134 BGB unwirksam.[475]

159 Ist die Verwalterbestellung auf unbestimmte Zeit erfolgt, der Verwaltervertrag dagegen für eine bestimmte Zeit abgeschlossen worden, so ist durch Auslegung zu ermitteln, ob die Dauer des Verwaltervertrages zugleich als Bestellungszeit gewollt ist. In diesem Fall liegt eine Bestellung auf bestimmte Zeit vor und Bestellungszeit und Laufzeit des Verwaltervertrages stimmen überein. Ist die Bestellung auf unbestimmte Zeit aber gewollt, um die jederzeitige ordentliche Abberufung zu ermöglichen, so kann der Verwaltervertrag ebenfalls auf unbestimmte Zeit oder aber innerhalb der Höchstdauer von fünf Jahren auf bestimmte Zeit abgeschlossen sein. In einem solchen Falle enden die Bestellung und der Verwaltervertrag spätestens nach Ablauf von fünf Jahren.[476]

5. Änderungen des Verwaltervertrages

160 Soll der Verwaltervertrag abgeändert werden, bedarf es eines einverständlichen Änderungsvertrages zwischen dem Verwalter und der WEgem.[477] Nach der Trennungstheorie (Rn 25) ist die Aushandlung von Änderungsverträgen möglich, ohne dass das organschaftliche Bestellungsrechtsverhältnis bis zum Abschluss eines neuen Vertrages als unwirksam angesehen werden müsste. Wegen der Abstraktheit beider Rechtsakte besteht das Verwalteramt trotz Änderungskündigung fort.[478] Die inhaltliche Verbindlichkeit von Änderungen

[472] Vgl. BGH NZM 2002, 788.

[473] Nach der Trennungstheorie scheitert eine konkludente Vertragverlängerung entgegen Staudinger/*Bub* § 26 Rn 295 b nicht mehr an einem vorherigen Verlust der Verwalterstellung.

[474] OLG Köln WE 1990, 171.

[475] Vgl. BGH NZM 2002, 788.

[476] *Merle,* Verwalter, S. 77.

[477] Allgemein: *Augustin* § 26 Rn 10; für die Höhe der Verwaltervergütung: AG Hamburg DWE 1987, 140 (Ls).

[478] *Lüke* WE 1997, 164 (165) zeigt diese Schwäche der Vertragstheorie auf Grund der Notwendigkeit eines Verwaltervertrages für den Bestand der Verwalterstellung auf; zu Schwierigkeiten der Vertragstheorie mit Änderungsverträgen vgl. Staudinger/*Bub* § 26 Rn 230, 295 b.

kann aber nicht ohne Beachtung des Verhältnisses von Verwaltervertrag zu Vorgaben in der GemO oder in dem Bestellungsrechtsverhältnis gewertet werden.

6. Widersprüche zwischen Verwaltervertrag, Gemeinschaftsordnung und Bestellungsrechtsverhältnis

Die Vereinbarungen in der GemO können Vorgaben für die inhaltliche Ausgestaltung 161
des Verwaltervertrages enthalten, die die WEer im Verhältnis untereinander verpflichten, bestimmte Regelungen in den mit dem Verwalter abzuschließenden Vertrag aufzunehmen.[479] An derartige Regelungen ist der Verwalter nur gebunden, wenn sie Inhalt des Verwaltervertrages geworden sind. Die GemO kann jedoch auch Vereinbarungen enthalten, die das Verwalteramt unmittelbar ausgestalten. Der Verwalter ist sowohl an für ihn rechtlich vorteilhafte als auch an für ihn rechtlich nachteilige Vereinbarungen über die Ausgestaltung des Verwalteramtes gebunden.[480] Ob eine solche Vereinbarung vorliegt, muss durch Auslegung ermittelt werden. Sofern der Verwalter an eine Regelung in der GemO gebunden ist, kann es, insbesondere durch nachträgliche Änderungen des Verwaltervertrages, zu **Widersprüchen** zwischen Regelungen der **GemO** und den **vertraglichen Rechten und Pflichten** des Verwalters kommen. Stimmen alle WEer der Änderung des Verwaltervertrages zu, ist durch Auslegung zu ermitteln, ob die WEer zugleich eine die GemO ändernde Vereinbarung treffen wollen. Ein Widerspruch zwischen Verwaltervertrag und GemO entsteht nur, wenn die WEer die GemO nicht ändern wollen. Erfolgt der Abschluss oder die Änderung des Verwaltervertrages auf Grund eines Mehrheitsbeschlusses im Rahmen der Beschlusskompetenz der WEer, steht der Verwaltervertrag im Widerspruch zur GemO. Ein solcher Beschluss entspricht nicht ordnungsmäßiger Verwaltung und ist auf Anfechtung für ungültig zu erklären.[481] Unterbleibt die Anfechtung, so wird der Beschluss bestandskräftig.[482] Die auf Grund des Beschlusses vorgenommene Abänderung des Anstellungsvertrages mit dem Verwalter ist maßgeblich für seine schuldrechtlichen Rechte und Pflichten.[483] Zulässig ist eine Abänderung auf Grund eines Beschlusses weiterhin, wenn die GemO einen diesbezüglichen Änderungsvorbehalt (sog. Öffnungsklausel) aufweist (s. § 23 Rn 14 ff.).[484]

Soweit sich Verwaltervertrag und GemO inhaltlich widersprechen, stellt sich die 162
Frage, wie dieser Widerspruch zu lösen ist. Dem Anstellungsvertrag gebührt Vorrang. Während im Aktienrecht der Gesetzgeber aus Schutzerwägungen den Spielraum für die Ausgestaltung des Anstellungsvertrags einschränkt[485] und sich infolgedessen die Satzung gegenüber ihr widersprechenden anstellungsvertraglichen Regelungen durchsetzt, überlässt das WE-Recht es den WEern, den Inhalt des Anstellungsvertrages festzulegen. Somit lässt die größere Gestaltungsfreiheit die Schlussfolgerung auf einen Vorrang des konkreten Anstellungsvertrages gegenüber der GemO zu. Ein solches Ergebnis löst auch keine unbilligen Rechtsfolgen aus. Jeder WEer, der gegen den mit der GemO kollidierenden Verwaltervertrag gestimmt hat, kann den Beschluss anfechten. Neben diesen allgemeinen Grundsätzen für das Verhältnis von GemO zum Verwaltervertrag ist zu

---

[479] Staudinger/*Bub* § 26 Rn 49.

[480] *Merle* ZWE 2001, 145 (147); dazu *Haas,* S 58 f.

[481] BayObLG WE 1991, 295 (296) = WuM 1991, 312; WE 1991, 111 (112).

[482] So für den Fall, dass ein Abberufungsbeschluss gegen die Vereinbarungen der GemO verstößt, bereits BayObLGZ 1958, 234 (239).

[483] Zum Vorrang der Regelungen des Verwaltervertrages gegenüber der GemO im Verhältnis zum Verwalter vgl. auch Staudinger/*Bub* § 27 Rn 46.

[484] Staudinger/*Bub* § 26 Rn 50; zu den allgemeinen Voraussetzungen, dass ein sachlicher Grund für die Änderung vorliegt und einzelne WEer gegenüber dem früheren Rechtszustand nicht unbillig benachteiligt werden vgl. BGHZ 95, 137.

[485] Vgl. etwa *Hüffer,* AktG, § 87 Rn 1.

beachten, dass die Rspr. nicht alle Vertragsbestandteile einer vorherigen Festlegung durch Vereinbarung der WEer für zugänglich erachtet. Während das KG in einer früheren Entscheidung noch Vereinbarungen über die Höhe des dem Verwalter zu zahlenden Entgeltes für zulässig erklärte,[486] hält es nunmehr eine Vereinbarung, durch die das Verwalterhonorar der Höhe nach in der Teilungserklärung für die Zukunft unabänderlich festgelegt wird, wegen Verstoßes gegen die unabdingbare Vorschrift des § 20 Abs. 2 für unwirksam.[487]

163 Inhaltliche **Widersprüche** können auch zwischen den Erklärungen zur Begründung des **Bestellungsrechtsverhältnisses** und dem Inhalt des abgeschlossenen **Verwaltervertrages** auftreten. Denn nach der Trennungstheorie (Rn 25) ist zwischen beiden Rechtsverhältnissen zu unterscheiden. In der Praxis dürfte diese Problematik selten auftreten, da die Anstellung oft zeitgleich mit der Bestellung vorgenommen wird bzw. ein Beschluss der WEer inhaltlich umfassend die Grundlage für beide Rechtsverhältnisse bildet. Wird zum Abschluss des Verwaltervertrages jedoch ein einzelner WEer oder der Verwaltungsbeirat (Rn 95) bevollmächtigt und weicht der später von diesen ausgehandelte Verwaltervertrag von den Vorgaben des Bestellungsbeschlusses der WEer ab, so ist, wenn der Vertrag nicht mangels Vertretungsmacht (§ 177 BGB) unwirksam ist, von einem Vorrang des Bestellungsrechtsverhältnisses auszugehen. Dafür spricht die gesetzliche Wertung des § 26 Abs. 1 S. 5. Für das Aktienrecht hat der BGH den bestimmenden Einfluss der Bestellung auf den Anstellungsvertrag bereits anerkannt; durch den Anstellungsvertrag darf der Entscheidung über die Bestellung nicht vorgegriffen werden,[488] eine im Anstellungsvertrag vereinbarte automatische Verlängerungsklausel darf die Entschließungsfreiheit des Aufsichtsrats über eine Wiederbestellung nicht einschränken.[489]

7. Rechtsnachfolge und Verwaltervertrag

164 Da der Verwaltervertrag zwischen der rechtsfähigen WEgem und dem Verwalter besteht, berührt ein Eigentümerwechsel dessen Bestand nicht. Weder der Veräußerer noch dessen Sondernachfolger sind Partei des Vertrages. Die Haftung von Veräußerer und Sondernachfolger für rückständige Vergütungs- oder Aufwendungsersatzansprüche des Verwalters bestimmt sich nach § 10 Abs. 8.[490]

VI. Die Beendigung der Verwalterstellung

1. Abberufung und Kündigung des Verwaltervertrages

165 **a) Grundlagen.** Die Abberufung des Verwalters als körperschaftlicher Akt ist ein **abstraktes Rechtsgeschäft,** das von der Beendigung des Verwaltervertrages unabhängig und streng zu trennen ist.[491] Es handelt sich bei der Abberufung und der Kündigung des Verwaltervertrages um verschiedene **Rechtshandlungen,** so dass mit der Abberufung durch Zugang der auf einem Abberufungsbeschluss der WEer beruhenden Erklärung zwar die Rechtsstellung als Verwalter endet, nicht aber automatisch auch der Verwaltervertrag.[492] Umgekehrt ist es auch für die Kündigung des Verwaltervertrages unerheblich, ob die

---

[486] KG OLGZ 1974, 411 (414) = NJW 1975, 318 (319).

[487] KG NJW-RR 1994, 402 (403) = WE 1994, 83 (84).

[488] BGHZ 79, 38 (42) für den Fall, dass ein Ausschuss nach § 107 Abs. 3 S. 2 AktG über die Anstellung entscheidet.

[489] So bereits BGH JZ 1951, 688 (689); für das WEG Staudinger/*Bub* § 26 Rn 44, 293.

[490] Vgl. § 10 Rn 316 ff.

[491] OLG Hamm ZMR 2008, 64 (66); BayObLG NJW-RR 1987, 78; BayObLGZ 1958, 234 (237 f.); OLG Hamm WuM 1991, 218 (221); OLG Köln WE 1989, 142 = DWE 1989, 30; AG Aachen DWE 1988, 71 (72); vgl. Rn 21 ff.

[492] OLG Köln WE 1989, 142.

Abberufung wirksam beschlossen worden ist.[493] In der Praxis werden die auf die Beendigung des Verwaltervertrages gerichtete Kündigung und die auf Beendigung des organschaftlichen Amtes gerichtete Abberufungserklärung zumeist miteinander verbunden. IdR dürfte durch Auslegung der Erklärungen zu ermitteln sein, dass die WEer beide Rechtsverhältnisse beenden wollen. Wirksam werden Abberufungs- und Kündigungserklärung erst, wenn sie dem Verwalter gem. § 130 Abs. 1 BGB zugegangen sind. Die Kündigungserklärung ist gem. § 27 Abs. 3 Satz 2 und 3 entweder durch alle WEer namens der WEgem oder durch einen dazu ermächtigten WEer zu erklären.

b) Verknüpfung von Abberufung und Kündigung. Die Verwalterbestellung kann allerdings von vorneherein mit dem Verwaltervertrag in der Weise verknüpft werden, dass mit einer wirksamen Beendigung des Verwalteramtes durch Abberufung oder Niederlegung auch der Verwaltervertrag enden soll; eine solche Abrede ist im Rahmen der Vertragsfreiheit – durch Vereinbarung einer auflösenden Bedingung – möglich.[494] Fehlt es an einer ausdrücklichen Abrede der Parteien, so kann sich durch ergänzende Auslegung eine förmliche oder materiell-rechtliche Verknüpfung von Verwalterbestellung und Verwaltervertrag ergeben.[495] Eine förmliche Verknüpfung ist gegeben, wenn die WEer über die Beendigung beider Rechtsverhältnisse einheitlich beschließen und diese dem Verwalter ggü. erklärt wird, eine materiell-rechtliche Verknüpfung, wenn die Auslegung des Verwaltervertrages die auflösende Bedingung ergibt, dass er nur für die Dauer der Bestellung abgeschlossen ist. In beiden Fällen wollen die WEer das Schicksal des Bestellungsrechtsverhältnisses und des Verwaltervertrages iS einer rechtlichen Einheit behandelt wissen.[496] Fehlt eine solche Verknüpfung, sind Bestellungsrechtsverhältnis und Verwaltervertrag rechtlich unterschiedlich zu behandeln; dem Verwalter kann daher bei Fortbestehen des Verwaltervertrages trotz Abberufung der Anspruch auf Vergütung gem. § 615 BGB zustehen.[497] Von Gesetzes wegen ist ein Gleichlauf von Bestellungsrechtsverhältnis und Verwaltervertrag nicht vorgesehen.[498] Die Bestandskraft des Abberufungsbeschlusses nimmt dem Verwalter grds nicht die Möglichkeit, sich auf die Unwirksamkeit der Kündigung des Verwaltervertrages zu berufen und seine vertraglichen Rechte geltend zu machen.[499] 166

Eine rechtliche Verknüpfung von Abberufung und Kündigung ist im Beschluss über die Abberufung möglich. Der Bestand eines Abberufungsbeschlusses kann durch die Wirksamkeit der Kündigung des Verwaltervertrages bedingt werden, wenn die WEer die Abberufung allein mit der Kündigung des Verwaltervertrages begründen und diese Begründung in den Abberufungsbeschluss aufgenommen haben.[500] 167

c) Widerruf und Kündigung des Verwaltervertrages. Lässt sich eine Abhängigkeit des Verwaltervertrages von der Organstellung durch Auslegung nicht ermitteln, so hängt die Beendigung des Verwaltervertrages davon ab, ob er Auftrag oder Geschäftsbesorgungsvertrag ist. Ist der Verwaltervertrag ein **Auftrag iSd §§ 662 ff. BGB,** so ist nach § 671 Abs. 1 BGB der Widerruf jederzeit möglich. Damit verliert der Unterschied zwischen Bestellung und Anstellung an Bedeutung,[501] so dass der Wille der WEer regelmäßig 168

---

[493] OLG Düsseldorf ZWE 2007, 458 ff. = ZMR 2008, 392.

[494] Vgl. OLG Zweibrücken ZMR 2007, 727 (729); OLG Köln WE 1989, 142; BayObLG WE 1994, 147 (148); WuM 1993, 306; WE 1996, 314 (315).

[495] *Gottschalg* DWE 2001, 51 (52).

[496] OLG Köln WE 1989, 142.

[497] OLG Köln WE 1989, 142; BayObLG WE 1996, 314 (315); *Lüke* WE 1997, 164 (165); *Gottschalg* DWE 2001, 51 (52).

[498] *Lüke* WE 1997, 164 (166) mit Ratschlägen zu sinnvollen kautelarjuristischen Kopplungsmöglichkeiten; vgl. auch *Sauren* § 26 Rn 30, 42.

[499] OLG Hamm ZMR 2008, 64 (66); BGH NJW 2002, 3241 f.

[500] BayObLG DWE 1989, 24 (26).

[501] BayObLGZ 1958, 234 (238).

dahingehen wird, beide Rechtsverhältnisse zu beenden. Es ist daher in diesem Falle davon auszugehen, dass mit der Abberufung auch ein Widerruf des Verwaltervertrages verbunden ist.

169 Ist der Verwaltervertrag ein **Geschäftsbesorgungsvertrag i. S. der §§ 675, 611 ff. BGB,** so ist zwischen den Fällen der außerordentlichen und der ordentlichen Abberufung zu differenzieren. Bei einer **außerordentlichen Abberufung aus wichtigem Grund** liegt idR auch ein hinreichender Grund zur fristlosen Kündigung des Verwaltervertrages gem. § 626 Abs. 1 BGB vor,[502] so dass in diesen Fällen idR auch der Verwaltervertrag **mit sofortiger Wirkung** gekündigt werden kann.[503] Da die WEer zunächst in einer Versammlung durch Beschluss über die Kündigung des Verwaltervertrages entscheiden müssen, gilt nicht die zweiwöchige Erklärungsfrist nach § 626 Abs. 2 Satz 1 BGB; die außerordentliche Kündigung des Verwaltervertrages sowie auch die Abberufung des Verwalters aus wichtigem Grund müssen aber nach dem Rechtsgedanken des § 314 Abs. 3 BGB innerhalb einer angemessenen Frist erfolgen, nachdem die WEer von dem Kündigungs- bzw. Abberufungsgrund Kenntnis erlangt haben.[504] Für die Frage der Angemessenheit ist entscheidend, wie schnell eine Beschlussfassung der WEer über die Kündigung zu erreichen ist; bei einer großen Wohnungsanlage ist eine Kündigung innerhalb von zwei Wochen nicht möglich, da zur Kündigung die Stimmenmehrheit der WEer erforderlich ist und diese darüber zunächst beschließen müssen.[505] Die Kündigungsfrist beginnt in dem Zeitpunkt zu laufen, in dem die WEer von den für die Kündigung maßgebenden Tatsachen Kenntnis erlangt haben.[506]

170 Bei einer **ordentlichen Abberufung** des Verwalters können der Zeitpunkt, in dem die Abberufung und die Kündigung wirksam werden, auseinanderfallen. Denn anders als bei der Abberufung ist bei der Kündigung die Kündigungsfrist des § 621 BGB zu beachten. Der Verwaltervertrag endet demnach erst mit Ablauf der Kündigungsfrist.[507] Soll nach dem Willen der WEer die Abberufung sofort wirksam sein, so hat dies zur Folge, dass der Verwalter für den Zeitraum zwischen dem Abberufungsbeschluss und dem Wirksamwerden der Kündigung seinen Anspruch auf Vergütung nach § 615 BGB behält.[508] Denn die WEgem verweigert die Annahme der Dienste, die der Verwalter schuldet, aber wegen der Abberufung nicht mehr ausüben kann. In dem Fortbestehen des Verwaltervertrages ist kein Verstoß gegen § 26 Abs. 1 Satz 5 zu sehen.[509]

171 Eine **ordentliche Abberufung** des Verwalters führt dann nicht zu einer wirksamen Kündigung des Verwaltervertrages, wenn nach dem **Verwaltervertrag dessen Kündigung nur bei Vorliegen eines wichtigen Grundes** möglich ist. Fehlt ein wichtiger Grund zur Kündigung, besteht der Verwaltervertrag fort, auch wenn der Beschluss über die Abberufung wirksam ist. In einem solchen Fall verliert der Verwalter zwar seine Rechtsstellung als Verwalter, er behält aber nach Maßgabe der §§ 675, 615 BGB die aus dem Verwaltervertrag resultierenden Vergütungsansprüche.[510]

---

[502] BayObLG WE 1994, 147 (148) = WuM 1993, 306; WuM 1993, 762 (763); NZM 1999, 283 (284); wohl auch AG Aachen DWE 1988, 71 (72).

[503] S. auch *Merle,* Verwalter, S. 99 f.

[504] OLG Zweibrücken ZMR 2007, 727 (729); OLG Hamm WuM 1991, 218 (221); ZWE 2002, 234 (237) = NZM 2002, 295; *Drabek* WE 1998, 216 (217).

[505] OLG Frankfurt/M. NJW-RR 1988, 1169 (1170) = WE 1989, 31; OLG Hamm WuM 1991, 218 (221); OLG Frankfurt/M. OLGZ 1993, 63 (65); OLGZ 1988, 43 (45).

[506] OLG Frankfurt/M. NJW-RR 1988, 1169 (1170) = WE 1989, 31.

[507] *Merle,* Verwalter, S. 100 f.

[508] OLG Köln WE 1989, 142.

[509] Vgl. ausführlich *Merle,* Verwalter, S. 100, 101.

[510] BayObLGZ 1958, 238.

2. Überblick über die Beendigungsgründe

Die Organstellung des Verwalters endet, wenn die in dem Bestellungsbeschluss **vorgesehene Bestellungszeit abgelaufen** ist. Gleichzeitig endet idR auch der Verwaltervertrag: Bei Bestellung auf bestimmte Zeit, weil der Verwaltervertrag wegen des § 26 Abs. 1 Satz 5 nur für dieselbe Zeit geschlossen werden kann, bei Bestellung auf unbestimmte Zeit, weil die Höchstdauer des § 26 Abs. 1 Satz 2 auch für den Verwaltervertrag gilt.[511] 172

Bestellung und Verwaltervertrag enden ferner stets mit dem **Tod des Verwalters,**[512] denn das Amt des Verwalters ist grds an eine bestimmte Person gebunden ist,[513] weshalb die aus der Verwalterbestellung resultierende Organstellung nicht auf Erben übergeht.[514] Diese Personenbindung ergibt sich daraus, dass die Verwalterstellung auf Grund besonderen Vertrauens eingeräumt wird, weshalb das Verwalteramt generell nicht auf einen Gesamtrechtsnachfolger übergeht, wie sich auch aus einer entspr. Anwendung der §§ 168, 673 BGB ergibt.[515] 173

Bei einer **Personal- oder Kapitalgesellschaft** endet das Amt mit dem **Verlust der Rechtsfähigkeit bzw. der Beendigung der Gesellschaft.**[516] In beiden Fällen erlischt auch der Verwaltervertrag.[517] Dies gilt auch, wenn ein Gesellschafter aus einer zweigliedrigen Personenhandelsgesellschaft ausscheidet, da die Gesellschaft durch das Ausscheiden des einen Gesellschafters ihr Ende findet. Wenn auch das Vermögen der Gesellschaft dem bisherigen anderen Gesellschafter anwächst (§ 142 Abs. 1 HGB), so tritt er nicht anstelle der Personenhandelsgesellschaft in die Verwalterstellung ein, da die Rechtspersonen nicht identisch sind.[518] 174

Bei **Beendigung einer zum Verwalter bestellten KG** geht das Verwalteramt nicht auf eine GmbH über, der das Vermögen der KG anwächst.[519] Da das Amt des Verwalters an eine Person gebunden ist und sich die WEer keine andere Person aufdrängen lassen müssen, kann ein Übergang der Verwalterstellung auf den Gesamtrechtsnachfolger nicht zulässig sein. Hieraus lässt sich im Umkehrschluss entnehmen, dass der Wechsel des persönlich haftenden Gesellschafters einer mehrgliedrigen KG die Verwalterstellung unberührt lässt, zumal sie nicht zur Auflösung der KG führt.[520] 175

Wenn ein zum Verwalter bestellter Kaufmann sein **Einzelhandelsgeschäft mit der Firma** veräußert, so wird der Erwerber dadurch nicht zum Verwalter. Denn beim Einzelkaufmann ist die Firma nur der Name, unter der der Kaufmann im Handelsverkehr auftritt **(§ 17 Abs. 1 HGB).** Wie sich insbesondere aus § 17 Abs. 2 HGB ergibt, ist Träger der Rechte und Pflichten der Kaufmann persönlich. Daraus folgt, dass er auch nach der Veräußerung des Handelsgeschäftes noch Verwalter der Wohnanlage ist. Aufgrund der Personengebundenheit des Verwalteramtes kann der Verwalter sein Amt nicht 176

---

[511] S. o. Rn 155 f.

[512] BayObLGZ 1990, 173 (176); vgl. Rn 77.

[513] BGHZ 107, 268 (272) = NJW 1989, 2059; BayObLGZ 1987, 54 (57) = WE 1988, 19.

[514] BayObLGZ 1990, 173 (176); 1987, 54 (57) = WE 1988, 19; OLG Düsseldorf NJW-RR 1990, 1299 (1300).

[515] BayObLGZ 1987, 54 (56, 58); OLG Düsseldorf NJW-RR 1990, 1299 (1300); *Bärmann,* WE, Rn 547; s. auch *Bader,* FS für Seuß (1987), S. 1 (17 f.); *Drasdo* WE 1998, 430 f.

[516] BayObLGZ 1990, 173 (176); 1987, 54 (57) = WE 1988, 19; OLG Düsseldorf NJW-RR 1990, 1299 (1300).

[517] BayObLGZ 1987, 54 (57) = WE 1988, 19; OLG Düsseldorf NJW-RR 1990, 1299 (1300).

[518] BayObLGZ 1987, 54 (57) = WE 1988, 19 für die Beendigung einer KG durch Übertragung des Gesellschaftsanteils der einzigen Kommanditistin auf den Komplementär.

[519] OLG Düsseldorf NJW-RR 1990, 1299. In diesem Fall ist die Verwalter-KG durch Übertragung sämtlicher Gesellschaftsanteile im Wege der Anwachsung ohne Liquidation auf die GmbH übergegangen.

[520] BayObLG NJW-RR 1988, 1170 f. = WE 1988, 204.

ohne Mitsprache der WEer auf einen Dritten übertragen.[521] Entsprechendes gilt, wenn der Verwalter sein einzelkaufmännisches Unternehmen – etwa durch Ausgliederung gem. §§ 152, 158 ff., 153 ff. UmwG – in eine neu gegründete Gesellschaft einbringt.[522] Der Übergang der Verwalterstellung auf die Gesellschaft bedarf eines zustimmenden Beschlusses der WEer.

177 Die Bestellung und der Verwaltervertrag enden des Weiteren immer mit dem Eintritt einer **auflösenden Bedingung** sowie durch die **Aufhebung der Gemeinschaft der WEer.**

178 Neben diesen Beendigungsgründen, die sich bereits aus allgemeinen Rechtsgrundsätzen ergeben, können die WEer die Verwalterstellung dadurch beenden, dass sie den Verwalter durch einen **Mehrheitsbeschluss gem. § 26 Abs. 1 Satz 1** abberufen oder unter den Voraussetzungen des **§ 21 Abs. 4** die gerichtliche Abberufung des Verwalters erwirken. Auch durch **Amtsniederlegung** und **Kündigung** seitens des Verwalters kann die Verwalterstellung beendet werden.

3. Die Abberufung des Verwalters

179 **a) Allgemeines.** Gem. § 26 Abs. 1 Satz 1 beschließen die WEer über die Abberufung des Verwalters mit Stimmenmehrheit. Dies gilt auch, wenn der Verwalter auf Grund einer Vereinbarung oder einer Regelung in der Teilungserklärung bestellt worden ist.[523] In einem Beschluss über die Abberufung des Verwalters liegt idR zugleich auch ein Beschluss über die Kündigung des Verwaltervertrages. Sofern keine abweichende Vereinbarung besteht, ist die Abberufung des Verwalters jederzeit ohne Begründung möglich **(ordentliche Abberufung).**[524] Allerdings kann nach § 26 Abs. 1 Satz 3 die Abberufung des Verwalters auf das Vorliegen eines wichtigen Grundes beschränkt werden **(außerordentliche Abberufung).** Die Abberufung aus wichtigem Grund kann nicht durch Vereinbarung der WEer ausgeschlossen werden. Eine Beschränkung der Abberufung auf das Vorliegen eines wichtigen Grundes kann ausdrücklich erfolgen, sie kann sich aber auch aus den Umständen des Einzelfalles, etwa aus der Dauer der Bestellung, ergeben, wenn eine Mindestdauer der Bestellung vereinbart wurde. Ob auf Grund der Befristung der Verwalterbestellung nur eine Abberufung aus wichtigem Grund möglich sein soll, hängt vom Vereinbarungscharakter einer solchen Regelung ab.[525]

180 Nach § 26 Abs. 1 unterliegt die **Abberufung des Verwalters** der **ausschließlichen Kompetenz der WEer.** Ein Recht des einzelnen WEers aus § 21 Abs. 2, den Verwalter ohne entspr. Ermächtigung durch die WEVers abzuberufen, besteht daher nicht.[526] Zwar kann hiernach jeder WEer ohne Zustimmung der anderen die Maßnahmen treffen, die zur Abwendung eines dem gemE drohenden Schadens notwendig sind. Aber dass ein Schaden, der dem GemE droht, durch Abberufung des Verwalters verhindert werden könnte, ist nicht vorstellbar.[527] Ebenso kann der Verwaltungsbeirat den Verwalter nicht abberufen, auch wenn er mit Einverständnis der Mehrheit der WEer handelt.

181 Die Abberufung des Verwalters wird als empfangsbedürftige Willenserklärung erst mit Zugang der Abberufungserklärung, die auf Grund des Beschlusses über die Abberufung

[521] BayObLGZ 1990, 28 (30) = WE 1991, 196; s. o. Rn 75 ff; aA AG Viechtach ZfIR 2001, 752 (753) m. zust. Anm. *Rapp* ZfIR 2001, 754 f. für den Fall der Ausgliederung eines einzelkaufmännischen Unternehmens.

[522] BayObLG ZWE 2001, 492 (493 f.) = NZM 2001, 862 (Ls); BayObLGZ 2002, 20 = ZWE 2002, 214 (216) = NJW-RR 2002, 732; aA *Rapp* ZfIR 2001, 754 f.

[523] BayObLGZ 1974, 275 = NJW 1974, 2134; BayObLGZ 1958, 234 (237); 1972, 139 f.

[524] So z. B. KG WE 1989, 137 (138); AG Aachen DWE 1988, 71 (72).

[525] AG Aachen DWE 1988, 71 (72).

[526] LG Dortmund MDR 1966, 843 (844); eingehender *Merle,* Verwalter, S. 94 f.

[527] *Merle,* Verwalter, S. 94.

dem Verwalter ggü abgegeben wird, wirksam.[528] Zu diesem Zeitpunkt verliert der abberufene Verwalter seine Rechtsstellung als Verwalter,[529] denn der Verwaltervertrag allein – sofern er überhaupt trotz Abberufung noch weiterbesteht – kann die Rechtsstellung des Verwalters nicht erhalten.[530]

Die Abberufung des Verwalters stellt, auch wenn sie möglicherweise zu Unrecht geschieht, keinen Eingriff in das Recht am eingerichteten und ausgeübten Gewerbebetrieb dar, so dass dem Verwalter deswegen keine deliktischen Ansprüche gegen die WEer zustehen.[531] 182

b) Modalitäten des Abberufungsbeschlusses. Unabhängig davon, ob die Abberufung auf das Vorliegen eines wichtigen Grundes beschränkt ist, sind zur Abberufung nur die WEer durch entsprechenden Beschluss befugt.[532] Wird in einer WEVers anstelle des bisher amtierenden Verwalters ein anderer zum neuen Verwalter bestellt, so beinhaltet diese Bestellung zugleich konkludent die Abberufung des bisherigen Verwalters; denn anderenfalls wären zwei Verwalter vorhanden, was rechtlich nicht zulässig und grds auch nicht gewollt ist.[533] 183

Der WEer, der selbst Verwalter ist, darf an der Abstimmung über die Abberufung mitwirken und sein Stimmrecht ausüben, wenn eine **ordentliche Abberufung** erfolgen soll.[534] Dies gilt auch dann, wenn zugleich über die Kündigung des Verwaltervertrages Beschluss gefasst wird.[535] 184

Soll hingegen über die **Abberufung des Verwalters aus wichtigem Grund** Beschluss gefasst werden, ist ein WEer als Verwalter nicht stimmberechtigt, und zwar unabhängig davon, ob zugleich auch über eine Kündigung seines Verwaltervertrages abgestimmt werden soll.[536] Diese Differenzierung lässt sich aus den in den §§ 712 Abs. 1, 737 BGB, 117, 127, 140 HGB enthaltenen allgemeinen zivilrechtlichen Rechtsgedanken herleiten, wonach ein Gesellschafter, unabhängig von der konkreten Gesellschaftsform immer dann nicht stimmberechtigt ist, wenn ihm eine Rechtsposition aus wichtigem Grund entzogen werden soll. Diese rechtliche Wertung ist ins WE-Recht zu übertragen.[537] 185

c) Die außerordentliche Abberufung aus wichtigem Grund. aa) Der wichtige Grund. Nach § 26 Abs. 1 Satz 3 kann die Abberufung des Verwalters auf das Vorliegen eines wichtigen Grundes beschränkt werden. Ob der unbestimmte Rechtsbegriff des wichtigen Grundes erfüllt ist, ist durch Abwägung aller Umstände des Einzelfalles zu ermitteln. Als Regelbeispiel eines wichtigen Grundes konkretisiert § 26 Abs. 1 Satz 4 den dort genannten Pflichtverstoß und betont damit die Bedeutung der ordnungsgemäßen Führung der Beschlusssammlung: Führt der Verwalter die **Beschlusssammlung nicht ordnungsgemäß,** so liegt darin ein wichtiger Grund zur Abberufung des Verwalters.[538] Im Übrigen liegt ein wichtiger Grund zur vorzeitigen Abberufung vor, wenn den WEern unter Berücksichtigung aller, nicht notwendig vom Verwalter verschuldeter Umstände nach Treu und Glauben eine **Fortsetzung der Zusammenarbeit** mit dem Verwalter **nicht** mehr **zugemutet** werden kann und deshalb das erforderliche Vertrauensverhältnis 186

---

[528] OLG Hamm ZMR 2007, 133 (136).

[529] BGHZ 106, 113 (122) = NJW 1989, 1087 = WE 1989, 48; BayObLGZ 1965, 34 (39 f.); KG ZMR 1987, 392; *Merle,* FS für Weitnauer, 1980, S. 195.

[530] BayObLGZ 1958, 234 (238).

[531] OLG Köln OLGZ 1980, 4 (6 f.).

[532] BayObLGZ 1965, 34 (40 f.).

[533] BayObLG NJW-RR 1992, 787 (788) = WE 1992, 347; OLG München NZM 2008, 92 (93).

[534] BayObLG WE 1994, 184 (185).

[535] BGH NZM 2002, 995 (999); vgl. § 25 Rn 118 ff.; aA BayObLG NJW-RR 1987, 78; OLG Düsseldorf NZM 2002, 285.

[536] BayObLG NJW-RR 1987, 78; OLG Düsseldorf NZM 2002, 285; BGH NZM 2002, 995 (999).

[537] Vgl. § 25 Rn 123.

[538] Vgl. BT-Drucks. 16/887 S. 34 f. unter 12; Einzelheiten unten Rn 191.

zerstört ist.[539] Es genügt bereits, dass eine vertrauensvolle Zusammenarbeit zwischen Verwalter und dem **Verwaltungsbeirat** nicht mehr möglich ist, etwa wenn der Verwalter dessen Mitglieder angreift, denn der Verwalter ist bei der Erledigung seiner Aufgaben in besonderem Maße auf eine vertrauensvolle Zusammenarbeit mit dem Verwaltungsbeirat angewiesen (vgl. § 29 Abs. 2, 3).[540]

187 Das erforderliche Vertrauensverhältnis kann insbesondere infolge schwerwiegender Pflichtverstöße[541] oder durch Rechtsmissbrauch[542] des Verwalters zerstört werden. Bei einmaligen Pflichtverstößen kann es nach Ansicht des BGH geboten sein, den Verwalter zunächst durch eine Abmahnung zur Erfüllung der Verwalterpflichten anzuhalten.[543] Umstände, die einen wichtigen Grund darstellen, müssen nicht zwangsläufig die Vertragspflichten selbst berühren. Bei der Abberufung des Verwalters aus wichtigem Grund kann auch auf Ereignisse zurückgegriffen werden, die sich vor Begründung der Verwalterstellung ereignet haben, von denen die WEer aber bei der Bestellung keine Kenntnis hatten und auch nicht haben konnten.[544] Ist das Vertrauensverhältnis zwischen den WEern und dem Verwalter schwer gestört, so kann nach Abwägung der Interessen des Verwalters und der Umstände des Einzelfalles den WEern die Fortsetzung der Verwaltertätigkeit nicht zuzumuten sein. So können etwa Angriffe des Verwalters gegen WEer wie gegen Mitglieder des Beirats Beleg für einer nachhaltige Störung des Vertrauensverhältnisses sein.[545] Die Nachhaltigkeit eines gestörten Vertrauensverhältnisses lässt sich nicht daran messen, ob die Abberufung aus wichtigem Grund bzw. die fristlose Kündigung mit großer oder nur knapper Mehrheit beschlossen wurde.[546] Auch liegt grds kein wichtiger Grund für eine vorzeitige Abberufung vor, wenn die Störung des Vertrauensverhältnisses durch die WEer oder durch den Verwaltungsbeirat in vorwerfbarer Weise herbeigeführt wurde.[547]

188 Auf ein Fehlverhalten des Verwalters können sich die WEer nicht mehr berufen, wenn sie dem Verwalter durch bestandskräftig gewordenen Beschluss **Entlastung** erteilt haben und die Entlastung auch dieses Fehlverhalten einbezieht.[548] Haben die WEer dem Verwalter Entlastung lediglich im Zusammenhang mit der Jahresabrechnung erteilt (s. § 28 Rn 125 ff.), so bezieht sich die Entlastung nur auf Vorgänge die mit der Abrechnung zusammenhängen; die WEer können in diesem Fall die Abberufung aus wichtigem Grund auf Vorgänge außerhalb der Abrechnung stützen.[549] Die Möglichkeit, sich auf ein Fehlverhalten des Verwalters zu berufen, entfällt auch dann, wenn die WEer den Verwalter in Kenntnis aller Umstände, die seine Abberufung rechtfertigen könnten, **erneut** zum Verwalter **bestellen.** Verzichten die WEer in einer solchen Situation darauf, den Bestellungsbeschluss anzufechten, schließt dessen Bestandskraft die Abberufung des Verwalters aus solchen Gründen aus, die zum Zeitpunkt der Neubestellung bereits berücksichtigt werden

[539] BGH NZM 2002, 788 (790); OLG Köln ZMR 2009, 311; BayObLG ZMR 2007, 220 (223); Z 1972, 139 (141); WuM 1993, 762 (763); WE 1992, 236 = WuM 1992, 161; WE 1991, 358 = DWE 1991, 31 = WuM 1990, 464; NJW-RR 1998, 1022 = WE 1998, 406; NZM 1999, 284 (285); OLG Hamm WuM 1991, 218 (220); ZWE 2002, 234 (236) = NZM 2002, 295; KG WuM 1993, 761 (762); OLGZ 1974, 399 (400); OLG Karlsruhe WE 1998, 189 = NZM 1998, 768; OLG Düsseldorf WE 1998, 486 (487) = NZM 1998, 487.

[540] BGH NZM 2002, 788 (790); OLG Köln ZMR 2007, 717 f.; OLG Hamm ZMR 2007, 133 (135); BayObLG NZM 1999, 283 (284); ZWE 2000, 77 = NZM 2000, 510; ZWE 2002, 526 (528).

[541] BayObLGZ 1972, 139 (141); WE 1991, 358 (359) mwN.

[542] KG WE 1986, 140.

[543] BGH NZM 2002, 788 (791).

[544] KG OLGZ 1974, 399 (400).

[545] OLG Köln ZMR 2007, 717 f.; OLG Frankfurt NJW-RR 1988, 1161.

[546] OLG Frankfurt/M. NJW-RR 1988, 1169 (1170); aA OLG Celle ZWE 2002, 276 (278) = NZM 2002, 458 (Ls) zur einstimmigen Abberufung.

[547] BayObLG NZM 1999, 283 (284); ZWE 2000, 185 (186) = NJW-RR 2000, 676.

[548] BayObLG ZMR 1985, 390 (391).

[549] BayObLG NJW-RR 1997, 1443 = WE 1998, 114 (115).

konnten.[550] Das Recht, den Verwalter aus wichtigem Grund abzuberufen, kann **verwirkt** werden. Die Abberufung kann entspr. § 314 Abs. 3 BGB nur innerhalb einer angemessenen Frist erfolgen, nachdem die WEer von dem Abberufungsgrund Kenntnis erlangt haben (zur außerordentlichen Kündigung des Verwaltervertrages aus wichtigem Grund s. Rn 168).[551]

189 Es bedarf einer Entscheidung im Einzelfall, ob in concreto ein wichtiger Grund vorliegt.[552] Bei der Würdigung der Umstände kann berücksichtigt werden, ob der Verwalter in der Teilungserklärung vom teilenden Eigentümer bestellt worden ist, oder mit anderen Personen (WEern oder Dritten) wirtschaftlich in einer Weise verbunden ist, dass dadurch seine Stellung als uneigennütziger Sachwalter fremden Vermögens beeinträchtigt werden könnte.[553] Der wichtige Grund muss im Zeitpunkt der Beschlussfassung über die Abberufung vorliegen; nach diesem Zeitpunkt eintretende Umstände können nicht zur Rechtfertigung der Abberufung herangezogen werden.[554] Ob der jeweils zu beurteilende Sachverhalt den unbestimmten Rechtsbegriff des „wichtigen Grundes" erfüllt, ist eine im Revisionsverfahren nachprüfbare Rechtsfrage.[555]

190 Auch wenn ein wichtiger Grund für die Abberufung des Verwalters vorliegt, steht der WEgem für ihre Entscheidung grds ein Beurteilungsspielraum zu.[556] Deshalb lässt sich ein Anspruch des einzelnen WEers auf Abberufung des Verwalters erst dann bejahen, wenn dessen Nichtabberufung nicht mehr ordnungsmäßiger Verwaltung entsprechen würde.[557]

191 **bb) Einzelfälle eines wichtigen Grundes.** Ein wichtiger Grund zur Abberufung liegt insbesondere bei einer schweren Pflichtwidrigkeit des Verwalters vor. Eine solche ist nach § 26 Abs. 1 Satz 4 zu bejahen, wenn der Verwalter entgegen seiner Pflicht nach § 24 Abs. 8 die **Beschlusssammlung nicht ordnungsmäßig führt,** insbesondere den Anforderungen des § 24 Abs. 7 nicht entspricht, etwa Eintragungen nicht oder nicht unverzüglich vornimmt. Ihm ist in einem solchen Fall idR ein schwerer Vorwurf **schon bei einem einmaligen Verstoß** zu machen, weil die Führung der Beschlusssammlung keine besonderen Anforderungen an den Verwalter stellt, ohne größeren Aufwand möglich ist und ihr eine erhebliche Bedeutung für die WEer, künftigen Erwerber und den Verwalter zukommt.[558] Angesichts der vielen Streitfragen zur Führung der Beschlusssammlung stellt aber nicht jeder noch so geringe Mangel stets einen wichtigen Grund zur Abberufung dar, vielmehr kommt es auf sämtliche Umstände des Einzelfalles an.[559]

Verletzt der Verwalter seine **Pflicht nach § 27 Abs. 1 Nr. 7,** die WEer darüber zu **unterrichten,** dass ein **Rechtsstreit gemäß § 43 anhängig** ist, so kann allein eine solche Pflichtverletzung schon ein wichtiger Grund zur Abberufung des Verwalters sein.[560] Hierdurch werden idR die Interessen der WEer sehr viel stärker berührt werden als bei einer nicht ordnungsgemäßen Führung der Beschlusssammlung, die nur über bereits abgeschlossene Vorgänge informiert. Entscheidend sind die Umstände des Einzelfalles. So kann eine

---

[550] BayObLG NJW-RR 2004, 89; OLG Köln ZMR 2003, 703; ZMR 2009, 311; OLG Düsseldorf ZWE 2000, 473 (474 f.) = NZM 2000, 1019.

[551] Vgl. ZWE 2000, 185 (186) = NJW-RR 2000, 676; OLG Hamm ZWE 2002, 234 (237) = NZM 2002, 295.

[552] *Köhler* DWE 1991, 16 (17).

[553] KG WE 1986, 140.

[554] BayObLG ZWE 2001, 105 (106) = NJW-RR 2001, 446.

[555] Vgl. BayObLG WE 1991, 358; ZWE 2001, 105 (106) = NJW-RR 2001, 446; OLG Hamm WuM 1991, 218 (220); OLG Frankfurt/M. NJW-RR 1988, 1169 (1170) = WE 1989, 31.

[556] BGH NZM 1998, 957.

[557] OLG Schleswig ZMR 2007, 485; OLG Celle NZM 1999, 841.

[558] Vgl. BT-Drucks. 16/887 S. 34 f. unter 12.

[559] Vgl. auch AG München ZMR 2009, 644 (645); LG Berlin ZWE 2010, 224 (226).

[560] *Vandenhouten* ZWE 2009, 145 (154).

fehlende Information über eine Wohngeldklage weniger schwerwiegend sein als eine fehlende Information über einen Anfechtungsklage.

192 Ein wichtiger Grund zur Abberufung kann gegeben sein, wenn der Verwalter die **Interessen der WEer eigenen Interessen unterordnet,** so etwa, wenn er ihren erklärten Willen missachtet, anstatt sich bei Meinungsverschiedenheiten der ihm zustehenden Möglichkeiten gem. § 43 zu bedienen, wenn er Gerichtsentscheidungen nicht beachtet,[561] wenn er die ihm obliegenden Aufgaben nicht oder unzulänglich (fehlerhafte Beschlussvorlagen) erfüllt,[562] oder Aufklärungs- und Beratungspflichten in erheblichem Umfang verletzt.[563] Ein wichtiger Grund für die Abberufung des Verwalters ist gegeben, wenn er sich Ansprüche eines Dritten gegen die WEgem abtreten lässt und sie gegen die WEgem oder WEer oder einen von ihnen geltend macht. Denn damit nimmt der Verwalter Interessen eines Dritten wahr, die gegen diejenigen der WEgem und der WEer gerichtet sind; Aufgabe des Verwalters ist jedoch, die Interessen der WEgem und der WEer zu vertreten.[564]

193 Aus der Tatsache, dass das Fehlverhalten des Verwalters im Hinblick auf seine **Bestellung durch einen Bauträger,** auf die Langfristigkeit des Verwaltervertrages und auf den besonderen Umfang der ihm eingeräumten Befugnisse besonders streng zu bewerten ist, kann sich ein wichtiger Grund zur vorzeitigen Abberufung ergeben.[565] Voraussetzung ist jedoch stets ein Fehlverhalten des Verwalters. Ist etwa der Geschäftsführer des teilenden Bauträgers zum Verwalter bestellt worden, so rechtfertigt allein der bloße Anschein von möglichen Interessenkonflikten bei der Geltendmachung von Gewährleistungsansprüchen gegenüber dem Bauträger noch nicht die Abberufung des Verwalters aus wichtigem Grund.[566]

194 Hat der mit dem Bauträger identische Erstverwalter Prozesse über Mängel am GemE oder SE gegen Handwerker geführt, so sind diese Informationen auch für die WEgem und die WEer in ihrem Verhältnis zum Bauträger von Interesse; denn sowohl die Gewährleistung im Verhältnis zwischen Bauträger und Handwerkern als auch im Verhältnis zwischen Bauträger und WEern betrifft das GemE. Dabei kann die Gewährleistung im Verhältnis der WEer zum Bauträger nicht nur den einzelnen WEer sondern die WEgem betreffen, in deren Diensten die Verwaltung steht. Gibt der bauträger-identische Erstverwalter die eben genannten Informationen trotz Aufforderung nicht an die WEgem/WEer weiter, so stellt dieser Pflichtverstoß einen wichtigen Grund zur Abberufung dar.[567]

195 Ein wichtiger Grund für die Abberufung des Verwalters ist gegeben, „wenn die Verwaltungsgesellschaft und ihr Geschäftsführer **unpfändbar** sind".[568] Damit ist das Vertrauen in eine ordnungsgemäße Verwaltung der Vermögensangelegenheiten der WEgem zerstört und eine weitere Zusammenarbeit nicht zumutbar.

196 Ein wichtiger Abberufungsgrund liegt vor, wenn der Verwalter in unzulässiger Weise seine **Aufgaben einem Dritten überträgt.**[569]

197 Weigert sich ein Verwalter, entgegen dem Antrag einer Vielzahl von WEern in die Einladung zur Eigentümerversammlung die fristlose Kündigung des Verwaltervertrages aus wichtigem Grund als **Tagesordnungspunkt aufzunehmen,** kann darin ein wichtiger Grund zur Abberufung zu sehen sein.[570]

---

[561] OLG Oldenburg ZMR 2007, 306 f.
[562] BayObLGZ 1972, 139 (142).
[563] OLG Oldenburg ZMR 2007, 306 f.
[564] BayObLG WuM 1993, 762 (763).
[565] BayObLGZ 1972, 139 (140, 142).
[566] OLG Köln WE 1997, 427 (428).
[567] OLG Frankfurt/M. OLGZ 1993, 63 (64) = ZMR 1992, 356.
[568] OLG Stuttgart OLGZ 1977, 433; AG Wedding ZMR 2009, 881 (882).
[569] OLG Hamm WuM 1991, 218 (220); BayObLG NJW-RR 1997, 1443 = WE 1998, 114 (115).
[570] OLG Frankfurt/M. NJW-RR 1988, 1169 (1170) = WE 1989, 31.

Ein Verwalter, der zugleich Eigentümer anderer, noch unverkaufter Wohnungen ist, macht sich einer groben Missachtung der WEer schuldig und ist nicht länger als Verwalter zumutbar, wenn er ohne triftigen Grund die WEVers verlässt und dadurch die **Beschlussunfähigkeit der Versammlung herbeiführt.**[571] 198

Ein wichtiger Grund zur Abberufung liegt vor, wenn der Verwalter keine oder erst nach Ablauf der Anfechtungsfrist **Einsicht in die Niederschrift** über Versammlungsbeschlüsse der WEer gewährt,[572] er das **Versammlungsprotokoll** bewusst **falsch** erstellt oder als Versammlungsleiter den WEern **kein Rederecht zugesteht.** 199

Betreibt ein Verwalter ohne ersichtlichen Grund die Abwahl des **Verwaltungsbeirates** oder verweigert er die Zusammenarbeit mit dem Beirat, so ist hierin ein wichtiger Grund zu sehen.[573] 200

Hat ein Verwalter, dem die Genehmigung zur Veräußerung von Wohnungen (§ 12) und zu deren gewerblicher Nutzung übertragen ist, bei einer Veräußerung **gegen Entgelt als Makler mitgewirkt,** so rechtfertigt allein dies seine vorzeitige Abberufung aus wichtigem Grund, wenn er sich hierbei über den ihm bekannten gegenteiligen Willen der Mehrheit der WEer hinweggesetzt hat.[574] 201

Ein wichtiger Grund kann gegeben sein, wenn der Verwalter den ausdrücklichen **Weisungen der WEer zuwiderhandelt,** sich **weigert, Beschlüsse** der WEer **durchzuführen**[575] jahrelang untätig bleibt, um Verpflichtungen aus einer **gerichtlichen Entscheidung** oder einem **Vergleich** umzusetzen.[576] 202

Macht der Verwalter **Wohngeldansprüche** gegen die WEer **gerichtlich geltend, ohne** hierfür **ermächtigt** zu sein, so liegt in einem solchen Verhalten ein Pflichtverstoß, der zur Abberufung aus wichtigem Grund berechtigt, wenn den WEern eine weitere Zusammenarbeit mit dem Verwalter nicht mehr zumutbar ist.[577] 203

Verzögert der Verwalter die ihm gem. § 28 Abs. 3 obliegende **Abrechnung** nach Ablauf eines Kalenderjahres ungebührlich, so kann darin ein wichtiger Grund zur Abberufung zu sehen sein.[578] Ein wichtiger Grund zur Abberufung ist auch gegeben, wenn der Verwalter bei der **Erstellung der Jahresabrechnung** eine grobe Pflichtverletzung begangen hat, indem er etwa der Abrechnung einen Umlageschlüssel zugrunde gelegt hat, der weder den Bestimmungen der Teilungserklärung entspricht noch durch eine Vereinbarung der WEer gedeckt ist.[579] 204

Ein wichtiger Grund zur Abberufung des Verwalters kann vorliegen, wenn der Verwalter für das GemE eine verbundene Gebäudeversicherung ohne vorherige Einberufung einer von mehr als einem Viertel der WEer beantragten Eigentümerversammlung (§ 24 Abs. 2) **eigenmächtig abschließt.**[580] 205

Ein wichtiger Grund zur Abberufung kann vorliegen, wenn sich der Verwalter vom **Versicherer Provisionen für die abgeschlossenen Versicherungsverträge** der WEgem zahlen lässt und diese dann einbehält.[581] 206

---

[571] LG Freiburg NJW 1968, 1973.

[572] LG Freiburg NJW 1968, 1973.

[573] OLG Frankfurt/M. NJW-RR 1988, 1169 (1170) = WE 1989, 31; OLG Köln ZMR 2007, 717 f.

[574] BayObLGZ 1972, 139 (140); WE 1997, 439 (440) = NJW-RR 1998, 302; s. Rn 20.

[575] OLG Düsseldorf WE 1998, 486 (487) = NZM 1998, 487.

[576] OLG Köln ZMR 2009, 311 f.

[577] KG WE 1986, 140.

[578] BayObLGZ 1965, 34 (43 f.); ZWE 2000, 38 (39) = NJW-RR 2000, 462; OLG Karlsruhe WE 1998, 189 (190) = NZM 1998, 768; OLG Köln ZflR 1999, 377 (378); OLG Düsseldorf ZWE 2002, 477 (478); s. aber auch BGH NJW 2002, 3240 (3243); vgl. auch § 28 Rn 58.

[579] OLG Köln NZM 1999, 128 f.; *Sauren* WE 1999, 90.

[580] BayObLG WE 1991, 358 f.

[581] BGH NJW 2002, 3240 (3243) OLG Düsseldorf WE 1998, 486 (487) = NZM 1998, 487; *Köhler* DWE 1991, 16 (17).

207 Ein wichtiger Grund kann vorliegen, wenn der Verwalter einem **Einberufungsverlangen** nach § 24 Abs. 2 nicht Folge leistet.[582]

208 Ein wichtiger Grund zur Abberufung des Verwalters kann vorliegen, wenn er den mit der Prüfung der Jahresabrechnung beauftragten WEern **Auskünfte** sowie die **Einsich**t in seine Abrechnungsunterlagen pflichtwidrig **verweigert.**[583]

209 Ein wichtiger Grund kann vorliegen, wenn der Verwalter WEer **beleidigt,** ihnen ggü. **tätlich wird** oder sonst eine **strafbare Handlung,** insbesondere ein Eigentums- oder Vermögensdelikt begeht,[584] auch wenn es sich nicht gegen die WEer richtet[585] oder nach § 32 BZRG nicht in ein polizeiliches Führungszeugnis aufgenommen wird. Es genügt, wenn der Verwalter gegen WEer **Strafanzeigen** erstattet, die jeder Grundlage entbehren.[586]

210 Werden in einer die Verwalterbestellung vorbereitenden WEVers gezielte Fragen von Eigentümern nach **nicht getilgten Vorstrafen** der mit dem Verwalteramt zu betrauenden Person oder eines maßgeblichen Vertreters dieser Person ausweichend oder bagatellisierend beantwortet und wird dadurch bei einem Teil der anwesenden WEer ein Irrtum über den genauen Umfang der noch nicht getilgten Vorstrafen hervorgerufen, so kann dieses Verhandlungsverschulden des später zum Verwalter Bestellten einen wichtigen Grund für seine vorzeitige Abberufung darstellen.[587]

211 Ein wichtiger Grund kommt in Betracht, wenn der Verwalter eine **unberechtigte Vergütung an sich selbst** auszahlt,[588] wenn er dem Rücklagenkonto **unberechtigt Gelder entnimmt** oder gegen seine Verpflichtung nach § 27 Abs. 5 verstößt, die Gelder der WEer von seinem Vermögen **getrennt zu halten.**[589] Entnimmt der Verwalter etwa eigenmächtig Gelder von einem für die Instandsetzung des GemE bestimmten Sonderkonto der WEgem zur Befriedigung eigener Ansprüche, so liegt darin ein Vollmachtsmissbrauch, der ohne vorherige Abmahnung zur fristlosen Kündigung des Verwaltervertrages und zur sofortigen Abberufung aus wichtigem Grund berechtigt.[590]

212 **Zahlt** ein Verwalter **rechtsgrundlos** nicht unerhebliche Beiträge an einzelne WEer oder Dritte, so kann dies einen wichtigen Grund für eine vorzeitige Abberufung darstellen.[591] Dasselbe gilt, wenn er zu Unrecht an sich selbst Vergütungen auszahlt.[592]

213 **cc) Einzelfälle nicht wichtiger Gründe.** Fehler in der Einzelabrechnung und der Protokollführung, verspätete Versendung des Protokolls, Verweigerung der Akteneinsicht u. ä. werden idR nicht als wichtiger Grund angesehen, wenn diese Vorwürfe auf persönlichen Meinungsverschiedenheiten zwischen einem WEer und dem Verwalter beruhen, welche die Belange der übrigen WEer nicht berühren.[593] Insbesondere kleinere Verfahrensfehler in der Anfangszeit der Verwaltertätigkeit begründen noch keinen wichtigen Grund zur Abberufung, wenn der Verwalter im Übrigen seine Aufgaben im Wesentlichen ordnungsgemäß erfüllt hat.[594]

---

[582] OLG Düsseldorf WE 1998, 230 (232) = NZM 1998, 517; WE 1998, 486 (487) = NZM 1998, 487; *Augustin* § 26 Rn 18.

[583] BayObLG WE 1991, 358 (359) = DWE 1991, 31 = WuM 1990, 464.

[584] BayObLG NJW-RR 1998, 1022 = WE 1998, 406; LG Mönchengladbach ZMR 2007, 565.

[585] OLG Köln ZMR 2008, 734.

[586] OLG Düsseldorf WE 1998, 230 (232) = NZM 1998, 517.

[587] KG WuM 1993, 761.

[588] OLG Köln ZMR 2008, 904.

[589] BayObLG WE 1996, 237 (239) = WuM 1996, 116 (118); OLG Rostock ZMR 2010, 223.

[590] OLG Düsseldorf WE 1997, 426 (427).

[591] KG ZMR 1988, 347.

[592] OLG Köln ZMR 2008, 904.

[593] BayObLG ZMR 1985, 390 (391); OLG Düsseldorf ZWE 2000, 473 (475) = NZM 2000, 1019.

[594] BGH NJW 2002, 3240 (3243); OLG Köln WE 1997, 427 (428).

Ein Verwalter, der sich zu Unrecht abberufen fühlt, und nach der Abstimmung über den Abberufungsantrag darauf hinweist, dass bei Bestellung eines weiteren Verwalters möglicherweise die doppelte Verwaltervergütung zu zahlen sei, da er oder andere WEer beabsichtigten, den Abberufungsbeschluss anzufechten, handelt nicht unredlich; ein solches Verhalten stellt keinen wichtigen Grund dar.[595] 214

Das einmalige Abhalten der WEVers in einer 50 bis 60 km entfernten, mit der Bahn gut erreichbaren auswärtigen Stadt rechtfertigt nicht die Annahme, der Verwalter wolle sich über den Willen und die Interessen der Gemeinschaft hinwegsetzen oder handele schikanös.[596] Anders kann es sein, wenn der Verwalter die Versammlung wiederholt nicht am Ort der Wohnanlage abhält.[597] 215

Der Verwalter ist nicht verpflichtet, über die WEVers ein Wortprotokoll zu führen, weshalb das Fehlen eines Wortprotokolls nicht zur Abberufung aus wichtigem Grund berechtigt.[598] 216

Auch wenn ein Verwalter ohne ermächtigenden Beschluss der WEer Aufträge zur Ausführung von Instandsetzungsmaßnahmen vergibt, so muss hierin kein Pflichtverstoß liegen, der zur Abberufung aus wichtigem Grund berechtigt. Ein Beschluss ist nämlich entbehrlich, wenn der Verwalter entweder in seinem eigenen Namen für eigene Rechnung den Auftrag erteilt, oder wenn es sich um eine dringende Maßnahme handelt, die nicht bis zu einer WEVers verschoben werden kann. Wäre ein Beschluss aber erforderlich gewesen, so berechtigt dieses Fehlverhalten zu einer Abberufung, wenn es so gravierend war, dass der Gemeinschaft eine weitere Zusammenarbeit nicht mehr zugemutet werden kann.[599] 217

Versäumt es der Verwalter, mit dem Hausmeister einen schriftlichen Vertrag abzuschließen, der WEVers eine Hausordnung vorzuschlagen und die Müllabfuhr getrennt abzurechnen, stellt dies keine so schwerwiegenden Pflichtverletzungen dar, dass darin ein wichtiger Grund zu sehen ist.[600] 218

d) Gestaltungsmöglichkeiten. Die in § 26 Abs. 1 enthaltene Regelung der Abberufung des Verwalters ist gem. § 10 Abs. 2 Satz 2 grds dispositiv. Allerdings ergeben sich aus § 26 Abs. 1 Sätze 3 und 5 gewisse Einschränkungen. 219

aa) Die ordentliche Abberufung. Nach § 26 Abs. 1 Satz 3 kann die Abberufung des Verwalters auf das Vorliegen eines wichtigen Grundes beschränkt werden. Mithin kann die ordentliche, d. h. die jederzeit mögliche grundlose Abberufung völlig ausgeschlossen werden.[601] § 26 Abs. 1 Satz 5 ist so zu verstehen, dass nur Beschränkungen, die auch die Abberufung des Verwalters bei Vorliegen eines wichtigen Grundes ausschließen wollen, unzulässig sind. Diese Auslegung allein wird dem Sinn und Zweck des § 26 Abs. 1 gerecht.[602] Daraus folgt, dass alle Beschränkungen und Modifikationen und nicht allein der völlige Ausschluss uneingeschränkt zulässig sind. Denn wenn die ordentliche Abberufung sogar völlig ausgeschlossen werden kann, dann muss es erst recht möglich sein, die ordentliche Abberufung zwar beizubehalten, aber zu beschränken, etwa indem sie an die Zustimmung eines Dritten geknüpft wird.[603] 220

Es bestehen daher keine Bedenken, die ordentliche Abberufung mit einer Abberufungsfrist zu verknüpfen, so dass die Abberufung erst nach Ablauf dieser Frist zur Beendigung der Verwalterstellung führt. Denkbar ist es auch, für die Abberufung qualifizierte Mehrheiten bis hin zur Einstimmigkeit vorzuschreiben. Insbesondere in solchen Fällen, in denen der 221

---

595 BayObLG WE 1992, 236 = WuM 1992, 161.
596 BayObLG WE 1992, 236 = WuM 1992, 161.
597 BayObLG WuM 1993, 762 (763).
598 BayObLG WE 1992, 236 = WuM 1992, 161.
599 KG WE 1986, 140.
600 AG Arnsberg DWE 1988, 134.
601 Dazu *Merle,* Verwalter, S. 96 ff.; angedeutet vom BayObLGZ 1958, 234 (237).
602 Vgl. ausführlich *Merle,* Verwalter, S. 96, 97.
603 *Merle,* Verwalter, S. 97.

Verwalter durch eine Vereinbarung bestellt worden ist, könnte die ordentliche Abberufung an das Erfordernis der Einstimmigkeit geknüpft werden.

222 Nicht zulässig sind jedoch Modifikationen, die die Entscheidungskompetenz der WEer einschränken. Hierzu zählt etwa die Verpflichtung der WEer ggü einem Kreditgeber, einen Verwalter unter bestimmten Voraussetzungen abzuberufen[604] oder die vollständige Übertragung des Abberufungsrechts auf einen Dritten, etwa den Verwaltungsbeirat.[605] Zulässig wäre es aber, wenn der Dritte als Vertreter lediglich ermächtigt wird, den Beschluss der WEVers über die Abberufung des Verwalters auszuführen.

223 **bb) Die außerordentliche Abberufung.** Nach § 26 Abs. 1 Satz 3 kann die Abberufung auf das Vorliegen eines wichtigen Grundes beschränkt werden. Die Beschränkung kann sich aus einer Vereinbarung in der GemO oder aus dem Beschluss über die Bestellung eines Verwalters ergeben (s. o. Rn 33).[606] Da nach Satz 5 andere Beschränkungen der Abberufung des Verwalters nicht zulässig sind, kann die Abberufung des Verwalters aus wichtigem Grund nicht ausgeschlossen werden, weder durch Vereinbarung oder Beschluss der WEer[607] noch durch Vereinbarung der WEer mit dem Verwalter. Auch Modifikationen der außerordentlichen Abberufung, die die Wirksamkeit eines Beschlusses von der Zustimmung Dritter abhängig machen, sind nicht zulässig. Eine unzulässige Beschränkung des Rechts zur Abberufung aus wichtigem Grund liegt auch vor, wenn seine Ausübung in anderer unzumutbarer Weise erschwert wird. Daher ist eine Vereinbarung oder eine im Verwaltervertrag enthaltene Bestimmung, dass eine durch die Eigentümer zu beschließende Abberufung des Verwalters aus wichtigem Grund erst wirksam wird, wenn der Eigentümerbeschluss nicht innerhalb der Monatsfrist des § 23 Abs. 4 angefochten wird oder eine rechtskräftige gerichtliche Entscheidung vorliegt, unwirksam.[608]

224 Zulässig ist jedoch, dass im Verwaltervertrag der Begriff des „wichtigen Grundes" definiert wird, soweit dadurch die Abberufung des Verwalters zugunsten der WEer erleichtert wird.[609] Nicht zulässig ist es dagegen, wichtige Gründe iSd § 26 Abs. 1 als Abberufungsgründe auszuschließen, weil dadurch die Abberufung über das Vorliegen eines wichtigen Grundes hinaus beschränkt würde. Ist die Beschränkung der Abberufung auf das Vorliegen eines wichtigen Grundes nur in einer Vereinbarung der WEer enthalten, nicht jedoch Inhalt des Verwaltervertrages, so können die WEer eine solche Regelung jederzeit ändern.[610]

4. Die gerichtliche Abberufung gem. § 21 Abs. 4

225 Die gerichtliche Abberufung eines von den WEern bestellten oder durch Vereinbarung bestimmten Verwalters ist nach §§ 21 Abs. 4, 43 Nr. 1 möglich, wenn der klagenden WEer entweder zunächst versucht hat, einen Beschluss der WEer über die Abberufung herbeizuführen[611] oder wenn die vorherige Anrufung der WEVers nicht zugemutet werden kann. Nur in diesen Fällen besteht ein **Rechtsschutzbedürfnis** für eine gerichtliche Entscheidung.[612] Allein die Weigerung des Verwalters, die Abberufung auf die Tagesordnung zu setzen, rechtfertigt die Klage nicht.[613] Ist die Abberufung Gegenstand einer WEVers gewesen, ohne dass über den Abberufungsantrag eines WEers Beschluss gefasst

---

604 Im Ergebnis ebenso OLG Köln OLGZ 1969, 389 (391).
605 Vgl. BayObLGZ 1965, 34 (40 f.); AG Niebüll DWE 1988, 31.
606 So auch im Ergebnis *Drasdo* NZM 2001, 923 (926 f.); aA *Reuter* ZWE 2001, 286 (293).
607 BayObLG WuM 1993, 762 (763); OLG Schleswig NJW 1961, 1870.
608 KG OLGZ 1978, 178 (181).
609 Vgl. Begründung II, B I 5 a) aE; ausführlicher *Merle,* Verwalter, S. 98.
610 KG NJW-RR 1989, 839 (840); *Bub* ZdWBay 1992, 577 (581).
611 AG Wedding ZMR 2009, 881 (882).
612 OLG Köln ZMR 2009, 311; vgl. § 43 Rn 39.
613 AG Saarbrücken ZMR 2009, 961 f.

worden ist, so kann idR jeder WEer das Gericht anrufen.[614] Das Gericht kann die Abberufung auf Grund seiner Regelungskompetenz gem. § 21 Abs. 8 unmittelbar anordnen.[615]

Die gerichtliche Abberufung des Verwalters ist gerechtfertigt, wenn die Nichtabberufung durch die WEer einer ordnungsgemäßen Verwaltung iSd § 21 Abs. 4 widerspricht. Ein wichtiger Grund zur Abberufung (vgl. Rn 191 ff.) berechtigt zwar die WEer zur Abberufung, verpflichtet sie aber noch nicht zwangsläufig dazu; vielmehr steht ihnen ein Beurteilungsspielraum zu, ob sie im Hinblick auf die bisherigen Leistungen des Verwalters und das Risiko einer Neubestellung von einer Abberufung absehen; nur wenn die Nichtabberufung nicht mehr vertretbar erscheint, kann ein WEer die Abberufung verlangen.[616] So kann etwa die Minderheit der WEer die Abberufung des Verwalters verlangen, der bei einer Abrechnung einseitig der Anweisung des Mehrheitseigentümers folgt, obwohl die Art der Abrechnung nicht den Grds. ordnungsmäßiger Verwaltung entspricht.[617] Allerdings kann die Abberufung nicht auf Gründe gestützt werden, auf die sich eine dem Verwalter erteilte Entlastung erstreckt oder die schon bei dessen Bestellung hätten berücksichtigt werden können;[618] anders kann es sein, wenn ein WEer sein WE erst nach der Bestellung des Verwalters erworben hat.[619] 226

Auch die **gerichtliche Abberufung** des Verwalters hat nur **Wirkungen für die Zukunft** und lässt bereits entstandene Vergütungsansprüche unberührt. Bis zur Rechtskraft der gerichtlichen Entscheidung anfallende Vergütungsansprüche sind somit von der WEgem zu erfüllen. 227

5. Die Beendigung der Verwalterstellung durch den Verwalter

Auch der Verwalter kann die Verwalterstellung beenden. Zwar fehlt es an einer ausdrücklichen Regelung im WEG, jedoch ist die Möglichkeit der **Amtsniederlegung** allgemein anerkannt.[620] Gerichtlich ist der Fall der Amtsniederlegung bislang nicht entschieden, jedoch klingt ihre Möglichkeit auch in der Rspr. an.[621] Da die bloße Einstellung der Verwaltertätigkeit nicht ausreicht, um das Amt zu beenden, muss die Amtsniederlegung erklärt werden.[622] Die Niederlegungserklärung ist eine **einseitige, empfangsbedürftige Willenserklärung,** die gegenüber der WEgem erklärt werden muss und **keiner Form bedarf.**[623] Da die WEgem hierbei nach § 27 Abs. 3 Satz 2 durch jeden WEer vertreten werden kann (Passivvertretung), wird die Erklärung der Amtsniederlegung durch den Verwalter mit Zugang bei jeden WEer wirksam. Da sich die Verwalterstellung und damit die mit ihr verbundenen Rechte und Pflichten aus der Bestellung und nicht aus dem Verwaltervertrag ergeben (Rn 25), muss die Niederlegungserklärung auf die **Beendigung** 228

---

614 BayObLG NJW-RR 1997, 1443 = WE 1998, 114 (115); OLG Düsseldorf WE 1998, 230 (232) = NZM 1998, 517.

615 Vgl. § 21 Rn 189; zum früheren Recht: BayObLG NJW-RR 1986, 445 (446) = ZMR 1985, 390; WE 1991, 358; OLG Celle ZWE 2002, 474 (476); OLG Düsseldorf WE 1991, 252; KG WE 1988, 168 = ZMR 1988, 347; OLG Stuttgart OLGZ 1977, 433 (434 f.); AG Emmendingen ZMR 1984, 101; Staudinger/*Bub* § 26 Rn 475; eingehend *Merle,* Verwalter, S. 95 f.

616 OLG Rostock ZMR 2010, 223; OLG Oldenburg ZMR 2007, 306; BayObLG NJW-RR 1986, 445 (446) = ZMR 1985, 390 f.; OLG Düsseldorf WE 1991, 252; OLG Köln WE 1997, 427 (428).

617 OLG Köln NZM 1999, 126; OLG Celle ZWE 2002, 474 (476).

618 BayObLG NJW-RR 1986, 445; OLG Düsseldorf ZWE 2002, 477 (478).

619 AG Wedding ZMR 2009, 881 (884).

620 *Merle,* Verwalter, S. 101; *Müller,* Praktische Fragen, Rn 469 (S. 383 f.); Staudinger/*Bub* § 26 Rn 477; *Drabek* WE 1998, 216 (218) = PiG 54, 211 (228); ausführlich *Bogen,* Amtsniederlegung, S. 27 ff.

621 BayObLG WE 1990, 27; WE 1992, 227; BayObLGZ 1999, 280 (285) = ZWE 2000, 72 = NJW-RR 2000, 156.

622 *Drabek* WE 1998, 216 (218) = PiG 54, 211 (228).

623 Staudinger/*Bub* § 26 Rn 478; *Bogen,* Amtsniederlegung, S. 36, 40; aA *Müller,* Praktische Fragen, Rn 469 (S. 384): Niederschrift entspr. § 26 Abs. 4.

des Bestellungsrechtsverhältnisses gerichtet sein. Eine Kündigung des **Verwaltervertrages** kann dafür nicht ausreichen.[624]

229 Der Verwalter kann bei Vorliegen eines wichtigen Grundes sein Amt niederlegen.[625] Bei Fehlen eines wichtigen Grundes ist der Verwalter grds nicht zur Amtsniederlegung berechtigt, sofern ihm nicht das Recht zur ordentlichen Amtsniederlegung eingeräumt ist. Auch darf die Amtsniederlegung nicht zur Unzeit erklärt werden. Im Interesse der Beteiligten und des Rechtsverkehrs an klaren Vertretungsverhältnissen ist jedoch die unberechtigte Amtsniederlegung stets sofort **wirksam.**[626] Die Wirksamkeit der Amtsniederlegung hängt insbesondere nicht davon ab, ob der Verwalter seinen Verwaltervertrag kündigen kann.[627] Denn die Verwalterstellung erlangt der Verwalter nicht durch Abschluss des Verwaltervertrages, sondern bereits durch Bestellung. Bei der Erklärung der Amtsniederlegung muss der Verwalter keine Frist einhalten; das Recht zur außerordentlichen Amtsniederlegung aus wichtigem Grund unterliegt jedoch der Verwirkung.[628]

230 Die Amtsniederlegung **beendet das Bestellungsrechtsverhältnis** und mit ihm die Verwalterstellung sofort. Den **Verwaltervertrag** beendet sie hingegen nicht. Damit behält der Verwalter den vertraglichen Vergütungsanspruch, gekürzt um die ersparten Aufwendungen (§ 615 Satz 2 BGB).[629] Ist die Amtsniederlegung unberechtigt, etwa weil kein wichtiger Grund vorlag, ist die WEgem berechtigt, den Verwaltervertrag gem. § 626 Abs. 1 BGB aus wichtigem Grund zu kündigen.[630] Darüber hinaus hat der Verwalter bei einer unberechtigten Amtsniederlegung der WEgem wegen einer Pflichtverletzung gemäß § 280 Abs. 1 BGB **Schadensersatz** zu leisten.[631] Im Falle einer berechtigten Amtsniederlegung aus wichtigem Grund kommt eine außerordentliche Kündigung des Verwaltervertrages durch die WEer nur in Betracht, wenn sie den Grund für die Amtsniederlegung nicht zu vertreten haben.[632]

231 Aus der Trennung von Bestellungsrechtsverhältnis und schuldrechtlichem Anstellungsvertrag ergibt sich weiterhin, dass der Verwalter den Verwaltervertrag kündigen kann, ohne gleichzeitig sein Amt niederzulegen. Regelmäßig wird er die Kündigung des Verwaltervertrages aber zusammen mit der Amtsniederlegung erklären. Ist der Verwaltervertrag als **unentgeltlicher Auftrag** iSd §§ 662 ff. BGB zu charakterisieren, so kann der Verwalter den Vertrag nach § 671 Abs. 1 BGB jederzeit kündigen; kündigt er allerdings zur Unzeit, so ist § 671 Abs. 2 BGB zu beachten. Ist der Verwaltervertrag ein **entgeltlicher Geschäftsbesorgungsvertrag** so kann der Verwalter stets aus wichtigem Grund gem. § 626 Abs. 1 BGB kündigen. Die Kündigungsfrist des § 626 Abs. 2 Satz 1 BGB findet in einem solchen Fall keine Anwendung, da der Verwalter vor seiner Kündigung die Möglichkeit haben muss, eine Entscheidung der WEer zur Beseitigung des Kündigungsgrundes herbeizuführen.[633] Nach dem Rechtsgedanken des § 314 Abs. 3 BGB hat die Kündigung innerhalb angemessener Frist zu erfolgen, nachdem der Verwalter vom Kündigungsgrund Kenntnis erlangt hat. Gem. § 628 Abs. 2 BGB kann der Verwalter Ersatz des durch die Kündigung entstehenden Schadens von der WEgem verlangen, wenn diese die Kündigung durch vertragswidriges Verhalten ver-

[624] *Bogen,* Amtsniederlegung, S. 36.

[625] *Merle,* Verwalter, S. 102; Staudinger/*Bub* § 26 Rn 483.

[626] Staudinger/*Bub* § 26 Rn 481; *Bogen* ZWE 2002, 153 (155); *ders.,* Amtsniederlegung, S. 61 ff. unter Hinweis auf den Rechtsgedanken des § 84 Abs. 3 Satz 4 AktG; *Sauren,* WEG § 26 Rn 38; für das GmbH-Recht ebenso BGHZ 78, 82 (92); 121, 257 (262); für das Aktienrecht *Hüffer* § 84 Rn 36; zur Begründung vgl. *Bogen* ZWE 2002, 153 (154 ff.).

[627] *Bogen* ZWE 2002, 153 (154).

[628] Vgl. *Bogen,* Amtsniederlegung, S. 40 ff.

[629] *Bogen,* Amtsniederlegung, S. 118 ff. (126).

[630] Staudinger/*Bub* § 26 Rn 486.

[631] Staudinger/*Bub* § 26 Rn 485.

[632] *Bogen,* Amtsniederlegung, S. 132.

[633] BayObLGZ 1999, 280 (288 f.) = ZWE 2000, 72 = NJW-RR 2000, 156.

anlasst hat.[634] Fehlt ein Kündigungsgrund gem. § 626 Abs. 1 BGB kann der Verwalter seinen Vertrag nur nach Maßgabe des § 622 BGB beenden, sofern nicht die ordentliche Kündigung vertraglich ausgeschlossen wurde oder im Verwaltervertrag abweichende Kündigungsfristen vereinbart worden sind. Die Kündigung kann auch in der WEVers erfolgen.[635]

6. Die Folgen der Beendigung

Mit der Beendigung der Verwalterstellung enden nicht auch sofort alle Rechtsbeziehungen zwischen dem Verwalter und der WEgem. Insbesondere für den Verwalter können sich nach Beendigung der Verwalterstellung aus dem Verwaltervertrag Abwicklungsverpflichtungen ergeben.[636] So können etwa Auskunftspflichten, die Pflicht zur Erteilung der Jahresabrechnung, Rechenschaftspflichten[637] und Herausgabepflichten bestehen. Nach §§ 675, 667 BGB hat der Verwalter der WEgem alle Gegenstände herauszugeben, die er auf Grund seiner Verwaltertätigkeit erlangt hat (s. o. Rn 122); dazu gehören insbesondere alle Unterlagen, die aus der Geschäftsbesorgung für die WEgem entstanden sind.[638] Daher ist der ausgeschiedene Verwalter erst recht verpflichtet, Einsicht in die genannten Unterlagen zu gewähren; dies gilt auch dann, wenn die WEer ihm vorher durch bestandskräftige Beschlüsse Entlastung erteilt haben (vgl. § 28 Rn 125 ff.).[639] Aus § 242 BGB können sich weitere nachvertragliche Nebenpflichten des ausgeschiedenen Verwalters ergeben. Umgekehrt kann der ausgeschiedene Verwalter von der WEgem nach §§ 670, 675 BGB Ersatz der Aufwendungen verlangen, die er vor seinem Ausscheiden für die WEgem getätigt hat (s. Rn 126).[640] Er ist den WEgem ggü nicht verpflichtet, den zum Zeitpunkt der Beendigung seiner Amtsstellung bestehenden Schuldsaldo eines offenen Treuhandkontos mit eigenen Mitteln auszugleichen.[641] **232**

Nach Beendigung der Verwalterstellung darf der Verwalter nicht mehr für die WEgem tätig werden. Wird er gleichwohl tätig, hat er keine vertraglichen Ansprüche mehr gegen die WEer. Ihm stehen nur Ansprüche auf Aufwendungsersatz nach den Grundsätzen der **Geschäftsführung ohne Auftrag zu (§§ 683, 684, 812 BGB).**[642] Ein Anspruch auf vollen Ersatz der Aufwendungen setzt nach § 683 BGB voraus, dass die Verwaltertätigkeit dem wirklichen oder mutmaßlichen Willen der WEgem entspricht; dies dürfte zu verneinen sein, wenn die WEer bereits einen Anderen zum Verwalter bestellt und mit diesem einen Verwaltervertrag abgeschlossen haben. Gleichzeitig treffen den ehemaligen Verwalter die Pflichten eines berechtigten bzw. unberechtigten Geschäftsführers ohne Auftrag.[643] Der sich nach Beendigung der Verwalterstellung nicht mehr im Amt befindende Verwalter ist nicht berechtigt, die WEvers einzuladen. Die in einer von einem aus dem Amt ausgeschiedenen Verwalter einberufenen WEVers gefassten Beschlüsse sind zwar nicht nichtig, aber anfechtbar.[644] Nimmt ein Verwalter in Kenntnis der Beendigung seiner Amtsstellung Maßnahmen vor und Vertrauen die WEer darauf, dass er noch Verwalter ist, so kann der **233**

---

[634] BayObLGZ 1999, 280 = ZWE 2000, 72 (286 ff.) = NJW-RR 2000, 156.

[635] Vgl. OLG Frankfurt/M. OLGZ 1986, 432; BayObLGZ 1999, 280 (286) = ZWE 2000, 72 = NJW-RR 2000, 156.

[636] Eingehend *Seuß* WE 1987, 106; *Merle* ZWE 2000, 9 ff.; *Frohne* NZM 2002, 242 (245).

[637] § 28 Rn 142.

[638] BayObLG NJWE-MietR 1997, 14 = WE 1997, 117; vgl. auch OLG Frankfurt/M. WuM 1999, 61 (62) zur Verschaffungspflicht.

[639] BayObLG NJWE-MietR 1997, 14 (15) = WE 1997, 117 (118).

[640] KG WE 1998, 32 (33).

[641] BayObLG WE 1998, 157 (158). Zum offenen Treuhandkonto s. § 27 Rn 96 ff.

[642] BayObLG WE 1997, 391 = NJWE-MietR 1997, 162; WE 1989, 63 (64); WuM 1996, 496 (497); KG DWE 1984, 74; *Müller,* Praktische Fragen, Rn 439, 441 (S. 367); *Merle* ZWE 2000, 9 (11).

[643] BayObLG ZWE 2000, 262 (263) = NJW-RR 2000, 155.

[644] OLG Düsseldorf DWE 1989, 28; OLG Hamm OLGZ 1992, 309 (311) = NJW-RR 1992, 722 (Ls); BayObLG NJW-RR 1992, 910 (911) = BayObLGZ 1992, 79 = WE 1993, 276; s. § 23 Rn 165 ff.

ausgeschiedene Verwalter nach Treu und Glauben verpflichtet sein, über die Unwirksamkeit seiner Maßnahme aufzuklären.[645]

VII. Die Ungültigerklärung des Bestellungs- oder Abberufungsbeschlusses

234 Ebenso wie sonstige Beschlüsse der WEer können auch der Bestellungs- und der Abberufungsbeschluss gemäß § 43 Nr. 4 binnen eines Monats angefochten und für ungültig erklärt werden. Die Ungültigerklärung hat zur Folge, dass der Beschluss von Anfang an nichtig ist. Zur Anfechtung dieser Beschlüsse sind alle WEer berechtigt. Im Fall der Abberufung ist darüber hinaus auch der abberufene Verwalter befugt, den Abberufungsbeschluss anzufechten;[646] nicht jedoch den Beschluss über die Bestellung eines neuen Verwalters.[647] Wird der Bestellungsbeschluss im Anfechtungsverfahren für ungültig erklärt, ist der Verwalter berechtigt, Berufung einzulegen, um die durch die Ungültigerklärung möglicherweise zu Unrecht entzogene Rechtsstellung zurückzugewinnen;[648] denn die durch die Bestellung zum Verwalter begründete Rechtsposition ist nicht nur ein im Interesse der WEer verliehenes, sondern ein subjektives Recht,[649] so dass der Verwalter berechtigt ist, die ihm verliehene Rechtsstellung im eigenen Interesse zu verteidigen.

235 Wegen der Rückwirkung der gerichtlichen Entscheidung ist problematisch, ob und in welchem Umfang Rechtshandlungen, die auf Grund dieser Beschlüsse vorgenommen worden sind, wie etwa der Abschluss oder die Kündigung eines Verwaltervertrages, rechtlichen Bestand haben können.

1. Die Ungültigerklärung eines Bestellungsbeschlusses

236 Wird der Bestellungsbeschluss auf Anfechtung eines WEers für rechtskräftig ungültig erklärt, so verliert der Bestellte mit rückwirkender Kraft seine Verwalterstellung.[650] Der Verwalter ist aber vom Zeitpunkt seiner Bestellung an berechtigt und verpflichtet gewesen, die Beschlüsse der WEer auszuführen, die Finanzen der WEgem zu verwalten und Zustellungen und Willenserklärungen entgegenzunehmen.[651] Wird diese Rechtsstellung durch Ungültigerklärung des Bestellungsbeschlusses entzogen, ist der Verwalter berechtigt, hiergegen Rechtsmittel einzulegen.[652] Auch während des Verfahrens über die Anfechtung seiner Bestellung darf der Verwalter seine Tätigkeit nicht einstellen. Dieses Handeln des Verwalters wird durch die Ungültigerklärung des Bestellungsbeschlusses nicht unberechtigt, sondern bleibt nach dem heute gewohnheitsrechtlich geltenden Rechtsgedanken des § 32 FGG – jetzt § 47 FamFG - wirksam.[653] Die in einer von dem Verwalter zwischenzeitlich

[645] KG NZM 1999, 255 (256) zur Veräußerungszustimmung nach § 12.

[646] Ausführlich *Merle,* FS für Weitnauer, S. 195 ff.; BGHZ 106, 113 (122) = NJW-RR 1989, 1087 (1088); aA *Suilmann,* Beschlussmängelverfahren, S. 169 ff. Zur umgekehrten Situation, d. h. der (unwirksam abberufene) Verwalter ficht den Beschluss über seine Neubestellung an, vgl. OLG Naumburg ZWE 2000, 143 (144) = NZM 2000, 1025, nach dessen Auffassung dem Verwalter jedenfalls das Rechtsschutzbedürfnis für ein Verfahren entsprechend § 43 Nr. 4 fehle.

[647] KG OLGZ 1978, 179.

[648] BGH ZMR 2007, 798.

[649] BGHZ 151, 164 (169 f.).

[650] KG ZMR 2009, 784 f.; BGH ZMR 1997, 308 (312); ZMR 2007, 798; BayObLG NJW-RR 1991, 531 (532) mwN; WE 1992, 261.

[651] BGHZ 151, 164 (171); *Wenzel* ZWE 2001, 510 (512).

[652] BGH NJW 2007, 2776; *Briesemeister* ZWE 416 ff.

[653] BGH NJW 1997, 2106 (2107; ZMR 2007, 798 (799); BayObLG NJW-RR 1991, 531 f.; KG NJW 1991, 274; NJW-RR 1990, 153; *Drasdo* S. 15 Rn 25; ausführlich zu dem § 32 FGG zugrunde liegenden allgemeinen Rechtsgedanken *Belz* WE 1998, 369 (370).

einberufenen WEVers gefassten Beschlüsse bleiben wirksam und sind nicht wegen eines Einberufungsmangels für ungültig zu erklären.[654]

Entsprechendes gilt für rechtsgeschäftliches Handeln des Verwalters. Die von ihm zwischenzeitlich vorgenommenen Rechtsgeschäfte im eigenen Namen bleiben wirksam. Dies gilt etwa für die Zustimmung nach § 12;[655] die Grundsätze der Anscheins- und Duldungsvollmacht, auf die sich das KG beruft, sind hierauf schon deshalb nicht anwendbar, weil der Verwalter nicht in fremdem Namen handelt. Auch Rechtsgeschäfte im Namen der WEgem oder der WEer, für die der Verwalter Vertretungsmacht gehabt hätte, bleiben wirksam. Durch die Ungültigerklärung des Bestellungsbeschlusses wird der Verwalter daher nicht zum **Vertreter ohne Vertretungsmacht.** Soweit es sich um Rechtsgeschäfte zur Durchführung von Beschlüssen der WEer namens der WEgem oder der WEer (§ 27 Abs. 1 Nr. 1) handelt, wirken diese trotz der Ungültigerklärung des Bestellungsbeschlusses gegen die Vertretenen. 237

Auch der auf Grund des Bestellungsbeschlusses abgeschlossene **Verwaltervertrag wird nicht** durch die spätere gerichtliche Ungültigerklärung des Bestellungsbeschlusses **rückwirkend unwirksam.**[656] Da die Klage auf Ungültigerklärung keine aufschiebende Wirkung hat und damit der angefochtene Bestellungsbeschluss bis zur gerichtlichen Ungültigerklärung bindend ist, müssen dem Verwalter während der „Schwebezeit" zumindest die gesetzlichen Aufgaben und Befugnisse nach §§ 27, 28 zugebilligt werden; ansonsten liefe er Gefahr, sich – im Falle einer erfolglosen Klage auf Ungültigerklärung – wegen Verletzung seiner Verwalterpflichten schadensersatzpflichtig zu machen.[657] Ihm kann jedoch billigerweise nicht zugemutet werden, seine Verwalterpflichten ohne gesicherte vertragliche Grundlage zu erfüllen. Der Verwalter verliert daher insbesondere nicht die vertraglichen **Vergütungsansprüche** für die bis zur Rechtskraft der gerichtlichen Entscheidung geleistete Tätigkeit.[658] Anders verhält es sich nur, wenn das Gericht im laufenden Anfechtungsverfahren dem Verwalter im Wege einstweiliger Verfügung die Amtsausübung untersagt. Dann steht ihm für die Zeit der Untersagung der Amtsausübung kein Vergütungsanspruch zu.[659] Hier kommen Ansprüche nach Maßgabe des § 615 Satz 1 BGB nicht in Betracht, denn wegen der einstweiligen Verfügung liegt ein Annahmeverzug der WEgem nicht vor. Das gilt selbst dann, wenn das Gericht den Bestellungsbeschluss nicht für ungültig erklärt. Sonst könnte es zu dem untragbaren Ergebnis der doppelten Belastung mit Vergütungsansprüchen kommen. 238

Für die **Zeit nach Eintritt der formellen Rechtskraft** des Urteils kann der betroffene Verwalter keine Ansprüche, insbesondere keine Vergütungsansprüche geltend machen. Zwar hat die Ungültigerklärung des Bestellungsbeschlusses auf den Bestand des Verwaltervertrages keinen Einfluss. Jedoch wird idR der auf der Grundlage einer noch nicht bestandskräftigen Verwalterbestellung abgeschlossene Verwaltervertrag stets unter der **stillschweigend vereinbarten auflösenden Bedingung** abgeschlossen, dass keine Ungültigerklärung des Bestellungsbeschlusses in einem späteren Anfechtungsverfahren erfolgt.[660] 239

[654] KG ZMR 2009, 784 (785); BayObLG NJW-RR 1992, 787 = WE 1993, 143; NJW-RR 1991, 531 (532) = WE 1993, 143; OLG Hamm OLGZ 1992, 309 (312 f.); OLGR Köln 2002, 53 f.

[655] AA KG ZMR 2009, 784 (785) = ZWE 2010, 87 f. m. abl. Anm. *Merle*; BayObLG ZMR 1981, 249.

[656] BGH NJW 1997, 2106 (2107) = WE 1997, 306 (307) = LM § 675 BGB Nr. 236 m. Anm. *Niedenführ;* KG ZMR 2009, 784 (785); NJW-RR 1990, 153; OLG Hamm WE 1996, 33 (35).

[657] BGH NJW 1997, 2106 (2107) = WE 1997, 306 (307) = LM § 675 BGB Nr. 236 m. Anm. *Niedenführ.*

[658] BGH NJW 1997, 2106 (2107) = WE 1997, 306 (307) = LM § 675 BGB Nr. 236 m. Anm. *Niedenführ;* KG WE 1991, 105; OLGZ 1990, 61 (63) = NJW-RR 1990, 153 = WE 1990, 88; BayObLG NJW-RR 1991, 531 (532); OLG Hamm WE 1996, 33 (35).

[659] KG NJW-RR 1991, 274 = WE 1991, 105 f.

[660] BGH NJW 1997, 2106 (2107) = LM § 675 BGB Nr. 236 m. Anm. *Niedenführ;* KG NJW-RR 1991, 274 = WE 1991, 105.

Eine entsprechende ergänzende Vertragsauslegung ist geboten, um den Besonderheiten der gemeinschaftsinternen Willensbildung Rechnung zu tragen und die WEgem vor Doppelzahlungen zu schützen. Wird daher der Bestellungsbeschluss für ungültig erklärt, **endet** mit der Rechtskraft dieser Entscheidung der **Verwaltervertrag.** Daher können für die Zeit nach rechtskräftiger Ungültigerklärung des Bestellungsbeschlusses keine Rechte, insbesondere keine Vergütungsansprüche, aus dem Verwaltervertrag hergeleitet werden.

240 Die Vergütungspflicht entfällt selbst dann, wenn die WEer nach rechtskräftiger Ungültigerklärung des Bestellungsbeschlusses die Bestellung des Verwalters „bestätigen" und dieser **„bestätigende Beschluss"** unanfechtbar geblieben ist;[661] denn diese „Bestätigung" vermag nicht die auf das Beschlussanfechtungsverfahren bezogene auflösende Bedingung des schon geschlossenen Verwaltervertrages zu beseitigen.

241 Nach rechtskräftiger Ungültigerklärung des Bestellungsbeschlusses treffen den Verwalter die allgemeinen Pflichten, die bei jeder Beendigung des Verwalteramtes bestehen (s. o. Rn 232). So ist der Verwalter etwa auch nach rechtskräftiger Ungültigerklärung des Bestellungsbeschlusses der WEgem gegenüber nach §§ 675, 667 BGB verpflichtet, die ihm während seiner Verwaltertätigkeit zugeflossenen und nicht bestimmungsgemäß verbrauchten Wohngelder herauszugeben (s. dazu Rn 122).[662]

2. Die Ungültigerklärung eines Abberufungsbeschlusses

242 **a) Die Anfechtungsbefugnis des abberufenen Verwalters.** Der Verwalter verliert seine Organstellung durch Abberufung gem. § 26 Abs. 1 Satz 1, sobald ihm die Erklärung der Abberufung auf Grund des Abberufungsbeschluss der WEer zugeht.[663] Die Rspr. gewährt dem **abberufenen Verwalter** in entspr. Anwendung des § 43 Nr. 4 das Recht, den **Abberufungsbeschluss anzufechten.**[664] Allerdings kann der Abberufungsbeschluss mangels Rechtsschutzbedürfnisses nicht mehr angefochten werden, wenn die Bestellungszeit des Verwalters ohnehin abgelaufen ist.[665]

243 Die Kritik[666] hinsichtlich der Anfechtungsbefugnis des Verwalters ist berechtigt, soweit diese damit begründet wird, dass der rechtswidrige Abberufungsbeschluss dem Verwalter seine nach § 27 Abs. 4 unabdingbaren Aufgaben und Befugnisse entziehe und er deshalb die Möglichkeit haben müsse, diese Rechtsverletzung im Beschlussmängelverfahren zu rügen.[667] Durch § 27 Abs. 4 wird der Verwalter lediglich vor einer Beschränkung seiner Aufgaben und Befugnisse *in* seinem Amt geschützt, ohne dass sich daraus ein Recht *auf* das Amt ergibt.[668] Allerdings erwächst aus der Bestellung selbst das Recht des Verwalters, sein Amt bis zur rechtmäßigen Abberufung auszuüben. Dieses subjektive Recht ist schützenswert, unabhängig davon, ob die Abberufung gem. § 26 Abs. 1 Satz 3 auf das Vorliegen eines wichtigen Grundes beschränkt ist.[669] Der Rechtsschutz des Verwalters gegen eine

---

[661] KG NJW-RR 1991, 274 = WE 1991, 105 (106).

[662] BGH NJW 1997, 2106 (2107) = LM § 675 BGB Nr. 236 m. Anm. *Niedenführ.*

[663] BGHZ 106, 113 (122) = NJW-RR 1989, 1087 (1088) = WE 1989, 48 (49); *Merle,* FS für *Weitnauer,* 1980, S. 195.

[664] BGHZ 106, 113 (122 ff.) = NJW-RR 1989, 1087 (1088); NZM 2002, 788 (790) = NJW 2002, 3240; ZMR 2007, 798; KG WuM 1993, 761 (762); WE 1998, 66 = FGPrax 1997, 218; OLG Hamm ZWE 2002, 234 (235) = NZM 2002, 295; zustimmend *Wenzel* ZWE 2001, 510 (511 f.).

[665] OLG Hamm NZM 1999, 227 (228); ZWE 2002, 486 (488); KG WE 1998, 66 = FGPrax 1997, 218 (219); BayObLG NJW-RR 1997, 715; aA BayObLG ZWE 2001, 590; offen lassend BGH NZM 2002, 788 (790).

[666] *Suilmann,* Beschlussmängelverfahren, 1998, S. 157 ff.; *ders.* ZWE 2000, 106 (108 ff.); *Reuter* ZWE 2001, 286 (287); *Drasdo* NZM 2001, 923 (924); *Becker* ZWE 2002, 211 (212).

[667] So noch BGHZ 106, 113 (123).

[668] *Becker* ZWE 2002, 211 (212).

[669] BGH NZM 2002, 788 (789) = NJW 2002, 3240; *Wenzel* ZWE 2001, 510 (514); aA *Suilmann* ZWE 2000, 106 (111); *Reuter* ZWE 2001, 286 (293); *Becker* ZWE 2002, 211 (212).

unberechtigte Abberufung rechtfertigt ein Anfechtungsrecht des abberufenen Verwalters.[670] Zutreffend geht der BGH davon aus, dass der dem Verwalter mitgeteilte und damit zugegangene Abberufungsbeschluss unmittelbar gegenüber dem Verwalter wirkt,[671] so dass der abberufene Verwalter den Abberufungsbeschluss innerhalb eines Monats anfechten muss, um die Bestandskraft seiner Abberufung zu verhindern. Da die Abberufungserklärung im Verhältnis zum Abberufungsbeschluss nicht als eigenständiges Rechtsgeschäft gegenüber dem Verwalter anzusehen ist, kann der Verwalter die Unwirksamkeit der Abberufung nicht im Verfahren nach § 43 Abs. 1 Nr. 2 WEG feststellen lassen.[672]

b) Rechtsfolgen der Ungültigerklärung. Wird der Abberufungsbeschluss für ungültig erklärt, so verliert er rückwirkend seine Wirksamkeit und der Verwalter gewinnt die ihm zu Unrecht entzogene Rechtsstellung zurück.[673] Die Ungültigerklärung des Abberufungsbeschlusses führt nicht dazu, dass auch eine zwischenzeitlich erfolgte **Kündigung des Verwaltervertrages** mit rückwirkender Kraft unwirksam wird, denn die Wirksamkeit der Kündigung ist nicht Gegenstand des Beschlussanfechtungsverfahrens. Vielmehr ist die Kündigung immer dann wirksam, wenn eine **die WEgem bindende Kündigungserklärung** sowie ein **Kündigungsgrund** vorliegen. 244

Wohnt der Verwalter der Abstimmung über seine Abberufung bei, 245

kann die Verkündung des Beschlussergebnisses idR zugleich als Kündigung durch den hierzu **konkludent ermächtigten Versammlungsleiter** gewertet werden (vgl. Rn 96), die dem anwesenden Verwalter zugeht. Problematisch ist die Rechtslage, wenn die **Kündigung** dem Verwalter durch einen sonstigen **Vertreter** (§ 164 Abs. 1 BGB) der WEer, etwa einen ermächtigten WEer (§ 27 Abs. 3 Satz 3), erklärt wird. Mit der Ungültigerklärung des Abberufungsbeschlusses entfällt jedoch nicht auch die Vertretungsbefugnis zur Kündigung des Verwaltervertrages rückwirkend.[674]

Ist die Abberufung auf **das Vorliegen eines wichtigen Grundes beschränkt** worden und wird ein Abberufungsbeschluss auf Anfechtung hin für ungültig erklärt, weil kein wichtiger Grund gegeben war, ist damit idR auch die Kündigung des Verwaltervertrages aus wichtigem Grund mangels Kündigungsgrund nicht wirksam. Wird ein solch mangelhafter Beschluss nicht rechtzeitig angefochten und bestandskräftig, so hat dies zwar zur Folge, dass der Verwalter seine Rechtsstellung als Verwalter verliert. Da ein **Kündigungsgrund** zur Beendigung des Verwaltervertrages nicht vorliegt, stehen dem Verwalter weiterhin seine Vergütungsansprüche nach Maßgabe der §§ 675, 615 BGB zu.[675] Die Gegenansicht,[676] welche es dem Verwalter versagt, nach bestandskräftiger Abberufung Rechte aus dem Verwaltervertrag, wie das Recht auf Feststellung der Unwirksamkeit der Kündigung wegen Fehlens eines wichtigen Grundes, geltend zu machen, trennt nicht hinreichend zwischen organschaftlichem Bestellungsrechts- und schuldrechtlichem Anstellungsverhältnis. 246

Ein wichtiger Abberufungsgrund ist nicht in jedem Fall ein wichtiger Kündigungsgrund iSv § 626 BGB.[677] Es muss stets eigenständig geprüft werden, ob die für die Abberufung angeführten Gründe auch die außerordentliche Kündigung des Verwaltervertrages recht- 247

---

[670] So bereits *Merle,* FS Weitnauer, S. 195 ff.

[671] BGH NZM 2002, 788 (789 f.) = NJW 2002, 3240.

[672] So aber *Suilmann,* Beschlussmängelverfahren, S. 169 ff.; *ders.* ZWE 2000, 109 (111); *Becker* ZWE 2002, 211 (212), die dem Abberufungsbeschluss als Akt interner Willensbildung nur Wirkung im Verhältnis der WEer untereinander beimessen.

[673] AllgM BGHZ 106, 113 (124) = NJW-RR 1989, 1087 (1088) = WE 1989, 48 (49); BayObLG WE 1991, 297; KG OLGZ 1978, 178 (180).

[674] Vgl. auch KG WE 1989, 132 (133).

[675] BayObLGZ 1958, 238.

[676] Staudinger/*Bub* § 26 Rn 408.

[677] *K. Schmidt,* Gesellschaftsrecht, § 28 II 2 e für die AG unter Hervorhebung des unterschiedlichen Maßstabes für die prozessuale Darlegungs- und Beweislast; aA Staudinger/*Bub* § 26 Rn 430.

fertigen; die Anfechtung des Abberufungsbeschlusses entfaltet für das Verfahren über die Feststellung der Wirksamkeit der Kündigung keine vorgreifliche Wirkung.[678] Nur im Falle einer zulässigen Kopplung des Verwaltervertrages an die Dauer der Bestellung wäre es ein Verstoß gegen Treu und Glauben, wenn der Verwalter die Beendigung seines Vertragsverhältnisses bestreitet, obwohl er die Abberufung hingenommen und zusätzlich die Niederlegung des Amtes erklärt hat.[679]

248 Die Ungültigerklärung des Abberufungsbeschlusses hat zur Folge, dass eine zwischenzeitlich erfolgte **Bestellung eines neuen Verwalters endet.** Denn die Bestellung eines Verwalters im Falle der Abberufung des vorherigen Verwalters erfolgt idR unter der auflösenden Bedingung der Ungültigerklärung des Abberufungsbeschlusses.[680] Da die Bestellung des neuen Verwalters bis zur rechtskräftigen Ungültigerklärung des Abberufungsbeschlusses wirksam ist, steht dem neuen Verwalter für seine Tätigkeit die vereinbarte Vergütung zu. Dem zu Unrecht abberufenen Verwalter, der seine Rechtsstellung nicht verloren hatte, steht ebenfalls ein Anspruch auf die vereinbarte Vergütung zu und zwar nach § 615 BGB abzüglich dessen, was er infolge Unterbleibens seiner Dienstleistung erspart oder durch anderweitige Verwendung seiner Dienste erwirbt oder zu erwerben böswillig unterlässt.

249 Einer Anfechtung des Beschlusses über die Bestellung des neuen Verwalters bedarf es nicht und ist insbesondere auch durch den bisherigen, abberufenen Verwalter nicht möglich.[681]

VIII. Die gerichtliche Bestellung des Verwalters

1. Allgemeines

250 Nach bisherigem Recht (§ 26 Abs. 3) konnte auf Antrag durch das Gericht ein sog. Notverwalter bestellt werden. Da diese Regelung in der Praxis keine Rolle gespielt hat, wurde § 26 Abs. 3 aufgehoben. Die Möglichkeit zur gerichtlichen Bestellung eines Notverwalters entfällt daher.

251 Die WEer können aber gemäß **§ 21 Abs. 4 iVm § 43 Nr. 1** die gerichtliche Bestellung eines Verwalters als **Maßnahme einer ordnungsgemäßen Verwaltung** erreichen.[682] In Fällen besonderer Eilbedürftigkeit kann der Richter einen Verwalter auch durch eine **einstweilige Verfügung gemäß §§ 935 ff. ZPO** bestellen.[683]

2. Die Bestellung eines Verwalters nach § 21 Abs. 4

252 **a) Grundlagen.** Nach § 21 Abs. 4 hat jeder WEer einen individuellen Anspruch gegen die übrigen WEer auf eine Verwaltung, die dem Interesse der Gesamtheit der WEer nach billigem Ermessen entspricht. Der einzelne WEer kann daher von den übrigen WEern als Maßnahme ordnungsmäßiger Verwaltung (§§ 26, 20 Abs. 2) auch die Mitwirkung bei der Bestellung eines Verwalters verlangen, denn der Verwalter ist unabdingbar notwendiges

---

[678] BGH NJW 2002, 3240 (3242 f.) = NZM 2002, 788; so auch OLG Hamm WE 1997, 28 (31).

[679] BayObLG WE 1994, 147 (148) = WuM 1993, 306.

[680] Vgl. Rn 63 f.; aA LG Düsseldorf ZWE 2001, 501 (502); Staudinger/*Bub* § 26 Rn 466, 468; *Frohne* NZM 2002, 242 (245), die Nichtigkeit der Bestellung des neuen Verwalters annehmen.

[681] Vgl. eingehend § 43 Rn 31 ff.; so auch LG Düsseldorf ZWE 2001, 501 (502); wohl anders KG WE 1986, 140, wonach bei Ungültigerklärung des Abberufungsbeschlusses des alten Verwalters auch der angefochtene Beschluss zur Bestellung des neuen Verwalters aufzuheben ist.

[682] Vgl. OLG Düsseldorf ZMR 2007, 878; AG Wangen ZWE 2008, 357 (*Weber*); *Briesemeister,* NZM 2009, 64 ff.

[683] Vgl. Bundestags-Drucksache 16/887 S. 35 unter 12 b); s. Rn. 271; *Briesemeister,* NZM 2009, 64 ff.

Organ der Gemeinschaft. Kommen die WEer dem Verlangen nicht nach, kann der Anspruch aus § 21 Abs. 4 gem. § 43 Nr. 1 gerichtlich durchgesetzt werden.[684]

253 **b) Materiell-rechtliche Voraussetzungen. aa) Das Fehlen eines Verwalters.** Materiell-rechtliche Voraussetzung für die gerichtliche Durchsetzung des Anspruch nach § 21 Abs. 4 ist, dass die Bestellung eines Verwalters dem Interesse der Gesamtheit der WEer nach billigem Ermessen entspricht. Dies ist idR der Fall, wenn ein Verwalter, auch bei einer Zwei-Personen-Gemeinschaft,[685] fehlt. Daher liegen die Voraussetzungen für die Bestellung eines Verwalters gem. § 21 Abs. 4 regelmäßig vor, wenn nach früherem Recht ein Notverwalter zu bestellen gewesen wäre.[686]

254 Ein Verwalter fehlt, wenn überhaupt noch kein Verwalter bestellt wurde oder wenn ein Verwalter seine Verwalterstellung verloren hat, sei es durch Ablauf der Bestellungszeit, Tod, Abberufung, erfolgreiche Anfechtung des Bestellungsbeschlusses, Eintritt einer auflösenden Bedingung oder durch Amtsniederlegung seitens des Verwalters. Ein Verwalter fehlt aber auch, wenn er tatsächlich, etwa infolge Erkrankung oder Abwesenheit, oder rechtlich, etwa infolge Geschäftsunfähigkeit an der Ausübung seiner Funktionen nicht nur vorübergehend gehindert ist. Ferner fehlt ein Verwalter, wenn er die Geschäftsführung grds verweigert oder sich hartnäckig weigert, dringende Angelegenheiten wahrzunehmen.[687] Demgegenüber ist das Fehlen eines Verwalters nicht gegeben, wenn dieser sich lediglich weigert, in einer bestimmten Angelegenheit tätig zu werden.[688]

255 Mit dem Fehlen eines Verwalters ist es gleichzusetzen, wenn der bisherige Verwalter nach § 21 Abs. 4 vom Gericht auf Klage eines WEers abzuberufen ist, weil eine Abberufung aus wichtigem Grund gerechtfertigt wäre und die Mehrheit der WEer zur Abberufung durch einen Eigentümerbeschluss nicht bereit ist.[689] Der WEer kann in einem solchen Fall die Klage auf Abberufung des Verwalters mit dem Antrag auf Bestellung eines Verwalters verbinden.[690]

256 Ist abzusehen, dass ein Bestellungsbeschluss wegen offensichtlicher Rechtswidrigkeit für ungültig erklärt werden wird, kann dennoch ein Anspruch nach § 21 Abs. 4 zwecks Bestellung eines Verwalter gerichtlich nicht durchgesetzt werden. Zwar würde mit einer Ungültigerklärung der Bestellungsbeschluss unwirksam und die Verwalterstellung rückwirkend beseitigt,[691] gleichwohl bleiben aus dem Rechtsgedanken des § 32 FGG heraus Einberufung und Leitung einer WEVers durch den Verwalter, der rückwirkend seine Position verloren hat, und damit auch die dort gefassten Beschlüsse wirksam;[692] nur wenn der Bestellungsbeschluss nichtig wäre, könnte § 32 FGG nicht herangezogen werden.[693] Daher besteht in diesem Fall ein Bedürfnis für die gerichtliche Bestellung eines Verwalters gem. § 21 Abs. 4 erst nach Ungültigerklärung des Bestellungsbeschlusses.

---

[684] OLG Düsseldorf ZMR 2007, 878 f.; vgl. auch BayObLG NJW-RR 1989, 461; OLG Hamm WE 1992, 244 (246); OLG Frankfurt/M. OLGZ 1993, 319; KG WE 1990, 211.

[685] Vgl. BayObLG DWE 1984, 59.

[686] OLG Düsseldorf ZMR 2007, 878 (880).

[687] BayObLG WE 1990, 27; *Henze* DWE 1987, 66; *Bärmann,* WE, Rn 550; vgl. MünchKomm-BGB/*Reuter,* BGB § 29 Rn 9 für das Vereinsrecht.

[688] Vgl. Soergel/*Hadding* BGB § 29 Rn 7 und Palandt/*Heinrichs* BGB § 29 Rn 2 für das Vereinsrecht.

[689] BayObLG NJW-RR 1989, 461; OLG Düsseldorf WuM 1997, 67 (68); zur Zurückweisung mangels Voraussetzungen für die Abberufung nach § 21 Abs. 4 WEG: OLG Düsseldorf ZMR 1994, 500 (523, 524).

[690] *Niedenführ*/Kümmel/Vandenhouten § 26 Rn 136; *Briesemeister* NZM 2009, 64 (65).

[691] BayObLG NJW-RR 1991, 531 (532) mwN = WE 1991, 367.

[692] BGH ZWE 2007, 396 (397); NJW 1997, 2106; BayObLG NJW-RR 1992, 787 = WE 1993, 143; NJW-RR 1991, 531 (532); KG ZMR 2009, 784 (785); OLGR Köln 2002, 53 f.; vgl. Rn 236.

[693] Vgl. § 23 Rn 193 und OLG Stuttgart WE 1990, 106.

257 **bb) Der dringende Fall.** Ein Anspruch nach § 21 Abs. 4 mit dem Ziel der Bestellung eines Verwalters setzt materiellrechtlich **nicht** voraus, dass ein **dringendes sachliches Bedürfnis für die Bestellung** besteht. Allerdings sind die Voraussetzungen eines Anspruchs gem. § 21 Abs. 4 idR dann gegeben, wenn nach früherem Recht ein Notverwalter zu bestellen gewesen wäre.[694]

258 **c) Prozessuale Voraussetzungen. aa) Klageart.** Die gerichtliche Bestellung eines Verwalters gem. §§ 21 Abs. 4, 43 Nr. 1 kann weder von Amts wegen erfolgen, noch kann von Amts wegen auf die WEer eingewirkt werden, ihrerseits durch Mehrheitsbeschluss einen Verwalter zu bestellen. Zur Bestellung eines Verwalters nach § 21 Abs. 4 bedarf es vielmehr der **Klage** eines WEers. **Klagebefugt** sind alle WEer. **Dritte** können dagegen nicht auf gerichtliche Bestellung eines Verwalters klagen. In Betracht kommt[695] eine **Leistungsklage** auf Mitwirkung der übrigen WEer bei der Verwalterbestellung durch Mehrheitsbeschluss, d. h. auf Abgabe entsprechender Willenserklärungen durch die übrigen WEer, mit dem Nachteil, dass eine WEVers beschließen muss,[696] oder aber vorzugsweise eine **Gestaltungsklage** gem. § 21 Abs. 8, um unmittelbar den Beschluss der WEer über die Bestellung eines Verwalters durch Ermessensentscheidung des Gerichts (Gestaltungsurteil) zu ersetzen.

259 **bb) Rechtsschutzbedürfnis.** Die Klage auf Durchsetzung des Anspruchs aus § 21 Abs. 4 ist abzuweisen, soweit hierfür kein **Rechtsschutzbedürfnis** besteht. Vor Klageerhebung muss sich ein WEer um eine Beschlussfassung in der WEVers bemühen;[697] denn aus dem Selbstorganisationsrecht der WEer folgt, dass die Willensbildung zunächst innerhalb der WEgem erfolgen soll. Da häufig mehrere Maßnahmen ordnungsgemäßer Verwaltung entsprechen, ist das hierfür zuständige Organ der WEgem aufgerufen, eine Auswahl zu treffen. In diesen Willensbildungsprozess würde eingegriffen, könnte der einzelne WEer seinen Anspruch aus § 21 Abs. 4 unmittelbar gerichtlich durchsetzen, falls die anderen WEer seinem Begehren nicht bereits ohne Befassung der WEVers nachkommen.[698] Unterlässt die WEVers die Bestellung eines Verwalters pflichtwidrig, so besteht grds ein Rechtsschutzbedürfnis für eine gerichtliche Entscheidung. Der vorherigen Einschaltung der WEVers bedarf es jedoch nicht, wenn wegen der Stimmrechtsverhältnisse nicht mit einer Beschlussfassung zu rechnen ist und ohne weitere Aufklärung feststeht, dass der klagende WEer ohnehin keine Mehrheit in der WEVers finden wird.[699] Dasselbe gilt, wenn die Verwalterbestellung zur Abwendung von Schäden der WEgem dringlich ist, weil die Einberufung einer WEVers nicht mehr rechtzeitig möglich wäre;[700] hierbei ist die Zeit zu berücksichtigen, die zur Durchführung des gerichtlichen Verfahrens zwecks Ermächtigung zur Einberufung einer WEVers[701] und zu deren anschließender Einberufung erforderlich ist.[702]

260 Ist trotz Befassung der WEVers ein Beschluss über die Bestellung eines Verwalters nicht zustande gekommen (sog. Negativbeschluss), fehlt für eine **Leistungsklage** auf Zustimmung derjenigen, die den Antrag abgelehnt haben, das **Rechtsschutzbedürfnis,** weil das

---

694 OLG Düsseldorf 3 Wx 85/07.

695 Vgl. OLG Düsseldorf ZMR 2007, 878; BayObLGZ 1987, 66 (71) = NJW-RR 1987, 714; NJW-RR 1989, 461.

696 *Briesemeister* NZM 2009, 64 (65).

697 Ausführlich § 43 Rn 187 ff.; OLG Hamm WE 1996, 33 (39); KG ZMR 1999, 509 (510); *Abramenko* ZMR 2009, 429 f.

698 OLG Hamburg OLGZ 1994, 147 (148); BayObLG NZM 1999, 504 (506).

699 BayObLG ZWE 2000, 580 (581) = NZM 2000, 676 (L); OLG Düsseldorf ZMR 2007, 878 f.; WE 1994, 375 (377); OLG Hamburg ZWE 2002, 134 (135); KG ZMR 1999, 509 (510); OLG Stuttgart OLGZ 1977, 433 (434 f.); vgl. § 43 Rn 187 ff.

700 LG Landsberg ZMR 2009, 486.

701 Vgl. § 24 Rn 24.

702 Vgl. *Abramenko* ZMR 2009, 429 (431).

Beschlussverfahren mit Feststellung und Verkündung des ablehnenden Beschlusses beendet ist.[703] Zwar könnte ein WEer in einem solchen Fall oder wenn von vornherein feststeht, dass er für eine Verwalterbestellung keine Mehrheit findet, ein schriftliches Beschlussverfahren gem. § 23 Abs. 3 einleiten und auf Zustimmung der WEer klagen, die gegen den Bestellungsbeschluss gestimmt haben oder deren Zustimmung nicht zu erwarten ist. Indessen dürfte auch für solche Leistungsklagen idR das Rechtsschutzbedürfnis fehlen, weil mit der **Gestaltungsklage** sicherer und wirkungsvoller die Bestellung eines Verwalters herbeigeführt werden kann.

Das **Rechtsschutzbedürfnis** für eine **Gestaltungsklage** fehlt, wenn der Kläger nicht eine oder mehrere als Verwalter geeignete Personen benennt und insbesondere deren Zustimmung mit einer gerichtlichen Bestellung darlegt.[704] Denn ohne diese Zustimmung kann die Organstellung als Verwalter nicht erlangt werden. Würde die vorherige Zustimmung nicht vorliegen, wäre unsicher, ob das gerichtliche Urteil die Bestellung eines Verwalters zur Folge hat. Zwar würde die gerichtliche Bestellung zum Verwalter den Bestellungsbeschluss der WEer (§ 26 Abs. 1) ersetzen. Aber dadurch wird der durch Urteil Bestellte noch nicht unmittelbar zum Verwalter. Vielmehr hängt die Durchführung des durch Urteil ersetzten Bestellungsbeschlusses von der nachträglichen Zustimmung des im Urteil Bestellten ab. Nimmt der gerichtlich Bestellte die Bestellung nicht an, wäre das ergangene Gestaltungsurteil gegenstandslos und ein erneutes Verfahren erforderlich. Aus Gründen der Prozessökonomie muss daher die Zustimmung der vom Kläger als mögliche Verwalter benannten Personen vor der gerichtlichen Entscheidung erklärt werden, andernfalls für die Gestaltungsklage ein Rechtsschutzbedürfnis nicht vorliegt. Dies macht es auch erforderlich, dass evtl. Konditionen des Verwaltervertrages, insbesondere die Vergütung des künftigen Verwalters dargelegt werden und sich die vorherige Zustimmung des potentiellen Verwalters hierauf erstreckt. 261

Wird ein gerichtlich bestellter Verwalter durch Beschluss in einer WEVers zum ordentlichen Verwalter bestellt, so entfällt das Rechtsschutzbedürfnis für ein Rechtsmittel gegen das Bestellungsurteil; dies gilt auch wenn der Eigentümerbeschluss nicht bestandskräftig ist.[705] Das Verfahren zur Bestellung eines Verwalters erledigt sich und kann nicht mehr fortgeführt werden, sobald die WEer einen Verwalter bestellt haben.[706] 262

cc) Antrag und Sachverhalt. Bei der idR nur zulässigen **Gestaltungsklage zwecks Bestellung eines Verwalters** kann das Gericht nach § 21 Abs. 8 an Stelle der WEer nach billigem Ermessen entscheiden und den Bestellungsbeschluss der WEer ersetzen. Der **Antrag** muss dieses **Rechtsschutzziel** gem. § 253 Abs. 2 Nr. 2 ZPO zweifelsfrei erkennen lassen, muss also hinsichtlich der Klageart **bestimmt** sein,[707] d. h. auf Bestellung eines Verwalters nach gerichtlichem Ermessen zielen.[708] 263

Die **tatsächlichen Grundlagen** der Ermessensentscheidung sind nach dem Verhandlungsgrundsatz von den Parteien vorzutragen, das Gericht muss ggf nach § 139 ZPO darauf hinwirken, dass die zur Ermessensausübung erforderlichen Tatsachen von den Parteien beigebracht werden. Der Kläger muss daher das Gericht durch detaillierten Sachvortrag in die Lage versetzen, nach billigem Ermessen zu entscheiden, d. h. einen geeigneten Verwalter zu bestellen. Das Gericht braucht nicht selbst einen geeigneten Verwalter und die Vertragskonditionen zu ermitteln, sondern muss nur auf entsprechenden Tatsachenvortrag der Parteien hinzuwirken.[709] Dies macht es idR notwendig, dass 264

---

[703] Vgl. § 43 Rn 176, 190.
[704] Vgl. auch *Briesemeister,* NZM 2009, 64 (66, 69).
[705] Vgl. BayObLG NJW-RR 1992, 787 = WE 1993, 143.
[706] KG WE 1990, 211 (212); Staudinger/*Bub* (2005) § 26 WEG Rn 499.
[707] Vgl. § 43 Rn 132 f.
[708] Ebenso Hügel/*Elzer* § 13 Rn 84 f., 226.
[709] § 21 Rn 188; s. a. *Briesemeister,* NZM 2009, 64 (66).

bereits in der Klageschrift eine oder mehrere geeignete Personen vorgeschlagen und die jeweiligen Konditionen des Verwaltervertrages dargelegt werden. Auch muss die Zustimmung der Vorgeschlagenen zur Übernahme des Verwalteramtes und zu den dargelegten Konditionen vorliegen, da ohne diese Zustimmung das Rechtsschutzbedürfnis für eine Gestaltungsklage fehlt,[710] die auf Ersetzung des Beschlusses der WEer über die Bestellung eines Verwalters zielt.

265 **d) Der Inhalt der gerichtlichen Entscheidung.** Liegen die Voraussetzungen der §§ 21 Abs. 4, 43 Nr. 1 vor, kann das Gericht im Rahmen des ihm gem. § 21 Abs. 8 eingeräumten Rechtsfolgeermessens den zur Bestellung eines Verwalters erforderlichen Beschluss der WEer ersetzen. Hierbei kommt dem Gericht ein Auswahlermessen zu, so dass das Gericht unter mehreren Vorschlägen des Klägers auswählen kann. An Vorschläge der Kläger ist das Gericht aber nicht gebunden, so dass es auch eine andere als die im Klageantrag bezeichnete Person zum Verwalter bestellen kann. Im Rahmen der Auswahlentscheidung hat das Gericht neben der fachlichen Eignung auch Kostengesichtspunkte zu berücksichtigen.[711] Außer der bloßen Bestellung des Verwalters kann das Gericht nach § 21 Abs. 8 weitere Entscheidungen treffen.

266 **aa) Die Bestellungszeit.** Zeitliche **Befristungen der Amtszeit des Verwalters** durch das Gericht sind generell nur insoweit zulässig, als sichergestellt ist, dass bis zum Ablauf der Befristung ein Verwalter bestellt ist; es darf keinesfalls einer verwalterlosen Zeit Vorschub geleistet werden.[712] Gerade dies soll, wie sich aus § 20 Abs. 2 ergibt, vermieden werden.[713] Zudem wäre es nicht verfahrensökonomisch, wenn die WEer auf Grund einer willkürlichen Befristung der Amtszeit des Verwalters gezwungen wären, alsbald ein neues Verfahren nach den §§ 21 Abs. 4, 43 Nr. 1 einzuleiten. Unzulässig ist es daher, den Verwalter von vornherein nur für die Dauer von einem Jahr zu bestellen,[714] ohne dass im Übrigen sichergestellt wäre, dass an seine Stelle ein von den WEern durch Beschluss bestellter Verwalter tritt. Das Gericht kann aber die Amtszeit des Verwalters gem. § 21 Abs. 8 von vornherein auf eine bestimmte Frist begrenzen, wenn er mit der Maßgabe bestellt wird, eine WEVers einzuberufen, in der ein neuer Verwalter bestellt werden soll. Zulässig ist es auch, einen Verwalter nur für den Zeitraum zu bestellen, in dem der amtierende Verwalter an der Wahrnehmung seiner Funktionen gehindert ist.[715]

267 **bb) Der Aufgabenbereich des gerichtlich bestellten Verwalters.** Da das gerichtliche Urteil den zur Bestellung eines Verwalters erforderlichen Beschluss der WEer ersetzt, hat der so bestellte Verwalter die gleichen Befugnisse und die gleiche Rechtsstellung wie der von den WEern nach § 26 Abs. 1 Satz 1 bestellte Verwalter.[716] Daher können die Aufgaben und Befugnisse des Verwalters durch das Gericht zwar erweitert, aber nur in den Grenzen des § 27 Abs. 4 eingeschränkt werden.[717] Werden die Befugnisse des Verwalters ohne sachliche Notwendigkeit erweitert, etwa Ermächtigung des Verwalters zum Abschluss von Verträgen bis zu einem bestimmten Betrag, überschreitet das Gericht sein Rechts-

---

[710] Vgl. Rn 261.

[711] Vgl. BayObLG DWE 1984, 59 (60); OLG Düsseldorf ZWE 2000, 366 = NJW-RR 2000, 1465.

[712] Vgl. *Briesemeister,* NZM 2009, 64 (69).

[713] *Merle,* Verwalter, S. 81.

[714] AA für die frühere Rechtslage: BayObLG NJW-RR 1989, 461 (462); *Müller,* Praktische Fragen, Rn 357 (S. 299); *Seuß* WE 1991, 3; Palandt/*Bassenge* § 26 Rn 4; *Gottschalg* PiG 54, S. 111 (117).

[715] Vgl. *Merle,* Verwalter, S. 81 f.

[716] BGH NJW 1998, 3279 = WE 1998, 484; NJW 1993, 1924 = WE 1993, 308; BayObLG NJW-RR 1989, 461 (462); OLG Hamm NJW-RR 1993, 845 (846) = WE 1993, 246 ff.; *Niedenführ/* Kümmel/Vandenhouten § 43 Rn 135.

[717] Vgl. näher *Merle,* Verwalter, S. 81 f.

folgeermessen.[718] Der Verwalter kann nicht nur dringende, sondern alle in seinen Aufgabenbereich fallenden Geschäfte vornehmen.

cc) Verwaltervertrag. Da der Verwalter seine Rechtsstellung als Organ bereits mit dem Bestellungsbeschluss und dem Zugang der entsprechenden Bestellungserklärung[719] sowie seiner Zustimmung hierzu erlangt, die Bestellung mithin nicht vom Abschluss eines Verwaltervertrages abhängt,[720] sind Regelungen sonstiger gegenseitiger Rechte und Pflichten zwar nicht erforderlich, aber sinnvoll und zulässig.[721] Innerhalb des ihm eingeräumten Ermessens kann das Gericht daher auch vorgeschlagene verwaltervertragliche Konditionen akzeptieren. Insbesondere kann die Vergütung des Verwalters geregelt werden. Fehlt eine solche Regelung, besteht ein Anspruch auf die **branchenübliche Vergütung** (§§ 675, 612 BGB). Enthält die GO eine Regelung, wonach der Verwalter für seine Tätigkeit keine Vergütung erhält, ist das Gericht hieran nicht nach § 21 Abs. 8 gebunden, weil sie entweder nicht für den gerichtlich bestellten Verwalter gilt oder aber nach §§ 134 BGB, 20 Abs. 2 unwirksam ist.[722] **268**

dd) Ermächtigung eines WEers. Der Bestellungsbeschluss ist konstitutiver Bestandteil des zweistufigen Bestellungsaktes, der neben der gemeinschaftlichen Willensbildung und der entsprechenden Bestellungserklärung noch deren Zugang erfordert.[723] Da durch das Gestaltungsurteil nur der Bestellungsbeschluss der WEer ersetzt wird, muss die Bestellung des im Gestaltungsurteil benannten Verwalters durch Zugang der Bestellungserklärung vollendet werden. Eine Vertretung der WEgem durch alle WEer (§ 27 Abs. 3 Satz 2) ist in einer solchen Situation weder praktikabel noch dürfte ein Beschluss der WEer gem § 27 Abs. 3 Satz 3 über eine entsprechende Ermächtigung eines oder mehrerer WEer erreichbar sein. Das Gericht sollte daher in seiner Entscheidung auf Antrag zugleich (§ 21 Abs. 8) einen WEer, etwa den Vorsitzenden des Verwaltungsbeirats oder den Kläger, zur Abgabe der Bestellungserklärung und zum Abschluss des Verwaltervertrages ermächtigen. **269**

e) Die Wirkungen der gerichtlichen Entscheidung. Das rechtskräftige Urteil über die gerichtliche Bestellung eines Verwalters ersetzt die Willensbildung der WEer, d. h. den von allen WEern nach den Grundsätzen ordnungsgemäßer Verwaltung geschuldeten Mehrheitsbeschluss.[724] Die im **Gestaltungsurteil** namentlich benannte Person erlangt durch das Urteil über die Bestellung noch nicht die Rechtsstellung als Verwalter.[725] Vielmehr muss die Bestellung des im Gestaltungsurteil benannten Verwalters durch Zugang der Bestellungserklärung vollendet werden. Ist – wie erforderlich – die Zustimmung des gerichtlich Bestellten zur Bestellung vorab erklärt worden, wobei diese Erklärung gem. § 27 Abs. 3 Satz 2 ggü jedem einzelnen der gesamtvertretungsberechtigten WEer und damit auch ggü dem Kläger erfolgen kann, so erlangt der gerichtlich Bestellte mit dem Zugang der Bestellungserklärung die organschaftliche Rechtsstellung als Verwalter. Ein Verwaltervertrag ist nach der **Trennungstheorie** entgegen der bisher hM auch im Fall gerichtlicher Bestellung nicht Voraussetzung für die Erlangung des Verwalteramtes (Rn 25). Allerdings kann durch das gerichtliche Bestellungsurteil zugleich auch die Ersetzung des Beschlusses der WEer über die Annahme eines vorab gemachten Antrags des potentiellen Verwalters auf Abschluss eines Verwaltervertrages liegen. **270**

---

[718] OLG München ZMR 2008, 74.

[719] BGH NJW 2002, 3240 (3242).

[720] Vgl. § 26 Rn 25 f.

[721] Vgl. *Briesemeister,* NZM 2009, 64 (68).

[722] OLG Frankfurt NJW-RR 1993, 845; *Niedenführ*/Kümmel/Vandenhouten § 26 Rn 139.

[723] BGH NJW 2002, 3240 (3242); OLG Hamm NJW 1973, 2301 (2302); *Wenzel* ZWE 2001, 510 (512 f.).

[724] BayObLG NJW-RR 1989, 461; KG WE 1990, 211.

[725] Vgl. OLG Hamm NJW-RR 1993, 845 (846); vgl. Soergel/*Hadding* § 29 BGB Rn 14 für den Verein; offengelassen vom BGH NJW 1980, 2466 (2468).

3. Die Verwalterbestellung durch einstweilige Verfügung

271 Durch einstweilige **Regelungsverfügung** nach §§ 935 ff. ZPO[726] kann in Fällen besonderer Eilbedürftigkeit das Gericht nicht nur den Bestellungsbeschluss der WEer ersetzen, sondern unmittelbar einen Verwalter selbst bestellen,[727] wenn dies zur Abwendung wesentlicher Nachteile oder aus anderen Gründen (§ 940 ZPO) nötig erscheint. Dadurch kann eine gerichtliche Bestellung schon vor Erlass eines entsprechenden Urteils Rechtswirkungen äußern.[728] Auch dieser gerichtlich eingesetzte Verwalter hat für die Dauer seiner Tätigkeit einen Anspruch auf Vergütung gegen die Gemeinschaft.[729]

Der **Verfügungsanspruch** folgt aus § 21 Abs. 4, wonach die Bestellung eines Verwalters als Maßnahme ordnungsgemäßer Verwaltung verlangt werden kann (vgl. Rn 252 ff.).[730] Daneben muss ein **Verfügungsgrund** (§ 940 ZPO), also ein besonderes Bedürfnis an einer Eilentscheidung zur Abwendung wesentlicher Nachteile[731] oder aus anderen Gründen vorliegen.[732]

4. Die Beendigung des Amtes des gerichtlich bestellten Verwalters

272 Die Rechtsstellung des gerichtlich bestellten Verwalters endet, durch Ablauf einer gerichtlich bestimmten Bestellungszeit, durch Abberufung infolge eines Beschlusses der WEer, spätestens aber gem. § 26 Abs. 1 Satz 2 nach fünf Jahren.[733] Die dreijährige Bestellungsdauer im Falle der ersten Bestellung eines Verwalters nach der Begründung von Wohnungseigentum gilt nicht für die gerichtliche Bestellung des Verwalters,[734] weil das Gericht bei seiner Ermessensentscheidung die Gefahr von Interessenkonflikten bei Gleichlauf der Bestellungsdauer mit der Frist für die Verjährung von Gewährleistungsansprüchen zu berücksichtigen hat. Die Rechtsstellung des gerichtlich bestellten Verwalters endet auch, wenn die WEer durch Beschluss einen anderen Verwalter bestellen oder durch Niederlegung des Amtes seitens des Verwalters.

273 Die WEer sind aber nicht berechtigt, den gerichtlich bestellten Verwalter durch Mehrheitsbeschluss abzuberufen, ohne gleichzeitig einen neuen Verwalter zu bestellen.[735] Denn dann würde die von den WEern nicht getroffene Maßnahme erneut erforderlich und das Gericht wäre gezwungen, auf entsprechende Klage eines WEers erneut einen Verwalter zu bestellen. Daher ist ein solcher Abberufungsbeschluss mangels Beschlusskompetenz der WEer nichtig. Die WEer können die Abberufung des gerichtlich bestellten Verwalters nur dadurch erreichen, dass sie zugleich einen neuen Verwalter bestellen.[736] Mit der Bestellung des neuen Verwalters erlischt dann zugleich auch die Organstellung des gerichtlich bestellten Verwalters.[737] Wird der Beschluss der WEvers, durch den ein neuer Verwalter bestellt wird, erfolgreich angefochten, so lebt die Rechtsstellung des Notverwalters nicht wieder auf.[738]

---

[726] Eingehend *Briesemeister,* NZM 2009, 64 (68).

[727] LG Hamburg ZMR 2009, 69 f.; LG Stuttgart ZMR 2009, 148 f.; AG Landsberg ZMR 2009, 486 m. Anm. *Abramenko;* Bundestags-Drucksache 16/887 S. 35 unter 12. b); *Bonifacio* MietRB 2007, 216 (219); Jennißen/*Suilmann* § 21 Rn 159; vgl. *Moosheimer* ZMR 2009, 809 (817).

[728] OLG Hamm NJW 1973, 2301 (2302).

[729] Vgl. Staudinger/*Bub* § 26 Rn 190; OLG Hamm NJW 1973, 2301 (2302); s. o. Rn 268.

[730] *Briesemeister,* NZM 2009, 64 f.

[731] AG Landsberg ZMR 2009, 486 f., kritisch dazu *Briesemeister,* NZM 2009, 64 (68); AG Wangen ZWE 2008, 357 (*Weber);* LG Stuttgart ZMR 2009, 148: Heizölbestellung.

[732] Vgl. LG Stuttgart ZMR 2009, 148 f.

[733] BayObLG NJW-RR 1989, 461.

[734] AA *Niedenführ*/Kümmel/Vandenhouten § 26 Rn 141.

[735] Unklar BayObLG NJW-RR 1989, 461 (462).

[736] OLG Frankfurt OLGZ 1993, 319 = NJW-RR 1993, 845.

[737] BayObLG NJW-RR 1992, 787 (788) = WE 1993, 143.

[738] BayObLG NJW-RR 1992, 787 (788) = WE 1993, 143.

IX. Der Nachweis der Verwaltereigenschaft (Abs. 3)

1. Der Normzweck

Da Bestellung oder Abberufung eines Verwalters nicht in ein öffentliches Register eingetragen werden, war der Nachweis der Verwaltereigenschaft sehr erschwert. Der Gesetzgeber hat daher den § 26 Abs. 3 geschaffen, um die Legitimation des Verwalters im Rechtsverkehr zu erleichtern. Sofern die Verwaltereigenschaft durch eine öffentlich beglaubigte Urkunde nachgewiesen werden muss, genügt die Vorlage einer Niederschrift über den Bestellungsbeschluss, bei der die Unterschriften der in § 24 Abs. 6 bezeichneten Personen öffentlich beglaubigt sind. Damit nimmt diese Regelung ersichtlich nur Bezug auf die Verwalterbestellung durch Beschluss in einer Versammlung der WEer. Bedeutung hat sie vor allem im Grundbuchverfahren zum Nachweis von Eintragungsvoraussetzungen, die der Form des § 29 GBO bedürfen. So ist die Verwaltereigenschaft bei der etwa nach § 12 erforderlichen Zustimmung zur Veräußerung von WE eine grundbuchmäßig nachzuweisende Eintragungsvoraussetzung.[739] 274

Die gesetzliche Regelung in § 26 Abs. 3 erleichtert nicht nur den Nachweis der Verwalterbestellung, sondern sieht zugleich davon ab, auch den schuldrechtlichen Verwaltervertrag der Nachweispflicht des § 29 GBO zu unterwerfen. Dies bestätigt die Richtigkeit der Trennungstheorie (vgl. Rn 25 f.). Auch der Fortbestand der Verwalterbestellung oder des Verwaltervertrages unterliegt nicht der Nachweispflicht. Die Rspr. verlangt nur ausnahmsweise zusätzlich den Nachweis eines Verwaltervertrages, wenn am Abschluss des Verwaltervertrages bzw. dessen Fortbestand begründete Zweifel bestehen;[740] hierauf kommt es jedoch nach der Trennungstheorie nicht an. Die Vorlage des Verwaltervertrages allein genügt keinesfalls zum Nachweis der Verwaltereigenschaft.[741] 275

2. Die Voraussetzungen des § 26 Abs. 3

a) Die Verwalterbestellung durch Versammlungsbeschluss. Die Niederschrift über den Bestellungsbeschluss muss von den in § 24 Abs. 6 bezeichneten Personen unterschrieben und deren Unterschriften müssen öffentlich beglaubigt sein. Es sind dies der Vorsitzende der Versammlung, ein WEer und ggf. der Vorsitzende des Verwaltungsbeirates oder dessen Vertreter. Der Nachweis der Eigenschaften dieser Personen ist nicht in der Form von § 29 GBO oder § 26 Abs. 3 zu führen.[742] Aus § 24 Abs. 6 ergibt sich, dass die Niederschrift nicht zwangsläufig von drei Personen unterschrieben werden muss. Die Unterschrift des Vorsitzenden des Verwaltungsbeirats kann nur verlangt werden, wenn ein Anhaltspunkt für die Annahme besteht, dass ein Verwaltungsbeirat auch tatsächlich bestellt worden ist.[743] Seine Unterschrift ist entbehrlich, wenn er an der WEVers nicht teilgenommen hat.[744] Ist eine der in § 24 Abs. 6 genannten Personen in Doppelfunktion tätig, so muss sie nur einmal unterschreiben, etwa bei Identität von Versammlungs- und Beiratsvorsitzendem; es genügt dann idR, wenn der Versammlungsvorsitzende und ein WEer die Niederschrift unterzeichnen;[745] dies gilt zumindest für den Fall, dass keine Anhaltspunkte dafür bestehen, dass ein stellvertretender Beiratsvorsitzender gewählt ist, der auch an der WEVers teilgenommen hat. 276

[739] BayObLG NJW-RR 1991, 978 (979); OLG Frankfurt/M. NJW-RR 1988, 139; OLG Köln OLGZ 1986, 408 (409) = Rpfleger 1986, 298.
[740] OLG Köln OLGZ 1986, 408 (411 f.).
[741] *Röll* Rpfleger 1986, 4, Fn 1 mwN.
[742] OLG Düsseldorf ZWE 2010, 182; LG Lübeck Rpfleger 1991, 309; *Heggen* NotBZ 2009, 401 f.
[743] LG Lübeck Rpfleger 1991, 309; LG Oldenburg Rpfleger 1983, 436.
[744] Vgl. § 24 Rn 111; *Röll* Rpfleger 1986, 4 (5).
[745] LG Lübeck Rpfleger 1991, 309 mwN.

277 **b) Sonstige Verwalterbestellungen.** Im Falle der Bestellung des Verwalters durch schriftlichen Beschluss gem. § 23 Abs. 3 besteht nur die Möglichkeit, die Verwaltereigenschaft durch Vorlage öffentlich beurkundeter oder öffentlich beglaubigter Erklärungen (§ 29 Abs. 1 Satz 1 GBO) sämtlicher WEer nachzuweisen, aus denen sich jeweils die Zustimmung zur Verwalterbestellung ergibt.[746] Wird der Verwalter mit der Teilungserklärung (§ 8) bestellt, so genügt zum Nachweis der Bestellung die Vorlage der öffentlich beglaubigten TE.[747] Ein gerichtlich bestellter Verwalter kann sich zum Nachweis seiner Verwaltereigenschaft durch das gerichtliche Urteil ausweisen.

278 **c) Der Fortbestand der Verwaltereigenschaft.** Ist einmal der Nachweis der wirksamen Verwalterbestellung geführt worden – sei es durch die Teilungserklärung oder den Bestellungsbeschluss in entspr. Form – kann das Grundbuchamt grds auch vom Fortbestand der Verwaltereigenschaft für die vorgesehene Zeit oder bis zum Ablauf der fünfjährigen bzw. dreijährigen Höchstfrist nach § 26 Abs. 1 Satz 2 ausgehen.[748] Wenn die Amtszeit ein Jahr beträgt und sich ohne Kündigung um jeweils ein weiteres Jahr bis zur zulässigen gesetzlichen Höchstdauer von fünf Jahren verlängert, so ist mangels anderer Anhaltspunkte davon auszugehen, dass die Verwalterstellung nicht beendet worden ist.

279 Besteht aber in Ausnahmefällen die konkrete Möglichkeit, dass die Verwalterbestellung beendet ist, so bedarf es zusätzlich zu dem formgerechten Nachweis der Verwalterbestellung noch eines Nachweises der Fortdauer der Verwaltereigenschaft. Hat etwa das Grundbuchamt bei der Zustimmung zur Veräußerung von WE (§ 12) durch den Verwalter konkrete Zweifel, ob die Verwaltereigenschaft bei Abgabe der Zustimmungserklärung noch fortbestand, so hat es neben einem formgerechten Nachweis der Verwalterbestellung auch einen solchen Nachweis für die Fortdauer der Verwalterstellung zu verlangen.[749] Ebenso wenig reicht die Teilungserklärung zum Nachweis der Verwaltereigenschaft aus, wenn in dieser Teilungserklärung der Verwalter für drei Jahre ab Fertigstellung der Wohnanlage bestellt worden ist, und seit dem Zeitpunkt der Teilungserklärung mehr als drei Jahre vergangen sind. Hier könnte z. B. eine Bescheinigung der Baubehörde über die Fertigstellung der Wohnanlage Abhilfe schaffen, wenn sie neben der Unterschrift einen Stempel- und Siegelabdruck trägt und damit eine öffentliche Urkunde darstellt.[750]

3. Weitere Nachweise der Verwaltereigenschaft

280 Der Nachweis von Eintragungsvoraussetzungen, einschließlich der Eigenschaft des Verwalters, kann auch durch die Bezugnahme auf die demselben Grundbuchamt bereits vorliegenden, den Anforderungen des § 29 GBO genügenden Urkunden ersetzt werden, auch wenn sich diese Unterlagen in anderen Grundakten befinden.[751]

281 Auch sog. „Geständniserklärungen", in denen die zuvor erfolgte Vornahme eines Rechtsgeschäfts durch den Vornehmenden selbst bestätigt wird, können zum grundbuchrechtlichen Nachweis genügen. Die Verwalterbestellung kann jedoch durch eine solche nachträglich erstellte bestätigende „Geständniserklärung" in einer § 29 GBO genügenden Form nur nachgewiesen werden, wenn der Erklärende im Zeitpunkt der Abgabe der Erklärung noch die Rechtsmacht hatte, die von ihm bestätigte Bestellung selbst vorzunehmen.[752]

---

746 BayObLG NJW-RR 1986, 565.
747 BayObLG NJW-RR 1991, 978 (979); BayObLGZ 1964, 237 (240).
748 BayObLG NJW-RR 1991, 978 (979); OLG Oldenburg Rpfleger 1979, 266.
749 BayObLG NJW-RR 1991, 978 (979).
750 BayObLG NJW-RR 1991, 978 (979).
751 OLG Köln OLGZ 1986, 408 (410).
752 OLG Köln OLGZ 1986, 408 (409 f.).

4. Sonstiges

Der **Geschäftswert von Unterschriftsbeglaubigungen** auf der Niederschrift über den Bestellungsbeschluss (§ 26 Abs. 3) ist gem. § 30 Abs. 2 KostO regelmäßig mit 3000,– Euro anzusetzen. Bei der Ermessenentscheidung, ob von dem Regelwert abzuweichen ist, sind die Umstände des Einzelfalles, darunter die wirtschaftliche Bedeutung des Geschäfts für die Beteiligten, zu berücksichtigen.[753] Auf einen Bruchteil des Wertes der Wohnanlage kann nicht abgestellt werden; vielmehr bemisst sich der Geschäftswert nach einem – der Wirtschaftskraft der Gemeinschaft Rechnung tragenden – relativ stabilen Betrag von 300 bis 500 € pro WE. Außergewöhnliche Umstände, wie etwa ein Zustimmungsvorbehalt bei Veräußerungen können höhere Ansätze rechtfertigen. 282

§ 27 Abs. 6 ergänzt § 26 Abs. 3 dadurch, dass dem Verwalter das Recht gegeben ist, die **Ausstellung einer Vollmachtsurkunde** mit Bezeichnung seiner Vertretungsmacht zu verlangen. Aber § 26 Abs. 3 gilt nicht für Eintragungsbewilligungen der WEer oder die Verwaltervollmacht.[754] Jedoch gilt § 26 Abs. 3 für andere Fälle, in denen ein Beschluss nachgewiesen werden muss,[755] entsprechend, etwa nach § 12 Abs. 4 Satz 5. Zum **Nachweis der Abberufung** wird wie beim Nachweis der Bestellung (§ 26 Abs. 3) eine Niederschrift des Abberufungsbeschlusses der Eigentümerversammlung verlangt, bei der die Unterschriften der genannten Personen öffentlich beglaubigt sind. 283

Da das Grundbuchamt **nicht die Funktion eines Registergerichts** für die WEer und den Verwalter hat, besteht für das Amt auch nicht die Pflicht, außerhalb eines Eintragungsverfahrens den Nachweis eines Wechsels in der Person des Verwalters vorsorglich zu den Grundakten zu nehmen.[756] 284

§ 27 Aufgaben und Befugnisse des Verwalters

(1) **Der Verwalter ist gegenüber den Wohnungseigentümern und gegenüber der Gemeinschaft der Wohnungseigentümer berechtigt und verpflichtet,**

1. **Beschlüsse der Wohnungseigentümer durchzuführen und für die Durchführung der Hausordnung zu sorgen;**
2. **die für die ordnungsmäßige Instandhaltung und Instandsetzung des gemeinschaftlichen Eigentums erforderlichen Maßnahmen zu treffen;**
3. **in dringenden Fällen sonstige zur Erhaltung des gemeinschaftlichen Eigentums erforderliche Maßnahmen zu treffen;**
4. **Lasten- und Kostenbeiträge, Tilgungsbeträge und Hypothekenzinsen anzufordern, in Empfang zu nehmen und abzuführen, soweit es sich um gemeinschaftliche Angelegenheiten der Wohnungseigentümer handelt;**
5. **alle Zahlungen und Leistungen zu bewirken und entgegenzunehmen, die mit der laufenden Verwaltung des gemeinschaftlichen Eigentums zusammenhängen;**
6. **eingenommene Gelder zu verwalten;**
7. **die Wohnungseigentümer unverzüglich darüber zu unterrichten, dass ein Rechtsstreit gemäß § 43 anhängig ist;**
8. **die Erklärungen abzugeben, die zur Vornahme der in § 21 Abs. 5 Nr. 6 bezeichneten Maßnahmen erforderlich sind.**

(2) **Der Verwalter ist berechtigt, im Namen aller Wohnungseigentümer und mit Wirkung für und gegen sie:**

---

[753] Siehe dazu ausführlich BGH NZM 2009, 86 ff.

[754] BayObLGZ 1978, 377 (383 f.).

[755] LG Bielefeld Rpfleger 1981, 355 (355 f.) mit Anm. *Röll; Röll* Rpfleger 1986, 4; aA Staudinger/*Bub* § 26 Rn 524, da § 26 Abs. 3 keine Erleichterung für den grundbuchmäßigen Nachweis von Beschlüssen der WEer beabsichtige.

[756] BayObLGZ 1975, 264 (266 ff.).

1. Willenserklärungen und Zustellungen entgegenzunehmen, soweit sie an alle Wohnungseigentümer in dieser Eigenschaft gerichtet sind;
2. Maßnahmen zu treffen, die zur Wahrung einer Frist oder zur Abwendung eines sonstigen Rechtsnachteils erforderlich sind, insbesondere einen gegen die Wohnungseigentümer gerichteten Rechtsstreit gemäß § 43 Nr. 1, Nr. 4 oder Nr. 5 im Erkenntnis- und Vollstreckungsverfahren zu führen;
3. Ansprüche gerichtlich und außergerichtlich geltend zu machen, sofern er hierzu durch Vereinbarung oder Beschluss mit Stimmenmehrheit der Wohnungseigentümer ermächtigt ist;
4. mit einem Rechtsanwalt wegen eines Rechtsstreits gemäß § 43 Nr. 1, Nr. 4 oder Nr. 5 zu vereinbaren, dass sich die Gebühren nach einem höheren als dem gesetzlichen Streitwert, höchstens nach einem gemäß § 49 a Abs. 1 Satz 1 des Gerichtskostengesetzes bestimmten Streitwert bemessen.

(3) [1] **Der Verwalter ist berechtigt, im Namen der Gemeinschaft der Wohnungseigentümer und mit Wirkung für und gegen sie:**
1. Willenserklärungen und Zustellungen entgegenzunehmen;
2. Maßnahmen zu treffen, die zur Wahrung einer Frist oder zur Abwendung eines sonstigen Rechtsnachteils erforderlich sind, insbesondere einen gegen die Gemeinschaft gerichteten Rechtsstreit gemäß § 43 Nr. 2 oder Nr. 5 im Erkenntnis- und Vollstreckungsverfahren zu führen;
3. die laufenden Maßnahmen der erforderlichen ordnungsmäßigen Instandhaltung und Instandsetzung gemäß Absatz 1 Nr. 2 zu treffen;
4. die Maßnahmen gemäß Absatz 1 Nr. 3 bis 5 und 8 zu treffen;
5. im Rahmen der Verwaltung der eingenommenen Gelder gemäß Absatz 1 Nr. 6 Konten zu führen;
6. mit einem Rechtsanwalt wegen eines Rechtsstreits gemäß § 43 Nr. 2 oder Nr. 5 eine Vergütung gemäß Absatz 2 Nr. 4 zu vereinbaren;
7. sonstige Rechtsgeschäfte und Rechtshandlungen vorzunehmen, soweit er hierzu durch Vereinbarung oder Beschluss der Wohnungseigentümer mit Stimmenmehrheit ermächtigt ist.

[2] **Fehlt ein Verwalter oder ist er zur Vertretung nicht berechtigt, so vertreten alle Wohnungseigentümer die Gemeinschaft.** [3] **Die Wohnungseigentümer können durch Beschluss mit Stimmenmehrheit einen oder mehrere Wohnungseigentümer zur Vertretung ermächtigen.**

(4) **Die dem Verwalter nach den Absätzen 1 bis 3 zustehenden Aufgaben und Befugnisse können durch Vereinbarung der Wohnungseigentümer nicht eingeschränkt oder ausgeschlossen werden.**

(5) [1] **Der Verwalter ist verpflichtet, eingenommene Gelder von seinem Vermögen gesondert zu halten.** [2] **Die Verfügung über solche Gelder kann durch Vereinbarung oder Beschluss der Wohnungseigentümer mit Stimmenmehrheit von der Zustimmung eines Wohnungseigentümers oder eines Dritten abhängig gemacht werden.**

(6) **Der Verwalter kann von den Wohnungseigentümern die Ausstellung einer Vollmachts- und Ermächtigungsurkunde verlangen, aus der der Umfang seiner Vertretungsmacht ersichtlich ist.**

Übersicht

Literatur: *Abramenko,* Die Streitwertvereinbarung nach § 27 Abs. 2 Nr. 4, Abs. 3 S. 1 Nr. 6 WEG, ZWE 2009, 154; *Bub* Die Instandhaltung und Instandsetzung des gemE – dringende Maßnahmen, ZWE 2009, 245; *Deckert,* Zur Führung der Konten der WEgem, ZMR 2007, 251; *Derleder,* Die Sicherung von Krediten an die WEgem, ZWE 2010, 10; *Drabek,* Die Ermächtigung eines WEers zum Vertreter der Gemeinschaft, ZWE 2008, 75; *Elzer,* Welche Auswirkungen hat die Reform des § 79ZPO auf Wohnungseigentumsverwalter? ZMR 2008, 772; *ders.,* Kreditaufnahme durch en Verband WEgem, NZM 2009, 57; *ders.,* Die Genehmigung eines Prozessvergleichs im Wohnungseigentumsrecht, ZMR 2009, 649; *Gottschalg,* Pflicht und Befugnis des Verwalters zur Mandatierung eines Rechtsanwalts, ZWE 2009, 114; *Haas,* Haftung des Verwalters einer WEgem, 2007; *Häublein,* Drittwirkung der Verwalterpflichten – Das Rechtsverhältnis zwischen WEern und Verwalter nach Anerkennung der Rechtsfähigkeit der Gemeinschaft, ZWE 2008, 1, 80; *ders.,* Laufende Maßnahmen der Instandhaltung und Instandsetzung des gemE, ZWE 2009, 189; *Hügel,* Der Verwalter als Organ des Verbandes WEgem und als Vertreter der WEer, ZMR 2008, 1; *Lehmann-Richter,* Der Verwalter als Prozessbevollmächtigter; *Lüke,* Instandhaltung und Instandsetzung des gemE – Sonstige Maßnahmen, ZWE 2009, 101; *Merle,* Organbefugnisse und Organpflichten des Verwalters bei Passivprozessen der Gemeinschaft der WEer, ZWE 2006, 21; *ders.,* Zur Vertretungsmacht des Verwalters nach § 27 RegE-WEG, ZWE 2006, 365; *ders.,* Zur Vertretung der Gemeinschaft durch die WEer, ZWE 2007, 439; *ders.,* Zur Vertretung der beklagten WEer im Beschlussanfechtungsverfahren, ZWE 2008, 109; *ders.,* Geschäftsführungs- und Vertretungsbefugnis des Verwalters bei laufenden Maßnahmen, ZWE 2010, 2; *H. Müller,* Die Prozessvertretung der beklagten durch den Verwalter im Anfechtungsrechtsstreit, ZWE 2008, 226; *Ott,* Die Abnahme des Werkes bei Gemeinschaftseigentum, ZWE 2010, 157; *Schmack/Kümmel,* Der einstimmige Beschluss als Regelungsinstrument im Wohnungseigentumsrecht, ZWE 2000, 433; *Schmid,* Kann der Verwalter durch einstweilige Verfügung die Durchführung eines WEer-Beschlusses stoppen?, DWE 2010, 6; *Schmidt,* Die Durchsetzung der WEG-Hausordnung ggü dem Mieter und dem Eigentümer durch den Verwalter, ZMR 2009, 325; *Schultz,* Zur Rechtsstellung des Verwalters, ZWE 2009, 161; *Suilmann,* Die Ermächtigung des Verwalters nach § 27 Abs. 3 Satz 1 Nr. 7 WEG, ZWE 2008, 113; *Vandenhouten,* Die Informationspflichten des Verwalters bei Rechtsstreitigkeiten gemäß § 27 Abs. 1 Nr. 7 WEG, ZWE 2009, 145.

I. Der Normzweck

1 § 27 regelt die Aufgaben und Befugnisse des Verwalters sowie dessen Rechtsmacht zur Vertretung der WEer und der WEgem. Die Vorschrift ist durch das Gesetz zur Änderung

des WEG vom 26. 3. 2007[1] geändert und neu gefasst worden. Hierdurch soll nach der Begründung des Gesetzes[2] die Struktur der Vorschrift besser als bisher zum Ausdruck kommen, ohne dass der ansonsten bewährte Inhalt der Vorschrift wesentlich geändert wird. Es soll sich nunmehr aus dem Gesetz eindeutig ergeben, welche Rechte und Pflichten den Verwalter im Innenverhältnis **(Geschäftsführungsbefugnisse)** treffen und in welchem Umfang er zur **Vertretung** ermächtigt ist. Dazu sollte das Innenverhältnis sowohl ggü den WEern als auch ggü der WEgem allein in Absatz 1 geregelt werden. Aus dem geänderten Absatz 2 sollte sich die Vertretungsmacht für die WEer, aus dem neuen Absatz 3 die Vertretungsmacht für die WEgem ergeben. Es herrscht aber inzwischen wohl Einigkeit darüber, dass entgegen den ursprünglichen Intentionen des Gesetzgebers, der zwischen der in § 27 Abs. 1 WEG geregelten Geschäftsführungsbefugnis und der in dessen Absätzen 2 und 3 geregelten Vertretungsmacht eindeutig unterscheiden wollte, der Verwalter die in den Absätzen 2 und 3 geregelten Angelegenheiten auch vornehmen darf und dazu verpflichtet ist, d. h. dass sich aus den Absätzen 2 und 3 auch – wie nach bisherigem Recht – entsprechende Geschäftsführungsbefugnisse im Umfang der eingeräumten gesetzlichen Vertretungsmacht ergeben.[3] In den Absätzen 4 bis 6 sind erforderlich Folgeänderungen vorgenommen worden.

Soweit Ansprüche der WEer gerichtlich oder außergerichtlich geltend zu machen oder 2
Rechtsgeschäfte und Rechtshandlungen für die WEgem vorzunehmen sind, wird die Entscheidung hierüber nach § 27 Abs. 2 Nr. 3 und Abs. 3 Nr. 7 ausdrücklich einer Vereinbarung oder einem Beschluss der WEer vorbehalten, um der besonderen Tragweite dieser Angelegenheiten Rechnung zu tragen. Nach Maßgabe des § 27 Abs. 4 können die in § 27 Abs. 1 bis 3 dem Verwalter zugewiesenen Aufgaben und Befugnisse nicht eingeschränkt werden, d. h. sie sind unabdingbar.[4] § 27 Abs. 6 gibt dem Verwalter einen Anspruch auf Ausstellung einer Vollmachts- und Ermächtigungsurkunde. Im Unterschied zu den entspr. gesetzlichen Regelungen bei anderen Ämtern, wie etwa dem des Insolvenz-, Vergleichs- oder Nachlassverwalters, weist § 27 dem Verwalter nicht einen gesetzlich abschließend festgelegten Kreis, sondern lediglich ein erweiterungsfähiges Minimum an Aufgaben zu.[5] Bei der Vielzahl der nicht von vornherein erfassbaren Tatbestände, die für einzelne Gemeinschaften von WEern von Bedeutung sein können, war es dem Gesetzgeber nicht möglich, eine alle Besonderheiten berücksichtigende Gesetzesnorm zu schaffen.[6] § 27 ist somit als Rahmenregelung konzipiert, die den Beteiligten gestattet, auf die Besonderheiten des Einzelfalles abgestimmte Vereinbarungen zu treffen.[7]

Da nach § 20 Abs. 2 die Bestellung eines Verwalters nicht ausgeschlossen werden kann,[8] 3
musste der Gesetzgeber notwendigerweise auch einen Rahmen für seine Aufgaben und Befugnisse schaffen. Der Verwalter ist Vertreter der WEer in deren Eigenschaft als Mitberechtigte am GE, aber auch Organ der rechtsfähigen WEgem.[9] Sinn und Zweck der Institutionalisierung eines Verwalters mit den ihm in § 27 zwingend zugewiesenen Aufgaben und Befugnissen ist es, ein Mindestmaß an Handlungsfähigkeit im Rechtsverkehr insbes. der rechtsfähigen Gemeinschaft herzustellen. Zwar obliegt gem. § 20 Abs. 1 die

---

[1] BGBl. I 2007 S. 370.

[2] BT-Drucks. 16/ 887 S. 69.

[3] BT-Drucks. 16/3843 S. 26, 52; *Merle* ZWE 2010, 2; *Häublein* ZWE 2008, 81; *ders.* ZWE 2009, 189 (191); *Lüke*, ZWE 2009, 101 (107); a. A. Hügel/*Elzer,* Das neue WEG-Recht, 2007, § 11 Rn. 84.

[4] Zu den Einzelheiten vgl. unten Rn 272 ff.

[5] Vgl. *Bub* PiG 30, 13 (17).

[6] *Pfeuffer* NJW 1970, 2233 (2235).

[7] Vgl. Referentenentwurf des Bundesjustizministeriums vom 22. September 1950, Erl. zu § 14 (PiG 8, 178); vgl. auch BR-Drucks. 75/51 (PiG 8, 223).

[8] Vgl. hierzu BGH NJW 1993, 1923 = WE 1993, 308 = DWE 1993, 165; ausführlich hierzu § 20 Rn 13 ff.

[9] Vgl. *Hügel* ZMR 2008, 1.

Verwaltung des gemE in erster Linie den WEern selbst.[10] Aber wie bei anderen rechtsfähigen Verbänden musste ein geschäftsführungs- und vertretungsberechtigtes Organ geschaffen werden, um die Handlungsfähigkeit der WEgem, aber auch der Gesamtheit der WEer im Rechtsverkehr zu gewährleisten. Zwar wären die WEer als die eigentlichen Träger der Rechte und Pflichten als solche an sich nicht handlungsunfähig, da ein Gesamthandeln wie sich aus § 27 Abs. 3 Satz 2 ergibt, denkbar ist.[11] Für die laufende Verwaltung wäre jedoch ein solches Gesamthandeln der WEer viel zu schwerfällig, so dass sie von der Vornahme solcher Geschäfte, für die der Verwalter nach § 27 zuständig ist, faktisch ausgeschlossen sind.[12] Durch § 27 können somit idR wenigstens die laufenden Geschäfte der Verwaltung ohne die sonst ständig notwendige Mitwirkung aller WEer abgewickelt werden.[13]

4 Bereits aus den Gesetzesmaterialien ergibt sich, dass der Verwalter nach der Versammlung der WEer das wichtigste Organ[14] der Gemeinschaft der WEer ist.[15] Nach dem Willen des Gesetzgebers sollte dem Verwalter eine starke Rechtsstellung eingeräumt werden, weil er nur dann seine Aufgaben erfüllen und die Ordnung erhalten kann.[16]

5 Die unabdingbaren Mindestbefugnisse des Verwalters dienen in erster Linie dazu, die selbstständige Rechtsstellung des Verwalters ggü den WEern und der WEgem zu betonen.[17] Keine der dem Verwalter in § 27 eingeräumten Befugnisse nimmt jedoch den WEern ihre Entscheidungsmacht und ihre gemeinschaftliche Geschäftsführungsbefugnis.[18] Der Verwalter hat demnach keine beherrschende Funktion.[19] Wegen der Herrschaftsrechte, die SE und MitE gewähren, sind vielmehr die WEer die eigentlichen Herren und Träger der Verwaltung.[20] Demgegenüber ist der Verwalter nur ein unabdingbar notwendiges **Vollzugsorgan**[21] fremden Willens, das primär zuständig ist für die Ausführung der Entscheidungen der WEer und für die Erledigung der im Zusammenhang mit der Verwaltung des gemE erforderlichen Geschäfte.[22]

II. Die Aufgaben und Befugnisse nach § 27 Abs. 1

1. Grundlagen

6 **a) Geschäftsführung und Vertretung.** Nach der Neuregelung des § 27 werden Innenverhältnis und Vertretungsmacht deutlicher als bisher voneinander unterschieden. Aus Abs. 1, wonach der Verwalter ggü den WEern und ggü der WEgem **berechtigt und**

[10] Vgl. schon den Entwurf eines Gesetzes über das Eigentum an Wohnungen und gewerblichen Räumen vom 30. 11. 1949 – BT-Drucks. Nr. 252, Erl. zu § 23 (PiG 8, 134).

[11] Vgl. hierzu schon *Merle,* Verwalter, S. 12.

[12] *Merle,* Verwalter, S. 12.

[13] *Bub* PiG 30, 13 (16).

[14] Zur Organstellung des Verwalters vgl. oben § 20 Rn 11.

[15] BR-Drucks. 75/51 (s. Anh.); BT-Drucks. 16/887 S. 71; vgl. auch BGH NJW 2005, 2061.

[16] Vgl. hierzu den mündlichen Bericht des Ausschusses für Wiederaufbau und Wohnungswesen in der 115. Sitzung des Deutschen Bundestages vom 31. Januar 1951, Erl. zu § 27 (PiG 8, 212).

[17] *Weimar* JR 1973, 8.

[18] *Merle* ZWE 2010, 2 (3, 7); Kritisch Staudinger/*Bub* § 27 Rn 5.

[19] OLG Frankfurt/M. NJW-RR 1989, 1169; BayObLGZ 1972, 139 (142); *Merle* WE 1992, 239 (240); *Pfeuffer* NJW 1970, 2233 (2234); *Bärmann,* WE, Rn 570; *Dürr* WEZ 1988, 227 (228).

[20] *Merle* ZWE 2010, 2 (3), WE 1992, 239 (240); *Bielefeld,* FS für Seuß (1987), S. 41; vgl. auch KG DWE 1992, 80 (81)= ZMR 1992, 203 (204).

[21] Vgl. BGHZ 106, 222 (226) = NJW 1989, 1091 = WuM 1989, 465 = ZMR 1989, 182 = MDR 1989, 436; zur organschaftlichen Stellung zuletzt BayObLGZ 1993, 219 (220); vgl. auch OLG Stuttgart NJW 1966, 1036; OLG Frankfurt/M. NJW-RR 1989, 1169; BayObLG WE 1991, 358 (359); BayObLGZ 1972, 139 (142).

[22] Vgl. *Müller,* Praktische Fragen, Rn 412 (S. 347); *Bärmann,* WE, Rn 570; *Peters,* FS Seuß (1987), S. 223 (224).

verpflichtet wird und aus den Abs. 2 und 3, welche die Vertretungsmacht des Verwalters für die WEer und die WEgem regeln, folgt nunmehr entgegen der bisherigen Rechtslage, dass sich aus Abs. 1 keine Vertretungsmacht, sondern lediglich schuldrechtliche Rechte und Pflichten im Innenverhältnis ergeben.[23] Der Verwalter ist ggü. den WEern und der WEgem berechtigt und verpflichtet, die in § 27 Abs. 1 genannten Aufgaben und Befugnisse wahrzunehmen. Diese Vorschrift enthält somit eine sachlich beschränkte **Geschäftsführungsbefugnis** des Verwalters.[24] Ob und inwieweit der Verwalter zur Erfüllung der ihm nach § 27 Abs. 1 obliegenden Aufgaben Vertretungsmacht hat, ist in den Ansätzen 2 und 3 geregelt.[25]

b) Wohnungseigentümer und Gemeinschaft. Die in Abs. 1 geregelten Rechte und 7
Pflichten werden durch das Bestellungsrechtsverhältnis begründet, nicht durch den Verwaltervertrag. Sie bestehen nach Abs. 1 unmittelbar ggü den WEern und ggü der WEgem. Obwohl das Bestellungsrechtsverhältnis nur zur WEgem besteht, handelt es sich zugleich auch um Pflichten des Verwalters ggü den WEern. Dem einzelnen WEer können daher insoweit primäre Erfüllungsansprüche gegen den Verwalter zustehen,[26] was durch § 21 Abs. 4 bestätigt wird.

c) Weitere Rechte und Pflichten. Abs. 1 regelt aber nicht ausschließlich die Rechte 8
und Pflichten des Verwalters. Weitere Rechte und Pflichten ergeben sich aus anderen Vorschriften des WEG, etwa aus § 24 Abs. 8 (Pflicht zur Führung der Beschluss-Sammlung), aus § 28 (Pflicht zur Aufstellung eines Wirtschaftsplan bzw. einer Abrechnung) etc. Auch insoweit bestehen die Pflichten des Verwalters ggü der WEgem und in Analogie zu § 27 Abs. 1 **auch ggü den** WEern, denen daher primäre Erfüllungsansprüche gegen den Verwalter gem. § 21 Abs. 4 zustehen.[27] Entgegen dem gesetzgeberischen Konzept ist der Verwalter aber auch **verpflichtet,** die Maßnahmen vorzunehmen, zu denen er nach den **Absätzen 2 und 3** Vertretungsmacht hat, obwohl nach deren Wortlaut nur eine Berechtigung des Verwalters geregelt wird.[28]

2. Die Durchführung der Beschlüsse (Nr. 1)

a) Die durchzuführenden Maßnahmen. Nach § 27 Abs. 1 Nr. 1 ist der Verwalter 9
berechtigt und verpflichtet, **Beschlüsse** der WEer durchzuführen. Die WEer als die eigentlichen Herren und Träger der Verwaltung[29] bilden nach §§ 23–25 ihren kollektiven Willen idR in Form von Beschlüssen. Primäre Aufgabe des Verwalters als Vollzugsorgan[30] ist es, die von den WEern beschlossenen Maßnahmen durchzuführen, sofern der Beschluss durchführungsreif ist; daran kann es etwa fehlen, wenn die Art der Ausführung oder die Finanzierung nicht geregelt sind.[31] Durch Beschlüsse können die WEer dem Verwalter bestimmte Weisungen erteilen, durch die seine Aufgaben und Befugnisse konkretisiert werden.[32] Ist vereinbart, dass die Ausübung eines Gewerbes in einer Wohnung der schriftlichen Einwilligung des Verwalters bedarf, so hindert dies die WEer nicht, über den Antrag eines WEers auf Einwilligung in die gewerbliche Nutzung durch Beschluss zu entscheiden.[33] Spricht sich die Versammlung als oberstes Gremium gegen die Einwilligung

---

[23] Begründung BT-Drucks. 16/ 887 S. 70; *Häublein* ZWE 2009, 189 (191).

[24] Vgl. *Hügel* ZMR 2008, 5; *Bub* PiG 30, 13 (17).

[25] *Häublein* ZWE 2009, 189 (191).

[26] Kritisch dazu *Häublein* ZWE 2008, 80 ff.

[27] Vgl. § 26 Rn 30.

[28] Vgl. *Merle* ZWE 2010, 2; ZWE 2006, 365 (366 f.); Rechtsausschuss BT-Drucks. 16/3843 S. 53; *Häublein* ZWE 2008, 81.

[29] Vgl. *Merle* WE 1992, 239 (240); *Pick* PiG 6, 17 (18).

[30] BGHZ 106, 222 (226).

[31] BayObLG ZWE 2005, 81.

[32] Vgl. Rn 281.

[33] OLG Zweibrücken WE 1991, 333; vgl. in diesem Zusammenhang auch KG DWE 1994, 30 (31) = ZMR 1994, 124 = WuM 1994, 106 = WE 1994, 30; NJW-RR 1991, 1300 = ZMR 1991, 445.

aus, ist der Verwalter nach § 27 Abs. 1 Nr. 1 verpflichtet, die Einwilligung zu verweigern.[34]

10 § 27 Abs. 1 Nr. 1 enthält ausdrücklich nur das Recht und die Pflicht des Verwalters zur Durchführung von Beschlüssen der WEer. Ein arg. a maiore ad minus gebietet jedoch, die Vorschrift auch auf die Durchführung von **Vereinbarungen** anzuwenden; ist der Verwalter schon berechtigt und verpflichtet Beschlüsse durchzuführen, dann muss die Durchführungskompetenz erst recht Vereinbarungen der WEer erfassen, sofern zu ihrer Durchführung nicht noch weitere Beschlüsse der WEer erforderlich sind.[35]

11 **b) Die Durchführung der Beschlüsse. aa) Maßnahmen tatsächlicher Art.** Zur Durchführung von Beschlüssen oder Vereinbarungen kann die Vornahme von Maßnahmen tatsächlicher Art erforderlich sein. Diese Maßnahmen hat der Verwalter entweder selbst vorzunehmen oder ihre Vornahme durch Dritte zu veranlassen, etwa durch Erteilung einer Weisung an den Hausmeister. Bei größeren Instandsetzungs- oder Instandhaltungsmaßnahmen ist der Verwalter vor Abschluss der entsprechenden (Werk-)Verträge verpflichtet, Kostenvoranschläge mehrerer Unternehmen einzuholen.[36]

12 **bb) Rechtsgeschäftliche Maßnahmen.** Zur Durchführung von Beschlüssen und Vereinbarungen kann auch die Vornahme von Rechtsgeschäften erforderlich sein. Der Verwalter kann einen Vertrag, etwa mit einem Handwerker, **im eigenen Namen** abschließen; er wird dann selbst Vertragspartner und schuldet deshalb die Gegenleistung. Er kann dann zwar seine Aufwendungen, etwa die Zahlung des Werklohns, von den WEgem gem. §§ 675, 670 BGB ersetzt verlangen, trägt aber das Risiko der Insolvenz. Der Verwalter kann dieses Risiko dadurch vermeiden, dass er Rechtsgeschäfte zur Durchführung von Beschlüssen der WEer **im Namen der WEgem, ggf der WEer** tätigt, wenn er insoweit Vertretungsmacht hat. Hat der Verwalter zur Durchführung von Beschlüssen Vertretungsmacht, so wirken Rechtsgeschäfte und insbesondere Verträge, die er zur Durchführung von Beschlüssen namens der WEgem oder der WEer tätigt, nach § 164 Abs. 1 BGB unmittelbar für und gegen den oder die Vertretenen; der Verwalter selbst wird aus solchen Verträgen nicht berechtigt und nicht verpflichtet. Handelt der Verwalter nicht ausdrücklich namens der WEgem, kann sich gem. § 164 Abs. 1 Satz 2 BGB auch aus den Umständen ergeben, dass er in deren Namen handelt. Werkverträge, die der Verwalter über Maßnahmen an der WE-Anlage abschließt, sind unabhängig vom Umfang der vergebenen Arbeiten[37] idR als im Namen der WEgem abgeschlossen anzusehen.[38] Für den Abschluss von Versorgungsverträgen mit Energielieferern lässt sich ein Handeln namens der WEgem nicht lediglich aus der Interessenlage herleiten.[39]

13 Eine **generelle gesetzliche Vertretungsmacht** des Verwalters nach Abs. 2 und 3 zur Abgabe von Willenserklärungen bei der **Durchführung von Beschlüssen** besteht **nicht.**[40] Die Vertretungsmacht des Verwalters zur Durchführung eines Beschlusses kann sich daher nur aus dem Katalog gesetzlicher Vertretungsmacht in den Absätzen 2 und 3 für Einzelfälle ergeben oder aus einer Ermächtigung nach Abs. 3 Satz 1 Nr. 7.[41] Ob ein Beschluss zur zugleich konkludent auch die Ermächtigung des Verwalters zur Vornahme der erforderlichen Rechtsgeschäfte enthält,[42] ist durch Auslegung des verkündeten Be-

---

[34] OLG Zweibrücken WE 1991, 333.

[35] Vgl. *Merle,* Verwalter, S. 56; BayObLG ZMR 2004, 601.

[36] AG Hannover ZMR 2009, 151 (152); vgl. § 21 Rn 28.

[37] Anders die frühere Rspr.: KG ZMR 1996, 594 (596); OLG Düsseldorf ZMR 2003, 351 (352 f.); NJW-RR 1993, 885 f.

[38] Vgl. BGH NJW-RR 2004, 1017; VerfGH Berlin ZMR 2007, 548 f.

[39] OLG Saarbrücken ZMR 2007, 309 f.

[40] *Schultz* ZWE 2009, 161 f.

[41] Siehe dazu Rn 98 ff. und 164 ff.; vgl. auch OLG Düsseldorf NZM 2006, 182.

[42] Vgl. etwa BGH NJW 2005, 3146 f.; aA *Elzer* ZMR 2009, 650 Fn. 8.

schlusses zu ermitteln.[43] So kann sich aus der GemO, aus dem Verwaltervertrag oder aus Beschlüssen ergeben, dass der Verwalter für die Anbahnung, Abschluss, Überwachung und Kündigung von **Arbeitsverhältnissen** im Namen der WEgem zuständig ist.[44] Ist die WEgem Arbeitgeber, so trifft sie u. a. gesetzliche Sozialversicherungspflichten. Die Durchführung des Arbeitsverhältnisses, die Anmeldung des Arbeitnehmers, die Überwachung seiner Arbeitsleistung und Krankheitsausfälle etc. sind idR Bestandteil der Verwalterpflichten. Dem Verwalter obliegt damit die Arbeitsorganisation.[45]

c) Nichtige und fehlerhafte Beschlüsse. aa) Nichtige Beschlüsse. Der Verwalter ist weder berechtigt noch verpflichtet, einen **nichtigen Beschluss**[46] auszuführen.[47] Die Nichtigkeit und damit anfängliche Ungültigkeit eines Beschlusses[48] muss vom Verwalter auch ohne vorherige gerichtliche Feststellung der Nichtigkeit beachtet werden.[49] Damit ergibt sich für den Verwalter in Zweifelsfällen das Problem, die Nichtigkeit eines Beschlusses zutreffend zu beurteilen.[50] Sowohl die Ausführung eines nichtigen als auch die Nichtausführung eines für nichtig gehaltenen Beschlusses kann zu Schadensersatzansprüchen gegen den Verwalter führen.[51] In der Beurteilung der Nichtigkeit eines Beschlusses durch den Verwalter liegt kein Eingriff in die Entscheidungskompetenz der Gerichte,[52] da die Nichtigkeit gerade nicht von einer gerichtlichen Feststellung abhängig ist (§ 23 Abs. 4 Satz 1).[53] Der Verwalter kann bei der Beurteilung der Nichtigkeit eines Beschlusses einen Rechtsanwalt zu Rate zu ziehen.[54] Ist der betreffende Beschlussgegenstand in der Tagesordnung angekündigt, ist dem Verwalter zu empfehlen, schon im Vorfeld der Versammlung Rechtsrat einzuholen,[55] um die WEer bereits in der WEVers auf eine evtl. Nichtigkeit des zu fassenden Beschlusses hinzuweisen.[56] Insbesondere in Fällen, in denen die WEer trotz eines entspr. Hinweises auf der Durchführung eines nichtigen Beschlusses bestehen, ist von einem Rechtsschutzinteresse des Verwalters für ein Klage auf gerichtliche Feststellung der Nichtigkeit des Beschlusses auszugehen (§ 43 Nr. 4).[57] 14

bb) Fehlerhafte Beschlüsse. Fehlerhafte Beschlüsse sind nach § 23 Abs. 4 Satz 2 gültig, solange sie nicht durch rechtskräftiges Urteil für ungültig erklärt sind. Damit gibt das Gesetz dem Vollzugsinteresse den Vorrang. Werden sie für ungültig erklärt, so sind sie rückwirkend, d. h. als von Anfang an unwirksam zu behandeln. Für den Verwalter, der zur Durchführung der Beschlüsse verpflichtet ist, ergeben sich aus dieser Rechtslage zwei Probleme: Kann und muss er einen Beschluss anfechten, dessen Fehlerhaftigkeit er vermutet oder erkennt und ist er verpflichtet einen fehlerhaften, angefochtenen Beschluss durchzuführen? 15

---

[43] Zutreffend *Schultz* ZWE 2009, 161 (162); vgl. auch *Lüke* ZWE 2009, 101 (107); s. auch Rn 50.

[44] Eingehend *Köhler* WE 1997, 213.

[45] Vgl. *Köhler* WE 1997, 213 (214, 225) zu Meldepflichten bei Berufgenossenschaften, Krankenkassen, arbeitsrechtlichen Fragen; *ders.* zu haftungsrechtlichen Fragen, etwa nach dem ArbeitsSchG, DWE 1997, 98 (102 f.); *ders.* FachV 2, 47 (55).

[46] Zur Frage, wann ein Beschluss nichtig ist, vgl. § 23 Rn 122 ff.

[47] Vgl. *Gottschalg* Haftung, Rn 306 ff.

[48] Vgl. *Merle* PiG 6, 65.

[49] *Bub* PiG 30, 13 (22); *Niedenführ* WE 1993, 101 (102).

[50] Vgl. hierzu *Niedenführ* WE 1993, 101 (102); *Müller* WE 1994, 7.

[51] *Bub* PiG 30, 13 (22); *Wenzel* WE 1998, 455; *Gottschalg* DWE 2002, 43 (47).

[52] So aber *Schwenn* WE 1993, 45.

[53] So zutreffend *Niedenführ* WE 1993, 101 (102); *Hörmann* WE 1993, 156; *Müller* WE 1994, 7; vgl. auch *Merle* PiG 6, 65 (69).

[54] Hierzu *Müller* WE 1994, 7; auch *Hörmann* WE 1993, 156.

[55] Nach *Niedenführ* WE 1993, 101 (102), muss ein qualifizierter Verwalter ohnehin in der Lage sein, die Nichtigkeit eines Beschlusses auch ohne den Rat eines Rechtsanwaltes zu erkennen.

[56] *Müller* WE 1994, 7.

[57] *Niedenführ* WE 1993, 101 (102); *Bub* PiG 30, 13 (23).

16 **(1) Die Anfechtung durch den Verwalter.** Der Verwalter ist nach § 46 Abs. 1 Satz 1 befugt, Beschlüsse, die er nicht für rechtmäßig hält,[58] anzufechten. Dies gilt insbesondere für den Fall, dass der Verwalter eine Weisung, die ihm die WEer mittels Beschlusses erteilt haben, nicht ausführen will.[59] Umgekehrt können die WEer im Verfahren nach § 43 Nr. 3 das Gericht anrufen, wenn der Verwalter beschlossene Maßnahmen nicht oder nicht ordentlich durchführt.[60] Wird ein Beschluss vom Verwalter oder einem WEer angefochten, kann der Verwalter eine einstweilige Verfügung beantragen, die Ausführung des Beschlusses bis zur rechtskräftigen Entscheidung über die Anfechtungsklage auszusetzen (vgl. Rn **20 a**).

17 Vom Anfechtungsrecht des Verwalters ist die Frage seiner **Pflicht zur Anfechtung** fehlerhafter Beschlüsse zu unterscheiden. Eine derartige Anfechtungspflicht wird teilweise unter Berufung auf die Stellung des Verwalters als Interessenwahrer der WEer bejaht. Sie soll für den Fall bestehen, dass keiner der WEer den fehlerhaften Beschluss anfechte, obwohl der Beschluss bei objektiver Betrachtungsweise gegen die Interessen der WEer verstoße.[61] Eine Anfechtungspflicht des Verwalters scheide jedoch dann aus, wenn der Beschluss zwar außerhalb ordnungsgemäßer Verwaltung liege, jedoch nicht „schadensgeneigt" sei.[62] Eine solche Anfechtungspflicht des Verwalters ist jedoch abzulehnen.[63] Abgesehen davon, dass sich geeignete Kriterien für die Abgrenzung zwischen einem schadensgeneigten und einem weniger schadensgeneigten Beschluss kaum finden lassen, spricht gegen eine Anfechtungspflicht auch die rechtliche Stellung des Verwalters.[64] Der Verwalter ist eben kein Aufsichtsorgan,[65] sondern lediglich Vollzugsorgan fremden Willens.[66] Für die von den WEern getroffenen Entscheidungen ist der Verwalter nicht verantwortlich.[67] Wenn die sich in erster Linie selbst verwaltenden WEer über eine bestimmte Angelegenheit mit Mehrheitsbeschluss entscheiden, ist es Sache der überstimmten WEer, sich dagegen zu wehren.[68] Der Verwalter ist allenfalls verpflichtet, die WEer vor Beschlussfassung auf seine rechtlichen Bedenken hinzuweisen.[69]

18 **(2) Die Durchführung fehlerhafter Beschlüsse.** Da fehlerhafte Beschlüsse wirksam sind, solange sie nicht für ungültig erklärt sind, ist der Verwalter nach hM[70] gem. § 27 Abs. 1 Nr. 1 zu ihrer Durchführung verpflichtet. Etwas anderes gilt nach § 271 BGB dann, wenn

---

[58] Hierzu *Niedenführ* WE 1993, 101; *Bärmann,* WE, Rn 591; *Bub* PiG 30, 13 (23); *Reuter* ZWE 2001, 286 ff.; für eine einschränkende Handhabung seitens des Verwalters vgl. *Müller* WE 1994, 7 (8); *Suilmann,* Beschlussmängelverfahren, S. 157 ff.; vgl. § 46 Rn 31 ff.

[59] BayObLGZ 1972, 139 (142); *Bärmann,* WE, Rn 591.

[60] Vgl. hierzu OLG Frankfurt/M. OLGZ 1980, 78; *Niedenführ*/Kümmel/Vandenhouten § 27 Rn 11; *Bärmann,* WE, Rn 591; vgl. § 43 Rn 79.

[61] Zum Ganzen vgl. *Müller,* Praktische Fragen, Rn 478 (S. 392 f.) und Rn 625 (S. 507); ähnlich *Gottschalg,* Haftung, Rn 314.

[62] So *Müller,* Praktische Fragen, Rn 478 (S. 392 f.); ähnlich *Gottschalg,* Haftung, S. 86, wonach der Verwalter anfechten muss, wenn er sich der Rechtswidrigkeit des Beschlusses sicher ist, es sei denn, dass die Anfechtung den WEern mehr schade als nütze.

[63] Vgl. *Deckert* PiG 30, 37 (47).

[64] So im Ergebnis auch *Bub* PiG 30, 13 (23); vgl. auch *Deckert* PiG 30, 37 (47).

[65] BayObLGZ 1972, 139 (142); BayObLG WE 1991, 358 (359) = DWE 1991, 31 = WuM 1990, 464; *Pfeuffer* NJW 1970, 2233 (2234); vgl. oben Rn 5.

[66] BGHZ 106, 222 (226) = NJW 1989, 1091 = WuM 1989, 465 = ZMR 1989, 182 = MDR 1989, 436; BayObLGZ 1972, 139 (142); 1975, 327 (330), WE 1991, 358 (359); OLG Hamm WuM 1991, 218 (220); kritisch *Reuter* ZWE 2001, 286 (292).

[67] BayObLG WE 1991, 198 (199).

[68] Dies räumt auch *Müller,* Praktische Fragen, Rn 478 (S. 393) ein.

[69] Hierzu *Deckert* PiG 30, 37 (47); *Bub* PiG 30, 13 (23).

[70] HM vgl. BayObLG WE 1991, 198 (199) = DWE 1990, 75 (Ls); BayObLGZ 1972, 246 (247); 1974, 86 (89); LG München I ZWE 2009, 84 (87); *Wenzel* WE 1998, 455; *Müller* WE 1994, 7; *Bub* PiG 30, 13 (22); *Deckert* PiG 30, 37 (40); *Niedenführ*/Kümmel/Vandenhouten § 27 Rn 11; *Niedenführ* WE 1993, 101; aA wohl *Ganten* PiG 36, 97 (110).

der Beschluss selbst eine andere zeitliche Regelung enthält[71] oder sich aus den Umständen eindeutig etwas anderes ergibt.[72] Die Klage auf Ungültigerklärung des Beschlusses nach § 43 Nr. 4 hat keine aufschiebende Wirkung,[73] weshalb der Verwalter auch berechtigt und verpflichtet ist, einen durch einen WEer bereits angefochtenen Beschluss durchzuführen.[74]

Der Verwalter macht sich weder im Innenverhältnis ggü. der WEgem noch im Außenverhältnis ggü. Dritten schadensersatzpflichtig, wenn ein durch ihn bereits ausgeführter Beschluss später für ungültig erklärt wird.[75] Der Verwalter muss daher bei Zweifeln über die Anfechtbarkeit vor Beschlussausführung auch nicht erst die Monatsfrist des § 46 Abs. 1 Satz 2 abwarten.[76] Ein Abwarten könnte bei einem entspr. Schaden Ersatzansprüche gegen ihn auslösen, sollte wider Erwarten doch keine Anfechtung erfolgen oder der Beschluss nicht für ungültig erklärt werden.[77] Ein Beschlusszusatz, der den Verwalter verpflichtet, unabhängig von einer Anfechtung sofort mit beschlossenen Arbeiten zu beginnen und ihn von jeglichen Schadensersatzansprüchen freistellt, ist auf Anfechtung hin für ungültig zu erklären;[78] bei Bestandskraft ist der Verwalter daran gebunden.[79] 19

Die teilweise im Schrifttum diskutierten Fälle, in denen der Verwalter ausnahmsweise auf Grund von Zweckmäßigkeitserwägungen nach pflichtgemäßem Ermessen berechtigt sein soll, den Vollzug des Beschlusses auszusetzen,[80] lassen sich nicht in klar umrissene Grenzen fassen und genügen nicht den Anforderungen der Rechtssicherheit. Auch die differenzierende Betrachtung,[81] eine Verpflichtung zur sofortigen Durchführung bestehe nur in Fällen der Dringlichkeit nach § 27 Abs. 1 Nr. 3 oder wenn dies nach Abwägung ordnungsgemäßer Verwaltung entspreche, findet in § 27 Abs. 1 Nr. 1 keine Stütze.[82] Zudem ist in einer Vielzahl von Fällen ohnehin nicht sicher, ob ein Abwarten des Verwalters nicht zu einem Schaden auf Seiten der WEer führen kann.[83] In Grenzfällen sollte sich der Verwalter schon bei der Beschlussfassung ermächtigen lassen, den nach seiner Einschätzung fehlerhaften Beschluss erst durchführen zu müssen, wenn dessen Bestandskraft mit oder ohne Beschlussanfechtung feststeht.[84] Ohne eine solche Ermächtigung hat der Verwalter mit dem Hinweis auf seine rechtlichen Bedenken das ihm Zumutbare getan und ist berechtigt und verpflichtet, den Beschluss durchzuführen.[85]

(3) Aussetzung der Vollziehung. Wird ein Beschluss angefochten, kann dessen **Durchführung** durch den Verwalter für die Zeit des Anfechtungsprozesses bis zur rechtskräftigen Entscheidung in der Hauptsache **ausnahmsweise** auf Grund einer **einstweilige Verfügung** (§§ 935, 940 ZPO) **ausgesetzt** werden. Ein Verfügungsgrund liegt vor, wenn ein materieller Anspruch auf Ungültigerklärung des Beschlusses glaubhaft gemacht wird[85a] 20

---

[71] *Müller* WE 1994, 7.

[72] Vgl. dazu *Gottschalg,* Haftung, Rn. 321, 325.

[73] Vgl. *Bub* PiG 30, 13 (23); *Deckert* PiG 30, 37 (46).

[74] LG München ZMR 2009, 73; *Müller* WE 1994, 7.

[75] Vgl. BayObLG WE 1991, 198 (199).

[76] Vgl. etwa *Bub* PiG 30, 13 (23); auch *Niedenführ* WE 1993, 101; *Deckert* PiG 30, 37 (45); kritisch demgegenüber *Schwemm* WE 1993, 45.

[77] Hierzu *Müller* WE 1994, 7 (8).

[78] OLG Düsseldorf WE 1991, 251; s. a. *Riecke/Vogel* ZfIR 2002, 1029 ff.

[79] Vgl. *Gottschalg,* Haftung, Rn 322.

[80] Vgl. *Deckert* PiG 30, 37 (46), zu den im Rahmen einer Ermessensabwägung zu berücksichtigenden Gesichtspunkten.

[81] Vgl. Staudinger/*Bub* § 26 Rn 328, 329; *Gottschalg* DIV 1995, 16 (20); *ders* Haftung, Rn 319 ff.; *ders.* DWE 2002, 43 (49 f.).

[82] So *Wenzel* WE 1998, 455 (456).

[83] Dies räumt auch *Niedenführ* WE 1993, 101 (102) ein.

[84] Vgl. *Müller,* Praktische Fragen, Rn 477 (S. 392); *ders.* WE 1994, 7; *Röll* WE 1993, 100; *Niedenführ* WE 1993, 101; *Hörmann* WE 1993, 156; *Deckert* PiG 30, 37 (47); *Ganten* PiG 36, 97 (111).

[85] So auch *Müller* WE 1994, 7 (8); vgl. auch *Deckert* PiG 30, 37 (46).

[85a] Siehe dazu *Schmid* DWE 2010, 6 (7 f.).

und wenn zur Abwendung einer Gefährdung der Gläubigerinteressen eine vorläufige Sicherung im Eilverfahren notwendig ist, wobei die schutzwürdigen Interessen beider Seiten im Rahmen des gerichtlichen Beurteilungsspielraums gegeneinander abzuwägen sind. Hiernach ist ein dringendes Bedürfnis an einer Eilentscheidung dann anzunehmen, wenn der dem ASt. bei einer Durchführung des Beschlusses drohende Schaden irreversibel oder erheblich größer ist als der der WEgem bei Nichtausführung entstehende Schaden oder weil bei unstreitiger Sachlage und gefestigter Rspr. die Rechtswidrigkeit des Beschlusses derart offenkundig ist, dass es hierfür nicht erst der umfassenden Prüfung durch ein Hauptsacheverfahren bedarf.[86] Bei der Interessenabwägung ist auch und gerade zu berücksichtigen, dass ein Beschluss gültig ist, solange er nicht durch rechtskräftiges Urteil für ungültig erklärt wurde, mit der Konsequenz, dass der Verwalter auch angefochtene Beschlüsse durchführen muss.

21 **cc) Rechtsfolgen ungültiger Beschlüsse.** Wird ein Beschluss nach §§ 23 Abs. 4, 43 Nr. 4 für ungültig erklärt, bevor er vom Verwalter durchgeführt worden ist, so entfällt seine Verpflichtung aus § 27 Abs. 1 Nr. 1 zur Beschlussdurchführung. Problematisch sind aber die Rechtsfolgen, wenn der Verwalter einen Beschluss durchführt und dieser nach seiner Durchführung für ungültig erklärt wird.[87] Jeder WEer kann dann nach § 21 Abs. 4 verlangen, dass die **Folgen** der Durchführung des für ungültig erklärten Beschlusses **beseitigt** werden.[88] Ob und inwieweit Rechtsgeschäfte des Verwalters, die dieser zur Durchführung eines für ungültig erklärten Beschlusses vorgenommen hat, die WEgem Dritten gegenüber bindet oder die WEgem oder den Verwalter zum Schadenersatz verpflichten, ist fraglich. Der Beschluss wird in einem solchen Fall rückwirkend (ex tunc) unwirksam,[89] d. h. er wird so behandelt, als wäre er nie gefasst worden.[90]

22 **(1) Rechtsgeschäfte namens der WEgem.** Rechtsgeschäfte, die der Verwalter zur Durchführung eines Beschlusses der WEer namens der WEgem vornimmt, wirken für und gegen die WEgem, wenn der Verwalter entsprechende gesetzliche oder rechtsgeschäftlich erteilte Vertretungsmacht hat. Erlischt die Vertretungsmacht des Verwalters mit der Ungültigerklärung des Beschlusses, etwa weil der Verwalter zugleich zur Vornahme der zur Durchführung erforderlichen Rechtsgeschäfte ermächtigt worden ist, würde dies bedeuten, dass das vom Verwalter namens der WEgem vorgenommene Rechtsgeschäft mangels Vertretungsmacht des Verwalters nicht für und gegen die WEgem wirkt, sondern dass der Verwalter selbst nach § 179 Abs. 1 als Vertreter ohne Vertretungsmacht auf Erfüllung oder auf Schadensersatz in Anspruch genommen werden könnte. Dennoch ist eine Haftung des Verwalters ggü. Dritten gem. § 179 BGB mit der ganz hM abzulehnen.[91]

23 Rechtsgeschäfte des Verwalters, die dieser namens der WEgem auf Grund eines nachträglich für ungültig erklärten Beschlusses vorgenommen hat, wirken für und gegen die WEgem, wenn der Verwalter bei der Vornahme des Rechtsgeschäfts eine Vollmachts- und Ermächtigungsurkunde gem. § 27 Abs. 6 vorgelegt hat. Im Übrigen können sie nach den

---

[86] Vgl. LG München I ZMR 2009, 73; ZMR 2009, 145 f. = ZWE 2009, 84 (86 f.) m. krit. Anm. *Briesemeister*; AG München ZMR 2009, 806 f. m. Anm. *Klimesch*.

[87] Ausführlich auch *Merle* PiG 6, 65 (73 ff.).

[88] Staudinger/*Bub* § 23 Rn 315; *Wenzel* WE 1998, 455 (456); *Gottschalg* NZM 2001, 113 (115); *Bonifacio* ZMR 2010, 161 (164).

[89] BayObLGZ 1976, 211 (213) = ZMR 1977, 345 = Rpfleger 1976, 364; *Merle* PiG 6, 65 (74) mit Hinweisen auf die vergleichbare Problematik bei den handelsrechtlichen Körperschaften; *ders.*, Verwalter, S. 104; *Bärmann*, WE, Rn 589, 590 und 591; *Müller* WE 1994, 7 (8); *Bub* PiG 30, 13 (23); *Keith* PiG 14, 21; *Ganten* PiG 36, 97 (109).

[90] *Keith* PiG 14, 21.

[91] *Merle* PiG 6, 65 (76); *Müller*, Praktische Fragen, Rn 479 (S. 393); *ders.* WE 1994, 7 (8); *Bärmann*, WE, Rn 590; *Keith* PiG 14, 21 ff.; *Schultz* ZWE 2009, 161 (162); aA Jennißen/*Heinemann* § 27 Rn 15; wohl auch *Ganten* PiG 36, 97 (109).

Grundsätzen der **Anscheinsvollmacht** gem. § 164 Abs. 1 BGB für und gegen die WEgem wirken,[92] so dass eine Haftung des Verwalters als Vertreter ohne Vertretungsmacht nach § 179 BGB ausscheidet. Zur Annahme einer solchen Anscheinsvollmacht müssen Umstände vorliegen, aus denen der Vertragspartner der WEgem nach Treu und Glauben und mit Rücksicht auf die Verkehrssitte schließen darf, dass die WEgem den Verwalter bevollmächtigt hat. Der Beschluss der WEer allein begründet einen solchen Rechtsschein allerdings noch nicht,[93] da Dritte idR keinen Einblick in die internen Willensbildungsprozesse der WEgem haben; so ist etwa für einen Handwerker idR nicht erkennbar, ob der Verwalter einen Werkvertrag gerade in Ausführung eines Beschlusses abschließt.[94] Der Rechtsschein einer Vollmacht kann sich aber daraus ergeben, dass der Verwalter über einen längeren Zeitraum wiederholt im Namen der WEgem rechtsgeschäftlich tätig geworden ist und der Dritte in Kenntnis dessen bei Vertragsschluss von der Vertretungsmacht des Verwalters ausgehen durfte und ausgegangen ist, also gutgläubig war. Diesen Rechtsschein muss die WEgem **zurechenbar**[95] veranlasst haben, wovon bei rechtsgeschäftlichem Tätigwerden des Verwalters für die WEgem über einen längeren Zeitraum regelmäßig auszugehen ist.

Auch wenn die Voraussetzungen einer Anscheinsvollmacht nicht vorliegen, ist eine 24
Haftung des Verwalters nach § 179 Abs. 1 BGB unbillig, da die Ungültigkeit des Beschlusses nicht seiner Risikosphäre zuzuordnen ist.[96] Es ist daher dem Dritten ein **Schadensersatzanspruch unmittelbar gegen die WEgem analog § 122 BGB** zuzuerkennen.[97] Dies folgt daraus, dass die Ungültigkeitserklärung des Beschlusses letztlich wie eine Anfechtung der Vertretungsmacht des Verwalters ggü dem Dritten wirkt, weshalb der Dritte materiell als Anfechtungsgegner anzusehen ist.[98]

Die WEgem haftet Dritten ggü im Außenverhältnis bei Vorliegen einer Anscheinsvoll- 25
macht auf Erfüllung, sonst nach § 122 BGB auf Schadensersatz. Im **Innenverhältnis** sind nach hM die Kosten analog § 16 Abs. 6 jedoch nur von den zustimmenden WEer zu tragen.[99] Die Kosten einer solchen Maßnahme können entspr. dem Rechtsgedanken der §§ 16 Abs. 6, 22 Abs. 1 nicht von denjenigen WEern verlangt werden, die dieser Maßnahme nicht zugestimmt haben.[100] Die dem Beschluss zustimmenden WEer haften entsprechend § 16 Abs. 2 im Verhältnis ihrer MEA, da dies dem Gedanken der unterschiedlichen Leistungsfähigkeit eher als eine Verteilung nach Köpfen gem. § 426 Abs. 1 Satz 1 BGB gerecht wird.[101]

Schadensersatzansprüche der WEer und der WEgem **gegen den Verwalter** kom- 26
men nicht in Betracht, wenn ein bereits vollzogener Beschluss nachträglich für ungültig erklärt wird.[102] Denn der Verwalter erfüllt mit der Durchführung der mehrheitlich beschlossenen Maßnahmen lediglich seine gesetzlichen Pflichten ggü den WEern und der

---

[92] *Gottschalg,* Haftung, Rn 76; im Ergebnis ebenso *Lüke* (ZWE 2009, 101 (108) unter Anwendung des Rechtsgedankens des § 32 FGG; *Merle* PiG 6, 65 (76); *Armbrüster* ZWE 2002, 548 (551 f.).

[93] *Keith* PiG 14, 53; *Ganten* PiG 36, 97 (109, Fn 35).

[94] So *Keiths* PiG 14, 52 f.

[95] Zu den verschiedenen Zurechnungsprinzipien vgl. ausführlich *Keith* PiG 14, 56.

[96] *Keith* PiG 14, 22; ähnlich *Drasdo* S. 312 Rn 104; aA *Schmid* DWE 2010, 6.

[97] Hierzu ausführlich *Keith* PiG 14, 21 ff.; Riecke/Schmid/*Abramenko* § 27 Rn 15; *Klimesch* ZMR 2009, 807 (808); aA *Schmid* DWE 2010, 6 f.; s. a. *Drasdo* S. 312 Rn 104.

[98] *Keith* S. 21 ff. mit eingehenden Verweisen auf die vergleichbare Problematik der Anfechtung der Vertretungsmacht im BGB. Hierzu auch *Bärmann,* WE, Rn 591.

[99] Vgl. auch *Merle* PiG 6, 65 (76); *Gottschalg,* Haftung, Rn 323; *Keith* PiG 14, 84; *Bärmann,* WE, Rn 591; *Deckert* PiG 30, 37 (47); *Müller,* Praktische Fragen, Rn 479 (S. 394).

[100] Vgl. *Müller,* Praktische Fragen, Rn 479 (S. 394); *Merle* PiG 6, 65 (77); *Keith* PiG 14, 84.

[101] Vgl. *Bärmann,* WE, Rn 591 und ausführlich *Keith* PiG 14, 84 ff.

[102] So ausdrücklich BayObLG WE 1991, 198 (199); *Gottschalg,* Haftung, Rn 324; *Müller* WE 1994, 7; *Niedenführ* WE 1993, 101.

WEgem.; er ist für die von den WEern getroffenen Entscheidungen nicht verantwortlich.[103]

27 **(2) Rechtsgeschäfte im eigenen Namen.** Der Verwalter kann ein Rechtsgeschäft, das zur Ausführung eines Beschlusses erforderlich ist, auch im eigenen Namen tätigen. Nach Auffassung des BGH[104] soll der Verwalter gerade bei Zweifeln über seine Vertretungsmacht solche Rechtsgeschäfte im eigenen Namen abschließen und seine Auslagen der Instandsetzungsrücklage entnehmen bzw. eine außerordentliche Umlage erheben.[105] Wird der Beschluss nach seiner Durchführung für ungültig erklärt, wird das Rechtsverhältnis zwischen dem Verwalter und dem Dritten hiervon nicht berührt.[106] Der Verwalter kann einen Aufwendungsersatzanspruch gegen die WEgem aus § 675, 670 BGB geltend machen.[107] Nach § 257 BGB ist der Verwalter auch berechtigt, Befreiung von der eingegangenen Verbindlichkeit zu verlangen.[108]

3. Die Sorge für die Durchführung der Hausordnung

28 **a) Allgemeines.** Nach § 27 Abs. 1 Nr. 1 ist der Verwalter berechtigt und verpflichtet, für die Durchführung der Hausordnung zu sorgen.[109] Damit trägt die Vorschrift der Absicht des Gesetzgebers Rechnung, den Verwalter mit bestimmten Überwachungsrechten auszustatten, um Reibungsflächen zwischen den WEern zu beseitigen und ein gedeihliches Zusammenleben sicherzustellen.[110] Der Verwalter kann für die Durchführung der Hausordnung sorgen, in dem er Maßnahmen tatsächlicher oder rechtsgeschäftlicher Art vornimmt oder gerichtliche Maßnahmen veranlasst.

29 **b) Maßnahmen tatsächlicher Art.** Die vom Gesetz verwendete Formulierung, wonach der Verwalter für die Durchführung der Hausordnung zu sorgen hat, wird allgemein dahingehend verstanden, dass der Verwalter primär durch Maßnahmen tatsächlicher Art auf die Einhaltung der Hausordnung hinzuwirken hat.[111] So hat der Verwalter durch Hinweise, Aufforderungen,[112] Ermahnungen, Rundschreiben, Aushänge, Aufstellung von Nutzungsplänen etc. zu sorgen für die Reinigung gemeinschaftlicher Anlagen, für das Streuen und Schneeräumen,[113] für die Einhaltung der Benutzungsregelungen der gemeinschaftlichen Einrichtungen wie Waschküche, Trockenboden, für Aufzug, Schwimmbad, Garage, PKW-Abstellplätze usw. sowie für die Einhaltung aller sonstigen Regelungen der Hausordnung,[114] wie Hausruhe, Sperrstunden für geräuschvolle Tätigkeiten, Gestattung des Anbringens von Plakaten, Firmenschildern oder Reklameleuchtschriften.

30 Der Verwalter kann auch verpflichtet sein, Verbotsschilder auf der oberirdischen Grundstücksfläche gegen das Parken außerhalb dafür bestimmter Flächen aufzustellen.[115] Dritten,

---

[103] BayObLG WE 1991, 198 (199).

[104] BGHZ 67, 232 (239).

[105] Vgl. auch *Merle* WE 1992, 239 (240).

[106] Vgl. *Keith* PiG 14, 74 mit dem zutreffenden Hinweis, dass kein Fall einer auflösenden Bedingung bzw. des Wegfalls der Geschäftsgrundlage vorliegt.

[107] *Keith* PiG 14, 75; s. § 26 Rn 126.

[108] *Bärmann,* WE, Rn 591.

[109] Vgl. hierzu *Schmidt* ZMR 2009, 325 ff.; *Vitzethum* DWE 1981, 106; *Blank,* FS für Seuß (1987), S. 53 ff.

[110] Vgl. Gesetzesentwurf vom 30. Nov. 1949 – BT-Drucks. Nr. 252, Begr. zu §§ 30–32, PiG 8, 115 (136).

[111] Vgl. *Bielefeld* DWE 1994, 97 ff.; *Müller,* Praktische Fragen, Rn 475 (S. 391); *Bärmann,* WE, Rn 449.

[112] Vgl. BayObLGZ 1972, 90 (91).

[113] Zur möglichen Verletzung von Verkehrssicherungspflichten vgl. unten Rn 318.

[114] Zum möglichen Inhalt einer Hausordnung vgl. § 21 Rn 66 ff.

[115] BayObLG WEM 6/1981, 32 = MDR 1981, 937; hierzu *Müller,* Praktische Fragen, Rn 222 (S. 168).

insbesondere **Mietern** ggü hat er aus § 27 Abs. 1 Nr. 1 keine Befugnisse.[116] Aber er ist verpflichtet, auf die WEer einzuwirken, dass diese ihre Mieter veranlassen, die Hausordnung einzuhalten.[117] Aufgrund des Gesetzeszwecks, Reibungsflächen zwischen den WEern zu vermeiden, hat der Verwalter alles zu tun, was der Erhaltung der Ordnung und des Friedens zwischen den WEern dient, insbesondere auf Lösung von Konflikten hinzuwirken.[118] aus dem Zweck des Gesetzes und der Stellung des Verwalters folgt seine Verpflichtung, sich um die Einhaltung der den WEern nach § 14 obliegenden Pflichten zu bemühen.[119] Bei gröblichen Verstößen hat er danach das Recht, die in § 18 Abs. 2 Nr. 1 vorgesehene Abmahnung auszusprechen.[120]

c) Maßnahmen rechtsgeschäftlicher Art. Ob der Verwalter, wenn er bei seiner Sorge für die Einhaltung der Hausordnung Maßnahmen rechtsgeschäftlicher Art vornehmen muss, die WEer bei der Geltendmachung ihres Anspruchs aus § 15 Abs. 3 auch ohne besondere Bevollmächtigung vertreten kann, ist bisher kaum diskutiert worden.[121] Dies ist letztlich darauf zurückzuführen, dass der Vollzug der Hausordnung sich in erster Linie auf das Innenverhältnis beschränkt[122] und Maßnahmen tatsächlicher Art im Vordergrund stehen. Aber auch im Verhältnis zu den WEern kommen Maßnahmen rechtsgeschäftlicher Art in Betracht, insbesondere eine Mahnung nach § 286 Abs. 1 BGB zur Erfüllung der einem WEer nach der Hausordnung obliegenden Pflichten. Da Gläubiger eines entsprechenden Anspruchs nicht der Verwalter, sondern gem. §§ 15 Abs. 3 die WEer sind, führt eine Mahnung des Verwalters nur dann zum Verzug des betroffenen WEers, wenn der Verwalter insoweit die WEer vertreten kann. Ist der Verwalter hierzu nicht ausdrücklich nach § 27 Abs. 2 Nr. 3 ermächtigt worden, folgt sein Vertretungsmacht aus § 10 Abs. 5.[123] Die Hausordnung gehört nach § 21 Abs. 5 Nr. 1 zu einer ordnungsgemäßen Verwaltung und wird durch Stimmenmehrheit beschlossen.[124] Für Rechtshandlungen des Verwalters, die er zur Durchführung der Hausordnung, d. h. also auf Grund eines Beschlusses vornimmt, greift demnach die gesetzliche Vertretungsmacht nach §§ 27 Abs. 1 Nr. 1, 10 Abs. 5 ein. Das Gleiche gilt auch, wenn die Hausordnung in einer Vereinbarung der WEer enthalten ist; die gesetzliche Vertretungsmacht des Verwalters folgt auch hier aus § 10 Abs. 5 auf Grund eines arg. a maiore ad minus. 31

d) Gerichtliche Maßnahmen. Jeder WEer hat einen individuellen Anspruch gem §§ 15 Abs. 3, 1004 BGB auf Unterlassung von Störungen, den der einzelne WEer gerichtlich gegen den störenden WEer[125] geltend machen kann. Eine Ermächtigung durch die übrigen WEer ist nicht erforderlich. Die **WEgem** kann die Durchsetzung dieses Anspruchs durch Mehrheitsbeschluss an sich ziehen (§ 10 Abs. 6 Satz 3).[126] Gegen eine Mieter, der gegen die Hausordnung der WEgem verstößt, kommt ein Anspruch nach § 1004 BGB in Betracht.[127] 32

Nicht abschließend geklärt ist die Frage, welche Befugnisse dem Verwalter zustehen, wenn sich eine Abmahnung und andere außergerichtliche Maßnahmen gegen einen renitenten WEer als fruchtlos erweisen.[128] **Im Namen der WEer** kann der Verwalter 33

---

[116] Vgl. *Blank,* FS Seuß (1987), S. 53 (62); *Schmidt* ZMR 2009, 325 (329); § 21 Rn 101.
[117] *Niedenführ*/Kümmel/Vandenhouten § 27 Rn 13; *Schmidt* ZMR 2009, 325 (329).
[118] Zum Veröffentlichungsrecht an ihn gerichteter Briefe vgl. BayObLG Rpfleger 1972, 411.
[119] *Niedenführ*/Kümmel/Vandenhouten § 27 Rn 13; *Schmidt* ZMR 2009, 325 (329).
[120] *Niedenführ*/Kümmel/Vandenhouten § 27 Rn 13; *Schmidt* ZMR 2009, 325 (329).
[121] Vgl. *Brauner,* S. 103 ff.; vgl. auch *Müller,* Praktische Fragen, Rn 222 (S. 168).
[122] *Pick* PiG 6, 17 (26).
[123] AA Palandt/*Bassenge* § 27 Rn 5.
[124] Vgl. BayObLGZ 1991, 421 (422) = NJW-RR 1992, 343 = WE 1992, 292.
[125] Siehe dazu *Schmidt* ZMR 2009, 325 (332).
[126] Vgl. *Schmidt* ZMR 2009, 325 (330 f.); § 10 Rn 237 ff.
[127] *Schmidt* ZMR 2009, 325 (333).
[128] Zu dieser Problematik vgl. *Vitzethum* DWE 1981, 106.

gegen einen die Hausordnung missachtenden WEer gerichtlich nur vorgehen, wenn er dazu von den WEern generell durch Vereinbarung in der GemO oder ad hoc durch Beschluss gem. § 27 Abs. 2 Nr. 3 ermächtigt ist.[129]

34 Nach hM[130] kann der Verwalter jedoch nach § 43 Nr. 3 **im eigenen Namen** eine Entscheidung des Gerichts herbeiführen.[131] Dies wird zutreffend damit begründet, dass es bei Einwänden eines WEers gegen vom Verwalter auf die Hausordnung gestützte Verbote oder Mahnungen letztlich auch um eine Entscheidung über Rechte und Pflichten des Verwalters bei der Durchführung der Hausordnung geht.[132] Der Verwalter ist nach § 43 Nr. 3 berechtigt, eine Klage auf Feststellung der Pflichten zu erheben, die sich für die WEer aus der Hausordnung ergeben.[133] Wegen der fehlenden Vollstreckungsmöglichkeit dieses Feststellungsanspruchs wäre es wirkungsvoller, dem Verwalter auch das Recht einzuräumen, Verpflichtungs- und Unterlassungsanträge gegen WEer zu stellen, die ihre in der Hausordnung festgelegten Pflichten verletzen.[134] Dies könnte bereits vom Wortlaut des § 27 Abs. 1 Nr. 1 erfasst werden, der dem Verwalter nicht lediglich das Recht zur Überwachung bzw. Feststellung der in der Hausordnung enthaltenen Pflichten einräumt, sondern von der **Durchführung** der Hausordnung spricht. Für eine umfassende Durchführung kann der Verwalter jedoch nur dann sorgen, wenn ihm als letztes Mittel auch die Möglichkeit offen steht, Verpflichtungs- und Unterlassungsklagen zu erheben und schließlich die Vollstreckung zu betreiben.[135] Mangels eigener materiell-rechtlicher Ansprüche des Verwalters gegen die WEer auf Einhaltung der Hausordnung ließe sich dies aber nur begründen, wenn man in § 43 Nr. 3 zugleich auch den Fall einer gesetzlichen Prozessstandschaft sieht, durch die der Verwalter ermächtigt wird, entsprechende Ansprüche der WEer im eigenen Namen geltend zu machen. Eine derart weitreichende Ermächtigung in der formellen Vorschrift des § 43 Nr. 3 zu sehen, steht de lege lata aber im Widerspruch zur materiellen Vorschrift des § 27 Abs. 2 Nr. 3, der den WEern eine Entscheidung über die gerichtliche Geltendmachung der ihnen zustehenden Ansprüche vorbehält.[136] Das systematische Verhältnis des § 27 Abs. 1 Nr. 1 zu Abs. 2 Nr. 3 zwingt daher letztlich dazu, gerichtliche Verpflichtungs- und Unterlassungsanträge nicht mehr in den Begriff der Durchführung der Hausordnung einzubeziehen.

4. Instandhaltung und Instandsetzung des GemE (Nr. 2)

35 **a) Allgemeines.** Nach § 27 Abs. 1 Nr. 2 ist der Verwalter berechtigt und verpflichtet, die für die ordnungsgemäße Instandhaltung und Instandsetzung des gemE, nicht des SE,[137] erforderlichen Maßnahmen zu treffen. § 27 Abs. 1 Nr. 2 konkurriert mit der vorrangigen Geschäftsführungsbefugnis der WEer gem. § 21 Abs. 1, 3, 5 Nr. 2,[138] wonach zu einer ordnungsgemäßen, dem Interesse der Gesamtheit der WEer entspr. Verwaltung auch die ordnungsgemäße Instandhaltung und Instandsetzung des gemE gehört.[139] Instandhaltung und Instandsetzung des GE sind hiernach zwar eigenständige Aufgaben und Befugnisse des Verwalters, für die aber in **erster Linie die WEer** selbst **zuständig** sind. Daher hat der

[129] *Palandt*/Bassenge § 27 Rn 5; *Müller,* Praktische Fragen, Rn 222 (S. 168); vgl. dazu Rn 130 ff.

[130] Grundlegend KG NJW 1956, 1679 (1680); ausdrücklich bestätigt durch OLG Hamm OLGZ 1970, 399; BayObLGZ 1972, 90 (93) = MDR 1972, 516; *Niedenführ*/Kümmel/Vandenhouten § 27 Rn 13.

[131] Kritisch dazu *Schmidt* ZMR 2009, 325 (330).

[132] BayObLGZ 1972, 90 (93); OLG Hamm OLGZ 1970, 399; KG NJW 1956, 1679 (1680).

[133] So *Niedenführ*/Kümmel/Vandenhouten § 27 Rn 13; *Müller,* Praktische Fragen, Rn 222 (S. 168).

[134] So *Vitzethum* DWE 1981, 106 (110).

[135] AA wohl *Staudinger/Bub* § 26 Rn 126.

[136] Vgl. *Staudinger/Bub* § 27 Rn 126.

[137] BayObLG NJW-RR 1996, 1298 = WE 1997, 39; *Lüke* ZWE 2009, 101 (102 f.).

[138] Vgl. Rn 277 ff.; *Merle* ZWE 2010, 2 (3).

[139] Hierzu § 21 Rn 86 ff.; vgl. *Lüke* ZWE 2009, 101 (102).

Verwalter Mängel festzustellen, die WEer zu unterrichten und eine Entscheidung der WEer über das weitere Vorgehen herbeizuführen.[140] Dem **einzelnen WEer** ist es verboten, am Verwalter vorbei eigenmächtig Verwaltungsmaßnahmen durchzuführen.[141] **Instandhaltung** ist als Aufrechterhaltung des ursprünglichen ordnungsgemäßen Zustandes durch pflegende erhaltende oder vorsorgende Maßnahmen, bei ursprünglichen Mängeln auch als erstmalige Herstellung eines einwandfreien Zustandes zu verstehen.[142] **Instandsetzung** bedeutet die Wiederherstellung des ursprünglichen ordnungsgemäßen Zustandes durch Reparatur oder Ersatzbeschaffung. Die durch entspr. Maßnahmen des Verwalters verursachten Kosten sind Kosten der Verwaltung iSd § 16 Abs. 2.[143] Der Verwalter darf die Kosten aus der Instandhaltungsrücklage decken.[144]

Trotz der den Verwalter nach § 27 Abs. 1 Nr. 2 treffenden Verpflichtung sind für die Durchführung der Instandhaltung und Instandsetzung des GemE als Maßnahme ordnungsgemäßer Verwaltung nach § 21 Abs. 1, 5 Nr. 2 primär **die WEer** selbst **zuständig,** die über das „Ob" und „Wie" durch Mehrheitsbeschluss entscheiden.[145] Soweit die WEer ihre vorrangige Geschäftsführungsbefugnis durch Beschluss ausüben, wird die entsprechende Geschäftsführungsbefugnis des Verwalters verdrängt. Er ist nach § 27 Abs. 1 Nr. 1 verpflichtet, Beschlüsse der WEer zur Instandsetzung und Instandhaltung auszuführen, daher an Weisungen in einer konkreten Angelegenheit gebunden.[146] Er ist daher nicht berechtigt, unter Berufung auf § 27 Abs. 1 Nr. 2 Maßnahmen durchzuführen, wenn sich die WEer zuvor mit Mehrheit gegen die vom Verwalter vorgeschlagene Maßnahme ausgesprochen haben.[147] Der Verwalter muss es den WEern überlassen, evtl. eine andere Entscheidung im Verfahren nach §§ 43 Nr. 1, 21 Abs. 4 herbeizuführen.[148] Nach verwaltungsgerichtlicher Rspr.[149] soll der Verwalter wegen seines sich aus § 27 Abs. 1 Nr. 2 ergebenden eigenen selbstständigen Rechts, die für die ordnungsgemäße Instandhaltung und Instandsetzung erforderlichen Maßnahmen zu treffen, durch öffentlich-rechtliche Verfügung verpflichtet werden können, bestimmte Handlungen zur Beseitigung einer Störung der öffentlichen Sicherheit oder Ordnung, etwa zur Sicherstellung des Brandschutzes, vorzunehmen. Indessen ist der Verwalter nicht der richtige Adressat, da im Außenverhältnis allein die WEer für die Übereinstimmung des Bauwerks mit öffentlich-rechtlichen Vorschriften verantwortlich sind.[150] Ein einzelner WEer kann den Verwalter nicht ohne ermächtigenden Beschluss gerichtlich auf Durchführung von Maßnahmen zur Instandsetzung des GemE in Anspruch nehmen.[151] 36

Schließt der Verwalter **in Ausführung eines Beschlusses** über Instandsetzungs- oder Instandhaltungsmaßnahmen namens der WEgem Verträge mit Dritten, handelt er mit gesetzlicher Vertretungsmacht nach § 27 Abs. 3 Satz 1 Nr. 3, weil es sich wegen des 37

---

[140] OLG Frankfurt ZWE 2009, 359 (365) = ZMR 2009, 861; OLG Düsseldorf WuM 2006, 639 ff.; LG Saarbrücken ZWE 2009, 54 (56); *Lüke* ZWE 2009, 101 (103).

[141] AG München WE 1994, 346.

[142] KG WuM 1993, 562 (563) = DWE 1993, 121 = ZMR 1993, 478 = GE 1993, 923; OLG Hamm DWE 1987, 54; OLG Zweibrücken NJW-RR 1991, 1301; *Augustin* § 21 Rn 45.

[143] BayObLG WE 1998, 154 (155); *Bärmann,* WE, Rn 593.

[144] BayObLG WE 1998, 154 (155).

[145] Vgl. OLG Düsseldorf ZWE 2007, 92 (95); ZMR 2004, 365; LG München I ZWE 2009, 218 (224); OLG Hamburg DWE 1993, 164; ZWE 2002, 479 (480); BayObLG NJW-RR 1992, 1102 (1103) = WE 1993, 278 = ZMR 1992, 352; WE 1991, 22 = WuM 1990, 178 = ZMR 1990, 65; NJWE-MietR 1996, 38; *Bub* PiG 7, 57 (57); *Lüke* ZWE 2009, 101.

[146] Ausführlich *Merle* ZWE 2010, 2 (3, 7).

[147] Vgl. KG NJW-RR 1991, 273 (274) = WE 1991, 103 = WuM 1991, 51 = ZMR 1991, 114.

[148] Vgl. auch BayObLG ZWE 2001, 370 (372) = NJW-RR 2001, 1020.

[149] OVG Münster NZM 2009, 012 f.; WuM 1994, 507; VGH Mannheim NJW 1974, 74.

[150] Vgl. auch *Bärmann,* WE, Rn 593.

[151] KG NJW-RR 1991, 273; *Niedenführ*/Kümmel/Vandenhouten § 27 Rn 26.

Beschlusses um laufende Maßnahmen der erforderlichen ordnungsmäßigen Instandhaltung und Instandsetzung handelt.[152] Führt der Verwalter dagegen eine Instandhaltungs- oder Instandsetzungsmaßnahme durch, die in ihrem Umfang nicht mehr von einem Beschluss der WEer gedeckt ist, so liegt eine **unberechtigte Geschäftsführung ohne Auftrag** vor. Gem. § 684 Satz 1 BGB kann der Verwalter in diesem Fall nur **Verwendungsersatz** nach Bereicherungsrecht (§§ 812 ff. BGB) verlangen. Zu ersetzen sind neben „werterhöhenden" Verwendungen auch lediglich „werterhaltende" Verwendungen, wenn die WEer später unausweichliche Aufwendungen erspart haben.[153]

38 Die WEer sind berechtigt, auf Grund Mehrheitsbeschlusses Maßnahmen der Instandhaltung und Instandsetzung selbst, etwa in **Eigenleistung** durch einen oder mehrere WEer, durchzuführen, so dass der Verwalter von der Erfüllung weiterer Pflichten im Hinblick auf die Durchführung dieser Arbeiten entbunden ist.[154] Zwar können nach § 27 Abs. 4 die dem Verwalter nach § 27 Abs. 1 Nr. 2 zustehenden Aufgaben und Befugnisse nicht durch Vereinbarung der WEer entzogen werden. Dies berührt jedoch nicht die gesetzliche Befugnis der WEer, konkrete Maßnahmen ordnungsgemäßer Instandhaltung und Instandsetzung zu beschließen, die eine weitere Tätigkeit des Verwalters für diese Angelegenheit ausschließt (s. Rn 277 f.). Allerdings kann ein WEer nicht gegen seinen Willen zu Eigenleistungen zwecks Instandhaltung oder Instandsetzung des GE gezwungen werden (s. § 21 Rn 79 ff.).[155] Regelungen über das Streichen von zum GE gehörenden Balkonteilen,[156] über die Erfüllung der Streupflicht bei Glatteis,[157] zur Gartenpflege[158] oder zur Treppenhausreinigung[159] sind als zulässig angesehen worden.

39 Die den WEern nach § 21 obliegende Entscheidung über die Durchführung von Maßnahmen iSd § 27 Abs. 1 Nr. 2 kann grds nur durch **Vereinbarung** auf den Verwalter[160] oder den Verwaltungsbeirat[161] übertragen werden.[162] Durch **Beschluss** der WEer kann die Entscheidung über das **Ob und Wie** von Instandsetzungsmaßnahmen weder dem **Verwalter** noch dem **Verwaltungsbeirat** übertragen werden; diese ist den WEern vorbehalten.[163] Schreiben die WEer aber die maßgeblichen Kriterien für eine Entscheidung des Verwalters und/oder des Beirats vor, so dass diese nur eine **gebundene, nicht freie Entscheidung** treffen können, kann diesen mit Stimmenmehrheit gemäß § 21 Abs. 3 die Ausführung oder Konkretisierung einer solchen **Entscheidung der WEer** überlassen werden,[164] sofern für den einzelnen WEer nur ein überschaubares und begrenztes finanzielles Risiko entsteht[165] und sofern nicht § 27 Abs. 4 entgegen steht. Daher kann der Verwalter mit Stimmenmehrheit ermächtigt werden, über den Zeitpunkt der Durchführung oder Vergabe einer beschlossenen Instandsetzung, auch in Absprache mit dem Beirat zu entscheiden, wenn im Beschluss die hierfür maßgebenden Kriterien festgelegt sind.[166] Auch die Auftrags**vergabe,** nicht die freie Entscheidung hierüber, insbes. nicht die Auswahl des

[152] Vgl. Rn 193.

[153] OLG Düsseldorf WE 1996, 275 = WuM 1996, 178 f.

[154] Vgl. OLG Hamm WE 1994, 378 (380); KG NJW-RR 1996, 526 (527) = DWE 1996, 30 (31 f.); OLG Hamburg OLGZ 1989, 164 (166) = WE 1989, 140.

[155] Vgl. KG DWE 1994, 32 (33); OLGZ 1991, 425 = WE 1991, 325; OLGZ 1978, 146.

[156] Vgl. OLG Hamm OLGZ 1980, 261.

[157] OLG Frankfurt/M. OLGZ 1984, 148; OLG Oldenburg ZMR 1985, 30.

[158] KG DWE 1994, 32 (33).

[159] BayObLG WE 1991, 291; vgl. auch AG München WE 1993, 198.

[160] OLG München NZM 2009, 548 (549); OLG Frankfurt OLGZ 1988, 188.

[161] OLG Düsseldorf NJW-RR 1998, 13; vgl. § 29 Rn 85.

[162] Vgl. KG ZMR 2004, 622 (623); BayObLG ZMR 2005, 639 (640); auch § 29 Rn 85 f.

[163] LG München I ZMR 2008, 488 (489); 2009, 398 (401) = ZWE 2009, 218 (224).

[164] AG Regensburg ZMR 2009, 412 (413).

[165] Vgl. auch OLG München NZM 2009, 548 (549).

[166] So zutreffend BayObLG ZMR 2005, 639 (640); LG München I ZMR 2008, 488 (489).

Unternehmens,[167] kann nach § 27 Abs. 3 Satz 3 dem Verwalter mit Stimmenmehrheit überlassen werden, ohne dass § 27 Abs. 4 entgegensteht.[168]

Wegen des die WEer belastenden Zeit- und Kostenaufwands ist es nicht erforderlich, stets einen Beschluss der WEer herbeizuführen. Der Verwalter ist nach § 27 Abs. 3 Satz 1 Nr. 3 berechtigt und verpflichtet,[169] die **laufenden Maßnahmen**[170] der erforderlichen ordnungsmäßigen Instandhaltung und Instandsetzung des gemE auch ohne Entscheidung der WEer zu treffen. Er kann daher ohne Beschluss der WEer idR unproblematische Maßnahmen[171] und kontinuierlich wiederkehrende Instandhaltungs- und Instandsetzungsmaßnahmen vornehmen. Dazu zählen laufende Reparaturen, die sich durch Abnutzung und Witterungseinflüsse ergeben, wie die Reparatur der Dachrinne,[172] Auswechseln von Glühlampen oder gesprungenen Fensterscheiben, Austausch defekter Heizungsbauteile,[173] auch der Einbau einer zum GemE gehörenden Eingangsdoppeltür zum verbesserten Schallschutz gegen Lärm im Treppenhaus[174] usw. Verträge über solche Maßnahmen kann und darf der Verwalter ohne Einschaltung der WEer namens der WEgem abschließen und aus der Instandsetzungsrücklage bezahlen. Für außerordentliche Instandsetzungen größeren Umfangs, die nicht **laufend oder dringend**[175] sind, ist die Herbeiführung eines Beschlusses der WEer **erforderlich.** 40

b) Die Maßnahmen des Verwalters. Nach § 27 Abs. 1 Nr. 2 ist der Verwalter berechtigt und verpflichtet, auch ohne vorherigen Beschluss der WEer Maßnahmen der Instandhaltung und Instandsetzung zu treffen. Solche Maßnahmen können tatsächlicher oder rechtlicher, insbesondere rechtsgeschäftlicher Art sein. 41

aa) Maßnahmen tatsächlicher Art. Da die Instandhaltung und Instandsetzung des GemE nach § 21 Abs. 1, Abs. 5 Nr. 2 in erster Linie Sache der WEer selbst ist, obliegt dem Verwalter nach § 27 Abs. 1 Nr. 2 nicht die Instandhaltung und Instandsetzung als solche, sondern nur die Sorge dafür.[176] Hieraus folgt, dass der Verwalter primär Instandhaltungs- und Instandsetzungsbedarf festzustellen, die WEer zu unterrichten sowie deren Entscheidung über die zu treffenden Maßnahmen vorzubereiten und herbeizuführen hat,[177] d. h. aus § 27 Abs. 1 Nr. 2 ergeben sich Kontroll-,[178] Hinweis- und Organisationspflichten für den Verwalter. Diese originären Aufgaben des Verwalters dürfen idR nicht kostenpflichtig auf Dritte übertragen werden.[179] 42

(1) Kontrollmaßnahmen. Der Verwalter hat das GE regelmäßig daraufhin zu kontrollieren, ob es sich in ordnungsgemäßem Zustand befindet.[180] Dieser Pflicht kann er u. a. 43

---

[167] LG München I ZMR 2008, 488 (489); anders aber LG München I ZMR 2009, 398 (401) = ZWE 2009, 218 (224).

[168] Vgl. § 27 Rn 281; aA OLG Frankfurt/M. OLGZ 1988, 188 f.

[169] Vgl. Rn 8, 165.

[170] Eingehend Rn 187 ff.

[171] OLG Zweibrücken NJW-RR 1991, 1301 (1302).

[172] *Sauren* § 27 Rn 30.

[173] *Deckert* PiG 30, 37 (41).

[174] BayObLGZ 1978, 116.

[175] Dazu Rn 196 ff.

[176] BayObLG NJW-RR 1992, 1102 (1103); Palandt/*Bassenge* § 27 Rn 6.

[177] BayObLG ZMR 2004, 601 = NZM 2004, 390; NJW-RR 1992, 1102 (1103) = WE 1993, 278 = ZMR 1992, 352; WE 1996, 159 = NJWE-MietR 1996, 38 f.; WE 1996, 193 (194) = NJWE-MietR 1996, 38; OLG Düsseldorf ZWE 2007, 56 (57); 92 (95); WE 1997, 424 (425); OLG Hamm ZWE 2008, 470 (473); OLG Frankfurt ZWE 2009, 359 (365); OLG Zweibrücken NJW-RR 1991, 1301; OLG Schleswig GWW 1980, 199; Palandt/*Bassenge* § 27 Rn 6; *Niedenführ*/Kümmel/Vandenhouten § 27 Rn 15.

[178] OLG Zweibrücken NJW-RR 1991, 1301; vgl. auch BGH DWE 1993, 66 = WE 1993, 193 = WuM 1993, 273 = ZMR 1993, 322 = GE 1993, 711; OLG Düsseldorf MDR 1993, 27.

[179] AG Hannover ZMR 2009, 151 f.

[180] OLG München ZWE 2007, 100 f.

durch regelmäßige Begehung der Wohnanlage nachkommen.[181] Insbes. bei neu errichteten Gebäuden hat der Verwalter während des Laufs der Gewährleistungsfrist die WE-Anlage regelmäßig zu begehen, um evtl. Mängel festzustellen.[182] Zur Kontrolle gehört es auch, Hinweisen Dritter nachzugehen, insbesondere eines WEers,[183] des Hausmeisters oder von Handwerkern, die bei Wartungs- oder Reparaturarbeiten die Notwendigkeit von Instandsetzungsarbeiten erkannt haben. Insbesondere hat er auch die WEer auf ihre aus dem Gemeinschaftsverhältnis fließende Verpflichtung zur Mitteilung von Mängeln am GE hinzuweisen.[184]

44 Der Maßstab für die Erfüllung der Verwalterpflichten zur Kontrolle des GE und damit bei der Mängelfeststellung bestimmt sich nach der im Verkehr erforderlichen Sorgfalt (§ 276 Abs. 1 Satz 2 BGB)[185] eines durchschnittlichen Verwalters unter den Umständen des konkreten Vertragsverhältnisses.[186] Der Verwalter muss diejenigen Erwägungen anstellen, die auch Hauseigentümer, die ihr Eigentum selbst verwalten, anstellen.[187] Ob der Verwalter auf einem bestimmten Gebiet über besondere Sachkunde verfügt, ist ebenfalls zu berücksichtigen.[188] Auch kommt es darauf an, ob der Verwaltervertrag für eine große oder eine kleine Anlage und ob er mit einem nur nebenamtlich tätigen „Laien" oder mit einem fachkundigen Unternehmen abgeschlossen wurde.[189] Demgemäss sind an den anzulegenden Sorgfaltsmaßstab höhere Anforderungen zu stellen, wenn als Verwalter ein großes Verwalterunternehmen mit eigener Bauabteilung unter Führung eines versierten Bauleiters tätig wird.[190] Hiernach[191] ist der Verwalter nicht verpflichtet, **Dachbegehungen** zu Kontrollzwecken selbst vorzunehmen, wenn er dazu persönlich nicht in der Lage ist. Hat der Verwalter in regelmäßigen Abständen Begehungen des GE einschließlich des Daches durchgeführt, ist er ohne besonderen Anlass nicht verpflichtet, **Regenwasser-Fallrohre** nach Verstopfung zu untersuchen.[192] Ohne Anlass braucht er auch nicht Gebäudeteile auf Verseuchung mit **Asbest** zu kontrollieren.[193] Bei Feuchtigkeitsschäden, deren Ursache im gemE liegen kann, hat der Verwalter die Schadensursache festzustellen; verletzt er diese Pflicht, so haftet er einem betroffenen WEer auch dann auf Schadensersatz, wenn die Schadensursache im SE liegt.[194]

45 **(2) Hinweise und Organisationsmaßnahmen.** Hat der Verwalter auf Grund seiner Kontrolle Instandsetzungs- oder Instandhaltungsbedarf festgestellt, muss er die WEer informieren, bei Dringlichkeit, etwa bei Ablauf von Gewährleistungsfristen[195] ggf in einer

---

[181] Hierzu auch *Sauren* ZdWBay 1997, 27; *ders.* WE 1998, 416; OLG Zweibrücken NJW-RR 1991, 1301.

[182] OLG München NZM 2008, 895 = ZWE 2008, 441 *(Grziwotz);* BayObLG NZM 2001, 388 = ZMR 2001, 559; OLG Zweibrücken NJW-RR 1991, 1301.

[183] OLG München NZM 2008, 895; BayObLG NZM 1998, 583 = NJW-RR 1999, 305; OLG Hamm NJW-RR 1997, 143.

[184] Vgl. hierzu ausführlich *Bub* PiG 7, 57 (63).

[185] Hierzu unten Rn 290.

[186] BayObLG WE 1988, 31 = WEZ 1988, 127.

[187] BayObLG WE 1988, 31; KG WE 1993, 197 = DWE 1993, 118 = WuM 1993, 307; *Deckert* PiG 30, 37 (50 f.); vgl. auch *Jennes* WuH 3/1987, 9.

[188] BayObLG WE 1991, 22 = WuM 1990, 178 = ZMR 1990, 65; BayObLG WE 1988, 31; OLG Schleswig WE 2/1988, 33.

[189] BayObLG WE 1988, 31; so wohl auch OLG Zweibrücken NJW-RR 1991, 1301; kritisch demgegenüber *Deckert* PiG 30, 37 (51).

[190] KG WE 1993, 197; BayObLG WE 1991, 22 (23).

[191] OLG Zweibrücken NJW-RR 1991, 1301; *Niedenführ*/Kümmel/Vandenhouten § 27 Rn 21; *Müller,* Praktische Fragen, Rn 482 (S. 397).

[192] KG WE 1999, 68 = NZM 1999, 131.

[193] Vgl. OLG Köln NZM 2006, 592.

[194] OLG München ZWE 2007, 100 f.

[195] OLG Hamm ZWE 2008, 470 (473).

außerordentlichen Versammlung, etwa durch Vorlage von Fotos,[196] sofern nicht im Einzelfall ein eigenständiges Handeln des Verwalters erforderlich ist.[197] Die Hinweispflicht des Verwalters entfällt nur dann, wenn alle WEer den Instandhaltungsbedarf kennen oder hätten kennen können.[198] Darüber hinaus hat der Verwalter eine Beschlussfassung der WEer über die zur Instandhaltung oder Instandsetzung zu treffenden Maßnahmen vorzubereiten und herbeizuführen. Zu diesem Zweck hat er evtl. schon vor einer Beschlussfassung die Möglichkeiten der Instandhaltung und Instandsetzung sowie deren voraussichtliche Kosten, etwa durch Einholung von Angeboten,[199] zu ermitteln. Auf die Empfehlungen von Fachleuten, die etwa zur Erneuerung der Heizungsanlage[200] oder zur Behebung von Feuchtigkeitsschäden[201] eingeschaltet werden, darf er sich verlassen.[202] Dringt etwa auf Grund fehlerhafter Isolierung einer Dachterrasse in starkem Maße Feuchtigkeit ein, liegt Hausschwamm[203] vor, hat der Verwalter auf eine beschleunigte Entscheidung der WEer hinzuwirken.[204] Zur Vorbereitung der Beschlussfassung gehört auch die Finanzierung der Maßnahmen; auf allgemein bekannte Fördermöglichkeiten hat der Verwalter hinzuweisen, andernfalls macht er sich schadensersatzpflichtig.[205] Der Verwalter hat die Tagesordnung so zu gestalten, dass die WEer auch die Möglichkeit haben, einen Beschluss über die Einschaltung von Sachverständigen herbeizuführen.[206] Er wird von seiner Hinweis-, Aufklärungs- und Koordinationspflicht[207] auch dann nicht befreit, wenn einzelne WEer auf Grund ihrer besonderen Fachkunde über den gleichen Kenntnisstand verfügen oder die erforderlichen Kenntnisse bei Anwendung der im Verkehr erforderlichen Sorgfalt hätten haben können.[208] Auch wenn der Verwalter im vollen Einvernehmen mit dem Verwaltungsbeirat gehandelt hat, stellt ihn dies nicht von seiner Verantwortung frei und die WEer verwirken nicht ihre Rechte.[209]

Aus § 27 Abs. 1 Nr. 2 folgt auch die Pflicht des Verwalters, Instandhaltungs- und Instandsetzungsarbeiten zu **überwachen.**[210] In der Regel ist der Verwalter kein Bauleiter, so dass eine bauleitende Überwachung regelmäßig nicht geschuldet ist. Er nimmt jedoch gegenüber den ausführenden Unternehmen und den bauleitenden Architekten die Interessen der WEgem wie ein Bauherr wahr; daher hat er die Instandhaltungs- und Instandsetzungsarbeiten so zu überwachen, wie sie ein sonstiger Bauherr ohne ein Verschulden gegen sich selbst überwachen würde.[211] Dem Verwalter obliegt auch die **Abnahme** der Instandhaltungs- und Instandsetzungsmaßnahmen.[212] Bei schwierigen Maßnahmen sollten die WEer jedoch einen Sonderfachmann mit der Überwachung, Abnahme und Rechnungsprüfung beauftragen, da der Verwalter diese Leistung nach 46

[196] Vgl. AG Köln ZMR 2008, 845 (846).

[197] BayObLG WE 1988, 31; WE 1988, 74 (75); WE 1991, 22; OLG Zweibrücken NJW-RR 1991, 1301 (1302).

[198] BayObLG WE 1991, 22; 1988, 31; OLG Zweibrücken OLGZ 1991, 1301 (1302).

[199] Vgl. § 21 Rn 28 a. E.; AG Hannover ZMR 2009, 151 f.

[200] BayObLG WE 1992, 23 = WuM 1992, 161 = DWE 1992, 118.

[201] BayObLG NJW-RR 1992, 1102 (1103).

[202] OLG Düsseldorf WE 1999, 23.

[203] Vgl. AG Hamburg-St. Georg ZMR 2009, 407.

[204] BayObLG WE 1988, 74 (75).

[205] LG Mönchengladbach ZMR 2007, 402; *Reiß-Fechter* ZWE 2004, 346 ff.

[206] BayObLG WE 1988, 31; *Müller,* Praktische Fragen, Rn 482 (S. 396); *Deckert,* PiG 30, 37 (50).

[207] Vgl. zu diesen Pflichten bei einem Wasserschaden BayObLG WE 1998, 357 = NZM 1998, 583; zur Haftung für die Verletzung dieser Verwalterpflichten *Armbrüster* WE 1998, 360.

[208] BayObLG WE 1988, 31 (32); 1991, 22 (23).

[209] BayObLG WE 1988, 31 (32).

[210] KG WE 1993, 197.

[211] OLG Frankfurt/M ZMR 2009, 620 (621); OLG Düsseldorf NJWE-MietR 1997, 252 = WE 1997, 424 (425).

[212] *Bub* PiG 7, 57 (68); vgl. *Schmidt* PiG 56, 25 ff.

dem Verwaltervertrag idR nicht zu erbringen braucht. Er muss aber die WEer auf die Notwendigkeit der Beauftragung eines Sonderfachmannes hinweisen.[213] Der Verwalter hat wie ein sonstiger Bauherr im Interesse der WEer sorgfältig zu prüfen, ob bestimmte Leistungen erbracht sind, die Abschlags- oder Schlusszahlungen rechtfertigen;[214] Mängel hat er zu rügen, die WEer darüber zu informieren und ggf einen Beschluss der WEer über die Durchsetzung von Gewährleistungsansprüchen herbeizuführen. Der Verwalter haftet den WEern, wenn er für erkennbar mangelhafte Werkleistungen Zahlungen erbringt und die WEer Gewährleistungsansprüche gegen den Werkunternehmer nicht durchsetzen können.[215]

47 Der Verwalter ist grds nicht verpflichtet, die mit der Durchführung von Instandsetzungsarbeiten betrauten **Unternehmen** auf ihre **wirtschaftliche Leistungsfähigkeit** hin zu überprüfen, denn auch ein sorgfältiger Eigentümer würde als Bauherr bei einem Werkvertrag regelmäßig nicht die wirtschaftliche Leistungsfähigkeit des Unternehmens prüfen, da er hierzu nicht in der Lage wäre. Ein sorgfältiger Bauherr würde dafür Sorge tragen, dass er den Werklohn nur nach dem jeweiligen Baufortschritt zahlt und für etwaige Gewährleistungsansprüche Sicherheiten – etwa in Form eines Sicherungseinbehalts oder einer Ausfallbürgschaft – erhält.[216] Nur ausnahmsweise kann eine Nachforschungspflicht des Verwalters bestehen, wenn die wirtschaftliche Leistungsfähigkeit ein besonders wichtiges Kriterium für die Auftragsvergabe darstellt, etwa weil Gelder verwaltet werden sollen, große Vermögenswerte anvertraut werden oder auf Grund besonderer Umstände ein bestimmter Fertigstellungstermin einzuhalten ist.[217]

48 **bb) Maßnahmen rechtlicher Art.** Zur Instandhaltung- und Instandsetzung können Maßnahmen rechtlicher Art erforderlich sein, etwa der Abschluss von Verträgen mit Handwerkern oder die Geltendmachung von Gewährleistungsansprüchen der WEgem. Verträge kann der Verwalter nach § 27 Abs. 1 Nr. 2 **im eigenen Namen** oder als Vertreter **für die WEgem** abschließen. Ist der Verwalter selbst Vertragspartei kann er seine Aufwendungen aus der Instandhaltungsrücklage entnehmen,[218] trägt aber das Risiko der Insolvenz der WEer und der WEgem. Hat der Verwalter noch nicht geleistet, kann er von der WEgem Befreiung von seiner Verbindlichkeit (§§ 670, 257 BGB) oder nach erfolgter Zahlung Ersatz seiner Aufwendungen nach § 670 BGB verlangen.[219]

49 **(1) Die Vertretungsmacht des Verwalters.** Verträge zur Instandhaltung oder Instandsetzung des GE kann der Verwalter **namens der WEgem** und mit Wirkung für und gegen diese abschließen, wenn er die dazu erforderliche Vertretungsmacht hat. Ist der Verwalter durch Vereinbarung in der GO, durch den Verwaltervertrag oder durch Beschluss gem. § 27 Abs. 3 Satz 1 Nr. 7 **rechtsgeschäftlich** zum Abschluss solcher Verträge **ermächtigt,** liegt die erforderliche Vertretungsmacht vor, so dass ein Vertrag nach § 164 Abs. 1 BGB für und gegen die WEgem wirkt.

50 Eine **generelle gesetzliche Vertretungsmacht** des Verwalters zum Abschluss der zur Instandsetzung oder Instandhaltung erforderlichen Verträge mit Dritten im Namen der WEgem regelt das WEG nicht. Vielmehr hat der Verwalter gesetzliche Vertretungsmacht nur in zwei Fällen. Vertretungsmacht des Verwalters besteht für die **laufenden** Maßnahmen der **erforderlichen** ordnungsmäßigen Instandhaltung und Instandsetzung (Abs. 3

[213] *Bub* PiG 7, 57 (68).

[214] OLG Frankfurt/M ZMR 2009, 620 (621); KG WE 1993, 197; OLG Düsseldorf NJWE-MietR 1997, 252 = WE 1997, 424 (425).

[215] OLG Frankfurt/M ZMR 2009, 620 (621); KG WE 1993, 197.

[216] OLG Düsseldorf NJWE-MietR 1997, 252 = WE 1997, 424 (425); dazu *Lüke* ZWE 2009, 101 (104).

[217] OLG Düsseldorf NJWE-MietR 1997, 252 = WE 1997, 424 (425).

[218] Vgl. BGHZ 67, 232 (235, 239) = NJW 1977, 44 = DWE 1977, 91; OLG Köln OLGZ 1978, 7 (8); *Lüke* ZWE 2009, 101 (104); *Gruber* NZM 2000 263 (265).

[219] *Lüke* ZWE 2009, 101 (104 f.).

Satz 1 Nr. 3).[220] Werden Instandhaltungs- und Instandsetzungsmaßnahmen von den WEern beschlossen, werden sie dadurch zu laufenden Maßnahmen, so dass der Verwalter insoweit gesetzliche Vertretungsmacht zur Durchführung des Beschlusses hat.[221] Vertretungsmacht des Verwalters besteht auch in **dringenden Fällen** für sonstige zur Erhaltung des gemE erforderliche Maßnahmen (Abs. 3 Satz 1 Nr. 4, Abs. 1 Nr. 3).[222] Für außergewöhnliche Maßnahmen, die nicht dringend, also aufschiebbar sind, kann der Verwalter Verträge für die WEgem nur mit Ermächtigung der WEer abschließen.[223] **Langjährige Verträge zur Wartung** des Fahrstuhls[224] oder Dachs[225] kann der Verwalter ohne entsprechende Ermächtigung nicht namens der WEgem mit Wirkung für und gegen die WEgem abschließen, da es sich hierbei idR **nicht** um laufende oder dringliche Maßnahmen handelt.

Schließt der Verwalter **ohne Ermächtigung** der WEer einen **Vertrag über nicht dringende und nicht laufende Instandsetzungs- oder Instandhaltungsmaßnahmen** namens der WEgem mit einem Dritten, handelt er **ohne Vertretungsmacht.** Ohne einen Beschluss der WEer über die Genehmigung des Vertrages nach § 177 BGB haftet er dem Dritten nach § 179 BGB als **Vertreter ohne Vertretungsmacht;** dabei hat der Dritte die Wahl, vom Verwalter die Erfüllung des Vertrages oder Schadensersatz wegen Nichterfüllung zu verlangen.[226] Entspricht der Vertrag dem wirklichen oder mutmaßlichen Interesse der WEgem, liegt eine **berechtigte GoA** des Verwalters vor.[227] Dieser hat daher gegen die WEgem einen **Aufwendungsersatzanspruch** nach §§ 683, 670 BGB.[228] Widerspricht dagegen der Vertrag zur Durchführung einer Instandsetzungs- oder Instandhaltungsmaßnahme dem mutmaßlichen oder wirklichen Willen der WEgem – etwa weil der Verwalter abweichend von einem Beschluss der WEer einen Vertrag über eine Gesamtsanierung des Daches statt einer Teilsanierung im Namen der WEgem abschließt –, so liegt eine **unberechtigte GoA** vor. Gem. § 684 Satz 1 BGB kann der Verwalter in diesem Fall nur **Verwendungsersatz** nach Bereicherungsrecht (§§ 812 ff. BGB bzw. § 951 BGB) verlangen. Zu ersetzen sind neben „werterhöhenden" Verwendungen auch lediglich „werterhaltende" Verwendungen, wenn die WEgem später unausweichliche Aufwendungen erspart hat.[229] 51

(2) Gewährleistungsanprüche. Aus § 27 Abs. 1 Nr. 2 folgt keine Pflicht des Verwalters zur **Geltendmachung von Gewährleistungsansprüchen** gegen Bauträger, Architekten oder Handwerker wegen Mängeln am GE.[230] Begründet wird dies in erster Linie damit, dass es sich bei der Geltendmachung von Ansprüchen gegen Dritte nicht um die Verwaltung des GE handele. Im Gegensatz hierzu vertritt das KG[231] die Ansicht, der 52

---

[220] Siehe dazu Rn 187 ff.

[221] Vgl. Rn 192 ff.

[222] Siehe dazu Rn 63, 194 f.

[223] Vgl. *Merle* ZWE 2006, 365 (368); siehe auch zum bisherigen Recht: BGHZ 67, 232 (235 ff.) zum Ausfall der Warmwasserversorgung im Sommer auf Grund eines defekten Boilers. Gleiches soll für alle Maßnahmen gelten, die mit hohen Kosten verbunden sind, wie etwa die Instandsetzung von Aufzügen, Hochhausfassaden, Abstellplätzen für Kraftfahrzeuge usw.

[224] OLG Zweibrücken OLGZ 1983, 339 (340); OLG Hamburg DWE 1993, 164 (165).

[225] OLG Zweibrücken NJW-RR 1991, 1301 (1302).

[226] BGHZ 67, 232 (238 f.).

[227] Vgl. hierzu *Armbrüster* ZWE 2002, 548 (553 f.).

[228] OLG Hamm WE 1997, 314 (316); zu dessen Umfang *Armbrüster* ZWE 2002, 548 (555); *Lüke* ZWE 2009, 101 (105).

[229] OLG Düsseldorf WE 1996, 275 = WuM 1996, 178 f.

[230] *Müller,* Praktische Fragen, Rn 481 (S. 395); *Bub* NZM 1999, 530 (531); wohl auch *Deckert* PiG 30, 37 (50); vgl. auch BayObLGZ 1978, 116 (119); OLG Celle GE 1985, 23; BayObLG NJW-RR 1992, 1102 (1103), WE 1988, 3: Verpflichtung des Verwalters, die WEer über Mängel zu unterrichten.

[231] KG NJW-RR 1993, 404 (405) = WE 1993, 83 = WuM 1993, 140.

Verwalter habe im Rahmen seiner Instandsetzungs- und Instandhaltungspflicht nach § 27 Abs. 1 Nr. 2 auch die Pflicht, Gewährleistungsansprüche der WEer zu verfolgen, da auch dies zur Instandhaltung und Instandsetzung gehöre. Diese Auffassung vermag jedoch nicht zu überzeugen. Sie verkennt den systematischen Zusammenhang mit § 27 Abs. 2 Nr. 3 und Abs. 3 Satz 1 Nr. 7, wonach der Verwalter zur gerichtlichen und auch außergerichtlichen Geltendmachung von Ansprüchen einer ausdrücklichen Ermächtigung bedarf.[232] Die Geltendmachung von Gewährleistungsansprüchen kann daher nur dann zur Aufgabe des Verwalters werden, wenn er von den WEern hierzu ermächtigt wurde.[233] Etwas anderes gilt nur dann, wenn im Einzelfall die Voraussetzungen des § 27 Abs. 2 Nr. 2, Abs. 3 Satz 1 Nr. 2 erfüllt sind.[234] Die Pflichten des Verwalters aus § 27 Abs. 1 Nr. 2 beschränken sich grds darauf, die WEer rechtzeitig auf mögliche Gewährleistungsansprüche hinzuweisen und dafür zu sorgen, dass in einer Versammlung entspr. Beschlüsse gefasst werden.[235]

53 **c) Die Erforderlichkeit der Maßnahme. aa) Allgemeines.** Anhand des Kriteriums der Erforderlichkeit ist festzustellen, welche Handlungen im Einzelfall geboten sind. Ferner ist anhand der Erforderlichkeit zu entscheiden, ob der Verwalter eigenständig oder unter Einschaltung der WEer tätig werden muss. Nach verbreiteter Auffassung sind Maßnahmen nur dann iSv § 27 Abs. 1 Nr. 2 **erforderlich,** wenn sie unaufschiebbar sind.[236] In Abgrenzung zu den **dringenden** Fällen iSv § 27 Abs. 1 Nr. 3 und entspr. der sonstigen Bedeutung des Begriffes ist es jedoch näher liegend, als **erforderlich** jede Maßnahme anzusehen, die objektiv zur Instandsetzung oder Instandhaltung geboten und geeignet ist[237] und von mehreren möglichen Maßnahmen die WEer am wenigsten belastet, d. h. die am ehesten der den WEern in §§ 21 Abs. 1 und 5 Nr. 2 eingeräumten Selbstverwaltungsautonomie Rechnung trägt. Als subjektive Komponente muss die objektiv gebotene Maßnahme dem Verwalter **zumutbar** sein.[238] Dem Verwalter wird hinsichtlich der Frage, welche Maßnahme zu treffen ist, insbesondere ob ein eigenständiges Handeln ohne Einschaltung der WEer zulässig ist, ein gewisser Beurteilungsspielraum zugebilligt.

54 Die Frage, in welchen Abständen im Rahmen der aus § 27 Abs. 1 Nr. 2 fließenden **Kontrollpflicht** eine Überprüfung des Zustandes des gemE **erforderlich** ist, richtet sich nach der jeweiligen Bausubstanz und nach der Qualität der vorhandenen Haustechnik. Je älter und reparaturanfälliger ein Gebäude und je komplizierter die Haustechnik ist, desto häufiger muss der Verwalter Überprüfungen vornehmen.[239] Die Erforderlichkeit von Überprüfungen richtet sich auch danach, ob und welche Wartungsverträge abgeschlossen wurden.[240] Auch kann die Anfertigung von Fotos erforderlich sein.[241]

55 **bb) Präventivmaßnahmen.** Umstritten ist, inwieweit bestimmte Präventivmaßnahmen des Verwalters **erforderlich** iSd § 27 Abs. 1 Nr. 2 sind, so dass er ohne Beschluss der WEer zu ihrer Durchführung berechtigt und verpflichtet ist.

56 Relevant wird dies insbesondere beim Abschluss von **Versicherungsverträgen.** Nach § 21 Abs. 5 Nr. 3 sind die WEer im Rahmen der ordnungsgemäßen Verwaltung verpflich-

---

[232] Vgl. im einzelnen Rn 136 ff.

[233] *Müller,* Praktische Fragen, Rn 481 (S. 395 f.); Staudinger/*Bub* § 27 Rn 149; aA KG NJW-RR 1993, 404 (405); *Gottschalg* ZWE 2000, 50 (53).

[234] Dazu unten Rn 117 ff., 178 ff.

[235] BayObLG NJW-RR 1992, 1102 (1103); *Müller,* Praktische Fragen, Rn 482 (S. 396); *Deckert* PiG 30, 37 (50); *Bub* PiG 7, 57 (68); vgl. OLG Schleswig WE 2/1980, 33.

[236] OLG Hamburg DWE 1993, 164 (165); BayObLG WE 1988, 31.

[237] Vgl. BGH DWE 1993, 66 (67).

[238] OLG Zweibrücken NJW-RR 1991, 1301; im Ergebnis auch KG WE 1993, 197; vgl. auch BGH DWE 1993, 66 (67).

[239] Vgl. hinsichtlich der Gefahr der Ablösung von Dachteilen an einem älteren Gebäude BGH DWE 1993, 66; allgemein *Bub* PiG 7, 57 (63).

[240] *Bub* PiG 7, 57 (63).

[241] AG Köln ZMR 2008, 845 f.

tet, eine Feuer- und Haftpflichtversicherung zu unterhalten.[242] Im Aufgabenkatalog des § 27 ist hingegen der Abschluss von Versicherungsverträgen nicht enthalten. Dennoch wird die Ansicht vertreten, der Verwalter sei nach § 27 Abs. 1 Nr. 2 auch berechtigt und verpflichtet, Versicherungen für die WEgem abzuschließen.[243] Danach beschränke sich § 27 Abs. 1 Nr. 2 nicht auf substantielle Instandhaltungs- oder Instandsetzungsmaßnahmen als solche, sondern erfasse auch jede sinnvolle und zweckmäßige präventive Maßnahme, die geeignet sei, der ordnungsgemäßen Instandhaltung zu dienen. Diese Auffassung verkennt jedoch, dass die Erforderlichkeit einer Maßnahme iSv § 27 Abs. 1 Nr. 2 neben ihrer Geeignetheit zur Instandhaltung oder Instandsetzung weiter voraussetzt, dass sie das Selbstentscheidungsrecht der WEer hinreichend wahrt.[244] Der Abschluss eines Versicherungsvertrages seitens des Verwalters ohne vorherigen Beschluss der WEer ist danach idR nicht erforderlich. Abgesehen davon könnte der Verwalter einen Versicherungsvertrag mangels Vertretungsmacht weder namens der WEgem noch namens der WEer abschließen. Die Eingehung eines Dauerschuldverhältnisses im eigenen Namen durch den Verwalter kann nicht als „erforderlich" iSd § 27 Abs. 1 Nr. 2 angesehen werden. Ohnehin ist die Annahme problematisch, der Abschluss von Versicherungen sei als Präventivmaßnahme von der Instandhaltung oder Instandsetzung umfasst. Dies zeigt deutlich das Verhältnis zwischen § 21 Abs. 5 Nr. 2 und 3, wo zwischen der Instandhaltung und Instandsetzung einerseits und der Feuer- und Haftpflichtversicherung andererseits unterschieden wird. Der Gesetzgeber gibt dadurch zu erkennen, dass die Instandhaltung und Instandsetzung nicht den Abschluss von Versicherungsverträgen beinhaltet. Aus der Tatsache, dass § 27 keine dem § 21 Abs. 5 Nr. 3 entsprechende Regelung enthält, ergibt sich, dass der Abschluss von Versicherungsverträgen keine originäre Verwalteraufgabe ist.[245] Soweit der Verwalter demnach nicht bereits ermächtigt ist, hat er vor Abschluss eines Versicherungsvertrages einen Beschluss der WEer herbeizuführen.[246]

Auch die Ansicht, der Verwalter dürfe im Hinblick auf seine Instandhaltungspflicht aus 57
§ 27 Abs. 1 Nr. 2 als präventive Maßnahme einen **Hausmeistervertrag** abschließen,[247] ist abzulehnen. Zwar dient auch die Einstellung eines Hausmeisters, zu dessen Hauptpflichten die Sorge für den einwandfreien Zustand gemeinschaftlicher Einrichtungen zählt, der ordnungsgemäßen Instandhaltung. Auf Grund der hohen laufenden Kosten ist es jedoch nicht erforderlich, dass der Verwalter hierüber ohne vorherige Entscheidung der WEer befindet.[248] Entspr. gilt auch für **Wartungsverträge,** wie etwa Liftwartung,[249] Dachwartung,[250] Antennenwartung, Maschinenwartung, Wartung der Sprinkleranlage usw.[251] Auch hier hat der Verwalter zuvor eine Beschlussfassung der WEer herbeizuführen. Im Übrigen kann der Verwalter solche Verträge, sofern er nicht bevollmächtigt ist, nicht namens der WEgem abschließen, da er insoweit keine gesetzliche Vertretungsmacht hat (s. Rn 50).

cc) Bauträger als Verwalter. Mangels Erforderlichkeit darf der Verwalter, der zugleich 58
Bauträger ist, nicht ohne besondere Ermächtigung Mängel des Hauses beseitigen lassen und die Kosten der Instandhaltungsrücklage entnehmen, wenn er selbst wegen dieser Mängel

---

242 Zu sonstigen Versicherungen *Köhler* DWE 1991, 16 (18).

243 *Köhler* DWE 1991, 16 (18); vgl. auch AG Karlsruhe VersR 1980, 820.

244 Vgl. oben Rn 36.

245 So auch *Sauren* § 27 Rn 35; vgl. auch LG Essen VersR 1979, 80.

246 *Sauren* § 27, WEG Rn 35 und 44; *Bub* PiG 27, 97 (113).

247 So *Müller,* Praktische Fragen, Rn 474 (S. 390); *Augustin* § 27 Rn 20; ausdrücklich offengelassen von BayObLG WE 1992, 87 = DWE 1991, 126 = WuM 1991, 310.

248 Wie hier *Sauren* § 27 Rn 43.

249 OLG Zweibrücken OLGZ 1983, 339 zu einem auf zwanzig Jahre ausgelegten Fahrstuhlwartungsvertrag; OLG Hamburg DWE 1993, 164.

250 OLG Zweibrücken NJW-RR 1991, 1301.

251 *Sauren* § 27 Rn 33.

gewährleistungspflichtig ist.[252] Zwar gehört auch die Behebung von Baumängeln zur Instandsetzung, doch werden durch eine derartige Vorgehensweise nicht hinreichend die Interessen der WEer gewahrt, da der Verwalter als Bauträger leicht versucht sein kann, die Durchsetzung von Gewährleistungsansprüchen zu hindern oder zu erschweren.[253] Auch hier muss der Bauträger als Verwalter jedenfalls bei nicht dringenden Instandsetzungsarbeiten größeren Umfangs, einen Beschluss der WEer herbeiführen.[254] Demgegenüber ist der Verwalter, gegen den als Bauträger oder Architekten Gewährleistungsansprüche wegen Baumängeln in Betracht zu ziehen sind, nach § 27 Abs. 1 Nr. 3 befugt, ohne vorherigen Beschluss der WEer Instandsetzungsarbeiten namens der WEgem in Auftrag zu geben, die keinen Aufschub bis zu einer Eigentümerversammlung dulden.[255]

59 **d) Das gemeinschaftliche Eigentum.** Die Pflicht des Verwalters zur Instandhaltung und Instandsetzung beschränkt sich auf das GE,[256] etwa das Hausdach,[257] eine gemeinschaftliche Dachterrasse,[258] die Außenseiten der Fenster[259] etc. Hierzu gehören auch die Sachen des **Verwaltungsvermögens,** das gemäß § 10 Abs. 7 der Gemeinschaft der WEer gehört (§ 20 Rn 3). Instandhaltung und Instandsetzung der Gebäudeteile, die im SE stehen, ist Sache jedes einzelnen WEers. Nach Maßgabe des § 14 Nr. 1 ist jeder WEer verpflichtet, die im SE stehenden Gebäudeteile so instand zu halten, dass keinem anderen WEer über das unvermeidliche Maß hinaus Nachteile entstehen.[260] Diese Abgrenzung der Verantwortungsbereiche bleibt auch dann unverändert, wenn der Verwalter zum Schutz des gemE Maßnahmen im SE eines WEers ergreift. Der Verwalter ist auch in diesem Fall nicht verpflichtet, im Anschluss an seine auf das gemE bezogenen Maßnahmen weitere Vorkehrungen zum Schutz des SE zu treffen. Aus seinem Verwaltervertrag ergibt sich gegenüber dem Geschädigten allein die Nebenpflicht, diesen vom Schadensfall zu unterrichten, damit der WEer selbst geeignete Maßnahmen zur Schadensbeseitigung treffen kann. Ist das betroffene WE vermietet, genügt es, wenn der Verwalter den Mieter unterrichtet, da der Mieter aus dem Mietvertrag seinerseits verpflichtet ist, den WEer zu informieren.[261] Die Instandhaltung und Instandsetzung des SE obliegt auch dann dem jeweiligen WEer, wenn aus Praktikabilitätsgründen die nach § 21 Abs. 5 Nr. 3 vorgeschriebene Feuerversicherung des gemE auf das SE der WEer erstreckt wird. Aus der verbundenen Feuerversicherung trifft den Verwalter allein die Pflicht, den WEer bei der Verfolgung seiner Ansprüche gegen den Feuerversicherer zu unterstützen.[262] Ebenso scheiden Ansprüche gegen den Verwalter aus, wenn am SE eines WEers ein Schaden entsteht, der seine Ursache im SE eines anderen WEers hat.[263]

---

[252] OLG Köln OLGZ 1978, 7 (9) = WEM 1978, 91; *Müller,* Praktische Fragen, Rn 480 (S. 394).

[253] Vgl. schon BGHZ 67, 232 (237).

[254] OLG Köln OLGZ 1978, 7 (9).

[255] So OLG Hamm OLGZ 1989, 54 (55) = WE 1989, 102 = NJW-RR 1989, 331 im Anschluss an OLG Köln OLGZ 1978, 7, das diese Frage ausdrücklich offengelassen hat. Ebenso *Müller,* Praktische Fragen, Rn 480 (S. 395).

[256] Vgl. OLG Düsseldorf WE 1995, 216 = DWE 1995, 70.

[257] BGH DWE 1993, 66; OLG Zweibrücken NJW-RR 1991, 1301; OLG Düsseldorf MDR 1993, 27.

[258] BayObLG WE 1988, 74.

[259] OLG Hamburg OLGZ 1989, 164 = WE 1989, 140.

[260] Eingehend dazu *F. Schmidt* ZWE 2000, 506 (509).

[261] BayObLGZ 1996, 84 (88) = WuM 1996, 445 = NJWE-MietR 1996, 183; ZWE 2000, 466 f. = NZM 2000, 555.

[262] KG OLGZ 1992, 318 (320) = NJW-RR 1992, 150 = WE 1992, 107; BayObLGZ 1996, 84 (87) = WuM 1996, 445 = NJWE-MietR 1996, 183 zur Leitungswasser- und Sturmversicherung; *Niedenführ*/Kümmel/Vandenhouten § 27 Rn 29; aA *Jansen/Köhler* WE 1993, 132 (133).

[263] *Horst* DWE 1999, 140 (141).

5. Die Durchführung dringender Erhaltungsmaßnahmen (Nr. 3)

a) Allgemeines. Der Verwalter ist nach § 27 Abs. 1 Nr. 3 berechtigt und verpflichtet, in dringenden Fällen sonstige zur Erhaltung des gemE erforderliche Maßnahmen zu treffen. Diese Notgeschäftsführung betrifft nicht das SE;[264] bei dessen Gefährdung ergibt sich aus dem Verwaltervertrag idR nur die Pflicht, den betroffenen WEer zu informieren.[265] § 27 Abs. 1 Nr. 3 korrespondiert mit § 21 Abs. 2, der dem einzelnen WEer in dringenden Fällen ein Recht zum Handeln ohne Zustimmung der anderen gibt. Die Vorschrift ist jedoch weiter gefasst, da der Verwalter schon in dringenden Fällen schlechthin und nicht nur in Fällen eines unmittelbar drohenden Schadens zur Vornahme der erforderlichen Erhaltungsmaßnahmen berechtigt und verpflichtet ist. Verpflichtung und Berechtigung zum Handeln setzen also beim Verwalter früher ein als die komplementäre Befugnis des einzelnen WEers, sind also vorrangig.[266] Die Befugnisse aus §§ 21 Abs. 2 und 27 Abs. 1 Nr. 3 schließen sich nicht gegenseitig aus, doch kann die Erforderlichkeit für einen Teil entfallen, wenn der andere das Erforderliche bereits veranlasst hat. 60

b) Dringende Fälle. Als dringend iSv § 27 Abs. 1 Nr. 3 sind solche Fälle einzustufen, die wegen ihrer Eilbedürftigkeit eine vorherige Einberufung einer WEVers nicht zulassen.[267] Entscheidend ist, ob die **Erhaltung des gemE** gefährdet wäre, wenn nicht umgehend gehandelt würde.[268] Wegen der primären Zuständigkeit der WEer für Maßnamen der Instandhaltung und Instandsetzung muss der Verwalter auch in eilbedürftigen Fällen möglichst einen Beschluss der WEer herbeiführen – auch unter Verkürzung der Ladungsfrist.[269] Auch darf er nicht gegen den erklärten Willen der WEer entsprechende Maßnahmen ergreifen.[270] 61

Dingende Fälle sind meist nicht eine notwendige und normale Folge des Gebrauchs und der Nutzung. Sie entstehen idR durch Zufall oder höhere Gewalt, wie etwa durch Großbrand, Explosion, Überschwemmung, Rohrbruch, Ausfall der Heizungsanlage, gefährliche Abnutzung der Stahlseile des Aufzugs usw. Gleichwohl beschränkt sich der Begriff des „dringenden Falles" hierauf nicht. Wird etwa im Rahmen einer Dachsanierung erkennbar, dass ein weitergehender Reparaturbedarf besteht, kann auch dies die in § 27 Abs. 1 Nr. 3 geforderte Eilbedürftigkeit auslösen, wenn durch die Einberufung einer WEVers zu viel Zeit verstreichen würde.[271] Nicht unter „dringende Fälle" fallen hingegen normale Unterhaltungsarbeiten, wie die Beleuchtung oder Reinigung des Aufzugs, Kaminkehren, Tünchen usw.[272] Der Ausfall der Warmwasserversorgung ist weder mitten im Sommer noch im Winter ein dringender Fall iSv § 27 Abs. 1 Nr. 3, weil die Reparatur nicht der Erhaltung des GE, sondern der Instandsetzung dient. Das Drängen einzelner WEer begründet in objektiver Hinsicht ebenfalls keine Dringlichkeit und kann die Befugnisse des Verwalters nicht erweitern.[273]

Die Geschäftsführungsbefugnis des Verwalters erstreckt sich nur auf **erforderliche** Maßnahmen. Dies sind idR Notmaßnahmen zur Beseitigung einer Gefahrenlage oder zur 62

---

264 *Bub* ZWE 2009, 245 (250).

265 BayObLG WE 1997, 39.

266 Vgl. *Bub* ZWE 2009, 245 (249).

267 BayObLG NZM 2004, 390; WE 1997, 434 = NJWE-MietR 1997, 163; OLG Hamm OLGZ 1989, 54 (56) = NJW-RR 1989, 331 = DNotZ 1989, 441; Palandt/*Bassenge* § 27 Rn 7; *Bub* PiG 7, 57 (61).

268 BayObLG WuM 1997, 398 (399) = WE 1997, 434 = NJWE-MietR 1997, 163.

269 Vgl. BayObLG NZM 2004, 390.

270 BayObLG ZMR 2001, 822; KG NJW-RR 1991, 273; *Bub* ZWE 2009, 245 (249).

271 KG ZWE 2001, 278 (279).

272 Vgl. auch *Bärmann,* WE, Rn 594; *Müller,* Praktische Fragen, Rn 483 (S. 398); aA *Staudinger/Bub* § 27 Rn 168, der auch gewöhnliche Unterhaltungsmaßnahmen einbezieht, sofern sie zur Behebung der akuten Gefahrenlage geeignet sind.

273 OLG Köln OLGZ 1978, 7 (10).

Verhinderung von Folgeschäden.[274] Im Unterschied zu § 27 Abs. 1 Nr. 2 kommen daher auch Maßnahmen in Betracht, die nicht der ordnungsgemäßen Instandhaltung oder Instandsetzung dienen, wie etwa der Abbruch einer Wand bei Einsturz- oder Brandgefahr.[275] Zur Durchführung der nach § 27 Abs. 1 Nr. 3 erforderlichen Maßnahmen darf auch in das SE eingegriffen werden (§ 14 Nr. 4), wenn sonst die Erhaltung des gemE nicht möglich wäre, wie etwa bei Wasserrohrbrüchen im SE.[276]

63 **c) Die Vertretungsmacht des Verwalters.** Nach § 27 Abs. 3 Satz 1 Nr. 4 ist der Verwalter berechtigt, im Namen der WEgem und mit Wirkung für und gegen sie in dringenden Fällen die sonstigen zur Erhaltung des GE erforderlichen Maßnahmen zu treffen.[277] Hierzu ist er auch verpflichtet, so dass der Verwalter in dringenden Fällen iSv § 27 Abs. 1 Nr. 3 die WEgem ohne vorherige Beschlussfassung der WEer durch Verträge verpflichten kann.[278]

6. Anforderung von Zahlungen (Nr. 4)

64 **a) Allgemeines.** Nach § 27 Abs. 1 Nr. 4 ist der Verwalter berechtigt und verpflichtet, Lasten- und Kostenbeiträge, Tilgungsbeträge und Hypothekenzinsen anzufordern, in Empfang zu nehmen und abzuführen, soweit es sich um gemeinschaftliche Angelegenheiten der WEer handelt. Das ist insbesondere bei Ansprüchen der WEgem der Fall. Die hierfür erforderliche Vertretungsmacht des Verwalters für die WEgem ergibt sich aus Abs. 3 Satz 1 Nr. 4. Der Gesetzgeber wollte mit dieser Regelung auch dem Interesse der Kreditinstitute Rechnung tragen, ihren Geschäftsverkehr nicht mit einer Vielzahl von WEern abwickeln zu müssen.[279] Bei den Lasten und Kosten handelt es sich um solche nach § 16 Abs. 2.[280] § 27 Abs. 1 Nr. 4, Abs. 3 Satz 1 Nr. 4 dient daher der Klarstellung, dass der Verwalter auch zur Einziehung der Tilgungsbeträge befugt sein soll. Demgegenüber gehören Hypotheken- und Grundschuldzinsen bereits zu den Lasten, so dass die Hervorhebung nicht ganz folgerichtig ist.[281]

65 **b) Die Anforderung.** Zur Anforderung der Lasten- und Kostenbeiträge, Tilgungsbeträge und Hypothekenzinsen gehören alle **außergerichtlichen Tätigkeiten,** wie Zahlungsaufforderung, Überwachung der Zahlungseingänge und Mahnung, bei einer Einzugsermächtigung (s. Rn 107) auch deren ordnungsgemäße Verwendung.[282] Der Verwalter ist somit nach §§ 28 Abs. 2, 27 Abs. 1 Nr. 4 berechtigt und verpflichtet, die dem beschlossenen Wirtschaftsplan entspr. Vorschüsse (sog. Hausgeld oder Wohngeld) abzurufen und abzuführen.[283] Entsprechendes gilt für Zahlungen auf Grund der Jahresabrechung und auf Grund von Sonderumlagen. Der Verwalter kann jeden WEer im Namen der WEgem unter Darlegung der Beschlüsse über den Wirtschaftsplan, die Abrechnung oder eine Sonderumlage auffordern, Zahlungen auf das Konto der WEgem zu leisten. Die Regelungen in § 27 Abs. 1 Nr. 4, Abs. 3 Satz 1 Nr. 4 gehen dem § 27 Abs. 3 Satz 1 Nr. 7 vor, so dass die außergerichtliche Geltendmachung von Lasten-, Kosten- und Tilgungsbeträgen sowie Hypothekenzinsen keinen Ermächtigungsbeschluss der WEer erfordert. Da aber § 27 Abs. 1 Nr. 4 gerade dem Verwalter die Aufgabe zuweist, Beitragsansprüche außergericht-

---

[274] Vgl. BGH NJW 2003, 2162 f.; OLG Frankfurt/M OLGZ 1984, 149; OLG Hamm WE 1989, 102.

[275] *Niedenführ*/Kümmel/Vandenhouten § 27 Rn 32.

[276] *Niedenführ*/Kümmel/Vandenhouten § 27 Rn 34.

[277] Vgl. Rn 203.

[278] Vgl. Rn 60.

[279] Vgl. schon den Entwurf vom 30. November 1949, Begr. zu §§ 30–32.

[280] Hierzu wird verwiesen auf die Ausführungen zu § 16.

[281] *Diester* § 27 Rn 9.

[282] OLG München ZMR 2007, 478 f.; *Bub,* Finanz- und Rechnungswesen, S. 158.

[283] Vgl. BGHZ 111, 148 (151).

lich geltend zu machen, ist er ohne Beschluss der WEer nicht befugt, einen Rechtsanwalt mit der außergerichtlichen Beitreibung von Beitragsansprüchen zu betrauen.[284] Dies unterscheidet § 27 Abs. 1 Nr. 4 von § 27 Abs. 3 Satz 1 Nr. 7, wonach ein Ermächtigungsbeschluss den Verwalter idR auch berechtigt, einen Rechtsanwalt zu beauftragen (vgl. Rn 244). Einzelne WEer können nicht ausschließlich zur außergerichtlichen Geltendmachung der Beitragsansprüche ermächtigt werden, da diese Befugnis unabdingbar nach § 27 Abs. 1 Nr. 4 iVm Abs. 4 dem Verwalter zusteht. Zur **gerichtlichen Geltendmachung** von Lasten-, Kosten- und Tilgungsbeträgen sowie Hypothekenzinsen ist eine Ermächtigung des Verwalters erforderlich, durch Vereinbarung, Verwaltervertrag oder nach Abs. 3 Satz 1 Nr. 7.[285]

Bei der Anforderung der in § 27 Abs. 1 Nr. 4 bezeichneten Beträge macht der Verwalter Ansprüche der WEgem gegen die einzelnen WEer auf Leistung der Beiträge geltend. Er handelt insoweit nicht als Vertreter der WEer, sondern gem. § 27 Abs. 3 Satz 1 Nr. 4 als Vertreter der Wegem. Da die Gemeinschaft auf die pünktliche Zahlung der Beitragsvorschüsse angewiesen ist, bietet es sich an, die WEer zur Teilnahme am **Lastschriftverfahren** zu verpflichten. Der einzelne WEer wird dadurch nicht unangemessen benachteiligt, denn er kann der Belastung seines Kontos gegenüber dem kontoführenden Kreditinstitut innerhalb von sechs Wochen ohne Angabe von Gründen widersprechen. Die Verpflichtung der WEer, am Lastschriftverfahren teilzunehmen und dem Verwalter eine entsprechende **Einzugsermächtigung** zu erteilen, kann gem. § 21 Abs. 7 mit **Stimmenmehrheit beschlossen** werden. Durch das Lastschriftverfahren wird aus der Schickschuld der WEer, als welche deren Beitragsleistungen als Geldschulden gem. § 270 Abs. 1 BGB einzuordnen sind, eine Holschuld mit Zugriffsmöglichkeit des Verwalters auf das Konto des einzelnen WEers. Die WEer können sich auch im **Verwaltervertrag** gegenüber dem Verwalter verpflichten, am Lastschriftverfahren teilzunehmen.[286] 66

c) Die Inempfangnahme und Abführung. Die Regelungen in § 27 Abs. 1 Nr. 4, Abs. 3 Satz 1 Nr. 4 enthalten eine unabdingbare (Abs. 4) Empfangszuständigkeit des Verwalters für die Lasten- und Kostenbeiträge. Eine Vereinbarung der WEer, die die ausschließliche Empfangszuständigkeit eines Nichtverwalters anordnet, ist daher nichtig.[287] Die Empfangszuständigkeit des Verwalters gilt auch für die gerichtliche Einziehung. Auch wenn ein WEer zur gerichtlichen Geltendmachung ermächtigt worden ist,[288] kann dieser nur Leistung an die WEgem zu Händen des Verwalters fordern.[289] 67

Mit Zahlung des geschuldeten Betrages an den Verwalter erfüllt der einzelne WEer die ihm der WEgem ggü obliegende Verbindlichkeit mit schuldbefreiender Wirkung nach § 362 Abs. 1 BGB.[290] Zahlt ein WEer unmittelbar an einen Gläubiger der WEgem, wird er hingegen nicht von seiner Leistungspflicht ggü der WEgem befreit.[291] Die Zahlung von Beiträgen an den Verwalter hat regelmäßig auch dann schuldbefreiende Wirkung, wenn sie nicht auf das von dem Verwalter für die WEgem eingerichtete Konto, sondern auf das allgemeine private Geschäftskonto des Verwalters erfolgt und dieser uneingeschränkte Verfügungsgewalt über das Wohngeld erlangt.[292] In diesem Fall ist der Verwalter zur 68

[284] OLG Düsseldorf ZWE 2001, 117 (120 f.) = NZM 2001, 290; *Schultz* ZWE 2009, 161.

[285] Hügel/*Elzer* § 11 Rn 91; *Niedenführ*/Kümmel/Vandenhouten § 27 Rn 35; *Schultz* ZWE 2009, 161; aA Palandt/*Bassenge* § 27 Rn 8, 25.

[286] Vgl. *Merle* ZWE 2001, 196 (198); *ders.* PiG 63, 165 (174 ff.); *Becker/Kümmel* ZWE 2001, 128 (134).

[287] Vgl. *Bub* ZdWBay 1994, 163 (164).

[288] Vgl. hierzu BGHZ 111, 148 (150). Allgemein zur Zulässigkeit BGHZ 106, 222 ff.

[289] *Bub* PiG 36, 67 (73).

[290] Vgl. OLG Saarbrücken OLGZ 1988, 45 (47).

[291] BayObLG NJW 1958, 1824 mit Anm. *Bärmann* NJW 1959, 1277; Palandt/*Bassenge* § 27 Rn 9; *Bub* ZdWBay 1994, 163 (164); *ders.* WE 1993, 3 (4).

[292] OLG München ZMR 2007, 815 f.; OLG Saarbrücken OLGZ 1988, 45 (47); OLG Köln WE 1998, 193.

ordnungsgemäßen Umbuchung des Betrages verpflichtet. Teilt der Verwalter dem WEer zur Zahlung ein bestimmtes Konto mit, so liegt darin nur das Einverständnis mit der Überweisung auf dieses Konto, nicht hingegen auf ein anderes Konto, etwa das Geschäftskonto.[293] Zieht der Verwalter Beitragsforderungen auf Grund einer ihm erteilten Einzugsermächtigung ein (s. o. Rn 66), so sind diese erst mit Ablauf der Widerspruchsfrist erfüllt. Ein WEer hat daher nochmals zu leisten, wenn ihm der eingezogene Betrag auf Grund seines Widerspruchs von dem das Gemeinschaftskonto führenden Kreditinstitut zurücküberwiesen wurde.[294] Teilzahlungen, die ein WEer ohne eine Tilgungsbestimmung erbringt, können gem. § 366 Abs. 2 BGB mit Beitragsrückständen seines Rechtsvorgängers verrechnet werden, wenn er nach der GemO hierfür gesamtschuldnerisch neben diesem haftet.[295]

69 **d) Gemeinschaftliche Angelegenheiten der WEer.** Mit dem Zusatz „soweit es sich um gemeinschaftliche Angelegenheiten der WEer handelt" bringt das Gesetz zum Ausdruck, dass die Befugnisse des Verwalters dann enden, wenn es sich um Verpflichtungen handelt, die den einzelnen WEer selbstständig treffen.[296] Demnach sind etwa Grundsteuern[297] oder Verpflichtungen aus Einzelhypotheken[298] nicht vom Verwalter einzuziehen. Der Verwalter ist zur Einziehung von Tilgungsbeträgen und Hypothekenzinsen grds nur im Falle einer Gesamthypothek berechtigt.[299] Ein einzelner WEer kann den Verwalter jedoch auch zur Abführung der Zinsen und Tilgungsbeträge der allein sein WE belastenden Grundpfandrechte bevollmächtigen.[300] Auch der Erbbauzins im Falle des Wohnungserbbaurechts nach § 30 ist eine Einzelbelastung des Wohnungserbbaurechts und somit nicht vom Verwalter einzuziehen.[301] Durch Vereinbarung können jedoch die Befugnisse des Verwalters auch auf die Abwicklung der nur den einzelnen WEer treffenden Verpflichtungen erweitert werden.[302] Die Anforderung der nach § 28 Abs. 2 entsprechend dem Wirtschaftsplan zu zahlenden Vorschüsse betrifft eine gemeinschaftliche Angelegenheit, weil die Vorschüsse nach Maßgabe des Wirtschaftsplans zur Deckung der gemeinschaftlichen Ausgaben bestimmt ist; Entsprechendes gilt für die Anforderung von Zahlungen auf Grund der Jahresabrechnung oder einer Sonderumlage.[303]

7. Bewirken und Entgegennahme von Zahlungen und Leistungen (Nr. 5)

70 Nach § 27 Abs. 1 Nr. 5 ist der Verwalter berechtigt und verpflichtet, alle Zahlungen und Leistungen zu bewirken und entgegenzunehmen, die mit der laufenden Verwaltung des GE zusammenhängen. Damit wird bezweckt, die Abwicklung von Verpflichtungen und Ansprüchen der WEgem zu erleichtern.[304] Die zum Bewirken und zur Entgegennahme von Zahlungen und Leistungen für die WEgem erforderliche Vertretungsmacht ergibt sich aus § 27 Abs. 3 Satz 1 Nr. 4.

---

293 AG Pinneberg ZMR 2008, 86 (87); aA OLG Köln B. v. 7. 5. 2007 – 16 Wx 244/06 – ibronline.

294 KG WE 1993, 223 (224); Staudinger/*Bub* § 28 Rn 222.

295 BayObLG ZMR 1995, 130 (132) = WE 1995, 350.

296 KG NJW 1975, 318 (319) = Rpfleger 1975, 28 = DNotZ 1975, 102; *Bärmann,* WE, Rn 598; *Bub* ZdWBay 1994, 163 (164).

297 *Bub* ZdWBay 1994, 163 (164); *Bärmann,* WE, Rn 598.

298 *Palandt/Bassenge* § 27 Rn 8; Staudinger/*Bub* § 27 Rn 208.

299 Zur Ausgleichspflicht bei Zahlungen auf die Gesamthypothek durch einen WEer vgl. BayObLGZ 1973, 142.

300 *Bärmann,* WE, Rn 598.

301 *Bärmann,* WE, Rn 598; *Müller,* Praktische Fragen, Rn 488 (S. 402); anders offenbar OLG Karlsruhe Justiz 1962, 89; *Augustin* § 27 Rn 32; Palandt/*Bassenge* § 27 Rn 8.

302 BayObLG Rpfleger 1978, 256; OLG Schleswig NJW 1961, 1870 mit abl. Anm. von Karstädt; Palandt/*Bassenge* § 27 Rn 8; *Bärmann,* WE, Rn 598; zweifelnd KG NJW 1975, 318 (319).

303 BGHZ 111, 148 (151).

304 BGHZ 67, 232 (241); OLG Hamm WE 1997, 314 (315).

Der Verwalter hat Zahlungen und Leistungen zur Erfüllung von Verpflichtungen der WEgem zu **bewirken,** also etwa Geldbeträge nach Prüfung der Zahlungsvoraussetzungen zu leisten.[305] Er hat ggf ein Zurückbehaltungsrecht, etwa wegen mangelhafter Leistung geltend machen.[306] Die Befugnis aus § 27 Abs. 1 Nr. 5 umfasst Verfügungen des Verwalters über von ihm verwaltete Gelder der WEgem, etwa über Mittel der Instandhaltungsrückstellung nach § 21 Abs. 5 Nr. 4. Haben die WEer von der Möglichkeit Gebrauch gemacht, die Verfügungsbefugnis des Verwalters nach § 27 Abs. 5 Satz 2 zu beschränken, kann er nur mit Zustimmung eines WEers oder eines Dritten handeln. Das Bewirken von Zahlungen und Leistungen iSd § 27 Abs. 1 Nr. 5 betrifft nur die Erfüllung bereits bestehender Verpflichtungen der WEgem.[307] Aus § 27 Abs. 1 Nr. 5, Abs. 3 Satz 1 Nr. 4 ergibt sich demnach keine gesetzliche Vertretungsmacht des Verwalters, neue Verpflichtungen zu Lasten der WEgem einzugehen, etwa ein Darlehen aufzunehmen.[308] Der Verwalter ist auch nicht befugt, im Namen der WEgem Ansprüche anzuerkennen[309] oder auf Forderungen zu verzichten.[310] Der Verwalter ist ggü den WEern und der WEgem **verpflichtet,** Zahlungen und Leistungen zur Erfüllung bestehender Verbindlichkeiten zu bewirken, um weitere Kosten und insbes. eine persönliche Inanspruchnahme der WEer nach § 10 Abs. 8 zu vermeiden. 71

Die Befugnis, Zahlungen und Leistungen **entgegenzunehmen** wird insbesondere relevant bei Einziehung von Mietzinsen aus der Vermietung gemeinschaftlicher Einrichtungen, wie Läden, Werkstätten, Garagen, auch Wohnungen und sonstigen Räumen.[311] Die Entgegennahme von Zahlungen und Leistungen umfasst auch die Erteilung entsprechender Quittungen, auch einer löschungsfähigen Quittung bei einer Zwangshypothek.[312] Der Verwalter darf zwar den Mietzins einziehen, kann jedoch nach § 27 Abs. 1 Nr. 5, Abs. 3 Satz 1 Nr. 4 selbst dann nicht kündigen, wenn er im Namen der WEgem den Mietvertrag abgeschlossen hat.[313] Zur Entgegennahme von Leistungen in Gemeinschaftsangelegenheiten gehört auch die **Abnahme von Bauleistungen** nach § 640 BGB.[314] Werden bei der Abnahme Mängel festgestellt, ist der Verwalter auch zu Mängelrügen[315] und Fristsetzungen bzgl. der Nachbesserungsansprüche berechtigt.[316] Aus § 27 Abs. 1 Nr. 5, Abs. 3 Satz 1 Nr. 4 folgt jedoch nicht die Befugnis, Gestaltungsrechte – etwa Rücktritt, Kündigung, Minderung – auszuüben.[317] 72

Die Zahlungen und Leistungen müssen mit der **laufenden Verwaltung des gemE zusammenhängen,** sind aber nicht auf gewöhnliche Maßnahmen der Verwaltung beschränkt. Dadurch wird sichergestellt, dass nur Maßnahmen für das GE und nicht für das SE in Betracht kommen. Folgende Zahlungen und Leistungen gehören zur laufenden Verwaltung: Versicherungsbeiträge, Entgelt des Hausmeisters, des Reinigungsinstituts, der Beleuchtungskosten, Kosten für Gas,[318] Wasser, Strom und Lieferung von Heizmaterial, 73

---

[305] KG WE 1993, 197 = DWE 1993, 118 = WuM 1993, 307; BayObLGZ 1978, 117 (120).

[306] OLG Frankfurt/M ZMR 2009, 620 f.; OLG Düsseldorf ZfIR 1997, 345 = ZMR 1997, 380; KG OLGZ 1994, 35.

[307] BGHZ 67, 232 (241); OLG Hamm WE 1997, 314 (315); *Niedenführ*/Kümmel/Vandenhouten § 27 Rn 38; *Keith* PiG 14, 77; *Bub* ZdWBay 1994, 163 (164).

[308] OLG Hamm ZfIR 1997, 347.

[309] BayObLG WuM 1997, 398 (399) = WE 1997, 434 = NJWE-MietR 1997, 163.

[310] BayObLGZ 1998, 284.

[311] *Bub* ZdWBay 1994, 163 (164); *Sauren,* WEG § 27 Rn 57.

[312] BayObLG NJW-RR 1995, 852.

[313] LG Bamberg NJW 1972, 1376.

[314] KG WE 1993, 197; Palandt/*Bassenge* § 27 Rn 9; *Sauren* § 27 Rn 57.

[315] OLG Frankfurt/M ZMR 2009, 620 f.

[316] KG WE 1993, 197; Palandt/*Bassenge* § 27 Rn 9; *Niedenführ*/Kümmel/Vandenhouten § 27 Rn 37; *Sauren* § 27 Rn 57.

[317] Palandt/*Bassenge* § 27 Rn 9.

[318] Nicht darunter fallen aber die Kosten einer Gaslieferung, die vor Fertigstellung der Wohnanlage, Inbesitznahme der Wohnungen durch die WEer und Anlage der Wohnungsgrundbücher sowie vor

Kosten der Müllabfuhr, der Werklohn für Instandsetzungs- und Instandhaltungsarbeiten, Leistungen und Zahlungen auf Grund von Verträgen, die zur Durchführung von Beschlüssen der WEer abgeschlossen wurden usw. Zur laufenden Verwaltung zählt auch die Zahlung von Schornsteinfegergebühren.[319] Unter § 27 Abs. 1 Nr. 5 fällt auch die Entgegennahme des Betrages, den ein WEer auf Grund eines Kostenfestsetzungsbeschlusses der WEgem zu erstatten hat.[320] § 27 Abs. 1 Nr. 5, Abs. 3 Satz 1 Nr. 4 berechtigt den Verwalter auch zur Entnahme eines Betrages aus Geldern der WEgem für sich selbst zur Zahlung des Aufwendungsersatzes, der ihm im Rahmen der Rückabwicklung eines für ungültig erklärten Beschlusses nach einem Handeln im eigenen Namen gegen die WEgem zusteht.[321]

8. Die Verwaltung eingenommener Gelder (Nr. 6 und Abs. 5)

74 **a) Allgemeines.** Nach § 27 Abs. 1 Nr. 6 ist der Verwalter berechtigt und verpflichtet, eingenommene Gelder zu verwalten. Er ist nach § 27 Abs. 3 Satz 1 Nr. 5 berechtigt und verpflichtet,[322] im Rahmen der Verwaltung eingenommener Gelder gem. Abs. 1 Nr. 6 Konten zu führen. Weitere Einzelheiten der Geldverwaltung regelt § 27 Abs. 5. Danach ist der Verwalter verpflichtet, eingenommene Gelder von seinem Vermögen gesondert zu halten (§ 27 Abs. 5 Satz 1). Die Verfügung über solche Gelder kann durch Vereinbarung oder durch Beschluss der WEer mit Stimmenmehrheit von der Zustimmung eines WEers oder eines Dritten abhängig gemacht werden (§ 27 Abs. 5 Satz 2). Die Verwaltung eingenommener Gelder wird bzgl. des Inkassos und Exkassos weiter präzisiert durch § 27 Abs. 1 Nrn. 4 und 5. Zur Geldverwaltung gehört auch das korrekte Abrechnungswesen als Pflichtaufgabe des Verwalters nach § 28.

75 **b) Die eingenommenen Gelder.** Die eingenommenen Gelder gehören nach § 10 Abs. 7 Satz 3 zum Verwaltungsvermögen, das nach § 10 Abs. 7 Satz 1 der rechtsfähigen WEgem gehört.[323] Diese ist als Rechtssubjekt unabhängig von ihrem jeweiligen Mitgliederbestand. Dies hat zur Folge, dass bei Veräußerung eines WE die Rechtslage bezüglich der eingenommenen Gelder unberührt bleibt.[324] Der einzelne WEer hat an den eingenommenen Geldern keinen Anteil; vielmehr ist er nur über seine Mitgliedschaft daran beteiligt. Eine Übertragung von Anteilen am Verwaltungsvermögen und damit an den eingenommenen Geldern bei der Veräußerung von WE ist daher weder erforderlich noch möglich.

76 Eingenommene Gelder der WEgem können aus Bargeld als Kassenbestand oder aber aus Forderungen der WEgem gegen ein Kreditinstitut (Buchgeld), bei dem die Gelder auf einem Konto angesammelt werden, bestehen.[325] Einig ist man sich insoweit, als man darunter die Gelder versteht, welche die WEer für die gemeinschaftliche Verwaltung leisten, also primär die Beiträge zu den Lasten und Kosten des gemE gem. §§ 16 Abs. 2, 28 Abs. 2 und zur Instandhaltungsrückstellung gem. § 21 Abs. 5 Nr. 4. Dazu gehören auch Sonderumlagen, Gelder zum Ausgleich von Fehlbeträgen aus der Jahresabrechnung und Zinsen aus der Anlage eingenommener Gelder. Schließlich fallen darunter auch die Einnahmen aus der Vermietung, Verpachtung oder sonstigen Nut-

dem für den Beginn der Tätigkeit des Verwalter vorgesehenen Zeitpunkt erfolgt ist: OLG Hamburg WuM 1995, 126.

319 Vgl. BVerwG WE 1994, 369, wonach die WEer auch gesamtschuldnerisch für Schornsteinfegergebühren an in SE stehenden Anlagen haften; aA *Becker* WE 1994, 361 (362 ff.).

320 BayObLG NJW-RR 1995, 852.

321 Staudinger/*Bub* § 27 Rn 220; aA *Keith* PiG 14, 77 und 78.

322 Vgl. Rn 211 ff.

323 Zur früheren Rechtslage siehe 9. Aufl. § 27 Rn 82.

324 Vgl. BGH ZMR 2005, 547 (551).

325 *Weitnauer* PiG 21, 59 (63); *Merle* PiG 32, 183 (189).

zung des gemE, insbesondere etwa von Läden, Werkstätten, Garagen und KFZ-Stellplätzen.[326]

c) Die Verwaltung. Unter Verwaltung iSv § 27 Abs. 1 Nr. 6 versteht man nach hM die Befugnis des Verwalters, über die eingenommenen Gelder zu **verfügen,** soweit er die Mittel für solche Maßnahmen verwendet, die der Erfüllung der ihm obliegenden Aufgaben unter Berücksichtigung des beschlossenen Wirtschaftsplans, des Verwaltervertrags und anderer Beschlüsse dienen.[327] 77

Auch wenn das Gesetz nicht ausdrücklich die **Anlage eingenommener Gelder** bei einem Kreditinstitut verlangt, wird dies aus seiner Pflicht zur ordnungsgemäßen Verwaltung gem. § 27 Abs. 1 Nr. 6 hergeleitet, da eine ordnungsgemäße Verwaltung eines Objekts mit mehreren Eigentumswohnungen ohne Anlage eines Verwaltungskontos nicht möglich ist.[328] Die Pflicht zur Führung von Konten folgt auch aus § 27 Abs. 3 Satz 1 Nr. 5.[329] Der Verwalter wird daher ein Girokonto für die Einnahmen, wie etwa Hausgeld, Mieten, Pacht und die Ausgaben (Verwaltungskosten, Betriebskosten gemeinschaftlicher Einrichtungen, Instandhaltungskosten usw.) zu eröffnen haben. Aus § 27 Abs. 1 Nr. 6 folgt auch die Pflicht des Verwalters, größere Beträge, die voraussichtlich nicht in naher Zukunft benötigt werden, verzinslich anzulegen.[330] Dies gilt insbesondere für Gelder der Instandhaltungsrücklage. Die Verpflichtung zur Anlage der Gelder der **Instandhaltungsrücklage** entfällt nicht deshalb, weil der Verwalter zur Vermeidung von Schuldzinsen auf dem Girokonto die für die Instandhaltungsrücklage bestimmten Gelder auf dem Girokonto belässt, um dort Deckungslücken auszugleichen. Denn eine solche Verwendung dieser Gelder ist mit der Zweckbestimmung der Instandhaltungsrücklage als Ansammlung von Geldern für künftige Großreparaturen nicht vereinbar.[331] Daher ist der Verwalter auch grds nicht berechtigt, aus der Instandhaltungsrückstellung Mittel zu entnehmen, um Deckungslücken zu schließen, die etwa durch den Ausfall von Wohngeldzahlungen entstehen, da eine solche Verwendung ebenfalls nicht mit der Zweckbindung der Instandhaltungsrückstellung vereinbar ist.[332] Eine kurzfristige anderweitige Verwendung rückgestellter Gelder ist jedoch möglich.[333] Der Verwalter macht sich aber idR nicht schadensersatzpflichtig, wenn durch eine zweckwidrige Verfügung über eingenommene Gelder die WEgem von einer anderen Verbindlichkeit befreit werden und der WEgem somit regelmäßig kein Schaden entsteht.[334] Da sich der Verwalter im Verhältnis zur WEgem in den Schranken seiner treuhänderischen Stellung halten muss und somit trotz einer im Außenverhältnis weitreichenden Vollmacht die von den WEern beschlossene Zweckbindung bei der Verwaltung bestimmter Gelder zu respektieren hat, kann der in der zweckwidrigen Verwendung der Gelder liegende Vollmachtsmissbrauch jedoch im Einzelfall eine schwere Treuepflichtverletzung darstellen, die zur fristlosen Kündigung des Verwaltervertrages und zur sofortigen Abberufung des Verwalters aus wichtigem Grund berechtigt.[335] Eine derartige Treuepflichtverletzung ist etwa 78

[326] Vgl. Palandt/*Bassenge* § 27 Rn 10; *Niedenführ*/Kümmel/Vandenhouten § 27 Rn 40; *Merle* PiG 32, 183 (188); *Deckert* PiG 21, 77 (85); vgl. auch BayObLG DWE 1995, 42 (Ls).

[327] Staudinger/*Bub* § 27 Rn 175; *Bub* ZdWBay 1994, 163 (166); *ders.* WE 1993, 3 (4); *Niedenführ*/Kümmel/Vandenhouten § 27 Rn 46.

[328] HM vgl. *Brych,* FS für Seuß (1987), S. 65 (72); *Sühr* WPM 1978, 806 (808); *Müller* ZfgWBay 1986, 127 (131); *Seuß* PiG 21, 13 (49); *Bub* WE 1993, 3.

[329] Vgl. Rn 211 ff.

[330] BayObLG DWE 1983, 123; NJW-RR 1995, 530; *Jennißen,* Abrechnung, Rn 38 ff.; zur Abgeltungssteuer vgl. *Kahlen* ZMR 2010, 17 f.

[331] BayObLG NJW-RR 1995, 530 (531) = WuM 1995, 341 (343).

[332] *Bub* PiG 27, 97 (108).

[333] Vgl. § 21 Rn 130.

[334] Vgl. OLG Hamm DWE 1986, 30 für die Verwendung zur Rückführung eines Debetsaldos; *Bub* PiG 27, 97 (108); *Niedenführ*/Kümmel/Vandenhouten § 27 Rn 41.

[335] OLG Düsseldorf WE 1997, 426 (427); s. § 26 Rn 211.

anzunehmen, wenn der Verwalter eigenmächtig Gelder von einem für die Instandsetzung des GE bestimmten Sonderkonto der WEgem zur Befriedigung eigener Honoraransprüche entnimmt.[336]

79 Über die **Art der Anlage** eingenommener Gelder entscheiden die WEer durch Mehrheitsbeschluss, wenn die Grundsätze ordnungsgemäßer Verwaltung gewahrt sind; sonst ist ein einstimmiger Beschluss erforderlich.[337] Anlageformen ordnungsgemäßer Verwaltung sind **Festgeldkonten, Sparbücher** oder **festverzinsliche Wertpapiere. Spekulative Anlagen** entsprechen nicht ordnungsgemäßer Verwaltung.[338] Soweit die WEer keine Weisung erteilt haben, entscheidet der Verwalter nach pflichtgemäßem Ermessen im Rahmen der Ordnungsmäßigkeit. Mangels anderer Weisung hat der Verwalter die zur Anlage bestimmten Gelder jeweils zum Quartalsende anzulegen.[339] Unterlässt der Verwalter pflichtwidrig die Anlage eingenommener Gelder, macht er sich hinsichtlich entgangener Zinsen schadenersatzpflichtig.[340] Die Eigentümer können auch beschließen, über welche Bank der Geldverkehr abgewickelt werden soll.[341]

80 Die Verwaltung eingenommener Gelder nach § 27 Abs. 1 Nr. 6 umfasst auch die Pflicht zu einer ordnungsgemäßen Buchführung, die von jedem WEer ohne besondere buchhalterische Kenntnisse nachgeprüft werden kann.[342]

81 **d) Die Vertretungsmacht des Verwalters.** Nach § 27 Abs. 3 Satz 1 Nr. 5 ist der Verwalter berechtigt, im Namen der Gemeinschaft der WEer und mit Wirkung für und gegen sie im Rahmen der Verwaltung der eingenommenen Gelder gemäß Abs. 1 Nr. 6 Konten zu führen. Zum Umfang dieser gesetzlichen Vertretungsmacht des Verwalters siehe unten Rn. 203 f.

82 **e) Die gesonderte Verwaltung.** Nach § 27 Abs. 5 Satz 1 hat der Verwalter eingenommene Gelder von seinem Vermögen gesondert zu halten. Er darf sie demnach nicht mit seinen eigenen Mitteln vermischen. Bargeld der WEgem hat er in einer gesonderten Kasse aufzubewahren. Für den bargeldlosen Zahlungsverkehr verbietet die Vorschrift die Führung eines reinen Eigenkontos, bei dem Kontoinhaber und Verfügungsberechtigter der Verwalter ist.[343] Dies gilt auch dann, wenn der Verwalter das Eigenkonto in Form eines Sonderkontos anlegt, selbst wenn im Verhältnis des Verwalters zur WEgem formal eine Trennung der Gelder vorläge. Der Sinn und Zweck der Vorschrift gebietet, dass ggü Dritten erkennbar wird, dass es sich um Fremdgelder der WEgem handelt.[344] Durch einen gegen § 27 Abs. 5 Satz 1 verstoßenden Umgang mit Geldern der WEgem kann der Verwalter den Treubruchtatbestand des § 266 Abs. 1 StGB erfüllen und sich damit wegen Untreue strafbar machen. Da es sich bei § 27 Abs. 5 nicht um eine Verbotsvorschrift hinsichtlich der Art der Kontoanlage handelt,[345] sind Kreditinstitute nicht verpflichtet, die Kontoart zu empfehlen, die dem Sinn und Zweck des § 27 Abs. 4 am besten Rechnung trägt.

83 Der Verwalter hat bei der Verwaltung **mehrerer Gemeinschaften** für jede ein **eigenes Konto** einzurichten. Zwar ist die Führung der Gelder auf einem Gemeinschaftskonto mit

336 OLG Düsseldorf WE 1997, 426 (427).

337 *Bub* PiG 27, 97 (107).

338 *Bub* PiG 7, 57 (75); *ders.* PiG 27, 97 (108); *ders.* WE 1988, 114 (117); *Brych,* FS für Seuß (1987), S. 65.

339 BayObLG NJW-RR 1995, 520 (531) = WuM 1995, 341 (343); für eine flexiblere Handhabung aus Gründen sparsamer Wirtschaftsführung Staudinger/*Bub* § 27 Rn 201; ablehnend *Daute* NZM 2006, 86.

340 *Gottschalg,* Haftung, S. 54.

341 *Augustin* § 27 Rn 26; *Niedenführ*/Kümmel/Vandenhouten § 27 Rn 50; Staudinger/*Bub* § 27 Rn 175.

342 *Bärmann,* WE, Rn 619; *Deckert* PiG 21, 77 (85).

343 Vgl. BayObLG WuM 1996, 116 (118); *Sühr* WPM 1978, 806 (808).

344 OLG Rostock ZMR 2010, 223 (224); *Sühr* WPM 1978, 806 (809).

345 Vgl. BGH WPM 1975, 1200; *Sühr* WPM 1978, 806 (809); *Erlebach* PiG 27, 83 (87).

buchhalterischer Trennung durch den Wortlaut des § 27 Abs. 5 nicht ausgeschlossen, doch ist dies mit dem Sinn und Zweck der Regelung unvereinbar.[346] Eine getrennte Geldverwaltung und Buchhaltung ist insbesondere auch bei sich überschneidender Miet- und WE-Verwaltung in derselben Anlage geboten.[347] Demgegenüber begründet § 27 nicht die Verpflichtung des Verwalters, für die laufenden Gelder und die Instandhaltungsrücklage zwei getrennte Bankkonten zu führen,[348] wohl aber kann die Pflicht, die Gelder der Instandhaltungsrücklage gewinnbringend anzulegen (vgl. Rn 78), getrennte Bankkonten erforderlich machen.[349]

Der Verwalter kann nach Abs. 3 Satz 1 Nr. 5 die Konten der WEgem führen,[350] was ihn **84** verpflichtet, ein **offenes Fremdkonto** auf den Namen der rechtsfähigen **WEgem** zu eröffnen.[351] Bei einem Wechsel des Verwalters braucht dann nur die Verfügungsbefugnis des bisherigen Verwalters widerrufen und dem neuen Verwalter eingeräumt zu werden. Die Führung eines **offenen Treuhandkontos** mit dem Verwalter als Kontoinhaber ist wegen der Pflicht zur Vermögenssonderung **nicht** mehr **zulässig,**[352] da die WEgem bei einer Zwangsvollstreckung von Gläubigern des Verwalters Drittwiderspruchsklage gem. § 771 ZPO erheben müsste und bei Insolvenz des Verwalters nur dann ein Aussonderungsrecht nach § 47 InsO vorliegen würde, wenn auf dem Konto nachweislich nur Gelder der WEgem eingezahlt worden sind.[353]

f) Die Einschränkung der Verfügungsbefugnis. Nach § 27 Abs. 5 Satz 2 kann die **85** Verfügung über eingenommene Gelder durch Vereinbarung oder Beschluss der WEer mit Stimmenmehrheit von der Zustimmung eines WEers oder eines Dritten abhängig gemacht werden. Da es sich auf offenen Fremdkonten um Gelder der WEgem handelt, kann der Verwalter ermächtigt werden (§ 185 Abs. 1 BGB), unter dem Vorbehalt der Zustimmung eines WEers oder eines Dritten über die Gelder der WEgem zu verfügen.[354] Während die dem Verwalter nach § 27 Abs. 1 bis 3 zustehenden Befugnisse auf Grund § 27 Abs. 4 nicht einschränkbar sind, gilt für die Verfügung über eingenommene Gelder der WEgem insofern etwas anderes, als sie an die Zustimmung eines WEers oder eines Dritten geknüpft werden kann. § 27 Abs. 5 Satz 2 verhält sich zu § 27 Abs. 4 wie die Ausnahme zur Regel. Die Beschränkung kann schon mit der Teilungserklärung oder in einer späteren **Vereinbarung** vorgenommen werden. Sie kann nach jetzt ausdrücklicher Regelung in § 27 Abs. 5 Satz 2 auch durch einen **Mehrheitsbeschluss** erfolgen, wenn dies ordnungsmäßiger Verwaltung entspricht.[355] In der Praxis wird die Verfügungsbefugnis häufig in der Weise eingeschränkt, dass ab einer bestimmten Summe die Zustimmung des Verwaltungsbeirats erforderlich ist. Ist eine Kapital- oder Personengesellschaft WEerin, sind ihre Organe nicht als Dritte iSd § 27 Abs. 5 Satz 2 anzusehen.[356]

---

[346] *Bub* PiG 7, 57 (75); *ders.* PiG 27, 97 (114); Palandt/*Bassenge* § 27 Rn 10; *Erlebach* PiG 27, 83 (86); aA bei Führung von Unterkonten LG Mönchengladbach DWE 1980, 94.

[347] *Deckert* PiG 21, 77 (85); *Bader* FachV 1, 1996, 53, (61).

[348] KG NJW-RR 1987, 1160 (1161); zustimmend *Bub* PiG 27, 97 (105); *ders.* WE 1988, 114 (116); Staudinger/*Bub* § 27 Rn 196; zweifelnd *Sauren,* WEG § 27 Rn 50; aA *Bader* FachV 1, 53 (58 ff.).

[349] Vgl. *Jennißen,* Abrechnung, Rn 38 ff.

[350] Siehe Rn 212.

[351] *Merle* ZWE 2006, 369; *Lüke* ZfIR 2007, 657 (661); *Hügel* ZMR 2008, 1, (6); aA OLG Hamburg ZMR 2007, 59.

[352] Vgl. *Hügel* DNotZ 2005, 753 (761); Palandt/*Bassenge* § 27 Rn 10.; *Merle* ZWE 2006, 365 (369); *Niedenführ*/Kümmel/Vandenhouten § 27 Rn 48; aA zur Rechtslage vor der Reform: BGH WE 1996, 29 (30) = NJW 1996, 65; OLG Hamburg ZMR 2007, 59 f.

[353] OLG Hamm ZIP 1999, 765.

[354] Vgl. auch Staudinger/*Bub* § 27 Rn 326.

[355] Vgl. auch *Bub* PiG 27, 97 (108); *Pick* JR 1972, 99 (101).

[356] KG GE 1990, 149; vgl. auch OLG Frankfurt OLGZ 1986, 432.

86 **g) Gestaltungsmöglichkeiten.** Das Recht und die Pflicht des Verwalters gem. § 27 Abs. 1 Nr. 6, die eingenommenen Gelder zu verwalten, sind nach § 27 Abs. 4 unabdingbar. Die Aufgabe kann demnach dem Verwalter nicht dadurch entzogen werden, dass sie vollständig dem Verwaltungsbeirat oder einem WEer übertragen wird. Demgegenüber ist entgegen teilweise geäußerter Meinung[357] § 27 Abs. 5, wonach der Verwalter die Gelder von seinem Vermögen gesondert zu halten hat, abdingbar.[358] Dies folgt aus einem Umkehrschluss aus § 27 Abs. 4, da dort nur die Absätze 1 bis 3 als unabdingbar deklariert werden. Sieht die GemO vor, dass eingenommene Gelder ausschließlich vom Vorsitzenden des Verwaltungsbeirats verwaltet werden sollen, kann diese Regelung jedoch nach § 140 BGB dahingehend umgedeutet werden, dass Verfügungen über solche Gelder von der Zustimmung des Vorsitzenden des Verwaltungsbeirats nach § 27 Abs. 5 Satz 2 abhängig sein sollen.[359]

9. Unterrichtung über anhängige Rechtsstreitigkeiten (Nr. 7)

87 **a) Normzweck. aa) Grundlagen.** Nach § 27 Abs. 1 Nr. 7 ist der Verwalter verpflichtet, die WEer unverzüglich darüber zu unterrichten, dass ein Rechtsstreit gemäß § 43 anhängig ist. Diese Regelung erstreckt die Informationspflicht des Verwalters nach ihrem eindeutigen Wortlaut ausnahmslos auf alle unter § 43 fallende Verfahren einschließlich des vorläufigen Rechtsschutzes.[360] Sie ist nicht teleologisch dahingehend zu reduzieren, dass der Verwalter die WEer nur über solche Rechtstreitigkeiten zu informieren hat, in denen er nach § 45 Zustellungsvertreter der WEer ist, da die Gesetzesmaterialien insoweit nicht eindeutig sind.[361] Die WEer können nämlich ihre durch einen Rechtsstreit gemäß § 43 berührten rechtlichen Interessen nur wahren, wenn sie über die Anhängigkeit solcher Rechtsstreitigkeiten unterrichtet werden. Dieser Normzweck gebietet es, die WEer stets zu informieren, wenn diese auf einen ihre Rechte berührenden Rechtsstreit iSd § 43 einwirken können. Dies ist der Fall, wenn die WEgem oder ein WEer Partei des Rechtsstreits oder beigeladen ist. Dasselbe gilt, wenn ein WEer weder Partei noch beizuladen, aber zur Nebenintervention nach § 66 ZPO berechtigt ist oder wenn die WEer durch Weisungen die Prozessführung beeinflussen können.

88 **bb) Ausnahmen. (1)** Der Verwalter ist nicht verpflichtet, einen WEer über die Anhängigkeit eines Rechtsstreits iSd § 43 zu unterrichten, wenn der WEer davon schon zuverlässig **Kenntnis** hat. Dies ist der Fall, wenn ein WEer selbst Klage erhoben hat oder wenn eine Klage einem beklagten WEer persönlich zugestellt worden ist. Die Zustellung braucht nicht wirksam zu sein, denn zur Unterrichtung über die **Anhängigkeit** einer Klage genügt die rein tatsächliche Information, nicht ist eine die **Rechtshängigkeit** begründende Zustellung erforderlich.[362]

(2) Der Verwalter braucht einen WEer auch dann nicht über die Anhängigkeit eines Rechtsstreits gemäß § 43 zu unterrichten, wenn er keine sichere Kenntnis von der Anhängigkeit eines solchen Rechtsstreits hat. Zufällige Kenntnis vom Hörensagen genügt nicht. Von der **Anhängigkeit** einer Klage erlangt der Verwalter die für die Unterrichtung der WEer erforderliche Kenntnis, wenn er selbst Kläger ist (§ 43 Nrn. 3 und 4). Ist er Beklagter

---

[357] *Pick* JZ 1972, 99 (101/102).

[358] LG Köln NJW-RR 1987, 1365 (1366); *Müller,* Praktische Fragen, Rn 485 (S. 399); *Sühr* WPM 1978, 806 (809); *Niedenführ*/Kümmel/Vandenhouten § 27 Rn 45; *Bub* ZdWBay 1994, 163 (166); *ders.* WE 1993, 3 (4).

[359] *Bub* PiG 30, 13 (19).

[360] Ausführlich *Vandenhouten* ZWE 2009, 145 ff.; Riecke/Schmid/*Abramenko* § 27 Rn 34; Jennißen/*Heinemann* § 27 Rn 54; Spielbauer/Then § 27 Rn 16; MünchKomm-BGB/*Engelhardt* § 27 Rn 17; aA Voraufl.; LG München I ZWE 2010, 219; Hügel/*Elzer* § 11 Rn 51.

[361] So LG München I ZWE 2010, 219; vgl. Stellungsnahme des Bundesrats (BT-Drucks. 16/887 S. 50), Gegenäußerung der Bundesregierung (BT-Drucks. 16/887 S. 70) und Bericht des Rechtsausschusses BT-Drucks. (16/3843 S. 52); s. dazu *Vandenhouten* ZWE 2009, 145 f.

[362] *Vandenhouten* ZWE 2009, 145 (146).

oder Zustellungsvertreter der WEer gem. § 45 Abs. 1, so erlangt er von der Anhängigkeit einer Klage idR Kenntnis erst durch Zustellung der Klageschrift an ihn, durch die die **Rechtshängigkeit** der Klage begründet wird (§§ 253, 261 ZPO) oder die Beiladung von WEern erfolgt (§ 48). Unerheblich ist, ob die Zustellung wirksam ist oder ob der Verwalter den Prozess als Vertreter für die WEgem oder die WEer führt.[363] Klagt etwa ein WEer einen ihm allein zustehenden Anspruch gegen einen oder einzelne WEer ein (§ 43 Nr. 1) und sind die übrigen WEer erkennbar nicht betroffen, sind diese nicht nach § 48 Abs. 1 beizuladen, so dass der Verwalter auch nicht Zustellungsvertreter ist (§ 45 Abs. 1); wird die Klage daher ihm nicht zugestellt, hat er keine Kenntnis von der Anhängigkeit der Streitigkeit und braucht die übrigen WEer schon deshalb nicht zu informieren. Sichere Kenntnis von der Anhängigkeit eines Rechtsstreits kann der Verwalter auch dadurch erlangen, dass ihm eine Klageschrift zugänglich gemacht wird, die einem WEer zugestellt worden ist.

(3) WEer brauchen auch nicht über die Anhängigkeit eines Rechtsstreits gemäß § 43 unterrichtet zu werden, wenn sie von dem Rechtsstreit in ihren rechtlichen Interessen erkennbar nicht betroffen sind.[364] Dies ist dann der Fall, wenn ein WEer einen ihm allein zustehenden Anspruch gegen einen anderen WEer (§ 43 Nr. 1) oder gegen den Verwalter (43 Nr. 3) auf Leistung an sich einklagt oder wenn ein Dritter einen Anspruch gegen einen WEer geltend macht, der sich auf das SE bezieht.

b) Die Rechtsstreitigkeiten. Damit die WEer ihre Rechte wahrnehmen können, ist deren Unterrichtung durch den Verwalter grds bei allen Rechtsstreitigkeiten iSd § 43 erforderlich. Ein WEer braucht nicht unterrichtet zu werden, wenn dieser die Anhängigkeit der Rechtsstreitigkeit kennt (s. o. unter bb) (1)) oder von ihr erkennbar rechtlich nicht betroffen ist (s. o. unter bb) (3)) oder wenn der Verwalter keine sichere Kenntnis von der Anhängigkeit der Streitigkeit hat (s. o. unter bb) (1)).

Zu unterrichten ist bei Streitigkeiten der WEer untereinander **(§ 43 Nr. 1),** etwa bei Klage eines WEers nach §§ 21 Abs. 4, Abs. 8 gegen die übrigen WEer auf Erlass einer Ermessensentscheidung durch das Gericht. Wird in einem Verfahren nach § 43 Nr. 1 zwischen einzelnen WEern auf Leistung an alle WEer geklagt, sind die übrigen WEer nach § 48 Abs. 1 beizuladen, so dass sie als Beigeladene zu unterrichten sind. Klagen mit Ausnahme des oder der Beklagten alle übrigen WEer, vertreten durch den Verwalter, einen Anspruch auf Leistung an alle WEer ein, sind alle klagenden WEer als Partei zu unterrichten. Richtet sich die Klage eines WEers, der einen ihm allein zustehenden Anspruch geltend macht, nur gegen einen oder einzelne WEer und sind die rechtlichen Interessen der übrigen WEer erkennbar nicht betroffen, etwa bei nachbarrechtlichen Streitigkeiten, so sind diese nicht zu unterrichten., da sie nicht beizuladen sind.

Bei Streitigkeiten über die Rechte und Pflichten zwischen der WEgem und WEern **(§ 43 Nr. 2),** etwa über Wohngeldansprüche,[364a] sind sind grds alle WEer zu unterrichten. Die nicht klagenden oder beklagten WEer haben nämlich die Möglichkeit der Nebenintervention und können die Prozessführung der WEgem durch Weisungen beeinflussen.

Klagt in einem Verfahren über die Rechte und Pflichten des Verwalters bei der Verwaltung des gemE **(§ 43 Nr. 3)** der Verwalter gegen die WEgem, nach § 27 Abs. 3 Satz 2 vertreten durch alle WEer, etwa auf Vergütung, hat der Verwalter sämtliche WEer zu informieren. Dies folgt sowohl aus der Möglichkeit der Nebenintervention im Hinblick auf § 10 Abs. 8 als auch aus der Gesamtvertretung durch alle WEer.

Klagen WEer auf Ungültigerklärung von Beschlüssen **(§ 43 Nr. 4),** sind die beklagten WEer zu unterrichten. Klagt der Verwalter gegen alle WEer, ist die Klage dem Ersatzzustellungsvertreter zuzustellen, der die WEer nach § 666 BGB zu informieren hat.[365] Wird

---

363 *Vandenhouten* ZWE 2009, 145 (147).

364 Vgl. *Vandenhouten* ZWE 2009, 145 (148).

364a AA LG München I ZWE 2010, 219 (220).

365 Vgl. § 45 Rn 30; Riecke/Schmid/*Abramenko* § 45 Rn 7 a; *Drabek* ZWE 2008, 24.

die Klage den beklagten WEern selbst zugestellt, entfällt eine Unterrichtungspflicht des Verwalters.

Klagen **Dritter (§ 43 Nr. 5) gegen die WEgem** sind dem Verwalter nach § 27 Abs. 3 Satz 1 Nr. 1 zuzustellen. Dieser hat die WEer wegen der Möglichkeit der Nebenintervention im Hinblick auf § 10 Abs. 8 zu unterrichten. Wird ein **WEer** von einem Dritten nach § 10 Abs. 8 in Anspruch genommen, besteht keine Informationspflicht des Verwalters, da eine Nebenintervention nicht zulässig sein dürfte, weil das Urteil weder gegen die WEgem noch gegen die übrigen WEer Rechtskraft wirkt; zumindest aber hat der Verwalter idR keine sichere Kenntnis von der Anhängigkeit. Macht ein Dritter einen Anspruch gegen einen WEer geltend, der sich auf das SE bezieht, entfällt die Unterrichtung der übrigen WEer, da diese erkennbar nicht in ihren rechtlichen Interessen berührt sind.[365a] Klagen der **WEgem,** vertreten durch den dazu nach § 27 Abs. 3 Satz 1 Nr. 7 ermächtigten Verwalter, **gegen Dritte** fallen nicht unter § 43 Nr. 5, so dass der Verwalter die WEer nicht über deren Anhängigkeit zu unterrichten braucht. Eine Analogie zu § 27 Abs. 1 Nr. 7[366] scheitert an der fehlenden Regelungslücke, denn der Verwalter hat den WEern gemäß § 675, 666 BGB die erforderlichen Nachrichten zu geben; zudem ist ein Informationsbedürfnis hinsichtlich der Anhängigkeit des Rechtsstreits nicht ersichtlich, wenn die WEer den Verwalter durch Beschluss zur Geltendmachung des Anspruchs ermächtigen müssen, so dass sie von dem Rechtsstreit wissen.

Über Mahnverfahren **(§ 43 Nr. 6)** ist nicht zu informieren. Wird nach Widerspruch die Durchführung des streitigen Verfahrens beantragt, gilt der Rechtsstreit mit Eingang der Akten bei dem Gericht, an das abgeben wird, als dort anhängig (§ 696 Abs. 1 ZPO). Handelt es sich um eine unter § 43 fallende Streitigkeit, muss der Verwalter die WEer nun darüber unterrichten, etwa bei einem Mahnbescheid der WEgem gegen einen WEer oder gegen den Verwalter.

89 Eine analoge Anwendung des § 27 Abs. 1 Nr. 7 auf **andere Rechtsstreitigkeiten,** etwa der Finanz- oder Verwaltungsgerichtsbarkeit scheitert ebenfalls am Fehlen einer Regelungslücke.[367] Auch in diesen Fällen hat der Verwalter nämlich nach §§ 675, 666 BGB den WEern[368] die erforderlichen Informationen zu geben.

90 **c) Die Unterrichtungspflicht. aa) Gläubiger und Schuldner. Gläubiger** des Anspruchs auf Unterrichtung sind nach § 27 Abs. 1 Nr. 7 die **WEer** und die **WEgem,** der aber die Kenntnis des Verwalters zugerechnet wird (§ 166 BGB)[369] Zu unterrichten sind aber **nur die WEer,** nämlich die im Grundbuch eingetragenen WEer,[370] aber auch die Mitglieder einer **werdenden WEgem,**[371] auf die die Regelungen des WEG bereits Anwendung finden.[372] Der **rechtsgeschäftliche Zweiterwerber** (werdender WEer)[373] ist dagegen nicht zu unterrichten.[374] Auch ein **ausgeschiedener WEer,**[375] dessen Interessen durch einen Rechtsstreit iSd § 43 berührt werden, ist zu unterrichten, denn der Verwalter ist verpflichtet, dessen Interessen insoweit wahrzunehmen, als es um die Abwicklung von Verpflichtungen gegenüber Dritten aus der Zeit seiner Zugehörigkeit zur WEgem geht.[376]

[365a] IErg LG München I ZWE 2010, 219.

[366] So *Vandenhouten* ZWE 2009, 145 (151).

[367] IErg *Vandenhouten* ZWE 2009, 145; aA Hügel/*Elzer* § 11 Rn 52.

[368] Vgl. § 26 Rn 30, 112; BGZ 78, 166 (173) = NJW 1981, 282; KG ZMR 2000, 689 f.

[369] Riecke/Schmid/*Abramenko* § 27 Rn 33; Hügel/*Elzer,* § 11 Rn 25; unklar *Vandenhouten* ZWE 2009, 145 (151).

[370] Siehe dazu *Wenzel* § 10 Rn 2 ff.

[371] Vgl. *Wenzel* § 10 Rn 5.

[372] Hügel/*Elzer* § 11 Rn 54; *Vandenhouten* ZWE 2009, 145 (151).

[373] Vgl. *Wenzel* § 10 Rn 4.

[374] Riecke/Schmid/*Abramenko* § 27 Rn 33 a; aA Hügel/*Elzer* § 11 Rn 54.

[375] Hügel/*Elzer* § 11 Rn 54; *Vandenhouten* ZWE 2009, 145 (151).

[376] BGHZ 78, 175 f. = NJW 1981, 282.

Geschuldet wird die Unterrichtung vom jeweiligen **Verwalter.** Erfolgt eine Zustellung nicht an den als Zustellungsvertreter ausgeschlossenen Verwalter, sondern an den **Ersatzzustellungsvertreter** (§ 45 Abs. 2 und 3), soll nach verbreiteter Ansicht dieser die WEer unterrichten müssen, weil § 27 Abs. 1 Nr. 7 entsprechend auf den Ersatzzustellungsvertreter anzuwenden sei,[377] bzw. die Unterrichtungspflicht des Verwalters nach § 45 Abs. 2 Satz 2 auf ihn übergehe.[378] Indessen folgt die Unterrichtungspflicht des Verwalters gerade nicht aus seiner Eigenschaft als Zustellungsvertreter (vgl. Rn 87), so dass § 45 Abs. 2 Satz 2 nicht einschlägig ist. Im Übrigen scheitert auch hier eine Analogie zu § 27 Abs. 1 Nr. 7 am Fehlen einer Regelungslücke, denn aus dem zugrunde liegenden Auftrag[379] ist der Ersatzzustellungsvertreter nach § 666 BGB verpflichtet, die erforderlichen Nachrichten zu geben, d. h. die WEer über die Anhängigkeit eines Rechtsstreits ggf. unverzüglich zu unterrichten.

Verletzt der Verwalter seine **Unterrichtungspflicht** schuldhaft, ist er nach Maßgabe des § 280 BGB sowohl der WEgem als auch den WEern zum Schadensersatz verpflichtet, soweit diesen dadurch ein Schaden entsteht.

bb) Inhalt, Form, Frist. Der Verwalter hat die WEer darüber zu unterrichten, dass ein Rechtsstreit gemäß § 43 **anhängig** ist, d. h. dass eine Klage bei Gericht schriftlich eingereicht (§ 253 ZPO) oder beim AG auch mündlich zu Protokoll angebracht (§ 496 ZPO) wurde. Es handelt sich insoweit um eine erste und einmalige Information der WEer.[380] Die bloße Mitteilung der Anhängigkeit einer Klage ist aber nicht ausreichend. Die **Unterrichtung** muss die WEer nämlich in die Lage versetzen, ihre Rechte als Beklagte, Beigeladene oder ihre sonstigen rechtlichen Interessen wahrnehmen zu können, ggf auch nach Einholung weiterer Informationen.[381] Die WEer müssen zumindest über die Parteien und den Streitgegenstand des Rechtsstreits informiert werden. Dies ermöglicht dem einzelnen WEer, seine Rechte wahrzunehmen, in dem er sich die dazu erforderlichen Informationen beschafft, etwa durch Einsicht in die Unterlagen des Verwalters oder in die Gerichtsakten. Wird eine Klage dem Verwalter zugestellt, ist auch über den Tag der Zustellung, das Aktenzeichen, Tag, Zeit und Ort einer evtl. gerichtlichen Verhandlung zu informieren. Die Übersendung einer Kopie der Klageschrift ist sinnvoll, aber nicht erforderlich, hat aber auf Anforderung eines WEers oder in dringenden Fällen zu erfolgen. Über den weiteren Prozessverlauf ist nach § 27 Abs. 1 Nr. 7 nicht zu unterrichten; eine solche weitergehende Pflicht kann sich aber aus §§ 675, 666 BGB ergeben. 91

Mangels abweichender Regelung bestimmt der Verwalter nach pflichtgemäßem Ermessen, **wie** er die WEer **informiert,** damit diese ihre Interessen wahrnehmen können.[382] Die Unterrichtung kann mündlich erfolgen, etwa in einer WEVers, schriftlich oder elektronisch, etwa durch Rundschreiben, per E-Mail oder Übersendung einer Kopie der Klageschrift. Ein Aushang dürfte idR datenschutzrechtlichen Anforderungen widersprechen.[383]

Der Verwalter hat die WEer **unverzüglich,** d. h. ohne schuldhaftes Zögern (§ 121 BGB) zu unterrichten.[384] Die Frist beginnt mit der sicheren Kenntnis (vgl. dazu Rn 88) des Verwalters von der Anhängigkeit eine Rechtsstreits gemäß § 43. Ab diesem Zeitpunkt hat der Verwalter die WEer ohne schuldhaftes Zögern, d. h. grds sofort über die Anhängigkeit eines Rechtsstreits zu unterrichten, damit diese ausreichend Zeit haben, darüber zu entscheiden, wie sie ihre Rechte und rechtlichen Interessen wahren. Eine Überlegungsfrist ist dem Verwalter nicht einzuräumen, da es etwa auf die Wirksamkeit einer Zustellung an ihn nicht ankommt. 92

---

[377] *Vandenhouten* ZWE 2009, 145 (146 f.).; Palandt/*Bassenge* § 27 Rn 11.
[378] Riecke/Schmid/*Abramenko* § 27 Rn 34 a.
[379] Vgl. insoweit § 45 Rn 32, 40.
[380] *Vandenhouten* ZWE 2009, 145 /153).
[381] *Hügel* ZMR 2008, 1 (7); Palandt/*Bassenge* § 27 Rn 11.
[382] Vgl. *Vandenhouten* ZWE 2009, 145 (152).
[383] *Vandenhouten* ZWE 2009, 145 (152).
[384] Dazu *Vandenhouten* ZWE 2009, 145 (151 f.).

10. Abgabe von Erklärungen gem. § 21 Abs. 5 Nr. 6 (Nr. 8)

93 Nach § 27 Abs. 1 Nr. 8 ist der Verwalter berechtigt und verpflichtet, die Erklärungen abzugeben, die zur Vornahme der in § 21 Abs. 5 Nr. 6 bezeichneten Maßnahmen erforderlich sind. Diese sog. Eigentümererklärungen sind gemeinschaftsbezogen[385] und können nur von der WEgem abgegeben werden.[386] Die hierzu erforderliche Vertretungsmacht ergibt sich aus § 27 Abs. 3 Satz 1 Nr. 4.

94 Nach § 21 Abs. 5 Nr. 6 (s. § 21 Rn 136ff.) hat jeder WEer Maßnahmen zu dulden, die zur Herstellung einer Fernsprechteilnehmereinrichtung, einer Rundfunkempfangsanlage oder eines Energieversorgungsanschlusses (Gas, Wasser, Strom) oder ähnlicher Maßnahmen (vgl. § 21 Rn 139) zugunsten eines WEers erforderlich sind. Die Duldungspflicht bezieht sich nur auf das GemE. Erstrecken sich derartige Maßnahmen auf das SE, bedarf es der Zustimmung des jeweils betroffenen WEers;[387] Eingriffe in das SE sind ggf nach § 14 Nrn. 3 und 4 zu dulden.[388] Da nach § 21 Abs. 5 Nr. 6 die Duldung solcher Maßnahmen zur ordnungsgemäßen Verwaltung gehört, ist nicht erforderlich, dass im Rahmen der ordnungsgemäßen Verwaltung hierüber ein Beschluss gefasst werden muss.[389] Daraus ergibt sich, dass der Verwalter kraft seiner gesetzlichen Befugnisse nach § 27 Abs. 1 Nr. 8, Abs. 3 Satz 1 Nr. 4 die Erklärungen selbstständig und ohne Anhörung im Namen der WEgem abgeben kann. Etwas anderes gilt nur dann, wenn Zweifel über die Duldungspflichten bestehen. In diesem Fall ist es erforderlich, einen Beschluss der WEer herbeizuführen.

11. Weitere Rechte und Pflichten des Verwalters

95 § 27 Abs. 1 regelt nicht ausschließlich die Rechte und Pflichten des Verwalters im Verhältnis zu den WEern und zur WEgem. Aus den mit dem Amt als Verwalter übernommenen Pflichten, zu deren Erfüllung die eingeräumte gesetzliche Vertretungsmacht ermächtigen soll, ist der Verwalter auch **verpflichtet,** die Maßnahmen vorzunehmen, zu denen er nach den **Absätzen 2 und 3** Vertretungsmacht hat, obwohl nach deren Wortlaut nur eine Berechtigung des Verwalters geregelt wird.[390]

96 Weitere Aufgaben und Pflichten des Verwalters ergeben sich nach §§ 24 Abs. 1, 2, 7 und 8 sowie aus § 25 Abs. 4 im Zusammenhang mit der Einberufung, dem Vorsitz und der Niederschrift und der Führung der Beschluss-Sammlung. Besondere Bedeutung hat die Pflicht zur Aufstellung des Wirtschaftsplanes und der Abrechnung sowie die Pflicht zur Rechnungslegung nach § 28. Zusätzliche Befugnisse ergeben sich auch aus den Verfahrensvorschriften im III. Teil des WEG, die auf Grund ihrer verfahrensrechtlichen Natur unabdingbar sind.

97 Die **Befugnisse** des Verwalters können durch **Vereinbarung** erweitert werden. Weitere Pflichten des Verwalters können sich aus dem Verwaltervertrag ergeben (s. dazu § 26 Rn 112ff.). Da den WEern die Beschlusskompetenz zusteht, das **individuelle Bestellungsrechtsverhältnis** im Rahmen des gesetzlich Zulässigen auszugestalten (vgl. § 26 Rn 34), können sie für den Verwalter individuell zusätzliche Aufgaben und Befugnisse durch **Mehrheitsbeschluss** begründen. Mit Ende des individuellen Bestellungsrechtsverhältnisses erlöschen diese Aufgaben und Befugnisse, so dass die WEer anlässlich der Wiederbestellung eines Verwalters erneut darüber entscheiden können, ob sie dem Verwalter zusätzliche Aufgaben und Befugnisse einräumen wollen. Zusätzliche Aufgaben und Befugnisse können dem Verwalter jedoch nicht durch Mehrheitsbeschluss eingeräumt werden,

---

[385] *Merle* ZWE 2006, 365 (367).

[386] Beschlussempfehlung Rechtsausschuss BT-Drucks. 16/3743 S. 52.

[387] *Niedenführ*/Kümmel/Vandenhouten § 21 Rn 121.

[388] Vgl. BayObLG ZWE 2002, 73.

[389] Palandt/*Bassenge* § 27 Rn 12.

[390] Vgl. *Merle* ZWE 2010, 2; *Merle* ZWE 2006, 365 (366f.); Rechtsausschuss BT-Drucks. 16/3843 S. 53; *Häublein* ZWE 2008, 81.

soweit den WEern oder dem Verwaltungsbeirat dadurch für die Dauer der Bestellungszeit die Kompetenz entzogen wird, über Angelegenheiten der Verwaltung zu entscheiden. Dies ist etwa anzunehmen, wenn die WEer beschließen, dass ausschließlich der bestellte Verwalter über bestimmte Maßnahmen der Instandhaltung des GemE entscheiden soll. Eine derartige Kompetenzübertragung bedarf stets einer Vereinbarung aller WEer.

III. Die gesetzliche Vertretung der Wohnungseigentümer (§ 27 Abs. 2)

1. Allgemeines

a) Vertretung und Geschäftsführung. Nach § 27 Abs. 2 ist der Verwalter berechtigt, 98
im Namen aller WEer und mit Wirkung für und gegen sie die dort näher bezeichneten Maßnahmen vorzunehmen. Hierdurch wird eine gesetzliche Vertretungsmacht des Verwalters für die WEer in ihrer Eigenschaft als Mitberechtigte am gemE begründet.[391] Im Unterschied zu Abs. 1 regelt Abs. 2 ausdrücklich nur die Berechtigung des Verwalters zur **Vertretung** der WEer bei der Vornahme der dort geregelten Angelegenheiten. Gleichwohl ist der Verwalter zu deren Vornahme **auch verpflichtet,** d. h. er ist insoweit zur entsprechenden **Geschäftsführung** verpflichtet, soweit dies zur ordnungsmäßigen Verwaltung erforderlich ist;[392] denn die ihm eingeräumte Vertretungsmacht soll ihn gerade in die Lage versetzen, die aus seiner Stellung als gesetzlicher Vertreter der WEer folgenden Pflichten erfüllen zu können.[393] Die Vorschrift trägt insbesondere durch ihre Unabdingbarkeit dazu bei, die Teilnahme am Rechtsverkehr zu erleichtern, zumal sie teilweise bewusst im Interesse Dritter, etwa der Kreditgläubiger (Nr. 1), geschaffen wurde. Dem Sinn und Zweck der Vorschrift würde es zuwiderlaufen, könnte der Verwalter von den einzelnen Befugnissen nach seinem Belieben Gebrauch machen.

b) Die gesetzliche Vertretungsmacht. Die gesetzliche Vertretungsmacht des Verwal- 99
ters kann nicht eingeschränkt oder ausgeschlossen werden (§ 27 Abs. 4). Sie kann aber rechtsgeschäftlich erweitert werden; hierzu sind individuelle Vollmachten erforderlich.[393a] Die gesetzliche Vertretungsmacht des Verwalters dauert auch für einen aus der Gemeinschaft ausgeschiedenen WEer solange fort, als die in Abs. 2 genannten gemeinschaftlichen Maßnahmen aus der Zeit seiner Zugehörigkeit zur WEgem abzuwickeln sind.[394]

Sowohl als gesetzlicher wie auch als rechtsgeschäftlicher Vertreter hat der Verwalter das 100
Verbot des Selbstkontrahierens gem. § 181 BGB zu beachten. Soweit ihm nicht ein anderes gestattet ist, kann er nicht im Namen der WEer mit sich im eigenen Namen oder als Vertreter eines Dritten Rechtsgeschäfte vornehmen, es sei denn, das Rechtsgeschäft besteht ausschließlich in der Erfüllung einer Verbindlichkeit oder er ist von den Beschränkungen des § 181 BGB befreit worden.[395] Dann kann er auch bei einer etwaigen Interessenkollision tätig werden, solange die Vollmacht nicht widerrufen ist.[396]

Der Katalog des neu gefassten § 27 Abs. 2 entspricht in seinen Nummern 1 bis 4 101
weitgehend den bisherigen Nummern 3 bis 6. Der Regelungsinhalt der bisherigen Nummern 1 und 2 findet sich nun in Abs. 1 Nrn 4 und 5 und in Abs. 3 Satz 1 Nr. 4, weil die dort bezeichneten Zahlungen und Leistungen nunmehr im Namen und mit Wirkung der WEgem einzufordern und zu erbringen sind.

---

[391] BT-Drucks. 16/887 S. 69 f.; s. a. BGHZ 111, 148 (151); BGH NJW 1981, 282.

[392] *Merle* ZWE 2010, 2; kritisch *Merle* ZWE 2006, 365 (366 f.); BT-Drucks 16/3843 S. 52; *Häublein* ZWE 2008, 81.

[393] *Augustin* § 27 Rn 29; *Bärmann,* WE, Rn 597; *Belz,* Handbuch, Rn 234.

[393a] OLG München NZM 2010, 247 (248).

[394] BGHZ 78, 166 (174).

[395] *Dürr* WEZ 1988, 227 ff.; gegen die Befreiung des Verwalters von § 181 BGB bei Anwendbarkeit des AGBG vgl. *Furmans* NZM 2000, 985 (990).

[396] Vgl. BayObLG WE 1990, 138.

102 **c) Fehlen eines Verwalters.** Fehlt ein Verwalter oder ist er zur Vertretung der WEer nicht berechtigt, so müssen entsprechend § 27 Abs. 3 Satz 2 alle WEer gemeinsam handeln. Ein oder mehrere WEer können nicht durch Mehrheitsbeschluss analog § 27 Abs. 3 Satz 3 zur Vertretung der WEer ermächtigt werden.[397]

2. Die Entgegennahme von Willenserklärungen und Zustellungen (Nr. 1)

103 **a) Der Normzweck.** Nach § 27 Abs. 2 Nr. 1 ist der Verwalter berechtigt, im Namen aller WEer und mit Wirkung für und gegen sie Willenserklärungen und Zustellungen entgegenzunehmen, soweit sie an alle **WEer** in dieser Eigenschaft gerichtet sind. Eine entsprechende Berechtigung des Verwalters zur Entgegennahme von Willenserklärungen und Zustellungen namens der **WEgem** besteht nach Abs. 3 Satz 1 Nr. 1. Mit diesen nach § 27 Abs. 4 uneinschränkbaren Befugnissen des Verwalters hat der Gesetzgeber dem Interesse der Allgemeinheit an einer sachgerechten Abwicklung des Rechtsverkehrs mit so komplizierten Gebilden wie WEgem[398] Rechnung getragen. Der Verkehr mit den WEern und der WEgem soll nicht über Gebühr erschwert werden, weshalb dem Verwalter zur Vereinfachung des Rechtsverkehrs die in Nr. 1 genannten Befugnisse eingeräumt wurden.

104 **b) Die Entgegennahme von Willenserklärungen.** § 27 Abs. 2 Nr. 1 regelt die Vertretungsmacht des Verwalters beim Empfang von Willenserklärungen, die an alle WEer in dieser Eigenschaft gerichtet sind. Sie wirken nach § 164 Abs. 3, Abs. 1 BGB für und gegen alle WEer, wenn sie dem Verwalter zugehen (§ 130 BGB). Erforderlich hierfür ist, dass der Erklärende seine Erklärung ausdrücklich oder aus den Umständen erkennbar an alle WEer richtet. Es kommt nicht darauf an, ob dem Erklärenden die Stellung des Verwalters als Empfangsvertreter bekannt oder erkennbar ist, oder ob der Verwalter den Willen hat, als Vertreter zu handeln.[399] Entscheidend ist allein, dass der Verwalter, wenn eine Willenserklärung an alle WEer in dieser Eigenschaft gerichtet ist, Empfangsvertretungsmacht hat. Es handelt sich ausschließlich um eine passive Vertretungsmacht, die nicht über die Empfangnahme hinausgeht.[400]

105 Die Empfangsvertretungsmacht für Willenserklärungen, die an alle WEer in dieser Eigenschaft gerichtet sind, dürfte in der Praxis keine große Rolle spielen, da Willenserklärungen idR die Verwaltung des gemE betreffen und deshalb ggü der WEgem abzugeben sind. Beim Empfang rechtsgeschäftlicher Erklärungen sind die sich aus § 181 BGB ergebenden Beschränkungen zu beachten, so dass der Verwalter eigene Erklärungen gegenüber den WEern für diese nur entgegennehmen kann, wenn er vom Selbstkontrahierungsverbot befreit ist.[401]

106 Der Verwalter hat die WEer über die Entgegennahme einer Willenserklärung unverzüglich zu unterrichten (s. u. Rn 110).

107 **c) Die Entgegennahme von Zustellungen. aa) Allgemeines.** Besondere Bedeutung gewinnt § 27 Abs. 2 Nr. 1 dadurch, dass der Verwalter auch berechtigt ist, an die WEer in dieser Eigenschaft gerichtete Zustellungen entgegenzunehmen. In Betracht kommt hier die gerichtliche Zustellung von Klagen, Schriftsätzen, Terminsbestimmungen, Urteilen etc. im Zivilprozess oder in der Zwangsvollstreckung, etwa wenn die WEer als Gesamtschuldner in Anspruch genommen werden.[402] Für **Rechtsstreitigkeiten iSd § 43** ist **§ 45 les specialis** und verdrängt insoweit § 27 Abs. 2 Nr. 1.[403] Die Vorschrift regelt auch den Empfang von

[397] Vgl. BGH NZM 2005, 543 (548); *Wenzel* NZM 2004, 542 (543); aA Palandt/*Bassenge* § 27 Rn 13.

[398] BGHZ 78, 166 (172) = NJW 1981, 282 mit Anm. *Kellmann* = Rpfleger 1981, 97 = ZMR 1981, 125.

[399] Vgl. RG JR 1926 Nr. 1601.

[400] OLG Frankfurt NZM 2005, 427.

[401] Staudinger/*Bub* § 27 Rn 224.

[402] Vgl. BGHZ 78, 166; BVerwG WE 1994, 369 (379); OLG Stuttgart NJW 1966, 1036.

[403] Palandt/*Bassenge* § 27 Rn 14 und § 45 Rn 1; *Hügel* ZMR 2008, 1 (7); *Abramenko* § 5 Rn 32; Hügel/Elzer § 13 Rn 95, 105; *Niedenführ*/Kümmel/Vandenhouten § 27 Rn 63; BGH ZWE 2009, 307 (307).

Zustellungen im Verfahren der fG. Sie findet ferner Anwendung für Zustellungen nach § 132 BGB.[404] § 27 Abs. 2 Nr. 1 gilt auch für Zustellungen im **Verwaltungsgerichtsverfahren**[405] und im **außergerichtlichen Verwaltungsverfahren.**[406]

bb) Der Verwalter als Zustellungsvertreter. § 27 Abs. 2 Nr. 1 räumt dem Verwalter gesetzliche Vertretungsmacht für die Entgegennahme von Zustellungen ein, wodurch die Zustellung an den Verwalter einer Zustellung an alle WEer gleichsteht. Die Zustellung an den Verwalter muss aber erkennbar an ihn als Zustellungsvertreter der WEer erfolgen, andernfalls wirkt sie nicht ggü den WEern.[407] Es genügt unabhängig von der Anzahl der WEer die Zustellung einer Abschrift oder Ausfertigung des zuzustellenden Schriftstückes an den Verwalter. Die Interessen der WEer werden hierdurch nicht beeinträchtigt, da der Verwalter infolge des zugestellten Schriftstücks in der Lage ist, die WEer über dessen Inhalt zu informieren (vgl. Rn 110). Eine andere Auslegung, dh Zustellung einer der Anzahl der WEer entsprechenden Anzahl von Schriftstücken, würde zudem Sinn und Zweck des § 27 Abs. 2 Nr. 1 verfehlen, weil hierdurch der Rechtsverkehr mit großen Gemeinschaften erheblich erschwert wäre. Sachliche Gründe rechtfertigen es daher, den Verwalter als Zustellungsvertreter anzusehen.[408] Erfolgt eine Zustellung unmittelbar an die WEer, ist die Zustellung wirksam. 108

Die Befugnis zur Empfangnahme von Zustellungen gibt jedoch nicht auch die Befugnis zur gerichtlichen Vertretung. Diese bleibt einer ausdrücklichen Ermächtigung nach § 27 Abs. 2 Nr. 3 oder dem Anwendungsbereich des § 27 Abs. 2 Nr. 2 vorbehalten. Ohne Ermächtigung der WEer ist der Verwalter grds auch nicht befugt, einen Rechtsanwalt mit der Vertretung der WEer zu beauftragen.[409] 109

cc) Informationspflichten des Verwalters. Der Verwalter ist verpflichtet, jeden WEer unverzüglich von einer Zustellung zu unterrichten.[410] Durch die Entgegennahme einer Zustellung durch den Verwalter wird dem einzelnen WEer nicht die Kenntnis von dem Inhalt vermittelt.[411] Der Anspruch des einzelnen WEers ergibt sich aus entsprechender Anwendung des § 27 Abs. 1 Nr. 7. Es ist Sache des Verwalters, wie er seiner Informationspflicht ggü den WEern nachkommt. Die Unterrichtung der WEer kann mündlich in einer WEVers, per E-Mail oder durch Versendung von Rundschreiben erfolgen.[412] Sind in einer WEVers jedoch nicht alle WEer anwesend oder vertreten, so müssen die Abwesenden gesondert informiert werden, etwa durch das Protokoll. Nicht ausreichend ist jedenfalls idR ein Aushang am „Schwarzen Brett", da nicht hinreichend gewährleistet ist, dass alle WEer davon Kenntnis nehmen.[413] Entscheidend ist, dass die WEer rechtzeitig von allem Kenntnis erlangen, was sie zur weiteren Wahrnehmung ihrer Interessen wissen müssen.[414] Die Zustellung einer behördlichen Aufforderung zur Beseitigung von Mängeln am gemE an den Verwalter als Zustellungsvertreter der WEer vermittelt dem einzelnen WEer nicht die Kenntnis von deren Inhalt.[415] 110

---

[404] *Mansel,* FS für Bärmann und Weitnauer, S. 471 (475).

[405] BVerwG NJW-RR 1994, 972; 1995, 73. OVG Münster WuM 2004, 114.

[406] *Mansel,* FS Bärmann/Weitnauer, S. 471 (475); vgl. auch OVG Münster WuM 1994, 406 (407).

[407] BayObLG NZM 1999, 850.

[408] Vgl. hierzu BGHZ 78, 166 (172); Palandt/*Bassenge* § 27 Rn 14.

[409] BayObLG WE 1998, 118 (119).

[410] BGHZ 78, 166 (173); BayObLGZ 1975, 233 (238); OLG Hamm DWE 1989, 69; BayObLGZ 1989, 342 (344) = ZMR 1989, 438; OLG Köln ZMR 1980, 190 (191); *Müller* PiG 36, 7 (25); *Mansel,* FS für Bärmann/Weitnauer, S. 471 (475); *Bassenge* PiG 30, 7 (11); *Deckert* PiG 36, 29 (36).

[411] BGH ZMR 2003, 211 f.

[412] BGHZ 78, 166 (178); BayObLG WE 1998, 118 (119).

[413] So *Mansel,* FS für Bärmann/Weitnauer, S. 471 (475); *Guthardt-Schulz* ZMR 1980, 191 (192); aA OLG Köln ZMR 1980, 190 (191).

[414] *Bassenge* PiG 30, 107 (111).

[415] BGH NZM 2003, 118 (119).

111 Die Kosten für Fotokopien und deren Versendung sind Kosten der Verwaltung.[416] Die WEer haben keine Nachteile dadurch zu befürchten, dass sie möglicherweise später unterrichtet werden, als bei Zustellung von Ausfertigungen für jeden WEer,[417] denn der Verwalter ist nach § 27 Abs. 2 Nr. 2 berechtigt und verpflichtet, die zur Abwendung eines Rechtsnachteils erforderlichen Maßnahmen zu treffen.

112 **dd) WEer als Verwalter.** Ist der Verwalter zugleich WEer, muss die Zustellung in einer für ihn eindeutig erkennbaren Weise auch in seiner Eigenschaft als Verwalter, d. h. als Zustellungsvertreter der WEer erfolgen.[418] Andernfalls ist die Zustellung unwirksam.[419] Für den Verwalter muss erkennbar sein, dass er nicht nur als Partei oder Beigeladener Zustellungsadressat ist, sondern zugleich als Zustellungsvertreter der übrigen WEer, da er nur dann seiner Informationspflicht nachkommen kann.[420] Dies kann durch einen entspr. Hinweis auf dem zuzustellenden Schriftstück kenntlich gemacht werden. Fehlt ein solcher Hinweis, muss sich bei gerichtlichen Entscheidungen zumindest aus dem Rubrum ergeben, dass der Verwalter Zustellungsvertreter der WEer ist.[421]

113 **ee) Die Zustellung an alle WEer in dieser Eigenschaft. (1) Allgemeines.** § 27 Abs. 2 berechtigt den Verwalter zu einem Handeln im Namen **aller** WEer. § 27 Abs. 2 Nr. 1 greift dies auf und stellt nochmals klar, dass die Zustellung an **alle WEer in dieser Eigenschaft** erfolgen muss. § 27 Abs. 2 Nr. 1 ist nicht in Angelegenheiten anwendbar, die nur einen einzelnen WEer betreffen, wie etwa die Zustellung des Grundsteuerbescheids oder eines gegen einen WEer gerichteten Mahnbescheids.[422] Eine Zustellung an den Verwalter genügt auch dann nicht, wenn es sich nur zufällig um die gleiche, aber mit ihrer Eigenschaft als WEer nicht zusammenhängende Angelegenheit sämtlicher WEer handelt. Auch wenn dem Verwalter **an einzelne WEer gerichtete** Schriftstücke zugestellt werden, für die er nicht zustellungsberechtigt ist, hat er den betroffenen WEer unverzüglich zu unterrichten.

114 **(2) Gemeinschaftsangelegenheiten.** Zwar geht der Wortlaut der Regelung davon aus, dass die Zustellung an **alle** WEer gerichtet sein muss, doch hat der BGH[423] die Norm im Wege der teleologischen Reduktion auch dann angewandt, wenn die Zustellung tatsächlich nicht an alle WEer erfolgt. Danach bedeutet die Formulierung „soweit sie an alle WEer in dieser Eigenschaft gerichtet sind" nicht, dass im Einzelfall **alle** WEer betroffen sein müssen; dem Gesetzeszweck genügt es vielmehr auch, wenn die Zustellung ihrer Natur nach gegen alle WEer gerichtet sein könnte, weil sie eine Gemeinschaftsangelegenheit betrifft.[424] Von § 27 Abs. 2 Nr. 1 können daher auch Zustellungen in gemeinschaftsbezogene Angelegenheiten der WEern erfasst werden, so dass in solchen Fällen eine Zustellungsvertretung des Verwalters auch nur für eine Mehrheit der WEer bestehen kann.

115 § 27 Abs. 2 Nr. 3 berechtigt den Verwalter auch, Zustellungen für einen **ausgeschiedenen WEer** entgegenzunehmen, jedenfalls solange gemeinschaftliche Verpflichtungen ggü Dritten aus der Zeit seiner Zugehörigkeit zur Gemeinschaft abzuwickeln sind.[425] Der Verwalter hat auch ggü dem ausgeschiedenen WEer die Pflicht, ihn von einer Zustellung

[416] BGHZ 78, 166 (173); ZWE 2009, 306 (307); anders BayObLG ZWE 2001, 487 (489) = NJW-RR 2001, 1231; *Bassenge* PiG 30, 107 (111): grds. mit der Verwaltervergütung abgegolten.

[417] BGHZ 78, 166 (173).

[418] BayObLG NZM 1999, 850; WE 1995, 251; WE 1989, 55 (56); WE 1991, 297; BayObLG NJWE-MietR 1997, 280 = WE 1998, 116; *Müller,* Praktische Fragen, Rn 491 (S. 403).

[419] BayObLGZ 1983, 14 (17).

[420] *Mansel,* FS für Bärmann/Weitnauer, S. 471 (484).

[421] BayObLGZ 1983, 14 (15).

[422] Vgl. BVerwG NJW-RR 1995, 73.

[423] BGH NJW 2003, 3476 (3477); BGHZ 78, 166 (174).

[424] Vgl. hierzu auch schon *Heinrich* NJW 1974, 125 (126).

[425] BGHZ 78, 166 (174).

unverzüglich zu unterrichten, was der ausgeschiedene WEer dadurch unterstützen kann, dass er dem Verwalter seine jeweilige Anschrift mitteilt.[426]

(3) Verfahren nach § 43. Für Rechtsstreitigkeiten iSd § 43 ist **§ 45 lex specialis** und verdrängt insoweit § 27 Abs. 2 Nr. 1.[427] **116**

3. Maßnahmen zur Abwendung von Rechtsnachteilen, Passivprozess (Nr. 2)

a) Der Normzweck. Nach § 27 Abs. 2 Nr. 2 ist der Verwalter berechtigt, im Namen aller WEer und mit Wirkung für und gegen sie Maßnahmen zu treffen, die zur Wahrung einer Frist oder zur Abwendung eines sonstigen Rechtsnachteils erforderlich sind, insbesondere einen gegen die WEer gerichteten Rechtsstreit gemäß § 43 Nr. 1, Nr. 4 oder Nr. 5 im Erkenntnis- und Vollstreckungsverfahren zu führen. Durch die Ergänzung der Vorschrift ggü § 27 Abs. 2 Nr. 4 aF soll klar gestellt werden,[428] dass der Verwalter zur Vertretung der WEer in Passivprozessen sowohl im Erkenntnis- als auch im Vollstreckungsverfahren berechtigt ist. **117**

b) Erforderliche Maßnahmen. Unter § 27 Abs. 2 Nr. 2 fallen rechtliche Maßnahmen, zu deren Regelung durch die WEer, etwa in einer WEVers insbes. wegen Eilbedürftigkeit keine Gelegenheit mehr besteht, die Maßnahme aber zur Abwendung von Nachteilen **objektiv erforderlich** ist.[429] Die Befugnis zu Notmaßnahmen steht dem Verwalter zur Abwendung von Rechtsnachteilen gerade für die WEer zu,[430] auch dann, wenn es nur um einzelne oder eine unbestimmte Anzahl von WEern geht, sofern nur die Maßnahme seinem Aufgabenbereich zuzuordnen ist.[431] Der unbestimmte Rechtsbegriff der Erforderlichkeit ermöglicht die Entscheidung im Einzelfall darüber, ob der Verwalter kurzfristig eine außerordentliche WEVers einzuberufen hat, um einen Beschluss der WEer herbeizuführen,[432] etwa vor Einlegung eines Rechtsmittels gegen eine richterliche Entscheidung.[433] Soweit erforderlich iSd Nr. 2, ist der Verwalter auch berechtigt, einen Rechtsanwalt als Prozessbevollmächtigten der WEer einzuschalten.[434] Dies gilt unabhängig davon, ob im Einzelfall eine Interessenkollision vorliegt oder nicht. Eine solche Einschränkung würde nämlich dem Zweck der Vorschrift widersprechen, der darin besteht, die WEer in Fällen, in denen wegen der Kürze der zur Verfügung stehenden Zeit eine Willensbildung in einer WEVers nicht herbeigeführt werden kann, vor Rechtsnachteilen oder sonstigen Schäden zu schützen.[435] **118**

Unter den Fristen iSv § 27 Abs. 2 Nr. 2 sind **materielle und prozessuale Fristen** zu verstehen, insbesondere Verjährungsfristen, Rechtsmittelfristen (Berufung, Revision, Einspruch, Beschwerde, Widerspruch) und Fristen für Mängelrügen.[436] Zur Fristwahrung kann der Verwalter auch Klage erheben,[437] doch wird idR vor Klageerhebung genügend Zeit verbleiben, einen ermächtigenden Beschluss nach § 27 Abs. 2 Nr. 3 herbeizuführen. Hierunter fallen auch Anfechtungsfristen gem. §§ 121, 124 BGB wegen Irrtums, arglistiger Täuschung etc. und rechtsgeschäftlich bestimmte Fristen. Soweit zur Wahrung einer Frist **119**

---

426 BGHZ 78, 166 (175); *Mansel,* FS für Bärmann/Weitnauer, S. 471 (478).

427 Palandt/*Bassenge* § 27 Rn 14 und § 45 Rn 1; Hügel/Elzer § 13 Rn 95, 105; *Niedenführ*/Kümmel/Vandenhouten § 27 Rn 63. Vgl. § 45 Rn 2.

428 Vgl. Begründung BT-Drucks. 16/887 S. 70.

429 BayObLG WE 1994, 375 = DWE 1994, 142 (147).

430 OLG Hamm ZMR 2004, 856.

431 *Hügel* ZMR 2008, 1 (7); BayObLG WE 1994, 375 = DWE 1994, 142 (147).

432 Vgl. auch Staudinger/*Bub* § 27 Rn 246.

433 *Müller,* Praktische Fragen, Rn 498 (S. 407).

434 OLG Düsseldorf ZMR 1994, 520; *Bassenge* PiG 30, 107 (114).

435 BayObLG DWE 1994, 142 (147) = WE 1994, 375.

436 Vgl. KG WE 1992, 197.

437 BGHZ 78, 166 (172).

eine Prozesshandlung erforderlich ist, beschränkt sich die gesetzliche Vertretungsmacht des Verwalters auf deren Vornahme.[438]

120 Die **Abwendung eines sonstigen Rechtsnachteils** kann etwa durch die Einleitung eines selbstständigen Beweisverfahrens[439] erfolgen. Daneben kommen Anträge in Zwangsversteigerungs-, Zwangsverwaltungs- oder Vollstreckungsschutzverfahren oder die Geltendmachung eines Anspruchs auf Grundbuchberichtigung[440] in Betracht. § 27 Abs. 2 Nr. 2 berechtigt den Verwalter auch, ggü bauaufsichtsrechtlichen Anordnungen vorläufigen Rechtsschutz nach § 80 Abs. 5 VwGO zu beantragen.[441]

121 **c) Führung eines Passivprozesses. aa) Allgemeines.** § 27 Abs. 2 Nr. 2 berechtigt den Verwalter, Maßnahmen zutreffen, die zur Abwendung eines sonstigen Rechtsnachteils erforderlich sind, insbesondere einen gegen die WEer gerichteten Rechtsstreit gemäß § 43 Nr. 1, Nr. 4 oder Nr. 5 im Erkenntnis- und Vollstreckungsverfahren zu führen. Insoweit räumt die Norm dem Verwalter eine **gesetzliche Prozessvertretungsmacht** ein; in solchen Fällen kann er auch vor Gericht auftreten, § 79 ZPO steht nicht entgegen.[442] Die Vertretungsmacht zur Führung des Passivprozesses setzt einen **gegen die WEer gerichteten Rechtsstreit** voraus, d. h. die Streitsache muss rechtshängig sein. Die Vertretungsmacht gem. § 27 Abs. 2 Nr. 2 erfasst daher **nicht** die Entgegennahme der **Zustellung der Klage,** die insoweit notwendige Empfangsberechtigung des Verwalters folgt aus § 45 Abs. 1. Ist ein Rechtsstreit rechtshängig, beschränkt sich die gesetzliche Vertretungsmacht des Verwalters auf die zur Abwendung von Rechtsnachteilen im Erkenntnis- und Vollstreckungsverfahren erforderlichen Prozesshandlungen.

122 Da die WEgem nach § 10 Abs. 6 Satz 3 die gemeinschaftsbezogenen Rechte der WEer ausübt und die gemeinschaftsbezogenen Pflichten wahrnimmt, hat die gesetzliche Ermächtigung zur Vertretung im Passivprozess vor allem bei Anfechtungsklagen (§§ 43 Nr. 4, 46 Abs. 1) Bedeutung.

123 **bb) Die vertretenen WEer.** Zur Abwendung eines Rechtsnachteils kann es erforderlich sein, dass der Verwalter insbesondere einen gegen die WEer gerichteten Rechtsstreit gem. § 43 Nr. 1 (Streitigkeiten der WEer untereinander), Nr. 4 (Anfechtungsklagen) oder Nr. 5 (Klagen Dritter gegen WEer) im Erkenntnis- und Vollstreckungsverfahren führt. Hieraus ergibt sich nur eine gesetzliche Vertretungsmacht für **die WEer als Beklagte.** Entgegen dem Wortlaut („im Namen aller WEer") kann der Verwalter auch bei Klagen eines oder mehrerer WEer **die beklagten übrigen WEer vertreten,**[443] denn bei den im Gesetz genannten Streitigkeiten der WEer untereinander (§ 43 Nr. 1) oder über die Gültigkeit von Beschlüssen (§ 43 Nr. 4, 46 Abs. 1) stehen zwangsläufig **nicht alle WEer** auf der Beklagtenseite, gleichwohl räumt ihm das Gesetz aber Vertretungsmacht zur Führung des Passivprozesses ein. Entsprechendes gilt bei Klagen Dritter gegen WEer. Diese brauchen sich nicht gegen alle WEer zu richten, sondern können sich „gegen WEer richten", nicht aber gegen einzelne WEer.[444]

124 Nicht vertreten kann der Verwalter WEer, die als Nebenintervenienten beigetreten sind, da der Rechtsstreit nicht gegen sie gerichtet ist.[445]

---

[438] OLG Saarbrücken ZMR 1998, 310.

[439] BayObLGZ 1976, 211 (213) = MDR 1976, 1023 = ZMR 1977, 345 = DWE 1977, 90; BGHZ 78, 166 (172); vgl. *Schmidt* PiG, 56, 39 ff.

[440] OLG Karlsruhe Justiz 1973, 307.

[441] OVG Lüneburg BauR 1986, 684.

[442] Vgl. *Elzer* ZMR 2008, 772 ff.; *Lehmann-Richter* ZWE 2009, 298 f.

[443] *Hügel* ZMR 2008, 1 (7); Palandt/*Bassenge* § 27 Rn 15; *Niedenführ*/Kümmel/Vandenhouten § 27 Rn 65.

[444] Palandt/*Bassenge* § 27 Rn. 15; Jennißen/*Heinemann* § 27 Rn 74; *Niedenführ*/Kümmel/Vandenhouten § 27 Rn 65; vgl. auch Briesemeister NZM 2007, 345 (346).

[445] Palandt/*Bassenge* § 27 Rn. 15.

cc) Der Umfang der Vertretungsmacht. § 27 Abs. 2 Nr. 2 berechtigt den Verwalter, Maßnahmen zu treffen, die zur Abwendung eines sonstigen Rechtsnachteils erforderlich sind, insbesondere einen gegen die WEer gerichteten Rechtsstreit gemäß § 43 Nr. 1, Nr. 4 oder Nr. 5 im Erkenntnis- und Vollstreckungsverfahren zu führen. Diese Ergänzung ermächtigt **nicht generell zur Vertretung der WEer in einem Passivprozess.**[446] Durch die Formulierung „insbesondere" wird als gesetzliches Beispiel einer zur Abwendung eines Rechtsnachteils *erforderlichen* Maßnahme die Führung eines Passivprozesses der WEer hervor gehoben. Auch die Führung eines Passivprozesses *kann* eine zur Abwendung eines Rechtsnachteils erforderliche Maßnahme sein.[447] Etwas Anderes lässt sich auch den bisherigen Entscheidungen des BGH nicht entnehmen.[448] Folglich besteht die Berechtigung des Verwalters zur Führung eines gegen die WEer gerichteten Passivprozesses nur, wenn dies in concreto zur Abwendung eines Rechtsnachteil **erforderlich** ist.[449] Wenn der Verwalter generell zur Führung eines gegen die WEer gerichteten Passivprozesses hätte berechtigt werden sollen, hätte statt „insbesondere" das Bindewort „und" verwendet werden müssen. **125**

Die abweichende Ansicht, dass unwiderleglich vermutet werde, die Führung eines solchen Passivprozesses sei eine objektiv erforderliche Maßnahme zur Nachteilsabwehr,[450] bedeutet demgegenüber eine generelle Prozessvertretungsmacht des Verwalters für gegen die WEer gerichtete Prozesse gem. § 43 Nr. 1, Nr. 4 oder Nr. 5. Ein solch normativer Sinn lässt sich weder dem Wortlaut des § 27 Abs. 2 Nr. 2 entnehmen und noch auf die Gesetzesmaterialien stützen. Zur „Klarstellung" ist in Nr. 2 ausdrücklich geregelt, dass der Verwalter in den genannten Passivverfahren zur Vertretung der WEer ermächtigt ist.[451] Dies beruht auf der während des Gesetzgebungsverfahrens vertretenen Ansicht,[452] die Verurteilung bei einer Klage gegen eine WEgem bedeute einen Rechtsnachteil iSd § 27 Abs. 2 Nr. 4 aF, den der Verwalter abzuwenden berechtigt und er mithin zur gerichtlichen Vertretung der WEgem bei Passivprozessen ermächtigt sei. Dies ist für Rechtsstreitigkeiten gegen die **WEgem** zutreffend, weil die WEgem nicht prozessfähig und deshalb zur Führung des Prozesses ein gesetzlicher Vertreter erforderlich ist. Zur „Klarstellung" ist Abs. 3 Satz 1 Nr. 2 daher insoweit ergänzt worden und dies wurde in Abs. 2 Nr. 2 für Passivprozesse der WEer gedankenlos wiederholt. Die WEer benötigen aber keinen gesetzlichen Prozessvertreter, da sie selbst prozessfähig sind und somit Maßnahmen zur Abwendung eines Rechtsnachteils idR selbst vornehmen können. Die generelle Prozessvertretung der WEer durch den Verwalter kraft Gesetzes bei den genannten Passivprozessen ist daher nicht „erforderlich" iSd Nr. 2, da die WEer selbst handeln können.[453] **126**

Hinzu kommt, dass die Ergänzung der Nr. 2 nur zur „Klarstellung" erfolgt, nicht aber um die insoweit geltende Rechtslage zu ändern.[454] Nach bisherigem Recht aber war der Verwalter nicht kraft Gesetzes zur Vertretung der WEer als Antragsgegner in Beschlussanfechtungsverfahren berechtigt. Dies wäre nach dem jetzt geltenden Recht jedoch der Fall, wenn der Verwalter durch Nr. 2 generell zur Prozessvertretung bei Passivprozessen (§ 43 **127**

[446] Eingehend *Merle* ZWE 2008, 109 ff.; aA AG Heidelberg ZWE 2009, 266 m. zust. Anm. Briesemeister; *H. Müller* ZWE 2008, 226 f.; Jennißen/*Heinemann* § 27 Rn 74; *Niedenführ*/Kümmel/Vandenhouten § 27 Rn 65; Riecke/Schmid/*Abramenko* § 27 Rn 48; *Moosheimer* ZMR 2009, 809 (814); unklar Hügel/*Elzer* § 11 Rn 67.

[447] AA *H. Müller* ZWE 2008, 226 f.

[448] BGH ZMR 2007, 975; NZM 2009, 517 (518) = ZMR 2009, 777; ZWE 2009, 393 = NZM 2009, 705 ff.

[449] Ausführlich *Merle* ZWE 2008, 109 ff.; so auch Palandt/*Bassenge* § 27 Rn 15; *Gambella* ZWE 2009, 386 f.; wohl auch *Elzer* ZMR 2009, 649 (652 li Sp oben).

[450] Jennißen/*Heinemann* § 27 Rn 74; iErg ebenso *Niedenführ*/Kümmel/Vandenhouten § 27 Rn 65.

[451] BT-Drucks. 16/887 S. 70.

[452] Vgl. *Merle* ZWE 2006, 21 (23); 365 (366).

[453] In diesem Sinne auch *Elzer* ZMR 2009, 649 (652 li Sp oben).

[454] AA *H. Müller* ZWE 2008, 226 (227).

Nr. 4) der WEer ermächtigt wäre. Da nur eine Klarstellung, nicht aber eine Änderung der Rechtslage gewollt war, enthält § 27 Abs. 2 Nr. 2 **keine generelle Berechtigung des Verwalters** zur Führung von Passivprozessen der WEer, da dies idR nicht zur Abwendung eines Rechtsnachteils erforderlich ist. Jedoch kann der Verwalter, soweit zur Abwendung eines Rechtsnachteils erforderlich, einzelne Prozesshandlungen namens der WEer vornehmen, also insoweit den Prozess im Erkenntnis- und im Vollstreckungsverfahren führen.

128 Die gesetzliche Vertretungsmacht des Verwalters beschränkt sich daher idR auf die zur Abwendung von Rechtsnachteilen im Erkenntnis- und Vollstreckungsverfahren erforderlichen Prozesshandlungen, wozu aber nicht eine Widerklage (§ 27 Abs. 2 Nr. 3) gehört.[455]

129 **dd) Verwalter und WEer.** Der Verwalter, dem eine gegen die WEer gerichtete Klage nach § 45 Abs. 1 zugestellt worden ist, hat die WEer gem. § 27 Abs. 1 Nr. 7 zu **unterrichten.** Ab diesem Zeitpunkt dürfte idR eine Prozessführung des Verwalters durch Vornahme von Prozesshandlungen nicht mehr erforderlich sein. Denn die WEer sind selbst prozessfähig und können daher die zur Abwendung von Rechtsnachteilen notwendigen Maßnahmen selbst treffen.[456] Eine zusätzliche gesetzliche Prozessvertretungsmacht des Verwalters würde die WEer bevormunden und ihre Privatautonomie unzulässig einschränken. Ist vor Unterrichtung der WEer oder aus anderen Gründen zur Abwendung eines Rechtsnachteils eine Prozesshandlung erforderlich, etwa zur Fristwahrung, hat der Verwalter die dazu notwendige Rechtsmacht zur Vertretung der beklagten WEer.

4. Die Geltendmachung von Ansprüchen (Nr. 3)

130 **a) Der Normzweck.** Nach § 27 Abs. 2 Nr. 3 ist der Verwalter berechtigt, im Namen aller WEer und mit Wirkung für und gegen sie Ansprüche gerichtlich und außergerichtlich geltend zu machen, sofern er hierzu durch Vereinbarung oder Beschluss mit Stimmenmehrheit der WEer ermächtigt ist; insoweit kann er auch vor Gericht auftreten, § 79 ZPO steht nicht entgegen.[457] Nr. 3 erfasst nicht Ansprüche der WEgem, die der Verwalter aber unter denselben Voraussetzungen nach Abs. 3 Satz 1 Nr. 7 geltend machen kann. Sie erfasst auch nicht gemeinschaftsbezogene und sonstige Ansprüche der WEer, soweit diese gemeinschaftlich geltend gemacht werden können (§ 10 Abs. 6 Satz 3). Diese werden von der WEgem in gesetzlicher Prozessstandschaft ausgeübt; zur Ausübung kann der Verwalter nach Abs. 3 Nr. 7 ermächtigt werden.[458] Es erscheint äußerst zweifelhaft, ob Abs. 2 Nr. 3 daneben überhaupt einen eigenständigen Anwendungsbereich hat; in den bisherigen Kommentierungen finden sich denn auch keine Beispiele für Ansprüche, die unter Abs. 2 Nr. 3 fallen.[459]

131 Auch durch diese Regelung hat der Gesetzgeber dem Interesse der Allgemeinheit an einer sachgerechten Abwicklung des Rechtsverkehrs bei so komplizierten Gebilden wie der WEgem entsprochen.[460] Die Vorschrift des § 27 Abs. 2 Nr. 3 ist innerhalb des Absatzes 2 der einzige Fall, in dem der Verwalter zu einem Handeln im Namen der WEer und mit Wirkung für und gegen sie einer ausdrücklichen Ermächtigung bedarf. § 27 Abs. 2 Nr. 3 hindert nicht die Ermächtigung eines Dritten zur Geltendmachung von Ansprüchen.[461]

---

[455] Palandt/*Bassenge* § 27 Rn 15.
[456] Vgl. BGH NZM 2009, 517 (518).
[457] Vgl. *Elzer* ZMR 2008, 772 ff.; *Lehmann-Richter* ZWE 2009, 298 f.
[458] Vgl. Jennißen/*Heinemann* § 27 Rn 77; § 10 Rn 237 ff.
[459] Vgl. *Hügel* ZMR 2008, 1 (8); Riecke/Schmid/*Abramenko* § 27 Rn 50; vgl. Rn 151.
[460] BGHZ 78, 166 (172); OLG Stuttgart NJW 1966, 1036; *Merle* WE 1994, 3 (5); *Junker,* Gesellschaft, S. 117.
[461] BGH NJW 2005, 3146; NZM 2009, 547 (548); vgl. § 43 Rn 153.

b) Die Ermächtigung. aa) Die Rechtsnatur der Ermächtigung. Der Begriff der Ermächtigung hat im Zivilrecht keine einheitliche Bedeutung.[462] Zum einen versteht man darunter die dem Ermächtigten rechtsgeschäftlich erteilte Rechtsmacht, durch rechtsgeschäftliches oder rechtsgeschäftsähnliches Handeln im eigenen Namen bestimmte unmittelbare Rechtswirkungen für den Ermächtigenden herbeizuführen.[463] Insbesondere ist heute die sog. Einziehungsermächtigung anerkannt, wonach der Gläubiger einer Forderung einen anderen ermächtigen kann, diese Forderung im eigenen Namen gegen den Schuldner geltend zu machen, diesen zu mahnen, dadurch in Verzug zu setzen und ihn zu verklagen. Andererseits ist anerkannt, dass eine Ermächtigung zur Vornahme von Rechtsgeschäften auch als Bevollmächtigung zum Handeln im fremdem Namen gedeutet werden kann. Dies ergibt sich daraus, dass die Vollmacht und die Befugnis, ein fremdes Recht im eigenen Namen geltend zu machen, als Gewährung einer Legitimation im rechtsgeschäftlichen Verkehr miteinander artverwandt sind[464] und selbst das Gesetz den Begriff der Ermächtigung in Vorschriften wie §§ 714, 715 BGB, §§ 49, 54 HGB und § 81 ZPO iSv „Vertretungsmacht" verwendet. Dem wird für das WE-Recht in der Weise Rechnung getragen, dass der Begriff der Ermächtigung in § 27 Abs. 2 Nr. 3 den WEern sowohl als Rechtsgrundlage für eine Vertretungsmacht des Verwalters wie auch für eine Ermächtigung ieS, ihre Ansprüche im eigenen Namen geltend zu machen, dienen kann.[465] Macht er Ansprüche im eigenen Namen gerichtlich geltend, handelt es sich um einen Fall der gewillkürten Prozessstandschaft.[466] 132

bb) Möglichkeiten der Ermächtigung. Die Ermächtigung zur gerichtlichen und außergerichtlichen Geltendmachung von Ansprüchen kann dem Verwalter durch Beschluss mit Stimmenmehrheit, durch den Verwaltervertrag oder durch Vereinbarung erteilt werden. Wird der Verwalter durch Gestaltungsurteil gem §§ 21 Abs. 4, Abs. 8 gerichtlich bestellt, kann die Ermächtigung auch durch das Urteil erfolgen.[467] 133

(1) Die Ermächtigung durch Beschluss. Die Ermächtigung durch Beschluss der WEer ist in § 27 Abs. 2 Nr. 3 ausdrücklich vorgesehen. Der Beschluss kann mit Stimmenmehrheit gefasst werden. Er muss ordnungsmäßiger Verwaltung entsprechen (§ 21 Abs. 3), was dann der Fall ist, wenn die Geltendmachung des Anspruchs durch den Verwalter ordnungsgemäßer Verwaltung entspricht. Ist dies nicht der Fall, wird also durch die Ermächtigung die Grenze der Ordnungsmäßigkeit überschritten, bedarf es eines einstimmigen Beschlusses;[468] ein Mehrheitsbeschluss wäre zwar wirksam, aber anfechtbar. Wenn hingegen überwiegend die Ansicht vertreten wird, die Ermächtigung des Verwalters zur Vertretung der WEer könne stets durch Mehrheitsbeschluss erfolgen,[469] bleibt unberücksichtigt, dass Mehrheitsbeschlüsse nur im Rahmen der Ordnungsmäßigkeit zulässig sind. 134

[462] *Medicus,* AT, Rn 1014; MünchKomm-BGB/*Schramm,* vor § 164 Rn 40; Soergel/*Leptien* vor § 164 Rn 88; RGRK-*Steffen* vor § 164 Rn 14.

[463] *Medicus,* AT, Rn 1005 ff.; *Flume,* BGB AT, Bd. 2, § 57 1 c, S. 905.

[464] Vgl. hierzu *Flume,* BGB AT, Bd. 2, § 57 1 b, S. 904.

[465] BGHZ 74, 258 (260); 81, 35 (37); OLG Hamm OLGZ 1990, 180 (182); KG WE 1993, 223 = ZMR 1993, 344; BayObLGZ 1971, 313 (316).

[466] Vgl. dazu BGHZ 104, 197 (199); 73, 302 (306); 74, 258 (267) = NJW 1979, 2207; BGHZ 81, 35 (37) = NJW 1981, 1841; NJW-RR 1986, 755 = ZMR 1986, 245 = WuM 1986, 291 = BauR 1986, 447; BayObLGZ 1969, 209 (212); 1986, 128 (129); WE 1996, 150 (151); *Merle* WE 1994, 3 (6); ausführlich dazu *Belz,* Handbuch, Rn 244 ff.

[467] KG ZWE 2001, 496 f.; vgl. § 26 Rn 241.

[468] Vgl. § 21 Rn 2; *Schmack/Kümmel* ZWE 2000, 433; *Kümmel* ZWE 2001, 52.

[469] So KG WE 1992, 112 (113); BayObLGZ 1980, 154 (157); OLG Zweibrücken WE 1987, 163 = NJW-RR 1987, 1366 = WEZ 1988, 47; *Müller,* Praktische Fragen, Rn 502 (S. 409); *ders.* PiG 36, 7 (15); *Bub* PiG 39, 67 (69); *Heinrich* NJW 1974, 125 (126); ausdrücklich offengelassen von BGHZ 73, 302 (307) = NJW 1979, 2391; BGHZ 78, 166 (169) = NJW 1981, 282; so auch *Bassenge* PiG 30, 107 (113); *Niedenführ* DWE 1992, 6 (7).

Haben die WEer einen gemeinsamen Anspruch, so liegt die Ermächtigung des Verwalters zu dessen Durchsetzung idR im Rahmen ordnungsgemäßer Verwaltung.[470] In diesem Falle vertritt der Verwalter nach § 10 Abs. 5 auch die WEer, die der Ermächtigung nicht zugestimmt haben.[471] Auch Sondernachfolger sind insoweit an einen ermächtigenden Beschluss gebunden.[472] Ein Ermächtigungsbeschluss entspricht nicht ordnungsgemäßer Verwaltung, wenn der Anspruch offensichtlich unbegründet ist[473] oder wenn die Anspruchsverfolgung auf Grund der offensichtlichen Zahlungsunfähigkeit des Schuldners sinnlos ist.[474] Ein solcher Mehrheitsbeschluss ist wirksam, aber anfechtbar. Erst mit der Ungültigkeitserklärung des die Ermächtigung aussprechenden Mehrheitsbeschlusses entfällt rückwirkend die Ermächtigung des Verwalters.[475]

135 Die WEer können **vereinbaren,** dass Ansprüche oder bestimmte Ansprüche nur auf Grund einer einstimmigen Ermächtigung geltend gemacht werden dürfen oder dass eine qualifizierte Mehrheit erforderlich sein soll. Durch Vereinbarung kann auch bestimmt werden, dass die Ermächtigung des Verwalters zur Geltendmachung von Ansprüchen durch den Verwaltungsbeirat zu erteilen ist.[476]

136 Die WEer können dem Verwalter zur gerichtlichen und außergerichtlichen Geltendmachung von Ansprüchen durch Mehrheitsbeschluss sowohl für den Einzelfall eine **spezielle Ermächtigung** erteilen, als auch eine **generelle Ermächtigung** erteilen.[477] Eine generelle Ermächtigung ist zweckmäßig und erleichtert idR die Vertretung der WEer vor Gericht, da der Verwalter über den Anwendungsbereich des § 27 Abs. 2 Nr. 2 hinaus in die Lage versetzt wird, rasch zu handeln, ohne bei der gerichtlichen Geltendmachung eines Anspruchs vorher jedes Mal die Zustimmung der WEer einholen zu müssen.[478]

137 **(2) Die Ermächtigung im Verwaltervertrag.** Die Ermächtigung zur Geltendmachung von Ansprüchen der WEer kann dem Verwalter **im Verwaltervertrag** erteilt werden.[479] Genau genommen handelt es sich auch bei dieser Form der Ermächtigung um eine besondere Ausgestaltung der im Gesetz vorgesehenen Ermächtigung mittels Beschlusses der WEer, da ein solcher auch hier stets Grundlage für die Regelung im Verwaltervertrag ist.[480] IE ist zu differenzieren: Der Verwalter kann zunächst in der Weise ermächtigt werden, dass die WEer durch Beschluss ein Angebot auf Abschluss eines Verwaltervertrages abgeben, in dem die Ermächtigung enthalten ist, und der Verwalter dieses Angebot annimmt.[481] Umgekehrt kann der Verwaltervertrag mit der entspr. Ermächtigungsklausel auch dadurch zustande kommen, dass die WEer durch Mehrheitsbeschluss ein Angebot des Verwalters annehmen.[482] Grundlage für die Ermächtigung kann auch ein Mehrheitsbeschluss sein, durch den ein einzelner WEer bevollmächtigt wird, mit dem Verwalter den Vertrag zu schließen, in dem die entspr. Ermächtigung enthalten

[470] Vgl. BayObLG NJW-MietR 1997, 61 (62) = WE 1997, 239.

[471] BGHZ 78, 166 (169) = NJW 1981, 282; BayObLGZ 1980, 154 (157); *Bassenge* PiG 30, 107 (113 f.).

[472] OLG Köln WE 1998, 235 = NZM 1998, 874.

[473] BayObLG WuM 1994, 571 (572).

[474] Zu diesem Beispiel vgl. *Müller,* Praktische Fragen, Rn 502 (S. 409).

[475] Vgl. BGHZ 78, 166 (170) = NJW 1981, 282 = Rpfleger 1981, 97 = ZMR 1981, 125; *Bassenge* PiG 30, 107 (113).

[476] BayObLG Rpfleger 1980, 23.

[477] OLG Zweibrücken NJW-RR 1987, 1366 = WE 1987, 163; OLG Stuttgart OLGZ 1990, 175; KG DWE 1991, 116 = WE 1991, 325 (Ls); BayObLG WE 1990, 138; ZWE 2001, 599 (600) = NJW-RR 2002, 158; *Müller,* Praktische Fragen, Rn 503 (S. 409); *Bub* NZM 2001, 502 (506) danach verstoße ein solcher Beschluss auch nicht gegen § 10 Abs. 1 S. 2 WEG; *Sauren* § 27 Rn 89.

[478] Vgl. BayObLGZ 1989, 287 (289) = WE 1989, 175; vgl. auch BayObLGZ 1969, 209 (213).

[479] Vgl. BGHZ 104, 197 (199); BayObLG NJWE-MietR 1997, 36 = WE 1997, 265.

[480] Ablehnend *Elzer,* ZMR 2009, 649 (650).

[481] Vgl. *Bassenge* PiG 30, 107 (114).

[482] BayObLG NJW-RR 1987, 1039 (1040).

ist.[483] Darüber hinaus kann auch der Verwaltungsbeirat ermächtigt werden, mit dem bestellten Verwalter den entspr. Vertrag zu schließen.[484]

(3) Die Ermächtigung durch Vereinbarung. Die generelle Ermächtigung des Verwalters zur Geltendmachung von Ansprüchen der WEer kann auch durch **Vereinbarung** der WEer etwa in der GemO erfolgen. Möglich ist auch eine Ermächtigung bereits mit der Teilungserklärung,[485] die gem. §§ 8 Abs. 2, 5 Abs. 4 Vereinbarungscharakter im Verhältnis der WEer untereinander hat. Eine Regelung in der GemO, nach der der Verwalter zur gerichtlichen Vertretung der WEer im Rahmen der laufenden Verwaltung ermächtigt wird, gilt regelmäßig nicht nur für den ersten, in der GemO bestellten Verwalter; vielmehr ist die Regelung idR dahingehend auszulegen, dass die Ermächtigung für den jeweiligen Verwalter gilt.[486] Sie gilt auch für den Fall, dass Ansprüche von einem oder einzelnen WEern gegen alle übrigen WEer geltend gemacht werden.[487] Die in einer Vereinbarung vorgesehene generelle Ermächtigung berechtigt jeden Verwalter. Auch ohne ausdrückliche Aufnahme in den Verwaltervertrag wird die Ermächtigung zum Inhalt des Rechtsverhältnisses zum Verwalter.[488] 138

cc) Der Widerruf der Ermächtigung. Die Ermächtigung des Verwalters kann grds jederzeit widerrufen werden (Rechtsgedanke des § 168 Satz 2 BGB). So wie eine Ermächtigung nach § 27 Abs. 2 Nr. 3 durch Vereinbarung oder Mehrheitsbeschluss vorgenommen werden kann, kann der Widerruf als actus contrarius ebenfalls durch Vereinbarung oder Mehrheitsbeschluss der WEer erfolgen.[489] Ist der Verwalter durch Vereinbarung in der GemO ermächtigt worden, kann die darauf beruhende gesetzliche Vertretungsmacht des Verwalters nur durch Beseitigung dieses Tatbestandsmerkmals zum Erlöschen gebracht werden. Dies erfordert idR eine entsprechende Vereinbarung der WEer, so dass eine durch Vereinbarung erfolgte Ermächtigung idR nicht durch Mehrheitsbeschluss der WEer widerrufen werden kann. Dagegen erlischt eine durch Beschluss erfolgte Ermächtigung durch Aufhebung dieses Beschlusses, was wiederum mit Stimmenmehrheit beschlossen werden kann. Entsprechendes gilt, wenn eine Ermächtigung Inhalt des Verwaltervertrages geworden ist, da dies nur eine Variante einer durch individuellen Beschluss erfolgten Ermächtigung ist. Durch Beschluss mit Stimmenmehrheit kann daher auch eine im Verwaltervertrag enthaltene Ermächtigung idR einseitig zum Erlöschen gebracht werden; etwas anderes gilt, wenn die Ermächtigung unwiderruflich erteilt worden ist.[490] 139

Endet die Verwalterstellung (Zeitablauf, Widerruf Amtsniederlegung etc.), erlischt nach dem Rechtsgedanken des § 168 Satz 1 BGB auch eine dem Verwalter erteilte Ermächtigung. 140

dd) Ermächtigung als Vertretungsmacht. Der Verwalter erwirbt auf Grund der Ermächtigung, Ansprüche gerichtlich und außergerichtlich geltend zu machen, die Rechtsmacht, die WEer in deren Namen zu vertreten. Während der Verwalter im Rahmen der übrigen Regelungen des § 27 Abs. 2 als Vertreter der WEer mit gesetzlicher Vertretungsmacht anzusehen ist, ist im Hinblick auf den ausdrücklichen Ermächtigungsvorbehalt in § 27 Abs. 2 Nr. 3 fraglich, ob auch hier eine gesetzliche Vertretungsmacht des Verwalters vorliegt[491] oder ob er Bevollmächtigter ist. 141

---

483 BayObLG ZMR 1985, 278 (Ls).

484 BayObLGZ 1988, 271 (272); BayObLG Rpfleger 1980, 23; vgl. auch *Bassenge* PiG 30, 107 (114).

485 Vgl. OLG Stuttgart OLGZ 1990, 175 (177); Palandt/*Bassenge* § 27 Rn 18.

486 BayObLG WE 1997, 395 (396) = NJWE-MietR 1997, 279; NJWE-MietR 1997, 36 = WE 1997, 265.

487 BayObLG WE 1997, 395 (396) = NJWE-MietR 1997, 279; vgl. Rn 152.

488 Ausführlich *Merle* ZWE 2001, 145 (147), aA *Müller,* Praktische Fragen, Rn 503 (S. 410).

489 Vgl. BayObLG NJWE-MietR 1997, 116 = WE 1997, 318.

490 Vgl. auch *Müller,* Praktische Fragen, Rn 188 (S. 377).

491 Für die Annahme einer gesetzlichen Vertretungsmacht OLG Düsseldorf BauR 1991, 362 (363); wohl auch BayObLG Rpfleger 1976, 364 (365); *Giesen* PiG 48, 153 (165); *Wenzel* FachV 1, 108 (112,

142 Der Ansicht, der Verwalter sei im Rahmen des § 27 Abs. 2 Nr. 3 nicht als gesetzlicher Vertreter anzusehen, da die Vertretungsmacht auf einem Rechtsgeschäft beruhe,[492] kann nicht gefolgt werden. Die Vorschrift setzt keine für eine Bevollmächtigung nach § 167 Abs. 1 BGB erforderliche empfangsbedürftige Willenserklärung voraus.[493] Nach § 27 Abs. 2 Nr. 3 entsteht die Vertretungsmacht des Verwalters vielmehr bereits kraft Gesetzes mit Vorliegen des Ermächtigungsbeschlusses, ohne dass es dazu einer zusätzlichen, an den Verwalter gerichteten Willenserklärung bedarf, die erst mit Zugang bei diesem Wirksamkeit entfalten würde.[494] Es fehlt auch an der für die Annahme einer rechtsgeschäftlich erteilten Vertretungsmacht oder einer auf der Ermächtigung beruhenden gewillkürten Prozessstandschaft wesentlichen Voraussetzung, dass die Prozessvertretung allein vom Willen des Vertretenen abhängt. Wird nämlich trotz ausdrücklich entgegenstehendem Willen eines WEers mit Stimmenmehrheit ein wirksamer Ermächtigungsbeschluss gefasst, so ist er daran gebunden und wird nach § 10 Abs. 5 auch gegen seinen Willen vor Gericht vertreten. Das Eingreifen der Vertretungsmacht gegen oder ohne den Willen des Vertretenen ist jedoch gerade ein charakteristisches Merkmal der gesetzlichen Vertretungsmacht.[495]

143 Die Regelung ist darüber hinaus im systematischen Zusammenhang mit dem Einleitungssatz und den übrigen Vorschriften des § 27 Abs. 2 zu sehen, innerhalb derer eine gesetzliche Vertretungsmacht des Verwalters angenommen wird. Auch in den Fällen des § 27 Abs. 2 Nrn. 1, 2 und 4 besteht die gesetzliche Vertretungsmacht des Verwalters nicht unbegrenzt und umfassend, sondern greift nur beim Vorliegen bestimmter tatbestandlicher Voraussetzungen ein.[496] In diese tatbestandlichen Einschränkungen der gesetzlichen Vertretungsmacht ist auch der Ermächtigungsvorbehalt in § 27 Abs. 2 Nr. 3 einzuordnen.[497] Da er mit den in § 27 Abs. 2 Nrn. 1, 2 und 4 genannten Begrenzungen korrespondiert, kann hinsichtlich der gesetzlichen Vertretungsmacht in § 27 Abs. 2 Nr. 3 nichts anderes gelten als im Rahmen der anderen Vorschriften des § 27 Abs. 2. Der Ermächtigungsvorbehalt bezweckt nicht, die Nr. 3 innerhalb des Absatzes 2 als Ausnahmevorschrift aus dem Anwendungsbereich der gesetzlichen Vertretungsmacht herauszunehmen, sondern Sinn und Zweck der Vorschrift bestehen lediglich darin, die Interessen der Gesamtheit der WEer zu schützen.[498] Soweit es um die Geltendmachung von Ansprüchen und die Einleitung von gerichtlichen Verfahren geht, soll nicht eine uneingeschränkte gesetzliche Vertretungsmacht des Verwalters eingreifen, sondern vielmehr die Entscheidung hierüber allein bei den WEern liegen.[499] Haben die WEer über die Ermächtigung des Verwalters beschlossen, ist

---

119); *Deckert* PiG 36, 29 (34); im Ergebnis auch *Junker,* Gesellschaft, S. 203; dagegen: *Bassenge* PiG 30, 107 (113); *Schnauder* WE 1991, 179 (185 Fn. 21); *Bader* PiG 39, 133 (161); *Heinrich* NJW 1974, 125 (126); *Hauger* PiG 36, 49 (57).

[492] *Schnauder* WE 1991, 179 (185 Anm. 21); *Bassenge* PiG 30, 107 (113); *Bader* PiG 39, 133 (161); dem folgend auch VG Schleswig NJW-RR 1988, 845 (846); anders hingegen BayObLG Rpfleger 1976, 364 (365): „gesetzliche Vertretungsmacht" aus § 27 Abs. 2 Nr. 4 und Nr. 5 aF; dahin tendierend auch BayObLGZ 1989, 287 (289) = WE 1989, 175, wonach § 27 Abs. 2 Nr. 5 aF eine gesetzliche Regelung der Vertretungsmacht des Verwalters enthält.

[493] So auch Staudinger/*Bub* § 27 Rn 269.

[494] *Giesen* WE 1996, 122 (126).

[495] *Giesen* WE 1996, 122 (126).

[496] Zur grundsätzlichen Möglichkeit der Beschränkung der Befugnisse eines gesetzlichen Vertreters vgl. *Bärmann,* WE, Rn 566, mit Hinweis auf Parallelen zum Ergänzungs- und Gebrechlichkeitspfleger und *Merle* WE 1994, 3 (5) zur Beschränkung der Vertretungsmacht der Eltern als gesetzliche Vertreter des Kindes.

[497] So auch *Wenzel* FachV 1, 108 (112).

[498] BGHZ 121, 22 (27) = WE 1993, 135 mit Anm. *Weitnauer;* BGHZ 111, 148 (151) = WE 1990, 202; BGHZ 106, 222 (227) = WE 1989, 94 (95); OLG Hamburg OLGZ 1990, 435 = WE 1990, 171; vgl. auch KG NJW-RR 1991, 1363; *Bub* WE 1993, 3 (4) = PiG 39, 7 (13); *Hohenester* ZMR 1985, 109 (111).

[499] BGHZ 106, 222 (227) = WE 1989, 94 (95); *Bub* WE 1993, 3 (4); vgl. auch *Bub* PiG 36, 67 (69) und BGH NJW 1985, 912.

ihrem Schutzbedürfnis genüge getan und gleichzeitig liegen die tatbestandlichen Voraussetzungen für die **gesetzliche Vertretungsmacht** des Verwalters vor.[500] Es handelt sich daher um eine **gesetzliche** Vertretungsmacht des Verwalters, deren Umfang **rechtsgeschäftlich** bestimmt ist.

c) Der Umfang der Ermächtigung. aa) Die Ermächtigung zum Handeln im eigenen Namen. Nach bisherigem Recht konnte der Verwalter ermächtigt werden, Ansprüche der WEer im eigenen Namen als deren Prozessstandschafter geltend zu machen. Nach nun maßgebender Rechtslage könnten hiervon allenfalls solche Ansprüche der WEer betroffen sein, die unter die gekorene Ausübungsbefugnis des Verbandes fallen, etwa Abwehransprüche wegen unzulässigen Gebrauchs oder rechtswidriger baulicher Veränderung des GE. Dem Verwalter fehlt jedoch das für eine gewillkürte Prozessstandschaft erforderliche schutzwürdige Eigeninteresse,[501] das nach bisherigem Recht aus der Pflicht des Verwalters hergeleitet wurde,[502] die ihm obliegenden Aufgaben ordnungsgemäß und reibungslos zu erfüllen und die Beschlüsse der WEer durchzuführen. Denn die Verwaltung des gemE im Rechtsverkehr obliegt nunmehr der WEgem, die vom Verwalter als Organ repräsentiert wird. 144

Ist der Verwalter von den WEern dennoch ausdrücklich ermächtigt, deren Ansprüche **im eigenen Namen** geltend zu machen, so dürfte eine solche Ermächtigung idR dahin auszulegen sein, dass die Ansprüche der WEer von der dazu ausübungsbefugten WEgem geltend gemacht werden sollen.[503] Erfolgt eine solche Ermächtigung durch Beschluss, widerspricht er idR ordnungsmäßiger Verwaltung, da die durch den Verwalter handelnde WEgem für die Verwaltung des gemE zuständig ist. Ein solcher Beschluss berechtigt den Verwalter jedoch nach § 27 Abs. 2 Nr. 3, die Ansprüche der WEer als deren gesetzlicher Vertreter **in deren Namen** geltend zu machen.[504] Die Befugnis des Verwalters, Ansprüche namens der WEer geltend zu machen, bei einer ausdrücklichen Ermächtigung zum Handeln im eigenen Namen ergibt sich schon daraus, dass letztere immer auch das Recht einschließt, als Vertreter der WEer zu handeln (arg. a maiore ad minus).[505] 145

bb) Sonstige Gestaltungen. Eine **Ermächtigung zur Vertretung** der WEer **in deren Namen** enthält im Unterschied zu früheren Recht[506] nunmehr nicht zugleich die weitergehende Ermächtigung zur Geltendmachung der Ansprüche der WEer **im eigenen Namen.** Ist der Verwalter ermächtigt, Ansprüche **sowohl im eigenen Namen als auch als Vertreter** der WEer geltend zu machen, ist die Ermächtigung zur Prozessführung im eigenen Namen durch die Reform des WEG gegenstandslos geworden. Wird der Verwalter entspr. der gesetzlichen Regelung des § 27 Abs. 2 Nr. 3 schlicht ermächtigt wird, Ansprüche der WEer gerichtlich und außergerichtlich geltend zu machen, ohne dass näher geregelt ist, ob er dies im eigenen Namen oder als Vertreter der WEer zu tun hat, liegt darin entgegen der früheren Rechtslage[507] nur die Befugnis zur Vertretung der WEer. 146

d) Der Umfang der Vertretungsmacht. Aufgrund einer Ermächtigung durch die WEer kann der Verwalter nach § 27 Abs. 2 Nr. 3 im Namen der WEer und mit Wirkung für und gegen sie deren Ansprüche gerichtlich und außergerichtlich geltend machen. Dabei vertritt der Verwalter die WEer und nicht die WEgem. Die allgemeine Vertretungsbefugnis 147

---

500 Vgl. hierzu *Merle* WE 1994, 3 (6); *Wenzel* FachV 1, 108 (111, 112).

501 Vgl. § 43 Rn 150 ff.

502 BGHZ 73, 302 (307); 104, 197 (199); NJW 2004, 937 (938).

503 Vgl. § 43 Rn 150.

504 Vgl. hierzu *Merle* WE 1994, 3 (6).

505 BayObLGZ 1986, 212 (213) = WE 1989, 106 = WuM 1988, 412; ZWE 2001, 155 (Ls) = NZM 2001, 148; vgl. hierzu *Deckert* PiG 36, 29 (38); *ders.* PiG 30, 107 (119); *Müller,* Praktische Fragen, Rn 504 (S. 411 f.); *Bader* PiG 39, 133 (164).

506 Vgl. 9. Aufl. § 27 Rn 151.

507 Vgl. 9. Aufl. § 27 Rn 153.

des Verwalters umfasst aber nicht individuelle Ansprüche einzelner WEer.[508] Gemeinschaftsbezogene Rechte der WEer und sonstige Rechte der WEer, die gemeinschaftlich geltend gemacht werden können, übt die WEgem aus,[509] wenn diese sie durch Beschluss an sich gezogen hat. Hierzu zählen etwa Ansprüche auf Durchsetzung der Hausordnung nach § 15 Abs. 3 oder auf Beseitigung baulicher Veränderungen nach § 1004 BGB.

148 **aa) Die Geltendmachung von Ansprüchen.** Die Vertretungsmacht des ohne Einschränkungen ermächtigten Verwalters reicht im Falle der gerichtlichen Geltendmachung von Ansprüchen bis zur Befriedigung des sachlichen Verfolgungsinteresses. Sie gilt demnach für alle Instanzen und ermächtigt zur **Einlegung von Rechtsmitteln.**[510] Zur Geltendmachung von Ansprüchen gehört auch die **Aufrechnung** mit ihnen.[511] Obwohl der Umfang der gesetzlichen Vertretungsmacht nicht wie im Zivilprozess nach §§ 81 ff. ZPO gesetzlich geregelt ist, folgt aus der vergleichbaren Rechts- und Interessenlage eine analoge Anwendung der §§ 81 bis 87 ZPO.[512] Entspr. § 81 ZPO ist der Verwalter grds auch zum **Abschluss eines gerichtlichen Vergleichs** über den Verfahrensgegenstand berechtigt.[513]

149 Die Ermächtigung des Verwalters zur gerichtlichen Geltendmachung von Ansprüchen ermächtigt auch zur Beauftragung eines **Rechtsanwalts** zur Vertretung der WEer im gerichtlichen Verfahren.[514] Sofern nicht besondere Verfahrensvorschriften wie § 78 ZPO dies gebieten, ist der Verwalter jedoch nicht zur Beauftragung eines Rechtsanwaltes verpflichtet.[515]

150 Die Vertretungsmacht des Verwalters zur Geltendmachung von Ansprüchen der WEer nach § 27 Abs. 2 Nr. 3 bezieht sich nur auf bereits entstandene Ansprüche. Sie schließt nicht das Recht des Verwalters ein, **Gestaltungsrechte** auszuüben und dadurch Ansprüche erst zu begründen.

151 **bb) Handeln im Namen aller WEer.** Nach dem Wortlaut des § 27 Abs. 2 Nr. 3 ist der Verwalter berechtigt, Ansprüche im Namen aller WEer gerichtlich und außergerichtlich geltend zu machen. Die Vertretungsmacht des nach § 27 Abs. 2 Nr. 3 ermächtigten Verwalters umfasst die Geltendmachung von **Ansprüchen, die den WEern** zustehen. In Betracht kommen hier wohl nur Ansprüche, die der gekorenen Ausübungsbefugnis der WEgem unterfallen, von diesem aber noch nicht durch Mehrheitsbeschluss zu einer Angelegenheit der gemeinschaftlichen Verwaltung gemacht worden sind. Hierzu gehören etwa die Abwehransprüche der WEer wegen unzulässigen Gebrauchs oder unzulässiger baulicher Veränderung des gemE, die primären Mängelansprüche aus Ersterwerbsverträgen etc. Ansprüche gegen Dritte, die unter den bisherigen § 27 Abs. 2 Nr. 5 aF subsumiert worden sind, stehen nach jetzt geltendem Recht der **rechtsfähigen WEgem** (etwa aus Verträgen zur Verwaltung des gemE) zu. Ansprüche, die nach § 10 Abs. 6 Satz 3 von der WEgem geltend zu machen sind, nämlich um gemeinschaftsbezogene Ansprüche der WEer

---

[508] OLG Hamm NZM 2001, 953 (954).

[509] Siehe dazu § 10 Rn 237 ff.

[510] BayObLG ZMR 1979, 56 (57); BayObLGZ 1985, 171 (172); LG München I NZM 2010, 326 (327).

[511] BayObLG WE 1986, 14 (15) mit Anm. *Weitnauer;* Palandt/*Bassenge* § 27 Rn 15.

[512] *Wenzel* FachV 1, 108 (115), nach welchem die Vertretungsmacht hinsichtlich der für die Rechtsverfolgung erforderlichen Handlungen wegen § 27 Abs. 3 WEG nicht beschränkt werden kann; direkte Anwendung des § 81 ZPO bei Staudinger/*Bub* § 27 Rn 296.

[513] KG ZWE 2001, 612 f. = NZM 2002, 444; *Wenzel* FachV 1, 108 (115); offen lassend BayObLG WE 1999, 158 = NZM 1999, 78; ausführlich, teilw aA *Elzer* ZMR 2009, 649 ff.

[514] BGH NJW 1993, 1924 (1925) = LM § 21 Nr. 20 mit Anm. *Niedenführ* = WE 1993, 308; BayObLGZ 1991, 165 (167) = NJW-RR 1992, 81 = WE 1992, 145; WE 1993, 284; ZMR 1994, 234 (235); KG NJW-RR 1996, 526 (527) = DWE 1996, 30 (31); OLG Frankfurt/M. DWE 1984, 126; OLG Zweibrücken NJW-RR 1987, 1366 = WE 1987, 163 = DWE 1987, 137; OLG Düsseldorf ZWE 2001, 117 (120) = NZM 2001, 290; *Niedenführ*/Kümmel/Vandenhouten § 27 Rn 19; *Giesen* DWE 1993, 130.

[515] BGH NJW 1993, 1924 (1925) = WE 1993, 308.

(etwa Gewährleistungsrechte) oder um sonstige Ansprüche der WEer, die nach entsprechendem Beschluss gemeinschaftlich geltend gemacht werden können, etwa Ansprüche aus § 1004 BGB wegen unzulässiger baulicher Veränderungen unterfallen ebenfalls nicht dem § 27 Abs. 2 Nr. 3. Entsprechendes gilt für Ansprüche aus dem Gemeinschaftsverhältnis, etwa für Beitragsansprüche oder für die Ausübung des Entziehungsrecht nach § 18 WEG.

Nach bisherigem Recht war von § 27 Abs. 2 Nr. 5 aF auch ein gerichtliches oder außergerichtliches Vorgehen des Verwalters namens der **übrigen** WEer gegen einen einzelnen WEer von der Vorschrift des § 27 Abs. 2 Nr. 5 aF gedeckt, wenn es sich um gemeinschaftliche Angelegenheiten handelte.[516] Ebenso konnte der Verwalter durch Mehrheitsbeschluss ermächtigt werden, die Mehrzahl der WEer in **Beschlussanfechtungsverfahren** zu vertreten, die ein WEer gegen die übrigen WEer anstrengte.[517] Dem ist auch nach neuem Recht für den inhaltlich unveränderten § 27 Abs. 2 Nr. 3 zuzustimmen. Bei der Klage eines WEers nach § 43 Nr. 4 auf Ungültigerklärung von Beschlüssen der WEer kann der Verwalter die beklagten übrigen WEer im Prozess vertreten, wenn er hierzu ermächtigt ist. Die Ermächtigung kann mit Stimmenmehrheit beschlossen werden. Statt die Beschlusskompetenz entgegen dem Gesetzeswortlaut auf § 27 Abs. 2 Nr. 3 zu stützen, liegt es näher, sie insoweit dem § 21 Abs. 3 zu entnehmen. 152

cc) Beschränkungen der Vertretungsmacht. Für Einschränkungen der Vertretungsmacht des Verwalters ist der Inhalt der Ermächtigung maßgebend.[518] Nach bisher überwiegender Auffassung ist eine in der GemO enthaltene Ermächtigung nicht unwiderruflich und kann im Einzelfall durch einen Mehrheitsbeschluss der WEer eingeschränkt werden.[519] Demgegenüber ist nach der Ergänzung des § 27 Abs. 2 Nr. 3 davon auszugehen, dass die WEer eine generelle Ermächtigung des Verwalters durch Vereinbarung oder durch Mehrheitsbeschluss vornehmen können. Wird sie durch Vereinbarung vorgenommen, kann sie auch nur durch Vereinbarung widerrufen werden. Ob eine in einer GemO enthaltene generelle Ermächtigung Vereinbarungscharakter hat, hängt davon ab, ob ihr Inhalt erkennbar rechtsgestaltende Wirkung für alle Zukunft entfalten und deshalb nur einstimmig geändert werden soll.[520] Dies dürfte jedoch bei einer Ermächtigung des Verwalters zur gerichtlichen Geltendmachung von Ansprüchen der WEer in der GemO idR nicht der Fall sein, so dass sie mit Stimmenmehrheit der WEer geändert werden kann, also keinen Vereinbarungscharakter hat; nur wenn durch Auslegung zu ermitteln ist, dass die generelle Ermächtigung in einer GemO auch materielle Vereinbarung ist, bedarf ihre Änderung der Zustimmung aller WEer. 153

Die Vertretungsmacht des Verwalters zur gerichtlichen Geltendmachung von Ansprüchen kann auch von der Zustimmung der Mitglieder des Verwaltungsbeirats abhängig gemacht werden.[521] Diese in der Praxis häufig gebräuchliche Einschränkung der Vertretungsmacht steht im Einklang mit § 27 Abs. 4. Dem Verwalter werden hierdurch keine unabdingbaren Verwalterbefugnisse genommen.[522] Da es die WEer in der Hand haben, 154

---

[516] Vgl. zu einer ausdrücklichen Ermächtigung des Verwalters, Ansprüche auch gegen einzelne WEer geltend zu machen, vgl. BayObLGZ 1988, 287 (289) = WE 1989, 175 mit Anm. *Deckert;* vgl. auch WE 1990, 138; KG WE 1993, 223 = WuM 1993, 432 = ZMR 1993, 344; BayObLG WE 1986, 26.

[517] BayObLG NJWE-MietR 1997, 182 (183) = WE 1997, 396 (397); ZWE 2001, 599 (600) = NJW-RR 2002, 158; dagegen *Jennißen* NJW 1998, 2253 (2254).

[518] Vgl. BayObLG WE 1991, 263 (264); BayObLG Rpfleger 1980, 23; *Belz,* Handbuch, Rn 241.

[519] BayObLG Rpfleger 1980, 23; vgl. auch OLG Zweibrücken NJW-RR 1987, 1366; *Augustin* § 27 Rn 39; *Bader* PiG 39, 133 (161); aA *Müller,* Praktische Fragen, Rn 188 (S. 377).

[520] Vgl. BayObLG ZMR 1976, 310 (311) für die gleichgelagerte Problematik der Aufnahme einer Hausordnung in die GemO; s. dazu § 21 Rn 61.

[521] OLG Zweibrücken NJW-RR 1987, 1366 = WE 1987, 163; BayObLG WE 1989, 106; *Niedenführ* PiG 30, 107 (114).

[522] OLG Zweibrücken NJW-RR 1987, 1366 (1367).

von einem Ermächtigungsbeschluss nach § 27 Abs. 2 Nr. 3 ganz abzusehen, muss es ihnen erst recht möglich sein, den Verwalter unter einer Bedingung zu ermächtigen, wodurch im Ergebnis seine Befugnisse nicht eingeschränkt, sondern erweitert werden.[523]

155 **dd) Erweiterungen der Vertretungsmacht.** Die gesetzliche Vertretungsmacht des ermächtigten Verwalters nach § 27 Abs. 2 Nr. 3 umfasst nur die Führung von **Aktivverfahren** im Namen aller WEer. Jedoch besteht Einigkeit darüber, dass die Vertretungsmacht über die in § 27 Abs. 2 Nr. 3 vorgesehene Führung von Aktivverfahren auf Grund der allgemein geltenden Vertragsfreiheit auf **Passivverfahren** ausgeweitet werden kann.[524] In diesem Fall muss die Auslegung einer Ermächtigung zur Geltendmachung von Ansprüchen eine Ausweitung auf Passivverfahren ergeben. Ist sie allgemein gehalten oder auf die aktive Rechtsverfolgung beschränkt, so kann der Verwalter die WEer auf der Passivseite nur auf Grund einer Einzelvollmacht vertreten.[525]

156 Besondere Bedeutung gewinnt die Passivvertretung durch den Verwalter in Beschlussanfechtungsverfahren nach § 43 Nr. 4, in denen der Verwalter in der Praxis häufig zum Verfahrensvertreter der in Gegnerschaft zum anfechtenden WEer stehenden übrigen WEer bestellt wird.[526] Durch **Vereinbarung** kann der Verwalter generell ermächtigt werden, die beklagten übrigen WEer in Beschlussanfechtungsverfahren zu vertreten. Nach bisheriger Rspr. konnte der Verwalter in Erweiterung der gesetzlichen Regelung des § 27 Abs. 2 Nr. 5 aF (jetzt: Abs. 2 Nr. 3) zur Passivvertretung in Beschlussanfechtungsverfahren auch durch **Mehrheitsbeschluss** ermächtigt werden.[527] Dies ist **nicht** mehr möglich.[528] Weder der Verwalter noch etwa ein Rechtsanwalt kann im Anfechtungsprozess mangels Beschlusskompetenz durch Mehrheitsbeschluss der WEer zur Vertretung aller beklagten WEer ermächtigt werden. Denn dann könnte der Verwalter, wenn er nicht selbst den Prozess führt, nach allgemeiner Ansicht auch einen Rechtsanwalt namens der beklagten WEer mit der Prozessvertretung beauftragen mit der Folge, dass alle beklagten WEer die Vergütung des beauftragten Rechtsanwalts persönlich schulden. Zwar kann der Verwalter die WEer verpflichten, aber nur, wenn jeder einzelne WEer ihn hierzu eigens individuell bevollmächtigt hat. Hierzu genügt nach zutreffender Rechtsprechung des BGH[529] nicht ein Mehrheitsbeschluss, weil die WEVers keine Beschlusskompetenz hat, eine persönliche Leistungspflicht durch Mehrheitsentscheidung zu begründen.

157 **ee) Handeln ohne Vertretungsmacht.** Ist der Verwalter nicht zur gerichtlichen und/oder außergerichtlichen Geltendmachung von Ansprüchen der WEer ermächtigt, kann er sie mangels gesetzlicher Vertretungsmacht nicht vertreten. Insoweit vom Verwalter namens der WEer vorgenommene Rechtsgeschäfte und Prozesshandlungen wirken nicht für und gegen die WEer, es sei denn, sie liegen innerhalb seiner Vertretungsmacht gem. § 27 Abs. 2 Nr. 2. Nicht wirksame Rechtsgeschäfte können aber von den WEern nach §§ 177, 180 BGB durch Mehrheitsbeschluss genehmigt werden. Bei Fehlen der Ermächtigung ist eine vom Verwalter erhobene Klage als unzulässig abzuweisen.[530]

[523] Zur Frage der Haftung der Mitglieder des Verwaltungsbeirats im Zusammenhang mit der Ermächtigung zur Prozessführung vgl. OLG Zweibrücken NJW-RR 1987, 1366 (1367).

[524] OLG Zweibrücken NJW-RR 1987, 1366; BayObLGZ 1988, 287 (289) = WE 1989, 173 mit Anm. *Deckert;* WE 1990, 138; Staudinger/*Bub* § 26 Rn 296.

[525] *Wenzel* FachV 1, 108 (117).

[526] Vgl. nur OLG Zweibrücken NJW-RR 1987, 1366; ist vertraglich allein bestimmt, dass der Verwalter die Eigentümer im Prozess vertreten könne, wird dies häufig in Erweiterung des Wortlauts auf eine Vertretung in Passivverfahren bezogen. Kritisch zu dieser Praxis in WE-Verfahren *Deckert* PiG 36, 29 (38) = WE 1991, 351 unter Annahme einer möglichen Neutralitätsverletzung.

[527] Vgl. OLG Zweibrücken NJW-RR 1987, 1366; BayObLG WE 1990, 138.

[528] Vgl. *Merle,* ZWE 2008, 109 (112).

[529] BGH, NZM 2005, 543, 548 li. Sp. unten; vgl. auch OLG München NZM 2010, 247 (248); auch *Wenzel* NZM 2004, 542, 543.

[530] Vgl. BayObLGZ 1976, 211 (213).

e) Gerichtliche Vertretung. Die gerichtliche Geltendmachung von Ansprüchen der WEer durch den Verwalter ist nach § 5 Abs. 2 Nr. 2 RDG[531] erlaubt. Hiernach können Rechtsdienstleistungen als Nebenleistungen im Zusammenhang mit einer Haus- und Wohnungsverwaltung erbracht werden. Der ermächtigte Verwalter kann daher ohne Verstoß gegen das RDG Ansprüche der WEer gerichtlich geltend machen. Auch ist der Verwalter postulationsfähig, d. h. er kann vor dem AG wirksame Prozesshandlungen als Prozessbevollmächtigter der WEer vornehmen. Dies folgt aus einem Anwendungsvorrang des § 27 Abs. 2 Nr. 3 vor § 79 Abs. 2 S. 2 ZPO.[532] **158**

5. Streitwertvereinbarungen (Nr. 4)

a) Der Normzweck. Der Verwalter ist nach § 27 Abs. 2 Nr. 4 berechtigt, im Namen aller WEer und mit Wirkung für und gegen sie mit einem Rechtsanwalt wegen eines Rechtsstreits gemäß § 43 Nr. 1, Nr. 4 oder Nr. 5 zu vereinbaren, dass sich die Gebühren nach einem höheren als dem gesetzlichen Streitwert, höchstens nach einem gem. § 49 a Abs. 1 Satz 1 GKG bestimmten Streitwert bemessen. Nach der Gesetzesbegründung[533] soll es den WEern dadurch ermöglicht werden, einen Rechtsanwalt zu finden, der für einen im Einzelfall, etwa in Beschlussanfechtungsverfahren, möglicherweise niedrigen Streitwert zur Übernahme des Mandats bereit ist. Deshalb wird der Verwalter im Interesse aller übrigen WEer ermächtigt, für diese eine insbes. dem gesteigerten Haftungsrisiko angemessene Vergütung ohne vorherigen Beschluss der WEer zu vereinbaren, nämlich durch vereinbarte Erhöhung des gesetzlichen Streitwerts. **159**

b) Die gesetzliche Vertretungsmacht. aa) Allgemeines. Die gesetzliche Vertretungsmacht des Verwalters besteht nur für Aktiv- und Passivprozesse gem. § 43 Nr. 1, Nr. 4 oder Nr. 5,[534] dürfte aber für Verfahren nach Nrn. 1 und 5 wegen § 10 Abs. 6 S. 3 bedeutungslos sein.[535] Ist der Verwalter zur Prozessführung in Aktiv- und Passivprozessen generell durch **Vereinbarung** ermächtigt, berechtigt ihn dies idR zur Beauftragung eines Rechtsanwalts und § 27 Abs. 2 Nr. 4 berechtigt ihn zusätzlich, mit dem Rechtsanwalt einen höheren Streitwert zu vereinbaren. Erfolgt mangels entsprechender Vereinbarung die Ermächtigung zur Prozessführung im Einzelfall durch Beschluss, die vom Ausnahmefall des Abs. 2 Nr. 2 abgesehen, idR auch für Passivprozesse erforderlich ist,[536] sollte diese Ermächtigung, zweckmäßigerweise auch die Vereinbarung einer konkreten Streitwerterhöhung legitimieren, um das Haftungsrisiko des Verwalters im Innenverhältnis zu den WEern auszuschließen.[537] Ein Beschluss, der den Verwalter zu Streitwertvereinbarungen in den Grenzen der Nr. 4 legitimiert, entspricht idR ordnungsgemäßer Verwaltung.[538] **160**

Die Vertretungsmacht erstreckt sich nur auf die Vereinbarung eines Streitwerts, nicht auf eine Vereinbarung der Gebühren. Die Erhöhung des Streitwerts führt aber zu einer Erhöhung der Vergütung, so dass es sich um eine Vergütungsvereinbarung iSd § 4 RVG handelt, dessen Anforderungen sie entsprechen muss.[539] Überschreitet der Verwalter seine gesetzliche Vertretungsmacht, werden die WEer nicht verpflichtet (§ 177 BGB); auch eine

---

531 RechtsdienstleistungsG, BGBl. I S. 2840.

532 *Elzer* ZMR 2008, 772; *Lehmann-Richter* ZWE 2009, 298 f.

533 BT-Drucks. 16/887 S. 42, 54, 77; *Abramenko* ZWE 2009, 154 (155).

534 Jennißen/*Heinemann* § 27 Rn 81; Spielbauer/Then § 27 Rn 28; aA Palandt/*Bassenge* § 27 Rn 20: nur für Passivprozesse.

535 Vgl. *Abramenko* ZWE 2009, 154 (155).

536 Vgl. Rn 156; aA Jennißen/*Heinemann* § 27 Rn 81 m. w. Nachw.

537 Vgl. *Abramenko* § 5 Rn 18, 36, § 7 Rn 68; *ders.* ZWE 2009, 154 (156); *Hügel* ZMR 2008, 1 (8).

538 Vgl. *Abramenko* ZWE 2009, 154 (157 f.).

539 *Abramenko* ZWE 2009, 154 (155).

Haftung des Verwalters scheidet idR nach § 179 Abs. 3 Satz 1 BGB aus.[540] Der Streitwert, der für die Berechnung der Gerichtskosten maßgebend ist, wird durch eine Streitwertvereinbarung nach Abs. 2 Nr. 4 nicht berührt.

161 **Mehrkosten** gegenüber der gesetzlichen Vergütung eines Rechtsanwalts, die durch Vereinbarung eines höheren Streitwerts gem. Abs. 2 Nr. 4 entstehen, gehören nach § 16 Abs. 8 zu den **Kosten der Verwaltung** iSd § 16 Abs. 2. Sie sind daher auch bei einem Obsiegen der WEer nicht vom Gegner zu erstatten.[541] Vielmehr sind sie als Kosten der Verwaltung von allen WEer, ggf den unterlegenen und den obsiegenden, nach dem maßgeblichen Kostenverteilungsschlüssel zu tragen.[542] Hat der Kläger die Kosten des Rechtsstreits zu tragen, hat er nur die gesetzliche Vergütung des Rechtsanwalts des Beklagten zu erstatten, hat der Beklagte die Kosten des Rechtsstreits zu tragen, hat er lediglich die gesetzliche Vergütung des Rechtsanwalts des Klägers zu erstatten. Nach § 21 Abs. 7 können die WEer solche Mehrkosten als besonderen Verwaltungsaufwand (§ 16 Abs. 8) durch Beschluss auf den oder die Prozessgegner der WEer umlegen, wenn sie diese Kosten verursacht haben (vgl. § 21 Rn 162). Dem Rechtsanwalt gegenüber haften die WEer als Gesamtschuldner.[543]

162 **bb) Die Streitwertvereinbarung.** Der Verwalter kann auf Grund seiner gesetzlichen Vertretungsmacht eine Vereinbarung treffen, wonach sich die Gebühren nach einem höheren als dem gesetzlichen Streitwert, höchstens nach einem gem. § 49 a Abs. 1 Satz 1 GKG bestimmten Streitwert bemessen. Er ist im Verhältnis zu den WEern dazu auch ohne Beschluss berechtigt, zumal eine Streitwertvereinbarung in den Grenzen der Nr. 4 regelmäßig ordnungsmäßiger Verwaltung entspricht.[544]

Als Beispiel findet sich in der Gesetzesbegründung[545] die Berechnung für ein Verfahren der Beschlussanfechtung. Bei Anfechtung eines Beschluss einer WEgem mit 100 WEern über eine Sanierungsmaßnahme, die Kosten von 100 000 € verursacht, von denen der klagende WEer 1000 € zu tragen hätte, beträgt der Streitwert nach § 49 a Abs. 1 Satz 2 GKG 5000 €, nämlich das fünffache seines Interesses von 1000 €. Dieser Streitwert würde auch für den Rechtsanwalt gelten, der die beklagten übrigen, die Sanierungsmaßnahme bejahenden WEer vertritt, obwohl deren Interesse an der gerichtlichen Entscheidung 100 000 € entspricht. Der Verwalter kann mit dem Rechtsanwalt, der die beklagten WEer vertreten soll, vereinbaren, dass sich die Gebühren nach einem Streitwert, der nach § 49 a Abs. 1 Satz 1 GKG bis zur Hälfte des Interesses beider Parteien und aller Beigeladenen betragen darf, bemessen. Im Beispiel kann der Verwalter für die Vergütung des Rechtsanwalts der beklagten WEer daher einen Streitwert in Höhe von bis zu 50 000 € vereinbaren.

163 **cc) Sonstige Vergütungsvereinbarungen.** Unabhängig von der Berechtigung des Verwalters, namens der WEer mit einem Rechtsanwalt eine Streitwertvereinbarung nach § 27 Abs. 2 Nr. 4 treffen zu können, kann der Verwalter mit einem Rechtsanwalt eine darüber hinaus gehende Vergütungsvereinbarung gem § 4 RVG treffen. Hierzu, etwa zur Vereinbarung eines Stundenhonorars oder höherer Sätze als die des RVG, hat er jedoch keine gesetzliche Vertretungsmacht, sondern er muss insoweit rechtsgeschäftlich durch Vereinbarung oder durch Mehrheitsbeschluss (§ 21 Abs. 3) ermächtigt sein. Liegt eine solche Ermächtigung nicht vor, handelt der Verwalter ohne Vertretungsmacht, so dass die von ihm namens der WEer getroffene Gebührenvereinbarung diese nicht bindet.

---

540 *Abramenko* ZWE 2009, 154 (157).
541 Vgl. *Abramenko* ZWE 2009, 154 (156); *Hügel* ZWE 2008, 265 (267).
542 BT-Drucks. 16/887 S. 77; Jennißen/*Heinemann* § 27 Rn 82; kritisch Hügel/*Elzer* § 11 Rn 76.
543 *Abramenko* ZWE 2009, 154 (155).
544 Vgl. *Abramenko* ZWE 2009, 154 (156, 157 f.).
545 BT-Drucks. 16/887 S. 77; s. dazu *Abramenko* ZWE 2009, 154 (155).

IV. Die gesetzliche Vertretung der WEgem durch den Verwalter (Abs. 3 S. 1)

1. Allgemeines

a) Der Normzweck. Nach § 27 Abs. 3 Satz 1 ist der Verwalter berechtigt, im Namen der Gemeinschaft der WEer und mit Wirkung für und gegen sie die dort näher bezeichneten Maßnahmen vorzunehmen. Die Regelung normiert eine gesetzliche Vertretungsmacht des Verwalters als Organ der rechtsfähigen WEgem.[546] Die Vorschrift räumt dem Verwalter keine umfassende Vertretungsmacht ein. Die Entscheidungsmacht bleibt grundsätzlich bei den WEern und der Verwalter ist nur in bestimmten Angelegenheiten zur Vertretung der WEgem ermächtigt.[547] Der Katalog des § 27 Abs. 3 Satz 1, der sich in seiner Struktur an Abs. 2 anlehnt, ermächtigt den Verwalter nicht generell, sondern nur in bestimmten Angelegenheiten zur Vertretung der WEgem. Der Verwalter soll aber Maßnahmen der laufenden Verwaltung und dringliche Geschäfte für die WEgem ohne weiteres vornehmen können. Die WEer können dem Verwalter gem. Abs. 3 Satz 1 Nr. 7 durch Vereinbarung oder Mehrheitsbeschluss weitergehende Befugnisse einräumen. 164

b) Vertretung und Geschäftsführung. Im Unterschied zu Abs. 1 regelt Abs. 3 ausdrücklich nur die **Berechtigung** des Verwalters zur **Vertretung** der WEgem bei Vornahme der dort geregelten Angelegenheiten. Gleichwohl hat der Verwalter im Umfang der eingeräumten Vertretungsmacht auch entsprechende Geschäftsführungsbefugnisse.[548] Er kann daher die in Abs. 3 geregelten Angelegenheiten nicht nur vornehmen, er ist auch dazu berechtigt und verpflichtet, wenn dies zur ordnungsmäßigen Verwaltung erforderlich ist;[549] denn die ihm eingeräumte Vertretungsmacht soll ihn gerade in die Lage versetzen, die aus seiner Stellung als Organ der WEgem folgenden Pflichten erfüllen zu können.[550] Dem Sinn und Zweck der Vorschrift, die Handlungsfähigkeit der WEgem sicherzustellen, würde es zuwiderlaufen, könnte der Verwalter von den einzelnen Befugnissen nach seinem Belieben Gebrauch machen. Die Vorschrift trägt insbesondere durch Unabdingbarkeit (Abs. 4) der Vertretungs- und Geschäftsführungsbefugnisse dazu bei, die Teilnahme am Rechtsverkehr zu erleichtern. 165

c) Die gesetzliche Vertretungsmacht. Die gesetzliche Vertretungsmacht des Verwalters kann nicht eingeschränkt oder ausgeschlossen werden (§ 27 Abs. 4). Sie kann aber rechtsgeschäftlich durch Vereinbarung oder Mehrheitsbeschluss erweitert werden (§ 27 Abs. 3 Satz 1 Nr. 7). Sowohl als gesetzlicher wie auch als rechtsgeschäftlicher Vertreter hat der Verwalter das **Verbot des Selbstkontrahierens** gem. § 181 BGB zu beachten. Soweit ihm nicht ein anderes gestattet ist, kann er nicht im Namen der WEgem mit sich im eigenen Namen oder als Vertreter eines Dritten Rechtsgeschäfte vornehmen, es sei denn, das Rechtsgeschäft besteht ausschließlich in der Erfüllung einer Verbindlichkeit oder er ist von den Beschränkungen des § 181 BGB befreit worden.[551] Dann kann er auch bei einer etwaigen Interessenkollision tätig werden. 166

d) Fehlen eines Verwalters. Fehlt ein Verwalter oder ist er zur Vertretung der WEgem nicht berechtigt, so vertreten nach § 27 Abs. 3 Satz 2 alle WEer gemeinsam die WEgem. Ein oder mehrere WEer können gem. § 27 Abs. 3 Satz 3 durch Mehrheitsbeschluss zur Vertretung der WEgem ermächtigt werden. 167

---

[546] BT-Drucks. 16/887 S. 69 ff.; s. a. BGHZ 111, 148 (151); BGH NJW 1981, 282.

[547] OLG Hamm ZWE 2009, 452 (453).

[548] Vgl. Rn 1.

[549] *Merle* ZWE 2010, 2; kritisch *Merle* ZWE 2006, 365 (366 f.); vgl. Rn 1; BT-Drucks 16/3843 S. 52; *Häublein* ZWE 2008, 81.

[550] *Bärmann,* WE, Rn 597; *Belz,* Handbuch, Rn 234.

[551] *Dürr* WEZ 1988, 227 ff.; gegen die Befreiung des Verwalters von § 181 BGB bei Anwendbarkeit des AGBG vgl. *Furmans* NZM 2000, 985 (990).

2. Die Entgegennahme von Willenserklärungen und Zustellungen (Nr. 1)

168 **a) Der Normzweck.** Nach § 27 Abs. 3 Satz 1 Nr. 1 ist der Verwalter berechtigt, im Namen der Gemeinschaft der WEer und mit Wirkung für und gegen sie Willenserkläungen und Zustellungen entgegenzunehmen. Mit dieser nach § 27 Abs. 4 nicht einschränkbaren gesetzlichen Vertretungsmacht des Verwalters hat der Gesetzgeber eine umfassende Empfangsvertretungsmacht des Verwalters für die WEgem normiert. Damit soll den Ineressen der Allgemeinheit an einer sachgerechten Abwicklung des Rechtsverkehrs mit einer WEgem[552] Rechnung getragen werden. Der Verkehr mit einer WEgem soll nicht über Gebühr erschwert werden, weshalb dem Verwalter zur Vereinfachung des Rechtsverkehrs die in Nr. 1 normierte Vertretungsmacht zur Entgegennahme von Willenserklärungen und Zustellungen eingeräumt wurde. Diese Vertretungsmacht hat der Verwalter nach Abs. 2 Nr. 1 auch für die WEer. Durch Nr. 1 wird nur eine passive Vertretungsmacht des Verwalters begründet.[553]

169 **b) Die Entgegennahme von Willenserklärungen.** § 27 Abs. 3 Satz 1 Nr. 1 regelt die Vertretungsmacht des Verwalters beim Empfang von Willenserklärungen, die ggü der WEgem abgegeben werden. Sie wirken nach § 164 Abs. 3, Abs. 1 BGB für und gegen die WEgem, wenn sie dem Verwalter zugehen (§ 130 BGB). Erforderlich hierfür ist, dass der Erklärende seine Erklärung ausdrücklich oder aus den Umständen erkennbar an die WEgem richtet. Es kommt nicht darauf an, ob dem Erklärenden die Stellung des Verwalters als Empfangsvertreter bekannt oder erkennbar ist, oder ob der Verwalter den Willen hat, als Vertreter zu handeln.[554] Entscheidend ist allein, dass der Verwalter, wenn eine Willenserklärung an die WEgem gerichtet ist, Empfangsvertretungsmacht hat.

170 Empfangsvertretungsmacht hat der Verwalter für die Entgegennahme einer Kündigung einer auf dem Grundstück lastenden Gesamthypothek, eines Mietvertrages über im gemE stehende Räume oder eines Dienstvertrages durch den Hausmeister, für ein an die WEgem gerichtetes Vertragsangebot etc. Nr. 1 umfasst auch die Entgegennahme rechtsgeschäftsähnlicher Handlungen, wie Mahnungen. Beim Empfang rechtsgeschäftlicher Erklärungen sind die sich aus § 181 BGB ergebenden Beschränkungen zu beachten, so dass der Verwalter eigene Erklärungen gegenüber der WEgem für diese nur entgegennehmen kann, wenn er vom Selbstkontrahierungsverbot befreit ist.[555]

171 **c) Die Entgegennahme von Zustellungen. aa) Allgemeines.** Besondere Bedeutung gewinnt § 27 Abs. 3 Satz 1 Nr. 1 dadurch, dass der Verwalter auch berechtigt ist, an die WEgem gerichtete Zustellungen entgegenzunehmen. In Betracht kommt hier die gerichtliche Zustellung von Klagen, Schriftsätzen, Terminsbestimmungen, Urteilen etc. im Zivilprozess oder in der Zwangsvollstreckung. Die Vorschrift regelt auch den Empfang von Zustellungen im Verfahren der fG. Sie findet ferner Anwendung für Zustellungen nach § 132 BGB.[556] Nr. 1 gilt auch für Zustellungen im **Verwaltungsgerichtsverfahren** und im **außergerichtlichen Verwaltungsverfahren.**[557]

172 **bb) Der Verwalter als Zustellungsvertreter.** § 27 Abs. 3 Satz 1 Nr. 1 räumt dem Verwalter gesetzliche Vertretungsmacht für die Entgegennahme von Zustellungen ein (§ 170 Abs. 1 ZPO), wodurch die Zustellung an den Verwalter als Zustellung für und gegen die WEgem wirkt. Bereits aus diesem Grund genügt unabhängig von der Zahl der WEer die Zustellung einer Abschrift oder Ausfertigung des zuzustellenden Schriftstückes an

[552] BGHZ 78, 166 (172) = NJW 1981, 282 m. Anm. *Kellmann* = Rpfleger 1981, 97 = ZMR 1981, 125.

[553] Vgl. OLG Frankfurt NZM 2005, 427.

[554] Vgl. RG JR 1926 Nr. 1601.

[555] Vgl. *Staudinger/Bub* § 27 Rn 224.

[556] *Mansel,* FS für Bärmann und Weitnauer, S. 471 (475).

[557] *Mansel,* FS Bärmann und Weitnauer, S. 471 (475); vgl. auch OVG Münster WuM 1994, 406 (407).

den Verwalter. Die Interessen der zur WEgem gehörenden WEer werden hierdurch nicht beeinträchtigt, da der Verwalter infolge des zugestellten Schriftstücks in der Lage ist, die WEer über dessen Inhalt zu informieren. Eine andere Auslegung, dh Zustellung einer der Zahl der WEer entsprechenden Anzahl von Schriftstücken, würde zudem Sinn und Zweck der Nr. 1 verfehlen, weil hierdurch der Rechtsverkehr mit großen Gemeinschaften erheblich erschwert wäre. Die Befugnis zur Empfangnahme von Zustellungen gibt jedoch nicht auch die Befugnis zur gerichtlichen Vertretung.[558] Diese ist für Aktivprozesse der WEgem auf Grund einer Ermächtigung nach Nr. 7 möglich, für Passivprozesse ergibt sie sich aus Nr. 2.[559]

cc) Informationspflichten des Verwalters. Der Verwalter ist verpflichtet, die WE- 173
gem unverzüglich von einer Zustellung zu unterrichten (§§ 675, 666 BGB).[560] Der Anspruch des einzelnen WEers ergibt sich aus entsprechender Anwendung des § 27 Abs. 1 Nr. 7. Es ist Sache des Verwalters, wie er seiner Informationspflicht nachkommt. Die Unterrichtung kann mündlich in einer WEVers oder durch Versendung von Rundschreiben erfolgen.[561] Sind in einer WEVers jedoch nicht alle WEer anwesend oder vertreten, so müssen die Abwesenden gesondert informiert werden, etwa durch das Protokoll. Nicht ausreichend ist jedenfalls idR ein Aushang am „Schwarzen Brett", da nicht hinreichend gewährleistet ist, dass alle WEer davon Kenntnis nehmen.[562] Entscheidend ist, dass die WEer rechtzeitig von allem Kenntnis erlangen, was sie zur weiteren Wahrnehmung ihrer Interessen wissen müssen.[563] Die Kosten für Fotokopien und deren Versendung sind Kosten der Verwaltung.[564]

dd) WEer als Verwalter. Ist der Verwalter zugleich WEer, muss die Zustellung in 174
einer für ihn eindeutig erkennbaren Weise auch in seiner Eigenschaft als Verwalter, d. h. als Zustellungsvertreter der WEgem erfolgen.[565] Andernfalls ist die Zustellung unwirksam.[566] Für den Verwalter muss erkennbar sein, dass er nicht als WEer Zustellungsadressat ist, sondern als Zustellungsvertreter der WEgem, da er nur dann seiner Informationspflicht nachkommen kann.[567] Dies kann durch einen entspr. Hinweis auf dem zuzustellenden Schriftstück kenntlich gemacht werden. Fehlt ein solcher Hinweis, muss sich bei gerichtlichen Entscheidungen zumindest aus dem Rubrum ergeben, dass der Verwalter Zustellungsvertreter der WEgem ist.[568]

ee) Interessenkollisionen. Im Falle einer Interessenkollision, insbesondere bei Gefahr 175
einer nicht sachgerechten Unterrichtung der WEgem/WEer durch den Verwalter, besteht nach dem Rechtsgedanken des § 178 Abs. 2 ZPO[569] **keine Zustellungsmacht** des Verwalters.[570] Der Verwalter ist jedenfalls dann als Zustellungsvertreter der WEgem aus-

---

558 Vgl. BayObLG NJW-RR 1997, 396.

559 Vgl. dazu Rn 182.

560 Vgl. BGHZ 78, 166 (173); BayObLGZ 1975, 233 (238); OLG Hamm DWE 1989, 69; BayObLGZ 1989, 342 (344) = WE 1990, 216 = ZMR 1989, 438 = MDR 1989, 1106; OLG Köln ZMR 1980, 190 (191).

561 BGHZ 78, 166 (178); BayObLG WE 1998, 118 (119).

562 So *Mansel,* FS für Bärmann/Weitnauer, S. 471 (475); *Guthardt-Schulz* ZMR 1980, 191 (192); aA OLG Köln ZMR 1980, 190 (191).

563 *Bassenge* PiG 30, 107 (111).

564 BGHZ 78, 166 (173); ZWE 2009, 306 (307); aA BayObLG ZWE 2001, 487 (489) = NJW-RR 2001, 1231: grds. mit Verwaltervergütung abgegolten.

565 BayObLG WE 1995, 251; WE 1989, 55 (56); WE 1991, 297; BayObLG NJWE-MietR 1997, 280 = WE 1998, 116.

566 BayObLGZ 1983, 14 (17).

567 *Mansel,* FS für Bärmann/Weitnauer, S. 471 (484).

568 Vgl. BayObLGZ 1983, 14 (15).

569 Vgl. BayObLGZ 1988, 342 (345); WE 1999, 31 zu § 185 ZPO aF.

570 Zu diesem Problem BayObLG DWE 1995, 142 (147); BayObLGZ 1989, 342; 1990, 173 = WE 1991, 187 = MDR 1990, 1018; BayObLGZ 1973, 145; BayObLG Rpfleger 1978, 320; WE 1991,

geschlossen, wenn er selbst **Gegner der WEgem** ist, weil er sonst etwa seine eigene Klage für die WEgem entgegennehmen müsste.[571] Dies wird insbesondere in Verfahren nach § 43 Nr. 3 relevant, in denen Rechte und Pflichten des Verwalters Streitgegenstand sind.[572]

176 Auch in **sonstigen Fällen eines Interessenkonfliktes** zwischen dem Verwalter und der WEgem oder den WEern ist der Verwalter analog § 178 Abs. 2 ZPO als Zustellungsvertreter der WEgem ausgeschlossen. Dies ist der Fall, wenn im Einzelfall ein in der Sache begründeter konkreter Interessenkonflikt vorliegt,[573] d. h. ein echter Konflikt zwischen den Interessen des Verwalters und denen der WEgem tatsächlich feststeht.[574] Da die Zustellung ein Gebot des rechtlichen Gehörs und der Sachaufklärung ist,[575] ist zum Schutze der Informationsrechte der WEer eine die Anwendbarkeit des § 27 Abs. 3 Satz 1 Nr. 1 ausschließende Gefahr einer Interessenkollision bereits dann anzunehmen, wenn sich eine Kollision der Interessen auf Grund des Streitgegenstandes auch nur ergeben kann.[576] Denn bei Verfahrensbeginn, wenn das Gericht über eine Zustellung nach § 27 Abs. 3 Satz 1 Nr. 1 entscheiden muss, steht idR noch nicht fest, ob eine konkrete Gefahr besteht, so dass **auch die abstrakte Gefahr** einer Interessenkollision die Zustellungsmacht des Verwalters ausschließt.

177 Ist der Verwalter **als Zustellungsvertreter ausgeschlossen,** wird die WEgem nach § 27 Abs. 3 Satz 2 von allen WEern vertreten. Da es sich um einen Gesamtvertretungsmacht aller WEer handelt,[577] kann im Falle der Passivvertretung ein einzelner WEer die WEgem vertreten, so dass bei Interessenkollisionen **Zustellungen an einen WEern** für die WEgem erfolgen können (§ 170 Abs. 3 ZPO).

3. Maßnahmen zur Abwendung von Rechtsnachteilen, Passivprozess (Nr. 2)

178 **a) Der Normzweck.** Nach § 27 Abs. 3 Satz 1 Nr. 2 ist der Verwalter berechtigt, im Namen der Gemeinschaft der WEer und mit Wirkung für und gegen sie Maßnahmen zu treffen, die zur Wahrung einer Frist oder zur Abwendung eines sonstigen Rechtsnachteils erforderlich sind, insbesondere einen gegen die Gemeinschaft gerichteten Rechtsstreit gemäß § 43 Nr. 2 oder Nr. 5 im Erkenntnis- und Vollstreckungsverfahren zu führen. Sie entspricht § 27 Abs. 2 Nr. 2, hat aber wegen der Rechtsfähigkeit der WEgem eine größere relevanz als diese. Durch die Neuregelung und Ergänzung der Vorschrift ggü § 27 Abs. 2 Nr. 4 aF soll klar gestellt werden,[578] dass der Verwalter zur Vertretung der WEgem in Passivprozessen sowohl im Erkenntnis- als auch im Vollstreckungsverfahren berechtigt ist, um Zweifel an der Prozessfähigkeit der WEgem im Passivprozess auszuräumen.

179 **b) Erforderliche Maßnahmen.** Unter § 27 Abs. 3 Satz 1 Nr. 2 fallen rechtliche Maßnahmen, zu deren Regelung durch die WEer, etwa in einer WEVers, insbes. wegen Eilbedürftigkeit keine Gelegenheit mehr besteht, die Maßnahme aber zur Abwendung von Nach-

---

297; WE 1988, 104; OLG Hamm DWE 1989, 69; Rpfleger 1985, 257; OLG Frankfurt/M. OLGZ 1989, 433; OLG Stuttgart OLGZ 1976, 8; LG Lübeck DWE 1986, 63; OLG Zweibrücken ZMR 1987, 436; OLG Köln ZMR 1980, 190.

[571] Vgl. BayObLG WuM 1995, 328; BayObLGZ 1990, 173 (175); 1988, 342 (345); BayObLG WE 1991, 297; WE 1998, 118 (119).

[572] KG WE 1998, 64 (65) zur Geltendmachung eines Anspruchs auf Ergänzung der Jahresabrechnung.

[573] BayObLGZ 1989, 342 (345); 1990, 173 (174); BayObLG WE 1988, 104 (105) unter Einschränkung der noch in BayObLGZ 1973, 145 vertretenen Ansicht und in ausdrücklicher Abweichung von OLG Hamm DWE 1989, 69; OLG Köln, NZM 1999, 287.

[574] *Sauren* § 27 Rn 59.

[575] BayObLGZ 1990, 173 (175).

[576] So auch *Mansel,* FS für Bärmann/Weitnauer, S. 471 (493); *Bub,* Finanz- und Rechnungswesen der WEgem, S. 98.

[577] Vgl. Rn 252 ff.

[578] Vgl. Begründung BT-Drucks. 16/887, 71.

teilen **objektiv erforderlich** ist.[579] Die Befugnis zu Notmaßnahmen steht dem Verwalter zur Abwendung von Rechtsnachteilen gerade für die WEgem zu,[580] etwa zur fristgemäßen Einlegung eines Rechtsmittels.[581] Der unbestimmte Rechtsbegriff der Erforderlichkeit ermöglicht die Entscheidung im Einzelfall darüber, ob der Verwalter kurzfristig eine außerordentliche WEVers einzuberufen hat, um einen Beschluss der WEer herbeizuführen,[582] etwa vor Einlegung eines Rechtsmittels gegen eine richterliche Entscheidung.[583] Soweit erforderlich iSd Nr. 2, ist der Verwalter auch berechtigt, einen Rechtsanwalt als Prozessbevollmächtigten der WEer einzuschalten.[584] Dies gilt unabhängig davon, ob im Einzelfall eine Interessenkollision vorliegt oder nicht. Eine solche Einschränkung würde nämlich dem Zweck der Vorschrift widersprechen, der darin besteht, die WEgem in Fällen, in denen wegen der Kürze der zur Verfügung stehenden Zeit eine Willensbildung in einer WEVers nicht herbeigeführt werden kann, vor Rechtsnachteilen oder sonstigen Schäden zu schützen.[585]

Unter den Fristen iSv § 27 Abs. 3 Satz 1 Nr. 2 sind **materielle und prozessuale Fristen** zu verstehen, insbesondere Verjährungsfristen, Rechtsmittelfristen (Berufung, Revision, Einspruch, Beschwerde, Widerspruch) und Fristen für Mängelrügen.[586] Zur Fristwahrung kann der Verwalter auch Klage erheben,[587] doch wird idR vor Klageerhebung genügend Zeit verbleiben, einen ermächtigenden Beschluss nach § 27 Abs. 3 Satz 1 Nr. 7 herbeizuführen. Hierunter fallen auch Anfechtungsfristen gem. §§ 121, 124 BGB wegen Irrtums, arglistiger Täuschung etc. Dazu gehören auch etwa Fristen für die Kündigung einer Versicherung[588] und rechtsgeschäftlich bestimmte Fristen. Nr. 2 berechtigt den Verwalter auch zur fristwahrenden Inanspruchnahme eines Gewährleistungsbürgen.[589] Soweit zur Wahrung einer Frist eine Prozesshandlung erforderlich ist, beschränkt sich die gesetzliche Vertretungsmacht des Verwalters auf deren Vornahme.[590] 180

Die **Abwendung eines sonstigen Rechtsnachteils** kann etwa durch die Einleitung eines selbstständigen Beweisverfahrens[591] erfolgen. Daneben kommen Anträge in Zwangsversteigerungs-, Zwangsverwaltungs- oder Vollstreckungsschutzverfahren oder die Geltendmachung eines Anspruchs auf Grundbuchberichtigung[592] in Betracht. § 27 Abs. 3 Satz 1 Nr. 2 berechtigt den Verwalter auch, ggü bauaufsichtsrechtlichen Anordnungen vorläufigen Rechtsschutz nach § 80 Abs. 5 VwGO zu beantragen.[593] 181

c) Führung eines Passivprozesses. aa) Allgemeines. § 27 Abs. 3 Satz 1 Nr. 2 berechtigt den Verwalter, Maßnahmen zutreffen, die zur Abwendung eines sonstigen Rechtsnachteils erforderlich sind, insbesondere einen gegen die WEer gerichteten Rechtsstreit gemäß § 43 Nr. 2 oder Nr. 5 im Erkenntnis- und Vollstreckungsverfahren zu führen. Insoweit räumt die Norm dem Verwalter eine **gesetzliche Prozessvertretungsmacht** ein. Die Vertretungsmacht zur Führung des Passivprozesses setzt einen **gegen die WEgem gerichteten Rechtsstreit** voraus, d. h. die Streitsache muss rechtshängig sein. Die Ver- 182

---

579 BayObLG WE 1994, 375 = DWE 1994, 142 (147).

580 OLG Hamm ZMR 2004, 856.

581 LG München I ZWE 2010, 48.

582 Vgl. auch Staudinger/*Bub* § 27 Rn 246.

583 *Müller*, Praktische Fragen, Rn 498 (S. 407).

584 OLG Düsseldorf ZMR 1994, 520; *Bassenge* PiG 30, 107 (114).

585 BayObLG DWE 1994, 142 (147) = WE 1994, 375.

586 Vgl. KG WE 1992, 197.

587 BGHZ 78, 166 (172).

588 Vgl. LG Essen VersR 1979, 80 (81).

589 OLG Düsseldorf NJW-RR 1993, 470.

590 OLG Saarbrücken ZMR 1998, 310.

591 BayObLGZ 1976, 211 (213) = MDR 1976, 1023 = ZMR 1977, 345 = DWE 1977, 90; BGHZ 78, 166 (172); vgl. *Schmidt* PiG, 56, 39 ff.

592 OLG Karlsruhe Justiz 1973, 307.

593 OVG Lüneburg BauR 1986, 684.

tretungsmacht gem. § 27 Abs. 3 Satz 1 Nr. 2 erfasst daher **nicht** die Entgegennahme der **Zustellung der Klage,** die insoweit notwendige Empfangsberechtigung des Verwalters folgt aus § 27 Abs. 3 Satz 1 Nr. 1. Ist ein Rechtsstreit rechtshängig, beschränkt sich die gesetzliche Vertretungsmacht des Verwalters auf die zur Abwendung von Rechtsnachteilen im Erkenntnis- und Vollstreckungsverfahren erforderlichen Prozesshandlungen; für eine Widerklage etwa benötigt er eine Ermächtigung nach Abs. 3 Satz 1 Nr. 7.

183 **bb) Die Vertretungsmacht.** Zur Abwendung eine Rechtsnachteils kann es erforderlich sein, dass der Verwalter insbesondere einen gegen die WEgem gerichteten Rechtsstreit gem. § 43 Nr. 2 (Streitigkeiten zwischen WEgem und WEern) oder Nr. 5 (Klagen Dritter gegen die WEgem) im Erkenntnis- und Vollstreckungsverfahren führt. Hieraus ergibt sich nur eine gesetzliche Vertretungsmacht für **die WEgem als Beklagte,** d. h. für den Passivprozess der WEgem; zur Führung eines Aktivprozesses für die WEgem[594] ist eine Ermächtigung nach Abs. 3 Satz 1 Nr. 7 erforderlich, sofern insoweit die einzelne Prozesshandlung nicht zur Abwendung eines sonstigen Rechtsnachteils erforderlich ist. Die gesetzliche Passiv-Vertretungsmacht ist nicht auf Verfahren nach § 43 Nr. 2 oder Nr. 5 beschränkt; diese Verfahren sind lediglich gesetzliche Beispiele, in denen zur Abwendung eines Rechtsnachteils die Führung eines Passivprozesses der WEgem durch den Verwalter erforderlich sein kann. Die Passiv-Prozessvertretungsmacht des Verwalters gilt für alle gerichtliche Verfahren, die gegen die WEgem gerichtet sind, etwa auch für verwaltungsgerichtliche oder finanzgerichtliche Verfahren.

184 Im Unterschied zu § 27 Abs. 2 Nr. 2[595] ermächtigt Abs. 3 Satz 1 Nr. 2 den Verwalter **generell zur Vertretung der WEgem in einem Passivprozess.**[596] Wird die WEgem verklagt, ist die Führung des Passivprozesses stets eine zur Abwendung eines Rechtsnachteils, nämlich der möglichen Verurteilung der WEgem, erforderliche Maßnahme. Denn die Gefahr, dass die WEgem verurteilt wird, bedeutet einen Rechtsnachteil, zumal ein solches Urteil die Zwangsvollstreckung in das Vermögen der WEgem ermöglicht.[597] Da die rechtsfähige WEgem nicht prozessfähig ist, kann sie Maßnahmen zur Abwendung eines Rechtsnachteils nicht vornehmen. Sie benötigt vielmehr einen gesetzlichen Vertreter zur Führung des gesamten Passivprozesses. Deshalb ist eine generelle Prozessvertretung der WEgem durch den Verwalter kraft Gesetzes bei Passivprozessen „erforderlich" iSd Nr. 2. Der Verwalter hat daher für gegen die WEgem gerichtete Prozesse, insbesondere gem. § 43 Nr. 2 oder Nr. 5, eine generelle gesetzliche Prozessvertretungsmacht im Erkenntnis- und Vollstreckungsverfahren. Diese kann nach § 27 Abs. 4 nicht eingeschränkt werden.

185 Die Passiv-Prozessvertretungsmacht umfasst alle Rechtshandlungen, die zur Führung des Passivprozesses nötig sind, einschließlich der Beauftragung eines Rechtsanwalts als Prozessbevollmächtigten der WEgem,[598] auch im Amtsgerichtsprozess ohne Anwaltszwang. Als Prozessvertreter der WEgem ist der Verwalter vor dem AG als deren Organ postulationsfähig, kann also wirksam Prozesshandlungen vornehmen; § 79 Abs. 2 S. 2 ZPO steht nicht entgegen.[599]

186 Im Vollstreckungsverfahren gegen die WEgem kann im Verfahren nach §§ 807, 899 ff. ZPO die Vorlage eines Vermögensverzeichnisses, damit insbes die Offenbarung der Konten der WEgem durchgesetzt werden. Zur Vorlage eines Verzeichnisses des Vermögens der WEgem und zur Versicherung an Eides Statt, dass dieses Verzeichnis richtig und vollständig ist, ist der Verwalter berechtigt und verpflichtet.[600]

---

594 *Gottschalg* ZWE 2009, 114.
595 Siehe dazu Rn 125 ff.
596 AA Jennißen/*Heinemann* § 27 Rn 74.
597 *Merle* ZWE 2006, 21 (23).
598 *Merle* ZWE 2006, 21 (23); *Gottschalg* ZWE 2009, 114 f.
599 *Elzer* ZMR 2008, 772; *Lehmann-Richter* ZWE 2009, 298 f.
600 BT-Drucks. 16/887 S. 70; 16/ 3843 S. 27.

4. Laufende Maßnahmen zur Instandhaltung und Instandsetzung (Nr. 3)

a) Allgemeines. Nach § 27 Abs. 3 Satz 1 Nr. 3 ist der Verwalter berechtigt, im Namen der WEgem und mit Wirkung für und gegen sie die laufenden Maßnahmen der erforderlichen ordnungsmäßigen Instandhaltung und Instandsetzung gemäß Abs. 1 Nr. 2 zu treffen, d. h. er hat insoweit eine **gesetzliche Vertretungsmacht.** Im Innenverhältnis zur WEgem und zu den WEern ist der Verwalter zur Vornahme dieser Maßnahmen nicht nur berechtigt, sondern auch verpflichtet, hat also im Umfang der ihm zustehenden Vertretungsmacht auch entsprechende **Geschäftsführungsbefugnis.**[601] 187

b) Die Geschäftsführungsbefugnis. Laufende Maßnahmen iSd Nr. 3 darf der Verwalter ohne Beschluss der WEer vornehmen. Er hat insoweit – im Unterschied zu Abs. 1 Nr. 2 – auch Entscheidungskompetenz, darf also selbst autonom darüber entscheiden, ob und welche *laufenden* Maßnahmen vorgenommen werden und etwa erforderliche Verträge namens der WEgem ohne vorherigen Beschluss der WEer abschließen. Da dies die primäre Entscheidungskompetenz der WEer berührt, ist die Vorschrift eng auszulegen.

Die konkurrierende, aus § 21 folgende gemeinschaftliche **Geschäftsführungsbefugnis der WEer** auch für laufenden Maßnahmen der Instandhaltung und Instandsetzung des gemE hat wegen der gesetzlichen Kompetenzverteilung **Geltungsvorrang** vor der identischen Geschäftsführungsbefugnis des Verwalters.[602] Insoweit brechen Verwaltungsentscheidungen der WEer Verwaltungsentscheidungen des Verwalters. Haben die WEer eine konkrete Maßnahme beschlossen, wird daher insoweit die Geschäftsführungsbefugnis des Verwalters gegenstandslos. Er hat den Beschluss der WEer gemäß Abs. 1 Nr. 1 auszuführen. Haben die WEer noch keinen Beschluss in dieser Angelegenheit gefasst, darf der Verwalter entscheiden und seine Entscheidung ausführen. Hat er sie noch nicht ausgeführt und machen die WEer in dieser konkreten Angelegenheit von ihrer Geschäftsführungsbefugnis durch Beschluss Gebrauch, geht die Entscheidung der WEer vor. Wenn und soweit die WEer ihre Geschäftsführungsbefugnis ausüben, wird die damit konkurrierende und identische Geschäftsführungsbefugnis des Verwalters verdrängt.

Hierauf beruht es auch, dass die **WEer** dem Verwalter inhaltliche **Weisungen** bezüglich konkreter laufender Instandhaltungs- und Instandsetzungsmaßnahmen erteilen dürfen. Können nämlich die WEer im konkreten Einzelfall eine laufende Maßnahme der Instandhaltung und Instandsetzung durch Beschluss *umfassend* regeln, dann ist es auch zulässig, dass sie insoweit nur partielle Regelungen treffen, und im Übrigen dem Verwalter die Entscheidung und Durchführung der Maßnahme überlassen oder die Maßnahme selbst durchführen.[603] Daher wäre es beispielsweise denkbar, dass die WEer den Verwalter durch Beschluss anweisen, eine konkrete Reparatur durch ein bestimmtes Unternehmen oder nur bis zu einem bestimmten Höchstbetrag oder gar nicht durchführen zu lassen.[604] Die Regelung des § 27 Abs. 4 WEG ist nicht betroffen, da die WEer die Geschäftsführungsbefugnis des Verwalters nicht rechtsgeschäftlich durch Vereinbarung beschränken, sondern ihre ihnen kraft Gesetzes zustehende vorrangige Geschäftsführungsbefugnis im konkreten Einzelfall ausüben, was nur durch Beschluss erfolgen kann.[605]

c) Die Vertretungsmacht. aa) Allgemeines. Die gesetzliche Vertretungsmacht des Verwalters nach Nr. 3 erstreckt sich nicht auf alle unter Abs. 1 Nr. 2 fallenden Maßnahmen, die für die ordnungsmäßige Instandhaltung und Instandsetzung des gemE erforderlich sind. Dazu hätte es genügt, in Abs. 3 Satz 1 Nr. 3 den Verwalter zu ermächtigen, die für die ordnungsmäßige Instandhaltung und Instandsetzung des gemE erforderlichen Maßnahmen zu treffen oder Abs. 3 Satz 1 Nr. 4 um die Maßnahmen nach Abs. 1 Nr. 2 zu 188

---

[601] Vgl. Rn 8, 165; *Merle* ZWE 2010, 2.
[602] *Merle* ZWE 2010, 2 (3).
[603] Vgl. OLG Hamm WE 1994, 378 (370); OLG Hamburg OLGZ 1989, 164 (166).
[604] Im Ergebnis ebenso: Jennißen/*Heinemann*, § 27 Rn 138; Staudinger/*Bub*, § 27 WEG Rn 24.
[605] Vgl. ausführlich *Merle*, ZWE 2010, 2 (6).

erweitern. Nach der Begründung[606] soll der Verwalter zur Vornahme der laufenden und dringlichen Maßnahmen der Verwaltung ermächtigt sein, um die Handlungsfähigkeit der WEgem sicherzustellen. Dadurch wird die bisher umstrittene Rechtslage[607] geklärt, nach der zwischen außerordentlichen, dringenden Maßnahmen größeren Umfangs, außerordentlichen, nicht dringenden Maßnahmen größeren Umfangs und laufenden Maßnahmen geringeren Umfangs differenziert worden ist. Die Vertretungsmacht des Verwalters für laufende Instandsetzungs- und Instandhaltungsmaßnahmen ist keine umfassende,[608] sondern sachlich beschränkt. Sie setzt voraus, dass drei unbestimmte Rechtsbegriffe erfüllt sind. Vertretungsmacht hat der Verwalter nur, wenn es sich um eine *laufende* Maßnahme der Instandhaltung und Instandsetzung handelt und wenn die Instandhaltung und Instandsetzung *erforderlich* und *ordnungsmäßig* ist. Diese unbestimmten Rechtsbegriffe führen zu Unsicherheiten bei der Feststellung der Vertretungsmacht,[609] so dass der Verwalter im Zweifel einen entsprechenden Beschluss der WEer herbeiführen sollte.

Nach verbreiteter Ansicht soll die Vertretungsmacht zusätzlich noch vom **wirtschaftlichen Umfang** der konkreten Maßnahme abhängen.[610]

Eine zusätzliche Berücksichtigung des wirtschaftlichen Umfangs einer Instandhaltungs- und Instandsetzungsmaßnahme findet im Gesetzeswortlaut keinen Anhalt und würde nur zu weiterer Rechtsunsicherheit führen.[611] Denn was *geringe, außergewöhnliche, große* oder *umfangreiche* Maßnahmen sind, dürfte von Gemeinschaft zu Gemeinschaft unterschiedlich zu beurteilen sein. Mangels eigenen normativen Ansatzes kann der wirtschaftliche Umfang einer Maßnahme allenfalls bei der Fixierung der ausdrücklich im Gesetzestatbestand enthaltenen unbestimmten Rechtsbegriffe eine Rolle spielen.

189 **bb) Laufende Maßnahmen.** Im allgemeinen Sprachgebrauch hat das Adjektiv „laufend" zwei unterschiedliche Bedeutungen.

190 **(1) Wiederkehrende Maßnahmen.** Eine Bedeutung von „laufend" ist, dass etwas ständig, regelmäßig *wiederkehrt,*[612] also alltäglich ist, etwa in der Formulierung „laufende Kosten". Zu den laufenden Maßnahmen dürften daher Maßnahmen zur Reparatur des gemE zählen, die durch Abnutzung regelmäßig erforderlich werden und daher alltäglich, nicht außergewöhnlich sind,[613] etwa Reparatur oder Ersatz von Verschleißteilen eines Aufzugs.[614] Hierzu gehören auch sonstige wiederkehrende Maßnahmen, wie Rückschnitt von Gewächsen, Reinigung der Dachrinnen, Ersatzbeschaffungen (Glühbirnen, Waschmaschine, Reinigungsgeräte) etc.

191 Aber schon wenn es um die Reparatur etwa eines undicht gewordenen Wasserhahns geht, die der Verwalter als laufende Maßnahme sollte in Auftrag geben können, erscheint die Anwendung des § 27 Abs. 3 Satz 1 Nr. 3 problematisch. Eine solche Reparatur dürfte nicht regelmäßig, sondern nur nach etlichen Jahren wiederkehren, also nicht alltäglich sein.

---

[606] BT-Drucks. 16/887 S. 71.

[607] Siehe dazu 9. Aufl. § 27 Rn 56 ff.

[608] Vgl. *Merle* ZWE 2006, 368; *Häublein,* ZWE 2009, 189 (191); a. A. *Abramenko,* Das neue WEG, 2007, § 5 Rn 10; Riecke/Schmid/*Abramenko* § 27 Rn 20.

[609] Vgl. etwa den Überblick bei *Häublein* ZWE 2009, 189 (192).

[610] Vgl. *Häublein* ZWE 2009, 189 (192); *Greiner,* Rn 1352; *Niedenführ*/Kümmel/Vandenhouten § 27 Rn. 21; Palandt/*Bassenge* § 27 WEG Rn 24; *Lüke* ZWE 2009, 101 (106 f.).

[611] Vgl. *Lüke* (ZWE 2009, 101 (106 f.), der entscheidend auf das finanzielle Gewicht einer Maßnahme im Kontext sonstiger Maßnahmen abstellen will; *Häublein* (ZWE 2009, 189, 192 f.), wonach es darauf ankommen soll, ob die Kosten so hoch sind, dass sich eine durchschnittliche WEgem die Entscheidungskompetenz vorbehalten möchte.

[612] Kritisch *Lüke* ZER 2009, 101 (106).

[613] Insoweit der Kritik von *Häublein* (ZWE 2009, 189, 192) an meiner in Voraufl. Rn 189 verwendeten weitergehenden Formulierung Rechnung tragend.

[614] Beispiel von *Häublein* ZWE 2009, 189, (193); iErg so auch Kümmel/*Niedenführ*/Vandenhouten § 27 Rn 21; Palandt/*Bassenge* § 27 Rn 24.

Unter den Begriff „laufende Maßnahme" lässt sich diese Reparatur nur subsumieren, wenn nicht auf die konkrete Reparatur, sondern abstrakt auf Reparaturen allgemein abstellt wird: Reparaturen des gemE, d. h. Reparaturen verschiedenster Art, kehren ständig wieder, sind alltäglich. Hierunter fallen dann aber nicht nur Kleinreparaturen, sondern auch größere Reparaturen, wie etwa die Reparatur eines undicht gewordenen Daches.

(2) Noch nicht abgeschlossene Maßnahmen. Das Adjektiv „laufend" bezeichnet 192
auch *noch nicht abgeschlossene* Angelegenheiten, etwa in der Formulierung „laufende Verhandlungen". Diese weitere Wortbedeutung erlaubt es, für die Durchführung von Maßnahmen der Instandhaltung und Instandsetzung des gemE, die von den WEern gemäß § 21 Abs. 3, Abs. 5 Nr. 2 beschlossen werden, eine gesetzliche Vertretungsmacht des Verwalters aus § 27 Abs. 3 Satz 1 Nr. 3 herzuleiten. Haben die WEer ihre Geschäftsführungsbefugnis ausgeübt und eine Maßnahme der Instandhaltung und Instandsetzung beschlossen, ist der Verwalter nach § 27 Abs. 1 Nr. 1 verpflichtet, diesen Beschluss durchzuführen. Muss zur Durchführung des Beschlusses ein Vertrag, etwa mit einem Handwerker, geschlossen werden, so kann der Verwalter diesen nur dann für die WEgem abschließen, wenn er insoweit Vertretungsmacht für die WEgem hat. Eine generelle gesetzliche Vertretungsmacht des Verwalters für die WEgem zur Abgabe von Willenserklärungen bei der Durchführung von Beschlüssen besteht nicht.[615] Die insoweit erforderliche Vertretungsmacht des Verwalters kann sich daher nur aus dem Katalog gesetzlicher Vertretungsmacht in § 27 Abs. 3 für Einzelfälle ergeben oder aus einer Ermächtigung nach Absatz 3 Satz 1 Nr. 7.[616] Durchweg wird angenommen, dass ein Beschluss, zu dessen Durchführung der Abschluss eines Vertrages erforderlich ist, in der Regel zugleich auch konkludent die rechtsgeschäftliche Ermächtigung des Verwalters zum Abschluss der notwendigen Verträge enthalte, weil dieser ja verpflichtet sei, den Beschluss durchzuführen.[617] Ob ein Beschluss zugleich konkludent auch die Ermächtigung des Verwalters zur Vornahme der erforderlichen Rechtsgeschäfte enthält, ist durch Auslegung des Beschlusses zu ermitteln.[618] Da Beschlüsse der WEer wie Grundbucheintragungen „aus sich heraus" objektiv und normativ auszulegen sind, ohne dass es auf die subjektiven Vorstellungen der WEer ankommt,[619] dürfte vielfach die Annahme einer konkludent erteilten rechtsgeschäftlichen Vertretungsmacht ausscheiden, zumal es auch an einer entsprechenden Feststellung und Verkündung fehlt.[620]

Eine Maßnahme der Instandsetzung oder Instandhaltung setzt sich zusammen aus der 193
Entscheidung über die Maßnahme und aus deren Durchführung. Nach einer entsprechenden Willensbildung durch Beschluss der WEer muss die Maßnahme noch ausgeführt werden, gehört damit also zu den *noch nicht abgeschlossenen,* mithin zu den *laufenden* Maßnahmen. Das bedeutet, dass Maßnahmen der Instandhaltung und Instandsetzung des gemE durch den sie legitimierenden Beschluss der WEer in Lauf gesetzt und damit zu *laufenden* Maßnahmen im Sinne des § 27 Abs. 3 Satz 1 Nr. 3 werden, weil sie jetzt vom Verwalter nach § 27 Abs. 1 Nr. 1 durchzuführen sind.[620a] Muss zur Durchführung des Beschlusses ein Vertrag geschlossen werden, hat der Verwalter folglich kraft Gesetzes die dazu erforderliche Vertretungsmacht, ohne die er seine Verpflichtung auch nicht erfüllen könnte. Auf das Vorliegen einer ggf. konkludenten, rechtsgeschäftlichen Ermächtigung gemäß § 27 Abs. 3 Satz 1 Nr. 7 kommt es daher nicht an.

Die Annahme einer gesetzlichen Vertretungsmacht des Verwalters gemäß § 27 Abs. 3 194
Satz 1 Nr. 3 WEG in den Fällen, in denen Maßnahmen der Instandsetzung und Instandhal-

[615] Vgl. Rn 13, 50; *Schultz* ZWE 2009, 161 f.
[616] Vgl. dazu Rn 164 ff.; vgl. auch OLG Düsseldorf NZM 2006, 182.
[617] Vgl. *Lüke* ZWE 2009, 101 (107); Jennißen/*Heinemann* § 27 Rn 8.
[618] Zutreffend *Schultz* ZWE 2009, 161 (162); vgl. auch *Lüke* ZWE 2009, 101 (107).
[619] Vgl. § 23 Rn 53.
[620] Vgl. dazu Jennißen/*Elzer,* Vor §§ 23 bis 25 Rn 18; *ders,* ZMR 2009, 650 Fn 8.
[620a] AA *Ott* ZWE 2010, 159.

tung auf einem Beschluss der WEer beruhen, rechtfertigt sich auch durch die Überlegung, dass die Maßnahme auf der vorrangigen Geschäftsführung der WEer beruht, d. h. durch den Willen der Herren der Verwaltung legitimiert wird. Wenn der Verwalter die WEgem bei wiederkehrenden, also sonstigen laufenden Maßnahmen der Instandhaltung und Instandsetzung vertreten kann, die auf *seiner* Entscheidungskompetenz beruhen und deshalb eine Fremdbestimmung der WEer bedeuten, umso legitimer ist eine Vertretungsbefugnis des Verwalters, wenn über eine Instandhaltungs- und Instandsetzungsmaßnahme nicht fremd bestimmt, sondern von den betroffenen WEern selbst entschieden wird. Der Verwalter hat daher für die Durchführung von Maßnahmen der Instandhaltung und Instandsetzung des gemE, die von den WEern gemäß § 21 Abs. 3, Abs. 5 Nr. 2 beschlossen werden, nach § 27 Abs. 3 Satz 1 Nr. 3 gesetzliche Vertretungsmacht und entsprechende Geschäftsführungsbefugnis. Dies hat u. a. die praktische Folge, dass der Verwalter auch zur Abnahme von Werkleistungen anlässlich von Instandhaltungs- und Instandsetzungsmaßnahmen verpflichtet ist und diese vornehmen darf und kann.[620b]

195 **cc) Erforderliche ordnungsmäßige Instandhaltung und Instandsetzung.** Die Vertretungsmacht des Verwalters setzt ferner voraus, dass es sich bei den laufenden Maßnahmen um solche der *erforderlichen ordnungsmäßigen* Instandhaltung und Instandsetzung gemäß Absatz 1 Nr. 2 handelt. Die ausdrückliche Bezugnahme auf Absatz 1 Satz 2, der dieselben unbestimmten Rechtsbegriffe enthält, rechtfertigt es, die hierzu entwickelten Rechtsgrundsätze zu übernehmen.

196 **(1) Erforderlich.** In Abgrenzung zu den *dringenden* Fällen im Sinne des § 27 Abs. 1 Nr. 3 braucht eine Maßnahme im Sinne von § 27 Abs. 1 Nr. 2, Abs. 3 Satz 1 Nr. 3 nicht unaufschiebbar zu sein. Vielmehr ist entsprechend der sonstigen Bedeutung des Begriffes als *erforderlich* jede Maßnahme anzusehen, die objektiv zur Instandsetzung oder Instandhaltung *geboten* und *geeignet* ist.[621] Im Hinblick auf die Selbstverwaltungsautonomie der WEer ist unter dem Begriff „geboten" auch zu klären, ob für die konkrete Maßnahme ein eigenständiges Handeln des Verwalters ohne Einschaltung der WEer zulässig ist,[622] wobei dem Verwalter insoweit ein gewisser Beurteilungsspielraum zuzubilligen ist. Hier kann dann auch die wirtschaftliche Bedeutung einer Maßnahme in die Bewertung einfließen. So kann auch der Abschluss von Dauerschuldverhältnissen, etwa eines Wartungsvertrages,[623] geboten, d. h. erforderlich sein, sofern eine kurzfristige Kündigung möglich ist. Für den Abschluss von Verträgen mit langer Bindung durch den Verwalter nach § 27 Abs. 3 Satz 1 Nr. 3 ist dagegen kein Bedürfnis ersichtlich, von der primären Zuständigkeit der WEer abzusehen, so dass er mangels aktueller Erforderlichkeit nicht unter die Ausnahmeregelung fällt;[624] es bleibt dem Verwalter unbenommen, solche Verträge vorbehaltlich der Genehmigung durch Beschluss der WEer abzuschließen; er vermeidet dadurch eine Haftung nach § 179 BGB.[625]

197 Als subjektive Komponente muss die objektiv gebotene und geeignete Maßnahme dem Verwalter zumutbar sein.[626]

198 **(2) Ordnungsmäßig.** Nur Maßnahmen der *ordnungsmäßigen* Instandhaltung und Instandsetzung des gemE fallen unter Abs. 3 Satz 1 Nr. 3. Die vom Verwalter zu verantwortenden Maßnahmen müssen daher *ordnungsgemäßer Verwaltung* im Sinne von § 21 Abs. 3 und Abs. 4 entsprechen.[627] Daher hat auch der Verwalter, wie die WEer, insbesondere das

---

[620b] AA *Ott* ZWE 2010, 157 (159).

[621] Vgl. BGH DWE 1993, 66 (67).

[622] Ähnlich *Lüke* ZWE 2009, 101 (107).

[623] Kümmel/*Niedenführ*/Vandenhouten § 27 Rn 21.

[624] IErg auch *Greiner* Rn 1353; Kümmel/*Niedenführ*/Vandenhouten § 27 Rn 21; aA *Häublein* (ZWE 2009, 189, 193), wonach der Verwalter Wartungsverträge für die Dauer seiner Bestellung abschließen kann.

[625] Vgl. *Häublein* ZWE 2009, 189 (194).

[626] OLG Zweibrücken NJW-RR 1991, 1301; vgl. auch BGH DWE 1993, 66 (67).

[627] Zum Begriff der ordnungsgemäßen Verwaltung vgl. § 21 Rn 26 ff.

Gebot der Wirtschaftlichkeit zu beachten.[628] Dies erfordert, dass die Kostenfrage und die Finanzierung ordnungsgemäß geregelt sind.[629] Auch hat der Verwalter für die von ihm entschiedenen Maßnahmen grundsätzlich Alternativangebote einzuholen oder Preisvergleiche anzustellen, ehe er die Maßnahme vornimmt;[630] denn eine Überteuerung kann ordnungsgemäßer Instandhaltung oder Instandsetzung widersprechen.[631] Sachliche Gründe können es rechtfertigen, nicht das billigste Angebot anzunehmen.[632]

dd) Außergewöhnliche Maßnahmen. Vertretungsmacht und Geschäftsführungs- 199
befugnis nach des Verwalters Nr. 3 erstrecken sich nicht auf **erforderliche, aber nicht laufende** Maßnahmen der Instandsetzung und Instandhaltung. Insoweit bleibt es bei der Rspr. des BGH,[633] wonach der Verwalter über solche außergewöhnliche Maßnahmen nicht selbst entscheiden darf und ohne vorherige Ermächtigung durch die WEer (Abs. 3 Satz 1 Nr. 7) keine Vertretungsmacht hat.[634] Ist der Verwalter zur Durchführung solcher Maßnahmen weder durch Vereinbarung noch durch Beschluss ermächtigt, wird die von den WEern beschlossene, außergewöhnliche Maßnahme durch diesen Beschluss zur laufenden Maßnahme iSd Nr. 3 (vgl. Rn 192 f.), so dass der Verwalter die zu deren Durchführung erforderliche Vertretungsmacht hat. Ist eine erforderliche, aber nicht laufende Maßnahme **dringend,** können sich Geschäftsführungsbefugnis und Vertretungsmacht des Verwalters aus Abs. 3 Satz 1 Nr. 4 ergeben.

d) Rechtsfolgen. Zur Instandhaltung- und Instandsetzung kann insbesondere der Ab- 200
schluss von Verträgen mit Handwerkern erforderlich sein. Schließt der Verwalter innerhalb der ihm nach Nr. 3 zustehenden Vertretungsmacht einen Vertrag mit einem Dritten namens der WEgem, wird diese Vertragspartner. Handelt der **Verwalter ohne Vertretungsmacht,** wirkt der Vertrag nicht für und gegen die WEgem. Diese kann nach § 177 BGB den Vertrag durch Beschluss genehmigen, andernfalls haftet der Verwalter nach Maßgabe des § 179 BGB als **Vertreter ohne Vertretungsmacht;** dabei hat der Dritte die Wahl, vom Verwalter die Erfüllung des Vertrages oder Schadensersatz wegen Nichterfüllung zu verlangen.[635] Das Verhältnis des Verwalters zur WEgem bestimmt sich danach, ob der Vertragsschluss dem wirklichen oder mutmaßlichen Interesse der WEgem entspricht und damit eine **berechtigte GoA** vorliegt.[636] Soweit dies zu bejahen ist, hat der Verwalter gegen die WEgem einen **Aufwendungsersatzanspruch** nach §§ 683, 670 BGB.[637] Widerspricht dagegen der Vertrag dem mutmaßlichen oder wirklichen Willen der WEgem – etwa weil der Verwalter abweichend von einem Beschluss der WEer einen Vertrag über eine Gesamtsanierung des Daches statt einer Teilsanierung im Namen der WEgem abschließt –, so liegt eine **unberechtigte GoA** vor. Gem. § 684 Satz 1 BGB kann der Verwalter in diesem Fall nur **Verwendungsersatz** nach Bereicherungsrecht (§§ 812 ff. BGB bzw § 951 BGB) verlangen. Zu ersetzen sind neben „werterhöhenden" Verwendungen auch lediglich „werterhaltende" Verwendungen, wenn die WEer später unausweichliche Aufwendungen erspart haben.[638]

---

[628] Vgl. für Beschlüsse der Wohnungseigentümer: OLG München, ZMR 2007, 557 (558); BayObLG, WE 1995, 287 f.; 1990, 181 f.

[629] Vgl. BayObLG WuM 1996, 239; OLG Saarbrücken ZMR 1997, 31 (33); OLG Düsseldorf ZMR 2008, 553 (554); OLG München ZMR 2008, 233 f.

[630] Vgl. § 21 Rn 28 a.E.

[631] Vgl. BayObLG WuM 1996, 239; OLG Saarbrücken ZMR 1997, 31 (33); OLG Düsseldorf ZMR 2008, 553 (554); OLG München ZMR 2008, 233 f.

[632] BayObLG WE 1995, 287 (288).

[633] BGHZ 67, 232 (235 ff.)

[634] So auch *Lüke* ZWE 2009, 101 (106 f.).

[635] BGHZ 67, 232 (238 f.).

[636] Vgl. hierzu *Armbrüster* ZWE 2002, 548 (553 f.).

[637] OLG Hamm WE 1997, 314 (316); zu dessen Umfang *Armbrüster* ZWE 2002, 548 (555).

[638] OLG Düsseldorf WE 1996, 275 = WuM 1996, 178 f.

201 Der Verwalter kann – wie bisher – einen Vertrag zur Instandsetzung und Instandhaltung des gemE auch **im eigenen Namen** abschließen. Die hierdurch entstehenden Aufwendungen des Verwalters sind Kosten der Verwaltung iSd § 16 Abs. 2.[639] Seine Aufwendungen kann er aus der Instandhaltungsrücklage entnehmen,[640] aber er trägt das Risiko der Zahlungsunfähigkeit der WEgem.

5. Maßnahmen gemäß Abs. 1 Nr. 3 bis 5 und Nr. 8 (Nr. 4)

202 **a) Der Normzweck.** Nach § 27 Abs. 3 Satz 1 Nr. 4 ist der Verwalter berechtigt, im Namen der WEgem und mit Wirkung für und gegen diese die Maßnahmen gemäß Abs. 1 Nr. 3 bis 5 und Nr. 8 zutreffen. Die Normierung dieser Vertretungsmacht des Verwalters war wegen der Trennung von Geschäftsführungsbefugnis und Vertretungsmacht erforderlich. Wie bisher (§ 27 Abs. 2 Nr. 1 und 2 aF) ist der Verwalter ermächtigt, die in § 27 Abs. 1 Nr. 4 und 5 geregelten Zahlungen und Leistungen einzufordern und zu bewirken. Ferner ist der Verwalter zu dringenden Maßnahmen gem. § 27 Abs. 1 Nr. 3 und zur Abgabe der Eigentümererklärungen gem. § 27 Abs. 1 Nr. 8 ermächtigt.

203 **b) Dringender Erhaltungsmaßnahmen nach Abs. 1 Nr. 3.** Nach § 27 Abs. 3 Satz 1 Nr. 4 ist der Verwalter berechtigt, im Namen der WEgem und mit Wirkung für und gegen sie in dringenden Fällen sonstige zur Erhaltung des GE erforderlichen Maßnahme zu treffen. Hierzu ist er auch verpflichtet, so dass der Verwalter in dringenden Fällen iSv § 27 Abs. 1 Nr. 3 die WEer ohne deren vorherige Beschlussfassung durch Verträge verpflichten kann.[641] Ist zur Erhaltung des GE die Vornahme eines Rechtsgeschäfts für die WEgem dringend erforderlich, kann der Verwalter insoweit die WEgem kraft Gesetzes vertreten.[642] Das Rechtsgeschäft wirkt dann unmittelbar für und gegen die WEgem.

204 Als dringend iSv § 27 Abs. 1 Nr. 3 sind solche Fälle einzustufen, die wegen ihrer Eilbedürftigkeit eine vorherige Einberufung einer WEVers nicht zulassen.[643] Entscheidend ist, ob die **Erhaltung des GE** gefährdet wäre, wenn nicht umgehend gehandelt würde.[644] Zu den Einzelheiten siehe Rn 61. Im Unterschied zu § 27 Abs. 1 Nr. 2 kommen auch Maßnahmen in Betracht, die nicht der ordnungsgemäßen Instandhaltung oder Instandsetzung dienen, wie etwa der Abbruch einer Wand bei Einsturz- oder Brandgefahr.[645] Zur Durchführung der nach § 27 Abs. 1 Nr. 3 erforderlichen Maßnahmen darf auch in das SE eingegriffen werden (§ 14 Nr. 4), wenn sonst die Erhaltung des GemE nicht möglich wäre, wie etwa bei Wasserrohrbrüchen im SE.[646]

205 **c) Anforderung von Zahlungen nach Abs. 1 Nr. 4.** Nach § 27 Abs. 3 Satz 1 Nr. 4 ist der Verwalter berechtigt, im Namen der WEgem und mit Wirkung für und gegen sie Lasten- und Kostenbeiträge, Tilgungsbeträge und Hypothekenzinsen anzufordern, in Empfang zu nehmen und abzuführen, soweit es sich um gemeinschaftliche Angelegenheiten der WEer handelt. Der Verwalter hat hiernach eine gesetzliche Vertretungsmacht zur Vornahme aller Rechtsgeschäfte, die zur Anforderung, Inempfangnahme und Abführung von unter Abs. 1 Nr. 4 fallende Lasten- und Kostenbeiträge, Tilgungsbeiträge und Hypothe-

---

639 BayObLG WE 1998, 154 (155).

640 Vgl. BGHZ 67, 232 (235, 239) = NJW 1977, 44; BayObLG WE 1998, 154 (155); OLG Köln OLGZ 1978, 7 (8).

641 Vgl. Rn 63.

642 Vgl. dazu *Bub* ZWE 2009, 245 (250).

643 BayObLG NZM 2004, 390; WE 1997, 434 = NJWE-MietR 1997, 163; OLG Hamm OLGZ 1989, 54 (56) = NJW-RR 1989, 331 = DNotZ 1989, 441; Palandt/*Bassenge* § 27 Rn 7; *Bub* PiG 7, 57 (61).

644 BayObLG WuM 1997, 398 (399) = WE 1997, 434 = NJWE-MietR 1997, 163.

645 *Niedenführ*/Kümmel/Vandenhouten § 27 Rn 32.

646 *Niedenführ*/Kümmel/Vandenhouten § 27 Rn 34.

kenzinsen[647] erforderlich sind. Zur gerichtlichen Geltendmachung der Ansprüche auf Zahlung von Lasten- und Kostenbeiträgen, Tilgungsbeiträgen und Hypothekenzinsen ist er nur bei Vorliegen einer Ermächtigung nach Abs. 3 Satz 1 Nr. 7 berechtigt.[648]

d) Bewirken und Entgegennahme von Zahlungen und Leistungen nach Abs. 1 Nr. 5. Nach § 27 Abs. 3 Satz 1 Nr. 4 ist der Verwalter berechtigt, im Namen der WEgem und mit Wirkung für und gegen sie alle Zahlungen und Leistungen zu bewirken und entgegenzunehmen, die mit der laufenden Verwaltung des gemE zusammenhängen. Hiernach hat der Verwalter die zum Bewirken und zur Entgegennahme von Zahlungen und Leistungen für die WEgem erforderliche Vertretungsmacht. Er kann daher, wenn er zur Geltendmachung von Beitragsforderungen der WEgem im eigenen Namen ermächtigt ist, Leistung an sich verlangen.[649] 206

Die Befugnis aus § 27 Abs. 1 Nr. 5 umfasst Verfügungen des Verwalters über von ihm verwaltete Gelder der WEgem. Haben die WEer von der Möglichkeit Gebrauch gemacht, die Verfügungsbefugnis des Verwalters nach § 27 Abs. 5 Satz 2 zu beschränken, kann er nur mit Zustimmung eines WEers oder eines Dritten handeln. Das **Bewirken von Zahlungen** und **Leistungen** iSd § 27 Abs. 1 Nr. 5 betrifft nur die Erfüllung bereits bestehender Verpflichtungen der WEgem.[650] Aus § 27 Abs. 1 Nr. 5, Abs. 3 Satz 1 Nr. 4 ergibt sich demnach keine gesetzliche Vertretungsmacht des Verwalters, neue Verpflichtungen zu Lasten der WEgem einzugehen, etwa ein Darlehen aufzunehmen.[651] Der Verwalter ist auch nicht befugt, im Namen der WEgem Ansprüche anzuerkennen[652] oder auf Forderungen zu verzichten.[653] 207

Die Befugnis, Zahlungen und Leistungen **entgegenzunehmen** wird insbesondere relevant bei Einziehung von Mietzinsen aus der Vermietung gemeinschaftlicher Einrichtungen, wie Läden, Werkstätten, Garagen, auch Wohnungen und sonstigen Räumen.[654] Die Entgegennahme von Zahlungen und Leistungen umfasst auch die Erteilung entsprechender Quittungen, auch einer löschungsfähigen Quittung bei einer Zwangshypothek.[655] Der Verwalter darf zwar den Mietzins einziehen, kann jedoch nach § 27 Abs. 1 Nr. 5, Abs. 3 Satz 1 Nr. 4 selbst dann nicht kündigen, wenn er im Namen der WEgem den Mietvertrag abgeschlossen hat.[656] Zur Entgegennahme von Leistungen in Gemeinschaftsangelegenheiten gehört auch die **Abnahme von Bauleistungen** nach § 640 BGB.[657] Werden bei der Abnahme Mängel festgestellt, ist der Verwalter auch zu Mängelrügen und Fristsetzungen bzgl. der Nachbesserungsansprüche berechtigt.[658] Aus § 27 Abs. 1 Nr. 5, Abs. 3 Satz 1 Nr. 4 folgt jedoch nicht die Befugnis, Gestaltungsrechte – etwa Rücktritt, Kündigung, Minderung – auszuüben.[659] 208

Die Zahlungen und Leistungen müssen mit der **laufenden Verwaltung des gemE zusammenhängen,** sind aber nicht auf gewöhnliche Maßnahmen der Verwaltung beschränkt. Dadurch wird sichergestellt, dass nur Maßnahmen für das GE und nicht für das SE 209

[647] Siehe dazu Rn 64 ff.
[648] Vgl. Rn 242; aA Palandt/*Bassenge* § 27 Rn 25.
[649] Vgl. OLG München NZM 2008, 653.
[650] BGHZ 67, 232 (241); OLG Hamm WE 1997, 314 (315); *Niedenführ*/Kümmel/Vandenhouten § 27 Rn 38; *Keith* PiG 14, 77; *Bub* ZdWBay 1994, 163 (164).
[651] OLG Hamm ZfIR 1997, 347.
[652] BayObLG WuM 1997, 398 (399) = WE 1997, 434 = NJWE-MietR 1997, 163.
[653] BayObLGZ 1998, 284.
[654] *Bub* ZdWBay 1994, 163 (164); *Sauren,* WEG § 27 Rn 57.
[655] BayObLG NJW-RR 1995, 852.
[656] LG Bamberg NJW 1972, 1376.
[657] KG WE 1993, 197; Palandt/*Bassenge* § 27 Rn 9; aA *Ott* ZWE 2010, 157 (159).
[658] KG WE 1993, 197; Palandt/*Bassenge* § 27 Rn 9; *Niedenführ*/Kümmel/Vandenhouten § 27 Rn 37.
[659] Palandt/*Bassenge* § 27 Rn 9.

in Betracht kommen. Folgende Zahlungen und Leistungen gehören zur laufenden Verwaltung: Versicherungsbeiträge, Entgelt des Hausmeisters, des Reinigungsinstituts, der Beleuchtungskosten, Kosten für Gas,[660] Wasser, Strom und Lieferung von Heizmaterial, Kosten der Müllabfuhr, der Werklohn für Instandsetzungs- und Instandhaltungsarbeiten, Leistungen und Zahlungen auf Grund von Verträgen, die zur Durchführung von Beschlüssen der WEer abgeschlossen wurden usw. Zur laufenden Verwaltung zählt auch die Zahlung von Schornsteinfegergebühren.[661] Unter § 27 Abs. 1 Nr. 5 fällt auch die Entgegennahme des Betrages, den ein WEer auf Grund eines Kostenfestsetzungsbeschlusses der WEgem zu erstatten hat.[662] § 27 Abs. 1 Nr. 5, Abs. 3 Satz 1 Nr. 4 berechtigt den Verwalter auch zur Entnahme eines Betrages aus Geldern der WEgem für sich selbst zur Zahlung des Aufwendungsersatzes, der ihm im Rahmen der Rückabwicklung eines für ungültig erklärten Beschlusses nach einem Handeln im eigenen Namen gegen die WEgem zusteht.[663]

210 **e) Abgabe von Erklärungen gem. § 21 Abs. 5 Nr. 6 nach Abs. 1 Nr. 8.** Nach § 27 Abs. 3 Satz 1 Nr. 4 ist der Verwalter berechtigt, im Namen der WEgem und mit Wirkung für und gegen sie die Erklärungen abzugeben, die zur Vornahme der in § 21 Abs. 5 Nr. 6 bezeichneten Maßnahmen[664] erforderlich sind. Diese sog. Eigentümererklärungen sind gemeinschaftsbezogen[665] und können nur von der WEgem abgegeben werden.[666] Hierzu hat der Verwalter gesetzliche Vertretungsmacht. § 27 Abs. 3 Satz 1 Nr. 4. Da nach § 21 Abs. 5 Nr. 6 die Duldung solcher Maßnahmen zur ordnungsgemäßen Verwaltung gehört, ist nicht erforderlich, dass im Rahmen der ordnungsgemäßen Verwaltung hierüber ein Beschluss gefasst werden muss.[667] Daraus ergibt sich, dass der Verwalter kraft seiner gesetzlichen Befugnisse nach § 27 Abs. 1 Nr. 8, Abs. 3 Satz 1 Nr. 4 die Erklärungen selbstständig und ohne Anhörung der WEer im Namen der WEgem abgeben kann.

6. Führung von Konten (Nr. 5)

211 **a) Der Normzweck.** Nach § 27 Abs. 3 Satz 1 Nr. 5 ist der Verwalter berechtigt, im Namen der WEgem und mit Wirkung für und gegen diese im Rahmen der Verwaltung der eingenommenen Gelder gemäß Abs. 1 Nr. 6 Konten zu führen. Hierdurch soll klargestellt werden,[668] dass der Verwalter zur Verwaltung der eingenommenen Gelder im Namen der WEgem Konten führen kann. Zum „Führen" gehört nach der Begründung auch das Eröffnen und das Schließen eines Kontos. Der Verwalter hat mithin nach Nr. 5 gesetzliche Vertretungsmacht zu Rechtsgeschäften, die zur Führung eines Kontos gehören, insbesondere zur Eröffnung, zur Schließung, zur Anlage von Geldern und zur Abwicklung des sonstigen Zahlungsverkehrs.

212 **b) Die Kontoführung.** Aus § 27 Abs. 3 Satz 1 Nr. 5 folgt die **Vertretungsmacht** des Verwalters, ein Konto für die eingenommenen Gelder der WEgem zu **eröffnen.** Nach § 27 Abs. 5 Satz 1 ist der Verwalter verpflichtet, eingenommene Gelder von seinem Vermögen gesondert zu halten. Die mit dieser Vorschrift bezweckte Insolvenz- und Pfandsicherheit der eingenommenen Gelder verbietet im bargeldlosen Zahlungsverkehr,

[660] Nicht darunter fallen aber die Kosten einer Gaslieferung, die vor Fertigstellung der Wohnanlage, Inbesitznahme der Wohnungen durch die WEer und Anlage der Wohnungsgrundbücher sowie vor dem für den Beginn der Tätigkeit des Verwalter vorgesehenen Zeitpunkt erfolgt ist: OLG Hamburg WuM 1995, 126.

[661] Vgl. BVerwG WE 1994, 369, wonach die WEer auch gesamtschuldnerisch für Schornsteinfegergebühren, die an in SE stehenden Anlagen angefallen sind; aA *Becker* WE 1994, 361 (362 ff.).

[662] BayObLG NJW-RR 1995, 852.

[663] Staudinger/*Bub* § 27 Rn 220; aA *Keith* PiG 14, 77 und 78.

[664] Siehe dazu Rn 93.

[665] *Merle* ZWE 2006, 365 (367).

[666] Beschlussempfehlung Rechtsausschuss BT-Drucks. 16/3743 S. 52.

[667] Palandt/*Bassenge* § 27 Rn 12.

[668] Vgl. BT-Drucks. 16/887 S. 71.

die Gelder auf einem Eigenkonto des Verwalters zu führen, bei dem Kontoinhaber und Verfügungsberechtigter der Verwalter ist. Die eingenommenen Gelder sind dem Zugriff Dritter am effektivsten durch Anlage auf einem sog. offenen Fremdkonto entzogen.[669] Dementsprechend ist der Verwalter nach § 27 Abs. 1 Nr. 6, Abs. 3 Satz 1 Nr. 5 dem Wortlaut nach auch **verpflichtet,** für die eingenommenen Gelder **ein Konto im Namen der WEgem zu eröffnen.** Dies hat zudem den Vorteil, dass bei einem Wechsel des Verwalters nur die Verfügungsbefugnis des bisherigen Verwalters widerrufen und dem neuen Verwalter eingeräumt zu werden braucht.[670] Die Führung eines **offenen Treuhandkontos** mit dem Verwalter als Kontoinhaber ist wegen der Pflicht zur Vermögenssonderung **nicht** mehr **zulässig,**[671] da die WEgem bei einer Zwangsvollstreckung von Gläubigern des Verwalters Drittwiderspruchsklage gem. § 771 ZPO erheben müsste und bei Insolvenz des Verwalters nur dann ein Aussonderungsrecht nach § 47 InsO vorliegen würde, wenn auf dem Konto nachweislich nur Gelder der WEgem eingezahlt worden sind.[672]

Die Vertretungsmacht des Verwalters erstreckt sich auch auf die **Schließung** eines 213
Kontos. Zur **Kontoführung** gehört schließlich auch die Abwicklung des gesamten **Zahlungsverkehrs** im Rahmen der Verwaltung der eingenommenen Gelder und deren **Anlage.** Ist die Verfügung über solche Gelder nach § 27 Abs. 5 Satz 2 von der Zustimmung eines WEers oder eines Dritten abhängig gemacht,[673] kann der Verwalter nur mit deren Zustimmung über eingenommene Gelder verfügen, d. h. die WEgem insoweit nicht allein vertreten.

c) Die Kreditaufnahme. Aus § 27 Abs. 3 Nr. 5 ergibt sich weder eine gesetzliche 214
Vertretungsmacht noch eine Geschäftsführungsbefugnis des Verwalters zur Aufnahme von Krediten im Namen der WEgem.[674] Die Annahme einer Vertretungsmacht zur Aufnahme von Krediten scheitert bereits daran, dass es sich bei einer Kreditaufnahme nicht mehr um die Führung des Kontos für eingenommene Gelder handelt. Es werden nicht vorhandene Gelder der WEgem betreut, sondern neue Verbindlichkeiten zur Erlangung fremder Gelder begründet.[675] Zum Abschluss eines Kreditvertrages bedarf der Verwalter daher einer gesonderten Ermächtigung durch die WEer gem Abs. 3 Satz 1 Nr. 7;[676] die Ermächtigungsurkunde muss ggf. den Anforderungen des § 492 IV, Abs. 1 BGB entsprechen.[677] Der Verwalter ist auch nicht befugt, das Konto der WEgem kurzfristig zu überziehen, wenn dies zur Kostendeckung notwendig ist.[678] Auch die Kontoüberziehung stellt eine Darlehensaufnahme durch die WEgem dar[679] und eine unterschiedliche rechtliche Behandlung der Inanspruchnahme eines Kontokorrentkredites oder einer sonstigen Kreditaufnahme kann der gesetzlichen Regelung nicht entnommen werden.[680]

---

669 *Müller,* Praktische Fragen, Rn 485 (S. 399); *Belz,* Handbuch, Rn 228; *Bub* ZdWBay 1994, 163 (166); *Brych,* FS für Seuß (1987), S. 65 (70).

670 Vgl, *Jennißen, A*brechnung, Rn. 41.

671 Vgl. *Hügel* DNotZ 2005, 753 (761); Palandt/*Bassenge* § 27 Rn 10, 26; *Merle* ZWE 2006, 365 (369); *Niedenführ*/Kümmel/Vandenhouten § 27 Rn 48; *Jennißen,* Abrechnung, Rn 29 ff.; aA zur Rechtslage vor der Reform: BGH WE 1996, 29 (30) = NJW 1996, 65.

672 OLG Hamm ZIP 1999, 765.

673 Siehe Rn 85.

674 So schon zum bisherigen Recht: BGH NJW-RR 1993, 1227 (1228) = DWE 1994, 25; hierzu *Wenzel* WE 1993, 335 (336); OLG Koblenz DB 1979, 788, DWE 1992, 44; *Elzer* NZM 2009, 57 (60 f.).

675 *Feuerborn* ZIP 1988, 146 (148); so im Ergebnis auch *Müller,* Praktische Fragen, Rn 486 (S. 400).

676 Vgl. *Derleder* ZWE 2010, 10 (11); *Jennißen,* Abrechnung, Rn 355 ff., 363.

677 Eingehend *Derleder* ZWE 2010, 10 (11).

678 Ebenso Palandt/*Bassenge* § 27 Rn 26; aA *Müller,* Praktische Fragen, Rn 486 (S. 401).

679 Vgl. *Erlebach* PiG 27, 83 (92); *Brych,* FS für Seuß (1987), S. 65 (76); *ders.* NJW 1988, 1068.

680 BGH NJW-RR 1993, 1227 (1228); OLG Koblenz DB 1979, 788.

215 Die Aufnahme eines Kredites für die WEgem kann nach § 21 Abs. 1 mit Zustimmung aller WEer beschlossen werden.[681] Mit Stimmenmehrheit kann sie nach § 21 Abs. 3 beschlossen werden, wenn sie ordnungsmäßiger Verwaltung entspricht.[682] Bei der in concreto erforderlichen Interessenabwägung sind die Finanzierung durch Entnahme aus der Rückstellung oder durch Sonderumlage, die zu finanzierende Maßnahme, die Kreditkonditionen und die individuelle Belastung des einzelnen WEers zu berücksichtigen.[683] Ein Beschluss über eine Kreditaufnahme kann sonach entgegen bisher h. M. auch dann ordnungsgemäßer Verwaltung entsprechen, wenn ein langfristiger, höherer Kredit aufgenommen werden soll,[684] der die Summe der Hausgeldzahlungen aller WEer für 3 Monate übersteigt und nicht zur Überbrückung eines kurzfristigen Liquiditätsengpasses dient.[685]

216 Hat der Verwalter ohne einen entsprechenden Beschluss einen Kredit aufgenommen – etwa in Form der Kontoüberziehung zur Finanzierung von Instandsetzungsarbeiten – ist der Darlehensvertrag zunächst schwebend unwirksam, jedoch nach § 177 BGB durch die WEgem **genehmigungsfähig.** Beschließen die Eigentümer über die **Genehmigung,** muss sich der Beschluss im Rahmen ordnungsgemäßer Verwaltung bewegen, sonst einstimmig erfolgen. Es gelten die Grundsätze über die Bevollmächtigung des Verwalters zur Kreditaufnahme entsprechend. Die nachträgliche Genehmigung der Kreditaufnahme kann sich aus dem Beschluss über die Jahresabrechnung ergeben, wenn in ihr der Kreditbetrag ausgewiesen ist.[686] Soweit der Verwalter den Kredit ausgleicht, stehen ihm gegen die WEgem Rückgriffsansprüche nach §§ 675, 670 BGB zu. Wird die Genehmigung **verweigert,** haftet der Verwalter gegenüber der Bank nach § 179 Abs. 1 BGB wahlweise auf Erfüllung oder Schadenersatz.[687] Erbringt der Verwalter in diesem Fall Zahlungen an die Bank, kann er nur unter den Voraussetzungen der §§ 683, 684 BGB bei der WEgem Rückgriff nehmen.[688]

7. Streitwertvereinbarungen (Nr. 6)

217 Nach § 27 Abs. 3 Satz 1 Nr. 6 ist der Verwalter berechtigt, im Namen der WEgem und mit Wirkung für und gegen diese mit einem Rechtsanwalt wegen eines Rechtsstreits gemäß § 43 Nr. 2 oder Nr. 5 eine Vergütung gem. Abs. 2 Nr. 4 zu vereinbaren, nämlich dass sich die Gebühren nach einem höheren als dem gesetzlichen Streitwert, höchstens nach einem gem. § 49 a Abs. 1 Satz 1 GKG bestimmten Streitwert bemessen. Auch hierdurch soll es den WEern ermöglicht werden, einen Rechtsanwalt zur Vertretung der WEgem zu finden, der für einen im Einzelfall möglicherweise niedrigen Streitwert zur Übernahme des Mandats bereit ist.[689] Deshalb wird der Verwalter im Interesse der WEgem ermächtigt, für diese eine insbes dem gesteigerten Haftungsrisiko angemessene Vergütung ohne vorherigen Beschluss der WEer zu vereinbaren, nämlich durch vereinbarte Erhöhung des gesetzlichen Streitwerts.

---

681 *Sittmann/Dietrich* WM 1998, 1615 (1620), da ein langfristiges Darlehen gegen den Grundsatz ordnungsgemäßer Verwaltung verstoße und es jedem WEer überlassen bleiben soll, ob er zur Finanzierung seines Kostenanteils ein Darlehen aufnehmen möchte oder vorhandene Mittel einbringe; aA *Brych* WE 1991, 98.

682 Ähnlich *Jennißen,* Abrechnung, Rn 360.

683 Eingehend dazu *Elzer* NZM 2009, 57 (61 f.); *Jennißen,* Abrechnung, Rn 361.

684 *Elzer* NZM 2009, 57 (59 ff.); wohl schon KG NJW-RR 1994, 1105 (1107).

685 So die bisherige Rspr.: BayObLG NZM 2006, 62; NJW-RR 2004, 1602 f.; OLG Hamm OLGZ 1992, 313 (315) = NJW-RR 1992, 403; OLG Koblenz DB 1979, 788; abweichend KG NJW-RR 1994, 1105 (1107).

686 OLG Hamm WE 1997, 314 (316); aA *Drasdo* PiG 54, S. 55 (62, 63).

687 Vgl. hierzu BGH NJW-RR 1993, 1227 (1228).

688 OLG Hamm WE 1997, 314 (316).

689 BT-Drucks. 16/887 S. 42, 54, 77.

Die **gesetzliche Vertretungsmacht** des Verwalters besteht für Aktiv- und Passivprozesse gem. § 43 Nr. 2 und Nr. 5,[690] nicht jedoch für Verfahren nach § 43 Nr. 3 mit dem abberufenen Verwalter.[691] Ist der Verwalter zur Prozessführung in Aktiv- und Passivprozessen generell durch **Vereinbarung** ermächtigt, berechtigt ihn dies idR zur Beauftragung eines Rechtsanwalts und § 27 Abs. 3 Satz 1 Nr. 5 berechtigt ihn zusätzlich, mit dem Rechtsanwalt bei den genannten Passivprozessen einen höheren Streitwert zu vereinbaren. Erfolgt mangels entsprechender Vereinbarung die Ermächtigung zur Prozessführung im Einzelfall durch Beschluss, der nach Abs. 3 Satz 1 Nr. 2 für Passivprozesse nicht erforderlich ist, sollte diese Ermächtigung, zweckmäßigerweise auch die Vereinbarung einer konkreten Streitwerterhöhung legitimieren, um das Haftungsrisiko des Verwalters im Innenverhältnis zur WEgem auszuschließen.[692] Ein Beschluss, der den Verwalter zu Streitwertvereinbarungen in den Grenzen der Nr. 4 legitimiert, entspricht idR ordnungsgemäßer Verwaltung.[693] **218**

Die Vertretungsmacht erstreckt sich nur auf die Vereinbarung eines Streitwerts, nicht auf eine Vereinbarung der Gebühren. Die Erhöhung des Streitwerts führt aber zu einer Erhöhung der Vergütung, so dass es sich um eine Vergütungsvereinbarung iSd § 4 RVG handelt, dessen Anforderungen sie entsprechen muss. Überschreitet der Verwalter seine gesetzliche Vertretungsmacht, wird die WEgem nicht verpflichtet (§ 177 BGB); auch eine Haftung des Verwalters scheidet idR nach § 179 Abs. 3 Satz 1 BGB aus.[694] Der Streitwert, der für die Berechnung der Gerichtskosten maßgebend ist, wird durch eine Streitwertvereinbarung nach Abs. 3 Satz 1 Nr. 6 nicht berührt. **219**

Mehrkosten gegenüber der gesetzlichen Vergütung eines Rechtsanwalts, die durch Vereinbarung eines höheren Streitwerts gem. Abs. 3 Satz 1 Nr. 6 entstehen, gehören nach § 16 Abs. 8 zu den **Kosten der Verwaltung** iSd § 16 Abs. 2. Sie sind daher auch bei einem Obsiegen der WEgem nicht vom Gegner zu erstatten. Vielmehr sind sie als Kosten der Verwaltung von allen WEer, ggf den unterlegenen und den obsiegenden, nach dem maßgeblichen Kostenverteilungsschlüssel zu tragen.[695] Hat der Kläger die Kosten des Rechtsstreits zu tragen, hat er nur die gesetzliche Vergütung des Rechtsanwalts des Beklagten zu erstatten, hat der Beklagte die Kosten des Rechtsstreits zu tragen, hat er lediglich die gesetzliche Vergütung des Rechtsanwalts des Klägers zu erstatten. Nach § 21 Abs. 7 können die WEer solche Mehrkosten als besonderen Verwaltungsaufwand (§ 16 Abs. 8) durch Beschluss auf den oder die Prozessgegner der WEgem umlegen, wenn sie diese Kosten verursacht haben (vgl. § 21 Rn 162). Dem Rechtsanwalt gegenüber haften die einzelnen WEer nach § 10 Abs. 8. **220**

Zur Streitwertvereinbarung siehe Rn 162. Unabhängig von der Berechtigung des Verwalters, namens der WEgem mit einem Rechtsanwalt eine Streitwertvereinbarung nach § 27 Abs. 3 Satz 1 Nr. 6 treffen zu können, kann der Verwalter mit einem Rechtsanwalt eine darüber hinaus gehende **Vergütungsvereinbarung** gem § 4 RVG treffen. Hierzu hat er jedoch keine gesetzliche Vertretungsmacht, sondern er muss insoweit rechtsgeschäftlich durch Vereinbarung oder durch Mehrheitsbeschluss (§ 27 Abs. 3 Satz 1 Nr. 7) ermächtigt sein. Soweit ein Beschluss zu Vergütungsvereinbarungen ermächtigt, die über Nr. 6 hinausgehen, dürfte er idR nur bei Vorliegen besonderer Gründe ordnungsmäßiger Verwaltung entsprechen,[696] was aber unerheblich ist, wenn ein solcher Beschluss bestandskräftig wird. Die Mehrkosten auf Grund einer Gebührenvereinbarung sind von der WEgem zu tragen.[697] **221**

---

[690] Jennißen/*Heinemann* § 27 Rn 81; aA Palandt/*Bassenge* § 27 Rn 20: nur für Passivprozesse.

[691] *Abramenko* ZWE 2009, 154 (157).

[692] Vgl. *Abramenko* § 5 Rn 18, 36, § 7 Rn 68.

[693] Vgl. *Abramenko* ZWE 2009, 154 (157 f.).

[694] *Abramenko* ZWE 2009, 154 (157).

[695] BT-Drucks. 16/887 S. 77; *Hügel* ZWE 2008, 265 (267 f.); Jennißen/*Heinemann* § 27 Rn 82; kritisch Hügel/*Elzer* § 11 Rn 76.

[696] *Abramenko* ZWE 2009, 154 (158).

[697] *Abramenko* ZWE 2009, 154 (158).

222 Liegt eine Ermächtigung gemäß § 27 Abs. 3 Satz 1 Nr. 7 nicht vor, handelt der Verwalter ohne Vertretungsmacht, so dass eine von ihm namens der WEgem getroffene Gebührenvereinbarung diese nicht bindet.

8. Die Ermächtigung zu Rechtsgeschäften und Rechtshandlungen (Nr. 7)

223 **a) Der Normzweck.** Nach § 27 Abs. 3 Satz 1 Nr. 7 ist der Verwalter berechtigt, im Namen der WEgem und mit Wirkung für und gegen diese sonstige Rechtsgeschäfte und Rechtshandlungen vorzunehmen, soweit er hierzu durch Vereinbarung oder Beschluss der WEer mit Stimmenmehrheit ermächtigt ist. Hierdurch wird den WEern insbes. die Beschlusskompetenz eingeräumt,[698] dem Verwalter durch Stimmenmehrheit eine weitergehende Ermächtigung zu erteilen, die über die in den Nrn. 1 bis 6 normierte Vertretungsmacht hinausgeht. Während nach Abs. 2 Nr. 3 sich die Beschlusskompetenz nur auf die Geltendmachung von Forderungen der WEer bezieht, geht die Beschlusskompetenz nach Abs. 3 Satz 1 Nr. 7 im Interesse der Handlungsfähigkeit der WEgem bewusst darüber hinaus und es kann eine umfassendere, gar unbeschränkte Ermächtigung erteilt werden.

224 Bei einer Ermächtigung iSd Absatzes 3 Satz 1 Nr. 7 handelt es sich wie bei § 27 Abs. 2 Nr. 3[699] auch um eine **gesetzliche Vertretungsmacht** des Verwalters, deren **Umfang rechtsgeschäftlich bestimmt** ist.[700] Die Vorschrift setzt nämlich ebenfalls keine für eine Bevollmächtigung nach § 167 Abs. 1 BGB erforderliche empfangsbedürftige Willenserklärung voraus.[701] Nach § 27 Abs. 3 Satz 1 Nr. 7 entsteht die Vertretungsmacht des Verwalters vielmehr bereits kraft Gesetzes mit Vorliegen der Vereinbarung oder des Ermächtigungsbeschlusses, ohne dass es dazu einer zusätzlichen, an den Verwalter gerichteten Willenserklärung bedarf, die erst mit Zugang bei diesem Wirksamkeit entfalten würde.[702]

225 **b) Rechtsgeschäfte und Rechtshandlungen.** § 27 Abs. 3 Satz 1 Nr. 7 ermöglicht, den Verwalter zur Vornahme von sonstigen Rechtsgeschäften und Rechtshandlungen zu ermächtigen.[703] Der Begriff der **Rechtshandlung** ist wie in § 10 Abs. 5 als Oberbegriff für Handlungen zu verstehen, durch die Rechtsfolgen ausgelöst werden.[704] Daher unterfallen ihm Rechtsgeschäfte, geschäftsähnliche Handlungen und Prozesshandlungen.

226 Unter **Rechtsgeschäften** sind ein- und mehrseitige Rechtsgeschäfte zu verstehen, so dass etwa der Abschluss von Verträgen, die Erklärung der Kündigung, des Rücktritts, der Aufrechnung etc. unter Nr. 7 fallen.

227 Zu den **geschäftsähnlichen Handlungen** zählen insbesondere die Mahnung nach § 286 Abs. 1 BGB, durch die ein Schuldner in Verzug gerät, das Verlangen von Schadensersatz statt der Leistung nach § 281 Abs. 4 BGB, wodurch der Anspruch auf Leistung erlischt, die Erteilung einer Rechnung nach § 286 Abs. 3 BGB, wodurch Verzug eintreten kann usw. **Prozesshandlungen** sind Parteihandlungen, deren Voraussetzungen und Wirkungen vom Prozessrecht geregelt sind. Hierzu gehören die Erhebung einer Klage, die Einleitung eines Mahn- oder Vollstreckungsverfahrens, Einlegung eines Rechtsmittels, Geständnis, Anerkenntnis etc. Die **Führung eines Prozesses** ist keine einzelne Prozesshandlung, sondern umfasst die Vielzahl von Prozesshandlungen, die für die Führung eines Prozesses erforderlich sind.

228 **c) Vornahme und Widerruf der Ermächtigung.** Nach § 27 Abs. 3 Satz 1 Nr. 7 kann die Ermächtigung durch Vereinbarung oder durch Beschluss der WEer mit Stimmenmehrheit erfolgen. Sie ist Tatbestandsmerkmal für die Entstehung der gesetzlichen Vertretungsmacht des Verwalters als Organ der WEgem.

---

[698] Vgl. BT-Drucks. 16/887 S. 71.
[699] Vgl. Rn 142 f.
[700] Jennißen/*Heinemann* § 27 Rn 117.
[701] Vgl. auch Staudinger/*Bub* § 27 Rn 269.
[702] Vgl. *Giesen* WE 1996, 122 (126).
[703] Vgl. ausführlich *Suilmann* ZWE 2008, 113 f.
[704] Vgl. § 10 Rn 199.

229 **aa) Die Ermächtigung durch Vereinbarung.** Die Ermächtigung durch Vereinbarung erfordert eine vertragliche Regelung aller WEer.[705] Sie kann auch durch den teilenden Eigentümer gem. §§ 8 Abs. 2, 5 Abs. 4 bei der Begründung von WE erfolgen, etwa durch Aufnahme in eine GO und hat dann mit der Entstehung der werdenden WEgem Vereinbarungscharakter. Die Ermächtigung durch Vereinbarung bedeutet eine vertragliche Regelung der WEer untereinander, die auch das Rechtsverhältnis zum Verwalter gestaltet und zwar auch ohne ausdrückliche Aufnahme der Ermächtigung in den Verwaltervertrag.[706]

230 Eine Regelung in der GemO, nach der der Verwalter zur Vertretung der WEgem im Rahmen der laufenden Verwaltung ermächtigt ist, gilt regelmäßig nicht nur für den ersten, in der GemO bestellten Verwalter; vielmehr ist sie idR dahingehend auszulegen, dass die Ermächtigung für den jeweiligen Verwalter gilt.[707] Die in einer Vereinbarung vorgesehene generelle Ermächtigung berechtigt jeden Verwalter.

231 **bb) Die Ermächtigung durch Beschluss.** Eine Ermächtigung nach Nr. 7 kann auch durch Beschluss der WEer mit Stimmenmehrheit erfolgen. Sie wird mit der Feststellung und Verkündung des Beschlussergebnisses wirksam so dass die für die Entstehung der gesetzlichen Vertretungsmacht des Verwalters erforderliche tatbestandliche Voraussetzung einer Ermächtigung ab diesem Zeitpunkt vorliegt. Die WEer können durch Vereinbarung die Ermächtigung des Verwalters vom Vorliegen einer qualifizierten Mehrheit abhängig machen; § 27 Abs. 4 steht nicht entgegen, da die Befugnisse des Verwalters durch eine solche Vereinbarung nicht eingeschränkt werden.[708]

232 Ein Beschluss, durch den der Verwalter nach Nr. 7 ermächtigt wird, kann ausdrücklich, aber auch **konkludent** gefasst werden.[709] Eine konkludente Beschlussfassung kommt insbes. in Betracht, wenn zur Durchführung von Beschlüssen die Vornahme von Rechtsgeschäften erforderlich ist. Soweit sich eine Vertretungsmacht des Verwalters nicht aus einer Vereinbarung oder aus § 27 Abs. 1 Satz 1 Nrn. 1 bis 6 ergibt, ist in dem Beschluss, dass eine Maßnahme getroffen werden soll, idR zugleich die konkludente spezielle Ermächtigung zur Vornahme der dazu erforderlichen Rechtsgeschäfte zu sehen, etwa zum Abschluss von Werkverträgen. Denn der Verwalter könnte andernfalls seine Pflicht zur Durchführung des Beschlusses (§ 27 Abs. 1 Nr. 1) nicht erfüllen, so dass der verkündete Beschluss mangels gegenteiliger Hinweise zugleich als Ermächtigung zur Vornahme der erforderlichen Rechtsgeschäfte ausgelegt werden muss.[710]

233 Eine **Ermächtigung** nach Nr. 7 des Verwalter kann auch im **Verwaltervertrag** erfolgen.[711] Hierbei handelt es sich um eine Variante der im Gesetz vorgesehenen Ermächtigung mittels Beschlusses der WEer. Denn ein Verwaltervertrag beruht stets auf einem Beschluss der WEer.[712] Erforderlich ist nur, dass die im Verwaltervertrag erteilte Ermächtigung nach Nr. 7 vom Beschluss der WEer gedeckt ist,[713] etwa dass die Vollmacht des den Verwaltervertrag Abschließenden auch zur Ermächtigung nach Nr. 7 berechtigt, oder dass eine ohne Vertretungsmacht im Verwaltervertrag erteilte Ermächtigung durch Beschluss der WEer genehmigt wird (§§ 180 Satz 2, 177 BGB).

234 **cc) Der Widerruf der Ermächtigung.** Die Ermächtigung des Verwalters kann grds jederzeit widerrufen werden (Rechtsgedanke des § 168 Satz 2 BGB). So wie eine Ermäch-

[705] Vgl. § 10 Rn 65 ff.

[706] Ausführlich *Merle* ZWE 2001, 145 (147); aA *Müller,* Praktische Fragen, Rn 503 (S. 410).

[707] BayObLG WE 1997, 395 (396) = NJWE-MietR 1997, 279; NJWE-MietR 1997, 36 = WE 1997, 265.

[708] Ebenso *Suilmann* ZWE 2008, 113 (117).

[709] BGH NJW 2005, 3146 (3147).

[710] Jennißen/*Heinemann* § 27 Rn 8.

[711] Vgl. BGHZ 104, 197 (199); BayObLG NJWE-MietR 1997, 36 = WE 1997, 265; LG Hamburg ZMR 2009, 477 (478); vgl. OLG Hamm ZMR 2009, 61 (52).

[712] Vgl. Rn 137.

[713] *Suilmann* ZWE 2008, 114.

tigung nach § 27 Abs. 3 Satz 1 Nr. 7 durch Vereinbarung oder Mehrheitsbeschluss vorgenommen werden kann, kann der Widerruf als actus contrarius ebenfalls durch Vereinbarung oder Mehrheitsbeschluss der WEer erfolgen.[714] Ist der Verwalter durch Vereinbarung in der GemO ermächtigt worden, kann die darauf beruhende gesetzliche Vertretungsmacht des Verwalters nur durch Beseitigung dieses Tatbestandsmerkmals zum Erlöschen gebracht werden. Dies erfordert idR eine entsprechende Vereinbarung der WEer, so dass eine durch Vereinbarung erfolgte Ermächtigung idR nicht durch Mehrheitsbeschluss der WEer widerrufen werden kann. Eine durch Beschluss erfolgte Ermächtigung erlischt durch Aufhebung dieses Beschlusses, was wiederum mit Stimmenmehrheit beschlossen werden kann (§ 21 Abs. 3). Entsprechendes gilt, wenn eine Ermächtigung Inhalt des Verwaltervertrages geworden ist, da dies nur eine Variante einer durch individuellen Beschluss erfolgten Ermächtigung ist. Durch Beschluss mit Stimmenmehrheit kann daher auch eine im Verwaltervertrag enthaltene Ermächtigung idR einseitig zum Erlöschen gebracht werden; etwas anderes gilt, wenn die Ermächtigung unwiderruflich erteilt worden ist.[715]

235 Endet die Verwalterstellung (Zeitablauf, Widerruf Amtsniederlegung etc.), erlischt nach dem Rechtsgedanken des § 168 Satz 1 BGB auch eine dem Verwalter erteilte Ermächtigung.[716]

236 **d) Der Umfang der Ermächtigung. aa) Allgemeines.** Der Umfang der Ermächtigung wird rechtsgeschäftlich durch die Vereinbarung oder den Mehrheitsbeschluss der WEer bestimmt. Die WEer können durch Vereinbarung oder Beschluss dem Verwalter zur Vornahme von Rechtsgeschäften und Rechtshandlungen namens der WEgem eine **generelle, unbeschränkte Ermächtigung,**[717] eine sich auf **gewisse Rechtshandlungen oder Arten von Rechtshandlungen** erstreckende Ermächtigung, etwa die gerichtlich und außergerichtliche Beitreibung von Beitragsansprüchen oder nur eine **spezielle Ermächtigung,** etwa zum Grundstückserwerb[718] oder zur gerichtlichen Geltendmachung eines einzelnen Beitragsanspruchs, erteilen.[719] Nicht kann der Verwalter zu Verfügungen über das Gemeinschaftseigentum namens der WEgem ermächtigt werden, da dieses nicht der WEgem, sondern den einzelnen WEern individuell zusteht.[719a]

237 Die WEer können frei entscheiden, ob sie den Verwalter zur Vornahme sonstiger Rechtsgeschäfte und Rechtshandlungen ermächtigen. Sie können daher auch eine Ermächtigung mit Zustimmungsvorbehalten erteilen. Die Ausübung der Ermächtigung kann daher etwa an die Zustimmung eines WEers oder des Verwaltungsbeirats geknüpft werden.[720]

238 Soweit in **Vereinbarungen vor Inkrafttreten des neuen Rechts,** etwa in einer **GO,** unter Berücksichtigung der vor Anerkennung der Rechtsfähigkeit der WEgem angenommenen Rechtslage ein Verwalter ermächtigt worden ist, Ansprüche **im Namen der WEer** gerichtlich und außergerichtlich geltend zu machen oder **die WEer** im Rahmen der laufenden Verwaltung zu vertreten, ist im Wege der ergänzenden Auslegung der Verwalter als ermächtigt anzusehen, Ansprüche der rechtsfähigen **WEgem** in deren Namen geltend zu machen,[721] bzw. die **WEgem** zu vertreten. Entsprechendes gilt für Beschlüsse aus der Zeit vor Inkrafttreten des neuen Rechts.

---

[714] BayObLG NJWE-MietR 1997, 116 = WE 1997, 318.

[715] Vgl. auch *Müller,* Praktische Fragen, Rn 188 (S. 377).

[716] LG Hamburg ZMR 2009, 477 (478); *Suilmann* ZWE 2008, 117.

[717] *Merle* ZWE 2006, 365 (369); kritisch *Häublein* ZMR 2006, 1 (5).

[718] Vgl. OLG Hamm ZWE 2009, 451 (453); *Abramenko* ZWE 2010, 193 (196) zum Erwerb von WE in der eigenen Anlage.

[719] OLG Zweibrücken NJW-RR 1987, 1366 = WE 1987, 163; OLG Stuttgart OLGZ 1990, 175; KG DWE 1991, 116 = WE 1991, 325 (Ls); BayObLG WE 1990, 138; ZWE 2001, 599 (600) = NJW-RR 2002, 158; *Müller,* Praktische Fragen, Rn 503 (S. 409).

[719a] OLG München NZM 2010, 247 (248).

[720] OLG Zweibrücken NJW-RR 1987, 1366 (1367); *Suilmann* ZWE 2008, 116.

[721] Vgl. BGH NZM 2006, 465 (466); OLG München NZM 2006, 512; *Suilmann* ZWE 2008, 115 f.

bb) Die generelle Ermächtigung. Eine generelle Ermächtigung kann zweckmäßig sein und idR die Vertretung der WEgem erleichtern, da der Verwalter über den Anwendungsbereich des § 27 Abs. 3 Satz 1 Nrn. 1 bis 6 hinaus in die Lage versetzt wird, rasch zu handeln, ohne bei der Vornahme von Rechtsgeschäften und Rechtshandlungen stets die Zustimmung der WEer einholen zu müssen.[722] Bei **genereller, unbeschränkter** Ermächtigung des Verwalters ist der Verwalter zur Vornahme aller Rechtsgeschäfte und Rechtshandlungen namens der WEgem berechtigt, auch wenn sie nicht der Verwaltung des gemE dienen, etwa Erwerb eines Grundstücks,[722a] Aufnahme eines Kredits oder Buchung einer Urlaubsreise. Denn die WEgem ist uneingeschränkt rechtsfähig, nicht nur in Angelegenheiten, die zur Verwaltung des gemE erforderlich sind.[723] Die sog. ultra-vires-Lehre des anglo-amerikanischen Rechts, wonach die Rechtsfähigkeit einer juristischen Person auf ihren Zweck beschränkt ist, findet im deutschen Recht keine Anwendung. Nur bei offensichtlichem **Missbrauch der Vertretungsmacht**[724] würde ein solches Rechtsgeschäft des Verwalters nicht für und gegen die WEgem wirken. Ob eine generelle Ermächtigung durch Vereinbarung oder Beschluss solche Rechtsgeschäfte nicht deckt, die nicht der Verwaltung des gemE dienen oder die außergewöhnlich sind,[725] ist im Einzelfall durch Auslegung zu ermitteln. 239

Eine generelle Ermächtigung durch **Vereinbarung** oder **einstimmigen Beschluss aller WEer** (§ 21 Abs. 1) begegnet keinen rechtlichen Bedenken. Eine generelle Ermächtigung durch **Mehrheitsbeschluss** muss dagegen **ordnungsmäßiger Verwaltung** gem. § 21 Abs. 3 entsprechen. Wegen des Risikos der Haftung des einzelnen WEers nach § 10 Abs. 8 für Verbindlichkeiten der WEgem widerspricht eine unbeschränkte generelle Ermächtigung des Verwalters idR ordnungsmäßiger Verwaltung.[726] Wird dagegen eine generelle Ermächtigung durch Mehrheitsbeschluss auf Angelegenheiten der Verwaltung des gemE beschränkt, dürfte sie ordnungsmäßiger Verwaltung entsprechen.[726a] 240

e) Rechtslage bei Ungültigkeit eines Beschlusses. Wird der Beschluss über die **Ermächtigung des Verwalters** oder der Beschluss über die **Bestellung des Verwalters** im Anfechtungsprozess für ungültig erklärt, so ist der jeweilige Beschluss als von Anfang an unwirksam anzusehen. Dies hat zur Folge, dass der Verwalter ohne Ermächtigung gehandelt hat, weil der Ermächtigungsbeschluss unwirksam ist oder dass der Handelnde, weil nicht Verwalter, nicht zum Handeln ermächtigt war. Gleichwohl wirken die Rechtshandlungen, die der Verwalter namens der WEgem vorgenommen hat, in beiden Fallgestaltungen idR für und gegen die WEgem. Dies ergibt sich unmittelbar aus § 172 BGB, wenn der Verwalter eine ihm erteilte Vollmachts- und Ermächtigungsurkunde iSd § 27 Abs. 6 vorgelegt hat. Liegen diese Voraussetzungen nicht vor, können Rechtshandlungen, die der Verwalter namens der WEgem vornimmt, der WEgem nach dem heute gewohnheitsrechtlich geltenden Rechtsgedanken des § 32 FGG – jetzt § 47 FamFG – zugerechnet werden.[727] 241

f) Die Ermächtigung zur Prozessführung. aa) Allgemeines. Der Verwalter ist nicht kraft Gesetzes berechtigt, Ansprüche der WEgem gerichtlich geltend zu machen. Vielmehr ist für Aktivprozesse, wie nach bisherigem Recht für die gerichtliche Geltendmachung von Ansprüchen der WEer, nach § 27 Abs. 3 Satz 1 Nr. 7 eine Ermächtigung durch die WEer erforderlich. Ohne eine solche Ermächtigung ist der Verwalter gem. § 27 Abs. 3 Satz 1 Nr. 2 nur zu Prozesshandlungen zur Abwendung eines Rechtsnachteils berechtigt. 242

---

[722] Vgl. BayObLGZ 1989, 287 (289) = WE 1989, 175; vgl. auch BayObLGZ 1969, 209 (213).

[722a] *Schneider* ZMR 2010, 219; aA OLG Hamm ZWE 2009, 452 (453).

[723] *Wenzel* ZWE 2006, 462 (469); *Suilmann* ZWE 2008, 115; offen gelassen OLG München NZM 2010, 247 (248).

[724] Vgl. dazu *Wenzel* ZWE 2005, 462 (469).

[725] So OLG Hamm ZWE 2009, 452 (453).

[726] Vgl. *Suilmann* ZWE 2008, 115 f.

[726a] IErg OLG München NZM 247 (248).

[727] Vgl. § 26 Rn 236 f. m. w.Nachw.

Führt der Verwalter einen Aktivprozess ohne Ermächtigung, kann dessen Prozessführung ohne Vertretungsmacht entsprechend § 89 ZPO genehmigt werden.[728] Als Prozessvertreter der WEgem ist der Verwalter vor dem AG als deren Organ postulationsfähig, kann also wirksam Prozesshandlungen vornehmen; § 79 Abs. 2 S. 2 ZPO steht nicht entgegen.[729]

243 Zu den Ansprüchen und Rechten der WEgem, zu deren Geltendmachung der Verwalter ermächtigt sein muss, gehören nach § 10 Abs. 7 die Ansprüche und Befugnisse aus Rechtsverhältnissen mit Dritten und mit WEern,[730] insbesondere die Beitragsansprüche der WEgem gegen die einzelnen WEer und Ansprüche aus Verträgen mit Dritten. Der Verwalter kann insoweit auch Zahlung an sich selbst und nicht lediglich die WEgem verlangen, denn als Verwalter ist er befugt, die Zahlungen nach § 27 Abs. 1 Nr. 4 und 5 entgegenzunehmen.[731] Hierher gehören aber auch die gemeinschaftsbezogenen und sonstigen Ansprüche der WEer, soweit diese gemeinschaftlich geltend gemacht werden können (§ 10 Abs. 6 Satz 3),[732] etwa auf Beseitigung einer rechtswidrigen baulichen Veränderung,[733] auf Einhaltung der Hausordnung (§ 15 Abs. 3) oder gewisse Mängelbeseitigungsansprüche. Diese können von der WEgem in gesetzlicher Prozessstandschaft ausgeübt werden, wozu der Verwalter nach Abs. 3 Satz 1 Nr. 7 ermächtigt werden kann.[734]

244 Der Verwalter, der durch Vereinbarung oder Beschluss zur gerichtlichen Geltendmachung von Ansprüchen der WEgem ermächtigt ist, ist auch ermächtigt, einen Rechtsanwalt mit der Prozessführung zu beauftragen.[735] Ist er selbst Rechtsanwalt, kann er sich selbst beauftragen, wenn die Ermächtigung unter Befreiung von § 181 BGB erfolgte.

245 **g) Prozessvertretung und Prozessstandschaft.** Für die Ermächtigung zur Prozessführung ist nach bisherigem Recht allgemein anerkannt gewesen, dass sie sowohl als Rechtsgrundlage für eine Vertretungsmacht des Verwalters dienen kann, als auch für eine Ermächtigung ieS, Ansprüche im eigenen Namen geltend zu machen.[736] Nach wohl hM hat sich hieran durch die Reform des WEG nichts geändert.[737] Nach neuem Recht kann der ermächtigte Verwalter jedenfalls Ansprüche der WEgem und solche Ansprüche, welche die WEgem ausübt, als deren Prozessvertreter im Namen der WEgem geltend machen. Dagegen kann der Verwalter nicht mehr ermächtigt werden, solche Ansprüche im eigenen Namen als Prozessstandschafter der WEgem geltend zu machen. Denn das Vorliegen eines praktischen Bedürfnisses für eine Prozessstandschaft des Verwalters erscheint ebenso fraglich, wie das Vorliegen des hierfür erforderlichen rechtlichen Eigeninteresse des Verwalters als Organ der WEgem,[738] das nach bisherigem Recht aus seiner Pflicht zur ordnungsgemäßen Erfüllung seiner Aufgaben und Befugnisse und seiner Pflicht zur Durchführung der Beschlüsse hergeleitet wurde.[739] Die Verwaltung des gemE im Rechtsverkehr, wozu die Durchsetzung von Ansprüchen gehört, obliegt nämlich nunmehr der WEgem, die vom Verwalter als Organ repräsentiert wird, so dass ein schutzwürdiges Eigeninteresse des

[728] BayObLG NJW-RR 1994, 527; *Niedenführ*/Kümmel/Vandenhouten § 27 Rn 85; Jennißen/*Heinemann* § 27 Rn 124.

[729] *Elzer* ZMR 2008, 772; *Lehmann-Richter* ZWE 2009, 298 f.

[730] Vgl. § 10 Rn 282 ff.

[731] Vgl. OLG Hamm ZMR 2009, 61 (62).

[732] Siehe dazu § 10 Rn 237 ff.

[733] OLG München NZM 2006, 345 (346).

[734] BayOBLG, NJW 2005, 1587; OLG München, NZM 2006, 206.

[735] Vgl. BGH NJW 1993, 1924 (1925); BayObLG ZMR 2003, 519.

[736] Vgl. BGHZ 74, 258 (260); 81, 35 (37); OLG Hamm OLGZ 1990, 180 (182); KG WE 1993, 223 = ZMR 1993, 344; BayObLGZ 1971, 313 (316).

[737] *Niedenführ*/Kümmel/Vandenhouten § 27 Rn 91 f., 82 ff.; Jennißen/*Heinemann* § 27 Rn 125; Riecke/Schmidt/*Abramenko* § 27 Rn 71; OLG München ZMR 2007, 217.

[738] Vgl. *Wenzel* NJW 2007, 1905 (1909).

[739] BGHZ 104, 197 (199) = NJW 1988, 1910; NJW 2004, 937 (938); OLG München NZM 2005, 512.

Verwalters an der Durchsetzung dieser Ansprüche im eigenen Namen nicht erkennbar ist.[740] Entsprechendes gilt für die Ermächtigung eines oder mehrerer WEer zur Durchsetzung von Ansprüchen der WEgem in gewillkürter Prozessstandschaft,[741] die nach der bisherigen Rspr. des BGH zulässig war.[742]

cc) Die Haftung des Verwalters. Der Verwalter, der auf Grund einer Ermächtigung nach § 27 Abs. 3 Satz 1 Nr. 7 einen Prozess für die WEgem führt, ist zur ordnungsgemäßen Prozessführung verpflichtet. Er ist der WEgem nach § 280 Abs. 1 BGB zum Schadensersatz verpflichtet, wenn er schuldhaft seine Pflichten bei der Prozessführung verletzt und dadurch der WEgem ein Schaden entsteht. Insbesondere hat der Verwalter seine Ermächtigung zur Prozessführung sowie das Bestehen eines geltend gemachten Anspruch und dessen Fälligkeit zu überprüfen.[743] **246**

V. Gesetzliche Vertretung der WEgem durch alle WEer (Abs. 3 S. 2)

1. Der Normzweck

Fehlt ein Verwalter oder ist er zur Vertretung nicht berechtigt ist, so vertreten nach § 27 Abs. 3 Satz 2 alle WEer die Gemeinschaft. Durch § 27 Abs. 3 Satz 1 wird dem Verwalter keine umfassende Rechtsmacht zur Vertretung der WEgem eingeräumt, sondern er wird nur für bestimmte Angelegenheiten zu deren Vertretung ermächtigt. Um im Interesse des Rechtsverkehrs die Handlungsfähigkeit der WEgem stets zu gewährleisten, vertreten in den Fällen, in denen der Verwalter zur Vertretung der WEgem nicht berechtigt ist oder aber ein Verwalter fehlt, nach § 27 Abs. 3 Satz 2 alle WEer die Gemeinschaft. Auch soll für diese Fälle die Prozessfähigkeit der WEgem sichergestellt werden.[744] **247**

2. Die Voraussetzungen

a) Das Fehlen eines Verwalters. Die Voraussetzung des *Fehlens eines Verwalters* entspricht wörtlich der im bisherigen § 26 Abs. 3 aF enthaltenen materiell-rechtlichen Voraussetzung einer gerichtlichen Verwalterbestellung. Die zu dieser, nunmehr aufgehobenen Norm entwickelten Grundsätze können daher zur Auslegung des neuen § 27 Abs. 3 Satz 2 herangezogen werden. Hiernach fehlt ein Verwalter, wenn ein Verwalter nicht vorhanden ist. Dies kann der Fall sein, wenn ein Verwalter überhaupt nicht bestellt worden ist oder wenn ein Verwalter seine Verwalterstellung verloren hat, sei es durch Ablauf der Bestellungszeit, durch Abberufung, durch Ungültigerklärung des Bestellungsbeschlusses, durch Tod, durch Eintritt einer auflösenden Bedingung oder sei es durch Niederlegung des Amtes seitens des Verwalters.[745] Ein Verwalter fehlt aber auch, wenn er nicht nur vorübergehend tatsächlich an der Ausübung seiner Funktionen gehindert ist, etwa durch Erkrankung oder Abwesenheit. Das „unabdingbare Gebot der Einheitlichkeit der Verwaltung"[746] steht dem nicht entgegen, da es in § 27 Abs. 3 Satz 2 nicht um ein Nebeneinander zweier *Verwalter* geht. **248**

b) Die Nichtberechtigung des Verwalters zur Vertretung. Eine Vertretungsmacht aller WEer besteht auch dann, wenn der Verwalter zur Vertretung der WWEgem nicht berechtigt ist. Dies ist der Fall, wenn die dem Verwalter nach § 27 Abs. 3 Satz 1 in bestimmten, enumerativ aufgezählten Angelegenheiten zustehende Vertretungsmacht den **249**

---

[740] AA *Niedenführ*/Kümmel/Vandenhouten § 27 Rn 91; vgl. § 43 Rn 150f.
[741] Vgl. § 43 Rn 157.
[742] BGH NJW 2005, 3146; 2007, 1353 Rn 6.
[743] Vgl. *Suilmann* ZWE 2008, 119.
[744] BT-Drucks. 16/887 S. 71f.
[745] Vgl. § 26 Rn 253ff.; Staudinger/*Bub* § 26 Rn 488; vgl. auch Hügel/Elzer § 11 Rn 100ff.
[746] Vgl. Staudinger/*Bub* § 26 Rn 489f.

Verwalter zur Vertretung der WEgem in einer konkreten Angelegenheit nicht ermächtigt. Allerdings muss es sich bei der konkreten Angelegenheit um eine rechtsgeschäftliche Maßnahme *im Rahmen der gesamten Verwaltung des gemE* handeln. Liegt eine rechtsgeschäftliche Maßnahme nicht im *Rahmen der gesamten Verwaltung des gemE* darf die WEgem nicht vertreten werden, da dies nicht ordnungsmäßiger Verwaltung entspricht.

250 Ein Verwalter ist auch dann nicht zur Vertretung der WEgem berechtigt, wenn er trotz generell bestehender Vertretungsmacht gemäß § 27 Abs. 3 Satz 1 im konkreten Fall aus rechtlichen Gründen von der Vertretung der WEgem ausgeschlossen ist. Dies kann etwa bei Vorliegen einer Interessenkollision wie beim Insichgeschäft gemäß § 181 BGB der Fall sein.

3. Die Rechtsfolgen

251 Fehlt ein Verwalter oder ist er zur Vertretung der WEgem nicht berechtigt, ordnet § 27 Abs. 3 Satz 2 als Rechtsfolge an, dass alle WEer die Gemeinschaft vertreten. Sind aber alle WEer nur gemeinsam zur Vertretung der WEgem berechtigt, liegt der Fall einer Gesamtvertretung vor.

252 **a) Die Vertretung bei Abgabe einer Willenserklärung.** Gesamtvertretungsmacht aller WEer bedeutet, dass bei der Abgabe einer Willenserklärung, die für und gegen die WEgem wirken soll, alle WEer mitwirken müssen. Das ist unproblematisch, wenn alle Eigentümer, etwa bei kleinen WEgem, gemeinsam auftreten und eine Erklärung abgeben. Da jedoch gleichzeitiges Auftreten nach außen häufig, insbesondere bei größeren Gemeinschaften, mit praktischen Schwierigkeiten verbunden ist, ergibt sich unabhängig von der in § 27 Abs. 3 Satz 3 geregelten Möglichkeit, durch Beschluss einen oder mehrere WEer zur Vertretung zu ermächtigen, die Frage, ob nicht einer der gesamtvertretungsberechtigten WEer zugleich als Vertreter der anderen handeln und so letztlich die WEgem vertreten kann. Der einzelne WEer kann anderen gesamtvertretungsberechtigten WEern nicht im Voraus erklären, er sei mit sämtlichen Rechtsgeschäften der anderen einverstanden, denn dies würde im Extremfall auf die Begründung einer Einzelvertretungsmacht hinauslaufen, so der in der Gesamtvertretung potentiell angelegte Kontrollmechanismus blockiert und deren Zweck weithin vereitelt. Eine praktikable Lösung lässt sich im Hinblick auf die Gleichheit der Interessenlage aus einer Analogie zu den §§ 125 Abs. 2 Satz 2 HGB, 78 Abs. 4 AktG, 25 Abs. 3 GenG gewinnen. Ein gesamtvertretungsberechtigter WEer kann einen oder mehrere andere Eigentümer zur Vornahme *bestimmter* Geschäfte oder bestimmter *Arten* von Geschäften ermächtigen, also bevollmächtigen. Auf diesem konstruktiven Wege kann man erreichen, dass auch ohne Beschluss gemäß § 27 Abs. 3 Satz 3 bei bestimmten Geschäften oder bei bestimmten Arten von Geschäften nur einer der gesamtvertretungsberechtigten WEer die WEgem wirksam vertreten kann.

253 Gesamtvertretung erfordert gemeinsames, nicht gleichzeitiges Handeln aller WEer gegenüber Dritten. Es genügt daher, wenn ein WEer handelt und die übrigen zustimmen. Zwei Fallgestaltungen sind zu unterscheiden. Tritt ein gesamtvertretungsberechtigter WEer erkennbar als nur gesamtvertretungsberechtigter WEer auf, dann ist die von ihm abgegebene Willenserklärung noch nicht vollständig und bedarf der Vervollständigung durch die Erklärung der anderen zur Gesamtvertretung berechtigten WEers. Die Ergänzungserklärung ist Teil des Rechtsgeschäfts; dieses ist erst mit den Erklärungen der anderen Gesamtvertreter gegenüber dem Erklärungsgegner vollzogen und es treten die Rechtswirkungen ex nunc ein, d. h. es findet keine Rückwirkung wie bei der Genehmigung nach § 184 BGB statt.[747] Tritt ein gesamtvertretungsberechtigter WEer als Einzelvertreter auf, d. h. tritt er nicht erkennbar als nur Gesamtvertretungsberechtigter auf, so liegt ein gewöhnlicher Fall der Vertretung ohne Vertretungsmacht vor, auf den die §§ 177 ff. BGB anzu-

[747] *Flume,* Allg. Teil des Rechtsgeschäfts, 3. Aufl. 1979, S. 782.

wenden sind.[748] Die nach § 184 BGB rückwirkende Genehmigung des schwebend unwirksamen Geschäfts kann ausdrücklich oder stillschweigend sowohl von den anderen gesamtvertretungsberechtigten WEern als auch von der Gemeinschaft selbst, etwa durch Mehrheitsbeschluss oder eventuell auch durch den Verwalter, erteilt werden. Adressaten der Genehmigungserklärung sind nach § 182 Abs. 1 BGB entweder der Erklärungsgegner oder der ohne Vertretungsmacht handelnde WEer. Bei einseitigen Rechtsgeschäften, etwa einer Kündigung, ist § 180 BGB maßgebend.

b) Die Vertretung bei Entgegennahme einer Willenserklärung. Bei der Passivvertretung der WEgem, d. h. bei der Entgegennahme einer Willenserklärung für die WEgem, genügt die Abgabe an einen der zur Gesamtvertretung berechtigten WEer.[749] Dies ergibt sich zwar nicht ausdrücklich aus der Regelung des § 27 Abs. 3 Satz 2 folgt aber aus einer durch die Interessenidentität in den Fallgestaltungen gerechtfertigten Analogie etwa zu den §§ 125 Abs. 2 Satz 3 HGB, 78 Abs. 2 Satz 2 AktG, 25 Abs. 1 Satz 3 GenG, 170 Abs. 3 ZPO, die wohl schon gewohnheitsrechtlich anerkannt ist.[750] Ein WEer, dem gegenüber eine Willenserklärung für die WEgem abgegeben wurde, hat die WEgem darüber zu informieren. Verletzt er diese aus der Treuepflicht sich ergebende Informationspflicht, kann er der Wegem gegenüber nach § 280 Abs. 1 BGB schadensersatzpflichtig werden.[751] 254

4. Gestaltungsmöglichkeiten

Nach § 10 Abs. 2 Satz 2 können die WEer von den Vorschriften des WEG abweichende **Vereinbarungen** treffen, soweit nicht etwas anderes ausdrücklich bestimmt ist. Da § 27 Abs. 3 Satz 2 nicht etwas anderes ausdrücklich bestimmt, kann diese Regelung durch Vereinbarung **grundsätzlich abgeändert werden,** zumal der Gesetzgeber, anders als in §§ 12 Abs. 4 Satz 2, 16 Abs. 5, 22 Abs. 2 Satz 2, für § 27 Abs. 3 Satz 2 gerade nicht angeordnet hat, dass diese Regelung nicht eingeschränkt oder ausgeschlossen werden kann.[752] Sie kann daher modifiziert werden. So könnte etwa an Stelle der Gesamtvertretung durch alle WEer eine Gesamtvertretung durch je zwei WEer oder durch einen WEer und den jeweiligen Vorsitzenden des Verwaltungsbeirats vereinbart werden. Auch wäre es möglich, für die Fälle, in denen ein Verwalter zur Vertretung der WEgem nicht berechtigt ist oder ein Verwalter fehlt, Einzelvertretung durch einen bestimmten WEer oder den Vorsitzenden des Verwaltungsbeirats vorzusehen; die übrigen WEer sind dann von der Vertretung der WEgem ausgeschlossen. 255

Allerdings kann die Gesamtvertretung **nicht völlig ausgeschlossen** werden. Dies folgt zwar nicht aus §§ 10 Abs. 2 Satz 2, 27 Abs. 4, aber aus einem allgemein anerkannten Rechtsprinzip. Jedes Rechtssubjekt muss nämlich in zurechenbarer Weise am Rechtsverkehr teilnehmen können.[753] Unentbehrliches Handlungsorgan der WEgem ist nach § 20 Abs. 2 der Verwalter, im Falle des § 27 Abs. 3 Satz 2 bilden die Wohnungseigentümer das Geschäftsführungs- und Vertretungsorgan (Prinzip der Selbstorganschaft). Da ein Notverwalter nach § 26 Abs. 3 aF bei Fehlen eines Verwalters nicht mehr auf Antrag eines Dritten bestellt werden kann, muss, wie bei den Personenhandelsgesellschaften,[754] in solchen Fällen im Interesse des Rechtsverkehrs eine Vertretung durch alle WEer selbst möglich sein. Daraus folgt, dass die organschaftliche Vertretungsmacht aller WEer nach § 27 Abs. 3 Satz 2 **nicht durch Vereinbarung der WEer ausgeschlossen** werden kann. Fehlt ein Verwalter oder ist er zur Vertretung nicht berechtigt, so kann die WEgem bei der Abgabe einer 256

[748] *Flume* S. 783.
[749] Vgl. *Abramenko* § 5 Rn 44; *Hügel/Elzer,* § 11 Rn 108.
[750] Vgl. *Medicus,* Allg. Teil des BGB, 8. Aufl. 2002, Rn 934.
[751] Vgl. dazu *Abramenko* § 5 Rn 45 f.
[752] AA *Abramenko* § 5 Rn 53.
[753] Vgl. *Karsten Schmidt,* Gesellschaftsrecht, § 10 I.
[754] Vgl. Schlegelberger/*Karsten Schmidt,* HGH, 5. Aufl. 1992, § 125 Rn 6, 47.

Willenserklärung, wenn nicht eine Modifizierung der Gesamtvertretung vorliegt,[755] stets durch alle WEer vertreten werden. Auch die daraus folgende passive Einzelvertretungsmacht jedes gesamtvertretungsberechtigten WEers ist zwingend.[756]

VI. Rechtsgeschäftliche Vertretung der WEgem durch WEer (Abs. 3 S. 3)

1. Der Normzweck

257 Die WEer können nach § 27 Abs. 3 Satz 3 durch Beschluss mit Stimmenmehrheit einen oder mehrere WEer zur Vertretung ermächtigen.[757] Auch hierdurch soll im Interesse des Rechtsverkehrs die Handlungsfähigkeit der WEgem sichergestellt werden, wenn die WEer einen Verwalter nicht bestellen oder ihn nicht zur Vertretung ermächtigen wollen.[758]

2. Die Voraussetzungen

258 **a) Problem und Materialien.** Zweifelhaft ist, ob die in Abs. 3 Satz 3 geregelte Beschlusskompetenz nur unter den Voraussetzungen des Satzes 2 dieser Norm besteht, d. h. ob sie das Fehlen eines Verwalters oder seiner Nichtberechtigung zur Vertretung der Gemeinschaft voraussetzt.

259 In der Begründung der Bundesregierung[759] heißt es hierzu: *Möchten die WEer einen Verwalter nicht bestellen oder ihn nicht zur Vertretung ermächtigen, können sie nach Satz 3 auch einen oder mehrere WEer zur Vertretung ermächtigen.* Verständlich ist der erste Teil des Satzes, denn WEer können von der Bestellung eines Verwalters absehen.[760] Ist dies der Fall, ist es sinnvoll, einen oder mehrere WEer zur Vertretung der WEgem zu ermächtigen.

260 Verständnisschwierigkeiten bereitet dagegen die alternativ genannte Voraussetzung. Zwar ist es denkbar, dass WEer einen Verwalter *nicht zur Vertretung ermächtigen wollen.* Indessen ist der Verwalter kraft Gesetzes zur Vertretung der WEgem in den in § 27 Abs. 3 Satz 1 genannten Fällen berechtigt und diese Befugnis kann nach § 27 Abs. 4 nicht eingeschränkt oder ausgeschlossen werden. Folglich dürfte die Bemerkung in der Begründung, wenn sie einen Sinn haben soll, nur für die Fälle Bedeutung haben, in denen der Verwalter nicht schon nach Satz 1 dieser Norm zur Vertretung der WEgem berechtigt ist, sondern in denen es sich um eine sonstige rechtsgeschäftliche Maßnahme (Nr. 7) für die WEgem *im Rahmen der Verwaltung des gemE* handelt. Dann aber könnte die Begründung als Bezugnahme auf die in Satz 2 geregelten Voraussetzungen verstanden werden. Demnach soll also nach der Vorstellung des Gesetzgebers die in Satz 3 geregelte Beschlusskompetenz wohl nur bestehen, wenn ein Verwalter fehlt oder wenn er nicht zur Vertretung berechtigt ist.

261 **b) Der Gesetzeswortlaut.** Der Wortlaut des § 27 Abs. 3 Satz 3 enthält keinen Hinweis darauf, dass die Kompetenz der WEer, durch Beschluss einen oder mehrere WEer zur Vertretung zu ermächtigen, davon abhängen soll, dass ein Verwalter fehlt oder dass er zur Vertretung nicht berechtigt ist. Wäre dies beabsichtigt gewesen, hätte es nahe gelegen, den Satz 2 mit einem Semikolon zu beenden und den jetzigen Satz 3 als Halbsatz 2 anzufügen. Demgegenüber handelt es sich bei Satz 3 um einen selbstständigen Satz, der – wie die anderen Sätze des Absatzes 3 – die Beschlusskompetenz eigenständig regelt ohne irgendeinen Anhalt auf die in Satz 2 geregelten Voraussetzungen.

262 **c) Beschränkung der gesetzlichen Vertretungsmacht des Verwalters.** Ob die WEer dem Wortlaut entsprechend einen oder mehrere WEer zur Vertretung der WEgem

[755] Vgl. Rn 255.
[756] So auch *Abramenko* § 5 Rn 53.
[757] Dazu *Abramenko* § 5 Rn 48 ff.
[758] BT-Drucks. 16/887 S. 72.
[759] Vgl. BT-Drucks. 16/887 S. 72 unter 4.c).
[760] Vgl. § 20 Rn 14.

nicht nur ermächtigen können, wenn ein Verwalter fehlt oder dieser nicht zur Vertretung der WEer berechtigt ist, sondern auch dann, wenn ein Verwalter vorhanden und zur Vertretung der WEgem nach § 27 Abs. 3 Satz 1 berechtigt ist, hängt mithin letztlich davon ab, ob neben der gesetzlichen Vertretungsmacht des Verwalters eine konkurrierende Vertretungsmacht eines oder mehrerer WEers zulässig ist. Insoweit könnte sich allein aus § 27 Abs. 4 eine Schranke ergeben. Hiernach können die dem Verwalter nach Absatz 3 zustehenden Befugnisse nicht durch Vereinbarung der WEer – und erst recht nicht durch Mehrheitsbeschluss[761] – eingeschränkt werden.

Ob die Begründung konkurrierender Befugnisse, hier von Vertretungsmacht eines oder **263**
mehrerer WEer neben der des Verwalters, einen Verstoß gegen § 27 Abs. 3 aF darstellte, war nach bisherigen Recht umstritten.[762] Sie ist indessen auch de lege lata für zulässig anzusehen.[763] Aus § 27 Abs. 3 Satz 1 ist zu entnehmen, dass der Verwalter in den dort geregelten Fällen zur Vertretung der WEgem berechtigt ist, nicht jedoch kann abgeleitet werden, dass der Verwalter nur *allein* dazu berechtigt sein soll. Ermächtigen die WEer durch einen Beschluss gemäß § 27 Abs. 3 Satz 3 einen oder mehrere Eigentümer zur Vertretung der WEgem auch in den in Satz 1 genannten Fällen, wird die sich aus Satz 1 ergebende gesetzliche Vertretungsmacht des Verwalters durch Rechtsgeschäft weder ausgeschlossen noch eingeschränkt: Sie bleibt vielmehr neben der konkurrierenden Befugnis der ermächtigten WEer bestehen. Machen zur Vertretung ermächtigte WEer in einem solchen Fall von ihrer Vertretungsmacht Gebrauch, würde lediglich als Reflex die identische Vertretungsmacht des Verwalters für den konkreten Fall gegenstandslos. Dies ist allerdings bereits in der Kompetenzverteilung des WEG angelegt und nicht als rechtsgeschäftliche Einschränkung der Vertretungsmacht des Verwalters im Sinne des § 27 Abs. 4 anzusehen (vgl. auch Rn 281 f.)

Das von *Bub*[764] bemühte Argument, der Normzweck des Absatzes 4 – Sicherung der **264**
Funktionsfähigkeit der Verwaltung – würde gerade durch ein ungeregeltes *Nebeneinander* des weiter zuständigen Verwalters und eines Spezialbevollmächtigten gefährdet, vermag nicht zu überzeugen. Konkretisiert man den Normzweck dahingehend, dass eine Vertretung der WEgem in den in Satz 1 genannten Fällen im Interesse des Rechtsverkehrs und der Gemeinschaft stets möglich sein muss, dann wird ein so verstandener Normzweck durch die zusätzliche Begründung konkurrierender Vertretungsmacht nicht tangiert. Im Übrigen zeigt ein Vergleich mit entsprechenden Regelungen, dass die zusätzliche Begründung konkurrierender Vertretungsmacht nicht als Einschränkung der Befugnisse des Verwalters im Sinne des § 27 Abs. 4 einzuordnen ist. Insbesondere im Verbandsrecht ist die organschaftliche Vertretungsmacht in der Regel ebenfalls unbeschränkbar (vgl. §§ 126 Abs. 2 HGB, 82 Abs. 1 AktG, 37 Abs. 2 GmbHG, 27 Abs. 2 GenG). Dort ist aber die rechtsgeschäftliche Begründung konkurrierender Vertretungsmacht, etwa durch Erteilung von Prokura, nie unter dem Gesichtspunkt einer unzulässigen Beschränkung der organschaftlichen Vertretungsmacht auch nur diskutiert worden, sondern wird als selbstverständlich zulässig praktiziert. Wird die allgemeiner gefasste Norm des § 27 Abs. 4 auf das erörterte Problem fokussiert, bedeutet sie, dass die organschaftliche Vertretungsmacht des Verwalters nicht eingeschränkt werden kann, was inhaltlich den zitierten Regelungen im übrigen Verbandsrecht entspricht. Die Begründung konkurrierender Vertretungsmacht der WEer gem. § 27 Abs. 3 Satz 2 für die Fälle, in denen der Verwalter die WEgem nach Satz 1 vertreten kann, bedeutet demnach keine Einschränkung der sich aus Satz 1 ergebenden Befugnisse des Verwalters gemäß § 27 Abs. 4.

---

[761] Allg. Meinung, vgl. § 27 Rn 280.

[762] Dafür: Staudinger/*Bub* § 27 Rn 20, 22; *Strecker,* Kompetenzen der Gemeinschaft der WEer, 2004, S. 104 f.; dagegen *Merle* ZWE 2003, 232 f.

[763] Eingehend schon *Merle* ZWE 2003, 232 f.

[764] Staudinger/*Bub* § 27 Rn 22.

265 **d) Ergebnis.** Als Ergebnis ist festzuhalten, dass die in § 27 Abs. 3 Satz 3 geregelte Kompetenz der WEer, durch Stimmenmehrheit einen oder mehrere WEer zur Vertretung zu ermächtigen, entsprechend dem Wortlaut der Norm nicht voraussetzt, dass ein Verwalter fehlt oder dass er zur Vertretung nicht berechtigt ist. Dies hat zur Folge, dass in den Fällen, in denen der Verwalter nach § 27 Abs. 3 Satz 1 kraft Gesetzes zur Vertretung der WEgem berechtigt ist, auch WEer durch Beschluss zur Vertretung der WEgem ermächtigt werden können.

3. Die Rechtsfolgen

266 **a) Allgemeines.** Als Rechtsfolge ordnet § 27 Abs. 3 Satz 3 an, dass die WEer durch Beschluss mit Stimmenmehrheit einen oder mehrere WEer zur Vertretung ermächtigen können; dieser muss ordnungsmäßiger Verwaltung entsprechen. Diese Beschlusskompetenz bezieht sich nur auf die Erteilung einer Vertretungsmacht zur Vertretung der Gemeinschaft, nicht auch der WEer. Dies folgt aus der systematischen Stellung der Regelung in Abs. 3, der ausschließlich die Vertretung der WEgem regelt.

267 **b) Die Ermächtigung. aa) Erteilung und Art der Ermächtigung.** Ermächtigen WEer durch Beschluss mit Stimmenmehrheit einen oder mehrere WEer zur Vertretung der WEgem, handelt es sich bei der Vertretung durch die vertretungsberechtigten WEer um eine organschaftliche Vertretung mit rechtsgeschäftlicher, weil auf Beschluss beruhender Vertretungsmacht. Auf diese organschaftliche Vertretung können die §§ 164 ff. BGB angewendet werden.[765] Die Ermächtigung wird mit Feststellung und Verkündung des Beschlusses wirksam.

268 Wird nur ein WEer zur Vertretung der WEgem ermächtigt, hat dieser Einzelvertretungsmacht und kann die WEgem allein vertreten. Werden mehrere WEer zur Vertretung der WEgem ermächtigt, hängt es vom Inhalt des Ermächtigungsbeschlusses ab, ob jeder der mehreren, zur Vertretung der WEgem Ermächtigten jeweils allein ermächtigt ist oder die mehreren nur gemeinschaftlich die Gemeinschaft vertreten können. Soll von mehreren Ermächtigten jeder allein die WEgem vertreten können, also unabhängig vom Mitwirken der anderen, ebenfalls zur Alleinvertretung berechtigten WEer, liegt Einzelvertretungsmacht der jeweils Ermächtigten vor. Soll dagegen die Vertretung der WEgem nur durch mehrere WEer gemeinsam ausgeübt werden, liegt Gesamtvertretungsmacht vor.

269 Die Beschlusskompetenz des § 27 Abs. 3 Satz 3 berechtigt die WEer einen oder mehrere *WEer* zur Vertretung der WEgem zu ermächtigen. Wird ein *Nicht-WEer* zur Vertretung der WEgem ermächtigt, stellt sich die Frage, ob ein solcher Beschluss mangels Beschlusskompetenz nichtig ist oder ob er als wirksam, aber anfechtbar, weil gegen § 27 Abs. 3 Satz 3 verstoßend, angesehen werden kann. Die Antwort hängt davon ab, ob die Ermächtigung gerade *eines oder mehrerer WEer* kompetenzbegründend ist oder nicht. Bei der vergleichbaren Regelung des § 29 Abs. 1 erfordert der die Beschlusskompetenz begründende Satz 1 nicht, dass ein WEer zum Verwaltungsbeirat bestellt wird, sondern dieses Erfordernis ergibt sich erst aus Satz 2 der Norm. Demgegenüber verlangt der kompetenzbegründende Satz 3 des § 27 Abs. 3 WEG selbst, dass ein *WEer* zur Vertretung der WEgem ermächtigt wird, so dass die WEer von vornherein für die Beschlussfassung zur Ermächtigung eines Nicht-WEers nach dieser Norm absolut unzuständig sind. Zwar wird auch das in den eine Beschlusskompetenz begründenden Normen der §§ 15 Abs. 2, 21 Abs. 3 selbst enthaltene Kriterium der *Ordnungsmäßigkeit* aus Gründen der Rechtssicherheit nicht als kompetenzbegründend angesehen.[766] Demgegenüber hängt aber die Eigenschaft als *WEer* nicht von den Umständen des Einzelfalles ab und kann zudem

[765] Vgl. *K. Schmidt,* Gesellschaftsrecht, 1986, § 10 II 1.

[766] Vgl. BGH, NJW 2000, 2500 (3503); Staudinger/*Bub,* § 21 Rn 11 m. w. N.

problemlos festgestellt werden, so dass dieses Kriterium durchaus rechtssicher für die Feststellung der Beschlusszuständigkeit verwendet werden kann. Enthält demnach § 27 Abs. 3 Satz 3 keine Beschlusskompetenz, einen Nicht-WEer zur Vertretung der WEgem zu ermächtigen,[767] darf hieraus dennoch nicht auf die Nichtigkeit eines entsprechenden Beschlusses geschlossen werden. Denn eine Beschlusskompetenz zur Bevollmächtigung eines Nicht-WEers zur Vertretung der WEgem ergibt sich aus § 21 Abs. 3, denn wenn zu den Maßnahmen ordnungsmäßiger Verwaltung des gemE das gesamte Vertragswesen zählt,[768] kann auch die Erteilung einer Vollmacht an einen Nicht-WEer zur ordnungsmäßigen Verwaltung des gemE gehören.[769]

bb) Der Umfang der Vertretungsmacht. Der Umfang der Vertretungsmacht wird 270
durch den Beschluss der WEer bestimmt, durch den ein oder mehrere WEer zur Vertretung der WEgem ermächtigt werden. Grundsätzlich steht diese Bestimmung den WEern frei, muss aber ordnungsmäßiger Verwaltung entsprechen. Ist dies der Fall, kann auch ein WEer ermächtigt werden, mit anderen WEern wegen Zahlungsrückständen einen Vergleich auszuhandeln und abzuschließen.[770] Allerdings können die WEer einen oder mehrere WEer nur zur Vornahme einzelner Rechtsgeschäfte, einer bestimmten Art von Rechtsgeschäften oder zur Vornahme solcher Rechtsgeschäfte ermächtigen, die der Verwalter nicht vornehmen kann. Durch eine umfangreiche Ermächtigung nach § 27 Abs. 3 Satz 3 kann nicht ein Zweit- oder Nebenverwalter geschaffen werden.[771]

c) Gesetzliche und rechtsgeschäftliche Vertretungsmacht der WEer. Ermächti- 271
gen die WEer durch Beschluss einen oder mehrere WEer zur Vertretung der WEgem, fragte es sich, ob dadurch die gesetzliche Vertretungsmacht aller WEer entfällt. Dies ist nicht der Fall. Allerdings kann dies nicht mit § 27 Abs. 4 begründet werden,[772] denn hiernach können nur die Befugnisse des *Verwalters* nicht eingeschränkt werden; eine Einschränkung der Befugnisse der *WEer,* um die es in § 27 Abs. 3 Satz 2 geht, wird weder durch § 27 Abs. 4 noch durch eine andere Norm verboten. Da nicht etwas anderes ausdrücklich bestimmt ist, können die WEer zwar gemäß § 10 Abs. 2 Satz 2 grds von der Regelung des § 27 Abs. 3 Satz 2 abweichende Vereinbarungen treffen.[773] Durch Ermächtigung eines oder mehrerer WEer zur Vertretung der WEgem wird aber die gesetzliche Regelung der Gesamtvertretungsmacht aller WEer inhaltlich nicht geändert, sondern neben dieser Gesamtvertretungsmacht wird rechtsgeschäftlich zusätzlich Vertretungsmacht für einen oder mehrere WEer begründet. Zudem kann durch Beschluss eine von der gesetzlichen Gesamtvertretung der WEgem durch alle WEer abweichende Regelung nicht getroffen werden.

VII. Gestaltungsmöglichkeiten (§ 27 Abs. 4)

1. Normzweck

Nach § 27 Abs. 4 können die dem Verwalter nach den Absätzen 1 bis 3 zustehenden 272
Aufgaben und Befugnisse durch Vereinbarung der WEer nicht eingeschränkt oder ausgeschlossen werden. Durch die Novellierung wird klargestellt, dass auch die Befugnisse des Verwalters nach dem neuen Abs. 3 durch Vereinbarung der WEer nicht eingeschränkt

[767] So wohl auch *Abramenko,* § 5 Rn 51.
[768] Vgl. Staudinger/*Bub,* § 21 Rn 297.
[769] Im Ergebnis ähnlich *Abramenko,* § 5 Rn 51.
[770] AA OLG Hamburg, ZMR 2008, 152 (154).
[771] Vgl. auch *Abramenko,* § 5 Rn 49.
[772] So noch meine Begründung in ZWE 2006, 365 (370); im Ergebnis auch *Abramenko,* § 5 Rn 51; unklar Hügel/Elzer, § 11 Rn 111.
[773] Vgl. Rn 255.

werden können.[774] Die Norm bezweckt eine Stärkung der Rechtstellung des Verwalters, um die Handlungsfähigkeit der WEgem sicherzustellen und betont die selbstständige organschaftliche Rechtsstellung des Verwalters ggü den WEern und der WEgem.[775] Soweit die Vertretungsmacht des Verwalters nicht davon abhängt, dass unbestimmte Rechtsbegriffe erfüllt sind, dient sie auch der Rechtssicherheit, da Dritte von bestimmten Mindestbefugnissen des Verwalters ausgehen können.[776] Auch die Aufgaben und Befugnisse eines gerichtlich bestellten Verwalters können nur in den Grenzen des § 27 Abs. 4 eingeschränkt werden.[777] Die in den Absätzen 5 und 6 geregelten Aufgaben und Befugnisse des Verwalters sind dagegen durch Vereinbarung der WEer einschränkbar.

2. Vereinbarungen der WEer

273 **a) Einschränkungen. aa) Geschäftsführungs- und Vertretungsbefugnisse.** Aufgrund des § 27 Abs. 4 sind die Absätze 1 bis 3 insoweit zwingend, als die dort dem Verwalter eingeräumten **Geschäftsführungs- und Vertretungsbefugnisse** durch Vereinbarung der WEer nicht **eingeschränkt oder ausgeschlossen** werden können.[778] Wollen WEer eine Regelung treffen, wonach der Verwalter zu Angelegenheiten, die unter die Absätze 1 bis 3 fallen, nicht oder nur bis zu einem bestimmten Höchstbetrag oder nur mit Zustimmung des Verwaltungsbeirats befugt ist, kann diese nur durch *Vereinbarung* nach § 10 Abs. 2 Satz 2 erfolgen.[779] Denn die Wirkung solcher Regelungen erschöpft sich nicht in ihrem Vollzug, sondern hat die Legitimierung künftiger Entscheidungen zum Ziel, setzt also neues Recht und bindet die WEer daran für die Zukunft. Solche Vereinbarungen sind nach §§ 27 Abs. 4 WEG, 134 BGB unwirksam.[780] Denn die nach § 27 Abs. 1 bis 3 dem Verwalter gesetzlich zustehenden Aufgaben und Befugnisse können nicht rechtsgeschäftlich durch Vereinbarung der WEer ausgeschlossen oder beschränkt werden.[781] Ist der Verwalter zu solchen Maßnahmen aber nicht befugt, bedeutet dies einen Ausschluss seiner insoweit bestehenden Geschäftsführungs- und ggf. auch seiner Vertretungsbefugnis, kann und darf er solche Maßnahmen nur bis zu einem bestimmten Höchstbetrag oder nur mit Zustimmung des Verwaltungsbeirats vornehmen, werden seine Befugnisse eingeschränkt.

Zustimmungvorbehalte sind lediglich bei der Ermächtigung nach § 27 Abs. 2 Nr. 3 und Abs. 3 Nr. 7 sowie im Falle von § 27 Abs. 5 Satz 2 erlaubt.[782] Dem Verwaltungsbeirat können jedoch beratende, vorbereitende und prüfende Funktionen, etwa bei Maßnahmen des Verwalters nach § 27 Abs. 1 Nr. 2 eingeräumt werden.[783] Eine in der GemO vorgesehene Zustimmung des Verwalters zur baulichen Veränderung nach § 22 Abs. 1 zählt nicht zum gesetzlich unabdingbaren Wirkungsbereich des Verwalters, da bauliche Veränderungen über die ordnungsgemäße Instandhaltung und Instandsetzung des GemE nach § 27 Abs. 1 Nr. 2 hinausgehen. Die Verwaltungsbefugnis der WEer nach § 21 wird insoweit nicht durch den Zustimmungsvorbehalt zugunsten des Verwalters verdrängt, so dass der Verwalter nach § 27 Abs. 1 Nr. 1 bis zur etwaigen gerichtlichen Ungültigerklärung an einen Mehrheitsbeschluss der WEer gebunden ist, der ihm gestattet, von der

---

[774] BT-Drucks. 16/887 S. 72.

[775] Vgl. Sitzungsprotokoll der 115. Sitzung des Deutschen Bundestages, BT-Drucks. 1802/51, PiG 8, 205 (212) zu § 27; BT-Drucks. 16/887, S. 71 li Sp.

[776] Vgl. Begründung zum Referentenentwurf des BMJ vom 22. 9. 1950 (PiG 8, 157); vgl. auch *Merle* ZWE 2010, 2 (6 f.); abweichend *Häublein* ZWE 2009, 189 (194).

[777] *Merle,* Verwalter, S. 82.

[778] Vgl. ausführlich *Merle* ZWE 2010, 2 (5 ff.).

[779] Vgl. § 10 Rn 75.

[780] Ebenso *Häublein* ZWE 2009, 189 (194).

[781] *Lüke* ZWE 2009, 189 (194).

[782] Vgl. OLG Zweibrücken NJW-RR 1987, 1366.

[783] OLG Frankfurt/M. OLGZ 1988, 188 (189) zum Bauausschuss.

Zustimmung zur baulichen Veränderung bis zur Erfüllung bestimmter Vorbedingungen abzusehen.[784]

bb) Geschäftsführungsbefugnis allein. Vereinbaren WEer, dass der Verwalter unter die Absätze 1 bis 3 fallende Angelegenheiten nicht oder nur bis zu einem bestimmten Höchstbetrag oder nur mit Zustimmung des Verwaltungsbeirats vornehmen darf, dass aber seine sich aus diesen Regelungen ergebende Vertretungsbefugnis unberührt bleibt, dann wird nur seine Geschäftsführungsbefugnis ausgeschlossen bzw. eingeschränkt, nicht aber seine Vertretungsbefugnis. Da aber § 27 Abs. 1 bis 3 sowohl die Vertretungs- als auch die Geschäftsführungsbefugnis des Verwalters regelt und beide Befugnisse nach § 27 Abs. 4 nicht ausgeschlossen oder eingeschränkt werden können, ist eine solche nur die Geschäftsführungsbefugnis betreffende Vereinbarung ebenfalls unwirksam.[785] 274

Demgegenüber meint *Häublein,*[786] den Anwendungsbereich des Absatzes 4 teleologisch beschränken zu können, und nimmt an, die WEer könnten die Geschäftsführungsbefugnis des Verwalters im Innenverhältnis der Höhe nach beschränken oder sogar ganz ausschließen. Indessen ist eine verdeckte Lücke, die für die teleologische Reduktion der Norm erforderlich wäre, nicht erkennbar. § 27 Abs. 4 ist erst kürzlich novelliert worden und der Gesetzgeber hat die Verweisung auf Absatz 1, der ausschließlich Geschäftsführungsbefugnisse des Verwalters regelt, beibehalten. Diese ausdrückliche Regelung führt dazu, dass auch die Geschäftsführungsbefugnisse des Verwalters vereinbarungsfest sind. Der Wortlaut ist auch nicht planwidrig zu weit geraten. Gerade die Handlungsfähigkeit der WEgem steht auf dem Spiel und ist in höchstem Maße betroffen, wenn die Geschäftsführungsbefugnis des Verwalters ausgeschlossen oder eingeschränkt wird. Ein Verwalter wird sich in einem solchen Falle idR rechtstreu verhalten und die sich aus der GemO ergebenden Regelungen beachten. Das bedeutet, er wird, obwohl er es *könnte,* keinen Vertrag mit einem Handwerker abschließen, wenn er dazu nicht befugt ist, weil er nur Verträge bis zu einem bestimmten Höchstbetrag oder nur mit Zustimmung des Verwaltungsbeirats abschließen *darf.* Er läuft zudem Gefahr, wegen der Verletzung der Geschäftsführungsbefugnis schadensersatzpflichtig oder aus wichtigem Grund abberufen oder nicht wieder bestellt zu werden. Der Verwalter wird nicht handeln, so dass die Handlungsfähigkeit der WEgem entgegen der gesetzlichen Intention nicht gewährleistet ist. Vereinbarungen, durch die nur die *Geschäftsführungsbefugnis* des Verwalters, nicht aber dessen insoweit bestehende *Vertretungsmacht* eingeschränkt wird, fallen daher ebenfalls unter § 27 Abs. 4.[787] 275

b) Erweiterungen. Eine **Erweiterung** der dem Verwalter zustehenden Aufgaben und Befugnisse ist durch Vereinbarung der WEer ohne weiteres möglich.[788] Werden durch Vereinbarung der WEer die Aufgaben und Befugnisse des Verwalters erweitert, so bindet dies den Verwalter unmittelbar. Eine Bezugnahme auf die Erweiterung im Bestellungs- oder Anstellungsverhältnisses ist nicht erforderlich[789] (s. Rn 97 sowie § 26 Rn 117). 276

c) Konkurrierende Befugnisse der WEer. Die umfassende gemeinschaftliche Geschäftsführungsbefugnis der WEer gem. § 21[790] konkurriert mit den sachlich begrenzten Geschäftsführungsbefugnissen des Verwalters.[791] Sie hat Geltungsvorrang vor den Geschäftsführungsbefugnissen des Verwalters. Da sie **nicht** auf einer **Vereinbarung** der WEer, sondern auf der **gesetzlichen Kompetenzverteilung** des WEG beruht, ist die Regelung des § 27 Abs. 4 WEG nicht betroffen. Haben daher die WEer eine konkrete Maßnahme beschlossen, wird insoweit die Geschäftsführungsbefugnis des Verwalters gegenstandslos. Er 277

---

[784] BGH NJW 1996, 1216 (1217) = WuM 1996, 240 (241).
[785] So wohl auch *Lüke* ZWE 2009, 101 (107).
[786] *Häublein* ZWE 2009,189 (194 f.).
[787] Ausführlich *Merle* ZWE 2010, 2 (6 f.).
[788] BGH NJW-RR 2004, 874; *Gottschalg* ZWE 2000, 50 (52 f.).
[789] Zur Begründung vgl. *Merle* ZWE 2001, 145 (147); *Drasdo* NZM 2001, 923 (925).
[790] Vgl. § 21 Rn 1.
[791] Ausführlich *Merle* ZWE 2010, 2 (3).

hat den Beschluss der WEer gemäß § 27 Abs. 1 Nr. 1 auszuführen. Haben die WEer noch keinen Beschluss in einer konkreten Angelegenheit gefasst, darf der Verwalter entscheiden und seine Entscheidung ausführen. Hat er sie noch nicht ausgeführt und machen die WEer in dieser konkreten Angelegenheit von ihrer Geschäftsführungsbefugnis durch Beschluss Gebrauch, geht die Entscheidung der WEer vor. Wenn und soweit die WEer ihre Geschäftsführungsbefugnis ausüben, wird eine damit konkurrierende und identische Geschäftsführungsbefugnis des Verwalters verdrängt. Hierauf beruht es auch, dass die WEer dem Verwalter inhaltliche Weisungen bezüglich konkreter Instandhaltungs- und Instandsetzungsmaßnahmen erteilen dürfen.

278 Diese Sichtweise ist auch sachlich gerechtfertigt. Machen die WEer von ihrer Geschäftsführungsbefugnis keinen Gebrauch, wird die Handlungsfähigkeit der WEgem durch die Geschäftsführungsbefugnis des Verwalters gewährleistet. Üben dagegen die WEer ihre Geschäftsführungsbefugnis aus, zeigt dies gerade in concreto die Handlungsfähigkeit der Gemeinschaft, so dass daneben eine identische Geschäftsführungsbefugnis des Verwalters entbehrlich ist.

279 Auch die **konkurrierende Ermächtigung** eines WEers zur Vertretung der WEgem nach § 27 Abs. 3 Satz 3 in Angelegenheiten, in denen der Verwalter zur Vertretung der WEer oder der WEgem kraft Gesetzes berechtigt ist, ist keine Einschränkung der dem Verwalter nach § 27 Abs. 1 bis 3 zustehenden Befugnisse.[792] Zur Abdingbarkeit des § 27 Abs. 3 Satz 2 s. Rn 255.

3. Beschlüsse der WEer

280 **a) Generelle Regelungen.** Die dem Verwalter nach den Absätzen 1 bis 3 zustehenden Aufgaben und Befugnisse können auch nicht durch Beschluss der WEer eingeschränkt werden. Zwar regelt § 27 Abs. 4 ausdrücklich nur **Vereinbarungen,** nicht auch Beschlüsse der WEer. Gleichwohl folgt aus einem arg. a maiore ad minus, dass, wenn schon die durch die Absätze 1 bis 3 dem Verwalter eingeräumten Befugnisse nicht durch Vereinbarung aller WEer eingeschränkt werden können, dies erst recht nicht durch *Mehrheitsbeschluss* möglich ist.[793] Die zustimmende Rspr. aus der Zeit vor dem Jahr 2000, als noch angenommen wurde, durch bestandskräftigen Mehrheitsbeschluss könne eine Vereinbarung ersetzt werden,[794] ist auch heute noch maßgebend für die Fälle, in denen eine Öffnungsklausel Mehrheitsbeschlüsse mit Vereinbarungsinhalt ermöglicht. Wird daher auf Grund einer entsprechenden Öffnungsklausel beschlossen, dass der Verwalter zu Angelegenheiten iSd § 27 Abs. 1 bis 3 nicht oder nur bis zu einem bestimmten Höchstbetrag oder nur mit Zustimmung des Verwaltungsbeirats befugt ist, so ist ein solcher Beschluss nach §§ 27 Abs. 4 WEG, 134 BGB unwirksam. Ohne entsprechende Öffnungsklausel ist ein solcher Beschluss schon mangels Beschlusskompetenz nichtig.[795]

281 **b) Konkrete Einzelregelungen.** Beschlüsse über konkrete Maßnahmen, die auf der sich aus § 21 Abs. 1 WEG ergebenden gemeinschaftlichen Geschäftsführungsbefugnis der WEer beruhen, haben wegen der gesetzlichen Kompetenzverteilung Vorrang vor entsprechenden Entscheidungen des Verwalters in derselben Angelegenheit und sind vom Verwalter nach § 27 Abs. 1 Nr. 1 durchzuführen (Rn 277).[796] Ein Verstoß gegen § 27 Abs. 4 liegt nicht vor, da die WEer die Geschäftsführungsbefugnis des Verwalters nicht rechtsgeschäftlich durch Vereinbarung beschränken, sondern ihre ihnen kraft Gesetzes zustehende

[792] Vgl. Rn 271; auch *Merle* ZWE 2003, 231 (233).

[793] Im Ergebnis ebenso: OLG Hamm DWE 1992, 126 (128); BayObLG WE 1998, 154 (155); *Bub* PiG 30, 13 (19) „extensive Auslegung"; *F. Schmidt* ZWE 2001, 137 (137).

[794] Vgl. dazu BGHZ 145, 158 (168) = ZWE 2000, 518; § 23 Rn 142 ff.

[795] Vgl. § 23 Rn 142.

[796] Eigenhend *Merle* ZWE 2010, 2 (3); iErg ebenso Jennißen/*Heinemann* § 27 Rn 138; *Bub* PiG 30, 15 (19); Staudinger/*Bub* § 27 Rn 24.

vorrangige Geschäftsführungsbefugnis im konkreten Einzelfall ausüben, was nur durch Beschluss erfolgen kann. Können aber WEer im konkreten Einzelfall eine Angelegenheit durch Beschluss *umfassend* regeln, dann ist es auch zulässig, dass sie insoweit nur partielle Regelungen treffen, und im Übrigen dem Verwalter die Entscheidung und Durchführung der Maßnahme überlassen oder die Maßnahme selbst in Eigenleistung durchführen.[797] Daher wäre es etwa zulässig, dass die WEer den Verwalter durch Beschluss anweisen, eine konkrete Reparatur durch ein bestimmtes Unternehmen oder nur bis zu einem bestimmten Höchstbetrag oder gar nicht durchführen zu lassen oder selbst durchführen.

Nicht zulässig wäre es, dem Verwalter generell die Verwaltung eingenommener Gelder (§ 27 Abs. 1 Nr. 6) zu entziehen, doch können die WEer etwa Anlagemodalitäten gem. § 21 Abs. 3 beschließen. Ob ein Beschluss der WEer gegen § 27 Abs. 4 verstößt, ist im Einzelfall danach zu beurteilen, ob seine Regelung in zulässiger Weise nur das „Wie" der Aufgabenwahrnehmung oder bereits das „Ob" betrifft.[798] 282

4. Einschränkungen im Verwaltervertrag

Eine generelle Regelung im **Verwaltervertrag,** wonach der Verwalter zu Angelegenheiten iSd Absätze 1 bis 3 nicht oder nur bis zu einem bestimmten Höchstbetrag oder nur mit Zustimmung des Verwaltungsbeirats befugt ist, wird vom Wortlaut des § 27 Abs. 4 nicht erfasst, da sie nicht auf einer *Vereinbarung* der WEer untereinander iSd § 10 Abs. 2 Satz 2 beruht. Gleichwohl sind Regelungen im *Verwaltervertrag* unwirksam, welche die Vertretungs- und/oder Geschäftsführungsbefugnis des Verwalters ausschließen oder einschränken. Wären solche Regelungen wirksam, würden sie dieselben Rechtsfolgen auslösen, wie identische Regelungen, die durch *Vereinbarung* der WEer getroffen werden. Ist der Verwalter nämlich auf Grund des Verwaltervertrages zu Angelegenheiten iSd Absätze 1 bis 3 nicht befugt, bedeutet dies einen Ausschluss sowohl seiner insoweit bestehenden Geschäftsführungs- als auch ggf seiner Vertretungsbefugnis; kann und darf er solche Maßnahmen nur bis zu einem bestimmten Höchstbetrag oder nur mit Zustimmung des Verwaltungsbeirats vornehmen, werden seine diesbezüglichen Befugnisse für die Dauer des Verwaltervertrages eingeschränkt. Dadurch wird die Handlungsfähigkeit der WEgem beeinträchtigt,[799] was nach § 27 Abs. 4 verhindert werden soll, aber nicht verhindert wird, weil diese Norm nur entsprechende *Vereinbarungen* der WEer, nicht aber Regelungen im *Verwaltervertrag* sanktioniert. Die bestehende Regelungslücke ist durch **analoge Anwendung** des § 27 Abs. 4 zu schließen: Die dem Verwalter nach § 27 Abs. 1 bis 3 gesetzlich zustehenden Aufgaben und Befugnisse können nicht durch rechtsgeschäftlich Regelungen, welche die WEer treffen, ausgeschlossen oder beschränkt werden. Regelungen im *Verwaltervertrag,* welche die Vertretungs- und/oder Geschäftsführungsbefugnis des Verwalters ausschließen oder einschränken, sind daher unwirksam. 283

VIII. Die Ausstellung der Vollmachts- und Ermächtigungsurkunde (§ 27 Abs. 6)

Der Verwalter kann nach § 27 Abs. 6 von den WEern die Ausstellung einer Vollmachts- und Ermächtigungsurkunde verlangen, aus der der Umfang seiner Vertretungsmacht ersichtlich ist. Die Ausstellung einer solchen Urkunde ist deshalb zweckmäßig, weil sich die Verwaltereigenschaft nicht aus einer Registereintragung ergibt. Es kann daher dem Verwalter nicht ein registergerichtliches Zeugnis über seine Eintragung ausgestellt werden. Bei 284

[797] Vgl. OLG Hamm WE 1994, 378 (380); OLG Hamburg OLGZ 1989, 164 (166) = WE 1989, 140.

[798] Hierzu *Bub* PiG 30, 13 (19).

[799] *Häublein* NZM 2003, 785 (790); *Bub* PiG 30, 13 (20); Staudinger/*Bub* § 27 Rn 26; *Deckert* PiG 30, 37 (40).

Bestellung des Verwalters durch das Gericht kann sich der Verwalter durch das Gestaltungsurteil legitimieren, das er in Ausfertigung vorlegen kann. Der Verwalter hat nach dem Wortlaut des § 27 Abs. 6 gegen die WEer, nicht gegen die WEgem einen gesetzlichen Anspruch auf Ausstellung einer Vollmachts- und Ermächtigungsurkunde, den er ggf im Verfahren nach § 43 Nr. 3 einklagen muss.[800]

285 Die Vollmachts- und Ermächtigungsurkunde ist eine schriftliche Erklärung des Ausstellers, dass er den in der Urkunde bezeichneten Verwalter bevollmächtigt bzw. ermächtigt hat; sie hat den Umfang der Vertretungsmacht bzw. Ermächtigung zu enthalten. Zwischen der Vertretungsmacht für die WEer und für die WEgem ist zu unterscheiden. Auch wenn das Gesetz von einer Vollmachts- und Ermächtigungsurkunde spricht, kann sich die Urkunde ggf auch darauf beschränken, nur den Inhalt der gesetzlichen Vertretungsmacht des Verwalters wiederzugeben, insbes wenn keine zusätzlichen Ermächtigungen nach Abs. 2 Nr. 3 und Abs. 3 Satz 1 Nr. 7 vorliegen.[801] Die Wortwahl des Gesetzgebers erklärt sich allein daraus, dass § 172 BGB und den Vorschriften über die rechtlichen Folgen der Ausstellung einer Vollmachtsurkunde Geltung verschafft werden soll.[802] Die Vorlage der Vollmachts- und Ermächtigungsurkunde begründet den Vertrauensschutz der §§ 172 ff. BGB. Danach bleibt derjenige, der die Vollmachtsurkunde vorlegt, dem gutgläubigen Dritten ggü solange vertretungsberechtigt, bis die Urkunde zurückgegeben, für kraftlos erklärt oder dem Dritten das Erlöschen der Vertretungsmacht anderweitig angezeigt wird.

286 Der Inhalt der Urkunde kann unterschiedlich ausgestaltet sein. Neben der Wiedergabe der gesetzlichen Vertretungsmacht für die WEer und die WEgem kann die Urkunde auch eine detaillierte Regelung des Umfangs einer dem Verwalter darüber hinaus eingeräumten Ermächtigung enthalten. Besonderheiten gelten, wenn die Vertretungsmacht des Verwalters auf einem Beschluss der WEer beruht. Wenn der Verwalter namens der WEgem ein Rechtsgeschäft tätigt und der ermächtigende Beschluss nachträglich für ungültig erklärt wird, entfällt rückwirkend die gesetzliche Vertretungsmacht aus § 27 Abs. 2 Nr. 3 bzw. Abs. 3 Satz 1 Nr. 7. Ist dem Verwalter eine Urkunde nach § 27 Abs. 6 ausgehändigt worden, können die vom Verwalter abgegebenen Willenserklärungen nach Maßgabe der §§ 172, 173 dennoch für und gegen die WEgem wirken.[803] Hierzu reicht es jedoch nicht aus, wenn der Verwalter eine Urkunde vorlegt, aus der nur seine Stellung als Verwalter und evtl. seine allgemeine Befugnis, Beschlüsse der WEer durchzuführen, ersichtlich ist; denn der Vertragspartner kann einer solchen Urkunde, falls der Verwalter nicht generell zur Vertretung der WEer in Angelegenheiten der Verwaltung des gemE ermächtigt ist, keinen Hinweis auf den konkreten ermächtigenden Beschluss entnehmen, der die gesetzliche Vertretungsmacht nach § 27 Abs. 2 Nr. 3 bzw. Abs. 3 Satz 1 Nr. 7 ausdrücklich oder konkludent begründet. Es fehlt somit an einem Anknüpfungspunkt für den guten Glauben des Vertragspartners gerade hinsichtlich des konkreten ermächtigenden Beschlusses, der Grundlage der Vertretungsmacht ist. Es muss daher zu der Urkunde nach § 27 Abs. 6 noch ein Umstand hinzukommen, an den der gute Glaube des Vertragspartners an die Vertretungsmacht des Verwalters anknüpfen kann.[804] Soweit die Ansicht vertreten wird, dass der Verwalter sich in diesem Fall durch die generelle Vollmachtsurkunde und eine beglaubigte Abschrift des konkreten Mehrheitsbeschlusses legitimieren kann,[805] kann dem in dieser

---

[800] *Bärmann,* WE, Rn 607; *Augustin* § 27 Rn 30; *Schultz* ZWE 2009, 161 (163); *Niedenführ/* Kümmel/Vandenhouten § 27 Rn 100.

[801] *Palandt/Bassenge* § 27 Rn 31.

[802] Nicht einheitlich beanwortet wird die Frage, ob § 172 BGB im Falle gesetzlicher Vertretungsmacht direkt oder entsprechend anzuwenden ist, was jedoch für die Praxis keine Rolle spielt, vgl. hierzu *Keith* PiG 14, 40 ff. mwN.

[803] LG Hamburg ZMR 2009, 477 (478).

[804] *Bärmann,* WE, Rn 606; *Feuerborn* ZIP 1988, 146 (151); *Keith* PiG 14, 39.

[805] *Bärmann,* WE, Rn 606; Palandt/*Bassenge* § 27 Rn 26; *Niedenführ*/Kümmel/Vandenhouten § 27 Rn 100.

Allgemeinheit nicht gefolgt werden. Eine öffentliche Beglaubigung entspr. § 26 Abs. 3[806] ist nur in bestimmten Fällen erforderlich, wie etwa im Grundbuchverkehr. Für den privaten Rechtsverkehr reicht jedoch auch das unbeglaubigte Beschlussprotokoll aus.[807] Allein entscheidend ist, ob die Vollmachtsurkunde die Rechtsscheinwirkung der §§ 172 ff. BGB auszulösen vermag, was nicht von einer bestimmten Form der Urkunde abhängt.[808]

Da sich der Anspruch auf Ausstellung einer Vollmachts- und Ermächtigungsurkunde nach dem Wortlaut des § 27 Abs. 6 gegen die WEer richtet, muss die Urkunde von den WEern ausgestellt, d. h. allen WEern unterzeichnet sein.[809] Da die Urkunde sowohl die Vertretungsmacht für die WEer als auch für die WEgem belegen soll, handeln die WEer bei Unterzeichnung der Urkunde sowohl im eigenen als auch im Namen der WEgem. Wird die Urkunde in Vertretung der WEgem von einem oder mehreren dazu nach Abs. 3 Satz 3 durch Mehrheitsbeschluss ermächtigten WEern unterzeichnet, muss der Urkunde eine Abschrift des Beschlussprotokolls beigefügt sein.[810] Sie begründet dann aber nur Vertrauensschutz zur Vertretung der WEgem, nicht auch aller WEer, was aber für Praxis kaum Bedeutung haben dürfte. 287

Weist sich der Verwalter durch eine Vollmachtsurkunde aus, bleibt er Dritten ggü auch nach Wegfall seiner Verwalterstellung zur Vertretung berechtigt, es sei denn, dass der Dritte die Beendigung der Verwalterstellung kannte oder fahrlässig nicht kannte (§ 173 BGB). Bedeutung gewinnt dies insbesondere, wenn der Beschluss über die Bestellung rückwirkend vernichtet worden ist.[811] Nach Erlöschen seiner Vertretungsmacht hat der Verwalter die Vollmachtsurkunde nach § 175 BGB zurückzugeben; ein Zurückbehaltungsrecht steht ihm nicht zu. 288

IX. Die Haftung des Verwalters und für den Verwalter

Eine Haftung des Verwalters kommt sowohl im Innenverhältnis zur WEgem und den WEern wie auch ggü. außenstehenden Dritten in Betracht. Im Verhältnis zur WEgem und den WEern steht die Haftung wegen Vertragsverletzungen im Mittelpunkt, mit der im Einzelfall eine deliktische Haftung des Verwalters konkurrieren kann. Nimmt jemand, ohne als Verwalter der WEgem bestellt zu sein, Aufgaben der gemeinschaftlichen Verwaltung wahr, haftet er der WEgem nach Grundsätzen des Auftragsrechts.[812] 289

1. Die Haftung des Verwalters gegenüber der WEgem

a) Die Haftung aus Vertrag. Verwaltervertrag und Bestellungsrechtsverhältnis bestehen zwischen der WEgem und dem Verwalter.[813] Der Verwalter ist daher der WEgem für die Erfüllung seiner Verpflichtungen aus diesen Schuldverhältnissen verantwortlich. Beim Verwaltervertrag handelt es sich idR um einen Geschäftsbesorgungsvertrag nach § 675 BGB. Der Verwalter hat der WEgem den Schaden zu ersetzen, den er durch schuldhafte Pflichtverletzungen verursacht.[813a] Eine Pflichtverletzung liegt insbesondere vor, wenn der Verwalter mit seiner Leistungspflicht in Verzug gerät (§§ 280 Abs. 2, 286 BGB) oder er nach erfolgloser Fristsetzung seine Leistungspflicht nicht oder nicht wie geschuldet erbringt (§ 281 Abs. 1 BGB). Der Verschuldensmaßstab richtet sich, auch für den sog. Amateur- 290

[806] Die Vorschrift ist auf Fälle, in denen ein Beschluss in der beschriebenen Form nachgewiesen werden muss, entspr. anwendbar, vgl. *Feuerborn* ZIP 1988, 146 (151).

[807] *Keith* PiG 14, 39; *Feuerborn* ZIP 1988, 146 (151).

[808] *Feuerborn* ZIP 1988, 146 (151) mwN.

[809] Riecke/Schmid/*Abramenko* § 27 Rn 87.

[810] Riecke/Schmid/*Abramenko* § 27 Rn 87.

[811] Hierzu *Merle,* Verwalter, S. 105 ff.

[812] OLG Hamm ZMR 2008, 161 = NZM 2008, 89.

[813] Vgl. § 26 Rn 30, 88.

[813a] KG ZWE 2010, 183 (184).

verwalter,[814] nach § 276 BGB. Gem. § 276 Abs. 1 Satz 1 BGB haftet der Verwalter für Vorsatz und Fahrlässigkeit, sofern nichts anderes bestimmt ist. Fahrlässig handelt der Verwalter, wenn er die im Verkehr erforderliche Sorgfalt außer acht lässt. Dieser Haftungsmaßstab ist von der Rspr. verwalterspezifisch ausgeformt worden. Maßstab ist dabei die Sorgfalt, die ein durchschnittlicher und gewissenhafter Verwalter unter den Umständen des konkreten Vertragsverhältnisses aufgewandt hätte.[815] Die Verwalterpflichten reichen soweit, dass er diejenigen Erwägungen anstellen muss, die auch Hauseigentümer, die ihr Eigentum selbst verwalten, anstellen.[816] Daher hat er die WEgem bei der Durchführung von Beschlüssen auf mögliche Gefahren aufmerksam zu machen, auch wenn er letztlich nicht für die von den WEern getroffene Entscheidung verantwortlich ist. Die an die Sorgfaltspflicht zu stellenden Anforderungen beurteilen sich auch danach, ob der Verwalter auf bestimmten Gebieten über besondere Sachkunde verfügt.[817] Ist der Verwalter Kaufmann, so hat er die Sorgfalt eines ordentlichen Kaufmanns zu beachten (§ 347, §§ 343 bis 345 HGB).[818]

291 Nach § 278 BGB hat der Verwalter auch ein Verschulden der Personen, deren er sich zur Erfüllung seiner Verbindlichkeiten bedient, in gleichem Umfang zu vertreten wie eigenes Verschulden.[819] Vorsatz und Fahrlässigkeit des sog. **Erfüllungsgehilfen** werden dem Verwalter als eigenes Verschulden zugerechnet. Ein mit der Instandsetzung des GemE beauftragter Werkunternehmer ist jedoch nicht Erfüllungsgehilfe des Verwalters.[820] Dies folgt daraus, dass dem Verwalter nicht die Instandsetzung des gemE als solche obliegt, sondern er vielmehr nur dafür zu sorgen hat, Mängel festzustellen und eine Entscheidung der WEer über das weitere Vorgehen herbeizuführen (s. Rn 35 ff.). Demnach wird ein Werkunternehmer idR nicht von ihm, sondern von den WEgem, vertreten durch den Verwalter, beauftragt. Es bestehen daher idR keine vertraglichen Beziehungen zwischen dem Vertragspartner und dem Verwalter. Beauftragt der Verwalter einen Fachmann mit der Ermittlung der Schadensursache für einen am GemE entstandenen Schaden, so wird dieser nicht im normalen Pflichtenkreis des Verwalters tätig. Seine Verpflichtung, Mängel am GemE festzustellen, hat der Verwalter regelmäßig bereits dadurch erfüllt, dass er einen Fachmann mit der Feststellung der Schadensursache beauftragt (s. o. Rn 42 ff.). Ein etwaiges Unterlassungsverschulden des Fachmanns ist dem Verwalter deshalb regelmäßig nicht nach § 278 BGB zuzurechen.[821] Entspr. gilt, wenn der Verwalter ein Ingenieurbüro mit der Bau- und Objektbetreuung beauftragt.[822]

292 Die geschädigte WEgem, die den Verwalter wegen Pflichtverletzung aus § 280 Abs. 1 BGB auf Schadensersatz in Anspruch nimmt, trägt idR die **Beweislast** für das Bestehen einer Pflichtverletzung und für die Kausalität zwischen der konkreten Pflichtverletzung und dem geltend gemachten Schaden. Von diesem Grundsatz kann ausnahmsweise nur abgewichen werden, wenn die objektive Pflichtwidrigkeit den Geschädigten typischerweise hinsichtlich des Ursachenzusammenhanges in Beweisnot bringt, wenn nach den Grundsätzen des Anscheinsbeweises eine bestimmte Schadensfolge typischerweise durch eine bestimmte Pflichtverletzung hervorgerufen wird, oder wenn sich der Schadensfall in einem allein vom Pflichtigen beherrschten Gefahrenbereich ereignet hat.[823]

814 Vgl. *Gottschalg*, Haftung, Rn 82 ff.; *Schultz* ZWE 2009, 161 (163 f.).
815 OLG Oldenburg ZMR 2008, 238; BayObLG WE 1988, 31.
816 BayObLG WE 1988, 31.
817 BayObLG WE 1991, 22 (23) = WuM 1990, 178 = ZMR 1990, 65.
818 BGH NJW 1996, 1216 (1217) = WuM 1996, 240 (241).
819 Vgl. OLG Karlsruhe ZWE 2009, 280 f. (*Drabek*).
820 BayObLG NJW-RR 1992, 1102 (1103) = WE 1993, 278; WE 1992, 23 (24).
821 OLG Düsseldorf WE 1999, 23 m. Anm. *Armbrüster* WE 1999, 40.
822 BayObLG ZMR 2002, 689 (692).
823 OLG Oldenburg ZMR 2008, 239; OLG Düsseldorf WE 1997, 347 (348) mwN.

aa) Rechtsprechungsbeispiele.[824] Der Verwalter haftet der WEgem auf Schadensersatz nach § 280 BGB, wenn er es schuldhaft unterlässt, die WEer auf **Baumängel vor Ablauf der Gewährleistungspflicht** hinzuweisen. Die Hinweispflicht entfällt nur dann, wenn allen WEern die Baumängel und die drohende Verjährung schon bekannt sind.[825] Wegen Pflichtverletzung haftet der Verwalter bei einem **Wasserschaden,** wenn er nicht unverzüglich das Erforderliche unternimmt, um die Schadensursache mit mutmaßlichem Ursprung im GemE festzustellen (s. o. Rn 45).[826] 293

Der Verwalter haftet der WEgem, wenn er im Rahmen des § 27 Abs. 1 Nr. 5 **Zahlungen für erkennbar mangelhafte Werkleistungen** erbringt und die WEgem **Gewährleistungsansprüche** gegen den Werkunternehmer nicht durchsetzen können.[827] Dagegen handelt der Verwalter nicht pflichtwidrig, wenn er zur Durchführung eines Beschlusses über die Instandsetzung des Gebäudes einen Werkvertrag mit einem Werkunternehmer schließt und dabei keinen **Pauschalfestpreis** vereinbart; sollen die Kosten für eine Instandsetzungsmaßnahme eine bestimmte Summe nicht übersteigen, so muss dies in dem Beschluss ausdrücklich klargestellt sein.[828] 294

Wegen Verletzung seiner Pflichten aus dem Verwaltervertrag hat der Verwalter der WEgem den Schaden zu ersetzen, welcher durch eine schuldhafte **Überzahlung von Lohn** an einen Hausmeister und das Abführen eines zu hohen Lohnsteuerbetrages an das Finanzamt entstanden ist. In diesem Fall ist ein Anspruch nicht deshalb ausgeschlossen, weil ein Erstattungsanspruch gegen Dritte besteht; er ist allerdings nur gegen **Abtretung der Erstattungsansprüche** zum Schadensersatz verpflichtet (vgl. § 255 BGB).[829] 295

Kommt der Verwalter damit in Verzug, Beschlüsse über Instandsetzungsmaßnahmen gem. § 27 Abs. 1 Nr. 1 auszuführen[830] oder die für die **ordnungsgemäße Instandsetzung** des GemE gem. § 27 Abs. 1 Nr. 2 erforderlichen Maßnahmen zu treffen,[831] haftet er nach §§ 280 Abs. 1 iVm 2, 286 Abs. 1 BGB für den dadurch entstandenen Schaden. 296

Der Verwalter ist zum Schadensersatz verpflichtet, wenn er es sorgfaltswidrig unterlässt, sich um **Mieteinnahmen für die Nutzung des GemE** als Werbefläche zu kümmern.[832] 297

Der Verwalter macht sich schadensersatzpflichtig, wenn er es pflichtwidrig unterlässt, die Versammlung einzuberufen, gegen **säumige WEer** vorzugehen[833] oder zur Sicherung des künftigen Beitragseingangs aus einem über den Beitragsrückstand erwirkten Vollstreckungsbescheid die **Zwangsvollstreckung** zu betreiben.[834] 298

Eine Verwalterhaftung kommt auch in Betracht, wenn er die **Jahresabrechnung nicht rechtzeitig,**[835] **unrichtig** oder **unvollständig** erstellt, so dass Unklarheiten erst durch ein Gutachten behoben werden können.[836] Auch der **ausgeschiedene Verwalter** hat eine Mitwirkungspflicht bei der Erstellung der Jahresabrechnung durch den neuen Verwalter. 299

---

[824] Vgl. ausführlich *Gottschalg,* Haftung, Rn 93 ff.

[825] BayObLG ZWE 2001, 263 (264) = NJW-RR 2001, 731; WE 1991, 22 (23); vgl. auch WE 1988, 31.

[826] BayObLG NZM 1998, 583 = WE 1998, 357 m. Anm. *Armbrüster* WE 1998, 360; vgl. auch OLG Düsseldorf WE 1999, 23 m. Anm. *Armbrüster* WE 1999, 40.

[827] KG WE 1993, 197 = DWE 1993, 118 = WuM 1993, 107; OLG Düsseldorf NJWE-MietR 1997, 208 = WE 1997, 345 (346) zur Quantitätsabweichung beim Werklieferungsvertrag.

[828] BayObLG WE 1998, 39.

[829] BayObLG NJW-RR 1998, 519 = WE 1998, 273.

[830] BayObLG ZWE 2000, 179 (180 f.) = NJW-RR 2000, 1033.

[831] BayObLG NJW-RR 1987, 599; vgl. auch OLG Frankfurt/M. DWE 1985, 122; KG NJW-RR 1986, 1078.

[832] OLG Köln WE 1989, 31.

[833] BayObLG WE 1998, 273 (274) = NJW-RR 1998, 519.

[834] OLG Hamburg WE 1993, 166 = WuM 1993, 300.

[835] BayObLG NJW-RR 1998, 519 = WE 1998, 273.

[836] BayObLG MDR 1976, 225; WE 1988, 68.

Verstößt er gegen diese Pflicht und kann infolgedessen der neue Verwalter die Abrechnung nicht erstellen, hat der ausgeschiedene Verwalter die durch die Einschaltung von Fachkräften entstandenen Kosten zu ersetzen.[837]

300 Begeht der Verwalter bei Einberufung oder Durchführung einer WEVers Fehler, die dazu führen, dass keine Beschlüsse gefasst werden oder nach erfolgreicher Anfechtung Beschlüsse neu zu fassen sind, ist er für hieraus entstehende Schäden ersatzpflichtig.[838]

301 **bb) Haftungsbeschränkung und Haftungsausschluss.** Die WEer können die Haftung des **Verwalters** durch **Vereinbarung**[839] oder durch entsprechende Ausgestaltung des **Verwaltervertrages**[840] – etwa auf Vorsatz und grobe Fahrlässigkeit – beschränken. Schließen alle WEer in Vertretung der WEgem den Vertrag mit dem Verwalter ab, wird eine Beschränkung der Haftung des konkreten Vertragspartners mit dem Abschluss des Verwaltervertrages wirksam. Wird die WEgem bei Abschluss des Vertrages durch einen oder mehrere WEer vertreten, etwa durch den Verwaltungsbeirat, haben die WEer zuvor über die Haftungsbeschränkung zu beschließen. Durch den Beschluss wird idR dem Vertreter nach § 27 Abs. 3 Satz 1 Nr. 7 die erforderliche Ermächtigung erteilt. Ob eine Haftungsbeschränkung im Verwaltervertrag wirksam ist, hängt davon ab, ob es sich um einen Individualvertrag oder um einen Formularvertrag handelt.

Individualvertraglich kann dem Verwalter nach § 276 Abs. 3 BGB die Haftung wegen Vorsatzes im Voraus nicht erlassen werden, aber wegen leichter und grober Fahrlässigkeit.[841] Ein entsprechender Beschluss der WEer über den Ausschluss der Haftung für grobe Fahrlässigkeit dürfte idR nicht ordnungsmäßiger Verwaltung entsprechen und daher auf Anfechtungsklage für ungültig erklärt werden; ob der Ausschluss der Haftung für leichte Fahrlässigkeit ordnungsmäßiger Verwaltung entspricht, hängt von den Umständen des Einzelfalles ab.

302 Erfolgt die Freizeichnung mittels AGB, kann die Haftung für Fahrlässigkeit nur unter Berücksichtigung der durch § 309 Nr. 7 BGB gezogenen Grenzen ausgeschlossen werden.[842] Eine Freizeichnung ist grds auch zulässig hinsichtlich der Pflichten, die dem Verwalter nach § 27 Abs. 1 bis 3 obliegen und die nach § 27 Abs. 4 nicht einschränkbar sind. Es lässt sich nämlich trennen zwischen der Einschränkbarkeit der dem Verwalter nach § 27 Abs. 1 bis 3 obliegenden primären Leistungspflichten und der Einschränkbarkeit der Haftung, insbesondere des Verschuldensmaßstabs, bei Verletzung dieser Pflichten, also der Abdingbarkeit der sekundären Leistungspflichten.[843] Erfolg die Haftungsbeschränkung formularmäßig, ist § 307 BGB zu beachten.[844]

303 Bei der Freizeichnung für das Verschulden der **Erfüllungsgehilfen** findet nach § 278 Satz 2 BGB die Vorschrift des § 276 Abs. 3 BGB keine Anwendung. Die Haftung des Verwalters für Erfüllungsgehilfen kann demnach in vollem Umfang, also auch für Vorsatz des Gehilfen, ausgeschlossen werden. Im Rahmen von Haftungsbeschränkungen durch AGB ist § 309 Nr. 7 BGB zu beachten.

304 Erfolgt eine Haftungsbeschränkung durch die Abrede einer verkürzten Verjährungsfrist, sind die durch §§ 202 Abs. 1, 307 ff. BGB gezogenen Grenzen zu beachten.[845]

305 Nachträglich kann die Pflicht zum Schadensersatz durch einen Beschluss der WEer über die **Entlastung des Verwalters** (s. § 28 Rn 125) ausgeschlossen werden. Dieser Beschluss bedeutet idR ein negatives Schuldanerkenntnis (§ 397 Abs. 2 BGB) hinsichtlich solcher Vorgänge, die bei der Beschlussfassung bekannt oder bei zumutbarer Sorgfalt erkennbar

---

[837] KG DWE 1982, 127.

[838] Vgl. ausführlich *Gottschalg,* Haftung, S. 32 ff.; *ders.* DWE 2002, 43 (46 f.).

[839] *Gottschalg,* Haftung, Rn 368.

[840] *Gottschalg,* Haftung, Rn 369 ff.

[841] Vgl. dazu *Gottschalg,* Haftung, Rn 371 ff., 385.

[842] *Gottschalg,* Haftung, Rn 375 ff.

[843] *Merle* DWE 1984, 2 (5).

[844] Vgl. *Gottschalg,* Haftung, Rn 397 ff.

[845] Vgl. *Furmans* NZM 2000, 985 (992).

waren.[846] Ein strafbares Verhalten des Verwalters begründet auch Schadensersatzansprüche, wenn dem Verwalter Entlastung erteilt worden ist, etwa im Falle eines Betruges und einer Urkundenfälschung nach §§ 263 und 267 StGB.[847] In diesem Fall kann auch der Verwalter selbst nicht ernstlich annehmen, die Eigentümer, die ein strafbares Verhalten nicht erkannt haben, hätten mit der Entlastung auf Schadensersatzansprüche gegen ihn verzichten wollen.

b) Haftung aus dem Bestellungsrechtsverhältnis. Nach der Trennungstheorie im engeren Sinne (§ 26 Rn 25 f.) obliegen dem Verwalter mit der Annahme der Bestellungserklärung die gesetzlichen Rechte und Pflichten unabhängig davon, ob zugleich ein Verwaltervertrag mit den WEgem abgeschlossen wird. Mit Amtsübernahme und Amtsbeginn entsteht ein gesetzliches Schuldverhältnis zwischen dem Verwalter und der WEgem.[848] Verletzt der Verwalter schuldhaft Pflichten aus diesem Schuldverhältnis, haftet er der WEgem nach § 280 Abs. 1 S. 1 BGB für den entstandenen Schaden. Die Haftung beruht in diesem Fall auf der Verletzung des organschaftlichen Rechtsverhältnisses zwischen der WEgem und dem Verwalter. Die Haftung des Verwalters kann auch im Rahmen des Bestellungsrechtsverhältnisses beschränkt werden, indem eine von den gesetzlichen Vorschriften abweichende Regelung vereinbart wird. Eine derartige Vereinbarung wirkt auch ohne rechtsgeschäftliche Einbeziehung in den jeweiligen Verwaltervertrag kraft Gesetzes auf Dauer für und gegen den jeweiligen Verwalter.[849] Ein entsprechender Beschluss wäre hier als gesetzesändernder Beschluss mangels Beschlusskompetenz nichtig.[850] Soll die Haftungsbeschränkung dagegen nur den konkret zu bestellenden Verwalter betreffen, kann die Haftungsbeschränkung in den Bestellungsbeschluss aufgenommen werden. Die Beschlusskompetenz folgt hier aus § 26 Abs. 1 (vgl. § 26 Rn 33 f.). Mit Abgabe und Zugang der Bestellungserklärung gegenüber dem Verwalter und der Annahme der Bestellung durch den Verwalter tritt die Haftungsbeschränkung in Kraft. 306

c) Unerlaubte Handlungen.[851] Im Rahmen der gesetzlichen Haftung des Verwalters ist neben einer möglichen Haftung aus Geschäftsführung ohne Auftrag (§ 678 BGB) bei Überschreiten der Kompetenzen aus dem Geschäftsbesorgungsvertrag die deliktische Haftung nach den §§ 823 ff. BGB von Bedeutung. 307

Nach § 823 Abs. 1 BGB ist zum Schadensersatz verpflichtet, wer widerrechtlich Leben, Körper, Gesundheit, Freiheit, das Eigentum oder ein sonstiges Recht eines anderen verletzt. In Betracht kommen vor allem unerlaubte Handlungen hinsichtlich solcher Gegenstände, die zum Verwaltungsvermögen gehören. Wird vom Verwalter das gemE verletzt, so übt die WEgem nach § 10 Abs. 6 Satz 3 die hieraus sich ergebenden Ansprüche der WEer aus. Zur Haftung für die Verletzung von Verkehrssicherungspflichten s. § 10 Rn 271. 308

Nach § 823 Abs. 2 BGB haftet der Verwalter der WEgem auf Schadensersatz, wenn er schuldhaft gegen ein sie schützendes Gesetz verstößt. In Betracht kommt die Veruntreuung (§ 266 StGB) eingenommener Gelder,[852] Kreditkartenmissbrauchs[853] etc. Hat der Verwalter etwa einen Ausgabenbeleg über die Vergütungen des Hausmeisters, die teilweise überhaupt nicht angefallen sind, selbst angefertigt und den WEern vorgelegt, kommt neben der Haftung aus positiver Vertragsverletzung auch eine Haftung aus § 823 Abs. 2 BGB iVm 309

---

[846] BayObLG WE 1988, 31; 1991, 22 (23); BayObLGZ 1983, 314 (318); 1986, 263 (266); 1987, 86 (94); 1975, 161 (165); OLG Frankfurt/M. OLGZ 1989, 60; OLG Celle OLGZ 1983, 177 (179); 1991, 309 (310) = WE 1991, 193 = DWE 1992, 84; KG WE 1990, 134; NJW-RR 1993, 404 = WuM 1993, 140 = WE 1993, 83; OLG Köln WuM 1989, 207.

[847] OLG Celle OLGZ 1991, 309 (310).

[848] § 26 Rn 30.

[849] *Merle* ZWE 2001, 145 ff.

[850] *Merle* ZWE 2001, 196 (197).

[851] Vgl. *Gottschalg,* Haftung, Rn 73 f.

[852] Vgl. BGH NJW 1996, 65; BayObLG ZMR 2002, 141; LG Krefeld ZMR 2007, 311 (312); AG Hannover ZMR 2007, 75.

[853] OLG München ZMR 2006, 883 (884).

§§ 263, 267 StGB wegen Betruges und Urkundenfälschung in Betracht. „Schutzgesetze" können nicht nur Gesetze im formellen Sinne, sondern Rechtsnormen aller Art sein, also auch Verordnungen und öffentlich-rechtliche Satzungen.[854] Hierunter fallen demnach auch polizeiordnungsrechtliche Vorschriften über Streupflicht und Schneeräumen sowie bauordnungsrechtliche Vorschriften.[855]

310 Im Rahmen seiner Haftung ggü. der WEgem aus unerlaubter Handlung haftet der Verwalter für Hilfspersonen nach § 831 BGB. Er kann sich jedoch durch den Nachweis entlasten, dass er bei deren Auswahl und Überwachung die im Verkehr erforderliche Sorgfalt beachtet hat (§ 831 Abs. 1 Satz 2 BGB).

311 **d) Der Umfang der Schadensersatzpflicht.** Hat der Verwalter auf Grund einer schuldhaften Pflichtverletzung schuldhaft einen Schaden verursacht, richtet sich der Umfang der Schadensersatzpflicht nach den §§ 249 ff. BGB.[856] Diese Vorschriften gelten grds sowohl im Fall einer gesetzlichen Haftung als auch im Fall einer vertraglichen Pflichtverletzung. Bei einer Pflichtverletzung iSv § 280 Abs. 1 BGB sind der WEgem alle Aufwendungen zu ersetzen, die bei der gegebenen Sachlage zur Schadensabwendung oder Schadensbeseitigung vernünftig und zweckmäßig erscheinen; dazu können auch Rechtsanwaltskosten gehören.[857] Nach § 254 BGB schränkt ein Mitverschulden die Pflicht zum Schadensersatz des Verwalters ein.[858] Bei erheblichem Überwiegen des Mitverschuldens kann die Schadensersatzpflicht sogar ausgeschlossen sein, etwa wenn der Verwalter einen Beschluss der WEer ausführt.

2. Die Haftung des Verwalters gegenüber den WEern

312 **a) Vertragliche Haftung. aa) Allgemeines.** Das **Bestellungsrechtsverhältnis** besteht zwischen der WEgem und dem Verwalter.[859] Die daraus resultierenden organschaftlichen Pflichten des Verwalters bestehen gem. § 27 sowohl gegenüber der WEgem als auch gegenüber den WEern. Der **Verwaltervertrag** besteht ebenfalls zwischen dem Verwalter einerseits und der rechtsfähigen WEgem andererseits.[860] Die sich daraus ergebenden Pflichten bestehen idR nur gegenüber der WEgem. Der Verwaltervertrag entfaltet aber Schutzwirkungen ggü den WEern,[861] ggf. auch gegenüber Mietern, etwa bei Verletzung vertraglich übernommener Verkehrssicherungspflicht.[862] Insoweit haben die WEer oder Mieter einen eigenständigen vertraglichen Schadensersatzanspruch gegen den Verwalter, wenn dieser seine vertraglichen Pflichten gegenüber der WEgem verletzt, und dadurch WEer oder Mieter geschädigt werden. Wegen Schädigung des GemE können solche Ansprüche nach § 10 Abs. 6 Satz 3 nur von der WEgem geltend gemacht werden, wird das SE eines WEers oder dessen sonstiges Vermögen geschädigt, steht der Anspruch nur dem betroffenen WEer zu.[862a]

313 Hat der Verwalter eine Pflicht aus dem Bestellungsrechtsverhältnis oder aus dem Verwaltervertrag schuldhaft verletzt, ist er nach § 280 Abs. 1 BGB dem WEer, dem dadurch

[854] Vgl. allgemein *Honsell* JA 1983, 101 (102 f.).

[855] Vgl. BayObLG WE 1996, 315 (316).

[856] Vgl. etwa OLG Düsseldorf ZWE 2000, 475 (478) zur Berechnung eines Schadens wegen verspäteter Geltendmachung von Beitragsansprüchen.

[857] BayObLG NJW-RR 1998, 519 = WE 1998, 273 (274) mwN.

[858] Vgl. BGH NJW-RR 1989, 394 (395); OLG Köln WE 1991, 31; OLG Zweibrücken WE 1995, 26 (27).

[859] Vgl. § 26 Rn 30.

[860] Vgl. § 26 Rn 88, 112; OLG Hamm NZM 2006, 632; OLG München NZM 2007, 88 = ZMR 2007, 220; OLG Düsseldorf NJW 2007, 161; *Armbrüster* ZWE 2006, 470; *Wenzel* NZM 2006, 321; *Niedenführ* NJW 2007, 1841 (1843); *Abramenko* ZMR 2006, 6.

[861] Ausführlich *Häublein* ZWE 2008, 1 (6 f.).

[862] OLG Karlsruhe ZMR 2009, 623 (624).

[862a] KG ZWE 2010, 183 (185).

ein Schaden entstanden ist, zum Schadensersatz verpflichtet. Bedient er sich zur Erfüllung seiner Pflichten eines Dritten, so haftet er nach § 278 BGB für dessen Verschulden, etwa wenn er sich zur Erfüllung seiner Verkehrssicherungspflicht eines Hauswarts bedient.[863]

bb) Einzelfälle. Hat der Verwalter ohne Ermächtigung die **Zustimmung zu einer baulichen Veränderung** erteilt und werden durch dieses unbefugte Vorgehen prozessuale Handlungen eines WEers herausgefordert, ist der Verwalter wegen Pflichtverletzung zum Schadensersatz in Höhe der außergerichtlichen Kosten verpflichtet, die einem WEer in dem Verfahren entstanden sind.[864] Auch wenn der Verwalter einem WEer zu Unrecht mitteilt, die von diesem beabsichtigte Baumaßnahme bedürfe nicht der Zustimmung der übrigen WEer, muss er die einem anderen WEer bei der Abwehr der hierdurch veranlassten Baumaßnahme entstandenen Rechtsverfolgungskosten ersetzen.[865] 314

Ist dem Verwalter die **Erteilung der Zustimmung** zu einer Maßnahme eines einzelnen WEers – etwa die Zustimmung zur Veräußerung nach § 12 Abs. 1 oder die Zustimmung zur baulichen Veränderung nach § 22 Abs. 1 – übertragen worden und wird die Zustimmung schildhaft verzögert oder verweigert, kommt eine Haftung des Verwalters nach §§ 280, 286 BGB in Betracht.[866] Bestehen **ernstliche Zweifel,** ob ein wichtiger Grund zur Versagung der Zustimmung vorliegt, so ist der Verwalter befugt, eine eigene Entscheidung über die Zustimmung abzulehnen und einen entsprechenden Beschluss der WEer herbeizuführen; er ist in diesem Fall gem. § 27 Abs. 1 Nr. 1 an einen Beschluss der WEer gebunden.[867] Bei der Beurteilung der Frage, ob ein wichtiger Grund zur Versagung der Zustimmung vorliegt, hat der **gewerblich tätige Verwalter** die Sorgfalt anzuwenden, die der vertraglich übernommene Pflichtenkreis erfordert (§ 276 BGB). Er kann danach von einer eigenen Entscheidung nur dann absehen und die Entscheidung über die Zustimmung den WEern überlassen, wenn er nach vorheriger sorgfältiger Prüfung der Rechtslage zu dem Ergebnis kommt, dass ernstliche Zweifel bestehen, ob die Voraussetzungen für eine Zustimmung vorliegen. Unterliegt er trotz sorgfältiger Prüfung einem Rechtsirrtum, so kann ihm die verweigerte Zustimmung nicht als Verschulden angelastet werden; er kann in diesem Fall von dem betroffenen WEer nicht auf Schadensersatz wegen verspäteter Zustimmung (§§ 280 Abs. 2, 286 Abs. 1 BGB) in Anspruch genommen werden.[868] Da der Verwalter bei der Entscheidung über die Zustimmung keine eigenen, sondern Interessen der WEer wahrnimmt, haftet er für Rechtsirrtümer nicht wie ein im eigenen Interesse handelnder Schuldner, der bereits dann schuldhaft handelt, wenn er mit der Möglichkeit einer abweichenden Beurteilung der Rechtslage durch ein Gericht rechnen musste.[869] 315

b) Deliktische Haftung. Nach § 823 Abs. 1 BGB ist zum Schadensersatz verpflichtet, wer widerrechtlich Leben, Körper, Gesundheit, Freiheit, das Eigentum oder ein sonstiges Recht eines anderen verletzt. Als „sonstiges Recht" steht insbesondere das in Art. 2 Abs. 1 iVm Art 1 GG gewährleistete **allgemeine Persönlichkeitsrecht** eines WEers unter dem Schutz des § 823 Abs. 1 BGB. Beschäftigt hat dies die Rspr. im Zusammenhang mit der Aufnahme von beleidigenden Äußerungen in die Versammlungsniederschrift, die neben dem Inhalt der gefassten Beschlüsse auch Erklärungen und Ereignisse in der Versammlung wiedergeben kann.[870] Die Niederschrift sollte jedoch keine Wertungen und insbesondere 316

---

[863] OLG Karlsruhe ZMR 2009, 623 (624).

[864] LG Hamburg DWE 1990, 32.

[865] BGHZ 115, 253 (258 f.).

[866] OLG Brandenburg ZMR 2009, 703 (794).

[867] BGH NJW 1996, 1216 (1217) = WE 1996, 265 (266) = WuM 1996, 240 (241).

[868] BGH NJW 1996, 1216 (1218) = WE 1996, 265 (266) = WuM 1996, 240 (242).

[869] So auch BGH NJW 1996, 1216 (1218) = WE 1996, 265 (266); KG WE 1994, 214 (216) gegen OLG Karlsruhe OLGZ 1985, 133 (140).

[870] BayObLGZ 1974, 88; zum umgekehrten Fall ehrverletzender Äußerungen eines WEers über den Verwalter durch ein an alle Eigentümer gerichtetes Rundschreiben vgl. BayObLGZ 1989, 67 = WE 1990, 131.

keine sachlich nicht gebotenen, einzelne WEer diskriminierende Feststellungen enthalten. Zu berücksichtigen ist jedoch, dass die Wiedergabe eines von den WEern gefassten Beschlusses zu den gesetzlichen Pflichten des Verwalters gehört und nicht jede Kritik am Verhalten eines WEers einen Angriff auf dessen Ehre darstellt.[871]

317 Für den Verwalter ist auch die **Haftung nach §§ 836, 838 BGB** von Bedeutung. Nach § 838 BGB trifft die Einstandspflicht für den durch die Ablösung von Gebäudeteilen verursachten Schaden nach Maßgabe des § 836 BGB auch denjenigen, der die Unterhaltung für die Besitzer übernommen hat. Diese Aufgabe wächst dem Verwalter auf Grund seiner Pflicht zur ordnungsgemäßen Instandhaltung und Instandsetzung des GemE nach § 27 Abs. 1 Nr. 2 zu.[872] Die Haftung besteht nicht nur ggü Dritten, sondern auch ggü den WEern selbst.[873] „Gebäudeteil" iSd § 836 Abs. 1 BGB ist eine Sache nicht nur, wenn sie zur Herstellung des Gebäudes eingefügt ist, sondern auch, wenn sie in einem so festen baulichen Zusammenhang mit dem Gebäude steht, dass sich daraus nach der Verkehrsanschauung ihre Zugehörigkeit zu dem Bauganzen ergibt.[874]

318 Die Schadensersatzpflicht des Verwalters aus unerlaubter Handlung nach §§ 823 ff. BGB kann nicht nur durch ein positives Tun, sondern auch durch ein Unterlassen ausgelöst werden. Das Unterlassen ist dem positiven Tun gleichzustellen, wenn der Unterlassende eine ggü dem Geschädigten bestehende Pflicht zum Tätigwerden verletzt hat. Die Rechtspflicht besteht für denjenigen, der eine Garantenstellung für die Erfolgsabwendung hat. Diese Garantenstellung ergibt sich insbesondere aus der von der Rspr. entwickelten allgemeinen **Verkehrssicherungspflicht.**[875] Danach trifft die Verkehrssicherungspflicht denjenigen, der eine Gefahrenquelle schafft oder unterhält oder der eine Sache beherrscht, die für Dritte gefährlich werden kann oder gefährliche Sachen dem allgemeinen Verkehr aussetzt oder in den Verkehr bringt. Der Verkehrssicherungspflichtige muss alle erforderlichen und zumutbaren Vorkehrungen treffen und die im Verkehr erforderliche Sorgfalt beachten. Zur Verkehrssicherungspflicht gehört etwa die Pflicht zur Beleuchtung, zum Schneeräumen und zum Streuen bei Glätte.[876] Sie kann durch Rechtsvorschrift – etwa durch Vorschriften des Bauordnungsrechts – ausdrücklich normiert sein; diese Vorschriften haben den Zweck, Unfälle zu verhindern und sind damit als Schutzgesetz iSv § 823 Abs. 2 BGB anzusehen.[877] Bei der Erfüllung der Verkehrssicherungspflicht hinsichtlich des GemE nimmt die **WEgem** am Rechtsverkehr teil, so dass ihr diese Pflicht obliegt.[878] Wird diese Pflicht schuldhaft verletzt, kann die WEgem schadensersatzpflichtig sein.[879] Sie haftet dann entsprechend §§ 31, 89 BGB ohne Möglichkeit eines Entlastungsbeweises aus unerlaubter Handlung auch für alle Schäden, die der Verwalter in Wahrnehmung der ihm als Organ obliegenden Aufgaben einem WEer oder Dritten zufügt.[880] Die WEgem ist auch hinsicht-

---

[871] BayObLGZ 1974, 88 (90).

[872] BGH DWE 1993, 66 = WE 1993, 193 = WuM 1993, 222 = ZMR 1993, 222 = GE 1993, 711; OLG Düsseldorf NJW-RR 1995, 587 (589); vgl. dazu *Sauren* ZdWBay 1997, 27 f.

[873] *Bub* PiG 30, 13 (32); *Deckert* FachV 1, 91 (94) auch allgemein zur Verkehrssicherungspflicht sowie BGH NJW-RR 1989, 394 (395) = WE 1989, 95 = MDR 1989, 532.

[874] BGH NJW 1985, 2588.

[875] Erstmals von RGZ 54, 33 hinsichtlich der Streupflicht einer Gemeinde bei Schneeglätte anerkannt; BGHZ 5, 378 (380); 62, 265 (270); OLG Hamm VersR 1988, 934; *Deutsch* JZ 1990, 733 (736); *Gottschalg* NZM 2002, 590.

[876] Vgl. auch BGH NJW-RR 1989, 394 zur Freihaltung im gemeinschaftlichen Eigentum stehender Wege von einer „gefährlichen Schmierschicht aus nassem und faulendem Laub".

[877] BayObLG WE 1996, 315 (316).

[878] OLG München ZWE 2006, 41 (42 f.) = NZM 2006, 110 m. Anm. *Demharter* ZWE 2006, 44; *Wenzel* NZM 2006, 321 (323); *ders.* ZWE 2009, 57 (58 f.); vgl. § 10 Rn 234, 259, 271.

[879] *Demharter* ZWE 2006, 45.

[880] *Wenzel* NZM 2006, 321 (323); *ders.* ZWE 2009, 57 (62).

lich der Sondernutzungsflächen des GemE verkehrsicherungspflichtig, sofern die Verantwortung nicht durch Vereinbarung dem jeweiligen Sondernutzungsberechtigten auferlegt ist.[881]

Neben der WEgem obliegt dem **Verwalter keine originäre Verkehrssicherungspflicht** gegenüber Dritten.[882] Zwar hat der Verwalter die für die ordnungsmäßige Instandhaltung und Instandsetzung des gemE erforderlichen Maßnahmen zu treffen (§ 27 Abs. 1 Nr. 2)[883] und nach § 27 Abs. 1 Nr. 1 für die Durchführung der Hausordnung zu sorgen.[884] Aber diese Pflicht besteht nur im Verhältnis des Verwalters zur WEgem und zu den WEern, nicht gegenüber Dritten. Da die Instandhaltung und Instandsetzung des gemE primär Sache der WEer selbst ist, beschränkt sich die Pflicht des Verwalters, abgesehen von dringenden Fällen (§ 27 Abs. 1 Nr. 3), darauf, die Notwendigkeit von Maßnahmen zur Verkehrssicherung festzustellen, die WEer zu unterrichten und deren Entscheidung über das weitere Vorgehen herbeizuführen.[885] Verletzt der Verwalter seine ihm ggü der WEgem und den WEern insoweit obliegenden Pflichten, kommen nach der Eigenhaftungstheorie[886] auch deliktische Schadensersatzansprüche der einzelnen WEer gegen den Verwalter in Betracht.[887] **319**

Die Verkehrssicherungspflicht kann **delegiert** werden.[888] So kann die der WEgem obliegende Verkehrssicherungspflicht durch eine klare und eindeutige Regelung im Verwaltervertrag auf den **Verwalter** übertragen werden;[889] hierfür soll nach der RsPr. genügen, dass der Verwalter verpflichtet ist, alle Maßnahmen vorzunehmen, die zur ordnungsmäßigen Verwaltung erforderlich sind.[890] Die WEgem oder der Verwalter kann die Verkehrssicherungspflicht vertraglich auch auf einen Dritten, etwa auf einen **Hausmeister,** übertragen.[891] Wer die Verkehrssicherungspflicht übernimmt, ist seinerseits deliktisch verantwortlich. Die Verkehrssicherungspflicht des ursprünglich allein Verantwortlichen beschränkt sich auf eine Kontroll- und Überwachungspflicht,[892] die dem Verwalter obliegt.[893] Er darf idR darauf vertrauen, dass der Dritte der übernommenen Verkehrssicherungspflicht auch nachkommt, so lange nicht konkrete Anhaltspunkte für das Gegenteil vorliegen.[894] **320**

3. Die Haftung des Verwalters gegenüber Dritten

Nach § 179 Abs. 1 BGB ist der Verwalter einem Dritten ggü nach dessen Wahl zur Erfüllung oder zum Schadensersatz verpflichtet, wenn er **ohne Vertretungsmacht** einen **321**

[881] *Gottschalg* NZM 2002, 590.

[882] So auch *Wenzel* NZM 2006, 321 (323); *ders.* ZWE 2009, 57 (59); aA BGH NJW 1993, 1782; OLG Zweibrücken DWE 1995, 26; *Demharter* ZWE 2006, 45; *Niedenführ*/Kümmel/Vandenhouten § 27 Rn 105.

[883] BGH DWE 1993, 66 (67); OLG Zweibrücken WE 1995, 26.

[884] BGH NJW 1985, 484.

[885] BayObLGZ 1992, 146 /148); 2004, 15 (18 f.); *Wenzel* NZM 2006, 321 (323); *ders.* ZWE 2009, 57 (59 f.).

[886] Ausführlich *Wenzel* ZWE 2009, 57 ff.

[887] Vgl. auch BGH NJW-RR 1989, 394 (395); OLG Frankfurt/M. OLGZ 1982, 16 (17); 1985, 144; OLG Zweibrücken WE 1995, 26; BayObLG DWE 1982, 135; 1985, 58; 1987, 27; WE 1996, 315 (316).

[888] OLG München ZWE 2006, 41 (42 f.).

[889] OLG Frankfurt WuM 2002, 619; BayObLG NZM 2005, 24 (25); OLG München ZWE 2006, 41 (42 f.); *Wenzel* ZWE 2009, 57 (61).

[890] Vgl. OLG Karlsruhe ZMR 2009, 623 (624); BayObLG NZM 2005, 24 = ZMR 2005, 137; OLG München NZM 2006, 110; insoweit a. A. *Wenzel* ZWE 2009, 57 (61).

[891] Vgl. OLG Karlsruhe ZMR 2009, 623 (624); *Wenzel* ZWE 2009, 57 (61).

[892] BGH NJW-RR 1989, 394 (395); BayObLG ZWE 2001, 423 (424).

[893] *Wenzel* ZWE 2009, 57 (61).

[894] BayObLG NZM 2005, 24 (25); *Wenzel* ZWE 2009, 57 (61).

Vertrag namens der WEgem oder namens der WEer geschlossen hat und der Vertrag nicht nach § 177 Abs. 1 BGB genehmigt wird. Zur Genehmigung eines namens der WEgem geschlossenen Vertrages zur Verwaltung des gemE genügt ein Mehrheitsbeschluss (vgl. § 27 Abs. 3 Satz 1 Nr. 7), ein namens der WEer ohne Vertretungsmacht geschlossener Vertrag, durch den der einzelne WEer persönlich verpflichtet wird, bedarf eines einstimmigen Beschlusses.[895] Von Bedeutung ist dies insbesondere bei § 27 Abs. 2 und 3, soweit eine gesetzliche Vertretungsmacht des Verwalters nicht besteht,[896] etwa wenn er unter Überschreitung seiner Befugnisse bei einem Kreditinstitut für die WEgem durch Kontoüberziehung einen Kredit aufnimmt.[897] Nach hM kommt bei nachträglicher Ungültigerklärung eines Beschlusses, den der Verwalter durch ein Rechtsgeschäft mit einem Dritten bereits ausgeführt hat, eine Haftung aus § 179 Abs. 1 BGB nicht in Betracht.[898]

322 Dritten ggü. haftet der Verwalter aus unerlaubter Handlung für eine Verletzung der **Verkehrssicherungspflicht** idR nicht.[899] Hat er vertraglich die Verkehrssicherungspflicht übernommen, haftet er Dritten nach § 823 BGB; geschädigten WEern haftet der Verwalter sowohl deliktsrechtlich als auch schuldrechtlich nach § 280 BGB aus dem Vertrag mit Schutzwirkungen zugunsten der WEer.[900]

323 Im Rahmen seiner Einstandspflicht nach §§ 836, 838 BGB haftet er für den durch Ablösung von Teilen des verwalteten Gebäudes an einem Nachbargrundstück verursachten Schaden. Er hat als **Gebäudeunterhaltungspflichtiger** alle zumutbaren Maßnahmen zu treffen, die aus technischer Sicht geboten sind, um etwa die Gefahr einer Ablösung von Dachteilen, sei es auch nur bei starkem Sturm, rechtzeitig zu erkennen.[901] Eine regelmäßige Begehung der WE-Anlage durch den Verwalter ist auf Grund zivilrechtlicher und öffentlich-rechtlicher Vorschriften unerlässlich.[902] Zur Wahrung der im Verkehr erforderlichen Sorgfalt gehört es auch, dass der Verwalter einen zuverlässigen Fachkundigen mit der regelmäßigen Nachprüfung aller Konstruktionselemente, bei denen Mängel zu einer Ablösung von Gebäudeteilen führen können, betraut.[903] Der Verwalter kann auch Normadressat zahlreicher Bestimmungen über **Ordnungswidrigkeiten** sein, so dass ihm bei einem Verstoß gegen diese Normen ein Bußgeld auferlegt werden kann.[904]

4. Die Haftung der WEgem für den Verwalter

324 Von der Haftung des Verwalters zu trennen ist die Haftung der WEgem für ein Handeln des Verwalters ggü WEern und Dritten, wenn der Verwalter diesen einen Schaden zufügt. Ggü **Dritten** haftet die WEgem für das Verschulden des Verwalters im Rahmen vertraglicher oder gesetzlicher Schuldverhältnisse Beziehungen nach **§ 278 BGB,** wenn er in Erfüllung einer hieraus resultierenden Verbindlichkeit tätig wird. Dies ist etwa dann der Fall, wenn der Verwalter mit der ihm nach § 27 Abs. 1 Nr. 5 obliegenden Bezahlung des Werklohns an einen Bauhandwerker in Verzug kommt.[905]

[895] Vgl. BGH NZM 2005, 543 (548); *Wenzel* NZM 2004, 542 (543).
[896] *Niedenführ*/Kümmel/Vandenhouten § 27 Rn 113.
[897] BGH NJW-RR 1993, 1227 (1228).
[898] Hierzu ausführlich oben Rn 22 ff.
[899] Vgl. Rn 319 f.; aA *Niedenführ*/Kümmel/Vandenhouten § 27 Rn 114.
[900] *Wenzel* ZWE 2009, 57 (62).
[901] BGH DWE 1993, 66 (67); OLG Düsseldorf MDR 1993, 27; *Horst* DWE 1999, 140 (143).
[902] Ausführliche Darstellung der Normen, welche dem Verwalter im Rahmen der Begehung Sorgfaltspflichten auferlegen, durch *Sauren,* WE 1998, 416 ff.
[903] BGH DWE 1993, 66 (67).
[904] Ausführlich *Köhler* DWE 1997, 98 (99 f.), *ders.* FachV 2, 47 (49, 52).
[905] *Weitnauer* PiG 3, 55 (63).

Schuldhafte Pflichtverletzungen des Verwalters können der WEgem nach § 278 BGB im Verhältnis zu WEern zurechenbar sein, wenn es nicht um die ordnungsgemäße Verwaltung des GemE geht.[906] Im Verhältnis der WEer untereinander ist der Verwalter, wenn es um die Pflichten aus § 27 Abs. 1 Nr. 2 geht, nicht Erfüllungsgehilfe eines Teils der WEer ggü. einem anderen.[907]

Eine Haftung der WEgem für schuldhafte Pflichtverletzungen des Verwalters kommt auch im Rahmen unerlaubter Handlung in Betracht. Der Verwalter ist als **Organ** der WEgem anzusehen.[908] Die WEgem haftet Dritten ggü. für zum Schadensersatz verpflichtende Handlungen des Verwalters entspr. **§§ 31, 89 BGB** ohne Möglichkeit der Exculpation.[909] Dies ist insbes. relevant bei der Erfüllung der Pflichten zur Verkehrssicherung, wozu sowohl die laufenden Maßnahmen der erforderlichen ordnungsgemäßen Instandsetzung (§ 27 Abs. 1 Nr. 2, Abs. 3 Nr. 3) als auch die Vorbereitung und Durchführung entsprechender Beschlüsse (§ 27 Abs. 1 Nr. 1) gehören können. Ist dem Verwalter die Verkehrssicherungspflicht übertragen, so haftet die WEgem nur bei Verletzung ihrer Kontroll- und Überwachungspflicht.[910] Eine Haftung des Verwalters nach § 831 BGB kommt idR nicht in Betracht.[911] Verrichtungsgehilfe ist, wer mit Wissen und Wollen des Geschäftsherrn in dessen Interesse tätig wird und von dessen Weisungen abhängig ist. Zwar braucht das Weisungsrecht nicht ins einzelne zu gehen, doch ist erforderlich, dass der Geschäftsherr die Tätigkeit des Handelnden jederzeit beschränken oder entziehen kann.[912] Dies ist jedoch gerade im Verhältnis zwischen der WEgem und dem Verwalter auf Grund von § 27 Abs. 1 bis 3 iVm Abs. 4 nicht der Fall. **325**

§ 28 Wirtschaftsplan, Rechnungslegung

(1) **[1]Der Verwalter hat jeweils für ein Kalenderjahr einen Wirtschaftsplan aufzustellen. [2]Der Wirtschaftsplan enthält:**

1. **die voraussichtlichen Einnahmen und Ausgaben bei der Verwaltung des gemeinschaftlichen Eigentums;**
2. **die anteilmäßige Verpflichtung der Wohnungseigentümer zur Lasten- und Kostentragung;**
3. **die Beitragsleistung der Wohnungseigentümer zu der in § 21 Abs. 5 Nr. 4 vorgesehenen Instandhaltungsrückstellung.**

(2) **Die Wohnungseigentümer sind verpflichtet, nach Abruf durch den Verwalter dem beschlossenen Wirtschaftsplan entsprechende Vorschüsse zu leisten.**

(3) **Der Verwalter hat nach Ablauf des Kalenderjahres eine Abrechnung aufzustellen.**

(4) **Die Wohnungseigentümer können durch Mehrheitsbeschluß jederzeit von dem Verwalter Rechnungslegung verlangen.**

(5) **Über den Wirtschaftsplan, die Abrechnung und die Rechnungslegung des Verwalters beschließen die Wohnungseigentümer durch Stimmenmehrheit.**

---

[906] OLG Hamm MietRB 2008, 174 *(Kümmel);* ZMR 2005, 808.

[907] OLG Düsseldorf NJW-RR 1995, 587; NZM 1999, 573 (574); OLG Hamburg OLGZ 1989, 47 (50) = WE 1991, 18; KG NJW-RR 1986, 1078; OLG Frankfurt/M. DWE 1985, 121 (122).

[908] BT-Drucks. 16/887 S. 69; so schon *Merle,* Verwalter, S. 10 ff.; *ders.* DWE 1984, 2 (5); BayObLGZ 1993, 219 (221).

[909] So jetzt ausdrücklich BayObLGZ 1993, 219 (222); ausführlich *Wenzel* ZWE 2009, 57 (62).; *Niedenführ*/Kümmel/Vandenhouten § 27 Rn 120.

[910] *Wenzel* ZWE 2009, 57 (62 f.).

[911] OLG Düsseldorf NZM 1999, 573 (574 f.).

[912] Vgl. BGHZ 45, 313; *Kupisch* JuS 1984, 250 (252).

Übersicht

Literatur: *Armbrüster,* Die Instandhaltung in der Jahresabrechnung, ZWE 2010, 168; *Becker,* Irrtümliche Falschbezeichnung des Sondereigentums bei der Veräußerung von Teileigentum – Beitragspflicht des Scheineigentümers, ZWE 2002, 71; *Blank,* Das Mietrecht in der Schnittstelle zum WEG, WuM 2000, 523; *Briesemeister,* Regelungen zur Tragung der Kosten des Gemeinschaftseigentums, ZWE 2002, 241 = PiG 63, 139; *ders.,* Zur Durchsetzung einer Versorgungssperre gegen den Mieter eines WEers durch die WEgem, ZMR 2007, 661; *Bub,* Das Finanz- und Rechnungswesen der Wohnungseigentümergemeinschaft, 2. Aufl. München 1996; *Deckert,* Die Verteilung der Prozesskosten in der Jahresabrechnung, ZWE 2009, 63; *Drasdo,* Neues zur Darstellung und Behandlung der Instandhaltungsrücklage in der Jahresabrechnung, NZM 2010, 217; *Einsiedler,* Die Sonderumlage: Voraussetzungen, Abrechnung, Eigentümerwechsel, ZMR 2009, 573; *Greiner,* Wirtschaftsplan und Hausgeld – einige praktische Fragen, ZMR 2002, 647; *Greiner/Vogel,* Vereinbarung eines Anspruchs auf Entlastung im Verwaltervertrag – Ausweg oder Irrweg? ZMR 2003, 465; *Häublein,* Die Entlastung des Verwalters als Maßnahme ordnungsmäßiger Verwaltung, ZfIR 2003, 764; *Hügel,* Die Verteilung der Kosten eines gerichtlichen Verfahrens in der Jahresabrechnung, ZWE 2008, Heft 7/8; *Hufnagel,* Wirtschaftsplan, Jahresabrechnung und die Beitragspflichten der Wohnungseigentümer (1997); *Hügel,*

Bauabzugsbesteuerung bei Wohnungseigentümergemeinschaften, ZWE 2002, 163; *Jaser,* Beiträge zur Instandhaltungsrücklage: Bundesfinanzhof lehnt sofortigen Werbungskostenabzug ab, WE 1988, 152; *Jennißen,* Die Abrechnung nach dem WEG, 5. Aufl. 2004; *Merle,* Zur Abrechnung bei Veräußerung von WE, FS Hadding 2004, 185 = ZWE 2004, 195; *Merle H.,* Die Stromsperre als effektivere Form einer „Versorgungssperre"?, FS Merle (2010), 243; *Mundt,* Sonderumlagen, Grundlagen und Einzelfragen unter Berücksichtigung des neuen WEG-Rechts, NZM 2007, 864; *Prüfer,* Schriftliche Beschlüsse, gespaltene Jahresabrechnungen, 2001; *Reichert,* Die Abrechnungspflicht des ehemaligen Verwalters, ZWE 2001, 92; *Riecke,* Die Haftung des Erwerbers von Wohnungseigentum, DWE 1992, 103; *ders.,* Besonderheiten bei Betriebskostenabrechnungen für vermietetes Wohnungseigentum, ZMR 2001, 77; *Rühlicke,* Die Entlastung des Verwalters, ZWE 2003, 54; *Schlüter,* Abgeltungssteuer 2009 – Was kommt auf den Verwalter zu?, ZWE 2008, 460; *Schmid,* Die Verwalterentlastung im Lichte der Teilrechtsfähigkeit der WEgem, ZWE 2009, 377; *ders.,* Der Verwaltungsbeirat – Repräsentant der Wohnungseigentümer(gemeinschaft)?, ZWE 2010, 8; *Scholz,* Versorgungssperre bei vermietetem Sondereigentum, NZM 2008, 387; *Suilmann,* Versorgungssperre bei Beitragsrückständen des Wohnungseigentümers, ZWE 2001, 476; *Schultzky,* Das Verhältnis von Wirtschaftsplan, Sonderumlage und Jahresabrechnung, ZMR 2008, 757; *Wenzel,* Die Jahresabrechnung – Inhalt und Konsequenzen der Rechtsprechung des Bundesgerichtshofes, FS für Seuß (1997), 313 = WE 1997, 124; *V. Wenzel,* Zur Frage der Haftung des eintretenden Wohnungseigentümers für Zahlungsrückstände des ausgeschiedenen Wohnungseigentümers, WuM 2000, 105; *Wilhelmy,* Die Instandhaltungsrücklage in der Jahresabrechnung, ZWE 2010, 210.

I. Allgemeines

1. Der Normzweck und das Verhältnis zu § 16 Abs. 2

1 § 28 bildet zusammen mit § 16 Abs. 2 die Grundlage für das Rechnungswesen der WEgem. Dessen Instrumente sind der **Wirtschaftsplan** (§ 28 Abs. 1, Abs. 2) einschließlich der auf Änderungen desselben gerichteten Sonderumlagen, die **Jahresabrechnung** (§ 28 Abs. 3) und die **Rechnungslegung des Verwalters** (§ 28 Abs. 4). Die auf Wirtschaftsplan und Jahresabrechnung beruhenden Zahlungsverpflichtungen der WEer können unter dem Oberbegriff **„Beitragsschulden"** zusammengefasst werden.

2 § 28 ergänzt die dem § 748 BGB nachgebildete Vorschrift des § 16 Abs. 2.[1] Nach § 16 Abs. 2 würden lediglich die jeweils im Außenverhältnis anfallenden Lasten und Kosten auf die WEer umgelegt. Beiträge hätten die WEer erst dann zu entrichten, wenn tatsächlich Lasten und Kosten angefallen sind. Zum Zwecke der Umlage dieser Lasten und Kosten räumt **§ 748 BGB** den Teilhabern einer schlichten Bruchteilsgemeinschaft – nichts anderes würde jedoch allein nach **§ 16 Abs. 2** gelten – Freistellungs- und Zahlungsansprüche ein.[2] Eine solche Umlageverpflichtung, die vom jeweiligen Entstehen der Verbindlichkeiten im Außenverhältnis abhängt, wäre für die WEgem höchst unpraktikabel. Für die nicht auf Dauer angelegte Bruchteilsgemeinschaft nach den §§ 741 ff. BGB – so jedenfalls die Vorstellung des historischen Gesetzgebers – mag dies noch vertretbar erscheinen, für die WEgem ist ein derartiges Verfahren kaum durchführbar. Aus diesem Grund wird die **Vorschrift des § 16 Abs. 2 durch § 28 überlagert und teilweise verdrängt.**[3] Nach § 28 ist die Verpflichtung zur Entrichtung von Beiträgen vom tatsächlichen Anfall der Lasten und Kosten im Außenverhältnis unabhängig. Die WEgem sammelt die zur Erfüllung bestehender und zukünftiger Verwaltungsschulden erforderlichen Finanzmittel durch **Vorschusszahlungen** entsprechend dem **Wirtschaftsplan** bzw. bei **außerplanmäßigen Ausgaben** auf Grund einer **Sonderumlage,** die eine Änderung des Wirtschaftsplanes darstellt, an. Eventuelle **Nachforderungen** können durch Beschluss über die **Jahresabrechnung** neu entstehen. Die im Außenverhältnis tatsächlich anfallenden Lasten und Kosten werden aus den angesammelten Mitteln beglichen. Der bei einer schlichten Bruchteilsgemeinschaft bestehende Freistellungsanspruch der einzelnen Teilhaber gegen die übrigen Mitglieder, der zur Umlage der Kosten

[1] Zu den Einzelheiten vgl. § 16.
[2] Vgl. *Bub,* Finanz- und Rechnungswesen, S. 3 (Rn 9).
[3] *Bub,* Finanz- und Rechnungswesen, S. 4 (Rn 10).

in jedem Einzelfall führt, wird folglich durch die im Voraus bestehende Beitragspflicht aller WEer ersetzt. Die Aufstellung des Wirtschaftsplanes und der Jahresabrechnung sind nach § 28 Aufgaben des Verwalters. Dieses Beitragssystem wird durch den **Anspruch auf Rechnungslegung** nach § 28 Abs. 4 ergänzt.

3 Die **Verpflichtung zur Zahlung von Beiträgen beruht originär auf Beschlüssen der WEer** über den Wirtschaftsplan, die Jahresabrechnung oder eine Sonderumlage, wird also rechtsgeschäftlich begründet;[4] sie beruht **nicht auf § 16 Abs. 2,** so dass die Beitragsschuld unabhängig davon besteht, ob Lasten und Kosten tatsächlich angefallen sind. Die Beitragsforderungen sind Ansprüche der WEgem und gehören nach § 10 Abs. 7 zu deren Verwaltungsvermögen. Der Verwalter ist nach § 27 Abs. 1 Nr. 4 zur Geltendmachung der Beitragsansprüche berechtigt. § 28 verdrängt somit § 16 Abs. 2. Durch dieses in § 28 geregelte Rechnungswesen, vor allem durch die Verpflichtung zur Zahlung der Beiträge im Voraus, wird idR verhindert, dass der einzelne WEer unmittelbar in Anspruch genommen wird.[5] Er haftet für Verbindlichkeiten der WEgem nur nach Maßgabe des § 10 Abs. 8.

4 Die Regelung des § 28 schließt jedoch nicht aus, dass WEer im Außenverhältnis über den auf sie intern entfallenden Anteil hinaus von einem Dritten in Anspruch genommen werden. Dies kann nach § 10 Abs. 8 der Fall sein oder wenn sich der in Anspruch genommene WEer neben der WEgem rechtsgeschäftlich verpflichtet hat.

2. Gestaltungsmöglichkeiten

5 Die Vorschriften des § 28 sind nach hM **durch Vereinbarungen** der WEer **insgesamt abdingbar** (§ 10 Abs. 2 S. 2).[6] Wird die Vorschrift insgesamt ausgeschlossen, was in der Praxis nicht zu empfehlen ist, richtet sich die Pflicht zur Lasten- und Kostentragung nach § 16 Abs. 2, d. h. jede im Außenverhältnis entstandene Verbindlichkeit der WEgem einzeln nach Maßgabe der MEA umzulegen.[7] Die WEer können sich auch darauf beschränken, lediglich **einzelne Regelungen** der Vorschrift auszuschließen oder abzuändern. Ein Verzicht auf die Erstellung des Wirtschaftsplanes oder der Jahresabrechnung ist daher grds ebenso möglich,[8] wie die Bestimmung eines vom Kalenderjahr abweichenden Wirtschaftsjahres oder die Erstellung einer Bilanz. Ebenso kann vereinbart werden, dass Wirtschaftplan und Jahresabrechnung abweichend von § 28 Abs. 5 durch den Verwaltungsbeirat beschlossen werden.[9] Die Änderungen des § 28 müssen sich allerdings im Rahmen des allgemeinen Rechts, insbesondere der §§ 242, 134, 138 BGB halten.

6 § 28 kann nur durch eine **Vereinbarung** der WEer abbedungen werden, jedoch **nicht durch Mehrheitsbeschluss;** dieser wäre mangels Beschlusskompetenz der WEer nichtig (s. § 23 Rn 142 ff.).[10] Nichtig ist etwa ein Mehrheitsbeschluss, der das Wirtschaftsjahr entgegen § 28 Abs. 1, 3 abweichend vom Kalenderjahr bestimmt.[11] Entsprechendes gilt für einen Beschluss, der entgegen § 28 Abs. 5 die Kompetenz, über den Wirtschaftsplan zu beschließen, auf den Verwaltungsbeirat überträgt.[12] Wird allerdings über einen konkreten Wirt-

---

[4] BGHZ 104, 197 (202 f.); BayObLG WE 1986, 14 f.; 1995, 187; 1995, 248; ZWE 2002, 522 (523); OLG Zweibrücken ZWE 2002, 542 (543).

[5] BGH NJW 1981, 282 (284); *Bub,* Finanz- und Rechnungswesen, S. 2 (Rn 5).

[6] BayObLG WEM 1979, 128 (129); BayObLGZ 1988, 287 (291); OLG Frankfurt/M. OLGZ 1986, 45; OLG Hamm OLGZ 1982, 20 (26); KG OLGZ 1990, 437 (439); *Merle* PiG 21, 125; *Merle/Hausmann* JR 1991, 512 f.; *Bub,* Finanz- und Rechnungswesen, S. 6 (Rn 19) mwN; aA LG Berlin ZMR 1984, 424 und *Deckert,* ETW, Gruppe 4, Rn 1168, die vollständige Abdingbarkeit verneinen.

[7] AA *Bub,* Finanz- und Rechnungswesen, S. 7 (Rn 20), der über § 10 Abs. 2 Satz 1 auf § 748 BGB zurückgreifen will.

[8] AA *Deckert* PiG 18, 151 (Fn 1) ohne Begründung.

[9] OLG Hamm ZMR 2008, 63; OLG Köln WE 1998, 312 (313); s. dazu § 29 Rn 100.

[10] BGH ZMR 2005, 547 (556).

[11] *Merle* PiG 63, 165 (166 f.); *Wenzel* ZWE 2001, 226 (234); *Greiner* ZMR 2002, 647 (648).

[12] Vgl. § 23 Rn 142 und § 29 Rn 100; aA OLG Köln WE 1998, 312 (313).

schaftsplan beschlossen und weicht dieser inhaltlich von der Regelung des § 28 Abs. 1 ab, so ist ein solcher Beschluss wegen der sich aus § 28 Abs. 5 WEG ergebenden Beschlusskompetenz der WEer gem. § 23 Abs. 4 WEG wirksam, aber anfechtbar; wird er nicht angefochten, bleibt er wirksam und wird bestandskräftig. Gleiches gilt für einen gesetzes- oder vereinbarungswidrigen Beschluss über die Jahresabrechnung.[13] Die Berufung auf eine unzulässige Abweichung des Wirtschaftsplan oder der Jahresabrechnung vom Kalenderjahr kann nach § 242 BGB unzulässig sein, wenn eine entsprechende langjährige Übung besteht.[14]

Für **Mehrhausanlagen** können durch **Vereinbarung** Untergemeinschaften mit getrennten Abrechnungskreisen festgelegt werden.[15] Es sind dann neben der gemeinschaftlichen Instandhaltungsrücklage auch solche für jede Untergemeinschaft zu bilden. Auch bei Jahresabrechnung und Wirtschaftsplan, die den allgemeinen Anforderungen genügen müssen,[16] ist nach Untergemeinschaften zu differenzieren.[17] 7

II. Der Wirtschaftsplan

1. Allgemeines

Der Wirtschaftsplan ist der **Haushaltsplan** der WEer für das kommende Wirtschaftsjahr.[18] Er bildet vor allem die Grundlage für die Anforderung der von ihnen zu leistenden **Vorschüsse** (§ 28 Abs. 2).[19] Dafür sind gem. § 28 Abs. 1 Satz 2 Nr. 1 die tatsächlichen Einnahmen und Ausgaben des nächsten Wirtschaftsjahres, das nach dispositivem Gesetzesrecht das Kalenderjahr ist, zu veranschlagen und anhand der Differenz die Beiträge der einzelnen WEer zu den Lasten und Kosten des GemE (§ 28 Abs. 1 Satz 2 Nr. 2) und zur Instandhaltungsrückstellung (§ 28 Abs. 1 Satz 2 Nr. 3) nach den geltenden Kostenverteilungsschlüsseln für das kommende Jahr festzulegen. Diese Beitragsleistungen werden auch als „Hausgeld“ oder „Wohngeld“ bezeichnet, was aber wegen der Gefahr von Verwechselungen mit den öffentlichen Zuschüssen vermieden werden sollte.[20] 8

2. Die Aufstellung des Wirtschaftsplanes

a) Die Aufstellung durch den Verwalter. Der Verwalter ist nach § 28 Abs. 1 Satz 1 zur kalenderjährlichen Aufstellung des Wirtschaftsplanes verpflichtet, so dass es eines diesbezüglichen Beschlusses der WEer nicht bedarf. Auch insoweit ist allerdings eine abweichende Vereinbarung zulässig. Kommt der Verwalter seiner **Pflicht zur Aufstellung des Wirtschaftsplans** nicht nach, kann grds jeder einzelne WEer gem. § 21 Abs. 4, § 43 Nr. 3 eine entsprechende Verurteilung des Verwalters herbeiführen,[21] welche als **vertretbare Handlung** nach § 887 ZPO im Wege der Ersatzvornahme durch einen Dritten vollstreckbar ist.[22] Der Anspruch auf Aufstellung des Wirtschaftsplanes ist Teil des Individualanspruchs auf ordnungsgemäße Verwaltung (§ 21 Abs. 4). Ausdrücklich ist dies für den Wirtschaftsplan geregelt (§ 21 Abs. 5 Nr. 5), es gilt aber gleichermaßen auch für die Jahresabrechnung.[23] Ein 9

[13] Vgl. OLG Köln NZM 2002, 615.
[14] LG München I ZMR 2009, 398 (400).
[15] KG ZMR 2008, 67; OLG Schleswig ZWE 2008, 197; LG Hamburg ZMR 2008, 570 f.; eingehend *Hügel* NZM 2010, 8 (11 ff.).
[16] Vgl. OLG Schleswig ZWE 2008, 197 m. Anm. *Reichert* = ZMR 2008, 665 (667).
[17] AG Köln ZMR 2009, 234 (235).
[18] Vgl. *Jennißen,* Abrechnung, 317 ff.
[19] BayObLG WE 1991, 363.
[20] *Niedenführ*/Kümmel/Vandenhouten § 28 Rn 2.
[21] BGH NJW 1985, 912 f.; BayObLG WE 1991, 223 f.; KG WE 1987, 12.
[22] BayObLG WE 1989, 220; aA KG NJW 1972, 2093 f.: § 888 ZPO.
[23] BayObLG WE 1991, 223 f.

vom teilenden Alleineigentümer vor der Veräußerung aufgestellte und beschlossene Wirtschaftsplan entfaltet keine Wrechtswirkungen.[24]

10 **b) Der Verzicht auf die Aufstellung.** Verschiedentlich wird ein **Verzicht auf** die Erstellung eines **Wirtschaftsplanes** durch Mehrheitsbeschluss für möglich gehalten, wenn der Plan ausnahmsweise für eine ordnungsgemäße Verwaltung nicht nötig sei, wie etwa bei sehr kleinen WEgem, und dies nicht generell, sondern nur für das folgende Jahr geschehe.[25] Dem steht jedoch § 10 Abs. 2 Satz 2 entgegen. Da § 28 die Aufstellung des Wirtschaftsplanes und dessen Beschluss vorsieht, kann gemäß § 10 Abs. 2 Satz 2 von dieser Regelung nur durch **Vereinbarung** abgewichen werden, auch wenn nur ein konkretes Wirtschaftsjahr betroffen ist.[26] So ist bspw. eine Vereinbarung der WEer wirksam, einen abgeschlossenen Teil des GemE – etwa Tiefgaragenstellplätze – von dem Wirtschaftsplan auszunehmen und zur Deckung der Bewirtschaftungskosten einen monatlichen Pauschalbetrag zu erheben, der nicht in die Jahresabrechnung eingestellt wird.[27] Bleiben die WEer nur untätig, in dem sie keinen Beschluss über den Wirtschaftsplan fassen, kann jeder WEer die Aufstellung eines Wirtschaftsplanes nach § 21 Abs. 4 verlangen. Dagegen ist es unbedenklich, mehrheitlich die Aufstellung eines neuen Wirtschaftsplanes abzulehnen und statt dessen die Fortgeltung des alten zu beschließen, sofern dies ordnungsgemäßer Verwaltung entspricht, etwa wenn sich keine wesentlichen Veränderungen ggü. dem Vorjahr ergeben.[28]

11 **c) Der Zeitpunkt der Vorlage.** Das Gesetz schreibt keinen Zeitpunkt vor, bis zu dem der Verwalter den Wirtschaftsplan vorzulegen hat. Da der Wirtschaftsplan eine Prognose für das nächste Wirtschaftsjahr ermöglichen soll und Grundlage der Vorschusspflicht der WEer ist, entspricht es ordnungsgemäßer Verwaltung, ihn entweder **vor oder zu Beginn des jeweiligen Wirtschaftsjahres** vorzulegen.[29]

12 Ein **Anspruch der WEer gegen den Verwalter auf Vorlage eines Wirtschaftsplanes** vor Beginn des jeweiligen Wirtschaftsjahres besteht jedoch nicht.[30] Vielmehr ist davon auszugehen, dass dieser Anspruch erst mit Beginn des neuen Wirtschaftsjahres **entsteht** und – abweichend von § 271 Abs. 1 BGB – regelmäßig nach Ablauf der Ersten drei Monate des Wirtschaftsjahres, spätestens aber nach Ablauf von sechs Monaten **fällig** wird.[31] Kommt der Verwalter insoweit seiner Vorlagepflicht nicht nach, gerät er innerhalb einer angemessenen Frist nach dem Zugang einer Mahnung auch nur eines einzigen WEers, die nach dem Eintritt der Fälligkeit erfolgt ist, in **Verzug.**[32]

13 Spätest möglicher Termin für die Aufstellung und den Beschluss eines Wirtschaftsplanes ist der Ablauf des Wirtschaftsjahres, da so noch Vorschusspflichten (§ 28 Abs. 2) ausgelöst und fällig gestellt werden können, die eine ordnungsgemäße Verwaltung des WE erst ermöglichen.[33] Deshalb entspricht es nicht ordnungsmäßiger Verwaltung, wenn die WEer über einen erst im Dezember für das laufende Jahr aufgestellten Wirtschaftsplan beschließen.[34] **Nach Ablauf des Wirtschaftsjahres** können die tatsächlichen Einnahmen und Ausgaben

---

[24] OLG Köln ZWE 2008, 242 (244); aA *Schmidt* ZMR 2009, 725 (735).

[25] KG WE 1987, 122.

[26] BGH ZMR 2005, 547 (556); ausführlich *Merle* PiG 63, 165 (168); *Jennißen,* Abrechnung, Rn 336.

[27] Vgl. BayObLG WE 1997, 436.

[28] Vgl. BayObLG WE 1991, 363.

[29] BayObLG WE 1991, 223 (224) = NJW-RR 1990, 659 (660); OLG Hamburg OLGZ 1988, 299 (300); OLG Hamm WE 1990, 25.

[30] *Bub,* Finanz- und Rechnungswesen, S. 15 (Rn 13); vgl. OLG Hamburg OLGZ 1988, 299 (300 f.).

[31] Vgl. BayObLG WE 1991, 223 (224); OLG Hamm WE 1990, 25; *Müller* WE 1993, 11 (12); ZdWBay 1994, 173.

[32] BayObLG WE 1991, 223 (224): Verzugseintritt „auf jeden Fall“ nach Ablauf von 17 Tagen; *Bub,* Finanz- und Rechnungswesen, S. 15 (Rn 15).

[33] KG WE 1991, 104; 1991, 193; OLG Hamburg OLGZ 1988, 299 (300).

[34] BayObLG ZWE 2002, 360 (362); OLG Hamm NZM 2009, 820.

nur noch in der Jahresabrechnung verteilt werden,[35] weil eine Vorausplanung mittels Wirtschaftsplan sinnlos ist, wenn die tatsächlichen Einnahmen und Ausgaben feststehen und das zu planende Wirtschaftsjahr bereits abgeschlossen ist. Sollten vor Beschluss der Jahresabrechnung Gelder benötigt werden, könnten diese durch Sonderumlage beschafft werden, sofern auch der neue Wirtschaftsplan noch nicht beschlossen wurde. Wird gleichwohl nach Ablauf des Wirtschaftsjahres rückwirkend über einen Wirtschaftsplan beschlossen, ist ein solcher Beschluss nach Ansicht des OLG Schleswig[36] wegen Verstoßes gegen § 28 Abs. 3 nichtig.

d) Die Form. Nach § 28 Abs. 1 Satz 1 hat der Verwalter den Wirtschaftsplan „aufzustellen", d. h. er muss **schriftlich** fixiert werden.[37] Der Wirtschaftsplan kann grds beliebig gestaltet werden, solange er für die WEer verständlich und nachvollziehbar bleibt. 14

3. Der Inhalt des Wirtschaftsplanes

a) Allgemeines. Da die WEgem keine Kaufmannseigenschaft iSd §§ 1 ff. HGB hat, sind die in den §§ 238 ff. HGB normierten Vorschriften über die Handelsbücher, insbesondere die über die Aufstellung einer Bilanz und einer Gewinn- und Verlustrechnung auf sie unanwendbar. Auch das WEG verlangt keine den §§ 275 ff. HGB entsprechende antizipierte Gewinn- und Verlustrechnung, konkrete Regeln für die Aufstellung des Wirtschaftsplanes bestehen nicht.[38] 15

b) Die Elemente im Einzelnen. Der erforderliche Inhalt des Wirtschaftsplanes ist in § 28 Abs. 1 Satz 2 festgelegt, sofern nicht Abweichendes vereinbart wurde. Dabei bildet die Einnahmen-Ausgaben-Kalkulation des § 28 Abs. 1 Satz 2 Nr. 1 den **Gesamtwirtschaftsplan,** die Aufteilung der Kosten auf die einzelnen WEer gem. § 28 Abs. 1 Satz 2 Nr. 2 erfolgt durch die jeweiligen **Einzelwirtschaftspläne.** Die Beitragsleistungen zur **Instandhaltungsrückstellung** (§ 28 Abs. 1 Satz 2 Nr. 3) sind sowohl im Gesamt- als auch in den Einzelwirtschaftsplänen gesondert aufzuführen. 16

aa) Die voraussichtlichen Einnahmen und Ausgaben (§ 28 Abs. 1 Satz 2 Nr. 1). Die der WEgem im folgenden Wirtschaftsjahr voraussichtlich aus der Verwaltung des gemE tatsächlich entstehenden Einnahmen und Ausgaben sind in **übersichtlicher und nachprüfbarer Weise** aufzuführen. Die Angabe globaler Beträge reicht dazu nicht aus, sondern sie sind nach Grund und Höhe aufzugliedern.[39] Eine Aufgliederung ist insbesondere dort erforderlich, wo die Eigentümer die Kosten in unterschiedlichem Umfang und nach unterschiedlichen Verteilungsschlüsseln zu tragen haben. Ihr Ansatz muss einer ordnungsgemäßen Verwaltung entsprechen, wobei das insoweit zu beachtende „billige Ermessen" (§ 21 Abs. 4 iVm § 21 Abs. 5 Nr. 5) den notwendigen Spielraum gewährt. Die Regelung, in künftigen Wirtschaftsplänen auf die Auflistung bestimmter Einnahmen oder Ausgaben zu verzichten, kann nur durch Vereinbarung erfolgen.[40] 17

Zwar müssen Einnahmen und Ausgaben **möglichst vollständig** erfasst werden, sind jedoch geringfügige Beträge nicht einkalkuliert, rechtfertigt dies nicht die Ungültigkeitserklärung eines Wirtschaftsplanes.[41] Eine **großzügige Schätzung** vor allem auf der Ausgabenseite ist zulässig, umso Nachforderungen zu vermeiden.[42] Grenze ist der Grundsatz 18

[35] OLG Hamm ZMR 2009, 467 = NZM 2009, 820; OLG Köln ZWE 2008, 242 ff.; KG NJW-RR 1986, 644 (645); OLG Schleswig ZWE 2002, 141 (142) = NZM 2002, 302 (Ls).

[36] OLG Schleswig ZWE 2002, 141 (142) = NZM 2002, 302 (Ls).

[37] Vgl. *Bub,* Finanz- und Rechnungswesen, S. 28 f. (Rn 62).

[38] *Bassenge* PiG 21, 93 (97 f.).

[39] *Bassenge* PiG 21, 93 (98).

[40] KG WE 1987, 122.

[41] Für die Jahresabrechnung: BayObLG WE 1991, 363; KG WM 1988, 273 (274 f.); aA OLG Düsseldorf WE 1991, 331.

[42] BayOblG WE 1989, 64 (65); 1991, 363; 1995, 32; OLG Hamm OLGZ 1971, 96 (104); vgl. auch AG Waiblingen WuM 1996, 115 f., wonach ein gewerbsmäßiger Verwalter aus dem Verwaltervertrag

ordnungsgemäßer Verwaltung, gegen den ein Wirtschaftsplan verstößt, wenn er wesentlich überhöhte Vorschusszahlungen oder erhebliche Nachschusspflichten bewirkt.[43] Zu Vergleichszwecken ist die Abstimmung der Einzelpositionen mit denen der Jahresabrechnung sinnvoll. Der Wirtschaftsplan muss Einnahmen und Ausgaben in gleicher Höhe verzeichnen, die Aufführung einer Differenz ist unzulässig.[44]

19 **(1) Die Einnahmen.** Als Einnahmen kommen vor allem die **Beitragsleistungen der WEer** selbst in Betracht,[45] aber auch die Erträge des GemE (§ 99 Abs. 3 BGB, § 16 Abs. 1), soweit diese dem Verwaltungsvermögen zufließen,[46] wie z. B. **Zinserträge,**[47] **Miet- und Pachteinnahmen** aus der Vermietung und Verpachtung von GemE oder gemeinschaftlichen Einrichtungen.[48] Einnahmen können auch aus der **Auflösung von Rücklagen**[49] oder aus **Krediten,** die die WEgem aufgenommen hat,[50] erwachsen.

20 **Zinserträge aus der Instandhaltungsrücklage** sind ebenfalls in den Wirtschaftsplan aufzunehmen.[51] Die Gegenansicht, die eine Aufnahme der Zinsen in den Wirtschaftsplan nicht für geboten hält, wenn die WEgem die Zinsen in der Vergangenheit auf dem Sparkonto mit der Instandhaltungsrücklage belassen und damit dieser zugeführt haben,[52] überzeugt nicht. Durch die Nichtberücksichtigung der Zinserträge wird auf Dauer ein immer mehr anwachsendes „Sondervermögen" aufgebaut, wenn auch die Höhe der jährlich von den WEern abzuführenden Beträge der Instandhaltungsrücklage unverändert hoch bleibt. Die Berücksichtigung der Zinseinkünfte im Wirtschaftsplan kann unter Umständen zu einer allgemeinen Verringerung der Beitragsleistungen für das kommende Wirtschaftsjahr führen.[53]

21 Als Einnahmen können außerdem an den Verwalter zu entrichtende **Tilgungsleistungen und Zinszahlungen einzelner WEer** (§ 27 Abs. 1 Nr. 4) und sonstige Zahlungen, die der Verwalter entgegen genommen hat, zu berücksichtigen sein.[54] Diese Beträge gehören zu den Einnahmen, wenn sie vom Verwalter für die WEgem eingenommen worden sind.

22 Im Wirtschaftsplan sollten nur solche Ansprüche und Rechte berücksichtigt werden, die im Wirtschaftsjahr voraussichtlich **tatsächlich** zu Einnahmen führen, da andernfalls eine Kalkulation der nötigen Vorschusszahlungen nicht möglich ist. Bei Unklarheit über den Bestand einer Forderung ist es unter dem Gesichtspunkt ordnungsgemäßer Verwaltung nicht zu beanstanden, dass sie im Wirtschaftsplan nicht berücksichtigt wird.[55] Dagegen sind Vorschusszahlungen, deren **Durchsetzung fraglich** ist, in vollem Umfang in den Wirtschaftsplan einzustellen, da erst durch dessen Beschluss die Leistungspflicht der WEer begründet wird. Der etwaige Ausfall kann durch Erhöhung der Ausgabenansätze und dadurch bedingte höhere Vorschussleistungen aller WEer einkalkuliert werden.[56] Anderes gilt nur, wenn der endgültige Ausfall feststeht, da dies eine Heranziehung sinnlos macht.

---

verpflichtet ist, einen Wirtschaftsplan vorzulegen, der voraussichtlich eine Unterdeckung ausschließt, um zinspflichtige Kreditaufnahmen zu vermeiden.

[43] BayObLGZ 1986, 263 (269); WE 1989, 64 (65).

[44] OLG Düsseldorf WE 1991, 331.

[45] BayObLG DWE 1981, 126 (127); BayObLGZ 1986, 263 (269).

[46] BayObLGZ 1973, 78 (79); 1986, 263 (269).

[47] OLG Köln ZMR 2008, 818.

[48] BayObLG WE 1991, 164; 363.

[49] *Bassenge* PiG 21, 93 (96).

[50] *Bub,* Finanz- und Rechnungswesen, S. 20 (Rn 30).

[51] OLG Köln ZMR 2008, 818 = NZM 2008, 652; OLG Düsseldorf WE 1991, 331 (Ls); aA OLG München ZMR 2009, 631: entbehrlich; Riecke/Schmid/*Abramenko* § 27 Rn 11.

[52] BayObLG WE 1991, 363; so auch *Bub,* Finanz- und Rechnungswesen, S. 19 (Rn 28).

[53] OLG Düsseldorf WE 1991, 331, Begründung der Entscheidung bei *Sauren* PiG 44, 185 (187) = WE 1995, 40.

[54] *Bub,* Finanz- und Rechnungswesen, S. 19 (Rn 25).

[55] BayObLGZ 1986, 263 (269 f.).

[56] BGHZ 108, 44 (47 f.) = WE 1989, 197 (198).

Das **Vermögen der Gemeinschaft** stellt keine Einnahme des kommenden Wirtschaftsjahres dar und ist daher im Wirtschaftsplan nicht zu berücksichtigen.[57] **23**

(2) Die Ausgaben. Die Ausgaben bestehen in der Hauptsache aus der Bezahlung der in § 16 Abs. 2, Abs. 7 aufgeführten Lasten und Kosten des GemE. Dazu gehören die **Kosten für Instandhaltung und Instandsetzung,** die **Verwaltungskosten,** wie die Vergütung des Verwalters, die laufende Unterhaltung aller Anlagen und Einrichtungen im Haus, die Zahlung von Grundsteuer und von Versicherungsprämien sowie **Kosten gemeinschaftlichen Gebrauchs,** Kosten für Strom, Wasser, Kanal, Gas oder Heizung. Besondere Aufwendungen für **bauliche Veränderungen** und Maßnahmen, die über die ordnungsgemäße Instandhaltung und Instandsetzung des GemE hinausgehen (§ 22 Abs. 1 S. 1), sind als Ausgaben anzusetzen, soweit die WEer die Durchführung auf Kosten aller vereinbart oder bestandskräftig beschlossen haben.[58] **24**

Als Ausgabe in den Wirtschaftsplan einzustellen ist ferner die von den Kreditinstituten einzubehaltende **Kapitalertragssteuer** (§§ 43 ff. EStG) für Zinserträge.[59] Eine Saldierung der Zinseinkünfte mit Zinsabschlag- bzw. Abgeltungssteuer, d. h. eine Berücksichtigung nur des Reinertrages als Einnahme, darf nicht erfolgen, da dies dem Prinzip der getrennten Einnahme-/Ausgabenrechnung widersprechen würde; die mit Kapitalerträgen verbundenen Steuerabzüge sind daher gesondert auszuweisen.[60] Darüber hinaus sind **Leistungen der WEgem auf Zinsen und Tilgungen für gemeinschaftliche Belastungen** auch auf der Ausgabenseite im Wirtschaftsplan aufzuführen, weil dem Verwalter in § 27 Abs. 1 Nr. 4 deren Abführung übertragen ist.[61] Gleiches gilt für **Ausschüttungen** nicht mehr benötigter Rücklagen für Instandhaltung und Instandsetzung an die WEer.[62] Die auf Dauer **uneinbringlichen Beitragsrückstände** und die zu erwartenden Ausfälle desselben WEers im laufenden Wirtschaftsjahr sind ebenfalls ausgabenerhöhend zu berücksichtigen.[63] Sollen **Erträge aus der Nutzung des GemE** innerhalb des gleichen Wirtschaftsjahres wieder ausgeschüttet werden, sind sie sowohl als Einnahmen als auch als Ausgaben zu verbuchen, da sie einen durchlaufenden Posten darstellen.[64] Wahrscheinlich nicht entstehende Ausgaben sollten nicht veranschlagt werden.[65] **25**

bb) Die anteilmäßige Verpflichtung (§ 28 Abs. 1 Satz 2 Nr. 2). Der im Rahmen des Wirtschaftsplanes ermittelte Finanzierungsbedarf ist unter Angabe des für die jeweilige Kostengruppe geltenden **Verteilungsschlüssels** auf den einzelnen WEer umzulegen,[66] wobei Besonderheiten, wie etwa eine noch nicht fertiggestellte oder noch nicht bestimmungsgemäß nutzbare Eigentumseinheit[67] oder eine Befreiung eines einzelnen WEers von der Kostentragungspflicht gemäß § 16 Abs. 6 für Maßnahmen im Sinn von § 22 Abs. 1[68] zu berücksichtigen sind. Ist der vereinbarte oder beschlossene Verteilungsschlüssel nicht feststellbar, kann ausnahmsweise ein „Notwirtschaftsplan" mit dem gesetzlichen Schlüssel des § 16 Abs. 2 beschlossen werden.[69] **26**

---

[57] *Bub,* Finanz- und Rechnungswesen, S. 20 (Rn 33).

[58] *Bassenge* PiG, 93 (96); *Bub,* Finanz- und Rechnungswesen, S. 21 (Rn 36).

[59] Riecke/Schmid/*Abramenko* § 28 Rn 11; *Schlüter* ZWE 2008, 460 f.

[60] Vgl. *Schlüter* ZWE 2008, 460 f.

[61] *Bub,* Finanz- und Rechnungswesen, S. 20 f. (Rn 35); vgl. o. zu den Einnahmen Rn 20.

[62] *Bassenge* PiG 21, 93 (96 f.); aA *Bub,* Finanz- und Rechnungswesen, S. 22 (Rn 40).

[63] *Bub,* Finanz- und Rechnungswesen, S. 21 (Rn 37); *Müller* WE 1993, 11 (12); vgl. BGHZ 108, 44 (47 f.); BayObLGZ 1986, 263 (269 f.).

[64] BayObLGZ 73, 78 (79 f.); *Bub,* Finanz- und Rechnungswesen, S. 22 (Rn 40).

[65] OLG Hamm OLGZ 1971, 96 (104).

[66] BGH WE 1989, 197 f.; KG ZMR 1986, 189 (190 – FN 27); BayObLG WE 1990, 138 (für den Jahresabschluss).

[67] *Bub,* Finanz- und Rechnungswesen, S. 23 (Rn 44).

[68] BGH ZMR 1992, 167 (169).

[69] OLG Hamm ZMR 2009, 58 (60).

27 Ohne Angabe eines **Verteilungsschlüssels** entspricht der Wirtschaftsplan nicht den Anforderungen an eine ordnungsmäßige Verwaltung, so dass er auf Anfechtungsklage für ungültig zu erklären ist (§ 43 Nr. 4). Gleiches gilt, wenn der Verteilungsschlüssel über einen langen Zeitraum hinweg zu stark überhöhten Vorauszahlungen einzelner WEer führt.[70] Hat die Gemeinschaft keine Vereinbarung über die Aufschlüsselung der Kosten getroffen, ist gem. § 16 Abs. 2 iVm § 16 Abs. 1 Satz 2 das **Verhältnis der MEA** maßgebend. Der in § 16 Abs. 2 geregelte **Verteilungsschlüssel** kann nach § 10 Abs. 2 Satz 2 nur durch **Vereinbarung** geändert werden,[71] soweit nicht eine Beschlusskompetenz der WEer gem § 16 Abs. 3 und 4 besteht. Wird jahrelang unangefochten vereinbarungswidrig abgerechnet, führt dies nur dann zu einer Bindung für die Zukunft, wenn darin eine den Verteilungsschlüssel abändernde Vereinbarung der WEer zu sehen ist.[72] Wird dem Wirtschaftsplan ein anderer als der maßgebende Verteilungsschlüssel zu Grunde gelegt, ist der Wirtschaftsplan fehlerhaft und damit anfechtbar; nach Ablauf der Anfechtungsfrist wird der Beschluss über den Wirtschaftsplan aber bestandskräftig.[73] Die Anwendung eines unzutreffenden Verteilungsschlüssels führt jedoch nicht zur Anfechtbarkeit des Beschlusses, wenn die Höhe der Beitragspflicht nur geringfügig von der nach dem richtigen Verteilungsschlüssel zu leistenden Beitrag abweicht.[74]

28 Dem Wirtschaftsplan muss unmittelbar entnommen werden können, welchen Betrag jeder WEer zu zahlen hat, wenn sich nicht ausnahmsweise bei feststehendem Gesamtbetrag die individuelle Belastung unproblematisch errechnen lässt.[75] Sieht der Wirtschaftsplan **monatliche Vorauszahlungen in unterschiedlicher Höhe** vor, widerspricht dies nicht unbedingt den Grundsätzen ordnungsgemäßer Verwaltung, wenn das Interesse der WEgem an gleichmäßigen Zahlungen durch andere Gründe überlagert wird.[76]

29 **cc) Die Beitragsleistung zur Instandhaltungsrückstellung (§ 28 Abs. 1 Satz 2 Nr. 3).** Die Höhe der gem. § 21 Abs. 5 Nr. 4 zu einer ordnungsmäßigen Verwaltung gehörenden Instandhaltungsrückstellung ist vom Verwalter nach aktuellem Bedarf und generellen Erfahrungssätzen zu ermitteln[77] und auf die einzelnen WEer umzulegen. Die für das Wirtschaftsjahr geplante **Zuführung zur Rückstellung** erscheint im Gesamtwirtschaftsplan nur als Einnahme (die Zahlungen der einzelnen WEer). Werden sie auf einem Sonderkonto für die Instandhaltungsrücklage verbucht, so bedeutet dies mangels tatsächlichen Abflusses von Mitteln keine Ausgabe, so dass die Zuführung zur Rücklage nicht als Ausgabe aufgenommen werden darf.[78] Die Einzelwirtschaftspläne weisen die anteilmäßige Verpflichtung gesondert aus. Sieht der Wirtschaftsplan eine Rückstellung nicht vor, ist er grds unvollständig; es besteht jedoch kein Recht auf Ungültigkeitserklärung des Beschlusses über den Wirtschaftsplan, sondern nur auf **Ergänzung** desselben.[79]

---

[70] BayObLG WE 1992, 49 (50).

[71] BayObLGZ 1984, 257 (265); WE 1992, 261 f.; OLG Frankfurt/M. WE 1986, 141; vgl. auch OLG Düsseldorf WuM 1997, 392 (393) = NJWE-MietR 1997, 177 = WE 1997, 191 zur fehlenden Wirkung gegenüber dem Rechtsnachfolger bei fehlender Eintragung im Grundbuch.

[72] BayObLG WE 1989, 178.

[73] Vgl. BGHZ 145, 158 (169) = ZWE 2000, 518 = NJW 2000, 3500; Brandenb. OLG ZMR 2008, 386 (388).

[74] KG WE 1990, 210.

[75] OLG Frankfurt/M. OLGZ 1984, 257 f.; BayObLG NJW-RR 1990, 720 f.; WE 1998, 396 (397); AG Hamburg ZMR 2010, 235.

[76] LG Frankfurt/M. DWE 1992, 85 f.

[77] Siehe dazu i. E. § 21 Rn 162 ff.

[78] BGH ZWE 2010, 170; *Ott* ZWE 2007, 508 f.; *Wilhelmy* ZWE 2010, 210; Riecke/Schmid/*Abramenko* § 28 Rn 12 a; aA BayObLG NJW-RR 1991, 15 f.; Staudinger/*Bub* § 28 Rn 117; ähnlich *Niedenführ*/Kümmel/Vandenhouten § 28 Rn 23.

[79] BayObLG WE 1991, 360 (362).

4. Der Beschluss des Wirtschaftsplanes

a) Die Beschlussfassung. Über den vom Verwalter aufgestellten Wirtschaftsplan **beschließen** die WEer gem. §§ 21 Abs. 3, 28 Abs. 5 **mit Stimmenmehrheit,** wodurch er verbindlich wird. Ein vom teilenden Alleineigentümer vor der ersten Veräußerung von WE in der TE aufgestellter Wirtschaftsplan kann analog §§ 5 Abs. 4, 8 Abs. 2 als einstimmiger schriftlicher Beschluss nach Entstehen der WEgem fortgelten.[80] 30

Der Beschluss kann inhaltlich entweder den Wirtschaftsplan unmittelbar enthalten oder auf den vom Verwalter vorgelegten Wirtschaftsplan Bezug nehmen, soweit hinreichende Klarheit besteht, welche Vorlage des Verwalters der Beschluss genehmigt;[81] zum Inhalt des Beschlusses gehört dann auch die in Bezug genommene Aufstellung des Verwalters. Sollte ein Verwaltungsbeirat bestehen, hat dieser gem. § 29 Abs. 3 den Plan zuvor zu überprüfen und mit einer Stellungnahme zu versehen. Diese ist zwar nicht Gültigkeitsvoraussetzung für den Genehmigungsbeschluss, ihr Fehlen kann aber dessen Anfechtung begründen.[82] Der Wirtschaftsplan ist grds – wie auch jede andere bereits geregelte gemeinschaftliche Angelegenheit – durch Mehrheitsbeschluss jederzeit wieder **abänderbar,** etwa durch Beschluss über eine **Sonderumlage.** Dies ergibt sich aus der autonomen Beschlusszuständigkeit der Gemeinschaft. Begrenzt wird die Änderungsbefugnis nur dadurch, dass der neue Beschluss schutzwürdige Belange aus Inhalt und Wirkung des Erstbeschlusses berücksichtigen muss, die sich je nach Einzelfall bestimmen.[83] Jeder WEer hat nach §§ 21 Abs. 4, 28 Abs. 5 einen **Anspruch gegen die übrigen WEer auf Beschlussfassung,** der von ihm nach § 43 Nr. 1 geltend gemacht werden kann.[84] Auf diesem Wege kann er die Ersetzung des Beschlusses der WEer durch gerichtliche Aufstellung des Wirtschaftsplan nach § 21 Abs. 8 erreichen.[85] Der Anspruch erlischt mit Ablauf des Wirtschaftsjahres.[86] Sofern der beschlossene Wirtschaftsplan nur für einen Teil des Wirtschaftsjahres aufgestellt ist, unterliegt der Beschluss der Anfechtung, denn gem. § 28 Abs. 1 ist der Wirtschaftsplan für das *gesamte* Wirtschaftsjahr aufzustellen.[87]

Der Beschluss muss neben dem Gesamtwirtschaftsplan auch die **Einzelwirtschaftspläne** umfassen, um Zahlungspflichten des einzelnen WEers zu begründen.[88] Fehlt im Wirtschaftsplan die Aufteilung des Gesamtbetrages auf die einzelnen WEer, oder wurde nur über den Gesamtwirtschaftsplan Beschluss gefasst, führt dies anders als bei der Jahresabrechnung nicht nur zu einem Ergänzungsanspruch, sondern zur Anfechtbarkeit des Beschlusses, der auf entsprechende Klage für **ungültig zu erklären ist.**[89] Eine **Ausnahme** ist nur dann zu machen, wenn die Angabe der Verteilungsschlüssel zu den einzelnen Positionen des Gesamtwirtschaftsplanes es ermöglicht, dass jeder WEer seine individuelle Belastung leicht errechnen kann.[90] Die differenzierte Behandlung von Jahresabrechnung und Wirtschaftsplan ist darin begründet, dass die Aufstellung der Gesamteinnahmen und -ausgaben im Wirtschaftsplan im Gegensatz zur Jahresabrechnung keine 31

[80] *Wenzel* FS Bub, S 267 f.; *Schmidt* ZMR 2009, 725 (735); OLG Köln ZWE 2008, 742 (744); vgl. § 23 Rn 28.

[81] BayObLG ZWE 2000, 264 (265) = NZM 2000, 683.

[82] Vgl. § 29 Rn 58.

[83] BGHZ 113, 197 (200); BayObLGZ 1985, 57 (61); ZWE 2002, 360 (361); KG OLGZ 1993, 305 ff. = NJW-RR 1993, 528 f. = WE 1993, 84 f.; *Hauger* WE 1988, 147 f.; siehe auch § 23 Rn 74 f.

[84] BayObLGZ 1972, 150 (153).

[85] Riecke/Schmid/*Abramenko* § 28 Rn 7 f., 19.

[86] Vgl. o. Rn 13.

[87] BayObLG ZWE 2002, 360 (362).

[88] BGH ZMR 2005, 547 (556); OLG Hamburg ZMR 2006, 793; BayOLG ZWE 2002, 34 f.; aA KG NJW-RR 1991, 726, anders wohl ZWE 2000, 583 (585).

[89] BGH ZMR 2005, 556.

[90] BayObLG NJW-RR 1990, 720 (721); s. a. NJW-RR 2006, 22.

eigenständige Bedeutung hat, da es sich ohnehin nur um Prognosezahlungen handelt, bei deren Feststellung den WEern ein weites Ermessen zusteht.[91] Die eigentlich wichtigen Angaben im Wirtschaftsplan sind die des Verteilungsschlüssels und der einzelnen Beitragsleistungen.[92]

32 **b) Die Wirkungen des Beschlusses.** Mit Beschluss der in den Einzelwirtschaftsplänen enthaltenen Zahlungsverpflichtungen **entsteht** die in § 28 Abs. 2 normierte **Verpflichtung** des einzelnen WEers **zur Zahlung von Vorschüssen.**[93] Der Vorschussanspruch wird **fällig** im Moment des **Abrufs durch den Verwalter.**[94] Die allgemeine Vorschrift des § 271 Abs. 1 BGB ist insoweit durch die Spezialregelung des § 28 Abs. 2 verdrängt. Durch § 28 Abs. 2 wird dem Verwalter das Recht eingeräumt, die Leistungszeit zu bestimmen.[95] Für dieses Bestimmungsrecht gelten die §§ 317 bis 319 BGB, so dass die Bestimmung, die durch Gestaltungserklärung ausgeübt wird, gem. § 317 Abs. 1 BGB nach billigem Ermessen zu treffen ist; nur wenn die Bestimmung offenbar unbillig ist, ist sie nicht verbindlich. Das Recht des Verwalters, die Leistungszeit durch Abruf der Vorschussleistungen zu bestimmen, ermöglicht ihm auch, bereits zu Beginn des Wirtschaftsjahres die Leistungszeit auf kalendermäßig bestimmte oder bestimmbare Termine zu antizipieren, also etwa ein Zwölftel der anteilmäßigen Verpflichtung jedes WEers für jeweils den Ersten eines Monats abzurufen. Auch kann er bereits zu Beginn des Wirtschaftsjahres die Fälligkeit der restlichen Vorschussleistungen für den Fall des Verzuges mit einer Vorschussleistung bestimmen. Selbst wenn die Erklärung, durch die die sog. Vor-Fälligkeit bestimmt wird, als Gestaltungserklärung grds. bedingungsfeindlich sein sollte,[96] wird eine Ausnahme für den Fall der Potestativbedingung anerkannt;[97] um eine solche handelt es sich aber, wenn die Fälligkeit der restlichen Vorschussleistungen vom Verzug mit einer Vorschussleistung abhängig gemacht wird, weil der Eintritt des Verzuges vom Willen des betroffenen WEers abhängt. Haben sich die WEer im **Verwaltervertrag** verpflichtet, die Vorschussleistungen zu einem bestimmten Termin zu erbringen, kann darin die Bestimmung der Fälligkeit durch den Verwalter gemäß § 28 Abs. 2 gesehen werden.[98]

33 Wollen die WEer Regelungen treffen, die von § 28 Abs. 2, wonach der Verwalter die Fälligkeit durch Abruf bestimmt, abweichen, können sie diese nach § 21 Abs. 7 nicht nur für einen konkreten Einzelfall mit Stimmenmehrheit beschließen. Auch für eine generelle Regelung der Fälligkeit bedarf es **keiner Vereinbarung** nach § 10 Abs. 2 Satz 2. Die WEer haben vielmehr die **Beschlusskompetenz,** die Fälligkeit von Vorschussansprüchen allgemein zu regeln. Sie können daher die Fälligkeit von Vorschussforderungen durch Beschluss auf kalendermäßig bestimmte oder bestimmbare Termine festlegen, etwa dahingehend, dass jeder WEer jeweils am Ersten eines Monats ein Zwölftel seiner anteilmäßigen Verpflichtung zu leisten hat. Ein solcher Beschluss wird von der Beschlusskompetenz des § 21 Abs. 7 gedeckt. Daraus folgt, dass auch ein sog. **Vorfälligkeitsbeschluss,** wonach die gesamte Leistung aus der anteilmäßigen Verpflichtung zur Kostentragung fällig werden soll, wenn ein WEer mit seinen Vorschussleistungen in Verzug gerät, wirksam ist.

34 Darüber hinaus kann dem Beschluss des Wirtschaftsplanes noch weitere rechtliche Bedeutung zukommen. So ist etwa der Bereitstellung konkreter Mittel für bestimmte

---

91 BayObLG WE 1989, 64 (65).

92 BayObLG NJW-RR 1991, 1360 (1361).

93 OLG Hamm NZM 2009, 820; BayObLG ZWE 2000, 264 (265) = NZM 2000, 683; ZWE 2002, 522 (523); OLG Zweibrücken ZWE 2002, 542 (543).

94 BGHZ 104, 197 (202); BayObLGZ 86, 128 (131); WE 1992, 174; OLG Köln WuM 1990, 46 f.; KG ZWE 2000, 532 (533) = NZM 2001, 238; vgl. auch *Greiner* ZMR 2002, 647 (648).

95 *Merle* PiG 63, 165 (177).

96 Vgl. MünchKommBGB/*Gottwald,* § 315 Rn 36.

97 Vgl. MünchKommBGB/*Westermann,* § 158 Rn 19 u. 60.

98 So auch KG ZWE 2000, 532 = NZM 2001, 238.

Instandhaltungsmaßnahmen der konkludente Beschluss zur Durchführung dieser Maßnahme zu entnehmen.[99]

Der Verpflichtung der Eigentümer, die festgelegten Vorschüsse zu zahlen, steht die sich aus § 27 Abs. 1 Nr. 4 ergebende **Pflicht des Verwalters** gegenüber, die **Kostenbeiträge anzufordern.** Für eine gerichtliche Verfolgung des Anspruchs der WEgem auf Vorschussleistung durch den Verwalter ist allerdings gem. § 27 Abs. 3 Satz 1 Nr. 7 eine entsprechende Ermächtigung nötig. Will ein **einzelner WEer den Vorschussanspruch der WEgem geltend machen,** ist dazu nach § 27 Abs. 3 Satz 3 ein ihn zur Geltendmachung ermächtigender Beschluss erforderlich und zulässig;[100] § 27 Abs. 4 steht nicht entgegen (§ 27 Rn 281). **35**

Der Beschluss über den **Wirtschaftsplan** greift dem Beschluss über die **Abrechnung** desselben Jahres nicht vor,[101] so dass die Anwendung anderer Verteilungsschlüssel für Einnahme- und Ausgabepositionen vereinbart werden kann.[102] Ein Zahlungsanspruch auf Grund eines Wirtschaftsplans wird nicht durch den Beschluss über die **Jahresabrechnung** hinfällig. Er wird aber **der Höhe nach** durch das in der Einzelabrechnung des jeweiligen WEers ausgewiesene Ergebnis **begrenzt,** kann also nur bis zum Betrag eines dort festgestellten Nachzahlungsbetrages geltend gemacht werden.[103] **36**

5. Die Änderung des Wirtschaftsplanes – Die Sonderumlage

Sofern die Ansätze des Wirtschaftsplanes sich als falsch herausstellen, durch neue Tatsachen überholt sind oder der Plan aus anderen Gründen zum Teil undurchführbar geworden ist, können die WEer eine **Änderung des laufenden Wirtschaftsplanes** mit Stimmenmehrheit gem. § 21 Abs. 3 beschließen und damit die Pflicht zur Zahlung weiterer Beitragsleistungen (sog. **Sonderumlage**) begründen[104] oder aufheben. Ein solcher Beschluss muss ordnungsgemäßer Verwaltung entsprechen. Eine Sonderumlage ist grds in der Jahresabrechnung abzurechnen,[105] kann aber ausnahmsweise bei mehrjährigen Maßnahmen am Ende auch jahresübergreifend abgerechnet werden.[106] **37**

Eine **Sonderumlage** kommt etwa in Betracht, wenn unvorhersehbare Ausgaben auftreten oder Eigentümer mit ihren Zahlungen ausfallen,[107] also die Liquidität der WEgem gewährleistet werden soll. Der Beschluss über eine **Liquiditäts-Sonderumlage** entspricht nicht ordnungsmäßiger Verwaltung, wenn der Finanzbedarf anderweitig gedeckt werden kann, etwa wenn der Verwalter zur Kreditaufnahme ermächtigt ist, wenn der Finanzierungsbedarf durch Geltendmachung fälliger Ansprüche der WEgem gedeckt oder wenn eine zu hohe Instandhaltungsrücklage aufgelöst werden könnte.[108] Kosten der **Rechtsverfolgung** dürfen nur durch Sonderumlage aufgebracht werden, wenn es sich um Kosten der WEgem[109] insbes. gem § 16 Abs. 7 und 8 handelt; dies ist nicht der Fall bei anderen

[99] *Bassenge* PiG 21, 93 (102); *Bub* WE 1993, 3 (7).

[100] Ricke/Schmid/*Abramenko* § 28 Rn 37.

[101] OLG Hamm OLGZ 1971, 96 (100); BayObLG Rpfleger 1981, 285; OLG Frankfurt/M ZMR 2009, 463 (464).

[102] BayObLGZ 1974, 172 (177).

[103] BGHZ 131, 228 (231); OLG Hamm ZMR 2009, 61 (63).

[104] BGH WE 1989, 197 = BGHZ 108, 44 (47); *Einsiedler* ZMR 2009, 573; *Jennißen,* Abrechnung, Rn 291 ff.; *Mundt* NZM 2007, 864; vgl. KG ZWE 2001, 381 f. zu den Anforderungen an die Bestimmtheit eines Sonderumlagebeschlusses.

[105] OLG Frankfurt ZMR 2009, 463 (464); KG ZMR 2005, 309; *Jennißen,* Abrechnung, Rn 295.

[106] KG NZM 2004, 263; AG Kerpen ZMR 1998, 376; s. auch *Drasdo* ZWE 2000, 248; vgl. Rn 70.

[107] KG ZWE 2000, 40 (42); NJW-RR 2003, 444, 1020; BayObLG NJW-RR 2004, 1091; LG Saarbrücken ZMR 2009, 877.

[108] OLG Saarbrücken NJW-RR 2000, 87; vgl. *Einsiedler* ZMR 2009, 573 f.

[109] OLG München ZMR 2007, 140; OLG Hamburg ZMR 2007, 553.

Rechtsverfolgungskosten, vor allem der Kosten der beklagten WEer eines Anfechtungsprozesses.[110] Eine Liquiditäts-Sonderumlage kann auch beschlossen werden für Verbindlichkeiten, die vor dem Erwerb eines WE entstanden sind,[111] wenn sie unter Berücksichtigung der Interessen neuer WEer billigem Ermessen entspricht; hieran kann es fehlen, wenn solche Verbindlichkeiten unabhängig von der Dauer der Eigentümerstellung umgelegt werden.[112]

Die **Höhe einer Sonderumlage** richtet sich jeweils nach dem geschätzten Finanzbedarf.[113] Bei der Prognose der erforderlichen Mittel ist zwar eine großzügige Handhabung zulässig, werden die benötigten Gelder jedoch erheblich zu niedrig oder zu hoch angesetzt, oder ist eine Prognose nicht möglich, weil der konkrete Instandsetzungsbedarf und mithin die Kosten noch nicht überschaubar sind, widerspricht dies ordnungsmäßiger Verwaltung.[114] Die Sonderumlage darf auch zum Ausgleich von Verbindlichkeiten verwendet werden, die nicht Ursache des Beschlusses waren.[115]

38 Beschließen die Eigentümer, bestimmte **Instandsetzungsarbeiten** am GemE durchzuführen, begründet dies idR keine Verpflichtung zur Zahlung einer Sonderumlage. Dazu ist ein zusätzlicher **Eigentümerbeschluss** erforderlich.[116] Dieser entspricht aber nur ordnungsmäßiger Verwaltung, wenn in naher Zukunft derartige Maßnahmen durchgeführt werden sollen.[117] Ist eine ausreichende Instandhaltungsrückstellung vorhanden, kann es ordnungsgemäßer Verwaltung widersprechen, Instandhaltungsmaßnahmen durch Umlagen statt aus der Rückstellung zu finanzieren. Allerdings haben die WEer auch bei ausreichenden Rücklagen ein weites Ermessen, ob sie diese verwenden oder eine Sonderumlage erheben wollen.[118] Es kann daher auch in der GemO festgelegt werden, dass der Instandsetzungsaufwand der Rücklage nicht nur entnommen werden darf, sondern entnommen werden muss.[119]

39 Ein Umlagebeschluss muss als Änderung oder Nachtrag des Wirtschaftsplanes gem. § 28 Abs. 1 Satz 2 Nr. 2 die **anteilmäßige Verpflichtung der Eigentümer** festsetzen.[120] Grds muss der Beschluss unter Angabe des maßgeblichen Verteilungsschlüssels die Zahlungspflicht des einzelnen WEers **betragsmäßig festlegen;** ein ggf unzutreffender Verteilungsschlüssel wäre für die Abrechnung nicht bindend.[121] Die betragsmäßige Festsetzung kann ausnahmsweise fehlen, wenn die geschuldeten Einzelbeträge nach objektiven Maßstäben eindeutig **bestimmbar sind** und von den WEern einfach selbst, etwa mittels Taschenrechners, errechnet werden können;[122] dies dürfte idR nur der Fall sein, wenn wenigstens der Verteilungsschlüssel im Beschluss enthalten ist.[123] Wird der **Verteilungsschlüssel nicht angegeben** und ist auch kein allgemein geltender Verteilungsschlüssel

[110] AA LG Düsseldorf ZMR 2009, 712: Sonderumlage nur für Beklagte zuzlässig.
[111] OLG Düsseldorf ZWE 2002, 90 (91).
[112] OLG Hamm ZMR 2009, 464 (467).
[113] BayObLG WE 1999, 147 (148); OLG Düsseldorf ZWE 2002, 90 (91).
[114] OLG Hamm ZMR 2009, 217 (218 f.); BayObLG ZMR 2005, 377 (379); vgl. *Einsiedler* ZMR 2009, 573.
[115] KG ZMR 2005, 309; *Einsiedler* ZMR 2009, 573 (574).
[116] BayObLG DWE 1992, 76 ff.; OLG Köln WE 1998, 313 = NZM 1998, 877; OLG Hamm ZMR 2009, 217 (219); *Einsiedler* ZMR 2009, 573.
[117] LG Mönchengladbach ZMR 2007, 895 (897).
[118] BayObLG ZMR 2003, 694; NZM 2004, 745; Riecke/Schmid/*Abramenko* § 28 Rn 36.
[119] OLG Hamm OLGZ 1971, 96 (102 f.); BayObLGZ 1984, 213 (218).
[120] BGHZ 108, 44 (47) = WE 1989, 197; BayObLG ZflR 1999, 450; ZMR 2007, 216 (217); OLG Düsseldorf ZWE 2002, 90 (91) = NJW-RR 2002, 302.
[121] OLG Frankfurt/M ZMR 2009, 463 (464).
[122] KG NZM 2002, 873; OLG Hamm ZMR 2009, 61 (62); BayObLG NZM 1998, 337; ZflR 1999, 450; OLG Düsseldorf ZWE 2002, 90 (91) = NJW-RR 2002, 302; OLG Braunschweig ZMR 2006, 787.
[123] BayObLG NJW 2003, 2323.

festgelegt,[124] ist die konkrete Kostenbelastung idR kaum ohne weiteres durch den einzelnen WEer ermittelbar, weil der Verteilungsschlüssel sich häufig wegen der zahlreichen Beschlusskompetenzen, insbesondere wenn ein diesbezüglicher Beschluss gefasst wurde, nicht mehr zuverlässig und problemlos feststellen lässt, etwa aus dem WEG oder einer GO; er ist dann wegen nicht hinreichender Bestimmtheit nichtig.[125] **Umlagemaßstab** ist der auch für den Wirtschaftsplan geltende Verteilungsschlüssel, sofern nicht der Sonderzweck eine andere Verteilung fordert.[126] Die Anwendung eines unzutreffenden Verteilungsschlüssel führt zur Anfechtbarkeit des Beschlusses.[127] Wird er angefochten, kann eine Gestaltungsklage auf Ersetzung des Beschlusses nach gerichtlichem Ermessen gem § 21 Abs. 8 damit verbunden oder eine entsprechende Widerklage erhoben werden. Der mit Mehrheit zu fassende Beschluss begründet eine Pflicht zur Vorschusszahlung, die zu den planmäßigen Zahlungen hinzukommt.[128] Die **Fälligkeit** von Ansprüchen aus einer Sonderumlage bestimmt der Verwalter gemäß § 28 Abs. 2 durch Abruf, sofern die WEer nichts anderes vereinbart oder nach § 21 Abs. 7 beschlossen haben.[129] Die Fälligkeit bestimmt bei Eigentümerwechsel den Schuldner des zu zahlenden Betrages.[130]

Wird eine Sonderumlage beschlossen, um den **Ausfall von Beitragsvorschüssen** zu 40
decken, so ist auch derjenige WEer einzubeziehen, der den Ausfall verursacht hat.[131] Ist abzusehen, dass die Sonderumlage von den säumigen Schuldnern ganz oder teilweise nicht aufgebracht werden kann, ist sie so zu bemessen, dass ein erneuter Ausfall aufgefangen wird.[132]

Bei Zwangsverwaltung und Insolvenz eines WEers kann die Fälligkeitstheorie nicht uneingeschränkt angewendet werden.[133] Vielmehr kommt es darauf an, wann der anspruchsbegründende Tatbestand materiell-rechtlich abgeschlossen war. Daher haften Zwangs- und Insolvenzverwalter nur für den Anteil einer Ausfalldeckungsumlage, der den Beitragsansprüchen entspricht, die in der Zeit nach der Beschlagnahme bzw. Eröffnung des Verfahrens fällig geworden sind. Für Beitragsausfälle, die vor diesem Zeitpunkt entstanden sind, haften Zwangs- und Insolvenzverwalter nicht. Bei der Bestimmung der Höhe einer Ausfalldeckungsumlage können die WEer berücksichtigen, dass der Anteil des zahlungsunfähigen WEers, über dessen Vermögen das Insolvenzverfahren noch nicht eröffnet ist, voraussichtlich uneinbringlich ist.[134]

Ist der **Beschluss über die Sonderumlage** gerichtlich **für ungültig erklärt** worden 41
und sind bereits gezahlte Beiträge Gegenstand einer bestandskräftigen Jahresabrechnung geworden, so müssen die WEer über eine Rückerstattung erneut beschließen.[135] Erst dieser Beschluss, der gerichtlich erzwungen werden kann, ist Grundlage eines Rückforderungsanspruchs.

6. Die gerichtliche Aufstellung des Wirtschaftsplanes

Es ist Aufgabe des Verwalters, den WEern einen mehrheitsfähigen Wirtschaftsplan vor- 42
zulegen. Wird der vom Verwalter erstellte Wirtschaftsplan von den WEern nicht beschlossen oder kommt der Verwalter seiner Pflicht zur Aufstellung nicht nach, kann die **gericht-**

[124] BayObLG ZMR 2007, 216 (217).
[125] BayObLG ZMR 2007, 216 (217); aA *Einsiedler* ZMR 2009, 573 (575): anfechtbar
[126] BGHZ 108, 44 (47); OLG Düsseldorf ZWE 2002, 90 (91) = NJW-RR 2002, 302.
[127] BayObLG NZM 2004, 660.
[128] Vgl. *Bub* WE 1993, 3 (7), der von einem „Nachtragswirtschaftsplan" spricht.
[129] Vgl. *Merle* PiG 63, 165 (170); oben Rn 32; s. a. KG DWE 1991, 73 (74).
[130] OLG Düsseldorf NJW-RR 2002, 302.
[131] BGHZ 108, 44 (47).
[132] *Einsiedler* ZMR 2009, 573 (754 f.).
[133] Vgl. *Wenzel* ZWE 2005, 277 ff.
[134] KG NZM 2003, 484.
[135] KG WE 1998, 377 (378) = NZM 1998, 579.

liche Durchsetzung der Erstellung des Wirtschaftsplans in Betracht kommen, damit Vorschussansprüche entstehen. Rechtsgrundlage hierfür ist § 21 Abs. 4. Der dort geregelte Anspruch auf ordnungsgemäße Verwaltung umfasst nicht nur einen Anspruch gegen die übrigen WEer auf Mitwirkung an dessen Zustandekommen, wenn der vom Verwalter erstellte Wirtschaftsplan von den WEern nicht beschlossen wird,[136] sondern auch einen Anspruch auf Aufstellung des Wirtschaftsplanes, der gegen den Verwalter gerichtet ist (§ 21 Abs. 5 Nr. 5). Kommt der Verwalter seiner **Pflicht zur Aufstellung des Wirtschaftsplans** nicht nach, kann grds jeder einzelne WEer gem. §§ 21 Abs. 4, 43 Nr. 3 eine entsprechende **Verurteilung des Verwalters** herbeiführen,[137] welche als **vertretbare Handlung** nach § 887 ZPO im Wege der Ersatzvornahme durch einen Dritten vollstreckbar ist.[138] Der Anspruch auf Aufstellung des Wirtschaftsplanes ist Teil des Individualanspruchs auf ordnungsgemäße Verwaltung (§ 21 Abs. 4). Ausdrücklich ist dies für den Wirtschaftsplan geregelt (§ 21 Abs. 5 Nr. 5).

43 Scheitert die Beschlussfassung der WEer über den Wirtschaftsplan,[139] kann der einzelne WEer gem §§ 21 Abs. 4 und Abs. 8, 43 Nr. 2 im Wege der **Gestaltungsklage** verlangen, dass das Gericht den nicht getroffenen Beschluss der WEer über den **Wirtschaftsplan nach billigem Ermessen ersetzt.**[140] Der Kläger hat die tatsächlichen Grundlagen der Ermessensentscheidung, ggf nach richterlichem Hinweis, vorzutragen.[141] Das Gericht kann hiernach die Einnahmen und Ausgaben schätzen und die auf den einzelnen WEer entfallenen Vorschusszahlungen festlegen. Nicht kann auf Zustimmung der ablehnenden WEer zur Beschlussvorlage geklagt werden.[142] Denn zum Zeitpunkt der gerichtlichen Entscheidung ist der Abstimmungsvorgang durch Feststellung und Verkündung eines Negativbeschlusses längst beendet und die von den anderen WEern abgegebenen Zustimmungserklärungen, die nicht für einen Mehrheitsbeschluss gereicht haben, sind rechtlich irrelevant geworden. Damit käme die mit Rechtskraft der gerichtlichen Entscheidung ersetzte Ja-Stimme (§ 894 ZPO) erst zu einem Zeitpunkt, in dem eine Abstimmung nicht mehr stattfindet und auch der Wille der vorher zustimmenden WEer sich geändert haben kann.[143] Ist die Herstellung der Liquidität eilbedürftig, muss der Erlass einer einstweiligen Verfügung nach §§ 935 ff. ZPO beantragt werden. Da die **gerichtliche Tätigkeit** nur **subsidiär** ist, können die WEer während des gerichtlichen Verfahrens einen Wirtschaftsplan ohne weiteres noch selbst beschließen.[144]

44 **Nach Ablauf des Wirtschaftsjahres** kann vom Gericht die Aufstellung eines Wirtschaftsplanes nicht mehr verlangt werden, da nunmehr die Notwendigkeit einer Jahresabrechnung besteht.[145] An den durch das Gericht festzusetzenden Wirtschaftsplan sind keine hohen Anforderungen zu richten.[146] Vielmehr kann das Gericht die voraussichtlichen Bewirtschaftungskosten nach dem Parteivorbringen **schätzen,** ohne detaillierte Gesamt- und Einzelwirtschaftspläne aufzustellen, zumal später ohnehin eine Jahresabrechnung zu folgen hat, die die Höhe der Zahlungen endgültig festsetzt.[147]

---

[136] KG WE 1987, 122; 1991, 104.
[137] BGH NJW 1985, 912 f.; BayObLG WE 1991, 223 f.; KG WE 1987, 122.
[138] BayObLG WE 1989, 220; aA KG NJW 1972, 2093 f.: § 888 ZPO.
[139] Rn 30 ff.
[140] Vgl. § 21 Rn 44 ff., 176 ff.; § 43 Rn 192; *Jennißen,* Abrechnung, Rn 348 ff.
[141] Zum Rechtsschutzbedürfnis siehe § 43 Rn 192.
[142] KG WE 1991, 326 f. und 1993, 221 ff. = OLGZ 1994, 27 ff.; Riecke/Schmid/*Abramenko* § 28 Rn 19.
[143] KG WE 1991, 326 f.
[144] KG WE 1991, 104 f.; 1991, 326 f.
[145] KG WE 1991, 104 (105); 1993, 221 (222) = OLGZ 1994, 27 (29); aA *Bub,* Finanz- und Rechnungswesen, S. 40 (Rn 99).
[146] KG WuM 1990, 614 (615 f.); Riecke/Schmid/*Abramenko* § 28 Rn 8.
[147] KG WuM 1990, 614 (615 f.); WE 1991, 104 (105).

7. Die Geltungsdauer des Wirtschaftsplanes

a) Allgemeines. Der Wirtschaftsplan gilt grds. nur für das Kalenderjahr, für das er beschlossen wurde.[148] Wird er erst im Laufe des betreffenden Kalenderjahres beschlossen, so entstehen, wenn nichts Abweichendes bestimmt ist, die Vorschussansprüche auf für die Zeit vom Jahresbeginn bis zur Beschlussfassung erst mit dieser.[149] Er ist Behaltensgrund für geleistete Vorschüsse und Anspruchsgrundlage für die Geltendmachung von Zinsen und Verzugsschäden auch über die Billigung der Jahresabrechnung hinaus.[150] 45

b) Wirtschaftsplan und Jahresabrechnung bei Beitragsrückständen. aa) Das Verhältnis von Wirtschaftsplan und Jahresabrechnung.[151] Auf der Grundlage des Wirtschaftsplans, auch einer beschlossenen Sonderumlage,[152] können ausstehende Vorschusszahlungen des vergangenen Wirtschaftsjahres auch noch im neuen Wirtschaftsjahr eingefordert werden. Dies gilt jedenfalls bis zum Zeitpunkt der Beschlussfassung der Eigentümer über die Jahresabrechnung.[153] **Nach der Genehmigung der Jahresabrechnung** ist idR sowohl der Beschluss über den Wirtschaftsplan als auch der Beschluss über die Jahresabrechnung als Anspruchsgrundlage anzusehen.[154] Die Beitragspflicht der WEer ist eine einheitliche Schuld, die sich aus der Vorschuss- und der eventuellen Nachzahlungspflicht zusammensetzt. Dem Abrechnungsbeschluss kommt daher in Bezug auf die rückständigen Vorschussforderungen grundsätzlich nur eine den Beschluss über den Wirtschaftsplan **bestätigende** oder **rechtsverstärkende Wirkung** zu.[155] Bestätigende Wirkung kann der Beschluss über die Jahresabrechnung nur insoweit haben, als noch Beitragsrückstände aus dem Wirtschaftsplan bestehen und dieser noch nicht bestandskräftig geworden ist; denn in diesem Fall besteht eine Ungewissheit über das Bestehen der Beitragspflicht, die durch einen bestätigenden Abrechnungsbeschluss – vergleichbar einem kausalen Schuldanerkenntnis – beseitigt wird.[156] Ist der Beschluss über den Wirtschaftsplan bestandskräftig geworden, dann tritt regelmäßig der Abrechnungsbeschluss rechtsverstärkend als abstrakter Schuldgrund neben den Beschluss über den Wirtschaftsplan, umso die Einziehung bestehender Forderungen zu erleichtern.[157] Dagegen ist eine Schuldumschaffung im Sinne einer **Novation,** also einer Aufhebung des Beschlusses über den Wirtschaftsplan und seiner vollständigen Ersetzung durch den Beschluss über die Jahresabrechnung mit diesem idR nicht bezweckt. Denn dies widerspräche dem Interesse der WEer an dem Erhalt der etwaigen für die Vorschussforderung bestehenden Siche- 46

[148] OLG Düsseldorf ZMR 2008, 313 (314); BayObLG ZMR 2004, 842. Zur Fortgeltung s. Rn 49.

[149] OLG Düsseldorf ZMR 2008, 313 (314); OLG Köln WE 1996, 112 (114).

[150] BayObLG WE 1986, 104 (107).

[151] Vgl. *Jennißen,* Abrechnung, Rn 364 ff.

[152] *Einsiedler* ZMR 2009, 573 (577).

[153] BayObLGZ 1977, 67 (70).

[154] BGH NJW 1996, 725 (726) = LM § 16 Nr. 16 m. Anm. *Niedenführ* = WE 1996, 144 m. Anm. *Deckert;* vgl. auch NJW 1994, 1866 (1867) = WE 1994, 210 (211); BayObLG NZM 1999, 281 (282); ZWE 2000, 470 (471) = NZM 2000, 298; KG WuM 1996, 366 (368); OLG Düsseldorf ZWE 2000, 190 (192) = NJW-RR 2000.

[155] BGHZ 131, 228 (231) = NJW 1996, 725 (726) = WE 1996, 144; NJW 1994, 1866 (1867) = WE 1994, 210 (211); BGHZ 142, 290 = NJW 1999, 3713 (3714); OLG Hamm ZMR 2009, 865 (866); OLG Düsseldorf ZMR 2007, 711 f.; Brandenb.OLG ZMR 2008, 386 (389); BayObLG WE 1998, 316; ZWE 2002, 580 (582); KG WuM 1996, 366 (368); OLG Zweibrücken WE 1999, 117 = NZM 1999, 322; ZWE 2002, 544; OLG Düsseldorf ZWE 2000, 190 (192) = NJW-RR 2000, 1180; vgl. dazu *Wenzel,* FS für Seuß (1997), S. 313 (316 f.) = WE 1997, 124 (125).

[156] OLG Hamm ZWE 2009, 216 (217); ZMR 2004, 54 f.; *Wenzel,* FS für Seuß (1997), S. 313 (316 f.) = WE 1997, 124 (125 f.); *Buß* WE 1998, 176 (177); zweifeln *Häublein* ZfIR 2005, 829.

[157] *Wenzel,* FS für Seuß (1997), S. 313 (316 f.) = WE 1997, 124 (125 f.); insoweit kritisch *Bub* PiG 54, 141 (145 f.) = WE 1998, 176 (177) und *Schultzky* ZMR 2008, 757 (758 f.):keine Rechtswirkungen des in der Abrechnung ausgewiesenen Saldos, soweit es auf Beitragsrückständen beruht.

rungs- und Vorzugsrechte und der wegen Verzugs entstandenen Schadensersatzansprüche.[158]

47 Der Abrechnungsbeschluss begründet nur in Höhe der **Abrechnungsspitze,** d. h. des Betrages, um den der Abrechnungssaldo die nach dem Wirtschaftsplan geschuldeten Vorschüsse übersteigt, originär eine neue Forderung,[159] also nicht soweit der Saldo auf Beitragsrückständen aus dem Wirtschaftsplan beruht.[160] der Beschluss über die Jahresabrechnung ist insoweit Anspruchsgrundlage. Übersteigen dagegen die beschlossenen Vorschussleistungen den später nach der Genehmigung der Jahresabrechnung geschuldeten Betrag, so kann nur noch der Fehlbetrag auf Grund des Wirtschaftsplans gefordert werden.[161] So wird auch die Gefahr einer Überzahlung durch den Schuldner einerseits und die Gefahr der doppelten Geltendmachung der betreffenden Beitragsleistung[162] andererseits vermieden.

48 **bb) Verfahrensrechtliches.** Ist bereits ein **Verfahren** hinsichtlich der Beitragsrückstände aus dem Wirtschaftsplan **rechtshängig,** ergibt sich aus dem Verhältnis von Wirtschaftsplan und Jahresabrechnung folgendes: Falls sich aus dem Beschluss über die Jahresabrechnung eine **Nachforderung** ergibt, kann der Antrag entsprechend erweitert werden. Da der Beschluss über die Jahresabrechnung nur rechtsverstärkend wirkt und insoweit der bestandskräftige Wirtschaftsplan als Anspruchsgrundlage bestehen bleibt, kann der geforderte Betrag sowohl auf Grund des Wirtschaftsplanes als auch als Teilbetrag aus der Jahresabrechnung geltend gemacht werden.[163] Dementsprechend ist die erfolgreiche Anfechtung des Beschlusses über die Genehmigung der Jahresabrechnung keine Einwendung, die im Wege eines Vollstreckungsgegenklage nach § 767 ZPO gegen die Verurteilung zur Zahlung rückständiger Beitragsvorschüsse aus dem Wirtschaftsplan desselben Wirtschaftsjahres geltend gemacht werden kann.[164] Falls der **nach dem Abrechnungsbeschluss geschuldete Betrag** dagegen **niedriger** ist als der nach dem Wirtschaftsplan geschuldete, kann sich der beklagte WEer insoweit auf eine rechtsvernichtende Einwendung berufen, denn der Anspruch auf die im Wirtschaftsplan beschlossenen Beitragvorschüsse wird durch das Ergebnis der beschlossenen Jahresabrechnung begrenzt.[165] Hinsichtlich des Differenzbetrages muss das Verfahren für erledigt erklärt werden; die restlichen Beitragsrückstände können sowohl auf den Beschluss über den Wirtschaftsplan als auch auf den Abrechnungsbeschluss gestützt werden.[166] Erforderliche Änderungen des Antrags sind nach § 264 Nr. 1 und 3 ZPO zulässig.[167]

49 **c) Die Fortgeltung des bisherigen Wirtschaftsplanes.** Um auch nach Ablauf des Wirtschaftsjahres noch eine Grundlage für die kontinuierliche Pflicht der Eigentümer zur

---

[158] BGHZ 131, 228 (231) = NJW 1996, 725 (726); BGHZ 142, 290 = NJW 1999, 3713 (3714); NJW 1994, 1866 (1867) = WE 1994, 210 (211); vgl. dazu *Wenzel,* FS für Seuß (1997), 313 (315) = WE 1997, 124; kritisch *Müller* WE 1997, 130 (131 f.).

[159] BGHZ 131, 228 (231) = NJW 1996, 725 (726) = WE 1996, 144; BGHZ 142, 290 = NJW 1999, 3713 (3714); NJW 1994, 1866 (1867) = WE 1994, 210 (211); OLG Hamm ZWE 2009, 216 (217) = ZMR 2009, 467 (468); ZMR 2009, 865 (866); OLG Düsseldorf ZMR 2007, 711 f.; BayObLG WE 1998, 316; NZM 1999, 281 (282); OLG Zweibrücken WE 1996, 277 (278); *Bub,* Finanz- und Rechnungswesen, S. 174 (Rn 175).

[160] *Schultzky* ZMR 2008, 757 (758 f.).

[161] *Schnauder* WE 1991, 31 (36); vgl. BayObLG WE 1990, 220; 1991, 286; ZWE 2000, 470 (471) = NZM 2000, 298; OLG Hamm WE 1998, 499 (500).

[162] Vgl. BayObLGZ 1986, 128 (131).

[163] OLG Hamm ZMR 2009, 467 (468); ZMR 2009, 865 (866); BayObLG WE 1986, 104 (106); *Wenzel,* FS für Seuß (1997), S. 313 (322); *Schultzky* ZMR 2008, 757 (764).

[164] OLG Düsseldorf WE 1997, 423 (424) = NJWE-MietR 1997, 252.

[165] OLG Zweibrücken ZWE 2002, 542 (544); OLG Hamm ZMR 2009, 865 (866); *Wenzel,* FS für Seuß (1997), S. 313 (323) = WE 1997, 124 (128).

[166] OLG Hamm ZMR 2009, 467 (468); BayObLG NZM 1999, 853 (854).

[167] BayObLG WE 1986, 104 (106); OLG Köln WuM 1990, 46 (47); OLG Düsseldorf, ZMR 1999, 422.

Zahlung der Vorschüsse gem. § 28 Abs. 2 zu haben, muss die **Fortgeltung des bisherigen Wirtschaftsplanes** ausdrücklich beschlossen werden.[168] Die Beschlusskompetenz folgt aus § 28 Abs. 5.[169] Ein solcher Beschluss kann unter dem Gesichtspunkt ordnungsgemäßer Verwaltung geboten sein;[170] Stimmenmehrheit ist ausreichend. Im Einzelfall kann sich bereits aus dem Beschluss des Wirtschaftsplans selbst der Wille der WEer ergeben, den Wirtschaftsplan bis zur Genehmigung des neuen Plans fortgelten zu lassen; entgegen der Ansicht des OLG Köln[171] ist eine entsprechende Entschließung der WEer nicht bereits auf Grund einer mehrjährigen, widerspruchslos durchgeführten Übung der WEer anzunehmen.[172] Wollen die WEer eine **generelle Regelung** treffen, wonach jeder Wirtschaftsplan fortgelten soll, bis ein neuer Wirtschaftsplan beschlossen wird, kann dies durch Vereinbarung erfolgen. War ein Mehrheitsbeschluss mangels Beschlusskompetenz bisher nichtig,[173] ergibt sich nunmehr eine entsprechende Beschlusskompetenz aus § 21 Abs. 7.[174]

Bei dem Beschluss eines neuen Wirtschaftsplans ist es unbedenklich, die **Ansätze des alten Planes** unverändert zu **übernehmen,** sofern nicht feststeht, dass die Vorauszahlungen erheblich zu niedrig oder überhöht sind.[175] **50**

8. Anfechtung und Ergänzung des Wirtschaftsplanes

Der Beschluss über den Wirtschaftsplan kann im Anfechtungsprozess gem. § 43 Nr. 4 für ungültig erklärt werden. Eine **Anfechtung** wegen Verstoßes gegen den Grundsatz ordnungsgemäßer Verwaltung kommt etwa in Betracht, wenn die mit dem Wirtschaftsplan beschlossenen Vorauszahlungen wesentlich überhöht sind oder andererseits mit erheblichen Nachzahlungen zu rechnen ist.[176] Enthält ein Wirtschaftsplan lediglich die Gesamtbeträge der zu erwartenden Einnahmen und Ausgaben, ohne den Aufteilungsschlüssel und die auf den einzelnen WEer entfallenden Beitragsleistungen anzugeben, entspricht er idR ebenfalls nicht ordnungsgemäßer Verwaltung. Gleiches gilt, wenn ein anderer als der vereinbarte Verteilungsschlüssel zur Anwendung kommt.[177] Der Beschluss, der einen solchen Wirtschaftsplan billigt, ist auf Klage für ungültig zu erklären und nicht lediglich zu ergänzen.[178] Der angefochtene Beschluss über den Wirtschaftsplan bleibt gem. § 23 Abs. 4 Satz 1 bis zur rechtskräftigen Entscheidung gültig, so dass beschlossene Vorschüsse weiterhin geleistet werden müssen.[179] **51**

Die **Beschränkung der Anfechtung** auf selbstständige Rechnungsposten des Wirtschaftsplanes ist zulässig und führt zu einer Überprüfung nur im geltend gemachten Umfang.[180] Wird der Beschluss über die Genehmigung eines Wirtschaftsplanes **ins-** **52**

---

[168] Vgl. OLG Köln WE 1996, 112 (114) = WuM 1995, 733 (735).

[169] KG ZWE 2002, 367 (368) = NZM 2002, 294; ZWE 2002, 363 (364); ZWE 2002, 413 (414); vgl auch KG ZWE 2001, 329 f.; BayObLG ZWE 2002, 580 (583); *Becker/Kümmel* ZWE 2001, 128 (132 f.); *Merle* ZWE 2001, 196 (197); *Häublein* GE 2001, 1172; *Gottschalg* NZM 2001, 950; *Wenzel* ZWE 2001, 226 (237); vgl. auch *Greiner* ZMR 2002, 647.

[170] KG WE 1990, 210 = NJW-RR 1990, 1298 f.; ebenso BayObLG ZWE 2002, 580 (583).

[171] WE 1996, 112 (114).

[172] Im Ergebnis ebenso *Köhler* WE 1997, 134 (135 f.); *Müller* PiG 30, 193 ff.

[173] So zum früheren Recht: OLG Düsseldorf NJW-RR 2003, 1596.

[174] Vgl. § 21 Rn 149.

[175] BayObLG WE 1988, 141; 1991, 295 (296).

[176] BayObLGZ 1986, 263 (269); WE 1991, 363; OLG Düsseldorf ZWE 2000, 589 (590) = NZM 2001, 146.

[177] OLG Hamm ZMR 1996, 337 (340).

[178] BayObLG WE 1992, 174; OLG Köln WuM 1999, 297 (298); zum Fehlen der Einzelabrechnungen bei der Jahresabrechnung vgl. Rn 116.

[179] BayObLG WE 1995, 93 (94); ZWE 2000, 128 (129) = NZM 2000, 390 (Ls).

[180] BGH ZMR 2005, 547 (556); BayObLG WE 1989, 64 (65).

gesamt angefochten und ist dieser nur **bezüglich einzelner Positionen fehlerhaft,** kann der Wirtschaftsplan nur im entsprechenden Umfang für ungültig erklärt werden; der mangelfreie Teil bleibt bestehen.[181] Ein Beschluss über den Wirtschaftsplan kann wegen angeblich **zu niedriger Ansätze** angefochten werden, um Liquiditätsprobleme zu vermeiden. Er kann solange nicht für ungültig erklärt werden, wie das Gericht nicht einen neuen Wirtschaftsplan mit höheren Ansätzen festsetzt, da sonst – gegen die Interessen aller WEer – die Anspruchsgrundlage für die Zahlung von Beitragsvorschüssen ersatzlos entfiele.[182] Der Anfechtungskläger muss daher mit seiner Klage eine Gestaltungsklage auf Ersetzung des angefochtenen Beschlusses nach § 21 Abs. 8 durch einen Wirtschaftsplan mit höheren Ansätzen verbinden. Entsprechendes gilt, wenn ein Einzelwirtschaftsplan wegen **zu hoher Ansätze,** etwa bei Anwendung eines unrichtigen Verteilungsschlüssels angefochten wird.

53 Das **Rechtsschutzinteresse** für die Anfechtung des Wirtschaftsplans entfällt weder mit Ablauf des betreffenden Rechnungsjahres,[183] noch mit Beschluss der Jahresabrechnung,[184] noch mit Unanfechtbarkeit dieses Beschlusses.[185] Denn der Wirtschaftsplan entfaltet auch noch nach Bestandskraft der Jahresabrechnung Rechtswirkungen.[186] Durch den Beschluss der Jahresabrechnung wird der Wirtschaftsplan regelmäßig nicht ersetzt, sondern nur bestätigt (s. o. Rn 45). Wird über den Wirtschaftsplan oder die Jahresabrechnung **erneut Beschluss** gefasst, ist der Zweitbeschluss auch bei Wirksamkeit des ersten nicht ungültig. Ob der Zweitbeschluss den Erstbeschluss ersetzt, bestätigt oder ändert, hängt von seinem Inhalt ab.[187]

54 **Fehlen** im Wirtschaftsplan **einzelne Positionen** völlig, ist der Wirtschaftsplan, wie nach bisherigem Recht, um die fehlenden Positionen zu **ergänzen.** Hierzu hat der Kläger im Wege der Gestaltungsklage die erforderlichen Tatsachen vorzutragen, damit das Gericht gem. § 21 Abs. 8 an Stelle der WEer nach billigem Ermessen den Wirtschaftsplan ergänzen kann.

III. Die Jahresabrechnung

1. Allgemeines

55 Nach § 28 Abs. 3 hat der Verwalter nach Ablauf des Kalenderjahres eine Abrechnung aufzustellen. Da der Verwalter entgeltlicher Geschäftsbesorger ist,[188] sind auf seine Verpflichtung auch die §§ 675, 666 BGB anwendbar, wonach der Verwalter Auskunft erteilen und Rechenschaft ablegen muss. Der **Umfang der Rechenschaftspflicht** ergibt sich dabei aus § 259 Abs. 1 BGB.[189] Eine sonstige gesetzliche Ausgestaltung der Abrechnungspflicht existiert nicht, sie ist Rspr. und Literatur überlassen.

56 Das WEG differenziert zwischen der Jahresabrechnung (§ 28 Abs. 3) und der **Rechnungslegung** (§ 28 Abs. 4) des Verwalters. Während letztere jederzeit durch Mehrheitsbeschluss gefordert werden kann, ist die Abrechnung nach Ablauf jedes Kalenderjahres aufzustellen. Inhaltlich unterscheiden sich beide dadurch, dass die Jahresabrechnung aus Gesamt- und Einzelabrechnung besteht, die Rechnungslegung dagegen nur die gesamten

[181] Vgl. KG WE 1991, 323; aA *Bub,* Finanz- und Rechnungswesen, S. 38 (Rn 91).

[182] KG WE 1991, 193.

[183] So OLG Hamm OLGZ 1971, 96 (99 ff.).

[184] BayObLG WE 1998, 403 (404) = NJW-RR 1998, 1624; *Hügel/Scheel,* Rn 704; aA aber OLG Hamburg ZMR 2007, 550; Stuttgart OLGZ 1990, 175 (178); *Jennißen,* Abrechnung, Rn 730.

[185] So BayObLG WE 1991, 295 (296); 1992, 174; noch offengelassen in WE 1989, 218 (219).

[186] Vgl. KG ZMR 1986, 250 (251).

[187] Vgl. dazu § 23 Rn 56 ff.

[188] OLG Hamm OLGZ 1975, 157 (158); OLG Köln OLGZ 1986, 163 f.

[189] OLG Saarbrücken NJW-RR 2006, 732; OLG Hamm Rpfleger 1975, 255.

Einnahmen und Ausgaben zusammenstellt,[190] da für eine Aufteilung auf die einzelnen WEer innerhalb des Wirtschaftsjahres grds kein Bedürfnis besteht. Sinn der Jahresabrechnung ist es zum einen, die **endgültige Höhe der Beitragsverpflichtungen** zu ermitteln und verbindlich feststellen zu lassen, zum anderen dient sie der **Kontrolle der Wirtschaftsführung des Verwalters** und dem **Ausweis der Vermögenssituation der WEgem.**[191]

2. Die Aufstellung der Jahresabrechnung

Der Verwalter hat gem. § 28 Abs. 3 die Abrechnung nach Ablauf des Wirtschaftsjahres aufzustellen. Diese Verpflichtung des Verwalters entsteht mit Ablauf des Wirtschaftsjahres ohne dass es eines entsprechenden Beschlusses der WEer bedarf. Die WEer können die Aufstellung der Jahresabrechnung auch einem Dritten durch Beschluss übertragen, wenn dies im Einzelfall ordnungsmäßiger Verwaltung entspricht.[192] Durch Vereinbarung können die WEer auf die Aufstellung einer Abrechnung verzichten.[193] 57

a) Frist und Form. Die Jahresabrechnung ist nach Ablauf des Wirtschaftsjahres aufzustellen. Dem Begriff „aufstellen" in § 28 Abs. 3 ist zu entnehmen, dass sie schriftlich zu erfolgen hat;[194] im Übrigen muss sie den Anforderungen an Bestimmtheit und Klarheit genügen.[195] Es widerspricht nicht ordnungsmäßiger Verwaltung, wenn die WEer über eine aus losen Blättern bestehende und vom Verwalter nicht unterschriebene Jahresabrechnung beschließen.[196] 58

Der Anspruch der WEgem auf Aufstellung und Vorlage der Abrechnung wird mangels gesetzlicher Regelung ebenso wie der auf Aufstellung des Wirtschaftsplans nach Ablauf einer angemessenen Frist **fällig,** die idR 3 bis höchstens 6 Monate nach Ablauf des Wirtschaftsjahres beträgt.[197] Abweichendes kann vereinbart werden. Für die Dauer der Frist sind u. a. der Umfang und der Schwierigkeitsgrad der jeweiligen Abrechnung und die Zeit, die zur Beschaffung der notwendigen Daten erforderlich ist, maßgebend.[198] Fehlende Handwerkerrechnungen vermögen eine Verzögerung regelmäßig nicht zu rechtfertigen, denn die Jahresabrechnung ist idR eine Einnahmen- und Ausgabenrechnung (s. Rn 68), in der nur die tatsächlichen Einnahmen und Ausgaben gegenüberzustellen sind.[199] Nach Eintritt der Fälligkeit kommt der Verwalter durch Mahnung in Verzug, so dass erst dann ein Schadensersatzanspruch wegen verspäteter Abrechnung nach § 286 BGB in Betracht kommt, etwa weil ein vermietender WEer nicht rechtzeitig ggü seinem Mieter abrechnen kann.[200] Ein Zurückbehaltungsrecht gegenüber dem Anspruch auf Abrechnung, steht ihm nicht zu. Setzen die WEer dem Verwalter gem. § 281 Abs. 1 BGB eine Frist zur Aufstellung der Jahresabrechnung, können sie nach deren Verstreichen die Jahresabrechnung von einem Dritten erstellen lassen und die hierdurch entstehenden Kosten vom Verwalter als Schadensersatz fordern.[201] Darüber hinaus kann die nicht rechtzeitige Aufstellung der Abrechnung eine Abberufung des 59

190 KG MDR 1981, 407 (408); BayObLGZ 1979, 30 (32 f.); *Merle,* PiG 21, 107 (110).
191 KG OLGZ 1994, 141 (145); *Bub,* Finanz- und Rechnungswesen, S. 42 (Rn 1).
192 OLG Düsseldorf ZWE 2007, 309 f.
193 S. o. Rn 9 zum analogen Problem des Verzichts auf einen Wirtschaftsplan.
194 Vgl. *Merle* PiG 21, 107 (111).
195 BayObLGZ 1987, 86 (89).
196 KG NJW-RR 1996, 526 f. = DWE 1996, 30 (31).
197 Vgl. OLG Zweibrücken ZMR 2007, 728; 887; BayObLG WE 1991, 223 f.; *Jennißen,* Abrechnung, Rn 530 f.
198 *Bub,* Finanz- und Rechnungswesen, S. 45 (Rn 11).
199 OLG Karlsruhe WE 1998, 189 (190) = NZM 1998, 768.
200 OLG Düsseldorf ZMR 2007, 287 f.
201 KG NJW-RR 1993, 529 = WuM 1993, 142; Staudinger/*Bub* § 28 Rn 282.

Verwalters aus wichtigem Grund und eine außerordentliche Kündigung des Verwaltervertrages rechtfertigen.[202]

60 **b) Der Anspruch auf Abrechnung.** Der Anspruch auf Aufstellung der Jahresabrechnung ist Teil des Individualanspruchs auf ordnungsgemäße Verwaltung (§ 21 Abs. 4). Er kann daher genauso wie der auf Aufstellung eines Wirtschaftsplanes von jedem einzelnen WEer **gerichtlich geltend gemacht** und gem. § 887 ZPO **vollstreckt** werden.[203] Ein Anspruch auf gesonderte Abrechnung besteht nicht.[204]

61 Der Anspruch auf Abrechnung ist erfüllt, wenn die Abrechnung den formalen Erfordernissen entspricht, d. h. wenn sie **geordnet und übersichtlich** Angaben über Einnahmen, Ausgaben, Rücklagen und Bankkonten gibt und inhaltlich korrekt ist.[205] Liegen diese Voraussetzungen vor, kann ein WEer erst dann erneute Aufstellung oder Berichtigung der Abrechnung verlangen, wenn die Abrechnung in der WEVers abgelehnt oder der die Abrechnung bestätigende Beschluss rechtskräftig für ungültig erklärt worden ist.[206]

62 Mit dem **Ausscheiden eines WEers** aus der Gemeinschaft geht der Anspruch auf Abrechnung gezahlter Beitragsvorschüsse auf dessen Nachfolger über.[207] Ein Abrechnungsguthaben steht allein dem Rechtsnachfolger zu, sofern die beschlossene Einzelabrechnung einen positiven Abrechnungssaldo ausweist (s. Rn 153). Nach zutreffender Ansicht begrenzt die genehmigte Abrechnung auch nicht die vor dem Ausscheiden begründete Vorschusspflicht des ausgeschiedenen WEers;[208] vielmehr entfaltet die genehmigte Abrechnung grds. keine Wirkung *für* und *gegen* den zuvor ausgeschiedenen WEer,[209] so dass es nicht gerechtfertigt ist, ihm einen Anspruch gegen die WEgem auf Abrechnung einzuräumen. Dem ausgeschiedenen WEer steht lediglich das nachwirkende **Recht auf Einsichtnahme** in die Verwaltungsunterlagen zu, damit er in der Lage ist, etwaige Ausgleichsansprüche gegenüber seinem Rechtsnachfolger geltend zu machen.[210]

63 **c) Die gerichtliche Aufstellung der Jahresabrechnung.** Kommt der Verwalter seiner **Pflicht zur Aufstellung des Jahresabrechnung** nicht nach, kann grds jeder einzelne WEer gem. §§ 21 Abs. 4, 43 Nr. 3 eine entsprechende **Verurteilung des Verwalters** herbeiführen,[211] welche als **vertretbare Handlung** nach § 887 ZPO im Wege der Ersatzvornahme durch einen Dritten vollstreckbar ist.[212] Der Anspruch auf Aufstellung der Jahresabrechnung ist Teil des Individualanspruchs auf ordnungsgemäße Verwaltung (§ 21 Abs. 4), den die WEgem nicht nach § 10 Abs. 6 Satz 3 geltend machen kann.[213] Scheitert die Beschlussfassung der WEer über die Jahresabrechnung, kann der einzelne WEer gem §§ 21 Abs. 4 und Abs. 8, 43 Nr. 2 im Wege der **Gestaltungsklage**

---

[202] BayObLG WE 1996, 237 (239) = WuM 1996, 116 (118); ZWE 2000, 38 (39) = NJW-RR 2000, 462; OLG Karlsruhe WE 1998, 189 (190) = NZM 1998, 768.

[203] BGH NJW 1985, 912 f.; BayObLG WE 1991, 223 f.; KG WE 1987, 195 f.; OLG Hamm OLGZ 1975, 157 (158); OLG Karlsruhe WE 1998, 500 (501); OLG Düsseldorf ZMR 1999, 425 (426); aA KG NJW 1972, 2093 f.; vgl. Rn 9.

[204] KG WE 1987, 195 (196).

[205] BayObLG ZMR 2000, 110.

[206] KG WE 1987, 195 (196); BayObLG MDR 1988, 322.

[207] OLG Hamm ZMR 2008, 228 f.; KG ZWE 2000, 224 (225) = NZM 2000, 830; ZWE 2000, 274 (276) = NZM 2001, 241 mit Anm. *Drabek* ZWE 2000, 257; *Briesemeister,* FS Merle, S. 105 (112).

[208] AA Staudinger/*Bub* § 28 Rn 278, der in diesem Fall eine Abrechnungspflicht gegenüber dem ausgeschiedenen WEer bejaht; s. dazu Rn 153 mwN zum Meinungsstand.

[209] Vgl. BGH NJW 1999, 3713 (3715) = ZWE 2000, 29.

[210] Zutreffend KG ZWE 2000, 226 (227) = NZM 2000, 828; *Briesemeister,* FS Merle, S. 105 (107 f.).

[211] BGH NJW 1985, 912 f.; BayObLG WE 1991, 223 f.; KG WE 1987, 122.

[212] BayObLG WE 1989, 220; aA KG NJW 1972, 2093 f.: § 888 ZPO.

[213] Vgl. § 10 Rn 275.

verlangen, dass das Gericht den nicht getroffenen Beschluss der WEer über die **Jahresabrechnung nach billigem Ermessen ersetzt.**[214] Ob dies sinnvoll ist, mag bezweifelt werden.[215] Der Kläger hat die tatsächlichen Grundlagen der Ermessensentscheidung, ggf nach richterlichem Hinweis, vorzutragen. Ein Rechtsschutzbedürfnis hierfür besteht jedoch nur, wenn der Kläger zuvor erfolglos versucht hat, einen Genehmigungsbeschluss der WEer über die fehlerfreie Jahresabrechnung herbeizuführen und alle WEer ausreichend Zeit hatten, diese zu prüfen.[216]

d) Jahresabrechnung und Verwalterwechsel. aa) Der Verwalterwechsel während des Wirtschaftsjahres. Scheidet ein Verwalter im Laufe des Wirtschaftsjahres aus seinem Amt aus, ist er nach einhelliger Ansicht zur Erstellung einer Jahresabrechnung für das laufende Jahr nicht verpflichtet.[217] Eine solche Verpflichtung besteht nur dann, wenn dies im Verwaltervertrag vorgesehen ist, oder der ausgeschiedene Verwalter die Aufstellung der Jahresabrechnung den WEern ggü. nachträglich übernommen hat.[218] Um das Ziel einer ordnungsgemäßen Überleitung der Verwaltung an den neuen Verwalter zu erreichen, kann und sollte von ihm allerdings eine Rechnungslegung gem. § 28 Abs. 4 verlangt werden. Von der einmal **entstandenen Verpflichtung** zur Erstellung einer bestimmten Jahresabrechnung wird der Verwalter durch sein Ausscheiden jedoch nicht befreit. Ihm steht daher, soweit erforderlich, ein Einsichtsrecht in die Belege zu, sofern er sie an den neuen Verwalter übergeben hat.[219] Kommt der ausgeschiedene Verwalter seiner Verpflichtung zur Aufstellung der Jahresabrechnung nicht nach, geht diese nicht ohne weiteres auf seinen Nachfolger über. Verpflichtet bleibt der ehemalige Verwalter.[220] Ohne gesonderte vertragliche Regelung hat sein Nachfolger nur die für die Aufstellung erforderlichen Unterlagen zur Verfügung zu stellen, jedoch nicht selbst die Abrechnung aufzustellen, da es für diese Pflicht an einer Rechtsgrundlage fehlt.[221] Erfüllt der ehemalige Verwalter seine Pflicht zur Aufstellung der Jahresabrechnung für das abgelaufene Kalenderjahr nicht, kann die WEgem ihn gem. § 43 Nr. 3 auf Erfüllung in Anspruch nehmen; die Vollstreckung einer entsprechenden gerichtlichen Entscheidung erfolgt nach § 887 ZPO. Die WEer können aber auch nach §§ 280 Abs. 3, 281 Abs. 1 BGB vorgehen: Falls der bisherige Verwalter seine Pflicht zur Aufstellung der Jahrsabrechnung nach Fristsetzung nicht erfüllt, können die WEer die Abrechnung durch einen Dritten – etwa den neuen Verwalter – erstellen lassen und die dadurch anfallenden Mehrkosten als Schadensersatz statt der Leistung vom ehemaligen Verwalter ersetzt verlangen.[222] 64

bb) Der Verwalterwechsel am Ende des Wirtschaftsjahres. Umstritten ist, von wem die Jahresabrechnung zu erstellen ist, wenn der Verwalter zum Ende des Wirtschaftsjahres abberufen wird. Manche halten den **bisherigen Verwalter** für verpflichtet, die 65

---

[214] Vgl. § 21 Rn 176 ff.; § 43 Rn 192.

[215] Dazu Riecke/Schmid/*Abramenko* § 28 Rn 65.

[216] KG WE 1991, 326 f.; 1993, 221 ff.; ZWE 2000, 40 (41) = NZM 2000, 286; siehe auch Riecke/Schmid/*Abramenko* § 28 Rn 65: kein Rechtsschutzbedürfnis.

[217] OLG Zweibrücken ZMR 2007, 887; BayObLG Rpfleger 1979, 218; NJW-RR 1995, 530 = WE 1995, 374 = DWE 1995, 161; OLG Hamm NJW-RR 1993, 847; OLG Frankfurt/M. WE 1986, 139; KG WE 1988, 17; OLG Hamburg WE 1987, 83 f.

[218] BayObLG NJW-RR 1995, 530; OLG Hamm NJW-RR 1993, 847.

[219] OLG Hamm OLGZ 1993, 438 (440) = NJW-RR 1993, 847 f. = WE 1993, 248 f.; BayObLG WE 1994, 280.

[220] KG WE 1993, 82 f.; OLG Düsseldorf ZWE 2001, 114 (115) = NZM 2001, 546.

[221] *Bub,* Finanz- und Rechnungswesen, S. 46 f. (Rn 19); vgl. KG WE 1993, 82 f., das eine Verpflichtung des neuen Verwalters jedenfalls dann ablehnt, wenn ihm ein Tätigwerden im konkreten Einzelfall nur gegen Zahlung einer Sondervergütung zuzumuten ist; siehe auch OLG Köln ZWE 2000, 489 (490).

[222] KG WE 1993, 82 (83).

Jahresabrechnung zu erstellen.[223] Mit der Rspr. muss jedoch davon ausgegangen werden, dass die Jahresabrechnung Aufgabe des **neuen Verwalters** ist.[224] Nach § 28 Abs. 3 ist derjenige verpflichtet, die Jahresabrechnung aufzustellen, der im Zeitpunkt des Entstehens dieser Pflicht das Verwalteramt innehat; da die Pflicht „nach Ablauf des Kalenderjahres" entsteht und erst nach Ablauf einer Frist von drei bis sechs Monaten fällig wird, trifft die Abrechnungspflicht den mit Beginn des neuen Wirtschaftsjahres bestellten neuen Verwalter.[225] Die Aufstellung der Abrechnung stellt keine höchstpersönliche Verpflichtung dar, die nur vom Verwalter des Vorjahres erfüllt werden kann. Zudem hat der ehemalige Verwalter Schwierigkeiten, etwa noch fehlende, für die Abrechnung notwendige Unterlagen zu besorgen oder Auskünfte einzuholen, weil er keine Befugnisse mehr hat.[226]

66 Der ausgeschiedene Verwalter bleibt allerdings zur **Rechnungslegung** auf den Zeitpunkt seines Ausscheidens verpflichtet.[227] Diese Pflicht, die sich inhaltlich von der des § 28 Abs. 3 unterscheidet,[228] ergibt sich zumindest aus §§ 675, 666 BGB, weil es sich bei den Rechtsbeziehungen zwischen WEgem und Verwalter um ein Geschäftsbesorgungsverhältnis handelt.[229] Um Streitigkeiten über die Abrechnungspflicht bei einem Verwalterwechsel von vornherein zu vermeiden, empfiehlt es sich, die Abrechnungspflicht ausdrücklich im **Verwaltervertrag** zu regeln.[230]

3. Der Inhalt der Jahresabrechnung

67 **a) Allgemeines.** Die Jahresabrechnung muss eine **geordnete und übersichtliche,** inhaltlich zutreffende Aufstellung sämtlicher Einnahmen und Ausgaben für das betreffende Wirtschaftsjahr enthalten.[231] Sie muss für einen WEer auch ohne Zuziehung eines Buchprüfers oder sonstigen Sachverständigen **verständlich** sein.[232] An die Stelle der im Wirtschaftsplan geschätzten Daten treten die tatsächlichen Einnahmen und Ausgaben. Die Abrechnung muss das gesamte Wirtschaftsjahr umfassen;[233] Abrechnungen für einzelne Monate oder Quartale sind ebenso unzulässig[234] wie maßnahmebezogene Abrechnungen über mehrere Jahre.[235]

---

[223] *Röll* WE 1986, 22; WE 1987, 146 (150); *Sauren* ZMR 1985, 326 ff.; *Jennißen,* Abrechnung, Rn 723.

[224] OLG Zweibrücken ZMR 2007, 887; OLG Celle ZMR 2005, 718 f.; BayObLG WE 1989, 220; OLG Köln WE 1986, 18 = OLGZ 1986, 163 f.; OLG Hamburg WE 1987, 83; OLG Düsseldorf ZWE 2001, 114 (115) = NZM 2001, 546; LG Frankfurt/M. MDR 1985, 59; *Reichert,* ZWE 2001, 92.

[225] OLG Zweibrücken ZMR 2007, 887; OLG Köln WE 1986, 18; eingehend *Reichert* ZWE 2001, 92 (94) = PiG 61, 229 (235).

[226] OLG Köln WE 1986, 18.

[227] OLG Zweibrücken ZMR 2007, 887.

[228] Insoweit aA OLG Stuttgart Justiz 1980, 278.

[229] BayObLG WE 1994, 280; OLG Hamburg WE 1987, 83; LG Frankfurt/M. MDR 1985, 59; *Bub,* Finanz- und Rechnungswesen, S. 46 (Rn 18).

[230] Zum Wortlaut einer entsprechenden Klausel vgl. *Sauren* ZMR 1985, 326 (328).

[231] BGH ZWE 2010, 170 (171); BayObLG WE 1996, 237 (239) = WuM 1996, 116 (118); ZWE 2000, 135 (136) = NJW-RR 2000, 603; OLG Hamm, ZMR 1997, 251 (252); OLG Düsseldorf ZflR 1999, 380 (381); LG München I ZWE 2009, 218 (221); *Jennißen,* Abrechnung, Rn 390 ff.

[232] StRspr. BGH ZWE 2010, 170 (171); OLG Hamm ZMR 2008, 60; OLGZ 1975, 157 (160); BayObLG NJW-RR 1988, 81 (82); WE 1990, 133; 1991, 225; BayObLGZ 1993, 185 ff.; OLG Düsseldorf WE 1995, 278 (279); ZflR 1999, 380 (382); KG WE 1987, 195 (196); OLG Schleswig ZMR 2008, 665 (666 f.); *Demharter* ZWE 2001, 416.

[233] LG Konstanz ZMR 2008, 328; Ausnahmen: OLG München ZMR 2009, 631, LG München I ZMR 2009, 400.

[234] OLG Düsseldorf ZMR 2007, 129.

[235] Riecke/Schmid/*Abramenko* § 28 Rn 63; aA KG NJW-RR 2004, 589; ZMR 2008, 69; LG Itzehoe ZMR 2009, 144; dagegen *Einsiedler* ZMR 2009, 575 f.

Die Jahresabrechnung besteht zwingend aus zwei Teilen: Die **Gesamtabrechnung** listet die gesamten Einnahmen und Ausgaben eines Wirtschaftsjahres auf, während sich aus der **Einzelabrechnung** für jeden einzelnen WEer die endgültige Beitragsverpflichtung ergibt.[236] Die bloße Nennung von Gesamtkosten stellt keine Abrechnung dar.[237] Die Gliederung der Abrechnung sollte nach Möglichkeit der des Wirtschaftsplanes entsprechen.[238] Neben der Gegenüberstellung von Einnahmen und Ausgaben muss die Jahresabrechnung auch Angaben über die Höhe der gebildeten **Rücklagen**[239] und die **Kontostände** auf den Gemeinschaftskonten am Anfang und Ende des Abrechnungszeitraumes enthalten.[240] Werden eingenommene Gelder im laufenden Wirtschaftsjahr zur Instandsetzung ausgegeben, brauchen in der Jahresabrechnung nur die Einnahme und die endgültige Ausgabe dargestellt zu werden. Werden aber solche Gelder als Zuweisung zur Rücklage ausgewiesen und im selben Wirtschaftsjahr zur Instandsetzung ausgegeben, dann müssen sie (ergebnisneutral) als Einnahme in der Jahresabrechnung dargestellt werden.[241] Denn werden Zuweisungen zu einer Rücklage ausgewiesen, bedeutet dies die Bildung einer finanziellen Reserve, auf die die WEgem ggf zurückgreifen kann, um notwendige Arbeiten zu finanzieren; werden sie im laufenden Wirtschaftsjahr noch ausgegeben, liegt eine Verwendung der Gelder zur Rücklagenbildung nicht vor. 68

Es bleibt dem Verwalter unbenommen, über die Mindestanforderungen einer Jahresabrechnung hinaus, den WEern auch **Auskünfte** über das weitere Vermögen der Gemeinschaft, wie den Heizölbestand oder offene Forderungen und Verbindlichkeiten zu geben.[242] Bei den letztgenannten Informationen handelt es sich nicht um notwendige Bestandteile der Jahresgesamtabrechnung, auf die sich die Beschlussfassung der Eigentümer folglich nicht erstreckt.[243] 69

b) Die Darstellung der Abrechnung. Die Jahresabrechnung ist keine handelsrechtliche Bilanz und keine Gewinn- oder Verlustrechnung.[244] Mit der überwiegenden Ansicht ist sie vielmehr grundsätzlich als **reine Einnahmen- und Ausgabenrechnung** anzusehen.[245] Danach hat der Verwalter alle tatsächlich auch erzielten Einnahmen und erfolgten Ausgaben[246] in dem betreffenden Wirtschaftsjahr in die Abrechnung einzustellen, auch wenn diese möglicherweise zu Unrecht getätigt worden sind.[247] Dies gilt unabhängig davon, ob der Rechtsgrund für eine Zahlung in der betreffenden Rechnungsperiode gelegt 70

---

236 BayObLG WE 1995, 161 (162); OLG Köln WE 2008, 242 (244).

237 OLG Köln ZWE 2008, 242 (244) = ZMR 2008, 478; OLG Düsseldorf NZM 2007, 811.

238 *Röll* WE 1987, 146 (149).

239 BGH ZWE 2010, 170 (171); OLG Hamburg ZMR 2007, 550 (552).

240 OLG Hamburg ZMR 2007, 550 (552); LG München I ZWE 2009, 218 (222); OLG Hamm OLGZ 1975, 157 (159 f.); KG WE 1987, 195 ff.; BayObLG WE 1991, 164; WE 1991, 360; WuM 1993, 488 (489); WE 1995, 30 (31); ZWE 2000, 135 (136) = NJW-RR 2000, 603; OLG Düsseldorf ZWE 2001, 114 (115) = NZM 2001, 546; *Demharter* ZWE 2001, 416 (417); zur Entwicklung der Bankkonten s. *Jennißen,* Abrechnung, Rn. 467 ff.

241 OLG München ZMR 2007, 723 (724); LG München I ZWE 2009, 218 (222).

242 BayObLGZ 1993, 185 (190 f.); ZWE 2002, 577 (580).

243 BayObLG WuM 1993, 488 (489); WE 1995, 30 (31) = WuM 1994, 230.

244 BayObLG NJW-RR 2004, 1603; 1989, 1163 f.; WE 1989, 178; 1993, 114; OLG Frankfurt/M. OLGZ 1984, 333 (334); OLG Saarbrücken NJW-RR 2006, 732.

245 BayObLGZ 1993, 185 (190) = NJW-RR 1993, 1166 ff. m. w. N. = WE 1994, 181 (182 f.); WE 1995, 30 (31); 91; ZWE 2000, 135 (136) = NJW-RR 2000, 603; KG NJW-RR 1987, 1160/1161; 1992, 845; OLG Düsseldorf WuM 1991, 619; ZWE 2001, 114 (115) = NZM 2001, 546; OLG Hamm ZWE 2001, 446 (447 f.; OLG Karlsruhe WE 1998, 189 (190) = NZM 1998, 768; *Seuß* WE 1993, 32 ff.; *Sauren* WE 1993, 62 f.; *Wenzel,* FS für *Seuß* (1997), 313 (314); *Bub,* Finanz- und Rechnungswesen, S. 55 ff. (Rn 46 ff.); *Demharter* ZWE 2001, 416; kritisch *Jennißen* Rn 21, 402 ff.; aA *Happ* ZMR 2001, 260 (262).

246 BGH ZWE 2010, 170 (171).

247 OLG Düsseldorf WuM 1991, 619.

wurde, oder ob tatsächliche Auswirkungen auch spätere Jahre betreffen können. **Rechnungsabgrenzungen** sind nicht vorzunehmen[248] und erst im nächsten Wirtschaftsjahr fließende Zahlungseingänge oder -ausgänge erst im Wirtschaftsplan des nächsten Jahres bzw. in der nächsten Jahresabrechnung zu berücksichtigen.[249] Dies gilt auch dann, wenn es sich um Vorschusszahlungen für das betreffende Wirtschaftsjahr handelt, die erst im folgenden Jahr gezahlt werden, selbst wenn der Zahlungseingang bereits vor Beschluss der Jahresabrechnung erfolgte.[250] **Forderungen und Verbindlichkeiten** – auch aus früheren Jahresabrechnungen – sind nicht zu berücksichtigen.[251] Insbesondere Forderungen gegen Dritte sind nicht in der Jahresabrechnung aufzuführen.[252] Die Abrechnung von Baumaßnahmen, von vereinnahmten **Sonderumlagen,** insbes. bei mehrjährigen Maßnahmen, hat nicht isoliert neben der Abrechnung über die sonstigen Kosten zu erfolgen,[253] sondern grds in der nächsten Jahresabrechnung.[254] Dies gilt auch für Sonderumlagen zur Finanzierung von Maßnahmen, die sich über mehrere Abrechnungsperioden erstrecken und nicht bis zur ersten auf sie folgenden Abrechnung beendet sind; dadurch ggf. entstehende Guthaben verbleiben als noch nicht verwendete Mittel idR bei der WEgem.[255]

71 Vom Prinzip der reinen Einnahmen- und Ausgabenrechnung ist für die **Heiz- und Warmwasserkosten** eine **Ausnahme** anerkannt. Im Hinblick auf die in der Heizkostenverordnung vorgeschriebene verbrauchsabhängige Abrechnung (§§ 3, 6, 7 Abs. 2 HeizkostenVO) muss bei den Heizkosten der Gegenwert des im Abrechnungszeitraum verbrauchten Brennstoffs und dürfen nicht die tatsächlichen Brennstoffausgaben in die Jahresabrechnung aufgenommen werden.[256]

72 Zahlungen der WEer, die für die **Instandhaltungsrückstellung** vorgesehen sind, sind in der Abrechnung als Einnahmen auszuweisen. Werden sie intern auf einem Sonderkonto für die Instandhaltungsrücklage verbucht, so bedeutet dies mangels tatsächlichen Abflusses von Mitteln keine Ausgabe, so dass die Umbuchung nicht in die Abrechnung als Ausgabe aufgenommen werden darf.[257] Auch geschuldete, aber nicht geleistete Zahlungen für die Instandhaltungsrückstellung sind in der Jahresgesamt- und -einzelabrechnung weder als Ausgabe noch als sonstige Kosten zu buchen, da sie der WEgem nicht zur Verfügung stehen. Da der Wirtschaftsplan für nicht geleistete Beiträge zur Instandhaltungsrückstellung auch nach dem Beschluss der Jahresabrechnung Anspruchsgrundlage bleibt,[258] ist die Ausweisung von Zuführungen zur Instandhaltungsrückstellung als Ausgabe auch nicht zur

---

[248] OLG Saarbrücken NJW-RR 2006, 732; OLG Schleswig ZMR 2008, 665 (667); aA *Jennißen* ZWE 2002, 19, der die Bildung von Jahresabgrenzungspositionen für gerechter und mit §§ 16 Abs. 2, 28 Abs. 1 Satz 2 WEG vereinbar hält; s. aber Rn 71.

[249] OLG Saarbrücken NJW-RR 2006, 732; BayObLG NJW-RR 2000, 605; KG NJW-RR 1987, 79 (80); OLG Frankfurt/M. OLGZ 1984, 333 (334); BayObLG WE 1990, 133; 1991, 167 (168); 1991, 225; NZM 1999, 133; OLG Zweibrücken NZM 1999, 276.

[250] BayObLG WE 1993, 114.

[251] BayObLGZ 1992, 79 (85); WE 1995, 91 = DWE 1994, 156; ZWE 2000, 187 (188); 2002, 577 (580).

[252] BayObLG ZMR 2002, 684 = ZWE 2002, 358 (Ls).

[253] *Drasdo* ZWE 2000, 248 (253) = PiG 59, 177; aA AG Kerpen ZMR 1998, 376.

[254] KG ZMR 2005, 309; *Einsiedler* ZMR 2009, 563 (575); Jennißen Rn 295.

[255] *Einsiedler* ZMR 2009, 573 (575 f.; s. a. *Jennißen* Rn 295.

[256] BayObLG ZMR 2004, 131 (132); WE 1992, 175 (176); BayObLGZ 1993, 185 (188) = WE 1994, 181 (182 f.); 184; 1995, 30 (31); NJW-RR 2000, 1467; 2003, 1666; KG NJW-RR 1994, 1106; OLG Hamm ZWE 2001, 446 (448); LG Köln ZMR 2007, 652 f.; LG Nürnberg-Fürth ZMR 2009, 74; vgl. i. E. *Bub,* Finanz- und Rechnungswesen, S. 71 f. (Rn 89 f.), der die Differenz zwischen den tatsächlichen Kosten und den Kosten des Verbrauchs als Ausgleichsposten ausweisen will.

[257] BGH ZWE 2010, 170 (171); dazu *Armbrüster* ZWE 2010, 168; *Wilhelmy* ZWE 2010, 210; *Drasdo* NZM 2010, 217; *Ott* ZWE 2007, 508 f.; aA BayObLG NJW-RR 1991, 15 f.; siehe Voraufl. Rn 69.

[258] BGHZ 131, 228 (231); vgl. dazu Rn 46.

Erhaltung einer Anspruchsgrundlage[259] erforderlich.[260] Es besteht mithin kein Grund, eine Ausnahme von den Grundsätzen der Einnahmen- und Ausgabenrechnung zuzulassen.[261] **Zinsen,** die bei der Instandhaltungsrücklage verbleiben, dürfen sich auf das Ergebnis der Jahresabrechnung nicht auswirken.[262]

In der Abrechnung ist die **Entwicklung der Instandhaltungsrückstellung** darzustellen, nicht ist diese gesondert abzurechnen. Dies soll den WEern ermöglichen, die Vermögenslage ihrer Gemeinschaft zu erkennen und die Jahresabrechnung auf Plausibilität zu überprüfen.[263] Hierbei sind die tatsächlichen Zahlungen der WEer auf die Rücklage als Einnahmen und zusätzlich auch die noch geschuldeten Zahlungen auszuweisen.[264] Dies ermöglicht die Feststellung des tatsächlichen Bestandes der Rückstellung und der rückständigen Beitragsleistungen der WEer. Die Instandhaltungsrückstellung darf nicht als Soll-Rückstellung geführt werden, die nicht den tatsächlichen Bestand ausweist.[265]

Nach Ansicht des KG soll eine weitere Ausnahme vom Prinzip der Einnahmen/Ausgaben-Rechnung zulässig sein. Hierin sei nur eine Mindestanforderung zu sehen.[266] Werde die Aufnahme und Umlage offener **Verbindlichkeiten** durch Mehrheitsbeschluss der WEer gebilligt, erhöhe dies den Informationsgehalt der Jahresabrechnung; ihre Ungültigerklärung komme daher solange nicht in Betracht, wie sie **klar und übersichtlich** bleibe und zusätzlich der Eigentümer im Zeitpunkt der Beschlussfassung mit demjenigen bei Eingehung der entsprechenden Verbindlichkeit identisch sei.[267] Des Weiteren kann nach der Ansicht des KG dann vom Grundsatz der Einnahmen-Ausgaben-Rechnung abgewichen werden, wenn die Mehrheit getätigte Ausgaben eines Eigentümers für das GemE anerkennt und mit Beitragsforderungen verrechnet.[268] Diese Ansicht ist durch die Entscheidung des BGH zur Rechtsfähigkeit der WEgem überholt.[269] Sie führt zu einer grundlegenden Durchbrechung des Einnahmen-/Ausgabenprinzips und erschwert damit die Nachprüfbarkeit der Jahresabrechnung und der Konten.[270] **73**

Von Teilen der Literatur wird die reine Einnahmen- und Ausgabenrechnung als nicht interessengerecht abgelehnt und eine **erweiterte Abrechnung** gefordert.[271] Zum Teil wird die Aufnahme von **Jahresabgrenzungspositionen** in die Abrechnung vorgeschlagen;[272] weitergehend wird eine auf der Grundlage der doppelten Buchführung erstellte, in der Form eines **„abgespeckten" handelsrechtlichen Jahresabschlusses** mit Bilanz **74**

---

[259] *Demharter* ZWE 2001, 416 (417).

[260] BGH ZWE 2010, 170 (171); *Drasdo* NZM 2010, 217; OLG München ZMR 2007, 724.

[261] *Demharter* ZWE 2001, 416 (417), aA *Jennißen,* Abrechnung, Rn 489 ff.

[262] Zu den Möglichkeiten der Darstellung bgl. LG München I ZWE 2009, 218 (221 f.).

[263] OLG Saarbrücken ZMR 2006, 228 (229).

[264] BGH ZWE 2010, 170, (172); *Drasdo* NZM 2010, 217.

[265] AG Saarbrücken ZMR 2008, 925 (926).

[266] KG OLGZ 1993, 435 ff. = WE 1993, 195 f. = NJW-RR 1993, 1106 f. mit krit. Anm. von *Seuß;* LG Berlin DWE 1992, 83.

[267] KG OLGZ 1993, 435 (437 f.) = NJW-RR 1993, 1105 (1106); KG NJW-RR 1994, 1105 (1106) = WE 1994, 271 f.; so auch OLG Celle DWE 1984, 126 (Ls); *Dittrich* ZMR 1986, 189 f. (Fn 29); zu den Grenzen dieser Rspr. vgl. KG ZWE 2001, 381, wonach nur offene Verbindlichkeiten berücksichtigt werden könnten, die während des Abrechnungszeitraums entstanden sind; weitergehend noch KG OLGZ 1993, 435 (437).

[268] KG NJW-RR 1993, 1104 f. = WE 1993, 275 f. mit kritischer Bemerkung von *Seuß.*

[269] Vgl. Riecke/Schmid/*Abramenko* § 28 Rn 75.

[270] Staudinger/*Bub* § 28 Rn 327.

[271] *Maul* DB 1980, 937 (939); *Jennißen,* Abrechnung, Rn 21 ff., 484 ff.; *Schröder/Münstermann-Schlichtmann* WE 1991, 174 ff.; 1994, 65 ff.; *Giese* WE 1993, 64 ff.; *Kellmann* ZMR 1989, 161 ff., 401 ff.; *Stein* WE 1993, 72 ff.; *Happ* ZMR 2001, 260 (262); *Greiner,* Rn 871 ff.

[272] *Jennißen,* Abrechnung, Rn 484 ff., 496 ff.; *Herbst* WE 1995, 2 (3 aE); dagegen *Hauger* PiG 44, 173 (180) = WE 1995, 177 (180), die Abgrenzungen nicht innerhalb der Einnahmen-/Ausgabenrechnung, sondern in der Anlage vornehmen will.

sowie Gewinn- und Verlustrechnung gehaltene Jahresabrechnung als erforderlich angesehen.[273] Dies widerspricht jedoch dem Zweck der Jahresabrechnung bei der WEgem Denn es geht hier nicht, wie bei der Abrechnung eines Kaufmanns, um die Darstellung des wirtschaftlichen Erfolgs (Gewinn und Verlust) in dem abgelaufenen Geschäftsjahr, sondern um die Deckung der im Jahresverlauf angefallenen Ausgaben durch die Einnahmen und die Frage, welche Nachzahlungen oder Rückzahlungen demnach geleistet werden müssen.[274] Auch setzt eine solche Abrechnung spezifische Buchführungs- und Rechnungslegungskenntnisse beim Verwalter auf der einen Seite, die Fähigkeit, eine Bilanz nachvollziehen und prüfen zu können, bei den WEern auf der anderen Seite voraus.[275] Allein die einfache Einnahmen- und Ausgabenrechnung wird den Anforderungen an Übersichtlichkeit und Verständlichkeit gerecht, die bei der WEgem unverzichtbar sind.[276]

75 Wünschen die Eigentümer allerdings eine Jahresabrechnung, die durch die Berücksichtigung offener Forderungen und Verbindlichkeiten, die Vornahme von Rechnungsabgrenzungen und die Angabe eines Vermögensstatus einer Bestands- und Erfolgsrechnung im Sinne des HGB entspricht, können sie dies gemäß § 10 Abs. 2 Satz 2 **vereinbaren.**[277] Ein Mehrheitsbeschluss genügt dafür nicht.[278] Verlangen die Eigentümer die Erstellung einer Bilanz, kann der Verwalter wegen seines Mehraufwandes Anspruch auf eine Zusatzvergütung haben; dies hängt vom Inhalt des Verwaltervertrages ab. Der Verwalter kann neben der Vorlage der Einnahmen-Ausgaben-Rechnung die WEer **zusätzlich über Forderungen und Verbindlichkeiten der WEgem informieren.**[279] Solche Informationen sind aber nicht Inhalt der Abrechnung; erstreckt sich der Beschluss über die Abrechnung gleichwohl auch darauf, kommt eine Anfechtung des Beschlusses in Betracht.[280] Der Verwalter ist ohne vertragliche Regelung oder Mehrheitsbeschluss nicht verpflichtet, eine Übersicht über Forderungen und Verbindlichkeiten der WEgem vorzulegen.[281] Allerdings hat er eine entsprechende Auskunftspflicht ggü der WEgem nach § 666 BGB.

76 **c) Die Einnahmen und Ausgaben.** Die Einnahmen und Ausgaben sind soweit aufzuschlüsseln, dass sich ihre Berechtigung überprüfen lässt. Zulässig ist im gewissen Umfang die Zusammenfassung von Einzeleinnahmen und -ausgaben (etwa Kleinreparaturen).[282] Aufzunehmen in die Jahresabrechnung sind nur die tatsächlichen Zahlungsströme des Wirtschaftsjahres.

77 **aa) Die Einnahmen.** Haupteinnahmequelle sind die Beitragsleistungen der WEer, die in dem tatsächlich geleisteten Umfang in die Gesamtabrechnung eingehen müssen.[283] Aus Gründen besserer Übersichtlichkeit können die eingegangenen Vorschüsse auch in einer gesonderten Kontoübersicht ausgewiesen werden, die dann als Bestandteil der Gesamtabrechnung Beschlussgegenstand sein muss.[284] Hierbei sind auch erzielte Zinseinkünfte zu berücksichtigen. Bei Kursschwankungen unterliegende Wertpapieranlagen, wie Aktien oder Beteiligungen an Aktienfonds, ist die Kurswertentwicklung anzugeben. Bei Bundes-

---

[273] *Schröder/Münstermann-Schlichtmann* WE 1991, 174 (176).

[274] OLG München NZM 2007, 734 (735); BayObLGZ 1993, 185 (190), DWE 2001, 32; LG München I ZWE 2009, 218 (221).

[275] *Bub,* Finanz- und Rechnungswesen, S. 59 f. (Rn 57).

[276] BayObLGZ 1993, 185 (190).

[277] BayObLG NJW-RR 2000, 1467 f.

[278] BayObLGZ 1993, 185 (191) = NJW-RR 1993, 1166 ff.; ZWE 2000, 407 (409) = NJW-RR 2000, 1466; OLG Zweibrücken NZM 1999, 276.

[279] BayObLG NJW-RR 2000, 605.

[280] BayObLG NJW-RR 1993, 1168; 2000, 18; 2002, 881.

[281] Riecke/Schmid/*Abramenko* § 28 Rn 72.

[282] *Merle* PiG 21, 107 (113 f.); *Dürr* ZMR 1985, 255 ff.

[283] BayObLG WE 1990, 133; OLG Hamm OLGZ 1975, 157 (159); OLG Düsseldorf WE 1991, 251; OLG Frankfurt/M. OLGZ 1984, 333 f.; abweichend *Jennißen,* Abrechnung, Rn 410.

[284] BayObLG WE 1990, 133.

schatzbriefen vom Typ „B“, bei denen Zinsen erst am Ende der Laufzeit ausbezahlt werden, sind die jährlichen Zinseinkünfte in die Jahresabrechnung einzustellen, da diese im Falle eines vorzeitigen Verkaufs zur Auszahlung gelangen würden.[285] Für Bundesschatzbriefe vom Typ „A“ stellt sich dieses Problem wegen der jährlich erfolgenden Zinszahlungen nicht. Zu verweisen ist im Übrigen auf das zum Wirtschaftsplan Ausgeführte.[286]

bb) Die Ausgaben. Aufzuführen sind alle Beträge, die für das GemE und seine Verwaltung tatsächlich aufgewandt wurden, Dabei handelt es sich vor allem um Lasten und Kosten iSv § 16 Abs. 2. Aufzuführen ist auch die Zahlung von Zinsabschlags- bzw. Kapitalertragssteuern.[287] 78

(1) Unberechtigte Ausgaben. Da alle Ausgaben in der Jahresabrechnung auszuweisen sind, müssen auch Ausgaben, die unberechtigterweise aus Geldern der WEgem bezahlt worden sind, in der Jahresabrechnung aufgeführt werden.[288] Denn die Zahlung stellt eine tatsächliche Ausgabe zu Lasten der WEgem dar,[289] so dass andernfalls die Abrechnung fehlerhaft wäre. Eine Übereinstimmung der Entwicklung der Konten der WEgem mit den Einnahmen und Ausgaben ließe sich rechnerisch richtig nicht darstellen. Zu unberechtigten Ausgaben können veruntreute Gelder,[290] andere als die in § 16 Abs. 7 und 8 genannten Rechtsverfolgungskosten (dazu s. Rn 77), Ausgaben für das SE eines WEers[291] etc. gehören. Sind die Kosten materiell-rechtlichen von einzelnen WEern zu tragen, ist Korrektur dadurch herbeizuführen, das die unberechtigten Ausgaben in den Einzelabrechnungen nur auf die WEer umgelegt werden, die sie hätten tragen müssen.[292] Gehören diese WEer nicht mehr der WEgem an, oder ist objektiv zweifelhaft, ob sie von einem WEer zu tragen sind,[293] müssen die unberechtigt getätigten Ausgaben von den der WEgem angehörenden WEern nach dem maßgebenden Verteilungsschlüssel getragen werden;[294] gegen den ausgeschiedenen WEer können Ersatzansprüche bestehen.[295] Das Vorliegen unberechtigter Ausgaben hat zur Folge, dass die Jahresabrechnung zwar als rechnerisch richtig zu genehmigen ist, da eine tatsächliche Ausgabe vorliegt,[296] der Verwalter aber nicht entlastet werden darf. Ein gegen ihn bestehender Schadensersatzanspruch ist idR als Einnahme im nächsten Wirtschaftsplan aufzuführen. 79

(2) Rechtsverfolgungskosten. Kosten eines Verfahrens nach § 43 sind gem. § 16 Abs. 8 grds keine gemeinschaftlich zu tragendem Kosten der Verwaltung. Die Kosten einer Entziehungsklage nach § 18 und die Mehrkosten eines Rechtsanwalts auf Grund einer Vereinbarung nach § 27 Abs. 2 Nr. 4, Abs. 3 Satz 1 Nr. 6 sind dagegen Kosten der Verwaltung. Dasselbe gilt für solche Verfahren, an denen alle WEer auf einer Seite als Kläger oder Beklagte beteiligt sind,[297] etwa als Beklagte in Verfahren nach § 43 Nr. 2 sowie 80

[285] OLG Düsseldorf, ZMR 1997, 323 (324) = NJWE-MietR 1997, 252 = WE 1997, 313; kritisch dazu *Drasdo* WE 1998, 436 (438).

[286] Vgl. Rn 18 ff.; zu den Einnahmen i. E. *Bub,* Finanz- und Rechnungswesen, S. 68 ff. (Rn 77 ff.).

[287] AG Neuss ZMR 2007, 898.

[288] OLG Hamm ZMR 2008, 60; BayObLG NJW-RR 2004, 1090; KG ZMR 2006, 63; OLG Düsseldorf ZMR 2006, 218; OLG Frankfurt NJW-RR 2006, 519 f.; OLG München ZMR 2007, 140 f.; ZMR 2006, 949; OLG Hamburg ZMR 2009, 781 (782).

[289] BayObLG DWE 1990, 28 f.; WE 1991, 168; WuM 1993, 488 (489); NJW-RR 1997, 715 (716); ZWE 2000, 268 (270) = NZM 2000, 554; ebenso KG DWE 1992, 81 ff.; BGH WE 1997, 306 (308) = NJW 1997, 2106; *Demharter* ZWE 2001, 585 (586).

[290] Vgl. AG München NJW-RR 2006, 1241.

[291] KG WE 1992, 284 f.; BayObLG NJW-RR 1992, 1431; WE 1993, 281 f.; WE 1994, 118 (119) = DWE 1994, 29 (30) = WuM 1993, 486 f.

[292] OLG Hamm ZMR 2008, 60; OLG Frankfurt NJW-RR 2006, 520; OLG Hamburg ZMR 2009, 781 (782); LG Hamburg ZMR 2006, 811.

[293] OLG Hamm ZMR 2008, 60.

[294] OLG Frankfurt NJW-RR 2006, 520.

[295] Vgl. BayObLG NJW-RR 1997, 717.

[296] BayObLG NJW-RR 2002, 881.

[297] Vgl. *Hügel* ZWE 2008, 265 267 f.

nach § 43 Nr. 3 und 4 bei Klage des Verwalters oder als Kläger gegen den Verwalter. Auch Kosten eines **Verfahrens der Gemeinschaft der WEer mit Dritten** sind als Verwaltungskosten aus den eingenommenen Geldern der WEgem zu bezahlen, in der Gesamtabrechnung aufzuführen und in sämtliche Einzelabrechnungen nach dem maßgeblichen Umlageschlüssel einzustellen.[298] Soweit Kosten eines Rechtsstreits Verwaltungskosten sind, können Vorschüsse für solche Verfahren aus den Geldern der WEgem finanziert werden.[299]

Rechtsverfolgungskosten anderer Verfahren sind nur von den unterlegenen WEern zu tragen. Hierzu gehören insbes. die Kosten eines Verfahrens **einzelner WEer gegen andere WEer,** etwa eines Beschlussanfechtungsverfahrens; diese sind nach § 16 Abs. 8 keine Kosten der Verwaltung, dürfen also nicht aus Mitteln der WEgem bezahlt werden.[300] Dies gilt entgegen der bisher hM[301] auch für **Kostenvorschüsse** für klagende oder beklagte WEer. Denn es werden dadurch mit Mitteln der WEgem fremde Verbindlichkeiten getilgt, nämlich einzelner oder mehrerer WEer.[302] Werden sie dennoch aus dem Verwaltungsvermögen bezahlt, müssen sie als unberechtigte Ausgaben in die Jahresabrechnung eingestellt werden. Liegt zum Zeitpunkt der Erstellung der Jahresabrechnung eine rechtskräftige Entscheidung mit verbindlicher Kostenverteilung noch nicht vor, sind wegen § 16 Abs. 8 nicht alle WEer, sondern nur die klagenden oder beklagten WEer, für die aus dem Verwaltungsvermögen Vorschüsse entnommen wurden, mit den bezahlten Vorschüssen in den Einzelabrechnungen – mangels spezieller Vereinbarung entsprechend den MEA – zu belasten.[303]

Mit rechtskräftiger Entscheidung ist dann eine vor Verfahrensende evtl. vorläufig vorgenommene quotenmäßige Kostenverteilung in den Einzelabrechnungen entsprechend der Kostenentscheidung des Gerichts durch Belastung der WEer zu ersetzen, die sie nach der gerichtlichen Entscheidung zu tragen haben.[304] Die Verteilung der Rechtsverfolgungskosten hat nicht gem. § 100 ZPO nach Kopfteilen, sondern bei Fehlen nach dem allgemeinen Verteilungsschlüssel zu erfolgen,[305] d. h. nach dem Verhältnis der MEA, sofern kein anderer Maßstab vereinbart ist.

81 **(3) Der Ausweis der Umsatzsteuer.**[306] Zwingend umsatzsteuerpflichtig ist die Vermietung von Plätzen für das Abstellen von Fahrzeugen (§ 4 Nr. 12 S. 2 UStG), es sei denn, die WEgem ist Kleinunternehmer iSd § 19 Abs. 1 UStG.[307] Demgegenüber sind von der WEgem an einzelne WEer erbrachte Leistungen, die in der Überlassung des GemE zum Gebrauch, seiner Instandhaltung, Instandsetzung und sonstigen Verwaltung sowie der Lieferung von Wärme und ähnlichen Gegenständen bestehen, zwar steuerbare aber gem. § 4 Nr. 13 UStG von der Steuererhebung befreite Umsätze. In der Jahresabrechnung dürfen Umsatzsteuern daher nicht gesondert ausgewiesen, sondern nur Bruttobeträge eingestellt werden. Unterliegen bestimmte Leistungen nach § 4 Nr. 13 UStG einer Steuer-

---

[298] Vgl. § 16 Rn 152 ff.; s. auch *Deckert* ZWE 2009, 64; *Hügel* ZWE 2008, 265 ff. (271).

[299] *Hügel* ZWE 2008, 265 (269).

[300] OLG München NJW-RR 2007, 593; OLG Hamburg ZMR 2007, 553; OLG Frankfurt NJW-RR 2006, 519 f.; *Kuhla* ZWE 2009, 196 (198); offen gelassen BGH MietRB 2007, 142; aA *Jennißen,* Abrechnung, Rn. 189.

[301] OLG Köln ZfIR 2003, 683; BayObLG NJW-RR 1992, 1431 ff.; WE 1993, 281 f.; bekräftigt in WE 1994, 118 (119) = DWE 1994, 29 (30); *Deckert* ZWE 2009, 63 (65); LG Düsseldorf ZMR 2009, 712.

[302] Ausführlich *Hügel* ZWE 2008, 265 (269 f.); iErg ebenso *Kuhla* ZWE 2009, 196 (198); *Moosheimer* ZMR 2009, 809 (816); ausdrücklich offen gelassen BGH NJW 2007, 1869.

[303] OLG München NZM 2007, 251; KG ZMR 2006, 224; OLG Köln ZfIR 2003, 683; *Hügel* ZWE 2008, 265 (272).

[304] St. Rspr.: OLG Frankfurt/M NZM 2006, 320 (303).

[305] Vgl. BGH NJW 2007, 1869; KG ZMR 2006, 153 f.; dazu *Hügel* ZWE 2008, 265 (268).

[306] Ausführlich *Jennißen*, Abrechnung, Rn 505 ff.

[307] Siehe im Einzelnen *Sauren* WE 1994, 261 ff.; FachV 1, 49 ff.

befreiung, können die WEer hierauf gleichwohl unter den Voraussetzungen des § 9 Abs. 1 UStG ganz oder teilweise verzichten. Die WEgem kann nur solche Umsätze als steuerpflichtig behandeln, die sie an andere Unternehmer für deren Unternehmen ausführt. Der Leistungsempfänger muss also sein WE/TE unternehmerisch verwenden, etwa indem er es als Arztpraxis, Lagerraum etc. selbst nutzt oder es an Dritte vermietet. Optieren die WEer danach in zulässiger Weise für eine Steuererhebung, muss der Verwalter ebenso wie bei einer aus anderen Gründen bestehenden Steuerpflicht die auf die einzelnen Ausgabenpositionen entfallende **Mehrwertsteuer** gesondert in der Gesamtabrechnung und in den Einzelabrechnungen ausweisen.[308] Diese Pflicht besteht nicht nur unter steuerrechtlichen Gesichtspunkten,[309] sondern sie ist auch aus § 28 Abs. 3 herzuleiten.[310] Zu den Aufgaben des Verwalters gehört dann auch die nicht gesondert zu honorierende Tätigkeit,[311] die **Umsatzsteuererklärungen** beim Finanzamt **einzureichen** und die Steuer fristgerecht abzuführen, eventuell unter Zuhilfenahme eines Steuerberaters.

Auf die **Steuerbefreiung** kann nur durch Mehrheitsbeschluss **verzichtet** werden,[312] 82
weil die Folgen des Verzichts unmittelbar die Verwaltung des GemE berühren, auch wenn jedem WEer ggü. getrennt optiert werden kann. Die WEgem hat dadurch weitreichende steuerrechtliche Verpflichtungen zu erfüllen, wie die Abgabe von Umsatzsteuererklärungen (§ 18 UStG) und die Führung der in § 22 UStG vorgesehenen Aufzeichnungen.

Da sichergestellt werden muss, dass die hierdurch entstehenden Mehrkosten (Verwalter- 83
vergütung etc.) nicht von der WEgem, sondern nur von den begünstigten WEern getragen werden, ist ein **Beschluss der WEer** notwendig.[313] Allerdings ist dem einzelnen WEer auf Grund von § 21 Abs. 4 ein Anspruch gegen die WEgem auf Abgabe der Optionserklärung zuzubilligen, wenn er sich verbindlich verpflichtet, alle zusätzlichen Kosten und Haftungsrisiken zu übernehmen.[314] Hat die WEgem auf die Steuerbefreiung verzichtet, gewährt § 14 Abs. 1 Satz 1 UStG dem einzelnen WEer einen Anspruch auf gesonderten Ausweis der Mehrwertsteuer. Dieser Anspruch wird auch nicht durch die Entlastung des Verwalters für das betreffende Jahr berührt, da die Gemeinschaft über einen individuellen Anspruch einzelner WEer nicht verfügen kann.[315]

(4) Bauabzugssteuer. Sofern die WEgem verpflichtet ist, Bauabzugssteuer (§ 48 Abs. 1 84
Satz 1 EStG)[316] an das für den Leistenden zuständige Finanzamt zu zahlen, ist die geleistete Zahlung als Ausgabe in die Jahresabrechnung einzustellen. Abzugsverpflichtet ist die WEgem, sofern sie als Unternehmer i. S. v. § 2 UStG einzustufen ist. Die WEgem ist Unternehmer i. S. v. § 2 UStG,[317] sofern sie gewerblich tätig wird. Gewerbliche Tätigkeit i. S. v. § 2 Abs. 1 Satz 3 UStG ist „jede nachhaltige Tätigkeit zur Erzielung von Einnahmen". Vermietet die WEgem etwa Räume an Dritte, so unterliegt die Entgegennahme von Bauleistungen der Abzugspflicht, sofern die Freigrenze nach § 48 Abs. 1 Satz 2 EStG überschritten ist. Eine Abzugspflicht ist hingegen nicht gegeben, soweit Räume lediglich zu Wohnzwecken genutzt werden. Wird die Bauleistung für ein Bauwerk erbracht, das nur teilweise unternehmerischen Zwecken dient, kommt es darauf an, ob die Bauleistung dem

---

308 BayObLG NJW-RR 1997, 79 = WE 1997, 79.

309 *Spiegelberger* WE 1988, 79 (82).

310 *Merle* PiG 21, 107 (114 f.).

311 *Merle* PiG 21, 107 (115); aA *Spiegelberger* WE 1988, 79 (82); *Deckert* PiG 18, 149 (156).

312 BayObLG NJW-RR 1997, 79 = WE 1997, 79; *Sauren* BB 1986, 436 (438 f.).

313 OLG Hamm WE 1992, 258 f.; BayObLG NJW-RR 1997, 79 = WE 1997, 79; *Spiegelberger* WE 1988, 79 (82); *Jennißen,* Die Verwalterabrechnung, S. 118 f. (Rn 153).

314 OLG Hamm WE 1992, 258 f.; BayObLG NJW-RR 1997, 79 = WE 1997, 79.

315 OLG Hamm WE 1992, 258 f.

316 Eingeführt durch das „Gesetz zur Eindämmung illegaler Betätigung im Baugewerbe" (BGBl. I 2001 S. 2267); allgemein zur Bauabzugssteuer *Heß-Mähnert* ZWE 2002, 158 ff.

317 Zur Unternehmensfähigkeit der Bruchteilsgemeinschaft *Reiß* in *Reiß/Kraeusel/Langer,* UStG § 2 Rn 83; *Heidner* in *Bunjes/Geist,* UStG § 2 Rn 27.

unternehmerischen oder nichtunternehmerischen Teil des Bauwerks zugeordnet werden kann.[318] Nur wenn die Bauleistung überwiegend Maßnahmen in der vermieteten Wohnung selbst betrifft, ist von einer Bauabzugsbesteuerung auszugehen.

85 **d) Die Einzelabrechnung. aa) Allgemeines.** Aus der Gesamtabrechnung sind die jeweiligen Einzelabrechnungen abzuleiten, indem nach Maßgabe des Kostenverteilungsschlüssels der auf den einzelnen WEer entfallende Anteil an den Gesamtausgaben festgestellt und diesem die von ihm geleisteten Beitragsvorschüsse gegenübergestellt werden.[319] Die Einzelabrechnungen können daher nicht isoliert, d. h. ohne gleichzeitigen oder vorangegangenen Beschluss über die Gesamtabrechnung beschlossen werden. Werden lediglich Einzelabrechnungen als Jahresabrechnung beschlossen, hat dieser Beschluss eine Jahresabrechnung im Rechtssinne nicht zum Gegenstand, kann nicht bestandskräftig werden und nicht einen Anspruch auf Zahlung von Wohngeld begründen.[320] Die Kostenarten in Gesamt- und Einzelabrechnung müssen übereinstimmen.[321] In einer Einzelabrechnung dürfen nur Beträge auftauchen, die auch in der Gesamtabrechnung enthalten sind.[322] Die Differenz zwischen Vorauszahlung und tatsächlicher Kostenlast führt nach entsprechendem Beschluss der WEer entweder zu einer **Nachzahlungsverpflichtung** oder zu einem **Rückzahlungsanspruch,** gerichtet gegen die WEgem, der je nach Beschluss entweder zu erfüllen oder mit der künftigen Vorauszahlung zu verrechnen ist.

86 Der Verwalter hat in der Einzelabrechnung den für jede Kostenposition der Gesamtabrechnung geltenden **Verteilungsschlüssel** und die daraus für den einzelnen WEer resultierenden **Einzelbeträge** aufzuführen. Die Aufteilung der Einnahmen und Ausgaben richtet sich dabei nach dem vereinbarten oder beschlossenen Schlüssel oder nach den MEA gem. § 16 Abs. 2.[323] Wegen eines Ersatzanspruches der WEgem können Ausgaben auch nur auf einen einzelnen WEer umgelegt werden,[324] wenn dieser offensichtlich die Kosten allein zu tragen hat,[325] etwa wenn ein Titel vorliegt, oder wenn in nachvollziehbarer und nachprüfbarer Weise die tatsächlichen und rechtlichen Grundlage der Forderung dargelegt werden. Sind aus dem Verwaltungsvermögen Verbindlichkeiten einzelner WEer bezahlt worden, ist nur deren Einzelabrechnung mit den Kosten zu belasten.[326] Die Regelung eines neuen generellen Umlageschlüssels (§ 16 Abs. 3) kann nicht mit Beschluss der Jahresabrechnung erfolgen,[327] wohl aber für den Einzelfall nach § 16 Abs. 4, wenn die erforderlichen Mehrheiten erreicht sind.[328] Eine Jahresabrechnung, der ein unzutreffender Verteilungsschlüssel zu Grunde liegt, ist zwar fehlerhaft und damit anfechtbar, nicht aber nichtig;[329] wird der Beschluss über die Jahresabrechnung bestandskräftig, ist der materiell unrichtige Verteilungsschlüssel maßgebend.[330]

---

[318] *Hügel* ZWE 2002, 163 (164).

[319] OLG Düsseldorf ZWE 2007, 452 f.; BayObLG WE 1998, 403 (404) = NJW-RR 1998, 1624; ZWE 2001, 492.

[320] OLG Düsseldorf ZWE 2007, 452 f.

[321] OLG Düsseldorf ZMR 2007, 129.

[322] So ausdrücklich BayObLG NJW-RR 1992, 1169 f. = WE 1993, 255 f.

[323] LG Lüneburg ZMR 2009, 554 f.

[324] OLG Hamm ZWE 2009, 441 (443); OLG Hamburg ZMR 2009, 781 (782); KG ZMR 2003, 874.

[325] OLG Hamm ZWE 2009, 441 (443) m.Anm. *Gottschalg*; ZMR 2006, 60; LG Hamburg, ZMR 2006, 810.

[326] OLG Hamburg ZMR 2009, 781 (782); vgl. Rn 88.

[327] OLG München ZMR 2007, 811 (812) m. abl. Anm. *Elzer.*

[328] Vgl. § 16 Rn 109 ff.

[329] BGHZ 145, 158 (169) = ZWE 2000, 518 = NJW 2000, 3500; BayObLG ZWE 2002, 580 (582); OLG Düsseldorf ZMR 2007, 380; *Merle* ZWE 2001, 49 (50); *Wenzel* ZWE 2001, 226 (229).

[330] OLG Düsseldorf ZMR 2007, 379 f.

Die **steuerliche Behandlung** der Einzelabrechnung ist Sache des einzelnen WEers. Der Verwalter ist nicht verpflichtet, die Jahresabrechnung so zu erstellen, dass bestimmte Ausgaben als Werbungskosten oder Steuerermäßigung geltend gemacht werden können.[331] Der WEer kann aber bei entsprechender Vereinbarung verlangen,[332] dass der Verwalter ihm seinen Anteil an der **Zinsabschlagsteuer** bescheinigt, damit er die Steuer anteilig von Finanzamt erstattet bekommt. Entsprechendes gilt für die ab 2009 maßgebende **Abgeltungssteuer.**[333] Wenn vereinbart oder mit Stimmenmehrheit gem. § 21 Abs. 3 beschlossen,[334] kann ein WEer auch verlangen, dass ihm der Verwalter die ihn betreffenden anteiligen **haushaltsnahen Dienstleistungen**[335] in der Ausgabensumme bescheinigt.[336] Diese Bescheinigungen braucht der Verwalter nicht kostenfrei zu erstellen;[337] eine Zusatzvergütung kann mit Stimmenmehrheit beschlossen werden.[338] 87

Sind aus dem Verwaltungsvermögen unberechtigt **Verbindlichkeiten einzelner WEer** beglichen worden, ist nur deren Einzelabrechnung mit den Kosten zu belasten.[339] Wird dies versäumt, bleiben die Abrechnungen bis zu ihrer Ungültigerklärung wirksam und Rechtsgrundlage für Nachschusspflichten. Gleiches gilt, wenn ein Eigentümer zu Unrecht mit Kosten belastet wird.[340] Die Kostentragungspflicht des WEers besteht grds unabhängig von der **Benutzung oder Nichtbenutzung der Wohnung.**[341] Dies gilt sowohl für die fixen Kosten wie etwa für Versicherungen, Hausmeister, Verwaltervergütung u. ä. als auch für die verbrauchsabhängigen Kosten für Heizung, Strom, Wasser etc. Ist dagegen die Wohnung noch nicht fertiggestellt und nutzbar, hat der WEer idR nur die Fix-, nicht aber die Verbrauchskosten zu tragen.[342] Gleiches kann gelten, wenn Wohnungen nach ihrer Fertigstellung längere Zeit leer stehen, ehe sie veräußert werden.[343] Berücksichtigt die vereinbarte Verteilung der Kosten und Lasten die **fehlende Nutzungsmöglichkeit** nicht, müssen die Eigentümer einer beantragten Änderung des Verteilungsschlüssels zustimmen,[344] wenn die zusätzliche Belastung dem einzelnen nach Treu und Glauben nicht zugemutet werden kann. Auf die **verbrauchsabhängige Umlegung der Heizkosten** hat jeder WEer zwar einen Anspruch, maßgeblich ist die HeizkostenVO allerdings erst bei einer entsprechenden Regelung durch die Gemeinschaft.[345] Ist als Kostenverteilungsschlüssel die Wohnungsgröße gewählt, ist auf die tatsächliche Größe abzustellen, auch wenn sie durch Einbeziehung von GemE unrechtmäßig vergrößert wurde.[346] 88

---

331 KG ZMR 2009, 709 (711); AG Aachen ZMR 2008, 833 (835); AG Bremen ZMR 2007, 819 f.; *Ludley* ZMR 2007, 331 (334 ff.); aA *Sauren* NZM 2007, 23 (26).

332 AG Bremen ZMR 2007, 819 f.; LG Bremen ZMR 2009, 750.

333 Vgl. dazu *Schlüter* ZWE 2008, 460 ff.

334 KG ZMR 2009, 709 f.

335 Ausführlich hierzu *Beck* ZWE 2009, 313 ff.; *Jennißen*, Abrechnung, Rn 520 ff.

336 AG Aachen ZMR 2008, 833 (835) mit abl. Anm. *Sauren;* ausführlich *Sauren* FS Bub (2007), 201 ff.

337 AG Neuss ZMR 2007, 898; AG Bremen ZMR 2007, 819 f.; LG Bremen ZMR 2009, 750; LG Düsseldorf ZMR 2008, 484: 25.– €; AG Aachen ZMR 2008, 833 (835).

338 KG ZMR 2009, 709 (711).

339 Vgl. OLG Frankfurt NJW-RR 2006, 520; OLG Hamburg ZMR 2009, 781 (782); LG Hamburg ZMR 2006, 811.

340 *Bub,* Finanz- und Rechnungswesen, S. 73 f. (Rn 96 f.).

341 OLG Hamm OLGZ 1982, 20 (30 f.); ZWE 2000, 424 (426) = NJW-RR 2000, 1181; ausführlich hierzu *Jennißen,* Die Verwalterabrechnung, S. 114 ff. (Rn 142 ff.); *Müller,* Praktische Fragen, Rn 324 (S. 273 ff.).

342 OLG Hamm OLGZ 1982, 20 (31); AG Hildesheim ZMR 1989, 195.

343 OLG Hamm OLGZ 1982, 20 (31).

344 BayObLGZ 1987, 66 (70 f.).

345 BayObLG WE 1989, 62.

346 BayObLG WE 1989, 218.

89 **bb) Der Ausweis von Vorschusszahlungen früherer Rechnungsperioden.** Beitragsrückstände oder -überschüsse aus den Vorjahren sind keine tatsächlichen Einnahmen oder Ausgaben des laufenden Wirtschaftsjahres sondern offene Forderungen und als solche nicht Bestandteil der Jahresabrechnung.[347] Insbesondere darf keine Verrechnung mit den im Rechnungszeitraum geleisteten Vorschüssen erfolgen.[348] Möglich und sinnvoll ist allerdings eine **Kontostandsmitteilung** unter Einbeziehung des **Vorjahressaldos** im Anschluss an die Jahresabrechnung,[349] die dann aber nicht Gegenstand des Beschlusses über die Jahresabrechnung ist.[350] So bewirkt die jährliche Weiterübertragung angeblich offener Altschulden eines WEers in dessen Einzelabrechnung nicht jedes Mal eine erneute Festlegung seiner Verpflichtung.[351] Sollte sich der Beschluss der WEer dennoch ausdrücklich auch auf die eingestellten Fehlbeträge aus Vorjahren erstrecken, ist sie Grundlage von Zahlungspflichten.[352] Die Beschlusskompetenz folgt aus § 28 Abs. 5, so dass der Beschluss nicht nichtig ist[353] und bestandskräftig werden kann.

90 **cc) Die Einzelabrechnung bei vermietetem WE.** Umstritten ist, ob an die Einzelabrechnung des Verwalters besondere Anforderungen zu stellen sind, wenn das **WE vermietet** ist, und der Mieter laut Mietvertrag die Betriebskosten zu tragen hat. Die Anforderungen an eine Betriebskostenabrechnung sind nicht etwa deshalb geringer, weil der Vermieter WEer ist. IdR entsprechen die Positionen und Verteilungsschlüssel der Jahresabrechnung nicht den mietvertraglichen Vereinbarungen. Die Rspr hält den Verwalter ohne gesonderte Vereinbarung nicht für verpflichtet, für eine vermietete Wohnung eine Einzelabrechnung zu erstellen, in der die mietvertraglich umlagefähigen Kosten nach Maßgabe der BetrKVO ausgewiesen werden.[354] Der vermietende WEer muss daher selbst für eine ordnungsmäßige Betriebskostenabrechnung ggü seinem Mieter sorgen.

91 Ein **Anspruch des Mieters auf Einsicht in die Abrechnungsunterlagen** besteht nicht.[355] Zum einen ist der Mieter nicht Vertragspartner des Verwalters,[356] zum anderen werden die Betriebskosten des WEers durch dessen Einzelabrechnung in einer dem Mietvertrag entsprechenden Weise nachgewiesen.[357] Ein besonderes Interesse des Mieters an der Einsicht in die Gemeinschaftsbelege kann zudem deshalb nicht angenommen werden, weil sie durch einen neutralen Dritten – den Verwalter – angefertigt worden sind, der von einem unrichtigen Kostenansatz keine Vorteile hätte. Soll dem Mieter dennoch ein Einsichtsrecht eingeräumt werden, ist dazu eine Ermächtigung des WEers erforderlich, die auf Grund des Mietvertrages evtl. zu erteilen ist, wenn die Einsichtnahme der Kontrolle der Abrechnung und der Behebung etwaiger Zweifel dient.[358] Gegenüber dem vermietenden

---

[347] BayObLG NJW-RR 1990, 1107 (1108); WE 1993, 114; WE 1993, 255 f. = NJW-RR 1992, 1169 f.; ZWE 2001, 375 (376); 2002, 577 (580); aA wohl KG WE 1991, 323 (324); *Seuß* WE 1993, 69 ff.

[348] BayObLG WE 1992, 175; *Bader* WE 1991, 86 (87).

[349] BayObLG NJW-RR 1990, 1107 (1108); WE 1992, 49; WuM 1992, 395 f.; *Schultzky* ZMR 2008, 761.

[350] BayObLG WE 1992, 175; WuM 1991, 414; ZWE 2000, 348 (349); ZMR 2006, 140; KG WE 1993, 194 f., DWE 1996, 29 = WuM 1996, 175;.

[351] KG WE 1993, 194 f.

[352] OLG Düsseldorf ZMR 2006, 217 f; OLG Köln NJW-RR 2001, 87; BayObLG WE 1992, 175; einschränkend *Niedenführ*/Kümmel/Vandenhouten § 28 Rn 77 ff.

[353] So LG Nürnberg-Fürth ZWE 2010, 134 (135 f.) m. zust. Anm. *Häublein*; s. a. Rn. 155.

[354] BayObLG ZMR 2005, 564; NZM 1999, 133.

[355] *Blank* WuM 2000, 523 (524).

[356] LG Düsseldorf WE 1991, 75, das dem Mieter dennoch ein Zurückbehaltungsrecht bis zur Gestattung der Einsichtnahme gewährt und damit dem vermietenden Eigentümer die Konsequenzen des fehlenden Anspruchs aufbürdet.

[357] *Blank* WE 1991, 39 f.; *Seuß* WE 1993, 69 (70 f.); eingehend dazu *Jennißen* ZWE 2002, 236 ff.

[358] *Merle* PiG 21, 107 (116).

WEer hat der Mieter nämlich einen Anspruch auf Belegeinsicht aus §§ 810, 811 BGB iVm dem Mietvertrag.[359]

dd) Einzelabrechnung und Eigentümerwechsel. Im Falle eines Eigentümerwechsels während der Abrechnungsperiode ist zu beachten, dass der Erwerber nach der Rspr. nicht für rückständige Beitragsforderungen haftet, die vor seinem Eintritt in die Gemeinschaft der WEer fällig geworden sind (s. Rn 141).[360] In diesem Fall darf die Einzelabrechnung nicht nur objektsbezogen vorgenommen werden, indem lediglich der Anteil an den Gesamtausgaben der Summe der von Veräußerer und Erwerber tatsächlich geleisteten Beitragsvorschüsse gegenübergestellt wird. Vielmehr ist auf der Grundlage der objektsbezogenen Abrechnung eine **personenbezogene Abrechnung** vorzunehmen, um den für den Erwerber geltenden Abrechnungssaldo zu ermitteln.[361] **Übersteigen** die für das Objekt angefallenen **Ausgaben** die Summe der nach dem Wirtschaftsplan insgesamt geschuldeten Beitragsvorschüsse, so ergibt sich aus der Differenz eine Abrechnungsspitze zu Lasten des Erwerbers. Darüber hinaus sind in der Einzelabrechnung rückständige Beitragsvorschüsse zu berücksichtigen, die der Erwerber nach dem Eigentümerwechsel auf Grund des Wirtschaftsplans schuldet. Beitragsrückstände des Veräußerers sind hingegen nicht in die Einzelabrechnung einzustellen; für diese haftet weiterhin nur der Veräußerer auf Grund des beschlossenen Wirtschaftsplans. Zu den Rechtsfolgen einer fehlerhaften Einzelabrechnung s. Rn 144. 92

Teilweise umstritten ist die Abrechnung bei Eigentümerwechsel, wenn die auf das WE entfallenden Ausgaben geringer sind, als die nach dem Wirtschaftsplan insgesamt geschuldeten Beitragsvorschüsse.[362] Haben **Veräußerer und Erwerber** ihre **Vorschusspflichten** aus dem Wirtschaftsplan **voll erfüllt,** so steht nach h. M. das Abrechnungsguthaben dem Erwerber allein und in voller Höhe zu, so wie er auch eine sog. Abrechnungsspitze allein und in voller Höhe zu tragen hätte; eine evtl. Ausgleichspflicht zwischen Veräußerer und Erwerber kann sich aus deren Verhältnis zueinander ergeben. Die für den Fall ordnungsgemäßer Erfüllung der Vorschusspflichten zutreffende Rechtslage ist auch bei unvollständiger Erfüllung der Vorschusspflichten von Veräußerer oder/und Erwerber zugrunde zu legen. Zugleich ist zu berücksichtigen, dass nicht erfüllte Vorschusspflichten aus dem Wirtschaftsplan durch das Ergebnis der Jahresabrechnung begrenzt werden;[363] dies gilt aber nicht für unerfüllte Pflichten des *Veräußerers,* weil der Abrechnungsbeschluss für den aus der Gemeinschaft ausgeschiedenen Veräußerer keine Rechtswirkungen erzeugt:[364] Weder ist er an diesem Rechtsgeschäft beteiligt, noch kann angenommen werden, dass die WEer ihn entsprechend § 328 BGB von seinen noch offenen Verbindlichkeiten befreien wollen.[365] Hieraus ergibt sich, dass weder eine quotenmäßige, zeitanteilige *(Demharter)* noch eine Art gesamtschuldnerische *(Syring)* Haftung von Veräußerer und Erwerber angenommen werden kann. Vielmehr gilt folgendes: Hat **nur der Erwerber** seine **Vorschusspflichten** aus dem Wirtschaftsplan **nicht vollständig erfüllt,** so ist er auf Grund des Wirtschaftsplans zur Nachzahlung bis zur Höhe der Abrechnungsschuld verpflichtet, sofern die von Veräußerer und Erwerber gezahlten Vorschüsse geringer sind als diese; denn seine Zahlungspflicht aus dem Wirtschaftsplan wird durch das Ergebnis der Jahresabrechnung begrenzt. Übersteigen 93

[359] *Riecke* ZMR 2001, 77.

[360] BGHZ 104, 197 (201); OLG Hamm NJW-RR 1996, 911; BayObLG WE 1998, 316; zustimmend *Wenzel,* FS für Seuß (1997), S. 313 (318); aA *Jennißen,* ZWE 2000, 494 nach dem nicht die Beitragsvorschüsse, sondern die in der Jahresabrechnung anfallenden Kosten periodengerecht zwischen Veräußerer und Erwerber aufzuteilen sind (sog. Aufteilungstheorie); so auch *Happ* DWE 2000, 137 (139) = ZMR 2001, 85 (87); *Einsiedler* ZWE 2009, 573 (578).

[361] Vgl. *Slomian* ZWE 2002, 206 (207); *Demharter* ZWE 2001, 60; *ders.* ZWE 2002, 294.

[362] Vgl. ausführlich *Merle* ZWE 2004, 195.

[363] BayObLGReport 2001, 18 = NJW-RR 2001, 659; oben Rn 48.

[364] Vgl. BGH ZWE 2000, 29 = NJW 1999, 3713 (3715); Rn 118, 150, 153.

[365] Vgl. Rn 153; das übersieht *Syring* ZWE 2002, 565 (566).

die gezahlten Vorschüsse die Abrechnungsschuld, steht das Guthaben dem Erwerber zu. Das wirtschaftliche Ergebnis ist identisch mit dem bei ordnungsgemäßer Erfüllung der Vorschusspflicht durch den Erwerber. Hat **nur der Veräußerer** seine **Vorschusspflichten** aus dem Wirtschaftsplan **nicht vollständig erfüllt,** so ist er auf Grund des Wirtschaftsplans zur Nachzahlung der rückständigen Vorschüsse in voller Höhe verpflichtet, da seine Zahlungspflichten aus dem Wirtschaftsplan durch das Ergebnis der Jahresabrechnung nicht begrenzt wird; das daraus resultierende Guthaben steht dem Erwerber zu. Wiederum ist das wirtschaftliche Ergebnis identisch mit dem bei ordnungsgemäßer Erfüllung der Vorschusspflichten durch den Veräußerer. Haben sowohl **Veräußerer und Erwerber** ihre **Vorschusspflichten nicht vollständig erfüllt,** ergibt sich die Rechtslage aus einer Kombination der beiden zuletzt erörterten Gestaltungen. Der Veräußerer, dessen Zahlungspflichten aus dem Wirtschaftsplan durch das Ergebnis der Jahresabrechnung nicht begrenzt wird, ist zur Nachzahlung der von ihm geschuldeten Vorschüsse in voller Höhe verpflichtet, während der Erwerber zur Nachzahlung der rückständigen Vorschüsse nur bis zur Höhe der Abrechnungsschuld abzüglich der noch geschuldeten Nachzahlungen des Veräußerers verpflichtet ist.[366] Auch bei dieser Lösung ist das wirtschaftliche Ergebnis mit dem bei ordnungsgemäßer Erfüllung der Vorschusspflichten durch Veräußerer und Erwerber identisch.

4. Prüfung und Beschluss der Jahresabrechnung

94 **a) Die Prüfung der Jahresabrechnung.** Das WEG enthält keine Regelungen darüber, ob und inwieweit ein einzelner WEer zur Kontrolle der Jahresabrechnung befugt ist.[367] Ein Kontrollrecht gewährt zwar § 29 Abs. 3 dem **Verwaltungsbeirat.**[368] Dies hat aber auf die Kontrollrechte des einzelnen WEers keinen Einfluss, zumal die Bestellung eines Beirats nicht obligatorisch ist.

95 **aa) Grundlagen.** Der Verwalter ist nach § 28 Abs. 3 verpflichtet, eine Abrechnung aufzustellen und unter den Voraussetzungen des Abs. 4 Rechnung zu legen. Beides sind Rechenschaftspflichten iSd § 259 BGB.[369] Die Rechenschaftspflicht erfordert die **Mitteilung der Abrechnung,** die Mitteilung von Tatsachen, deren Kenntnis zu Beurteilung der Vorgänge erforderlich ist **(Auskunftspflicht)** und die Vorlage von Belegen **(Belegpflicht).** Da es sich um Pflichten des Verwalters aus dem **Bestellungsrechtsverhältnis** handelt, bestehen sie, wie dies auch allgemeinen verbandsrechtlichen Grundsätzen entspricht, ggü der **WEgem,**[370] aber auf Grund der speziellen wohnungseigentumsrechtlichen Lage auch unmittelbar ggü den einzelnen **WEern.**[371]

96 **bb) Die Mitteilung der Abrechnung.** Der Verwalter ist verpflichtet, die Jahresabrechnung mitzuteilen (§ 259 Abs. 1 BGB). Jedem WEer ist daher nach Anfertigung der Jahresabrechnung durch den Verwalter die **Gesamt-** und die **ihn betreffende Einzelabrechnung** sowie die **Stellungnahme des Verwaltungsbeirats** zu übersenden.[372] Die Zusendung **sämtlicher Einzelabrechnungen** ist dagegen nicht erforderlich.[373] Aus § 23 Abs. 2

[366] Im Ergebnis ebenso *Slomian* ZWE 2002, 206 (208).

[367] AA *Prüfer,* Diss., S. 34 ff., der wie im Gesellschaftsrecht zwischen individuellen und kollektiven Informationsrechten unterscheidet.

[368] Vgl. § 29 Rn 58.

[369] Palandt/*Heinrichs* § 259 Rn 17; BayObLG MDR 1976, 225; OLG Karlsruhe NJW 1969, 1968 f.

[370] Vgl. *Häublein* ZWE 2008, 3 f.

[371] Vgl. § 26 Rn 112.

[372] OLG Oldenburg ZMR 2006, 72; LG Itzehoe ZMR 2009, 142 f. = ZWE 2008, 445 (*Kahlen*); Staudinger/*Bub* § 28 Rn 528.

[373] BayObLG WE 1995, 339 (340); OLG Stuttgart WE 1998, 383 m. Anm. *Armbrüster* WE 1998, 408; OLG Köln WE 1997, 232 = WuM 1997, 62; WE 1997, 427 (428); AG Kerpen WuM 1997, 124; *Jennißen* NJW 1996, 696 (700); *Drasdo* WE 1996, 12 (14); *Bader,* FS für Seuß (1997), 1 (3); aA OLG

WEG lässt sich Gegenteiliges nicht entnehmen, da hiernach in der Einberufung der Gegenstand eines Beschlusses nur allgemein bezeichnet werden muss.[374] Im Übrigen bezieht sich die Stimmabgabe des einzelnen WEers zwar auf die Genehmigung der Gesamt- und der Einzelabrechnungen,[375] so dass mit einem solchen Beschluss nicht nur die eigene, sondern auch die Einzelabrechnungen der restlichen Eigentümer genehmigt werden.[376] Um jedem WEer eine zutreffende Grundlage für diese Beschlussfassung und damit genügende Kontrollmöglichkeiten zu geben, ist es jedoch ausreichend, dass jedem WEer das Recht zusteht, in jede Einzelabrechnung auch der anderen WEer beim Verwalter Einsicht zu nehmen;[377] sie brauchen auch nicht in allgemeinzugänglicher Weise in ausreichender Zeit vor der WEVers auszuliegen.[378] Auch würde die Verpflichtung zur Zusendung sämtlicher Einzelabrechnungen in der Praxis bei größeren Gemeinschaften zu einem erheblichen Kopie- und Portoaufwand führen.[379] Bis zur Beschlussfassung muss dann ausreichend Zeit[380] zur Überprüfung bleiben. Hierzu kann jeder WEer Einsicht in sämtliche Abrechnungsunterlagen verlangen,[381] nicht aber die Herausgabe der Originalabrechnungsunterlagen.[382]

cc) Die Belegpflicht. Der Pflicht des Verwalters zur Vorlage der Belege entspricht das **individuelle Recht** jedes einzelnen WEers auf **Einsichtnahme** in dieselben.[383] Es erstreckt sich auf die Einzelabrechnungen, auch der anderen WEer,[384] und sonstige Verwaltungsunterlagen, anhand derer etwa die Zahlungen der anderen WEer zu kontrollieren sind.[385] Datenschutzrechtliche Bedenken bestehen nicht, da die WEer keine anonyme Gemeinschaft bilden, und die Einsichtnahme der Zweckbestimmung des Gemeinschaftsverhältnisses, nämlich u. a. der Kontrolle des Verwalters, entspricht (§§ 24 Abs. 1 Satz 1, 28 BDSG).[386] Ein Anspruch auf Herausgabe der Originalbelege besteht grds nicht.[387] 97

Das **Recht auf Einsichtnahme** kann zwar unter dem Gesichtspunkt der Zumutbarkeit **eingeschränkt,**[388] aber nicht in vollem Umfang durch Mehrheitsbeschluss ausgeschlossen oder delegiert werden,[389] etwa auf den Verwaltungsbeirat, da es um elementare Rechte jedes WEers geht. Ein völliger Ausschluss des Rechts zur Einsichtnahme kann aber durch Vereinbarung aller WEer erfolgen. Ein Verstoß §§ 242, 134, 138 BGB ist hierin nicht zu sehen, da ein Verzicht auf eigene Rechte grds. jedem freisteht.[390] Wird die Einsicht in die 98

Köln NJW-RR 1995, 1295 f. = WE 1995, 222 f. = ZMR 1995, 324 f. mit krit. Anm. von *Drasdo;* anders OLG Köln NJW-RR 2006, 19 f.

374 *Drasdo* NZM 1998, 425 (428); aA *Schuschke* NZM 1998, 423 f.

375 OLG München ZMR 2007, 720; vgl. u. Rn 105 ff.

376 *Deckert* WE 1995, 228 (229).

377 OLG Köln ZMR 2007, 986 (987); ZMR 1995, 324; WE 1997, 232 = WuM 1997, 62; LG Itzehoe ZMR 2009, 142 (143); *Deckert* WE 1995, 228 (230); *Drasdo* WE 1996, 12 (14).

378 LG Itzehoe ZMR 2009, 142 f. = ZWE 2008, 445 (*Kahlen*).

379 *Deckert* WE 1995, 228 (230).

380 *Bader* DWE 1991, 51: mind. 2 Wochen; siehe auch § 24 Abs. 4.

381 BayObLGZ 1978, 231 (233); ZWE 2000, 407 (408) = NJW-RR 2000, 1466; KG NJW-RR 1987, 462 (463); OLG Frankfurt/M. NJW 1972, 1376 f.; OLG Hamm NJW-RR 1988, 597 f.; OLG Karlsruhe MDR 1976, 758.

382 BayObLG WE 1989, 145 (146); OLG Celle DWE 1985, 24.

383 Vgl. *Häublein* ZWE 2008, 82 f.; OLG München NZM 2006, 512; OLG Köln NZM 2006, 702; BayObLGZ 1978, 231 (233); ZWE 2002, 577 (579); OLG Hamm NJW-RR 1988, 597 f.; KG ZWE 2000, 226 (227) = NZM 2000, 828.

384 OLG München ZMR 2007, 720.

385 OLG Düsseldorf DWE 1985, 127; *Müller* WE 1991, 46 (47).

386 OLG München ZMR 2007, 720; OLG Frankfurt OLGZ 1984, 258 (259); *Müller* WE 1991, 46 f.

387 OLG München ZMR 2007, 720.

388 *Jennißen,* Abrechnung, Rn 706 ff. mwN.

389 OLG Hamm NJW-RR 1988, 597 f.

390 *Schmid* BlGBW 1982, 45 (46); aA *Schulz* BlGBW 1980, 201 (203); *Jennißen,* Abrechnung, Rn 708 f.

Belege verweigert, kann dies einen wichtigen Grund für die Abberufung des Verwalters darstellen.[391] Zum **Leistungsort** siehe Rn 104.

99 Ein besonderes Interesse an der Einsichtnahme muss der einzelne WEer nicht nachweisen, als Grenze sind lediglich die Grundsätze von Treu und Glauben sowie das Schikaneverbot (§ 226 BGB) anzusehen.[392] **Dritten** ist die Einsichtnahme ausnahmsweise zu gestatten, wenn ein berechtigtes Interesse besteht und er von der WEgem durch Beschluss oder von einem einzelnen WEer hierzu ermächtigt wurde, etwa einem Mieter oder einem Kaufinteressenten. Das Recht auf Belegeinsicht wird weder durch die Entlastung noch durch den Beschluss der Jahresabrechnung ausgeschlossen,[393] da sie noch der Überwachung der Verwaltertätigkeit dienen kann. Der WEgem steht gegen den Verwalter nach dessen Ausscheiden aus dem Amt ein Anspruch auf Herausgabe der Verwaltungsunterlagen zu,[394] sie kann von diesem daher erst recht Einsicht in einbehaltene Unterlagen verlangen.[395]

100 Sind die Verwaltungsunterlagen umfangreich, darf der Einsichtnehmende **Ablichtungen** mittels eines eigenen Kopiergerätes anfertigen.[396] Gründe, ihm die Nutzung dieser technischen Möglichkeit zu versagen, bestehen nicht, da Kopien erlaubte handschriftliche Aufzeichnungen ersetzen und weder den anderen WEern noch dem Verwalter Kosten entstehen. Aus demselben Grund kann der Einsichtnehmende **gegen Kostenerstattung** (angemessen: 0,30 €/Kopie[397]) ebenso das Fertigen und Aushändigen von Kopien durch den Verwalter verlangen.[398] Die Forderung, alle Belege eines Wirtschaftsjahres gegen Kostenerstattung kopiert und zugesandt zu bekommen, kann im Einzelfall gegen das Schikane- und Missbrauchsverbot der §§ 226, 242 BGB verstoßen.[399] Das Verlangen eines WEers muss sich daher grds auf vorhandene und hinreichend genau bestimmte Unterlagen beziehen, die ohne nennenswerten Vorbereitungsaufwand und ohne Störung des Betriebsablaufs der Verwaltung herausgesucht und kopiert werden können.[400] Zu berücksichtigen sein kann etwa, ob die Belege evtl. vom Verwalter eingescannt wurden und deshalb problemlos auf Datenträger übersandt werden können. Auch die räumliche Entfernung des WEers vom Ort der möglichen Einsichtnahme und die Zumutbarkeit einer Anreise sind zu berücksichtigen, ebenso wie die Zahl der geforderten Belege sowie der mit einem Kopieren verbundene Zeitaufwand.

101 **dd) Die Auskunftspflicht.** Vom Anspruch auf Einsicht in die Abrechnungsunterlagen, der sowohl der WEgem als auch dem einzelnen WEer als Individualrecht zusteht, ist der Anspruch auf **Auskunftserteilung** über Tatsachen, die zur Beurteilung der vorgelegten Jahresabrechnung erforderlich sind, zu unterscheiden.[401] Auch der Auskunftsanspruch steht sowohl der **WEgem** als auch dem **einzelnen WEer** zu.[402] Der Verwalter hat der **WEgem** vollständig und richtig Auskunft zu erteilen und ggf hierüber gem. § 259 Abs. 2 BGB eine

---

[391] BayObLG WuM 1990, 464 (466 f.).

[392] BayObLGZ 1978, 231 (233); ZWE 2000, 407 (408) = NJW-RR 2000, 1466; ZWE 2002, 577 (579); OLG Hamm NJW-RR 1988, 597 f.; OLG Hamm NZM 1998, 724 = WE 1998, 496 (497).

[393] BayObLG WE 1989, 145 (146); ZWE 2002, 577 (579); OLG Hamm NJW-RR 1988, 597 (598); OLG Karlsruhe MDR 1976, 758; OLG Frankfurt/M. NJW 1972, 1376 f.

[394] Siehe dazu Rn 143.

[395] BayObLG WE 1997, 117.

[396] KG ZWE 2000, 226 (227) = NZM 2000, 828.

[397] OLG München ZMR 2007, 720 f.

[398] OLG München NZM 2006, 512; ZMR 2007, 720 f.; OLG Hamm DWE 1986, 24; NZM 1998, 724 = WE 1998, 496 (497); BayObLG ZWE 2000, 407 (408) = NJW-RR 2000, 1466; LG Köln DWE 1985, 25; einschränkend AG Aachen ZMR 1988, 111 f.

[399] Vgl. OLG München NZM 2006, 512; ZMR 2007, 720 f.

[400] OLG Hamm NZM 1998, 724; OLG München ZMR 2007, 720 f.

[401] KG NJW-RR 1987, 462 f.; OLG Hamm NJW-RR 1988, 597 f.; OLG Celle OLGZ 1983, 177 (178 f.); BayObLG WE 1991, 253.

[402] LG Konstanz ZMR 2008, 329; vgl. Rn 95.

eidesstattliche Versicherung abzugeben.[403] Hierzu kann auch die Verpflichtung gehören, dem einzelnen WEer Auskunft zu erteilen über die Namen und Anschriften aller WEer bezogen auf einen Stichtag.[404]

Der **Individualanspruch** des **einzelnen WEers** auf Auskunft ist idR durch § 242 BGB **begrenzt.** Ein einzelner WEer kann nach stRspr. nur dann allein Auskunft verlangen, wenn die WEgem von ihrem Recht keinen Gebrauch gemacht hat.[405] Gegen uneingeschränkte Individualansprüche der einzelnen WEer sprechen vor allem Gesichtspunkte der praktischen Durchführung. Der einfachste und billigste Weg bei Unklarheiten in einer Gesamtabrechnung ist die Klärung mit allen Beteiligten in der WEVers, auf die sich der Verwalter entsprechend vorbereiten kann. Die Anerkennung individueller Auskunftsansprüche würde insbesondere bei größeren WEgem zu einem erheblichen Mehraufwand für den Verwalter führen.[406] Dies schließt aber nicht aus, dass der einzelne WEer vom Verwalter auch außerhalb einer WEVers Auskunft verlangen kann, wenn er hieran ein berechtigtes Interesse hat, etwa weil die Auskunft nur ihn betrifft und ein Zuwarten bis zu einer WEVers nicht zumutbar ist. 102

Die Beschlüsse über die Jahresabrechnung und die Entlastung des Verwalters lassen den Auskunftsanspruch nur insoweit untergehen, wie sie tatsächlich reichen. Fehlen in der Jahresabrechnung aber Angaben zu gewissen Punkten, etwa zur Entwicklung der Instandhaltungsrückstellung, oder verbleiben Unstimmigkeiten oder Unklarheiten, kann insoweit vom Verwalter weiterhin Auskunft verlangt werden.[407] 103

ee) Der Leistungsort. Der Leistungsort für die **Einsichtnahme** ergibt sich mangels ausdrücklicher Bestimmung aus § 269 BGB. Danach ist der **Ort der gewerblichen Niederlassung des Schuldners,** also des **Verwalters,** Leistungsort auch der Pflicht zur Vorlage der Belege,[408] sofern nicht Abweichendes vereinbart wurde oder sich aus der Natur des Schuldverhältnisses etwas anderes ergibt. Letzteres wurde im Falle einer überörtlich arbeitenden Verwaltungsgesellschaft mit Blick auf den vermuteten Schwerpunkt der Tätigkeit angenommen, so dass sie die Einsicht am **Ort der jeweiligen Wohnanlage** ermöglichen musste.[409] Die Rspr. folgt idR der Vermutung des § 269 BGB, wonach das Büro der Verwaltung als Ort für Vorlage, Prüfung und Einsichtnahme anzusehen ist,[410] auch wegen der Gefahr des Verlustes von Belegen, außer wenn für einen WEer das Betreten der Geschäftsräume des Verwalters unzumutbar ist.[411] Ferner ist auch anlässlich einer WEVers Einsicht in die Unterlagen zu geben,[412] da die Pflicht zur Vorlage der Belege auch der WEgem ggü besteht. Da die Frage des Leistungsortes mithin nicht unumstritten ist, empfiehlt sich seine **vertragliche Festlegung.** 104

b) Der Beschluss der Jahresabrechnung. aa) Allgemeines. Gem. § 28 Abs. 5 beschließen die WEer über die vom Verwalter vorgelegte Jahresabrechnung mit Stimmenmehrheit. Diese Beschlusskompetenz berechtigt die WEer, über die interne Aufteilung der 105

---

[403] Staudinger/*Bub* § 28 Rn 630.

[404] OLG Saarbrücken ZMR 2007, 141 f.; vgl. *Drado* NZM 2009, 724 f.

[405] KG NJW-RR 1987, 462 f.; OLG Celle OLGZ 1983, 177 (178); OLG Hamm NJW-RR 1988, 597 f.; BayObLG NJW-RR 1988, 1166 (1167); WE 1991, 253; *Briesemeister,* FS Merle, S. 105 (107); wohl aA *Deckert* WE 1993, 120 ff.

[406] KG NJW-RR 1987, 462 (463).

[407] BayObLG WE 1989, 180 f.; KG NJW-RR 1987, 462 f.; OLG Frankfurt/M. NJW 1972, 1376 f.; OLG Karlsruhe MDR 1976, 758.

[408] OLG Köln NZM 2006, 702.

[409] OLG Karlsruhe NJW 1969, 1968 f.; kritisch *Jennißen,* Abrechnung, Rn 685 ff.

[410] OLG Köln NZM 2006, 702; OLG Karlsruhe MDR 1976, 758; BayObLG WE 1989, 145 (146); OLG Hamm NZM 1998, 722 (723); *Müller* PiG 27, 59 (63); aA ohne Begründung LG Berlin DWE 1987, 63.

[411] OLG Hamm NZM 1998, 722.

[412] OLG Köln NZM 2006, 702.

Einnahmen und Ausgaben abzurechnen. Werden in einem Wirtschaftsjahr entstandene Kosten falsch verteilt, führt dies wegen der Beschlusskompetenz nur zur Anfechtbarkeit, nicht zur Nichtigkeit des Beschlusses.[413] Bei einer **Mehrhausanlage** können die WEer eines Hauses nicht über eine Jahresabrechnung für dieses allein beschließen, denn die Abrechnung enthält notwendigerweise Kosten, die das GemE insgesamt betreffen, über die nur alle WEer gemeinsam beschließen können.[414]

Der Beschluss über die **Gesamtabrechnung** legt bindend fest, welche Einnahmen zu berücksichtigen und welche Ausgaben als Lasten und Kosten der Gemeinschaft iSv § 16 Abs. 2 zu behandeln sind.[415] Der Beschluss ist – ebenso wie beim Wirtschaftsplan – Voraussetzung für das **Entstehen einer** evtl. **Zahlungsverpflichtung** des einzelnen WEers. Daher gewähren §§ 21 Abs. 4, 28 Abs. 5 auch hinsichtlich der Jahresabrechnung jedem WEer gegen die übrigen einen Anspruch auf Beschlussfassung, der nach §§ 43 Nr. 1, 21 Abs. 8 im Wege der **Gestaltungsklage** geltend gemacht werden kann mit dem Ziel, an Stelle der WEer den nicht gefassten Beschluss über die Jahresabrechnung nach billigem Ermessen zu ersetzen.[416] Dies ist ggü der Leistungsklage gegen alle WEer, sofern dazu überhaupt ein Rechtsschutzbedürfnis besteht, auf Zustimmung zur vorgelegten Jahresabrechnung vorzugswürdig,[417] weil bei einer Verurteilung der beklagten WEer der Beschluss erst mit Feststellung und Verkündung des Beschlussergebnisses zustande kommt. Wird über eine wirksam beschlossene Jahresabrechnung ein **erneuter Beschluss** gefasst, so hängt es von seinem Inhalt ab, ob dadurch der Erstbeschluss ersetzt, bestätigt oder geändert wird.[418] Haben die WEer die Jahresabrechnung vorbehaltlich einer Prüfung durch den Verwaltungsbeirat (vgl. § 29 Rn 58 ff.) genehmigt, so steht der Beschluss unter der aufschiebenden Bedingung der Billigung durch den Verwaltungsbeirat (vgl. § 158 Abs. 1 BGB; zu den Auswirkungen auf die Beschlussanfechtung vgl. § 23 Rn 158); mit deren Versagung wird der Beschluss endgültig wirkungslos.[419]

106 **bb) Der Beschluss über die Einzelabrechnungen.** Zur ordnungsgemäßen Verwaltung gehört es, zugleich mit der Beschlussfassung über die Jahresgesamtabrechnung eine solche über die Einzelabrechnungen herbeizuführen.[420] Eine **Beschlussfassung auch über die Einzelabrechnungen** ist notwendig, weil die Gesamtabrechnung und die Einzelabrechnung in einem untrennbaren Zusammenhang stehen. Wendet etwa ein WEer ein, er habe höhere Vorauszahlungen geleistet als in der Abrechnung aufgeführt, so berührt dies nicht nur seine Einzelabrechnung, sondern auch die Gesamtabrechnung, weil dadurch auch die Höhe der Gesamteinnahmen in Frage gestellt wird.[421] Auch kann der Zweck der Jahresabrechnung, verbindlich festzulegen, welche Beträge an die einzelnen WEer zurückzuzahlen oder von diesen nachzuzahlen sind, nur auf diese Weise erreicht werden.[422]

107 Daraus folgt, dass das Gebot ordnungsgemäßer Verwaltung verletzt wird, wenn nicht zugleich mit der Entscheidung über die Gesamtabrechnung auch die über die Einzelabrech-

---

[413] OLG Hamburg ZMR 2009, 781 (782); OLG Düsseldorf ZMR 2006, 217: KG ZMR 2006, 221; BayObLG ZMR 2001, 822.

[414] OLG Zweibrücken ZMR 2005, 909; BayObLG WE 1995, 96 = ZMR 1994, 338 f.; aA LG Köln WuM 1997, 393 (394) m. Anm *Füchtler.*

[415] OLG Frankfurt/M. OLGZ 1979, 136 (137).

[416] Abweichend Riecke/Schmid/*Abramenko* § 28 Rn 85.

[417] Vgl. § 21 Rn 186 f.

[418] Vgl. § 23 Rn 56 ff.

[419] BayObLG NJWE-MietR 1997, 15 = WE 1997, 153 (154).

[420] LG München ZMR 2009, 64; BayObLGZ 1989, 310 ff. = NJW-RR 1989, 1163 (1164) = WE 1990, 179 ff.; NJW-RR 1990, 1107; WE 1993, 144; 1995, 339 (340); ZWE 2002, 34 f.; OLG Köln WuM 1990, 46 (47); *Bub,*Finanz- und Rechnungswesen, S. 91 (Rn 144); zweifelnd OLG Zweibrücken NJW-RR 1990, 912.

[421] BayObLG NJW-RR 1990, 1107; vgl. LG Köln ZMR 2008, 830.

[422] BayObLG WE 1990, 179 (180).

nungen getroffen wird.[423] Wenn den Eigentümern bei Beschlussfassung sowohl die Gesamt- als auch die individuelle Einzelabrechnung vorgelegen haben, kann im Zweifel davon ausgegangen werden, dass über beide beschlossen worden ist.[424] Zwingende Gründe, die Einzelabrechnungen erst nach Bestandskraft der Gesamtabrechnung zu beschließen, sind zudem nicht ersichtlich.[425] Fehlt ein Beschluss über die Einzelabrechnungen, macht dies nicht den Beschluss über die Gesamtabrechnung ungültig, sondern begründet nur einen **Ergänzungsanspruch,**[426] da die Gesamtabrechnung ein eigenständiger Teil der Beschlussfassung ist, der das Gesamtergebnis des Rechnungsjahres verbindlich feststellt. Gleiches gilt, wenn sonstige wesentliche Elemente der Abrechnung fehlen,[427] wie etwa Kontostände,[428] Einnahmen- oder Ausgabenpositionen.[429] Bei bestandskräftiger Einzelabrechnung sind Einwendungen gegen die Höhe der geleisteten Vorauszahlungen nicht mehr möglich.[430]

cc) Die fingierte Anerkennung der Jahresabrechnung. Kontrovers diskutiert wird die Frage nach der **Wirksamkeit** von **Vereinbarungen,** nach der die Jahresabrechnung als genehmigt oder anerkannt gilt, wenn ihr die WEer nicht innerhalb einer gewissen Frist nach Absendung oder Zugang der Abrechnung widersprechen, etwa: „Die Abrechnung gilt als anerkannt, wenn ihr nicht innerhalb von 4 Wochen nach Absendung schriftlich widersprochen wird." Solche **Vereinbarungen** (nicht **Klauseln im Verwaltervertrag)**[431] werden von der Rechtsprechung entweder als Abrechnungsregelung durch Beschlussverfahren ohne Versammlung[432] oder als Abrechnungsregelung ohne Beschlussverfahren[433] interpretiert.[434] 108

(1) Abrechnungsregelung durch Beschlussverfahren ohne Versammlung. Versteht man eine solche Abrechnungsregelung dahin, dass die nach § 23 Abs. 3 für eine gültige Beschlussfassung genügende schriftliche Zustimmung aller WEer durch Fiktion der Stimmabgabe ersetzt wird, so bleibt es bei dem nach § 28 Abs. 5 grundsätzlich erforderlichen Beschluss der WEer über die Abrechnung. Die Zustimmung zu diesem Beschluss wird – abweichend von § 23 Abs. 3 – fingiert, wenn der einzelne WEer der Abrechnung nicht fristgemäß widerspricht. Eine solche Abrechnungsregelung stellt mithin eine **Abänderung des § 23 Abs. 3** dar. Da nach § 10 Abs. 2 Satz 2 von den Vorschriften des WEG abweichende Vereinbarungen getroffen werden können, soweit nichts anderes ausdrücklich bestimmt ist, muss – entgegen der Rechtsprechung[435] – nach dem klaren Wortlaut dieser Vorschrift von der Abdingbarkeit des § 23 Abs. 3 ausgegangen werden.[436] Ist aber § 23 Abs. 3 dispositiv, dann kann sowohl die Stimmabgabe fingiert als auch das Zustandekom- 109

[423] BayObLGZ 1989, 310 ff.; WuM 1994, 568 (569); *Jennißen,* Abrechnung, Rn 403.

[424] OLG Hamm ZMR 2009, 467 (468); ZMR 2004, 54 f.; BayObLG WuM 1991, 618; vgl. auch BayObLG ZMR 1995, 41 (42); OLG Stuttgart WE 1998, 383 m. Anm. *Armbrüster* WE 1998, 408.

[425] AA *Deckert* PiG 18, 149 (158 ff.), der zwecks leichterer Fehlerkorrektur einen Beschluss der Einzelabrechnungen überhaupt nicht für nötig hält.

[426] OLG München ZMR 2009, 64 (65); BayObLGZ 1989, 310 ff. = WE 1990, 179 ff.; WE 1990, 182 f.; NJW-RR 1992, 1169 f.

[427] BayObLG NJW-RR 2000, 604; OLG Köln NJW-RR 2006, 19.

[428] BayObLGZ 1989, 314; ZMR 1999, 186.

[429] BayObLG WE 1993, 114 f.; NJW-RR 1992, 1169 f. = WE 1993, 255 f.

[430] LG Köln ZMR 2008, 830; vgl. auch *Schmidt/Riecke* ZMR 2005, 252 (264 f.); aA AG Kerpen ZMR 2008, 84 (85 f.).

[431] Siehe dazu OLG München ZMR 2009, 137 ff.; § 26 Rn 105.

[432] So BGHZ 113, 197 (199), der allerdings zur Frage der Wirksamkeit einer solchen Klausel mangels Entscheidungserheblichkeit keine Stellung nahm; unklar BayObLGZ 1988, 287.

[433] So OLG Hamm OLGZ 1982, 20 (26); OLG Frankfurt/M. OLGZ 1986, 45 (46); LG Berlin ZMR 1984, 424.

[434] Vgl. hierzu *Prüfer,* Diss., S. 109 ff.; *Merle/Hausmann* JR 1991, 512 f.; *Jennißen,* Abrechnung, Rn 536 f.: § 28 Abs. 5 ist zwingend.

[435] OLG Köln WEM 1977, 52; OLG Hamm OLGZ 1978, 292; BayObLGZ 1980, 331.

[436] Vgl. § 23 Rn 101 ff.; so auch AG Königsstein MDR 1979, 760; *Prüfer,* Diss., S. 58 ff., S. 78 ff.

men eines Beschlusses ohne Versammlung vom Erfordernis der Einstimmigkeit auf das Vorliegen einer Mehrheit reduziert werden. Abrechnungsregelungen, wonach eine Jahresabrechnung als anerkannt gilt, wenn ihr nicht fristgemäß widersprochen wird, sind deshalb als Beschlussverfahren ohne Versammlung grundsätzlich zulässig.

110 Ein durch fingierte Zustimmung zustande gekommener Beschluss kann fehlerhaft sein und deshalb im Anfechtungsprozess gemäß § 43 Nr. 4 für ungültig erklärt werden. Die fingierte Zustimmung lässt idR nicht das Rechtsschutzbedürfnis des betroffenen WEers zur **Beschlussanfechtung** entfallen.[437]

111 Wird im Falle einer Abrechnungsregelung durch Beschlussverfahren ohne Versammlung **dennoch ein Beschluss der WEer über die Jahresabrechnung** herbeigeführt, ist dieser ausschlaggebend, da die WEer grds berechtigt sind, eine bereits geregelte Sache erneut zu beschließen, sofern „schutzwürdige Belange aus Inhalt und Wirkung des Erstbeschlusses berücksichtigt" werden.[438] Nach Ansicht des KG[439] schließt bereits die mit der Jahresabrechnung übersandte Einladung zur WEVers, auf deren Tagesordnung die Beschlussfassung über die Jahresabrechnung steht, die Genehmigungsfiktion aus.

112 **(2) Abrechnungsregelung ohne Beschlussverfahren.** Eine Vereinbarung, wonach eine Jahresabrechnung bei nicht fristgemäßem Widerspruch als anerkannt gilt, kann auch eine von § 28 Abs. 5[440] abweichende Regelung über die Genehmigung der Jahresabrechnung enthalten;[441] der einzelne WEer wäre nicht auf Grund eines Beschlusses der WEer, sondern auf Grund seiner individuellen Zustimmung an die Abrechnung gebunden, die auf Grund der Vereinbarung nach Ablauf der Widerspruchsfrist fingiert wird. Die Abrechnung wäre somit nur für die WEer verbindlich, die ihr nicht fristgerecht widersprechen;[442] rechtzeitig widersprechende WEer wären hingegen nicht an die Abrechnung gebunden. Teilweise gehen Rspr. und Lit. davon aus, dass diese „gespaltene Wirkung der Jahresabrechnung" nicht den Interessen der WEer entspreche und daher die Vereinbarung einer Genehmigungsfiktion einer **Inhaltskontrolle nach § 242 BGB** nicht standhalte.[443] Dieser Ansicht kann nicht gefolgt werden, da ein Rückgriff auf die Grundsätze des Kontokorrents nach §§ 355 f. HGB verhindert,[444] dass die Rechtsposition der WEer „unerträglich erschwert" bzw. „das ganze Abrechnungsverfahren undurchführbar"[445] wird.

113 Ein **Kontokorrent** setzt voraus, dass die Beteiligten vereinbaren, alle aus einer Geschäftsverbindung hervorgehenden wechselseitigen Leistungen periodisch miteinander zu verrechnen und demjenigen, zu dessen Gunsten ein Überschuss verbleibt, ein Forderungsrecht einzuräumen. Vereinbaren die WEer, dass eine Abrechnung bei nicht fristgemäßem Widerspruch als anerkannt gilt, liegen diese Voraussetzungen vor. Die Vereinbarung ist dahingehend auszulegen, dass am Ende der jährlichen Abrechnungsperiode die seitens der WEer erbrachten Vorschüsse mit den hierdurch bewirkten Tilgungen von Verbindlichkeiten zu

---

437 Vgl. allgemein zum Rechtsschutzbedürfnis § 43 Rn 172 ff.

438 BGHZ 113, 197 (200); BayObLGZ 1985, 57 (61 f.); ZWE 2001, 432 (433 f.) = NZM 2001, 754; OLG München ZMR 2009, 64; offengelassen vom BayObLG WE 1992, 49, falls der Beschluss bereits verbindlich ist; vgl. *Prüfer,* Diss., S. 137 ff. zu verschiedenen Kollisionsfragen zwischen Beschlüssen nach § 23 Abs. 3 und § 23 Abs. 1.

439 KG WE 1991, 323 f.; aA *Prüfer,* Diss., S. 142.

440 Vgl. *Prüfer,* Diss., S. 110 ff. zur Abdingbarkeit des § 28 Abs. 5 WEG.

441 OLG Hamm OLGZ 1982, 25 f.; OLG Frankfurt OLGZ 1986, 46; KG NJW-RR 1991, 1042.

442 So OLG Hamm OLGZ 1982, 20 (26); *Schnauder* WE 1991, 144 (148).

443 So *Schnauder* WE 1991, 144 (148); insoweit *Weitnauer* DNotZ 1989, 430 (433) folgend; KG ZMR 1990, 428 f.; unter Hinweis auf den Rechtsgedanken des § 10 Nr. 5 AGBG ebenso *Bader,* FS für Seuß (1997), 1 (2); *Jennißen,* Abrechnung, Rn 5536; aA OLG Hamm OLGZ 1982, 20 (26); BayObLG WEM 1979, 128.

444 Vgl. grundlegend *Prüfer,* Diss., S. 115 ff.

445 So aber *Schnauder* WE 1991, 144 (148).

verrechnen sind und festzustellen ist, ob sich zu Lasten oder zu Gunsten des einzelnen WEers ein positiver oder negativer Abrechnungssaldo ergibt.[446]

Die Rechtsfolge einer vereinbarten Genehmigungsfiktion entsprechen somit den Rechtsfolgen einer Kontokorrentabrede.[447] Zunächst bewirkt sie, dass mit Ablauf der Rechnungsperiode alle in die Abrechnung eingestellten wechselseitigen Leistungen miteinander verrechnet werden, ohne dass es einer darauf gerichteten rechtsgeschäftlichen Erklärung der Beteiligten bedarf; insoweit enthält die Vereinbarung eine „antizipierte Verrechnungsabrede". Fällt der entstehende **kausale Saldo** zu Gunsten des einzelnen WEers aus, entsteht für ihn ein Rückforderungsanspruch hinsichtlich überzahlter Beiträge, während er anderenfalls Beiträge in Höhe der Abrechnungsspitze nach zu entrichten hat. Wird der kausale Saldo gerichtlich geltend gemacht, müssen im Streitfall die angezweifelten einzelnen Rechnungsposten dargelegt werden, um die Saldoforderung zu begründen. Neben dem durch Verrechnung entstandenen kausalen Saldo begründen die Beteiligten durch Abschluss eines Anerkenntnisvertrages iSv §§ 780 ff. BGB eine **abstrakte Saldoforderung** in Höhe des Abrechnungsergebnisses, wobei das Angebot hierzu in der übersandten Jahresabrechnung liegt, dass seitens des WEers – vereinbarungsgemäß – mangels Widerspruchs durch Schweigen angenommen wird. Zur gerichtlichen Durchsetzung des abstrakten Saldos genügt es, den Abschluss des Anerkenntnisvertrages nachzuweisen. Dem belasteten WEer steht es frei, hiergegen die Kondiktionseinrede analog § 821 BGB zu erheben und Fehler der Abrechnung nachzuweisen.[448] 114

dd) Durchsetzung der Nachzahlungsansprüche. Weist die beschlossene Jahresabrechnung eine negative Abrechnungsspitze aus, wird dadurch ein **Zahlungsanspruch der WEgem** gegen den betroffenen WEer **begründet,**[449] auch wenn der Beschluss noch nicht bestandskräftig ist (§ 23 Abs. 4 Satz 2). Fehler der Jahresabrechnung[450] oder die Erhebung der Anfechtungsklage[451] berühren die Zahlungspflicht nicht. Hat der Verwalter beschlossene Einzelabrechnungen verändert, begründet dies mangels Beschlusses keine abweichende Zahlungspflicht.[452] Zur Möglichkeit der Aufrechnung und Geltendmachung eines Zurückbehaltungsrechts siehe Rn 159 ff. 115

Da im WEG nicht festgelegt ist, wann die durch Beschluss der Jahresabrechnung begründeten Zahlungsansprüche der WEgem **fällig** sind, gilt die allgemeine Regelung des § 271 Abs. 1 BGB. Wenn nichts anderes bestimmt wurde, ist die geschuldete Zahlung sofort, d. h. am Tage der Entscheidung durch Beschlussfassung fällig.[453] Wollen die WEer die Fälligkeit von Ansprüchen aus der Jahresabrechnung generell auf Dauer abweichend von § 271 Abs. 1 BGB regeln, können sie dies gem. § 21 Abs. 7 mit Stimmenmehrheit beschließen. Die **außergerichtliche Einziehung** des auf Grund der Jahresabrechnung der WEgem geschuldeten Betrages ist Aufgabe des **Verwalters** (§ 27 Abs. 1 Nr. 4, Abs. 3 Nr. 5), der zur **gerichtlichen Durchsetzung** durch Eigentümerbeschluss **ermächtigt** werden muss (§ 27 Abs. 3 Satz 1 Nr. 7). Nach § 27 Abs. 3 Satz 3 können auch WEer zur gerichtlichen Geltendmachung eines Nachzahlungsanspruchs ermächtigt werden. 116

ee) Das Abrechnungsguthaben. Weist die genehmigte Jahresabrechnung nicht Fehlbeträge, sondern einen **Überschuss** für einzelne WEer aus, so können die WEer gem § 21 Abs. 7 beschließen, ob dieser ausgezahlt oder mit den künftigen Vorauszahlungen verrech- 117

---

[446] Vgl. ausführlich *Prüfer,* Diss., S. 126 ff.

[447] *Merle/Hausmann* JR 1991, 350 (351); eingehend *Prüfer,* Diss., S. 129 ff.; Riecke/Schmid/*Abramenko* § 28 Rn 97.

[448] Vgl. *Prüfer,* Diss., S. 142 f. zu den Folgen eines vereinbarungswidrigen Abrechnungsbeschlusses.

[449] OLG Hamburg ZMR 2009, 781 (782).

[450] OLG Hamburg ZMR 2009, 781 (782); 2006, 793.

[451] KG ZMR 2006, 64 f.; OLG Hamburg ZMR 2006, 793.

[452] OLG Hamburg ZMR 2006, 793.

[453] *Bub,* Finanz- und Rechnungswesen, S. 124 (Rn 14).

net wird.[454] Eine eigenmächtige Verrechnung ist unzulässig, weil die Vorschüsse für jede Wirtschaftsperiode zweckbestimmt sind und für den betreffenden Zeitraum zur Verfügung stehen müssen. Wird eine Verrechnung nicht beschlossen, so hat der einzelne WEer aus dem Beschluss über die Jahresabrechnung[455] einen Anspruch auf Auszahlung seines Abrechnungsguthabens. Der Anspruch ist, wenn nichts anderes beschlossen wird, nach § 271 BGB sofort fällig[456] und richtet sich gegen die WEgem. Eine Rückzahlung kann entgegen früherem Recht[457] auch verlangt werden, wenn nicht ausreichende Mittel zur Verfügung stehen; denn solchenfalls können die WEer nach § 21 Abs. 7 eine andere Fälligkeit beschließen.[458] Ein Beschluss, wonach Abrechnungsguthaben der Instandhaltungsrückstellung zuzuführen sind, ist idR wegen Verstoßes gegen den Kostenverteilungsschlüssel fehlerhaft.

118 Ergibt die Jahresabrechnung ein Guthaben zu Gunsten einer Eigentumseinheit, so steht dieses Guthaben im Falle eines **Eigentümerwechsels** dem Erwerber zu, der im Zeitpunkt der Beschlussfassung über die Genehmigung der Jahresabrechnung als WEer im GB eingetragen ist. Da der Beschluss über die Abrechnung nur für und gegen den Erwerber wirkt,[459] haftet er einerseits für eine in der Abrechnung ausgewiesene Abrechnungsspitze; andererseits steht ihm aber auch ein in der Abrechnung ausgewiesenes Abrechnungsguthaben zu.[460] Zur Einzelabrechnung im Falle eines Eigentümerwechsels während der Abrechnungsperiode s. Rn 88.

5. Fehler der Jahresabrechnung

119 **a) Die Geltendmachung von Einwendungen.** Sind sowohl Gesamt- als auch Einzelabrechnungen von den WEern durch Beschluss gebilligt worden, können Mängel auch einer bestandskräftig beschlossenen Jahresabrechnung durch Zweitbeschluss korrigiert werden. Voraussetzung hierfür ist, dass es unter Abwägung der beteiligten Interessen Treu und Glauben widerspräche, einen WEer an der Jahresabrechnung festzuhalten; relevant sind hierbei aber nur solche Umstände, die beim Erstbeschluss noch nicht berücksichtigt werden konnten,[461] etwa wenn erst nach Bestandskraft der beschlossene Jahresabrechnung Fehler von Messeinrichtungen erkannt werden.[462] Ist ein Zweitbeschluss nicht erreichbar, können Mängel nur durch **Klage auf Ungültigerklärung** des Beschlusses innerhalb der Monatsfrist des § 46 Abs. 1 geltend gemacht werden,[463] da andernfalls die Beschlüsse bestandskräftig werden,[464] auch hinsichtlich eines materiell unrichtigen Verteilungsschlüssels.[465] Etwas anderes gilt nur in den seltenen Fällen der Nichtigkeit von Beschlüssen. Offensichtliche Schreib- und Rechenfehler allerdings können ohne weiteres in entspr. Anwendung des § 319 ZPO auch dann noch korrigiert werden, wenn der Beschluss über die Einzelabrechnung bestandskräftig geworden ist.[466] Im Verfahren über die Ungültigerklärung des Abrechnungsbeschlusses kann nicht mit Erfolg eingewandt werden, dass der gesetzliche oder vereinbarte Kostenverteilungsschlüssel zu einer unzumutbaren Benachteiligung führt,

---

[454] KG NJW-RR 1995, 975 = WE 1995, 213 (214) = DWE 1995, 78 (79).

[455] *Schultzky* ZMR 2008, 757 (760); *Armbrüster* ZWE 2005, 267 (272); *aA* KG OLGZ 1993, 301 (303); OLG Hamm WE 1998, 499 (500) = NZM 1999, 180: § 812 Abs. 1Satz 2 BGB.

[456] Kritisch *Einsiedler* ZMR 2009, 573 (576).

[457] Vgl. OLG Köln ZMR 2007, 642; KG WE 1993, 51; NJW-RR 1995, 975 = WE 1995, 213; ZWE 2001, 438 (439) = NZM 2002, 129 (Ls); OLG Hamm WE 1998, 499 (500).

[458] Riecke/Schmid/*Abramenko* § 28 Rn 93.

[459] Vgl. BGH NJW 1999, 3713 (3715) = ZWE 2000, 29.

[460] *Slomian* ZWE 2002, 206 (209 f.); einschränkend *Demharter* ZWE 2001, 60 (62 f.); s. dazu Rn 89.

[461] BayObLG NJW-RR 1994, 658 f.

[462] OLG Düsseldorf ZMR 2007, 379 (381); NZM 2000, 875.

[463] Vgl. zum Beschlussanfechtungsverfahren § 46 Rn 1 ff.

[464] BayObLG WE 1995, 187; NZM 1999, 281 (282).

[465] OLG Düsseldorf ZMR 2007, 379 f.

[466] Staudinger/*Bub* § 28 Rn 523 mwN.

denn der Kostenverteilungsschlüssel gilt solange, als er nicht durch Vereinbarung oder eine sie ersetzende gerichtliche Entscheidung abgeändert worden ist.[467]

Der Beschluss über die **Jahresabrechnung insgesamt,** über Gesamt- und Einzelabrechnungen ist bei solchen schwerwiegenden Mängeln für **ungültig** zu erklären, bei denen eine Ungültigerklärung einzelner Bestandteile sich auf das Gesamtabrechnungsergebnis auswirken[468] oder zu einer nicht mehr nachvollziehbaren, unverständlichen Rest-Abrechnung führen würde. Dies hat die Rspr. bei strukturellen Fehlern der Abrechnung (Bilanz),[469] bei rechnerischer Unschlüssigkeit (keine Übereinstimmung der Kontenentwicklung mit dem Saldo von Einnahmen und Ausgaben),[470] bei einer Vielzahl von die Abrechnung insgesamt als fehlerhaft erscheinend lassenden Einzelfehlern[471] oder dann angenommen, wenn die Abrechnung für einen durchschnittlichen WEer ohne sachkundige Hilfe nicht nachvollziehbar ist.[472] Ist ein unzutreffender Verteilungsschlüssel angewendet worden, können nur die Einzelabrechnungen, nicht aber die Gesamtabrechnung für ungültig erklärt werden.[473] Auch bei einem unzutreffenden Abrechnungszeitraum kommt eine Ungültigerklärung in Betracht.[474] 120

IÜ führen einzelne Fehler nur zur **Ungültigerklärung** des Beschlusses bezüglich der **fehlerhaften Position.**[475] Die Ungültigerklärung kann daher auf rechnerisch selbstständige und abgegrenzte Teile der Jahresabrechnung beschränkt werden.[476] Beispiele sind etwa die Aufnahme von Kosten, die nicht in die Abrechnung hätten aufgenommen werden dürfen[477] oder die Nicht-Aufnahme von Kosten[478] oder Zahlungen,[479] die hätten aufgenommen werden müssen, Angaben, die nicht Bestandteil der Abrechnung sind (Rechnungsabgrenzungen,[480] Forderungen,[481] Salden des Vorjahres,[482] Vermögensübersichten[483]), unberechtigte Umlage auf einen WEer.[484] Die Ungültigerklärung kann auch bei einem fehlerhaften Verteilungsschlüssel beschränkt werden, denn dieser wirkt sich idR nicht auf die Gesamtabrechnung, sondern nur auf die Einzelabrechnungen aus.[485] 121

Die **Klage auf Ungültigerklärung** des Beschlusses über die Jahresabrechnung ist in solchen Fällen auf die Rechnungsposten oder Teile zu beschränken, die fehlerhaft sind; im Übrigen wird der Beschluss dann bestandskräftig,[486] so dass die WEer nicht erneut über die 122

---

[467] BayObLGZ 1998, 278 = WE 1998, 156; KG WE 1998, 225 = NZM 1998, 377.

[468] Vgl. BGH ZWE 2010, 170 ff.

[469] BayObLG NJW-RR 1993, 1168; 2000, 1467.

[470] OLG Düsseldorf ZMR 2006, 145; OLG Hamm ZWE 2001, 448 f.; OLG Hamburg ZMR 2007, 552; KG ZWE 2001, 334; LG München I ZWE 2010, 138 (140).

[471] OLG Frankfurt ZWE 2006, 198 f.; LG Konstanz ZMR 2008, 326 (328); OLG München NZM 2008, 492 (493); LG München ZMR 2009, 398 (400).

[472] OLG München NZM 2008, 492 = ZMR 2008, 660 (662); LG München I ZWE 2009, 218 (222); = ZMR 2009, 398 (400).

[473] BGH ZMR 2007, 624; BayObLG NJW-RR 1997, 716; ZWE 2001, 334; OLG München NZM 2008, 492 (493); vgl. auch *Wenzel* ZWE 2001, 226 (229).

[474] Vgl. aber auch OLG München ZMR 2009, 630 f.; LG München I ZMR 2009, 398.

[475] BGH ZWE 2007, 389 (399); ZWE 2010, 170 (171); NJW 2005, 2061 (2069).

[476] BGH ZWE 2007, 398 (399); OLG Saarbrücken NZM 2006, 228.

[477] BGH ZWE 2010, 170 (171); KG NJW-RR 1989, 18; 1992, 1168.

[478] BayObLG NJW-RR 1990, 1107; 1992, 1169.

[479] BayObLG ZMR 2005, 969 f.

[480] BayObLG NJW-RR 1990, 1108.

[481] BayObLG NJW-RR 2002, 1094.

[482] BayObLG NJW-RR 1992, 1169.

[483] BayObLG NJW-RR 2002, 881.

[484] KG ZMR 2006, 64; OLG Hamburg ZMR 2007, 553.

[485] BGH ZWE 2007, 398 (399); KG NJW-RR 2006, 383; OLG München NZM 2008, 492 (493).

[486] BGH ZWE 2007, 398 (399); BayObLGZ 1987, 86 (92); WE 1989, 64 f.; NJW-RR 1989, 1163 (1164); 1992, 1169 f.; 1993, 1039 = WE 1994, 177; WE 1998, 403 (404) = NJW-RR 1998, 1624; KG WE 1998, 225 = NZM 1998, 377.

gesamte Abrechnung, sondern nur noch ergänzend über die für ungültig erklärten Teile zu beschließen haben.[487] Die Beschränkung hat ferner zur Folge, dass die Klage nach Ablauf der Anfechtungsfrist des § 46 nicht auf weitere Rechnungsposten erweitert werden kann.[488] Hat das Gericht dementsprechend den Beschluss nur teilweise für ungültig erklärt, so kann dies nicht entspr. § 139 BGB zur Ungültigkeit des gesamten Beschlusses führen,[489] denn die Bestandskraft steht insoweit der Gesamtungültigkeit des Beschlusses entgegen. Betrifft der Fehler einer Jahresabrechnung nur **Kleinstbeträge,** kann die Ungültigerklärung nach Treu und Glauben (§ 242 BGB) nicht verlangt werden,[490] was zur Abweisung der Anfechtungsklage führt. Darüber hinaus hält das KG auch „geringe Fehler" der Abrechnung (im betreffenden Fall die Nichtverteilung sonstiger Einnahmen iHv 4000,– DM) für hinnehmbar.[491] Die Anfechtung eines Beschlusses über die Jahresabrechnung durch einen WEer entbindet diesen nicht von der **Pflicht zur sofortigen Zahlung** der Beiträge, solange der Beschluss nicht rechtskräftig für ungültig erklärt worden ist (§ 23 Abs. 4 Satz 2).[492] Sie gebietet auch nicht ohne weiteres die Aussetzung des Verfahrens, in dem der Beitragsanspruch geltend gemacht wird.[493]

123 Fehlen wesentliche Bestandteile der Jahresabrechnung, die ohne Einfluss auf das Ergebnis der Einzelabrechnung sind, etwa der Beschluss über die Einzelabrechnungen,[494] über die gesamten[495] oder einzelnen Einnahmen[496] oder Angaben über die Kontostände und die Zinserträge, so führt dies nicht zur Ungültigkeitserklärung der Gesamtabrechnung, sondern begründet einen **Anspruch auf Ergänzung der Abrechnung** durch den Verwalter und deren Genehmigung durch einen weiteren Beschluss.[497] Dieser Anspruch kann auch noch nach Ablauf der Anfechtungsfrist des § 23 Abs. 4 Satz 2 geltend gemacht werden.[498]

124 **b) Die Nichtigkeit des Abrechnungsbeschlusses.** Werden in einer Jahresabrechnung offene Altschulden aus der Zeit vor der Entstehung der WEgem aufgeführt, die aus einer anderen Bewirtschaftungsperiode herrühren, ist der sie billigende Beschluss wegen absoluter Unzuständigkeit der WEer **nichtig.**[499] Wenn es dagegen um Zahlungsvorgänge desjenigen Wirtschaftsjahres geht, in dem die WEgem entstanden ist, ist die Nichtigkeit des Beschlusses über die Jahresabrechnung zu verneinen.[500] Wird die Genehmigung der Jahresabrechnung von einer **Bedingung** abhängig gemacht, führt dies jedenfalls nicht zur Nichtigkeit des Beschlusses.[501] Allerdings ist ein Beschluss, der die Jahresabrechnung unter der Bedingung genehmigt, dass sie korrekt erstellt ist, wegen Verstoßes gegen die Grundsätze ordnungsgemäßer Verwaltung und mangels Klarheit anfechtbar.[502] Ein Mehrheitsbeschluss über die

---

[487] KG NJW-RR 2006, 383.

[488] BayObLG NJW-RR 1992, 1169 f.

[489] OLG Schleswig ZMR 2008, 665 (667); BayObLG NJOZ 2004, 2885; NJW-RR 1990, 1107; aA Staudinger/*Bub* § 28 Rn 552.

[490] BayObLG WE 1989, 218; NJW-RR 1997, 716.

[491] KG NJW-RR 1987, 1161; WE 1993, 195 (196).

[492] KG ZMR 2006, 64 f.; OLG Hamburg ZMR 2006, 793.

[493] BayObLG WuM 1993, 298; 1995, 93 (94), 247 f.

[494] S. o. Rn 101 f.

[495] BayObLG WE 1993, 114; 1993, 255 f.; siehe aber LG Konstanz ZMR 2008, 327.

[496] AG Hamburg ZMR 2008, 335 f.

[497] BGH ZMR 2005, 547 (556); BayObLGZ 1989, 310 ff. = WE 1990, 179 ff.; NJW-RR 1992, 1169 f.; WE 1999, 153 (154); KG DWE 1996, 30 (31); WE 1998, 64 (65); OLG Schleswig ZMR 2008, 665 (667); *Bub,* Finanz- und Rechnungswesen, S. 100 f. (Rn 176).

[498] KG WE 1998, 64 (65).

[499] KG WE 1992, 285 (286); BayObLG WuM 1993, 701; vgl. § 23 Rn 137.

[500] BayOblGL WE 1994, 247 = WuM 1993, 701; KG NJW-RR 1986, 1274 = WE 1986, 103; WE 1992, 285 (286).

[501] BayObLG WE 1989, 55 (56).

[502] BayObLG WE 1990, 138.

Jahresabrechnung, welcher ein unzutreffender Verteilungsschlüssel zu Grunde gelegt wurde, ist anfechtbar, nicht jedoch nichtig.[503]

IV. Die Entlastung des Verwalters

1. Entlastung und Jahresabrechnung

„Entlastung" ist die dem Vereins- und Gesellschaftsrecht entstammende, im WEG nicht normierte, durch Beschluss der WEer erfolgende Billigung der zurückliegenden Amtsführung des Verwalters im jeweils genannten Zeitraum als dem Gesetz, den Vereinbarungen und seinen vertraglichen Pflichten entsprechend und als zweckmäßig; die WEer sprechen ihm hierdurch zugleich für die zukünftige Tätigkeit ihr Vertrauen aus.[504] Mit der Entlastung sind idR die Folgen eines negativen Schuldanerkenntnisses (§ 397 Abs. 2 BGB) verbunden. Der Beschluss über die Jahresabrechnung und der über die Entlastung des Verwalters betreffen mithin zwei rechtlich unterschiedliche Gegenstände.[505] Aufgrund ihres inneren Zusammenhanges ist jedoch **idR** davon auszugehen, dass **der eine Beschluss mit dem anderen stillschweigend verbunden** ist. Auch wenn der Beschluss über die Abrechnung nicht wesensnotwendig die Entlastung des Verwalters enthält,[506] kann idR angenommen werden, dass mit dem Beschluss über die Jahresabrechnung dem Verwalter die Entlastung erteilt wird;[507] soll dies verhindert werden, müssen sich die WEer die Entlastung vorbehalten.[508] Umgekehrt wird in dem Beschluss über die Entlastung zugleich die Abrechnungsgenehmigung liegen, soweit die Abrechnungsunterlagen der WEVers zu diesem Zeitpunkt vorlagen.[509] Bestehen Zweifel, ist die Reichweite des Beschlusses durch **Auslegung** zu ermitteln.[510] Wird die Entlastung des Verwalters abgelehnt, lässt sich daraus idR nicht auf die gleichzeitige Genehmigung der Jahresabrechnung schließen.[511] Auch wenn die Jahresabrechnung richtig ist, können Gründe für die Missbilligung der Verwaltertätigkeit und damit für eine Trennung zwischen Abrechnungsgenehmigung und Entlastung vorliegen, etwa wenn der Verwalter unberechtigte Ausgaben vorgenommen, diese aber in der Jahresabrechnung richtig dargestellt hat.[512] Wenn auf Grund einer entsprechenden Vereinbarung in der GemO bei fehlendem Widerspruch der WEer die Genehmigung der Jahresabrechnung fingiert wird,[513] kann darin ebenfalls nicht zugleich die Entlastung des Verwalters gesehen werden.[514] 125

Demzufolge sind beide Beschlüsse auch **getrennt anfechtbar.** Das gilt selbst dann, wenn über sie zusammen abgestimmt wurde.[515] Ist die Jahresabrechnung unanfechtbar geworden, können formelle Mängel nicht dadurch geltend gemacht werden, dass dem Verwalter die 126

[503] BGHZ 145, 158 (169) = ZWE 2000, 518 = NJW 2000, 3500; BayObLG ZWE 2001, 370 (371 f.) = NJW-RR 2001, 1020 mit Anm. *Häublein* ZWE 2001, 363; *Kümmel* ZWE 2000, 387 (388); *Wenzel* ZWE 2001, 226 (229).

[504] BGH ZWE 2003, 365 (369),

[505] BayObLGZ 1983, 314 (319); WE 1988, 76; KG NJW-RR 1986, 1337 f.; 1987, 79 f.

[506] OLG München NJW-RR 2007, 1095; BayObLGZ 1983, 314 (319); WE 1987, 27; 1988, 76.

[507] BayObLGZ 1987, 86 (94); WE 1989, 64 (65); KG NJW-RR 1986, 1337; 1987, 79; OLG München NJW-RR 2007, 1095; abweichend *Jennißen,* Abrechnung, Rn 564 f., 568.

[508] OLG München NJW-RR 2007, 1095; OLG Düsseldorf ZWE 2001, 270 (271).

[509] OLG München ZMR 2007, 988 f.; BayObLGZ 1988, 287 (290); WE 1989, 144 (145); WE 1991, 366 f.; WuM 1992, 329 f.; ZMR 1995, 41 (42); OLG Düsseldorf 1995, 278 (279); aA KG NJW-RR 1986, 1337 f.; 1987, 79.

[510] BayObLG NJW-RR 1988, 81 (82); WE 1989, 144 f.; zur Auslegung s. § 23 Rn 52 ff.

[511] OLG München ZMR 2007, 988 f.

[512] BayObLGZ 1983, 314 (319 f.); AG Hannover ZMR 2009, 410.

[513] Vgl. Rn 108 ff.

[514] BGHZ 113, 197 (201).

[515] BayObLG WE 1989, 144 (145).

Entlastung verweigert wird – anders wäre dies nur bei materieller Unrichtigkeit, wie der Einstellung ungerechtfertigter Ausgaben.[516]

127 Wird der **Entlastungsbeschluss für ungültig erklärt,** bleibt die Wirksamkeit der Jahresabrechnung davon unberührt.[517] Umgekehrt lässt die **Ungültigerklärung der Jahresabrechnung** idR die Voraussetzung der Entlastung entfallen, weil der Verwalter seine Abrechnungspflicht noch nicht ordnungsgemäß erfüllt hat, so dass der WEgem noch Ansprüche gegen ihn zustehen könnten.[518] Der Entlastungsbeschluss ist daher ebenfalls auf Antrag für ungültig zu erklären. Die Anfechtung des Beschlusses über die Genehmigung der Jahresabrechnung wird idR als gleichzeitige Anfechtung des Entlastungsbeschlusses auszulegen sein.[519]

2. Die Wirkung der Entlastung

128 Der Entlastungsbeschluss bedeutet ein **negatives Schuldanerkenntnis** iSv § 397 Abs. 2 BGB, d. h. einen Verzicht auf etwa bestehende Ersatzansprüche der WEgem gegen den Verwalter;[520] die Verzichtswirkung ist gesetzliche Nebenfolge der Entlastung. Der Verzicht bezieht sich nur auf Ersatzansprüche, die für die WEer bei sorgfältiger Prüfung aller ihnen unterbreiteten Vorlagen und erstellten Berichte erkennbar waren,[521] wobei sie sich nach der bisherigen Rspr. die Kenntnis bzw. das Kennenmüssen des Verwaltungsbeirates oder eines seiner Mitglieder, der die Abrechnung gem. § 29 Abs. 3 überprüft hat, entspr. § 166 Abs. 1 BGB zurechnen lassen müssen,[522] nicht aber die Kenntnis einzelner WEer;[523] maßgebend ist die Kenntnis aller WEer.[524] Kennen die WEer Ersatzansprüche mangels Kenntnis der Rspr. zur ordnungsgemäßen Jahresabrechnung nicht, schließt diese Unkenntnis Ersatzansprüche nicht aus.[525] Besteht Streit über die Frage, ob den WEern Ersatzansprüche erkennbar waren, begründet die Entlastung eine tatsächliche Vermutung dafür, dass der Verwalter der Abrechnung die notwendigen Nachweise beifügte, an Hand derer die WEer die Abrechnung überprüfen konnten.[526] Im Umfang der Entlastung wird zudem auf die Auskunftserteilung zu Positionen der Jahresabrechnung verzichtet.[527] Keinesfalls berührt die Entlastung Ansprüche, die auf **strafbarem Handeln des Verwalters** beruhen,[528] da die Entlastung objektiv eine so weitgehende Erklärung nicht enthält.

---

[516] BayObLG WE 1989, 144 (145).

[517] BayObLGZ 1983, 314 (319 f.); NJW-RR 1988, 81 (83); BayObLG WE 1989, 144 (145); OLG Düsseldorf WE 1991, 251.

[518] BayObLG NJW-RR 1989, 840 (841); WE 1990, 133 (134); NJW-RR 1997, 715 (716); WE 1999, 153 (154); ZMR 2002, 684 = ZWE 2002, 358 (Ls); LG Konstanz ZMR 2008, 329; AG Hannover ZMR 2008, 842 (844).

[519] OLG Düsseldorf WuM 1991, 619; *Bub,* Finanz- und Rechnungswesen, S. 118 (Rn 47).

[520] BGH ZWE 2003, 365 (368 ff.); NJW 1997, 2106 (2108) = LM § 675 Nr. 236 m. Anm. *Niedenführ;* BayObLG NZM 1999, 504 (505); ZWE 2000, 71 (72); OLG Düsseldorf NJW-RR 2001, 950; kritisch *Rühlicke* ZWE 2003, 54.

[521] OLG München ZMR 2007, 1095; OLG Celle OLGZ 1983, 177 (178 f.); KG NJW-RR 1993, 404 f.; BayObLG WE 1989, 144 (145); 1990, 133 (134); WE 1994, 283; ZWE 2000, 71 (72); OLG Düsseldorf WE 1999, 69 = NZM 1999, 269; LG Hamburg MDR 1988, 410 f.

[522] OLG Düsseldorf ZWE 2001, 270 (272) = NJW-RR 2001, 949; ZWE 2002, 82 (84) = NZM 2002, 264; OLG Köln NZM 2001, 862 = ZMR 2001, 913; Staudinger/*Bub* § 28 Rn 443; *Köhler* ZMR 2001, 865 (867); aA *Schmid* ZWE 2010, 8 ff.; *Demharter* ZWE 2001, 256 (257). Zu Schadensersatzansprüchen der WEgem gegen den Verwaltungsbeirat s. § 29 Rn 107 ff.

[523] BayObLG NZM 2001, 389.

[524] BayOBLG NJW-RR 2003, 79.

[525] BayObLG ZMR 2003, 762; KG NJW-RR 1993, 404.

[526] OLG Karlsruhe ZWE 2000, 426 (427) = NZM 2000, 298.

[527] BayObLGZ 1975, 161 (166); WE 1989, 181; KG WE 1989, 134; 1993, 83 f.; OLG Frankfurt/M. OLGZ 1979, 136 (137); OLG Düsseldorf ZWE 2001, 270 (272) = NJW-RR 2001, 949.

[528] OLG Celle DWE 1992, 84; *Deckert* WE 1993, 120 (123).

3. Der Beschluss über die Entlastung

Über die Entlastung des Verwalters kann nach § 21 Abs. 3 mit **Stimmenmehrheit** beschlossen werden. Der Beschluss muss **ordnungsmäßiger Verwaltung** entsprechen. Zwar verzichtet die WEgem durch die Entlastung auf evtl. bestehende Ersatzansprüche gegen den Verwalter, was aber ordnungsmäßiger Verwaltung nicht widerspricht, weil durch den in der Entlastung liegenden Vertrauensbeweis die Grundlage für eine Fortsetzung vertrauensvoller Zusammenarbeit geschaffen oder beim ausgeschiedenen Verwalter die zurückliegende Amtsführung als zweckmäßig gebilligt wird.[529] Der Entlastungsbeschluss entspricht aber nicht ordnungsmäßiger Verwaltung, wenn Ersatzansprüche bereits bei der Beschlussfassung erkennbar waren, etwa bei greifbaren Anhaltspunkten für eine Pflichtverletzung des Verwalters.[530] Soll über die **Entlastung** trotz womöglich bestehender Ansprüche gegen den Verwalter beschlossen werden, ist ein **einstimmiger Beschluss** gem. § 21 Abs. 1 erforderlich; ein Mehrheitsbeschluss wäre anfechtbar.[531] Gleiches gilt, wenn der Verwalter vor Vorlage der Abrechnung des entsprechenden Wirtschaftsjahres entlastet wird.[532] 129

Ein Entlastungsbeschluss widerspricht insbes. ordnungsmäßiger Verwaltung und ist deshalb anfechtbar, wenn die Jahresabrechnung nicht den Grundsätzen ordnungsgemäßer Verwaltung entspricht, weil sie zur Anfechtung[533] oder Ergänzung[534] berechtigende Fehler enthält. So ist der Entlastungsbeschluss etwa anfechtbar, wenn der Verwalter zu Unrecht Ausgaben aus Gemeinschaftsmitteln bestreitet.[535] Es ist auch möglich, den Entlastungsbeschluss nur hinsichtlich einzelner Vorgänge anzufechten.[536] Hat der Verwalter aber eine unvollständige Gesamtabrechnung und fehlerhafte Einzelabrechnungen zur Beschlussfassung vorgelegt, so ist der Entlastungsbeschluss insgesamt für **ungültig** zu erklären.[537] 130

Ein bestandskräftig gewordener Entlastungsbeschluss kann nicht durch einen Mehrheitsbeschluss der WEer widerrufen werden, da dies ein Rechtsgeschäft zu Lasten eines Dritten darstellen würde und deshalb nichtig wäre.[538] Solange ein Beschluss über die Entlastung des Verwalters nach § 43 Nr. 4 angefochten werden kann, können WEer diesen auf Initiative des Verwalters aufheben.[539] Ein schutzwürdiges Vertrauen des Verwalters in die Entlastung entsteht erst mit Bestandskraft des Entlastungsbeschlusses.[540] 131

Der Entlastungsbeschluss bezieht sich nur auf die **Tätigkeit des Verwalters** hinsichtlich des **GemE,** da § 21 die Kompetenz der WEVers hierauf beschränkt.[541] **Individuelle Ersatzansprüche** einzelner WEer, auch wenn sie aus der Verwaltung des GemE resultieren, werden dagegen mangels Beschlusskompetenz von der Entlastung nicht erfasst.[542] Nur 132

---

[529] BGH NJW 2003, 3126 f.; BayObLG NJW-RR 2004, 1090; ZMR 2006, 138; zum ausgeschiedenen Verwalter: BGH ZMR 2003, 942. Kritisch *Vogel/Greiner* ZMR 2003, 465.

[530] AG Hannover ZMR 2008, 842 f.

[531] Vgl. § 21 Rn 2; BayObLGZ 1983, 314 (318); WE 1989, 144 (145); NZM 1999, 504 (505); KG WE 1988, 167; OLG Düsseldorf WE 1995, 278 (279); WE 1997, 67 (68).

[532] KG NJW-RR 1987, 79 (80).

[533] BayObLG WE 1994, 184 (185); WE 1995, 32; NJW-RR 2002, 1095; 2004, 1090; OLG Zweibrücken ZMR 2005, 909 f.

[534] BayObLG 2006, 22; OLG München ZMR 2005, 69.

[535] BayObLG NJW-RR 1997, 715 (716).

[536] BayObLG WE 1988, 76.

[537] BayObLG WE 1995, 89 = WuM 1994, 568 (569).

[538] Staudinger/*Bub* § 28 Rn 455; Riecke/Schmid/*Abramenko* § 28 Rn 122.

[539] OLG Köln ZMR 2000, 485 (486) mit Anm. *Rau*.

[540] *Rau* ZMR 2000, 486.

[541] BGH NJW 2003, 3126 f. = ZMR 2003, 750.

[542] *Schmid* ZWE 2009, 377 ff.; aA Riecke/Schmid/*Elzer* § 28 Rn 117: gewohnheitsrechtlich anerkannt; BayObLG ZMR 1998, 176; WE 1990, 145 (146); OLG Hamm WE 1992, 258 f.; NJW-RR 1997, 908.

wenn alle WEer einem Entlastungsbeschluss zustimmen,[543] kann sich dieser auf Individualansprüche erstrecken. Soweit hinsichtlich der gesamten Verwaltung des GemE Entlastung erteilt wird, ist in der Regel die gesamte Tätigkeit des Verwalters erfasst.[544] Wird Entlastung mit der Genehmigung der Jahresabrechnung beschlossen, so erstreckt sie sich nur auf die Tätigkeiten, auf die sich die Jahresabrechnung bezieht.[545] Ist kein Verwalter wirksam bestellt worden, so können die WEer auch über die Entlastung einer Person beschließen, die als **faktischer Verwalter** tatsächlich die Tätigkeiten eines Verwalters verrichtet hat.[546]

4. Das Stimmrecht des Verwalters

133 Von der Beschlussfassung über seine Entlastung ist der Verwalter unabhängig davon ausgeschlossen, ob er selbst WEer ist (§ 25 Abs. 5), oder von WEern zur Stimmrechtsausübung bevollmächtigt wurde,[547] weil sein persönliches Interesse an dem Beschluss das mitgliedschaftliche übertrifft. Ist der Beschluss über die Entlastung mit dem über die Jahresabrechnung verbunden, gilt der **Stimmrechtsausschluss** auch insoweit.[548] Der WEer, der zugleich Verwalter ist, kann allerdings eine getrennte Abstimmung verlangen. Der Verwalter kann auch einem anderen WEer **Untervollmacht** erteilen, wenn ihm dies gestattet ist (s. § 25 Rn 67) und er die Untervollmacht nicht mit Weisungen für die Abstimmung verbindet, um den Stimmrechtsausschluss zu umgehen.[549]

5. Der Anspruch auf Entlastung

134 Dem Verwalter steht, auch wenn die Abrechnung ordnungsgemäß erstellt wurde, ein **Anspruch auf Entlastung** nicht zu, es sei denn, ein solcher ist vertraglich vereinbart.[550] Liegt kein vernünftiger, objektiv nachvollziehbarer Grund für einen Verzicht der WEgem auf mögliche Ansprüche gegen den Verwalter vor, der auch in einer Vertrauenskundgabe bestehen kann,[551] entspricht ein Entlastungsbeschluss idR nicht ordnungsgemäßer Verwaltung und ist deshalb auf Anfechtung für ungültig zu erklären.[552] Der Verwalter darf daher idR weder sein Amt aus wichtigem Grund niederlegen noch den Verwaltervertrag fristlos kündigen, wenn die WEer eine Entlastung verweigert haben.[553] Berühmen sich diese, dass die WEgem gegen ihn konkrete Ansprüche hat, kann er aber nach § 256 ZPO die gerichtliche Feststellung beantragen, dass diese Ansprüche nicht bestehen.[554]

---

[543] Vgl. § 21 Rn. 2.

[544] BayObLG ZWE 2000, 352 (353) = NZM 2000, 911 (Ls).

[545] BayObLG ZMR 1998, 176; 2001, 558; OLG Hamburg ZMR 2003, 772.

[546] OLG Düsseldorf WE 1999, 69 = NZM 1999, 269.

[547] OLG Köln ZMR 2007, 716 f.; BayObLG WE 1987, 158 (159); 1989, 64 f.; KG WE 1989, 134; OLG Zweibrücken WE 1991, 357 f.; LG Frankfurt/M. NJW-RR 1988, 596 f.; LG Freiburg DWE 1987, 31; vgl. auch § 25 Rn 108 f.

[548] OLG Köln ZMR 2007, 715 (716); BayObLG WE 1989, 64 f.; AG Frankfurt/M. WE 1992, 88.

[549] OLG Zweibrücken WE 1998, 504 (505) = NZM 1998, 671.

[550] OLG Düsseldorf NJW-RR 1997, 425; BayObLG ZWE 2000, 183 (184); *Merle* PiG 21, 107 (124); *Jennißen,* Abrechnung, Rn 561; *Bub,* Finanz- und Rechnungswesen, S. 112 (Rn 24); *Köhler* ZMR 1999, 293 (294).

[551] Vgl. BGH ZMR 2003, 280; *Rühlicke* ZWE 2003, 54 ff.

[552] BayObl GZ 2002, Nr. 72; AG Kerpen ZMR 1998, 376; *Demharter* ZWE 2001, 256 (257); *Köhler* ZMR 1999, 293 (296); *Sauren* § 28 Rn 68; vermittelnd *Gottschalg,* Haftung, Rn 243; offen gelassen BayObLGZ ZMR 2001, 567 (568); OLG Düsseldorf ZWE 2002, 82 (85); aA OLG Köln NZM 1998, 878.

[553] Staudinger/*Bub* § 28 Rn 454.

[554] OLG Düsseldorf WuM 1996, 723 (724); WE 1999, 69 = NZM 1999, 269.

V. Die Rechnungslegung

1. Der Anspruch auf Rechnungslegung

Während die Abrechnung gem. § 28 Abs. 3 nach Ablauf des Kalenderjahres ohne weiteres vom Verwalter aufzustellen ist, kann die **Rechnungslegung** abweichend von § 666 BGB gem. § 28 Abs. 4 von den WEern **durch Mehrheitsbeschluss jederzeit** gefordert werden. Der Verwalter ist gem. § 259 Abs. 1 BGB zur vollständigen Rechenschaftslegung verpflichtet. Besteht Grund zu der Annahme, dass der Verwalter dieser Pflicht nicht mit der gebotenen Sorgfalt nachgekommen ist, können die WEer von ihm gem. § 259 Abs. 2 BGB die Abgabe einer eidesstattlichen Versicherung verlangen. Das Rechnungslegungsverlangen wird begrenzt durch den Grundsatz von Treu und Glauben (§ 242 BGB) und das Schikaneverbot gem. § 226 BGB. Eine **unzulässige Rechtsausübung** liegt vor, wenn solche Auskünfte erzwungen werden sollen, die unschwer bereits aus den vorliegenden Unterlagen entnommen werden können, oder wenn das Interesse an der Rechnungslegung so unbedeutend ist, dass es in keinem Verhältnis zu dem hierfür erforderlichen Aufwand steht.[555] Rechnungslegung kann daher nicht für einen Zeitraum verlangt werden, für den schon Jahresabrechnung und Entlastung beschlossen worden sind[556] oder beschlossen werden können.[557] Die Rechnungslegung dient vornehmlich der **Kontrolle der Geschäftsführung des Verwalters.**[558] Die Geltendmachung des Anspruches auf Rechnungslegung ist geboten, wenn sich Anhaltspunkte dafür ergeben, dass der Verwalter von dem beschlossenen Wirtschaftsplan abweicht oder wenn sonst Unregelmäßigkeiten auftreten.[559] Von einer Person, die die Verwaltungsgeschäfte der WEgem führt, aber nicht wirksam zum Verwalter bestellt wurde, kann Rechnungslegung nicht gem. § 28 Abs. 4, sondern nur nach § 666 BGB verlangt werden.[560] **135**

Der Anspruch auf Rechnungslegung ist ein gemeinschaftsbezogener Anspruch der WEer iSd § 10 Abs. 6 Satz 3, da sie nach § 28 Abs. 4 über das Verlangen auf Rechnungslegung mit Stimmenmehrheit beschließen müssen. Soll der Anspruch gegen den amtierenden Verwalter durch die WEgem[561] nach § 10 Abs. 6 Satz 3 ausgeübt werden, ist idR zur Durchsetzung des Anspruchs die Ermächtigung eines oder mehrerer WEer gem. § 10 Abs. 3 Satz 3 erforderlich. Wird der Anspruch von allen WEern gegen den amtierenden Verwalter geltend gemacht, bedarf es nicht eines vorherigen förmlichen Beschlusses gem § 28 Abs. 4 in einer WEVers. [562] Das beschlossene Verlangen auf Rechnungslegung von einem ausgeschiedenen Verwalter hat der amtierende Verwalter in Durchführung dieses Beschlusses nach § 27 Abs. 1 Nr. 1 zu verfolgen. Der für das Verlangen nach Rechnungslegung erforderliche Mehrheitsbeschluss ist ausnahmsweise entbehrlich, wenn die WEer unter Verstoß gegen die Grundsätze ordnungsgemäßer Verwaltung nicht beschließen, diesen Anspruch geltend zu machen.[563] In diesem Fall kann **jeder einzelne WEer** nach § 21 Abs. 4 in den Schranken von Treu und Glauben Rechenschaftslegung verlangen, die allerdings ggü. den WEern in ihrer Gesamtheit zu erfolgen hat.[564] **136**

[555] *Bub,* Finanz- und Rechnungswesen, S. 187 (Rn 15).
[556] OLG Düsseldorf NJW-RR 2001, 950.
[557] *Jennißen,* Abrechnung, Rn 549.
[558] KG MDR 1981, 407 (408); WE 1988, 17.
[559] *Niedenführ*/Kümmel/Vandenhouten § 28 Rn 201.
[560] Staudinger/*Bub* § 28 Rn 466 mwN.
[561] Vgl. *Jennißen,* Abrechnung, Rn 548.
[562] Vgl. BayObLG 2004, 621.
[563] BayObLG NJW-RR 1988, 1166 (1167); KG WE 1988, 17; OLG Hamm NJW-RR 1988, 597 f.; aA Riecke/Schmid/*Abramenko* § 28 Rn 126.
[564] OLG Celle OLGZ 1983, 177 (178); KG NJW-RR 1987, 462 f.; WE 1988, 17.

137 Der Anspruch auf Rechnungslegung ist im **Verfahren nach § 43 Nr. 3** einzuklagen, auch wenn sich der Anspruch gegen den ausgeschiedenen Verwalter richtet, da es um dessen frühere Verwaltungstätigkeit geht.[565] Da die Rechnungslegung Kenntnisse voraussetzt, die nur der Verwalter selbst haben kann, ist sie nach umstr. Ansicht als eine unvertretbare Handlung anzusehen; die Vollstreckung richtet sich daher nach § 888 ZPO.[566]

2. Der Umfang der Rechnungslegungspflicht

138 Der Umfang der Rechnungslegungspflicht bestimmt sich nach § 259 BGB. Die wirtschaftliche Situation der WEgem ist auch hier in einer **Einnahmen-Ausgaben-Rechnung** darzulegen, wobei anders als bei der Jahresabrechnung eine Einzelabrechnung nicht erforderlich ist,[567] weil es nicht um die Festlegung von Zahlungspflichten der WEer geht, sondern um die Kontrolle des Verwalters. Die Rechnung hat die Einnahmen und Ausgaben des Rechnungslegungszeitraums unter Beifügung der für jede Buchung erforderlichen schriftlichen Belege aufzuführen und aufzugliedern, eine Aufstellung der bestehenden Forderungen und Verbindlichkeiten zu enthalten und die Kontostände anzugeben.[568] **Rechnungslegungszeitraum** kann nur das laufende Wirtschaftsjahr sein, da danach nur noch eine Pflicht zur Erstellung der Jahresabrechnung besteht.[569] Die Rechnungslegung muss für den einzelnen WEer ohne Zuziehung eines Sachverständigen nachvollziehbar sein.[570] Verletzt der Verwalter seine Rechnungslegungspflicht und legt nicht für jede Position Belege vor, findet im Schadensersatzprozess eine Verlagerung der Darlehens- und Beweislast statt. Die WEgem muss nicht Kausalität und Höhe des Schadens substantiiert darlegen, sondern der Verwalter muss konkret vortragen, für welche Leistungen er welche Zahlungen getätigt hat.[571]

139 Nebenpflichten des Verwalters bei der Rechnungslegung sind die **Gewährung von Einblick in die Buchungsbelege** und die **Erteilung von Auskünften,** für die das im Rahmen der Jahresabrechnung Erörterte gleichfalls gilt. Ein **Anspruch auf ein Honorar** für die Rechnungslegung besteht nicht, da sie Bestandteil des Geschäftsbesorgungsvertrages ist und somit durch das vereinbarte Honorar mit abgegolten wird.[572]

3. Vorlage und Beschluss der Rechnungslegung

140 Eine **Frist** für die Rechnungslegung ist gesetzlich nicht bestimmt, sie muss aber in einer den Umständen des Einzelfalls angemessenen Frist erfolgen. Die Rechnungslegung erfolgt ebenso wie die Vorlage von Wirtschaftsplan und Jahresabrechnung im Rahmen einer WEvers, in der auch Auskunft zu dem Zahlenwerk zu erteilen ist. Die **Belegeinsicht** ist **im Büro der Verwaltung** zu gewähren.[573]

141 Über die Rechnungslegung beschließen die WEer nach § 28 Abs. 5 mit Stimmenmehrheit. Der **Beschluss** genehmigt die Geschäftsführung des Verwalters und bewirkt seine Entlastung im Umfang der für die Eigentümer erkennbaren Tatsachen.[574]

---

[565] Vgl. § 43 Rn 87.

[566] Vgl. BayObLG ZWE 2002, 585 (587); OLG Köln WuM 1998, 375; KG NJW 1972, 2093 f.; aA OLG Düsseldorf NJW-RR 1999, 1029: Vollstreckung nach § 887 ZPO; ebenso *Jennißen,* Abrechnung, Rn 557; Riecke/Schmid/*Abramenko* § 28 Rn 130, differenzierend *Greiner,* Rn 1263.

[567] KG MDR 1981, 407 (408); BayObLGZ 1979, 30 (32 f.); *Merle* PiG 21, 107 (110).

[568] OLG München ZMR 2007, 814 f.; OLG Oldenburg ZMR 2008, 238; abweichend *Jennißen,* Abrechnung, Rn 556.

[569] KG WE 1988, 17.

[570] KG MDR 1981, 407 f.; WE 1988, 17.

[571] OLG Oldenburg MietRB 2008, 178 (Ott).

[572] AA OLG Köln OLGZ 1986, 163 (166).

[573] Vgl. Rn 104.

[574] Zur Anfechtbarkeit s. Rn 119 ff.

4. Die Rechnungslegung des ausgeschiedenen Verwalters

Die Rechnungslegung wird idR vor allem vom **ausscheidenden Verwalter** gefordert, der dann für das laufende Wirtschaftsjahr bis zum Zeitpunkt seines Ausscheidens Rechenschaft zu geben hat, umso eine ordnungsgemäße Übergabe an den neuen Verwalter zu gewährleisten und um Herausgabeansprüche der WEgem nach §§ 675, 667 BGB geltend machen zu können; letztere sind aber von einer vorherigen Rechnungslegung unabhängig.[575] Der **ausgeschiedene Verwalter** ist nach §§ 675, 666 BGB auch ohne Beschluss gem. § 28 Abs. 4 bei Beendigung seiner Tätigkeit zur Rechnungslegung verpflichtet.[576] Für bereits abgeschlossene Wirtschaftsjahre kann nur die Aufstellung entsprechender Jahresabrechnungen verlangt werden, sofern die Abrechnungspflicht schon fällig war.[577] 142

Mit Beendigung seiner Tätigkeit, auch wenn ein Abberufungsbeschluss angefochten ist,[578] hat der Verwalter alle **Verwaltungsunterlagen** einschließlich der von ihm selbst erstellten sowie die ihm zur Erfüllung seiner Aufgaben überlassenen und nicht bestimmungsgemäß verbrauchten gemeinschaftlichen Gelder (vgl. § 26 Rn 122) **herauszugeben,** was sich aus den §§ 675, 667 BGB ergibt.[579] Die dort normierte Herausgabepflicht betrifft das GemE, zu dem die eingenommenen Gelder und die gesamten Buchführungsunterlagen gehören,[580] unabhängig davon, ob die Unterlagen zur Durchsetzung von Ansprüchen gegen den Verwalter benötigt werden.[581] Ein **Zurückbehaltungsrecht** an den Unterlagen steht dem Verwalter nicht zu, möglich ist eine **Aufrechnung** des Restvergütungsanspruches mit Forderungen der WEgem gegen ihn.[582] Er ist ferner zur Rechnungslegung und Auskunftserteilung über Vorgänge seiner Verwalterzeit verpflichtet, wozu er ggf. Einsicht in die von ihm herausgegebenen Unterlagen verlangen kann.[583] Dies gilt auch dann, wenn die WEer dem Verwalter vorher durch eine bestandskräftige Mehrheitsentscheidung Entlastung erteilt haben.[584] Halten die WEer die Rechnungslegung für falsch, können sie nach Maßgabe des § 259 Abs. 2 BGB vom Verwalter die **Abgabe einer eidesstattlichen Versicherung** verlangen, die sich nur auf die korrekte Veranschlagung der Einnahmen, nicht aber der Ausgaben beziehen muss. Verletzt der Verwalter seine Rechnungslegungspflicht, ist er nach §§ 280, 281 BGB zum Schadensersatz verpflichtet.[585] 143

VI. Die Beitragsforderung

1. Die Entstehung der Beitragsverpflichtung

Grundlage aller Beitragsansprüche sind die Beschlüsse der WEer gem. § 28 Abs. 5 über Wirtschaftsplan und Abrechnung sowie die in § 16 Abs. 2 normierte Verpflichtung aller WEer, Lasten und Kosten des gemeinschaftlichen Eigentums zu tragen. Die von den WEern zu leistenden Beiträge bestehen aus den im Wirtschaftsplan festgelegten Vorschüssen, den im Laufe des Jahres etwa beschlossenen Sonderumlagen und den durch die Jahres- 144

[575] BGH NJW 1997, 2106 (2108) = WE 1997, 306 (308) = LM § 675 Nr. 236 m. Anm. *Niedenführ.*

[576] AG Mettmann ZMR 2008, 848; OLG München ZMR 2007, 814; OLG Hamm NZM 2008, 850.

[577] KG WE 1988, 17 f.; BayObLG WE 1994, 280; s. auch Rn 65.

[578] AG Syke ZWE 2008, 489.

[579] BayObLGZ 1969, 209 (214 f.); WE 1989, 63 f.; 1994, 280; NJWE-MietR 1997, 14 = WE 1997, 117 (118); OLG Hamburg WE 1987, 83; *Merle* ZWE 2000, 9 (12). Vgl. § 26 Rn 122 ff.

[580] Vgl. hierzu *Sauren* PiG 30, 69 (83 ff.).

[581] OLG Hamm ZMR 2008, 399 (400) = ZWE 2008, 193.

[582] BayObLG WE 1989, 63 f.; OLG Stuttgart ZMR 1983, 422.

[583] BayObLGZ 1969, 209 (215); NJWE-MietR 1997, 14 = WE 1997, 117 (118); OLG Hamm OLGZ 1993, 438 (440) = NJW-RR 1993, 847 f. = WE 1993, 248 f.; LG Saarbrücken ZMR 2010, 402 f.: Auskunftserteilung ist unvertretbare Handlung iSd § 888 ZPO.

[584] BayObLG NJWE-MietR 1997, 14 = WE 1997, 117 (118).

[585] OLG München ZMR 2007, 814; AG Mettmann ZMR 2008, 848.

abrechnung festgestellten Nachzahlungspflichten. Die Zahlungsverpflichtung der WEer wird dabei **durch** den jeweils erforderlichen **Mehrheitsbeschluss** gem. § 28 Abs. 5 **originär begründet;**[586] das Entstehen von Zahlungspflichten im Außenverhältnis ist ohne Bedeutung.[587] Bei Zahlungen der WEer auf Beitragsschulden findet § 366 BGB Anwendung.[587a] Die durch die WEer begründeten Beitragsansprüche stehen nicht zur Disposition des Verwalters; er kann sie allein weder erlassen noch ihren Umfang erweitern.[588]

145 Bei einer **Zwei-Personen-WEgem,** bei der es wegen Stimmengleichheit in der WE-Vers nicht zu Beschlüssen nach § 28 Abs. 5 kommt, kann der WEer, der alle Betriebskosten zahlt, direkt vom anderen WEer Zahlung des anteiligen Betrages verlangen, auch ohne Beschluss über den Wirtschaftsplan.[589] Der Zahlungsanspruch folgt aus Geschäftsführung ohne Auftrag gem. §§ 683, 670 BGB,[590] da die Zahlung von Lasten und Kosten der WE-gem ordnungsmäßiger Verwaltung entspricht, es sich bei den Ausgaben für Steuern, Versicherung, Abgaben, Wasser und Energie idR um notwendige Ausgaben im gemeinschaftlichen Interesse handelt.

2. Beitragsgläubiger und Beitragsschuldner

146 **a) Die Beitragsgläubiger.** Gläubiger des Beitragsanspruchs ist die rechtsfähige WEgem. Der einzelne Beitragsanspruch gehört nach § 10 Abs. 7 Satz 3 zum Verwaltungsvermögen, das wiederum nach § 10 Abs. 7 Satz 1 der WEgem gehört.

147 **b) Der Beitragsschuldner.** Zur Beitragszahlung verpflichtet ist gem. §§ 28 Abs. 5, 16 Abs. 2 jeder – auch der treuhänderisch gebundene[591] – WEer nach Maßgabe des im Grundbuch eingetragenen Verhältnisses der MEA.[592] Auch das noch nicht im GB eingetragene Mitglied einer werdenden WEgem schuldet die beschlossenen Beiträge,[593] auch wenn sein durch Vormerkung gesicherter Auflassungsanspruch gepfändet ist.[594] Diese im Innenverhältnis zwischen den WEern bestehende Verpflichtung ist scharf zu trennen von Ansprüchen Dritter gegen die WEgem. Haben mehrere Personen gemeinsam ein WE-Recht inne, etwa als Mitglieder einer Bruchteils- oder Gesamthandsgemeinschaft, so haften sie als **Gesamtschuldner.**[595] Für Beitragsschulden von Personengesellschaften gilt die Regelung des § 128 HGB.[596]

148 Fallen wirklicher und im Grundbuch eingetragener Eigentümer auseinander, ist der wahre Eigentümer Beitragsschuldner. Ggü Außenstehenden muss der **Bucheigentümer** allerdings die widerlegbare Vermutung des § 891 BGB gegen sich gelten lassen, soweit Ansprüche auf Grund der mutmaßlichen Eigentümerstellung gegen ihn geltend gemacht werden.[597] Dies

---

[586] BGHZ 104, 197 (202 f.); BayObLG WE 1986, 14 f.; 1995, 187; 248; ZWE 2002, 522 (523); OLG Zweibrücken ZWE 2002, 542 (543); OLG Köln WuM 1995, 733 (734 f.); OLG Düsseldorf WuM 1996, 119; OLG Hamm ZWE 2009, 216 f.; ZMR 2009, 865 (866); ZWE 2000, 540 (541) = NZM 2000, 139; s. o. Rn 3 f.

[587] *Hauger* PiG 44, 173 (175) = WE 1995, 177; *Bub,* Finanz- und Rechnungswesen, S. 120 (Rn 2).

[587a] LG München I ZWE 2010, 229 m. Anm. *Becker.*

[588] Vgl. OLG Hamm ZWE 2000, 540 (542) = NZM 2000, 139 für nachträgliche Änderungen von Jahresabrechnungen infolge eines Eigentümerwechsels.

[589] OLG Karlsruhe ZMR 2007, 138; BayObLG WuM 2002, 41; LG München I ZWE 2009, 131 (132) = ZMR 2009, 637.

[590] OLG Karlsruhe ZMR 2007, 138; aA LG München I ZWE 2009, 131 (132): § 16 Abs. 2.

[591] OLG Düsseldorf ZWE 2001, 615 = NZM 2002, 260.

[592] LG Nürnberg-Fürth ZWE 2009, 450 f.; vgl. KG ZWE 2002, 81 f. zur Beitragspflicht bei nachträglicher Entstehung von WE-Einheiten.

[593] Vgl. *Jennißen,* Abrechnung, Rn 577 ff.

[594] AG Leipzig ZMR 2009, 155.

[595] OLG Stuttgart OLGZ 1986, 32 (35); BayObLGZ 1979, 56 (60); OLG Hamm NJW-RR 1988, 655 f.; OLG Frankfurt/M. DWE 1987, 62.

[596] BayObLGZ 1988, 368 ff.

[597] KG ZWE 2001, 329 (330) mwN.

gilt auch für die Beitragsverbindlichkeiten. So sind die im Grundbuch eingetragenen Gesellschafter einer GbR auch im Falle wirksamer Übertragung des Gesellschaftsanteils, der außerhalb des Grundbuchs stattfindet, grds solange Beitragsschuldner, bis die Grundbuchberichtigung vollzogen wird.[598] **Widerlegt** der Bucheigentümer die gegen ihn sprechende Vermutung des § 891 BGB, indem er etwa nachweist, dass er wegen unwirksamer Auflassung kein WE erworben hat,[599] ist er nicht zur Beitragszahlung verpflichtet und kann an die WEgem bereits gezahlte Beträge aus ungerechtfertigter Bereicherung zurückverlangen.[600]

c) Beitragsschuld und Eigentümerwechsel. Im Falle eines Eigentümerwechsels während des laufenden Wirtschaftsjahres stellt sich die Frage, ob der Veräußerer oder der Erwerber für Beitragsschulden haftet.[601] Grds ist die Haftung für rückständige Beitragsvorschüsse auf Grund eines beschlossenen Wirtschaftsplans von der Haftung für Beitragsforderungen auf Grund einer beschlossenen Jahresabrechnung (Einzelabrechnung) zu unterscheiden. 149

aa) Die Jahresabrechnung als Schuldgrund. Sofern sich aus der **Einzelabrechnung** für das veräußerte WE ein negativer Abrechnungssaldo ergibt (sog. **Abrechnungsspitze**), begründet der Beschluss über die Genehmigung der Jahresabrechnung in dieser Höhe eine originäre Beitragsschuld (s. o. Rn 46). Wird der Eigentümerwechsel während des Abrechnungszeitraumes durch Eintragung im GB vollzogen, dann haftet allenfalls der Erwerber in Höhe der Abrechnungsspitze, denn ihn allein können als WEer originär die Rechtsfolgen aus einem bestandkräftigen Beschluss über die Genehmigung der Jahresabrechnung treffen.[602] Dies gilt auch für Abrechnungsspitzen früherer Jahre, wenn erst nach Eintragung des Erwerbers im GB hierüber Beschluss gefasst wurde.[603] Dagegen entfaltet der Genehmigungsbeschluss keine Rechtswirkung gegenüber dem bereits ausgeschiedenen WEer; soweit einem ausgeschiedenen WEer durch Beschluss originäre Beitragspflichten auferlegt werden, handelt es sich um einen unwirksamen Beschluss zu Lasten Dritter (s. § 23 Rn 140).[604] Entspr. gilt, wenn die WEer für das Wirtschaftsjahr keinen Wirtschaftsplan beschlossen haben und somit keine Beitragsvorschüsse geschuldet sind. In diesem Fall haftet allein der Erwerber für die durch die beschlossene Jahresabrechnung erstmals begründete Beitragsschuld.[605] Da die Beitragsschuld objektsbezogen jeweils an die jeweilige Einheit eines WEers anknüpft, gilt dies auch, wenn ein WEer eine von mehreren Einheiten veräußert.[606] 150

bb) Der Wirtschaftsplan als Schuldgrund. Sofern auf Grund eines durch Beschluss genehmigten Wirtschaftsplans oder einer Sonderumlage **Beitragsvorschüsse** geschuldet sind, haben diese nach der **Rspr.** – im Gegensatz zu den aus der beschlossenen Jahresabrechnung geschuldeten Abrechnungsspitzen – regelmäßig den Charakter wiederkehrender Lasten. Daher soll der jeweilige WEer entspr. § 103 BGB nur die Beitragsvorschüsse zu leisten haben, die während seiner Zugehörigkeit zur Gemeinschaft wirksam beschlossen und fällig geworden sind (sog. **Fälligkeitstheorie**).[607] Danach haftet der Erwerber grds 151

---

[598] OLG Hamm NJW-RR 1988, 655 f., das eine Ausnahme für möglich hält, wenn Abtretungsvertrag und Erlaubnis im Gesellschaftsvertrag der Gemeinschaft bzw. dem Verwalter vorgelegt wurden.

[599] BGH NJW 1994, 3352 f. = LM § 16 WEG Nr. 15 m. Anm. *Niedenführ;* BayObLG ZWE 2002, 76 = NZM 2002, 263 m. Anm. *Becker* ZWE 2002, 71 (72).

[600] KG ZWE 2001, 440 (441) = NZM 2002, 129 (Ls).

[601] Zum Ganzen s. *Buß* PiG 54, 141 ff. = WE 1998, 176 ff.

[602] BGHZ 131, 228 = NJW 1996, 725 (726) = WE 1996, 144; NJW 1994, 1866 (1867) = WE 1994, 210 (211); OLG Zweibrücken WE 1996, 277 (278); zur Einzelabrechnung im Falle eines Eigentümerwechsels s. Rn 92 f.

[603] LG Bonn ZMR 2009, 476.

[604] BGHZ 104, 197 (203); OLG Hamburg ZWE 2002, 424 (426); OLG München MietRB 2008, 49; *Häublein* Ptdm Tage 2001, 83 (98); aA *Rau* ZMR 2000, 337 (340).

[605] OLG Köln ZWE 2008, 242 = MietRB 2008, 173 (Jennißen).

[606] OLG Hamburg ZWE 2002, 424 (426).

[607] BGHZ 104, 197 (201); OLG Hamm NJW-RR 1996, 911 = WE 1996, 353 (354); LG Saarbrücken ZMR 2009, 877; BayObLG WE 1998, 316; zustimmend *Wenzel,* FS für Seuß (1997),

nicht für die vor dem Eigentümerwechsel fällig gewordenen Beitragsvorschüsse des Rechtsvorgängers. Da der Beschluss der Jahresabrechnung nur bestätigende bzw. rechtsverstärkende und keine novatorische Wirkung hat (s. o. Rn 45), haftet nach der Rspr. der ausgeschiedene WEer, auch nachdem der Beschluss über die Jahresabrechnung gefasst worden ist, nur aus dem Wirtschaftsplan für die bis zu seinem Ausscheiden fällig gewordenen Beitragsvorschüsse. Dabei macht es keinen Unterschied, ob WE rechtsgeschäftlich oder durch Zwangsversteigerung erworben wird.[608] In beiden Fällen kann nach der Rspr. eine gesamtschuldnerische Mithaftung des Erwerbers für vor dem Eigentümerwechsel aufgelaufene Beitragsrückstände nur durch einen vertraglichen Schuldbeitritt oder im Fall des rechtsgeschäftlichen Erwerbs durch Vereinbarung der WEer (GemO) begründet werden.[609] Hinsichtlich der nach dem Eigentümerwechsel fällig gewordenen Beitragsvorschüsse ist der Erwerber auch nach der **Rspr.** originärer Beitragsschuldner, denn nach § 10 Abs. 4 sei er insoweit an den beschlossenen Wirtschaftsplan gebunden.[610]

152 Den von der Rspr. aufgestellten Grundsätzen zur Haftung für rückständige Beitragsvorschüsse kann **nicht uneingeschränkt zugestimmt** werden. Soweit die Rspr. eine Haftung des Erwerbers für rückständige Beitragsvorschüsse des Rechtsvorgängers ablehnt, verkennt sie den Anwendungsbereich des § 10 Abs. 4. Wenn nach dieser Vorschrift Beschlüsse ohne Eintragung im GB *gegen* den Sondernachfolger wirken, dann kann dies nur bedeuten, dass der Sondernachfolger auch aus Beschlüssen verpflichtet wird, die Beitragspflichten der WEer begründen;[611] auf den Zeitpunkt der Fälligkeit der Beitragsschuld kommt es nicht an. Daher wirkt auch der Beschluss über den Wirtschaftsplan insoweit gegen den Erwerber und begründet für die gesamte Wirtschaftsperiode Beitragsvorschusspflichten der WEer d. h. von Veräußerer und Erwerber. Der Erwerber haftet also für rückständige Beitragszahlungen, die bereits vor Eintragung des Eigentümerwechsels im GB entstanden sind.[612] Mit Vollzug des Eigentümerwechsels bewirkt § 10 Abs. 4 kraft Gesetzes, dass neben dem ausgeschiedenen WEer auch der Erwerber an den Beschluss über den Wirtschaftsplan in seinem vollen Umfang gebunden ist und dieser damit im Verhältnis zu den WEern zur Rechtsgrundlage für eine gesamtschuldnerische Haftung von Veräußerer und Erwerber für sämtliche Beitragsforderungen aus dem Wirtschaftsplan wird. Im Verhältnis untereinander haften Veräußerer und Erwerber zu gleichen Teilen, soweit sie im Erwerbsvertrag nichts anderes bestimmt haben (vgl. § 426 Abs. 1 Satz 1 BGB). Haben sie im Erwerbsvertrag etwa vereinbart, dass die Lasten und Kosten bereits zu einem bestimmten Zeitpunkt vor der Eintragung des Eigentümerwechsels im GB auf den Erwerber übergehen, so ist dieser Zeitpunkt für die Haftung von Veräußerer und Erwerber im Verhältnis zueinander maßgeblich. Da somit jeder Vertragspartner des schuldrechtlichen Erwerbsvertrages das Risiko der Insolvenz des jeweils anderen Vertragspartners zu tragen hat, entspricht eine gesamtschuldnerische Haftung von Veräußerer und Erwerber auch der Billigkeit.[613]

S. 313 (318); *V. Wenzel* WuM 2000, 105 (106); aA *Jennißen,* Abrechnung, Rn 93 ff., 596 ff., nach dem nicht die Beitragsvorschüsse, sondern die in der Jahresabrechnung anfallenden Kosten periodengerecht zwischen Veräußerer und Erwerber aufzuteilen sind (sog. Aufteilungstheorie); *ders.* ZWE 2000, 494; so auch *Happ* DWE 2000, 137 (139) = ZMR 2001, 85 (87).

608 BGHZ 99, 358 (360); 95, 118 (121).

609 Vgl. BGHZ 107, 285 (288); 99, 358 (361); OLG Düsseldorf ZWE 2002, 90 (91) = NJW-RR 2002, 302; BayObLG ZWE 2002, ZWE 2002, 265 (Ls) = ZfIR 2002, 389.

610 OLG Hamm WE 1996, 353 (354) = NJW-RR 1996, 911; OLG Düsseldorf ZWE 2002, 90 (91) = NJW-RR 2002, 661; LG Saarbrücken ZMR 2009, 877; *Wenzel,* FS für Seuß (1997), S. 313 (320) = WE 124 (127); *Häublein* Ptdm Tage 2001, 83 (95).

611 LG Saarbrücken ZMR 2009, 877; vgl. *Merle,* System, S. 212; aA *Jennißen,* Abrechnung, Rn 585 ff.

612 So im Ergebnis zutreffend *Müller* WE 1997, 130 (133); *Becker* ZWE 2000, 162 (165).

613 So auch *Niedenführ* Anm. zu BGH LM § 28 Nr. 4; kritisch *Buß* PiG 54, 141 (148) = WE 1998, 176 (178).

Entsprechendes gilt auch für den Erwerb von WE durch Zuschlag in der **Zwangsversteigerung;** der Erwerber muss auch hier mit rückständigen Beitragsvorschüssen des Rechtsvorgängers rechnen und dies bei der Abgabe seines Gebots berücksichtigen.[614] Konsequenz einer gesamtschuldnerischen Haftung des Erwerbers ist, dass auch die vor dem Eigentümerwechsel aufgelaufenen Beitragsrückstände als Fehlbeträge des Erwerbers in der Jahresabrechnung auszuweisen sind. Daher kann der Erwerber den Beschluss über die Jahresabrechnung – entgegen der Rspr. (s. Rn 144) – nicht mit der Begründung anfechten, es seien vor dem Eigentümerwechsel aufgelaufene Beitragsrückstände zu seinen Lasten in die Jahresabrechnung eingestellt worden.[615]

Bleiben am Ende des Wirtschaftsjahres die tatsächlich angefallenen Kosten hinter den **153**
im Wirtschaftsplan veranschlagten Kosten zurück, so ergibt sich für das veräußerte WE ein **positiver Abrechnungssaldo,** der die **Beitragsvorschusspflicht des Erwerbers** aus dem beschlossenen Wirtschaftsplan der Höhe nach begrenzt.[616] Nach verbreiteter Ansicht soll in einem solchen Fall auch dem **Veräußerer** eine entsprechende rechtsvernichtende Einwendung zustehen, wenn er von der WEgem auf Zahlung von Beitragsrückständen aus dem Wirtschaftsplan in Anspruch genommen wird.[617] Die Einwendung ergebe sich aus dem vorläufigen Charakter des Vorschusses, der von vornherein unter dem Vorbehalt einer endgültigen Festlegung durch die Jahresabrechnung stehe.[618] Gegen diese Ansicht spricht bereits, dass der Erlass einer Forderung als Verfügungsgeschäft zugunsten eines Dritten nach hM unzulässig ist.[619] Zudem lässt sich dem Genehmigungsbeschluss idR nicht entnehmen, dass die beschließenden WEer auf ihre begründeten Beitragsforderungen gegen den Veräußerer aus dem beschlossenen Wirtschaftsplan verzichten wollen. Geht man mit dem BGH davon aus, dass der Genehmigungsbeschluss nur Wirkung *für* und *gegen* die bei Beschlussfassung im GB eingetragenen WEer entfaltet,[620] kann der Abrechnungsbeschluss weder eine zusätzliche Beitragspflicht im Falle eines negativen Abrechnungssaldos noch eine rechtsvernichtende Einwendung im Falle eines positiven Abrechnungssaldos für den ausgeschiedenen Veräußerer begründen. Im Falle eines Abrechnungsguthabens kann daher die WEgem den ausgeschiedenen Veräußerer in voller Höhe auf Zahlung rückständiger Beitragsvorschüsse aus dem Wirtschaftsplan in Anspruch nehmen; der Veräußerer kann lediglich von dem Erwerber Freistellung bzw. Ausgleich verlangen, soweit ihm im Innenverhältnis zum Erwerber ein Anteil am Abrechnungsguthaben gebührt.

cc) Die Beitragsschuld des Erwerbers bei fehlerhafter Abrechnung. Nach der **154**
Rspr. haftet der Erwerber von WE nicht kraft Gesetzes für rückständige Vorschussleistungen des Veräußerers (s. o. Rn 151).[621] Wollen die WEer abstrakt-generell eine Mithaftung des Erwerbers für vor dem Eigentumswechsel aufgelaufene Beitragsrückstände begründen, bedarf es einer **Vereinbarung** der WEer.[622] Mangels **Beschlusskompetenz** wäre ein entsprechender Beschluss nichtig. Werden im Schuldsaldo einer konkreten Einzelabrechnung auch Rückstände eines Rechtsvorgängers einbezogen, für die der Erwerber haften soll, so ist die Abrechnung fehlerhaft, weil der Erwerber nach Ansicht des BGH[623]

[614] Zutreffend *Niedenführ* Anm. zu BGH LM § 28 Nr. 4.

[615] Ebenso *Niedenführ* Anm. zu BGH LM § 28 Nr. 4.

[616] BayObLG NJW-RR 2001, 659 (660); s. o. Rn 48.

[617] BayObLG WE 1990, 220; *Wenzel,* FS für Seuß (1997), S. 313 (319); *Demharter* FGPrax 1996, 50; *ders.* ZWE 2002, 294 (295).

[618] *Wenzel,* FS für Seuß (1997), S. 313 (320) = WE 1997, 124 (127 f.); so noch Voraufl.

[619] *Schnauder* WE 1991, 31 (37); allgemein dazu Palandt/*Heinrichs* BGB Einf v § 328 Rn 8 mwN.

[620] BGH NJW 1999, 3713 (3715) = ZWE 2000, 29 für den Fall eines negativen Abrechnungssaldos.

[621] BGHZ 99, 358 (360).

[622] BGHZ 107, 285 (288).

[623] BGHZ 142, 290 (297 f.) = ZWE 2000, 29 = NJW 1999, 3713 m. Anm. *Jennißen* ZWE 2000, 34; vgl. auch KG NZM 1999, 467 (468); Staudinger/*Bub* § 28 Rn 413.

nicht dafür haftet. Genehmigen WEer eine solche Abrechnung durch Beschluss, so ist streitig, ob dadurch eine Haftung des Erwerbers auch für die Rückstände des Veräußerers rechtsgeschäftlich begründet wird. Der BGH[624] verneint dies entgegen der bisher überwiegenden obergerichtlichen Rspr.,[625] weil ein Beschluss über die Jahresabrechnung mangels Rechtsbindungswillens die Begründung einer Schuld des Erwerbers/Erstehers für die rückständigen Vorschüsse des Rechtsvorgängers nicht zum Inhalt habe. Entsprechendes soll gelten, wenn Rückstände des Rechtsvorgängers aus Abrechnungen früherer Jahre aufgenommen werden.[626] Ausdrücklich lässt der BGH offen, ob etwas anderes gilt, wenn die WEer durch Beschluss über die Jahresabrechnung eine Schuld des Erwerbers *ausdrücklich* begründen wollen; für diesen Fall wird angenommen, dass der Beschluss jedenfalls nach Anfechtung für ungültig zu erklären sei.[627]

155 Zutreffend geht der BGH davon aus, dass ohne entsprechenden Rechtsbindungswillen eine Schuld des Erwerbers, die rückständige Vorschüsse des Rechtsvorgängers umfasst, nicht begründet werden kann; der Beschluss über die Jahresabrechnung hat dann nämlich nicht einen auf eine solche Rechtsfolge gerichteten Inhalt. Zu Unrecht meint er aber, einem Beschluss über die Jahresabrechnung, welche Beitragsrückstände des Vorgängers einbezieht, den Willen zu einer solchen Rechtsbindung nicht entnehmen zu können. Wird über eine Einzelabrechnung mit einem konkreten, betragsmäßig ausgewiesenen Schuldsaldo des Erwerbers beschlossen, dann kann der Wille der WEer, dass der Erwerber diesen konkreten Betrag schulden soll, kaum eindeutiger zum Ausdruck gebracht werden.[628] Die für die Begründung einer Schuld in Höhe des Abrechnungssaldos durch Abrechnungsbeschluss erforderliche Beschlusskompetenz ergibt sich aus § 28 Abs. 5 WEG.[629] Hiernach können die WEer Guthaben oder Schuld aus der Abrechnung betragsmäßig beschließen. Da die Berechnungsgrundlagen nicht Inhalt des Beschlusses sind, braucht sich der Rechtsbindungswille der WEer nur auf die Begründung einer Zahlungspflicht in Höhe des Betrags des Schuldsaldos, nicht aber auch auf die Haftung für rückständige Beitragsvorschüsse zu erstrecken. Wird der Abrechnungsbetrag fehlerhaft errechnet, etwa weil geleistete Vorschüsse nicht berücksichtigt, Rückstände eines Vorgängers einbezogen oder falsche Kostenverteilungsschlüssel angewendet wurden, ist der Abrechnungsbeschluss wegen der bestehenden Beschlusskompetenz wirksam, aber anfechtbar. Gründe, welche die unterschiedliche Behandlung von Abrechnungsbeschlüssen in diesen Fällen rechtfertigen könnten, sind nicht ersichtlich: In allen Fällen leiden sie an dem gleichen Fehler, die Grundlage für die Berechnung des Abrechnungssaldos ist fehlerhaft. Für den Fall der Anwendung eines unrichtigen Kostenverteilungsschlüssels ist aber anerkannt,[630] dass der Beschluss wegen der bestehenden Beschlusskompetenz nicht nichtig, sondern nur anfechtbar ist. Wird daher ein Abrechnungsbeschluss, welcher auch Rückstände des Veräußerers, auch aus Vorjahren, enthält, bestandskräftig, schuldet der Erwerber den ausgewiesenen Betrag.[631]

---

[624] BGH ZWE 2000, 29 (31 f.).

[625] Vgl. KG WE 1995, 20; OLG Zweibrücken WE 1996, 277 (278); OLG Düsseldorf WE 1997, 193; OLG Stuttgart WE 1998, 383; OLG Köln WE 1997, 431; siehe auch *Wenzel,* FS Seuß, S. 313 (320 f.).

[626] Staudinger/*Bub,* § 28 Rn 414; keinen Widerspruch hierzu bildet BGHZ 104, 197, da in diesem Fall über mehrere Jahresabrechnungen erstmals unter Mitwirkung des Erwerbers beschlossen wurde und Beitragsrückstände der ausgeschiedenen WEer nicht bestanden.

[627] OLG Düsseldorf ZWE 2001, 77 (78) = NZM 2001, 432; *Demharter* ZWE 2001, 60.

[628] Vgl. auch *Rau* ZMR 2000, 337 (338).

[629] AA LG Nürnberg-Fürth ZWE 2010, 134 (135 f.) m. zust. Anm. *Häublein.*

[630] BayObLG ZWE 2002, 580 (582); OLG Düsseldorf ZWE 2001, 382 (383) = NZM 2001, 711.

[631] Vgl. BayObLG ZMR 2004, 355; *Armbrüster* ZWE 2005,267 (274 f.); aA *Schultzky* ZMR 2008, 757 (761).

3. Die Durchsetzung der Beitragsansprüche

Die Einziehung der Beitragsforderungen ist gem. § 27 Abs. 1 Nr. 4 Aufgabe des Verwalters (s. § 27 Rn 64 ff.), der für die gerichtliche Durchsetzung nach § 27 Abs. 3 Satz 1 Nr. 7 allerdings eine besondere **Ermächtigung durch Mehrheitsbeschluss** benötigt. Auch einzelne WEer können Beitragsforderungen ohne ermächtigenden Beschluss der WEer (§ 27 Abs. 3 Satz 3) nicht geltend machen.[632] Nur ausnahmsweise ist ein WEer gem. § 21 Abs. 2 zur Geltendmachung berechtigt. Dem einzelnen WEer bleibt im Falle der Weigerung der anderen WEer daher nur die Möglichkeit, nach §§ 21 Abs. 4, Abs. 8, 43 Nr. 1 den zur gerichtlichen Geltendmachung einer Beitragsforderung erforderlichen Ermächtigungsbeschluss im Wege der Gestaltungsklage durch das Gericht ersetzen zu lassen. 156

Im Prozess zur Durchsetzung von beschlossenen Beitragsansprüchen ist ein WEer teilweise mit **Einwendungen** ausgeschlossen. Wird etwa die Zahlung einer Sonderumlage verlangt, kann er Einwendungen gegen das formelle Zustandekommen bzw. die sachliche Richtigkeit des Sonderumlagebeschlusses nur im Beschlussanfechtungsverfahren geltend machen.[633] Wird nach dem Beschluss über eine Jahresabrechnung die Abrechnungsspitze geltend gemacht, kann der WEer in diesem Verfahren nicht einwenden, die Höhe der in der Jahresabrechnung ausgewiesenen Zahlungen und Ausgaben sei unzutreffend bzw. der Kostenverteilungsschlüssel sei falsch angewandt worden; diese Einwendungen sind im Wege der Anfechtung des Beschlusses über die Jahresabrechnung geltend zu machen (s. o. Rn 113 ff.). Entsprechendes gilt, wenn die WEer eine bereits bestandskräftige Jahresabrechnung durch Zweitbeschluss ändern und hierdurch entstehende Ansprüche gerichtlich durchsetzen wollen. In diesem Fall ist der Einwand, der Zweitbeschluss verletze schutzwürdige Interessen des nunmehr zur Zahlung verpflichteten Eigentümers, allein für die Anfechtung des Zweitbeschlusses relevant; im Zahlungsverfahren ist er unerheblich.[634] Wendet der auf Zahlung in Anspruch genommene WEer hingegen ein, die Einzelabrechnung als Grundlage des Zahlungsanspruchs sei nicht Gegenstand der Beschlussfassung gewesen, ist dies auch im Zahlungsverfahren beachtlich.[635] Wird der die Grundlage für Zahlungsansprüche bildende Beschluss infolge Anfechtung während des Zahlungsverfahrens aufgehoben und erklärt der Kläger das Verfahren daraufhin nicht für erledigt, ist der Antrag, den Beklagten zur Zahlung zu verurteilen, als unbegründet abzuweisen.[636] Zur rechtsvernichtenden Einwendung der Aufrechnung und zur Einrede des Zurückbehaltungsrechts s. Rn 159 ff. 157

In der GemO kann vereinbart werden, dass ein Erwerber von WE sich wegen der monatlichen Beitragsvorschüsse in einer notariellen Urkunde der **sofortigen Zwangsvollstreckung** zu unterwerfen hat.[637] Als Vollstreckungstitel muss die notariell beurkundete Unterwerfungserklärung einen hinreichend bestimmten Inhalt haben und mithin den monatlich zu zahlenden Betrag genau bezeichnen. Steigt der zu zahlende Betrag nach Abgabe der Unterwerfungserklärung, so ist lediglich der bezeichnete Betrag tituliert; wegen des weitergehenden Betrages kann eine neue Unterwerfungserklärung verlangt werden. Sinkt dagegen der zu zahlende Betrag und vollstreckt der Verwalter dennoch wegen des titulierten höheren Betrages, so kann der WEer als Vollstreckungsschuldner entspr. §§ 797, 767 ZPO Vollstreckungsgegenklage erheben. 158

---

632 BGHZ 111, 148 ff. = WE 1990, 202 f.

633 BayObLG ZWE 2000, 128 (129) = NZM 2000, 390 (Ls).

634 OLG Düsseldorf ZWE 2000, 475 (476 f.).

635 BayObLG NZM 1999, 281 (282).

636 OLG Düsseldorf ZWE 2001, 272 (273).

637 KG NJW-RR 1997, 1304 = WE 1998, 35; ZMR 2004, 618; dazu *Häublein* ZWE 2004, 48 (57); *Wolfsteiner,* FS Wenzel (2005), S. 60.

4. Die Aufrechnung

159 Mit einer Beitragsforderung der WEgem aus Beschlüssen über Wirtschaftspläne, Sonderumlagen bzw. Jahresabrechnungen[638] können nur solche Forderungen gegen die WEgem aufgerechnet werden, die durch die WEgem **anerkannt oder rechtskräftig festgestellt** sind, oder die einer **Notgeschäftsführung** (§ 21 Abs. 2 WEG iVm § 683 BGB) entstammen; mit Ansprüchen, die lediglich auf §§ 683, 680 BGB beruhen, kann nicht aufgerechnet werden.[639] Grund der Beschränkung ist die große Bedeutung fortlaufender Beitragszahlungen für eine gesicherte Verwaltung; diese darf nicht durch eine Auseinandersetzung über Gegenansprüche gefährdet werden.[640] Rechtsgrundlage sind die zwischen den WEern bestehenden Treuepflichten.[641] Die Beschränkung der Aufrechnung auf anerkannte und rechtskräftig festgestellte Gegenforderungen gilt auch für den ausgeschiedenen WEer, da auch in diesem Fall ausreichende Mittel für eine geordnete Verwaltung des GemE zur Verfügung stehen müssen.[642] Ein der Notgeschäftsführung vergleichbarer Tatbestand liegt vor, wenn ein Gläubiger der WEgem gegenüber einem nach § 10 Abs. 8 haftenden WEer aufrechnet; der in Anspruch genommene WEer ist berechtigt, mit seiner Aufwendungsersatzforderung gegen Beitragsforderungen aufzurechnen.[643] Auch **Schadenersatzansprüche gem. § 14 Nr. 4 WEG** berechtigen auch dann nicht zur Aufrechnung, wenn sie in direktem Zusammenhang mit Reparaturarbeiten entstanden sind, für die Beiträge durch Sonderumlage gefordert werden. Im Interesse einer funktionierenden WEgem müssen Gegenansprüche grds gesondert gerichtlich geltend gemacht werden.[644] Dies Grundsätze gelten auch, wenn bei einer **Zweier-Gemeinschaft** ein WEer einen Erstattungsanspruch wegen vorgelegter Kosten und Lasten geltend macht.[645]

160 **Aufrechenbar** sind nur solche Ansprüche, die während des Bestehens einer – gegebenenfalls auch erst werdenden[646] – WEgem dem Verhältnis der WEer untereinander entspringen und sich gegen die WEgem richten. Eine abgetretene Forderung des Verwalters kommt daher nicht in Betracht.[647] Zur Anerkennung von Forderungen ist der Verwalter nicht befugt (Katalog des § 27),[648] erforderlich ist hierzu vielmehr ein Beschluss.[649] Mit überzahlten Beiträgen kann erst dann aufgerechnet werden, wenn die WEgem einen Beschluss über die Rückzahlung gefasst hat.[650] Die Aufrechnung ist nicht dadurch eingeschränkt, dass sich gegenseitige Forderungen aus unterschiedlichen Wirtschaftsperioden gegenüberstehen und zwischenzeitlich ein **Eigentümerwechsel** stattgefunden hat.[651] In

[638] BayObLG ZWE 2001, 157 = NZM 2002, 346 (Ls).

[639] OLG Hamm ZWE 2009, 370 (371); BrandenbOLG ZMR 2008, 386 (390); OLG München ZMR 2007, 989 (991); BayObLG NZM 2005, 625; NZM 2003, 66 f.; WE 1986, 104 (107); 1991, 286 (287); NJWE-MietR 1996, 256; NJW-RR 1996, 1039; WE 1997, 111 (112); 1997, 398 f.; 1998, 316 (317); OLG Stuttgart OLGZ 1989, 179 (180); KG OLGZ 1977, 1 (4 f.); NJW-RR 1995, 975 (976) = WE 1995, 213 (214); NJW-RR 1996, 465; ZWE 2002, 413 (414); OLG Düsseldorf, NZM 1999, 573; ZMR 2008, 56; OLG Oldenburg, NZM 1999, 467; aA OLG Frankfurt NJW-RR 2006, 1603 für Ansprüche aus §§ 683, 680 BGB.

[640] OLG München ZMR 2007, 397 f.; 989 (991).

[641] LG München I ZWE 2009, 131 (133) = ZMR 2009, 637 (638).

[642] BayObLG NJW-RR 1996, 1037; WE 1998, 316 (317).

[643] Vgl. KG ZWE 2002, 363 (364).

[644] OLG München ZMR 2007, 397 (398); LG München I ZWE 2009, 131 (133); aA LG Frankfurt ZMR 1989, 271 f.

[645] LG München I ZWE 2009, 131 (133).

[646] Vgl. hierzu KG ZWE 2000, 583 (585 f.) = NZM 2001, 591.

[647] BayObLG Rpfleger 1976, 422.

[648] BayObLG DWE 1984, 61; OLG Düsseldorf, NZM 1999, 573.

[649] OLG Karlsruhe Die Justiz 1977, 310 (312).

[650] BayObLG DWE 1984, 61; s. Rn 117.

[651] KG ZWE 2002, 413 (415); aA noch KG NJW-RR 1995, 975 (977).

der GemO kann ein **Aufrechnungsverbot** auch für anerkannte oder rechtskräftig festgestellte Forderungen und für solche aus Notgeschäftsführung vereinbart werden kann, weil § 309 Nr. 3 BGB keine Anwendung findet.[652] Bestehen umgekehrt unstreitige Forderungen eines WEers, kann seitens der WEgem mit Ansprüchen aus der Jahresabrechnung nur aufgerechnet werden, sofern diese fällig sind.[653]

5. Zurückbehaltungsrecht/Versorgungssperre

Die von der Rspr. entwickelten Grundsätze über die Zulässigkeit einer Aufrechnung gelten ebenfalls für die Einrede des Zurückbehaltungsrechts ggü. den oben genannten Beitragsforderungen (§ 273 BGB).[654] Weitergehend wird ggü. dem Anspruch auf Vorschussleistung allerdings jedes Zurückbehaltungsrecht auf Grund von § 242 BGB für ausgeschlossen gehalten,[655] weil der Vorschuss, der dem Interesse aller WEer an der Bewirtschaftung des GemE diene, als Vorleistungspflicht ausgestaltet sei und daher ein Zurückbehaltungsrecht nicht in Betracht kommen könne. Dem Beitragsanspruch kann der einzelne WEer nicht einen auf Treu und Glauben gestützten Gegenanspruch auf Änderung eines im Einzelfall grob unbilligen Kostenverteilungsschlüssel einredeweise entgegenhalten, denn der Kostenverteilungsschlüssel gilt solange, als er nicht wirksam worden ist.[656] 161

Erfüllt ein WEer seine Beitragsverbindlichkeiten nicht, kann der WEgem bezüglich der von ihr zu erbringenden Versorgungsleistungen (Heizwärme, Wasser, Strom etc.) bis zur Zahlung der Rückstände ein Zurückbehaltungsrecht nach § 273 BGB zustehen, das durch Unterbrechung der Lieferung vollzogen wird, sog. **Versorgungssperre.**[657] § 18 Abs. 2 Nr. 2 stellt insoweit keine abschließende Regelung für die Sanktionierung von Zahlungsrückständen dar.[658] Der Antrag auf Entziehung des WE ist vielmehr ultima ratio der Gemeinschaft gegen einen säumigen WEer.[659] 162

Voraussetzung für die Ausübung des Zurückbehaltungsrechts ist, dass der WEer mit seinen **fälligen** Beitragszahlungen **erheblich,** d. h. idR mit mehr als 6 Monatsbeträgen[660] im **Rückstand** ist, dass die WEer einen entsprechenden **Beschluss gefasst** haben und dass dem Vollzug der Sperre, sofern nicht darum prozessiert wird, eine **Androhung** vorausgegangen ist; das verfassungsrechtliche Gebot der **Verhältnismäßigkeit** muss berücksichtigt werden.[661] Der säumige WEer kann die Versorgungssperre nicht dadurch abwenden, dass er in Höhe der auf die zurückbehaltenen Versorgungsleistungen entfallenden Beträge Teilzahlungen an die WEgem leistet.[662] Liegen die Voraussetzungen für eine Versorgungssperre vor, kann die WEgem auch analog § 14 Nr. 1 die **Duldung des Zugangs zur Wohnung** verlangen, wenn die Versorgung nur dort unterbrochen werden kann.[663] Liegt ein bestandskräftiger Beschluss über die Vornahme einer Versorgungssperre vor, so muss das Gericht, das über die Duldung des Wohnungszutritts zu entscheiden hat, 163

[652] KG NZM 2003, 906.
[653] BayObLG WE 1987, 27.
[654] BayObLGZ 1988, 212 (215); WE 1991, 286 f.; OLG Köln WE 1997, 427 (428).
[655] OLG München NZM 2005, 674; BayObLGZ 1975, 53 (56); OLG Frankfurt/M. OLGZ 1979, 391 f.
[656] BayObLG WuM 1996, 297 f.; WE 1998, 354 (355).
[657] BGH NZM 2005, 626; eingehend *H. Merle,* FS Merle (2010), 243 ff.
[658] BayObLG WE 1992, 347 f.; OLG Celle WE 1991, 107 f. mwN; AG Hamburg DWE 1993, 38; aA OLG Hamm NJW 1984, 2708 (2709).
[659] Vgl. zu den Einzelheiten § 18 Rn 44.
[660] BGH NZM 2005, 626; *Armbrüster* WE 1999, 15; OLG Dresden ZMR 2008, 140 f.
[661] OLG Frankfurt ZWE 2006, 450 = NZM 2006, 869; *Gaier* ZWE 2004, 109; OLG Dresden ZMR 2008, 140 f.
[662] KG ZMR 2005, 905.
[663] OLG München NZM 2005, 304; OLG Frankfurt NZM 2006, 869; KG ZWE 2001, 497.

dennoch die Rechtmäßigkeit der Versorgungssperre und ihrer Verhältnismäßigkeit prüfen.[664]

164 Sind mehrfache individuelle Versorgungssperren wirtschaftlich nicht durchführbar, kann eine **totale Versorgungssperre** in Betracht kommen.[665] Diese kann ausnahmsweise auch wenige, nicht zahlungssäumige WEer erfassen, wenn deren isolierte Versorgung technisch nicht realisiert werden kann. Hierzu reichen aber erhebliche Schwierigkeiten bei der Versorgung nicht aus. Vielmehr ist eine solche Maßnahme nur zulässig, wenn die Aufrechterhaltung der Versorgung unmöglich oder schlechthin unzumutbar ist. Die zahlungsfähigen WEer brauchen nicht dauerhaft durch Sonderumlagen die Kündigung der Versorgungsunternehmen zu verhindern.

165 Erfolgt die **Versorgung** eines WEers **unmittelbar** durch das **Versorgungsunternehmen,** etwa bei der Lieferung von Strom, Gas, Fernwärme, ist der WEer idR unmittelbar Vertragspartner dieses Unternehmens. In solchen Fällen soll eine Versorgungssperre idR nicht zulässig sein.[666] Dem kann nicht zugestimmt werden, wenn für die Versorgung des WEers durch die WEgem oder durch Dritte Leitungen benutzt werden, die im gemE stehen. Das Zurverfügungstellen der Leitungen kann wegen der Verwaltungskompetenz der WEgem von dieser durch deren Unterbrechung zurückbehalten und so die Versorgung des säumigen WEers gesperrt werden.[667]

166 Streitig ist die Rechtslage, wenn der säumige WEer sein **WE vermietet** hat. Grds wird eine zuvor anzudrohende Versorgungssperre auch bei vermietetem WE für zulässig erachtet,[668] weil darin keine Besitzstörung durch verbotene Eigenmacht liegt.[669] Die Versorgung kann daher außerhalb der vermieteten Wohnung unterbrochen werden. Mangels entsprechenden Anspruchs der WEgem braucht der Mieter aber nach Ansicht des KG den Zugang zur Wohnung und das Absperren der dort befindlichen Versorgungsanlagen nicht zu dulden.[670] Ist aber eine Versorgungssperre durch das Versorgungsunternehmen zulässig, wenn ein Vermieter seine Verpflichtungen diesem gegenüber nicht erfüllt und kann hierzu ein Duldungstitel zum Betreten der Wohnung gegen den Mieter erwirkt werden,[671] dann muss Entsprechendes auch im WE-Recht gelten;[672] denn ein WEer muss das Betreten seiner Wohnung zur Sperre der Versorgung dulden und der Mieter kann nicht mehr Rechte als der vermietende WEer haben. Der **Mieter** kann die **Sperre** durch Zahlung an die WEgem (§ 267 BGB) **abwenden;**[673] rückständige Beitragsschulden des vermietenden WEers braucht er nicht zu bezahlen, sondern nur die ab Androhung der Sperre laufenden Beträge in Höhe der auf seinen Verbrauch entfallenden Kosten.

6. Der Verzug

167 **a) Die gesetzliche Regelung.** Für den Verzug mit Beitragsforderungen gelten die §§ 286 ff. BGB. Gem. § 286 Abs. 1 Satz 1 BGB kommt der Beitragsschuldner mit einer

[664] OLG München ZMR 2005, 304.

[665] AG Gladbeck ZMR 2007, 734: 100-fache Versorgungssperre.

[666] *Niedenführ*/Kümmel/Vandenhouten § 28 Rn 196.

[667] OLG Frankfurt ZWE 2006, 450 (453) m. krit. Anm. *B. Müller;* ausführlich *H. Merle,* FS Merle 2010, 243 (252).

[668] KG ZWE 2002, 182 f.; NZM 2001, 761; OLG Hamm OLGZ 1994, 273; *Scholz* NZM 2008, 387 ff.; *Börstinghaus* MietRB 2007, 209 (212); Niedenführ/Kümmel/Vandenhouten/*Niedenführ* § 28 Rn 197; Riecke/Schmid/*Elzer* § 16 Rn 251.

[669] BGH MDR 2009, 919 = MietRB 2009, 223, dazu Hoffmann MietRB 2009, 331; A OLG Köln ZWE 2000, 543 (545); *Suilmann* ZWE 2001, 476 (477 f.).

[670] KG NZM 2006, 297.

[671] BGH MDR 2007, 238 = MietRB 2007, 6.

[672] *Börstinghaus* MietRB 2007, 209 (212); *Briesemeister* NZM 2003, 780; 2007, 661 (664); *Scholz* NZM 2008, 387 (389 f.); Niedenführ/Kümmel/Vandenhouten/*Niedenführ* § 28 Rn 197; Riecke/Schmid/*Elzer* § 16 Rn 251.

[673] Ausführlich *Scholz* NZM 2008, 387 (391 f.).

fälligen Beitragsschuld grds. erst in Verzug, wenn er auf eine **Mahnung** nicht leistet; sie erfolgt idR durch den Verwalter (§ 27 Abs. 1 Nr. 4, Abs. 3 Satz 1 Nr. 4). Für die Mahnung kann nach § 21 Abs. 7 beschlossen oder auch im Verwaltervertrag vereinbart werden, dass der säumige WEer dem Verwalter eine Pausch-Gebühr schuldet. Die gerichtliche Geltendmachung der Beitragsforderung – d. h. die Zustellung der Zahlungsklage im Verfahren nach § 43 Nr. 2 – sowie die Zustellung eines Mahnbescheids im Mahnverfahren stehen der Mahnung gleich (vgl. § 286 Abs. 1 Satz 2 BGB). Einer Mahnung bedarf es nicht, wenn die Zeit für die Beitragsleistung durch Vereinbarung oder Beschluss kalendermäßig bestimmt ist (§ 286 Abs. 2 Nr. 1 BGB)[674] oder der Beitragsleistung ein Ereignis vorauszugehen hat und eine angemessene Zeit für die Leistung in der Weise bestimmt ist, dass sie sich von dem Ereignis an nach dem Kalender berechnen lässt (§ 286 Abs. 2 Nr. 2 BGB). Eine Mahnung ist etwa entbehrlich, wenn der Verwalter gem. § 28 Abs. 2 die Beitragsleistung zu einer beschlossenen Sonderumlage abruft und dabei bestimmt, dass die Beiträge innerhalb einer – nach Tagen bestimmten – angemessenen Frist zu leisten sind. Weiterhin bedarf es keiner Mahnung, wenn der Beitragsschuldner die Leistung ernsthaft und endgültig verweigert (§ 286 Abs. 2 Nr. 3 BGB) oder aus besonderen Gründen unter Abwägung der Interessen der sofortige Eintritt des Verzugs gerechtfertigt ist (§ 286 Abs. 2 Nr. 4 BGB). Der Beitragsschuldner kommt jedoch nicht gem. § 286 Abs. 3 BGB innerhalb von 30 Tagen nach Fälligkeit und Zugang einer Zahlungsaufstellung (Wirtschaftsplan/ Jahresabrechnung) in Verzug, da es sich nicht um eine „Entgeltforderung" im Sinne dieser Vorschrift handelt, die für eine Gegenleistung erbracht wird.[675]

Der Verzug ist ausgeschlossen, solange die Beitragsleistung infolge eines Umstandes **168** unterbleibt, den der Beitragsschuldner nicht **zu vertreten** hat (§ 286 Abs. 4 BGB). Insbesondere muss der Beitragsschuldner nicht für einen unverschuldeten Rechtsirrtum einstehen. Allerdings sind an den Entlastungsbeweis strenge Anforderungen zu stellen; grds muss der Schuldner die Rechtslage – etwa hinsichtlich der Wirksamkeit eines Sonderumlagebeschlusses – sorgfältig prüfen und ggf. Rechtsrat einholen.[676] Hat der säumige WEer dem Verwalter eine Einzugsermächtigung erteilt, von der dieser nicht rechtzeitig Gebrauch macht, gerät er mangels Verschuldens nicht in Verzug, da die Zahlungspflicht in diesem Fall zu einer Holschuld wird.[677]

Liegen die Verzugsvoraussetzungen vor, hat der Schuldner die Beitragsschuld mit fünf **169** Prozentpunkten über dem jeweiligen Basiszinssatz gem. § 247 BGB zu **verzinsen** (§ 288 Abs. 1 BGB). Da Beitragsforderungen nicht als „Entgeltforderungen" anzusehen sind, findet § 288 Abs. 2 BGB keine Anwendung, wonach der Zinssatz bei derartigen Forderungen aus Rechtsgeschäften, an denen kein Verbraucher beteiligt ist, acht Prozentpunkte über dem Basiszinssatz liegt.[678] Der Beitragsschuldner hat zudem den **Verzögerungsschaden** zu ersetzen, der durch den Verzug eingetreten ist (§§ 280 Abs. 1 iVm Abs. 2, 286 BGB). Als Verzugsschaden sind grds auch die durch den Verzug entstandenen Kosten der Rechtsverfolgung zu ersetzen. Anwaltsgebühren sind grds nur nach den Sätzen des RVG zu erstatten.

b) Die Festsetzung pauschalierter Verzugszinsen. Um pünktliche Beitragszahlun- **170** gen zu gewährleisten, legen Gemeinschaften häufig unabhängig von Eintritt und Höhe eines Schadens, der in zu zahlenden Kreditzinsen bestehen kann, **pauschalierte Verzugszinsen** fest, die über den in § 288 BGB vorgesehenen Satz von fünf Prozentpunkten über

---

[674] Zur kalendermäßigen Bestimmung in der GemO s. *Greiner* ZMR 2002, 647 (649).

[675] *Merle* ZWE 2003, 231 (234 f.); aA *Sauren/Rupprecht* NZM 2002, 585 (586); vgl. *Schulte-Nölke* in Dauner-Lieb/Heidel/Lepa/Ring, Schuldrecht, 2002, § 286 Rn 45.

[676] OLG Hamburg ZWE 2002, 375 (376).

[677] *Staudinger/Bub* § 28 WEG Rn 138.

[678] *Merle* ZWE 2003, 236; iErg ebenso *Greiner* ZMR 2002, 647 (650); unzutreffend *Sauren/Rupprecht* NZM 2002, 585 (586).

dem Basiszinssatz hinausgehen. Eine solche Pauschalierung kann gem. § 21 Abs. 7 mit Stimmenmehrheit beschlossen werden. Bezieht sich eine wirksam vor 1999 getroffene Vereinbarung, die pauschalierte Verzugszinsen festlegt, inhaltlich auf den ehemaligen Diskontsatz der Deutschen Bundesbank, ist auf Grund § 1 Abs. 1 S. 1 Diskontsatz-Überleitungs-Gesetz an dessen Stelle der jeweilige Basiszinssatz getreten.[679]

171 Unabhängig davon können die WEer eine pauschalierte Verzinsungspflicht auch durch inhaltliche Gestaltung des Verwaltervertrages erreichen. Im **Verwaltervertrag,** der auf einem Beschluss der WEer beruht, kann zugunsten der WEgem für rückständige Beitragsschulden eine von den allgemeinen schuldrechtlichen Vorschriften abweichende Verzinsungspflicht vereinbart werden.[680] Hierdurch wird nach § 328 BGB unmittelbar ein eigener Zinsanspruch der WEgem gegen die Einzelnen säumigen WEer begründet.

172 **c) Ratenzahlungsvereinbarungen.** Zwischen der WEgem und dem säumigen WEer kann eine Ratenzahlungsvereinbarung getroffen werden. Eine solche widerspricht nicht ordnungsmäßiger Verwaltung, wenn sie mit einem bekannt zahlungsunfähigen WEer getroffen und auf die gerichtliche Durchsetzung der Forderung verzichtet wird.[681] Wird zugleich gegen andere zahlungsfähige WEer gerichtlich vorgegangen, so verletzt dies nicht den Grundsatz der Gleichbehandlung der WEer.

7. Die Verjährung

173 **Beitragsansprüche** auf Grund einer beschlossenen **Jahresabrechnung** verjähren regelmäßig **in drei Jahren** (§ 195 BGB).[682] Die Verjährungsfrist beginnt gem. § 199 Abs. 1 BGB mit dem Schluss des Jahres, in dem der Anspruch entstanden, d. h. fällig ist und der Gläubiger von den anspruchsbegründenden Umständen sowie der Person des Schuldners Kenntnis erlangt oder ohne grobe Fahrlässigkeit erlangen müsste. Bei Beitragsansprüchen auf Grund einer beschlossenen Jahresabrechnung beginnt die Frist grds. mit Ablauf des Jahres der Beschlussfassung. Problematisch ist die erforderliche Kenntnis bzw. grob fahrlässige Unkenntnis von der Person des Beitragsschuldners im Falle eines der WEgem nicht angezeigten Eigentümerwechsels. Grds. ist auf den Kenntnisstand aller WEer abzustellen.[683] Da der Verwalter als Organ der WEgem gem. § 27 Abs. 1 Nr. 4, Abs. 3 Satz 1 Nr. 4 berechtigt ist, Beiträge zur Kostentragung anzufordern, ist den WEern die Kenntnis bzw. das Kennenmüssen des Verwalters und des Verwaltungsbeirats zuzurechnen (§ 166 Abs. 1 BGB).[684] Maßgeblich für den Verjährungsbeginn ist somit das Jahr, in dem der Verwalter von dem Eigentümerwechsel Kenntnis erlangt bzw. ohne grobe Fahrlässigkeit Kenntnis erlangen musste. Ohne Rücksicht auf die Kenntnis oder grob fahrlässige Unkenntnis verjähren Beitragsforderungen gem. § 199 Abs. 4 BGB in zehn Jahren von ihrer Entstehung an.

174 **Beitragsvorschussansprüche** auf Grund eines beschlossenen **Wirtschaftsplans** verjähren ebenfalls nach § 195 BGB in drei Jahren. Nach den unter Rn 173 genannten Grundsätzen beginnt die Verjährung regelmäßig mit dem Schluss des Jahres, in dem der Anspruch „entstanden" ist; maßgeblich ist der Zeitpunkt, in dem die jeweilige Beitragsschuld fällig wird (s. Rn 32).[685] Durch den Beschluss über die Jahresabrechnung beginnt die

[679] BayObLG ZWE 2000, 470 (472) = NZM 2000, 298.

[680] Dazu *Merle* PiG 63, 165 (180); so im Ergebnis auch BayObLG WuM 1995, 56 = DWE 1994, 137.

[681] BayObLG NZM 2004, 509 f.

[682] Vgl. BGH NJW 2005, 3146; OLG München ZMR 2007, 478 f.; OLG Hamm ZMR 2009, 865 (866).

[683] Vgl. BayObLG NZM 2001, 388 zur Entlastung des Verwalters.

[684] OLG München ZMR 2007, 478 (480); OLG Hamm ZMR 2009, 865 (867); *Merle* ZWE 2003, 231 (238); *Gaier* NZM 2003, 90 (95 f.); *Sauren/Rupprecht* NZM 2002, 585 (588).

[685] Vgl. Palandt/*Heinrichs* § 199 Rn 3.

Verjährung der Ansprüche aus dem Wirtschaftsplan neu zu laufen;[686] der Beschluss, nicht die Zustimmung zum Beschluss über die Jahresabrechnung ist nach § 212 BGB als Anerkenntnis der durch den Wirtschaftsplan begründeten Vorschussforderung zu werten, was ggf. durch Anfechtungsklage verhindert werden kann.

VII. Die Buchführung

1. Allgemeines

Damit der Verwalter die in § 28 normierten Aufgaben der Wirtschaftsführung erfüllen 175
kann, ist eine Buchführung erforderlich, die ihm die ordnungsgemäße Verwaltung eingenommenen Gelder ermöglicht und aus der sich Wirtschaftsplan, Jahresabrechnung und Rechnungslegung entwickeln lassen. Zudem gehört es zu einer ordnungsmäßigen Verwaltung (§ 21), dass die WEer selbst zur **Kontrolle des Verwalters** in der Lage sind, was eine geordnete Gegenüberstellung aller Einnahmen und Ausgaben unter Beifügung der schriftlichen Belege für jede Buchung erfordert.[687]

2. Die Grundsätze ordnungsgemäßer Buchführung

Spezielle Vorschriften über die Buchführung für die Verwaltung von WE existieren 176
nicht, so dass auf die allgemeinen Grundsätze ordnungsgemäßer Buchführung zurückzugreifen ist. Die **„Grundsätze ordnungsgemäßer Buchführung"** (GoB) werden als unbestimmter Rechtsbegriff vielfach verwendet, aber nirgendwo definiert. Sein Inhalt bestimmt sich daher nach den Erfordernissen des jeweiligen Falles.[688] Hauptzwecke der Buchführung sind zum einen die vollständige Aufzeichnung aller Geschäftsvorfälle, zum anderen die Rechenschaftslegung im eigenen und fremden Interesse. Die Rechenschaftslegung stellt den **materiellen Teil der GoB** dar, der überwiegend in den §§ 238–289 HGB geregelt ist. Da der WEgem jedoch die Kaufmannseigenschaft fehlt, sind die gesamten materiellen Vorschriften über Bilanzierung und Bewertung auf sie unanwendbar.

Anders verhält es sich mit den **formellen Grundsätzen ordnungsgemäßer Buch- 177
führung.** Um der Pflicht zur ordnungsgemäßen Verwaltung nachzukommen, zu der die Nachprüfbarkeit der Buchführung gehört, müssen allgemeine Buchhaltungsgrundsätze beachtet werden. Das bedeutet, dass die Buchführung **klar und übersichtlich** zu sein hat, sämtliche Geschäftsvorfälle fortlaufend und vollständig aufzuzeichnen sind und alle Buchungen durch Belege nachprüfbar sein müssen.[689] Darüber hinaus können sich besondere buchhalterische Pflichten aus den im WEG niedergelegten Aufgaben des Verwalters, sowie aus dem Steuerrecht, aus dem Mietrecht und der HeizkostenVO ergeben.[690] Ein **bestimmtes Buchführungssystem** ist nicht vorgegeben, sofern es den dargestellten Anforderungen gerecht wird. Dazu reicht die geordnete Gegenüberstellung der Einnahmen und Ausgaben, Erfolgs- und Bestandskonten müssen nicht geführt werden,[691] auch wenn die doppelte Buchführung die Kontrolle der Abrechnung erleichtert.[692]

---

[686] OLG Dresden ZMR 2006, 543; OLG Hamburg ZMR 2006, 791 f.; OLG Hamm ZMR 2009, 467 (468); aA *Schultzky* ZMR 2008, 757 (761).

[687] BayObLG WE 1991, 164 f. mwN; OLG Oldenburg ZMR 2008, 238; zu einer sinnvollen Gliederung vgl. *Seuß* WE 1993, 32 (38).

[688] Vgl. dazu *Seuß* PiG 27, 13 ff.

[689] Vgl. OLG Schleswig ZMR 2008, 665 (666); *Müller* PiG 3, 111 (118); *Bub* WE 1993, 3 (9 f.).

[690] Vgl. dazu *Seuß* PiG 27, 13 (48 ff.).

[691] BayObLG WE 1991, 164; aA *Kellmann* ZMR 1989, 401 ff.

[692] Hierzu *Schröder/Münstermann-Schlichtmann* WE 1991, 174 ff.; *Seuß* WE 1993, 32 (36); *Bub* WE 1993, 3 (9); *Kellmann* ZMR 1989, 401 ff.

3. Die Verwaltungsunterlagen[693]

178 Aufgrund der Pflicht zur ordnungsgemäßen Buchführung besteht für den Verwalter **Dokumentations- und Belegzwang.**[694] Wie alle Buchführungsunterlagen sind die Belege idR GemE,[695] nicht etwa Eigentum des Verwalters. Abgesehen davon hat er gem. §§ 675, 667 BGB sämtliche Buchhaltungsunterlagen bei Beendigung seiner Tätigkeit unabhängig von der Eigentumslage herauszugeben; ein Zurückbehaltungsrecht steht ihm nicht zu.[696]

179 Zu den Nebenpflichten des Verwalters gehört die **Aufbewahrung der Belege** für die Gemeinschaft. Die Dauer richtet sich nach § 147 AO: 10 Jahre für Bücher und Aufzeichnungen, 6 Jahre für Buchungsbelege und sonstige Unterlagen.[697] Ohne zeitliche Begrenzung aufzuheben sind die Teilungserklärung nebst Gemeinschaftsordnung, deren Änderungen, Planbeilagen sowie Beschlussprotokolle.[698] Das **Belegeinsichtsrecht** steht jedem einzelnen WEer zu und erstreckt sich auf alle im GemE stehenden Unterlagen. Es gilt auch über den Beschluss zur Entlastung des Verwalters hinaus. Das Einsichtsrecht kann nicht in vollem Umfang abbedungen bzw. delegiert werden.[699]

4. Die Kontoführung

180 Besondere Bedeutung kommt der Führung der Konten für die Gemeinschaft zu,[700] für die ein allgemein gültiger Kontenrahmen nicht existiert. Es empfiehlt sich, neben den Gemeinschaftskonten ein **Konto für die Instandhaltungsrücklage** und ein **gesondertes Beitragskonto für jeden Eigentümer** zu führen, umso die Zahlungseingänge überwachen zu können. Eine Pflicht, die Instandhaltungsrücklage auf einem vom laufenden Zahlungsverkehr getrennten Konto zu führen, besteht mangels Rechtsgrundlage allerdings nicht, sofern nicht ein entsprechender Beschluss gefasst wurde.[701] Die Konten sind namens der WEgem zu eröffnen.[702]

181 Die **Trennung der Gemeinschaftsgelder vom eigenen Vermögen des Verwalters** versteht sich von selbst, ist aber in § 27 Abs. 5 noch ausdrücklich festgeschrieben worden.[703] Genauso wenig darf der Verwalter Gelder verschiedener WEgem auf einem Konto vermischen. Kommt der Verwalter seiner Pflicht zur ordnungsgemäßen Buchführung nicht nach, kann er sich ggü. der WEgem schadensersatzpflichtig machen.[704]

§ 29 Verwaltungsbeirat

(1) [1]**Die Wohnungseigentümer können durch Stimmenmehrheit die Bestellung eines Verwaltungsbeirats beschließen.** [2]**Der Verwaltungsbeirat besteht aus einem Wohnungseigentümer als Vorsitzenden und zwei weiteren Wohnungseigentümern als Beisitzern.**

(2) **Der Verwaltungsbeirat unterstützt den Verwalter bei der Durchführung seiner Aufgaben.**

---

693 Vgl. dazu *Müller* PiG 27, 59 ff.
694 OLG Schleswig ZMR 2008, 656 (666).
695 BayObLG 1978, 231 (233).
696 BayObLGZ 1975, 327 (329); WE 1997, 117.
697 Ausführlich *Röll* WE 1998, 336 f.
698 Zu weiteren, längeren Aufbewahrungsfristen außerhalb der AO, *Röll* WE 1998, 336 (337).
699 S. o. Rn 93.
700 Vgl. dazu § 27 Rn 74 ff., 202; *Erlebach* PiG 27, 83 ff.
701 KG WE 1987, 195; BayObLG WE 1991, 164; *Bärmann,* WE, Rn 618.
702 Vgl. § 27 Rn 212.
703 S. dazu § 27 Rn 82 ff.
704 BayObLGZ 1985, 63 (66); WE 1988, 68 (69).

(3) **Der Wirtschaftsplan, die Abrechnung über den Wirtschaftsplan, Rechnungslegungen und Kostenanschläge sollen, bevor über sie die Wohnungseigentümerversammlung beschließt, vom Verwaltungsbeirat geprüft und mit dessen Stellungnahme versehen werden.**

(4) **Der Verwaltungsbeirat wird von dem Vorsitzenden nach Bedarf einberufen.**

Übersicht

Literatur: *Armbrüster,* Beendigung der Mitgliedschaft im Verwaltungsbeirat, insbesondere: Abberufung, ZWE 2001, 413; *ders.,* Bestellung der Mitglieder des Verwaltungsbeirats, ZWE 2001, 355; *ders.,* Willensbildung und Beschlussfassung im Verwaltungsbeirat, ZWE 2001, 463; *Drasdo,* Der Verwaltungsbeirat nach dem WEG, 2001; *ders.,* Die Bestellung der Verwaltungsbeiratsmitglieder, ZMR 2005, 596; *Gottschalg,* Die Übertragung von Kompetenzen der Wohnungseigentümer auf Verwalter und Verwaltungsbeirat, ZWE 2000, 50; *ders.,* Die Haftung von Verwalter und Beirat in der WEgem, 3. Aufl. 2009; *Häublein,* Haftungsbeschränkungen zu Gunsten der Mitglieder des Verwaltungsbeirats im Wohnungseigentumsrecht, ZfIR 2001, 939; *Hogenschurz,* Der Verwaltungsbeirat der WEgem, MietRB 2007, 274; *Maas,* Der Verwaltungsbeirat als Organ der Gemeinschaft der Wohnungseigentümer, 2000.

I. Der Normzweck

1 Die Verwaltung des GemE obliegt gem. § 20 Abs. 1 neben den WEern und dem Verwalter auch dem Verwaltungsbeirat, sofern ein solcher bestellt wurde. § 29 bestimmt, dass ein Verwaltungsbeirat mit Stimmenmehrheit bestellt werden kann. Die Einrichtung eines Verwaltungsbeirats ist daher nicht zwingend, sondern fakultativ.[1] Der Gesetzgeber ging davon aus, dass bei größeren WEgem das Bedürfnis nach einem weiteren Organ neben dem Verwalter bestehen könne.[2] Daher wurde die Einrichtung eines Verwaltungsbeirats der freien Entscheidung der WEer anheim gestellt.[3] Die Bestellung eines Verwaltungsbeirats empfiehlt sich vor allem bei größeren Gemeinschaften, wenn sich die WEer selbst nicht mehr in der Lage sehen, die Tätigkeit des Verwalters wirksam zu kontrollieren;[4] bei einer zweigliedrigen WEgem ist ein Beirat kaum denkbar. Die Bestellung eines Verwaltungsbeirats ist in der Praxis zur Regel geworden.[5]

2 Gem. § 29 ist es Aufgabe des Verwaltungsbeirats, den Verwalter zu unterstützen und bestimmte Verwaltungsunterlagen zu prüfen. Er nimmt nur ergänzende Funktionen wahr und ist Hilfsorgan des Verwalters, Kontrollorgan ggü. dem Verwalter und Vermittlungsstelle zwischen dem Verwalter und den WEern.[6] Dabei kommt ihm eine wichtige Vertrauensstellung zu.[7] Der Verwaltungsbeirat hat keine eigenen Entscheidungs- bzw. Verwaltungsbefugnisse, er ist kein „Aufsichtsrat".[8] Entscheidungsträger sind die WEer und der Verwalter.[9]

3 § 29 ist dispositiv, weshalb gem. § 10 Abs. 2 Satz 2 hierzu abweichende Vereinbarungen getroffen werden können.[10] Wegen dieser Gestaltungsmöglichkeit können die WEer durch Vereinbarung weitere Organe oder Kontrollmöglichkeiten einrichten,[11] sei es zusätzlich oder anstelle des in § 29 vorgesehenen Verwaltungsbeirats. So können etwa einzelne oder mehrere WEer durch Mehrheitsbeschluss mit der Überprüfung von Wirtschaftsplan und Jahresabrechnung beauftragt werden, ohne dass es sich dabei um die Bestellung eines Verwaltungsbeirats handelt;[12] bei größeren WEgem kann für die Prüfung der Jahresabrechnung die Einschaltung eines Wirtschafts- oder Buchprüfers zweckmäßig sein.[13] Solange sich solche Maßnahmen im Rahmen der ordnungsmäßigen Verwaltung halten, können sie gem. § 21 Abs. 3 durch Mehrheitsbeschluss getroffen werden, während bei Abweichungen von § 29 gem. § 10 Abs. 2 Satz 2 eine Vereinbarung nötig ist.[14]

II. Die Bestellung des Verwaltungsbeirats (Abs. 1 S. 1)

1. Grundlagen

4 Nach § 29 Abs. 1 Satz 1 können die WEer durch Stimmenmehrheit die Bestellung eines Verwaltungsbeirats beschließen, dem gem. § 20 Abs. 1 die Verwaltung des GemE nach

---

[1] *Drasdo* S. 26.

[2] Begründung zu § 27 des Referentenentwurfs des BJM vom 21. September 1950, PiG 8 S. 157 (181).

[3] Vgl. Protokolle der 115. Sitzung des DBtages vom 31. 1. 1951, PiG 8, 205 (212).

[4] *Sauren* ZMR 1984, 325.

[5] *Merle* WE 1992, 239 (243).

[6] OLG Hamm ZMR 2009, 310; KG WE 1997, 421 (422); OLG Düsseldorf WE 1998, 37 (38); *Müller* PiG 32, 13 (34, 36); *Weimar* ZMR 1981, 97 (98).

[7] *Sauren* ZMR 1984, 325.

[8] *Drasdo,* S. 21; *ders.* PiG 61, 63 (64 f.); OLG Düsseldorf WE 1998, 37 (38).

[9] *Bärmann,* WE, Rn 661; *Müller* PiG 32, 13 (33); *Peters* PiG 2, 49 (55, 56, 64); zur Organstellung des Verwaltungsbeirats siehe auch § 20 Rn 12.

[10] Vgl. BayObLG NJW-RR 2005, 165; WE 1994, 302 = NJW-RR 1994, 338.

[11] *Bärmann,* WE, Rn 660; *Weimar* ZMR 1981, 97.

[12] BayObLG ZMR 1994, 69 f. = WuM 1994, 45.

[13] *Sauren* ZMR 1984, 325.

[14] *Sauren* ZMR 1984, 325.

Maßgabe des § 29 obliegt. Er besteht, wie sich aus § 29 Abs. 1 Satz 2 ergibt, aus drei Mitgliedern. Es ist mithin zu differenzieren zwischen dem Verwaltungsbeirat als Gremium der WEer und Organ der Gemeinschaft sowie den einzelnen Mitgliedern dieses Organs. Verwaltungsbeirat iSd § 29 Abs. 1 ist nur das Organ der Gemeinschaft der WEer. Mithin regelt § 29 Abs. 1 nur das „Ob" der Institutionalisierung eines Verwaltungsbeirats, nicht dagegen die Rechtsstellung der Einzelnen, dem Verwaltungsbeirat angehörenden Mitglieder, insbesondere nicht deren Bestellung und Abberufung.[15]

2. Möglichkeiten der Institutionalisierung

a) Die Bestellung durch Beschluss. Die Bestellung eines Verwaltungsbeirats, d. h. die Institutionalisierung eines solchen Organs, kann gem. § 29 Abs. 1 Satz 1 durch Beschluss erfolgen. Ein solcher Beschluss bedarf, wenn er in einer WEVers gefasst wird, der Mehrheit der anwesenden stimmberechtigten WEer (vgl. § 23 Rn 39). Wird er im schriftlichen Verfahren gem. § 23 Abs. 3 gefasst, müssen alle WEer zustimmen. Ein Beschluss über die Bestellung der einzelnen Mitglieder des Verwaltungsbeirats enthält, sofern die Einrichtung eines Verwaltungsbeirats noch nicht geregelt worden ist, idR zugleich konkludent die Bestellung eines Verwaltungsbeirats. 5

Die WEer können durch Vereinbarung die in § 29 Abs. 1 Satz 1 vorgesehene Bestellung eines Verwaltungsbeirats modifizieren oder ausschließen.[16] Wird die im Vordruck einer Teilungserklärung vorgesehene Einrichtung eines Verwaltungsbeirats gestrichen, so bedeutet dies nicht die Vereinbarung eines Ausschlusses der Bestellung eines Verwaltungsbeirats; daher können die WEer in einem solchen Fall jederzeit einen Verwaltungsbeirat gem. § 29 Abs. 1 Satz 1 durch Beschluss bestellen.[17] Wird die Bestellung eines Verwaltungsbeirats durch Vereinbarung ausgeschlossen, so kann sie nur durch Vereinbarung wieder zugelassen werden. Ein gleichwohl gefasster Beschluss über die Bestellung eines Verwaltungsbeirats wäre gem. § 23 Abs. 4 zwar wirksam, aber anfechtbar. Durch Vereinbarung kann auch die Zustimmung aller WEer zur Bestellung eines Verwaltungsbeirats vorgesehen werden.[18] 6

b) Die Bestellung durch Vereinbarung. Die Einrichtung eines Verwaltungsbeirats kann auch durch Vereinbarung gem. § 10 Abs. 2 Satz 2, etwa in der GemO oder mit der Teilungserklärung, erfolgen.[19] Durch eine solche Vereinbarung ist die Frage, ob ein Verwaltungsbeirat institutionalisiert werden soll, entschieden; es müssen dann nur noch die Mitglieder des eingerichteten Organs bestimmt werden. Eine Vereinbarung, die einen Verwaltungsbeirat vorsieht, kann nicht durch Mehrheitsbeschluss gem. § 29 Abs. 1 Satz 1, sondern nur durch Vereinbarung iSd § 10 Abs. 2 Satz 2 geändert werden. Es besteht grds auch die Möglichkeit, die Befugnis zur Entscheidung über die Einrichtung des Verwaltungsbeirates durch Vereinbarung einem Teil der WEer oder einem Nichteigentümer zu übertragen.[20] 7

c) Die gerichtliche Bestellung. Die Bestellung eines Verwaltungsbeirats kann auch als Maßnahme ordnungsgemäßer Verwaltung auf Grund des Verlangens eines WEers nach §§ 21 Abs. 4, Abs. 8, 43 Nr. 1 durch den Richter erfolgen.[21] Angesichts des Umstandes, dass nach § 29 Abs. 1 grds die Bestellung eines Verwaltungsbeirats durch Stimmenmehrheit beschlossen werden kann, besteht für die gerichtliche Bestellung eines Verwaltungsbeirats nur ein **Rechtsschutzbedürfnis,** wenn der Versuch, einen Mehrheitsbeschluss herbeizuführen, ge- 8

[15] So auch *Maas* S. 23 ff.

[16] Vgl. BayObLG WE 1994, 302 (303) = NJW-RR 1994, 338.

[17] Vgl. OLG Köln Rpfleger 1972, 262.

[18] Vgl. BayObLG WE 1994, 302 (303) = NJW-RR 1994, 338.

[19] *Bärmann,* WE, Rn 665.

[20] *Maas* S. 34; *Bub* ZWE 2002, 7 (8) = PiG 61, 1 (5).

[21] Im Ergebnis ebenso: *Müller,* Praktische Fragen, Rn 539 (S. 442); aA Niedenführ/Kümmel/Vandenhouten/*Niedenführ* § 29 Rn 1; *Drasdo,* S. 31; *Bub* ZWE 2002, 7 (11) = PiG 61, 1 (13).

scheitert ist,[22] etwa weil ein entsprechender Beschlussantrag oder auch schon die Einberufung einer Versammlung zu diesem Zwecke oder die Aufnahme eines entsprechenden Tagesordnungspunktes in die Einladung zu einer WEVers abgelehnt worden sind. Dasselbe gilt, wenn der vorherige Versuch, einen Mehrheitsbeschluss herbeizuführen, unzumutbar ist, etwa wenn in Anbetracht der Mehrheitsverhältnisse ein Mehrheitsbeschluss nicht zu erwarten ist.[23]

9 Nach § 21 Abs. 4 kann der einzelne WEer die Institution eines Verwaltungsbeirats verlangen, wenn dies dem Interesse der Gesamtheit der WEer nach billigem Ermessen entspricht.[24] Im Hinblick auf die nach § 29 Abs. 1 fakultative Bestellung eines Verwaltungsbeirats, der primär der eigenverantwortlichen Entschließung der WEer überlassen ist, dürften die Voraussetzungen des § 21 Abs. 4 nur ausnahmsweise vorliegen. Denkbar wäre dies etwa, wenn eine große Gemeinschaft vom Bauträger verwaltet wird[25] oder wenn bei einer kleinen Gemeinschaft ein WEer-Verwalter über die Stimmenmehrheit verfügt. In beiden Fällen kann das Fehlen eines Verwaltungsbeirats, vor allem wegen seiner Kontrollbefugnisse nach § 29 Abs. 3, einer ordnungsgemäßen Verwaltung widersprechen. Ein Anspruch nach § 21 Abs. 4 besteht aber grds, wenn die WEer vereinbart haben, dass ein Verwaltungsbeirat errichtet werden muss.[26]

10 Im Falle eines Anspruches gem. §§ 21 Abs. 4, 43 Nr. 1 kann das Gericht nach § 21 Abs. 8 an Stelle der WEer einen Verwaltungsbeirat als Organ einrichten und zugleich dessen Mitglieder bestellen. Hierbei ist er nicht an einen Antrag gebunden, in dem die zu Bestellenden evtl. namentlich bezeichnet sind. Allerdings kann das Gericht wegen § 29 Abs. 1 Satz 2 nur WEer zu Mitgliedern des Verwaltungsbeirats bestellen.

3. Die Zusammensetzung des Verwaltungsbeirats (Abs. 1 S. 2)

11 **a) Die personelle Zusammensetzung. aa) Die gesetzliche Regelung.** Nach § 29 Abs. 1 Satz 2 besteht der Verwaltungsbeirat aus einem WEer als Vorsitzenden und zwei weiteren WEern als Beisitzern; eine besondere Eignung ist nicht erforderlich.[27] Der Verwaltungsbeirat besteht demnach aus drei Personen, die zum Zeitpunkt der Bestellung WEer sein müssen;[28] Die Bestellung ist auch zulässig, wenn zu erwarten ist, dass ein WEer demnächst aus der Gemeinschaft ausscheidet, da er seine Stellung als Mitglied des Beirats mit dem Ausscheiden aus der Gemeinschaft verliert.[29] Personen, die nicht WEer sind, können grds nicht ohne Verstoß gegen die gesetzliche Regelung mit Stimmenmehrheit zu Mitgliedern des Verwaltungsbeirats bestellt werden. Allerdings ist den WEern die Beschlusskompetenz eingeräumt, über die Bestellung der Verwaltungsbeiratsmitglieder mit Stimmenmehrheit zu beschließen (s. Rn 19). Deshalb ist ein Mehrheitsbeschluss, durch den die WEer einen nur aus zwei Mitgliedern bestehenden Beirat[29a] oder einen Nicht-WEer zum Mitglied des Verwaltungsbeirates bestellen, gültig und lediglich wegen Gesetzeswidrigkeit anfechtbar (vgl. § 23 Rn 143).[30]

12 Ist eine **juristische Person,** eine **Personenhandelsgesellschaft** (OHG, KG) oder eine **Partnerschaft** WEerin, so ist als WEer iSd § 29 Abs. 1 Satz 2 derjenige anzusehen, der die

---

[22] Vgl. § 21 Rn 185; § 26 Rn 225 zur entsprechenden Problematik bei der gerichtlichen Abberufung des Verwalters gem. § 21 Abs. 4; OLG Düsseldorf WE 1991, 252; *Maas* S. 29.

[23] Vgl. BayObLG WE 1986, 64.

[24] So auch *Maas* S. 28.

[25] Beispiel von *Müller,* Praktische Fragen, Rn 539 (S. 442); aA *Bub* ZWE 2002, 7 (11) = PiG 61, 1 (13).

[26] *Maas* S. 29 f.

[27] OLG Köln MietRB 2006, 332.

[28] BayObLGZ 1991, 356 f.; ZWE 2003, 32 f.; OLG Düsseldorf WE 1995, 278 (279).

[29] BayObLG ZWE 2002, 32 (33) = NZM 2001, 990 (Ls); vgl. Rn 27.

[29a] BGH ZWE 2010, 215 (216).

[30] BayObLGZ 1991, 356 f.; NZM 2002, 529; LG Karlsruhe ZWE 2009, 168 m. Anm. *Merle;* für Nichtigkeit: KG NJW-RR 1989, 460 f.; *Wenzel* ZWE 2001, 226 (236); vgl. auch *Merle* ZWE 2001, 196 (198).

Stellung eines gesetzlichen Vertreters der juristischen Person oder Gesellschaft hat; denn diese handeln durch natürliche Personen. Der Vorstand oder Geschäftsführer einer juristischen Person, ein vertretungsberechtigter Gesellschafter einer Personenhandelsgesellschaft sowie ein vertretungsberechtigter Partner einer Partnerschaft können daher zu Mitgliedern eines Verwaltungsbeirats berufen werden, soweit sie erkennbar als Vertreter der WEerin berufen werden.[31] Sind Gesellschafter einer Gesellschaft bürgerlichen Rechts gem. §§ 705 ff. BGB oder Teilhaber einer Bruchteilsgemeinschaft gem. §§ 741 ff. BGB, etwa Ehegatten, Eigentümer einer WE, so kann jeder Gesellschafter bzw. Teilhaber zum Mitglied des Verwaltungsbeirats bestellt werden.

Der **Verwalter** kann nicht, auch nicht wenn er zugleich WEer ist, Mitglied des Verwaltungsbeirats sein.[32] Aufgabe des Verwaltungsbeirats ist es nämlich u. a., die Tätigkeit des Verwalters gem. § 29 Abs. 3 zu prüfen. Seine Mitgliedschaft im Verwaltungsbeirat würde gegen den allgemeinen anerkannten Rechtssatz verstoßen, dass der zu Kontrollierende sich nicht selbst kontrollieren darf. Dies gilt nicht nur bei Identität von WEer und Verwalter, sondern auch, wenn der gesetzliche Vertreter einer juristischen Person[33] oder der Vertretungsberechtigte einer Personenhandelsgesellschaft oder Partnerschaft zum Mitglied des Verwaltungsbeirats bestellt wird. Die Berufung des Verwalters zum Mitglied des Verwalterbeirats ist in allen diesen Fällen nichtig.[34] 13

bb) Abweichende Regelungen. Die WEer können durch **Vereinbarung** gem. § 10 Abs. 2 Satz 2 eine von § 29 Abs. 1 Satz 2 abweichende Zusammensetzung des Verwaltungsbeirats vorsehen, da diese Vorschrift nicht zwingend ist.[35] So können die WEer vereinbaren, dass auch Nicht-WEer – etwa Mieter – zu Mitgliedern des Verwaltungsbeirates bestellt werden können. Auch kann vereinbart werden, dass dem Verwaltungsbeirat bestimmte Fachleute, etwa Wirtschaftsprüfer, Juristen, Ingenieure, angehören müssen. 14

Durch **Mehrheitsbeschluss** kann die Zusammensetzung des Verwaltungsbeirats nicht generell abweichend von § 29 Abs. 1 Satz 2 geregelt werden, es sei denn durch **Vereinbarung in der GemO oder in der Teilungserklärung** ist dies ausdrücklich gestattet (sog. Öffnungsklausel, vgl. § 23 Rn 14). Ohne eine derartige Vereinbarung fehlt den WEern die Beschlusskompetenz, die personelle Zusammensetzung des Verwaltungsbeirates abweichend von § 29 Abs. 1 Satz 2 zu regeln; ein Beschluss, der die personelle Zusammensetzung des Verwaltungsbeirates ändert, wäre wegen absoluter Beschlussunzuständigkeit nichtig. Sofern die WEer jedoch durch Mehrheitsbeschluss eine bestimmte Person zum Mitglied des Verwaltungsbeirates bestellen, der nicht WEer ist, verstößt dieser Beschluss lediglich gegen § 29 Abs. 1 Satz 2; der gesetzeswidrige Beschluss ist lediglich anfechtbar (vgl. § 23 Rn 143).[36] Das Gesetz räumt den WEern nicht nur die Beschlusskompetenz ein, über die Bestellung bestimmter Personen zu entscheiden (s. Rn 19); nach § 29 Abs. 1 Satz 1 können die WEer mit Stimmenmehrheit auch darüber entscheiden, ob überhaupt ein Verwaltungsbeirat bestellt werden soll. Ein Mehrheitsbeschluss über die Bestellung eines Verwaltungsbeirats ist nicht mangels Beschlusskompetenz nichtig, wenn in der GemO vereinbart ist, dass die Bestellung eines Verwaltungsbeirates der Zustimmung aller WEer bedarf.[37] 15

---

[31] Vgl. OLG Frankfurt/M. OLGZ 1986, 432 = WE 1986, 141; *Maas,* S. 41 f.; aA *Armbrüster* ZWE 2001, 355 (356).

[32] OLG Frankfurt/M., OLGZ 1988, 188 (189); OLG Zweibrücken, OLGZ 1983, 438; *Drasdo* S. 46; *Armbrüster* ZWE 2001, 355 (357); *Maas* S. 41.

[33] *Armbrüster* ZWE 2001, 355 (357).

[34] Vgl. OLG Zweibrücken OLGZ 1983, 438 (439 f.).

[35] BayObLGZ 1972, 161 (163) = NJW 1972, 1377 = Rpfleger 1972, 262; KG WE 1989, 137; OLG Düsseldorf OLGZ 1991, 37 (38) = NJW-RR 1991, 594; Palandt/*Bassenge* § 29 Rn 1; *Maas* S. 39 f.; *Armbrüster* ZWE 2001, 355 (356 f.) = PiG 61, 35 (41); *Bub* ZWE 2002, 7 (8 f.) = PiG 61, 1 (5 f.).

[36] *Wenzel* ZWE 2001, 226 (236); vgl. Rn 11.

[37] BayObLG ZWE 2002, 405 (407); zu kompetenzverdrängenden Vereinbarungen s. § 23 Rn 22.

16 **b) Die Anzahl der Mitglieder.** Der Verwaltungsbeirat besteht nach § 29 Abs. 1 Satz 2 aus drei Mitgliedern. Die Anzahl der Mitglieder kann durch **Vereinbarung,** auch aufgrund einer Öffnungsklausel vermindert oder erhöht werden.[38] Die Zahl der Verwaltungsbeiratsmitglieder sollte sich nach den Anforderungen der jeweiligen WEgem richten.[39] Bei kleinen Gemeinschaften kann es sinnvoll sein, die Zusammensetzung des Verwaltungsbeirats auf einen WEer zu reduzieren.[40] Bei großen Gemeinschaften kann es wünschenswert sein, die Zahl der Verwaltungsbeiratsmitglieder zu erhöhen, um Fachleute verschiedener Richtungen zu Mitgliedern des Beirates berufen zu können. Durch **Mehrheitsbeschluss** können die WEer die Anzahl der Mitglieder grds nicht generell abweichend von § 29 Abs. 1 Satz 2 regeln. Sofern nicht eine Vereinbarung eine entsprechende Beschlusskompetenz einräumt, fehlt den WEern die Beschlusskompetenz zu einer solchen Regelung; ein Beschluss über die generelle Änderung der Beiratsgröße ist wegen absoluter Beschlussunzuständigkeit nichtig. Da den WEern jedoch die Beschlusskompetenz eingeräumt ist, einen Verwaltungsbeirat individuell zu bestellen, ist ein Mehrheitsbeschluss gültig, durch den die WEer einen konkreten Beirat mit mehr oder weniger als drei Mitgliedern bestellen; der gesetzeswidrige Beschluss ist lediglich anfechtbar (vgl. § 23 Rn 143).[41]

17 Scheidet ein Mitglied aus dem Verwaltungsbeirat aus, etwa durch Tod oder aus sonstigen Gründen, besteht der Beirat bis zur Berufung eines neuen Mitgliedes mit der verminderten Anzahl von Mitgliedern fort,[42] auch wenn er gem. § 29 Abs. 1 Satz 2 aus drei Mitgliedern bestand. Das Ausscheiden eines Mitgliedes führt nicht zur Funktionsunfähigkeit des Beirats. Die WEer sind aber verpflichtet, einen anderen WEer zum Mitglied des Verwaltungsbeirats zu bestellen, sofern nicht bereits ein Ersatzmitglied bestellt ist.[43]

III. Begründung und Beendigung der Mitgliedschaft im Verwaltungsbeirat

1. Grundlagen

18 Die Frage, wie die Rechtsstellung als **Mitglied** des Verwaltungsbeirats begründet und beendet wird, ist weder in § 29, der nur die Bestellung des Verwaltungsbeirats als Organ betrifft, noch sonst im WEG geregelt. Es sind daher, wie bei Begründung und Beendigung der Verwaltereigenschaft, auch hier die allgemeinen, zu anderen körperschaftlich strukturierten Personenvereinigungen entwickelten Rechtsgrundlagen für die Begründung und Beendigung der Rechtsstellung von Mitgliedern eines Organs unter Berücksichtigung der Besonderheiten des WE-Rechts zugrunde zu legen.[44] Dies bedeutet, dass entsprechend der Trennungstheorie bei der Begründung der Mitgliedschaft im Verwaltungsbeirat zwischen dem Bestellungsakt und dem Beiratsvertrag und dass bei ihrer Beendigung zwischen dem Abberufungsakt und der Beendigung des Beiratsvertrages zu differenzieren ist.[45] Die Rechtsstellung als Mitglied des Verwaltungsbeirats wird erworben idR durch einen Bestellungsbeschluss der WEer, dem der Bestellte zustimmen muss, da ihm nicht ohne seinen Willen die gesetzlich vorgesehenen Organpflichten auferlegt werden können.[45a] Davon ist

[38] BGH ZWE 2010, 215 (216); OLG Düsseldorf OLGZ 1991, 37 (38) = NJW-RR 1991, 594.

[39] *Peters,* Verwaltungsbeiräte, S. 13.

[40] Vgl. *Peters,* Verwaltungsbeiräte, S. 23.

[41] BGH ZWE 2010, 215 (216); BayObLG ZMR 2003, 760 (761); AG Hannover ZMR 2009, 150f.; *Wenzel* ZWE 2001, 226 (236); *Merle* ZWE 2001, 196 (198); *Armbrüster* ZWE 2001, 355 = PiG 61, 35 (37f.).

[42] BayObLGZ 1988, 212 (214) für den Fall des Todes des Mitgliedes; OLG Düsseldorf OLGZ 1991, 37 (39) = NJW-RR 1991, 594 (595); *Armbrüster* ZWE 2001, 355 (356); *Maas* S. 48f.

[43] OLG Düsseldorf OLGZ 1991, 37 (39) = NJW 1991, 594 (595); zur Bestellung eines Ersatzmitgliedes vgl. *Maas* S. 49f.

[44] Vgl. BGHZ 152, 46 = NJW 2002, 3704.

[45] *Maas* S. 62ff.; *Gottschalg,* Haftung, Rn 44.

[45a] Vgl. BGH ZWE 2010, 215 (216).

der Beiratsvertrag zu unterscheiden, der weitere Rechte und Pflichten der Beteiligten begründen kann. Bei der Beendigung der Rechtsstellung als Mitglied des Verwaltungsbeirats ist zu unterscheiden zwischen dem Verlust der Rechtsstellung und der Beendigung des Beiratsvertrages. Wie beim Verwalter[46] besteht das Bestellungsrechtsverhältnis zwischen der WEgem und dem einzelnen Mitglied des Beirats; dasselbe gilt für den Beiratsvertrag,[47] der Schutzwirkung zugunsten der WEer entfaltet.[48]

2. Die Bestellung zum Mitglied des Verwaltungsbeirats

a) Der Bestellungsbeschluss. Entsprechend den allgemeinen Rechtsgrundsätzen erfolgt die Bestellung zum Mitglied des Verwaltungsbeirats durch Beschluss der WEer, für den, wie sich aus den §§ 26 Abs. 1 Satz 1, 29 Abs. 1 Satz 1 herleiten lässt, die Mehrheit der Stimmen ausreicht; durch Vereinbarung kann ein allstimmiger Beschluss vorgesehen sein.[49] Erforderlich ist die einfache Mehrheit der anwesenden stimmberechtigten WEer[50] für jedes einzelne zu wählende Mitglied; eine sog. Blockwahl, bei der mehrere Personen in einem Wahlvorgang gewählt werden, ist zulässig, wenn für jedes Mitglied die einfache Stimmenmehrheit ermittelt werden kann,[51] sonst unzulässig.[52] Kommt es bei einer solchen Bestellung zu „Beschlüssen", bei denen keiner der Kandidaten die absolute Mehrheit erreicht, etwa weil über mehr als zwei Wahlvorschläge gleichzeitig abgestimmt worden ist, so kommt mit der Feststellung und Verkündung des Beschlussergebnisses zwar ein Beschluss zustande, der aber anfechtbar ist.[53] Der WEer, der zum Mitglied des Verwaltungsbeirats bestellt werden soll, ist nicht gem. § 25 Abs. 5 vom Stimmrecht ausgeschlossen.[54] 19

Ein Beschluss über die Bestellung eines WEers zum Mitglied des Verwaltungsbeirats kann auch im **schriftlichen Verfahren** gem. § 23 Abs. 3 gefasst werden; hierzu ist die schriftliche Zustimmung **aller WEer** erforderlich.[55] Ob die Bestellung eines WEers zum Mitglied des Verwaltungsbeirats, die in einer GemO oder mit der Teilungserklärung erfolgt, die rechtliche Qualität einer Vereinbarung hat und deshalb nur durch Vereinbarung geändert werden kann, ist durch Auslegung zu ermitteln.[56] 20

Der Beschluss über die Bestellung eines WEers zum Mitglied des Verwaltungsbeirats muss gem. § 21 Abs. 3 den Grundsätzen ordnungsgemäßer Verwaltung entsprechen. Dies ist nicht der Fall, wenn ein wichtiger Grund gegen die Bestellung spricht, d. h. wenn unter Berücksichtigung aller Umstände eine Zusammenarbeit mit dem Bestellten unzumutbar ist, weil das erforderliche Vertrauensverhältnis von vorneherein nicht besteht und seine Herstellung auch nicht zu erwarten ist.[57] Gründe für die Entziehung des WE gemäß §§ 18, 19 21

---

[46] Vgl. § 26 Rn 30; § 27 Rn 7.

[47] Riecke/Schmid/*Abramenko* § 29 Rn 14.

[48] Niedenführ/Kümmel/Vandenhouten/*Niedenführ* § 29 Rn 27, unklar Rn 6 a. E. Riecke/Schmid/*Abramenko* § 29 Rn 14: Vertrag zugunsten Dritter; ebenso *Abramenko* ZWE 2007, 2006, 273 (275 f.); Jennißen/*Hogenschurz* § 29 Rn 15, aA *Gottschalg,* Verwalter, Rn 66: doppeltes Organ- und Vertragsverhältnis mit Wegem und WEern

[49] BayObLG ZMR 2005, 380.

[50] Vgl. dazu § 23 Rn 38; *Armbrüster* ZWE 2001, 355 (357).

[51] Vgl. AG Hannover ZMR 2007, 404 f.

[52] Zutreffend *Drasdo* WuM 1997, 641 f.; aA LG Schweinfurt WuM 1997, 641; Staudinger/*Bub* § 29 Rn 17, 30; differenzierend *Armbrüster* ZWE 2001, 355 (358); OLG Hamburg ZMR 2005, 396.

[53] Siehe hierzu § 23 Rn 40 ff.

[54] Vgl. § 25 Rn 119; BGZ 152, 46; BayObLG WE 1991, 226 (227); ZWE 2002, 32 (33); OLG Köln MietRB 2006, 322.

[55] Vgl. § 23 Rn 96 ff.

[56] Vgl. zum analogen Problem bei der Hausordnung § 21 Rn 60 ff.

[57] BayObLG WE 1991, 226 (227); *Armbrüster* ZWE 2001, 355 (359).

dürften idR dazu führen, dass eine Bestellung des WEers zum Verwaltungsbeirat ordnungsgemäßer Verwaltung widerspricht.[58]

22 **b) Die Annahme.** Der Beschluss über die Bestellung eines WEers zum Mitglied des Verwaltungsbeirats ist ein Akt interner Willensbildung der WEer, durch den der Bestellte noch nicht diese Rechtsstellung erlangt.[59] Darüber hinaus muss er die Bestellung annehmen (vgl. Rn 18). Hierdurch wird er zur Erfüllung der dem Verwaltungsbeirat kraft Gesetzes obliegenden Aufgaben verpflichtet.

23 Das Gesetz regelt die Dauer der Bestellung, d. h. die Amtszeit der Mitglieder des Verwaltungsbeirats nicht. Die Bestellung kann daher auf unbestimmte Zeit erfolgen,[60] sie kann aber auch befristet[61] oder bedingt vorgenommen werden. Die aufschiebend bedingte Bestellung zum Mitglied des Verwaltungsbeirats ist in der Praxis bei der Bestellung von Ersatzmitgliedern des Verwaltungsbeirats von Bedeutung.[62] Die Bestellung zum Ersatzmitglied ist eine Bestellung unter der aufschiebenden Bedingung, dass ein oder ein bestimmtes Mitglied aus dem Beirat ausscheidet oder dass ein Mitglied verhindert ist, sein Amt als Mitglied des Verwaltungsbeirats auszuüben. Was im Einzelfall gewollt ist, muss, falls der Beschluss unklar ist, durch Auslegung ermittelt werden.

24 **c) Der Beiratsvertrag.** Weitere Rechte und Pflichten der Beteiligten können durch Abschluss eines schuldrechtlichen Vertrages (Beiratsvertrag) begründet werden. Dieser Vertrag ist ein **Auftragsvertrag** iSd §§ 662 ff. BGB,[63] weil die Mitglieder des Verwaltungsbeirats idR unentgeltlich tätig werden. Sollen sie für ihre Tätigkeit ein Entgelt erhalten, liegt ein **Dienstvertrag** vor, der eine **Geschäftsbesorgung** zum Gegenstand hat (§§ 675, 611 BGB).[64] Der Inhalt des Vertrages richtet sich nach den Vereinbarungen der Parteien. Zu beachten ist, dass § 29 nur Aufgaben und Befugnisse des Verwaltungsbeirats als Organ regelt. Die **Rechte** und **Pflichten** des einzelnen Mitgliedes des Verwaltungsbeirats bestimmen sich nach diesen Aufgaben und Befugnissen des Verwaltungsbeirats. Er hat alles zu tun, was zur Erfüllung der dem Verwaltungsbeirat als Organ obliegenden Aufgaben erforderlich ist; hierzu ist er auch berechtigt.

25 Der Antrag zum Abschluss des Auftrags- oder Geschäftsbesorgungsdienstvertrages zwischen der WEgem und dem jeweiligen Mitglied des Verwaltungsbeirats dürfte idR in der Verkündung des Bestellungsbeschlusses durch den Verwalter als Vorsitzendem der WEVers gegenüber den anwesenden Kandidaten zu sehen sein. Sollte der Bestellte nicht anwesend sein, muss der Verwalter durch sonstige Erklärung gegenüber dem Bestellten den Abschluss des Vertrages antragen. Die zum Abschluss des Vertrages namens der WEgem erforderliche Vertretungsmacht des Verwalters ergibt sich zumindest konkludent aus dem zugrunde liegenden Beschluss der WEer, den der Verwalter nach 27 Abs. 1 Nr. 1 durchzuführen hat.[65] Mit der Annahme durch den Bestellten kommt der Auftrags- oder Geschäftsbesorgungsdienstvertrag zwischen der WEgem und dem Verwaltungsbeirat zustande.

3. Die Beendigung der Mitgliedschaft im Verwaltungsbeirat

26 **a) Die Beendigung der Rechtsstellung. aa) Allgemeines.** Das WEG enthält keine Regelung der Beendigung der Rechtsstellung eines Mitgliedes des Verwaltungsbeirats. Nach

[58] Vgl. *Abramenko* ZMR 2009, 474; aA LG Baden-Baden ZMR 2009, 473 f.

[59] *Maas* S. 53 ff.

[60] Vgl. OLG München ZMR 2007, 996 (998).

[61] *Drasdo* S. 55.

[62] Vgl. AG Hannover, ZMR 2007, 405; *Augustin* § 29 Rn 3; *Drasdo* S. 60.

[63] OLG Düsseldorf WE 1998, 265 (266) = NZM 1998, 36; *Drasdo* S. 64; *Müller,* Praktische Fragen, Rn 545 f. (S. 447); *Brych* PiG 32, 39 (43) = WE 1990, 15 (16); *Bärmann,* WE, Rn 667.

[64] *Müller,* Praktische Fragen, Rn 545 f. (S. 447); *Brych* WE 1990, 43 ff., der sich aber gegen einen solchen „Profi-Beirat" ausspricht (44 f.); *Drasdo* S. 65 f.

[65] Vgl. § 27 Rn 13, 232.

allgemeinen Rechtsgrundsätzen[66] endet daher das Amt eines Mitgliedes des Verwaltungsbeirats durch Ablauf der Bestellungszeit, Eintritt einer auflösenden Bedingung, Tod des Mitgliedes,[67] Veräußerung des WE des Mitgliedes, Abberufung[68] oder Amtsniederlegung.

bb) Einzelne Beendigungsgründe. (1) Die Veräußerung des WE. Veräußert ein Mitglied des Verwaltungsbeirats sein WE, so endet seine Rechtsstellung als Mitglied des Verwaltungsbeirats, denn § 29 Abs. 1 Satz 2 setzt für die Mitgliedschaft im Verwaltungsbeirat die Eigenschaft als WEer voraus.[69] Dies entspricht auch der Interessenlage, da kein Grund besteht, den Veräußerer weiter an der Verwaltung jetzt für ihn fremden Eigentums zu beteiligen. Erwirbt der Veräußerer anschließend erneut WE dieser Gemeinschaft, lebt seine Rechtsstellung als Mitglied des Verwaltungsbeirats nicht wieder auf. Hierzu bedarf es einer erneuten Bestellung, zumal nach Beendigung der Mitgliedschaft eines WEer im Verwaltungsbeirat idR ein neues Mitglied gewählt wird, so dass bei Wiederaufleben der Mitgliedschaft des Veräußeres die gesetzliche Zahl der Mitglieder des Verwaltungsbeirats überschritten würde. 27

(2) Die Abberufung. Über die Abberufung eines oder aller Mitglieder des Verwaltungsbeirats beschließen die WEer mit Stimmenmehrheit.[70] In der Bestellung eines neuen Beiratsmitgliedes liegt idR die Abberufung des bisherigen Mitgliedes.[71] Bei der ordentlichen Abberufung ist auch das abzuberufende Mitglied des Verwaltungsbeirats stimmberechtigt,[72] bei der außerordentlichen Abberufung aus wichtigem Grunde dagegen nicht.[73] Die Abberufung muss, gegenüber dem Abzuberufenden erklärt werden und wird mit Zugang wirksam, d. h. sie beendet die Rechtsstellung als Mitglied des Verwaltungsbeirats unmittelbar; sie wird nicht durch Erhebung einer Anfechtungsklage hinausgeschoben, denn ein Beschluss der WEer ist nach § 23 Abs. 4 wirksam, solange er nicht durch rechtskräftiges Urteil für ungültig erklärt ist.[74] Nicht erforderlich ist, dass zugleich ein neues Mitglied des Verwaltungsbeirats bestellt wird.[75] Vielmehr vermindert sich die Zahl der Mitglieder des Verwaltungsbeirats bis zur Bestellung eines neuen Mitgliedes, es sei denn, es ist ein Ersatzmitglied bestellt. 28

Ist die Bestellungszeit nicht geregelt, kann ein Mitglied des Verwaltungsbeirats **jederzeit abberufen** werden, ohne dass hierfür Gründe vorhanden sein müssen **(sog. ordentliche Abberufung).**[76] Eine Anfechtung des Abberufungsbeschlusses mit der Begründung, er sei zu Unrecht oder grundlos erfolgt, ist daher nicht erfolgreich.[77] Ist im Bestellungsbeschluss eine bestimmte Mindestbestellzeit vorgesehen, ist eine ordentliche Abberufung vor Ablauf dieser Zeit ausgeschlossen. Die ordentliche Abberufung kann auch durch Vereinbarung ausgeschlossen werden, etwa dadurch, dass die Abberufung auf das Vorliegen eines wichtigen Grundes beschränkt wird. Beschließen die WEer die Abberufung vor Ablauf einer Mindestbestellzeit oder, bei Beschränkung auf das Vorliegen eines wichtigen Grundes, ohne dass ein wichtiger Grund vorliegt, so ist der Beschluss gem. § 23 Abs. 4 und damit die Abberufung zwar wirksam, aber anfechtbar. 29

Die außerordentliche Abberufung aus **wichtigem Grund** ist stets zulässig. Sie kann auch nicht durch Vereinbarung ausgeschlossen werden. Denn es entspricht einem zwingen- 30

---

[66] Vgl. oben Rn 18.

[67] BayObLGZ 1988, 212.

[68] Vgl. Rn 28 ff.

[69] BayObLGZ 1992, 336 (340) = WE 1994, 20 = DWE 1993, 23; *Drasdo,* S. 58; *Armbrüster* ZWE 2001, 412 (413); *Maas* S. 67.

[70] OLG München ZMR 2007, 996 (998); *Bärmann,* WE, Rn 665.

[71] Vgl. LG Nürnberg-Fürth ZMR 2001, 746.

[72] Vgl. § 25 Rn 122; *Drasdo* S. 170.

[73] Vgl. § 25 Rn 107; *Drasdo* S. 171.

[74] OLG Hamm WE 1997, 385 (386) = NJW-RR 1997, 1232.

[75] *Brych* PiG 32, 39 (45); *Bärmann,* WE, Rn 665.

[76] Vgl. KG WE 1997, 421 (422) = FGPrax 1997, 173; OLG Hamm NZM 1999, 227 (228).

[77] Zutreffend *Bärmann,* WE, Rn 665; aA *Drasdo* S. 158; *Armbrüster* ZWE 2001, 412 (413).

dem Rechtsgrundsatz, dass Dauerschuldverhältnisse stets aus wichtigem Grund beendet werden können. Ein wichtiger Grund zur Abberufung eines Mitgliedes des Verwaltungsbeirats liegt vor, wenn unter Berücksichtigung aller Umstände den WEern eine Zusammenarbeit mit dem Mitglied des Verwaltungsbeirats unzumutbar ist, weil das erforderliche Vertrauensverhältnis entfallen ist.[78]

31 **(3) Die Amtsniederlegung.** Ein Mitglied des Verwaltungsbeirats kann sein Amt jederzeit niederlegen.[79] Mit Zugang dieser Erklärung bei der WEgem, gem § 27 Abs. 3 Satz 1 Nr. 1 gesetzlich vertreten durch den Verwalter, endet die Rechtsstellung als Mitglied des Verwaltungsbeirats unmittelbar.

32 **b) Die Beendigung des Beiratsvertrages.** Mit der Beendigung der Rechtsstellung als Mitglied des Verwaltungsbeirats endet idR auch der zugrunde liegende Auftrags- oder Geschäftsbesorgungsvertrag. Der Beiratsvertrag endet bei Ablauf der Bestellungszeit, bei Eintritt einer auflösenden Bedingung oder bei Veräußerung des WE, weil er idR zumindest konkludent nur für die Zeit der Mitgliedschaft eingegangen ist. Beim Tode eines Mitgliedes des Verwaltungsbeirats endet er gem. §§ 673, 675 BGB.

33 Bei **Abberufung** eines Mitgliedes des Verwaltungsbeirats durch Beschluss der WEer enthält dieser Beschluss zugleich auch die Willensbildung zur Beendigung des Beiratsvertrages. Der Verwalter ist zumindest konkludent ermächtigt (§ 27 Abs. 3 Satz 1 Nr. 7),[80] die zur Beendigung des Beiratsvertrages namens der WEgem erforderlichen Maßnahmen vorzunehmen. Ist der Beiratsvertrag **Auftrag,** so kann er nach § 671 Abs. 1 BGB jederzeit widerrufen werden; der Widerruf liegt idR zugleich in der Abberufungserklärung.[81] Liegt ein **Geschäftsbesorgungsvertrag** vor, so stellt der für die außerordentliche Abberufung erforderliche wichtige Grund idR zugleich einen wichtigen Grund zur Kündigung des Vertrages gem. § 626 BGB dar. Bei ordentlicher Abberufung dagegen endet zwar die Rechtsstellung als Beiratsmitglied sofort, aber der Geschäftsbesorgungsdienstvertrag kann nur unter Einhaltung der Kündigungsfristen des § 621 BGB beendet werden, so dass eine evtl. Vergütungspflicht der WEgem nach Maßgabe des § 615 BGB fortbesteht.

34 Bei **Niederlegung des Amtes** durch ein Mitglied des Verwaltungsbeirats endet ein Auftrag gem. § 671 Abs. 1 BGB zumindest konkludent durch Kündigung; kündigt das Mitglied ohne wichtigen Grund zur Unzeit, so hat es der WEgem nach § 671 Abs. 2 BGB den daraus entstehenden Schaden zu ersetzen. Liegt ausnahmsweise ein Geschäftsbesorgungsdienstvertrag vor, so kann das Mitglied des Verwaltungsbeirats diesen Vertrag auch ohne Vorliegen eines wichtigen Grundes iSd § 626 BGB entsprechend § 627 BGB ohne Einhaltung einer Kündigungsfrist kündigen, weil er mit seiner Tätigkeit Dienste höherer Art zu leisten hat, die auf Grund besonderen Vertrauens übertragen zu werden pflegen.[82] Kündigt er allerdings ohne wichtigen Grund zur Unzeit, hat er der WEgem gem. §§ 675, 671 Abs. 2 BGB den daraus entstehenden Schaden zu ersetzen.

IV. Innere Ordnung und Willensbildung des Verwaltungsbeirats

1. Die innere Ordnung des Verwaltungsbeirats

35 Gem. § 29 Abs. 4 wird der Verwaltungsbeirat von dem Vorsitzenden nach Bedarf einberufen. Darüber hinaus regelt das Gesetz die Organisation des Verwaltungsbeirats nicht. Entsprechende Regelungen können daher in einer Vereinbarung gem. § 10 Abs. 2 Satz 2

---

[78] Vgl. BayObLG WE 1991, 226 (227).

[79] Vgl. *Brych* PiG 32, 39 (45); *Bärmann,* WE, Rn 665; *Drasdo* S. 56; KG WE 1997, 421 (422); *Maas* S. 77 f.

[80] Vgl. § 27 Rn 232.

[81] So wohl auch KG WE 1997, 421 (422).

[82] Vgl. für den (fakultativen) Aufsichtsrat bei der GmbH und der AG: *Meyer-Landrut* § 52 Rn 16 mwN; *Hüffer* § 103 AktG Rn 17; aA *Bub* ZWE 2002, 7 (12) = PiG 61, 1 (16).

oder durch Mehrheitsbeschluss[83] getroffen werden. Darin können u. a. die Besetzung des Vorsitzes und des stellvertretenden Vorsitzes, Abstimmungsmodus, Einberufung, Protokoll und Einsichtnahme, Dauer der Amtszeit, Nachrücken von Ersatzmitgliedern oder Ersatzberufung, Vergütung oder Aufwendungsersatz, Anzahl der Beiratssitzungen während des Wirtschaftsjahres bzw. Voraussetzungen für die Einberufung und das Teilnahmerecht von Nichtbeiratsmitgliedern[84] an den Verwaltungsbeiratssitzungen geregelt werden. Ist dies nicht geschehen, so kann der Verwaltungsbeirat sich selbst eine **Geschäftsordnung** geben.[85]

Der Verwaltungsbeirat hat gem. § 29 Abs. 1 einen **Vorsitzenden.** Wird er nicht im **36** Bestellungsbeschluss bestimmt, so wählt ihn der Beirat selbst.[86] Das Gesetz geht in § 24 Abs. 3 und Abs. 6 davon aus, dass der Vorsitzende einen **Vertreter** hat. Dieser wird vom Beirat gewählt, wenn keine andere Regelung vorliegt.

2. Die Willensbildung im Verwaltungsbeirat

a) Die Einberufung. Der Verwaltungsbeirat ist gem. § 29 Abs. 4 **nach Bedarf** ein- **37** zuberufen. Dies wird mindestens einmal im Jahr erforderlich sein, um die im Gesetz vorgesehene Prüfung des Wirtschaftsplans und der Abrechnung durchzuführen. IdR dürfte aber eine jährliche Sitzung des Verwaltungsbeirats nicht ausreichen.[87]

Gem. § 29 Abs. 4 beruft der Vorsitzende die Beiratssitzung ein. Weigert er sich oder ist **38** er verhindert, so kann sein Stellvertreter[88] aber auch jedes einzelne Beiratsmitglied den Verwaltungsbeirat einberufen.[89]

Der Verwalter hat weder ein Recht zur Einberufung noch kann er diese verlangen.[90] Auch **39** die WEer können die Einberufung einer Beiratssitzung nicht analog § 24 Abs. 2 verlangen. Denkbar wäre aber ein **Anspruch jedes WEers gem. § 21 Abs. 4** auf Einberufung, wenn eine **Vereinbarung** oder ein **Beschluss** festlegt, unter welchen Voraussetzungen eine Sitzung des Verwaltungsbeirats durchzuführen ist, und die Mitglieder des Verwaltungsbeirats trotz Vorliegens dieser Voraussetzungen untätig bleiben. Ein Anspruch eines WEers auf Einberufung des Verwaltungsbeirats als Maßnahme **ordnungsmäßiger Verwaltung** kann sich auch aus § 21 Abs. 4 ergeben, etwa dann, wenn es sich um eine große WEgem handelt und ein Beschluss der WEer über den Wirtschaftsplan, Rechnungslegung oder Kostenanschläge bevorsteht. Dann ist es den WEern uU nicht möglich, die Tätigkeit des Verwalters selbst zu kontrollieren und die Stellungnahme des Verwaltungsbeirats ist notwendig, um eine ordnungsgemäße Verwaltung zu gewährleisten.[91] Ein Anspruch auf Einberufung einer Verwaltungsbeiratssitzung gem. § 29 Abs. 4 wäre durch Klage gem. § 43 Nr. 1 geltend zu machen, die gegen den Vorsitzenden des Verwaltungsbeirats oder, sofern ein solcher nicht bestellt ist, gegen alle Beiratsmitglieder zu erheben wäre.[92]

Für die Einberufung bestehen keine Formvorschriften. Die Einhaltung bestimmter **40** Formen ist jedoch zweckmäßig.[93] Sofern keine Geschäftsordnung des Verwaltungsbeirats

---

[83] *Bärmann,* WE, Rn 666; Niedenführ/Kümmel/Vandenhouten/*Niedenführ* § 29 Rn 5; *Deckert* DWE 1990, 82 (83).

[84] Bzgl. des letzten Punktes ist uU eine Vereinbarung nötig. Zum Teilnahmerecht des Verwalters siehe Rn 45.

[85] *Armbrüster* ZWE 2001, 463 (465); *Maas* S. 106.

[86] *Bärmann,* WE, Rn 666; *Röll,* ZWE 2002, 7 (10) = PiG 61, 1 (11); *Deckert* DWE 1990, 82 (83).

[87] *Peters,* Verwaltungsbeiräte, S. 17.

[88] *Peters,* Verwaltungsbeiräte, S. 17.

[89] *Bärmann,* WE, Rn 666; *Drasdo,* S. 71.

[90] *Bärmann,* WE, Rn 666; *Drasdo,* S. 71; *Maas* S. 110; *Armbrüster* ZWE 2001, 463 (463); aA *Bub* ZWE 2002, 7 (17) = PiG 61, 1 (29).

[91] AA *Drasdo* PiG 61, 63 (92).

[92] *Maas* S. 112 ff.

[93] *Peters,* Verwaltungsbeiräte, S. 17; *Maas* S. 114 f.

existiert, können die Vorschriften des § 24 entspr. herangezogen werden,[94] wonach Textform und die Einhaltung einer Zwei-Wochenfrist erforderlich ist.

41 **b) Die Beschlussfassung im Verwaltungsbeirat. aa) Die Sitzungsleitung.** Besteht keine andere Regelung in der Geschäftsordnung, so leitet der Vorsitzende die Sitzungen des Verwaltungsbeirats, im Falle seiner Weigerung oder Verhinderung der Stellvertreter bzw., wenn die Verwaltungsbeiratsmitglieder sich durch Beschluss darauf geeinigt haben, ein anderes Mitglied des Verwaltungsbeirats.[95]

42 **bb) Beschlussfähigkeit, Stimmrecht, Abstimmung.** Ist in der Geschäftsordnung nichts anderes bestimmt, ist der Verwaltungsbeirat (analog § 25 Abs. 3) **beschlussfähig,** wenn mehr als die Hälfte seiner Mitglieder anwesend ist.[96] Jedes Mitglied, auch der Vorsitzende, hat eine **Stimme** (Kopfprinzip). Allerdings kann für den Fall der Stimmengleichheit (bei einem Verwaltungsbeirat mit gerader Mitgliederzahl[97] oder bei Stimmenthaltungen) dem Vorsitzenden durch die Geschäftsordnung eine Zweitstimme eingeräumt werden.[98] Beschlüsse bedürfen der einfachen Mehrheit.[99] Andernfalls könnte bei der gesetzlich festgelegten Zahl von drei Mitgliedern bereits ein Mitglied verhindern, dass der Verwaltungsbeirat seinen Aufgaben nachkommt. Demnach ist ein Beschluss bei Stimmengleichheit nicht angenommen. Durch Vereinbarung oder Mehrheitsbeschluss kann eine andere Regelung vorgesehen werden. Die Beschlussfassung kann durch Zuruf, Handzeichen oder durch geheime Abstimmung erfolgen.[100]

43 Die Mitglieder des Verwaltungsbeirats können auch außerhalb einer Sitzung des Verwaltungsbeirats einzeln ihre Zustimmung erklären,[101] wenn für die Willensbildung kein besonderes Verfahren vorgesehen ist. Erfordert eine Maßnahme des Verwalters die Zustimmung des Verwaltungsbeirats, so genügt es, wenn jedes Verwaltungsbeiratsmitglied die erforderliche Willenserklärung für sich abgibt. Ein solches Verfahren entspricht der Regelung des § 23 Abs. 3.[102]

44 **cc) Die Vertretung eines Beiratsmitgliedes.** Nach §§ 664, 613 BGB darf ein Mitglied des Beirats die Ausführung seiner Aufgaben nicht einem Dritten übertragen, sondern hat sie persönlich zu erbringen. Dies schließt grundsätzlich auch die Bevollmächtigung eines anderen WEers zur Stimmabgabe im Verwaltungsbeirat aus. Durch **Vereinbarung** können die WEer einem Mitglied des Verwaltungsbeirats gestatten, die Ausführung seiner Aufgaben einem Dritten zu übertragen oder Dritte zur Stimmabgabe im Verwaltungsbeirat zu bevollmächtigen.[103] Wenn aber schon die Bestellung eines Beiratsmitgliedes mit Stimmenmehrheit beschlossen werden kann, dann muss auch die Gestattung der Bevollmächtigung eines Dritten durch ein Mitglied des Verwaltungsbeirats von den WEern mit Stimmenmehrheit beschlossen werden können.[104]

45 **dd) Die Teilnahme an Sitzungen.** Jedes Mitglied des Verwaltungsbeirats ist berechtigt, an den Sitzungen des Verwaltungsbeirats teilzunehmen. Andernfalls könnte es seine gesetzlichen Aufgaben nicht erfüllen. Wer dem Verwaltungsbeirat nicht angehört, hat kein

---

[94] *Bärmann,* WE, Rn 666; *Drasdo,* S. 71; *ders.* PiG 61, 63 (92 f.); *Armbrüster* ZWE 2001, 463 (463).

[95] *Drasdo* S. 72.

[96] *Drasdo* S. 72; aA *Armbrüster* ZWE 2001, 463 (463), der es für ausreichend hält, dass sich mehr als die Hälfte der Mitglieder an der Abstimmung beteiligen.

[97] Dies ist möglich, wenn eine Vereinbarung es erlaubt, s. o. Rn 16.

[98] *Sauren* ZMR 1984, 325; *Peters,* Verwaltungsbeiräte, S. 18.

[99] OLG Zweibrücken NJW-RR 1987, 1366 f. = WE 1987, 163 = DWE 1987, 137 = ZMR 1988, 24 f.

[100] *Peters,* Verwaltungsbeiräte, S. 17.

[101] BayObLGZ 1988, 212 (214); *Armbrüster* ZWE 2001, 463 (464).

[102] BayObLGZ 1988, 212 (214).

[103] *Bärmann,* WE, Rn 665; *Drasdo* S. 60; *Maas* S. 118.

[104] *Maas* S. 120 f.

Recht auf Teilnahme an den Sitzungen des Verwaltungsbeirats.[105] Die Teilnahme kann aber erlaubt werden. Über die Teilnahme des Verwalters und der anderen WEer an Sitzungen des Verwaltungsbeirats entscheidet der Verwaltungsbeirat.[106] Dem Verwalter kann ein solches Recht mittels Vereinbarung eingeräumt werden.

ee) Die Niederschrift. Eine Niederschrift über die Beiratssitzung ist gesetzlich nicht 46
vorgeschrieben aber sinnvoll,[107] insbesondere, wenn die Entscheidung des Beirates Außenwirkung entfaltet.[108] Die Vornahme einer Niederschrift und deren Einsichtnahme kann durch die WEer in einem Mehrheitsbeschluss geregelt werden. Wird eine Niederschrift aufgenommen, so ist sie von den anwesenden Beiratsmitgliedern oder zumindest vom Vorsitzenden analog § 24 Abs. 6 zu unterzeichnen.[109] Jedem Beiratsmitglied steht in diesem Fall ein Anspruch auf Aushändigung einer Abschrift zu.[110] Mangels entsprechender Regelung durch die WEer steht dem Verwalter kein Einsichtsrecht zu. Die WEgem hat gem. § 666 BGB iVm § 259 BGB[111] ein Recht zur Einsichtnahme. Daneben besteht eine Herausgabepflicht gem. § 667 BGB spätestens nach Beendigung der Bestellungszeit.

ff) Fehlerhafte Beschlüsse. Für Beschlüsse des Verwaltungsbeirats ist eine Anfech- 47
tungsklage nicht vorgesehen. Ein Beschluss des Verwaltungsbeirats ist weder in direkter noch analoger Anwendung des § 46 anfechtbar. Die Regelung der §§ 23 Abs. 4, 43 Nr. 4 dient der Rechtssicherheit[112] und schützt das Vertrauen der WEer sowohl in den Bestand der Entscheidung als auch in die Funktionsfähigkeit der Verwaltung, die einer gesicherten Grundlage durch bestandskräftige Beschlüsse bedarf. Demgegenüber hat der Verwaltungsbeirat nach der gesetzlichen Regelung keine Entscheidungsbefugnisse. Die Beschlüsse haben grds nur Innenwirkung. Es gibt daher kein Vertrauen in den Bestand der Beschlüsse, das geschützt werden müsste. Nur wenn dem Beirat zusätzliche Aufgaben übertragen und gewisse Entscheidungen von seiner Zustimmung abhängig gemacht werden, etwa Verfügungen des Verwalters über Gelder der WEer gem § 27 Abs. 4, haben Beschlüsse des Verwaltungsbeirats ausnahmsweise Außenwirkung. Auch hier bedarf es jedoch keines Anfechtungsverfahrens. Andernfalls müsste bei unterlassener Anfechtung von der Bestandskraft rechtlich nicht zulässiger Beschlüsse ausgegangen werden. Inhaltlich gegen zwingende Normen des Gesetzes und unverzichtbare Verfahrensvorschriften verstoßende oder der Vereinbarung bzw. einem Beschluss der WEer widersprechende Verwaltungsbeiratsbeschlüsse sind daher ohne Beschlussanfechtung nichtig.[113] Diese Nichtigkeit kann dann jederzeit in einem Verfahren nach § 43 geltend gemacht werden.

3. Sonderausschüsse, Sonderaufgaben

Bestimmte Aufgaben können durch **Vereinbarung** Sonderausschüssen übertragen 48
werden, wenn dadurch die nach § 27 Abs. 4 unentziehbaren Aufgaben des Verwalters unberührt bleiben. Die WEer können auch durch **Mehrheitsbeschluss** gem. § 21 Abs. 3 Sonderausschüsse für bestimmte Aufgaben einrichten,[114] sofern dadurch nicht den

[105] *Drasdo* S. 72.

[106] *Bärmann,* WE, Rn 666; kritisch *Maas* S. 122 f.; *Armbrüster* ZWE 2001, 463 (463).

[107] *Peters,* Verwaltungsbeiräte, S. 18; *Bärmann,* WE, Rn 666; *Maas* S. 124.

[108] So *Drasdo* S. 73.

[109] *Drasdo* S. 73; *ders.* PiG 61, 63 (94).

[110] *Gottschalg,* Haftung, S. 128.

[111] Näheres s. u. Rn 102.

[112] OLG Hamm OLGZ 1985, 147 (149); BayObLGZ 1984, 215 (217).

[113] OLG Hamm ZWE 2007, 350 f. = ZMR 2008, 63 f.; dies entspricht der hM beim Aufsichtsrat der AG und GmbH: BGH NJW 1993, 2397 (2308); Baumbach/Hueck/*Zöllner* § 52 Rn 54, 55; *Hoffmann-Becking* in Münchener Handbuch des Gesellschaftsrechts Bd. 4 § 31 Rn 98; ausführlich *Maas* S. 131 ff.; *Armbrüster* ZWE 2001, 463 (464).

[114] BGH ZWE 2010, 215 (216); OLG Frankfurt/M. OLGZ 1988, 188 (189); dazu *Bertram* DWE 1989, 6 ff.

WEern, dem Verwalter oder dem Verwaltungsbeirat gesetzliche Aufgaben entzogen werden. So können die WEer etwa einem Bauausschuss durch Mehrheitsbeschluss beratende, vorbereitende und prüfende Aufgaben in Angelegenheiten der Instandsetzung des GemE einräumen;[115] dadurch bleibt die Kompetenz der WEer unberührt, über konkrete Instandsetzungsmaßnahmen und deren Durchführung zu entscheiden (vgl. Rn 85). Sofern ein Sonderausschuss neben dem Verwaltungsbeirat bestimmte Aufgaben wahrnehmen soll, die kraft Gesetzes oder kraft Vereinbarung dem Verwaltungsbeirat zugewiesen sind, bedarf es einer Vereinbarung. So kann etwa die Prüfung von Wirtschaftsplan und Jahresabrechnung nicht durch Mehrheitsbeschluss abweichend von § 29 Abs. 3 einem „Rechnungsprüfungsausschuss" übertragen werden; der Beschluss wäre mangels Beschlusskompetenz der WEer nichtig (vgl. § 23 Rn 180). Allerdings kann der Verwaltungsbeirat einzelne seiner Mitglieder mit der Wahrnehmung bestimmter Aufgaben des Verwaltungsbeirats – etwa die Prüfung der Jahresabrechnung – betrauen. Sofern einzelne WEer als Mitglieder des Verwaltungsbeirats oder außerhalb des Verwaltungsbeirats Sonderaufgaben übernehmen sollen, bedarf es stets der Zustimmung der Betroffenen. Ist die Delegation von Aufgaben zulässig, entsteht für die delegierenden Beiratsmitglieder eine Kontrollpflicht, so dass insoweit die Gesamtverantwortung aller Mitglieder des Beirats gewahrt bleibt.[116]

V. Die Aufgaben und Befugnisse des Verwaltungsbeirats

1. Allgemeines

49 Die Aufgaben des Verwaltungsbeirats ergeben sich primär aus § 29 Abs. 2 und 3. Diese Regelungen sind durch Vereinbarung der WEer abdingbar.[117] Deshalb können dem Verwaltungsbeirat durch **Vereinbarung** zusätzliche Aufgaben übertragen werden, die in § 29 nicht vorgesehen sind.[118] Durch Vereinbarung der WEer können dem Verwaltungsbeirat auch Aufgaben, die ihm nach dem WEG obliegen, eingeschränkt oder entzogen werden. Dies bedeutet, dass eine Änderung der Zuständigkeiten der WEgem, der WEer, des Verwalters und des Verwaltungsbeirats insbesondere durch Übertragung von Kompetenzen auf den Verwaltungsbeirat grds nur durch **Vereinbarung** erfolgen kann.[119] Grenzen einer Änderung von Kompetenzen des Verwaltungsbeirats können sich insbesondere aus dem unentziehbaren Kernbereich des WEs und aus den zwingenden Mindestbefugnissen des Verwalters (§ 27 Abs. 4) ergeben. Durch **Mehrheitsbeschluss** können dem Verwaltungsbeirat weder zusätzliche Aufgaben übertragen,[120] noch ihm zustehende Aufgaben entzogen werden, da eine Änderung des § 29 nach § 10 Abs. 2 Satz 2 nur durch Vereinbarung erfolgen kann.[121] Mangels Beschlusskompetenz der WEer wäre ein entsprechender Mehrheitsbeschluss nichtig.[122] Auch Gründe der Praktikabilität können kein anderes Ergebnis rechtfertigen.[123]

---

[115] OLG Frankfurt/M. OLGZ 1988, 188 (189).

[116] *Gottschalg*, Haftung, S. 125.

[117] BayObLGZ 1972, 161 (163) = NJW 1972, 1377 = WE 1992, 206; OLG Düsseldorf OLGZ 1991, 37 (38) = NJW-RR 1991, 594 f.; *Drasdo* PiG 61, 63 (69).

[118] OLG Hamm WE 1997, 385 (386) = NJW-RR 1997, 1232; *Müller*, Praktische Fragen, Rn 541 (S. 444).

[119] OLG Düsseldorf WE 1998, 37 (38) = NJWE-RR 1998, 13; OLG Düsseldorf WE 1998, 265 (266).

[120] *F. Schmidt* PiG 61, 113 (117); aA *Sauren* ZMR 1984, 325 f.

[121] OLG Düsseldorf WE 1998, 37 (38) = NJWE-MietR 1997, 252; WE 1998, 265 (266).

[122] Vgl. § 23 Rn 145; aA: OLG Köln ZMR 1998, 374 = WE 1998, 312; NZM 2002, 1002; *Drasdo* PiG 61, 63 (69).

[123] AA OLG Düsseldorf WE 1998, 37 (38) = NJW-RR 1998, 13; WE 1998, 265 (266).

Die Mitglieder des Verwaltungsbeirats schulden die *Erfüllung* der ihnen übertragenen Aufgaben und Befugnisse. Der WEgem steht ein entsprechender Anspruch auf Erfüllung zu, aber auch jeder einzelne WEer kann nach § 21 Abs. 4 Erfüllung der einem Mitglied des Verwaltungsbeirats obliegenden Pflichten verlangen.[124] Dass Mitglieder des Verwaltungsbeirats idR jederzeit abberufen werden oder ihr Amt niederlegen können,[125] schließt entgegen der Ansicht des KG[126] nicht aus, dass die Erfüllung ihrer Aufgaben und Befugnisse gerichtlich und ggf auch mit Zwangsmitteln durchgesetzt werden kann. Ist der Erfüllungsanspruch der WEgem bereits entstanden, kann sich ein Mitglied des Verwaltungsbeirats der Erfüllung seiner Pflicht nicht dadurch entziehen, dass es sein Amt niederlegt, da dies kein Erlöschenstatbestand ist; allerdings mag es in einem solchen Falle sinnvoll sein, Ersatz des Verzugsschadens zu verlangen statt auf Erfüllung zu bestehen. Ist der Erfüllungsanspruch der WEgem noch nicht entstanden, kann sich ein Mitglied des Verwaltungsbeirats der Erfüllung künftiger Pflichten durch Amtsniederlegung entziehen.[127] **50**

2. Aufgaben und Befugnisse gem. § 29 Abs. 2

a) Allgemeines. Der Verwaltungsbeirat unterstützt gem. § 29 Abs. 2 den Verwalter bei der Durchführung seiner Aufgaben. Diese unterstützenden Funktionen bestehen nur im Innenverhältnis.[127a] Der Verwaltungsbeirat kann die WEgem weder ggü dem Verwalter noch ggü. Dritten vertreten, es sei denn, er ist hierzu auf Grund einer Vereinbarung oder auf Grund eines Beschlusses ermächtigt.[128] Sollen dem Verwaltungsbeirat Aufgaben innerhalb des gesetzlichen Rahmens übertragen werden, liegt darin lediglich eine Konkretisierung der Aufgaben aus § 29, die auch durch Beschluss möglich ist.[129] **51**

b) Beratung. Der Verwaltungsbeirat hat beratende Funktionen.[130] Nach der gesetzlichen Vorstellung besteht der Beirat aus WEern. Diese kennen auf Grund der Verbundenheit mit dem Objekt die Gegebenheiten und die Probleme der einzelnen WEer idR besser als der Verwalter.[131] Nicht-WEer werden idR wegen ihrer besonderen Sachkunde in den Verwaltungsbeirat gewählt und können aus diesem Grund den Verwalter beraten.[132] Der Verwaltungsbeirat unterstützt den Verwalter etwa bei der Vorbereitung der WEVers,[133] durch Mitarbeit am Einladungsschreiben, und vor allem bei der Aufstellung der Tagesordnung.[134] Während der WEVers kann er Stellungnahmen und Erläuterungen zu den einzelnen Tagesordnungspunkten abgeben.[135] Er berät bei der Durchführung von Beschlüssen[136] und der Überwachung der Hausordnung.[137] **52**

---

124 Vgl. § 21 Rn. 47

125 Vgl. Rn 28, 31.

126 KG WE 1997, 421 (422); wie hier auch *Gottschalg,* Haftung, S. 20 f.

127 Vgl. dazu Rn 31.

127a Vgl. BGH ZWE 2010, 215 (216).

128 OLG Hamm NJW-RR 1997, 1232 = WE 1997, 385 (386); vgl. Rn 3.

129 *Müller,* Praktische Fragen, Rn 542 (S. 444); ähnlich *Kahlen* BIGBW 1984, 88 für § 29 Abs. 2.

130 *Müller* PiG 32, 13 (34); *Kahlen* BIGBW 1984, 88; *ders.* GE 1988, 859 f.; *Maas* S. 139 ff.; *Drasdo* PiG 61, 63 (71 f.).

131 *Kahlen* GE 1988, 859 f.; ähnlich *Brych* PiG 32, 39 (48) = WE 1990, 15 (18); *Peters,* Verwaltungsbeiräte, S. 58.

132 *Kahlen* GE 1988, 859 f.

133 *Drasdo* S. 77; *Müller,* Praktische Fragen, Rn 540 (S. 443); *Bub* WE Sonderausgabe 1993, 53 (59); *Merle* WE 1992, 239 (243); *Peters* PiG 2, 49 (62 f.).

134 *Müller,* Praktische Fragen Rn 540 (S. 443); *Brych* PiG 32, 39 (49) = WE 1990, 15 (18).

135 *Peters,* Verwaltungsbeiräte, S. 51.

136 *Bärmann,* WE, Rn 664; *Peters,* Verwaltungsbeiräte, S. 56.

137 *Bärmann,* WE, Rn 664; *Bub* WE Sonderausgabe 1993, 53 (59); *Merle* WE 1992, 239 (243); *Peters* PiG 2, 49 (60).

53 Bei der Instandhaltung und -setzung des GemE kann er zur Vorbereitung und bei der Durchführung von Maßnahmen beratend tätig sein.[138] Die Mitglieder des Beirats können Mängel feststellen und die notwendigen Maßnahmen vorschlagen.[139] Sie können Angebote von Lieferanten oder Handwerkern einholen[140] und nach Vornahme der jeweiligen Maßnahme feststellen, ob sie sachgerecht durchgeführt wurde.[141]

54 Der Verwaltungsbeirat kann den Verwalter auch bei der Anlage der eingenommenen Gelder und bei der Aufstellung des Wirtschaftsplans beraten,[142] insbesondere dann, wenn auslegungsbedürftige oder widersprüchliche Vereinbarungen bzgl. der Kosten- und Lastenverteilung bestehen.[143] Allerdings fällt es nicht in die Zuständigkeit des Verwaltungsbeirats, abschließend über die Auslegung der GemO zu befinden, etwa nach welchem Schlüssel gemeinschaftliche Kosten zu verteilen sind.[144]

55 Schließlich berät der Verwaltungsbeirat den Verwalter auch in Hinblick auf die Rechtmäßigkeit seines Handelns.[145] Daneben sind weitere Beratungsaufgaben denkbar.

56 **c) Vermittlung.** Zur Unterstützung des Verwalters gehört es auch, zwischen den WEern und dem Verwalter und auch zwischen einzelnen WEern zu vermitteln.[146] Vermittlungsaufgaben kommen insbesondere bei der Ausführung von Beschlüssen und der Überwachung der Hausordnung in Betracht.[147] Außerhalb des Aufgabenbereichs des Verwalters kann der Verwaltungsbeirat zur Vermittlung zwischen WEern beauftragt werden. Gem. § 21 Abs. 3 genügt dazu ein Mehrheitsbeschluss nur, wenn es die Verwaltung des GemE betrifft. Der Verwaltungsbeirat hat die Interessen der WEer wahrzunehmen.[148] Deshalb kann er bei Streitigkeiten mit dem Verwalter eine Streitbeilegung herbeiführen oder die Abberufung des Verwalters vorantreiben.[149] Der Beirat kann Wünsche und Anregungen der WEer entgegennehmen[150] und an den Verwalter weiterleiten und Informationen seitens des Verwalters an die WEer weitergeben.

57 **d) Überwachung.** Der Verwaltungsbeirat ist nicht verpflichtet, die laufende Verwaltung durch den Verwalter zu überwachen.[151] Aus der Unterstützung des Verwalters ergibt sich aber die Möglichkeit des Verwaltungsbeirats zur Überwachung des Verwalters.[152] Denn die Unterstützung des Verwalters kann auch darin liegen, dass der Beirat in Zweifelsfragen die Rechtmäßigkeit des Verwalterhandelns beurteilt, womit faktisch eine Kontrolle des Verwalters gegeben ist.[153] So ist er etwa berechtigt, die dem Verwalter zur WEVers erteilten **Vollmachten zu Prüfzwecken** einzusehen.[154] Geht der Verwaltungsbeirat über

---

[138] *Bärmann,* WE, Rn 664; *Peters,* Verwaltungsbeiräte, S. 57; *ders.* PiG 2 49 (61).

[139] *Merle* WE 1992, 239 (243); *Seuß,* Die ETW, S. 590; *Peters,* Verwaltungsbeiräte, S. 58.

[140] *Müller,* Praktische Fragen, Rn 540 (S. 443); *Brych* PiG 32, 39 (47) = WE 1990, 15 (18).

[141] *Peters* PiG 2, 49 (62).

[142] *Merle* WE 1992, 239 (243); *Bärmann,* WE, Rn 664; *Peters,* Verwaltungsbeiräte, S. 61.

[143] *Deckert* WE 1993, 120; vgl. auch *Brych* PiG 32, 39 (49) = WE 1990, 15 (18).

[144] BayObLGZ 1988, 287 (292, 293) = WE 1989, 175 f.

[145] Vgl. *Kahlen* BlGBW 1984, 88.

[146] *Müller* PiG 32, 13 (33, 36); *Brych* PiG 32, 39 (48) = WE 1990, 15 (18); *Kahlen* GE 1988, 859 (860); *ders.* GE 1986, 26 (27); *Peters* PiG 2, 49 (61); *Maas* S. 141 f.

[147] *Peters* PiG 2, 49 (60 f.); *ders.*, Verwaltungsbeiräte, S. 56.

[148] *Müller* PiG 32, 13 (34); *Kahlen* BlGBW 1984, 88 f.

[149] *Brych* PiG 32, 39 (48) = WE 1990, 15 (18).

[150] *Merle* WE 1992, 239 (243); *Müller* PiG 32, 13 (36).

[151] BayObLG WE 1996, 234; BayObLGZ 1972, 161 (165) = NJW 1972, 1377 = Rpfleger 1972, 262; *Maas,* S. 143; *Bub* ZWE 2002, 7 (16) = PiG 61, 1 (24 f.).

[152] *Kahlen* BlBGW 1984, 88; *ders.* GE 1986, 26; *ders.* GE 1988, 859 f.; *Müller* PiG 32, 13 (36); *Bärmann,* WE, Rn 661.

[153] *Kahlen* BlGBW 1984, 88; *ders.* GE 1986, 26; *ders.* GE 1988, 859 f.; ähnlich *Bärmann,* WE, Rn 661.

[154] OLG München ZMR 2008, 657 (658) = MietRB 2008, 46 m. kritischer Anm. *Heinemann.*

gelegentlich der Unterstützung festgestellte Mängel der Verwaltung hinweg, ohne die WEVers zu informieren – zur Not im Wege der Einberufung nach § 24 Abs. 3 –, so kann sich daraus eine Schadensersatzpflicht ergeben.[155] Eine faktische Überwachung kann z. B. darin liegen, dass der Beirat den Verwalter bei der Abrechnung hinsichtlich des zu verwendenden Kostenverteilungsschlüssels berät.[156] Er kann prüfen, ob Mittel für Maßnahmen zur Instandhaltung zweckentsprechend verwendet wurden oder ob Mängel aus entsprechenden Werkverträgen innerhalb der Gewährleistungsfrist gerügt worden sind. Bei der Verwaltung eingenommener Gelder kann der Verwaltungsbeirat prüfen, ob diese getrennt vom sonstigen Vermögen des Verwalters verwaltet werden und ob der Geldverkehr ordnungsgemäß stattfindet.[157]

3. Aufgaben und Befugnisse gem. § 29 Abs. 3

a) Allgemeines. Gem. § 29 Abs. 3 sollen der Wirtschaftsplan, die Abrechnung über 58
den Wirtschaftsplan, Rechnungslegungen und Kostenanschläge, bevor die WEer darüber beschließen, vom Verwaltungsbeirat geprüft und mit dessen Stellungnahme versehen werden. Hieraus ergibt sich trotz der Formulierung „sollen“ eine Verpflichtung des Verwaltungsbeirats[158] und damit seiner Mitglieder auf Abgabe einer solchen Stellungnahme. Dementsprechend haben die WEgem und die WEer (§ 21 Abs. 4) einen Anspruch auf Abgabe einer Stellungnahme, der titulierbar und mit Zwangsmitteln durchsetzbar ist.[159] Bei nicht ordnungsgemäßer Erfüllung kann im Falle schuldhaften Handelns oder Unterlassens eine Verpflichtung zum Ersatz des daraus der WEgem und den WEern entstehenden Schadens begründet werden.[160] Im Übrigen bedeutet „sollen“, dass eine Stellungnahme des Verwaltungsbeirats nicht Gültigkeitsvoraussetzung für Genehmigungsbeschlüsse der WEer ist. Eine unterlassene oder durch einen nicht wirksam bestellten Beirat erfolgte Prüfung ein ist allein kein Grund für die Ungültigerklärung des Genehmigungsbeschlusses.[161]

Der Verwaltungsbeirat kann sich bei der ihm obliegenden Prüfung fachkundiger Hilfe 59
bedienen.[162] Die vollständige Übertragung der Aufgaben und Befugnisse des Verwaltungsbeirats auf dritte Personen ist nur durch Vereinbarung der WEer zulässig.[163]

Die Prüfung der Rechnungsführung des Verwalters setzt voraus, dass die Mitglieder 60
des Verwaltungsbeirats die Unterlagen und Belege des Verwalters einsehen und von ihm Auskünfte verlangen können. Die Mitglieder des Verwaltungsbeirats können daher vom Verwalter jederzeit Auskunft und Einsicht in die Verwaltungsunterlagen verlangen.[164] Dieses Einsichts- und Auskunftsrecht das Verwaltungsbeirats beruht nicht auf dem Verwaltervertrag gem. §§ 675, 666 BGB, der der WEgem ein Einsichts- und Auskunftsrecht gibt,[165] sondern steht ihm auf Grund des § 29 Abs. 3 zu, denn bei entsprechender Vereinbarung können auch Nicht-WEer Mitglieder des Verwaltungsbeirats sein.

---

155 *Bärmann,* WE, Rn 661.

156 Vgl. BayObLGZ 1988, 287 (292 f.) = WE 1989, 175 f.; *Deckert* WE 1993, 120.

157 Beispiele s. bei *Peters,* Verwaltungsbeiräte, S. 58 ff.

158 Vgl. BayObLG NJW-RR 1991, 1360 f. = WE 1992, 174; *Drasdo* S. 78; *ders.* PiG 61, 63 (73); aA: *Holler/Stein* WE 1986, 3; *Stein/Schröder* WE 1994, 321; ausführlich *Maas* S. 145 f.

159 *Gottschalg,* Verwalter, Rn 67; aA: KG WE 1997, 421 (422); vgl. Rn 49.

160 BayObLG NJW-RR 1991, 1360 f. = WE 1992, 174; KG WE 1997, 421 (422).

161 KG NJW-RR 2003, 1596; BayObLG ZMR 2004, 358 = NZM 2004, 261; OLG München ZWE 2009, 27 (32).

162 Vgl. *Kahlen* GE 1986, 26; *Maas* S. 149.

163 *Drasdo* S. 82; *Stein/Schröder* WE 1994, 321; (323); vgl. Rn 49 f.

164 *Bub* WE 1993, 3 (10); *Bärmann,* WE, Rn 661; *Drasdo* S. 80; *Maas* S. 144, 150.

165 Vgl. dazu § 28 Rn 94 ff.

61 **b) Der Prüfungsumfang.** Die Prüfung umfasst die rechnerische Schlüssigkeit, die sachliche Richtigkeit und ggf die Kontrolle der Kostenzuordnung und -verteilung.[166]

62 Hinsichtlich des **Wirtschaftsplans** wird insbesondere zu prüfen sein, ob die Kostenansätze genau und der Höhe nach gerechtfertigt sind, ob Erfahrungswerte vergangener Abrechnungen ausgewertet und ob der Verteilungsschlüssel beachtet worden ist.[167] Da der Wirtschaftsplan nur vorläufigen Charakter hat, wird diesbezüglich idR nur eine Plausibilitätskontrolle durchgeführt.[168]

63 Die **rechnerische Schlüssigkeitsprüfung** insbesondere der Jahresabrechnung betrifft einmal die **Kosten der laufenden Verwaltung.** Dabei wird die Differenz zwischen Einnahmen und Ausgaben mit der Differenz des Bankstandes am Jahresbeginn und Jahresende unter Berücksichtigung von Rechnungsabgrenzungen verglichen.[169] Stimmen die sich hieraus ergebenden Beträge überein, sind alle Umsätze der laufenden Bewirtschaftung des Rechnungsjahres buchhalterisch erfasst.

64 Ebenso muss die **Instandhaltungsrückstellung** geprüft werden.[170]

65 Darüber hinaus ist die **sachliche Richtigkeit** der einzelnen Abrechnungsposten zu prüfen.[171] Dies geschieht anhand der Belege zumindest stichprobenartig,[172] oder aber im Hinblick auf die „neuralgischen Punkte“[173] bzw. als Gesamtprüfung durch Nachvollziehung einer jeden Buchung.[174] Bezüglich der Einnahmen wird geprüft, ob von allen WEern die mit dem Wirtschaftsplan beschlossenen Hausgeldzahlungen geleistet wurden.[175] Bei den Ausgaben muss festgestellt werden, ob der Beleg die WEgem betrifft, ob die gezahlten Beträge den abgeschlossenen Verträgen entsprechen und ob Auflagen aus Beschlüssen der WEer beachtet worden sind, schließlich noch, ob die Ausgaben der richtigen Kostenart zugeordnet worden sind.[176]

66 Zuletzt muss geprüft werden, ob der richtige **Verteilungsschlüssel** angewandt wurde.[177] Dieser ergibt sich aus § 16 Abs. 2 oder aus einer abweichenden Vereinbarung der WEer.

67 **c) Die Stellungnahme.** Der Verwaltungsbeirat soll Wirtschaftsplan, Abrechnung, Rechnungslegungen und Kostenanschläge mit einer Stellungnahme versehen, bevor die WEVers darüber beschließt. Sie kann, soweit nicht durch Vereinbarung etwas anderes bestimmt ist, auch noch in der WEVers abgegeben werden.[178] Sie kann mündlich oder schriftlich erfolgen.[179] Liegt sie bei der Einberufung der Versammlung bereits vor, so hat der Verwalter sie den WEern spätestens mit dem Einladungsschreiben zur Kenntnis zu

---

[166] *Bub* WE Sonderausgabe 1993, 53 (58); *Jennißen,* Abrechnung, Rn 667 ff.; vgl. auch *Holler/Stein* WE 1986, 3 (4, 5); ausführlich *Drasdo* PiG 61, 63 (73 ff.).

[167] Vgl. *Peters* PiG 2, 49 (57).

[168] *Bub* WE 1993, 3 (10).

[169] Zutreffend kritisch hierzu *Jennißen,* Abrechnung, Rn. 467 ff.; s. a. *Bub* WE Sonderausgabe 1993, 53 (58); ausführlich *Drasdo* PiG 61, 63 (80 ff.).

[170] Vgl. BGH ZWE 2010, 170 (172 f.); *Bub* WE Sonderausgabe 1993, 53 (58); *Jennißen,* Abrechnung, Rn 675.

[171] *Stein/Schröder* WE 1994, 321 (323); *Holler/Stein* WE 1986, 3 (4); *Bub* WE 1993, 3 (10); *ders.* WE Sonderausgabe 1993, 53 (58); *Maas,* S. 156 f.; *Drasdo* PiG 61, 63 (86).

[172] OLG Düsseldorf WE 1998, 265 (267) = NZM 1998, 36; *Stein/Schröder* WE 1994, 321 (323); *Bub* WE Sonderausgabe 1993, 53 (58); *Holler/Stein* WE 1986, 3 (4).

[173] *Stein/Schröder* WE 1994, 321 (323); *Holler/Stein* WE 1986, 3 (4).

[174] *Stein/Schröder* WE 1994, 321 (323); *Holler/Stein* WE 1986, 3 (4).

[175] *Holler/Stein* WE 1986, 3 (4).

[176] Vgl. insoweit *Stein/Schröder* WE 1994, 321 (324); *Holler/Stein* WE 1986, 3 (4).

[177] *Bub* WE Sonderausgabe 1993, 53 (58); *Stein/Schröder* WE 1994, 321 (324); *Holler/Stein* WE 1986, 3 (6); *Drasdo* PiG 61, 63 (87).

[178] BayObLG DWE 1984, 30 (Ls); *Drasdo* PiG 61, 63 (88 ff.).

[179] *Bub* WE Sonderausgabe 1993, 53 (58); *Stein/Schröder* WE 1994, 321 (325); *Holler/Stein* WE 1986, 3 (6); *Drasdo* PiG 61, 63 (88 ff.).

bringen.[180] Der Verwaltungsbeirat hat in der Stellungnahme nicht nur das Ergebnis, sondern auch den Umfang seiner Prüfungstätigkeit anzugeben.[181] Zweckmäßig ist es, den Wirtschaftsplan und die Jahresabrechnung mit einem Prüfungsvermerk zu versehen.[182]

4. Sonstige gesetzliche Befugnisse und Pflichten

Neben den Aufgaben des § 29 weist das Gesetz dem Verwaltungsbeirat weitere Aufgaben und Pflichten zu. 68

a) Die Einberufung der WEer-Versammlung. Der Vorsitzende des Verwaltungsbeirats oder dessen Vertreter kann gem. § 24 Abs. 3 die WEVers einberufen, wenn ein Verwalter fehlt oder sich pflichtwidrig weigert, die Versammlung einzuberufen.[183] 69

Die Bestimmung des Zeitpunkts einer WEVers obliegt grds dem Verwalter, wobei ihm ein gewisser Ermessensspielraum zuzubilligen ist.[184] Einer pflichtwidrigen Weigerung steht es aber gleich, wenn der Verwalter seine Befugnis missbraucht, um das Zustandekommen der Versammlung faktisch zu verhindern, etwa durch mehrfach wiederholte Verlegung oder durch Verlegung um einen ungebührlich langen Zeitraum, etwa mehrere Monate; in der einmaligen Verlegung der WEVers liegt jedoch idR keine pflichtwidrige Weigerung des Verwalters, die Versammlung einzuberufen.[185] 70

Unter den Voraussetzungen des § 24 Abs. 3 hat der Vorsitzende des Verwaltungsbeirats zwar ein Einberufungsrecht, aber keine Einberufungspflicht.[186] Das Einberufungsrecht steht dem **Vorsitzenden** des Verwaltungsbeirats oder seinem **Vertreter** auch zu, wenn er nicht WEer ist. Einfache Mitglieder des Verwaltungsbeirats sind nicht zur Einberufung der WEVers befugt.[187] Der Vorsitzende des Verwaltungsbeirats hat auch die Möglichkeit, die Versammlung abzusagen oder zu verlegen, wenn dies ordnungsmäßiger Verwaltung entspricht.[188] 71

Aus § 24 Abs. 3 folgt auch das weniger weitgehende Recht des Vorsitzenden des Verwaltungsbeirats oder dessen Vertreters, weitere Beschlussgegenstände auf die Tagesordnung einer vom Verwalter einberufenen WEVers zu setzen, was den WEern rechtzeitig mitzuteilen ist.[189] Diese Möglichkeit ist aber auf Fälle zu beschränken, in denen der Verwalter sich weigert, einen objektiv erforderlichen Tagesordnungspunkt aufzunehmen oder das Minderheitenquorum des § 24 Abs. 2 missachtet.[190] Andernfalls würde ohne sachlichen Grund ein Unterschied zwischen dem Beiratsvorsitzenden einerseits und sonstigen WEern andererseits gemacht. 72

Wird die WEVers von einer dazu nicht berechtigten Person einberufen, so liegt trotz eines etwaigen Einverständnisses des Vorsitzenden des Verwaltungsbeirats keine ordnungsgemäße Einberufung vor.[191] 73

b) Die Unterschrift des Versammlungsprotokolls. Gem. § 24 Abs. 6 Satz 2 ist die Niederschrift der WEVers, falls ein Verwaltungsbeirat bestellt ist, auch von dessen Vorsitzendem oder seinem Vertreter zu unterschreiben.[192] Geht man davon aus, dass diese Personen mit ihrer Unterschrift die inhaltliche Richtigkeit der Niederschrift bestä- 74

[180] OLG Hamburg vom 22. 2. 1988, 2 W 84/86 zitiert bei *Bub* WE Sonderausgabe 1993, 53 (58); *Maas* S. 158 f.

[181] *Bub* WE Sonderausgabe 1993, 53 (58); *ders.,* Finanz- und Rechnungswesen, II Rn 67.

[182] *Bub,* Finanz- und Rechnungswesen, II Rn 67.

[183] Nähere Einzelheiten s. § 24 Rn 19 ff.

[184] BayObLG WE 1992, 51 f.

[185] OLG Hamm OLGZ 1981, 24 (28) = DWE 1981, 131.

[186] § 24 Rn 23; aA AG Charlottenburg ZMR 2010, 76.

[187] AG Siegburg ZMR 2007, 736 f.; aA *Maas* S. 163.

[188] OLG Hamm, OLGZ 1981, 24 (25); *Drasdo* S. 149.

[189] OLG Frankfurt ZMR 2009, 133 (134); Düsseldorf NJW-RR 1986, 96 (97).

[190] *Drasdo* S. 155; OLG Düsseldorf NJW-RR 1986, 96 (97).

[191] BayObLGZ 1992, 79 (81) = NJW-RR 1992, 910 (911) = WE 1993, 276 (277).

[192] S. § 24 Rn 109 ff.

tigen,[193] kann nur derjenige eine solche Bestätigung abgeben, der auch anwesend war. Die Unterschrift eines nicht anwesenden Beiratsvorsitzenden oder dessen Vertreters ist daher entbehrlich.[194] Fehlt die Unterschrift einer der in § 24 Abs. 6 Satz 2 genannten Personen, wird der Beweiswert der Niederschrift hinsichtlich der Richtigkeit und Vollständigkeit dadurch beeinträchtigt.[195]

75 Hinsichtlich des Nachweises der Verwaltereigenschaft gem. § 26 Abs. 3 kann die Unterschrift des Beiratsvorsitzenden nur verlangt werden, wenn Anhaltspunkte dafür bestehen, dass ein Verwaltungsbeirat auch bestellt ist.[196] Ist der Beiratsvorsitzende zugleich Versammlungsvorsitzender, so genügt es, wenn er und ein WEer die Niederschrift unterschreiben. Das Erfordernis der Unterzeichnung durch den Beiratsvorsitzenden einmal in dieser Eigenschaft und einmal als Versammlungsleiter wäre reine Förmelei.[197] Die Unterschrift eines stellvertretenden Beiratsvorsitzenden kann nur verlangt werden, wenn Anhaltspunkte vorliegen, dass ein solcher überhaupt bestellt ist und in dieser Eigenschaft an der Versammlung teilgenommen hat.[198]

76 **c) Das Zustimmungserfordernis gem. § 27 Abs. 5.** Gem. § 27 Abs. 5 Satz 2 kann die Verfügung über Gelder der WEer von der Zustimmung eines WEers oder eines Dritten abhängig gemacht werden. Diese Verfügungen können daher auch an die Zustimmung des Verwaltungsbeirats oder eines seiner Mitglieder gebunden werden.[199]

77 **d) Die Teilnahme an der WEer-Versammlung.** Dritte, die nicht WEer sind, aber auf Grund einer Vereinbarung zum Verwaltungsbeiratsmitglied bestellt worden sind (Rn 14), haben mangels Mitgliedschaft in der Gemeinschaft der WEer grds kein Recht auf Teilnahme an der WEVers.[200] Da die Teilnahme von Mitgliedern des Verwaltungsbeirats, die nicht WEer sind, zur Erfüllung ihrer Aufgaben nicht notwendig ist, kann aus ihrer unterbliebenen Ladung zur WEVers nicht die Fehlerhaftigkeit der in der Versammlung gefassten Beschlüsse hergeleitet werden.[201] Nur soweit ein Dritter als Vorsitzender des Verwaltungsbeirats nach § 24 Abs. 6 Satz 2 die Versammlungsniederschrift zu unterschreiben hat, besteht ein Anwesenheitsrecht, da die Erfüllung dieser Aufgabe nur durch Anwesenheit in der Versammlung ordnungsgemäß wahrgenommen werden kann.[202] Die WEer können jedoch generell durch Vereinbarung oder für den Einzelfall durch Beschluss die Teilnahme Dritter als Verwaltungsbeiratsmitglieder gestatten (vgl. § 24 Rn 78).

5. Weitere Aufgaben und Befugnisse kraft Rechtsgeschäfts

78 **a) Die Begründung.** Weitere Aufgaben und Befugnisse des Verwaltungsbeirats können nur durch **Vereinbarung,** nicht aber durch Mehrheitsbeschluss der WEer begründet werden;[203] den WEern fehlt insoweit die Beschlusskompetenz. Durch Mehrheitsbeschluss können dem Verwaltungsbeirat nur die Ausführung oder Konkretisierung von Entscheidungen der WEer überlassen werden, wenn diese die maßgebenden Kriterien für die Maßnahmen des Beirats vorschreiben.[204] Bestimmte Aufgaben und Befugnisse innerhalb

---

[193] *Röll,* Rpfleger 1986, 4.
[194] *Röll* Rpfleger 1986, 4.
[195] BayObLG WE 1991, 81 (82); *Maas,* S. 165.
[196] LG Oldenburg Rpfleger 1983, 436.
[197] So auch *Drasdo* S. 147.
[198] LG Lübeck Rpfleger 1991, 309.
[199] Näheres siehe § 27 Rn 85.
[200] Vgl. § 24 Rn 90; *Becker,* Teilnahme an der Versammlung, S. 237 f.
[201] BayObLG NJW-RR 1988, 270.
[202] *Becker,* Teilnahme an der Versammlung, S. 237 f.; vgl. § 24 Rn 90.
[203] Vgl. oben Rn 49; *Müller,* Praktische Fragen, Rn 541 (S. 444).
[204] Vgl. Rn 85 f.

des gesetzlichen Rahmens können durch Mehrheitsbeschluss auch einzelnen Mitgliedern des Verwaltungsbeirats oder Sonderausschüssen übertragen werden.[205]

79 Schließlich können dem Verwaltungsbeirat oder einzelnen Mitgliedern wie Dritten durch Beauftragung (uU verbunden mit einer Bevollmächtigung) weitere Aufgaben, die über den Rahmen des § 29 hinausgehen, zugewiesen werden.[206] Es ist aber stets ihre Zustimmung erforderlich, da ein Auftragsvertrag abgeschlossen werden muss.[207] Die so Beauftragten handeln dann nicht als Verwaltungsbeirat, sondern als Beauftragte und ggf als Bevollmächtigte. Die Zulässigkeit der Beauftragung und Bevollmächtigung auf Grund Mehrheitsbeschlusses hängt davon ab, ob es sich um Angelegenheiten handelt, über die die WEer durch Mehrheitsbeschluss entscheiden können.[208]

80 Die WEer können keine ihnen oder dem Verwalter nach dem Gesetz unabdingbar zustehende Kompetenz, auch nicht durch Vereinbarung, auf die Beiratsmitglieder übertragen. Schranken für jede Zuweisung weiterer Aufgaben sind die zwingenden Vorschriften des WEG, insbesondere § 27 Abs. 1 bis 3[209] und § 26 Abs. 1 Satz 5, der die Bestellung und Abberufung des Verwalters in die alleinige Kompetenz der WEer stellt. Allgemeine Grenzen enthalten die §§ 134, 138 BGB und § 242 BGB. Die Gestaltungsfreiheit endet dort, wo die Rechtsstellung der WEer zu stark ausgehöhlt wird,[210] d. h. wo der unentziehbare Kernbereich des WEs beschränkt wird.

81 **b) Einzelheiten. aa) Geschäfte der laufenden Verwaltung.** Verwaltungsmaßnahmen können dem Verwaltungsbeirat nicht übertragen werden, soweit sie gem. § 27 Abs. 4 unabdingbar dem Verwalter zustehen.[211] Der Beirat kann dem Verwalter insofern auch keine Weisungen erteilen; eine solche Befugnis kann ihm auch nicht durch Vereinbarung der WEer eingeräumt werden.

82 **bb) Überwachung der laufenden Verwaltungstätigkeit.** Nach § 29 besteht keine Pflicht des Verwaltungsbeirats zur Überwachung der laufenden Verwaltungstätigkeit des Verwalters.[212] Sie kann dem Verwaltungsbeirat aber durch Vereinbarung[213] auferlegt werden. Der Verwaltungsbeirat kann auch mit der Nachprüfung von Beschwerden einzelner WEer gegen Verwaltungsmaßnahmen beauftragt werden.

83 **cc) Zustimmungserfordernis bei Ermächtigung des Verwalters gem. § 27 Abs. 2 Nr. 3, Abs. 3 Satz 1 Nr. 7.** Die Ermächtigung des Verwalters zur Durchsetzung von Ansprüchen gem. § 27 Abs. 2 Nr. 3, Abs. 3 Satz 1 Nr. 7 kann im Einzelfall von der Zustimmung des Verwaltungsbeirats, auch aller Mitglieder des Verwaltungsbeirats, abhängig gemacht werden.[214] Diese Befugnis kann durch Vereinbarung, aber auch durch Mehrheitsbeschluss vorgesehen werden, da die Geltendmachung von Ansprüchen der WEer bzw der WEgem und die entsprechende Ermächtigung des Verwalters idR zur ordnungsmäßigen Verwaltung

---

[205] Vgl. oben Rn 48.

[206] OLG Hamm WE 1997, 385 (386) = NJW-RR 1997, 1232; OLG Düsseldorf WE 1998, 265 (266); für die Beauftragung *Schmid* BlGBW 1976, 61 f.; bzgl. der Bevollmächtigung OLG Köln DWE 1990, 109 = NJW 1991, 1302 (1303) = WE 1990, 212; *Maas* S. 170.

[207] Differenzierend *Maas* S. 170 ff.

[208] Bzgl. der Beauftragung vgl. *Schmid* BlGBW 1976, 61 f.; bzgl. der Bevollmächtigung OLG Köln NJW 1991, 1302 (1303) = WE 1990, 212 = WM 1990, 462; *Maas* S. 171 ff.

[209] OLG Hamm ZMR 2009, 310.

[210] BayObLGZ 1989, 287 (291) = DNotZ 1989, 429 mit Anm. *Weitnauer* S. 431; ähnlich *Schmid* BlGBW 1976, 61 f.; OLG Frankfurt/M. OLGZ 1988, 188 f.; *Müller* PiG 32, 13 (34).

[211] *Bärmann,* WE, Rn 662.

[212] BayObLGZ 1972, 161 (165) = NJW 1972, 1377 f. = Rpfleger 1972, 262 f.

[213] BayObLG WE 1996, 234; *Müller* PiG 32, 13 (35); *F. Schmidt* ZWE 2001, 137 (141); differenzierend *Maas* S. 181.

[214] OLG Zweibrücken DWE 1987, 137 = WE 1987, 163 = NJW-RR 1987, 1366; OLG Stuttgart OLGZ 1990, 175 (179) = WE 1990, 106 (107); BayObLGZ 1988, 212 = WE 1989, 106; *F. Schmidt* ZWE 2001, 137 (143); *Maas* S. 180, 182 ff.

gehören, was auch für ein entsprechendes Zustimmungserfordernis gilt.[215] Eine nach § 27 Abs. 4 unzulässige Beschränkung der Verwalterbefugnisse liegt nicht vor, da durch Ermächtigung dem Verwalter überhaupt erst ein zusätzliches Recht gewährt wird, das allerdings von der Zustimmung durch den Verwaltungsbeirat abhängig gemacht wird.[216] Es bestehen keine Bedenken dagegen, dass die Zustimmung aller Beiratsmitglieder verlangt wird.

84 Der Verwaltungsbeirat hat ohne entsprechende Vereinbarung keine Befugnis, den Verwalter zur Einleitung eines gerichtlichen Verfahrens zu ermächtigen.[217] Er kann eine Ermächtigung durch die WEer weder erweitern noch beschränken. Dem Verwaltungsbeirat kann jedoch durch Vereinbarung der WEer eine solche Befugnis eingeräumt werden, sofern den WEern dadurch ihre Befugnis aus § 27 Abs. 2 Nr. 3, Abs. 3 Satz 1 Nr. 7 nicht entzogen wird.

85 **dd) Instandhaltung und Instandsetzung.** Über Maßnahmen zur Instandhaltung und Instandsetzung des GemE entscheiden nach § 21 die WEer. Die hiernach von den WEern selbst zu treffende Entscheidung über Art und Umfang solcher Maßnahmen kann grds nur durch **Vereinbarung** iSd § 10 Abs. 2 Satz 2 auf ein anderes Organ, den Verwalter oder den Verwaltungsbeirat, übertragen werden.[218] Denn dadurch wird eine grundlegende Zuständigkeitsänderung zwischen den Organen vorgenommen. Eine solche Änderung der Zuständigkeit kann **nicht** mit **Stimmenmehrheit** nach § 21 Abs. 3 wirksam beschlossen werden, denn über das „Ob" und „Wie" von Instandhaltungsmaßnahmen sollen die WEer selbst entscheiden. Dieses Mitverwaltungsrecht kann der Minderheit nicht mit Stimmenmehrheit entzogen werden. Hiervon ausgehend wird in der Rspr versucht, dem praktischen Bedürfnis nach flexibleren Regelungen Rechnung zu tragen, ohne dass ein überzeugender normativer Ansatz ersichtlich wird. So soll nach Ansicht des OLG Düsseldorf[219] in engen Grenzen durch Mehrheitsbeschluss eine Kompetenzverlagerung möglich sein, wenn diese nur zu einem begrenzten und für den einzelnen WEer überschaubaren finanziellen Risiko führe und die grundsätzliche Verantwortlichkeit für den Beschluss solcher Maßnahmen bei der WEVers belasse.[220] Das KG[221] sieht in der Übertragung der Auswahl des zu beauftragenden Unternehmens und des Farbanstrichs auf den Verwaltungsbeirat keine Übertragung einer Beschlusskompetenz, sondern eine Konkretisierung der dem Beirat nach § 29 Abs. 2 obliegenden Aufgaben und Befugnisse lediglich in einem Einzelfall. Aber: Auswahl des Unternehmens und des Farbanstrichs betreffen das „Wie" der Instandsetzung und erfordern Entscheidungen, für welche eine Beschlusskompetenz der WEer besteht, die gerade nicht mit Stimmenmehrheit auf den Beirat übertragen werden kann; zudem ist nicht ersichtlich, inwiefern eine solche Übertragung der den WEern zustehenden Beschlusskompetenz auf den Beirat als Unterstützung des *Verwalters* iSd § 29 Abs. 2 angesehen werden kann.

86 Da eine Kompetenzübertragung auf den Verwaltungsbeirat mit Stimmenmehrheit nicht möglich ist, müssen die WEer ihre Beschlusskompetenz selbst ausüben. Tun sie dies und schreiben sie die maßgeblichen Kriterien für eine Entscheidung des Beirats und/oder des Verwalters vor, so dass diese nur eine **gebundene, nicht freie Entscheidung** treffen können, kann diesen mit Stimmenmehrheit gemäß § 21 Abs. 3 die Ausführung oder

---

[215] Vgl. OLG Zweibrücken DWE 1987, 137 = WE 1987, 163 = NJW-RR 1987, 1366, das eine entsprechende Regelung im Verwaltervertrag als ausreichend ansieht.

[216] OLG Zweibrücken DWE 1987, 137 f. = WE 1987, 163 = NJW-RR 1987, 1366; OLG Stuttgart OLGZ 1990, 175 (179) = WE 1990, 106 (107).

[217] BayObLG Rpfleger 1980, 23.

[218] OLG Düsseldorf WE 1998, 37 (38); OLG München NZM 2009, 548 (549); KG ZMR 2004, 622 (623); BayObLG ZMR 2005, 639 (640); AG Regensburg ZMR 2009, 412 (413); siehe auch § 27 Rn 39.

[219] OLG Düsseldorf ZWE 2001, 219 (221); WE 1998, 37 (38); wohl auch OLG München NZM 2009, 548 (549 f.); auch AG Recklinghausen NZM 2009, 521 f.

[220] Kritisch hierzu *Sauren* WE 1998, 38 f.

[221] KG ZMR 2004, 622 (623).

Konkretisierung einer solchen **Entscheidung der WEer** überlassen werden, sofern nicht § 27 Abs. 4 entgegen steht.[222] Daher kann der Verwalter mit Stimmenmehrheit ermächtigt werden, über den Zeitpunkt der Durchführung oder Vergabe einer beschlossenen Instandsetzung in Absprache mit dem Beirat zu entscheiden, wenn im Beschluss die hierfür maßgebenden Kriterien festgelegt sind.[223] Durch Vereinbarung oder vorschreibenden Beschluss kann der Beirat auch ermächtigt werden, dem Verwalter **Weisungen** für Instandsetzungsmaßnahmen zu erteilen.[224] Auch die Auftrags**vergabe,** nicht die freie Entscheidung hierüber, kann nach § 27 Abs. 3 Satz 3 dem Verwaltungsbeirat[225] oder einem Bauausschuss[226] mit Stimmenmehrheit überlassen werden, ohne dass § 27 Abs. 4 entgegensteht.[227]

ee) Aufstellung einer Hausordnung. Dem Verwaltungsbeirat kann der Entwurf einer 87
Hausordnung oder deren Aufstellung übertragen werden.[228] Wegen des unentziehbaren Kernbereichs des WE behält die WEgem gleichwohl das Recht, ihrerseits eine Hausordnung aufzustellen[229] oder die vom Verwaltungsbeirat erlassene Hausordnung zu ändern.[230]

ff) Vertretung des Verwalters, der WEgem und der WEer. Der Verwaltungsbeirat 88
hat keine Vertretungsbefugnisse.[231] Denkbar ist eine Vereinbarung, wonach ein Mitglied des Verwaltungsbeirats den **Verwalter** vertritt, wenn dieser vorübergehend verhindert ist.[232] Dies entspräche dem Rechtsgedanken, der in § 24 Abs. 3 zum Ausdruck kommt,[233] und auch der Unterstützungsaufgabe des Verwaltungsbeirats. Die Vertretungsregelung darf aber nicht zu einer Beschränkung der unabdingbaren Verwalterbefugnisse führen.[234]

Die **WEgem** kann sich gem § 27 Abs. 3 Satz 3 durch Ermächtigte vertreten lassen. Die 89
WEer können dazu durch Mehrheitsbeschluss die Mitglieder des Verwaltungsbeirats ermächtigen.[235] Die Vertretungsmacht endet idR mit dem Abschluss der übertragenen Sonderaufgabe.[236] Die WEer können den Verwaltungsbeirat durch Vereinbarung auch zur gerichtlichen und außergerichtlichen Geltendmachung von Ansprüchen ermächtigen.[237]

Die **WEer** können den Verwaltungsbeirat zu ihrer Vertretung, etwa im Anfechtungsprozess, bevollmächtigen. Auch eine generelle Bevollmächtigung des Beirats ist möglich, sofern dadurch nicht in die unabdingbaren Befugnisse des Verwalters eingegriffen wird.[238]

gg) Abrechnung mit dem Bauträger. Die Abrechnung mit dem Bauträger gehört 90
nach § 29 nicht zu den gesetzlichen Aufgaben des Verwaltungsbeirats.[239] Die Mitglieder des Verwaltungsbeirats können aber zur Überprüfung (§ 29 Abs. 3) der Abrechnung beauf-

---

[222] Zustimmend AG Regensburg ZMR 2009, 412 (413).
[223] So zutreffend BayObLG ZMR 2005, 639 (640); LG München I ZMR 2008, 488 (489).
[224] Vgl. *Gottschalg* ZWE 2001, 50 (54).
[225] LG München I ZMR 2008, 488 (489).
[226] OLG Frankfurt/M. OLGZ 1988, 188 f.; dazu *Bertram* DWE 1989, 6; *F. Schmidt* ZWE 2001, 137 (142).
[227] Vgl. § 27 Rn 281; aA OLG Frankfurt/M. OLGZ 1988, 188 f.
[228] *Bärmann,* WE, Rn 664.
[229] KG WE 1992, 110; OLG Stuttgart NJW-RR 1987, 976; *F. Schmidt* ZWE 2001, 137 (144).
[230] Vgl. *Lüke* PiG 48, 41 (53); *F. Schmidt* ZWE 2001, 137 (144).
[231] OLG Düsseldorf, ZMR 2006, 942 = MietRB 2007, 44; *Merle* WE 1992, 239 (243); *Bub* WE Sonderausgabe 1993, 53 (57).
[232] *F. Schmidt* ZWE 2001, 137 (143).
[233] *Bärmann,* WE, Rn 664; vgl. auch OLG Zweibrücken OLGZ 1983, 438 f., das eine über § 24 Abs. 3 hinausgehende Vertretung des Verwalters nur als Notvertretung zulassen will; *Maas* S. 177.
[234] *Maas* S. 177 f.
[235] Vgl. § 27 Rn 269; OLG Köln DWE 1990, 109 = NJW 1991, 1302 (1303) = WE 1990, 212; *Maas,* S. 178 ff.
[236] Vgl. OLG Frankfurt/M. OLGZ 1988, 188 f.
[237] Vgl. OLG Frankfurt/M. NJW 1975, 2297 (2298).
[238] OLG Hamm ZMR 2009, 310.
[239] BGH WM 1970, 789 f.

tragt werden. Denkbar ist auch eine Bevollmächtigung zur Anerkennung der Abrechnung.[240]

91 **hh) Abnahme des GemE.** Die Mitglieder des Verwaltungsbeirats können zur Abnahme des GemE beauftragt und bevollmächtigt werden.[241] Der Auftrag bedarf der Annahme durch die Verwaltungsbeiratsmitglieder.[242] Liegt die Abnahme im Rahmen der ordnungsmäßigen Verwaltung, kann über den Auftrag sowie über die Vollmacht mehrheitlich beschlossen werden.[243] Die Ermächtigung kann auch in den einzelnen Kaufverträgen erteilt werden.[244]

92 **ii) Geltendmachung von Gewährleistungsansprüchen.** Die Befugnis zur Geltendmachung von Gewährleistungsansprüchen kann dem Verwaltungsbeirat durch Vereinbarung eingeräumt werden. Möglich ist auch eine Ermächtigung auf Grund Beschlusses nach § 27 Abs. 3 Satz 3.[245] § 27 Abs. 4 steht der Ermächtigung nicht entgegen.[246] Wurde der Verwalters zur gerichtlichen Geltendmachung von Ansprüchen generell ermächtigt, steht dies der Ermächtigung der Verwaltungsbeiratsmitglieder nicht entgegen. Der damit verbundene Auftrag bedarf der Annahme durch die Beiratsmitglieder.[247] Die Befugnis zur Geltendmachung von Gewährleistungsansprüchen ergibt sich nicht bereits aus der Ermächtigung zur Abnahme des GemE.[248] Im Einzelfall kann sich aber durch Auslegung ergeben, dass darin auch eine Ermächtigung zur gerichtlichen Geltendmachung dieser Ansprüche liegt.[249]

93 **jj) Bestellung des Verwalters.** Bestellung und Abberufung des Verwalters können wegen § 26 Abs. 1 Satz 5 weder durch Beschluss noch durch Vereinbarung auf den Verwaltungsbeirat übertragen werden.[250] Solche Vereinbarungen[251] oder Beschlüsse[252] sind nichtig. Der Verwaltungsbeirat kann aber beauftragt werden, einen geeigneten Verwalter zu suchen und den WEern vorzuschlagen[253] bzw. eine Vorauswahl unter mehreren Bewerbern zu treffen.[254] In beiden Fällen wird das Recht der WEer, über die Bestellung des Verwalters zu beschließen, nicht entgegen § 26 Abs. 1 Satz 5 beschränkt.

94 Auch **Aushandeln** und **Abschluss des Verwaltervertrages** gehören nicht zu den Aufgaben des Verwaltungsbeirats, sondern sind, wie die Bestellung, Aufgaben der WEer. Allerdings kann diese Kompetenzverteilung durch Vereinbarung geändert und dem Verwaltungsbeirat die Befugnis zum Aushandeln und Abschluss des Verwaltervertrages übertra-

---

240 Ausführlich *Maas* S. 195 f.

241 OLG Frankfurt/M. NJW 1975, 2297 f.; dazu *Müller,* Praktische Fragen, Rn 542 (S. 445); *Brych* PiG 32, 39 (47) = WE 1990, 15 (18); *Kahlen* BlGBW 1984, 88; *Maas* S. 195 ff.; ausführlich *F. Schmidt* ZWE 2001, 137 (142).

242 *Brych* PiG 32, 39 (47) = WE 1990, 15 (18).

243 AA *Kahlen* BlGBW 1984, 88, der eine Vereinbarung verlangt.

244 OLG Frankfurt/M. NJW 1975, 2297 f.; BayObLG NJW-RR 2000, 13 (15); *Müller,* Praktische Fragen, Rn 542 (S. 445).

245 BGH ZMR 2004; 682; *F. Schmidt* ZWE 2001, 137 (143).

246 Vgl. § 27 Rn 279.

247 *Brych* PiG 32, 39 (47) = WE 1990, 15 (18); *F. Schmidt* ZWE 2001, 137 (143).

248 Wie hier *Müller,* Praktische Fragen, Rn 542 (S. 445); OLG Frankfurt/M. NJW 1975, 2297 f.; *Maas* S. 188 mit Begründung.

249 OLG Frankfurt/M. NJW 1975, 2297 f.

250 LG Lübeck Rpfleger 1985, 232 f. = DWE 1986, 64; LG Lübeck DWE 1985, 128; *Merle,* Verwalter, S. 64; mit zum Teil anderer Begründung AG Niebüll DWE 1988, 31; *Schwab,* Kompetenzen, S. 134 f.; *Drasdo* S. 97; Staudinger/*Bub* § 29 Rn 122; *Gottschalg* ZWE 2000, 50 (54); *Maas* S. 198.

251 LG Lübeck DWE 1985, 128.

252 LG Lübeck Rpfleger 1985, 232 f. = DWE 1986, 64.

253 *Brych* PiG 32, 39 (48); *Peters,* Verwaltungsbeiräte, S. 64; *ders.* PiG 2, 49 (59); *Bärmann,* WE, Rn 664.

254 OLG Düsseldorf ZWE 2002, 185 (186) = NJW-RR 2002, 661 m. Anm. *Maroldt* ZWE 2002, 172 (173).

gen werden.[255] Durch Beschluss kann dies nicht erfolgen,[256] da den WEern insoweit die Beschlusskompetenz fehlt.

Der Verwaltungsbeirat kann, nachdem die WEer über Bestellung des Verwalters, maßgeblichen Inhalt und Abschluss des Verwaltervertrages beschlossen haben, im konkreten Fall auf Grund Mehrheitsbeschlusses beauftragt und ermächtigt werden, den **Vertrag** mit dem **Verwalter abzuschließen.**[257] Schließt der Verwaltungsbeirat einen Verwaltervertrag ab, der inhaltlich von der Ermächtigung der WEer abweicht, so sind die Abweichungen nicht vom Beschluss der WEer gedeckt, so dass insoweit keine Vertretungsmacht des Verwaltungsbeirats besteht.[258] Die Abweichung wird dann nicht Inhalt des Verwaltervertrags, es sei denn, die WEer genehmigen den Vertrag insoweit (§ 177 BGB). Die Wirksamkeit des Vertrags insgesamt bestimmt sich nach § 139 BGB. Entsprechendes gilt, wenn der Beschluss der WEer eine im Verwaltervertrag getroffene wesentliche Regelung nicht enthält; zu unwesentlichen Vereinbarungen kann der Verwaltungsbeirat als ermächtigt angesehen werden. 95

kk) Abberufung des Verwalters. Über die Abberufung des Verwalters und daher auch über die Kündigung des Verwaltervertrages entscheiden gem. § 26 Abs. 1 die WEer durch Mehrheitsbeschluss.[259] Wegen § 26 Abs. 1 Satz 5 sind Beschränkungen der Abberufung, die über eine Beschränkung auf das Vorliegen eines wichtigen Grundes hinausgehen, nicht zulässig. Die Entscheidung über die Abberufung kann daher nicht, auch nicht durch Vereinbarung, auf den Verwaltungsbeirat übertragen werden.[260] 96

Haben die WEer über die Abberufung bzw. die Kündigung beschlossen, so kann der Beirat beauftragt und ermächtigt werden, die Abberufungs- bzw. Kündigungserklärung ggü dem Verwalter abzugeben und den Vertrag abzuwickeln.[261] Mangels Abberufungsbeschlusses ist eine Kündigung durch den Verwaltungsbeirat wirkungslos, auch wenn dieser im Einverständnis mit der Mehrheit der WEer handelt.[262] Bei einer Kündigung aus wichtigem Grund kommt es hinsichtlich der Kündigungsgründe nicht auf die Kenntnis des Verwaltungsbeirats, sondern nur auf die Kenntnis der WEer an.[263] 97

Der Verwaltungsbeirat kann aber auf die Abberufung des Verwalters hinwirken. Dem steht § 29 nicht entgegen, denn aus § 29 Abs. 2 kann nicht abgleitet werden, der Verwaltungsbeirat dürfe eine von ihm angenommene Misswirtschaft des Verwalters weder rügen noch um Abhilfemaßnahmen bemüht sein.[264] 98

ll) Wirtschaftsplan, Jahresabrechnung und Entlastung des Verwalters. Die **Erstellung** von Wirtschaftsplan und Jahresabrechnung kann durch **Vereinbarung** dem Ver- 99

---

[255] *F. Schmidt* ZWE 2001, 137 (139); zur Reichweite der übertragenen Kompetenz vgl. *Bielefeld* DWE 2001, 129 (131 ff.).

[256] OLG Düsseldorf WE 1998, 265 (266) = NZM 1998, 36; *Bärmann,* WE, Rn 664; *F. Schmidt* ZWE 2001, 137 (140); aA OLG Köln, NJW 1991, 1302 (1303) = WE 1990, 212.

[257] OLG Düsseldorf ZMR, 2006, 870; OLG Hamburg ZMR 2003, 864; OLG Düsseldorf WE 1998, 265 (266); OLG Köln NJW 1991, 1302 (1303) = WE 1990, 212 = WuM 1990, 462; ausführlich *F. Schmidt* ZWE 2001, 137 (140); *Gottschalg* ZWE 2000, 50 (53 f.); *Maas* S. 199; aA *Bub* ZWE 2002, 7 (17) = PiG 61, 1 (27).

[258] Vgl. OLG Düsseldorf ZMR 2001, 301; OLG Hamburg OLGReport Hamburg 2004, 81, 142; AG Lahr WE 1992, 320.

[259] Vgl. BayObLG NJW 1965, 821; OLG Frankfurt/M. NJW1975, 545; AG Niebüll DWE 1988, 31.

[260] *Merle,* Verwalter, S. 98; *Müller,* Praktische Fragen, Rn 542 (S. 445 f.); mit teilweise anderer Begründung *Schmid* BlGBW 1976, 61 f.; *Weimar* ZMR 1981, 97; *Maas* S. 204 f.

[261] *Merle,* Verwalter, S. 98; *Müller,* Praktische Fragen, Rn 542 (S. 445 f.); *Bärmann,* WE, Rn 662; *Drasdo,* S. 97; *F. Schmidt* ZWE 2001, 137 (140).

[262] BayObLG NJW 1965, 821; vgl. auch AG Niebüll DWE 1988, 31.

[263] OLG Frankfurt/M. NJW 1975, 545.

[264] OLG Köln OLGZ 1980, 4 (8); *Brych* PiG 32, 39 (48) = WE 1990, 15 (18); *Bärmann,* WE, Rn 661.

waltungsbeirat übertragen werden. Entsprechendes gilt für die Übertragung der **Genehmigung** von Wirtschaftsplan und Jahresabrechnung.[265] Letzteres wird vereinzelt als nicht zulässig angesehen, da es sich um essentielle Rechte der WEer handele.[266] Dem ist entgegenzuhalten, dass § 28 insgesamt abdingbar ist.[267] Es kann daher ganz auf die Erstellung eines Wirtschaftsplans verzichtet werden, auch wenn solche Vereinbarungen uU nicht empfehlenswert sind.[268] Wenn aber auf eine Abrechnung ganz verzichtet werden kann, dann muss auch die Möglichkeit bestehen, sie durch den Verwaltungsbeirat genehmigen zu lassen. Grds. ist daher eine Übertragung der Genehmigung des Wirtschaftsplans und der Abrechnung durch Vereinbarung auf den Veraltungsbeirat möglich.[269]

100 Durch **Mehrheitsbeschluss** kann die **Erstellung von Wirtschaftsplan und Jahresabrechnung** weder generell noch für ein bestimmtes Jahr auf den Verwaltungsbeirat übertragen werden.[270] Wegen seines Vereinbarungsinhalts wäre ein solcher Beschluss nichtig,[271] da den WEern keine Kompetenz zusteht, die Erstellung von Wirtschaftsplan und Jahresabrechnung durch Beschluss auf den Verwaltungsbeirat zu übertragen. Auch die Übertragung der **Genehmigung von Wirtschaftsplan und Jahresabrechnung** auf den Verwaltungsbeirat kann nicht durch **Mehrheitsbeschluss** erfolgen. Zwar haben die WEer die Kompetenz zur **Genehmigung** von Wirtschaftsplan und Abrechnung durch Beschluss, nicht aber zur **Übertragung** der Genehmigungskompetenz, so dass ein solcher Beschluss ebenfalls nichtig wäre.[272] Dagegen ist ein Beschluss, der die Jahresabrechnung unter der Bedingung genehmigt, dass die Abrechnung auch die Billigung des Verwaltungsbeirats findet, wirksam.[273]

101 Ob die **Entlastung** des Verwalters durch **Vereinbarung** auf den Verwaltungsbeirat übertragen werden kann, ist in der Rspr. nicht entschieden worden. Das BayObLG[274] hat diese Frage offengelassen, in der Literatur wird sie überwiegend bejaht.[275] Wegen des dispositiven Charakters von § 29 ist grds davon auszugehen, dass auch die Entlastung des Verwalters durch **Vereinbarung** der WEer, aber nicht durch **Mehrheitsbeschluss** auf den Verwaltungsbeirat übertragen werden kann; mangels Beschlusskompetenz der WEer wäre ein solcher Beschluss nichtig.[276] Eine solche **Vereinbarung** dürfte auch nicht wegen Eingriffs in den Kernbereich des WEs nichtig sein.[277] Höchst zweifelhaft ist schon, ob der Kernbereich des WEs privatautonomer Gestaltung entzogen ist. Abgesehen davon können zwar wegen des in einem Entlastungsbeschluss des Verwaltungsbeirats liegenden Verzichts auf evtl. Schadensersatzansprüche[278] Rechtspositionen der WEgem beeinträchtigt werden, aber dies ist nur Folge der privatautonom getroffenen Vereinbarung der WEer, d. h. von jedem einzelnen WEer gewollt; gegen den Willen eines WEers könnte eine solche Rechtsfolge allerdings nicht herbeigeführt werden.

---

[265] OLG Hamm ZMR 2008, 63; BayObLG NJW-RR 1988, 1168 = WuM 1988, 332; Staudinger/*Bub* § 29 Rn 117; *Maas* S. 205 ff., 209.

[266] AG Niebüll DWE 1988, 31; *Drasdo* S. 93; *F. Schmidt* ZWE 2001, 137 (141).

[267] Vgl. § 28 Rn 5.

[268] *Maas*, S. 207 ff.

[269] OLG Hamburg ZMR 2003, 773; *Gottschalg* ZWE 2000, 50 (54).

[270] BayObLG NJW-RR 1988, 1168 = WuM 1988, 332; Staudinger/*Bub* § 29 Rn 117; *Gottschalg* ZWE 2000, 50 (54).

[271] Vgl. § 23 Rn 180; aA noch OLG Köln WE 1998, 312 (313).

[272] *Maas* S. 206, 210 bejahend für Jahresabrechnung, hinsichtlich Wirtschaftsplan sei der Beschluss dagegen nur anfechtbar.

[273] BayObLG WE 1989, 55.

[274] NJW-RR 1988, 1168 = WuM 1988, 332.

[275] Vgl. Staudinger/*Bub* § 29 Rn 117; *F. Schmidt* ZWE 2001, 137 (141); *Maas* S. 210.

[276] Vgl. § 23 Rn 165 ff.

[277] AA *Gottschalg* ZWE 2000, 50 (55); *ders.*, Haftung, S. 19 f.; *Drasdo* S. 92.

[278] Vgl. Rn 111.

VI. Die Kontrolle des Verwaltungsbeirats durch die WEer

1. Die Auskunftspflicht des Verwaltungsbeirats

Der Verwaltungsbeirat, d. h. jedes seiner Mitglieder, ist gem. § 666 BGB (evtl. iVm 102
§ 675 BGB) der **WEgem** als der Auftraggeberin verpflichtet, Auskunft über seine Tätigkeit zu geben.[279] Diesen Auskunftsanspruch, der der WEgem zusteht, kann der Verwalter (§ 27 Abs. 3 Satz 1 Nr. 3) oder ein einzelner WEer (§ 27 Abs. 3 Satz 3) nur dann gerichtlich geltend machen, wenn er hierzu auf Grund eines Beschlusses der WEer ermächtigt ist.[280] Neben dem Auskunftsanspruch der WEgem kann auch ein **individueller Anspruch** des einzelnen WEers auf Auskunft nach den Grundsätzen von Treu und Glauben (§ 242 BGB) bestehen. Voraussetzung hierfür ist, dass im Einzelfall ein besonderes berechtigtes und akutes Bedürfnis dafür besteht.[281] Auch ein solcher individueller Auskunftsanspruch muss zunächst in einer Versammlung der WEer behandelt werden, bevor er gerichtlich geltend gemacht werden kann.[282]

2. Der Anspruch auf Einsichtnahme und Herausgabe der Akten

Die WEgem hat gem. § 666 BGB iVm § 259 BGB wegen der Rechenschaftspflicht des 103
Beauftragten grds ein Recht zur Einsichtnahme in die Unterlagen und Belege des Verwaltungsbeirats.[283] Das Recht steht dem Auftraggeber zu, d. h. der WEgem,[284] die es nach Ermächtigung durch den Verwalter (§ 27 Abs. 3 Satz 1 Nr. 3) oder durch WEer (§ 27 Abs. 3 Satz 3) geltend macht. Es kann nicht verlangt werden, dass die Beiratsmitglieder sämtliche Unterlagen zu jeder WEVers mitbringen. Daher ist das Einsichtsrecht am Wohn- oder Geschäftssitz des Beiratsmitgliedes zu gewähren, das die betreffenden Unterlagen aufbewahrt. Grenzen des Einsichtsrechts sind das Schikaneverbot § 226 BGB und § 242 BGB.[285] Neben dem Einsichtsrecht der WEgem kann auch ein **individuelle Einsichtsrecht** des einzelnen WEers nach den Grundsätzen von Treu und Glauben (§ 242 BGB) bestehen. Voraussetzung hierfür ist, dass im Einzelfall ein besonderes berechtigtes und akutes Bedürfnis dafür besteht.[286] Auch dieses individuelle Recht muss zunächst in einer WEVers behandelt werden, bevor er gerichtlich geltend gemacht werden kann.[287]

Spätestens mit Beendigung seiner Tätigkeit hat der Verwaltungsbeirat Unterlagen, die 104
seine Tätigkeit betreffen, gem. § 667 BGB an die WEgem herauszugeben.[288] Die Herausgabe kann aber auch schon vorher verlangt werden.[289] Auch soweit der Verwaltungsbeirat

[279] Zur Begründung, insbesondere zum Inhalt der Auskunftspflicht, vgl. *Drasdo* PiG 61, 63 (103 f., 106 ff.).

[280] BayObLG WE 1995, 191 (192); BayObLGZ 1972, 161 (166) = NJW 1972, 1377 (1378) = Rpfleger 1972, 262 (263); *Drasdo* S. 105 f.

[281] BayObLG WE 1995, 191 (192); BayObLGZ 1972, 161 (166); *Bub* ZWE 2002, 7 (14) = PiG 61, 1 (19 f.).

[282] BayObLG WE 1995, 191 (192); WuM 1988, 191; 1990, 369; vgl. auch *Demharter* WuM 1990, 97.

[283] Vgl. auch *Maas* S. 219 f.

[284] OLG Hamm NJW-RR 1997, 1232 = WE 1997, 385.

[285] Vgl. zur Rechtslage bei der Einsichtnahme in die Unterlagen des Verwalters § 28 Rn 94 ff.; OLG Hamm OLGZ 1988, 37 (42) = NJW-RR 1988, 597 f.

[286] BayObLG WE 1995, 191 (192); BayObLGZ 1972, 161 (166); *Bub* ZWE 2002, 7 (14) = PiG 61, 1 (19 f.).

[287] BayObLG WE 1995, 191 (192); WuM 1988, 191; 1990, 369; vgl. auch *Demharter* WuM 1990, 97.

[288] OLG Hamm WE 1997, 385 (386) = NJW-RR 1997, 1232; *Maas* S. 220; *Drasdo* PiG 61, 63 (110 f.); vgl. zur gleichen Rechtslage beim Verwalter BayObLG WE 1993, 288.

[289] Palandt/*Sprau* § 667 Rn 8; *Maas* S. 221.

als Geschäftsführer ohne Auftrag Verhandlungen mit Dritten geführt und dabei Urkunden erlangt hat, ist er gem. §§ 681, 667 BGB zur Herausgabe verpflichtet; auf das Eigentum an den Unterlagen kommt es nicht an.[290]

VII. Verantwortlichkeit und Haftung

1. Die Haftung der WEgem für den Verwaltungsbeirat

105 Die WEgem hat das Verschulden von Beiratsmitgliedern bei rechtsgeschäftlichem Handeln nach **§ 278 BGB** zu vertreten, wenn sie sich dieser zur Erfüllung ihrer Verbindlichkeiten ggü Dritten, nicht ggü WEern,[291] bedient, etwa vorvertraglich bei Abschluss eines Vertrages oder bei dessen Abwicklung. Schuldhaftes Verhalten eines Beiratsmitgliedes hat die WEgem ohne Entlastungsmöglichkeit nach § 278 BGB zu vertreten.

106 Für **unerlaubte Handlungen** eines Mitglieds des Verwaltungsbeirats kommt eine Haftung der WEgem gem. §§ 823, 831 BGB in Betracht.[292] Teilweise wird § 831 BGB für nicht anwendbar gehalten, da ein Mitglied des Verwaltungsbeirats mangels Weisungsgebundenheit kein Verrichtungsgehilfe sei.[293] Zwar habe die WEgem das Weisungsrecht ggü dem Verwaltungsbeirat, jedoch werde die WEVers zumeist nur einmal im Jahr einberufen; damit könne sie die Tätigkeit des Beirats nicht jederzeit soweit beschränken, entziehen oder nach Zeit und Umfang bestimmen, dass sie noch als Geschäftsherr angesehen werden könnte.[294] Für die im Rahmen der Gehilfeneigenschaft erforderliche Eingliederung des Gehilfen in die Herrschafts- und Organisationssphäre des Geschäftsherrn und die damit verbundene Weisungsabhängigkeit genügt es jedoch, dass der Geschäftsführer die Tätigkeit des Handelnden jederzeit beschränken oder durch Widerruf der Bestellung beenden oder die Modalitäten des Tätigwerdens nach Zeit und Umfang bestimmen kann.[295] Dem steht auch eine gewisse Selbstständigkeit bei Ausführung der Tätigkeit nicht entgegen.[296] Die Verwaltungsbeiratsmitglieder sind den Weisungen der WEgem unterworfen (§ 665 BGB).[297] Sie können im Regelfall auch jederzeit abberufen werden,[298] so dass sich daher eine Haftung aus § 831 BGB ergeben kann.[299] Zum Umfang der Haftung gelten die Ausführungen zur Haftung der WEgem für den Verwalter entsprechend.[300]

2. Die Haftung der Beiratsmitglieder

107 Der Verwaltungsbeirat hat keine eigene Rechtspersönlichkeit, weshalb nur das einzelne Mitglied aus dem Bestellungsrechtsverhältnis (Rn 18) und dem Beiratsvertrag (Rn 24) haften kann, möglicherweise neben den anderen Mitgliedern als Gesamtschuldner[301] gem. §§ 421 ff. BGB. Nicht haftet der Beirat als Organ der WEgem.

---

[290] OLG Hamm WE 1997, 385 (386) = NJW-RR 1997, 1232.

[291] OLG Düsseldorf NZM 1999, 573.

[292] *Bärmann,* WE, Rn 667; *Müller,* Praktische Fragen, Rn 548 (S. 448 f.); *Gottschalg,* Haftung, Rn 504 ff.; *ders.* ZWE 2001, 360 (361); *Bub* ZWE 2002, 7 (18) = PiG 61, 1 (32); *Drasdo* ZWE 2001, 522 (524 f.).

[293] *Weimar* ZMR 1981, 97 f.; *Sauren* ZMR 1984, 325 f.; einschränkend *Schmid* BlGBW 1976, 61 f. für den Fall, dass der Beirat nur die gesetzlichen Aufgaben zu erfüllen hat, bei Übertragung weiterer Aufgaben sei die für § 831 BGB erforderliche Abhängigkeit denkbar.

[294] *Sauren* ZMR 1984, 325 f.

[295] BGHZ 45, 311 (313).

[296] BGH NJW 1956, 1715; Staudinger/*Schäfer* § 831 Rn 81.

[297] Vgl. auch *Bub* ZWE 2002, 7 (13) = PiG 61, 1 (19).

[298] S. o. Rn 29.

[299] *Drasdo,* S. 132; *ders.* ZWE 2001, 522 (525); *Gottschalg,* Haftung, Rn 509.

[300] Vgl. § 27 Rn 324 ff.

[301] OLG Düsseldorf WE 1998, 265 (266); *Gottschalg,* Haftung, Rn 407; vgl. auch *Kahlen* GE 1988, 859 f.

a) Die Haftung ggü. der WEgem. Ein Mitglied des Verwaltungsbeirats haftet bei eigenen schuldhaften Pflichtverletzungen der WEgem auf Schadensersatz.[302] Ansprüche können sich aus den gesetzlich geregelten Leistungsstörungen ergeben (§§ 280 ff. BGB). Ferner kommt eine Haftung der Beiratsmitglieder aus unerlaubter Handlung gem. §§ 823 ff. BGB in Betracht.[303] Eine Haftung nach gesellschaftsrechtlichen Grundsätzen, insbesondere eine analoge Anwendung der aktienrechtlichen Grundsätze (§§ 93, 116, 117 AktG) kommt mangels Vergleichbarkeit nicht in Betracht;[304] ebenso wenig ist die Stellung des Verwaltungsbeirats mit der des Beirats einer Publikums-Personengesellschaft vergleichbar.[305] 108

Zur Minderung des Haftungsrisikos des einzelnen Beiratsmitglieds kann eine Haftpflichtversicherung auch auf Kosten der WEgem abgeschlossen werden.[306] Der Beschluss der WEer kann mit Stimmenmehrheit erfolgen.[307] 109

Die Verwaltungsbeiratsmitglieder haften nach § 276 BGB für **Vorsatz** und jede **Fahrlässigkeit.**[308] Eine gesetzliche Haftungsbegrenzung wie bei Personengesellschaften auf die Sorgfalt, die in eigenen Angelegenheiten angewandt wird, besteht mangels persönlicher Verbundenheit der WEer nicht.[309] Ebenso wenig kann eine Haftungsbegrenzung mit dem bloßen Hinweis auf eine (ergänzende) Auslegung des Beiratsvertrages begründet werden, da für einen Willen der WEer, die Haftung der Beiratsmitglieder konkludent zu beschränken, idR Anhaltspunkte fehlen.[310] Eine Haftungsbegrenzung setzt vielmehr typischerweise eine ausdrückliche Regelung voraus. Haften die Beiratsmitglieder somit regelmäßig auch für Fahrlässigkeit, werden gleichwohl die Anforderungen an den **Sorgfaltsmaßstab** unterschiedlich formuliert. Teilweise wird die Sorgfalt eines ordentlichen und gewissenhaften Kaufmannes verlangt.[311] Andere gehen von der Sorgfalt eines ordentlichen ehrenamtlichen Verwaltungsbeiratsmitglieds, nicht etwa der eines Buchprüfers[312] aus. Hinsichtlich des Haftungsmaßstabs dürfte eine Differenzierung geboten sein. Sind die Mitglieder des Verwaltungsbeirats Buchprüfer, Steuerberater, Wirtschaftsprüfer, Rechtsanwalt etc., dann kann von ihnen die berufsübliche Sorgfalt erwartet werden.[313] Bei ehrenamtlich tätigen Beiratsmitgliedern, die auch idR nicht über besondere Fachkenntnisse verfügen, können die Anforderungen nicht so hoch angesetzt werden wie bei honorierten, berufsmäßig tätigen Auftragnehmer-Personen.[314] Schließlich dürfte bei einem strengen Haftungsmaßstab kaum noch Bereitschaft bestehen, ein solches Amt zu übernehmen.[315] Jedoch handelt auch das 110

---

302 KG ZMR 2004, 458; OLG Düsseldorf WE 1998, 265 (266); *Merle* DWE 1984, 2 (5); *Drasdo* ZWE 2001, 522 (524); *Gottschalg* ZWE 2001, 185 (186); *ders.*, Haftung, Rn. 423 ff.

303 *Gottschalg,* Haftung, Rn. 460 f.; *Kahlen* BlGBW 1984, 165; *ders.* GE 1988, 859 (861); *Bärmann,* WE, Rn 667.

304 *Bärmann,* WE, Rn 667; *Augustin* § 29 Rn 8; *Weimar* ZMR 1981, 97 f.

305 *Bärmann,* WE, Rn 667; *Gottschalg* ZWE 2001, 185 (187).

306 KG NZM 2004; 743; aA AG Hamburg ZMR 2008, 335 (337); *Köhler* ZMR 2002, 891 ff.

307 *Amrbrüster* ZMR 2003, 1 (4).

308 *Merle* DWE 1984, 2 (5); *Gottschalg,* Haftung, Rn 426 ff.; *Sauren* ZMR 1984, 325 f.; *Deckert* DWE 1990, 82 f.

309 *Merle* DWE 1984, 2 (4); *Maas,* S. 231; offen lassend OLG Düsseldorf WE 1998, 265 (267).

310 *Gottschalg,* Haftung, Rn 430 ff., der jedoch zu Gunsten des ehrenamtlichen Beiratsmitglieds § 680 BGB analog (Rn 435) und ein durch ergänzende Auslegung des Beiratsvertrages zu ermittelndes Subsidiaritätsprinzip (Rn 439) anwenden will.

311 OLG Zweibrücken DWE 1987, 137 f. = WE 1987, 163 = ZMR 1988, 24 f. = NJW-RR 1987, 1366 f.; unklar *Bärmann,* WE, Rn 667, der dies einschränkt und nur eine dem Fachwissensstand eines Verwaltungsbeiratsmitglieds entsprechende Sorgfalt verlangt.

312 *Müller,* Praktische Fragen, Rn 546 (S. 447); *Sauren* ZMR 1984, 325 f.

313 *Kahlen* BlGBW 2984, 165; *Maas* S. 233.

314 *Gottschalg,* Haftung, Rn. 426 f.; ZWE 2001, 185 (187); *Maas* S. 233.

315 *Deckert* DWE 1990, 82 f.

ehrenamtlich tätige Beiratsmitglied grob fahrlässig, wenn es lediglich die Schlüssigkeit der Abrechnung prüft, nicht aber die Kontenbelege.[316]

111 Werden die Mitglieder des Verwaltungsbeirats über ihre gesetzliche Aufgaben hinaus mit einer unentgeltlichen Geschäftsbesorgung für die WEgem beauftragt,[317] etwa mit dem Abschluss des Verwaltervertrags,[318] so richtet sich der anzulegende Sorgfaltsmaßstab nach dem Inhalt des Auftrags und den von den WEern erteilten Weisungen.[319] Die Rspr. hat etwa grobe Fahrlässigkeit angenommen, weil bei Abschluss eines Verwaltervertrages entgegen einer ausdrücklichen Weisung der WEer dem Verwalter die uneingeschränkte Verfügungsmacht über ein Rücklagenkonto von erheblicher Höhe eingeräumt wurde; sie hat die Mitglieder des Verwaltungsbeirats zum Ersatz des Schadens verpflichtet, der dadurch entstand, dass der Verwalter auf Grund der ihm eingeräumten Verfügungsmacht eingenommene Gelder der WEgem veruntreuen konnte.[320]

112 Möglich und bei ehrenamtlich Tätigen sinnvoll – zur Förderung der Bereitschaft zur Amtsübernahme[321] – ist eine **Beschränkung der Haftung,**[322] insbesondere bei Übernahme von Zusatzaufgaben, die mit erheblicher Verantwortung verbunden sind. Eine generelle Beschränkung der Haftung der Beiratsmitglieder, vornehmlich auf Vorsatz und grobe Fahrlässigkeit kann durch **Vereinbarung,** etwa in der **GO,** erfolgen.[323] Da in einer solchen Regelung eine Abweichung vom Gesetz iSv § 10 Abs. 2 Satz 2 liegt, kann eine generelle Haftungsbeschränkung nur durch Vereinbarung herbeigeführt werden.[324] Ein entsprechender Beschluss wäre mangels Beschlusskompetenz der WEer nichtig.[325]

Eine Beschränkung der Haftung der Mitglieder des Beirats können die WEer auch durch inhaltliche Gestaltung der Einzelnen **Beiratsverträge** erreichen. Ermächtigt ein mit Stimmenmehrheit fassbarer **Beschluss,** etwa der Bestellungsbeschluss, auch zur Vereinbarung einer Beschränkung der Haftung der Beiratsmitglieder, so ist dieser Beschluss wirksam, unabhängig davon, ob die Haftungsbeschränkung ordnungsmäßiger Verwaltung entspricht. Die Beschlusskompetenz aus §§ 21 Abs. 3, 29 Abs. 1 umfasst nämlich auch die konkrete Ausgestaltung von Bestellungsrechts- und Anstellungsverhältnis,[326] so dass ein solcher Beschluss nicht wegen einer Abweichung von § 276 BGB nichtig ist.[327] Wird der Beschluss bestandskräftig, wirkt ein darauf beruhender Beiratsvertrag einschließlich einer von § 276 BGB abweichenden Haftungsbeschränkung für und gegen die WEgem. Sind die Mitglieder des Verwaltungsbeirats bereits bestellt, kann eine nachträgliche Haftungsbeschränkung mit Stimmenmehrheit beschlossen werden. Ein solcher Beschluss beschränkt unmittelbar die Haftung solcher Mitglieder des Verwaltungsbeirats, die WEer sind, da Beschlüsse für und gegen alle WEer wirken; er wirkt als drittbegünstigende Regelung unmittelbar auch für ein Beiratsmitglied, das nicht WEer ist.[328]

---

[316] OLG Düsseldorf WE 1998, 265 (267) = NZM 1998, 36; *Gottschalg* ZWE 2001, 185 (187).

[317] Vgl. Rn 79.

[318] Vgl. Rn 95.

[319] OLG Düsseldorf WE 1998, 265 (266) mwN.; *Gottschalg,* Haftung, Rn. 428.

[320] OLG Düsseldorf WE 1998, 265 (267).

[321] Vgl. *Drasdo* S. 121 f.; *Häublein* ZfIR 2001, 939 (941).

[322] OLG Frankfurt/M. OLGZ 1988, 188 (189); *Gottschalg,* Haftung, Rn 478 ff.; *Merle* DWE 1984, 2 (6); *Bärmann,* WE, Rn 667; *Kahlen* GE 1986, 25 f.

[323] OLG Frankfurt OLGZ 1988, 188 f.; *Gottschalg,* Haftung, Rn. 479, 483.

[324] *Becker/Kümmel* ZWE 2001, 128 (133); so auch im Ergebnis *Bub* ZWE 2002, 7 (8) = PiG 61, 1 (6).

[325] *Merle* ZWE 2001, 196 (198); *Häublein* ZfIR 2001, 939 (941); *Bub* ZWE 2002, 7 (8) = PiG 61, 1 (6).

[326] So auch *Häublein* ZfIR 2001, 939 (941 f.); *Becker/Kümmel* ZWE 2001, 128 (133).

[327] *Becker/Kümmel* ZWE 2001, 128 (133); *Merle* ZWE 2001, 196 (198); *Gottschalg,* Haftung, Rn 481.

[328] *Gottschalg,* Haftung, Rn 482.

Ein Beschluss, der die Haftung des einzelnen Beiratsmitgliedes auf Vorsatz und grobe Fahrlässigkeit beschränkt, also eine Haftung für leichte Fahrlässigkeit ausschließt, dürfte bei unentgeltlich, ehrenamtlich tätigen Beiratsmitgliedern idR ordnungsmäßiger Verwaltung entsprechen.[329] Ein Ausschluss der Haftung für grobe Fahrlässigkeit, der im Formularvertrag unzulässig ist,[330] dürfte im Individualvertrag ordnungsmäßiger Verwaltung widersprechen. Die Haftung für leichte Fahrlässigkeit kann durch Vereinbarung der WEer und individualvertraglich idR problemlos ausgeschlossen werden.

b) Entlastung. Den Mitgliedern des Verwaltungsbeirats kann, ebenso wie dem Verwalter, durch Beschluss **Entlastung** erteilt werden. Sie richtet sich nach den gleichen Regeln wie die Verwalterentlastung.[331] Entlastung bedeutet den Verzicht auf bis dahin entstandene und erkennbare Schadenersatzansprüche. Sie kann als ein negatives Schuldanerkenntnis gem. § 397 Abs. 2 BGB ausgelegt werden.[332] Ein Mehrheitsbeschluss über die Entlastung der Mitglieder des Verwaltungsbeirats entspricht nicht ordnungsmäßiger Verwaltung und ist deshalb für ungültig zu erklären, wenn ein Ersatzanspruch gegen die Mitglieder des Verwaltungsbeirats möglich erscheint, etwa im Zusammenhang mit der Prüfung von Jahresabrechnung und Wirtschaftsplan,[333] wenn die vom Beirat geprüfte Abrechnung fehlerhaft ist und geändert werden muss.[334] Ein Anspruch auf Entlastung besteht nicht, es sei denn er wäre vertraglich vereinbart.[335] Wird über die Entlastung beschlossen, sind die Verwaltungsbeiratsmitglieder nach § 25 Abs. 5 vom Stimmrecht ausgeschlossen.[336] 113

c) Die Haftung ggü. Dritten. In Betracht kommen Ansprüche aus **Verträgen,** die mit den Verwaltungsbeiratsmitgliedern selbst abgeschlossen wurden.[337] Bedeutsamer sind jedoch die Fälle der **Vollmachtsüberschreitung,** wenn das Beiratsmitglied als Vertreter ohne Vertretungsmacht gehandelt hat. Dann ergibt sich seine Haftung aus § 179 BGB.[338] Ansprüche aus **unerlaubter Handlung** können sich insbesondere aus den §§ 823 und 826 BGB ergeben.[339] Zum Abschluss einer Haftpflichtversicherung siehe Rn 109. 114

VIII. Aufwendungsersatz und Vergütung

Ist der Vertrag mit dem Beiratsmitglied ein Auftrag, so wird er unentgeltlich tätig. Es werden ihm nur **Aufwendungen** gem. § 670 BGB ersetzt, die er den Umständen nach für erforderlich halten durfte,[340] etwa für Telefon, Porto, Kopien, Fahrten etc. Dazu können bei einer größeren Wohnanlage auch die Kosten für die Teilnahme an einem Seminar, den Erwerb eines Fachbuches oder den Kauf von Gebäck und Getränken anlässlich einer Verwaltungsbeiratssitzung gehören. Solche Aufwendungen darf ein Mitglied des Verwaltungsbeirats je nach Sachlage für erforderlich halten, so dass sie auch ordnungsmäßiger Verwaltung entsprechen, weshalb kein gesonderter Beschluss erforder- 115

---

329 Kritisch *Gottschalg,* Haftung, Rn 482 f.

330 *Gottschalg,* Haftung, Rn 478.

331 BGH ZWE 2010, 170 (173) = ZMR 2010, 300 m. Anm. *Jennißen;* BayObLG NJW-RR 1991, 1360 f. = WE 1992, 174; *Müller,* Praktische Fragen, Rn 547 (S. 448).

332 BayObLGZ 1983, 314 (318); *Gottschalg,* Haftung, Rn 476; *Maas* S. 234 f.

333 OLG München ZMR 2008, 905; BayObLG NJW-RR 1991, 1360 = WE 1992, 174; ZWE 2001, 487 (489) = NJW-RR 2001, 1231; ZMR 2004, 50; KG ZWE 2000, 274 (277) = NZM 2001, 241.

334 BGH ZWE 2010, 170 (173) = ZMR 2010, 300 m. Anm. *Jennißen;* OLG Düsseldorf WE 1991, 251.

335 *Drasdo* S. 141; *Gottschalg,* Haftung, Rn 472 f.; *ders.* ZWE 2001, 185 (190); *Maas* S. 235 ff.

336 *Gottschalg,* Haftung, Rn 475; vgl. auch § 25 Rn 124.

337 *Kahlen* BlGBW 1984, 165.

338 Vgl. *Gottschalg,* Haftung, Rn 458; *Korff* DWE 1980, 43; *Drasdo* S. 125; *Maas* S. 243.

339 *Kahlen* BlGBW 1984, 165.

340 *Drasdo* ZMR 1998, 130.

lich ist.[341] Es kann auch eine angemessenen Pauschale bewilligt werden,[342] nicht jedoch ein nicht zweckgebundener freier Betrag.[343] Für den Aufwendungsersatz, der zu den Verwaltungskosten zählt, haftet die WEgem.

116 Hat sich ein ehrenamtlich tätiges Beiratsmitglied ggü einem Dritten oder einem WEer schadensersatzpflichtig gemacht, ohne dass ihm grobe Fahrlässigkeit zur Last fällt, so kommt ein **Freistellungsanspruch** gem. § 670 BGB gegen die WEer in Betracht.[344] Der Beauftragte darf idR nicht mit dem vollen Risiko der im Interesse des Geschäftsherrn ausgeübten Tätigkeit belastet werden.[345] Die Anerkennung eines Freistellungsanspruchs liegt im Interesse der WEer, da diese auf die meist unentgeltliche Tätigkeit der Beiratsmitglieder angewiesen sind, die bei voller Haftung kaum mehr zur Mitarbeit bereit sein dürften.

117 Die WEer können im Bestellungsbeschluss andere Regelungen hinsichtlich des Aufwendungsersatzes treffen.[346] So kann etwa ein Ersatz ausgeschlossen[347] oder pauschal vereinbart werden. Aufwendungsersatz ist idR steuerfrei.[348]

118 Ist der Vertrag mit dem Mitglied des Verwaltungsbeirats ein Geschäftsbesorgungsdienstvertrag iSd §§ 675, 611 BGB, so steht ihm neben dem Anspruch auf Aufwendungsersatz auch ein Vergütungsanspruch gegen die WEgem zu.[349] Ist die Höhe der Vergütung nicht bestimmt, dann ist gem. §§ 675, 611, 612 Abs. 2 BGB die übliche Vergütung als vereinbart anzusehen, die ordnungsgemäßer Verwaltung zu entsprechen hat und steuerpflichtig ist.[350]

IX. Rechtsstreitigkeiten

119 Streitigkeiten über Rechte und Pflichten des Verwaltungsbeirats (§ 42 Nr. 2) sowie über die Gültigkeit eines Beschlusses über die Bestellung oder Abberufung eines Beiratsmitgliedes sind im Zivilprozess zu entscheiden (§ 43 Nr. 4). Der Streitwert für die Anfechtung eines Bestellungs- oder Abberufungsbeschlusses orientiert sich nach § 49 a GKG am Interesse der Parteien, das je nach Größe der Gemeinschaft auf bis zu 3000 € zu schätzen ist.[351]

---

[341] BayObLG DWE 1983, 123.

[342] LG Schleswig NZM 2005, 588; LG Hannover ZMR 2006, 398 f.

[343] AG Hamburg ZMR 2008, 335 (336 f.).

[344] Vgl. BGHZ 89, 153 (158 159) zur Haftung eines ehrenamtlich tätigen Vereinsmitglieds; *Sauren* ZMR 1984, 325 f.; *Maas* S. 244 f.; *Gottschalg* ZWE 2001, 185 (188); *ders.,* Haftung, Rn 445 ff.

[345] BGHZ 89, 153 (157) mwN.

[346] *Müller,* Praktische Fragen, Rn 545 f. (S. 447).

[347] *Müller,* Praktische Fragen, Rn 545 (S. 447).

[348] *Drasdo* ZMR 1998, 131.

[349] *Schmid* ZfIR 2009, 721 (725).

[350] *Drasdo* ZMR 1998, 131; *Maas* S. 262.

[351] Vgl. *Spielbauer/Then* § 49 a GKG Rn 18; ebenso für das frühere Recht: Staudinger/*Wenzel* § 48 Rn 32; Palandt/*Bassenge,* 66. Aufl., § 48 Rn 14; OLG Köln Rpfleger 1972, 262; abweichend OLG Düsseldorf DWE 1995, 165 f.: 1000 DM.

4. Abschnitt. Wohnungserbbaurecht

§ 30

(1) **Steht ein Erbbaurecht mehreren gemeinschaftlich nach Bruchteilen zu, so können die Anteile in der Weise beschränkt werden, daß jedem der Mitberechtigten das Sondereigentum an einer bestimmten Wohnung oder an nicht zu Wohnzwecken dienenden bestimmten Räumen in einem auf Grund des Erbbaurechts errichteten oder zu errichtenden Gebäude eingeräumt wird (Wohnungserbbaurecht, Teilerbbaurecht).**

(2) **Ein Erbbauberechtigter kann das Erbbaurecht in entsprechender Anwendung des § 8 teilen.**

(3) [1]**Für jeden Anteil wird von Amts wegen ein besonderes Erbbaugrundbuchblatt angelegt (Wohnungserbbaugrundbuch, Teilerbbaugrundbuch).**[1] [2]**Im übrigen gelten für das Wohnungserbbaurecht (Teilerbbaurecht) die Vorschriften über das Wohnungseigentum (Teileigentum) entsprechend.**

Übersicht

Literatur: *Bärmann/Seuss,* Praxis des Wohnungseigentums, Teil A X; Beck'sches Formularbuch Wohnungseigentumsrecht, hrg. von *Müller,* 2007, A.1.7, A.II.6, E.II.1.4; *Demharter,* Zur Begründung von Wohnungserbbaurechten an einem Gesamterbbaurecht DNotZ 1986, 457; *v. Oefele/Winkler,* Handbuch des Erbbaurechts, 4. Aufl. 2008; *Palandt/Bassenge,* ErbbRG, 69. Aufl. 2010; *Ranft,* Die „Verdinglichung" des Erbbaurechtsinhalts, 1993; *Rapp,* Zur Möglichkeit der Umwandlung eines Wohnungserbbaurechts in Wohnungseigentum, MittBayNot 1999, 376; *Rethmeier,* Rechtsfragen des Wohnungserbbaurechts MittRhNotK 1993, 145; *Schneider,* Das neue WEG – Handlungsbedarf für Erbbaurechtsherausgeber, ZfIR 2007, 168; *von Oefele/Winkler,* Handbuch des Erbbaurechts, 4. Aufl. 2008; *Weimar,* Rechtsfragen zum Wohnungserbbaurecht BlGBW 1981, 86.

Bemerkung: Die frühere ErbbRVO wurde durch Art. 25 des G. v. 23. 11. 2007 (BGBl. I S. 2614) in ein eigenständiges G. umgewandelt. Materielle Änderungen waren damit nicht verbunden.

I. Der Normzweck

Die Regelung trägt der Tatsache Rechnung, dass Gemeinden aber auch andere Grund- **1**
eigentümer in zahlreichen Fällen ihre Grundstücke nicht veräußern, sondern nur in Form von Erbbaurechten vergeben wollen. In diesen Fällen können also Gebäude auf einem Grundstück nicht auf der Grundlage des Eigentums errichtet werden, so dass ein Bedürfnis nach einer Regelung besteht, die dem Wohnungseigentum entspricht (vgl. die nicht-

[1] Vgl. hierzu § 7 Abs. 1 Satz 1 WEG.

amtl. Begründung zu dem Regierungsentwurf des WEG 1951: BR-Drucks. 75/51; vgl. Anh. II 1).

II. Zweckmäßigkeit der Vorschrift

2 Das ErbbR nach BGB bzw. dem ErbbauRG hat entgegen mancher Erwartung eine große und auch heute noch aktuelle Bedeutung gewonnen. Es ist auch nicht so, dass das ErbbR ausschließlich zur Schaffung von Kleinwohnungsbauten dient; auch der ursprüngliche Gesichtspunkt, Bodenspekulation zu verhüten, ist völlig in den Hintergrund getreten. Geblieben ist allein der Gesichtspunkt, Bauwilligen das Bauen dadurch zu erleichtern, dass sie nicht von Anfang an gezwungen sind, ein größeres Eigenkapital schon in die Anschaffung des Grunds und Bodens zu investieren.

3 Damit ist der Hauptgrund dargelegt, der es auch zweckmäßig erscheinen lassen musste, dem ErbbBerechtigten, der nicht Eigentümer des Grunds und Bodens ist, die Möglichkeit zur Errichtung von WE zu geben. Hierzu stehen zwei Wege offen, nämlich, dass entweder ein ErbbBerechtigter im „eigenen Besitz" **nach § 8** in mehrere WErbRe aufteilt oder dass mehrere Interessenten von vornherein ein ErbbR nach entsprechenden **Bruchteilen** erwerben. Der Vorgang ist dabei der gleiche wie bei Aufteilung von Eigentum (s. §§ 3, 8). Es tritt hier nur an die Stelle des Eigentums das ErbbR.

4 Da § 11 ErbbauRG wie schon der ehem. § 1017 BGB das Erbbaurecht grundsätzlich dem Eigentum an Grundstücken gleichsetzt, hätte die Vorschrift des § 30 überflüssig erscheinen können. Es ist jedoch zu beachten, dass sowohl der ehem. § 1014 BGB für das alte Erbbaurecht wie § 1 Abs. 3 des ErbbauRG die Beschränkung des Erbbaurechts auf einen Teil des Gebäudes, insbesondere ein Stockwerk, für unzulässig erklären. Das gilt auch hinsichtlich eines Gebäudes, das sich über zwei Grundstücke erstreckt.[2] Dagegen kann[3] ein weiteres ErbbR an einem ErbbR bestellt werden (vgl. § 6 a GBO).[4] Diese Gesichtspunkte müssen auch für ein WsErbbR an WsErbbR **(Wohnungsuntererbbaurecht)** folglich ebenso Gültigkeit haben.[5] Praktische Schwierigkeiten entstehen allerdings dadurch, dass entsprechend § 3 oder § 8 eine Unterteilung des WsErbbRs stattfinden müsste; mit dem Unterteil wäre SE an abgeschlossener Wohnung usw. zu verbinden. Damit ergibt sich automatisch nichts anderes als eine Teilung eines bestimmten WsErbbRs (s. a. oben § 1 Rn 91 ff. und unten Rn 63). Damit entfällt jedoch ein praktisches Bedürfnis, da den am WsErbbR (Teil)berechtigten entsprechende WsErbbRe an einzelnen Gebäuden eingeräumt werden können.[6]

5 Wie schon angedeutet, sind zweierlei Erbbaurechte zu unterscheiden, nämlich das altrechtliche nach BGB (§§ 1012–1017) und das neurechtliche nach dem Gesetz über das Erbbaurecht vom 15. 1. 1919, jetzt i. d. F. vom 23. 11. 2007. Der Erbbauberechtigte ist gleichsam „Eigentümer" des Gebäudes, ohne zugleich Eigentümer des Grund und Bodens zu sein. Sein ErbbR (als Eigentum am Gebäude) ist selbstständig verfügbar und kann selbstständig belastet und damit also beliehen werden. Alle Rechte nach Abt. II und III des Grundbuchs sind auch am ErbbR einzutragen. Das ErbbR selbst kann am Grundstück immer nur ersten Rang haben und ist dort als Belastung einzutragen.

6 Das ErbbR dient zwar in erster Linie sozialen Interessen, also vor allem der Errichtung von Siedlungshäusern und Kleinwohnungen, in immer größerem Maße aber auch innerhalb der Städte zur Errichtung von Ein- und Mehrfamilienhäusern, selbst zur Errichtung

---

[2] BGH LM Nr. 7/8; RGRK-*Räfle* § 1 ErbbRVO Rn 52.

[3] So BGH v. 22. 2. 1974 Rpfleger 1974, 219 = NJW 1974, 1137 = DB 1974, 1108 = MittBayNot 1974, 149.

[4] Zu den früher sehr beachtlichen dogmatischen wie praktischen Gründen dagegen s. *Hieber* DNotZ 1955, 324.

[5] Weitnauer/*Mansel* § 30 Rn 20.

[6] Weitnauer/*Mansel* § 30 Rn 20.

von Geschäftshäusern in den Stadtkernen, womit insbesondere der Wiederaufbau sehr beschleunigt wurde. Dabei kam besonders zustatten, dass auch bei Untergang des Bauwerkes das ErbbR als solches nicht erlischt, sondern fortbesteht. Die Umlegung in den Stadtkernen kriegszerstörter Städte wurde gleichfalls durch die Anwendung des ErbbR wesentlich vereinfacht und gefördert.

Ebenso wie bei Eigentum an größeren Komplexen, so musste auch beim ErbbR an umfangreicheren Gebäuden (gleich, ob schon entstanden oder erst geplant) das Bedürfnis vorausgesehen werden, dass die ErbbBerechtigten in WsErbbR unterteilen wollen. Hinzu kommt, dass auch DWRe am ErbbR bestellt werden können (dazu s. unten § 42). 7

Neue Anwendungsmöglichkeiten wurden im Zusammenhang mit der Überleitung von Nutzungsrechten aus dem Recht der ehemaligen **DDR** in das bundesdeutsche Recht eröffnet. So gewähren die Anspruchsregelungen der §§ 14 bis 16 **SachenRBerG** dem sog. Nutzer des Grundstücks ein Wahlrecht zwischen dem Ankauf des Grundstücks zum halben **Bodenwert** und der Bestellung eines regelmäßig 90-jährigen ErbbRs (§ 15 Abs. 1 SachenRBerG). Die Bestellung des ErbbRs richtet sich nach den §§ 32 bis 60 SachenRBerG, das **Ankaufsrecht** ist in den §§ 61 bis 84 SachenRBerG geregelt. Das ErbbR gewährt gegen eine gewöhnlich wiederkehrende Gegenleistung (Erbbauzins gemäß § 9 ErbbRVO) das Recht zur baulichen Nutzung. Es ist vererblich und übertragbar (§ 1 ErbbauRG). Es entfällt, wenn der Verkehrswert des Grundstücks im Eigenheimfall unter 30 000 DM und sonst unter 10 000 DM liegt (§ 15 Abs. 2 SachenRBerG). Zu den weiteren Einzelheiten s. die Vorschriften des SachenRBerGs. Im Übrigen erfuhr § 9, jetzt ErbbauRG eine neue Fassung durch Art. 2 des Gesetzes zur Änderung sachenrechtlicher Bestimmungen (SachenRÄndG) v. 21. 9. 1994 und eine neue Bezeichnung durch Gesetz vom 23. 11. 2007 (BGBl. I S. 2614).[7] 8

Was für das WsErbbR gesagt ist, gilt entsprechend auch für das TErbbR. Grundsätzlich gelten alle Bestimmungen des WEG, auch wo sie von Eigentum sprechen, **analog** auch für das ErbbR. Am ErbbR ist ebenso wie am Eigentum Berechtigung nach **Bruchteilen** zulässig, was die Voraussetzung für WsErbbR überhaupt ist. In einem solchen Fall können die Miterbbauberechtigten den Grundstückseigentümer zur Mitwirkung an einer Änderung des Erbbaurechtsvertrags nur **gemeinsam** auffordern.[8] 9

III. Zum Erbbaurecht im Allgemeinen

1. Gesetzliche Ordnung

Ursprünglich wurde das ErbbR geregelt durch die §§ 1012–1017 BGB. Bei der geringen Bedeutung, die der Gesetzgeber des BGB diesem superfiziarischen Eigentum (Erbbaurecht) beilegte, hatte er sich auf eine ganz kurze, nur grundsätzliche Regelung beschränkt. Die zunehmende praktische Bedeutung veranlasste ihn jedoch, am 15. 1. 1919 die ErbbRVO[9] herauszubringen, die in 39 Paragraphen die Materie ordnete (jetzt fast inhaltsgleich das ErbbauRG). Auf den Inhalt der gesetzlichen Bestimmungen im Einzelnen kann hier nicht eingegangen werden. Es soll nur soviel gesagt werden, dass die Begriffsbestimmung des ErbbR in beiden Gesetzen (§ 1012 BGB und § 1 ErbbauRG) dieselbe ist: „Ein Grundstück kann in der Weise belastet werden, dass demjenigen, zu dessen Gunsten die Belastung erfolgt, das veräußerliche und vererbliche Recht zusteht, auf oder unter der Oberfläche des Grundstücks ein Bauwerk zu haben (Erbbaurecht).“ 10

---

[7] BGBl. I S. 2489; dazu *Eichel* MittRhNotK 1995, 193.
[8] BGH v. 15. 5. 1998 – V ZR 163/97.
[9] RGBl. 72, 122.

11 Das Gesetz fasst also das ErbbR als **Belastung** auf, nicht wie das WE als bloße Beschränkung. Deshalb ist im Grundbuch des Grundstücks selbst das ErbbR auch als Belastung in Abt. II einzutragen.

12 Hauptbestandteil des ErbbRs ist ein Bauwerk auf oder unter der Oberfläche des Grundstücks. Damit kann allerdings verbunden werden ein für das Bauwerk nicht erforderlicher Teil des Grundstücks, sofern das Bauwerk wirtschaftlich die Hauptsache bleibt.

13 Mehrere selbstständige Grundstücke können mit einem **Gesamt-Erbbaurecht** belastet werden.[10] Damit kann auch an einem solchen ErbbR WE begründet werden.[11]

14 Hinsichtlich der Formvorschriften weicht § 11 ErbbauRG von § 1017 BGB ab. Während nach § 1017 das Recht des Grundstücks schlechthin auch auf das ErbbR anwendbar ist, macht hiervon § 11 insofern eine Ausnahme, als die §§ 925, 927, 928 BGB (betreffend also Formvorschriften der Auflassung, des Ausschlussurteils, der sog. Kontratabularersitzung, und des Verzichtes) auf das ErbbR **nicht** angewendet werden. Wohl aber § 925 a, wonach die Erklärung einer Auflassung nur entgegengenommen werden soll, wenn die nach § 311 b BGB erforderliche Urkunde über den Vertrag vorgelegt oder gleichzeitig errichtet wird. Dies ist dahin auszulegen, dass die Einigung über die ErbbRbestellung nur entgegengenommen werden soll, wenn eine nach § 11 Abs. 2 ErbbauRG schon vorgesehene schuldrechtliche Vereinbarung gemäß § 311 b BGB bekundet ist. Es handelt sich dabei nur um eine Ordnungs- und Sollvorschrift. Der Verstoß macht also auch die Einigung über das ErbbR nicht unwirksam.

2. Bestandteilslehre und superfiziarisches Eigentum

15 Durch die Selbstständigkeit des ErbbRs als Eigentum am Gebäude ergibt sich, dass insoweit die Bestandteilslehre der §§ 93, 94 BGB außer Kraft gesetzt ist, dass also der Grundstückseigentümer nach Bestellung eines ErbbRs nicht mehr Eigentümer der wesentlichen Bestandteile des Grund und Bodens ist; vielmehr wird das Gebäude wesentlicher Bestandteil des Erbbaurechtes in Anwendung von § 95 Abs. 1 S. 2 BGB. Allerdings sagt das BGB nichts darüber, inwieweit bei Errichtung des Erbbaurechtes **bereits vorhandene Gebäude** wesentliche Bestandteile des neuen Erbbaurechts werden oder vielmehr Bestandteile des Grundstücks bleiben und damit nach der Bestandteilslehre dem Grundstückseigentümer weiterhin gehören. Das Gesetz (BGB) hat diese Frage nicht entschieden. Grundsätzlich nimmt man an, dass die bereits errichteten Gebäude im Eigentum des Grundeigentümers bleiben.[12] Das schließt aber dann die Errichtung von WsErbbR hieran aus, nicht so die von WE.[13] Der Grundstückseigentümer könnte also an seinem schon bestehenden Gebäude WE errichten, außerdem aber am Gesamtgrundstück ErbbR bestellen, seine Ausübung aber auf einen realen **Teil** des Grundstücks beschränken.[14] Nach dem WEG ist aber das gesamte Grundstück in WE aufzuteilen; gewöhnliches ME kann es daneben nicht geben (§ 3 Rn 30). Das ErbbR ist aber keine ME, sondern nur eine Belastung, die, wenn auch erstrangig, neben dem WE dogmatisch bestehen könnte. Für ein solches Nebeneinander auch OLG Hamm, falls das auf Grund des ErbbRs errichtete Bauwerk und das in WE aufgeteilte Bauwerk **unterschiedliche** Gebäude sind.[15] Grundbuchmäßig existiert aber das Grundstück

[10] Vgl. LG Münster MDR 1956, 678; BGHZ 1965, 345 = Rpfleger 1976, 126.

[11] LG Wiesbaden MittBayNot 1986, 28 = MittRhNot 1986, 24; BayObLGE 1984, 105; 1989, 354 = WE 1991, 23; MDR 1990, 53; Rpfleger 1989, 503; Weitnauer/*Mansel* § 30 Rn 21, MünchKomm/*Engelhardt,* § 30 Rn 2 u. *Demharter* DNotZ 1986, 457.

[12] Palandt/*Bassenge* § 1 ErbbRG Rn 2.

[13] Weitnauer/*Mansel* § 30 Rn 5; Palandt/*Bassenge* § 30 Rn 2.

[14] Weitnauer/*Mansel* § 30 Rn 5: Das WEG nimmt keine Stellung, München, DFG 1943; 123.

[15] FGPrax 1998, 126.

überhaupt nicht mehr; auch ein Grundbuchblatt dafür nicht mehr, sondern nur die WsGrdb.-Blätter (s. § 7 Abs. 1 S. 3). Auch bei „gemeinschaftlichem WsGrdb." ist ein Blatt für das Grundstück als solches nicht mehr vorhanden. Die Belastung des ErbbRs könnte also nur an **sämtlichen** WsGrdb.-Blättern in Abt. II eingetragen werden. Eine solch verwirrende Konstruktion dürfte kaum praktisch durchführbar sein. Nach dem ErbbauRG ist diese Frage durch § 12 Abs. 1 S. 2 geklärt, und zwar dahin, dass bei der Bestellung des ErbbRs ein schon vorhandenes Bauwerk als wesentlicher Bestandteil des ErbbRs gilt.

Eine Bestandteilswirkung ist auch darin zu erblicken, dass das ErbbR sich auf **unbebaute** Grundstücksteile erstreckt, allerdings unter der Voraussetzung, dass das Bauwerk wirtschaftlich die Hauptsache bleibt (§ 1013 BGB stellte nur darauf ab, dass der unbebaute Teil für die Benutzung des Bauwerks Vorteil biete). Es kann also bei der Regelung des Gebrauchs nach § 16 Abs. 2, § 10 Abs. 2 WEG von den gleichen Voraussetzungen ausgegangen werden wie beim Eigentum selbst, und es können auch die gleichen Formulierungen gewählt werden, sofern feststeht, dass die betroffenen unbebauten Grundstücksteile von der Bestandteilswirkung des ErbbRs erfasst werden. **16**

Ob das Grundstück, das mit einem in WsErbbRe aufgeteilten ErbbR belastet ist und im Eigentum der Ws-Erbbauberichtigten steht, dem ErbbR als Bestandteil **zugeschrieben** werden kann, ist fraglich. Selbst bei Bejahung der Frage führt die **Aufhebung** des ErbbRs nicht dazu, dass sie WsErbbRe in WE umwandeln. Hierzu wäre ein Vertrag der MEer über die Aufteilung des Grundstücks in WE erforderlich.[16] Dagegen sind **Vereinigung** und **Zuschreibung** entspr. § 6 WEG durchführbar,[17] d. h. von WsErbbRen desselben Grundstücks. Auch steuerrechtlich stellt das ErbbR ein selbstständiges Objekt dar. **17**

3. Begründung, Inhalt und Erlöschen

Wie oben im Zusammenhang mit den Ausführungen zu § 11 ErbbauRG schon gesagt, bedarf es der Form der Auflassung nach dem neuen Recht, im Gegensatz zu § 1015 BGB nach dem alten Recht, nicht mehr. Es muss jedoch die Einigung in der Form des **§ 29 GBO** (§ 873 BGB) nachgewiesen werden. § 20 GBO ist weiterhin anzuwenden (materielles Konsensprinzip, s. a. oben § 4). **18**

§ 11 Abs. 2 ErbbauRG schreibt für den schuldrechtlichen Vertrag die Form des **§ 311 b Abs. 1 BGB** vor. Nach § 311 b Abs. 1 Satz 2 wird durch die Eintragung im Falle eines Eigentumswechsels die Nichtbeachtung der Form durch Auflassung und Eintragung in das Grundbuch geheilt; dies gilt entsprechend für das ErbbR. **19**

Abgesehen von § 927 und § 928 BGB (Kontratabularersitzung und **Aufgabe** des Eigentums) finden auf das ErbbR die Vorschriften über Grundstücke unverändert Anwendung; das ErbbR ist als grundstücksgleiches, veräußerliches und vererbliches Recht an einem fremden Grundstück unter Beschränkung auf das Gebäude und die etwa zum Bestandteil erklärten nicht bebauten Grundstücksteile erklärt. Soll WsErbbR begründet werden, so muss zu der etwa noch nicht vorliegenden Begründung des ErbbRs noch die Erklärung nach § 3 oder § 8 WEG hinzukommen, nämlich die Begründung des WEs auf der Grundlage des ErbbRs (als Mit- oder Allein-ErbbR). **20**

Das ErbbR wird grundsätzlich auf eine bestimmte Dauer bestellt. Die Bestimmung des § 1 Abs. 4 Satz 1 ErbbauRG, wonach das ErbbR nicht durch eine auflösende Bedingung beschränkt werden kann, schließt dies nicht aus. Nur auflösende Bedingungen sind ausgeschlossen, nicht aber **aufschiebende** Bedingungen. Auch sind Anfangs- und Endtermine zulässig; nicht allerdings ein ungewisser Endtermin, z. B. Tod des Berechtigten oder Eintritt **21**

[16] BayObLGZ 1999 Nr. 17; OLG Hamm MittBayNot 2007, 490; Palandt/*Bassenge,* § 30 Rn 1 (Vereinigung/Zuschreibung).

[17] Weitnauer/*Mansel* § 30 Rn 2.

eines nicht im Willen der Beteiligten liegenden Ereignisses.[18] Meist wird das ErbbR auf 66 oder 99 Jahre bestellt.

22 Der vertragsmäßige, also dispositiv mögliche Inhalt des ErbbRs wird in §§ 2–8 ErbbauRG näher umschrieben.

23 Als Ausnahme von § 137 BGB sehen §§ 5–8 ErbbauRG die Möglichkeit einer Vereinbarung mit dem Grundstückseigentümer vor, wonach zu Veräußerungen und Belastungen des ErbbRs dessen Zustimmung einzuholen ist. Die Begründung von WsErbbR wird nur bei gleichzeitiger Veräußerung, nicht bei Teilung im eigenen Besitz nach § 8 WEG unter die Zustimmungsbedürftigkeit einer Vereinbarung gemäß § 5 ErbbauRG fallen (unten Rn 31).

24 Der § 9 beschäftigt sich mit dem Erbbauzins, für welchen die Vorschriften über die Reallasten gelten. Gesamt-(Erbbauzins-)Reallast an mehreren ErbbRen erscheint unzulässig.[19] § 1132 BGB ist hier nicht anwendbar, erst recht nicht bei mehreren WsErbbRen. Der Erbbauzins ist aber aufzuteilen auf die einzelnen WsErbbRe.

25 Das ErbbR selbst kann nur zur ausschließlichen ersten Rangstelle am Grundstück bestellt werden. Der Erbbauzins dagegen kann auch hinter Belastungen des Erbbaurechtes, an welchem er eingetragen ist, in Abt. II wie Abt. III zurücktreten.

26 Eine gesetzliche Beschränkung in der Verfügung ergibt sich aus § 21 ErbbauRG, wonach Beleihungen nur mit Tilgungshypotheken möglich sind usw. Zur **Anpassung** des Erbbauzinses s. §§ 9, 9 a ErbbauRG und die Kommentare.

27 Die §§ 14–17 ErbbauRG beschäftigen sich mit Grundbuchvorschriften, die hier im Einzelnen nicht weiter dargelegt werden können.

28 § 23 handelt von der Anzeigepflicht bei Brand gegenüber dem Grundstückseigentümer, sofern Feuerversicherung besteht; §§ 24 und 25 ErbbauRG behandeln die Besonderheiten der Zwangsvollstreckung in das ErbbR wie in das Grundstück, §§ 26–33 ErbbauRG beschäftigen sich mit Beendigung (Aufhebung nur mit Zustimmung des Grundstückseigentümers; Zeitablauf und Entschädigungsforderung für das Bauwerk), Erneuerung des ErbbRs und Heimfall (Vergütung für das fortbestehende ErbbR durch den Eigentümer, dem es heimfällt). § 34 ErbbauRG bestimmt endlich, dass der ErbbBerechtigte beim Heimfall oder beim Erlöschen des ErbbRs das Bauwerk nicht wegnehmen und sich auch Bestandteile des Bauwerks nicht aneignen darf.

29 Was das Erlöschen anlangt, so ist auf § 13 ErbbauRG zu verweisen: Das ErbbR erlischt nicht dadurch, dass das Bauwerk untergeht. Es erlischt insbesondere auch nicht durch den Heimfall; im letzteren Fall geht vielmehr das ErbbR auf den Eigentümer des Grundstücks über, bleibt aber als selbstständiges Recht neben dem Eigentum des Grundstückseigentümers, wenn auch in der gleichen Person, bestehen.

30 Angewendet auf das **WE** ergibt sich vor allem, dass dasselbe in seinem rechtlichen Schicksal verbunden ist mit dem Bestehen des ErbbRs, also mit dem Untergang des ErbbRs selbst auch als erloschen zu betrachten ist, jedoch nicht beim Heimfall; in diesem Falle geht es samt dem ErbbR auf den Grundstückseigentümer, an den das ErbbR heimfällt, über. In diesem letzteren Falle ist der Grundstückseigentümer also einmal Grundstückseigentümer und ferner Erbbauberechtigter an seinem eigenen Grundstück, das wiederum aufgeteilt und qualifiziert ist durch zwei oder mehrere WsErbbRe im eigenen Besitz. Dabei ist denkbar, dass auch nur ein Bruchteil des ErbbRs, also ein einzelnes WsErbbR, an den Grundstückseigentümer heimfällt, während die übrigen in den Händen der bisherigen WsErbbBer. verbleiben (s. dazu noch unten Rn 50 ff.). Bei vereinbarter Wohnnutzung liegt eine Zweckgefährdung nicht vor, wenn ein kleines Büro eingerichtet wird.[20]

---

[18] Weitnauer/*Mansel* § 30 Rn 2.

[19] A. A. Palandt/*Bassenge,* ErbbauRG, § 1 Rn 10. S. a. § 9 Abs. 3 Nr. 1 ErbbauRG i. V. m. § 10 Abs. 1 Nr. 2 GVG.

[20] OLG Hamm, NJWE-MietR 1996, 58 = NJW-RR 1996, 976.

IV. Das Wohnungs- und Teilerbbaurecht

1. Begründung

Sie geschieht entsprechend §§ 3 und 8 (Abs. 1, 2). Ist das Grundstück belastet, so ist nur eine nach § 5 ErbbauRG etwa vorgesehene Zustimmung des Grundstückseigentümers (Veräußerungsbeschränkung) erforderlich; **nicht** aber zur Bildung des Wohnungsbaurechtes zusätzlich die Zustimmung gemäß §§ 876, 877 BGB (s. § 1). Ansonsten bedarf der bloße **Aufteilungsvorgang** nach § 8 (ohne Veräußerung) **nicht** der Zustimmung des Grundstückseigentümers[21] bzw. Erbbauzinsberechtigten (Reallastgläubiger). Dies gilt auch, wenn mehrere Erbbauberechtigte das ErbbR entsprechend § 3 in Ws- bzw. TEerbbRe umwandeln.[22] 31

Das ErbbR wird entweder gleich neu in der Form von Bruchteilen für die einzelnen Berechtigten begründet oder es wird (entweder durch Veräußerung von Bruchteilen an Dritte oder durch Aufteilung im eigenen Besitz gemäß § 8) aufgeteilt. Der nächste Akt ist die Begründung des WsErbbRs entsprechend §§ 3 oder 8, je nach dem, ob eine Mehrheit beteiligt ist, oder ob eine Aufteilung im eigenen Besitz erfolgt ist. Dieser Akt der Begründung hat bei Aufteilung eines einheitlichen WsErbbRs oder Neubegründung von mehreren Bruchteilen am ErbbR Hand in Hand zu gehen und in einem Zuge zu erfolgen. Die Bruchteile am ErbbR treten an die Stelle des MEs beim gewöhnlichen WE und werden mit dem SE, das genau wie beim WE überhaupt gemäß § 3 Abs. 1 zu bezeichnen ist, verbunden. Man kann hier, da das Gesetz keinen anderen Terminus bietet, auch nur von SE sprechen. Tatsächlich ist die Sonderberechtigung auch **Eigentum,** nämlich superfiziarisches Eigentum an einzelnen Räumen, allerdings qualifiziert durch die Verbindung mit dem Bruchteil des ErbbRs. 32

Allgemein ist zu bemerken, dass alles das, was zu § 3 und § 8 über die Begründung des WEs dargelegt ist, auch hier für die Begründung des WsErbbRs gilt. Es muss also immer der Begründung des WsErbbRs selbst die Begründung der Bruchteile am ErbbR für die mehreren Berechtigten oder für den Alleininhaber des ErbbR (durch Teilung im eigenen Besitz) vorausgehen. 33

§ 30 nimmt nicht ausdrücklich auf §§ 1–29 WEG Bezug, jedoch allgemein auf die Vorschriften über das Wohnungseigentum (Teileigentum), **Abs. 3 Satz 2.** Damit sind diese auch auf WsErbbR anwendbar. Fraglich kann dies nur hinsichtlich der **Form**vorschrift des § 4 sein. Für das ErbbR selbst schließt § 11 ErbbauRG die strenge Auflassungsform nach § 925 BGB aus (nicht dagegen § 311 b Abs. 1 BGB!).[23] will die Begründung des WsErbbRs nicht strenger behandelt wissen als die des ErbbRs selbst.[24] Die §§ 873 ff. müssen auf jeden Fall Anwendung finden. Aber es ist zu fragen, warum die Bestellung des WsErbbRs weniger streng behandelt werden sollte als die des WEs nach § 4, zumal das Gesetz keine Ausnahme von der angeordneten entsprechenden Anwendung der Bestimmungen über das WE auf das WsErbbR macht. 34

Sowohl § 1014 BGB wie § 1 Abs. 3 ErbbauRG verbieten die Bestellung eines ErbbRs lediglich an einem **Stockwerk.** Das bedeutet, dass auch die Einräumung eines WsErbbRs ausschließlich an einem Stockwerk (während im Übrigen das reine Eigentum weiterbestehen soll) nicht möglich ist. Es ist also nur durchführbar, dass das **gesamte** Gebäude zu Wohnungs-ErbbR ausgegeben wird. Soll nun ein WsErbbR an diesem ErbbR bestellt 35

---

[21] BayObLG Rpfleger 1978, 375 = BayObLGZ 1978, 157 = DNotZ 1978, 626 = ZMR 1978, 378 = MittBayNot 1978, 151 = OLGZ 1979, 25; OLG Celle Rpfleger 1981, 22 = MittBayNot 1981, 131.

[22] LG Augsburg MittBayNot 1979, 68.

[23] § 30 Rn 14.

[24] Für Auflassung auch Palandt/*Bassenge* § 30 Rn 1.

werden bzw. eingeräumt werden, so ist erforderlich, dass entweder der Grundstückseigentümer bzw. Erbbauberechtigte (in einer Person) die Teilung im eigenen Besitz gemäß § 8 vornimmt, wobei er mit sämtlichen aufgeteilten ErbbRen SE verbinden muss, oder aber er teilt das ErbbR auf in verschiedene Bruchteile, von denen er einen auf dem eigenen Namen behält, wogegen er einen anderen Bruchteil an einen Dritten veräußert. Dieser Vorgang muss aber notwendigerweise mit der Verbindung von SE zur Bildung von WsErbbR Hand in Hand gehen, und zwar sowohl mit dem veräußerten wie mit dem zurückbehaltenen Bruchteil. Während nun mehrere ErbbBruchteile in derselben Hand nicht vereinigt werden können, vielmehr einen einheitlichen Bruchteil bilden, können mehrere WsErbbRe wegen § 8 auch in einer Hand vereinigt werden. Der ErbbBerechtigte (möglicherweise noch identisch mit dem Grundstückseigentümer) kann also von vornherein die Teilung im eigenen Besitz nach § 8 auch so vornehmen, dass er mehrere WsErbbRe bildet, wovon er vielleicht eines oder mehrere veräußert, während er mehrere noch behält. Dies alles ist möglich, obgleich er selbst weiterhin Grundstückseigentümer bleibt.

2. Inhalt, Belastungen

36 Der Inhalt des WEs tritt neben oder besser unter den Inhalt des ErbbRs, wie ihn die §§ 2 ff. ErbbauRG umreißen. Für Gegenstand und Inhalt des WohnungsErbbRs sind insbesondere zu beachten die Bestimmungen des § 5 WEG, desgleichen für den Inhalt der Vereinbarung über die Gemeinschaft, die §§ 10 ff. WEG. Es ist auf die Ausführungen zu diesen Bestimmungen zu verweisen. Unabhängig neben den **Verfügungsbeschränkungen,** wie sie §§ 5–8 ErbbauRG vorsehen, sind auch **Veräußerungsbeschränkungen** im Sinne des § 12 WEG zusätzlich denkbar. Beide können nebeneinander bestehen. Die Verfügungsbeschränkungen (hinsichtlich Veräußerung wie Belastung) nach §§ 5–8 ErbbauRG wirken sich selbstverständlich auch auf die Verfügung über das WsErbbR aus, insofern die Verfügungsbeschränkungen am ErbbR die Verfügbarkeit über das WsErbbR im ganzen bestimmen. Während aber die Verfügungsbeschränkungen nach §§ 5–8 ErbbauRG nur zugunsten des Grundstückseigentümers bestehen, können Veräußerungsbeschränkungen nach § 12 WEG vor allem zugunsten anderer WEer oder auch eines Dritten bestellt werden (Näheres bei § 12). Ebenso bedarf die Entlassung eines einzelnen WsErbbRs aus der Mithaft für ein das gesamte ErbbR belastende Grundpfandrecht der Zustimmung des Grundstückseigentümers, wenn Veräußerungen und Belastungen des ErbbRs nach § 5 Abs. 2 ErbbauRG zustimmungsbedürftig sind.[25]

37 Unterschiedlich ist auch die Schranke der Versagung der Zustimmung der Berechtigten nach §§ 5 ff. ErbbauRG und § 12 WEG. Im letzteren Falle kann nur aus **wichtigem Grunde** verweigert werden,[26] im ersten Fall genügt ein ausreichender Grund.[27] Soll der Grundstückseigentümer einem beabsichtigten Verkauf des Wohnungserbbaurechts zustimmen, und kann der Erbbauberechtigte dies auf Grund der Umstände des Einzelfalls nach §§ 157, 242 BGB grundsätzlich auch verlangen, so ist bei der Beurteilung der Frage, zu welchen Konditionen die Zustimmung zu erteilen ist, insbesondere zu berücksichtigen, dass der Verkaufspreis nicht unangemessen hoch ist. Denn das Zustimmungserfordernis soll den Eigentümer auch vor **spekulativen Ausnutzungen** des ErbbRs schützen.[28]

38 § 15 ErbbauRG bestimmt verbindlich, dass bei Vorbehalt der Zustimmung des Grundstückseigentümers zu Verfügungen (Veräußerung und Belastung) vor der Eintragung in das Grundbuch die Zustimmung des Grundstückseigentümers nachgewiesen sein muss. Eine dementsprechende Bestimmung fehlt jedoch für die Veräußerungsbeschränkungen nach § 12 WEG. Doch ist dazu zu beachten, dass die nach § 12 WEG eingeführte Veräuße-

[25] OLG Düsseldorf MittRhNotK 1995, 62 m. Anm. *Rethmeier.*
[26] OLG Frankfurt/M. Rpfleger 1979, 24; zu §§ 5–8 s. oben § 12 Rn 18 ff.
[27] OLG Frankfurt/M. a. a. O.
[28] BGH v. 15. 5. 1998 – V ZR 163/97.

rungsbeschränkung, wenn sie Inhalt einer Vereinbarung im Sinne von § 10 Abs. 2 geworden ist, die in das Grundbuch eingetragen ist, einem Veräußerungsverbot gleichkommt (s. oben bei § 12). Anderes kann nur gelten, wenn diese Veräußerungsbeschränkung nach § 12 WEG nicht zur Eintragung gelangt ist.

Der dingliche Inhalt des „ErbbRs" i. S. des § 2 ErbbauRG wird zugleich „dinglicher Inhalt" des WsErbbRs i. S. der §§ 5, 10 und bestimmt diesen in der Weise, dass auch Mehrheitsbeschlüsse des WErbbBerechtigten den Inhalt des ErbbRs nicht beeinträchtigen.[29] So kann z. B. auch ein Mehrheitsbeschluss den nach dem Erbbauvertrag bestimmten Nutzungscharakter (z. B. als Wohngebäude), bestimmte Instandhaltungspflichten usw. nicht beseitigen oder einschränken, ebenso wenig Bestimmungen über Verwaltung, Verwalterbestellung, Beitragspflichten, Heimfall, Veräußerungsbeschränkungen usw. Der Grundstückseigentümer kann sich nicht (wegen § 26 Abs. 1 Satz 4) die Mitwirkung bei Bestellung und Abberufung des Verwalters, aber wohl bei der Verwaltung selbst vorbehalten. Ein Gesamt-Heimfall erscheint nur zulässig, wenn der Heimfallgrund gegen **alle** gegeben ist.[30] 39

Grundsätzlich stehen die im Erbbauvertrag dinglich übernommenen Pflichten über den (abdingbaren) Rechten und Pflichten aus WEG oder Vereinbarung nach § 10, Mehrheitsbeschluss und richterlicher Beschluss. 40

Einen Widerspruch einer Vereinbarung zum ErbbRVertrag hat das GBA nicht zu prüfen.[31] 41

3. Grundbuchrecht

Es sind § 7 (Eintragung und Anlegung des Wohnungsgrundbuches) sowie § 9 (Schließung der WohnungsGBer) entsprechend anzuwenden. 42

Bei Begründung des WsErbbRs ist also ebenso wie beim WE grundsätzlich für jedes WErbbR ein eigenes Grundbuchblatt, das WohnungserbbGB oder TeilerbbGB, anzulegen. 43

Auch die Ausnahme des § 7 Abs. 2 (einheitliches Grundbuchblatt, wenn Verwirrung nicht zu besorgen ist) gilt hier. Für das ErbbGB selbst sind die §§ 14 ff. ErbbauRG sowie für das ErbbR § 8 GBO zu beachten. Für die Löschung des ErbbRs analog § 9 WEG auch § 16 ErbbauRG (Schließung des ErbbGB von Amts wegen). Über die Bekanntmachungen der Eintragungen siehe auch § 17 ErbbauRG. Auch § 15 über die Notwendigkeit des Vorliegens der Zustimmungserklärung des Grundstückseigentümers in den Fällen des § 5 ist vom GBA ausdrücklich zu beachten. Dabei bedarf nur die Zustimmungs**erklärung** des Grundstückseigentümers, nicht aber deren Zugang, des Nachweises in der Form des § 29 GBO.[32] 44

§ 8 der WGV (siehe Anh. III Nr. 2) bestimmt ausdrücklich die Anwendung der §§ 2–7 dieser Verfügung auch für Ws- und TeilerbbRe bzw. -Grundbücher.[33] Dabei ist von besonderem Interesse die Gestaltung der Eintragung im Bestandsverzeichnis des einzelnen Grundbuchblattes. Sie hat zu enthalten den zahlenmäßig ausgedrückten Bruchteil der Mitberechtigung am ErbbR, Angabe und Bezeichnung des Grundstücks, an welchem das ErbbR bestellt ist, sowie des Eigentümers desselben und ferner die Dauer des ErbbRs. Sodann ist das SE an einer näher zu bestimmenden Wohnung und die Beschränkung des Anteils durch die Einräumung der zu den anderen ErbbRsBruchteilen gehörenden SEs- 45

---

[29] Zur vertraglichen Bestimmung des Inhalts des ErbbRs s. *Ranft,* „Die Verdinglichung" des ErbbRsinhalts, 1993.

[30] Wohl kann der Heimfallanspruch bezüglich einer einzelnen Mitberechtigung als auch des ErbbRs im Ganzen geltend gemacht werden. Dies setzt eine entsprechende Vereinbarung voraus (s. a. unten Rn 66 ff.).

[31] Zu einer Ankaufsverpflichtung s. BGH NJW 1979, 2387.

[32] LG München II MittBayNot 1984, 32.

[33] S. Bem. zu § 7.

Rechte zu bezeichnen. Anlage 3 zur Wohnungsgrundbuchverfügung – WGV – enthält ein Beispiel auch für die Eintragung eines WsErbbRs. Dort ergibt sich auch, dass Inhaltsänderungen des ErbbRs selbst (z. B. Heimfallgründe) in Spalte 3 des Bestandsverzeichnisses, Änderungen des Gegenstandes oder Inhalts des SEs nach § 3 Abs. 5 der GBverfügung, aber in Spalte 6, einzutragen sind. Dabei ist die Bezeichnung SE durchaus beizubehalten (eine Art superfiziarischen Eigentums!), wenngleich dieses SE verbunden ist mit einem Bruchteil am ErbbR.

46 Hinsichtlich der Eintragungen in Abt. II und III des GBs gilt nichts Besonderes für das WErbbR. Gesamtbelastungen des bisherigen ErbbR, das in WsErbbR aufgeteilt bzw. umgebildet wird, sind auf die neuen Blätter zu übertragen. Das gilt auch für den Erbbauzins (§ 9 ErbbauRG) in seiner Eigenschaft als subjektiv dingliche Reallast. Wird er nicht aufgeteilt, was nicht notwendig ist, dann wird er Gesamtbelastung. Rangverhältnisse zum SE am ErbbR können sich nicht ergeben, da das SE keine Belastung, sondern nur eine im Bestandsverzeichnis zuzuschreibende Beschränkung ist.[34]

4. Analoge Anwendung der §§ 1–29 WEG

47 § 30 Abs. 3 S. 2 wiederholt als Selbstverständlichkeit, dass für das WsErbbR (Teilerbbaurecht) die Vorschriften über das WE (TE) entsprechend gelten. §§ 1 bis 29 WEG sind also ausnahmslos auch auf das WsErbbR anzuwenden. Insbesondere sind die Vereinbarungen nach §§ 10 ff., die Verwaltungsvorschriften nach §§ 20 ff. genauso anwendbar und zu beachten, wie beim WE. Dies gilt z. B. auch für den Minderheitenschutz gemäß § 24 Abs. 2[35] und § 23 Abs. 4 Satz 1[36] (zu § 8 – Vorratsteilung – s. o. Rn 31). Hinzu kommen allerdings die Qualifikationen durch das ErbbR selbst, insbesondere die etwaigen Vorbehalte des Grundstückseigentümers hinsichtlich der Zustimmung zu Veräußerungen und sonstigen Verfügungen (§§ 5–8 ErbbauRG). Auch die Erschwerungen bei der Beleihung nach § 21 ErbbauRG (Tilgungshypothek) sind zu beachten.[37]

48 Für die Belastung ist weiterhin darauf Rücksicht zu nehmen, dass der **Erbbauzins** als Reallast an den ErbbRen, also auch am WsErbbR, eingetragen ist. Auch im Falle der Aufteilung entsprechend § 8 kann der Erbbauzins nur zugunsten des Grundstückseigentümers – nicht zugunsten eines im Besitz des Erbbauberechtigten verbleibenden WsErbbR – auf den WsErbbRen eingetragen werden.[38] Dagegen ist eine subjektiv-dingliche **Reallast** zu Lasten des veräußerten WsErbbRs und zugunsten des jeweiligen Berechtigten des vom Veräußerer zurückbehaltenen Anteils zulässig.[39] Dieser Erbbauzins kann seinerseits bestehen sowohl als Gesamtbelastung wie auch als Einzelbelastung (Höhe meistens 4–5% des Wertes des Grundstückes; dieser ist unter Umständen, je nach dem Vertrag, von Zeit zu Zeit neu zu schätzen). Mindest- und Höchstbeträge sind allerdings unzulässig. Es muss ein bestimmter Betrag eingetragen sein. Der Erbbauzins kann nach Zeit und Höhe für die gesamte Erbbauzeit im Voraus bestimmt werden. Nach § 9 Abs. 1 Satz 1 ErbbauRG i. V. mit § 1105 Abs. 1 BGB kann als Inhalt der Reallast auch vereinbart werden, dass die zu entrichtenden Leistungen sich ohne weiteres an veränderte Verhältnisse anpassen, wenn anhand der in der Vereinbarung festgelegten Voraussetzungen Art und Umfang der Belastung des Grundstücks bestimmt werden können **(gleitender Leistungsumfang).**[40] Damit kann ein gleitender Erbbauzins (etwa durch Bindung an einen Index) dinglicher

[34] Weitere Einzelheiten s. bei *Hügel,* GBO, 2007 ErbbR Rn 129; § 28 GBO Rn 58 ff.

[35] AG München Rpfleger 1975, 254.

[36] BayObLG WEM 1981, 35: Bindungswirkung eines möglicherweise anfechtbaren Beschlusses (jetzt § 23 Abs. 4 S. 2 n. F.).

[37] S. dazu *Huber* NJW 1952, 697 f.

[38] OLG Düsseldorf DNotZ 1977, 305.

[39] OLG Düsseldorf a. a. O.

[40] BGHZ 111, 324.

Inhalt des ErbbRs werden.[41] Keinesfalls kann aber eine solche Abrede etwa zum Inhalt der Vereinbarung nach § 10 Abs. 2 gemacht werden. Der Erbbauzins ist in der Regel in Geld festzusetzen. Eine Wertbeständigkeitsklausel unterliegt ggfs. § 3 Währungsgesetz. Zu **Wertsicherungsklauseln** bei gleitendem Erbbauzins s. u. a. BGH[42] und § 9 a ErbbauRG.[43] Übertragen auf das WsErbbR bedeutet dies, dass ein Anspruch auf Anpassung/Änderung des Erbbauzinses nur besteht, wenn er mit dem jeweiligen WsErbb-Berechtigten vereinbart ist.[44] Gleitklauseln unterliegen keiner Genehmigung, wenn das ErbbR eine Laufzeit von über 30 Jahren hat. Spannungs-/Leistungsvorbehaltsklauseln bedürfen keiner Genehmigung. Der Erbbauzinsanspruch verjährt in 3 Jahren (BGH NJW-Spezial 2010, 66).

Eine Gebrauchsabrede nach § 15 Abs. 2 (§ 10 Abs. 2 WEG) kann gemäß § 1 Abs. 2 ErbbauRG (bzw. 1013 BGB) auch auf das zum ErbbR als wesentlicher Bestandteil gehörende Gelände (eigentlich nur ein Geländenutzungsrecht) erstreckt werden. Mit der **Veräußerung** eines WsErbbRs entfällt das **Rechtsschutzinteresse** an der Anfechtung eines Beschlusses der WsErbb-Berechtigten, wenn der Beschluss für den Antragsteller keine Rechtsfolgen mehr auslösen kann und sein Rechtsnachfolger erklärt, dass er an der Fortsetzung des Verfahrens kein Interesse hat.[45] 49

5. Erlöschen und Heimfall

Im Falle des **Erlöschens des ErbbRs** ist die natürliche Folge die, dass das WE (SE und damit die Figur des WsErbbRs) selbst auch erlischt, da das Fundament, nämlich der Bruchteil des ErbbRs, untergeht.[46] Nicht identisch damit ist der Fall, dass das Gebäude als solches untergeht (s. § 13 ErbbauRG). In diesem Falle bleibt vielmehr das ErbbR und damit auch das WErbbR selbst an der Ruine bestehen; es bleibt (als eine Art Anwartschaftsrecht) auch bestehen, wenn das ganze Gebäude verschwunden ist. 50

Im Falle dieses Erlöschens nach §§ 27 ff. ErbbauRG[47] liegt der Fall analog, wie wenn gemäß § 4 WEG sämtliche SEs-Rechte aufgehoben worden wären. Auch hier ist anzunehmen, dass nach § 9 Abs. 1 Nr. 1 die Wsgrundbücher von Amts wegen zu schließen sind, vor allem auch deshalb, weil auch das ErbbR als solches in diesem Falle zur Löschung gelangt. Allerdings ist die Löschung des ErbbRs nicht von Amts wegen zu vollziehen, vielmehr bedarf es der Bewilligung des eingetragenen Erbbauberechtigten schon auf Grund § 19 GBO in der Form des § 29 GBO, die durch Urteil gegebenenfalls ersetzt werden kann. Wird sodann das ErbbR gelöscht, so sind die Voraussetzungen des § 9 Abs. 1 Nr. 1 WEG für die Schließung der WsErbbaugrundbücher von Amts wegen gegeben. 51

Auch wenn das ErbbR die Qualifikation als WsErbbR erlangt hat, gelten § 27 ErbbauRG über Entschädigung für das noch bestehende Bauwerk, § 28 ErbbauRG über Haftung für die Entschädigungsforderung mit dem Grundstück an Stelle des ErbbRs und mit dem Rang desselben, Fortdauer der Grundpfandrechte (auch Rentenschulden und Reallasten) an der Entschädigungsforderung (§ 29 ErbbauRG), Fortdauer von Miet- und Pachtverträgen (§ 30 ErbbauRG). Vor allem ist § 27 Abs. 3 ErbbauRG zu beachten, wonach der Grundstückseigentümer die Zahlung der Entschädigung dadurch abwenden kann, dass er dem Erbbauberechtigten die Verlängerung des ErbbRs für die voraussichtliche 52

---

[41] Die Möglichkeit ist eröffnet durch das G zur Einführung des Euro, Art. 11 a, v. 15. 6. 1998 (BGBl. I S. 1242). Zum Fall der Anknüpfung an den „maßgebenden Verkehrswert“ s. BGH Grundeigentum 1999, 900.

[42] V. 5. 2. 1971 WM 1971, 356 und BGH v. 22. 5. 1970 DNotZ 1971, 42.

[43] Eingefügt durch das G v. 8. 1. 1974, BGBl. I, S. 41, vgl. die entsprechenden Kommentare zum ErbbauRG und zum PreisklauselG.

[44] BayObLG WE 1987, 55.

[45] BayObLG ZWE 2002, 465.

[46] Weitnauer/*Mansel* § 30 Rn 12.

[47] Einzelheiten s. bei Palandt/*Bassenge* §§ 27 ff. ErbbRG.

Standdauer des Bauwerks anbietet; bei Ablehnung durch den Erbbauberechtigten erlischt dann auch sein Anspruch auf die Entschädigung.

53 Gemäß § 12 Abs. 3 ErbbauRG werden die Bestandteile des ErbbRs Bestandteile des Grundstückes, wenn das ErbbR erlischt. Dies gilt auch beim Erlöschen durch Zeitablauf. Der ganze Vorgang vollzieht sich im Grunde außerhalb des GB. Das GB wird also insoweit unrichtig, und es besteht ein Anspruch des Eigentümers auf Zustimmung zur Berichtigung des GB, allerdings unter der Voraussetzung, dass die Entschädigungsforderung des bisherigen Erbbauberechtigten für das verbliebene Bauwerk (§ 27) gemäß § 28 ErbbauRG sichergestellt wird, weil diese Forderung auf dem Grundstück lastet und dieses an Stelle des ErbbRs und mit dessen Rang haftet. Insofern besteht vor der Berichtigung des GB (und der entsprechenden Sicherung der Entschädigungsforderung, z. B. durch Eintragung einer Hypothek) der **gute Glaube** des GB Dritten gegenüber weiter. In diesem Augenblick des Erlöschens des ErbbRs (wobei zugleich der Gegenstand des WsErbbRs, der nunmehr Bestandteil des Grundstücks wird, wegfällt) löst sich auch die untrennbare Verbindung nach § 6 WEG zwischen ME und SE und Gemeinschaftsvermögen auf, desgleichen entfällt die Unauflösbarkeit der Gemeinschaft nach § 11; diese besteht nur noch als gewöhnliche Gemeinschaft i. S. der §§ 741 ff. BGB fort, und zwar am (möglichen) Entschädigungsanspruch gegen den Eigentümer und an sonstigen Vermögensgegenständen. Der öffentliche Glaube des GB ist zu beachten. Auch vor der Berichtigung des GB kann also jeder WsErbb-Berechtigte die Auflösung der Gemeinschaft verlangen, und zwar nach Maßgabe der Bestimmungen der §§ 741 ff. BGB.

54 Vom Erlöschen ist der **Heimfall** zu unterscheiden. Der Heimfallanspruch muss grundsätzlich vereinbart werden gemäß § 2 Nr. 4 ErbbauRG. Ist ein solcher Heimfallanspruch vereinbart, so sind unter den vereinbarten Voraussetzungen sämtliche Erbbauberechtigten verpflichtet, das ErbbR, hier allerdings mit der Qualifikation als WsErbbR, auf den Eigentümer oder einen von diesem bezeichneten Dritten zu übertragen. Diese Verpflichtung muss nicht gleichzeitig und gleichheitlich für alle WsErbb-Berechtigten bestehen; sie kann auch nur in der Person eines oder einzelner von ihnen eintreten oder auch von Anfang an nur so vereinbart sein. Das WsErbbR erlischt weder als ErbbR, noch wird seine Eigenschaft als WsErbbR (in der Verbindung mit dem SE) aufgehoben.[48] Es bleibt also beim WsErbbR mit der Untrennbarkeit der Bestandteile nach § 6 und mit der Unauflöslichkeit der Gemeinschaft nach § 11. Heimfall umfasst das gesamte **dreigliedrige** Recht des WsErbbRs, also einschließlich des Mitgliedschaftsrechts auch im Rahmen der Teilrechtsfähigkeit, das auch die Anteile an Rücklagen usw., an unverteilten Nutzungen umfasst, aber auch rückständige Verpflichtungen auf Lasten und Kosten (evtl. auch Baukosten, wenn in der GemO gemäß § 10 Abs. 2 verdinglicht). Die ganze Änderung besteht darin, dass an Stelle eines dritten WsErbbBerechtigten nunmehr der Grundstückseigentümer WsErbbBerechtigter (für alle oder nur einzelne der WsErbbRechte) wird. Der Heimfallanspruch muss als schuldrechtlicher Anspruch geltend gemacht werden; es tritt also, wenn die Voraussetzungen für den Heimfall gegeben sind, nicht etwa ein Rechtsübergang ipso jure ein, vielmehr bedarf es einer entsprechenden Einigung, auf die unter den gegebenen Voraussetzungen der Grundstückseigentümer allerdings ein klagbares Recht hat. Die Einigung geht hier auf Übertragung des WsErbbRs mit allen damit zusammenhängenden Nebenrechten.

55 **Vereinigen** sich alle WsErbbRe etwa in der Hand des Grundstückseigentümers (oder auch eines Dritten), so liegt ein Fall des § 9 Abs. 1 Nr. 3 WEG vor; der Eigentümer oder Dritte kann den Antrag auf Schließung des WsErbbGrundbuches stellen,[49] eine Schließung von Amts wegen erfolgt in diesem Falle jedoch nicht. Für das ErbbR ist wieder ein einheitliches ErbbGBblatt anzulegen, es sei denn, dass auch das ErbbR aufgehoben wird.

---

[48] Palandt/*Bassenge* § 30 Rn 2; Weitnauer/*Mansel* § 30 Rn 13.

[49] OLG Celle Rpfleger 1981, 22 = MittBayNot 1981, 131.

Erwirbt der Grundstückseigentümer nur einzelne WsErbbRe, so kann er nicht vom Recht nach § 26 ErbbauRG auf Aufhebung der ErbbRe Gebrauch machen, weil weitere WsErbbRe in der Hand Dritter bestehen, über die er im Rahmen des § 26 nicht verfügen kann. Auch ein Nebeneinander von gewöhnlichem WE oder ME (in der Hand des Grundstückseigentümers oder eines Dritten) **neben** WsErbbR ist dogmatisch nicht denkbar. 56

6. Erneuerung

Auch bei WsErbbRen können die Erbbauberechtigten ein Vorrecht auf Erneuerung des ErbbR eingeräumt bekommen im Sinne des § 31 ErbbauRG (s. a. § 2 Nr. 6). Das Vorrecht auf Erneuerung ist dem Vorkaufsrecht vergleichbar. Es sind deshalb auch die einschlägigen Bestimmungen §§ 464–469, 472, 473 BGB für anwendbar erklärt (§ 31 Abs. 3 ErbbauRG).[50] Daraus ist zu beachten, dass nach § 513 bei mehreren Berechtigten das Erneuerungsrecht wie das Vorkaufsrecht nur im ganzen ausgeübt werden kann. Es ist allerdings denkbar, dass dieses Erneuerungsrecht nicht sämtlichen Erbbauberechtigten (entsprechend ihren Bruchteilen) eingeräumt worden ist, sondern nur einzelnen. In diesem Fall ist entsprechend § 474 S. 2 BGB anzunehmen, dass diejenigen, denen dieses Erneuerungsvorrecht eingeräumt worden ist, dieses im ganzen (also auch mit Wirkung hinsichtlich des nicht mit dem Erneuerungsrecht belasteten Bruchteils) ausüben können. 57

Es ist aber auch zu erwägen, ob die §§ 513, 472 BGB hier grundsätzlich in Betracht kommt, ob es sich überhaupt darum handelt, dass das Erneuerungsvorrecht mehreren gemeinschaftlich zusteht. Dies ist jedoch zu bejahen. Würde man annehmen, dass das Erneuerungsrecht jedem einzelnen entsprechend seinem Bruchteil und hinsichtlich seines Bruchteils zusteht, den übrigen jedoch nicht, so könnte der Fall eintreten, dass einzelne (noch fortbestehende oder erneuerte) ErbbRe mit SE verbunden sind und WsErbbRe darstellen, hinsichtlich anderer Bruchteile jedoch das ErbbR erloschen wäre und reines Grundstücksmiteigentum bestehen würde. Dieses Nebeneinander wäre dogmatisch unmöglich. 58

Hieraus ergibt sich auch die Einsicht, dass das ErbbR zeitlich für alle ErbbRBruchteile gleich lange laufen muss.[51] 59

7. Teilerbbaurecht

Wie beim TE, so gilt auch beim TeilerbbR, dass alle Vorschriften, die für das WE bzw. WsErbbR gegeben sind, auch für das TeilerbbR gelten. Rechtliche Unterschiede bestehen außer der Bezeichnung im Titel des GBblattes (als Teilerbbaugrundbuch) nicht. 60

8. Heimstätteneigenschaft

Es wird grundsätzlich auf die Ausführungen zur Frage der Heimstätteneigenschaft von WE verwiesen (s. § 1) Die nachstehenden Ausführung gelten nur noch für die **vor** dem 1. 10. 1993 begründeten Heimstätten, da das Heimstättenrecht mit dem 30. 9. 1993 außer Kraft getreten ist (zur Übergangsfrist s. o. § 1). Wird mit der Löschung des RHeimstättenvermerks bei dem in Abt. III des GBs eingetragenen Grundpfandrechten nach Art. 6 § 2 Abs. 3 des Aufhebungsgesetzes vermerkt, für sie gelte weiterhin § 17 Abs. 2 e des früheren RHeimstättenG, so hat dieser Vermerk nur deklaratorische Bedeutung und verweist lediglich auf die sich aus Art. 6 § 1 Abs. 1 S. 2 des Aufhebungsgesetzes ohnehin ergebende Rechtslage.[52] 61

---

[50] Durch ein Redaktionsversehen waren die durch die SchuldRReform geänderten Vorschriften nicht eingesetzt; siehe jetzt die textlich unveränderten Vorschriften der §§ 464 bis 469, 472, 473 BGB im ErbbauRG v. 23. 11. 2007.

[51] Zu einer formularmäßigen Ankaufsverpflichtung s. BGH NJW 1979, 2387.

[52] OLG Hamm NJW-RR 1995, 1357.

62 Ein ErbbR konnte auch **Heimstättencharakter** erlangen.[53] Das WEG bringt keine Bestimmung, wonach als Grundstück im Sinne des Reichsheimstättengesetzes auch Wohnungs- oder Teileigentum bzw. WErbbR oder TeilerbbR angesehen werden könnte. § 1 des RHeimstG ging davon aus, dass **Grundstücke** als Heimstätten zu Eigentum ausgegeben werden können. Als Grundstück aber wurde angesehen ein abgegrenzter Teil der Erdoberfläche mit dem, was darüber und darunter als Bestandteil dazu gehört. Gleichbehandelt wurden ErbbR (§ 11 ErbbauRG) sowie landesgesetzlich die Erbpacht, Bergwerkseigentum und gewisse Mineralerbbaurechte (Art. 63, 67, 68 EGBGB). Diese Definition des Grundstücks war jedoch nur aus dem Gegensatz zur beweglichen Sache zu verstehen. Die Regelung des WEs nach dem WEG macht es unmöglich, im WE selbst ein superfiziarisches Immobiliareigentum zu erblicken. Dem steht die Verbindung mit dem ME entgegen. Das Gesetz behandelte die Einheit von ME und SE als selbstständigen Gegenstand des Rechtes (grundstücksgleich: S. § 4). Dass ein Immobiliarteil (Grundstück als Teil der Erdoberfläche) Gegenstand des Eigentums sein kann, war jedoch die einzige und entscheidende Voraussetzung zur Entstehung der Heimstätteneigenschaft durch Ausgabe als solche. Daraus und aus der Identität der wirtschaftlichen Motive für die Bildung von Heimstätten bei einem Einzelhaus wie bei einem rechtlich selbstständigen WE war also, sofern die übrigen Voraussetzungen gegeben waren, die Anwendung der Heimstättengesetzgebung auch auf das WE und das WsErbbR zu bejahen. Grundbuchmäßig (§ 4 HeimstG) ergaben sich, da für das WE je ein gesondertes GBblatt im Allgemeinen angelegt wurde (Ausnahme des § 7 Abs. 2 WEG), keine Schwierigkeiten.[54]

9. Untererbbaurecht

63 Die Zulässigkeit von ErbbRen an einem ErbbR (Untererbbaurecht) war umstritten; z. T. wurde sie abgelehnt.[55] Nachdem sie der BGH bejaht hatte, wurde die GBO durch das Registerverfahrensbeschleunigungsgesetz[56] mittels § 6a ergänzt. Aus dessen Text ergibt sich, dass der Gesetzgeber von der Zulässigkeit der Bestellung ausging.[57] Damit ist die Frage entschieden. Sie kann praktisch durch Einräumung von einzelnen WsErbbRen umgangen werden, wenn gewisse Verwaltungsrechte, insbes. das Inkasso der Erbbauzinsen in einer Hand, nämlich der des Verwalters, vereinigt werden; das wäre durch Vertragsstrafe (§ 2 Nr. 5) oder Heimfallanspruch (§ 2 Nr. 4 ErbbauRG) als Inhalt der einzelnen ErbbRe gegenüber jedem ErbbBerechtigten im Falle seines Zuwiderhandelns zu sichern. Außerdem könnte der Grundstückseigentümer die Aufnahme einer entsprechenden Bestimmung in die GemO der WsErbbBer. verlangen, deren Abänderung, abgesehen vom wichtigen Grund, der qualifizierten Mehrheit oder gar Einstimmigkeit der WsErbbBer. unterworfen werden könnte. Bei der Bestellung eines UntererbbRs kann nicht vereinbart werden, dass der Untererbbauberechtigte zur Veräußerung und Belastung des UntererbbRs der Zustimmung des Grundstückseigentümers bedarf. Dies gilt auch dann, wenn das ErbbR nur mit Zustimmung des Grundstückseigentümers veräußert oder belastet werden kann.[58]

64 Eine „Gesamtbelastung" der ErbbRe, auch die gesamtbelastende Inhaltsvereinbarung nach § 2 ErbbauRG ist allerdings dogmatisch auch hier ausgeschlossen. Es kann also nicht

---

[53] Reichsheimstättengesetz vom 10. 5. 1920 in der Fassung vom 25. 11. 1939, RGBl. 1291 mit AVO vom 19. 7. 1940, RGBl. 1027. Die Möglichkeit, eine Heimstätte zu begründen, ist durch das AufhebungsG v. 17. 6. 93 (BGBl. I S. 912) ab 1. 10. 1993 ausgeschlossen.

[54] Anders *Diester* § 1 Anm. 16 und § 30 Anm. 14.

[55] S. z. B. *Schneider* DNotZ 1955, 70; BGH MittBayNot 1974, 149 = BGHZ 62, 179 und Palandt/*Bassenge* § 11 ErbbauRG Rn 7; s. oben Rn 3.

[56] V. 20. 12. 1993 – BGBl. I S. 2182.

[57] *Holzer* NJW 1994, 481.

[58] LG Augsburg MittBayNot 1995, 211/LS.

der Verstoß eines ErbbBer. zum Heimfall oder zur Vertragsstrafe sämtlicher Einzel-ErbbRe führen (s. u. Rn 66).

10. Realteilung

Auch die Realteilung des ErbbRs, ohne Teilung des Grundstücks, die bestritten ist,[59] von der h. M. allerdings bejaht wird,[60] kann durch WsErbbRe umgangen werden.[61] 65

11. Heimfallbedingungen; Gesamtheimfall

Grundstückseigentümer, insbesondere öffentliche Körperschaften, wie Gemeinden, Landkreise usw., haben ein berechtigtes Interesse, einem Verfall des zu ErbbR ausgegebenen (bestehenden oder noch zu errichtenden) Gebäudes vorzubeugen, wie er selbst mit Hilfe von Mehrheitsbeschlüssen der WsErbbBerechtigten, insbesondere aber durch Unterlassung solcher, herbeigeführt werden kann. Es wurde auch versucht, einen Gesamtheimfall für sämtliche WsErbbRe eines Anwesens zu vereinbaren, selbst für den Fall, dass auch nur einer der WsErbbBerechtigten mit dem auf ihn treffenden Erbbauzins i. S. des § 9 Abs. 4 ErbbauRG (zwei Jahre Rückstand) in Verzug ist. Gegen dieses letztere Verfahren (s. auch oben Rn 63) können folgende Bedenken geltend gemacht werden: 66

- Ein ErbbR gewöhnlicher Art an mehreren Grundstücken ist rechtlich ungewöhnlich, wenn auch zulässig,[62] keineswegs ein WsErbbR an mehreren ErbbRen; es ist jeweils ein „SE“ mit einem ErbbRs-Bruchteil zu verbinden. Allerdings kann das „SE“ aus mehreren Wohnungen oder Räumen bestehen, sofern diese nur die Voraussetzungen des § 3 Abs. 3 erfüllen (Näheres dort und o. Rn 31 ff.). 67
- Ein **Gesamterbbauzins** an **mehreren** ErbbRen, also auch an mehreren WsErbbRen, erscheint unzulässig. Wenngleich § 1132 BGB für die Reallast Gültigkeit haben soll (s. aber § 1109 Abs. 2), kann dies jedoch nicht für den reallastähnlichen Erbbauzins gelten.[63] Anders im Falle **eines** (zulässigen) GesamterbbRs an verschiedenen Grundstücken. 68
- Die Unzulässigkeit einer Gesamtbelastung mehrerer ErbbRe mit einem und demselben Recht ergibt sich e contrario aus § 1132, wonach die Gesamtbelastung gerade für Grundpfandrechte ausnahmsweise zugelassen wird. So ist auch eine Gesamtgrunddienstbarkeit allgemein unzulässig. So kann z. B. auch die Ausübung einer Grunddienstbar keit nicht von einer Tatbestandsvoraussetzung an einem einzelnen der belasteten Grundstücke abhängig gemacht werden. 69
- Die Heimfallverpflichtung ist aber nicht einmal „Belastung“ des ErbbRs, sondern „dinglicher Inhalt“ des Rechts (§ 2 ErbbauRG), d. h. des einzelnen beinhaltenden Rechts. Dieser Inhalt kann nicht von Bedingungen abhängig sein, die nicht bei ihm selbst, sondern bei anderen Rechten eintreten. Insbesondere ist ein „Gesamtinhalt“ dinglich nicht möglich. 70
- Es gibt keine Dinglichkeitswirkung über das Einzelne dingliche Recht hinaus auf andere Gegenstände und auch nicht auf Parteien, die an diesem individuellen Recht nicht beteiligt sind, hier also über das einzelne WsErbbR und dessen besondere spezifisch Berechtigte und Verpflichtete hinaus, auch wenn die einzelnen ErbbRe und ihr Inhalt inhaltlich einander gleichen oder ähnlich sind. Die Dinglichkeit ist auf die durch die 71

---

[59] S. KGJ 1951, 230; *Lutter* DNotZ 1960, 87; *Haegele* Rpfleger 1967, 285.

[60] *Hauschied* Rpfleger 1956, 601; *Weitnauer* DNotZ 1958, 413; Weitnauer/*Mansel* § 30 Rn 19 m. w. N.

[61] So auch Weitnauer/*Mansel* § 30 Rn 19.

[62] BGH NJW 1976, 519; *Ingenstau* ErbbRVO, § 1 Anm. 8.

[63] So im Ergebnis *Haegele,* Rpfleger 1967, 280; Palandt/*Bassenge,* § 9 ErbbRG Rn 6.

GBeintragung betroffenen einzelnen Gegenstände, hier das einzelne ErbbR und seine Beteiligten, beschränkt.

72 – Schuldrechtlich, d. h. ohne Wirkung gegen Gesamtrechtsnachfolger, begegnet eine Heimfallvereinbarung des Inhalts, dass der Verzug eines anderen WsErbbBerechtigten den Heimfall auslösen soll, dem möglichen Einwand der Unsittlichkeit.

73 – Nach § 9 Abs. 3 ErbbauRG ist die Geltendmachung des Heimfallanspruchs wegen Zahlungsverzugs ausdrücklich dahin eingeschränkt, dass der ErbbBerechtigte mit dem Erbbauzins mindestens zwei Jahre im Rückstand sein muss. Der Gesetzgeber wollte also den Heimfallanspruch wegen Zahlungsverzugs auch beim eigenen Verzug des ErbbBer. von einer gewissen Langfristigkeit abhängig machen und damit beschränken. Das dahinterstehende Motiv des Gesetzgebers der Schonung des ErbbBer. wegen Zahlungsverzugs muss erst recht gegenüber dem Heimfallanspruch aus Verzug eines anderen ErbbBer. durchgreifen.

74 – Nach dem alten ErbbR des BGB (§§ 1012 ff.) war bestritten, ob der Erbbauzins „dinglicher Inhalt" des ErbbRs ist (s. Näheres unten § 38 Rn 1). Wegen der möglicherweise hieraus aus dem Rang sich ergebenden Schwierigkeiten hat das ErbbauRG eine selbstständige Reallast für den Erbbauzins gebildet. Gleichwohl ist dies ein Indiz dafür, dass der Erbbauzins als dingliche Verpflichtung des einzelnen ErbbBer. anzusehen ist, und die Nichterfüllung derselben keine Wirkungen über das im Einzelnen dingliche Recht hinaus haben kann.

75 – Der Vertrag jedes ErbbBer. (WsErbbBer.) ist ein selbstständiger Vertrag für sich; eine darin aufgenommene Heimfallbestimmung wirkt zu Lasten der anderen WErbbBer. für den Fall, dass der an diesem Vertrag beteiligte WErbbBer. mit seinem Erbbauzins in Verzug gerät, stellt einen unzulässigen Vertrag zu Lasten Dritter dar; anderes könnte sich nur ergeben, wenn alle ErbbBer. gegenseitig dieser Heimfallvereinbarung für den Fall des Verzuges irgendeines von ihnen zugestimmt hätten. Dagegen aber stehen die obigen Bedenken.

76 Nach alledem erscheint ein **Gesamtheimfall,** wenn die Voraussetzung nur in einer Person bei mehreren selbstständigen WsErbbBerechtigten gegeben ist, **unzulässig.**[64] Davon abgesehen wären aber wohl folgende Vereinbarungen in Erbbauverträgen als zulässig anzusehen:

77 Für den Fall, dass der WsErbbBer. gegen die ihm nach dem WsErbb-Vertrag obliegenden Verpflichtungen verstößt, ermächtigen der einzelne WsErbbBer. und die Gesamtheit der WsErbbBer. im Anwesen auf dem bestimmten Grundstück den Grundstückseigentümer, von sich aus das Vorliegen der Voraussetzungen für eine **Entziehung** i. S. des § 18 WEG ohne Mehrheitsbeschluss festzustellen und das Urteil i. S. des § 19 WEG sowie die Entziehung selbst herbei- und durchzuführen. Dies gilt insbesondere bei Änderung der Nutzungsart (z. B. Erwerbsbetrieb statt Wohnung), Nicht- oder Schlechterfüllung der Verpflichtung zur Instandhaltung und Instandsetzung der SEsRäume wie der gemeinschaftlichen Teile, Einrichtungen und Anlagen, Verzug in den Beiträgen zur Lasten- und Kostentragung i. S. des § 16 WEG, überhaupt bei jedem Versagen ordnungsmäßiger Verwaltung sowohl i. S. des ErbbRs-Vertrages (auch bei Verzug in der Zahlung des Erbbauzinses mit mindestens zwei Jahresbeträgen nach § 9 Abs. 4 ErbbauRG), als auch des WEG (auch nach § 21 Abs. 3) wie der GemO. Die WsErbbBer. übertragen insoweit ihre Rechte nach §§ 18, 19 WEG auf den Grundstückseigentümer und verzichten darauf, Beschlüsse zu fassen, die den nach obigen zugelassenen Feststellungen des Grundstückseigentümers widersprechen.

78 Der Grundstückseigentümer hat das gleiche Recht, die Entziehung geltend zu machen gegenüber einem WsErbbBer., der mit der Bezahlung seines Erbbauzinses länger als 2 Jahre im Rückstand ist. In diesem Falle kann der Grundstückseigentümer anstatt des Heimfalls i. S. des § 9 Abs. 4 ErbbauRG die Entziehung geltend machen.

[64] Palandt/*Bassenge,* § 30 Rn 2; wohl auch Weitnauer/*Mansel* § 30 Rn 13.

Im Übrigen erscheint das Heimfallrecht des WsErbbRs selbst im Einzelfall als genügende Sicherung gegen Beeinträchtigung der Rechte und Interessen des Grundstückseigentümers, zumal der WsErbbBer. nach dem Heimfall grundsätzlich auch keinen Mieterschutz genießt. **79**

Der Grundstückseigentümer kann sich nicht mehr die Zustimmung auf Bestellung und Abberufung eines Verwalters im ErbbRs-Vertrag vorbehalten, insofern geht der neue § 26 Abs. 1 Satz 4 WEG (lex posterior) vor, dagegen wohl die Mitwirkung bei der Verwaltung selbst (s. auch Rn 39 oben). **80**

Nicht ausgeschlossen erscheint es auch, einen Gesamtheimfall sämtlicher WsErbbRe für den Fall in den ErbbRs-Verträgen einheitlich unter gegenseitiger Zustimmung aller WsErbbBerechtigten zu vereinbaren, dass die Verwaltung nicht ordnungsmäßig geführt wird. Dies auch dann, sofern Mehrheitsbeschlüsse gegen eine solche gefasst werden, und die einzelnen WsErbbBerechtigten nicht die ihnen zustehenden Maßnahmen dagegen (s. § 21 Abs. 4, 7 Anrufung des Gerichts) mit Erfolg ergreifen. Auch könnte die Änderung der GemO von der Zustimmung des Grundstückseigentümers abhängig gemacht werden. **81**

II. Teil. Dauerwohnrecht

Vorbemerkungen vor § 31

Übersicht

Literatur: *Arens,* Dingliche Nutzungsrechte, 2007; *Bärmann/Seuss,* Praxis des Wohnungseigentums, T. A XI; Beck'sches Formularbuch Wohnungseigentumsrecht, hrg. von *Müller,* 2007, K I 1, 8; *Dammertz,* Wohnungsrecht und Dauerwohnrecht, 1970; *Drasdo,* Die Besonderheiten von in Form des Wohnungseigentums organisierten Time-sharing-Objekten, FS *Merle,* 2000, 129; *Gralka,* Time-Sharing und Dauernutzungsrecht NJW 1987, 1997; *Hügel,* GBO, 2007, § 23 Rn 34f.; *Maier,* Zur Eintragungsfähigkeit eines Dauernutzungsrechts BWNotZ 1987, 90; *Lotter,* Aktuelle Fragen des Dauerwohnrechts, MittBayNot 1999, 354; *Mankowski,* Internationale Zuständigkeit in Timesharing-Fällen, NZM 2007, 671; *Mayer,* Zur Störfallvorsorge beim Dauerwohnrecht: Heimfallanspruch bei Tod des Berechtigten oder Veräußerung des Rechts, DNotZ 2003, 908; *Schmidt,* Dauerwohnrecht und Dauernutzungsrecht für mehrere Personen, WEZ 1987, 119; *Schubert,* Neues bei den Teilzeit-Wohnrechten (Timesharing), NZM 2007, 665; *Spielberger,* Der aktuelle Anwendungsbereich des Dauerwohn- und Dauernutzungsrechts, FS Bärmann/Weitnauer, 1990, 647; *ders.,* Der Anwendungsbereich des Dauernutzungsrechtes, FS Merle, 301; *Tonner/Tonner,* DWR und Timesharing, WM 1998, 313; *Wolf,* Modernisierung auf der Grundlage des Dauerwohnrechts nach dem Wohnungseigentumsgesetz BlGBW 1977, 124.

I. Veranlassung zur Schaffung des DWR

1 Schon frühere Zeiten hatten sich mit der Einführung eines vererblichen und veräußerlichen, aber beschränkt dinglichen Rechtes nach Art des DWRs beschäftigt; es war davon in der Diskussion um das **Stockwerkseigentum** selbst auch immer wieder die Rede.[1] Noch kurz vor dem Inkrafttreten des WEG war in Süddeutschland der Versuch gemacht worden, den Zweck eines solchen Rechts mit Hilfe des § 1093 BGB zu erreichen.[2] Auch das sogenannte **unechte** Stockwerkseigentum, für welches Art. 131 EGBGB einen landesrechtlichen Vorbehalt schuf, ist damit verwandt. Württemberg-Baden hatte 1950[3] davon Gebrauch gemacht; das WEG hat diese landesrechtliche Entwicklung wieder illusorisch gemacht.[4]

2 Den unmittelbaren äußeren Anlass, das DWR dem Gesetzgeber vorzuschlagen, gab wohl in erster Linie der Missbrauch der verlorenen oder auch zinslos anrechenbaren Baukostenzuschüsse und der damit häufig verbundene Aufbauvertrag. Der **Entwurf** des BMJ 4707/50 enthält unter § 33 mit der Überschrift **„Baukostenzuschuss"** Sondervorschriften in Bezug auf das Bestehen bleiben des Rechts in der Zwangsversteigerung, ungeachtet einer

[1] S. die Erstaufl. Einl. III; vgl. *Kohl,* Stockwerkseigentum, 2007.
[2] Wegen aller Einzelheiten muss auf die Erstaufl. Einl. III verwiesen werden.
[3] Gesetz vom 12. 6. 1950 und Verordnungen vom 29. 5. und 13. 6. 1951.
[4] Genanntes Gesetz wurde wieder aufgehoben am 16. 2. 1953.

eingetragenen Vereinbarung. Dies wurde nicht in dieser Form in das Gesetz übernommen (s. § 39 Abs. 1); das Ganze ist nur verständlich aus der Rechtslage in Beziehung auf die Baukostenzuschüsse. Noch 1952 war ihr Schicksal bei Weiterveräußerung oder gar Zwangsversteigerung des Grundstückes (§ 573 BGB, 21 KO) sowie dem Hypothekengläubiger gegenüber (§ 1124 BGB) keineswegs eindeutig klargestellt.[5] Die bejahende Rechtsprechung, insbesondere auch des BGH[6] stützte sich grundsätzlich auf RGZ 136, 414; 144, 194.[7] Sie ist inzwischen herrschend geworden und sieht als ausschlaggebend überhaupt nur noch an, dass die Leistung eines Baukostenzuschusses einen sachlichen Wert geschaffen habe zugunsten von Eigentümer und Realgläubigern.[8] OLG Bremen hat allerdings seinen Widerspruch auch in der Entscheidung v. 8. 7. 1954[9] noch aufrechterhalten. Die Beschränkung des Kündigungsrechts eines Erstehers in der Zwangsversteigerung durch die mit dem Maßnahmengesetz vom 20. 8. 1953[10] in das ZVG eingeführten §§ 57 c, d ZVG sind weggefallen.

3 Diese freundliche Gesinnung von Rspr. und Gesetzgebung dem **Mieter** gegenüber erstreckt sich nicht automatisch auf den Berechtigten aus einem **dinglichen** Wohnrecht, also auch nicht auf den DWBer.; das dingliche Recht ist nicht dem schuldrechtlichen Mietverhältnis gleich zu behandeln (s. unten Rn 21 f.). Um dieser Schwäche (im Vergleich zum Mietrecht) abzuhelfen, wurde mit § 39 WEG die Möglichkeit gegeben, im Rahmen des § 44 ZVG das Bestehen bleiben des DWRs in der Zwangsversteigerung zu vereinbaren, desgleichen die Wirksamkeit von Vorausverfügungen über das Entgelt gegenüber vorgehenden oder gleichstehenden Realgläubigern (§ 40 WEG). Dazu kam die Eintrittswirkung, die § 38 hinsichtlich des Entgeltes, so wie es im Falle einer Veräußerung vereinbart ist (also einschließlich etwaiger vertragsmäßiger **Vorauszahlungen**), angeordnet hat. Durch diese drei Bestimmungen wird auch für das dingliche DWR ein dem Mietrecht ungefähr entsprechender Rechtszustand geschaffen, bzw. die Möglichkeit einer vertraglichen Gestaltung gegeben. Der gesetzliche Kündigungsschutz nach dem BGB ist nicht erforderlich, da eine Kündigung des DWR als dingliches Recht nicht in Betracht kommt.

4 Da nicht für alle Fälle das echte WE als Sicherung hingegebener Finanzierungsmittel geeignet erschien, war es zweckmäßig, das nahe liegende Wohnungsrecht des § 1093 vererblich und veräußerlich zu gestalten und als neues beschränkt dingliches Recht in den **numerus clausus** der dinglichen Rechte einzuführen. Dies ist allerdings nicht durch Einführung in das BGB geschehen, sondern im Rahmen des WEGs als eines **besonderen** Gesetzes. Gerade die typischen Fälle eines rückzahlbaren wie auch verlorenen **Baukostenzuschusses** verlangten nach einem Recht, das der Inhaber auch wirtschaftlich durch Veräußerung und Verpfändung nutzen und das auch seinen Erben noch zugute kommen kann – anders als dies nach § 1093 möglich wäre. Damit erscheint die Einführung dieses DWR wirtschaftlich verständlich, weshalb gewisse rechtliche Komplikationen, besonders aus §§ 38, 39 und 40, in Kauf genommen werden müssen, zumal sie der Gesetzgeber in Berücksichtigung aller betroffenen Interessen kaum anders hätte regeln können. Ob das Institut in seiner Verbreitung durch die gegenwärtige Ausgestaltung gefördert wird, war von Anfang an zweifelhaft.[11] Genauere Zahlen hinsichtlich der

[5] S. z. B. OLG München, Betrieb 1952, 226; *Pergande* NJW 1951, 737; BGH v. 6. 6. 1952 NJW 1952, 867 für bestehen bleiben; aber dagegen noch OLG Bremen v. 4. 4. 1951 BB 1952, 182, mit widersprechender Anm. *Pergande;* Näheres zur damaligen Auffassung auch noch bei *Nagel* und *Bruhn* Rpfleger 1952, Sp. 223 ff.; *Schapp* BlGBW 1952, 18 f.; *Seydel* Betrieb 1951, 591; zum § 1024 insbes. OLG Celle v. 27. 6. 1952, NdsRpfl. 1952, 169.

[6] E. 6, 202; 15, 196; 16, 31; NJW 1955, 302; MDR 1953, 473; BGH NJW 1959, 380; BGH NJW 1959, 872.

[7] Entgegen KG JW 1936, 3132 mit Anm. von *Roquette.*

[8] S. vor allem BGHZ 15, 296.

[9] Rpfleger 1955, 69 mit Anm. *Bruhn.*

[10] BGBl. I S. 952.

[11] S. schon die Erstaufl.

Verbreitung sind nicht bekannt. Es wird aber wohl eine Verwendung in Verbindung mit Genossenschaftsbauten bleiben, wenngleich die Bedeutung hierfür wohl überschätzt wird.[12]

II. Vorbild und Herkommen

Anlass zur Schaffung des DWR gab ein bestimmter (oben unter Rn 1 ff. dargelegter) Tatbestand wirtschaftlicher Notwendigkeit oder wenigstens Zweckmäßigkeit, ähnlich wie dies bei der Aufnahme des ErbbRs in das BGB und seiner Ausgestaltung durch die ErbbRVO von 1919 der Fall war.[13] Da sich das ErbbR trotz vergangener und noch jüngerer Kritik eben doch recht gut bewährt hatte, lag eine grundsätzliche Anlehnung an seine Regelung nahe. Allerdings sprachen manche Gründe dagegen, das DWR entsprechend dem ErbbR als **„grundstücksgleiches Recht"** zu formulieren; das hatte man schon im WE. Das DWR musste, mindestens optisch, eine verdinglichte Miete sein, die Baukostenzuschüsse „dinglich" sichern konnte und auch die Benachteiligung des Mieters im **Konkurs/Insolvenz** des Eigentümers ausschaltete, dem „Wohnrecht" einen Substanz- und Verkehrswert gab, es überhaupt zum Verkehrsgut machte. Es sollte damit auch dem „dinglichen Wertsparen" dienen, Kleinkapitalien wertgesichert zusammenbringen – hier wie beim WE. Es mussten also geschaffen werden: 5

- Ein selbstständiges **dingliches** Recht, mit Wirkung gegen den Eigentümer (auch Ausschluss des Eigentümers: § 31). 6
- Die Voraussetzungen der Eintragung mit der **Abgeschlossenheit** (§ 32 i. V. mit § 7).
- Ein **beständiges** Recht (Bestandschutz nach § 33 Abs. 1 S. 2).
- Nachbarrechtliche **Beschränkungen** und **Verpflichtungen** wie beim WE (§ 33 Abs. 2 mit 14 und § 33 Abs. 3).
- **Disponibler** Inhalt in gewissen Grenzen (§ 33 Abs. 4).
- **Bedingungsfeindlichkeit,** aber befristbar (§ 41 Abs. 1, § 33 Abs. 1 S. 2).
- **Verkehrsfähigkeit:** Veräußerlichkeit und Vererblichkeit (§ 33 Abs. 1 S. 1).
- **Veräußerungsbeschränkungen,** begrenzt durch den wichtigen Grund (§ 35).
- **Heimfallrecht,** begrenzt durch den wichtigen Grund (§§ 36, 41, mit Entschädigungspflicht).
- Bestehen bleiben in der **Zwangsversteigerung** auf Grund Vereinbarung (§ 39).
- Entgelthaftung und Wirkung von Vorausverfügungen, Ausgleich im Interesse der Kreditfähigkeit von DWR wie Grundstückseigentum (§ 40).

Ganz neu war der Gedanke des veräußerlichen und vererblichen Wohnrechts im Übrigen auch nicht – unabhängig davon, dass er durch § 1093 nahegelegt war.[14] Im Übrigen sind die Verwendungsmöglichkeiten vielfach, für private wie genossenschaftliche Zwecke. Über graduelle Verschiedenheit der DWRe bis zur Eigentumsähnlichkeit siehe unten Rn 21 ff. 7

III. Hauptsächliche Verwendung

1. Genossenschaftsbauten

Es wird gern die Verwendung des DWRs für Genossenschaftsbauten betont. Dazu verführt vor allem die vor dem WEG von süddeutschen Bausparkassen versuchte Gestaltung auf der Grundlage eines ähnlichen Wohnrechtes einer juristischen Person nach § 1093.[15] Außerdem haben gemeinnützige Baugenossenschaften seit langem eine Verbindung von genossenschaftlichem Geschäftsanteil mit Anrecht auf eine Wohnung geschaf- 8

[12] *Diester* Anm. 17–19 Vor § 31. S. BT-Drucks. 13/4712, S. 4.

[13] S. vor allem die Erstaufl. Einl. I: Geschichtliches und III: Vorgeschichte des WEGs.

[14] Dazu Einzelheiten in der Erstaufl. Einl. III sowie Rn 7 vor § 31.

[15] *Diester* Anm. 17 Vor § 31; Weitnauer/*Mansel* Rn 7 Vor § 31 u. d. Erstaufl. Einl. III.

fen.[16] Es bestehen allerdings gar keine juristischen und wirtschaftlichen Schwierigkeiten davor, dass auch gemeinnützige Baugenossenschaften den Bau von Wohnungen zu DWR oder WE durchführen; sie sind in keiner Weise an ihr bisheriges „Mietsystem" gebunden. Soweit Genossenschaften beim DWR beharren, kommen nur langfristige Rechte in Betracht, für die zusätzlich § 41 zu beachten ist. Hier sind auch die Heimfallgründe (z. B. Ausscheiden als Genosse) von besonderer Bedeutung. Das Ganze stellt ein „Eigenwohnrecht" dar, wie es in juristisch wenig fundierter Weise schon über § 1093 begründet wurde. Die Bezeichnung ist heute abzulehnen, da Verwechslung mit WE in der Öffentlichkeit zu befürchten ist.

2. Baukostenzuschüsse

9 Während also Bauten auch durch gemeinnützige Wohnungsbauunternehmen mehr zum WE hinstreben sollten, mindestens aber ihren Genossen statt einer Mietwohnung eine ebenso an den genossenschaftlichen Geschäftsanteil bindbares DWR bieten sollten (dessen Entgelt sich mit der Tilgung der Finanzierungslasten verringert), wird für die Sicherung von **Baukostenzuschüssen** oder sonstigen dem Bauherrn gewährten Vorteilen der richtige Weg der über das DWR sein. Auch der Geber des Baukostenzuschusses selbst wird gar nicht ME in der Form des WEs erstreben, weil er damit auch wiederum erhöhte Lasten und Verpflichtungen, auch Haftungen übernimmt (z. B. Instandhaltung und Instandsetzung der gemeinschaftlichen Teile und Einrichtungen usw.). Ihm wird nur daran gelegen sein, ein dinglich unanfechtbares Wohnrecht für einen gewissen Zeitraum zu haben. Dieser Zeitraum wird zu bemessen sein nach der Höhe des Zuschusses (soweit er „abgewohnt" werden soll) im Verhältnis zur ortsüblichen oder vereinbarten Miete für gleiche Räumlichkeiten. Im Rahmen der **Vertragsfreiheit** kann selbstverständlich auch vereinbart werden, dass nur ein Teil der Miete in Anrechnung auf den Zuschuss abgewohnt wird, der Rest dagegen in wiederkehrenden „Mietbeträgen" zu zahlen ist. Man wird solche „Wohnverträge" unter Verwertung der Erfahrungen bei der Miete abfassen.[17] Hierbei ist besonders die Möglichkeit einer Vereinbarung über das Bestehen bleiben des DWRs in der Zwangsversteigerung nach § 39 und über die Wirkung von Vorausverfügungen nach § 40 zu beachten.

3. Andere Gründe für Bestellung

10 Aber auch ohne Hingabe eines (abwohnbaren) Baukostenzuschusses kann es Gründe für die Bestellung eines DWRs geben; z. B. bei **Teilung einer Erbengemeinschaft,** bei Zuwendungen unter Verwandten, Verkauf oder Übergabe eines Baugrundstücks statt Gegenwert, **Modernisierung durch den Mieter**[18] u. a. In solchen Fällen kann auch ein wiederkehrendes Entgelt nach Art eines Mietzinses vereinbart werden. Solche Rechte werden häufig, aber nicht notwendigerweise, ohne Befristung, also für immer bestellt; doch wird man Heimfallgründe vereinbaren (s. a. § 36 sowie § 41 zur Notwendigkeit, hierüber etwas zu sagen). In solchen Fällen wird meist ein **langfristiges DWR** zu bestellen sein, sei es zeitlich unbeschränkt oder auf längere Zeit (50, 60, 99 Jahre, wie bei ErbbRen üblich).

4. Übergangslösung

11 Schließlich aber kann das DWR als **Übergangslösung** zum WE in Betracht gezogen werden (im Range hinter den Finanzierungsbelastungen), insbesondere dann, wenn die Finanzierungsgläubiger auf der Gesamtbelastung des Grundstücks beharren und nicht auf eine Einzelbelastung der einzelnen WEs-Rechte eingehen wollen. Mit der Abzahlung der

[16] Dazu Erstaufl. Einl. II, Ziff. II, 19 D; Rn 8 vor § 31.
[17] S. dazu oben Rn 1 ff. und *Bärmann/Seuß,* Praxis des WEs, Teil B X 1.
[18] *Wolf* BlGBW 1977, 124.

Gesamtbelastungen des Anwesens (für die allerdings der „Bauträger" verhaftet bleibt, weshalb er auch Eigentümer bleiben soll) rücken dann die DWRe im Rang auf. Es kann dann aber wünschenswert sein, die Aufteilung in WE vorzunehmen. Der Anspruch hierauf kann von Anfang an durch Auflassungsvormerkung und grundlegende Vereinbarungen über die WEer-Gemeinschaft gesichert werden.

5. „Eigentumsähnlichkeit"

Sind die DWBer., wenigstens mittelbar, die Schuldner der Finanzierungslasten (obgleich 12
eine Genossenschaft oder ein sonstiger Bauträger Eigentümer des Anwesens bleibt), so wird mit der durch sie getätigten Abzahlung derselben ihr zunächst im Rang nach diesen rangierendes DWR im Rang verbessert werden durch Löschung der vorgehenden Finanzierungslasten. Dann fallen auch Amortisation und Verzinsung der Finanzierungslasten weg und ihre gemeinsamen Beiträge schrumpfen auf die allgemeinen Bewirtschaftungskosten zusammen (Instandhaltung und Instandsetzung, Verwaltungskosten). Damit rückt ihre Stellung immer enger an die der WEer heran; der Bauträger selbst hat im Grunde außer seiner Verwaltungstätigkeit kein positives Interesse mehr an seiner Eigentümerstellung, die ihm nur Haftungen und sonstige Nachteile bringen kann. Jedenfalls kann man in solchen Fällen das DWR als „eigentumsähnlich" bezeichnen.[19] Die Inhaber der erstrangigen DWRe müssten im Falle neuer Belastungen um Rangrücktritt gefragt werden; sie brauchen also eine neue Kreditierung und Belastung des Grundstücks nicht zu dulden. Dies bedeutet aber, dass der Widerspruch eines einzigen DWBer. es z. B. dem Eigentümer sogar unmöglich macht, Kredit aufzunehmen für eine dringend erforderliche Instandsetzung. Allerdings wird in den DWR-Verträgen wohl vorgesehen sein, dass jeder DWBer. die Verpflichtung hat, nach Maßgabe des „Haushaltplans" des Eigentümers für das Anwesen Beiträge zur Instandhaltung und Instandsetzung zu leisten. Bei Weigerung sind jedoch nur die allgemeinen zivilrechtlichen Mittel anwendbar (Klage gegen den sich weigernden DWBer., Vollstreckung gegen ihn aus dem rechtskräftigen Urteil, auch z. B. in das DWR als veräußerlichen Gegenstand).

Umgekehrt sind die DWBer. schlechter gestellt als Eigentümer (die sie doch wirtschaft- 13
lich sind), weil sie, ohne besondere genaue Vereinbarung, kein Mitspracherecht in Frage der Verwaltung (insbesondere Instandhaltung und Instandsetzung) haben; auch ist ein DWR nicht in gleicher Weise wie WE geeignet, als Kreditunterlage zu dienen.

Bei der Auffassung unseres Rechts von Eigentum wäre es übrigens ungenau, in Fällen 14
eines „eigentumsähnlichen" DWRs von Obereigentum (des Grundstückeigentümers) und Untereigentum (des DWBer.) zu sprechen. Juristisch (und Eigentum ist ein juristischer Begriff!) bleibt auch dieses DWR ein beschränkt dingliches Recht[20] der besonders durch das WEG geschaffenen Art.[21]

Das „eigentumsähnliche" DWR konnte gleichwohl „juristisch" Bedeutung haben, so 15
nach § 20 Abs. 4 des 1. WobauG in der Fassung vom 25. 8. 1953,[22] wo dieser Begriff gesetzlich verwendet wurde für Preisvorschriften über Miete, die hier kaum verwendbar sind;[23] dann nach § 5 ErbbRVO wegen Veräußerungsbeschränkung des Erbbaurechts und in steuerlicher Hinsicht.

6. Abwägung

Ob im Einzelfalle WE oder DWR vorzuziehen ist, dazu wurden schon Hinweise 16
gegeben (s. o.). Es lässt sich bei der Vielfältigkeit der Verhältnisse und Sachverhalte wenig

---

[19] S. dazu auch unten bei § 41 Rn 1 a und die steuerrechtlichen Bestimmungen.
[20] Palandt/*Bassenge* Überbl. 1 vor § 1: beschränkt persönliche Dienstbarkeit.
[21] Gegen Weitnauer/*Mansel* Rn 2 Vor § 31, die von Dienstbarkeit sprechen.
[22] BGBl. I, S. 1047.
[23] S. die 9. Aufl.

Generelles sagen. Wenn nicht Fälle einer zeitlich beschränkten Abwohnung des Baukostenzuschusses vorliegen (wobei der Zuschuss auch wertbeständig durch das verkehrsfähige dingliche DWR gesichert sein soll), wenn jedenfalls ein „eigentumsähnliches" Verhältnis gewollt ist, wie beim zeitlich unbeschränkten DWR im Zweifel anzunehmen ist, so ist hierfür das **WE** als juristische Form **vorzuziehen.** Das WE gibt kein Rangproblem auf, keine Gefahren in der Zwangsversteigerung des „Grundstückseigentums", es ist in jeder Hinsicht verkehrsfähig und unbehinderte Kreditunterlage. Auch sind beim WE wiederum die Gefahren einer „Gesamtbelastung", auf die erfreulicherweise allg. zugunsten der Einzelbelastung verzichtet wird, kaum noch zu beachten; danach könnte wohl ein WEer für Rückstände anderer WEer aus Finanzierungslasten in Anspruch genommen werden. Verschiedene, nicht unwichtige Gründe sprechen also doch **für** das **WE.**[24] Trotzdem bleiben genügend Anwendungsmöglichkeiten für das DWR.[25] Zur analogen Behandlung des DWRs zum WE in steuerlicher Hinsicht s. die Kommentare zum Steuerrecht. Nicht angebracht ist es im Übrigen, die langfristigen DWRe als echte und die anderen als unechte bezeichnen zu wollen.[26]

7. Unterschiede zum WE

17 Nach der gegebenen und noch zu gebenden Darstellung des wirtschaftlichen und rechtlichen Wesens des DWR (Rn 21 ff.) ergeben sich von selbst die **Unterschiede** zum **WE:** Dieses ist echtes Eigentum, jenes nur beschränkt dingliches Recht, aber vererblich und veräußerlich; das WE kann auch mit Hypotheken und Grundpfandrechten aller Art, auch mit sonstigen beschränkt dinglichen Rechten belastet werden, wie jedes Eigentum; nicht so das DWR, das nur verpfändet (und auch gepfändet) werden kann. Das DWR wird gleich einer **Dienstbarkeit** im GB eingetragen; dem Berechtigten steht keines der Eigentumsrechte zu, insbesondere kein Recht auf Veränderung am Gebäude, grundsätzlich auch nicht in seinen Räumen. Das Recht des DWBer. hat „Rang", wie beschränkt dingliche Rechte überhaupt; vor Nachteilen hieraus im Falle der Zwangsversteigerung kann nur die Sicherung durch Vereinbarung des bestehen bleibens nach §§ 39, 40 getroffen werden. Das langfristige **„eigentumsähnliche"** DWR kommt zwar **wirtschaftlich** dem WE nahe, kann aber juristisch niemals damit identifiziert werden.[27] Bestimmungen über Instandhaltungs- und Instandsetzungspflichten, Übernahme der öffentlichen und privaten Lasten können in die Vereinbarungen über das DWR als dinglicher Inhalt des Rechts (§ 33 Abs. 4) aufgenommen werden. Das Entgelt des DWBer. kann jedoch nach dem Wortlaut des §§ 33 Abs. 4 nicht zum dinglichen Inhalt erklärt werden (Näheres bei § 33 Rn 10, 143 und § 38 Rn 1 ff.). Ohne Vereinbarung trägt der DWBer. keine Steuern und sonstige öffentliche Lasten des Grundstücks, da er nicht Eigentümer ist; beim eigentumsähnlichen DWR wird seine Beteiligung hieran, wie auch an den privaten Lasten (Amortisation und Verzinsung der Finanzierungslasten) häufig vereinbart werden, besonders bei Genossenschaftsbauten. In letzteren Fällen wird der DWBer. als „Wohngeld" überhaupt ganz die **Finanzierungslasten** tragen, wozu dann noch ein Verwaltungskostenbeitrag für die Genossenschaft kommen wird. Die Übernahme der öffentlichen Lasten, insbesondere der Grundsteuer, macht aber den DWBer. nicht zum Steuerschuldner. Das bleibt der „Eigentümer", auch wenn dies nur die aus den DWBer. zusammengesetzte Genossenschaft oder andere juristische Person (GmbH, AG) ist. Andererseits ist grundsätzlich jede Leistung des DWBer. für sein DWR gleich der Miete in der Einkommensteuer zu behandeln, bei

[24] S. a. *Diester,* Der Eigentumsgedanke in der Wohnungswirtschaft; Schriftenreihe des Deutschen Industrieinstituts, H.4, Düsseldorf 1955; Weitnauer/*Mansel* Rn 27 f. Vor § 31.

[25] S. Muster des eigentumsähnlichen DWR des BWoB Min.

[26] So *Michaelis* GWW 1951, 383.

[27] Weitnauer/*Mansel* a. a. O. (Fn 21 u. 24).

gewerblichen Betrieben also als Betriebsausgabe, bei privaten als persönlicher, für die Einkommensteuer unbeachtlicher Verbrauch.[28]

Die Bereitschaft der Kreditinstitute zur Einzelbelastung des WEs hat wahrscheinlich auch **18** die eigentumsähnliche Form des DWR immer mehr verdrängt. Das WE verschafft doch das wirtschaftliche und juristisch einwandfreie Wertobjekt. Das zeitlich unbegrenzte DWR, also das wirklich eigentumsähnliche Recht, bietet daneben keine spezifischen Vorteile, zumal die anfängliche Eintragung des DWRs an letzter Rangstelle hinter allen Finanzierungslasten seinen Bestand recht ungewiss erscheinen lässt, Vereinbarungen nach § 39 aber von den Realgläubigern wohl nur selten eingegangen werden.

Das Hauptanwendungsgebiet wird wohl der Fall der **Teilung** unter **Geschwistern** oder **19** **Miterben** bleiben, wo einem oder mehreren Beteiligten mit einem zeitlich begrenzten Wohnrecht ausreichend gedient ist. Aber auch zur Sicherung von Finanzierungsbeiträgen, besonders von Gewerbetreibenden für gewerbliche Räume, könnte das DWR noch Anwendung finden, wobei die Dauer des DWR dann auf die Zeit der Abwohnung der Beiträge beschränkt werden wird. Dabei wird man sehr Acht geben müssen auf den Rang des Rechtes nach Grundpfandrechten, wenn nicht diese sämtlich eine Vereinbarung nach § 39 auf Fortbestehen des DWRs bei Zwangsversteigerung abgeben (Näheres bei § 39 Rn 20 ff., 35 ff.). **Vorausverfügungen** über das Entgelt können nach § 40 Abs. 2 vor Gläubigerzugriff gesichert werden.

Über Bestellung des DWRs an WE oder an gemeinschaftlichen Räumen eines Gebäudes **20** in WE siehe bei § 31 Rn 25 ff.

IV. Wesen und juristische Natur

Das DWR ist in den §§ 13–42 (mit § 52) nicht in gleicher Vollständigkeit geregelt wie **21** das WE. Als gesetzlicher Inhalt wird nur das Nötigste bezeichnet: §§ 31, 33, 41; abgesehen vom Begriff als solchem (§ 31), den Inhalt (§ 33, insbesondere die Beschränkung der Inhaltsvereinbarungen nach Abs. 4) und Sondervorschriften für langfristige DWRe (§ 41, insbesondere hinsichtlich Entschädigungsansprüchen bei Heimfall). Auch der (verdingliche) **Eintritt** in das Rechtsverhältnis nach § 38 unterliegt nicht der Disposition der Parteien. Diese Eintrittswirkung steht in Analogie zu §§ 571, 573 a. F., jetzt 566, 566 b n. F. BGB. Die Verpflichtung des Grundstückseigentümers zur Duldung des DWRs am Grundstück ergibt sich aus dessen dinglicher Natur und seiner Bestellung (und Eintragung) schlechthin; ebenso das Recht des DWBer. auf das DWR und seine Ausübung. Dagegen ist das **Entgelt** weder als Verpflichtung noch als Anspruch verdinglicht, und zwar weder in der Form einer Reallast, wie das beim Erbbaurechtzins geschehen ist (mit allen Gefahren aus deren Rang), noch als immanenter Inhalt des Rechts selbst wie noch im alten ErbbR des BGBs (zu den Gründen dafür s. unten bei § 38 Rn 1 ff.). Der Gesetzgeber musste aber dem Entgelt wenigstens die Eintrittswirkung beilegen, d. h. dass der **Erwerber** des **DWRs** in die **Verpflichtung** hieraus, der **Erwerber** des **Grundstücks** in das **Recht** hieraus eintritt. § 38 beschränkt diese Eintrittswirkung nicht auf das „Entgelt", in wiederkehrender oder einmaliger Form, sondern spricht ganz allgemein von „Verpflichtungen" des DWBer. und den Rechten des Grundstückseigentümers. Damit tut § 38 im Hinblick auf die **Rechte** des Grundstückseigentümers das Gleiche wie § 571 (566 n. F.) BGB für Rechte und Pflichten des Vermieters; für die **Verpflichtungen** des Grundstückseigentümers war dies für das DWR nicht notwendig auszusprechen, da es sich aus der dinglichen Natur des DWRs von selbst ergibt. Deshalb ist es auch unrichtig, zu sagen, dass § 38 Abs. 1 nur von den Pflichten und Abs. 2 nur von den Rechten spreche, weil dies den Regelfall darstelle; vielmehr ist vom Umgekehrten nicht zu sprechen, weil das selbst schon Inhalt des dinglichen Rechtes ist. Umgekehrt musste aber, da ein dem Mietvertrag analoges schuldrechtliches Verhältnis

[28] Einzelheiten im Steuerrecht.

für das DWR nicht ohne weiteres unterstellt werden kann (das eine das andere sogar dem Grundsatz nach jedenfalls ausschließt), auch gesagt werden, dass der Erwerber des DWRs in die (nicht dinglichen) Pflichten des DWBer. eintritt. Allerdings ergeben sich gerade aus dieser weiten Fassung (ohne Beschränkung auf bestimmte Rechte und Pflichten) eine Reihe von juristischen Schwierigkeiten. In der Hauptsache können sie wohl mit einer hier zulässig erscheinenden **„analogen" Anwendung** einschlägiger mietrechtlicher Bestimmungen behoben werden; so hinsichtlich Vorausverfügungen über ein Entgelt wohl im Rahmen der Auslegung zu (§ 566b n. F. BGB); ein „Kündigungsschutz" im Rahmen des ZVG scheidet für das DWR sowieso aus; hier könnte nur ein Heimfallrecht in Betracht kommen (Näheres bei § 33 u. 36). Für die Auslegungsschwierigkeiten kann wohl mit dieser Analogie zum Mietrecht geholfen werden (Weiteres bei § 33 Rn 122ff. besonders § 38 Rn 1ff.).

22 Das DWR ist eine **„Belastung"** eines Grundstücks und unterliegt als solche den allgemeinen Vorschriften über Rechte an Grundstücken, insbesondere §§ 873ff. BGB, der GBO, dem ZVG; dazu kommen § 39 über die Vereinbarung des Bestehen bleibens des DWRs in der Zwangsversteigerung, abweichend von § 44 ZVG und § 40 (Wirkung einer Vorausverfügung über das Entgelt gegenüber vor- oder gleichstehenden Realgläubigern; Näheres siehe bei § 40 Rn 10ff.). Auch §§ 1090 Abs. 2, 1093 BGB und dadurch §§ 1020–1024, 1026–1029, 1061 BGB finden **entsprechende Anwendung** (s. § 33). So kann z. B. ein DWR nach **Teilung** des belasteten Grundstücks u. U. ohne Bewilligung der Berechtigten gelöscht werden.[29] Voraussetzung ist allerdings, dass sich die DWR nicht auch auf Grundstücksflächen außerhalb des Gebäudes erstreckt.[30]

23 Mit dem DWR ist der **numerus clausus** der dinglichen Rechte erweitert worden. Es steht dem ErbbR in gewisser Weise nahe (mit Beschränkung auf eine Raumeinheit), ist aber im Gegensatz zu diesem kein grundstücksgleiches Recht, sondern nur Nutzungs- und Gebrauchsrecht an fremdem Grundstück; es ist auch kein (echtes oder unechtes) Stockwerkseigentum im alten Sinne. Vom ErbbR unterscheidet es sich auch dadurch, dass es nur auf Nutzung und Gebrauch und nicht wie letzteres zugleich auf Erstellung und „Haben" eines Bauwerks auf einem fremden Grundstück geht.[31]

24 Vielmehr gehört das DWR seiner Natur nach zu den Dienstbarkeiten. Dabei unterscheidet es sich von der Grunddienstbarkeit, weil es nicht subjektiv dinglich, vom Nießbrauch und den beschränkten persönlichen Dienstbarkeiten, weil es nicht höchstpersönlich ist. Nicht zu verwechseln ist das DWR auch mit dem jetzt aufgehobenen **DWR des Wohnbesitzes.**[32] Dieses war nicht dinglicher Natur, aber im Rahmen eines Sondervermögens vor dem Zugriff Dritter geschützt (s. § 42 Rn 14).

25 Die gesetzliche Ausgestaltung des DWRs hat sich gleichwohl weitgehend an das ErbbR angelehnt; über den Inhalt ist (im Rahmen des § 33 Abs. 4) Vereinbarung möglich, eine Veräußerungsbeschränkung kann vereinbart werden (§ 35). Es kann, wie das ErbbR, nicht subjektiv dinglich bestellt werden (für den jeweiligen Eigentümer eines anderen Grundstücks). Dagegen ist das Entgelt, anders als beim ErbbR, nicht verdinglicht, weder als Reallast noch als dinglicher Inhalt des Rechts. Momente des „grundstücksgleichen Rechtes" fehlen entgegen dem ErbbR. Es ist insbesondere nicht belastbar, z. B. mit Hypotheken, wohl aber kann es gepfändet und verpfändet werden. Das DWR kann auch am eigenen Grundstück bestellt werden **(„Eigentümer-Dauerwohnrecht");**[33] dies folgt schon aus

[29] BayObLGZ 1957, 102ff. = NJW 1957, 1840 für den Fall der Teilung nach § 8.

[30] BayObLG MittBayNot 1995, 458 = NJW-RR 1996, 397.

[31] S. Palandt/*Bassenge,* § 31 Rn 1f.; Weitnauer/*Mansel* Rn 2 Vor § 31; Art. 196 EGBGB.

[32] Dazu *Pick* NJW 1976, 1049.

[33] Vgl. *Bärmann/Pick* § 31 Rn 15; Weitnauer/*Mansel* Rn 3 Vor § 31; mit ausführlicher Begründung: *Weitnauer* DNotZ 1958, 352 und DNotZ 1964, 716; Soergel/*Stürner* § 31 Rn 3; Palandt/*Bassenge* § 31 Rn 5; ablehnend dagegen AG Düsseldorf DNotZ 1958, 426 und LG Münster DNotZ 1953, 148.

dem Grundgedanken des § 8 WEG; wie auch die entsprechende Frage für das ErbbR bejaht wird.[34]

26 Auch die entsprechende Anwendung der **Nießbrauchs**vorschriften des BGB auf das DWR erscheint zulässig (Rn 12 vor § 31 WEG verweist auf das Gestaltungspotenzial); das muss gelten, wenn auch der Nießbrauch auf einzelne Raumeinheiten nicht beschränkt werden kann (höchstens auf Bruchteile der Gesamtnutzung).[35]

27 Das DWR ist also ein vererbliches, veräußerliches Recht auf Bewohnung (oder Nutzung in anderer Weise) einer Wohnung, mit Erstreckung auf außerhalb des Gebäudes liegende Teile des Grundstücks, wenn die Wohnung wirtschaftlich die Hauptsache bleibt; Dauernutzungsrecht ist das Entsprechende an nicht zu Wohnzwecken dienenden Räumen. § 1093 BGB hat, wie wir schon sahen, als Vorbild gedient. Im Gegensatz dazu ist aber das DWR nicht höchstpersönlich, sondern vererblich und veräußerlich, die Wohnung kann nicht nur bewohnt, sondern auch sonst genutzt werden (z. B. durch Vermietung), das DWR kann an nicht zu Wohnzwecken dienenden Räumen bestellt werden, auch an erst zu errichtenden Gebäuden und Räumen, aber niemals unter einer Bedingung, wohl aber befristet.

28 Auch das DWR an noch zu errichtenden Gebäuden ist ein **„Vollrecht"**, nicht nur eine Anwartschaft. Das muss angenommen werden, da man selbst für das Wohnrecht nach § 1093 die Meinung vertreten konnte, dass es bei Untergang des Gebäudes fortbestehe, sogar ein Anspruch auf Wiederherstellung des Gebäudes gegeben sei. Vor der Errichtung des Gebäudes ist dinglicher Inhalt des Rechts der Anspruch auf Errichtung der vorgesehenen Räume (Näheres bei § 31 Rn 38 ff.).

29 **DWR als dingliches Recht** und **Mietvertrag** als **schuldrechtliches** Verhältnis schließen einander grundsätzlich aus. DWR hat zum Mietvertrag keine rechtliche Verwandtschaft; beide verfolgen nur gleiche wirtschaftliche Zwecke – wenn auch nicht immer. Auch das superfiziarische Recht des römischen Rechts war allerdings zur Begünstigung des Mieters entstanden.[36] So wie ein Mietvertrag durch § 1093 nicht dinglich gesichert werden kann, so kann das auch nicht durch DWR geschehen. Wohl aber kann die vertragliche Ausgestaltung weitgehend dem Mietrecht angenähert werden, soweit nicht das Wesen des DWRs widerspricht, z. B. beim Kündigungsrecht. Ein DWR kann vom GBA bei Kenntnis von für gleiches Rechtsverhältnis bestehendem Mietvertrag nicht eingetragen werden; die Parteien müssen über das gewollte Rechtsverhältnis entscheiden. Für ein zur Stärkung eines Mietvertrages abgeschlossenes DWR fehlt es an der dinglichen Einigung; das GB wird durch Eintragung unrichtig. Es kann sich dabei aber auch nur um das schuldrechtliche Grundgeschäft für das DWR handeln, was im Zweifel der Fall sein wird.

30 Das Grundgeschäft für das DWR wird meist als **Kaufvertrag** (Rechtskauf) anzusehen sein (Näheres bei § 31 Rn 59 ff., § 33 Rn 112 ff.). Wird als Grundgeschäft ein „Mietvertrag" mit wiederkehrender Gegenleistung vereinbart, so gilt während des Bestehens des DWRs nur dieses dingliche Rechtsverhältnis verbindlich zwischen den Beteiligten; das Mietverhältnis „ruht" aus Unmöglichkeitsgrundsätzen.[37] Das ändert sich mit dem Wegfall des DWRs durch sein Erlöschen; hier kann das Mietverhältnis an seine Stelle treten; es müsste aber dann, außer als Grundgeschäft, für den Fall des Erlöschens des dinglichen Rechtsverhältnisses aus dem DWR als vereinbart gelten, was auch bei Miete als Grundgeschäft übrigens der Fall wäre; es würde als nun nicht mehr erfüllt wieder auftreten. Da die Rechtslage des Wohnungsinhabers durch ein DWR (gegenüber dem Mieter) nicht ver-

---

[34] OLG Düsseldorf DNotZ 1958, 423.

[35] Palandt/*Bassenge,* § 1030 Rn 6; RGZ 164, 196/9.

[36] Über die Miete als nichtdingliches Recht, trotz der Eintrittswirkung der §§ 566, 566 b BGB s. *Enneccerus/Lehmann,* Schuldrecht, 15. Bearb. 1958, § 133 Fn. 1.

[37] S. Weitnauer/*Mansel* Rn 25 Vor § 31; § 311 a BGB.

schlechtert werden sollte, würde ein Ersteher also trotz Wegfalls des DWRs in den „Mietvertrag" eintreten wie nach §§ 57a, c ZVG.

31 Die Bestellung des DWRs ist formlos; für die Eintragung muss aber die Bewilligung in der Form des § 29 GBO nachgewiesen werden (über die mit der Formlosigkeit verbundenen Gefahren s. § 32 Rn 3ff.).

32 Das DWR gibt Anspruch des Berechtigten dem Verpflichteten (Grundstückseigentümer) gegenüber auf Gewährung des Wohnens und der sonstigen Benutzung.

V. Gestaltungsmöglichkeiten[38]

33 Das Gesetz beschränkt die **Vertragsfreiheit** der Beteiligten nur in wenigen Fällen: § 33 Abs. 4 durch die erschöpfende Aufzählung dessen, was dinglicher Inhalt des Rechtes werden kann: Bedingungsfeindlichkeit, Veräußerlichkeit und Vererblichkeit (§ 33 Abs. 1), Eintrittswirkung nach § 38, Entschädigungspflicht bei Heimfall eines langfristigen DWRs (§ 41 Abs. 2, entsprechend § 32 Abs. 1 ErbbRVO).

34 Über die Sicherung des Entgelts vor Zugriff der Realgläubiger s. § 40 Abs. 2 Rn 27ff. Zur Rangsicherung des DWRs durch Fortbestehensvereinbarung vgl. § 39 Rn 20ff.[39]

§ 31 Begriffsbestimmungen

(1) [1]**Ein Grundstück kann in der Weise belastet werden, daß derjenige, zu dessen Gunsten die Belastung erfolgt, berechtigt ist, unter Ausschluß des Eigentümers eine bestimmte Wohnung in einem auf dem Grundstück errichteten oder zu errichtenden Gebäude zu bewohnen oder in anderer Weise zu nutzen (Dauerwohnrecht).** [2]**Das Dauerwohnrecht kann auf einen außerhalb des Gebäudes liegenden Teil des Grundstücks erstreckt werden, sofern die Wohnung wirtschaftlich die Hauptsache bleibt.**

(2) **Ein Grundstück kann in der Weise belastet werden, daß derjenige, zu dessen Gunsten die Belastung erfolgt, berechtigt ist, unter Ausschluß des Eigentümers nicht zu Wohnzwecken dienende bestimmte Räume in einem auf dem Grundstück errichteten oder zu errichtenden Gebäude zu nutzen (Dauernutzungsrecht).**

(3) **Für das Dauernutzungsrecht gelten die Vorschriften über das Dauerwohnrecht entsprechend.**

Übersicht

[38] Hier kann allgemein auf oben Rn 8ff. (17) verwiesen werden.

Literatur: S. o. vor § 31.

I. Der Normzweck

Die Vorschrift enthält die für das Dauerwohnrecht wesentlichen Begriffsbestimmungen. Das Dauerwohnrecht ist ein Recht an einem Grundstück, für das die allgemeinen Vorschriften der §§ 873 ff. BGB gelten (vgl. die amtlich nicht veröffentlichte Begründung zu dem Regierungsentwurf des WEG 1951: BR-Drucks. 75/51). Es kann nicht unter einer Bedingung, nur unter einer Zeitbestimmung bestellt werden (vgl. § 33 Abs. 1 Satz 2). 1

II. Begriff

1. Aus § 1093 BGB

Aus dem altbekannten Wohnrecht heraus ist das DWR begrifflich entwickelt worden,[1] ohne dass § 1093 dadurch aufgehoben worden wäre. Im Gegensatz zu diesem ist aber das DWR vererblich und veräußerlich, Eigenschaften, die auch nicht durch Parteivereinbarungen ausgeschlossen werden können (Rn 21 Vor § 31); außerdem gibt das DWR im Gegensatz zu § 1093 nicht nur ein Recht auf Bewohnung, sondern auf jede Art von **Nutzungen** an den betroffenen Gebäude- und Grundstücksteilen, insbesondere auch das Recht zur Vermietung und Verpachtung. Wie das Wohnrecht nach § 1093 ist das DWR ein dienstbarkeitsartiges Recht. Grundsätzlich kann auch auf § 1093 zurückgegriffen werden. Die Vorschriften über den **Nießbrauch** sind analog beizuziehen,[2] also z. B. § 1031 über Zubehör, § 1034 über Feststellung des Zustandes, § 1036 über Recht zum Besitz, § 1037 Abs. 1, wonach keine Änderungsbefugnis, § 1041 über Erhaltung der Sache, § 1042 über Anzeige bei Zerstörung usw., § 1044 Duldung von Ausbesserungen, § 1049 Ersatz von Verwendungen (s. aber § 34 unten), § 1050 Vertretung von Veränderungen, § 1057 Verjährung von Ersatzansprüchen, § 1062 Erstreckung der Aufhebung auf Zubehör. § 31 kombiniert § 1090 mit § 1093 in einer als Berechtigung wie Verpflichtung auf den Universal- und Sonderrechtsnachfolger übergehenden Weise, soweit der dingliche Inhalt des Rechtes in Betracht kommt (Weiteres bei § 33 Rn 3 ff., § 38 Rn 22 ff.). 2

Schon der Entwurf 4707/50 kannte ein Sondernutzungsrecht (§ 29), auch die Übertragbarkeit war dort schon vorgesehen (§ 30) und die Erstreckung auf außerhalb des Gebäudes liegende Teile des Grundstücks und auf jede Art von Nutzungen. 3

Das **saarländische Gesetz** hatte in § 25 unseren § 31 Abs. 1, 2 und 3 wörtlich übernommen, in Abs. 4 eine dem § 32 Abs. 1 ähnliche Bestimmung aufgenommen (§ 32 Abs. 2 und 3 sind nach § 35 gekommen). Dazu wurde aber in Abs. 3 bestimmt, entgegen der deutschen Regelung: „Das WEG kann nicht mit einem DWR oder DNR belastet werden."

[1] So nichtamtliche Begründung 1951 Teil II aA (Anh. II 1).

[2] Palandt/*Bassenge* § 33 Rn 3: soweit nicht in §§ 31 ff. vorgesehen.

4 Von § 1093 **unterscheidet** sich das DWR also:
- Durch Veräußerlichkeit und Vererblichkeit, die unabdingbar sind (s. a. unten Rn 42 ff.).
- Durch Einräumung jeder Art von Nutzung, nicht nur Bewohnung, insbesondere auch Recht auf Vermietung und Verpachtung, also Recht auf Fruchtziehung im weitesten Sinne, (s. a. § 37);[3] Nutzung von nicht zu Wohnzwecken bestimmten Räumen (DNR), also auch gewerbliche Nutzung.
- Erstreckung auf außerhalb des Gebäudes liegende Teile, mit dem Recht, Sachfrüchte dieser Teile zu ziehen, worüber aber eine Vereinbarung zulässig ist.
- Durch Bestellung auch an erst zu errichtendem Gebäude. Mit § 1093 ist aber gemeinsam der Ausschluss des Eigentümers von der weiteren Nutzung.

2. Nutzungsrecht

5 Das Recht aus dem DWR geht nur auf Nutzung, nicht auf Verwertung. Es berechtigt zur Fruchtziehung i. S. des § 100 BGB. Danach sind Nutzungen die Früchte einer „Sache oder eines Rechtes und die Gebrauchsvorteile". Rechtsfrüchte sind die Erträgnisse aus Vermietung und Verpachtung; Sachfrüchte kommen aus Teilen außerhalb des Gebäudes, auf die das DWR erstreckt werden kann, in Betracht (ähnlich § 1 Abs. 2 ErbbRVO). An ihnen besteht sonach ein **dingliches** Fruchtziehungsrecht mit Aneignungsbefugnis der Berechtigten nach § 954 BGB.[4] Auch ein **Nießbrauch** am DWR kann bestellt werden,[5] ebenfalls ein **Pfandrecht.**[6]

6 Die Wohnung muss immer Hauptsache des Rechtes sein (s. § 1 Abs. 2 ErbbRVO); entsprechend müssen beim DNR die nicht zu Wohnzwecken bestimmten Räume die Hauptsache sein (Näheres unten Rn 25 ff.).

7 Erlischt das DWR in der Zwangsversteigerung, tritt an seine Stelle der Geldanspruch auf Ersatz (§ 92 ZVG), der aus dem Grundstückserlös zu leisten ist (s. § 39 Rn 66 ff.).

8 Vom WE ist das DWR, wie schon oben[7] ausgeführt, selbst bei eigentumsähnlicher Ausgestaltung durch Fehlen des juristischen Eigentums streng zu unterscheiden. Das Eigentum an Grund und Boden, Gebäuden und Wohnung bleibt unberührt und unterliegt weiter §§ 93 ff. BGB; das gilt auch, wenn der DWBer die Wohnung selbst aufgebaut hat.

9 § 95 Abs. 1 Satz 2 kann nicht in Anwendung kommen, ausgenommen, wenn zusätzlich auf einen (in das DWR einbezogenen) außerhalb des Gebäudes liegenden Grundstücksteil vom DWBer gebaut wird (z. B. Gartenhaus, Garage, Schuppen usw.). Dafür genügt aber nicht die bloße Verbindung mit einem Gebäude, sondern es muss Verbindung mit dem Grundstück selbst vorliegen.[8]

10 § 95 Abs. 2 kann bei Verbindung zu vorübergehendem Zweck auch hier in Betracht kommen.

11 Der Eigentümer hat gemäß §§ 946, 949, 951 BGB auszugleichen, soweit er Eigentümer wird, soweit nicht, bleibt der Zubau Mobiliareigentum des DWBer.[9]

12 Über das Recht auf „Mitbenutzung der zum gemeinschaftlichen Gebrauch bestimmten Teile, Anlagen und Einrichtungen des Gebäudes und Grundstücks" s. unten § 33 Abs. 3.[10]

---

[3] Gegen *Aub* GWW 1951, 379.

[4] *Friese* NJW 1951, 510 Ziff. 1; *Diester* § 31 Anm. 3 a. E.; Weitnauer/*Mansel* § 31 Rn 1; a. M. *Aub* GWW 1951, 379.

[5] Soergel/*Stürner* § 31 Rn 2; Weitnauer/*Mansel* § 31 Rn 11.

[6] Weitnauer/*Mansel* ebenda.

[7] Rn 1 ff. und Rn 8 ff., 21 ff. vor § 31.

[8] LG Münster DNotZ 1953, 148; Weitnauer/*Mansel,* § 31 Rn 4; anders RGZ 106, 49 ff.; s. aber RGZ 164, 196 ff., 199 f.

[9] S. Palandt/*Ellenberger* § 95 Rn 2 f.

[10] Dort Rn 101 ff.

Der DWBer erlangt an dem Gegenstand des DWR Sach-Teilbesitz nach § 865 BGB. **13**

Mitbenutzungsrecht des Grundstückseigentümers kann wohl schuldrechtlich vereinbart **14**
werden, aber nicht zum dinglichen Inhalt des Rechtes werden, auch nicht nach § 33 Abs. 4 Nr. 1.

Zu Art und Umfang des „Nutzungsrechtes" s. § 33 Abs. 4 Nr. 1. Mindestens stehen **15**
hinsichtlich der Bewohnung die Rechte zur Aufnahme der Familie und des Hauspersonals wie schon nach § 1093 BGB zu. Landesrechtliche Vorschriften in Bezug auf das Wohnrecht dürften mit Einschränkungen analog anwendbar sein.[11]

3. Grundstücksbelastung

Da das DWR ein weiteres dingliches Recht ist und damit eine Grundstücksbelastung, **16**
gelten dafür die allgemeinen Vorschriften des BGB über Rechte an Grundstücken: §§ 873/74;[12] 875–877;[13] 878–882;[14] 883 mit 884–888; 891, 892 (Gutglaubensbestimmungen):[15] 893;[16] 894–898, 899, 900 Abs. 2, 901, 902.

Ebenso gelten die Rangvorschriften des BGB und der GBO. **17**

Im Gegensatz zur Miete ist das DWR unbestreitbar ein (beschränkt) **dingliches** Recht **18**
(über seinen Inhalt siehe § 33 Rn 3 ff. und 28 ff.).

Zu den Grundbuchvorschriften überhaupt siehe § 32 Rn 3–12 und § 10 GbVfg. **19**
i. d. F. v. 24. 1. 1995; Eintragung als **Belastung** in Abt. II, kein grundstücksgleiches Recht. Von landesrechtlichen Ermächtigungen nach Art. 196 EGBGB ist kein Gebrauch gemacht worden.

Das DWR kann auch **an** einem **ErbbR** bestellt werden (§ 42), sonst nur an einem **20**
Grundstück, nicht an einer Wohnung (zur Belastung eines **WEs** s. unten Rn 31). Soll nur ein Teilgrundstück mit (eigenem Gebäude) belastet werden, so muss durch Vermessung ein eigenes Grundstück gebildet werden (s. § 7; die Ausnahme des Abs. 2 gilt hier nicht). Das Grundstück kann auch trotz Belastung mit DWR geteilt werden; dieses wird dann Gesamtbelastung (s. a. § 1026 BGB hierzu). Am selben Grundstück können mehrere DWRe auch neben anderen Belastungen bestehen; auch im gleichen Rang, auch Rangvorbehalt ist möglich für vorgehende wie auch für gleichrangige Rechte. Es können sich bei gleichrangigen DWRen Schwierigkeiten aus Vereinbarungen nach § 39 ergeben. Der Rang ist auch entscheidend für das Recht zum Besitz.

Eine Löschungsvormerkung nach § 1179 zugunsten eines DWRs kann eingetragen **21**
werden.

Für langfristige DWRe siehe § 41; über Löschungsvormerkungen zu Lasten eines DWRs **22**
siehe § 36 Rn 43 f.

Wechsel des Eigentümers am Grundstück beeinträchtigt das DWR als dingliches Recht **23**
nicht.

III. Gegenstand

Das **DWR** gibt ein „Nutzungsrecht" (s. oben Rn 5 ff.) an einer **bestimmten Woh-** **24**
nung; das **DNR** das Gleiche an **nicht** zu Wohnzwecken bestimmten Räumen.

1. Wohnung (Abs. 1)

Hierunter ist das Gleiche zu verstehen wie beim WE. Es kann deshalb auf die Aus- **25**
führungen oben zu § 1 und § 3 Bezug genommen werden; auch für die Abgeschlossenheit

---

[11] Z. B. §§ 38, 47 BayAGBGB; Art. 15 § 6 Preuß. AGBGB.
[12] S. unten Rn 42 ff., § 33 Rn 3 ff., § 32 Abs. 2.
[13] S. unten Rn 42 ff.
[14] S. § 39 Rn 35 ff.
[15] S. dazu § 38 Rn 61 ff. u. § 36 Rn 39.
[16] § 38 Rn 38 ff.

gilt das dort Gesagte (dazu siehe noch unten § 32 Rn 2). Die Abgeschlossenheit ist nur Sollvorschrift (§ 32 Abs. 1). In § 32 wird die Abgeschlossenheit zwar nur für die Wohnung (also für das DWR) verlangt. Gemäß § 31 Abs. 3 gelten aber die Vorschriften über das DWR entsprechend auch für das DNR. Danach soll auch ein DNR nur an abgeschlossenen Räumen bestellt werden, die zwar gegenständlich bestimmt sein müssen, aber ohne Prüfung ihrer Eignung für den beabsichtigten gewerblichen Zweck.

26 Das DWR kann sowohl an einem **ganzen Gebäude** bestellt werden als auch an einem **einzelnen Raum.**[17] Zum Begriff des Gebäudes s. LG Frankfurt NJW 1971, 759 (für U-Bahnhof). Dagegen können nicht, wie beim Nießbrauch nach § 1060 BGB, mehrere DWRe am **ganzen Gebäude** bestellt werden,[18] ebenso wenig wie an derselben Wohnung oder demselben Raum.[19] Allerdings vertreten einige Autoren für das sog. **„Time-Sharing"** die Auffassung, es könnten doch mehrere Dauerwohnrechte an einer Ws/TEs-Einheit (z. B. Hotelappartement) bestellt werden; gleichwohl verneint dies die Rspr. derzeit noch (s. nähere Angaben unten Rn 52). Auch § 1047 über die Tragung der Grundstückslasten durch den Nießbraucher ist, schon angesichts des Vorbehalts für die dingliche Vereinbarung nach § 33 Abs. 4 Nr. 2, nicht ohne entsprechende Vereinbarung anwendbar.

27 Da an einer Wohnung Zubehör rechtlich möglich ist,[20] erstreckt sich ein DWR auch hierauf, wenn auch im WEG, im Gegensatz zu § 1093, nicht auf § 1031 verwiesen wird.[21] Auf (wesentliche oder unwesentliche) Bestandteile der Wohnung oder Räume erstreckt sich das DWR (DNR) in jedem Fall. Das Mitbenutzungsrecht nach § 33 Abs. 3 erfasst auch Zubehör, das zum gemeinschaftlichen Gebrauch bestimmt ist. § 926 BGB dürfte hierauf nicht anwendbar sein, während diese Bestimmung sonst auch für das DWR gilt.

28 Da DWR auch an noch zu errichtenden Gebäuden bestellt werden kann, muss zwar die Wohnung bei Bestellung noch nicht vorhanden sein (s. unten Rn 38 f.), aber sie muss nach Bau- und Aufteilungsplan „bestimmt" sein (s. § 32 Abs. 2 Nr. 1).[22] Dies ist nicht bloße Sollvorschrift; die Eintragung ohne diese Unterlagen, zu denen auch noch die Bescheinigung der Baubehörde über die Abgeschlossenheit kommt (§ 32 Abs. 2 Nr. 2), ist unzulässig (Weiteres s. § 2 Rn 29 f. und § 3 Rn 26 ff.), anders als nach § 1093 BGB.[23]

29 Zweifelhaft ist, ob § 1023 entsprechend angewendet werden kann hinsichtlich des Verlangens auf Auswechslung des „Gegenstands", also auf Verlegung der Ausübung des Rechts. In Fällen wirtschaftlicher Zweckmäßigkeit wird man dies bejahen müssen, ebenso bei Wiederaufbau nach Zerstörung, aber wohl auch bei Planänderungen beim ersten Aufbau aus wirtschaftlichen Zweckmäßigkeitsgründen, die nicht vorhersehbar waren, erst recht bei nachträglicher Änderung von Baugenehmigungen, wirtschaftlichen Erschwerungen beim Bau (z. B. Verteuerungen, die die planmäßige Durchführung hindern, geologische Schwierigkeiten usw.). Im Grund handelt es sich um Fälle des § 242 BGB.[24] Umgekehrt wird man dem DWBer nicht zugestehen können, dass er seinerseits die Verlegung der Ausübung auf andere Wohnung oder Räume verlangen könne.[25]

---

[17] LG Münster DNotZ 1953, 148 mit Anm. *Hoche* MDR 1953, 175; BBauBl. 1954, 225; LG München v. 8. 1. 1954 I T, 1095/53, MittBayNot. 1954, 74 ff.; LG München I MittBayNot 1973, 97, Weitnauer/*Mansel* § 31 Rn 1 a. E.; *Diester* § 31 Anm. 2 a.

[18] OLG Stuttgart NJW 1987, 2033 f.

[19] Palandt/*Bassenge* § 1093 Rn 7.

[20] Palandt/*Ellenberger* § 97 Rn 9; Palandt/*Bassenge* § 33 Rn 14.

[21] So auch Palandt/*Bassenge* Überbl. Rn 10 vor § 1.

[22] Näheres dort und bei § 7 Rn 63 ff. und § 32 Rn 2 u. 9 ff.

[23] Palandt/*Bassenge* § 1093 Rn 17; RG, LZ 32, 1368.

[24] Über die materiellen und grundbuchmäßigen Folgen siehe § 1 Rn 31.

[25] So Weitnauer/*Mansel* § 31 Rn 1 ff.

Für die nach § 31 Abs. 1 S. 2 (s. a. schon § 1093 mit § 1090 BGB) zulässige Erstreckung des DWRs (wegen Abs. 3 auch des DNRs z. B. auf Lagerplätze) auf außerhalb des belasteten Gebäudes liegenden Teil des Grundstücks, und zwar nur desselben Grundstücks (für ein anderes Grundstück, ein Nachbargrundstück, müsste eine selbstständige Dienstbarkeit oder ein Nießbrauch, nicht aber eine Grunddienstbarkeit eingetragen werden, da das DWR kein grundstücksgleiches Recht ist), gilt der Grundsatz, dass die „Wohnung" oder die sonstigen Räume wirtschaftlich die **Hauptsache** darstellen müssen, ähnlich wie in § 1 Abs. 2 ErbbRVO. Dadurch soll ausgeschlossen werden, dass ein DWR oder DNR an landwirtschaftlichen Grundstücken verbunden mit dem Recht an einer Wohnung bestellt wird, wobei die landwirtschaftliche Nutzung den Hauptgegenstand darstellt (so beim alten landesrechtlichen Erbpachtrecht). Das GBA kann bei Zweifel Nachforschungen anstellen, wie beim ErbbR,[26] falsche Eintragung auch von Amts wegen löschen (§ 53 Abs. 1 S. 2 GBO). Diese Erstreckung ist Inhaltsvereinbarung mit dinglicher Wirkung, unterliegt also der Einigung und Eintragung. Der Berechtigte erlangt damit auch Fruchtziehungsrecht (Nutzungsrecht im weitesten Sinne; s. oben Rn 5 ff., § 954 BGB). **30**

Auch ein **WE** kann mit einem **DWR,** TE mit einem DNR, belastet werden, auch hinsichtlich einer Teilwohnung (wenn sie „abgeschlossen" im Sinne des § 32 Abs. 1 ist) oder hinsichtlich einzelner Räume eines TEs. Damit könnte ein DWR oder DNR auch einem (z. B. gemeinnütz.) Bauträger an nach § 8 WEG in WE aufgeteiltem Grundstück zugunsten von Bewerbern vorläufig und vorsorglich bestellt werden bis zu der nach Erfüllung gewisser Voraussetzungen möglichen endgültigen Übertragung des WEs, etwa nach Erfüllung von Finanzierungsbedingungen. Das saarländische Gesetz hatte dies allerdings ausgeschlossen (§ 25 Abs. 3). Da aber WE gleich „Grundstück" (im Sinne des § 31 Abs. 1) ist, ist grundsätzlich jede Belastung wie beim Grundstück zulässig.[27] M. E. braucht das DWR oder DNR durchaus nicht das gesamte WE oder TE zu umfassen; es kann z. B. von mehreren Wohnungen, die Gegenstand des WEs sind, nur eine als Gegenstand des DWRs erklärt und das WE in dieser Form belastet werden; auch können dann mehrere DWRs an mehreren Wohnungen des gleichen WEs nebeneinander bestehen usw. **31**

Auch nach BayObLG[28] kann das Raumeigentum – anders als das gewöhnliche Miteigentum (Umkehrschluss aus §§ 1066, 1095, 1106, 1114, 1192, 1199 BGB[29] – mit einem DW – oder DNR belastet werden, weil die im SE stehenden realen Gebäudeteile dies ermöglichen.[30] **32**

DWRe, mit denen das gesamte Grdst. bereits belastet ist, stehen der Bildung von ME und WE nicht entgegen.[31] **33**

DWRe am Gesamt-Grdst. bestehen bei Aufteilung des Grdst.-Eigentums in WEsrechte kraft Gesetzes nur an dem MEsanteil fort, mit dem das SE verbunden ist, an dem das DWR ausgeübt werden soll; alle anderen MEsanteile werden automatisch, ohne Zustimmung des DWBer, von dieser Belastung frei;[32] §§ 1026, 1090 Abs. 2 BGB sind analog anzuwenden.[33] **34**

---

[26] Palandt/*Bassenge,* § 1 ErbbRG Rn 8.

[27] So auch *Diester* § 31 Anm. 2 a; Palandt/*Bassenge* § 6 Rn 9.

[28] V. 15. 3. 1957 NJW 1957, 1840; MK/*Engelhardt,* § 31 Rn 4.

[29] Vgl. BayObLG 57, 102.

[30] RGRK-*Augustin,* § 3 Rn 14; Weitnauer/*Mansel* § 31 Rn 1 a. E.; *Diester* § 3 Anm. 16 und § 18; *Demharter* GBO, Anhang zu § 3 Rn 2, 4; Palandt/*Bassenge* § 31 Rn 17; *Riedel* JZ 1951, 626; *Weitnauer* DNotZ 1951, 493; Begr. 1951 zu § 3 WEG unter III 3 (Anh. II 1); aA früher *Bärmann,* Formularbuch zum WEG, 1952, S. 100; ausdrücklich anders der ehem. § 25 Abs. 3 des Saarländ. WEG v. 3. 6. 1952, abgedruckt bei *Weitnauer* 2. Aufl., S. 327.

[31] Weitnauer/*Briesemeister* § 3 Rn 74; Begründg. IV zu § 3, s. 4. Aufl.

[32] Weitnauer/*Briesemeister* § 3 Rn 80; BayObLG v. 15. 3. 1957, BReg. 2 Z 226–231/756 BayObLGZ 1957, 102 = NJW 1957, 1840; OLG Frankfurt NJW 1959, 1977.

[33] Palandt/*Bassenge* § 33 Rn 4; *Riedel* MDR 1952, 403; BayObLG NJW-RR 1996, 397.

35 Gegenstand eines DWRs oder DNRs können auch Räume in verschiedenen Stockwerken sein; allerdings ist die Abgeschlossenheit zu beachten, so dass z. B. zu einer abgeschlossenen Wohnung weitere Räume in anderen Stockwerken (etwa Mansarden, Keller usw.) gehören können. Auch mehrere Wohnungen desselben Gebäudes können Gegenstand eines DWRs sein. Werden die dem DWR unterliegenden Räume mit Räumlichkeiten auf dem Nachbargrundstück in geschlossener Einheit genutzt, so steht dies der Abgeschlossenheit nicht entgegen. Diese ist im Regelfall mittels der das Gebäude teilenden Grundstücksgrenze hinreichend gegeben.[34]

Dagegen kann das DWR nicht begründet werden an einem Miteigentumsanteil oder an einem Sondernutzungsrecht.[35]

36 Das DWR kann auch gemischt mit DNR auftreten, so wie das WE mit TE (s. § 1 Rn 29); zu einer Werkstatt oder einem Laden können noch Wohnräume gehören, geschlossen in DWR und DNR.[36]

2. Nicht zu Wohnzwecken dienende Räume (Abs. 2)

37 Es wird auf die obigen Ausführungen (Rn 25 ff.) verwiesen. Für diesen Fall hat das Gesetz den Ausdruck DNR geprägt. Ein gemeinsamer Oberbegriff fehlt. Für die (zulässigen) Fälle der Vermischung von DWR und DNR (s. oben Rn 36) ist auch für die Eintragung in das GB die Bezeichnung: DWR und DNR zu wählen.[37] Über das oben (Rn 25 ff.) Gesagte hinaus ist beim DNR vor allem die Frage zu stellen, ob über die Erfassung des Zubehörs des Grundstücks analog § 1031 BGB hinaus etwa auch die Erstreckung des DNRs auf das wirtschaftliche Zubehör eines in den DNR-Räumen betriebenen Gewerbebetriebs gerechtfertigt ist. Entgegen der Regelung beim Nießbrauch nach § 1031 wird man dies ablehnen müssen; das DNR würde sich also nicht als solches auf einen in dessen Räumen eingerichteten Gewerbebetrieb erstrecken. § 96 BGB kann hierauf keine Anwendung finden.[38] Besondere vertragliche Vereinbarungen, die dann die Natur eines Pachtvertrages schuldrechtlicher Natur haben und nicht eintragungsfähig sind, sind selbstverständlich zulässig (in den Grenzen des § 567 BGB: 30 Jahre).

3. Dauerwohnrecht und Dauernutzungsrecht an noch zu errichtenden Gebäuden

38 Dies ist nach dem Gesetz zulässig (s. dazu schon § 1 und § 3). Eine völlige Gleichbehandlung mit dem WE an noch zu errichtenden Gebäuden scheint die Tatsache auszuschließen, dass beim WE dem WEer immerhin von Anfang an das ME an dem real vorhandenen Grundstück zusteht; beim DWR ist vor Errichtung zunächst überhaupt kein sichtbarer Gegenstand des Rechtes da. Beim WE wirken u. U. alle zur Errichtung des Gebäudes zusammen; der DWBer hat gesetzlich gar kein Mitwirkungsrecht hierzu, ein vereinbarter **schuldrechtlicher** Anspruch gibt ihm nicht die gleiche Stellung, vor allem bei Veräußerung oder Zwangsversteigerung des Grundstückes oder im Konkurs des Eigentümers. Die dogmatische Bestimmung dieses „Rechtes“ ist daher von Bedeutung.

39 Zum WE an noch zu errichtendem Gebäude wurde oben (§ 3) davon ausgegangen, dass das WE gleichwohl als Vollrecht schon mit Bestellung und Eintragung entsteht, ein „echtes WE“, wenn auch der Gegenstand des SEs noch fehlt. Entsprechend wird man[39] auch für

---

[34] LG München I MittBayNot 1973, 98 = Rpfleger 1973, 141.

[35] OLG Hamburg ZMR 2004, 616.

[36] BayObLGZ 1960, 237.

[37] So auch oben BayObLG NJW 1960, 2100.

[38] So auch *Diester* § 31 Anm. 6 und Weitnauer/*Mansel* § 31 Rn 3.

[39] Gegen Weitnauer/*Briesemeisters* Annahme einer bloßen Anwartschaft in § 3 Rn 67; ähnlich *Diester* § 3 Anm. 14 c zum WE, nicht so aber zum DWR.

das DWR mit der Bestellung trotz Fehlens der realen Räume schon ein Vollrecht, ein echtes DWR, annehmen müssen, zu dessen Inhalt die „dingliche" Anwartschaft auf Erstellung der entsprechenden Räume gehört.[40] Schon zu § 1093 wurde die Auffassung vertreten, dass nach **Zerstörung** des Gebäudes der Wohnungsberechtigte einen Anspruch auf Wiedererrichtung der Räume habe, der nur dinglicher Natur sein kann, da § 1093 nur ein dingliches Recht enthält.[41] Das BayObLG[42] hat in der alten, bisher meist verneinten Frage, ob ein Wohnungsrecht nach § 1093 an einem Baugrundstück auch schon vor Errichtung der davon betroffenen Räume eingetragen werden kann, bejahend entschieden.[43] Wenn man schon zu § 1093 diese Auffassung für vertretbar halten kann, obgleich dort keinesfalls von einem Recht „an einem noch zu errichtenden Gebäude" überhaupt gesprochen wird, so wird man ohne Bedenken bei diesem ausdrücklichen Vorbehalt sagen müssen, dass der Anspruch auf Errichtung der Räume dinglicher Inhalt des Rechtes eo ipso ist. Vor allem kann keine Rede davon sein, dass dieser Zustand rechtlich der nicht valutierten Hypothek vergleichbar sei; dann müssten wir annehmen, dass das DWR bis zur Fertigstellung seiner Räume „Eigentümerrecht" wäre. Dafür fehlt entgegen der Eigentümerhypothek (§ 1163 BGB) jede gesetzliche Grundlage; etwas anderes ist es, dass DWR als „Eigentümerrecht" bestellt werden kann (s. unten Rn 49). Als dinglicher Inhalt des Rechtes geht die Verpflichtung zur Erstellung der Räume, also zur Erfüllung der im Vollrecht des DWRs enthaltenen Anwartschaft auf Herstellung des geplanten tatsächlichen Zustandes (der außerdem aus dem beim GB befindlichen Bau- und Aufteilungsplan ersichtlich ist) auf jeden Erwerber des Grundstücks, auch in der Zwangsversteigerung, über; der Konkurs beseitigt diese Verpflichtung gleichfalls nicht. Dies könnte nur dadurch geschehen, dass zufolge des schlechten Ranges des DWRs das ganze Recht wegfällt, z. B. weil es nicht in das geringste Gebot bei der Zwangsversteigerung gekommen wäre, auch eine Vereinbarung über bestehen bleiben nach § 39 WEG fehlt. Soweit das DWR aber im geringsten Gebot berücksichtigt und bestehen geblieben ist, geht auch die Verpflichtung auf Erstellung der Räume auf den Ersteher über. Es ist also nicht nach § 51 mit § 50 Abs. 1, § 125 ZVG zu verfahren. Die Herstellungsverpflichtung ergibt sich grundsätzlich nicht erst aus dem Kausalgeschäft, sondern ist schon Inhalt des dinglichen Rechtes.[44] Allein Art und Weise sowie Zeitpunkt der Erstellung können sich aus dem Grundgeschäft ergeben. Die Folgen der §§ 281, 283 BGB gelten auch für das dingliche Rechtsverhältnis, ebenso § 887 ZPO. Über Art und Weise sowie Zeitraum der Bestellung können auch Vereinbarungen mit dinglicher Wirkung getroffen werden, entsprechend § 33 Abs. 4 Nr. 1 als besonderer Fall von „Art und Umfang des Nutzungsrechtes" im weiteren Sinne.

Eine Vertragsstrafe für Nichterstellung sieht das Gesetz nicht vor (wie z. B. § 2 Nr. 5 40
ErbbauRG). Eine Sicherung von Schadensersatzansprüchen (wegen Nichterfüllung) kann durch Eintragung einer Sicherungshypothek geschehen.[45]

Für die Geltendmachung des DWRs ist aber auch vor und während der Erstellung der 41
Räume schon § 34 Abs. 2 WEG anwendbar. In Verbindung mit § 1004 BGB ergibt sich daraus für den Eigentümer die Verpflichtung, „plangemäß" zu bauen, dies ist **dinglicher** Inhalt des Rechts.

---

[40] So auch *Diester* § 31 Anm. 11, 13; Palandt/*Bassenge* § 31 Rn 4, sprechen richtig von einem Ruhen des Nutzungsrechts; jetzt auch Weitnauer/*Mansel* § 31 Rn 1.

[41] OLG Frankfurt, SJZ 1948, 385; anders allerdings BGH NJW 1953, 140; LM Nr. 6 u. h. M.: Erlöschen; OLG Braunschweig, NdsRpfl. 1952, 47. Anders zur Grunddienstbarkeit: BGH, Dt. Rechtspr. I (154) 29 a; Betrieb 1955, 1116. Siehe aber auch BGH 7, 271; 8, 58; Betrieb 1954, 325; s. a. Dte. Rspr. 1956 I Übers. Bl. I (154) Bl. 1; Palandt/*Bassenge* § 1093 Rn 1.

[42] V. 6. 3. 1956 NJW 1956, 871.

[43] OLG Hamm DNotZ 1976, 229.

[44] AA Weitnauer/*Mansel* § 31 Rn 10; soweit er Inhalt des DWRs geworden ist: Palandt/*Bassenge* § 31 Rn 5; MünchKomm-BGB/*Engelhardt,* § 33 Rn 5.

[45] So auch *Diester* § 31 Anm. 14.

IV. Entstehung

1. Durch rechtsgeschäftliche Bestellung

42 **a)** Es ist immer Einigung und Eintragung erforderlich wie für jedes dingliche Recht: § 873 Abs. 1 BGB (siehe auch oben Rn 21 ff. Vor § 31). Aus der Einigung ergibt sich kein Anspruch auf Eintragung als Erfüllungsanspruch.[46] Die Einigung braucht dem GBA nicht nachgewiesen werden. Sie kann auch der Eintragung nachfolgen (§ 873 Abs. 2).

43 Eine Form, ähnlich § 925 BGB für Auflassung, ist nicht vorgeschrieben; auch § 311 b BGB ist für das Grundgeschäft nicht anwendbar. Der DW-Berechtigte hat jedoch grundsätzlich einen klagbaren Anspruch auf Abgabe der dinglichen Einigungserklärung und Eintragsbewilligung, die gem. § 29 GBO formbedürftig ist.[47] Zu den weiteren Voraussetzungen siehe § 32 Abs. 2. Das DWR wird als **Belastung** in Abt. II des GBs eingetragen.

44 Grundsätzlich genügt für die Bestellung des DWRs somit sogar die **Mündlichkeit.**[48] Eine Ausnahme (Formbedürftigkeit) besteht dann, wenn ein an sich formfreier Vertrag in gewolltem rechtlichen Zusammenhang mit einem nach § 311 b Abs. 1 S. 1 BGB formgebundenen Rechtsgeschäft geschlossen wird.[49] Zur Bestimmung des Rechtsinhalts dient dann entscheidend die einseitige Erklärung in der Eintragungsbewilligung des bestellenden Eigentümers,[50] in welche er also auch Verpflichtungen des DWBer (z. B. Übernahme der öffentlichen oder privaten Lasten des Grundstücks, Instandsetzungspflichten des DWBer, Beschränkungen des Umfangs, Versicherungspflicht des Berechtigten, Verlangen auf Sicherheitsleistung; s. § 33 Abs. 4) aufnehmen kann, ohne Kenntnis des Berechtigten. Zum mindesten können die Rechte hieraus auf einen gutgläubigen Erwerber des Grundstücks übergehen (§ 892 BGB gilt hier uneingeschränkt). Trotzdem besteht keine Möglichkeit, hier das materielle Konsensprinzip des § 20 GB anzuwenden.

45 **b)** Das Recht zur Bestellung haben der oder die Eigentümer; obwohl § 39 GBO nur Sollvorschrift ist,[51] ist sie vom GBA zu beachten. Im Falle einer Nichtberechtigung gilt § 185 BGB.

46 Die **Gutglaubensvorschriften** der §§ 892, 893 BGB finden Anwendung, auch auf den vereinbarten und eingetragenen dinglichen Inhalt des Rechtes (§ 33 Abs. 4; s. dort Rn 112 ff. und § 38 Rn 22 ff.; s. a. analog § 1058 BGB).

47 Über die zulässige Bestellung durch einen WEer siehe oben Rn 25 ff.[52]

48 **c)** Berechtigt aus DWR kann jede **natürliche** und **juristische** Person sein. Das GBA hat das Vorhandensein des einzutragenden Berechtigten zu prüfen.[53] Auch die GBV ist zu beachten.[54] Zu landesrechtlichen Beschränkungen für juristische Personen siehe bei Art. 86 EGBGB. Die Geschäftsfähigkeit des Erwerbers ist für die Eintragung selbst unbeachtlich; siehe aber § 1821 Abs. 1 Nr. 5 BGB.

49 Das DWR kann auch **für** den **Eigentümer** selbst bestellt werden; das ergibt sich aus der Analogie zu § 8 (für das WE und im Heimfallrecht nach § 36). Dass § 31 das Recht „unter Ausschluss des Eigentümers" begrifflich fasst, steht dem bei der allgemeinen Tendenz der

[46] MünchKomm-BGB/*Engelhardt* Rn 3 vor § 31; § 31 Rn 6; h. M.

[47] LG München WM 1960, 954.

[48] BGH DNotZ 1984, 208 = MittBayNot 1984, 21.

[49] BGH a. a. O.

[50] MünchKomm-BGB/*Engelhardt* § 31 Rn 6.

[51] *Hügel/Zeiser,* GBO § 39 Rn 1.

[52] S. a. *Diester* § 31 Anm. 2 a Abs. 2.

[53] *Hügel/Holzer,* GBO § 19 Rn 36.

[54] Ebenda, GBO, § 19 Rn 26.

Zulassung von Eigentümerrechten über die Eigentümerhypothek hinaus[55] nicht entgegen.[56] Dagegen verneint AG Düsseldorf,[57] ein **ursprüngliches** DWR auch dann, wenn zugleich die Eintragung von DWRen für Dritte im Gleichrang mit den Eigentümerwohnrechten beantragt und bewilligt worden ist; damit schließt es sich der ablehnenden Auffassung des LG Münster[58] an.[59]

Für eine **Mehrheit** von **Berechtigten** kann das DWR sowohl zur **gesamten Hand** 50
(BGB-Gesellschaft, auch unter Ehegatten, Handelsgesellschaften) wie nach **Bruchteilen** bestellt werden (§ 47 GBO);[60] aber auch als **Gesamtberechtigte** nach § 428 BGB.[61] Eine Handelsgesellschaft ist unter ihrer Firma einzutragen.

Eine Realteilung des DWRs ist nur möglich, wenn für jeden Teil die Voraussetzungen 51
des § 31 mit § 32 Abs. 2 (Wohnung mit Abgeschlossenheit oder sonstige Räume, auch abgeschlossen, Baupläne und Bescheinigung der Baubehörde) vorliegen. Um das GB nicht unrichtig werden zu lassen, ist entsprechende Eintragung erforderlich. Ein Urteil nach der Hausratsverordnung (§ 5 für Miete) kann hier nicht eingreifen, höchstens einem der Ehegatten ein Mietrecht an der DWR-Wohnung zusprechen; gemäß § 7 HausratsVO ist daran dann auch der Grundstückseigentümer beteiligt.

Die Bestellung mehrere DWRe an einem WE dürfte, anders als beim Nießbrauch und 52
der Dienstbarkeit nicht für zulässig zu halten sein; an einer abgeschlossenen Wohnung, einem sonstigen Raum kann seiner Art nach immer nur **ein** DWR ausgeübt werden.[62] So kann beispielsweise ein **Hotelappartement** nicht mit 52 in ihrer Ausübung auf je eine Woche beschränkten Dauernutzungsrechten belastet werden.[63] Wohl aber kann eine DWR mehreren Berechtigten zustehen (s. oben).

Auch kann nicht gleichzeitig an der gleichen Wohnung, am gleichen Raum, ein Wohnrecht nach § 1093 BGB und ein DWR bestehen; anders neben Nießbrauch, der nicht auf bestimmte Räume beschränkt sein kann (§ 1024). Wird trotzdem eingetragen, ist der Konflikt über §§ 1024, 1060 zu lösen.[64] Gleiches muss selbst bei verschiedenem Rang der Rechte gelten. Landesrechtliche Vorbehalte in Art. 119 EGBGB sind gegebenenfalls zu beachten.

d) Das in den letzten Jahren an Bedeutung zunehmende **„Time-Sharing"** verlangt 53
eine differenzierte Betrachtungsweise: Hier wird dem Berechtigten ein Nutzungsrecht an einer Wohnung für eine kalendermäßig festgelegte Zeit eingeräumt, weshalb das Dauerwohnrecht anderer Berechtigter für deren festgelegte Nutzungszeit nicht tangiert wird. Während eine Auffassung mehrere unmittelbar am Grundstück (EW) bestehende DWRe ausschließt,[65] spricht sich ein Teil der Literatur dafür aus, dass im Falle des „Time-Sharing"

---

[55] Palandt/*Bassenge* § 31 Rn 4.

[56] Wie hier schon *Bärmann/Pick* § 31 Rn 15; ebenso *Diester* § 31 Anm. 2a Abs. 5; *ders.* in Rpfleger 1965, 217; so auch Weitnauer/*Mansel* Vor § 31 Rn 3 und *Weitnauer* DNotZ 1958, 352 sowie DNotZ 1964, 716; s. auch Palandt/*Bassenge* § 31 Anm. 2; MünchKomm-BGB/*Engelhardt* § 31 Rn 5.

[57] DNotZ 1958, 426.

[58] In seinem Beschl. v. 18. 11. 1952 DNotZ 1953, 148.

[59] Zum ursprünglichen ErbbR des Eigentümers siehe Staudinger/*Ring* § 1 ErbbRVO Rn 4.

[60] BGH 130, 150 = NJW 1995, 2637 = ZIP 1995, 1359; *Demharter* GBO, § 47 Rn 5 C a; Weitnauer/*Mansel* § 31 Rn 7; Soergel/*Stürner* § 31 Rn 3; *Haegele* BWNotZ 1969, 117, 132; Soergel/*Stürner* § 31 Rn 2; MünchKomm-BGB/*Engelhardt* § 31 Rn 5; Erman/*Ganten* § 31 Rn 3; *Schmidt* WEZ 1987, 119, 122; *Schober* DB 1985, 1513, 1519; aA Palandt/*Bassenge* § 31 Rn 5.

[61] OLG Celle OLGR 1996, 231; so auch *Diester* § 31 Anm. 2a Abs. 3; kritisch Weitnauer/*Mansel* § 31 Rn 8 unter Hinweis auf BayObLG NJW 1966, 56, das die Zulässigkeit einer Gesamtgläubigerschaft für den entsprechenden Fall einer Grunddienstbarkeit bejaht; vgl. auch BGH 46, 253 = DNotZ 1967, 183.

[62] H. M. s. Weitnauer/*Mansel* § 31 Rn 11 u. Palandt/*Bassenge* § 31 Anm. 2.

[63] OLG Stuttgart DNotZ 1987, 631; aA LG Hamburg NJW-RR 1991, 823; *Tonner/Tonner,* WM 1998, 313; Palandt/*Bassenge,* § 31 Rn 2.

[64] Palandt/*Bassenge* § 1024 Rn 2.

[65] OLG Stuttgart NJW 1987, 2033; MünchKomm-BGB/*Engelhardt* § 31 Rn 5; *Jäckel/Brunner* VuR 1994, 9, 12; Weitnauer/*Mansel* Rn 11 vor § 31; Soergel/*Stürner* § 31 Rn 2.

an einer Wohnung (oder einem Raum) mehrere gleichrangige Dauerwohnrechte begründet werden können.[66] Dogmatisch ist dies sehr zweifelhaft.

Nach der hier vertretenen Auffassung kann allerdings das Wohnrecht faktisch beliebig dadurch „unterteilt" sein, dass **ein** und **dasselbe** DWR entweder nach Bruchteilen aufgeteilt wird oder treuhänderisch von einer natürlichen oder juristischen Person **(Treuhandmodell)** gehalten wird, während die Berechtigten ohne dingliche Absicherung lediglich einen schuldrechtlichen Anspruch auf Wohnnutzung in Wochen bestimmt haben.[67] Nichts anderes stellt die Aufnahme in ein „Register" dar.

Ausdrücklich offengelassen hat der BGH,[68] ob die Beschränkung des Gebrauchs auf bestimmte Wochen pro Jahr – gegebenenfalls durch eine Vereinbarung mit dem Eigentümer gemäß § 33 Abs. 4 Nr. 1 – zum **Inhalt** des DWRs gemacht und durch Bezugnahme auf die Eintragungsbewilligung Gegenstand der Eintragung im GB werden kann. Sofern der schuldrechtliche Vertrag zur Begründung des DWRs ein Teilzeit-Wohnrechte-Vertrag darstellt (§ 481 BGB), unterliegt er der Formvorschrift des § 484 BGB (Schriftform).

54 **e)** DWR an **mehreren** Grundstücken wird durch den Wortlaut des Gesetzes nicht ausgeschlossen (ähnlich § 1113 BGB). Analog dem ErbbR wird man dies aber ablehnen und vorherige Vereinigung der Grundstücke verlangen müssen.[69] Nach LG Hildesheim,[70] ist die Belastung mehrerer Grundstücke mit einem DW- oder DNR des § 31 WEG dann zulässig, wenn sich die eine Einheit bildenden Räume, die der Ausübung des Dauerrechts unterliegen, auf diesen mehreren Grundstücken befinden.[71] Dagegen ist die Entstehung eines „Gesamt-DWRs" durch spätere **Teilung** des belasteten Grundstücks nicht aufzuhalten,[72] da dem Eigentümer die Teilung freisteht[73] (landesrechtlicher Vorbehalt in Art. 119 EGBGB). § 1026 gilt entsprechend.[74]

55 Erwächst dem DWBer hieraus Schaden, kann er Ersatzanspruch gegen den teilenden Eigentümer schon aus der Verletzung des dinglichen Rechtes (Art und Umfang der Nutzung) geltend machen.

56 An ideellem Bruchteil ist DWR ausgeschlossen, was schon von beschränkter persönlicher Dienstbarkeit und Erbbaurecht gilt.[75] Da aber die Belastung eines Grundstücks in Bruchteils-ME mehrerer MEer zulässig ist, wird problematisch, was bei Zwangsversteigerung nur eines Bruchteils zu geschehen hat, wenn an diesem das DWR erlischt. Eine Grunddienstbarkeit ist an sämtlichen Bruchteilen zu löschen[76] (s. a. § 39 Rn 8 f.).

57 **f)** Genehmigungszwang: siehe hierzu die Erstaufl., da das Genehmigungserfordernis kaum noch praktische Bedeutung hat, auch nicht nach GrdStVerkG, das für das DWR nicht gilt.

2. Außervertragliche Entstehung

58 – Durch Buchersitzung nach § 900 Abs. 2, rein theoretisch.

---

[66] *Schmidt* a. a. O., S. 119 und *Gralka* a. a. O.; Palandt/*Bassenge* § 31 Rn 2; *Schober* DB 1985, 1513, 1519; *Hoffmann* MittBayNot 1987, 177.

[67] Vgl. BGH, ZIP 1995, 1360 = NJW 1995, 2637; LG Hamburg NJW-RR 1995, 1079; zu den Wirksamkeitsanforderungen an einen Formularvertrag BGH NJW 1996 H. 29 VI.

[68] A. a. O.; zur Anwendung des HWiG s. zuletzt LG Mönchengladbach, NJW-RR 1996, 504 und OLG Frankfurt/M. Urt. v. 5. 6. 1996 – 9 U 155/95 (s. Einl. Rn 61 ff.); dafür MünchKomm-BGB/*Engelhardt* § 31 Rn 5.

[69] Staudinger/*Spiegelberger* § 1 Rn 18; *Wittmark* S. 22, 24; a. M. Palandt/*Bassenge* § 31 Rn 4; *Hampel* Rpfleger 1961, 129; *Böttcher* MittBayNot 1993, 129.

[70] NJW 1960, 49.

[71] S. auch Weitnauer/*Mansel* § 31 Rn 6; MünchKomm-BGB/*Engelhardt* § 31 Rn 4.

[72] Für ErbbR KGJ 1951, 229 f.

[73] Palandt/*Bassenge* § 890 Rn 11.

[74] Palandt/*Bassenge* § 31 Rn 6; KGJ 24, 118; BayObLGZ 1957, 217; NJW-RR 1996, 397.

[75] BayObLGZ 1957, 217; Palandt/*Bassenge* § 31 Rn 4; MünchKomm-BGB/*Engelhardt* § 31 Rn 4.

[76] KG JW 33, 626.

– durch Hoheitsakt, z. B. an Stelle der vollen Enteignung nach BauGB;[77] da danach ErbbR bestellt werden kann, kann wohl analog auch die Bestellung von DWR für zulässig gehalten werden.

V. Das Grundgeschäft

Wie oben (Rn 42ff.) schon gesagt, bedarf auch das schuldrechtliche Geschäft über die Verpflichtung auf Einräumung oder Übertragung eines DWRs keiner Form; § 311 b BGB gilt hier auch nicht entsprechend. Damit ist die Bestellung sogar formloser als bei langfristigen Mietverträgen nach § 550 S. 1 BGB, was für ein dingliches Recht von meist langer Dauer sehr ungewöhnlich ist. Die Form der Eintragungsbewilligung kann diesen Mangel nicht ausgleichen (s. oben Rn 43 f.). 59

1. Veräußerungsvertrag

Allgemein gilt für das auf die Bestellung eines dinglichen Rechts gerichtete Grundgeschäft als Veräußerungsvertrag, der nach Kaufrecht zu beurteilen ist,[78] selbst wenn ein Jahreszins, eine Rente, vom Wohnungsberechtigten zu bezahlen ist (Rechtskauf).[79] 60

Für das DWR kann der allgemeine Grundsatz der Anwendung des Kaufrechtes nicht aufrechterhalten werden; wenngleich die nichtamtliche Begründung des Gesetzes vom „Kaufvertrag" in diesem Zusammenhang spricht. Es wird vielmehr zu unterscheiden sein: 61

– ob ein wirklicher **Kaufpreis** geleistet wird, auch in der Form verlorenen Baukostenzuschusses; dann gilt Kaufrecht, selbst wenn in Raten gezahlt wird oder in Form einer Rente; §§ 433 ff. BGB sind dann ohne Einschränkung anwendbar.[80] 62

– ob ein **wiederkehrendes Entgelt** geleistet wird (Übernahme von Grundstückslasten, Instandsetzungspflichten, Zins usw.): Miet- oder Pachtvorschriften können während des Bestehens des DWRs nicht Anwendung finden, da der Vertrag auf Veräußerung geht; das Gleiche galt für die Anwendung des ersten Bundesmietengesetzes.[81] Es kommt nur ein kaufähnlicher Vertrag im Sinne des § 445 a. F. (jetzt aufgehoben) BGB in Betracht.[82] Demgemäß entsprechende Anwendung der §§ 433–444 BGB. im Übrigen bedarf es einer Prüfung im Einzelnen wegen analoger Anwendung. 63

Schließlich können aber beide Formen gemischt sein, also neben einer einmaligen Leistung wiederkehrende Leistungen vorgesehen sein. 64

Auch Tausch, Schenkung oder Vermächtnis, Einbringen in eine Gesellschaft sind als Grundgeschäfte möglich.[83] 65

2. Anwendung der kaufrechtlichen Bestimmungen (§§ 433 ff. BGB)

Bei „kaufähnlichem" Grundgeschäft ist § 444 BGB entsprechend anzuwenden; dazu ist im Einzelnen zu entnehmen: Aus § 433 Abs. 1 BGB ergibt sich die Verpflichtung des Bestellers, die Wohnung des DWRs vertragsgemäß zu beschaffen oder herzustellen. Nach §§ 566, 578 tritt DWBer in ein etwa bestehendes Mietverhältnis ein. Die Wohnung ist als Sache i. S. des § 433 anzusehen; DWBer hat Sachteilbesitz nach § 865. Obligatorischer 66

[77] Über diese s. z. B. Palandt/*Bassenge* Einl. Rn 20 vor § 854.

[78] BGH NJW 1969, 1850; für das Wohnrecht nach § 1093 s. RGZ 54, 233 ff.

[79] Für das ErbbR s. a. BGH NJW 1965, 532; Palandt/*Bassenge* Überbl. Rn 4 Vor § 1012. Für den Nießbrauch Einf. Rn 4 Vor § 1030; für Grunddienstbarkeit Palandt/*Bassenge* § 1018 Rn 32.

[80] S. BGH NJW 1969, 1850; Weitnauer/*Mansel* Rn 14 Vor § 31.

[81] BGH ZMR 1970, 25, die Bundesmietengesetze waren nur noch in Berlin bis zum 31. 12. 1980 in Kraft; dazu unten Rn 116.

[82] AA Weitnauer/*Mansel* Rn 14 Vor § 31.

[83] Vgl. BGH Warn 69 Nr. 153.

Schuldner des Kaufpreises wie der Gegenleistungen ist zwar zunächst nur der Käufer; § 38 ordnet jedoch den Eintritt des Erwerbers an.[84]

67 § 433 Abs. 1 BGB kann zur Anwendung kommen, soweit dingliche Rechte Dritter überhaupt möglich sind; dies kann bei für zulässig gehaltenem Eigentümer-DWR zutreffen, weniger an neu bestelltem DWR. § 363 BGB könnte zur Anwendung gelangen.[85] Rechtsmangel ist auch das Bestehen von Miet- und Pachtverträgen, wegen des Eintritts des DWBer nach §§ 567, 578.

68 § 435 S. 2 i. V. mit §§ 452, 453 Abs. 1 BGB findet Anwendung, dagegen kommt § 436 nicht in Betracht.

69 Nach § 453 Abs. 1 i. V. mit § 433 Abs. 1 haftet der Besteller für Entstehung von Gebäude und Wohnung.[86] Vertrag ist mit der Zurverfügungstellung der Räume erfüllt.

70 § 363 BGB ist anwendbar hinsichtlich bekannter Rechtsmängel. § 363 kommt zur Anwendung soweit, wie hier die Zulässigkeit der Pfändung des DWRs auch an noch zu errichtenden Gebäuden bejaht wird.

71 §§ 433, 435 BGB sind, wenn Zubehörstücke zum DWR gehören, anzuwenden; gleiches gilt für unwesentliche Bestandteile. Auch das Zubehör ist also zu beschaffen. §§ 363, 444 sind anwendbar. Die in den weggefallenen §§ 444 und 445 BGB geregelten Verpflichtungen sind als selbstverständliche Nebenverpflichtungen anzusehen (Bauzeichnung, Beschleunigung). Sie gelten auch bei sonstigen Verträgen, z. B. bei Bestellung gegen wiederkehrendes Entgelt oder bei Einbringen in eine Gesellschaft.

72 § 446 ist gemäß § 453 Abs. 1 bei Rechtskauf anwendbar. Das Recht geht samt der Gefahr mit der Eintragung über. Bei DWR an noch zu errichtender Wohnung erst mit Entstehung und Übergabe derselben. Satz 2 ist auch auf Bestellung gegen wiederkehrende Gegenleistung anwendbar; nicht aber Satz 1, wofür § 326 in Betracht kommt.[87]

73 § 447 ist nicht anwendbar, aus § 448 möglicherweise Abs. 1 1. Alt.; Abs. 2 dagegen ist anwendbar auch bei Bestellung gegen wiederkehrende Gegenleistung. § 453 Abs. 1 verweist für den Rechtskauf auf die Vorschriften für den Sachkauf.

74 Die **Gewährleistungsvorschriften** der §§ 434 ff. BGB sind entsprechend anwendbar.[88] Dies gilt auch bei Kauf gegen wiederkehrende Gegenleistungen. Irrtumsanfechtung nach § 119 Abs. 2 BGB ist damit ausgeschlossen.[89] Mietvertragsvorschriften, etwa §§ 536–536 d BGB, können nicht in Betracht kommen. Wandlung, Rücktritt, Nacherfüllung und Minderung gemäß §§ 377 ff. unter Heranziehung von § 566 b sind möglich. Schadensersatz wegen Nichterfüllung kann sich aus §§ 281 ff. ergeben.[90]

3. Haftung für Rechts- und Sachmängel

75 Rechts- und Sachmängelhaftung des Bestellers über die Fristen des §§ 453 Abs. 1, 438 Abs. 1 hinaus:

76 **a)** Haftung für Rechtsmängel: Nach §§ 435 Abs. 1, 433 Abs. 1 wird nur für Bestand im Zeitpunkt des Abschlusses des Kaufvertrages gehaftet, also nicht für weitere Beständigkeit des Rechtes.[91] Bei dem auf Bestand angelegten DWR dagegen muss eine weitere Haftung des Grundstückseigentümers dafür angenommen werden, dass er alles für den

[84] Weiteres siehe dort Rn 35 ff.

[85] S. Palandt/*Weidenkaff* § 434 Rn 2, 3.

[86] S. Niedenführ/*Vandenhouten* § 33 Rn 31 zu weiteren schuldr. Vereinbarungen.

[87] Palandt/*Bassenge* § 31 Rn 6; aA Weitnauer/*Mansel* Rn 14 Vor § 31, die die §§ 446–450 ohne Einschränkung für anwendbar halten.

[88] S. a. Palandt/*Bassenge* a. a. O.; Weitnauer/*Mansel* Vor § 31 Rn 14.

[89] RG 149, 235 ff.; 158, 50 ff.; 135, 339.

[90] S. Palandt/*Weidenkaff* Rn 26 Vor § 459.

[91] Palandt/*Weidenkaff* § 435 Rn 7.

Fortbestand des DWRs zu tun und alles diesen Bestand Beeinträchtigende zu vermeiden hat.[92]

b) Haftung für Sachmängel nach Übergang der DWR-Räume: insbesondere Haftung für verfallen lassen des Gebäudes.[93] Immer aber ist der Inhalt des Rechtes nach § 33 Abs. 1 und 2 mit entsprechender Anwendung des § 14 zu beachten (s. § 33 Rn 73 ff.). Einen Anspruch auf Zwangsverwaltung hat der DWBer nicht, anders als in § 1134 Abs. 2 BGB der Hypothekengläubiger. **77**

4. Anwendung der mietrechtlichen Gewährleistungsregeln

Entsprechende Anwendung des § 536 hinsichtlich wiederkehrender Gegenleistung bei Pflichtverletzung des Grundstückseigentümers: **78**
- insbesondere bei Verletzung der Verpflichtung zur Instandhaltung und Instandsetzung, wenn nicht abgewälzt auf DWBer nach § 33 Abs. 4 Nr. 2,
- ferner, wenn die Nutzung des DWBer durch Zustand des Gebäudes im Allgemeinen beeinträchtigt wird.

Daraus entsteht allgemein nur ein Schadensersatzanspruch, kein Minderungsanspruch, wobei allerdings der verringerte Nutzungswert zu berücksichtigen ist.[94] Der Schadensersatz wird also in der Hauptsache in Minderung des Entgelts bestehen, sofern dies nicht bereits bezahlt ist. **79**

5. Gegenleistung

Gegenleistung bei Erlöschen des DWRs oder bei weggefallener und beschränkter Nutzungsmöglichkeit: **80**

a) Im Falle **einmaliger Kaufpreiszahlung:** Der Anspruch hierauf besteht fort, wenn das Recht bestellt und die Räume übergeben wurden und auch die Gefahr übergegangen ist. Es können nur Schadensersatzansprüche geltend gemacht werden wegen Verletzung des Vertrages oder aus Nachwirkung des Vertrages. Rückforderungsanspruch auf Kaufpreis und ungerechtfertigte Bereicherung entfallen, auch, wenn das Recht in der Zwangsversteigerung erlischt oder Gebäude und Wohnung zerstört werden. **81**

b) Im Falle **wiederkehrender Gegenleistung:** Wenngleich Miet- und Pachtvorschriften nicht anwendbar sind, so gilt doch der allgemeine Rechtsgedanke des §§ 281, 323 BGB;[95] danach kann das wiederkehrende Entgelt von dem Fortbestand des dinglichen Rechtes und seiner Nutzbarkeit abhängig sein. **82**

Erlischt das DWR, so entfällt der Anspruch auf die Gegenleistung, solange es nicht wieder eingeräumt wird. Im Falle der Zerstörung gilt Gleiches, aber das Recht wird nicht inhaltslos, sondern die Räume sind wieder herzustellen (s. oben Rn 39). Es kann also Minderung nach § 326 Abs. 3 geltend gemacht werden, ebenso bei nur teilweisem Erlöschen oder teilweiser Zerstörung oder sonstiger Nichtausübbarkeit des Rechtes. Ungerechtfertigter Bereicherungsanspruch kann in Betracht kommen, wenn wiederkehrendes Entgelt vorausbezahlt ist. **83**

Diese Rechte bestehen nicht, wenn der DWBer selbst das Erlöschen oder die Unbenutzbarkeit zu verantworten hat; der Besteller behält dann seinen Anspruch. Gleiches gilt nach Aufgeben des Rechtes nach § 875, es sei denn, dass dies aus objektiven Gründen und ohne Verstoß gegen Treu und Glauben geschieht. **84**

---

[92] S. a. RG DJZ 1916 Sp. 813 f.

[93] Also entsprechende Anwendung der Grundsätze aus RG 161, 330 ff., 339 f.

[94] Palandt/*Weidenkaff* § 536 Rn 17; RGZ 82, 375.

[95] Weitnauer/*Mansel* Rn 14 a. E. Vor § 31.

6. Nichterfüllung

85 **Folgen der Nichterfüllung einer wiederkehrenden Gegenleistung durch** den DWBer: Ergibt sich die Pflicht zu einer solchen aus dem schuldrechtlichen Grundgeschäft (auch einer späteren Änderung), so hat der Verkäufer die allgemeinen Rechtsbehelfe aus §§ 20 ff., insbesondere §§ 281, 323 Abs. 1 mit Rücktritt oder Schadensersatzfolgen. In beiden Fällen müsste der DWBer das Recht an den Eigentümer zurückgeben. Für diesen Fall empfiehlt sich zur Vereinfachung der Durchführung die Vereinbarung eines Heimfallanspruches (§ 36). Das alte Rücktrittsrecht war zwar durch § 454 nach Erfüllung durch den Verkäufer ausgeschlossen. Doch konnte diese Bestimmung für nur kaufähnliche Verträge nicht gelten; auch war dort auf § 454 nicht verwiesen.[96]

VI. Beendigung und Erneuerung

1. Beendigung

86 Durch **Zeitablauf** bei Befristung (§§ 163, 158 Abs. 2 BGB;[97] § 875 Anm. 2; § 27 ErbbVO, §§ 901, 1026[98] u. 1028 Abs. 1 S. 2 BGB). Materiellrechtlich erlischt das DWR ohne weiteres mit Ablauf des Endtermins. Die Löschung erfolgt auf bloßen Antrag hin gemäß § 22 GBO. Es empfiehlt sich, von vorneherein eine Klausel, auch in das GB, aufzunehmen, wonach zur Löschung des Rechtes der Nachweis des Zeitablaufs genügt, womit §§ 23, 24 GBO nicht mehr zu beachten wären (§ 23 Abs. 2). Ist dies nicht geschehen, kann gleichwohl § 23 Abs. 1 (also Löschung durch Rechtsnachfolger, hier durch den Berechtigten noch selbst nach Fristablauf gemäß § 24) nur in Anwendung kommen, wenn Rückstände für Aufwendungsersatz durch den Grundstückseigentümer überhaupt möglich sind. Im Zweifel wird also ohne Eintragung der genannten Klausel das GBA doch nicht auf bloßen Antrag des Eigentümers löschen können.

87 Es kann auch eine Löschung im Zuges des Löschungsverfahrens nach §§ 84 ff. GBO in Betracht kommen. Eine Kündigung durch einen Vertragspartner kommt nicht in Betracht.[99]

88 Mit Beendigung des DWRs sind die Räume zurückzugeben. Bei Weigerung ist entsprechend § 546 a BGB das bisher vereinbarte oder angemessene Entgelt zu bezahlen; Verschulden des DWBer ist nicht Voraussetzung,[100] außer bei Geltendmachung weiteren Schadens nach § 557 S. 2 BGB.

89 Einer Zustimmung des Eigentümers zur Löschung durch den Berechtigten bedarf es nicht. § 1183 gilt nur für Hypotheken usw.; anderes gilt, wenn ein Heimfallrecht vereinbart worden ist, das durch die Löschung beeinträchtigt würde. In diesem Falle sind §§ 1183 BGB und 27 GBO entsprechend anzuwenden.

2. Nichtausübung

90 Durch **Nichtausübung** erlischt das DWR nicht.[101]

3. Zerstörung

91 **Zerstörung** des Gebäudes beendet das DWR gleichfalls nicht;[102] ebenso wie beim ErbbR (§ 13 ErbbauRG) bleibt es als Vollrecht unverändert bestehen (§ 33 Abs. 4 Nr. 4

---

[96] MünchKomm-BGB/*Westermann* § 454 Rn 47.

[97] Palandt/*Bassenge* § 31 Rn 6.

[98] BayObLG MittBayNot 1995, 458 = NJW-RR 1996, 397; s. Rn 22 Vor § 31.

[99] BGH 27, 158; LG Ffm NZM 2000, 877. Statt dessen kommt eine entspr. Regelung durch Heimfall in Frage.

[100] RG, JW 29, 3287.

[101] So *Bärmann/Pick* § 31 Rn 28; *Diester* § 31 Anm. 9 d.

[102] Palandt/*Bassenge* § 31 Anm. 6.

mit § 32 Abs. 3). Mehr noch als beim Wohnungsrecht nach § 1093 muss hier am Fortbestehen des Rechtes festgehalten werden (s. schon oben Rn 39). Es kann also keine Rede davon sein, dass das DWR erlischt, wenn sein Gegenstand (die Wohnung, die sonstigen Räume) untergegangen ist. Selbst wenn keine Vereinbarung über Wiederaufbau getroffen ist (im Rahmen des § 33 Abs. 4 Nr. 4 als dinglicher Inhalt), ist die Verpflichtung zur unverzüglichen Wiederherstellung der Räume, die die Ausübung des DWRs ermöglichen, für den Grundstückseigentümer als originärer dinglicher Inhalt des Rechts anzusehen,[103] es sei denn, dass gemäß § 33 Abs. 4 Nr. 4 diese Verpflichtung ausdrücklich abbedungen oder unter gewisse Voraussetzungen gestellt wurde, was dingliche Wirkung hätte. Für diesen ganzen Bereich kann nur die dingliche Inhaltsbestimmung nach § 33 Abs. 4 maßgebend und wirkungsvoll sein, keinesfalls eine frühere oder spätere außergrundbuchmäßige schuldrechtliche Vereinbarung. Dabei ist auch gleichgültig, wer nach der dinglichen Vereinbarung den Wiederaufbau übernommen hat, ob ihn der Eigentümer oder der DWBer durchzuführen hat, oder ob letzterer ihn nur durchführen **kann.** Wiederaufbaupflicht und -recht können auch von einem bestimmten Grad der Zerstörung abhängig gemacht werden, der Wohnung sowohl wie des gesamten Gebäudes (s. entsprechend auch § 22 Abs. 2.

4. Zwangsversteigerung

In der **Zwangsversteigerung** erlischt das DWR (auch vor Fristablauf), wenn es nicht in das geringste Gebot aufgenommen wird (§ 91 ZVG). Das Beste hen bleiben kann aber sowohl im Voraus nach § 39 WEG wie auch noch mit Erstehen nach § 91 Abs. 2 ZVG vereinbart werden. Das Recht verwandelt sich mit Erlöschen als dingliches Recht in einen Anspruch auf Zahlung einer entsprechenden Geldsumme (§ 92). Diese Summe ist zu schätzen.[104] 92

Nur im Falle des Fehlens einer Wiederaufbauverpflichtung kann davon gesprochen werden, dass das Recht mit dem Untergang der entsprechenden Gebäude inhaltslos wird. 93

Zur Frage, was zu geschehen hat, wenn nur einer von mehreren belasteten MEs-Anteilen zwangsversteigert wird, s. oben Rn 56. 94

5. Aufgabe des Rechts bzw. Löschung

Erlöschen durch **Aufgabe** des Rechtes nach § 875 und Löschung. Ohne Heimfallanspruch bedarf es nicht der Zustimmung des Eigentümers.[105] Es entsteht also kein Eigentümerrecht. Deshalb ist die Vereinbarung eines Heimfallanspruches auch für den Fall der Aufgabe des Rechts nach § 36 zu empfehlen. Ist das DWR mit einem Recht eines Dritten belastet, hätte der Berechtigte der Löschung zuzustimmen: § 876, s. a. § 1273 Abs. 2 mit §§ 1255 Abs. 1; 1072 und 1064 BGB. 95

6. Verjährung

Erlöschen durch **Verjährung** des dinglichen Rechtsanspruchs gemäß § 901. 96

7. Enteignung

Erlöschen durch und bei **Enteignung** des DWBer wie auch des Grundstückeigentümers. 97

---

[103] AA Palandt/*Bassenge* § 33 Rn 5 und Soergel/*Stürner* § 31 Rn 11.
[104] S. a. *Mohrbutter* MDR 1955, 711 ff.
[105] S. oben Rn 89; *Diester* § 31 Anm. 9 b; Weitnauer/*Mansel* § 31 Rn 9.

8. Heimfall

98 Ist **Heimfall** nach § 36 vereinbart, so tritt kein Erlöschen des Rechts ein, sondern unter den vereinbarten Voraussetzungen der Heimfall (Weiteres bei § 36 Rn 47 ff.).

9. Erbbaurecht

99 DWR an einem ErbbR (§ 42) ist vom Bestand des Erbbaurechts abhängig und erlischt mit diesem.

100 **Erlöschensgründe sind aber nicht:** Vereinigung mit Eigentum in einer Hand nach § 889; Veränderung der Benutzung durch behördliche Maßnahmen oder gesetzliche Vorschriften, etwa durch Beschlagnahme, Zwangsmietvertrag, Wohnungsgesetzgebung, selbst wenn vertragsmäßige Nutzung unmöglich wird; Eintritt auflösender Bedingungen, weil diese unzulässig sind; Kündigung, weil diese ausgeschlossen ist und an ihrer Stelle nur Heimfallrecht vereinbart werden kann, und schließlich der Heimfall selbst, bei dessen Ausübung das Recht nur auf den Eigentümer übergeht.

10. Schutzvorschriften

101 Anwendung des Mieterschutzes und des Vollstreckungsschutzes kann erst nach Erlöschen des DWRs in Betracht kommen (s. Vor § 31 Rn 30).

11. Verlängerung

102 Verlängerung des DWRs ist möglich, solange es nicht erloschen ist, und zwar durch Vereinbarung. Da dies Inhaltsänderung ist, ist die Zustimmung nach §§ 877, 876 BGB erforderlich. Nach materiellrechtlichem Erlöschen ist nur völlige Neubestellung möglich; bestehen weitere Rechte am Grundstück, bedarf es gegebenenfalls der Rangrücktrittserklärungen der durch das Erlöschen aufgerückten nachrangigen Rechte, wenn der alte Rang wiederhergestellt werden soll.

VII. Dauerwohnrecht in Zwangsvollstreckung und Insolvenz

103 Es ist § 857 ZPO anwendbar; die Pfändung ist in das GB einzutragen.[106] Für die Verwertung gilt § 844 ZPO: in der Regel also freihändiger Verkauf oder Versteigerung.[107]

104 Das dingliche Recht geht mit der rechtsgültigen Übertragung (durch Zuschlag oder Eintragung) auf den Erwerber über. Gleichzeitig tritt er nach § 38 in die Verpflichtungen ein (Näheres s. dort Rn 45), insbesondere in die Verpflichtung zur Leistung (wiederkehrender Entgelte). Für die Vermietung gilt § 37 Abs. 3 S. 2. Zwangsverwaltung ist hier ausgeschlossen. Mietansprüche des DWBer unterliegen der Forderungspfändung wie üblich.

105 Forderungen des Eigentümers auf Entgelt gegen den DWBer unterliegen der üblichen Zwangsvollstreckung in Geldforderungen, in erster Linie also der Forderungspfändung und Überweisung. Durch die in § 40 Abs. 1 S. 1 bestimmte Ausnahme kann aber aus schuldrechtlichen Ansprüchen in dieses Entgelt nur so lange vollstreckt werden, als nicht die Beschlagnahme im Wege der Zwangsvollstreckung in das unbewegliche Vermögen (durch Zwangsverwaltung) angeordnet ist (§§ 1123, 1124 BGB, 865 ZPO, 148, 21 ZVG).[108]

106 Ist das DWR mit einer Veräußerungsbeschränkung nach § 35 ausgestattet, ist § 857 Abs. 3 und 4 ZPO zu beachten, sofern die Zustimmung nicht erlangt werden kann. Auch § 12 letzter Satz ist anzuwenden.

---

[106] S. *Weitnauer* DNotZ 1951, 497; Palandt/*Bassenge* § 33 Rn 1.

[107] S. Thomas/Putzo/*Hüßtege,* § 857 Rn 14; Baumbach/Lauterbach/Albers/*Hartmann* § 857 Rn 11.

[108] Siehe aber § 40 Abs. 2 und dort Rn 31 ff.

Für **Insolvenz** gilt Folgendes:

– **Bei Insolvenz des Eigentümers:** Ist das DWR durch Eintragung entstanden, so gilt es auch im Konkurs unverändert fort. Ist das Gebäude noch nicht errichtet, besteht der dingliche Anspruch auf Errichtung auch gegenüber dem Insolvenzverwalter und einem späteren Erwerber des Grundstückes fort. Entsprechend dem Nießbrauch (und der Grunddienstbarkeit) besteht nach § 91 InsO Aussonderungsrecht nur, wenn vor dem Konkurs die Eintragung bereits bewirkt war. Dagegen begründet der bloße schuldrechtliche Anspruch auf Bestellung einer Dienstbarkeit, entsprechend hier auch eines DWRs, kein Aussonderungsrecht, sondern lediglich eine Konkurs-/Insolvenzforderung (Geldliquidation nach § 45 InsO).[109] Entsprechend dem Nießbrauch ist auch das DWR, wenn es einmal begründet ist, unabhängig von dem zugrunde liegenden schuldrechtlichen Rechtsverhältnis; sein Inhalt und seine Dauer richten sich nur noch nach der Eintragung.[110] Auch der auf Eintragung gerichtete Schuldvertrag zwischen Eigentümer und Erwerber **kann** gegenseitige Verbindlichkeiten im Sinne des § 103 InsO begründen.[111] **107**

Die Forderung auf Entgelt gegen den DWBer bleibt von der Insolvenz des Eigentümers unberührt; sie fällt aber in die Insolvenzmasse. **108**

– **Bei Insolvenz des DWBer** gehört sein Recht zur Insolvenzmasse[112] und kann vom Insolvenzverwalter genutzt werden, z. B. auch durch Vermietung oder Verpachtung, Bezug von Nutzungen aller Art im Rahmen des § 100 BGB. Verpflichtungen auf Entgelt (auch wiederkehrendes) für das DWR an den Eigentümer werden für die Zeit der Insolvenz Masseschulden/-verbindlichkeiten nach § 55 Abs. 1 Nr. 2 InsO. Aus der Eintrittswirkung des § 38 und der Unabhängigkeit des DWRs vom schuldrechtlichen Verpflichtungsvertrag mit der dinglichen Entstehung durch die Eintragung ist zu schließen, dass von der Eintragung an § 103 InsO nicht mehr Anwendung finden kann. Anders, solange der schuldrechtliche Verpflichtungsvertrag noch nicht dinglich vollzogen ist. **109**

Der Anspruch auf Bestellung eines DWRs bildet, unbeschadet des § 83 InsO, einen Bestandteil der Insolvenzmasse des Erwerbers des DWRs. Der Insolvenzverwalter kann die Bestellung erzwingen und das bestellte Recht für die Masse nutzen.[113] **110**

– Allgemein gilt für den Rechtsinhalt in der Insolvenz: Das Aussonderungsrecht betrifft nur den wirklich dinglichen Teil des Rechtsinhalts, sowohl in der Insolvenz des DWBer wie des Eigentümers. Weder DWBer noch Eigentümer haben im Konkurs jeweils des anderen ein Recht auf abgesonderte Befriedigung. **111**

Nach § 55 Abs. 1 Nr. 2 InsO ist zu bestimmen, ob eine Insolvenzforderung oder Masseschuld/-verbindlichkeit vorliegt, wenn der Kausalvertrag für das DWR ein gegenseitiger Vertrag (Kauf, kaufähnlicher Vertrag, Tausch oder ähnliches) ist. **112**

Ist das Grundgeschäft kein gegenseitiger Vertrag, sondern nur einseitig verpflichtend, wie bei Schenkung, Vermächtnis, dann gilt: **113**

Insolvenzforderung (z. B. hinsichtlich Instandsetzungsverpflichtung des Eigentümers, Schadensersatzanspruch hieraus) ist die Inhaltsverpflichtung des im Konkurs befindlichen Grundstückseigentümers, sofern die Verpflichtung schon vor Insolvenzeröffnung entstanden ist; im anderen Falle keine Insolvenzforderung (§§ 38, 40, 51 Nr. 2 InsO; anders vielleicht nur für Verwendungsansprüche des DWBer).[114] **114**

Inhaltsverpflichtungen des in der Insolvenz bedinglichen DWBer sind Insolvenzforderungen, soweit vor Insolvenzeröffnung entstanden, sonst Masseverbindlichkeiten (§ 55 **115**

---

[109] S. die Kommentare zur InsO: *Braun,* InsO, 3. Aufl. 2007; *Andres/Leithaus,* InsO, 2006; MünchKomm InsO, 2007/8.

[110] Staudinger Vor § 1030 Rn 1 a; OLG [KG] 18, 150 ff.; KGBl. 1909 S. 44.

[111] S. Fn 2; RG DJZ 1916, 813.

[112] S. Fn 2.

[113] S. § 33 Rn 59; § 12 Rn 48 ff.

[114] S. aber auch § 59 Nr. 3.

Abs. 1 Nr. 1) oder Massekosten (§ 54 Nr. 2);[115] insbesondere, wenn der Insolvenzverwalter das DWR aufrechterhält,[116] was er in der Regel muss. Grundsätzlich kann dies aber nur für die Verpflichtungen aus dem dinglichen Inhalt des Rechts gelten.

VIII. Preisrechtliches

116 Eine Anwendung der Preisvorschriften kam überhaupt nur dann in Frage, wenn das DWR wirtschaftlich mietähnlichen Charakter hatte, insbesondere ein wiederkehrendes Entgelt entrichtet wurde. Dagegen verneinte der BGH im Gegensatz zu h. M. generell die Anwendung der Mietpreisbindungsvorschriften auf das DWR.[117] In solchen Fällen war sie aber zu bejahen (wegen der überholten Bedeutung dieser Vorschriften s. die 2. u. 8. Aufl.). Mit dem neuen Mietrecht dürften seit dem 1. 9. 2001 auch die mieterschützenden Vorschriften des §§ 568 ff., 574 ff. BGB nach der hier vertretenen Ansicht entsprechend anwendbar sein.[118] Damit kann der Übertragungsanspruch nur geltend gemacht werden, falls bei einem Mietvertrag zwischen Eigentümer und DWBer dessen Aufhebung bzw. Kündigung nach §§ 573 ff. verlangt werden könnte.[119]

117 Ist das DWR eigentumsähnlich, ein Eigentum vertretendes Recht, wirtschaftlich also dem Eigentum gleichzustellen, so liegt kein mietähnliches Verhältnis vor. Dafür können dann die oben ausgeführten preisrechtlichen Gesichtspunkte **nicht** gelten. Das wurde durch § 31 des 1. WBauG klargestellt.[120]

IX. Dauernutzungsrecht

118 DNR an sonstigen nicht zu Wohnzwecken bestimmten Räumen, wie Läden, Büros, Lagerräumen, Fabrikräumen, Büros von Anwälten, Steuerberatern, Wirtschaftsprüfern, Garagen usw., auch an noch zu errichtenden Gebäuden:

119 Der Unterschied zum DWR besteht ausschließlich hinsichtlich der Art des Gegenstandes, der Räume also.

Auch § 41 über das langfristige DWR gilt hier (im Übrigen siehe Näheres oben Rn 38 ff.).

120 Die Diskussionen um die Zweckmäßigkeit der Bezeichnung (DNR) können heute als überholt gelten;[121] das Institut hat sich trotz der Schwerfälligkeit seiner Bezeichnung insoweit eingebürgert.

X. Zuständigkeit

121 Für Streitigkeiten zwischen dem Grundstückseigentümer und dem DWR-Ber./DNR-Ber. (entspr. auch im Fall der ErbbBer.) gelten die allg. Vorschriften der ZPO und des GVG über die sachliche und örtliche Zuständigkeit (AG, LG, OLG, BGH). Das gilt auch für § 24 ZPO. Dagegen finden die §§ 43 ff. WEG keine Anwendung.

§ 32 Voraussetzungen der Eintragung

(1) **Das Dauerwohnrecht soll nur bestellt werden, wenn die Wohnung in sich abgeschlossen ist.**

---

115 Kommentare zur InsO.

116 Wie zuvor.

117 BGH ZMR 1970, 25.

118 Palandt/*Bassenge,* § 36 Rn 2; Niedenführ/*Vandenhouten* § 36 Rn 15; so auch Weitnauer/*Mansel* § 36 Rn 6; aA *Mayer* DNotZ 2003, 908.

119 Palandt/*Bassenge* a. a. O.

120 Zum Wohngeldanspruch des Wohnrechtsinhabers s. BVerwG ZMR 1979, 24.

121 S. vor allem *Friese* NJW 1951, 510.

(2) [1] **Zur näheren Bezeichnung des Gegenstandes und des Inhalts des Dauerwohnrechts kann auf die Eintragungsbewilligung Bezug genommen werden. [2] Der Eintragungsbewilligung sind als Anlagen beizufügen:**

1. **eine von der Baubehörde mit Unterschrift und Siegel oder Stempel versehene Bauzeichnung, aus der die Aufteilung des Gebäudes sowie die Lage und Größe der dem Dauerwohnrecht unterliegenden Gebäude- und Grundstücksteile ersichtlich ist (Aufteilungsplan); alle zu demselben Dauerwohnrecht gehörenden Einzelräume sind mit der jeweils gleichen Nummer zu kennzeichnen;**
2. **eine Bescheinigung der Baubehörde, daß die Voraussetzungen des Absatzes 1 vorliegen.**[1]

[3] **Wenn in der Eintragungsbewilligung für die einzelnen Dauerwohnrechte Nummern angegeben werden, sollen sie mit denen des Aufteilungsplans übereinstimmen. [4] Die Landesregierungen können durch Rechtsverordnung bestimmen, dass und in welchen Fällen der Aufteilungsplan (Satz 2 Nr. 1) und die Abgeschlossenheit (Satz 2 Nr. 2) von einem öffentlich bestellten oder anerkannten Sachverständigen für das Bauwesen statt von der Baubehörde ausgefertigt und bescheinigt werden. [5] Werden diese Aufgaben von dem Sachverständigen wahrgenommen, so gelten die Bestimmungen der Allgemeinen Verwaltungsvorschrift für die Ausstellung von Bescheinigungen gemäß § 7 Abs. 4 Nr. 2 und § 32 Abs. 2 Nr. 2 des Wohnungseigentumsgesetzes vom 19. März 1974 (BAnz. Nr. 58 vom 23. März 1974) entsprechend. [6] In diesem Fall bedürfen die Anlagen nicht der Form des § 29 der Grundbuchordnung. [7] Die Landesregierungen können die Ermächtigung durch Rechtsverordnung auf die Landesbauverwaltungen übertragen.**

(3) **Das Grundbuchamt soll die Eintragung des Dauerwohnrechts ablehnen, wenn über die in § 33 Abs. 4 Nrn. 1 bis 4 bezeichneten Angelegenheiten, über die Voraussetzungen des Heimfallanspruchs (§ 36 Abs. 1) und über die Entschädigung beim Heimfall (§ 36 Abs. 4) keine Vereinbarungen getroffen sind.**

Übersicht

Bemerkung: Abs. 1 Satz 2 wurde aufgehoben, dem Abs. 2 wurden die Sätze 4 bis 7 angefügt durch das WEG-ÄndG v. 26. 3. 2007 (BGBl. I S. 370).

I. Der Normzweck

Die Vorschrift nennt die Formalien, die für die Bestellung eines Dauerwohnrechts Voraussetzung sind. So entsteht das Dauerwohnrecht als Belastung eines Grundstücks durch Einigung und Eintragung ins Grundbuch (vgl. die amtlich nicht veröffentlichte Begründung zu dem Regierungsentwurf des WEG 1951: BR-Drucks. 75/51). Nach § 29 GBO muss die Eintragungsbewilligung durch öffentliche oder öffentlich beglaubigte Urkunden nachgewiesen werden. Keine Formvorschriften sind vorgesehen für die schuldrechtlichen Beziehungen, die der Bestellung des Dauerwohnrechts zugrunde liegen (vgl. die amtlich 1

[1] Allgemeine Verwaltungsvorschrift für die Ausstellung von Bescheinigungen gemäß § 7 Abs. 4 Nr. 2 und § 32 Abs. 2 Nr. 2 WEG vom 19. 3. 1974 (BAnz. Nr. 58) im Anh. III 7.

nicht veröffentlichte Begründung zu dem Regierungsentwurf des WEG, a. a. O.). Grundsätzlich entsprechen die Voraussetzungen über die Eintragung des Dauerwohnrechts denen des § 7. Mit der Reform des WEG 2007 wurde den Landesregierungen durch eine Öffnungsklausel an die Hand gegeben, entsprechend ihren unterschiedlichen Bauvorschriften zu verfahren (*Bärmann/Pick,* Erg. Bd., S. 140 f., 192).[2] Zusätzlich verlangt § 32 Abs. 3, dass über eine ganze Anzahl von Punkten – die die Vorschrift aufführt – Vereinbarungen getroffen werden, ohne deren Regelung das Grundbuchamt die Eintragung des Dauerwohnrechts ablehnen soll.

II. Allgemeines

2 Während Abs. 2 und 3 grundbuchrechtliche Vorschriften enthalten, ist Abs. 1 von materiellrechtlicher Bedeutung. Abs. 1 und 2 entsprechen fast wörtlich den in § 3 Abs. 2, 3, § 7 Abs. 3, 4 für das WE gegebenen Vorschriften; während aber dort immer von einer Mehrheit von „Wohnungen" ausgegangen werden muss (mindestens zwei, da andernfalls nur gewöhnliches Eigentum besteht, und weil WE und ME am gleichen Grundstück begrifflich ausgeschlossen sind), kann das DWR in einem Gebäude auch nur an einer einzigen Wohnung bestehen, während die übrigen Wohnungen dem Eigentümer unbeschränkt zur Vermietung oder Selbstbewohnung zustehen. Es kann deshalb grundsätzlich auf die Ausführungen in § 1 Rn 21 ff., § 3 Rn 78 ff. und § 7 Rn 1 ff., 60 ff. und 81 ff. verwiesen werden.

III. Abgeschlossenheit

3 Die Abgeschlossenheit der Wohnung nach **Abs. 1** ist materiellrechtliche Vorschrift („soll nur bestellt werden"), aber Sollvorschrift, d. h. eine trotzdem erfolgte Eintragung (die die Bestellung konstitutiv endgültig macht) ist gültig, auch z. B. einem Erwerber gegenüber, der weiß, dass die Voraussetzung der Abgeschlossenheit gar nicht erfüllt ist. Zur Sicherung dieser Sollvorschrift hat **Abs. 2** die öffentlich-rechtlichen Anlagen zur Eintragungsbewilligung geschaffen. Ob die Voraussetzungen vorliegen, hat das GBA anhand der gemäß Abs. 2 beizufügenden Unterlagen festzustellen. Die Bescheinigung der Baubehörde enthebt grundsätzlich das GBA der Nachprüfung, doch darf das GBA diese Voraussetzung jedenfalls an Hand des Aufteilungsplans selbst nachprüfen. Die Abgeschlossenheitsbescheinigung der Baubehörde ist für die Gerichte nicht bindend; sie kann von ihnen beanstandet werden.[3] Dieser Abs. 1 entspricht dem Abs. 2 des § 3 (für das WE). Während aber dort ausdrücklich noch die „sonstigen (nicht zu Wohnzwecken dienenden) Räume" genannt werden, ist dies hier unterblieben. Da nach § 31 Abs. 3 die Vorschriften (also: **alle** Vorschriften) über das DWR auch entsprechend für das DNR gelten, ist die Abgeschlossenheit auch für die den Gegenstand eines DNRs bildenden sonstigen Räume zu fordern (wegen der Einzelheiten kann daher auf § 3 und § 1 verwiesen werden und die dort behandelten und im Anhang II 2 abgedruckten Allg. Verwaltungsvorschrift für die Baubehörden). Eine Abgrenzung von gemeinschaftlichen Teilen wie in § 5 WEG für das WE entfällt hier.

Abs. 1 Satz 2 war eingefügt worden durch das G. zur Beseitigung von Hemmnissen bei der Privatisierung von Unternehmen und zur Förderung von Investitionen vom 22. 9. 1991.[4] Mit Ablauf des 31. 12. 1996 trat Abs. 1 Satz 2 außer Kraft. Er wurde nun formell durch das WEG-ÄndG beseitigt. Zu den Einzelheiten s. § 3.

---

[2] S. § 7.
[3] LG München I Rpfleger 1973, 141 = MittBayNot 1973, 97, s. § 7 Rn 75.
[4] BGBl. I S. 766.

IV. Eintragungsbewilligung

4 Sie bedarf der Form des § 29 GBO (öffentliche oder öffentlich beglaubigte Urkunde, notarielle Beglaubigung dafür genügend) und ist vom Eigentümer des zu belastenden Grundstücks abzugeben (§ 19 GBO). Eine Abweichung dieser Eintragungsbewilligung von der materiellrechtlichen Einigung im Sinne des § 873 BGB ist für die Entstehung und den Bestand des dinglichen Rechtes unbeachtlich. Der hiervon Betroffene hat nur schuldrechtliche Ansprüche, z. B. auf Änderung der Eintragung oder Löschung derselben, nach allgemeinem Recht. Das GB ist aber nicht unrichtig geworden (auch nicht im Sinne des § 53 Abs. 1 S. 1 GBO); auch ein Fall der Amtslöschung nach § 53 Abs. 1 S. 2 GBO liegt nicht vor.[5]

5 Zur materiellen Bedeutung der Beurkundung siehe § 128 BGB und BeurkG, §§ 1 ff., zur öffentlichen Beglaubigung § 129 BGB.

V. Bezugnahme (Abs. 2)

6 Bezugnahme auf die Eintragsbewilligung: **Abs. 2** ergänzt § 874 BGB insofern, als nicht nur zur Bezeichnung des Inhalts, sondern auch des Gegenstands des Rechtes (Raum, Grundstücksteil) auf die Eintragungsbewilligung Bezug genommen werden kann. Doch gilt daneben grundsätzlich § 874 (s. a. oben § 7). Eine Befristung des Rechts ist ausdrücklich in das GB einzutragen; Bezugnahme auf die Eintragungsbewilligung genügt hier nicht. Gleiches gilt von einer Veräußerungsbeschränkung nach § 35 wie schon bei § 12[6] und von der Vereinbarung über das Bestehen bleiben des DWRs in der Zwangsversteigerung nach § 39.

7 Die **Eintragung** wäre folgendermaßen zu fassen:

„Dauerwohnrecht (Dauernutzungsrecht) gemäß §§ 31 ff. WEG v. 15. 3. 1951 zugunsten der Eheleute Karl Mayer, Kaufmann, und Elisabeth, geb. Butz, als Berechtigte je zur Hälfte (oder in allgemeiner Gütergemeinschaft oder als Gesellschafter nach bürgerlichem Recht) an der im Aufteilungsplan mit Nr. 1 bezeichneten Wohnung (Räumen), bestehend aus drei Zimmern, Küche, Bad, Keller und Speicherabteil, Gesamtfläche 90 qm, vom Tage der Eintragung an bis zum ... (oder: zeitlich unbegrenzt).

8 *Eine Veräußerungsbeschränkung nach § 35, ein Heimfallrecht nach § 36 Abs. 4, das Bestehen bleiben des Rechts nach § 39 und die Wirksamkeit von Vorausverfügungen nach § 40 Abs. 2 sind vereinbart. Im Gleichrang mit DWRen in Abt. II Nr. 2–4 unter Bezugnahme auf die Eintragungsbewilligung vom ... hinsichtlich Gegenstand und Inhalt des DWRs (DNRs) eingetragen am ...“*

9 Der Inhalt der Eintragungsbewilligung samt den Anlagen ist von größter Bedeutung, weil sich hieraus der **dinglich** wirksame Inhalt des Rechts ergibt (s. a. § 33 Rn 112 ff.; § 38 Rn 35 ff.), soweit nicht das Gesetz gilt (Vereinbarungen dinglicher Art nach § 33, bes. Abs. 4, §§ 35, 36, 39, 40 Abs. 2). Der Inhalt der Eintragungsbewilligung wird, soweit zulässigerweise darauf Bezug genommen wird, selbst **Inhalt** der GBeintragung.[7]

VI. Anlagen

10 Hierfür wird verwiesen auf die Ausführungen bei § 7 Die Bauzeichnung (Aufteilungsplan) muss ebenfalls das **ganze Gebäude** umfassen und darf sich nicht auf die Räume des DWRs oder DNRs beschränken. Zur Bescheinigung der Baubehörde über die Abgeschlossenheit s. a. die Allg. Verwaltungsvorschrift.[8]

11 Auch über Inhalt und Erfordernis des Aufteilungsplanes und der Bescheinigung siehe § 7. Allerdings braucht der Aufteilungsplan nicht ein genaues Bild über die Aufteilung jener

[5] S. dazu schon oben § 31 Rn 24 ff. u. unten Rn 13.
[6] S. dort und WGV (Anh. III 2).
[7] S. Palandt/*Bassenge* § 32 Rn 3; RG 113, 229; BGH WM 1968, 1085.
[8] 9. Aufl. Anhang II 2.

Räume zu enthalten, die nicht Gegenstand des einzutragenden DWRs sind; aber der Gegenstand desselben muss sich zweifelsfrei daraus ergeben. Umfasst das DWR ein **ganzes Gebäude,** so erübrigt sich eine Bescheinigung der Baubehörde über die Abgeschlossenheit.[9] Wohl aber wird der Plan den gegenwärtigen Umfang und Inhalt des Gebäudes ausweisen müssen, aus dem sich, auch ohne die innere Einteilung im Einzelnen, der Gegenstand des Rechts ergibt. Besonderer Anforderungen an den Aufteilungsplan bedarf es bei Bestellung eines zur Mitbenutzung gemeinschaftlicher Einrichtungen und Anlagen berechtigenden DWRs an einer Wohnung in einem von **mehreren** auf dem belasteten Grundstück befindlichen **mehrstöckigen** Gebäuden.[10] Die Vorschriften des § 3 gelten auch in Bezug auf den Zugang.[11]

12 Bei Fehlen dieser Anlagen ist die Eintragung in das GB abzulehnen.

Nach den **Nrn. 1** und **2** des Abs. 2 sind entsprechend § 7 Abs. 4 Nrn. 1 und 2 sowohl alle zu dem selben DWR gehörenden Einzelräume mit der jeweils gleichen Nummer zu bezeichnen als auch einzelne DWRe – falls sie überhaupt nummeriert sind – gleichmäßig in Eintragungsbewilligung und Aufteilungsplan zu bezeichnen.

Auch die **Übergangsregelung** nach Art. 3 § 3 des G. v. 30. 7. 1973 galt entsprechend wie zu § 7 Abs. 4.

13 Die Anlagen sind Bestandteil der Eintragungsbewilligung; ihre Änderung bedarf einer neuen Eintragung.

14 Abs. 2 Sätze 4 bis 6 enthalten entspr. der Regelung in § 7 Abs. 4 Sätze 3 bis 6 die Ermächtigung für die Landesregierungen, die Befugnis zur Ausstellung und Bescheinigung von Aufteilungsplan und Abgeschlossenheit auf Sachverständige für das Bauwesen zu übertragen, ebenso auch in S. 7 die Übertragungsbefugnis auf nachgeordnete Behörden (s. § 7).

VII. Prüfung des Inhalts

1. Prüfung der Eintragungsbewilligung samt Anlagen nach Abs. 3

15 Diese Bestimmung ist nur **Sollvorschrift,** verfahrensrechtliche Ordnungsvorschrift. Wird sie vom GBA nicht beachtet, also trotz Fehlens einer Vereinbarung über §§ 33 Abs. 4 Nr. 1–4, 36 Abs. 1 und 4 das DWR eingetragen, so ist das Recht gleichwohl gültig entstanden, das GB auch nicht unrichtig geworden und auch ein Grund zur Amtslöschung nicht gegeben. Die Beteiligten sind auf ihre schuldrechtlichen Ansprüche verwiesen. Mindestens teilweise tritt in diese auch ein Erwerber des Rechtes ein, soweit nämlich die Eintrittswirkung des § 38 geht.[12]

16 Die Bedeutung des § 32 Abs. 3 geht nicht so weit, dass eine ausdrückliche Erklärung zu den genannten Punkten in der Eintragungsbewilligung verlangt werden könnte, auch im ablehnenden Sinne, z. B. hinsichtlich der Beteiligung des DWBer an den öffentlichen Lasten nach § 33 Abs. 4 Nr. 3. Der Wille der Beteiligten muss nur mit genügender Sicherheit aus dem Zusammenhang erkennbar sein.[13] Gegen *Diester,*[14] RGRK-*Augustin,*[15] und *Zöll,*[16] ist mit *Mansel*[17] daran festzuhalten, dass die in Abs. 3 des § 32 genannten

[9] S. LG Münster DNotZ 1953, 148 ff., MDR 1953, 175; BBauBl. 1954, 225.

[10] BayObLG NJW-RR 1997, 1233 = BayObLGZ 1997, 163 = FGPrax 1997, 178.

[11] Palandt/*Bassenge,* § 32 Rn 1; Riecke/Schmid/*Schneider* § 32 Rn 14.

[12] OLG Düsseldorf Rpfleger 1977, 446 = DNotZ 1978, 354; Näheres § 38 Rn 35 ff.

[13] So BayObLG NJW 1954, 959 mit Anm. *Hoche* DNotZ 1954, 391; dort handelt es sich um Fehlen einer Vereinbarung über das Heimfallrecht; s. a. Weitnauer/*Mansel* § 32 Rn 7; Palandt/*Bassenge* § 32 Rn 2; *Diester* Rpfleger 1954, 309.

[14] § 32 Anm. 11 und § 33 Anm. 11.

[15] § 32 Rn 6 ff.

[16] BlGBW 1967, 130.

[17] Weitnauer/*Mansel* a. a. O.; Soergel/*Stürner* § 33 Rn 4 u. Palandt/*Bassenge* a. a. O.

Bestimmungen nur von einem „Vereinbaren **können**“ nicht von einem „Vereinbaren **müssen**“ der Beteiligten sprechen; dies spricht für die oben zitierte Entscheidung.

Es ist jedoch bislang übersehen worden, dass das GBA nach § 32 Abs. 3 eigentlich eine Prüfung der **materiellrechtlichen** Vereinbarungen übertragen bekommt, entsprechend der Rechtslage beim sogenannten materiellen Konsensprinzip (§ 20 GBO für die Auflassung), während grundsätzlich vom DWR zu sagen ist, dass entsprechend dem bloßen formellen Konsensprinzip dem GBA die ordnungsgemäße, dem § 29 GBO entsprechende Eintragungsbewilligung genügen müsse (s. § 31 Rn 43). Demnach hat also über den § 32 Abs. 3 das GBA ein auf die dort genannten Angelegenheiten materielles Prüfungsrecht (und Prüfungspflicht), was sich auch darauf erstreckt, ob diese Vereinbarungen rechtsgültig zustande gekommen sind. Damit muss aber auch diese (sachlich beschränkte) Einigung dem GBA in der Form des § 29 GBO nachgewiesen werden, d. h. dass beide Parteien den Abschluss durch öffentliche Beglaubigung ihrer Unterschriften nachweisen müssen.[18] 17

Dem GBA muss so die Möglichkeit gegeben werden, im Rahmen seiner Prüfung nach § 32 Abs. 3 (als Sollvorschrift mit dem Zwecke eines indirekten Zwanges auf die Beteiligten zum Abschluss solcher Vereinbarungen) die vom Gesetz in § 33 Abs. 4, 36 Abs. 1 und 4, 39 Abs. 1 und 40 Abs. 2 als Inhaltsbestimmungen des dinglichen Rechtes des DWRs (in Abweichung vom alten Grundsatz der Bestimmtheit der Sachenrechte) prüfen. Die Folgerung bei *Weitnauer/Mansel,*[19] dass das GBA hierbei nicht die erfolgte Einigung zu prüfen habe, sondern lediglich die Eintragungsbewilligung zugrunde zu legen habe, widerspricht schon dem Wortlaut des Abs. 3; das GBA soll danach ablehnen, wenn über die genannten Punkte keine „Vereinbarungen“ getroffen sind. „Vereinbarungen“ können sich aber nicht aus der einseitigen Eintragungsbewilligung des Eigentümers ergeben. Die Prüfung der „Vereinbarungen“ anstatt der bloßen Eintragungsbewilligung hat zudem den guten Sinn, in den Punkten des der Vertragsfreiheit überlassenen **dinglichen** Inhalts des Rechtes nicht auf die einseitige Eintragungsbewilligung des Eigentümers abzustellen, sondern die „materielle Vereinbarung“ der Prüfung zu unterstellen.[20] 18

Bei der somit einzuhaltenden Form des § 29 GBO erfolgt zudem eine rechtsvorsorglich begrüßenswerte Prüfung der Vereinbarungen durch den beglaubigenden Notar und eine entsprechende Belehrung der Parteien. Andererseits musste das Gesetz zweifellos aus Gründen der Einbürgerung des Instituts und wegen der unvorhersehbaren vielfältigen Verwendbarkeit desselben die Möglichkeit der dinglichen Inhaltsvereinbarung zulassen. Es war richtig, sich auch hier an das Vorbild des § 2 Erbb-RVO anzuschließen. Diese Regelung muss aber die „Kontrolle“ des § 32 Abs. 3 zur Klarstellung des aus dem GB samt Grundakten ersichtlichen dinglichen Inhalts des Rechtes zur notwendigen Folge haben. 19

Entgegen *Weitnauer/Mansel*[21] und *Diester*[22] wird man also allein schon aus der Fassung des Abs. 3 schließen müssen, dass das GBA den Nachweis der **„Vereinbarungen“** über die Gegenstände der §§ 33 Abs. 4 Nr. 1–4, 36 Abs. 1 und 4 in grundbuchmäßiger Form (§ 29 GBO) verlangen **kann,** aber nicht muss, bei Unterlassung, im Rahmen seiner eigenen Haftung. Dagegen hat es nur das Bestehen und die Rechtsgültigkeit der Vereinbarungen, nicht aber ihre Zweckmäßigkeit zu prüfen. 20

Zu dem Katalog in Abs. 3 siehe § 33 Rn 107 ff.; § 36 Rn 47 ff. Die Notwendigkeit der Vereinbarung von Entschädigung beim Heimfall entfällt bei langfristigem DWR wegen der gesetzlichen Bestimmung in § 41 Abs. 3. 21

---

[18] OLG Düsseldorf Rpfleger 1977, 446 = DNotZ 1978, 354.

[19] § 32 Rn 7.

[20] So auch Soergel/*Stürner* § 32 Rn 4; OLG Düsseldorf Rpfleger 1977, 446 = DNotZ 1978, 354; jetzt Palandt/*Bassenge* § 32 Rn 2.

[21] A. a. O.

[22] § 32 Anm. 10.

Eine Vereinbarung über wiederkehrendes Entgelt oder über Eintrittswirkung nach § 38 ist vom GBA nicht zu prüfen.

Das GBA kann bei Nichtnachweis der genannten Vereinbarungen nach § 32 Abs. 3 Zwischenverfügung erlassen (§ 18 GBO) und anschließend den Antrag ablehnen.

22 Fehlen **(dingliche)** Vereinbarungen i. S. des § 32 Abs. 3 überhaupt, so muss das schuldrechtliche Grundgeschäft darüber entscheiden, ob eine dingliche Einigung hierüber eingeklagt werden kann. Am sachenrechtlichen Bestand des BWRs ändert sich aber nichts, trotz der dann gegebenen sachenrechtlichen Unbestimmtheit und Unvollständigkeit des Rechts.

23 Fehlt es aber auch an **schuldrechtlichen** Abreden über die genannten Punkte, so ist die Rechtslage zweifelhaft. Vor allem hinsichtlich Art und Umfang der Nutzungen müssen dann die Umstände, z. B. auch Höhe und Dauer des gezahlten Entgelts, entscheiden; hinsichtlich der Instandhaltung und Instandsetzung wird im Zweifel dem DWBer keine Pflicht obliegen. Eine analoge Anwendung des Mietrechts ist hier angebracht. Eine Pflicht zur Tragung von Lasten des Grundstücks, zur Versicherung des Gebäudes, ein Heimfallanspruch und eine Entschädigung dafür entfallen ohne besondere Vereinbarung. Für die Wiederaufbaupflicht (hier nur des Eigentümers) gilt das[23] aus der rechtlichen Natur des DWRs Gefolgerte. Keinesfalls kann eine Pflicht des Eigentümers zum Wiederaufbau rundweg abgelehnt werden.[24] Der Rechtszustand ist durch Auslegung i. S. des § 157 BGB zu ermitteln.

24 Bestehen zwar dingliche Vereinbarungen (i. S. des § 873 BGB, § 32 Abs. 3), sind sie aber nicht zum Gegenstand der Eintragungsbewilligung und damit auch nicht der Eintragung selbst geworden, z. B. weil sie versehentlich nicht genannt oder nicht beigegeben wurden, so ist das DWR gleichwohl entstanden, und zwar mit dem **„gesetzlichen"** Inhalt; dem vereinbarten Inhalt fehlt die Eintragung als konstitutives Moment. Auf einen Erwerber geht das Recht in der eingetragenen Weise über. Allerdings ist die (beschränkte) Eintrittswirkung des § 38 auch im Hinblick auf außergrundbuchmäßige Vereinbarungen zu beachten (s. dort Rn 35 ff.; ein uneingeschränkter Eintritt in alle Vereinbarungen dinglicher wie obligatorischer Natur ist keinesfalls anzunehmen; in der Hauptsache erfolgt der Eintritt in die Verpflichtung zur Gegenleistung). Aus der (dinglichen) Vereinbarung, an die die Parteien zwar dinglich nur im Rahmen des § 873 Abs. 2, schuldrechtlich aber als Vertrag uneingeschränkt gebunden bleiben, haben die Beteiligten einen gegenseitigen Anspruch auf Nachholung oder Berichtigung der entsprechenden Eintragung, bei nur schuldrechtlicher Gebundenheit (wenn dingliche Bindung etwa nicht mehr angenommen werden kann), vorausgehend den Anspruch auf Abschluss entsprechender Einigung. Dabei handelt es sich um keine Inhaltsänderung des im GB eingetragenen Rechts, die nach § 877/6 zustimmungsbedürftig wäre.

25 Der Inhalt der dinglichen wie schuldrechtlichen Vereinbarung ist im ordentlichen Zivilprozess zu klären. Es handelt sich hier noch nicht um Streit über rechtsgültig bestehenden Inhalt und ein bestehendes Heimfallrecht, sondern erst um (dingliche) Begründung der Rechte und Pflichten.

Über Rechte aus dem Grundgeschäft siehe die Ausführungen bei § 31 Rn 59 ff.

26 Ablehnung der Eintragung aus Gründen des § 32 Abs. 3 oder aus sonstigen Gründen berührt den Bestand einer schuldrechtlichen Vereinbarung über das DWR nicht. Dauern die Hindernisse an, kommt eine Behandlung als Mietverhältnis oder mietähnliches Verhältnis in Betracht. Die Ansprüche auf Änderung der dinglichen Vereinbarung, auf Abschluss solcher überhaupt, und auf entsprechende Abfassung der Eintragungsbewilligung richten sich nach allgemeinem Recht, entsprechend dem Grundgeschäft. Es besteht unter Umständen hieraus ein klagbarer Anspruch.

---

[23] S. § 31 Rn 39.

[24] Ablehnend *Diester* § 32 Anm. 4, 13.

2. Übereinstimmung mit der Wirklichkeit

Hinsichtlich der **Übereinstimmung** des auf Grund der Bauzeichnung angemeldeten Gegenstands (Wohnung, Räume) mit der Wirklichkeit, also mit der wirklich bewohnten Wohnung oder der wirklich nach Bestellung des DWRs errichteten Wohnung, hat das GBA zwar keine Prüfungspflicht, es kann aber im Wege der Zwischenverfügung nach § 18 GBO darauf hinweisen, die Berichtigung von Plan oder Eintragungsbewilligung anheimstellen und bei Unterlassen auch abweisen; dies gilt selbst bei vorliegender Bescheinigung der Baubehörde. **27**

Erfolgt die Eintragung dennoch (in Kenntnis oder Unkenntnis des GBAs von der wirklichen Sachlage), so entsteht das DWR zwar gleichwohl,[25] das GB ist aber unrichtig geworden; die Beteiligten haben Berichtigungsanspruch nach § 894, mit Sicherung nach § 899 BGB.[26] Amtslöschung oder Widerspruch nach § 53 Abs. 1 GBO sind nicht zulässig. Löschungsverfahren nach §§ 84 ff. GBO ist möglich unter den Voraussetzungen des § 84 Abs. 2 a.[27] **28**

VIII. Kosten

Siehe dazu die Kommentare zu den Kostengesetzen. **29**

§ 33 Inhalt des Dauerwohnrechts

(1) [1]**Das Dauerwohnrecht ist veräußerlich und vererblich.** [2]**Es kann nicht unter einer Bedingung bestellt werden.**

(2) **Auf das Dauerwohnrecht sind, soweit nicht etwas anderes vereinbart ist, die Vorschriften des § 14 entsprechend anzuwenden.**

(3) **Der Berechtigte kann die zum gemeinschaftlichen Gebrauch bestimmten Teile, Anlagen und Einrichtungen des Gebäudes und Grundstücks mitbenutzen, soweit nichts anderes vereinbart ist.**

(4) **Als Inhalt des Dauerwohnrechts können Vereinbarungen getroffen werden über:**
1. **Art und Umfang der Nutzungen;**
2. **Instandhaltung und Instandsetzung der dem Dauerwohnrecht unterliegenden Gebäudeteile;**
3. **die Pflicht des Berechtigten zur Tragung öffentlicher oder privatrechtlicher Lasten des Grundstücks;**
4. **die Versicherung des Gebäudes und seinen Wiederaufbau im Falle der Zerstörung;**
5. **das Recht des Eigentümers, bei Vorliegen bestimmter Voraussetzungen Sicherheitsleistung zu verlangen.**

Übersicht

Literatur: *Diester,* Kann ein Dauerwohnrecht auf die Lebensdauer des Berechtigten befristet werden?, NJW 1963, 183; *Klingenstein,* Können Erbbaurecht und Dauerwohnrecht auf Lebenszeit des Berechtigten bestellt werden?, BWNotZ 1965, 222; *Marschall,* Befristung eines Dauerwohnrechts auf Lebenszeit des Berechtigten, DNotZ 1962, 81.

I. Der Normzweck

1 Die nichtamtl. Begründung 1951 zu § 33 begnügte sich mit dem Hinweis auf die einleitenden Bemerkungen und auf die Erläuterung zu § 32 Abs. 3. Nach Abs. 4 Nr. 1 kann insbesondere auch vereinbart werden, dass der DWBerechtigte zu einer Vermietung der Räume nur mit Zustimmung des Eigentümers berechtigt ist (a. a. O. zu § 33).

II. Entwicklung

2 Der Entwurf 4707/50 hatte in § 30 ein veräußerliches, vererbliches und bedingungsfeindliches Nutzungsrecht (Sondernutzungsrecht) eingeführt, aber die Anwendung von Vorschriften des WEs und bestimmter Vorschriften über den Nießbrauch (§§ 1031, 1034, 1036, 1037 Abs. 1, 1039–1044, 1049–1058, 1060, 1062, 1065 BGB) angeordnet. Letzteres hat das Gesetz völlig fallen lassen, wenngleich dadurch die analoge Anwendung von Nießbrauchsvorschriften nicht endgültig als ausgeschlossen betrachtet werden kann.

3 Das saarländische Gesetz hatte Vereinbarungen über Art und Umfang der Nutzungen, Instandhaltung, Instandsetzung, Versicherung und Wiederaufbau zur Pflicht gemacht („müssen"), Vereinbarungen und Übernahme von Lasten und über Sicherheitsleistungen in das Belieben der Parteien gestellt.

III. Begriff „Inhalt des Rechts"

1. Gesetzlicher Inhalt

4 Der allgemeine Grundsatz des Sachenrechts des BGB, dass der Inhalt der dinglichen Rechte **gesetzlich** festgelegt ist (Bestimmtheit des Inhalts), ist schon im BGB selbst eingeschränkt; als Beispiele seien genannt:

§ 882; Bestimmung des Höchstbetrages des Wertersatzes für ein dingliches Recht;

5 § 1021 Abs. 1 Satz 1; Entgeltpflicht des Eigentümers für Anlage auf Grund einer Dienstbarkeit kann bestimmt werden; § 1021 Abs. 1 S. 2: Unterhaltspflicht des Berechtigten kann entsprechen bestimmt werden;

6 § 1022: Auch über die Unterhaltung einer Anlage auf einem belasteten Grundstück kann Bestimmung getroffen werden. In Abweichung von § 1022, über §§ 1020, 1093, gilt dies auch für beschränkte persönliche Dienstbarkeiten, insbesondere Wohnrechte, z. B. auch für Übertragung der Ausübung nach Vereinbarung (§ 1092);

§ 1010: Regelung der (dinglichen) Nutzung, der Verwaltung und der Aufhebung der Gemeinschaft unter den Bruchteils-MEern;[1] 7

§ 2 ErbbauRG; enthält umfangreichen Katalog (7 Punkte) über zulässige Vereinbarungen zum Inhalt des ErbbRs; 8

§ 1047: Abweichende Vereinbarungen von der gesetzlichen Zuweisung der auf der Nießbrauchsache ruhenden öffentlichen und privaten Lasten an den Nießbraucher sind zulässig.[2]

Inhalt des Rechts ist also die Gesamtheit der (vom Gesetz zugelassenen) dinglichen Befugnisse und Verpflichtungen, soweit sie durch Eintragung (bzw. Bezugnahme auf die Eintragungsbewilligung) Inhalt des GBs geworden sind (s. die grundlegenden Ausführungen zur Dinglichkeit in der Einl. Rn 53 ff.). Eine selbstverständliche Folge der **„Dinglichkeit"** i. S unseres Rechtes ist der Eintritt eines Rechtsnachfolgers in das Recht wie in das belastete Eigentum, auch auf Grund Einzelnachfolge, in alle dinglichen Befugnisse und Verpflichtungen des Rechts: die Eintrittswirkung für und gegen Dritte. Soweit der Inhalt des dinglichen Rechtes nicht gesetzlich bestimmt ist, vielmehr vereinbart werden kann, muss zur Dinglichkeit desselben die Einigung und Eintragung in das GB hinzukommen. Soweit aber das Gesetz eine Disponibilität des dinglichen Inhalts nicht zugelassen hat, kann jede Vereinbarung hierüber nur schuldrechtlichen Charakter haben, also auch eine Eintrittswirkung für und gegen Dritte als Rechtsnachfolger nicht äußern. 9

§ 33 gibt zunächst in **Abs. 1** des gesetzlich unabdingbaren Inhalt des DWRs eindeutig wieder. **Abs. 2** und **3** lassen Vereinbarungen zu gegenüber dem gesetzlichen Inhalt, während **Abs. 4,** ohne einen gesetzlichen Inhalt überhaupt festzulegen, Vereinbarungen ermöglicht, aber nicht vorschreibt. Allerdings ist eine indirekte Sicherung für Vereinbarungen nach Abs. 4 durch das Prüfungsrecht des GBAs nach § 32 Abs. 3 geschaffen (s. dort Rn 17). Das Gesetz gibt jedoch über §§ 33 Abs. 4, 35, 36 Abs. 1 und 4, 39 Abs. 1, 40 Abs. 2 und 41 Abs. 2 hinaus keine Freiheit zur inhaltlichen Vereinbarung mit **dinglicher** Wirkung (solche mit rein schuldrechtlicher Wirkung sind beliebig im Rahmen des allgemeinen Rechtes möglich und zulässig). § 33 Abs. 4 ist in dem Sinne zu verstehen, dass **dingliche** Inhaltsvereinbarungen nur für die dort genannten Angelegenheiten zulässig sein sollen; insofern ist also die **dingliche** Vertragsfreiheit eingeschränkt. Keinesfalls kann eine Vereinbarung über das **Entgelt** (einmalig oder wiederkehrend) als **dinglich** zulässig angesehen werden.[3] Der Gesetzgeber wollte ebenso wie beim ErbbR vermeiden, dass das Entgelt **dinglicher** Inhalt des Rechtes wird, mit der Folge, dass der Entgeltanspruch auch den dinglichen Rang des Rechtes erlangt und somit die wirtschaftliche Verwertung desselben behindert; da aber das DWR kein grundstücksgleiches Recht, sondern nur ein beschränkt dingliches Recht ist, war der Weg über die Reallast, wie er aus gleichen Gründen beim ErbbR (§ 9 ErbbauRG) gewählt wurde, verschlossen. Es blieb dann nur der Ausweg über eine von der Natur als dinglichem Inhalt des Rechts unabhängig gemachte Eintrittswirkung, wie sie mit § 38 eingeführt wurde.[4] 10

– Das Gesetz kennt also eine dreifache Ausgestaltung des „Rechtsinhalts": gesetzlich **unabdingbarer** Inhalt nach § 31 Abs. 1 S. 1, Abs. 2 und 3, §§ 33 Abs. 1, 41 Abs. 3, 36 Abs. 2 (einseitig zugunsten des DWBer abänderbar), § 36 Abs. 3. 11
– **Legalobligation** zwischen DWBer und Grundstückseigentümer, entsprechend dem Nießbrauch (§§ 33 Abs. 2 und 3, 34 Abs. 1, 41 Abs. 2), worüber aber andere Vereinbarungen getroffen werden können; § 36 Abs. 2 ist nur einseitig zugunsten des DWBer abänderbar. 12

[1] S. Palandt/*Bassenge* § 1010 Rn 1; *Engländer,* Die regelmäßige Rechtsgemeinschaft, 1914, S. 213.
[2] Soergel/*Stürner* § 1047 Rn 2.
[3] MünchKomm-BGB/*Engelhardt* § 33 Rn 6; Palandt/*Bassenge* § 31 Rn 8.
[4] Näheres s. dort Rn 1 ff.

13 – **Vertragliche Begründung** dinglichen Inhalts im Rahmen des Gesetzes: §§ 31 Abs. 1 S. 2, 33 Abs. 4, 35, 36 Abs. 1 und 4.

14 Dazu kommt aber die vom dinglichen Inhalt unabhängige **Eintrittswirkung** nach § 38, die sonst nur dem dinglichen Recht eigen wäre.

15 Im Falle der Zwangsversteigerung des belasteten Grundstücks ist z. B. für die Bemessung des Wertes des wegfallenden DWRs gemäß § 92 Abs. 1 ZVG nur der dingliche Inhalt zu berücksichtigen, nicht aber schuldrechtliche Vereinbarungen, selbst wenn diese Eintrittswirkung nach § 38 genießen würden.

16 Unzulässig wäre es aber, dem dinglichen Inhalt des Rechtes keine echte dingliche Wirkung zuzusprechen, sondern auch ihn nur der Eintrittswirkung zu unterstellen.[5]

17 Aus dem dinglichen Inhalt des Rechtes ergeben sich „dingliche Ansprüche", so kann der Eigentümer gegen den DWBer geltend machen, dass dieser übernommene öffentliche oder privatrechtliche Lasten erfüllt; bei Verzug kann er unmittelbar dinglich in das DWR vollstrecken (nicht allerdings ein Gläubiger dieser Lasten). Allerdings tritt diese Verdinglichung der Verpflichtungen des DWBer, so wie auch beim ErbbR nach § 2 ErbbauRG nicht unter Loslösung von der schuldrechtlichen Verpflichtung ein.[6]

2. Vereinbarter Inhalt

18 Soweit der Inhalt des Rechtes nicht gesetzlich, sondern **vereinbart** ist, muss er zur Gültigkeit eingetragen werden, ebenso Änderungen des änderungsfähigen gesetzlichen oder vertraglichen Inhalts (§§ 873, 874, 876, 877 BGB und GBO).[7]

19 – Ursprüngliche Vereinbarung des Rechtsinhalts ist einzutragen; nur soweit eingetragen, entsteht dinglicher Inhalt. § 20 GBO ist nicht anwendbar.[8]

20 – Für Änderungen des Rechtsinhalts ist gleichfalls Einigung und Eintragung erforderlich. § 877 gilt sowohl bei Änderungen des vertraglichen Inhalts wie für zulässige Änderungen des gesetzlichen Inhalts. Solange eine solche Änderung nicht eingetragen ist, ist sie nicht Inhalt des Rechtes. Die allgemeinen Grundsätze über die gültige Einigung gelten auch hier.

21 Durch eine Änderung wird regelmäßig der eingetragene Berechtigte „betroffen"; daher ist seine Zustimmung nach § 19 GBO in der Form des § 29 erforderlich.[9]

22 Zustimmung **Drittberechtigter** am DWR richtet sich nach §§ 876 S. 1 BGB, 19, 29 GBO.[10]

Die Zustimmung der Inhaber vorgehender Rechte ist erforderlich, außer im Falle des § 876 S. 2 BGB: wenn die Rangstellung berührt wird. Das ist selbst dann nicht der Fall, wenn z. B. eine Verpflichtung des DWBer zur ganzen oder teilweisen Tragung der Hauslasten aufgehoben wird. Allerdings ist, von der hier gemeinten Zustimmung unabhängig, § 40 Abs. 2 S. 2 zu beachten, wenn über wiederkehrendes Entgelt verfügt wird.

23 Eine andere Frage ist, ob gleich- und nachstehende Rechtsinhaber einer Inhaltsänderung des DWRs zustimmen müssen.[11] *Staudinger/Ring* halten die Zustimmung aller Inhaber von Rechten an dem Grundstück bei Änderung des ErbbRs. z. B. des Erbbauzinses, für notwendig.[12] Beim Erbbauzins sind aber sowieso schon §§ 1126, 1124 und 876 S. 2 BGB

---

5 S. zu dieser Frage z. B. Weitnauer/*Mansel* § 33 Rn 1; Palandt/*Bassenge* § 33 Rn 5.

6 MünchKomm-BGB/*Engelhardt* § 33 Rn 6.

7 Siehe dazu aber auch schon oben bei § 32 Rn 13 ff.

8 S. dazu oben § 32 Rn 17.

9 Näheres *Hügel/Holzer,* GBO, § 19 Rn 60 ff., vor allem zur Frage der Zustimmung, wenn die Änderung dem Berechtigten nur Gewinn bringt; vgl. Palandt/*Bassenge* § 877 Rn 5: Zustimmung entbehrlich, wenn Beeinträchtigung der Rechtsstellung ausgeschlossen ist; BGHZ 91, 343.

10 S. a. Palandt/*Bassenge* § 877 Rn 5; Staudinger/*Ertl* § 876 Rn 6 ff.

11 Zum ErbbR siehe Palandt/*Bassenge* § 11 ErbbRVO Rn 3.

12 § 2 ErbbVO Rn 18 a. E.

zu beachten, da es sich hier um ein subjektiv dingliches Recht handelt. Das kann so allgemein für das DWR nicht gelten. Für die Änderung des **dinglichen** Inhalts des DWRs gilt es zweifellos; gleiche und nachstehende Rechtsinhaber müssen zustimmen, z. B. bei Erstreckung des DWRs auf weitere Räume oder Teile des Grundstücks, bei Änderung des Ersatzwertes nach § 882 BGB. Immer aber ist zu fragen, ob es sich um die Änderung des dinglichen Inhalts handelt und nicht nur des obligatorischen Inhalts. Auch eine solche kann aber z. B. den Erlös in der Zwangsversteigerung beeinträchtigen, etwa, wenn eine ursprünglich dem DWBer übertragene Reparaturpflicht durch Änderung auf den Grundstückseigentümer übergeht, gleich, ob das Recht bestehen bleibt oder erlischt und der Ersatzwert nach § 92 ZVG zu berechnen ist. Dieser wirtschaftliche Gesichtspunkt hat auszuscheiden, soweit es sich nicht um dingliche Inhaltsänderung handelt.

Was schon für Aufhebung und Änderung subjektiv-dinglicher Rechte allgemein ange- 24
nommen wird, muss erst recht für obligatorische Inhaltsänderungen gelten: Nur wenn die Änderung die gleich- oder nachstehenden Rechte unmittelbar berührt, müssen die Berechtigten zustimmen. Für Hypothekengläubiger gilt, dass eine Änderung der wiederkehrenden Gegenleistungen wegen § 40 ihre Rechte gar nicht berühren kann, außer wenn sie zustimmen. Dagegen soll die Zustimmung eines vor-, gleich- oder nachstehenden Nießbrauchers immer erforderlich sein, soweit der Inhalt des DWRs durch Änderungen betroffen wird.

3. Öffentlicher Glaube

Der **öffentliche Glaube** des GBs erstreckt sich auf den dinglichen Inhalt des Rechtes. 25
Daneben ist aber die Eintrittswirkung nach § 38 auch für obligatorische Rechte zu beachten.[13]

4. Schuldrechtliche Vereinbarungen

Schuldrechtliche Vereinbarungen, die nicht Inhalt des Rechts sind, haben Wirkung 26
nur inter partes.[14]

Regelmäßig wird der Grundstückseigentümer über § 35 (Veräußerungsbeschränkung) 27
die Möglichkeit haben, den Eintritt des Erwerbers des DWRs in alle obligatorischen Vereinbarungen (über § 38 hinaus oder auch in dessen Rahmen) herbeizuführen.[15]

IV. Gesetzlicher (unabdingbarer) Inhalt des Rechts

Verkehrsfähigkeit (d. h. Veräußerlichkeit und Vererblichkeit) und Bedingungsfeind- 28
lichkeit (Bestandsschutz) stellen den unabdingbaren gesetzlichen Inhalt des Rechts dar. Sie sind **zwingend** und unterliegen nicht der Disposition der Parteien. Damit ist das DWR ein verkehrsfähiges kommerzialisiertes Recht mit Vermögenswert im Gegensatz zur Miete und Pacht, aber insoweit auch zum Wohnrecht des § 1093 BGB. Für Miete und Pacht war allerdings durch die Mieterschutzgesetzgebung ein gewisser Bestandschutz geschaffen worden, auch eine gewisse Vererblichkeit des Mietrechtes durch § 19 MSchG.[16]

1. Verkehrsfähigkeit

Eine wesentliche Verbreitung des **Wohnrechts** nach § 1093 BGB über Familienverhält- 29
nisse hinaus scheiterte grundsätzlich an der höchstpersönlichen Natur desselben. Insbesondere konnte dieses dingliche Recht auch nicht zur Sicherung von Mietverträgen angewen-

[13] S. dort Rn 35 ff.

[14] Soergel/*Stürner* § 33 Rn 12; a. M. Weitnauer/*Mansel* im Rahmen des § 38; § 33 Rn 1 a. E.

[15] Weiteres bei § 38 Rn 35 ff.

[16] S. Erstaufl.

det werden.[17] Gewisse pseudodingliche Wirkungen sind dem Mietrecht durch die Eintrittswirkung nach §§ 566, 578 Abs. 1 bei Veräußerung des Grundstücks (Kauf bricht nicht Miete) beigelegt (s. oben Vor § 31 Rn 1 ff.); sonst aber hat der Vermieter, selbst im Konkurs des Mieters, Kündigungsrecht (§ 109 InsO). Auf keinen Fall ist das DWR ein dingliches Recht mit unterlegtem Mietvertrag.[18]

30 Um das DWR verkehrsfähig zu machen, musste ein dingliches Nutzungs- und Gebrauchsrecht veräußerlich und vererblich ausgestattet werden. Vorbild war, wie schon ausgeführt, insbesondere das ErbbR. Verwandtschaft kann aber auch in gewissem Sinn zu verkehrsfähigen Gesellschaftsrechten gesehen werden, wie GmbH-Anteilen, vinkulierten Namensaktien.

31 Verwandschaft besteht nicht nur zum ErbbR, sondern auch zu den Dienstbarkeiten und dem Nießbrauch.

32 **a) Veräußerung.** Die **Veräußerung** selbst richtet sich nach §§ 873 ff. BGB; Einigung und Eintragung. Im WEG beschäftigen sich mit der Veräußerung § 37 Abs. 3 (Wirkung der Veräußerung auf Miet- und Pachtverhältnisse am DWR), § 38 (Eintritt des Erwerbers in die Verpflichtungen);[19] § 35 gibt dem Eigentümer die Möglichkeit, sich vor unerwarteter Veräußerung durch die Notwendigkeit seiner Zustimmung zu schützen (Näheres dort). Nach § 36 kann er auch den Heimfall für den Fall der Veräußerung nicht schlechthin vereinbaren (bestr. Näheres dort Rn 47, 78).

33 Da das DWR veräußerlich ist, kann es auch verpfändet und gepfändet werden. Für die Verpfändung gilt § 1274 mit §§ 873 ff. BGB; Einigung und Eintragung; dabei brauchen die DWR-Räume nicht übergeben zu werden, da dies zur Vollendung der Übertragung des Rechtes nicht erforderlich ist (§ 1274 Abs. 1 S. 2). Für die Pfändung gilt § 857 ZPO.[20]

34 Auch ein **Nießbrauch** kann an dem DWR bestellt werden, wie an anderen Rechten (§§ 1068 ff.); auch hier gelten §§ 873 ff.[21] Dagegen ist eine Belastung mit anderen Rechten, wie beschränkter persönlicher Dienstbarkeit, Grunddienstbarkeit, Grundpfandrechten ausgeschlossen, da das DWR kein grundstücksgleiches Recht ist.

35 Auch eine **Vormerkung** i. S. des § 883 BGB kann am DWR eingetragen werden zur Sicherung des Rechts auf Übertragung, wie Verpfändung oder Nießbrauchsbestellung; desgleichen ein Vorkaufsrecht mit Sicherung durch Vormerkung (§§ 463 ff., 883); nicht aber ein solches (dingliches) nach § 1094 BGB, da das DWR kein grundstücksgleiches Recht ist. Das deutsche Recht kennt auch kein gesetzliches Vorkaufsrecht des Grundstückeigentümers wie § 28 Abs. 1 des saarländischen WEGs.

36 Die Veräußerlichkeit kann also auf keinen Fall ganz ausgeschlossen werden; Beschränkungen sind nur im Rahmen der §§ 35 und 36 zulässig. Die Einschränkung der Veräußerlichkeit auf einen bestimmten Kreis von Personen (oder für bestimmte Zwecke) ist zulässig;[22] auch können Heimfall und Zustimmungsbedürftigkeit entsprechend ausgerichtet werden.[23]

37 Für die rechtsgeschäftliche **Verpflichtung** zur Veräußerung ist eine Form nicht vorgeschrieben;[24] Eintragung erfolgt auf Grund Eintragungsbewilligung des Veräußerers. Nachweis der Einigung ist nicht erforderlich. § 20 GBO gilt nicht. Auch Bewilligung oder

---

[17] S. schon oben Vor § 31 Rn 1 ff.; Staudinger/*Spiegelberger* Rn 40 f. Vor § 535; Palandt/*Bassenge* § 1093 Rn 2; KG DNotZ 1935, 322, KGJ 24 A 122 u. 53, 160; RG HRR 29, 602; OLG Hamm DNotZ 1957, 315; LG Wuppertal NJW 1961, 320.

[18] Über den Inhalt des Rechts siehe oben Vor § 31 Rn 22 f.

[19] Näheres dort Rn 1 ff.

[20] Dazu *Weitnauer* DNotZ 1951, 497; *Hubernagel* § 37 Anm. 4 b.

[21] *Bärmann/Pick* § 31 Rn 13.

[22] Soergel/*Stürner* § 33 Rn 1: Nicht für jeden Fall der Veräußerung.

[23] Näheres bei § 35 Rn 4 ff. und § 36 Rn 47 ff.

[24] Weitnauer/*Mansel* § 33 Rn 2; BGH WPM 1984, 142.

Antrag des Erwerbers ist nicht erforderlich.[25] Zu einer wirksamen Übertragung bedarf es allerdings der Einigung.

Bei Veräußerungsbeschränkungen nach § 35 ist Zustimmung des danach Berechtigten in der Form des § 29 GBO vorzulegen. **38**

Behördliche Genehmigung der Veräußerung kommt in der Regel nicht in Betracht, auch nicht nach GrdstVerkG. Doch konnte die Versorgungsbehörde gem. § 75 BVG anordnen, dass eine Weiterveräußerung eines mit einer Kapitalabfindung erworbenen Dauerwohnrechts i. S. der §§ 31 und 41 WEG, wenn der Dauerwohnberechtigte wirtschaftlich einem Wohnungseigentümer gleichgestellt ist, innerhalb einer Frist bis zu 5 Jahren nur mit Genehmigung der Versorgungsbehörde zulässig ist.[26] **39**

Für die **vormundschaftsgerichtliche** Genehmigung gelten § 1821 Nr. 5 und § 1643 Abs. 1 BGB. **40**

Die **Wirkung** der Veräußerung tritt ein mit der Eintragung. Haftung für Verbindlichkeiten aus der Zeit des Rechtsvorgängers entsteht nur bei Schuldübernahmevertrag mit Gläubigergenehmigung (§ 415). Forderungen aus dieser Zeit erwirbt er nur durch Abtretung (s. § 38 Rn 40). **41**

Die Übertragung kann aufschiebend und auflösend bedingt werden; § 33 Abs. 1 S. 2 gilt nicht für die Übertragung. Eintragung einer solchen Abtretungsbedingung ist zulässig; sie muss im Eintragungsvermerk selbst erscheinen.[27] **42**

Ein **Vorkaufsrecht** (s. oben) kann auch zugunsten des Eigentümers und Dritter eingetragen werden, auch zugunsten des jeweiligen Grundstückseigentümers. **43**

Das der Veräußerung zugrunde liegende Rechtsgeschäft unterliegt keiner Form; es kann Verkauf, Schenkung, Tausch, Vermächtnis, Einbringen in eine Gesellschaft usw. sein. In der Regel wird entgeltliche Veräußerung vorliegen, meist echter Kauf, auch wenn der Erwerber nur in die wiederkehrenden Leistungen eintritt. **44**

§§ 433 ff. sind anwendbar, soweit sie sich auf den Verkauf eines Rechtes beziehen.[28] Die §§ 437 ff. BGB sind zwar nicht unmittelbar, wohl aber analog anwendbar.[29] **45**

Ist die Veräußerungsbeschränkung nach § 35 dinglich vereinbart, ist vor der Zustimmung des daraus Berechtigten das Grundgeschäft schwebend unwirksam. Vormerkung zur Sicherung des Übertragungsanspruches nach § 883 ist gleichwohl schon eintragungsfähig. **46**

Die **Verpfändung** des DWRs unterliegt keiner Form. Eintragung in das GB gemäß § 1274. Besteht dingliche Veräußerungsbeschränkung nach § 35, ist auch hier Zustimmung des daraus Berechtigten erforderlich.[30] **47**

Die Eintragung erfolgt auf Grund Verpfändungserklärung oder Eintragungsbewilligung in Abt. II beim DWR, Spalte Veränderungen. Die Pfändungsforderung ist durch Bezugnahme auf Eintragungsbewilligung oder Verpfändungserklärung mindestens bestimmbar zu bezeichnen. Höchstbetrag braucht nicht angegeben zu werden.[31] Mehrere Verpfändungen sind zulässig; für den Rang gilt § 879.[32] **Unzulässig** wäre ein Pfandrecht zugunsten des jeweiligen Grundstückseigentümers für Forderungen gegen den jeweiligen DWBer (z. B. für das wiederkehrende Entgelt). Damit würde ein dem deutschen Recht unbekanntes subjektiv-dingliches Pfandrecht an einem dinglichen Recht geschaffen. **48**

Auch ein Nutzungspfandrecht gem. § 1273 mit § 1213 Abs. 1, nicht Abs. 2 BGB, ist zulässig. Der Nutzpfandgläubiger kann dann Miet- oder Pachtzinsen am DWR einziehen. **49**

---

[25] Soergel/*Stürner* § 31 Rn 5; s. aber zu der ganzen Frage schon oben § 32 Rn 13 ff., insbesondere zum materiellen Konsensprinzip.

[26] BayObLG vom 20. 7. 1956, BReg. 2 Z 19/56, BayObLGZ 1956, 278.

[27] *Demharter,* GBO, Anhang zu § 44 Rn 8.

[28] S. oben § 31 Rn 59 ff.

[29] BGHZ 2, 333 u. h. M., vgl. Weitnauer/*Mansel* Vor § 31 Rn 14 für §§ 434 ff.

[30] A. A. LG Darmstadt, Beschl. v. 7. 10. 1976, 5 T 894/76.

[31] KGJ 44, A 269 ff.; s. a. RG 136, 422 ff.; Palandt/*Bassenge* § 879 Rn 8 ff.

[32] S. a. *Hügel/Zeiser* zu § 45 GBO.

50 Statt der Verpfändung wird meist die sicherungsweise Übertragung des DWRs vorzuziehen sein.

51 Zur Veräußerung des DWRs auf Grund Pfandrechts gilt § 1277 BGB. Es muss ein vollstreckbarer Titel vorliegen;[33] empfehlenswert ist, sich von vornherein die unmittelbare Versteigerungsbefugnis (öffentliche Versteigerung) auszubedingen. Auch andere Art der Verwertung kann vereinbart werden, im Rahmen der §§ 1229, 1245 Abs. 2 z. B. Privatverkauf, was aber zu dinglicher Wirkung durch Bezugnahme eingetragen werden müsste.

52 Der freihändige **Verkauf** nach § 1245 Abs. 2 BGB kann erst mit Eintritt der Verkaufsberechtigung wirksam vereinbart werden; andererseits muss er zur dinglichen Wirkung eingetragen werden; es kommt also nur bei Pfandbestellung für fällige Forderungen in Betracht.

53 Bei öffentlicher **Versteigerung** schließt der Zuschlag die Veräußerung ab; ihm folgen Einigung und Eintragung; die Eintragungsbewilligung kann durch den Gläubiger selbst erklärt werden oder durch den öffentlichen Versteigerer.[34]

54 Ist keine Vereinbarung nach § 1277 S. 1 BGB getroffen, muss ein vollstreckbarer Titel vorliegen (§ 857 ZPO). Danach erfolgt die Anordnung der Veräußerung durch das Gericht (§ 857 Abs. 5 ZPO), auch hinsichtlich der Art der Veräußerung. Gerichtsvollzieher oder Versteigerer sind ermächtigt, einen Veräußerungsvertrag mit dem Erwerber abzuschließen und die Eintragungsbewilligung nach § 29 GBO abzugeben.[35]

55 Das Gericht kann auch die Überweisung des DWRs an Zahlungs Statt an den Gläubiger zu einem vom ihm zu ermittelnden Schätzungswert anordnen.[36]

56 Eine Zustimmung nach § 35 muss immer **vor** dem Akt der Eigentumsübertragung vorliegen, hier also der Eintragung des Erwerbers für das DWR; die vorausgehenden Akte (Verkauf, Eingiung usw.) sind so lange schwebend unwirksam. Nur wenn der Pfandgläubiger selbst erwirbt, wird man in der Zustimmung zur Verpfändung auch die Zustimmung der pfandmäßigen Verwertung selbst sehen können.

57 Die Eintrittswirkung ist bei Erwerb auf Pfandverwertung die gleiche wie beim rechtsgeschäftlichen Erwerb, auch wenn der Erwerb durch Hoheitsakte erfolgt ist wie bei öffentlicher Versteigerung usw.[37]

58 Bestellung eines **Nießbrauchs** bedarf keiner Form, aber der Eintragung. Nießbraucher hat auch Recht zum Besitz der dem DWR unterliegenden Räume (§ 1036 Abs. 1 BGB)[38] (zur Zustimmung nach § 35 siehe dort).

59 Da das DWR veräußerlich ist, ist es auch **pfändbar** und fällt in die **Insolvenzmasse** (zur Verwertung aus Pfändungspfandrecht siehe oben und § 12 Rn 48 ff., zur Veräußerung durch den Insolvenzverwalter siehe § 12).

60 **b) Vererblichkeit.** Auch die **Vererblichkeit** kann nicht ausgeschlossen werden.[39] Auch ein Heimfallrecht für den Fall des Eintritts einer Erbfolge kann bestenfalls auf Erbfolge bestimmter Erbenkategorien eingeschränkt werden, auch hier nur bei Vorliegen eines wichtigen Grundes.[40] Eine Zustimmungsbedürftigkeit i. S. des § 35 ist hier unmöglich, da gar kein Fall einer Veräußerung vorliegt.

61 Die Vererblichkeit kann auch nicht dadurch eingeschränkt werden, dass z. B. einem Ehegatten das DWR bestellt wird mit der Bestimmung, dass es nach dessen Vorversterben dem anderen **Ehegatten** zufallen soll. Das LG München[41] sieht hierin eine auflösend

[33] Palandt/*Bassenge* § 1277 Rn 2.

[34] RG 144, 266; 145, 204.

[35] Thomas/Putzo/*Hüßtege* § 844 Rn 3.

[36] Ebenda.

[37] Thomas/Putzo/*Hüßtege* § 817 Rn 2, 9.

[38] Palandt/*Bassenge* § 1069 Rn 1.

[39] Anders Baumbach/*Hueck* GmbHG, § 15 Anm. 1 A für GmbH-Anteil, falls Entschädigungsanspruch besteht.

[40] S. § 36 Rn 68 ff.

[41] I-14, ZK v. 8. 1. 1954 (I T 1095/53; MittBayNot 1954, 74 ff.).

bedingte Bestellung für den ersten Ehegatten und eine aufschiebend bedingte für den zweiten Ehegatten, was aber durch § 33 Abs. 1 verboten sei.[42] Dagegen hält das LG Wuppertal[43] ein DWR auf **Lebenszeit** des Berechtigten für zulässig. Dies ist auch die überwiegende Meinung der neueren Literatur, die mit Recht anführt, es handele sich bei dem DWR auf Lebenszeit nur um eine Befristung mit unbestimmtem Endtermin und nicht um eine gem. § 33 Abs. 1 verbotene Bedingung.[44] Nach Auffassung des BGH[45] bedeutet das Merkmal **Dauer** weder dem Wortlaut nach noch nach dem Inhalt des Gesetzes „ununterbrochen", sondern kennzeichnet **innerhalb** einer möglichen Befristung sicheren Bestand über eine Vereinbarung des Rechts und den Tod des Berechtigten hinaus.[46]

2. Bestandsschutz

D. h. Bedingungsfeindlichkeit der Bestellung des Rechtes. Auch diese dient der Sicherung der Verkehrsfähigkeit; entsprechend schon § 1 Abs. 4 ErbbRVO (im Gegensatz noch zu § 1012 BGB für das alte ErbbR).[47] S. jetzt das ErbbauRG. 62

a) Bedingung – Befristung. Der Bestandsschutz des DWRs geht aber noch über § 1 Abs. 4 ErbbauRG hinaus; es sind **alle** Bedingungen unzulässig: aufschiebender wie auflösender Natur, ausgenommen unschädliche Rechtsbedingungen, wie Genehmigungsvorbehalt (Vormundschaftsgericht oder öffentlich-rechtliche). Ein bedingtes Recht darf nicht eingetragen werden; gleichwohl erfolgte Eintragung ist nichtig und von Amts wegen zu löschen (§ 53 Abs. 1 Satz 2 GBO). Geht aber eine nur bedingt erfolgte Einigung über die Bestellung nicht aus der Eintragungsbewilligung hervor und wird daher eingetragen, so ist das GB nur unrichtig; die Geltendmachung bleibt den Parteien nach §§ 894, 899 überlassen; auch ein Amtswiderspruch (§ 53 Abs. 1 Satz 1 GBO) ist nicht einzutragen, es sei denn, dass die Eintragungsbewilligung den Mangel erkennen ließe. Nur wenn die Eintragungsbewilligung selbst bedingt erteilt ist, kommt Amtslöschung (§ 53 Abs. 1 Satz 2) in Betracht. So darf auch die Bestellung nicht unter der Bedingung der Leistung eines gewissen Entgelts aufschiebend bedingt erfolgen. Desgleichen kann auch nicht die fristgemäße Bezahlung eines wiederkehrenden Entgelts für das DWR zur auflösenden Bedingung gemacht werden; wohl aber kann für solche Fälle ein Heimfallrecht vereinbart werden (§ 36). 63

Dagegen ist eine Befristung mit Anfangs- wie Endtermin zulässig (s. a. § 41 Abs. 1). Die **Abgrenzung** zwischen Bedingung und Befristung ist strenger als sonst (nach BGB) auszulegen.[48] Keine Bedenken bestehen allerdings bei der Berechenbarkeit der Frist nach Kalendertagen oder Daten. 64

Die Befristung muss eingetragen werden – eine Bezugnahme auf die Eintragungsbewilligung genügt nicht[49] – ebenso eine Verlängerung, die Inhaltsänderung i. S. des § 877 ist; sie ist in der Veränderungsspalte des GB zu vermerken. 65

Gleich- oder nachrangige Rechte müssen zustimmen, nicht aber Pfandgläubiger und Nießbraucher am DWR selbst. Da das DWR auch zeitlich unbegrenzt bestellt werden kann (s. § 41 Abs. 1), braucht auch keine bestimmte Laufzeit vereinbart und eingetragen zu 66

---

[42] Ähnlich auch OLG Neustadt/Weinstr. v. 27. 7. 1961 NJW 1961, 1971 = WM 1962, 46 = ZMR 1962, 185 und die 2. Aufl.

[43] V. 27. 10. 1955 (RhNK 1956, 227).

[44] So BGHZ 1952, 269; Weitnauer/*Mansel* § 33 Rn 3; RGRK-*Augustin* § 33 Rn 6, § 36 Rn 8; *Diester* NJW 1963, 183 und Rpfleger 1965, 216; *Marshall* DNotZ 1962, 381; *Westermann* SachenR, § 68 II 3 b; Palandt/*Bassenge* § 33 Rn. 3; Erman/*Ganten* § 33 Rn 3; entspr. für das ErbbR OLG Celle Rpfleger 1964, 213; aA *Böttcher* RhNK 1987, 219 u. Soergel/*Stürner* § 33 Rn. 5.

[45] ZIP 1995, 1361 = NJW 1995, 2637.

[46] S. a. *Schmidt* WEZ 1987, 119, 124.

[47] S. entsprechend zu den GmbH-Anteilen Baumbach/*Hueck,* GmbHG, § 3 Anm. 2.

[48] S. a. Soergel/*Stürner* § 33 Rn 4 f.; *Westermann* § 68 II 3 u. a.

[49] Soergel/*Stürner* § 33 Rn 5.

werden. Hier wird aber die Vereinbarung eines Heimfallrechtes nach § 36 zweckmäßig sein, wobei die Entschädigungspflicht nach § 41 Abs. 3 zu berücksichtigen ist.

67 Das dingliche Geschäft der Bestellung (samt Eintragung) ist, wie im Sachenrecht allgemein, vom Bestand des schuldrechtlichen Grundgeschäfts **unabhängig.** Ist letzteres ungültig, wird die Wirksamkeit des DWRs selbst dadurch nicht berührt. Die Parteien können nur den schuldrechtlichen Anspruch auf Löschung (evtl. auch auf Heimfall) geltend machen. Auch wird das GB nicht unrichtig. Der obligatorische Anspruch auf Bestellung des DWRs kann auch durch Vormerkung nach § 883 BGB im GB gesichert werden.

68 Das unbedingt bestellte Recht kann aber auch nur „unbedingt" weiterbestehen.

69 Der Heimfall kann, ungeachtet der Bedingungsfeindlichkeit der Bestellung des DWRs, auf gewisse Bedingungen abgestellt werden (s. § 36 Rn 47 ff.); mit deren Eintritt erlangt der Grundstückseigentümer aber nicht schon das dingliche Recht selbst, sondern kann nur die Übertragung auf sich verlangen; auch die Löschung kann er damit nicht erzwingen.

70 **b) Bedingungen beim Übertragungsakt.** Unzulässig erscheint auch die (dingliche) Vereinbarung von Bedingungen (aufschiebenden oder auflösenden) für die Übertragung des DWRs durch den Inhaber auf neue Erwerber. So kann ein DWR für den Eigentümer selbst nur unbedingt bestellt werden; aber auch seine Übertragung auf den ersten Erwerber kann nicht bedingt erfolgen, da sonst der Bestandsschutz als „Fremdrecht" gegenüber dem Eigentümer nicht gewahrt wäre. Das gilt auch für Wiedervergabe eines heimgefallenen DWRs. Sinn des § 33 Abs. 1 S. 2 ist nicht nur die theoretische Aufrechterhaltung des DWRs als eines das Eigentum einschränkenden Rechtes, sondern der Bestandsschutz des DWRs als Fremdrecht.

71 **c) Bedingungen im Grundgeschäft.** Auch schuldrechtliche Vereinbarungen, die dem Bestandsschutz widerstreiten, sind unzulässig, wenn auch § 33 Abs. 1 Satz 2 nur von Bedingungsverbot beim dinglichen DWR spricht.

72 Auflösende Bedingungen werden also auch dann unter dem Gesichtspunkt der Gesetzesumgehung unzulässig sein, wenn sie dem schuldrechtlichen Kausalgeschäft beigefügt sind, aber nach der Vorstellung der Parteien nach der Bestellung des DWRs eintreten werden und dann den Bestand des DWRs bedrohen.[50] Deshalb ist auch kein Anspruch aus ungerechtfertigter Bereicherung bei Eintritt der auflösenden (schuldrechtlichen) Bedingungen gegeben.[51] Die Bedrohung des Bestandsschutzes durch schuldrechtliche Nebenabreden ist unter dem Gesichtspunkt der Gesetzesumgehung zu prüfen (ähnlich ErbbauRG). Danach kann sich der Grundstückseigentümer auf solche Vereinbarungen nicht berufen; mit jedem anderen als dem Eigentümer wäre also eine solche Vereinbarung durchaus zulässig. § 1 Abs. 4 Satz 2 ErbbauRG würde aber selbst eine Vereinbarung **nach** Bestellung des Rechtes unwirksam machen; das geht zu weit, dieser Satz musste für das DWR eingeschränkt werden auf vor- oder gleichzeitig mit der Bestellung eingegangene Verpflichtungen des DWBer, unter bestimmten Voraussetzungen das DWR aufzuheben oder löschen zu lassen.

V. Pflichten des Dauerwohnberechtigten nach Abs. 2

1. Allgemeines

73 **a)** Grundsätzlich gilt hier, was zu § 14 über die Pflicht der WEer gesagt ist. Weitere Pflichten können sich aus den entsprechenden anwendbaren allgemeinen Vorschriften über Grunddienstbarkeiten ergeben (§§ 1020–1024, 1026–1029 BGB) wie in Bezug auf Unterhaltung von Anlagen (§§ 1020–1022). § 1020 Satz 1 entspricht § 14 Nr. 1. Dabei ist aber zu berücksichtigen, dass sich die WEer gleichberechtigt gegenüberstehen; das kann nicht im selben Maße vom Verhältnis des DWBer zum Eigentümer gelten. Hier besteht vielmehr

[50] A. M. Weitnauer/*Mansel* § 33 Rn 3, ohne Stellungnahme zur Frage der Gesetzesumgehung.

[51] Ähnlich beim Bestandsschutz des § 49 MSchG.

eine stärkere Ähnlichkeit zur Stellung des Mieters. Von den Rechtsbeziehungen der Mieter untereinander gilt:[52]

- Grundsätzlich keine Gemeinschaft i. S. des § 741 BGB. Auch im Allgemeinen nicht für den Betrieb einer Sammelheizung, nur Beziehungen zum Vermieter; ausgenommen, wenn der Betrieb in Händen der Gesamtheit oder eines Teiles der Mieter liegt. 74
- Besitzgemeinschaft an gemeinschaftlich genutzten Teilen; absolute Wirkung gegen jedermann; Gemeinschaft i. S. des § 741 BGB; Beziehungen regeln sich nach § 866 BGB: Besitzschutz untereinander, z. B. wegen Betretens des Trockenspeichers, Benutzung der Waschküche usw. 75
- Fahrstuhl: Mitbesitz nur bei Selbstbedienung, sonst nur Anspruch gegen Mieter oder direkt aus § 823 Abs. 1 und 2 BGB. 76
- Bei Belästigung und Besitzstörungen durch Mitmieter Besitzschutz, sonst aber nur § 862 BGB, insbesondere bei Entwicklungen i. S. des § 906 BGB oder i. S. des § 823 Abs. 1 und 2 BGB. 77

Vorbild kann in allen Fällen § 7 Abs. 1 Satz 1 des deutschen Einheitsvermietvertrages sein: „Mieter und Vermieter versprechen, im Hause sowohl untereinander wie mit den übrigen Mietern i. S. einer vertrauensvollen Hausgemeinschaft zusammenzuleben und zu diesem Zwecke jede gegenseitige Rücksicht zu üben." Das Mietverhältnis ist als Schuldverhältnis (gegenseitiger Vertrag) ausgestaltet mit dinglichen Elementen;[53] daraus ergibt sich aber noch kein unmittelbarer Anspruch von Mieter zu Vermieter. Auch besteht kein juristisches Gemeinschaftsverhältnis. Das ist erst mit dem WEG geschehen,[54] nicht so aber für das DWR.[55] Auch mehrere DWBer bilden unter sich keine Rechtsgemeinschaft, so wenig wie mehrere Mieter; sie bilden nur eine „Hausgemeinschaft". 78

b) Folgerungen für die entsprechende Anwendung: Da die DWBer keine Gemeinschaft bilden wie die WEer, ist zweifelhaft, wem gegenüber die Verpflichtungen des DWBer (nach § 14 über § 33) bestehen; aus § 14 ergibt sich aber eine echte Verpflichtung (mit § 43 Abs. 1 Nr. 1 erzwingbar), nicht nur ein „nicht dürfen".[56] 79

aa) Wird § 14 entsprechend gelesen, so ergibt sich allerdings, dass die Verpflichtungen aus § 14 für jeden DWBer gegenüber anderen DWBer bestehen sollen, also unter DWBer, nicht nur dem Eigentümer gegenüber.[57] Diese Regelung hat nachbarrechtlichen Charakter und beruht auf der Anwendung der Grundsätze des § 242 auf den besonderen Fall des nachbarlichen Zusammenlebens.[58] Dagegen kommt eine Erstreckung auf das Verhältnis der DWBer zu den Mietern im gleichen Hause nicht in Betracht. 80

Diese ganze Frage ist unabhängig vom Rang des einzelnen DWRs.

bb) § 14 führt aber auch zu Pflichten jedes DWBer gegenüber dem Eigentümer, gleich, ob dieser selbst Nachbar im Haus ist, also darin wohnt oder nicht; sein Recht hieraus kann also auch zugunsten seiner Mieter und Pächter im Hause geltend gemacht werden. Diesen selbst stehen sie allerdings, wie beim Mietverhältnis überhaupt, nicht zu;[59] sie könnten nur Besitzstörungsansprüche (§ 862) oder Schadensersatzansprüche (§ 823) geltend machen.[60] Das Verhältnis zum Eigentümer kann durch Vereinbarungen bestimmt werden; meist wird dies vor allem hinsichtlich der Instandhaltungspflichten (§ 33 Abs. 4 Nr. 2) geschehen; was dann § 14 Nr. 1 vorgeht. Ergän- 81

---

[52] Nach *Friese* MDR 1956 S. 1 f.

[53] BGH NJW 1998, 595.

[54] Weitnauer/*Lüke* § 10 Rn 9 f.

[55] Weitnauer/*Mansel* § 31 Rn 7.

[56] So auch Weitnauer/*Mansel* § 33 Rn 5.

[57] Anders Palandt/*Bassenge* § 33 Rn 4.

[58] RG 167, 14, 24.

[59] Palandt/*Bassenge* § 907 Rn 2.

[60] RG 105, 213, 215; 59, 327.

zende entsprechende Anwendung des § 1041 dürfte auch bei Fehlen einer Vereinbarung geboten sein.[61]

82 **cc)** Die entsprechende Anwendung des § 14 bedeutet nicht nur Legalschuldverhältnis zu Lasten des DWBer, sondern auch zu Lasten des Eigentümers. Sicher gilt dies, wenn der Eigentümer selbst Nutzer im Hause ist, aber auch, wenn er nicht selbst Nachbar ist. Daher ist der Eigentümer aus § 14 Nr. 1 verpflichtet, das gesamte Gebäude so instand zu halten, dass dadurch keinem der DWBer ein Nachteil erwächst; der DWBer hat also einen Anspruch darauf, dass der Eigentümer das Gebäude nicht verfallen lässt.

83 Weiter geht der Anspruch gegen den Eigentümer aber aus § 14 (§ 33) nicht; insbesondere erstreckt er sich nicht auf Instandhaltung derjenigen Anlagen und Einrichtungen, die nicht Gebäudeteile sind, z. B. selbst auch einer Zentralheizung oder eines Aufzuges. Hierzu könnte nur aus der Pflicht zur Gebrauchsüberlassung nach § 33 Abs. 3 ein Anspruch hergeleitet werden.

84 Fraglich ist, ob hieraus sich ein Anspruch auf außergewöhnliche Ausbesserungen und Erneuerungen für den DWBer ergibt, z. B. an Deckenbalken, die erneuert werden müssen. Das ist zu verneinen. Der DWBer ist auf § 34 Abs. 1 mit § 1049 BGB zu verweisen (Geschäftsführung ohne Auftrag und ungerechtfertigte Bereicherung).

85 **c)** die Rechtsfolgen der Verletzung der Pflichten aus der entsprechenden Anwendung des § 14.

86 **aa)** Es handelt sich in allen Fällen um Verletzung einer Legalobligation (positive Forderungsverletzung).[62] Haftung nach § 276 für Vorsatz und jede Fahrlässigkeit. § 278 ist anzuwenden, nicht aber § 533 n. F. BGB, da hier keine „Obhutspflicht" vorliegt, sondern nur eine „Nichtschädigungsverpflichtung"; zu deren Erfüllung bedient sich der DWBer niemals eines Mieters seiner Räume. Es bleibt vielmehr bei § 14 Nr. 2; daneben ist kein Raum mehr für § 278 BGB.

87 **bb)** Zur Minderung des Entgelts bei Pflichtverletzung des Eigentümers siehe § 31 Rn 75 ff.

88 **cc)** Zur Frage der Ersatzansprüche des Eigentümers wegen Veränderungen oder Verschlechterungen gegen DWBer, wegen Nichterfüllung der Instandhaltungspflicht aus entsprechender Anwendung des § 14 Nr. 1 siehe § 34 Rn 3 ff. und über die Ansprüche des DWBer auf Verwendungsersatz § 34 Rn 9 ff.

2. Einzelne Pflichten

89 Es wird grundsätzlich auf die Kommentierung zu § 14 verwiesen.
Statt SE ist zu verstehen:

90 – der Rechtsbereich des DWRs, seine Grundstücks- und Gebäudeteile (nicht die gemeinschaftlichen Teile).

91 – diejenigen Gebäudeteile, von deren Nutzung der Eigentümer nicht durch den Rechtsbereich eines DWRs ausgeschlossen ist.
Hieraus ergibt sich im Einzelnen:

92 **Instandhaltungspflicht** des DWBer für seinen Rechtsbereich; des Eigentümers für seinen eigenen Rechtsbereich, also des Gebäudes im ganzen.

93 Für die zum gemeinschaftlichen Gebrauch bestimmten Anlagen und Einrichtungen hat der DWBer keine Instandhaltungspflicht. Diese Instandhaltungspflicht (nicht auch Instandsetzungspflicht) besteht, soweit das geordnete Zusammenleben dies verlangt, und zwar sowohl gegenüber anderen DWBer wie auch Mietern des Hauses und dem Eigentümer gegenüber. Von dem DWBer kann jedoch dann keine Kostenerstattung verlangt werden, wenn dieser dem WEer des belasteten WEs gegenüber nicht erstattungspflichtig ist.[63] Die

[61] AA Palandt/*Bassenge* § 33 Rn 6.
[62] Palandt/*Grüneberg* § 280 Rn 5.
[63] BGH ZMR 1979, 318 = ZMR 1981, 253 = BlGBW 1980, 71 = Rpfleger 1979, 58.

zum gemeinschaftlichen Gebrauch bestimmten Teile dürfen nur so benutzt werden, dass damit keinem der Berechtigten über das bei einem geordneten Zusammenleben unvermeidliche Maß hinaus ein Nachteil erwächst. Im Rahmen dieser Pflichten besteht auch die Einwirkungspflicht auf Dritte nach § 14 Nr. 2, ebenso die Duldungspflicht (Nr. 3) und die Duldung des Betretens und Benutzens (Nr. 4).

Das **Gebrauchmachen** von den DWR-Räumen und Einrichtungen hat so zu erfolgen, dass dadurch einem anderen DWBer, wie auch dem Eigentümer oder MEer, der im Haus selbst eine Nutzung ausübt, über das bei einem geordneten Zusammenleben unvermeidbare Maß hinaus keine Nachteile entstehen. Das gilt aber ebenso vom Gebrauchmachen von den sonstigen (gemeinschaftlichen) Hausteilen und Einrichtungen, als Rechtsfolge aus Abs. 3. **94**

Die **Einhaltung dieser Pflichten** hat auch in Verantwortung des DWBer durch die Angehörigen seines Hausstandes oder Geschäftsbetriebes oder durch Personen, denen die Benutzung der Räume überlassen ist, zu geschehen; für die Haftung hierfür gelten §§ 278, 831 BGB. **95**

Umgekehrt hat der DWBer **Einwirkungen aus dem zulässigen Gebrauch** der andern zu **dulden.** **96**

Er muss ferner **Betreten und Benutzung seiner Räume** gestatten, soweit dies zur Instandhaltung und Instandsetzung des Gebäudes erforderlich ist. Auch die Schadensersatzverpflichtung nach § 14 Nr. 4, 2. Halbs., die dem Eigentümer für Schaden bei Betreten und Benutzen obliegt, muss hier gleichfalls, und zwar ohne Verschulden, gelten; nur tritt an die Stelle des gemeinschaftlichen Eigentums nach § 14 hier alles, was außerhalb der DWR-Räume steht.[64] Dabei handelt es sich um Arbeiten, die der Eigentümer im Interesse seines Hauses vornimmt oder zu denen er dem DWBer verpflichtet ist. Dann muss § 14 Nr. 4, 2. Halbs. entsprechend angewendet werden, auch ohne Verschulden. Umso mehr muss das gelten, wenn für das DWR ein einmaliger Kaufpreis (Baukostenzuschuss oder dergleichen) bezahlt ist und damit eine Minderung des Entgelts auf Schwierigkeiten stößt. Im Übrigen ist hier die Zulässigkeit von (dinglich wirkenden) Inhaltsvereinbarungen nach § 33 Abs. 4 Nr. 2 zu beachten, deren Abschluss durch das GBA überwacht werden soll (§ 32 Abs. 3).[65] **97**

3. Vertragsfreiheit

Wie § 14 ist auch § 33 Abs. 2 **dispositiv.** Eine gewisse Einschränkung der Vertragsfreiheit erfolgt aber insoweit, als die anderweitige Vereinbarung die unentbehrliche Norm eines geordneten Zusammenlebens und damit den das gesamte Recht beherrschenden Gedanken des § 242 BGB verletzt, dessen Ausdruck im Einzelnen die Bestimmungen des § 14 sind. In vollem Umfang ist abdingbar daher nur die entsprechende Anwendung der Einwirkungspflichten des § 14 Nr. 2. Vereinbarungen, die über den Rahmen des § 14 hinausgehen, sind dagegen zulässig. **98**

Nach BayObLG[66] kann die vertragliche Regelung zwischen Grundstückseigentümer und Wohnungsberechtigtem, nach der die Kosten für Heizung und Müllabfuhr vom Eigentümer zu tragen sind, zulässiger und (dinglicher) Inhalt eines Wohnungsrechtes sein. Dies könnte sowohl auf eine Wohnrechtsdienstbarkeit am Wohnrechtseigentum wie auch auf einen Mietvertrag (Globalmietverträge) entsprechend angewandt werden. **99**

Es besteht kein Formzwang, auch keine Eintragungsverpflichtung. Es handelt sich um gesetzlichen, wenn auch abdingbaren Inhalt des Rechts. **100**

[64] So auch Weitnauer/*Mansel* § 33 Rn 9, gegen *Diester* § 33 Anm. 8, 9.
[65] S. bei § 32 Rn 13 ff.
[66] Jur. Büro 1980, 1568.

VI. Rechte des Dauerwohnberechtigten

101 (s. grundsätzlich auch oben § 13 und § 14 unter sachentsprechenden Vorbehalten).

1. Das Mitbenutzungsrecht

Das Mitbenutzungsrecht, das kein Recht auf Änderungen, Neuerungen und Verbesserungen gibt, ist gesetzlicher Inhalt des Rechts, bedarf also nicht der Eintragung, ist aber abdingbar,[67] aber doch nur in gewissen Grenzen, die die Ausübung des Rechts noch ermöglichen. Vorbild ist § 1093 BGB.

102 Es ist nur Nebenrecht des DWRs und hat daher auch kein Rangverhältnis zu anderen DWRen.[68]

103 Die zum gemeinschaftlichen Gebrauch bestimmten **Teile, Anlagen** und **Einrichtungen** des Gebäudes und Grundstücks sind nicht genauso zu bestimmen wie in § 5 für das WE. § 1093 Abs. 3 spricht nur von Anlagen und Einrichtungen; richtigerweise gehören auch „Teile" hierzu, um Zweifel zu vermeiden. Unter Anlagen und Einrichtungen ist zu verstehen, was über die Konstruktion des Gebäudes hinaus „angelegt" oder „eingerichtet" ist, gleichgültig, ob Bestandteil oder nur Zubehörteil des Hauses. Die Abgrenzung im Einzelnen ist zweifelhaft: Haupttreppe ist Gebäudeteil; Waschküche, Trockenböden, elektrische Leitungen, Gas- und Wasserleitungen, Zentralheizungen, Fahrstuhl sind Anlagen und Einrichtungen.[69] Gemeinschaftliche Teile stehen zur gemeinschaftlichen Benutzung nach Verkehrsauffassung, nicht aber für Anbringung von Reklamen, außer wenn das ganze Haus in einem DWR steht. Auch ist die Benutzung der Außenwände nur nach Verkehrsauffassung, nicht allgemein zu bejahen.

104 Anlagen innerhalb der DWR-Räume sind im Allgemeinen keine solchen zur gemeinschaftlichen Benutzung, ausgenommen Durchgangsleitungen für Wasser, Strom, Gas usw.

105 Die Konstruktion des Gebäudes ist nicht als zum gemeinschaftlichen Gebrauch bestimmt anzusehen; Grundmauern sicher nicht. Durchbruch durch Tragmauern ist auch dann nicht gestattet, wenn Eigentümer und anderen Hausbewohnern dadurch kein Nachteil erwächst, der über das bei einem geordneten Zusammenleben unvermeidliche Maß hinausgeht.[70]

2. Weitere Rechte

106 Eine Instandhaltungspflicht des Eigentümers bezüglich der zum gemeinschaftlichen Gebrauch bestimmten Gegenstände ist nicht aus § 33 Abs. 2 mit § 14 Nr. 1 herzuleiten. Man muss daher aus dem mit Abs. 3 gewährten Recht auf Mitbenutzung einen obligatorischen Anspruch auf Gebrauchsgewährung und damit auf Instandhaltung gegen den Eigentümer herleiten, der Inhalt des Rechtes ist.[71] Auf Erfüllung dieser Gebrauchsgewährung kann geklagt und bei Verzug Schadensersatz verlangt werden. Aber der DWBer kann nicht selbst vornehmen und dann Verwendungsersatz verlangen; dafür gilt nur § 1049 (s. a. § 34 Rn 9 ff.).

3. Vertragsfreiheit

107 Auch das Mitbenutzungsrecht ist abdingbar, nach dem Wortlaut des Gesetzes. Das kann aber nicht uneingeschränkt gelten; die Ausübung des DWRs muss gewährleistet bleiben.

---

[67] Soergel/*Stürner* § 33 Rn 7.

[68] So auch Palandt/*Bassenge* § 33 Rn 4.

[69] Vgl. aus dem Mietrecht RG 116, 93; JR 27, 11; Palandt/*Weidenkaff* Rn 88 ff. vor § 535; § 535 Rn 2, 14 ff.

[70] Eingehend zu den anderen Verhältnissen beim WE oben bei § 13.

[71] So auch Palandt/*Bassenge* § 33 Rn 6.

In diesem Rahmen sind aber Beschränkungen zulässig und als Inhalt des Rechtes einzutragen (§ 877), sonst besteht nur Wirkung inter partes; insbesondere kann eine Regelung des Mitbenutzungsrechtes der gemeinschaftlichen Einrichtungen im Einzelnen erfolgen, z. B. Benutzungsturnus,[72] und zwar mit dinglicher Wirkung wegen Verweises auf § 14. 108

Die Mitbenutzung kann auch von einer besonderen Leistung abhängig gemacht werden, z. B. bei Zentralheizung von Unterhaltskostenleistung, ebenso bei Aufzug usw. 109

Auch Instandhaltungs- und Instandsetzungspflichten des Eigentümers können hinsichtlich der gemeinschaftlichen Teile in eine Vereinbarung aufgenommen werden, aber nicht mit **dinglicher** Wirkung, da Abs. 4 Nr. 2 dies nur hinsichtlich der dem DWR unterliegenden Gebäudeteile zulässt. 110

4. Zuständigkeit

Die **Zuständigkeitsvorschrift** des § 43 gilt hier nicht. Für Streitigkeiten zwischen dem Grundstückseigentümer bzw. Inhaber des ErbbR und den Berechtigten von DWR/DNR gelten vielmehr die Vorschriften von GVG und ZPO über die Zuständigkeiten und das Verfahren.[73] 111

VII. Vertraglicher Inhalt

1. Grundsatz

Zum Begriff „Inhalt des Rechts" siehe oben Rn 3 ff. und bei § 31 Rn 16 ff. sowie Vor. § 31 Rn 21 ff. 112

Der Abs. 4 des § 33 gibt einen Katalog von fünf Vereinbarungen, der an die Stelle des bei den Dienstbarkeiten bestehenden gesetzlichen Schuldverhältnisses, zusammen mit den wenigen gesetzlich verbindlichen Bestimmungen zum Inhalt, tritt. Die in § 1093 aufgeführten Nießbrauchbestimmungen können mit Vorsicht auch hier angewendet werden, desgleichen die Vorschriften zur Grunddienstbarkeit §§ 1020–1024, 1026–1029, 1090 Abs. 2 BGB; daraus kann sich eine Pflicht des Eigentümers zur Unterhaltung der Anlagen ergeben (§§ 1021 f. BGB; s. a. § 34 Abs. 2). Gegen die Anwendung der Nießbrauchsvorschrift überhaupt *Diester;*[74] das kann wohl nur insoweit gelten, als durch § 33 Abs. 4 entsprechende Nießbrauchsvorschriften ersetzt sind; das gilt für §§ 1047 durch Nr. 3; 1045 durch Nr. 4; 1051 durch Nr. 5. Diese Bestimmungen nennt jedoch § 1093 überhaupt nicht. Eine entsprechende Anwendung der in § 1093 genannten Nießbrauchsbestimmungen (§§ 1031, 1034, 1037 Abs. 1, 1041, 1042, 1044 [s. schon § 33 Abs. 2 mit § 14], 1049 [s. schon 34 Abs. 1] § 1050, 1057, 1062 BGB) wird man auf jeden Fall bejahen, für die übrigen Nießbrauchsbestimmungen aber verneinen müssen.[75] 113

Neben diesem Katalog des Abs. 4 gibt das Gesetz weitere Möglichkeiten für dingliche Inhaltsvereinbarungen in §§ 35, 36, 39 und 40. 114

Abs. 4 ist **Sollvorschrift.** Das GBA soll die Eintragung des DWRs ablehnen, wenn darüber keine Vereinbarung getroffen ist. Vereinbarung nach Nr. 5 ist nur **Kannvorschrift,** vom GBA nicht zu beachten (§ 32 Abs. 3; s. dort Rn 15 ff.). Keinesfalls wird durch die Überwachungsvorschrift des § 32 Abs. 3 der § 33 Abs. 4 Nr. 1–4 zur Mußvorschrift in dem Sinne, dass über diese dort genannten Angelegenheiten Vereinbarungen getroffen werden müssten.[76] 115

---

[72] S. oben bei § 13.

[73] Palandt/*Bassenge* § 31 Rn 1; Niedenführ/*Vandenhouten* § 31 Rn 4.

[74] § 33 Anm. 11.

[75] Generell gegen die Anwendung der §§ 1051 ff. auch *Palandt/Bassenge* § 31 Rn 6; Weitnauer/*Mansel* § 33 Rn 11 sprechen sich für eine „vorsichtige Anwendung" aus.

[76] Wie *Diester* § 33 Anm. 12 ff., meint.

116 Bei **Nr. 1** genügt im Allgemeinen die Angabe, ob DW- oder DNR, bei letzterem spezifische Zweckangabe.

Bei **Nr. 2** möglichst klare Regelung der Instandhaltungs- und Instandsetzungspflichten.

Bei **Nr. 3** reicht aus, wenn die Eintragungsbewilligung ergibt, dass der DWBer keine Pflicht zur Lastentragung hat.

Bei **Nr. 4** genügt auch eine **Negativerklärung;** aber auch diese kann vom GBA nicht verlangt werden, wenn sich die Lösung der Frage aus den Umständen ergibt.[77]

117 Der Katalog der als Inhalt des Rechtes zulässigen Vereinbarungen ist erschöpfend; wiederkehrende Leistungen können nicht zum dinglichen Inhalt des Rechtes gemacht werden. Neben- und Hilfsvereinbarungen sind aber möglich.

118 Darüber hinaus sind keine anderen Vereinbarungen als dinglicher Inhalt zulässig, z. B. kein Entgelt, einmalig oder wiederkehrend, auch keine **Vertragsstrafe**[78] oder **Erneuerungsrecht** auf das DWR[79] oder auch nicht eine Verpflichtung des Eigentümers, das Grundstück an den jeweiligen DWBer zu verkaufen,[80] auch nicht ein Vorkaufsrecht des jeweiligen Grundstückeigentümers. Solche Vereinbarungen haben nur obligatorische Wirkung inter partes (abgesehen von der Möglichkeit der Sicherung durch Vormerkung nach § 883 BGB), selbst ohne Eintrittswirkung nach § 38 (s. dort Rn 35 ff.). Allerdings kann der jeweilige Eigentümer oder DWBer als **aktiv** legitimiert auch aus dieser obligatorischen Vereinbarung gelten (nach allgemeinen Grundsätzen,[81] nicht aber folgt daraus eine Wirkung **gegen** den jeweiligen Eigentümer oder DWBer, evtl. kann aber durch Vormerkung eine solche Wirkung erreicht werden.

119 Ein Vorkaufsrecht des DWBer **am Grundstück** (nicht umgekehrt am DWR) kann auch als dingliches Vorkaufsrecht gemäß §§ 1094 ff. BGB bestellt werden, und zwar auch für alle Verkaufsfälle (§ 1097), das stärker ist als das mit Vormerkung gesicherte obligatorische Vorkaufsrecht, da die Vormerkungswirkung mit dem ersten Verkaufsfall erlischt. Aber das dingliche Vorkaufsrecht kann nicht zugunsten des DWBer bestellt werden, weil das DWR kein gundstücksgleiches Recht ist (§ 1094 Abs. 2). Wohl aber kann die **Vormerkung** zugunsten des jeweiligen DWBer bestellt werden.[82]

120 Für alle Streitigkeiten über Rechte und Pflichten aus § 33 Abs. 4 Nr. 1–5 gilt das unter Rn 11 Gesagte.

121 Nach § 34 Abs. 2 mit §§ 1027 und 1029 BGB steht dem DWBer auch die Eigentumsstörungsklage nach § 1004 zu im Falle einer Beeinträchtigung seines Rechts.

2. Die einzelnen Ziffern des Katalogs

122 **a) Zu Nr. 1:** Vereinbarungen über Art und Umfang der Nutzungen.

aa) Ohne besondere Vereinbarung kann in jeder beliebigen Weise im Rahmen der Rechtsgrundsätze des § 14 genutzt werden.

123 **bb)** Das GBA kann nicht einzelne Vereinbarungen erzwingen, z. B. über Zulässigkeit der Vermietung und Untervermietung.

124 **cc)** Vereinbarungen über Art und Nutzung, z. B. nur zu Wohnzwecken, nicht auch zu gewerblichen Zwecken; darauf § 242 BGB anwendbar. Heimarbeit ist wohl nicht zu untersagen (soweit nicht § 14 Nr. 1 entgegensteht). Nutzung „sonstiger Räume" nur für bestimmte Gewerbe oder Berufe, Ausschluss bestimmter Nutzung, z. B. für Gastwirtschaft sind möglich. Damit auch Konkurrenzschutz unter mehreren DWBer ermöglicht. Verbot, bestimmte Waren im Gewerbe zu führen. §§ 226 und 242 BGB sind auch hier anwendbar.

---

[77] DNotZ 1954, 391; s. § 32 Rn 13 ff.

[78] Anders § 2 Nr. 5 ErbbauRG.

[79] Anders § 2 Nr. 6 ErbbauRG.

[80] Anders § 2 Nr. 7 ErbbauRG.

[81] Palandt/*Bassenge* § 33 Rn 4.

[82] § 883 BGB.

dd) Umfang der Nutzung: Allgemein ist Vermietung und Untermietung zulässig. Ersetzung der Vermieterlaubnis wie bei ehem. § 29 MSchG gibt es hier nicht; aber § 242 ist auch hier anwendbar. Beschränkung auf bestimmte Familienangehörige wohl nur bei wichtigem Grund. Bestandschutz ist auch hier zu beachten. Mietpreisbindung für Vermietung ist zulässig.[83] **125**

ee) Zustimmungsvereinbarungen: Vereinbarungen über eine erforderliche Zustimmung des Grundstückseigentümers bei Vermietung oder Nutzungsänderung von Räumen des DWRs. Ebenso kann mit dinglicher Wirkung vereinbart werden, dass der Berechtigte mit Rücksicht auf das Heimfallrecht und die Heimfallsentschädigung seinen Aufwand für eine bauliche Änderung der Räume genau zu ermitteln und dem Grundstückseigentümer nach dem Umbau offenzulegen hat.[84] **126**

ff) Zur Nutzung der gemeinschaftlichen Teile siehe oben Rn 101 ff.; zur Nutzung des Zubehörs siehe § 31 Rn 27. **127**

gg) Die Nichteinhaltung einschlägiger Vereinbarungen, wie drohende Verletzung, begründen Unterlassungsanspruch und Schadensersatz. **128**

Verbot der Vermietung und Untervermietung wirkt nur obligatorisch, also nicht dinglich gegenüber Mietern oder Untermietern, hat also keine dingliche Wirkung inter omnes, wohl aber für und gegen Erwerber des DWRs oder des Eigentums.[85] Danach wäre der Eigentümer befugt, eine Verletzung unmittelbar dem Dritten [Mieter] gegenüber geltend zu machen. Demgegenüber würde selbst der Mieterschutz versagen, da ein „dingliches" Recht und nicht das Vermieterrecht geltend gemacht wird. Da auch die übrigen Nrn. des Abs. 4 nur **obligatorische** Ansprüche zum Gegenstand haben, soll dies auch für Nr. 1 gelten.[86] Aus der Verletzung des Verbots der Vermietung ergeben sich also nur gegen den DWBer Schadensersatz- und Unterlassungsansprüche, eventuell auch Heimfallansprüche bei entsprechender Vereinbarung.

hh) Nur **obligatorisch** wirkende Vereinbarungen, ohne Eintragung bzw. Aufnahme in die Eintragungsbewilligung, sind zulässig, z. B. auch Vertragsstrafe. Auf sie kann sich aber auch die Eintrittswirkung des § 38 nicht allgemein erstrecken.[87] **129**

ii) Änderungen von Vereinbarungen bedürfen immer der Eintragung, um Inhalt des Rechts zu werden (s. oben Rn 20 ff.). **130**

b) Zu Nr. 2: Vereinbarungen über Instandsetzungen und Instandhaltungen der dem DWR unterliegenden Gebäudeteile. **131**

aa) Begriff: siehe oben bei § 14. Es besteht **Vertragsfreiheit.** Instandhaltung ist laufende Pflege; Instandsetzung meint umfangreiche, nur von Zeit zu Zeit notwendige Arbeiten. Darunter fällt nicht eine Verpflichtung, das Gebäude überhaupt erst zu errichten, auch nicht nach Zerstörung wiederzuerrichten.[88] **132**

Es wird nicht unterschieden zwischen gewöhnlicher Instandhaltung und Instandsetzung einerseits und Vornahme außergewöhlicher Ausbesserungen und Erneuerungen andererseits; Vereinbarungen über letztere sind damit aber als dinglicher Inhalt nicht ausgeschlossen, z. B. an Trag- und Außenwänden, Decken, Fußböden. **133**

bb) Das GBA soll auf Klarheit dieser Vereinbarungen dringen, um schwerwiegende Zweifel zu vermeiden. Die Heranziehung des § 14 löst die Zweifel auch nicht. Nießbrauchsregel ist eine gewisse Hilfe, wenngleich der DWBer in seinem Recht auf einen Teil **134**

---

[83] Vgl. die Beispiele bei MünchKomm-BGB/*Engelhardt* § 33 Rn 5.

[84] BayObLG Beschl. v. 28. 6. 1960, NJW 1960, 2160 = DNotZ 1960, 596 = MDR 1960, 927.

[85] S. § 566 BGB.

[86] So auch Weitnauer/*Mansel* § 37 Rn 12; wie *Strecker* aber Staudinger zu § 2 ErbbRVO Rn 1 ff.

[87] Anders Soergel/*Stürner* § 38 Rn 4; Palandt/*Bassenge* § 38 Rn 1; Weitnauer/*Mansel* § 38 Rn 5 und *Diester* bejahen die Eintrittswirkung nicht allgemein und für jede schuldrechtliche Vereinbarung; Näheres bei § 38 Rn 35 ff.

[88] Dazu s. vielmehr § 31 Rn 24 ff., § 33 Rn 3 ff. u. unten Rn 146 ff.: Wiederaufbau.

des Gebäudes beschränkt ist. Insbesondere Verwendungsersatzanspruch bei Selbstvornahme nach § 1049 (s. a. § 34 Rn 9 ff.).

135 **cc)** Möglicher **Inhalt** der Vereinbarungen: Instandhaltung und Instandsetzung der DWR-Räume kann ganz vom Berechtigten übernommen werden, auch außergewöhnliche Ausbesserungen und Erneuerungen. Übernahme der Instandhaltung und -setzung für das gesamte Gebäude ist als Inhalt des Rechts nur möglich, wenn das DWR sich auf das ganze Gebäude erstreckt. Wohl aber kann der Eigentümer ausdrücklich die Verpflichtung übernehmen zur Instandhaltung und Instandsetzung der zum gemeinschaftlichen Gebrauch bestimmten Teile, Räume und Einrichtungen, soweit diese für die Nutzung des DWRs in Betracht kommen.[89] Auch der Eigentümer kann ganz die Instandhaltung und -setzung der DWR-Räume übernehmen; das muss aber klar vereinbart werden, zumal auch nach den Nießbrauchsvorschriften sich dies nicht von selbst versteht (§§ 1020–1022, 1041–1050). Für das **Wohnrecht** des § 1093 BGB hält das KG[90] eine solche Vereinbarung als Inhalt der Dienstbarkeit für unzulässig. Es besteht Ähnlichkeit mit der Rechtslage bei der Miete; ein Verweis auf die Mietrechtsbestimmungen ist zulässig. Gleiches gilt von einer ziffernmäßigen Begrenzung der Beitragspflicht zur Instandhaltung und Instandsetzung; desgleichen über die Instandhaltung und Instandsetzung der in Mitbenutzung stehenden gemeinschaftlichen Teile usw., obgleich diese in Nr. 2 nicht genannt sind.

136 Für das Verhältnis des DWBer als Besitzer seiner Räume und den Besitzern von Nachbarräumen können Ansprüche aus § 823 BGB, aber auch aus der Gemeinschaft, geltend gemacht werden,[91] z. B. hinsichtlich des gemeinschaftlichen Hausflurs, Trennwand zwischen zwei Wohnungen, soweit Gleichstufigkeit des Besitzes gegeben ist.[92] Zur Behebung von Schäden kommt § 748 BGB in Betracht (siehe allgemein oben § 33 Rn 73 ff. über die „Gemeinschaftspflichten").

137 In der Vereinbarung kann auch noch eine Schiedsgutachterklausel über Fragen der Instandhaltung und Instandsetzung aufgenommen werden mit **dinglicher** Wirkung.

138 **c) Zu Nr. 3:** Sie knüpft an § 1047 BGB an, dort gesetzlicher, wenn auch abdingbarer Inhalt des Nießbrauchs. Für das DWR muss diese Pflicht ausdrücklich vereinbart werden,[93] ansonsten trägt der Eigentümer die Lasten.[94] Die entsprechende Anwendung des § 1047 kommt auch dann nicht in Betracht, wenn das DWR das ganze Gebäude umfasst.[95] Nur für die **Auslegung** einer solchen Vereinbarung könnten die Rechtsprechung und das Schrifttum zu § 1047 herangezogen werden (alle Lasten, die aus den Erträgen zu entrichten sind).[96] Entsprechende Heranziehung des § 16 WEG kommt wegen der anderen Sachlage nicht in Betracht. Im Zweifel gelten als übernommen nur diejenigen **öffentlichen Lasten** des Grundstücks, die auf den wirtschaftlichen Ertrag des Grundstücks gelegt sind, nicht die ständig wiederkehrenden auf den Stammwert gelegten Lasten,[97] **nicht** also **Erschließungsbeiträge** und **Flurbereinigungsbeiträge.**[98] Zur Vermögensabgabe nach dem Lastenausgleichsgesetz siehe § 73 Abs. 2 LAG.[99] Zum Begriff **„Lasten"** siehe § 16 Abs. 2.

139 Im Zweifel sind auch künftige ständig wiederkehrende öffentliche Lasten mit gemeint. Der Vertragswille ist durch Auslegung zu ermitteln.

---

[89] BayObLG 1959, 520 = DNotZ 1960, 540 mit zust. Anm. von *Weitnauer;* Palandt/*Bassenge* § 33 Rn 6.

[90] KGJ 24 A 121 ff.

[91] Palandt/*Thomas* § 741 Rn 3.

[92] Palandt/*Bassenge* § 866 Rn 1.

[93] S. a. *Bärmann/Pick* § 33 Rn 33 und *Diester* § 33 Anm. 14.

[94] Palandt/*Bassenge* § 33 Rn 2 f.

[95] Ebenso *Diester* § 33 Anm. 11, 14.

[96] RGZ 153, 29.

[97] Palandt/*Bassenge* § 1047 Rn 5 und Palandt/*Edenhofer* § 2126 Rn 1.

[98] *Demharter* GBO Anhang zu § 22 Anm. 2 B; Palandt/*Bassenge* § 1047 Rn 2.

[99] Allg. Palandt/*Bassenge* a. a. O. 28. u. frühere Aufl.

Als **privatrechtliche** Lasten gelten grundsätzlich nur diejenigen übernommen, die schon z. Z. der Eintragung bestanden; nur solche, die laufende Lasten sind, und die ein ordentlicher Hauswart aus den Sacherträgen des Grundstücks zu bestreiten pflegt.[100] Klarstellung ist insbesondere hinsichtlich von Amortisationsbeiträgen geboten. 140

Die Übernahme privatrechtlicher Lasten kann ganz, zu Bruchteilen, bis zu einem Höchstbetrag oder auf Zeit vereinbart werden. 141

Weitgehende Übernahme der öffentlichen wie privaten Lasten, womöglich zuzüglich eines wiederkehrenden Verwaltungsentgelts, kann dem **wirtschaftlichen** Eigentum nahekommen (s. § 41 Rn 1 ff. u. Vor § 31 Rn 8). 142

Wenn die Übernahme wiederkehrender Lasten als Inhalt des Rechts vereinbart werden kann, so ist daraus nicht zu schließen, dass auch wiederkehrendes Entgelt als dinglicher Inhalt vereinbart werden könnte.[101] Grundsätzlich wird die Vereinbarung über das Entgelt, die Gegenleistung, einmalig oder wiederkehrend, in Form einer mietähnlichen Rente, nicht dinglicher Inhalt, genießt vielmehr nur Eintrittswirkung nach § 38.[102] 143

Obligatorische Vereinbarungen sind außerhalb des dinglichen Rechtsinhalts möglich. 144

Die Regelung nach Nr. 3 wirkt nur im **Innenverhältnis.**[103] Das bedeutet, dass der Gläubiger dieser Last keinen direkten Anspruch gegen den DWBer aus einer solchen Vereinbarung erlangt. Diese wirkt also nicht insoweit dinglich, dass „Dritte", d. h. hier die Gläubiger, unmittelbar berechtigt würden gegenüber dem DWBer. Tatsächlich fehlt dieser Inhaltsvereinbarung nach Nr. 3 (wie auch nach Nr. 1 bei Vermietungsverbot) die Unmittelbarkeit der dinglichen Rechte; sie hat nur „Eintrittswirkung", also Wirkung für und gegen Rechtsnachfolger (Erwerber des Eigentums oder des DWRs) und unterscheidet sich insofern kaum von der Eintrittswirkung des § 38. Allerdings könnte die Vereinbarung als echter Vertrag zugunsten Dritter (§ 328 BGB) ausgestaltet werden, d. h. zugunsten ganz bestimmter Gläubiger, etwa eines Hypothekengläubigers, des Finanzamts usw. Der Eigentümer würde durch diese immer noch interne Schuldübernahme nicht von seiner Schuld und Haftung frei, solange diese nicht vom Gläubiger genehmigt wäre (§ 415 BGB). Ob der Dritte einen unmittelbaren Anspruch aus einem solchen Vertrag zugunsten Dritter gegen den DWBer erlangt, hängt gemäß § 328 von den Umständen ab. Ohne besondere Vereinbarung wird dies abzulehnen sein, also die Vereinbarung nur im Innenverhältnis zwischen Eigentümer und DWBer Bedeutung haben. 145

d) Zu Nr. 4: Er ist wörtlich aus § 2 Nr. 2 ErbbRVO übernommen. 146

aa) Die **Versicherungspflicht** des Gebäudes ist an § 1045 BGB für Nießbraucher angeknüpft; dort ist sie abdingbare Legalobligation, hier aber **im Belieben** der Parteien. Entsprechend § 1045 gilt Nr. 4 nicht nur für Feuerversicherung, sondern auch für Glasversicherung, nicht aber für Haftpflichtversicherungen. Die Versicherung ist auf den Eigentümer zu nehmen (§ 1045 Abs. 1 Satz 2).

Entgegen § 1045 kann auch der Grundstückseigentümer eine Versicherungspflicht gegenüber dem DWBer übernehmen, um dessen Rechte auf Wiederaufbau nach Zerstörung zu sichern.[104] Eine Verpflichtung außerhalb einer Vereinbarung besteht aber zivilrechtlich nicht; abgesehen von einer öffentlich-rechtlichen Feuerversicherungspflicht. Andererseits kann sich aus der Versicherungspflicht eine Verpflichtung zum **Wiederaufbau** ergeben.[105] 147

bb) Wiederaufbau nach Zerstörung: Es ergeben sich verschiedene Möglichkeiten der Vereinbarung: Verpflichtung des Eigentümers, des DW-Ber. oder nur Berechtigung des 148

[100] Palandt/*Bassenge* § 1047 Rn 3.
[101] Dazu ausführlich bei § 38 Rn 35 und § 40 Abs. 2.
[102] So a. Weitnauer/*Mansel* § 33 Rn 14.
[103] So auch Weitnauer/*Mansel* § 33 Rn 14; Palandt/*Bassenge* § 1047 Rn 2; *Diester* § 33 Anm. 14.
[104] Palandt/*Bassenge* § 33 Rn 5.
[105] Palandt/*Bassenge* § 33 Rn 5.

DWBer mit Vereinbarung über Verteilung der Wiederaufbaukosten und Wiederaufbaufristen. Damit ist aber auch zum Ausdruck gebracht, dass das DWR nicht ohne weiteres mit Zerstörung des Gebäudes erlischt (wie die **superficies** nach gemeinem Recht).[106] Wenn Wiederaufbauvereinbarung besteht, ergibt jedenfalls die Zerstörung noch keinen Löschungsanspruch gegen den DWBer

149 (zur Frage der Weiterzahlung eines wiederkehrenden Entgelts nach Zerstörung siehe § 31 Rn 80 ff.).

150 Bei Wiederaufbauvereinbarung empfiehlt sich gleichzeitig die Vereinbarung eines Heimfallanspruchs für den Fall der Nichterfüllung der Wiederaufbauverpflichtung (zum übervertraglichen Heimfallanspruch in diesem Falle siehe § 36 Rn 87).

151 Die Wiederaufbauverpflichtung kann auch bedingt getroffen werden, z. B. nur für den Fall, dass eine **Versicherungssumme** anfällt oder andere Entschädigung bzw. nur bei gewissem Zerstörungsgrad (ähnlich § 22 Abs. 4 WEG).

152 Grundsätzlich ist der alte Zustand der DWRs-Räume wieder herzustellen. Auf die Wiederherstellung des gesamten Gebäudes in seinen früheren Zustand besteht kein Anspruch. Ob von dem aufbaupflichtigen Eigentümer ein Bauzuschuss vom DWBer verlangt werden kann, hängt vom Einzelfalle ab, insbesondere davon, welche Gegenleistung schon gegeben wurde und ob der Wiederaufbau zumutbar ist. Dabei sind die Grundsätze des § 242, aber auch die Rechtsprechung zu § 1093, zu berücksichtigen; Vereinbarungen zwischen Eigentümer und DWBer sind gerade in diesem Punkte klar zu fassen. Auch eine Verpflichtung zum **Erstaufbau** kann vereinbart werden.[107]

153 **e) Zu Nr. 5:** Sicherheitsleistung: Entspricht § 1051 BGB, Pflicht des Nießbrauchers; diese ist aber hier der **freien Vereinbarung** überlassen[108] und gehört auch nicht zu nach § 32 Abs. 3 vom GBA zu kontrollierenden Vereinbarungen. Mangels Vereinbarung gilt § 1051 nicht analog.[109] Das ErbbauRG enthält darüber nichts.

154 Wegen der Möglichkeit des Heimfallanspruches ist sie wohl von geringer Bedeutung, außer für Fälle, in denen ein wichtiger Grund für den Heimfall nicht gegeben ist; vor allem bei Übergang auf unliebsame Erben. Sicherheitsleistung für den Fall des Erbgangs ist zulässig. Zusätzlich kann aber dann die Verletzung der Sicherheitsleistungspflicht als Heimfallgrund vereinbart werden. Allerdings kann das Gericht das Vorliegen eines **wichtigen Grundes** nachprüfen (s. § 36 Rn 68 ff.). Für Sicherheitsleistungen spielt dagegen der wichtige Grund keine Rolle.

155 **Mehrere** MEer können den Anspruch nach § 1011 geltend machen;[110] es ist an alle MEer gemeinschaftlich zu leisten.[111]

156 Ist Sicherheit geleistet und wird das DWR dann veräußert, ist an den früheren DWBer, den Sicherheitsleistenden, zurückzugeben, wenn die Sicherheit nicht zu Recht verwendet wurde. Anderweitige Vereinbarung ist aber möglich, z. B. mit Wirkung des Übergangs an den jeweiligen DWBer. Wird das Grundstück nach Sicherheitsleistung veräußert, bleibt die Sicherheit bestehen, ist aber an den neuen Eigentümer herauszugeben, analog der Nichttrennbarkeit des Heimfallanspruches vom Eigentum nach § 36 Abs. 1 Satz 2, es sei denn, dass der alte Eigentümer seinerseits Anspruch auf die Sicherheit hat.

157 Rechtspolitisch wichtiger wäre ein Anspruch des DWBer gegen den sein Eigentum vernachlässigenden Eigentümer (s. § 31 Rn 77 ff.).

158 **Weitere dingliche Vereinbarungen:** Heimfall nach § 36 Abs. 1 und 4 (s. dort Rn 47 ff.); diese unterliegen gleichfalls der Kontrolle des GBAs (§ 32 Abs. 3); ferner kann

[106] S. oben § 31 Rn 38 f., 91.

[107] Palandt/*Bassenge* § 33 Rn 5; Weitnauer/*Mansel* § 33 Rn 15.

[108] Weitnauer/*Mansel* § 33 Rn 16; *Diester* § 23 Anm. 17.

[109] Weitnauer/*Mansel* § 33 Rn 16.

[110] S. Palandt/*Bassenge* § 1051 Rn 1.

[111] Palandt/*Bassenge* § 1051 Rn 1.

nach §§ 882, 1090 BGB ein Höchstbetrag des Wertersatzes für den Fall der Zwangsvollstreckung vereinbart werden. Die Zustimmung nachfolgender Berechtigter ist nicht erforderlich, da sie Widerspruchsrecht nach § 115 ZVG haben.

3. Nicht zulässiger dinglicher Inhalt (siehe schon oben Rn 3 ff.). 159

VIII. Haftung des Eigentümers

Entgegen *Diester*[112] ist keine Begründung dafür ersichtlich, weshalb die Haftung des Grundstückseigentümers für Verpflichtungen aus Abs. 2–4 (soweit dieselben als Geldforderungen erwachsen) auf sein Grundstück, das mit dem DWR belastet ist, beschränkt sein sollte. Es gilt das allgemeine Schuldrecht. Ebensowenig ist die Haftung des DWBer auf sein DWR beschränkt. 160

IX. Zuständigkeit

Für Streitigkeiten aus § 33 gelten die Vorschriften über Verfahren und Zuständigkeit nach ZPO und GVG: uneingeschränkt. Das Verfahren ist das des ordentlichen Streitverfahrens. 161

§ 34 Ansprüche des Eigentümers und der Dauerwohnberechtigten

(1) **Auf die Ersatzansprüche des Eigentümers wegen Veränderungen oder Verschlechterungen sowie auf die Ansprüche der Dauerwohnberechtigten auf Ersatz von Verwendungen oder auf Gestattung der Wegnahme einer Einrichtung sind die §§ 1049, 1057 des Bürgerlichen Gesetzbuches entsprechend anzuwenden.**

(2) **Wird das Dauerwohnrecht beeinträchtigt, so sind auf die Ansprüche des Berechtigten die für die Ansprüche aus dem Eigentum geltenden Vorschriften entsprechend anzuwenden.**

Übersicht

I. Der Normzweck

Die Vorschrift des § 34 ist Vorschriften des BGB über den Nießbrauch nachgebildet. Es wird damit eine Möglichkeit geboten, in Zweifelsfragen auf die Nießbrauchsvorschriften ergänzend zurückzugreifen (Nichtamtl. Begründung 1951 zu § 34). 1

II. Vorbemerkung

Das ehemalige saarländische Gesetz hatte in § 27 die gleiche Bestimmung. 2

Die Vorschriften sind angelehnt an entsprechende Bestimmungen aus dem Nießbrauchsrecht. Abs. 1 bezieht sich ausdrücklich auf §§ 1049, 1057 BGB. Abs. 2 ist wörtlich dem § 1065 nachgebildet. Mit Abs. 1 ist materiellrechtlich, entsprechend § 1049, die Frage des Ersatzes für Veränderungen und für die Verletzung der Instandhaltungspflicht oder der darüber hinausgehenden Aufwendungen geregelt; § 1057 betrifft nur die Verjährung.

[112] A. a. O. (FN 108) § 33 Anm. 20.

Betroffen werden nur die Rechte aus dem dinglichen Recht des DWRs, nicht etwaige im Rahmen des Gesetzes zulässige schuldrechtliche Vereinbarungen.

3 Über § 1049 hinaus geht die Ersatzpflicht für Veränderungen oder Verschlechterungen; daraus ergibt sich noch einmal eindeutig, dass der DWBer keine Änderungen an den DWRs-Räumen vornehmen darf, die über die ordnungsgemäße Ausübung des Rechtes hinausgehen unter Berücksichtigung etwaiger Inhaltsvereinbarungen nach § 33 Abs. 4 Nr. 1 (s. a. entsprechend § 1050). Auch § 22 WEG findet hier keine Anwendung.

III. Ersatzansprüche nach Abs. 1

1. Veränderungen oder Verschlechterungen

4 Die rechtliche Grundlage für diese Ersatzansprüche selbst ist in § 34 Abs. 1 gar nicht niedergelegt. Der angezogene § 1049 BGB bezieht sich aber nicht hierauf, sondern nur auf den Verwendungsersatzanspruch des Nießbrauchers (DWBer). Die zulässigen, also nicht zu ersetzenden Veränderungen und Verschlechterungen sind entsprechend § 1050 zu bestimmen; dazu ist aber dann auch § 1041 (§ 548) heranzuziehen. Veränderungen und Verschlechterungen, welche durch die ordnungsmäßige Ausübung des Rechts herbeigeführt werden, hat der DWBer also nicht zu vertreten. Daraus ergibt sich, wenn nicht schon aus der Natur des Rechtes selbst, die Pflicht zur Erhaltung der Sache i. S. des § 1041 (zur grundsätzlichen Frage der analogen Anwendung des Nießbrauchsrechts siehe § 31 Rn 1). Es kann daher grundsätzlich auch auf die Auslegung und Rechtsprechung zu § 1041 (§ 548) verwiesen werden, zumal der dem Sinn nach dem DWR zugrunde liegende § 1093 BGB ausdrücklich auf § 1041 verweist. Auch die **Anzeigepflicht** dem Eigentümer gegenüber nach § 1042 obliegt dem DWBer, ebenso die Duldungspflicht nach § 1044, soweit sie sich nicht schon aus § 33 Abs. 2 (mit § 14 Nr. 4) ergibt.

5 Die Ersatzpflicht kann sich also nur entweder aus schuldrechtlichen Vereinbarungen im Rahmen des DWRs-Bestellungsvertrages ergeben, die, soweit sie Bestandteil des Grundgeschäfts der Bestellung sind, nach § 38 auch Eintrittswirkung gegenüber Rechtsnachfolgern haben (s. bei § 38 Rn 35 ff.), sofern solche Vereinbarungen nicht im Rahmen des § 33 Abs. 4 Nr. 1 und 2 durch Eintragung im GB schon dinglicher Inhalt des Rechts werden. Über (notwendig schuldhafte) Verletzung einer schuldrechtlichen wie auch dinglichen Vertragspflicht hinaus, kommt auch eine unerlaubte Handlung in Betracht.[1]

Für Dritte wird im Rahmen der §§ 278, 831 BGB gehaftet.

6 Die in § 1093 Abs. 1 BGB genannten Bestimmungen sind auch auf das DWR anzuwenden: § 1036, Recht zum Besitz, Pflicht zur Bewirtschaftung; § 1037 Abs. 1, kein Recht zur Umgestaltung oder wesentlichen Veränderung; § 1031, Zubehör und § 1034, Feststellung des Zustandes.[2]

7 Alle diese, z. T. aus der Analogie zum Nießbrauch auf der Grundlage des § 1093 sich ergebenden Rechtssätze, können vertraglich umgestaltet, auch eingeschränkt und ausgeweitet werden; mit dinglicher Wirkung allerdings nur im Rahmen des § 33, besonders Abs. 4.[3]

8 Zum Begriff der Veränderungen siehe außer § 1037 oben § 22 Rn 6 ff.

Für den Fall der Vermietung und Verpachtung siehe § 37.

2. Ersatz von Verwendungen

9 Hier gilt materiellrechtlich § 1049 Abs. 1 BGB.[4] Grundsatz ist: Für Verwendungen (Aufwendungen des DWBer in seinen Räumen, zu denen er weder dinglich noch schuld-

[1] Palandt/*Bassenge* § 34 Rn 1; Soergel/*Stürner* § 34 Rn 1.
[2] Zum ErbbR s. Palandt/*Bassenge* § 1 ErbbRVO Rn 3.
[3] So auch beim Nießbrauch: Palandt/*Bassenge* § 1030 Rn 7.
[4] S. z. B. Palandt/*Bassenge* § 34 Rn 2.

rechtlich dem Eigentümer gegenüber verpflichtet ist, wie etwa Einbau besonderer elektrischer Leitungen, luxuriöses Bad, Wandbespannung u. a.) kann der DWBer nur Ersatz nach den Grundsätzen der Geschäftsführung ohne Auftrag verlangen.[5] Der Anspruch kann schon vor Beendigung des DWRs erhoben werden. Aus den Bestimmungen über die Geschäftsführung ohne Auftrag (§§ 677 ff. BGB) kommt insbesondere § 683[6] in Betracht. Der Ersatzanspruch besteht also nur, wenn die Verwendungen dem Interesse **und** dem wirklichen oder mutmaßlichen Willen des Eigentümers entsprachen, oder wenn der entgegenstehende Wille des Eigentümers unbeachtlich ist, weil ohne die Aufwendungen eine Pflicht des Eigentümers, deren Erfüllung im öffentlichen Interesse liegt, nicht rechtzeitig erfüllt worden wäre (§ 679); letzeres ist insbesondere der Fall bei öffentlichen **Auflagen** einer Verwaltungsbehörde, z. B. des Gesundheitsamts wegen unhygienischen Zustands der Wohnung in ihrem ursprünglichen (nicht verschlechterten) Zustand, so beim Fehlen einer ordnungsmäßigen Toilettenanlage, unvorschriftsmäßiger Verlegung der Stromleitungen, baupolizeiwidrigem Zustand, auch nach Katastrophen u. ä. Genehmigt der Eigentümer die Verwendung, so ist er ersatzpflichtig nach § 684 Satz 1; § 685 kommt nicht in Betracht.

Das gilt auch bei Verwendungen für (dingliche oder schuldrechtliche) Verpflichtungen 10 des Eigentümers. Auch hier ist nur § 1049 anwendbar, nicht § 536 a Abs. 2 (Mieteranspruch für notwendige Verwendungen), § 994 (Besitzeranspruch für notwendige Verwendungen).

Schuldrechtlich können abweichende Vereinbarungen getroffen werden; entsprechend 11 dem Nießbrauch auch dinglich (durch Eintragung);[7] im Rahmen des § 33 Abs. 4 Nr. 1.

Außer diesem Verwendungsersatz im behandelten Sinne kommt dann nur noch ein 12 Anspruch aus ungerechtfertigter Bereicherung in Betracht; so auch wenn die Voraussetzungen der Geschäftsführung ohne Auftrag nicht erfüllt werden (s. §§ 684 S. 1, 687 Abs. 2 Satz 2).

Für die Klage wegen Ersatzansprüchen, sowohl für notwendige wie für nützliche Ver- 13 wendungen des Besitzers gilt § 1001 (994) BGB.

Im Konkurs des Eigentümers hat der DWBer kein Recht auf abgesonderte Befriedigung 14 wegen Verwendungsersatzes nach § 51 Nr. 2 InsO, diese Bestimmung gilt nur für bewegliche Sachen.

Die Verpflichtung zum Verwendungsersatz trifft immer denjenigen, der im Zeitpunkt 15 des Entstehens des Verwendungsanspruches Eigentümer war.[8] Nur der Anspruch aus ungerechtfertigter Bereicherung richtet sich gegen den jeweiligen Eigentümer, und zwar nicht nur im Falle des § 822 BGB, da der neue Eigentümer durch die frühere Verwendung ebenfalls unmittelbar bereichert ist.

Der DWBer hat wegen seines Verwendungsersatzanspruches ein Zurückbehaltungsrecht, 16 aber nicht aus § 1003,[9] sondern aus § 273 Abs. 2 BGB, da §§ 987 ff. BGB so wenig wie beim Nießbrauch auf das DWR Anwendung finden (s. unten Rn 32 f.). Auch Sicherheit nach § 273 Abs. 3 kann geleistet werden. §§ 570, 578 aus dem Mietrecht (Zurückbehaltungsrecht des Mieters) sind hier unanwendbar, es sei denn, dass ein solches, z. B. bei Beendigung des DWRs, zur Geltung kommt, nicht aber, wenn die Rückgabe der DWRs-Räume an den Eigentümer verlangt wird, wie hier in der Regel.[10] Eventuell kann ein Zurückbehaltungsrecht auch aus unzulässiger Rechtsausübung (§ 242 BGB) begründet werden.

---

[5] Zum Begriff der Verwendungen siehe BGHZ 131, 220; RGZ 152, 101 und § 994 BGB.

[6] Anders § 539 für den Mieter, wo von notwendigen Aufwendungen die Rede ist.

[7] Palandt/*Bassenge* § 34 Rn 1.

[8] Palandt/*Bassenge* § 1049 Rn 1; RG HRR 37, 1444.

[9] Gegen *Diester* § 34 Anm. 6.

[10] Palandt/*Weidenkaff* § 556 Rn 21; RG, JW 07, 100.

3. Wegnahmerecht

17 Dafür gilt entsprechend § 1049 Abs. 2 mit § 258 BGB. Der DWBer kann also bezüglich der Einrichtung, für die er keinen Verwendungsersatz erlangt hat, das Wegnahmerecht unter Wiederherstellung des ursprünglichen unversehrten Zustandes ausüben; das Recht besteht auch, wenn die Anlage oder Einrichtung wesentlicher Bestandteil des Gebäudes oder Grundstücks geworden ist, erst recht natürlich, wenn sie nach § 95 Abs. 1 S. 2 und Abs. 2 Eigentum des DWBer geblieben ist. Insoweit geht § 34 Abs. 1 dem § 951 BGB vor.[11]

18 Das Wegnahmerecht besteht auch gegenüber einem späteren Eigentümer.
Zum Begriff der Einrichtung siehe die Kommentare zu §§ 258, 539 Abs. 2, 951 BGB;[12] auch zum „Gebäude“ als Einrichtung.

4. Verjährung

19 Die oben in 1–3 genannten Ansprüche (Ersatz für Veränderungen oder Verschlechterungen, Ersatz von Aufwendungen, Wegnahmerecht) verjähren in sechs Monaten in entsprechender Anwendung des § 1057. Da in § 1057 auch § 548 Abs. 1 S. 2 u. 3, Abs. 2 herangezogen wird, ergibt sich als Beginn der Verjährungsfrist, abweichend von der Regel der §§ 199 f., 852, 902 Abs. 1 BGB:

20 – für die Ersatzansprüche aus Veränderungen und Verschlechterungen (oben Rn 3 ff.) der Zeitpunkt, in welchem der Eigentümer die DWRs-Gebäude oder -Grundstücksteile **zurückerhält;**

21 – für die Ansprüche auf Verwendungsersatz oder Wegnahme der Einrichtungen (oben Rn 9 ff.) der Zeitpunkt der **Beendigung** (nicht erst Löschung) des DWRs.[13]

22 § 548 Abs. 1 S. 3 kann dagegen überhaupt nicht zur Anwendung kommen, da die Herausgabeansprüche aus dem eingetragenen Eigentum nicht verjähren können (§ 902 BGB).[14]

23 Die sechsmonatige Verjährungsfrist des § 1057 erfasst auch Schadensersatzansprüche aus unerlaubten Handlungen (also alle Ersatzansprüche des Eigentümers gegen den DWBer, ausgenommen für Ersatzansprüche wegen Unmöglichkeit der Herausgabe.[15]

IV. Beeinträchtigung nach Abs. 2

24 Bei Beeinträchtigung des DWRs: Die Vorschrift entspricht fast wörtlich § 1065 für den Nießbrauch. Danach sind §§ 985 ff., 1004–1006 BGB entsprechend anwendbar. Der DWBer hat gegen jeden Dritten, auch gegen den Grundstückseigentümer selbst, dinglichen (petitorischen) Rechtsschutz wie ein Eigentümer nach § 985 gegen jedermann sowie die Rechtsvermutung wie ein Eigentümer, entsprechend § 1006 hinsichtlich der DWR-Gebäude und -Grundstücksteile samt Zubehör.

25 Für das Bestehen des DWRs selbst gilt die Rechtsvermutung des § 891 BGB.

26 Der DWBer hat den Abholungsanspruch (für Zubehör) nach §§ 1005, 867 BGB, solange die Sache nicht vom Grundstückseigentümer in Besitz genommen ist; dann gilt § 985 BGB.

27 Er kann die Nutzungen nach §§ 987 ff. gegen unrechtmäßige Besitzer geltend machen.

28 Er kann gegen einen Störer auf Beseitigung der Beeintächtigung aus § 1004 klagen, bei Wiederholungsgefahr auf Unterlassung. Daraus könnte ein DWBer an erst noch zu errich-

---

[11] Weitnauer/*Mansel* § 34 Rn 2 a. E.; Palandt/*Bassenge* § 951 Rn 24.
[12] Ebenda.
[13] Palandt/*Bassenge* § 34 Rn 2; Weitnauer/*Mansel* § 34 Rn 8.
[14] Ebenso Weitnauer/*Mansel* § 34 Rn 7.
[15] Warn. 08, 320; Soergel/*Stürner* § 34 Rn 1; Weitnauer/*Mansel* § 34 Rn 5.

tenden Gebäuden auch gegen den Eigentümer den Anspruch geltend machen, nur dem Aufteilungsplan gemäß zu bauen (s. oben § 31 Rn 39).

Außerdem hat er die Besitzschutzansprüche aus §§ 861, 862, 1007 BGB. Gegenüber Mitbesitzern, z. B. an gemeinsamen Treppen, Hausgang u. ä. nach § 866 aber keinen gegenseitigen Besitzschutz, sondern nur obligatorische Ansprüche. 29

Ferner stehen dem DWBer alle Rechte aus unerlaubter Handlung (§§ 823 ff.) und wegen ungerechtfertigter Bereicherung (§§ 812 ff. BGB) zu. 30

Auch die Überbaubestimmungen der §§ 916, 912, 914 BGB können gegen den Überbau durch Nachbareigentümer vom DWBer geltend gemacht werden, so wie vom Grundstückseigentümer selbst. 31

V. Dingliche Ansprüche des Eigentümers

Der Herausgabeanspruch hinsichtlich der dem DWR unterliegenden Gebäude und Grundstücksteile nach Beendigung des DWRs richtet sich nach § 985; einer besonderen Vorschrift wie in § 1055 für den Nießbrauch bedurfte es nicht (beide Bestimmungen sind identisch zu behandeln);[16] mit der Beendigung des DWRs (nicht erst mit seiner Löschung), z. B. durch Zeitablauf (Bedingung ist nicht möglich),[17] entfällt das Benutzungsrecht (§ 986). Das gilt auch für die Geltendmachung eines Herausgabeanspruchs nach erfolgtem Heimfall, nicht aber schon für die Geltendmachung des Heimfallanspruches selbst nach § 36 Abs. 1. 32

Der Herausgabeanspruch richtet sich auch gegen einen nur mittelbar besitzenden DWBer.[18]

Der DWBer genießt keinen Mieterschutz, zur Räumungsfrist siehe § 721 ZPO, die allgemein für Wohnraum gilt.

Das Zurückbehaltungsrecht richtet sich nach § 273 Abs. 2 (s. oben Rn 16).

Über das Recht zur Anbringung von Hinweisschildern usw. siehe die Auslegung zu § 456 BGB; s. aber auch, mit gewisser Einschränkung, oben § 13.

§§ 987 ff. finden zwar grundsätzlich Anwendung, nicht aber auf Ansprüche gegen den DWBer aus Veränderungen und Verschlechterungen (s. oben Rn 16).

§ 35 Veräußerungsbeschränkung

[1]Als Inhalt des Dauerwohnrechts kann vereinbart werden, daß der Berechtigte zur Veräußerung des Dauerwohnrechts der Zustimmung des Eigentümers oder eines Dritten bedarf. [2]Die Vorschriften des § 12 gelten in diesem Falle entsprechend.

Übersicht

I. Der Normzweck

§ 35 hat in § 12 seine Entsprechung und ist wie dieser der ErbbRVO nachgebildet. Er gibt dem Eigentümer die Möglichkeit, sich gegen die freie Veräußerlichkeit des DWRs zu schützen (Nichtamtl. Begründung zu § 35). S. jetzt das ErbbauRG. 1

[16] Weitnauer/*Mansel* § 34 Rn 5.
[17] S. oben § 33 Rn 62 ff.
[18] Palandt/*Bassenge* § 985 Rn 11.

II. Vorbemerkung

2 Die Bedeutung der Vorschrift liegt in einer gewissen Kontrolle des Eigentümers über den Wechsel der DWBer und damit der Bewohner und Benutzer seines Hauses, wie er diese Möglichkeit grundsätzlich auch bei der Miete hat (vom Mieterschutz und einer beschränkten Vererblichkeit des Mietverhältnisses abgesehen). Der Eigentümer soll Einflussmöglichkeit auf die Auswahl der Hausbewohner haben. Darüber hinaus spielt dieser Vorbehalt vor allem in Genossenschaftsbauten eine Rolle, wo meist nur der Genosse DWR erwerben soll. Die Genossenschaft muss also eine Einwirkungsmöglichkeit dahingehend haben, dass nur Genossen ein DWR erwerben können.

3 Die Vereinbarung einer Veräußerungszustimmung empfiehlt sich aber auch ganz allgemein schon, um einen Rechtsnachfolger über den Inhalt der schuldrechtlichen, neben den dinglichen, aus dem GB ersichtlichen, Vereinbarungen unterrichten und damit Überraschungen zufolge Nichtaufklärung durch den Veräußerer vermeiden zu können.

Im weitesten Sinne kann hier wegen der Einzelheiten, theoretischer wie praktischer Art, auf die Kommentierung zu § 12 verwiesen werden.

§ 35 ist ebenfalls den §§ 5 ff. ErbbauRG nachgebildet.

III. Inhalt

4 Sein Inhalt ist **nicht** zwingendes Recht; der Gesetzgeber überlässt die Vereinbarung den Parteien in den Schranken, wie zu § 12 (Rn 31 ff.) ausgeführt. Als dinglicher Rechtsinhalt bedarf er der Eintragung in das GB (neben der Einigung nach § 873). Bestritten ist, ob die **Bezugnahme** auf die Eintragungsbewilligung genügt. Für § 12 WEG sagt § 3 Abs. 2 WGV,[1] dass in das GB selbst eingetragen werden muss. Dies wird aber von der h. M. für § 35 abgelehnt.[2] Die Eintragung im GB ist danach nur fakultativ, aber zweckmäßig,[3] es genügt die Bezugnahme auf die Eintragungsbewilligung. § 35 ergänzt § 874. Das GBA **kann** wörtlich eintragen, muss aber nicht.

5 Die Zustimmung eines Dritten kann vereinbart werden, ebenfalls eine **Veräußerungsbeschränkung** nach § 75 BVG.[4]

Auch hier kann nicht die Veräußerlichkeit überhaupt aufgehoben, also vertraglich-dinglich völlig ausgeschlossen werden. § 35 gilt überhaupt nicht für Vererbung und auch nicht für **Belastung,** d. h. hier Verpfändung, Pfändung oder Eintragung eines Nießbrauchs (s. oben § 33 Rn 39 ff.). Das Gesetz spricht nur von „Veräußerungs"-Beschränkungen, nicht von „Verfügungs"-Beschränkungen; nur letztere würden auch die Belastungen mit umfassen.

6 Eine dem § 5 Abs. 2 ErbbRVO entsprechende Bestimmung fehlt sowohl hier wie bei § 12. Ein völliges **Verbot** der Veräußerung und Belastung ist ebenso wie bei § 12 auch hier für das DWR ausgeschlossen.[5]

7 Die dingliche Wirkung der Veräußerungsbeschränkung erstreckt sich auf einen Erwerb in Ausübung eines vorgemerkten Vorkaufsrechts (§ 883 BGB) am DWR, ohne Rücksicht auf die zeitliche Priorität der Eintragung von Vorkaufsrecht und Veräußerungsbeschränkung.[6]

---

[1] V. 1. 8. 1951.

[2] So Palandt/*Bassenge* § 35 Rn 1; Weitnauer/*Mansel* § 35 Rn 2; *Bärmann/Pick* § 35 Rn. 2; *Diester* § 35 Anm. 5; Niedenführ/*Vandenhouten* § 35 Rn 4.

[3] So auch RGRK-*Augustin* § 35 Rn 5.

[4] Palandt/*Bassenge* § 35 Rn 1; BayObLGZ 56, 278.

[5] So auch *Weitnauer* DNotZ 1953, 119 gegen OLG Stuttgart 1952, 687, Dte. Rspr. I (154) 21 c; Weitnauer/*Mansel* § 35 Rn 1; Niedenführ/*Vandenhouten* § 35 Rn 3.

[6] Zur öffentlich-rechtlichen Veräußerungsbeschränkung nach § 75 BVersG s. o.

IV. Heimfall

Durch Heimfall-Vereinbarungen kann die Wirkung einer Zustimmungsvereinbarung für Veräußerung noch verstärkt werden, indem qualifizierte Heimfallgründe bei Veräußerung an bestimmte Personenkreise vorgesehen werden (Näheres s. § 36 Rn 47 ff.). **8**

V. Zwangsvollstreckung und Insolvenz

S. oben zu § 12. **9**

VI. Verfahren

Es ist zweifelhaft, ob über § 12, auf den § 35 Bezug nimmt, auch die Verfahrensvorschriften der §§ 43 ff. für anwendbar erklärt werden konnten. Verneint wird dies von *Diester,*[7] Soergel/Stürner,[8] RGRK-*Augustin,*[9] sowie von *Weitnauer,*[10] jetzt aber von *Mansel*[11] bejaht, offengelassen von *Bassenge.*[12] Grundsätzlich ist zwar nicht anzunehmen, dass mit § 12 automatisch auch die Verfahrensvorschriften der §§ 43 ff. mit herangezogen werden sollten. Man wird aber wohl, da eine Vereinbarung zu § 35 die Veräußerlichkeit des DWRs im Sinne von § 33 Abs. 1 betrifft, doch die Zuständigkeitsvorschrift des § 43 für anwendbar ansehen müssen.[13] Insofern hat sich die Frage darauf reduziert. **10**

§ 36 Heimfallanspruch

(1) [1]**Als Inhalt des Dauerwohnrechts kann vereinbart werden, daß der Berechtigte verpflichtet ist, das Dauerwohnrecht beim Eintritt bestimmter Voraussetzungen auf den Grundstückseigentümer oder einen von diesem zu bezeichnenden Dritten zu übertragen (Heimfallanspruch).** [2]**Der Heimfallanspruch kann nicht von dem Eigentum an dem Grundstück getrennt werden.**

(2) **Bezieht sich das Dauerwohnrecht auf Räume, die dem Mieterschutz unterliegen, so kann der Eigentümer von dem Heimfallanspruch nur Gebrauch machen, wenn ein Grund vorliegt, aus dem ein Vermieter die Aufhebung des Mietverhältnisses verlangen oder kündigen kann.**

(3) **Der Heimfallanspruch verjährt in sechs Monaten von dem Zeitpunkt an, in dem der Eigentümer von dem Eintritt der Voraussetzungen Kenntnis erlangt, ohne Rücksicht auf diese Kenntnis in zwei Jahren von dem Eintritt der Voraussetzungen an.**

(4) [1]**Als Inhalt des Dauerwohnrechts kann vereinbart werden, daß der Eigentümer dem Berechtigten eine Entschädigung zu gewähren hat, wenn er von dem Heimfallanspruch Gebrauch macht.** [2]**Als Inhalt des Dauerwohnrechts können Vereinbarungen über die Berechnung oder Höhe der Entschädigung oder die Art ihrer Zahlung getroffen werden.**

---

[7] § 35 Anm. 3.
[8] § 35 Rn 3.
[9] § 35 Rn 4.
[10] Sparkasse 51, 228.
[11] § 35 Rn 3.
[12] § 35.
[13] Weitnauer/*Mansel* § 35 Rn 3 zu §§ 12, 35 a. F.

Übersicht

Literatur: *Mayer,* Zur Störfallvorsorge beim Dauerwohnrecht: Heimfallanspruch bei Tod des Berechtigten oder Veräußerung des Rechts, DNotZ 2003, 908.

I. Der Normzweck

1 Der Gesetzgeber wollte dem Eigentümer durch die Vereinbarung von Heimfallansprüchen einerseits die Bestellung von DWR schmackhaft zu machen, andererseits vor allem die Beendigung oder den Rückfall des Rechtes an den Eigentümer bei „vertrags- oder gemeinschaftswidrigem Verhalten" des DWBer in der Durchführung erleichtern (s. Begr. 1951 zu § 36). Die Anwendung des allgemeinen Rechtes stößt z. B. bei Verzug in der Zahlung eines im Grundgeschäft vereinbarten und nach § 38 auf Rechtsnachfolger übergehenden wiederkehrenden Entgelts, mindestens bei der Verwirklichung, auf Schwierigkeiten. Dazu kommt, dass der Eigentümer nicht wie bei der Miete ein Kündigungsrecht hat (dies ist nur noch für die wenigen Fälle des Mieterschutzes eingeschränkt), was allerdings nach § 36 Abs. 2 teilweise auch für den Heimfallanspruch gilt. Dass für die Voraussetzungen des Heimfalls weitestgehend Vertragsfreiheit besteht, legt allerdings den Heimfallvereinbarungen auch eine gewisse Gefahr der zu starken Bindung und Benachteiligung des DWBer nahe, vor allem durch „einseitig" verfasste Bedingungen großer Gesellschaften oder Genossenschaften.

II. Grundsätzliches

1. Besonderheiten

2 Es fällt die neutrale Aufklärungsinstanz der Beurkundungsbehörde **(Notar)** weg, da keine Beurkundungsform vorgesehen ist. Eine gewisse Kontrolle ist durch die, auch bei Beglaubigung der Eintragungsbewilligung, in der die Heimfallvereinbarung enthalten sein muss, einsetzende Belehrungspflicht der beglaubigenden Urkundsperson (Notar) gegeben; außerdem muss nach der hier vertretenen Auffassung auch die Vereinbarung, also die dingliche Einigung über den dinglichen Inhalt des Rechtes (einschließlich Heimfallvereinbarung) dem GBA im Rahmen des § 32 Abs. 3 vorgelegt werden, wenn dieses sie verlangt; es hat allerdings nur das formell gültige Zustandekommen der Einigung und die Gesetzmäßigkeit des Inhalts, nicht aber die wirtschaftliche Vertretbarkeit und Unschädlich-

keit oder Zweckmäßigkeit zu prüfen (s. § 32 Rn 15 ff.). Insoweit besteht kein richterliches Prüfungs- und Milderungsrecht, wie man es einmal für das ErbbR beabsichtigte, dann allerdings mit Rücksicht darauf, dass die Besteller von ErbbRen meist öffentliche Körperschaften sind, nicht eingeführt hatte. Letzterer Grund kann für das DWR noch weniger als für das ErbbR ins Feld geführt werden.

Die notarielle **Belehrungspflicht** anlässlich der Beglaubigung der Unterschrift unter der Eintragungsbewilligung (dem Notar braucht die dingliche Einigung nur vorgelegt zu werden, wenn man, wie hier (s. § 32 Rn 21 ff.) annimmt, dass auch die Unterschriften hierunter der Form des § 29 GBO entsprechend beglaubigt werden müssen, wenn das GBA deren Vorlage verlangt), ist eine unzureichende Sicherung gegen Missbrauch, da diese sich auch nicht auf wirtschaftliche Bedenken einer einseitigen Benachteiligung erstreckt. Zudem fehlen beim § 36 sogar noch die legalen Beschränkungen für die Heimfallvereinbarung wie in § 6 Abs. 2 (kein Heimfall bei Zuwiderhandlungen gegen Veräußerungsbeschränkung) und § 9 Abs. 3 ErbbRVO (Heimfall wegen Zahlungsverzugs beim Erbbauzins nur, wenn dieser mindestens 2 Jahresbeträge umfasst), während im Übrigen des ErbbRG (§ 2 Nr. 4, §§ 3, 4, 32) zum Vorbild genommen wurde. Die **Vertragsfreiheit** für den Heimfall beim DWR geht also noch weiter als beim ErbbR.[1]

Der Eigentümer kann das DWR auch von Anfang an als „Eigentümer-DWR"[2] bestellen.[3]

2. Rechtliche Natur

3 Ein Heimfallanspruch entsteht überhaupt nur auf Grund **„Vereinbarung"**, nicht auf Grund Gesetzes, wie das § 28 Abs. 2 des **saarländischen** WEG vorgesehen hatte. Nach letzterem entstand ein Heimfallanspruch, wenn der DWBer sich einer so schweren Verletzung der ihm aus dem DWR obliegenden Verpflichtungen schuldig gemacht hat, dass dem Grundstückseigentümer die Aufrechterhaltung des DWRs nicht mehr zugemutet werden kann. Es wird Bezug genommen auf § 14 Abs. 2 Nr. 1, der unserem § 18 Abs. 2 Nr. 1 (Entziehung) entspricht (grober Verstoß gegen die nach § 14 obliegenden Pflichten, auf die auch § 33 Abs. 2 Bezug nimmt).

Die **Entschädigung** für den Heimfall ist Pflicht des Eigentümers; bei deren Bemessung sind insbesondere die von dem DWBer bezahlten Entgelte und die zur Tilgung öffentlicher und privatrechtlicher Lasten des Grundstücks geleisteten Beiträge zu berücksichtigen; für die Dauer der Benutzung ist ein Beitrag in Abzug zu bringen, der als Mietzins für die Räume hätte aufgewendet werden müssen. Dieser gesetzliche Heimfall des saarländischen WEGs war unabdingbar; nur über die Berechnung der Entschädigung oder die Art ihrer Zahlung konnten Vereinbarungen getroffen werden. Abs. 3–5 des saarländischen § 28 entsprachen unserem § 36; die Einschränkung des Heimfallanspruches hinsichtlich der dem Mieterschutz unterliegenden Räume galt auch noch gegenüber dem gesetzlichen Heimfallrecht des oben genannten Abs. 2 des § 28 des saarländischen Gesetzes. Auch das in Abs. 1 dieses § 28 verankerte gesetzliche, aber nicht unabdingbare Vorkaufsrecht des Grundstückseigentümers am DWR, für das §§ 1096, 1098–1103 Abs. 1 BGB Anwendung fanden, ist dem aktuellen DWR unbekannt.

4 Das i. S. des § 36 vereinbarte Heimfallrecht wird **dinglicher Inhalt des Rechts** durch Eintragung im GB.[4] Es folgt daraus allerdings nicht der Heimfall kraft Gesetzes bei Eintreten oder Vorliegen eines Heimfallgrundes.[5] Damit wird vielmehr nur der Heimfallanspruch ausgelöst, also der Anspruch auf Übertragung des DWRs auf den Eigentümer oder einen

[1] S. unten Rn 47 ff., 58 ff.
[2] S. oben § 31 Rn 49; so a. Weitnauer/*Mansel* Vor § 31 Rn 3 und § 36 Rn 1 a. E.
[3] *Staak* SchlHA 1959, 140.
[4] Über das Prüfungsrecht des GBAs s. unten Rn 15 ff.
[5] S. a. Palandt/*Bassenge* § 36 Rn 2.

von ihm zu bezeichnenden Dritten. Diese Verpflichtung des DWBer zur Übertragung des DWRs im Rahmen des § 36 ist aber eine „dingliche" Pflicht.[6] Die Übertragung bedarf also der **Einigung** und **Eintragung** in das GB; bei Weigerung des DWBer. muss der Eigentümer dessen notwendige Erklärung (zur Einigung und Eintragung) einklagen. In keinem Fall handelt es sich um bloße GB-Berichtigung, auch wenn die Voraussetzungen des Heimfalls durch öffentliche oder öffentlich beglaubigte Urkunden nachgewiesen werden können (a. a. O.). Eintritt einer Voraussetzung für den Heimfall ist auch nicht der Eintritt einer Bedingung im Sinne der §§ 158 ff., bes. 161 Abs. 2 BGB. Die Geltendmachung des Anspruchs ist auch kein Gestaltungsrecht wie z. B. die Kündigung im Mietrecht. Der Heimfallanspruch ist dinglicher Inhalt des Eigentums und schon als solcher vom Eigentum selbst nicht zu trennen, was **Abs. 1 Satz 2** noch einmal besonders zum Ausdruck bringt; er kann als solcher also, auch wenn die Voraussetzungen des Heimfalles und damit der Heimfallanspruch selbst erst entstanden sind, nicht abgetreten, nicht gepfändet und nicht verpfändet werden. Es handelt sich um einen dinglichen (Neben-)Anspruch des Eigentums und entsprechend um eine dingliche Verpflichtung des DWBer, die auch alle dinglichen Wirkungen für und gegen Dritte hat. Vor Eintritt einer Voraussetzung besteht auch noch kein Anspruch, sondern nur ein – allerdings dingliches – **Rechtsverhältnis.**

5 Die Rechtsnatur des Heimfallanspruchs selbst, wie er nach Eintritt vereinbarter Voraussetzungen entsteht, war streitig, und zwar schon für das ErbbR. Diese Frage ist aber vor allem im Falle der Pfändung des DWRs, im Konkurs des DWBer. und bei Eintritt der Heimfallvoraussetzungen nach erteilter Zustimmung zur Verpfändung des DWRs von Bedeutung.

6 Zum ErbbR wurden 3 Auffassungen über die Natur des Heimfallanspruches vertreten (s. dazu die 9. Aufl.).

7 Heute ist man sich einig, dass der Heimfallanspruch die Qualität eines **subjektiv-dinglichen** Anspruchs des Grundstückeigentümers gegen den DWR-Ber. hat. Der Anspruch ist untrennbar mit dem Eigentum am belasteten Grundstück verbunden und zielt materiell auf den Erwerb.[7]

8 Zu unterscheiden ist der Heimfall vom Ablauf einer Befristung des DWRs. In diesem Falle erlischt das DWR (kein Heimfall), auch wenn es in der Hand des Eigentümers selbst ist. Nur hat dieser gegebenenfalls die Möglichkeit der Verlängerung (s. § 31 Rn 102).

9 Für die Bestellung des Heimfallanspruchs als Inhalt des Rechts im Sinne des § 36 ist formlose Einigung und Eintragung erforderlich; es genügt **Bezugnahme** auf die Eintragungsbewilligung in der Eintragung selbst im Sinne des § 874.[8]

10 Jede Änderung der Heimfallvereinbarung ist Inhaltsänderung, bedarf also ihrerseits der Einigung und Eintragung und gegebenfalls der Zustimmung Dritter nach §§ 877, 876 BGB (s. § 33 Rn 20).

11 Zweifelhaft ist, ob auch die Zustimmung von Inhabern von Rechten am Grundstück im Sinne des § 876 S. 2 notwendig ist. Das dürfte zu bejahen sein, da das Heimfallrecht wegen seiner untrennbaren Verbundenheit mit dem Eigentum dem jeweiligen Eigentümer des Grundstücks zusteht, also wie ein subjektiv dingliches Recht zu behandeln ist.

12 Eine rein schuldrechtliche, also nicht als dinglicher Inhalt des Rechts eingetragene, Vereinbarung über den Heimfall fällt nicht unter § 36, genießt aber auch nicht die Eintrittswirkung nach § 38, da diese nicht hierfür gedacht ist (s. bei § 38 Rn 35 ff.). Gleichwohl kann unter den Parteien des Vertrages selbst nicht nur die Löschung des Rechts, sondern auch die Übertragung auf den Eigentümer vereinbart werden.[9]

---

[6] MünchKomm-BGB/*Engelhardt* § 36 Rn 2; Palandt/*Bassenge* Überbl. Rn 4 Vor. § 1012.

[7] MünchKomm-BGB/*Engelhardt* § 36 Rn 2; Soergel/*Stürner* § 36 Rn 2; Niedenführ/*Vandenhouten* § 26 Rn 4.

[8] Siehe aber § 32 Abs. 3 und dort Rn 6 ff. und 15 ff.

[9] Palandt/*Bassenge* § 36 Rn 1, 3.

3. Unselbstständigkeit

13 Die Unselbstständigkeit des Heimfallanspruchs ergibt sich aus der Untrennbarkeit vom Eigentum am Grundstück (§ 36 Abs. 1 Satz 2, entsprechend § 3 ErbbauRG). Wie oben Rn 3 ff. schon aufgeführt, ist er als **Bestandteil** des Grundstückseigentums im Sinne des § 96 BGB anzusehen. Er kann nicht ohne das Eigentum abgetreten, gepfändet und verpfändet werden. Er geht automatisch mit dem Eigentum am Grundstück über und teilt dessen rechtliches Schicksal. Das DWR bleibt umgekehrt bei jeder Veräußerung, Verpfändung oder Pfändung mit dieser „dinglichen" Verpflichtung behaftet (s. oben Rn 4); jeder Erwerber ist schon aus der Dinglichkeit der Verpflichtung damit belastet; er kann auch nicht einwenden, dass in seiner Person die Voraussetzungen für den Heimfallanspruch nicht bestehen.

14 Ist also die Voraussetzung für den Heimfallanspruch vor Veräußerung entstanden, sei es auch aus höchst persönlicher Eigenschaft des bisherigen Inhabers oder seiner Familienangehörigen, so besteht der Heimfallanspruch aus diesem Grunde auch dann weiter, wenn in der Person des Erwerbers oder seiner Familienangehörigen diese Voraussetzungen nicht mehr vorliegen (abgesehen von der Verjährung nach Abs. 3). Hier kann höchstens Geltendmachung von Rechtsmissbrauch helfen. Ein Verzicht auf die Geltendmachung beseitigt selbstverständlich den Heimfallanspruch im konkreten Falle, nicht aber für spätere Fälle.

4. Prüfung des Grundbuchamtes

15 Siehe dazu § 32 Rn 15 ff.[10] Jedenfalls kann das GBA **nicht** die Vereinbarung eines Heimfallrechtes (mit oder ohne Entschädigungspflicht im Sinne des Abs. 4) verlangen; ein solches **muss** nicht vereinbart werden.[11] Wohl aber kann das GBA prüfen, ob Vereinbarungen hierüber nach Form und Inhalt gültig zustande gekommen sind (s. § 32 Rn 15 ff.). Dies gilt insbesondere hinsichtlich der Voraussetzungen des Heimfallrechtes. So braucht das GBA nicht einzutragen, wenn der Heimfallanspruch überhaupt nur in das Belieben des Eigentümers gestellt ist.[12]

5. Wirkung des Heimfallanspruches

16 **a) Die Geltendmachung des Anspruchs** nach Eintritt der Voraussetzungen steht im Belieben des Eigentümers. Er kann darauf verzichten und ihn verwirken. Er unterliegt der Verjährung gemäß Abs. 3. Ein Klageantrag lautet gegebenenfalls auf Verurteilung zur Übertragung, also zur Abgabe einer Willenserklärung (§ 894/5 ZPO). Der Anspruch kann auch dahin gehen, dass das Recht auf einen vom Eigentümer zu bezeichnenden Dritten zu übertragen ist. Die Bezeichnung des Dritten kann nachgeholt oder abgeändert werden bis zur Eintragung der Übertragung.

17 Der Eigentümer kann sofort klagen; er kann aber auch ein Urteil auf sich erwirken und dieses mit Erklärung der Übertragung auf den Dritten in der Form des § 29 GBO dem GBA vorlegen.

18 Der Umweg der Ersteintragung des Eigentümers kann also vermieden werden, damit auch evtl. Pfändung des Rechts beim Eigentümer; der Heimfallanspruch selbst ist als mit dem Eigentum am Grundstück verbundenes Recht nicht selbstständig pfändbar (s. oben Rn 13).

19 Der materiellrechtlich erforderliche Nachweis des Einverständnisses eines Dritten (§ 873 Abs. 1 BGB) braucht dem GBA nicht vorgelegt zu werden. § 20 GBO gilt hier nicht, anders als beim ErbbR. Das GB wird mangels dieses Einverständnisses unrichtig. Für die „Neuausgabe", die Weitergabe des Rechtes durch den Eigentümer an Dritte,

[10] Besonders die Entscheidung des BayObLG NJW 1954, 959, die dort behandelt ist.
[11] Gegen *Diester* § 36 Anm. 16 Abs. 2.
[12] So auch Palandt/*Bassenge* § 36 Rn 2, *Pergande,* RWP-Blattei, WE II 3; *Diester* § 36 Anm. 2 a. E.

gilt grundsätzlich die Bedingungsfeindlichkeit des § 33 Abs. 1 Satz 2 (s. aber dort Rn 70).

20 **b)** Mit der Klage auf Übertragung kann die Klage auf Herausgabe der Räume verbunden werden.[13]

21 **c)** Für das DWR besteht keine Sondervorschrift entsprechend § 33 ErbbauRG über das Bestehen bleiben der Grundpfandrechte am ErbbR beim Heimfall. Trotzdem wird mindestens **Vormerkungswirkung,** wenn nicht überhaupt Dinglichkeitswirkung, des Heimfallanspruches auch gegenüber Pfändung oder Verpfändung, Nießbrauchsbestellung angenommen werden müssen, um zu praktisch tragbaren Ergebnissen zu kommen.[14]

22 Daraus ergibt sich im Einzelnen:

– Ist eine Veräußerungsbeschränkung nach § 35 als Inhalt des Rechts und zugleich Veräußerung als Heimfallgrund vereinbart, wird der Eigentümer die Zustimmung nur geben müssen, wenn kein Heimfallanspruch gegeben ist. Der wichtige Grund für den Heimfall (der als unerlässliche Voraussetzung angenommen wird) würde auch immer einen wichtigen Grund für die Verweigerung der Zustimmung nach § 35 darstellen.

23 – Auch bei der **Verpfändung** des DWRs folgt aus der dinglichen Wirkung, mindestens aber der Vormerkungswirkung des Heimfallanspruches, die Anwendung der §§ 883 ff. BGB. Zweifelsfragen ergeben sich, wenn zugleich Veräußerungsbeschränkung nach § 35 vereinbart ist:

24 Wird die Zustimmung erteilt, trotz Kenntnis vom Eintritt der Heimfallvoraussetzung, ist Verzicht auf deren Geltendmachung anzunehmen; sonst ist Einrede der Arglist, bei Unkenntnis evtl. Anfechtung der Zustimmung möglich.

25 Erteilt etwa der Eigentümer Zustimmung zur Verpfändung oder Pfändung des DWRs im Rahmen einer Veräußerungsbeschränkung nach § 12 Abs. 3 Satz 2 mit § 35 und tritt nach Eintragung des Pfandrechts die Voraussetzung des Heimfallanspruches ein, so beeinträchtigt letzerer das Pfandrecht nicht; die Zustimmung zu einer Verfügung, die der Vormerkungswirkung entsprechend an sich unwirksam wäre, behebt den aus § 883 Abs. 2 sich ergebenden Mangel ein für alle Mal.[15] Auch ein entsprechender Vorbehalt bei der Erteilung der Zustimmung ist dinglich unwirksam, da die Zustimmung nach §§ 182 f. BGB als bedingungsfeindlich anzusehen ist.[16] Wohl aber kann ein Pfandgläubiger obligatorisch gegenüber dem Eigentümer gebunden werden, so dass das Pfandrecht sich auf etwaigen Entschädigungsanspruch für den Heimfall beziehen soll, der als Inhalt des Rechtes mitverpfändet ist.

26 Der Grundstückseigentümer kann sich selbst ein Pfandrecht am DWR zur Sicherung seiner Forderung gegen DWBer (z. B. auch als wiederkehrendes Entgelt) bestellen lassen.[17] Ein Pfandrecht zugunsten des jeweiligen Grundstückseigentümers wäre nicht zulässig.

27 Der Eigentümer kann auch seine Zustimmung davon abhängig machen, dass die durch das Pfandrecht gesicherte Forderung nicht abtretbar sein soll.

28 Im Übrigen bleibt aber auch nach Durchführung des Heimfalls das Drittrecht (z. B. Pfandrecht) am DWR bestehen.

29 **d)** Ist keine Veräußerungsbeschränkung nach § 35 vereinbart, wird die theoretische Frage entscheidend, **wann** die Vormerkungswirkung des Heimfallanspruchs beginnt:

– mit Eintragung,
– mit Vorliegen eines Heimfallgrundes oder
– erst mit Geltendmachung des Heimfalls.

[13] S. § 34 Rn 32 ff.; s. a. Thomas/Putzo/*Reichold* ZPO § 257 Rn 3 zur Räumungsklage allg.

[14] S. a. Soergel/*Stürner* § 36 Rn 2; *Mayer,* DNotZ 2003, 908; Staudinger/*Spiegelberger* § 96 Rn 14; aA Palandt/*Bassenge* § 36 Rn 3; *Hubernagel* § 36 Anm. 1; s. a. ehem. § 14 RHeimStG über Vormerkungswirkung des Heimfallanspruches Dritten gegenüber.

[15] S. § 12; Palandt/*Bassenge* § 12 Rn 12.

[16] S. Palandt/*Ellenberger* Einf. vor § 158.

[17] Vgl. Formularbuch, *Bärmann/Seuss,* Praxis d. WEs, Teil B XI; s. aber oben bei § 33 Rn 48.

Im Gesetz ist kein Anhaltspunkt, außer in § 37 Abs. 2 (Schutz des Mieters, auch „wenn der Eigentümer von seinem Heimfallanspruch Gebrauch macht"). Nicht schon der Eintritt einer vereinbarten Voraussetzung für den Heimfallanspruch, also dessen Entstehen, löst die Vormerkungswirkung aus, sondern erst seine **Geltendmachung.** Von da an sind Übertragungen oder Belastungen des DWRs gegenüber dem den Heimfall geltend machenden Grundstückseigentümer unwirksam, vorherige Belastungen bleiben wirksam.[18] Der Grundstückseigentümer kann sich darüber hinaus durch Vereinbarung einer Veräußerungsbeschränkung nach § 35 schützen. 30

e) Gleiches muss für das Pfändungsrecht gelten, obgleich sich hiergegen der Eigentümer nicht durch Veräußerungsbeschränkung schützen kann (wohl aber gegenüber der späteren Veräußerung)! Dasselbe bleibt wirksam, wenn der Heimfallgrund erst nach der Entstehung des Pfandrechts eintritt oder geltend gemacht wird. Pfändung als Heimfallgrund andererseits kann nur gegen vollwertigen Entschädigungsanspruch vereinbart werden (s. unten Rn 80, 101 ff.). 31

Da der Eigentümer den Pfändungspfandgläubiger auch nicht zur Verwertung zwingen kann, kann sich für ihn eine ernste wirtschaftliche Gefährdung ergeben. Besonders empfehlenswert ist deshalb die Eintragung eines Pfandrechts für den Eigentümer (an erster Stelle!) zur Sicherung seiner Forderungen gegen den DWBer. (s. oben Rn 26). 32

Gleiches gilt für die Arrestvollziehung und die Verwaltung durch den Insolvenzverwalter (§ 883 Abs. 2 S. 2 BGB). 33

f) Eine Vormerkung wirkt auch gegen den Insolvenzverwalter: Der Grundstückseigentümer kann gemäß § 47 InsO aussondern, wenn der Heimfallanspruch vor Insolvenzeröffnung geltend gemacht wurde.[19] Tritt der Heimfallgrund nachher ein, wird der Heimfallanspruch Masseverbindlichkeit (§ 55 Nr. 1 InsO). Insolvenz selbst kann als Heimfallgrund nur vereinbart werden, wenn vollwertige Entschädigung vorgesehen wird (s. oben Rn 31). 34

g) Die Vormerkungswirkung tritt also mit der Geltendmachung des Heimfallanspruchs ein; Geltendmachung ist identisch mit Gebrauchmachen in Abs. 2 und 4 des § 36. Eine Form ist nicht vorgeschrieben, muss aber ausdrücklich und schlüssig erfolgen (s. a. § 464 BGB). Der Eigentümer ist an die Geltendmachung nicht gebunden. 35

h) Wirkung nur im Rahmen der §§ 883 ff.: „Nur insoweit, als Verfügung den Anspruch vereiteln oder beeinträchtigen würde" (sog. sachliche Relativität):[20] Löschungsverpflichtung nach § 888; dagegen bleibt das Pfandrecht am Entschädigungsanspruch bestehen, soweit vereinbart (§ 36 Abs. 4 und oben Rn 21 ff.). 36

i) Prozessuale Geltendmachung nach den für die Vormerkung geltenden Regeln, gerichtet auf Übertragung. Gleichzeitig kann gegen Pfandgläubiger, Nießbraucher oder Erwerber geklagt werden, gegen Erwerber auf Zustimmung zur Übertragung, gegen Pfandgläubiger usw. gegebenenfalls auf Löschung ihres Rechts.[21] Auch hierfür gilt die allg. Zuständigkeit nach ZPO und GVG.[22] Über Einreden und Einwendungen des Erwerbers oder Pfandgläubigers aus einem Rechtsverhältnis zwischen Eigentümer und bisherigen DWBer. oder Beklagten selbst s. die Literatur[23] besonders wegen Zurückbehaltungsrechts aus § 36 Abs. 4, auch des Pfandgläubigers wegen des Entschädigungsanspruches, der als Inhalt des Rechtes mitverpfändet ist; diesen kann der Eigentümer dann nur noch an ihn leisten (§ 1282 BGB). 37

k) Was zur Verpfändung gesagt ist, gilt auch bei Nießbrauch oder belastungsähnlicher Verfügung, die in der Eintragung einer Vormerkung zugunsten eines Dritten liegt. 38

---

[18] Zu Miet- und Pachtverträgen s. § 37 Rn 39 ff.
[19] BGH NJW 2007, 2325.
[20] Palandt/*Bassenge* § 883 Rn 22.
[21] Palandt/*Bassenge* § 888 Rn 14.
[22] Palandt/*Bassenge* § 888 Rn 20; § 36 Rn 2.
[23] Palandt/*Bassenge* § 36 Rn 1 ff.

39 **l)** Der Schutz des **öffentlichen Glaubens** (s. a. § 38 Rn 61 ff.) gilt auch gegenüber dem Heimfallanspruch. So hinsichtlich der Wirksamkeit des Urteils gegen den Rechtsvorgänger im DWR, z. B. bei versehentlicher Löschung der Heimfalleintragung. Erwerber des DWRs oder Pfandgläubigers ist nach § 892 BGB bei Gutgläubigkeit geschützt. Ist Heimfall überhaupt nicht eingetragen worden, trotz Einigung, braucht ihn auch ein Erwerber des DWRs, der das weiß, nicht gegen sich gelten zu lassen, da der Heimfallanspruch mangels Eintragung überhaupt nicht entstanden ist.[24]

40 Der ausgelöste Heimfallanspruch ist daher nicht buchungsfähig. Gutgläubiger Erwerb auch dann nicht, soweit der Heimfallanspruch auf Grund seiner Vormerkungswirkung gegen den Dritten wirkt.[25]

41 Wechselt der DWBer während des Heimfallprozesses, so tritt ein Rechtsnachfolger nach § 265 ZPO für beide Seiten ein; § 266 ZPO gilt jedoch nicht, da es sich nicht um einen Rechtsstreit „über das Bestehen oder Nichtbestehen eines Rechtes …" handelt; der Anspruch auf Übertragung ist nicht Geltendmachtung eines dinglichen Anspruchs, sondern nur eines Forderungsrechtes, wenn auch mit Vormerkungswirkung.

42 § 265 ZPO wird ergänzt durch § 325 ZPO. Allerdings kommen die in § 325 Abs. 2 angezogenen Bestimmungen nicht zur Anwendung, da es gegenüber der Vormerkungswirkung des geltend gemachten Heimfallanspruches keinen gutgläubigen Erwerb gibt (s. oben).

43 **m)** Vereinbarung einer **Löschungsvormerkung** zu Lasten des heimgefallenen Rechtes, insbesondere für nachstellige Realgläubiger, ist nicht nur als obligatorische Verpflichtung zur Löschung oder Übertragung des heimfallenden DWRs unbedenklich; sie erscheint auch zulässig als Vormerkung zur Sicherung des Anspruchs auf Löschung des zukünftigen Eigentümer-DWRs. Den Bedenken aus der Ordnungsvorschrift des § 39 Abs. 1 GBO kann entgegengehalten werden, dass der bedingt Berechtigte, der Eigentümer mit seinem Eigentumsrecht, das durch die Löschungsvormerkung betroffen wird, eingetragen ist.

44 Anderes gilt bei Sicherung des Anspruchs auf Übertragung des künftigen Eigentümer-DWRs auf Dritte.[26]

45 **n)** Ist ein schuldrechtlicher Vertrag über die Vereinbarung eines Heimfallanspruchs nichtig, so kann wegen des eingetragenen DWRs nach Bereicherungsgrundsätzen Löschung (nicht Übertragung auf Eigentümer) geltend gemacht werden.

46 **o)** Wird vom Eigentümer die Übertragung auf einen Dritten verlangt (was aber von vornherein als Inhalt des Rechts im Sinne des § 36 vereinbart sein müsste), so wird der Dritterwerber unmittelbar Rechtsnachfolger des bisherigen DWBer Der Abtretungsvertrag selbst wird zwischen dem bisherigen DWBer und Erwerber geschlossen; es handelt sich um Abtretung eines dinglichen Rechts, wofür dingliche Einigung (§ 873) und Eintragung erforderlich sind. Zwischen Eigentümer und Erwerber kann ein Vertrag eigener Art gegeben sein; da der Heimfallanspruch nicht vom Eigentum getrennt werden kann, kann sein Inhalt auch nicht in der Abtretung des Heimfallanspruches gegen den DWBer bestehen.

III. Voraussetzungen des Heimfallanspruches nach § 36

1. Grundsätzliche Vereinbarung

47 Grundsätzlich muss eine dingliche Vereinbarung vorliegen. Der Heimfallanspruch kann nicht in das einseitige Belieben des Eigentümers (auch nicht des DWBer) gestellt werden. Ein gesetzliches Heimfallrecht gibt es, anders als in § 28 Abs. 2 des saarländischen WEG, im

---

24 So auch Palandt/*Bassenge* § 2 ErbbRG Rn 1.

25 A. zuletzt a. a. O.

26 S. dazu Soergel/*Stürner* § 36 Rn 3; analog zur Eigentümerhypothek: Palandt/*Bassenge* § 883 Rn 11; § 1163 Rn 7, 15; RGJW 1933, 2765, anders dann in RG 145, 343 f.

deutschen Recht nicht. Selbst die Beschränkungen wie in §§ 6 Abs. 2 und 9 Abs. 3 ErbbauRG bestehen nicht (s. oben Rn 1 a. E.). Allerdings würden Heimfallvereinbarungen auch nicht dem Wesen und der rechtlichen Natur des DWRs widersprechen, desgleichen nicht dem Verbot dinglicher Veräußerungsbeschränkungen im Sinne des § 137 BGB über die mit § 35 zugelassenen hinaus. Man wird den Heimfallanspruch für den Fall der Veräußerung nicht schlechthin vereinbaren können.[27]

Als **Heimfallvoraussetzungen** können z. B. vereinbart werden:

- wenn der Berechtigte oder seine Rechtsnachfolger das Recht **nicht dauernd ausüben,** 48
- wenn der Berechtigte grobe **Misswirtschaft** treibt, insbesondere wenn die Räumlichkeiten nicht ordnungsgemäß instand gehalten oder instand gesetzt werden, wenn eine grobe Verletzung nachbarrechtlicher Pflichten erfolgt, wenn der Aufforderung des Eigentümers zur Beseitigung vertragswidriger Zustände nicht fristgerecht nachgekommen wird, wenn die Räume zu anderen als zu den vereinbarten oder aus der Natur, Lage und Art des Gebäudes sich ergebenden Zwecken benutzt werden, insbesondere zu gewerblichen Zwecken (dazu siehe oben § 14), wenn bauliche Veränderungen ohne Zustimmung des Eigentümers vorgenommen werden, wenn entgegen Vereinbarungen oder entgegen dem Charakter des Gebäudes Tiere gehalten werden, 49
- wenn der Berechtigte mit der Zahlung des Entgelts oder übernommener öffentlicher oder privatrechtlicher Lasten in **Verzug** gerät; im Allgemeinen wird man die Verzugszeit begrenzen, etwa im Anschluss an die mietrechtlichen Auflösungsbestimmungen (vgl. ehem. § 3 MSchG); eine Zweijahresfrist wie für den Erbbauzins nach § 9 Abs. 4 ErbbRG ist aber nicht vorgeschrieben, 50
- wenn **ohne** vereinbarte Zustimmung (§ 35) **verpachtet** oder **vermietet** wird, desgleichen wenn Familienfremde auf Dauer in die Wohnung aufgenommen werden, 51
- wenn über das Vermögen des Berechtigten das **Insolvenzverfahren** eröffnet, die Eröffnung mangels Masse abgelehnt oder die **Zwangsvollstreckung** in das DWR eingeleitet wird. 52
- Jede **Verletzung** der dem DWBer dem Eigentümer gegenüber obliegenden **Verpflichtungen** aus dem dinglichen Recht wie auch aus dem Grundgeschäft, wie Vornahme unerlaubter Handlungen, Verletzung der Instandhaltungspflicht, Überschreitung der Art und des Umfangs der Nutzung, rechts- und vertragswidrige Nutzung der Räume, z. B. zu gewerblichen Zwecken, wenn nur zu Wohnzwecken bedungen. Ein entsprechend begründeter Anspruch ist i. d. R. auch dann durchsetzbar, wenn die verletzte Vertragspflicht nachgeholt wird.[28] 53
- **Entziehungsgründe** beim WE nach § 18, wie Belästigung der Hausbewohner und des Eigentümers (s. § 18 Rn 20 ff.). 54
- Gründe, die nach dem Mietrecht zur Klage auf **Aufhebung** des Mietverhältnisses berechtigen würden. 55
- Auch der Ablauf einer gewissen **Frist** (die etwa auf einen geleisteten Baukostenzuschuss abgestellt ist) kann als Heimfallgrund vereinbart werden, um das Erlöschen zu vermeiden; der Löschungsanspruch nach § 41 Abs. 2 kann ausgeschlossen werden. 56

Im Gegensatz zum ErbbauRG (§ 6 Abs. 2, § 9 Abs. 4) sind hier grundsätzlich **keine Schranken** für die Vereinbarungen über das allgemeine Recht hinaus (§ 134, § 138) gesetzt (s. aber oben). Es braucht also nicht auf Verschulden des DWBer bei den vereinbarten Gründen abgestellt zu werden. Auch hinsichtlich des Schweregrades von Verfehlungen und Verletzungen gibt es keine Beschränkungen. Selbst der Eigenbedarf des Eigentümers kann als Grund vereinbart werden. Nur darf der Grund niemals in einer völlig einseitigen Entschließung des Eigentümers liegen (bei Voluntativ-Bedingung!). Zulässig 57

[27] Palandt/*Bassenge* § 36 Rn 2; Weitnauer/*Mansel* § 36 Rn 8; aA *Diester* § 36 Anm. 4 und RGRK-*Augustin* § 36 Rn 8, s. dazu ausführlich unten Rn 78.

[28] BGH NJW-RR 1988, 715; Palandt/*Bassenge* § 36 Rn 2.

und zweckmäßig ist andererseits Vereinbarung des Heimfalls für den Fall der einseitigen Aufgabe des Rechts (nach § 875), da eine dem § 25 ErbbauRG entsprechende Bestimmung fehlt; ferner für den Fall, dass der DWBer einer übernommenen Wiederaufbauverpflichtung nach Zerstörung innerhalb angemessener Frist nicht nachkommt.

2. Einschränkungen

58 **a) Wegen Mieterschutz.** Da das MSchG mit dem Ende des Jahres 1975 auch für Berlin aufgehoben wurde, ist bezüglich der damaligen Rechtslage auf die 3. Aufl. zu verweisen. Es ist jedoch davon auszugehen, dass der Begriff „Mieterschutz" die Vorschriften zum Schutz des Mieters im Rahmen der geltenden **mietrechtlichen** Vorschriften umfasst, also vor allem die §§ 574 ff. BGB.[29]

59 Auch kann der Eigentümer den Heimfallanspruch nur geltend machen, sofern er zur Kündigung berechtigt ist nach § 573 BGB (s. den dortigen Katalog in Abs. 2 Nrn. 1–3). Diese Vorschrift ist unbefristetes Dauerrecht. Zu beachten ist auch § 577 a BGB, der dem Mieter einen absoluten Kündigungsschutz auf 3 bzw. bis 10 Jahre zugesteht (s. o. zu § 8). Im Übrigen sind die Vorschriften der §§ 573 ff. BGB entsprechend anzuwenden.

60 **b) Aus wichtigem Grund.** Bedauerlicherweise ist § 12 Abs. 2 Satz 1 nicht in § 36 Abs. 1 übernommen, trotzdem wird dieser allgemeine Rechtsgedanke (des wichtigen Grundes als Schranke der Vertragsfreiheit überhaupt)[30] auch für § 36 gelten.[31]

61 Die vertraglich bestimmten Voraussetzungen für den Heimfall müssen im Einzelfall ihrer Anwendung einen wichtigen Grund darstellen, um auch die Anerkennung des Gerichts zu finden.

62 Was ein wichtiger Grund ist, kann nur im Einzelfalle unter Abwägung der Interessen der Beteiligten festgestellt werden.

63 **aa)** Nicht beschränkt ist dies auf die Fälle des Vertragsbruches und der Zuwiderhandlung gegen die Interessen der Hausgemeinschaft. Es ist aber Abs. 2 zu beachten.

Soweit aber keine mieterschützende Vorschrift besteht, kann auch dann ein wichtiger Grund gegeben sein, wenn kein Vertragsbruch oder Beeinträchtigung der Hausgemeinschaft gegeben ist. Auch der Eigenbedarf des Mieters kann als Heimfallgrund vereinbart werden.

Bei der Beurteilung wäre zu berücksichtigen, ob ein Entschädigungsanspruch beim Heimfall vereinbart ist.

64 **bb)** Dies gilt insbesondere auch für den Fall des Zahlungsverzuges. Auch hier, wie bei sonstiger Verletzung von Vertragspflichten, Beeinträchtigung der Hausgemeinschaft, ist die Wirkung der inzwischen erfolgten Beseitigung des Grundes bei Beurteilung des wichtigen Grundes zu berücksichtigen. Auch wird eine Abmahnung des Pflichtigen zu beachten sein.

65 **cc)** Ein wichtiger Grund ist auch zu prüfen, wenn der Heimfallgrund in der Vermietung oder Untervermietung der DWRs-Räume liegen soll.

3. Gültigkeit von Vereinbarungen

66 Folgende Voraussetzungen können vereinbart sein:

67 **a)** Heimfall für den Fall des Todes des DWBer; damit würde die Vererblichkeit i. S. § 33 von Abs. 1 nicht verletzt;[32] der Heimfall ist unter der Voraussetzung bestimmter Eigenschaften der Erben möglich. Immer aber muss es sich um einen wichtigen Grund handeln;

---

[29] Weitnauer/*Mansel* § 36 Rn 2; Palandt/*Bassenge* § 36 Rn 4; *Dammertz* RhNotK 1970, 123; MünchKomm-BGB/*Engelhardt* § 36 Rn 4; Soergel/*Stürner* § 36 Rn 1; aA *Mayer*, DNotZ 2003, 908.

[30] *Scholz* SJZ 1949, Spalte 7.

[31] Weitnauer/*Mansel* § 36 Rn 6: berechtigtes Interesse des Vermieters; *Staak* SchlHA 1959, 140; aA Soergel/*Stürner* § 36 Rn 4.

[32] S. § 33 Rn 61 u. die dort angegebene h. M.

z. B. Heimfall, wenn kein leiblicher Erbe vorhanden ist, wenn Erben nicht bisher Hausangestellte waren oder bei einer Mehrheit der Erben.

b) Heimfall für den Fall der Veräußerung des Rechts schlechthin erscheint unzulässig.[33] **68** Die h. M. stellt dagegen nicht auf die unzulässige Beeinträchtigung des DWRs ab, das damit ausgehöhlt würde;[34] anders aber, wenn nach § 35 eine Veräußerungsbeschränkung vereinbart ist; auch dann besteht jedoch der Heimfallanspruch, wenn der wichtige Grund zur Verweigerung der Zustimmung im Sinne des § 35 mit § 12 vorliegen würde.[35] Ein Heimfall ist auch dann unzulässig, wenn DWR ohne vorherige Einwilligung des Eigentümers veräußert oder Zustimmung im Prozesswege geltend gemacht wird (s. § 6 Abs. 2 ErbbauRG).

Zulässig ist aber der Heimfall, wenn das DWR an andere als Angehörige bestimmter **69** Gruppen (z. B. Flüchtlinge, Genossen, Kriegsbeschädigte, Konkurrenten zu anderen Gewerben im Hause usw.) veräußert wird; auch hierbei muss der Grund wichtig sein.

c) Heimfall für den Fall der Pfändung des DWRs ist unzulässig,[36] sofern nicht gleich- **70** zeitig Entschädigungsanspruch ausgelöst wird (§ 36 Abs. 4), der so bemessen ist, dass er einen gleichwertigen Ersatz für den Anteil darstellt.[37] Vgl. aber § 17 Abs. 1 Ziff. 4 DVO zum RHeimstG; doch bestand dort immer ein Entschädigungsanspruch nach § 15 RHeimstG.

d) Gleiche Erwägungen wie bei Pfändung gelten auch für die Insolvenz des DWBer. **71**

Nichtig ist schon gemäß § 134 eine Vereinbarung, dass das DWR beim Insolvenzfall **72** nicht mehr zum Vermögen des Schuldners gehören soll;[38] das würde auch gegen § 107 InsO verstoßen.[39] Beim ErbbR wird allerdings von der h. M. die Heimfallklausel für die Insolvenz zugelassen. Eine Ausnahme von der Unzulässigkeit wird man aber anerkennen können, wenn ein vollwertiger Entschädigungsanspruch dem Heimfall gegenübersteht, der an Stelle des DWRs in die Insolvenzmasse fällt.[40] Gleiches muss gelten, wenn der Heimfall für den Fall der Zahlungseinstellung vereinbart wird.

Zulässig erscheint aber die Vereinbarung des Heimfalls für den Fall der Ablehnung der **73** Insolvenzeröffnung mangels Masse nach § 207 InsO.

Vorstehendes steht auch nicht in Widerspruch zu § 107 InsO (für Miete oder Pachtrecht: **74** Kündigung zulässig), denn das DWR ist dingliches Recht ohne Kündigungsmöglichkeit.

e) Der Heimfall für den Fall der Zwangsversteigerung des belasteten Grundstücks ist **75** unzulässig.[41] Eine solche Vereinbarung dürfte dem Wesen eines dinglichen Nutzungsrechtes zuwiderlaufen. Parallele bei Hypothek, deren Gläubiger die Befriedung im Wege der Zwangsvollstreckung verboten ist.[42] Wie dort die Verwertung, so würde hier die Nutzung als eigentlicher Inhalt des dinglichen Rechtes ausgeschlossen sein. Solche Vereinbarung darf nicht eingetragen werden; das GBA hat abzulehnen. Wird dennoch eingetragen, wird das GB unrichtig. Heimfall ist bei Zwangsversteigerung des DWRs zulässig, wenn eine angemessene Entschädigung für diesen Fall bestimmt ist (sofern überhaupt ein Verkehrswert

---

[33] Weitnauer/*Mansel* § 36 Rn 8, der eine solche Vereinbarung aber nicht unter dem Gesichtspunkt des § 33 für unwirksam hält, sondern als Verstoß gegen § 242 BGB – missbräuchliche Ausnutzung der Gestaltungsfreiheit – ansieht.

[34] Palandt/*Bassenge* § 36 Rn 2: Ausübungsbeschränkung; *Diester* § 36 Anm. 4; RGRK-*Augustin* § 36 Rn 8; *Mayer* DNotZ 2003, 908.

[35] Weitnauer/*Mansel* § 36 Rn 8.

[36] S. Soergel/*Stürner* § 36 Rn 4; RG 142, 373, 375 f. für Parallelfall beim GmbH-Anteil.

[37] Vgl. *Bärmann/Pick* § 36 Rn 12.

[38] RG 142, 373, Staudinger/*Ring* § 36 Rn 5.

[39] S. a. *Kilger/K. Schmidt* KO § 26 Anm. 4, 9.

[40] Ähnlich § 17 Ziff. 3 DVO zum RHeimstG v. 19. 7. 1940, *Wormit/Ehrenforth,* Heimstättenrecht § 20 Anm. 2 a und Einführung S. 10 f.

[41] So a. Staudinger/*Ring* § 36 Rn 5; aA Weitnauer/*Mansel* § 38 Rn 10 a. E.

[42] KG JW 1931, 3282 f.

gegeben ist, was bei mietähnlichem Entgelt kaum der Fall sein dürfte; dann besteht aber auch kein Anreiz, das DWR zu versteigern). Für die Gültigkeit der übrigen Bestimmungen gilt § 139 BGB.

76 **f)** Da bestimmte Voraussetzungen vereinbart sein müssen, bestimmte Tatsachen, genügt Vereinbarung der Unzumutbarkeit der weiteren Nutzungsüberlassung oder für den Fall eines wichtigen Grundes schlechthin nicht.[43] Das kann zu kasuistischer Enumeration in den Formularverträgen führen.[44]

4. Übervertraglicher Heimfallanspruch

77 Das Gesetz kennt einen solchen übervertraglichen Heimfallanspruch nicht wie im Parallelfall der Ausschließung eines Gesellschafters.[45] Man kann wohl außerordentliche Heimfallansprüche als „**letzten** und äußersten **Rechtsbehelf**" annehmen, da auch die dinglichen Rechtsverhältnisse unter dem Grundsatz von Treu und Glauben stehen.[46] Dazu müsste allerdings auch (gesetzlich) vollwertiger Entschädigungsanspruch gegen den Eigentümer kommen.

78 **5.** Hinzuweisen ist auch auf **Musterfassungen aus dem Erbbau- und Heimstättenrecht zur Heimfallklausel,** die inhaltlich zur entsprechenden Übernahme in DWR-Verträge geeignet erscheinen.[47]

IV. Verjährung

79 **Abs. 3** entspricht § 4 ErbbauRG; es handelt sich um eine Ausnahme von § 902 BGB (dingliche Verjährung).[48] Es wird unterschieden zwischen dem Falle der Kenntnis des Eigentümers vom Eintritt der Voraussetzung des Heimfallanspruches (6 Monate Verjährung von dem Zeitpunkt der Kenntnis an) und dem der Unkenntnis (ohne Rücksicht auf Kenntnis: 2 Jahre vom Eintritt der Voraussetzung an). Dafür sind dann die Bestimmungen des § 199 BGB über den Beginn der Verjährung nicht anwendbar; dagegen richten sich Hemmung und Unterbrechung der Verjährung nach allgemeinem Recht (§§ 204 ff. BGB). Der Eigentümer muss, um die Verjährung zu verhindern, gegen den DW-Berechtigten auf Übertragung des Rechtes (an sich oder an benannten Dritten) oder mindestens auf Feststellung klagen. Er wird damit nicht bis zum letzten Tag der Verjährungsfrist warten, um die Folgen aus Vermietung usw. nach § 37 Abs. 2 zu verhindern.

80 Eine vertragliche Abkürzung der Verjährung ist auch im Rahmen des § 36 Abs. 3 nach § 202 BGB möglich.[49] Der DWBer hat im Streitfall die Kenntnis des Eigentümers vom Eintritt der Voraussetzungen zu beweisen.

81 Ebenso können Ausschlussfristen als „Inhalt des Rechts", nämlich des Heimfallrechtes, mit dinglicher Wirkung vereinbart werden.

V. Entschädigung

82 Die Bestimmung des **Abs. 4** dient dem wirtschaftlichen Ausgleich zugunsten des DWBer für etwa von ihm geleistete Zuschüsse oder Vorauszahlungen, die durch die Zeit seiner Ausübung des DWRs im Zeitpunkt des Heimfalls wirtschaftlich noch nicht als abgegolten angesehen werden können. Das gilt vor allem bei einmaligen **Baukosten-**

---

[43] Palandt/*Bassenge* § 36 Rn 2.

[44] S. zum wichtigen Grund Palandt/*Grüneberg* § 314 Rn 7; Palandt/*Sprau* § 723 Rn 4; BGH NJW-RR 2009, 1189.

[45] RG 169, 330 ff., 333 ff.

[46] Palandt/*Bassenge* § 36 Rn 1; anders *ders.* Einl. Rn 12 vor § 854.

[47] Vgl. die 3. Aufl. und Praxis des WEs, Teil B XI.

[48] Weitnauer/*Mansel* § 36 Rn 9.

[49] Soergel/*Stürner* § 36 Rn 6.

zuschüssen, auf welche die Dauer des DWRs oder die zeitliche Befristung des Heimfalls abgestellt wurde, wenn der Heimfall aus anderen Gründen früher geltend gemacht wird. Aber diese Entschädigung unterliegt, dem Grunde wie der Höhe nach, völlig der freien Vereinbarung der Parteien. Nur für langfristige DWRe ist in § 41 die Vorschrift des Abs. 3 unabdingbar, ohne Parteivereinbarung, eine solche Entschädigung vorgeschrieben (s. dort Rn 22 ff.). Bei mietähnlichen DWR mit wiederkehrendem Entgelt, das dem Mietwert der Wohnung entspricht, müssen für eine solche Entschädigung im Falle der Vereinbarung wie nach § 41 Abs. 3 andere Maßstäbe angelegt werden als bei einmaliger kaufpreisähnlicher Zahlung und bei eigentumsähnlichem DWR. Bei mietpreisähnlicher Gegenleistung wird im Allgemeinen eine Entschädigung überhaupt nicht in Frage kommen, außer etwa begründeten Verwendungsersatz (s. § 34 Rn 9 ff.).

Auch die Vereinbarung über die Entschädigungspflicht unterliegt der Prüfung des GBAs, **83** allerdings nur hinsichtlich der materiellen wie formellen Gültigkeit, nicht hinsichtlich der wirtschaftlichen Rechtfertigung der Höhe usw.[50] Sie bedarf der formlosen Einigung und Eintragung, ebenso wie jede Änderung, welche zum dinglichen Inhalt des Rechts werden soll (zur Prüfung der Vereinbarung durch das GBA s. § 32 Rn 15 ff.). Der gutgläubige Erwerb an DWR kann auch hinsichtlich der Entschädigungspflicht eintreten. Zu einem Beispiel eines Entschädigungsanspruches s. BayObLG.[51]

Die **Vertragsfreiheit** nach Abs. 4 steht im Widerspruch zur Pflicht nach § 32 Erb- **84** bauRG und § 15 RHeimstG. Bei Zusammentreffen mit diesen Bestimmungen, z. B. im Rahmen des § 42, gehen die Bestimmungen des Abs. 4 bezüglich der Vertragsfreiheit vor.

Aus der DWR-Vereinbarung, mindestens aus den Umständen, muss hervorgehen, wel- **85** che Vorstellungen unter den Beteiligten über die Entschädigung bestehen; eine negative Feststellung zur Entschädigungspflicht kann auch im Rahmen des § 32 Abs. 3 nicht verlangt werden (s. § 32 Rn 15 ff.).

Wird das DWR durch Rechtsgeschäft aufgehoben, wird im Zweifel ebenfalls der Ent- **86** schädigungsanspruch ausgelöst, wird vorbehaltlos übertragen auf den Eigentümer, so kann darin ein Verzicht auf die Entschädigung liegen.

Der Entschädigungsanspruch ist zwar (nach Eintragung) **dinglicher** Inhalt des Rechtes; **87** aber er gibt, wie auch § 32 ErbbauRG, kein Recht auf Befriedigung aus dem Grundstück (anders bei Beendigung des ErbbRs nach § 27). Auch der vom Eigentümer als Erwerber bezeichnete Dritte haftet nicht für die Entschädigung.[52] Die Zugehörigkeit zum dinglichen Inhalt des Rechts i. S. des § 33 Abs. 4 bewirkt aber den Übergang für und gegen Rechtsnachfolger, ohne dass auf die Eintrittswirkung nach § 38 abgestellt werden müsste.

Schuldner des Entschädigungsanspruchs ist der Eigentümer. Frage ist, ob ein Entschädi- **88** gungsanspruch auch gegen einen nach dessen Entstehung eingetretenen Erwerber des Grundstücks übergeht.[53] Für das DWR ist dies aus dem dinglichen Inhalt des Rechtes, nicht erst aus der Eintrittswirkung nach § 38 zu bejahen. Gleiches gilt vom Übergang der Gläubigerstellung. Der neue DWBer ist aktiv legitimiert.[54]

Das Gesetz macht den Entschädigungsanspruch **nicht** unabtretbar, unverpfändbar und **89** unpfändbar (entsprechend § 32 gegen § 27 ErbbauRG). Gleichwohl ist der Anspruch erst nach Übertragung des DWRs auf den Eigentümer fällig und erst **dann** selbstständig abtretbar, belastbar, pfändbar und verpfändbar.[55] Unabhängig davon sind Vorausverfügungen nach allg. Recht zulässig.[56]

---

[50] *Diester* § 36 Anm. 14, 16; wie hier Weitnauer/*Mansel* § 36 Rn 11.

[51] BayObLGZ 1960, 231 = NJW 1960, 2100 = Rpfleger 1961, 400 mit Anm. *Haegele.*

[52] Palandt/*Bassenge* § 32 Rn 2; Staudinger § 32 ErbbRVO, Rn 6 a. E.

[53] S. *Günther* ErbbRVO § 32 Anm. 3.

[54] Anders *Günther* § 32 Anm. 4.

[55] Palandt/*Bassenge* § 36 Rn 2; BGHZ 111, 154: Anspruch entsteht mit Erfüllung des Heimfallanspruchs.

[56] BGH NJW 1976, 895.

90 Am Entschädigungsanspruch bestehen keine dinglichen Rechte Dritter kraft Gesetzes, insbesondere kein gesetzliches Pfandrecht eines Pfandgläubigers oder Nießbrauchers des DWRs. Begründet können sie erst mit der Fälligkeit werden.

91 Einen Entschädigungsanpruch des DWBer für den Fall der Beendigung des Rechts durch Fristablauf kennt das Gesetz logischerweise nicht (entsprechend § 27 ErbbauRG), da das DWR nur ein Nutzungsrecht darstellt.

92 Für die Entschädigung, die nicht eine Gegenleistung aus einem gegenseitigen Vertrag ist, findet nicht § 320, sondern § 273 BGB Anwendung. Das **Zurückbehaltungsrecht** steht dem DWBer zu.[57] Dieses kann aber als dinglicher Inhalt des Rechts ausgeschlossen werden. Zur Abdingbarkeit des Zurückbehaltungsrechtes bei langfristigem DWR s. § 41 Abs. 3 (dort Rn 22 ff.).

93 Im Prozess ist das Zurückbehaltungsrecht durch Einrede geltend zu machen (§ 273 Abs. 3). Das Gericht entscheidet dann zwar auch über die Höhe des Zurückbehaltungsrechtes gegenüber dem Heimfallanspruch, aber nicht mit Rechtskraftwirkung.[58]

94 Hinsichtlich der Höhe der **Entschädigung** wird von einer Äquivalenz von Leistung und Gegenleistung, wie sie bisher von beiden Seiten, wirtschaftlich gesehen, erbracht wurden, auszugehen sein. Die Entschädigung soll **angemessen** sein (zur Angemessenheit s. § 41 Rn 24 f.); jedoch besteht mangels einer Vereinbarung über Entschädigung überhaupt kein Anspruch aus dem für das deutsche bürgerliche Recht nicht mehr geltenden Äquivalenzgedanken; dieser kann nur gelten, wenn zwar eine Entschädigung vereinbart, aber über deren Höhe nichts gesagt wurde.[59] Daraus kann auch das GBA kein Verlangen nach § 32 Abs. 3 herleiten. Bei Verzicht auf Entschädigung kann auch dann keine ungerechtfertigte Bereicherung mehr verlangt werden.[60]

95 Hinsichtlich der Angemessenheit der Entschädigung kann nicht einfach übernommen werden, was nach § 32 ErbbauRG für die Festsetzung des Verkehrswertes gilt, nämlich: Höhe der Investitionen der noch laufenden ErbbRszeit, Höhe der Entschädigungen, die beim vertragsgemäßen Ablauf der Zeit voraussichtlich in Betracht gekommen wäre, Gegenleistung des ErbbRs.[61] Im ganzen ist zu fragen, welchen Betrag ein vernünftig und wirtschaftlich denkender Mensch für das Recht in dem Augenblick aufwenden würde, in dem über die Entschädigung in der letzten Tatsacheninstanz verhandelt wird. Hierüber wird nach Anhören von Sachverständigen das Gericht unter dem Gesichtspunkt entscheiden, welche Aufwendungen an verlorenem Baukostenzuschuss, der hier den Charakter des Abstands annimmt, ein solcher Erwerber des Rechts zahlen würde unter Berücksichtigung der als Inhalt des Rechts vereinbarten Gegenleistung und der noch gegebenen Laufzeit des DWRs.

96 Zur Frage der Entschädigungsforderung eines Mieters mit Baukostenzuschuss bei vorzeitiger Lösung des Mietverhältnisses als ungerechtfertigte Bereicherung s. *Pergande*.[62] Beim DWR scheidet aber für den Entschädigungsanspruch nach Heimfall der Gesichtspunkt der ungerechtfertigten Bereicherung aus.

97 Die Entschädigung kann aber (bei kurzfristigem DWR) auch ganz ausgeschlossen werden;[63] auch Ausschlussfristen für die Geltendmachung des Entschädigungsanspruches können nach § 202 vereinbart werden. Aufrechnung ist zulässig, nicht aber die entsprechende Anwendung der §§ 404, 406 BGB. Der Eigentümer kann auch eine Pfandschuld des DWBer in Anrechnung übernehmen.

---

[57] S. a. RGZ 82, 27.

[58] S. Palandt/*Grüneberg* § 274 Rn 2, 3.

[59] Palandt/*Bassenge* § 36 Rn 2; anders RGRK-*Augustin* § 36 Rn 3 a.

[60] *Diester* § 36 Anm. 15; RGRK-*Augustin* § 36 Rn 4.

[61] Palandt/*Bassenge* § 41 Rn 3.

[62] NJW 1951 S. 740 f., und oben Vor. § 31 Rn 2.

[63] *Diester* § 36 Anm. 14 Abs. 4 gegen *Pergande* Forkel-Blattei, WE II 7 E.

VI. Zuständigkeit

Bei der Geltendmachung des **Heimfallanspruches** ist vor dem ordentlichen **Zivilgericht** zu klagen, und zwar aus § 894 ZPO. Es gelten die allg. Zuständigkeitsvorschriften von ZPO/GVG: Amtsgericht der belegenen Sache, soweit es sich um Ansprüche aus Abs. 1–3 handelt. Auch für den **Entschädigungsanspruch** gilt das allgemeine Recht des GVG (Amts- oder Landgericht, je nach Werthöhe). Dagegen gelten nicht die WEGspezifischen Vorschriften der §§ 43 ff. WEG und §§ 23 Nr. 2 c, 72 Abs. 2 GVG. 98

Nach der Übertragung kann der Eigentümer den Herausgabeanspruch gegen den bisherigen DWBer geltend machen (§ 34 Abs. 2); auch hierfür gilt § 52 nicht. 99

Der Gerichtsstand kann auch vereinbart werden im Rahmen des allgemeinen Rechtes. Auch eine **Schiedsgerichtsvereinbarung** ist insoweit zulässig. Sie wird gesondert vom Vertrag abzufassen sein, sofern nicht die DWR- oder DNR-Vereinbarung unter Kaufleuten im Rahmen ihres Handelsgeschäfts vorgenommen wird (s. § 1027 Abs. 2 ZPO). 100

Die Räumungsklage gegen den DW-Berechtigten kann mit der Klage aus dem Heimfallanspruch verbunden werden, entsprechend § 260 mit § 257 ZPO (Klagehäufung). Es handelt sich nicht um Hilfsansprüche neben dem Hauptanspruch, sondern um echte Anspruchshäufung, wobei der zweite Anspruch davon abhängig ist, dass der Erste durchdringt: uneigentliche Klagehäufung, aber mit selbstständiger Rechtskraftwirkung und selbstständiger Bedeutung in der Vollstreckung.[64] 101

Die Zulässigkeit des Klageanspruchs auf Räumung ergibt sich aus § 257 ZPO; der Kalendertag ist immerhin bestimmbar.[65] 102

Allerdings muss für beide Ansprüche dasselbe Gericht zuständig sein. Da für den Heimfallanspruch das Amtsgericht ausschließlich zuständig ist, für den Herausgabeanspruch des Eigentümers gegenüber dem DWBer aber keine ausschließliche Zuständigkeit gilt, ist die Verbindung also nur möglich, wenn der Streitwert unter 10 000 DM liegt (anders als beim Anspruch auf Herausgabe der Mietsache gemäß § 546 in Verbindung mit § 23 Ziff. 2 a GVG). Beim mietrechtsähnlichen DWR wird man die Anwendung der speziellen Vorschriften des Prozessrechts bejahen müssen (**Rechtsentscheid** des OLG auf Vorlage des LG).[66] 103

Zum **Streitwert** wäre zu sagen:

a) beim Heimfallanspruch: Festsetzung nach § 11 GKG und § 3 ZPO, also nach freiem Ermessen des Gerichtes unter Berücksichtigung des Verkehrswerts des streitigen Anspruchs für jedermann.[67] Meist besteht Identität mit dem Betrag, um den sich gemäß § 51 ZVG der Wert des Grundstücks erhöht, wenn die Berücksichtigung des DWRs im geringsten Gebot zu Unrecht erfolgt ist; dafür ist die Dauer des Rechts ausschlaggebend, wie auch der Umfang der Raumeinheit, der vereinbarte Inhalt des Rechtes und etwa vereinbarte wiederkehrende Gegenleistungen. Nicht maßgebend kann aber ein etwaiger Entschädigungsanspruch aus §§ 36 Abs. 4 und 41 Abs. 3 sein. 104

b) Beim Herausgabeanspruch ist § 6 ZPO maßgeblich: Wert der Streitsache, also der Räume. Deckt sich dieser Wert mit dem Streitwert des Heimfallanspruchs, so darf bei verbundener Klage nicht noch einmal ein Wert hierfür in Ansatz gebracht werden. Der Wert des Besitzes ist als zusätzlicher Wert nach freiem Ermessen hinzunehmen. Bisher wurde dies für den ähnlichen Fall der Mietaufhebungsklage in Verbindung mit Herausgabe nicht behandelt. 105

c) Für beide Ansprüche (auf Heimfall und auf Herausgabe) gelten in keinem Falle § 8 ZPO und § 10 Abs. 1 GKG, auch nicht analog.[68] 106

---

[64] Thomas/Putzo/*Reichold* ZPO, § 260 Rn 8; RGZ 144, 73.

[65] Baumbach/Lauterbach/Albers/*Hartmann* ZPO, § 257 Rn 1 ff.: Mietaufhebungsklage in Verbindung mit Räumungsantrag.

[66] Soergel/*Stürner* § 36 Rn 9.

[67] Vgl. § 62 KostO.

[68] S. a. Weitnauer/*Mansel* § 52 Rn 4.

§ 37[1] Vermietung

(1) **Hat der Dauerwohnberechtigte die dem Dauerwohnrecht unterliegenden Gebäude- oder Grundstücksteile vermietet oder verpachtet, so erlischt das Miet- oder Pachtverhältnis, wenn das Dauerwohnrecht erlischt.**

(2) **Macht der Eigentümer von seinem Heimfallanspruch Gebrauch, so tritt er oder derjenige, auf den das Dauerwohnrecht zu übertragen ist, in das Miet- oder Pachtverhältnis ein; die Vorschriften der §§ 566 bis 566 e des Bürgerlichen Gesetzbuches gelten entsprechend.**

(3) [1]**Absatz 2 gilt entsprechend, wenn das Dauerwohnrecht veräußert wird.** [2]**Wird das Dauerwohnrecht im Wege der Zwangsvollstreckung veräußert, so steht dem Erwerber ein Kündigungsrecht in entsprechender Anwendung des § 57 a des Gesetzes über die Zwangsversteigerung und Zwangsverwaltung zu.**

Übersicht

Literatur: *Constantin,* Schutz des Eigentümers gegen unberechtigte Vermietung durch den Dauerwohn- oder Dauernutzungsberechtigten nach dem WEG, NJW 69, 1417.

I. Der Normzweck

1 § 37 regelt das Schicksal von Mietverträgen, die von einem Dauerwohnberechtigten in seiner Eigenschaft als Vermieter geschlossen sind (Nichtamtl. Begründung 1951 zu § 37, mit Hinweis als § 1056 BGB).

II. Die Notwendigkeit des § 37

2 Das Regelungsbedürfnis ergab sich daraus, dass das Nutzungsrecht des DWBer auch Vermietung und Verpachtung umfasst (s. § 31 Rn 1). Es umfasst auch den Mieterschutz im Rahmen des DWRs (siehe § 36 Rn 58 ff.).

3 Für das rechtliche Schicksal von Miet- und Pachtrenten am DWR wären zwei Lösungen möglich gewesen:
- Grundsätzliches bestehen bleiben der Miet- und Pachtrechte mit Wirkung gegen den Eigentümer nach § 1056 Abs. 1 BGB, § 30 Abs. 1 ErbbRVO, aber mit dem außerordentlichen Kündigungsrecht nach § 1056 Abs. 2 BGB, § 30 Abs. 2 ErbbRVO nach Aufforderung gemäß § 1056 Abs. 3 BGB und § 30 Abs. 3.[2]
- Automatisches Erlöschen des Miet- und Pachtrechts mit Erlöschen des dinglichen Nutzungsrechts: so § 37 Abs. 1; das bringt den Mieter oder Pächter im Rahmen eines DWRs in eine gefährliche Lage.

§ 37 gilt auch bei Teilvermietung oder Teilverpachtung.

4 Nicht erwähnt ist der Fall der Verpachtung des DWRs selbst als Rechtsverpachtung (nicht nur Raummiete oder -pacht); dafür sind zwei Fälle denkbar:

[1] § 37 Abs. 2 Halbsatz 2 geänd. durch Art. 7 Abs. 25 Nr. 1 des Mietrechtsreformgesetzes.
[2] S. Palandt/*Bassenge* § 1056 Rn 1.

– In Erfüllung der Rechtspacht werden auch die Räume ganz oder teilweise überlassen; entsprechende Anwendung des § 37 Abs. 1.[3]

– Analoge Anwendung von § 37 Abs. 1 aber auch, wenn die Rechtspacht sich nur auf die Gewinnung der zivilen Früchte (Einziehung von Miet- und Pachtzins) bezieht. Hier kann die Stellung des Pächters nicht stärker sein als die des Raummieters oder -pächters.[4] 5

Vermietung oder Verpachtung muss durch den DWBer erfolgt sein; § 37 ist nicht anwenbar, wenn die DW-Räume schon vom Eigentümer vermietet waren; dann erfolgt Eintritt des DWBer in die Mietverträge nach §§ 567, 581 Abs. 2 für die Dauer seines DWRs.[5] Für das Verhältnis zwischen Mieter und DWBer gelten sodann die allgemeinen Vorschriften, auch ein eventueller Mieterschutz. 6

III. Erlöschen des Dauerwohnrechts (Abs. 1)

Über die Gründe der Beendigung des DWRs (s. § 31 Rn 86 ff.): durch Zeitablauf, rechtsgeschäftliche Aufhebung und Löschung, Aufgabe des Rechts, Nichtbestehen bleiben in der Zwangsversteigerung (§ 91 ZVG, s. a. § 39 WEG). 7

Im Gegensatz zu § 1056 BGB (Nießbrauch) und § 30 ErbbRVO wurde das Schicksal des **Mietverhältnisses** an das **Bestehen** des **DWRs** gebunden; es soll also mit dem DWR erlöschen, nicht aber mit seinem Heimfall an den Eigentümer oder mit einer Abtretung (Abs. 2 u. 3). Damit tritt bei Erlöschen des DWRs der Eigentümer des Grundstücks nicht kraft Gesetzes in ein daran begründetes Mietverhältnis ein, sondern kann dessen ungeachtet die Herausgabe der Räume auch vom Mieter verlangen, und zwar aus §§ 985 ff. BGB; nicht aber hat er den Rückgabeanspruch des Vermieters aus § 546 BGB;[6] dieser steht mit Erlöschen des DWRs auch dem früheren DWBer nicht mehr zu, da er nicht mehr Vermieter ist. Grundsätzlich haftet der frühere DWBer dem Mieter nach den Grundsätzen der Rechtsmängelhaftung (§ 536 Abs. 3 BGB);[7] eventuell auch aus § 826 BGB, woraus sich auch ein Schadensersatzanspruch des Mieters gegen den Eigentümer ergeben könnte. 8

Diese Regelung geht über das Verhältnis Untermieter zu Mieter hinaus. Der Untermieter behält Rechte aus seinem obligatorischen Vertrag, insbesondere auf Schadensersatz.[8] Anders aber bei § 37 WEG: Das **Mietverhältnis erlischt,** auch Schadensersatzansprüche bestehen danach nicht mehr. Damit liegt eine andere Regelung als beim Untermietverhältnis[9] vor. 9

Dies ist rechtspolitisch besonders bedenklich, wenn das DWR aus Gründen erlischt, die der DWBer selbst zu vertreten hat, wie Aufgabe des Rechts, wozu er (anders als nach § 26 ErbbRVO) nicht einmal der Zustimmung des Eigentümers bedarf. Entsprechende Anwendung des § 1056 BGB ist abzulehnen, wie auch auf andere unter § 567, 578 BGB fallende Rechte[10] oder auf das Wohnungsrecht nach § 1093 BGB. 10

Dagegen wäre es unbillig, dem Mieter auch keine Schadensersatzansprüche zuzusprechen. Hier muss der allgemeine Rechtsgedanke der §§ 226, 242 BGB Anwendung finden, wenn der DWBer gegen **Treu** und **Glauben** verstoßen hat; insbesondere wenn die Aufgabe des Rechtes ohne wichtigen Grund erfolgt, also rechtswidrig 11

---

[3] Ähnlich allgemein bei Rechtspacht, s. Palandt/*Weidenkaff* § 581 Rn 3, 16.

[4] Zur Parallele des Nießbrauchs s. Palandt/*Bassenge* § 1039 Rn 1 ff.

[5] MünchKomm-BGB/*Engelhardt* § 37 Rn 1; OLG Rspr. 3, 304.

[6] Palandt/*Bassenge* § 37 Rn 2.

[7] Weitnauer/*Mansel* § 37 Rn 2; MK-*Engelhardt* § 37 Rn 1; Erman/*Ganten* § 37 Rn 1.

[8] Palandt/*Weidenkaff* § 540 Rn 16 f.

[9] Weitnauer/*Mansel* § 37 Rn 2 sprechen von einer Art von Untervermietung.

[10] Palandt/*Weidenkaff* § 567 Rn 1.

erscheint.[11] Dies wäre z. B. nicht der Fall, wenn das Grundstück zerstört wurde und keine Wiederaufbauverpflichtung bestand.

12 Erlöschen kann insbesondere bei Zwangsversteigerung eintreten, wenn das DWR nicht ins geringste Gebot fällt und nicht kraft Vereinbarung bestehen bleibt. Auch ein Schadensersatzanspruch, wie bei Untermiete, kann im Falle der Kündigung des Erstehers nach § 57 a ZVG nicht entstehen.

13 Nach Erlöschen des DWRs gelten zwischen Grundstückseigentümer und Mieter §§ 985 ff. BGB.

14 Der Anspruch auf Verwendungsersatz des Mieters aus Vertrag mit unrechtmäßig besitzendem DWBer gegen Grundstückseigentümer ergibt sich aus §§ 994 ff. BGB.[12]

15 Der Eigentümer kann nicht schärfer haften als gegenüber dem DWBer als mittelbarer Besitzer (über den Umfang des Verwendungsersatzes siehe § 34 Rz. 9 ff. und §§ 683, 684, 812 BGB).

16 Der Mieter hat nach § 985 BGB an den Eigentümer herauszugeben. Er kann sich nicht auf Mieterschutz dem Eigentümer gegenüber berufen, wenn auch das DWR ein ähnliches Rechtsverhältnis i. S. des früheren § 24 Abs. 3 MSchG ist.[13]

17 Gegen den Herausgabeanspruch kann aber eine **Einwendung** aus § 826 BGB in Betracht kommen, bei **Kollusion** von Eigentümer und DWBer zur Umgehung des Mietrechts.

18 Das Miet- und Pachtverhältnis muss im Augenblick des dinglichen Erfüllungsgeschäftes, der Grundstücksveräußerung, vorliegen, also nicht schon beim obligatorischen Grundgeschäft.[14] Unter **Veräußerung** ist, wie bei § 566, 578 BGB, die freiwillige Veräußerung zu verstehen: in Erfüllung Kauf, Tausch, Schenkung, Einbringung in die Gesellschaft, Vermächtnis.[15]

IV. Bestehen bleiben des Mietverhältnisses beim Heimfall (Abs. 2)

19 Was den Heimfall anlangt, so muss das Miet- oder Pachtverhältnis schon **vor** der Geltendmachung des Heimfalles und nicht erst bei seiner Durchführung vorliegen und auch die Besitzeinräumung muss schon vorher erfolgt sein. In Miet- oder Pachtverhältnisse, die erst **nach** der Geltendmachung des Heimfallanspruches abgeschlossen werden, und zwar zur Besitzüberlassung führen, tritt der Eigentümer oder Dritte **nicht** ein. Sie sind ihm gegenüber unwirksam. Das entspricht auch der (zu § 36 Rn 3 ff.) vertretenen Auffassung über die Tragweite der Vormerkungswirkung des Heimfallanspruchs gegenüber dinglichen Rechten.

20 Begriff und Zeitpunkt des Gebrauchmachens von Heimfallrecht § 36 (s. dort Rn 3 ff., 16 ff.): nicht erst mit der Übertragung des DWRs, aber auch nicht schon mit Eintritt des Heimfallgrundes; schon mit einer Klageerhebung auf Übertragung; es genügt jede Form der Geltendmachung, auch mündliche Mitteilung.

21 Endgültig erfolgt der **Eintritt** aber erst mit Übertragung des DWRs.

Das Gesagte gilt auch im Falle der Rechtspacht am DWR, sofern nur eine Besitzüberlassung stattgefunden hat.

Zur entsprechenden Anwendung der §§ 566 ff. BGB wäre folgendes zu sagen:

---

[11] Palandt/*Bassenge* § 37 Rn 2.

[12] Palandt/*Bassenge* Vor Rn 4, vor §§ 994 ff. gegen RGZ 142, 422.

[13] Palandt/*Bassenge* § 37 Rn 2.

[14] S. a. Palandt/*Weidenkaff* § 566 Rn 8; § 567 a Rn 1 f.: Eventueller Schutz des Erwerbers vor Miet- oder Pachtverträgen nach obligatorischem Grundgeschäft, aber vor dinglichem Erfüllungsgeschäft durch Eintragung einer Vormerkung.

[15] S. Palandt/*Ellenberger* ÜberBl. vor § 104 Rn 19 ff.; Palandt/*Weidenkaff* § 566 Rn 8 ff.

– § 566: Anwendbar nur für Miet- und Pachtverhältnisse, die bei der Geltendmachung des Heimfalls schon bestanden; sie sind aufschiebend bedingt bis zur Übertragung des DWRs. 22

– Unerheblich ist die Kenntnis des vom Heimfallrecht Gebrauch Machenden vom Mietverhältnis und seinen Bedingungen. Ebenso im Falle vereinbarungswidriger Vermietung bzw. Verpachtung.[16] 23

– § 566: Der Mietgegenstand muss dem Mieter im Zeitpunkt der Geltendmachung des Heimfallanspruches überlassen sein. Abzulehnen ist, dass nicht einmal die Besitzüberlassung erforderlich sei.[17] 24

– Der Zeitpunkt der Überlassung des Besitzes an den Mieter ist von Bedeutung.[18] Das Mietverhältnis bleibt zu Lasten des Heimfallbeanspruchenden auch bestehen, wenn nach Geltendmachung des Heimfalls der bisherige DWBer als Vermieter das DWR aufgibt.[19] 25

– § 566 Abs. 2 ist entsprechend anwendbar. 26

Die weiteren entsprechend anwendbaren Bestimmungen: §§ 566 a–566 e.

– Statt Vermieter ist bisheriger DWBer zu setzen. Statt Eigentumsübergang der Zeitpunkt des Übergangs des DWRs; „Erwerber" ist der Eigentümer oder der von ihm benannte Dritte. 27

– § 566 b Satz 2 ist von der entsprechenden Anwendung auszunehmen, wenn auch das Gesetz nichts sagt; § 1056 BGB, § 57 ZVG haben diesen Bezug ausdrücklich ausgelassen. Auf den Heimfall passt die Bestimmung ebenfalls nicht, da keine eigentliche „Veräußerung" vorliegt. 28

– Die Kenntnis von der Geltendmachung des Heimfallanspruchs schließt die Wirksamkeit des Rechtsgeschäftes nach § 566 e Satz 1 aus; so ist S. 2 auszulegen. 29

Auch §§ 567 a, 567 b BGB müssten eigentlich entsprechend anwendbar sein, wenn dies auch vom Gesetz nicht erklärt ist. 30

– Entsprechende Anwendung des § 567 a ist geboten: Wenn der Eigentümer (oder Dritter) dem bisherigen DWBer gegenüber die Erfüllung der Verpflichtung aus dem Mietverhältnis übernimmt, obwohl die Überlassung an den Mieter noch nicht stattgefunden hat.[20] 31

Entsprechende Anwendung des § 567 b ist noch dringender. Für Weiterveräußerung des DWRs durch Eigentümer oder Dritten gilt zwar § 37 Abs. 3 Satz 1, die Weiterhaftung des ursprünglichen Vermieters blieb aber ungeregelt, ebenso die Haftungsbefreiung nach § 566 Abs. 2 Satz 2. 32

– Die Erwähnung des § 578 BGB wäre zweckmäßig gewesen, obgleich auch in §§ 1056 Abs. 1 BGB und 57 ZVG unterblieben. 33

Weitere entsprechende Anwendung, wenngleich in Abs. 2 nicht genannt (s. oben zu Abs. 2): 34

– § 567, wenn der DWBer an seinem DWR Nießbrauch bestellt hat, der auch ein Recht zum Besitz gibt.[21] Der Mieter würde gegenüber dem besitzenden Nießbraucher schutzlos sein, wenn nicht auch § 567 (mit §§ 566/576 e) Anwendung finden würde. 35

– Auch § 567 a bei Übernahme der Erfüllungsrechte aus Mietvertrag gegenüber dem bisherigen DWBer. 36

– Auch § 567 b bei Weiterveräußerung. 37

– Das oben zu § 578 Gesagte gilt auch hier. 38

---

[16] Palandt/*Bassenge* § 37 Rn 3; Weitnauer/*Mansel* § 37 Rn 5.

[17] So *Hubernagel* § 37 Anm. 2.

[18] Palandt/*Weidenkaff,* § 566 Rn 13; vgl. auch § 567 a BGB.

[19] Palandt/*Bassenge* § 37 Rn 2; *Friese/Mai* § 37 Anm. 3; Soergel/*Stürner* § 37 Rn 3; *Constantin* NJW 69, 1417; Weitnauer/*Mansel* § 37 Rn 3.

[20] S. Palandt/*Weidenkaff* § 567 a Rn 1 ff.

[21] Palandt/*Bassenge* § 1068 Anm. 3.

V. Veräußerung des DWRs (Abs. 3 S. 1)

39 Mietverhältnisse an DWR-Räumen unterliegen natürlich nicht den Voraussetzungen der Abgeschlossenheit wie das DWR selbst. Durch diesen Abs. 2 wird dem Mieter oder Pächter ein im Vergleich zu Abs. 1 weitgehender Schutz gewährt.

1. Durch Rechtsgeschäft (Abs. 3)

40 Abs. 1 gilt aber **nicht** für die Fälle einer Sonderrechtsnachfolge in das **DWR** durch Heimfall oder Abtretung (bei Universalrechtsnachfolge sowieso nicht). Hierfür soll vielmehr der Grundsatz des § 566 (Kauf bricht nicht Miete) gelten. Für den Fall der Übertragung gilt also dann das Gleiche wie bei der Veräußerung eines Hauses, also bei Übertragung des Eigentums; da der Heimfall kein Erlöschen zur Folge hat, lag die Anwendung des Grundsatzes des § 566 auch hierfür nahe.

41 Beim Heimfall wie bei der rechtsgeschäftlichen Übertragung gelten §§ 566, 576a bis e hinsichtlich eines auf dem DWR ruhenden Mietverhältnisses. Hierzu kann auf die allgemeinen Kommentare zum BGB verwiesen werden. Besonderheiten kommen nicht in Betracht. Der Eigentümer (nach dem Heimfall des DWRs an ihn), wie der rechtsgeschäftliche Erwerber, haben auch kein Kündigungsrecht. Der Eigentümer hat aber die Möglichkeit, das DWR aufzugeben und löschen zu lassen (ohne sich wirtschaftlich um einen Wert zu bringen); damit bringt er nach Abs. 1 auch das Mietverhältnis zum Erlöschen.[22] Für den Erwerber würde eine solche (einseitig mögliche) Aufgabe zugleich den Untergang seines eigenen DWRs bedeuten. Immer besteht aber hier die Gefahr von Schadensersatzforderungen des Mieters wegen einer vorsätzlichen Schädigung aus §§ 823 Abs. 1 und 826 BGB.

42 Der Erwerber des DWRs erwirbt es in seinem aktuellen Rechtszustand, entsprechend auch mit einem gegebenen Mietvertrag und geltendem Mieterschutz. Ist ohne Zustimmung vertragswidrig ein Mietverhältnis daran begründet, so wird auch der Erwerber rechtlich Vermieter; das vom nicht berechtigten DWBer abgeschlossene Mietverhältnis wird durch die Abtretung geheilt.[23] Auch ein gutgläubiger Erwerb des Mieter- oder Vermieterrechts kommt nicht in Betracht. Mieter wie der Erwerber sind also hinsichtlich eines Mietverhältnisses an den Inhalt des GBs gebunden, auch soweit es sich um die Zustimmungsbedürftigkeit eines Mietvertrages handelt.[24]

2. Sonderfälle

43 Die Gefahr des Übergangs eines Mietverhältnisses auf den Eigentümer beim Heimfall wie auch auf den Erwerber, auch im Zuge der Geltendmachung des Heimfalls (Übertragung auf den vom Eigentümer benannten Dritten), lässt es angeraten erscheinen, immer in den Vereinbarungen zum DWR die Zustimmungsbedürftigkeit einer Vermietung vorzusehen. Sonst könnte der DWBer, der unter der Drohung eines Heimfallanspruches steht, noch einen langfristigen Mietvertrag (gegen die Interessen des Eigentümers oder Erwerbers) wirksam abschließen. Das spricht auch dagegen, dass Eigentümer oder Erwerber in Mietverträge eintreten, die ohne solche Zustimmung abgeschlossen sind.

---

[22] So auch Niedenführ/*Vandenhouten* § 37 Rn 7; Weitnauer/*Mansel* § 37 Rn 4; Palandt/*Bassenge* § 37 Rn 3 ab der 54. Aufl.; a. M. *Friese/Mai* § 37 Anm. 3; Soergel/*Stürner* § 37 Rn 3; *Constantin* NJW 69, 1417.

[23] AA die 6. Aufl.; wie hier Weitnauer/*Mansel* § 37 Rn 5; *Constantin* a. a. O.; Palandt/*Bassenge* § 37 Rn 3.

[24] S. Palandt/*Weidenkaff* § 566 Rn 17.

Besteht an Räumen z. Z. der Bestellung des DWRs ein Mietverhältnis, so tritt der DWBer gemäß § 567 BGB in dieses ein.[25] **44**

Sind die Räume schon dem Mieter überlassen, gelten §§ 566, 566 a–e; durch die Ausübung des DWRs würde dem Mieter der vertragsmäßige Gebrauch entzogen. Wird der Gebrauch nur einseitig beschränkt, so gilt § 567 S. 2. Hat der Mieter oder Pächter noch **keinen** Besitz, so muss sein obligatorisches Recht dem dinglichen DWR weichen, auch wenn der DWBer seinerseits noch keinen Besitz ergriffen hat (es sei denn, dass die Erfüllungsübernahme gemäß § 567 a gegeben ist); der Mieter hat dann nur Schadensersatzansprüche gegen seinen Vermieter.[26] **45**

§ 37 regelt auch nicht den Fall, dass am DWR selbst ein **dingliches** Recht (Pfandrecht oder Nießbrauch) bestellt ist. Dieses erlischt mit dem DWR. **46**

3. Veräußerung im Wege der Zwangsvollstreckung (Abs. 3 S. 2)

Bei Veräußerung im Wege der **Zwangsvollstreckung** gilt das ausnahmsweise außerordentliche **Kündigungsrecht** des § 57 a ZVG. §§ 57 c, d ZVG schränkten dieses außerordentliche Kündigungsrecht wieder ein.[27] Mit dem Wegfall der §§ 57 c und d GVG hat sich die früher erörterte Frage nach der entspr. Anwendung dieser Vorschriften im Rahmen des Abs. 3 S. 2 erledigt.[28] Es entfällt auch eine Einschränkung des Kündigungsrechts nach den Vorschriften des Mietrechts. Als Vollstreckungsmaßnahme gilt nicht nur die Zwangsvollstreckung, sondern jede andere im Zuge der Vollstreckung angeordnete Verwertung, insbesondere auch der freihändige Verkauf (wegen der Rechtslage nach der Kündigungsschutzregelung s. § 36 Rn 58 f.). **47**

Zur Durchführung der Zwangsvollstreckung s. § 31 Rn 103 ff. **48**

§§ 57 und 57 a ZVG sind entsprechend anzuwenden, obgleich das DWR kein grundstücksgleiches Recht ist.[29] **49**

Für die Anwendung des § 566 c BGB ist die herrschende Meinung zur Vorausverfügung in Einklang mit dem Mietvertrag zu beachten.[30] **50**

Dagegen kommen §§ 567 a, b BGB hier nicht zur Anwendung.[31] **51**

Bei der Veräußerung durch den Insolvenzverwalter gelten die §§ 57 ff. ZVG; das muss wie für das Grundstück (§ 111 InsO) erst recht für die Veräußerung eines DWRs gelten. **52**

§ 38 Eintritt in das Rechtsverhältnis

(1) **Wird das Dauerwohnrecht veräußert, so tritt der Erwerber an Stelle des Veräußerers in die sich während der Dauer seiner Berechtigung aus dem Rechtsverhältnis zu dem Eigentümer ergebenden Verpflichtungen ein.**

(2) [1] **Wird das Grundstück veräußert, so tritt der Erwerber an Stelle des Veräußerers in die sich während der Dauer seines Eigentums aus dem Rechtsverhältnis zu dem Dauerwohnberechtigten ergebenden Rechte ein.** [2] **Das gleiche gilt für den Erwerb auf Grund Zuschlages in der Zwangsversteigerung, wenn das Dauerwohnrecht durch den Zuschlag nicht erlischt.**

---

[25] *Diester* § 37 Anm. 7; Weitnauer/*Mansel* § 37 Rn 6; Palandt/*Bassenge* § 37 Rn 1.

[26] Palandt/*Weidenkaff* § 567 a Rn 1 f.

[27] I. d. F. v. 23./30. 11. 2007 (BGBl. I S. 2614).

[28] Zur damaligen Diskussion s. die 9. Aufl.

[29] RGRK-*Augustin* § 37 Rn. 6.

[30] S. oben Vor. § 31 Rn 1 ff.; JW 29, 3257; 30, 769; RG 144, 194 f.

[31] Zu §§ 567 a, 578 BGB s. die Kommentare zum Mietrecht.

Übersicht

I. Der Normzweck

1 Dem Gesetzgeber ist an einer kontinuierlichen und berechenbaren Rechtsbeziehung zwischen dem Eigentümer des Grundstücks und dem Dauerwohnberechtigten gelegen. Dementsprechend sollen nach der Vorschrift des § 38 die Rechtsbeziehungen zwischen Eigentümer und Dauerwohnberechtigten auch im Falle der Veräußerung des Dauerwohnrechts erhalten bleiben (§ 38 Abs. 1; vgl. hierzu die amtlich nicht veröffentlichte Begründung zu dem Regierungsentwurf des WEG 1951: BR-Drucks. 75/51). Gleiches gilt, wenn das Grundstück veräußert oder zwangsversteigert wird (§ 38 Abs. 2).

Zu diesem Zweck bestimmt § 38, dass bei Veräußerung sowohl des Dauerwohnrechts als auch des Grundstücks die jeweiligen Erwerber in vollem Umfang in die Rechtsstellung des Veräußerers eintreten.

II. Rechtlicher Grund der Vorschrift

2 Nach der hier vertretenen Auffassung ist das DWR ein **dingliches** Recht, genauer ein beschränktes dingliches Recht mit Dienstbarkeitscharakter (s. Vor. § 31 Rn 21 ff., § 31 Rn 1 ff.). Daraus ergibt sich auch der ausschließlich dingliche Inhalt des Rechtes (dazu § 33 Rn 4 ff., 28 ff., 112 ff.) und die dogmatische Getrennthaltung von der schuldrechtlichen Miete. In den **dinglichen** Inhalt des Rechts, als gesetzlich wie auch als vertraglich zulässigen, ist aber ausweislich des § 33 Abs. 1–4 ein wiederkehrendes Entgelt nicht aufgenommen. Man kann auch die Zulässigkeit einer Entgeltsvereinbarung als dinglichen Inhalt des Rechtes nicht etwa mit einer erweiternden Auslegung des § 33 Abs. 4 oder mit grundsätzlichen Erwägungen rechtfertigen; so kann man auch nicht argumentieren, dass eine dingliche Entgeltvereinbarung zulässig sein müsse, da doch nach § 33 Abs. 4 Nr. 3 vom DWBer auch die (entgeltartige) Übernahme öffentlicher oder privatrechtlicher Lasten des Grundstücks mit dinglicher Wirkung zulässig sei, wobei eine solche Vereinbarung wiederum, trotz Dinglichkeit, nur Wirkung im Innenverhältnis der Beteiligten (Eigentümer und DWBer) hat und nicht zu einem unmittelbaren Schuldverhältnis mit den Gläubigern dieser Lasten führt (s. § 33 Rn 122 ff. u. 160). Entscheidend ist auch nicht, dass das WEG nicht, wie das ErbbauRG (§ 9), eine dingliche Sicherung des Entgelts am DWR (am ErbbR in der Form einer Reallast) zugelassen hat, woraus geschlossen werden müsste, dass das Entgelt damit zum immanenten Inhalt des dinglichen Rechtes gehört. Das ErbbR des BGB (§§ 1012 bis 1017) sah eine solche dingliche Sicherung durch Reallast ebenfalls nicht vor; dennoch galt nicht (wenn auch streitig: s. gleich unten), dass der **Erbbauzins** „dinglicher Inhalt" des ErbbRs sei.[1] Das Verhältnis zwischen Grundstückseigentümer und Erbbau-Ber. ist auch hinsichtlich des Erbbauzinses als Entgelt zunächst nur schuldrechtlicher Art, die erst durch die Eintragung

[1] Zum Schrifttum s. beispielsweise *Wittmark,* Das ErbbR, 1906; *Pesl,* Das ErbbR geschichtlich und wirtschaftlich dargestellt, 1910; *Erman,* ErbbauR und Kleinwohnungsbau, 1907.

zur dinglichen Erbbzins-Reallast wird.[2] Die Zulassung der Entgeltvereinbarung als dinglicher Inhalt des Rechtes durch ausdehnende Auslegung des § 33 Abs. 4 würde zudem keine Lösung für die Anwendung des § 38 (Eintrittswirkung) in jenen wahrscheinlich häufigen Fällen bringen, in denen eine solche Dinglichkeitserklärung (durch Einigung und Eintragung) absichtlich oder aus Nachlässigkeit nicht geschehen ist. Würde man aber die verdinglichte Entgeltabrede allein der Eintrittswirkung unterstellen wollen, dann würde das einerseits eine unverständliche Doppelsicherung bedeuten (da der dingliche Inhalt eines Rechtes die Eintrittswirkung sowieso genießt), andererseits für den § 38 als besondere gesetzliche Bestimmung fast jede Berechtigung fehlen.

Zum Verständnis des vielleicht etwas verunglückten § 38 ist zunächst zu sagen, dass es ganz bestimmte Gründe dafür gibt, die Entgelt- oder Gegenleistungsverpflichtung nicht zum **dinglichen** Inhalt kraft Gesetzes oder kraft Vereinbarung zu machen. In diesen Fällen würde das DWR selbst für die Schuld aus der Gegenleistungsverpflichtung dinglich haften; damit aber hätte der Grundstückseigentümer einen unmittelbaren dinglichen Zugriff auf das DWR, er könnte unmittelbar in das Recht vollstrecken; das würde, mindestens dem Grade nach, dem Grundgedanken des Bestandsschutzes des DWRs als Fremdrecht (s. § 33 Rn 62 ff.) widersprechen und die Verkehrsfähigkeit des Rechtes beeinträchtigen. Allerdings ist der Grundsatz schon durch die Dinglichkeit einer Vereinbarung über Übernahme von öffentlichen oder privatrechtlichen Lasten nach § 33 Abs. 4 Nr. 3 **durchbrochen;** der Grundstückseigentümer (nicht ein Gläubiger dieser Lasten) könnte bei Verzug hierwegen auch **dinglich** in das DWR selbst vollstrecken. Aber auch in diesem Falle wird die Verpflichtung des DWBer (nicht unter Loslösung von der schuldrechtlichen Verpflichtung) verdinglicht.[3] Außerdem würden dingliche Rechte am DWR hierdurch nicht beeinträchtigt (Pfandrechte, Nießbrauch), anders wenn die Entgeltsverpflichtung nicht eintragungsbedürftiger dinglicher Inhalt wäre. 3

Die wiederkehrende Gegenleistung kann nicht als Inhalt des Rechtes vereinbart werden, da dies weder in § 33 Abs. 4 noch sonst im Gesetz vorgesehen ist (§ 33 Rn 10).

Inhaltsbestimmungen solcher Art kennt das BGB:

Grunddienstbarkeit in § 1021 Abs. 1 S. 2: Verpflichtungen zur Unterhaltung einer Anlage; aber keine entsprechende Anwendung auf die Gegenleistung. Allerdings besteht ein Vorbehalt für landesrechtliche Zulässigkeit: Art. 115 EGBGB. 4

Sonst aber Verdinglichung des Entgelts durch Belastung des herrschenden Grundstückes zugunsten des dienenden mit Reallast. Andererseits kann die Gegenleistung als aufschiebende oder auflösende Bedingung der Grunddienstbarkeit oder als Grund für Zurückbehaltungsrecht gewertet werden.[4] 5

Zum ErbbR ist im BGB nichts gesagt. Die ErbbRVO von 1919 hat gleichfalls nicht die Gegenleistung als Inhalt des Rechts eingeführt. Vielmehr eine eigene Reallast in ErbbR. Grund dafür war, dass durch den Erbbauzins als Inhalt des Rechtes die Beleihbarkeit des ErbbRs gefährdet würde, da er dann nicht im Rang zurücktreten könnte. 6

Dem könnte man allerdings entgegenhalten, dass die Gegenleistung als Inhalt des Rechtes kein Verwertungsrecht wie die Reallast gäbe. Ohne Eintragung einer gesonderten Reallast hat der Anspruch auf den Erbbauzins zwar keinen eigenen Rang, aber der Grundstückseigentümer muss doch, wenn der Zins gesetzlicher oder vereinbarter Inhalt des dinglichen Rechtes ist, daraus irgendein Recht haben, und das könnte nur das im Inhalt des Rechtes selbst liegende Recht des Zugriffs auf das ErbbR (analog auf das DWR) sein; alle Pfandrechte und Belastungen am ErbbR (oder DWR) stünden logischerweise im Rang dahinter, kämen auch bei der Verwertung im Rang danach. 7

---

[2] Palandt/*Bassenge,* Überbl. Rn 4 Vor § 1 ErbbRVO.

[3] Palandt/*Bassenge* § 38 Rn 1.

[4] Palandt/*Bassenge* § 1093 Rn 15.

8 Diese Zwangslage musste den Gesetzgeber notwendigerweise dazu führen, die Gegenleistung nicht zum Inhalt des Rechtes zu machen. Beim ErbbR (als grundstücksgleichem Recht) lag der Weg über die rangfähige Reallast näher. Für das DWR musste es bei § 38 bleiben, um eine mietähnliche Behandlung zu gewährleisten.

9 Sprechen so Gründe (wenn auch vielleicht nicht allzu durchschlagende und nicht genügend geklärte) gegen eine „Verdinglichung" des Entgeltsanspruchs, so könnte andererseits derselbe nicht vollständig dem Bereich der bloßen schuldrechtlichen Wirkung, also insbesondere ohne jede Wirkung für und gegen Rechtsnachfolger, überlassen werden, da doch schon für den Mietvertrag durch §§ 566 ff. BGB ein pseudodinglicher Charakter eingeführt würde. § 566 BGB hat den Eintritt in Rechte und Verpflichtungen aus dem Mietvertrag nur für den Vermieter, den Eigentümer des Grundstückes, bestimmt; hinsichtlich des Mieters wird dort nichts gesagt. Als Reflexwirkung ergibt sich aber, dass auch der Mieter an den Mietvertrag weiterhin gebunden ist. Von besonderer Bedeutung sind – z. B. bei Mietvorauszahlungen – die Einschränkungen der Wirksamkeit solcher Vorausverfügungen über den Mietzins dem Erwerber gegenüber (§§ 566 b, c BGB), die aber durch die Rspr. und, in Bezug auf den Ersteher in der Zwangsversteigerung und sein außerordentliches Kündigungsrecht nach § 57 a ZVG wesentlich verändert wurden (s. Vor. § 31 Rn 1 ff.). Daneben ist aber noch die Zugriffsmöglichkeit der Grundpfandrechtsgläubiger auf Miet- und Pachtertrag, wie auch auf sonstige wiederkehrende Leistungen, die mit dem Eigentum am Grund und Boden verbunden sind, zu beachten. Dem Erwerber des DWRs wie des Grundstücks ist § 38 gewidmet, dem dinglichen Zugriff der Grundpfandrechtsgläubiger § 40.

§ 38 beschränkt sich darauf, anzuordnen, dass:

10 – bei Veräußerung des **DWRs** der Erwerber an Stelle des Veräußerers „in die sich während der Dauer seiner Berechtigung ergebenden **Verpflichtungen** eintritt",

11 – bei Veräußerung des **Grundstücks** der Erwerber an Stelle des Veräußerers „in die sich während der Dauer seiner Eigentums ergebenden **Rechte** eintritt".

Dabei wird ein Erwerb in der Zwangsversteigerung dem rechtsgeschäftlichen Erwerb des Grundstücks gleichgestellt.

12 Im Gegensatz zu § 566 BGB beschränkt sich § 38 bei der Grundstücksveräußerung darauf, vom Eintritt in die **Rechte** des Grundstückseigentümers zu sprechen, während er andererseits den DWBer (nicht wie den Mieter nach § 571) nicht unbedacht lässt, aber hier nur den Eintritt in die **Verpflichtungen** anordnete. Diese exakte Formulierung (eine einfache entsprechende Übernahme des § 566 BGB hätte schließlich nahegelegen) kann nicht ohne Grund geschehen sein. *Diester*[5] geht davon aus, dass der Eintritt nach § 38 sich gleichmäßig für beide Beteiligte, also Eigentümer **und** DWBer, auf Rechte und Verpflichtungen beziehe. Doch dürfte davon auszugehen sein, dass es einen Grund für die einseitige Fassung des § 38 geben muss. Wenn bei der Veräußerung des DWRs (Abs. 1) nur vom Eintritt in **Verpflichtungen** gesprochen wird, so wohl deshalb, weil die Rechte des DWBer gesetzlicher oder als Vereinbarung zulässiger **dinglicher** Inhalt des Rechtes im Sinne des § 33 schon sind;[6] diese dingliche Wirkung schließt aber die Eintrittswirkung ohne weiteres ein.[7] Umgekehrt ist bei der Veräußerung des Eigentums nur vom Eintritt in die **Rechte** die Rede, weil die Verpflichtungen des Eigentümers **dinglicher** Inhalt des Rechtes im Sinne des § 33 schon sind.[8]

13 Der Gesetzgeber hat klar zum Ausdruck gebracht, was **„gesetzlicher"** Inhalt des dinglichen Rechtes ist: § 33 Abs. 1–3, wobei er für Abs. 2 die Abdingbarkeit zugelassen hat. Er hat ferner die Möglichkeit der „Vereinbarung" dinglichen Inhalts mit § 33 Abs. 4, §§ 35,

[5] § 38 Anm. 10.
[6] Palandt/*Bassenge* § 38 Rn 1.
[7] Im Ergebnis auch Weitnauer/*Mansel* § 38 Rn 8; *Bassenge* ebenda.
[8] Weitnauer/*Mansel* § 38 Rn 9.

36 (mit Einschränkung des § 41 Abs. 3 für langfristige DWRe), 39 und 40 Abs. 2 geschaffen. Die Dinglichkeit hat die Wirkung des Inhalts für und gegen jedermann, auch gegenüber Rechtsnachfolgern. Das Gesetz macht nun noch die weitere Einschränkung der bloßen Eintrittswirkung mit § 38. Diese Eintrittswirkung als Teil-Dinglichkeit (ähnlich dem § 566 BGB für die Miete) soll bei dieser klaren Abgrenzung der Gegenstände voller dinglicher Wirkung eingeschränkt sein auf Gegenstände, die nicht gesetzliche Dinglichkeitswirkung haben oder eine solche durch Vereinbarung haben können. So scheidet beispielsweise (schon der ganzen Art des Gegenstandes nach allerdings) eine Eintrittswirkung für Vereinbarungen nach §§ 39 und 40 Abs. 2 aus; aber auch für Veräußerungsbeschränkungen (§ 35) und Heimfallanspruch (§ 36) gilt dies, da, wenn sie nicht als Inhalt des Rechtes im GB eingetragen sind, sie auch nicht die (eingeschränktere) Eintrittswirkung nach § 38 entfalten können. Dann muss das Gleiche aber logischerweise auch für **alles** gelten, was nach § 33 Abs. 4 als **Inhalt** des Rechts vereinbart und mit dinglicher Wirkung eingetragen werden kann, nämlich Vereinbarungen über Art und Umfang der Nutzungen, Instandhaltung und Instandsetzung, Übernahme öffentlicher oder privatrechtlicher lasten, Versicherung des Gebäudes, Recht auf Sicherheitsleistung (auch wenn sich die Prüfungspflicht des GBAs nach § 32 Abs. 3 hierauf nicht erstreckt).

Neben diese Abgrenzung zum möglichen „dinglichen" Inhalt des Rechtes könnte nun aber auch noch eine Abgrenzung zum gesamten möglichen **schuldrechtlichen** Inhalt kommen; es ist fraglich, ob die Eintrittswirkung jeder schuldrechtlichen Vereinbarung zugute kommt; abgesehen von jenen Vereinbarungen, die als „dinglich" begründet werden könnten, die (s. oben) die Eintrittswirkungen nicht genießen können, wenn ihnen die mögliche dingliche Wirkung nicht verschafft wurde durch Einigung und Eintragung. Gegen eine weitere Einschränkung der Eintrittswirkung für die schuldrechtlichen Vereinbarungen würde die ähnliche Bestimmung des § 566 BGB für das Mietverhältnis sprechen, wo für den Eintritt des Erwerbers des Grundstücks in die Rechte und Pflichten aus dem (schuldrechtlichen) Mietverhältnis keine Einschränkung hinsichtlich der Art und des Umfangs des Inhalts des Mietverhältnisses gemacht ist, abgesehen von der zeitlichen Beschränkung der Eintrittswirkung auf die **Dauer** des Eigentums des Erwerbers.[9] Hierzu wird man aber darauf verweisen können, dass im Allgemeinen der Vermieter ein Kündigungsrecht hat. Aber dieses kann bei Verträgen auf bestimmte Frist für lange Zeit ausgeschlossen sein, außerdem macht für einen großen Teil der Mietverhältnisse der Mieterschutz (s. § 37 Rn 2 ff. u. 21 ff.; § 36 Rn 58 ff.) die Kündigung unmöglich oder erschwert sie zum mindesten erheblich. Es gehen auf den Erwerber eines Grundstücks Rechte und Pflichten aus Mietverhältnissen daran so über, wie sie nach dem Stande der Vereinbarungen (unter Berücksichtigung der Mietgesetzgebung) aktuell im Zeitpunkt des Eigentumsübergangs auf den Erwerber bestehen, nicht nur so, wie sie nach dem ursprünglichen Mietvertrag bestanden, sondern samt allen nachfolgenden Änderungen und Ergänzungsabreden. Wenn dies für das Mietrecht bislang (ohne Abänderungswünsche zum § 566) tragbar und durchführbar erschien, so ist schwer einzusehen, warum Gleiches nicht auch im Rahmen des DWRs sollte gelten können. Es ist, wie im Falle der übernommenen Mietverhältnisse, Sache des Grundstückserwerbers, wie andererseits auch des Erwerbers eines DWRs, sich im Benehmen mit Eigentümer und DWBer über den aktuellen schuldrechtlichen Vertragszustand zu unterrichten, wobei bei falschen oder unvollständigen Angaben die Haftungsbestimmungen des allgemeinen Rechtes, insbesondere der culpa in contrahendo, in Betracht kommen können. Allerdings wird dieser Gesichtspunkt im Falle der Veräußerung durch Zwangsvollstreckung entfallen. Hier liegt der eigentliche Mangel des § 38, da der Ersteher auch nicht das außerordentliche Kündigungsrecht des Vermieters (§ 57 a ZVG) hat. **14**

Die Eintrittswirkung des § 38, ähnlich dem § 571, enthält im Übrigen keine den §§ 566 b und c entsprechende Bestimmung über die teilweise Unwirksamkeit von Voraus- **15**

[9] S. a. Weitnauer/*Mansel* § 38 Rn 8; *Diester* § 38 Anm. 16.

verfügungen oder Vereinbarungen über das künftige Entgelt. Das Gesetz macht hinsichtlich der Wirksamkeit von Vorausverfügungen nur eine einzige Ausnahme, nämlich in § 40 Abs. 1 S. 1 zugunsten der Gläubiger von Grundpfandrechten, Reallasten und wiederkehrenden öffentlichen Lasten, die dem DWR im Rang **vorgehen** oder **gleichstehen;** dort ist die analoge Anwendung der §§ 573 ff. BGB angeordnet. Die Vorausverfügung wirkt also in der Regel nur für den laufenden Monat;[10] nach § 40 Abs. 2 kann aber auch hierfür mit Gläubigern als dinglicher Inhalt des Rechtes die Wirksamkeit weiterer Vorausverfügungen vereinbart werden. Im Übrigen gelten §§ 566 b ff. BGB nicht (so wenig wie §§ 57 a, b, 21, 148 ZVG); eine Vorausverfügung über das wiederkehrende Entgelt wie auch eine einmalige Zahlung, z. B. als Baukostenzuschuss, ist also auch im Rahmen der Eintrittswirkung gültig: gegenüber rechtsgeschäftlichen Erwerbern, Erstehern in der Zwangsversteigerung, Insolvenzverwalter, Zwangsverwalter und Gläubigern aus Grundpfandrechten, Reallasten und wiederkehrenden öffentlichen Lasten, die dem DWR im Rang nachgehen.[11]

16 Nach *Weitnauer*[12] sollten ursprünglich **alle** obligatorischen Vereinbarungen mit der jeweiligen dinglichen Rechtslage durch § 38 total gleichgeschaltet werden.[13] Nicht jede Verpflichtung soll unter § 38 fallen, sondern nur solche, die zeitlich teilbar, also dauerschuldartig sind.[14]

17 Die Ausdehnung der Eintrittwirkung auf die möglicherweise sehr breite und nicht immer einwandfrei festgelegte Masse von schuldrechtlichen Vereinbarungen mag bedenklich erscheinen. Sie ist im Grunde nicht mehr als die **Verdinglichung** aller Beschlüsse und richterlichen Entscheidungen in WEs-Sachen nach § 10 Abs. 4. Darüberhinaus gibt aber die im Rahmen des Gesetzes (§§ 33 Abs. 4, 35, 36, 39, 40 Abs. 2) zulässige Vereinbarung **dinglichen** Inhalts die Möglichkeit, die sachenrechtlich entscheidenden Punkte, einschließlich der Ausgestaltung der Nutzung, mit Wirkung für und gegen jeden auszustatten. Diese der Verdinglichung zugänglichen Vereinbarungen erscheinen dem Gesetzgeber besonders wichtig und für Verkehrsfähigkeit und Bestandsschutz des DWRs sowie für den Schutz des Eigentümers von so entscheidender Bedeutung, dass auch hieraus sich die Auffassung rechtfertigt, solchen Vereinbarungen die Eintrittswirkung nur dann zuzuerkennen, wenn sie zum dinglichen Inhalt durch **Eintragungen** geworden sind, sonst aber ihnen nur rein schuldrechtliche Wirkung zuzubilligen.[15]

18 Nicht entscheidend kann im Übrigen sein, ob dingliche oder schuldrechtliche Vereinbarungen im Grundgeschäft für die Bestellung des DWRs selbst oder erst später getroffen worden sind.

19 Das DWR ist als dingliches Recht vom Grundgeschäft unabhängig (s. § 31 Rn 59 ff.). Das Grundverhältnis (Kausalverhältnis) ist formfrei (über seine Natur siehe ausführlich bei § 31 Rn 59 ff.). In der **Formlosigkeit** der schuldrechtlichen Vereinbarungen liegt die Gefahr unklarer und dem Erwerber nicht eindeutig erkennbarer Rechtszustände. Im Allgemeinen aber wird dieser Vertrag wohl wenigstens privatschriftlich geschlossen; dann empfiehlt es sich jedenfalls, auch jede Änderung derselben von der Einhaltung der Schriftform nach §§ 125 S. 2, 126 bzw. 126 a (elektronische Form) BGB abhängig zu machen und womöglich von der Verbindung der Änderungsverträge mit der Hauptvereinbarung (s. allerdings die hier vertretene Auffassung zum Prüfungsrecht des GBAs hinsichtlich des Inhalts der Einigung über Bestellung des DWRs, § 32 Rn 15 ff.). Die Textform nach § 126 b BGB dürfte nicht zu favorisieren sein. Besonders nachteilig kann sich dies bei der

---

[10] Zur weitergehenden Rechtsprechung s. Vor § 31 Rn 3.

[11] So auch *Diester* § 40 Anm. 6; Weiteres s. bei § 40 Rn 27 ff.

[12] 1. Aufl. § 38 Anm. 7, 8.

[13] Eingeschränkt bei Weitnauer/*Mansel* § 38 Rn 5.

[14] *Hubernagel* § 38 Anm. 1: Alle Verpflichtungen, gleich ob kauf- oder mietähnlich, ausgenommen nur Verpflichtungen, welche nicht das Grundverhältnis betreffen, sondern nur mit ihm zusammenhängen (Wettbewerbsverbote, Miete anderer Räume).

[15] Weitnauer/*Mansel* § 38 Rn 5; Palandt/*Bassenge* § 38 Rn 1; aA *Diester* § 38 Rz 9, 10 und Soergel/*Stürner* § 38 Rn 4; dazu auch *Staak,* SchlHA 59, 140.

Veräußerung im Wege der Zwangsvollstreckung auswirken, da hierbei nur schwer der wirkliche Stand der Vereinbarungen festgestellt werden kann. Immerhin wird der jeweils nicht von der Zwangsvollstreckung betroffene Beteiligte (Eigentümer oder DWBer) zu der für ihn verbindlichen Auskunft darüber zu veranlassen sein.

Auch der schuldrechtliche Vertrag über die Veräußerung des DWRs wie auch die **20** Einigung darüber bedürfen keiner Form. Nur die **Eintragungsbewilligung** muss der Form des § 29 GBO entsprechen; diese braucht aber irgendwelche Angaben über den gegenwärtigen Stand des Schuldverhältnisses (wie auch des dinglichen Inhalts, der sich aus dem GB ergeben muss) nicht zu enthalten (s. aber § 32 Rn 15 ff.).

Verletzungen schuldrechtlicher Vereinbarungen unterliegen dem allgemeinen Recht.[16] **21** Gegen vertragswidrigen Gebrauch kann der Eigentümer die Eigentumsstörungsklage aus § 1004 BGB erheben. Zudem wird hierfür meist ein Heimfallanspruch vereinbart sein (§ 36).

III. Begriff der Eintrittswirkung

Die Eintrittswirkung bedeutet den Eintritt des Sonderrechtsnachfolgers in die bezeichne- **22** ten Rechte oder Verpflichtungen. Für den Universalrechtsnachfolger, z. B. den Erben, bedarf es dieser besonderen Eintrittswirkung als Grund für den Übergang von Rechten und Pflichten nicht, da diese geschlossen auf ihn übergehen. Eintrittswirkung bedeutet Wirkung für und gegen **Rechtsnachfolger,** nach § 38 beschränkt auf die **Verpflichtungen** beim Übergang des DWRs und auf die **Rechte** beim Übergang des Grundstückseigentums. Da nicht vom Rechtsnachfolger schlechthin in § 38 gesprochen wird, sondern nur vom „Erwerber“ des DWRs bzw. des Eigentums, treten z. B. auch Pfandgläubiger oder Nießbraucher am DWR nicht in dessen Verpflichtungen ein, anders als nach §§ 746, 751, 755 Abs. 2 BGB (vgl. auch § 1058); der Pfandgläubiger haftet auch nicht für das wiederkehrende Entgelt auf das DWR.

Siehe im Übrigen auch zum Wesen der Dinglichkeit und ihren einzelnen Wirkungen **23** Einl. Rn 88 ff.

Die Anordnung der Eintrittswirkung mit § 38 konnte gerade insoweit erforderlich **24** erscheinen, als nicht schon die dingliche Wirkung des Inhalts des Rechts bestand. Die dingliche Wirkung schließt auf jeden Fall die Eintrittswirkung in sich (s. o. Rn 1 ff.).

Ein guter Glaube des Erwerbers des DWRs über den Inhalt der schuldrechtlichen **25** Vereinbarungen wird durch die Eintrittswirkung nicht geschützt.[17] Wohl aber kann derselbe den Eigentümer für die von ihm zum Stande derselben gemachten Angaben verantwortlich machen; der Eigentümer kann sich insbesondere nicht etwa darauf berufen, dass Änderungen der Vereinbarungen nur schriftlich zulässig seien (i. S. des § 125 S. 2 BGB) und dass dem Erwerber gemachte Angaben nicht schriftlich niedergelegt worden seien, also den bisherigen Inhalt der Vereinbarungen nicht verändern konnten. Hinsichtlich des **dinglichen** Inhalts des Rechtes ist jedoch gutgläubiger Erwerb möglich; hierfür ist das GB ausschließlich maßgebend.

War der Besteller des DWRs gar nicht der Eigentümer des Grundstücks, so können der **26** DWBer und auch der Erwerber eines bestehenden DWRs sich auf den guten Glauben berufen, analog zu § 1058 BGB (für den Nießbrauch). Dann erwirbt er auch Rechte und Pflichten aus dem zugrunde liegenden Schuldverhältnis „gutgläubig“ (Wirkung des § 1058 über §§ 892 f. BGB noch hinaus auf das Schuldverhältnis).

Die Eintrittswirkung wird auch durch mehrmalige Weiterveräußerung nicht beseitigt; **27** insoweit gilt hier § 567 b BGB analog.

Auch kann sich die Eintrittswirkung immer nur auf Vereinbarungen erstrecken, die das **28** DWR unmittelbar betreffen; insoweit ist auf die Rechtsprechung zu § 566 Abs. 1 zu

[16] Siehe dazu ausführlich § 33 Rn 39 ff.

[17] Palandt/*Bassenge* § 38 Rn 1.

verweisen. Die Vereinbarung muss also in einem notwendigen rechtlichen oder wirtschaftlichen Zusammenhang mit dem DWR stehen; das gilt z. B. nicht von einem Darlehens- oder Werkvertrag zwischen den gleichen Parteien.

29 Die Verpflichtung zur Errichtung des Gebäudes bei DWR an noch zu errichtenden Räumen (s. § 31 Rn 38 ff.) ist schon Inhalt des dinglichen Rechtes selbst, auch ohne Eintragung; dafür ist die Eintrittswirkung nicht erforderlich.[18]

30 Über die Ersatzansprüche des Eigentümers wegen Veränderung oder Verschlechterung sowie des DWBer auf Verwendungsersatz und Wegnahme siehe § 34: Diese Bestimmung ist gesetzlicher Inhalt des dinglichen Rechts. Abweichende Vereinbarungen oder Abdingung müssten als dinglicher Inhalt in das GB eingetragen werden; bloße schuldrechtliche Vereinbarung hierüber wird von der Eintrittswirkung nicht erfasst.

31 Für von § 41 Abs. 2 abweichende Vereinbarungen über Löschungsverpflichtung gilt das Gleiche.

32 Ähnlich der Rechtsprechung zu § 566 BGB, kann man auch von einem Eintritt kraft selbstständigen Rechts, d. h. einer an das Eigentum des Grundstücks bzw. an das dingliche Recht des DWRs geknüpften Obligation sprechen.[19]

33 Dagegen kann eine entsprechende Anwendung der Grundsätze zur Übertragung einer Forderung kraft Gesetzes entsprechend gelten. Ausnahme nur für den Rechtsgedanken des § 407 BGB (ebenso § 836 Abs. 2 ZPO); schon aus Analogie zu § 1058 BGB, wenn diese Bestimmung auch angewendet wird auf den Fall, dass der Besteller des Nießbrauchs Eigentümer war, später aber ein Wechsel in der Person des Eigentümers eingetreten ist, ohne dass die Veräußerung dem Nießbraucher bekannt geworden ist.[20] § 1058 BGB erstreckt den Schutz des gutgläubigen Nießbrauchers auf das gesetzliche Schuldverhältnis.[21]

34 Keine Anwendung findet § 1058 BGB auf den umgekehrten Fall, also zugunsten des Bestellers oder eines späteren Eigentümers. Nicht hierher gehört § 893 BGB; allerdings gilt diese Bestimmung auch für das DWR.

IV. Umfang der Eintrittswirkung

1. Schuldrechtliche Vereinbarungen

35 Zeitlich wirkt der Eintritt nur für die Dauer des Eigentums bzw. der DW-Berechtigung (s. o. Rn 1 ff.).

Sachlich wirkt er auf schuldrechtliche Vereinbarungen, soweit sie
- die **Verpflichtungen** des DWBer.
- die **Rechte** des Eigentümers betreffen, nicht aber umgekehrt.[22]

36 Ferner werden von der Eintrittswirkung nicht erfasst diejenigen Verpflichtungen (des DWBer) und Rechte des Eigentümers, die nach dem Gesetz (insbesondere § 33 Abs. 4, §§ 35, 36, 39 u. 40 Abs. 2) zum **dinglichen** Inhalt des Rechtes hätten erklärt werden können; ist dies nicht geschehen, so gelten Vereinbarungen hierüber als gewöhnliche rein schuldrechtliche, auf die sich auch die Eintrittswirkung nicht erstreckt (s. oben Rn 17).

37 In der ersten Frage waren sowohl *Weitnauer/Hauger*[23] als auch *Diester*[24] anderer Meinung, ohne aber eine dogmatische Begündung, insbesondere für ihre vom Gesetzeswortlaut abweichende Auslegung, zu geben.[25] Die Frage der Eintrittswirkung hinsichtlich **mögli-**

---

[18] Gegen *Diester* § 38 Anm. 14 Abs. 3.

[19] Palandt/*Weidenkaff* § 566 Rn 1; BGHZ 141, 239.

[20] Palandt/*Bassenge* § 1058 Rn 1.

[21] Palandt/*Bassenge* Einf. vor § 1030 Rn 1; § 1058 Rn 1.

[22] S. oben Rn 2 ff.

[23] § 38 Rn 7.

[24] § 38 Anm. 9, 10.

[25] Eingehend zu der Frage Soergel/*Stürner* § 38 Rn 4; die oben angeführte Begründung (Rn 13) erscheint aber nicht widerlegt.

chen dinglichen Inhalts wird nun auch von *Weitnauer/Mansel*[26] verneint.[27] *Riebandt-Korfmacher*[28] strebt einer über den gesetzlichen Vorbehalt hinausgehenden „Verdinglichung" zu, die aber nicht zu rechtfertigen ist.

2. Veräußerung des Dauerwohnrechts (Abs. 1)

Der Erwerber des DWRs tritt vor allem, was wirtschaftlich besonders wichtig ist, in eine etwa noch laufende Verpflichtung zur Zahlung eines (wiederkehrenden) **Entgelts** ein, und zwar wegen § 38 „kraft Gesetzes", und nur in die während der Dauer seiner DWBer sich ergebenden, also fällig werdenden Verpflichtungen. **38**

Für Vereinbarungen einmaliger Leistungen (sei es auch in bestimmten Raten, die nicht den Charakter wiederkehrender Gegenleistungen, sondern den von Teilzahlungen auf eine fest vereinbarte Gegenleistung haben) kann dieser Eintritt zweifelhaft sein; wird eine solche erst nach dem Erwerb fällig, so gilt trotzdem die Eintrittswirkung. War der Erwerber darüber vorsätzlich im Irrtum gehalten worden, so kann er Schadensersatzansprüche nach allgemeinem Recht geltend machen, aber auch den Abtretungsvertrag anfechten (§§ 119, 123 BGB). **39**

Bei Erwerb des Rechts bestehende **Rückstände** aus fälligem Entgelt können gegen den Erwerber nicht geltend gemacht werden.[29] Der Veräußerer haftet aber auch nicht entsprechend § 566 Abs. 2 BGB für Nichtleistung und Schaden des Erwerbers. Das gilt bei dinglicher Übernahme von Beiträgen zu den öffentlichen oder privatrechtlichen Lasten nach § 33 Abs. 4 Nr. 3. **40**

Zur Klärung aller Fragen mit dem Erwerber eines DWRs empfiehlt sich die Vereinbarung einer Veräußerungsbeschränkung und Zustimmungsbedürftigkeit für die Veräußerung nach § 35 (s. dort): **41**

Der DWBer kann aber in den schuldrechtlichen Vereinbarungen auch die Haftung für einen Erwerber übernehmen; dafür gilt gleichfalls die Eintrittswirkung des § 38 bei Weiterveräußerung durch den Erwerber. **42**

Das Gesagte gilt auch nicht nur für dauerschuldartige wiederkehrende, mietähnliche Gegenleistungen, sondern **auch** für einmalige Verpflichtungen, z. B. für Vertragsstrafe (zur Vermietung siehe § 37). **43**

Die Eintrittswirkung hat zur Folge, dass der Erwerber des DWRs für die Verpflichtungen daraus, wie der Veräußerer, mit seinem ganzen Vermögen, nicht nur mit dem DWR haftet. **44**

3. Veräußerung des Grundstücks (Abs. 2 S. 1)

Nach dem Text tritt der Grundstückserwerber in die **„Rechte"** aus dem DWR ein; für die **dinglich** vereinbarten oder einer solchen dinglichen Vereinbarung zugänglichen Verpflichtungen gilt die Eintrittswirkung nicht oben Rn 13, 35 f.). Wichtig ist insbesondere, dass der Anspruch auf ein etwa vereinbartes Entgelt auf den Grundstückserwerber für die Dauer seines Eigentums übergeht. **45**

4. Veräußerung des Grundstücks im Wege der Zwangsversteigerung (Abs. 2 S. 2)

In diesem Fall gilt das Gleiche wie zu 3.; vorausgesetzt, dass das DWR wegen seines Ranges oder wegen einer Bestehen bleibensvereinbarung nach § 39 Abs. 1 oder einer Abmachung nach §§ 44, 59, 91 ZVG überhaupt bestehenbleibt und nicht erlischt. Der **46**

---

[26] § 38 Rn 5.
[27] AA *Hoche* NJW 1954, 959.
[28] GWW 51, 145.
[29] Weitnauer/*Mansel* § 38 Rn 8; Palandt/*Bassenge* § 38 Rn 2.

Ersteher wird dann wie ein rechtsgeschäftlicher Erwerber behandelt; die Eintrittswirkung nach § 38 Abs. 2 (s. oben Rn 22 ff.) gilt auch für ihn, trotz nicht-rechtsgeschäftlichen Erwerbs im Wege der Zwangsversteigerung. Schon die Natur des DWRs als dingliches Recht schließt darüber hinaus die außerordentliche Kündigung nach § 57 a ZVG aus.[30] Ein Heimfall für den Fall der Veräußerung im Wege der Zwangsversteigerung erscheint unzulässig (s. § 36 Rn 85). Auch eine Veräußerungsbeschränkung, also eine Zustimmungsbedürftigkeit des Zuschlags nach § 35 mit § 12 Abs. 3 S. 2 kann vereinbart werden, allerdings nach der Beschlagnahme des Grundstücks nicht mehr mit absoluter Wirkung gegen den Ersteher.

5. Sicherheit

47 Eine Sicherheit (Pfandrecht oder Bürgschaft, Recht eines Dritten) für die Forderung des Eigentümers gegen den DWBer besteht nicht weiter, wenn das DWR weiterveräußert wird und der neue DWBer (nur) für eigene Schulden haftet. § 418 BGB braucht nicht herangezogen zu werden, da es sich nicht um eine vertragliche Schuldübernahme handelt.[31]

48 Die Bestellung einer Sicherheit zugunsten des jeweiligen Eigentümers des Grundstücks für alle Forderungen aus dem Rechtsverhältnis gegen den jeweiligen DWBer ist grundsätzlich zulässig.[32] Sicherheit wird grundsätzlich dem jeweiligen Eigentümer zustehen. Allerdings ist ein Pfandrecht am DWR zugunsten des jeweiligen Grundstückseigentümers nicht möglich. Das Pfandrecht würde unzulässigerweise subjektiv dingliches Pfandrecht (analog zur Hypothek).[33] – Im Übrigen besteht hier Ähnlichkeit zur Miete,[34] wo zu den Rechten des Vermieters, in die der Erwerber eintritt, auch ein Bürgschaftsverhältnis gerechnet wird. Es kann aber eine Verpflichtung gegen den jeweiligen DWBer im Rahmen des § 33 Abs. 4 Nr. 5 begründet werden.

6. Gegenleistung

49 Die Anwendung des § 38 auf die vereinbarte wiederkehrende Gegenleistung:

50 **a)** für **Innenverhältnis:** Ist das Entgelt für den laufenden Monat vorausbezahlt, muss mit dem Erwerber, der während dieses Monats erwirbt, zeitlich geteilt abgerechnet werden. Darin liegt eine **Vorausverfügung** (§ 101 Nr. 2; § 103 BGB).[35]

51 Das gilt auch für Kaufpreis oder Ähnliches (z. B. erst fällig werdende Raten).[36]

52 **b)** für **Außenverhältnis:** Beim Wechsel des Gläubigers oder Schuldners folgt Eintrittswirkung.

53 Keine Haftung des späteren Inhabers für frühere Schulden und auch nicht des früheren für spätere.[37] Zum Schutz des Grundstückseigentümers kann eine Veräußerungsbeschränkung nach § 35 vereinbart werden.[38]

54 Zur Frage der Zulässigkeit der Vorausverfügung des Eignetümers über das Entgelt für das DWR ist zu sagen, dass eine dem § 566 b BGB entsprechende Bestimmung fehlt. Vielmehr ergibt sich aus § 40 Abs. 1 S. 2, dass §§ 566 ff. BGB auch nicht entsprechend anzuwenden seien. Auch die Schonzeit für Vorausverfügungen nach § 566 b ist nicht genannt. Damit würde also die Forderung des Eigentümers auf das Entgelt unter der

[30] Weitnauer/*Mansel* § 38 Rn 10.
[31] AA Palandt/*Bassenge* § 38 Rn. 2 und Weitnauer/*Mansel* § 38 Rn 8.
[32] RG 78, 26; JW 1911, 367.
[33] Palandt/*Bassenge* § 1113 Rn 1 ff.
[34] Palandt/*Weidenkaff* § 566 a R 4.
[35] RG 79, 379; dazu Palandt/*Bassenge* § 38 Rn 2.
[36] So auch *Hubernagel* a. a. O.
[37] H. M.; Soergel/*Stürner* § 38 Rn 2.
[38] Weitnauer/*Mansel* § 38 Rn 8 a. E.

auflösenden Rechtsbedingung der Veräußerung stehen. Für die Miete ist aber anerkannt, dass Vorausverfügungen „in Übereinstimmung mit dem Mietvertrag“ gültig sind.[39] Abgestellt wird dabei auf den Inhalt des obligatorischen Mietvertrages, der jederzeit abänderbar ist.[40]

Zur Frage, wie lange der DWBer an den bisherigen Eigentümer noch bezahlen kann, ist zu sagen, dass §§ 566 c und d BGB nicht entsprechend anwendbar sind. Die Zahlung an den bisherigen Eigentümer für schon fälliges Entgelt ist aber zulässig, wenn der Eigentumswechsel nicht bekannt war (§§ 1058, 407 BGB). 55

Der Erwerber kann sich auf die Vorauszahlung des wiederkehrenden Entgelts dem Eigentümer gegenüber immer berufen, auch wenn diese vom Rechtsvorgänger bezahlt ist. § 40 Abs. 2 behandelt nur die Wirkung von Vorausverfügungen gegenüber Gläubigern aus vor- oder gleichstehenden Hypotheken usw. 56

c) Die zulässige Vereinbarung der **Gegenleistung** als Inhalt des Rechtes verbietet nicht die Trennung des Anspruchs auf die Gegenleistung von dem Eigentum selbst; es fehlt eine Bestimmung entsprechend § 36 Abs. 2 WEG und § 9 Abs. 2 S. 2 ErbbRVO. Die Gegenleistung kann auch für die Zukunft abgetreten werden. Die Eintrittswirkung des § 38 hat jedoch zur Folge, dass der Anspruch auf die Gegenleistung bei Veräußerung des Grundstücks dem bisherigen Grundstückseigentümer verbleibt. 57

d) Zulässigkeit von Hilfsvereinbarungen hinsichtlich des Inhalts des Rechts (für wiederkehrende Gegenleistung): Gleitende Gegenleistung ist zulässig; sie muss nicht ein für allemal festgelegt werden (s. a. § 9 Abs. 2 S. 2 ErbbRVO), z. B. nach dem Umsatz. 58

Auch Vereinbarungen hinsichtlich der Art der Zahlung sind zulässig, z. B. Aufrechnungsverbot, Erfüllungsort. 59

Nicht aber eine Unterwerfung gegen den jeweiligen DWBer analog § 800 ZPO. 60

7. Eintrittswirkung und Schutz des öffentlichen Glaubens

a) Fälle der **Verfügung über das DWR.** Der rechtsgeschäftliche Erwerber eines DWRs oder eines Rechtes (Pfandrecht, Nießbrauch) daran genießt den **Publizitätsschutz** des § 892 BGB hinsichtlich der Berechtigung des Veräußerers (Belasters) und des rechtlichen Bestandes des DWRs in seinem dinglichen (gesetzlichen) oder auf Grund gesetzlicher Ermächtigung vereinbarten Inhalts. Die Frage der Erstreckung des Publizitätsschutzes auf fälschliche Eintragungen, die nur obligatorische Wirkung entfalten können,[41] wird z. T. dahingehend beantwortet, dass sich die Wirkung auf **alle** Eintragungen, soweit sie Inhalt, Umfang und Rechtswirkung der Rechte mitbetreffen, erstrecken soll, also auch auf versehentliche Eintragung nur obligatorisch wirkenden Inhalts. Das ist jedoch abzulehnen. 61

Die Wirkung des öffentlichen Glaubens ist von der Eintrittswirkung zu trennen, da sie auch zugunsten von Erwerbern von Rechten am DWR gilt. Darüber hinaus gilt die Eintrittswirkung im hier geschilderten Rahmen auch hinsichtlich rein schuldrechtlicher Vereinbarungen. 62

Voraussetzung ist der gute Glaube. Auch § 893 ist entsprechend anzuwenden.

b) Fall der Verfügung auf der Seite des **Grundstückseigentümers. aa)** Es gelten hier die Vorschriften des Publizitätsschutzes nach §§ 892 ff. BGB. Dagegen kann nicht in Betracht kommen, was analog zum ErbbR für das subjektiv-dingliche Recht gilt,[42] da nur das ErbbGB, bzw. nur die Eintragung der Belastung (nicht der Berechtigung) maßgeblich ist. Die Eintragung des DWRs erfolgt überhaupt nur auf dem GBblatt des Grundstücks; für das DWR gibt es kein eigenes GBblatt. Das DWR ist aber eine **Belastung,** die ihrem 63

[39] RG 136, 407; Vor § 31 Rn 3 oben.
[40] BGHZ 37 352; Palandt/*Weidenkaff* § 566 b Rn 8.
[41] S. Palandt/*Bassenge,* ErbbRG, § 14 Rn 2.
[42] Palandt/*Bassenge* § 1028 Rn 2.

ganzen dinglichen Inhalt nach mit dem Grundstückseigentum verbunden ist. Auch das Heimfallrecht kann nicht davon getrennt werden.

64 Damit erwirbt z. B. ein rechtsgeschäftlicher Erwerber des Grundstücks das als Inhalt des DWRs eingetragene, aber mangels Einigung nicht materiell entstandene Heimfallrecht **gutgläubig,** was für den ganzen dinglichen Inhalt des Rechtes (z. B. auch nach § 39 Abs. 3) gilt.

65 **bb)** Der Schutz des öffentlichen Glaubens bei der Belastung ist der normale, soweit der (gesetzliche oder zulässig vereinbarte) dingliche Inhalt des Rechts in Betracht kommt. Wiederkehrende Leistungen können nicht dinglicher Inhalt sein (s. oben Rn 49 ff.).

Siehe dazu auch § 40 Abs. 2 Rn 31 ff.

66 **c)** Wohl ist § 893 anwendbar; der DWBer kann an den zu Unrecht eingetragenen Eigentümer befreiend leisten, auch Inhaltsänderungen mit ihm vereinbaren.

67 **Wirkung von obligatorischen Vereinbarungen,** die den Rechtsinhalt abändern, sofern der Pfandgläubiger oder Erwerber die Änderung kennt, ist selbstverständlich. Sonst aber: Exceptio doli generalis.

68 Abweichungen von dem gesetzlichen Schuldverhältnis wirken gegen Dritte nur bei Eintragung in das Grundbuch oder bei Kenntnis.[43]

69 § 10 Abs. 3 WEG lässt jedoch den Analogieschluss zu, dass die Ausnahme des § 1157 BGB auch für § 38 nicht angewendet werden darf: Eine Kenntnis des Erwerbers des Grundstücks ist also nicht entscheidend, soweit es sich um die Eintrittswirkung des § 38 handelt.

70 § 1058 BGB ist im Verhältnis zwischen Eigentümer und DWBer bei der Begründung des DWRs an einem Grundstück, das dem Besteller nicht gehört, analog anzuwenden.

§ 39 Zwangsversteigerung

(1) **Als Inhalt des Dauerwohnrechts kann vereinbart werden, daß das Dauerwohnrecht im Falle der Zwangsversteigerung des Grundstücks abweichend von § 44 des Gesetzes über die Zwangsversteigerung und Zwangsverwaltung auch dann bestehen bleiben soll, wenn der Gläubiger einer dem Dauerwohnrecht im Range vorgehenden oder gleichstehenden Hypothek, Grundschuld, Rentenschuld oder Reallast die Zwangsversteigerung in das Grundstück betreibt.**

(2) **Eine Vereinbarung gemäß Absatz 1 bedarf zu ihrer Wirksamkeit der Zustimmung derjenigen, denen eine dem Dauerwohnrecht im Range vorgehende oder gleichstehende Hypothek, Grundschuld, Rentenschuld oder Reallast zusteht.**

(3) **Eine Vereinbarung gemäß Absatz 1 ist nur wirksam für den Fall, daß der Dauerwohnberechtigte im Zeitpunkt der Feststellung der Versteigerungsbedingungen seine fälligen Zahlungsverpflichtungen gegenüber dem Eigentümer erfüllt hat; in Ergänzung einer Vereinbarung nach Absatz 1 kann vereinbart werden, daß das Fortbestehen des Dauerwohnrechts vom Vorliegen weiterer Voraussetzungen abhängig ist.**

Übersicht

[43] Palandt/*Bassenge* § 38 Rn 1 und Weitnauer/*Mansel* § 38 Rn 11; auf Kenntnis bzw. Unkenntnis kommt es nicht an.

Literatur: *Stöber,* ZVG, 19. Aufl. 2009 sowie die weiteren Kommentare zum ZVG.

I. Der Normzweck

1 Um dem im Vergleich zum Mietrecht geringeren Schutz des DWRs in der Zwangsversteigerung zu begegnen (es erlischt, wenn ein vorhergehender Gläubiger die Zwangsversteigerung betreibt, mit dem Zuschlag), musste ein Weg zum Erhalt gefunden werden. Deshalb gestattet § 39 eine bisher nicht bekannte Rechtsgestaltung. Als Inhalt des DWRs kann vereinbart werden, dass es im Falle der Zwangsversteigerung des Grundstücks auch dann (abweichend von § 44 ZVG) bestehen bleiben soll, wenn der Gläubiger eines dem DWR im Rang vorgehenden oder gleichstehenden Grundpfandrechts oder Reallast die Zwangsversteigerung betreibt (Nichtamtl. Begründung 1951 zu § 39).

II. Dauerwohnrecht ohne Vereinbarung gemäß § 39

1. Das im geringsten Gebot berücksichtigte Dauerwohnrecht

2 Es bestehen keine Besonderheiten.

a) Bestehen bleiben gemäß § 52 ZVG; keine Ablösung durch Zahlung, auch nicht für Kosten der Rechtsverfolgung, da diese nicht unter § 10 Abs. 2 ZVG fallen.

b) Heimfallrechte zugunsten des Erstehers oder des bisherigen Eigentümers für den Fall der Zwangsversteigerung können nicht vereinbart werden.[1]

3 **c)** Hat das DWR nicht zu Recht bestanden (z. B. mangels Einigung), so gelten §§ 51, 50 ZVG.[2]

4 **d)** Hätte das DWR gemäß § 44 ZVG im geringsten Gebot nicht berücksichtigt werden dürfen, besteht es doch fort; ein Anspruch auf ungerechtfertigte Bereicherung gegen den DWBer besteht nicht.[3]

2. Das nicht bei Feststellung des geringsten Gebotes berücksichtige Dauerwohnrecht

5 **a) Das „Erlöschen" des Dauerwohnrechts. aa)** Wenn es dem betreibenden Gläubiger nicht vorgeht: § 52 Abs. 1 S. 2, § 91 ZVG, mit Zuschlag. Es erlischt nur das „dingliche Nutzungsrecht"; Verwandlung in Wertersatzanspruch am Versteigerungserlös gemäß § 92 Abs. 1.

6 **bb)** Wenn das DWR versehentlich nicht in das geringste Gebot aufgenommen ist, erlischt es trotzdem durch Zuschlag. Auch keine Ansprüche des DW-Ber. aus §§ 812 ff.[4]

[1] Einschränkend Weitnauer/*Mansel* § 38 Rn 10 a. E.; s. oben § 36 Rn 75.
[2] *Stöber* ZVG, § 50 Rn 1, § 51 Rn 4.3.
[3] *Stöber* a. a. O. § 52 Rn 2.2; RGZ 138, 125 ff.
[4] *Stöber* a. a. O. § 52 Rn 2.6.

Teilnahme am Erlös an seiner Rangstelle. Unter Umständen auch, wenn das Recht nicht eingetragen war.[5]

7 **cc)** Eine Vereinbarung des bestehen bleibens ist schon nach § 91 Abs. 2 ZVG möglich.[6]

8 **dd)** Wenn nur der MEs-Anteil versteigert wird und das DWR nicht in das geringste Gebot fällt: Kein Gebrauchsrecht wie DWR an einem ideellen Anteil möglich.[7] Nach KG erlischt das Recht am Bruchteil (s. a. oben bei § 31 Rn 56).

9 Die Lösung ist zweifelhaft: Begrifflich kann ein DWR an Bruchteilen nicht weiterbestehen, wenn es an anderen (versteigerten) Bruchteilen erloschen ist; andererseits ist das ganze Erlöschen unpraktikabel, es sei denn, es habe keinen Inhalt mehr.

10 **ee)** Der Ersteher kann bei Erlöschen des DWRs nach § 91 gegen den Berechtigten auf Räumung vollstrecken.[8]

11 **b) Recht am Versteigerungserlös,** wenn das Recht erlischt: § 92 Abs. 1 ZVG: Ersatz des Wertes.

12 **aa)** Das inhaltlich verwandelte Recht unterliegt weiterhin dem Sachenrecht, soweit nicht Abweichungen geboten sind.[9]

13 Eine Verfügungsbeschränkung nach § 35 wird aber gegenstandslos.[10] Kein gutgläubiger Erwerb des Rechts ist mehr möglich.[11] Die Teilnahme am Erlös folgt dem Rang des Rechts.[12]

14 **bb)** Feststellung des Wertes des DWRs

Verfahren: Eine Vereinbarung nach § 882 Abs. 1 und 2 BGB ist möglich und eintragungsfähig.

15 Festsetzung, wenn Summe des Teilungsplans nach § 114 ZVG nicht anerkannt wird.[13] Widerspruchsklage nach § 115 ZVG.[14]

Anmeldung spätestens im Verteilungstermin: § 114 Abs. 1 S. 1 ZVG.[15]

16 Grundsätze für die Bemessung des Wertes: Gesetz sagt nichts.[16] Für das DWR wäre dies besonders bedeutsam. Für Reallast siehe § 11 ZVG. Vergleichbar der Auflassungsvormerkung und dem Vorkaufsrecht für mehrere Verkaufsfälle. Ein „Verkehrswert" ist jedenfalls dann gegeben, wenn das DWR gekauft wurde.[17] Berücksichtigung einer etwa vereinbarten wiederkehrenden Gegenleistung für das DWR. Auch der Heimfallwert kann herangezogen werden (s. dazu § 36 Rn 113 ff.).

17 **c) Bestehen bleiben des DWRs** durch abweichende Feststellung des geringsten Gebots.

18 Nach § 59 ZVG ist dies möglich. Einzelheiten in den Kommentaren zu § 59. Für die Zustimmung der Beteiligten siehe § 182–184 ZVG.

19 § 39 Abs. 1 und 2 WEG ist ein Anwendungsfall des § 59, wobei sämtliche in Abs. 1 und 2 genannten Beteiligten von **vornherein** einwilligen und diese Einwilligung Inhalt des Rechts wird.

---

[5] *Stöber* a. a. O. § 110 Rn 2.9.

[6] Weiteres *Stöber* a. a. O. § 91 Rn 2.1.

[7] KG JW 1933, 626 u. 2011.

[8] S. *Stöber* a. a. O. § 91 Rn 2.4. *Tamm* BWNotZ 65, 20. Anders *Brachvogel* JW 1933, 2011.

[9] *Stöber* a. a. O. § 92 Rn 2.4.

[10] *Stöber* a. a. O. § 92 Rn. 2.2.

[11] S. *Reinhard/Müller/Dassler/Schiffhauer* ZVG, § 92 Anm. II a. E.; *Jaeckel/Güthe* ZVG, § 92 Anm. 1; RGZ 1976, 377.

[12] S. a. *Jaeckel/Güthe* a. a. O. § 113 Anm. 1; Stein/Jonas/*Schönke* ZPO, § 878 Anm. V. und Note 49.

[13] *Korintenberg/Wenz/Ackermann/Lappe* ZVG § 92 Anm. 5; Palandt/*Bassenge* § 882 Rn 1.

[14] Siehe auch *Stöber* a. a. O. § 115 Anm. III 3 a.

[15] S. *Korintenberg/Wenz/Ackermann/Lappe* a. a. O. § 114 Anm. 3 c 6.

[16] S. a. *Korintenberg/Wenz/Ackermann/Lappe* a. a. O. § 92 Anm. 1 a. E.

[17] S. a. Palandt/*Bassenge* § 882 Rn 1; RG JW 1934, 1965, Anm. *Boesebeck* 2400 ff.; OLG Königsberg JW 9136, 2358 mit Anm. *Barz; Jaeckel/Güthe* a. a. O. § 92 Anm. 4.

III. Zweck und Anlass der Vorschrift

1. Grundsätzliches

Hierzu ist zu sagen, dass das DWR, da es sich als eine Belastung des Grundstücks darstellt, an der Rangordnung nach § 879 BGB teilnimmt. **20**

Falls das DWR wegen seines Ranges nicht in das geringste Gebot aufgenommen werden konnte, kann es im Falle einer Grundstückszwangsversteigerung untergehen (§ 91 ZVG). **21**

Es wäre somit inhaltlich schwächer als ein Miet- oder Pachtverhältnis, das nach § 57 a ZVG kündbar fortbesteht und z. T. durch den Mieterschutz weitgehend in seinem Bestand gesichert ist. Daher wurde § 39 WEG geschaffen, der jedoch nur im Falle einer Vereinbarung zur Geltung kommt. **22**

Bei der Vereinbarung nach § 39 handelt es sich dem Wesen nach um die Vereinbarung eines relativen Vorranges vor anderen Grundpfandgläubigern. **23**

Diese Wirkung eines relativen Rangverhältnisses kommt nur im Falle einer Zwangsversteigerung zum Zuge, nicht vor, auch nicht während einer Zwangsverwaltung oder der Dauer von Mietpfändungen. In allen diesen Fällen muss der DWBer die anderen Rechte, insbesondere die Hypothekengläubiger, im Range vorgehen lassen. **24**

Ist eine Vereinbarung nach § 39 getroffen, dann bleibt das DWR bestehen. Es gehört zum Inhalt des geringsten Gebotes. **25**

2. Wirtschaftliche Vor- und Nachteile

Ist eine Vereinbarung gemäß § 39 WEG **nicht** getroffen (s. oben Rn 1 ff.) und gehen dem DWR Grundpfandrechte im Range vor, so befindet sich der Wohnungsberechtigte in einer ungünstigen Lage, insbesondere dann, wenn er sein Entgelt für die Einräumung des DWRs in Form eines Baukostenzuschusses geleistet hat. In diesem Falle erlischt das DWR, und der Berechtigte muss, da er keinen Mieterschutz genießt, die Wohnung räumen. Der **Ersteher** des Grundstücks hat eine Wohnung frei, wodurch die Höhe des Gebots für den Eigentümer günstig beeinflusst werden kann. In diesem Falle wird auch meistens dem Realgläubiger für die Zustimmung nach § 39 keine Gegenleistung geboten werden können und damit ein Anreiz für dessen Zustimmung fehlen. Es empfiehlt sich deshalb für den DWBer, solange die Zustimmung der Realgläubiger nach § 39 noch nicht vorliegt, mit der Zahlung von Baukostenzuschüssen vorsichtig zu sein, es sei denn, dass der Grundstückseigentümer nachweist, dass er selbst erhebliche Eigenmittel zum Bau des Gebäudes aufgebracht hat, und somit auch der an schlechter Rangstelle stehende DWBer im Falle einer Zwangsversteigerung noch zum Zuge kommt. **26**

Dagegen sind die wirtschaftlichen Nachteile eines Gläubigers, der seine Zustimmung gemäß § 39 erteilt, geringer. In der Regel handelt es sich bei Wohnungen mit DWR um solche Wohnungen, die nicht vom Grundstückseigentümer benutzt, sondern von diesem weitervermietet werden. Nachteile können dem Gläubiger nur dann entstehen, wenn der Wohnberechtigte seinen Verpflichtungen nicht nachkommt oder wenn die Leistungen des DWBer durch Baukostenzuschüsse auf lange Zeit im Voraus erbracht sind. **27**

Da jedoch gemäß § 39 Abs. 3 eine Vereinbarung nach § 39 Abs. 1 nur wirksam ist, das DWR also nur bestehenbleibt, wenn der DWBer seine Verpflichtungen erfüllt hat und darüber hinaus die weitere Erfüllung durch Vereinbarung eines entsprechenden Heimfallanspruchs gemäß § 36 WEG vereinbart werden kann, sind die wirtschaftlichen Gefahren für die Realgläubiger nicht besonders groß. **28**

Schwierigkeiten können sich nur dann ergeben, wenn das ganze Grundstück mit DWRen belegt ist. In diesem Fall dürfte, wenn die Wohnrechte bestehen bleiben und die entsprechende Kapitalisierung einen hohen Betrag ergibt, ein über das geringste Gebot hinausgehender Erlös nicht erzielt werden können, da in diesem Fall der Wert des Grund- **29** stücks praktisch durch den Wert der Wohnrechte aufgezehrt wird. Daraus zeigt sich jedoch, dass in solchen Fällen die Einräumung von DWRen nicht das Gegebene ist, vielmehr empfiehlt sich, in diesem Falle WE zu schaffen. Das DWR ist seiner Bestimmung gemäß mehr dazu bestimmt, einzelne Wohnungen zu verdinglichen, nicht jedoch das ganze Gebäude.

30 Der Gesetzgeber sah sich angesichts der auch für das DWR geltenden Rangvorschriften vor eine große Schwierigkeit gestellt; ein allgemeines bestehen bleiben des DWRs in der Zwangsversteigerung gesetzlich anzuordnen, hätte die Verwertbarkeit des Instituts ganz erheblich gefährdet. Keine Möglichkeit für das Bestehen bleiben, außer der im ZVG (§ 59) im Laufe des Verfahrens schon gegebenen, zu schaffen, hätte eine gleiche Gefahr bedeutet. Im ersteren Falle hätte die Eintragung eines DWRs unter Umständen jede weitere Kreditierung in Belastung des Grundstücks tatsächlich gesperrt; im letzteren Falle hätte ein geringer Anreiz für Interessenten am DWR bestanden, da sie immer nach den schon eingetragenen Grundpfandrechten und sonstigen Belastungen rangiert haben würden. Allerdings hätte die Wirkung des § 39 auch schon durch den bedingten Rangrücktritt erreicht werden können.[18] Es lag aber nahe, die Bedingungen für einen solchen doch schon im Gesetz anzudeuten; außerdem stößt die grundbuchmäßige Behandlung des bedingten Rangrücktritts sowieso auf Schwierigkeiten.[19] § 39 gibt immerhin einen Ausweg aus diesem Engpass, der übrigens im Grunde nur dort besteht, wo wesentliche Fremdgelder aufgenommen und durch Grundpfandrechte gesichert werden müssen.[20]

31 Die Bodenkreditinstitute haben sich frühzeitig mit dieser Frage beschäftigt, wie auch die gemeinnützigen Wohnungsbaugesellschaften. Die oberste Baubehörde im Bayer. Staatsministerium des Innern meinte in einer Entschließung v. 13. 11. 1953, mit Rücksicht auf die Betonung, die das DWR von Seiten des Bundes und des Lastenausgleichs her erfährt, erscheine es unbedingt geboten, dass der Gläubiger des staatlichen Baudarlehens in allen Fällen die erforderliche Zustimmung erteile. Durch die Zustimmung erwachsen für die Sicherheit des staatlichen Baudarlehens keine ernsten Gefahren, da sich die Leistungen des DWBer während der Laufzeit des erststelligen Darlehens in keiner Weise von der Miete eines Mieters unterscheiden. Desgleichen empfahl ein Rundschreiben des Bundesministeriums für Wohnungsbau v. 14. 1. 1954 eine Nachahmung dieses bayerischen Verfahrens auch durch die anderen Länder; Gleiches war an die Gläubiger der staatlichen Baudarlehen gerichtet.[21]

IV. Vorbild

32 § 39 lehnt sich an den § 59 ZVG an, wonach jeder in der Zwangsversteigerung Beteiligte eine von den gesetzlichen Vorschriften abweichende Feststellung des geringsten Gebotes und der Versteigerungsbedingungen verlangen kann; ein dadurch in seinem Recht beeinträchtigter Beteiligter muss um Zustimmung gefragt werden, eventuell hat Doppelausgebot (mit und ohne Abweichung) zu erfolgen.[22] Ein solches Verfahren führt § 39 ein, und zwar schon für die Zeit vor der Einleitung des Zwangsversteigerungsverfahrens. Dazu kommen, außer der Zustimmung der beeinträchtigten Gläubiger (vorgehend und gleichstehend), gewisse Voraussetzungen nach Abs. 3, die teils gesetzlich sind, teils vereinbart werden können. Gerade diese dürften den Gläubigern ihre Zustimmung erleichtern, soweit nicht sowieso, z. B. bei Genossenschaftsbauten, eine solche Beeinträchtigung wirtschaftlich ausscheidet.

---

[18] S. dazu Weitnauer/*Mansel* § 39 Rn 1.

[19] S. Weitnauer/*Mansel* § 39 Rn 1.

[20] S. a. *Diester* Rpfleger 1954, 281/4.

[21] Erlass v. 8. 7. 1954 (Bundesbaubl. 1954 S. 404). S. dazu auch die Erklärung der BR v. 10. 11. 1959 auf eine Kleine Anfrage der SPD, abgedruckt bei Weitnauer/*Mansel* Vor § 31 Rn 17.

[22] S. *Stöber* a. a. O. § 59 Rn 5.3.

33 § 39 dient unmittelbar dem Grundsatz des **Bestandsschutzes** des DWRs, hier im Rahmen der Zwangsversteigerung.

34 Von der Vereinbarung nach § 39 zu unterscheiden ist ein echter Rangrücktritt der vorgehenden oder gleichstehenden Rechte oder die Eintragung eines Rangvorbehalts für ein DWR nach §§ 880, Abs. 5, 881 Abs. 4 BGB.

V. Voraussetzungen

1. Vereinbarung

35 Vereinbarung zwischen Eigentümer und DWBer. über das Bestehen bleiben des DWRs, und zwar als Inhalt des Rechtes, also mit dinglicher Wirkung zufolge (formlos gültiger) Einigung und Eintragung (s. schon § 33 Rn 20 u. § 31 Rn 42 ff.), für den Fall einer Zwangsversteigerung durch den Gläubiger eines im Rang dem DWR vorgehenden oder gleichstehenden Grundpfandrechts oder einer Reallast. Dadurch wird erreicht, dass, sofern noch die Voraussetzungen nach Abs. 3 gegeben sind, im Falle einer Zwangsversteigerung durch einen der genannten Gläubiger das geringste Gebot abweichend von § 44 ZVG, entsprechend § 59 ZVG, festgestellt werden muss (s. a. § 9 EGZVG).

36 Nach Abs. 1 handelt es sich um eine Vereinbarung als Inhalt des Rechtes. Sie erfolgt regelmäßig gleich bei der Bestellung. Auch nachträglich ist sie als Inhaltsänderung nach §§ 877, 876 BGB möglich.

37 Wird zuungunsten des DWBer geändert, muss ein Dritter zustimmen, der Rechte am DWR hat.

38 Wird zugunsten des DWBer geändert, muss der Dritte nicht zustimmen, der Rechte am DWR hat.[23]

39 Die Eintragung der Änderung ist erforderlich; eine Bezugnahme auf Eintragungsbewilligung genügt nicht.[24]

2. Wesen und Wirkung der Vereinbarung

40 **a) Wesen:** Inhalt des Rechtes; dingliches Recht und Eintrittswirkung; Wirkung auch im Falle der §§ 118, 128 ZVG (Übertragung der Forderung gegen den Ersteher auf die Berechtigten und Eintragung einer Sicherungshypothek).

41 **b) Wirkung:** Bestehen bleiben.

aa) Einschränkungen: Nicht für Betreibende aus den Klassen § 10 Nr. 1–3 ZVG.[25] Eventuelle Ablösung dieser Rechte durch den DWBer., auch teilweise §§ 268 Abs. 3 mit 401 Abs. 2 BGB.[26]

42 **bb)** Folgen: Das DWR rückt im Rang entsprechend auf.[27]

43 Die Vereinbarung wirkt keinesfalls, wenn ein Gläubiger aus öffentlichen Lasten (Steuern und Grundabgaben), aus Lohnforderungen und aus Zwangsverwaltungskosten (§ 10 Nr. 1–3 ZVG) die Zwangsversteigerung betreibt; das gilt auch, wenn ein solcher Gläubiger einem angeordneten Verfahren beitritt. Doch hat der DWBer ihnen gegenüber das Ablösungsrecht nach § 268 BGB; die abgelöste Forderung geht auf ihn über.

44 Die Vereinbarung kann noch bis zur Feststellung der Versteigerungsbedingungen getroffen werden, muss aber zur dinglichen Wirkung auch noch bis dahin eingetragen werden. Natürlich muss dann auch die Zustimmung nach Abs. 2 vorliegen.

---

[23] *Hügel/Holzer* GBO, § 19 Rn 68; s. a. Palandt/*Bassenge* § 877 Rn 6 im Anschluss an BayObLGZ 1959, 520.

[24] Weitnauer/*Mansel* § 39 Rn 13; a. M. Palandt/*Bassenge* Rn 2; a. M. *Hubernagel* § 39 Anm. 2 a und Soergel/*Stürner* § 39 Rn 3.

[25] Palandt/*Bassenge* § 39 Rn 1.

[26] *Bassenge* ebenda.

[27] Für den Fall der §§ 118, 128 ZVG siehe die entspr. Kommentare.

3. Zustimmung

45 Diese müsste gegeben werden von den Gläubigern der Grundpfandrechte (Hypotheken, Grundschulden, Rentenschulden) und Reallasten, die dem eingetragenen DWR im Rang vorgehen oder gleichstehen. Diese Zustimmung ist nur notwendig für die Wirksamkeit der Vereinbarung, nicht für die Eintragung derselben. Auch bei Vorliegen nur einzelner oder einer einzigen von mehreren nötigen Zustimmungen kann Eintragung erfolgen. Die Eintragung kann sogar schon **vor** Erteilung der Zustimmung eines vorrangigen Gläubigers erfolgen.[28]

46 Schwierig ist die Frage der Wirkung einer solchen Vereinbarung, wenn von mehreren notwendigen Zustimmungen nur eine oder einige erteilt sind. Es handelt sich dabei um die Behandlung des DWRs im Falle der Zwangsversteigerung (dazu s. unten Rn 54 ff. und 67 ff.) als Recht mit relativem Rang oder als bedingtes Recht im Sinne von §§ 50, 51 ZVG.

47 Die Zustimmung von Pfandgläubigern oder Nießbrauchern an den durch das Bestehen bleiben betroffenen Rechten (deren Gläubiger ihre Zustimmung gegeben haben) ist in § 39 zwar nicht vorgesehen, ergibt sich aber aus der entsprechenden Anwendung der §§ 1071, 1276 mit 880 Abs. 3,[29] 876 BGB.[30]

48 Sonstiger Zustimmungen, auch der Berechtigten aus Abt. II des GBs, bedarf es nicht. Diese Rechte (z. B. beschränkte persönliche Dienstbarkeiten, Grunddienstbarkeiten, aber auch Nießbrauchsrechte) können also unter Umständen, obgleich im Rang vor dem DWR, durch den Zuschlag erlöschen, weil der betroffene Gläubiger ihnen vorgeht.[31]

4. Eintragung

49 Die Vereinbarung ist eintragungsbedürftig; sie erlangt ihre **dingliche** Wirkung als Inhalt des Rechtes erst durch die Eintragung, aber schon vor der Erteilung und Eintragung der Zustimmungen, worauf dann allerdings in der Eintragung hingewiesen werden müsste. Die Zustimmung nach Abs. 2 muss gleichfalls eingetragen werden, wenn sie gegen den Zustimmenden wirken soll, und zwar nach den für die Eintragung von Rangänderungen geltenden Grundsätzen;[32] nur relative Unwirksamkeit bewirkt die fehlende Zustimmung.[33] Sie ist beim Recht des Zustimmenden in Abt. III zu vermerken.[34]

50 Fraglich ist, ob für die Eintragungsbewilligung hinsichtlich der Bestehen bleibensvereinbarung Bezug genommen werden kann oder die Vereinbarung selbst ausdrücklich im GB einzutragen ist. *Diester*[35] will Bezugnahme (gem. § 32 Abs. 2, § 874 BGB) genügen lassen, ebenso *Soergel/Stürner.*[36] *Weitnauer/Mansel*[37] verlangen einen Hinweis im GB, lassen jedoch für die Einzelheiten eine Bezugnahme auf die Eintragungsbewilligung genügen. Dem ist zuzustimmen.

51 Die Zustimmungen brauchen keinesfalls ausdrücklich eingetragen zu werden; dagegen wohl das Fehlen von Zustimmungen überhaupt.

---

[28] So OLG Schleswig v. 19. 9. 1961 (ZW 1975/61), SchlHA 1962, 146 (Näheres unten Rn 49).

[29] Hierzu verneinend Weitnauer/*Mansel* § 39 Rn 11.

[30] S. auch *Diester* § 39 Anm. 8; Weitnauer/*Mansel* § 39 Rn 11; BayObLGZ 1959, 520.

[31] RGRK/*Augustin* § 39 Rn 7; Weitnauer/*Mansel* § 39 Rn 12.

[32] S. *Hügel* GBO § 45 Rn 54 ff.

[33] Weitnauer/*Mansel* § 39 Rn 13 a. E.; SchlHOLG, SchlHA 1961, 146.

[34] LG Hildesheim Rpfleger 1966, 116 m. zust. Anm. *Riedel;* Weitnauer/*Mansel* § 39 Rn 13; Palandt/*Bassenge* § 39 Rn 2; *Hügel* GBO § 45 Rn 25 ff., GBO, § 45 Rn 49; aA Soergel/*Stürner* § 39 Rn 4.

[35] Anm. 14.

[36] § 39 Rn 3.

[37] Vgl. dort § 39 Rn 13.

Eine Eintragung auch noch nach Anordnung der Zwangsversteigerung und Beschlagnahmewirkung nach § 23 ZVG ist möglich und wirksam. **52**

Für die Bindung an die Zustimmung vor Eintragung gelten §§ 876 S. 3, 877 BGB.[38] Bei Eintragungen ohne Zustimmungen kann eine privatschriftliche oder später erteilte und nicht eingetragene Zustimmung aber als Erklärung im Sinne des § 59 Abs. 1 S. 2 ZVG angesehen werden. Die bloße Zusage der Zustimmung ist dinglich unbeachtlich, kann aber zu Schadensersatzansprüchen führen. Die Eintragung erfolgt auch bei den zustimmenden Rechten durch Bezugnahme auf den Inhalt der Bewilligung.[39] Eintragung in der Hauptspalte. Fassung: „Eine Vereinbarung gemäß § 39 WEG ist zugunsten des DWRs Nr. ... getroffen; im Übrigen wird auf die Eintragungsbewilligung und die Zustimmungserklärungen Bezug genommen.“ **53**

VI. Bedingungen

1. Gesetzliche (auflösende) Bedingungen

Der DWBer muss im Zeitpunkt der Feststellung der Versteigerungsbedingungen (§ 66 ZVG, späterer Eintritt unbeachtlich) seine fällige **Zahlungsverpflichtung** (aus wiederkehrendem Entgelt wie auch aus einmaligen oder aus Ratenverpflichtungen oder Schadensersatzverpflichtungen) gegenüber dem Eigentümer **erfüllt** haben. Verschulden ist nicht erforderlich. Dies ist jedoch nicht nur Bedingung der Geltendmachung, sondern der Wirksamkeit überhaupt. Daraus ist zu schließen, dass diese Voraussetzungen vom Zwangsvollstreckungsgericht bei der Festsetzung der Versteigerungsbedingungen (und des geringsten Gebots) von Amts wegen zu prüfen sind.[40] Als Zahlungsverpflichtung im Sinne dieser Vorschrift ist auch eine Verpflichtung aus übernommenen öffentlichen oder privatrechtlichen Lasten oder aus Beiträgen zur Instandhaltung und Instandsetzung, auch sogenanntes Wohngeld (Nutzungsgebühr) bei Genossenschaftsbauten und anderes zu verstehen. Dabei ist aber zu berücksichtigen, inwieweit diese Verpflichtungen wegen ihrer dinglichen Natur oder zufolge der Eintrittswirkung des § 38 auf den gegenwärtigen DWBer überhaupt übergegangen sind (s. dazu § 38 Rn 1 ff., 22 ff.). **54**

Diese „gesetzliche“ Bedingung der Wirksamkeit der Vereinbarung im Augenblick der Feststellung der Versteigerungsbedingungen und damit im Augenblick der Versteigerung und des Zuschlags selbst, ist **unabdingbar;** sie kann durch Parteivereinbarung nicht ausgeschlossen werden; wohl aber kann auf die Geltendmachung ad hoc verzichtet werden. **55**

Bis zum Zeitpunkt der Aufforderung zur Abgabe von Geboten besteht keine gesetzliche Beschränkung, die Unwirksamkeit der Vereinbarung geltend zu machen (s. § 37 Nr. 4 ZVG).[41] **56**

Bei der versteigerungsrechtlichen Behandlung der Unwirksamkeit findet eine entsprechende Anwendung der §§ 50, 51 ZVG auf § 39 Abs. 3 WEG statt, desgleichen des § 125 ZVG[42] (im Übrigen siehe dazu die Kommentare zum ZVG). **57**

Zu beachten ist die relative Unwirksamkeit der Fortbestehensvereinbarung zugunsten des Geschützten, ähnlich wie nach § 135 BGB (und § 110 InsO), diese relative Unwirksamkeit steht praktisch einem unbefristeten Anfechtungsrechte des Geschützten nahe.[43] Versteigerungsbedingungen und Zuschlag stünden danach immer unter dem stillschweigenden (oder sogar ausgesprochenen) Vorbehalt der Wirksamkeit der Fortbestehensver- **58**

[38] S. a. *Hügel* GBO, § 19 Rn 28, 108 zur Bewilligung.

[39] LG Hildesheim v. 13. 10. 1965, Rpfleger 1966, 116.

[40] Weitnauer/*Mansel* § 39 Rn 19.

[41] Zum Nachweis des materiellen Nichtbestehens eines eingetragenen Rechtes s. Palandt/*Bassenge* § 891 Rn 1 ff.

[42] Ebenso Weitnauer/*Mansel* § 39 Rn 19.

[43] Siehe auch *Korintenberg/Wenz/Ackermann/Lappe* §§ 50, 51 Bem. 1 bei Note 1; *Stöber* a. a. O. § 51 Anm. 1 im Zusammenhang mit dem Anfechtungsgesetz.

einbarung. Die Unwirksamkeit könnte demnach immer noch geltend gemacht werden, der Zuschlag hätte also insoweit keine Rechtskraftwirkung.

59 Berechtigt zur Geltendmachung der Unwirksamkeit der Fortbestehensvereinbarung sind diejenigen Inhaber von Grundstücksrechten, die ausfallen würden, wenn das DWR bestehen bleiben würde, dagegen befriedigt werden würden, wenn das DWR nur mit seinem Ersatzanspruch in seiner Rangstelle berücksichtigt werden würde.[44] Dies gilt insoweit auch für den Vollstreckungsschuldner selbst. Dagegen dürfte der Ersteher nicht berechtigt sein zur Geltendmachung, auch im Rahmen der Vollstreckung auf Räumung und Herausgabe nach § 93 Abs. 1 Satz 1 ZVG, der die Widerspruchsklage nach § 771 ZPO entgegengesetzt werden könnte.[45]

60 Zur Aktivlegitimation siehe oben bei den Berechtigten.

Die Klage gegen den Ersteher auf Zahlung der Zuteilungsbeträge ist gegeben, auch des Eventual-Zuteilungsberechtigten, der auch auf Löschung des DWRs oder Umschreibung auf den Ersteher klagen kann.[46] Bei einer Geltendmachung der Unwirksamkeit nach Durchführung des Teilungsplanes und Umschreibung gemäß § 130 ZVG ist nur noch die Bereicherungsklage gegen den Ersteher gegeben.[47]

2. Vereinbarte Bedingungen

61 Es steht den Parteien (Eigentümer und DWBer) daneben frei, zusätzlich noch weitere Bedingungen für die genannte Wirksamkeit der Fortbestehensvereinbarung vertraglich festzulegen.[48] Auch von der Erfüllung öffentlicher Lasten könnte die Wirksamkeit der Zustimmung abhängig gemacht werden. Der Grundpfandrechtsgläubiger ist im Übrigen wegen seiner Ansprüche aus dem Grundpfandrecht auch noch durch eine Vereinbarung nach § 40 Abs. 1 gegen Vorausverfügungen geschützt.[49] Der Verweis auf die Möglichkeit von Vereinbarungen nach § 40 Abs. 2 geht fehl.[50]

62 Als solche vereinbarte Bedingung kommt z. B. noch in Betracht, dass der DWBer nach Zwangsversteigerung an den Ersteher ein bestimmtes (höheres) wiederkehrendes Entgelt zu bezahlen habe, da kein Heimfallanspruch im Falle der Zwangsversteigerung besteht; dadurch wird die Wahrscheinlichkeit, einen Ersteher überhaupt zu finden, größer.

63 Als Beispiel seien noch gegeben: Unwirksamkeit der Vereinbarung bei Heimfallanspruch des Grundstückseigentümers;[51] zweifelhaft ist, ob die Einleitung der Zwangsvollstreckung als Heimfallgrund vereinbart werden kann (s. § 36 Rn 85).

64 Möglich ist die Bedingung, dass vom Zuschlag an dem Ersteher ein dem üblichen Mietzins entsprechendes Entgelt zu bezahlen ist; ebenso die, dass die Vereinbarung unwirksam ist, falls im Zeitpunkt der Feststellung der Versteigerungsbedingungen über wiederkehrendes Entgelt für das DWR vorausverfügt ist. Möglich ist eine Verpflichtung des DWBer einem Ersteher gegenüber, Grundpfandrechten, die dieser bestellen will, den Vorrang einzuräumen. Ebenso kann die Unwirksamkeit der Zustimmung zur Vereinbarung bestimmt werden, falls der zustimmende Hypothekar selbst nicht in das geringste Gebot fällt.

---

[44] Weitnauer/*Mansel* § 39 Rn 19; für ähnliche Fälle s. *Korintenberg/Wenz/Ackermann/Lappe* a. a. O. § 125 Anm. 3, 1; *Reinhard/Müller/Dassler/Schiffhauer* a. a. O. Bem. 2; Wilhelmi/Vogel/*Zeller* a. a. O. Anm. 1 u. 3; a. M. *Jaeckel/Güthe* a. a. O. § 125 Anm. 5 u. a.

[45] *Jaeckel/Güthe* a. a. O. § 93 Bem. 5.

[46] Vgl. *Reinhard/Müller/Dassler/Schiffhauer* a. a. O. § 125 II Ziff. 3.

[47] *Reinhard/Müller/Dassler/Schiffhauer* § 125 III, § 130 IV 8; *Jaeckel/Güthe* a. a. O. § 125 Bem. 9.

[48] Zur Frage, ob ein über § 39 noch hinausgehender Schutz gewährt werden kann, vgl. auch *Weitnauer,* Allg. Immob. Z. 1958, 149.

[49] Palandt/*Bassenge* § 40 Rn 1.

[50] So aber Weitnauer/*Mansel* § 39 Rn 17 a. E.

[51] S. a. Weitnauer/*Mansel* § 39 Rn 16.

Zulässig ist auch die Bedingung, dass der DWBer vor Feststellung der Versteigerungsbedingungen die persönliche Bürgschaft für vorausgehende und gleichstehende Grundpfandrechte übernimmt; ebenso die Zusage der Vorrangseinräumung für einen ausfallenden Teil eines vorgehenden Grundpfandrechts und die Abhängigmachung vom bestehen bleiben anderer DWRe. **65**

VII. Behandlung in der Zwangsversteigerung

Ist die Frage, ob die Bedingungen für das Bestehen bleiben erfüllt sind, im Augenblick der Feststellung der Versteigerungsbedingungen nicht einwandfrei geklärt, muss das DWR als bedingtes Recht in das geringste Gebot aufgenommen werden (§§ 50, 51 ZVG),[52] wie ein unbedingt bestehen bleibendes Recht. Stellt sich später die Bedingung als nicht erfüllt heraus (als auflösende Bedingung aufzufassen), so ist der Wert des DWRs (das nun erlischt), den das Gericht gleich in der Feststellung des geringsten Gebotes nach § 92 ZVG zu bestimmen hätte (s. oben § 31 Rn 103 ff.), vom Ersteher (an Stelle des wegfallenden DWRs) zum Bargebot dazu zu bezahlen. Jedoch ist dieser Ersatzbetrag nicht sofort fällig (im Verteilungstermin); vielmehr besteht das Recht zu kündigen mit dreimonatiger Frist, was jederzeit nach Rechtskraft des Zuschlagsbeschlusses geschehen kann, und zwar durch den DWBer, aber auch durch einen vorgehenden oder gleichstehenden Gläubiger (s. §§ 125 u. 128 ZVG, auch zur Sicherungshypothek); sodann ist der Ersatzbetrag zu bezahlen und bis zur Bezahlung vom Zuschlag an zu verzinsen (§ 51 ZVG). Ein Streit um die Erfüllung der gesetzlichen oder vereinbarten Bedingungen der Zustimmung ist im Verteilungstermin zu klären. **66**

Nicht einfach ist die Frage der Behandlung der Fortbestehensvereinbarung zu beantworten, wenn nicht alle vorgehenden oder gleichstehenden Grundpfandrechtsgläubiger ihre Zustimmung gegeben haben, sondern nur einer oder einzelne von ihnen. **67**

Haben von mehreren vorgehenden oder gleichstehenden Gläubigern nur einzelne zugestimmt, andere nicht, so dürfen nicht durch ein Bestehen bleiben des DWRs die Rechte der Gläubiger, die nicht zugestimmt haben, beeinträchtigt werden. Das wird aber immer der Fall sein gegenüber Rechten, die dem DWR im Rang vorgehen. Daraus ergibt sich, dass das Bestehen bleiben durch Aufnahme ins geringste Gebot nur dann zulässig ist, wenn alle vorgehenden oder gleichstehenden Gläubiger zugestimmt haben. Ist dies nicht der Fall, so kommt ein Bestehen bleiben nur dann in Betracht, wenn die Zwangsversteigerung von einem im Rang hinter dem Gläubiger, der nicht zugestimmt hat, stehenden Gläubiger betrieben wird, also immer dann, wenn das Recht des nicht zustimmenden Gläubigers selbst gemäß § 44 ZVG bestehen bleibt. **68**

Es ergibt sich als Regel danach: Das DWR kann **nur** in das geringste Gebot aufgenommen werden, wenn dadurch **keines** der Grundpfandrechte und Reallasten, deren Gläubiger nicht zugestimmt haben, beeinträchtigt wird. Das ist nur dann der Fall, wenn die Zwangsversteigerung von einem Gläubiger betrieben wird, der dem nicht zustimmenden Gläubiger im Rang nachsteht.[53] Das Recht des nicht zustimmenden Gläubigers bleibt dann bestehen, wird also nicht beeinträchtigt. In allen anderen Fällen beeinträchtigt die Aufnahme des DWRs in das geringste Gebot den nicht zustimmenden Gläubiger. **69**

Beispiel: An einem Grundstück haben I und II je eine Hypothek; III ein DWR:

- I hat der Vereinbarung zugestimmt, II aber nicht; nun betreibt I die Zwangsversteigerung. **70** Das Beste hen bleiben des Rechtes würde den II, der nicht zugestimmt hat, unerlaubt benachteiligen, weil ihm das DWR des III vorgehen und den Erlös des Grundstücks schmälern würde. Das DWR darf also nicht in das geringste Gebot aufgenommen werden.
- II betreibt die Zwangsversteigerung; wieder hat I zugestimmt, II aber nicht. Auch hier **71** würde das Bestehen bleiben des DWRs den Erlös schmälern und II, der nicht zuge-

[52] S. Weitnauer/*Mansel* § 39 Rn 19; *Jaeckel/Güthe* a. a. O. § 51 Anm. 2, 11, § 45 Anm. 2; *Stöber* a. a. O. § 51 Rn 4.3, § 52 Rn 2.2.

[53] Weitnauer/*Mansel* § 39 Rn 12.

stimmt hat, beeinträchtigen. Das DWR ist also nicht in das geringste Gebot aufzunehmen; eventuell kann Doppelausgebot erfolgen (§ 59 ZVG).

72 – I hat nicht zugestimmt, dagegen II; I betreibt die Zwangsversteigerung; hier wie zum 2. Fall.

73 – I hat nicht zugestimmt, wohl aber II; jetzt betreibt II. I wird immer auch vor dem bestehen bleibenden DWR befriedigt, also nicht beeinträchtigt. Daher ist hier DWR in das geringste Gebot aufzunehmen.

§ 40 Haftung des Entgelts

(1) [1]**Hypotheken, Grundschulden, Rentenschulden und Reallasten, die dem Dauerwohnrecht im Range vorgehen oder gleichstehen, sowie öffentliche Lasten, die in wiederkehrenden Leistungen bestehen, erstrecken sich auf den Anspruch auf das Entgelt für das Dauerwohnrecht in gleicher Weise wie auf eine Mietforderung, soweit nicht in Absatz 2 etwas Abweichendes bestimmt ist.** [2]**Im übrigen sind die für Mietforderungen geltenden Vorschriften nicht entsprechend anzuwenden.**

(2) [1]**Als Inhalt des Dauerwohnrechts kann vereinbart werden, daß Verfügungen über den Anspruch auf das Entgelt, wenn es in wiederkehrenden Leistungen ausbedungen ist, gegenüber dem Gläubiger einer dem Dauerwohnrecht im Range vorgehenden oder gleichstehenden Hypothek, Grundschuld, Rentenschuld oder Reallast wirksam sind.** [2]**Für eine solche Vereinbarung gilt § 39 Abs. 2 entsprechend.**

Übersicht

I. Der Normzweck

1 Der Gesetzgeber ist wohl von der Auffassung ausgegangen, das Entgelt aus dem DWR würde grundsätzlich nicht von der dinglichen Haftung für Grundpfandrechte erfasst; § 1123 BGB könne deshalb nicht gelten, weil es sich bei diesem Entgelt nicht um Miet- oder Pacht(zins)forderungen[1] handle. Man könnte aber daran denken, den Anspruch auf solches Entgelt für DWR als ein Recht i. S. des § 1126 anzusehen. Es wird jedenfalls auch dort gelegentlich genannt.[2] Aber dieser Anspruch auf Entgelt für das DWR ist kein dinglicher Anspruch; die Eintrittswirkung des § 38 macht ihn auch nicht dazu (s. dort Rn 57). Schon gar nicht ist er ein mit dem Eigentum am Grundbuch verbundenes, also subjektiv-dingliches Recht, das Bestandteil des Grundstücks i. S. des § 96 wäre. Über § 1126 hätte sich dann allerdings die Anwendung der §§ 1123 ff. BGB von selbst verstanden.

II. Allgemeines

2 Da aber § 1126 auf das DWR-Entgelt keine Anwendung finden kann, hat der Gesetzgeber mit Recht eine Sonderregelung der Haftung desselben für Grundpfandrechte getroffen.

[1] Es heißt seit Inkrafttreten des Mietrechtsreformgesetzes vom 1. 9. 2001 „Miete" satt Mietzins und „Pacht" statt Pachtzins.

[2] Palandt/*Bassenge* § 40 Rn 2: 1123 ff.

Im Rahmen des § 1123 werden von der Zwangsvollstreckung aus dem Grundpfandrecht (vor- oder nachrangig) auch Miet- und Pachtforderungen erfasst, allerdings nur durch die Zwangsverwaltung (§§ 765 ZPO, 148, 21 ZVG); dazu muss § 1124 auch die Wirksamkeit von Vorausverfügungen über Miet- und Pachtforderungen den Grundpfandrechten gegenüber regeln.[3] Aber diese Frage der Wirksamkeit von Vorausverfügungen den Grundpfandrechtsgläubigern sowohl wie auch einem rechtsgeschäftlichen Erwerber (§§ 566 b und c BGB) und einem Ersteher in der Zwangsversteigerung gegenüber (§ 57 ZVG), ist seit Jahren Gegenstand einer sehr lebhaften Rspr., aber auch allgemeiner Erörterungen (s. vor § 31 Rn 1 ff.). 3

Diese Rspr. war unter den besonderen Umständen des Wiederaufbaus, immer „mieterfreundlicher“ geworden. Gleichwohl ist auch heute noch an der Richtigkeit der Übertragung der zu § 1124 entwickelten Grundsätze über die Wirksamkeit von Vorausverfügungen („in Gemäßheit des Mietvertrages“) festzuhalten (es wird auch auf die Kommentierungen zu § 1124 BGB allgemein verwiesen).

III. Begriff des Entgelts

Während Abs. 2 ausdrücklich vom Entgelt, das in **wiederkehrenden** Leistungen ausbedungen ist, spricht, macht Abs. 1 diese Einschränkung nicht. Unter Entgelt i. S. des Abs. 1 sind also sowohl wiederkehrende wie einmalige (auch in Raten zu leistende) Gegenleistungen des DWBer zu verstehen[4] (über das Verhältnis zum „Grundstücksgeschäft“ siehe § 31 Rn 59 ff.; über die Eintrittswirkung hinsichtlich des Entgelts § 38 Rn 49 ff.). 4

Zum Entgelt i. S. der Abs. 1 wie 2 zählen aber auch übernommene oder private Lasten i. S. des § 33 Abs. 4 Nr. 3 sowie Beiträge zur Instandhaltung und Instandsetzung nach Nr. 2.[5] Danach sind auch Beiträge zu Bewirtschaftungs- und Kapitalkosten Entgelt i. S. des § 40.[6] Hierbei ist es in diesem Zusammenhang gleichgültig, ob solche Beitragsregelungen gemäß § 33 Abs. 4 **dinglicher** Inhalt des Rechtes werden (daneben sind sie nicht gleichzeitig „schuldrechtliche Verpflichtungen“, sondern eben dinglicher Inhalt)[7] oder ob es sich um Entgelt handelt, das schuldrechtlicher Natur ist, aber die Eintrittswirkung des § 38 genießt. 5

Auch Naturalleistungen, nicht nur Geldleistungen, können Entgelt in diesem Sinne sein. 6

Wenn eine öffentliche oder privatrechtliche Last vom DWBer übernommen wird (sei es als dinglicher Inhalt des Rechts i. S. des § 33 Abs. 4 Nr. 3 oder nur schuldrechtlich), so kann ein Gläubiger des Grundstückseigentümers gleichwohl den Anspruch gegen den DWBer hierauf pfänden, da die Übernahme nur interne Wirkung hat (Erfüllungsübernahme), der Gläubiger dieser öffentlichen oder privatrechtlichen Last überhaupt keinen unmittelbaren Leistungsanspruch erlangt (s. oben § 33 Rn 138 ff.); auch die „Zweckgebundenheit“ dieser Leistungen dürfte dies nicht hindern, da sie den Anspruch des Eigentümers gegenüber dem DWBer nicht so weit qualifiziert, dass dieser nicht mehr zu seinem Vermögen gehören würde. Für diesen Fall müsste schon eine echte Schuldübernahme unter Befreiung des Eigentümers mit dem Gläubiger dieser Last vereinbart werden oder eine mit dessen Genehmigung. 7

---

[3] Gesetz zur Wiederherstellung der Gesetzeseinheit auf dem Gebiet des bürgerlichen Rechtes v. 5. 3. 1953, BGBl. I S. 33; s. Palandt/*Bassenge* § 1124 Rn 1.

[4] So auch *Diester* Anm. 1 Abs. 5 u. Anm. 5 a zu § 40; Palandt/*Bassenge* § 40 Rn 2; Weitnauer/*Mansel* § 40 Rn 7.

[5] Palandt/*Bassenge* § 40 Rn 2.

[6] S. *Diester* § 40 Anm. 1 a. E.

[7] AA *Diester* § 40 Anm. 1 Abs. 7 u. Weitnauer/*Mansel* Rn 12 Vor. § 31.

IV. Wirksamkeit von Vorausverfügungen nach allgemeinem Recht

8 Siehe dazu oben Rn 1 ff. und vor allem Vor § 31 Rn 1 ff. zur Rspr. hinsichtlich Baukostenzuschüsse, Aufbauverträgen und Finanzierungsbeihilfen.

9 Die Unwirksamkeit von Vorausverfügungen kann sich gegen fünf verschiedene Personengruppen richten:
- Gläubiger von Grundpfandrechten (§ 1124), wobei grundsätzlich noch eine Unterscheidung nach dem Rang möglich wäre, aber in § 1124 nicht gemacht ist;
- Gläubiger von öffentlichen Lasten (Steuern und Abgaben);
- Rechtsgeschäftliche Erwerber des Grundstücks (§§ 566 b und c BGB);
- Ersteher in der Zwangsversteigerung (§ 57 a ZVG);
- andere Gläubiger als aus Grundpfandrechten, insbesondere Wirkung in der Insolvenz und in der Zwangsvollstreckung, in letzterem Falle besonders in der Zwangsverwaltung.

V. Beschränkte Wirksamkeit von Vorausverfügungen (Abs. 1 S. 1)

10 Nach Abs. 1 Satz 1 stellt sie ab auf das allgemeine Recht in Bezug auf die Miet- und Pachtforderungen: §§ 1123, 1124 BGB (Rspr. dazu s. Vor § 31 Rn 1 ff.). Diese dingliche Wirkung (samt Beschränkung der Vorausverfügungen) wird erstreckt auf den Anspruch auf das Entgelt (wiederkehrend oder einmalig) für das DWR, und zwar zugunsten von:

11 – Hypotheken, Grundschulden, Rentenschulden und Reallasten, die dem DWR **im Rang vorgehen oder gleichstehen,** nicht also zugunsten solcher mit Rang **nach** dem DWR; diese Unterscheidung kennt das BGB nicht, aus dem einfachen Grunde, weil das Miet- oder Pachtverhältnis keinen grundbuchmäßigen Rang haben kann. Hier entscheidet also die Priorität des Rechtes (auch Gleichrang genügt);

12 – **öffentlichen Lasten,** die in wiederkehrenden Leistungen bestehen, ohne Rücksicht auf einen Rang, im Allgemeinen aber solchen, die nach § 10 Abs. 1 Nr. 3 ZVG Vorrang haben. Darunter können z. B. nicht fallen wiederkehrende Vorauszahlungen auf die Einkommensteuer, da sie im Grunde keine wiederkehrenden Leistungen sind (siehe zu diesen öffentlichen Lasten auch das Gesetz v. 9. 3. 1934 über die Pfändung von Miet- und Pachtforderungen).[8] Begünstigt werden grundsätzlich nur öffentliche Lasten, die in wiederkehrenden Leistungen bestehen.

13 Die Zwangsverwaltung aus solchen Rechten ergreift das DWR-Entgelt gemäß § 865 ZPO, 21, 148 ZVG.

14 Die Beschlagnahmewirkung aus Abs. 1 zugunsten der genannten Rechte richtet sich nicht nur gegen wiederkehrende Entgelte aus dem DWR, sondern auch gegen einmalige oder Ratenzahlungen; jedoch werden diese nur insoweit erfasst, als sie nach Eintritt der Beschlagnahmewirkung (Anordnung der Zwangsverwaltung) fällig werden. Größere Beträge, die für die ganze Dauer des DWRs oder für einen größeren Zeitraum abgelten sollen, müssen jedoch mit einem auf die Zeit der Beschlagnahme (Zwangsverwaltung) treffenden Betrag vom Beschlagnahmegläubiger in Anspruch genommen werden.[9] Sind aber einmalige Entgelt „in Gemäßheit des DWR-Vertrages" (auch nur schuldrechtlicher Natur, Grundgeschäft) geleistet, so ist diese „Vorausverfügung" auch gegenüber den in § 40 Abs. 1 genannten Gläubigern gültig.

15 Hinsichtlich eines an einem ErbbR ruhenden DWR (s. § 42) gilt Gleiches. Der reallastartige Erbbauzinsanspruch in Vor- oder Gleichrang mit DWR gibt ein Zugriffsrecht auch auf das Entgelt für das DWR.

---

[8] RGBl. I, S. 181.

[9] So auch *Diester* § 40 Anm. 5 a; Palandt/*Bassenge* § 40 Rn 2.

Das Zugriffsrecht besteht also, wie gesagt, auch für öffentliche Lasten, die in wiederkehrenden Leistungen bestehen. Das entspricht § 10 Abs. 1 Nr. 3 ZVG mit §§ 155 Abs. 2 und 156 ZVG (zur Geltendmachung außerhalb der Zwangsverwaltung durch Pfändung siehe das schon genannte Gesetz v. 9. 3. 1934).[10] Darunter sind alle im öffentlichen Recht durch Gesetz oder Satzung begründeten Abgabeverpflichtungen zu verstehen.[11] Nur die mit Abs. 1 bevorrechtigten Gläubiger haben sowohl das Recht des Zugriffs im Rahmen der Zwangsverwaltung wie auch der Zwangsvollstreckung auf Grund dinglichen Titels; ein nachstelliger Gläubiger hat beide Rechte nie; wohl aber alle persönlichen Gläubiger mit einem persönlichen Titel, allerdings in Konkurrenz zur dinglichen Pfändung, der sie weichen müssen. 16

Auch im Rahmen der Zwangsverwaltung hat der bevorrechtigte Gläubiger nach § 40 den direkten Zugriff (auch über § 865 ZPO) auf das wiederkehrende Entgelt für ein DWR; soweit dieser erfolgt ist, fließt dieses Entgelt nicht mehr in die allgemeine Zwangsverwaltungsmasse. Der bevorrechtigte Gläubiger kann nicht gezwungen werden, sein Recht aus § 40 Abs. 1 geltend zu machen; aber dieses Recht und damit das Entgelt können gepfändet (bzw. dann überwiesen) werden. 17

Tritt die Zwangsverwaltungsbeschlagnahme ein auf Grund Antrags eines nicht nach § 40 Abs. 1 bevorrechtigten Gläubigers oder eines persönlichen Gläubigers, so hat das nicht die Beschlagnahme der für das DWR fälligen wiederkehrenden Leistungen zur Folge. Diese Leistungen werden erst dann zur Zwangsverwaltung herangezogen, wenn einer der bevorrechtigten Gläubiger eintritt. 18

Pfändet ein nicht privilegierter Gläubiger aus **dinglichem** Titel, ist die Pfändung auf Erinnerung des Schuldners nach § 766 ZPO wieder aufzuheben. 19

Wird auf Grund schuldrechtlichen Titels gepfändet, ist die Pfändung wirksam im Rahmen des § 1124 Abs. 2 BGB. Die nicht bevorrechtigten Gläubiger haben keine Widerspruchsklage aus § 771 ZPO, solange sie nicht selbst **dinglich** pfänden. Andererseits kann der Zwangsverwalter die Unwirksamkeit der Pfändung gemäß §§ 766 bzw. 771 ZPO geltend machen, wenn ein bevorrechtigter Gläubiger die Zwangsverwaltung veranlasst hat oder beitritt;[12] bei Rücknahme des Beitritts oder Antrags wird diese Pfändung wieder voll wirksam; für erneuten Beitritt gilt die Frist des § 1124 Abs. 2. 20

Zur entsprechenden Anwendung der §§ 1123–1125 BGB sei noch verdeutlicht:

- § 1123 Abs. 2 Satz 1: Die einjährige Ausschlussfrist von der dinglichen Haftung betrifft Beschlagnahme auf Grund Zwangsverwaltung (§ 148 Abs. 1 Satz 1 ZVG) oder Pfändung aus dinglichem Titel, nicht Beschlagnahme auf Grund Zwangsversteigerung, entsprechend § 21 Abs. 2 ZVG. 21
- Einschränkung des § 1123 Abs. 2 Satz 2 BGB für das nach Vereinbarung im Voraus zu entrichtende Entgelt. 22
- § 1124: Unwirksamkeit von Verfügungen über das Entgelt gegenüber bevorrechtigten Gläubigern. Wirkung der Beschlagnahme aus § 148 ZVG, auch hinsichtlich der Sicherheit für das Entgelt, z. B. Bürgschaften[13] (zu allem s. oben Vor § 31 Rn 1 ff.). 23
- § 1124 Abs. 3: Veräußerung des Grundstücks ohne die Forderung; dies hat auch gegenüber den Rechten nach § 40 Abs. 1 keine Wirkung. Auch § 40 Abs. 1 Satz 2 widerspricht dem nicht; es handelt sich hier immer noch um die mit Satz 1 „geregelte Erstreckung". 24
- Gegen die Anwendung bei Vereinbarung von Kaufpreisraten, die wiederkehrend zu zahlen sind, spricht der Wortlaut, da nur von Mietforderung geredet wird. 25
- § 1125 (Aufrechnung) gilt auch hier. 26

---

[10] RGBl. I, S. 181, DJ 1934, 338; Palandt/*Bassenge* § 40 Rn 2.
[11] Näheres bei *Stöber,* ZVG, § 10 Rn 6; *Hügel/Wilsch* GBO § 54 Rn 1; *Schreiber* Rpfleger 1951, 117.
[12] *Stöber* ZVG, § 152 Rn 11.2.
[13] RG 144, 199.

VI. Volle Wirksamkeit von Vorausverfügungen (Abs. 1 S. 2)

27 Soweit nicht die Anordnung des Abs. 1 **Satz 1** anzuwenden ist, haben alle Vorausverfügungen über das Entgelt für das DWR in jeder Weise volle Wirksamkeit, und zwar auch über die Ausweitungen der Wirksamkeit durch die Rechtsprechung zu § 1124 noch hinaus, also grundsätzlich unbeschränkt. Dies gilt gegenüber den oben (Rn 9 außer der zweiten) genannten Personengruppen, außerdem auch noch gegenüber Gläubigern aus Grundpfandrechten und Reallasten mit Rang **nach** dem DWR. Demnach sind also Vorausverfügungen wirksam gegenüber rechtsgeschäftlichen Erwerbern, Erstehern in der Zwangsversteigerung (immer vorausgesetzt, dass das DWR nicht durch den Zuschlag erlischt), anderen Gläubigern als solchen aus Grundpfandrechten und Reallasten, besonders auch gegenüber Insolvenzverwalter und in der Zwangsverwaltung; §§ 566 b f. BGB; 57, 57 b, 21, 148 ZVG, 110 InsO sind von der Anwendung ausgeschlossen.[14] Das gilt auch im Rahmen der Eintrittswirkung nach § 38; diese tritt nur ein in Bezug auf den Bestand der Entgeltsforderung auf das DWR im Zeitpunkt des Übergangs des Rechtes bzw. des Eigentums.

28 Man kann ebenso umgekehrt sagen, dass, gemäß Abs. 1 **Satz 2,** grundsätzlich alle Vorausverfügungen über das DWR-Entgelt **wirksam** sind gegenüber Rechtsnachfolgern und Gläubigern, mit der einzigen Ausnahme des Abs. 1 Satz 1, wie oben (Rn 10 ff.) im Einzelnen dargestellt ist.[15]

29 Bleibt ein DWR auf Grund Vereinbarung nach § 39 (oder auch § 59 ZVG) **bestehen,** sind die Vorausverfügungen ebenfalls grundsätzlich wirksam gegenüber dem Ersteher.[16] Damit ist aber nicht ausgeschlossen, dass der betreibende Gläubiger sich auf § 40 Abs. 1 Satz 1 hinsichtlich seines Grundpfandrechtes oder seiner Reallast berufen kann vom Zeitpunkt der Beschlagnahme an.

30 Auch § 57 a ZVG ist nicht anwendbar, sowenig wie §§ 566 b Satz 1, 566 c und d BGB; dagegen § 57 b ZVG.[17] Der Ersteher ist nicht gesichert gegenüber langjährig vereinbarten Vorauszahlungen, wohl aber umgekehrt der DWBer, auch der Erwerber des DWRs. Ein gutgläubiger Erwerber des Grundstücks ist nicht gesichert. Diese Regelung geht über die bei der Miete hinaus. §§ 566 bis 566 e sind nicht entsprechend anwendbar.[18]

VII. Vereinbarung der Wirksamkeit von Vorausverfügungen (Abs. 2)

31 Diese ist als Ausnahme zu dem einzigen, sehr engen Fall der Beschränkung der Vorausverfügungen entsprechend § 1124 und Rspr. in Abs. 1 S. 1 gegenüber einem der dort genannten Gläubiger (aus Hypotheken, Grundschulden, Rentenschulden, Reallasten und wiederkehrenden öffentlichen Lasten) möglich. Die Vereinbarung ist zwischen Eigentümer und DWBer (im überwiegenden Interesse des letzteren und zu seiner Sicherung gegen nochmalige Geltendmachung eines schon bezahlten Entgelts durch einen der genannten Gläubiger) abzuschließen. Eine Form ist dafür nicht vorgeschrieben. Für die Wirksamkeit ist in entsprechender Anwendung des § 39 Abs. 2 die Zustimmung der dadurch betroffenen Gläubiger (aus im Rang dem DWR vorgehenden oder gleichstehenden Grundpfandrechten und Reallasten, nicht aus öffentlichen Lasten!) erforderlich (siehe dazu § 39 Rn 45). Diese Vereinbarung nach § 40 Abs. 2 kann aber keine Wirksamkeit entfalten

---

[14] Palandt/*Bassenge* § 40 Rn 1.
[15] S. schon *Bärmann/Pick* § 40 Rn 4 u. *Diester* § 40 Anm. 6.
[16] Weitnauer/*Mansel* § 40 Rn 15; Palandt/*Bassenge* § 40 Rn 1.
[17] Ebenda.
[18] Palandt/*Bassenge* § 40 Rn 1.

gegenüber Gläubigern aus öffentlichen Lasten, ihnen gegenüber kann also § 40 Abs. 1 S. 1 nicht durch Vereinbarung ausgeschlossen werden.

Die Vereinbarung der Wirksamkeit kann auch Modalitäten hinsichtlich des Umfangs und bestimmter Voraussetzungen im Einzelnen enthalten, braucht sich also nicht auf einfache Bestimmung der Wirksamkeit schlechthin zu beschränken.[19] Vor allem kann sie z. B. bestimmte Beträge (eine einmalige Kaufpreiszahlung, bestimmte Raten desselben) nennen. Die Vereinbarung braucht auch nicht die Zustimmung aller Grundpfandrechtsgläubiger zu erlangen; sie wirkt immer nur gegenüber denen, die zugestimmt haben. Rangschwierigkeiten kann es dabei nicht geben. **32**

Die Vereinbarung wird **dinglicher** Inhalt des Rechts durch Eintragung. Eine bloße schuldrechtliche Vereinbarung wirkt nur zu Lasten des Gläubigers, der zugestimmt hat, nicht gegen den Sonderrechtsnachfolger desselben auf Grund Abtretung. Die Eintrittswirkung nach § 38 kann sich nicht auf das Verhältnis zu Grundpfandgläubigern beziehen. Auch zwischen Eigentümer und DWBer gibt es keine Eintrittswirkung aus einer Vereinbarung nach Abs. 2. Diese muss durch Eintragung verdinglicht werden (als Inhalt des Rechtes). Daneben ist dann für die Eintrittswirkung kein Raum mehr. Einer bloß schuldrechtlichen Vereinbarung kann aber, da Verdinglichung möglich ist, Eintrittswirkung überhaupt nicht zukommen (s. § 38 Rn 36 ff.). **33**

Als inhaltsändernde Vereinbarung i. S. des § 40 Abs. 2 könnte z. B. angesehen werden: **34**

Hat der DWBer die öffentlichen Lasten des Grundstücks auf Zeit ganz oder teilweise übernommen, so könnte der Grundstückseigentümer vereinbaren, dass diese Verpflichtung durch einen bestimmten Geldbetrag ganz oder auf gewisse Zeit abgelöst wird oder durch Teilablösung die Monatsentgelte auf die Hälfte verringert werden usw. Die erste Vereinbarung über Zahlung der öffentlichen Last ist nicht Inhalt des Rechtes und des Grundbuchs geworden. Die Ablösungsvereinbarung müsste gleichwohl zu ihrer relativen Wirkung gegenüber vorrangigen Grundstücksgläubigern mit deren Zustimmung eingetragen werden; nachrangige Gläubiger müssen zustimmen, da sich durch diese Ablösung ihre Rechte verschlechtern mit der Überlegung, dass bei späterem Nichtbestehen bleiben des DWRs in der Zwangsversteigerung der „Ersatzwert" des Rechtes zu Folge der Vorausablösung des Entgelts als Gegenleistung höher und damit die Aussicht der nachrangigen Gläubiger auf Beteiligung am Erlös geringer wird. Damit wird bei jeder Vorauszahlung auf das DWR auch die Zustimmung der nachrangigen Gläubiger zu verlangen sein. Daraus folgt in diesen Fällen, dass die Zustimmung nach §§ 877/876 BGB verlangt werden muss zur Änderung des Inhalts eines Rechtes, das überhaupt nicht eingetragen war und gar nicht eingetragen werden durfte. Die Änderung des Inhalts nimmt am öffentlichen Glauben und der Gutglaubenswirkung teil, nicht aber der nichtgeänderte Inhalt (s. z. B. Parallele aus dem ErbbR).[20] **35**

Wessen Zustimmung wird verlangt? **36**

- Nicht der Gläubiger der öffentlichen Lasten,
- Aber vorgehender oder gleichstehender privater Gläubiger aus Grundpfandrechten oder Reallasten.
- Relative Wirkung gegenüber einem Zustimmenden unter mehreren Gläubigern? **37**
- Zustimmung aller vorgehenden und gleichstehenden Gläubiger? § 39 Abs. 2, auf den Bezug genommen ist, spricht wörtlich von den Gläubigern, nicht so allerdings § 40 Abs. 2 Satz 1. **38**

Die Auffassung (Zustimmung aller) ist vorzuziehen, entsprechend dem Sprachgebrauch des ZVGs und dem Rechtsgedanken des § 876 Abs. 2 BGB.[21] Entscheidend ist auch, dass eine relative Wirkung der Inhaltsänderung zwar in der Zwangsverwaltung noch durchführ- **39**

[19] S. *Weitnauer,* Betrieb 1954, 796; Weitnauer/*Mansel* § 40 Rn 9.
[20] Palandt/*Bassenge* § 2 ErbbRVO Rn 1.
[21] S. a. *Diester* § 39 Anm. 7.

bar wäre, nicht aber in der Zwangsversteigerung dem Ersteher gegenüber; ihm gegenüber kann die Vereinbarung über die Inhaltsänderung nur einheitlich wirksam oder unwirksam sein. Gleiches gilt auch hinsichtlich der Bestehen bleibensvereinbarung nach § 39, deren Wirksamkeit dem Ersteher gegenüber schließlich nicht davon abhängig gemacht werden kann, welcher Gläubiger die Zwangsversteigerung gerade betreibt, einer der zugestimmt hat, oder einer, der nicht zugestimmt hat (s. § 39 Rn 66 ff.).

40 Haben nicht alle, sondern nur einer oder einige der Gläubiger zugestimmt, so wird zwar der Inhalt des Rechtes nicht geändert, es kann auch nicht eingetragen werden (außer mit der beschränkten Wirkung des § 1157 BGB, wenn doch eingetragen wird, ist das GB unrichtig, aber gutgläubiger Eintritt eines Dritten möglich); dem vollstreckenden Gläubiger, der zugestimmt hat, kann diese Zustimmung jedoch entgegengehalten werden (Gleiches wäre bei Einzelpfändung oder bei von ihm allein betriebener Zwangsverwaltung der Fall).

41 Form der Zustimmung: materiellrechtlich formlose Abgabe an Grundstückseigentümer oder DWBer; entsprechend § 876 S. 3 BGB auch privatschriftliche an Verfahrensrechtlich ist die Form des § 29 GBO zu wahren. Dazu kommt die Eintragung.

VIII. Eintragung einer Vereinbarung nach Abs. 2

42 Dazu siehe die obige Bemerkung (§ 39 Rn 49 ff.). Nachträglich eingehende Zustimmungen sind beim Recht des Zustimmenden zu vermerken.

43 Nur die Wirksamkeit der Vereinbarung bedarf der Zustimmung, nicht die Eintragung derselben, weshalb diese auch schon erfolgt, wenn noch keine Zustimmung vorliegt.

44 Voraussetzung ist dingliche Einigung (formlos) und Eintragung, spätere Änderung bedarf der Zustimmung nach §§ 877/876 BGB (s. oben Rn 41). Die Eintragung einer Vereinbarung, dass **Vorauszahlungen** eines in wiederkehrenden Leistungen bestehenden Entgelts den Gläubigern nach § 40 Abs. 2 Satz 1 und dem Zwangsverwalter gegenüber ganz oder teilweise unwirksam sein soll, erscheint zulässig.[22]

§ 41 Besondere Vorschriften für langfristige Dauerwohnrechte

(1) **Für Dauerwohnrechte, die zeitlich unbegrenzt oder für einen Zeitraum von mehr als zehn Jahren eingeräumt sind, gelten die besonderen Vorschriften der Absätze 2 und 3.**

(2) **Der Eigentümer ist, sofern nicht etwas anderes vereinbart ist, dem Dauerwohnberechtigten gegenüber verpflichtet, eine dem Dauerwohnrecht im Range vorgehende oder gleichstehende Hypothek löschen zu lassen für den Fall, daß sie sich mit dem Eigentum in einer Person vereinigt, und die Eintragung einer entsprechenden Löschungsvormerkung in das Grundbuch zu bewilligen.**

(3) **Der Eigentümer ist verpflichtet, dem Dauerwohnberechtigten eine angemessene Entschädigung zu gewähren, wenn er von dem Heimfallanspruch Gebrauch macht.**

Übersicht

[22] H. M. Soergel/*Stürner* § 40 Rn 3; Weitnauer/*Mansel* § 40 Rn 12; RGRK-*Augustin* § 40 Rn 9.

I. Der Normzweck

Die Vorschrift privilegiert solche Dauerwohnrechte, die auf mehr als 10 Jahre oder zeitlich unbegrenzt bestellt sind. Falls nicht etwas anderes vereinbart wurde, soll es dem Berechtigten gem. § 41 Abs. 2 ermöglicht werden, allmählich in das Eigentum aufzurücken (vgl. die amtlich nicht veröffentlichte Begründung zu dem Regierungsentwurf des WEG 1951: BRDrucks. 75/51). Abs. 3 sieht für den Fall, dass der Eigentümer vom Heimfallrecht Gebrauch macht, eine an den Dauerwohnberechtigten zu zahlende angemessene Entschädigung vor, wobei gem. § 36 Abs. 4 über die Entschädigung Vereinbarungen getroffen werden können. Nach dem Regierungsentwurf (vgl. die o. a. Begründung zu dem Regierungsentwurf des WEG 1951: BRDrucks. 75/51) wird die angemessene Entschädigung wenigstens das umfassen, was der Berechtigte für die Tilgung von Belastungen und zur Finanzierung der Baukosten aufgewendet hat. Hiervon wäre allerdings eine Abnutzungsentschädigung abzuziehen. 1

II. „Langfristige" Dauerwohnrechte

In den Fällen, in denen, insbesondere bei Genossenschaftsbauten, das DWR einen **„eigentumsähnlichen"** Charakter erlangt (ohne dass es die juristische Natur als DWR verlieren würde), wird es im Allgemeinen auf unbegrenzte Dauer bestellt werden; bei größeren Leistungen wie Baukostenzuschüssen wird ein dafür bestelltes DWR zur Abgeltung (Abwohnung) derselben schon auf lange Frist bestellt werden müssen. Das Gesetz hat in § 41 für diese besondere Art von DWR **eigene** Bestimmungen getroffen, die sich allerdings auf zwei Punkte beschränken, nämlich auf die abdingbare **Löschungsvormerkung** zugunsten des DWBer. mit Wirkung gegen vorgehende und gleichstehende Belastungen, bei deren Erledigung dann das DWR im Rang aufrücken soll; und ferner die unabdingbar gemeinte **Entschädigungspflicht** zugunsten des DWBer. beim Heimfall des Rechts an den Eigentümer; dabei wird von der selbstverständlichen Voraussetzung ausgegangen, dass für langfristige DWRe eine entsprechende Gegenleistung gegeben wird, die bei vorzeitigem Heimfall in Form einer Entschädigung ausgeglichen werden müsste (s. unten Rn 22f.). Durch § 41 wird die Bedeutung des DWRs als Verkehrswert besonders unterstrichen. Die Vereinbarung eines Erneuerungsrechtes für kurzfristige Rechte ist zulässig, aber nicht dinglich, da es nicht als Inhalt des Rechtes zugelassen ist; es kann aber eine Vormerkung nach § 883 BGB dafür bestellt werden. Es ist dann die Behandlung als langfristiges DWR dem wirtschaftlichen Erfolg entsprechend möglich. 2

DWRe können, so sehr praktisch ihre Verwendbarkeit für öffentliche oder genossenschaftliche Bauträger oder Industriebaugenossenschaften (Werkgesellschaften oder -genossenschaften) im Vordergrund stehen wird, von jedem Grundstückseigentümer oder Erbb-Ber. im Rahmen und unter den Voraussetzungen der §§ 31–42 ausgegeben werden. Zu einer Beschränkung, wie bei den Beratungen des Gesetzes diskutiert, ist es nicht gekommen mit Rücksicht auf die Gleichbehandlung nach dem ersten Wohnungsbaugesetz.[1] 3

Als „langfristig" gilt auch ein verlängertes DWR (s. zur Verlängerung im Einzelnen § 31 Rn 102), wenn vom Zeitpunkt der Verlängerung an die vereinbarte Lauffrist noch mehr als zehn Jahre beträgt.[2] Die Langfristigkeit ist eintragungsbedürftig.[3]

§ 41 findet sowohl auf zeitlich begrenztes, dann aber mehr als zehn Jahre vereinbarungsgemäß laufendes, DWR Anwendung. Maßgebend ist die vereinbarte Laufzeit (zur Befris- 4

[1] S. a. *Weitnauer/Mansel* § 41 Rn 4 u. *Diester* § 41 Anm. 2 a. E.

[2] So auch *Diester* § 41 Anm. 2 a.

[3] *Staak* SchlHA 1959, 142.

tung s. § 33 Rn 65); dass vorher schon ein Heimfallanspruch entstehen kann, ist dabei belanglos, selbst wenn ein solcher nach natürlichem Ablauf der Ereignisse mit an Sicherheit grenzender Wahrscheinlichkeit zu erwarten ist, z. B. Tod des Eigentümers und des EW-Ber. (s. § 33 Rn 60 f.) oder Berufsaufgabe des DWBer.

5 Zu steuerlichen Besonderheiten, insbesondere der Abschreibungsmöglichkeit nach dem EStG für langfristige DWR, siehe die entspr. Kommentare.

6 Die langfristigen eigentumsähnlichen DWRe sind besonders zu fördern (so der Minister für Arbeit, Soziales und Wiederaufbau von Nordrhein-Westfalen v. 31. 3. 1954).[4] Dabei soll als eigentumsähnlich ein DWR gelten, wenn mindestens folgende Voraussetzungen erfüllt sind:

7 – „Das laufende Entgelt für die Nutzung darf nicht als Miete im üblichen Sinne erhoben werden, sondern muss den tatsächlichen Aufwendungen entsprechen. Der DWBer. muss anteilig die gesamten Lasten sowie das volle Bewirtschaftungsrisiko tragen; Verringerungen der Belastung, die durch Tilgung von Fremddarlehen usw. eintreten, müssen ihm zugute kommen.

8 – Das DWR muss den besonderen Vorschriften für langfristige DWRe (§ 41 des WEGs) entsprechen. Es muss für 99 Jahre, mindestens aber für 75 Jahre, bestellt werden; ganz ausnahmsweise kann die Laufzeit bis auf 50 Jahre herabgesetzt werden.

9 – Für den Fall der Zwangsversteigerung muss das Bestehen bleiben des DWRs vereinbart sein. Für das Landesdarlehen ist dann die in § 39 WEG vorgesehene Zustimmung zum bestehen bleiben des DWRs in der Zwangsversteigerung zu erteilen.

10 Die Landesdarlehen sind nur den Eigentümern der Grundstücke bzw. dem Erbbau-Ber. zu bewilligen. Im DWR-Vertrag muss vereinbart sein, dass die Wohnungen nur Personen überlassen werden dürften, die zu dem in Nr. 39 oder gegebenenfalls im Bewilligungsbescheid genannten begünstigten Personenkreis gehören; für den Fall der Zuwiderhandlung ist ein entsprechender Heimfallanspruch vorzusehen. Wohnungen, die in der Rechtsform eines nichteigentumsähnlichen DWRs überlassen werden sollen, sind wie Mietwohnungen zu fördern“.[5]

III. Löschungsanspruch

11 Der Vorschrift des **Abs. 2** entspricht § 1179 a BGB, allerdings mit dem Unterschied, dass dort der Löschungsanspruch des Hypothekengläubigers gesetzlicher Inhalt des Rechts ist und Vormerkungswirkung entfaltet.[6] Das Recht aus § 41 Abs. 2 ist zwar ebenfalls ein gesetzliches (es ist also Inhalt der Legal-Obligation und damit **dinglicher** Inhalt des Rechts), aber es beinhaltet nur den **Anspruch** auf Eintragung einer Vormerkung, die erst mit Eintragung wirksam wird.[7] Abs. 2 ist **abdingbar,**[8] (zur Unterscheidung im Einzelnen s. § 33 Rn 3 ff.) im Gegensatz zur Entschädigungspflicht nach § 41 Abs. 3. Der Anspruch auf die Löschung ist also, sofern er nicht abbedungen ist, gesetzlicher Inhalt des dinglichen Rechtes, sofern nur die Voraussetzung der Langfristigkeit der Bestellung des Rechtes gegeben ist. Gegen den Eigentümer wirkt dieser Anspruch also immer; als dinglicher Inhalt des Rechtes geht der Löschungsanspruch auch auf den Erwerber des DWRs, die Löschungspflicht auch auf den Erwerber des Grundstücks über.[9] Zwischen Eigentümer und DWBer. besteht der Löschungsanspruch (sofern er nicht abbedungen und dieser Ausschluss durch Bezugnahme auf die Eintragungsbewilligung im GB aufgenommen ist); der Meinung

[4] MinBl. Nr. 49 Sp. 683; Auszug bei *Weitnauer,* 2. Aufl. S. 291.
[5] S. dazu die entspr. Förderungsbedingungen.
[6] S. auch *Stöber* Rpfleger 1977, 401.
[7] Palandt/*Bassenge* § 41 Rn 2; Weitnauer/*Mansel* § 41 Rn 2.
[8] Palandt/*Bassenge* § 41 Rn 2; Weitnauer/*Mansel* § 41 Rn 1 a. E., 11; Niedenführ/*Vandenhouten* § 41 Rn 11.
[9] Wie hier Palandt/*Bassenge* § 41 Rn 2.

Diesters,[10] dass die abweichende Vereinbarung nicht grundbuchkundig werden müsste, ist die **dingliche** Wirkung für Rechtsnachfolger entgegenzuhalten.[11] Das schließt aber nicht die Wirkung gegenüber Erwerbern eines solchen eigentlich zu löschenden Rechts, z. B. durch Abtretung seitens des Eigentümers, ein, wenn eine Vormerkung im Sinne des § 41 Abs. 2, § 1179 BGB in das GB nicht eingetragen wäre (dazu unten Rn 14 ff.). Dies erklärt sich daraus, dass § 41 Abs. 2 überhaupt von dieser Löschungsvormerkung spricht, die nach § 1179 BGB sowieso den Beteiligten freigestellt wäre.

Streitig ist, ob die Tatsache, dass in Abs. 2 nur von der Löschung einer „Hypothek“ gesprochen wird, als Redaktionsversehen anzusehen oder streng auszulegen ist. Der maßgebliche Redakteur des Gesetzes, *Weitnauer* bezeichnete den Text als Redaktionsversehen.[12] In der Tat ist kein rechter Grund einzusehen, warum dieser Löschungsanspruch nicht auch gegenüber Grund- und Rentenschulden möglich sein soll;[13] zu bedenken ist auch, dass das BGB selbst in § 1192 für die Grundschuld (und wegen der Erklärung als Grundschuld, in § 1199 auch für Rentenschuld) die Vorschriften über die Hypothek für anwendbar erklärt. Auch könnte in der Einschränkung der Wirkung auf die Hypotheken nur ein Anreiz dafür gesehen werden, keine Hypotheken, sondern die für den Eigentümer mit mehr Risiko (besonders bei Briefgrundschulden, durch den gutgläubigen Erwerb des vollen Rechts ohne Rücksicht auf eine Forderung) verbundene Grundschulden zu bestellen. 12

Die gleichen Fragen, wie sie zur Auslegung des § 1179 a. F. BGB entstanden sind, werfen sich auch zu § 41 Abs. 2 auf; sie sind auch in gleicher Weise zu beantworten. Die Tatsache des Bestehens des Löschungsanspruches zwischen Eigentümer und DWBer. kraft Gesetzes hat hierauf keinen Einfluss. Dies gilt von der Frage der Anwendbarkeit des § 1179 auf die sogenannten forderungsbekleideten Eigentümer-„Hypotheken“ i. S. des § 1143 (§§ 889, 1173, 1177 Abs. 2), die wirkliche Eigentümerhypotheken sind (Vereinigung). Im Allgemeinen wird die Anwendbarkeit von § 1179 hierauf verneint[14] und Entsprechendes gilt für § 41 Abs. 2. Analog ist aber auf § 41 Abs. 2 auch die Auslegung des § 1179 anzuwenden für Fälle der „vorläufigen Eigentümergrundschuld“ nach § 1163 Abs. 1 Satz 1, Abs. 2 (nicht valutierte Eigentümergrundschuld) und Fälle des gesetzlichen Übergangs der Hypothek auf den Eigentümer (§ 1163 Abs. 1 Satz 2, Erlöschen der Forderung, §§ 1168 Abs. 1, Verzicht, 1170 Abs. 2 Satz 1 u. 1171 Abs. 2 Satz 1, Ausschlussurteil, u. 1182 Satz 1 Ersatzhypothek) und §§ 868, 932 ZPO (Zwangs- u. Arresthypothek). Dazu kann auf die allgemeinen Kommentare verwiesen werden; eine Abweichung gilt hierbei hinsichtlich § 41 Abs. 2 nicht. 13

IV. Löschungsvormerkung

Es ist an das oben in Rn 11 Gesagte anzuknüpfen. Während die Wirkung des Löschungsanspruches zwischen Eigentümer und DWBer. als dinglicher Inhalt sich auch auf Rechtsnachfolger erstreckt, kann Dritten gegenüber eine ähnliche Wirkung sich nur ergeben, wenn das Recht durch Vormerkung im GB gesichert ist. § 888 BGB insbesondere kann also nur bei eingetragener Vormerkung, nicht schon aus § 41 Abs. 2 selbst geltend gemacht werden. Nur bei eingetragener Vormerkung ist der DWBer. geschützt gegen wirksame Forderungsauswechslung,[15] Umwandlung (§§ 1186, 1198, 1203). Sie schützt nach h. M.[16] nicht gegen Verfügungen des **nach** der Entstehung der Eigentümergrund- 14

---

[10] § 41 Anm. 9.

[11] Insoweit wie schon in *Bärmann/Pick* § 41 Rn 5; a. A. Weitnauer/*Mansel* § 41 Rn 2; *Diester* § 41 Anm. 14/15 und Soergel/*Stürner* § 41 Rn 3; wie hier Palandt/*Bassenge* § 41 Rn 2.

[12] 7. Aufl., § 41 Rn 2.

[13] Wie hier Palandt/*Bassenge* § 41 Rn 2; Weitnauer/*Mansel* § 41 Rn 2; a. M. *Diester* a. a. O. § 41 Anm. 4.

[14] Palandt/*Bassenge* § 1179 Rn 8, § 41 Rn 2; *Blomeyer* DRWi 1941, 126.

[15] RG 125, 142.

[16] Weitnauer/*Mansel* § 41 Rn 2; Palandt/*Bassenge* § 41 Rn 2.

schuld im GB eingetragen gebliebenen Hypothekengläubigers zugunsten eines gutgläubigen Erwerbers der Hypothek (der an die Berechtigten zur Verfügung glaubte).[17]

15 Ausführungen zur Wirkung der Vormerkung erübrigen sich hier; es gibt gegenüber dem allgemeinen Recht keine Besonderheit.[18] Verfügungen gegen den Vormerkungsinhalt sind relativ unwirksam, nämlich dem DWBer. gegenüber, der ihre Löschung verlangen kann und die Zustimmung eines Erwerbes der Eigentümergrundschuld dazu.

16 Mit § 41 Abs. 2 ist nur die Vormerkungswirkung gegenüber Eigentümergrundschulden gegeben; zur Sicherung eines Anspruchs auf Verpfändung und Überweisung der künftigen Eigentümergrundschuld kann diese Vormerkung nicht dienen.[19]

17 Da durch Geltendmachung des Löschungsanspruchs das DWR im Rang vorrückt, kann eine Neubeleihung mit Rang vor dem DWR nur wieder mit Rangrücktritt des DWBer erfolgen. Das kann eine wirtschaftliche Erschwerung in der Kreditfähigkeit des Grundstücks bedeuten. Daraus ergibt sich die Notwendigkeit für den Eigentümer, in der Rangstellung von DWRen vorsichtig zu sein und damit auch zu überlegen, ob bei langfristigen DWRen nicht von vornherein der Löschungsanspruch nach § 41 Abs. 2 abbedungen werden soll.

18 Der Löschungsanspruch als solcher ist, da er Inhalt des dinglichen Rechtes des DWR selbst ist, allein, ohne das DWR nicht abtretbar.

19 Die Vormerkung kann auch noch während der Zwangsversteigerung und Zwangsverwaltung eingetragen werden; eine etwaige vorherige Pfändung und Pfandwirkung auf die Eigentümergrundschuld wird dadurch allerdings nicht mehr berührt. Ohne Vormerkung ist die Eigentümerhypothek in der Zwangsversteigerung in das geringste Gebot aufzunehmen.

20 In der Zwangsversteigerung ist schon nach bisherigem Recht zweifelhaft, ob eine (zu löschende) Eigentümergrundschuld in das geringste Gebot aufzunehmen ist.[20] Dazu kommt, dass wegen des dinglichen Inhalts der Löschungsanspruch zwischen Eigentümer (damit auch Ersteher) und DWBer auf jeden Fall besteht. Hier stehen sich das Interesse des Eigentümers und des DWBer einerseits und das der Drittgläubiger gegenüber. Im Zweifel muss das Letztere entscheiden. Würde die Eigentümerhypothek bestehen bleiben, so würde das, abgesehen von der Möglichkeit der Pfändung sowohl durch Realkreditgläubiger wie auch nicht gesicherte Gläubiger des Eigentümers, eine Bevorteilung des Eigentümers zur Folge haben, da ihm dann der auf die Eigentümergrundschuld treffende Betrag des Erlöses zuzuteilen wäre zum Nachteil aller nachrangigen Rechte, auch des DWRs, das dadurch auch mit seinem Wertersatz ausfallen könnte. Somit hätte also am bestehen bleiben der Eigentümergrundschuld nur der Eigentümer selbst ein Interesse. Er ist aber schon kraft Gesetzes dem DWBer gegenüber (sonst nur Grundpfandrechtsgläubigern gegenüber ohne eingetragene Vormerkung) dinglich verpflichtet, seine Eigentümergrundschuld löschen zu lassen. Es genügt diese Verpflichtung dem einen Beteiligten, nämlich dem DWBer, gegenüber, um den Löschungsanspruch bei der Feststellung des geringsten Gebotes wie in der Verteilung zu berücksichtigen, zumal dieser Löschungsanspruch des DWBer kein gewöhnlicher obligatorischer (wie nach § 1179; s. oben Rn 11), sondern kraft Gesetzes Inhalt des dinglichen Rechtes des DWRs, der dinglichen Rechtsbeziehungen ist. Als solcher wäre er vom Vollstreckungsgericht zu berücksichtigen. Anders kann der Fall nur liegen, wenn Dritte bereits Rechte an der Eigentümergrundschuld erworben haben, z. B. durch Pfändung, Verpfändung oder Abtretung; und dabei gutgläubig waren.

21 Über die Wirkung der Vormerkung in der Zwangsversteigerung siehe die einschlägige Literatur.[21]

---

[17] Siehe Näheres bei Palandt/*Bassenge* § 1179 Rn 17 und die sonstigen Kommentare.

[18] S. die Kommentare zu § 883 und zu § 888.

[19] RG 75, 245; 1972, 275; *Diester* § 41 Anm. 12.

[20] *Jaeckel/Güthe* ZVG § 48 Anm. 4, 50/51 Anm. 3; *Stöber* a. a. O. § 52 Anm. 7, bejahend.

[21] Palandt/*Bassenge* § 883 Rn 26; *Jauernig* § 883 Rn 20 ff.; *Jaeckel/Güthe* ZVG, § 48; *Korintenberg/Wenz/Ackermann/Lappe* ZVG, § 48; *Zeller* a. a. O. § 51 Anm. 4.

V. Entschädigungspflicht

Die in **Abs. 3** angeordnete **Unabdingbarkeit,**[22] wenn auch Modifizierbarkeit (vor allem der Höhe und der Zahlungsweise nach) der Entschädigungspflicht des Eigentümers beim Heimfall langfristiger DWRe, setzt ein ohne Rücksicht darauf, ob der Heimfall schon vor Ablauf der Mindestfrist von zehn Jahren für langfristige DWRe eintritt oder nicht oder erst später. Die Entschädigungspflicht ist **dinglicher Inhalt des Rechts** (s. o. § 36 Rn 101 ff.). 22

Vorbild war § 32 Abs. 1 Satz 1 ErbbRVO; S. 2 dieser Bestimmung ist schon in § 36 Abs. 4 Satz 2 enthalten: Vereinbarungen über Berechtigung und Höhe der Entschädigung oder die Art der Zahlung können als Inhalt des DWRs getroffen werden, die durch Eintragung Dinglichkeitswirkung für und gegen alle erlangen. Abs. 2 des § 32 ErbbauRG, wonach bei Sozialwohnungen die Entschädigung nicht ausgeschlossen werden kann, fehlt beim DWR. Gleichwohl muss man annehmen, dass die Entschädigungspflicht nach § 41 Abs. 3 nicht ausgeschlossen werden kann.[23] 23

§ 36 Abs. 4 lässt Vereinbarungen über die Entschädigung zu, macht sie aber nicht zur Pflicht; eine andere Frage ist, ob sich die Eintragungsbewilligung über die Entschädigung aussprechen muss, sei es auch negativ (s. oben § 32 Rn 13 ff.). Eine Vereinbarung über die Entschädigung darf jedoch nicht der „Angemessenheit" einer solchen i. S. des § 41 Abs. 3 widersprechen, weder der Höhe noch der Berechnung und der Art der Zahlung nach. Wann dies der Fall, ist dem Gesetz nicht zu entnehmen. Auch das Vorbild, § 32 ErbbRVO, gibt darüber keine Auskunft. Der nichtamtlichen Begründung zum WEG ist nur zu entnehmen, dass die angemessene Entschädigung mindestens das zu umfassen hat, was der DWBer. an Leistungen zur Tilgung von Belastungen und zur Finanzierung der Baukosten (wie beim langfristigen DWR wohl in der Regel üblich) beigetragen hat; davon wäre eine Abnutzungsentschädigung (auf der Grundlage des Mietwertes wohl) abzuziehen. Werterhöhungen durch Veränderungen und Verbesserungen und Ersatzansprüche des Eigentümers für nicht genehmigte Veränderungen oder Verschlechterungen sind im Rahmen des § 34 Abs. 1 entsprechend zu berücksichtigen (s. § 34 Rn 3 ff. über die Grundlagen und Einrechnung solcher Ansprüche).[24] 24

Auch die Art und Befristung der Zahlung muss „angemessen" sein, nicht nur die Berechnung der Höhe, wenn auch im Gesetz (§ 41 Abs. 3) nur von der Angemessenheit der Entschädigung selbst gesprochen wird. 25

Das Entgelt kann gleich Null sein, insbesondere wenn eine laufende Nutzungsentschädigung (kein einmaliger Kaufpreis oder Finanzierungsbeitrag) geleistet wurde; Gleiches kann der Fall sein, wenn das DWR lang genug gelaufen ist, um den Finanzierungsbetrag als abgegolten anzusehen.[25] 26

Bei Streit über die Entschädigung, auch über ihre Höhe und Zahlbarkeit, entscheidet das Gericht (s. a. § 317 BGB). 27

VI. Zuständigkeit

Sowohl der Löschungsanspruch nach Abs. 2 wie auch die Angemessenheit der Entschädigung sind immer vor den ordentlichen Gerichten geltend zu machen; ebenso für einen Streit darüber, ob ein langfristiges DWR vorliegt oder nicht. 28

[22] Allg. Ansicht z. B. Weitnauer/*Mansel* § 41 Rn 1 a. E. bestätigt durch Urteil des BGH v. 23. 4. 1958, BGHZ 27, 162; a. M. nur OLG Celle NJW 1960, 2293 mit nicht überzeugender Begründung.

[23] S. a. Weitnauer/*Mansel* § 41 Rn 3; RGRK-*Augustin* § 41 Rn 8.

[24] BGHZ 27, 162; NJW 1960, 1621.

[25] Weitnauer/*Mansel* § 41 Rn 3.

VII. Prüfung durch das Grundbuchamt

29 Die Prüfung hat gemäß § 32 Abs. 3 mit § 36 Abs. 4 und § 41 Abs. 3 darüber stattzufinden, **ob** über die Entschädigung beim Heimfall eine Vereinbarung getroffen ist. Eine negative Vereinbarung, dass keine Entschädigung gezahlt werden soll, ist bei einem langfristigen DWR nicht zulässig (außer, wenn festgestellt wird, dass durch laufende wiederkehrende Nutzungsentschädigung die Entschädigungspflicht beim Heimfall als abgegolten anzusehen sei) wegen § 41 Abs. 3, der unabdingbar ist. Daher hat das GBA auch zu prüfen, ob das DWR langfristig ist. Ganz abgesehen davon, dass § 32 Abs. 3 nur eine Sollvorschrift enthält, trifft das GBA keine Pflicht, festzustellen, ob ein vereinbarte Entschädigung auch wirklich angemessen ist;[26] nur **offensichtliche** Unangemessenheit kann es nach § 32 Abs. 3 beanstanden und eventuell Zwischenverfügungen erlassen, danach auch abweisen.[27] Wird selbst ohne Vereinbarung oder mit unangemessener Vereinbarung eingetragen, so wird dadurch das dingliche Recht des DWBer. auf angemessene Entschädigung nach § 41 Abs. 3 bei langfristigem DWR nicht berührt, da diese Bestimmung unabdingbar ist (s. § 32 Rn 13 ff.).

§ 42 Belastung eines Erbbaurechts

(1) **Die Vorschriften der §§ 31 bis 41 gelten für die Belastung eines Erbbaurechts mit einem Dauerwohnrecht entsprechend.**

(2) **Beim Heimfall des Erbbaurechts bleibt das Dauerwohnrecht bestehen.**

Übersicht

Literatur: *Lotter,* Aktuelle Fragen des Dauerwohnrechts, MittBayNot 1999, 354; *Weitnauer,* Die Belastung des Erbbaurechts mit einem Dauerwohnrecht, DNotZ 1953, 119.

I. Der Normzweck

1 Sinn kann nicht eigentlich sein, die Zulässigkeit der Bestellung eines DWRs am ErbbR überhaupt auszusprechen, da sich das schon aus § 11 Abs. 1 S. 1 ErbbauRG dem Grunde nach ergibt (ErbbR als grundstücksgleiches Recht, damit belastbar, s. a. § 1017 Abs. 1 BGB); es sollte nur **klargestellt** werden, dass für das DWR am ErbbR die gleichen Vorschriften gelten wie für das DWR am Eigentum (§§ 31–41). Die einzige Besonderheit besteht nach Abs. 2 für den Heimfall des ErbbauRs, der mit dem des DWRs zeitlich nicht zusammenfallen muss (s. unten Rn 5 ff.).

II. Erbbaurecht als Gegenstand der Belastung (Abs. 1)

2 Da auch das WE und das TE echtes Grundeigentum sind (Eigentum in kombinierter Form), ergab sich bereits aus §§ 1, 30, 31, dass daran auch DWRe und DNRe bestellt

[26] BGHZ 27, 162.

[27] Offengelassen von Weitnauer/*Mansel* § 41 Rn 3: im Streitfalle entscheidet das Prozessgericht: BGHZ 27, 158; Soergel/*Stürner* § 41 Rn 3; *Diester* § 41 Rn 19.

werden können (s. oben § 1 Rn 1ff., § 31 Rn 18ff.), desgleichen am WsErbbauR und TeilErbbauR (i. S. des § 30).

Gegenstand der Belastung mit einem DWR/DNR kann nach Abs. 1 auch ein **ErbbR** selbst sein. An die Stelle des Grundstücks nach § 31 Abs. 1 S. 1 tritt in diesem Fall das **ErbbR.** Statt Grundstückseigentümer ist jetzt ErbbBer. zu formulieren.

Auch an einem aufschiebend bedingten ErbbauR kann ein DWR bestellt werden. Nur dem Erbbau-Ber. ist das besondere Recht zur Bestellung des DWRs eingeräumt; dem Nießbraucher steht dies keinesfalls zu. 3

Zum ErbbR selbst siehe schon § 30 oben und die Kommentare zur ErbbRVO/G; hinsichtlich Erstreckung desselben auf schon vorhandenes Bauwerk siehe die Literatur.[1]

III. Heimfall des Erbbaurechts (Abs. 2)

Dieser bringt dasselbe nicht zum Erlöschen (§ 2 Nr. 4 ErbbauRG); es steht dann dem Eigentümer des Grundstücks zu. § 33 ErbbauRG bestimmt jedoch das Fortbestehen von Rechten am heimgefallenen ErbbauR beschränkt auf Grundpfandrechte (Hypotheken, Grundschulden, Rentenschulden) und Reallasten sowie Vormerkungen eines gesetzlichen Anspruchs auf Eintragung einer Sicherungshypothek. Andere auf dem ErbbR lastende Rechte erlöschen kraft Gesetzes. § 42 **Abs. 2** fügt diesen bestehen bleibenden Rechten nun noch das DWR (und DNR) hinzu; auch diese Rechte erlöschen nicht durch den Heimfall des ErbbRs, so wie sie durch ihren eigenen Heimfall auch nicht erlöschen, sondern stehen dem Erbb-Ber. sodann zu. Fällt das mit einem DWR belastete ErbbR an den Grundstückseigentümer heim, so wird dieser Inhaber des ErbbRs, aber beschwert durch das daran bestehen bleibende DWR. Zufolge § 876 BGB kann auch das ErbbR, solange das DWR darauf ruht, nicht durch Vereinbarung zwischen Grundstückseigentümer und ErbbBer. aufgehoben werden; es wäre dazu die Zustimmung des DWBer. notwendig. 4

Dies gilt auch für eine Übernahme des DWRs auf das Grundstückseigentum als Belastung unmittelbar, gleich, ob das ErbbR dann aufgehoben wird oder nicht. Die Bestimmung des § 42 Abs. 2 ist disponibles Recht.[2] Der Erbb-Ber. kann also mit dem DW-Ber. auch das Erlöschen des DWRs für den Heimfall des ErbbRs vereinbaren, und zwar auch als dinglichen Inhalt des Rechtes (§ 33 Abs. 4 Nr. 1: Art und Umfang der Nutzungen, Befristung). Man kann darin aber unter Umständen eine unzulässige auflösende Bedingung (keine Befristung) des Rechtes sehen, die dem Grundsatz des § 33 Abs. 1 S. 2 widerspricht (s. schon bei § 33 Rn 62ff.). Auf jeden Fall kann der **Heimfall** des DWRs für den Heimfall des ErbbRs vereinbart werden (s. aber wegen des wichtigen Grundes § 36 Rn 62ff.). 5

Bei Heimfall wie Erlöschen des ErbbRs ist der DWBer. nicht befugt, das Bauwerk wegzunehmen oder sich Bestandteile desselben anzueignen; § 34 ErbbauRG gilt auch für ihn.[3] Hierunter fallen aber nicht „Einrichtungen“[4] gleich, ob sie vom DWBer. nur zu vorübergehendem Zweck eingefügt sind oder nicht. 6

Die Bestellung des DWRs am ErbbR kann, da dasselbe beim Heimfall des ErbbRs nicht erlischt, zu einer wirtschaftlichen Beeinträchtigung des Grundstückseigentümers führen; dieser ist an dasselbe gebunden und kann auf die Dauer des DWRs über dessen Räume nicht anderweitig verfügen. Allerdings ist eine solche Belastung des ErbbRs bei seinem Heimfall, wie auch eine Belastung i. S. des § 33 Abs. 1 ErbbauRG, 7

---

[1] Palandt/*Bassenge* § 12 ErbbRVO Rn 2; zustimmend Staudinger zu § 12 ErbbRVO Rn 12.

[2] Soergel/*Stürner* § 42 Rn 3.

[3] S. *Bärmann/Pick* § 42 Rn 2; *Diester* § 42 Anm. 2.

[4] *Jauernig* § 951 Rn 21 f.

an der Entschädigung nach § 32 ErbbauRG abzurechnen (dabei kann der Wert ähnlich wie bei der Entschädigung des heimfallenden DWRs nach § 41 Abs. 3 berechnet werden).

8 Wirtschaftlich wäre also somit der Nachteil aus dem Bestehen bleiben des DWRs an heimfallenden ErbbR ausgeglichen über die Entschädigungspflicht. Eine solche muss aber nicht bestehen (ausgenommen bei Sozialbauten i. S. des § 32 Abs. 2 S. 1 ErbbauRG) und braucht nicht vereinbart zu sein. Dann wäre dieser Nachteil der Belastung mit dem DWR wirtschaftlich nicht auszugleichen. Andererseits kann man nicht die Zulässigkeit einer Vereinbarung (mit dinglicher Wirkung durch Eintragung) i. S. des § 5 Abs. 2 S. 1 ErbbauRG für das ErbbR (wonach dessen Belastung mit einem DWR der Zustimmung des Grundstückseigentümers bedarf) davon abhängig machen, ob eine Entschädigungsvereinbarung getroffen ist, die außerdem dann auch angemessen zu sein hätte, um wirtschaftliche Nachteile wirklich ausgleichen zu können. Das OLG Stuttgart[5] hat die Zulässigkeit der Vereinbarung eines solchen **Zustimmungsvorbehalts** im ErbbRs-Vertrag für den Fall der Belastung mit einem DWR analog § 5 Abs. 2 ErbbauRG bejaht und es als echte Gesetzeslücke bezeichnet, wenn in § 42 Abs. 2 WEG zwar eine Sonderbestimmung hinsichtlich des Bestehen bleibens des DWRs beim Heimfall des ErbbauRs getroffen wurde, in Ergänzung von § 33 Abs. 1 ErbbauRG, nicht aber eine entsprechende Ergänzung für § 5 Abs. 2 ErbbauRG.[6]

9 Wenn auch die Gesetzeslücke gelegentlich bestritten wird,[7] folgt aber hinsichtlich des eigentumsähnlichen DWRs der h. M. Diese Ergänzung des § 5 Abs. 2 ErbbauRG durch § 42 Abs. 2 WEG sei absichtlich unterblieben, weil insoweit das DWR der Miete gleichgestellt werden sollte. Dieses Vorbringen dürfte daran scheitern, dass Mietverträge nicht über 30 Jahre hinaus geschlossen werden können, im Allgemeinen überhaupt nur mit kurzen Kündigungsfristen geschlossen werden (meist höchstens ein Jahr; s. z. B. Einheitsmietvertrag). Danach braucht der Grundstückseigentümer beim Heimfall von ErbbR, für das Mietverträge laufen, niemals mit zeitlich unbegrenzten, im Allgemeinen nicht einmal mit langfristigen Mietverträgen zu rechnen. Es erscheint auch im Interesse der Gleichbehandlung und der Rechtssicherheit nicht angebracht, darauf abzustellen, ob ein DWR „eigentumsähnlichen" Charakter hat (s. Vor § 31 Rn 12–16 u. § 41 Rn 1) und somit dessen Bestellung einer Veräußerung gleichkommt, die als solche der Zustimmung des Grundstückseigentümers nach § 5 Abs. 1 ErbbauRG ohne weiteres unterworfen sein kann (wenn eine Vereinbarung in diesem Rahmen getroffen ist).[8] Man müsste dann schon davon ausgehen, dass langfristiges DWR i. S. des § 41 immer als solches in diesem Zusammenhang jedenfalls zu betrachten sei. Aber auch dann ist doch immer noch entgegenzuhalten, dass die Bestellung eines DWRs juristisch keine „Veräußerung des ErbbRs" ist.

10 Nach dem Wortlaut des § 42 WEG und des § 5 Abs. 1 und 2 ErbbauRG bleibt nichts anderes übrig, als die Zulässigkeit der Vereinbarung eines Zustimmungserfordernisses des Grundstückseigentümers für den Fall der Belastung des ErbbRs mit einem DWR abzulehnen, jedenfalls mit **dinglicher** Wirkung.[9]

IV. Erlöschen des Erbbaurechts

11 Ein Erlöschen des ErbbRs hat im Gegensatz zu seinem bloßen Heimfall unter allen Umständen auch das Erlöschen des **DWRs** zur Folge.[10] § 30 ErbbauRG (mit der Wirkung

---

[5] NJW 1952, 979.

[6] RGRK-*Augustin* § 42 Rn 2; Palandt/*Bassenge* § 42 Rn 2; Soergel/*Stürner* § 42 Rn 1; LG Osnabrück, JurBüro 1971, 455 m. zust. Anm. *Schalhorn.*

[7] *Weitnauer* 8. Aufl. § 42 Rn 4; ebenso *Mansel* 9. Aufl. § 42 Rn 4.

[8] *Weitnauer* DNotZ 1953, 119.

[9] Weitnauer/*Mansel* § 42 Rn 4; a. M. OLG Stuttgart NJW 1952, 479.

[10] Weitnauer/*Mansel* § 42 Rn 3.

des § 566 BGB) findet hierauf keine Anwendung. Damit ist klar zum Ausdruck gebracht, dass das DWR nicht unter dem Gesichtspunkte der Miete betrachtet werden soll. Das ist der Begründung der Gegenmeinung[11] wie oben Rn 9 dargestellt, entgegenzuhalten. Die mietähnliche Behandlung des DWRs kann also keinesfalls zur analogen Anwendung des § 5 Abs. 2 ErbbauRG führen, zumal doch dort überhaupt von **dinglichen** Rechten (Grundpfandrechten und Reallasten) die Rede ist.

Zweifelhaft ist die entsprechende Anwendung des § 29 ErbbauRG (hinsichtlich der ähnlichen Probleme bei § 5 Abs. 2 ErbbauRG siehe oben Rn 5 ff.). Gegen eine analoge Anwendung (wonach dann der DWBer. mit dem Ersatzwert seines Rechtes gemäß § 92 Abs. 1 ZVG am Entschädigungsanspruch des Erbbau-Ber. gegen den Grundstückseigentümer teilnehmen würde) spricht die Tatsache, dass im Allgemeinen eine Bestellung eines DWRs am ErbbauR über dessen eigene Laufzeit hinaus (also auch zeitlich unbegrenzt) auf die Gefahr des DWBer. gehen muss, da er die Laufzeit des ErbbRs aus dem GB ersehen kann. Hier besteht kein Schutzbedürfnis für ihn. 12

V. Aufgabe des Erbbaurechts

Die Aufgabe bedarf sowohl der Zustimmung des Grundstückseigentümers (§ 26 ErbbauRG) wie der der Rechtsinhaber am ErbbR (§§ 877/876 BGB). Auch wenn der Grundstückseigentümer das DWR als Belastung seines Eigentums übernehmen will. 13

VI. Anhang: Wohnbesitz

Mit Gesetz vom 1. 3. 1976 war der Wohnbesitz als neue langfristige Nutzungsberechtigung an einer Wohnung eingeführt worden. Er war im 2. WoBauG, vor allem den §§ 12 a, b, 62 a–g, geregelt. Es stellt kein eigentliches Eigentumsrecht dar, sondern ein obligatorisches Dauernutzungsrecht verbunden mit einem Anteil an einem zweckgebundenen Vermögen. Durch einen weitgehenden Schutz vor Eingriffen Dritter und Unauflösbarkeit erhielt es allerdings dinglichen Charakter.[12] 14

Mittlerweile wurde das Institut durch das „WohnrechtsvereinfachungsG" v. 11. 7. 1985[13] aufgehoben s. Einl. Rn 100).

---

[11] *Weitnauer* a. a. O. § 42 Rn 2, 4.

[12] Zu den Einzelheiten s. *Pick* NJW 1976, 1049; *Brambring* NJW 1976, 1439; *Oswald* BlGBW 1976, 170; *ders.* 1976, 806; *Schopp* Rpfleger 1976, 380 und *Hans,* Wohnbesitzförderungsgesetz.

[13] BGBl. I, S. 1277.

III. Teil. Verfahrensvorschriften

§ 43 Zuständigkeit

Das Gericht, in dessen Bezirk das Grundstück liegt, ist ausschließlich zuständig für

1. Streitigkeiten über die sich aus der Gemeinschaft der Wohnungseigentümer und aus der Verwaltung des gemeinschaftlichen Eigentums ergebenden Rechte und Pflichten der Wohnungseigentümer untereinander;

2. Streitigkeiten über die Rechte und Pflichten zwischen der Gemeinschaft der Wohnungseigentümer und Wohnungseigentümern;

3. Streitigkeiten über die Rechte und Pflichten des Verwalters bei der Verwaltung des gemeinschaftlichen Eigentums;

4. Streitigkeiten über die Gültigkeit von Beschlüssen der Wohnungseigentümer;

5. Klagen Dritter, die sich gegen die Gemeinschaft der Wohnungseigentümer oder gegen Wohnungseigentümer richten und sich auf das gemeinschaftliche Eigentum, seine Verwaltung oder das Sondereigentum beziehen;

6. Mahnverfahren, wenn die Gemeinschaft der Wohnungseigentümer Antragstellerin ist. Insoweit ist § 689 Abs. 2 der Zivilprozessordnung nicht anzuwenden.

Übersicht

Literatur: *Abramenko,* Die Bedeutung der Monatsfrist nach § 23 Abs. 4 Satz 2 WEG (a. F.) für die Berichtigung von Niederschriften über Wohnungseigentümerversammlungen, ZMR 2003, 326; *ders.,* Das neue Verfahrensrecht im WEG, AnwBl 2007, 403; *ders,* Die gerichtliche Vewalterbestellung ohne Anrufung der Eigentümerversammlung, ZMR 2009, 429; *Becker,* Die Feststellung des Inhalts fehlerhaft protokollierter Eigentümerbeschlüsse, ZMR 2006, 489; *Becker,* Folgen fehlerhafter Beschlussverkündung durch den Versammlungsleiter, ZWE 2006, 157; *Bonifacio,* WEG-Reform – Möglichkeiten der Bestellung eines Notverwalters, MietRB 2007, 216; *Briesemeister,* Das Rechtsmittelverfahren in Wohnungseigentumssachen, ZWE 2007, 77; *ders.,* Korrigenda zur WEG-Reform, NZM 2007, 345; *ders.,* Bestellung des Wohnungseigentumsverwalters durch einstweilige Verfügung, NZM 2009, 64; *ders.,* Der Instanzenzug für Zwangsvollstreckungsverfahren bei Titeln aus alten und neuen Erkenntnisverfahren nach § 43 WEG, ZMR 2009, 91; *Elzer,* Die Zuständigkeit für Rechtsmittel in Wohnungseigentumssachen, MiezRB 2008, 156; *Gottschalg,* Das neue Verfahrensrecht: Erkenntnisverfahren, ZWE 2007, 71; *Gräve,* Die Wohnungseigentümergemeinschaft im Mahnverfahren, MietRB 2007, 304; *Lüke,* Streitigkeiten in Wohnungseigentumssachen nach WEG-Reform, ZfIR 2007, 657; *Merle,* Ermessensentscheidungen des Gerichts nach § 21 Abs. 8 WEG, ZWE 2008, 9; *Sauren,* Fallstricke (insbesondere für Rechtsanwälte) des neuen WEG-Verfahrensrechts, NZM 2007, 857; *Scheuer,* WEG-Reform – Notwendigkeit eines obligatorischen Schlichtungsverfahrens, MietRB 2007, 159; *Schmid,* Notwendigkeit einer Reparatur der WEG-Reform, ZRP 2009, 169; *Schultz,* Verfahrensrecht im Wohnungseigentumsverfahren, DWE 2007, 43; *F. Schmidt,* Die konkludente Beschlussfeststellung, ZWE 2006, 164; *Schwerte,* Die Wohnungseigentümergemeinschaft im Mahnverfahren, MietRB 2007, 304; *Suilmann,* Das Beschlussmängelverfahren (1998); *Trautmann,* Die Verfahrenszuständigkeit in Wohnungseigentumssachen, Diss. Mainz 1973; *Wenzel,* Konformität von Gesellschaftsrecht und Gemeinschaftsrecht, FS Krämer (2009), 563.

I. Normzweck

1 Die Vorschrift verfolgt im Wesentlichen drei Zielsetzungen:

Nr. 1 übernimmt zwar den Regelungsinhalt des früheren § 43 Abs. 1 Nr. 1, 2 und 4, weist aber das Verfahren durch den Wegfall des bisherigen Zusatzes „entscheidet im Verfahren der freiwilligen Gerichtsbarkeit" dem streitigen Verfahren der ordentlichen Gerichtsbarkeit zu. Die damit letztlich aus fiskalischen Gründen bezweckte **Harmonisierung der Gerichtsverfahren**[1] bringt Vorzüge und Nachteile mit sich. Sie wird unterschiedlich bewertet,[2] kommt aber auch nicht an den Eigentümlichkeiten des Wohnungseigentumsverfahrens vorbei, welche die frühere Zuweisung in das Verfahren der Freiwilligen Gerichtsbarkeit mit getragen haben. Sie muss diesen vielmehr mit §§ 46 Abs. 2, 48 Rechnung tragen und damit das Ziel einer Harmonisierung selbst konterkarieren und ein Erkenntnisverfahren

[1] BT-Drucks. 16/887 S. 12, 14.

[2] Zustimmend *Abramenko* ZMR 2005, 26; Hügel/*Elzer* § 13 Rn 5; *Krumm* ZRP 2004, 259; zurückhaltend *Hinz* ZMR 2005, 277; ablehnend *Armbrüster* AnwBl. 2005, 16 (20); *Demharter* NZM 2006, 489 (494); *Kreuzer* ZWE 2003, 153; *Müller* ZWE 2005, 158; *Lüke* ZWE 2005, 153; *ders.* kritisch ZfIR 2007, 657 ff.

sui generis[3] schaffen, das der ZPO sonst fremd ist. Dies rechtfertigt es, prozessual weiterhin von dem **Wohnungseigentumsverfahren** (WE-Verfahren) zu sprechen.

Die Bestimmung begründet darüber hinaus eine **ausschließliche örtliche** und infolgedessen auch **internationale** Zuständigkeit des Gerichts des belegenen Grundstücks sowie in Verbindung mit § 23 Nr. 2c) GVG eine ausschließliche **sachliche Zuständigkeit** des Amtsgerichts. Dies entspricht dem früheren Recht. Entfallen ist die besondere Verfahrenszuständigkeit.[4] 2

Die Vorschrift bezieht schließlich mit Nr. 2 die Streitigkeiten zwischen der WEgem als Rechtssubjekt und deren Mitgliedern ein, integriert mit Nr. 5 den früheren § 29b ZPO und übernimmt in Nr. 6 die Zuständigkeitsregelung des 46a Abs. 1 Satz 2 WEG aF für Mahnverfahren der WEgem. 3

II. Wesentliche Unterschiede zum früheren Verfahren

Das ZPO-Verfahren bringt es mit sich, dass nunmehr 4
- die gesetzlichen Einlassungs- und Ladefristen (§§ 217, 274 Abs. 3) gelten,
- das Gericht nach § 318 an die Anträge gebunden ist,
- die Aufklärungs- und Hinweispflicht des Gerichts sich nach §§ 139, 273 Abs. 2 Nr. 1 richtet,
- die Präklusionsvorschriften (§§ 282, 296), aber auch die Vorschrift über die Wiedereröffnung der Verhandlung (§ 156) zur Anwendung kommen,
- die Vorschriften über die Beweisaufnahme (§§ 284, 355ff.), die Beweismittel und -antritte (§§ 371ff., 373ff., 402ff., 415ff., 445ff.) zu beachten sind,
- Anerkenntnis- und Versäumnisurteile nach §§ 307, 330f. – nunmehr unzweifelhaft[5] – ergehen können,
- einstweiliger Rechtsschutz nur noch über einen Arrest oder eine einstweilige Verfügung nach §§ 916ff., 935ff. zu erlangen ist.

III. Ausschließlicher Gerichtsstand

1. Erster Rechtszug

a) Ausschließliche örtliche und sachliche Zuständigkeit. Soweit die Voraussetzungen der einzelnen Nummern gegeben sind, ist das AG, in dessen Bezirk das Grundstück liegt, **örtlich** ausschließlich zuständig. In den sog. **Binnenstreitigkeiten** nach Nr. 1 bis 4 und Nr. 6 ist das örtlich zuständige AG gem. § 23 Nr. 2c) GVG auch **sachlich** ausschließlich zuständig, also ohne Rücksicht auf den Streitwert. Deswegen ist es gerechtfertigt, nach wie vor von dem **Wohnungseigentumsgericht** (WE-Gericht) im Unterschied zu dem **allgemeinen Zivilgericht** zu sprechen. Die Parteien können einen anderen örtlichen und sachlichen Gerichtsstand weder vereinbaren (§ 40 Abs. 2 S. 1 Nr. 2 ZPO) noch durch rügeloses Verhandeln zur Hauptsache begründen (§ 40 Abs. 2 S. 2 ZPO). 5

Lediglich in den **Außenstreitigkeiten Dritter** nach Nr. 5 ist das WE-Gericht nur örtlich ausschließlich zuständig. Die sachliche Zuständigkeit folgt dagegen den allgemeinen Regeln mit der Folge, dass das WE-Gericht nur in den Streitigkeiten zuständig ist, in denen der Streitwert 5000,– € nicht übersteigt (§ 23 Nr. 1 GVG). Die **sachliche Zuständigkeit** ist hier jedoch **nicht ausschließlich,** so dass die Parteien die sachliche Zuständigkeit des WE-Gerichts auch in den Streitigkeiten mit einem Streitwert von über 5000,– € vereinbaren können, dsgl. die Zuständigkeit des für den Bezirk des WE-Gerichts in allgemeinen Zivilsachen zuständigen LG für Streitigkeiten mit einem Streitwert bis zu 5000,– €. 6

---

[3] Bundesrat in BT-Drucks. 16/887 S. 51.

[4] Vgl. BGHZ 78, 57 (63); 130, 159 (164).

[5] Beide wurden von einer Mindermeinung schon früher für zulässig gehalten, Staudinger/*Wenzel* § 44 Rn 53, 54.

7 **b) Internationale Zuständigkeit.** Nach dem insoweit auch für WE-Sachen geltenden allgemeinen deutschen Verfahrensrecht ist das örtlich zuständige WE-Gericht für WE-Verfahren im Zweifel auch international zuständig.[6] Danach kann ein im Ausland wohnender Eigentümer einer im **Inland** gelegenen Eigentumswohnung wegen bestehender Ansprüche aus der Gemeinschaft nur vor dem WE-Gericht klagen oder verklagt werden.

8 Im Verhältnis der Unterzeichner- und Beitrittsstaaten ist die internationale Zuständigkeit allerdings durch die am 1. 3. 2002 in Kraft getretene EuGVVO speziell geregelt.[7] Gem Art 2 ist grds die internationale Zuständigkeit der Gerichte des Staates gegeben, in dem sich der Wohnsitz der in Anspruch genommenen Person befindet. Ohne Rücksicht auf den Wohnsitz sind nach Art 22 Nr 1 für Verfahren, welche dingliche Rechte an unbeweglichen Sachen sowie die Miete oder Pacht unbeweglicher Sachen zum Gegenstand haben, die Gerichte des Staates zuständig, in dem die unbewegliche Sache belegen ist. Welche Rechte „dingliche Rechte“ sind, bestimmt sich nach dem **Recht der Belegenheit** der unbeweglichen Sache. Die Bestimmung ist eng auszulegen.[8] Der dingliche Gerichtsstand ist nicht schon dann gegeben, wenn ein dingliches Recht von dem Verfahren berührt wird oder das Verfahren in einem Zusammenhang mit einer Immobilie steht. Das Verfahren muss vielmehr auf ein dingliches Recht und – unbeschadet der für Miete oder Pacht von unbeweglichen Sachen vorgesehenen Ausnahme – nicht auf ein persönliches Recht gestützt sein.[9]

9 Nach deutschem Recht sind dingliche Rechte das (Wohnungs-)Eigentum, die beschränkt dinglichen Rechte sowie dingliche Rechte an grundstücksgleichen Rechten. Diese Rechte selbst müssen Gegenstand des Verfahrens sein. Die Vorschrift findet daher weder Anwendung auf schuldrechtliche Ansprüche wie **Beitrags- oder Schadensersatzforderungen** noch auf Abwehransprüche nach § 1004 BGB oder auf Schadensersatzansprüche aus unerlaubter Handlung wegen Eigentumsverletzung.[10] Dies gilt unabhängig davon, in welchem Staat die EW belegen ist. Denn auch die anderen Staaten kennen einen eng umgrenzten numerus clausus der dinglichen Rechte, zu denen die schuldrechtlichen Zahlungsansprüche nicht gehören. Für sie gilt aber Art 5 Nr. 1 a EuGVVO, wonach für einen solchen Anspruch gegen einen im Ausland wohnenden WEer das WE-Gericht und nicht das allgemeine Wohnsitzgericht des Schuldners zuständig ist, weil der Belegenheitsort auch der Erfüllungsort ist.[11]

10 **c) Prüfung der Zuständigkeit. aa) Verweisung.** Die sachliche und örtliche Zuständigkeit des WE-Gerichts ist ausschließlich. Eine Vereinbarung über die Zuständigkeit eines anderen unzuständigen Gerichts ist nach § 40 Abs. 2 Nr. 2 ZPO unzulässig und für das Gericht nicht bindend. In diesen Fällen wird die Zuständigkeit auch nicht durch rügeloses Verhandeln zur Hauptsache begründet (§ 40 Abs. 2 Satz 2 ZPO). Das unzuständige Gericht hat dies **von Amts wegen** auch ohne dahingehende Rüge **zu berücksichtigen** und muss die Klage entweder als unzulässig abweisen oder nach entsprechendem Hinweis auf Antrag gem. **§ 281 ZPO** an das zuständige WE-Gericht verweisen.[12]

11 Ist im Falle einer **objektiven oder subjektiven Anspruchshäufung** (§ 260 ZPO) die Unzuständigkeit nur für einen Teil der Ansprüche, über den durch Teilurteil entschieden werden könnte, gegeben, ist dieser abzutrennen und zu verweisen. Bei einer eventuellen Anspruchshäufung erfolgt die Verweisung, wenn das Gericht für den Hauptantrag unzu-

---

[6] BGH NJW 1992, 3106.

[7] ABl EG v. 16. 1. 2001 Nr L 12 S 1.

[8] Vgl EuGH NJW 1995, 37; 2000, 2009 f zu der Vorläuferregelung Art 16 EuGVÜ; BGH NJW-RR 2005, 72.

[9] BGH NJW-RR 2005, 72.

[10] BGH NJW 2008, 3502.

[11] OLG Stuttgart NZM 2005, 430; aA BayObLG FGPrax 2003, 159 f.; LG Limburg DIV 1996, 14 m. Anm. J. Schmidt.

[12] *Abramenko* § 7 Rn 6; Niedenführ/Kümmel/Vandenhouten/*Niedenführ* § 43 Rn 8.

ständig ist.[13] Ist das Gericht lediglich für den Hilfsantrag nicht zuständig, kommt eine Verweisung nur in Betracht, wenn der Hauptantrag abgewiesen wurde. Im Falle von Klage und Widerklage bzw. Antrag und Gegenantrag ist die Zuständigkeit getrennt zu prüfen und hierüber ggf unter Trennung des Verfahrens gesondert zu entscheiden. Dagegen kann das Gericht über eine zur Aufrechnung gestellte Gegenforderung, für deren Geltendmachung an sich eine andere Zuständigkeit gegeben wäre, selbst entscheiden.[14]

Der Verweisungsbeschluss ist **unanfechtbar** und für das im Beschluss bezeichnete Gericht **bindend** (§ 281 Abs. 2 S. 2, 4 ZPO). Die Bindungswirkung tritt auch dann ein, wenn der Beschluss inhaltlich fehlerhaft oder unrichtig ist, insbesondere das angegangene Gericht unzuständig ist. Etwas anderes gilt nur dann, wenn der Verweisungsbeschluss auf Willkür beruht, ihm also jede rechtliche Grundlage fehlt, er insbesondere bei verständiger Würdigung der das GG beherrschenden Gedanken nicht mehr verständlich erscheint und offensichtlich unhaltbar ist.[15] 12

Eine Verweisung nach § 281 ZPO kommt jedoch nicht im **Verhältnis** der allgemeinen **Zivilabteilung** des AGs zum **WE-Gericht** in Betracht. Denn die Zuständigkeitsabgrenzung zwischen allgemeinem Zivilgericht und WE-Gericht betrifft weder die sachliche Zuständigkeit des AGs noch allein die Geschäftsverteilung mit der Folge, dass ein Verstoß nur als fehlerhafte Besetzung gerügt werden kann. Das Verhältnis ist allerdings auch nicht mehr wie früher eine Frage der Verfahrenszuständigkeit, obwohl das ZPO-Verfahren in WE-Sachen ein Verfahren besonderer Art ist. Das Verhältnis ist vielmehr vergleichbar mit dem von Zivilkammer zur Kammer für Handelssachen und betrifft die **funktionelle Zuständigkeit.**[16] Hier erfolgt die Abgabe durch prozessleitende Verfügung. § 281 ZPO ist auf die funktionelle Zuständigkeit grundsätzlich nicht anwendbar.[17] 13

bb) Negativer Kompetenzkonflikt. Erklärt das im Beschluss nach § 281 ZPO bezeichnete Gericht sich ebenfalls durch rechtskräftigen Beschluss für unzuständig, so ist das zuständige Gericht gem. § 36 Abs. 1 Nr. 6 ZPO durch das nächst höhere Gericht zu bestimmen.[18] Ebenso verhält es sich bei einem negativen Kompetenzkonflikt um die funktionelle Zuständigkeit[19] zwischen allgemeinem Zivilgericht und WEger.[20] 14

In der **Berufung** und in der **Revision** kann das Rechtsmittel allerdings nicht mehr auf die örtliche, sachliche oder funktionelle Unzuständigkeit des Gerichts I. Instanz gestützt werden (§§ 513 Abs. 2, 545 Abs. 2 ZPO[21]), wohl aber auf die fehlende internationale Zuständigkeit.[22] 15

2. Rechtsmittelzug

a) Berufung, Beschwerde. aa) Binnenstreitigkeiten. In den seit dem 1. 7. 2007, 0:00 Uhr in I. Instanz anhängig[23] Binnenstreitigkeiten nach Nr. 1 bis 4 und Nr. 6 ist gem. 16

[13] BayObLG WE 1992, 25.

[14] BGHZ 78, 57 (62).

[15] BGH NJW-RR 2002, 1498; NJW 2003, 3201; NJW-RR 2007, 370.

[16] So wohl auch Hügel/*Elzer* § 13 Rn 31; aA OLG München NZM 2008, 528 (529); 2008, 777 (778) = ZMR 2008, 818 = 2008, 488 m. Anm. *Ott*: Geschäftsverteilung; aA OLG München NZM 2008, 576 (577): Sachliche Zuständigkeit.

[17] BGHZ 155, 46 (50) = NJW 2003, 2686; NJW-RR 2007, 1436; NZM 2010, 166 (167) = ZWE 2010, 84; Beschl. v. 12. 4. 2010, V ZB 224/09.

[18] OLG München NZM 2008, 528 (529).

[19] OLG Stuttgart NJW-RR 2005, 699.

[20] AA OLG München NZM 2008, 777 (778).

[21] Vgl. MünchKomm-ZPO/*Wenzel* § 545 Rn 15.

[22] BGHZ 153, 82 (84) = NJW 2003, 426; BGH NJW 2003, 2916; 2004, 1456; BGHReport 2004, 549 m. Anm. *Kilian*; dazu auch *Butt* WM 2003, 1542; *Emde* ZIP 2003, 685; *Leible* NJW 2003, 407; *Piekenbrock/Schulze* IPRax 2003, 1 ff. u. 328 ff.; *Staudinger* JZ 2003, 852.

[23] OLG Frankfurt NZM 2008, 168; OLG München NJW 2008, 859; OLG Dresden ZMR 2009, 301 (302).

§ 72 Abs. 2 S. 1 GVG **das für den Sitz des OLGs zuständige Landgericht** gemeinsames Berufungs- und Beschwerdegericht für den Bezirk des OLGs, in dem das Amtsgericht seinen Sitz hat. Die sprachlich misslungene Vorschrift ist durch das „Gesetz zur Vereinfachung des Insolvenzverfahrens" vom 13. April 2007[24] eingeführt worden. Zuständig ist danach das LG, das für den Sitz desjenigen OLGs zuständig ist, in dessen Bezirk das WE-Gericht seinen Sitz hat. Sind also am Sitz eines OLGs mehrere LGe errichtet, so ist dasjenige zuständig, in dessen Bezirk das WE-Gericht seinen Sitz hat. Ist am Sitz eines OLGs kein LG errichtet, so ist das für den Sitz des OLGs zuständige (in einer anderen Stadt gelegene) LG Berufungs- und Beschwerdegericht, in dessen Bezirk das WE-Gericht seinen Sitz hat. Das galt § 72 Abs. 2 S. 2 GVG auch für Streitigkeiten mit Auslandsbezug. Dieser Teil der Bestimmung ist zusammen mit der Aufhebung bzw. der Änderung von § 119 Abs. 1 Nr. 1 Buchst. b, c GVG, durch die besondere Zuständigkeit der OLGe für Sachen mit Auslandsbezug entfallen ist, aufgehoben worden.[25] Die Landesregierungen können durch Rechtsverordnung auch ein anderes LG im Bezirk des OLGs als gemeinsames Berufungs- und Beschwerdegericht bestimmen.[26] Die Einlegung der Berufung bei dem für das erstinstanzliche Gericht allgemein zuständigen Gericht wahrt die Berufungsfrist nicht.[27] Eine Verweisung an das zuständige LG in entsprechender Anwendung von § 281 scheidet grundsätzlich aus.[28] Das Rechtsmittelgericht prüft die Zuständigkeit I. Instanz nicht, wohl aber deren internationale Zuständigkeit und die Einhaltung von § 15 a EGZPO. Die Einlegung des Rechtsmittels bei einem anderen LG wahrt die Rechtsmittelfrist. Eine Verweisung nach § 281 ZPO kommt grundsätzlich nicht in Betracht.[29]

17 In **Vollstreckungssachen** kommt § 72 Abs. 2 GVG nur in den Fällen zur Anwendung, in denen die ZPO die Zuständigkeit des Prozessgerichts ausdrücklich vorschreibt, wie zB für die Vollstreckungsabwehrklage nach § 767 ZPO,[30] die Drittwiderspruchsklage nach § 771 ZPO oder für Entscheidungen nach §§ 887 bis 890 ZPO. Nur in diesen Sachen ist nach dem Prinzip der funktionellen Anknüpfung im Instanzenzug das für WE-Sachen zuständige Landgericht auch das Berufungs- und Beschwerdegericht.[31] Dagegen ist § 72 Abs. 2 GVG nicht anwendbar in den Fällen, in denen in I. Instanz nicht das Prozessgericht, sondern das Vollstreckungsgericht zuständig ist. Soweit demgegenüber das teilweise vertreten wird, § 72 Abs. 2 GVG erfasse generell auch Vollstreckungsverfahren,[32] ist dem nicht zu folgen.[33] Die abweichende Auffassung berücksichtigt nicht, dass der in § 72 Abs. 2 GVG in Bezug genommene § 43 nF weitgehend nur den Regelungsgehalt von § 43 Abs. 1 aF übernimmt[34] und an das nunmehr geltende Recht anpasst. § 43 Abs. 1 WEG aF betraf aber nur das Erkenntnisverfahren. Hieran haben weder die nunmehr geltende Fassung von § 43 noch § 72 Abs. 2 GVG etwas geändert. Da in Vollstreckungssachen die Zuständigkeit des Vollstreckungsgerichts eine ausschließliche ist (§§ 764, 802 ZPO), hätte eine hiervon abweichende Zuständigkeit wegen der verfassungsrechtlich notwendigen Bestimmtheit der Rechtsmittelzuständigkeit ausdrücklich geregelt werden müssen. Das bedeutet, dass in Vollstreckungssachen als Vollstreckungs-

[24] BGBl. 2007 I, S. 1509; dazu BT-Drucks. 16/4194.

[25] BGBl. 2008 I S. 2586.

[26] Ein Überblick über die eingerichteten Schwerpunktgerichte findet sich in NJW 2008, 1790.

[27] BGH NJW 2009, 1282 = NZM 2009, 322; Beschl. v. 10. 12. 2009, V ZB 67/09.

[28] BGH NZM 2010, 166 (167); Beschl. v. 12. 4. 2010, V ZB 224/09.

[29] BGHZ 155, 46 (50) = NJW 2003, 2686; NJW-RR 2007, 1436 (1437); NZM 2010, 166 (167).

[30] BGH NJW 2009, 1282 (1283) – Vollstreckungsabwehrklage gegen Kostenfestsetzungsbeschluss in WE-Sache nach altem Recht.

[31] OLG Karlsruhe NZM 2009, 246 (247).

[32] OLG Oldenburg NJW 2009, 859 = NZM 2009, 89 = ZMR 2009, 139.

[33] OLG Karlsruhe NZM 2009, 246 (247); *Briesemeister* ZMR 2009, 91 f.

[34] BT-Drucks. 16/887 S. 35.

gericht nach § 764 Abs 2 ZPO das Amtsgericht ausschließlich zuständig ist, in dessen Bezirk das Vollstreckungsverfahren stattfindet, sofern nicht ausdrücklich die Zuständigkeit des Prozessgerichts angeordnet ist. Vollstreckungsmaßnahmen des Gerichtsvollziehers oder Vollstreckungsakte des Vollstreckungsgerichts, die keine Entscheidungen iS des § 793 ZPO darstellen, unterliegen zunächst der Erinnerung nach § 766 ZPO. Soweit gegen Entscheidungen des Vollstreckungsgerichts nach § 793 ZPO die sofortige Beschwerde gem §§ 567 ff ZPO stattfindet, ist die für Vollstreckungssachen zuständige Beschwerdekammer des Landgerichts zur Entscheidung berufen. Gegen diese kann die Rechtsbeschwerde zugelassen werden (§ 574 Abs. 1 Nr. 2 ZPO). Dasselbe gilt für Vollstreckungsmaßnahmen des Rechtspflegers zB nach § 829 ZPO. Nicht unter § 766 ZPO fallen dagegen Einwendungen, welche die Zulässigkeit der Vollstreckungsklausel betreffen. Sie sind mit der Erinnerung nach § 732 ZPO an das Gericht, dessen Geschäftsstelle die Klausel erteilt hat, ggf auch mit der Klage nach § 768 ZPO vor dem Prozessgericht I. Instanz geltend zu machen. Maßnahmen anderer Vollstreckungsorgane unterliegen ebenfalls nicht der Erinnerung nach § 766 ZPO. Dies gilt insbesondere für die Eintragung einer Zwangshypothek durch das Grundbuchamt. Sie unterliegt der Beschwerde und weiteren Beschwerde nach §§ 71 ff, 78 ff GBO.

bb) Außenstreitigkeiten. In den Außenstreitigkeiten nach Nr. 5 ist in Verfahren mit einem Streitwert bis 5000,– € das für das zuständige Amtsgericht funktionell zuständige Landgericht Berufungs- und Beschwerdegericht (§ 72 Abs. 1 GVG); in Verfahren mit einem Streitwert über 5000,– € ist es das für das LG zuständige OLG (§ 119 Abs. 1 Nr. 2 GVG). 18

b) Revision, Rechtsbeschwerde. Revisions- und Rechtsbeschwerdegericht ist der BGH (§ 133 GVG). Die **Revision** ist allerdings nur statthaft, wenn sie von dem Berufungsgericht zugelassen worden ist. Die **Nichtzulassungsbeschwerde** nach §§ 543 Abs. 1 Nr. 2, 544 ZPO ist gem. § 62 Abs. 2 in den Binnenstreitigkeiten nach Nr. 1 bis 4 ausgeschlossen, soweit die anzufechtende Entscheidung vor dem 1. Juli 2012 verkündet worden ist. In den Außenstreitigkeiten nach Nr. 5 ist sie wie in den allgemeinen Zivilsachen uneingeschränkt nur zulässig, wenn die Berufung als unzulässig verworfen wurde (§ 26 Nr. 8 S. 2 EGZPO). Im Übrigen ist sie bei allen vor dem 1. 1. 2012 verkündeten Entscheidungen nur zulässig, wenn der Wert der mit der Revision geltend zu machenden Beschwer 20 000 Euro übersteigt. Maßgeblich ist nicht die Beschwer des Beschwerdeführers aus dem Berufungsurteil, sondern der Wert des Beschwerdegegenstandes (Beschwerdewert)[35] für das beabsichtigte Revisionsverfahren.[36] 19

Die **Rechtsbeschwerde** ist nach § 574 Abs. 1 ZPO statthaft, wenn dies in der ZPO ausdrücklich bestimmt ist oder das Beschwerdegericht sie zugelassen hat. Die Nichtzulassung ist unangreifbar. Eine Nichtzulassungsbeschwerde findet nicht statt. Im Unterschied zur Berufung und Revision ist bei der Rechtsbeschwerde nicht zwischen zeitlich voneinander abweichenden Einlegungs- und Begründungsfristen zu differenzieren. Vielmehr ist die Rechtsbeschwerde innerhalb eines Monats sowohl einzulegen (§ 575 Abs. 1 S. 1 ZPO) als auch zu begründen (§ 575 Abs. 2 Satz 1 und 2 ZPO). Wird einer Partei auf ihren Antrag Prozesskostenhilfe gewährt und beantragt sie Wiedereinsetzung in den vorigen Stand gegen die Versäumung der Einlegungs- und Begründungsfrist, so läuft die Frist für deren Begründung ab der Bekanntgabe der Gewährung von Prozesskostenhilfe und nicht erst ab Bekanntgabe der Bewilligung von Wiedereinsetzung gegen die Versäumung der Einlegungsfrist.[37] Die Einlegung muss innerhalb der zweiwöchigen Frist des § 234 Abs. 1 S. 1 ZPO und die Begründung innerhalb der Monatsfrist des § 234 Abs. 1 S. 2 ZPO nachgeholt werden. Damit wird ein Beteiligter, der zur Zahlung der Kosten nicht 20

---

[35] Zu den Begriffen MünchKomm-ZPO/*Wenzel* § 542 Rn 20 f.

[36] BGH NJW 2002, 2720; WuM 2006, 583.

[37] BGH NJW 2008, 3500.

in der Lage ist, im Hinblick auf die Dauer der Begründungsfrist einer bemittelten Partei gleichgestellt.

21 **c) Außerordentliche Rechtsbehelfe.** Gerichtliche Entscheidungen, die entweder ihrer Art nach unanfechtbar sind oder als solche zwar grds anfechtbar sind, aber in concreto nicht mehr mit einem ordentlichen Rechtsmittel angefochten werden können, unterliegen auch keinem außerordentlichen Rechtsmittel. Unanfechtbare Anordnungen oder Entscheidungen unterliegen nur zusammen mit der Sachentscheidung der Nachprüfung. Das gilt für alle **innerdienstliche Handlungen** und **verfahrensleitende Anordnungen** oder Beschlüsse, welche eine die Instanz abschließende Entscheidung lediglich vorbereiten. Hierzu zählen insbesondere **Zustellungs-** und **Ladungsverfügungen,** die Anordnung der Vorlage von Abschriften für die Zustellung, **Terminsbestimmungen,** Anordnungen über die **Verbindung** oder **Trennung** von Verfahren und **vorbereitende Anordnungen** gem. § 273 Abs. 2 ZPO, wie zB die Anordnung, zu bestimmten Sachpunkten Stellung zu nehmen, ladungsfähige Anschriften mitzuteilen oder Unterlagen an das Gericht bzw. an einen Sachverständigen vorzulegen sowie die Anordnung des persönlichen Erscheinens. Auch die auf dem Fehlen ladungsfähiger Anschriften beruhende **Ablehnung einer Terminsbestimmung** ist nicht anfechtbar. Unanfechtbar sind auch **Beweisbeschlüsse,** selbst wenn sie die Prozessfähigkeit einer Partei oder eines Streithelfers zum Gegenstand haben (§ 355 Abs. 2 ZPO)[38] sowie die Anordnung der Durchführung eines **selbstständigen Beweisverfahrens** gem § 490 Abs 2 S 2 ZPO.

22 Andere Maßnahmen sind dagegen kraft besonderer Vorschrift beschwerdefähig, so zB die Entscheidungen über das **Ruhen** oder die **Aussetzung** des Verfahrens (§ 252 ZPO). Darüber hinaus fordert das Rechtsstaatsprinzip auch im Interesse der Rechtssicherheit, dass streitige Rechtsverhältnisse in angemessener Zeit geklärt werden.[39] Deswegen ist eine sachlich nicht begründete **Terminsverweigerung entsprechend § 252 ZPO**[40] ebenso mit der sofortigen Beschwerde anfechtbar wie ein sachlich nicht zu rechtfertigender, einer Rechtsverweigerung gleichkommender sonstiger Verfahrensstillstand, auch wenn die **Untätigkeitsbeschwerde** nicht dem Gebot der Rechtsmittelklarheit entspricht.[41]

23 Ist gegen eine grds. anfechtbare Entscheidung kein ordentliches Rechtsmittel mehr gegeben, so wird es auch nicht dadurch statthaft, dass die **Verletzung eines Verfahrensgrundrechts** behauptet wird.[42] Denn dies macht ein nach der einschlägigen Verfahrensordnung unstatthaftes Rechtsmittel nicht zulässig,[43] rechtfertigt aber im Falle der Gehörsverletzung eine Rüge nach § 321 a ZPO. Die früher für zulässig gehaltene außerordentliche sofortige Beschwerde wegen greifbarer Gesetzeswidrigkeit[44] ist seit 1. 1. 2005 nicht mehr gegeben, weil sie nicht den verfassungsrechtlichen Anforderungen an die Rechtsmittelklarheit genügt.[45]

24 **d) Anhörungsrüge.** Mit der Anhörungsrüge[46] nach § 321 a ZPO kann eine Verletzung des verfassungsrechtlich gewährleisteten Anspruchs auf rechtliches Gehör nach Art. 103 Abs. 1 GG geltend gemacht werden. § 321 a ZPO eröffnet jedoch keine Möglichkeit der

---

[38] AA BayObLG ZWE 2001, 71; OLG Düsseldorf NJW 2005, 3731 für das FGG-Verfahren; nachfolgend BGH NJW-RR 2006, 18 = NZM 2005, 18 = ZMR 2006, 53.

[39] BVerfG NJW 2001, 961.

[40] OLG Saarbrücken NJW-RR 1998, 1531.

[41] BVerfG NJW 2008, 503; krit. *Steinbeiß-Winkelmann* NJW 2008, 1783.

[42] AA wohl Riecke/Schmid/*Abramenko* Vor § 43 f. Rn 14.

[43] BVerfGE 28, 88 (95 f.); 42, 252 (254); 60, 96 (98); NJW 1982, 1454; BGHZ 43, 12 (19); BGH NJW 2000, 590; WM 2002, 775 f.

[44] BGHZ 109, 41 (43 f.); 109, 372 f; 121, 397 f; NJW 1998, 1715.

[45] BVerfG NJW 2003, 1924; 2003, 3687; aA *Blochning/Kettinger* NJW 2005, 860; *Vollkommer* NJW-Sonderheft [BayOLG] 2005, 64 für die Grundrechtsrüge.

[46] OLG Oldenburg NJW 2009, 859 = NZM 2009, 89 = ZMR 2009, 139.

Selbstkorrektur bei anderen Verfahrensverstößen.[47] Über die Anhörungsrüge entscheidet der Spruchkörper, dessen Entscheidung angegriffen wird, in der nach seinen Mitwirkungsgrundsätzen gem. § 21 g GVG berufenen regulären Spruchgruppe.[48] Ist die Rüge dagegen begründet, so ist das Verfahren fortzuführen, soweit dies auf Grund der Rüge geboten ist (§ 321 a Abs. 5 S. 1 ZPO. Wird die Anhörungsrüge zurückgewiesen, so genügt zur Begründung der Hinweis, dass das Gericht die gerügten Punkte gesehen und geprüft hat. Eine die gerügte Entscheidung ergänzende Begründung ist nicht erforderlich, weil die Anhörungsrüge nicht dazu eingelegt werden kann, eine Begründungsergänzung herbeizuführen.[49]

IV. Personeller Anwendungsbereich

Mit der Zuweisung bestimmter wohnungseigentumsrechtlicher Streitigkeiten in die ausschließliche Zuständigkeit des WE-Gerichts werden sie zugleich **personenbezogen** und **sachbezogen** festgelegt. Soweit die Bestimmung § 43 Abs. 1 WEG aF entspricht, gelten auch weiterhin die hierzu entwickelten Grundsätze. Der personelle Geltungsbereich erstreckt sich auf WEer, die Gemeinschaft der WEer, den Verwalter und Dritte. 25

Zum **Begriff des WEers** vgl. § 10 Rn 2 ff. Er umfasst auch den **„werdenden Eigentümer".** Das WE-Gericht ist außerdem für die Entscheidung über Ansprüche aus dem Gemeinschaftsverhältnis zuständig, die gegen einen oder von einem WEer geltend gemacht werden, der bereits vor Rechtshängigkeit der Wohnungseigentumssache aus der Gemeinschaft **ausgeschieden** ist.[50] 26

Wird über das Vermögen des WEers das Insolvenzverfahren eröffnet, so bleibt das WE-Gericht für alle Streitigkeiten zuständig, in denen es um die Rechte und Pflichten des **Insolvenzverwalters** in Bezug auf die Verwaltung des GemEs geht, also zB für Verfahren gegen einen Insolvenzverwalter auf Zahlung rückständiger Beitragsvorschüsse, wenn er das WE vor Rechtshängigkeit freigegeben hat.[51] Entsprechendes gilt für die übrigen Parteien kraft Amtes.[52] Das WE-Gericht ist also auch für Ansprüche gegen den **Testamentsvollstrecker** über den Nachlass des verstorbenen WEers auf Zahlung von Schadensersatz wegen Beschädigung von GemE zuständig.[53] 27

Soweit die Vorschrift von der **„Gemeinschaft der Wohnungseigentümer"** spricht, verwendet sie ihn in einem doppelten Sinn. In Nr. 1 ist damit das Verhältnis der WEer als Mitglieder des Verbands untereinander und in Nr. 2, 5, 6 die Gemeinschaft als Rechtssubjekt, also die WEgem iSv. Verband, gemeint. 28

V. Sachlicher Anwendungsbereich

1. Streitigkeiten unter den Wohnungseigentümern (Nr. 1)

Nach § 43 Abs. 1 Nr. 1 entscheidet das WE-Gericht über die sich aus der Gemeinschaft der WEer und aus der Verwaltung des gemeinschaftlichen Eigentums ergebenden wechselseitigen **Rechte und Pflichten der WEer untereinander.** Hierzu gehören alle gemeinschaftsbezogenen Streitigkeiten aus den Bestimmungen des 2. und 3. Abschnitts des I. Teils des WEG, §§ 10–29, soweit sie nicht von der Nr. 2 erfasst werden oder im Falle der Aufhebung der WEgem (§ 17) und Entziehung des WEs (§§ 18, 19) vor das allgemeine Zivilgericht gehören. 29

---

[47] BGH NJW 2008, 2126; NJW-RR 2009, 144.
[48] BGH NJW-RR 2006, 63.
[49] BGH NJW 2005, 1432 (1433).
[50] BGHZ 152, 136 = NJW 2002, 3709.
[51] BGHZ 152, 136 = NJW 2002, 3709.
[52] Jennißen/*Suilmann* Rn 13.
[53] OLG Hamburg ZMR 2003, 134.

30 Die Zuständigkeitszuweisung ist – wie früher[54] – **weit auszulegen.**[55] Deswegen ist es ohne Belang, auf welche Rechtsgrundlage die geltend gemachten Ansprüche gestützt werden, ob auf Vorschriften des BGB oder des WEG, auf die GemO, auf eine Vereinbarung oder einen Eigentümerbeschluss. So handelt es sich bei Streitigkeiten über Beeinträchtigungen, die sich aus einem unzulässigen Gebrauch des SE oder des GemE ergeben auch dann um WE-Sachen iSd § 43 Nr. 1, wenn entsprechende Abwehr- oder Ersatzansprüche auf §§ 1004, 906 BGB oder auf § 823 BGB gestützt werden.[56] Steht der WEgem insoweit allerdings eine **Ausübungsbefugnis** zu, gilt Nr. 2.

31 Die Zuständigkeit des WE-Gerichts hängt allein davon ab, ob die anspruchsbegründenden Tatsachen einen **inneren Zusammenhang** mit dem Gemeinschaftsverhältnis der WEer untereinander und den sich hieraus ergebenden Rechten und Pflichten aufweisen.[57] Dieser Zusammenhang ist früher verneint worden, wenn der Streit auf einer **Sonderrechtsbeziehung** der WEer untereinander beruht.[58] Hieran hat die Überführung des WE-Verfahrens in das ZPO-Verfahren und die Erweiterung der Zuständigkeiten des WE-Gerichts in § 43 Nrn. 2 u. 5 nichts geändert. Hat also die WEgem GemE an einen WEer **vermietet,** so unterfällt der Streit um die Zahlung des Mietzinses weder der Nr. 1 noch der Nr. 2. Zuständig sind vielmehr die allgemeinen Zivilgerichte.

32 Nicht vor das WE-Gericht gehören ferner öffentlich-rechtliche nachbarrechtliche Abwehrrechte gegen benachbarte Grundstückseigentümer oder WEer, selbst wenn die Beeinträchtigungen – zumindest auch – das SE betreffen.[59]

33 **a) Zuständigkeit des Wohnungseigentumsgerichts. aa) Streitigkeiten aus dem Gemeinschaftsverhältnis.** Vor das WE-Gericht gehören vor allem Streitigkeiten über
– die Zulässigkeit von **baulichen Veränderungen** gemäß § 22, etwa ein Streit um die Schaffung von Abstellplätzen[60] oder um Abwehransprüche einzelner WEer gegen die Beeinträchtigung des GemEs durch eine bauliche Veränderung,[61] durch einen Überbau[62] oder durch das Anbringen einer Leuchtreklame;[63]

34 – den **Gebrauch des GemEs,** und zwar nicht nur des Eigentums an sich, sondern auch über die Art und Weise der Ausübung eines Gebrauchsrechts: Streit über die Beseitigung von Störungen durch ein Reklameschild, das einer der WEer befugt an der Hauswand angebracht hat;[64] Streit um den Gebrauch der gemeinschaftlichen Abstellplätze für PKW;[65] Streit um den Gebrauch des Fahrradkellers;[66] Streit über die Haus-

[54] BGHZ 130, 159 (165); BayObLG ZMR 2003, 588 f.; OLG München ZMR 2005, 979.

[55] BGH NJW 2009, 1882 = NZM 2009, 322 = ZMR 2009, 544 – Vollstreckungsabwehrklage; BGH NZM 2010, 166 = ZFIR 2010, 187 = ZWE 2010, 84 – Vertragsstrafevereinbarung wegen eines § 43 Nr. 1 unterfallenden Sachverhalts.

[56] BayObLG NJWE-MietR 1996, 83 = WE 1996, 195 = WuM 1995, 674 (675); Staudinger/*Wenzel* § 43 Rn 19; aA OLG Saarbrücken ZMR 1996, 566; bei ehrverletzenden Äußerungen vgl. *Derleder* ZWE 2001, 312 (313).

[57] BGHZ 59, 58 (62); 106, 34 (38 f.); 130, 159 (165); NJW 1995, 1628; ZMR 2002, 941 (943); OLG München ZMR 2005, 979.

[58] BGH NJW-RR 1986, 1335; BayObLG WuM 1996, 359 zum vereinbarten Konkurrenzverbot.

[59] Vgl BVerwG NJW 1988, 3279; ZfBR 1989, 41; VGH BW BauR 1996, 371; OVG Berlin NJW 1994, 2717; BayObLG WuM 1996, 789 f.: jew zur Unzulässigkeit einer Anfechtungsklage.

[60] OLG Stuttgart NJW 1961, 1359.

[61] OLG Hamm OLGZ 1990, 159 (162) = WE 1990, 101; KG WuM 1972, 708; OLG Stuttgart NJW 1970, 102.

[62] OLG Hamm OLGZ 1976, 61.

[63] OLG Hamm OLGZ 1980, 274.

[64] BayObLG NJW 1964, 47; OLG Köln WuM 1989, 467.

[65] OLG Frankfurt/M. NJW 1965, 2205 (2206).

[66] BayObLG NJW 1962, 492.

tierhaltung;[67] Streit um die Einräumung des Mitbesitzes an dem gemeinschaftlichen Eigentum (Kellervorraum);[68] Streit um die Umgestaltung einer Rasenfläche;[69]

– die Rechte und Pflichten der WEer, die den Inhalt und Umfang des SEs nach §§ 13 Abs. 1, 14, 15 Abs. 3 betreffen,[70] zB den **Gebrauch des SEs.** Hierzu gehören sämtliche Ansprüche eines WEers gegen andere WEer oder Fremdnutzer auf Beseitigung oder Unterlassung von Störungen oder Beeinträchtigungen anderer WEer (vgl. § 13 Rn 136 f., 154 f.), wie zB durch Klavierspielen,[71] durch die zweckbestimmungswidrige Nutzung eines TEs als „Laden“[72] oder einer EW als Arztpraxis.[73] Auch kann ein WEer, der seine Wohnung vermietet hat, Belästigungen seines Mieters durch andere WEer im eigenen Namen vor dem WE-Gericht abwehren, denn zu den in Nr. 1 genannten Rechten und Pflichten der WEer untereinander gehören auch die aus § 14 Nr. 1, 2 WEG folgenden Rechte und Pflichten; hiernach ist jeder der WEer ggü dem anderen verpflichtet, dessen Mieter im ungestörten Mitbesitz zu belassen;[74] 35

– die Rechte und Pflichten, die sich aus dem **gesetzlichen Schuldverhältnis** der WEer (§ 10 Rn 32 f.) ergeben, während Rechte und Pflichten aus schuldrechtlichen Vereinbarungen der WEgem mit WEern oder von WEern untereinander nur dann hierunter fallen, wenn sie das Gemeinschaftsverhältnis modifizieren; 36

– die **Lasten- und Kostentragung.**[75] Hierzu zählen insbesondere Streitigkeiten, die nicht unter Nr. 2 fallen, wie solche um Ausgleichsansprüche der WEer nach Abgeltung einer Gesamthypothek. 37

bb) Streitigkeiten aus der Verwaltung des Gemeinschaftseigentums. Über die Rechte und Pflichten hinaus, die sich aus der WEgem ergeben, gehören unter die Nr. 1 auch diejenigen, die sich aus der Verwaltung des GemEs ergeben, namentlich der Anspruch auf ordnungsmäßige Verwaltung, sofern er sich gegen die WEer und nicht gegen den Verwalter richtet (dann Nr. 2). Hierher gehören danach zB alle Streitigkeiten über Maßnahmen, die mit der **Instandsetzung** und **Instandhaltung** des GemEs gem. § 21 Abs. 5 Nr. 2 zusammenhängen, wie die Bildung von **Rückstellungen,** die **Anlage** von gemeinschaftlichen Geldern oder die Feststellung der Kostentragungspflicht, selbst wenn als Vorfrage die sachenrechtliche Zuordnung zum GemE oder SE zu klären ist.[76] Ferner gehören hierher gerichtliche Auseinandersetzungen über die **Ausführung von Beschlüssen** und gerichtlichen Entscheidungen, über Modalitäten der **Einberufung einer WE-Versammlung**[77] und der **Beschlussfassung,**[78] insbesondere über die **Abstimmung** in der WEVers, sofern nicht Nr. 4 eingreift, also namentlich über nicht fristgebundene Feststellungsklagen, desgleichen Auseinandersetzungen über die **Ausführung** von Beschlüssen und Entscheidungen. 38

Wird die Mitwirkung der übrigen WEer bei einer Beschlussfassung mit dem Ziel der **Bestellung oder Abberufung des Verwalters** als Maßnahme einer ordnungsgemäßen Verwaltung iSd § 21 Abs. 4 verlangt, so ist ebenfalls das Verfahren nach Nr. 1 eröffnet. Ist über die Bestellung des Verwalters wegen tiefgreifender Meinungsunterschiede zwischen mehreren Gruppen von WEern ein Beschluss nicht zu erwarten, so kann an ihrer Stelle zur 39

---

[67] OLG München NJW 1968, 994, BayObLG MDR 1972, 516 = ZMR 1972, 226.
[68] BayObLG NJW 1971, 436.
[69] OLG Stuttgart Rpfleger 1974, 361.
[70] KG NJW-RR 1988, 586.
[71] OLG Frankfurt/M. OLGZ 1984, 120 = MDR 1982, 151.
[72] BayObLGZ 1978, 214.
[73] AG Hamburg MDR 1957, 43.
[74] OLG Frankfurt/M. NJW 1961, 324; vgl. hierzu *Trautmann,* S. 53 f.
[75] KG OLGZ 1977, 1; OLG Koblenz ZMR 1977, 87.
[76] OLG Düsseldorf ZWE 2008, 302.
[77] KG WE 1987, 18.
[78] KG OLGZ 1967, 479.

Verwirklichung des Anspruchs auf ordnungsmäßige Verwaltung (§ 21 Abs. 4) das WE-Gericht in einem Rechtsstreit nach Nr. 1 einen Verwalter nach billigem Ermessen aussuchen und bestellen (§ 21 Abs. 8).[79] Dabei kann, auch ohne dass eine Versammlung stattgefunden hat oder ein Rechtsstreit um die Bestellung eines Verwalters anhängig ist, in dringenden Fällen im Wege der einstweiligen Verfügung von dem Gericht ein Verwalter bestellt werden.[80] Entsprechend kann ein WEer auch die Abberufung durch das Gericht verlangen,[81] wenn sie gem. § 21 Abs. 4 ordnungsgemäßer Verwaltung entspricht und dem WEer die vorherige Anrufung der WEVers nicht zugemutet werden kann oder ein in einer vorangegangenen WEVers gestellter Abwahlantrag keine Mehrheit gefunden hat.[82]

40 Gemeinschaftsbezogen sind ferner alle Streitigkeiten zwischen Mitgliedern des **Verwaltungsbeirats** oder zwischen ihnen und anderen WEern über die Rechte und Pflichten des Beirats auch wenn ein Mitglied nicht[83] oder nicht mehr der Gemeinschaft angehört. Hierzu gehört zB der Streit darüber, ob jemand wirksam dem Gremium angehört (hat) und welche Aufgaben und Rechte er als dessen Mitglied hat(te). Das WE-Gericht ist außerdem zuständig, wenn Beiräte – auch im Zusammenwirken mit weiteren WEern – auf Grund erklärter Bereitschaft und auf Grund entsprechenden Versammlungsbeschlusses **Sonderaufgaben** in der Verwaltung des GemEs übernommen haben und in Bezug auf diese Tätigkeit Auskunft erteilen, Rechnung legen oder Schadensersatz leisten sollen. Hier lassen der offensichtliche und enge Zusammenhang solcher Vorgänge mit den §§ 21 und 27 eine Zuständigkeit nach § 43 als sachbezogen erscheinen.[84]

41 Verwaltungsbezogen sind schließlich auch Streitigkeiten der WEer mit dem von ihnen nach § 45 Abs. 2 bestellten oder mit dem nach § 45 Abs. 3 vom Gericht bestellten Ersatzzustellungsvertreter.[85]

42 **cc) Wirksamkeit und Auslegung von Vereinbarungen.** Des Weiteren gehören Streitigkeiten über die Wirksamkeit und Auslegung von Vereinbarungen der WEer vor das WE-Gericht, und zwar auch dann, wenn diese durch Eintragung in das GB zum Inhalt des SE geworden sind.[86] Denn wenn ein Streit über Rechte und Pflichten der WEer aus einer solchen Vereinbarung durch das WE-Gericht zu entscheiden ist,[87] muss auch ein Begehren, die Wirksamkeit einer Vereinbarung festzustellen, vor dem WE-Gericht verfolgt werden. Dies gilt auch für Streitigkeiten der WEer im Hinblick auf eine **Konkurrenzschutzvereinbarung,** die als Inhalt des SEs im Grundbuch eingetragen ist.[88] Hingegen ist für eine auf eine einseitige Verpflichtungserklärung eines WEers gestützte Klage, in der dieser sich zur nur eingeschränkten Nutzung seiner Räume bereit erklärt (Konkurrenzverbot), nicht das WE-Gericht zuständig.[89] Denn aus dem Gemeinschaftsverhältnis können sich Rechte und Pflichten für einen WEer nicht schon durch dessen einseitige Verpflichtungserklärung ggü anderen WEern, sondern nur durch eine Vereinbarung aller WEer ergeben.[90]

43 Der Anspruch gegen einen WEer auf Zustimmung zur **Änderung der Vereinbarung (GemO)** nach § 10 Abs. 2 S. 3 (§ 10 Rn 152 f.) fällt ebenfalls unter die Nr. 1. Mit Rechtskraft der Entscheidung gilt die Zustimmungserklärung als abgegeben (§ 894 ZPO).

[79] OLG Düsseldorf NZM 2008, 452.

[80] AG Landsberg am Lech ZMR 2009, 486; *Abramenko* ZMR 2009, 429, (430).

[81] Vgl. zum früheren Recht Merle, Verwalter, S. 95 f.; OLG Stuttgart OLGZ 1977, 433; BayObLG ZMR 1985, 390 = NJW-RR 1986, 445 (446); AG Emmendingen ZMR 1984, 101 (102).

[82] KG WE 1988, 168.

[83] BayObLGZ 1972, 161 f.

[84] Staudinger/*Bub* § 29 Rn 144.

[85] Jennißen/*Suilmann* Rn 20.

[86] Vgl. BayObLGZ 1965, 283.

[87] KG NJW 1968, 160 (161).

[88] OLG Hamm NJW 1993, 1295 = WE 1993, 250 = DWE 1993, 115 (116).

[89] BGH NJW-RR 1986, 1335.

[90] BGH NJW-RR 1986, 1335.

Entsprechendes gilt für einen aus dem Gemeinschaftsverhältnis abgeleiteten Anspruch auf eine **Änderung der ME-Anteile,**[91] auf **Änderung der TErkl** (zB Begründung von SE oder eines SNRs an einem Kellerraum[92]) oder auf **Änderung der GemO,** insbesondere auf Änderung der Zweckbestimmung des SEs. Auch hier ist das WE-Gericht zuständig. Eine nach §§ 877, 876 BGB erforderliche Zustimmung von dinglich Berechtigten, ist dagegen vor dem allgemeinen Zivilgericht zu erstreiten.[93]

dd) Sondernutzungsrechte. Unter die Nr. 1 fallen auch Streitigkeiten über Rechte **44** und Pflichten, die aus einem SNR im Verhältnis der WEer untereinander[94] oder im Verhältnis zu einem Fremdnutzer (Mieter) hergeleitet werden (vgl. § 13 Rn 149). SNRe beruhen auf einer Vereinbarung der WEer und regeln nur den Alleingebrauch von Teilen des GemE, die aber weiterhin GemE bleiben und von allen WEern verwaltet werden (§ 13 Rn 118). Die Feststellung der **Wirksamkeit eines SNRs** ist daher ebenso vor dem WE-Gericht zu verfolgen wie der Streit darüber, auf welchen Teil des GemEs sich ein SNR **erstreckt,**[95] auch wenn dieses gem § 10 Abs. 2 als Inhalt des SE im Grundbuch eingetragen wurde.[96]

Vor das WE-Gericht gehört schließlich auch der Streit darüber, ob einem WEer das von **45** ihm in Anspruch genommene SNR überhaupt **zusteht** und er von einem anderen Prätendenten die Bewilligung der Grundbuchberichtigung verlangen kann.[97] Denn dies betrifft ebenfalls das Gemeinschaftsverhältnis. Ob der Kläger das SNR **gutgläubig erworben** hat, ist im Verhältnis der WEer untereinander nur eine vom WE-Gericht mit zu prüfende Vorfrage. Streiten die Parteien dagegen weder über den Bestand noch über den Geltungsbereich des Sondernutzungsrechts, sondern darum, ob die Beklagten auf Grund des mit dem Bauträger abgeschlossenen schuldrechtlichen Vertrages verpflichtet sind, einen Teil ihres Sondernutzungsrechts aufzugeben, ist hingegen das allgemeine Zivilgericht zuständig.[98]

ee) Rechtsnachfolge. Bei einer Rechtsnachfolge in ein unter Nr. 1 fallendes Recht **46** kraft Abtretung, Pfändung und Überweisung oder in eine entsprechende Verbindlichkeit durch eine mit allen WEern zu vereinbarende befreiende Schuldübernahme[99] ist das WE-Gericht für die Rechtsverfolgung auch dann zuständig, wenn der Rechtsnachfolger nicht WEer ist.[100] Denn durch den Rechtsübergang ändert sich die für die Zuständigkeit maßgebende Rechtsnatur des Anspruchs nicht.[101] Es wäre auch nicht sachgerecht, dieselbe Streitigkeit, nur weil sie von einem Rechtsnachfolger betrieben wird, unter Zurücksetzung der Interessen der WEer nicht mehr in dem Verfahren des WEer, das alle Beteiligten einbezieht, sondern im allgemeinen Zivilprozess zu entscheiden. Im Falle einer kumulativen Schuldübernahme, zB der Beitragsverbindlichkeiten durch den Nießbraucher, wären unterschiedliche Zuständigkeiten für das Inkasso gegen den WEer und Schuldübernehmer zudem wertungswidersprüchlich. Dasselbe gilt, wenn WEer eine GmbH & Co KG ist und

---

[91] Vgl. LG München DWE 1984, 91; BayObLG ZMR 1985, 132; KG WE 1998, 468 (469).

[92] OLG München ZMR 2006, 156 (157).

[93] Zweifelnd *Steiger* Rpfleger 1985, 474 (481).

[94] BGHZ 109, 396 (398) = NJW 1990, 1112 (1113) = WE 1990, 84; aA OLG Stuttgart NJW-RR 1986, 318 (319).

[95] BGHZ 109, 396 (397) = NJW 1990, 1112; 130, 159 = NJW 1995, 2851 (2852); OLG Frankfurt/M. OLGZ 1980, 416 (418); OLG Köln NJW-RR 1989, 1040 (1041).

[96] BGHZ 109, 396 (399) = NJW 1990, 1112; OLG Köln WuM 1989, 467; LG Stuttgart WE 1994, 119 (120); aA OLG Stuttgart OLGZ 1986, 35 = NJW-RR 1986, 318 f.; OLG Saarbrücken NJW-RR 1998, 1165 = NZM 1998, 632.

[97] AA OLG Saarbrücken NJW-RR 1998, 1165.

[98] OLG Zweibrücken NZM 2002, 391 (392).

[99] Vgl BayObLG WE 1995, 94 f.

[100] Vgl. KG WuM 1984, 308.

[101] KG MDR 1984, 584.

ein unter Nr. 1 fallender Zahlungsanspruch (auch) gegen den persönlich haftenden Gesellschafter GmbH gelten gemacht wird.[102] Erst recht wird die einmal begründete Zuständigkeit des WE-Gerichts nicht dadurch berührt, dass die Rechtsnachfolge erst nach Rechtshängigkeit eintritt (Rn 167).

47 Stirbt ein WEer, so sind Zahlungsansprüche aus dem Gemeinschaftsverhältnis gegen die **Erben** ebenfalls vor dem WE-Gericht zu verfolgen, und zwar auch schon dann, wenn die Erben noch nicht im Grundbuch als neue Eigentümer der Wohnung eingetragen sind. Denn sie sind schon kraft Gesetzes in der Form der Erbengemeinschaft Eigentümer der EW geworden, §§ 1922 Abs. 1, 2032 Abs. 1 BGB.[103]

48 Die Zuständigkeit nach Nr. 1 ist außerdem für Ansprüche aus dem Gemeinschaftsverhältnis gegeben, die gegen oder von einem WEer geltend gemacht werden, der bereits vor Rechtshängigkeit **aus der Gemeinschaft ausgeschieden** ist.[104] Gem. § 43 Abs. 1 sollen sämtliche Streitfälle, die aus dem Gemeinschaftsverhältnis der WEer erwachsen, durch das WE-Gericht entschieden werden. Die Gemeinschaftsbezogenheit eines vor dem Ausscheiden entstandenen Anspruchs geht nicht dadurch verloren, dass der Schuldner aus der Gemeinschaft ausscheidet. Zudem wäre es ein Wertungswiderspruch, wenn nach Ausscheiden des Schuldners aus der Gemeinschaft für Ansprüche aus dem Gemeinschaftsverhältnis das allg. Zivilgericht zuständig wäre, die Zuständigkeit des WE-Gerichts nach Abtretung eines Anspruchs aus dem Gemeinschaftsverhältnis an einen Dritten jedoch weiterhin bestehen bliebe. Die einheitliche Zuständigkeit des WE-Gerichts in gemeinschaftlichen Angelegenheiten vermeidet schließlich Unstimmigkeiten, wenn die WEer über die Rechte und Pflichten eines WErs streiten, der lediglich eine von mehreren Wohnungen veräußert hat.[105] Das WE-Gericht ist somit auch zuständig, wenn ausgeschiedene und gegenwärtige WEer zusammen einen Anspruch gegen den Verwalter verfolgen, der ihnen gemeinschaftlich zusteht.[106]

49 **ff) Finanzierung und Errichtung des Gebäudes.** Streitig ist, ob auch dann, wenn eine WEgem bereits begründet, das Gebäude aber noch nicht errichtet ist, die Streitigkeit der WEer, die sich aus der Errichtung und Finanzierung des Gebäudes (zB Zahlung der Baukostenbeiträge) ergeben, vor das WE-Gericht gehört.[107] Entscheidend sind die rechtlichen Beziehungen der WEer zueinander.[108] Schließen die MEer eines Grundstücks als WEer zur Errichtung eines Gebäudes auf einem im WE stehenden Grundstück eine Vereinbarung ab, durch die sie die Verpflichtung zur Errichtung und Finanzierung des Gebäudes nach § 10 WEG zum Inhalt der Pflichten der WEer untereinander machen, so ist für Streitigkeiten aus dieser **Aufbauvereinbarung** das Verfahren vor dem WE-Gericht eröffnet. Es besteht keine Aufbaugesellschaft nach § 705 BGB, sondern die besondere Rechtsform der WEgem (arg. § 22 Abs. 1 WEG).[109]

50 Die WEer können ihre Rechtsbeziehungen aber auch als AufbaugesellschaftbR ausgestalten. Zweck der Gesellschaft ist dann die Errichtung des Gebäudes auf dem gemeinschaftlichen Grundstück der Gesellschafter. Streitigkeiten unter den Gesellschaftern, die mit

[102] BayObLG WE 1990, 57.

[103] BayObLG DWE 1993, 126 (127) = WuM 1993, 487.

[104] BGH ZMR 2002, 941 (942) unter Aufgabe von BGHZ 106, 34 (37 f.): Zuständigkeit des Prozessgerichts; KG NJW-RR 1988, 842 (843); Palandt/*Bassenge* § 43 Rn. 6; Staudinger/*Wenzel* § 43 Rn 10.

[105] BGHZ 152, 136 = NJW 2002, 3709; Staudinger/*Wenzel* § 43 Rn 10.

[106] BayObLG NJW-RR 1994, 856 (857).

[107] Vgl. BayObLG NJW 1957, 753 (754) – bejahend für § 43 aF; aA OLG Hamburg NJW 1961, 1168.

[108] OLG Karlsruhe ZMR 2000, 56 (57); ausführlich *Tiekötter,* Der rechtliche Charakter der Gemeinschaft der WEer und der Vereinigungen zur Begründung von WE, Diss. Münster 1963.

[109] OLG Karlsruhe ZMR 2000, 56 (57); *Kapellmann* MDR 1969, 623 f.; aA *Hohenester* JZ 1957, 657.

den WEern identisch sein können, sind vor dem allgemeinen Zivilgericht zu klären.[110] Dasselbe gilt in dem Fall, in dem die späteren WEer noch nicht MEer des Grundstücks sind und für dessen Erwerb sowie die Aufteilung in WE samt der Durchführung erforderlicher Bauarbeiten eine GbR gründen. Auch hier ist für Streitigkeiten aus der Zeit vor Entstehen der (werdenden) WEgem das allgemeine Zivilgericht zuständig,[111] und zwar unabhängig davon, ob die GbR bei Rechtshängigkeit noch besteht oder wegen Zweckerreichung (Entstehen der WEgem) aufgelöst ist. Gesellschaftsrechtliche Streitigkeiten werden nicht dadurch zu wohnungseigentumsrechtlichen, dass die Gesellschafter inzwischen WEer sind.[112]

gg) Schadensersatzansprüche. Des Weiteren ist über Schadensersatzansprüche der 51 WEer untereinander nach ganz hM im Verfahren vor dem WE-Gericht zu entscheiden,[113] wenn diese Ansprüche aus der Verletzung von Rechten und Pflichten aus der Gemeinschaft der WEer oder der Verwaltung des gemeinschaftlichen Eigentums resultieren.[114] Dabei ist unerheblich, ob diese Ansprüche ihre Grundlage im WEG oder in sonstigen bürgerlichrechtlichen Vorschriften haben, wie etwa Ansprüche aus unerlaubter Handlung, negatorische oder besitzrechtliche Ansprüche.[115] Denn die sekundären Hilfs- und Ersatzansprüche, die aus einer Störung des Rechtsverhältnisses erwachsen, stehen hinsichtlich der Zuständigkeit den aus den §§ 10 ff. WEG folgenden primären Erfüllungsansprüchen gleich.[116]

hh) Die Veräußerungszustimmung. Der Anspruch auf Zustimmung zur Veräuße- 52 rung des WEs gem. § 12 Abs. 2 ist, soweit die WEer oder der Verwalter zustimmungspflichtig sind, nach Nr. 1 oder Nr. 3 geltend zu machen.[117] Vgl. im Übrigen § 12 Rn 46.

ii) Die Aufhebung der Gemeinschaft (§ 17). Nachdem die in § 43 Abs. 1 Nr. 1 53 WEG aF enthaltenen Ausnahmen für die Entscheidung über Ansprüche im Falle einer Aufhebung der Gemeinschaft und auf Entziehung des WEs entfallen sind, ist das WE-Gericht nunmehr auch zuständig für Ansprüche **auf** Aufhebung der Gemeinschaft. Ansprüche **aus** der Aufhebung sind dagegen vor dem **allgemeinen Zivilgericht** geltend zu machen (§ 11 Rn 29). Dem steht nicht entgegen, dass es sich bei Streitigkeiten um Ansprüche auf Aufhebung der Gemeinschaft eigentlich um einen Streit über die Aufhebung des SEs handelt, weil nur durch dessen Aufhebung die besondere Gemeinschaft der WEer beendet werden kann. Denn die Aufhebung des SEs hat die Beendigung der WEgem zur Folge, an deren Stelle eine gewöhnliche (auflösbare) Bruchteilsgemeinschaft nach §§ 741 ff. BGB tritt. Solange SE (iVm ME) iSd WEG noch besteht, ist die WEgem unzweifelhaft vorhanden und kann, mit Ausnahme der Vereinigung aller WErechte, § 10 Abs. 7 S. 4, nur durch Beseitigung der SE-Eigenschaft aufgelöst werden.

Streitigkeiten innerhalb der durch die Aufhebung des SEs entstehenden gewöhnlichen 54 Bruchteilsgemeinschaft nach §§ 741 ff. BGB sind dagegen im allgemeinen Zivilverfahren zu entscheiden (evtl. auch Zwangsversteigerung zum Zwecke der Aufhebung der Gemeinschaft nach § 180 ZVG).

b) Die Zuständigkeit des allgemeinen Zivilgerichts. aa) Der Streit um die 55 **sachenrechtlichen Grundlagen.** Streitigkeiten der WEer, die nicht den Gebrauch, sondern das SE und GemE als solches, seine Begründung und Übertragung, den Inhalt und

[110] *Trautmann* S. 30 ff.

[111] OLG Karlsruhe ZMR 2000, 56 (57).

[112] AA KG ZWE 2009, 120 m. Anm. *F. Schmidt* S. 118.

[113] BayObLG WE 1991, 140.

[114] BGH NJW-RR 1991, 907 (908) = WE 1991, 321; BGHZ 106, 222 (224) = NJW 1987, 1091; vgl. auch BayObLG WE 1997, 432.

[115] OLG München NJW 1968, 995; OLG Stuttgart OLGZ 1970, 74; OLG Frankfurt/M. NJW 1965, 2205 (2206); BGH NJW-RR 1991, 907 (908) = WE 1991, 321; OLG Köln WuM 1995, 452; BayObLG WE 1997, 432.

[116] Vgl. BGHZ 59, 58 (63); eingehend *Trautmann* S. 59 ff.

[117] BayObLGZ 1972, 348 (350); 1977, 40.

Umfang sowie die Abgrenzung von beiden oder seine Herausgabe,[118] dh die **sachenrechtlichen Grundlagen** der Gemeinschaft betreffen, gehören vor das allgemeine Zivilgericht.[119] Das gilt auch für die Frage, ob bestimmte Räume zum SE[120] oder ob die Außenfenster zum GemE[121] gehören. Die Antwort ergibt sich nicht aus dem Gemeinschaftsverhältnis, sondern wird von diesem vorausgesetzt.

56 Die Zuständigkeit des allgemeinen Zivilgerichts ist ferner dann gegeben, wenn nicht die Feststellung über die sachenrechtliche Zuordnung als solche begehrt, sondern ein auf dieser folgender Anspruch geltend gemacht wird.[122] Denn es kann keinen Unterschied machen, ob der Kläger die Feststellung verlangt, ein bestimmter Raum stehe in seinem SE oder ob er sofort die daraus abgeleitete Rechtsfolge geltend macht und die **Herausgabe** oder **Grundbuchberichtigung** verlangt.[123] Auch **Entschädigungsansprüche** nach den §§ 987 ff. BGB für die Nutzung von GemE durch einen WEer sind vom Zivilgericht zu beurteilen, wenn die Parteien darüber streiten, ob SE oder GemE vorliegt.[124] Entscheidend ist, dass der Streit um das SE bzw. das GemE nicht um ein sich aus der Gemeinschaft folgendes Recht geht, weil das SE bzw. das GemE nicht aus dem Gemeinschaftsverhältnis erwachsen ist, sondern von diesem vorausgesetzt wird. Dass die Entscheidung über das Eigentum oder die sich daraus ergebenden Ansprüche Auswirkungen auf das Gemeinschaftsverhältnis hat, rechtfertigt noch keine gesetzeserweiternde Auslegung von Nr. 1.

57 Geht es nicht um die Folgen der Begründung von WE, sondern um die Begründung von WE/TE selbst zB im Wege der Umwandlung, so kommt es für die Zuständigkeit auf das Rechtsverhältnis an, aus dem der **Anspruch auf Umwandlung** bzw. Einräumung von WE/TE hergeleitet wird.[125] Wird der Anspruch auf einen Vertrag mit dem Bauträger oder mit den übrigen WEern gestützt, ist das allgemeine Zivilgericht zuständig. Wird der Anspruch dagegen auf das Gemeinschafsverhältnis gestützt, ist das WE-Gericht zuständig.[126] Ist also zB die Einräumung von SE zugunsten eines Erwerbers unwirksam geblieben und macht der Inhaber des isolierten MEs-Anteils einen **Anspruch auf Einräumung von SE** gegen die WEer geltend, so ist hierfür das WE-Gericht zuständig, weil es sich um einen Anspruch aus dem Gemeinschaftsverhältnis handelt.[127] Die Zuständigkeit des WE-Gerichts ist auch dann gegeben, wenn im Rahmen eines aus dem Gemeinschaftsverhältnis herrührenden Streits über die Frage der sachenrechtlichen Zuordnung nur als Vorfrage inzident zu entscheiden ist.[128]

58 **bb) Streitigkeiten mit Dritten.** Wegen der Klagen von Dritten **gegen die WEgem** oder die WEer vgl. Nr. 5. Umgekehrt sind Ansprüche der WEgem oder von WEern **gegen Dritte** (zB Nachbarn außerhalb der WE-Anlage) grds vor dem allgemeinen Zivilge-

---

[118] BGHZ 130, 159 (164 f.).

[119] BGHZ 130, 159 (164 f.) = NJW 1995, 2851 (2852) = WE 1996, 27 (28) mwN; BGHZ 73, 302 (304) = NJW 1979, 2391; BayObLGZ 1991, 186 (187) = NJW-RR 1991, 1356 (1357) = WE 1992, 170; BayObLG NJW-RR 1996, 912 (913); KG WE 1998, 306 (307); Staudinger/*Wenzel* § 43 Rn 20.

[120] BGHZ 130, 159 (164 f.) = NJW 1995, 2851 (2852) = WE 1996, 27 (28).

[121] OLG Bremen WuM 1989, 650.

[122] BGHZ 130, 159 (164 f.) = NJW 1995, 2851 (2852) = WE 1996, 27 (28); BayObLGZ 1991, 186 (187) = NJW-RR 1991, 1356 (1357) = WE 1992, 170; aA OLG Düsseldorf WuM 1994, 716 (717); OLG Hamm OLGZ 1991, 56 (59) = WE 1991, 135; OLG Zweibrücken ZMR 1984, 33; OLG Frankfurt/M. OLGZ 1984, 148; OLG Karlsruhe Justiz 1987, 189 (190); BayObLGZ 1970, 264 (267).

[123] AA OLG Düsseldorf WuM 1994, 716 f.; OLG Hamm WE 1991, 135; AG München ZMR 1997, 326.

[124] AG Dortmund WuM 1998, 626.

[125] BayObLG ZMR 1998, 582 (583); undifferenziert KG WE 1998, 306 (307).

[126] OLG Schleswig ZMR 2006, 73 (74).

[127] BayObLG WE 1999, 31 (32) = NZM 1999, 272.

[128] OLG Frankfurt/M. OLGZ 1984, 148; OLG Düsseldorf NJW-RR 1995, 206 (207) = WE 1995, 375.

richt geltend zu machen. Dritter in diesem Sinne ist hingegen nicht der vor Rechtshängigkeit ausgeschiedene WEer oder der Fremdnutzer in Bezug auf die Beachtung der zum Inhalt des SEs gewordenen Gebrauchsregelungen (vgl. § 13 Rn 68, 154). Streitigkeiten mit dem Verwalter aus der Verwaltung des GemEs unterfallen Nr. 3.

Dritte können Mieter, kreditgebende Banken, Versorgungsunternehmen, Handwerker, 59
Lieferanten, Architekten oder Anwälte sein, auch wenn an den Firmen WEer oder der Verwalter beteiligt sind.[129] Dritter ist aber auch der Grundstückseigentümer als Erbbauzinsgläubiger im Verhältnis zu einer Gemeinschaft von Wohnungserbbauberechtigten oder der Eigentümer einer benachbarten Wohnanlage als Nutzungsberechtigter aus einer Grunddienstbarkeit. Vor das allgemeine Zivilgericht gehören ferner Ansprüche gegen die **Haftpflichtversicherung** des Verwalters[130] oder der WEer[131] sowie deliktsrechtliche oder besitzschutzrechtliche Ansprüche, die ein WEer oder die WEgem gegen **Besucher** in der Anlage geltend macht. Dritter ist auch der **Bauträger,** selbst wenn er zugleich noch WEer[132] ist oder war und es nicht um Ansprüche aus dem Mitgliedschaftsverhältnis geht; für Ansprüche aus dem Ersterwerbsvertrag auf Zahlung des Kaufpreises oder für die Geltendmachung von Mängelrechten wegen Mängeln am GemE ist daher das allgemeine Zivilgericht zuständig.

Dritte sind ferner **Fremdnutzer** (Mieter, Pächter), sofern es nicht um eine durch 60
Grundbucheintragung zum Inhalt des SEs gewordene Gebrauchsregelung geht (Rn 58), dsgl. **Familienangehörige** oder dinglich noch nicht gesicherte **WE-Anwärter** (§ 10 Rn 5). Insoweit bestehen vertragliche oder familienrechtliche Beziehungen allein zum Eigentümer der konkreten Einheit, nicht jedoch zu anderen WEern, zur WEgem oder zum Verwalter. Entsprechendes gilt für Personen, denen der Eigentümer einen **Nießbrauch** (§ 1030 BGB) oder ein dingliches **Wohnungsrecht** (§ 1093 BGB) an seiner Einheit bestellt hat. Die Rechte aus dem zum Eigentümer bestehenden Schuldverhältnis oder die Ansprüche aus unerlaubter Handlung sowie nachbarrechtliche oder besitzschutzrechtliche Ansprüche fallen nicht in die Zuständigkeit des WEer. Dasselbe gilt, wenn Dritte einem im WE-Verfahren zu schließenden **Vergleich** beitreten und dann von der WEgem auf Erfüllung des Vergleichs in Anspruch genommen werden.

Davon zu trennen ist die Verantwortlichkeit des WEers ggüb der WEgem für das 61
Verhalten dritter Personen nach § 14 Nr. 2 und seine Haftung für von ihnen verursachte Schäden nach §§ 276, 278 BGB. Hieraus erwachsende Rechtsstreitigkeiten fallen ebenso unter Nr 1 wie die Geltendmachung von Ansprüchen eines WEers durch Dritte im Wege der Prozessstandschaft.[133]

Das allgemeine Zivilgericht ist schließlich auch zuständig, wenn WEer wegen eines 62
Anspruchs aus dem Gemeinschaftsverhältnis mit einer rechtsfähigen Personengesellschaft als WEerin deren **persönlich haftende Gesellschafter** in Anspruch nehmen (§ 128 HGB).[134]

cc) Veräußerungs- und sonstige Verträge. Nicht unter §§ 43 f. fallen Streitig- 63
keiten im Zusammenhang mit der Begründung, **Übertragung,** aus der Aufhebung (Rn 53) oder **Belastung von WE,**[135] auch nicht Ansprüche auf Einräumung von SE[136] etwa aus einem Vorvertrag. Ansprüche aus schuldrechtlichen Vereinbarungen können generell nicht Gegenstand des Verfahrens nach § 43 über WE sein.[137] Deshalb können auch

---

[129] BayObLG WuM 1991, 300 f. zum Mietvertrag; BayObLG WE 1998, 509 f. zum Anwaltsvertrag; OLG Hamm Rpfleger 1979, 318 zum Liefervertrag.

[130] BayObLG MDR 1987, 65.

[131] BayObLG NJW-RR 1987, 1099.

[132] BGHZ 62, 388 ff.

[133] BayObLG WuM 2001, 202: Beseitigung baulicher Veränderungen durch Mieter.

[134] LG Hamburg ZMR 2002, 870.

[135] BGHZ 62, 388 (389) = LM Nr. 2 zu § 21 WEG m. zust. Anm. *Rothe.*

[136] AA BayObLG WE 1999, 31 (32).

[137] OLG Stuttgart OLGZ 1991, 40 (42) = WE 1991, 139; WE 1989, 142 (143); WE 1990, 108; BayObLG WuM 1996, 359; OLG Zweibrücken ZWE 2002, 330 (332).

Duldungsansprüche zwischen WEern auf Grund eines zwischen ihnen abgeschlossenen Mietvertrags nicht vor dem WE-Gericht geltend gemacht werden.[138] Dies gilt insbesondere für Streitigkeiten aus **Kauf-**[139] oder sonstigen schuldrechtlichen Verträgen über WE. Auch für Ansprüche, die von einem WEer gegen einen anderen WEer auf Grund von dessen anwaltlicher Tätigkeit als Bevollmächtigter in einem WE-Verfahren geltend gemacht werden, ist das allgemeine Zivilgericht zuständig.[140]

64 Das WEG-Verfahren ist auch nicht eröffnet, wenn der WEer einen Anspruch auf **Abmarkung** des Gemeinschaftsgrundstücks geltend macht und das abzumarkende Nachbargrundstück zwar im Eigentum anderer WEer steht, aber nicht zur Wohnanlage gehört.[141] Dasselbe gilt, wenn ein WEer nicht in dieser Eigenschaft, sondern als Treuhänder und Baubetreuer auf Zahlung von Schadensersatz[142] oder als Bauherr auf Unterlassung baulicher Maßnahmen in Anspruch genommen wird.[143]

65 **dd) Streitigkeiten unter Teilhabern.** Auch für Entscheidungen über Streitigkeiten der Teilhaber einer **Bruchteilsgemeinschaft** an einem TE sind die allgemeinen Zivilgerichte zuständig,[144] ebenso für Ansprüche einer aus den WEern mehrerer WE-Gemeinschaften bestehenden Bruchteilsgemeinschaft nach § 741 BGB, der zB ein Kinderspielplatz gehört.[145]

2. Streitigkeiten zwischen der Gemeinschaft und Wohnungseigentümern (Nr. 2)

66 Da die rechtsfähige Gemeinschaft als Rechtssubjekt auch ihren Mitgliedern gegenüber selbstständig ist und zwischen beiden ein **gesetzliches Schuldverhältnis** besteht, aus dem sich Rechte und Pflichten ergeben, kann es zwischen der WEgem und den WEern zu Rechtsstreitigkeiten kommen. Hierfür ist nach § 43 Nr. 2 das WE-Gericht zuständig.

67 **a) Rechtsgeschäftliche oder gesetzliche Ansprüche.** Zu den vor das WE-Gericht gehörenden Streitigkeiten gehören **nur** die **gesetzlichen Ansprüche,** die sich aus dem gesetzlichen Schuldverhältnis der WEgem zu ihren Mitgliedern ergeben, **nicht** dagegen **rechtsgeschäftliche Ansprüche.** Denn diese beruhen auf einer **Sonderrechtsbeziehung** der WEgem zu einzelnen WEern und betreffen nicht die Rechte und Pflichten zwischen der WEgem und den WEern. Die Regelung in Nr. 2 erweitert insoweit nicht den sachlichen Anwendungsbereich der Nr. 1, sondern nur den personellen. Er will dem Umstand Rechnung tragen, dass mit der Rechtsfähigkeit der WEgem auch zwischen dieser und den Mitgliedern gesetzliche Rechte und Pflichten bestehen. Deswegen gehört die Klage auf **Zahlung des Mietzinses** für das von der WEgem vermietete **GemE** auch dann vor die allgemeinen Zivilgerichte, wenn Mieter ein WEer ist. Die Parteien stehen sich insoweit auf Grund der zwischen ihnen bestehenden **Sonderrechtsbeziehung** „wie Dritte" gegenüber.[146] Dasselbe ist zB der Fall, wenn die WEgem einen an sie abgetretenen kaufvertraglichen Freistellungsanspruch des Erwerbers gegen den Veräußerer der EW auf Zahlung von rückständigem Wohngeld geltend macht.[147] Denn ein zwischen Veräußerer und Erwerber begründeter Anspruch wird durch die Abtretung nicht zu einem Anspruch der WEgem aus ihrem Verhältnis zu dem Erwerber, so dass auch aus § 17 Abs. 2 GVG nichts anderes hergeleitet werden kann. Nicht erfasst sind schließlich Ansprüche der

---

138 BayObLG WuM 1991, 300 (301).
139 OLG Düsseldorf MDR 1983, 320 = ZMR 1984, 70 (Ls).
140 BayObLG WE 1998, 509 (510).
141 BayObLG WE 1991, 167 (168).
142 BayObLG WuM 1991, 449 (450).
143 LG Frankfurt/M. MDR 1990, 824.
144 BayObLG WuM 1994, 644; NJW-RR 1995, 588 (589) = WE 1995, 284.
145 BayObLG WE 1994, 117 (118).
146 *Niedenführ*/Kümmel/Vandenhouten Rn 53.
147 OLG München ZMR 2005, 979; aA Jennißen/*Suilmann* Rn 30.

WEgem gegen Dritte auf Grund eines selbstständigen **Gewähr-, Garantie- oder Bürgschaftsvertrages** für Beitragsverbindlichkeiten eines WEers.[148]

Anders ist die Rechtslage, wenn ein WEer GemE unberechtigt nutzt. Deswegen gehört die Klage auf Zahlung einer **Nutzungsentschädigung** in die Zuständigkeit des WE-Gericht nach § 43 Nr. 2, weil es sich um einen gesetzlichen Anspruch aus dem Verhältnis der WEgem zu seinen Mitgliedern handelt. **68**

b) Sozialansprüche, Sozialpflichten. Unter § 43 Nr. 2 fallen ferner Streitigkeiten um die Sozialansprüche und Sozialpflichten, wie zB die Ansprüche der WEgem auf Zahlung der beschlossenen **Beitragsvorschüsse, Jahresabrechnungsbeträge** und Sonderumlagen oder umgekehrt Ansprüche der WEer auf **Aufwendungsersatz** im Falle des § 267 BGB oder wegen Notgeschäftsführung gem § 21 Abs. 2, wegen der Bezahlung von Forderungen, die die WEgem betreffen (§ 10 Rn 311), auf Auszahlung von Guthaben aus den Jahresabrechnungen[149] oder auf Rückzahlung zu viel bezahlter Wohngelder.[150] Die Zuständigkeit des WE-Gerichts ist schließlich auch gegeben, wenn die WEgem den Bauträger als WEer nicht aus dem Bauträgervertrag, sondern als Beitragspflichtigen auf Zahlung von Mehrkosten in Anspruch nimmt, die sich daraus ergeben, dass noch nicht sämtliche Gebäude errichtet wurden;[151] **69**

c) Treuepflichten. Aus dem gesetzlichen Schuldverhältnis zwischen WEgem und WEern ergeben sich wechselseitige Treuepflichten. Für die Durchsetzung der daraus folgenden Erfüllungs- oder Schadensersatzansprüche ist ebenfalls das WE-Gericht zuständig. Hierher gehört insbesondere der **Schadensersatzanspruch** der WEgem nach § 280 BGB wegen unzureichender Finanzausstattung oder wegen Verletzung der Pflicht zur Rücksichtnahme bei der Einlegung von Rechtsbehelfen (§ 10 Rn 47).[152] **70**

Umgekehrt fallen auch die Streitigkeiten um die **Rücksichtnahme-** und **Schutzpflichten** der WEgem ggüb den WEern in die Zuständigkeit des WE-Gerichts. Hierzu zählen Streitigkeiten um die Ausübung einer Versorgungssperre durch die WEgem (§ 10 Rn 273)[153] oder um deren Pflicht, durch mögliche Tilgungsleistungen eine Realisierung der quotalen Außenhaftung zu vermeiden (§ 10 Rn 53, 334). **71**

d) Ausübungsbefugnisse und Pflichtenwahrnehmung. Zu den Streitigkeiten der WEgem mit den WEern gehört auch der Streit um die Wahrnehmung von Pflichten wie zB der **Verkehrssicherungspflicht** durch die WEgem (§ 10 Rn 259, 313) oder um die Frage, ob der WEgem eine Ausübungsbefugnis nach § 10 Abs. 6 zusteht. Desgleichen fällt der Streit um die von der WEgem auszuübenden oder ausgeübten Rechte der WEer hierunter, wie zB die Durchsetzung von **Schadensersatzansprüchen wegen Verletzung des GemEs** oder von Abwehransprüchen wegen Beeinträchtigung des GemEs.[154] Zwar handelt es sich insoweit um Rechte der WEer, jedoch liegt mit der geborenen oder gekorenen Ausübungsbefugnis die Rechtsverfolgungskompetenz allein bei der WEgem. Nur hierauf kommt es für die Zuständigkeit und das Verfahren an. **72**

Unter § 43 Nr. 2 fällt ferner die Geltendmachung des **Gestattungsanspruchs** nach § 14 Nr. 4 gegen den WEer oder die Durchsetzung des **Entschädigungsanspruchs** nach § 14 Nr. 4 gegen die Gemeinschaft. Richtet sich der Gestattungsanspruch gegen einen Fremdnutzer, kann bei zweckorientierter Auslegung der Vorschrift nichts anderes gelten. **73**

e) Die Entziehung des WEs (§ 18). Ansprüche auf Veräußerung des WEs gem. § 18 nach entsprechender Beschlussfassung durch die WEer müssen nunmehr ebenfalls vordem **74**

---

[148] Jennißen/*Suilmann* Rn 29.
[149] Jennißen/*Suilmann* Rn 32.
[150] OLG München ZMR 2006, 553.
[151] BayObLG ZMR 2002, 686, 687.
[152] Vgl. *Armbrüster*, FS Merle (2000), S. 1, 14.
[153] *Armbrüster*, FS Merle (2000), S. 1, 12; *Gaier* ZWE 2004, 109, 115; *Wenzel* 2006, 62, 66.
[154] AA *Abramenko* § 7 Rn 10.

WE-Gericht geltend gemacht werden,[155] weil die Ausübung des Entziehungsrechts der WEgem zusteht. Die Vollstreckung eines entsprechenden Titels erfolgt dann durch das Zwangsversteigerungsverfahren vor dem Vollstreckungsgericht. Wird der Beschluss der WEer über die Entziehung des WEs angefochten, so führt dies zu einer Verdoppelung des Verfahrens vor dem WE-Gericht. In dem **Anfechtungsverfahren** ist der Beschluss nur daraufhin zu überprüfen, ob formelle Mängel vorliegen. [156] Ob das Veräußerungsverlangen auch sachlich gerechtfertigt ist, wird in dem **Entziehungsverfahren** geprüft. Denn der Eigentümerbeschluss nach § 18 Abs. 3 soll das Entziehungsverfahren in Gang bringen und stellt lediglich eine besondere Prozessvoraussetzung für die Entziehungsklage dar.[157]

75 Auch ein Eigentümerbeschluss, **einen WEer unter Hinweis auf § 18 abzumahnen,** ist im Beschlussanfechtungsverfahren nach Nr. 4 nur daraufhin zu überprüfen, ob formelle Mängel vorliegen, nicht jedoch auch daraufhin, ob die Abmahnung materiell berechtigt war.[158] Enthält der Beschluss weitergehende Regelungen, kann insoweit eine umfassende Überprüfung des Beschlusses jedoch zulässig sein.

76 **f) Zuständigkeit des allgemeinen Zivilgerichts.** Nicht vor das WE-Gericht gehören Streitigkeiten aus **Drittansprüchen und -pflichten,** also solchen, die ihre Rechtsgrundlage nicht in einem Schuldverhältnis zwischen WEgem und WEern haben und auch nicht unter die Ausübungsbefugnis der WEgem fallen.

3. Streitigkeiten mit dem Verwalter (Nr. 3)

77 Nach Nr. 3 ist im WE-Verfahren auch über Rechte und Pflichten des Verwalters bei der Verwaltung des GemEs zu entscheiden. Die Zuständigkeit des WE-Gerichts ist gegeben sowohl für Streitigkeiten zwischen der **WEgem** als Verband und dem Verwalter als auch für solche zwischen allen oder einzelnen **WEern** und dem Verwalter, wie zB für einen Rechtsstreit um seine Pflicht, dem Verwaltungsbeirat vor der WEVers zur Feststellung der Beschlussfähigkeit **Einsicht** in die der Hausverwaltung vorliegenden Vollmachten zu gewähren.[159] Die Streitigkeiten ergeben sich aus dem Verwaltervertrag und aus dem Bestellungsrechtsverhältnis. Entscheidend für die Verfahrenszuständigkeit nach Nr. 3 ist nicht, ob der Verwalter wirksam bestellt worden ist.[160] Es reicht aus, dass er mit Wissen und Billigung der WEer die Verwaltergeschäfte führt. Auch wenn ein Dritter mit Ausschnitten aus dem Aufgabenbereich des Verwalters oder des Verwaltungsbeirates betraut ist, findet Nr. 3 Anwendung.

78 Maßgebend ist, ob das vom Verwalter in Anspruch genommene Recht oder die ihn treffende Pflicht in einem **inneren Zusammenhang** mit der ihm übertragenen Verwaltung des gemeinschaftlichen Eigentums steht.[161] Ist das der Fall, gehört auch ein Streit über die Folgen aus einer von ihm durchgeführten oder unterlassenen Maßnahme vor das WE-Gericht. Das gilt selbst dann, wenn der Verwalter inzwischen **aus seinem Amt ausgeschieden** ist. War die Verwaltung dagegen noch nicht übertragen, greift Nr. 3 nicht ein. Auch ein Streit aus der oder um die **Sonderverwaltung von SE** gehört vor das allgemeine Zivilgericht, sofern die Vermietung nicht als Aufgabe der gemeinschaftlichen Verwaltung

---

155 Vgl. BGH ZWE 2010, 179.

156 BayObLG WuM 1990, 95 mwN; NZM 1999, 578 (579); OLG Düsseldorf DWE 1995, 119 (120); OLG Köln WE 1998, 382.

157 BayObLG WuM 1990, 95.

158 BayObLG WuM 1995, 500 (501) = DWE 1995, 106 (107) unter Aufgabe von BayObLGZ 1985, 171 (177); aA OLG Düsseldorf DWE 1995, 119 (120).

159 OLG München Beschluss vom 31. 10. 2007, 34 Wx 060/07, BeckRS 2007 18655.

160 Jennißen/*Suilmann* Rn 33.

161 BGHZ 59, 58 (62) = NJW 1972, 1318 (1319); BGHZ 65, 264 (266) = NJW 1980, 2466 (2467); *Derleder* ZWE 2001, 312 (312).

vereinbart wurde,[162] so zB der Anspruch auf Herausgabe von Mietzinsen, die nach einer Vereinbarung in der GemO von den Mietern an den Verwalter gezahlt werden.[163]

a) Fragen ordnungsgemäßer Verwaltung. Im WE-Verfahren ist zu entscheiden, wenn es um die Frage der ordnungsgemäßen Verwaltung des GemEs durch den Verwalter geht.[164] Dies ist etwa der Fall, wenn der Verwalter Beschlüsse der WEVers nicht oder nicht ordnungsgemäß[165] durchführt, nicht für die Einhaltung einer Hausordnung sorgt (§ 27 Rn 34),[166] die zulässige Eigentumserklärung für Fernsprechanlagen usw. nicht erteilt, die Instandsetzungspflicht verletzt,[167] eine Versammlung nicht einberuft,[168] Gelder nicht abgeführt, Beiträge nicht eingezogen hat, soweit er hierzu berechtigt ist. Das WE-Gericht entscheidet auch, wenn der Verwalter Ausschluss- und Verjährungsfristen zu versäumen droht, nicht am Leistungsort Rechnung legt,[169] die Einsicht in Verwaltungsunterlagen verweigert,[170] keine Auskunft erteilt,[171] die erforderliche Zustimmung zu einer baulichen Veränderung,[172] zur Gewerbeausübung,[173] zur Haustierhaltung[174] oder zur Veräußerung des WEs[175] versagt; ferner wenn ein Erwerber die Verwaltungs-GmbH und im Wege der **Durchgriffshaftung** auch deren Geschäftsführer wegen unzutreffender Abnahme des GemEs und eines dadurch verursachten Verlusts der Sicherungsbürgschaft in Anspruch nimmt.[176] 79

Zu den Streitigkeiten mit dem Verwalter gehört schließlich die Klage auf **Aufnahme** eines Punktes **in die Tagesordnung,**[177] sowie auf **Protokollberichtigung,** sofern er, was die Regel ist, Versammlungsleiter war (zum Rechtsschutzbedürfnis Rn 179 f.). 80

b) Bestellung und Abberufung des Verwalters. Streitigkeiten darüber, ob ein Verwalter zu bestellen oder abzuberufen ist, fallen unter die Nr. 1. Streitigkeiten darüber, ob die erfolgte Bestellung oder Abberufung wirksam ist bzw. ob der Verwaltervertrag wirksam begründet oder beendet worden ist, werden idR nur im Rahmen eines Streits über Rechte und Pflichten des Verwalters bei der Verwaltung des GemEs entstehen.[178] Dafür ist das WE-Gericht nach Nr. 3 zuständig. 81

Dasselbe gilt, wenn ausnahmsweise die Bestellung oder Abberufung bzw. das Bestehen oder Erlöschen des Verwaltervertrages zum **Gegenstand einer Feststellungsklage** gemacht worden ist.[179] Denn Rechte und Pflichten des Verwalters entstehen erst mit Bestellung bzw. Abschluss des Verwaltervertrages und erlöschen mit der Abberufung bzw. Beendigung des Verwaltervertrages, so dass in einem Feststellungsverfahren inzident über diese Rechte und Pflichten entschieden wird. Im Übrigen wäre es unverständlich, wenn eine Leistungsklage vor dem WE-Gericht, eine Feststellungsklage dagegen vor dem allg. 82

---

[162] OLG Braunschweig MDR 1976, 669; BayObLG NJW-RR 1996, 1037.
[163] BayObLG WE 1990, 148.
[164] BayObLG MDR 1972, 516 (517).
[165] OLG Frankfurt/M. OLGZ 1980, 76.
[166] KG NJW 1956, 1679 (1680); OLG Hamm Rpfleger 1970, 135; BayObLG WEM 1981, 32 (34) s. auch § 27 Rn 34.
[167] OLG Köln OLGZ 1976, 142 (143).
[168] BayObLGZ 1970, 1 = MDR 1970, 507; BayObLG WuM 1992, 448 (450).
[169] OLG Karlsruhe NJW 1969, 1968; OLG Hamm OLGZ 1975, 157 = Rpfleger 1975, 255.
[170] BayObLGZ 1972, 246.
[171] OLG Frankfurt/M. OLGZ 1984, 258.
[172] BayObLGZ 1974, 269 = Rpfleger 1974, 316; OLG Frankfurt/M. OLGZ 1984, 60.
[173] BayObLGZ 1973, 1.
[174] BayObLGZ 1972, 90; OLG Saarbrücken NZM 1999, 621 (622).
[175] BayObLGZ 1972, 348.
[176] KG ZMR 2006, 152; AG Hannover ZMR 2007, 75; aA LG Krefeld ZMR 2007, 72 (74).
[177] OLG Frankfurt NJW 2009, 300 (301) = NZM 2009, 34 = ZMR 2009, 133 = ZWE 2009, 43 m. Anm. *Gottschalg*; LG Saarbrücken ZWE 2009, 49 (52).
[178] BayObLG Rpfleger 1974, 360; KG OLGZ 1976, 266 (267).
[179] BGH NZM 2002, 788 (789); BayObLG WE 1992, 171.

Zivilgericht erhoben werden müsste. Willkürlich erscheint es auch, wenn Streitigkeiten über die Wirksamkeit des Verwaltervertrages, also über die Gesamtheit der Rechte und Pflichten des Verwalters, vor dem allgemeinen Zivilgericht zu klären wären, während Streitigkeiten über einzelne Rechte und Pflichten vor dem WE-Gericht auszutragen sind. In allen Fällen ist daher das WE-Gericht zuständig.[180] Die Gültigkeit eines Beschlusses über die Bestellung des Verwalters ist gem. Nr. 4 ebenfalls vor dem WE-Gericht zu klären; er ist für ungültig zu erklären, wenn gegen die Bestellung des in Aussicht genommenen Verwalters ein wichtiger Grund vorliegt.[181]

83 Bei **Streitigkeiten über die Abberufung des Verwalters** ist zwischen dem Beschluss der WEer über die Abberufung und der Abberufung selbst zu unterscheiden. Die Gültigkeit eines Beschlusses der WEVers über die Abberufung des Verwalters ist gem. Nr. 4 zu überprüfen.[182] Die Abberufung selbst erfolgt durch Zugang des die Abberufung aussprechenden Beschlusses. Soweit über die Abberufung Streit herrscht, d. h. über den Zugang des Beschlusses, oder eine Abberufung ohne entspr. Beschluss erfolgt, liegt ein Fall der Nr. 3 vor; denn es handelt sich um die Rechte des Verwalters bei der Verwaltung des GemEs.

84 Ist die Abberufung von besonderen Voraussetzungen abhängig (zB dem Vorliegen eines wichtigen Grundes), so ist das Vorliegen dieser Voraussetzungen nicht im Rahmen der Nr. 3 zu untersuchen, sondern es ist die Gültigkeit des Beschlusses der WEer über die Abberufung nach §§ 43 Nr. 4, 23 Abs. 4 WEG zu überprüfen.[183] Denn der konstitutive Akt der Abberufung wird durch Beschluss der WEer vollzogen. Nicht die Mitteilung über die Abberufung, sondern der Beschluss selbst hängt vom Vorliegen besonderer Voraussetzungen ab. Solange der Beschluss aber nicht für ungültig erklärt ist, ist er, vorbehaltlich seiner Nichtigkeit, allseits verbindlich.

85 **c) Ansprüche aus dem Verwaltervertrag. Erfüllungsansprüche** aus dem Verwaltervertrag oder aus § 27 Abs. 1 (§ 27 Rn 7) sind ebenfalls vor dem WE-Gericht geltend zu machen,[184] weil sie in einem inneren Zusammenhang mit der Verwaltung des GemEs stehen. Dasselbe gilt für **Schadensersatzansprüche.**[185] Es sind Sekundäransprüche, die verfahrensrechtlich nicht anders behandelt werden können als die primären Hauptansprüche. Hierfür spricht auch ein Vergleich mit Nr. 1. Wenn nach § 43 Nr. 1 Schadensersatzforderungen geltend gemacht werden können, die auf die schuldhafte Verletzung von Pflichten aus dem Gemeinschaftsverhältnis gestützt werden, selbst wenn daneben eine Haftung aus unerlaubter Handlung in Betracht kommt,[186] kann für die gleiche Ziele verfolgende Vorschrift des § 43 Nr. 3 nichts anderes gelten.

86 Insbesondere **Streitigkeiten über den Vergütungsanspruch** des Verwalters sind vor dem WE-Gericht auszutragen.[187] Zwar berührt der Vergütungsanspruch nicht unmittelbar die Tätigkeit des Verwalters bei der Verwaltung des GemEs, doch kann er als Recht bei der Verwaltung angesehen werden. Der „innere Zusammenhang" mit der Verwaltung des GemEs besteht auch hier, was besonders deutlich wird, wenn man berücksichtigt, dass der Verwalter nach § 27 Abs. 1 Nr. 6 WEG die gemeinschaftlichen Gelder verwaltet und aus

---

[180] BGH NJW 1980, 2466 (2468); BayObLG Rpfleger 1974, 360; KG OLGZ 1976, 266 (267).

[181] BGH NZM 2002, 788 (789); OLG Stuttgart Die Justiz 1986, 135 (138).

[182] BGH NZM 2002, 788 (789); OLG Schleswig SchlHA 1965, 67.

[183] BGH NZM 2002, 788 (789); BayObLG NJW 1958, 1824; aA *Becker* ZWE 2002, 211 (212): *Suilmann* ZWE 2000, 106 (111).

[184] BGHZ 59, 58 (60) = JR 1973, 16 m. zust. Anm. *Gitter* = NJW 1972, 1318 (1319) = LM Nr. 2 zu § 43 WEG m. Anm. *Rietschel;* MDR 1977, 46; NJW 1980, 2466 (2468); OLG Schleswig SchLHA 80, 53 (54); BayObLG ZMR 1975, 84.

[185] BGH WE 1989, 94; BayObLG Rpfleger 1984, 62.

[186] Vgl. BayObLG NJW 1970, 1550 (1551).

[187] BGH NJW 1980, 2466 (2468); OLG Hamm Rpfleger 1973, 435; *Trautmann* a. a. O. S. 79; aA *Gitter* JR 1973, (17) 19.

diesen idR sein Entgelt bezieht. Ein Entnahmerecht ist aber ein Recht bei der Verwaltung des GemEs iSd § 43 Nr. 3, weil hierunter auch die Verwaltung gemeinschaftlicher Gelder zu verstehen ist. Schließlich wäre es auch nicht einzusehen, warum allein der Vergütungsanspruch vor dem allgemeinen Zivilgericht zu verfolgen sein soll, während alle anderen Streitigkeiten über Rechte und Pflichten aus dem Verwaltervertrag vor dem WE-Gericht auszutragen sind.

d) Streitigkeiten mit einem ausgeschiedenen Verwalter. Im Verfahren nach Nr. 3 sind auch Ansprüche der WEer gegen einen aus seinem Amt ausgeschiedenen Verwalter geltend zu machen, wenn sie ihre Grundlage in der früheren Verwaltertätigkeit haben oder mit der Abwicklung der Verwaltung zusammenhängen.[188] Hierher gehören etwa Ansprüche auf **Auskunftserteilung, Rechnungslegung** und **Herausgabe** von Unterlagen,[189] auf **Unterlassung** weiterer Tätigkeit[190] sowie **Schadensersatzansprüche.**[191] Die Zuständigkeit des WE-Gerichts ist unabhängig davon, ob eine wirksame Bestellung vorlag, so dass auch Ansprüche gegen einen früheren, wegen Nichtigkeit der Bestellung nur **„faktischen" Verwalter** vor dem WE-Gericht geltend gemacht werden können.[192] Auch für Ansprüche des ausgeschiedenen Verwalters gegen die WEer, etwa auf Ersatz von Aufwendungen[193] oder für den Vergütungsanspruch,[194] ist das WE-Gericht zuständig. Dagegen ist für Streitigkeiten zwischen **ehemaligen WEern** und einem vor Rechtshängigkeit ausgeschiedenen Verwalter das allgemeine Zivilgericht zuständig, denn in diesem Fall besteht kein dem Funktionieren der WEgem dienender Zweck-Zusammenhang mit der Verwaltung des GemEs.[195] Dasselbe gilt für Streitigkeiten zwischen einem früheren Verwalter und dem gegenwärtigen Verwalter wegen Widerrufs und Unterlassung von Behauptungen.[196] 87

e) Zuständigkeit des allgemeinen Zivilgerichts. Nicht unter § 43 Nr. 3 fallen Streitigkeiten, die mit den Rechten und Pflichten des Verwalters bei der Verwaltung des GemEs nicht in Zusammen stehen, wie zB Streitigkeiten aus einer übernommenen **Sonderverwaltung** von SE (wie zB um die Herausgabe vereinnahmter Mieten[197]), aus einer für die WEgem übernommenen Prozessvertretung als Rechtsanwalt, aus einer **nach Beendigung** des Verwaltervertrages auf Bitten des neuen Verwalters übernommenen Tätigkeit für die WEgem[198] sowie aus vorsätzlichen Sachbeschädigungen oder **ehrverletzenden Äußerungen** nicht in unmittelbarem inneren Zusammenhang mit der Verwaltung, sondern bei Gelegenheit der Verwaltung.[199] Vor das allgemeine Zivilgericht gehören schließlich auch Streitigkeiten mit dem **Haftpflichtversicherer** des Verwalters[200] oder Streitigkeiten zwischen ausgeschiedenem WEer und ausgeschiedenem Verwalter. 88

---

[188] BGHZ 106, 34 (38) = NJW 1989, 714 = WE 1989, 93; BGHZ 59, 58 (63) = NJW 1972, 1377; BayObLG NJW-RR 1988, 18; aA AG München NJW-RR 1987, 1425 f.

[189] LG München I Rpfleger 1970, 64; BayObLG Rpfleger 1970, 65; ZMR 1976, 89 = BayObLGZ 1975, 161; OLG Hamburg NJW 1963, 818; OLG Hamm Rpfleger 1970, 400; OLGZ 1975, 157; KG OLGZ 1981, 304; s. auch BayObLGZ 1965, 34 (46); OLG Hamm NJW-RR 1988, 268; AG Hamburg-Blankenese DWE 1989, 73.

[190] BayObLG ZMR 1982, 223 (224).

[191] BGH NJW 1972, 1318 (1319); BayObLG WE 1992, 23; BayObLG WE 1991, 22; BayObLG WE 1988, 68; OLG Köln WE 1998, 235 = NZM 1998, 874.

[192] KG OLGZ 1992, 57.

[193] BayObLG WE 1990, 173; BayObLG WE 1991, 25.

[194] BGH NJW 1980, 2466 (2468).

[195] OLG Köln WE 1996, 75 (76); vgl. auch BayObLG NJW-RR 1998, 1164 = WE 1998, 274.

[196] OLG München NJW-RR 2006, 154 (155) = ZMR 2006, 156.

[197] BayObLGZ 1989, 308.

[198] OLG Köln NZM 2002, 749.

[199] BayObLGZ 1989, 68 f.; OLG München ZMR 2008, 735; *Fritsch* ZWE 2001, 478 f.; allgemeiner *Derleder* ZWE 2001, 312 f.; Jennißen/*Suilmann* Rn 36: Bezug zur Verwaltung.

[200] BayObLG NJW-RR 1987, 1099.

89 **f) Prozessführungsbefugnis.** Die Prozessführungsbefugnis richtet sich nach dem geltend gemachten Anspruch. Erfüllungsansprüche aus dem Verwaltervertrag stehen grds der **WEgem,** vertreten durch alle WEer (§ 27 Abs. 3 S. 2), zu. Einzelne **WEer** sind nur prozessführungsbefugt, wenn sie hierzu ermächtigt wurden oder es sich um einen Anspruch handelt, der durch den Vertrag auch zu ihren Gunsten begründet wurde. Entsprechendes gilt für Schadensersatzansprüche. Hier sind einzelne WEer ohne Ermächtigung nur prozessführungsbefugt, wenn der Schaden ausschließlich in ihrem SE oder im Privatvermögen eingetreten ist.

4. Gültigkeit von Beschlüssen (Nr. 4)

90 Gem. § 43 Nr. 4 entscheidet das WE-Gericht über die Gültigkeit von Beschlüssen der WEgem. Die Vorschrift betrifft in erster Linie die Beschlussanfechtungsklage iSd § 46 Abs. 1 S. 2. Sie ist die spezielle Ausprägung einer im dem Gesetz so nicht erwähnten **Beschlussmängelklage,** deren einheitlicher Streitgegenstand die Rechtmäßigkeit eines bestimmten Beschlusses und des zugrundeliegenden Verfahrens ist,[201] so dass von der Vorschrift über die Anfechtungsklage hinaus auch noch andere Mängelklagen erfasst werden (Rn 98 ff.; § 46 Rn 2, 72, 77).

91 **a) Beschlussarten.** Zum Begriff des Beschlusses vgl. § 10 Rn 170. **„Einmannbeschlüsse"** des teilenden Alleineigentümers erfüllen nicht die für einen Beschluss allgemeine Voraussetzung der Mitwirkung einer Mehrheit von Beteiligten.[202] Sie können jedoch als **„Entschlüsse"** des/der Gründer in entsprechender Anwendung von § 5 Abs. 4 Wirkung entfalten[203] und wie zB die Erstbestellung eines Verwalters in der GemO nach Entstehen der (werdenden) Gemeinschaft als schriftliche Beschlüsse i. S. des § 23 Abs. 3 WEG gelten (§ 10 Rn 178) und angefochten werden. Der **allstimmige Beschluss** ist ein Beschluss (§ 10 Rn 179) und keine Vereinbarung, kann diese aber zum Inhalt haben. Ebenso anfechtbar sind **schriftliche Mehrheitsbeschlüsse** gem § 23 Abs. 3[204] und **schwebend unwirksame Beschlüsse.** Dieses Institut ist zwar umstritten,[205] von dem BGH aber für den zustimmungsbedürftigen Beschluss anerkannt.[206] Hierzu zählen zB Beschlüsse nach § 22 Abs. 1 oder über mehrheitsfeste Individualrechte (§ 10 Rn 37). Ist also ein Beschluss ohne die erforderliche Zustimmung ergangen, wird er mit deren Verweigerung endgültig unwirksam. Da nicht der Zustimmungsberechtigte die Erklärungslast, sondern die beschließende Mehrheit die Last trägt, die Voraussetzungen der Wirksamkeit zu schaffen, ist der Beschluss für unwirksam zu erachten, wenn der Berechtigte die Zustimmung nicht binnen 2 Wochen nach Empfang der Aufforderung erteilt (§§ 108 Abs. 2, 177 Abs. 2 BGB analog),[207] die aus Gründen der Rechtssicherheit unverzüglich nach Beschlussfassung zu erfolgen hat, so dass grds noch innerhalb der Anfechtungsfrist klargestellt ist, ob es bei Vorliegen von Anfechtungsgründen einer Anfechtung überhaupt noch bedarf. Dagegen führt das **Fehlen von vereinbarten Gültigkeitsvoraussetzungen** wie der Protokollierung oder Wahrung einer bestimmten

---

[201] Grundlegend *Suilmann*, Beschlussmängelverfahren, S. 41 f.; Dötsch ZMR 2008, 433 (434); vgl. auch BGH NJW 2003, 3550 (3554) sowie BGHZ 152, 1 = NJW 2002, 3465 zu § 241, 246 AktG.

[202] BGH NJW 2002, 3240 (3243); NJW-RR 2005, 1469 (1470).

[203] *Wenzel* FS Bub S. 249 (266).

[204] AA BayObLGZ 1980, 331 (340).

[205] Zustimmend *Becker* ZWE 2002, 341, 344 f.; *Buck,* Mehrheitsentscheidungen mit Vereinbarungsinhalt, S. 82 f.; aA *Bub* ZWE 2007, 339 ff.

[206] BGHZ 157, 322 (335) = NJW 2004, 937; ein weiterer Tatbestand ist der Beschluss ohne die vereinbarte Wirksamkeitsvoraussetzung, *Bub* ZWE 2007, 339, 347.

[207] *Buck,* Mehrheitsentscheidungen mit Vereinbarungsinhalt, S. 84.

Protokollform nicht zur schwebenden Unwirksamkeit, sondern zu bloßen Anfechtbarkeit.[208]

Der in der WEVers gefasste Beschluss wird nicht schon mit der Abstimmung existent, sondern erst mit der formellen Feststellung des Abstimmungsergebnisses und Verkündung der sich daraus ergebenden Rechtsfolge, dh der formellen Feststellung des Beschlussergebnisses durch den Versammlungsleiter.[209] Die förmliche **Feststellung und Verkündung** ist **konstitutiv** und inhaltsfixierend, uz auch dann, wenn sie fehlerhaft ist. Der Beschluss unterliegt dann der Anfechtung. Auch im schriftlichen Verfahren kommt ein Beschluss erst mit der Feststellung einer an alle WEer gerichteten Mitteilung des Beschlussergebnisses zustande.[210] **92**

Wird ein negatives Beschlussergebnis verkündet, liegt kein „Nichtbeschluss", sondern ein **Negativbeschluss** vor.[211] Er hat nicht dieselbe Wirkung wie ein positiver Beschluss über einen negativen Antrag, sondern ist lediglich ein Beschluss über den **Beschlussantrag**[212] und **nicht** über den **Antragsgegenstand.** Er enthält keine materielle Regelung und entfaltet deswegen auch keine materielle Bindungswirkung.[213] Ihm kommt nach Eintritt der Bestandskraft nur eine formelle Bindungswirkung in dem Sinne zu, dass die WEer den zur Abstimmung gestellten Antrag ablehnend beschieden haben. Bestehende Zweifel daran, ob der Vorsitzende der WEVers das Ergebnis der Beschlussfassung richtig festgestellt hat, können daher nur im Wege der Anfechtung einer gerichtlichen Klärung zugeführt werden. Zum **Rechtsschutzbedürfnis** für die Anfechtung eines Negativbeschlusses § 46 Rn 14. **93**

Geschäftsordnungsbeschlüsse sind zwar anfechtbare Beschlüsse, jedoch fehlt einer Anfechtungsklage idR das Rechtsschutzbedürfnis, wenn sie nicht in die Zukunft wirken (§ 23 Rn 161, § 46 Rn 16).[214] Keine Beschlüsse sind dagegen **Nichtbeschlüsse** (§ 23 Rn 114). Sie sind dann gegeben, wenn ein für die Beschlussfassung konstitutives Element fehlt, wenn etwa keine WEVers vorlag oder aber der Versammlungsleiter die Verkündung des Abstimmungsergebnisses unterlässt. Solche Nichtbeschlüsse entfalten keine Rechtswirkungen, sondern können allenfalls den „Schein" eines wirksamen Beschlusses erzeugen. Er kann nicht für ungültig erklärt, sondern nur über einen **Feststellungsantrag** beseitigt werden. Hat der Versammlungsleiter das rechtliche Beschlussergebnis einer Abstimmung nicht ausdrücklich oder stillschweigend festgestellt, so kann die Frage, ob ein positiver oder negativer Beschluss existent geworden ist, ebenfalls nur über eine – nicht der Anfechtungsfrist unterfallende – Feststellungsklage gerichtlich geklärt werden. Auch hierfür ist das WE-Gericht zuständig. **94**

b) Gemeinschaftsbezogenheit. Gegenstand des Verfahrens können nur Beschlüsse sein, die entweder von der „werdenden" oder der in Vollzug gesetzten Gemeinschaft gefasst wurden. Entschließungen einer vor Entstehung der werdenden Gemeinschaft bei einer Teilung gem § 8 einberufenen **Erwerberversammlung** oder einer vor Vollziehung **95**

---

[208] BGHZ 136, 187 (192) = NJW 1997, 2956 (2957); OLG München ZWE 2008, 31; OLG Schleswig ZMR 2006, 721; aA *Bub* ZWE 2007, 339 (347); *Sauren* ZWE 2008, 33.

[209] BGHZ 148, 335; OLG Düsseldorf ZWE 2002, 418; KG WuM 2002, 330; *Wenzel* ZWE 2000, 382 ff.; *Deckert*, in FS Seuß [1987] 101; *Suilmann* WE 1998, 512; aA BayObLGZ 1972, 151 (153); NZM 1999, 712 u. 713; *Elzer* ZWE 2007, 165.

[210] BGHZ 148, 335.

[211] BGHZ 148, 335; 152, 46; BayObLG ZWE 2002, 214; OLG Düsseldorf ZWE 2002, 372 f; Wenzel ZWE 2000, 382 ff.

[212] OLG München NZM 2007, 522 (523).

[213] IE *Wenzel* ZMR 2005, 413; Staudinger/*Bub* § 23 Rn 149; aA BayObLGZ 2002, 247 (249); FGPrax 2004, 60 f; OLG Hamm NJW-RR 2004, 805 (808); KG ZWE 2002, 471 (473); OLG München ZMR 2006, 474 (475); FGPrax 2007, 21 (22); *Bub* ZWE 2000, 194 (196); *Suilmann* BGH-Report 2002, 866 f.

[214] BayObLG ZMR 2002, 844 f.; OLG Düsseldorf NJW-RR 1995, 1294.

des Teilungsvertrages gem § 3 bestehenden **Bauherrenversammlung** sind gesellschaftsrechtlicher Natur und unterliegen nicht der Überprüfung nach Nr. 4. In der „Bauherrenphase" kommt eine „Verwaltung des GemEs" erst mit der Vollziehung des Teilungsvertrages in Betracht. Genehmigt die in Vollzug gesetzte WEgem durch Beschluss die Abrechnung des „Verwalters" für eine Periode, die vor dem Vollzug der TErkl liegt, so ist eine Beschlusskompetenz gegeben und der Beschluss insoweit nicht nichtig.[215] Ob ein solcher Beschluss nach § 140 BGB in einen bindenden Bauherrenbeschluss umgedeutet werden kann, hängt wesentlich von seinem Inhalt und der Personenidentität zwischen der alten Bauherrengemeinschaft und der beschließenden WEgem ab. Nichts anderes gilt im Falle der Teilung nach § 8 beim Erwerb vom Bauträger für Beschlüsse, die sich auf die Zeit vor dem Entstehen der werdenden Gemeinschaft, die „Bauträgerphase", beziehen.

96 Ein Beschluss über die Genehmigung einer **Jahresabrechnung,** die das ganze Kalenderjahr umfasst, obwohl die TErkl erst im Laufe dieses Jahres im Grundbuch vollzogen wurde, ist auch rechtmäßig und bindend, wenn die Kosten nur abgegrenzt sind.[216] Desgleichen enthalten Beschlüsse, die sich mit der ordnungsgemäßen Herstellung des GemEs durch den Bauträger befassen, keinen kompetenzüberschreitenden Eingriff in die Bauträgerphase. Der Gemeinschaftsbezug liegt darin, dass Baumängel in die Zeit nach dem Entstehen der Gemeinschaft hinein fortdauern, dass es also um die Behebung eines gegenwärtigen fehlerhaften Bauzustandes geht. Über die Gültigkeit von Beschlüssen zur gemeinsamen Geltendmachung von Erfüllungs- und Gewährleistungsansprüchen gegen den Bauträger in Bezug auf das GemE und zur Fertigstellung eines stecken gebliebenen Baus ist daher ebenso nach Nr. 4 im WE-Verfahren zu entscheiden wie über die Gültigkeit eines Beschlusses zur Gründung einer BGB-Gesellschaft.[217]

97 Anders verhält es sich für einen Beschluss, den die Mitglieder des **Verwaltungsbeirats**[218] oder die Mitglieder einer **BGB-Gesellschaft** bzw. die Teilhaber einer **Bruchteilsgemeinschaft** als Eigentümer von SE fassen. Er fällt nicht unter die Gültigkeitsprüfung nach Nr. 4. Davon zu unterscheiden ist der Fall, in dem WEer unter Überschreitung ihrer Kompetenzen über Angelegenheiten des SE oder einer schuldrechtlichen Sonderbeziehung beschließen, wie zB über die Reparatur einer Hebebühne im TE Tiefgarage. Der Beschluss ist nichtig, was in einem Verfahren nach Nr. 4 festgestellt werden kann.

98 **c) Gültigkeit. aa) Die Anfechtung von Beschlüssen.** Das WE-Gericht entscheidet dem Wortlaut nach über die Gültigkeit von Beschlüssen. Die Vorschrift betrifft zunächst die Beschlussanfechtung gem § 23 Abs. 4. Anfechtbar sind Beschlüsse wegen **formeller** oder **materieller** Beschlussmängel. Die Anfechtung kann sich auf den gesamten Beschluss erstrecken oder auf selbstständig abtrennbare Teile des Beschlusses, so zB auf selbstständige Rechnungsposten der Jahresabrechnung,[219] **beschränkt** werden. Ihre Bindungswirkung nach §§ 28 V, 23 IV 1 WEG bleibt dann im Übrigen unberührt, so dass die WEer nicht erneut über die gesamte Abrechnung, sondern nur noch ergänzend über die für ungültig erklärten Teile zu beschließen haben.[220]

99 **bb) Die Feststellung der Gültigkeit von Beschlüssen.** Unter § 43 Nr. 4 fallen auch Klagen auf Feststellung der Gültigkeit eines Beschlusses. Wegen des Wortlauts des § 23 Abs. 4 S. 2 WEG stellt sich die Frage, ob einer solchen Klage schon deshalb stattzugeben wäre, weil der Beschluss noch nicht für ungültig erklärt worden ist und ob daher allenfalls eine Überprüfung auf Nichtigkeitsgründe zu erfolgen hat. Dies würde

[215] BayObLG WuM 1993, 701 = WE 1994, 247.

[216] Vgl Staudinger/*Bub* § 28 Rn 384.

[217] BayObLG ZWE 2000, 529 (532) z Betrieb eines Apparthotels.

[218] OLG Hamm ZMR 2008, 63.

[219] BGH NJW 2005, 2061 (2069) = NZM 2005, 543; 2007, 1869 (1870); NZM 2010, 243 = ZMR 2010, 300 = ZfIR 2010, 247 = ZWE 2010, 170.

[220] BGH 2007, 1869 (1870); BayObLGZ 1987, 86 (92); NJW-RR 1993, 1039; *KG,* NJW-RR 2006, 383 = NZM 2006, 108.

allerdings dazu führen, dass die Argumente, die für und gegen die Gültigkeit des Beschlusses sprechen, nicht abschließend gewürdigt werden könnten. Wer eine umfassende Prüfung erstrebt und eine verbindliche gerichtliche Klärung auch im Hinblick auf Anfechtungsgründe erreichen möchte, wäre, uU gegen seine Überzeugung, gezwungen, das Beschlussanfechtungsverfahren zu betreiben. In dem die Anfechtungsklage zurückweisenden Urteil würde eine umfassende rechtliche Prüfung erfolgen und inzident die Gültigkeit des Beschlusses dargetan; jedoch wäre der Kläger verpflichtet, die Kosten zu tragen. Das entspricht nicht dem Sinn des Gesetzes.[221] Daher erstreckt sich der Prüfungsumfang des Gerichts, wenn der Feststellungsantrag in der Frist des § 46 Abs. 1 S. 2 gestellt worden ist, auch auf solche formelle und materielle Mängel, die die Anfechtbarkeit des Beschlusses begründen und erst nach Ablauf dieser Frist auf Nichtigkeitsgründe. Von der positiven Feststellung der Gültigkeit zu trennen ist die **Feststellung des Zustandekommens** eines Beschlusses (Rn 105 f.).

cc) Die Feststellung der Nichtigkeit von Beschlüssen. Von § 43 Nr. 4 erfasst sind **100**
auch Klagen auf Feststellung der Nichtigkeit von Beschlüssen.[222] Zu den Nichtigkeitsgründen iE kann auf die Erläuterungen zu § 23 verwiesen werden. Die Feststellung der Nichtigkeit hat nur deklaratorische Bedeutung,[223] denn auch nach Ablauf der Anfechtungsfrist werden nichtige Beschlüsse nicht bestandskräftig. Andernfalls hätten es die Beteiligten in der Hand, durch Unterlassen der Beschlussanfechtung auf die Einhaltung unverzichtbarer Rechtsvorschriften zu verzichten.[224] Der **Streitgegenstand von Nichtigkeitsfeststellungsklagen** ist allerdings mit dem von **Beschlussanfechtungsklagen identisch,** weil in beiden die verbindliche Klärung der Gültigkeit des zur Überprüfung gestellten Beschlusses herbeigeführt werden soll (Rn 90).[225] Dies hat nunmehr auch in den Vorschriften der §§ 46 Abs. 2, 47 Satz 1 und 48 Abs. 4 seinen Ausdruck gefunden. Hält also das Gericht zwar keinen Nichtigkeitsgrund, wohl aber einen Anfechtungsgrund für gegeben, so erklärt es den Beschluss auf den Nichtigkeitsfeststellungsantrag hin für ungültig. Voraussetzung ist jedoch, dass die Klage in der Anfechtungsfrist erhoben wurde.[226] Umgekehrt kann nach Abweisung einer Anfechtungsklage als unbegründet eine Nichtigkeit nicht mehr geltend gemacht werden[227] (§ 48 Abs. 4).

Der Feststellung der Nichtigkeit steht die Feststellung der **endgültigen Unwirksamkeit** **101**
eines schwebend unwirksamen Beschlusses gleich.

dd) Die Feststellung des Beschlussinhalts. Unter § 43 Nr. 4 fallen auch Klagen, **102**
die auf die Feststellung des Inhalts und der Reichweite eines verkündeten Beschlusses im Sinne einer Klärung seines **Bedeutungsgehalts** gerichtet sind.[228] Im Hinblick darauf, dass der Zuständigkeitskatalog weit auszulegen ist und Streitigkeiten über den Inhalt eines Beschlusses nicht anders als Streitigkeiten über seine Gültigkeit behandelt werden können, ist es geboten, § 43 Nr. 4 hier jedenfalls entspr. anzuwenden. Die insoweit regelmäßig notwendige Auslegung hat nach objektiven Gesichtspunkten zu erfolgen (§ 10 Rn. 187; § 23 Rn. 52). Bei dieser kommt der Versammlungsniederschrift keine gesetzliche Beweiskraft zu, sie stellt vielmehr nur eine private Urkunde dar, die der Unterrichtung über das Zustandekommen und den Inhalt der gefassten Beschlüsse dienen soll.[229] Das schließt aber nicht aus, dass ihr ein hoher Beweiswert beigemessen wird.

---

[221] BayObLG WE 1989, 183.

[222] BGHZ 107, 268 (270); OLG Hamm OLGZ 1990, 168 (170) = WE 1990, 99.

[223] BGHZ 107, 268 (270).

[224] BGHZ 107, 268 (270).

[225] OLG Zweibrücken ZWE 2002, 542 (543); *Suilmann* ZWE 2001, 402 (407); Jennißen/*Suilmann* § 46 Rn 11 f. (15).

[226] *Suilmann*, Das Beschlussmängelverfahren im Wohnungseigentumsrecht (1998), S. 50.

[227] OLG Düsseldorf NJW-RR 2005, 1095; OLG Frankfurt ZMR 2004, 288 f.; OLG Zweibrücken ZMR 2005, 407, 408.

[228] BayObLG WuM 1996, 113 (114); *Niedenführ*/Kümmel/Vandenhouten Rn 79.

[229] OLG Köln OLGZ 1979, 282 (283); BayObLG NJW-RR 1990, 210 (211) = WE 1991, 53.

Weil Gegenstand des Streits nicht die Frage ist, ob und mit welchem Inhalt der Beschluss zustande gekommen ist, unterliegt die Klage nicht der in § 46 Abs. 1 S. 2 bestimmten Befristung.[230]

103 Anders verhält es sich, soweit Streit über das durch den Versammlungsleiter festgestellte und verkündete Beschlussergebnis besteht und der Kläger die Feststellung beantragt, dass das Abstimmungs- und/oder Beschlussergebnis **richtig festgestellt** und verkündet wurde[231] und/oder **materiell wirksam** ist. Denn in diesem Fall geht es (auch) um die Gültigkeit des verkündeten Beschlusses. Diese kann nur in der Anfechtungsfrist geklärt werden. Insoweit entspricht die Rechtslage der bei Vorliegen eines Verkündungsfehlers (Rn 106). Ist die Anfechtungsfrist verstrichen, kann der Beschluss in dem Feststellungsverfahren dagegen nur noch auf seine Nichtigkeit hin überprüft werden (Rn 99), sofern diese Prüfung nicht nach § 48 Abs. 4 ausgeschlossen ist (§ 48 Rn 44 f.).

104 **ee) Die Feststellung des Beschlussergebnisses bei fehlender Verkündung.** Ist ein positives Abstimmungsergebnis nicht verkündet worden, die Verkündung aber auch nicht wegen Einvernehmens entbehrlich, können die WEer nach hM das Beschlussergebnis gerichtlich feststellen lassen.[232] Die **positive Beschlussergebnisfeststellungsklage** ist keine Gestaltungsklage,[233] sondern eine nicht fristgebundene (§ 46 Rn 41) rechtsgestaltende Feststellungsklage nach § 256 ZPO mit dem Ziel, eine „hängen gebliebene" Beschlussfassung durch Ersetzung der fehlenden Verkündung zu vervollständigen.[234] Erstrebt wird die Feststellung, „dass in der WEVers … zu TOP … ein Beschluss folgenden Inhalts: … gefasst wurde" oder „dass in der WEVers … zu TOP … die Jahresabrechnung …. genehmigt wurde." Zur Prüfung der **Wirksamkeit** des Beschlusses Rn 107. Für eine **negative Ergebnisfeststellung** dahin, dass ein Beschluss nicht zustande gekommen ist (Nichtbeschluss), ist ebenfalls das WE-Gericht zuständig. Sie ist, wenn anderes nicht verkündet wurde, deklaratorischer Natur und nicht fristgebunden.

105 **ff) Die Beschlussberichtigung bei fehlerhafter Verkündung.** Ist ein Beschlussergebnis verkündet worden, entspricht dieses aber nicht dem bei Beachtung des Gesetzes und der Vereinbarungen zustande gekommenen Beschluss, hat die Verkündung gleichwohl konstitutive und den Beschlussinhalt fixierende Wirkung. Diese **Transformationswirkung** (aus einem positiven Beschluss wird durch die fehlerhafte Verkündung zB ein vorläufig wirksamer Negativbeschluss und umgekehrt) kann nur auf eine fristgerechte Anfechtungsklage hin beseitigt werden.[235] Mit ihr kann eine positive rechtsgestaltenden **Feststellungsklage** verbunden werden mit dem Ziel, verbindlich klären zu lassen, was in Wahrheit beschlossen worden ist.[236] Es handelt sich dann um eine aus Anfechtung und Feststellung bestehende **Beschlussergebnisberichtigungsklage.** Eine isoliert erhobene Feststellungsklage ist dahin auszulegen, dass sie auch den Antrag enthält, den fehlerhaft verkündeten Beschluss für ungültig zu erklären.[237]

106 Im Rahmen einer Feststellungsklage nach Rn 105 oder Rn 106 ist nicht nur zu klären, ob bzw. mit welchem Inhalt ein positiver Beschluss zustande gekommen ist, sondern bejahenden Falls zugleich über seine **materielle Rechtmäßigkeit** zu entscheiden, wenn

[230] AA OLG Köln OLGZ 1979, 282 (283); OLG Hamm OLGZ 1985 (187 (188 f).

[231] KG NZM 2002, 613 (614).

[232] BGHZ 148, 335 = NJW 2001, 3339 (3342 f.); *Wenzel* ZWE 2000, 382 (385).

[233] AA AG Hamburg-Blankenese ZMR 2008, 1001 (1002) m. Anm. *Elzer*, Hügel/*Elzer*, Das neue WEG-Recht, § 13 Rn. 176 Fn 299.

[234] IE *Wenzel*, FS Krämer (2009), 563 (575).

[235] IE *Wenzel*, FS Krämer (2009) 563 (577).

[236] BGHZ 76, 191 (201) = NJW 1980, 1465; 97, 28 (30 f.) = NJW 1986, 2051 (2052); BayObLG ZMR 2004, 125 (126).

[237] *Niedenführ* NJW 2008, 1768 (1771).

die Beklagten entsprechende Mängel geltend machen.[238] Dadurch wird ein zweites Klageverfahren vermieden.[239] Die hiergegen vorgebrachte Kritik,[240] nach der vor dem vollständigen Entstehen des Beschlusses dessen Rechtmäßigkeit nicht geprüft werden könne, ist nicht berechtigt. Denn Gegenstand einer gerichtlichen Feststellung kann auch ein bedingtes Rechtsverhältnis sein.[241] Ein wegen fehlender Verkündung unvollständiger Beschluss begründet ein durch das endgültige Zustandekommen bedingtes Rechtsverhältnis. Seine Rechtswirksamkeit kann daher auch schon vor Rechtskraft der Entscheidung über das Zustandekommen festgestellt werden. Ein Interesse hieran besteht dann, wenn dem Rechtsverhältnis eine gegenwärtige Gefahr der Unsicherheit droht und wenn das erstrebte Urteil diese Gefahr beseitigen kann.[242] So verhält es sich, wenn die Beklagten nicht nur das Zustandekommen, sondern zugleich auch (hilfsweise) die Rechtswirksamkeit des in Gang zu setzenden Beschlusses bestreiten und hierzu Nichtigkeits- oder Anfechtungstatsachen geltend machen. Für diesen Fall erstreckt sich die positive Ergebnisfeststellungsklage (hilfsweise) auf die Rechtswirksamkeit des Beschlusses. Einer Zwischenfeststellungswiderklage bedarf es hierzu noch nicht einmal,[243] weil die Rechtmäßigkeit des in Geltung zu setzenden Beschlusses für dessen Zustandekommen nicht vorgreiflich ist. Wäre der festzustellende Beschluss anfechtbar, ist die positive Ergebnisfeststellungsklage als unbegründet abzuweisen,[244] weil für die Feststellung des Zustandekommens eines rechtswidrigen Beschlusses kein schützenswertes Interesse mehr besteht, sofern die von den Beklagten vorgetragenen Anfechtungstatsachen gegeben sind. Rechtfertigen die vorgetragenen Tatsachen dagegen nicht den Schluss auf eine Nichtigkeit oder Ungültigkeit, ist festzustellen, dass in der WEVers … zu TOP ….ein *wirksamer* Beschluss gefasst worden ist.

Werden WEer von dem Versammlungsleiter zu Unrecht **von der Abstimmung ausgeschlossen** und nehmen sie an ihr im weiteren Verlauf der Sitzung nicht mehr teil, so können sie nicht die Feststellung eines anderen, bei weiterer Abstimmungsteilnahme hypothetisch entstandenen Beschlussergebnisses verlangen. Denn diese Feststellung ist nur zulässig, wenn sie dem tatsächlichen Abstimmungsverhalten entspricht. Nehmen sie aber weiter an der Abstimmung teil, werden ihre Stimmen jedoch bei der Feststellung des Beschlussergebnisses nicht berücksichtigt, so ist ein Feststellungsantrag zulässig.[245] Denn es kann keinen Unterschied machen, ob der Versammlungsleiter das wahre Abstimmungsverhalten der WEer von Beginn an ignoriert oder ihm ein Fehler bei der Bewertung des Abstimmungsergebnisses unterläuft, solange der Wille der Mehrheit der WEer in der Abstimmung zum Ausdruck gekommen ist. 107

gg) Die Feststellung des Beschlussergebnisses bei fehlender oder fehlerhafter Protokollierung. In die Zuständigkeit des WE-Gerichts fällt schließlich auch die Klage auf Feststellung eines vom Protokollinhalt abweichenden Beschlussergebnisses. Ein rechtliches Interesse ist gegeben, wenn die Unterzeichner des Protokolls eine Berichtigung ablehnen oder der behauptete tatsächliche Verkündungsinhalt bestritten wird. In diesen 108

---

[238] *Niedenführ*/Kümmel/Vandenhouten Rn 78; *Wenzel*, FS Krämer (2009), 563 (576); *Becker* ZWE 2006, 157 (161); a. A. *Elzer* ZMR 2008, 1004 (1005 f.); Jennißen/*Elzer*, Vor §§ 23 bis 25 Rn. 67.

[239] AA *Wenzel* ZWE 2000, 382 (385).

[240] *Deckert* ZMR 2003, 153 (158); *Müller* NZM 2003, 222 (225); *Riecke/v.Rechenberg* MDR 2002, 310; *Riecke* WE 2004, 34 (39); *Jennißen/Elzer*, WEG, Vor §§ 23 bis 25 Rn. 67; *ders.* ZMR 2008, 1004 (1005).

[241] BGH NJW-RR 2005, 637 (638).

[242] BGHZ 69, 144 = NJW 1977, 1881 m. w. Nachw.; BGH, NJW 1984, 1118; NJW-RR 2005, 637 (638).

[243] Vgl. OLG München NJW-RR 2007, 594 = NZM 2007, 365.

[244] *Jennißen/Suilmann*, WEG, § 46 Rn. 142.

[245] *Niedenführ*/Kümmel/Vandenhouten Rn 80; aA KG WE 1989, 168 (169).

Fällen kann der Kläger unabhängig von einer – daneben unbefristet zulässigen Protokollberichtigungsklage (Rn 180) – auch die Feststellung des tatsächlich verkündeten Beschlussergebnisses verlangen. Die Klage ist deklaratorisch und **nicht fristgebunden,** weil das Protokoll jederzeit, also auch nach Ablauf der Monatsfrist, berichtigt werden könnte.[246] Zielt die Klage dagegen nicht auf die Feststellung dessen, was tatsächlich verkündet worden ist und hätte protokolliert werden müssen, sondern rechtsgestaltend auf die Klärung dessen, was richtigerweise hätte verkündet werden müssen, handelt es sich um eine Klage nach Rn 105, 106. Da hier die Gestaltungswirkung der Feststellung ggü jedermann wirkt und damit für das Rechtsschutzbegehren weitergehenden Rechtsschutz gewährt als die bloße Protokollberichtigung,[247] fehlt für eine bloß auf die Berichtigung des protokollierten Beschlussergebnisses gerichtete Klage das Rechtsschutzinteresse. Hierauf ist ein Kläger, der nicht auch um die Berichtigung anderer Inhalte des Protokolls nachsucht, hinzuweisen, damit er seine Klage noch erweitern kann.

109 Die **Feststellungslast** für einen vom Versammlungsprotokoll abweichenden Beschlussinhalt trägt nach der allgemeinen prozessualen Grundregel derjenige, der ihn behauptet. Nur in Ausnahmefällen – etwa bei einem Streit über eine aufschiebend bedingte Genehmigung der Jahresabrechnung – lässt sich eine hiervon abweichende Verteilung der Feststellungslast auf eine widerlegliche tatsächliche Vermutung der Richtigkeit und Vollständigkeit der ordnungsgemäß errichteten Versammlungsniederschrift stützen.[248]

5. Klagen Dritter (Nr. 5)

110 **a) Normzweck.** Die Vorschrift integriert § 29 b ZPO aF in das WEG und passt sie der Rechtsfähigkeit der WEgem an. Sie begründet damit eine einheitliche ausschließliche **örtliche** Zuständigkeit des Gerichts der Belegenheit des Grundstücks für alle Wohnungseigentumssachen. Hinsichtlich der **sachlichen** Zuständigkeit verbleibt es dagegen bei der streitwertabhängigen Abgrenzung von Amtsgericht und Landgericht, so dass bei Streitwerten über 5000,– € das LG zuständig ist. Die Vorschrift ermöglicht es Dritten, für einen ihnen zustehenden Anspruch am Gerichtsstand der belegenen Sache sowohl die WEgem als Leistungsschuldnerin als auch die WEer als Haftungsschuldner nach § 10 Abs. 8 in Anspruch zu nehmen. In letztem Fall ist allerdings Voraussetzung, dass für jedes einzelne Prozessrechtsverhältnis auch dieselbe sachliche Zuständigkeit gegeben ist.[249] Dies ist aber auf Grund der Tatsache, dass die WEer für die Verbindlichkeit der WEgem nach § 10 Abs. 8 nur in Höhe ihres – ggf unterschiedlichen – MEAs haften und die streitwertabhängige sachliche Zuständigkeit in jedem einzelnen Prozessrechtsverhältnis gegeben sein muss, häufig nicht der Fall, so dass eine – gerade für die Fälle der unechten Gesamtschuldnerschaft wünschenswerte – einheitliche Zuständigkeit in Passivprozessen der WEgem und der WEer nur teilweise gegeben ist.[250]

111 **b) Personelle Voraussetzungen. Kläger** im Gerichtsstand der Belegenheit des Grundstücks kann jeder Drittgläubiger sein. Drittgläubiger ist jede natürliche oder juristische Person sowie rechtsfähige Personenmehrheit, die bei Entstehung des Anspruchs als Gläubiger nicht WEer oder Verwalter – für ihn gilt Nr. 3 – ist oder war.[251] Geht der Anspruch

---

246 *Niedenführ*/Kümmel/Vandenhouten Rn 78; *Abramenko* ZMR 2003, 326 (328); *Becker* ZMR 2006, 489 (491); *ders.* ZWE 2008, 487; *Niedenführ* NJW 2008, 1768 (1771).

247 *Becker* ZMR 2006, 489 (490).

248 *Becker* ZMR 2006, 489 (492 ff.).

249 Jennißen/*Suilmann* Rn 43.

250 AA Hügel/*Elzer* § 13 Rn 54.

251 *Niedenführ*/Kümmel/Vandenhouten Rn 94; MünchKomm-ZPO/*Patzina* § 29 b Rn 3; Hügel/*Elzer* § 13 Rn 55.

später auf einen WEer oder auf den Verwalter über oder wird er von diesen geltend gemacht, ändert das nicht die Zuständigkeit nach Nr. 5.[252]

Beklagte können nur die WEgem als Rechtssubjekt oder **WEer** sein. Zum Begriff des WEers § 10 Rn 2 f. Die Vorschrift setzt nicht voraus, dass der WEer noch Mitglied der WEgem ist. Sie gilt – wie früher[253] – ebenso für Klagen gegen ausgeschiedene WEer, auch wenn dies im Gesetz – anders als in dem aufgehobenen § 29 b ZPO – nicht ausdrücklich erwähnt ist.[254] **112**

Zum Begriff der **WEgem** § 10 Rn 8 f. Die Vorschrift setzt nicht voraus, dass die WEgem in Vollzug gesetzt worden ist. Der Gerichtsstand ist für sie vielmehr eröffnet vom Entstehen bis zur Beendigung ihrer Rechtsfähigkeit (§ 10 Rn 10). **113**

Für Klagen der WEgem oder von WEern **gegen Dritte** sind die allgemeinen Zivilgerichte zuständig. **114**

c) Sachliche Voraussetzungen. Der sachliche Geltungsbereich der Vorschrift erstreckt sich wie der aufgehobene § 29 b ZPO auf Klagen, die sich auf das GemE, seine Verwaltung oder das SE beziehen. Er erfasst insoweit alle Klagen, gleichgültig aus welchem Rechtsgrund. Die für § 29 b ZPO aF allein aus dem systematischen Zusammenhang der Bestimmung hergeleitete Voraussetzung, dass die Streitigkeit aus einem Vertragsverhältnis herrühren müsse,[255] gilt nicht auch für § 43 Nr. 5. Diese Bestimmung ist vielmehr im Hinblick auf den mit ihr verbundenen Zweck, alle WE-Sachen bei dem WE-Gericht zu konzentrieren, dahin auszulegen, dass es für die Zuständigkeit auf die Art der Anspruchsgrundlage nicht ankommt, sondern allein der sachliche Bezug maßgebend ist. Auf die Streitigkeiten nach Nr. 5 findet die Streitwertprivilegierung des § 49 a GKG nach ihrem Sinn und Zweck keine Anwendung.[256] **115**

aa) Bezug auf das gemeinschaftliche Eigentum (Alt. a). Die meisten Streitigkeiten mit Bezug auf das GemE ergeben sich aus der Verwaltung des GemEs. Da diese tatbestandlich besonders erfasst ist, gehören unter die Alternative a) nur solche Streitigkeiten, die schwerpunktmäßig das sachenrechtliche **ME** betreffen. Eine genaue Abgrenzung im Einzelfall ist für die Frage der Zuständigkeit dabei letztlich entbehrlich. **116**

Unter die Alt. a) fallen insbesondere die **Klagen dinglicher Gläubiger** in Bezug auf ihr Recht an dem gemeinschaftlichen Grundstück oder die Streitigkeiten **benachbarter Grundstückseigentümer** aus dem privaten Nachbarrecht der §§ 906 ff. BGB, soweit sie nicht Pflichten betreffen, die von der WEgem wahrzunehmen sind und dann die Alt. b) betreffen. **117**

bb) Bezug auf die Verwaltung (Alt. b). Einen Bezug zur Verwaltung des GemEs haben alle Streitigkeiten, die auf einem **Verwaltungsrechtsgeschäft** beruhen, also insbesondere die Ansprüche aus den mit der WEgem abgeschlossenen Verträgen, wie zB Aufbau-, Reparatur- und Sanierungsverträgen, Liefer- oder Versicherungsverträgen, Dienstleistungsverträgen (Hausmeister, Reinigungskräfte, Gärtner usw.) oder aus dem mit einem Rechtsanwalt abgeschlossenen Geschäftsbesorgungsvertrag. Auch die Klagen Dritter aus den mit der WEgem abgeschlossenen Mietverträgen, wie zB auf Gebrauchsüberlassung, gehören hierher. Dagegen ist umgekehrt für die Klage der WEgem auf Zahlung des Mietzinses das allgemeine Zivilgericht zuständig (Rn 67). Schließlich fallen auch **gesetzliche Ansprüche Dritter** unter die Bestimmung, die sich aus der Verwaltung des GemEs ergeben, wie zB Klagen wegen Beeinträchtigungen durch gemeinschaftliche Anlagen und Einrichtungen nach § 906 BGB, wegen Gefahr drohender Anlagen, wegen eines drohen- **118**

---

[252] LG Nürnberg-Fürth NZM 2008, 494 (495).

[253] BGHZ 152, 136 = NJW 2002, 3709.

[254] BT-Drucks. 16/3843 S. 27.

[255] MünchKomm-ZPO/*Patzina* § 29 b Rn 4.

[256] *Niedenführ*/Kümmel/Vandenhouten Anhang zu § 50 Rn 3; vgl. auch *Briesemeister* NZM 2007, 345 (347), der insoweit allerdings eines Gesetzeskorrektur für erforderlich hält.

den Gebäudeeinsturzes oder einer unzulässigen Vertiefung nach §§ 907, 908, 909 BGB, wegen Überhangs, Überbaus oder wegen eines Notwegerechts nach §§ 910, 912, 917 BGB sowie alle Grenzstreitigkeiten nach §§ 919 ff. BGB, aber auch die Klagen gegen die WEgem **wegen Verletzung der Verkehrssicherungspflicht** ggü Dritten.

119 **cc) Bezug auf das Sondereigentum (Alt. c).** Die Vorschrift erfasst schließlich auch einen Bezug zum Sondereigentum. Damit sollen für die Zuständigkeit Abgrenzungsschwierigkeiten vermieden werden, ob die Streitigkeit das GemE oder das SE betrifft. Deswegen gilt in der Sache dasselbe wie für das GemE. Die Vorschrift erfasst nicht nur einen Bezug zum sachenrechtlichen Eigentum, sondern auch den Bezug zur Verwaltung des SEs und dessen Erwerb.[257] Dazu zählen die **Vergütungsansprüche** des Verwalters aus der von ihm gesondert übernommenen Verwaltung des SEs, Vergütungsansprüche anderer Dienstleister, Werklohnansprüche, **Zahlungsansprüche des Direktversorgers,** der Kaufpreisanspruch für die Lieferung und Montage von Einbaumöbeln als Zubehör (§ 97 Abs. 1 BGB), wie zB einer speziell eingepassten und anderweitig nicht verwendbaren Einbauküche.[258] Schließlich gehört hierher auch der **Auflassungsanspruch** aus einem Kaufvertrag mit einem WEer oder dem Bauträger.

6. Mahnverfahren (Nr. 6)

120 Für Mahnverfahren der **WEgem als Antragstellerin** ist in Übereinstimmung mit § 46 a Abs. 1 S. 2 WEG aF das WE-Gericht zuständig. Die Vorschrift hat vor allem für die **Beitrags- oder sonstige Geld-(zB Mietzins-)Forderungen** der WEgem und für von ihr geltend gemachte Mängel- oder **Schadensersatzansprüche** Bedeutung. Die angeordnete Nichtanwendung von § 689 Abs. 2 ZPO, wonach im Mahnverfahren ausschließlich das Amtsgericht zuständig ist, bei dem der Antragsteller seinen allgemeinen Gerichtsstand hat, dient der Klarstellung und soll eine Diskussion über die Anwendbarkeit von § 17 Abs. 1 S. 1 ZPO erübrigen, nicht dagegen die Zuständigkeit eines zentralen Mahngerichts nach § 689 Abs. 3 ZPO ausschließen. Für **andere Mahnverfahren,** namentlich für Mahnverfahren der WEer gegen die WEgem, gegen andere WEer oder Dritte verbleibt es dagegen bei der Anwendung des § 689 Abs. 2 ZPO, weil es hier auf die besondere Ortsnähe oder Sachkunde des WE-Gericht nicht ankommt. Die Rechtslage ist insoweit vergleichbar mit der in Mietsachen: Auch hier kommt der ausschließliche Gerichtsstand des § 29 a ZPO nicht bereits im Mahnverfahren, sondern erst dann zum Tragen, wenn die Sache auf Grund eines Widerspruchs oder Einspruchs an das Gericht der Belegenheit abgegeben wird.

VI. Andere Prozessvoraussetzungen

121 Wie in jedem anderen Rechtsbereich ist auch in WE-Sachen eine Klage vor dem zuständigen WE-Gericht nur zulässig, wenn sämtliche Prozessvoraussetzungen erfüllt sind. Maßgebend ist grds der Schluss der mündlichen Verhandlung. Wegen der unterschiedlichen Rechtskraftwirkung eines abweisenden Prozess- oder Sachurteils hat die Zulässigkeitsprüfung absoluten Vorrang vor der Begründetheitsprüfung.[259] Das Gericht darf daher die Zulässigkeit einer Klage nicht offen lassen und sie „als jedenfalls unbegründet" abweisen.[260] Das gilt auch für die Beschlussmängelklage (§ 46 Rn. 3). Eine Ausnahme ist nur für das Rechtsschutzinteresse zu machen. Steht die Unbegründetheit einer Klage fest, so kann eine Sachabweisung ergehen, ohne dass das Vorliegen des Rechtsschutzinteresses festgestellt

---

[257] Jennißen/*Suilmann* Rn 46.

[258] *Briesemeister* NZM 2007, 345 (346); zur Zubehöreigenschaft vgl. BGH NJW 2009, 1078 = NZM 2009, 121.

[259] BGH NJW 2000, 3718 (3720).

[260] BGHZ 179, 230 = NJW 2009, 999 = NZM 2009, 199 = ZMR 2009, 296 = ZfIR 2009, 514 m. Anm. *Hogenschurz*; dazu *Elzer* ZMR 2009, 256.

wird.[261] Wird eine Klage als unzulässig abgewiesen und hilfsweise darauf hingewiesen, dass sie auch unbegründet sei, so erwachsen diese Erwägungen nicht in Rechtskraft und gelten als nicht geschrieben.[262] Dasselbe gilt, wenn die Klage „als jedenfalls unbegründet" abgewiesen wird.[263]

1. Ordnungsmäßigkeit der Klageerhebung, § 253 ZPO

a) Zustellung. Die Klage wird durch Zustellung eines Schriftsatzes erhoben, kann aber nach § 496 ZPO auch zu Protokoll der Geschäftsstelle angebracht werden. Die Zustellung an die beklagte Partei und an die nach § 48 Beizuladenden erfolgt durch das Gericht. Nach § 12 GKG soll die Klage erst nach Einzahlung des entsprechenden **Gerichtskostenvorschusses** zugestellt werden. Dies gilt – anders als früher[264] – auch für die Anfechtungsklage (§ 46 Rn 57). Hiervon kann nur abgesehen werden, wenn der Kläger glaubhaft macht, dass ihm die dadurch eintretende Verzögerung einen nicht oder nur schwer zu ersetzenden Schaden bringen würde (§ 14 Nr. 3 b GKG). **122**

b) Klagearten. Nach dem Gegenstand des Rechtsschutzbegehrens unterscheidet man Leistungs-, Feststellungs- und Gestaltungsklagen. **123**

aa) Leistungsklage. Mit der Leistungsklage können grds alle Ansprüche geltend gemacht werden. Eine besondere Ausprägung hiervon ist die **Verpflichtungsklage,** zB zur Unterlassung, Beseitigung oder Abgabe einer Willenserklärung wie Zustimmung zur Durchführung einer bestimmten Verwaltungsmaßnahme oder zur Veräußerung nach § 12 mit der Folge, dass mit Rechtskraft der Entscheidung die Willenserklärung entsprechend § 894 ZPO als abgegeben gilt. Zur Leistungsklage gehört auch die Klage auf **künftige Leistung** gem §§ 257 ff. ZPO und die Stufenklage nach § 254 ZPO. Parteien der Leistungsklage sind Gläubiger und Schuldner des Anspruchs bzw. die für sie ausübungs- oder wahrnehmungsbefugte WEgem. **124**

bb) Feststellungsklagen. Feststellungsklagen sind unter den Voraussetzungen des § 256 Abs. 1 und 2 ZPO zulässig, uz sowohl als Anträge auf positive Feststellung, zB der Instandhaltungspflicht der WEgem hinsichtlich eines konstruktiven Teils des TEs[265] oder der Nichtigkeit eines Beschlusses bzw. seiner Gültigkeit mit einem bestimmten Inhalt, als auch als negative Feststellungsanträge, zB des Verwalters auf Nichtbestehen einer Ersatzforderung.[266] Ebenso können vorgreifliche Rechtsfragen zum Gegenstand eines **Zwischenfeststellungsantrags** gemacht werden, wenn sie für die Beteiligten über die Entscheidung dieses Verfahrens hinaus von Bedeutung sind, wie zB in dem Verfahren auf Unterlassung einer Nutzung die Frage, ob eine Gebrauchsregelung im Verhältnis der WEer untereinander rechtsverbindlich vereinbart ist,[267] oder im Rahmen der Anfechtung der Jahresabrechnung, durch die dem Antragsteller die Kosten einer Dachsanierung auferlegt worden sind, die Frage, ob er auf Grund einer zuvor erfolgten Abänderung der TErkl zur Tragung von Folgekosten verpflichtet ist.[268] **125**

cc) Gestaltungsklage. Die Gestaltungsklage zielt auf einen richterlichen Eingriff in ein bestehendes Rechtsverhältnis. Sie ist nur statthaft, soweit sie vom Gesetz zugelassen wird. Das sind in WE-Sachen die **Beschlussanfechtungsklage** nach § 46 und die **Regelungsklage** nach § 21 Abs. 8. Schon der frühere Regelungsantrag[269] war nicht auf Zustimmung **126**

[261] BGHZ 130, 390 (400) = NJW 1996, 193 (195).
[262] BGHZ 46, 281 (284) = NJW 1967, 773 (774); BGH NJW-RR 2004, 1002.
[263] Thomas/Putzo/*Reichold*, ZPO, 29. Aufl., Vorbem § 253 Rn 8.
[264] Vgl. KG ZMR 2006, 65; Staudinger/*Wenzel* § 48 Rn 6.
[265] OLG Düsseldorf ZMR 2009, 53 (Glasdach über Hofraum).
[266] Vgl. OLG Düsseldorf WE 1996, 465.
[267] Vgl. BayObLG WE 1996, 191 (193).
[268] Vgl. BayObLG ZWE 2000, 526 f.
[269] Staudinger/*Wenzel* WEG Vorbem zu §§ 43 ff. Rn 24.

zu einem Beschluss oder zu einer bestimmten Maßnahme durch das Gericht gerichtet,[270] sondern auf eine Beschluss-ersetzende Entscheidung durch das Gericht nach billigem Ermessen. Diese Möglichkeit der richterlichen Gestaltung ist durch § 21 Abs. 8 für die Fälle erhalten geblieben, in denen die WEer eine Beschlusskompetenz haben und eine nach dem Gesetz erforderliche Regelung nicht treffen. In Betracht kommt vor allem eine bestimmte **Regelung des Gebrauchs** gem § 15 Abs. 3 (§ 15 Rn 49), zB die Festlegung der Nutzung von Parkplätzen,[271] oder eine **Regelung ordnungsmäßiger Verwaltung** gem § 21 Abs. 4, zB die Bestimmung eines Wirtschaftsplans[272] oder einer Jahresabrechnung,[273] die Bestellung[274] oder Abberufung eines Verwalters oder die Anordnung einer verbrauchsabhängigen Abrechnung.[275]

127 Im Wege der Gestaltungsklage nach § 21 Abs. 8 kann ferner die **Abänderung von Beschlüssen** durchgesetzt werden (§ 10 Rn 167), nicht dagegen auch die Änderung einer Vereinbarung (§ 10 Rn 163). Zur Konkretisierung des Ermessens ist zumindest der Rahmen anzugeben ist, innerhalb dessen die erstrebte Regelung liegen sollen. Vgl. iE die Erläuterungen zu § 21 Abs. 8.[276]

128 Die Gestaltungsklage richtet sich notwendigerweise **gegen alle übrigen WEer** mit Ausnahme der Kläger.[277] Dies schreibt das Gesetz in § 46 Abs. 1 zwar nur für die Anfechtungsklage vor, gilt aber in gleicher Weise für die Regelungsklage. Denn sie zielt auf Ersetzung einer nicht zustande gekommenen positiven Beschlussfassung. Haben die WEer einen positiven Antrag abgelehnt, also einen Negativbeschluss gefasst, so hat allerdings eine Minderheit schon für die ausstehende Regelung gestimmt. Gleichwohl richtet sich die Klage nach § 21 Abs. 8 auch gegen sie, weil sie nicht auf die Zustimmung zu einer bestimmten Regelung,[278] sondern auf eine Regelung durch das Gericht zielt und das Gericht im Rahmen seines Ermessens nicht verpflichtet ist, gerade die mehrheitlich abgelehnte Regelung zu treffen. Darauf, ob die WEer seiner Entscheidung zustimmen, kommt es nicht an. Für eine Klage auf Zustimmung derjenigen, die im Falle eines Negativbeschlusses den Antrag abgelehnt haben, fehlt das Rechtsschutzbedürfnis, weil das Beschlussverfahren abgeschlossen ist.

129 Haben einzelne WEer unabhängig voneinander wegen derselben (erstrebten) Regelung Klage erhoben oder einen Negativbeschluss angefochten und (ebenfalls) mit einem Regelungsantrag verbunden, so liegen **mehrere Prozesse mit demselben Streitgegenstand** vor. In diesem Fall greift grds die Rechtshängigkeitssperre mit der Folge, dass die als erstes erhobene Klage die später erhobenen Klagen unzulässig sein lässt. Ein solches Ergebnis wird jedoch den Eigentümlichkeiten des WE-Verfahrens nicht gerecht. Das Gesetz hat dem für die Anfechtungsklage durch § 47 Rechnung getragen. Für die Gestaltungsklage fehlt eine entsprechende Vorschrift. Da es sich insoweit nicht um eine bewusste Regelungslücke handelt, ist es geboten, den **Rechtsgedanken des § 47** auch auf die Regelungsklage zu übertragen. Das hat zur Folge, dass mehrere Regelungsklagen mit demselben Streitgegenstand miteinander zu verbinden sind, die Rechtshängigkeitssperre also nicht greift. Mit der Verbindung sind die Kläger in den verbundenen Verfahren nunmehr notwendige Streitgenossen und damit von Gesetzes wegen als notwendige Beklagte in den jeweils anderen Verfahren ausgeschieden.

---

270 Vgl BGH NJW 1997, 2106 f.; BayObLG NJW-RR 1989, 461; 1994, 145; WuM 1989, 205 f.; KG NJW-RR 1993, 468; OLG Stuttgart OLGZ 1977, 433.

271 KG WE 1994, 339.

272 KG OLGZ 1991, 180 (181) = NJW-RR 1991, 463.

273 KG OLGZ 1991, 434 (435) = NJW-RR 1992, 1298; ZWE 2000, 40 f.

274 OLG Düsseldorf ZMR 2007, 878 = IMR 2007, 328 = NZM 2008, 452.

275 *Gaier* NZM 2004, 527 (528).

276 IE auch Merle ZWE 2008, 9.

277 AA *Bonifacio* MietRB 2007, 216 (218).

278 AA *Bonifacio* MietRB 2007, 216 (218).

c) Bestimmtheit der Klage. Die Klage muss nach § 253 Abs. 2 Nr. 1 ZPO die **Parteien bestimmt bezeichnen.** Hierzu kann auf die Erl. zu § 44 verwiesen werden. **130**

Die Klage muss nach § 253 Abs. 2 Nr. 2 außerdem einen **bestimmten Antrag** enthalten. Dieser muss im Zivilprozess grds den an der Vollstreckungsfähigkeit orientierten strengen Anforderungen genügen. Er muss nicht nur wie früher im Verfahren der freiwilligen Gerichtsbarkeit das **Rechtsschutzziel** zweifelsfrei erkennen lassen, sondern den erhobenen Anspruch nach Inhalt und Umfang konkret bezeichnen und die Art der Klage ergeben. Jedoch hat das Gericht immer den Willen des Klägers zu erforschen, den Antrag auszulegen und ggfs nach § 139 ZPO auf eine sachdienliche Antragstellung hinzuwirken. Grenze der richterlichen Hinweispflicht ist die Pflicht zur richterlichen Unparteilichkeit. Die Möglichkeiten der **Auslegung** sind je nach der Art des Antrags verschieden. Sie sind bei einem Unterlassungsantrag, einem Antrag auf Vornahme einer vertretbaren Handlung[279] oder bei einem Regelungsantrag größer als bei einem Leistungsantrag oder einem Antrag auf Ungültigerklärung eines Eigentümerbeschlusses. So genügt für eine **immissionsrechtliche Unterlassungsklage** der Antrag, allgemein Störungen bestimmter Art, wie zB Geräusche oder Gerüche, zu unterlassen, welche die bestimmungsgemäße Nutzung nicht nur unerheblich beeinträchtigen. Für die Abwehr von Lärmeinwirkungen ist die Angabe von eindeutigen Grenzwerten nicht erforderlich, weil sie nicht die allein entscheidende Rolle spielen.[280] Dass damit der Streit über die Wesentlichkeit von Immissionen ggf. im Vollstreckungsverfahren erneut entschieden werden muss, ist hinzunehmen.[281] **131**

Eine **Klage** auf „Durchführung" einer bestimmten Maßnahme kann das Gericht als Leistungsklage auf **Zustimmung** der übrigen WEer zur Durchführung einer konkret bezeichneten Maßnahme ordnungsgemäßer Verwaltung nach § 21 Abs. 4 bzw. ordnungsgemäßen Gebrauchs nach § 15 Abs. 3 oder als Gestaltungsklage auf gerichtliche **Regelung** nach § 21 Abs. 8 auslegen. Beide unterscheiden sich nach dem Rechtsschutzziel. Ob das eine oder andere gewollt ist, unterliegt dem **Dispositionsgrundsatz** und ist ggfs durch Auslegung zu ermitteln. Beide Klagen sind jedoch subsidiär zu einer Entscheidung der hierfür primär zuständigen WEvers, was beim Rechtsschutzbedürfnis zu berücksichtigen ist. Deswegen kann ein Antrag auf Zustimmung zur Änderung der GemO zwecks verbrauchsabhängiger Abrechnung nicht in einen Antrag auf eine entsprechende gerichtliche Regelung umgedeutet werden.[282] Zur Bestimmtheit des **Regelungsantrags** s. § 15 Rn 50 u. § 21 Rn 186 f. **132**

Ein **Leistungsantrag,** zB auf Zahlung, Herausgabe, Beseitigung, Auskunft oder Rechnungslegung muss vollstreckungsfähig sein. Deswegen muss die beanspruchte Leistung oder Teilleistung entsprechend § 253 Abs. 2 Nr. 2 ZPO ziffernmäßig oder sonst **bestimmbar** konkretisiert sein. Hierauf hat das Gericht ggf hinzuwirken. Klagt die WEgem als gesetzliche Prozessstandschafterin, so kann sie Leistung an sich, also zB Zahlung auf eines ihrer Konten, verlangen.[283] Das Gericht ist nach **§ 308 ZPO** an den Antrag gebunden, so dass es dem Kläger nicht mehr oder anderes zusprechen darf, als er haben will. Wer Beitragsvorschüsse für 3 Monate einfordert, darf sie auch dann nicht für 7 Monate zuerkannt bekommen, wenn der Schuldner unstreitig mit den 4 weiteren Vorschusszahlungen säumig ist. **133**

Die **Beschlussanfechtungsklage** muss den Beschluss, der angefochten wird, genau nach **Inhalt oder Nummer der Tagesordnung** bezeichnen, so dass kein Zweifel besteht, **134**

---

279 BGH NJW-RR 1988, 208 (210); BayObLG WuM 1992, 324 f.

280 OLG Düsseldorf ZWE 2009, 389.

281 BGH NJW 1993, 1656 (1657); NJW 2009, 2528 = NZM 2009, 556; OLG Düsseldorf ZWE 2009, 389.

282 BGH NJW 2003, 3476 (3479).

283 *Lüke* ZfIR 2007, 657 (663).

welche Beschlüsse demgegenüber bestandskräftig werden sollen;[284] etwaige Zweifel gehen zu Lasten des Klägers mit der Folge, dass bei fehlender Bestimmtheit des Beschlusses, der angefochten werden soll, alle Beschlüsse bestandskräftig werden und die Klage als unzulässig abzuweisen ist. Eine Klarstellung muss innerhalb der Anfechtungsfrist des § 46 Abs. 1 S. 2 erfolgen.[285] Hat ein WEer nicht an der WEVers teilgenommen und kann er sich in der Anfechtungsfrist nicht durch Einsicht in das Versammlungsprotokoll oder in die Beschluss-Sammlung Klarheit verschaffen, so ist es zulässig, zunächst sämtliche in der WEvers gefassten Beschlüsse unter Angabe des Datums im Wege der sog. **Vorratsanfechtung** anzufechten und den Klageantrag nach Ablauf der Anfechtungsfrist auf bestimmte Tagungsordnungspunkte zu beschränken.[286] Anders als bisher liegt hierin allerdings eine teilweise **Klagerücknahme** mit der Kostenfolge aus § 269 Abs. 3 S. 2 ZPO, bei grobem Verschulden des Verwalters aus § 49 Abs. 2.[287] Wer nur „den Beschluss" anficht, muss innerhalb der Klagefrist klarstellen, welcher gemeint ist, wenn in der Versammlung mehrere gefasst wurden; sonst ist die Klage unzulässig.[288] Denn die der Rechtssicherheit dienende **Ausschlussfrist** des Satzes 2 kann ihre Funktion nur erfüllen, wenn auf Grund des Antrags innerhalb der Frist feststeht, welche Beschlüsse im Einzelnen angefochten werden sollen.[289] Nach Fristablauf kann die Klage nicht mehr auf andere Beschlüsse erweitert werden.[290]

135 Zulässig ist auch eine **Teilanfechtung,** dh die Beschränkung der Anfechtung auf abtrennbare Teile, wie zB auf rechnerisch selbstständige und abgrenzbare Rechnungsposten der **Jahresabrechnung.**[291] Die Beschränkung kann auch noch in der Rechtsmittelinstanz erfolgen.[292] Die Beschränkung kann ausdrücklich erklärt oder stillschweigend dadurch erfolgen, dass die erhobenen Rügen und Beanstandungen nur abtrennbare Einzelpositionen betreffen.[293] Sie muss jedoch immer **klar und bestimmt** sein. Rügt der WEer den Kostenverteilungsschlüssel und wendet er sich dabei ausdrücklich nur gegen die Einzelabrechnung, so ist auch nur diese Streitgegenstand, weil der Kostenverteilungsschlüssel den Inhalt der Gesamtabrechnung nicht berührt.[294] Rügt der Kläger dagegen einen Mangel, der sich auf die Gesamtabrechnung auswirkt, und kann diese nur ganz oder gar nicht aufgehoben werden, können auch die Einzelabrechnungen nicht bestandskräftig werden mit der Folge, dass eine Teilanfechtung nicht zulässig ist.[295]

136 Da die Anfechtungsklage nur eine bestimmte Ausprägung einer allgemeinen Beschlussmängelklage ist (Rn 90) und der Streitgegenstand von Anfechtungsklage, Nichtigkeitsfeststellungsklage oder einer die Gültigkeit eines Beschlusses betreffenden Feststellungsklage identisch ist, genügt ein Antrag auf Ungültigerklärung des bestimmt bezeichneten Beschlusses. Ein gestaffelter Antrag auf Ungültigerklärung, hilfsweise Feststellung der Nichtigkeit, ist nicht erforderlich, weil Anfechtungs- und Nichtigkeitsfeststellungsklage nicht in einem Eventualverhältnis stehen.[296] Ein Beschlussanfechtungsantrag ist immer auch auf Feststel-

[284] OLG Celle OLGZ 1989, 183 (184) = WE 1989, 139; OLG Zweibrücken NJW-RR 1995, 397 (398) = WE 1995, 25; KG NJW-RR 1996, 844 (845) = WE 1996, 385.

[285] *Lüke* ZfIR 2007, 657 (661); *Dötsch* ZMR 2006, H. 6.

[286] Vgl. LG München NJW 2008, 1823; BayObLG NJW-RR 1995, 1166 (1167); BayObLGZ 2000, 340, 342.

[287] Jennißen/*Suilmann* § 46 Rn 87.

[288] BayObLG WuM 1997, 700; OLG Köln WE 1999, 114.

[289] BayObLG WuM 1997, 700; OLG Köln WuM 1996, 499.

[290] KG WuM 1996, 364 f.; *Belz* PiG 54, 231 (236).

[291] BGHZ 171, 335 (339) = NZM 2007, 358 = ZMR 2007, 623 = ZWE 2007, 695; NZM 2010, 243 = ZfIR 2010, 247 = ZMR 2010, 300; Weitnauer/*Lüke* § 23 Rn 27; *Abramenko* ZMR 2003, 402 (404).

[292] Vgl. BayObLG ZWE 2001, 375 f.

[293] OLG München ZMR 2006, 949 (950).

[294] AA KG WE 1996, 385 f.

[295] Vgl. *Jennißen* NZM 2007, 510 (511).

lung der Nichtigkeit gerichtet, falls der angegriffene Beschluss an einem als Nichtigkeitsgrund einzuordnenden Mangel leiden sollte.[297] Entsprechendes gilt umgekehrt, sofern die Anfechtungsfrist gewahrt ist. Im Zweifel sind die Anträge immer am Rechtsschutzziel orientiert interessengerecht auszulegen. [298] Ein Antrag auf „Feststellung des wahren Abstimmungsergebnisses" kann in einen Antrag umgedeutet werden, den tatsächlich verkündeten Beschluss für ungültig zu erklären und festzustellen, dass ein positiver oder negativer Beschluss mit bestimmtem Inhalt gefasst worden ist.[299] Ebenso kann der gegen einen Negativbeschluss eingereichte Antrag auf Feststellung eines positiven Beschlussinhalts zugleich als Antrag auf Ungültigerklärung des verkündeten Negativbeschlusses ausgelegt werden.[300] Notfalls ist dem Kläger durch einen Hinweis Gelegenheit zu geben, einen entsprechenden sachdienlichen Antrag zu formulieren.

2. Wirksamkeit der Klageerhebung

Die Klageerhebung ist eine Prozesshandlung, die als solche wirksam sein muss. Wirksamkeitsvoraussetzungen (Prozesshandlungsvoraussetzungen) sind: 137

a) Parteifähigkeit (§ 50 ZPO). Da die Parteifähigkeit Rechtsfähigkeit voraussetzt, ist eine **Bruchteils-, Miterben-** oder eheliche **Gütergemeinschaft** als WEer nicht parteifähig. Wird sie in der Klageschrift dennoch als Partei aufgeführt, so ergibt eine rechtsschutzorientierte Auslegung, dass Partei die einzelnen Gemeinschafter sein sollen. Die WEgem als solche ist dagegen parteifähig. 138

b) Prozessfähigkeit (§ 52 ZPO). Die Prozessfähigkeit ist die prozessuale Geschäftsfähigkeit. WEer, die, wie zB **Juristische Personen, Gesellschaften, rechtsfähiger und nicht rechtsfähiger Verein,**[301] beschränkt geschäftsfähige Personen, zwar parteifähig, aber nicht geschäftsfähig sind, müssen also bei Schluss der mdl. Verhandlung gesetzlich vertreten sein, wenn nicht ihre Klage als unzulässig abgewiesen werden soll (§ 51 ZPO). 139

Die **WEgem** ist prozessfähig. Sie wird vertreten durch den Verwalter, und zwar im Passivprozess gem. § 27 Abs. 3 Nr. 2 und im Aktivprozess nach entsprechender Ermächtigung gem. § 27 Abs. 3 Nr. 7. Fehlt ein Verwalter oder ist er zur Vertretung (zB wegen Interessenkollision oder fehlender Ermächtigung für den Aktivprozess) nicht berechtigt, so vertreten – wie früher[302] – alle WEer die WEgem. (§ 27 Abs. 3 S. 2). Die WEer können dann nach § 27 Abs. 3 S. 3 mit Stimmenmehrheit einen oder mehrere WEer zur Vertretung ermächtigen. Ist dagegen ein Verwalter bestellt und von der Vertretung nicht ausgeschlossen, können die WEer einen anderen zur Prozessführung nur für den Aktivprozess uneingeschränkt ermächtigen,[303] für den Passivprozess dagegen nur im eingeschränkten Umfang (vgl. § 27 Rn 184 f., 262 f.). 140

Diese Grundsätze gelten sowohl für die Fälle, in denen die WEgem eigene Rechte verfolgt oder für eigene Verbindlichkeiten in Anspruch genommen wird, als auch für die Fälle, in denen sie in gesetzlicher Prozessstandschaft auf der Aktiv- oder Passivseite (§ 10 Rn 240) auftritt. Handelt sie in Wahrnehmung ihrer Ausübungsbefugnis als **gesetzliche Prozessstandschafterin,** so gehört es zur Schlüssigkeit der Klage, das ausgeübte Recht in der Klageschrift konkret zu benennen. Dies gehört mit zu dem Klagegrund iSd. § 253 Abs. 2 Nr. 2 ZPO und macht deutlich, dass der Beklagte nicht mit Forderungen gegen die WEgem aufrechnen kann (§ 10 Rn 242). 141

---

296 BGH NJW 2009, 3655 (3657) = NZM 2009, 864.

297 BGH NJW 2003, 3550 (3554); NJW 2009, 3655 (3657) = NZM 2009, 864.

298 BGH NJW 2002, 3240 = NZM 2002, 788; NJW 2002, 3704 (3705).

299 BGHZ 148, 335 = NJW 2001, 3339 (3342).

300 BGH NJW 2002, 3704 (3705).

301 BGH NJW 2008, 69 (74) Rn 55.

302 *Bub/Petersen* NZM 2005, 2590 (2591); *Elzer* ZMR 2004, 873 (880); *Häublein* ZIP 2005, 1720 (1725).

303 Vgl. BGH NJW 2005, 2622 zum früheren Recht.

142 Kommt eine gesetzliche Prozessstandschaft nicht in Betracht, kann die WEgem von den WEern ermächtigt werden, deren individuelle Ansprüche im Wege der **gewillkürten Prozessstandschaft** im eigenen Namen geltend zu machen. Allerdings kann der Gemeinschaft nicht jegliche Prozessführung übertragen werden. Das hierzu erforderliche Eigeninteresse setzt jedoch voraus, dass die Ansprüche in einem engen rechtlichen und wirtschaftlichen Zusammenhang mit der Verwaltung des GemEs stehen. Das kommt insbesondere für Ansprüche aus den Erwerbsverträgen der WEer mit dem Bauträger in Betracht (Nach § 10 Rn 62).

143 **c) Postulationsfähigkeit (§ 78 ZPO).** Die Postulationsfähigkeit ist die Befugnis, vor Gericht wirksam verhandeln zu können. Da In WE-Sachen nur vor dem LG **Anwaltszwang** besteht, ist vor dem WE-Gericht jede Partei selbst postulationsfähig. Vor dem LG, OLG und BGH müssen sich die Parteien dagegen durch einen dort jeweils zugelassenen Rechtsanwalt vertreten lassen. Die Postulationsfähigkeit eines Anwalts bei dem jeweiligen Gericht ist Prozesshandlungsvoraussetzung.[304]

144 **d) Prozessvollmacht (§ 80 ZPO).** Eine prozessfähige Partei kann sich durch einen Bevollmächtigten vertreten lassen. Die Prozessvollmacht muss wirksam erteilt sein.

3. Prozessführungsbefugnis

145 Die Prozessführungsbefugnis ist das Recht, einen Prozess als die richtige Partei im eigenen Namen zu führen. Die Prozessführungsbefugnis gehört zu den allgemeinen Prozessvoraussetzungen, die in jeder Lage des Verfahrens von Amts wegen zu prüfen sind.[305] Von der Prozessführungsbefugnis zu trennen ist die materielle Sachbefugnis. IdR ist **prozessführungsbefugt,** wer **sachbefugt** ist. Diese Regel wird jedoch auf Grund der Gemeinschaftsbezogenheit vieler Rechte in WE-Sachen durch § 10 Abs. 6 dahingehend durchbrochen, dass die WEgem in den Fällen ihrer materiellen Ausübungsbefugnis auch von Gesetzes wegen prozessführungsbefugt ist. Sie wird vertreten durch den Verwalter. Er handelt für die WEgem. Zur Frage, ob er – wie dies früher möglich war – ermächtigt werden kann, den Prozess in gewillkürter Prozessstandschafter zu führen, s. Rn 150.

146 **a) Streitigkeiten nach Nr. 1. aa) Prozessführungsbefugnis der Wohnungseigentümer.** In den Streitigkeiten nach Nr. 1 sind Parteien die WEer. Ob der Kläger auch prozessführungsbefugt ist, hängt davon ab, ob er nach materiellem Recht Inhaber des geltend gemachten Anspruchs ist. Fehlt ihm die materielle Rechtsinhaberschaft, ist er nur dann klagebefugt, wenn er aus anderen Gründen zur gerichtlichen Geltendmachung im eigenen Namen berechtigt ist, er also in Prozessstandschaft das Verfahren für den Rechtsinhaber betreibt. Die Prozessstandschaft kann sowohl auf Gesetz beruhen, wie etwa bei der Veräußerung des WEs (§ 265 ZPO) als auch rechtsgeschäftlich vereinbart sein. Die gewillkürte Prozessstandschaft erfordert ein **eigenes, rechtlich geschütztes Interesse** des Prozessstandschafters an der Rechtsverfolgung.

147 Die **Prozessführungsbefugnis des einzelnen WEers** für die dem WE-Gericht nach § 43 Nr. 1 zugewiesenen Streitigkeiten ist daher ohne weiteres für solche Ansprüche gegeben, die allein ihm zustehen. So kann der einzelne WEer im Verfahren nach § 43 Nr. 1 nicht nur einen **Anspruch auf Beseitigung** der Beeinträchtigung seines SEs allein geltend machen, sondern darüber hinaus auch die Beseitigung der Beeinträchtigung des GemEs durch einen WEer ohne vorherige Ermächtigung durch die WEgem verlangen, solange die WEgem nicht von ihrer (gekorenen) Ausübungsbefugnis Gebrauch gemacht hat (§ 10 Rn 254). Diese Befugnis leitet sich aus seinem ME und der Tatsache ab, dass die Beeinträchtigung des MEs sich immer auch auf sein SE, welches echtes Eigentum iSd § 903

[304] BGH NJW 2005, 3773 (3774).
[305] BGH NJW-RR 2006, 138.

BGB ist und den Schutz des § 1004 BGB genießt, auswirkt.[306] Auch die Unterlassung der Nutzung eines in der TErkl als Gewerberaum TEs als Gaststätte kann von jedem WEer verlangt werden.[307] Des Weiteren ist jeder WEer allein befugt, gegen einen MEer, dem die Befugnisse zur Mitwirkung bei der gemeinschaftlichen Verwaltung des GemEs überlassen worden sind, den Anspruch auf Erteilung der Auskunft über Einnahmen und Ausgaben der Verwaltung gerichtlich geltend zu machen.[308]

Der einzelne WEer ist auch insoweit ohne weiteres prozessführungsbefugt, als er den Anspruch auf anteilige Nutzung des GemE gem. § 16 Abs. 1 oder einen Rückgriffsanspruch wegen Inanspruchnahme durch Dritte geltend macht. **148**

bb) Gewillkürte Prozessstandschaft des Verwalters? Früher konnten die WEer den Verwalter *bevollmächtigen,* die ihnen gemeinsam zustehenden Ansprüche wie zB die Beitragsansprüche in ihrem Namen geltend zu machen, aber auch *ermächtigen,* sie in gewillkürter Prozessstandschaft durchzusetzen[309] und Zahlung an sich selbst zu verlangen.[310] Letzteres sollte die verfahrensmäßige Durchsetzung von gemeinschaftlichen Ansprüchen der WEer und die Eintragung einer Zwangssicherungshypothek zu Lasten eines Beitragsschuldners erleichtern.[311] Dieses **Bedürfnis** ist durch die Anerkennung der Rechtsfähigkeit der WEgem **entfallen.** Gemeinschaftsbezogene Ansprüche stehen entweder der WEgem selbst zu oder werden von ihr in geborener oder gekorener Ausübungsbefugnis geltend gemacht. Für eine Ermächtigung des Verwalters zur Prozessstandschaft fehlt idR das erforderliche *schutzwürdige* Eigeninteresse des Verwalters. Die unter dem früheren Recht hierzu entwickelten gegenteiligen Grundsätze können nicht mehr herangezogen werden.[312] Danach ergab sich das Eigeninteresse des Verwalters aus seiner Pflicht, die ihm obliegenden Aufgaben ordnungsgemäß und reibungslos zu erfüllen,[313] insbesondere die Beschlüsse durchzuführen. Diese Pflicht besteht nunmehr jedoch idR nicht mehr den WEern in ihrer Gesamtheit, sondern primär der WEgem gegenüber. Deren Zweck ist aber gerade die Erleichterung der Verwaltung des GemEs im Rechtsverkehr nach außen und nach innen. Deswegen erfordert die Pflicht des Verwalters, seine Aufgaben zu erfüllen, ein Handeln für die WEgem und nicht im eigenen Namen. **149**

Entsprechendes muss gelten, wenn die WEer den Verwalter zur Durchsetzung gemeinschaftsbezogener Ansprüche nach **§ 27 Abs. 2 Nr. 3** zu ihrer gemeinschaftlichen Prozessvertretung ermächtigen, sei es durch eine entsprechende Klausel in der GemO, in dem Verwaltervertrag[314] oder durch Mehrheitsbeschluss.[315] **150**

Das schutzwürdige Eigeninteresse fehlt auch dann, wenn der Verwalter Ansprüche der WEer in Prozessstandschaft geltend machen soll, die der gekorenen Ausübungsbefugnis des Verbandes unterfallen, von diesem aber (noch) nicht durch Mehrheitsbeschluss zu einer Angelegenheit der WEgem gemacht worden sind. Hierzu zählen zB die Abwehransprüche wegen unzulässigen Gebrauchs oder Störung des GemEs[316] oder die primären Mängelansprüche aus den Ersterwerbsverträgen. Die Ermächtigung ist in einem solchen Fall in der **151**

---

[306] BGHZ 116, 392 = NJW 1992, 978 (979) = WE 1992, 105 (106) = ZMR 1992, 167 (168) = WuM 1992, 159.

[307] BGH, Urt. v. 15. 1. 2010, V ZR .... ; ferner BayObLG NJW-RR 1991, 139.

[308] KG NJW-RR 1993, 470 (471) = WE 1993, 83 = WuM 1993, 142.

[309] OLG München NZM 2006, 512; Staudinger/*Wenzel* Vorbem §§ 43 ff. Rn 80.

[310] BGHZ 104, 197 (199).

[311] Vgl. BGHZ 148, 392 = NJW 2001, 3627.

[312] AA OLG München NZM 2006, 512 = ZMR 2006, 647; OLG Hamm NZM 2009, 90 = ZMR 2008, 61 (62) = ZWE 2009, 89.

[313] BGHZ 73, 302 (307) = NJW 1979, 2391; BGHZ 104, 197 (199) = NJW 1988, 1910; BGH NJW 2004, 937 (938).

[314] BGHZ 104, 197 (199) = NJW 1988, 1910; BGH NJW 2004, 937 (938).

[315] BayObLGZ 1986, 128 f.; OLG Stuttgart WE 1990, 106; OLG Hamm NZM 1999, 1152.

[316] BGH NJW 2004, 937 (938).

Regel dahin auszulegen sein, dass die Ansprüche durch die WEgem geltend gemacht werden sollen. Denn es widerspricht ordnungsmäßiger Verwaltung, die gemeinschaftliche Verfolgung von Ansprüchen der WEgem oder von gemeinschaftsbezogenen Ansprüchen der WEer an der dafür zuständigen WEgem vorbei zu organisieren.

152 **cc) Gewillkürte Prozessstandschaft Dritter.** Nach wie vor möglich ist jedoch, dass einzelne WEer einen anderen **WEer** oder einen **Dritten** ermächtigen, einen ihnen zustehenden Anspruch unabhängig von dem Verhalten anderer WEer allein für sie im Wege der gewillkürten Prozessstandschaft geltend zu machen. Dagegen kann die **WEgem** nicht ermächtigt werden.[317] Da insoweit ohnehin nur Ansprüche in Betracht kommen, die wie der Anspruch nach § 1004 BGB ihrer gekorenen Ausübungsbefugnis unterfallen, fehlt ihr im Hinblick auf die ihr zustehende gesetzliche Prozessstandschaft das für eine gewillkürte Prozessstandschaft notwendige *schutzwürdige* Eigeninteresse.

153 **(1) Rechtsstellung des Prozessstandschafters.** Der Prozessstandschafter ist Partei, die (übrigen) WEer sind jedoch nach § 48 beizuladen (§ 48 Rn 2). Ob der Prozessstandschafter Leistung an den Ermächtigenden oder an sich verlangen kann, hängt von dem Inhalt der Ermächtigung ab.[318] Der Prozessstandschafter wird im Außenverhältnis Schuldner der Verfahrenskosten und der außergerichtlichen Kosten. Im Innenverhältnis hat er einen Freistellungs- bzw. Aufwendungsersatzanspruch gem §§ 675, 670 BGB gegen den ermächtigenden WEer.

154 **(2) Vollstreckungsrechtliche Folgen.** Die Rechtskraft eines von dem Prozessstandschafter erwirkten Titels wirkt für und gegen den Ermächtigenden.[319] Der Prozessstandschafter kann als Titelgläubiger den zuerkannten Anspruch im eigenen Namen vollstrecken und die hierfür erforderliche Vollstreckungsklausel beantragen. Dies gilt unabhängig davon, ob der Titel auf Leistung an den Prozessstandschafter oder den materiellen Rechtsinhaber lautet.[320] Hat der Rechtsinhaber die Ermächtigung widerrufen, steht dem Schuldner der Antrag nach § 767 ZPO zu. Nach dem Widerruf kann der Titel entsprechend § 727 ZPO jedenfalls auf den materiell Berechtigten umgeschrieben werden.[321]

155 **b) Streitigkeiten nach Nr. 2. aa) Prozessführungsbefugnis der Gemeinschaft.** Für die Streitigkeiten nach Nr. 2 ist die WEgem prozessführungsbefugt. Dies gilt sowohl für die Durchsetzung von eigenen Ansprüchen WEgem gegen die WEer, wie zB die Beitragsforderungen, als auch für die Geltendmachung von Ansprüchen der WEer durch die WEgem auf Grund der ihr nach §§ 10 Abs. 6, 18 Abs. 1 S. 2 zustehenden Ausübungsbefugnis. Hier handelt die WEgem in gesetzlicher Prozessstandschaft der Rechtsträger.

156 **bb) Gewillkürte Prozessstandschaft Dritter.** Nach der Rechtsprechung des BGH können die WEer **einzelne oder alle WEer** ausdrücklich oder stillschweigend ermächtigen, Ansprüche der WEgem, wie zB Beitragsansprüche[322] oder den Entziehungsanspruch,[323] in gewillkürter Prozessstandschaft für die WEgem geltend zu machen. Hierbei ist allerdings zu unterscheiden. Wird ein entsprechender Mehrheitsbeschluss bestandskräftig, ist er verbindlich. Gleichwohl kann im Einzelfall das notwendige *schutzwürdige* Eigeninteresse fehlen. Jedenfalls ist der Beschluss anfechtbar. Denn eine solche Ermächtigung widerspricht idR ordnungsmäßiger Verwaltung, weil es zu der gesetzlichen **Aufgabe des Verbandes** gehört, **eigene Ansprüche** auch **selbst durchzusetzen.**

157 Es müssen schon besondere Gründe vorliegen, dies einzelnen oder allen WEern zu übertragen. Liegen sie vor, handelt es sich nicht um eine **„Rückermächtigung“.** Stehen

---

[317] OLG München BeckRS 2006, 00 548.

[318] BGHZ 104, 197 (199); KG WE 1991, 325.

[319] BGHZ 78, 1 (7).

[320] BGHZ 148, 392 (398) = NJW 2001, 3627 = NZM 2001, 1078.

[321] BGH JZ 1983, 150 f.; OLG Düsseldorf NJW-RR 1997, 1035 f.; *Heintzmann* ZZP 92 (1979) S. 61 (69); *Becker-Eberhard* ZZP 104 (1991) S. 413, 439 f.

[322] BGH NJW 2005, 3146 = NZM 2005, 747.

[323] BGH NJW 2007, 1353.

die Ansprüche der WEgem selbst zu, versteht sich das von selbst. Ist sie hinsichtlich der Ansprüche ausübungsbefugt, handelt sie bei der Durchsetzung nicht kraft rechtsgeschäftlicher Ermächtigung, sondern kraft Gesetzes. Sie kann im Einzelfall jedoch durch Mehrheitsbeschluss auf ihre Ausübungsbefugnis ebenso verzichten wie auf einen ihr zustehenden Anspruch, sofern dies ordnungsmäßiger Verwaltung entspricht. Das wird vor allem dann der Fall sein, wenn die Treuepflicht der WEgem ggü ihren Mitgliedern es gebietet, einem WEer es zB zu ermöglichen, gegen die Kaufpreisforderung des Bauträgers mit dem Vorschussanspruch wegen Mängeln des GemEs auch dann noch aufzurechnen, wenn die Ausübungsbefugnis schon auf die WEgem übergegangen ist.

Entsprechendes gilt für eine Ermächtigung des **Verwalters,** Ansprüche der WEgem oder zur Ausübung herangezogene Ansprüche der WEer als gewillkürter Prozessstandschafter des Verbandes durchzusetzen. Sie widerspricht idR ordnungsmäßiger Verwaltung und entbehrt des eigenen *schutzwürdigen* Verfolgungsinteresses. 158

c) Streitigkeiten nach Nr. 3. Für Ansprüche eines WEers gegen den Verwalter, die ihm persönlich zustehen und nicht gemeinschaftlich geltend zu machen sind, ist der WEer selbst prozessführungsbefugt. Hierzu gehört etwa der Anspruch auf ordnungsgemäße Verwaltung gem. § 21 Abs. 4, weshalb jeder einzelne WEer und TEer vom Verwalter die Vorlage des Wirtschaftsplans, der Jahresabrechnung und der entsprechenden Unterlagen verlangen kann.[324] Auch Schadensersatzansprüche wegen einer Sorgfaltspflichtverletzung des Verwalters können dann vom betroffenen WEer allein gerichtlich verfolgt werden, wenn diese allein bei ihm einen Schaden verursacht hat.[325] 159

Für Ansprüche, die der WEgem aus dem von ihr abgeschlossenen Verwaltervertrag zustehen, ist diese selbst prozessführungsbefugt. 160

Für Ansprüche, die den WEern zwar persönlich zustehen, aber gemeinschaftlich geltend zu machen sind, ist prozessführungsbefugt auf Grund ihrer (geborenen) Ausübungsbefugnis die WEgem (§ 10 Abs. 6 S. 3). Bleibt die WEgem untätig, muss der WEer zur Durchsetzung seines Anspruchs aus § 21 Abs. 4 Verpflichtungsklage erheben. 161

Diese Grundsätze gelten auch für Ansprüche der WEer gegen den ehemaligen, aus dem Amt **ausgeschiedenen Verwalter.**[326] Ausnahmsweise besteht eine Berechtigung des einzelnen WEers zur gerichtlichen Geltendmachung von Ansprüchen in diesen Fällen dann, wenn es sich um eine Notmaßnahme nach § 21 Abs. 2 WEG handelt.[327] 162

d) Streitigkeiten nach Nr. 4. Vgl. hierzu die Erläuterungen zur Klagebefugnis § 46 Rn 22f. 163

4. Keine anderweitige Rechtshängigkeit

Die Rechtshängigkeit ist für die Gerichtszuständigkeit, die Parteistellung und die Wahrung der Anfechtungsfrist (§ 46 Abs. 1 S. 2) maßgebend; sie begründet ein Verfahrenshindernis und bewirkt die perpetuatio fori (§ 261 Abs. 3 Nr. 2 ZPO) et procedendi (§ 265 ZPO). 164

a) Rechtshängigkeitssperre. Mehrere unabhängig voneinander erhobene Klagen mit identischem Streitgegenstand führen nicht zu einer doppelten Rechtshängigkeit. Sie können daher auch nicht gemäß § 147 ZPO miteinander verbunden werden, vielmehr sind die späteren Klagen als unzulässig abzuweisen, wenn sie nicht zurückgenommen werden. Etwas anderes wird in **Anfechtungssachen** gesetzlich fingiert. Hier gelten nach § 47 mehrere, denselben Beschlussgegenstand betreffende Anfechtungsstreitigkeiten als selbstständige Pro- 165

[324] BayObLG NJW-RR 1990, 660 = WE 1991, 197; OLG Hamm OLGZ 1993, 438 = NJW-RR 1993, 847 = DWE 1993, 114.

[325] BGHZ 115, 253 (258) = NJW 1992, 182 = WE 1992, 80; OLG Hamm DWE 1995, 34 (35); KG ZWE 2000, 360f. = NJW-RR 2000, 1325; vgl. zum Ganzen auch § 21 Rn 30.

[326] KG WE 1990, 89 (90); OLG Hamburg WE 1990, 171.

[327] Vgl. BGHZ 106, 222 (225) = NJW 1989, 1091.

zesse, die miteinander zu verbinden sind. Entsprechendes Gilt für verschiedene Gestaltungsklagen in **Regelungssachen** nach § 21 Abs. 8 mit identischem Streitgegenstand.

166 **b) perpetuatio fori et procedendi.** Die perpetuatio fori et procedendi ist in der Praxis die bedeutsamste Folge der Rechtshängigkeit, §§ 261 Abs 3 Nr 2, 265 ZPO. Eine nach Rechtshängigkeit eintretende Änderung der tatsächlichen Umstände hat auf die Zuständigkeit und den sachlichen Fortgang des Verfahrens keinen Einfluss. Bei einem **Eigentümerwechsel** bleibt der ausgeschiedene WEer verfahrensrechtlich weiter Partei, sofern nicht überhaupt die WEgem Partei ist. Entweder es besteht die Aktiv- oder Passivlegitimation weiter fort oder es greift § 265 ZPO ein.[328]

167 In **Beschlussanfechtungsverfahren** besteht die Sachlegitimation fort, solange sich für den ausgeschiedenen WEer aus dem Beschluss weiterhin eine Bindung ergibt. Ist das nicht der Fall, greift § 265 Abs 2 ZPO. Der Veräußerer ist gesetzlicher Prozessstandschafter des neuen WEers, der deshalb am Verfahren nicht zu beteiligen ist,[329] aber nebenintervenieren kann.[330] Deswegen kann ein WEer das von ihm eingeleitete Anfechtungsverfahren nach seinem Ausscheiden weiter betreiben und sogar im Wege der Klageerweiterung einen Zahlungsanspruch geltend machen, der in einem engen rechtlichen und wirtschaftlichen Zusammenhang mit dem vorher gestellten Antrag steht.[331] Ein Parteiwechsel wäre nicht sachdienlich, weil eine rechtskräftige Entscheidung ohnehin für und gegen den Rechtsnachfolger wirkt, §§ 325 Abs. 1 ZPO.[332]

168 Denkbar ist aber, dass sich ein Verfahren durch den Eigentümerwechsel in der **Hauptsache erledigt.** Hat zB ein WEer mit einem Verpflichtungsantrag gegen die übrigen WEer Erfolg, so erledigt sich die Hauptsache, wenn der neue WEer kein Interesse an der begehrten Verpflichtung hat.[333] Eine Leistung kann allerdings nur an den Rechtsnachfolger verlangt werden, sonst ist die Klage wegen fehlender Aktivlegitimation abzuweisen.[334] Will der Rechtsnachfolger selbst vollstrecken, muss er den – auf eine Leistung an sich gerichteten – Titel gem §§ 325, 727, 731 ZPO auf sich umschreiben lassen.

169 Auch ein nach Rechtshängigkeit eingetretener **Verwalterwechsel** lässt die Parteistellung des alten Verwalters unberührt.[335] Hiervon zu unterscheiden ist die Frage der Fortdauer des Rechtsschutzinteresses und einer hierdurch bedingten Erledigung der Hauptsache. Für Ansprüche des Verwalters oder gegen den Verwalter lässt das Ausscheiden aus dem Amt das Rechtsschutzinteresse nur insoweit entfallen, als sie auf Handlungen gerichtet sind, zu deren Entgegennahme oder Vornahme er jetzt nicht mehr befugt ist. Geht es in einem Rechtsstreit also um seine Rechte und Pflichten bei der Verwaltung des GemEs, führt ein Wechsel zur Erledigung der Hauptsache,[336] sofern nicht ein berechtigtes Interesse die Fortführung des Verfahrens erfordert, wie zB bei einem Streit um seine Vergütung.

5. Keine entgegenstehende Rechtskraft

170 Die Zulässigkeit des Verfahrens hängt weiterhin davon ab, dass über den Streitgegenstand nicht bereits in einem anderen Rechtsstreit mit Wirkung für die Parteien und die Beigeladenen (§ 48 Abs. 3, 4) rechtskräftig entschieden worden ist (§ 322 ZPO). Fordert also ein einzelner WEer von einem anderen die **Beseitigung** einer baulichen Veränderung oder das **Unterlassen** einer bestimmten Nutzungsart und wird der Antrag abgewiesen, so

[328] BGHZ 148, 335.
[329] BayObLG NJW-RR 1995, 467; aA OLG Hamm OLGZ 1994, 134, 136.
[330] BGHZ 148, 335.
[331] BayObLG ZMR 1983, 391.
[332] BayObLG WE 1995, 279 f.
[333] BayObLG WE 1995, 63 – Genehmigung einer privaten Waschmaschine im Waschraum.
[334] BayObLG ZWE 2000, 464 f.
[335] OLG Hamm OLGZ 1975, 157.
[336] BayObLG WE 1993, 320.

steht für alle WEer und ihre Rechtsnachfolger fest, dass die Beseitigung der Veränderung nicht verlangt werden kann bzw die Nutzungsart erlaubt ist; denn die Rechtskraft erstreckt sich nach § 48 Abs. 3 für und gegen sie (§ 48 Rn 34 f.). Auch kann nach Abweisung einer Anfechtungsklage als unbegründet kein WEer mehr die Feststellung der Nichtigkeit des ehemals angefochtenen Beschlusses beantragen (§ 48 Abs. 4).

6. Rechtsschutzbedürfnis

Eine Klage vor dem WE-Gericht ist – wie auch sonst – nur zulässig, wenn hierfür ein Rechtsschutzbedürfnis vorliegt, dh der Kläger ein berechtigtes Interesse hat, das Gericht in Anspruch zu nehmen. Es besteht, wenn sich ein schutzwürdiges Ziel anders nicht erreichen lässt und wenn der Kläger bereits einen – in seiner Durchsetzbarkeit nicht umstrittenen[337] – Titel hat oder den erstrebten Erfolg auch ohne gerichtliche Inanspruchnahme oder mit einem geringeren prozessualen Aufwand erreichen kann. Das Rechtsschutzbedürfnis ist Prozessvoraussetzung und in jeder Lage des Verfahrens **von Amts wegen** zu prüfen. **171**

a) Leistungsklage. Für eine Leistungsklage fehlt das Rechtsschutzbedürfnis, wenn der Antragsteller bereits **befriedigt** ist, und sei es auch durch die Leistung eines Drittschuldners,[338] oder wenn die geschuldete Leistung in vollstreckbarer Urkunde tituliert ist. Doch ist dem Gläubiger trotz eines Vollstreckungstitels ein neuer Leistungsantrag ausnahmsweise dann nicht verwehrt, wenn hierfür zB wegen eines drohenden Vollstreckungsgegenantrags ein besonderes Bedürfnis besteht.[339] Für einen Antrag auf Herausgabe von Verwaltungsunterlagen fehlt das Rechtsschutzbedürfnis, wenn der Verwalter **Einsichtnahme** angeboten hat.[340] Für einen Antrag auf **Zustimmung** zur Veräußerung nach § 12 Abs 1 oder auf **Unterlassung** fehlt es, solange nicht die nach der GemO vorgeschriebene Entscheidung der WEVers herbeigeführt worden ist oder, wenn es um die Verhinderung einer bestimmten Verwaltungsmaßnahme geht, der Antragsteller den Verwalter nicht erfolglos um Abhilfe gebeten hat. **172**

Wird nach einem **Eigentümerwechsel** der Antrag auf Unterlassung eines bestimmten Gebrauchs des SE auf den neuen WEer erweitert, entfällt das Rechtsschutzbedürfnis für den Antrag gegen den alten Eigentümer.[341] Das Rechtsschutzbedürfnis für einen Antrag des ausgeschiedenen WEers entfällt ferner, wenn der neue WEer **kein Interesse an der Fortsetzung** des Verfahrens hat[342] und das Ergebnis des Verfahrens für den ausgeschiedenen WEer keine rechtliche Bedeutung hat. **173**

Kein Rechtsschutzbedürfnis besteht auch für eine Klage, die WEgem zu verpflichten, gegen einen Störer vorzugehen, weil der WEer hierfür selbst prozessführungsbefugt ist,[343] sowie für einen Antrag auf **Beseitigung einer baulichen Veränderung,** wenn der Antragsteller selbst nicht iS des § 14 Nr 1 beeinträchtigt ist.[344] **174**

Eine besondere Form der Leistungsklage ist die **Verpflichtungsklage,** dh die Klage auf Vornahme einer Handlung. Eine Verpflichtungsklage **gegen den Verwalter** setzt voraus, dass dieser vor Antragstellung erfolglos zur Abhilfe aufgefordert wurde.[345] Das Rechtsschutzbedürfnis entfällt, sobald sich der Verwalter ernstlich bereit erklärt hat, dem Ver- **175**

---

[337] BGH NJW 1961, 1116; Z 98, 127 f.

[338] BGH NJW 1988, 2674.

[339] BGHZ 98, 127 f.

[340] Staudinger/*Bub* § 28 Rn 626 mwN.

[341] BayObLGZ 1983, 73 (76 f.); aA BayObLG NJW-RR 1995, 467: Kein Rechtsschutzbedürfnis für die Klageerweiterung auf den Erwerber.

[342] BayObLG WE 1995, 63 z. Verpflichtungsantrag.

[343] BayObLG WE 1997, 395 f.

[344] BayObLG DWE 1983, 126 für eine Mehrhausanlage.

[345] BayObLGZ 1972, 246 (251).

langen nachzukommen, etwa Einsicht in Belege zu gewähren.[346] Ein Rechtsschutzbedürfnis besteht auch dann nicht mehr, sobald eine Maßnahme durch Beschluss der WEer geregelt ist. Der Kläger kann dann zur Beschlussanfechtung übergehen[347] und ggfs seinen Verpflichtungsantrag in einen Gestaltungsantrag ändern, da eine erfolgreiche Beschlussanfechtung nur zur Ungültigerklärung des Beschlusses führt, nicht aber – ohne entsprechenden Antrag – zu dessen Änderung oder Ergänzung.

176 Für einen Antrag auf Vornahme einer Verwaltungshandlung entfällt das Rechtsschutzbedürfnis mit dem Ausscheiden des Verwalters aus dem Amt. Ebenso kann es entfallen, wenn der Kläger sein WE-Recht veräußert und sein Rechtsnachfolger kein Interesse an dem Verpflichtungsantrag hat.[348]

177 Für eine Verpflichtungsklage auf **Einberufung einer WEVers** durch den Verwalter besteht das Rechtsschutzbedürfnis auch dann, wenn ein Beiratsvorsitzender oder dessen Vertreter gem § 24 Abs. 3 zur Einberufung berechtigt wäre, weil es jedem WEer freisteht, welchen von mehreren zur Einberufung Verpflichteten er in Anspruch nimmt, und das Einberufungsrecht häufig nicht zweifelsfrei besteht. Voraussetzung ist allerdings, dass der Kläger zunächst den Beiratsvorsitzenden oder seinen Vertreter erfolglos zur Einberufung aufgefordert hat.

178 Verlangt ein WEer von dem Verwalter die **Aufnahme eines Tagesordnungspunktes,** so hängt das Rechtsschutzbedürfnis nicht davon ab, ob er das gem § 24 Abs 2 erforderliche Quorum hierfür erreicht hat,[349] weil es sich um einen individuellen Anspruch gem § 21 Abs 4 handelt, der ohne den vorherigen Versuch, das Quorum zu erreichen, besteht und ggü dem Verwalter als Einberufungsberechtigtem durchsetzbar ist.[350]

179 Ist eine Erklärung falsch protokolliert worden, so kann jeder WEer Klage auf **Berichtigung des Protokolls** erheben. Ein Rechtsschutzbedürfnis ist allerdings nur gegeben, wenn es sich um eine rechtlich erhebliche Erklärung handelt. Das ist insbesondere dann der Fall, wenn der Inhalt eines Beschlusses oder eine Beschlussverkündung falsch protokolliert wurde. Hier ist die Berichtigungsklage unabhängig von einer evtl. Feststellungsklage (Rn 109) zulässig.[351] Sie richtet sich gegen diejenigen Personen, die das Protokoll unterschrieben haben.[352] Dazu gehört idR der Verwalter als Versammlungsleiter. Das Rechtsschutzbedürfnis für eine solche Klage ist gegeben, weil die richtige Protokollierung im Hinblick auf die zu führende Beschlusssammlung zur ordnungsmäßigen Verwaltung gehört. Dass der Kläger durch den falschen Inhalt des Protokolls in seinen Rechten beeinträchtigt wird, ist nicht erforderlich, auch wenn dem Protokoll für die inhaltliche Richtigkeit keine Beweiskraft zukommt.[353] Sieht die GemO vor, dass das Protokoll von der nächsten WEVers zu bestätigen ist, so fehlt vor der Bestätigung das Rechtsschutzbedürfnis für eine Klage auf Feststellung der Unrichtigkeit[354] oder auf Feststellung, welche von zwei unterschiedlichen Versionen des Protokolls maßgebend ist. Es ist auch für einen Antrag auf Berichtigung der Anzahl der abgegebenen Ja-Stimmen nicht gegeben, wenn sich die behauptete Unrichtigkeit auf das Abstimmungsergebnis nicht auswirkt.[355]

180 Ist das **Protokoll unvollständig,** weil es eine Beschlussverkündung nicht ausdrücklich ausweist, so besteht ein Rechtsschutzbedürfnis auch dann, wenn wegen des protokollierten eindeutigen Abstimmungsergebnisses von einer konkludenten Beschlussfeststellung aus-

---

[346] BayObLG Rpfleger 1977, 126; Rpfleger 1982, 15; ZWE 2000, 38 (40) = NJW-RR 2000, 462.
[347] BayObLGZ 1972, 246 f.
[348] BayObLG WuM 1994, 573 = WE 1995, 63; KG ZWE 2000, 224 (225) = NZM 2000, 830.
[349] OLG Düsseldorf WE 1991, 252.
[350] OLG Frankfurt ZMR 2004, 288; ZWE 2008, 490.
[351] BayObLGZ 1982, 445 (447); KG WE 1989, 139; iE *Becker* ZMR 2006, 489 f.
[352] BayObLG NJW-RR 2002, 1667.
[353] BayObLGZ 1984, 213 (216).
[354] BayObLG WuM 1989, 534 (536).
[355] BayObLG WE 1992, 87 = WuM 1991, 310 (311).

zugehen ist[356] und Rechtsschutz gegen die Beschlussfassung nur über eine Anfechtungsklage, ggf iVm einer positiven Beschlussfeststellungsklage, zu erlangen ist.[357] Denn ein vollständiges Protokoll gehört neben der Beschluss-Sammlung mit zur ordnungsmäßigen Verwaltung. Dasselbe gilt, wenn bei einem nicht eindeutigen Abstimmungsergebnis oder aus sonstigen Gründen zweifelhaft ist, ob ein Beschluss verkündet und damit existent geworden ist. Auch hier kann neben einer Anfechtungsklage oder einer Feststellungsklage auf Nichtbestehen eines Beschlusses (vgl. Rn 110) eine Leistungsklage auf Protokollberichtigung erhoben werden. Die Klage auf **Protokollberichtigung** ist jeweils unabhängig von dem erstrebten Rechtsschutz ggü dem Ergebnis eines berichtigten Protokolls.[358] Sie ist **ebenso wenig fristgebunden** wie die Protokollberichtigung selbst[359] und selbst dann zulässig, wenn auf die fehlende oder fehlerhafte Protokollierung eine Anfechtungs- und/oder Beschlussergebnisfeststellungsklage (Rn 105 f) gestützt worden ist. Diese erledigen sich auch nicht durch die Berichtigung, weil ihre Beurteilung hiervon nicht abhängt. Denn der Protokollierung kommt, sofern nichts Abweichendes vereinbart ist, anders als der Verkündung keine konstitutive Beschlusswirkung zu. Bei der Entscheidung über den Antrag hat das Gericht den tatsächlichen Verkündungsinhalt als Vorfrage festzustellen mit der Folge, dass bei einem stattgebenden Urteil mit dessen Rechtskraft nicht mehr mit Erfolg die Feststellung der Richtigkeit der hiervon abweichenden tatsächlichen Protokollaussage verlangt werden kann Das Gericht prüft in dem Berichtigungsverfahren dagegen nicht automatisch auch die Gültigkeit des verkündeten Beschlusses, sondern nur, wenn diese im Wege der Klagehäufung innerhalb der Anfechtungsfrist mit zum Streitgegenstand erhoben wurde.

b) Feststellungsklage. Ein Feststellungsantrag ist entsprechend § 256 ZPO zulässig, 181
wenn der Antragsteller ein **rechtliches Interesse** daran hat, dass das Rechtsverhältnis durch richterliche Entscheidung alsbald festgestellt werde. Das Interesse **fehlt,** wenn ein Leistungsantrag möglich ist. Es **entfällt,** wenn der Antragsgegner einen **Leistungsgegenantrag** mit einem identischen oder im Wesentlichen übereinstimmenden Verfahrensgegenstand stellt und nicht mehr ohne Zustimmung des Gegners zurücknehmen kann, in dessen Rahmen notwendigerweise über den Gegenstand des Feststellungsantrags mitentschieden werden muss.[360] Bei einem **Zwischenfeststellungsantrag** ersetzt die Vorgreiflichkeit des festzustellenden Rechtsverhältnisses das Feststellungsinteresse. Jedoch fehlt ein Rechtsschutzbedürfnis, wenn die Vorfrage über den Rechtsstreit hinaus keine Bedeutung hat.[361]

Hat der teilende Eigentümer vor Entstehen der WEgem in Form eines **„Ein-Mann-** 182
Beschlusses" Regelungen für die künftigen WEer getroffen, so sollen diese ein rechtliches Interesse an der Feststellung der Unwirksamkeit des „Nicht-Beschlusses" haben.[362] Dem ist nicht zu folgen, weil es sich in Wahrheit nicht um einen „Nicht-Beschluss", sondern um einen **Entschluss analog § 5 Abs. 4** handelt, der mit dem Entstehen der Vorgemeinschaft als schriftlicher Beschluss anzusehen ist und der Anfechtung unterliegt (§ 10 Rn 69, 183).

Besteht **Streit über** den **Inhalt** eines nicht angefochtenen Beschlusses, so besteht ein 183
Rechtschutzbedürfnis für die Feststellung, dass der Beschluss mit einem bestimmten Inhalt zustande gekommen ist.[363] Bei einem Streit darüber, **ob überhaupt** ein positiver oder negativer **Beschluss zustande gekommen** ist, besteht für einen entsprechenden Feststellungsantrag nur dann ein rechtliches Interesse, wenn der Leiter der WEVers nicht ein

---

[356] BGHZ 148, 335 = NJW 2001, 3339 (3342); OLG München ZMR 2007, 221 (222).
[357] AA Jennißen/*Suilmann* § 46 Rn 75.
[358] AA Jennißen/*Suilmann* § 46 Rn 75, 77.
[359] *Abramenko* ZMR 2003, 326 f.; *Häublein* ZWE 2009, 33 (34).
[360] Vgl. KG ZMR 1997, 610 f.; aA BayObLG WE 1990, 214 f.; OLG Hamm NJW 1973, 2300 f.
[361] BGH NJW 1992, 1897.
[362] BayObLG ZWE 2003, 387 m. Anm. *Kümmel.*
[363] Vgl. BayObLG WE 1989, 183.

bestimmtes Beschlussergebnis förmlich festgestellt hat.[364] Anderenfalls geht der Anfechtungsantrag vor. Dies gilt auch dann, wenn die Feststellung des Versammlungsleiters auf einem Irrtum beruht.

184 Ebenso fehlt das rechtliche Bedürfnis für die Feststellung einer Pflicht zur **Unterlassung** eines Verwalterhandelns, das durch Mehrheitsbeschluss gebilligt wurde,[365] oder zur Durchführung einer WEVers „nach den gesetzlichen Vorschriften". Durch eine Feststellungsklage kann auch geklärt werden, ob für eine geplante Maßnahme die **Zustimmung** eines bestimmten WEers gem § 22 Abs. 1 S 2 entbehrlich ist.[366]

185 Wird die Feststellung begehrt, dass der Beschluss über die **Bestellung des Verwalters** nichtig sei, so entfällt das rechtliche Interesse hierfür nicht dadurch, dass die Bestellung wegen Ablaufs der 5-Jahresfrist hinfällig wird.[367] Auch für eine Feststellung, der Verwalter habe seine Pflichten verletzt, kann das Rechtsschutzbedürfnis fehlen, wenn keine Anhaltspunkte ersichtlich sind, dass durch das pflichtwidrige Verhalten des Verwalters ein Schaden verursacht wurde.[368]

186 **c) Gestaltungsklage.** Zum Rechtsschutzbedürfnis der **Anfechtungsklage** vgl. § 46 Rn 4 f.

187 Für die **Regelungsklage** nach § 21 Abs. 8 ist wegen des **Selbstorganisationsrechts** der WEer ein Rechtsschutzbedürfnis grds erst dann gegeben, wenn der Kläger im Rahmen des Möglichen und Zumutbaren zuvor vergeblich versucht hat, die Regelung durch Mehrheitsbeschluss herbeizuführen[369] oder wenn feststeht, dass die begehrte Maßnahme von der WEVers abgelehnt worden wäre.[370]

188 Ein laufendes **schriftliches Beschlussverfahren** nach § 23 Abs. 3 muss daher auch erst durch Verkündung eines negativen Ergebnisses abgeschlossen sein, bevor eine Regelungsklage zulässig ist. Die Anrufung der für die zu treffende Regelung primär zuständigen WEVers ist nur dann entbehrlich, wenn davon auszugehen ist, dass der Anspruch des Klägers auf eine bestimmte Regelung – zB wegen der Stimmrechtsverhältnisse bei zwei MEern mit gleichem Stimmrecht[371] – keine Mehrheit gefunden hätte.[372] Deswegen reicht ein erfolgloses schriftliches Verlangen[373] oder die Weigerung des Verwalters, einen Tagesordnungspunkt aufzunehmen bzw. eine WEVers einzuberufen,[374] nicht aus.

189 Für einen Antrag auf gerichtliche Gestaltung fehlt das Rechtsschutzbedürfnis auch dann, wenn die Beschlussvorlage für die WEVers mangelhaft war und nicht ausgeschlossen erscheint, dass nach Behebung der Mängel eine erneute Beschlussfassung erfolgt.[375] War die WEVers mit der Angelegenheit befasst und hat sie den Antrag abgelehnt, so muss der WEer diesen **Negativbeschluss** anfechten.[375a] Für eine Klage auf Zustimmung derjenigen, die

---

[364] Vgl. BGH NJW 1996, 259 z. Gesellschafterbeschluss; BGH ZIP 1996, 2071 f. z. Beschluss der Generalversammlung; BayObLG NJW-RR 1990, 210 f.; KG NJW-RR 1991, 213.

[365] BayObLGZ 1972, 246 f.

[366] KG OLGZ 1967, 479 (482).

[367] BayObLG WE 1990, 67; aA BayObLG NJW-RR 2004, 443 f.

[368] BayObLG WE 1992, 234 (235).

[369] BGH Urteil vom 15. 1. 2010, V ZR 114/09, zur Veröffentlichung in BGHZ vorgesehen; MünchKomm-BGB/*Engelhardt*, § 21 Rn 12; Jennißen/*Heinemann* § 21 Rn. 46.; zum früheren Recht BayObLG NZM 1999, 504 (506); ZMR 2001, 470 f.; OLG Hamm WE 1996, 33 (39); KG ZWE 2000, 40 f.; OLG Köln NZM 1999, 126; *Gaier* NZM 2004, 527 (528).

[370] BGH Urteil vom 15. 1. 2010, V ZR 114/09; OLG München NZM 2007, 132 – Abberufung des Verwaltungsbeirats.

[371] BayObLG WE 1992, 197.

[372] BayObLGZ 1965, 34 (41); KG ZWE 2000, 40 f.; ZMR 2001, 470 f.; OLG Hamm WE 1996, 33 (39); OLG Köln NZM 1999, 126.

[373] OLG Hamburg WuM 1993, 705 f.

[374] OLG Düsseldorf ZMR 1994, 520 (523).

[375] KG ZWE 2000, 40 f.

[375a] BGH NZM 2010, 205 (208).

den Antrag abgelehnt haben, fehlt das Rechtsschutzbedürfnis, weil das Beschlussverfahren abgeschlossen ist. Der Rechtsstreit **erledigt** sich, wenn die WEer die ausstehende Regelung während des Verfahrens doch noch beschließen;[376] bis zum Abschluss der Tatsacheninstanzen kann der Antragsteller aber im Wege der Klageerweiterung den Beschluss anfechten und die Gestaltungsklage aufrechterhalten.[377]

Beansprucht ein WEer nach § 21 Abs 4 die **Bestellung eines Verwalters,** so besteht für eine Gestaltungsklage auf gerichtliche Bestellung ein Rechtsschutzbedürfnis nur dann, wenn die WEVers die Bestellung pflichtwidrig unterlassen hat oder unterlassen wird. Für eine Klage auf **Abberufung** durch das Gericht gilt Entsprechendes. 190

Soll der **Wirtschaftsplan** vom Gericht bestimmt werden, so entfällt hierfür das Rechtsschutzbedürfnis nicht mit dem Ende des Wirtschaftsjahres und der Notwendigkeit einer Jahresabrechnung.[378] Zum einen schafft der Beschluss einen Rechtsgrund für die Vorschusszahlungen, welche die WEer trotz Fehlens eines beschlossenen Wirtschaftsplans geleistet haben, zum anderen wirkt er – wegen der Fälligkeit aller Raten des abgelaufenen Jahres – wie ein Sonderumlagenbeschluss, der für die Beschaffung der Mittel zur Tilgung solcher Verbindlichkeiten erforderlich wäre, die wegen des Fehlens eines beschlossenen Wirtschaftsplans und des Fehlens von hierauf beruhenden Beitragsvorschüssen nicht getilgt werden konnten; schließlich kann und sollte die sofortige Wirksamkeit und die Fortgeltung des Wirtschaftsplans bis zu einer neuen Beschlussfassung angeordnet werden, was die weiter erforderliche Liquidität der Gemeinschaft sichert. Verlangt ein WEer gem § 21 Abs. 4 die Genehmigung der **Jahresabrechnung,** so liegt darin auch eine dem Subsidiaritätsprinzip unterliegende Klage auf gerichtliche Ersetzung iS von § 21 Abs. 8.[379] 191

7. Klageänderung, Parteiänderung

Eine Klageänderung unterliegt den allgemeinen Regeln der ZPO. Dasselbe gilt für eine Parteiänderung bei Leistungsklagen und gewöhnlichen Feststellungsklagen. Für die Gestaltungsklagen ergeben sich im WE-Verfahren dagegen Besonderheiten, weil hier mit Ausnahme der klagenden WEer die (übrigen) WEer notwendige Streitgenossen auf der Beklagtenseite sind. Ein Wechsel der Parteirollen ist grundsätzlich nur im allseitigen Einverständnis durch Prozessvertrag möglich, soweit sie nicht aus der Prozessverbindung nach § 47 folgt. 192

8. Parteihäufung

Sind auf der Kläger- oder Beklagtenseite **mehrere WEer** Partei, so handelt es sich wegen § 48 Abs. 3 jeweils – wie früher[380] – um **notwendige Streitgenossen,**[381] vgl. auch § 46 Rn 61 f. 193

Zur **Prozessverbindung** mehrerer Klagen von WEern siehe Erl. zu § 47. Sind auf der Kläger- oder Beklagtenseite der Verband und einzelne WEer Partei, so handelt es sich um einfache Streitgenossen.[382] 194

9. Obligatorisches Schlichtungsverfahren nach § 15 a EGZPO

Nach der Überführung des WEG-Verfahrens in die die ZPO ist auch in Streitigkeiten nach § 43 Nr. 1–3, 5 unter bestimmten Voraussetzungen vor Klageerhebung ein Schlich- 195

[376] KG NJW-RR 1991, 463.
[377] OLG Hamburg WuM 1999, 230.
[378] BayObLG NJW-RR 1991, 1360 f.; aA Merle § 28 Rn 43.
[379] BGH NJW 1985, 912 f.; KG OLGZ 1994, 27 f.
[380] Staudinger/*Wenzel* Vorbem zu §§ 43 ff. Rn 47.
[381] *Bonifacio* ZMR 2007, 592, 594 f.
[382] Hügel/*Elzer* § 13 Rn 293.

tungsverfahren durchzuführen soweit die Länder von der Ermächtigung nach § 15a EGZPO Gebrauch gemacht haben.[383] Anliegen des § 15a EGZPO ist es, Verfahrenskosten und Gerichtsbelastung insgesamt und auf lange Sicht zu verringern sowie bestimmte Konflikte einer raschen Lösung zuzuführen.[383a] Dieser Zweck gilt auch im WEG-Verfahren. Die Durchführung des Verfahrens ist **Prozessvoraussetzung.**[384]

196 Das Verfahren kommt nach § 15a Abs. 1 EGZPO jedoch nur in Betracht
- für vermögensrechtliche Streitigkeiten unter den WEern (§ 43 Nr. 1), zwischen der WEgem und WEern (§ 43 Nr. 2) oder zwischen dem Verwalter und der WEgem (§ 43 Nr. 3) bzw. WEern (§ 43 Nr. 3), sofern der Streitwert 750,– € nicht übersteigt;
- für Nachbarrechtsklagen nach §§ 906, 910, 911, 923 BGB (evtl. iVm § 1004 BGB)[385] oder den landesrechtlichen Nachbarrechtsgesetzen;
- für Streitigkeiten über Ansprüche nach Abschnitt 3 AGG.

197 Das Schlichtungsverfahren **findet** dagegen **nicht statt** bei fristgebundenen Klagen (§ 15a Abs. 2 S. 1 Nr. 1 EGZPO), also bei Beschlussanfechtungsklagen nach §§ 43 Nr. 4, 46, bei Mahnverfahren nach § 43 Nr. 6 (§ 15a Abs. 2 S. 1 Nr. 5 EGZPO), vollstreckungsrechtlichen Klagen nach dem Achten Buch der ZPO (§ 15a Abs. 2 S. 1 Nr. 6 EGZPO), sowie bei **Zahlungsansprüchen,** soweit das jeweilige Landesrecht diese von der obligatorischen Streitschlichtung ausgenommen hat.[386]

198 Scheitert das Schlichtungsverfahren oder ist es nicht binnen einer Frist von 3 Monaten durchgeführt worden, so stellt die Gütestelle eine **Erfolglosigkeitsbescheinigung** aus, die der Klage beizufügen ist. Die Bescheinigung ist für das Gericht bindend, auch wenn ein Güteverfahren tatsächlich nicht stattgefunden hat.[387] Wird die Klage ohne vorheriges Güteverfahren erhoben, so ist sie von dem WE-Gericht als derzeit unzulässig abzuweisen.[388] Das gilt auch im Berufungsverfahren, wenn das Erstgericht die Durchführung des Verfahrens zu Unrecht für entbehrlich gehalten hat.[389]

10. Schiedsabrede, Schlichtungsvereinbarung

199 Nicht von Amts wegen, sondern als prozesshindernde Einreden nur auf entsprechende **Rüge** hin zu beachten sind:

200 **a) Schiedsabrede.** Zur Zulässigkeit des Verfahrens gehört, dass ihr keine Schiedsvereinbarung entgegensteht. Sie ist in WE-Sachen allerdings nur für **privatrechtliche Streitsachen** zulässig, über welche die Beteiligten verfügen und einen **Vergleich** schließen können.[390] Ausgeschlossen sind Regelungen für den Fall der Insolvenz eines WEers und über Rechtsbehelfe in der Zwangsvollstreckung. Dagegen kann für Streitigkeiten nach § 43 1 bis 5, also auch für Beschlussanfechtungsverfahren,[391] die Zuständigkeit eines Schiedsgerichts vereinbart werden.[392]

201 Auf eine solche Vereinbarung sind die Vorschriften der **§§ 1025 ff. ZPO** entsprechend anzuwenden. Die Schiedsvereinbarung kann in der **TErkl** nach § 8 (Schiedsverfügung)

---

[383] IE näher *Bitter* NJW 2005, 1235; *Scheuer* MietRB 2007, 159; Die einzelnen Schlichtungsgesetze sind abgedruckt in Schönfelder, Deutsche Gesetze, Ergänzungsband, Nr. 104ff.

[383a] BGH NZM 2010, 93.

[384] BGH NJW 2005, 437 (438) = NZM 2005, 154 = ZMR 2005, 181; NJW-RR 2009, 1230 = NZM 2009, 537.

[385] Vgl. LG München I IMR 2008, 362.

[386] BGH NJW-RR 2009, 1230 = NZM 2009, 537 für Hessen.

[387] BGH, Urt. v. 20. 11. 2009, V ZR 94/09, Juris.

[388] BGHZ 161, 148.

[389] *Rimmelspacher/Arnold* NJW 2006, 17 (19).

[390] Begr z § 43 BT-Drucks 1/1802; PiG 8, 238; BayObLGZ 1973, 1.

[391] AA Hügel/*Elzer* § 13 Rn 179.

[392] Jennißen/*Suilmann* Rn 9; iE *Merle* in Voraufl. Vor § 43 Rn 12f.

oder in dem **Teilungsvertrag** nach § 3, aber auch in dem **Bauträgervertrag** zwischen teilendem Eigentümer und Erwerber enthalten sein. Sie ist eine an das Eigentum gebundene, beurkundete Regelung, die nicht in einer gesonderten Urkunde festgehalten werden muss (vgl. § 1031 Abs 5 S 2 ZPO). Ist sie nicht als Inhalt des SEs in dem **Grundbuch** eingetragen, sondern lediglich in dem Bauträgervertrag enthalten, wirkt sie gegen einen Sondernachfolger nur, wenn ihm auch ein Recht aus diesem Vertrag abgetreten wird, als dessen Eigenschaft die Schiedsklausel gem §§ 401, 412 BGB mit übergeht.[393] Dasselbe gilt für eine nachträglich von allen WEern vereinbarte Schiedsklausel. Die Zuständigkeit des Schiedsgerichts kann dagegen nicht durch „vereinbarungsändernden Mehrheitsbeschluss",[394] wohl aber im Einzelfall im Wege **stillschweigender Vereinbarung** dadurch begründet werden, dass sich sämtliche Beteiligte für die Zuständigkeit des Schiedsgerichts aussprechen und in der mündlichen Verhandlung selbst oder schriftlich auf die gerichtliche Verhandlung zur Hauptsache einlassen (§ 1031 Abs. 6 ZPO).

Für Streitigkeiten zwischen den WEern und dem Verwalter kann die Zuständigkeit eines Schiedsgerichts nur durch eine gesonderte (§ 1031 ZPO) Schiedsvereinbarung mit dem Verwalter begründet werden. Das Schiedsgericht entscheidet endgültig. Ein beim WE-Gericht eingereichter Antrag ist als unzulässig abzuweisen, wenn der Antragsgegner sich auf die Abrede beruft, § 1032 ZPO. Als Schiedsgericht steht das von dem Dachverband Deutscher Immobilienverwalter eV, dem Evangelische Siedlungswerk in Deutschland eV und von dem Deutschen Volksheimstättenwerk eV gegründete „Deutsche Ständige Schiedsgericht für Wohnungseigentumssachen in Berlin" zur Verfügung. **202**

b) Schiedsgutachtenvereinbarung. Zulässig ist auch ein **Schiedsgutachtenvertrag,** nach dem entscheidungserhebliche Tatsachen, wie zB Schäden an den im GemE stehenden Gebäudeteilen, von einem Schiedsgutachter festzustellen sind.[395] Solange dieser seine Feststellungen noch nicht getroffen hat, ist ein bei Gericht anhängiger Antrag unbegründet. **203**

c) Schlichtungsvereinbarung (Vorschaltverfahren). Die WEer können schließlich gem § 10 Abs 1 S 2 durch Vereinbarung **(Schlichtungsvereinbarung),** nicht auch durch Beschluss, eine Regelung treffen, dass vor der Einleitung eines gerichtlichen Verfahrens nach § 43 der Verwaltungsbeirat[396] oder die WEVers angerufen werden muss (**Vorschaltverfahren,** § 10 Rn 85, § 12 Rn 13). Die Regelung kann auch in der GemO niedergelegt sein.[397] § 1031 ZPO ist nicht, auch nicht entsprechend anwendbar.[398] Die Durchführung des Vorschalt- oder Güteverfahrens ist Zulässigkeitsvoraussetzung für das gerichtliche Verfahren.[399] Ist die Anrufung der WEVers vereinbart, ist ein unmittelbar an das WE-Gericht gerichteter Antrag ausnahmsweise dann zulässig, wenn der Verwalter die Einberufung der Versammlung unter – unzutreffendem – Hinweis auf das Quorum des § 24 Abs. 2 oder auf die – noch weit entfernte – nächste ordentliche Jahrsversammlung ablehnt,[400] wenn die übrigen Eigentümer bereits hinreichend zum Ausdruck gebracht haben, dass sie das Begehren des Antragstellers ablehnen,[401] oder wenn sie bereits aus anderem Anlass wiederholt mit der Sache befasst waren.[402] Auch die Schlichtungsvereinbarung kann – wie die Schiedsabrede – zum **Inhalt des SEs** gemacht werden. **204**

[393] Vgl BGH NJW 1978, 1585; 2000, 2346.
[394] Dt Ständiges Schiedsgericht ZWE 2001, 323; *Wenzel* ZWE 2000, 2, 6.
[395] *Weitnauer/Lüke* § 10 Rn 40; *Niedenführ*/Kümmel/Vandenhouten Rn 14.
[396] BayObLG WE 1996, 36 f.; WE 1996, 236 f.; OLG Frankfurt NZM 2008, 290.
[397] BayObLG WE 1996, 236 f.
[398] BayObLG WE 1996, 236 f mwN.
[399] BayObLG WE 1992, 57; 1996, 236 f.; OLG Frankfurt NZM 2008, 290 (291).
[400] BayObLG WE 1987, 92.
[401] BayObLG ZMR 1991, 231 f.; OLG Frankfurt OLGZ 1988, 63.
[402] BayObLG WE 1992, 57.

VII. Einstweiliger Rechtsschutz

205 Für den einstweiligen Rechtsschutz gelten die Vorschriften der §§ 916 bis 945 ZPO. Er ist auch schon vor Anhängigkeit der Hauptsache zulässig. Das Gericht hat dann aber nach §§ 926 Abs. 1, 936 ZPO auf Antrag anzuordnen, dass der Antragsteller binnen einer zu bestimmenden Frist Klage zu erheben habe.

1. Arrest

206 Der Arrest dient der Sicherung der Zwangsvollstreckung wegen einer Geldforderung oder eines Anspruchs, der in eine solche übergehen kann (§ 916 ZPO). So kann in Zahlungsstreitigkeiten, zB um Beiträge oder Schadensersatz, vorweg zur Sicherung der Zwangsvollstreckung unter den Voraussetzungen der §§ 916 ff. ZPO ein dinglicher oder persönlicher **Arrest** ergehen.[403] Ebenso kann gegen säumige WEer, die im Ausland wohnen oder dorthin verziehen, ohne einen inländischen Bevollmächtigten zu benennen, oder die unbekannten Aufenthalts sind, die **Eintragung einer Höchstbetragssicherungshypothek** an nächstoffener Rangstelle über die Hauptsacheforderung und geschätzte Kosten angeordnet werden. Die Eintragung durch das Grundbuchamt erfolgt im Wege der Zwangsvollstreckung gemäß § 932 ZPO nach § 867 ZPO, so dass die Vollziehung des Arrestes noch vor seiner Zustellung an den Schuldner zulässig ist, aber ohne Wirkung bleibt, wenn die Zustellung nicht innerhalb einer Woche nach Eingang des Eintragungsantrags und zugleich innerhalb der Vollziehungsfrist des § 929 Abs 2 ZPO erfolgt (§ 932 Abs. 3 ZPO).

2. Einstweilige Verfügung

207 Die einstweilige Verfügung dient der Sicherung eines Individualanspruchs auf eine gegenständliche Leistung (§ 935 ZPO) oder des Rechtsfriedens (§ 940 ZPO), ausnahmsweise auch der vorläufigen Befriedigung eines Anspruchs (§ 940 ZPO). Voraussetzung ist, dass zur Abwendung wesentlicher Nachteile eine vorläufige Sicherung im Eilverfahren notwendig ist. So verhält es sich nur, wenn nach dem glaubhaft gemachten Vorbringen des Antragstellers die objektiv begründete Gefahr besteht, dass durch eine Veränderung des status quo die Rechtsverwirklichung im gegenwärtigen oder zukünftigen Hauptverfahren vereitelt oder erschwert werden könnte. Hieran fehlt es, wenn dem Antragsteller auch mit einer späteren Realisierung seines Rechts gedient ist, wenn er längere Zeit dessen Beeinträchtigung hingenommen hat[404] oder bereits ein vollstreckbarer Titel vorliegt.

208 **a) Leistungsverfügung.** Die Vorläufigkeit des Rechtsschutzes bringt es mit sich, dass die Verfügung die Hauptsache nicht vorwegnehmen und auch über den Rahmen der Hauptsache nicht hinausgehen darf. Einstweilige Verfügungen, welche die volle Befriedigung des Gläubigers zum Ziel haben, sind daher idR unzulässig. Hierher gehören zB Verfügungen auf vertragsgemäße Stimmabgabe bei – zulässigen – Stimmbindungsverträgen, auf Zahlung von Beitragsschulden durch den säumigen WEer oder auf Herausgabe sämtlicher Verwaltungsunterlagen durch den ausgeschiedenen Verwalter. Befriedigungsverfügungen können nur **ausnahmsweise** bei Vorliegen besonderer Umstände nach gehöriger Interessenabwägung zur Behebung einer akuten Notlage zulässig sein. Das ist insbesondere der Fall, wenn der Antragsteller auf die sofortige Erfüllung so dringend angewiesen ist, dass er ein ordentliches Verfahren nicht abwarten kann, ohne unverhältnismäßigen großen Schaden zu erleiden. Hierher gehören zB die **vorläufige Weiterleitung von Versorgungsleistungen** wie Strom, Wasser und Heizenergie, ggfs auch **Abschlagszahlungen**

[403] Vgl. zum früheren Recht OLG Hamburg WuM 1999, 598; *Hess* ZMR 2001, 14.
[404] LG München I ZMR 2009, 146 = ZWE 2009, 84 m. Anm. *Briesemeister.*

auf die beschlossenen Beitragszahlungen oder Sonderumlagen zur dringend benötigten Liquidität der WEgem sowie die Einsichtnahme in dringend benötigte einzelne Unterlagen des ausgeschiedenen Verwalters und Anfertigung von Kopien. Weitergehend kann im Wege der einstweiligen Verfügung auch die die unbedingte Herausgabe von Gegenständen bei verbotener Eigenmacht[405] oder die **Herausgabe sämtlicher Verwaltungsunterlagen** durch den abberufenen oder ausgeschiedenen Verwalter angeordnet werden, wenn die Gemeinschaft zur Aufrechterhaltung ihres Rechnungswesens auf deren Besitz angewiesen ist; ein Zurückbehaltungsrecht wegen offener Honoraransprüche steht ihm dann nicht zu.[406] Ferner kann der Kläger durch eine gegen den Verwalter gerichtete Verfügung die nach § 44 notwendige Vorlage einer Eigentümerliste gemäß § 142 Abs. 1 ZPO erzwingen, sofern nicht das Gericht auf die Vorlage verzichtet oder der Verwalter herausgabebereit ist.[407]

b) Regelungsverfügung. Zulässig sind schließlich einstweilige Verfügungen zur einstweiligen Sicherung oder Regelung eines bestehenden Zustands bzw. Gebrauchs nach § 15, wie zB Verfügungen auf **Unterlassung** einer missbräuchlichen Nutzung von GemE, auf **Einstellung** einer unzulässigen baulichen Veränderung, auf Gestattung des Zutritts zwecks Durchführung einer dringenden Reparatur des GemEs oder auf einstweilige Einsetzung eines vorläufigen Verwalters.[408] Auch kann durch einstweilige Verfügung die Einberufung,[409] die Durchführung einer nicht ordnungsgemäß einberufenen WEVers oder die Abstimmung über bestimmte Beschlussanträge untersagt,[410] oder die vorläufige Bestellung eines Verwalters,[411]sowie die befristete Herausgabe von Unterlagen zur Einsicht[412] angeordnet werden. 209

Zulässig ist ferner eine einstweilige Verfügung auf vorläufige **Aussetzung der Durchführung eines angefochtenen Beschlusses.**[413] Allerdings ist ein Verfügungsgrund nur dann gegeben, wenn glaubhaft gemacht wird, dass dem Anfechtungskläger ein Warten auf den Ausgang des Anfechtungsprozesses etwa wegen drohender irreparabler Schäden oder offenkundiger Rechtswidrigkeit des Beschlusses nicht zugemutet werden kann.[414] Zulässig sind ferner Verfügungen auf **Unterlassung** der Zwangsvollstreckung oder auf Untersagung jeglicher Verwaltertätigkeit im Falle der Anfechtung des Bestellungsbeschlusses.[415] Jedoch können durch einstweilige Verfügung nicht der Wirtschaftsplan als Finanzierungsgrundlage der Gemeinschaft außer Kraft gesetzt, allenfalls kann ein wesentlich überhöhter Gesamtansatz auf ein angemessenes Maß reduziert werden.[416] 210

c) Verfahren. Der Antrag richtet sich gegen den jeweiligen Anspruchsgegner. Sind das die übrigen WEer., so sind sie in der Antragsschrift nach § 44 zu bezeichnen. Zur Vorlage einer Eigentümerliste vgl. § 44 Rn 10f. Ggf ist der Verwalter nach § 48 Abs. 1 S. 2 beizuladen. Bei einem Antrag auf vorläufige Bestellung eines Verwalters hat der Antragsteller einen oder mehrere Personen zu benennen und deren Einverständnis, auch mit der Dauer der Bestellung sowie dem vorgeschlagenen Entgelt, glaubhaft zu machen. Der Verfügungsgrund entfällt mit der Bestellung eines Verwalters durch die WEVers. Der 211

---

405 OLG Saarbrücken MDR 2003, 1198.

406 OLG Hamm BeckRS 2007, 06 692.

407 Vgl. OLG Saarbrücken ZMR 2007, 141; LG Stuttgart ZMR 2009, 77 (78).

408 Vgl. *Bonifacio* MietRB 2007, 216 (219).

409 Vgl. AG Niebüll ZMR 2009, 82.

410 AG Wangen ZWE 2008, 146; Jennißen/*Suilmann* Rn 180, 181.

411 LG Stuttgart ZMR 2009, 148; *Briesemeister* NZM 2009, 64 (67 f.); zweifelnd *Moosheimer*, ZMR 2009, 812 (817).

412 AG Kelheim ZMR 2008, 83.

413 AG München ZMR 2009, 806; *Bonifacio* ZMR 2007, 592 (596).

414 Vgl. LG München I ZMR 2009, 73.

415 LG München I NZM 2009, 73.

416 Jennißen/*Suilmann* § 46 Rn 177.

Antrag und das Verfahren I. Instanz ist vom Anwaltszwang befreit (§§ 78 Abs. 5, 936, 920 Abs. 3 ZPO), nicht dagegen das Beschwerdeverfahren gegen eine ohne mündliche Verhandlung ergangene Entscheidung. Die Verfügung bedarf der Zustellung an die Antragsgegner binnen Monatsfrist (§§ 936, 929 ZPO). Hat sich der Verfügungsgrund erledigt, kann nach § 927 ZPO die Aufhebung der Verfügung beantragt werden.

§ 44 Bezeichnung der Wohnungseigentümer in der Klageschrift

(1) [1] **Wird die Klage durch oder gegen alle Wohnungseigentümer mit Ausnahme des Gegners erhoben, so genügt für ihre nähere Bezeichnung in der Klageschrift die bestimmte Angabe des gemeinschaftlichen Grundstücks; wenn die Wohnungseigentümer Beklagte sind, sind in der Klageschrift außerdem der Verwalter und der gemäß § 45 Abs. 2 Satz 1 bestellte Ersatzzustellungsvertreter zu bezeichnen.** [2] **Die namentliche Bezeichnung der Wohnungseigentümer hat spätestens bis zum Schluss der mündlichen Verhandlung zu erfolgen.**

(2) [1] **Sind an dem Rechtsstreit nicht alle Wohnungseigentümer als Partei beteiligt, so sind die übrigen Wohnungseigentümer entsprechend Absatz 1 von dem Kläger zu bezeichnen.** [2] **Der namentlichen Bezeichnung der übrigen Wohnungseigentümer bedarf es nicht, wenn das Gericht von ihrer Beiladung gemäß § 48 Abs. 1 Satz 1 absieht.**

Übersicht

I. Normzweck

1 Gemäß § 253 Abs. 2 Nr. 1 ZPO müssen die Parteien so bezeichnet werden, dass an ihrer Identität keine Zweifel bestehen und sich die betroffene Partei für jeden Dritten ermitteln lässt.[1] Zur Vereinfachung hat die frühere Praxis es zugelassen, die WEer als Gläubiger eines Leistungsanspruchs mit der Sammelbezeichnung „Wohnungseigentümergemeinschaft X-Straße, vertreten durch den Verwalter Y" zu benennen.[2] Die Einreichung einer Eigentümerliste war nicht Bestimmtheits-, sondern nur Beteiligungserfordernis. Anders verhielt es sich in Passivprozessen. Hier war die Vorlage einer Eigentümerliste Bestimmtheitserfordernis, dem noch in der Rechtsmittelinstanz entsprochen werden konnte.[3] Satz 1 bezweckt, die **Zulässigkeit der Kurzbezeichnung** nunmehr ausdrücklich festzuschreiben und für das Beklagtenrubrum die **Benennung des Verwalters** bzw. des nach § 45 Abs. 2 S. 1 bestellten Ersatzzustellungsvertreters vorzuschreiben. Satz 2 hält an der Vorlage einer **Eigentümerliste** fest, die spätestens bis zum Schluss der mündlichen Verhandlung vorgelegt werden muss. Abs. 2 regelt Besonderheiten.

[1] BGH NJW 1977, 1686.

[2] BGHZ 78, 166 (173); BGH NJW 1977, 1686; ähnlich BGH NJW 1993, 2943 (2944); BayObLG NJW-RR 1987, 1039 (1040); ZMR 2004, 926 (927) und für Verwaltungsakte BVerwG NJW-RR, 1995, 73 (74); OVG Münster NJW-RR 1992, 458 (459).

[3] BayObLG ZMR 2002, 136 (137); NJW-RR 2002, 732 (733); ähnlich ZMR 2004, 842 (843); krit. *Derleder* PiG 63, 40.

II. Rechtsstreit unter allen Wohnungseigentümern (Abs. 1)

1. Anwendungsbereich von Abs. 1

Abs. 1 betrifft die Klage durch oder gegen **alle WEer** mit Ausnahme des Gegners. Die Vorschrift geht auf den Gesetzentwurf der Bundesregierung zurück,[4] der die Anerkennung der Rechtsfähigkeit durch den BGH noch nicht berücksichtigt hatte. Die Bestimmung ist auch im Hinblick auf die Gegenäußerung zu der Stellungnahme des Bundesrats nicht der Änderung der Rechtslage angepasst worden. Sie ist daher samt der Gesetzesbegründung für einen Teil der Prozesse obsolet, den sie mit erfassen sollte, nämlich für alle Rechtsstreitigkeiten **durch oder gegen die WEgem** wie z. B. die Beitragsverfahren der WEgem. Hier gilt für das Aktivrubrum § 10 Abs. 6 S. 4 und für das Passivrubrum Rn 4. Soweit danach ein persönlicher Anwendungsbereich für Abs. 1 verbleibt, gilt er sachlich nicht nur für zivilrechtliche Streitigkeiten, sondern auch für **verwaltungsrechtliche Verfahren.**[5] Darüber hinaus ist die Vorschrift von ihrem Zweck her nicht nur auf die Klageschrift anwendbar, sondern auf alle verfahrenseinleitenden Schriftsätze, wie zB Rechtsmittelschriften, Restitutionsklagen oder Anträge auf Erlass eines Arrestes oder einer einstweiligen Verfügung. 2

§ 44 kommt für das **Aktivrubrum** nur in dem seltenen Fall zum Tragen, dass alle WEer einen ihnen jeweils zustehenden Individualanspruch geltend machen, der nicht von der geborenen oder gekorenen Ausübungsbefugnis der WEgem erfasst wird, wie z. B. der Abwehranspruch nach § 1004 BGB gegen einzelne WEer oder gegen Dritte wegen Beeinträchtigung des GemEs, solange die WEgem die Rechtsverfolgung nicht an sich gezogen hat. Ermächtigen die WEer in einem solchen Fall den Verwalter zur Prozessvertretung nach § 27 Abs. 2 Nr. 3, so wird die Ermächtigung jedoch in der Regel dahin auszulegen sein, dass die Ansprüche durch die WEgem geltend gemacht werden sollen, weil nur dies ordnungsmäßiger Verwaltung entspricht (§ 43 Rn 150). 3

Für das **Passivrubrum** hat die Vorschrift vor allem für **Binnenstreitigkeiten** nach § 43 Nr. 1 und 4 Bedeutung. Auf **Außenstreitigkeiten** mit der WEgem (§ 43 Nr. 2) oder mit einem Dritten (§ 43 Nr. 5), auf Klagen gegen alle WEer, ist sie dagegen nicht unmittelbar anwendbar.[6] Dies ergibt sich aus dem Wortlaut „... Klage durch oder gegen *alle Wohnungseigentümer mit Ausnahme des Gegners*" und der Tatsache, dass auch der Halbsatz 2 den Halbsatz 1 voraussetzt („außerdem"). Jedoch ist die Vorschrift ihrem Zweck nach auf solche Klagen entsprechend anzuwenden, sofern die WEer nicht als Individualschuldner, sondern als Gesamtschuldner in Anspruch genommen werden. Das ist zB bei einem Gebührenbescheid der Fall, durch den die WEer auf Zahlung der ihnen als Grundstücksmiteigentümer obliegenden kommunalrechtlichen Abgaben in Anspruch genommen werden. Die Vorschrift findet dagegen keine Anwendung auf die Beitragszahlungsklage der WEgem oder die Klage von Gläubigern nach § 10 Abs. 8,[7] weil hier die WEer nicht als Gesamtschuldner, sondern als Individualschuldner in Anspruch genommen werden. Sie sind deswegen auch einzeln bestimmt zu bezeichnen. 4

2. Kurzbezeichnung aller übrigen Wohnungseigentümer

Für eine Klage durch oder gegen alle WEer genügt für die Parteibezeichnung der WEer mit Ausnahme des Gegners die Angabe des gemeinschaftlichen Grundstücks nach der **postalischen Anschrift** der Liegenschaft oder nach der Grundbucheintragung. Dies entspricht teilweise den in § 10 Abs. 6 S. 4 für die Bezeichnung der WEgem geforderten Angaben (§ 10 Rn 214), unterscheidet sich von diesen jedoch dadurch, dass die Bezeich- 5

[4] BT-Drucks. 16/887 S. 7, 35 f.
[5] NK-BGB-*Heinemann* § 44 Rn 2.
[6] AA Jennißen/*Suilmann* Rn 5.
[7] Jennißen/*Suilmann* Rn 5.

nung „Wohnungseigentümergemeinschaft“ dem Verband als Rechtssubjekt vorbehalten bleibt. Vorgeschlagen wird daher die Formulierung „Wohnungseigentümer der Wohnungseigentumsanlage X-Straße, PLZ Ortsbezeichnung“[8] oder „Wohnungseigentümer der Wohnungseigentumsanlage, eingetragen im Grundbuch X, Grundbuchblätter Nrn …“.

6 Bei der **Anfechtungsklage** sind auf der Klägerseite der bzw. die anfechtenden WEer oder der anfechtende Verwalter zu bezeichnen. Auf der Beklagtenseite sind es bei einer von WEern erhobenen Klage – entsprechend dem früheren Recht[9] – die übrigen WEer, bei der Anfechtungsklage des Verwalters sämtliche WEer. Entsprechendes gilt für die übrigen Beschlussmängelklagen (§ 46 Rn 38). Ob die Klage tatsächlich gegen die WEer als Beklagte gerichtet ist, es sich also bei einem hiervon abweichenden Beklagtenbenennung ersichtlich um eine **Falschbezeichnung** handelt, muss im Wege einer am Rechtsschutzziel orientierten Auslegung nicht nur nach dem Rubrum der Klageschrift oder nach dem Klageantrag, sondern auch nach der Klagebegründung beurteilt werden. Im Zweifel ist dem Kläger ein Hinweis mit der Möglichkeit der Klarstellung zu geben. Die **Anfechtungsfrist** ist jedoch selbst dann **gewahrt,** wenn die Klarstellung erst nach deren Ablauf erfolgt oder eine verfehlt gegen die WEgem erhobene Klage bis zum Ablauf der in Abs. 1 S. 2 bestimmten Frist im Wege des gewillkürten Parteiwechsels auf die übrigen WEer umgestellt wird.[10] (§ 46 Rn 43 f.).

3. Bezeichnung des Verwalters und des Ersatzzustellungsvertreters

7 Um die unverzügliche Zustellung gem. § 45 sicherzustellen, sind für den Passivprozess gegen die (übrigen) WEer auch der Verwalter und der gem. § 45 Abs. 2 S. 1 bestellte Ersatzzustellungsvertreter zu bezeichnen. Denn die Entscheidung, an wen zuzustellen ist, obliegt allein dem Gericht.[11] Von einer entsprechenden Regelung für Aktivprozesse hat der Gesetzgeber abgesehen, weil eine gemeinschaftliche Klage der WEer, soweit sie nicht von der WEgem erhoben wird, ohnehin durch einen Prozessbevollmächtigten vertreten wird, an den gem. § 172 Abs. 1 S. 1 ZPO zuzustellen ist. Dasselbe gilt für den Verwalter als ermächtigten Prozessvertreter nach § 27 Abs. 2 Nr. 3, vgl. § 45 Rn 5.

8 Die Bezeichnung des Verwalters und des Ersatzzustellungsvertreters gehören nicht zu den für die Bestimmtheit der Parteibezeichnung notwendigen Angaben nach § 253 Abs. 2 Nr. 1 ZPO, sind also **keine Zulässigkeitsvoraussetzung,** sondern **Zustellungsvoraussetzung,** weil verfahrenseinleitende Schriftsätze nach § 27 Abs. 2 Nr. 2 an den Verwalter zugestellt werden müssen (§ 45 Rn 8).[12] Das hat zur Folge, dass bei fehlender oder verspäteter Angabe die Klagefrist versäumt wird, weil die Zustellung nicht mehr „demnächst“ erfolgen kann und eine Rückwirkung nach § 167 ZPO damit ausscheidet.[13] Eine Klageabweisung als unzulässig kommt nur bei Verweigerung der notwendigen Angaben trotz richterlichen Hinweises in Betracht.[14]

9 **Gibt es keinen Verwalter** oder gewillkürten Ersatzzustellungsvertreter, an den zugestellt werden kann, und hat das Gericht einen Ersatzzustellungsvertreter noch nicht bestellt, muss der Kläger die beklagten WEer schon in der Klageschrift iE namentlich benennen.[15] Er kann dazu auf eine **Eigentümerliste** verweisen, die er in diesem Fall entgegen Abs. 1 S. 2 nicht erst zum Schluss der mündlichen Verhandlung vorlegen, sondern **mit der**

---

[8] Hügel/*Elzer* § 13 Rn 74.
[9] BGH NJW 2005, 2061 (2068).
[10] BGH ZWE 2010, 33 (34) = NZM 2010, 46 m. Anm. Bergerhoff NZM 2010, 32.
[11] BT-Drucks. 16/887 S. 36.
[12] AA NK-BGB-*Heinemann* § 44 Rn 13.
[13] *Bergerhoff* NZM 2007, 425 (426).
[14] BGHZ 102, 332 (336).
[15] Jennißen/*Suilmann* Rn 7.

Klageschrift einreichen muss, damit das Gericht einen Ersatzzustellungsvertreter bestellen oder die Zustellung an die einzelnen WEer veranlassen kann.

4. Eigentümerliste (Abs. 1 S. 2)

a) Bedeutung. Die Kurzbezeichnung der WEer mit Ausnahme des Gegners soll die unverzügliche Zustellung sicherstellen, die namentliche Bezeichnung der WEer mit Angabe der ladungsfähigen Anschrift[16] aber nicht ersetzen.[17] Deswegen ist eine Eigentümerliste mit Angabe der ladungsfähigen Anschrift nach wie vor einzureichen. Dies gilt nicht nur für den Passivprozess, um die Vollstreckung eines gegen die WEer ergehenden Titels zu ermöglichen,[18] sondern auch für den Aktivprozess, weil zu Beginn des Verfahrens noch ungewiss ist, ob die Kläger hinsichtlich der gerichtlichen und außergerichtlichen Kosten des Verfahrens möglicherweise zu Vollstreckungsschuldnern werden.[19] Die namentliche Bezeichnung der WEer mit Ausnahme des Gegners ist daher in beiden Verfahren nicht Zustellungserfordernis, sondern **Bestimmtheitserfordernis.** Sie dient der Individualisierung und Konkretisierung der Parteien bei Einleitung des Verfahrens und der Rechtskraftwirkung sowie der vollstreckungsrechtlichen Bestimmtheit im Aktiv- und Passivprozess der WEer. 10

b) Vorlagezeitpunkt. Die Liste muss idR nicht schon zusammen mit der Klage eingereicht werden, weil dies insbesondere bei der fristgebundenen Anfechtungsklage oft kaum möglich ist, sondern kann bis zum **Schluss der mündlichen Verhandlung** vorgelegt werden. Ist das dem Kläger aus von ihm nicht zu vertretenden Gründen nicht möglich, kann das Gericht dem Verwalter auf einen bis zum Schluss der mündlichen Verhandlung zu stellenden Antrag die Vorlage einer aktuellen Liste entspr. § 142 ZPO aufgeben.[20] 11

Nach dem Wortlaut der Vorschrift hat die namentliche Bezeichnung der WEer „spätestens" bis zum Schluss der mündlichen Verhandlung zu erfolgen. Dies ist entweder die Verhandlung im **frühen ersten Termin** (§ 275 ZPO) bzw. **Haupttermin** (§ 272 Abs. 1 ZPO) oder der ihm im **schriftlichen Verfahren** entsprechende Zeitpunkt, bis zu dem Schriftsätze eingereicht werden können (§ 128 Abs. 2 S. 2 ZPO). Veranlasst der Vorsitzende ein schriftliches Vorverfahren (§ 276 ZPO), ist die Liste innerhalb der den Beklagten gesetzten Frist nach § 276 Abs. 1 S. 1 ZPO einzureichen, weil nach deren fruchtlosem Ablauf ein Versäumnisurteil nur ergehen kann, wenn die Beklagten auch namentlich bezeichnet sind. Dagegen ist die namentliche Bezeichnung der WEer in einem nach § 283 ZPO **nachgelassenen Schriftsatz** zum Vorbringen des Klägers verspätet, sofern sich der Nachlass nicht ausdrücklich auch hierauf bezieht. Mit der Berufung kann die im ersten Rechtszug versäumte Bezeichnung nicht nachgeholt werden. 12

In **Ausnahmefällen** ist die Eigentümerliste schon **mit der Klageschrift** oder einem anderen verfahrenseinleitenden Schriftsatz vorzulegen. Das ist vor allem dann der Fall, wenn ein **Zustellungsvertreter,** an den zugestellt werden könnte, noch **nicht bestellt** ist oder wenn ein **selbstständiges Beweisverfahren** oder ein Eilverfahren auf Erlass eines **Arrestes** oder einer **einstweiligen Verfügung** eingeleitet wird, in dem das Gericht ohne mündliche Entscheidung durch Beschluss entscheiden kann, und eine Zustellung an einen Zustellungsvertreter nicht möglich oder zulässig ist. Liegt die Liste dem verfahrenseinleitenden Schriftsatz nicht bei, muss sie spätestens in der vom Gericht zu bestimmenden Frist vorgelegt werden. Geschieht dies nicht, ist die Klage oder der Antrag mangels der erforderlichen Bestimmtheit als unzulässig abzuweisen. Die Individualisierung der Partei kann nicht 13

---

[16] BGH NJW-RR 2004, 1503.

[17] BT-Drucks. 16/887 S. 35 f.

[18] BayObLG ZMR 2002, 136 (137); NJW-RR 2002, 732 (733); ähnlich ZMR 2004, 842 (843); krit. *Derleder* PiG 63, 40.

[19] BT-Drucks. 16/887 S. 36.

[20] Vgl. LG Stuttgart NZM 2009, 165 (166); *Abramenko* § 7 Rn 26.

etwa dem Vollstreckungsverfahren überlassen bleiben, sondern ist schon Voraussetzung der Bestimmtheit des Vollstreckungstitels.[21]

14 **c) Zeitlicher Bezugspunkt (Stichtag).** Fraglich ist, auf welchen Zeitpunkt sich die Eigentümerliste beziehen muss. Da ein Eigentümerwechsel nach Rechtshängigkeit auf den Fortgang des Prozesses grds. keinen Einfluss hat (§ 265 ZPO) und auch Änderungen der ladungsfähigen Anschrift im Laufe des Verfahrens nicht zur Klageabweisung führen,[22] muss die Eigentümerliste dem **Grundbuchstand bei Rechtshängigkeit** entsprechen.

III. Rechtsstreit unter einzelnen Wohnungseigentümern (Abs. 2)

15 Sind an dem Rechtsstreit nicht alle WEer als Partei beteiligt, so muss der Kläger in der Klageschrift nur die *beklagten* WEer nach § 253 Abs. 2 Nr. 1 ZPO bestimmt bezeichnen. Darüber hinaus hat er die *übrigen* WEer (§ 48 Rn 8f) entsprechend Abs. 1 mit der Kurzbezeichnung nach dem gemeinschaftlichen Grundstück unter Angabe des Verwalters sowie Ersatzzustellungsvertreters zu benennen. Dies steht im Zusammenhang mit § 48 Abs. 1 S. 1 und soll von vorneherein die **Beiladung der übrigen WEer** über den Verwalter ermöglichen. Auch hier müssen Namen und ladungsfähige Anschriften spätestens bis zum maßgeblichen Zeitpunkt (Rn 11 f.) vollständig nachgereicht werden, es sei denn, das Gericht sieht von einer Beiladung ab.

16 Die Vorschrift ist weitgehend sinnentleert, weil die Beiladung auf Grund der Kurzbezeichnung nach Satz 1 auch ohne ladungsfähige Anschrift über den Verwalter erfolgen kann und die ladungsfähige Anschrift weder für die Vollstreckung noch für die subjektive Rechtskrafterstreckung erforderlich ist. Die Vorlage einer Eigentümerliste gleichwohl zu verlangen, ist unnütze Förmelei. Die **Nichtvorlage** kann daher auch keine prozessualen Folgen nach sich ziehen. Anders verhält es sich nur dann, wenn die Beiladung nicht über einen Zustellungsvertreter erfolgen kann, weil es einen solchen nicht gibt oder er von der Zustellung ausgeschlossen ist. Hier sind die übrigen WEer namentlich zu bezeichnen. Das gilt im Falle einer Anfechtungsklage insbesondere für die nicht mit als Kläger auftretenden Mitberechtigten am WE (§ 46 Rn 23f).[23]

IV. Rechtsfolgen eines Verstoßes

17 Werden die **beklagten WEer** in dem das Verfahren einleitenden Schriftsatz nicht bezeichnet und wird eine Eigentümerliste – auch auf eine entsprechende vorbereitende Anordnung nach § 273 Abs. 2 Nr. 1 ZPO hin – nicht vorgelegt, ist die Klage als **unzulässig** abzuweisen.[24] Wird eine Liste mit den ladungsfähigen Anschriften für den Zeitpunkt der Rechtshängigkeit dagegen spätestens zu dem maßgeblichen Zeitpunkt vorgelegt, sind die Anforderungen an die Bezeichnung der Partei nach § 253 Abs. 2 Nr. 1, Abs. 4, § 130 Nr. 1 ZPO erfüllt. Sind die **Angaben unvollständig** oder unrichtig, können sie berichtigt werden, weil sich die Unrichtigkeit aus den Angaben im Grundbuch ermitteln lässt. Die einzelnen Angaben haben insoweit nur deklaratorische Bedeutung.[25] Ein in der Liste versehentlich nicht aufgeführter WEer ist gleichwohl Partei.

18 Werden **Verwalter** und **Ersatzzustellungsvertreter** nicht benannt, so führt dies nicht zur Unzulässigkeit der Klage, sondern dazu, dass diese den WEern zuzustellen ist. Werden

[21] AA Jennißen/*Suilmann* Rn 22, 23; § 46 Rn 185.

[22] BGH NJW-RR 2004, 1503.

[23] *Becker* ZWE 2008, 405 (409).

[24] Vgl. BGHZ 102, 332 (334); Jennißen/*Suilmann* Rn 27; *Niedenführ*/Kümmel/Vandenhouten Rn 10.

[25] BayObLG NZM 2005, 110 (111); Jennißen/*Suilmann* Rn 16.

dagegen die **beizuladenden übrigen WEer** nicht nach Abs. 2 bezeichnet, so ist die Klage als unzulässig abzuweisen.[26]

§ 45 Zustellung

(1) **Der Verwalter ist Zustellungsvertreter der Wohnungseigentümer, wenn diese Beklagte oder gemäß § 48 Abs. 1 Satz 1 beizuladen sind, es sei denn, dass er als Gegner der Wohnungseigentümer an dem Verfahren beteiligt ist oder aufgrund des Streitgegenstandes die Gefahr besteht, der Verwalter werde die Wohnungseigentümer nicht sachgerecht unterrichten.**

(2) [1]**Die Wohnungseigentümer haben für den Fall, dass der Verwalter als Zustellungsvertreter ausgeschlossen ist, durch Beschluss mit Stimmenmehrheit einen Ersatzzustellungsvertreter sowie dessen Vertreter zu bestellen, auch wenn ein Rechtsstreit noch nicht anhängig ist.** [2]**Der Ersatzzustellungsvertreter tritt in die dem Verwalter als Zustellungsvertreter der Wohnungseigentümer zustehenden Aufgaben und Befugnisse ein, sofern das Gericht die Zustellung an ihn anordnet; Absatz 1 gilt entsprechend.**

(3) **Haben die Wohnungseigentümer entgegen Absatz 2 Satz 1 keinen Ersatzzustellungsvertreter bestellt oder ist die Zustellung nach den Absätzen 1 und 2 aus sonstigen Gründen nicht ausführbar, kann das Gericht einen Ersatzzustellungsvertreter bestellen.**

Übersicht

Literatur: *Drabek,* Die Bestellung zum Ersatzzustellungsvertreter der Wohnungseigentümer – § 45 Abs. 2 WEG, ZWE 2008, 22; *Hogenschurz,* Der Ersatzzustellungsvertreter nach § 45 WEG in der Fassung des Gesetzentwurfs der Bundesregierung zur Änderung des Wohnungseigentumsgesetzes und anderer Gesetze, ZMR 2005, 764; *Reichert,* Der Wohnungseigentümer als Zustellungsvertreter nach dem RegE-WEG, ZWE 2006, 477; *Schmid,* Der gerichtlich bestellte Ersatzzustellungsvertreter nach § 45 Abs. 3 WEG, MDR 2009, 297.

I. Normzweck

Die Vorschrift knüpft an die frühere Rspr.[1] zum Verwalter als Zustellungsvertreter an 1
und will sie im Wege der „gesetzlichen Klarstellung"[2] auch für das ZPO-Verfahren

[26] Jennißen/*Suilmann* Rn 28.
[1] BGHZ 78, 166; BGH NJW 2003, 3476; krit. *Drasdo* NZM 2003, 793 f.
[2] BT-Drucks. 16/887 S. 37.

kodifizieren. Sie bezweckt damit für das WE-Verfahren eine Vereinfachung des **Zustellungsverfahrens** in Bezug auf den Zustellungsadressaten, indem sie gleichzeitig dem Vertretungsrecht des § 27 Abs. 2 Rechnung trägt. Für die Art der Durchführung der Zustellung gelten die Vorschriften der §§ 166 ff. ZPO und der EuZVO.[3]

II. Verwalter als gesetzlicher Zustellungsvertreter (Abs. 1)

1. Sachlicher Anwendungsbereich der Vorschrift

2 Die Vorschrift ist insoweit misslungen, als sie dem Gesetzentwurf der Bundesregierung entstammt[4] und nicht der Neufassung des § 27 in der Gegenäußerung der Bundesregierung[5] zur Stellungnahme des Bundesrates angepasst wurde. Von der bezweckten „Klarstellung" kann daher keine Rede sein. Die Vorschrift übernimmt die materielle Zustellungsvertretungsregelung des § 27 Abs. 2 Nr. 1 für die Beiladung der WEer nach § 48 und den Passivprozess. Die Zustellungsvertretung im **Passivprozess** wird jedoch teilweise von der in § 27 Abs. 2 Nr. 2 angeordneten gesetzlichen **Prozessvertretung** verdrängt. Dies gilt allerdings nur für Zustellungen nach Rechtshängigkeit. Für die Zustellung der Klage selbst gilt dagegen § 45. Die Vorschrift ist insoweit Spezialnorm zu § 27 Abs. 2 Nr. 1 u. 2 (§ 27 Rn 107, 116, 121).

3 Die Vorschrift betrifft nach ihrem Wortlaut nur **Aktivprozesse Dritter,** weil nur hier „die", dh sämtliche, WEer beteiligt sind. Eine am Sinn und Zweck der Vorschrift orientierte Auslegung muss jedoch dazu führen, dass sie – wie § 27 Abs. 2 Nr. 2 (§ 27 Rn 123) und § 27 Abs. 2 Nr. 3 WEG aF[6] – auch gemeinschaftsbezogene Rechtsstreitigkeiten zwischen einem oder mehreren WEern und den übrigen WEern einbezieht[7] und die Zustellungsvertretung der **Mehrheit der WEer auf der Passivseite** regelt.

4 Die Vorschrift gilt schließlich uneingeschränkt für die **Beiladung** der übrigen WEer gem § 48 Abs. 1 S. 1, und zwar nur für die Beiladung selbst, weil es den WEern danach frei steht, dem Rechtsstreit beizutreten (§ 48 Rn 26).

5 Die Vorschrift findet dagegen **keine Anwendung**

- auf **Aktivprozesse der WEer;**[8] sie können von dem Verwalter nur als **Prozessbevollmächtigtem oder als ermächtigtem Prozessvertreter** der WEer nach § 27 Abs. 2 Nr. 3 geführt werden. In beiden Fällen ist § 172 ZPO anwendbar mit der Folge, dass eine Zustellung an die WEer persönlich unwirksam ist (Rn 8);
- auf Zustellungen **außerhalb eines gerichtlichen Verfahrens,** hier gilt § 27 Abs. 2 Nr. 1;
- auf Zustellungen an den Verwalter als **gesetzlichen Prozessvertreter der WEer** nach § 27 Abs. 2 Nr. 2 **in Passivprozessen der WEer;**[9] hier gilt § 170 ZPO. Eine Zustellung an die WEer persönlich ist aber wirksam, sofern sie nicht prozessunfähig sind (§ 170 Abs. 2 S. 2 ZPO[10]); trotzdem setzt die Zustellung eines Urteils an die nach dem Titel nicht erkennbar prozessunfähige Partei die Rechtsmittel- bzw. Einspruchsfrist in Gang.[11]
- auf den Verwalter als **Prozessvertreter oder Prozessbevollmächtigten der WEgem** nach § 27 Abs. 3 Nr. 2 und 7, dh auf den Aktiv- oder Passivprozess der WEgem als Rechtssubjekt; hier gilt § 170 ZPO oder § 172 ZPO iVm § 27 Abs. 3 S 1 Nr. 1 WEG;
- auf **Klagen** eines WEers **gegen einzelne WEer.**[12]

---

[3] Zur EuZVO v. 13. 11. 2007 *Sujecki* NJW 2008, 1628.

[4] BT-Drucks. 16/887 S. 7.

[5] BT-Drucks. 16/887 S. 58 f.

[6] Vgl. BGH1 NJW 2003, 3476 (3477).

[7] Ebenso *Bergerhoff* NZM 2007, 425 (428).

[8] BT-Drucks. 16/887 S. 37.

[9] HM, vgl. *Gottschalg* ZWE 2009, 114 (115); Jennißen/*Suilmann* § 45 Rn 21; dagegen differenzierend zu § 27Abs. 2 Nr. 2 *Merle* ZWE 2008, 109; § 27 Rn 125.

[10] IE *Jacoby* ZMR 2007, 327; vgl. aber auch BGHZ 104, 109; 176, 74.

[11] BGHZ 104, 109; 176, 74 = NJW 2008, 2125.

[12] *Abramenko* AnwBl. 2007, 403 (406).

Fehlt ein Verwalter oder ist er zur Vertretung nicht berechtigt und ist auch ein Ersatzvertreter nicht wirksam bestellt, so ist nach § 27 Abs. 3 S. 2 allen WEern als Gesamtvertretern der WEgem zuzustellen, weshalb nach § 170 Abs. 3 ZPO die **Zustellung an einen WEer** genügt. Bestehen Zweifel, ob der Verwalter zur Vertretung berechtigt ist, ist, führt die **auf Anordnung des Gerichts** bewirkte Zustellung an den Verwalter oder einen WEer gegenüber allen beklagten WEern zur Rechtshängigkeit. Einer Doppelzustellung sowohl an den Verwalter als auch an einen WEer bedarf es nicht.[13] Die Zustellung an einen ehemaligen Verwalter ist wirkungslos. Das gilt auch dann, wenn er sich weiter als Verwalter geriert. Die bloße Anordnung der Zustellung an ihn bedeutet nicht die Bestellung zum Ersatzzustellungsvertreter.[14] 6

2. Zeitlicher Anwendungsbereich

Die Vorschrift gilt für Zustellungen während der **Dauer des Rechtsstreits,** einschließlich der Zwangsvollstreckung. Die Zustellungsvertretung endet, wenn sich ein WEer im Prozess selbst vertritt oder anderweitig vertreten lässt.[15] Ist der Verwalter oder Ersatzzustellungsvertreter allerdings Prozessbevollmächtigter, hat die Zustellung nach § 172 ZPO weiter an ihn zu erfolgen. Auch sind seine **Prozesshandlungen** für den WEer weiter verpflichtend (§ 85 Abs. 1 S. 1 ZPO). 7

3. Fakultative Zustellung

Die Ausgestaltung der prozessualen Befugnisse des Verwalters als Zustellungsvertreter bedeutet nicht, dass das Gericht an ihn auch zustellen muss. Nur dort, wo der Verwalter gesetzlicher **Prozessvertreter nach § 27 Abs. 2 Nr. 2** ist, ist er nach der Rspr des BGH zu § 27 Abs. 2 aF,[16] nach der in der gesetzlichen Vertretungsmacht des Verwalters eine inhaltlich beschränkte Verfahrensvollmacht" enthalten ist, *für die Zustellung* wie ein Prozessbevollmächtigter iSd. § 172 ZPO zu behandeln mit der Folge, dass die Zustellung an ihn erfolgen muss und eine anderweitige Zustellung unwirksam ist.[17] Einer besonderen Anzeige der Vertretungsbereitschaft ggü dem Gericht bedarf es hierzu nicht.[18] Hierdurch verursachte Mehrkosten werden nach § 21 Abs. 1 GKG nicht erhoben.[19] 8

Dasselbe gilt, wenn der Verwalter ermächtigter Prozessvertreter nach **§ 27 Abs. 2 Nr. 3** ist. Diese Bestimmung ist nicht etwa Spezialvorschrift zu § 172 ZPO,[20] sondern eröffnet erst deren Anwendungsbereich, weil in der Ermächtigung zugleich eine auf die Zustellung beschränkte Verfahrensvollmacht liegt. 9

Ist der Verwalter nur **Zustellungsvertreter,** kann dagegen auch an die WEer zugestellt werden. Dies kann vor allem bei kleineren WEgem sinnvoll sein.[21] § 170 ZPO gilt nicht, weil die WEer nicht prozessunfähig sind. 10

4. Durchführung der Zustellung

Für die Zustellung an den Zustellungsvertreter genügt die **Aushändigung *einer* Ausfertigung** oder Abschrift des Schriftstücks.[22] Diese früher in § 189 Abs. 1 aF aus- 11

---

[13] *AA Abramenko* § 7 Rn 32.

[14] LG Hamburg ZMR 2009, 794.

[15] Jennißen/*Suilmann* Rn 9.

[16] BGH NJW 1981, 282 (283).

[17] IErg ebenso Riecke/Schmid/*Abramenko* Rn 2; aA NK-BGB-*Heinemann* § 45 Rn 8; *Niedenführ*/Kümmel/Vandenhouten § 27 Rn 63, obwohl auch er eine inhaltlich beschränkte Prozessvollmacht annimmt.

[18] AA Jennißen/*Suilmann* Rn 21.

[19] Vgl. BayObLG ZMR 2005, 460.

[20] AA Hügel/*Elzer*, Das neue WEG-Recht, § 13 Rn 104.

[21] BT-Drucks. 16/887 S. 37.

[22] Vgl. BGHZ 78, 166 (171 f.) = NJW 1981, 282 (283).

drücklich enthaltene Regelung folgt aus der Tatsache, dass der Zustellungsvertreter **Zustellungsadressat** ist, so dass an ihn auch nur eine einzige Ausfertigung oder Abschrift übergeben werden muss, unabhängig davon, wie viele WEer er vertritt. Schützenswerte Belange der WEer werden davon nicht berührt, weil der Vertreter die WEer zu unterrichten hat.

12 Die Zustellung an den Verwalter oder Ersatzzustellungsvertreter ist nur wirksam, wenn sie an ihn erkennbar **in dieser Eigenschaft** erfolgt. Das ist idR dann der Fall, wenn er in dem zuzustellenden Schriftstück ausdrücklich als Zustellungsvertreter der WEer bezeichnet wird. Ist er jedoch zugleich WEer, Streitgenosse oder Beigeladener ist die Zustellung insoweit nur wirksam, wenn durch einen ausdrücklichen Hinweis kenntlich gemacht ist, dass die Zustellung auch in seiner Eigenschaft als Verwalter bzw. Ersatzzustellungsvertreter erfolgt.[23] Ist das nicht der Fall, ist die Zustellung unwirksam und auch nicht nach § 189 ZPO deswegen geheilt, weil er eine Ausfertigung oder Abschrift erhalten hat. Denn er hat sie nicht als Zustellungsvertreter erhalten, was § 189 ZPO voraussetzt.

13 Handelt es sich um eine **Doppelzustellung,** muss auch eine zweite Ausfertigung oder Abschrift übergeben werden. Eine unwirksame Zustellung kann nicht nach § 189 ZPO geheilt werden.

5. Aufgaben und Pflichten

14 Als Zustellungsvertreter ist der Verwalter reiner **Empfangsvertreter im Zustellungsverfahren.** Als solcher ist er weder Prozessvertreter noch Prozessbevollmächtigter, und darf daher auch keine Prozesshandlungen vornehmen, insbesondere auch keinen Anwalt als Prozessbevollmächtigten bestellen.[24] Die Kenntnis des Verwalters begründet keine Kenntnis der WEer.[25] Der Verwalter ist jedoch nach **§ 27 Abs. 1 Nr. 7** verpflichtet, die WEer nach der meist erst durch die Zustellung erlangten Kenntnis unverzüglich darüber zu unterrichten, dass ein Rechtsstreit gemäß § 43 anhängig ist (§ 27 Rn 87 f., 110). Die Verpflichtung gilt auch, wenn zweifelhaft ist, ob der Verwalter von der Zustellungsvertretung ausgeschlossen ist.[26] Entsprechendes gilt nach §§ 675, 666 BGB für den **Ersatzzustellungsvertreter.**

Wie der Verwalter die WEer informiert, ist seine Sache. Er kann es sachgerecht mündlich auf einer WEVers tun oder durch Versendung von Rundschreiben. Erscheint es geboten, dem einzelnen WEer eine Abschrift des zugestellten Schriftstücks zu übermitteln, kann und muss der Verwalter solche Abschriften herstellen lassen.[27] Die anfallenden **Informationskosten** sind auch im Beschlussanfechtungsverfahren solche der Verwaltung.[28] Verstößt der Verwalter gegen seine Informationspflicht, ist er den WEern nach § 280 BGB zum Ersatz eines hieraus entstandenen Schadens verpflichtet. Auch kann er ggf aus wichtigem Grund abberufen werden.

6. Ausschluss des Verwalters

15 **a) Anwendungsbereich.** Satz 1 HS 2 bestimmt, dass der Verwalter in bestimmten Fällen als Zustellungsvertreter ausgeschlossen ist. Zur **Rechtsfolge** s. Rn 6, 20.

16 Obwohl sich die Vorschrift nur auf Zustellungen an den Verwalter als Zustellungsvertreter bezieht, ist sie von ihrem Sinn und Zweck her auch auf die Fälle **entsprechend**

---

[23] BGH WuM 2010, 256 (257); BayObLG WE 1995, 251; *Müller* WE 1992, 62 (72 f.).

[24] AA *Drabek* ZWE 2008, 22.

[25] BGH NJW 2003, 589 = NZM 2003, 118.

[26] Bub/Bernhard FD-MietR 2009, 283, 887.

[27] BGHZ 78, 167 ff = NJW 1981, 282.

[28] BGH NJW 2009, 2135 = NZM 2009, 517 = ZMR 2009, 777.

anzuwenden, in denen die Zustellung an den Verwalter als **Prozessvertreter** oder als **Prozessbevollmächtigten** erfolgt, HS 1 also nicht eingreift. Denn HS 2 ist Ausdruck des in § 178 Abs. 2 ZPO zum Ausdruck kommenden allgemeinen Rechtsgedankens, wonach die Zustellung an eine Person bei bestehender Interessenkollision unabhängig davon nicht in Betracht kommt, in welcher Eigenschaft an sie an Stelle der Partei zugestellt werden soll.

b) Verfahrensbeteiligung als Gegner. Die Zustellung an den Verwalter ist – wie früher[29] – ausgeschlossen, wenn er als Gegner der WEer an dem Rechtsstreit beteiligt ist. In Betracht kommen hier vor allem Anfechtungsprozesse, wenn der Verwalter den Beschluss selbst angefochten hat oder dem Kläger als Nebenintervenient gem. § 66 ZPO beigetreten ist.[30] Dagegen hat die Vorschrift in Rechtsstreitigkeiten nach § 43 Nr. 3 keine Bedeutung mehr, weil an diesen nicht „die" WEer beteiligt sind, sondern die WEgem als Partei. Geht es dagegen nur um die Pflichten des Verwalters im Verhältnis zu **einzelnen WEern,** wie z. B. um seine Pflicht, dem Verwaltungsbeirat vor der WEVers zur Feststellung der Beschlussfähigkeit Einsicht in die der Hausverwaltung vorliegenden Vollmachten zu gewähren,[31] handelt es sich idR um einen Aktivprozess einzelner WEer, auf den die Vorschrift ebenfalls nicht anwendbar ist (Rn 5). 17

c) Gefahr nicht sachgerechter Unterrichtung. Der Verwalter ist als Zustellungsvertreter auch dann ausgeschlossen, wenn „auf Grund des Streitgegenstandes" die Gefahr besteht, dass er die WEer nicht sachgerecht unterrichtet. Das Gesetz kodifiziert insoweit den vorgefundenen Rechtssatz, dass bei Gefahr einer nicht sachgerechten Unterrichtung der WEer durch den Verwalter diesem keine Zustellungsmacht zusteht.[32] Die Frage, ob schon die **abstrakte Gefahr** einer Interessenkollision ausreicht[33] oder ob diese im Einzelfall **konkret** festgestellt werden muss,[34] war umstritten. Der Gesetzeswortlaut und die Gesetzesbegründung gehen hierauf nicht ein, stellen jedoch ausdrücklich einen Bezug zum „Streitgegenstand" her. Wenn aber die Gefahr nicht sachgerechter Unterrichtung auf Grund des Streitgegenstands bestehen muss, die Zustellung andererseits ein Gebot des rechtlichen Gehörs und der Sachaufklärung ist, ist zum Schutz der Informationsrechte der WEer eine die Zustellungsvertretung ausschließende Gefahr bereits dann anzunehmen, wenn vor der Zustellung die Möglichkeit nicht sachgerechter Unterrichtung im Hinblick auf den Streitgegenstand nicht fern liegt.[35] Das ist aber unabhängig davon, ob ein Konflikt zwischen den Interessen des Verwalters und den der übrigen WEer tatsächlich schon aufgetreten ist, bzw. ob die Eigentümermehrheit in dem Prozess auf seiner Seite steht. Denn auch in diesem Fall liegt die Möglichkeit nicht sachgerechter Unterrichtung nicht fern. So liegt es daher auch dann, wenn die Anfechtungsklage eine Mehrzahl von Beschlüssen zum Gegenstand hat und ein Interessenkonflikt zwischen dem Verwalter und den WEer nur bei einem der angegriffenen Beschlüsse denkbar erscheint, wie bei der Anfechtung des Beschlusses über die Bestellung, Abberufung oder Entlastung des Verwalters.[36] In solchen Fällen ist die Zustellung insgesamt unwirksam. Ordnet das Gericht die Zustellung an den Ersatzzustellungs- 18

---

[29] BayObLGZ 1990, 173 (174); WE 1998, 118 (119); ZMR 2005, 460 (461).

[30] BT-Drucks. 16/887 S. 37.

[31] OLG München ZMR 2008, 657.

[32] BayObLG NZM 2002, 346 (347).

[33] So OLG Frankfurt OLGZ 1989, 433 (434); *Merle* in 9. Aufl. § 27 Rn 131; Staudinger/*Bub* § 27 Rn 235.

[34] BayObLGZ 1990, 173 (174); ZMR 2002, 531 (533); KG ZMR 2004, 142 (143); OLG Köln WuM 1999, 301; *Abramenko* ZMR 2002, 885 (886 f.); *ders.* Das neue WEG, § 7 Rn 34.

[35] So wohl auch *Hogenschurz* ZMR 2005, 764 (765); aA *Abramenko* § 7 Rn 34; Riecke/Schmid/*Abramenko* Rn 5; Hügel/*Elzer* § 13 Rn 98; Jennißen/*Suilmann* Rn 15; unklar Spielbauer/*Then* § 45 Rn 8.

[36] AG Konstanz ZWE 2008, 350; aA AG Heidelberg ZWE 2009, 266 (268) m. Anm. *Briesemeister*; dazu *Gemballa*, ZWE 2009, 386.

vertreter an, weil es die Gefahr für gegeben erachtet, dass der Verwalter die WEer nicht sachgerecht unterrichten wird, ist die Zustellung an den Ersatzzustellungsvertreter auch dann wirksam, wenn diese Gefahr tatsächlich nicht bestanden hat. Einer Doppelzustellung an den Verwalter und den Ersatzzustellungsvertreter bedarf es nicht, um die Wirksamkeit der Zustellung zu gewährleisten (Rn 6).[37]

19 Der Verwalter ist hiernach als Zustellungsvertreter z. B. ausgeschlossen in einem **Anfechtungsprozess** über die Ungültigkeit von Beschlüssen, die seine Rechtsstellung betreffen, also über die Anfechtung des Bestellungs- und Abberufungsbeschlusses,[38] von Beschlüssen über seine Entlastung[39] und idR auch über die Abrechnung, wenn diese zugleich die Entlastung enthält[40] oder über die Feststellung der Unwirksamkeit des Verwaltervertrages,[41] es sei denn, dem Verwalter wäre für diese Fälle durch Vereinbarung, im Verwaltervertrag oder durch Beschluss neben seiner eigenen Vertretung zugleich die Vertretung der WEer gestattet.[42] Die Gefahr nicht sachgerechter Unterrichtung ist schließlich auch dann gegeben, wenn der Verwalter davon ausgeht, dass einzelne WEer nicht zu beteiligen sind.[43]

20 **d) Rechtsfolge.** Ist der Verwalter als Zustellungsvertreter ausgeschlossen, ordnet das Gericht nach Abs. 2 S. 2 die Zustellung an den Ersatzzustellungsvertreter an. Ist der Verwalter **abberufen** oder **verstorben,** gilt die Vorschrift entsprechend.[44]

21 Wird vorschriftswidrig an den ausgeschlossenen Verwalter zugestellt, ist die Zustellung **unwirksam.**[45] Trotzdem ist der Verwalter ist verpflichtet, die WEer von der unwirksamen Zustellung zu unterrichten (schuldrechtliche Nebenpflicht). Die hiermit verbundenen Kosten sind ggf von dem Gegner als Prozesskosten zu erstatten.[46]

22 Ist der Verwalter als Zustellungsvertreter nicht ausgeschlossen, so ist eine an die WEer als Partei erfolgte **unmittelbare Zustellung** unwirksam, weil der Zustellungsvertreter hinsichtlich der Zustellung einem Prozessbevollmächtigten iSd. § 172 ZPO gleichsteht, Rn 8. Anders verhält es sich, wenn die WEer beizuladen sind.[47] Hier ist die unmittelbare Zustellung wirksam. § 170 ZPO greift nicht, weil die WEer nicht prozessunfähig sind, § 172 ZPO ist nicht anwendbar, weil die WEer nicht Partei sind und § 178 Abs. 2 ZPO kommt nicht zur Anwendung, weil es sich nicht um eine Ersatzzustellung handelt.[48]

III. Zustellungsbevollmächtigter

23 Die Zustellungsvertretung durch den Verwalter ist die verfahrensrechtliche Folge seiner materiellen Empfangsvertretungsmacht nach § 27 Abs. 2 Nr. 1. Sie kann daher ebenso wenig wie diese durch Vereinbarung ausgeschlossen werden (§ 27 Abs. 4). Die WEer können jedoch durch Mehrheitsbeschluss[49] einen **eigenständigen Zustellungsvertreter** bestellen, und zwar unabhängig davon, ob ein Verwalter bestellt ist. Eine solche Bestellung

---

[37] AA Riecke/Schmid/*Abramenko* Rn 6; *Niedenführ*/Kümmel/Vandenhouten Rn 13.

[38] BayObLG WuM 1991, 131; AG Dortmund NZM 2008, 938 = ZMR 2009, 231 (Wiederwahl); aA KG NZM 2003, 604; Jennißen/*Suilmann* Rn 17.

[39] OLG Düsseldorf ZMR 1994, 521 f.; Staudinger/*Bub* § 27 Rn 234; aA BayObLG ZMR 1997, 613 f.; BayObLG WuM 2004, 426; *Abramenko* ZMR 2002, 885 (887); Jennißen/*Suilmann* Rn 17; Staudinger/*Wenzel* Vorbem 33 zu §§ 43 f.

[40] OLG Frankfurt OLGZ 1989, 433 f.

[41] OLG Hamm NJW-RR 2001, 226 (228); aA BayObLG NZM 2002, 346 (347).

[42] KG WE 1998, 64 f.

[43] OLG Düsseldorf ZMR 2007, 126 (127) – vormerkungsgesicherte Erstkäufer.

[44] Riecke/Schmid/*Abramenko* Rn 6.

[45] OLG Hamm NJW-RR 2001, 226 (228); Hügel/*Elzer* § 13 Rn 102.

[46] BGH NJW2009, 2135 (2136).

[47] Riecke/Schmid/*Abramenko* Rn 3.

[48] MünchKomm-ZPO/*Häublein* § 170 Rn 4.

[49] Jennißen/*Suilmann* Rn 27.

empfiehlt sich vor allem dann, wenn kein Verwalter bestellt ist. Sie kann aber auch bei Vorhandensein eines Verwalters sinnvoll sein, um die Auswahlmöglichkeit des Gerichts zu erweitern, an wen die Zustellung erfolgen soll. Dies erleichtert die Zustellung vor allem in den Fällen, in denen eine Zustellung an die WEer persönlich vom Aufwand her nicht in Betracht kommt und nicht nur zweifelhaft ist, ob der Verwalter wegen Interessenkollision von der Zustellung ausgeschlossen ist, sondern auch, ob eine Zustellung an den Ersatzzustellungsvertreter zulässig oder möglich ist.

24 Die Bestellung eines gewillkürten Zustellungsvertreters entbindet nicht von der Pflicht zur Bestellung eines Ersatzzustellungsvertreters nach Abs. 2. Der gewillkürte Zustellungsvertreter ist **Zustellungsbevollmächtigter** iSd. § 171 ZPO und muss dem Gericht seine Vollmacht nachweisen. Dazu genügt die Vorlage der Versammlungsniederschrift mit dem Bestellungsbeschluss. Das Gericht kann an ihn mit gleicher Wirkung wie an den Vertretenen zustellen, muss es aber nicht. Da auch der Zustellungsbevollmächtigte Zustellungsadressat ist, genügt für die Zustellung wie bei der Zustellung an den Zustellungsvertreter die Übergabe einer einzigen Ausfertigung oder Abschrift. Das Gericht kann auch die Zustellung sowohl an den Verwalter als auch an den Zustellungsbevollmächtigten anordnen.[50]

IV. Gewillkürter Ersatzzustellungsvertreter (Abs. 2)

1. Bestellungsvoraussetzungen

25 Absatz 2 verpflichtet die WEer, für den Fall, dass der Verwalter als Zustellungsvertreter ausgeschlossen ist, durch Beschluss mit Stimmenmehrheit einen Ersatzzustellungsvertreter sowie dessen Stellvertreter zu bestellen. Einer gerichtlichen Aufforderung oder der Anhängigkeit eines Rechtsstreits bedarf es hierzu nicht.[51] Eine Bestellung in der GemO ist nur als Erstbestellung durch den teilenden Alleineigentümer möglich (vgl. § 10 Rn 69).[52] Die Bestellung erfolgt rein vorsorglich. Sie **setzt** jedoch sowohl vom Begriff „Ersatzzustellungsvertreter" als auch vom übrigen Wortlaut der Vorschrift her („für den Fall, dass der Verwalter als Zustellungsvertreter ausgeschlossen ist") das **Vorhandensein eines Verwalters voraus.** Ist ein Verwalter nicht bestellt, greift Abs. 2 nicht ein,[53] ggf. aber Abs. 3 (Rn 38). Ist ein Verwalter bestellt, ist eine Ersatzbestellung dem Wortlaut nach nur für die Fälle vorgesehen, in denen der **Verwalter** als Zustellungsvertreter nach Absatz 1 **ausgeschlossen** ist. Bei einer am Sinn und Zweck der Bestimmung orientierten Auslegung muss eine Ersatzbestellung aber auch für den Fall möglich sein, dass der Verwalter **abberufen** wurde oder **verstorben** ist.

2. Bestellungsakt

26 Die Bestellung des Ersatzzustellungsvertreters erfolgt **nach den Regeln der Verwalterbestellung.** Genau so wie durch die Bestellung des Verwalters ein Rechtsverhältnis zu der WEgem begründet wird, verhält es sich bei der Bestellung des Ersatzzustellungsvertreters. Sie ist ein zweistufiger Akt, der sich aus dem Bestellungsbeschluss und der Zustimmungserklärung des Betroffenen zusammensetzt. Der **Bestellungsbeschluss** enthält als rechtsgeschäftlicher Gesamtakt der Wohnungseigentümer neben der gemeinschaftlichen Willensbildung zugleich die Bestellungserklärung für die WEgem, die dem Betroffenen zugehen muss, sofern er und der Verwalter nicht zugegen sind.[54] Die Wirksamkeit dieser Erklärung hängt davon ab, dass der Betroffene zustimmt. Die **Zustimmungserklärung** gegenüber

---

50 Jennißen/*Suilmann* Rn 34.
51 BT-Drucks. 16/887 S. 37.
52 AA *Drabek* ZWE 2008, 22 (25).
53 AA *Drabek* ZWE 2008, 22 (23).
54 Vgl. BGH NJW-RR 2003, 1196 (1197) zu § 47 Abs. 1 GmbHG.

der WEgem ist Wirksamkeitsbedingung des Gesamtakts. Ohne seine Zustimmung kann niemand zum Ersatzzustellungsvertreter bestellt werden. Ist ein Verwalter bestellt, erlangt der Ersatzzustellungsvertreter sein Amt mit den Rechten und Pflichten eines Zustellungsvertreters erst durch den Zugang dieser Erklärung bei dem hierfür nach § 27 Abs. 3 Nr. 1 zuständigen Verwalter. Bis dahin ist der Beschluss schwebend unwirksam. Die Regelung der Einzelheiten der Tätigkeit des Ersatzzustellungsvertreters, etwa der Art der Bekanntmachung von Schriftstücken oder der Vergütung, obliegt einer Beschlussfassung im Rahmen ordnungsmäßiger Verwaltung.

3. Person des Ersatzzustellungsvertreters

27 Der Ersatzzustellungsvertreter kann, muss nicht ein WEer sein. IdR ist es jedoch sinnvoll, ihn aus den Reihen der WEer auszuwählen. Es kann aber auch ein Mieter oder ein außenstehender Dritter (Rechtsanwalt) sein. Soweit die Gesetzesbegründung von einer „natürlichen Person“ ausgeht,[55] ist dies im Gesetzestext nicht zum Ausdruck gekommen und deswegen nicht zwingend. Bestellt werden kann daher auch eine juristische Person.[56] Die Auswahl muss jedoch ordnungsmäßiger Verwaltung entsprechen.

4. Rechtsstellung, Aufgaben

28 Der Ersatzzustellungsvertreter ist schon seiner Bezeichnung nach wie der Verwalter ein **gesetzlicher Zustellungsvertreter,** nicht Zustellungsbevollmächtigter iSd. § 171 ZPO und nicht gesetzlicher Prozessvertreter der WEer iSd. § 27 Abs. 2 Nr. 2 u. 3. Er hat also nicht die quasiorganschaftliche Stellung des Verwalters.[57] Gleichwohl muss auch er seine Berechtigung, Zustellungen in Empfang zu nehmen, dem Gericht nachweisen. Dazu genügt die Vorlage der Versammlungsniederschrift mit dem Bestellungsbeschluss.[58] Für die Zustellung genügt die Übergabe einer Ausfertigung oder Abschrift des Schriftstücks.[59]

29 Der Ersatzzustellungsvertreter tritt im Ersatzfall nicht automatisch, sondern erst dann in die Aufgaben und Befugnisse des Verwalters als Zustellungsvertreter ein, **wenn** das **Gericht** die **Zustellung** an ihn **anordnet** (Abs. 2 S. 2). Andererseits ist er als Zustellungsvertreter nach Abs. 2 S. 2 HS 2 entsprechend Absatz 1 in den dort genannten Fällen ausgeschlossen, so dass das Gericht zunächst zu prüfen hat, ob die Zustellung an den Ersatzzustellungsvertreter angeordnet werden darf. Ordnet das Gericht die Zustellung an, obwohl einer der Ausschlusstatbestände des Absatzes 1 gegeben ist, so ist die Zustellung gleichwohl wirksam. Denn die gerichtliche Verfügung ist wirksam, solange sie nicht aufgehoben wird. Die die Wirksamkeit der gerichtlich angeordneten Zustellung kann aus Gründen der Rechtssicherheit nicht nachträglich in Zweifel gezogen werden.

30 Zwischen dem Ersatzzustellungsvertreter und den WEern besteht ein gesetzliches Schuldverhältnis, das durch Vertrag besonders ausgestaltet werden kann. Vor allem kann darin iE festgelegt werden, wie der Ersatzzustellungsvertreter der ihm obliegenden Informationspflicht nachzukommen hat. Als bloßer Empfangsvertreter kann er selbst **keine** eigenen **Prozesshandlungen** mit Wirkung gegen die WEer vornehmen, keinen Rechtsanwalt mit der Wahrnehmung der WEer-Interessen beauftragen und mit einem bereits beauftragten Anwalt keine Vergütungsabrede treffen.[60] Die WEer können ihn aber hierzu und darüber hinaus auch zu weiteren Handlungen bevollmächtigen.[61] Verletzt er seine Pflichten, zu

[55] BT-Drucks. 16/887 S. 37.

[56] *Hogenschurz* ZMR 2005, 764 (765); Hügel/*Elzer* § 13 Rn 112; *Niedenführ*/Kümmel/Vandenhouten Rn 17; Jennißen/*Suilmann* Rn 36; *Schmid* MDR 2008, 662 (663).

[57] AA Riecke/Schmid/*Abramenko* Rn 7.

[58] Jennißen/*Suilmann* Rn 40.

[59] Vgl. MüKommZPO/*Häublein* § 170 Rn 8; Hügel/*Elzer* § 13 Rn 110.

[60] *Schmid* MDR 2008, 662 (663).

[61] *Niedenführ*/Kümmel/Vandenhouten Rn 19; Jennißen/*Suilmann* Rn 45.

denen insbesondere die Pflicht zur Information der WEer zählt, haftet er nach § 280 BGB auf Schadensersatz.[62]

31 Das Bestellungsrechtsverhältnis **endet** mit der Abberufung oder der Niederlegung des Amtes durch den Ersatzzustellungsbevollmächtigten. Auch insoweit gelten die für den Verwalter geltenden Grundsätze entsprechend. Demzufolge kann auch der Ersatzzustellungsbevollmächtigte den Abberufungsbeschluss anfechten und gegen eine seine Bestellung für ungültig erklärende gerichtliche Entscheidung Rechtsmittel einlegen.

32 Die **Vergütung** und der **Ersatz von Aufwendungen** richten sich nach den vertraglichen Absprachen. Auch wenn solche nicht getroffen worden sind, muss der Ersatzzustellungsvertreter nicht unentgeltlich tätig werden.[63] Vielmehr stehen ihm nach §§ 675, 612, 670 BGB die „übliche Vergütung"[64] und ein Anspruch auf Aufwendungsersatz (Kopier-, Portokosten u. ä.) zu. Die Vergütung und die Aufwendungen des Ersatzzustellungsbevollmächtigten finden ihren Grund in der Ausgestaltung der Wohnungseigentümergemeinschaft als Verband und sind damit von diesem zu tragen. Eine kostenrechtliche Erstattungspflicht nach § 91 ZPO besteht dagegen nicht.[65]

5. Verstoß

33 Verstoßen die WEer gegen ihre Pflichten aus Abs. 2, so kann das Gericht nach Abs. 3 einen Ersatzzustellungsvertreter bestellen oder die Zustellung an die beteiligten WEer persönlich anordnen. Der Grund für die Pflichtverletzung ist hierfür ohne Bedeutung. Darauf, ob Abs. 2 zwingendes Recht ist,[66] kommt es nicht an.

V. Gerichtlich bestellter Ersatzzustellungsvertreter (Abs. 3)

34 Ist ein Ersatzzustellungsvertreter nicht bestellt oder ist die Zustellung nach Abs. 1 und 2 aus sonstigen Gründen nicht ausführbar, kann das Gericht einen Ersatzzustellungsvertreter bestellen. Es handelt sich insoweit nicht um die Bestellung eines Prozesspflegers nach § 57 ZPO, sondern um die Bestimmung eines gesetzlichen Zustellungsvertreters. Die Vorschrift ist insoweit dem **§ 26 Abs. 3 aF nachempfunden,** so dass in manchen Fragen auf die hierzu entwickelten Grundsätze[67] zurückgegriffen werden kann.

1. Materiell-rechtliche Voraussetzungen

35 **a) Das Fehlen eines Ersatzzustellungsvertreters.** Materiell-rechtliche Voraussetzung der gerichtlichen Ersatzvertreterbestellung ist, dass ein Ersatzzustellungsvertreter fehlt. Dieses Kriterium ist erfüllt, wenn **kein Ersatzvertreter** bestellt worden ist oder der bestellte Ersatzvertreter seine **Vertreterstellung verloren** hat, sei es durch Ablauf der Bestellungszeit, Tod, Abberufung, erfolgreiche Anfechtung des Bestellungsbeschlusses, Eintritt einer auflösenden Bedingung.

36 **b) Zustellung nicht ausführbar.** Eine gerichtliche Bestellung kommt auch in Betracht, wenn ein Ersatzvertreter zwar bestellt ist, die Zustellung an ihn aber wegen Interessenkollision entsprechend Abs. 1 oder aus anderen Gründen nicht ausführbar ist. Das ist z. B. der Fall, wenn der Ersatzvertreter **tatsächlich,** etwa infolge Erkrankung oder Abwesenheit, oder **rechtlich,** etwa infolge Geschäftsunfähigkeit, an der Ausübung seiner Funktionen **gehindert** ist, nicht dagegen schon dann, wenn seine Abberufung aus wichtigem

---

[62] *Schmid* MDR 2008, 662 (663).

[63] AA *Schmid* MDR 2008, 662 (663).

[64] Vgl. OLG Hamm NJW-RR 1993, 845 (846); NJW 1973, 2301 (2302); *Gottschalg* PiG 54, S. 111 (119); aA Jennißen/*Suilmann* Rn 50: § 662 BGB.

[65] Vgl. Staudinger/*Bub* § 26 Rn 501 ff.

[66] Vgl. *Drabek* ZWE 2008, 22 (25).

[67] Vgl. Staudinger/*Bub* § 26 Rn 501ff.

Grund gerechtfertigt wäre. Die Zustellung ist ferner nicht ausführbar, wenn der Ersatzvertreter die Entgegennahme der Zustellung nicht nur im Einzelfall (dann gilt § 179 ZPO), sondern generell grundlos verweigert oder auch sich gegen die damit verbundenen Pflichten grds. sperrt.

37 Demgegenüber ist die Zustellung nicht deswegen unausführbar, weil der **Bestellungsbeschluss** eines gewählten Zustellungsvertreters **angefochten** wurde, solange nicht im Beschlussanfechtungsverfahren die Wirksamkeit der Bestellung durch einstweilige Verfügung ausgesetzt worden ist. Daran ändert sich auch dann nichts, wenn bereits abzusehen ist, dass der Bestellungsbeschluss wegen offensichtlicher Rechtswidrigkeit für ungültig erklärt werden wird. Zwar würde damit dieser Beschluss unwirksam und die Vertreterstellung rückwirkend beseitigt, gleichwohl bleiben die Zustellungen an ihn wirksam (vgl. § 26 Rn 236 f). Anders verhält es sich, wenn der Bestellungsbeschluss nichtig ist. Hier ist ein Ersatzvertreter nicht bestellt und eine gerichtliche Bestellung schon nach der ersten Alternative möglich.

38 Eine Zustellung ist nach Abs. 1 auch dann nicht ausführbar, wenn ein **Verwalter nicht bestellt** und eine Zustellung an alle WEer[68] aus tatsächlichen Gründen nicht oder nur mit unzumutbarem Aufwand möglich ist.

2. Verfahren und gerichtliche Entscheidung

39 Die gerichtliche Bestellung erfolgt **von Amts wegen** und setzt keinen Antrag voraus. Zulässig ist auch die Klage eines WEers auf Bestellung nach § 21 Abs. 8.[69] Das Gericht muss den WEern und dem in Betracht gezogenen Ersatzzustellungsvertreter rechtliches Gehör gewähren und dessen Bereitschaft zur Amtsübernahme erkunden. Die WEer haben die Möglichkeit, der gerichtlichen Bestellung durch eine gewillkürte Bestellung zuvor zu kommen. In diesem Fall erledigt sich das gerichtliche Verfahren. Zur Person Rn 27; bei rechtlich und tatsächlich schwierigen Verhältnissen wird für die Bestellung regelmäßig nur ein Rechtsanwalt in Betracht kommen.[70]

40 Die gerichtliche Bestellung ersetzt – wie früher die Bestellung eines Notverwalters nach § 26 Abs. 3[71] und jetzt die Bestellung eines Verwalters nach § 21 Abs. 8 (§ 26 Rn 263 f.) – nur die Willlensbildung der WEer und die **Bestellungserklärung** der WEer für die WEgem, nicht dagegen auch den Zugang bei dem Bestellten (vgl. Rn 26) und die Annahme der Bestellung.[72] Ist die entsprechende Erklärung nicht schon im Voraus abgegeben worden, bleibt der Bestellungsakt unvollständig, dh (schwebend) unwirksam. Mit der Annahmeerklärung ggü dem Verwalter bzw. dem Gericht kommt idR kein öffentlich-rechtliches Auftragsverhältnis,[73] sondern ein privatrechtliches Schuldverhältnis mit der rechtsfähigen WEgem zustande. Die Entscheidung hat insoweit **privatrechtsgestaltende Wirkung.** Der Bestellte ist fortan Empfangsvertreter im Zustellungsverfahren.

41 Verfahrensrechtlich erfolgt die Bestellung nach dem Wortlaut durch „das Gericht" und nicht wie nach § 57 ZPO durch Verfügung des Vorsitzenden. Da die Bestellung, sofern sie nicht auf entsprechende Klage durch Urteil erfolgt, eine mündliche Verhandlung nicht voraussetzt und **unanfechtbar**[74] ist, handelt es sich bei ihr um eine privatrechtsgestaltende

[68] Lüke ZfIR 2007, 657 (662).

[69] *Schmid* MDR 2008, 662 (664).

[70] AG Dortmund NZM 2008, 938 = NJW 2009, 85.

[71] Vgl. dazu *Merle* in 9. Aufl. § 26 Rn 242 f.

[72] Im Erg. ebenso *Abramenko* § 7 Rn 36; *Kümmel* ZWE 2005, 157; *Hogenschurz* ZMR 2005, 764 (765).

[73] AA Hannemann/*Jarsumbek*, Handbuch des Wohnungseigentumsrechts, § 8 Rn 76.

[74] LG Berlin NZM 2008, 896 = NJW 2009, 85; LG Nürnberg-Fürth ZMR 2009, 640 = NZM 2009, 365.

Verfügung,[75] die jederzeit von Amtswegen aufgehoben oder geändert werden kann. Die sofortige Beschwerde ist nur eröffnet, wenn ein Antrag auf Bestellung zurückgewiesen wurde (§ 567 Abs. 1 Nr. 2 ZPO). Der Bestellte braucht das Amt nicht anzunehmen, sofern er sich hierzu nicht vorher schon bereit erklärt oder seine Erklärung vor der Mitteilung der Bestellungsverfügung (§ 329 Abs. 2 ZPO) widerrufen hat. Die Bestellung gegen den geäußerten Willen des Betroffenen hat im Ergebnis keine Wirkungen[76] und ist aufzuheben.

Die Verfügung wird **existent** und **wirksam,** sobald sie den internen Bereich des Gerichts verlässt, um dem vom Gericht bestimmten Ersatzvertreter formlos mitgeteilt zu werden. Bis dahin kann das Gericht die Bestellung auf Antrag vorläufig im Wege einstweiliger Verfügung regeln.[77] **42**

3. Die Bestellungszeit

Eine Befristung der Amtszeit des gerichtlich bestellten Ersatzvertreters sieht das Gesetz nicht vor. Sie ist auch nicht erforderlich, weil die WEer ihrerseits jederzeit einen **eigenen Ersatzvertreter** bestellen können und mit dieser Bestellung das Amt des gerichtlich bestellten Vertreters endet. Gleichwohl kann das Gericht eine Befristung vorsehen. Der gerichtlich bestellte Vertreter kann von den WEern nicht durch Mehrheitsbeschluss abberufen werden, ohne dass gleichzeitig ein anderer Ersatzvertreter bestellt wird.[78] Andernfalls wäre das Gericht gezwungen, erneut einen Ersatzvertreter zu bestellen. Daher ist ein solcher Abberufungsbeschluss mangels Beschlusskompetenz der WEer nichtig. Die WEer können die **Ablösung** des gerichtlich bestellten Ersatzvertreters daher nur dadurch erreichen, dass sie **zugleich** einen **neuen Ersatzvertreter bestellen.**[79] Mit dessen Bestellung erlischt die Amtsstellung des gerichtlich bestellten Ersatzvertreters.[80] Wird der Beschluss der WEvers, durch den ein neuer Ersatzvertreter bestellt wird, erfolgreich angefochten, lebt die Rechtsstellung des gerichtlich bestellten Ersatzvertreters nicht wieder auf, es bedarf vielmehr der erneuten Bestellung eines Ersatzvertreters durch das Gericht.[81] **43**

Hat das Gericht die **Amtszeit** in zulässiger Weise **befristet,** so endet sie mit Ablauf dieser Frist. Die gerichtliche Entscheidung erwächst jedoch nicht in Rechtskraft. Das Gericht ist daher befugt, die **Bestellung** des Ersatzvertreters **aufzuheben** und einen anderen Ersatzvertreter zu bestellen. **44**

4. Aufgaben des Ersatzvertreters

Der gerichtlich bestellte Ersatzvertreter hat die gleichen Befugnisse und die gleiche Rechtsstellung wie ein von den WEern nach Abs. 2 bestellter Ersatzvertreter. **45**

5. Die Vergütung des Ersatzvertreters

Da die Bestellung des Ersatzvertreters nicht vom Abschluss eines Vertrages abhängt, sind Regelungen sonstiger gegenseitiger Rechte und Pflichten nicht erforderlich, aber sinnvoll und zulässig. Das Gericht kann daher zusammen mit der Bestellung eine **Vergütung anbieten,**[82] die es zuvor mit dem künftigen Ersatzvertreter abgesprochen hat.[83] Mit der **46**

[75] Ebenso Jennißen/*Suilmann* Rn 56.
[76] LG Nürnberg-Fürth NZM 2009, 640.
[77] Vgl. OLG Düsseldorf ZMR 1989, 315 (316); OLG Hamm NJW 1973, 2301 (2302).
[78] *Merle,* Verwalter, S. 88 zum früheren Notverwalter.
[79] *Merle* in 9. Aufl. § 26 Rn 250.
[80] Vgl. BayObLG NJW-RR 1992, 787 (788) = WE 1993, 143.
[81] Vgl. BayObLG NJW-RR 1992, 787 (788) = WE 1993, 143.
[82] Vgl. BGH NJW 1980, 2466 (2468); KG NJW 1994, 138; *Gottschalg* PiG 54, S. 111 (119); aA *Schmid* MDR 2008, 662 (663).
[83] Vgl. *Merle,* Verwalter, S. 83; *Henze* DWE 1987, 66.

Bestellung kommt ein privatrechtliches Rechtsverhältnis zwischen dem von dem Gericht bestellten Ersatzzustellungsbevollmächtigten und der WEgem zustande, das den Bestellten berechtigt, von der WEgem die mit dem Gericht abgesprochene, bei Fehlen einer Absprache die übliche Vergütung zu verlangen.[84] Soweit die Höhe der Vergütung feststeht, kann sie der WEgem zusammen mit der Bestellung des Ersatzzustellungsbevollmächtigten zur Zahlung an diesen aufgegeben werden.[85] Enthält die gerichtliche Bestellungsverfügung keine Vergütungsregelung und nimmt der Vertreter das Amt trotzdem an, so steht ihm nach § 612 BGB die **„übliche Vergütung“** zu.[86]

VI. Wirkungen der Zustellung

47 Durch die Zustellung der Klage wird die Streitsache rechtshängig, §§ 261 Abs. 1, 253 Abs. 1 ZPO. Die Rechtshängigkeit ist für die Zuständigkeit, die Parteistellung und die Wahrung der Anfechtungsfrist (§ 46 Abs. 1 S. 2) maßgebend; sie begründet ein Prozesshindernis und bewirkt die perpetuatio fori (§ 261 Abs. 3 Nr. 2 ZPO) et procedendi (§ 265 ZPO), vgl. § 43 Rn 167. Die durch die Notwendigkeit der Bestellung des Ersatzzustellungsbevollmächtigten verbundene Verzögerung der Zustellung ist nach § 167 ZPO unschädlich.

§ 46 Anfechtungsklage

(1) [1]**Die Klage eines oder mehrerer Wohnungseigentümer auf Erklärung der Ungültigkeit eines Beschlusses der Wohnungseigentümer ist gegen die übrigen Wohnungseigentümer und die Klage des Verwalters ist gegen die Wohnungseigentümer zu richten.** [2]**Sie muss innerhalb eines Monats nach der Beschlussfassung erhoben und innerhalb zweier Monate nach der Beschlussfassung begründet werden.** [3]**Die §§ 233 bis 238 der Zivilprozessordnung gelten entsprechend.**

(2) **Hat der Kläger erkennbar eine Tatsache übersehen, aus der sich ergibt, dass der Beschluss nichtig ist, so hat das Gericht darauf hinzuweisen.**

Übersicht

[84] Vgl. BGH NJW 1980, 2466 (2468); OLG Hamm NJW-RR 1993, 845 (846); NJW 1973, 2301 (2302); KG NJW-RR 1993, 529; NJW 1994, 138 = WuM 1993, 760 (761); *Gottschalg* PiG 54, S. 111 (119); *Seuß* WE 1991, 3; aA Jennißen/*Suilmann* Rn 57: GoA für die WEer.

[85] AG Dortmund NJW 2009, 85 (86) = NZM 2008, 938 (939); aA *Schmid* MietRB 2008, 254.

[86] Vgl. BGH NJW 1980, 2466 (2468); OLG Hamm NJW-RR 1993, 845 (846); NJW 1973, 2301 (2302); KG NJW-RR 1993, 529; NJW 1994, 138 = WuM 1993, 760 (761); *Gottschalg* PiG 54, S. 111 (119); *Seuß* WE 1991, 3; aA Jennißen/*Suilmann* Rn 57: GoA für die WEer.

Literatur: *Assmann,* Die Widereinsetzung in den vorigen Stand bei Versäumung der Anfechtungsfrist, ZWE 2001, 294; *Becker,* die Anfechtung des Abberufungsbeschlusses durch den abberufenen Verwalter, ZWE 2002, 211; *ders.,* Der Rechtsschutz des Verwalters wegen Abberufung und Kündigung des Verwaltervertrages, ZWE 2002, 567; *ders.,* Die Feststellung des Inhalts fehlerhaft protokollierter Eigentümerbeschlüsse, ZMR 2006, 489; *ders.,* Die Anfechtungsklage des Mitberechtigten am Wohnungseigentum, ZWE 2008, 405; *Bergerhoff,* Die wohnungseigentumsrechtliche Anfechtungsklage im ZPO-Verfahren, NZM 2007, 425; *Bonifacio,* Die neue Anfechtungsklage im Wohnungseigentumsrecht, ZMR 2007, 592; *Briesemeister,* Das Nachschieben von Anfechtungsgründen nach Ablauf der Begründungsfrist, ZMR 2008, 253; *Dötsch,* Genügt ein Prozesskostenhilfeantrag zur Wahrung der Anfechtungsfrist nach WEG?, NZM 2008, 309; *ders.,* Anfechtungsbegründungsfrist i. S. d. § 46 Abs. 1 S. 2 WEG – Gebot einschränkender Auslegung?, ZMR 2008, 433; *ders.,* Nachgefragt: Gesamtschuldnerische Kostenhaftung im Beschlussanfechtungsverfahren?, ZMR 2009, 183; *Dötsch/Hogenschurz,* Darlegungs- und Beweislast, Wohnungseigentumsrecht, NZM 2010, 298; *Drasdo,* Anfechtung des Abberufungsbeschlusses durch den Wohnungseigentumsverwalter, NZM 2002, 853; *ders.,* Beschränkung der Abberufung des Verwalters auf einen wichtigen Grund, NZM 2001, 923; *Einsiedler,* Der Gebührenstreitwert in Wohnungseigentumssachen, ZMR 2008, 765; *Gottschalg,* Das Anfechtungsrecht des Verwalters bei seiner Abberufung – neue Aspekte, ZWE 2006, 334; *ders.,* Pflicht und Befugnis des Verwalters zur Mandatierung eines Rechtsanwalts, ZWE 2009, 114; *Häublein,* Beschlussanfechtungsbefugnis bei zwangsverwaltetem Wohnungseigentum, ZfIR 2005, 337; *Hügel,* Die Verteilung der Kosten eines gerichtlichen Verfahrens und erhöhter Gebührenansätze für Rechtsanwälte in der Jahresabrechnung, ZWE 2008, 265; *Kümmel,* Die Anfechtbarkeit nicht ordnungsgemäßer Beschlüsse der Wohnungseigentümer, ZWE 2001, 516; Typische Probleme bei der Anfechtung von Jahresabrechnungsgenehmigungen, NZM 1999, 640; *Reuter,* Die Anfechtung von Beschlüssen der Wohnungseigentümer durch den Verwalter, ZWE 2001, 286; *Schmid,* Zwang zur Anfechtung von Wohnungseigentümerbeschlüssen?, NZM 2008, 185; *ders.,* Die Kosten des im Beschlussanfechtungsprozess erfolgreichen Wohnungseigentümers, NZM 2008, 385; *Suilmann,* Das Beschlussmängelverfahren im Wohnungseigentumsrecht (1998); *ders.,* Beschlussmängelverfahren nach § 43 Abs. 1 Nr. 4 WEG – Zum Verhältnis von Beschlussanfechtungs- und Nichtigkeitsfeststellungsanträgen, ZWE 2001, 402; *ders.,* Beschlussanfechtung durch den abberufenen Verwalter, ZWE 2000, 106; *Weber/Schmieder,* Erstattungsfähigkeit von Kosten für die Unterrichtung der übrigen Wohnungseigentümer im Beschlussanfechtungsverfahren, WuM 2009, 441; *Wenzel,* Die Befugnis des Verwalters zur Anfechtung des Abberufungsbeschlusses, ZWE 2001, 510; *ders.,* Beschluss oder Vereinbarung, NZM 2003, 217; *ders.,* Der Negativbeschluss und seine rechtlichen Folgen, ZMR 2005, 413; *Wolicki,* Die Kostenentscheidung bei Beschlussanfechtungsklagen nach der WEG-Novelle, NZM 2008, 717.

I. Normzweck

Die Vorschrift verfolgt den Zweck, das bisherige Beschlussanfechtungsverfahren unverändert als Rechtsstreit unter den WEern den Regeln der ZPO zu unterstellen. Außerdem sollen das Anfechtungsrecht des Verwalters und die Passivlegitimation sämtlicher WEer für seine Klage unverändert fortgelten.[1] Deswegen gelten die bisher entwickelten Grundsätze nach Maßgabe der gesetzlichen Bestimmungen fort. 1

[1] Beschlussempfehlung und Bericht des Rechtsausschusses BT-Drucks. 16/3834 S. 28.

II. Anwendungsbereich von Abs. 1 S. 1

2 Die Vorschrift legt den Kreis der Verfahrensbeteiligten fest. Sie trägt damit dem Umstand Rechnung, dass die Anfechtungsklage als Gestaltungsklage auf bestimmte Parteien begrenzt ist[2] und inhaltlich die Gültigkeit von Beschlüssen zum Gegenstand hat. Da der **Streitgegenstand** mit dem aller Beschlussmängelverfahren identisch ist (§ 43 Rn 90), ist der Begriff „Gültigkeit" in einem weiten Sinn zu verstehen und findet die Vorschrift auf alle Rechtsstreitigkeiten nach § 43 Nr. 4 Anwendung, in denen es um das Zustandekommen und die **Mangelhaftigkeit** eines Beschlusses geht,[3] vgl. hierzu § 43 Rn 98, 99, 104f. Deswegen ist die Klage in all diesen Fällen immer gegen die übrigen WEer zu richten. Abs. 1 S. 1 gilt als Ausprägung einer allgemeinen Beschlussmängelklage (§ 43 Rn 90) über seinen Wortlaut hinaus auch für Klagen auf Feststellung der Nichtigkeit[4] oder endgültigen Unwirksamkeit eines Beschlusses (§ 43 Rn 100f).

III. Zulässigkeitsvoraussetzungen

1. Allgemeine Voraussetzungen

3 Auch für die Beschlussmängelklage gilt das allgemeine Prinzip des Vorrangs der Zulässigkeitsprüfung vor der Begründetheitsprüfung (vgl. § 43 Rn 122).[5] Das Gericht darf daher zB die Zulässigkeit einer Anfechtungsklage nicht offen lassen und sie „als jedenfalls unbegründet" abweisen.[6] Denn anders als bei einer Abweisung als unzulässig kann bei einer Abweisung als unbegründet nicht mehr geltend gemacht werden, der Beschluss sei nichtig (§ 48 Abs. 4). Zu den Folgen eines Verstoßes vgl. § 43 Rn 122. Wegen der allgemeinen Zulässigkeitsvoraussetzungen kann auf die Erl. unter § 43 Rn 122f. verwiesen werden. Für die **Bestimmtheit** der Parteibezeichnung siehe die Erläuterungen zu § 44, für die Bestimmtheit des Antrags gilt § 43 Rn 135f.

2. Rechtsschutzbedürfnis

4 **a) Anfechtungsklage eines oder mehrerer Wohnungseigentümer. aa) Grundlagen.** Das **Rechtsschutzbedürfnis** ist Prozessvoraussetzung (§ 43 Rn 172) und unterscheidet sich von der **Klagebefugnis,** die zu den Begründetheitsvoraussetzungen gehört.

5 Nach einhelliger Auffassung hat **jeder WEer** ein schutzwürdiges Interesse daran, einen Eigentümerbeschluss auf seine Gültigkeit überprüfen zu lassen, sofern er nicht wie der Geschäftsordnungsbeschluss (Rn 16) mit Ende der WEVers gegenstandslos wird. Das Anfechtungsrecht dient nicht nur einem etwaigen persönlichen Interesse des anfechtenden WEers oder dem Minderheitenschutz, sondern dem **Interesse der Gemeinschaft an einer ordnungsgemäßen Verwaltung.**[7] Daher ist es nicht erforderlich, dass der anfechtende WEer durch den Beschluss persönlich tatsächlich einen Nachteil erleidet.[8] Einer durch Mehrheitsbeschluss genehmigten Nutzung eines „Ladens" als Gaststätte kann daher auch ein WEer widersprechen, dessen Wohnung sich in einem anderen Teil der Anlage befindet und von den Immissionen des Lokals nicht betroffen ist. Den Beschluss über die Genehmigung der Jahresabrechnung mit einem falschen Kostenverteilungsschlüssel kann

[2] Jennißen/*Suilmann* Rn 16.
[3] Jennißen/*Suilmann* Rn 17; vgl. BGHZ 152, 1 = NJW 2002, 3465 für das Aktienrecht.
[4] BGH NJW 2009, 3655 (3676) = NZM 2009, 864; Jennißen/*Suilmann* Rn 17; *Dötsch* ZMR 2008, 433 (435).
[5] BGH NJW 2000, 3718 (3720).
[6] BGH NJW 2009, 999 = NZM 2009, 199.
[7] BGHZ 156, 19 = NJW 2003, 3124 (3125); NZM 2010, 205 (206); *Müller,* in: FS Merle (2000) 235f.; aA *Kümmel* ZWE 2001, 516 (520).
[8] BGHZ 156, 19 = NJW 2003, 3124 (3125).

auch beanstanden, wer bei Anwendung des richtigen Schlüssels anteilig mehr zu zahlen hat. Eine solche Anfechtung kann aber im Einzelfall wegen Rechtsmissbrauchs unzulässig sein.[9]

Das Rechtsschutzbedürfnis besteht selbst für den WEer, der dem Beschluss **zugestimmt** hat[10] oder dessen **Stimmrecht gem § 25 Abs. 5 ruhte.**[11] Es ist auch gegeben, wenn der **Beschluss bereits ausgeführt** wurde.[12] Es besteht sogar dann fort, wenn die Maßnahme nicht mehr rückgängig zu machen ist (– die Fassade ist saniert, die Heizungsanlage ist ersetzt –), die Frage der Gültigkeit aber für etwaige Folgenbeseitigungs-[13] oder Schadensersatzansprüche sowie für die Kostenbeteiligung[14] von Bedeutung ist.[15] Dasselbe gilt, wenn der Verwalter den Beschluss für unverbindlich hält und eine neue Beschlussfassung in Aussicht stellt[16] oder wenn ein anderer WEer den Beschluss bereits angefochten hat.[17] 6

Das **Rechtsschutzbedürfnis fehlt,** wenn der Kläger von dem angefochtenen Beschluss rechtlich **nicht betroffen** wird, etwa weil er durch Vereinbarung einer getrennten Verwaltung von der Mitverwaltung ausgeschlossen ist und er deshalb kein Stimmrecht hat.[18] Es fehlt auch für die Anfechtung eines Beschlusses, durch den ein von dem Kläger geltend gemachter Kostenerstattungsanspruch abgelehnt wird.[19] Denn dieser Beschluss hat nicht den Verlust des Anspruchs zur Folge, so dass das Rechtsschutzziel über eine Zahlungsklage einfacher als über eine Beschlussanfechtung erreicht werden kann. 7

Ferner ist das Rechtsschutzinteresse nicht gegeben, wenn der Kläger seine Anfechtung ausschließlich auf **Verfahrensverstöße** stützt, die ihm schon in der Versammlung bekannt waren[20] oder wenn sein Verhalten aus anderen Gründen gegen **Treu und Glauben** verstößt.[21] So ist die Anfechtungsklage eines WEers, der ausdrücklich damit einverstanden ist, dass ein Verwalter, dessen Bestellungszeit bereits abgelaufen ist, eine WEVers einberuft, unzulässig,[22] wenn er sein Anfechtungsbegehren auf eben diesen Mangel stützt. Rechtsmissbräuchlich verhält sich auch, wer einen Verstoß gegen die GemO rügt, diesen Verstoß jedoch trotz Kenntnis jahrelang unbeachtet gelassen hat[23] oder wer in Kenntnis eines Einberufungsmangels ausdrücklich mit der Beschlussfassung einverstanden ist.[24] 8

bb) Eigentümerwechsel. Ob ein **Eigentümerwechsel** auf der Klägerseite während des Rechtsstreits das Rechtsschutzbedürfnis entfallen lässt, hängt von den Umständen des 9

---

[9] BayObLG ZMR 2004, 358 f.

[10] BayObLGZ 1973, 78; NZM 2001, 143; OLG Celle DWE 1984, 126; OLG Düsseldorf DWE 1988, 74 f.; OLG Hamm WE 1997, 387; KG MDR 1981, 407; OLG Karlsruhe WuM 2003, 46; aA OLG Köln DWE 1992, 165; *Kümmel* ZWE 2001, 516 (520).

[11] BayObLG NJW 1993, 603 f.; KG NJW-RR 1986, 642.

[12] BayObLG NJW-RR 1992, 1367; ZMR 2000, 782 f.; NZM 2002, 623 f.; OLG Düsseldorf ZWE 2000, 589 f.

[13] BayObLG NZM 2002, 623; NJW-RR 2006, 20 (23); aA OLG München ZMR 2007, 139 (140): Erledigung.

[14] BayObLG WE 1995, 92 f.; OLG Düsseldorf ZWE 2000, 589 f.; OLG Hamm ZMR 2009, 58 (61).

[15] BayObLG WE 1999, 33.

[16] OLG Frankfurt OLGZ 1980, 78 f.

[17] BayObLGZ 1977, 226 (228); KG WE 1993, 52.

[18] BayObLG DNotZ 1985, 414 (416) – Mehrhauswohnanlage.

[19] Jennißen/*Suilmann* Rn 134.

[20] BayObLG NJW-RR 1988, 1168; OLG Düsseldorf DWE 1989, 28 (29).

[21] LG Frankfurt/M. DWE 1991, 124 f.; OLG Düsseldorf DWE 1989, 28 (29); BayObLG WE 1992, 86; OLG Hamm NJW-RR 1997, 970 = WE 1997, 387; *Armbrüster,* FS Merle (2000), 1 (14 f.); vgl. auch *Müller* ZWE 2000, 557 (559).

[22] BayObLGZ 1992, 79 (83) = NJW-RR 1992, 910; aA Jennißen/*Suilmann* Rn 24: unbegründet.

[23] BayObLG NJW-RR 1994, 338 = WE 1994, 302 = WuM 1994, 45 (46), im konkreten Fall aber verneinend; aA OLG München NJW 2008, 1679.

[24] OLG Hamm NJW-RR 1993, 468 = WE 1993, 111 (113).

Einzelfalles ab.[25] Grds steht das Anfechtungsrecht bis zur Eigentumsumschreibung im Grundbuch dem Veräußerer und danach dem Erwerber zu. Da der **Veräußerer** an den gefassten Beschluss weiter gebunden bleibt,[26] lässt die Eintragung des Rechtswechsels in das Grundbuch das Rechtsschutzbedürfnis nicht entfallen. Maßgebend ist allein, ob er auch materiell anfechtungsberechtigt bleibt. Hat er, wie zB in einem Streit über Inhalt und Grenzen eines SNRs, sein Anfechtungsrecht verloren, ist die Entscheidung aber für den Rechtsnachfolger bindend ist und kann der Titel umgeschrieben werden kann, wirkt mit der Prozessführungsbefugnis nach § 265 Abs. 2 ZPO auch das Rechtsschutzbedürfnis fort, es sei denn der Rechtsnachfolger erklärt, an der Fortsetzung des Rechtsstreits kein Interesse zu haben.[27] Der Erwerber kann bei fortwirkender Prozessführungsbefugnis des Veräußerers nicht selbst Klage erheben.

10 Der **Erwerber** hat seinerseits ein schutzwürdiges Interesse, einen vor dem Eigentümerwechsel gefassten Beschluss anfechten zu können, weil er an ihn nach § 10 Abs. 4 gebunden ist. Das Anfechtungsrecht steht ihm aber erst ab der Eigentumsumschreibung zu. Vorher kann der Veräußerer ihn jedoch ermächtigen, das ihm noch zustehende Anfechtungsrecht im eigenen Namen als gewillkürter Prozessstandschafter auszuüben.[28]

11 **cc) Erstbeschluss – Zweitbeschluss.** Ein Rechtsschutzinteresse für die Anfechtung eines **Erstbeschlusses** ist auch dann gegeben, wenn ein bestätigender oder abändernder Zweitbeschluss gefasst wurde, der ebenfalls angefochten ist.[29] Auch lässt die Bestandskraft eines negativen Zweitbeschlusses das Rechtsschutzbedürfnis für die Anfechtung eines inhaltsgleichen Erstbeschlusses nicht entfallen, wenn der Kläger zugleich die Feststellung beantragt, dass dieser mit positivem Inhalt gefasst ist.[30] Es entfällt aber bei einem die Ablehnung positiv bestätigenden bestandskräftigen Zweitbeschluss oder wenn die Rückgängigmachung der beschlossenen Maßnahme ausgeschlossen ist und der Beschluss auch sonst keine Auswirkungen mehr haben kann.[31]

12 Ein Rechtsschutzbedürfnis für die Anfechtung eines **inhaltsgleichen Zweitbeschlusses,**[32] besteht regelmäßig nicht, wenn der frühere Beschluss mangels rechtzeitiger Anfechtung bereits bestandskräftig ist. Denn die Aufhebung des angefochtenen Beschlusses bliebe ohne Auswirkung auf das Rechtsverhältnis zwischen den WEern, weil dann der bestandskräftige, frühere Beschluss maßgeblich wäre.[33] Ausnahmsweise besteht ein Rechtsschutzbedürfnis für die Anfechtung des inhaltsgleichen Zweitbeschlusses jedoch dann, wenn dieser den Erstbeschluss nicht nur beseitigt oder verstärkt, sondern den Erstbeschluss novatorisch ersetzt und damit zugleich aufhebt.[34] In diesem Fall ist eine Ungültigerklärung des Zweitbeschlusses erforderlich, damit die in ihm enthaltene Aufhebung des Erstbeschlusses entfällt.

13 Wird ein angefochtener Beschluss noch während des Rechtsstreits durch eine erneute Abstimmung der WEer **bestätigt,** so entfällt nicht automatisch das Rechtsschutzbedürfnis für die Anfechtung des ersten Beschlusses,[35] sondern entspr. § 244 Satz 1 AktG erst dann,

[25] BayObLG NZM 1998, 527; KG NJW 1970, 330; OLG Karlsruhe OLGZ 1985, 139.

[26] OLG Hamburg WuM 2003, 104 – Anfechtung des Wirtschaftsplans vor der Beschlussfassung über die Jahresabrechnung.

[27] BayObLG NZM 1998, 527; ZWE 2000, 261 f; KG ZWE 2000, 224 f.

[28] KG NJW-RR 1995, 147 (158).

[29] BGHZ 106, 113 (115); KG ZWE 2000, 265 (267).

[30] BGH ZMR 2002, 930 (932).

[31] BGH NJW-RR 2006, 472 Rn 22 zu § 244 S. 1 AktG; BayObLG NZM 1999, 286; OLG Düsseldorf ZWE 2000, 589 f.

[32] Vgl. *Merle* WE 1995, 363 (364) sowie § 23 Rn 63 ff.

[33] BGHZ 127, 99 (101 f.) = NJW 1994, 3230 (3231); BGHZ 148, 335 (350 f.); aA BayObLGZ 1988, 54 (57) = NJW-RR 1988, 847 = WE 1988, 200; NJW-RR 1986, 1399.

[34] Vgl. BGH NJW 1994, 1866 (1867); aA wohl *Müller* ZWE 2000, 557 (560).

[35] OLG Stuttgart OLGZ 1989, 437 (438).

wenn der bestätigende Beschluss nicht rechtzeitig angefochten und damit bestandskräftig[36] oder aber eine Anfechtungsklage gegen den zweiten Beschluss rechtskräftig abgewiesen wird[37] und ein schützenswertes Interesse an der Ungültigerklärung des Erstbeschlusses für die Zeit bis zum Zweitbeschluss nicht besteht.[38] Das Rechtsschutzbedürfnis für die Anfechtung eines Erstbeschlusses entfällt schließlich, wenn der Erstbeschluss durch einen bestandskräftigen **abändernden Zweitbeschluss** in der Sache überholt worden ist und nicht vorgetragen wird, dass aus dem Erstbeschluss irgendwelche Nachteile erwachsen sind oder noch erwachsen können.[39]

dd) Negativbeschluss. Für die **Anfechtung eines Negativbeschlusses** (zum Begriff § 43 Rn 93) ist generell von einem Rechtsschutzbedürfnis auszugehen. Die zu dem Verfahren nach § 43 Abs. 1, Abs. 2 Nr. 4 WEG aF vertretene **einschränkende Auffassung** zum Vorliegen des Rechtsschutzbedürfnisses[40] hat der BGH **aufgegeben.**[41] Dem ist zu folgen. Damit sind die insoweit in Rechtsprechung[42] und Literatur[43] zur Anfechtung vom Negativbeschlüssen früher aufgeworfenen vielfältigen Fragen[44] und Differenzierungen erledigt. 14

Ein Negativbeschluss kann ferner angefochten werden, wenn die Feststellung des negativen Beschlussergebnisses fehlerhaft ist und **in Wahrheit ein positiver Beschluss** gefasst worden ist, so dass die Ungültigerklärung mit der Feststellung verbunden werden kann, dass ein positiver Beschluss zustande gekommen ist.[45] Das Rechtsschutzbedürfnis ist selbst dann gegeben, wenn die WEVers über die Angelegenheit einen zweiten Negativbeschluss gefasst hat und dieser bestandskräftig geworden ist. Er wird nämlich gegenstandslos, wenn auf die Anfechtung des Erstbeschlusses das Zustandekommen eines positiven Beschlusses festgestellt wird. 15

ee) Geschäftsordnungsbeschluss, bedingter Beschluss. Kein Rechtsschutzbedürfnis besteht für die Anfechtung eines **Geschäftsordnungsbeschlusses** (§ 43 Rn 94). Denn ein solcher Beschluss wird mit Beendigung der Versammlung gegenstandslos.[46] Entsprechendes gilt für einen Beschluss, dass die WEer zu eingeholten Angeboten für Sanierungsarbeiten in bestimmter Frist Stellung nehmen sollen mit der Ankündigung, sodann in das schriftliche Umlaufverfahren einzutreten.[47] Auch dieser Beschluss erledigt sich mit der Verweigerung der Unterschrift. Etwas anderes gilt ausnahmsweise dann, wenn ein Eigentümerbeschluss mit diesem oder ähnlichem Inhalt nicht nur für die stattfindende Versammlung oder die aktuelle Willensbildung, sondern auch für die Zukunft Gültigkeit haben soll.[48] 16

Das Rechtsschutzbedürfnis für die Anfechtung eines **aufschiebend bedingt** gefassten Beschlusses entfällt, sobald feststeht, dass die Bedingung nicht mehr eintreten und der 17

---

[36] BGH NJW 2004, 1165; NJW-RR 2006, 472 Rn 22; BayObLG ZWE 2002, 315 (317).

[37] Vgl. BGH NJW 2004, 1165 zu § 244 S. 1 AktG.

[38] *Merle* WE 1995, 363 f.

[39] BGH ZMR 2002, 930 (932); OLG Köln WE 1998, 312; KG ZWE 2000, 274 (275) = NZM 2001, 241.

[40] Grundlegend BGHZ 152, 46, 49.

[41] BGH NZM 2010, 205 (206) = ZWE 2010, 175.

[42] Vgl. BGHZ 156, 19 (20 f.); BayObLG WuM 1996, 116 (117); ZfIR 1999, 194 (195); KG NJW-RR 1998, 1021.

[43] Vgl. Jennißen/*Suilmann* Rn 130; MünchKomm-BGB/*Engelhardt* § 46 Rn 7; Riecke/Schmid/Abramenko Rn 10 b.

[44] Vgl. *Köhler* ZMR 1999, 293 (300); *Rühlicke* ZWE 2003, 200 (201); *Wenzel* ZMR 2005, 413 (415).

[45] BGHZ 152, 46 = NJW 2002, 3704 (3705); OLG München NZM 2007, 448 (449); *Wenzel* ZMR 2005, 413 (415 f.).

[46] Vgl. BayObLG NJW-RR 1987, 1363; WuM 1996, 116 (117).

[47] OLG München NZM 2007, 522 (523) = ZMR 2007, 304.

[48] BayObLG WE 1996, 197 f.; ZMR 2002, 844 f.; OLG Düsseldorf NJW-RR 1995, 1294.

Beschluss endgültig keine Rechtswirkungen mehr entfalten kann. Entsprechendes gilt im Fall des **auflösend bedingten** Beschlusses, wenn die Bedingung eintritt.

18 **ff) Wirtschaftsplan.** Das Rechtsschutzbedürfnis für die Anfechtung eines Beschlusses über den **Wirtschaftsplan** entfällt weder mit Ablauf des betreffenden Wirtschaftsjahres noch mit dem Beschluss der Jahresabrechnung,[49] weil der Wirtschaftsplan Anspruchsgrundlage für Beitragsforderungen gegen ausgeschiedene WEer und für Verzugsfolgen bei Ungültigerklärung des Abrechnungsbeschlusses bleibt. Ist die Jahresabrechnung dagegen bestandskräftig beschlossen worden, so besteht für die Fortführung des den Wirtschaftsplan betreffenden Anfechtungsverfahrens kein rechtliches Interesse mehr, wenn der anfechtende WEer seine Verpflichtungen aus dem Wirtschaftsplan vollständig erfüllt hat,[50] zwischen der Beschlussfassung über den Wirtschaftsplan und der Jahresabrechnung ein Eigentümerwechsel nicht stattgefunden hat und weder ein Insolvenzverfahren noch eine Zwangsverwaltung angeordnet worden ist.[51]

19 **gg) Bestellung und Abberufung des Verwalters.** Den Beschluss über die Bestellung oder Abberufung des Verwalters anzufechten, hat jeder WEer ein Rechtsschutzinteresse. Denn auch insoweit geht es um die Sicherung einer ordnungsmäßigen Verwaltung und nicht darum, dass kein WEer einen Anspruch auf einen bestimmten Verwalter hat.[52] Das Rechtsschutzbedürfnis für die Anfechtung der Bestellung entfällt daher auch nicht dadurch, dass der Verwalter ab einem späteren Zeitpunkt erneut bestellt wird.[53] Ist die **Bestellungszeit** des Verwalters **abgelaufen,** so entfällt das Rechtsschutzinteresse für die Anfechtung der Abberufung[54] oder die mit einem Antrag auf gerichtliche Abberufung verbundene Anfechtung eines die Abberufung ablehnenden Negativbeschlusses.[55] Dasselbe gilt, wenn der Verwalter erneut bestellt wurde, weil damit die für die vorangegangene Amtszeit verlangte Abberufung überholt und erledigt ist,[56] sofern nicht auch der Verwalter seine Abberufung angefochten hat.[57] Wird ein **anderer Verwalter berufen,** so entfällt das Rechtsschutzinteresse für die gegen die Abberufung gerichtete Anfechtungsklage dagegen erst mit der Bestandskraft der anderweitigen Berufung.

20 **b) Anfechtungsklage des Verwalters.** Für eine Anfechtungsklage des Verwalters gegen seine **Abberufung** entfällt das Rechtsschutzbedürfnis in dem Augenblick, in dem das Amt ohnehin endet oder der Abberufungsbeschluss durch einen weiteren Eigentümerbeschluss aufgehoben wird,[58] sofern nicht auf Grund besonderer Umstände ein Interesse an der rückwirkenden Entscheidung fortbesteht. Denn die Ungültigkeitserklärung wirkt nicht nur ex nunc, sondern lässt den Beschluss von Anfang an ungültig werden.[59] Die Handlungen des Verwalters werden hierdurch jedoch nicht unwirksam, sondern bleiben nach dem Rechtsgedanken von § 47 FamFG wirksam (§ 26 Rn 236 f).[60]

---

[49] BGHZ 106, 113 (116); BayObLG NJW-RR 1998, 1624; OLG Düsseldorf FGPrax 2001, 1048; Wenzel WE 1997, 124 (129).

[50] OLG Hamm FGPrax 2007, 15 = ZMR 2006, 879 (880).

[51] BayObLG NJW-RR 1997, 715 (717); *Müller,* FS Merle (2000), S. 235, 242; *Wenzel* WE 1997, 124 (129).

[52] AA Jennißen/*Jennißen* § 26 Rn 161.

[53] OLG Düsseldorf ZMR 2008, 472 = ZWE 2008, 52 m. Anm. *B. Müller.*

[54] OLG München ZMR 2006, 475.

[55] OLG Düsseldorf ZMR 2006, 544 (545).

[56] OLG Düsseldorf ZMR 2006, 544 (545); OLG Köln NZM 1998, 959 f.; ZMR 2006, 471 (472).

[57] OLG München ZMR 2006, 472.

[58] BayObLG NJW-RR 1997, 715 (717); KG WE 1998, 66 f.; OLG Hamm NZM 1999, 227 f.; OLG Naumburg ZWE 2000, 143; *Wenzel* ZWE 2001, 510 (515); aA BayObLG ZWE 2001, 590 (592).

[59] BGH NJW 2007, 2776 (2777) Rn 9 = NZM 2007, 645 = ZWE 2007, 396; BayObLG NJW-RR 1988, 270; aA Jennißen/*Jennißen* § 26 Rn 159.

[60] BGH NJW 1997, 2106 (2107); NJW 2007, 2776 (2777).

Das Rechtsschutzinteresse fehlt auch für eine Anfechtung des Beschlusses über die **Kündigung des Verwaltervertrags,** weil der Beschluss für die Frage der Berechtigung zur Kündigung ohne Bedeutung ist. Die Wirksamkeit der Kündigung kann nur über eine **Feststellungsklage** gerichtlich geklärt werden.[61] Das hierfür erforderliche Feststellungsinteresse fehlt nur dann, wenn der Verwaltervertrag für die Dauer der Bestellung abgeschlossen und die Abberufung wirksam war. Zur Klagebefugnis Rn 31 f. **21**

IV. Begründetheitsvoraussetzungen

1. Klagebefugnis

Ist die Klage zulässig, hängt ihr sachlicher Erfolg von der Begründetheit ab. Hierüber darf aber nur entschieden werden, wenn die Zulässigkeit auch feststeht (Rn 3). Die Klagebefugnis betrifft die Aktivlegitimation und ergibt sich aus dem materiellen Anfechtungsrecht. Anfechtungsberechtigt sind nur die **WEer** und der **Verwalter,** nicht die WEgem oder Dritte. Das Anfechtungsrecht des WEers gehört zu seinen unabdingbaren Mitgliedschaftsrechten (§ 10 Rn 36). Im Unterschied zum Stimmrecht kann es nicht ausgeschlossen werden und besteht unabhängig hiervon.[62] **22**

a) Wohnungseigentümer. Zum **Begriff** des Wohnungseigentümers § 10 Rn 2 ff. **23**

Problematisch ist die **Anfechtungsbefugnis bei Mitberechtigung am WE.**[63] Gehört **WE einer GbR,** so ist zu differenzieren. Handelt es sich um eine rechtsfähige Außengesellschaft, kann sie selbst durch ihre vertretungsberechtigten Gesellschafter Anfechtungsklage erheben. Dem nicht vertretungsberechtigten Gesellschafter fehlt die Anfechtungsbefugnis. Die Gesellschafter er reinen Innengesellschaft sind mangels abweichender Regelungen im Gesellschaftsvertrag die Gesellschafter grds. nur gemeinschaftlich anfechtungsbefugt, der einzelne Gesellschafter dagegen nur ausnahmsweise im Wege der Notgeschäftsführung nach § 744 Abs. 2 BGB, wenn eine Zustimmung aller Gesellschafter auf Grund der Kürze der Zeit nicht zu erreichen und die Beschlussanfechtung gem. § 744 Abs. 2 BGB zur Erhaltung des gemeinschaftlichen Gegenstandes erforderlich ist.[64] Ein drohender Ablauf der Anfechtungsfrist genügt für sich genommen dagegen nicht, weil das Prinzip der Einstimmigkeit grundsätzlich auch in Eilfällen gilt und nicht jede Anfechtung eines fehlerhaften Beschlusses zwangsläufig auch im Interesse der Gesellschaft liegt.[65]

Der **MEer** (Bruchteilseigentümer) eines WEs ist dagegen nach § 744 Abs. 2 BGB[66] berechtigt, einen Beschluss der WE-Versammlung allein anzufechten. Für den **Miterben** lässt sich diese Befugnis zur alleinigen Anfechtung aus § 2038 Abs. 1 BGB herleiten,[67] für einen **Ehepartner in Gütergemeinschaft,** dem die alleinige Verwaltungsbefugnis nicht eingeräumt ist, unter den dort genannten Voraussetzungen aus §§ 1429, 1454 f. BGB. In allen anderen Fällen sind die Ehepartner nur gemeinschaftlich anfechtungsbefugt.[68] **24**

---

[61] BGHZ 151, 164 = NJW 2002, 3240.

[62] BayObLG NJW 1993, 603 (604).

[63] Hierzu vgl. ausführlich *Suilmann,* S. 125 f.; *Becker* ZWE 2008, 405.

[64] *Suilmann,* S. 135.

[65] BayObLG NJW-RR 1991, 215 (216); *Suilmann,* S. 135; *Becker* ZWE 2008, 405 (407).

[66] BayObLGZ 1975, 201 (203); 1990, 260 = NJW-RR 1991, 215 (216); NJW-RR 1988, 271; KG OLGZ 1994, 154 (156) = NJW-RR 1994, 278 (279); OLG Frankfurt NZM 2007, 490 = ZMR 2007, 291; aA BayObLG NJW-RR 1991, 215 (216); *Suilmann* S. 127; Jennißen/*Suilmann* Rn 25; *Becker* ZWE 2008, 405 (406): § 1011 BGB.

[67] BGH NJW 1989, 2694 (2697); BayObLGZ 1998, 127 (129); NZM 1999, 286; aA *Suilmann,* S. 130; Jennißen/*Suilmann* Rn 26; *Becker* ZWE 2008, 405 (406): § 2039 Abs. 1 BGB.

[68] *Becker* ZWE 2008, 405 (407).

25 Dem **Rechtsnachfolger** eines WEers steht als WE-Anwärter (§ 10 Rn 5) die Anfechtungsbefugnis erst zu, sobald sein Eigentumserwerb vollendet ist.[69] Das ist beim **rechtsgeschäftlichen** Erwerb mit der Umschreibung im Wohnungsgrundbuch, beim **gesetzlichen Erwerb** mit Vorliegen der gesetzlichen Erwerbsvoraussetzungen der Fall, einer Grundbucheintragung bedarf es hier nicht. Entsprechendes gilt für den Erwerb im Wege der Zwangsversteigerung durch Zuschlagsbeschluss. Ab Vollendung des Eigentumserwerbs kann der neue WEer aber auch solche Beschlüsse anfechten, die vor diesem Zeitpunkt gefasst wurden, sofern die Anfechtungsfrist noch nicht abgelaufen ist.[70]

26 Beim rechtsgeschäftlichen Erwerb kann der noch nicht im Grundbuch eingetragene **Erwerber** die Anfechtungsklage **in gewillkürter Prozessstandschaft** für den veräußernden WEer betreiben.[71] Eine Ermächtigung hierfür ist immer dann als gegeben zu erachten, wenn der WE-Anwärter auch materiell ermächtigt ist, dass Stimmrecht für den Veräußerer auszuüben.[72] Die Anfechtungsfrist wird in diesem Fall aber nur gewahrt, wenn die Voraussetzungen der Prozessstandschaft bis zum Ablauf der Anfechtungsfrist vorliegen und der Kläger innerhalb der Frist offen legt, dass er das Verfahren in Prozessstandschaft betreibt.[73] Geschieht dies erst nach Fristablauf, können Anfechtungsgründe nicht mehr berücksichtigt werden, wohl aber Nichtigkeitsgründe.[74]

27 Hingegen ist der **werdende WEer** (§ 10 Rn 5) zur Anfechtung der gefassten Beschlüsse berechtigt, nicht aber nach einer wirksamen Erklärung des Rücktritts vom Kaufvertrag, selbst wenn er noch im Grundbuch als Vormerkungsberechtigter eingetragen ist. Denn durch den Rücktritt ist die Vormerkung erloschen. In einem solchen Fall können auch die auf dem öffentlichen Glauben des Grundbuchs beruhenden Rechtswirkungen (§§ 891 ff. BGB) eine Anfechtungsbefugnis nicht begründen.[75] Der WE-Anwärter, der in eine schon bestehende WEgem eintreten will, ist ebenso wenig anfechtungsberechtigt wie der WE-Anwärter, der in eine „werdende WEgem" als Einzelrechtsnachfolger eintreten will, aber noch keine dinglich gesicherte Rechtsposition erlangt hat.

28 Der zum Zeitpunkt der Beschlussfassung der WEVers bereits aus der WEgem **ausgeschiedene WEer** ist ebenfalls nicht zur Beschlussanfechtung berechtigt. Zwar ist die Zuständigkeit des WE-Gerichts für Beschlussanfechtungen auch dann gegeben, wenn der WEer vor Rechtshängigkeit aus der WEgem ausscheidet, da die Zuweisungsnorm des § 43 Nr. 4 sachbezogen ist.[76] Regelmäßig fehlt dem ausgeschiedenen WEer jedoch schon das Rechtsschutzbedürfnis, weil die nach seinem Ausscheiden gefassten Beschlüsse ihm ggü keine Bindungswirkung entfalten können.[77] Seine Anfechtungsklage ist daher als unzulässig abzuweisen.[78] Ein Anfechtungsinteresse und Anfechtungsrecht ist idR nur für solche

[69] BayObLG ZWE 2001, 590 (592) = NZM 2002, 300 m. Anm. *F. Schmidt* DNotZ 2002, 147.

[70] OLG Frankfurt/M. OLGZ 1992, 439 (440) = NJW-RR 1992, 1170 = ZMR 1992, 311 (312); ausdrücklich zustimmend auch KG WuM 1994, 714 (715) = ZMR 1994, 524 (526); Staudinger/*Wenzel* § 43 Rn 6.

[71] Vgl. BayObLG WE 1990, 67.

[72] KG WE 1995, 119 (120) = WuM 1994, 714 (715) = ZMR 1994, 524 (526); vgl. auch BayObLG ZWE 2001, 590 = NZM 2002, 300 = DNotZ 2002, 144 (146 f.) zur Auslegung einer solchen Ermächtigung kritisch *F. Schmidt* DNotZ 2002, 147 (148 f.).

[73] BGH NJW 1972, 1580; BayObLGZ 1981, 50 (53); KG NJW-RR 1995, 147 (148) = WE 1995, 119 (120); ZMR 2004, 460 (462).

[74] Jennißen/*Suilmann* Rn 96.

[75] BayObLG NJW-RR 1996, 334; WuM 1995, 736 (737).

[76] BayObLGZ 1986, 348 (350); KG ZWE 2001, 218 = NZM 2001, 294.

[77] BGHZ 106, 34 (39) = NJW 1989, 714; OLG Köln WuM 1992, 16; KG ZWE 2001, 218 = NZM 2001, 294; OLG Zweibrücken ZMR 2007, 398 = NZM 2007, 416 (LS).

[78] OLG Zweibrücken ZMR 2007, 398 = NZM 2007, 416 (LS); Jennißen/*Suilmann* Rn 30.

Beschlüsse gegeben, die noch während der Zugehörigkeit des Veräußerers zur WEgem gefasst wurden und ihn deshalb binden. Das gilt auch dann, wenn er vor Klageerhebung ausgeschieden ist.[79]

Zu den Auswirkungen eines **Eigentümerwechsels nach Rechtshängigkeit** auf die Klagebefugnis s. § 43 Rn 168 f. und auf das Rechtsschutzbedürfnis s. Rn 9. 29

b) Wohnungseigentümergemeinschaft. Nicht anfechtungsberechtigt ist auch die rechtsfähige **WEgem** selbst soweit ihr Recht auf ordnungsmäßige Verwaltung tangiert ist. Denn auch insoweit erfolgt die Willensbildung durch die WEer, handeln diese also *für* sie und dient das Anfechtungsrecht nicht einem selbstständigen Gemeinschaftsinteresse, sondern dem Ausgleich der konkurrierenden Mitgliederinteressen.[80] Das gilt auch für die WEgem als Eigentümerin von SE. Sie hat weder ein Stimm- noch ein Anfechtungsrecht.[81] Ihre Eigentümerrechte ruhen vielmehr insoweit. 30

c) Verwalter. Nach **Absatz 1 Satz 1, 2. Alt.** ist die Anfechtungsklage des Verwalters gegen die WEer zu richten. Umstritten ist, ob die Vorschrift dem Verwalter damit eine **Klagebefugnis** zuweist. Dies ist entgegen einer in der Literatur vertretenen Auffassung[82] zu verneinen. Die Vorschrift regelt schon dem Wortlaut nach allein die **passive Parteistellung.** Sie geht auf die von einem Sachverständigen im Rahmen der Anhörung im Rechtsausschuss geäußerten Bedenken zurück, wonach die Vorschrift ohne die 2. Alt. den Eindruck erwecken könnte, ein Anfechtungsrecht des Verwalters solle ausgeschlossen werden. Sie verfolgt den Zweck, an die hergebrachten Grundsätze anzuknüpfen, eine Klagebefugnis des Verwalters nicht auszuschließen, sondern „unverändert fortbestehen" zu lassen.[83] Schließlich will sie sprachlich **klarstellen,** dass anders als die Klage eines oder mehrerer WEer eine Anfechtungsklage des Verwalters sich nicht gegen die „übrigen", sondern gegen alle WEer richtet. 31

Damit verbleibt es bei der früheren, allerdings umstrittenen,[84] Rechtslage, wonach der Verwalter nur unter besonderen Voraussetzungen, nicht aber allgemein ein Recht hat, Eigentümerbeschlüsse auf ihre Ordnungsmäßigkeit überprüfen zu lassen.[85] Denn er ist nach § 27 Abs. 1 grds verpflichtet, auch fehlerhafte Beschlüsse auszuführen.[86] Wird eine Verwaltungsentscheidung oder der Bestellungsbeschluss[87] nachträglich für ungültig erklärt, berührt dies die Wirksamkeit der bis zur Rechtskraft des Urteils von dem Verwalter vorgenommenen Rechtshandlungen nicht (§ 26 Rn 236 f). Eine „altruistische" Anfechtungsbefugnis im Interesse ordnungsmäßiger Verwaltung gibt es nur für die WEer, nicht aber für den gesetzlichen Vertreter nach § 27 Abs. 2 und 3.[88] Ihm steht eine Klagebefugnis nur dann zu, wenn der Beschluss **offensichtlich rechtswidrig** ist, nicht bereits angefochten wurde[89] und von ihm durchgeführt werden müsste, oder wenn er durch den Beschluss in seiner **Rechtsstellung betroffen** ist,[90] der Beschluss ihm z. B. zusätzliche 32

---

[79] BGH NJW 2002, 1003 (1005).

[80] *Reuter* ZWE 2001, 286 (287).

[81] *Häublein* FS Seuß (2007) S. 125 (136, 139); aA Hügel/*Elzer* § 13 Rn 123.

[82] Bejahend Jennißen/*Suilmann* Rn 36; Riecke/Schmid/*Abramenko* Rn. 3; modifizierend Hügel/*Elzer* § 13 Rn 120; Palandt/*Bassenge* Rn 2, der eine teleologische Reduktion befürwortet.

[83] Beschlussempfehlung und Bericht des Rechtsausschusses BT-Drucks. 16/3834 S. 28.

[84] Vgl. Jennißen/*Suilmann* Rn 40 f.; dsgl. § 27 Rn 16 f.

[85] *Kümmel* ZWE 2001, 516 (521); *Suilmann,* S. 157 f.; *ders.* ZWE 2000, 106 (108 f.); aA *Reuter* ZWE 2001, 286 f.

[86] Str., vgl. *Bassenge* PiG 30, 107 (122); Deckert PiG 36, 29 (33); Hauger PiG 36, 49 (58 f.); Müller PiG 36, 7 (12 f.); anders ders WE 1994, 7 f.

[87] OLG Brandenburg IMR 2008, 60.

[88] Jennißen/*Suilmann* Rn 45 f.; aA *Reuter* ZWE 2001, 286 (290); Riecke/Schmid/*Abramenko* Rn 3 mwN.

[89] Nach *Reuter* ZWE 2001, 286 (290) entfällt dann das Rechtsschutzinteresse.

[90] *Müller,* FS Merle (2000), S. 235 (238); aA KG NJW-RR 1986, 642 zu einem Beschluss über den Inhalt des Verwaltervertrages.

Aufgaben auferlegt, die er nach § 27 Abs. 1 Nr. 1 erledigen müsste. Dagegen betrifft allein die Tatsache, dass er einen Beschluss auszuführen hat, noch nicht seine Rechtsstellung.

33 Nach gefestigter Rspr. hat er außerdem das Recht, den Beschluss über seine **Abberufung** anzufechten[91] oder gegen eine gerichtliche Entscheidung Rechtsmittel einzulegen, durch die der Beschluss über seine **Bestellung als Verwalter** für ungültig erklärt wurde,[92] weil die Bestellung ihm eine Rechtsposition verschafft hat, die er verteidigen darf.[93] Zu diesem Zweck muss er allerdings als Beigeladener (§ 48 Abs. 1 S. 2) dem Anfechtungsprozess auf Seiten der unterlegenen Partei nach § 48 Abs. 2 S. 2 beitreten. Eine andere Auffassung würde zu einer kaum erträglichen Rechtsschutzlücke führen, weil der Verwalter Eingriffe Unbefugter – etwa des Vorverwalters – in die Verwaltung dann nicht abwehren könnte. Zum Rechtsschutzbedürfnis vgl. Rn 20 f.

34 Entsprechendes muss für den gewillkürten oder gerichtlich bestellten **Ersatzzustellungsvertreter** gelten, § 45 Abs. 2, 3. Er hat als Zustellungsvertreter die Stellung des Verwalters und ist deswegen wie dieser auch befugt, Beschlüsse, durch die er abberufen wird und gerichtliche Entscheidungen, die seine Bestellung für ungültig erklären, anzufechten.

35 **d) Verwalter kraft Amtes.** Da sich die Beschlagnahme eines WE-Rechtes auch auf die Mitgliedschaftsrechte erstreckt, wird das Anfechtungsrecht für den Zeitraum der Verstrickung von dem **Zwangsverwalter** ausgeübt.[94] Entsprechendes gilt für den **Insolvenzverwalter**[95] und **Testamentsvollstrecker.** Endet die Zwangsverwaltung (z. B. nach Aufhebung auf Grund Zuschlags in der Zwangsversteigerung) oder die Insolvenzverwaltung oder gibt der Insolvenverwalter das WE frei, so ist ab diesem Zeitpunkt wieder der WEer anfechtungsbefugt. Der Verwalter kraft Amtes verliert seine Prozessführungsbefugnis,[96] so dass in einem laufenden Verfahren § 265 Abs. 2 S. 1 ZPO nicht zur Anwendung kommt, sondern auf der Aktiv- oder Passivseite ein Parteiwechsel notwendig wird. Tritt der betroffene WEer anstelle des Verwalter kraft Amtes in den Prozess ein, wirkt die Wahrung der Anfechtungsfrist durch den Verwalter für ihn.[97]

36 **e) Dritte.** Dritte sind nicht zur Anfechtung berechtigt. Dies ergibt sich schon aus dem Wortlaut der Vorschrift, der den Kreis derjenigen Personen, die für eine Anfechtung überhaupt in Frage kommen, auf die WEer und den Verwalter beschränkt. Nicht anfechtungsberechtigt sind daher insbesondere Fremdnutzer des WEs auf Grund einer schuldrechtlichen Berechtigung **(Mieter, Pächter)** und **Inhaber eines dinglichen Nutzungsrechts.** Das Anfechtungsrecht verbleibt vielmehr bei dem WEer, auch wenn sein WE mit einem Nießbrauch (§ 1030 BGB)[98] oder einem dinglichen Wohnungsrecht (§ 1093 BGB)

---

[91] BGHZ 106, 113 (122) = NJW-RR 1989, 1087 (1088); BGHZ 151, 164 (169 ff.) = NJW 2002, 3240 = NZM 2002, 788 (789); NJW 2007, 2776; OLG Hamm WuM 1991, 218 (220); ZWE 2002, 234 (235) = NZM 2002, 295; KG WuM 1993, 761 (762); WE 1998, 66 = FGPrax 1997, 218; *Wenzel* ZWE 2001, 510 (511 f.); aA *Suilmann*, Beschlussmangelverfahren, S. 169 ff.; *ders.* ZWE 2000, 106 (111); Jennißen/*Suilmann* Rn 53 f.; *Drasdo* NZM 2001, 923 (929 f.); *ders.* NZM 2002, 853 f.; *Reuter* ZWE 2001, 286 (293); *Becker* ZWE 2002, 211 (212); *Gottschalg* ZWE 2006, 332.

[92] BGH NJW 2007, 2776 = NZM 2007, 645 = ZWE 2007, 369.

[93] AA *Ott* ZMR 2007, 584 (587).

[94] BayObLGZ 1991, 93 = NJW-RR 1991, 723 (724) = WE 1992, 59 (60); *Becker* ZfIR 2010, 77 (79); aA *Häublein* ZfIR 2005, 337 f.

[95] Staudinger/*Wenzel* Rn 42; *Niedenführ*/Kümmel/Vandenhouten Rn 11; Jennißen/*Suilmann* Rn 32; NK-BGB/*Heinemann* § 46 Rn 14.

[96] BGH NJW-RR 2003, 1419; aA OLG München NZM 2007, 364 (365).

[97] *Böttcher*, ZVG, 4. Aufl., § 161 Rn 37; Steiner/*Hagemann*, ZVG, 9. Aufl., § 161 Rn 71; ferner BGH NJW-RR 2003, 1419 (1420); OLG Hamm NZM 2004, 586; aA *Niedenführ*/Kümmel/Vandenhouten Rn 11.

[98] BayObLGZ 1998, 145 (152) = NJW-RR 1999, 1535 = WE 1999, 73 (74) m. Anm. *Röll;* OLG Düsseldorf ZMR 2005, 469 und 897; aA Jennißen/*Suilmann* Rn 65 in Widerspruch zu Rn 19.

belastet ist.[99] Da dem Nutzungsberechtigten bereits kein Stimmrecht zusteht,[100] besteht auch kein Beschlussanfechtungsrecht des dinglich Berechtigten. Dasselbe gilt für alle anderen dinglich Berechtigten wie z. B. die Gläubiger von **Grundpfandrechten, Reallasten** und **Dienstbarkeiten.** Der WEer des belasteten WEs kann jedoch ggü dem dinglich Berechtigten schuldrechtlich verpflichtet sein, das Anfechtungsrecht in dessen Interesse auszuüben. Nicht anfechtungsbefugt ist schließlich der **Verwaltungsbeirat** als ein zur Unterstützung des Verwalters bestimmtes fakultatives Selbstverwaltungsorgan. Wohl aber sind seine Mitglieder anfechtungsbefugt, soweit sie auch **WEer** sind. Dritte können dagegen als Beiratsmitglieder Beschlüsse nicht anfechten, selbst wenn sie ihre Bestellung und Abberufung als Beiratsmitglied betreffen. Denn sie haben weder die Stellung eines WEers noch die eines Verwalters.

Nicht anfechtungsbefugte Dritte können keine Anfechtungsklage oder rechtsgestaltende **37** Feststellungsklage erheben, wohl aber bei Vorliegen eines schutzwürdigen Interesses eine allgemeine Klage auf deklaratorische **Feststellung der Gültigkeit oder Nichtigkeit.** Wird sie nicht als Drittwiderklage erhoben, ist sie mit einer anhängigen oder später erhobenen Beschlussmängelklage eines WEers zu verbinden. Auf die Klage des Dritten kann der streitgegenständliche Beschluss, anders als auf die Nichtigkeitsklage eines WEers (Rn 77), nicht für ungültig erklärt werden. Wohl aber kann die Nichtigkeit festgestellt werden. Jedoch ist bei Verbindung ein Teilurteil über die Feststellungsklage des Dritten wegen der Gefahr von Widersprüchen mit der Entscheidung über die Beschlussmängelklage des WEers unzulässig.[101]

2. Passivlegitimation

Passivlegitimiert für die Anfechtung einzelner sind nach dem Gesetz **alle übrigen WEer** **38** und **nicht** etwa die **WEgem** oder nur diejenigen WEer, die für den Beschluss gestimmt haben.[102] Folgerichtig ist auch die Anfechtungsklage des Verwalters gegen alle WEer zu richten. Dies entspricht dem früheren Recht.[103] Entsprechendes gilt für alle anderen Klagen, welche die Mangelhaftigkeit von Beschlüssen zum Gegenstand haben (§ 43 Rn 98 f.), insbesondere für die Nichtigkeitsfeststellungsklage. Die WEer werden in diesen Verfahren nach § 27 Abs. 2 Nr. 2 WEG durch den Verwalter vertreten.[104]

3. Klagefrist (Abs. 1 S. 2)

Die Klage muss innerhalb eines Monats nach der Beschlussfassung erhoben werden. Dies **39** entspricht § 23 Abs. 4 S. 2 WEG a. F., so dass auch insoweit die alten Grundsätze fortgelten.

a) Geltungsbereich. Die Frist gilt nur für die **Beschlussanfechtung** und für die mit **40** einer Anfechtungsklage gegen eine unzutreffende Beschlussverkündung verbundene Klage auf **Feststellung** des zutreffenden Beschlussergebnisses.[105]

Die Frist gilt dagegen **nicht** **41**

– für die **Anfechtung der Stimmabgabe** nach §§ 119 ff. BGB, auch wenn sie sich auf das Ergebnis der Beschlussfassung auswirkt, was wiederum nur bei rechtzeitiger Beschlussanfechtung, ggfs nach Wiedereinsetzung in den vorigen Stand, zur Ungültigerklärung führt;[106]

---

[99] *F. Schmidt,* FS Seuß (1997), 265 (281); *Bassenge* PiG 25, 101 (112); aA *Suilmann,* S. 151 ff.

[100] BGH NJW 2002, 1647 = ZWE 2002, 260 (262 f.) für den Nießbrauch.

[101] BGH NZM 2009, 705 (706); ferner NJW 2009, 230 für das Gesellschaftsrecht.

[102] AA *Lüke* ZfIR 2007, 657 (664).

[103] BGH NJW 2005, 2061 (2068); BT-Drucks. 16/887 S. 38.

[104] BGH NJW 2007, 3492 Rn 6; *Müller* ZWE 2008, 226 (227 f.); einschränkend *Merle* § 27 Rn 125; *ders.* ZWE 2008, 109 f.: Nur soweit erforderlich.

[105] BGHZ 152, 46 = NJW 2002, 3704 (3705).

[106] *Bub*, FS Merle (2000) S. 119 (123 f.).

– für die rechtsgestaltende Beschlussergebnisfeststellungsklage bei fehlender Verkündung (§ 43 Rn 105),[107] weil hier nicht wie bei einem verkündeten Beschlussergebnis ein Vertrauenstatbestand entstanden ist, der in der Anfechtungsfrist beseitigt werden müsste;
– für die Klage auf **Feststellung des Bedeutungsgehaltes eines Beschlusses** (§ 43 Rn 102) im Gegensatz zur fristgebundenen Klage auf Feststellung eines anderen Beschlussinhalts[108] oder
– für die Klage auf **Feststellung der Nichtigkeit,**[109] **der endgültigen Unwirksamkeit** eines schwebend unwirksamen Beschlusses oder der **Gültigkeit** des Beschlusses (§ 43 Rn 99 f) und
– für die Klage auf **Protokollberichtigung** (§ 43 Rn 80, 180 f) sowie auf **Feststellung des verkündeten Beschlussergebnisses** bei fehlender oder fehlerhafter Protokollierung (§ 43 Rn 109).

42 **b) Rechtsnatur.** Die Frist ist – wie die der §§ 246 Abs 1 AktG, 51 Abs 1 GenG – keine prozessuale Frist, sondern – entsprechend dem früheren Recht[110] – eine **materiellrechtliche Ausschlussfrist.**[111] Der Begriff ist nicht im eigentlichen Wortsinn dahin zu verstehen, dass mit dem fruchtlosen Ablauf ein Rechtsverlust eintritt, sondern bringt zum Ausdruck, dass es sich um eine Frist handelt, die aus Gründen der Rechtssicherheit und der Rechtsschutzgewährung weder durch Vereinbarung noch durch Beschluss verlängert oder verkürzt werden kann. Die Wahrung der Frist ist in jeder Lage des Verfahrens von Amts wegen zu prüfen. Ein **Eigentümerwechsel nach Rechtshängigkeit** ist ohne Folgen für den laufenden Prozess (§ 43 Rn 167) und den Fristablauf.[112]

43 **c) Berechnung und Wahrung der Frist.** Sie beginnt mit dem Tag der ausdrücklichen oder konkludenten **Beschlussfeststellung** in der WEVers ohne Rücksicht darauf, ob der Kläger an ihr teilgenommen oder Kenntnis von dem Beschluss erlangt hat.[113] Wird der Beschluss schriftlich gefasst (§ 23 Abs. 3), beginnt sie mit der Mitteilung über das Beschlussergebnis durch Aushang oder ein Rundschreiben, das den internen Geschäftsbereich des Absenders verlassen hat, und bei der den gewöhnlichen Umständen nach mit einer Kenntnisnahme durch die WEer gerechnet werden kann.[114] Ist der Beschluss unter einer aufschiebenden Bedingung gefasst worden, beginnt sie mit dem **Eintritt der Bedingung.** Die Berechnung richtet sich nach §§ 186 f. BGB. Sie ist mit Einreichung der Klage innerhalb der Frist gewahrt, sofern die Klage ordnungsgemäß erhoben,[115] die Parteien bestimmt bezeichnet sind, der Antrag bestimmt ist, die Zustellung demnächst erfolgt (§ 167 ZPO)[116] und der Kläger bei Anhängigkeit anfechtungs- und prozessführungsbefugt, also z. B. über sein Vermögen nicht das Insolvenzverfahren eröffnet war.[117] Die rechtzeitige Einreichung der Klage bei einem **unzuständigen Gericht** genügt.[118] Voraussetzung ist jedoch, dass die Parteien (§ 44 Rn 6) sowie der streitgegenständliche Beschluss bestimmt bezeichnet (§ 43 Rn 135) und das Rechtsschutz-

---

[107] BGHZ 148, 335 = NJW 2001, 3339 (3342).
[108] *Niedenführ* NJW 2008, 1768 (1771).
[109] BGH NJW 2009, 2132 (2134) = ZfIR 2009, 514 m. Anm. *Hogenschurz.*
[110] BGH NJW 1998, 3648.
[111] BGH NJW 2009, 999 = NZM 2009, 199; NJW 2009, 2132 (2134); *Bergerhoff* NZM 2007, 425 (427).
[112] AA *Niedenführ*/Kümmel/Vandenhouten § 47 Rn 16.
[113] KG WuM 1996, 364 (365).
[114] BGHZ 148, 335 = NJW 2001, 3339 (3343).
[115] AG Berlin-Charlottenburg NZM 2008, 534.
[116] BGH NJW 2009, 999 (1000 f) = NZM 2009, 199 = ZfIR 2009, 514 m. Anm. *Hogenschurz*; NJW 1998, 3648; OLG Schleswig ZWE 2002, 377; OLG Zweibrücken ZWE 2002, 541; 2003, 279 f.; *Dötsch* ZMR 2008, 433 (436).
[117] OLG Hamm NZM 2004, 586.
[118] BGHZ 139, 305 (306) = NJW 1998, 3648 m Anm Röll WE 1999, 175.

ziel erkennbar ist.[119] Etwa erforderliche Klarstellungen können – ggf nach richterlichem Hinweis – auch noch nach Fristablauf erfolgen (§ 44 Rn 6).[120] Dass der Beschluss auch von weiteren Klägern angefochten wird und die Verfahren gem § 47 miteinander zu **verbinden** sind, ist für die **Wahrung der Frist** ohne Bedeutung. Insoweit ist **jedes Verfahren** selbstständig.[121]

Die Klage muss gegen die übrigen WEer erhoben werden. Tatsächlich sind seit der Änderung des WEG in großer Zahl **Beschlussanfechtungsklagen gegen die WEgem** erhoben worden. Soweit die Auslegung einer solchen Klage dahin nicht möglich ist, dass die übrigen WEer Beklagte sind, wäre die in Abs. 1 S. 2 bestimmte Frist nicht gewahrt. Trotzdem hat der BGH derartigen Klagen **fristwahrende** Wirkung beigemessen, wenn innerhalb der Klagefrist der Verwalter angegeben und bis zum Schluss der mündlichen Verhandlung vor dem AG die namentliche Bezeichnung der richtigerweise zu verklagenden übrigen Mitglieder der WEgem nachgeholt wird,[122] weil § 44 Abs. 1 S. 1 es zulässt, Anfechtungsklage zu erheben, ohne die beklagten WEer namentlich zu bezeichnen, eine Sammelbezeichnung hinreicht und die genaue Angabe der Beklagten bis zum Schluss der mündlichen Verhandlung nachgeholt werden kann. Damit ist es ebenso möglich, bis zu diesem Zeitpunkt im Wege des gewillkürten Parteiwechsels die WEer anstelle der zu Unrecht beklagten WEgem in den Prozess einzubeziehen und die rechtzeitige Erhebung der Klage gegen die WEgem auch im Verhältnis zu den WEern als fristwahrend zu werten.[123] 44

Bei der Prüfung, ob die **Zustellung „demnächst"** erfolgt ist, darf nach st. Rspr. nicht auf eine rein zeitliche Betrachtungsweise abgestellt werden. Vielmehr sollen, da die Zustellung von Amts wegen geschieht, die Parteien vor Nachteilen durch Verzögerungen innerhalb des gerichtlichen Geschäftsbetriebs bewahrt werden, weil diese Verzögerungen von ihnen nicht beeinflusst werden können.[124] Es gibt deshalb keine absolute zeitliche Grenze, nach deren Überschreitung eine Zustellung nicht mehr als „demnächst" anzusehen ist. Dies gilt selbst bei mehrmonatigen Verzögerungen,[125] weil Verzögerungen im Zustellungsverfahren, die durch eine fehlerhafte Sachbehandlung seitens des Gerichts verursacht sind, dem Kl. grundsätzlich nicht zugerechnet werden dürfen.[126] 45

Soweit die Zustellung erst nach **Einzahlung eines Gebührenvorschusses** erfolgen kann (Rn 57), darf dessen Anforderung durch das Gericht grundsätzlich abgewartet werden.[127] Für die Einzahlung besteht eine Frist von etwa **zwei Wochen.**[128] Eine geringfügige Überschreitung schadet nicht.[129] Der **Streitwert** muss in der Klageschrift **nicht angegeben** werden; sondern kann der Schätzung durch das Gericht überlassen werden. Im Übrigen sind dem Kläger jedoch Verzögerungen zuzurechnen, die er oder sein Prozessbevollmächtigter bei sachgerechter Prozessführung hätte vermeiden können. So verhält es sich nicht nur bei **Mängeln der Klageschrift,** wie einer fehlerhaften oder unvollständigen Anschrift 46

---

[119] BGH NJW 2009, 2132, (2133 f) = NZM 2009, 436 = ZMR 2009, 698 = ZfIR 2009, 518 m. Anm. *Hogenschurz.*

[120] *Dötsch* ZMR 2008, 433 (436).

[121] BGH NJW 2009, 2132, (2133 f).

[122] BGH ZWE 2010, 33 (34) = NZM 2010, 46 m. Anm. *Bergerhoff* NZM 2010, 32.

[123] BGH ZWE 2010, 33 (34) = ZMR 2010, 210 = ZfIR 2010, 103; WuM 2010, 256.

[124] BGHZ 103, 20 (28) = NJW 1988, 1980; BGHZ 145, 358 (362) = NJW 2001, 885; NJW 2003, 2830; 2006, 3206 (3207) Rn 17; BGH NJW 2009, 999 (1000 f) = NZM 2009, 199 = ZMR 2009, 296 = ZfIR 2009, 296 m. Anm. *Hogenschurz.*

[125] BGH NJW 2006, 3206 (3207) Rn 17.

[126] BGHZ 103, 20 = NJW 1988, 1980 mwN; BGHZ 145, 358 (363) = NJW 2001, 885 mwN; BGH NJW-RR 2004, 1575; NJW 2006, 3206 (3207) Rn 17.

[127] BGH NJW 2009, 999 (1001).

[128] BGH NJW 2009, 999 (1001); Jennißen/*Suilmann* Rn 98; *Dötsch* NZM 2008, 309 f.

[129] BGH NJW 2009, 999 (1001); LG München I ZWE 2009, 35 (36): 17 Tage.

des Verwalters oder Ersatzzustellungsbevollmächtigten, die die Zustellung verzögern, sondern auch dann, wenn nach Einreichung der Klage trotz vollständiger und ordnungsgemäßer Angabe aller maßgeblichen Verfahrensdaten die **Anforderung des Gerichtskostenvorschusses ausbleibt.** Denn der Kläger oder sein Prozessbevollmächtigter müssen nach angemessener Frist wegen der ausstehenden Vorschussanforderung nachfragen. Zwar sind beide nicht gehalten, von sich aus den Vorschuss zu berechnen und mit der Klage einzuzahlen, doch dürfen sie nicht unbegrenzt lange untätig bleiben, sondern müssen bei ausbleibender Vorschussanforderung beim Gericht nachfragen und so auf eine größtmögliche Beschleunigung der Zustellung hinwirken.[130]

47 **d) Prozesskostenhilfe.** Ein Antrag auf Gewährung von **Prozesskostenhilfe** (PKH) wahrt die Klagefrist nicht.[131] Er führt aber bei Bewilligung auf gesonderten Antrag binnen der Wiedereinsetzungsfrist von zwei Wochen (§ 234 Abs. 1 S. 1 ZPO) zur Wiedereinsetzung gegen die Versäumung der Klagefrist. Es gelten insoweit die allgemeinen Grundsätze über die rechtzeitige Vornahme einer fristwahrenden Handlung, die zur Wahrung der Verfahrensgrundrechte auf Gewährung wirkungsvollen Rechtsschutzes (Art. 2 Abs. 1, 19 Abs. 4 GG) und auf rechtliches Gehör (Art. 103 Abs. 1 GG) entwickelt worden sind.[132] Nach diesen ist eine Partei während eines PKH-Verfahrens schuldlos verhindert, eine laufende Frist einzuhalten, wenn sie auf die Bewilligung der PKH zu vertrauen darf. Voraussetzung der Wiedereinsetzung ist, dass die mittellose Partei den **PKH-Antrag bis zum Ablauf der Klagefrist** unter Beifügung aller notwendigen **Bewilligungsunterlagen** einreicht und den zu machenden Anfechtungsgrund so weit darstellt, dass das Gericht die Erfolgsaussicht der Klage prüfen kann, § 114 S. 1 ZPO. Mit der Bekanntgabe der **bewilligenden Entscheidung** an die antragstellende Partei beginnt die **Wiedereinsetzungsfrist,** innerhalb deren der Antrag auf Wiedereinsetzung in den vorigen Stand gegen die Versäumung der Klagefrist gestellt und die Klage erhoben werden muss (§ 236 Abs. 2 S. 2 HS. 1 ZPO).[133] Verzögerungen bei der Zustellung sind im Rahmen von § 167 ZPO wiederum unschädlich.

48 Da den übrigen WEern vor der Entscheidung über den Prozesskostenhilfeantrag das rechtliche Gehör gewährt werden muss, führt ein Prozesskostenhilfeantrag dazu, dass auch die **Klagebegründungsfrist versäumt** wird. Das ist unschädlich, wenn die Klage zugleich mit ihrer Erhebung begründet wird. Gegen die Versäumung der Klagebegründungsfrist ist in diesem Fall von Amts wegen **Wiedereinsetzung** zu gewähren (§ 236 Abs. 2 S. 2 HS. 2 ZPO). Weil ein mittelloser Kläger nicht schlechter gestellt sein darf als eine Partei, die die Kosten eines gerichtlichen Verfahrens aufbringen kann, muss auch dem mittellosen Kläger nach der Bewilligung von Prozesskostenhilfe eine Frist von einem Monat zur Begründung der Klage zustehen. Aus diesem Grund *steht die in § 46 Abs. 1 S. 2 2. Alt. bestimmte Frist zur Begründung der Klage den in* ***§ 234 Abs. 1 S. 2 ZPO*** *genannten Fristen gleich.* Sie beginnt mit der Mitteleilung der Entscheidung über die Gewährung von Wiedereinsetzung in den vorigen Stand gegen die Versäumung der Klagefrist.[134] Wird die Klage **innerhalb eines Monats** nach der Bekanntgabe dieser Entscheidung begründet, ist auch gegen die Versäumung der Klagebegründungfrist Wiedereinsetzung zu gewähren. Da die Voraussetzungen hierfür durch das Prozesskostenhilfeverfahren dem Gericht bekannt sind, bedarf es nach § 236 Abs. 2 S. 2 HS. 2 ZPO des von § 234 Abs. 1 ZPO grundsätzlich vorgeschriebenen Antrags nicht.

49 Wird ein rechtzeitig gestellter **PKH-Antrag** nach Ablauf der Klagefrist **abgelehnt,** wird auf Antrag binnen 2 Wochen nach Mitteilung des Ablehnungsbeschlusses Wiedereinset-

[130] BGH NJW 2006, 3206 (3207) Rn 18 mwN.
[131] *Dötsch* NZM 2008, 309 f.; aA Jennißen/*Suilmann* Rn 98.
[132] Vgl. BGH NJW 1999, 2823.
[133] Zu Sonderfällen BGH NJW 2002, 2180; 2008, 854; NJW-RR 2007, 793.
[134] Vgl. BGH NJW 2007, 3354 (3355) zur Berufungsbegründung.

zung wegen schuldloser Fristversäumung nur dann noch bewilligt, wenn der Kläger nicht damit rechnen musste, dass sein PKH-Antrag wegen fehlender Bedürftigkeit abgelehnt wird.[135] Ist das der Fall, bleibt der Partei nach Bekanntgabe der ablehnenden Entscheidung eine Zeit von 3 bis höchstens 4 Tagen für die Überlegung, ob sie die Klage auf eigene Kosten erheben will. Dann beginnen die zweiwöchige Frist des § 234 Abs. 1 S. 1 ZPO für das Wiedereinsetzungsgesuch und die mit diesem zu verbindende Einreichung der Klage. Die Monatsfrist für die Begründung der Klage beginnt auch in diesem Fall mit der Bekanntgabe der Entscheidung über die Wiedereinsetzung gegen die Versäumung der Klagefrist. Dasselbe gilt, wenn das Gericht nicht die Mittellosigkeit der Partei, sondern die Erfolgsaussicht der Klage verneint hat.[136]

e) Wiedereinsetzung. Außer in den PKH-Fällen kommt eine Wiedereinsetzung gegen 50
die versäumte Klagefrist auch dann in Betracht, wenn der Kläger aus anderen Gründen als seiner Mittellosigkeit ohne Verschulden an der Wahrung der Klagefrist verhindert war. **Wiedereinsetzungsgründe** sind zB unverschuldete Fehler bei der Klageerhebung oder Klagebegründung, unrichtige Auskünfte des Verwalters über die Wirksamkeit eines Mehrheitsbeschlusses,[137] fehlende Einladung zur Eigentümerversammlung und aus diesem Grund fehlende Kenntnis von dem angefochtenen Beschluss,[138] Einladung ohne Bezeichnung des Beschlussgegenstandes, unverschuldeter Irrtum bzw arglistige Täuschung bei der Stimmabgabe[139] oder Nichtvorliegen des unterschriebenen Versammlungsprotokolls bei Fristablauf bzw. fehlende Einsichtsmöglichkeit.[140] Die Klage muss innerhalb der Frist von § 234 Abs. 1 S. 1 ZPO erhoben werden. Die Begründung muss binnen 1 Monats nach Mitteilung der Wiedereinsetzung gegen die versäumte Klagefrist eingereicht werden.[141] Wird sie innerhalb der Wiedereinsetzungsfrist nicht nur erhoben, sondern zugleich begründet, ist dem Kläger, soweit auch die Klagebegründungsfrist versäumt war, von Amts wegen gem. § 236 Abs. 2 HS. 2 ZPO Wiedereinsetzung gegen die Versäumung der Klagebegründungsfrist zu gewähren. Ansonsten muss entspr. § 234 Abs. 1 S. 2 ZPO innerhalb eines Monats ab der Bewilligung der Wiedereinsetzung gegen die Versäumung der Klagefrist gegen die Versäumung der Begründungsfrist Wiedereinsetzung beantragt und die Klage begründet werden.[142]

Die **Fristversäumung** ist **verschuldet,** wenn ein ordnungsgemäß geladener WEer es 51
unterlässt, sich vor Ablauf der Klagefrist z.B. durch Einsicht in die Beschluss-Sammlung danach zu erkundigen, welche Beschlüsse gefasst worden sind.[143] Dies gilt auch dann, wenn der Verwalter verpflichtet war, die Protokolle zu übersenden. Der WEer, der auf Grund der ihm mitgeteilten Tagesordnung mit ihm nachteiligen Beschlüssen rechnen muss, ist nämlich unabhängig von etwaigen Pflichtverletzungen des Verwalters gehalten, seinerseits alles ihm Zumutbare zu unternehmen, um die Anfechtungsfrist zu wahren.[144] Tut er dies nicht, trifft ihn zumindest ein Mitverschulden an der Versäumung der Klagefrist. Etwas anderes hat nur dann zu gelten, wenn er nicht damit zu rechnen brauchte, dass auf der WEVers Beschlüsse gefasst werden, die seine Belange oder Interessen an ordnungsmäßiger Verwaltung beeinträchtigen.[145]

---

[135] BGH NJW-RR 2008, 1306 (1307).
[136] Vgl. BGH NJW-RR 2009, 789.
[137] BayObLG NJW-RR 2001, 1592.
[138] *Röll* WE 1999, 175 f.; *Suilmann* 79.
[139] *Bub*, FS Merle S. 119 (125).
[140] BayObLG WuM 2003, 352; ZMR 2004, 212 f. u. KG ZWE 2002, 179 für abwesenden WEer.
[141] Vgl. BGH NJW 2007, 3354 (3355) zur Berufungsbegründung.
[142] Vgl. BGH NJW-RR 2008, 1306.
[143] BayObLG, NJW-RR 1991, 976 (977); OLG Düsseldorf NJW-RR 1995, 464; OLG Frankfurt, WuM 1990, 461 (462); OLG Hamm ZMR 1999, 199 (200).
[144] *Korff* DWE 1983, 86 f.; OLG Düsseldorf NJW-RR 1995, 464.
[145] BayObLG NJW-RR 1989, 656 f.; OLG Düsseldorf NJW-RR 1995, 464.

Die gewährte Wiedereinsetzung ist **unanfechtbar** (§ 238 Abs. 3 ZPO). Gegen die Ablehnung der Wiedereinsetzung durch Urteil ist die Berufung statthaft. Wird Wiedereinsetzung nicht gewährt, so ist die Klage als **unbegründet** abzuweisen.[146]

4. Klagebegründung

52 **a) Normzweck.** Die Klage muss innerhalb von zwei Monaten nach Beschlussfassung begründet werden. Dies stellt ggü dem früheren Recht eine Neuerung dar. Sie beruht auf der nach Einführung des ZPO-Verfahrens uneingeschränkt geltenden Dispositionsmaxime und will dem Umstand Rechnung tragen, dass die Versammlungsniederschrift den WEern oft nicht rechtzeitig innerhalb der Klagefrist zur Verfügung steht.[147]

53 **b) Inhalt.** Das Erfordernis einer Klagebegründung ist – anders als dies für die Rechtsmittelbegründung in den §§ 522 Abs. 1 S. 1, 552 Abs. 1 S. 1 ZPO ausdrücklich angeordnet ist – keine Zulässigkeitsvoraussetzung, sondern eine **Begründetheitsvoraussetzung.**[148] Liegt eine Begründung innerhalb der Frist nicht vor oder ist sie unzureichend, ist die Klage also nicht unzulässig, sondern unbegründet.[149]

Erforderlich ist, dass der Kläger schriftsätzlich den tatsächlichen Lebenssachverhalt in seinem wesentlichen Kern benennt, auf den er seine Klage stützen will.[150] Allein wegen der Einzelheiten kann auf Anlagen verwiesen werden, weil dem Gericht nicht angesonnen werden kann, sich die Mängeltatsachen aus Anlagen selbst zusammenzusuchen.[151] Vorgetragen werden können außer Unwirksamkeitsgründen sowohl Anfechtungs- als auch Nichtigkeitsgründe. Die Unterscheidung hat Bedeutung für die Frage der Fristwahrung (Rn 56),[152] für Abs. 2 (Rn 73) und für die Entscheidung (Rn 77).[153] Die bloße Behauptung, der Beschluss entspreche nicht ordnungsmäßiger Verwaltung,[154] sei fehlerhaft, oder der Versammlung habe die Beschlussfähigkeit gefehlt,[155] reicht ebenso wenig aus wie eine allgemeine Rüge, dass die Erhöhung des Verwalterhonorars nicht korrekt sei, das Honorar deutlich über vergleichbaren Vergütungen liege, die Verwaltung nicht ordnungsgemäß arbeite, dass die Abrechnung falsch sei[156] oder dergleichen.

54 Die Klage kann auf Teile eines Beschlusses beschränkt werden, soweit diese selbstständig abtrennbar sind.[157] Zur Bestimmtheit des Antrags in diesem Fall § 43 Rn 136. Eine solche Beschränkung liegt etwa vor, wenn der Kläger einzelne Rechnungsposten der Jahresabrechnung anficht.[158] Ist eine **Teilanfechtung** infolge der Unteilbarkeit des Beschlusses ausgeschlossen, führt dies nicht insgesamt zur Unzulässigkeit der Klage. Das Gericht hat vielmehr zu prüfen, ob der Antrag nicht als Anfechtung des

---

146 LG Nürnberg-Fürth NZM 2008, 897 = ZMR 2009, 75 (76).

147 BGH NJW 2009, 999 = NZM 2009, 199 = ZfIR 2009 m. Anm. *Hogenschurz* = ZMR 2009, 296 m. Anm. *Dötsch* u. Bespr. *Elzer* S. 256; *Bergerhoff* NZM 2007, 425 (428); Palandt/*Bassenge* Rn 5; Riecke/Schmid/*Abramenko* Rn 8; aA Hügel/*Elzer* § 13 Rn 154; *Boeckh,* Wohnungseigentumsrecht, Teil 3 Rn 55: – unzulässig.

148 BGH NJW 2009, 999; aA NK-BGB/Heinemann § Rn 10 unter Bezugnahme auf eine überholte Rspr.

149 BGH NJW 2009, 999.

150 BGH NJW 2009, 2132 (2134)

151 BGH NJW 2009, 999.

152 BGH NJW 2009, 2132, (2134); *Bergerhoff* NZM 2007, 425 (428).

153 Vgl. Riecke/Schmidt/*Abramenko* Rn 14.

154 AG Hamburg ZMR 2009, 231 (232).

155 BGH NJW 2009, 2132, (2134).

156 Vgl. LG Lüneburg IMR 2009, 101.

157 Vgl. NZM 2010, 205 = ZfIR 2010, 247 = ZMR 2010, 300.

158 BayObLGZ 1974, 172 (175); NJW 1986, 385; KG WE 1991, 325 (326).

gesamten Beschlusses auszulegen ist, dies aber nur mit den vorgebrachten Tatsachen begründet werden soll.[159] Eines ausdrücklichen Antrags, den bestimmt bezeichneten Beschluss für ungültig zu erklären, bedarf es nicht; es reicht aus, wenn sich der Anfechtungswille hinreichend klar aus den Umständen, insbesondere aus den Schriftsätzen ergibt.[160]

c) Begründungsfrist. Die Begründungsfrist gilt für die Anfechtungsklage und die mit ihr verbundene Feststellungsklage (Rn 40). Sie ist wie die Klagefrist eine **materielle Ausschlussfrist,** die weder von dem Gericht verlängert[161] noch durch Vereinbarung abgeändert werden kann.[162] Eine entsprechende Anwendung der Vorschriften über die Verlängerung von Rechtsmittelbegründungsfristen (§§ 520 Abs. 2 S. 2, 551 Abs. 2 S. 5, 557 Abs. 2 S. 3 ZPO) kommt nicht in Betracht.[163] Mithin müssen die Gründe, auf welche die Klage gestützt wird, in ihrem wesentlichen tatsächlichen Kern innerhalb von 2 Monaten nach der Beschlussfeststellung (Rn 43) eingeführt werden.[164] Gegen die schuldlose Versäumung ist gemäß Absatz 1 Satz 3 die **Wiedereinsetzung** in den vorigen Stand nach §§ 233 ff. ZPO möglich. Es gelten die Grundsätze Rn 48 f. entsprechend, wobei eine Wiedereinsetzung nur hinsichtlich der Mängeltatsachen in Betracht kommt, an deren rechtzeitigem Vorbringen den Kläger kein Verschulden trifft. In der Begründungsfrist muss grds auch ein konkreter Antrag gestellt werden. Spätere Ergänzungen oder Klarstellungen sind nur insoweit zulässig, wie sie inhaltlich nicht über den Kern des Angriffs hinausgehen.[165] 55

Werden nach Ablauf der Begründungsfrist neue Anfechtungstatsachen **nachgeschoben,** so können sie – soll die Frist nicht funktionslos werden – bei der Entscheidung keine Berücksichtigung mehr finden.[166] Das gilt auch dann, wenn sie nicht bestritten werden, weil die Frist dem materiellen Recht zugehört, ihre Geltung Frist der Parteidisposition entzogen ist und nicht dadurch gewahrt wird, dass verspätetes Vorbringen nicht bestritten wird. Dass die nachgeschobenen Anfechtungstatsachen denselben Streitgegenstand wie Nichtigkeitstatsachen betreffen und eine mündliche Verhandlung stattfindet, hindert nicht die Präklusion der Anfechtungstatsachen durch den Ablauf der Begründungsfrist.[167] Nichtigkeitstatsachen sind dagegen nicht fristgebunden und können auch nach Fristablauf noch vorgetragen werden. Für sie gelten die allgemeinen Präklusionsvorschriften. Ist dem Kläger die Anfechtungstatsache erst nach Ablauf der Begründungsfrist bekannt geworden oder war er aus einem anderen Grund schuldlos gehindert, sie rechtzeitig vorzutragen, kommt insoweit eine Wiedereinsetzung in Betracht[168] (Rn 55). 56

---

[159] BayObLG ZWE 2000, 309 (310 f.) = NJW-RR 2001, 10.

[160] KG WM 1972, 708 (710); ZMR 1983, 419 (421).

[161] BGH NJW 2009, 3655 = NZM 2009, 864 = ZfIR 2010, 27 m. Anm. *Hogenschurz*; LG Hamburg ZMR 2008, 414; *Niedenführ* NJW 2008, 1768; Jennißen/*Suilmann* Rnr. 104; aA *Sauren* NZM 2007, 857 (858).

[162] BGH NJW 2009, 999 = NZM 2009, 199 = MR 2009, 296 m. Anm. *Dötsch* u. Bespr. *Elzer* S. 256; LG Dessau-Rosslau ZMR 2008, 324; LG Hamburg ZMK 2008, 414; *Bergerhoff* NZM 2007, 425 (427); *Lüke* ZfIR 2007, 657 (663); *Briesemeister* ZMR 2008, 253 (254); aA Hügel/*Elzer* § 13 Rn 154: Prozessvoraussetzung.

[163] BGH NJW 2009, 3655 = NZM 2009, 864; LG Hamburg ZMR 2008, 414; *Niedenführ* NJW 2008, 1768; Jennißen/*Suilmann* Rnr. 104; aA *Sauren* NZM 2007, 857 (858).

[164] Zum Fristbeginn in Übergangsfällen BGH NJW 2009, 999 = NZM 2009, 199.

[165] BGH NJW 2009, 2132 (2133).

[166] BGH NJW 2009, 999; 2132 (2133); LG Nürnberg-Fürth ZMR 2009, 317. *Bergerhoff* NZM 2007, 425 (428); Jennißen/*Suilmann* Rn 107; Palandt/*Bassenge* Rn 5.

[167] AA *Bonifacio* ZMR 2005, 327 (332); 2007, 592 (593); *Briesemeister* ZMR 2008, 253 (256 f.); *Dötsch* ZMR 2008, 433 (439).

[168] LG Nürnberg-Fürth ZMR 2009, 317 (319).

V. Besondere Einzelheiten

1. Vorschusszahlungen

57 **a) Gerichtskostenvorschuss.** Im FGG-Verfahren durfte die Zustellung von Beschlussanfechtungsanträgen nach h. M.[169] nicht von der Einzahlung eines Gebührenvorschusses abhängig gemacht werden, da ein Ausnahmefall iSd § Abs. 2 S. 2 KostO vorliege. Dies kann unter der Geltung von § 12 Abs. 1 S. 1 GKG nicht aufrecht erhalten werden.[170] Zwar handelt es sich auch hierbei um eine Soll-Vorschrift, jedoch ist durch die Annäherung des Anfechtungsverfahrens an die aktienrechtliche Anfechtungsklage eine hiervon abweichende Auslegung von § 12 Abs. 1 S. 1 GKG sachlich nicht gerechtfertigt. Für die gesellschaftsrechtliche Anfechtungsklage wird aber eine Ausnahme von der Vorschusspflicht nicht gemacht.[171] Hinzu kommt, dass § 14 GKG einen Katalog von Ausnahmen enthält, demgegenüber nur noch Gründe mit einem vergleichbaren Gewicht ein Abweichen von der Vorschusspflicht rechtfertigen können. Solche Gründe liegen bei der Anfechtungsklage nicht vor. Die bisher für eine Zustellung ohne Vorschusszahlung als ausreichend erachteten Gründe der Herstellung von Rechtssicherheit für die übrigen WEer reichen nicht mehr aus, weil auch nach Ablauf der Klagefrist noch Anfechtungsklagen bei Wiedereinsetzung in den vorigen Stand erfolgreich sein können,[172] andererseits die Anhängigkeit einer Anfechtungsklage die Gültigkeit und gemeinschaftsrechtliche Verbindlichkeit des Beschlusses unberührt lässt. Deswegen ist eine Zustellung der Klage ohne Vorschusszahlung grds. nicht mehr möglich.[173] Dies gilt bei **mehreren Klagen** mit demselben Streitgegenstand für jede einzelne Klage. Dass die Prozesse nach § 47 miteinander zu verbinden sind, steht dem nicht entgegen.

Zahlt der Anfechtungskläger den angeforderten Vorschuss nicht unverzüglich ein (Rn 46 f) und wird die Anfechtungsklage nicht mehr „demnächst" zugestellt, wirkt die Zustellung nicht mehr auf den Zeitpunkt der Klageeinreichung zurück, so dass die Klagefrist verstrichen sein kann. Die Klage ist dann als **unbegründet** abzuweisen. Dasselbe gilt für die **Regelungsklage** nach § 21 Abs. 8.

58 **b) Finanzierung von Gerichtskosten- und Gebührenvorschüssen.** Die Gerichtskosten- und Gebührenvorschüsse in individuellen **Streitigkeiten unter einzelnen WEern** (wie zB der Klage eines WEers auf Beseitigung einer baulichen Veränderung) haben die Parteien jeweils selbst zu finanzieren. Die Gerichtskosten- und Gebührenvorschüsse für **Streitigkeiten unter allen WEern,** wie zB den Beschlussanfechtungs- oder Regelungssachen, sind auf der Aktivseite von dem jeweiligen Kläger selbst zu finanzieren. Dasselbe gilt bei Feststellungs- oder Leistungsklagen einzelner WEer (§ 16 Rn 154). Die auf der Passivseite bei den beklagten übrigen WEern anfallenden außergerichtlichen Gebührenvorschüsse oder für eine Beweisaufnahme einzuzahlenden Vorschüsse können dagegen aus dem Verwaltungsvermögen finanziert werden, weil jeder WEer aus dem Gesichtspunkt der mitgliedschaftsrechtlichen Treuepflicht (§ 10 Rn 48) einen Anspruch gegen die übrigen WEer auf Abwicklung solcher gemeinschaftsbezogener Zahlungen über das Verwaltungskonto hat. Einer besonderen Rücklage bedarf es hierzu nicht.[174] In den **Aktiv- oder Passivprozessen der WEgem** sind die Gerichtskosten- und außergericht-

[169] KG ZMR 2006, 65 mwN; Staudinger/*Wenzel* § 48 Rn 6.

[170] Riecke/Schmid/*Abramenko* Rn 7; aA Hügel/*Elzer* § 13 Rn 178.

[171] *Bergerhoff* NZM 2007, 425 (427) mwN Fn 14.

[172] *Bergerhoff* NZM 2007, 425 (426).

[173] LG Nürnberg-Fürth ZMR 2009, 75 (76); *Bergerhoff* NZM 2007, 425 (426); *Bonifacio* ZMR 2007, 592; Jennißen/*Suilmann* Rn 83.

[174] AA *Hügel* ZWE 2008, 265 (271).

lichen Gebührenvorschüsse auf Seiten des Verbandes als Verwaltungskosten ebenfalls dem Verwaltungsvermögen zu entnehmen (§ 16 Rn 158). In **Streitigkeiten mit Dritten,** an denen die Gemeinschaft oder sämtliche WEer gemeinsam und gleichgerichtet auf der Aktiv- oder Passivseite beteiligt sind, können gerichtliche oder außergerichtliche Vorschüsse (zB die Anwaltsgebühren auf Seiten der WEer in Beschlussanfechtungsprozessen des Verwalters oder die in einem Prozess des Verbandes gegen alle WEer nach § 21 Abs. 4 auf beiden Seiten anfallenden Kosten) gleichfalls aus dem Verwaltungsvermögen finanziert werden (§ 16 Rn 157).

2. Streitwert

Der Streitwert bemisst sich nach § 49 a GKG.[175] Angaben hierzu müssen nicht schon in der Klage gemacht werden.[176] Wegen der Rechtskraftwirkung der Entscheidung ist grds. das halbe Interesse aller WEer an der im Beschluss getroffenen Regelung maßgebend, mindestens jedoch das Anfechtungsinteresse der Klägerseite.[177] Um den Justizgewährleistungsanspruch einzelner WEer zu gewährleisten, darf der Streitwert jedoch nicht den fünffachen Wert des Interesses der Klägerseite sowie den Verkehrswert ihres im Grundbuch eingetragenen WEs übersteigen. 59

3. Wirkung der Klageerhebung

Die Erhebung der Anfechtungsklage führt zur Rechtshängigkeit des Streits über die Gültigkeit des Beschlusses (§ 261 ZPO), hat aber keine aufschiebende Wirkung. Der angefochtene Beschluss ist bis zur Rechtskraft eines der Klage stattgebenden Gestaltungsurteils gültig. Das Gericht kann jedoch auf Antrag durch einstweilige Verfügung (§ 43 Rn 211) anordnen, dass die Durchführung des angefochtenen Beschlusses bis zur Entscheidung in der Hauptsache ausgesetzt wird.[178] Ein **Eigentümerwechsel nach Rechtshängigkeit** bleibt ohne Folgen für den laufenden Prozess (§ 43 Rn 167). Die rechtzeitig gegen die WEgem erhobene und begründete Klage kann bis zum Schluss der mündlichen Verhandlung im ersten Rechtszug im Wege des **gewillkürten Parteiwechsels** gegen die übrigen WEer umgestellt werden. Geschieht dies, sind die Klagefrist und die Klagebegründungsfrist gegenüber den WEern gewahrt.[179] 60

4. Mehrheit von Klägern

Mehrere WEer können im Wege der subjektiven Klagehäufung von vornherein als Streitgenossen gemeinschaftlich klagen. Sie sind dann wegen § 48 Abs. 3 **notwendige Streitgenossen.**[180] Zu den Einzelheiten hieraus § 47 Rn 11. Die WEer können aber auch einzeln klagen. In beiden Fällen entstehen einzelne Prozessrechtsverhältnisse zwischen den jeweils beteiligten Parteien. Während sie im ersten Fall anfänglich zu gemeinsamer Verhandlung, Beweisaufnahme und Entscheidung verbunden sind, müssen sie im zweiten Fall nach § 47 miteinander verbunden werden. An einem Prozessrechtsverhältnis fehlt es nur dann, wenn sämtliche WEer zusammen Klage erheben. Eine solche Klage ist daher unzulässig. Haben sämtliche WEer getrennt Klage erhoben und werden die Prozesse nach 61

[175] Vgl. hierzu näher *Einsiedler* ZMR 2008, 765.
[176] LG Nürnberg-Fürth ZMR 2008 738 (739); Riecke/Schmid/*Abramenko* Anh. zu § 50 Rn 16 a.
[177] OLG Celle ZWE 2010, 190; LG Nürnberg-Fürth ZMR 2009, 555; LG Saarbrücken NZM 2009, 200.
[178] *Niedenführ*/Kümmel/Vandenhouten Rn 67.
[179] BGH NZM 2010, 243 = ZfIR 2010, 247 = ZMR 2010, 300 = ZWE 2010, 27.
[180] BGH NJW 2009, 2132, (2133) = NZM 2009, 436 = ZMR 2009, 698 = ZfIR 2009, 518 m. Anm. *Hogenschurz*.

§ 47 miteinander verbunden, so fallen die Prozessrechtsverhältnisse in sich zusammen, die Klagen werden unzulässig (§ 47 Rn 10).[181]

5. Mehrheit von Beklagten

62 Da die Rechtskraft der Entscheidung gem. §§ 325 ZPO, 48 Abs. 3 WEG – wie früher – gegen alle WEer wirkt, sind die für die Klage passivlegitimierten „übrigen" WEer **notwendige Streitgenossen.**[182] Dies ändert jedoch nichts daran, dass sie jeweils selbstständige Streitparteien in einem jeweils besonderen Prozessrechtsverhältnis zum Kläger sind und im Parteiprozess vor dem WEger **selbstständig handeln** und zB einen eigenen Anwalt mandatieren können. § 27 Abs. 2 Nr. 2 steht nicht entgegen.[183] Das Urteil darf jedoch nur einheitlich ergehen. Ein **Anerkenntnis** ist zwar einzelwirksam, kann aber bei widersprechendem Verhalten der anderen Streitgenossen nur ein Indiz bei der Urteilsfindung ggü allen sein.[184] Bei **Säumnis** wird der säumige als durch die anderen Streitgenossen vertreten angesehen (§ 62 Abs. 1 ZPO). Ein Streitgenosse kann für sich auf die Einlegung von **Rechtsmitteln** verzichten, wird aber auf das von einem anderen Streitgenossen fristgerecht eingelegte Rechtsmittel trotzdem Partei des Rechtsmittelverfahrens, selbst wenn die eigene Rechtsmittelfrist schon abgelaufen war.[185] Stimmen alle Parteien zu, kann der Prozess auch durch Vergleich beendet werden.[186]

63 Werden die Streitgenossen von einem Rechtsanwalt vertreten, sind dessen **Prozesshandlungen** für sie verpflichtend (§ 85 Abs. 1 S. 1 ZPO). Dasselbe muss für den Verwalter als Prozessvertreter nach § 27 Abs. 2 Nr. 2 gelten. Beide können daher den Klageanspruch auch gegen den vorherigen oder gleichzeitigen Widerspruch der Partei wirksam anerkennen.[187] **Tatsächliche Erklärungen** oder Geständnisse des Verwalters/Rechtsanwalts binden die Partei dagegen nur, wenn diese sie nicht sofort widerruft oder berichtigt, nachdem sie hiervon Kenntnis erhalten hat (§ 85 Abs. 1 S. 2 ZPO). **Widersprüche** zwischen der Tatsachendarstellung der Partei und ihres Vertreters sind durch das Gericht aufzuklären. Gelingt dies nicht, hat die Darstellung des WEers Vorrang.[188]

6. Klageänderung

64 In einem laufenden Anfechtungsverfahren kann die Anfechtung grundsätzlich **nicht** auf andere Beschlüsse oder auf bisher nicht angefochtenen Teile eines Beschlusses **erstreckt** werden, soweit die Fristen von Abs. 1 S. 2 im Hinblick auf den neu zur Entscheidung gestellten Gegenstand oder den weiteren Anfechtungsgrund nicht gewahrt sind. Anders verhält es sich nur, soweit der weitere Beschluss nicht fristgerecht angefochten werden konnte und insoweit Wiedereinsetzung in den vorigen Stand gewährt worden ist (Rn 50 f). Dasselbe gilt für den Vortrag eines weiteren Anfechtungsgrundes, auf den die Klage gestützt werden soll.

7. Parteiänderung

65 Fraglich ist, ob sich diejenigen WEer, die nicht für den Beschluss gestimmt haben, der einheitlichen Entscheidung durch einen **Parteibeitritt** auf der Klägerseite oder einen

---

[181] AG Bingen ZMR 2008, 739 = NJW 2009, 84 = NZM 2009, 167.
[182] BT-Drucks. 16/887 S. 73.
[183] IE *Gottschalg* ZWE 2009, 114 (117).
[184] AG Heidelberg ZWE 2009, 266 m. Anm. *Briesemeister;* MünchKomm-ZPO/*Schultes* § 62 Rn 49.
[185] MünchKomm-ZPO/*Schultes* § 62 Rn 52.
[186] Jennißen/*Suilmann* Rn 154.
[187] AA *Bergerhoff* NZM 2007, 425 (430).
[188] MünchKomm-ZPO/*v. Mettenheim* § 85 Rn 8.

Parteiwechsel auf die Klägerseite entziehen können. Dies ist entgegen der in der Gesetzesbegründung vertretenen Rechtsauffassung[189] zu verneinen. Da sich die Anfechtungsklage notwendig gegen die übrigen WEer richtet, besteht mit der Rechtshängigkeit der Anfechtungsklage zwischen ihnen und dem Kläger ein Prozessrechtsverhältnis, in dem die Parteirollen grundsätzlich nur im allseitigen Einverständnis durch Prozessvertrag getauscht werden können. Hiervon macht das Gesetz nur für den Fall einer Prozessverbindung nach § 47 eine Ausnahme, vgl. hierzu § 47 Rn 10. Ein Wechsel im allseitigen Einverständnis ist zudem nur innerhalb der Klagefrist möglich, weil insoweit ein neues Prozessrechtsverhältnis begründet wird und eine nach Ablauf der Klagefrist erhobene Anfechtungsklage abzuweisen ist.[190] Ein WEer kann seiner Rolle als Anfechtungsbeklagter daher nur entgehen, indem er in der Anfechtungsfrist selbst Klage erhebt.

Dem beigeladenen **Verwalter** steht es dagegen frei, dem Rechtsstreit zur Unterstützung 66
des Klägers auch nach Ablauf der Anfechtungsfrist noch auf der Klägerseite beizutreten.

8. Unterbrechung des Verfahrens

Der **Tod einer Partei** führt nach § 239 ZPO zur Unterbrechung des Verfahrens, wenn 67
sie nicht anwaltlich vertreten war (§ 246 Abs. 1 ZPO). Nach der – zum FGG-Verfahren ergangenen – obergerichtlichen Rspr.[191] sollte das jedoch nicht für das Beschlussanfechtungsverfahren gelten. Dem ist für das ZPO-Verfahren nicht zu folgen.[192] Denn der Rechtsstreit darf, soweit die Klage nicht wegen Verspätung abgewiesen wird,[193] nur einheitlich für und gegen alle WEer verhandelt und entschieden werden. Dies kann nur durch den einheitlichen und gleichzeitigen Stillstand gesichert werden.[194] Die durch das Verfahren entstandene Unsicherheit über den Bestand des Beschlusses kann der Gegner über einen Antrag nach § 239 Abs. 2 ZPO beseitigen. Außerdem können die WEer einen neuen Beschluss fassen. Dass die WEer auf der **Beklagtenseite** durch den Verwalter als gesetzlichen Prozessvertreter vertreten werden (Rn 38), hindert die Unterbrechung nicht, weil der gesetzliche Prozessvertreter nicht Prozessbevollmächtigter iSd § 246 ZPO ist.

Auch die **Eröffnung des Insolvenzverfahrens** über das Vermögen des **Klägers** sollte 68
nach früher vorherrschender Meinung[195] nicht zur Unterbrechung des Anfechtungsverfahrens führen. Dem ist für das ZPO-Verfahren ebenfalls nicht zu folgen.[196] Streitgegenstand des Anfechtungsprozesses ist zwar in der Hauptsache die Rechtmäßigkeit eines bestimmten Beschlusses und des zugrunde liegenden Verfahrens (§ 43 Rn 90), und damit nicht notwendig eine in die Insolvenzmasse fallende Rechtsposition. Eine eindeutige Abgrenzung ist jedoch nicht möglich. Des Weiteren betrifft der prozessuale Kostenerstattungsanspruch die Insolvenzmasse. Durch die Insolvenzeröffnung wird ein zu diesem Zeitpunkt durch Zustellung der Anfechtungsklage[197] bereits rechtshängiges Verfahren mithin unterbrochen. Die Unterbrechung dauert, bis der Insolvenzverwalter das Verfahren aufnimmt (§ 85 Abs. 1 S. 1 InsO, § 250 ZPO). Dem Gegner stehen hierzu die Rechte entweder aus § 85 Abs. 2 InsO oder aus §§ 239 Abs. 2 bis 4 ZPO analog zu.[198] Die

---

189 BT-Drucks. 16/887 S. 73.

190 *Bonifacio* ZMR 2007, 592 (594 f.).

191 BayObLG Rpfleger 1974, 71 f.; WuM 1990, 322 – Verwalter.

192 AA *Niedenführ*/Kümmel/Vandenhouten Rn 69.

193 BGH NJW 2009, 2132, (2134) = NZM 2009, 436 = ZMR 2009, 698 = ZfIR 2009, 518 m. Anm. *Hogenschurz*.

194 Vgl. MünchKomm-ZPO/*Gehrlein* § 239 Rn 10.

195 BayObLGReport 2002, 157; KG NJW-RR 2005, 1385 mwN; OLG Düsseldorf ZMR 2008, 397; OLG Schleswig ZMR 2006, 315 – Verwalter.

196 Ebenso *Niedenführ*/Kümmel/Vandenhouten Rn 73; Hügel/*Elzer* § 13 Rn 170; Jennißen/*Suilmann* Rn 155; aA Palandt/*Bassenge* Rn 6.

197 Vgl. BGH NJW-RR 2009, 169.

198 *Niedenführ*/Kümmel/Vandenhouten Rn 72.

Unterbrechung tritt auch ein, wenn über das Vermögen eines **beklagten WEers** das Insolvenzverfahren eröffnet wird,[199] weil es sich im Hinblick auf den Gegenstand des Anfechtungsverfahrens nicht anders verhält und auch einen beklagten WE prozessuale Kostenfolgen treffen (vgl. Rn 87).

69 Wird über das Vermögen des **Verwalters** das Insolvenzverfahren eröffnet, so greift § 240 ZPO nur ein, wenn er Anfechtungskläger ist, nicht aber, wenn er beigeladen, Prozessvertreter oder Prozessbevollmächtigter ist.

9. Richterliche Entscheidung.

70 **a) Bindung an den Antrag.** Das Gericht ist nach § 308 ZPO an die gestellten **Anträge gebunden** und nicht befugt, etwas zuzusprechen, was nicht beantragt ist. Wird eine Jahresabrechnung nur wegen einzelner Positionen angegriffen, kann das Gericht die Abrechnung nicht insgesamt für ungültig erklären, sondern nur teilweise, wenn es sich um rechnerisch selbstständige und abgrenzbare Teile der Abrechnung handelt.[200] Dagegen kann das Gericht wegen der Identität des Streitgegenstandes feststellen, dass der angefochtene Beschluss mangels Verkündung gar nicht zustande gekommen oder wegen Verstoßes gegen zwingendes Recht **nichtig** ist. Zwischen der Anfechtungs- und der Nichtigkeitsfeststellungsklage besteht insoweit **kein Unterschied.** Streitgegenstand beider Klagen ist die Wirksamkeit eines Beschlusses.[201] Auch kann das Gericht auf eine Zwischenfeststellungswiderklage der Beklagten nach § 256 Abs. 2 ZPO feststellen, dass ein Beschluss wirksam festgestellt und verkündet worden ist.[202]

71 Dagegen darf das Gericht ohne entsprechenden Antrag **nicht** eine in dem angefochtenen **Beschluss** getroffene Regelung **ändern** oder durch geeignet erscheinende andere Maßnahmen ergänzen oder ersetzen. Die Entscheidung hat sich vielmehr auf die Frage einer Mangelhaftigkeit des angefochtenen Beschlusses zu beschränken, sofern der Kläger nicht zumindest erkennbar zugleich einen Antrag gem §§ 15 Abs 3, 21 Abs 4, 8 gestellt hat und das Gericht neben der Ungültigerklärung auch noch eine von dem angefochtenen Beschluss abweichende Regelung treffen kann.[203]

72 **b) Bindung an den Sachverhalt.** Das Gericht ist nicht an die vorgetragenen Rechtsgründe der (Teil-)Anfechtung gebunden, wohl aber an die vorgetragenen Tatsachen. Der Kläger kann die Prüfung nicht auf bestimmte Rechtsgründe beschränken, sondern nur durch seinen Tatsachenvortrag beeinflussen. Denn die Beschlussmängeltatsachen sind nicht von Amts wegen zu ermitteln, sondern von dem Kläger darzulegen und zu beweisen. Dies gilt unabhängig davon, ob es sich um einen formellen oder materiellen Mangel handelt. Handelt es sich um einen formellen Mangel (z. B. fehlerhafte Einberufung der WEvers, nicht ordnungsgemäße Bezeichnung des Beschlussgegenstandes in der Einladung), müssen die Beklagten darlegen und beweisen, dass das Abstimmungsergebnis hierauf nicht beruht.[204] Da der **Streitgegenstand** einer Anfechtungsklage mit dem einer Nichtigkeitsfeststellungsklage identisch ist,[205] sind alle denkbaren Anfechtungs- und Nichtigkeitsgründe (vgl. § 23 Rn 163 f, 122 f.) zu prüfen sind, die sich aus dem vorgetragenen Sachverhalt ergeben, mit der Folge, dass durch die Entscheidung alle Anfechtungsgründe, die nicht innerhalb der Klagebegründungsfrist geltend gemacht worden sind, und alle nicht vorgetra-

---

[199] *Bergerhoff* NZM 2007, 425 (431); aA *Niedenführ*/Kümmel/Vandenhouten Rn 73; *Hügel/Elzer* § 13 Rn 170.

[200] KG NJW-RR 1991, 1235 (1236); OLG Saarbrücken NZM 2006, 228.

[201] BGH NJW 2009, 2132 (2134)) = NZM 2009, 436 = ZMR 2009, 698 = ZfIR 2009, 518 m. Anm. *Hogenschurz; Bonifacio* ZMR 2005, 327, 332; *Jacoby* ZMR 2003, 591.

[202] OLG München NZM 2007, 365 (366).

[203] Vgl. BayObLGZ 1985, 171 (177); WE 1995, 245; KG NJW-RR 1996, 587; OLG Köln NZM 2000, 191 f.

[204] Jennißen/*Suilmann* Rn 145; KG ZMR 1999, 426 (428).

[205] BGH NJW 2009, 2132 (2134); *Bonifacio* ZMR 2005, 327, 332; *Jacoby* ZMR 2003, 591.

genen Nichtigkeitsgründe präkludiert werden. Auch insoweit hat sich ggü dem früheren Recht[206] nichts geändert.

c) Hinweispflicht (Abs. 2). Absatz 2 begründet deswegen eine ggü § 139 ZPO erweiterte Hinweispflicht. Denn die Tatsache, dass das Gericht verpflichtet ist, im Rahmen des Anfechtungsprozesses von Amts wegen auch Nichtigkeitsgründe zu berücksichtigen,[207] ändert nichts daran, dass der tatsächliche, die Ungültigkeit des angefochtenen Beschlusses rechtfertigende Lebenssachverhalt der Dispositionsbefugnis des Klägers unterliegt.[208] Das Gericht kann also nicht von sich aus Tatsachen berücksichtigen, die von dem Kläger nicht vorgetragen werden. Da andererseits die Rechtskraft der Entscheidung nach § 48 Abs. 4 auch etwaige von dem Kläger nicht geltend gemachte Nichtigkeitsgründe umfasst, muss das Gericht darauf hinweisen, wenn Tatsachen, die entweder gerichtskundig sind (§ 291 ZPO) oder in dem Prozessstoff von dem Kläger übersehen wurden, einen solchen Nichtigkeitsgrund ergeben. Entsprechendes gilt für Tatsachen, die – wie die fehlende Beschlussverkündung – schon dem Entstehen eines Beschlusses entgegenstehen. 73

Beruft sich der Kläger entsprechend dem Hinweis auf die Tatsachen, so ist eine Umstellung der Anfechtungsklage auf eine Feststellungsklage, dass der Beschluss nicht zustande gekommen oder nichtig ist, nicht erforderlich. Wird sie vorgenommen, bedeutet sie keine Klageänderung (§ 264 Nr. 1 ZPO), weil der Anfechtungsantrag den Antrag auf Feststellung der Nichtigkeit umfasst.[209] Haben die Beklagten die Tatsachen vorgetragen, aus denen sich die Nichtigkeit ergibt, so muss der Kläger sich dieses Vorbringen wenigstens hilfsweise zu eigen gemacht haben.[210] Unterlässt er dies, sind die von den Beklagten vorgetragenen Tatsachen nicht zu berücksichtigen. Der Kläger läuft dann das Risiko einer Klageabweisung mit der Folge, dass der Beschluss gültig bleibt und ein Nichtzustandekommen oder eine Nichtigkeit nicht mehr geltend gemacht werden können. Die beklagten WEer können jedoch **Nichtigkeitsfeststellungswiderklage** erheben oder den nichtigen Beschluss in einer WEVers aufheben. Da die Beklagten nicht aus materiell-rechtlichen, sondern aus prozessualen Gründen notwendige Streitgenossen sind, steht der Erhebung einer **Zwischenfeststellungswiderklage** durch einen Beklagten allein nichts entgegen. Die übrigen Beklagten sind, soweit sie der Widerklage nicht beitreten, neben dem widerbeklagten Kläger Drittwiderbeklagte. 74

Ergibt der vorgetragene Sachverhalt zwar keinen Nichtigkeitsgrund, wohl aber einen Anfechtungsgrund, so ist der Beschluss für ungültig zu erklären, wenn die Klage innerhalb der Anfechtungsfrist erhoben worden ist.[211] Die Beklagten zusammen können als notwenige Streitgenossen auch ein **Anerkenntnis- oder Versäumnisurteil** gegen sich ergehen lassen. Ein Teilurteil gegen nur einzelne notwenige Streitgenossen ist dagegen nicht möglich, Rn 62. 75

Die Hinweispflicht aus Absatz 2 ist als Korrelat zur Rechtskraftwirkung des § 48 Abs. 4 nicht auf den Anfechtungsprozess beschränkt, sondern findet entsprechende Anwendung auch auf den Rechtsstreit um die **positive Beschlussfeststellung,** weil hier einem stattgebenden Urteil dieselbe Rechtskraftwirkung zukommt wie einem Urteil, durch das eine Anfechtungsklage als unbegründet abgewiesen wird. 76

d) Inhalt der Entscheidung. Der Richter hat die formelle und materielle Rechtswirksamkeit des Beschlusses zu prüfen.[212] Verstößt der Beschluss gegen eine Rechtsvorschrift, auf deren Einhaltung wirksam nicht verzichtet werden kann, ist der Beschluss nichtig. Diese 77

---

[206] *Suilmann* ZWE 2001, 402 (406).

[207] BT-Drucks. 16/887 S. 73.

[208] BGH NJW 2009, 999 (1001).

[209] BGH NJW 2003, 3550 (3554); NJW 2009, 2132 (2134); Jennißen/*Suilmann* § 46 Rn 13, 15, 157; *Dötsch* ZMR 2008, 433 (434).

[210] BGH NJW 2000, 1641.

[211] BGH NJW 2009, 2132 (2134).

[212] OLG Schleswig SchlHA 1965, 67 unter Aufgabe von OLG Schleswig SchlHA 1961, 248; OLG Hamm OLGZ 1990, 57 (58) = WE 1990, 97; Rpfleger 1970, 400 (401); OLG Oldenburg NdsRpfl 1970, 205.

Rechtsfolge tritt gem § 23 Abs. 4 S. 1 kraft Gesetzes ein und nicht kraft richterlicher Entscheidung. Das Gericht kann die **Nichtigkeit** nur **deklaratorisch feststellen.**[213] Weil Anfechtungs- und Nichtigkeitsklage denselben Streitgegenstand haben, kann jedoch auch ein nichtiger Beschluss für ungültig erklärt werden.[214] Die Tatsache, dass in dem Anfechtungsprozess auch die Nichtigkeit Streitgegenstand ist und umgekehrt (§ 43 Rn 90), hat zur Folge, dass im Anfechtungsverfahren – ohne Umstellung des Antrags[215] – die Nichtigkeit festgestellt und im Nichtigkeitsfeststellungsverfahren eines WEers – anders als im Nichtigkeitsfeststellungsverfahren eines Dritten (Rn 37) auf eine innerhalb der Anfechtungsfrist erhobene Klage ein Beschluss für ungültig erklärt werden kann. In diesem Fall kann das Gericht daher offen lassen, ob ein Anfechtungs- oder ein Nichtigkeitsgrund vorliegt.[216]

78 Ein Eigentümerbeschluss ist für ungültig zu erklären, wenn er **formelle** oder **materielle Mängel** aufweist, insbesondere ihm die erforderliche Bestimmtheit fehlt,[217] etwa wenn wegen mehrdeutiger Formulierungen oder aus anderen Gründen nicht klar ist, welchen Regelungsinhalt er hat, so dass er damit schon den Keim neuen Streits in sich trägt.[218] Unerheblich ist, ob der Anfechtende nach Treu und Glauben verpflichtet wäre, der angefochtenen Regelung zuzustimmen. Dies gilt nicht nur für die Anfechtung eines vereinbarungswidrigen Beschlusses.[219]

79 Das Gericht ist nicht befugt, im Anfechtungsprozess durch **Teilurteil** oder **Zwischenfeststellungsurteil** nach § 256 Abs. 2 ZPO über das Nichtvorliegen eines Nichtigkeitsgrundes zu entscheiden. Denn es handelt sich hierbei nicht um einen abtrennbaren Teil des Streitgegenstandes. Ebenso wenig kann über die Nichtigkeitsfeststellungsklage eines nicht anfechtungsbefugten Dritten durch Teilurteil entschieden werden (Rn 37).

80 Das Gericht hat nach **§ 139 BGB** zu beurteilen, ob der Beschluss bei teilbaren Regelungsgegenständen ganz oder nur **teilweise** für **ungültig** zu erklären ist, also teilweise aufrechterhalten werden kann.[220] Dies setzt voraus, dass der nicht für ungültig erklärte Teil des Beschlusses für sich Sinn macht und anzunehmen ist, dass die WEer diesen Teil bei Kenntnis der Ungültigkeit allein beschlossen hätten. Bei uneingeschränkter Anfechtung der **Jahresabrechnung** kommt eine Teilungültigerklärung daher nur hinsichtlich solcher rechnerisch selbstständiger und abgrenzbarer Teile in Betracht,[221] welche die Festlegung der Gesamtkosten nicht beeinflussen.[222] Gemessen daran kann die Ungültigerklärung auch bei einem fehlerhaften Verteilungsschlüssel beschränkt werden,[223] wenn sich die Ungültigkeit nicht auf die Gesamtabrechnung, sondern in dem Umfang der betroffenen Positionen nur auf die Einzelabrechnungen auswirkt[224] und die Vollständigkeit sowie Nachprüfbarkeit der Abrechnung, dh deren rechnerische Schlüssigkeit, gewahrt bleiben.[225]

81 Wird der Beschluss über die Genehmigung eines **Wirtschaftsplans** insgesamt angefochten und hat die Anfechtung nur hinsichtlich einzelner Positionen Erfolg, so ist der Beschluss

[213] BGH NJW 2003, 3550 (3554); OLG Schleswig NZM 2005, 669 (672).
[214] Jennißen/*Suilmann* Rn 156 f.; *Dötsch* ZMR 2008, 433 (435).
[215] BGH NJW 2003, 3550 (3554); 2009, 2132, (2134).
[216] *Dötsch* ZMR 2008, 433 (435).
[217] OLG Hamm DWE 1995, 127; BayObLG DWE 1992, 164.
[218] BayObLG WE 1995, 245 (246); OLG Köln WE 1995, 23.
[219] Vgl. hierzu BGHZ 130, 304 (313); NJW 1995, 2791; *Buck* PiG 48, 141.
[220] BGHZ 139, 288 (297 f.) = NJW 1998, 3713 (3716); BGHZ 156, 279 (287) = NJW 2003, 3550.
[221] BGH NJW 2007, 1869 (1870); NZM 2010, 243 (244); BayObLGZ 1988, 326 (328); BayObLG WuM 1988, 329 (330); KG NJW-RR 1991, 1235 (1236); OLG Saarbrücken NJW-RR 2006, 731.
[222] Vgl. KG ZWE 2001, 334; weitergehend OLG Frankfurt ZMR 2003, 769 f.: Tatrichterliches Ermessen.
[223] BGH NJW 2007, 1869 (1870), NZM 2010, 243 (244).
[224] BGH NJW 2007, 1869 (1870), NZM 2010, 243 (244); KG NJW-RR 2006, 383 = NZM 2006, 108.
[225] OLG München ZWE 2008, 386 m. Anm. *Ott.*

idR insgesamt für ungültig zu erklären,[226] weil die wesentliche Bedeutung des Wirtschaftsplans in der betragsmäßigen Festlegung der Vorschussverpflichtung liegt, die Ungültigerklärung jeder Position sich auf diesen Betrag auswirkt und dieser Betrag nur richtig oder falsch sein kann.[227] Ist die Anfechtung auf einzelne Positionen des Wirtschaftsplans beschränkt worden, ist der Antrag dahingehend auszulegen, dass der Wirtschaftsplan auch hinsichtlich der rechnerischen Ergebnisse angegriffen wird, die die angefochtenen Positionen beeinflussen, so dass idR auch der Beschluss über den Einzelwirtschaftsplan für ungültig zu erklären ist. Nicht gerügte Fehler sind zu berücksichtigen, wenn sie sich aus dem Parteivortrag ergeben. Ist der Beschluss wegen zu niedriger Ansätze für ungültig zu erklären, so kann das Gericht – anders als früher[228] – ohne entsprechende Klageerweiterung nach § 21 Abs. 8 nicht zugleich einen neuen Wirtschaftsplan mit den richtigen Ansätzen festsetzen.

Ist der Beschluss über die Genehmigung der Jahresabrechnung und der Beschluss über die **Entlastung** angefochten, so hat die Ungültigerklärung des Abrechnungsbeschlusses nicht zwingend auch die Ungültigerklärung des Entlastungsbeschlusses zur Folge.[229] Anders verhält es sich jedoch dann, wenn der Verwalter im Zusammenhang mit der neuen Abrechnung noch zusätzliche Abrechnungspflichten zu erfüllen hat und sich hieraus weitere Ansprüche ergeben können.[230] Umgekehrt lässt die Ungültigerklärung des Entlastungsbeschlusses die Bestandskraft des Abrechnungsbeschlusses unberührt.[231] **82**

Ist die **WEVers nicht vorschriftsmäßig einberufen** oder durchgeführt worden, so ist der Beschluss nur dann nicht für ungültig zu erklären, wenn mit Sicherheit feststeht, dass der Mangel auf die Beschlussfassung ohne Einfluss geblieben ist.[232] **83**

Ein **Beschluss nach § 18 Abs. 3,** von einem WEer die Veräußerung seines WEs zu verlangen, darf nur daraufhin überprüft werden, ob formelle Mängel vorliegen, nicht aber darauf, ob das Veräußerungsverlangen auch sachlich gerechtfertigt ist.[233] Dies gilt auch für den Beschluss, einen WEer unter Hinweis auf § 18 abzumahnen.[234] **84**

Hat bei einer subjektiven **Klagehäufung** von mehreren Klagen nur der von einem Kläger erhobene Antrag Erfolg, weil die übrigen Kläger die Anfechtungsfrist versäumt haben, so ist die Klage abzuweisen, soweit sie von den säumigen Klägern erhobenen ist. Das Gebot der Einheitlichkeit der Entscheidung hindert hieran nicht, weil im Umfang der Klageabweisung nur die Frage Gegenstand der Entscheidung ist, ob den säumigen Klägern ein Anfechtungsrecht zustand.[235] **85**

e) Kosten. Die Kosten des Anfechtungsprozesses hat nach § 91 Abs. 1 ZPO die **unterlegene Partei** zu tragen. Wird die Klage abgewiesen, gehören Kosten, die dadurch entstehen, dass der **Verwalter,** an den die Klage gem § 45 Abs. 1 zugestellt worden ist, die beklagten WEer von der Klageerhebung, dem Verlauf des Verfahrens und dem Urteil **unterrichtet,** grundsätzlich nicht zu den von dem Kläger zu erstattenden Kosten des Rechtsstreits,[236] Die verbandsartige Ausgestaltung des Anfechtungsverfahrens lässt derartige **86**

---

[226] OLG Hamm OLGZ 1971, 96 (103); aA KG WE 1991, 323; *Merle* § 28 Rn 51: nur hinsichtlich der fehlerhaften Positionen.

[227] Vgl. Staudinger/*Bub* § 28 Rn 551 z Teilungültigerklärung der Abrechnung.

[228] KG NJW-RR 1991, 275; WE 1993, 221.

[229] Vgl. BGH WM 2008, 1876 zu § 46 Nr. 1 GmbHG.

[230] BGH NZM 2010, 243 (245); Staudinger/*Bub* § 28 Rn 561.

[231] BayObLGZ 1983, 314 (319); NJW-RR 1988, 81 (83); WE 1989, 144 f.; OLG Düsseldorf WE 1991, 251.

[232] KG ZMR 1997, 487 f.; OLG Köln WE 1996, 311 f.

[233] BayObLG WuM 1990, 95 mwN; OLG Düsseldorf DWE 1995, 119 (120).

[234] BayObLG WuM 1995, 500 (501) = DWE 1995, 106 (107) unter Aufgabe von BayObLGZ 1985, 171 (177); aA OLG Düsseldorf DWE 1995, 119 (120).

[235] BGH NJW 2009, 2132 (2134).

[236] BGH NZM 2009, 517 = ZWE 2009, 306 m. Anm. *Briesemeister; Vandenhouten* ZWE 2009, 145 (153); *Weber/Schmieder* WuM 2009, 477.

Kosten als Kosten der laufenden Verwaltung des Gemeinschaftseigentums erscheinen, die aus dem Verwaltungsvermögen zu bestreiten sind.

Wird der angefochtene Beschluss entgegen dem gestellten Antrag nur **teilweise** für ungültig erklärt, sind die Kosten nach § 92 Abs. 1 ZPO gegeneinander aufzuheben oder verhältnismäßig zu teilen. Ist der Prozess durch ein grobes Verschulden des Verwalters veranlasst, so können die Prozesskosten nach § 49 Abs. 2 dem beigeladenen Verwalter ganz oder teilweise auferlegt werden, auch wenn er nicht Partei ist (§ 49 Rn 17 f).

87 Wird der Beschluss für ungültig erklärt, so haben nach § 100 Abs. 1 ZPO auch *diejenigen WEer, die nicht für den Beschluss gestimmt haben,* die Kosten nach **Kopfteilen** zu tragen.[237] Sie können sich dieser Last nur dadurch entziehen, dass sie innerhalb der Klagefrist selbst Klage erheben. Davor können sie als Beklagte kostenrechtlich nicht geschont werden. Der Gesetzgeber hat eine solche Privilegierung bewusst abgelehnt.[238] Deswegen scheiden sowohl eine Analogie zu § 93 ZPO als auch ein materieller Erstattungsanspruch nach § 280 BGB aus.[239] Erkennen die überstimmten WEer den Klageanspruch an, so hat dies für die Entscheidung keine Bedeutung, weil sie ggü allen Beklagten als notwendigen Streitgenossen nur einheitlich ergehen kann. Solange nicht alle Beklagten anerkennen, kann kein Anerkenntnisurteil ergehen.[240]

88 Die Notwendigkeit einer Kostenfestsetzung nach Kopfteilen gegen jeden einzelnen WEer ist für den obsiegenden Kläger vor allem bei großen Anlagen eine so große Erschwernis,[241] dass sie mit dem Rechtsschutzanspruch kaum zu vereinbaren ist. Der Gesetzgeber ist daher aufgerufen, Abhilfe zu schaffen. Bis dahin muss es genügen, dass die Kosten auf entsprechenden Antrag durch einen einzigen Bescheid einheitlich ggü allen Beklagten, vertreten durch den Verwalter, festgesetzt werden[242] und der obsiegende Kläger aus dem Gesichtspunkt der mitgliedschaftsrechtlichen Treuepflicht (§ 10 Rn 48) einen Anspruch gegen die übrigen WEer auf **Abwicklung** der **Kostenerstattungsansprüche über das Verwaltungskonto** hat. Einer besonderen Rücklage bedarf es hierzu nicht.[243] Umgekehrt ist die Zahlungspflicht eine gemeinschaftsbezogene Pflicht, die nach § 10 Abs. 6 S. 3 von dem Verband zu erfüllen ist (vgl § 10 Rn 260 f). Zahlt also der Verwalter auf Anforderung des Gläubigers nicht aus dem Gemeinschaftskonto, macht der Verband sich wegen der dann notwendigen Einzelvollstreckung nach § 280 BGB schadensersatzpflichtig. Vollstreckungsschuldner bleibt dagegen der einzelne WEer. Für eine analoge Anwendung des § 100 Abs. 4 ZPO[244] fehlt es an einer Gesetzeslücke. Denn kostenrechtlich liegt keine „erzwungene Gesamtschuldnerschaft", sondern eine „erzwungene Schuldnerkumulation" vor. Entsprechendes gilt für die Regelungsklage als weitere Gestaltungsklage und die Kosten eines Rechtsstreits mit Dritten, an dem sämtliche WEer gleichgerichtet beteiligt sind, wie zB die Anfechtungsklage des Verwalters, Streitigkeiten über Rechte und Pflichten des Verwalters (§ 43 Nr. 3) oder Klagen Dritter gegen alle WEer (§ 43 Nr. 5). Hat bei einer subjektiven Klagehäufung von mehreren Klägern nur einer Erfolg, so fallen die Kosten des Rechtsstreits nach Maßgabe des § 92 ZPO den unterlegenen Klägern und den Beklagten zur Last[245] mit der Folge, dass § 100 ZPO entsprechend anzuwenden ist.

89 Das Urteil ist insgesamt für **vorläufig vollstreckbar** zu erklären, auch wenn eine Vollstreckung im eigentlichen Sinne nur wegen der Kosten in Betracht kommt.

---

237 *Schmid* NZM 2008, 385 (386).

238 BT-Drucks. 16/887 S. 73; das wird vom AG Dortmund NJW 2008, 1089 nicht berücksichtigt. *Schmid* NZM 2008, 185 spricht insoweit von einem Zwang zur Anfechtung.

239 *Niedenführ* NJW 2008, 1768 (1772).

240 *Bonifacio* ZMR 2007, 592 (596).

241 Anschaulich *Wolicki* NZM 2008, 717 (718).

242 *Niedenführ* NJW 2008, 1768 (1772).

243 AA *Hügel* ZWE 2008, 265 (271)

244 Für eine solche *Dötsch* ZMR 2009, 183 (184); *Wolicki* NZM 2008, 717 (719).

245 Jennißen/*Suilmann* Rn 170.

10. Erledigung der Hauptsache

In dem Anfechtungsprozess tritt ein erledigendes Ereignis dadurch ein, dass der streitige **Beschluss** durch einen unanfechtbar gewordenen Beschluss **bestätigt, aufgehoben oder ersetzt** wird.[246] Die Hauptsache ist aber auch erledigt, wenn die beschlossene **Maßnahme durchgeführt** worden ist und ein weiteres Tätigwerden nicht mehr in Betracht kommt,[247] der Kläger auf eine Rückgängigmachung verzichtet[248] oder diese z. B. wegen eines unverhältnismäßigen Aufwands ausgeschlossen ist bzw. ein schutzwürdiges Interesse an der rückwirkenden Ungültigerklärung nicht besteht.[249] 90

So erledigt sich z. B. die Anfechtung eines Beschlusses über die **Errichtung einer Parabolantenne** auf der gemeinschaftlichen WE-Anlage durch deren Installation auf dem Nachbargebäude,[250] die Anfechtung der **Verwalterbestellung**[251] durch den Ablauf des Bestellungszeitraums oder durch eine Neuwahl[252] und die Anfechtung der **Verwalterabberufung**[253] idR durch den Ablauf des Bestellungszeitraums, sofern kein schutzwürdiges Interesse an der Klärung fortbesteht.[254] 91

Ist der Beschluss über die **Jahresabrechnung** bestandskräftig geworden, erledigt sich die Anfechtung des **Wirtschaftsplans** nur, wenn ein Eigentümerwechsel nicht stattgefunden hat[255] und weder ein Insolvenzverfahren über das Vermögen eines WEers eröffnet noch die Zwangsverwaltung eines WEs angeordnet worden ist.[256] Weist die bestandskräftige Jahresabrechnung ggü dem Wirtschaftsplan ein Guthaben aus, so erledigt sich das Vorschussverfahren in Höhe des Differenzbetrages. Wird der Wirtschaftsplan und/oder die Jahresabrechnung rechtskräftig für ungültig erklärt, so erledigt sich ein darauf beruhender Beitragszahlungsprozess.[257] 92

Mit der Erledigung besteht an der Fortführung des Anfechtungsprozesses kein **Rechtsschutzinteresse** mehr, so dass die Klage abzuweisen ist, wenn der Kläger sie nicht für erledigt erklärt.[258] Das gilt auch dann, wenn der Kläger wegen der Rechtshandlungen auf Grund des angefochtenen Beschlusses Schadensersatzansprüche geltend machen will. Denn das Anfechtungsverfahren ist hierfür nicht vorgreiflich, vielmehr kann die Ordnungsmäßigkeit der Beschlussfassung in dem Schadenersatzprozess inzident selbstständig geprüft werden.[259] 93

11. Einstweiliger Rechtsschutz

Vgl. § 43 Rn 206 f. 94

---

[246] BayObLG WE 1988, 35; 1993, 343; ZWE 2000, 37; 2002, 315 (317); OLG Düsseldorf NZM 1999, 579; OLG Frankfurt OLGZ 1989, 434 f.

[247] BayObLG WE 1990, 142; OLG München ZMR 2007, 139 (140).

[248] BayObLG WuM 1992, 566; NZM 2002, 623.

[249] BayObLGZ 1998, 127 (129).

[250] BayObLG WE 1996, 396.

[251] BayObLG ZMR 1997, 256 (260); KG FGPrax 1997, 218; OLG Hamm WE 1996, 33, 35; NZM 1999, 227 f.

[252] BayObLGZ 2005, 369.

[253] OLG Hamm ZWE 2002, 486 (488); KG WE 1998, 66 f.; OLG Köln ZMR 2006, 471 (472); *Wenzel* ZWE 2001, 510 (515); aA BayObLG ZWE 2001, 590 (592).

[254] OLG München ZMR 2006, 472.

[255] Wenzel WE 1997, 124, 129.

[256] BayObLG ZMR 1997, 256, 260.

[257] OLG Düsseldorf ZMR 2007, 711 (712).

[258] BayObLG NJW-RR 2004, 443 (444).

[259] OLG München ZMR 2007, 139 (140).

12. Rechtsmittel

95 Ist die unterlegene Partei durch die gerichtliche Entscheidung beschwert, ist sie auch befugt, das zulässige Rechtsmittel einzulegen. Dagegen ist ein WEer, der einen Beschluss innerhalb der Monatsfrist **nicht selbst angefochten** hat, bei Zurückweisung der von einem anderen WEer erhobenen Klage **nicht** selbst **rechtsmittelberechtigt.**[260] Ein im I. Rechtszug – auf der Aktiv- oder Passivseite – obsiegender WEer kann also kein Rechtmittel für den oder neben dem unterliegenden WEer einlegen.[261] Nimmt ein unterlegener Kläger die von ihm erhobene Klage zurück und führt ein anderer unterlegener Kläger den Rechtsstreit durch Einlegung eines Rechtsmittels fort, tritt der Zurücknehmende im Rechtsmittelverfahren in entsprechender Anwendung von § 47 auf die Seite der Rechtsmittelbeklagten. Sonst ist ein Wechsel der Parteirollen ist grundsätzlich nur im allseitigen Einverständnis durch Prozessvertrag möglich. Wird das zur Zurücknahme der Klage nach § 269 Abs. 1 ZPO notwendige Einverständnis versagt, verbleibt der Zurücknehmende auf Seiten des Rechtsmittelklägers in dem Rechtsmittelverfahren, ohne selbst Rechtsmittelkläger zu sein. Weil die Einlegung des Rechtsmittels durch einen anderen Kläger nach § 62 ZPO die Rechtsmittelfrist wahrt, kann er sich jedoch dem Rechtsmittelverfahren aus eigenem Recht anschließen. Zu den Rechtsfolgen einer unterbliebenen Verbindung paralleler Prozesse § 47 Rn 13. **Anschlussrechtsmittel** sind im Gegensatz zu einer zu § 43 Abs. 1 Nr. 4 WEG aF früher verbreiteten Meinung[262] nach den allgemeinen Regeln zulässig, sofern die besonderen subjektiven Voraussetzungen vorliegen.[263] Gegner ist der (teil)unterlegene Rechtsmittelkläger oder sein notwendiger Streitgenosse als Rechtsmittelführer in der Rechtsmittelinstanz.

96 Der beigeladene **Verwalter** kann gegen eine ihn in seiner Rechtsstellung betreffende Entscheidung, wie z. B. ein Urteil, durch das der Beschluss über seine Berufung als Verwalter für ungültig erklärt wurde, anfechten[264] und dazu, falls noch nicht geschehen, dem Rechtsstreit auf Seiten der Beklagten beitreten.

97 Obwohl mehrere WEer auf der Aktiv- oder Passivseite **notwendige Streitgenossen** sind (Rn 61, 62), kann jeder von ihnen auf die Einlegung eines Rechtsmittels für seine Person verzichten.

§ 47 Prozessverbindung

[1] Mehrere Prozesse, in denen Klagen auf Erklärung oder Feststellung der Ungültigkeit desselben Beschlusses der Wohnungseigentümer erhoben werden, sind zur gleichzeitigen Verhandlung und Entscheidung zu verbinden. [2] Die Verbindung bewirkt, dass die Kläger der vorher selbständigen Prozesse als Streitgenossen anzusehen sind.

Übersicht

[260] Vgl. BGHZ 120, 396 (399).
[261] Vgl. OLG Zweibrücken NJW-RR 1989, 657 (658).
[262] KG OLGZ 1991, 306; OLG Zweibrücken ZMR 2005, 407 (408); OLG Saarbrücken NZM 2006, 228; aA Staudinger/Wenzel, § 45 Rn 25.
[263] BGH NZM 2010, 167 (168) = ZMR 2010, 377; *Jacoby* ZMR 2005, 321.
[264] BGH NJW 2007, 2776 = NZM 2007, 645 = ZWE 2007, 369.

I. Normzweck

Satz 1 der Vorschrift trägt dem Umstand Rechnung, dass die Befugnis, die Mangelhaftigkeit eines Mehrheitsbeschlusses gerichtlich prüfen zu lassen, als ein unabdingbares Mitgliedschaftsrecht (§ 46 Rn 22) jedem einzelnen WEer zusteht mit der Folge, dass ein Beschluss gleichzeitig von mehreren WEern angefochten werden kann. Die Norm bezweckt, die frühere Rechtsprechung, nach der die Anfechtungsverfahren verschiedener WEer, die denselben Beschluss betreffen, zu verbinden sind,[1] ungeachtet der Kritik[2] in eine gesetzliche Regelung zu überführen.[3] Die Vorschrift entspricht § 246 Abs. 3 S 3 AktG und soll gewährleisten, dass die Entscheidung in allen Anfechtungs- und Nichtigkeitsfeststellungsprozessen einheitlich ergeht. Da der Streitgegenstand aller Prozesse um die Wirksamkeit eines Beschlusses identisch ist,[4] **beseitigt** die Vorschrift die **Rechtshängigkeitssperre** des § 263 Abs. 3 Nr. 1 ZPO, indem sie die Verbindung anordnet und dadurch verhindert, dass die spätere Klage als unzulässig abgewiesen wird.[5] 1

Satz 2 der Vorschrift will vermeiden, dass die Verbindung einer später anhängig gewordenen Klage in dem verbundenen Prozess zur Widerklage des bis dahin auf der Beklagtenseite befindlichen späteren Klägers wird. Da die Kläger – anders als sonst bei gegeneinander erhobenen Klagen – dasselbe prozessuale Ziel verfolgen, sollen sie ohne Rücksicht auf ihre zunächst unterschiedlichen Parteirollen Streitgenossen auf der Klägerseite werden. Auch insoweit verbleibt es unter der Geltung der ZPO bei der früheren Rechtslage.[6] 2

II. Verbindung bei identischem Streitgegenstand

1. Geeignete Rechtsstreitigkeiten

Die Vorschrift erfasst dem Wortlaut nach „Klagen auf Erklärung oder Feststellung der Ungültigkeit" desselben Beschlusses. Das sind 3
- die fristgebundenen Anfechtungsklagen (§ 43 Rn 98),
- die nicht fristgebundenen Nichtigkeitsfeststellungsklagen (§ 43 Rn 100) und
- die nicht fristgebundenen Gültigkeitsfeststellungsklagen (§ 43 Rn 99).

Da der Streitgegenstand jedoch allgemein die Mangelhaftigkeit des Beschlusses ist und diese auch in den
- nicht fristgebundenen Beschlussergebnisfeststellungsklagen (§ 43 Rn 104, 105, 109) oder Beschlussergebnisberichtigungsklagen (§ 43 Rn 106) auf dem Prüfstand steht, erfasst die Vorschrift von ihrem Sinn und Zweck her auch diese Verfahren.

Nicht in den Anwendungsbereich der Vorschrift fallen dagegen die einen anderen Streitgegenstand betreffenden fristungebundene Klagen auf Feststellung des Beschlussinhalts (§ 43 Rn 102) oder die – gegen nur die verantwortlichen Personen gerichtete – Klage auf Protokollberichtigung (vgl. § 43 Rn 80, 180 f.).[7] Sie müssen nicht verbunden werden, können es aber. 4

---

[1] BayObLG ZMR 2003, 590; KG WE 1993, 52; OLG Köln ZMR 2005, 403; LG Frankfurt NJW-RR 1987, 1423 (1124); *Belz* PiG 54, 231 (236).
[2] *Jacoby* ZMR 2003, 591; Staudinger/*Wenzel* § 44 Rn 5.
[3] BT-Drucks. 16/887 S. 39.
[4] BT-Drucks. 16/887 S. 39; BGH NJW 2003, 3550 (3554); *Bonifacio* ZMR 2005, 327 (332); *Jacoby* ZMR 2003, 591.
[5] *Bork* ZIP 1995, 609 (612); *Jacoby* ZMR 2003, 591.
[6] BT-Drucks. 16/887 S. 39.
[7] Riecke/Schmid/*Abramenko* Rn 2.

2. Zwingende Verbindung

5 Eine **unzulässige Klage** führt nicht zu einer Entscheidung in der Sache. Sie ist durch Prozessurteil abzuweisen und wird nicht mit anderen Verfahren verbunden.[8] Zu verbinden sind aber auch solche fristgebundenen Klagen, die wegen Fristablaufs unbegründet sind, weil auch auf die **verfristet** erhobene Klage hin die Nichtigkeit des angefochtenen Beschlusses zu prüfen ist.[9] Der Verbindung steht auch nicht entgegen, dass eine verspätet erhobene Klage wegen anderweitiger Rechtshängigkeit des Streitgegenstands unzulässig ist, weil der gesetzliche Zwang zur Verbindung die Rechtshängigkeitssperre verdrängt (Rn 1).

6 Die Pflicht zur Verbindung besteht nur für **kongruente Beschlussmängelklagen.** Hat ein Kläger mehrere Beschlüsse angefochten, ein anderer nur einen Beschluss, so *müssen* die Prozesse nur insoweit verbunden werden, als sie **denselben Streitgegenstand,** dh denselben Beschluss oder denselben Beschlussteil betreffen. Im Übrigen *können* sie jedoch miteinander verbunden werden und sollten es auch.[10] Entsprechendes gilt für (zulässige) **Teilanfechtungen** (§ 46 Rn 54).

3. Verfahren

8 Die Verfahren müssen durch Beschluss zur gleichzeitigen Verhandlung und Entscheidung verbunden werden. Der Beschluss kann schon vor Zustellung der Klagen und muss spätestens vor Abschluss der mündlichen Verhandlung ergehen, sofern die Sachen (noch) in derselben Instanz anhängig sind. Eine Verbindung kommt aber auch instanzenübergreifend in Betracht, wenn ein Verfahren noch in I. Instanz und das andere schon in II. Instanz anhängig und zulässig ist.[11] Eine Verbindung in der Revisionsinstanz setzt dagegen voraus, dass die Verfahren dort auch anhängig sind und die Revision in jedem Verfahren statthaft ist. Anders als nach § 147 ZPO hat das Gericht **keinen Ermessensspielraum.** Damit ist der früheren Praxis,[12] von der Verbindung abzusehen, weil im allseitigen Einvernehmen eine Sache als „Pilotverfahren" durchgeführt werden soll, der Boden entzogen.[13] Die verbundenen Prozesse bleiben getrennte Prozessrechtsverhältnisse, so dass eine Verbindung vor Rechtshängigkeit nicht von der Verpflichtung zur Zahlung eines Kostenvorschusses entbindet.[14]

9 Die Verbindung ist **unanfechtbar.** Gegen die Zurückweisung eines die Verbindung betreffenden Gesuchs ist die sofortige Beschwerde statthaft (§ 567 Abs. 1 Nr. 2 ZPO).

4. Wirkung der Verbindung (S. 2)

10 Die Verbindung der vorher selbstständigen Prozesse bewirkt, dass die jeweiligen Kläger nunmehr als Streitgenossen auf der Klägerseite anzusehen sind und damit von Gesetzes wegen als Beklagte in den jeweils anderen Verfahren ausscheiden.[15] Es handelt sich nicht um einen Parteiwechsel, weil für den als Beklagten ausscheidenden WEer kein anderer als Beklagter in den Prozess eintritt, wohl aber um eine **gesetzliche Parteierweiterung auf der Klägerseite ohne die Folge einer Klagerücknahme** im Verhältnis zu dem neuen Kläger als früherem Beklagten. Haben alle WEer getrennt voneinander Klage erhoben, so fallen die Prozessrechtsverhältnisse durch die Verbindung in

[8] AA *Bonifacio* ZMR 2007, 592 (595).
[9] Spielbauer/*Then* Rn 2.
[10] *Hügel/Elzer*, Das neue WEG-Recht, § 13 Rn 186.
[11] NK-BGB/*Heinemann* § 47 Rn 4.
[12] OLG Köln ZMR 2005, 403, 404.
[13] *Abramenko*, Das neue WEG, § 7 Rn 44.
[14] AA Jennißen/*Suilmann* Rn 7.
[15] *Bonifacio* ZMR 2007, 592 (594).

sich zusammen,[16] die Klagen werden unzulässig (§ 46 Rn 61). Die WEgem als Verband kann nicht ermächtigt werden, den Prozess auf der Beklagtenseite fortzuführen. Eine gewillkürte Prozessstandschaft auf der Passivseite gibt es nicht.

Die Streitgenossenschaft unterfällt den Regeln der §§ 59 bis 63 ZPO. Da die Gültigkeit des angefochtenen Beschlusses allen Klägern ggü nur einheitlich festgestellt werden kann, sind die Kläger **notwendige Streitgenossen.**[17] Das hindert das Gericht allerdings nicht, die Klage einzelner Streitgenossen als unzulässig abzuweisen und den Prozess im Übrigen fortzusetzen. Denn es handelt sich jeweils um selbstständige Prozessrechtsverhältnisse. Jeder Kläger kann die von ihm erhobene Klage zurücknehmen.[18] Der Verzicht eines einzelnen Klägers ermöglicht kein Verzichtsurteil, sondern wirkt wie die Rücknahme der Klage durch einen einzelnen Kläger bei Zustimmung der Beklagten dahin, dass der verzichtende Kläger, ohne dass es eines Weiteren bedarf, auf Seiten der Beklagten Partei des Rechtsstreits wird. Stimmen die Beklagten dem Verzicht oder der Rücknahme der Klage nach Beginn der mündlichen Verhandlung durch einen einzelnen Kläger nicht zu, bleibt er auf Klägerseite Partei. **11**

Versäumt ein Kläger eine Frist oder einen Termin, so gereicht ihm dies auf Grund der Vertretungsfiktion des § 62 Abs. 1 ZPO nicht zum Nachteil. Die Klagefrist wird also durch die rechtzeitige Klageerhebung nur eines Streitgenossen gewahrt. Ist ein Streitgenosse säumig, so kann ein klageabweisendes **Versäumnisurteil** gegen ihn nicht ergehen. **12**

5. Rechtsfolgen einer unterbliebenen Verbindung

Ist die Verbindung unterblieben, greift die **Rechtshängigkeitssperre** aus § 261 ZPO. Die später rechtshängig gewordene Klage ist von Amts wegen als unzulässig abzuweisen, anderenfalls findet gegen eine Sachentscheidung im zweiten Verfahren die Wiederaufnahme nach § 580 Nr. 7 a ZPO statt.[19] Wird bei übereinstimmenden Entscheidungen in nur einem Verfahren ein Rechtsmittel eingelegt, so ist es im Wege der Auslegung auch gegen die andere Entscheidung gerichtet, falls insoweit die Rechtsmittelfrist gewahrt ist.[20] Ist das nicht der Fall und wird die Entscheidung in dem ersten Verfahren rechtskräftig, so tritt in dem noch laufenden zweiten Verfahren entgegen der hM[21] keine Erledigung ein, weil der Antrag von Anfang an unzulässig war. Wird dagegen die Entscheidung in dem zweiten Verfahren rechtskräftig, führt dies ebenfalls nicht zur Erledigung des noch laufenden (ersten) Verfahrens, sondern zur Möglichkeit der Wiederaufnahme des zweiten Verfahrens, wenn das Urteil im ersten Verfahren ungünstiger ausfällt. **13**

III. Verbindung bei unterschiedlichem Streitgegenstand

Prozesse mit unterschiedlichem Streitgegenstand müssen nicht, können aber nach § 147 ZPO miteinander verbunden werden, wenn die geltend gemachten Ansprüche in einem rechtlichen Zusammenhang stehen und in objektiver Anspruchshäufung hätten miteinander verfolgt werden können. Dies gilt z. B. für eine Anfechtungsklage und eine Klage auf **14**

---

[16] Vgl. AG Bingen ZMR 2008, 739 = NJW 2009, 84 = NZM 2009, 167: Der Prozess „erlischt", a. A., aber ohne Lösung *Schmid* ZRP 2009, 169.

[17] BGH NZM 2009, 698 = NZM 2009, 436 = NJW 2009, 2132 (2133) m. Bespr. *Elzer* 2098; *Bonifacio* ZMR 2007, 592 (595); *Niedenführ*/Kümmel/Vandenhouten Rn 11.

[18] BGH NJW 2009, 2132 (2134).

[19] *Lüke* ZMR 2003, 722 (727).

[20] Ebenso iErg Riecke/Schmid/*Abramenko* Rn 8.

[21] BayObLG ZMR 2003, 590 m. krit. Anm. *Jacoby*; OLG Köln NZM 2007, 602 = NJW-RR 2007, 1311 = ZMR 2007, 556; OLG München NZM 2007, 412 = ZMR 2007, 395; OLG Zweibrücken ZMR 2005, 407 (408); Hügel/*Elzer* § 13 Rn 191; Jennißen/*Suilmann* Rn 11; Riecke/Schmid/*Abramenko* Rn 8; NK-BGB-*Heinemann* § 47 Rn 4.

Zustimmung zu einer bestimmten Gebrauchsregelung oder auf deren gerichtliche Gestaltung nach § 21 Abs. 8 sowie für verschiedene Beitragsklagen oder für Beitragsklagen und Anfechtungsklagen gegen die zugrunde liegenden Beitragsbeschlüsse.

§ 48 Beiladung, Wirkung des Urteils

(1) [1]**Richtet sich die Klage eines Wohnungseigentümers, der in einem Rechtsstreit gemäß § 43 Nr. 1 oder Nr. 3 einen ihm allein zustehenden Anspruch geltend macht, nur gegen einen oder einzelne Wohnungseigentümer oder nur gegen den Verwalter, so sind die übrigen Wohnungseigentümer beizuladen, es sei denn, dass ihre rechtlichen Interessen erkennbar nicht betroffen sind.** [2]**Soweit in einem Rechtsstreit gemäß § 43 Nr. 3 oder Nr. 4 der Verwalter nicht Partei ist, ist er ebenfalls beizuladen.**

(2) [1]**Die Beiladung erfolgt durch Zustellung der Klageschrift, der die Verfügungen des Vorsitzenden beizufügen sind.** [2]**Die Beigeladenen können der einen oder anderen Partei zu deren Unterstützung beitreten.** [3]**Veräußert ein beigeladener Wohnungseigentümer während des Prozesses sein Wohnungseigentum, ist § 265 Abs. 2 der Zivilprozessordnung entsprechend anzuwenden.**

(3) **Über die in § 325 der Zivilprozessordnung angeordneten Wirkungen hinaus wirkt das rechtskräftige Urteil auch für und gegen alle beigeladenen Wohnungseigentümer und ihre Rechtsnachfolger sowie den beigeladenen Verwalter.**

(4) **Wird durch das Urteil eine Anfechtungsklage als unbegründet abgewiesen, so kann auch nicht mehr geltend gemacht werden, der Beschluss sei nichtig.**

Übersicht

Literatur: *Suilmann,* Die Beiladung von Wohnungseigentümern nach § 48 WEG, MietRB 2008, 219.

I. Normzweck

1 Die Vorschrift will an die frühere Rechtslage hinsichtlich der Beteiligung der WEer und der Rechtskrafterstreckung der gerichtlichen Entscheidung anknüpfen und diese in das ZPO-Verfahren überführen. In Abgrenzung zum FGG-Verfahren knüpft sie dabei terminologisch an die Beiladung in § 640 e ZPO an, gestaltet sie aber inhaltlich anders aus.

II. Beiladung von Wohnungseigentümern (Abs. 1 S. 1)

1. Zweck der Beiladung

§ 48 Abs. 1 S. 1 bestimmt, dass die am Rechtsstreit materiell beteiligten übrigen WEer durch das Gericht von Amts wegen auch formell beizuladen sind. Die Beiladung dient dazu, die **Rechtskrafterstreckung** nach Abs. 3 auf „alle beigeladenen Wohnungseigentümer" sicherzustellen,[1] während sie früher ein Gebot der Gewährung rechtlichen Gehörs war, weil die Bindungswirkung nach § 45 Abs. 2 S. 2 WEG aF auch diejenigen Beteiligten erfasste, die – verfahrensfehlerhaft – nicht förmlich beteiligt worden waren.[2] Um die Rechtskrafterstreckung auch in den Fällen sicherzustellen, in denen ein dem WEer „allein zustehender Anspruch" nicht von diesem, sondern von einem **gewillkürten Prozessstandschafter** geltend gemacht wird, hat die Beiladung auch in diesen Fällen zu erfolgen. Dagegen ist die Beiladung entbehrlich,[3] wenn die WEgem in gesetzlicher Prozessstandschaft der WEer einen Anspruch (zB auf Beseitigung einer baulichen Veränderung) geltend macht, weil hier die Rechtskraft der Entscheidung nach § 325 ZPO auch gegen die übrigen nachteilig betroffenen, von der Prozessführung ausgeschlossenen WEer wirkt.[4] 2

2. Sachlicher Geltungsbereich

a) Art des Rechtsstreits. Die Vorschrift sieht eine Beiladung nur für die Rechtsstreitigkeiten gem **§ 43 Nr. 1 u. 3** vor. Eine Beiladung kommt hier aber nur in Betracht, wenn die WEer nicht von Gesetzes wegen Partei sind oder als solche in den Prozess einbezogen werden müssten. Die Beiladung scheidet daher zB in den **Regelungsstreitigkeiten** nach §§ 15 Abs. 3, 21 Abs. 8 aus, weil die Gestaltungsklage gegen alle übrigen WEer zu richten ist (§ 43 Rn 129). Geschieht dies nicht, ist nicht beizuladen, sondern die Klage als unzulässig abzuweisen. 3

Bei den Streitigkeiten nach **§ 43 Nr. 2** ist zu unterscheiden. Soweit die WEgem **eigene Ansprüche** verfolgt, scheidet eine Beiladung ebenfalls aus, weil hier die WEer, die nicht auf der Gegenseite Partei sind, neben der rechtsfähigen Gemeinschaft nicht materiell betroffen sind. Anders verhält es sich, wenn die WEgem **Ansprüche der WEer** auf Grund der ihr zustehenden Ausübungsbefugnis geltend macht (§ 43 Rn 72). Hier sind die übrigen WEer, die nicht Partei sind, in entsprechender Anwendung der Vorschrift in der für § 43 Nr. 1 geltenden Alternative beizuladen.[5] 4

In Rechtsstreitigkeiten nach **§ 43 Nr. 4** kommt eine Beiladung nicht in Frage, weil hier alle „übrigen" WEer als Beklagte Partei sind. Der Beiladung bedarf es indessen, wenn im Beschlussanfechtungsverfahren eine Vorfrage, zB die Frage der Stimmengewichtung, im Wege der einer **Zwischenfeststellungswiderklage** einer Klärung über den zu entscheidenden Fall hinaus zugeführt werden soll. Die Beantwortung dieser Frage kann nicht auf das Verhältnis zwischen dem Kläger und dem Beklagten beschränkt werden, der Widerklage erhebt. Da jeder Beklagte zur Widerklage berechtigt ist und eine Rechtskrafterstreckung im Verhältnis zwischen dem Widerkläger und den weiteren Beklagten des Beschlussanfechtungsverfahrens nicht stattfindet (§ 10 Rn. 193), bedarf es deren Beiladung im Hinblick auf die erhobene Widerklage. Entsprechend verhält es sich, wenn zwischen zwei WEern Streit über eine derartige Frage entsteht. Dieser kann im Wege der Feststellungsklage der gerichtlichen Klärung zugeführt werden. Die WEer, die nicht als Parteien in den Rechtsstreit einbezogen sind, sind beizuladen. 5

---

[1] Ebenso *Lüke* ZfIR 2007, 657 (665).
[2] Staudinger/*Wenzel* § 45 Rn 59.
[3] *Suilmann* MietRB 2008, 219 (220).
[4] MünchKomm-ZPO/*Gottwald* § 325 Rn 46.
[5] Riecke/Schmid/*Abramenko* Rn 13.

Eine Beiladung scheidet in Rechtsstreitigkeiten nach **§ 43 Nr. 5** hingegen aus, weil Rechtsstreitigkeiten Dritter gegen einzelne WEer nicht gemeinschaftsbezogen sind und nur die Parteien des Rechtsstreits betroffen sein können

6 **b) Gegenstand des Rechtsstreits.** Die Vorschrift setzt weiterhin voraus, dass mit der Klage ein dem WEer „allein zustehender Anspruch" geltend gemacht wird und dieser sich „nur gegen einen oder einzelne Wohnungseigentümer oder nur gegen den Verwalter" richtet. Das ist zB dann der Fall, wenn ein WEer einen Anspruch nach § 21 Abs. 4 gegen einzelne WEer oder gegen den Verwalter verfolgt; ferner, wenn er einen Abwehranspruch nach § 1004 BGB wegen Störung des SEs oder GemEs geltend macht[6] und die Gemeinschaft von ihrer gekorenen Ausübungsbefugnis nach § 10 Abs. 6 keinen Gebrauch gemacht hat.

7 Dagegen sollen durch die Formulierung nach der Gegenäußerung der Bundesregierung Fälle der **notwendigen Streitgenossenschaft auf der Aktivseite** ausgegrenzt sein. Dies übersieht, dass eine notwendige Streitgenossenschaft auf der Klägerseite schon bei einer subjektiven Klagehäufung einzelner WEer vorliegen kann, die dann zwar die Beiladung dieser notwendigen Streitgenossen entbehrlich macht, aber nicht die Beiladung der übrigen WEer, die auch nicht auf der Passivseite Partei sind. Die Vorschrift ist daher von ihrem Sinn und Zweck her dahin einengend auszulegen, dass sie nur die Beiladung der notwendigen Streitgenossen ausschließt, nicht dagegen auch derjenigen materiell beteiligten WEer, die nicht selbst Partei sind.

3. Persönlicher Geltungsbereich

8 **a) Wohnungseigentümer.** Zum Begriff siehe unter § 10 Rn 2 f. Beizuladen sind auch **werdende WEer,** also die Mitglieder der werdenden Gemeinschaft,[7] alle **Mitberechtigten** einer Bruchteils- oder Gesamthandsgemeinschaft am WE[8] und die Sondernachfolger auf Grund gesetzlichen Eigentumserwerbs **(Erben, Ersteigerer),** auch wenn sie noch nicht in das Grundbuch eingetragen worden sind.

9 Bei einem **rechtsgeschäftlichen Eigentumswechsel** verliert der veräußernde WEer seine Stellung als beizuladender materiell Beteiligter dagegen erst mit der Eintragung des Erwerbers im Grundbuch. Daraus folgt, dass bis zur Eigentumsumschreibung der Veräußerer, danach der **Erwerber** beizuladen ist. Veräußert der beigeladene WEer sein WE während des Prozesses, so ist nach Abs. 2 S. 3 die Bestimmung des § 265 Abs. 2 ZPO entsprechend anzuwenden. Eine Beiladung des Erwerbers oder eine Zustellung an ihn ist – wie früher[9] – selbst unter dem Gesichtspunkt der Gewährung rechtlichen Gehörs nicht nur nicht erforderlich, sondern auch nicht zulässig, weil der Veräußerer das Verfahren in gesetzlicher Prozessstandschaft für den neuen WEer fortführt. Das Urteil wirkt gem. § 325 Abs. 1 ZPO, § 48 Abs. 3 WEG für und gegen seinen Rechtsnachfolger und kann gem. § 727 ZPO für und gegen ihn ausgefertigt werden.[10] Der Erwerber kann sich aber gem. §§ 265 Abs. 2 Satz 3, 67 ZPO als unselbstständiger Streitgehilfe (Nebenintervenient) am Verfahren beteiligen.[11] Darüber hinaus kann er gem. § 265 Abs. 2 S. 2 ZPO mit Zustimmung des Gegners den Prozess als Hauptpartei an Stelle des Rechtsvorgängers übernehmen oder eine Hauptintervention erheben.

---

[6] Vgl. BGH MDR 2010, 434 = GE 2010, 417.

[7] Vgl. OLG Düsseldorf ZMR 2007, 126 zu § 43 Abs. 4 aF.

[8] Ebenso *Becker* ZWE 2008, 405 (409).

[9] BGHZ 148, 335 = ZWE 2001, 530 (531) = NJW 2001, 3339; BayObLG NJW-RR 1995, 467 = WuM 1994, 635; WE 1998, 118 (119); BayObLGZ 2000, 237 (239) = ZWE 2000, 459 = NJW 2000, 3503; OLG Hamburg WE 1994, 377 (378); zum Rechtsschutzbedürfnis des Veräußerers bei Beschlussanfechtung *Müller* ZWE 2000, 557 (561) = FS Merle, S. 241 ff.

[10] BayObLG WE 1992, 168 (Ls) = WuM 1991, 632; WE 1987, 51 (52).

[11] KG ZMR 1998, 513 = WE 1998, 307 (Ls).

Wird das WE-Recht von einem **Verwalter kraft Amtes** (Testamentsvollstrecker, Zwangsverwalter, Insolvenzverwalter) wahrgenommen, so ist dieser an Stelle des WEers beizuladen.[12] Geht es in einem Rechtsstreit nach § 43 Nr. 1 um die Rechte und Pflichten des Verwaltungsbeirats, so ist auch ein **Verwaltungsbeiratsmitglied,** das nicht WEer[13] und nicht schon Partei ist, beizuladen.[14] **10**

b) Ausnahme: Fehlende Betroffenheit (Abs. 1 S. 1 HS. 2). Die Beiladung ist nach dem Gesetz zwingend. Von ihr kann entspr. den hergebrachten Grundsätzen[15] nur bei denjenigen WEern abgesehen werden, deren rechtliche Interessen erkennbar nicht betroffen sind. Das Gericht muss daher nicht die rechtliche Betroffenheit als Voraussetzung der Beiladung prüfen, sondern darf von der Beiladung nur absehen, wenn die fehlende Betroffenheit feststeht. Die Hauptpartei kann dann ihrerseits den nicht beigeladenen WEern nach § 72 ZPO den Streit verkünden. **11**

Die rechtliche Betroffenheit fehlt zB, wenn die Streitigkeit nur die Prozessparteien und einzelne WEer betrifft. Das ist zB der Fall bei dem Streit zweier TEer über die Auslegung einer nur sie betreffenden **Konkurrenzschutzklausel** in der GemO[16], bei **nachbarrechtlichen Streitigkeiten** unter WEern,[17] bei einem Streit um die Verwaltung des SEs[18] oder wenn WEer durch ein SNR vom Mitgebrauch einer Gartenfläche ausgeschlossen sind und nur um die **Aufteilung des SNRs** unter den Berechtigten gestritten wird;[19] oder wenn in einer **Mehrhausanlage** die SEer eines Hauses über eine streitige Maßnahme, die nur sie selbst berührt, nach der GemO in eigener Zuständigkeit einen Beschluss gefasst haben;[20] ferner wenn ein WEer vom Verwalter die **Einsichtnahme** in ein Versammlungsprotokoll oder in Abrechnungsunterlagen oder die Übersendung von Kopien aus den Verwaltungsunterlagen verlangt.[21] **12**

Entbehrlich ist die Beiladung aller übrigen WEer auch, wenn die Klage, zB wegen **fehlenden Rechtsschutzinteresses,** erkennbar unzulässig ist[22] oder das WE-Gericht auf Grund eines bindenden **Abgabebeschlusses** eines anderen Gerichts zur Streitentscheidung berufen ist, in Wahrheit aber keine wohnungseigentumsrechtliche Zuständigkeit nach § 43 gegeben ist; zumindest ist hier der Verzicht auf eine formelle Beteiligung aller WEer zu prüfen.[23] Die Beiladung hat ferner zu unterbleiben, wenn es nur um die **Zulässigkeit eines Rechtsmittels**[24] oder die **Kosten** des Rechtsstreits nach Erledigung der Hauptsache geht.[25] **13**

Eine Beiladung kommt mangels rechtlicher Betroffenheit schließlich dann nicht in Betracht, wenn ein WEer wegen eines nur bei ihm eingetretenen Schadens einen Anspruch gegen einen anderen[26] bzw gegen den Verwalter geltend macht.[27] Dagegen ist in diesem Fall die Beiladung aller übrigen WEer dann erforderlich, wenn für den Schadensersatz- **14**

---

[12] *Abramenko* § 7 Rn 18; Riecke/Schmid/*Abramenko* Rn 7.

[13] Vgl. BayObLG NJW 1972, 1377.

[14] Riecke/Schmid/*Abramenko* Rn 7.

[15] BGHZ 115, 253 (256) = NJW 1992, 182; BayObLG WuM 1995, 672.

[16] BayObLG WE 1997, 477.

[17] BayObLG WE 1991, 197; NJW-RR 1990, 660 (661) = ZWE 2000, 409 f.; ZMR 2001, 362.

[18] BayObLG WuM 1995, 672.

[19] BayObLG WE 1992, 229 f.

[20] BayObLGZ 1975, 177 f.

[21] BayObLG NZM 2003, 246; aA KG FGPrax 2000, 94 (95); *Niedenführ*/Kümmel/Vandenhouten Rn 7.

[22] BT-Drucks. 16/887 S. 75.

[23] Vgl. BayObLG NJW-RR 1996, 1037 = WE 1996, 194 = DWE 1995, 118 (119).

[24] BayObLGZ 1992, 21 (24).

[25] BayObLG WE 1994, 150.

[26] OLG Hamm ZMR 1996, 41.

[27] BGHZ 115, 253 (256) = NJW 1992, 182; BayObLG WuM 1996, 374; ZWE 2000, 179 f.

anspruch ein Eigentümerbeschluss von Bedeutung ist und es im Wesentlichen um die Auslegung des Umfangs dieses Beschlusses geht.[28] Dasselbe gilt, wenn einzelne WEer gegen den Verwalter einen Auskunftsanspruch geltend machen, der sich auf Pflichten bei der Verwaltung des GemE bezieht,[29] wenn ein WEer vom Verwalter die Zustimmung zur Veräußerung seines WEs verlangt[30] oder es um die Zustimmung zur zweckwidrigen Nutzung einer EW geht.[31]

15 In einem Rechtsstreit gegen einen früheren WEer sind nur diejenigen WEer beizuladen, die von dem Verfahren auch materiell betroffen sind.[32]

16 **c) Beiladung der Gemeinschaft.** Eine Beiladung der rechtsfähigen WEgem sieht das Gesetz nicht vor. Sie ist daher schon mangels Rechtsgrundlage unzulässig.[33] Sie wäre überhaupt nur in Rechtsstreitigkeiten denkbar, welche die Geschäftsführung in Verwaltungsangelegenheiten betreffen, kommt hier aber schon deswegen nicht in Betracht, weil hier die WEer *für* die Gemeinschaft handeln, die WEer aber am Verfahren beteiligt sind.

III. Beiladung des Verwalters (Abs. 1 S. 2)

17 Außer der Beiladung von WEern schreibt das Gesetz für Streitigkeiten gem § 43 Nr. 3 oder Nr. 4 auch die Beiladung des Verwalters vor, sofern er in diesen Verfahren nicht selbst Partei ist.[34] Die Beiladung hat unabhängig davon zu erfolgen, ob er durch den Rechtsstreit in seinen rechtlichen Interessen betroffen ist. Dies trägt dem Umstand Rechnung, dass er weisungsgebundener Sachwalter des Gemeinschaftsvermögens und Vollzugsorgan der Gemeinschaft ist.[35]

18 In einem **Rechtsstreit nach § 43 Nr. 3** ist der Verwalter auch dann beizuladen, selbst wenn er als Organ der WEgem oder als gesetzlicher Vertreter der WEer beteiligt ist.[36] Dies gilt auch **nach seinem Ausscheiden** aus dem Amt, wenn es weiterhin um seine früheren Rechte und Pflichten, insbesondere um seine Entlastung, geht[37] oder auch um die Abwicklung seiner Tätigkeit. Er ist daher in jedem Fall zu beteiligen, unabhängig davon, ob sein Ausscheiden vor Rechtshängigkeit oder während des Prozesses erfolgt. Daneben ist auch der neue Verwalter beizuladen.

19 Der amtierende Verwalter ist in allen **Rechtsstreitigkeiten nach § 43 Nr. 4** beizuladen, sofern er in diesen Verfahren nicht selbst Partei ist.[38] Dies gilt selbst dann, wenn der Beschluss zu einem Zeitpunkt gefasst wurde, zu dem er noch nicht im Amt war, weil er bestandskräftige Beschlüsse auszuführen hat (§ 27 Abs. 1 Nr. 1). Erst Recht ist er in allen Der Verwalter ist in allen um seine Bestellung oder Abberufung von einzelnen WEern geführten Anfechtungsprozessen beizuladen, um ihm die Möglichkeit des Beitritts zu eröffnen (§ 46 Rn 33). Auch der nach der Beschlussfassung **ausgeschiedene Verwalter** ist zu beteiligen, wenn es in Betracht kommt, dass er den Anfechtungsgrund zu vertreten hat[39] und deswegen nach § 49 Abs. 2 eine ihm nachteilige Kostenentscheidung ergehen kann oder wenn es – wie bei seiner Entlastung – um einen Beschluss geht, der seine Rechtsstellung betrifft. Dagegen ist er in einem Anfechtungsverfahren, das einen nach seinem

[28] BayObLG WuM 1991, 711 (712) = WE 1992, 204 (Ls).
[29] BayObLG WE 1990, 136.
[30] BayObLG WE 1992, 142; NJW-RR 1997, 1307.
[31] OLG Köln NJW-RR 2007, 87.
[32] Vgl. *Löke* ZfIR 2003, 304 f.
[33] AA Hügel/*Elzer* § 13 Rn 204.
[34] Vgl. LG Frankfurt NJW 2009, 924 = NZM 2009, 166.
[35] Jennißen/*Suilmann* Rn 16.
[36] OLG Köln ZMR 2002, 972.
[37] BayObLG WE 1991, 360 f.; NZM 2003, 815.
[38] BGH WuM 2010, 256; LG Frankfurt NJW 2009, 924 = NZM 2009, 166.
[39] BGH NJW 1998, 755 (756) = WE 1998, 105.

Ausscheiden gefassten Beschluss betrifft, nicht beizuladen, auch wenn er den Abberufungsbeschluss angefochten hat,[40] es sei denn, der Beschluss berührte noch seine rechtlichen Interessen, wie zB der Beschluss über seine Entlastung. In dem Anfechtungsprozess seines Vorgängers über dessen Abberufung ist der amtierende Verwalter beizuladen.[41]

IV. Durchführung der Beiladung (Abs. 2 S. 1)

Anders als in dem Verfahren in Kindschaftssachen nach § 640 e ZPO erfolgt die Beiladung nicht durch Ladung zum Termin zur mündlichen Verhandlung, sondern durch **Zustellung der Klageschrift** und der prozessleitenden Verfügungen des Vorsitzenden. Sie wird zu Beginn des Rechtsstreits von Amts wegen veranlasst. Die Zustellung der Klage an den Verwalter als Vertreter der WEer bewirkt nicht die Beiladung des Verwalters.[42] Dies soll den WEern oder dem beizuladenden Verwalter ermöglichen, ihre rechtlichen Interessen in dem Verfahren möglichst früh wahrzunehmen unabhängig davon, ob das Gericht nach § 272 Abs. 2 ZPO einen frühen ersten Termin bestimmt (§ 275 ZPO) oder ein schriftliches Vorverfahren veranlasst (§ 276 ZPO). Die Zustellung an die WEer kann nach § 45 Abs. 1 an den Verwalter oder – im Falle einer Interessenkollision – an den gem. § 45 Abs. 2 S. 1 bestimmten Ersatzzustellungsvertreter erfolgen. Dazu hat der Kläger der Klage nach § 133 Abs. 1 ZPO die hierzu erforderlichen Abschriften beizufügen. 20

Kann eine Zustellung an die WEer nicht durch Zustellung an den Verwalter oder an einen, notfalls vom Gericht zu bestellenden, Ersatzzustellungsvertreter erfolgen, ist die Zustellung an jeden einzelnen WEer zu veranlassen. Dazu muss der Kläger der Klage die notwendige Zahl von Abschriften beifügen und die beizuladenden WEer unter Angabe der ladungsfähigen Anschrift benennen. Hierzu hat das Gericht ihm ausreichend Gelegenheit zu geben. Auch kann es den von der Zustellung ausgeschlossenen Verwalter nach § 273 Abs. 2 Nr. 1 ZPO auffordern, eine Eigentümerliste mit den ladungsfähigen Anschriften vorzulegen. 21

Die Beiladung ist **unanfechtbar.** Lehnt das Gericht ein Gesuch um Beiladung ab, so kann die Partei hiergegen nach § 567 Abs. 1 Nr. 2 ZPO sofortige Beschwerde einlegen. 22

V. Rechtsfolgen unterbliebener Beiladung

Unterbleibt die Beiladung entgegen der zwingenden Vorschrift des Abs. 1, so stellt dies einen von Amts wegen zu berücksichtigenden **Verfahrensmangel** dar, der in der Berufung durch Beiladung behoben werden kann, aber auch eine Zurückverweisung ermöglicht. In der Revision handelt es sich in entsprechender Anwendung des § 547 Nr. 4 ZPO um einen **absoluten Revisionsgrund,** der in jedem Fall eine Zurückverweisung der Sache erfordert.[43] Darauf, ob der Verfahrensfehler für die Entscheidung kausal war, kommt es nicht an. Eine Beiladung im Revisionsverfahren kommt nicht in Betracht. Die Rspr zum Rechtsbeschwerdeverfahren der freiwilligen Gerichtsbarkeit, wonach die Beteiligung nach § 43 Abs. 4 WEG aF im Rechtsbeschwerdeverfahren nachgeholt werden konnte, wenn es nur um die Gewährung des rechtlichen Gehörs ging,[44] ist auf den Zivilprozess nicht übertragbar. Von einer Aufhebung und Zurückverweisung kann als Ausnahme nur dann abgesehen werden, wenn feststeht, dass die nicht am Verfahren beteiligten WEer die Prozessführung nachträglich genehmigt haben und das Urteil ihnen zugestellt worden ist oder ihre rechtlichen Interessen wie im Falle einer Klageabweisung als unzulässig erkennbar nicht betroffen sind (Rn 11 f.). 23

---

[40] BayObLG WuM 1990, 183.

[41] Vgl. *Belz* PiG 54, 231, 241.

[42] BGH WuM 2010, 256; *Suilmann* MietRB 2008, 219 (222).

[43] Vgl. BGH NJW 2003, 585 zu § 640 e ZPO; BGHZ 125, 153 (166) zu § 14 Abs. 2 LwVG.

[44] BGH NJW 1998, 755; BayObLG ZWE 2000, 124 f.; 2000, 344 (346); 2000, 418 f.

24 *Abramenko*[45] vertritt demgegenüber die Ansicht, der Gesetzgeber habe mit der Bestimmung in Abs. 3, wonach das rechtskräftige Urteil nur für und gegen beigeladene WEer wirke, die Folgen der unterbliebenen Beiladung abschließend geregelt, so dass die unterbliebene Beiladung nicht mit der Hauptsacheentscheidung anfechtbar sei. Dem ist nicht zuzustimmen. Die Regelung der Folgen unterbliebener Beiladung in Abs. 3 ändert nichts an der Tatsache, dass die in Abs. 1 zwingend vorgeschriebene Beiladung eine Amtspflicht des Gerichts ist, deren Verletzung das Verfahren fehlerhaft sein lässt. Dies ist in jeder Lage des Verfahrens zu berücksichtigen, weil die Beiladung gerade den Zweck hat, eine Rechtskrafterstreckung zu ermöglichen.

25 Der Verfahrensfehler führt dagegen – anders als im Kindschaftsprozess[46] – nicht dazu, dass die nicht beigeladenen WEer gegen das Urteil noch innerhalb der 5-Monatsfrist des § 517 ZPO Berufung einlegen könnten. Denn mangels einer Rechtskrafterstreckung nach Abs. 3 werden ihre rechtlichen Interessen von dem verfahrensfehlerhaften Urteil nicht berührt. Sie können gegen dieses daher auch nicht Verfassungsbeschwerde einlegen oder Nichtigkeitsklage entspr. § 579 Abs. 1 Nr. 4 ZPO erheben.[47] Ist zB eine Klage auf Beseitigung einer rechtswidrigen baulichen Veränderung als unbegründet abgewiesen worden, so können die nicht beigeladenen WEer erneut klagen. Anders verhält es sich dagegen bei **Gestaltungsurteilen** nach § 21 Abs. 8 oder § 43 Nr. 4 (§ 43 Rn 90) und rechtsgestaltenden Feststellungsklagen (§ 43 Rn 105 f.). Hier kommt eine Beiladung jedoch von vorneherein nicht in Betracht, weil die übrigen WEer notwendigerweise Partei sind. Werden sie als solche nicht einbezogen, können sie gegen ein rechtskräftiges Urteil Nichtigkeitsklage oder Verfassungsbeschwerde wegen Verletzung des rechtlichen Gehörs erheben.

VI. Rechtsfolgen der Beiladung

1. Stellung der Beigeladenen

26 Die Beiladung verschafft den WEern, anders als die Beiladung nach § 65 VwGO, **nicht die Stellung von Beteiligten.** Die Beigeladenen können daher zB als Zeugen vernommen werden.[48] Es ist ihnen nach Abs. 2 S. 2 freigestellt, ob und welcher Partei sie zur Unterstützung beitreten. Sie können hierüber nach § 21 Abs. 3 durch Stimmenmehrheit beschließen. Beschließen sie den **Beitritt,** so erfolgt der Beitritt nach § 70 ZPO durch Einreichung eines Schriftsatzes bei dem Prozessgericht und, wenn er mit der Einlegung eines Rechtsmittels verbunden wird, durch Einreichung eines Schriftsatzes bei dem Rechtsmittelgericht. Wird ein gemeinsamer Beitritt nicht beschlossen, können die einzelnen WEer auch individuell beitreten.

27 Auf einen **Eigentümerwechsel** unter den beigeladenen WEern während des Prozesses findet nach Abs. 2 S. 3 die Bestimmung des § 265 Abs. 2 ZPO entsprechende Anwendung mit der Folge, dass die Rechtsnachfolge nichts an der Stellung des bisher beigeladenen Veräußerers ändert und dieser zum gesetzlichen Prozessstandschafter („Beiladungsstandschafter"[49]) seines Rechtsnachfolgers wird.[50] Der Rechtsnachfolger selber kann jedoch dem Rechtsstreit auf Seiten einer Hauptpartei nach § 66 ZPO beitreten. Im Falle eines **Verwalterwechsels,** ist dagegen der neue Verwalter beizuladen.[51]

[45] *Abramenko* § 7 Rn 21; Riecke/Schmid/*Abramenko* Rn 11 f.
[46] BGH NJW 1984, 353.
[47] AA NK-BGB/*Heinemann* Rn 7.
[48] NK-BGB/*Heinemann* Rn 6.
[49] NK-BGB/*Heinemann* Rn 9.
[50] BT-Drucks. 16/887 S. 40.
[51] NK-BGB/*Heinemann* Rn 9.

2. Rechtsfolgen des Beitritts

Mit dem Beitritt haben die Beigeladenen wegen der Rechtskrafterstreckung nach Abs. 3 die Stellung von **streitgenössischen Nebenintervenienten** zugunsten der unterstützten Partei (§ 69 ZPO).[52] Entsteht über die Zulässigkeit des Beitritts ein Zwischenstreit, zB weil die Hauptpartei die rechtliche Betroffenheit des Nebenintervenienten und damit die Zulässigkeit der Beiladung bestreitet,[53] so wird hierüber gem § 71 ZPO nach mündlicher Verhandlung durch Zwischenurteil entschieden. Solange nicht die Unzulässigkeit rechtskräftig ausgesprochen ist, wird der Nebenintervenient im Hauptverfahren zugezogen. Wird der Beitritt als unzulässig zurückgewiesen, hat der zurückgewiesene Nebenintervenient die Rechtsstellung eines nicht beigetretenen Beigeladenen. Die Zurückweisung hindert die Rechtskrafterstreckung gem. Abs. 3 auf ihn daher nicht.[54] **28**

Wird der Beitritt nicht zurückgewiesen, gilt der Nebenintervenient als Streitgenosse der unterstützten Partei, und ist deren **Streithelfer.** Er wird weitgehend als Partei behandelt und kann nicht mehr als Zeuge vernommen werden. Schriftsätze, gerichtliche Verfügungen und Entscheidungen sind ihm zuzustellen. Rechtsmittelfristen laufen für ihn gesondert von der Hauptpartei. **29**

Der Streithelfer ist in der Lage, frei von den für den gewöhnlichen Nebenintervenienten geltenden Beschränkungen (§ 67 ZPO) Prozesshandlungen auch im Widerspruch zu der von ihm unterstützten Partei vorzunehmen, darf also auch gegen deren Willen **Angriffs-, Verteidigungs- und Beweismittel** vorbringen,[55] Prozesshandlungen vornehmen und sogar gegen den Willen der unterstützen Partei **Rechtsmittel** in der ab Urteilszustellung an ihn laufenden Rechtsmittelfrist einlegen,[56] so dass es sich bei eigenständiger Rechtsmitteleinlegung durch Hauptpartei und Streithelfer auch nicht um ein einheitliches Rechtsmittel handelt.[57] Ein gegen den Widerspruch des Streithelfers erfolgtes **Anerkenntnis** oder erklärter **Verzicht** entfaltet keine Wirkung.[58] Wird eine Tatsache von der Hauptpartei **zugestanden,** von dem Streithelfer jedoch bestritten, so ist das nach § 286 ZPO zu würdigen. Im Falle der **Säumnis** wird die Hauptpartei als durch den Streithelfer vertreten angesehen (§ 62 ZPO). Dagegen kann die Hauptpartei die Klage gegen den Willen des Streithelfers **zurücknehmen,** auf den Klageanspruch verzichten oder sich hierüber **vergleichen,** nicht aber umgekehrt. **30**

Die durch die Nebenintervention verursachten **Kosten** sind nach § 101 Abs. 1 ZPO dem Gegner aufzuerlegen, soweit er die Kosten des Rechtsstreits zu tragen hat. Die Kostenerstattung ist hier jedoch nach § 50 WEG auf die Kosten eines Rechtsanwalts beschränkt. Hat die unterstützte Partei die Prozesskosten zu tragen, haben die beigetretenen WEer ihre Kosten selbst zu tragen (§ 101 Abs. 1 HS 2 ZPO). Für die Kosten der Gegenseite haften sie gem. §§ 101 Abs. 2, 100 ZPO. **31**

Die mit dem Beitritt verbundene **Interventionswirkung** gem § 68 ZPO hat neben der durch Abs. 3 angeordneten Rechtskraftwirkung insoweit Bedeutung, als sie im Gegensatz zur Rechtskraftwirkung auch die rechtlichen und tatsächlichen Grundlagen des Urteils erfasst. Ist eine Beseitigungsklage mit der Begründung abgewiesen worden, bei der baulichen Maßnahme handele es sich um eine zulässige Instandhaltungsmaßnahme, sind die beigeladenen WEer an diese Beurteilung gebunden und können nicht ihrerseits auf Besei- **32**

---

[52] Jennißen/*Suilmann* Rn 26; *ders.* MietRB 2008, 219 (221); aA *Abramenko* § 7 Rn 20; *ders.* AnwBl 2007, 403: einfacher Nebenintervenient.

[53] *Suilmann* MietRB 2008, 219 (222).

[54] AA Jennißen/*Suilmann* Rn 24.

[55] Jennißen/*Suilmann* Rn 28 f; Riecke/Schmid/*Abramenko* Rn 4.

[56] BGHZ 89, 121 (124) = NJW 1984, 353; BGH DtZ 1994, 29 = BB 1993, 2336 mwN; NJW-RR 1997, 919.

[57] BGH DtZ 1994, 29 = BB 1993, 2336 mwN.

[58] BGH NJW-RR 1993, 1253 (1254).

tigung mit der Behauptung klagen, es handele sich um eine unzulässige bauliche Veränderung. Ist die Klage dagegen mit der Begründung abgewiesen worden, es handele sich zwar um eine bauliche Veränderung, der Kläger habe dieser aber zugestimmt, sind anderen WEer an einer Beseitigungsklage nicht gehindert.[59]

3. Rechtsfolgen des Nichtbeitritts

33 Treten die WEer nicht bei oder wird der Beitritt durch Zwischenurteil rechtskräftig zurückgewiesen, so wird der Rechtsstreit ohne Rücksicht auf sie fortgesetzt. Den WEern sind gleichwohl **Ladungen und Schriftsätze sowie das Urteil zuzustellen.**[60] Dies ist ein Gebot der Gewährung rechtlichen Gehörs, weil das Urteil nach Abs. 3 in jedem Fall für und gegen sie wirkt. Sie können sich deswegen dem Rechtsstreit durch Einlegung eines Rechtsmittels auch nach einem Rechtsmittelverzicht durch die Partei noch anschließen.[61] Die Entscheidung erwächst nach Abs. 3 für gegen alle beigeladenen WEer in Rechtskraft. Die Interventionswirkung des § 68 ZPO greift dagegen nicht ein, weil sie den Beitritt voraussetzt.

VII. Rechtskraftwirkung des Urteils (Abs. 3)

1. Objektive Rechtskraftwirkung

34 Mit Eintritt der formellen Rechtskraft wird das Urteil auch materiell rechtskräftig. Der Gegenstand der Rechtskraft ist damit einem neuen Rechtsstreit entzogen und zwischen den Parteien und den Beigeladenen verbindlich entschieden. Die Rechtskraft beschränkt sich auf den **Entscheidungsgegenstand,**[62] dh auf das Bestehen oder Nichtbestehen der geltend gemachten Rechtsfolge auf Grund des von den Parteien vorgetragenen Sachverhalts. So betrifft es nach der Rechtsprechung des BGH zur Funktion der Jahresabrechnung[63] denselben Streitgegenstand, wenn im Beitragsverfahren der säumige WEer auf Grund des Wirtschaftsplans zur Zahlung von bestimmten Vorauszahlungen verurteilt wurde und er nach der **Jahresabrechnung** mangels Leistung und entsprechender Gutschrift nicht lediglich auf eine noch bestehende Abrechnungsspitze, sondern auf denselben Rückstand in Anspruch genommen wird. Wird die Klage auf Beseitigung einer **baulichen Veränderung** einer Gartenfläche abgewiesen, weil zunächst eine Gebrauchsregelung zu treffen sei, so kann die Beseitigung erst wieder verlangt werden, wenn eine solche Regelung erfolgt ist oder zugleich nach § 21 Abs. 8 vom Gericht erstrebt wird.[64]

35 Rechtskraftfähig sind nicht nur materielle Sachentscheidungen, sondern auch **Prozessurteile,**[65] welche die Klage als unzulässig abweisen[66] oder das Rechtsmittel als unzulässig verwerfen.[67] Allerdings beschränkt sich ihre Rechtskraft auf die darin entschiedene Rechtsfrage und die ihr zugrunde liegenden Zulässigkeitstatsachen. Die Parteien und Beigeladenen sind daher nicht gehindert, um den materiellen Streitgegenstand einen neuen Prozess zu führen.[68]

36 Maßgebend ist der **Urteilstenor.** Reicht er zur Identifizierung des Entscheidungsgegenstandes nicht aus, sind zur Auslegung des Tenors die Gründe heranzuziehen. Die **Gründe** selbst nehmen an der Rechtskraft allerdings nicht teil. Die Rechtskraft einer Klageabweisung steht daher einer neuen Klage mit dem gleichen Ziel, gestützt auf einen anderen

---

[59] Vgl. *Suilmann* MietRB 2008, 219 (224).
[60] AA MünchKomm-ZPO/*Coester-Waltjen* § 640 e Rn 15 für den Kindschaftsprozess.
[61] Vgl. BGH NJW-RR 1997, 865; NZG 2005, 138 (139); NJW 2008, 1889.
[62] Vgl. BGH NJW-RR 1997, 865; NZG 2005, 138 (139); NJW 2008, 1889.
[63] BGH WE 1994, 210.
[64] OLG Düssledorf ZMR 2006, 622 (623).
[65] *Niedenführ*/Kümmel/Vandenhouten Rn 16.
[66] BGH NJW 1985, 2535.
[67] BGH NJW 1991, 1116 (1117).
[68] *Suilmann* MietRB 2008, 219 (223).

Lebenssachverhalt, nicht entgegen. Ist der Entscheidungsgegenstand nicht bestimmt, ist das Urteil nicht der materiellen Rechtskraft fähig. Dies gilt vor allem für eine Entscheidung über nicht konkret bestimmte und individualisierte Teile von Zahlungsansprüchen.[69] Sind Inhalt und Umfang der Entscheidungsformel bestimmt, ist der so bezeichnete Entscheidungsgegenstand einem neuen Verfahren entzogen, eine neue Klage also unzulässig.

Die rechtskräftige Feststellung einer Rechtsfolge enthält zugleich die Feststellung, dass das **„kontradiktorische Gegenteil"** nicht gegeben ist.[70] Verlangt der Kläger von dem Beklagten die Entfernung einer Balkonverglasung und einer Balkonmarkise und wird dieser aber nur zur Beseitigung der Balkonverglasung verurteilt, steht damit auch fest, dass er von dem Kläger nicht die Duldung der Balkonverglasung verlangen kann und nicht zur Beseitigung der Markise verpflichtet ist. Aufgrund der Rechtskrafterstreckung ist es darüber hinaus jedem beigeladenen WEer verwehrt, seinerseits von dem Beklagten die Beseitigung der Markise sowie von dem Kläger die Feststellung zu verlangen, dass die Balkonverglasung keine unzulässige bauliche Veränderung darstellt. Ist die Klage auf Beseitigung der Markise dagegen abgewiesen worden, weil der Kläger dieser baulichen Veränderung zugestimmt hatte, so hindert die Rechtskraft einen beigeladenen Wer, der nicht zugestimmt hat, nicht daran, nun seinerseits Beseitigung der Markise zu verlangen. 37

Nicht Gegenstand der Rechtskraft sind die **tatsächlichen Feststellungen,** die präjudiziellen Rechtsverhältnisse oder sonstigen Vorfragen für die Entscheidung.[71] Sie können jedoch von der **Interventionswirkung** (Rn 32) erfasst sein. 38

2. Umfang der Rechtskraft

Die Rechtskraft einer gerichtlichen Entscheidung steht nicht nur einem neuen Rechtsstreit mit identischem Entscheidungsgegenstand entgegen, sondern kann den Parteien und Beigeladenen samt ihren Rechtsnachfolgern auch die Befugnis zu einer **abweichenden Regelung** entziehen. Insoweit kommt es auf den Inhalt des Urteils an (§ 10 Rn 169). 39

Zu den Rechtskraftwirkungen gehört auch die **Präklusion von Tatsachen.** Da der Streitgegenstand durch den prozessualen Anspruch und den ihm zugrunde liegenden Lebenssachverhalt bestimmt wird, unabhängig davon, ob einzelne Tatsachen dieses Lebenssachverhalts von den Parteien vorgetragen worden sind oder nicht, werden durch die Rechtskraft in einem zweiten Prozess nicht nur die im ersten Prozess vorgetragenen Tatsachen, sondern auch die Tatsachen, die nicht vorgetragen wurden, aber zu dem streitgegenständlichen Sachverhalt gehören, ausgeschlossen, sofern sie nicht erst nach Schluss der mündlichen Verhandlung im ersten Prozess entstanden sind.[72] Dem entspricht Abs. 4. 40

3. Subjektive Rechtskraftwirkung

Das rechtskräftige Urteil wirkt gem. § 325 Abs. 1 ZPO für und gegen die Parteien und deren Rechtsnachfolger. Darüber hinaus ordnet Abs. 3 S. 1 an, dass es auch für und gegen die beigeladenen WEer und ihre Rechtsnachfolger sowie den nach Abs. 1 in einem Rechtsstreit gem § 43 Nr. 3 oder Nr. 4 beigeladenen Verwalter wirkt. Die Bestimmung stellt damit anders als § 45 Abs. 2 S. 2 WEG aF[73] nicht auf die materielle Betroffenheit, sondern auf die **förmliche Beteiligung** durch Beiladung ab. Das trägt dem rechtsstaatlichen Erfordernis Rechnung, dass ein Urteil nur für und gegen denjenigen wirken kann, dem im Rechtsstreit auch rechtliches Gehör gewährt wurde.[74] 41

---

69 BGH NJW 1994, 460.

70 BGHZ 123, 137 (139) = NJW 1993, 2684; NJW 1995, 1757.

71 BGHZ 123, 137 (140) = NJW 1993, 2684.

72 St. Rspr., vgl. BGHZ 98, 353 (358) = NJW 1987, 1201; BGHZ 123, 137 (140) = NJW 1993, 2684; BGH NJW 1993, 3204; 1995, 1757 (1758).

73 Staudinger/*Wenzel* § 45 Rn 59.

74 Zutreffend *Heerstraßen* FS Seuß (1997) S. 161 (166 f.).

42 Nicht geregelt ist die Frage, ob das Urteil in einem Verfahren, in dem die **WEgem** nicht Partei ist, für und gegen sie wirkt. Dies betrifft jedoch nur Angelegenheiten, welche die WEer unter sich oder mit dem Verwalter zu klären haben. Da hier der WEgem nicht mehr und nicht weniger Rechte und Pflichten zustehen können als ihren Mitgliedern, die WEgem vielmehr davon abhängig ist, was ihre Mitglieder für sie entscheiden, sind für sie gerichtliche Entscheidungen ebenso bindend wie WEer-Beschlüsse. Dies ist aber keine Frage der Rechtskraftwirkung, sondern Frage der materiell-rechtlichen Abhängigkeit.[75]

43 Ergeht das Urteil in einem Verfahren, an dem die WEgem in Ausübung individueller Rechte oder in Wahrnehmung individueller Pflichten als **gesetzliche Prozessstandschafterin** Partei ist, so bindet die Rechtskraft nicht nur die Parteien, sondern auch die WEer, die Träger der Rechte und Pflichten sind. Das ergibt sich aus dem Umstand, dass die WEer von der eigenen Prozessführung ausgeschlossen sind und die WEgem ihre prozessualen Rechte wahrnimmt.[76]

VIII. Rechtskraftwirkung in Anfechtungsprozessen (Abs. 4)

1. Klageabweisendes Urteil

44 **a) Präklusionswirkung.** Streitgegenstand einer Beschlussanfechtungsklage ist die Mangelhaftigkeit des angegriffenen Beschlusses. Deswegen war schon unter dem früheren Verfahrensrecht anerkannt, dass das Gericht im Hinblick auf die umfassende Rechtskraftwirkung gerichtlicher Entscheidungen gem. § 45 Abs. 2 WEG a. F. die angefochtenen Eigentümerbeschlüsse nicht nur auf Anfechtungs-, sondern auch auf Nichtigkeitsgründe zu untersuchen hatte[77] und eine abweisende Entscheidung zugleich feststellt, dass hinsichtlich des angegriffenen und überprüften Beschlusses auch keine Nichtigkeitsgründe vorliegen, selbst wenn insoweit eine Prüfung nicht stattgefunden hat.[78]

45 Diese Rspr. hat der Gesetzgeber für das ZPO-Verfahren übernommen und festgeschrieben. Das bedeutet, dass das Gericht, das über die Mangelhaftigkeit eines Beschlusses zu entscheiden hat, von Amts wegen sämtliche bekannten, einen Nichtigkeits- und Anfechtungsgrund ergebenden, Tatsachen[79] berücksichtigen muss. Dasselbe gilt für alle die Entstehung des Beschlusstatbestandes hindernden Tatsachen,[80] weil auch die Frage, ob überhaupt ein Beschluss zustande gekommen ist, Streitgegenstand des Beschlussmängelprozesses ist. Wird die Anfechtungsklage als unbegründet abgewiesen, kann nicht mehr geltend gemacht werden, der Beschluss sei aus diesen oder anderen Gründen nicht zustande gekommen, anfechtbar oder nichtig.

46 Die **Präklusion** ist nicht auf die vorgetragenen und gerichtsbekannten Tatsachen beschränkt, sondern **erfasst alle wirksamkeitsrelevanten Tatsachen,** also auch solche, die für die Entscheidung von Bedeutung gewesen wären, aber nicht vorgetragen wurden oder nicht gerichtsbekannt waren und deswegen auch keinen gerichtlichen Hinweis nach § 46 Abs. 2 auslösen konnten. Das ergibt sich zwar nicht unmittelbar aus dem Wortlaut der Vorschrift, folgt aber anerkannten Grundsätzen zur Präklusion der Rechtskraftwirkung (Rn 40).

47 Die Präklusion aller wirksamkeitsrelevanten Tatsachen gilt nicht nur für Urteile, die eine Anfechtungsklage abweisen, sondern in entsprechender Anwendung des Absatzes 4 für alle

---

[75] AA Hügel/*Elzer* § 13 Rn 212, die für eine „erweiternde" Auslegung von § 48 Abs. 3 eintreten.

[76] MünchKomm-ZPO/*Gottwald*, § 325 Rn 46; *Lüke* ZfIR 2007, 657 (662).

[77] BGHZ 156, 279 = NJW 2003, 3550 (3554) = NZM 2003, 946.

[78] BayObLGZ 1980, 29 (36); BayObLG WE 1990, 178; ZWE 2002, 127 (128); NZM 2003, 815 = FGPrax 2003, 217 (218); OLG Zweibrücken ZWE 2002, 542 (543); FGPrax 2005, 18 mwN; OLG Düsseldorf NJW-RR 2005, 1095 = ZMR 2006, 141; Staudinger/*Wenzel* § 45 Rn 56; zum Verfahrensgegenstand ausführlich *Suilmann*, S. 41 f.; *ders.* ZWE 2001, 402 f.

[79] BayObLGZ 1980, 29 (36); *Suilmann* ZWE 2001, 402 (407).

[80] Jennißen/*Suilmann* Rn 52.

Urteile, in denen die Mangelhaftigkeit eines Beschlusses Streitgegenstand war und verneint wurde, also auch für das einer positiven **Beschlussergebnisfeststellungsklage** (§ 43 Rn 105) oder das eine positiven **Beschlussergebnisberichtigungsklage** (§ 43 Rn 106) stattgebende Urteil.[81]

b) Ausnahmen. Die **Präklusion** der Mangeltatsachen setzt allerdings voraus, dass eine **Mängelprüfung** anhand des dem Gericht vorliegenden Tatsachenstoffs überhaupt **hätte stattfinden dürfen.** Insoweit ist die Vorschrift im Wege der teleologischen Reduktion einschränkend auszulegen[82] und eine Präklusion bei einer Klageabweisung ohne Sachprüfung wegen **Versäumung der Klagefrist** oder Klagebegründungsfrist sowie wegen **Säumnis im Verhandlungstermin** zu verneinen. Ein Bedürfnis hierfür kann nicht mit der Überlegung verneint werden, dass das Gericht auch bei versäumter Klagefrist gehalten wäre, eine Nichtigkeit festzustellen.[83] Denn weder muss eine Nichtigkeit gerichtlich festgestellt werden noch muss dies außerhalb der Anfechtungsfrist ohne Antrag geschehen. Sie muss im Prozess nur auf eine fristgerechte Anfechtungsklage und deren fristgerechte Begründung hin geprüft und festgestellt werden. Deswegen werden durch die Fristversäumung zwar tatsächliche Anfechtungsgründe präkludiert, Nichtigkeitsgründe aber nur, wenn sich aus dem die Anfechtungsklage abweisenden Urteil ausdrücklich oder konkludent ergibt, dass solche trotz Fristversäumung geprüft worden sind und eine Nichtigkeitsfeststellung erwogen wurde. Sonst könnte ein WEer einen nichtigen Beschluss durch das Verstreichenlassen der Frist zur Begründung der Anfechtungsklage oder durch Nichterscheinen in der mündlichen Verhandlung wirksam werden lassen.[84] 48

Die Präklusion greift schließlich auch dann nicht ein, wenn die Gültigkeit des Beschlusses in einem anderen Rechtsstreit **nur als Vorfrage geprüft** und bejaht worden ist. Ebenso wie die Rechtskraft des Urteils eine spätere gegenteilige Entscheidung in diesem Fall nicht hindert, tritt insoweit keine Präklusion der späteren Feststellung der Nichtigkeit des Beschlusses ein.[85] 49

2. Klagestattgebendes Urteil

Wird ein Beschluss rechtskräftig für ungültig erklärt, so bindet das alle WEer. Dies beruht nicht auf der Rechtskraftwirkung unter den Parteien, sondern der **Gestaltungswirkung** der Entscheidung.[86] Die **Rechtskraft** hindert dagegen die Feststellung des Gegenteils. Ist also zB ein WEer-Beschluss, der die Entlastung des Verwalters zum Gegenstand hatte, zugleich als Billigung der Jahresabrechnung ausgelegt und auf die Anfechtungsklage beides für ungültig erklärt worden, so kann ein anderer WEer nicht mehr beantragen, die Unwirksamkeit des Jahresabrechnung in einzelnen Punkten festzustellen. 50

Die Gestaltungswirkung und die Rechtskraft hindern die WEer dagegen nicht daran, einen **inhaltsgleichen Zweitbeschluss** zu fassen.[87] Denn beides erstreckt sich nur auf den für ungültig erklärten Beschluss.[88] Den WEern steht es aber grds. frei, über eine schon durch WEer-Beschluss geregelte Angelegenheit erneut zu beschließen.[89] Daher ist die 51

[81] Vgl. Jennißen/*Suilmann* Rn 53; aA NK-BGB/*Heinemann* Rn 19.

[82] Hügel/*Elzer* § 13 Rn 163; wohl auch BayObLG ZMR 2004, 604 zum früheren Recht; aA Riecke/Schmid/*Abramenko* Rn 17; OLG Düsseldorf NJW-RR 2005, 1095 zum früheren Recht.

[83] AA Jennißen/*Suilmann* Rn 51.

[84] Dafür Riecke/Schmid/*Abramenko* Rn 17; *Elzer* ZMR 2009, 256.

[85] OLG Düsseldorf NZM 2001, 711 (712).

[86] *Lüke* ZfIR 2007, 657 (664); vgl. auch BGHZ 134, 364 (366) = NJW 1997, 1510 u. BGH NJW 2009, 230 zum Gesellschaftsrecht.

[87] BGH NJW 2003, 3476 (3480).

[88] BayObLG WE 1990, 72; WE 1994, 309 (310) = NJW-RR 1994, 658; WE 1996, 395 f.; *Staudinger/Wenzel* § 45 Rn 58.

[89] BGHZ 113, 197 (200) = NJW 1991, 979 = WE 1991, 132; BayObLG WE 1994, 310 = WuM 1994, 165 (166) = NJW-RR 1994, 658.

materielle Rechtskraft auch kein Hindernis, einen neuen WEer-Beschluss gerichtlich überprüfen zu lassen, auch wenn das WE-Gericht die Klage gegen den früheren Beschluss mit gleichem Inhalt bereits rechtskräftig abgewiesen hatte.[90]

52 Werden Eigentümerbeschlüsse über die Genehmigung diverser Jahresabrechnungen auf Anfechtung nur **teilweise** für **ungültig** erklärt und beschließen die WEer die Jahresabrechnungen nicht insgesamt neu, sondern nur in dem Umfang der gerichtlichen Aufhebung, so steht bei erneuter Anfechtung die Rechtskraft des Ersturteils einer Überprüfung der unveränderten Abrechnungsbestandteile in einem neuen Anfechtungsprozess entgegen.[91]

§ 49 Kostenentscheidung

(1) **Wird gemäß § 21 Abs. 8 nach billigem Ermessen entschieden, so können auch die Prozesskosten nach billigem Ermessen verteilt werden.**

(2) **Dem Verwalter können Prozesskosten auferlegt werden, soweit die Tätigkeit des Gerichts durch ihn veranlasst wurde und ihn ein grobes Verschulden trifft, auch wenn er nicht Partei des Rechtsstreits ist.**

Übersicht

Literatur: *Deckert,* Kostentragungspflicht des Verwalters aus Beschlussanfechtungsverfahren, NZM 2009, 272; *Drasdo,* Die Belastung des Verwalters mit Verfahrenskosten, FS Bub (2007) S. 59; ders., NZM 2009, 257; *Lehmann-Richter,* Rechtsmittel des Verwalters gegen Kostenentscheidungen nach § 49 Abs. 2 WEG, ZWE 2009, 74; *Niedenführ,* Die Auferlegung von Prozesskosten an den Verwalter nach § 49 Abs. 2 WEG, ZWE 2009, 69; *Skrobek,* Die Kostenentscheidung nach der WEG-Reform, ZMK 2008, 173.

I. Normzweck

1 Die Überführung des WE-Verfahrens in den Zivilprozess hat mangels abweichender gesetzlicher Regelung zur Folge, dass der die freiwillige Gerichtsbarkeit beherrschende Grundsatz, dass die Beteiligten ihre außergerichtlichen Kosten selbst zu tragen haben, sofern nicht besondere Gründe ausnahmsweise eine andere Verteilung billig erscheinen lassen (§ 13a Abs. 1 S. 2 FGG, § 81 FamFG, § 47 S. 2 WEG aF), nicht mehr zum Tragen kommt. Die Kostenentscheidung richtet sich vielmehr nach den §§ 91 ff. ZPO. Hiervon macht § 49 jedoch zwei Ausnahmen, nämlich für die Ermessensentscheidung nach § 21 Abs. 8 und für den Fall eines groben Verschuldens des Verwalters.[1]

2 Abs. 1 trägt dem Umstand Rechnung, dass Regelungsstreitigkeiten nach § 21 Abs. 8 WEG sich nicht nahtlos in das ZPO-Verfahren eingliedern lassen und das Gesetz deswegen

[90] BayObLG NJW-RR 1994, 558.
[91] OLG Düsseldorf NZM 2007, 569 (570).
[1] Zur Kritik an dieser Regelung Jennißen/*Suilmann* Rn 3.

§ 43 Abs. 2 WEG aF, wonach der Richter der freiwilligen Gerichtsbarkeit nach billigem Ermessen zu entscheiden hatte, in Gestalt einer besonderen Regelung übernommen hat. Entscheidet das Gericht in der Hauptsache gem. § 21 Abs. 8 nach billigem Ermessen, so soll dies auch für die Verteilung der Prozesskosten gelten.

Abs. 2 will die bisherige Rspr.,[2] nach der dem Verwalter, der ein Verfahren schuldhaft veranlasst hatte, auch die Verfahrenskosten auferlegt werden konnten, kodifizieren, die Kostentragung jedoch entspr. § 13a Abs. 2 S. 2 FGG, § 81 Abs. 4 FamFG auf grobes Verschulden begrenzen. Die Vorschrift erweitert das prozesskostenrechtliche Veranlassungsprinzip, wonach die Kosten derjenigen Prozesspartei aufzuerlegen sind, der sie verursacht hat,[3] aus prozessökonomischen Gründen auf den Verwalter, auch wenn er nicht Partei ist. Auf das Verschulden anderer Personen, wie z.B. das eines Dritten als Versammlungsleiter,[4] ist die Vorschrift nicht anwendbar. Für ein Verschulden des Anwalts gelten die allgemeinen Grundsätze.[5] 3

II. Kostentragungspflicht bei Ermessensentscheidung (Abs. 1)

1. Anwendungsbereich

Eine Verteilung der Prozesskosten nach billigem Ermessen kommt nach dem eindeutigen Wortlaut der Bestimmung nur in Betracht, wenn das Gericht gemäß § 21 Abs. 8 **nach billigem Ermessen entschieden** hat, sei es im Rahmen eines hierauf beschränkten Rechtsstreits, einer objektiven Klagehäufung oder im Rahmen eines Versäumnisurteils gegen die Beklagten. 4

Weist das Gericht dagegen die Regelungsklage als **unzulässig oder als unbegründet ab,** entscheidet es nicht nach billigem Ermessen, so dass sich auch die Kostenentscheidung nach den allgemeinen Vorschriften richtet. Das gilt auch dann, wenn es einen Regelungsanspruch zwar dem Grunde nach für gegeben hält, die Klage aber wegen des Subsidiaritätsprinzips abweist, weil die primär zustände WEVers mit der Frage noch nicht befasst war und für eine gerichtliche Regelung (noch) kein Grund besteht.[6] Schließlich findet die Vorschrift keine Anwendung im Falle einer **Klagerücknahme** oder bei **Rücknahme eines Rechtsmittels** für die Kosten des Rechtsmittelverfahrens. 5

2. Prozesskosten

Prozesskosten sind die unmittelbaren Aufwendungen der Parteien für das Betreiben des Rechtsstreits. Sie bestehen aus den **Gerichtskosten,** die nach dem GKG anfallen, und den **außergerichtlichen Kosten.** Da die Vorschrift für die Verteilung insoweit jedoch – anders als § 13a Abs. 1 S. 2 FGG und § 47 S. 2 WEG aF – nicht differenziert, kann über die Prozesskosten auch nur einheitlich entschieden werden. 6

3. Verteilungsgrundsätze

Abs. 1 knüpft an die für die Gerichtskosten geltende frühere Regelung in § 47 S. 1 WEG aF an. Deswegen ist es gerechtfertigt, insoweit auf die für die Gerichtskosten entwickelten früheren Grundsätze zurückzugreifen und diese entsprechend auf die Prozesskosten anzuwenden. Danach entspricht es idR billigem Ermessen, die Prozesskosten nach Maßgabe der §§ 91–97, 100, 101, 238 Abs. 4, 281 Abs. 3 S. 2, 344 ZPO zu 7

[2] BGH NJW 1997, 2956 (2957).

[3] BGHZ 121, 397 (400): Anwalt; BGH NJW 1997, 2956 (2957): Verwalter.

[4] OLG Düsseldorf NJW-RR 2005, 1327 = NZM 2005, 708.

[5] BGHZ 121, 397 (400).

[6] Vgl. BGH NZM 2010, 204 (206); Jennißen/*Suilmann* Rn 6.

verteilen.[7] Dies folgt aus dem **Veranlassungsprinzip,** wonach derjenige die Kosten tragen soll, der durch unberechtigtes Verhalten die gerichtliche Tätigkeit veranlasst hat, was im kontradiktorischen Verfahren aus Zweckmäßigkeitsgründen, von den ausdrücklich geregelten Ausnahmen (vgl. §§ 93, 95, 238 Abs. 4, 281 Abs. 3 S 2, 344 ZPO) abgesehen, am **Prozessausgang** gemessen wird.[8] Die Prozesskosten fallen daher idR der unterliegenden Partei nach Maßgabe ihres Unterliegens zur Last, uz unabhängig davon, ob sie partei- oder prozessfähig ist.[9] Dies gilt auch für die Rechtsmittelinstanzen. Abweichungen von dem Klageantrag können dabei in entsprechender Anwendung von § 92 ZPO auch zu einer Kostenquotelung führen.[10]

8 Haben die Parteien das Verfahren in der **Hauptsache übereinstimmend für erledigt erklärt,** so sind die Kosten entsprechend dem voraussichtlichen Verfahrensausgang nach summarischer Prüfung zu verteilen.[11] Dabei werden weitere Ermittlungen nicht angestellt und Rechtsfragen von grundsätzlicher Bedeutung nicht entschieden.[12] Die sich aus den §§ 91 a und 93 ZPO ergebenden Rechtsgedanken können berücksichtigt werden.[13]

9 Dem Veranlassungsprinzip entspricht es ferner, dass demjenigen die Kosten zur Last fallen, durch dessen **Verschulden** sie entstanden sind. Ist das eine der beiden Parteien, so können ihr die Prozesskosten auch dann auferlegt werden, wenn sie obsiegt. Trifft den **Verwalter** das Verschulden, so gilt Abs. 2. Sind es am Prozess nicht beteiligte **Dritte,** so können ihnen die Prozesskosten idR nicht aufgebürdet werden. Hiervon macht die Rspr nur für den **Prozessbevollmächtigten** (z. B. Anwalt) eine Ausnahme, wenn er eigenmächtig ohne Vollmacht handelt,[14] dies weiß und sein Verhalten von der Partei nicht veranlasst wurde.[15] Zwar ist in diesen Fällen nur die – wirksam oder unwirksam – vertretene Person Partei, jedoch hat nicht sie, sondern der Bevollmächtigte das Verfahren betrieben und den nutzlosen Kostenaufwand schuldhaft veranlasst. Dies rechtfertigt es, ihm die Gerichtskosten und die außergerichtlichen Kosten des Gegners, nicht dagegen auch die außergerichtlichen Kosten der von ihm vertretenen Partei[16] bereits in dem Verfahren aufzubürden. Allerdings muss er hierzu rechtliches Gehör erhalten. Dagegen können einem Bevollmächtigten die Kosten nicht deswegen auferlegt werden, weil die Prozessfähigkeit seiner Partei nicht feststeht.[17]

4. Materiellrechtliche Kostenerstattungspflicht

10 Inhaltlich betrifft die Vorschrift nur die prozessuale Kostenerstattungspflicht, dh die Zuordnung der Prozesskosten zu den Parteien nach prozessualen Maßstäben. Die Regelung ist daher für die Kostentragung **nicht erschöpfend,** sondern lässt – wegen Verschiedenheit der Streitgegenstände[18] – außerhalb des Prozesses Raum für ergänzende materiellrechtliche Ansprüche auf Kostenerstattung.[19] Deswegen kann je nach Sachlage neben den prozessualen auch noch ein materiellrechtlicher Erstattungsanspruch (z. B. aus § 280 BGB) treten, ersterem sogar entgegengerichtet sein, sofern Umstände hinzukommen, die bei der pro-

[7] Vgl. BGHZ 111, 148 (153); BayObLG WE 1991, 172 zu den Gerichtskosten.
[8] BGHZ 118, 312 (325).
[9] BGHZ 121, 397 (399).
[10] Jennißen/*Suilmann* Rn 10, 12.
[11] Vgl. BayObLG ZMR 1999, 775 f.; ZWE 2000, 348 (350); 2000, 354 f.; 2000, 582.
[12] Vgl. BayObLG WE 1990, 28 f.; ZWE 2000, 348 (350).
[13] Vgl. BayObLG WE 1999, 154 f.; ZWE 2000, 354 f.
[14] Vgl. BayObLG NZM 1999, 854; 1999, 1059 f.; OLG Düsseldorf WuM 1996, 664.
[15] BGHZ 121, 397 (400); BayObLG ZWE 2000, 121; KG WE 1996, 383; aA BayObLG NZM 1999, 1059 f.
[16] Vgl. BayObLG WE 1991, 263 (264).
[17] BGHZ 121, 397.
[18] BGHZ 111, 168 (171).
[19] BGHZ 111, 168 (177 f.); NJW 2002, 680.

zessualen Kostenentscheidung nicht berücksichtigt werden konnten.[20] Dies darf das Gericht in seine Ermessensentscheidung einbeziehen, muss es aber nicht.[21] IdR wird jedoch – schon aus prozessökonomischen Gründen – die gerichtliche Kostenverteilung nur dann billigem Ermessen entsprechen, wenn sie auch einer – unbezweifelbaren – materiellrechtlichen Erstattungspflicht Rechnung trägt,[22] so dass für die Durchsetzung eines materiellrechtlichen Ersatzanspruchs in demselben Verfahren kein Raum ist.

Hat der Richter die materiellrechtliche Erstattungspflicht in seine Entscheidung – erkennbar – mit einbezogen, verbietet die **Rechtskraft,** dieselbe Frage unter materiellrechtlichen Gesichtspunkten noch einmal zu prüfen.[23] Denn die Kostengrundentscheidung ist zumindest dann der materiellen Rechtskraft fähig, wenn sie auch über materielle Ansprüche mit entscheidet. Dies gilt selbst dann, wenn das Urteil mangels Zustellung an einen Beteiligten keine formelle Rechtskraft erlangt hat.[24] Denn die Zustellung kann nachgeholt werden. Hat das Gericht die materiellrechtliche Erstattungspflicht dagegen nicht in seine Ermessensentscheidung mit einbezogen, steht diese der Durchsetzung des materiellen Anspruchs in einem gesonderten Rechtsstreit nicht entgegen. **11**

5. Rechtsmittel

a) Integrierte Kostenentscheidung. Über die Kosten ist zusammen mit der Hauptsache zu befinden. Die Entscheidung kann deswegen nach **§ 99 ZPO** nur zusammen mit dieser angefochten werden. Eine analoge Anwendung der §§ 91 a Abs. 2 S. 1, 99 Abs. 2 S. 1 ZPO kommt nicht in Betracht.[25] Als Entscheidung in der Hauptsache gilt auch die auf einseitige Erledigungserklärung hin erfolgte Feststellung, dass die Hauptsache erledigt ist. **12**

Eine Partei kann die Kostenentscheidung auch dann nicht selbstständig anfechten, wenn sie – fehlerhaft – nicht in der Hauptsacheentscheidung, sondern in einem getrennten **Beschluss** getroffen bzw gem § 321 ZPO nachgeholt wurde.[26] Der die Kostenentscheidung nachholende **Ergänzungsbeschluss** ist daher nur dann anfechtbar, wenn auch die Hauptsacheentscheidung angefochten wurde. In gleicher Weise macht ein zulässiges Rechtsmittel gegen ein Teilurteil auch das Rechtsmittel gegen die darauf bezogene Kostenentscheidung in dem Schlussurteil zulässig.[27] **13**

Wird die Entscheidung in der Hauptsache angefochten, so fehlt der **Berufung** nicht deswegen das Rechtsschutzbedürfnis, weil sie iErg nur eine Abänderung der den Beschwerdeführer beschwerenden Kostenentscheidung bezweckt.[28] Andererseits kann eine Partei, die trotz Obsiegens in der Hauptsache Kosten zu tragen hat, die Entscheidung nicht deswegen anfechten. **14**

Wurde gegen die Hauptsacheentscheidung zulässig Berufung eingelegt so kann das **Berufungsgericht** die **Kostenentscheidung I. Instanz** auch zu Lasten der bisher begünstigten Partei ändern, weil über die Kosten **von Amts wegen** zu entscheiden ist und das Verbot der reformatio in peius für die Kostenentscheidung nicht gilt, sofern sie nur Nebenentscheidung ist. Eine Abänderung ist dagegen nicht möglich, wenn der Rechtsmittelführer die Berufung zurückgenommen hat und nur noch nach § 516 Abs. 3 zu entscheiden ist. **15**

---

[20] BGH NJW 2002, 680.

[21] BGH NJW 1998, 755; aA BayObLG WE 1994, 244; ZMR 2003, 124 (125); 2003, 278 (279); KG OLGZ 1989, 174 (178); ZMR 2003, 871 (872); PfälzOLG ZMR 1999, 662.

[22] BGH NJW 1998, 755 f.

[23] BGH NJW 2003, 3693 (2398); PfälzOLG ZMR 1999, 662 mwN.

[24] Vgl. BayObLG WuM 1993, 492.

[25] AA *Hügel/Elzer* § 13 Rn 234; *Skrobek* ZMR 2008, 173 (174).

[26] Vgl. BayObLG JurBüro 1989, 212.

[27] BGHZ 29, 126 (127); 35, 302 (307) zur Revision.

[28] BGHZ 57, 224 ff.

16 **b) Isolierte und gemischte Kostenentscheidung.** Wird die Hauptsache übereinstimmend für erledigt erklärt oder wird die Klage bzw. die Berufung/Revision zurückgenommen, kommen § 91a Abs. 2, § 99 Abs. 2, § 269 Abs. 5, §§ 516 Abs. 3, 565 ZPO zur Anwendung. Danach findet gegen eine Entscheidung I. Instanz die sofortige Beschwerde statt, wenn der Streitwert der Hauptsache die Berufungssumme übersteigt. Gegen eine Entscheidung des Berufungsgerichts findet die Rechtsbeschwerde nur statt, wenn sie das Berufungsgericht zugelassen hat (§ 574 Abs. 1 Nr. 2 ZPO).

III. Kostentragungspflicht des Verwalters (Abs. 2)

1. Anwendungsbereich

17 Prozesskosten (Rn 6) können grundsätzlich nur unter den Prozessparteien verteilt werden. Hiervon macht Abs. 2 im Interesse der Prozessökonomie eine Ausnahme. Die Vorschrift erweitert das die prozessuale Kostenpflicht beherrschende **Veranlassungsprinzip** auf den Verwalter, „**auch** wenn er nicht Partei des Rechtsstreits ist". Das „auch" ermöglicht es daher, dem Verwalter unter den genannten Voraussetzungen die Prozesskosten nicht nur in den Fällen aufzuerlegen, in denen er nicht Partei oder nicht beigeladen ist, sondern auch in den Fällen, in denen er als **Partei** obsiegt und nach § 91 Abs. 1 ZPO die Prozesskosten an sich der Gegner zu tragen hätte.[29] Unterliegt er als Partei, bleibt es bei der Kostenfolge aus § 91 ZPO. Diese wird nicht etwa über § 49 Abs. 2 auf grobes Verschulden reduziert.[30] Wohl aber verdrängt eine Entscheidung nach Abs. 2 den prozessualen Kostenerstattungsanspruch nach § 91 Abs. 1 ZPO.[31] Die Möglichkeit, dem Verwalter die Prozesskosten aufzubürden, ist weder von dem Wortlaut der Bestimmung her noch nach deren Zweck oder Entstehungsgeschichte auf Rechtsstreitigkeiten § 43 Nr. 1 bis 4 beschränkt,[32] sondern greift zB auch in einem Prozess Dritter nach § 43 Nr. 5, den der Verwalter führt, ohne hierzu berechtigt zu sein.[33] Die Prozesskosten können dem Verwalter in vollem Umfang oder auch nur teilweise auferlegt werden, so zB die Mehrkosten, die durch die Anrufung eines unzuständigen Gerichts begründet sind, soweit dies vom dem Verwalter grob schuldhaft veranlasst worden ist.

18 Unerheblich ist, ob der Verwalter zu dem Zeitpunkt, zu dem er die Tätigkeit des Gerichts veranlasst hat (Rn 23f.), wirksam bestellt war. Der Begriff „Verwalter" ist **funktionell** zu verstehen.[34] Daher können auch einem **faktischen** oder einem nach Veranlassung **ausgeschiedenen Verwalter**[35] die Prozesskosten auferlegt werden. Erforderlich ist jedoch immer, dass der Verwalter die Tätigkeit des Gerichts bei der Verwaltung des GemEs veranlasst hat. Dies ergibt sich aus dem Begriff „Verwalter" und seinen gesetzlichen Aufgaben und Befugnissen nach § 27. Handelt er als **Sonderverwalter für SE** oder als zugleich bevollmächtigter Rechtsanwalt, kommt die Vorschrift nicht zur Anwendung.[36] In solchen Fällen gelten vielmehr die allgemeinen Grundsätze.

19 Ob das Gericht von der Möglichkeit des Abs. 2 Gebrauch macht, liegt in seinem **pflichtgemäßen Ermessen.** Die früher in der obergerichtlichen Rspr.[37] vorherrschende Ansicht, bei der nach billigem Ermessen zu treffenden Kostenentscheidung müssten mate-

---

[29] *Niedenführ* ZWE 2009, 69 (71); *Niedenführ*/Kümmel/Vandenhouten Rn 18; aA *Abramenko* § 7 Rn 52; *Drasdo* FS Bub (2007) S. 59 (65); *ders.* NZM 2009, 257 (261); *Skrobek* ZMR 2008, 173 (175).

[30] Jennißen/*Suilmann* Rn 18.

[31] *Niedenführ*/Kümmel/Vandenhouten Rn 26; *Niedenführ* ZWE 2009, 69 (70).

[32] Jennißen/*Suilmann* Rn 16; aA *Niedenführ* ZWE 2009, 69 (71).

[33] LG Hamburg NZM 2009, 708; aA *Niedenführ*/Kümmel/Vandenhouten Rn 18.

[34] Jennißen/*Suilmann* Rn 15.

[35] LG Hamburg ZMR 2009, 478 (479); *Niedenführ*/Kümmel/Vandenhouten Rn 19; *Niedenführ* ZWE 2009, 69 (71).

[36] *Niedenführ*/Kümmel/Vandenhouten Rn 19; *Niedenführ* ZWE 2009, 69 (71).

[37] BayObLG ZMR 2003, 124 (125); 2003, 278 (279); KG ZMR 2003, 871 (872).

riellrechtliche Kostenerstattungsansprüche berücksichtigt werden, ist nicht Gesetz geworden. Für die Ausübung des voraussetzungsgebundenen Ermessens ist ua von Bedeutung, ob es sich um einen gewerblichen Verwalter, einen Gelegenheitsverwalter oder einen nebenamtlichen Verwalter handelt, der sein Amt unentgeltlich oder nur gegen Unkostenerstattung ausübt.[38] Ferner ist von Bedeutung, ob der in der Hauptsache entscheidungsreife Sachverhalt eine Auferlegung der Prozesskosten an den Verwalter trägt und es insoweit keiner weiteren Ermittlungen bedarf.[39] Macht das Gericht von der Möglichkeit Gebrauch, kann es die dem Verwalter auferlegten Prozesskosten daneben nicht auch noch einer Partei auferlegen.[40] Eine Gesamtschuldnerhaftung sieht das Gesetz insoweit nicht vor. Sie liefe dem Zweck der Veranlasserhaftung entgegen.

2. Materiellrechtlicher Kostenerstattungsanspruch

Die Geltung des Veranlassungsprinzips unabhängig davon, ob und wie der Verwalter an dem Rechtsstreit beteiligt ist, lässt sich nur aus materiellrechtlichen Kostenerstattungspflichten rechtfertigen. Sie hat ihren inneren Grund daher nicht im Prozessrecht, sondern im materiellen Recht. Die Vorschrift will nur aus **prozessökonomischen** Gründen die Möglichkeit eröffnen, einen materiellrechtlichen Kostenerstattungsanspruch schon in die prozessuale Kostenentscheidung einzubeziehen. Voraussetzung ist daher, dass es sich um einen Anspruch wegen **Verletzung von Pflichten bei der Verwaltung** des GemEs handelt. Materiellrechtliche Kostenerstattungsansprüche aus anderen Rechtsverhältnissen (Sonderverwaltung, Anwaltsvertrag) können nicht berücksichtigt werden. 20

Macht das Gericht von seiner Möglichkeit, dem Verwalter die Prozesskosten aus materiellrechtlichen Gründen aufzuerlegen, Gebrauch („kann"), so verbietet die **Rechtskraft** der Entscheidung, dieselbe Frage unter materiellrechtlichen Gesichtspunkten abweichend zu prüfen.[41] Ob das Gericht tatsächlich einen materiellrechtlichen Anspruch berücksichtigt hat, ist aus dem Vergleich der getroffenen Entscheidung mit der Kostenfolge aus §§ 91 ff. ZPO zu ermitteln. Hätte die Kostenentscheidung danach anders ausfallen müssen, so indiziert die getroffene Entscheidung die Berücksichtigung des materiellrechtlichen Kostenerstattungsanspruchs. Nur wenn das Gegenteil in den Entscheidungsgründen deutlich zum Ausdruck kommt, kann der materiellrechtliche Kostenerstattungsanspruch in einem weiteren Verfahren geltend gemacht werden.[42] 21

Auch dann, wenn das Gericht materiellrechtliche Kostenerstattungsansprüche **erkennbar geprüft,** im Ergebnis aber verneint und deswegen eine Kostenentscheidung nach § 91 ZPO getroffen hat, ist eine erneute materielle Prüfung unter denselben Haftungsgesichtspunkten präkludiert. Hat das Gericht einen materiellrechtlichen Erstattungsanspruch dagegen erkennbar nicht geprüft, hat es die Vorschrift ohne Begründung nicht angewendet[43] oder hat es deren Voraussetzungen zwar geprüft, aber ein grobes Verschulden verneint und eine prozessuale Kostenentscheidung nach § 91 ZPO getroffen, so steht die Entscheidung einer erneuten materiellrechtlichen Beurteilung unter dem Gesichtspunkt der leichten Fahrlässigkeit nicht entgegen. § 49 Abs. 2 bewirkt insoweit keine materiellrechtliche Haftungsmilderung.[44] 22

---

[38] *Drasdo* FS Bub (2007) S. 59 (64).

[39] *Niedenführ*/Kümmel/Vandenhouten Rn 22; *Niedenführ* ZWE 2009, 69.

[40] AA Jennißen/*Suilmann* Rn 29.

[41] BGH NJW 2003, 3693 (3698).

[42] OLG München NZM 2006, 934 (935); *Schmid* ZMR 2004, 316 (318).

[43] *Niedenführ*/Kümmel/Vandenhouten Rn 24; *Niedenführ* ZWE 2009, 69 (70).

[44] *Niedenführ*/Kümmel/Vandenhouten Rn 24; Palandt/*Bassenge* Rn 4; *Sommer* ZWE 2009, 188; *Niedenführ* ZWE 2009, 69 (70); aA LG Berlin ZMR 2009, 393 (395); Jennißen/*Suilmann* Rn 31; *Drasdo* NZM 2009 257 (260 f).

3. Veranlassungsprinzip

23 Der Begriff der Veranlassung ist schon vom Wortlaut her nicht mit dem der Verursachung (Kausalität) identisch und deswegen auch nicht objektiv, sondern subjektiv in Bezug auf die Parteien zu verstehen.[45] Der Verwalter hat die Tätigkeit des Gerichts **„veranlasst"**, wenn er sich vor Anhängigkeit der Klage so verhalten hat, dass der Kläger bei vernünftiger Würdigung davon ausgehen musste, er werde nur über einen Prozess zu seinem Recht kommen.[46] Bei der auf Grund aller Umstände des Einzelfalls zu treffenden Wertung kann auch dem Verhalten des Verwalters nach Klageerhebung Indizwirkung zukommen.[47] Die Vorschrift hat vor allem für den Anfechtungsprozess Bedeutung, ist hierauf aber nicht beschränkt. So können auch in einem anderen Rechtsstreit vor dem WE-Gericht die Prozesskosten dem Verwalter auferlegt werden, so zB wenn er den Prozess ohne Vertretungsmacht geführt hat.[48] Mehrkosten der Anrufung eines unzuständigen Gerichts oder die Kosten eines erfolglosen Rechtsmittels treffen dagegen die Partei,[49] es sei denn, der Verwalter hätte auch sie grob fehlerhaft veranlasst.

24 Als **Veranlassungstatbestände** kommen in Betracht:[50]

- Verspätete oder fehlende Aktualisierung der Beschluss-Sammlung und Protokollversendung;[51] falsche Beschluss-Sammlung und Protokollierung.[52] Ist der Verwalter aber nur mit der Führung des Protokolls befasst, hat er den aus einer – richtig protokollierten – fehlerhaften Beschlussfeststellung des Versammlungsleiters erwachsenen Prozess dagegen nicht veranlasst;[53]
- Mängel der Einberufung der WEvers[54] (grob fehlerhafte Ladung, unzulässiger Versammlungsort,[55] keine überraschungsfeste Tagesordnung,[56] unbestimmte Bezeichnung des Gegenstandes der Beschlussfassung in der Tagesordnung,[57] fehlerhafte Beschlussvorlage[58]);
- Mängel bei der Vorbereitung der WEvers, wie z. B. fehlende oder unvollständige Übersendung erforderlicher Unterlagen,[59] Informationsmängel;[60]
- bewusste Nichtladung eines von der Mitwirkung bei der Beschlussfassung nicht ausgeschlossenen WEers;[61]
- grobe Fehler bei der Versammlungsleitung, wie zB die unberechtigte Zurückweisung einer Vollmacht;[62]

---

[45] AG Straußberg ZWE 2009, 183 (186 f); *Skrobek* ZMR 2008, 173 (175); aA *Niedenführ*/Kümmel/Vandenhouten Rn 29; Jennißen/*Suilmann* Rn 21; *Niedenführ* ZWE 2009, 69 (72); *Drasdo* NZM 2009, 257 (258).

[46] Vgl. BGH NJW-RR 2005, 1005 (1006); ZIP 2007, 95.

[47] Vgl. MünchKomm-ZPO/Giebel § 93 Rn 6.

[48] OLG Düsseldorf NZM 2007, 46.

[49] *Niedenführ*/Kümmel/Vandenhouten Rn 30; *Niedenführ* ZWE 2009, 69 (72).

[50] *Drasdo* FGPrax 2004, 191 (193); *ders.* FS Bub (2007) S. 59 (61).

[51] Vgl. BayObLG NZM 2001, 754 (758) zur Protokollversendung.

[52] AG Hamburg ZMR 2003, 143 (144).

[53] OLG Düsseldorf ZMR 2006, 140.

[54] *Drasdo* DWE 1998, 57; *Rau* ZMR 1998, 1.

[55] OLG Köln NZM 2004, 793; NJW-RR 2006, 520 = ZMR 2006, 384.

[56] OLG München NZM 2006, 934 (935).

[57] OLG München NZM 2006, 934; AG Düsseldorf ZMR 2008, 917; vgl. auch BGH NJW 2008, 69 (73) Rn 38.

[58] AG Königstein ZMR 2009, 236.

[59] OLG Oldenburg ZMR 2006, 72 (73).

[60] OLG München NZM 2006, 934; OLG Oldenburg NZM 2006, 27.

[61] OLG Köln NZM 2004, 793.

[62] LG Lüneburg NZM 2009, 285.

- bei der Abstimmung – wie zB Nichtgebrauch von Stimmrechtsvollmachten oder Gebrauch von Vollmachten durch den Verwalter bei der Abstimmung über seine Entlastung[63] – oder Fehler bei der Abstimmungs- bzw. Beschlussfeststellung, wie zB Verkündung eines positiven Beschlusses trotz Fehlens der erforderlichen Mehrheit,[64] sowie die pflichtwidrige Unterlassung der Beschlussverkündung;[65]
- Missachtung der GemO, wie z. B. der Bestimmung über die Protokollierung von Beschlüssen[66] oder über die erforderliche Stimmenmehrheit;
- Beschlussfassung bei fehlender Beschlussfähigkeit oder unter dem TOP „Sonstiges“;
- fehlerhafte Erstellung des Wirtschaftsplans oder der Jahresabrechnung,[67]
- unzureichendeDarstellung des Beschlussgegenstands in der Enladung[68]
- grobe Fehle bei der Prozessvertretung[69]

4. Grobes Verschulden

25 Voraussetzung dafür, dass dem Verwalter die Prozesskosten auferlegt werden können, ist weiterhin, dass ihn ein grobes Verschulden trifft. Grobes Verschulden ist mindestens **grobe Fahrlässigkeit.** Die Rechtsprechung versteht unter grober Fahrlässigkeit ein Handeln, bei dem die im Verkehr erforderliche Sorgfalt in ungewöhnlich hohem Maße verletzt wurde, insbesondere nahe liegende Überlegungen nicht angestellt oder beiseite geschoben wurden und dasjenige unbeachtet geblieben ist, was im gegebenen Fall sich jedem aufgedrängt hätte. Es muss sich also um eine auch subjektiv schlechthin unentschuldbare Pflichtverletzung handeln,[70] wobei subjektive, in der Person des Verwalters begründete Umstände (wie z. B. Gewerbsmäßigkeit) zu berücksichtigen sind.[71] So muss z. B. ein mit der Versammlungsleitung befasster und für die Protokollführung verantwortlicher Berufsverwalter das Risiko einer Anfechtung meiden und dafür sorgen, dass die in der GemO zur WEVers und Beschlussfassung enthaltenen Bestimmungen eingehalten werden.[72] Deswegen ist die **Verkündung eines ersichtlich nichtigen Beschlusses** grob fehlerhaft, die Verkündung eines für **rechtswidrig** gehaltenen Beschlusses dagegen nur dann, wenn der Verwalter auf seine Bedenken nicht hingewiesen und ein Meinungsbild darüber herbeigeführt hat, ob ein solcher Beschluss gleichwohl verkündet werden soll.[73] Ein Verschulden seiner Erfüllungsgehilfen hat der Verwalter nach § 278 BGB in gleichem Umfang zu vertreten wie eigenes Verschulden.

5. Rechtliches Gehör

26 Bevor dem Verwalter die Prozesskosten nach § 49 auferlegt werden, ist ihm rechtliches Gehör zu gewähren. Dies gilt unabhängig davon, ob er an dem Rechtsstreit als Partei, als Vertreter, Bevollmächtigter oder als Nebenintervenient beteiligt ist, ob er beigeladen wurde und nicht beigetreten ist oder ob er nicht beigeladen wurde. Selbst wenn er Partei oder beigeladen ist, muss er ggf darauf hingewiesen werden, dass die

---

63 AG Neuss ZMR 2008, 498.

64 AG Berlin-Tempelhof-Kreuzberg ZMR 2008, 997 (998).

65 AG Rastatt ZMR 2008, 922.

66 BGH NJW 1997, 2956 (2957); 1998, 755 (756).

67 OLG Köln NZM 2006, 66 (67); LG Konstanz BeckRS 2008 01250 insoweit in NJW 2008, 593 = NJW-RR 2008, 755 = NZM 2008, 134 nicht wiedergegeben.

68 AG Velbert ZMR 2009, 565 (566).

69 *Niedenführ* ZWE 2009, 69 (71).

70 BGHZ 10, 12 (16); BGHZ 89, 153 (161) = NJW 1984, 789; BGH NJW 2005, 981 (982).

71 LG Berlin NZM 2009, 551 –Laienverwalter; *Niedenführ* ZWE 2009, 69 (72).

72 BGH NJW 1998, 755 (756).

73 Vgl. *Deckert* NZM 2009, 272 (273); aA LG Köln NZM 2009, 285.

Prozesskosten abweichend von §§ 91 ff. ZPO ihm auferlegt werden können.[74] Ist er nicht auch Partei oder (noch) nicht beigeladen, so erfolgt die Gewährung rechtlichen **Gehörs durch Beiladung** unter Übermittlung der Schriftsätze mit entsprechendem Hinweis.

6. Rechtsmittel

27 Das Gesetz sieht eine Anfechtung der Entscheidung nach Abs. 2 nicht vor. Da eine positive Entscheidung den Verwalter jedoch gesondert beschwert, muss sie für ihn auch der **Anfechtung** unterliegen. Die Regelungslücke ist durch eine entsprechende Anwendung der eine isolierte Kostenentscheidung betreffenden Bestimmungen der §§ 91 a Abs. 2, 99 Abs. 2, 269 Abs. 5, 516 Abs. 3, 565 ZPO zu schließen.[75] Die sofortige Beschwerde ist binnen einer Notfrist von 2 Wochen bei dem Amtsgericht oder dem für WEG-Sachen zuständigen Beschwerdegericht (§ 43 Rn 16) einzulegen (§ 569 Abs. 1 S. 1). Der Beschwerdewert muss 200 € übersteigen (§ 567 Abs. 2 ZPO), dagegen findet § 99 Abs. 2 S. 2 ZPO, wonach der Streitwert der Hauptsache über 600 € liegen muss, keine Anwendung.[76] Wird der Beschwerdewert nicht erreicht, kommt bei Verletzung des Rechts auf das rechtliche Gehör die Anhörungsrüge entspr. § 321 a ZPO in Betracht.[77] Das Beschwerderecht steht dem Verwalter auch dann zu, wenn er zB als WEer-Verwalter zugleich Partei ist. Denn die ihn beschwerende Kostenlast trifft ihn nicht als WEer, sondern als Verwalter, so dass er sich hiergegen wehren darf, ohne zugleich die Entscheidung in der Hauptsache anfechten zu müssen.[78] Wird sowohl gegen die Kostenentscheidung nach Abs. 2 sofortige Beschwerde als auch gegen die Entscheidung in der Hauptsache Berufung eingelegt, so führt das dazu, dass eine vor dem Berufungsurteil ergehende abändernde Kostenentscheidung Gegenstand des Berufungsverfahrens wird, während ein vor der Beschwerdeentscheidung ergehendes Berufungsurteil zur Erledigung des Beschwerdeverfahrens führt, soweit es die den Verwalter belastende Kostenentscheidung abändert.[79]

28 Eine Entscheidung nach Abs. 2 ist auch noch im **Rechtsmittelverfahren** möglich, in der Revision jedoch nicht auf Grund neuer Tatsachen. Diese können zum Nachteil des Verwalters selbst dann nicht berücksichtigt werden, wenn sie zwischen den Parteien unstreitig sind.[80] Nimmt eine Partei ihr Rechtsmittel zurück, so fallen ihr die Rechtsmittelkosten zur Last. Der in der angefochtenen Entscheidung enthaltene Kostenausspruch zu Lasten des Verwalters bleibt hiervon unberührt.

29 Wird durch die gerichtliche Entscheidung die gesonderte Geltendmachung eines materiellrechtlichen Kostenerstattungsanspruchs präkludiert (Rn 22), so kann die hiervon betroffene Partei gegen die Entscheidung in entsprechender Anwendung des § 91 a ZPO sofortige Beschwerde einlegen, sofern sie nicht gegen die Entscheidung in der Hauptsache Rechtsmittel einlegt. Denn sie ist durch die **Aberkennung des Anspruchs** beschwert.[81]

---

[74] *Niedenführ*/Kümmel/Vandenhouten Rn 3; *Niedenführ* ZWE 2009, 69 (73).

[75] LG Frankfurt NJW 2009, 924 = NZM 2009, 166 = ZMR 2009, 228; LG Berlin ZMR 2009, 393.

[76] BGH NJW 1988, 49 (50); *Niedenführ* ZWE 2009, 69 (73); aA *Lehmann-Richter* ZWE 2009, 74 (75).

[77] *Lehmann-Richter* ZWE 2009, 74 (75).

[78] *Niedenführ* ZWE 2009, 69 (73); zweifelnd LG Frankfurt NJW 2009, 924 = NZM 2009, 166 = ZMR 2009, 228.

[79] LG München I ZMR 2009, 874 = NZM 2009, 868; *Lehmann-Richter* ZWE 2009, 74 (75).

[80] Vgl. MünchKomm-ZPO/*Wenzel* § 559 Rn 30.

[81] Jennißen/*Suilmann* Rn 38.

§ 50 Kostenerstattung

Den Wohnungseigentümern sind als zur zweckentsprechenden Rechtsverfolgung oder Rechtsverteidigung notwendige Kosten nur die Kosten eines bevollmächtigten Rechtsanwalts zu erstatten, wenn nicht aus Gründen, die mit dem Gegenstand des Rechtsstreits zusammenhängen, eine Vertretung durch mehrere bevollmächtigte Rechtsanwälte geboten war.

Übersicht

Literatur: *Drasdo,* Die Kostenerstattungsbegrenzung gemäß § 50 WEG, ZMR 2008, 266; *Schmid,* Notwendigkeit einer Reparatur der WEG-Reform, ZRP 2009, 169; *Skrobek,* Die Kostenentscheidung in wohnungseigentumsrechtlichen Verfahren nach der WEG-Reform, ZMR 2008, 173.

I. Normzweck

Die auf Beschlussempfehlung des Rechtsausschusses (6. Ausschuss) vom 13. 12. 2006[1] zurückgehende Vorschrift dient der **Begrenzung des Kostenrisikos** der kostenpflichtigen Prozesspartei, der „die" WEer als Streitgenossen gegenüberstehen und sich nicht durch *einen* Rechtsanwalt vertreten lassen. Die Vorschrift ist nicht auf § 27 Abs. 2 abgestimmt und belegt auf diese Weise die Problematik der Änderung eines ursprünglich in sich geschlossenen Gesetzesentwurfs im Laufe des parlamentarischen Gesetzgebungsverfahrens. Sie ist in ihrem beschränkten Anwendungsbereich weder „verfassungsrechtlich bedenklich" noch „vor dem Hintergrund des Kostenrisikos kaum erträglich",[2] sondern eine „begrüßenswerte Klarstellung"[3] der aus dem Rechtsstaatsprinzip folgenden **Justizgewährungspflicht,** die sicherstellen muss, dass der Zugang zu den Gerichten nicht durch ein unverhältnismäßiges Kostenrisiko erschwert wird.[4] Die Vorschrift betrifft nur die Kosten, die den obsiegenden WEern die durch die Beauftragung von mehr als einem Anwalt entstehen, nicht auch andere außergerichtlichen Kosten oder die Kosten des Verwalters. 1

II. Anwendungsbereich

1. Grundsatz

Die Vorschrift ist auf **alle Rechtsstreitigkeiten** anwendbar, in denen die WEer als Streitgenossen klagen oder verklagt werden, und zwar unabhängig davon, ob daneben auch noch andere Personen Partei sind (z. B. der Verwalter). Sie gilt auch im selbstständigen Beweisverfahren sowie im Arrest- und einstweiligen Verfügungsverfahren und findet auch dann Anwendung, wenn einzelne oder alle beigeladenen WEer dem Rechtsstreit zur Unterstützung einer Partei beitreten und sich anwaltlich vertreten lassen oder durch die Verbindung einer Mehrheit von Verfahren gem. § 47 in einen Rechtsstreit eintreten und 2

[1] BT-Drucks. 16/3834 S. 58.
[2] So Hügel/*Elzer* § 13 Rn 249; ähnlich *Skrobek* ZMR 2008, 173 (176).
[3] Jennißen/*Suilmann* Rn 2.
[4] Vgl. BVerfG NJW 1992, 1673.

die Vertretung durch eine Mehrheit von Rechtsanwälten beibehalten.[5] Ihnen sind zusammen mit der Partei, zu deren Unterstützung sie dem Rechtsstreit beigetreten sind, die Kosten eines Anwalts zu erstatten.[6]

2. Einschränkung durch § 27 Abs. 2

3 In den Rechtsstreitigkeiten, in denen „die" WEer Streitgenossen sind, werden sie idR nach § 27 Abs. 2 Nr. 2 oder 3 durch den Verwalter vertreten. Dieser wird im Allgemeinen aber nur einen gemeinsamen Rechtsanwalt bevollmächtigen. § 50 betrifft daher nur die seltenen Fälle, in denen

- ein Verwalter nicht bestellt ist oder
- die WEer im Aktivprozess den Verwalter nicht zu ihrer Vertretung ermächtigen und keinen gemeinsamen Rechtsanwalt bevollmächtigen oder
- die WEer im Aktivprozess den Verwalter zu ihrer Vertretung zwar ermächtigen, aber zugleich auch beschließen, dass kein gemeinsamer Rechtsanwalt, sondern verschiedene Rechtsanwälte beauftragt werden sollen oder
- die WEer im Passivprozess mehrere Rechtsanwälte auswählen, die sie bevollmächtigen oder von dem Verwalter bevollmächtigt werden sollen.

3. Mögliche Rechtsstreitigkeiten

4 **a) Allgemeines.** Dem Wortlaut nach setzt die Vorschrift voraus, dass „den" WEern Kosten entstanden sind. Nach der Gesetzesbegründung sind damit nur diejenigen Streitigkeiten gemeint, in denen „die" WEer als Streitgenossen auftreten. Das ist aber nur der Fall, wenn mit Ausnahme des Gegners **alle übrigen** WEer Partei sind. Die Vorschrift findet dagegen keine Anwendung, wenn nur **„mehrere"** WEer Kläger oder Beklagte sind.[7] Die Bestimmung gilt seiner systematischen Stellung im WEG nach nur für WE-Verfahren, dh solchen Streitigkeiten, die nach § 43 vor das WE-Gericht gehören.

5 **b) Streitigkeiten nach § 43 Nr. 4.** Nach der Gesetzesbegründung zielt die Bestimmung vor allem auf die Streitigkeiten nach § 43 Nr. 4. Da hier die „übrigen" WEer (§ 46) jedoch nach § 27 Abs. 2 Nr. 2 gesetzlich vertreten werden (§ 46 Rn 38), die Vertretungsmacht unabdingbar auch das Recht zur Bevollmächtigung eines Rechtsanwalts umfasst und dieses grds nur die Bevollmächtigung eines Rechtsanwalts erlaubt, greift § 50 in Anfechtungsprozessen nur ein, wenn ein Verwalter nicht bestellt ist, einzelne WEer auf Beklagtenseite für ihre Vertretung andere Rechtsanwälte auswählen oder mehrere WEer auf Klägerseite stehen.

6 **c) Andere Streitigkeiten.** Außer in den Streitigkeiten um die Mangelhaftigkeit eines Beschlusses kommt die Vorschrift grds in allen Rechtsstreitigkeiten zur Anwendung, in denen nicht nur einzelne WEer, sondern **alle oder die übrigen WEer** als Partei auftreten. Dies können insbesondere Streitigkeiten nach § 43 Nr. 1, vor allem Regelungsklagen gem § 21 Abs. 8 sein, in seltenen Fällen aber auch solche nach § 43 Nr. 3 und 5. Selbst Rechtsstreitigkeiten nach § 43 Nr. 2 kommen in Betracht, wenn nämlich die rechtsfähige WEgem die WEer wegen Untätigkeit nach § 21 Abs. 4 auf ordnungsmäßige Verwaltung (Mittelzuführung) in Anspruch nimmt.[8]

---

[5] Jennißen/Suilmann Rn 6.

[6] Jennißen/*Suilmann* Rn 6.

[7] AA Hügel/*Elzer* § 13 Rn 249, der jedoch über eine teleologische Reduktion zu demselben Ergebnis kommt.

[8] Vgl. BGH NJW 2005, 2061 (2067).

III. Zulässige Mehrfachvertretung

7 Eine Begrenzung der Kostenerstattung auf die Kosten eines Rechtsanwalts findet ausnahmsweise dann nicht statt, wenn im Hinblick auf den Gegenstand des Rechtsstreits eine Vertretung durch mehrere Rechtsanwälte geboten war.

1. Sachbezogene Gründe

8 Die Gründe für eine Mehrfachvertretung müssen mit dem Streitgegenstand zusammenhängen. **Persönliche Gründe,** wie z. B. das besondere Vertrauensverhältnis eines WEers zu einem bestimmten Rechtsanwalt rechtfertigt kostenerstattungsrechtlich kein Ausscheren aus dem Vertretungsverbund. Ein sachbezogener Grund liegt auch nicht schon dann vor, wenn mit dem Streitgegenstand zwar unterschiedliche Interessen verbunden sind, das Prozessziel aber identisch ist.[9] Anderenfalls liefe das mit § 50 von dem Gesetzgeber verfolgte Ziel, die Kostenbelastung in Wohnungseigentumssachen trotz einer Mehrheit von Prozessgegnern für die unterlegene Partei gering zu halten, weitgehend leer.[10] Ebenso ist grundsätzlich ohne Bedeutung, dass im Beschlussanfechtungsverfahren ein Teil der beklagten Wohnungseigentümer einen Verpflichtungsantrag stellt.[11] Ein derartiger Antrag ist in aller Regel ohne Aussicht auf Erfolg, weil die Klage nach § 46 Abs. 1 kassatorischer Natur ist und die WEer und nicht das Gericht darüber zu befinden haben, was an die Stelle eines für ungültig erklärten Beschlusses treten soll.[12] Anders liegt es bis zur Verbindung nach § 47, wenn WEer unwissentlich unabhängig voneinander zur Wahrung der Anfechtungsfrist jeweils Anfechtungsklage mit den bis zur Verbindung entstandenen Kosten.[13]

2. Notwendigkeit der Mehrfachvertretung

9 Dass der Streitgegenstand eine Mehrfachvertretung geboten sein lässt, bildet eine **Ausnahme,** deren Voraussetzungen nicht ohne weiteres angenommen werden dürfen. Eine Mehrfachvertretung ist noch nicht deshalb geboten, weil der Streitgegenstand, wie z. B. eine bauliche Veränderung, sich bei den WEern unterschiedlich nachteilig auswirkt, ohne dass die besonders betroffenen WEer deshalb unterschiedliche Anträge stellen.[14]

Die Erforderlichkeit der Mehrfachvertretung ist nicht nur **für jeden Instanzenzug,** sondern auch innerhalb einer Instanz für die verschiedenen Verfahrensabschnitte gesondert zu prüfen.

IV. Kostenerstattung

10 § 50 regelt nur die Kostenerstattung der obsiegenden WEer, nicht die **Kostengrundentscheidung.**[15] Diese ergeht nach § 91, § 92 oder § 93 ZPO. Die Kostenerstattung erfolgt über die Kostenfestsetzung, die jeder Streitgenosse beantragen kann. Liegt kein Fall zulässiger Mehrfachvertretung vor, haben aber einzelne WEer sich gleichwohl selbststän-

---

[9] BGH NJW 2009, 3168 = NZM 2009, 705 = ZWE 2009, 393 = ZfIR 2009, 745 m. Anm. *M. Krüger.*

[10] BGH NJW 2009, 3168 = NZM 2009, 3168 = ZMR 2010, 51 = ZWE 2009, 393.

[11] BGH NJW 2009, 3168.

[12] BGH NJW 2003, 3476.

[13] *Drasdo* ZMR 2008, 266 (267); *Schmid* NZM 2008, 185 (186); unklar zum Umfang *Niedenführ*/Kümmel/Vandenhouten Rn 4; *Niedenführ* NJW 2008, 1768 (1772) – bis zum Abschluss I. Instanz.

[14] AA Riecke/Schmid/*Abramenko* Rn 3; *Drasdo* ZMR 2008, 266 (268).

[15] BGH NJW 2009, 3168; LG Karlsruhe ZWE 2009, 410 mit Praxishinweis *Weber.*

dig vertreten lassen, so bezweckt § 50 kostenerstattungsrechtlich keine Sanktion gegen die Minderheit und eine Privilegierung der Mehrheit. Es liegt also auch kein „Gerechtigkeitsdefizit“ vor.[16] Erstattungsfähig sind nicht die Kosten desjenigen Anwalts, der für die größte Anzahl der Streitgenossen auftritt.[17] Vielmehr können die Streitgenossen, die jeweils einen Rechtsanwalt bevollmächtigt haben, von der Gegenseite insgesamt nicht mehr an Gebühren und Auslagen fordern, als ihnen bei **gemeinsamer Prozessvertretung** durch einen Rechtsanwalt entstanden wären. Denn aus dem Prozessrechtsverhältnis folgt die Obliegenheit jeder Partei, die Kosten ihrer Prozessführung, die sie im Falle ihres Obsiegens vom Gegner erstattet verlangen will, so niedrig zu halten, wie sich dies mit der Wahrung ihrer berechtigten Belange vereinbaren lässt.[18] Sind im Hinblick auf die verfolgten Anträge keine Interessenkonflikte zu erwarten, ist es gerechtfertigt, den Kostenerstattungsanspruch insgesamt auf den Betrag zu beschränken, der sich ergeben hätte, wenn die Streitgenossen einen gemeinsamen Prozessbevollmächtigten beauftragt hätten.[19] Diese Kosten sind dann entsprechend dem **Beteiligungsverhältnis** am Rechtsstreit quotal, dh bei gleichem Beteiligungsverhältnis nach der Zahl der jeweils durch einen eigenen Anwalt vertretenen Streitgenossen, festzusetzen.[20] Auf die Zahl der Streitgenossen ist auch dann abzustellen, wenn einzelne von ihnen mehrfach vertreten werden. Wird nicht anteilig aufgeteilt, sondern ergeht ein Kostenfestsetzungsbeschluss ohne die Angabe des Beteiligungsverhältnisses, so sind die Streitgenossen Gesamtgläubiger,[21] sofern die gebotene Aufteilung nicht auf ein vom Erstattungsschuldner eingelegtes Rechtsmittel hin nachgeholt wird.[22]

11 Der Grundsatz der quotalen Aufteilung der erstattungsfähigen Gesamtkosten auf die Streitgenossen beruht auf dem Gedanken, dass sich im Grundsatz jeder Streitgenosse durch einen eigenen Bevollmächtigten vertreten lassen darf[23] und deswegen anteilmäßig zu berücksichtigen ist. Dieser Grundsatz gilt jedoch nicht uneingeschränkt.[24] Die Frage, ob die geltend gemachten Kosten als **notwendig** iSd § 91 Abs. 1 ZPO anzusehen sind, lässt sich nämlich nicht auf Grund einer schematischen Beurteilung ohne Berücksichtigung der konkreten Fallumstände beantworten. Ergibt sich für einen Streitgenossen, dass die Bestellung eines eigenen Anwalts nicht notwendig war, sind die Kosten dieses Anwalts auch nicht erstattungsfähig. Sie müssen bei der Verteilung des nach § 50 erstattungsfähigen Höchstbetrages auf die Streitgenossen außer Acht bleiben.[25] Dies führt im Ergebnis dazu, dass idR **nur die Kosten des von dem Verwalter beauftragten Rechtsanwalts** erstattungsfähig sind, soweit eine Vertretung durch mehrere Anwälte nach dem Vorstehenden nicht ausnahmsweise geboten war.[26] Entsprechend verhält es sich, wenn die WEer einen Beschluss zur Beauftragung eines bestimmten Rechtsanwalts fassen.[27]

§§ 51–58 *(aufgehoben)*

[16] AA Hügel/*Elzer* § 13 Rn 252; *Skrobek* ZMR 2008, 173 (176).

[17] *Drasdo* ZMR 2008, 266 (268); aA NK-BGB-*Schulzky* Rn 5; Hügel/*Scheel* Teil 17 Rn 145.

[18] BGH NJW-RR 2007, 955 = NZM 2007, 411; NJW 2007, 2257 (2258).

[19] BGH NJW 2007, 2257 (2258).

[20] Vgl. BGH NJW-RR 2006, 1508 (1509).

[21] BGH Rpfleger 1985, 321; MünchKomm-ZPO/*Giebel* § 104 Rn 59.

[22] Vgl. KG NJW-RR 2001, 1435.

[23] Vgl. BVerfG NJW 1990, 2124; BGH NJW-RR 2004, 536.

[24] Vgl. OLG Bamberg VersR 1986, 395; OLG München MDR 1995, 263; OLG Koblenz MDR 1995, 263; LG Berlin, Rpfleger 1997, 498.

[25] BGH NJW-RR 2004, 536.

[26] BGH NJW 2009, 3168; Jennißen/*Suilmann* Rn 16; Spielbauer/*Then* Rn 5; *Drasdo* ZMR 2008, 266 (268).

[27] BGH NJW 2009, 3168; Erman/*Grziwotz* Rn 5.

IV. Teil. Ergänzende Bestimmungen

§ 59 *(aufgehoben)*

§ 60 *(aufgehoben)*

§ 61 [Heilung des Erwerbs von Wohnungseigenum][1]

[1]Fehlt eine nach § 12 erforderliche Zustimmung, so sind die Veräußerung und das zugrundeliegende Verpflichtungsgeschäft unbeschadet der sonstigen Voraussetzungen wirksam, wenn die Eintragung der Veräußerung oder einer Auflassungsvormerkung in das Grundbuch vor dem 15. Januar 1994 erfolgt ist und es sich um die erstmalige Veräußerung dieses Wohnungseigentums nach seiner Begründung handelt, es sei denn, daß eine rechtskräftige gerichtliche Entscheidung entgegensteht. [2]Das Fehlen der Zustimmung steht in diesen Fällen dem Eintritt der Rechtsfolgen des § 878 des Bürgerlichen Gesetzbuchs nicht entgegen. [3]Die Sätze 1 und 2 gelten entsprechend in den Fällen der §§ 30 und 35 des Wohnungseigentumsgesetzes.

Übersicht

Literatur: *Pause,* Das Gesetz zur Heilung des Erwerbs von Wohnungseigentum, NJW 1994, 501.

I. Sinn und Zweck der Vorschrift

1 Durch die Änderung der höchstrichterlichen Rechtsprechung sah sich der Gesetzgeber veranlasst, die im Rahmen des § 12 aufgetretene Problematik, ob ein in der GemO enthaltener Vorbehalt der Zustimmung zur Veräußerung eines WEs/TEs auch die sog. **Erstveräußerung** betreffe, rückwirkend zu regeln (s. § 12 Rn 10). Dazu gehört insbesondere die Zweifelsfrage, ob durch die Entscheidung des BGH[2] ungeklärte Eigentumsverhältnisse entstanden sind, einerseits beim Ersterwerb, andererseits bei anschließenden Erwerbsvorgängen einschließlich der Frage eines gutgläubigen Erwerbs.

II. Geschichte der Vorschrift

2 Ursprünglich enthielt die Vorschrift des § 61 a. F. mit dem Titel „Einheitsbewertung" Bestimmungen, die klarstellten, dass jedes WE eine wirtschaftliche Einheit i. S. des Bewertungsrechts und einen selbstständigen Steuergegenstand i. S. des GrundsteuerG bilde. Wie auch der folgende § 62 wurde § 61 durch das SteuerbereinigungsG 1985 aufgehoben, weil er überflüssig wurde.

[1] § 61 (neu), eingefügt durch G vom 3. 1. 1994 (BGBl. I S. 66), Bezeichnung der Vorschrift durch Verfasser.

[2] NJW 1991, 1613.

3 Mit dem G zur Heilung des Erwerbs von Wohnungseigentum 1993 wurde § 61 wieder reaktiviert (vgl. Anh. III der 8. Aufl.).

III. Zu den Einzelheiten

4 **1. S. 1** soll die durch die Entscheidung des BGH entstandene Rechtsunsicherheit beseitigen, ob der Erwerber einer EW mangels einer erforderlichen Zustimmung zur Veräußerung nach § 12 im Falle der Erstveräußerung durch den ursprünglichen Eigentümer (§ 8) wirksam Eigentum erworben hat. Von der Regelung betroffen sind danach **nur** die zweifelhaften Fälle der **Erstveräußerung,** unabhängig davon, wie lange sie zurückliegen, bei denen im Einklang mit der h. M. eine Zustimmung der Gemeinschaft, des Verwalters oder eines sonstigen Dritten trotz eines allgemeinen Zustimmungsvorbehalts für entbehrlich gehalten worden war;[3] m. a. W., soweit es sich um die erstmalige Veräußerung des WEs nach seiner Begründung im Wege der Teilung gemäß § 8 handelt.[4] Sie ist **nicht** auf die erstmalige Veräußerung von WE nach seiner Begründung gemäß § 3 anzuwenden.[5]

5 Aus den Worten **„unbeschadet der sonstigen Voraussetzungen"** ergibt sich, dass andere im Zusammenhang mit § 12 aufgetretene bzw. auftretende Zweifel z. B. beim Anschlusserwerb dadurch nicht berührt sind. Sie bleiben der Lösung durch Literatur und Rechtsprechung vorbehalten.

6 Die Begründung zum Gesetz sagt nur allgemein, dass eine „Vielzahl von Personen" auf Grund der früher h. M. kein wirksames Eigentum erworben hatte.[6] Genauere Zahlen waren allerdings weder von der Bundesregierung noch den Ländern zu erfahren. So scheint die Vorschrift auch den Zweck zu haben, denkbare Haftungsanspruche gegenüber Notaren und Grundbuchämtern entgegenzutreten. Angesichts anderweitiger Möglichkeiten der Bereinigung durch nachträgliche Genehmigung und in Anbetracht des Schutzes der Erwerber in Form von regelmäßig bewilligten Vormerkungen sollte die Wirkung dieser Art Reparatur nicht überbewertet werden.

7 **Halbsatz 2** des **Satzes 1** stellt klar, dass sich die Rückwirkung der Vorschrift nicht auf rechtskräftige Entscheidungen bezieht, die bis zum Inkrafttreten der Bestimmung am 15. Januar 1994 ergangen sind.

8 Diese dient schließlich der Behebung der durch die Rechtsprechung des BGH aufgetretenen Rechtsunsicherheit auf vor Inkrafttreten des Gesetzes **abgeschlossene** und **bereits im Grundbuch eingetragene Veräußerungsgeschäfte.**[7] Dem ist der Fall gleichgestellt, dass für den Erwerber zur Sicherung seines Auflassungsanspruchs eine Vormerkung eingetragen ist.

9 **2. S. 2** soll den Erwerber von WE vor den Auswirkungen von Verfügungsbeschränkungen des Veräußerers, schützen, die sich **nach** Stellung des Antrags auf Eintragung des Eigentumswechsels im Grundbuch während des Eintragungsverfahrens ergeben haben können.[8] Ohne die Heranziehung des § 878 BGB würden dessen Rechtsfolgen in der Vergangenheit nicht eingetreten sein, da der Erwerber **nur** vor **nachträglichen Verfügungsbeschränkungen,** nicht aber gegen zum Zeitpunkt der Stellung des Antrags auf Eintragung des Eigentumswechsels im Grundbuch **fehlende Genehmigungen** durch Dritte geschützt würde.[9]

10 **3. S. 3** erstreckt die Geltung der Heilungsvorschriften der Sätze 1 und 2 auf Grund der gleichgelagerten Interessenlage auch auf die Fälle des Dauerwohnrechts (§§ 30, 35).

---

[3] KG, Beschl. v. 7. 6. 1994 – 1 W 6 Ü 26/93, UWE 1994, 157 = Rpfleger 1995, 17.
[4] KG a. a. O.
[5] KG a. a. O.; Niedenführ/*Vandenhouten* § 61 Rn 2; aA *Pause* NJW 1994, 501.
[6] BT-Drs. 12/3961 S. 4.
[7] BT-Drs. 12/3961 S. 4.
[8] BT-Drs. 12/3961 S. 5.
[9] BT-Drs. 12/3961 S. 5.

IV. Inkrafttreten

Art. 2 des G. zur Heilung des Erwerbs von Wohnungseigenrum legt fest, dass der neue § 61 am Tage nach seiner Verkündung in Kraft tritt. Dieses Datum ist wegen der Rückwirkung der Sätze l und 2 von entscheidender Bedeutung für den Anwendungsbereich. Da das Gesetz am 14. 1. 1994 verkündet wurde, trat es am 15. 1. 1994 in Kraft. 11

§ 62 Übergangsvorschrift

(1) **Für die am 1. Juli 2007 bei Gericht anhängigen Verfahren in Wohnungseigentums- oder in Zwangsversteigerungssachen oder für die bei einem Notar beantragten freiwilligen Versteigerungen sind die durch die Artikel 1 und 2 des Gesetzes vom 26. März 2007 (BGBl. I S. 370) geänderten Vorschriften des III. Teils dieses Gesetzes sowie die des Gesetzes über die Zwangsversteigerung und die Zwangsverwaltung in ihrer bis dahin geltenden Fassung weiter anzuwenden.**

(2) **In Wohnungseigentumssachen nach § 43 Nr. 1 bis 4 finden die Bestimmungen über die Nichtzulassungsbeschwerde (§ 543 Abs. 1 Nr. 2, § 544 der Zivilprozessordnung) keine Anwendung, soweit die anzufechtende Entscheidung vor dem 1. Juli 2012 verkündet worden ist.**

Literatur: *Bergerhoff,* Übergangsrechtliche Probleme in wohnungseigentumsrechtlichen „Altverfahren", NZM 2007, 553; *Schmid,* WEG-Reform: Wann gilt altes – wann gilt neues Recht?, ZMR 2008, 181.

Die Vorschrift ist durch Art. 1 Nr. 21 des G zur Änderung des WEG vom 26. März 2007[1] eingefügt worden, um Verzögerungen und Erschwerungen durch den Übergang vom alten auf das neue Recht zu vermeiden. Die Erstreckung der ZPO auf Verfahren in WE-Sachen (§§ 43 ff.), die Streichung der Versteigerungsvorschriften des WEG (§§ 53–38) sowie die Einführung eines begrenzten Vorrangs für Hausgeldforderungen (§ 10 Abs. 1 ZVG) sollen daher die im Zeitpunkt des Inkrafttretens anhängigen Verfahren nicht berühren. Für die am **1. Juli 2007 bei Gericht anhängigen Verfahren** in WE- und in Zwangsversteigerungssachen und für die bei einem Notar beantragten freiwilligen Versteigerungen sind die durch Art. 1 und 2 des G zur Änderung des WEG geänderten Vorschriften der **§§ 43–58 aF** sowie die des **ZVG** in ihrer bis dahin geltenden Fassung in allen Rechtszügen **weiter anzuwenden.**[2] Maßgebend ist die **Anhängigkeit,** d. h. der Eingang bei Gericht, nicht die Rechtshängigkeit. Dies hat zur Folge, dass die **Vorschriften der ZPO** erst auf Eingänge bei Gericht ab dem 2. 7. 2007 anwendbar sind.[3] Verfahren, die vor dem 1. 7. 2007 nach § 46 a aF durch Antrag auf Erlass eines **Mahnbescheides** eingeleitet worden sind, sind anhängig mit Eingang der Sache beim AG.[4] Mit der Vollstreckungsgegenklage (§ 727 ZPO) wird ein eigenständiger neuer Rechtsstreit eingeleitet und nicht das Verfahren fortgesetzt, das zum Erlass des Vollstreckungstitels geführt hat,[5] so dass der Eingang der Klage bei Gericht maßgebend ist. Entsprechendes gilt für Anträge nach §§ 887 ff. ZPO.[6] 1

Auf Verfahren in Wohnungseigentums- oder Zwangsversteigerungssachen, die ab dem 1. 7. 2007 bei Gericht anhängig werden, sind die Verfahrensvorschriften der ZPO bzw. des ZVG in der geltenden Fassung anzuwenden. Bei Änderungen oder Erweiterungen von Anträgen, die ab dem 1. 7. 2007 erfolgen, aber vor diesem Zeitpunkt anhängige Verfahren

---

1 BGBl. I 2007 S. 370.
2 BGH ZMR 2007, 975.
3 *Bergerhoff* NZM 2007, 553; AG Bonn ZMR 2008, 245 f.; aA wohl Bärmann/*Pick* § 62 Rn 2.
4 OLG Hamm ZWE 2009, 399 (401); LG München I ZWE 2010, 48; *Niedenführ* NJW 2008, 1768.
5 BGH NZM 2009, 322 f.
6 OLG Oldenburg NZM 2009, 259.

betreffen, sowie bei entsprechenden Gegenanträgen ist eine Trennung der Verfahren nach § 145 ZPO anzuordnen; Änderungen Erweiterungen und Gegenanträge sind nach der ZPO zu behandeln. Unterbleibt die Trennung, so richtet sich das Verfahren einschließlich der Rechtsmittel ausschließlich nach bisherigen Recht.[7]

Zwangsversteigerungssachen iSd § 62 Abs. 1 sind allgemein Verfahren nach dem ZVG, also Zwangsversteigerungs- und Zwangsverwaltungsverfahren.[8] Verfahren in Zwangsversteigerungssachen sind ab dem Erlass des Anordnungsbeschlusses gem. § 20 Abs. 1 ZVG bei Gericht anhängig.[9] War ein solches Verfahren am 1. 7. 2007 anhängig, so ist das bisherige Recht auch maßgebend, wenn ein Gläubiger erst nach diesem Zeitpunkt dem Verfahren beitritt.[10]

2 Nach Art. 4 des G zur Änderung des WEG treten die neuen Vorschriften des WEG am 1. 7. 2007 in Kraft. Da eine dem § 62 Abs. 1 entsprechende Vorschrift für die Anwendung der neuen **materiell-rechtlichen Vorschriften** fehlt, sind ab dem 1. 7. 2007 die geänderten materiell-rechtlichen Vorschriften des I. und II. Teils des WEG anzuwenden und zwar auch auf bereits anhängige Verfahren.[11] Dies gilt jedoch nur eingeschränkt für Beschlussanfechtungsverfahren.[12] Die Gültigkeit von Beschlüssen, die vor dem 1. 7. 2007 gefasst worden sind, bestimmt sich nach den materiell-rechtlichen Vorschriften des I. und II. Teils des WEG in der zum Zeitpunkt der Beschlussfassung geltenden Fassung.[13] Denn für die Kontrolle der Rechtmäßigkeit eines Rechtsgeschäfts ist auf den Zeitpunkt seines Zustandekommens abzustellen. Solche Beschlüsse, die nach bisherigem Recht anfechtbar bzw. nichtig sind, sind im Anfechtungsverfahren für ungültig zu erklären bzw. bleiben nichtig, auch wenn sie nach neuem Recht rechtswirksam gefasst werden könnten; eine rückwirkende Heilung ist nicht möglich.[14] Unbenommen bleibt den WEern, den gleichen Beschluss erneut zu fassen.[15] Nur für Beschlüsse, die ab dem 1. 7. 2007 gefasst werden, gilt das WEG in der ab diesem Zeitpunkt geltenden Fassung.

3 Um einer Überlastung des BGH vorzubeugen, werden Beschwerden gem. §§ 543 Abs. 1 Nr. 2, 544 ZPO gegen die Nichtzulassung der Revision durch das Landgericht als Berufungsgericht ausgeschlossen, soweit die anzufechtende Entscheidung vor dem 1. Juli 2012 verkündet worden ist. Revision gegen die Entscheidung des Landgerichts findet daher bis zu diesem Zeitpunkt ausschließlich bei Zulassung im landgerichtlichen Urteil statt, nicht aber nach erfolgter **Nichtzulassungsbeschwerde.** Dies gilt nur für WE-Sachen nach § 43 Nr. 1 bis Nr. 4. Bei Klagen Dritter gem. § 43 Nr. 5 ist die Beschwerde gegen die Nichtzulassung der Revision grds zulässig, aber gem. § 26 Nr. 8 EGZPO bis zum 31. 12. 2011 nur bei einer Beschwer von mehr als 20 000 € zulässig.

---

[7] OLG München NZM 2009, 246; LG Nürnberg-Fürth ZMR 2009, 77; vgl. auch *Briesemeister* GE 2009, 97; Niedenführ/Kümmel/*Vandenhouten* § 62 Rn 6.

[8] BGH NZM 2009, 129 f. = ZWE 2009, 175 m. Anm. *Briesemeister* = ZMR 2009, 294 f. m. zust. Anm. *Schneider.*

[9] BGH ZMR 2008, 385 f.; Riecke/Schmid/*Schneider* § 1 Rn 179; *Alff* ZWE 2010, 105 (113); aA *Elzer,* ZAP 2007, 1025 (1032).

[10] BGH ZMR 2008, 385 = ZWE 2008, 309 f. (Riecke); *Schneider* ZMR 2009, 296.

[11] BGH ZMR 2009, 296 (298); ZMR 2009, 854 (855); ZMR 2007, 975; OLG Düsseldorf ZMR 2008, 142 (143); OLG München ZMR 2008, 567 (568); OLG Köln, ZMR 2008, 815 (817); AG Hamburg ZMR 2008, 839 f.; *Abramenko* § 2 Rn 32 Fn 42; Niedenführ/Kümmel/*Vandenhouten* § 62 Rn 7; *Bergerhoff* NZM 2007, 553; Palandt/*Bassenge* § 62 Rn 1; *Riecke/Schmid* § 62 Rn 3 a; aA OLG München, IMR 2007, 296; *Hügel/ Elzer* § 18 Rn 4 Fn 3.

[12] Vgl. BGH ZMR 2007, 975; AG Wiesbaden ZMR 2008, 164 f.; *Bergerhoff* NZM 2007, 553 (554); Palandt/*Bassenge* § 62 Rn 1; unklar Bärmann/*Pick* § 62 Rn 3 und Rn 2.

[13] BGH ZMR 2009, 296 (298); OLG Köln ZMR 2008, 815 (817); OLG Brandenburg ZMR 2009, 857; *Schmid* ZMR 2008, 181 (182); *Niedenführ* ZMR 2008, 1768 (1769).

[14] *Schmid* ZMR 2008, 181 f.

[15] OLG Hamm ZWE 2009, 261 (263).

§ 63 Überleitung bestehender Rechtsverhältnisse

(1) **Werden Rechtsverhältnisse, mit denen ein Rechtserfolg bezweckt wird, der den durch dieses Gesetz geschaffenen Rechtsformen entspricht, in solche Rechtsformen umgewandelt, so ist als Geschäftswert für die Berechnung der hierdurch veranlaßten Gebühren der Gerichte und Notare im Falle des Wohnungseigentums ein Fünfundzwanzigstel des Einheitswertes des Grundstückes, im Falle des Dauerwohnrechtes ein Fünfundzwanzigstel des Wertes des Rechtes anzunehmen.**

(2) ***(gegenstandslose Übergangsvorschrift)***

(3) **Durch Landesgesetz können Vorschriften zur Überleitung bestehender, auf Landesrecht beruhender Rechtsverhältnisse in die durch dieses Gesetz geschaffenen Rechtsformen getroffen werden.**

Durch § 63 sollte ein gebührenrechtlicher Anreiz zur Überleitung ähnlicher Rechtsverhältnisse in die Rechtsform des neuen Gesetzes geschaffen werden. Ein gesetzlicher Eingriff in bestehende Rechtsverhältnisse erfolgte damit jedoch nicht. § 63 gilt für echtes und unechtes Stockwerkseigentum landesrechtlicher Art, das nach den Überleitungsbestimmungen des EGBGB Art. 131, 181, 182 bestehen bleiben konnte, bzw. selbst landesrechtlich neu begründet werden konnte, galt aber auch für neuere Rechtsformen, z. B. Ba.-Württ. Gesetz über das ME nach Wohneinheiten vom 12. 6. 1950;[1] dieses wieder aufgehoben durch Gesetz vom 16. 2. 1953.[2] Etwa nach diesem Gesetz in seiner kurzen Lebenszeit begründete Rechtsverhältnisse sind nach § 35 BaWüAGBGB mit Wirkung vom 1. 1. 1975 (§ 52) kraft Gesetzes bei Wohnungen in WE und bei nicht zu Wohnzwecken dienenden Räumen in TE nach dem WEG übergeleitet worden. Entsprechendes gilt für die Überleitung von ErbbR nach Wohneinheiten in WErbbR iSd § 30 WEG. 1

Aber auch für vor Inkrafttreten dieses Gesetzes eingeschlagene Behelfslösungen[3] unter Zuhilfenahme von Nutzungsvereinbarungen, Wohnrechten nach § 1093 BGB (z. B. für eine Bausparkasse oder eine Genossenschaft) oder Grunddienstbarkeiten, gelten diese Vergünstigungen der Überleitung. Auch der Nießbrauch kann als solches ähnliches Rechtsverhältnis angesehen werden; allerdings hier wohl nur bei der Umwandlung in DWR. 2

Die Gebührenvergünstigung kommt für Umwandlung in WE wie auch in DWR in Betracht. Sie betrifft die Ermäßigung des Geschäftswertes: $^1/_{25}$ des Einheitswertes des Grundstücks für WE, $^1/_{25}$ des Wertes des Rechtes für DWR. Die in Abs. 2 vorgesehene weitere Ermäßigung auf die Hälfte ist mit dem Ablauf des 20. 3. 1953 gegenstandslos geworden. 3

Die Überleitung bestehender ähnlicher Rechtsverhältnisse hat § 63 Abs. 3 der Zuständigkeit des Landesgesetzgebers überlassen. Durch den Landesgesetzgeber können Vorschriften zur Überleitung bestehender, auf Landesrecht beruhender Rechtsverhältnisse in die durch dieses Gesetz geschaffenen Rechtsformen erlassen werden. 4

Überleitungsvorschriften nach Landesrecht haben bisher nur Hessen[4] und Baden-Württemberg[5] geschaffen. Während in Hessen generell alle Stockwerksrechte kraft Gesetzes in WE und TE überführt worden sind, schaffen die §§ 37–44 BaWüAGBGB nur die rechtlichen Voraussetzungen für eine im Einzelfall vorzunehmende Überleitung in eine der Rechtsformen des WEG, die allerdings auch gegen den Willen sämtlicher WEer vorgenommen werden kann.[6] 5

---

[1] RegBl. S. 57.

[2] RegBl. Nr. 3 vom 27. 2. 1953.

[3] Siehe 1. Aufl. Einl. III.

[4] Gesetz zur Überleitung des Stockwerkseigentums vom 6. 1. 1962, GVBl. S. 17.

[5] AusführungsG zum BGB vom 26. 11. 1974, GesBl. S. 498.

[6] Siehe dazu kritisch *Thümmel* JZ 1980, 125 (132 ff.).

6 Danach fehlt also mit Ausnahme der hessischen und baden-württembergischen Regelungen eine gesetzliche Überleitung der alten vor 1900 begründeten und nach Art. 182 EGBGB in Kraft gebliebenen Stockwerkseigentumsrechte. Es fehlt aber auch eine Überleitung der besonders durch süddeutsche öffentliche Bausparkassen (Öffentliche Bausparkasse Württemberg, Badische Landesbausparkasse) errichteten sog. Eigenwohnergenossenschaften mit Eigenwohnungen, die nichts anderes sind als Überlassung der Ausübung eines Wohnungsrechtes der Bausparkasse oder einer Eigenwohnergenossenschaft. Auch diese unterliegen weiter dem bisherigen Recht, also dem BGB und den von den Beteiligten hierüber vereinbarten Rechtsverhältnissen. Die ganze Zuständigkeit ist dem Landesgesetzgeber überlassen. Dieser könnte sämtliche genannten Formen durch Landesrecht dem neuen WEG angleichen.

7 Art. 131 EGBGB ist auch durch das WEG nicht aufgehoben, so dass auch künftig durch Landesgesetz uneigentliches Stockwerkseigentum begründet werden kann, so wie das der Gesetzgeber Ba.-Württ. mit seinem Gesetz vom 6. 12. 1950 getan hatte. Diese bisher einzige Anwendung von Art. 131 EGBGB hat allerdings durch § 35 BaWüAGBGB ihr Ende gefunden (vgl. Rn 1). Das nach Art. 182 EGBGB weiterhin geduldete echte Stockwerkseigentum aus der Zeit vor 1900 wird gleichfalls nicht aufgehoben.

8 Unter Ausnützung der Gebührenermäßigung (durch Herabsetzung des Geschäftswertes nach Abs. 1) können MitE-Verhältnisse mit Nutzungsvereinbarungen nach § 1010 BGB in echtes WE nach dem WEG überführt werden, etwa Stockwerkseigentum, das nach Art. 62 BayAGBGB[7] als modifiziertes MitE am Grundstück gilt. Ein vor Inkrafttreten des WEG vereinbartes veräußerliches, vererbliches und zur Eintragung im Grundbuch bestimmtes Wohn- und Nutzungsrecht an einem Siedlungshaus kann als DWR anzusehen sein.[8] Dagegen fallen einfache MitE-Verhältnisse im Sinne der §§ 1008 ff. BGB nicht unter § 63 WEG.[9] Langfristige Mietverhältnisse z. B. iRv sog. Aufbauverträgen können nicht in WE umgewandelt werden; eine Überführung in DWR ist aber möglich.[10] Auch die Überführung eines gewöhnlichen Wohnrechtes iSd § 1093 BGB in DWR ist gebührenbegünstigt; ebenso die Überführung eines Nießbrauches, dessen Ausübung schon nach § 1059 Satz 2 BGB Dritten überlassen werden kann. Desgleichen die Nutzung auf Grund einer persönlichen Dienstbarkeit, dann aber wohl auch für den ungewöhnlichen Fall der Nutzung auf Grund Grunddienstbarkeit.

9 Wird lediglich ein beschränkt dingliches Recht, Wohnrecht iSd § 1093 BGB, eine beschränkte persönliche Dienstbarkeit oder Grunddienstbarkeit in DWR überführt, so ist Löschung des alten Rechtes und Neubestellung des DWRs nach §§ 31 ff. erforderlich. Dabei ist die Zustimmung im Rang nachfolgender Berechtigter zu beachten, wenn der alte Rang hergestellt werden soll. Ein Einrücken in den Rang des alten zur Umwandlung gelangenden Rechtes sieht das Gesetz nicht vor.

10 Ein MitE in Verbindung mit Nutzungsordnung nach § 1010 BGB kann nur in der Form des § 4 WEG umgewandelt, also praktisch neu errichtet werden.

11 Auf Landesrecht beruhende altrechtliche Stockwerkseigentumsrechte oder neu auf Grund Landesrechts begründete wohnungseigentumsähnliche Rechte (uneigentliches WE) müssen ebenfalls im Rahmen des § 4 umgewandelt werden. Soweit es sich in dem uneigentlichen Stockwerkseigentum um ein „Recht an einem Grundstück" iSd § 875 BGB, also nicht um Eigentum selbst, sondern um eine Belastung nach Abt. II des Grundbuchs handelt, ist § 876 BGB zu beachten. Fraglich ist dies aber bei der Umwandlung altrechtlichen echten Stockwerkseigentums in die neue Form des WEG, da hier nicht ein Recht an einem Grundstück, sondern das Eigentum selbst geändert wird. § 877 BGB

[7] BayGVBl. 1982, 803.

[8] BGH NJW 1958, 1289; LM Nr. 1 zu § 63 WEG mit Anm. *Augustin*.

[9] BayObLGZ 1957, 168 (172).

[10] OLG Hamburg MDR 1955, 42; aA Staudinger/*Kreuzer* § 63 Rn 1.

scheint hier nicht anwendbar zu sein. Der Landesgesetzgeber könnte aber zur Umwandlung bzw. Überleitung dieses Rechts Vorschriften erlassen, die allerdings den Vorschriften der §§ 877, 876, 875 BGB nicht widersprechen dürfen.

§ 64 Inkrafttreten

Dieses Gesetz tritt am Tage nach seiner Verkündung[1] in Kraft.

Das Gesetz wurde im BGBl. vom 19. 3. 1951 verkündet, ist also am 20. 3. 1951 in Kraft getreten. In West-Berlin ist das WEG durch Gesetz vom 2. 8. 1951[2] in Kraft getreten. 1

Für das Saarland siehe § 3 Abschnitt II des Gesetzes vom 30. 6. 1959.[3] Mit dem Ende der Übergangszeit, d. h. mit Ablauf des 5. 7. 1959, gilt auch dort das WEG. WE und DWR, die unter Geltung des saarländischen WEG begründet wurden, bleiben nach den bisherigen Vorschriften bestehen; sie können jedoch in die entspr. Rechte nach dem WEG des Bundes überführt werden. 2

In den neuen Bundesländern und im Ostteil Berlins ist das WEG als Bundesrecht nach Art. 8 des Einigungsvertrages vom 31. 8. 1990[4] mit dem Wirksamwerden des Beitritts am 3. 10. 1990 in Kraft getreten. 3

Die **Neuregelung des WEG** ist am 1. 7. 2007 in Kraft getreten.[5] 4

---

[1] Verkündet am 19. 3. 1951.
[2] GVBl. S. 547.
[3] BGBl. I S. 313.
[4] Einigungsvertragsgesetz vom 18. 9. 1990, BGBl. II S. 885 (889).
[5] BGBl. I S. 370.

Anhang
Gesetzesmaterialien zum WEG

BR-Drs. S. 1

1. Begründung zu dem Entwurf des Gesetzes über das Wohnungseigentum und das Dauerwohnrecht (Wohnungseigentumsgesetz)

Vom 15. Dezember 1950/26. Januar 1951
(BR-Drucks. 75/51)

Der Wohnungsbau, eine der vordringlichen Aufgaben der Gegenwart, hat auch auf dem Gebiete des Rechts neue Aufgaben gestellt. Es hat sich gezeigt, daß die in gewissem Sinne „klassischen" Rechtsformen des Wohnungsrechts, das Eigentum und die Miete, nicht ausreichen, um allen Anforderungen gerecht zu werden, die sich bei der rechtlichen Vorbereitung und Durchführung der Bauvorhaben unter den gegenwärtigen Verhältnissen ergeben. Dies hat seinen Grund zu einem Teil darin, daß in erheblichem Umfang Personen, die bei den früheren wirtschaftlichen Verhältnissen nur als Mieter in Betracht gekommen wären, Finanzierungsbeiträge für den Auf- oder Ausbau von Gebäuden leisten. Mit Hilfe des Mietvertrages hat sich eine angemessene Sicherung für derartige Kapitalbeteiligungen nicht erreichen lassen, da das Kündigungsrecht des Erstehers (§ 57 a ZVG) und die Vorschriften, die die Wirksamkeit von Vorausverfügungen über den Mietzins beschränken, die zum Schutz eines Mieters getroffenen Vereinbarungen unwirksam machen können. Dazu kommt bei einem weiteren Personenkreis, dessen Mittel zum Bau eines Eigenheims nicht ausreichen, der Wunsch nach dem Erwerb wenigstens eines eigenheimähnlichen Teils eines größeren Hauses. Hierbei ist auch der Gedanke maßgebend, daß dem Eigentümer oder demjenigen, der sich in einer eigentümerähnlichen Stellung befindet, die fortschreitende Tilgung des Fremdkapitals zugute kommt, die zu einer Ermäßigung der Wohnkosten bis auf die reinen Bewirtschaftungskosten führt, während der Mieter einen stets gleichbleibenden Mietzins zu entrichten hat.

Aus solchen Erwägungen ist der Wunsch nach neuen Rechtsformen im Wohnungsrecht, nach dem „Wohnungseigentum" und dem vererblichen und veräußerlichen „dinglichen Wohnungsrecht" entstanden, der seinen Niederschlag auch in den Bundestagsdrucksachen Nr. 168 und 252 gefunden hat. Es hat nicht an Versuchen gefehlt, dem erstrebten Ziel mit den Mitteln des geltenden Rechts nahezukommen. Insbesondere hat man eine dem Wohnungseigentum entsprechende Rechtsstellung auf dem Wege über das Miteigentum und die durch § 1010 BGB gestattete dinglich wirkende Benutzungsregelung, andererseits ein an die Stelle der Miete tretendes

BR-Drs. S. 2

„Eigenwohnrecht" auf dem Wege über § 1093 BGB erreichen wollen. Beide Versuche haben aber mangels ausreichender gesetzlicher Grundlagen nicht in zuverlässiger und rechtlich bedenkenfreier Weise zum Ziele führen können. Als weitere Rechtsgrundlage ist dann der Vorbehalt des Art. 131 EGBGB herangezogen worden, der die Ausgestaltung der Miteigentümergemeinschaft zum sogenannten „unechten Stockwerkseigentum" dem Landesrecht überläßt. Von dieser Möglichkeit hat das Land Württemberg-Baden mit seinem Gesetz über das Miteigentum nach Wohneinheiten Gebrauch gemacht; Bayern hat eine ähnliche Regelung vorbereitet. Die der Landesgesetzgebung eingeräumten Möglichkeiten sind jedoch zu eng begrenzt; außerdem ergab sich hierbei die Gefahr der Rechtszersplitterung auf einem wirtschaftlich wichtigem Gebiet.

Alle diese Umstände haben es als notwendig erscheinen lassen, den Weg einer bundesgesetzlichen Lösung des Fragenkreises zu beschreiten. Demgemäß stellt der vorliegende Entwurf dem Rechtsverkehr zwei bisher nicht gegebene rechtliche Gestaltungsmöglichkeiten zur Verfügung:

das Wohnungseigentum und

das Dauerwohnrecht.

Er beschränkt allerdings diese Rechtsformen nicht auf Wohnungen, sondern gibt die Möglichkeit, auch an Räumen, die nicht zu Wohnzwecken dienen, insbesondere also an Läden, sonstigen Gewerberäumen, Praxisräumen und dergleichen, die entsprechende Rechtsstellung zu erlangen („Teileigentum“, „Dauernutzungsrecht“).

Dabei wird nicht verkannt, daß diese neuen Rechtsformen ihre wirtschaftlichen Bewährungsproben noch zu bestehen haben werden. Man wird es aber der zukünftigen Entwicklung überlassen können, in welchem Umfang der Rechtsverkehr von den neuen Rechtsformen Gebrauch machen wird und welche Erfahrungen sich dabei ergeben werden. Es darf jedenfalls kein Mittel unversucht bleiben, das einen Anreiz zu weiteren Kapitalaufwendungen für den Wohnungsbau bieten und so zur Steigerung der Bautätigkeit beitragen kann. Die neuen Rechtsformen werden sich dann wohl auch bei der Gestaltung der Rechtsverhältnisse als zweckdienlich erweisen, die sich durch die Notwendigkeit der Beschaffung von Geldmitteln anläßlich des Lastenausgleichs und durch Maßnahmen der Grundstücksumlegung beim Wiederaufbau der zerstörten Städte ergeben werden.

BR-Drs. S. 3:

Von einem Ausbau der Miteigentümergemeinschaft in dem durch Art. 131 EGBGB vorgezeichneten Rahmen, der in früheren Erörterungen erwogen wurde, sieht der Entwurf ab. Für diese Rechtsform, die nur eine schwächere und unvollkommenere Abart des Wohnungseigentums darstellt, dürfte kein Bedürfnis mehr bestehen. Der Entwurf schließt allerdings die durch Art. 131 EGBGB der Landesgesetzgebung gegebene Möglichkeit nicht aus; andererseits erleichtert er aber die Überleitung landesrechtlicher Rechtsverhältnisse in die neuen Rechtsformen durch seinen § 62.

Die als Zitierweise gedachte abgekürzte Bezeichnung „Wohnungseigentumsgesetz“ ist dem österreichischen Gesetz vom 8. 7. 1948 nachgebildet.

I. Teil. Wohnungseigentum

Allgemeines

1. Ein auf Teile eines Hauses beschränktes Eigentum war in Gestalt des „Stockwerkseigentums“ im älteren deutschen Recht weit verbreitet. Nach neueren Forschungen war es aber wohl auch dem römischen Recht nicht völlig fremd. Im geltenden deutschen Recht hat es kaum mehr Bedeutung (vgl. Art. 182, 189 Abs. 1 Satz 3 EGBGB). In seiner eigentlichen Form ist dieses Stockwerkseigentum fast nur noch in Württemberg, dort allerdings noch in verhältnismäßig zahlreichen Fällen anzutreffen. Im Ausland, vor allem im Einflußbereich des Code Civil (vgl. Art. 664 CC) sind dagegen Rechtsformen, die das Eigentum an einer Wohnung oder an anderen Teilen eines Gebäudes ermöglichen, weit verbreitet und neuerdings vielfach beträchtlich ausgebaut worden. Sie haben große praktische Bedeutung z. B. in Frankreich, Italien, Belgien, in Nordamerika, in den lateinamerikanischen Ländern sowie in zahlreichen kleineren europäischen Ländern. Fast überall haben sie ihren Niederschlag in neueren Kodifikationen gefunden. Österreich hat im Jahre 1948 eine dem Wohnungseigentum nahekommende rechtliche Regelung in seinem bereits erwähnten Wohnungseigentumsgesetz geschaffen; in den Niederlanden wird z. Z. ein eingehender Gesetzentwurf ähnlichen Inhalts behandelt. Die in den einzelnen Ländern

gewählten Rechtsformen, durch die ein Wohnungseigentum ermöglicht werden soll, weichen in

BR-Drs. S. 4:

ihrer Konstruktion teilweise voneinander ab, was aus der Verschiedenheit der allgemeinen Grundlagen des bürgerlichen Rechts folgt.

2. Daß nicht etwa an eine Wiederbelebung des „Stockwerkeigentums" in seiner altertümlichen Form gedacht werden kann, steht außer Zweifel. Die schlechten Erfahrungen, die mit diesem Rechtsinstitut gemacht worden sind und die teilweise auf der ungenügenden tatsächlichen Abgrenzung der im Stockwerkseigentum stehenden Räume, teilweise auf der unzulänglichen rechtlichen Regelung des Verhältnisses der „Stockwerkseigentümer" untereinander beruhen, können aber nicht als Beweis gegen eine den neuzeitlichen Bauformen entsprechende Regelung angeführt werden, durch die unter Ausschaltung dieser Mängel ein Eigentumsrecht an einer Wohnung ermöglicht wird. Ziel des Entwurfs ist es, den Gedanken des Wohnungseigentums unter tunlichster Schonung unseres allgemeinen Rechtssystems wieder einzuführen. Der Entwurf hat hierfür den Weg gewählt, von dem Miteigentum auszugehen und das Sondereigentum an den Wohnungen oder sonstigen Räumen nur in Verbindungen mit dem in Miteigentum der Wohnungseigentümer stehenden Teilen des Gebäudes zuzulassen. Mit dieser Konstruktion, die das Miteigentum in den Vordergrund stellt, weicht der Entwurf von der Bundestagsdrucksache 252 und auch von einer großen Zahl ausländischer Rechte ab. Dies beruht auf der Erwägung, daß eine solche Regelung sich zwanglos in das System unseres bürgerlichen Rechts einfügen läßt und daß sie auch dem wirtschaftlichen Verhältnis der beiden Eigentumssphären entspricht; denn unzweifelhaft haben diejenigen Teile des Gebäudes, die im Miteigentum stehen (neben dem Grund und Boden die ganze tragende Konstruktion einschließlich der Außenwände, das Treppenhaus, Dach, der wesentliche Teil der Einrichtungen für die Versorgung mit Wasser, Gas usw.), einen den Wert des Sondereigentums, wie er sich aus § 5 ergibt, übersteigenden Wert.

Diese Sachlage wird im übrigen auch in den ausländischen Rechten nicht verkannt, die, wie insbesondere der Code Civil und die von ihm beeinflußten Rechte, zunächst von dem „Stockwerkseigentum" ausgehen und das Eigentum an den notwendig gemeinsamen Teilen des Gebäudes als ein Anhängsel des Sondereigentums zu behandeln scheinen (vgl. z. B. Art. 302 des italienischen Codice Civile, Libro della proprietà; Aubry-Rau, Cours de droit civil Francais, Paris 1935 2. Bd. S. 562). Wenn der Entwurf dieser Tatsache auch in der äußeren Form der Rechtsgestaltung Rechnung trägt und dabei vielleicht auf eine gewisse „optische" Wirkung verzichtet, so hat dies jedenfalls den Vorteil, daß hierdurch die

BR-Drs. S. 5:

Gefahr irriger Vorstellungen in der rechtsunkundigen Öffentlichkeit von vornherein verringert wird; außerdem wird hierdurch nachdrücklich darauf hingewiesen, daß die Wohnungseigentümer nicht individualistisch nebeneinander stehen, sondern in einer rechtlichen Gemeinschaft eng miteinander verbunden sind. Endlich läßt der Entwurf unzweideutig erkennen, daß durch die Einräumung von Sondereigentum – also einer individuellen Eigentumssphäre – sachlich der Umfang des gemeinschaftlichen Eigentums eingeengt, daß also der Anteil jedes einzelnen Miteigentümers am gemeinschaftlichen Eigentum durch das Bestehen der Sondereigentumsrechte „beschränkt" wird.

3. Eine rechtliche Gestaltung derart, daß das Stockwerkseigentum völlig von dem Eigentum an Grund und Boden getrennt wird (so insbesondere Hugenberg, Die neue Stadt, Berlin 1935) lehnt der Entwurf ab. Sie kann allerdings annähernd erreicht werden, wenn das Gebäude auf Grund eines Erbbaurechts errichtet ist. Aber auch eine solche Konstruktion kann im übrigen, wie der erwähnte Hugenbergsche Entwurf zeigt, nicht an der Tatsache vorbeikommen, daß der wesentliche Teil des Gebäudes im gemeinschaftlichen Eigentum stehen muß.

Eine rechtliche Gestaltung in der Weise, daß ein Gebäude als durch horizontale Schnitte geteilt vorgestellt und ein Alleineigentum an derartigen gedachten Teilen einschließlich aller Mauern und gemeinschaftlichen Einrichtungen anerkannt wird, läßt sich weder mit unseren allgemeinen Rechtsgrundsätzen vereinbaren, noch vermag sie den wirklichen Verhältnissen gerecht zu werden, die ohne eine enge Gemeinschaft aller Beteiligten rechtlich nicht zutreffend erfaßt werden können.

4. Andererseits beschränkt sich der Entwurf nicht darauf, die Miteigentümergemeinschaft in der Weise auszugestalten, daß jedem Miteigentümer lediglich ein Benutzungsrecht an bestimmten Räumen oder Gebäudeteilen eingeräumt wird. Der Entwurf läßt vielmehr in Durchbrechung des Grundsatzes des § 93 BGB in beschränktem Umfang ein Alleineigentum an Gebäudeteilen zu, das nach bisherigem Recht nicht bestehen konnte; er gestattet dadurch in dem gezogenen engen Rahmen Zugriffe auf die Substanz der im Sondereigentum stehenden Bestandteile des Gebäudes. Da andererseits das Sondereigentum im Sinne des Entwurfs stets nur in Verbindung mit einem Miteigentumsanteil begründet werden kann und da es mit diesem unlösbar verbunden ist, können sich rechtliche Schwierigkeiten nicht ergeben. Der Entwurf geht, indem er ein wirkliches Sondereigentum zuläßt aber jedenfalls über die durch Art. 131 EGBGB gezogenen Grenzen und auch über die in dem österreichischen Wohnungs-

BR-Drs. S. 6:

eigentumsgesetz und in dem niederländischen Entwurf vorgesehene Rechtsgestaltung hinaus.

5. Der Gedanke, daß die im Wohnungseigentum stehende Wohnung eine Art von Eigenheim darstellen soll – entsprechendes gilt dann auch für sonstige Räume –, wird die Richtung weisen können sowohl für die rechtliche Auslegung als für die praktische Handhabung des Entwurfs. Er hat namentlich auch in der steuerrechtlichen Behandlung des Wohnungseigentums (vgl. § 61 des Entwurfs) seinen Ausdruck gefunden.

Gliederung:

Der erste Teil gliedert sich nach einem einleitenden § 1 (Begriffsbestimmungen) in vier Abschnitte, von denen der erste die Begründung des Wohnungseigentums, der zweite die Gemeinschaft der Wohnungseigentümer, der dritte die Verwaltung des gemeinschaftlichen Eigentums und der vierte das Wohnungserbbaurecht behandelt.

Zu § 1:

§ 1 enthält einige wichtige Begriffsbestimmungen, die bei der Regelung des Wohnungseigentums von besonderer Bedeutung sind. Er spricht zunächst in Abs. 1 aus, daß nach Maßgabe des Gesetzes an Wohnungen das „Wohnungseigentum", an nicht zu Wohnzwecken dienenden Räumen eines Gebäudes das „Teileigentum" begründet werden kann, und bestimmt in den Absätzen 2 und 3 das Wohnungseigentum bzw. das Teileigentum als eine Verbindung von Sondereigentum an den Räumen mit einem Miteigentumsanteil an dem gemeinschaftlichen Eigentum. Abs. 4 definiert dann den Begriff des gemeinschaftlichen Eigentums: Gemeinschaftliches Eigentum sind das Grundstück sowie die Teile, Anlagen und Einrichtungen des Gebäudes, die nicht in Sondereigentum oder im Eigentum eines Dritten stehen. Bei Gegenständen, die im Eigentum eines Dritten stehen, ist insbesondere an Elektrizitäts- oder Gasanlagen gedacht, die vielfach im Eigentum des betreffenden Unternehmens verbleiben. Abs. 5 schließlich spricht aus, daß für das Teileigentum die Vorschriften über das Wohnungseigentum entsprechend gelten. Die Notwendigkeit, neben dem Begriff des Wohnungseigentums noch den des Teileigentums einzuführen, beruht darauf, daß es an einem Ausdruck fehlt, der sowohl Wohnungen als nicht zu Wohnzwecken dienende Räume erfaßt. Der gelegentlich erörterte Gedanke, für beide Begriffe den

Oberbegriff des „Gelaßeigentums“ zu bilden, ist aus sprachlichen Gründen abgelehnt worden.

BR-Drs. S. 7:

1. Abschnitt. Begründung des Wohnungseigentums

Zu § 2:

§ 2 gibt einen Hinweis darauf, daß das Wohnungseigentum sowohl durch Vertrag der Miteigentümer als durch einseitige Teilungserklärung des Eigentümers begründet werden kann. Wegen der Erläuterung im einzelnen ist auf die folgende Paragraphen zu verweisen:

Zu § 3:

I. § 3 enthält die grundlegende Vorschrift über die Begründung des Wohnungseigentums und bringt zum Ausdruck, daß das Wohnungseigentum zwei „Eigentumssphären“ in sich schließt: einmal einen Anteil am gemeinschaftlichen Eigentum (§ 1 Abs. 4) und dann das Sondereigentum an der Wohnung oder an den sonstigen Räumen (vgl. hierzu § 5). Voraussetzung für die Einräumung des Sondereigentums ist, daß derjenige, der es erhalten soll, Miteigentümer des Grundstücks ist. Durch die ausdrückliche Bezugnahme auf § 1008 des BGB ist zum Ausdruck gebracht, daß das Wohnungseigentum in seiner Verbindung von Miteigentum und Sondereigentum lediglich ein besonders ausgestaltetes Miteigentum darstellt. Im übrigen ist die Begründung von Sondereigentum durch Vertrag der Miteigentümer nur in der Weise möglich, daß jedem der Miteigentümer auch Sondereigentum an bestimmten Räumen eingeräumt ist. Eine Gestaltung der Rechtsverhältnisse in der Weise, daß einzelne Miteigentümer Sondereigentum haben, andere nicht, ist nach dem Entwurf ausgeschlossen, um unklare Rechtsverhältnisse zu vermeiden. Nicht dagegen ist erforderlich, daß das ganze Gebäude räumlich vollständig in Sondereigentumsteile aufgelöst ist. Es kann also auch ein Teil eines Gebäudes ohne Sondereigentum im Miteigentum der Beteiligten stehen. Er gehört dann zum gemeinschaftlichen Eigentum und kann von den Miteigentümern gemeinschaftlich genutzt, insbesondere vermietet oder verpachtet werden (z. B. ein Laden im Erdgeschoß eines Wohnhauses).

II. Wie bereits bei § 1 ausgeführt, läßt der Entwurf die Begründung von Sondereigentum nicht nur an Wohnungen, sondern auch an nicht zu Wohnzwecken dienenden Räumen zu. Auch kann die Vereinbarung über die Einräumung von Sondereigentum schon vor der Einrichtung oder Fertigstellung des Gebäudes getroffen werden; in einem solchen Falle entsteht nach allgemeinen Rechtsgrundsätzen das Sondereigentum allerdings erst mit der Errichtung der entsprechenden Gebäudeteile. Der Entwurf

BR-Drs. S. 8:

sieht also keine Beschränkung nach Art der Grundstücke oder Art der Räume oder Art der Benutzung oder etwa auf Neubauten vor. Erforderlich ist lediglich, daß die Voraussetzungen des § 3 Abs. 2 über die Abgeschlossenheit erfüllt sind.

III. Der Entwurf konstruiert das Wohnungseigentum, wie bereits ausgeführt, als ein Miteigentum, das in der durch § 1010 BGB angedeuteten Richtung in besonderer Weise weiter ausgestaltet ist, und verbindet dabei das Sondereigentum und den Miteigentumsanteil zu einer unlöslichen rechtlichen Einheit, eben dem Wohnungseigentum (§ 6). Daraus folgt:

1. Alles, was nicht im Sondereigentum oder im Eigentum eines Dritten steht, steht im Miteigentum, ist also gemeinschaftliches Eigentum (vgl. § 1 Abs. 4). Dies entspricht allen ausländischen Rechten, denen das Wohnungseigentum und ähnliche Rechtsformen bekannt sind, und auch den Rechtsgrundsätzen, die in Deutschland landesrechtlich erhalten geblieben sind.

2. Für den mit Sondereigentum verbundenen Miteigentumsanteil, also das „Wohnungseigentum", gelten grundsätzlich die für Miteigentumsanteile an Grundstücken geltenden Vorschriften. Er kann also veräußert werden und zwar in der Form des § 925 BGB, er kann mit Hypotheken belastet werden (§ 1114 BGB), er ist vererblich. Ebenso gilt für Verpflichtungsgeschäfte die Form des § 313. Für das Verhältnis der Wohnungseigentümer untereinander gelten die Vorschriften über das Miteigentum und damit der Gemeinschaft (vgl. § 10 Abs. 1) soweit nicht der Entwurf etwas Abweichendes bestimmt. Grundbuchrechtlich ist insbesondere auf § 47 GBO zu verweisen, der verlangt, daß das Beteiligungsverhältnis der Miteigentümer (Wohnungseigentümer) nach Bruchteilen anzugeben ist (vgl. auch § 9 Buchst. b der Grundbuchverfügung).

3. Die besondere Ausgestaltung des Miteigentums macht allerdings auch einige Abweichungen von der für das gewöhnliche Miteigentum geltenden Regelung notwendig. So erhält – anders als beim gewöhnlichen Miteigentum – grundsätzlich jeder Miteigentumsanteil ein eigenes Grundbuchblatt (vgl. § 7). Auch sonst wird eine gewisse Verselbständigung angestrebt, die ihren Ausdruck z. B. auch in den steuerrechtlichen Vorschriften (§ 61) findet.

Weitere Unterschiede folgen daraus, daß beim Wohnungseigentum der Miteigentumsanteil mit dem Sondereigentum an einem realen Gebäudeteil

BR-Drs. S. 9:

verbunden ist, also nicht nur einen ideellen Anteil, sondern die tatsächliche Herrschaftsmöglichkeit über einen Teil des Gebäudes gewährt. Insoweit vermag das Wohnungseigentum also auch – anders als der ideelle Miteigentumsanteil – die Grundlage für die Ausübung einer Dienstbarkeit (z. B. eines Wohnungsrechts i. S. des § 1093 BGB) zu bieten. Eine ausdrückliche Bestimmung darüber, daß das Wohnungseigentum mit einem solchen Recht belastet werden kann, erschien deshalb entbehrlich.

4. Auch der Entwurf geht von dem Grundsatz der §§ 93, 94 BGB aus, daß ein auf einem Grundstück errichtetes Gebäude als wesentlicher Bestandteil in das Eigentum des Grundstückseigentümers fällt. Er durchbricht diesen Grundsatz aber in unbegrenztem Umfang, indem er im Rahmen des § 5 ein Einzeleigentum an bestimmten Teilen des Gebäudes zuläßt (vgl. auch die Ausführungen unter 5. vor § 1).

IV. Die Einräumung des Sondereigentums ist nach dem Wortlaut des § 3 Abs. 1 (übereinstimmend § 7 Abs. 1 Satz 2) und nach dem Grundgedanken des Entwurfs eine „Beschränkung", keine „Belastung" der Miteigentumsanteile; darin weicht der Entwurf von § 1010 BGB ab. Demgemäß kann die Frage nach einem Rangverhältnis zwischen dem Sondereigentum und Belastungen des Gesamtgrundstücks nicht auftreten. Aus diesem Grunde erfordert der Entwurf auch nicht die Freiheit des Grundstücks von dinglichen Belastungen bei Einräumung von Sondereigentum. Da das Wohnungseigentum nichts anderes als ein besonders ausgestaltetes Miteigentum ist, werden Hypotheken, die an dem Gesamtgrundstück bereits bestehen, durch die Teilung zu Gesamthypotheken an den zu Wohnungseigentumsrechten ausgebildeten Miteigentumsanteilen (§ 1132 BGB, ständige Rechtsprechung). Das gleiche gilt, wenn die Wohnungseigentümer gemeinschaftlich das gesamte Grundstück belasten.

Möglich ist aber auch eine Belastung jedes einzelnen Miteigentumsanteils (Wohnungseigentums) durch gesonderte Hypotheken (§ 1114 BGB). Eine solche „Stückelung" der Hypotheken ist erwünscht, weil die Gesamtbelastung zu rechtlichen und wirtschaftlichen Schwierigkeiten führt, die zu bekannt sind, um hier im einzelnen erörtert zu werden. Ebenso sollte nach Möglichkeit auch die persönliche Schuld der Wohnungseigentümer in solchen Fällen nicht als Gesamtschuld, sondern als Teilschuld gestaltet werden. Allenfalls kann bei einer solchen Regelung das erhöhte Risiko des Gläubigers durch eine Ausfallversicherung gedeckt werden. Soweit Kreditinstitute auf eine gesamthypothekarische Sicherung nicht glauben verzichten zu können, kann die Gefahr der

BR-Drs. S. 10:

Gesamthaftung für den einzelnen Wohnungseigentümer dadurch verringert werden, daß der Gläubiger sich verpflichtet, grundsätzlich nur gegen denjenigen Wohnungseigentümer vorzugehen, der mit seinen Leistungen in Verzug gerät, und erst wenn eine solche Inanspruchnahme (persönlich oder dinglich) nicht zur Befriedigung des Gläubigers geführt haben sollte, auch die übrigen Wohnungseigentümer in Anspruch zu nehmen. Erwähnt sei, daß nach Berichten in Italien, wo das Wohnungseigentum weit verbreitet ist, die Realkreditinstitute grundsätzlich nur die einzelnen Anteile beleihen. Dem Ziele, die Wohnungseigentumsrechte nach Möglichkeit voneinander unabhängig zu machen, dient im übrigen auch § 61 Abs. 1, der bestimmt, daß jedes Wohnungseigentum selbständig zur Grundsteuer herangezogen wird.

V. Die Zwangsvollstreckung in das Wohnungseigentum richtet sich nach den allgemein für Miteigentumsanteile an Grundstücken geltenden Vorschriften. Da im Falle der Zwangsverwaltung § 149 ZVG anzuwenden ist, wonach dem Schuldner die für seinen Hausstand unentbehrlichen Räume zu belassen sind, wird die Zwangsverwaltung im allgemeinen Aussicht auf Erfolg nur bieten, wenn die Wohnung oder sonstigen Räume vermietet oder verpachtet sind.

VI. Abs. 2 verlangt in Form einer Soll-Vorschrift, daß die Wohnungen oder sonstigen Räume in sich abgeschlossen sind. Dieses Erfordernis soll zur Vermeidung aller jener Streitigkeiten beitragen, die auf unklaren tatsächlichen und rechtlichen Verhältnissen beruhen und das Stockwerkseigentum alter Art in Verruf gebracht haben. Der Entwurf sieht davon ab, dieses Erfordernis im einzelnen näher zu umschreiben und überläßt dies den gemäß § 59 zu erlassenden Richtlinien. Dabei werden insbesondere folgende Voraussetzungen aufzustellen sein: freie Zugänglichkeit der Wohnung vom gemeinschaftlichen Eigentum aus ohne Berührung des Sondereigentums eines anderen Wohnungseigentümers, Abschließbarkeit, das Vorhandensein einer eigenen Küche für jede Wohnung, Selbständigkeit in bezug auf Zähleinrichtungen für Gas und Elektrizität. Bezüglich der Nebengelasse (Keller, Speicher) wird zu verlangen sein, daß diese Räume, die nicht in unmittelbarem räumlichen Zusammenhang mit der Wohnung stehen können, wenigstens jeweils für sich abgeteilt und verschließbar sind; andernfalls werden sie nicht Gegenstand des Sondereigentums sein können; allenfalls käme eine Benutzungsregelung i. S. der §§ 15 Abs. 1, 10 Abs. 2 in Betracht.

BR-Drs. S. 11:

Der Nachweis, daß die Voraussetzungen des § 3 Abs. 2 erfüllt sind, ist durch eine Bescheinigung der Baubehörde nach § 7 Abs. 4 Nr. 2, § 59 zu führen. Da § 3 Abs. 2 eine Sollvorschrift ist, kann die Rechtswirksamkeit der Einräumung von Sondereigentum nach der Eintragung in das Grundbuch nicht unter Berufung auf diese Vorschrift in Zweifel gezogen werden.

Zu § 4:

§ 4 gibt Formvorschriften für die Einräumung und Aufhebung des Sondereigentums. Da es sich hierbei um dingliche Rechtsänderungen bezüglich des Eigentums an einem Grundstück handelt und da diese Rechtsänderungen ohnehin in der Regel mit der Einräumung von Miteigentum an einem Grundstück verbunden sind, erscheint es angebracht, für diese Rechtsänderungen, die für die Eigentumsübertragung an Grundstücken geltenden Vorschriften für anwendbar zu erklären.

Neben den besonderen Vorschriften des § 4 Abs. 1 und 2 gelten auch die Vorschriften der §§ 873 ff. Hierbei sind insbesondere die Vorschriften der §§ 877, 876 BGB von Bedeutung. Es ergibt sich hieraus, daß zur Begründung von Sondereigentum bei bereits bestehendem Miteigentum und zur Aufhebung des Sondereigentums die Zustimmung dinglicher Gläubiger erforderlich ist, wenn die Anteile selbständig belastet sind, weil dadurch der Gegenstand des belasteten Miteigentumsanteils und damit der Inhalt des belasteten Rechts verändert wird.

Zu § 5:

I. § 5 enthält zunächst in seinen Absätzen 1 bis 3 die Vorschriften über den **Gegenstand** des Sondereigentums und umschreibt diesen in Abs. 1 positiv, in Abs. 2 negativ.

Hieraus ergibt sich folgendes:

1. In erster Linie sind als Gegenstand des Sondereigentums **die Räume** genannt, die durch den Willen der Vertragschließenden nach § 3 Abs. 1 bestimmt sind (vgl. auch § 905 BGB).

BR-Drs. S. 12:

2. Hinsichtlich der Bestandteile des Gebäudes (also der körperlichen, in das Grundstück und das Gebäude eingefügten Sachen), die diese Räume entstehen lassen und tatsächlich darstellen, sind zu unterscheiden:

a) Bestandteile, die verändert, beseitigt oder eingefügt werden können, ohne daß dadurch das gemeinschaftliche Eigentum oder ein auf Sondereigentum beruhendes Recht eines anderen Wohnungseigentümers über das nach § 14 zulässige Maß hinaus beeinträchtigt oder die äußere Gestaltung des Gebäudes verändert wird (Abs. 1). Hierher gehören z. B. nichttragende Zwischenwände, Türen, Decken, Fußbodenbelag, Blindboden,

b) Teile des Gebäudes, die für dessen Bestand oder Sicherheit erforderlich sind (Abs. 2). Hierher gehören alle jene Bestandteile des Gebäudes, die nicht Gegenstand des Sondereigentums sein können, insbesondere also auch Gegenstände, deren Veränderung das äußere Bild des Gebäudes verändern würden. Zu erwähnen sind demgemäß z. B. die tragende Konstruktion des Hauses, das Dach, der Außenputz des Hauses und dergleichen,

c) alle jene Teile des Gebäudes, die entweder nicht zu den im Sondereigentum stehenden Räumen gehören (z. B. Treppenhaus) oder bei denen aus anderen Gründen die Voraussetzungen des Abs. 1 nicht gegeben sind (z. B. Zwischenwände zwischen einer Wohnung und dem gemeinschaftlichen Treppenhaus, auch wenn sie nicht tragende Wände i. S. des Abs. 2 darstellen).

Zu a) bis c):

Bestandteile der zu a) genannten Art können Gegenstand des Sondereigentums sein mit der Folge, daß über sie, wenn sie im Sondereigentum stehen, der betreffende Wohnungseigentümer unter Ausschluß der übrigen zur Verfügung berechtigt ist. Bestandteile der in b) und c) bezeichneten Art stehen im Miteigentum und zwar auch dann, wenn sie die im Sondereigentum stehenden Räume umschließen; kein Wohnungseigentümer kann also hierüber selbständig und eigenmächtig verfügen.

BR-Drs. S. 13:

3. Anlagen und Einrichtungen, die dem gemeinschaftlichen Gebrauch der Miteigentümer dienen und – wie zu ergänzen ist – soweit sie diesem Gebrauch dienen, gehören zum gemeinschaftlichen Eigentum, selbst wenn sie sich im Bereich der Sondereigentumsräume befinden (Abs. 2). Hier ist z. B. an Wasserleitungen, Gas- und Heizungsanlagen zu denken.

4. Ein besonderes Miteigentum an Bestandteilen des Gebäudes, an denen an sich nach Abs. 1 Sondereigentum bestehen könnte, an denen aber zwei Wohnungseigentümer beteiligt sind (in Betracht kommt insbesondere die Zwischenwand zwischen zwei im Wohnungseigentum stehenden Wohnungen, wenn sie nicht zu den tragenden Teilen des Gebäudes gehört), ist nicht vorgesehen. Da aus dem Sondereigentum auch das Recht zu inneren baulichen Veränderungen folgt (vgl. § 13 Abs. 1), dürfte auch ohne ausdrückliche Vorschrift klar sein, daß in solchen Fällen bauliche Veränderungen von den unmittelbar beteiligten Wohnungseigentümern gemeinschaftlich vorgenommen werden können. Im übrigen kommt auch eine entsprechende Anwendung des § 922 BGB in Betracht.

5. Abs. 3 gibt die Möglichkeit, Gegenstände, die an sich im Sondereigentum stehen könnten, zum gemeinschaftlichen Eigentum zu erklären (vgl. auch § 7 Abs. 3) und so der Verfügungsgewalt des einzelnen Wohnungseigentümers zu entziehen.

6. Eine Möglichkeit, das Sondereigentum auf außerhalb des Gebäudes liegende Teile des Grundstücks zu erstrecken, ist nicht vorgesehen. Eine solche Regelung wäre bedenklich, da sie zu einer besonderen Art der realen Teilung von Grundstücken führen würde. Ein Bedürfnis hierfür ist zu verneinen, weil insoweit eine Benutzungsregelung (entsprechend § 1010 BGB) nach § 15 Abs. 1 in Verbindung mit § 10 Abs. 2 ausreicht.

II. Bezüglich des **Inhalts** des Sondereigentums gibt § 5 in seinem Absatz 4 einen Hinweis auf die in § 10 Abs. 2 vorgesehene Möglichkeit, Vereinbarungen über das Verhältnis der Wohnungseigentümer untereinander zum Inhalt des Sondereigentums zu machen. Außerdem ist auf § 13 zu verweisen, in dem die Rechte des Wohnungseigentümers näher umschrieben sind.

BR-Drs. S. 14:

Zu § 6:

§ 6 bringt die enge Verbindung zwischen Miteigentumsanteil und Sondereigentum zu dem einheitlichen Wohnungseigentum zum Ausdruck (vgl. § 1). Eine Aufhebung des Sondereigentums ist möglich (vgl. § 4); sie hat zur Folge, daß sich die Gemeinschaft der Wohnungseigentümer in die gewöhnliche Miteigentümergemeinschaft des BGB verwandelt.

Zu § 7:

§ 7 enthält die Grundbuchvorschriften. Grundsätzlich soll nach Abs. 1 Satz 1 – anders als beim gewöhnlichen Miteigentum – für jedes Wohnungseigentum ein besonderes Grundbuchblatt angelegt werden. Eine Abweichung ist allerdings durch Abs. 2 gestattet; sie wird namentlich dann in Betracht kommen, wenn die einzelnen Anteile nicht selbständig, sondern gesamthypothekarisch belastet sind.

Abs. 1 Satz 2 bestimmt, in welcher Form das Wohnungseigentum im Grundbuch eingetragen wird (vgl. hierzu auch die Erläuterung IV zu § 3). Zu Abs. 1 Satz 3 vgl. die §§ 34, 36 der Grundbuchverfügung für den ähnlichen Fall des § 3 Abs. 3 der Grundbuchordnung. Bestehende Belastungen werden unter Hinweis auf die Mithaft der anderen Miteigentumsanteile übertragen (vgl. § 48 GBO, § 10 Abs. 4, § 11 Abs. 5 der Grundbuchverfügung). Wegen der Schließung der Wohnungsgrundbücher bei Aufhebung oder Gegenstandsloswerden der Sondereigentumsrechte vgl. § 9.

Abs. 3 ermöglicht in weitem Umfang die Bezugnahme auf die Eintragungsbewilligung (vgl. § 874 BGB).

Von erheblicher Bedeutung ist Abs. 4. Er bestimmt, daß der Eintragungsbewilligung ein Aufteilungsplan und eine Bescheinigung der Baubehörde beizufügen sind, wonach die Voraussetzungen des § 3 Abs. 2 hinsichtlich der Abgeschlossenheit vorliegen. Der Aufteilungsplan kann zwar nicht eine genaue Beschreibung der im Sondereigentum stehenden Räume in der Weise ersetzen, daß zu deren Bezeichnung auf den Aufteilungsplan Bezug genommen werden könnte. Wohl aber wird der Aufteilungsplan zur Klarstellung wesentlich beitragen (vgl. § 176 Abs. 2 FGG). Die Bescheinigung der Baubehörde wird dem Grundbuchrichter im Regelfall eine weitere Nachprüfung ersparen. Richtlinien für diese Bescheinigung sollen nach § 59 des Entwurfs vom Bundesminister

BR-Drs. S. 15:

für Wohnungsbau im Einvernehmen mit dem Bundesminister der Justiz erlassen werden. Vgl. im übrigen die Erläuterungen zu § 3 Abs. 2.

Auch hinsichtlich der Grundbuchführung werden in Ergänzung der Grundbuchverfügung noch Verwaltungsvorschriften zu treffen sein.

Zu § 8:

§ 8 gibt eine dem bisherigen Recht unbekannte Möglichkeit, das Eigentum an einem Grundstück entsprechend der beabsichtigten Aufgliederung des Gebäudes nach Wohneinheiten in Miteigentumsanteile zu zerlegen, sofern diese den Voraussetzungen, die an das Wohnungseigentum gestellt werden, genügen. Rechtlich ist eine solche Teilung der Teilung eines Grundstückes in selbständige Grundstücke nachgebildet; die Erklärung des Eigentümers bedarf der Form des § 29 der Grundbuchordnung. Die Führung eines gemeinschaftlichen Wohnungsgrundbuches (§ 7 Abs. 2) ist für diesen Fall nicht gestattet.

Der Eigentümer wird von der Möglichkeit der Teilung dann Gebrauch machen, wenn er die Veräußerung des Hauses in Anteilen nach Wohnungseigentumsrechten beabsichtigt; die Teilung und die Anlegung der Wohnungsgrundbücher kann dann zur Klarstellung der Rechtsverhältnisse und zur Erleichterung des Grundbuchverkehrs beitragen, auch wenn die Erwerber im einzelnen noch nicht gefunden sind.

Wegen des Falles der Vereinigung sämtlicher Anteile in einer Person vgl. § 9 Abs. 1 Nr. 3.

Zu § 9:

§ 9 regelt die Schließung der Wohnungsgrundbücher. Zu den Voraussetzungen der Schließung ist folgendes auszuführen:

a) Wenn die Sondereigentumsrechte aufgehoben werden (Abs. 1 Nr. 1), verwandelt sich die besondere Wohnungseigentümergemeinschaft in die gewöhnliche Miteigentümergemeinschaft des BGB. In diesem Falle werden die Wohnungsgrundbücher von Amts wegen geschlossen.

BR-Drs. S. 16:

b) Wenn das Gebäude völlig zerstört ist und die Wohnungseigentümer darüber einig sind, daß es nicht wieder aufgebaut werden soll, besteht kein Anlaß mehr zur Aufrechterhaltung der Wohnungseigentümergemeinschaft. Deshalb gestattet Abs. 1 Nr. 2 in einem solchen Falle auf Antrag sämtlicher Wohnungseigentümer die Schließung der Wohnungsgrundbücher auch ohne förmliche Aufhebung der Sondereigentumsrechte. Ergänzende Vorschriften für den Fall der Zerstörung des Gebäudes sind in § 11 Abs. 1 Satz 2 und in § 22 des Entwurfs enthalten.

c) Der Fall, daß sämtliche Wohnungseigentumsrechte sich in einer Person vereinigen, kann insbesondere dann eintreten, wenn die mit einer Gesamthypothek belasteten Anteile sämtlich durch Zwangsversteigerung auf einen einzigen Erwerber übergehen. Der Ersteher kann in diesem Fall die Gestaltung nach Wohnungseigentumsrechten beibehalten (vgl. § 8) und die Anteile wieder gesondert weiterveräußern: Er kann aber auch die Aufteilung zum Wegfall bringen, indem er den Antrag auf Schließung der Wohnungsgrundbücher stellt.

Die Vorschrift des Abs. 2 trägt den bei § 4 erörterten Gesichtspunkten und den §§ 877, 876 BGB Rechnung.

Abs. 3 regelt den Vollzug der Schließung der Wohnungsgrundbücher.

BR-Drs. S. 17:

2. Abschnitt. Gemeinschaft der Wohnungseigentümer

Der zweite Abschnitt behandelt das Verhältnis der Wohnungseigentümer untereinander mit Ausnahme der Verwaltung, die im dritten Abschnitt geregelt ist. Der Entwurf macht keinen Unterschied in der rechtlichen Behandlung der Gemeinschaften nach der Zahl der Anteile. Bezüglich der Regelung des Verhältnisses der Wohnungseigentümer untereinander besteht weitgehend Vertragsfreiheit der Beteiligten.

Zu § 10:

Abs. 1 spricht aus, daß sich das Verhältnis der Wohnungseigentümer untereinander nach den Vorschriften des Entwurfs und ergänzend nach den Vorschriften des BGB über die Gemeinschaft bestimmt. Dies entspricht der auf den §§ 1008 ff. BGB aufbauenden Konstruktion des Entwurfs. Auch die Vorschriften des Entwurfs selbst bedeuten in weitem

Umfang nichts anderes, als eine Anwendung der Grundsätze des BGB auf die besondere Gemeinschaft der Wohnungseigentümer.

Von großer Bedeutung ist Abs. 1 Satz 2, der von den Vorschriften des Entwurfs abweichende Vereinbarungen gestattet, soweit nicht etwas anderes ausdrücklich bestimmt ist (vgl. § 20 Abs. 2, § 77 Abs. 3). Vereinbarungen, durch die die Wohnungseigentümer ihr Verhältnis untereinander regeln, bedürfen als schuldrechtliche Vereinbarungen an sich nicht der Eintragung in das Grundbuch. In Übereinstimmung mit dem Grundgedanken des § 1010 BGB ist aber in Abs. 2 bestimmt, daß solche von der gesetzlichen Regelung abweichende Vereinbarungen gegen den Sondernachfolger eines Wohnungseigentümers nur wirken, wenn sie als Inhalt des Sondereigentums im Grundbuch eingetragen sind. Dagegen ist dieses Erfordernis für Beschlüsse der Wohnungseigentümer (§ 23) und Entscheidungen des Richters (§ 43) zur Vermeidung von Zweifeln ausdrücklich ausgeschlossen. Ebenso dient der Abs. 4 der Klarstellung von Zweifeln.

Zu § 11:

Das Wohnungseigentum gibt nur dann eine gesicherte Rechtsstellung, wenn die Gemeinschaft nicht einseitig gesprengt werden kann. Diesem Gedanken, der auch in Art. 131 EGBGB seinen Ausdruck gefunden hat, entspricht die Regelung des § 11. Eine abweichende

BR-Drs. S. 18:

Vereinbarung läßt Abs. 1 Satz 2 nur für den Fall zu, daß das Gebäude ganz oder teilweise zerstört ist, eine Verpflichtung zum Wiederaufbau nicht besteht und demgemäß die Aufrechterhaltung der Gemeinschaft ihren Sinn verloren hat (vgl. hierzu auch § 22 Abs. 2).

Zu § 12:

§ 12 gibt die Möglichkeit, entsprechend der in der Erbbaurechtsverordnung getroffenen Regelung durch Vertrag eine Veräußerungsbeschränkung zu schaffen. Ein gesetzliches Vorkaufsrecht der anderen Wohnungseigentümer ist nicht vorgesehen; die vertragliche Einräumung von Vorkaufsrechten steht den Wohnungseigentümern frei.

Zu § 13:

§ 13 umschreibt die Rechtsstellung des Wohnungseigentümers. In Abs. 1 spricht er zunächst aus, daß der Wohnungseigentümer in bezug auf das Sondereigentum die Rechtsstellung des Einzeleigentümers ist, wie diese in § 903 BGB ihren Ausdruck gefunden hat. Abs. 2 gibt dann einen Hinweis auf die aus der Miteigentümerstellung folgenden Rechte: das Recht zum Mitgebrauch des gemeinschaftlichen Eigentums (§§ 14, 15) und – abgesehen von dieser Beteiligung an den Gebrauchsvorteilen (§ 100 BGB) – den Anspruch auf einen Anteil an den sonstigen Nutzungen nach Maßgabe des § 16 (z. B. an Mieteinkünften aus dem gemeinschaftlichen Eigentum).

Zu § 14:

§ 14 umschreibt die aus der Gemeinschaft erwachsenden Pflichten der Wohnungseigentümer beim Gebrauch des Sondereigentums und des gemeinschaftlichen Eigentums. In Nr. 1 wird die grundsätzliche Pflicht der Wohnungseigentümer hervorgehoben, von dem Sondereigentum wie von dem gemeinschaftlichen Eigentum nur in solcher Weise Gebrauch zu machen, daß jede Beeinträchtigung der anderen Wohnungseigentümer über das unvermeidliche Maß hinaus unterbleibt (vgl. § 743 Abs. 2 BGB). Durch Nr. 2 wird unbeschadet der allgemeinen Haftungsvorschriften des bürgerlichen Rechts (insbesondere der §§ 278, 831 BGB) die Verwantwortlichkeit des Wohnungseigentümers für Personen geregelt, die seinem Hausstand oder Geschäftsbetrieb angehören oder denen er sonst den Gebrauch überläßt.

Die weiteren Vorschriften betreffen die den Nrn. 1 und 2 entsprechenden Duldungspflichten. Dabei gibt Nr. 4 noch eine ergänzende Vorschrift für den Fall, daß das Betreten des Sondereigentums zur Instandhaltung oder Instandsetzung des gemeinschaftlichen

BR-Drs. S. 19:

Eigentums erforderlich ist; der Ersatz des hierdurch entstehenden Schadens gehört nach § 16 Abs. 4 zu den Kosten der gemeinschaftlichen Verwaltung und muß demgemäß von der Gemeinschaft getragen werden.

Bei Verstößen gegen die in § 14 bestimmten Pflichten haben die Wohnungseigentümer die gewöhnlichen Ansprüche aus Besitz- und Eigentumsstörung. Darüber hinaus gibt § 18 noch einen besonderen Rechtsbehelf, die Klage auf Entziehung des Wohnungseigentums.

Streitigkeiten über den Gebrauch zwischen den Wohnungseigentümern werden nach § 43 Abs. 1 Nr. 1 des Entwurfs im Verfahren der freiwilligen Gerichtsbarkeit entschieden.

Zu § 15:

Die Wohnungseigentümer können sowohl über den Gebrauch des Sondereigentums als auch des gemeinschaftlichen Eigentums Vereinbarungen treffen. Soweit Vereinbarungen nicht bestehen, kann die Regelung im Rahmen der Absätze 2, 3 und in Übereinstimmung mit § 745 Abs. 1 und 2 BGB durch Stimmenmehrheit von den Wohnungseigentümern beschlossen oder auf Verlangen eines Wohnungseigentümers notfalls durch den Richter (§ 43) getroffen werden. Dabei wird es sich empfehlen, Fragen von nicht nur vorübergehender Bedeutung in der nach § 21 Abs. 5 Nr. 1 aufzustellenden Hausordnung zu regeln.

Zu § 16:

Abs. 1 Satz 1 entspricht dem § 743 Abs. 1 BGB. Maßgeblich für das Anteilsverhältnis ist nach Satz 2 das im Grundbuch eingetragene Beteiligungsverhältnis. Abs. 2 entspricht dem § 748 BGB. Die Absätze 3 bis 5 enthalten einige Klarstellungen. Zu betonen ist, daß die Vorschriften des § 16 durch Vereinbarung der Beteiligten abgeändert werden können; dagegen unterliegen sie keiner Änderung durch Mehrheitsbeschluß (vgl. auch § 745 Abs. 3 Satz 2 BGB). Der Entwurf hat davon abgesehen zu verlangen, daß das Beteiligungsverhältnis am gemeinschaftlichen Eigentum in Übereinstimmung mit dem Verhältnis des Werts der Sondereigentumsrechte steht. Die Nachprüfung, ob ein solches Erfordernis erfüllt wäre, würde den Richter vor eine kaum lösbare Aufgabe stellen. Der Entwurf überläßt es daher den Wohnungseigentümern, ihr Anteilsverhältnis möglichst richtig zu bestimmen; da sich grundsätzlich auch ihr Anteil an den Nutzungen und Lasten nach diesem Verhältnis bestimmt und darüber

BR-Drs. S. 20:

hinaus dieses Verhältnis für den Anteil des Einzelnen an den Baukosten wie für die Kapitalbeteiligung überhaupt maßgeblich sein wird, wird jeder Wohnungseigentümer eine möglichst genaue Bestimmung seines Anteilsverhältnisses anstreben. Als Anhaltspunkt wird in der Regel der Anteil an der nutzbaren Wohnfläche unter Berücksichtigung besonderer Wertfaktoren (Lage, Stockwerk und dergleichen) dienen können.

Zu § 17:

Wird die Gemeinschaft durch Vereinbarung der Wohnungseigentümer oder durch Gegenstandsloswerden im Sinne des § 9 Abs. 1 Nr. 2 oder auf Grund einer Vereinbarung nach § 11 Abs. 1 Satz 2 aufgehoben, so bestimmt sich der Anteil der Miteigentümer nach den Vorschriften des § 17. Da in dem Augenblick, in dem die Sondereigentumsrechte erlöschen, auch diejenigen Bestandteile des Gebäudes, die bisher im Sondereigentum standen, in das gemeinschaftliche Eigentum übergehen, können sich Wertverschiebungen ergeben, die bei der Auseinandersetzung abweichend von dem im Grundbuch eingetragenen Beteiligungsverhältnis berücksichtigt werden müssen. Im übrigen sind die Vorschriften der §§ 752 ff. BGB anzuwenden.

Zu §§ 18, 19:

Da die Gemeinschaft der Wohnungseigentümer grundsätzlich unlöslich ist, muß ein Rechtsbehelf geschaffen werden, der es ermöglicht, einen Wohnungseigentümer aus der Gemeinschaft zu entfernen, wenn er gegen die aus ihr erwachsenen Pflichten verstößt. Gerade das Fehlen einer solchen Vorschrift hat viel dazu beigetragen, die Hausgemeinschaft im Falle des Stockwerkseigentums alter Art zu einer Quelle unerträglicher Streitigkeiten zu machen. § 18 sieht deshalb eine Art „Abmeierungsklage" unter bestimmten Voraussetzungen vor. Um eine Anpassung an die besonderen Verhältnisse des Einzelfalles zu ermöglichen, ist davon abgesehen, diesen Bestimmungen zwingenden Charakter beizulegen. Durch Vereinbarung der Wohnungseigentümer können also sowohl die Voraussetzungen für das Verlangen nach Veräußerung des Wohnungseigentums (Abs. 1 und 2) als auch die Voraussetzungen für die Beschlußfassung (Abs. 3) abgeändert werden. Streitigkeiten gemäß § 18 sind durch § 51 ohne Rücksicht auf den Wert des Streitgegenstandes den Amtsgerichten zugewiesen. Die Kosten eines Verfahrens gemäß § 18 gehören zu den

BR-Drs. S. 21:

gemeinschaftlichen Kosten der Verwaltung (vgl. § 16). Die Wirkung des Urteils ergibt sich aus § 19. Das Verfahren der freiwilligen Versteigerung ist in den §§ 53 ff. näher geregelt.

3. Abschnitt. Verwaltung

Die Verwaltung des gemeinschaftlichen Eigentums bildet begrifflich einen Teil des Gemeinschaftsverhältnisses der Wohnungseigentümer (vgl. §§ 744 ff. BGB). Wegen ihrer besonderen Bedeutung erschien es aber angebracht, die Vorschriften hierüber einem eigenen Abschnitt zuzuweisen. Daß auch hier die Grundsätze des § 10 gelten, ergibt sich aus dessen allgemeiner Fassung. Wegen der Kosten der Verwaltung vgl. § 16 Abs. 2.

Zu § 20:

§ 20 gibt in Form eines Hinweises auf die nachfolgenden Vorschriften einen Überblick über die Gliederung der Verwaltung. Hiernach steht die Verwaltung des gemeinschaftlichen Eigentums grundsätzlich den Wohnungseigentümern und neben ihnen dem Verwalter zu; der Verwalter ist in jedem Fall der Wohnungseigentümergemeinschaft ein notwendiges Organ (Abs. 2). Als fakultatives Organ ist der Verwaltungsbeirat vorgesehen.

Zu § 21:

§ 21 entspricht den Vorschriften der §§ 744, 745 BGB und wandelt sie teilweise nach den Bedürfnissen der Wohnungseigentümergemeinschaften ab. Während sich die Gebrauchsregelung (§ 15) auch auf das Sondereigentum erstrecken kann, ist die gemeinschaftliche Verwaltung auf das gemeinschaftliche Eigentum beschränkt.

Nach Abs. 1 steht die Verwaltung den Wohnungseigentümern, soweit nicht Ausnahmen bestimmt sind, gemeinschaftlich zu. Dies bedeutet, daß grundsätzlich Verwaltungsmaßnahmen nur mit Zustimmung sämtlicher Wohnungseigentümer getroffen werden können. Dieser Grundsatz wird aber durch die Absätze 3, 5 weitgehend durchbrochen; in den hier bezeichneten Angelegenheiten kann durch Mehrheitsbeschluß entschieden werden; ergänzende Bestimmungen über die Zulässigkeit von Mehrheitsbeschlüssen enthalten die §§ 26, 28, 29. Außerdem kann jeder Wohnungseigentümer nach Abs. 4 eine Verwaltung verlangen,

BR-Drs. S. 22:

die den Vereinbarungen und Beschlüssen und, soweit solche nicht bestehen, dem Interesse der Gesamtheit der Wohnungseigentümer nach billigem Ermessen entspricht. Wird einem solchen Verlangen von den anderen Wohnungseigentümern nicht entsprochen, so entscheidet der Richter nach § 43 Abs. 1 Nr. 1 im Verfahren der freiwilligen Gerichtsbarkeit.

Zu einigen der in Abs. 5 besonders behandelten Einzelfragen ist folgendes auszuführen:

a) **Die Hausordnung** (Nr. 1) wird mit Stimmenmehrheit beschlossen; abweichende Vereinbarungen, durch die für die Aufstellung oder Änderung der Hausordnung andere Mehrheiten verlangt werden, sind zulässig (§ 10 Abs. 1 Satz 2). Da eine Hausordnung ein wichtiges Mittel zur Erhaltung des Haufriedens darstellt, wird es sich empfehlen, Angelegenheiten von nicht nur vorübergehender Bedeutung in der Hausordnung zu regeln, und zwar sowohl bezüglich Gebrauchs (z. B. einer gemeinschaftlichen Waschküche) als bezüglich der Verwaltung (z. B. Reinigungspflichten bezüglich des gemeinschaftlichen Eigentums).

b) Die ordnungsmäßige **Instandhaltung und Instandsetzung** (Nr. 2) wird mit Stimmenmehrheit beschlossen. Darüber hinaus gehende Maßnahmen (z. B. eine nach den Grundsätzen ordnungsmäßiger Bewirtschaftung unnötige Instandsetzungsarbeit) bedürfen dagegen der Zustimmung sämtlicher Wohnungseigentümer. Im Streitfalle entscheidet der Richter nach § 43 Abs. 1 Nr. 1.

c) Die **Feuerversicherung** des Gebäudes zum Neuwert (Nr. 3) wird den Wiederaufbau des Gebäudes im Falle seiner Zerstörung in der Regel sicherstellen (vgl. auch § 22 Abs. 2, § 11 Abs. 1 Satz 2).

d) Wegen der **Instandhaltungsrücklage** vgl. § 28 Abs. 1 Nr. 3.

e) Zu **Nr. 6** vgl. § 27 Abs. 2 Nr. 6. Hiernach ist der Verwalter insbesondere befugt, die nach der Fernsprechordnung erforderliche „Grundstückseigentümererklärung" abzugeben. Wegen der durch Maßnahmen nach Nr. 6 verursachten Schäden ist auf Abs. 6 zu verweisen.

Zu § 22:

§ 22 Abs. 1 entspricht dem § 745 Abs. 3 Satz 1 BGB. Das Erfordernis der Einstimmigkeit (§ 21 Abs. 1) wird durch Satz 2 eingeschränkt. Die Folgen, die sich hieraus ergeben, sind in § 16 Abs. 3 und in

BR-Drs. S. 23:

§ 17 geregelt. Die Pflicht der Wohnungseigentümer, zum Wiederaufbau eines zerstörten Gebäudes zusammenzuwirken, ist durch Abs. 2 geregelt. Der Wiederaufbau bedarf also, soweit nicht die besonderen Voraussetzungen des Abs. 2 gegeben sind, eines einstimmigen Beschlusses der Wohnungseigentümer. Ergänzend greift die Möglichkeit zu Vereinbarungen nach § 11 Abs. 1 Satz 2 ein.

Zu § 23:

§ 23 gibt Vorschriften über die Form, in der die Wohnungseigentümer ihre Beschlüsse zu fassen haben. Grundsätzlich ist Beschlußfassung in einer Versammlung vorgesehen; eine Ausnahme läßt Abs. 3 für den Fall zu, daß alle Wohnungseigentümer ihre Zustimmung schriftlich erklären (vgl. § 32 Abs. 2 BGB).

Abs. 4 bestimmt, daß ein Beschluß nur ungültig ist, wenn er gemäß § 43 Abs. 1 Nr. 4 durch den Richter für ungültig erklärt ist. Die Frist für die Stellung eines solchen Antrags, der einen einfachen Ersatz der Anfechtungsklage darstellt, ist nach Satz 2 kurz bemessen; eine Ausnahme gilt nur dann, wenn der Beschluß gegen Rechtsvorschriften verstößt, auf deren Einhaltung rechtswirksam nicht verzichtet werden kann.

Zu § 24:

§ 24 enthält technische Vorschriften für die Beschlußfassung der Wohnungseigentümerversammlung, die sich an Vorschriften des Vereinsrechts anlehnen.

Zu § 25:

Von besonderer Bedeutung sind Mehrheitsbeschlüsse der Wohnungseigentümer (vgl. insbesondere § 15 Abs. 2, § 21 Abs. 3, § 26 Abs. 1, § 28 Abs. 5). In abdingbaren Vorschriften regelt der Entwurf die Beschlußfassung dahin, daß grundsätzlich jeder Wohnungseigentümer ohne Rücksicht auf die Größe seines Anteils (§ 16 Abs. 1 Satz 2) eine Stimme hat; die Beschlußfähigkeit der Versammlung bestimmt sich allerdings (nach den Absätzen 3, 4) nach der Größe der in der Versammlung vertretenen Miteigentumsanteile. Mehrheitsbeschlüsse sind für alle Wohnungseigentümer verbindlich (vgl. auch § 10 Abs. 4).

BR-Drs. S. 24:

Zu § 26:

Der Verwalter ist nächst der Versammlung der Wohnungseigentümer das wichtigste Organ der Wohnungseigentümergemeinschaft. Nach § 20 Abs. 2 kann die Bestellung eines Verwalters nicht ausgeschlossen werden. Für den Fall, daß die Wohnungseigentümer ihrer Pflicht, einen Verwalter zu bestellen, nicht nachkommen, gibt Abs. 2 die Möglichkeit einer Bestellung durch den Richter (wegen des Verfahrens vgl. § 43 Abs. 1 Nr. 3).

Zu § 27:

§ 27 regelt die Aufgaben und Befugnisse des Verwalters. Hervorzuheben ist, daß diese Aufgaben und Befugnisse durch Vereinbarungen der Wohnungseigentümer zwar erweitert, aber nicht eingeengt werden können (Abs. 3). Wegen der Vollmachtsurkunde (Abs. 5) vgl. §§ 172, 173 BGB.

Zu § 28:

§ 28 enthält einige Vorschriften für die Wirtschaftsführung.

Zu § 29:

§ 29 sieht als fakultatives Organ der Wohnungseigentümergemeinschaft den Verwaltungsbeirat vor und umschreibt in kurzen Zügen dessen Aufgaben und Befugnisse.

BR-Drs. S. 25:

4. Abschnitt. Wohnungserbbaurecht

Zu § 30:

Das Bedürfnis nach einer dem Wohnungseigentum entsprechenden Regelung wird auch dann auftreten können, wenn ein Gebäude nicht auf der Grundlage des Eigentums an dem Grundstück, sondern auf der Grundlage eines Erbbaurechts errichtet wird, da vielfach Gemeinden und andere Grundeigentümer Bauland nur in Form von Erbbaurechten vergeben. Obgleich schon nach § 11 der Erbbaurechtsverordnung die Vorschriften des I. Teils auch im Falle des Erbbaurechts anwendbar wären, erscheint es zweckmäßig, diesen Fall ausdrücklich zu regeln. Dies geschieht durch § 30 des Entwurfs. Da das auf Grund eines Erbbaurechts errichtete Gebäude im Eigentum des Erbbauberechtigten steht, erscheint es unbedenklich, von einem Sondereigentum der Miterbbauberechtigten zu sprechen. Die Benutzung von Grundstücksflächen, die außerhalb des Gebäudes liegen, auf die aber gemäß § 1 Abs. 2 der Erbbaurechtsverordnung das Erbbaurecht erstreckt ist, kann entsprechend den §§ 15 Abs. 1, 10 Abs. 2 des Entwurfs geregelt werden. Zu der Frage, ob ein Gebäude, das zur Zeit der Einräumung des Erbbaurechts bereits bestanden hat, im Eigentum des

Erbbauberechtigten oder des Grundstückseigentümers steht, nimmt der Entwurf keine Stellung; soweit – was namentlich bei alten Erbbaurechten angenommen wird – das Gebäude im Eigentum des Grundstückseigentümers steht, ergeben sich für die Anwendung des Entwurfs keine Besonderheiten. Grundbuchrechtlich ist hervorzuheben, daß an die Stelle des Erbbaugrundbuchs die Wohnungserbbaugrundbücher treten.

Wenn der Grundeigentümer von seinem Heimfallrecht bezüglich des Erbbaurechts Gebrauch macht, erlöschen die Sondereigentumsrechte nicht; wohl aber kann, wenn der Heimfall das gesamte Erbbaurecht betrifft, der Fall des § 9 Abs. 1 Nr. 3 gegeben sein.

II. Teil. Dauerwohnrecht

Die zweite Rechtsform, die der Entwurf dem Rechtsverkehr zur Verfügung stellt, ist das „Dauerwohnrecht" (soweit sich das Recht auf nicht zu Wohnzwecken dienende Räume bezieht, als „Dauernutzungsrecht" bezeichnet). Es ist ein vererbliches, veräußerliches, im übrigen dem dinglichen Wohnungsrecht nach § 1093 BGB in gewissem Umfang nachgebildetes Recht; wegen der näheren Begriffsbestimmung vgl. § 31. Dieses Dauerwohnrecht kann zwei

BR-Drs. S. 26:

verschiedene Aufgaben im Rechtsverkehr erfüllen; einmal kann es nichts anderes als ein dinglich verstärktes Mietrecht darstellen, dies insbesondere dann, wenn es von vornherein zeitlich begrenzt bestellt wird; in diesem Anwendungsbereich kann es dann namentlich zur Sicherung der Ansprüche aus einem Baukostenzuschuß und in ähnlichen Fällen dienen. Außerdem aber kann es auch, insbesondere in Verbindung mit genossenschaftlichen Rechtsgestaltungen, zu einem das Eigentum vertretenden Recht ausgebildet werden; in diesem Fall soll es seinem Inhaber ein langdauerndes oder zeitlich unbegrenztes Recht auf eine bestimmte Wohnung oder Räume sichern, wobei das Entgelt nicht in Form einer Miete berechnet wird, sondern der Berechtigte einen Beitrag zur Tilgung der Grundstücksbelastungen und zu den Bewirtschaftungskosten zu leisten hat, der sich in dem Maße, in dem die Belastungen getilgt werden, verringert. In seinem ersten Anwendungszweck bietet es gegenüber dem Wohnungseigentum den Vorteil, daß es mit wesentlich geringeren Mitteln erworben werden kann, weil es keinen Anteil an Grund und Boden und an den nicht betroffenen Gebäudeteilen gibt.

Das höchstpersönliche Wohnungsrecht des § 1093 BGB wird durch die neue Rechtsform des Dauerwohnrechts nicht ausgeschaltet. Die Unterschiede zwischen den beiden Rechtsinstituten ergeben sich daraus, daß das Dauerwohnrecht vererblich und veräußerlich ist und daß es nicht nur ein Wohnrecht gibt, sondern das Recht umfaßt, jede Art von Nutzungen aus den betroffenen Gebäude- oder Grundstücksteilen zu ziehen, insbesondere also auch diese zu verpachten, zu vermieten oder gewerblich zu nutzen. Das Dauerwohnrecht ist auch nicht nur auf Gebäudeteile beschränkt, sondern kann auf einen außerhalb des Gebäudes liegenden Teil des Grundstücks erstreckt werden, wobei allerdings die Wohnung die Hauptsache bleiben muß. Diese Einschränkung, die ähnlich auch in § 1 Abs. 2 der Erbbaurechtsverordnung gemacht wird, hat den Zweck, zu verhindern, daß das Dauerwohnrecht zu einer Art Erbpachtrecht an unbebauten Grundstücken mißbraucht wird.

Zu § 31:

§ 31 enthält die Begriffsbestimmungen. Das Dauerwohnrecht ist ein Recht an einem Grundstück, für das die allgemeinen Vorschriften der §§ 873 ff. BGB gelten. Es kann nur unter einer Zeitbestimmung, nicht unter einer Bedingung bestellt

BR-Drs. S. 27:

werden (§ 33 Abs. 1 Satz 2).

Zu § 32:

Als Belastung eines Grundstücks entsteht das Dauerwohnrecht durch Einigung und Eintragung in das Grundbuch. Die Eintragungsbewilligung bedarf nach § 29 GBO der Beurkundung oder Beglaubigung durch Gericht oder Notar. Für die schuldrechtlichen Beziehungen, die der Bestellung des Dauerwohnrechts zu Grunde liegen, sind Formvorschriften nicht vorgesehen. Die Voraussetzungen für die Eintragung des Dauerwohnrechts entsprechen denen des § 7. Darüber hinaus verlangt Abs. 3, daß über eine Reihe von Punkten, über die der Entwurf keine Dispositionsvorschriften enthält, Vereinbarungen getroffen werden, durch die der Inhalt des Rechts näher umschrieben wird.

Zu § 33:

Zur Erläuterung kann auf die einleitenden Ausführungen und auf die Erläuterung zu § 32 Abs. 3 verwiesen werden. Nach Abs. 4 Nr. 1 kann insbesondere auch vereinbart werden, daß der Dauerwohnberechtigte zu einer Vermietung der Räume nur mit Zustimmung des Eigentümers berechtigt ist.

Zu § 34:

Die Vorschriften des § 34 sind Vorschriften des BGB über den Nießbrauch nachgebildet. Es wird darüber hinaus auch in anderen Fragen zulässig sein, in Zweifelsfällen auf Nießbrauchsvorschriften zurückzugreifen.

Zu § 35:

§ 35 entspricht dem § 12 und ist wie dieser der Erbbaurechtsverordnung nachgebildet. Er gibt dem Eigentümer die Möglichkeit, sich gegen die freie Veräußerlichkeit des Dauerwohnrechts zu schützen.

Zu § 36:

§ 36 gibt die Möglichkeit, Vereinbarungen über den Heimfall des Dauerwohnrechts zu treffen. In ihrer rechtlichen Gestaltung lehnen sich die Vorschriften an die Erbbaurechtsverordnung an. Um eine Umgehung des Mieterschutzes durch Bestellung eines Dauerwohnrechts zu verhindern, schränkt Abs. 2 den Heimfall bei Räumen, die dem Mieterschutz unterliegen, auf die Fälle ein, in denen nach dem Mieterschutzgesetz ein Mietverhältnis aufgelöst werden könnte.

BR-Drs. S. 28:

Zu § 37:

§ 37 regelt das Schicksal von Mietverträgen, die von einem Dauerwohnberechtigten als Vermieter geschlossen sind (vgl. auch § 1056 BGB).

Zu § 38:

Der Entwurf sieht davon ab, die Gegenleistung für das Dauerwohnrecht nach Art des Erbbauzinses zu verdinglichen. Angesichts der Vielgestaltigkeit der möglichen Verhältnisse regelt er auch nicht die der Bestellung eines Dauerwohnrechts zugrundeliegenden schuldrechtlichen Verhältnisse. Es wird sich hierbei in der Regel um einen Kaufvertrag handeln; entsprechend wären z.B. die Haftung für Sach- und Rechtsmängel einerseits, die Folgen einer Nichterfüllung bezüglich des Entgelts andererseits zu beurteilen, soweit für den letzteren Fall nicht durch Vereinbarung eines Heimfallrechts Vorsorge getroffen ist. Um aber die Rechtsbeziehungen, auch soweit sie nicht zum Inhalt des dinglichen Rechts gehören, in Übereinstimmung zu halten, bestimmt der Entwurf, daß bei Veräußerung sowohl des Dauerwohnrechts als auch des Grundstücks die Erwerber in vollem Umfang in die Rechtsstellung der Veräußerer eintreten. Demgemäß hat der Erwerber des Dauerwohnrechts insbesondere die Pflicht zur Zahlung des Entgelts, umgekehrt der Erwerber des Grundstücks den Anspruch hierauf, allerdings nur insoweit, als der Veräußerer ihn hatte; Vorausverfügungen muß er also – anders als nach §§ 573, 574 BGB – schlechthin gegen sich gelten lassen (vgl. hierzu § 40).

Zu § 39:

Ein Dauerwohnrecht, das im Range nach einer Hypothek, Grundschuld, Rentenschuld oder Reallast im Grundbuch eingetragen ist, wird, wenn ein solcher vorgehender Gläubiger die Zwangsversteigerung betreibt, einen schwächeren Schutz bieten als ein Mietvertrag. Denn in einem solchen Fall würde das Dauerwohnrecht durch den Zuschlag erlöschen, während das Mietverhältnis auch mit dem Ersteher fortgesetzt wird, wobei das Kündigungsrecht des § 57 a ZVG nach der derzeitigen Gesetzeslage durch den Mieterschutz weitgehend ausgeschaltet ist. Um diese Folge zu vermeiden, gestattet § 39 eine bisher nicht bekannte Rechtsgestaltung: Als Inhalt des Dauerwohnrechts kann vereinbart werden, daß es im Falle der Zwangsversteigerung des Grundstückes abweichend von § 44 ZVG auch dann bestehen bleiben soll, wenn der Gläubiger einer dem Dauerwohnrecht im Range vorgehenden oder gleichstehenden Hypothek, Grundschuld, Rentenschuld oder Reallast die Zwangsversteigerung in das Grundstück betreibt. Eine solche Vereinbarung, die nach Abs. 2 der Zustimmung derjenigen bedarf, denen eine dem Dauerwohnrecht im Range vorgehende oder gleichstehende

BR-Drs. S. 29:

Hypothek, Grundschuld, Rentenschuld oder Reallast zusteht, hat zur Folge, daß das Dauerwohnrecht abweichend von den gesetzlichen Versteigerungsbedingungen (vgl. §§ 44, 59 ZVG) im Falle der Zwangsversteigerung auch dann bestehen bleibt, wenn es nach den allgemeinen Grundsätzen erlöschen müßte.

Voraussetzung für ein solches Fortbestehen ist, daß der Dauerwohnberechtigte im Zeitpunkt der Feststellung der Versteigerungsbedingungen seine fälligen Zahlungsverpflichtungen gegenüber dem Eigentümer erfüllt hat. In Ergänzung einer solchen Vereinbarung können nach Abs. 3 weitere Bedingungen festgelegt werden, z. B., daß z. Z. der Versteigerung kein Heimfallanspruch gegen den Dauerwohnberechtigten entstanden ist oder daß der Dauerwohnberechtigte sich verpflichtet, vom Zuschlag an ein angemessenes Entgelt an den Ersteher zu bezahlen, oder daß er für eine solche Verpflichtung Sicherheit leistet.

Gegenüber öffentlichen Lasten und anderen Ansprüchen der Klassen 1 bis 3 (§ 10 ZVG) läßt der Entwurf eine Sicherung nicht zu. Das hat zur Folge, daß auch im Falle einer Vereinbarung nach § 39 derartige Ansprüche erfüllt werden müssen, wenn der Dauerwohnberechtigte sich sein Recht erhalten will.

Zu § 40:

Es könnte naheliegen, den Anspruch auf das Entgelt für ein Dauerwohnrecht, namentlich wenn es in wiederkehrenden Leistungen besteht, ebenso wie den Anspruch auf den Mietzins zu behandeln. Die Folgen, die sich daraus ergeben würden, wären von erheblicher Bedeutung, weil die Wirksamkeit von Verfügungen über den Mietzinsanspruch weitgehend eingeschränkt ist (§§ 573, 574, 1123, 1124 BGB, §§ 57, 57 b, 148, 21 ZVG, § 21 KO). Um die Rechtsstellung des Dauerwohnberechtigten in dieser Hinsicht zu verstärken, ist durch § 40 Abs. 1 die Anwendung dieser Vorschriften auf den Anspruch auf das Entgelt für das Dauerwohnrecht ausgeschlossen, jedoch mit einer Ausnahme: Die §§ 1123, 1124 BGB gelten auch für den Anspruch auf das Entgelt für das Dauerwohnrecht, auch sie

BR-Drs. S. 30:

allerdings nur im Verhältnis zu öffentlichen Lasten und den im Range vorgehenden oder gleichstehenden Hypotheken, Grundschulden, Rentenschulden und Reallasten. Dagegen müssen der rechtsgeschäftliche Erwerber, der Ersteher, der Konkursverwalter und andere als die genannten Gläubiger in der Zwangsverwaltung die Verfügungen über den Anspruch auf das Entgelt gegen sich gelten lassen. Hinsichtlich des Erstehers ist hierbei noch zu beachten, daß die Frage nach der Wirksamkeit der Verfügungen nur dann Bedeutung hat, wenn das Dauerwohnrecht durch den Zuschlag nicht erlischt (vgl. § 38 Abs. 2 Satz 2, § 39 des Entwurfs).

Auch soweit Vorausverfügungen nach den vorstehenden Ausführungen unwirksam wären, können sie nach Maßgabe des Abs. 2 durch eine Vereinbarung zwischen dem Dauerwohnberechtigten und dem Eigentümer unter Zustimmung der in § 39 Abs. 2 bezeichneten Berechtigten wirksam gemacht werden.

Zu § 41:

Für Dauerwohnrechte, die auf mehr als 10 Jahre oder zeitlich unbegrenzt bestellt sind, gibt § 41 in seinen Absätzen 2 und 3 besondere Vorschriften. Abs. 2 soll dem Berechtigten, sofern nicht etwas anderes vereinbart ist, das allmähliche Aufrücken in das Eigentum ermöglichen. Abs. 3 soll gewährleisten, daß dem Dauerwohnberechtigten beim Heimfall eine angemessene Entschädigung gewährt wird. Über die Entschädigung können Vereinbarungen gemäß § 36 Abs. 4 getroffen werden. Die angemessene Entschädigung wird zumindest alles das zu umfassen haben, was der Berechtigte an Leistungen zur Tilgung von Belastungen und zur Finanzierung der Baukosten beigetragen hat, wobei eine Abnutzungsentschädigung abzusetzen wäre.

Zu § 42:

Um allen Zweifeln vorzubeugen, bestimmt § 42, daß auch ein Erbbaurecht mit einem Dauerwohnrecht belastet werden kann.

BR-Drs. S. 31:

III. Teil. Verfahrensvorschriften

1. Abschnitt. Verfahren der freiwilligen Gerichtsbarkeit in Wohnungseigentumssachen

Zu § 43:

Aus dem Bestreben heraus, Streitigkeiten zwischen den Wohnungseigentümern zu verhindern oder zumindest möglichst schnell zu schlichten, stellt § 43 für fast alle Streitigkeiten zwischen den Wohnungseigentümern untereinander ein vereinfachtes Verfahren der freiwilligen Gerichtsbarkeit zur Verfügung. Die Frage, ob in den hier aufgeführten Fällen die Zuständigkeit des Amtsgerichts durch einen Schiedsvertrag ausgeschaltet werden kann, ist in dem Entwurf nicht erörtert; sie ist aber grundsätzlich ebenso zu bejahen, wie dies etwa für die Ausschaltung der Aufwertungsstellen durch Schiedsgerichte (vgl. Mügel, Aufwertungsrecht, 5. Aufl. S. 976) angenommen wurde und neuerdings wieder für die Vertragshilfe nach § 21 UmStG angenommen wird (vgl. Harmening-Duden, Währungsgesetze S. 215). Dies kann allerdings nur für Angelegenheiten gelten, über die die Beteiligten einen Vergleich schließen können (vgl. § 1025 ZPO, § 44 des Entwurfs), also z. B. nicht für die Bestellung des Verwalters im Falle des § 43 Abs. 1 Nr. 3 des Entwurfs.

Zu §§ 44–50:

Die besonderen Verfahrensvorschriften für das Verfahren der freiwilligen Gerichtsbarkeit sind der 6. DVO zum Ehegesetz (der sogenannten Hausratsverordnung) nachgebildet.

2. Abschnitt. Zuständigkeit für Rechtsstreitigkeiten

Zu § 51:

Die Klage auf Veräußerung des Wohnungseigentums im Falle des § 18 weist große Ähnlichkeit mit Mietstreitigkeiten auf. Sie muß innerhalb möglichst kurzer Zeit entschieden werden. Einen endgültigen Vermögensverlust führt sie nicht herbei, da der Wohnungseigentümer, dessen Recht versteigert wird, den Versteigerungserlös behält. Aus diesen Gründen erschien es angebracht, die Klage nach § 18 ohne Rücksicht auf den Streitwert den Amtsgerichten zuzuweisen.

BR-Drs. S. 32:

Streitigkeiten über die Auseinandersetzung im Falle der Aufhebung der Gemeinschaft (§ 17) werden von dem nach den allgemeinen Vorschriften zuständigen Gericht entschieden.

Zu § 52:

Rechtsstreitigkeiten über das Dauerwohnrecht entsprechen den Mietstreitigkeiten. Aus diesem Grunde erschien es angebracht, entsprechend dem § 23 Abs. 2 a GVG Streitigkeiten zwischen dem Eigentümer und dem Dauerwohnberechtigten über den in § 33 bezeichneten Inhalt und den Heimfall des Dauerwohnrechts ohne Rücksicht auf den Wert des Streitgegenstandes den Amtsgerichten zuzuweisen. Diese Zuständigkeitsvorschrift betrifft dagegen nicht Rechtsstreitigkeiten über die Gültigkeit der Bestellung oder über den Gegenstand eines Dauerwohnrechts oder wegen Zahlung des Entgelts für die Bestellung eines Dauerwohnrechts.

3. Abschnitt. Verfahren bei der Versteigerung des Wohnungseigentums

Zu §§ 53–58:

Die Versteigerung des Wohnungseigentums im Falle der §§ 18, 19 ist als freiwillige Versteigerung gestaltet. Das Verfahren der freiwilligen Versteigerung ist bundesrechtlich nicht geregelt. Landesrechtlich fehlt eine Regelung vielfach völlig, in anderen Ländern ist sie unzulänglich. Es ist infolgedessen notwendig, das Verfahren im Entwurf zu regeln. Der Entwurf lehnt sich dabei an die Vorschriften des preuß. FGG an, weicht aber zur Anpassung an die Besonderheiten, die sich aus dem Entwurf ergeben, in Einzelheiten hiervon ab und enthält einige zusätzliche Bestimmungen. Die Vorschriften der Verordnung über Maßnahmen auf dem Gebiet der Zwangsvollstreckung vom 26. 5. 1933 (RGBl. I S. 302) über das Mindestgebot sind in den Entwurf eingearbeitet; die Geboteverordnung vom 30. 6. 1941 ist durch § 53 Abs. 2 Satz 3 für entsprechend anwendbar erklärt. § 58 enthält Vorschriften über den Rechtszug (vgl. hierzu ähnlich die Verordnung vom 18. 6. 1942, RGBl. I S. 395). Wegen der Kosten des Versteigerungs- und des Beschwerdeverfahrens ist auf die §§ 47, 144, 135 der Kostenordnung zu verweisen.

BR-Drs. S. 33:

IV. Teil. Ergänzende Bestimmungen

Zu § 59:

Es kann auf die Erläuterungen des § 3 Abs. 2 verwiesen werden.

Zu § 60:

§ 60 erklärt zur Behebung von Zweifeln die Hausratsverordnung auch dann für anwendbar, wenn die Ehewohnung im Wohnungseigentum eines oder beider Ehegatten steht oder wenn einem oder beiden Ehegatten das Dauerwohnrecht an der Ehewohnung zusteht.

Zu § 61:

§ 61 regelt einige grundlegende Fragen der steuerlichen Behandlung des Wohnungseigentums. Er stellt klar, daß jedes Wohnungseigentum für sich eine Einheit im Sinne des Reichsbewertungsgesetzes darstellt; demgemäß wird ein Einheitswert nicht für das Gebäude im ganzen, sondern für jedes Wohnungseigentum gesondert festgestellt. Weiter ist jedes Wohnungseigentum zum selbständigen Steuergegenstand im Sinne des Grundsteuergesetzes erklärt; dies hat zur Folge, daß jeder Wohnungseigentümer gesondert mit seinem Wohnungseigentum zur Grundsteuer herangezogen wird, und entspricht der Absicht des Entwurfs, die das Wohnungseigentum bildenden Miteigentumsanteile nach Möglichkeit voneinander rechtlich unabhängig zu machen.

Zu § 62:

Die Gleichstellung der im Wohnungseigentum stehenden Wohnungen mit Eigenheimen bringt verschiedene Vergünstigungen mit sich, z. B. steuerlicher, baupolizeilicher oder gebührenrechtlicher Art; insbesondere ist auch die Verordnung über die Bemessung des Nutzungswertes der Wohnungen im eigenen Einfamilienhaus vom 26. 1. 1937 (RGBl. I S. 99) anwendbar.

Zu § 63:

Der Entwurf sieht davon ab, unmittelbare Vorschriften zur Überleitung bestehender Rechtsverhältnisse in die durch den Entwurf geschaffenen Rechtsformen zu treffen. Er gibt aber in den Abs. 1 und 2 durch gebührenrechtliche Erleichterungen einen Anreiz für eine solche Überleitung und in Abs. 3 eine entsprechende Ermächtigung für das Landesrecht.

2. Gesetzentwurf der Bundesregierung über ein Gesetz zur Änderung des Wohnungseigentumsgesetzes und anderer Gesetze

Vom 8. März 2006
(Deutscher Bundestag, 16. Wahlperiode, BT-Drucks. 16/887)

A. Problem und Ziel

Das Wohnungseigentumsgesetz lässt der Vertragsfreiheit der Wohnungseigentümer breiten Raum und erlaubt daher Lösungen für unterschiedliche wirtschaftliche Bedürfnisse. Deshalb ist es bisher nur wenig geändert worden. Eine Prüfung durch die Bundesregierung hat jedoch ergeben, dass nunmehr verschiedene Änderungen angezeigt sind.

Erstens: Das Wohnungseigentumsgesetz geht davon aus, dass die Wohnungseigentümer ihre Angelegenheiten durch Vereinbarungen und damit einstimmig regeln. Ein Mehrheitsbeschluss ist nur ausreichend, wenn das Gesetz oder eine Vereinbarung dies vorsieht. Das Gesetz hält Beschlüsse in der Regel nur für Einzelentscheidungen für zulässig. Beschlüsse, bei denen diese Grenzen nicht beachtet werden, sind nach der jüngeren Rechtsprechung des Bundesgerichtshofs häufig auch dann unwirksam, wenn sie nicht gerichtlich angefochten werden. Dies erzeugt Unsicherheit vor allem in Eigentümergemeinschaften, in denen Einstimmigkeit nicht oder nur schwer zu erreichen ist. Um die Handlungsfähigkeit der Eigentümergemeinschaften zu stärken, soll die Willensbildung der Wohnungseigentümer erleichtert werden.

Zweitens: Die Gerichtsverfahren in Wohnungseigentumssachen sollen mit den Gerichtsverfahren in anderen bürgerlich-rechtlichen Streitigkeiten harmonisiert werden.

Drittens: Nach derzeitigem Recht sind Hausgeldforderungen gegen einen zahlungsunfähigen oder -unwilligen Wohnungseigentümer im Wege der Zwangsversteigerung häufig nicht eintreibbar. Denn sie können nur im Range nach den Forderungen der Grundpfandrechtsgläubiger geltend gemacht werden. In der Praxis führt das dazu, dass solche Eigentümer über beträchtliche Zeiträume auf Kosten der anderen Eigentümer in ihren Wohnungen verbleiben können. Es ist daher die Stellung der Wohnungseigentümer gegenüber Kreditinstituten in der Zwangsversteigerung zu stärken.

B. Lösung

Erstens: Zur Erleichterung der Willensbildung in der Eigentümergemeinschaft werden die gesetzlichen Beschlusskompetenzen dort, wo ein praktisches Bedürfnis besteht, vorsichtig erweitert. Dies begleitend werden die Möglichkeiten der Wohnungseigentümer verbessert, sich über die Beschlüsse zu informieren.

BT-Drs. S. 2:

Zweitens: Künftig werden auch Wohnungseigentumssachen im gerichtlichen Verfahren nach der Zivilprozessordnung behandelt.

Drittens: Für Hausgeldforderungen wird ein begrenztes Vorrecht in der Zwangsversteigerung durch eine Änderung der dortigen Rangklassen geschaffen.

C. Alternativen

Keine.

D. Kosten der öffentlichen Haushalte

1. Haushaltsausgaben ohne Vollzugsaufwand. Durch die Umstellung von der Kostenordnung auf das Gerichtskostengesetz entstehen der Justiz derzeit nicht bezifferbare, jedenfalls aber nicht unerhebliche Mehreinnahmen. Zudem wird es innerhalb der Landesjustiz nur noch zwei, nicht wie bisher drei Instanzen geben. Hierdurch kann die bisher mit der Bearbeitung von weiteren Beschwerden in Wohnungseigentumsgesetz (WEG)-Sachen beanspruchte richterliche Arbeitskraft eingespart werden. Eine gewisse, aber durch die vorgenannten Effekte mehr als kompensierte Mehrbelastung für die Länderhaushalte bringt die Verlagerung der zweitinstanzlichen Zuständigkeit in WEG-Sachen von den Land- zu den Oberlandesgerichten mit sich.

Für den Bundeshaushalt führt der Entwurf zu keiner Mehrbelastung. Um einer Überlastung des Bundesgerichtshofes vorzubeugen, werden Nichtzulassungsbeschwerden in WEG-Sachen zunächst für einen Übergangszeitraum von fünf Jahren ausgeschlossen. Der Bundesgerichtshof kann also in WEG-Verfahren nur aufgrund vom Oberlandesgericht zugelassener Revision erreicht werden. Infolge dieser Beschränkung werden sich die Eingänge in WEG-Sachen beim Bundesgerichtshof voraussichtlich nur unwesentlich erhöhen, was mit den vorhandenen Kapazitäten aufgefangen werden kann.

2. Vollzugsaufwand. Es entsteht kein Vollzugsaufwand.

E. Sonstige Kosten

Für die Wirtschaft, insbesondere für kleine und mittlere Unternehmen, entstehen keine Kosten. Auswirkungen auf Einzelpreise, auf das Preisniveau, insbesondere auf das Verbraucherpreisniveau, sind nicht zu erwarten.

BT-Drs. S. 5:

Anlage 1

Entwurf eines Gesetzes zur Änderung des Wohnungseigentumsgesetzes und anderer Gesetze

Der Bundestag hat das folgende Gesetz beschlossen:

Artikel 1. Änderung des Wohnungseigentumsgesetzes

Das Wohnungseigentumsgesetz in der im Bundesgesetzblatt Teil III, Gliederungs-Nr. 403–1, veröffentlichten bereinigten Fassung, zuletzt geändert durch ..., wird wie folgt geändert:

1. Dem § 5 Abs. 4 werden folgende Sätze angefügt:
   „Ist das Wohnungseigentum mit der Hypothek, Grund- oder Rentenschuld oder der Reallast eines Dritten belastet, so ist dessen nach anderen Rechtsvorschriften notwendige Zustimmung zu der Vereinbarung nur erforderlich, wenn ein Sondernutzungsrecht begründet oder ein mit dem Wohnungseigentum verbundenes Sondernutzungsrecht aufgehoben, geändert oder übertragen wird. Bei der Begründung eines Sondernutzungsrechts ist die Zustimmung des Dritten nicht erforderlich, wenn durch die Vereinbarung gleichzeitig das zu seinen Gunsten belastete Wohnungseigentum mit einem Sondernutzungsrecht verbunden wird."
2. Dem § 7 Abs. 4 werden folgende Sätze angefügt:
   „Die Landesregierungen können durch Rechtsverordnung bestimmen, dass und in welchen Fällen der Aufteilungsplan (Satz 1 Nr. 1) und die Abgeschlossenheit (Satz 1 Nr. 2) von einem öffentlich bestellten oder anerkannten Sachverständigen für das Bauwesen statt von der Baubehörde ausgefertigt und bescheinigt werden. Werden diese Aufgaben von dem Sachverständigen wahrgenommen, so gelten die Bestimmungen der Allgemeinen Verwaltungsvorschrift für die Ausstellung von Bescheinigungen gemäß § 7 Abs. 4 Nr. 2 und § 32 Abs. 2 Nr. 2 vom 19. März 1974 (BAnz. Nr. 58 vom 23. März 1974) entsprechend. Die Landesregierungen können die Ermächtigung durch Rechtsverordnung auf die Landesbauverwaltungen übertragen."
3. § 10 wird wie folgt geändert:
   a) Dem Absatz 1 wird folgender Satz angefügt:
      „Jeder Wohnungseigentümer kann eine vom Gesetz abweichende Vereinbarung oder die Anpassung einer Vereinbarung verlangen, soweit ein Festhalten an der geltenden Regelung aus schwerwiegenden Gründen unter Berücksichtigung aller Umstände des Einzelfalles, insbesondere der Rechte und Interessen der anderen Wohnungseigentümer, unbillig erscheint."
   b) Absatz 3 wird wie folgt geändert:
      aa) Die Wörter „Entscheidungen des Richters gemäß § 43" werden durch die Wörter „gerichtliche Entscheidungen in einem Rechtsstreit gemäß § 43" ersetzt.
      bb) Folgender Satz wird angefügt:
      „Dies gilt auch für die gemäß § 23 Abs. 1 auf Grund einer Vereinbarung gefassten Beschlüsse, die vom Gesetz abweichen oder eine Vereinbarung ändern."
4. Dem § 12 wird folgender Absatz 4 angefügt:
   „(4) Die Wohnungseigentümer können durch Stimmenmehrheit beschließen, dass eine Veräußerungsbeschränkung gemäß Absatz 1 aufgehoben wird. Diese Befugnis kann durch Vereinbarung der Wohnungseigentümer nicht eingeschränkt oder ausgeschlossen werden. Ist ein Beschluss gemäß Satz 1 gefasst, kann die Veräußerungsbeschränkung im Grundbuch gelöscht werden. Der Bewilligung gemäß § 19 der Grundbuchordnung

bedarf es nicht, wenn der Beschluss gemäß Satz 1 nachgewiesen wird. Für diesen Nachweis ist § 26 Abs. 4 entsprechend anzuwenden."

5. § 16 wird wie folgt geändert:

a) Nach Absatz 2 werden folgende Absätze 3 bis 5 eingefügt:

„(3) Die Wohnungseigentümer können abweichend von Absatz 2 durch Stimmenmehrheit beschließen, dass die Betriebskosten des gemeinschaftlichen Eigentums oder des Sondereigentums im Sinne des § 556 Abs. 1 des Bürgerlichen Gesetzbuches, die nicht unmittelbar gegenüber Dritten abgerechnet werden, und die Kosten der Verwaltung nach Verbrauch oder Verursachung erfasst und nach diesem oder nach einem anderen Maßstab verteilt werden, soweit dies ordnungsmäßiger Verwaltung entspricht.

(4) Die Wohnungseigentümer können im Einzelfall zur Instandhaltung oder Instandsetzung im Sinne des § 21 Abs. 5 Nr. 2 oder zu baulichen Veränderungen oder Aufwendungen im Sinne des § 22 Abs. 1 und 2 durch Beschluss die Kostenverteilung abweichend von Absatz 2 regeln, wenn der abweichende Maßstab dem Gebrauch oder der Möglichkeit des Gebrauchs durch die Wohnungseigentümer Rechnung trägt. Der Beschluss zur Regelung der Kostenverteilung nach Satz 1 bedarf einer Mehrheit von mehr als drei Viertel aller stimmberechtigten Wohnungseigentümer im Sinne des § 25 Abs. 2 und mehr als der Hälfte aller Miteigentumsanteile.

(5) Die Befugnisse im Sinne der Absätze 3 und 4 können durch Vereinbarung der Wohnungseigen-

BT-Drs. S. 6:

tümer nicht eingeschränkt oder ausgeschlossen werden."

b) Der bisherige Absatz 3 wird Absatz 6, und es wird folgender Satz angefügt:

„Satz 1 ist bei einer Kostenverteilung gemäß Absatz 4 nicht anzuwenden."

c) Der bisherige Absatz 4 wird Absatz 7.

d) Der bisherige Absatz 5 wird Absatz 8 und wie folgt gefasst:

„(8) Kosten eines Rechtsstreits gemäß § 43 gehören nur dann zu den Kosten der Verwaltung im Sinne des Absatzes 2, soweit es sich um Kosten handelt, die eine Partei wegen § 50 Abs. 2 Satz 3, Abs. 3 der gegnerischen Partei nicht zu erstatten hat."

6. In § 17 Satz 2 werden die Wörter „denen der Wohnungseigentümer gemäß § 22 Abs. 1 nicht zugestimmt hat" durch die Wörter „deren Kosten der Wohnungseigentümer nicht getragen hat" ersetzt.

7. § 19 Abs. 1 wird wie folgt geändert:

a) In Satz 1 werden die Wörter „ersetzt die für die freiwillige Versteigerung des Wohnungseigentums und für die Übertragung des Wohnungseigentums auf den Ersteher erforderlichen Erklärungen" durch die Wörter „berechtigt jeden Miteigentümer zur Zwangsvollstreckung entsprechend den Vorschriften des Ersten Abschnitts des Gesetzes über die Zwangsversteigerung und die Zwangsverwaltung" ersetzt.

b) Die Sätze 2 und 3 werden aufgehoben.

8. Dem § 21 werden folgende Absätze 7 und 8 angefügt:

„(7) Die Wohnungseigentümer können die Regelung der Art und Weise von Zahlungen, der Fälligkeit und der Folgen des Verzugs sowie der Kosten für eine besondere Nutzung des gemeinschaftlichen Eigentums oder für einen besonderen Verwaltungsaufwand mit Stimmenmehrheit beschließen.

(8) Treffen die Wohnungseigentümer eine nach dem Gesetz erforderliche Maßnahme nicht, so kann an ihrer Stelle das Gericht in einem Rechtsstreit gemäß § 43 nach billigem Ermessen entscheiden, soweit sich die Maßnahme nicht aus dem Gesetz, einer Vereinbarung oder einem Beschluss der Wohnungseigentümer ergibt."

9. § 22 wird wie folgt geändert:

a) Absatz 1 wird wie folgt gefasst:

„(1) Bauliche Veränderungen und Aufwendungen, die über die ordnungsmäßige Instandhaltung oder Instandsetzung des gemeinschaftlichen Eigentums hinausgehen, können beschlossen oder verlangt werden, wenn jeder Wohnungseigentümer zustimmt, dessen Rechte durch die Maßnahmen über das in § 14 Nr. 1 bestimmte Maß hinaus beeinträchtigt werden. Die Zustimmung ist nicht erforderlich, soweit die Rechte eines Wohnungseigentümers nicht in der in Satz 1 bezeichneten Weise beeinträchtigt werden."

b) Nach Absatz 1 werden folgende Absätze 2 und 3 eingefügt:

„(2) Maßnahmen gemäß Absatz 1 Satz 1, die der Modernisierung entsprechend § 559 Abs. 1 des Bürgerlichen Gesetzbuches oder der Anpassung des gemeinschaftlichen Eigentums an den Stand der Technik dienen, die Eigenart der Wohnanlage nicht ändern und keinen Wohnungseigentümer erheblich beeinträchtigen, können abweichend von Absatz 1 durch eine Mehrheit von mehr als drei Viertel aller stimmberechtigten Wohnungseigentümer im Sinne des § 25 Abs. 2 und mehr als der Hälfte aller Miteigentumsanteile beschlossen werden. Die Befugnis im Sinne des Satzes 1 kann durch Vereinbarung der Wohnungseigentümer nicht eingeschränkt oder ausgeschlossen werden.

(3) Für Maßnahmen der modernisierenden Instandsetzung im Sinne des § 21 Abs. 5 Nr. 2 verbleibt es bei den Vorschriften des § 21 Abs. 3 und 4."

c) Der bisherige Absatz 2 wird Absatz 4.

10. § 23 Abs. 4 wird wie folgt gefasst:

„(4) Ein Beschluss ist nur ungültig, wenn er durch rechtskräftiges Urteil für ungültig erklärt ist, es sei denn, dass der Beschluss gegen eine Rechtsvorschrift verstößt, auf deren Einhaltung rechtswirksam nicht verzichtet werden kann."

11. § 24 wird wie folgt geändert:

a) In Absatz 4 Satz 2 werden die Wörter „eine Woche" durch die Wörter „zwei Wochen" ersetzt.

b) Nach Absatz 6 werden folgende Absätze 7 und 8 angefügt:

„(7) Es ist eine Beschluss-Sammlung zu führen. Die Beschluss-Sammlung enthält nur den Wortlaut der

1. in der Versammlung der Wohnungseigentümer verkündeten Beschlüsse mit Angabe von Ort und Datum der Versammlung,
2. schriftlichen Beschlüsse mit Angabe von Ort und Datum der Verkündung und
3. Urteilsformeln der gerichtlichen Entscheidungen in einem Rechtsstreit gemäß § 43 mit Angabe ihres Datums, des Gerichts und der Parteien,

soweit diese Beschlüsse und gerichtlichen Entscheidungen nach dem . . . (einsetzen: Datum des ersten Tages des vierten auf die Verkündung folgenden Kalendermonats) ergangen sind. Die Beschlüsse und gerichtlichen Entscheidungen sind fortlaufend einzutragen und zu nummerieren. Sind sie angefochten oder aufgehoben worden, so ist dies anzumerken. Im Falle einer Aufhebung kann von einer Anmerkung abgesehen und die Eintragung gelöscht werden. Eine Eintragung kann auch gelöscht werden, wenn sie aus einem anderen Grund für die Wohnungseigentümer keine Bedeutung mehr hat. Die Eintragungen, Vermerke und Löschungen gemäß den Sätzen 3 bis 6 sind unverzüglich zu erledigen und mit Datum zu versehen. Einem Wohnungseigentümer oder einem Dritten, den ein Wohnungseigentümer ermächtigt hat, ist auf sein Verlangen Einsicht in die Beschluss-Sammlung zu geben.

BT-Drs. S. 7:

(8) Die Beschluss-Sammlung ist von dem Verwalter zu führen. Fehlt ein Verwalter, so ist der Vorsitzende der Wohnungseigentümerversammlung verpflichtet,

die Beschluss-Sammlung zu führen, sofern die Wohnungseigentümer durch Stimmenmehrheit keinen anderen für diese Aufgabe bestellt haben.“

12. § 26 wird wie folgt geändert:
    a) In Absatz 1 wird nach Satz 3 folgender Satz eingefügt:
    „Ein wichtiger Grund liegt auch vor, wenn der Verwalter die Beschluss-Sammlung nicht ordnungsmäßig führt.“
    b) Absatz 3 wird aufgehoben.
13. In § 27 Abs. 1 werden nach Nummer 4 der Punkt durch ein Semikolon ersetzt und folgende Nummer 5 angefügt:
    „5. die Wohnungseigentümer unverzüglich darüber zu unterrichten, dass gegen ihn ein Rechtsstreit auf Erfüllung seiner Pflichten anhängig ist.“
14. Dem § 32 Abs. 2 werden folgende Sätze angefügt:
    „Die Landesregierungen können durch Rechtsverordnung bestimmen, dass und in welchen Fällen der Aufteilungsplan (Satz 2 Nr. 1) und die Abgeschlossenheit (Satz 2 Nr. 2) von einem öffentlich bestellten oder anerkannten Sachverständigen für das Bauwesen statt von der Baubehörde ausgefertigt und bescheinigt werden. Werden diese Aufgaben von dem Sachverständigen wahrgenommen, so gelten die Bestimmungen der Allgemeinen Verwaltungsvorschrift für die Ausstellung von Bescheinigungen gemäß § 7 Abs. 4 Nr. 2 und § 32 Abs. 2 Nr. 2 vom 19. März 1974 (BAnz. Nr. 58 vom 23. März 1974) entsprechend. Die Landesregierungen können die Ermächtigung durch Rechtsverordnung auf die Landesbauverwaltungen übertragen.“
15. Im III. Teil wird der 1. Abschnitt mit der Überschrift gestrichen.
16. Die bisherigen §§ 43 bis 50 werden durch die folgenden §§ 43 bis 50 ersetzt:

„§ 43. Zuständigkeit

Das Gericht, in dessen Bezirk das Grundstück liegt, ist ausschließlich zuständig für

1. Streitigkeiten über die sich aus der Gemeinschaft der Wohnungseigentümer und aus der Verwaltung des gemeinschaftlichen Eigentums ergebenden Rechte und Pflichten der Wohnungseigentümer untereinander;
2. Streitigkeiten über die Rechte und Pflichten des Verwalters bei der Verwaltung des gemeinschaftlichen Eigentums;
3. Streitigkeiten über die Gültigkeit von Beschlüssen der Wohnungseigentümer.

§ 44. Bezeichnung der Wohnungseigentümer in der Klageschrift

(1) Wird die Klage durch oder gegen alle Wohnungseigentümer mit Ausnahme des Gegners erhoben, so genügt für ihre nähere Bezeichnung in der Klageschrift die bestimmte Angabe des gemeinschaftlichen Grundstücks; wenn die Wohnungseigentümer Beklagte sind, sind in der Klageschrift außerdem der Verwalter und der gemäß § 45 Abs. 2 Satz 1 bestellte Ersatzzustellungsvertreter zu bezeichnen. Die namentliche Bezeichnung der Wohnungseigentümer hat spätestens bis zum Beginn der mündlichen Verhandlung zu erfolgen.

(2) Sind an dem Rechtsstreit nicht alle Wohnungseigentümer als Partei beteiligt, so sind die übrigen Wohnungseigentümer entsprechend Absatz 1 von dem Kläger zu bezeichnen. Der namentlichen Bezeichnung der übrigen Wohnungseigentümer bedarf es nicht, wenn das Gericht von ihrer Beiladung gemäß § 48 Abs. 1 Satz 1 absieht.

§ 45. Zustellung

(1) Der Verwalter ist Zustellungsvertreter der Wohnungseigentümer, wenn diese Beklagte oder gemäß § 48 Abs. 1 Satz 1 beizuladen sind, es sei denn, dass er als Gegner der Wohnungseigentümer an dem Verfahren beteiligt ist oder auf Grund des Streitgegenstandes die Gefahr besteht, der Verwalter werde die Wohnungseigentümer nicht sachgerecht unterrichten.

(2) Die Wohnungseigentümer haben für den Fall, dass der Verwalter als Zustellungsvertreter ausgeschlossen ist, durch Beschluss mit Stimmenmehrheit einen Ersatzzustellungsvertreter sowie dessen Vertreter zu bestellen, auch wenn ein Rechtsstreit noch nicht anhängig ist. Der Ersatzzustellungsvertreter tritt in die dem Verwalter als Zustellungsvertreter der Wohnungseigentümer zustehenden Aufgaben und Befugnisse ein, sofern das Gericht die Zustellung an ihn anordnet; Absatz 1 gilt entsprechend.

(3) Haben die Wohnungseigentümer entgegen Absatz 2 Satz 1 keinen Ersatzzustellungsvertreter bestellt oder ist die Zustellung nach den Absätzen 1 und 2 aus sonstigen Gründen nicht ausführbar, kann das Gericht einen Ersatzzustellungsvertreter bestellen.

§ 46. Anfechtungsklage

(1) Die Klage auf Erklärung der Ungültigkeit eines Beschlusses der Wohnungseigentümer kann nur binnen eines Monats seit der Beschlussfassung erhoben werden; die §§ 233 bis 238 der Zivilprozessordnung gelten entsprechend.

(2) Hat der Kläger erkennbar eine Tatsache übersehen, aus der sich ergibt, dass der Beschluss gegen eine Rechtsvorschrift verstößt, auf deren Einhaltung rechtswirksam nicht verzichtet werden kann, so hat das Gericht darauf hinzuweisen.

BT-Drs. S. 8:

§ 47. Prozessverbindung

Mehrere Prozesse, in denen Klagen auf Erklärung oder Feststellung der Ungültigkeit desselben Beschlusses der Wohnungseigentümer erhoben werden, sind zur gleichzeitigen Verhandlung und Entscheidung zu verbinden. Die Verbindung bewirkt, dass die Kläger der vorher selbständigen Prozesse als Streitgenossen anzusehen sind.

§ 48. Beiladung, Wirkung des Urteils

(1) Sind an dem Rechtsstreit nicht alle Wohnungseigentümer als Partei beteiligt, so sind die übrigen Wohnungseigentümer beizuladen, es sei denn, dass ihre rechtlichen Interessen erkennbar nicht betroffen sind. Sie können der einen oder anderen Partei zu ihrer Unterstützung beitreten. Die Beiladung erfolgt durch Zustellung der Klageschrift, der die Verfügungen des Vorsitzenden beizufügen sind.

(2) Absatz 1 gilt nicht, soweit für die nicht als Partei beteiligten Wohnungseigentümer ein Prozessstandschafter auftritt. Veräußert ein beigeladener Wohnungseigentümer während des Prozesses sein Wohnungseigentum, ist § 265 Abs. 2 der Zivilprozessordnung entsprechend anzuwenden.

(3) Über die in § 325 der Zivilprozessordnung angeordneten Wirkungen hinaus wirkt das rechtskräftige Urteil auch für und gegen alle beigeladenen Wohnungseigentümer sowie ihre Rechtsnachfolger. In den Fällen des § 43 Nr. 2 und 3 wirkt das Urteil ferner gegenüber dem Verwalter, auch wenn er nicht Partei ist.

(4) Wird durch das Urteil eine Anfechtungsklage als unbegründet abgewiesen, so kann auch nicht mehr geltend gemacht werden, der Beschluss verstoße gegen eine unverzichtbare Rechtsvorschrift.

§ 49. Kostenentscheidung

(1) Wird gemäß § 21 Abs. 8 nach billigem Ermessen entschieden, so können auch die Prozesskosten nach billigem Ermessen verteilt werden.

(2) Dem Verwalter können Prozesskosten auferlegt werden, soweit die Tätigkeit des Gerichts durch ihn veranlasst wurde und ihn ein grobes Verschulden trifft, auch wenn er nicht Partei des Rechtsstreits ist.

§ 50. Streitwert

(1) Der Streitwert ist auf 50 Prozent des Interesses der Parteien, aller beigeladenen Wohnungseigentümer und, soweit dieser betroffen ist, des Verwalters an der Ent-

scheidung festzusetzen. Er darf das Interesse des Klägers und der auf seiner Seite Beigetretenen an der Entscheidung nicht unterschreiten.

(2) Die Verpflichtung zur Zahlung von Gerichtskosten bemisst sich für den Kläger und die auf seiner Seite Beigetretenen höchstens nach einem Streitwert, der dem fünffachen Wert ihres Interesses an der Entscheidung entspricht; er darf den Verkehrswert ihres Wohneigentums nicht übersteigen. Die Gebühren ihres Rechtsanwalts sind von ihnen ebenfalls nur nach dem gemäß Satz 1 begrenzten Streitwert zu entrichten. Soweit ihnen Kosten des Rechtsstreits auferlegt werden oder von ihnen übernommen werden, haben sie Kosten nur nach dem gemäß Satz 1 begrenzten Streitwert zu erstatten. Der Rechtsanwalt der in Satz 1 genannten Personen kann seine Gebühren von dem Gegner nach dem für diesen geltenden Streitwert (Absatz 1) im eigenen Namen beitreiben, soweit diesem die außergerichtlichen Kosten seiner Auftraggeber auferlegt oder von diesem übernommen worden sind.

(3) Richtet sich eine Klage gegen einzelne Wohnungseigentümer, gilt Absatz 2 für den Beklagten und die auf seiner Seite Beigetretenen entsprechend."

17. Der 2. und 3. Abschnitt mit den §§ 51 bis 58 sowie § 59 werden aufgehoben.
18. Dem § 63 wird folgender § 62 vorangestellt:

„§ 62. Übergangsvorschrift

(1) Für die am ... (einsetzen: Datum des ersten Tages des vierten auf die Verkündung folgenden Kalendermonats) bei Gericht anhängigen Verfahren in Wohnungseigentums- oder in Zwangsversteigerungssachen oder für die bei einem Notar beantragten freiwilligen Versteigerungen sind die durch die Artikel 1 und 2 des Gesetzes vom ... (BGBl. I S. ...) (einsetzen: Datum und Fundstelle des Gesetzes zur Änderung des Wohnungseigentumsgesetzes und anderer Gesetze) geänderten Vorschriften des III. Teils dieses Gesetzes sowie die des Gesetzes über die Zwangsversteigerung und die Zwangsverwaltung in ihrer bis dahin geltenden Fassung weiter anzuwenden.

(2) In Wohnungseigentumssachen finden die Bestimmungen über die Nichtzulassungsbeschwerde (§ 543 Abs. 1 Nr. 2, § 544 der Zivilprozessordnung) keine Anwendung, soweit die anzufechtende Entscheidung vor dem ... (einsetzen: 5 Jahre nach dem Datum des ersten Tages des vierten auf die Verkündung folgenden Kalendermonats) verkündet worden ist."

Artikel 2. Änderung des Gesetzes über die Zwangsversteigerung und die Zwangsverwaltung

Das Gesetz über die Zwangsversteigerung und die Zwangsverwaltung in der im Bundesgesetzblatt Teil III, Gliederungsnummer 310–14, veröffentlichten bereinigten Fassung, zuletzt geändert durch ..., wird wie folgt geändert:

1. § 10 wird wie folgt geändert:
   a) Absatz 1 Nr. 2 wird wie folgt gefasst:
   „2. bei Vollstreckung in ein Wohnungseigentum die daraus fälligen Ansprüche der anderen Wohnungseigentümer auf Entrichtung der anteiligen Lasten und Kosten des gemeinschaftlichen Eigentums oder des Sondereigentums, die nach § 16 Abs. 2 oder nach § 28 Abs. 2 und 5 des Woh-

BT-Drs. S. 9

ungseigentumsgesetzes geschuldet werden, einschließlich der Vorschüsse und Rückstellungen, wegen der laufenden Beträge und der rückständigen Beträge aus dem Jahr der Beschlagnahme und den letzten zwei Jahren. Das Vorrecht einschließlich aller Nebenleistungen ist begrenzt auf Beträge in Höhe von nicht mehr als fünf vom Hundert des nach § 74 a Abs. 5 festgesetzten Wertes;"

b) Folgender Absatz 3 wird angefügt:

„(3) Zur Vollstreckung mit dem Range nach Absatz 1 Nr. 2 müssen die dort genannten Beträge die Höhe des Verzugsbetrages nach § 18 Abs. 2 Nr. 2 des Wohnungseigentumsgesetzes übersteigen. Für die Vollstreckung genügt ein Titel, aus dem die Verpflichtung des Schuldners zur Zahlung, die Art und der Bezugszeitraum des Anspruchs sowie seine Fälligkeit zu erkennen sind. Soweit die Art und der Bezugszeitraum des Anspruchs sowie seine Fälligkeit nicht aus dem Titel zu erkennen sind, sind sie in sonst geeigneter Weise glaubhaft zu machen."

2. Dem § 45 wird folgender Absatz 3 angefügt:

„(3) Ansprüche der Wohnungseigentümer nach § 10 Abs. 1 Nr. 2 sind bei der Anmeldung durch einen entsprechenden Titel oder durch die Niederschrift der Beschlüsse der Wohnungseigentümer einschließlich ihrer Anlagen oder in sonst geeigneter Weise glaubhaft zu machen. Aus dem Vorbringen müssen sich die Zahlungspflicht, die Art und der Bezugszeitraum des Anspruchs sowie seine Fälligkeit ergeben."

3. § 52 Abs. 2 Satz 2 wird wie folgt gefasst:

„Satz 1 ist entsprechend anzuwenden auf

a) den Erbbauzins, wenn nach § 9 Abs. 3 der Verordnung über das Erbbaurecht das Bestehenbleiben des Erbbauzinses als Inhalt der Reallast vereinbart worden ist;
b) Grunddienstbarkeiten und beschränkte persönliche Dienstbarkeiten, die auf dem Grundstück als Ganzem lasten, wenn in ein Wohnungseigentum mit dem Rang nach § 10 Abs. 1 Nr. 2 vollstreckt wird, und diesen kein anderes Recht der Rangklasse 4 vorgeht, aus dem die Versteigerung betrieben werden kann."

4. Dem § 156 Abs. 1 werden folgende Sätze angefügt:

„Dies gilt auch bei der Vollstreckung in ein Wohnungseigentum für die laufenden Beträge der daraus fälligen Ansprüche der anderen Wohnungseigentümer auf Entrichtung der anteiligen Lasten und Kosten des gemeinschaftlichen Eigentums- oder des Sondereigentums, die nach § 16 Abs. 2 oder nach § 28 Abs. 2 und 5 des Wohnungseigentumsgesetzes geschuldet werden, einschließlich der Vorschüsse und Rückstellungen. Die Vorschrift des § 10 Abs. 1 Nr. 2 Satz 2 findet keine Anwendung."

Artikel 3. Änderung anderer Vorschriften

(1) Das Gerichtsverfassungsgesetz in der Fassung der Bekanntmachung vom 9. Mai 1975 (BGBl. I S. 1077), zuletzt geändert durch ..., wird wie folgt geändert:
  1. In § 23 Nr. 2 wird nach Buchstabe b folgender Buchstabe c eingefügt:
     „c) Streitigkeiten nach § 43 des Wohnungseigentumsgesetzes;".
  2. In § 119 Abs. 1 Nr. 1 wird nach Buchstabe c folgender Buchstabe d angefügt:
     „d) in Streitigkeiten nach § 43 des Wohnungseigentumsgesetzes;".

(2) Die Anlage 1 zu § 2 Abs. 2 (Vergütungsverzeichnis) des Rechtsanwaltsvergütungsgesetzes vom 5. Mai 2004 (BGBl. I S. 718, 788), das zuletzt durch ... geändert worden ist, wird wie folgt geändert:
  1. In Absatz 2 der Anmerkung zu Nummer 3101 wird die Angabe „ , in Verfahren nach § 43 des Wohnungseigentumsgesetzes" gestrichen.
  2. In Vorbemerkung 3.2.1 Abs. 1 Nr. 2 wird Buchstabe c gestrichen, und die bisherigen Buchstaben d und e werden die Buchstaben c und d.

(3) In § 31 Abs. 3 der Verordnung über das Erbbaurecht in der im Bundesgesetzblatt Teil III, Gliederungsnummer 403–6, veröffentlichten bereinigten Fassung, die zuletzt durch ... geändert worden ist, wird die Angabe „§§ 505 bis 510, 513, 514 des Bürgerlichen Gesetzbuchs" durch die Angabe „§§ 464 bis 469, 472, 473 des Bürgerlichen Gesetzbuchs" ersetzt.

(4) In § 98 Abs. 2 Satz 1 des Gesetzes über Rechte an Luftfahrzeugen in der im Bundesgesetzblatt Teil III, Gliederungsnummer 403–9, veröffentlichten bereinigten Fassung, das zuletzt durch ... geändert worden ist, wird die Angabe „§ 223 Abs. 1, §§ 232, 401 Abs. 1, § 418 Abs. 1, §§ 435, 442 Abs. 2, § 449 Abs. 2, §§ 509, 578 a, 776, 1287, 1416 Abs. 3, § 1795 Abs. 1 Nr. 2, §§ 2114, 2168 a des Bürgerlichen Gesetzbuchs" durch die Angabe „§ 216 Abs. 1, §§ 232, 401 Abs. 1, § 418 Abs. 1, §§ 435, 442 Abs. 2, § 448 Abs. 2, §§ 452, 453, 468, 578 a, 776, 1287, 1416 Abs. 3, § 1795 Abs. 1 Nr. 2, §§ 2114, 2168 a des Bürgerlichen Gesetzbuchs" ersetzt.

Artikel 4. Inkrafttreten

Artikel 3 Abs. 3 und 4 dieses Gesetzes tritt am Tag nach der Verkündung in Kraft. Im Übrigen tritt dieses Gesetz am ... (einsetzen: Datum des ersten Tages des vierten auf die Verkündung folgenden Kalendermonats) in Kraft.

BT-Drs. S. 10:

Begründung

A. Allgemeiner Teil

I.

Eine Prüfung durch die Bundesregierung hat ergeben, dass verschiedene Änderungen des Wohnungseigentumsgesetzes (WEG) angezeigt sind, um das rechtliche Instrumentarium praktikabler als bisher handhaben zu können. Ziel ist es,

– die Willensbildung der Wohnungseigentümer zu erleichtern und die Informationsmöglichkeiten über Beschlüsse der Wohnungseigentümer zu verbessern, ohne die Grundbuchämter zu belasten,
– die Gerichtsverfahren durch Erstreckung der Vorschriften der Zivilprozessordnung auf Verfahren in Wohnungseigentumssachen zu harmonisieren,
– die Stellung der Wohnungseigentümer gegenüber Banken bei der Geltendmachung von Hausgeldforderungen in der Zwangsversteigerung zu stärken.

Die Prüfung war veranlasst durch den Beschluss des Bundesgerichtshofs (BGH) vom 20. September 2000 (NJW 2000, 3500) zur Unwirksamkeit sogenannter Ersatzvereinbarungen (vgl. dazu unten zu II.1.) und die dadurch ausgelöste Erörterung in Rechtsprechung und Literatur sowie unter den betroffenen Wohnungseigentümern und Verwaltern über einen Anpassungsbedarf des Gesetzes. Im Rahmen der Prüfung hat die Bundesregierung – wie sie in ihrer Antwort auf die Kleine Anfrage der Fraktion der F. D. P. zum Wohnungseigentum aus dem Jahr 2001 (Bundestagsdrucksache 14/5298) angekündigt hat – die zwischenzeitliche Entwicklung in Rechtsprechung, Lehre und Verwaltungspraxis berücksichtigt.

II. Der Entwurf sieht folgende Neuregelungen vor

1. Erleichterungen der Willensbildung der Wohnungseigentümer

Die Wohnungseigentümer regeln ihre Angelegenheiten durch Vereinbarungen, soweit sie von den gesetzlichen Vorschriften abweichen oder diese ergänzen wollen und soweit nicht das Gesetz Entscheidungen durch (Mehrheits-)Beschluss zulässt. Für diese Vereinbarungen hat sich in der Praxis auch die Bezeichnung „Gemeinschaftsordnung" eingebürgert. Dazu gehören nach der Systematik des Gesetzes (§ 8 Abs. 2 Satz 1 i. V. m. § 5 Abs. 4 WEG) auch die Bestimmungen, mit denen ein Alleineigentümer bei der Begründung von Wohnungseigentum durch Teilung (§ 8 WEG) das Verhältnis der Wohnungseigentümer untereinander festlegt. Während eine spätere Änderung von Vereinbarungen der Einstimmigkeit bedarf, reicht für eine Entscheidung durch Beschluss grundsätzlich

Stimmenmehrheit aus (§ 21 Abs. 3 WEG). Maßnahmen lassen sich demnach wesentlich leichter durch Beschlussfassung als durch Vereinbarung herbeiführen.

Vor diesem Hintergrund hatte in Rechtsprechung, Schrifttum und Verwaltungspraxis über viele Jahre weithin Einigkeit bestanden, dass ein Mehrheitsbeschluss der Wohnungseigentümer gemäß § 23 Abs. 4 Satz 1 WEG (Wirksamkeit bei Nichtanfechtung) grundsätzlich wirksam war, wenn er nicht innerhalb der vorgeschriebenen Frist von einem Monat angefochten wurde, und zwar auch dann, wenn sein Regelungsgegenstand – wie insbesondere eine Änderung der Gemeinschaftsordnung – an sich einer einstimmigen Vereinbarung bedurft hätte (BGH, Beschluss vom 21. Mai 1970, BGHZ 54, 65). Ein solcher Beschluss wurde auch Ersatzvereinbarung genannt oder Zitterbeschluss, weil die Wohnungseigentümer während des Anfechtungszeitraums gleichsam zitterten, ob der Beschluss angefochten würde.

Solche Beschlüsse sind nach der Entscheidung des BGH vom 20. September 2000 nun vielfach von Anfang an unwirksam, und zwar dann, wenn den Wohnungseigentümern die Beschlusskompetenz fehlt. Die Mehrheitsherrschaft bedarf nämlich gemäß § 23 Abs. 1 WEG – so der Bundesgerichtshof – der Legitimation durch Kompetenzzuweisung, da das Gesetz für Regelungen der Wohnungseigentümer grundsätzlich Vereinbarungen vorsieht und die Mehrheitsmacht durch Beschlussfassung auf bestimmte Regelungsbereiche beschränkt. Mehrheitsbeschlüsse sind vom Gesetz namentlich dort zugelassen, wo es um den Gebrauch, die Verwaltung und die Instandhaltung und Instandsetzung des gemeinschaftlichen Eigentums geht. Zulässig sind sie auch, wenn die Wohnungseigentümer durch Vereinbarung ermächtigt sind, über eine Angelegenheit mit Mehrheit zu entscheiden.

Da einerseits die Einstimmigkeit jedenfalls in mittleren oder größeren Wohnanlagen kaum erreichbar ist und andererseits das geltende Recht eine Kompetenz für Mehrheitsentscheidungen für bestimmte Maßnahmen nicht oder nur begrenzt vorsieht, müssen die Wohnungseigentümer von solchen Maßnahmen vielfach Abstand nehmen, auch wenn diese im Einzelfall durchaus sinnvoll erscheinen. Zu nennen sind hier etwa die im Mietrecht verbreitete Erfassung oder Abrechnung von Betriebskosten nach Verbrauch oder Verursachung sowie bauliche Veränderungen des gemeinschaftlichen Eigentums zur Modernisierung der Wohnanlage.

Angesichts dessen bedarf es aus Sicht der Bundesregierung einer Erweiterung des gesetzlichen Instrumentariums, um die Willensbildung zu erleichtern. Dabei wird einerseits am Prinzip der Einstimmigkeit für den Abschluss oder die Änderung von Vereinbarungen wegen der Bedeutung dieses Grundsatzes für das Wohnungseigentumsgesetz grundsätzlich festgehalten. Mit Vereinbarungen werden die grundlegenden und wesentlichen Regelungen für das gemeinschaftliche Zusammenleben der Wohnungseigentümer geschaffen oder geändert. Im Erfordernis der Einstimmigkeit von Vereinbarungen verwirklicht sich die individuelle Eigentümerposition jedes Mitglieds der Gemeinschaft. Dieses Erfordernis gewinnt seine Rechtfertigung zudem durch den Schutz, den das Vertrauen eines jeden Erwerbers auf den Fortbestand der Gemeinschaftsordnung verdient. Eigentum muss grundsätzlich mehrheitsfest sein. Andererseits wird in Rechnung gestellt, dass auch die Miteigentümer Schutz verdienen, die das gemeinschaftliche Eigentum in wirtschaftlich vernünftiger Weise den Erfordernissen der Zeit anpassen wollen. Ansonsten würde ihr Miteigentumsanteil entwertet.

BT-Drs. S. 11:

In dieser Situation sieht der Gesetzentwurf punktuelle Änderungen vor, insbesondere eine punktuelle Erweiterung der Beschlusskompetenzen. Dieser Weg passt sich an die bestehenden Grundstrukturen des Gesetzes an. Er ermöglicht es, hinreichend bestimmte Voraussetzungen der Vorschriften zu normieren und trägt den Bedürfnissen der Praxis nach Verständlichkeit einer Regelung Rechnung.

Im Zuge der Erweiterung der Vorschriften sind im Übrigen wegen der gebotenen Transparenz einige Klarstellungen angezeigt, damit die Wohnungseigentümer die Lösungen einiger wichtiger Kompetenzfragen, die von der Rechtsprechung und der Lehre erzielt werden konnten, aus dem Gesetz selbst ersehen können.

Nach allem geht es um folgende Änderungen zur Willensbildung (in der Abfolge der zu ändernden Vorschriften):

a) Durch Änderung des § 5 WEG (Gegenstand und Inhalt des Sondereigentums) wird die zu Vereinbarungen erforderliche Zustimmung dinglich Berechtigter vielfach entbehrlich.

b) In § 10 Abs. 1 WEG (Allgemeine Grundsätze) wird aus Gründen der Rechtssicherheit die Grundlage für einen Anspruch auf Änderung von Vereinbarungen, der von der Rechtsprechung bisher auf § 242 BGB gestützt wird, ausdrücklich normiert. Außerdem wird zur Erleichterung der Anpassung die bisher geltende Schwelle der groben Unbilligkeit einer Regelung gesenkt.

c) In § 12 WEG (Veräußerungsbeschränkung) wird eine Beschlusskompetenz geschaffen, damit eine vorgesehene Zustimmungspflicht von Wohnungseigentümern oder Dritten zur Veräußerung einer Eigentumswohnung aufgehoben werden kann.

d) In § 16 WEG (Kosten) wird in einem neuen Absatz 3 eine Beschlusskompetenz für die Erfassung und Verteilung von Betriebskosten und von Verwaltungskosten nach Verbrauch oder Verursachung oder einem sonst geeigneten Maßstab statt wie bisher nach Miteigentumsanteilen eingeführt bzw. ausdrücklich normiert. Außerdem wird in einem neuen Absatz 4 geregelt, dass die Wohnungseigentümer im Einzelfall im Zuge eines Beschlusses zur Instandhaltung oder Instandsetzung oder zu baulichen Veränderungen oder Aufwendungen eine Kostenregelung beschließen können, die von der gesetzlichen Verteilung nach Miteigentumsanteilen (§ 16 Abs. 2 WEG) abweicht.

e) In § 21 WEG (Verwaltung durch die Wohnungseigentümer) wird in einem neuen Absatz 7 eine Kompetenz zur Regelung bestimmter Geldangelegenheiten (Art und Weise von Zahlungen, Fälligkeit von Forderungen und Folgen des Verzugs sowie Erhebung von Kosten für eine besondere Inanspruchnahme des gemeinschaftlichen Eigentums oder der Verwaltung) geschaffen bzw. ausdrücklich normiert.

f) In § 22 Abs. 1 WEG (Besondere Aufwendungen) wird die geltende Fassung zur Vermeidung von Missverständnissen über den Kreis der zustimmungspflichtigen Miteigentümer und zur stärkeren Berücksichtigung der Praxis der Willensbildung bei baulichen Maßnahmen neu gefasst. Außerdem wird in einem neuen Absatz 2 die Kompetenz für einen qualifizierten Mehrheitsbeschluss für Maßnahmen zur Modernisierung im Sinne des § 559 Abs. 1 BGB oder zur Anpassung an den Stand der Technik eingeführt. Für derartige Maßnahmen gilt bisher grundsätzlich das Einstimmigkeitsprinzip.

g) In § 24 Abs. 4 Satz 2 WEG wird die Mindestfrist zur Einberufung der Wohnungseigentümerversammlung von einer auf zwei Wochen verlängert.

Soweit die vorgesehenen Änderungen eine Beschlusskompetenz und damit das Mehrheitsprinzip statt der bisher erforderlichen Einstimmigkeit für Entscheidungen der Wohnungseigentümer einführen, legen sie den Inhalt des Wohnungseigentums neu fest und sind im Hinblick auf Artikel 14 Abs. 1 Satz 2 GG als Inhalts- und Schrankenbestimmung zu werten. Sie halten sich allerdings innerhalb der Grenzen, welche die Eigentumsfreiheit zieht (vgl. zu den verfassungsrechtlichen Anforderungen: Beschluss des Bundesverfassungsgerichts vom 9. Januar 1991, BVerfGE 83, 201, 212; Depenheuer, WE 1994, 124, 129; Rühlicke, ZMR 2002, 713, 716; Graßhof, ZWE 2003, 33, 37). Für künftig entstehendes Wohnungseigentum ist maßgeblich, dass die Einführung des Mehrheitsprinzips verhältnismäßig ist, weil die Änderungen – wie die Begründungen zu den einzelnen Vorschriften jeweils zeigen – die Individualinteressen einerseits und die Mehrheitsinteressen andererseits jeweils zu einem angemessenen Ausgleich bringen. Der dafür auch erforderliche Minderheitenschutz ist durch die weiterhin bestehende Möglichkeit einer gerichtlichen Anfechtung der Beschlüsse unter den im Gesetz im Einzelnen normierten Voraussetzungen gewährleistet, namentlich dann, wenn die gefasste Mehrheitsentscheidung nicht ordnungsmäßiger Verwaltung entspricht. Bei bestehendem Wohnungseigentum greift zwar der auf Artikel 14 Abs. 1 Satz 2 GG beruhende Bestandsschutz. Gleichwohl sind die Änderungen zulässig, da insoweit dem öffentlichen Interesse an einer Erleichterung der Willensbildung jeweils mehr Gewicht zukommt als einem Vertrauen auf den Fortbestand der bisherigen Rechtslage.

2. Verbesserung der Informationsmöglichkeiten über Beschlüsse der Wohnungseigentümergemeinschaft

Künftig soll in den Wohnungseigentümergemeinschaften eine Beschluss-Sammlung aktuell geführt werden. Eine solche Sammlung ist heute schon vielfach üblich, aber nicht in allen Gemeinschaften vorhanden. Die Beschluss-Sammlung soll es einem Erwerber von Wohnungseigentum ermöglichen, sich über Beschlüsse der Wohnungseigentümer zu unterrichten, die diese vor seinem Beitritt zur Gemeinschaft gefasst haben und die aus dem Grundbuch nicht ersichtlich, ihm gegenüber aber gleichwohl wirksam sind (§ 10 Abs. 3 WEG). Entsprechendes gilt für die Entscheidungen des Gerichts in einem Rechtsstreit gemäß § 43 WEG (neu), die für die Beschlusslage der Gemeinschaft von Bedeutung sind. Der Erwerber soll wissen können, was auf ihn zukommt, wenn er sich danach erkundigt. Die Sammlung ist aber auch für die Wohnungseigentümer selbst sinnvoll. Auch die Wohnungseigentümer haben ein Interesse daran, die ergangenen gerichtlichen Entscheidungen und die von ihnen und ihren Voreigentümern gefassten Beschlüsse in ihrer Gesamtheit einsehen zu können. Dadurch ist auch besser gewährleistet, dass eine ergangene Entscheidung oder ein einmal gefasster Beschluss später nicht übersehen wird und damit unbeachtet bleibt. Schließlich ist die Beschluss-

BT-Drs. S. 12:

Sammlung für einen Verwalter praktisch unentbehrlich, weil er ohne sie keine hinreichende Kenntnis von der Beschlusslage der Wohnungseigentümer hat.

Die Pflicht zur Führung der Sammlung bedarf einer ausdrücklichen Regelung, weil es bisher keine einheitliche Meinung darüber gibt, ob eine entsprechende Verpflichtung besteht und wen sie trifft. Einerseits wird gesagt, die Beschluss-Sammlung sei als Maßnahme ordnungsmäßiger Verwaltung schon nach geltendem Recht vorgeschrieben. Andererseits wird die Ansicht vertreten, die Wohnungseigentümer treffe keine Pflicht zur Mitwirkung an der Verwaltung (Merle in Bärmann/Pick/Merle WEG, 9. Auflage, § 20, Rn 8 m. w. N.). Außerdem gibt es in der Praxis bisher keine einheitlichen Vorstellungen darüber, was zum Inhalt der Sammlung gehört.

Angesichts dessen soll ausdrücklich geregelt werden, dass der Verwalter künftig eine Beschluss-Sammlung führt. Konkret bedeutet dies im Wesentlichen, dass er die Beschlüsse der Wohnungseigentümer und die Urteilsformeln der gerichtlichen Entscheidungen, die nach dem Inkrafttreten der Regelungen zur Beschluss-Sammlung ergehen, mit ihrem Wortlaut in eine fortlaufende Sammlung eintragen und diese auf aktuellem Stand halten muss (§ 24 Abs. 8 Satz 1 WEG – neu –). Um diese Verpflichtung durchzusetzen, stellt das Gesetz klar, dass ein entsprechender Pflichtverstoß des Verwalters ein wichtiger Grund für seine Abberufung ist (§ 26 Abs. 1 Satz 4 WEG – neu –).

Um den Verwalter anzuhalten, die Beschluss-Sammlung ordnungsgemäß zu führen, ist auch erwogen worden, die Wirksamkeit bestimmter Beschlüsse der Wohnungseigentümer – der sogenannten gesetzes- oder vereinbarungsändernden Beschlüsse – mit ihrer Eintragung in die Sammlung oder der Einsichtnahme eines Erwerbers zu verknüpfen. Von dieser Verknüpfung ist abgesehen worden. Eine solche Regelung eröffnete insbesondere die Möglichkeit des Missbrauchs, auf die jüngst auch in der Rechtsprechung im Fall einer entsprechenden Klausel in einer Gemeinschaftsordnung hingewiesen worden ist (OLG Düsseldorf, Beschluss vom 1. Oktober 2004, NJW-RR 2005, 165). So könnte ein Verwalter selbst einstimmig gefasste Beschlüsse dadurch „torpedieren“, dass er die gebotene Eintragung nicht vornimmt und so verhindern, dass der Beschluss wirksam wird.

In kleinen Gemeinschaften, in denen abweichend vom Regelfall ein Verwalter fehlt, ist grundsätzlich der Vorsitzende der Wohnungseigentümerversammlung zur Führung der Sammlung verpflichtet (§ 24 Abs. 8 Satz 2 WEG – neu –). Da diese Gemeinschaften und damit auch die Umsetzung der Verpflichtung überschaubar sind, bedarf es insoweit keiner gesonderten Sanktion, zumal jeder Einzelne gemäß § 21 Abs. 4 WEG einen Anspruch auf ordnungsmäßige Führung der Sammlung hat und diesen gerichtlich durchsetzen kann.

Die Beschluss-Sammlung macht eine in jüngerer Zeit verschiedentlich geforderte Eintragung der sogenannten gesetzes- oder vereinbarungsändernden Beschlüsse in das Grundbuch entbehrlich. Deshalb ist insoweit eine Klarstellung in § 10 Abs. 3 Satz 2 WEG (neu) vorgesehen.

3. Harmonisierung der Gerichtsverfahren

Auf Verfahren in Wohnungseigentumssachen, für die bisher das Gesetz über die freiwillige Gerichtsbarkeit (FGG) gilt, werden die Vorschriften der Zivilprozessordnung (ZPO) erstreckt. Bei diesen Verfahren handelt es sich um rein privatrechtliche Streitigkeiten. Es gibt keinen überzeugenden Grund, hier die nach dem FGG vorgeschriebene aufwändige Amtsermittlung durchzuführen, zumal schon jetzt wesentliche Grundsätze der ZPO auch in Verfahren nach dem WEG entsprechend anzuwenden sind.

Die unsystematische Zuweisung zum Verfahrensrecht der freiwilligen Gerichtsbarkeit wird dadurch korrigiert. Im Rahmen der FGG-Reform soll die Bezugnahme auf das FGG in den sonstigen privatrechtlichen Streitverfahren überprüft und, wenn sich die Verpflichtung zur Amtsermittlung als ein das Verfahren behindernder Fremdkörper erweist, aufgehoben werden. Diese Verfahren, insbesondere Verfahren nach dem WEG und gesellschaftsrechtliche „Spruchverfahren", sind ursprünglich allein aus pragmatischen Erwägungen, mit der Erwartung einer besonderen Verfahrensförderung und -beschleunigung dem FGG und nicht der ZPO zugewiesen worden, obwohl es sich inhaltlich um bürgerliche Rechtsstreitigkeiten handelt. Im Zuge der FGG-Reform kann das Verfahrensrecht einer freiwilligen Gerichtsbarkeit, die von privatrechtlichen Streitverfahren bereinigt ist, sodann präziser den spezifischen Bedürfnissen der Kernverfahren angepasst werden.

Die mit der FGG-Zuweisung verbundenen Erwartungen des Gesetzgebers haben sich zudem in WEG-Verfahren nicht erfüllt.

Ein FGG-Verfahren ist wegen der grundsätzlichen Verpflichtung des Gerichts zur Amtsermittlung (§ 12 FGG) von seiner Struktur her aufwändiger und daher auch häufig langsamer als ein Zivilprozess. Das Gericht hat hier nicht die Möglichkeiten zur Konzentration und Beschleunigung, die ihm im ZPO-Verfahren aufgrund der Verantwortung der Parteien für die Vor- und Aufbereitung des Prozessstoffs zur Verfügung stehen. Hinzu kommt, dass der mit einer Amtsermittlung verbundene erhöhte Einsatz staatlicher Ressourcen nur noch dort gerechtfertigt ist, wo eine erhöhte staatliche Verpflichtung besteht. Dies ist in Verfahren in Wohnungseigentumssachen nicht der Fall, da sich deren Gegenstand von dem eines Zivilprozesses nicht unterscheidet. Eine Ausnahme bildet lediglich die Bestellung eines (Not-)Verwalters durch das Gericht gemäß § 26 Abs. 3, § 43 Abs. 1 Nr. 3 WEG, da sie nicht zu den sogenannten echten Streitverfahren der freiwilligen Gerichtsbarkeit gehört. Diese Regelung ist aber entbehrlich und soll daher entfallen (vgl. die Begründung zur Aufhebung des § 26 Abs. 3 WEG).

Schon jetzt hat sich das Wohnungseigentumsverfahren dem ZPO-Klageverfahren angenähert. Praxis und Rechtsprechung haben sich weitgehend von FGG-Grundsätzen entfernt und Mitwirkungspflichten und Beweislasten und damit in weiten Teilen praktisch ein ZPO-Verfahren eingeführt. Auch der Gesetzgeber hat diese Tendenz unterstützt, wenn auch nur vorsichtig, etwa durch das nachträglich in § 46 a WEG normierte Mahnverfahren in WEG-Sachen. Die nun vorgesehenen Änderungen vollziehen daher konsequent den seit langem praktizierten Paradigmenwechsel vom FGG-Verfahren mit Amtsermittlung zum Zivilprozess mit Parteiverantwortung.

Die Änderungen ermöglichen eine effizientere und stringentere Verfahrensführung, da das Gericht nunmehr – wie in jedem Zivilprozess – Sanktionen ergreifen kann, wenn die

BT-Drs. S. 13:

Parteien ihrer Pflicht zur Verfahrensförderung nicht nachkommen. Hinzu kommt, dass das Gericht die Möglichkeit hat, ein Versäumnisurteil zu erlassen, die Vollstreckung aufgrund eines vorläufig vollstreckbaren Urteils anzuordnen und einstweiligen Rechtsschutz in einem gesetzlich normierten Verfahren zu geben.

Die seit dem 1. Januar 2002 reformierte ZPO stellt mit der strukturell verbesserten Form der materiellen Prozessleitung, den interessengerechten Mitwirkungsrechten und -pflichten der Verfahrensbeteiligten und der qualitativ verbesserten Überprüfungsmöglichkeit gerichtlicher Entscheidungen ein Verfahrensrecht bereit, welches gerade auch für den Streit in Wohnungseigentumssachen besonders geeignet ist und dem Schutzbedürfnis der Beteiligten adäquat gerecht wird. Dem Entwurfskonzept liegt dabei die Erwartung zugrunde, dass Wohnungseigentumssachen erstinstanzlich erfahrenen, spezialisierten Richtern zugewiesen werden.

Die Verlagerung der Wohnungseigentumsverfahren zur ZPO geht einher mit einer Änderung des Instanzenzuges. Anstelle der Landgerichte sind die Oberlandesgerichte in zweiter und anstelle dieser ist nunmehr der BGH in letzter Instanz zur Entscheidung berufen. Um einer Überlastung des BGH vorzubeugen, wird die Nichtzulassungsbeschwerde in WEG-Verfahren für eine Übergangszeit ausgeschlossen (§ 62 Abs. 2 WEG – neu –). Mit einer nennenswerten Mehrbelastung des Bundesgerichtshofs ist daher nicht zu rechnen. Schon nach derzeitiger Rechtslage entscheidet der Bundesgerichtshof über die weitere Beschwerde, wenn diese ihm wegen Divergenz von dem Oberlandesgericht vorgelegt wird (§ 28 Abs. 2 und 3 FGG). Die Anzahl der Divergenzentscheidungen liegt bei etwa 8 bis 10 jährlich. Die Anzahl zugelassener Revisionen in WEG-Verfahren dürfte nicht wesentlich über diesen Werten liegen.

4. Harmonisierung des Wohnungseigentumsgesetzes mit Landesbauvorschriften

Durch Einführung einer Öffnungsklausel erhalten die Landesregierungen die Möglichkeit, selbst zu bestimmen, ob der Aufteilungsplan und die Abgeschlossenheitsbescheinigung (§ 7 Abs. 4 Satz 1 und § 32 Abs. 2 Satz 2 WEG) künftig von einem öffentlich bestellten oder anerkannten Sachverständigen statt von der Baubehörde ausgefertigt und bescheinigt werden und ob dies generell oder nur für bestimmte Fälle geschehen soll. Dies trägt den geänderten tatsächlichen und rechtlichen Verhältnissen Rechnung. Ansonsten müsste die Baubehörde weiterhin Vorgänge auch ohne baurechtlichen Anlass prüfen, etwa bei der heute häufigeren Umwandlung von Miet- in Eigentumswohnungen sowie bei Bauvorhaben, die nach Landesrecht inzwischen genehmigungsfrei sind.

5. Stärkung der Stellung der Wohnungseigentümer gegenüber Kreditinstituten bei der Geltendmachung von Hausgeldforderungen in der Zwangsversteigerung

Insoweit wird für Hausgeldansprüche ein begrenztes Vorrecht durch Änderung der Rangklassen des § 10 des Gesetzes über die Zwangsversteigerung und die Zwangsverwaltung (ZVG) und so die bisher praktisch nicht vorhandene Möglichkeit geschaffen, diese in der Zwangsversteigerung mit Erfolg geltend zu machen.

In diesem Zusammenhang werden auch die speziellen Versteigerungsvorschriften im WEG zum Ausschluss eines für die Gemeinschaft nicht mehr tragbaren Wohnungseigentümers gestrichen, weil sie sich in der Praxis nicht bewährt haben. Stattdessen wird allgemein auf die Vorschriften des ZVG abgestellt.

III.

Nicht aufgenommen in den Entwurf sind Regelungen zur Einführung eines Zentralgrundbuchs neben dem Wohnungseigentumsgrundbuch, die in jüngerer Zeit angeregt worden sind (vgl. ZWE 2003, 346, 354). Nach dem Vorschlag soll ein Teil der Grundbucheintragungen der jeweiligen Eigentumswohnungen auf ein gemeinsames Grundbuchblatt für die Wohnanlage – ein Zentralblatt – gebucht werden, insbesondere Gesamtbelastungen des Grundstücks und Angaben zur Gemeinschaftsordnung. Dies stößt auf nicht unerhebliche Bedenken, unter anderem deshalb, weil für die bestehenden Gemeinschaften der – so jüngere Zahlen – etwa fünf Millionen Eigentumswohnungen die nachträgliche Anlegung eines Zentralblatts wegen des damit verbundenen großen Aufwands ohnehin nicht zwingend vorgeschrieben werden kann. Andererseits gäbe eine Lösung, die neben der bisherigen Form des Grundbuchs – einem gesonderten Grundbuchblatt für jede Eigentumswohnung – ein gemeinsames Grundbuchblatt zuließe, die Einheitlichkeit des geltenden Rechts auf. Dies beeinträchtigte die auch in wirtschaftlicher Hinsicht wichtige Verständlichkeit des Grundbuchs erheblich. Vor allem aber ist von Bedeutung, dass es ohnehin Arbeiten des Bundes und der Länder zur Änderung der Darstellungsform des Grundbuchs und zur Einführung einer verbesserten Datenhaltung für das maschinelle Grundbuch gibt (Datenbankgrundbuch). Das Ziel dieser Arbeiten deckt sich weithin mit dem des Vorschlags eines Zentralgrundbuchs: Der Zugriff auf die Daten des Grundbuchs soll erleichtert und erweitert und außerdem soll das Grundbuch – wie jetzt schon das Handelsregister – künftig als laufender Text und nicht mehr wie bisher in Spalten geführt und so leichter lesbar werden. Der Bund und die Länder haben die umfangreichen Arbeiten für die erforderlichen Änderungen insbesondere der Datenhaltung und einer automatischen Umwandlung des vorhandenen Datenbestandes auch bereits begonnen. Angesichts dessen besteht jedenfalls kein Anlass für gesetzgeberische Maßnahmen im Grundbuchrecht im Zuge einer Änderung des Wohnungseigentumsgesetzes. Vielmehr können die Ziele des Vorschlags eines Zentralgrundbuchs im Zuge der beabsichtigten Änderungen der Grundbuchvorschriften berücksichtigt werden.

Der Entwurf sieht auch von Regelungen zur Zuordnung des Verwaltungsvermögens der Wohnungseigentümer ab, die ebenfalls angeregt worden sind (vgl. DNotZ 2003, 493, 511; ZWE 2003, 145, 147). Die Frage der Zuordnung des Verwaltungsvermögens hat vor allem in der Rechtslehre im Zusammenhang mit unterschiedlichen Ansichten über die Rechtsnatur des Wohnungseigentums zu teilweise heftigen Kontroversen geführt (vgl. dazu die Antwort der Bundesregierung auf die

BT-Drs. S. 14:

Große Anfrage der Fraktion der SPD zum Wohnungseigentum, Bundestagsdrucksache 13/4712, S. 22). In der Praxis kommt ihr nach Kenntnis der Bundesregierung nur eine geringere Bedeutung zu. Dies macht die begrenzte Zahl einschlägiger gerichtlicher Entscheidungen deutlich, ebenso der Umstand, dass ein entsprechender Regelungsbedarf von den Landesjustizverwaltungen und den beteiligten Verbänden bei der Anhörung nicht angesprochen worden ist. Die Lösung der wenigen Fälle kann deshalb weiterhin der Rechtsprechung überlassen bleiben.

IV. Kosten

Das Gesetz wird die öffentlichen Haushalte entlasten. Wie oben unter II. 2. ausgeführt, werden Wohnungseigentumssachen zukünftig nicht mehr nach den Verfahrensregeln des FGG, sondern nach den Vorschriften der ZPO behandelt. Dies bedingt auch eine Umstellung von der Kostenordnung (KostO) auf das Gerichtskostengesetz (GKG). Dadurch entstehen der Justiz derzeit nicht bezifferbare, jedenfalls aber nicht unerhebliche Mehreinnahmen. Zudem wird es innerhalb der Landesjustiz nur noch zwei, nicht wie bisher drei Instanzen geben. Hierdurch kann die bisher mit der Bearbeitung von weiteren Beschwerden in WEG-Sachen beanspruchte richterliche Arbeitskraft eingespart werden. Eine gewisse, aber durch die vorgenannten Effekte mehr als kompensierte Mehrbelastung für die Länderhaushalte bringt die Verlagerung der zweitinstanzlichen Zuständigkeit in WEG-Sachen von den Land- zu den Oberlandesgerichten mit sich.

Für den Bundeshaushalt führt der Entwurf zu keiner Mehrbelastung. Um einer Überlastung des Bundesgerichtshofes vorzubeugen, werden Nichtzulassungsbeschwerden in WEG-Sachen zunächst für einen Übergangszeitraum von fünf Jahren ausgeschlossen. Der Bundesgerichtshof kann also in WEG-Verfahren nur aufgrund vom Oberlandesgericht zugelassener Revision erreicht werden. Infolge dieser Beschränkung werden sich die Eingänge in WEG-Sachen beim Bundesgerichtshof voraussichtlich nur unwesentlich erhöhen, was mit den vorhandenen Kapazitäten aufgefangen werden kann.

Vollzugsaufwand wird nicht entstehen.

Für die Wirtschaft, insbesondere für kleine und mittlere Unternehmen, entstehen keine Kosten. Das Gesetz hat auch keine preissteigernde Wirkung. Insbesondere die geplante Änderung der Rangklassen im ZVG wird nach den Erfahrungen mit einer vergleichbaren Vorrangregelung in Österreich (siehe näher unten B. II., Vorbemerkung) keine nachteiligen Auswirkungen auf die Beleihung des Wohnungseigentums haben und daher nicht zu höheren Kreditkosten führen. Indes werden die Wohnungseigentümer seltener als bisher für die Rückstände zahlungsunfähiger oder -unwilliger Mitglieder der Eigentümergemeinschaft aufkommen müssen. Dies wird die betroffenen Wohnungseigentümer entlasten.

V. Gleichstellung

Der Entwurf hat keine spezifischen Auswirkungen auf die Lebenssituation von Frauen und Männern. Diese sind von den Vorschriften des Entwurfs in gleicher Weise betroffen.

VI. Gesetzgebungskompetenz

Die Gesetzgebungskompetenz des Bundes für die vorgesehenen Regelungen folgt aus Artikel 74 Abs. 1 Nr. 1 GG (Bürgerliches Recht, Gerichtsverfassung, gerichtliches Verfahren, Rechtsanwaltschaft, Notariat). Eine bundesgesetzliche Regelung ist zur Wahrung der Rechts- und Wirtschaftseinheit im gesamtstaatlichen Interesse erforderlich (Artikel 72 Abs. 2 GG). Die geänderten Vorschriften, insbesondere des Wohnungseigentumsgesetzes und des Zwangsversteigerungsgesetzes, aber auch der anderen Bundesgesetze, gelten überall in Deutschland gleichermaßen. Dies muss zur Vermeidung einer Rechtszersplitterung auch so bleiben. Unterschiedliche Regelungen führten vor allem für überregional tätige Unternehmen wie Bauträger und Kreditinstitute zu unzumutbaren Behinderungen im länderübergreifenden Rechtsverkehr und zu erheblichen Beeinträchtigungen der Funktionsfähigkeit des einheitlichen Wirtschaftsraums.

B. Besonderer Teil

I. Zu Artikel 1 (Änderung des Wohnungseigentumsgesetzes)

1. Zu Nummer 1 (§ 5 Abs. 4 Satz 2 und 3 WEG – neu –)

   a) Zur Änderung von Vereinbarungen ist neben dem Einverständnis der Wohnungseigentümer nach herrschender Meinung in Rechtsprechung und Literatur auch die Zustimmung der Inhaber dinglicher Rechte an den einzelnen Wohnungen gemäß den §§ 877, 876 Satz 1 BGB analog erforderlich, wenn diese von der Änderung betroffen werden. Eine Zustimmung ist nur entbehrlich, wenn nicht bloß eine wirtschaftliche, sondern jede rechtliche Beeinträchtigung ausgeschlossen ist (BGHZ 91, 343).

   Diese Rechtslage führt zu einer Überdehnung des notwendigen Schutzes der Inhaber dinglicher Rechte, um den es in den oben genannten Vorschriften geht. So bedarf die Begründung von Sondernutzungsrechten für Kfz-Stellplätze am gemeinschaftlichen Hofeigentum auch dann der Zustimmung der Grundpfandgläubiger der einzelnen Wohnungen, wenn jeder Wohnungseigentümer der Anlage einen Stellplatz erhält. Die Aufteilung schränkt nämlich gleichzeitig die Befugnis der einzelnen Wohnungseigentümer auf Mitgebrauch aller Plätze des gemeinschaftlichen Hofeigentums ein und wird deshalb rechtlich als Beeinträchtigung gewertet (BGHZ a. a. O.). Dabei kommt es nicht darauf an, dass die jeweilige Wohnung nach Zuweisung eines Stellplatzes mehr wert ist als vorher und so die Haftungsgrundlage für die Grundpfandgläubiger verbessert wird.

Die Überdehnung des Schutzes der Inhaber dinglicher Rechte geht einher mit einem unnötigen Arbeitsaufwand und führt insbesondere zu vermeidbaren hohen Kosten. Da Einzelfragen der Erforderlichkeit einer Gläubigerzustimmung und der Art der betroffenen Rechte umstritten sind, neigt die Praxis vielfach dazu, sicherheitshalber auf die Zustimmung der Gläubiger aller eingetragenen Rechte, zumindest aber auf die aller Grundpfandgläubiger abzustellen. Es wird also eine Vielzahl von Banken beteiligt. Deren Eintragungsbewilligungen müssen von

BT-Drs. S. 15:

den Notaren jeweils in öffentlich beglaubigter Form eingeholt und dem Grundbuchamt vorgelegt werden. Die mit all dem verbundenen Kosten haben die Wohnungseigentümer zu tragen. Angesichts dessen sind Änderungen der Gemeinschaftsordnung selbst dann, wenn alle Wohnungseigentümer einverstanden sind, schon in kleinen Wohnanlagen nur schwer und in größeren meist überhaupt nicht zu erreichen.

b) Da im Rahmen des geltenden Rechts eine befriedigende Lösung der aufgetretenen Probleme bisher nicht gefunden worden ist, sieht der Entwurf eine Gesetzesänderung vor. Zunächst hatte die Bundesregierung in Anlehnung an die in vielen Bundesländern geltenden Gesetze über Unschädlichkeitszeugnisse eine Regelung erwogen, wonach die Zustimmung der Drittberechtigten entbehrlich sein sollte, wenn deren Rechte nur geringfügig betroffen würden, eine Änderung bei wirtschaftlicher Betrachtung also unschädlich wäre. Im Zuge der Prüfung des Handlungsbedarfs hat sich indessen ergeben, dass eine solche Lösung vom Grundbuchamt die Feststellung des Grades der Betroffenheit verlangte. Sie geriete damit in Konflikt mit dem formellen Konsensprinzip (§ 19 GBO), welches das Grundbuchamt gerade von der Prüfung materiell-rechtlicher Grundlagen entheben soll. Außerdem ließe sich das Ziel der Änderung nicht erreichen, entbehrliche Hemmnisse abzubauen. Dies gälte auch, wenn zur Vermeidung des Konflikts mit § 19 GBO statt der Entscheidung des Grundbuchamts die des Gerichts über die Unschädlichkeit vorgesehen würde. Das Ziel einer Vereinfachung lässt sich nach erneuter Beurteilung in zweckmäßiger Weise nur erreichen, wenn die betroffenen Rechte und der Gegenstand der Vereinbarung unter Berücksichtigung des Schutzzwecks der Zustimmung konkret festgelegt werden (vgl. Brambring, DNotZ 1979, 155, 165).

Nach dem Entwurf bedarf eine Vereinbarung oder die Änderung einer Vereinbarung der Zustimmung Dritter, wenn das Wohnungseigentum zugunsten des Dritten mit Grundpfandrechten – um die es in etwa 90 Prozent aller Eintragungen geht – oder Reallasten belastet ist und wenn es um eine bestimmte Art der Vereinbarung geht, nämlich die Begründung, Aufhebung, Änderung oder Übertragung von Sondernutzungsrechten (Satz 2 und 3 neu). Bei der Begründung eines Sondernutzungsrechts ist die Zustimmung des Dritten, für den eines der vorgenannten Rechte bestellt ist, aber nur erforderlich, wenn durch die Vereinbarung das zu seinen Gunsten belastete Wohnungseigentum nicht mit einem Sondernutzungsrecht verbunden wird. Nur in diesem Fall ist der Dritte beeinträchtigt, nicht aber dann, wenn durch die Vereinbarung gleichzeitig das zu seinen Gunsten belastete Wohnungseigentum mit einem Sondernutzungsrecht verbunden wird.

Bei allen anderen Rechten verbleibt es – abweichend von früheren Überlegungen – bei der bisherigen Rechtslage. Im Übrigen ändert § 5 Abs. 4 Satz 2 WEG (neu) nichts daran, dass die Zustimmung entbehrlich ist, wenn keine Beeinträchtigung des Rechts vorliegt. § 5 Abs. 4 Satz 2 WEG (neu) bewirkt lediglich eine Einschränkung, nicht aber eine Erweiterung des Zustimmungserfordernisses, das sich weiterhin aus den §§ 876, 877 BGB ergibt. Dies folgt bereits aus dem Wort „nur“ und wird durch die Wörter „nach anderen Rechtsvorschriften notwendige (Zustimmung)“ unterstrichen.

Im Einzelnen liegen § 5 Abs. 4 Satz 2 und 3 WEG (neu) folgende Überlegungen zugrunde:

aa) Eine Vereinbarung soll bei Grundpfandrechten (Hypotheken, Grundschulden und Rentenschulden) sowie Reallasten zustimmungspflichtig sein, soweit sie die Verwertungsmöglichkeit der Gläubiger in der Zwangsversteigerung oder Zwangsverwaltung bei der gebotenen wirtschaftlichen Betrachtungsweise konkret beeinträchtigt. Dies ist in der Praxis vor allem dann der Fall, wenn der Gläubiger bei einer Vollstreckung keinen Zugriff mehr auf ein Sondernutzungsrecht hat, etwa an einem Kfz-Stellplatz oder an dem Garten einer Erdgeschosswohnung. Eine Wohnung ohne Parkmöglichkeit oder ohne Garten ist regelmäßig weniger wert.

Außerdem kann der Grundpfandrechtsgläubiger wirtschaftlich beeinträchtigt sein, wenn die Wohnungseigentümer ein Sondernutzungsrecht zugunsten eines anderen Wohnungseigentümers bestellen und dadurch die Nutzung des gemeinschaftlichen Eigentums einschränken. Hier darf der Schutz der Grundpfandrechtsgläubiger jedoch nicht überspannt werden. Weisen die Wohnungseigentümer etwa bei der Verteilung von Stellplätzen am gemeinschaftlichen Parkplatz auch dem belasteten Wohnungseigentum einen Stellplatz zu, so schmälern sie damit nicht den Wert der betroffenen Wohnung, sondern steigern ihn in der Regel. Deshalb ist eine Zustimmung der Grundpfandrechtsgläubiger nicht erforderlich, wenn durch ein und dieselbe Vereinbarung auch das belastete Wohnungseigentum mit einem Sondernutzungsrecht verbunden wird.

Ob Vereinbarungen anderer Art, nämlich Verfügungsbeschränkungen gemäß § 12 WEG, Zweckänderungen gemäß § 13 WEG oder Gebrauchsbeschränkungen gemäß § 15 WEG sowie Vereinbarungen über Kostenangelegenheiten, eine Verwertungsmöglichkeit einschränken, lässt sich konkret noch nicht im Zeitpunkt ihres Abschlusses, sondern erst im Zeitpunkt der Vollstreckung beurteilen. Erst dann wird deutlich, ob die Vereinbarungen den Kreis der Interessenten an einem entsprechenden Objekt vergrößert oder verkleinert haben. Die Vereinbarungen entsprechen somit in ihrer Wirkung anderen, zustimmungsfreien Maßnahmen der Wohnungseigentümer, die den Wert der Wohnung beeinflussen und vom Verhalten der Wohnungseigentümer abhängen, etwa der Instandhaltung der Wohnung sowie der Verwaltung des gemeinschaftlichen Eigentums. Auch deren Auswirkungen für die Grundpfandrechte lassen sich konkret erst im Zeitpunkt der Vollstreckung beurteilen. Wenn der Grundpfandrechtsgläubiger dies hier in Rechnung stellen muss, kann er das auch bei den Vereinbarungen. Es liegt deshalb nahe, beide Fallgruppen gleich zu behandeln und sie dem Risikobereich des Grundpfandrechtsgläubigers zuzuordnen. Dafür spricht auch, dass die Gläubiger ansonsten aufgrund der Vielzahl der Zustimmungspflichten und

BT-Drs. S. 16:

der Reichweite der damit verbunden Mitwirkungsmöglichkeiten gleichsam zu Miteigentümern gemacht würden. Dies ist nicht Sinn und Zweck der §§ 876, 877 BGB.

bb) Bei anderen Rechten bleibt es bei der Zustimmungspflicht in ihrem bisherigen Umfang. Das betrifft vor allem Dienstbarkeiten, also Grunddienstbarkeiten, beschränkt persönliche Dienstbarkeiten, den Nießbrauch, das Wohnungsrecht und das Dauerwohn- oder Dauernutzungsrecht. Die Inhaber dieser Rechte müssen einer Vereinbarung also weiterhin zustimmen, wenn eine Beeinträchtigung ihres Rechts nicht ausgeschlossen ist. Damit nimmt der Entwurf auf die besondere Interessenlage bei diesen Rechten Rücksicht. Anders als Grundpfandrechte und Reallasten verleihen Dienstbarkeiten keine Verwertungsbefugnis, sondern vor allem das Recht, ein Grundstück umfassend oder in einzelnen Beziehungen zu nutzen. Der Dienstbarkeitsberechtigte mag an einer ganz bestimmten Art und Weise der Nutzung persönlich interessiert sein, die für einen Verwertungsberechtigten unwichtig ist, da sie auf den Wert der Wohnung keinen Einfluss hat. Während sich der Verwertungsberechtigte im Regelfall auch darauf verlassen kann, dass der Wohnungseigentümer wertmindernden Maßnahmen nicht ohne weiteres zustimmen wird, sind die Interessen des Dienstbarkeitsberechtigten und des Wohnungseigentümers häufig nicht gleichgerichtet. Eine generalisierende gesetzgeberische Entscheidung zwischen schädlichen und unschädlichen Vereinbarungen ist dabei nicht möglich. Denn Dienstbarkeiten können trotz des sachenrechtlichen Typenzwangs auf ganz unterschiedliche Weise ausgestaltet werden. Da die Zahl dieser Rechte gleichzeitig sehr gering ist, kann auch aus Gründen der Praktikabilität auf eine Einschränkung der Zustimmungsbedürftigkeit verzichtet werden (vgl. Brambring, DNotZ 1979, 155, 167).

Hierbei ist auch zu bedenken, dass die Zustimmung von Dienstbarkeits- oder Vorkaufsberechtigten zu einer Vereinbarung der Wohnungseigentümer schon nach geltendem Recht häufig entbehrlich ist. So lasten Dienstbarkeiten meist am Grundstück selbst und können durch eine Vereinbarung der Wohnungseigentümer nicht berührt werden (vgl. OLG Frankfurt Rpfleger 1996, 340; Staudinger-Kreuzer, 12. Auflage, § 10 WEG, Rn 81; Staudinger-Gursky, Neubearbeitung 2000, § 877 BGB, Rn 60; Schöner/Stöber, Grundbuchrecht, 13. Auflage, Rn 2849; a. A. BayObLG NJW-RR 2002, 1526). Umgekehrt wird eine Vereinbarung, die den Gebrauch des gemeinschaftlichen Eigentums betrifft, nur selten eine Dienstbarkeit berühren, die auf einem einzelnen Wohnungseigentum lastet. Bei einem Vorkaufsrecht folgt die Entbehrlichkeit der Zustimmung daraus, dass der Berechtigte ein Recht auf Erwerb nur in dem Zustand und zu den Bedingungen hat, die sich aus dem späteren Verkauf ergeben. Erst mit Eintritt des Vorkaufsfalls ändert sich diese Situation.

Soweit nach alledem eine Zustimmung des Drittberechtigten gleichwohl erforderlich ist, diese Zustimmung aber nicht erreicht werden kann und die Wohnungseigentümer dennoch an ihrer Vereinbarung festhalten wollen, bleibt es den Wohnungseigentümern unbenommen, ihre Vereinbarung in Bezug auf das Recht des Dritten einzuschränken. Dadurch können sie in vielen Fällen vermeiden, dass eine Vereinbarung an der fehlenden Zustimmung eines Drittberechtigten scheitert.

cc) Der Entwurf sieht davon ab, in § 5 Abs. 4 Satz 2 WEG (neu) auch Vormerkungen einzubeziehen, etwa die Vormerkung zur Sicherung eines Anspruchs auf Einräumung eines der in § 5 Abs. 4 Satz 2 WEG (neu) genannten Rechte. Vormerkungen sind auch in den §§ 876, 877 BGB nicht erwähnt. Es erscheint daher entbehrlich, sie in die speziellere Vorschrift des § 5 Abs. 4 Satz 2 WEG (neu) aufzunehmen. Es bleibt daher weiterhin der Rechtsprechung überlassen, die Behandlung der verschiedenen Arten von Vormerkungen im Rahmen der §§ 876, 877 BGB und damit auch des § 5 Abs. 4 Satz 2 und 3 WEG (neu) zu beurteilen.

c) Ein Sondernutzungsrecht begründet nach allgemeiner Auffassung für den Berechtigten das Recht, einen Teil des gemeinschaftlichen Eigentums unter Ausschluss der übrigen Wohnungseigentümer zu nutzen (Palandt-Bassenge, 64. Auflage, § 13 WEG, Rn 7 m. w. N.). Der in § 5 Abs. 4 Satz 2 und 3 WEG (neu) verwendete Begriff findet sich im Gesetz bislang nicht. Er ist eine Schöpfung der Rechtspraxis und hat sich bewährt. Es ist daher weder erforderlich noch sinnvoll, ihn gesetzlich zu definieren.

d) Es wird im Übrigen nicht verkannt, dass es wegen der Vielzahl der hier in Betracht zu ziehenden Rechte und Fallgestaltungen auch Ausnahmefälle geben mag, bei denen ein Wegfall des Zustimmungserfordernisses zu denkbaren Nachteilen der Inhaber von Grundpfandrechten am Wohnungseigentum führen könnte. Zu denken ist etwa an die Begründung eines ausschließlichen Nutzungsrechts an Räumen des Sondereigentums für einen anderen Wohnungseigentümer (vgl. BayObLG DNotZ 1995, 70). Bei einer Abwägung dieser wohl eher seltenen Beeinträchtigungen mit dem öffentlichen Interesse an einem praktikablen Verfahren zur Änderung von Vereinbarungen dürften sie insgesamt als gering zu bewerten und deshalb hinnehmbar sein. Die Änderung hält sich daher, soweit sie als Bestimmung von Inhalt und Schranken des Eigentums zu werten ist, innerhalb der Grenzen der Eigentumsfreiheit (Artikel 14 Abs. 1 Satz 1 GG).

Bei dieser Bewertung sind auch die Erfahrungen mit den etwa 30 Jahre zulässig gewesenen vereinbarungsändernden Mehrheitsbeschlüssen von Bedeutung. Ob die Beschlüsse zu ihrer Wirksamkeit einer Zustimmung von Drittberechtigten bedurft hätten, kann hier dahinstehen. Jedenfalls wurde die Zustimmung häufig, wenn nicht regelmäßig, nicht eingeholt. Dass dies praktisch zu Beeinträchtigungen der Drittberechtigten geführt hätte, ist nicht bekannt geworden, obwohl die Praxis nach den Erkenntnissen des BGH von der Möglichkeit der Ersatzvereinbarung vielfach ausufernd Gebrauch gemacht haben soll.

BT-Drs. S. 17:

2. Zu Nummer 2 (§ 7 Abs. 4 Satz 3 bis 5 WEG – neu –)

Die Begründung von Wohnungseigentum setzt nach geltendem Recht voraus, dass der Eintragungsbewilligung ein von der Baubehörde geprüfter Aufteilungsplan und eine Bescheinigung der Baubehörde über die Abgeschlossenheit der einzelnen Wohnungen beigefügt werden (§ 7 Abs. 4 Satz 1 WEG). Der Aufteilungsplan muss einen Aufriss des ganzen Gebäudes und auch die Grundrisse der einzelnen Stockwerke sowie Angaben zur Lage und Größe der im Sondereigentum und der im gemeinschaftlichen Eigentum stehenden Gebäudeteile enthalten. Er grenzt damit das Sondereigentum vom gemeinschaftlichen Eigentum ab und legt mit der im Eigentumsrecht erforderlichen Bestimmtheit die einzelnen Anteile fest. Aus diesem Grund ist er nicht verzichtbar.

Dies gilt auch für die Abgeschlossenheitsbescheinigung. Sie ist erforderlich, um die Eigentums- und Benutzungsverhältnisse innerhalb des Gebäudes klarzustellen und Streitigkeiten vorzubeugen, die sich aus einer Unklarheit dieser Beziehungen ergeben können. Jede Wohnung muss in sich abgeschlossen sein und einen Zugang vom Gemeinschaftseigentum haben, also aus dem Freien oder aus dem Treppenhaus. Außerdem muss die Wohnung zur Führung eines selbständigen Haushalts – also mit Küche, Toilette und Stromanschluss – ausgestattet sein.

Ein Verzicht auf die Abgeschlossenheit würde es ermöglichen, Wohnungseigentum auch an Einzelzimmern ohne Küche oder Toilette oder sogar an „Schlafstätten" in Übergangswohnheimen zu begründen. Wohnanlagen dieser Art führen aber erfahrungsgemäß vermehrt zu Streitigkeiten über Art und Intensität der Nutzung der gemeinschaftlichen Einrichtungen sowie über die Höhe der anteiligen Kosten und damit letztlich zu weiteren Belastungen der Gerichte.

Die Zuständigkeit der Baubehörde gründet maßgeblich darauf, dass im Zuge eines baurechtlichen Genehmigungsverfahrens für neue Wohnanlagen die Voraussetzungen für den Aufteilungsplan und für die Abgeschlossenheit von fachlich kompetenten und vom Bauherrn unabhängigen Personen mitgeprüft werden. Allerdings hat sich die tatsächliche und rechtliche Situation im Bauwesen seit Inkrafttreten des Wohnungseigentumsgesetzes geändert. Zum einen wird Wohnungseigentum heute weniger im Zuge der Errichtung neuer Gebäude als vielmehr durch Aufteilung vorhandener Geschossbauten begründet, also durch Umwandlung von Miet- in Eigentumswohnungen. Für diese Aufteilung bedarf es keiner baurechtlichen Genehmigung. Zum anderen sind die baurechtlichen Vorschriften der Länder geändert worden. Nunmehr gibt es in vielen Ländern genehmigungsfreie Bauvorhaben sowie ein vereinfachtes neben dem „normalen“ Genehmigungsverfahren. Dieser Situation und dem unterschiedlichen Stand sowie der unterschiedlichen Ausgestaltung von geänderten Bauvorschriften der Länder wird mit der vorgesehenen Öffnungsklausel Rechnung getragen.

Der neue Satz 3 ermöglicht es den Ländern zu bestimmen, ob der Aufteilungsplan und die Abgeschlossenheit von einem Sachverständigen statt von der Baubehörde ausgefertigt und bescheinigt werden und ob dies generell oder nur für bestimmte Fälle geschehen soll, etwa bei der Umwandlung von Miet- in Eigentumswohnungen oder bei genehmigungsfreien Bauvorhaben.

Die Regelung stellt auf einen „öffentlich bestellten oder anerkannten Sachverständigen“ ab, und zwar insbesondere wegen dessen Unabhängigkeit gegenüber dem teilenden Eigentümer. Die Unabhängigkeit ist erforderlich, damit die Genauigkeit der Angaben im Aufteilungsplan hinreichend sicher geprüft werden kann. Sie wäre nicht gewahrt, wenn der Bauvorlageberechtigte den Aufteilungsplan ausfertigen oder wenn er die Abgeschlossenheit bescheinigen könnte. Es wäre zu befürchten, dass es bei den Arbeiten vermehrt zu Ungenauigkeiten bei der Kennzeichnung der Eigentumsverhältnisse käme und dass damit auch die Zahl der Streitigkeiten der Wohnungseigentümer und letztlich die Belastung der Gerichte zunähme.

Der Wortlaut verdeutlicht, dass zwischen den etwa von einer Industrie- und Handelskammer öffentlich bestellten (§ 404 Abs. 2 ZPO) und den nach den landesrechtlichen Bauvorschriften staatlich anerkannten Sachverständigen nicht unterschieden wird. Auch soweit die Bauvorschriften der Länder Sachverständige nach Fachbereichen unterscheiden, ist dies hier nicht von Bedeutung, da die für den Aufteilungsplan und die Abgeschlossenheitsbescheinigung erforderlichen Kenntnisse bei den Sachverständigen aller Fachbereiche vorhanden sind.

Die Anerkennung als „Sachverständiger für das Bauwesen“ richtet sich nach den geltenden Bestimmungen des Bundes und der Länder, etwa gemäß § 36 GewO (Öffentliche Bestellung von Sachverständigen) in Verbindung mit den landesrechtlichen Vorschriften. Im Entwurf bedarf es insoweit keiner Benennung einzelner Berufe.

Satz 4 (neu) regelt, dass bei einer Wahrnehmung der bisherigen Aufgaben der Baubehörde durch einen Sachverständigen die Bestimmungen der Allgemeinen Verwaltungsvorschrift für die Ausstellung von Abgeschlossenheitsbescheinigungen vom 19. März 1974 (BAnz. Nr. 58 vom 23. März 1974) entsprechend gelten. Dies hat auch zur Folge (vgl. Nummer 8 der Vorschrift), dass der Sachverständige eine Abgeschlossenheitsbescheinigung über ein genehmigungsfreies Bauvorhaben erst erteilen darf, wenn die Unterlagen bei der Baubehörde eingegangen sind und mit dem Bauvorhaben nach Ablauf der Wartefrist begonnen werden darf. Vorher lässt sich nämlich nicht feststellen, ob die Voraussetzungen der Genehmigungsfreiheit gegeben sind.

Satz 5 (neu) enthält die Befugnis der Landesregierungen zur Subdelegation.

3. Zu Nummer 3 (§ 10 WEG neu –)
   a) Zu Buchstabe a (§ 10 Abs. 1 Satz 3 WEG – neu –)
      aa) Eine Änderung der Gemeinschaftsordnung kann grundsätzlich nur durch Vereinbarung erfolgen. Lässt sich ein solches Einvernehmen nicht erzielen, so kann die fehlende Zustimmung allein durch gerichtliche Entscheidung herbeigeführt werden. Ein Anspruch auf Zustimmung zur Änderung einer Vereinbarung steht einem Wohnungseigentümer gegenüber einem anderen nach herrschender Rechtsprechung dann zu, wenn außergewöhnliche Umstände ein Festhalten an

der geltenden Regelung als grob unbillig und damit als Verstoß gegen den Grundsatz von Treu und Glauben (§ 242 BGB) erscheinen lassen (vgl. BGH, Beschluss vom 25. September 2003, NJW 2003, 3476, 3477 m. w. N.).

BT-Drs. S. 18:

Die Rechtsprechung bejaht einen solchen Anspruch nur in seltenen Ausnahmefällen, weil sie zur Feststellung der groben Unbilligkeit einen strengen Maßstab anlegt. Zur Begründung stellen die Gerichte meist darauf ab, der Grundsatz, dass Vereinbarungen bindend sind, dürfe aus Gründen der Rechtssicherheit nicht ausgehöhlt werden. Dem Wohnungseigentümer sei die Gemeinschaftsordnung bei dem Erwerb der Wohnung bekannt gewesen oder sie hätte ihm bekannt sein können und er hätte sich auf die Folgen einstellen können und müssen.

Demgegenüber wird in der Praxis darauf hingewiesen, dass ein Wohnungseigentümer bei dem Erwerb einer Eigentumswohnung häufig überfordert ist. Er könne die Folgen seiner Zustimmung zur Gemeinschaftsordnung, die bei Neubauten allein vom Bauträger und bei der Umwandlung von Miet- in Eigentumswohnungen allein vom (Alt-)Eigentümer festgelegt wird, vielfach nicht übersehen. Auch könne er in vielen Fällen erst nach dem Erwerb einer Eigentumswohnung feststellen, ob die einseitig festgelegten Regelungen der Situation der Gemeinschaft Rechnung trügen (vgl. Würfel, WE 2000, 100).

Einen strengen Maßstab legen die Gerichte insbesondere in Verfahren zur Änderung des Kostenverteilungsschlüssels an, die unter den Verfahren zur Anpassung der Gemeinschaftsordnung bei weitem überwiegen und um die es hier vor allem geht. Dies zeigen folgende Beispiele: Das Bayerische Oberste Landesgericht (Beschluss vom 1. Februar 2001, NZM 2001, 290) hat einen Anspruch auf Änderung des Verteilungsschlüssels verneint, obwohl die Größe des für die Kostenverteilung maßgeblichen Miteigentumsanteils – der vom teilenden Eigentümer ohne Bindung an die Größe oder den Wert der einzelnen Wohnung festgelegt werden kann – zu etwa 50 Prozent höheren Kosten eines Wohnungseigentümers als bei einer Verteilung nach der Wohnfläche führte. Das Gericht hatte schon früher (BayObLG, Beschluss vom 10. November 1994, NJW-RR 1995, 529) darauf hingewiesen, dass es einen Änderungsanspruch nur in Fällen bejaht hat, in denen die betroffenen Miteigentümer das Dreifache oder mehr als das Dreifache im Verhältnis zu einer sachgerechten Kostenverteilung zu zahlen hatten. Unter Hinweis auf diesen Beschluss hat auch das Oberlandesgericht Frankfurt/Main (Beschluss vom 13. April 2000, NZM 2001, 140) entschieden, eine Änderung sei nur bei einem krassen Missverhältnis und in extremen Ausnahmefällen gerechtfertigt. Es hat Mehrkosten von 31 und von 59 Prozent nicht als grob unbillige Mehrbelastung gewertet. Dies steht in Übereinstimmung mit der Entscheidung des Oberlandesgerichts Köln (Beschluss vom 5. Juli 2001, DWE 2001, 100), mit der ein Änderungsanspruch wegen einer Mehrbelastung von 30 Prozent verneint wurde, sowie mit der Meinung des Oberlandesgerichts Zweibrücken (Beschluss vom 19. Februar 1999, WE 1999, 192), dass ein Missverhältnis erst vorliege, wenn das Mehrfache dessen zu bezahlen ist, was bei sachgemäßer Kostenverteilung zu tragen wäre. Auch das Oberlandesgericht Hamm (Beschluss vom 9. September 2002, NJOZ 2003, 414) hat eine Mehrbelastung von 38 bzw. 42 Prozent nicht als grob unbillig angesehen, obwohl andere Wohnungseigentümer bei sachgerechter Abrechnungsweise 63 bzw. 69 Prozent höhere Kostenbeiträge hätten leisten müssen. Das Gericht hat dabei deutlich gemacht, die bestehende Kostenverteilung nicht für sachgerecht zu halten; gleichwohl sei ein Änderungsanspruch nicht gegeben, weil die Verteilung noch nicht grob unbillig sei.

Die strengen Anforderungen der Gerichte gelten nicht nur dann, wenn sich die Kostenverteilung der Gemeinschaftsordnung von Anfang an als verfehlt oder unzweckmäßig erweist, sondern auch dann, wenn nachträgliche bauliche Veränderungen am Gebäude Auswirkungen auf die Kostenverteilung haben, etwa wenn – was in der Praxis häufiger vorkommt – die Nutzfläche durch den Ausbau von Speicherräumen zu Wohnzwecken vergrößert, nicht aber die ursprüngliche Vereinbarung an eine sachgerechte Kostenverteilung angepasst wird (vgl. BayObLG, Beschluss vom 12. August 1999, ZWE 2000, 171).

bb) Angesichts dieser Situation erscheint die vorgesehene Regelung des § 10 Abs. 1 Satz 3 WEG (neu) geboten. Soweit es allein um die Normierung eines Anspruchs auf Anpassung, also auf Zustimmung zum Abschluss einer vom Gesetz abweichenden Vereinbarung oder deren Änderung geht, dient sie der Rechtsklarheit, weil sich dieser Anspruch aus dem Gesetz bisher nicht ersehen lässt. Soweit es um die Voraussetzungen des Anspruchs geht, sieht die Regelung eine Erleichterung vor. Eine solche ist angezeigt, weil die Vorgaben des § 242 BGB und die darauf fußenden Anforderungen der Rechtsprechung zur Anpassung zu hoch erscheinen.

Zwar ist es in jüngerer Zeit zu gerichtlichen Entscheidungen gekommen, die auf eine Abmilderung dieser strengen Anforderungen zielen. So hat das Oberlandesgericht Düsseldorf mit Rücksicht auf den Beschluss des BGH vom 20. September 2000 geäußert (Beschluss vom 13. Juni 2001, NJW-RR 2002, 731), es ziehe in Erwägung, die hohe Eingriffsschwelle von sich aus zu senken. Das Kammergericht (KG) Berlin vertritt ebenfalls die Meinung, die Rechtsprechung habe die Anforderungen überspannt. Es hält einen Änderungsanspruch – soweit es um Kosten geht – für gegeben, wenn die Wohn- oder Nutzfläche von dem für die Kostenverteilung maßgeblichen Miteigentumsanteil mehr als 25 Prozent abweicht (Beschluss vom 14. Juni 2004, NZM 2004, 549). Eine Absenkung der Eingriffsschwelle wird auch im Schrifttum angeregt (vgl. Deckert, PiG, Bd. 63, 227, 247; Müller, ZWE 2001, 191, 192). Diese Tendenz hat sich in der Rechtsprechung aber nicht durchgesetzt. Der BGH hat jüngst die Meinung vertreten, dass bei Kosten jedenfalls eine Abweichung von 58 Prozent nicht gegen § 242 BGB verstößt. Im Übrigen hat er die Frage eines Grenzwertes offengelassen (BGH, Beschluss vom 7. Oktober 2004, NJW 2004, 3413). Angesichts dessen hält die Bundesregierung gesetzgeberische Maßnahmen für erforderlich.

Die Neuregelung lässt die bisherige Rechtslage im Kern zwar unverändert. Sie gibt den Gerichten aber Anlass, bei der Bewertung der Frage, wann ein Anspruch zu bejahen ist, von der geltenden Recht-

BT-Drs. S. 19:

sprechung abzuweichen und die bisherige Schwelle zu senken. Die Vorschrift sieht auch davon ab, einen konkreten Schwellenwert im Hinblick auf die Frage festzulegen, ab wann von einer unbilligen Kostenverteilung auszugehen ist. Eine solche Normierung dürfte sich im Einzelfall als zu starr erweisen. Außerdem stünde zu befürchten, dass ansonsten von der Möglichkeit einer ergänzenden Vertragsauslegung, die der BGH in der vorgenannten Entscheidung aufgezeigt hat, auch dann abgesehen würde, wenn sie zu einer interessengerechten Lösung des Einzelfalles führte. Bei Kosten dürfte eine Orientierung an dem vom KG Berlin in der oben genannten Entscheidung zugrunde gelegten Prozentsatz nahe liegen, und zwar unabhängig davon, ob die Kostenregelung von Anfang an verfehlt war oder aufgrund geänderter Umstände unbillig erscheint. Jedenfalls soll ausgeschlossen werden, dass ein Anspruch wegen eines Missverhältnisses der Kostenregelung – soweit es nicht um kleinere und damit nicht spürbar belastende Geldbeträge geht – erst bejaht wird, wenn das Mehrfache dessen zu bezahlen ist, was bei sachgemäßer Kostenverteilung zu tragen wäre.

Die Senkung der Eingriffsschwelle gegenüber der derzeitigen Rechtslage wird im Entwurf dadurch zum Ausdruck gebracht, dass statt auf die bislang erforderlichen „außergewöhnlichen Umstände" nunmehr auf „schwerwiegende Gründe" abgestellt wird. Diese liegen eher vor als außergewöhnliche Umstände. Zudem muss die bestehende Regelung in der Gemeinschaftsordnung künftig nicht mehr grob unbillig sein und damit gegen Treu und Glauben verstoßen. Ausreichend ist vielmehr, dass ein Festhalten an der geltenden Regelung unbillig erscheint. Der Wortlaut macht deutlich, dass für den Betroffenen kein so großer Nachteil erforderlich ist wie bei dem bisherigen Maßstab der groben Unbilligkeit. Dies ließe sich aus den Begriffen „für ihn nicht hinnehmbar" und „unangemessen", die auch in Erwägung gezogen worden sind, weniger deutlich erkennen. Außerdem betonte die Formulierung „für ihn nicht hinnehmbar" zu stark die subjektive Seite des Betroffenen. Dies harmonierte nicht mit der erforderlichen gleichmäßigen Gewichtung aller Umstände. Die ebenfalls in Betracht gezogene Formulierung „nicht zugemutet werden", die in § 18 Abs. 1 WEG und in § 313 Abs. 1 BGB verwendet wird, scheidet deshalb aus, weil es sich bei § 313 BGB um eine Konkretisierung des § 242 BGB handelt und demnach wieder der dortige Maßstab der groben Unbilligkeit gälte. Dies wird dadurch bestätigt, dass der Begriff der „Unzumutbarkeit" im Gesetz üblicherweise eine sehr hohe Schwelle beschreibt, die mit der Neuregelung aber gerade nicht gesetzt werden soll.

Der erforderliche Schutz des Vertrauens der Wohnungseigentümer in die bestehende Situation bleibt bei der Neufassung gewährleistet. Die Rechte und Interessen der anderen Wohnungseigentümer müssen in die Abwägung miteinbezogen werden. Dies wird im Text ausdrücklich hervorgehoben, so dass die Anforderungen an den Anpassungsanspruch weiterhin erheblich bleiben.

Der Bundesregierung ist bewusst, dass die Neuregelung unbestimmte Rechtsbegriffe enthält, deren Inhalt von der Rechtsprechung im Einzelfall festgestellt werden muss. Die Frage, ob schwerwiegende Gründe vorliegen und ob die bestehende Regelung unbillig erscheint, lässt sich aber nicht allgemein beantworten.

Eine Einschränkung der Vorschrift auf der Tatbestandsseite, etwa dahin, dass Umstände, die für die Vereinbarung wesentlich sind, sich geändert oder als falsch herausgestellt haben müssen, erscheint nicht geboten. Zum einen wird mit der Neuregelung lediglich die bisherige Rechtsprechung in ihrem Kern kodifiziert. Die Rechtsprechung sieht eine derartige Einschränkung aber nicht vor. Zwar geht es in ihren Entscheidungen häufig um Umstände, die sich geändert oder als falsch herausgestellt haben. Dies wird aber nur bei der Beurteilung der Unbilligkeit berücksichtigt, nicht als eigenständige Tatbestandsvoraussetzung. Zum anderen widerspräche eine solche Einschränkung dem Ziel des Entwurfs, weil dann die Fälle nicht erfasst wären, in denen die Gemeinschaftsordnung sich von Anfang an als verfehlt erweist, in denen sich also später weder etwas geändert noch als falsch herausgestellt hat. Schließlich wäre die Feststellung, welche Umstände für eine Vereinbarung – insbesondere für die von einem Alleineigentümer einseitig errichtete Gemeinschaftsordnung – wesentlich sind und ob die Umstände sich geändert oder als falsch herausgestellt haben, in der Praxis mit erheblichen Schwierigkeiten verbunden, ohne dass der damit einhergehende Aufwand gerechtfertigt erscheint. Der vorgesehene Regelungsgegenstand – die Anpassung unbilliger Bestimmungen der Gemeinschaftsordnung – ließe sich durch eine solche Einschränkung nicht wesentlich konkretisieren. Die insoweit offene Formulierung nimmt der Rechtsprechung im Übrigen nicht die Möglichkeit, in Fällen, in denen sich die Umstände maßgeblich geändert haben, eine ergänzende Auslegung der bereits bestehenden Vereinbarung vorzunehmen.

Richtiger Standort für die Neuregelung ist § 10 Abs. 1 WEG. Hier ist für das Gemeinschaftsverhältnis der Wohnungseigentümer geregelt, dass es durch Vereinbarung gestaltet, also auch geändert werden kann.

cc) Die Neuregelung betrifft – wie neben ihrem Wortlaut auch die systematische Stellung zeigt – nur (schuldrechtliche) Vereinbarungen. Zwar gibt es Stimmen, die darüber hinaus die Normierung eines Anspruchs auf Zustimmung zur Änderung der sachenrechtlichen Zuordnung des Wohnungseigentums, also des Miteigentumsanteils, vorschlagen. Für eine entsprechende Regelung besteht aber kein Bedürfnis. In den Fällen, in denen vor Gericht eine solche Zustimmung begehrt wird, geht es letztlich fast immer um die Änderung der schuldrechtlichen Kostenvereinbarung, also um den Regelungsgehalt des § 10 Abs. 1 Satz 3 WEG (neu), nicht aber um die sachenrechtliche Zuordnung.

dd) Die neue Vorschrift ist nicht deshalb entbehrlich, weil in § 16 Abs. 3 und 4 WEG (neu) Beschlusskompetenzen für die dort bezeichneten Kostenregelungen (Betriebs- und Verwaltungskosten sowie Kosten zur Instandhaltung und Instandsetzung und zu baulichen Veränderungen und Aufwendungen sowie zu Maßnahmen der Modernisierung) normiert werden. Zwar wird die Meinung vertreten, eine Änderung des Kostenverteilungsschlüssels der Gemeinschaftsordnung ließe sich

BT-Drs. S. 20:

schon über die Regeln zur Anfechtung eines Negativbeschlusses durchsetzen. Dies erfordere lediglich, dass nur die begehrte Kostenverteilung ordnungsmäßiger Verwaltung entspräche, was bei Vorliegen der Voraussetzungen des § 10 Abs. 1 Satz 3 WEG (neu) regelmäßig der Fall sei (Abramenko, ZMR 2005, 22, 24). Gerade davon kann aber gegenwärtig nicht ausgegangen werden. Es lässt sich nämlich nicht vorhersagen, in welcher Weise die Rechtsprechung künftig das Individualinteresse des einzelnen Wohnungseigentümers bei der Auslegung des unbestimmten Rechtsbegriffs „ordnungsmäßige Verwaltung" berücksichtigen wird. Außerdem träte ein Wertungswiderspruch auf. Würde von einer Änderung des § 10 Abs. 1 WEG abgesehen, müsste die jetzt hier in Satz 3 vorgesehene Absenkung der Eingriffsschwelle jedenfalls in § 16 Abs. 3 und 4 WEG (neu) ausdrücklich normiert werden, weil sich ansonsten die Auffassung durchsetzen könnte, ein Änderungsbegehren nach dieser Vorschrift sei weiterhin am Maßstab des § 242 BGB zu messen und deshalb meist abzulehnen. Eine solche Normierung hätte dann aber zur Folge, dass es für Änderungen zum einen die niedrigere Schwelle des § 16 Abs. 3 und 4 WEG (neu) für die dort bestimmten Kostenregelungen und zum anderen die höhere Schwelle des § 242 BGB für andere Regelungen der Gemeinschaftsordnung gäbe, etwa zum Gebrauch des Gemeinschaftseigentums. Für eine solche Unterscheidung ist ein überzeugender Grund nicht ersichtlich.

b) Zu Buchstabe b (§ 10 Abs. 3 WEG – neu –)

aa) Zu Doppelbuchstabe aa (§ 10 Abs. 3 Satz 1 WEG – neu –)

Es handelt sich um eine sprachliche Anpassung an die Terminologie der ZPO und somit um eine Folgeänderung zur Erstreckung der ZPO-Regelungen auf das Verfahren in Wohnungseigentumssachen.

bb) Zu Doppelbuchstabe bb (§ 10 Abs. 3 Satz 2 WEG – neu –)

Nach geltendem Recht wirken Vereinbarungen gegenüber einem Sondernachfolger wie dem Käufer des Wohnungseigentums nur, wenn sie in das Grundbuch eingetragen sind (§ 10 Abs. 2 WEG). Im Unterschied dazu bedürfen Beschlüsse zu ihrer Wirksamkeit gegenüber einem Sondernachfolger nicht der Eintragung in das Grundbuch (§ 10 Abs. 3 WEG). Sie sind deshalb nach herrschender Meinung auch nicht eintragungsfähig. Die unterschiedliche Regelung findet ihre Rechtfertigung darin, dass Vereinbarungen das Verhältnis der Wohnungseigentümer untereinander, also ihre Rechte und Pflichten, wie ein Statut festlegen, während es bei Beschlüssen um die der Grundordnung nachrangigen Maßnahmen meist vorübergehender Art geht. Vor solchen Eintragungen soll das Grundbuch aus praktischen Erwägungen bewahrt werden, zumal sie zahlreich sind. Sie belasteten das Grundbuchamt sehr und machten insbesondere das Grundbuch unübersichtlich.

In jüngerer Zeit mehren sich nun Stimmen, die den Anwendungsbereich des § 10 Abs. 3 WEG teleologisch reduzieren und jenen des § 10 Abs. 2 WEG im Wege der Analogie erweitern wollen. Während der BGH in seiner oben genannten Entscheidung vom 20. September 2000 noch davon ausgeht, dass auch die aufgrund einer Öffnungsklausel in der Gemeinschaftsordnung gemäß § 23 Abs. 1 WEG gefassten Beschlüsse, die vom Gesetz abweichen oder eine Vereinbarung ändern (so genannte gesetzes- oder vereinbarungsändernde Beschlüsse) ohne Eintragung in das Grundbuch wirksam sind („... vereinbarungsändernde Beschlüsse [bedürfen] zu ihrer Wirksamkeit gegen den Sondernachfolger eines Wohnungseigentümers nicht der Eintragung in das Grundbuch ..."), wird jetzt auch die Meinung vertreten, diese Beschlüsse seien in das Grundbuch einzutragen, weil sie die Wirkung einer Vereinbarung haben und deshalb dieser grundbuchrechtlich gleichzustellen seien. Dies diene – so heißt es – dem Schutz des Erwerbers (vgl. Wenzel, Festschrift für Deckert, 2002, 517, 529; ders., ZWE 2004, 130, 137, jeweils m. w. N.).

Angesichts dieser Situation erscheint im Interesse der Rechtssicherheit eine Klarstellung der Rechtslage geboten. Eintragungsbedürftig und damit eintragungsfähig sind nach dem Entwurf auch weiterhin nur Vereinbarungen, nicht aber Beschlüsse, auch nicht sogenannte gesetzes- oder vereinbarungsändernde Beschlüsse. Hierfür sind folgende Gründe maßgeblich:

Die Eintragung solcher Beschlüsse liefe dem Zweck des § 10 Abs. 3 WEG zuwider. Es muss davon ausgegangen werden, dass künftig in verstärktem Maße Gemeinschaftsordnungen mit Öffnungsklauseln errichtet werden mit der Folge, dass die Zahl von Mehrheitsbeschlüssen erheblich steigt (vgl. Wenzel, Festschrift für Deckert, a. a. O.). Müssten diese eingetragen werden, bestünde die Gefahr, dass es zu einer Überlastung des Grundbuchamtes käme und damit dessen Funktionsfähigkeit beeinträchtigt würde. Auch führten weitere Eintragungen zu einer Unübersichtlichkeit und damit zu einer Minderung des Informationsgehalts des Grundbuchs. Gerade dies soll aber mit der Regelung des § 10 Abs. 3 WEG vermieden werden (vgl. Pick in Bärmann/Pick/Merle, WEG, 9. Auflage, § 10, Rn 66; Lüke in Weitnauer/Lüke, WEG, 9. Auflage, § 10, Rn 58).

Hinzu kommt, dass die Eintragung die Wohnungseigentümer mit nicht unerheblichen Kosten belastete. Die Wohnungseigentümer müssten nicht nur notarielle und gerichtliche Gebühren für die Beglaubigung von Unterschriften und die Eintragung in das Grundbuch bezahlen. Sie müssten auch bei jedem einzelnen Beschluss prüfen, ob er in das Grundbuch einzutragen ist oder nicht und dazu vielfach Rechtsrat einholen. Denn die Frage, ob eine bestimmte Regelung „ohne Öffnungsklausel einer Vereinbarung im Sinne des § 10 Abs. 2 WEG bedurft hätte" (Wenzel, ZWE 2004, 130, 135) wird anders als die rein formale Unterscheidung zwischen Vereinbarung und Beschluss von vielen Wohnungseigentümern nicht ohne Rechtsrat zu beantworten sein. Im Ergebnis würde die Eintragung so genannter gesetzes- oder vereinbarungsändernder Beschlüsse vom Rechtsverkehr nicht als Aufwertung des Grundbuchs empfunden, sondern als bürokratische Hürde für die Willensbildung der Wohnungseigentümer.

Auch der bei einer Bewertung in Betracht zu ziehende Schutz des Erwerbers führt zu keinem anderen Ergebnis. Bereits nach geltendem Recht kann ein Erwerber aus der Öffnungsklausel einer Gemeinschaftsordnung die Beschlusskompetenz der Wohnungseigentümer zu Mehrheitsbeschlüssen ersehen. Er ist in einem solchen Fall hinrei-

BT-Drs. S. 21:

chend vorgewarnt und kann nicht darauf vertrauen, dass das Wohnungseigentum mehrheitsfest ist (so auch Becker, ZWE 2002, 341, 346). Dabei ist auch von Bedeutung, dass es gerichtliche Streitigkeiten über diese Frage – soweit ersichtlich – bisher nicht gegeben hat.

Um den Informationsinteressen des Erwerbers gerecht zu werden, sieht der Gesetzentwurf eine Beschluss-Sammlung vor (vgl. § 24 Abs. 7 und 8 WEG – neu –). Die Beschluss-Sammlung ist gemäß § 24 Abs. 7 WEG (neu) übersichtlich gestaltet und ermöglicht es jedem Kaufinteressenten, sich vor dem Erwerb umfassend über die aktuelle Beschlusslage der Gemeinschaft zu unterrichten. Damit ist die Beschluss-Sammlung gerade für den rechtsunkundigen Käufer das geeignete Informationsmedium. Demgegenüber wäre das Grundbuch für ihn schwieriger zu handhaben. Hierbei ist auch zu bedenken, dass der Wortlaut von Beschlüssen keineswegs auf dem Grundbuchblatt verzeichnet werden könnte (§ 7 Abs. 3 WEG i. V. m. § 3 Abs. 2 WGV) und deshalb stets die Grundakten beigezogen werden müssten.

Im Ergebnis wird die Beschluss-Sammlung die Informationsmöglichkeiten auch des Käufers gegenüber der heutigen Situation entscheidend verbessern. Ein darüber hinausgehender Schutz durch Eintragung von Beschlüssen in das Grundbuch ist nicht geboten, zumal solche Eintragungen dem von Bund und Ländern verfolgten Ziel des Abbaus bürokratischer Hemmnisse und der Stärkung privater Initiativen zuwiderliefen.

4. Zu Nummer 4 (§ 12 Abs. 4 WEG – neu –)

Die Vorschrift des § 12 Abs. 1 WEG gestattet die Festlegung in der Gemeinschaftsordnung oder in einer sonstigen Vereinbarung, dass ein Wohnungseigentümer zur Veräußerung seines Wohnungseigentums der Zustimmung anderer Wohnungseigentümer oder eines Dritten bedarf, und zwar in Anlehnung an die §§ 5 bis 8 ErbbauVO (Vereinbarung einer Veräußerungsbeschränkung) und abweichend von der allgemeinen Vorschrift des § 137 BGB, nach der rechtsgeschäftliche Verfügungsbeschränkungen gegenüber einem Dritten unwirksam sind. Durch § 12 Abs. 1 WEG soll den Wohnungseigentümern die Möglichkeit gegeben werden, sich gegen das Eindringen unerwünschter Personen in die Gemeinschaft und gegen sonstige unerwünschte Veränderungen im Personenkreis der Teilhaber zu schützen.

Beschränkungen dieser Art finden sich in vielen Gemeinschaftsordnungen. Vor allem von Bauträgern und von anderen Alleineigentümern wird bei der Begründung von Wohnungseigentum häufig vorgeschrieben, dass die Veräußerung der Zustimmung des bereits von ihnen eingesetzten Verwalters bedarf.

Allerdings kann der vom Gesetz erstrebte Zweck in der Praxis jedenfalls in mittleren und größeren Wohnanlagen kaum erreicht werden, da insbesondere die Absicht einer für die Gemeinschaft unzumutbaren Nutzung und die finanzielle Situation eines Erwerbers nicht rechtzeitig erkennbar sind. Außerdem kann die Zustimmung gemäß § 12 Abs. 2 WEG ohnehin nur aus wichtigem Grund versagt werden, so dass die Rechtsprechung einen Anspruch auf ihre Erteilung zumeist bejaht. Schließlich führt die

Einholung der Zustimmung oft zu unnötigem Verwaltungsaufwand insbesondere für die Grundbuchämter sowie zu vermeidbaren Kosten, da die Wohnungseigentümer neben den Gebühren und Auslagen des Notars und des Grundbuchamts meist auch eine Provision des Verwalters bezahlen müssen. Aus der Praxis ist zudem berichtet worden, es entstünden Probleme, wenn die Gemeinschaftsordnung die Zustimmung des Verwalters bei einer Veräußerung vorsehe, ein Verwalter aber nicht vorhanden sei. Unter Umständen müsse das Gericht dann einen Verwalter bestellen, auch wenn die Zustimmung selbst von den Betroffenen als reine Formsache angesehen werde.

Angesichts dessen ist geltend gemacht worden, dass eine Streichung der Vorschrift angezeigt sei, weil sie sich nicht bewährt habe. Allerdings hat sich im Zuge der Prüfung des Handlungsbedarfs ergeben, dass der Regelung insbesondere bei kleineren Gemeinschaften und im ländlichen Bereich eine, wenn auch nicht große, Bedeutung zukommen kann. Um dem Rechnung zu tragen und gleichzeitig eine Möglichkeit zur Lösung der aufgezeigten Schwierigkeiten zu schaffen, sieht der Entwurf in Übereinstimmung mit vielen Stimmen eine Beschlusskompetenz zur Aufhebung von Veräußerungsbeschränkungen vor.

Satz 1 (neu) des Entwurfs regelt, dass die Wohnungseigentümer die Aufhebung einer bestehenden Veräußerungsbeschränkung mit Stimmenmehrheit beschließen können. Die Begründung von Veräußerungsbeschränkungen bleibt nach wie vor durch Vereinbarung zulässig. Es ist darüber nachgedacht worden, statt der einfachen eine qualifizierte Stimmenmehrheit vorzusehen. Die jetzige Lösung wird die eingangs beschriebenen Schwierigkeiten aber leichter beseitigen können. Gleichzeitig entspricht sie am ehesten dem Meinungsbild, das sich im Zuge der Beratungen ergeben hat. Dabei ist wiederum zu bedenken, dass von vielen die völlige Streichung der Vorschrift befürwortet wird.

Satz 2 (neu) stellt – wie die parallelen Regelungen von § 16 Abs. 5 und § 22 Abs. 2 Satz 2 WEG (neu) – sicher, dass die in Satz 1 (neu) geregelte Befugnis nicht durch abweichende Vereinbarungen zu Ungunsten der Mehrheit der Wohnungseigentümer eingeschränkt oder ausgeschlossen werden kann. Dadurch wird erreicht, dass auch geltende Gemeinschaftsordnungen erfasst werden. Außerdem wird verhindert, dass ein Bauträger oder ein anderer Alleineigentümer bei der Begründung von Wohnungseigentum in der allein von ihm festgelegten Gemeinschaftsordnung die Einstimmigkeit künftig erneut vorschreiben könnte und dass es dadurch wiederum zu Schwierigkeiten käme, die der Entwurf gerade verhindern will.

Zum Teil ist vorgeschlagen worden, die Befugnis der Mehrheit insoweit zu beschneiden, als durch eine Aufhebung der Veräußerungsbeschränkung in „Sonderrechte" eingegriffen werde. Ebenso ist darüber nachgedacht worden, eine Beschränkung der Befugnis nach Satz 1 (neu) durch eine notariell beurkundete Vereinbarung zuzulassen. Beides hätte die vorstehend dargestellten Schwierigkeiten aber nicht beseitigen können. Es wäre dem teilenden Alleineigentümer ein leichtes, eine Veräußerungsbeschränkung ausdrücklich als „Sonderrecht" auszugestalten. Auch werden Gemeinschaftsordnungen schon heute meist zu notarieller Urkunde vereinbart.

Bei der Bestimmung des Satzes 2 (neu) hat der Entwurf die Praxis des Wohnungseigentumsrechts vor Augen. In der Praxis werden Gemeinschaftsordnungen häufig einseitig und

BT-Drs. S. 22:

ohne Gestaltungsmöglichkeit der einzelnen Wohnungseigentümer festgelegt. Daraus wird deutlich, dass Satz 2 (neu) und die parallelen Vorschriften von § 16 Abs. 5 und § 22 Abs. 2 Satz 2 WEG (neu) die Privatautonomie der Wohnungseigentümer nicht etwa schwächen, sondern stärken, weil deren Rechte künftig durch einseitige Festlegungen in der Gemeinschaftsordnung weniger als bisher eingeschränkt werden können. Die Gespräche mit der Praxis haben zudem gezeigt, dass es in aller Regel als Beschränkung der Gestaltungsmacht der Wohnungseigentümer empfunden wird, wenn eine Regelung von der Zustimmung eines jeden einzelnen Wohnungseigentümers abhängig ist. Die Gefahr, ein Einzelner könnte sinnvolle Entscheidungen aus sachwidrigen Gründen verhindern, wird dort ersichtlich als größer angesehen als die Gefahr, dass die Mehrheit nicht sachgerechte Entscheidungen trifft, zumal die Mehrheit nach allgemeinen Grundsätzen für jede ihrer Entscheidungen einen sachlichen Grund benötigt, während der Einzelne seine Mitwirkung auch aus nicht nachvollziehbaren Gründen verweigern kann.

Die Unabdingbarkeit bezieht sich nicht allein auf die Beschlusskompetenz als solche, sondern auch auf die Mehrheitsmacht. Dies wird im Entwurf dadurch verdeutlicht, dass auf die Befugnis „im Sinne des Satzes 1" abgestellt wird.

Belange der Wohnungseigentümer in „Familienanlagen" oder ähnlichen kleinen Gemeinschaften werden durch die Unabdingbarkeit auch künftig praktisch nicht eingeschränkt. Dem Anliegen der Miteigentümer, bestimmen zu können, wer im Haus wohnt, wird schon nach geltendem Recht üblicherweise dadurch Rechnung getragen, dass ein durch Vormerkung gesicherter Rückübertragungsanspruch für den Fall einer Veräußerung ohne die vorgesehene Zustimmung vereinbart oder dass ein gegenseitiges Vorkaufsrecht eingeräumt wird.

Diese Möglichkeiten haben die Miteigentümer auch weiterhin und sie können ihr erstrebtes Ziel damit auch praktisch erreichen, weil es insoweit im Unterschied zur Veräußerungsbeschränkung gemäß § 12 Abs. 1 WEG auf einen wichtigen Grund nicht ankommt.

Satz 3 (neu) stellt klar, dass eine gemäß § 10 Abs. 2 WEG im Grundbuch eingetragene Veräußerungsbeschränkung dort gelöscht werden kann, auch wenn sie durch einen Beschluss aufgehoben wird.

Die Sätze 4 und 5 (neu) enthalten Regelungen über den grundbuchmäßigen Nachweis der Löschung. Diese erscheinen geboten, um klarzustellen, dass es einer Bewilligung der Löschung gemäß § 19 GBO nicht bedarf, wenn der Beschluss zur Aufhebung der Veräußerungsbeschränkung dem Grundbuchamt in der Form des § 26 Abs. 4 WEG (öffentliche Beglaubigung) nachgewiesen wird.

5. Zu Nummer 5 (§ 16 WEG – neu –)
   a) Zu Buchstabe a (§ 16 Abs. 3 bis 5 WEG – neu –)
      aa) *Zu Absatz 3 (neu):* Nach geltendem Recht können Wohnungseigentümer mit Mehrheit die Erfassung und den Verteilungsmaßstab von Betriebskosten beschließen, soweit es um Wasser- und Abwasserkosten und den dazu erforderlichen Einbau von Wasseruhren geht. Der BGH hat nämlich im Anschluss an Stimmen aus der jüngeren Literatur mit Beschluss vom 25. September 2003 (NJW 2003, 3476) entschieden, dass den Wohnungseigentümern insoweit gemäß § 21 Abs. 3 WEG eine Beschlusskompetenz zusteht, wenn diese hierüber nicht durch Vereinbarung eine andere Regelung getroffen haben.

      Da sich dies aus dem Gesetz nicht ohne weiteres ersehen lässt und Rechtsprechung und Verwaltungspraxis bisher über lange Zeit eine gegenteilige Auffassung vertreten haben, ist es aus Gründen der Klarstellung und wegen der Bedeutung der Frage für die Praxis geboten, diese Kompetenzen im Gesetz ausdrücklich zu normieren. In der Vergangenheit hat es nämlich in Wohnungseigentümergemeinschaften vielfach Streit über diese Befugnisse gegeben.

      Als Standort für die neue Vorschrift ist § 16 WEG gewählt, weil die aufgetretenen Fragen in Rechtsprechung, Schrifttum und Verwaltungspraxis im Zusammenhang mit der in § 16 Abs. 2 WEG geregelten Verteilung der Kosten erörtert werden, nicht aber im Zusammenhang mit der in § 21 WEG geregelten Verwaltung des gemeinschaftlichen Eigentums.

      Die vorgesehene Regelung erfasst – wie der Wortlaut zeigt – Betriebskosten im Sinne des § 556 Abs. 1 BGB. Die Einbeziehung dieses Begriffs dient der Rechtsvereinheitlichung und vereinfacht die Rechtsanwendung. Im Unterschied zum geltenden Recht ist die Regelung aber nicht nur bei Betriebskosten aus dem Sondereigentum, sondern auch bei denen aus dem gemeinschaftlichen Eigentum anzuwenden, also insbesondere bei Wasser-, Abwasser- und Allgemeinstromkosten. Außerdem werden die Kosten für die Verwaltung der Wohnanlage erfasst. Es erscheint nicht sinnvoll, dass Wohnungseigentümer über die Verteilung etwa der Wasserkosten des Sondereigentums gemäß der Rechtsprechung des BGH mit Mehrheit und über die Wasserkosten des gemeinschaftlichen Eigentums etwa einer Waschküche, eines Schwimmbads oder einer Bewässerung des Gartens nur einstimmig entscheiden können. In beiden Fällen soll aus praktischen Erwägungen und zur Vermeidung von Abgrenzungsschwierigkeiten zwischen Kosten des Sondereigentums und des gemeinschaftlichen Eigentums die Mehrheit ausreichen.

Dies kann nur durch eine Gesetzesänderung erreicht werden. Eine Mehrheitsentscheidung ist nämlich bei Betriebskosten des gemeinschaftlichen Eigentums und bei den Kosten der Verwaltung nach geltendem Recht nicht möglich: Gemäß § 16 Abs. 2 WEG tragen die Wohnungseigentümer diese Kosten nach dem Verhältnis der meist von einem Bauträger festgesetzten Miteigentumsanteile, die mit der Größe der Wohnung nicht übereinstimmen müssen. Wollen die Wohnungseigentümer von diesem Maßstab abweichen, bedarf dies bisher als Vereinbarung der Einstimmigkeit.

Auf die einfache Mehrheit wird abgestellt, weil eine qualifizierte Mehrheit der angestrebten Einheitlichkeit zuwiderliefe. Im Übrigen gibt es auch keinen sachlich überzeugenden Grund, bei Wasser- und anderen Kosten des Gemeinschaftseigentums ein höheres Maß an Zustimmung zu verlangen als bei Kosten aus dem Sondereigentum.

Betriebskosten des gemeinschaftlichen Eigentums und des Sondereigentums werden nur erfasst, soweit sie von der Gemeinschaft, nicht aber, soweit sie von einem Wohnungseigentümer unmittelbar gegenüber Dritten abgerechnet werden. Es wird zwar die Meinung vertreten, dass sich dies von selbst verstehe und nicht geregelt werden müsse, zumal ein abwei-

BT-Drs. S. 23:

chender Beschluss der Wohnungseigentümer ordnungsmäßiger Verwaltung widerspräche. Zur Vermeidung von Missverständnissen wird dieser Punkt aber ausdrücklich klargestellt.

Bei der Ausgestaltung der Kompetenz und ihrer Grenzen berücksichtigt die Änderung folgende Rechtslage (vgl. die vorgenannte Entscheidung des BGH unter III. 2. d bb): Soweit Erfassungsgeräte etwa aufgrund landesrechtlicher Bestimmungen vorgeschrieben oder bereits vorhanden sind, verlangt eine ordnungsmäßige Verwaltung und damit das geltende Recht, dass sie auch eingebaut und genutzt und dass die Betriebskosten entsprechend der Erfassung abgerechnet werden. Soweit dies nicht der Fall ist, werden Maßnahmen zur Erfassung und verbrauchsabhängigen Abrechnung im allgemeinen ordnungsmäßiger Verwaltung entsprechen, weil sie dem Verursacherprinzip Rechnung tragen und als Anreiz zur Sparsamkeit zu deutlichen Einsparungen und zu mehr Verteilungsgerechtigkeit führen. Die Wohnungseigentümer haben allerdings aufgrund ihres Selbstorganisationsrechts einen Ermessensspielraum, der es ihnen ermöglicht, alle für und gegen eine verbrauchs- oder verursachungsabhängige Abrechnung sprechenden Umstände abzuwägen.

Sind die wirtschaftlichen Aufwendungen für eine Erfassung und Abrechnung nach Verbrauch oder Verursachung unverhältnismäßig hoch, so können die entsprechenden Maßnahmen einer ordnungsmäßigen Verwaltung widersprechen. Ob das der Fall ist, kann wegen der vergleichbaren Interessenlage nach den Grundsätzen beurteilt werden, welche die Rechtsprechung zur Verbrauchserfassung für die Wärme und Warmwasserversorgung im Hinblick auf § 11 Abs. 1 Nr. 1 Buchstabe a, Abs. 2 HeizkostenV entwickelt hat. Danach steht die Einführung einer verbrauchs- oder verursachungsabhängigen Erfassung und Abrechnung von Betriebskosten nicht mehr im Einklang mit einer ordnungsmäßigen Verwaltung, wenn die Aufwendungen die Einsparungen übersteigen, die sich über zehn Jahre hin voraussichtlich erzielen lassen.

Dieser Situation trägt die Neuregelung Rechnung. Sie enthält zunächst die Kompetenz für Mehrheitsentscheidungen zur Erfassung und Verteilung von Betriebskosten. Diese erfasst alle dafür erforderlichen Maßnahmen, allerdings keine Eingriffe in das durch Artikel 14 Abs. 1 GG geschützte Sonder-(Allein-)Eigentum. Solche Eingriffe sind auch nicht erforderlich, da Anlagen und Einrichtungen des gemeinschaftlichen Gebrauchs, um die es hier geht – wie etwa Wasserzähler –, ohnehin gemäß § 5 Abs. 2 WEG im Gemeinschaftseigentum stehen (vgl. OLG Hamburg, Beschluss vom 30. Dezember 2003, ZMR 2004, 291). Die Kompetenz ist allerdings dadurch begrenzt, dass die beschlossenen Maßnahmen in Übereinstimmung mit dem geltenden Recht ordnungsmäßiger Verwaltung entsprechen müssen. Demnach können die Wohnungseigentümer aufgrund ihrer Privatautonomie zwar grundsätzlich frei entscheiden, ob sie eine verursachungs- oder verbrauchsabhängige Abrechnung einführen oder ob sie davon absehen und weiterhin nach dem geltenden oder nach einem anderen Maßstab abrechnen wollen, aber jeweils nur im Rahmen ordnungsmäßiger Verwaltung.

Sowohl für die Entscheidung des „Ob" einer Änderung der Kostenverteilung als auch für die des „Wie" muss es – wie bei der Anwendung einer Öffnungsklausel – einen sachlichen Grund geben. Die Wohnungseigentümer dürfen also nicht willkürlich entscheiden. Angesichts der Mehrzahl der in Betracht kommenden Verteilungsschlüssel sind sie gehalten, den auszuwählen, der den Interessen der Gemeinschaft und des einzelnen Wohnungseigentümers angemessen ist und insbesondere nicht zu einer ungerechtfertigten Benachteiligung Einzelner führt. Diese Begrenzung ist dem Gesetz immanent und muss hier nicht ausdrücklich geregelt werden. Auch stünde ansonsten zu befürchten, dass durch verfehlte Rückschlüsse die Erforderlichkeit eines sachlichen Grundes für andere Entscheidungen der Wohnungseigentümer in Frage gestellt würde.

Eine weitergehende Eingrenzung der Eigenverantwortlichkeit der Wohnungseigentümer ist nicht angezeigt, auch mit Rücksicht auf die Wertentscheidung des Mietrechts. Dort steht es dem Vermieter ebenfalls frei, ob er die Betriebskosten erfasst und verbrauchsabhängig abrechnet (vgl. § 556a Abs. 2 Satz 1 BGB). Auch von der Festlegung von Kriterien für andere Abrechnungsmaßstäbe wie den Flächenmaßstab oder die Umlage nach Personenzahl oder – etwa beim Aufzug – das Maß der tatsächlichen Nutzung oder Nutzungsmöglichkeit muss abgesehen werden, da es insoweit auf die jeweiligen Umstände des Einzelfalles ankommt und etwa auch die Größe der Wohnanlage von Bedeutung sein kann. Soweit im Einzelfall möglicherweise Abgrenzungsfragen auftreten, ist es Aufgabe der Rechtsprechung, diese zu klären.

bb) *Zu Absatz 4 (neu):* Der vorgesehenen neuen Beschlusskompetenz liegen folgende Erwägungen zugrunde: Nach geltendem Recht können die Wohnungseigentümer Maßnahmen zur ordnungsmäßigen Instandhaltung oder Instandsetzung des gemeinschaftlichen Eigentums gemäß § 21 Abs. 5 Nr. 2 WEG mit Mehrheit beschließen, also insbesondere Art, Umfang und Zeitpunkt der Arbeiten. Im Unterschied dazu bedarf es hinsichtlich der Kosten dieser Maßnahmen gemäß § 10 Abs. 1 Satz 2 WEG grundsätzlich einer Vereinbarung, sofern die Wohnungseigentümer von der gesetzlichen Verteilung des § 16 Abs. 2 WEG nach

Miteigentumsanteilen oder von einem vereinbarten Verteilungsmaßstab abweichen wollen. Ein gleichwohl gefasster Mehrheitsbeschluss ist mangels Beschlusskompetenz nach der Entscheidung des BGH vom 20. September 2000 nichtig.

In der Praxis wird die einzelne Instandsetzungsmaßnahme gemeinsam mit den dadurch ausgelösten Kosten als einheitlicher Lebenssachverhalt angesehen und der Beschluss über die Maßnahme selbst und jener über die Kostenverteilung daher regelmäßig miteinander verbunden. Aufgrund der vorstehend erörterten Rechtslage kommt es dabei zu erheblichen Schwierigkeiten, wenn die Wohnungseigentümer mit Mehrheit beschließen, im Einzelfall eine Instandhaltung oder Instandsetzung mit einer Kostenregelung zu verbinden, die zwar sinnvoll ist, aber von der gesetzlichen oder vereinbarten Verteilung nach Miteigentumsanteilen abweicht. Die Wohnungseigentümer fassen solche Beschlüsse häufiger, etwa dann, wenn sie die Kosten für das Streichen von Fenstern nach deren Anzahl abrechnen oder die Reparatur der im Gemeinschaftseigentum stehenden Teile von Balkonen nur den Wohnungseigentümern in Rechnung stellen, zu deren Wohnung ein Balkon gehört oder wenn sie allein die Nutzungsberechtigten von Garagen oder Stellplätzen mit den Kosten der Instandsetzung belasten.

Ein Beschluss dieser Art, also ein Beschluss, in dem sowohl über die Maßnahme als auch über die Kosten entschieden

BT-Drs. S. 24:

wird, ist nach der Rechtsprechung und manchen Äußerungen im Schrifttum zwar wirksam (vgl. BayObLG, Beschluss vom 31. Juli 2003, NJW-RR 2004, 228, sowie OLG Köln, Beschluss vom 8. Februar 2002, OLG-Report 2002, 335; Bielefeld, DWE 2003, 77, 80). Er wendet nämlich – soweit es um die Kosten geht – den geltenden Kostenverteilungsschlüssel im Einzelfall lediglich fehlerhaft an, ändert ihn aber im Unterschied zu einem unwirksamen vereinbarungsändernden Beschluss nicht dauerhaft ab, sondern erschöpft sich in seinem Vollzug. Er ist aber anfechtbar und muss im Falle der Anfechtung schon deshalb aufgehoben werden, weil er von der gesetzlichen oder vereinbarten Kostenregelung abweicht (sogenannter gesetzes- oder vereinbarungswidriger Beschluss im Sinne der Entscheidung des BGH vom 20. September 2000).

In der Literatur wird auch die Meinung vertreten (Wenzel, ZWE 2001, 226, 236; Merle in Bärmann/Pick/Merle, WEG, 9. Auflage, § 22, Rn 250 m. w. N.), ein solcher Beschluss sei hinsichtlich der Kostenverteilung nicht nur anfechtbar, sondern unwirksam, weil er nach Sinn und Zweck darauf gerichtet sei, bestehendes Recht durch ein anderes zu ersetzen, also eine Regelung zu schaffen, auch wenn diese nur im Einzelfall gelten solle. Er ziele auf die Beseitigung eines sonst gegebenen Anfechtungsgrundes und damit auf die Legitimierung von Maßnahmen. Ob die Nichtigkeit den ganzen Beschluss erfasse, sei gemäß § 139 BGB (Teilnichtigkeit) zu beurteilen.

In dieser Situation ist es zur Erleichterung der Willensbildung sowie aus Gründen der Klarstellung und im Interesse der Rechtssicherheit und der Funktionalität der Gemeinschaft der Wohnungseigentümer angezeigt, eine ausdrückliche Beschlusskompetenz zur Kostenregelung zu normieren.

Satz 1, Halbsatz 1 (neu) enthält zunächst die Beschlusskompetenz. Außerdem sind dort und in dem Halbsatz 2 („wenn“) sowie in Satz 2 (neu) deren Voraussetzungen festgelegt. Der Beschluss der Wohnungseigentümer zur Regelung der Kosten muss einen Einzelfall betreffen. Damit knüpft die Vorschrift an die oben genannte Rechtsprechung zu vereinbarungswidrigen Beschlüssen an. Sie berücksichtigt auch, dass ein Wohnungseigentümer von einer einzelnen Änderung weniger stark als von einer generellen Abweichung betroffen wird und dass er nachteilige Auswirkungen einer abweichenden Kostenentscheidung im Einzelfall leichter erkennen kann.

Der Begriff „Einzelfall" bezieht sich sowohl auf die in Satz 1 Halbsatz 1 bezeichneten Maßnahmen als auch auf die Kostenregelung und grenzt die Beschlusskompetenz gegenüber einem Änderungsanspruch gemäß § 10 Abs. 1 Satz 3 WEG (neu) ab. Dieser zielt auf eine generelle Änderung, etwa der geltenden Kostenverteilung, also nicht nur auf den Einzelfall. Die Formulierung „im Einzelfall zur" macht auch deutlich, dass die Kostenregelung in Zusammenhang mit der Beschlussfassung über eine der dort bezeichneten Maßnahmen stehen muss, also einer Instandhaltung oder Instandsetzung oder einer baulichen Maßnahme oder Aufwendung gemäß § 22 Abs. 1 WEG (neu) oder einer solchen zur Modernisierung oder Anpassung an den Stand der Technik gemäß § 22 Abs. 2 WEG (neu). Die letztgenannten Maßnahmen werden erfasst, weil bei ihnen die tatsächliche und rechtliche Situation derjenigen von Instandhaltungen oder Instandsetzungen entspricht und es deshalb folgerichtig erscheint, beide Fallgestaltungen gleich zu regeln.

Mit der beschlossenen Kostenverteilung können die Wohnungseigentümer von der gesetzlichen („abweichend von Absatz 2") und der vereinbarten Kostenverteilung abweichen (siehe Absatz 5 – neu –). Insbesondere ist es ihnen also möglich, Wohnungseigentümer, die einer Maßnahme gemäß § 22 Abs. 1 oder 2 WEG (neu) nicht zustimmen möchten, entgegen § 16 Abs. 6 Satz 2 WEG (neu), der dies klarstellt, zur anteiligen Kostentragung zu verpflichten. Durch die Regelung in Halbsatz 2 – neu – (siehe sogleich) ist sichergestellt, dass auch diese Wohnungseigentümer nur in sachgerechter Weise an den Kosten beteiligt werden.

Satz 1, Halbsatz 2 – neu – („wenn") grenzt die Mehrheitsmacht ein und regelt im Unterschied zu Halbsatz 1, in dem es um die Frage des „Ob" geht, das „Wie" der abweichenden Kostenverteilung. Die Festlegung des vorgesehenen Maßstabs ist aus Gründen der Verteilungsgerechtigkeit und zur Konkretisierung des Grundsatzes der ordnungsmäßigen Verwaltung angezeigt. Dieser gilt auch hier, ohne dass dies ausdrücklich normiert werden müsste. Er verlangt im Übrigen, dass der abweichende Maßstab einen einzelnen Wohnungseigentümer im Hinblick auf den erforderlichen Eigentumsschutz (Artikel 14 Abs. 1 GG) nicht unbillig benachteiligt.

Die Kosten müssen bei einer abweichenden Regelung nach dem Gebrauch oder der Möglichkeit des Gebrauchs des Gemeinschaftseigentums durch die Wohnungseigentümer verteilt werden. Dieser Maßstab ist in der Praxis weithin als sinnvoll anerkannt. Er hält die einzelnen Wohnungseigentümer auch zu einem sorgsamen Umgang mit dem gemeinschaftlichen Eigentum an. Aus Gründen der Rechtssicherheit ist er anderen in Betracht kommenden Eingrenzungen vorzuziehen, etwa einem Abstellen auf einen sachlichen oder wichtigen Grund.

Die Formulierung „Gebrauch oder Möglichkeit des Gebrauchs" ist aus folgenden Gründen gewählt worden: In der Laiensphäre wird insoweit von der tatsächlichen Nutzung oder der Möglichkeit der tatsächlichen Nutzung gesprochen. Gleichwohl ist der Begriff „Nutzung" zu vermeiden, da es sonst zu verfehlten Rückschlüssen aus der Verwendung dieses Begriffs in § 16 Abs. 1 WEG kommen könnte. Es erscheint daher sinnvoll, in § 16 Abs. 4 Satz 1 WEG (neu) wie in den §§ 15 und 16 Abs. 2 WEG die Formulierung „Gebrauch" zu verwenden. Im Übrigen ist erwogen worden, nur auf die „Möglichkeit des Gebrauchs", nicht aber auf den Gebrauch selbst abzustellen, weil dadurch möglicherweise Streitigkeiten zwischen den Wohnungseigentümern über das Maß des tatsächlichen Gebrauchs vermieden oder zumindest vermindert werden könnten. Dies erscheint jedoch nicht angezeigt, weil dadurch der Ermessensbereich der Wohnungseigentümer zu stark eingeschränkt würde.

Die Formulierung „Rechnung tragen" verdeutlicht, dass die Wohnungseigentümer einen Spielraum haben, insbesondere also pauschalisieren dürfen oder neben dem in erster Linie anzuwendenden „Gebrauchsmaßstab" auch andere Kriterien bei der Entscheidung über den Kostenverteilungsschlüssel berücksichtigen können, um im Rahmen ordnungsmäßiger Verwaltung zu einer sachgerechten Lösung zu kommen.

BT-Drs. S. 25:

Satz 2 (neu): Das Erfordernis einer qualifizierten statt einer nur einfachen Mehrheit ist angezeigt, weil Kostenregelungen für die Wohnungseigentümer besonders wichtig sind. Es gewährleistet, dass ein Beschluss über eine Änderung der Kostenverteilung nur gefasst werden kann, wenn dies dem Willen der ganz überwiegenden Mehrheit entspricht. Entscheidend ist – wie der Text deutlich macht – die qualifizierte Mehrheit aller Wohnungseigentümer, nicht nur der in der Versammlung vertretenen, wobei es nach der gesetzlichen Regelung (§ 25 Abs. 2 WEG) auf eine Mehrheit nach Köpfen ankommt. Dabei zählen nur die stimmberechtigten Wohnungseigentümer.

Die weiterhin erforderliche Mehrheit aller Miteigentumsanteile berücksichtigt die erhebliche Bedeutung des vermögensrechtlichen Elements. Es soll verhindert werden, dass Wohnungseigentümer, denen der größere Teil des gemeinschaftlichen Eigentums zusteht, die demgemäß entsprechende Investitionen gemacht und die gemäß § 16 Abs. 2 WEG die Kosten grundsätzlich nach ihrem Miteigentumsanteil zu tragen haben, bei der Änderung der Kostenverteilung durch Mehrheiten überstimmt werden können, die allein nach Köpfen berechnet werden.

Anders als für die Mehrheit nach Köpfen wird für die Mehrheit nach Miteigentumsanteilen auf die Hälfte abgestellt. Dies soll Missbräuche erschweren. Die zulässige Verbindung von übergroßen Miteigentumsanteilen mit einzelnen Wohnungen bei der Begründung von Wohnungseigentum könnte ansonsten dazu führen, dass eine wirtschaftlich relativ unbedeutende Minderheit von einem Viertel zur Verhinderung eines Änderungsbeschlusses ausreicht.

Das Mehrheitserfordernis gemäß Satz 2 (neu) entspricht dem der Beschlussfassung über eine Modernisierungs- oder Anpassungsmaßnahme im Sinne des § 22 Abs. 2 WEG (neu). Beschließen die Wohnungseigentümer über eine solche Maßnahme, können sie dabei also auch über die Kostenverteilung entscheiden, ohne dass sich hierdurch die erforderliche Stimmenmehrheit verändert. Anders verhält es sich bei Instandhaltungen und Instandsetzungen im Sinne des § 21 Abs. 5 Nr. 2 WEG. Wollen die Wohnungseigentümer hier eine besondere Regelung über die Kosten treffen, erhöhen sich dadurch die Anforderungen an die Stimmenmehrheit. Dies berücksichtigt die oben angesprochene Bedeutung einer abweichenden Kostenregelung. Damit wird verhindert, dass der vereinbarte oder gesetzliche Kostenverteilungsschlüssel zu leicht – wenn auch nur im Einzelfall – außer Kraft gesetzt werden kann.

Ähnliches gilt für Maßnahmen gemäß § 22 Abs. 1 WEG (neu). Soll hier ein abweichender Kostenverteilungsschlüssel gelten, muss neben den gemäß § 22 Abs. 1 WEG (neu) erforderlichen Zustimmungen für die Maßnahme als solche auch die in § 16 Abs. 4 Satz 2 WEG (neu) geforderte Stimmenmehrheit (für die Kostenverteilung) gegeben sein. Dabei erfordert die Kostenverteilung aber nicht etwa die Zustimmung aller Wohnungseigentümer, die mit den Kosten belastet werden. Diese Rechtsfolge ist angemessen. Wer eine Gebrauchsmöglichkeit erhält und damit regelmäßig auch an einer Werterhöhung teilnimmt, soll sich nicht der Kostentragung entziehen können, wenn sich dies nicht mit dem Willen der weit überwiegenden Mehrheit der Wohnungseigentümer deckt.

Bei alledem wird zugrunde gelegt, dass die Entscheidung über die Maßnahme und jene über den anzuwendenden Kostenverteilungsschlüssel in der Praxis einheitlich getroffen wird. In der Lebenswirklichkeit werden nämlich die Maßnahme und die Kostenverteilung regelmäßig als einheitlicher Komplex angesehen.

Wird bei der Beschlussfassung die gemäß Absatz 4 Satz 2 WEG (neu) erforderliche Stimmenzahl nicht erreicht, so ist ein gleichwohl gefasster Mehrheitsbeschluss wirksam, aber anfechtbar. Er erlangt unter den Voraussetzungen des § 24 Abs. 4 WEG Bestandskraft.

cc) *Zu Absatz 5 (neu):* Absatz 5 (neu) stellt – wie die parallelen Vorschriften von § 12 Abs. 4 Satz 3 und § 22 Abs. 2 Satz 2 WEG (neu) – sicher, dass die in den neuen Absätzen 3 und 4 geregelten Befugnisse durch abweichende Vereinbarungen nicht zu Ungunsten der vorgesehenen Mehrheiten der Wohnungseigentümer eingeschränkt oder ausgeschlossen werden können. Wie in § 12 Abs. 4 Satz 2 WEG (neu) werden auch geltende Gemeinschaftsordnungen erfasst. Im Übrigen verhindert die Regelung, dass es künftig erneut zu abweichenden Gestaltungen der meist einseitig festgelegten Gemeinschaftsordnungen und damit wiederum zu solchen Streitigkeiten käme, welche die Neuregelung gerade verhindern will. Die oben genannte Entscheidung des BGH vom 25. September 2003 löst die Fälle abweichender Vereinbarungen nicht. Dass die neue Vorschrift die Rechte der Wohnungseigentümer in aller Regel stärkt und nicht etwa einschränkt und dass die Unabdingbarkeit sich auf die Beschlusskompetenz einschließlich der Mehrheitsmacht bezieht, ist oben in der Begründung zu § 12 Abs. 4 Satz 3 WEG (neu) bereits ausgeführt.

Abweichende Kostenverteilungsbeschlüsse aufgrund einer Öffnungsklausel mit geringeren Anforderungen, also im Falle des Absatzes 4 (neu) etwa ohne Korrelation zwischen Gebrauch oder Gebrauchsmöglichkeit und Kostenlast oder ohne das Erfordernis einer qualifizierten Mehrheit, bleiben im Übrigen zulässig, weil solche Beschlüsse die Befugnis der Mehrheit der Wohnungseigentümer nicht „einschränken", sondern erweitern.

b) Zu Buchstabe b (§ 16 Abs. 6 WEG – neu –)

Bei Satz 1 handelt es sich um eine redaktionelle Folgeänderung (Umnummerierung) zur Einfügung der neuen Absätze 3 bis 5.

Satz 2 (neu) enthält eine Folgeänderung zu § 16 Abs. 4 WEG (neu) und Klarstellung. Haben die Wohnungseigentümer die Verteilung der Kosten einer Maßnahme nach § 22 Abs. 1 WEG gemäß § 16 Abs. 4 WEG (neu) geregelt, ist für eine Anwendung des geltenden § 16 Abs. 3 WEG (§ 16 Abs. 6 Satz 1 WEG – neu –) kein Raum mehr. Wer als Folge der Regelung der Wohnungseigentümer gemäß § 16 Abs. 4 WEG (neu) die Kosten zu tragen hat, muss auch die Nutzungen beanspruchen können, unabhängig davon, ob er die Kostenverteilung mitbeschlossen oder ob er ihr nicht zugestimmt hat und überstimmt worden ist.

c) Zu Buchstabe c (§ 16 Abs. 7 WEG – neu –)

Es handelt sich um eine redaktionelle Folgeänderung zur Einfügung der neuen Absätze 3 bis 5.

BT-Drs. S. 26:

d) Zu Buchstabe d (§ 16 Abs. 8 WEG –neu –)

Kosten eines Rechtsstreits gemäß § 43 WEG (neu) sollen – wie auch nach geltendem Recht (§ 16 Abs. 5 WEG) – grundsätzlich keine Kosten der Verwaltung sein. Eine Ausnahme hiervon soll gelten, soweit eine Partei der gegnerischen Partei wegen § 50 Abs. 2 Satz 3, Abs. 3 WEG (neu) deren Kosten nur nach einem reduzierten Streitwert zu erstatten hat, die gegnerische Partei die Differenz also endgültig selbst zu tragen hat. Diese Differenz soll von allen Wohnungseigentümern getragen werden.

Nach der Regelung des § 50 Abs. 2 Satz 3, Abs. 3 WEG (neu) ist es möglich, dass einzelne Wohnungseigentümer im Falle ihres Unterliegens – insbesondere bei Anfechtungsklagen gemäß § 46 WEG (neu) – der Gegenseite, also den übrigen beteiligten Wohnungseigentümern, deren Kosten nur nach einem gemäß § 50 Abs. 2 Satz 1 WEG (neu) herabgesetzten Streitwert zu erstatten haben. Die übrigen Wohnungseigentümer hingegen haben ihre Kosten, insbesondere die Gebühren für anwaltliche Vertretung, nach einem höheren Streitwert gemäß § 50 Abs. 1 WEG (neu) zu entrichten. Diese zunächst von der obsiegenden Mehrheit zu tragende Differenz ist Besonderheit eines Rechtsstreits innerhalb einer Wohnungseigentümergemeinschaft, bei dem die Entscheidung gegen alle Wohnungseigentümer wirkt. Daher ist es sachgerecht, dass alle Wohnungseigentümer diese Differenz zu tragen haben. Es wäre zudem unbillig, wenn einzelne später im Rechtsstreit unterlegene Wohnungseigentümer an den Mehrkosten, die den anderen Miteigentümern durch die Klageerhebung oder Rechtsverteidigung entstehen, nicht beteiligt würden.

6. Zu Nummer 6 (§ 17 Satz 2 WEG – neu –)

Es handelt sich um eine Folgeänderung zu § 16 Abs. 4 WEG (neu). Die bisherige Regelung des § 17 Satz 2 WEG geht im Anschluss an § 16 Abs. 3 WEG (§ 16 Abs. 6 Satz 1 WEG – neu –) davon aus, dass ein Wohnungseigentümer, der einer Maßnahme nach § 22 Abs. 1 WEG nicht zugestimmt hat, weder einen Anteil an den Nutzungen beanspruchen kann, noch mit den Kosten der Maßnahme belastet ist. Es ist deshalb folgerichtig, dass der geltende § 17 Satz 2 WEG solche Maßnahmen bei der Bewertung des Anteils nicht berücksichtigt. Aufgrund § 16 Abs. 4 WEG (neu) ist es den Wohnungseigentümern künftig möglich, die Kosten einer Maßnahme gemäß § 22 Abs. 1 WEG auch solchen Wohnungseigentümern aufzuerlegen, die der Maßnahme nicht zugestimmt haben, soweit diese Wohnungseigentümer einen Gebrauchsvorteil haben. Wer sich aber nach dem Willen der anderen Wohnungseigentümer aufgrund eines entsprechenden Gebrauchsvorteils an den Kosten einer Maßnahme beteiligen muss, soll auch an einer Wertsteigerung der Miteigentumsanteile partizipieren, unabhängig davon, ob er die Maßnahme selbst unterstützt hat. Die Bestimmung des § 17 Satz 2 WEG (neu) stellt daher darauf ab, ob der Wohnungseigentümer die Kosten der Maßnahme getragen hat.

7. Zu Nummer 7 (§ 19 Abs. 1 WEG – neu –)

a) Zu Buchstabe a (§ 19 Abs. 1 Satz 1 WEG – neu –)

Die Entziehung eines Wohnungseigentums erfolgt nach geltendem Recht (§ 19 Abs. 1 Satz 1 WEG) aufgrund eines Urteils des Amtsgerichts (§ 51 WEG) unter den Voraussetzungen des § 18 WEG. Dies geschieht im Wege der freiwilligen Versteigerung durch einen Notar nach den Vorschriften der §§ 53 bis 58 WEG, wenn der Schuldner – also der „störende" Miteigentümer – der titulierten Verpflichtung auf Veräußerung seines Wohnungseigentums nicht nachkommt. Das Verfahren hat indessen in der Praxis keine Bedeutung erlangt, insbesondere deshalb, weil es langwierig ist und dem Schuldner nicht nur Möglichkeiten zu Verzögerungen, sondern auch zu Manipulationen durch zwischenzeitliche Verfügungen über das Wohnungseigentum bietet (vgl. Lüke, a. a. O., § 19, Rn 7 m. w. N.).

Angesichts dessen sieht § 19 Abs. 1 Satz 1 WEG (neu) unter Berücksichtigung von Forderungen aus der Praxis vor, dass auf die Vollstreckung künftig die Vorschriften des Zwangsversteigerungsgesetzes (ZVG) entsprechend anzuwenden sind.

Das Urteil, das den Wohnungseigentümer zur Veräußerung seines Wohnungseigentums verurteilt, ist ein zur Zwangsversteigerung nach dem ZVG geeigneter Titel, der im Rang des § 10 Abs. 1 Nr. 5 ZVG vollstreckt werden kann. Diese Rangklasse 5 beinhaltet nämlich alle Ansprüche der betreibenden Gläubiger, soweit sie nicht in einer der vorhergehenden Klassen zu befriedigen sind. Hierzu gehört auch der Anspruch der Miteigentümer auf Entziehung des Wohnungseigentums. Dass bisher nur Zahlungsansprüche berücksichtigt werden, steht dem nicht entgegen. Denn der neue § 19 Abs. 1 sieht ausdrücklich eine entsprechende Anwendung des ZVG vor.

Aus dem Entziehungsurteil wird immer aus Rangklasse 5, nicht aus Rangklasse 2 (neu), vollstreckt. Die neue Rangklasse 2 räumt den Wohnungseigentümern ein begrenztes Vorrecht für Hausgeldansprüche ein (vgl. im Einzelnen die Begründung zu § 10 ZVG – neu –). Wollen die Wohnungseigentümer gegen einen säumigen Miteigentümer aus der Rangklasse 2 (neu) vorgehen, so müssen sie den Zahlungsanspruch durch Anmeldung im laufenden Verfahren (§ 45 ZVG) oder durch eigenständiges Betreiben geltend machen.

Die Zuordnung des Entziehungsanspruchs zur Rangklasse 5 hat zur Folge, dass – wie bisher in der freiwilligen Versteigerung – in der Regel sämtliche Belastungen des Grundstücks im geringsten Gebot zu berücksichtigen und vom Ersteher zu übernehmen sind, wenn nur aus dem Entziehungsurteil vollstreckt wird. Eine Abweichung davon ist nicht vorgesehen. Soweit der Entziehungsanspruch auf rückständigen Zahlungen beruht (§ 18 Abs. 2 Nr. 2 WEG), können die Wohnungseigentümer aus der neuen Rangklasse 2 vorgehen. Soweit es bei dem Entziehungsanspruch um eine gröbliche Pflichtverletzung geht (§ 18 Abs. 2 Nr. 1 WEG), gibt es keinen überzeugenden Grund, von der bisherigen Rechtslage abzuweichen und die Rechte von Gläubigern insbesondere der Rangklasse 4 einzuschränken.

Die Beschlagnahme hat auch im Verfahren zum Zwecke der Entziehung des Wohnungseigentums die gemäß § 23 ZVG vorgesehene Wirkung eines Veräußerungsverbotes. Dadurch wird erreicht, dass die bisher in der freiwilligen Versteigerung möglichen Manipulationen durch den Wohnungseigentümer, etwa durch eine zwischenzeitliche Veräußerung an nahe Verwandte, ausgeschlossen werden. Solche Verfügungen sind nun gegenüber den betreibenden Miteigentümern unwirksam und können so die Durchführung des Zwangs-

BT-Drs. S. 27:

versteigerungsverfahrens nicht beeinträchtigen. Soweit der Wohnungseigentümer ernsthaft eine freihändige Veräußerung durchführen möchte, besteht die Möglichkeit, dass die betreibenden Miteigentümer der Veräußerung zustimmen und das Zwangsversteigerungsverfahren aufheben lassen.

Die entsprechende Anwendung der Vorschriften des ZVG hat auch zur Folge, dass entsprechend § 27 ZVG ein Gläubiger wegen einer Geldforderung dem Verfahren beitreten kann. Eine ausdrückliche Regelung ist entbehrlich.

Ebenfalls anzuwenden sind die Regelungen der §§ 57 ff. ZVG, die das Verhältnis des Erstehers zu den Mietern und Pächtern im Zwangsversteigerungsverfahren regeln. Insbesondere das durch § 57 a ZVG gewährte außerordentliche Kündigungsrecht des Erstehers erhöht die Chancen einer erfolgreichen Versteigerung. Eine der Teilungsversteigerung entsprechende Regelung, die das Sonderkündigungsrecht in diesen Fällen ausschließt (vgl. § 183 ZVG), ist nicht angezeigt. Die Voraussetzungen beider Versteigerungsarten stimmen nämlich nicht überein. Der Ausschluss des Sonderkündigungsrechts bei der Teilungsversteigerung beruht darauf, dass diese Versteigerung durch den Eigentümer betrieben wird, der den Miet- oder Pachtvertrag und dessen Bedingungen kennt und die daraus entstehenden Nachteile bereits in seine Überlegungen zur Durchführung des Versteigerungsverfahrens mit einbeziehen kann. Dies ist bei den betreibenden Gläubigern in der Zwangsversteigerung und in der Versteigerung zum Zwecke der Entziehung des Wohnungseigentums in der Regel nicht der Fall.

Die Änderung ist system- und sachgerecht. Sie ist folgerichtiger Teil eines ZPO-Erkenntnisverfahrens und vermeidet eine sonst auftretende Spaltung des Rechtsmittelsystems und der Rechtsmittelzüge, die bei einem Verbleiben der bisherigen Notarversteigerung gegeben wäre. In der Sache gewährleistet sie im Interesse des Gläubigers ein rasches, professionelles Handeln und im Interesse des Schuldners eine bessere Ausschöpfung des Marktes und ein bewährtes Schutzsystem.

b) Zu Buchstabe b (Aufhebung des § 19 Abs. 1 Satz 2 und 3 WEG)

Es handelt sich um eine Folgeänderung zur Änderung des § 19 Abs. 1 Satz 1 WEG. Da nach der neuen Fassung des Satzes 1 die ZVG-Vorschriften generell entsprechend anwendbar sind, findet die Vollstreckung auf Räumung und Herausgabe (§ 19 Abs. 1 Satz 2 WEG) aufgrund des Zuschlagsbeschlusses statt (§ 93 Abs. 1 Satz 1 ZVG). Auch die bisherige Einzelverweisung des Satzes 3 auf § 93 Abs. 1 Satz 2 und 3 ZVG (Vollstreckung gegen Dritte) ist nun entbehrlich.

8. Zu Nummer 8 (§ 21 Abs. 7 und 8 WEG – neu –)

a) *Zu Absatz 7 (neu):* Die grundsätzlich sinnvolle Unterscheidung des geltenden Rechts bei der Willensbildung der Wohnungseigentümer zwischen Einstimmigkeits- und Mehrheitsprinzip führt in der Verwaltungspraxis bei der Regelung bestimmter Geldangelegenheiten nicht immer zu überzeugenden Ergebnissen. So können die Wohnungseigentümer einerseits nach herrschender Meinung über die Einführung des Lastschriftverfahrens mit Mehrheit beschließen (BayObLG NZM 2000, 743 m. w. N.). Ihre Entscheidung soll aber andererseits der Einstimmigkeit bedürfen, wenn sie eine Pauschale für die Wohnungseigentümer festlegen wollen, die am Lastschriftverfahren nicht teilnehmen (Wenzel ZWE 2001, 226, 235; a. A. OLG Hamm NZM 2000, 505). Auch können sie nach der Rechtsprechung des BGH (Beschluss vom 2. Oktober 2003, NJW 2003, 3550) zwar die Fälligkeit von Beitragsvorschüssen aus einem konkreten Wirtschaftsplan mit Stimmenmehrheit beschließen, nicht aber eine allgemeine Regelung der Fälligkeit. Insoweit müssen sie eine Vereinbarung treffen, also einstimmig entscheiden, weil es sich um einen die gesetzlichen Vorschriften ergänzenden Maßstab für die Ordnungsmäßigkeit der V erwaltung handelt. Entsprechendes gilt für die Einführung einer Verpflichtung zur Zahlung übergesetzlicher Verzugszinsen bei Beitragsrückständen, einer Vertragsstrafe oder einer Umzugskostenpauschale. Auch hier geht es nach der Rechtsprechung (BGH a. a. O., S. 3553; zum Teil a. A. OLG Köln, NJW-RR 2001, 87) um eine Änderung gesetzlicher Vorschriften, die einer Vereinbarung und damit der Einstimmigkeit bedarf.

Zur Erleichterung der Verwaltung erscheint es sinnvoll, für Fälle dieser Art eine Beschlusskompetenz einzuführen bzw. ausdrücklich klarzustellen. Da es sich bei diesen Maßnahmen inhaltlich jeweils um Einzelaspekte der Verwaltung handelt, ist als Standort der Änderung § 21 WEG vorgesehen. Dort ist ein neuer Absatz erforderlich, weil eine Erweiterung des Katalogs des § 21 Abs. 5 WEG (Einzelbeispiele einer ordnungsmäßigen Verwaltung) die Kompetenz unter den Vereinbarungsvorbehalt des § 21 Abs. 3 WEG stellte und damit bei bereits entgegenstehenden Vereinbarungen die Möglichkeit einer Nutzung der Kompetenz verhinderte.

Die vorgeschlagene Änderung erfasst alle Entscheidungen der Wohnungseigentümer zur Art und Weise von Zahlungen sowie zur Fälligkeit von Forderungen und der Verzugsfolgen, soweit sie sich im Rahmen einer ordnungsmäßigen Verwaltung halten. Die Ermächtigung zur Regelung „der Folgen des Verzugs“ ermöglicht etwa die Einführung einer Vertragsstrafe bei einem Verstoß gegen

Vermietungsbeschränkungen oder von übergesetzlichen Verzugszinsen bei Beitragsrückständen, die Ermächtigung zur Regelung von „Kosten für eine besondere Nutzung des gemeinschaftlichen Eigentums oder für einen besonderen Verwaltungsaufwand", etwa die Festsetzung einer Umzugskostenpauschale.

b) *Zu Absatz 8 (neu):* Die Vorschrift ist künftig gesetzliche Grundlage für Ermessensentscheidungen des Gerichts, wenn in einer Streitigkeit über eine nach dem Gesetz erforderliche, aber von den Wohnungseigentümern unterlassene Maßnahme bindende Vorgaben für die Entscheidung fehlen. Ohne diese Regelung würde der Rechtsschutz der Wohnungseigentümer nach Erstreckung der ZPO-Vorschriften auf Verfahren in Wohnungseigentumssachen eingeschränkt, und zwar aus folgenden Überlegungen:

Nach geltendem Recht (§ 43 Abs. 2 WEG) entscheidet der Richter, soweit sich die Regelung nicht aus dem Gesetz, einer Vereinbarung oder einem Beschluss ergibt, nach billigem Ermessen. Eine Notwendigkeit für solche Ermessensentscheidungen ergibt sich in der Praxis immer dann, wenn die Wohnungseigentümer nach dem Gesetz erforderliche Maßnahmen versäumt haben, so etwa bei Scheitern eines

BT-Drs. S. 28:

gemäß § 28 Abs. 5 WEG erforderlichen Mehrheitsbeschlusses über den Wirtschaftsplan (KG Berlin, OLGZ 1991, 180, 181) oder die Jahresabrechnung (KG Berlin, OLGZ 1991, 434, 435).

Ohne die Möglichkeit einer Ermessensentscheidung des Gerichts wäre künftig der Wohnungseigentümer, der in solchen Fällen seinen Individualanspruch auf ordnungsmäßige Verwaltung verfolgt, wegen § 253 Abs. 2 Nr. 2 ZPO darauf angewiesen, dem Gericht mit dem Klageantrag eine bestimmte Verwaltungsmaßnahme – etwa den exakt formulierten Wirtschaftsplan – zu unterbreiten. Hielte das Gericht den beantragten Wirtschaftsplan für nicht ordnungsmäßig, so müsste der Kläger nach gerichtlichem Hinweis eine entsprechende Klageänderung – gegebenenfalls in den Tatsacheninstanzen wiederholt – vornehmen. Dazu wäre er in der Regel aber kaum in der Lage. Vor allem bliebe unklar, wer in einer solchen Situation ein den Wohnungseigentümern im Rahmen Ihres Selbstorganisationsrechts eingeräumtes Ermessen ausüben sollte.

Aus den genannten Gründen erscheint es sachgerecht, in § 21 Abs. 8 WEG (neu) nach dem Vorbild des § 315 Abs. 3 Satz 2 BGB eine Sondervorschrift aufzunehmen, die es dem Gericht in den genannten Fallkonstellationen ermöglicht, auch nach einer Unterstellung des Verfahrens unter die ZPO-Vorschriften eine Ermessensentscheidung zu treffen. Ein Ermessenspielraum besteht aber wie bisher nur, soweit sich die Maßnahme nicht aus dem Gesetz, einer Vereinbarung oder einem Beschluss der Wohnungseigentümer ergibt.

9. Zu Nummer 9 (§ 22 Abs. 1 bis 4 WEG – neu –)

Gemäß § 22 Abs. 1 Satz 1 und 2 WEG bedürfen bauliche Veränderungen und Aufwendungen, die über die ordnungsmäßige Instandhaltung oder Instandsetzung hinausgehen, der Zustimmung aller Wohnungseigentümer, deren Rechte durch die Veränderung über das in § 14 Nr. 1 WEG bestimmte Maß – das heißt, nicht ganz unerheblich – beeinträchtigt werden (vgl. dazu Merle in Bärmann/Pick/Merle, WEG, 9. Auflage, § 22, Rn 3). Diese Vorschrift wirft in mehrfacher Hinsicht Schwierigkeiten auf, denen abgeholfen werden soll:

a) Die Bestimmung wird wegen der Fassung des § 22 Abs. 1 Satz 1 WEG („Bauliche Veränderungen ... können nicht ... [mit Mehrheit] beschlossen ... werden.") in der Praxis vielfach missverstanden, jedenfalls von nicht rechtskundigen Wohnungseigentümern. Sie erweckt bei ihnen den Eindruck, bauliche Veränderungen bedürften immer der Einstimmigkeit, also unabhängig davon, ob solche Maßnahmen die Rechte einzelner Wohnungseigentümer beeinträchtigen. Dieses Missverständnis hat dann zur Folge, dass manche Gemeinschaften von durchaus sinnvollen Maßnahmen absehen, weil die vermeintlich erforderliche Einstimmigkeit wegen des Widerstandes oder Desinteresses einzelner Wohnungseigentümer nicht zu erreichen ist und weil sie wegen des Missverständnisses über die Rechtslage annehmen, eine erfolgreiche gerichtliche Klärung sei nicht zu erreichen.

Außerdem wird § 22 Abs. 1 WEG einer zweckmäßigen praktischen Abwicklung der Maßnahmen in der Eigentümergemeinschaft nicht gerecht. Die Vorschrift lässt bauliche Veränderungen und Aufwendungen auch zu, wenn die Eigentümergemeinschaft zuvor niemals mit der Sache befasst war. Ein Mehrheitsbeschluss ist nicht erforderlich (BGHZ 73, 196). Stattdessen genügt die Zustimmung einzelner, im Sinne des § 22 Abs. 1 Satz 2 WEG betroffener Wohnungseigentümer. Dem Gesetz lässt sich auch nicht ohne weiteres eine Pflicht des einzelnen Wohnungseigentümers entnehmen, vor Durchführung einer solchen Maßnahme den Verwalter oder jene Wohnungseigentümer zu informieren, die möglicherweise von der Maßnahme betroffen werden. Dies legt es dem einzelnen Wohnungseigentümer nahe, vollendete Tatsachen zu schaffen, bevor ausreichend geprüft ist, wen eine Maßnahme nachteilig betrifft.

Die Praxis entscheidet über Maßnahmen im Sinne des § 22 Abs. 1 Satz 1 WEG schon bisher üblicherweise im Beschlusswege. Dies mag seine Ursache auch darin haben, dass vielen Wohnungseigentümern die Rechtslage nicht näher bekannt ist und sie sich daher zunächst an den Verwalter wenden. Der Verwalter wird die Angelegenheit, sobald sie von einiger Bedeutung ist, den Wohnungseigentümern zur Entscheidung vorlegen. Das ist zulässig. Die Wohnungseigentümer sind nicht gehindert, eine Maßnahme im Sinne des § 22 Abs. 1 WEG zu beschließen (Merle in Bärmann/Pick/Merle, WEG, 9. Auflage, § 22, Rn 113). Dies ist auch sinnvoll, denn ein Beschluss gibt den Wohnungseigentümern die größere Rechtssicherheit.

Absatz 1 der Neufassung soll die entstandenen Missverständnisse vermeiden. Sein Regelungsgehalt ist wegen der ausdrücklichen Formulierung einer Beschlusskompetenz und eines Individualanspruchs sowie des Erfordernisses der Zustimmung der Beeinträchtigten leichter verständlich als die bisherige doppelte Verneinung. Damit ist zu erwarten, dass eine Selbstverwaltung auch durch nicht rechtskundige Wohnungseigentümer erleichtert wird. Außerdem trägt die neue Vorschrift der üblichen Vorgehensweise der Praxis Rechnung. Anders als nach bisherigem Recht sieht § 22 Abs. 1 WEG (neu) in der Regel einen Beschluss der Eigentümer vor.

In Satz 1 Halbsatz 1 legt die Neufassung zunächst fest, dass den Wohnungseigentümern wie nach geltendem Recht (vgl. den Beschluss des BGH vom 20. September 2000, NJW 2000, 3500, 3503) eine Beschlusskompetenz auch zu baulichen Veränderungen und Aufwendungen zusteht, die über die ordnungsmäßige Instandhaltung und Instandsetzung hinausgehen.

Aus Satz 1 Halbsatz 1 (neu) in Verbindung mit Halbsatz 2 – neu – („wenn") ergibt sich außerdem, dass die vorgenannten Maßnahmen der Zustimmung aller Wohnungseigentümer bedürfen, deren Rechte nicht unerheblich beeinträchtigt werden. Das bedeutet, dass diese Maßnahmen wie bisher grundsätzlich nur einstimmig beschlossen werden können, weil sie in der Praxis mit nur wenigen Ausnahmen alle Wohnungseigentümer beeinträchtigen.

Das Erfordernis der Zustimmung aller Beeinträchtigten regelt die benötigte Stimmenzahl. Es ist – wie im geltenden Recht – nicht kompetenzbegründend. Die Beschlusskompetenz haben die Wohnungseigentümer – wie sich aus dem Wortlaut „können beschließen" ergibt – unabhängig davon, ob die Beeinträchtigten im

BT-Drs. S. 29:

Sinne des § 14 Nr. 1 WEG zustimmen. Sie dürfen nur keine Beschlüsse fassen, denen diese nicht zugestimmt haben. Fassen sie gleichwohl einen solchen Beschluss, so ist dieser anfechtbar, aber nicht unwirksam.

Satz 2 (neu) dient der Klarstellung zur Vermeidung von Missverständnissen. Gemäß § 21 Abs. 1 WEG steht die Verwaltung des gemeinschaftlichen Eigentums den Wohnungseigentümern gemeinschaftlich zu. Dementsprechend könnte § 22 Abs. 1 Satz 1 WEG (neu) dahin ausgelegt werden, es sei immer ein einstimmiger Beschluss der Wohnungseigentümer erforderlich, dem außerdem alle im Sinne von Satz 1 (neu) betroffenen Wohnungseigentümer zustimmen müssen. Satz 2 (neu) macht deshalb klar, dass sich insoweit an der bestehenden Rechtslage nichts ändert und die Einstimmigkeit des § 21 Abs. 1 WEG weiterhin „modifiziert" wird, nämlich nur diejenigen Wohnungseigentümer zustimmen müssen, die durch die Maßnahme im Sinne des § 22 Abs. 1 Satz 1 WEG (neu) beeinträchtigt sind.

Ein einzelner Wohnungseigentümer hat – wie Halbsatz 1 in Verbindung mit Halbsatz 2 deutlich macht – einen Anspruch gegen die anderen Wohnungseigentümer, eine Maßnahme gemäß § 22 Abs. 1 Satz 1 WEG im Beschlusswege zu gestatten, wenn ihr alle Wohnungseigentümer zugestimmt haben, deren Rechte über das in § 14 Nr. 1 WEG bestimmte Maß hinaus beeinträchtigt werden. Wohnungseigentümern, die durch die Maßnahme nicht im vorbezeichneten Sinne betroffen werden, können den Einzelnen im Ergebnis also nicht an der Durchführung der Maßnahme hindern. Insofern ändert sich also nichts am geltenden Recht. Im äußersten Fall bleibt es deshalb denkbar, dass ein Wohnungseigentümer die bauliche Veränderung ähnlich wie nach geltender Rechtslage allein durchführt (vgl. zum geltenden Recht: Merle in Bärmann/Pick/Merle, WEG, 9. Auflage, § 22, Rn 124 m. w. N.).

Die Formulierung, eine Maßnahme im Sinne des § 22 Abs. 1 Satz 1 WEG (neu) könne „verlangt" werden, ist dahin zu verstehen, dass auf Verlangen etwa eines einzelnen Wohnungseigentümers eine entsprechende Willensbildung der Eigentümergemeinschaft eingefordert wird, also die Erklärung des Einverständnisses mit der Durchführung der Maßnahme durch den Einzelnen, nicht aber dahin, dass die Gemeinschaft selbst die Maßnahme durchzuführen habe. Die Regelung entspricht insoweit der des § 15 Abs. 3 WEG, bei dem die gleiche Formulierung gewählt ist (vgl. zu § 15 Abs. 3 WEG Pick in Bärmann/Pick/Merle, WEG, 9. Auflage, § 15, Rn 27 ff.). Im Übrigen ergibt sich dies auch aus dem Begriff der „Beeinträchtigung" im Sinne des § 22 Abs. 1 Satz 1 WEG (neu). Denn wenn die Gemeinschaft eine Maßnahme selbst durchführen müsste, wären auch alle Wohnungseigentümer betroffen und es wäre ohnedies Einstimmigkeit erforderlich.

b) Durch den geltenden § 22 Abs. 1 WEG wird in der Praxis vielfach eine Anpassung des Gemeinschaftseigentums an veränderte Umstände verhindert. Rechtsprechung und Lehre legen den Begriff der „baulichen Veränderung" (§ 22 Abs. 1 Satz 1 WEG) und den der „Beeinträchtigung" (§ 22 Abs. 1 Satz 2 i. V. m. § 14 Nr. 1 WEG) weit aus, nämlich dahin, dass im Wesentlichen jede nicht ganz unerhebliche Veränderung des Status quo erfasst wird. Deshalb bedürfen viele Neuerungen der Zustimmung praktisch aller Wohnungseigentümer einer Anlage, so etwa in der Regel der Einbau von Fenstern oder Türen, jede nicht ganz unerhebliche Änderung des äußeren Erscheinungsbildes wie das Anbringen von Markisen, ebenso Umgestaltungen der vorhandenen Einrichtung wie Änderungen am Fußboden oder an den Wänden des Treppenhauses oder ein Ersatz der Gemeinschaftsantenne durch Kabelanschluss, schließlich alle Änderungen am Grundstück selbst, wie die Anlage eines Gartens, die Pflasterung des Hofes oder von Zufahrten und Wegen.

Die erforderliche Zustimmung, die sogenannte Allstimmigkeit, ist aber jedenfalls in mittleren und größeren Einheiten praktisch kaum zu erreichen, da es dort fasst immer den einen oder anderen Miteigentümer gibt, der auch aus nicht sachlichen Gründen widerspricht oder sich mangels Interesses nicht an der Abstimmung beteiligt, so dass viele auch wirtschaftlich sinnvoll und wünschenswert erscheinende Maßnahmen in der Praxis scheitern. Mangels Anpassung an die Erfordernisse der Zeit droht somit insbesondere bei älteren Anlagen ein Wertverlust sowohl des gemeinschaftlichen Eigentums als auch des Sondereigentums.

An dieser Situation ändert sich auch nichts Wesentliches dadurch, dass die Wohnungseigentümer bereits nach geltendem Recht, nämlich gemäß den §§ 21 Abs. 3 und Abs. 5 Nr. 2 WEG, Maßnahmen der modernisierenden Instandsetzung mit Mehrheit beschließen können. Sie haben nach herrschender Rechtsprechung und Lehre zwar die Kompetenz, in einem gewissen Rahmen bei der Instandsetzung des gemeinschaftlichen Eigentums über die bloße Reparatur oder die Wiederherstellung des früheren Zustandes hinauszugehen, wenn die Neuerung die technisch bessere oder wirtschaftlich sinnvollere Lösung darstellt. Dies gilt beispielsweise bei Erneuerung einer veralteten Heizungsanlage oder bei Umstellung auf einen anderen Energieträger, etwa von Öl auf Gas, wenn der Ausfall des Ölbrenners bevorsteht. Diese Öffnung knüpft aber maßgeblich an die bereits notwendige oder bald absehbare Reparatur an und erfasst somit nur einen kleinen Teil von Neuerungen, Umgestaltungen und Änderungen.

Deshalb ist eine Erweiterung der Kompetenz angezeigt. Die Wohnungseigentümer sollen nach dem Entwurf die Möglichkeit erhalten, mit qualifizierter Mehrheit auch Maßnahmen zur Modernisierung und Anpassung des Gemeinschaftseigentums an den Stand der Technik ohne Zusammenhang mit einer Reparatur beschließen zu können. Die Kompetenz, mit einfacher Mehrheit Maßnahmen der modernisierenden Instandsetzung beschließen zu können, bleibt davon unberührt. Dies ist zur Klarstellung in § 22 Abs. 3 WEG (neu) ausdrücklich festgelegt.

aa) *Absatz 2 Satz 1* der Neufassung regelt – zusammen mit Absatz 1 Satz 1 – die Voraussetzungen und inhaltlichen Grenzen der Mehrheitskompetenz.

Die Wohnungseigentümer haben die Mehrheitsmacht für Maßnahmen, die über die Instandhaltung oder die Instandsetzung, auch die modernisierende, hinausgehen, und die – dies ist Folge des entspre-

BT-Drs. S. 30:

chend anzuwendenden Begriffs der „Modernisierung" gemäß § 559 Abs. 1 BGB – der nachhaltigen Erhöhung des Gebrauchswerts, der dauerhaften Verbesserung der Wohnverhältnisse oder der Einsparung von Energie oder Wasser dienen. Die Mehrheitsmacht erfasst dabei kleine, mittlere und größere Vorhaben, etwa das Aufstellen eines Fahrradständers, das nachträgliche Anbringen einer Gegensprechanlage oder auch den Einbau eines Fahrstuhls.

Auf den Begriff der „Modernisierung" im Sinne des § 559 Abs. 1 BGB wird abgestellt, da dieser die Maßnahmen umfasst, die der Mehrheitsmacht unterliegen sollen und der – was die Einzelmaßnahmen anbelangt – in Rechtsprechung und Lehre bereits weitgehend geklärt ist (vgl. Staudinger-Emmerich, BGB, Bearbeitung 2003, § 559, Rn 26). Im Unterschied zum Mietrecht kommen den Wohnungseigentümern aber auch alle die Veränderungen zugute, die im Mietrecht nur den Vermieter, nicht aber immer den Mieter treffen, so insbesondere technische Verbesserungen des Hauses. Um insoweit Missverständnisse zu vermeiden, wird im Entwurf auch auf „Anpassung an den Stand der Technik" abgestellt.

Mit „Stand der Technik" ist das Niveau einer anerkannten und in der Praxis bewährten, fortschrittlichen technischen Entwicklung gemeint, das das Erreichen des gesetzlich vorgegebenen Ziels gesichert erscheinen lässt (vgl. Handbuch der Rechtsförmlichkeit, 2. Auflage, Rn 247). In diesem Sinne wird der Begriff auch in einer Entscheidung des BGH zum Anbringen von Parabolantennen verstanden (BGH, Beschluss vom 22. Januar 2004, NJW/NZM Sonderdruck 2004, 18). Dieser Begriff wird bevorzugt gegenüber jenem der „anerkannten Regeln der Technik", wie er etwa in § 641 a Abs. 3 Satz 4 BGB zu finden ist. In § 641 a Abs. 3 Satz 4 BGB wird ein Maßstab verwendet, den der Besteller eines Werks auch ohne entsprechende Vereinbarung verlangen kann und den ein Werkunternehmer üblicherweise beachten muss. Demgegenüber ist im Rahmen des § 22 Abs. 2 WEG (neu) ein höheres Anforderungsniveau sinnvoll, um Streit über den mit einer bestimmten Maßnahme erreichbaren Grad der Modernisierung zu vermeiden. Dagegen ginge es zu weit, auch Maßnahmen zuzulassen, die darüber hinausgehend dem „Stand von Wissenschaft und Technik" entsprechen. Durch den Begriff „Stand der Technik" kann eine Überforderung der Wohnungseigentümer nicht eintreten. Es ist nicht davon auszugehen, dass eine qualifizierte Mehrheit von Wohnungseigentümern eine besonders kostenintensive Technik befürwortet, wenn dies keinen entsprechenden Nutzen bringt, zumal der Begriff „Stand der Technik" ohnehin verlangt, dass wirtschaftliche Gesichtspunkte zu berücksichtigen sind. Im Übrigen ist der Einzelne vor einer Überforderung geschützt, da dies in der Regel eine „erhebliche Beeinträchtigung" darstellt, die nach Absatz 2 Satz 1 (neu) in keinem Fall ohne Zustimmung des Betroffenen zulässig ist.

Der Begriff „dienen" stellt im Unterschied zu der Formulierung „geboten sein", die auch in Erwägung gezogen worden ist, sicher, dass die Anforderungen an einen Modernisierungsbeschluss nicht höher als an einen Beschluss zur modernisierenden Instandsetzung sind. In beiden Fällen reicht es aus, dass die Maßnahme sinnvoll ist. Dabei kommt es auf die voraussichtliche Eignung der Maßnahme an. Bei der Beurteilung ist auf den Maßstab eines vernünftigen, wirtschaftlich denkenden und sinnvollen Neuerungen gegenüber aufgeschlossenen Hauseigentümers abzustellen (vgl. Merle in Bärmann/Pick/Merle, WEG, 9. Auflage, § 21, Rn 139 zur modernisierenden Instandsetzung). Nur bei einer solchen Sicht ist die hier durch Modernisierung bezweckte dauerhafte Erhaltung des Verkehrswerts von langlebigen Wirtschaftsgütern wie Häusern hinreichend gewährleistet.

Die Mehrheitsmacht erfasst nicht eine Umgestaltung der Wohnanlage, die deren bisherige Eigenart ändert, insbesondere durch einen Anbau, etwa eines Wintergartens, eine Aufstockung oder einen Abriss von Gebäudeteilen oder durch vergleichbare Veränderungen des inneren oder äußeren Bestandes, etwa dann, wenn ein Wohnhaus einfacher Wohnqualität gleichsam luxussaniert oder wenn ein bisher nicht zu Wohnzwecken genutzter Speicher zu Wohnungen ausgebaut oder wenn eine die Wohnanlage umgebende größere Grünfläche weithin zum Abstellen von Autos asphaltiert werden soll. Entsprechendes gilt, wenn der optische Gesamteindruck nachteilig verändert wird, auch, wenn ein uneinheitlicher Gesamteindruck entsteht, so wenn nur einzelne Balkone an der Front eines Hauses, nicht aber alle verglast werden oder wenn beim Bau von Dachgauben in einer vorhandenen Dachgeschosswohnung die Symmetrie des Hauses nicht eingehalten wird. Das Vertrauen des Erwerbers auf den wesentlichen inneren und äußeren Bestand der Eigentumsanlage, das in der Regel Grundlage seiner Entscheidung für den Erwerb der Wohnung war, ist nämlich ebenso schützenswert wie das auf den Fortbestand der Gemeinschaftsordnung. Für solche Maßnahmen bleibt es bei der nach Absatz 1 der Neufassung erforderlichen Zustimmung aller Beeinträchtigten. Die Klarstellung im Gesetz, dass die Maßnahmen die Eigenart der Wohnanlage nicht ändern dürfen, erscheint zur Vermeidung von Missverständnissen angezeigt.

Die Mehrheitsmacht umfasst auch nicht Maßnahmen, die ein Mitglied der Gemeinschaft erheblich beeinträchtigen. Insoweit kommt es darauf an, ob die Veränderung zu einem Nachteil für einen oder mehrere Wohnungseigentümer führt und welches Maß die Beeinträchtigung hat. Die Beurteilung hängt – wie im geltenden Recht gemäß § 22 Abs. 1 Satz 1 i. V. m. § 14 Nr. 1 WEG – weitgehend von den Umständen des Einzelfalles ab. Allerdings stellt der Entwurf im Unterschied zum geltenden Recht, nach dem sich ein Wohnungseigentümer schon gegen jede nicht ganz unerhebliche Beeinträchtigung wehren kann (vgl. Merle, a. a. O., § 22, Rn 127 m. w. N.), wegen der bezweckten Erweiterung der Entscheidungsmöglichkeiten der Mehrheit auf „er-

BT-Drs. S. 31:

hebliche" Nachteile ab. Er erweitert damit den Kreis oder erhöht – je nach Betrachtungsweise – das Maß der Nachteile, die ein Wohnungseigentümer hinnehmen muss. Das Abstellen auf „erheblich" verdeutlicht auch, dass Umstände, die zwangsläufig mit Modernisierungen verbunden sind, für sich allein nicht ausreichen, eine Beeinträchtigung zu bejahen, so etwa die nach einer technischen Anpassung erhöhte Wartungs- oder Reparaturanfälligkeit oder die Kompliziertheit einer neuen technischen Anlage oder die mit dem Einbau eines Fahrstuhls verbundene Einschränkung der Gebrauchsmöglichkeit des Treppenhauses oder eine intensivere Nutzung von Obergeschossen.

Auch Kosten der Maßnahmen können eine Beeinträchtigung darstellen. Sie sind aber nur im Ausnahmefall als erhebliche Beeinträchtigung anzusehen, nämlich dann, wenn sie das Maß der Aufwendungen übersteigen, die dazu dienen, das gemeinschaftliche Eigentum in einen Zustand zu versetzen, wie er allgemein üblich ist, etwa zur Energieeinsparung oder zur Schadstoffminderung. Mit solchen Maßnahmen muss jeder Wohnungseigentümer rechnen und erforderlichenfalls entsprechende private Rücklagen bilden, um sie zu finanzieren.

Im Einzelfall kann sich eine erhebliche Beeinträchtigung dann ergeben, wenn ein Wohnungseigentümer wegen der Kosten von Modernisierungsmaßnahmen gezwungen würde, sein Wohnungseigentum zu veräußern.

Solche ohnehin seltenen Fälle können die Wohnungseigentümer aber durch angemessene Rückstellungen vermeiden, da auf diese Weise eine finanzielle Überforderung praktisch ausgeschlossen wird. Bei einer Modernisierung im Einzelfall haben sie die Kompetenz, mit qualifizierter Mehrheit auch über die Art und Weise der Finanzierung sowie eine etwaige Rückstellung zu entscheiden (§ 16 Abs. 4 i. V. m. § 22 Abs. 2 WEG (neu): argumentum a maiore ad minus).

Der Beschluss der Wohnungseigentümer zur Modernisierung bedarf der in Satz 1 (neu) im Einzelnen vorgeschriebenen qualifizierten Mehrheit. Damit wird gewährleistet, dass solche Maßnahmen nur durchgeführt werden, wenn sie dem Willen der ganz überwiegenden Mehrheit entsprechen. Eine qualifizierte Mehrheit ist auch für Beschlüsse gemäß § 16 Abs. 4 Satz 2 WEG (neu) vorgesehen. Auf die dortige Begründung, die hier entsprechend gilt, wird wegen der Einzelheiten Bezug genommen.

Eine gemäß Artikel 14 Abs. 1 Satz 2 GG (Eigentumsfreiheit) schützenswerte Rechtsposition der überstimmten Minderheit wird durch die Einräumung der Mehrheitskompetenz für Modernisierungen nicht tangiert. Es geht nämlich jeweils um Maßnahmen, mit denen nach der Lebenserfahrung bei Wohnimmobilien immer zu rechnen ist und bei denen deshalb der Einzelne auf den unveränderten Fortbestand des gemeinschaftlichen Eigentums in seiner ursprünglichen Form nicht vertrauen kann.

Ein einzelner Wohnungseigentümer hat auf Modernisierungsmaßnahmen gemäß Absatz 2 Satz 1 (neu) – im Unterschied zu Maßnahmen der Instandhaltung oder Instandsetzung gemäß § 21 Absatz 4 – keinen Anspruch. Absatz 2 (neu) stellt nämlich ausdrücklich nur auf „beschließen" ab, nicht aber auf „verlangen", und zwar wegen des Zwecks der Neuregelung. Diese dient allein der Einschränkung des Prinzips der Einstimmigkeit oder – spiegelbildlich – der Stärkung der Mehrheit. Einen Anspruch auf einen Akt der Willensbildung, der die Maßnahme gestattet, hat ein einzelner Wohnungseigentümer nur, wenn alle Wohnungseigentümer zustimmen, denen die Maßnahme – wie Absatz 1 (Satz 1 i. V. m. Satz 2) WEG (neu) in Übereinstimmung mit dem geltenden Recht vorsieht – einen Nachteil zufügt, der über das bei einem geordneten Zusammenleben unvermeidliche Maß (§ 14 Nr. 1 WEG) hinausgeht.

Einen solchen Anspruch hat ein einzelner Wohnungseigentümer insbesondere bei Baumaßnahmen für einen barrierefreien Zugang, etwa durch den Bau einer Rollstuhlrampe im Eingangsbereich oder eines Schräglifts im Treppenhaus. Solche Maßnahmen darf der behinderte Wohnungseigentümer aufgrund seines (Mit-)Eigentums (§ 903 BGB) durchführen. Die ergänzenden Voraussetzungen des § 22 Abs. 1 Satz 2 WEG und künftig des § 22 Abs. 1 (Satz 1 i. V. m. Satz 2) WEG (neu) jeweils in Verbindung mit § 14 Nr. 1 WEG, unter denen er tätig werden darf, sind in Fällen dieser Art in aller Regel erfüllt. Diese Maßnahmen beeinträchtigen die Miteigentümer allenfalls unwesentlich und sind damit nicht relevant (so auch Pick in Bärmann/Pick/Merle, WEG, 9. Auflage, § 14, Rn 48, sowie Staudinger-Bub, WEG, Band 1, 12. Auflage, § 22 WEG, Rn 54 jeweils m. w. N). Soweit nur eine unwesentliche Beeinträchtigung vorliegt, ist die Zustimmung der anderen Wohnungseigentümer entbehrlich (h. M., vgl. BGH NJW 1979, 817; Staudinger-Bub, a. a. O.). Dies ist in Übereinstimmung mit dem geltenden Recht in Absatz 1 Satz 2 der Neuregelung ausdrücklich klargestellt.

Jedenfalls sind diese Maßnahmen als unvermeidlich zu bewerten, wenn die Barrierefreiheit nach objektiven Kriterien geboten und ohne erhebliche Eingriffe in die Substanz des Gemeinschaftseigentums technisch machbar ist. Bei der insoweit erforderlichen Abwägung aller Umstände des Einzelfalles ist neben dem aus dem Eigentumsrecht (Artikel 14 Abs. 1 Satz 1 GG) fließenden Gestaltungsrecht der anderen Miteigentümer in Rechnung zu stellen, dass dieses Recht auch dem Behinderten zusteht und im Licht der Bedeutung des Artikels 3 Abs. 3 Satz 2 GG (Verbot der Benachteiligung Behinderter) auszulegen ist. Grundrechte fließen als Teil der allgemeinen Wertordnung in die Auslegung des Zivilrechts ein (vgl. BVerfGE 99, 341, 356 zum Anspruch eines Mieters auf barrierefreien Zugang zu seiner Wohnung), auch soweit es um die Abwägung im Rahmen der Generalklausel des § 22 Abs. 1 Satz 2 i. V. m. § 14 Nr. 1 WEG geht (vgl. BVerfGE NJW 94, 1165, 1166 zum Anspruch eines einzelnen Woh-

BT-Drs. S. 32:

nungseigentümers auf Errichtung einer Parabolantenne unter Berücksichtigung des Artikels 5 Abs. 1 Satz 1 Halbsatz 2 GG). Dem Verbot der Benachteiligung Behinderter kommt dabei erhöhte Bedeutung zu, denn von einem verständigen Miteigentümer darf und muss erwartet werden, dass er Toleranz auch und gerade gegenüber Behinderten aufbringt.

Der materiellrechtliche Individualanspruch des Behinderten erweist sich auch als durchsetzungsfähig, weil die Rechtsprechung – wenn auch mit unterschiedlicher Begründung – einen Anspruch auf Durchführung der erforderlichen Maßnahmen anerkennt (vgl. Drasdo, WuM 2002, 123, 128; Derleder, ZWE 2004, 118, 124 jeweils mit Nachweisen zur Rechtsprechung).

Eine Anpassung des Wohnungseigentumsgesetzes ist somit entbehrlich, zumal dem Wohnungseigentümer das Recht auf bauliche Veränderung auch im Fall der Vermietung der Wohnung an einen Behinderten zusteht. Den unter den Voraussetzungen des § 22 Abs. 1 Satz 2 i. V. m. § 14 Nr. 1 WEG geschaffenen zulässigen Gebrauch des Gemeinschaftseigentums haben die anderen Wohnungseigentümer gemäß § 14 Nr. 3 WEG zu dulden.

bb) Es ist davon abgesehen worden, die Zulässigkeit einer Maßnahme allgemein davon abhängig zu machen, dass sie sich aus einer gesonderten Rückstellung für Modernisierungskosten finanzieren lässt, weil dafür ein Bedürfnis nicht zu bejahen ist. Dem mit einer solchen Regelung bezweckten Schutz der Minderheit vor einer Überforderung wird bereits durch das in Absatz 2 Satz 1 (neu) vorgesehene Verbot einer erheblichen Benachteiligung und das Erfordernis der Zustimmung einer qualifizierten Mehrheit Rechnung getragen. Außerdem wären bei einer allgemeinen Rückstellungsregelung – im Unterschied zu der durch die § 16 Abs. 4 i. V. m. § 22 Abs. 2 WEG (neu) eröffneten Möglichkeit zur Bildung von Rückstellungen für den konkreten Einzelfall – Streitigkeiten über die Modernisierung bereits bei der Beschlussfassung über die Rückstellung zu befürchten, ohne dass sich zu diesem Zeitpunkt die konkrete Ausgestaltung der Modernisierung schon feststellen oder bewerten ließe.

cc) *Absatz 2 Satz 2 (neu)* stellt – wie die parallelen Vorschriften von § 12 Abs. 4 Satz 3 und § 16 Abs. 5 WEG (neu) – sicher, dass die Neuregelung durch abweichende geltende oder künftige Vereinbarungen nicht zu Ungunsten der vorgesehenen Mehrheit der Wohnungseigentümer eingeschränkt oder ausgeschlossen werden kann. Ansonsten könnten vorhandene Streitigkeiten nicht beigelegt und es könnte auch nicht verhindert werden, dass es künftig erneut zu abweichenden Gestaltungen der meist einseitig festgelegten Gemeinschaftsordnungen und damit wiederum zu solchen Streitigkeiten käme, welche die Neuregelung gerade verhindern will.

Dass die neue Vorschrift die Rechte der Wohnungseigentümer in aller Regel stärkt und nicht etwa einschränkt und dass die Unabdingbarkeit sich auf die Beschlusskompetenz einschließlich der Mehrheitsmacht bezieht, ist oben in der Begründung zu § 12 Abs. 4 Satz 3 WEG (neu) bereits ausgeführt.

Abweichende Beschlüsse zu baulichen Veränderungen oder Aufwendungen aufgrund einer Öffnungsklausel mit geringeren Anforderungen, also etwa ohne das Erfordernis der hier vorgeschriebenen qualifizierten Mehrheit, bleiben im Übrigen zulässig, weil solche Beschlüsse die Befugnis der Mehrheit der Wohnungseigentümer nicht „einschränken", sondern erweitern.

dd) *Absatz 3 (neu)* dient der Klarstellung. Maßnahmen der modernisierenden Instandsetzung können die Wohnungseigentümer weiterhin wie nach geltendem Recht mit einfacher Mehrheit beschließen (§ 21 Abs. 3 WEG). Für die Abgrenzung kommt es darauf an, ob die Neuerung einen Bezug zur Instandhaltung oder Instandsetzung hat, ob also vorhandene Einrichtungen wegen bereits notwendiger oder absehbarer Reparaturen technisch auf einen aktuellen Stand gebracht oder durch eine wirtschaftlich sinnvollere Lösung ersetzt werden. In diesem Fall geht es um die modernisierende Instandsetzung, zu der es eine Vielzahl von Entscheidungen der Rechtsprechung gibt (vgl. Palandt-Bassenge, 64. Auflage, § 22 WEG, Rn 10 m. w. N.). Im Unterschied dazu sind bauliche Maßnahmen, die sich im Rahmen des § 559 Abs. 1 BGB halten und keinen Bezug mehr zur Instandhaltung oder Instandsetzung haben, als Modernisierungen zu bewerten, die der qualifizierten Mehrheit bedürfen.

Hält sich eine Maßnahme auch nicht im Rahmen des § 559 Abs. 1 BGB und dient sie nicht der Anpassung der Wohnanlage an den Stand der Technik, ist gemäß § 22 Abs. 1 Satz 1 WEG (neu) in Verbindung mit § 14 Nr. 1 WEG die Zustimmung aller nicht unerheblich Beeinträchtigten erforderlich.

c) Bei der Umnummerierung des bisherigen Absatzes 2 zum neuen Absatz 4 handelt es sich um eine redaktionelle Folgeänderung zur Einfügung der neuen Absätze 2 und 3.

10. Zu Nummer 10 (§ 23 Abs. 4 WEG – neu –)

Im Unterschied zu „schwebend" unwirksamen Beschlüssen entfalten nichtige Beschlüsse endgültig keine Rechtswirkungen. Deshalb bedarf es in diesen Fällen keiner Ungültigerklärung durch richterlichen Gestaltungsakt gemäß § 23 Abs. 4 Satz 1 WEG (Merle in Bärmann/Pick/Merle, WEG, 9. Auflage, § 23, Rn 121 und 150). Der Wortlaut des § 23 Abs. 4 WEG ist insoweit allerdings missverständlich, da er zu der Annahme verleiten kann, dass auch ein Beschluss, der gegen eine Rechtsvorschrift verstößt, auf deren Einhaltung rechtswirksam nicht verzichtet werden kann – also ein nichtiger Beschluss (BGHZ 107, 268) – nur ungültig ist, wenn er im Verfahren gemäß § 43 Abs. 1 Nr. 4 WEG für ungültig erklärt worden ist. Eine derartige Auslegung wird zu Recht als mit Sinn und Zweck des § 23 Abs. 4 WEG nicht vereinbar angesehen (BGH a. a. O.). Der Entwurf sorgt für gesetzgeberische Klarheit, indem der mit „es sei denn" beginnende Satzteil des geltenden § 23 Abs. 4 Satz 2 WEG

BT-Drs. S. 33:

unmittelbar an den nunmehr einzigen Satz des § 23 Abs. 4 WEG (neu) angefügt wird. Auf diese Weise wird verdeutlicht, dass bei einem Verstoß gegen unverzichtbare Rechtsvorschriften nicht nur die Klagefrist von einem Monat nicht gilt, sondern es schon einer Ungültigerklärung durch Urteil nicht bedarf. Möglich bleibt – wie bisher – ein auf deklaratorische Feststellung der Nichtigkeit gerichteter Feststellungsantrag; zwingend ist die Klageerhebung jedoch nicht.

Die bisher in § 23 Abs. 4 Satz 2 WEG geregelte Klagefrist wird – zusammen mit einer weiteren verfahrensrechtlichen Regelung – in den neuen § 45 WEG übernommen.

11. Zu Nummer 11 (§ 24 WEG – neu –)

a) Zu Buchstabe a (§ 24 Abs. 4 Satz 2 WEG – neu –)

Gemäß § 24 Abs. 4 Satz 2 WEG beträgt die reguläre Mindestfrist für die Einberufung der Versammlung der Wohnungseigentümer eine Woche. Diese Frist erscheint unter Berücksichtigung der heutigen Lebensgewohnheiten zu kurz. Der Entwurf verlängert die Frist auf zwei Wochen. Dies entspricht auch dem Petitum fast aller Landesjustizverwaltungen und der überwiegenden Zahl der Äußerungen der Verbände bei der Anhörung des Bundesministeriums der Justiz.

b) Zu Buchstabe b (§ 24 Abs. 7 und 8 WEG – neu –)

Die neuen Absätze 7 und 8 des § 24 WEG regeln die Pflicht, eine Beschluss-Sammlung zu führen, den Inhalt der Beschluss-Sammlung und die wesentlichen Fragen der Art und Weise ihrer Führung.

Als Standort ist § 24 WEG gewählt, weil dort in Absatz 6 die Protokollierung von Beschlüssen der Wohnungseigentümer durch den Vorsitzenden der Wohnungseigentümerversammlung geregelt ist und somit ein sachlicher Zusammenhang mit dem Regelungsgegenstand der neuen Absätze 7 und 8 besteht. Den Regelungsbereich des § 27 WEG (Rechte und Pflichten des Verwalters), der auch als Standort in Betracht gezogenen worden ist, dürften die neuen Vorschriften in ihrer jetzigen Form eher stören.

Zu Absatz 7 (neu): Nach Satz 1 (neu) ist eine Beschluss-Sammlung zu führen. Das Merkmal „führen“ umfasst alle mit der Anlegung der Sammlung, den Eintragungen, der Aktualisierung, der Löschung und der Einsichtnahme verbundenen Maßnahmen.

Der Entwurf sieht davon ab, das äußere Erscheinungsbild der Beschluss-Sammlung zu definieren, weil der Mehrwert einer solchen Definition gering wäre und eine solche Regelung daher von vielen Eigentümern als übertriebener Formalismus angesehen werden würde. Denkbare Einzelfragen können im konkreten Fall unter Berücksichtigung von Sinn und Zweck der Vorschrift gelöst werden. Danach kommt es darauf an, dass der Inhalt der Sammlung einem Erwerber von Wohnungseigentum, den Wohnungseigentümern selbst und dem Verwalter in übersichtlicher Form Kenntnis von der aktuellen Beschlusslage der Gemeinschaft und damit zusammenhängenden gerichtlichen Entscheidungen gibt.

Der Entwurf hält auch nähere Angaben zur Form der Sammlung für entbehrlich. Diese kann in schriftlicher Form, etwa als Stehordner, aber auch in elektronischer Form angelegt werden, soweit dabei eine ungehinderte Einsicht – etwa durch einen Ausdruck – ermöglicht wird. Entscheidend ist, dass sie – wiederum im Hinblick auf ihren Sinn – zweckmäßig und übersichtlich geführt wird. Dies folgt auch aus dem Gebot der Ordnungsmäßigkeit der Verwaltung. Insoweit kann es je nach den Umständen angezeigt sein, ein Inhaltsverzeichnis anzulegen, in dem auch der Gegenstand etwa eines Beschlusses in Kurzform bezeichnet werden könnte.

Satz 2 (neu) stellt klar, dass nur die künftigen, also die nach dem Inkrafttreten des Gesetzes verkündeten Beschlüsse und Entscheidungen einzutragen sind, nicht aber frühere. In manchen Gemeinschaften wurden die Beschlüsse schon bislang gesammelt. Diesen Gemeinschaften bleibt es unbenommen, die bisherige Beschluss-Sammlung weiterhin zu nutzen. Soweit eine Beschluss-Sammlung bislang nicht geführt wurde, mag die Gesetzesänderung Anlass geben, die noch relevanten Beschlüsse und Entscheidungen zu sichten und zu ordnen. Ist eine solche nachträgliche Sammlung ohne weiteres möglich, dürfte sie auch ohne eine ausdrückliche gesetzliche Regelung ordnungsmäßiger Verwaltung entsprechen. Ist eine Bestandsaufnahme aufgrund der Vielzahl der vorhandenen Beschlüsse und Entscheidungen nicht möglich oder kann die Beschlusslage zum heutigen Zeitpunkt aus anderen Gründen nicht mehr nachvollzogen werden, beruht dies auf Umständen in der Vergangenheit, mit denen die heute in der Gemeinschaft verbundenen Eigentümer und der derzeit bestellte Verwalter nicht belastet sein sollen. Im Ergebnis obliegt es also der Eigenverantwortung der derzeitigen Eigentümer, wie sie mit einer weniger übersichtlichen Beschlusslage umgehen möchten. Im Einzelfall kann es empfehlenswert sein, alle nicht mehr auffindbaren Beschlüsse aufzuheben und auf diese Weise Rechtssicherheit zu schaffen.

Satz 2 (neu) bestimmt den Inhalt der Sammlung. Einzutragen ist jeweils nur der Wortlaut der in den Nummern 1 bis 3 bezeichneten Beschlüsse und gerichtlichen Entscheidungen, damit die Sammlung übersichtlich bleibt. Dem widerspräche es, die in § 24 Abs. 6 WEG genannten Niederschriften in die Sammlung aufzunehmen, wie es auch erwogen worden ist. Diese sind in der Praxis vielfach umfangreich und erschweren deshalb eine Kenntnisnahme von den Beschlüssen. Von den gerichtlichen Entscheidungen ist nur die Urteilsformel im Sinne des § 313 Abs. 1 Nr. 4 ZPO aufzunehmen, also der sogenannte Tenor. Einzutragen sind im Übrigen der Wortlaut aller Beschlüsse und der Tenor aller gerichtlichen Entscheidungen in einem Rechtsstreit gemäß § 43 WEG (neu). Dies folgt aus der Formulierung „der“, jedenfalls aber aus dem Zweck der Vorschrift, eine umfassende Darstellung der aktuellen Beschlusslage der Gemeinschaft zu ermöglichen.

Neben dem Wortlaut sind Angaben zum Ort und zum Zeitpunkt sowie zum Gericht und zu den Parteien erforderlich, weil diese Angaben im Hinblick auf den Zweck der Sammlung von Bedeutung sind. Die schriftlichen Beschlüsse bedürfen zu ihrer Wirksamkeit eines Vorgangs, welcher der Feststellung und Verkündung des Beschlussergebnisses in der Versammlung entspricht, etwa durch Aushang oder Rundschreiben (BGHZ 148, 335). Aus Gründen der Einheitlichkeit der Terminologie wird im Entwurf insoweit ebenfalls von „Verkündung" gesprochen.

BT-Drs. S. 34:

Gemäß Satz 3 (neu) in Verbindung mit Satz 7 (neu) ist jeweils „unverzüglich" nach der Verkündung, also ohne schuldhafte Verzögerung einzutragen. Da die Eintragung bei ordnungsmäßiger Verwaltung unmittelbar im Anschluss an die Verkündung erfolgt und somit eine Eintragung, die mehrere Tage später vorgenommen wird, in der Regel nicht mehr unverzüglich ist, erscheint die Festlegung einer Frist entbehrlich. Hinzu kommt, dass eine Frist erfahrungsgemäß zu Streitigkeiten führt, die es zu vermeiden gilt.

Die Texte sind historisch „fortlaufend" einzutragen. Jede Eintragung ist gemäß Satz 7 (neu) im Hinblick auf die Feststellbarkeit des Merkmals „unverzüglich" mit ihrem Datum zu versehen und wiederum fortlaufend zu nummerieren. Die fortlaufende Nummer dient als Indiz für die Vollständigkeit der Sammlung. Ob allein nach dem Datum der Entscheidungen und Beschlüsse oder auch nach anderen Sachgebieten geordnet wird, bleibt dem für die Führung der Sammlung Verantwortlichen überlassen, in der Regel also dem Verwalter. Insoweit kommt es auch auf den Umfang der Sammlung und damit mittelbar auf die Größe der Wohnanlage an.

Die in Satz 4 (neu) vorgesehene „Anmerkung" dient der Aktualität der Sammlung. Insoweit reicht ein Hinweis aus, dass ein Beschluss oder eine gerichtliche Entscheidung angefochten ist, weil sich daraus der Stand der aktuellen Beschlusslage bei einer Einsichtnahme in die Sammlung ersehen lässt. Die Anmerkung – etwa „Angefochten mit Klage vom ..." – ist bei dem Beschluss oder der Entscheidung anzubringen. Dies verlangt schon der Grundsatz ordnungsmäßiger Verwaltung, so dass es einer ausdrücklichen Vorschrift nicht bedarf.

Satz 5 (neu) soll einer Unübersichtlichkeit der Sammlung vorbeugen. Unter den dort genannten Voraussetzungen kann ein Beschluss gegebenenfalls zusammen mit einer gerichtlichen Entscheidung gelöscht werden. Zur Löschung kann bei einer Sammlung in Papierform der Text der Eintragung durchgestrichen und die Löschung mit einem entsprechenden Hinweis – etwa „Gelöscht am ..." – vermerkt werden. Bei einer Sammlung in elektronischer Form kann der Text entfernt werden. Neben der laufenden Nummer, die bestehen bleibt, ist die Löschung zu vermerken. Da es sich um eine Kann-Vorschrift handelt, ist es auch zulässig, von einer Löschung ganz abzusehen. In einem solchen Fall muss die in Satz 3 (neu) vorgesehene Anmerkung angebracht werden.

Satz 6 (neu) soll ebenfalls einer Unübersichtlichkeit der Sammlung vorbeugen. „Keine Bedeutung" hat eine Eintragung etwa, wenn der ihr zugrunde liegende Beschluss durch eine spätere Regelung überholt ist oder wenn er sich durch Zeitablauf erledigt hat. Für die Beurteilung kommt es maßgeblich auf die Umstände des Einzelfalles an. Da die Bewertung nicht immer einfach ist, sieht der Entwurf im Unterschied zu früheren Überlegungen wiederum eine Kann-Vorschrift vor. Von einer Löschung kann also auch abgesehen werden, insbesondere dann, wenn Zweifel bestehen, ob eine Eintragung noch Bedeutung hat. Der Begriff „Bedeutung" räumt dem für die Führung der Sammlung Verantwortlichen im Übrigen einen größeren Beurteilungsspielraum ein als die auch in Erwägung gezogene Formulierung „Wirksamkeit".

Satz 7 (neu) stellt die Aktualität der Eintragungen, Vermerke und Löschungen sicher. Die Angabe des Datums ist erforderlich im Hinblick auf die Feststellbarkeit des Merkmals „unverzüglich".

Satz 8 (neu) enthält im Hinblick auf die mit der Beschluss-Sammlung bezweckte bessere Informationsmöglichkeit die Verpflichtung, einem Wohnungseigentümer oder einem Dritten, den ein Wohnungseigentümer ermächtigt hat, Einsicht in die Sammlung zu geben. Die ausdrückliche Normierung soll auch ausschließen, dass aus der parallelen Vorschrift des § 24 Abs. 6 Satz 3 WEG (Einsicht in einzelne Niederschriften) der nicht zutreffende Rückschluss gezogen wird, nur dort sei Einsicht zulässig. Im Übrigen schließt die Verpflichtung auch ein, auf eine entsprechende Bitte Ablichtungen zu fertigen. Da es sich bei der Ermöglichung der Einsicht und der Anfertigung von Ablichtungen um einen besonderen Verwaltungsaufwand handelt, können die Wohnungseigentümer eine entsprechende Kostenerstattung beschließen (vgl. § 21 Abs. 7 WEG neu: Beschlusskompetenz in bestimmten Geldangelegenheiten).

Zu Absatz 8 (neu): Die Führung der Beschluss-Sammlung ist Pflicht des Verwalters (Satz 1 – neu –), der in der Praxis in aller Regel auch bestellt ist, zumal eine Bestellung nach dem Gesetz nicht ausgeschlossen werden kann (§ 20 Abs. 2 WEG). Führt der Verwalter die Sammlung nicht so, wie es in Absatz 7 (neu) vorgeschrieben ist, so liegt in der Regel ein wichtiger Grund für seine Abberufung vor (§ 26 Abs. 1 Satz 4 WEG – neu –).

Bei einer Pflichtverletzung haftet der Verwalter den Wohnungseigentümern im Übrigen nach den allgemeinen Vorschriften (vgl. dazu Merle in Bärmann/Pick/Merle, WEG, 9. Auflage, § 27, Rn 200 ff.), also jedenfalls aus dem Verwaltervertrag, ergänzt durch die im Wohnungseigentumsgesetz und in der Gemeinschaftsordnung geregelten Pflichten. Eine Haftung gegenüber einem künftigen Erwerber, der Einsicht in die Beschluss-Sammlung nimmt, sieht der Entwurf nicht vor.

In kleinen Gemeinschaften kommt es indessen vor, dass ein Verwalter fehlt. Wenn die Gemeinschaft in einem solchen Fall gleichwohl eine Eigentümerversammlung durchführt – praktisch wohl am ehesten in einer Vollversammlung, in der die Teilnehmer ausdrücklich oder konkludent auf die förmliche Einberufung verzichten (vgl. Merle, a. a. O., § 24, Rn 52 m. w. N.) – und Beschlüsse fasst, so hat nach der Neuregelung in Absatz 8 Satz 2 der Vorsitzende der Versammlung die Verpflichtung, eine Beschluss-Sammlung zu führen. Damit werden in kleinen Gemeinschaften Unklarheiten oder sogar Streitigkeiten vermieden, wer die Verpflichtung zu erfüllen hat. Den Wohnungseigentümern bleibt es aber – wie der dritte Halbsatz im neuen Satz 2 („sofern") deutlich macht – unbenommen, mit Stimmenmehrheit einen anderen aus ihrer Mitte mit der Aufgabe zu betrauen.

12. Zu Nummer 12 (§ 26 WEG – neu –)

a) Zu Buchstabe a (§ 26 Abs. 1 Satz 4 WEG – neu –)

Nach geltendem Recht können die Wohnungseigentümer einen Verwalter aus wichtigem Grund jederzeit durch Mehrheitsbeschluss abberufen (§ 26 Abs. 1 Satz 1 WEG). Ein wichtiger Grund liegt vor, wenn das Vertrauensverhältnis zerstört ist und den Wohnungseigentümern deshalb eine Fortsetzung der Zusammenarbeit mit dem Verwalter nach

BT-Drs. S. 35:

Treu und Glauben nicht mehr zugemutet werden kann, also insbesondere bei einer schweren Pflichtwidrigkeit des Verwalters. Diese ist zu bejahen, wenn der Verwalter entgegen seiner Pflicht gemäß § 24 Abs. 8 Satz 1 WEG (neu) die Beschluss-Sammlung nicht ordnungsmäßig führt, insbesondere den Anforderungen des § 24 Abs. 7 WEG (neu) nicht entspricht. Ihm ist in einem solchen Fall in der Regel ein schwerer Vorwurf schon bei einer einmaligen Verletzung zu machen. Die Beschluss-Sammlung stellt nämlich einerseits keine besonderen Anforderungen an den Verwalter, sie ist vielmehr ohne größeren Aufwand zu führen. Ihr kommt aber andererseits erhebliche Bedeutung zu, und zwar sowohl für den Erwerber einer Eigentumswohnung als auch für die Wohnungseigentümer und den Verwalter selbst. Eine nicht ordnungsmäßig geführte Sammlung lässt im Übrigen generell negative Rückschlüsse auf die Art der Verwaltung zu.

Mit Rücksicht darauf konkretisiert Satz 4 (neu) den dort genannten Pflichtverstoß als Regelbeispiel eines wichtigen Grundes und betont damit die Bedeutung der ordnungsmäßigen Führung der Beschluss-Sammlung.

b) Zu Buchstabe b (Aufhebung von § 26 Abs. 3 WEG – neu –)

Die Bestellung eines Verwalters durch das Gericht kann zum einen gemäß § 26 Abs. 3, § 43 Abs. 1 Nr. 3 WEG erfolgen. In diesem Fall geht es um den sogenannten Notverwalter. Daneben besteht die Möglichkeit, auf Antrag eines Wohnungseigentümers einen Verwalter im Verfahren gemäß § 43 Abs. 1 Nr. 1 WEG zur Verwirklichung des Anspruchs auf ordnungsmäßige Verwaltung (§ 21 Abs. 4 WEG) zu bestellen (h. M., vgl. BayObLG NJW-RR 1989, 461 m. w. N.). Der Unterschied besteht darin, dass im Verfahren gemäß § 43 Abs. 1 Nr. 1 WEG anders als beim Antrag gemäß § 26 Abs. 3, § 43 Abs. 1 Nr. 3 WEG ein Dritter nicht antragsbefugt ist und dass ein dringender Fall nicht vorausgesetzt wird. Anträge von Dritten auf Bestellung eines Verwalters spielen in der Praxis aber auch keine Rolle. Deshalb und da die Wohnungseigentümer eine Verwalterbestellung auch im Verfahren gemäß § 43 Abs. 1 Nr. 1 WEG (künftig: Streitigkeit gemäß § 43 Nr. 1 WEG – neu –) erreichen und in Fällen besonderer Eilbedürftigkeit eine einstweilige Verfügung gemäß § 935 ff. ZPO erwirken können, kann die Möglichkeit zur Bestellung eines Notverwalters entfallen. Dies auch deshalb, weil es sich dabei nicht um ein sogenanntes echtes Streitverfahren der freiwilligen Gerichtsbarkeit handelt und es ansonsten nach der ZPO-Erstreckung auf Wohnungseigentumssachen einer gesonderten Zuständigkeitsregelung bedürfte.

13. Zu Nummer 13 (§ 27 Abs. 1 Nr. 5 WEG – neu –)

Die Regelung erweitert die Pflichten des Verwalters. Wenn gegen ihn von einem Wohnungseigentümer ein Rechtsstreit auf Erfüllung seiner Pflichten geführt wird, hat er die Verpflichtung, die Wohnungseigentümer davon zu unterrichten. Die Unterrichtung ist nicht nur wegen der Parteistellung der Wohnungseigentümer erforderlich, sondern auch sachliche Voraussetzung dafür, dass ein Miteigentümer das ihm zustehende Recht ausüben kann, sich als Nebenintervenient am Rechtsstreit zu beteiligen.

14. Zu Nummer 14 (§ 32 Abs. 2 Satz 4 bis 6 WEG – neu –)

Für das Dauerwohnrecht enthält § 32 Abs. 2 Satz 2 und 3 WEG Regelungen, die inhaltlich denen des § 7 Abs. 4 Satz 1 und 2 WEG entsprechen. Die Erwägungen, die für eine Öffnungsklausel für die Landesregierungen durch den vorgesehenen § 7 Abs. 4 Satz 3 bis 5 WEG (neu) sprechen, treffen in gleicher Weise auf das Dauerwohnrecht zu. Die entsprechenden Änderungen sind daher auch hier vorzunehmen.

15. Zu Nummer 15 (Streichung des 1. Abschnitts mit der Überschrift im III. Teil)

Da auf die Verfahren in Wohnungseigentumssachen die Vorschriften der Zivilprozessordnung erstreckt werden, ist im III. Teil des Wohnungseigentumsgesetzes der 1. Abschnitt mit der Überschrift, die von einem FGG-Verfahren spricht, zu streichen.

16. Zu Nummer 16 (Ersetzung der §§ 43 bis 50 WEG –)

a) Zu § 43 WEG – neu –

Das Gericht entscheidet künftig in Verfahren in Wohnungseigentumssachen nach den Vorschriften der ZPO. Wie bisher wird es in der Sache um Streitigkeiten der Wohnungseigentümer untereinander oder mit dem Verwalter sowie um Beschlussanfechtungen gehen. Der Entwurf übernimmt insoweit den Regelungsgehalt des § 43 Abs. 1 Nr. 1, 2 und 4 WEG. Der Regelungsgehalt des § 43 Abs. 1 Nr. 3 WEG wird, soweit ein Wohnungseigentümer die Verwalterbestellung erstrebt, von § 43 Nr. 1 WEG (neu) erfasst. Im Übrigen ist der Regelungsgehalt entfallen, da es nach der Aufhebung des § 26 Abs. 3 WEG einen Notverwalter nicht mehr gibt. Ausschließlich zuständig ist weiterhin das Amtsgericht, in dessen Bezirk das Grundstück liegt. Die örtliche Zuständigkeit wird dabei in dem Einleitungssatz des § 43 WEG (neu) geregelt; dass für Wohnungseigentumssachen unabhängig vom Streitwert die Amtsgerichte zuständig sein sollen, ergibt sich aus der vorgeschlagenen Ergänzung in § 23 Nr. 2 Buchstabe c GVG. Die Vorteile der räumlichen Nähe zum Gericht sowie des Nichtbestehens eines Anwaltszwanges bleiben auf diese Weise erhalten.

b) Zu § 44 WEG – neu –

Absatz 1 Satz 1 (neu) gestattet eine Kurzbezeichnung (Sammelbezeichnung) der Wohnungseigentümer in der Klageschrift. Gemäß § 253 Abs. 2 Nr. 1 ZPO müssen die Parteien in der Klageschrift so genau bezeichnet werden, dass kein Zweifel an der Person besteht. In der Regel ist hierfür ihre namentliche Bezeichnung erforderlich. Zur Vereinfachung lässt die Praxis allerdings in ZPO-Verfahren die Kurzbezeichnung „Wohnungseigentümergemeinschaft A-Straße, vertreten durch den Verwalter V" zu, wenn ein Verwalter vorhanden ist (Staudinger-Kreuzer, WEG, Band 1, 12. Auflage, § 10, Rn 15 m. w. N.). Dies wird sowohl für Aktiv- als auch für Passivprozesse der Wohnungseigentümer angenommen. In Wohnungseigentumssachen nach dem FGG müssen in der Klageschrift ebenfalls nicht sämtliche Wohnungseigentümer aufgeführt werden, sondern es kann wie folgt formuliert werden: „Verfahren der Wohnungseigentümergemeinschaft A-Straße mit Ausnahme des Antragsgegners gegen XY als Antragsgegner" oder umgekehrt (Staudinger-Kreuzer a. a. O., Rn 15). In beiden Verfahrensarten ist es aber erforderlich, dass eine Liste der Wohnungseigentümer der Klage- bzw. Antragsschrift beigefügt wird; zum Teil wird es auch für ausreichend erachtet, dass die Angabe der einzelnen Wohnungseigentümer auf Anforderung nach-

BT-Drs. S. 36:

geholt wird (vgl. Staudinger-Kreuzer a. a. O., Rn 15, 17; Weitnauer-Lüke, WEG, 9. Auflage, § 10, Rn 16).

Die Zulässigkeit einer Kurzbezeichnung wird in Absatz 1 Satz 1 nunmehr ausdrücklich geregelt. Es wird also auch künftig genügen, wenn sich aus der Klageschrift ergibt, dass die Klage durch die Wohnungseigentümer einer bestimmten Liegenschaft mit Ausnahme des Beklagten erhoben wird oder aber sich die Klage gegen alle Wohnungseigentümer mit Ausnahme des Klägers richtet. Die in der vorgeschlagenen Regelung geforderte „bestimmte Angabe des gemeinschaftlichen Grundstücks" kann nach der postalischen Anschrift oder dem Grundbucheintrag erfolgen. Um die Zustellung zu ermöglichen, sind bei Passivprozessen der Wohnungseigentümer in der Klageschrift, außerdem der Verwalter, der gemäß § 45 Abs. 1 WEG (neu) Zustellungsvertreter der Wohnungseigentümer ist, und der gemäß § 45 Abs. 2 Satz 1 WEG (neu) bestellte Ersatzzustellungsvertreter mit Namen und Anschriften zu bezeichnen. Es sind stets sowohl der Verwalter als auch der Ersatzzustellungsvertreter mitzuteilen, da die Entscheidung, an wen zuzustellen ist, allein dem Gericht obliegt (vgl. die Begründung zu § 45 WEG – neu –). Für Aktivprozesse besteht kein entsprechender Regelungsbedarf, da eine gemeinschaftliche Klageerhebung ohnehin durch einen Prozessbevollmächtigten erfolgen wird, an den gemäß § 172 Abs. 1 Satz 1 ZPO zuzustellen ist.

In Absatz 1 Satz 2 (neu) wird außerdem festgelegt, dass die Eigentümerliste zwar nicht der Klageschrift beigefügt werden muss, die namentliche Bezeichnung der

Wohnungseigentümer jedoch spätestens bis zum Beginn der Verhandlung zu erfolgen hat. Die Regelung bezieht sich auf beide Fallgestaltungen des Satzes 1, meint also sowohl die Aktiv- als auch die Passivprozesse der Wohnungseigentümer. Es kann im Erkenntnisverfahren nicht darauf verzichtet werden, alle Wohnungseigentümer namentlich zu bezeichnen bzw. eine Liste vorzulegen, aus der sich die derzeitigen Wohnungseigentümer ergeben. Anderenfalls wäre nicht sichergestellt, dass eine spätere Zwangsvollstreckung durchgeführt werden könnte. Für die Zwangsvollstreckung wird eine vereinfachende Kurzbezeichnung nur zugelassen, sofern die Wohnungseigentümer Vollstreckungsgläubiger sind; zu Beginn des Verfahrens ist aber noch ungewiss, ob die Antragsteller hinsichtlich der gerichtlichen und außergerichtlichen Kosten des Verfahrens nicht zu Vollstreckungsschuldnern werden können. Aber auch wenn die Wohnungseigentümer Vollstreckungsgläubiger sind, könnten sich anderenfalls Schwierigkeiten in der Zwangsvollstreckung ergeben, und zwar bei der Eintragung einer Zwangshypothek (vgl. BayObLG NJW-RR 1986, 564). Darüber hinaus ist die genaue Bezeichnung der Wohnungseigentümer auch für die Einlegung von Rechtsmitteln (vgl. BGH NJW 1993, 2943) und das Eintreten der materiellen Rechtskraft (Leipold in Stein/Jonas, ZPO, 21. Auflage, § 313 Abs. 2, Rn 11) erforderlich.

Jedoch erscheint es nicht erforderlich, dass die Eigentümerliste der Klageschrift beigefügt wird, also gleichzeitig mit ihr bei Gericht eingeht (vgl. auch BGH NJW 1977, 1686). Die Klarstellung, welche Wohnungseigentümer im Einzelnen klagen bzw. verklagt werden, sollte nachgeholt werden können. Denn gerade in Anfechtungsverfahren kann es für den Kläger, der die einmonatige Anfechtungsfrist gemäß § 46 Abs. 1 WEG (neu) einhalten muss, in der Kürze der Zeit nicht immer ganz einfach sein, eine richtige und vollständige Liste beizufügen. Er muss unter Umständen erst das Grundbuchamt um Auskunft ersuchen oder den Verwalter zur Übergabe einer Eigentümerliste auffordern; hierbei kann es zu Verzögerungen kommen. Ihm sollte daher noch nach der Klageerhebung ein gewisser Zeitraum verbleiben, in dem er die für § 253 Abs. 2 Nr. 1 ZPO erforderliche Parteibezeichnung vervollständigen kann. Allerdings muss auch der Gegner ausreichende Gelegenheit haben, etwaige Unrichtigkeiten der Parteibezeichnung bzw. der übermittelten Eigentümerliste zu rügen. Um dies zu gewährleisten, knüpft der Entwurf an ein frühes Verfahrensstadium an, nämlich den Beginn der mündlichen Verhandlung. Dieser Zeitpunkt ist auch in § 269 Abs. 1 ZPO maßgeblicher Bezugspunkt, so dass wegen seiner näheren Bestimmung auf die zu dieser Vorschrift entwickelten Grundsätze zurückgegriffen werden kann (vgl. Zöller-Greger, ZPO, 25. Auflage, § 269, Rn 13).

Erfolgt die namentliche Bezeichnung der Wohnungseigentümer nicht bis zum Beginn der mündlichen Verhandlung, so sind die Voraussetzungen des § 253 Abs. 2 Nr. 1 ZPO, der durch § 44 Abs. 1 WEG (neu) lediglich abgewandelt, aber nicht aufgehoben wird, nicht erfüllt. Dem Kläger bzw. den Klägern wird es lediglich gestattet, die Voraussetzungen des § 253 Abs. 2 Nr. 1 ZPO zeitlich verzögert zu erfüllen. Bei endgültiger grundloser Verweigerung der notwendigen Angaben ist die Klage als unzulässig abzuweisen (Hartmann in Baumbach/Lauterbach, ZPO, 61. Auflage, § 253, Rn 28; BGHZ 102, 336).

Absatz 2 (neu) ist in Zusammenhang mit § 48 Abs. 1 Satz 1 WEG (neu) zu lesen. Sind an dem Rechtsstreit nicht alle Wohnungseigentümer als Partei beteiligt, so sind nach dieser Vorschrift die übrigen Wohnungseigentümer beizuladen. Ihnen ist gemäß § 48 Abs. 1 Satz 3 WEG (neu) die Klageschrift mit den Verfügungen des Vorsitzenden zuzustellen. Damit die Zustellung gemäß § 45 WEG (neu) unverzüglich erfolgen kann, ist es geboten, dass bereits in der Klageschrift die übrigen Wohnungseigentümer und der Verwalter sowie der Ersatzzustellungsvertreter bezeichnet werden (Satz 1 – neu –). Für die Bezeichnung der übrigen

Wohnungseigentümer in der Klageschrift genügt auch hier die Kurzbezeichnung nach dem gemeinschaftlichen Grundstück.

Gemäß Absatz 2 Satz 2 (neu) ist die nach Absatz 1 Satz 2 (neu) vorgesehene namentliche Bezeichnung entbehrlich, wenn das Gericht ausnahmsweise von der Beiladung der übrigen Wohnungseigentümer absieht (vgl. die Begründung zu § 48 Abs. 1 WEG – neu –); ansonsten hat sie ebenfalls bis zum Beginn der mündlichen Verhandlung zu erfolgen.

c) Zu § 45 WEG – neu –

Absatz 1 (neu) stellt klar, dass der Verwalter auch bei gerichtlichen Auseinandersetzungen der Wohnungseigentümer untereinander grundsätzlich Zustellungsvertreter ist. Bereits bisher wird § 27 Abs. 2 Nr. 3 WEG – der den Fall betrifft, dass eine Willenserklärung oder Zustellung von einem außerhalb der Eigentümergemeinschaft stehenden Dritten stammt und ausnahmslos an alle Wohnungseigentümer gerichtet ist – über den Wortlaut hinaus auch auf Verfahren gemäß § 43 Abs. 1 WEG angewendet. Dies erscheint sachgerecht, um den mit Zustellungen verbundenen Aufwand

BT-Drs. S. 37:

für das Gericht und auch die zu Lasten der Wohnungseigentümergemeinschaft entstehenden Kosten gering zu halten. Eine Notwendigkeit für die Zustellung an den Verwalter ergibt sich in der Praxis, wenn ein einzelner Wohnungseigentümer oder einige Wohnungseigentümer gegen die übrigen Wohnungseigentümer vorgehen, diese also Beklagte sind. Gleiches gilt, wenn an dem Rechtsstreit nicht alle Wohnungseigentümer als Partei beteiligt sind, hinsichtlich der gemäß § 48 Abs. 1 Satz 1 WEG (neu) beizuladenden übrigen Wohnungseigentümer.

Durch die gesetzliche Klarstellung, dass der Verwalter auch in Verfahren der Wohnungseigentümer untereinander Zustellungsvertreter ist, wird das Gericht nicht verpflichtet, die Zustellung an den Verwalter anzuordnen, wenngleich dies regelmäßig sachgerecht sein wird. Jedoch kann es in einer kleineren Wohnungseigentümergemeinschaft sinnvoll sein, die Zustellung an alle betroffenen Wohnungseigentümer zu veranlassen. Deshalb wird bewusst von einer Formulierung dahingehend abgesehen, dass die Zustellung an den Verwalter zu erfolgen hat. Unberührt bleibt die Vorschrift des § 172 Abs. 1 Satz 1 ZPO, sofern der Verwalter aufgrund einer allgemeinen oder auf den Einzelfall bezogenen Ermächtigung der Wohnungseigentümer als deren Prozessbevollmächtigter auftritt (§ 27 Abs. 2 Nr. 5 WEG); dies wird regelmäßig nur in den von Absatz 1 ohnehin nicht erfassten Aktivprozessen der Wohnungseigentümer vorkommen, kann aber auch relevant werden, wenn diese Beklagte sind (Aufrechnung, vgl. BayObLG WE 1986, 14; Merle in Bärmann/Pick/Merle, WEG, 9. Auflage, § 27, Rn 155).

Der Verwalter ist nach dem Rechtsgedanken des § 178 Abs. 2 ZPO kein tauglicher Zustellungsvertreter, wenn er als Gegner der Wohnungseigentümer an dem Rechtsstreit beteiligt ist. In Betracht kommen hier insbesondere die Fälle des § 43 Nr. 2 WEG (neu). Die Zustellung an den Verwalter kann aber auch in einem Beschlussanfechtungsverfahren ausgeschlossen sein, so zum Beispiel, wenn der Verwalter einen Beschluss der Wohnungseigentümer anficht oder einer Anfechtung als Nebenintervenient gemäß § 66 ZPO beitritt. Auch wenn der Verwalter nicht selbst an dem Verfahren beteiligt ist, ist er im Falle einer Interessenkollision verhindert, die Wohnungseigentümer zu vertreten (vgl. Niedenführ in Niedenführ/Schulze, WEG, 7. Auflage, vor §§ 43 ff., Rn 121, 122; Merle in Bärmann/Pick/Merle, WEG, 9. Auflage, § 27, Rn 129 ff.). Ist danach die Zustellung an den Verwalter nicht zulässig, kann an den von den Wohnungseigentümern gemäß Absatz 2 Satz 1 (neu) bestellten Ersatzzustellungsvertreter zugestellt werden.

In Absatz 2 Satz 1 (neu) wird den Wohnungseigentümern die Pflicht auferlegt, für den Fall, dass der Verwalter als Zustellungsvertreter ausgeschlossen ist, durch Beschluss mit Stimmenmehrheit einen Ersatzzustellungsvertreter sowie dessen Vertreter zu bestellen. Einer Aufforderung des Gerichts bedarf es hierfür nicht. Es kommt auch nicht darauf an, dass ein Rechtsstreit bereits anhängig ist. Der Ersatzzustellungsvertreter ist vielmehr – ebenso wie der Verwalter – stets zu bestellen, damit das Gericht in einem Rechtsstreit, in dem die Zustellung an den Verwalter aus den oben genannten Gründen nicht in Betracht kommt, ohne Zeitverlust die Zustellung an ihn anordnen kann.

Durch den Begriff „Ersatzzustellungsvertreter" wird einerseits zum Ausdruck gebracht, dass der Verwalter weiterhin primärer Zustellungsvertreter bleibt. Andererseits ist auch der Ersatzzustellungsvertreter seiner Bezeichnung nach ein Vertreter, er ist also kein Zustellungsbevollmächtigter, so dass die Übergabe nur einer Ausfertigung oder Abschrift des Schriftstücks an ihn genügt (vgl. MünchKomm-Wenzel, ZPO, 2. Auflage, Aktualisierungsband ZPO-Reform, § 170, Rn 6, 7). Ebenso wie der Verwalter muss auch der Ersatzzustellungsvertreter die Wohnungseigentümer über Zustellungen an ihn in geeigneter Weise unterrichten.

Zum Ersatzzustellungsvertreter kann jede natürliche Person bestellt werden. Sinnvoll wird es in der Regel sein, ihn aus den Reihen der Wohnungseigentümer auszuwählen. Jedoch kommt auch jede andere für diese Aufgabe geeignete Person in Betracht, beispielsweise ein Mieter. Erforderlich ist die Bereitschaft zur Übernahme der Aufgaben eines Ersatzzustellungsvertreters, da ein Beschluss zu Lasten Dritter nach allgemeinen Grundsätzen unzulässig ist. Einer gesonderten Befugnis der Wohnungseigentümer zur Regelung von Einzelheiten der Tätigkeit des Ersatzzustellungsvertreters, etwa der Art der Bekanntmachung von Schriftstücken, sowie etwa zur Regelung der Vergütung des Ersatzzustellungsvertreters bedarf es nicht. Solche Regelungen gehören zur ordnungsmäßigen Verwaltung.

Gemäß Absatz 2 Satz 2 (neu) tritt der Ersatzzustellungsvertreter in die dem Verwalter (nur) in Bezug auf seine Funktion als Zustellungsvertreter zustehenden Aufgaben und Befugnisse ein, sofern das Gericht – das hierzu wiederum nicht verpflichtet ist – die Zustellung an ihn anordnet. Da Absatz 1 entsprechend anzuwenden ist, hat das Gericht vorab zu prüfen, ob der Ersatzzustellungsvertreter wegen seiner Parteirolle oder aus sonstigen Gründen einer Interessenkollision für die Entgegennahme von Zustellungen ausscheidet.

Gemäß Absatz 3 (neu) kann das Gericht von Amts wegen einen Ersatzzustellungsvertreter bestellen, sollte eine Zustellung nach den Absätzen 1 und 2 ausnahmsweise nicht möglich sein, insbesondere weil die Wohnungseigentümer entgegen Absatz 2 Satz 1 keinen Ersatzzustellungsvertreter bestellt haben.

d) Zu § 46 WEG – neu –

Der vorgesehene § 46 WEG enthält verfahrensrechtliche Regelungen für die Beschlussanfechtung, die bisher in § 23 Abs. 4 WEG geregelt ist.

Absatz 1 (neu) übernimmt den bisherigen Regelungsgehalt des § 23 Abs. 4 Satz 2 Halbsatz 1 WEG, wonach der „Antrag auf eine solche Entscheidung" – der nunmehr in der Überschrift ausdrücklich als Anfechtungsklage bezeichnet wird – nur binnen eines Monats seit der Beschlussfassung gestellt werden kann. Indem auf die Erhebung der Klage abgestellt wird, ist für die Wahrung der Anfechtungsfrist die Rechtshängigkeit maßgeblich (§ 253 i. V. m. § 261 Abs. 1 ZPO), wobei § 167 ZPO anwendbar ist. Nach einer weit verbreiteten Auffassung in Rechtsprechung und Literatur sind die genannten ZPO-Vorschriften in Beschlussanfechtungsverfahren bereits jetzt – analog – anwendbar (vgl. Merle in Bärmann/Pick/Merle, WEG, 9. Auflage, § 23, Rn 194 m. w. N. in den Fußnoten 3 und 4).

Mit der Verlagerung der Regelung über die Anfechtungsfrist in den verfahrensrechtlichen Teil des Wohnungseigentumsgesetzes werden die für die Beschlussanfechtung maßgebli-

BT-Drs. S. 38:

chen Bestimmungen zusammengeführt. Es handelt sich bei der Anfechtungsfrist jedoch weiterhin um eine materiell-rechtliche Ausschlussfrist, nicht etwa um eine Zulässigkeitsvoraussetzung für die Anfechtungsklage. Insoweit gilt nichts anderes als für die aktienrechtliche Anfechtungsklage, für die ebenfalls eine Anfechtungsfrist vorgeschrieben ist, die unbeschadet des Standorts in einer Vorschrift, die überwiegend verfahrensrechtliche Bestimmungen trifft, als materiell-rechtliche Frist eingestuft wird (vgl. Hüffer, AktG, 5. Auflage, § 246, Rn 20).

Aufgrund der rigiden Wirkungen der Ausschlussfrist ist nach heute fast allgemeiner Meinung bei unverschuldeter Fristversäumung Wiedereinsetzung in den vorigen Stand zu gewähren, was mit einer Analogie zu § 22 Abs. 2 FGG begründet wird (Staudinger-Bub, WEG, Band 1, 12. Auflage, § 23, Rn 303 m. w. N.). Eine Analogie zu dieser Vorschrift wird in Anbetracht des Umstandes, dass für den Zivilprozess § 233 ff. ZPO die Wiedereinsetzung abschließend regeln, künftig nicht mehr angenommen werden können. Gleichwohl soll in begründeten Ausnahmefällen gemäß den Grundsätzen, die die Rechtsprechung in Wohnungseigentumssachen für die Wiedereinsetzung entwickelt hat, eine solche möglich bleiben. Aus diesem Grund ordnet der Entwurf im Hinblick auf die Ausschlussfrist gemäß Absatz 1 die entsprechende Anwendbarkeit der §§ 233 bis 238 ZPO an.

Absatz 2 (neu) begründet eine gegenüber § 139 ZPO erweiterte Hinweispflicht bei Anfechtungsklagen. Nach derzeitiger FGG-Rechtslage hat das Gericht einen gemäß § 23 Abs. 4, § 43 Abs. 1 Nr. 4 WEG angefochtenen Beschluss im Hinblick auf die in § 45 Abs. 2 WEG festgelegte umfassende Rechtskraftwirkung gerichtlicher Entscheidungen nicht nur auf Anfechtungsgründe, sondern auch auf Nichtigkeitsgründe von Amts wegen zu untersuchen (BayObLG ZMR 1982, 63). Das bedeutet zwar nicht, dass die Partei von der Last enthoben ist, darzulegen, inwiefern und aus welchen Gründen der Beschluß beanstandet wird (Staudinger-Wenzel, WEG, Band 2, 12. Auflage, Vorbemerkung zu § 43 ff., Rn 10; OLG Düsseldorf ZMR 1997, 322). Im FGG-Verfahren gilt jedoch nicht der strenge, nur durch die Wahrheitspflicht der Parteien (§ 138 ZPO) sowie die richterliche Hinweis- und Aufklärungspflicht (§ 139 ZPO) modifizierte Verhandlungsgrundsatz. Das Gericht wird sich nach derzeitiger Rechtslage in WEG-Verfahren insbesondere nicht dem Vorwurf der Befangenheit aussetzen, wenn es in einem Anfechtungsverfahren auf Nichtigkeitsgründe hinweist, die ihm bei Durchsicht der Anlagen aufgefallen sind, jedoch von dem Kläger nicht vorgetragen wurden. Die Möglichkeit, von sich aus auf Tatsachen hinzuweisen, aus denen sich Nichtigkeitsgründe ergeben, soll dem Gericht auch in einem ZPO-Verfahren erhalten bleiben. Denn anderenfalls ließe sich die umfassende Rechtskrafterstreckung, an der festgehalten werden soll (vgl. die Begründung zu § 48 Abs. 4 WEG – neu –), schwerlich rechtfertigen.

Auch in einem ZPO-Verfahren hat das Gericht zwar rechtliche Aspekte ohne Rüge zu prüfen, wenn ein einheitlicher Streitgegenstand vorliegt. Letzteres wird bei einer Anfechtungsklage auch für Nichtigkeitsgründe angenommen werden können. Dies entspricht der derzeitigen Sichtweise in WEG-Verfahren (vgl. hierzu BayObLG NJW-RR 1987, 329) sowie in Bezug auf die aktienrechtliche Anfechtungsklage gemäß § 246 AktG. Für diese Klage hat der Bundesgerichtshof in seinem Urteil vom 22. Juli 2002 (NJW 2002, 3465 – Leitsatz) entschieden, dass Streitgegenstand der aktienrechtlichen Nichtigkeits- und Anfechtungsklage gleichermaßen „das mit der Klage verfolgte prozessuale Ziel [ist], die richterliche Klärung der Nichtigkeit eines Hauptversammlungsbeschlusses in Bezug auf seine fehlende Übereinstimmung mit Gesetz oder Satzung hinsichtlich seines Gegenstandes und Inhaltes sowie des zur Beschlussfassung führenden Verfahrens herbeizuführen". Aus der Identität der Rechtsschutzziele folgt, dass das Gericht bei einer aktienrechtlichen Anfechtungsklage die Wirksamkeit des angefochtenen Beschlusses auch auf Nichtigkeitsgründe hin zu überprüfen hat. Dies hat sinnvoller Weise ebenso für eine Anfechtungsklage in Wohnungseigentumssachen zu gelten, unabhängig davon, ob sich das Verfahren nach den Regelungen des FGG oder der ZPO richtet.

Ist das Gericht bei einer Anfechtungsklage danach verpflichtet, ohne besondere Rüge auch Nichtigkeitsgründe zu prüfen, so ändert dies nichts daran, dass der tatsächliche, die Unwirksamkeit des angefochtenen Beschlusses rechtfertigende Lebenssachverhalt der Dispositionsbefugnis des Klägers unterliegt (vgl. Schmidt in Hopt/Wiedemann, AktG, 4. Auflage, § 246, Rn 68). Das Gericht kann also nicht von sich aus Tatsachen berücksichtigen, die von dem Kläger – wenn auch nur versehentlich – nicht vorgetragen wurden. Es darf auch nicht auf eine sachdienliche Ergänzung des Vortrages hinwirken, wenn die allgemeine zivilprozessuale Hinweis- und Aufklärungspflicht hierfür keinen hinreichenden Anlass bietet (vgl. Zöller-Greger, ZPO, 25. Auflage, § 139, Rn 17). Im Interesse einer sachgerechten Entscheidung, insbesondere unter Berücksichtigung des Umstandes, dass die Rechtskraft der Entscheidung gemäß § 48 Abs. 4 WEG (neu) auch Nichtigkeitsgründe umfasst, ist es daher erforderlich, eine – an die Regelungen in § 139 Abs. 2 und 3 ZPO angelehnte – spezielle Hinweispflicht des Gerichts zu schaffen. Nicht veranlasst ist es hingegen, für die Anfechtungsklage den Grundsatz der Amtsermittlung festzuschreiben. Denn auch nach bisherigem Recht besteht keine weitergehende Amtsermittlungspflicht gemäß § 12 FGG, wenn Anhaltspunkte für Unwirksamkeitsgründe weder ersichtlich noch von den Beteiligten vorgetragen sind (OLG Düsseldorf a. a. O.). Im Ergebnis wird damit bereits durch die gemäß § 46 Abs. 2 WEG (neu) eingeführte Hinweispflicht die bisherige Rechtslage fortgeschrieben.

Für eine detailliertere Regelung der Anfechtungsklage wird kein Anlass gesehen; insbesondere erscheint es nicht geboten, im Gesetz selbst festzulegen, gegen wen die Anfechtungsklage zu richten ist. Der Entwurf geht davon aus, dass bei Beschlussanfechtungen alle Wohnungseigentümer mit Ausnahme des oder der Anfechtenden Beklagte sind. Dies entspricht der bisherigen Rechtslage in FGG-Verfahren (Staudinger-Wenzel, WEG, Band 2, 12. Auflage, Vorbemerkung zu § 43 ff., Rn 24; vgl. auch Niedenführ/Schulze, WEG, 7. Auflage, Muster 21. Entscheidung (Erfolgreiche Beschlussanfechtung), S. 1126). Ein Regelungsbedürfnis besteht insoweit nicht, da sich hieran durch die Erstreckung der ZPO-Regelungen auf Verfahren in WEG-Sachen nichts ändert.

e) Zu § 47 WEG – neu –

Zu Satz 1 (neu): In Wohnungseigentumssachen können derzeit Verfahren analog § 147 ZPO verbunden werden. Für Beschlussanfech-

BT-Drs. S. 39:

tungsverfahren verschiedener Wohnungseigentümer, die sich gegen denselben Beschluss richten, wird – weitergehend – eine Pflicht zur Verbindung angenommen (LG Frankfurt/Main NJW-RR 1987, 1423, 1424). Es erscheint sachgerecht, diese Rechtsprechung in eine gesetzliche Regelung zu überführen. Wie im aktienrechtlichen Anfechtungsverfahren (vgl. § 246 Abs. 3 Satz 3 AktG) ist auch in Wohnungseigentumssachen zu gewährleisten, dass die Entscheidung in allen Anfechtungsklagen, die denselben Beschluss der Wohnungseigentümer betreffen, einheitlich ergeht. Dieses Erfordernis beruht auf der Rechtskraftwirkung der Entscheidung für und gegen alle Wohnungseigentümer und den Verwalter, die derzeit in § 45 Abs. 2 Satz 2 WEG geregelt ist und sich künftig aus § 325 ZPO sowie § 48 Abs. 3 WEG (neu) ergibt. Die Notwendigkeit einer Prozessverbindung folgt darüber hinaus aus der Identität des Streitgegenstandes.

Aus den gleichen Gründen sind nicht nur Anfechtungsprozesse zu verbinden, sondern alle Prozesse, in denen es um die Gültigkeit desselben Beschlusses der Wohnungseigentümer geht, unabhängig davon, ob die Erklärung oder die Feststellung der Ungültigkeit begehrt wird. Es kommt nicht darauf an, ob die Klage auf ein Gestaltungsurteil (Anfechtungsklage) oder ein Feststellungsurteil (Nichtigkeitsklage) abzielt, da ein einheitlicher Streitgegenstand vorliegt; insoweit wird auf die Begründung zu § 46 Abs. 2 WEG (neu) und § 48 Abs. 4 (neu) verwiesen.

Satz 2 (neu) regelt, dass die Kläger der vorher selbständigen Prozesse aufgrund der Verbindung als Streitgenossen anzusehen sind. Diese Festlegung ist notwendig, weil sie in den vorher selbständigen Prozessen entgegengesetzte Parteirollen innehatten. Wie in der Begründung zu § 46 WEG (neu) ausgeführt wird, geht der Entwurf davon aus, dass bei Beschlussanfechtungen alle Wohnungseigentümer mit Ausnahme des oder der Anfechtenden Beklagte sind. In dem zunächst selbständigen Beschlussanfechtungsverfahren des Klägers A ist der Kläger B also Beklagter und umgekehrt. Dies würde nach der derzeitigen zivilprozessualen Rechtslage einer Verbindung zwar nicht entgegenstehen. Jedoch würde die später anhängig gewordene Klage im verbundenen Prozess zur Widerklage (vgl. MünchKomm-Peters, ZPO, 2. Auflage, § 147, Rn 9), was in Anbetracht des einheitlichen Streitgegenstandes nicht sachgerecht wäre. Da die Kläger – anders als sonst bei gegeneinander erhobenen Klagen – dasselbe prozessuale Ziel verfolgen, sind sie vielmehr ohne Rücksicht auf ihre zunächst unterschiedlichen Parteirollen als Streitgenossen anzusehen.

Einer Regelung dahingehend, dass in der Neuordnung der Parteirollen keine Klagerücknahme im Hinblick auf die früheren Gegner und jetzigen Streitgenossen zu sehen ist, bedarf es nicht. Dies versteht sich von selbst, da die Wirkung der Verbindung gesetzlich angeordnet wird. Aus demselben Grund sind hiermit auch keine kostenrechtlichen Folgen verbunden. Im Ergebnis wird damit die derzeitige Rechtslage in Wohnungseigentumssachen, in denen sich diese Problematik wegen der flexibleren Parteirollen nicht stellt, fortgeschrieben.

Einer näheren Ausgestaltung der in Satz 2 angeordneten Streitgenossenschaft bedarf es nicht, da insoweit die allgemeinen Vorschriften der §§ 59 bis 63 ZPO gelten.

f) Zu § 48 WEG – neu –

Die Regelung entspricht hinsichtlich der Beteiligung der Wohnungseigentümer und der Rechtskrafterstreckung der gerichtlichen Entscheidung im Wesentlichen der bisherigen Rechtslage. Das Gericht hat derzeit von Amts wegen die Beteiligten im materiellen Sinne, also diejenigen, deren Rechte und Pflichten durch das Verfahren unmittelbar beeinflusst werden können (vgl. § 43 Abs. 4 WEG), formell zu beteiligen. Dies ist nicht nur ein Gebot der Sachaufklärung (§ 12 FGG), sondern – wegen der in § 45 Abs. 2 Satz 2 WEG geregelten Rechtskrafterstreckung – auch des rechtlichen Gehörs.

In Absatz 1 Satz 1 (neu) hält der Entwurf aus dem letztgenannten Grund an der grundsätzlichen Beteiligung aller Wohnungseigentümer fest. Es wird unverändert Situationen geben, in denen nicht sämtliche Wohnungseigentümer als Partei an dem Verfahren beteiligt sind. In Betracht kommt insoweit etwa die Klage eines Wohnungseigentümers gegen den Verwalter auf ordnungsmäßige Verwaltung, zum Beispiel auf Vorlage der Jahresabrechnung (§§ 21 Abs. 4, 28 Abs. 3 WEG), oder gegen einen anderen Wohnungseigentümer auf Beseitigung einer baulichen Veränderung (§§ 1004 Abs. 1 BGB, 22 Abs. 1 WEG). In beiden Beispielsfällen kann jeder Wohnungseigentümer den Anspruch allein, ohne Ermächtigung durch die übrigen Wohnungseigentümer, gerichtlich durchsetzen. Inhaltlich geht es aber um Angelegenheiten, die alle Wohnungseigentümer betreffen, so dass den nicht als Partei beteiligten Wohnungseigentümern rechtliches Gehör zu verschaffen ist.

Nach der Rechtsprechung kann der Grundsatz, wonach alle materiell Beteiligten auch formell am Verfahren zu beteiligen sind, in Einzelfällen durchbrochen werden, nämlich dann, wenn der Verfahrensgegenstand erkennbar nur die rechtlichen Interessen eines begrenzten Kreises von Wohnungseigentümern oder nur den Antragsteller und den Antragsgegner betrifft. Dies kann zum Beispiel der Fall sein, wenn in einer Mehrhausanlage nur ein bestimmter Teil der Wohnungseigentümer von einer baulichen Veränderung betroffen ist oder wenn ein Wohnungseigentümer einen ihm allein zustehenden Anspruch gegen den Verwalter geltend macht. Der Entwurf regelt nunmehr ausdrücklich, dass diejenigen Wohnungseigentümer, deren rechtliche Interessen ausnahmsweise nicht betroffen sind, auch nicht formell zu beteiligen sind.

In Abgrenzung zu der bisherigen förmlichen Beteiligung nach FGG-Grundsätzen übernimmt der Entwurf in der Überschrift des vorgesehenen § 48 WEG die Terminologie des § 640 e ZPO, also den Begriff „Beiladung". Im Hinblick auf die inhaltliche Ausgestaltung berücksichtigt der Entwurf indes, dass es in Wohnungseigentumssachen nicht sachgerecht wäre, stets auf die Ladung zum Termin zur mündlichen Verhandlung abzustellen. Denn einerseits kann ein schriftliches Vorverfahren angeordnet bzw. zunächst nur die Güteverhandlung anberaumt werden; den beizuladenden Wohnungseigentümern soll es aber möglich sein, ihre rechtlichen Interessen bereits in diesem Verfahrensstadium zu wahren. Andererseits erscheint es nicht erforderlich, sie zu dem Termin zu laden. Eine Ladung beinhaltet die Aufforderung zum Erscheinen, während für die Interessenwahrung der übrigen Wohnungseigentümer eine Benachrichtigung genügt. In Absatz 1 *Satz 3 (neu)* ist daher vorgesehen, dass

BT-Drs. S. 40:

die Beiladung durch Zustellung der Klageschrift, der die Verfügungen des Vorsitzenden beizufügen sind, zu erfolgen hat. Die Zustellung kann gemäß § 45 Abs. 1 WEG (neu) an den Verwalter oder – im Falle einer Interessenkollision – an den gemäß § 45 Abs. 2 Satz 1 WEG (neu) bestimmten Zustellungsbevollmächtigten erfolgen.

Gemäß Absatz 1 Satz 2 (neu) können die Beigeladenen der einen oder anderen Partei zu ihrer Unterstützung beitreten. Sie werden dann zu Nebenintervenienten. Die Form des Beitritts regelt § 70 ZPO.

Absatz 2 Satz 1 (neu) stellt klar, dass die an dem Rechtsstreit nicht als Partei beteiligten Wohnungseigentümer nicht beigeladen werden, wenn für sie ein Prozessstandschafter auftritt. Dies wird in der Regel der Verwalter sein, dessen Ermächtigung zur Prozessführung im eigenen Namen sich aus dem Verwaltervertrag, aus der Gemeinschaftsordnung oder aus einem Mehrheitsbeschluss der Wohnungseigentümer ergeben kann. Statt des Verwalters kann aber auch ein einzelner Wohnungseigentümer als Prozessstandschafter für die übrigen Wohnungseigentümer auftreten, wenn er durch Beschluss hierzu ermächtigt ist. Außerdem kann ein Käufer einer Eigentumswohnung oder ein Mieter als Prozessstandschafter ermächtigt sein, den Prozess anstelle des Rechtsinhabers im eigenen Namen zu führen (vgl. Niedenführ in Niedenführ/Schulze, WEG, 7. Auflage, vor

§§ 43 ff., Rn 77, 81; Merle in Bärmann/Pick/Merle, WEG, 9. Auflage, § 44, Rn 39). Es kann also eine Prozessstandschaft sowohl im Hinblick auf alle als auch im Hinblick auf nur einige der übrigen Wohnungseigentümer bestehen. Mit der Formulierung „soweit" wird verdeutlicht, dass in all diesen Fällen eine Beiladung der jeweils repräsentierten Wohnungseigentümer zur Wahrung ihrer Interessen nicht erforderlich ist.

Absatz 2 Satz 2 (neu) betrifft den Fall, dass ein beigeladener Wohnungseigentümer während des Prozesses sein Wohnungseigentum veräußert. Da sich § 265 Abs. 2 ZPO auf Parteien bezieht (s. § 265 Abs. 1 ZPO), ist er auf Beigeladene nicht anwendbar. Es erscheint sachgerecht, seine entsprechende Anwendbarkeit gesetzlich anzuordnen. Denn anderenfalls müsste bei Veräußerungen während der Anhängigkeit des Verfahrens jeder Erwerber erneut beigeladen werden. In großen Wohnungseigentumsanlagen führte dies nicht nur zu einem erhöhten Aufwand des Gerichts und höheren Zustellungskosten für die Wohnungseigentümer, sondern es könnte vor allem kaum sichergestellt werden, dass das Gericht von jedem Eigentümerwechsel Kenntnis erlangt. Ist hingegen, wie in dem Entwurf vorgesehen, § 265 Abs. 2 ZPO entsprechend anwendbar, so ändert die Rechtsnachfolge nichts an der Stellung des bisherigen Beigeladenen, der gesetzlicher Prozessstandschafter seines Rechtsnachfolgers wird (vgl. Zöller-Greger, ZPO, 25. Auflage, § 265, Rn 6).

Zu Absatz 3 (neu): Das rechtskräftige Urteil wirkt gemäß § 325 Abs. 1 ZPO für und gegen die Parteien und deren Rechtsnachfolger. Die Rechtskrafterstreckung auf Rechtsnachfolger bezieht sich dabei auch auf die Rechtsnachfolge nach rechtskräftig abgeschlossenem Prozess (vgl. Zöller-Vollkommer, ZPO, 25. Auflage, § 325, Rn 13), so dass kein Wertungswiderspruch zu § 10 Abs. 3 WEG besteht. Darüber hinaus ordnet der neue Absatz 3 Satz 1 an, dass das rechtskräftige Urteil auch für und gegen die Beigeladenen und ihre Rechtsnachfolger wirkt.

Nach Absatz 3 Satz 2 (neu) erstreckt sich die Rechtskraftwirkung in den Fällen des § 43 Nr. 2 und 3 WEG (neu) außerdem auf den Verwalter, auch wenn er nicht Partei ist. Wie nach bisherigem Recht (§ 43 Abs. 4 Nr. 1 i. V. m. § 45 Abs. 2 Satz 2 WEG) ist der Verwalter in den Fällen des § 43 Nr. 1 WEG (neu) – der inhaltlich dem § 43 Abs. 1 Nr. 1 WEG entspricht – nicht an die gerichtliche Entscheidung gebunden, da diese nur das Verhältnis der Wohnungseigentümer untereinander betrifft. Die Bindung des Verwalters in den übrigen Konstellationen des § 43 WEG folgt daraus, dass er weisungsgebundener Sachwalter des Gemeinschaftsvermögens und Vollzugsorgan der Gemeinschaft hinsichtlich der von dieser beschlossenen Maßnahmen ist. Soweit ein die Wohnungseigentümer bindendes Urteil reicht, ersetzt dieses die Weisungen und Maßnahmen der Gemeinschaft.

Zu Absatz 4 (neu): Zur derzeitigen Rechtslage ist es allgemein anerkannt, dass sich die Rechtskraft eines Urteils, durch das eine Anfechtungsklage als unbegründet abgewiesen wird, auch auf etwaige Nichtigkeitsgründe erstreckt. Der angefochtene Beschluss ist sowohl in Bezug auf Anfechtungsgründe als auch auf Nichtigkeitsgründe als rechtswirksam zu erachten (Merle in Bärmann/Pick/Merle, WEG, 9. Auflage, § 43, Rn 63; Niedenführ in Niedenführ/Schulze, WEG, 7. Auflage, § 43, Rn 59; BayObLG ZMR 1982, 63). Dies ist sachgerecht und soll auch künftig gelten. Denn es würde dem Gedanken des Rechtsfriedens innerhalb einer Wohnungseigentümergemeinschaft widersprechen, wenn nach Abschluss eines – möglicherweise langwierigen – Verfahrens über die Frage der Ungültigerklärung eines Eigentümerbeschlusses immer wieder in dem Verfahren nicht ausdrücklich zur Sprache gekommene Nichtigkeitsgründe noch geltend gemacht werden und Gegenstand neuer Verfahren sein könnten (BayObLG a. a. O.). Da fraglich ist, ob die derzeitige Rechtsprechung auch in einem Verfahren in WEG-

Sachen, das sich nach ZPO-Grundsätzen richtet, beibehalten wird, erscheint es erforderlich, die Rechtskrafterstreckung in § 48 Abs. 4 WEG (neu) gesetzlich zu normieren. Auf der Basis der besonderen Hinweispflicht gemäß § 46 Abs. 2 WEG (neu) sowie der zwingenden Prozessverbindung gemäß § 47 WEG (neu) wird damit die bisherige Rechtssicherheit auch für die Zukunft gewährleistet.

g) Zu § 49 WEG – neu –

Die Erstreckung der ZPO-Vorschriften auf Wohnungseigentumssachen hat zur Folge, dass sich die Kostentragung künftig nach § 91 ff. ZPO richtet. Dies hat vor allem Auswirkungen auf die Erstattung außergerichtlicher Kosten: In der derzeitigen Regelung des § 47 Satz 2 WEG kommt der Grundsatz der freiwilligen Gerichtsbarkeit zum Ausdruck, dass die Beteiligten ihre außergerichtlichen Kosten selbst tragen. Die Erstattung außergerichtlicher Kosten ist nur dann anzuordnen, wenn dies unter Berücksichtigung aller Umstände der Billigkeit entspricht. Eine Kostenerstattung findet danach nur ausnahmsweise statt. Auch wenn ein Beteiligter im Verfahren unterliegt, müssen besondere Gründe vorliegen, die es rechtfertigen, ihm die außergerichtlichen Kosten des Gegners aufzuerlegen. Dies wird künftig anders sein, da die unterliegende Partei nach dem Grundsatz des § 91 Abs. 1 Satz 1 ZPO nicht nur die Gerichtskosten, sondern insbesondere auch die Rechtsanwaltskosten der Gegenseite zu erstatten hat. Diese Kostenfolge erscheint für

BT-Drs. S. 41:

die Streitverfahren des § 43 WEG angemessener als die derzeitige Rechtslage.

Jedoch erscheint es sachgerecht, zwei Ausnahmen von diesem Grundsatz der Kostenpflicht zu regeln:

Zu Absatz 1 (neu): Sofern das Gericht bei der Entscheidung in der Hauptsache einen Ermessensspielraum hat, soll dasselbe für die Kostenentscheidung gelten. Denn in solchen Fällen lässt sich kaum genau feststellen, welche Partei in welchem Verhältnis obsiegt hat bzw. unterlegen ist. Absatz 1 (neu) sieht daher vor, dass bei einer Entscheidung nach billigem Ermessen gemäß § 21 Abs. 8 WEG (neu) auch die Prozesskosten nach billigem Ermessen verteilt werden können.

Absatz 2 (neu) ermöglicht es, dem Verwalter auch dann Prozesskosten aufzuerlegen, wenn § 91 ff. ZPO hierfür keine Handhabe bieten. Dies ist insbesondere dann der Fall, wenn er an dem Rechtsstreit nicht (als Partei) oder nur als Nebenintervenient beteiligt ist. Nach derzeitiger Rechtslage können dem Verwalter Verfahrenskosten auferlegt werden, soweit er deren Anfall wegen Verletzung seiner Vertragspflichten zu vertreten hat (BayObLGZ 1975, 369, 371; BGH ZMR 1997, 531, 533). Dies soll aus Gründen der Prozessökonomie weiterhin möglich bleiben, da anderenfalls die Wohnungseigentümer ihren materiell-rechtlichen Schadensersatzanspruch in einem gesonderten Verfahren durchsetzen müssten. Jedoch erscheint es geboten, die Kostentragung auf grobes Verschulden zu begrenzen. Hiermit wird dem Umstand Rechnung getragen, dass dem Verwalter künftig auch dann Verfahrenskosten auferlegt werden können, wenn er nicht als Partei an dem Rechtsstreit beteiligt ist. Der Entwurf übernimmt insoweit den Ansatz des § 13a Abs. 2 Satz 1 FGG, der auch im Rahmen der FGG-Reform beibehalten werden soll.

h) Zu § 50 WEG – neu –

Absatz 1 (neu) regelt den Streitwert für Verfahren gemäß § 43 WEG (neu).

Nach geltendem Recht ist der Geschäftswert grundsätzlich nach dem vollen Interesse aller am Verfahren Beteiligten an der Entscheidung festzusetzen (§ 48 Abs. 3 Satz 1 WEG). Wenn die danach berechneten Kosten zu dem Interesse eines Beteiligten nicht in einem angemessenen Verhältnis stehen, ist der Geschäftswert niedriger festzusetzen (§ 48 Abs. 3 Satz 2 WEG). Die Praxis der Gerichte ist bei der Wertfestsetzung in Wohnungseigentumssachen uneinheitlich. Wann und in welchem Umfang eine Herabsetzung des Geschäftswerts entsprechend § 48 Abs. 3 Satz 2 WEG erfolgt, wird von der Rechtsprechung ohne allgemeine Leitlinie allein nach dem Einzelfall entschieden.

Durch die Erstreckung der ZPO-Regelungen auf Verfahren in Wohnungseigentumssachen wird sich das Kostenrisiko für ein solches Verfahren für die einzelnen Beteiligten erheblich erhöhen: Gerichtskosten sind nicht mehr nach den Regelungen der Kostenordnung (§ 1 KostO), sondern nach denen des Gerichtskostengesetzes (§ 1 Nr. 1 Buchstabe a GKG) zu erheben. Die Gebühren nach dem Gerichtskostengesetz sind bei dem selben Wert um etwa das Vierfache höher als die Gebühren nach der Kostenordnung. Im Hinblick darauf, dass nicht mehr der Amtsermittlungsgrundsatz gemäß § 12 FGG, sondern der Beibringungsgrundsatz der Zivilprozessordnung für Verfahren in Wohnungseigentumssachen gelten soll, wird für weit mehr Beteiligte als bisher die Notwendigkeit anwaltlicher Vertretung bestehen. Schließlich kann eine Partei nicht mehr wie bisher damit rechnen, dass sie im Falle des Unterliegens die außergerichtlichen Kosten der Gegenseite nicht erstatten muss. Tatsächlich sehen Gerichte nach derzeitiger Rechtslage in aller Regel davon ab, gemäß § 47 Satz 2 WEG zu bestimmen, dass die außergerichtlichen Kosten ganz oder teilweise zu erstatten sind. Durch Erstreckung der ZPO-Regelungen wird nunmehr eine unterlegene Partei gemäß § 91 Abs. 1 Satz 1 ZPO in der Regel die außergerichtlichen Kosten der Gegenseite zu erstatten haben.

Die Erhöhung des Kostenrisikos erfordert zum einen klare Vorgaben hinsichtlich der Streitwertfestsetzung, um den Streitwert und das danach zu berechnende Kostenrisiko für die Beteiligten anders als nach der derzeit uneinheitlichen Praxis eher kalkulierbar zu machen. Zum anderen ist gerade auch im Hinblick auf die aus dem Rechtsstaatsprinzip folgende Justizgewährungspflicht ein gegenüber der bisherigen Regelung des § 48 Abs. 1 Satz 1 WEG grundsätzlich reduzierter Streitwert erforderlich. Denn mit der Justizgewährungspflicht ist es nicht vereinbar, den Rechtssuchenden durch Vorschriften über die Gerichts- und Rechtsanwaltsgebühren oder deren Handhabung mit einem Kostenrisiko zu belasten, das außer Verhältnis zu seinem Interesse an dem Verfahren steht und die Anrufung des Gerichts bei vernünftiger Abwägung als wirtschaftlich nicht mehr sinnvoll erscheinen lässt (BVerfG, Beschluss vom 12. Februar 1992, BVerfGE 85, 337). Dabei kann in Verfahren nach dem Wohnungseigentumsgesetz im Unterschied zu anderen Verfahren nach der Zivilprozessordnung jedoch nicht allein das Interesse des Klägers an der Entscheidung maßgebend sein, denn die Rechtskraft des Urteils erstreckt sich nicht allein auf die Parteien, sondern auf alle beigeladenen Wohnungseigentümer, sowie in den Fällen des § 43 Nr. 2 und 3 WEG (neu) auch auf den Verwalter. Der einzelne Wohnungseigentümer ist daher gehalten, die über sein subjektives Interesse hinausgehende Wirkung des Verfahrens auf die anderen Parteien und Beigeladenen zu bedenken und von der leichtfertigen Erhebung einer Klage abzusehen. Deshalb bleibt Ausgangspunkt für die Streitwertbemessung das gesamte Interesse aller an dem Verfahren Beteiligten. Im Hinblick auf das mit den höheren Gerichtskosten verbundene erhöhte Kostenrisiko wird der Streitwert indessen begrenzt, und zwar auf 50 Prozent des Gesamtinteresses (Satz 1 – neu –). Dieser Wert berücksichtigt auch, dass die außergerichtlichen Kosten künftig nicht steigen, so dass die Begrenzung bei einer Gesamtbewertung angemessen, aber auch ausreichend erscheint.

Ist allerdings das Interesse auf der Seite des Klägers, einschließlich der ihm Beigetretenen, an der Entscheidung höher, so ist der Wert dieses Interesses maßgebend (Satz 2 – neu –). Sonst wären die auf der Seite des Klägers Beteiligten in Verfahren nach dem Wohnungseigentumsgesetz gegenüber anderen ZPO-Verfahren besser gestellt, ohne dass es hierfür einen sachlichen Grund gäbe.

Absatz 2 (neu) berücksichtigt, dass es in verschiedenen Rechtsstreitigkeiten, insbesondere bei Streitigkeiten über die Gültigkeit von Beschlüssen der Wohnungseigentümer gemäß § 43 Nr. 3 WEG (neu), bei einem nach Absatz 1 Satz 1 (neu) bemessenen Streitwert für den Kläger und den

BT-Drs. S. 42:

auf seiner Seite Beigetretenen zu einem Kostenrisiko kommen könnte, das außer Verhältnis zu ihrem Interesse an der Entscheidung des Rechtsstreits stünde und daher die Anrufung des Gerichts bei vernünftiger Abwägung als wirtschaftlich nicht mehr sinnvoll erschiene. Denn das einzelne Interesse des Klägers kann – gerade bei größeren Wohnungseigentümergemeinschaften – deutlich weniger als 50 Prozent des Interesses aller Beteiligten betragen. Für solche Fälle sieht Absatz 2 (neu) vor, dass die Pflicht des Klägers zur Zahlung von Gerichtsgebühren, eigenen Rechtsanwaltsgebühren und Erstattung gegnerischer außergerichtlicher Kosten nur nach einem Streitwert bestehen soll, der sich nach dem fünffachen Wert seines Interesses bemisst, höchstens aber dem Wert seines Wohnungseigentums entsprechen darf (Sätze 1 bis 3 – neu –).

In solchen Fällen, in denen das Einzelinteresse des Klägers und des ihm Beigetretenen deutlich geringer ist als 50 Prozent des Interesses sämtlicher Beteiligten, wird das Gericht künftig also getrennt einen Streitwert nach Absatz 1 (neu) und einen solchen nach Absatz 2 (neu) festzusetzen haben.

Die Regelung des Absatzes 2 (neu) ermöglicht den Beteiligten den Zugang zum Gericht – wie derzeit die Vorschrift des § 48 Abs. 3 Satz 2 WEG – in vorhersehbarer Weise auch in solchen Fällen, in denen das Interesse des Einzelnen an einer gerichtlichen Entscheidung deutlich geringer ist als das Interesse aller rechtlich betroffenen Wohnungseigentümer und des Verwalters. Als Vorbild dienen die Regelungen anderer Gesetze über die einseitige Streitwertbegrenzung, etwa § 247 AktG und § 144 PatG. Die vorgesehene pauschale Begrenzung auf das Fünffache des Einzelinteresses entspricht der Praxis einiger Oberlandesgerichte zur Herabsetzung des Streitwertes in den Fällen des § 48 Abs. 3 Satz 2 WEG (vgl. OLG Hamm, Beschluss vom 19. Mai 2000, NZM 2001, 549).

Dass die Streitwertbegrenzung gemäß Absatz 2 nur einseitig gilt, hier für den Kläger, beruht auf folgender Überlegung: Bei einem nach Absatz 2 Satz 1 (neu) nur geringen Streitwert könnte es für den Kläger, also den einzelnen Wohnungseigentümer, in rechtlich schwierigen und umfangreichen Angelegenheiten nicht immer einfach sein, einen Rechtsanwalt zu finden, der für die gesetzlichen Gebühren zur Übernahme des Mandats bereit wäre. In solchen Fällen käme es deshalb mitunter zu einer Vergütungsvereinbarung. Dies hätte bei einem einheitlich niedrigen Streitwert zur Folge, dass der Kläger, also der etwa einen Beschluss anfechtende Wohnungseigentümer, auch im Falle des Obsiegens einen Teil seiner Rechtsanwaltskosten nicht erstattet bekäme. Aufgrund der einseitigen Streitwertbegrenzung ist hingegen gewährleistet, dass die Beklagten, also die übrigen Wohnungseigentümer, die Aufwendungen des Klägers nach dem höheren Streitwert gemäß Absatz 1 (neu) zu erstatten haben, wenn dieser im Rechtsstreit obsiegt, etwa ein Beschluss der Eigentümerversammlung für ungültig oder nichtig erklärt wird (Satz 4 – neu –).

Die Regelung über die einseitige Streitwertbegrenzung dient im Übrigen auch als Sanktion für den Fall, dass die Wohnungseigentümer mit einem Mehrheitsbeschluss bewusst gegen rechtliche Vorschriften verstoßen oder sogar willkürlich handeln.

Dass andererseits die Beklagten und die auf ihrer Seite Beigetretenen, in der Regel also die übrigen Wohnungseigentümer, für den Fall, dass sie im Rechtsstreit obsiegen, die ihnen nach dem Streitwert gemäß Absatz 1 (neu) berechneten Rechtsanwaltsgebühren nicht in vollem Umfang erstattet bekommen, ist vertretbar. Jeder einzelne Wohnungseigentümer ist selbst nur in einem verhältnismäßig geringen Umfang betroffen, da sich die Fälle, die von der Streitwertregel des Absatzes 2 (neu) erfasst sein werden, überwiegend auf größere Wohnungseigentümergemeinschaften beziehen. Zudem tritt auch keine Schlechterstellung gegenüber der derzeitigen Rechtslage ein, denn bisher findet eine Erstattung außergerichtlicher Kosten zwischen den Parteien eines Verfahrens in Wohnungseigentumssachen nur selten statt, und die Mehrheit der Wohnungseigentümer muss ihre außergerichtlichen Gebühren in vielen Fällen nach einem Streitwert zahlen, der dem Gesamtinteresse aller Beteiligten entspricht. Im Übrigen wird durch § 16 Abs. 8 WEG (neu) sichergestellt, dass auch der unterlegene Wohnungseigentümer diese Kosten mitzutragen hat, da sie Kosten der Verwaltung im Sinne des § 16 Abs. 2 WEG sind, also von allen Wohnungseigentümern zu zahlen sind.

Die weitere Begrenzung des Streitwerts auf den Verkehrswert des Wohneigentums dient der Justizgewährungspflicht für solche Ausnahmefälle, in denen das Fünffache des Eigeninteresses der klagenden Partei zwar geringer ist als 50 Prozent des Interesses aller an dem Rechtsstreit Beteiligten, gleichwohl der Streitwert nach dem Fünffachen des Eigeninteresses so hoch ausfiele, dass ein zu dem wirtschaftlichen Interesse an dem Verfahren unverhältnismäßig hohes Kostenrisiko entstünde.

Absatz 3 (neu) gewährleistet, dass die einseitige Streitwertbegrenzung auch einem Beklagten zugute kommt, dessen Interesse an der Rechtsverteidigung deutlich geringer als das der Gesamtheit aller beteiligten Wohnungseigentümer ist.

17. Zu Nummer 17 (Aufhebung des 2. und 3. Abschnitts mit den §§ 51 bis 58 sowie 59 WEG)

Die Aufhebung des 2. und 3. Abschnitts des Gesetzes mit den §§ 51 bis 58 WEG ist Folge der Erstreckung der ZPO-Regelungen auf Verfahren in WEG-Sachen und der Anwendung der ZVG-Vorschriften auf die Entziehung des Wohnungseigentums.

Der Streitwert, für den bisher § 48 Abs. 3 WEG (Geschäftswert) gilt, richtet sich künftig nach § 50 WEG (neu). Für die Kostenentscheidung, die im bisherigen § 47 WEG geregelt ist, sind künftig § 91 ff. ZPO und § 49 WEG (neu) maßgeblich. Die Gerichtskosten richten sich künftig nach dem Gerichtskostengesetz, nicht mehr nach § 48 WEG und der Kostenordnung.

Die Aufhebung des § 59 WEG ist eine Folge des Beschlusses des 2. Senats des Bundesverfassungsgerichts vom 2. März 1999 (BVerfGE 100, 249). Der Senat hat für den Bereich der Bundesauftragsverwaltung entschieden, dass allgemeine Verwaltungsvorschriften für den Vollzug der Bundesgesetze durch die Länder im Auftrag des Bundes nach Artikel 85 Abs. 2 Satz 1 GG ausschließlich von der Bundesregierung als Kollegium mit Zustimmung des Bundesrates erlassen werden können. Da dies nach allgemeiner Meinung auch für den Erlass allgemeiner Verwaltungsvorschriften nach Artikel 84 Abs. 2 GG, also für den hier ein-

BT-Drs. S. 43:

schlägigen Bereich des landeseigenen Gesetzesvollzugs gilt, ist § 59 WEG aus Gründen der Rechtsklarheit aufzuheben. Einer neuen ausdrücklichen Ermächtigung zum Erlass allgemeiner Verwaltungsvorschriften durch die Bundesregierung bedarf es nicht, da sich eine solche Ermächtigung bereits unmittelbar aus Artikel 84 Abs. 2 GG ergibt.

Auf die Tätigkeit der Baubehörden und eine Aufgabenübertragung auf einen Sachverständigen gemäß § 7 Abs. 4 und § 32 Abs. 2 WEG hat die Aufhebung des § 59 WEG keinen Einfluss, da die Allgemeine Verwaltungsvorschrift für die Ausstellung von Abgeschlossenheitsbescheinigungen vom 19. März 1974 (BAnz. Nr. 58 vom 23. März 1974) auf der Grundlage des Artikel 84 Abs. 2 GG von der Bundesregierung als Kollegium mit Zustimmung des Bundesrates erlassen worden ist.

18. Zu Nummer 18 (§ 62 WEG – neu –)

Die im Entwurf vorgesehene Erstreckung der ZPO-Regelungen auf Verfahren in WEG-Sachen, die Streichung der Versteigerungsvorschriften des Wohnungseigentumsgesetzes sowie die Einführung eines begrenzten Vorrangs für Hausgeldforderungen sollen die im Zeitpunkt des Inkrafttretens anhängigen Verfahren nicht berühren. Der Übergang vom alten auf das neue Recht könnte ansonsten zu Verzögerungen und Erschwerungen führen.

Um einer Überlastung des Bundesgerichtshofs vorzubeugen, sollen außerdem Nichtzulassungsbeschwerden gemäß § 544 ZPO für eine Übergangszeit ausgeschlossen werden. Die mit dieser Zielsetzung in Absatz 2 getroffene Regelung lehnt sich an § 26 Nr. 9 EGZPO – eine Übergangsregelung zur ZPO-Reform – an. Der Gesetzgeber hatte seinerzeit Anlass gesehen, die Nichtzulassungsbeschwerde in Familiensachen für eine fünfjährige Übergangsfrist nicht zuzulassen. Die durch die vorgesehene Erstreckung der ZPO-Vorschriften auf Wohnungseigentumssachen entstehende Situation ist mit der damaligen in Familiensachen vergleichbar. Wie in Familiensachen nach altem Recht ist derzeit auch in Wohnungseigentumssachen der Zugang zum Bundesgerichtshofs nur nach einer entsprechenden Entscheidung der Vorinstanz – nämlich der Vorlage gemäß § 28 Abs. 2 FGG – eröffnet. Wird diese Regelung der Sache nach vorübergehend beibehalten, indem eine Revision ausschließlich nach Zulassung durch das Oberlandesgericht, nicht aber nach erfolgter Nichtzulassungsbeschwerde möglich ist, wird einer Überlastung des Bundesgerichtshofs vorgebeugt.

II. Zu Artikel 2 (Änderung des Gesetzes über die Zwangsversteigerung und Zwangsverwaltung – ZVG)

Vorbemerkung: Es ist zunehmend zu beobachten, dass Hausgeldansprüche bei vermögenslosen oder zahlungsunwilligen Wohnungseigentümern nicht eintreibbar sind und ihre Kostenanteile von den anderen Wohnungseigentümern mitgetragen werden müssen. Auf der Grundlage des geltenden Zwangsversteigerungsrechts fallen rückständige Hausgeldansprüche bei der Vollstreckung in das Wohnungseigentum in der Praxis meist aus, da sie nur nachrangig geltend gemacht werden können. Um dem Ausfall von Hausgeldansprüchen in der Zwangsversteigerung entgegenzuwirken, soll deshalb den nach dem WEG bestehenden Hausgeldansprüchen der Wohnungseigentümer in der Zwangsversteigerung ein begrenztes Vorrecht durch Änderung der Rangklassen des § 10 ZVG eingeräumt werden. Dies entspricht auch Anregungen aus den Ländern, von Gerichten, aus der Praxis der Verwaltung von Eigentumswohnungen sowie Forderungen im Schrifttum (Schmidt, NZM 2002, 847, 852; Vogel, ZMR 2003, 716, 721; Häublein, ZWE 2004, 48, 62). Ein so vorgesehener Vorrang bedeutet, dass den dinglich Berechtigten über die ihnen schon bisher insbesondere nach § 10 Abs. 1 Nr. 1 bis 3 ZVG vorgehenden Ansprüche hinaus weitere Ansprüche vorgehen, die aus dem Grundbuch nicht ersichtlich sind.

Die durch das WEG erst im Jahr 1951 geschaffene Möglichkeit der Bildung von Wohnungseigentum war bei Erlass des ZVG, insbesondere der Normierung des § 10 ZVG, für den Gesetzgeber der Reichsjustizgesetze nicht vorhersehbar. Ihm ging es, wie auch an § 10 Abs. 1 Nr. 1 ZVG zu erkennen ist, darum, den Realgläubigern nur diejenigen Aufwendungen vorgehen zu lassen, die zur Erhaltung oder zur nötigen Verbesserung des Grundstücks erforderlich sind. Durch ein zu weites Verständnis der „Ausgaben zur Erhaltung oder nötigen Verbesserung des Grundstücks“ befürchtete man eine nachteilige Beeinflussung des Realkredits (vgl. Bericht der 16. Kommission, Materialien zu den Reichsjustizgesetzen, herausgegeben von Hahn und Mugdan, Band 5, 1897, Seite 106 f.). Mit der nunmehr in Absatz 1 Nr. 2 in Aussicht genommenen Ergänzung des § 10 ZVG wird bewusst dieses enge Verständnis durchbrochen. Es wird die Möglichkeit geschaffen, die anteiligen Lasten und Kosten, zu denen auch verbrauchsabhängige Ausgaben der Wohnungseigentümer (etwa Strom, Wasser und Gas) gehören, den nachfolgenden dinglich gesicherten Ansprüchen vorgehen zu lassen.

Wenn Hausgeldansprüche bei vermögenslosen oder zahlungsunwilligen Wohnungseigentümern nicht mehr eintreibbar sind, müssen ihre Kostenanteile von den anderen Wohnungseigentümern mitgetragen werden. Notwendige Maßnahmen der Pflege und Instandhaltung des Wohnungseigentums unterbleiben. Wohnanlagen können verfallen oder zumindest erheblich an Wert einbüßen. In solchen Fällen finden sich auch kaum noch Erwerber für die betroffenen Wohnungen. Die Interessen der Realkreditgeber können hierdurch stärker geschädigt werden als durch einen begrenzten Vorrang. Im Übrigen sichern die laufenden Instandhaltungsbeiträge den Werterhalt der Anlage und kommen so den Kreditgebern ebenfalls zugute. Auch würde bei einer Häufung des individuellen Eintretenmüssens für fremde Schulden die Attraktivität des Wohnungseigentums insgesamt leiden. Schließlich haben die übrigen Wohnungseigentümer im allgemeinen keinen Einfluss auf den Erwerb einer Wohnung ihrer Anlage durch einen weniger kapitalkräftigen Käufer. Die Kreditinstitute haben hier bessere Prüfungsmöglichkeiten. Sie stehen dem Risiko der Zahlungsunfähigkeit ihres Kunden näher als die Wohnungseigentümer. Das Risiko eines Ausfalls trifft sie wegen der breiteren Risikostreuung auch weniger als die beteiligten Wohnungseigentümer.

Durch die Schaffung des beabsichtigten Vorrangs für Hausgeldansprüche im Rahmen des § 10 Abs. 1 Nr. 2 ZVG (neu) werden die nachfolgenden dinglich berechtigten Gläubiger nicht unangemessen benachteiligt. Denn der vorgesehene Vorrang begrenzt die berücksichtigungsfähigen Ansprüche

BT-Drs. S. 44:

auf die laufenden sowie die rückständigen Beträge aus dem Jahr der Beschlagnahme und den letzten zwei Kalenderjahren, die insgesamt aber nicht mehr als fünf Prozent des festgesetzten Verkehrswertes (§ 74 a ZVG) ausmachen dürfen. Damit wird für die nachfolgenden Realkreditgläubiger der finanzielle Umfang der aufgrund § 10 Abs. 1 Nr. 2 ZVG (neu) vorausgehenden Rechte kalkulierbar.

Die Einräumung des Vorrechts in der Zwangsversteigerung auch gegenüber dinglichen Rechten, die bei dem Inkrafttreten des Gesetzes bereits bestehen, greift zwar in die Rechtsposition der Berechtigten solcher Rechte ein. Wegen der besonderen Notwendigkeit einer Bevorrechtigung von Wohngeldansprüchen und des Umstands, dass die bevorrechtigten Beträge im Wesentlichen auch dem einzelnen Wohnungseigentum als Belastungsgegenstand zugute kommen, und weil das Vorrecht ohnehin nur für Hausgeld aus einem eng begrenzten Zeitraum zur Verfügung steht, ist dieser Eingriff aber auch im Hinblick auf Artikel 14 Abs. 1 Satz 1 GG gerechtfertigt. Ansonsten würde die Regelung für eine sehr große Zahl von Wohnanlagen auf Dauer unanwendbar.

Eine vergleichbare Vorrangregelung für WE-Hausgeldansprüche wurde im Jahre 1999 in der Republik Österreich in die dem ZVG insoweit entsprechende Exekutionsordnung (§ 216 Abs. 1 Nr. 3) aufgenommen. Nachteilige Auswirkungen auf die Beleihung des Wohnungseigentums sind nicht bekannt geworden.

Nicht aufgegriffen wird der Vorschlag, eine Versteigerung unabhängig von den bestehenden Wertgrenzen der §§ 74 a, 85 a ZVG zuzulassen oder diese Wertgrenzen herabzusetzen, weil es Fälle gebe, in denen wegen der schlechten Ausstattung des Objekts oder der schlechten wirtschaftlichen Situation der Gemeinschaft niemand bereit sei, Geld zu investieren. Die vorgenannten Vorschriften dienen nicht nur dem Interesse des Schuldners, sondern auch dem öffentlichen Interesse. Sie sollen eine volkswirtschaftlich unerwünschte Verschleuderung von Grundbesitz vermeiden und den Zweck der Vollstreckung sichern, nämlich die Gläubigerbefriedigung. Der Schutz dieser Interessen muss gewährleistet bleiben.

1. Zu Nummer 1 (§ 10 ZVG – neu –)

a) Zu Buchstabe a (§ 10 Abs. 1 Nr. 2 ZVG – neu –)

Die bisherige Rangstelle des § 10 Abs. 1 Nr. 2 ZVG (Litlohnansprüche) wird neu belegt, weil die bisher an zweiter Rangstelle stehende Regelung entbehrlich ist. Die bisherige Nummer 2 betrifft Ansprüche der in Land- und Forstwirtschaft zur Grundstücksbewirtschaftung beschäftigten Personen, die durch ihre Dienste zur Erhaltung des wirtschaftlichen Standes beitragen und so zum Nutzen derer arbeiten, die Befriedigung aus dem Objekt erwarten dürfen (Hahn/Mugdan, a. a. O., S. 37). Die hohe Bedeutung, die der historische Gesetzgeber der bisher in Nummer 2 getroffenen Regelung beigemessen hat, ist durch die zwischenzeitliche soziale und rechtliche Entwicklung überholt. Diese Regelung fällt deshalb ersatzlos weg. Es bietet sich an, die auf diese Weise freigewordene Nummer 2 mit der dem Rang entsprechenden gesetzlichen Neuregelung zu belegen.

Satz 1 der Neuregelung normiert aus den in der Vorbemerkung genannten Gründen ein Vorrecht der Wohnungseigentümer vor den Realkreditgläubigern für den Fall der Zwangsversteigerung für fällige Ansprüche gegen einen Miteigentümer auf Entrichtung der anteiligen Lasten und Kosten. Diese werden üblicherweise als Hausgeld (oder Wohngeld) bezeichnet.

Das Vorrecht kann einerseits geltend gemacht werden, wenn die Zwangsversteigerung von anderen Gläubigern als den Wohnungseigentümern betrieben wird. Dann werden die bevorrechtigten Hausgeldansprüche auf Anmeldung hin berücksichtigt (vgl. dazu auch § 45 Abs. 3 ZVG – neu –). Betreiben die Wohnungseigentümer andererseits die Zwangsversteigerung selbst, so eröffnet die neue Regelung ihnen in der Mehrzahl der Fälle erstmals die Möglichkeit, eine erfolgversprechende Vollstreckung in das Wohnungseigentum des säumigen Miteigentümers durchzuführen, nämlich eine Vollstreckung, bei der ihnen keine bestehen bleibenden Grundpfandrechte vorgehen. So wird auch verhindert, dass ein säumiger Schuldner weiterhin auf Kosten der Eigentümergemeinschaft in seiner Wohnung verbleiben kann. Dies ist nach geltendem Recht möglich, da die von Wohnungseigentümern betriebene Zwangsversteigerung vielfach gemäß § 77 ZVG einstweilen eingestellt oder sogar aufgehoben wird, weil nicht einmal ein Gebot abgegeben wird. Denn häufig sind solche Eigentumswohnungen bis an den Verkehrswert oder sogar darüber hinaus mit Grundpfandrechten der Kreditinstitute belastet, die in der Zwangsversteigerung in Rangklasse 4 dem Anspruch der Wohnungseigentümer aus der Rangklasse 5 vorgehen. Da diese Rechte bei einer Versteigerung aus Rangklasse 5 bestehen bleiben, müssen sie von einem Erwerber übernommen werden. Dazu ist aber verständlicherweise kaum ein Erwerber bereit.

Bei den anteiligen Lasten und Kosten geht es um die Zahlungsverpflichtungen aufgrund der Beschlüsse der Wohnungseigentümer gemäß § 28 Abs. 5 WEG über den Wirtschaftsplan, die Jahresabrechnung oder eine Sonderumlage („Beitragsschulden“, vgl. Merle in Bärmann/Pick/Merle, WEG, 9. Auflage, § 28, Rn 1 bis 3). Erfasst werden die Lasten und Kosten des gemeinschaftlichen Eigentums und des Sondereigentums, letztere allerdings nur, wenn sie über die Gemeinschaft abgerechnet werden, also nicht von einem Wohnungseigentümer unmittelbar gegenüber Dritten. Der Vorrang erstreckt sich damit etwa auch auf die Kaltwasserkosten des Sondereigentums.

Bestimmte Regressansprüche werden ebenfalls erfasst. Sofern etwa in einer Zweiergemeinschaft kein Verwalter bestellt ist und wegen des gesetzlichen Kopfprinzips (§ 25 Abs. 2 Satz 1 WEG) keine Mehrheitsbeschlüsse möglich sind, können die gemeinschaftlichen Lasten und Kosten nur in der Weise beglichen werden, dass ein Wohnungseigentümer in Vorlage tritt. Dieser kann gemäß § 16 Abs. 2 WEG bei dem anderen Wohnungseigentümer anteilig Regress nehmen (vgl. Merle, a. a. O., Rn 4 m. w. N.; BayObLG, Beschluss vom 20. März 2002, ZWE 2002, 357).

Auch die Vorschüsse gemäß § 28 Abs. 2 WEG und die Beiträge zur Instandhaltungsrückstellung gemäß § 21 Abs. 5 Nr. 4 WEG werden vom Vorrecht erfasst. Gerade die lauenden Zahlungen werden, solange über die Jahresabrechnung nicht beschlossen ist, vielfach nur aus Vorschüssen und Beiträgen zur Rückstellung bestehen. Die Vorschüsse – und ebenso die Rückstellungen – sind zur Klarstellung besonders erwähnt, um Zweifel über ihren Vorrang auszuschließen.

BT-Drs. S. 45:

Die laufenden sowie die rückständigen Beträge aus dem Jahr der Beschlagnahme und den letzten zwei (Kalender-)Jahren werden vom Entwurf ebenfalls berücksichtigt. Gerade die Miteinbeziehung der Rückstellungen für künftige Maßnahmen ist sachgerecht, da diese den Werterhalt des Wohnungseigentums sichern. Der vorgesehene Zeitraum entspricht somit weithin dem Zeitraum für wiederkehrende Leistungen der Rangklassen 3 und 4 (§ 10 Abs. 1 Nr. 3 und 4 ZVG). Bei einer rechtzeitigen Geltendmachung ermöglicht es dieser Zeitraum, dass der Anspruch dem Umfang nach weitgehend durchgesetzt werden kann. Andererseits wird die Belastung der nachfolgenden Gläubiger in überschaubaren Grenzen gehalten. Dies ist auch Sinn der in Satz 2 (neu) vorgesehenen Begrenzung des Vorrechts auf höchstens fünf Prozent des festgesetzten Verkehrswerts.

Maßgeblich für die Abgrenzung von laufenden und rückständigen Beträgen ist gemäß § 13 ZVG der Zeitpunkt der Beschlagnahme. Laufende Beträge des Hausgeldes sind danach der letzte vor der Beschlagnahme fällig gewordene Betrag sowie die später fällig werdenden. Die zeitlich davor liegenden sind rückständige Beträge. Im Vorrang berücksichtigt werden neben den laufenden nur die aus dem Jahr der Beschlagnahme und den letzten zwei Kalenderjahren rückständigen Beträge. Ansprüche aus einer Jahresabrechnung, die zwar innerhalb dieses Zeitraums aufgrund eines entsprechenden Beschlusses begründet werden, sich aber auf einen davor liegenden Zeitraum beziehen, erhalten nicht den Vorrang der Rangklasse 2. Auch diese Begrenzung soll die Eigentümergemeinschaft dazu anhalten, bei säumigen Zahlern frühzeitig aktiv zu werden.

Bei den Rückständen wird auf das Kalenderjahr abgestellt, da so die Eigentümergemeinschaft die Jahresabrechnung, die ebenfalls nach dem Kalenderjahr aufgestellt wird (vgl. § 28 Abs. 1 Satz 1 WEG) und die regelmäßig einen einheitlichen Betrag für das gesamte Kalenderjahr ausweist, direkt verwenden kann. Bei einem maßgeblichen Zeitpunkt, der in das Jahr fiele, müsste die Abrechnung nach den Entstehungszeitpunkten der Ansprüche neu untergliedert werden, um feststellen zu können, welche Ansprüche nach dem Zeitpunkt entstanden sind und so im Vorrang berücksichtigt werden können.

Die Ansprüche müssen fällig sein. Dies ist im Text der vorgesehenen Vorschrift zur Klarstellung hervorgehoben. Damit wird sichergestellt, dass keine Leistungen erfasst werden, über deren Erbringung die Wohnungseigentümer noch nicht beschlossen haben, etwa bei Restzahlungen aus einer Jahresabrechnung, über die noch nicht befunden ist. Die fälligen Beträge der wiederkehrenden Leistungen werden jedoch nur bis zum Zeitpunkt des Zuschlags berücksichtigt. Ab dann trägt der Ersteher gemäß § 56 Satz 2 ZVG die anfallenden Lasten. Einer besonderen Regelung hierfür bedarf es in diesem Zusammenhang nicht.

Die Formulierung „die daraus fälligen Ansprüche" soll ausschließen, dass die Wohnungseigentümer auch fällige Beträge aus anderen Wohnungen desselben Eigentümers geltend machen können.

Satz 2 (neu) legt fest, dass das Vorrecht der Rangklasse 2 auf Beträge in Höhe von nicht mehr als fünf Prozent des gemäß § 74a Abs. 5 ZVG festgesetzten Verkehrswertes begrenzt ist. Auch diese Regelung dient – ebenso wie die zeitliche

Begrenzung der berücksichtigungsfähigen Rückstände – dem Zweck, dass der Vorrang in überschaubaren Grenzen gehalten und für alle Beteiligten, insbesondere für die Realkreditgeber, kalkulierbar ist. Außerdem beugt diese Begrenzung der Gefahr von Manipulationen durch die Eigentümergemeinschaft durch nachträglich beschlossene Sonderumlagen vor.

Zur Klarstellung ist in Satz 2 (neu) aufgenommen, dass die Begrenzung alle Nebenleistungen einschließt. Kosten, die gemäß § 10 Abs. 2 ZVG Befriedigung in der Rangstelle des Hauptrechts finden können, fallen so neben dem Hauptanspruch unter die für den Vorrang bestehende Höchstgrenze.

Nach dem Entwurf wird die neue Vorschrift in Absatz 1 als Nummer 2 eingeordnet. Sie erfasst nämlich weitgehend Zahlungen, die der Erhaltung des gemeinschaftlichen Eigentums und einer funktionsfähigen Eigentümergemeinschaft dienen und somit mittelbar auch den nachrangigen Gläubigern, insbesondere den Grundpfandgläubigern aber auch den Gläubigern öffentlicher Grundstückslasten der Rangklasse 3, zugute kommen.

Eine dem § 10 Abs. 1 Nr. 7 und 8 ZVG entsprechende Regelung für ältere Rückstände sieht der Entwurf nicht vor. Zuteilungen hierauf wären in der Praxis allenfalls in seltenen Ausnahmefällen zu erwarten. Die Wohnungseigentümer haben es in der Hand, gegebenenfalls ihre Forderung titulieren zu lassen, sodann dem Zwangsversteigerungsverfahren beizutreten und damit in der Rangklasse 5 berücksichtigt zu werden.

§ 10 Abs. 1 Nr. 2 ZVG (neu) erfasst auch das Teileigentum sowie das Wohnungs- und Teilerbbaurecht. Da dies kaum zweifelhaft ist und auch den Regelungen von § 1 Abs. 6 und § 30 Abs. 3 Satz 2 WEG entspricht, ist von einer ausdrücklichen Hervorhebung im Text des Entwurfs abgesehen worden.

b) Zu Buchstabe b (§ 10 Abs. 3 ZVG – neu –)

In Satz 1 (neu) ist die Mindesthöhe des Betrages festgelegt, die beim Betreiben aus der neuen Rangklasse 2 zu berücksichtigen ist. Die Regelung ist im Hinblick auf § 18 Abs. 2 Nr. 2 WEG erforderlich, der für die Entziehung des Wohnungseigentums eine Mindesthöhe des Verzugsbetrages vorschreibt, um eine Verhältnismäßigkeit zwischen dem Fehlverhalten und der Sanktion (Pflicht zur Veräußerung) zu wahren. Ohne eine solche Vorschrift träte ein Wertungswiderspruch auf, weil das Wohnungseigentum im Wege der Vollstreckung aus Rangklasse 2 bei einem niedrigeren Betrag als dem in § 18 Abs. 2 Nr. 2 WEG festgelegten Verzugsbetrag entzogen werden könnte. Dies ist insbesondere vor dem Hintergrund beachtlich, dass es künftig bei Zahlungsrückständen in der Praxis wohl vornehmlich zu Versteigerungen aufgrund eines Zahlungstitels aus der Rangklasse 2 kommen wird, da die Versteigerung aufgrund eines Entziehungsurteils nur ein Betreiben aus Rangklasse 5 ermöglicht und das Entziehungsurteil – im Vergleich zum Vollstreckungsbescheid – schwieriger herbeizuführen ist.

Die Mindesthöhe des Verzugsbetrages gilt nur, wenn die Wohnungseigentümer die Zwangsversteigerung aus der Rangklasse 2 selbst betreiben. In den Fällen, in denen ein anderer Gläubiger das Verfahren betreibt, kann von den Wohnungseigentümern in Rangklasse 2 auch ein geringerer Betrag angemeldet werden. In diesen Fällen betreiben die

BT-Drs. S. 46:

Wohnungseigentümer keine Entziehung, so dass die Voraussetzungen des § 18 Abs. 2 Nr. 2 WEG nicht zu berücksichtigen sind.

Satz 2 (neu) dient der Klarstellung, dass als Titel auch eine gerichtliche Entscheidung (Urteil oder Vollstreckungsbescheid) ausreicht, welche die Zahlungsverpflichtung des Schuldners zum Gegenstand hat und die sich insbesondere im Mahnverfahren auch kurzfristig erreichen lässt. Dies ist ausdrücklich festgelegt, da ansonsten Zweifel bestehen könnten, ob zum Betreiben der Zwangsvollstreckung ein Duldungstitel erforderlich ist. Ein solcher Titel wird jedoch nicht gefordert, da die Vollstreckung sich ansonsten unnötig verzögert, weil er im Mahnverfahren nicht erlangt werden kann.

Aus dem Zahlungstitel muss sich erkennen lassen, dass die Voraussetzungen zur Berücksichtigung in der Rangklasse 2 vorliegen. So hat der Titel den Charakter der Forderung als Hausgeldforderung (Art), den Bezugszeitraum sowie die Fälligkeit der einzelnen Beträge anzugeben. Der Bezugszeitraum ist erforderlich, um feststellen zu können, ob die geltend gemachte Forderung auch in den berücksichtigungsfähigen Zeitraum fällt. Damit wird vermieden, dass das Vollstreckungsgericht prüfen und feststellen muss, ob es sich um Hausgeldforderungen handelt und wann diese fällig geworden sind. Die materiell-rechtliche Prüfung ist Aufgabe des Prozessgerichts im Erkenntnisverfahren. Die dortige Entscheidung ist dem Vollstreckungsverfahren zugrunde zu legen.

Die zur Berücksichtigung des Vorrangs erforderlichen Angaben können auch aus einem Vollstreckungsbescheid hervorgehen, der im Mahnverfahren ergangen ist. Der Vordruck im maschinellen Mahnverfahren sieht in seinem Hauptforderungskatalog bereits eine entsprechende Forderungsart vor. Aber auch im nichtmaschinellen Verfahren können die entsprechende Forderungsart und der Bezugszeitraum angegeben werden. Die Bezeichnung von Fälligkeitsterminen ist in beiden Verfahren möglich.

Satz 3 (neu) bestimmt für die Fälle, in denen die nach dem neuen Absatz 3 Satz 2 erforderlichen Angaben aus dem Titel nicht zu ersehen sind, so bei Urteilen gemäß § 313 a Abs. 1 und 2 ZPO (Urteil ohne Tatbestand und Entscheidungsgründe) und gemäß § 313 b ZPO (Versäumnis-, Anerkenntnis- und Verzichtsurteil), dass die Voraussetzungen in sonst geeigneter Weise glaubhaft zu machen sind, etwa dadurch, dass ein Doppel der Klageschrift vorgelegt wird. So wird sichergestellt, dass auch in diesen Fällen die Zwangsversteigerung aus dem Vorrang betrieben werden kann.

2. Zu Nummer 2 (§ 45 Abs. 3 ZVG – neu –)

Rechte, die zur Zeit der Eintragung des Zwangsversteigerungsvermerks aus dem Grundbuch nicht ersichtlich sind, können gemäß § 45 Abs. 1 ZVG nur dann im geringsten Gebot berücksichtigt werden, wenn sie rechtzeitig angemeldet werden. Bei diesen Rechten handelt es sich meist um Ansprüche der öffentlichen Hand aus der Rangklasse 3, die im Zusammenhang mit dem Grundstück stehen, etwa öffentlichen Grundstückslasten oder Kommunalabgaben. Auch die Ansprüche der Eigentümergemeinschaft aus der neu gebildeten Rangklasse 2 sind nicht aus dem Grundbuch ersichtlich und müssen deshalb angemeldet werden.

Satz 1 des neuen Absatzes 3 verlangt, dass die Hausgeldansprüche – im Unterschied zu anderen Rechten, die meist durch öffentliche Stellen angemeldet werden und die erst auf Widerspruch glaubhaft zu machen sind – gegenüber dem Zwangsversteigerungsgericht schon bei der Anmeldung glaubhaft gemacht werden. Damit soll ein möglicher Missbrauch bei einer für die übrigen Beteiligten nicht nachvollziehbaren Anmeldung ausgeschlossen werden. Ohne Glaubhaftmachung der angemeldeten Ansprüche käme es häufiger – und nicht wie bisher nur im Ausnahmefall – zu einem Widerspruch des die Zwangsvollstreckung betreibenden Gläubigers und damit zu Verzögerungen des Verfahrens. Die Glaubhaftmachung kann durch einen bereits vorliegenden Titel erfolgen, etwa einen Vollstreckungsbescheid oder ein Urteil über die bevorrechtigte Forderung oder eine Unterwerfungsurkunde des Schuldners (§ 794 Abs. 1 Nr. 5 ZPO). Ein Titel wird jedoch nicht generell gefordert. Oftmals ist es der Eigentümergemeinschaft nicht möglich, bis zum Zwangsversteigerungstermin, bis zu dem die Ansprüche angemeldet sein müssen, einen Titel gegen den säumigen Schuldner zu erlangen. Insbesondere dann, wenn der Schuldner gleichzeitig seine Zahlungen an die Grundpfandgläubiger und die Eigentümergemeinschaft einstellt, ist dies zu erwarten. Deshalb reicht es zur Glaubhaftmachung auch aus, eine Niederschrift der maßgeblichen Beschlüsse der Wohnungseigentümer einschließlich ihrer Anlagen – etwa den Wirtschaftsplan oder die Jahresabrechnung – vorzulegen, aus der die Zahlungspflicht (§ 28 Abs. 2 und 5 WEG) hervorgeht. Eine spätere Glaubhaftmachung auf Verlangen des betreibenden Gläubigers erübrigt sich so.

Es wurde in Erwägung gezogen, für die Glaubhaftmachung auf eine öffentlich beglaubigte Niederschrift über Beschlüsse (§ 24 Abs. 6 WEG) abzustellen. Dies wäre aber nicht sinnvoll. Folge wäre nämlich, dass dann nahezu jede Niederschrift über eine Eigentümerversammlung vorsorglich mit den erforderlichen Beglaubigungen versehen werden müsste. Denn in Fällen, in denen die Unterzeichner der Niederschrift etwa wegen eines Verwalterwechsels oder wegen Veräußerung der Eigentumswohnung für eine spätere Beglaubigung nicht mehr zur Verfügung stünden, könnte die öffentliche Beglaubigung nachträglich nicht oder nur mit erheblichem Aufwand erreicht werden. Die öffentliche Beglaubigung ist auch entbehrlich, da der Anspruch bei der Anmeldung nur glaubhaft gemacht, nicht aber – wie im Grundbuchverfahren die Verwaltereigenschaft (vgl. § 26 Abs. 4 WEG) – nachgewiesen werden muss.

Der Entwurf sieht im Übrigen vor, dass der Anspruch gegenüber dem Gericht in sonst geeigneter Weise glaubhaft gemacht werden kann. Dies ermöglicht es, auch andere Schriftstücke der Eigentümergemeinschaft zur Glaubhaftmachung einzubeziehen.

Die gemäß Satz 2 (neu) erforderlichen Angaben ermöglichen es dem Rechtspfleger zu prüfen, ob die geltend gemachten Beträge der neuen Rangklasse 2 zuzuordnen sind.

Für den Fall, dass die Ansprüche bei der Anmeldung nicht hinreichend glaubhaft gemacht sind, kann der Rechtspfleger von Amts wegen – also auch ohne Widerspruch des betreibenden Gläubigers – die Eigentümergemeinschaft oder den Verwalter zur Nachbesserung auffordern. Bleibt der Anspruch weiterhin nicht hinreichend glaubhaft, wird er

BT-Drs. S. 47:

nicht in das geringste Gebot aufgenommen. Eine Zuteilung auf den angemeldeten Anspruch erfolgt dann nicht.

Gegen die Nichtaufnahme in das geringste Gebot besteht für die Eigentümergemeinschaft kein Rechtsbehelf, auch nicht für die nachrangigen Gläubiger gegen eine Aufnahme, da es sich bei der Aufstellung des geringsten Gebots um eine unselbstständige Zwischenentscheidung zur Vorbereitung des Zuschlags handelt. Im späteren Verlauf des Verfahrens kann aber eine Anfechtung des Zuschlags wegen unrichtiger Feststellung des geringsten Gebots (§ 83 Nr. 1 ZVG) erfolgen. Im späteren Verlauf des Versteigerungsverfahrens kann auch noch ein Widerspruch gegen den Teilungsplan eingelegt werden (§ 115 ZVG), mit der Folge, dass der streitige Betrag zu hinterlegen ist.

Soweit sich erst nach dem Versteigerungsverfahren herausstellt, dass ein Anspruch zu Unrecht berücksichtigt wurde, kann der Anspruch aus ungerechtfertigter Bereicherung (§ 812 BGB) gegen den zu Unrecht berücksichtigten Gläubiger geltend gemacht werden.

3. Zu Nummer 3 (§ 52 Abs. 2 Satz 2 ZVG – neu –)

Im Zwangsversteigerungsverfahren erlöschen mit Zuschlag die dem Anspruch des betreibenden Gläubigers nachgehenden Rechte. Betroffen davon sind auch Dienstbarkeiten, die nicht nur auf dem versteigerten Wohnungseigentum selbst, sondern auch auf den übrigen Eigentumswohnungen der Anlage lasten (Belastung des Grundstücks als Ganzem). Dies sind in der Regel Leitungs- und Versorgungsrechte, Wegerechte oder Stellplatzrechte am Grundstück. Wird die Dienstbarkeit als Folge der Zwangsversteigerung bei dem einen Wohnungseigentum gelöscht, ist sie ebenfalls bei den anderen

Wohnungen als inhaltlich unzulässig zu löschen. Die zur dauerhaften Geltung erforderliche dingliche Absicherung dieser Rechte im Grundbuch ist nachträglich jedoch nur schwer wieder zu erreichen. Erforderlich ist nämlich die Bewilligung durch alle Wohnungseigentümer und der Rangrücktritt der Gläubiger der auf den einzelnen Eigentumswohnungen lastenden Grundpfandrechte. Deshalb hilft sich die Praxis dadurch weiter, dass auf Antrag eines Beteiligten nach § 59 ZVG abweichende Versteigerungsbedingungen festgelegt werden, die das Bestehenbleiben dieser Rechte vorsehen. Andere Beteiligte, deren Rechte durch die Abweichung betroffen sind, müssen aber dem abweichenden Ausgebot zustimmen. Wenn nicht feststeht, ob ein Recht betroffen ist, und wenn auch die Zustimmung des Berechtigten nicht vorliegt, muss das Wohnungseigentum sowohl mit als auch ohne die Abweichung im Termin ausgeboten werden (Doppelausgebot, § 59 Abs. 2 ZVG).

Dieses aufwendige Verfahren mag bei den heutigen Gegebenheiten noch hinnehmbar sein, da es nicht so häufig vorkommt. Die entsprechenden Rechte haben zumeist Rang vor den betreibenden Grundpfandgläubigern und werden so im geringsten Gebot bei den bestehen bleibenden Rechten aufgeführt. Durch die Einführung eines Vorrangs für die Hausgeldforderung wird die bisherige Ausnahme jedoch zur Regel, wenn aus diesem Vorrang die Zwangsversteigerung betrieben wird. Hinzu kommt, dass auch im Fall des Doppelausgebots das Bestehenbleiben der Rechte nicht immer gewährleistet ist, nämlich dann nicht, wenn der Zuschlag auf das Meistgebot mit den gesetzlichen Versteigerungsbestimmungen erfolgt, etwa weil der durch die Abweichung Beeinträchtigte dieser nicht zustimmt.

§ 52 Abs. 2 Satz 2 Buchstabe b ZVG (neu) sieht deshalb für Grunddienstbarkeiten und beschränkte persönliche Dienstbarkeiten, die auf dem Grundstück als Ganzem lasten, vor, dass sie entsprechend Satz 1 – dort wird das Bestehenbleiben des Rechts auf die in den §§ 912 bis 917 BGB bezeichneten Überbau- und Notwegrenten geregelt – auch ohne Berücksichtigung im geringsten Gebot bestehen bleiben, wenn aus dem Vorrecht der Rangklasse 2 vollstreckt wird. Das Bestehenbleiben wird jedoch auf die Fälle beschränkt, in denen diesen Rechten kein Recht der Rangklasse 4 vorgeht, aus dem die Versteigerung betrieben werden kann. Ansonsten würde den Dienstbarkeiten durch das Bestehenbleiben faktisch generell ein Vorrang vor anderen in der Abteilung II oder III des Grundbuchs eingetragenen Rechten eingeräumt. Diesen Vorrang hätten sich die Berechtigten der Dienstbarkeiten – wie bisher – durch Rangänderungen verschaffen können mit der Folge, dass sie nach der neuen Regelung nicht erlöschen müssten. Soweit sie nicht auf eine erstrangige Eintragung hingewirkt haben, so haben sie schon bisher in Kauf genommen, im Zwangsversteigerungsverfahren – bei Betreiben aus einem vorrangigen Recht – zu erlöschen.

Die vorrangigen Rechte der Rangklasse 3 spielen hier praktisch keine Rolle. Sie sind ohnehin in nahezu allen Fällen – auch bei bestehen bleibenden Dienstbarkeiten – durch das Meistgebot vollständig gedeckt. Im Übrigen beeinflussen die Dienstbarkeiten am Grundstück als Ganzem in der Regel kaum die Biethöhe, da sie in nahezu allen Fällen keinen wertbeeinflussenden Faktor für die einzelne Eigentumswohnung selbst haben.

Der bisher in § 52 Abs. 2 Satz 2 allein geregelte Fall des Bestehenbleibens des Erbbauzinses, wenn das Bestehenbleiben als Inhalt der Reallast vereinbart wurde, ist in dem neuen Satz 2 inhaltsgleich als Buchstabe a übernommen.

4. Zu Nummer 4 (§ 156 Abs. 1 Satz 2 und 3 ZVG – neu –)

Es handelt sich um eine Folgeänderung zur Neufassung des § 10 Abs. 1 Nr. 2 ZVG. Bisher konnten die laufenden Beträge des Hausgeldes im Rahmen der Zwangsverwaltung gemäß § 155 Abs. 1 ZVG vorweg aus den Einnahmen als Ausgaben der Zwangsverwaltung gezahlt werden. Da das Hausgeld mit den laufenden Beträgen nun in § 10 Abs. 1 Nr. 2 ZVG (neu) erfasst ist, dürfte es gemäß § 155 Abs. 2 ZVG (Verteilung der

Nutzungen) ohne die Folgeänderung erst nach Aufstellung des Teilungsplanes ausgezahlt werden. Um diese Schlechterstellung der Wohnungseigentümergemeinschaft zu vermeiden, ist eine den laufenden öffentlichen Lasten entsprechende Regelung vorgesehen. Für die öffentlichen Lasten besteht bereits jetzt in § 156 Abs. 1 ZVG eine Möglichkeit zur Vorwegzahlung ohne einen Teilungsplan.

Die Vorwegzahlung erfasst – ebenso wie die der öffentlichen Lasten – nur die laufenden, nicht aber die rückständigen Beträge der neuen Rangklasse 2, da die Zwangsverwaltung in erster Linie dazu dient, das Zwangsverwaltungsobjekt zu erhalten. Erst wenn alle laufenden Beträge durch die vorhandenen Einnahmen gedeckt sind, kann das darüber hinaus noch vorhandene Geld zur Erfüllung anderer An-

BT-Drs. S. 48:

sprüche – dann aber erst im Rahmen eines Teilungsplanes – genutzt werden.

Satz 2 (neu) normiert die Möglichkeit zur Vorwegzahlung auch für die laufenden Ansprüche der neuen Rangklasse 2. Dabei ist jedoch die nach § 10 Abs. 1 Nr. 2 Satz 2 ZVG (neu) vorgesehene Höchstgrenze von fünf Prozent des festgesetzten Verkehrswertes gemäß Satz 3 (neu) nicht zu beachten. Eine Begrenzung wäre unbillig, da die Zwangsverwaltung – im Unterschied zur Zwangsversteigerung – eine auf Dauer angelegte Vollstreckungsart ist. Für die Wohnungseigentümer wäre es nicht hinnehmbar, wenn die laufenden Beträge nach Erreichen der Höchstgrenze nicht mehr gezahlt würden. Die anderen Gläubiger müssen sich auch jetzt schon das Hausgeld über die gesamte Dauer der Zwangsverwaltung vorgehen lassen. Sie werden durch die Regelung nicht schlechter gestellt.

III. Zu Artikel 3 (Änderung anderer Vorschriften)

Zu Absatz 1 (Gerichtsverfassungsgesetz – GVG)

Zu Nummer 1 (§ 23 Nr. 2 GVG)

Mit dem neu eingefügten Buchstaben c wird die Regelung des neu gefassten § 43 WEG in den Zuständigkeitskatalog des § 23 Nr. 2 GVG übernommen.

Zu Nummer 2 (§ 119 Abs. 1 Nr. 1 GVG)

Der neu angefügte Buchstabe d weist die Zuständigkeit für die Verhandlung und Entscheidung über Berufungen und Beschwerden gegen die erstinstanzlichen Entscheidungen der Amtsgerichte in Verfahren nach § 43 WEG den Oberlandesgerichten zu. Die bisherige Rechtsprechung der Oberlandesgerichte als weitere Beschwerdegerichte nach § 28 FGG hat wesentlich zur Rechtsvereinheitlichung der komplexen Rechtsmaterie des Wohnungseigentumsrechts beigetragen. Die Neuregelung soll sicherstellen, dass der besondere Sachverstand der Oberlandesgerichte in Wohnungseigentumssachen, der sich über Jahrzehnte bewährt hat, auch in Zukunft nutzbar bleibt.

Zu Absatz 2 (Rechtsanwaltsvergütungsgesetz – RVG)

Es handelt sich um Folgeänderungen zur Änderung des § 43 WEG. Da diese Vorschrift neu gefasst wird und die Vorschriften der ZPO auf Verfahren in Wohnungseigentumssachen erstreckt werden, sind künftig die besonderen Bestimmungen des RVG zu den Verfahren nach § 43 WEG nicht mehr erforderlich. Sie können deshalb entfallen.

Zu Absatz 3 (Verordnung über das Erbbaurecht)

Es handelt sich um eine Folgeänderung aufgrund von Änderungen des Bürgerlichen Gesetzbuchs durch das Gesetz zur Modernisierung des Schuldrechts vom 26. November 2001 (BGBl. I S. 3138). Die Verweisungsvorschriften werden redaktionell angepasst.

Zu Absatz 4 (Gesetz über Rechte an Luftfahrzeugen)

Es handelt sich um redaktionelle Folgeänderungen aufgrund von Änderungen des Bürgerlichen Gesetzbuchs durch das Gesetz zur Modernisierung des Schuldrechts vom 26. November 2001 (BGBl. I S. 3138). Die durch das Gesetz zur Harmonisierung des Haftungsrechts im Luftverkehr vom 6. April 2004 (BGBl. I S. 550) bereits vorgenommene Anpassung beschränkt sich nur auf einen Teilbereich.

IV. Zu Artikel 4 (Inkrafttreten)

Die für das Inkrafttreten nach Artikel 4 Satz 2 vorgesehene Vorlaufzeit von drei vollen Kalendermonaten lässt den Betroffenen ausreichend Zeit, sich auf die veränderte Situation einzustellen und die erforderlichen organisatorischen Maßnahmen zu treffen. Dies gilt vor allem für die Landesjustiz im Hinblick auf die Erstreckung der ZPO-Vorschriften auf Wohnungseigentumsverfahren, insbesondere den hiermit einhergehenden neuen Instanzenzug in Wohnungseigentumssachen; ebenso für die Verwalter im Hinblick auf die künftig vorgeschriebene Beschluss-Sammlung.

Die Vorlaufzeit ist entbehrlich für die redaktionellen Änderungen der in Artikel 4 Satz 1 genannten Vorschriften.

Anlage 2

BT-Drs. S. 49:

Stellungnahme des Bundesrates

Der Bundesrat hat in seiner 813. Sitzung am 8. Juli 2005 beschlossen, zu dem Gesetzentwurf gemäß Artikel 76 Abs. 2 des Grundgesetzes wie folgt Stellung zu nehmen:

1. Zum Gesetzentwurf insgesamt

Der Bundesrat bittet, im weiteren Verlauf des Gesetzgebungsverfahrens zu prüfen, ob die Teilrechtsfähigkeit der Wohnungseigentümergemeinschaft Änderungen der beabsichtigten Regelungen erforderlich macht.

Begründung:

In dem Verfahren V ZB 32/05 hat der Bundesgerichtshof durch Beschluss vom 2. Juni 2005 entschieden, dass die Gemeinschaft der Wohnungseigentümer rechtsfähig sei, soweit sie bei der Verwaltung des gemeinschaftlichen Eigentums am Rechtsverkehr teilnimmt.

Die Entscheidung wird voraussichtlich weit über den konkreten Einzelfall hinausgehend Auswirkungen auf zahlreiche Grundfragen des Wohnungseigentumsrechts haben. Eine grundlegende Reform des Wohnungseigentumsrechts sollte deshalb nicht ohne ausführliche Prüfung der sich aus der Änderung der Rechtsprechung ergebenden Folgen verabschiedet werden.

2. Zu Artikel 1 Nr. 01 – neu – (§ 3 WEG), Nr. 1 (§ 5 Abs. 1, Abs. 4 Satz 2, 3 WEG), Nr. 2 (§ 7 Abs. 1 Satz 1, Abs. 4 Satz 1 WEG), Nr. 2 a – neu – (§ 8 Abs. 2 Satz 1 WEG), Nr. 14 (§ 32 Abs. 1, 2 und 3 WEG)

Artikel 1 ist wie folgt zu ändern:

a) Der Nummer 1 ist folgende Nummer 01 voranzustellen:

‚01. § 3 wird wie folgt geändert:

a) Absatz 1 wird wie folgt geändert:

aa) Die Absatzbezeichnung „(1)“ wird gestrichen.

bb) Folgender Satz wird angefügt:

„Garagenstellplätze gelten als Räume, wenn ihre Flächen durch dauerhafte Markierungen ersichtlich sind.“

b) Die Absätze 2 und 3 werden aufgehoben.‘

b) Nummer 1 ist wie folgt zu fassen:

‚1. § 5 wird wie folgt geändert:

a) In Absatz 1 wird die Angabe „§ 3 Abs. 1“ durch die Angabe „§ 3“ ersetzt.

b) Dem Absatz 4 werden folgende Sätze angefügt:

„< wie Gesetzentwurf >“. ‘

c) Nummer 2 ist wie folgt zu fassen:

‚2. § 7 wird wie folgt geändert:

a) In Absatz 1 Satz 1 wird die Angabe „§ 3 Abs. 1“ durch die Angabe „§ 3“ ersetzt.

b) Absatz 4 Satz 1 wird wie folgt gefasst:

„Der Eintragungsbewilligung ist als Anlage eine von einem für das Vorhaben Bauvorlagenberechtigten durch Unterschrift bestätigte Bauzeichnung beizufügen, aus der die Aufteilung des Gebäudes sowie die Lage und Größe der im Sondereigentum und der im gemeinschaftlichen Eigentum stehenden Gebäudeteile ersichtlich ist (Aufteilungsplan); alle zu demselben Wohnungseigentum gehörenden Einzelräume sind mit der jeweils gleichen Nummer zu kennzeichnen.“ ‘

d) Nach Nummer 2 ist folgende Nummer 2 a einzufügen:

'2 a. In § 8 Abs. 2 Satz 1 wird die Angabe „des § 3 Abs. 2 und" gestrichen.'

e) Nummer 14 ist wie folgt zu fassen:

'14. § 32 wird wie folgt geändert:

a) Absatz 1 wird aufgehoben.

b) Der bisherige Absatz 2 wird Absatz 1. Dessen Satz 2 wird wie folgt gefasst:

„Der Eintragungsbewilligung ist als Anlage eine von einem für das Bauvorhaben Bauvorlageberechtigten durch Unterschrift bestätigte Bauzeichnung beizufügen, aus der die Aufteilung des Gebäudes sowie die Lage und Größe der dem Dauerwohnrecht unterliegenden Gebäude- und Grundstücksteile ersichtlich ist (Aufteilungsplan); alle zu demselben Dauerwohnrecht gehörenden Einzelräume sind mit der jeweils gleichen Nummer zu kennzeichnen."

c) Der bisherige Absatz 3 wird Absatz 2.'

Begründung:

Es wird auf die Begründung des Gesetzentwurfs des Bundesrates zur Änderung des Gesetzes über das Wohnungseigentum und das Dauerwohnrecht vom 14. Mai 2004 (Bundesratsdrucksache 240/04 (Beschluss), Bundestagdrucksache 15/3423) verwiesen.

Besonders hervorzuheben ist die Vereinfachung des Verfahrens, die Entbürokratisierung, die Entlastung staatlicher Stellen sowie die Stärkung der Selbstverantwortung der Bürger durch den vollständigen Verzicht auf das Erfordernis der Abgeschlossenheit sowie durch die Übertragung der Zuständigkeit für die Erstellung des Aufteilungsplans auf den Bauvorlageberechtigten.

Die im vorliegenden Gesetzentwurf vorgesehene Öffnungsklausel für die Länder verursacht dagegen bei de-

BT-Drs. S. 50:

ren Wahrnehmung durch die Länder neuen Verwaltungsaufwand, da der Begriff des „öffentlich bestellten oder anerkannten Sachverständigen für das Bauwesen" neu eingeführt wird und wiederum einer Prüfung und Kontrolle durch die öffentliche Bauverwaltung bedürfte.

Das – auf Grund der vorgeschlagenen Änderung – bestehende Risiko einer geringfügigen Mehrbelastung der Justiz auf Grund des Rückzugs der Baurechtsbehörden von den o. g. Aufgaben ist in Anbetracht der damit verbundenen Vorteile hinzunehmen.

3. Zu Artikel 1 Nr. 10 (§ 23 Abs. 4 WEG)

In Artikel 1 Nr. 10 ist § 23 Abs. 4 wie folgt zu fassen:

„(4) Ein Beschluss, der gegen eine Rechtsvorschrift verstößt, auf deren Einhaltung rechtswirksam nicht verzichtet werden kann, ist nichtig. Im Übrigen ist ein Beschluss gültig, solange er nicht durch rechtskräftiges Urteil für ungültig erklärt ist."

Begründung:

Der Änderungsvorschlag dient der sprachlichen Verbesserung sowie der Klarstellung, dass ein Verstoß gegen unverzichtbare Rechtsvorschriften die Nichtigkeit des Beschlusses zur Folge hat.

4. Zu Artikel 1 Nr. 12 Buchstabe a (§ 26 Abs. 1 Satz 4 WEG)

In Artikel 1 Nr. 12 Buchstabe a § 26 Abs. 1 Satz 4 ist das Wort „auch" durch das Wort „regelmäßig" zu ersetzen.

Begründung:

Der Wortlaut des § 26 Abs. 1 Satz 4 WEG-E könnte dahin verstanden werden, dass jeder – auch noch so geringe – Mangel in der Führung der Beschluss-Sammlung stets (im Sinne einer unwiderlegbaren Vermutung) einen wichtigen Grund für die Abberufung des Verwalters darstellt, ohne dass es auf die ansonsten gebotene umfassende Abwägung ankäme. Nach der Entwurfsbegründung ist dies jedoch – zu Recht – nicht gewollt, vielmehr soll es sich lediglich um ein (im Ausnahmefall widerlegbares) Regelbeispiel handeln. Zur Vermeidung von Missverständnissen sollte dies in der Gesetzesformulierung auch zum Ausdruck gebracht werden.

5. Zu Artikel 1 Nr. 13 (§ 27 Abs. 1 Nr. 5 WEG)

In Artikel 1 Nr. 13 § 27 Abs. 1 Nr. 5 sind die Wörter „gegen ihn" zu streichen und die Wörter „auf Erfüllung seiner Pflichten" durch die Angabe „gemäß § 43" zu ersetzen.

Begründung:

Die in § 27 Abs. 1 Nr. 5 WEG-E erfolgte Ergänzung des Pflichtenkatalogs des Verwalters ist zu eng gefasst. Der Verwalter hat die Wohnungseigentümer nicht nur über Rechtsstreitigkeiten auf Erfüllung seiner eigenen Pflichten, sondern über alle Rechtsstreitigkeiten gemäß § 43 WEG-E, in denen er nach § 45 Abs. 1 WEG-E Zustellungsvertreter der Wohnungseigentümer ist, zu unterrichten.

6. Zu Artikel 1 Nr. 16 (§ 44 Abs. 1 Satz 2 WEG)

In Artikel 1 Nr. 16 § 44 Abs. 1 Satz 2 ist das Wort „Beginn" durch das Wort „Schluss" zu ersetzen.

Begründung:

Die Darstellung der Zulässigkeit einer Kurzbezeichnung (Sammelbezeichnung) der Wohnungseigentümer in der Klageschrift ist ebenso zu begrüßen wie die Notwendigkeit, die namentliche Bezeichnung der Wohnungseigentümer nachzuholen. Die namentliche Bezeichnung sollte jedoch nicht nur wie im vorliegenden Entwurf vorgesehen bis zum Beginn, sondern bis zum Schluss der mündlichen Verhandlung möglich sein. Im Zivilprozessrecht genügt es im Allgemeinen, wenn die Prozessvoraussetzungen bis zum Schluss der mündlichen Verhandlung (oder dem Zeitpunkt, der diesem gleichsteht, § 128 Abs. 2 Satz 2 ZPO) vorliegen. Eine zeitliche Vorverlegung für die Bezeichnung der Beklagten im Wohnungseigentumsverfahren wäre nur zu rechtfertigen, wenn dies für den Verfahrensablauf insgesamt vorteilhaft wäre. Davon kann trotz der Erwägungen in der Einzelbegründung des Entwurfs (vgl. Bundesratsdrucksache 397/05, Seite 86) nicht ausgegangen werden. Vielmehr würde die Möglichkeit abgeschnitten, die Frage der Vollständigkeit und Richtigkeit der Eigentümerliste/-bezeichnungen im Termin zur mündlichen Verhandlung zu erörtern. Die nun vorgesehene Regelung würde dazu zwingen (vgl. Bundesratsdrucksache 397/05, Seite 87), nach Beginn der mündlichen Verhandlung die Klage als unzulässig abzuweisen, selbst wenn in der Verhandlung als Ergebnis der in dieser vorgenommenen Erörterungen eine vollständige Bezeichnung aller Eigentümer erfolgt bzw. erfolgen kann, die auf Grund der dem Entwurf offensichtlich zu Grunde liegenden Vorstellung einer notwendigen Streitgenossenschaft (vgl. Bundesratsdrucksache 397/05, Seite 93) für die Zulässigkeit der Klage zwingend notwendig ist. Dies erscheint nicht gerechtfertigt.

7. Zu Artikel 1 Nr. 16 (§ 46 Abs. 1 WEG)

Der Bundesrat bittet, im Gesetz klarzustellen, gegen welche Wohnungseigentümer der Kläger seine Klage auf Erklärung der Ungültigkeit eines Beschlusses der Wohnungseigentümer zu richten hat.

Begründung:

Die Begründung des Entwurfs (Bundesratsdrucksache 397/05, Seite 93) geht davon aus, dass bei Beschlussanfechtungen alle Wohnungseigentümer mit Ausnahme des Anfechtenden Beklagte seien. Dies entspreche der bisherigen Rechtslage im FGG-Verfahren. Ein Regelungsbedürfnis bestehe insoweit nicht, da sich hieran durch die Erstreckung der ZPO-Regelung auf Verfahren in WEG-Sachen nichts ändere.

Diese Argumentation erscheint nicht hinreichend tragfähig. Das geltende WEG-Verfahrensrecht kennt weder Kläger noch Beklagte. Es legt auch nicht fest, gegen welche „Antragsgegner" sich ein Antrag auf Beschlussanfechtung richten muss (vgl. BayObLGZ 1970, 290 <292>). Ob der Antragsteller in seinem Antrag andere Wohnungseigentümer als „Antragsgegner" bezeichnet, hat für die WEG-Beschlussanfechtung verfahrensrechtlich keine Bedeutung. Daher führt auch die in der Entwurfsbegründung zitierte Auffassung von Staudinger-Wenzel (WEG, Band 2, 12. Auflage, 1997, Vorbemerkung zu § 43 ff., Rn 24) nicht weiter, wonach „Antrags-

BT-Drs. S. 51:

gegner" einer Beschlussanfechtung stets alle übrigen Wohnungseigentümer seien. Gleiches gilt für die gegenteilige Ansicht von Lüke (in: Weitnauer, Wohnungseigentumsgesetz, 9. Auflage 2005, § 23 Rn 27), der Antrag sei gegen diejenigen Wohnungseigentümer zu richten, die sich auf die Gültigkeit des Beschlusses berufen.

Für die Frage, wer nach geltendem Recht am WEG-Verfahren der Beschlussanfechtung teilnimmt, ist allein maßgeblich, wer den Status eines Verfahrensbeteiligten hat. Dies wird – anders als im Zivilprozess – nicht vom Antragsteller in seiner Antragsschrift durch Benennung von „Antragsgegnern" bestimmt, sondern in § 43 Abs. 4 Nr. 2 WEG vom Gesetz festgelegt. Danach sind im Beschlussanfechtungsverfahren alle Wohnungseigentümer (und der Verwalter) Beteiligte. Das Gericht hat diese gesetzliche Festlegung von Amts wegen durch Hinzuziehung aller Wohnungseigentümer umzusetzen.

Eine vergleichbare gesetzliche Vorgabe gibt es im Zivilprozess nicht. Hier bestimmt – im Unterschied zum geltenden WEG-Verfahren – allein der Kläger mit für das Gericht bindender Wirkung, gegen wen er seine Klage richtet. Überträgt man die Beschlussanfechtung in Wohnungseigentumssachen von der Freiwilligen Gerichtsbarkeit in das ZPO-Verfahren, muss die Frage, wer der richtige Beklagte ist, nach den für den Zivilprozess maßgeblichen Grundsätzen beurteilt werden.

Für die Annahme, dass der Kläger bei einer zivilprozessualen Beschlussanfechtung seine Klage gegen alle übrigen Wohnungseigentümer richten muss, könnte sprechen, dass es sich um eine Gestaltungsklage handelt, über die nur gegenüber allen Wohnungseigentümern einheitlich entschieden werden kann, insoweit also ein Fall der notwendigen Streitgenossenschaft i. S. v. § 62 ZPO vorliegt. Zu berücksichtigen ist indes, dass der Entwurf für das künftige Wohnungseigentumsverfahren keinen „reinen" Zivilprozess, sondern ein Verfahren sui generis vorsieht, an dem neben den Prozessparteien auch Wohnungseigentümer als „Beigeladene" beteiligt sein können (§ 48 Abs. 1 Satz 1 WEG-E). Unter Bezugnahme darauf wird im Schrifttum der Ansicht des Entwurfs, es müssten alle Wohnungseigentümer verklagt werden, entgegengetreten. Es wird eingewandt, dass es keinen sachlichen Grund gebe, Wohnungseigentümer, die nicht für den angefochtenen Beschluss gestimmt haben, in einen Prozess mit erheblichem Kostenrisiko hineinzuziehen. Die Klage sei vielmehr auf diejenigen Wohnungseigentümer, die für den Beschluss gestimmt haben, zu beschränken. Die übrigen Wohnungseigentümer seien gemäß § 48 Abs. 1 Satz 1 WEG-E beizuladen und müssten die Rechtskraft des Urteils gemäß § 48 Abs. 3 Satz 1 WEG-E gegen sich gelten lassen (vgl. Bonifacio, ZMR 2005, 327 <330 f.>).

Wenn das Wohnungseigentumsverfahren in den Zivilprozess überführt wird, sollte es weder den Wohnungseigentümern noch den Gerichten abgefordert werden, zu der schon jetzt erkennbar offenen Frage nach dem richtigen Beklagten selbst die richtige Lösung zu suchen. Rechtsunsicherheit wäre in diesem Punkt angesichts der Bedeutung der Beschlussanfechtung für die Wohnungseigentümergemeinschaften schwer erträglich. Die Antwort sollte im Gesetz gegeben werden.

Falls die zu treffende Regelung dahin geht, dass alle Wohnungseigentümer verklagt werden müssen, stellt sich die Frage, ob die Kostenregelung der §§ 91, 100 Abs. 2 ZPO zur Wahrung der Belange der bei der Beschlussfassung überstimmten Wohnungseigentümer ausreicht oder ob § 49 Abs. 1 WEG-E auch auf diese Fälle zu erstrecken ist.

8. Zu Artikel 1 Nr. 16 (§ 46 Abs. 2, § 48 Abs. 4 WEG)

a) Der Bundesrat bittet, im weiteren Verlauf des Gesetzgebungsverfahrens zu prüfen, ob in Artikel 1 Nr. 16 der § 46 Abs. 2 wie folgt gefasst werden sollte:

„(2) Das Gericht hat zu prüfen, ob der Beschluss nichtig ist und dabei auch Tatsachen zu berücksichtigen, die vom Kläger nicht vorgebracht sind. Liegt ein Nichtigkeitsgrund vor, ist dieser von Amts wegen zu berücksichtigen."

b) In Artikel 1 Nr. 16 § 48 Abs. 4 sind die Wörter „verstoße gegen eine unverzichtbare Rechtsvorschrift" durch die Wörter „sei nichtig" zu ersetzen.

Begründung:

Wie in der Begründung des Entwurfs (Bundesratsdrucksache 397/05, Seite 91) zu Recht ausgeführt wird, führt nach geltendem Recht die in § 45 Abs. 2 Satz 2 WEG festgelegte umfassende Rechtskraftwirkung notwendiger Weise dazu, dass der angefochtene Beschluss von Amts wegen auf Nichtigkeitsgründe zu untersuchen ist. Nachdem diese umfassende Rechtskraftwirkung – zu Recht – beibehalten werden soll (§ 48 Abs. 4 WEG-E), müssten konsequenter Weise auch nach dem neuen Verfahrensrecht dem Gericht Befugnis und Pflicht zur Prüfung und Berücksichtigung von Nichtigkeitsgründen von Amts wegen zustehen. Die erweiterte Hinweispflicht nach § 46 Abs. 2 WEG-E genügt auf Grund dessen nicht; man denke an den Fall, dass der Kläger trotz Hinweises des Gerichts seinen Vortrag nicht ergänzt (Beispiel: aus der von Beklagten- und nicht von Klägerseite vorgelegten Teilungserklärung ergibt sich ohne Weiteres, dass der angefochtene Beschluss nichtig ist, der Kläger beruft sich darauf trotz Hinweises aber nicht). Auch in diesem Fall gebietet es das in der Begründung (Bundesratsdrucksache 397/05, Seite 92) hervorgehobene Interesse an einer sachgerechten Entscheidung, den Nichtigkeitsgrund angesichts der Rechtskraftwirkung des § 48 Abs. 4 WEG-E berücksichtigen zu können.

Eine derartige Prüfung und Berücksichtigung von Nichtigkeitsgründen von Amts wegen bedeutet keine – in der Entwurfsbegründung (Bundesratsdrucksache 397/05, Seite 92) zu Recht abgelehnte – Amtsermittlung, sondern die Befugnis des Gerichts, aus den von den Beteiligten dem Gericht von sich aus oder auf gerichtlichen Hinweis oder Verfügung unterbreiteten Tatsachen sich ergebende Nichtigkeitsgründe von Amts wegen zu berücksichtigen.

Mit der Formulierung „gegen eine Rechtsvorschrift verstößt, auf deren Einhaltung rechtswirksam nicht verzichtet werden kann" sind ausweislich der Begründung Nichtigkeitsgründe gemeint. Für Rechtsanwender erscheint es klarer, wenn dies im Wortlaut der Norm deutlich ausgesprochen wird. Entsprechend ist § 48 Abs. 4 WEG-E terminologisch klarer zu fassen.

BT-Drs. S. 52:

9. Zu Artikel 1 Nr. 16 (§ 48 Abs. 1, 3 WEG)

Der Bundesrat bittet, im weiteren Verlauf des Gesetzgebungsverfahrens zu prüfen, ob das Rechtsinstitut der Beiladung der übrigen Wohnungseigentümer tatsächlich notwendig ist.

Begründung:

Nach § 48 Abs. 1 WEG-E sind die an dem Rechtsstreit nicht als Partei beteiligten übrigen Wohnungseigentümer grundsätzlich beizuladen. Begründet wird dies mit der

Gewährung rechtlichen Gehörs (vgl. Bundesratsdrucksache 397/05, Seite 94 f.). Rechtliches Gehör muss jedoch nur insoweit gewährt werden, als die Rechte des Beizuladenden beeinträchtigt werden können. Die Notwendigkeit der Beiladung ist daher letztlich Folge der Erweiterung der Rechtskraftwirkung über § 325 ZPO hinaus durch § 48 Abs. 3 WEG-E; auch die als Parallele herangezogene Beiladung nach § 640 e ZPO ist ohne die Rechtskraftwirkung des § 640 h ZPO nicht verständlich.

Geht man wie die Entwurfsbegründung davon aus, dass in Beschlussanfechtungsverfahren alle Wohnungseigentümer Partei sind bzw. sein müssen, weil ein Fall der notwendigen Streitgenossenschaft vorliegt und ansonsten die Anfechtungsklage als unzulässig abzuweisen wäre (vgl. Bundesratsdrucksache 397/05, Seite 93 oben), stellt sich die Frage, ob es für die (übrigen) Verfahren der Rechtskrafterstreckung auf die beigeladenen Eigentümer und damit des Rechtsinstituts der Beiladung überhaupt bedarf, zumal unklar bleibt, wie der Personenkreis, der auf Grund notwendiger Streitgenossenschaft Partei sein muss, um zu einer Sachentscheidung zu gelangen, von den Wohnungseigentümern, für die dies nicht gilt, die aber dennoch in ihren rechtlichen Interessen betroffen sind und daher beigeladen werden müssen, abgegrenzt werden soll.

10. Zu Artikel 1 Nr. 16 (§ 48 Abs. 1 WEG)

Der Bundesrat bittet klarzustellen, von welchen rechtlichen Voraussetzungen es abhängen soll, ob die Mitglieder einer Wohnungseigentümergemeinschaft in einem Zivilprozess nach § 43 Abs. 1 WEG-E auf der Kläger- oder Beklagtenseite als Partei beteiligt sein müssen oder ob dies nicht erforderlich ist mit der Folge, dass sie vom Gericht nach Maßgabe des § 48 Abs. 1 Satz 1 WEG-E beizuladen sind.

Begründung:

§ 48 Abs. 1 WEG-E kann lediglich entnommen werden, dass es künftig in Bezug auf Zivilprozesse nach § 43 WEG-E Parteien, Beigeladene sowie am Prozess nicht beteiligte Wohnungseigentümer geben kann. Die Gruppe der Letzteren definiert der Entwurf dahin, dass ihre rechtlichen Interessen durch den Prozess erkennbar nicht berührt sind. Eine Regelung zu der Frage, welche der übrigen Wohnungseigentümer im Wohnungseigentumsprozess auf der Kläger- oder Beklagtenseite Partei sein müssen, und bei welchen Wohnungseigentümern dies trotz Berührtheit ihrer „rechtlichen Interessen" nicht der Fall ist, enthält der vorgesehene Gesetzeswortlaut nicht. Auch in der Entwurfsbegründung sind rechtliche Kriterien, nach denen sich die Unterscheidung zwischen notwendigen Parteien und lediglich beizuladenden Wohnungseigentümern richten soll, nicht genannt.

Im geltenden Zivilprozessrecht beurteilt sich die Frage, wer bei mehreren Mitberechtigten in einem Rechtsstreit auf der Aktiv- und auf der Passivseite Partei sein muss, nach den Grundsätzen zur notwendigen Streitgenossenschaft. Ob diese Grundsätze auch in einem Verfahren gelten sollen, das – im Unterschied zum herkömmlichen Zivilprozess – ein Nebeneinander von Parteien und Beigeladenen mit jeweils darauf bezogener Rechtskrafterstreckung (§ 48 Abs. 3 WEG-E) vorsieht, kann dem Entwurf nicht entnommen werden.

Klarheit in diesem Punkt ist für die Mitglieder von Wohnungseigentümergemeinschaften, für die sie beratenden Rechtsanwälte und für die in Zivilprozessen nach § 43 WEG-E zuständigen Gerichte von wesentlicher Bedeutung. Von der Frage, welche Wohnungseigentümer in einem Zivilprozess notwendig Partei sein müssen, hängen u. a. die Zulässigkeit der Klage und die Einbeziehung in die Kostenpflicht nach § 91 ff. ZPO und § 49 WEG-E ab.

11. Zu Artikel 1 Nr. 16 (§ 48 Abs. 2 a – neu –, 3 WEG)

Der Bundesrat bittet, im Verlauf des weiteren Gesetzgebungsverfahrens zu prüfen, ob in Artikel 1 Nr. 16 der § 48 wie folgt geändert werden sollte:

a) Nach Absatz 2 ist folgender Absatz 2 a einzufügen:

„(2 a) Soweit in den Fällen des § 43 Nr. 2 und 3 der Verwalter nicht Partei ist, ist er ebenfalls beizuladen.“

b) Absatz 3 ist wie folgt zu fassen:

„(3) Über die in § 325 der Zivilprozessordnung angeordnete Wirkung hinaus wirkt das rechtskräftige Urteil auch für und gegen alle beigeladenen Wohnungseigentümer und ihre Rechtsnachfolger sowie gegen den nach Absatz 2 a beigeladenen Verwalter.“

Begründung:

Da Rechte und Pflichten des Verwalters sowohl im Verfahren nach § 43 Nr. 2 WEG-E als auch – im Hinblick auf seine Aufgabe gemäß § 27 Abs. 1 Nr. 1 WEG, die Beschlüsse der Wohnungseigentümer durchzuführen – im Verfahren nach § 43 Nr. 3 WEG-E unmittelbar beeinflusst werden, ist sicherzustellen, dass er in diesen Fällen, soweit er nicht bereits als Partei beteiligt ist, stets notwendig beizuladen ist. Nur so ist es gerechtfertigt, den Verwalter an das Urteil in dem Rechtsstreit zu binden.

12. Zu Artikel 1 Nr. 16 (§ 48 Abs. 3 WEG)

Der Bundesrat bittet, im weiteren Verlauf des Gesetzgebungsverfahrens zu prüfen, ob § 48 Abs. 3 WEG-E dahingehend ergänzt werden sollte, dass Urteile, durch die Beschlüsse der Wohnungseigentümer für ungültig oder nichtig erklärt werden, für und gegen alle Wohnungseigentümer wirken, unabhängig davon, ob diese Partei waren oder beigeladen worden sind.

Begründung:

Nach der im Entwurf vorgesehenen Regelung des § 48 Abs. 3 i. V. m. § 44 WEG-E ist nicht gewährleistet, dass ein auf Anfechtungsklage oder Nichtigkeitsklage hin er-

BT-Drs. S. 53:

gangenes Urteil, durch das der angefochtene Beschluss der Wohnungseigentümergemeinschaft für ungültig bzw. nichtig erklärt wird, für und gegen alle Eigentümer wirkt. Ist nämlich die dem Gericht vorgelegte Liste der beklagten Wohnungseigentümer nicht vollständig (weil sie nicht aktuell oder aus sonstigen Gründen falsch ist), erkennt dies das Gericht nicht und erlässt es deshalb trotzdem ein entsprechendes Sachurteil, entfaltet dies gegenüber dem „vergessenen“ Wohnungseigentümer keine Rechtskraftwirkung. Eine nur relative Rechtskraftwirkung ist jedoch für den Kläger weitgehend wertlos, nachdem der Wohnungseigentümer, der nicht Beklagter war, an das Urteil nicht gebunden ist und sich daher nach wie vor auf die Gültigkeit des Beschlusses berufen kann. Der Kläger müsste dann ein neues Anfechtungsverfahren anstrengen. Demgegenüber wird nach geltendem Recht die richterliche Entscheidung gemäß § 45 Abs. 2 Satz 2 WEG für alle (materiell) Beteiligten grundsätzlich bindend; allerdings ist streitig, ob ein materiell beteiligter Wohnungseigentümer, der fälschlicherweise nicht formell beteiligt worden ist, an einen entsprechenden gerichtlichen Beschluss gebunden ist (vgl. Bärmann/Pick/Merle, Wohnungseigentumsgesetz, 9. Auflage, § 45 WEG, Rn 119 m. w. N.). Der Gerichtsbeschluss kann jedoch den fälschlicherweise nicht beteiligten Wohnungseigentümern zugestellt werden und wirkt dann für und gegen diese, soweit sie ihn nicht mit Rechtsmitteln anfechten (vgl. OLG Hamm, NJW-RR 1987, 842 <845>). Diese Möglichkeit dürfte künftig nicht mehr bestehen.

Für eine Rechtskrafterstreckung von Urteilen, durch die Beschlüsse von Wohnungseigentümerversammlungen für nichtig oder ungültig erklärt werden, spricht auch die Parallele zu § 248 Abs. 1 Satz 1 AktG. Danach erstreckt sich die Rechtskraft von Urteilen, durch die ein angefochtener Beschluss der Hauptversammlung für nichtig erklärt wird, auf alle Aktionäre, auch wenn sie nicht Partei sind.

Es sollte geprüft werden, ob aus Gründen der Rechtsklarheit und der Rechtssicherheit für die Wohnungseigentümer eine vergleichbare Regelung nicht auch im Wohnungseigentumsverfahren getroffen werden kann.

13. Zu Artikel 1 Nr. 16 (§ 50 WEG),
Artikel 3 Abs. 1 a – neu – (§ 49 a – neu – GKG)

a) In Artikel 1 Nr. 16 ist § 50 zu streichen.
b) In Artikel 3 ist nach Absatz 1 folgender Absatz 1 a einzufügen:

‚(1 a) Das Gerichtskostengesetz in der Fassung der Bekanntmachung vom 5. Mai 2004 (BGBl. I S. 718), zuletzt geändert durch . . ., wird wie folgt geändert:

1. In der Inhaltsübersicht wird nach der Angabe zu § 49 folgende Angabe eingefügt: „§ 49 a Wohnungseigentumssachen".
2. Nach § 49 wird folgender § 49 a eingefügt:

„§ 49 a Wohnungseigentumssachen

Soweit die Klage keine bezifferte Geldforderung betrifft, ist der Streitwert auf 50 Prozent des Interesses der Parteien, aller beigeladenen Wohnungseigentümer und, soweit dieser betroffen ist, des Verwalters an der Entscheidung festzusetzen. Er darf das Interesse der Klageparteien und der auf ihrer Seite Beigetretenen an der Entscheidung nicht unterschreiten. Der Streitwert bemisst sich höchstens nach dem fünffachen Wert des für die Klagepartei und die auf ihrer Seite Beigetretenen maßgeblichen Interesses an der Entscheidung und darf den Verkehrswert ihrer Wohneigentumsanteile nicht übersteigen." ‘

Begründung:

Wegen der Erstreckung der ZPO-Regelungen auf Verfahren in Wohnungseigentumssachen sollten nicht nur die Gerichtskosten, sondern auch die Wertvorschriften systemgerecht im Gerichtskostengesetz (§ 39 ff. GKG) geregelt werden, wie dies im ursprünglichen Referentenentwurf (Stand 1. Oktober 2004) des Bundesministeriums der Justiz vorgesehen war (dort Artikel 3 Abs. 2). Im Interesse der Vereinfachung des Kostenrechts erscheint es unverzichtbar, kostenrechtliche Normen nach Möglichkeit ausschließlich in den Kostengesetzen zu regeln. Es wird daher vorgeschlagen, die Regelungen über den Streitwert (§ 50 WEG-E) aus dem Wohnungseigentumsgesetz herauszunehmen und in das Gerichtskostengesetz unter einem neuen § 49 a einzufügen.

Durch § 49 a Satz 1 – neu – GKG-E wird zunächst klargestellt, dass für den Streitwert die Höhe der Forderung maßgeblich ist, wenn die Klage eine bezifferte Geldforderung (insbesondere Wohngeld) betrifft. Es wäre gegenüber anderen zivilrechtlichen Verfahren nicht gerechtfertigt, auch in diesen Fällen nur 50 Prozent des Interesses der Beteiligten zu Grunde zu legen. Im Übrigen wird die Regelung des § 50 Abs. 1 WEG-E übernommen. Es erscheint sachgerecht, zur Vermeidung überhöhter Gebühren für Verfahren nach dem Wohnungseigentumsgesetz, den Streitwert auf 50 Prozent des Interesses der Parteien, aller beigeladenen Wohnungseigentümer und, soweit dieser betroffen ist, des Verwalters an der Entscheidung zu begrenzen.

Gleiches gilt für den im Gesetzentwurf enthaltenen Mindeststreitwert (Interesse der Klageparteien und der auf ihrer Seite Beigetretenen an der Entscheidung; § 50 Abs. 1 Satz 2 WEG-E). Ist das Interesse auf Seiten der Klagepartei einschließlich der ihr Beigetretenen an der Entscheidung höher als 50 Prozent des Gesamtinteresses, so soll der Wert dieses Interesses maßgebend sein (§ 49 a Satz 2 – neu – GKG-E). Anderenfalls wären nämlich die Beteiligten in Verfahren nach dem Wohnungseigentumsgesetz gegenüber den Parteien in anderen ZPO-Verfahren besser gestellt, ohne dass es hierfür einen sachlichen Grund gäbe.

Im Hinblick auf die aus dem Rechtsstaatsprinzip folgende Justizgewährungspflicht ist darüber hinaus eine weitere Begrenzung des Streitwerts erforderlich (§ 49 a Satz 3 GKG –

neu –). Mit der Justizgewährungspflicht wäre es nicht vereinbar, den Rechtsuchenden durch die Vorschriften über die Gerichts- und Rechtsanwaltsgebühren mit einem unverhältnismäßigen Kostenrisiko zu belasten (vgl. BVerfGE 85, 337). Das einzelne Interesse der Klagepartei kann – gerade bei größeren Wohnungs-

BT-Drs. S. 54:

eigentümergemeinschaften – nämlich deutlich weniger als 50 Prozent des Interesses aller Beteiligten betragen. Andererseits kann in Verfahren nach dem Wohnungseigentumsgesetz im Unterschied zu anderen Verfahren nach der Zivilprozessordnung nicht allein das Interesse der Klagepartei an der Entscheidung maßgebend sein, da sich die Rechtskraft des Urteils nicht lediglich auf die Parteien, sondern auf alle beigeladenen Wohnungseigentümer sowie in den Fällen des § 43 Nr. 2 und 3 WEG-E auch auf den Verwalter erstreckt. Deshalb soll Ausgangspunkt für die Streitwertbemessung das Gesamtinteresse aller an dem Verfahren Beteiligten bleiben. Auch im Hinblick auf das sich aus der künftigen Anwendbarkeit des Gerichtskostengesetzes ergebende erhöhte Kostenrisiko ist der Streitwert jedoch zusätzlich in zweifacher Hinsicht zu begrenzen. Deshalb sieht § 49 a Satz 3 – neu – GKG-E vor, dass der Streitwert höchstens dem fünffachen Wert des für die Klagepartei und die auf ihrer Seite Beigetretenen maßgeblichen Interesses an der Entscheidung entspricht und den Verkehrswert ihrer Wohnungseigentumsanteile nicht übersteigen darf. Damit wird sichergestellt, dass das Kostenrisiko eines klagenden Wohnungseigentümers nicht außer Verhältnis zu seinem Interesse an der Entscheidung des Rechtsstreits steht und in der Folge die Anrufung des Gerichts bei vernünftiger Abwägung wirtschaftlich nicht mehr sinnvoll erschiene.

Der Vorschlag, den Streitwert nach Maßgabe von § 50 Abs. 2 und 3 WEG-E für die klagenden bzw. beklagten Wohnungseigentümer unterschiedlich festzusetzen, ist hingegen abzulehnen.

Des Weiteren würde die unterschiedliche doppelte Streitwertfestsetzung (Gesamtstreitwert gemäß § 50 Abs. 1 WEG-E einerseits und der Streitwert für die Klagepartei und die auf ihrer Seite Beigetretenen gemäß § 50 Abs. 2 Satz 1 WEG-E andererseits) die Kostenbehandlung erheblich erschweren und in der Sache zu ungerechten Ergebnissen führen: Die vorgeschlagene Regelung in § 50 Abs. 2 Satz 3 WEG-E ließe eine formularmäßige Kostenausgleichung im Fall des teilweisen Obsiegens und Unterliegens nicht mehr zu. Derzeit können die außergerichtlichen Kosten, die für Kläger und Beklagten im Regelfall aus dem gleichen Streitwert berechnet werden, ohne Weiteres addiert und auf die Beteiligten entsprechend ihrer Kostenhaftung verteilt werden. Es ergibt sich ein Erstattungsanspruch für den Kläger oder Beklagten, der in einem Beschluss festgesetzt werden kann. Künftig müssten die Erstattungsansprüche des Klägers (aus dem nach § 50 Abs. 2 Satz 1 bis 3 WEG-E reduzierten Streitwert), des ihn vertretenden Rechtsanwalts (aus dem nach § 50 Abs. 1, 2 Satz 4 WEG-E maßgebenden Streitwert unter Berücksichtigung des eigenen Anspruchs des Klägers) und der übrigen Wohnungseigentümer (aus dem Gesamtstreitwert nach § 50 Abs. 1 WEG-E) getrennt berechnet und zudem in zwei Beschlüssen festgesetzt werden. Eine solche Vorgehensweise dient nicht der Verfahrensvereinfachung und der angestrebten Entlastung der Justiz.

Außerdem würde die beabsichtigte Regelung zu nicht hinnehmbaren Benachteiligungen der übrigen Wohnungseigentümer führen, für die sachliche Gründe nicht erkennbar sind. Mehrheitlich obsiegende Wohnungseigentümer hätten gegen den Gegner eventuell nur einen beschränkten Erstattungsanspruch. Nach derzeitiger Gesetzeslage entscheidet der Richter nach billigem Ermessen, welche Beteiligten die Gerichtskosten zu tragen haben (§ 47 Satz 1 WEG) und ob außergerichtliche Kosten ganz oder teilweise zu erstatten sind (§ 47 Satz 2 WEG); damit wird sichergestellt, dass die Kostenverteilung sachgerecht erfolgt. Demgegenüber würde die im Gesetzentwurf der Bundesregierung enthaltene Regelung die besagte Benachteiligung festschreiben, was im Hinblick auf den Gleichheitssatz auch verfassungsrechtlich problematisch erscheint. Da es sich künftig um Verfahren nach der Zivilprozessordnung handelt, wäre den betroffenen Wohnungseigentümern nur schwer verständlich zu machen, warum sie – anders als Prozessparteien anderer Zivilprozesse – trotz Obsiegens einen Teil der ihnen entstandenen Kosten selbst tragen müssten und warum der Rechtsanwalt des Klägers einen weitergehenden Vergütungsanspruch gegen sie haben soll. Dies würde bedeuten, dass die beklagte Partei die Prozessführung des Klägers im Fall des Unterliegens in weiterem Umfang finanzieren müsste als in anderen Zivilprozessen; dies ist unserem Rechtssystem fremd. Die dem Gesetzentwurf der Bundesregierung zu Grunde liegende Annahme, dass die Ausnahme des § 50 Abs. 2 WEG-E überwiegend Streitfälle größerer Wohnungseigentümergemeinschaften betreffe, trifft im Übrigen nicht zu. Auch bei kleinen Wohnungseigentümergemeinschaften können den übrigen Wohnungseigentümern wirtschaftliche Nachteile entstehen, die auch durch die Bestimmung des § 16 Abs. 8 WEG-E nicht gänzlich beseitigt werden würden.

Es wird nicht verkannt, dass es für die Wohnungseigentümergemeinschaft nicht immer einfach sein könnte, einen Rechtsanwalt zu finden, der für auf der Grundlage von § 49 a Satz 3 – neu – GKG-E berechneten gesetzlichen Gebühren zur Übernahme des Mandats bereit wäre, und dass der Verwalter der Wohnungseigentümergemeinschaft gesetzlich derzeit nicht ermächtigt ist, mit dem Rechtsanwalt eine Vergütungsvereinbarung abzuschließen. Dies rechtfertigt allerdings nicht die vorgeschlagene einseitige Belastung der Wohnungseigentümergemeinschaft. Es erscheint jedoch sinnvoll, eine gesetzliche Ermächtigung für den Verwalter zu schaffen, eine Vergütungsvereinbarung mit dem Rechtsanwalt zu treffen, wonach der Rechtsanwalt die ihm zustehenden Gebühren auf einer Streitwertbasis von bis zu 50 Prozent des Interesses der Parteien, aller beigeladenen Wohnungseigentümer und, soweit dieser betroffen ist, des Verwalters an der Entscheidung (§ 49 a Satz 1 – neu – GKG-E) abrechnen darf. Die Bundesregierung wird gebeten, eine solche Regelung zu prüfen.

Die weitere Begründung des Gesetzentwurfs der Bundesregierung (Bundesratsdrucksache 397/05, Seite 102), wonach die einseitige Streitwertbegrenzung auch als Sanktion für den Fall diene, dass die Wohnungseigentümer mit einem Mehrheitsbeschluss bewusst gegen rechtliche Vorschriften verstoßen oder sogar willkürlich handeln, überzeugt nicht. Zum einen werden auch Wohnungseigentümer „bestraft", die in Übereinstimmung mit Recht und Gesetz gehandelt haben. Zum anderen wird verkannt, dass einzelne Wohnungseigentümer auch aus unsachlichen Gründen die übrigen Wohnungseigen-

BT-Drs. S. 55:

tümer mit einer Klage überziehen können und in diesem Fall die Sanktion gerade die „Opfer" einer von vorneherein unbegründeten Klage treffen würde.

Bei einer Aufhebung von § 50 WEG-E ist als Folge Artikel 1 Nr. 5 Buchstabe d anzupassen.

14. Zu Artikel 3 Abs. 1 (Änderung des Gerichtsverfassungsgesetzes)

In Artikel 3 ist Absatz 1 wie folgt zu fassen:

‚(1) In § 23 Nr. 2 des Gerichtsverfassungsgesetzes in der Fassung der Bekanntmachung vom 9. Mai 1975 (BGBl. I S. 1077), das zuletzt durch . . . geändert worden ist, wird nach Buchstabe b folgender Buchstabe c eingefügt:

„c) Streitigkeiten nach § 43 des Wohnungseigentumsgesetzes;". ‘

Begründung:

Der Vorschlag des Entwurfs, Berufungen in Wohnungseigentumssachen in Abweichung von dem für gewöhnliche Zivilprozesse geltenden Instanzenzug den Oberlandesgerichten zuzuweisen, ist nicht zu befürworten. Er widerspricht den in jüngerer Zeit zu Recht verstärkt erhobenen Postulaten nach Einheitlichkeit und Transparenz des Verfahrensrechts.

Gewichtige Gründe, die für Wohnungseigentumssachen eine Ausnahme erfordern, sind nicht ersichtlich. Die Aspekte der Bürgernähe und des ökonomischen Umgangs mit den Ressourcen der Justiz sprechen dagegen.

Der Argumentation in der Einzelbegründung des Entwurfs, die Rechtsprechung der Oberlandesgerichte habe in der Vergangenheit wesentlich zur Rechtsvereinheitlichung in Wohnungseigentumssachen beigetragen, der vorgeschlagene Beschwerde- und Berufungsweg solle den besonderen Sachverstand der Oberlandesgerichte auf diesem Gebiet auch für die Zukunft nutzbar machen (Bundesratsdrucksache 397/05, Seite 118), kommt nur begrenztes Gewicht zu. Die besonderen Erfahrungen der Oberlandesgerichte beziehen sich auf das geltende Wohnungseigentumsrecht. Soweit der Entwurf grundlegende Umstrukturierungen, wie z. B. eine Überführung der durch eine Vielzahl von Beteiligten gekennzeichneten Verfahren aus der Freiwilligen Gerichtsbarkeit in den Zivilprozess vorsieht, ist die Materie auch für die Oberlandesgerichte neu. Die Oberlandesgerichte haben derzeit in Wohnungseigentumssachen als dritte Instanz im Rahmen der weiteren Beschwerde (§§ 27, 28 Abs. 1 FGG) ausschließlich über Rechtsfragen zu befinden. Hätten sie künftig in Wohnungseigentumssachen als zweite Rechts- und Tatsacheninstanz zu entscheiden, wäre dafür die besondere Sachkunde und Erfahrung nur beschränkt nutzbar. Im Übrigen haben auch die Beschwerdekammern der Landgerichte – und zwar sowohl als Rechts- als auch als Tatsacheninstanz – in der Vergangenheit Erfahrungen in Wohnungseigentumssachen erlangt. Diese Sachkunde, die sich auf eine größere Zahl von Fällen als die der zum Oberlandesgericht gelangenden weiteren Beschwerden gründet, ginge nach dem Vorschlag des Entwurfs verloren. Per Saldo wäre daher von einer Verlagerung der Berufungen zum Oberlandesgericht ein wesentlich vorteilhafterer Erfahrungstransfer kaum zu erwarten.

Für eine Beibehaltung der zweitinstanzlichen Landgerichtszuständigkeit auch nach einer Überführung der Wohnungseigentumssachen in dem Zivilprozess sprechen die Gesichtspunkte der Sach- und Bürgernähe. Der Entwurf begründet seinen Vorschlag zur Beibehaltung der ausschließlichen erstinstanzlichen Zuständigkeit des Amtsgerichts, in dessen Bezirk das Grundstück liegt (§ 43 WEG-E), mit den „Vorteilen der räumlichen Nähe zum Gericht" (Bundesratsdrucksache 397/05, Seite 84). Dieser Aspekt gilt gleichermaßen für die zweite Instanz, in der gegebenenfalls vor Ort neue Tatsachenfeststellungen zu treffen sind. Angesichts der ausgeprägten Ortsbezogenheit von Wohnungseigentumssachen sollten weder den Wohnungseigentümern lange Fahrten zur Wahrnehmung eines Verhandlungstermins beim Oberlandesgericht, noch den Zivilsenaten lange Dienstreisen zur Durchführung einer Inaugenscheinnahme vor Ort auferlegt werden. Ein Teil der Wohnungseigentumssachen hat hinsichtlich des zu regelnden Sachverhalts Ähnlichkeit mit Wohnraummietsachen. Hinzuweisen ist z. B. auf die Rechtsprechung zur Parabolantenne und zu Nebenkostenabrechnungen. Auch dies spricht dafür, sie einheitlich in zweiter Instanz von den Landgerichten entscheiden zu lassen.

Im Übrigen ist zu besorgen, dass den Länderhaushalten durch den Entwurfsvorschlag per Saldo Mehrbelastungen entstünden. Die bisher von den Landgerichten erledigten Rechtsmittel (Beschwerden) in Wohnungseigentumssachen müssten künftig als zivilprozessuale Berufungen von Richtern in höheren Besoldungsgruppen mit einem wesentlich niedrigeren Belastungsquotienten bearbeitet werden. Ob die dem Justizhaushalt insoweit entstehenden Zusatzbelastungen durch die Entlastung der Oberlandesgerichte von der nur geringen Zahl von FGG-Rechtsbeschwerden ausgeglichen würde, erscheint eher fraglich.

Der Bundesgesetzgeber hat bei der ZPO-Reform aus guten Gründen davon abgesehen, für die in erster Instanz vor den Amtsgerichten verhandelten Rechtsstreitigkeiten eine Berufungszuständigkeit der Oberlandesgerichte zu schaffen. Es ist kein überzeugender Grund erkennbar, davon nun in Wohnungseigentumssachen abzuweichen.

15. Zu Artikel 3 Abs. 1 Nr. 1
(§ 23 Nr. 2 Buchstabe c Halbsatz 2 – neu – GVG)

In Artikel 3 Abs. 1 Nr. 1 ist § 23 Nr. 2 Buchstabe c folgender Halbsatz anzufügen: „diese Zuständigkeit ist ausschließlich;".

Begründung:

Die Ergänzung entspricht derjenigen bei § 23 Nr. 2 Buchstabe a GVG (Wohnraummietverhältnisse). Sie ist zur Klarstellung erforderlich, da die übrigen in § 23 Nr. 2 GVG geregelten streitwertunabhängigen Zuständigkeiten des Amtsgerichts nicht ausschließlich sind (vgl. Hüßtege, in: Thomas/Putzo, ZPO, 26. Auflage 2004, § 23 GVG Rn 9), die Einzelbegründung des Entwurfs (Bundesratsdrucksache 397, 05, Seite 84) aber – zu Recht – weiterhin von der auch sachlich ausschließlichen Zuständigkeit der Amtsgerichte in Wohnungseigentumssachen ausgeht.

BT-Drs. S. 56:

Anlage 3

Gegenäußerung der Bundesregierung

Die Bundesregierung nimmt zu den Vorschlägen und Prüfbitten des Bundesrates wie folgt Stellung:

Zu Nummer 1 (Zum Gesetzentwurf insgesamt)

Die Bundesregierung hat auf die Bitte des Bundesrates den Beschluss des V. Zivilsenats des Bundesgerichtshofs (BGH) vom 2. Juni 2005 – V ZB 32/05 – (siehe etwa NJW 2005, 2061) geprüft und hält als Folge der Entscheidung neben den in dem Gesetzentwurf bereits vorgesehenen Änderungen weitere für erforderlich.

I.

Der BGH hat mit dem Beschluss seine bisherige Rechtsprechung geändert und entschieden, dass die Gemeinschaft der Wohnungseigentümer teilrechtsfähig ist. Die Gemeinschaft sei ein Rechtssubjekt eigener Art, nämlich eine durch Gesetz zu einer Organisation zusammengefasste Personenmehrheit. Sie könne neben den Wohnungseigentümern im Rechtsverkehr auftreten. Die Rechtsfähigkeit ist nach der Entscheidung des BGH aber nicht umfassend, sondern auf die Teilbereiche des Rechtslebens beschränkt, bei denen die Wohnungseigentümer im Rahmen der Verwaltung des gemeinschaftlichen Eigentums als Gemeinschaft am Rechtsverkehr teilnehmen. Dies sei insbesondere bei Rechtsgeschäften und Rechtshandlungen im Außenverhältnis der Fall, könne aber auch im Innenverhältnis vorliegen.

Somit sind nunmehr – soweit es um die Teilnahme der Wohnungseigentümer am Rechtsverkehr zur Verwaltung des gemeinschaftlichen Eigentums geht – Verträge mit Dritten im Namen und mit Wirkung für und gegen die Gemeinschaft zu schließen. Die Wohnungseigentümer sind insoweit nicht mehr Vertragspartner des Dritten. Im Innenverhältnis ist es jetzt Sache der Gemeinschaft, Ansprüche auf Zahlung der Beiträge zu den Lasten und Kosten und auf Schadensersatz wegen Verletzung des gemeinschaftlichen Eigentums gegenüber Wohnungseigentümern geltend zu machen.

II.

Die Teilrechtsfähigkeit hat im Wesentlichen zur Folge, dass es bei dem Wechsel eines Wohnungseigentümers im Unterschied zur früheren Rechtslage keiner Einzelübertragung der Anteile am Verwaltungsvermögen mehr bedarf, da dieses nun der Gemeinschaft zusteht. Außerdem kann die Gemeinschaft jetzt als Gläubigerin einer Zwangshypothek in das Grundbuch eingetragen werden. Das Grundbuch, in das bisher die einzelnen Wohnungseigentümer eingetragen werden mussten, wird dadurch entlastet. Insbesondere ist die Gemeinschaft in einem Prozess, in dem es um die Teilnahme der Wohnungseigentümer am Rechtsverkehr geht, nun parteifähig. Auf den aktuellen Mitgliederbestand kommt es dabei nicht an, so dass im Unterschied zum früheren Recht die Namen der einzelnen Wohnungseigentümer zur Identifizierung der Gemeinschaft nicht mehr genannt werden müssen. Dies vereinfacht die Aktiv- wie die Passivprozesse.

III.

Der Regierungsentwurf hat die Zuordnung des Verwaltungsvermögens der Wohnungseigentümer bisher bewusst nicht neu konzipiert und sich zur Rechtsnatur der Gemeinschaft der Wohnungseigentümer nicht geäußert. Entsprechende Regelungen waren bei der Ermittlung des Handlungsbedarfs nur vereinzelt angeregt worden. Insbesondere hatten die Landesjustizverwaltungen und die beteiligten Verbände bei der Anhörung insoweit keinen Regelungsbedarf geltend gemacht. Deshalb und weil entsprechende Fälle in der Praxis nur selten zu Schwierigkeiten geführt hatten, sah der Gesetzentwurf vor, die Lösung dieser Fälle weiterhin der Rechtsprechung zu überlassen (näher die Begründung des Entwurfs, A. III.).

Der BGH hat sich nunmehr für ein Konzept der Vermögenszuordnung entschieden, das weitreichende Auswirkungen auf verschiedene Teile des Wohnungseigentumsrechts hat. Dieses Konzept wird in der Literatur zwar überwiegend akzeptiert. Zum Teil wird die Begründung des BGH aber auch kritisiert, und es wird auf die Grenzen richterlicher Rechtsfortbildung hingewiesen. In der Literatur besteht außerdem Einigkeit, dass die Entscheidung bisher noch ungelöste Fragen aufwirft und nicht in all ihren Konsequenzen befürwortet werden kann. Verschiedentlich ist daher bereits der Ruf nach dem Gesetzgeber laut geworden. Jedenfalls besteht für die Rechtspraxis nun ein erheblicher Klärungsbedarf. Das laufende Gesetzgebungsverfahren bietet die Möglichkeit, diese Klärung rasch herbeizuführen.

Dabei hat die Bundesregierung auch geprüft, ob es im Hinblick auf die Entscheidung des BGH zweckmäßiger wäre, im Wesentlichen nur einen gesetzlichen Übergang des Verwaltungsvermögens bei einer Übertragung des Wohnungseigentums zu normieren und im Übrigen zur Vermeidung von Rechtsunsicherheiten den Rechtszustand vor der BGH-Entscheidung wiederherzustellen, zumal vereinzelt bezweifelt wird, dass die Teilrechtsfähigkeit den Wohnungseigentümern einen Gewinn bringt.

Nach einer Gesamtabwägung spricht aber wesentlich mehr für als gegen eine Teilrechtsfähigkeit. Insbesondere stimmen die mit der Rechtsprechungsänderung verbundenen Erleichterungen (siehe oben II.) mit dem Ziel des Gesetzentwurfs der Bundesregierung überein, das Wohnungseigentumsrecht praktikabler zu gestalten. Hinzu kommt, dass der Entscheidung des BGH in der Rechtsprechung bereits Rechnung getragen wird (vgl. OLG München, Beschlüsse vom 13. Juli 2005, WE 2005, 9 und vom 27. Juli 2005, ZMR 2005, 733; LG Wuppertal, Urteil vom 22. September 2005, ZMR 2005, 990). Deshalb und aus Gründen der Rechtssicherheit und Verständlichkeit des Gesetzes soll der Entscheidung des BGH im Grundsatz gefolgt und die Teilrechtsfähigkeit der Gemeinschaft auch gesetzlich anerkannt werden. Die für das prozessuale Verfahren wichtige Frage

BT-Drs. S. 57:

der Rechtsnatur der Gemeinschaft wird so unmittelbar aus dem Gesetzestext ersichtlich, gleichzeitig werden die derzeit noch bestehenden rechtsmethodischen Zweifel an der Entscheidung des BGH hinfällig. Die Normierung der Teilrechtsfähigkeit der Gemeinschaft ist im Übrigen Voraussetzung dafür, aufgeworfene Folgefragen für jedermann erkennbar und verständlich zu lösen (dazu sogleich zu 1.). Nur so ist es auch möglich, die Rechtsprechung dort zu korrigieren, wo sie nach einhelliger Auffassung die Kreditfähigkeit der Gemeinschaft übermäßig schwächt (dazu sogleich zu 2.). Dieses Vorgehen kann sich auf die bisher erschienenen Äußerungen in der Literatur stützen (Armbrüster, ZWE 2005, 369; Bub/Petersen, NJW 2005, 2590 f.; Bork, ZIP 2005, 1205; Demharter, ZWE 2005, 357; ders. NZM 2005, 601; Götting, ZflR 2005, 623; Häublein, ZMR 2005, 557; ders. ZIP 2005, 1720; ders. MietRB 2005, 233; ders. ZMR 2006, 1; Hügel, DNotZ 2005, 753 ff.; Jennißen, BGH Report 2005, 1094; Kreuzer, ZMR 2006, 15; Lüke, ZflR, 2005, 516; Maroldt, ZWE 2005, 361; Niedenführ, LMK 2005, 154, 356; Pohlmann, EWiR 2005, 715; Raiser, ZWE 2005, 365; Rapp, MittBayNot 2005, 449; Schmidt, NotBZ 2005, 309; Wanderer/Kümmel, GE 2005, 900).

Hervorzuheben ist, dass sich die Normierung der Rechtsfähigkeit der Gemeinschaft auf Teile der Angelegenheiten der Wohnungseigentümer beschränken muss, weil ansonsten – insbesondere wenn die Wohnungseigentümer nur noch Mitglieder der Gemeinschaft mit einem dinglich gesicherten Anteil an deren Vermögen wären – das Wohnungseigentum nicht mehr als echtes Eigentum charakterisiert werden könnte.

1. Eine Klärung ist insbesondere bei den nachfolgenden Punkten notwendig:
   - Die sachenrechtlichen und die korporativen Elemente des Wohnungseigentums müssen klar voneinander unterschieden werden, damit deutlich wird, ob die mit dem

Miteigentum zusammenhängenden Rechte und Pflichten den Wohnungseigentümern oder der Gemeinschaft zuzuordnen sind.
- Es muss näher geregelt werden, auf welche Angelegenheiten der Wohnungseigentümer sich die Rechtsfähigkeit der Gemeinschaft erstreckt, damit das neue Recht für den Rechtsanwender leichter verständlich wird.
- Da es aufgrund der Teilrechtsfähigkeit der Gemeinschaft auch zu ihrer Insolvenz kommen kann, bedarf es wegen der Besonderheiten des Wohnungseigentumsrechts ergänzender Regelungen.
- Eine Abgrenzung der Vertretungsmacht des Verwalters in seiner neuen Funktion als Organ der Gemeinschaft gegenüber seiner davon zu unterscheidenden Funktion als Vertreter der Wohnungseigentümer mit Einzelaufgaben erscheint zur Vermeidung von Missverständnissen geboten.

2. Vor allem ist eine Änderung der Außenhaftung der Wohnungseigentümer angezeigt. Insoweit hat der V. Zivilsenat des BGH zugleich mit der Anerkennung der Rechtsfähigkeit die bisher von ihm vertretene gesamtschuldnerische Haftung aller Wohnungseigentümer für Verwaltungsschulden grundsätzlich abgelehnt. Eine persönliche Haftung der Wohnungseigentümer neben der Gemeinschaft sei nicht zumutbar und entbehrlich. Sie komme nur in Betracht, wenn ein Wohnungseigentümer sich gegenüber einem Gläubiger klar und eindeutig auch persönlich verpflichtet habe. Diese Entscheidung führt zu einer erheblichen Einschränkung der Kreditfähigkeit der Gemeinschaft und des Schutzes ihrer Gläubiger.

IV.

Die Bundesregierung schlägt deshalb folgende Änderungen zu den Artikeln 1 und 2 in der Fassung des Entwurfs eines Gesetzes zur Änderung des Wohnungseigentumsgesetzes und anderer Gesetze vor:

A. **Weitere Änderungen zu Artikel 1** (WEG)

1. § 10 wird wie folgt geändert:

a) Vor Absatz 1 wird folgender Absatz 1 eingefügt:

„(1) Inhaber der Rechte und Pflichten nach den Vorschriften dieses Gesetzes, insbesondere des Sondereigentums und des gemeinschaftlichen Eigentums, sind die Wohnungseigentümer, soweit nicht etwas anderes ausdrücklich bestimmt ist.“

b) Die bisherigen Absätze 1 bis 4 werden die Absätze 2 bis 5.

c) Folgende Absätze 6 bis 8 werden angefügt:

„(6) Die Gemeinschaft der Wohnungseigentümer kann im Rahmen der gesamten Verwaltung des gemeinschaftlichen Eigentums gegenüber Dritten und Wohnungseigentümern selbst Rechte erwerben und Pflichten eingehen. Sie ist Inhaberin der als Gemeinschaft gesetzlich begründeten und rechtsgeschäftlich erworbenen Rechte und Pflichten. Sie übt die gemeinschaftsbezogenen Rechte der Wohnungseigentümer aus und nimmt die gemeinschaftsbezogenen Pflichten der Wohnungseigentümer wahr, ebenso sonstige Rechte und Pflichten der Wohnungseigentümer, soweit diese gemeinschaftlich geltend gemacht werden können oder zu erfüllen sind. Die Gemeinschaft muss die Bezeichnung „Wohnungseigentümergemeinschaft“ gefolgt von der bestimmten Angabe des gemeinschaftlichen Grundstücks führen. Sie kann vor Gericht klagen und verklagt werden.

(7) Das Verwaltungsvermögen gehört der Gemeinschaft der Wohnungseigentümer. Es besteht aus den im Rahmen der gesamten Verwaltung des gemeinschaftlichen Eigentums gesetzlich begründeten und rechtsgeschäftlich erworbenen Sachen und Rechten sowie den entstandenen Verbindlichkeiten. Zu dem Verwaltungsvermögen gehören insbesondere die Ansprüche und Befugnisse aus Rechtsverhältnissen mit Dritten und mit Wohnungs-

BT-Drs. S. 58:

eigentümern sowie die eingenommenen Gelder. Vereinigen sich sämtliche Wohnungseigentumsrechte in einer Person, geht das Verwaltungsvermögen auf den Eigentümer des Grundstücks über.

(8) Jeder Wohnungseigentümer haftet einem Gläubiger nach dem Verhältnis seines Miteigentumsanteils (§ 16 Abs. 1 Satz 2) für Verbindlichkeiten der Gemeinschaft der Wohnungseigentümer, die während seiner Zugehörigkeit zur Gemeinschaft entstanden oder während dieses Zeitraums fällig geworden sind. Er kann gegenüber einem Gläubiger neben den in seiner Person begründeten auch die der Gemeinschaft zustehenden Einwendungen und Einreden geltend machen, nicht aber seine Einwendungen und Einreden gegenüber der Gemeinschaft. Für die Einrede der Anfechtbarkeit und Aufrechenbarkeit ist § 770 des Bürgerlichen Gesetzbuches entsprechend anzuwenden. Die Haftung eines Wohnungseigentümers gegenüber der Gemeinschaft wegen nicht ordnungsmäßiger Verwaltung bestimmt sich nach Satz 1."

2. Dem § 11 werden folgende Absätze 3 und 4 angefügt:

„(3) Die Eröffnung des Insolvenzverfahrens über das Verwaltungsvermögen der Gemeinschaft der Wohnungseigentümer führt nicht zu deren Auflösung. Die Schlussverteilung in dem Insolvenzverfahren erfolgt, sobald die Verwertung der Insolvenzmasse einschließlich der in den ersten drei Monaten nach der Eröffnung des Insolvenzverfahrens fälligen Beitragsvorschüsse und Sonderumlagen beendet ist. § 93 der Insolvenzordnung ist entsprechend anzuwenden.

(4) Der Verwalter ist nicht verpflichtet, die Eröffnung des Insolvenzverfahrens zu beantragen."

3. Dem § 18 Abs. 1 wird folgender Satz angefügt:

„Die Ausübung des Entziehungsrechts steht der Gemeinschaft der Wohnungseigentümer zu, soweit es sich nicht um eine Gemeinschaft handelt, die nur aus zwei Wohnungseigentümern besteht."

4. § 27 wird wie folgt gefasst:

„§ 27 Aufgaben und Befugnisse des Verwalters

(1) Der Verwalter ist gegenüber den Wohnungseigentümern und gegenüber der Gemeinschaft der Wohnungseigentümer berechtigt und verpflichtet,

1. Beschlüsse der Wohnungseigentümer durchzuführen und für die Durchführung der Hausordnung zu sorgen;
2. die für die ordnungsmäßige Instandhaltung und Instandsetzung des gemeinschaftlichen Eigentums erforderlichen Maßnahmen zu treffen;
3. in dringenden Fällen sonstige zur Erhaltung des gemeinschaftlichen Eigentums erforderliche Maßnahmen zu treffen;
4. Lasten- und Kostenbeiträge, Tilgungsbeträge und Hypothekenzinsen anzufordern, in Empfang zu nehmen und abzuführen, soweit es sich um gemeinschaftliche Angelegenheiten der Wohnungseigentümer handelt;
5. alle Zahlungen und Leistungen zu bewirken und entgegenzunehmen, die mit der laufenden Verwaltung des gemeinschaftlichen Eigentums zusammenhängen;
6. eingenommene Gelder zu verwalten;
7. die Wohnungseigentümer unverzüglich darüber zu unterrichten, dass ein Rechtsstreit gemäß § 43 anhängig ist.

(2) Der Verwalter ist berechtigt, im Namen aller Wohnungseigentümer und mit Wirkung für und gegen sie

1. Willenserklärungen und Zustellungen entgegenzunehmen, soweit sie an alle Wohnungseigentümer in dieser Eigenschaft gerichtet sind;

2. Maßnahmen zu treffen, die zur Wahrung einer Frist oder zur Abwendung eines sonstigen Rechtsnachteils erforderlich sind, insbesondere einen gegen die Wohnungseigentümer gerichteten Rechtsstreit gemäß § 43 Nr. 1 und 4 im Erkenntnis- und Vollstreckungsverfahren zu führen;
3. Ansprüche gerichtlich und außergerichtlich geltend zu machen, sofern er hierzu durch Vereinbarung oder Beschluss mit Stimmenmehrheit der Wohnungseigentümer ermächtigt ist;
4. die Erklärungen abzugeben, die zur Vornahme der in § 21 Abs. 5 Nr. 6 bezeichneten Maßnahmen erforderlich sind;
5. mit einem Rechtsanwalt wegen eines Rechtsstreits gemäß § 43 Nr. 1 oder Nr. 4 zu vereinbaren, dass sich die Gebühren nach einem höheren als dem gesetzlichen Streitwert, höchstens nach einem gemäß § 49 a Abs. 1 Satz 1 des Gerichtskostengesetzes bestimmten Streitwert bemessen.

(3) Der Verwalter ist berechtigt, im Namen der Gemeinschaft der Wohnungseigentümer und mit Wirkung für und gegen sie

1. Willenserklärungen und Zustellungen entgegenzunehmen;
2. Maßnahmen zu treffen, die zur Wahrung einer Frist oder zur Abwendung eines sonstigen Rechtsnachteils erforderlich sind, insbesondere einen gegen die Gemeinschaft gerichteten Rechtsstreit gemäß § 43 Nr. 2 im Erkenntnis- und Vollstreckungsverfahren zu führen;

BT-Drs. S. 59:

3. die laufenden Maßnahmen der erforderlichen ordnungsmäßigen Instandhaltung und Instandsetzung gemäß Absatz 1 Nr. 2 zu treffen;
4. die Maßnahmen gemäß Absatz 1 Nr. 3 bis 5 zu treffen;
5. im Rahmen der Verwaltung der eingenommenen Gelder gemäß Absatz 1 Nr. 6 Konten zu führen;
6. mit einem Rechtsanwalt wegen eines Rechtsstreits gemäß § 43 Nr. 2 eine Vergütung gemäß Absatz 2 Nr. 5 zu vereinbaren;
7. sonstige Rechtsgeschäfte und Rechtshandlungen vorzunehmen, soweit er hierzu durch Vereinbarung oder Beschluss der Wohnungseigentümer mit Stimmenmehrheit ermächtigt ist.

Fehlt ein Verwalter oder ist er zur Vertretung nicht berechtigt, so vertreten alle Wohnungseigentümer die Gemeinschaft. Die Wohnungseigentümer können durch Beschluss mit Stimmenmehrheit einen oder mehrere Wohnungseigentümer zur Vertretung ermächtigen.

(4) Die dem Verwalter nach den Absätzen 1 bis 3 zustehenden Aufgaben und Befugnisse können durch Vereinbarung der Wohnungseigentümer nicht eingeschränkt oder ausgeschlossen werden.

(5) Der Verwalter ist verpflichtet, eingenommene Gelder von seinem Vermögen gesondert zu halten. Die Verfügung über solche Gelder kann durch Vereinbarung oder Beschluss der Wohnungseigentümer mit Stimmenmehrheit von der Zustimmung eines Wohnungseigentümers oder eines Dritten abhängig gemacht werden.

(6) Der Verwalter kann von den Wohnungseigentümern die Ausstellung einer Vollmachts- und Ermächtigungsurkunde verlangen, aus der der Umfang seiner Vertretungsmacht ersichtlich ist.“

5. § 43 wird wie folgt gefasst:

„§ 43 Zuständigkeit

Das Gericht, in dessen Bezirk das Grundstück liegt, ist ausschließlich zuständig für

1. Streitigkeiten über die sich aus der Gemeinschaft der Wohnungseigentümer und aus der Verwaltung des gemeinschaftlichen Eigentums ergebenden Rechte und Pflichten der Wohnungseigentümer untereinander;
2. Streitigkeiten über die Rechte und Pflichten zwischen der Gemeinschaft der Wohnungseigentümer und Wohnungseigentümern;
3. Streitigkeiten über die Rechte und Pflichten des Verwalters bei der Verwaltung des gemeinschaftlichen Eigentums;
4. Streitigkeiten über die Gültigkeit von Beschlüssen der Wohnungseigentümer."

B. **Änderungen des Artikels 2** (ZVG – in der Fassung des Entwurfs eines Gesetzes zur Änderung des Wohnungseigentumsgesetzes und anderer Gesetze)

1. **Zu Nummer 1 Buchstabe a:**

   § 10 Abs. 1 Nr. 2 wird wie folgt gefasst:

   „2. bei Vollstreckung in ein Wohnungseigentum die daraus fälligen Ansprüche der anderen Wohnungseigentümer auf Zahlung der Beiträge zu den Lasten und Kosten des gemeinschaftlichen Eigentums oder des Sondereigentums, die nach § 16 Abs. 2, § 28 Abs. 2 und 5 des Wohnungseigentumsgesetzes geschuldet werden, einschließlich der Vorschüsse und Rückstellungen sowie der Rückgriffsansprüche einzelner Wohnungseigentümer. Das Vorrecht erfasst die laufenden und die rückständigen Beträge aus dem Jahr der Beschlagnahme und den letzten zwei Jahren. Das Vorrecht einschließlich aller Nebenleistungen ist begrenzt auf Beträge in Höhe von nicht mehr als fünf vom Hundert des nach § 74 a Abs. 5 festgesetzten Wertes. Die Anmeldung erfolgt durch die Gemeinschaft der Wohnungseigentümer. Rückgriffsansprüche einzelner Wohnungseigentümer werden von diesen angemeldet;"

2. **Zu Nummer 4:**

   § 156 Abs. 1 Satz 2 und 3 wird wie folgt gefasst:

   „Dies gilt auch bei der Vollstreckung in ein Wohnungseigentum für die laufenden Beträge der daraus fälligen Ansprüche auf Zahlung der Beiträge zu den Lasten und Kosten des gemeinschaftlichen Eigentums oder des Sondereigentums, die nach § 16 Abs. 2, § 28 Abs. 2 und 5 des Wohnungseigentumsgesetzes geschuldet werden, einschließlich der Vorschüsse und Rückstellungen sowie der Rückgriffsansprüche einzelner Wohnungseigentümer. Die Vorschrift des § 10 Abs. 1 Nr. 2 Satz 3 findet keine Anwendung."

V.

Die Bundesregierung hat im Übrigen geprüft, ob die Rechtsstellung der Wohnungseigentümer, bei der jetzt zwischen Teilhabern der nicht rechtsfähigen Bruchteilsgemeinschaft und Mitgliedern der teilrechtsfähigen Gemeinschaft zu unterscheiden ist, es erfordert, dass für die Mitglieder weitere Vorschriften etwa zur Mitgliederversammlung oder zur Beschlussfassung geschaffen werden. Sie hat auch eine Auslegungsregel für den Fall in Erwägung gezogen, dass Zweifel bestehen, wen Maßnahmen betreffen, die die Wohnungseigentümer beschlossen haben. Sie hält weitere Regelungen aber für entbehrlich, weil die vorhandenen Bestimmungen ohne weiteres auf alle Maßnahmen der Wohnungseigentümer anzuwenden sind, die sie in der einen oder der anderen Eigenschaft treffen, und weil es bei der Klärung der Zuordnung um die nach geltendem Recht übliche Auslegung unter Berücksichtigung insbesondere des Inhalts der Maßnahme geht.

BT-Drs. S. 60:

Begründung:

A. **Zu Artikel 1** (WEG)

1. **Zu Nummer 1** (§ 10 WEG – neu –)

   a) **Zu Buchstabe a** (§ 10 Abs. 1 WEG – neu –)

Die Regelung dient der erforderlichen Abgrenzung der Rechte und Pflichten der Wohnungseigentümer einerseits und der Gemeinschaft der Wohnungseigentümer als Rechtssubjekt (Gemeinschaft) andererseits. Die Gemeinschaft ist im Übrigen zu unterscheiden von der nicht rechtsfähigen Gesamtheit der Wohnungseigentümer als Teilhabern der Bruchteilsgemeinschaft.

Halbsatz 1 verdeutlicht die im Wohnungseigentumsrecht maßgebliche Stellung der Wohnungseigentümer. Ihnen gegenüber – in ihrer Gesamtheit oder als Einzelpersonen – hat die Gemeinschaft lediglich die Funktion, das gemeinschaftliche Eigentum insbesondere in mittleren und größeren Wohnanlagen leichter als bisher verwalten zu können. Die beispielhafte Aufzählung von Sondereigentum und Gemeinschaftseigentum beugt dem Missverständnis vor, die Eigentumsrechte könnten Teil des Vermögens der Gemeinschaft sein.

Die in Halbsatz 2 angesprochenen Einschränkungen der Auswirkungen finden sich in den Vorschriften des § 10 Abs. 6 WEG (neu) zur Rechtsfähigkeit der Gemeinschaft und des § 10 Abs. 7 WEG (neu) zum Verwaltungsvermögen.

b) **Zu Buchstabe b** (§ 10 Abs. 2 bis 5 WEG – neu –)

Es handelt sich um eine redaktionelle Folgeänderung aufgrund der Einfügung des neuen Absatzes 1.

c) **Zu Buchstabe c** (§ 10 Abs. 6 bis 8 WEG – neu –)

aa) Zu Absatz 6:

In Satz 1 wird im Anschluss an den Beschluss des BGH vom 2. Juni 2005 die Rechtsfähigkeit der Gemeinschaft normiert, nämlich als Fähigkeit, Rechte zu erwerben und Pflichten einzugehen. Die Formulierung lehnt sich an § 14 Abs. 2 BGB (Rechtsfähigkeit der Personengesellschaft) und an § 124 Abs. 1 HGB (Rechtsfähigkeit der offenen Handelsgesellschaft) an. Sie vermeidet aber den dortigen Begriff „Verbindlichkeit", der enger als der Begriff „Pflicht" verstanden werden und deshalb hier zu Missverständnissen führen könnte. Die Wörter „gegenüber Dritten und Wohnungseigentümern" stellen klar, dass die Rechtsfähigkeit das Außenverhältnis der Gemeinschaft zu Dritten wie das Innenverhältnis zu den Wohnungseigentümern erfasst. Das Wort „selbst" verdeutlicht die eigenständige Stellung der Gemeinschaft gegenüber den Wohnungseigentümern.

Die Rechtsfähigkeit der Gemeinschaft erfasst Rechtsgeschäfte und Rechtshandlungen „im Rahmen der gesamten Verwaltung". Die Formulierung „gesamte Verwaltung" macht unter Berücksichtigung des üblichen Sprachgebrauchs deutlich, dass die gesamte Geschäftsführung zugunsten der Wohnungseigentümer in Bezug auf das gemeinschaftliche Eigentum erfasst wird, also nicht nur die im 3. Abschnitt des I. Teils des Wohnungseigentumsgesetzes unter der Überschrift „Verwaltung" genannten Maßnahmen. Demnach werden auch Rechtsgeschäfte und Rechtshandlungen einbezogen, bei denen es um die Verwaltung des Gebrauchs der im Gemeinschaftseigentum stehenden Teile der Wohnanlage oder um die verwaltungsmäßige Umsetzung einer von den Wohnungseigentümern beschlossenen Entziehung des Wohnungseigentums geht. Bei Gebrauch ist etwa an die Geltendmachung eines Anspruchs gemäß § 1004 BGB auf Unterlassung einer Störung etwa wegen unzulässigen Musizierens oder wegen unzulässiger Hundehaltung und bei der Entziehung des Wohnungseigentums etwa an eine Klagerhebung zu denken.

Für die Erfassung der gesamten Geschäftsführung unter der Formulierung „gesamte Verwaltung" spricht, dass es keinen sachlich rechtfertigenden Grund gibt, die Rechtsfähigkeit auf einen bloßen Teilaspekt der Verwaltung zu beschränken. Die Angelegenheiten, die nach Sinn und Zweck der Neuregelung auf jeden Fall der Gemeinschaft zuzuordnen sind und ihr auch nach der BGH-

Entscheidung zustehen – wie etwa die Verfolgung von Schadensersatzansprüchen wegen Beschädigung des gemeinschaftlichen Eigentums – unterscheiden sich nicht wesentlich von den sonstigen, oben genannten Verwaltungsangelegenheiten. Auch bei sonstigen Verwaltungsangelegenheiten tritt die Gemeinschaft dem beteiligten Wohnungseigentümer wie einem Dritten gegenüber, nicht anders als die Gesellschaft gegenüber einem Mitgesellschafter in einem Mietrechtsstreit wegen einer an ihn vermieteten Wohnung der Gesellschaft auftritt.

Hinzu kommt, dass bei einer anderen Bewertung einheitliche Lebenssachverhalte ohne überzeugenden Grund rechtlich getrennt würden. So hätte ein Abstellen nur auf „Verwaltung" zur Folge, dass sonstige gemeinschaftliche Angelegenheiten, also etwa solche, die den Gebrauch betreffen, bei der Gesamtheit der Wohnungseigentümer verblieben und nicht von der Gemeinschaft erledigt werden könnten. Im Fall der Hundehaltung stünde dann der Gemeinschaft etwa wegen Zerkratzens der Haustür durch den Hund zwar ein Schadensersatzanspruch, nicht aber ein Anspruch gemäß § 1004 BGB auf Entfernung des Hundes zu. Eine solche Trennung stiftete bei den Rechtsanwendern nur Verwirrung und wäre das Gegenteil einer praktikablen Regelung. Nur eine Zusammenfassung der Angelegenheiten unter der Formulierung „gesamte Verwaltung" stellt daher sicher, dass der mit der Normierung der Rechtsfähigkeit verfolgte Zweck, das Wohnungseigentumsrecht praktikabler als bisher zu gestalten, auch erreicht werden kann. Dass der Gesamtheit in Ausnahmefällen, etwa dann, wenn ein Verwalter fehlt oder nicht zur Vertretung der Gemeinschaft befugt ist (vgl. § 27 Abs. 3 Satz 2 WEG – neu –), Verwaltungsaufgaben zukommen, steht dem nicht entgegen.

Satz 2 stellt klar, dass die Rechtsfähigkeit die in der Person der Gemeinschaft gesetzlich begründeten und die von ihr rechtsgeschäftlich erworbenen Rechte und Pflichten erfasst. Dies sind praktisch wie nach geltendem Recht im Wesentlichen alle Geschäfte, die der Verwalter im Rahmen der ihm gemäß § 27 Abs. 1 und 2 WEG (§ 27 Abs. 3 WEG – neu –) gesetzlich zugewiesenen oder ihm übertragenen Aufgaben und Befugnisse schließt, bisher als Vertreter der Wohnungseigentümer und nun als Organ der Gemeinschaft. Dazu gehören etwa die Bestellung von Heizöl, die Beauftragung von Handwerkern für Reparaturen oder die Einholung von Kostenvoranschlägen für eine Sanierungsmaßnahme.

Bt-Drs. S. 61:

Satz 3 betrifft Rechte und Pflichten der Wohnungseigentümer, die bislang von der Gesamtheit der Wohnungseigentümer geltend gemacht und erfüllt wurden und die zukünftig von der Gemeinschaft auszuüben und zu erfüllen sind.

Mit der Formulierung, dass die Rechte und Pflichten von der Gemeinschaft „ausgeübt" und „wahrgenommen" werden, ordnet der Entwurf ihre Geltendmachung und Erfüllung der Gemeinschaft zu. Dies bedeutet, dass die Befugnis zur Ausübung von Rechten und zur Wahrnehmung von Pflichten (Ausübungsbefugnis) aus der bisherigen Kompetenz der Gesamtheit der Wohnungseigentümer ausgegliedert und der Gemeinschaft zugeordnet wird. Dass die Befugnis künftig nur ihr und nicht auch der Gesamtheit zusteht, folgt bereits aus Sinn und Zweck der Regelung und bedarf keiner ausdrücklichen Normierung. Die Änderung der Zuordnung von der Gesamtheit der Wohnungseigentümer zur Gemeinschaft führt nicht zu einem Inhaberwechsel. Inhaber der Rechte und Pflichten bleiben die Wohnungseigentümer.

Die Normierung der Ausübungsbefugnis der Gemeinschaft für Angelegenheiten der Wohnungseigentümer knüpft an das geltende Recht an. Sie ermöglicht es, dass die bestehende Rechtsprechung des BGH, nach der die Gesamtheit der

Wohnungseigentümer die Befugnis hat, die Geltendmachung von Individualansprüchen durch Mehrheitsbeschluss an sich zu ziehen und sie auf diese Weise zu gemeinschaftsbezogenen Ansprüchen zu machen, ohne systematischen Bruch weiterhin Anwendung finden und auch fortgeführt werden kann.

Die Normierung der Ausübungsbefugnis anstelle einer Vollrechtsübertragung berücksichtigt darüber hinaus, dass den Wohnungseigentümern nach dem Entwurf – wie schon der neue Absatz 1 des § 10 WEG deutlich macht – weiterhin die maßgebliche Stellung und der Gemeinschaft nur eine gleichsam dienende Funktion zukommen soll. Ansonsten könnte der mit der Normierung der Rechtsfähigkeit eingeschlagene Weg bei extensiver Auslegung der Vorschriften zu einer nachhaltigen Minderung, wenn nicht Aushöhlung der Individualrechte der Wohnungseigentümer und so letztlich zu einer Gefährdung des Wohnungseigentums als echtem Eigentum führen. Im Übrigen reicht für die mit der Teilrechtsfähigkeit beabsichtigte Erleichterung der Verwaltung in mittleren und größeren Wohnanlagen die Normierung einer Ausübungsbefugnis aus, einer Vollrechtsübertragung der Angelegenheiten bedarf es insoweit nicht.

Der Begriff „gemeinschaftsbezogen" ist in Rechtsprechung, Lehre und Praxis der Verwaltung bekannt und macht von seinem Wortlaut her die Zuordnung der Angelegenheiten, um die es hier geht, deutlich. Gemeinschaftsbezogen sind die Angelegenheiten, für die zum einen gemäß § 21 Abs. 1 WEG (Grundsatz der gemeinschaftlichen Verwaltung) bisher eine ausschließliche Verwaltungszuständigkeit der Gesamtheit der Wohnungseigentümer besteht und bei deren Geltendmachung sich – wie es für die Rechtsfähigkeit und die Teilnahme am Rechtsverkehr charakteristisch ist – die Gemeinschaft und ein Wohnungseigentümer wie Dritte gegenüberstehen.

Die Normierung stellt – wie bereits erwähnt – auf die Rechtsprechung des BGH zur Geltendmachung gemeinschaftsbezogener Forderungen der Wohnungseigentümer ab (vgl. BGHZ 106, 222; 111, 148; 115, 253; 116, 392; 121, 22; KK-WEG-Abramenko, § 43, Rn 3; Merle in Bärmann/Pick/Merle, WEG, 9. Auflage, § 21, Rn 6 f., 22; Niedenführ in Niedenführ/Schulze, WEG, 7. Auflage, § 21, Rn 10 ff.; Staudinger/Wenzel (2005), Vorbemerkung zu § 43 ff., Rn 75; jeweils m. w. N.). Danach können solche Ansprüche mit Rücksicht auf das Interesse der Gesamtheit der Wohnungseigentümer nur von dieser, nicht aber von den einzelnen Wohnungseigentümern geltend gemacht werden. Für sie ist kennzeichnend, dass die mit dem Anspruch geltend gemachte Leistung allen Wohnungseigentümern gemeinsam zusteht. Dazu zählen insbesondere die Ansprüche auf Zahlung der Beiträge zu den Lasten und Kosten (vgl. BGHZ 111, 148) und auf Schadensersatz wegen Verletzung des gemeinschaftlichen Eigentums (vgl. BGHZ 121, 22). Die genannten Rechte und Ausübungsbefugnisse gehören auch zum Verwaltungsvermögen der Gemeinschaft (vgl. § 10 Abs. 7 Satz 2 und 3 WEG – neu –), so wie im Gesellschaftsrecht die Sozialansprüche Teil des Gesellschaftsvermögens sind. Bei Schadensersatzansprüchen ist es im Übrigen nicht von Bedeutung, gegen wen sie sich richten. Auch Schadensersatzansprüche gegen den Verwalter sind gemeinschaftsbezogen (vgl. BGHZ 106, 222); sie werden von allen Wohnungseigentümern oder einem oder mehreren ermächtigten Wohnungseigentümern geltend gemacht (vgl. § 27 Abs. 3 Satz 2 und 3 WEG – neu –). Dass das Finanz- und Rechnungswesen der Wohnungseigentümer (§ 28 WEG) nun Sache der Gemeinschaft ist, folgt aus der entsprechenden Zuordnung der Ansprüche, Befugnisse und Gelder zum Verwaltungsvermögen (§ 10 Abs. 7 WEG – neu –).

Gemeinschaftsbezogen sind auch die Mängelansprüche der Wohnungseigentümer aus Erwerbsverträgen mit Bauträgern, soweit deren Geltendmachung nach geltendem Recht auch im Interesse des Schuldnerschutzes grundsätzlich der

Gesamtheit, nicht aber den einzelnen Wohnungseigentümern zusteht, etwa die Entscheidung, ob statt Nachbesserung gemindert oder kleiner Schadensersatz verlangt werden soll, oder die Befugnis, die Rechte auf Minderung oder kleinen Schadensersatz geltend zu machen (vgl. im Einzelnen Merle, a. a. O., Rn 8 f., 15 ff.; Niedenführ, a. a. O., Rn 21, 39 ff.; Staudinger/Wenzel, a. a. O., Rn 76; jeweils m. w. N.). Auch Mängelansprüche, deren Geltendmachung grundsätzlich jedem einzelnen Wohnungseigentümer zusteht, wie ein Anspruch auf Nachbesserung, sind nach geltendem Recht dann gemeinschaftsbezogen, wenn die Gesamtheit sie durch bestandskräftigen Mehrheitsbeschluss zulässigerweise an sich gezogen hat (vgl. Briesemeister, ZWE 2006, 15, 16).

Zu den „sonstigen" der Gemeinschaft neben jedem Wohnungseigentümer zustehenden Rechten zählen gemeinschaftliche Ansprüche, die bisher von der Gesamtheit der Wohnungseigentümer aufgrund eines entsprechenden Mehrheitsbeschlusses geltend gemacht werden können, ihr aber nicht ausschließlich zustehen. Es geht insbesondere um die Geltendmachung gemeinschaftlicher Ansprüche gegen einen Wohnungseigentümer gemäß § 1004 BGB auf Beseitigung und Unterlassung einer Störung (vgl. BayObLG, Beschluss vom 17. Februar 2000, ZWE 2000, 350), etwa die Beeinträchtigung des gemeinschaftlichen Eigentums durch bauliche Veränderungen und die Wiederherstellung des früheren Zustandes. Auch in einem solchen Fall stehen sich die Gemeinschaft und der Wohnungseigentümer wie Dritte gegenüber. Dass jedem Wohnungseigentümer insoweit auch ein Individualanspruch zusteht oder dass dieser von einem

BT-Drs. S. 62:

einzelnen Wohnungseigentümer in einem Rechtstreit bereits geltend gemacht wird, hindert die Gemeinschaft nach einem Mehrheitsbeschluss nicht, den Anspruch zu verfolgen. Die nach geltendem Recht zulässige Konkurrenz der Verfolgung von Individual- und gemeinschaftlichen Ansprüchen bleibt also unberührt.

Von den gemeinschaftsbezogenen Rechten sind die Individualrechte zu unterscheiden. Ihre Geltendmachung ist Sache eines jeden Wohnungseigentümers und wird durch die in Satz 3 (neu) geregelte Kompetenz der Gemeinschaft nicht beeinträchtigt. Dies verdeutlicht die Beschränkung der Gemeinschaft auf Rechte, „soweit" diese (aufgrund eines Mehrheitsbeschlusses) geltend gemacht werden können oder zu erfüllen sind. Außerdem folgt dies aus § 10 Abs. 1 WEG (neu). Neben den im Gesetz genannten Rechten, wie etwa dem Recht auf Anfechtung eines Beschlusses durch Klageerhebung (§ 46 Abs. 1 WEG – neu –) oder dem Anspruch auf ordnungsmäßige Verwaltung (§ 21 Abs. 4 WEG), zählen zu den Individualansprüchen auch Schadensersatzansprüche der Wohnungseigentümer untereinander oder gegen Dritte, etwa wenn eine Beeinträchtigung des gemeinschaftlichen Eigentums nur einen einzelnen Wohnungseigentümer schädigt und eine gemeinsame Empfangszuständigkeit der Wohnungseigentümer nicht begründet ist (vgl. BGHZ 115, 253, 258). Auch bei dem Anspruch aus § 1004 BGB auf Beseitigung und Unterlassung einer Beeinträchtigung des gemeinschaftlichen Eigentums gegen einen Miteigentümer handelt es sich um einen Individualanspruch (vgl. BGHZ 116, 392, 394). Dass der Gebrauch – soweit es um seine Beeinträchtigung geht – nach dem Entwurf nunmehr ein Teilaspekt der gesamten Verwaltung ist und demnach in die Kompetenz der Gemeinschaft fällt, steht dem nicht entgegen. Die Kompetenzverlagerung der gemeinschaftlichen Verwaltungsangelegenheiten von der Gesamtheit auf die Gemeinschaft ändert nichts daran, dass es sich insoweit um einen Individualanspruch handelt. Dabei ist insbesondere von Bedeutung, dass ansonsten das Wohnungseigentum als echtes Eigentum durch den einzelnen Wohnungseigentümer nicht hinreichend geschützt werden könnte.

Die in Satz 4 vorgeschriebene Bezeichnung „Wohnungseigentümergemeinschaft" und die ebenso erforderliche Angabe des Grundstücks dient der Rechtssicherheit. Es muss auch im Hinblick auf die Haftung deutlich sein, dass eine Gemeinschaft handelt und welche Gemeinschaft handelt. Die „bestimmte Angabe des gemeinschaftlichen Grundstücks" entspricht der des § 44 Abs. 1 Satz 1 WEG (neu) für die Bezeichnung der Wohnungseigentümer in der Klageschrift und kann nach der postalischen Anschrift oder der Grundbucheintragung erfolgen. Eine unterschiedliche Bezeichnung der teilrechtsfähigen Gemeinschaft einerseits und der Wohnungseigentümer im Fall der Klageerhebung gemäß § 44 Abs. 1 Satz 1 WEG (neu) andererseits erscheint nicht geboten, da es kaum zu Verwechslungen kommen kann. Im Rechtsverkehr zur Verwaltung des gemeinschaftlichen Eigentums tritt künftig in aller Regel nur noch die Gemeinschaft auf, und im Fall der Klageerhebung ist für die Beteiligten klar, dass mit der Kurzbezeichnung die einzelnen Wohnungseigentümer gemeint sind.

Satz 5 normiert in Anlehnung an § 124 Abs. 1 HGB, dass die Gemeinschaft im Rahmen ihrer eingeschränkten Rechtsfähigkeit auch parteifähig ist, und zwar sowohl für Streitigkeiten mit Dritten als auch mit Wohnungseigentümern.

bb) Zu Absatz 7

Absatz 7 (neu) ordnet in *Satz 1* das Verwaltungsvermögen der Gemeinschaft der Wohnungseigentümer als Rechtssubjekt zu. Als Verwaltungsvermögen werden in *Satz 2* alle im Rahmen der gesamten Verwaltung des gemeinschaftlichen Eigentums gesetzlich und rechtsgeschäftlich erworbenen Sachen und Rechte und die hierbei entstandenen Verbindlichkeiten definiert.

Von der rechtlichen Behandlung des Verwaltungsvermögens hängt die Beantwortung einiger für die Rechtspraxis wichtiger Fragen ab. Dadurch entscheidet sich etwa, ob es einen Anteil der Wohnungseigentümer am Verwaltungsvermögen gibt und ob dieser Anteil bei einer rechtsgeschäftlichen Veräußerung des Wohnungseigentums oder auch bei einer Zwangsversteigerung ohne weiteres auf den Rechtsnachfolger übergeht. Daneben geht es um die Frage, ob der einzelne Wohnungseigentümer bei seinem Ausscheiden aus der Gemeinschaft die Auseinandersetzung des Verwaltungsvermögens fordern und etwa seinen Anteil an der Instandhaltungsrücklage herausverlangen kann und inwieweit die Ansprüche des einzelnen Wohnungseigentümers in Bezug auf das Verwaltungsvermögen Gegenstände zwangsvollstreckungsrechtlicher Maßnahmen sein können.

Eine langfristige Wirtschaftsplanung ist den Wohnungseigentümern nur möglich, wenn sie sich darauf verlassen können, dass ihnen die einmal in das Verwaltungsvermögen überführten Gegenstände langfristig zur Verfügung stehen, und zwar unabhängig davon, ob einzelne Wohnungseigentümer zukünftig aus der Gemeinschaft ausscheiden oder Zwangsvollstreckungsmaßnahmen ausgesetzt werden. Außerdem haben nicht nur die Wohnungseigentümer, sondern auch der Rechtsverkehr ein Interesse daran, dass das Verwaltungsvermögen eindeutig den derzeitigen Wohnungseigentümern rechtlich zugeordnet werden kann. Zumindest nach einem Eigentumswechsel wäre es ansonsten denkbar, dass auch Außenstehende und möglicherweise unauffindbare Personen Rechtspositionen am Verwaltungsvermögen innehaben.

Die in Rechtsprechung und Literatur bislang vertretenen Auffassungen werden dieser Interessenlage nicht immer gerecht. So wird teilweise vertreten, dass den Wohnungseigentümern jeder einzelne Gegenstand des Verwaltungsvermögens in schlichter Rechtsgemeinschaft nach Maßgabe des Wohnungseigentumsgesetzes und §§ 741 ff. BGB zusteht (BayObLG, DNotZ 1985, 416, 423;

Weitnauer in ders., WEG, 8. Auflage, § 1, Rn 13 m. w. N.). Nach dieser Auffassung ist es sowohl möglich als auch erforderlich, die Anteile an den einzelnen Gegenständen des Verwaltungsvermögens gesondert und vom Wohnungseigentum getrennt auf einen Dritten zu übertragen (§ 747 Satz 1 BGB). Bei einem Erwerb durch Zuschlag in der Zwangsversteigerung gehen diese Anteile danach nur insoweit auf den Ersteher über, als sich auf sie bei einem Grundstück die Hypothek erstreckt (§ 90 Abs. 2, § 20 Abs. 2 ZVG). Diese Lösung ermöglicht es einem Gläubiger eines Wohnungseigentümers auch, die Anteile des Wohnungseigentümers an den einzelnen Vermögensgegenständen im Wege der Zwangsversteigerung zu verwerten (näher Weitnauer, a. a. O., Rn 20).

BT-Drs. S. 63:

Der Auffassung von der schlichten Bruchteilsgemeinschaft wird entgegengehalten, an der praktischen Durchführbarkeit zu scheitern (vgl. Briesemeister in Weitnauer, WEG, 9. Auflage, § 1, Rn 25). Es sind daher unterschiedliche Ansätze entwickelt worden, denen gemeinsam ist, einen möglichst automatischen Rechtsübergang des Anteils am Verwaltungsvermögen zusammen mit dem Wohnungseigentum im Fall der Veräußerung und der Zwangsvollstreckung zu bewirken und eine selbständige Pfändbarkeit oder Auseinandersetzung des Verwaltungsvermögens auszuschließen (vgl. die Übersicht bei Wicke, ZfIR 2005, 301). Diese Lösungsansätze sind dogmatisch aufwändig und daher umstritten. Zum Teil gehen sie zwar von einzelnen Bruchteilsgemeinschaften aus, mildern die hieraus sich ergebenden Rechtsfolgen aber ab, indem die Anteile etwa als Zubehör des Wohnungseigentums angesehen werden (mit der Folge des § 311 c BGB, vgl. OLG Düsseldorf, NJW-RR 1994, 1038) oder indem § 11 WEG analog auch auf diese Bruchteilsgemeinschaften angewendet wird (Röll, NJW 1987, 1049). Zum Teil sind auch Gegenentwürfe zur „Bruchteilslösung" konzipiert worden. So hat das Kammergericht entschieden, aus dem Gesetz ergebe sich eine notwendige Akzessorietät des Mobiliarverwaltungsvermögens der Wohnungseigentümergemeinschaft zu dem jeweiligen Grundbuchstand (KG, NJW-RR 1988, 844). In eine ähnliche Richtung geht die Vorstellung, das Verwaltungsvermögen sei in erweiternder Auslegung des § 1 Abs. 5 WEG dem Gemeinschaftseigentum zuzuordnen (Niedenführ/Schulze, WEG, 7. Auflage, § 21, Rn 4). Es wird auch vertreten, der Anteil des einzelnen Wohnungseigentümers am Verwaltungsvermögen sei wesentlicher Bestandteil des Wohnungseigentums (Merle in Bärmann/Pick/Merle, WEG, 9. Auflage, § 21, Rn 157 ff.; ähnlich Roth, ZWE 2001, 238, 243).

Die Normierung der Rechtsfähigkeit der Gemeinschaft der Wohnungseigentümer bietet jetzt die Möglichkeit, die Fragen um das Verwaltungsvermögen dogmatisch schlüssig und gleichzeitig praktikabel zu lösen. Denn das Verwaltungsvermögen wird nun der Gemeinschaft der Wohnungseigentümer als Rechtssubjekt zugewiesen. Dort verbleiben die Gegenstände auch bei einem Eigentümerwechsel. Der Sonderrechtsnachfolger hat zwanglos an ihnen teil, unabhängig davon, ob er das Eigentum rechtsgeschäftlich oder durch Zuschlag in der Zwangsversteigerung erwirbt. Eine gesonderte Übertragung der Gegenstände durch den Wohnungseigentümer ist nicht erforderlich; sie ist dem Wohnungseigentümer als Nichtberechtigten auch gar nicht mehr möglich. Auch die Frage, ob ein einzelner Wohnungseigentümer Auseinandersetzung verlangen kann, ist eindeutig geklärt. Denn die Gemeinschaft der Wohnungseigentümer und damit auch das Rechtssubjekt als solches ist gemäß § 11 Abs. 1 WEG unauflöslich. Dies setzt sich auch bei Zwangsvollstreckungsmaßnahmen gegen einen einzelnen Wohnungseigentümer durch. Um das Verwaltungsvermögen im Wege der Zwangsvollstreckung verwerten zu können, ist daher ein Titel gegen die Gemeinschaft als solche erforderlich und ausreichend.

Absatz 7 (neu) weist das Verwaltungsvermögen dementsprechend der Gemeinschaft der Wohnungseigentümer als Rechtssubjekt zu. Die Vorschrift versteht sich zunächst als ergänzende Klarstellung zu Absatz 6 (neu). Denn schon nach dem neuen Absatz 6 Satz 1 und 2 ist die Gemeinschaft der Wohnungseigentümer in der Lage, selbst Vermögensgegenstände zu erwerben, also etwa Inhaberin eines Bankkontos zu werden oder Eigentümerin eines Gartengerätes. Im Hinblick auf die große praktische Bedeutung der Vermögenszuordnung ist es gleichwohl angezeigt, diese Rechtsfolge ausdrücklich zu regeln. Hinzu kommt, dass die Entscheidung des BGH vom 2. Juni 2005 aus den bereits dargestellten Gründen keine allgemeine Anerkennung erfahren hat. Bliebe es allein bei der Regelung in Absatz 6 (neu), wäre somit zweifelhaft, ob auch das zum Zeitpunkt des Inkrafttretens des Änderungsgesetzes bereits vorhandene Verwaltungsvermögen schon der Gemeinschaft der Wohnungseigentümer als Rechtssubjekt gehört. Es bliebe offen, ob die bis zu diesem Zeitpunkt erworbenen Gegenstände des Verwaltungsvermögens bis auf weiteres noch den Wohnungseigentümern in Bruchteilsgemeinschaft zustehen und zunächst auf die Gemeinschaft der Wohnungseigentümer als Rechtssubjekt übertragen werden müssen. Nach Absatz 7 (neu) erfasst die Zuordnung des Verwaltungsvermögens zur Gemeinschaft der Wohnungseigentümer daher alle im Rahmen der gesamten Verwaltung des gemeinschaftlichen Eigentums erworbenen Sachen und Rechte, gleichviel, ob der Erwerb schon vor langer Zeit stattgefunden hat, in der Zeit seit dem 2. Juni 2005 stattfand oder erst in der Zukunft, nach Inkrafttreten des Änderungsgesetzes, stattfinden wird.

Die Regelung des Absatzes 7 (neu) erstreckt sich ausdrücklich auch auf Verbindlichkeiten. Damit wird deutlich, dass das Verwaltungsvermögen nicht nur aus Aktiva, sondern auch aus Passiva besteht. Auch bei Verbindlichkeiten der Gemeinschaft bedarf es bei einem Rechtsübergang keiner gesonderten Schuldübernahme oder ähnlicher Vereinbarungen mehr. Die Verbindlichkeiten treffen die Gemeinschaft unabhängig von ihrem jeweiligen Mitgliederbestand und unabhängig davon, ob sie gesetzlich oder rechtsgeschäftlich begründet sind.

Satz 3 dient ebenfalls der Klarstellung, um zu verdeutlichen, dass auch die der Gemeinschaft gemäß dem neuen Absatz 6 Satz 3 zustehende Befugnis zur Ausübung der gemeinschaftsbezogenen Rechte und Wahrnehmung der gemeinschaftsbezogenen Pflichten und die von dem Verwalter gemäß § 27 Abs. 1 Nr. 6 WEG (neu) eingenommenen Gelder zum Verwaltungsvermögen gehören.

Satz 4 sieht einen gesetzlichen Übergang des Verwaltungsvermögens auf den Grundstückseigentümer vor, wenn sich alle Wohnungseigentumsrechte in einer Person vereinigen. Da die Gemeinschaft in einem solchen Fall nicht mehr besteht, kann sie auch nicht mehr Träger des Verwaltungsvermögens sein (vgl. Kreuzer, ZMR 2006, 15, 17 f.). Der in Satz 4 (neu) angeordnete Übergang löst die damit verbundenen Fragen und schließt die sich sonst möglicherweise ergebenden Haftungslücken. Veräußert der Grundstückseigentümer im Anschluss wieder ein Wohnungseigentumsrecht, so dass erneut eine Gemeinschaft entsteht, steht dieser das Verwaltungsvermögen gemäß den Sätzen 1 und 2 (neu) wieder zu.

cc) Zu Absatz 8

Satz 1 der Vorschrift bestimmt, inwieweit die Wohnungseigentümer im Verhältnis gegenüber Dritten für die Verbindlichkeiten der Gemeinschaft einzustehen haben.

BT-Drs. S. 64:

aaa) Bis zur Entscheidung des BGH vom 2. Juni 2005 waren die Wohnungseigentümer selbst Vertragspartei, wenn sie im Rahmen der Verwaltung mit Dritten Verträge schlossen. Es verpflichteten sich also mehrere gemeinschaftlich, so dass die Wohnungseigentümer nach der Auslegungsregel des § 427 BGB im Zweifel gesamtschuldnerisch für die in ihrem Namen begründeten Verwaltungsschulden hafteten (vgl. BGHZ 67, 232, 235 f.; BGH, NJW 1977, 1686; BGH, NJW 1979, 2101). Dies war ständige und allgemein anerkannte Rechtsprechung (vgl. Briesemeister in Weitnauer, WEG, 9. Auflage, § 1, Rn 26 m. w. N.). Der einzelne Wohnungseigentümer konnte nicht geltend machen, der Gläubiger habe vor einem Zugriff auf sein Vermögen zunächst das Verwaltungsvermögen in Anspruch zu nehmen. Es gab keine Einrede der Vorausklage (vgl. Pick in Bärmann/Pick/Merle, WEG, 9. Auflage, Einleitung Rn 37).

Etwas anderes gilt von jeher für so genannte Aufbauschulden. Geben künftige Wohnungseigentümer Arbeiten für die Errichtung eines Gebäudes im eigenen Namen in Auftrag, so haften sie nur anteilig, nicht aber als Gesamtschuldner (vgl. etwa BGH, NJW 1959, 2160, 2161; NJW 1979, 2101; BGHZ 150, 1; dazu auch Briesemeister in Weitnauer, a. a. O., nach § 3, Rn 20; Häublein in FS Wenzel, S. 175, 178 ff.; Armbrüster, ZWE 2005, 369, 379). Nach Auffassung des OLG Köln greifen diese Grundsätze auch für Verwaltungsmaßnahmen, die eine grundlegende Sanierung des Gemeinschaftseigentums betreffen, so dass auch hier die Wohnungseigentümer im Zweifel nur im Umfang ihrer Miteigentumsanteile haften (OLG Köln, Beschluss vom 6. März 2002, NZM 2002, 625; hierzu Armbrüster, ZWE 2005, 369, 379).

bbb) Nach der Entscheidung des BGH vom 2. Juni 2005 tritt nunmehr die Gemeinschaft als Vertragspartner eines Dritten auf. Sie haftet mit dem Verwaltungsvermögen. Die Frage, inwieweit ein Dritter auch unmittelbar gegen die einzelnen Wohnungseigentümer vorgehen kann, stellt sich damit neu. Nach der Entscheidung des BGH kommt eine akzessorische gesamtschuldnerische Haftung der Wohnungseigentümer mangels einer entsprechenden gesetzlichen Regelung nicht in Betracht. Sie sei nur anzunehmen, wenn sich die Wohnungseigentümer neben der Gemeinschaft klar und eindeutig auch persönlich verpflichtet hätten (vgl. III.9. der Entscheidungsgründe). Der BGH rechtfertigt dieses Ergebnis vor allem damit, dass eine gesamtschuldnerische Haftung den Wohnungseigentümern nicht zuzumuten sei. Wegen ihres Finanzierungssystems (vgl. § 28 WEG) sei sie überdies entbehrlich. Sei das vorhandene Geldvermögen der Gemeinschaft nicht ausreichend, um den Anspruch des Gläubigers zu befriedigen, könnten die Ansprüche der Gemeinschaft gegen die Wohnungseigentümer insbesondere auf Zahlung der Beitragsvorschüsse und Sonderumlagen gepfändet werden. Hätten die Wohnungseigentümer solche Ansprüche noch nicht durch Beschluss entstehen lassen, könnte der Gläubiger auch auf den Anspruch der Gemeinschaft gegenüber den Wohnungseigentümern auf ordnungsmäßige Verwaltung zurückgreifen. Schließlich könnten auch Schadensersatzansprüche der Gemeinschaft gepfändet werden: Fassten die Wohnungseigentümer nämlich trotz Aufforderung und Setzung einer angemessenen Frist keinen Beschluss über die Zuführung von Mitteln, habe jeder Einzelne von ihnen der Gemeinschaft als Schadensersatz den Betrag zu zahlen, der bei ordnungsmäßiger Beschlussfassung von den Wohnungseigentümern insgesamt hätte eingefordert werden können. Auch könne sich eine gesamtschuldnerische Haftung unter Umständen aus einer entsprechenden Anwendung der im Körperschaftsrecht entwickelten Grundsätze zur Durchgriffshaftung (§§ 826, 840 BGB) ergeben.

ccc) Die Rechtsprechung des BGH zur Haftung der Wohnungseigentümer stellt einen Gläubiger der Gemeinschaft vor hohe, nach Äußerungen mancher Kritiker nahezu unüberwindbare praktische Hindernisse bei der Durchsetzung seiner Forderung. Sie ist zum Teil heftig kritisiert und nahezu einhellig abgelehnt worden (vgl. Armbrüster, ZWE 2005, 369, 372 und 375 ff.; Bork, ZIP 2005, 1205, 1207 ff.; Demharter, ZWE 2005, 357, 359; Götting, ZflR 2005, 623; Hügel, DNotZ 2005, 753, 765 ff.; Lüke, ZflR 2005, 516; Maroldt, ZWE 2005, 361, 363; Rapp, MittBayNot 2005, 449). Eine effektive Vollstreckung ist danach nur gewährleistet, wenn das Verwaltungsvermögen ausreicht, um die Verbindlichkeit zu erfüllen. Andernfalls muss der Gläubiger auf Ansprüche der Gemeinschaft gegen die Wohnungseigentümer zugreifen. Der Gläubiger muss also zunächst einen Titel gegen die Gemeinschaft erstreiten, um sodann im anschließenden Vollstreckungsverfahren zu versuchen, eine Vielzahl von Beitragsforderungen der Gemeinschaft gegen die Wohnungseigentümer zu pfänden. Um deren Bestand und Umfang beurteilen zu können, muss er die internen Vorgänge in der Gemeinschaft genau kennen. Da die erforderlichen Informationen nur schwer zu erlangen sind, kann es sein, dass er schon hierfür, nämlich zur Durchsetzung seines vollstreckungsrechtlichen Offenbarungsanspruchs, gerichtliche Hilfe benötigt. Schließlich muss der Gläubiger die gepfändeten Ansprüche gegen die einzelnen Wohnungseigentümer durchsetzen, gegebenenfalls gerichtlich einschließlich einer erneuten Zwangsvollstreckung.

Die denkbaren Hürden sind zahlreich. Der Gläubiger muss etwa damit rechnen, dass ein einzelner Wohnungseigentümer Gegenrechte geltend macht, die aus den Akten des Verfahrens gegen die Gemeinschaft nicht ersichtlich sind. In Betracht kommt auch, dass der die Beitragsforderung begründende Beschluss der Wohnungseigentümer nichtig ist oder während des Vollstreckungsverfahrens angefochten wird. Sind die Zahlungsansprüche nicht durch Beschluss begründet, kommt ein weiteres Vollstreckungsverfahren hinzu: Der Gläubiger muss dann die Ansprüche der Gemeinschaft auf ordnungsmäßige Beschlussfassung pfänden, um im Wege ihrer Verwertung, etwa durch die Anordnung eines Zwangsgeldes, eine Beschlussfassung über die Beitragszahlung zu erreichen.

ddd) Zwar kann die Gemeinschaft nach der Meinung des BGH gegen einzelne Wohnungseigentümer auch einen

BT-Drs. S. 65:

Schadensersatzanspruch haben, der auf eine gesamtschuldnerische Haftung gerichtet ist (siehe oben zu bbb). Auf diesem Wege kann eine gesamtschuldnerische Haftung also trotz fehlender Außenhaftung in Betracht kommen. Der Gläubiger müsste zwar zunächst einen Titel gegen die Gemeinschaft erstreiten, sodann müsste er aber nur noch einen solchen Schadensersatzanspruch gegen einen einzelnen zahlungskräftigen Wohnungseigentümer pfänden.

Es ist derzeit noch nicht ganz klar, unter welchen Umständen ein derartiger Anspruch besteht (vgl. Lüke, ZflR 2005, 516, 519). Letztlich sind die Voraussetzungen für einen solchen Anspruch aber auch nicht entscheidend. Denn der BGH hat zu Recht darauf hingewiesen, dass das Haftungssystem der Wohnungseigentümergemeinschaft dem Einzelnen keine existenzbedrohenden Zahlungspflichten auferlegen darf. Vor diesem Hintergrund ist es nicht sinnvoll, die bisherige gesamtschuldnerische Außenhaftung durch eine gesamtschuldnerische Innenhaftung zu ersetzen. Ob das Haftungssystem für den einzelnen Wohnungseigentümer zumutbar ist, hängt nicht in erster Linie davon ab, ob die Wohnungseigentümer nur über eine Innen- oder auch über eine Außenhaftung in Anspruch genommen werden können. Vielmehr kommt es auf den Umfang der Haftung an (vgl. Armbrüster, ZWE 2005, 359, 372). Durch einen Ersatz der gesamtschuldnerischen Außenhaftung durch die gesamtschuldnerische Innenhaftung würde zwar das Risiko einer existenzbedrohenden Vorleistung gemindert, nicht aber das einer ebenso überfordernden Ausfallhaftung. Damit stünde auch eine gesamtschuldnerische Innenhaftung der Zielsetzung des Wohnungseigentumsgesetzes entgegen, den Erwerb einer Eigentumswohnung möglichst vielen Bürgern, nicht nur einkommensstärkeren, zu ermöglichen. Hierbei ist auch zu berücksichtigen, dass die gesamtschuldnerische Haftung trotz der gefestigten Rechtsprechung vor allem in größeren Wohnanlagen kaum auf Verständnis unter den Wohnungseigentümern stoßen dürfte.

eee) Die Bundesregierung spricht sich nach allem dafür aus, einerseits dem Vertragspartner der Gemeinschaft die Möglichkeit einzuräumen, wegen Verbindlichkeiten der Gemeinschaft auch unmittelbar gegen die Wohnungseigentümer vorzugehen, ohne dass diese Einwendungen und Einreden aus dem Verhältnis zwischen den Wohnungseigentümern und der Gemeinschaft erheben können. Andererseits soll dieser Anspruch in seinem Umfang begrenzt werden. Eine solche Lösung entspricht auch Forderungen aus der Praxis und der Wissenschaft (vgl. Armbrüster, ZWE 2005, 369, 379, 575; Häublein, ZMR 2005, 557; 2006, 1, 4 f.; Hügel, DNotZ 2005, 753, 767; Kreuzer, ZMR 2006, 15, 18).

Dabei soll sich die Haftung des einzelnen Wohnungseigentümers auf den Anteil beschränken, den dieser am Gemeinschaftseigentum hat. Dann entspricht die Haftung im Außenverhältnis der gesetzlichen Regelung im Innenverhältnis (vgl. § 16 Abs. 2 WEG), und der einzelne Wohnungseigentümer muss die Kosten nur in dieser Höhe tragen. Für diese Form der Haftungsbegrenzung spricht auch ein Vergleich mit der Haftung der künftigen Wohnungseigentümer für Aufbauschulden einer Bauherrengemeinschaft. Dort nimmt die Rechtsprechung schon bislang eine Teilschuld nach dem Verhältnis des Miteigentumsanteils an (siehe oben zu aaa).

Demgegenüber führen andere in Betracht gezogene Lösungen mit begrenztem Haftungsumfang zu Ergebnissen, die die Bundesregierung nach Abwägen aller Umstände vermeiden will. So könnten etwa bei einer gesamtschuldnerischen Haftung mit typisierender Abgrenzung nach Art des Geschäftes, etwa unter Ausschluss umfangreicher Sanierungsmaßnahmen, Verwaltungsschulden im Einzelfall einen sehr hohen Betrag erreichen und entgegen dem angestrebten Ziel zu einer finanziellen Überforderung des einzelnen Wohnungseigentümers führen. Auch mit einer gesamtschuldnerischen Haftung, von der außergewöhnliche Geschäfte ausgenommen sind, könnte eine existenzbedrohende Zahlungsverpflichtung nicht sicher verneint werden, da auch gewöhnliche Geschäfte, etwa die Heizöllieferung für ein 100-Parteien-Haus, hohe Zahlungen erfordern können. Vor allem spricht die Unbestimmtheit der Haftungsvoraussetzungen gegen Lösungen dieser Art. Schließlich muss sich jede auch dem Umfang nach begrenzte gesamtschuldnerische Haftung entgegenhalten lassen, dass sie ein kollusives Zusammenwirken zwischen dem Verwalter und einem Gläubiger zum

Nachteil eines dem Verwalter unliebsamen Wohnungseigentümers ermöglicht und letztlich dazu führen kann, dass ein solcher Wohnungseigentümer durch seine gesamtschuldnerische Inanspruchnahme aus der Gemeinschaft gedrängt wird.

Eine anteilsmäßige Außenhaftung enthebt den Vertragspartner der Gemeinschaft nicht davon, sich über die Bonität der Gemeinschaft und die damit verbundenen Risiken des Geschäfts Klarheit zu verschaffen. Insoweit ist er in einer schwierigeren Situation als bei einer gesamtschuldnerischen Haftung der Wohnungseigentümer, die praktisch jeder Eigentümergemeinschaft eine nahezu unbegrenzte Kreditwürdigkeit verleiht. Die gesamtschuldnerische Haftung verteilt das Risiko der Zahlungsunfähigkeit einzelner Wohnungseigentümer allerdings nicht angemessen zwischen dem Vertragspartner und den übrigen Wohnungseigentümern. Gewisse Sicherungsmaßnahmen können auch dem Vertragspartner einer Wohnungseigentümergemeinschaft zugemutet werden. Hierbei ist zu bedenken, dass es dem Vertragspartner der Gemeinschaft eher möglich ist, sich gegen eine Zahlungsunfähigkeit der Wohnungseigentümer abzusichern, als es dem einzelnen Wohnungseigentümer möglich ist, die anderen Wohnungseigentümer dazu zu bringen, die Gemeinschaft ausreichend mit Finanzmitteln auszustatten oder gar ihre eigene Zahlungsunfähigkeit zu verhindern.

Die teilschuldnerische Außenhaftung erleichtert die Durchsetzung der Forderung gegenüber dem Haftungskonzept des BGH erheblich, da sie ohne Rücksicht auf das Innenverhältnis zwischen Gemeinschaft und Wohnungseigentümern besteht. Die Außenhaf-

BT-Drs. S. 66:

tung der Wohnungseigentümer ist im Verhältnis zur Gemeinschaft auch nicht subsidiär ausgestaltet. Dies macht eine zeit- und kostenaufwändige vorrangige Klage zunächst gegen die Gemeinschaft entbehrlich und dürfte den Wohnungseigentümern überdies Motivation sein, die Gemeinschaft stets in ausreichendem Umfang mit Geldmitteln auszustatten. Denn spätestens, wenn der Vertragspartner an einen einzelnen Wohnungseigentümer herantritt, wird dieser in aller Regel die anderen Mitglieder der Gemeinschaft veranlassen, ebenfalls ihren Beitrag zu leisten. Auf ergänzende Ansprüche aus dem Innenverhältnis zwischen Gemeinschaft und Wohnungseigentümern – etwa aus der Nachschusspflicht der zahlungsfähigen Wohnungseigentümer, wenn einzelne zahlungsunfähig sind – ist der Gläubiger also nur angewiesen, wenn weder das Verwaltungsvermögen noch die Außenhaftung der zahlungsfähigen Wohnungseigentümer ausreicht, um die Verbindlichkeit zu erfüllen. § 10 Abs. 8 WEG (neu) gilt für sämtliche Verbindlichkeiten der Gemeinschaft, gegebenenfalls auch für eine Haftung aus Delikt, soweit der Gemeinschaft deliktisches Handeln zugerechnet werden kann.

Durch die Anordnung der Außenhaftung in § 10 Absatz 8 WEG (neu) wird im Übrigen verdeutlicht, dass einem Werkunternehmer das Sicherungsmittel der Bauhandwerkerhypothek (§ 648 BGB) weiterhin zur Verfügung steht. Dies ist vereinzelt verneint worden, ohne es näher zu begründen (vgl. Demharter, ZWE 2005, 357, 358). Nun stellt sich die Rechtslage wie folgt dar: Nach § 648 BGB kann der Unternehmer die Einräumung einer Sicherungshypothek nur an dem Baugrundstück „des Bestellers" verlangen. Damit ist grundsätzlich eine rechtliche Identität von Eigentümer und Besteller gefordert. Eine Übereinstimmung nach wirtschaftlicher Betrachtungsweise genügt nach der höchstrichterlichen Rechtsprechung regelmäßig nicht. Die geltend gemachten Zweifel am Fortbestand des Sicherungsmittels stellen wohl auf die Verschiedenheit der Wohnungseigentümer als Grundstückseigentümer und der Gemeinschaft als Besteller der Werkleistung ab. Allerdings muss sich der Eigentümer eines Grundstücks nach der Rechtsprechung des BGH von einem Unternehmer im Bereich der dinglichen Haftung gemäß § 242 BGB wie ein Besteller behandeln lassen, wenn „die Wirklichkeit des Lebens und die Macht der Tatsachen" es gebieten (BGHZ 102, 95, 102 f. m. w. N.). In einem vergleichbaren Fall aus dem Personenhandelsgesellschaftsrecht hat der BGH etwa darauf abgestellt, ob der Eigentümer den Besteller (nämlich die Gesellschaft) „wirtschaftlich und rechtlich ganz überwiegend beherrscht" und ob der Eigentümer die „Nutzungs- und Ausnutzungsmöglichkeit" des Grundstücks innehat und von dieser Möglichkeit auch tatsächlich Gebrauch macht (vgl. BGHZ 102, 95, 102; noch weitergehend OLG Frankfurt/Main BauR 2001, 129). Im Falle des Wohnungseigentums sind es in erster Linie die Wohnungseigentümer, die über den Abschluss eines Bauhandwerkervertrages entscheiden. Sie haben also eine wirtschaftlich und rechtlich beherrschende Stellung. Hinzu kommt, dass allein die Wohnungseigentümer – nicht die Gemeinschaft – einen Nutzen aus einer entsprechenden Bauleistung haben. Schon diese Umstände legen es nahe, dass sich die Wohnungseigentümer im Bereich der dinglichen Haftung gemäß § 242 BGB wie Besteller behandeln lassen müssen. Wenn § 10 Absatz 8 WEG (neu) nun bestimmt, dass die Wohnungseigentümer dem Unternehmer auch im Außenverhältnis haften, wird noch deutlicher, dass es gerechtfertigt ist, die Wohnungseigentümer auch im Rahmen des § 648 BGB haften zu lassen und dem Werkunternehmer einen Anspruch auf Einräumung einer Sicherungshypothek zuzuerkennen. (Dies gilt unabhängig von § 648 a BGB, vgl. KG, NJW-RR 1999, 1247.) Wie es schon bisher für die Aufbauschulden vertreten wird (vgl. etwa Staudinger-Peters, Rn 24; Voit in Bamberger/Roth, Rn 13, jeweils zu § 648 BGB), besteht der Anspruch auf Einräumung der Sicherungshypothek künftig aber nur in Höhe der jeweiligen anteiligen Mithaftung.

fff) *Durch die in Satz 1* vorgesehene Beschränkung der Haftung auf die Zeit der Zugehörigkeit eines Wohnungseigentümers zur Gemeinschaft wird erreicht, dass die Verbindlichkeiten von dem Wohnungseigentümer zu erfüllen sind, dem die entsprechenden Leistungen zugute kommen.

Die *Sätze 2 und 3* regeln, welche Einwendungen und Einreden der in Anspruch genommene Wohnungseigentümer geltend machen kann. Hierzu wird klargestellt, dass es dem einzelnen Wohnungseigentümer nicht möglich ist, seine Einwendungen und Einreden gegenüber der Gemeinschaft auch gegenüber dem Gläubiger geltend zu machen. Der Gläubiger wird also nicht mit Fragen aus dem Innenverhältnis zwischen Wohnungseigentümer und Gemeinschaft belastet. Das System der Einwendungen und Einreden ist auch im Übrigen dem Vorbild der Bürgenhaftung nachgebildet.

ggg) *Satz 4* regelt den Gleichlauf der Haftung der Wohnungseigentümer gegenüber der Gemeinschaft mit der gegenüber Gläubigern der Gemeinschaft. In beiden Fällen sollen die Wohnungseigentümer zur Begrenzung ihres finanziellen Risikos nur anteilsmäßig haften. Ohne die Regelung des Satzes 4 (neu) wäre es, wie der BGH aufgezeigt hat, grundsätzlich möglich, dass ein Gläubiger der Gemeinschaft jeden Wohnungseigentümer auf Zahlung der gesamten Schuld, also nicht nur anteilsmäßig, in Anspruch nehmen könnte, und zwar aus einem gepfändeten Anspruch der Gemeinschaft auf Schadensersatz gemäß § 280 Abs. 1, § 281 BGB. Jeden Wohnungseigentümer trifft nämlich nach Ansicht des BGH die Pflicht, der Gemeinschaft durch entsprechende Beschlussfassung zur ordnungsmäßigen Verwaltung die finanzielle Grundlage zur Begleichung der laufenden Verpflichtungen zu verschaffen (vgl. Wenzel, ZWE 2006, 2, 7). Verstößt er gegen diese Pflicht, etwa dadurch, dass er nicht auf einen Beschluss über ausreichende finanzielle Mittel der Gemeinschaft hinwirkt, so haftet jeder Wohnungseigentümer nach der Entscheidung des BGH vom 2. Juni 2005 (vgl. dort unter III.9.d) für entsprechende Schäden grundsätzlich als Gesamtschuldner. Ein solches Ergebnis widerspräche der vorgesehenen Risikobegrenzung.

BT-Drs. S. 67:

Für die Zwangsvollstreckung gegen die einzelnen Wohnungseigentümer ist immer ein gegen sie gerichteter Titel erforderlich. Ein Titel gegen die Gemeinschaft genügt nicht, ebenso wie ein Schuldtitel gegen die offene Handelsgesellschaft für die Vollstreckung gegen die Gesellschafter nicht ausreicht (§ 129 Abs. 4 HGB). Dies bedarf hier indessen keiner ausdrücklichen Normierung.

2. **Zu Nummer 2** (§ 11 Abs. 3 und 4 WEG – neu –)

a) Zu Absatz 3

aa) *Zu Satz 1:* Die Anerkennung der Teilrechtsfähigkeit der Wohnungseigentümergemeinschaft durch den V. Zivilsenat des BGH und die damit übereinstimmende Regelung des § 10 Abs. 6 WEG (neu) führen dazu, auch die Insolvenzfähigkeit zu bejahen. Während noch in der älteren Literatur die Konkursfähigkeit von Gesellschaften ohne eigene Rechtspersönlichkeit aus der Parteifähigkeit hergeleitet wurde, da der Konkurs eine besondere Prozessart sei, wird heute der enge Zusammenhang der Insolvenzfähigkeit mit der Rechtsfähigkeit betont. So ist etwa die Auffassung weit verbreitet, dass die Rechtsfähigkeit zwar die Insolvenzfähigkeit, nicht aber die Insolvenzfähigkeit die Rechtsfähigkeit umfasse. Durch den vorgesehenen § 11 Abs. 3 WEG (neu) wird dieser engen Verknüpfung von Rechts- und Insolvenzfähigkeit grundsätzlich Rechnung getragen (vgl. zur Insolvenzfähigkeit als Folge der Rechtsfähigkeit Fischer, NZI 2005, 586 ff.). Angesichts der besonderen Aufgabe der Wohnungseigentümergemeinschaft, die sich bereits im geltenden § 11 WEG (Unauflöslichkeit der Gemeinschaft) widerspiegelt, führt die Eröffnung des Insolvenzverfahrens aber nicht zur Auflösung der Gemeinschaft. Dies regelt der neue Satz 1.

In der Literatur (vgl. Häublein, ZIP 2005, 1720, 1728) wird die besondere Zweckbestimmung der Wohnungseigentümergemeinschaft als Argument herangezogen, die Insolvenzfähigkeit generell zu verneinen. Eine solche Schlussfolgerung ist jedoch nicht überzeugend, da die Eröffnung eines Insolvenzverfahrens trotz der Unauflöslichkeit der Gemeinschaft im Interesse der Gläubiger und des allgemeinen Wirtschaftsverkehrs sinnvoll ist. Wesentlicher Zweck eines Insolvenzverfahrens ist es, bei einer insuffizienten Haftungsmasse ein möglichst optimales Ergebnis für die Gläubiger zu erreichen und dabei dem Grundsatz der Gläubigergleichbehandlung einen möglichst hohen Stellenwert einzuräumen (vgl. Fischer, a. a. O., 587). Daneben hat das Insolvenzverfahren bei Schuldnern, die keine natürlichen Personen sind, die zusätzliche Aufgabe, im Interesse des Verkehrsschutzes Rechtssubjekte aus dem Wirtschaftsverkehr auszuschließen, die mit einer unzureichenden Haftungsmasse arbeiten. Insofern ist die Eröffnung des Insolvenzverfahrens regelmäßig ein Grund für die Auflösung dieser Rechtssubjekte.

Der Gesichtspunkt des Verkehrsschutzes hat bei der Wohnungseigentümergemeinschaft jedoch nicht die gleiche Bedeutung, da diese einerseits nur einen sehr beschränkten Zweck zu erfüllen hat, andererseits – und dies ist der zentrale Gesichtspunkt – jeder Wohnungseigentümer gemäß § 16 Abs. 2, § 28 Abs. 2 und 5 WEG verpflichtet ist, die Kosten der Verwaltung und des gemeinschaftlichen Gebrauchs des gemeinschaftlichen Eigentums nach dem Verhältnis seines Miteigentumsanteils zu tragen. Insofern ist ausreichend sichergestellt, dass der Gemeinschaft die für ihre Aufgabenerfüllung notwendigen Mittel auch nach Abschluss eines Insolvenzverfahrens zur Verfügung gestellt werden.

Die Unauflöslichkeit der Gemeinschaft ist somit für sich allein kein Grund, den Gläubigern die Rechtswohltat eines Gesamtvollstreckungsverfahrens zu versagen. Ohne ein solches geordnetes Gesamtverfahren würde letztlich der Gläubiger, der am schnellsten vollstreckt, durch die Verwertung des Verwaltungsvermögens möglicherweise vollständig befriedigt, während andere Gläubiger, die zögerlicher sind oder mit dem Verwalter über eine gütliche Einigung verhandeln, gänzlich leer ausgingen.

Die Eröffnung eines Insolvenzverfahrens hat für die Gläubiger den weiteren erheblichen Vorteil, dass dem in diesem Verfahren bestellten Insolvenzverwalter die Aufgabe zukommt, die Insolvenzmasse zu verwerten und dabei die Forderungen der Gemeinschaft gegen die einzelnen Wohnungseigentümer durchzusetzen. Damit wird zum einen der einzelne Gläubiger entlastet, andererseits wird erreicht, dass alle Gläubiger gleichmäßig an dem Erlös beteiligt werden. Sobald das Verfahren aufgehoben wird, können gemäß § 201 InsO (Rechte der Insolvenzgläubiger nach Verfahrensaufhebung) die Insolvenzgläubiger ihre restlichen Forderungen gegen die Gemeinschaft wieder geltend machen.

bb) Andererseits führt die Anwendung des Insolvenzrechts auf die Gemeinschaft der Wohnungseigentümer nicht zu Erschwernissen für die Verwaltung von Wohnungseigentum:

aaa) Für den Verwalter des Wohnungseigentums besteht insbesondere keine Pflicht, einen Antrag auf Eröffnung eines Insolvenzverfahrens zu stellen. Das deutsche Insolvenzrecht kennt keine allgemeine Pflicht zur Antragstellung. Entsprechende Pflichten ergeben sich lediglich aus dem Gesellschaftsrecht oder vergleichbaren Gesetzen. Bei natürlichen Personen oder Gesellschaften ohne Rechtspersönlichkeit sieht das Gesetz keine Antragspflicht vor, da die unbeschränkte Haftung der natürlichen Person oder der Gesellschafter hinreichende Gewähr für einen ausreichenden Gläubigerschutz bietet. Bei juristischen Personen und bei Personenhandelsgesellschaften, bei denen keine natürliche Person persönlich haftender Gesellschafter ist, wird jedoch als Korrelat für die beschränkte Haftung eine Antragspflicht für die Organe vorgesehen. Eine solche muss aber in den einschlägigen Gesetzen ausdrücklich angeordnet werden (vgl. etwa § 130 a HGB, § 64 GmbHG). Für die Wohnungseigentümergemeinschaft besteht eine solche gesetzliche Antragspflicht nicht, und ihre Einführung ist auch nicht beabsichtigt.

Auch aus einer analogen Anwendung des § 42 Abs. 2 BGB (Antragspflicht des Vorstands bei Zahlungsunfähigkeit des Vereins) ließe sich eine Antragspflicht eines Wohnungseigentumsverwal-

BT-Drs. S. 68:

ters nicht begründen (so indessen Häublein, ZMR 2006, 1, 3 m. w. N.). Normzweck und Interessenlage stehen einer solchen Analogie entgegen. Gemäß § 10 Abs. 8 Satz 1 WEG (neu) ist nämlich eine anteilige Außenhaftung der einzelnen Wohnungseigentümer vorgesehen, so dass sich die Rechtslage von der einer Gesellschaft mit beschränkter Haftung (GmbH) oder eines rechtsfähigen Vereins, bei denen es eine Außenhaftung nicht gibt, deutlich unterscheidet. Um allerdings letzte Zweifel auszuräumen, sieht der neue Absatz 4 ausdrücklich vor, dass den Verwalter keine Antragspflicht trifft.

Unabhängig davon haben die neuen Vorschriften keine nachteiligen Auswirkungen für den Verwalter von Wohnungseigentum. Ihm wird nichts abverlangt, was nicht bei dem Geschäftsführer einer Gesellschaft mit beschränkter Haftung als selbstverständlich erwartet wird. Und dies, obwohl die Geschäftsvorfälle bei einer solchen Gesellschaft viel komplexer sind als bei einer Wohnungseigentümergemeinschaft:

Bei einer Gesellschaft mit beschränkter Haftung wird dem Geschäftsführer von der Rechtsprechung aufgegeben, die Sorgfalt eines ordentlichen Geschäftsmannes einzuhalten. Dies erfordert, dass er die wirtschaftliche Lage des Unternehmens laufend beobachtet und sich bei Anzeichen einer krisenhaften Entwicklung durch Aufstellung einer Zwischenbilanz oder eines Vermögensstatus einen Überblick über den Vermögensstand verschafft. Um diese Aufgabe zu erfüllen, hat der Geschäftsführer für eine Organisation zu sorgen, die ihm die dafür erforderliche Übersicht über die wirtschaftliche und finanzielle Situation der Gesellschaft jederzeit ermöglicht (vgl. BGH ZIP 1995, 560, 561).

Die organisatorischen Vorkehrungen, die von einem Verwalter von Wohnungseigentum zu treffen sind, sind demgegenüber deutlich geringer. Er ist nicht zur Aufstellung einer Bilanz verpflichtet. Bei einer ordnungsmäßigen Verwaltung ist es allerdings auch ihm möglich, sich über die wirtschaftliche Situation des Verwaltungsvermögens ein zutreffendes aktuelles Bild zu machen, insbesondere dann, wenn er die Gemeinschaft über die Geschäfte des täglichen Lebens hinaus in finanziell erheblichem Maße verpflichten will. Dies ist etwa anzunehmen, wenn größere Gewerke in Auftrag gegeben werden sollen. In dieser Situation muss sich der Verwalter schon nach geltendem Recht versichern, dass die aus den Werkverträgen entstehenden Verbindlichkeiten der Gemeinschaft durch die laufenden Einnahmen gedeckt sind. Insofern hat die Pflicht zur ordnungsmäßigen Verwaltung auch eine erhebliche präventive Wirkung und kann verhindern, dass es überhaupt zu einer Insolvenz der Gemeinschaft kommt.

bbb) Die von einem Gläubiger veranlasste Eröffnung eines Insolvenzverfahrens über das Vermögen der Gemeinschaft hat für die Wohnungseigentümer im Übrigen eher Vor- als Nachteile. So kann das Insolvenzgericht zunächst vorläufige Sicherungsmaßnahmen gemäß § 21 InsO anordnen und verhindern, dass einzelne Gläubiger noch auf das (Rest-)Verwaltungsvermögen zugreifen. Es kann einen vorläufigen Insolvenzverwalter einsetzen, der insbesondere dafür sorgt, dass ein unfähiger Wohnungseigentumsverwalter das Verwaltungsvermögen nicht zusätzlich schädigt. Ist die Insolvenz trotz ordnungsmäßigen Wirtschaftens des Wohnungseigentumsverwalters eingetreten, so kann das Gericht eine Eigenverwaltung gemäß § 270 ff. InsO anordnen. In diesem Falle würde die Verwaltungs- und Verfügungsbefugnis bei dem Verwalter des Wohnungseigentums verbleiben und lediglich ein Sachwalter mit der Überwachung des Verwaltungshandelns beauftragt. Außerdem wird sich bei einem Insolvenzverfahren über das Verwaltungsvermögen häufig ein Insolvenzplanverfahren gemäß § 217 ff. InsO anbieten, bei dem über einen Stundungsplan Zugeständnisse der Gläubiger bei den Zinsen erreicht werden können.

ccc) Die Erledigung der laufenden Verwaltung und insbesondere notwendiger Instandhaltungs- und Instandsetzungsmaßnahmen bleibt von einem Insolvenzverfahren im Wesentlichen unberührt. Auch nach dessen Eröffnung und dem damit verbundenen Übergang der Verwaltungs- und Verfügungsbefugnis über das Verwaltungsvermögen auf den Insolvenzverwalter verbleibt die Verwaltungskompetenz insoweit bei dem Verwalter des Wohnungseigentums. Diese Kompetenz fußt nämlich auf dem Sonder- und Gemeinschaftseigentum, das – im Unterschied zum Verwaltungsvermögen – nicht zur Insolvenzmasse gehört. Demnach hat sich der Verwalter des Wohnungseigentums weiterhin etwa um die Lieferung von Heizöl und um Reparaturen zu kümmern, allerdings in Abstimmung mit dem Insolvenzverwalter, dem die Verfügungsbefugnis über das Verwaltungsvermögen zukommt und der bei seinen Entscheidungen dessen besondere Zweckbestimmung zu berücksichtigen hat. Anderenfalls kann er sich gegenüber den Wohnungseigentümern, die auch wegen ihrer Außenhaftung als Beteiligte anzusehen sind, gemäß § 60 InsO (Haftung des Insolvenzverwalters gegenüber den Beteiligten) schadensersatzpflichtig machen.

Schließt der Verwalter von Wohnungseigentum mit Zustimmung des Insolvenzverwalters einen Werkvertrag, so stellt der Werklohnanspruch eine Masseverbindlichkeit dar, da die Forderung auch auf einem Verwaltungshandeln des Insolvenzverwalters beruht (§ 55 Abs. 1 Nr. 1 InsO). Wird nach Verfahrenseröffnung somit eine Sonderumlage beschlossen, so fällt diese zwar in die Insolvenzmasse. Dem Werkunternehmer gebührt jedoch insofern ein Masseanspruch, der vor den Insolvenzforderungen zu bedienen ist.

BT-Drs. S. 69:

cc) *Satz 2* stellt sicher, dass das Insolvenzverfahren gegenüber einer Gemeinschaft der Wohnungseigentümer in angemessener Zeit beendet werden kann. Da nach § 35 InsO (Begriff der Insolvenzmasse) auch der Neuerwerb zur Insolvenzmasse gehört, würden ohne eine Sonderregelung die monatlichen Beitragsvorschüsse der Wohnungseigentümer und die Zahlung von Sonderumlagen dazu führen, dass das Verfahren nicht beendet werden könnte, da unbegrenzt immer neue Masse anfällt. Der neue Satz 2 sieht deshalb vor, dass die Schlussverteilung zu erfolgen hat, sobald die Verwertung des vorhandenen Vermögens der Gemeinschaft einschließlich der in den ersten drei Monaten seit der Eröffnung des Insolvenzverfahrens fälligen Beitragsvorschüsse und Sonderumlagen beendet ist. Die Vorschrift ist an § 196 InsO (Schlussverteilung) angelehnt. Die abweichend von § 196 InsO vorgesehene zeitliche Begrenzung soll insbesondere das Zusammenwirken des Wohnungseigentums- und des Insolvenzverwalters zeitlich auf das unumgängliche Maß beschränken. Angesichts einer durch Beschluss begründeten Nachschusspflicht der Wohnungseigentümer im Verhältnis zur Gemeinschaft und der anteiligen Außenhaftung besteht auch keine Gefahr für eine Schädigung der Gläubiger. Im Übrigen soll die zeitliche Begrenzung der Situation Rechnung tragen, dass eine Insolvenz eintritt, weil der Verwalter größere Aufträge vergeben hat, ohne zuvor – etwa durch Aufnahme der Kosten in den Wirtschaftsplan und Fälligstellung der Beiträge oder durch eine fällige Sonderumlage – für ausreichende Liquidität der Gemeinschaft zu sorgen. Dies kann der Insolvenzverwalter innerhalb der Drei-Monats-Frist nachholen. Später fällig werdende Beitragsvorschüsse oder Umlagen fallen nicht in die Insolvenzmasse. Ebenso wie sonst im Insolvenzverfahren hindert ein noch nicht beendeter Aktivprozess, also wenn etwa der Insolvenzverwalter ausstehende Beiträge bei einem Wohnungseigentümer einklagt, nicht die Schlussverteilung. In diesem Fall hat eine Nachtragsverteilung stattzufinden.

dd) *Satz 3* (entsprechende Anwendung des § 93 InsO) stellt klar, dass Ansprüche aus der anteiligen Haftung der Wohnungseigentümer gemäß § 10 Abs. 8 WEG (neu) während des Insolvenzverfahrens nur vom Insolvenzverwalter, nicht aber von den Gläubigern geltend gemacht werden können. Damit wird verhindert, dass sich einzelne Gläubiger durch gesonderten Zugriff Vorteile verschaffen und damit den Grundsatz der gleichmäßigen Befriedigung der Insolvenzgläubiger verletzen. Gleichzeitig wird erreicht, dass Wohnungseigentümer nicht mit befreiender Wirkung an einen Insolvenzgläubiger leisten können.

b) Zu Absatz 4
Absatz 4 dient, wie oben bereits ausgeführt, der Klarstellung.

3. **Zu Nummer 3** (§ 18 Abs. 1 Satz 2 WEG – neu –)

a) Soweit die Wohnungseigentümer Inhaber der gemeinschaftsbezogenen und sonstiger Rechte und Pflichten sind, die gemeinschaftlich geltend gemacht werden können oder zu erfüllen sind, steht die Ausübungsbefugnis künftig der Gemeinschaft zu (§ 10 Abs. 6 Satz 3 WEG – neu –), nicht mehr der Gesamtheit der Wohnungseigentümer. Da der Wortlaut des geltenden § 18 Abs. 1 WEG insoweit Anlass zu Zweifeln geben könnte, bedarf es der vorgesehenen Klarstellung des neuen Satzes 2 Halbsatz 1.

Eine Einschränkung der Ausübungsbefugnis ist in Halbsatz 2 (neu) für Zweiergemeinschaften vorgesehen, in denen wegen des gesetzlichen Kopfprinzips (§ 25 Abs. 2 Satz 1 WEG) keine Mehrheitsbeschlüsse möglich sind. In Fällen dieser Art ist jeder Wohnungseigentümer wie nach geltendem Recht auch künftig zur Geltendmachung der Entziehung befugt.

b) Im Unterschied zu § 18 Abs. 1 WEG bedarf es zu § 16 Abs. 2 WEG, der regelt, dass „jeder Wohnungseigentümer den anderen Wohnungseigentümern gegenüber (zur Beitragsleistung) verpflichtet" ist, keiner Änderung. Der Wortlaut dieser Bestimmung könnte zwar dazu verleiten, sie als Anspruchsgrundlage für Beiträge zu verstehen. Falls dies zuträfe, müsste die Geltendmachung des Anspruchs wegen der in § 10 Abs. 6 Satz 3 WEG (neu) vorgesehenen Ausübungsbefugnis zur Vermeidung von Missverständnissen auch hier der Gemeinschaft zugeordnet werden. Die Vorschrift legt für die Zahlung der Beiträge aber lediglich den gesetzlichen Verteilungsschlüssel fest, dessen Ergebnis als Rechnungsposten bei der Jahresabrechnung abzurechnen ist. Sie schafft nach allgemeiner Meinung keinen Anspruch auf Zahlung der Beiträge (vgl. Gottschalg in Weitnauer, WEG, 9. Auflage, § 16, Rn 11 m. w. N.), so dass es insoweit auch keiner Änderung der Zuordnung bedarf.

Soweit die Bestimmung bei einer Zweiergemeinschaft als Anspruchsgrundlage für einen Regress des vorleistenden Wohnungseigentümers dient (vgl. Merle in Bärmann/Pick/Merle, WEG, 9. Auflage, § 28, Rn 4 m. w. N.), verbleibt es ohnehin bei der bisherigen Ausübung des Anspruchs.

4. **Zu Nummer 4** (§ 27 WEG – neu –)

Der Verwalter tritt zukünftig sowohl als Vertreter der Wohnungseigentümer in deren Eigenschaft als Mitberechtigte am gemeinschaftlichen Grundstück auf, als auch als Vertreter der rechtsfähigen Gemeinschaft der Wohnungseigentümer. Ihm kommt insoweit eine Zwitterstellung zu (Hügel, DNotZ 2005, 753, 764). Dies macht es erforderlich, die Vertretungsmacht des Verwalters in seiner jetzt neuen Funktion als Organ der Gemeinschaft gegenüber seiner davon zu unterscheidenden Funktion als Vertreter der Wohnungseigentümer zu normieren. Die Bundesregierung schlägt daher vor, die Vorschrift des § 27 WEG, in der die Aufgaben und Befugnisse des Verwalters sowie seine Vertretungsmacht geregelt sind, neu zu fassen. Dabei soll die Struktur der Vorschrift besser als bisher zum Ausdruck kommen, ohne dass der ansonsten bewährte Inhalt der Vorschrift wesentlich geändert wird. Zukünftig soll sich aus dem Gesetz eindeutig ergeben, welche Pflichten und Rechte den Verwalter im Innenverhältnis treffen und in welchem Umfang er zur Vertretung ermächtigt ist. Dazu soll das Innenverhältnis sowohl gegenüber den Wohnungseigentümern als auch gegenüber der Gemeinschaft allein in Absatz 1 der Vorschrift angesprochen werden. Aus einem geänderten Absatz 2 soll sich

BT-Drs. S. 70:

die Vertretungsmacht für die Wohnungseigentümer ergeben, aus dem neuen Absatz 3 sodann die Vertretungsmacht für die Gemeinschaft der Wohnungseigentümer. In den Absätzen 4, 5 und 6 sind Folgeänderungen erforderlich.

a) Absatz 1 erhält einen geänderten Einleitungssatz. Außerdem treten in der Aufzählung einige Nummern hinzu.

Der bisherige Einleitungssatz („Der Verwalter ist berechtigt und verpflichtet") hat zu der Frage geführt, ob sich § 27 Abs. 1 WEG ausschließlich auf das Innenverhältnis zwischen dem Verwalter und den Wohnungseigentümern bezieht oder ob dem Verwalter auch eine gesetzliche Vertretungsmacht zusteht, soweit ihm dort Aufgaben und Befugnisse zugewiesen sind. Trotz des Regelungszusammenhangs mit Absatz 2, in dem das Gesetz ausdrücklich eine Vertretungsmacht einräumt und obwohl der Gesetzgeber in anderen Regelungsbereichen das Vorliegen einer Vertretungsmacht ausdrücklich im Gesetzestext kennzeichnet, ist diese Frage in der Literatur streitig geblieben (zum Meinungsstand vgl. Merle in Bärmann/Pick/Merle, WEG, 9. Auflage, § 27, Rn 5 ff. m. w. N.). Dabei wird üblicherweise davon ausgegangen, dass § 27 Abs. 1 WEG lediglich die Geschäftsführungsbefugnis im Innenverhältnis regelt. Dennoch könne sich nach dem Gesetzeszweck und einer Interessenabwägung auch aus § 27 Abs. 1 WEG eine Vertretungsmacht ergeben (Merle, a. a. O., Rn 12 f.). Dies wird insbesondere für die Maßnahmen des § 27 Abs. 1 Nr. 3 WEG angenommen, also für dringende Erhaltungsmaßnahmen (Niedenführ/Schulze, WEG, 7. Auflage, § 27, Rn 23; offen gelassen von BGHZ 67, 232).

In der nun vorgeschlagenen Neufassung des § 27 WEG werden Innenverhältnis und Vertretungsmacht deutlich voneinander unterschieden. Die vorgeschlagene Ergänzung des Einleitungssatzes, wonach der Verwalter aus Absatz 1 ausdrücklich nur gegenüber den Wohnungseigentümern und gegenüber der Gemeinschaft der Wohnungseigentümer berechtigt und verpflichtet wird, stellt klar, dass sich aus § 27 Abs. 1 WEG (neu) keine Vertretungsmacht, sondern lediglich Rechte und Pflichten im Innenverhältnis ergeben. Soweit man bislang zu der Auffassung gelangt ist, dass sich auch aus Absatz 1 eine Vertretungsmacht ergeben müsse, um die Handlungsfähigkeit der Gemeinschaft nicht über Gebühr zu beeinträchtigen, werden die entsprechenden Fallgruppen nun in § 27 Abs. 3 WEG (neu) ausdrücklich als Fälle einer gesetzlichen Vertretungsmacht geregelt.

Die bisherigen Nummern 1 bis 4 des § 27 Abs. 1 WEG bleiben als die Nummern 1 bis 3 und 6 erhalten. Die bisherige Nummer 4 erfährt in Form der neuen Nummer 6 lediglich eine sprachliche Anpassung. Dort wird nun von den „eingenommenen" statt von den „gemeinschaftlichen" Geldern gesprochen, da der Begriff „gemeinschaftlich" bislang auf die Besitzgemeinschaft von §§ 741 ff. BGB verweist, diese Gelder nun aber der Gemeinschaft der Wohnungseigentümer gemäß § 10 Abs. 7 Satz 3 WEG (neu) zustehen. Die Formulierung stellt klar, dass der Verwalter sämtliche zum Zweck der Verwaltung eingenommenen Gelder zu verwalten hat.

Die neuen Nummern 4 und 5 entsprechen den bisherigen Nummern 1 und 2 in § 27 Abs. 2 WEG. Bislang ergibt sich aus dem Gesetz nur mittelbar, dass der Verwalter nicht nur ermächtigt, sondern im Innenverhältnis auch verpflichtet ist, die in § 27 Abs. 2 Nr. 1 und 2 WEG vorgesehenen Zahlungen und Leistungen einzufordern und zu bewirken. Dies ist nun klargestellt. Da diese Maßnahmen zukünftig sämtlich im Namen und mit Wirkung für die Gemeinschaft der Wohnungseigentümer als Rechtssubjekt zu treffen sind und daher eine Vertretungsmacht für die Wohnungseigentümer insoweit nicht mehr erforderlich ist, sind die bisherigen Nummern 1 und 2 in § 27 Abs. 2 WEG zu streichen (vgl. Abramenko, ZMR 2005, 585, 588). Die Vertretungsmacht des Verwalters, insoweit nun im

Namen der Gemeinschaft tätig zu werden, ergibt sich künftig aus § 27 Abs. 3 Satz 1 Nr. 4 WEG (neu).

Die neue Nummer 7 entspricht in geänderter Form der durch den Gesetzentwurf vorgeschlagenen Nummer 5. Mit der Änderung gegenüber dem Entwurfstext kommt die Bundesregierung dem Vorschlag des Bundesrates nach, § 27 Abs. 1 Nr. 5 WEG – neu – (jetzt Nummer 7) weiter zu fassen und den Verwalter zu verpflichten, die Wohnungseigentümer über alle Rechtsstreitigkeiten gemäß § 43 WEG zu unterrichten (Nummer 5 der Stellungnahme des Bundesrates).

b) Absatz 2 regelt wie bisher die Befugnisse des Verwalters als Vertreter der Wohnungseigentümer. Die Nummern 1 bis 4 (neu) entsprechen weitgehend den bisherigen Nummern 3 bis 6. Zur Klarstellung ist in der neuen Nummer 2 (bisher Nummer 4) aber ausdrücklich geregelt, dass der Verwalter in einem Passivprozess gemäß § 43 Nr. 1 und 4 WEG (neu) zur Vertretung der Wohnungseigentümer im Erkenntnis- und Vollstreckungsverfahren ermächtigt ist. Er kann also im Vollstreckungsverfahren etwa auch die eidesstattliche Versicherung gemäß den §§ 807, 899 ZPO abgeben. Außerdem wird in der neuen Nummer 3 (bisher Nummer 5) klargestellt, dass dem Verwalter die Vertretungsmacht zur Geltendmachung von Ansprüchen auch durch eine Vereinbarung eingeräumt werden kann und dass für einen entsprechenden Beschluss die Stimmenmehrheit genügt; beides war schon bislang überwiegende Meinung in Rechtsprechung und Literatur (vgl. die Nachweise bei Merle in Bärmann/Pick/Merle, WEG, 9. Auflage, § 27, Rn 140). Der Regelungsinhalt der bisherigen Nummern 1 und 2 findet sich nun in § 27, Abs. 1 Nr. 4 und 5 und Abs. 3 Satz 1 Nr. 4 WEG (neu), weil die dort bezeichneten Zahlungen und Leistungen fortan im Namen und mit Wirkung für die Gemeinschaft der Wohnungseigentümer einzufordern und zu erbringen sind (siehe bereits unter a).

Die in der neuen Nummer 5 vorgesehene gesetzliche Ermächtigung des Verwalters zur Vereinbarung einer Vergütung steht im Zusammenhang mit der Neuregelung des Streitwerts. Zur Begründung wird auf die Gegenäußerung der Bundesregierung zu Nummer 13 der Stellungnahme des Bundesrates verwiesen.

c) Absatz 3 wird neu in das Gesetz eingefügt und regelt, inwieweit der Verwalter Vertretungsmacht besitzt, im Namen der Gemeinschaft der Wohnungseigentümer Willenserklärungen abzugeben und Rechtshandlungen vorzunehmen.

BT-Drs. S. 71:

Der BGH hat in seiner Entscheidung vom 2. Juni 2005 erklärt, die Wohnungseigentümergemeinschaft habe eigene Organe, nämlich die Eigentümerversammlung, den Verwalter und – allerdings fakultativ – den Verwaltungsbeirat (III.5.c der Entscheidungsgründe). Der Verwalter könne „in weitem Umfang für die Wohnungseigentümer im Rechtsverkehr handeln“ (a. a. O.). Allerdings ermächtigt § 27 Abs. 2 WEG den Verwalter lediglich dazu, „im Namen aller Wohnungseigentümer und mit Wirkung für und gegen sie“ tätig zu werden. Die „Gemeinschaft“ ist als Vertretene in § 27 WEG nicht vorgesehen. Außerdem ist der Verwalter in § 27 Abs. 2 WEG keineswegs umfassend zur Vertretung ermächtigt, sondern nur punktuell. Teilweise ist seine Vertretungsmacht auch von einer entsprechenden Ermächtigung durch die Wohnungseigentümer abhängig (§ 27 Abs. 2 Nr. 5 WEG). Zwar wird vereinzelt die Meinung vertreten, § 27 Abs. 2 WEG sei im Wege der Rechtsfortbildung entgegen seinem Wortlaut auch auf die Gemeinschaft anzuwenden und die dortige Nummer 4 ermächtige den Verwalter zur Vertretung im Passivprozess (Merle, GE, 2005, 1466). Weithin wird aber angezweifelt, ob dem Verwalter überhaupt eine echte Organstellung zukommt (Bork, ZIP 2005, 1205, 1206 ff.; Hügel, DNotZ 2005, 753, 762; Rapp, MittBayNot 2005, 449, 452).

Die Bundesregierung empfiehlt vor diesem Hintergrund, den Umfang der Vertretungsmacht des Verwalters für die Gemeinschaft in einem eigenen Absatz zu normieren. Auch in der Literatur wird der Gesetzgeber bereits um eine entsprechende Regelung gebeten (vgl. Hügel, DNotZ 2005, 753, 764). Da sich die bisherigen Regelungen zur Entscheidungsmacht der Wohnungseigentümer und zum Umfang der Vertretungsmacht des Verwalters bewährt haben, sieht der Entwurf vor, dass die Entscheidungsmacht wie bisher grundsätzlich bei den Wohnungseigentümern bleibt und der Verwalter auch künftig nur in bestimmten Angelegenheiten zur Vertretung ermächtigt ist (vgl. zum geltenden Recht Merle, a. a. O., § 27, Rn 4; gegen eine umfassende Vertretungsmacht auch Häublein, ZMR 2006, 1, 5). Um andererseits die Handlungsfähigkeit der Gemeinschaft sicherzustellen, wird der Verwalter nach der Neuregelung aber ohne weiteres in der Lage sein, die laufende Verwaltung und dringliche Geschäfte für die Gemeinschaft der Wohnungseigentümer zu erledigen. Außerdem wird den Wohnungseigentümern die Möglichkeit gegeben, dem Verwalter durch Mehrheitsbeschluss weitergehende Vertretungsbefugnisse einzuräumen. Schließlich wird geregelt, dass dort, wo ein Verwalter fehlt oder der Verwalter nicht zur Vertretung ermächtigt ist, subsidiär die Vertretungsmacht aller Wohnungseigentümer eingreift.

Satz 1 lehnt sich in seiner Struktur an Absatz 2 (neu) an. Dem Verwalter wird zunächst bezüglich einzelner, näher bezeichneter Maßnahmen eine Vertretungsmacht eingeräumt, unabhängig von den Vereinbarungen und den Beschlüssen der Wohnungseigentümergemeinschaft. Wie in Absatz 2 (neu) wird eine umfassende Empfangsvertretungsmacht des Verwalters normiert und der Verwalter dazu ermächtigt, im Namen der Gemeinschaft Maßnahmen zu treffen, die zur Wahrung einer Frist oder zur Abwendung eines sonstigen Rechtsnachteils erforderlich sind (neue Nummern 1 und 2). Diese Vertretungsmacht besitzt der Verwalter damit nicht nur gegenüber den Wohnungseigentümern, sondern auch gegenüber der Gemeinschaft (vgl. Abramenko, ZMR 2005, 585, 588). In Nummer 2 (neu) ist – wie in Absatz 2 Nummer 2 (neu) – zur Klarstellung auch geregelt, dass der Verwalter in einem Passivprozess gemäß § 43 Nr. 2 WEG (neu) zur Vertretung der Gemeinschaft im Erkenntnis und Vollstreckungsverfahren ermächtigt ist. Damit werden Zweifel an der Prozessfähigkeit der Gemeinschaft im Passivprozess für beide Verfahren ausgeräumt. In den neuen Nummern 3 bis 5 wird auf die Aufgaben des Verwalters in Absatz 1 (neu) Bezug genommen. So wird eindeutig geklärt, inwieweit der Verwalter zur Erfüllung dieser Aufgaben eine Vertretungsmacht besitzt. Wie bisher ist der Verwalter ermächtigt, die in § 27 Abs. 2 Nr. 1 und 2 WEG vorgesehenen Zahlungen und Leistungen einzufordern und zu bewirken (§ 27 Abs. 3 Nr. 4 in Verbindung mit § 27 Abs. 1 Nr. 4 und 5 WEG – neu –). Daneben ist der Verwalter zur Vornahme der (sonstigen) laufenden und dringlichen Maßnahmen der Verwaltung ermächtigt (§ 27 Abs. 3 Nr. 3 in Verbindung mit § 27 Abs. 1 Nr. 2 WEG – neu – und § 27 Abs. 4 Nr. 4 in Verbindung mit § 27 Abs. 1 Nr. 3 WEG – neu –). In § 27 Abs. 3 Nr. 5 WEG (neu) ist schließlich klargestellt, dass der Verwalter zur Verwaltung der eingenommenen Gelder im Namen der Gemeinschaft Konten führen kann. Zum „Führen" gehören auch das Eröffnen und das Schließen eines Kontos.

Die in der neuen Nummer 6 vorgesehene gesetzliche Ermächtigung des Verwalters zur Vereinbarung einer Vergütung entspricht der neuen Regelung des Absatzes 2 Nummer 5 und steht wie dort im Zusammenhang mit der Neuregelung des Streitwerts. Zur Begründung wird auf die Gegenäußerung zu Nummer 13 verwiesen.

In der neuen Nummer 7 des Satzes 1 wird den Wohnungseigentümern sodann die Beschlusskompetenz eingeräumt, dem Verwalter durch Stimmenmehrheit eine weitergehende Vertretungsmacht zu erteilen. Insoweit geht der Entwurf im Interesse der Handlungsfähigkeit der Gemeinschaft bewusst über die Möglichkeiten des Absatzes 2 (neu) hinaus. Im Rahmen des Absatzes 2 sind die Wohnungseigentümer zwar ebenfalls befugt, durch Beschluss weitergehende Vertretungsbefugnisse einzuräumen. Indes bezieht sich diese Kompetenz nur auf die Geltendmachung von Forderungen. Nach § 27 Abs. 3 Nr. 7 WEG (neu) kann dagegen auch eine umfassendere Vertretungsmacht erteilt werden. Der Entwurf sieht vor, dass für eine solche Beschlussfassung stets die Stimmenmehrheit genügt. Dadurch wird zum Ausdruck gebracht, dass eine solche Vertretungsmacht mit dem Grundsatz der ordnungsmäßigen Verwaltung in Einklang steht und die Wohnungseigentümer eine Beschlusskompetenz haben.

Zu Satz 2: Die Wohnungseigentümer sind gemäß Satz 1 (neu) in der Lage, auf praktikable und einfache Weise die umfassende Handlungsfähigkeit der Gemeinschaft herzustellen. Da die Gemeinschaft zukünftig jedoch selbst rechtsfähig ist, muss im Interesse des Rechtsverkehrs ein Vertretungsorgan auch für den Fall bereit stehen, dass die Wohnungseigentümer sich nicht dazu

BT-Drs. S. 72:

entschließen können oder wollen, einen Verwalter zu bestellen. Insbesondere muss auch für diese Fälle die Prozessfähigkeit der Gemeinschaft sichergestellt werden. Fehlt ein Verwalter, wäre eine gegen die Gemeinschaft gerichtete Klage sonst schon aus diesem Grund als unzulässig abzuweisen, obwohl der Kläger einen entsprechenden Mangel der Prozessfähigkeit weder erkennen noch beseitigen könnte (vgl. Bork, ZIP 2005, 1205, 1207; Bub/Petersen, NJW 2005, 2590, 2591; Götting, ZflR 2005, 623, 624; Hügel, DNotZ 2005, 753, 764; Rapp, MittBayNot 2005, 449, 452). Deshalb sieht Satz 2 des neuen Absatzes 3 vor, dass die Gemeinschaft immer dann, wenn ein Verwalter fehlt oder er nicht zur Vertretung berechtigt ist, von allen Wohnungseigentümern vertreten wird. Möchten die Wohnungseigentümer einen Verwalter nicht bestellen oder ihn nicht zur Vertretung ermächtigen, können sie nach *Satz 3* auch einen oder mehrere Wohnungseigentümer zur Vertretung ermächtigen. Diese Regelungen genügen dem Interesse des Rechtsverkehrs und berücksichtigen, dass es künftig einen Notverwalter nicht mehr geben soll (vgl. Nummer 12 Buchstabe b) des Regierungsentwurfs: Aufhebung des § 26 Abs. 3 WEG).

d) In Absatz 4 wird klargestellt, dass auch die Befugnisse des Verwalters nach dem neuen Absatz 3 durch Vereinbarung der Wohnungseigentümer nicht eingeschränkt werden können.

e) Absatz 5 entspricht inhaltlich weitgehend dem geltenden Absatz 4. Dieser regelt, dass der Verwalter verpflichtet ist, Gelder der Wohnungseigentümer von seinem Vermögen gesondert zu halten. Da der Verwalter nach neuer Rechtslage Gelder der Gemeinschaft der Wohnungseigentümer zu verwalten hat, wird in Satz 1 (neu) der Wortlaut der Vorschrift entsprechend angepasst und allgemein formuliert, dass der Verwalter eingenommene Gelder von seinem Vermögen gesondert zu halten hat. Außerdem wird in Satz 2 (neu) zur Vermeidung unzutreffender Rückschlüsse aus dem neuen Absatz 3 Satz 1 Nr. 7 klargestellt, dass die Verfügungsbeschränkung durch Vereinbarung oder Mehrheitsbeschluss getroffen werden kann.

f) In Absatz 6 wird mit Rücksicht auf die in dem neuen Absatz 3 vorgesehene gesetzliche Ermächtigung des Verwalters klargestellt, dass dieser auch eine entsprechende Urkunde (Ermächtigungsurkunde) verlangen kann.

5. **Zu Nummer 5** (§ 43 WEG – neu –)

Gemäß § 10 Abs. 6 Satz 5 WEG (neu) ist die Gemeinschaft der Wohnungseigentümer im Rahmen ihrer Teilrechtsfähigkeit auch parteifähig (vgl. auch § 50 Abs. 1 ZPO). Sie kann also insoweit selbst Klägerin und Beklagte sein. Dies betrifft nicht nur Streitigkeiten mit Dritten, sondern auch Streitigkeiten mit Wohnungseigentümern (vgl. den oben vorgeschlagenen § 10 Abs. 6 Satz 2 und 3 WEG – neu –). Der Regierungsentwurf geht in Artikel 1 Nr. 16 (§ 43 WEG – neu –) allerdings noch davon aus, dass Kläger und Beklagte stets die einzelnen Wohnungseigentümer sind. Deshalb ist der Regierungsentwurf zu § 43 WEG dahin zu ergänzen (vgl. die neue Nummer 2), dass auch Streitigkeiten über die Rechte und Pflichten zwischen der Gemeinschaft der Wohnungseigentümer und Wohnungseigentümern erfasst werden.

B. **Zu Artikel 2** (ZVG)

§ 10 Abs. 1 Nr. 2 ZVG in der Fassung des Regierungsentwurfs ist zur besseren Lesbarkeit und Verständlichkeit neu gefasst. Der bisherige Satz 1 ist ohne inhaltliche Änderung in die neuen Sätze 1 und 2 geteilt worden. Die Formulierung „Entrichtung der anteiligen Lasten und Kosten" ist aus sprachlichen Gründen durch die Formulierung „Zahlung der Beiträge zu den Lasten und Kosten" ersetzt worden. Die Ergänzung am Schluss des Satzes durch die Worte „sowie der Rückgriffsansprüche einzelner Wohnungseigentümer" dient der Klarstellung der im Regierungsentwurf bereits vorhandenen Regelung. Der bisherige Satz 2 ist nun Satz 3.

Die Sätze 4 und 5 dienen der Klarstellung. Mit Anerkennung der Teilrechtsfähigkeit der Wohnungseigentümergemeinschaft und der entsprechenden Normierung übt nun die Gemeinschaft die Ansprüche aus, die bisher den Wohnungseigentümern in ihrer Gesamtheit zustehen (§ 10 Abs. 6 Satz 3 WEG – neu –). Der neue Satz 4 stellt dies auch für das Vorrecht des § 10 Abs. 1 Nr. 2 ZVG aus Beitragsansprüchen gemäß § 28 Abs. 2 und 5 WEG klar. In einem weiteren Satz 5 wird verdeutlicht, dass das Vorrecht einzelner Wohnungseigentümer im Fall der Vorleistung hiervon unberührt bleibt, also weiterhin von den einzelnen Wohnungseigentümern selbst ausgeübt wird. Bei § 156 ZVG sind redaktionelle Folgeänderungen wegen der Neufassung des § 10 Abs. 1 Nr. 2 ZVG nötig.

Zu Nummer 2

(Zu Artikel 1 Nr. 01 – neu –, 1, 2, 2 a – neu – und 14 –
§§ 3, 5, 7, 8 und 32 WEG)

Der Bundesrat schlägt insoweit vor, in § 3 WEG den Absatz 3 aufzuheben und auf das Erfordernis der Abgeschlossenheit und dessen Bescheinigung (§ 7 Abs. 4, § 32 Abs. 2 WEG) zu verzichten.

Die Bundesregierung stimmt dem Vorschlag zu, soweit es dort (unter Buchstabe a Nr. 01. Buchstabe b) darum geht, in § 3 WEG den Absatz 3 aufzuheben.

Im Übrigen hält die Bundesregierung an ihrem Regelungsvorschlag fest. Die vom Bundesrat erstrebten Regelungsziele der Vereinfachung des Verfahrens, der Entbürokratisierung und der Entlastung staatlicher Stellen werden ohne inhaltliche Abstriche auch mit der von der Bundesregierung vorgesehenen Öffnungsklausel für die Länder erreicht. Der von der Bundesregierung vorgesehene Weg vermeidet aber die Nachteile des Vorschlags des Bundesrates, nämlich eine Beeinträchtigung der Rechtssicherheit und eine weitere Belastung der Justiz als Folge zunehmender Streitigkeiten zwischen Erwerbern und Veräußerern von Eigentumswohnungen und zwischen den Miteigentümern wegen Unklarheiten der Abgeschlossenheit. Die Begriffe des „öffentlich bestellten Sachverständigen" und des „öffentlich anerkannten Sachverständigen" entsprechen dem geltenden Recht (vgl. die Begründung des Gesetzentwurfs der Bundesregierung – Bundesratsdrucksache 397/05 – auf Seite 36).

Sollten sich im weiteren Gesetzgebungsverfahren konkrete Anhaltspunkte für die Notwendigkeit einer weitergehenden Verfahrensvereinfachung ergeben, wird sich die Bundesregierung einer Prüfung anderer Wege nicht verschließen.

BT-Drs. S. 73:

Zu Nummer 3
(Zu Artikel 1 Nr. 10 – § 23 Abs. 4 WEG)

Die Bundesregierung stimmt dem Vorschlag zu.

Zu Nummer 4
(Zu Artikel 1 Nr. 12 Buchstabe a – § 26 Abs. 1 Satz 4 WEG)

Die Bundesregierung stimmt dem Vorschlag zu.

Zu Nummer 5
(Zu Artikel 1 Nr. 13 – § 27 Abs. 1 Nr. 5 WEG)

Die Bundesregierung stimmt dem Vorschlag zu. Sie hat ihn bei den zu Nummer 1 der Gegenäußerung vorgeschlagenen weiteren Änderungen des Wohnungseigentumsgesetzes bereits berücksichtigt.

Zu Nummer 6
(Zu Artikel 1 Nr. 16 – § 44 Abs. 1 Satz 2 WEG)

Die Bundesregierung stimmt dem Vorschlag zu.

Zu Nummer 7 (Zu Artikel 1 Nr. 16 – § 46 Abs. 1 WEG)

Die Bundesregierung schlägt – der Klarstellungsbitte des Bundesrates folgend – vor, in Artikel 1 Nr. 16 den § 46 Abs. 1 WEG (neu) wie folgt zu fassen:

„(1) Die Klage auf Erklärung der Ungültigkeit eines Beschlusses der Wohnungseigentümer ist gegen die übrigen Wohnungseigentümer zu richten. Sie muss innerhalb eines Monats nach der Beschlussfassung erhoben und innerhalb zweier Monate nach der Beschlussfassung begründet werden. Die §§ 233 bis 238 der Zivilprozessordnung gelten entsprechend.“

Die in dem Regierungsentwurf vertretene Auffassung, dass der Anfechtungsantrag schon nach der bisherigen Rechtslage in FGG-Verfahren gegen alle Wohnungseigentümer mit Ausnahme des Antragstellers zu richten ist, wird durch den Beschluss des Bundesgerichtshofs zur Anerkennung der Rechtsfähigkeit der Gemeinschaft der Wohnungseigentümer vom 2. Juni 2005 (vgl. dort III.12.) bestätigt. Für die künftige zivilprozessuale Beschlussanfechtung folgt dieses Ergebnis zudem daraus, dass ein Fall der notwendigen Streitgenossenschaft vorliegt (§ 62 ZPO). Soweit der Bundesrat darauf hinweist, dass der Entwurf für das künftige ZPO-Verfahren in Wohnungseigentumssachen auch die Möglichkeit vorsieht, dass Wohnungseigentümer als Beigeladene an dem Prozess beteiligt sind (§ 48 Abs. 1 Satz 1 WEG – neu –), werden hierdurch die Grundsätze der notwendigen Streitgenossenschaft nicht berührt. Insoweit wird auf die Ausführungen zu Nummer 9 der Gegenäußerung Bezug genommen.

Eine kostenrechtliche Privilegierung der überstimmten Wohnungseigentümer wäre nicht praktikabel und auch in der Sache nicht gerechtfertigt. In der Regel wird sich nicht feststellen lassen, welche Wohnungseigentümer gegen den Beschluss gestimmt haben, da eine Protokollierung der Namen der für bzw. gegen den Beschluss stimmenden Wohnungseigentümer nicht erforderlich ist und wegen des hohen Verwaltungsaufwands auch nicht gesetzlich gefordert werden sollte. Zudem ist es jedem überstimmten Wohnungseigentümer unbenommen, selbst Anfechtungsklage zu erheben. Scheut er das hiermit verbundenen Kostenrisiko oder die Mühen der Prozessführung, so besteht kein Anlass, ihn als Beklagten kostenrechtlich zu privilegieren.

Die in Satz 2 (neu) in Ergänzung des Regierungsentwurfs jetzt vorgesehene Frist für die Begründung der Klage von zwei Monaten ab der Beschlussfassung berücksichtigt, dass die

Niederschrift über die Versammlung der Wohnungseigentümer (vgl. § 24 Abs. 6 Satz 1 WEG), die insoweit wichtig sein kann, den Wohnungseigentümern manchmal erst kurz vor Ablauf der Klagefrist zur Verfügung steht und die Meinung vertreten wird, die zur Begründung verbleibende Zeit sei in Fällen dieser Art zu knapp.

Zu Nummer 8 (Zu Artikel 1 Nr. 16 – § 46 Abs. 2, § 48 Abs. 4 WEG)

Zu Buchstabe a)

Die Bundesregierung stimmt dem in der Prüfbitte unterbreiteten Vorschlag insoweit zu, als es nach Übernahme des Änderungsvorschlags zu § 23 Abs. 4 WEG (neu) einer sprachlichen Überarbeitung auch des § 46 Abs. 2 WEG (neu) bedarf. Vorgeschlagen wird danach folgende Formulierung des Artikels 1 Nr. 16 (§ 46 Abs. 2 WEG – neu –):

„(2) Hat der Kläger erkennbar eine Tatsache übersehen, aus der sich ergibt, dass der Beschluss nichtig ist, so hat das Gericht darauf hinzuweisen."

Im Übrigen teilt die Bundesregierung die Bedenken des Bundesrates nicht. Dass das Gericht Nichtigkeitsgründe von Amts wegen zu prüfen hat, ergibt sich schon aus der im Regierungsentwurf vorgeschlagenen Fassung des § 46 Abs. 2 WEG – neu – (vgl. Bundesratsdrucksache 397/05, Seite 91/92). Der Vorschlag des Bundesrates unterscheidet sich daher von dem Regierungsentwurf nur hinsichtlich der Frage, ob das Gericht auch Tatsachen zu berücksichtigen hat, die von dem Kläger trotz Hinweises, also bewusst, nicht vorgetragen worden sind. Nach Auffassung der Bundesregierung ist diese Frage zu verneinen, da der tatsächliche, die Unwirksamkeit des angefochtenen Beschlusses rechtfertigende Lebenssachverhalt nach allgemeinen zivilprozessualen Grundsätzen der Dispositionsbefugnis des Klägers unterliegt. Unabhängig hiervon ist es in der Praxis kaum vorstellbar, dass der Kläger den Hinweis des Gerichts, der ihm bei der Erreichung seines prozessualen Ziels hilft, unbeachtet lässt.

Auch die umfassende Rechtskraftwirkung des Urteils nach § 48 Abs. 4 WEG (neu) führt zu keinem anderen Ergebnis. Sofern sich der Kläger wider Erwarten nicht auf den Hinweis des Gerichts beruft, können die beklagten Wohnungseigentümer ihrerseits in verschiedener Weise auf den Hinweis reagieren. Sie können ein Anerkenntnis- oder Versäumnisurteil gegen sich ergehen lassen (vgl. Hüffer, AktG, 5. Auflage, § 246, Rn 17) oder den nichtigen Beschluss in einer Versammlung der Wohnungseigentümer aufheben (vgl. Merle in Bärmann/Pick/Merle, WEG, 9. Auflage, § 23, Rn 76; Lüke in Weitnauer, WEG, 9. Auflage, § 23, Rn 31). Zudem hat jeder beklagte Wohnungseigentümer und der Verwalter die Möglichkeit, nunmehr selbst Nichtigkeitsklage zu erheben, die gemäß § 47 WEG (neu) mit der bereits erhobenen Anfechtungsklage zu verbinden wäre.

Zu Buchstabe b)

Die Bundesregierung stimmt dem Vorschlag zu.

BT-Drs. S. 74:

Zu Nummer 9 (Zu Artikel 1 Nr. 16 – § 48 Abs. 1, 3 WEG)

Die Bundesregierung vertritt weiterhin die Auffassung, dass das Institut der Beiladung der übrigen Wohnungseigentümer notwendig ist.

Wie der Bundesrat zutreffend ausführt, ist die Notwendigkeit der Beiladung Folge der durch § 48 Abs. 3 WEG (neu) über die Wirkungen des § 325 ZPO hinaus angeordneten Rechtskrafterstreckung. Die Beiladung konkretisiert die wegen der Rechtskrafterstreckung aus dem Anspruch auf rechtliches Gehör nach Artikel 103 Abs. 1 GG herzuleitenden Anhörungspflichten des Gerichts. Grundrechtsberechtigt aus Artikel 103 Abs. 1 GG ist jeder, der an einem gerichtlichen Verfahren als Partei oder in ähnlicher Stellung beteiligt ist oder von dem Verfahren unmittelbar rechtlich betroffen wird. Unmittelbar betroffen in diesem Sinne ist unter anderem derjenige, auf den sich die Rechtskraft der fraglichen gerichtlichen Entscheidung erstreckt. Auch solche materiell Betroffenen müssen über den

Verfahrensstoff informiert werden und sich grundsätzlich vor Erlass einer Entscheidung mindestens schriftlich in tatsächlicher und rechtlicher Hinsicht zur Sache äußern können. Schließlich ist das Gericht verpflichtet, auch den Vortrag dieser Betroffenen zu berücksichtigen, d. h. zur Kenntnis zu nehmen und bei seiner Entscheidung in Erwägung zu ziehen. Das Gericht wäre zwar auch ohne ausdrückliche gesetzliche Anordnung der Beiladung verpflichtet, die übrigen Wohnungseigentümer anzuhören (vgl. BVerfGE 60, 7, 14 f.). Jedoch ist es primär Aufgabe des Gesetzgebers, die einschlägigen Verfahrensordnungen verfassungskonform auszugestalten.

Die Bundesregierung ist weiterhin der Auffassung, dass eine Rechtskrafterstreckung auf die nicht als Partei an dem Verfahren beteiligten Wohnungseigentümer sachgerecht ist. Die Entscheidung des Gerichts sollte zu dauerhafter Rechtssicherheit und Rechtsfrieden innerhalb der Gemeinschaft führen, was nicht der Fall wäre, wenn die nicht als Partei beteiligten Wohnungseigentümer das Gericht noch einmal mit dem gescheiterten Begehren des klagenden Wohnungseigentümers befassen könnten. Würde zum Beispiel ein Wohnungseigentümer gemäß § 1004 Abs. 1 BGB gegen einen anderen Wohnungseigentümer auf Beseitigung einer baulichen Veränderung klagen, so könnten im Falle seines Unterliegens andere Wohnungseigentümer wegen desselben Begehrens Klage erheben. Dem beklagten Wohnungseigentümer stünden nach der Zivilprozessordnung nur unzureichende Instrumentarien zur Verfügung, die in dem (ersten) Rechtsstreit nicht als Kläger auftretenden Wohnungseigentümer in das Verfahren zu zwingen und sie hierdurch an das ergehende Urteil zu binden. Insbesondere würde eine Drittwiderklage mit dem Ziel der Feststellung, dass keine unzulässige bauliche Veränderung vorliege, voraussetzen, dass sein Recht auch von den übrigen Wohnungseigentümern bestritten wird; verhalten diese sich passiv, dürfte dieser Nachweis kaum gelingen, ohne dass der Beklagte deshalb sicher sein könnte, künftig nicht von ihnen in Anspruch genommen zu werden.

Zu den Nummern 10 und 11 (Zu Artikel 1 Nr. 16 – § 48 Abs. 1, 2 a – neu –, 3 WEG)

Die Bundesregierung folgt der Bitte des Bundesrates, den Anwendungsbereich des § 48 Abs. 1 WEG (neu) klarer zu fassen. Insbesondere bedarf es einer Abgrenzung zur notwendigen Streitgenossenschaft, die von dem Rechtsinstitut der Beiladung unberührt bleiben soll. Die Bundesregierung schlägt daher vor, in Artikel 1 Nr. 16 die Absätze 1 bis 3 des § 48 WEG (neu) wie folgt zu fassen:

„(1) Richtet sich die Klage eines Wohnungseigentümers, der in einem Rechtsstreit gemäß § 43 Nr. 1 oder Nr. 3 einen ihm allein zustehenden Anspruch geltend macht, nur gegen einen oder einzelne Wohnungseigentümer oder nur gegen den Verwalter, so sind die übrigen Wohnungseigentümer beizuladen, es sei denn, dass ihre rechtlichen Interessen erkennbar nicht betroffen sind. Soweit in einem Rechtsstreit gemäß § 43 Nr. 3 oder Nr. 4 der Verwalter nicht Partei ist, ist er ebenfalls beizuladen.

(2) Die Beiladung erfolgt durch Zustellung der Klageschrift, der die Verfügungen des Vorsitzenden beizufügen sind. Die Beigeladenen können der einen oder anderen Partei zu deren Unterstützung beitreten. Veräußert ein beigeladener Wohnungseigentümer während des Prozesses sein Wohnungseigentum, ist § 265 Abs. 2 der Zivilprozessordnung entsprechend anzuwenden.

(3) Über die in § 325 der Zivilprozessordnung angeordneten Wirkungen hinaus wirkt das rechtskräftige Urteil auch für und gegen alle beigeladenen Wohnungseigentümer und ihre Rechtsnachfolger sowie den beigeladenen Verwalter."

Begründung:

Absatz 1 Satz 1 nennt nur noch die Streitigkeiten nach § 43 Nr. 1 und Nr. 3 WEG (neu) in der nunmehr vorgeschlagenen Fassung (vgl. die Gegenäußerung oben zu Nummer 1 unter IV. A.5), so dass sowohl Verfahren, in denen nur die Gemeinschaft als Rechtssubjekt aktiv- oder passivlegitimiert ist, als auch Streitigkeiten über die Gültigkeit von Beschlüssen der Wohnungseigentümer (Anfechtungs- und Nichtigkeitsklagen) ausgeklammert sind. Ein Regelungsbedürfnis besteht nur für Streitigkeiten der Wohnungseigentümer untereinander. Die Beiladung der übrigen Wohnungseigentümer in den Fällen des § 43 Nr. 2 WEG in der jetzt vorgeschlagenen Fassung ist entbehrlich, weil ihre Rechte hier von der Gemeinschaft wahrgenommen werden. Anfechtungs- und Nichtigkeitsklagen nach § 43 Nr. 4 WEG in der neuen Fassung sind ohnehin gegen alle übrigen Wohnungseigentümer zu richten, so dass es ihrer Beiladung hier nicht bedarf.

Fälle der notwendigen Streitgenossenschaft auf der Aktivseite werden ausgegrenzt durch die Voraussetzung, dass der Kläger „einen ihm allein zustehenden Anspruch", also einen individuellen Rechtsanspruch geltend macht. Wann dies der Fall ist, ergibt sich aus dem materiellen Recht. In Betracht kommen insbesondere der Anspruch auf ordnungsmäßige Verwaltung gemäß § 21 Abs. 4 WEG und der oben bereits angesprochene Anspruch auf Beseitigung einer baulichen Veränderung gemäß § 1004 Abs. 1 BGB (vgl. Merle in Bärmann/Pick/Merle, WEG, 9. Auflage, § 21, Rn 80 ff.; § 22, Rn 264).

Wie nach dem Regierungsentwurf bedarf es nach dem nunmehr unterbreiteten Vorschlag der Beiladung der übrigen Wohnungseigentümer nicht, wenn ihre rechtlichen Interessen nicht betroffen sind. Dies ist einerseits der Fall, wenn der Streitgegenstand erkennbar nur die rechtlichen Interessen eines begrenzten Kreises von Wohnungseigentümern oder nur den Kläger und den Beklagten betrifft (vgl. Bun-

BT-Drs. S. 75:

desratsdrucksache 397/05, Seite 95). Andererseits können hierunter auch die Fälle subsumiert werden, in denen die Klage zum Beispiel wegen fehlenden Rechtsschutzbedürfnisses oder einer notwendigen Streitgenossenschaft auf der Passivseite unzulässig ist. Denn ein Prozessurteil erwächst hinsichtlich des Streitgegenstandes nicht in Rechtskraft, so dass die Interessen der übrigen Wohnungseigentümer hierdurch nicht berührt werden.

Absatz 1 Satz 2 greift die Prüfbitte des Bundesrates unter Nummer 11, Buchstabe a auf. Die Bundesregierung stimmt dem hierin unterbreiteten Vorschlag, auch die Beiladung des Verwalters vorzusehen, zu.

In Absatz 2 werden im Interesse einer besseren Übersichtlichkeit die bisherigen Sätze 2 und 3 des Absatzes 1 und Satz 2 des Absatzes 2 zusammengeführt. Der frühere Satz 1 des Absatzes 2 ist jetzt obsolet. Er war ursprünglich insbesondere im Hinblick auf die Prozessstandschaft des Verwalters in Hausgeldsachen aufgenommen worden und ist insoweit nach Anerkennung der Teilrechtsfähigkeit der Gemeinschaft hinfällig. Fälle der Ermächtigung eines Wohnungseigentümers zur Verfolgung eines gemeinschaftlichen Anspruchs sind jetzt sprachlich ausgeklammert, da der Kläger einen Individualanspruch verfolgen muss (siehe oben).

Absatz 3 trägt mit der neuen Formulierung „sowie den beigeladenen Verwalter" der Prüfbitte des Bundesrates unter der Nummer 11, Buchstabe b Rechnung.

Zu Nummer 12 (Zu Artikel 1 Nr. 16 – § 48 Abs. 3 WEG)

Der Bundesrat schlägt in seiner Prüfbitte eine Ergänzung des § 48 Abs. 3 WEG (neu) dahingehend vor, dass Urteile, durch die Beschlüsse der Wohnungseigentümer für ungültig oder nichtig erklärt werden, für und gegen alle Wohnungseigentümer wirken, unabhängig davon, ob diese Partei waren oder beigeladen worden sind. Hierzu ist zunächst zu bemerken, dass die Beiladung von Wohnungseigentümern in diesen Verfahren keine Rolle spielt. Hinsichtlich der Frage, ob und gegebenenfalls wann Wohnungseigentümer beizuladen sind, wird auf die Ausführungen oben zu Nummer 9 der Gegenäußerung Bezug genommen.

Die Anfechtungsklage ist gegen alle übrigen Wohnungseigentümer zu richten, so dass grundsätzlich alle Wohnungseigentümer Partei des Verfahrens sind (vgl. die Ausführungen oben zu Nummer 7). Das Gleiche gilt für die Nichtigkeitsklage. Entsprechend bedarf es einer Rechtskrafterstreckung auf alle Wohnungseigentümer im Normalfall nicht, weil diese als Partei des Rechtsstreits gemäß § 325 Abs. 1 ZPO ohnehin an das Urteil gebunden sind. Zu berücksichtigen ist weiterhin, dass ein Urteil, durch das ein Beschluss für ungültig erklärt oder dessen Nichtigkeit festgestellt wird, auch gegenüber einem Wohnungseigentümer materiell-rechtliche Wirkungen entfaltet, der von dem Kläger versehentlich nicht in der Eigentümerliste aufgeführt wurde, in der die Beklagten näher bezeichnet werden. Wird ein Beschluss von dem Gericht für ungültig erklärt, so ist diese Gestaltungswirkung nicht auf die Parteien des Rechtsstreits beschränkt, sondern tritt im Verhältnis zu jedermann ein. Diese Rechtsfolge ergibt sich aus § 23 Abs. 4 WEG (neu). Entsprechendes gilt für die Feststellungswirkung eines Urteils, durch das die Ungültigkeit oder Nichtigkeit eines Beschlusses festgestellt wird (vgl. Hüffer, AktG, 5. Auflage, § 248, Rn 5; § 249, Rn 17). Eine erneute Klage durch denselben Kläger dürfte daher weder erforderlich noch zulässig sein.

Zuzustimmen ist dem Bundesrat zwar, soweit er ausführt, das Urteil entfalte gegenüber dem „vergessenen" Wohnungseigentümer keine materielle Rechtskraft. Dieser könnte daher Feststellungsklage erheben mit dem Ziel, die Gültigkeit des Beschlusses aussprechen zu lassen. Hier Abhilfe durch eine Rechtskrafterstreckung auf alle Wohnungseigentümer zu schaffen, auch soweit sie von dem Kläger entgegen der jetzt vorgeschlagenen Fassung des § 46 Abs. 1 Satz 1 WEG nicht als Partei in den Rechtsstreit einbezogen worden sind, widerspräche allerdings zivilprozessualen Grundsätzen. Es ist Aufgabe des Klägers, den oder die richtigen Beklagten zu ermitteln und in dem Rechtsstreit zu bezeichnen. Dies ist ihm auch möglich und zumutbar. Hinzuweisen ist auf den Zusammenhang mit dem Vorschlag des Bundesrates unter Nummer 6 seiner Stellungnahme, dem die Bundesregierung zustimmt. Danach hat der Kläger bis zum Schluss der mündlichen Verhandlung Zeit, sich über die Eigentumsverhältnisse zu informieren und eine richtige und vollständige Eigentümerliste vorzulegen.

Um einen Widerspruch zu Artikel 103 Abs. 1 GG zu vermeiden (vgl. die Ausführungen oben zu Nummer 9 der Gegenäußerung) müsste zudem sichergestellt werden, dass die Bindungswirkung nur eintritt, sofern den „vergessenen" Eigentümern nachträglich rechtliches Gehör gegeben worden ist. Auch nach derzeitiger Rechtslage bejaht die herrschende Ansicht in Rechtsprechung und Literatur die Bindung eines nicht formell beteiligten Wohnungseigentümers an die gerichtliche Entscheidung (§ 45 Abs. 2 Satz 2 WEG) nur unter der Voraussetzung, dass ihm die noch anfechtbare Entscheidung förmlich zugestellt, das rechtliche Gehör also nachträglich gewährt worden ist (vgl. OLG Hamm NJW-RR 1987, 842, 845; Merle in Bärmann/Pick/Merle, WEG, 9. Auflage, § 45, Rn 119; Staudinger-Wenzel, WEG, 12. Auflage, § 45, Rn 59; Niedenführ in Niedenführ/Schulze, WEG, 7. Auflage, § 45, Rn 62; jetzt auch Mansel in Weitnauer, WEG, 9. Auflage, § 43, Rn 37).

Eine Regelung des Inhalts, dass bei Nachholung des rechtlichen Gehörs auch versehentlich nicht an dem Verfahren beteiligte Wohnungseigentümer an das Urteil gebunden sind, hätte aber keinen nennenswerten Mehrwert. Denn auch dann stünde der Umfang der Rechtskraftwirkung des Urteils nicht abschließend fest; es bestünde stets die – zumindest theoretische – Möglichkeit, dass ein „vergessener" Wohnungseigentümer bei Nachholung des rechtlichen Gehörs entscheidungsrelevante Gesichtspunkte vorträgt, die zu einer anderen Bewertung führen, oder aber das rechtliche Gehör nicht mehr nachgeholt werden kann und er deshalb nicht an die Entscheidung gebunden ist.

Nach allem hält die Bundesregierung die von dem Bundesrat vorgeschlagene Ergänzung des § 48 Abs. 3 WEG (neu) nicht für angezeigt, zumal auch nach der derzeitigen Rechtslage keine Bindung eines formell nicht beteiligten Wohnungseigentümers an die gerichtliche Entscheidung besteht, ohne dass dies zu Schwierigkeiten in der Praxis führt.

BT-Drs. S. 76:

Zu Nummer 13 (Zu Artikel 1 Nr. 16 – § 50 WEG, Artikel 3 Abs. 1 a (neu) – § 49 a (neu) GKG

Die Bundesregierung kann dem Vorschlag des Bundesrats unter den folgenden Voraussetzungen zustimmen:

1. Der vorgeschlagene § 49 a des Gerichtskostengesetzes (GKG) erhält folgende Fassung:

„§ 49 a Wohnungseigentumssachen

(1) Der Streitwert ist auf 50 Prozent des Interesses der Parteien und aller Beigeladenen an der Entscheidung festzusetzen. Er darf das Interesse des Klägers und der auf seiner Seite Beigetretenen an der Entscheidung nicht unterschreiten und das Fünffache des Werts ihres Interesses nicht überschreiten. Der Wert darf in keinem Fall den Verkehrswert des Wohnungseigentums des Klägers und der auf seiner Seite Beigetretenen übersteigen.

(2) Richtet sich eine Klage gegen einzelne Wohnungseigentümer, darf der Streitwert das Fünffache des Werts ihres Interesses sowie des Interesses der auf ihrer Seite Beigetretenen nicht übersteigen. Absatz 1 Satz 3 gilt entsprechend."

2. Artikel 1 Nr. 5 Buchstabe d (§ 16 Abs. 8 WEG – neu –) wird unter Berücksichtigung der in der Gegenäußerung zu Nummer 1 (unter IV. A.5.) vorgeschlagenen Änderung (Neufassung) des § 27 WEG wie folgt gefasst:

„(8) Kosten eines Rechtsstreits gemäß § 43 gehören nur dann zu den Kosten der Verwaltung im Sinne des Absatzes 2, wenn es sich um Mehrkosten gegenüber der gesetzlichen Vergütung eines Rechtsanwalts aufgrund einer Vereinbarung über die Vergütung (§ 27 Abs. 2 Nr. 5, Abs. 3 Nr. 6) handelt."

3. Dem § 27 Abs. 2 Nr. 5 und Abs. 3 Nr. 6 WEG ist der Text zugrunde zu legen, der in der Gegenäußerung zu Nummer 1 (unter IV. A.4.: Neufassung des § 27 WEG, und unter IV. A.5.: Neufassung des § 43 WEG) bereits vorgesehen ist.

a) Der Text zu § 27 Abs. 2 Nr. 5 WEG (neu) lautet wie folgt:

„5. mit einem Rechtsanwalt wegen eines Rechtsstreits gemäß § 43 Nr. 1 oder Nr. 4 zu vereinbaren, dass sich die Gebühren nach einem höheren als dem gesetzlichen Streitwert, höchstens nach einem gemäß § 49 a Abs. 1 Satz 1 des Gerichtkostengesetzes bestimmten Streitwert bemessen."

b) Der Text zu § 27 Abs. 3 Nr. 6 WEG (neu) lautet wie folgt:

„6. mit einem Rechtsanwalt wegen eines Rechtsstreits gemäß § 43 Nr. 2 eine Vergütung gemäß Absatz 2 Nr. 5 zu vereinbaren;".

Begründung:

1. Zu § 49 a – neu – GKG

Zu Absatz 1: Der Vorschlag des Bundesrates zu § 49 a GKG stimmt inhaltlich im Wesentlichen mit den Überlegungen der Bundesregierung zur Regelung des Streitwertes überein. Er bedarf aber der von der Bundesregierung vorgeschlagenen Neufassung. Denn die vom Bundesrat (mit der Eingangsformulierung „Soweit die Klage keine bezifferte Geldforderung betrifft") beabsichtigte Klarstellung, dass die Regelung keine Klagen mit einer bezifferten Geldforderung erfasst, ist entbehrlich. Dies folgt bereits aus § 48 Abs. 1 GKG in Verbindung mit § 3 ZPO und auch aus der nunmehr von der Bundesregierung in Satz 2 vorgeschlagenen Regelung. Danach soll der Streitwert das Interesse des Klägers, also die Höhe der eingeklagten Forderung, nicht unterschreiten. Die Neufassung ist im Übrigen angezeigt, weil einzelne Formulierungen des Vorschlags des Bundesrates an den Sprachgebrauch des Gerichtskostengesetzes anzupassen sind. Im Einzelnen ist zu bemerken:

Zu Satz 1: Nach übereinstimmender Auffassung von Bundesregierung und Bundesrat soll der Streitwert grundsätzlich 50 Prozent des Interesses der Parteien betragen, mindestens jedoch dem Wert des Interesses des Klägers und der auf seiner Seite Beigetretenen entsprechen.

Zu den Sätzen 2 und 3: Um den Justizgewährungsanspruch einzelner Wohnungseigentümer – insbesondere bei Anfechtungsklagen gegen Beschlüsse größerer Wohnungseigentumsgemeinschaften – zu gewährleisten, ist nach dem neuen Vorschlag der Bundesregierung (vgl. auch den Regierungsentwurf zu § 50 Abs. 2 Satz 1 bis 3 WEG – neu–) und nach dem inhaltlich übereinstimmenden Vorschlag des Bundesrates der Streitwert in seiner Höhe generell begrenzt. Der Streitwert darf danach grundsätzlich den fünffachen Wert des Interesses des Klägers und der auf seiner Seite Beigetretenen sowie den Verkehrswert ihres im Grundbuch eingetragenen Wohnungseigentums nicht übersteigen. Mit diesen Begrenzungen greift die Bundesregierung den entsprechenden Vorschlag des Bundesrates auf, den Justizgewährungsanspruch insbesondere für Anfechtungsklagen in hinreichender Weise zu gewährleisten.

Nach der nun vorgeschlagenen Neufassung in Verbindung mit dem neuen § 27 Abs. 2 Nr. 5 und Abs. 3 Nr. 6 WEG bedarf es in Übereinstimmung mit dem Vorschlag des Bundesrates und im Unterschied zu dem Regierungsentwurf keiner doppelten Streitwertfestsetzung mehr. Richtiger Standort der Regelung ist jetzt das Gerichtskostengesetz, da es sich ausschließlich um eine Wertvorschrift handelt, und nicht mehr wie im Regierungsentwurf um eine mit einer Kostenerstattungsregelung verbundene Streitwertregelung, die als besondere Verfahrensvorschrift systematisch zutreffend in das Wohnungseigentumsgesetz eingestellt werden sollte.

Zu Absatz 2: Dieser verfolgt den gleichen Zweck wie § 50 Abs. 3 WEG (neu) des Regierungsentwurfs. Damit wird sichergestellt, dass der Justizgewährungsanspruch auch im Fall der Rechtsverteidigung gewährleistet wird. Der Vorschlag des Bundesrates beschränkt sich im Unterschied hierzu auf die Rechtsverfolgung und ist insoweit nicht ausreichend.

2. Auf die Bitte des Bundesrates, eine gesetzliche Ermächtigung für den Verwalter zu prüfen, damit dieser im Fall der Klage eines einzelnen Wohnungseigentümers gegen die übrigen mit einem Rechtsanwalt eine Vergütung für die Vertretung der übrigen Wohnungseigentümer auf der Streitwertbasis von 50 Prozent ihres Interesses vereinba-

BT-Drs. S. 77:

ren kann, schlägt die Bundesregierung die oben zu den Nummern 2 und 3 genannten Änderungen vor. Dazu ist zu bemerken:

Zur Änderung des § 27 WEG (s. oben Nr. 3):

Wie der Bundesrat in seiner Stellungnahme zutreffend ausführt, wird es im Fall der Klage eines einzelnen Wohnungseigentümers gegen die übrigen Wohnungseigentümer für diese nicht immer einfach sein, einen Rechtsanwalt zu finden, der für einen im Einzelfall möglicherweise niedrigen Streitwert zur Übernahme des Mandats bereit ist. Ist etwa der Beschluss der Wohnungseigentümer aus einer Gemeinschaft mit 100 Eigentümern über eine Sanierungsmaßnahme, die Kosten in Höhe von 100 000 Euro verursacht, von einem Miteigentümer angefochten, auf den durch die Sanierung Kosten in Höhe von 1000 Euro zukämen, beträgt der Streitwert nach der zu § 49 a – neu – GKG vorgeschlagenen Regelung 5000 Euro, nämlich das Fünffache seines Interesses von 1000 Euro. Dieser Streitwert würde auch für den Rechtsanwalt gelten, der die übrigen, die Sanierungsmaßnahme bejahenden Miteigentümer vertritt, obwohl deren Interesse an der gerichtlichen Entscheidung 100 000 Euro entspricht.

Es muss im Interesse aller übrigen Wohnungseigentümer möglich sein, dass der Verwalter für diese einen Rechtsanwalt beauftragen und mit ihm eine insbesondere dem gesteigerten Haftungsrisiko angemessene Vergütung vereinbaren kann. Eine vorherige Ermächtigung des Verwalters durch einen Beschluss der Wohnungseigentümer ist in aller Regel aus Zeitgründen nicht möglich. Die Bundesregierung schlägt daher in der Gegenäußerung zu Nummer 1 (oben unter IV. A.4.) bei der Neufassung des § 27 WEG eine Regelung vor (vgl. § 27 Abs. 2 Nr. 5 und Abs. 3 Nr. 6 WEG – neu –), die den Verwalter gesetzlich ermächtigt, wegen eines Rechtsstreits über Rechte und Pflichten der Wohnungseigentümer untereinander und wegen eines Rechtsstreits über die Rechte und Pflichten zwischen der Gemeinschaft und den Wohnungseigentümern sowie wegen eines Rechtsstreits über die Gültigkeit von Beschlüssen der Wohnungseigentümer (vgl. § 43 Nr. 1, 2 und 4 WEG in der Fassung der Gegenäußerung zu Nummer 1, oben unter IV. A.5.) eine Vergütung mit einem Rechtsanwalt für die übrigen Wohnungseigentümer zu vereinbaren. Die Höhe der vereinbarten Vergütung soll auf das begrenzt werden, was der Rechtsanwalt nach dem regelmäßig festzusetzenden Streitwert in Höhe von 50 Prozent des Wertes des Interesses aller Beteiligten erhalten würde. Im genannten Beispielsfall könnte der Verwalter eine Vergütung auf der Basis eines Streitwerts von bis zu 50 000 Euro mit dem Rechtsanwalt vereinbaren.

Zur Neufassung des § 16 Abs. 8 WEG (s. oben Nr. 2)

Die Differenz der aufgrund einer Vereinbarung erhöhten Anwaltsvergütung zu der gesetzlichen Vergütung können die übrigen Wohnungseigentümer nach der vom Bundesrat und in dieser Gegenäußerung vorgeschlagenen Regelung zur Vergütungsvereinbarung auch im Fall des Obsiegens nicht vom Prozessgegner erstattet verlangen. Eine Regelung, nach der dieses möglich wäre, könnte zu einer verfassungsrechtlich nicht vertretbaren Aushöhlung des Justizgewährungsanspruchs des einzelnen Wohnungseigentümers führen. Dieser Besonderheit trägt die jetzt vorgeschlagene Fassung des § 16 Abs. 8 WEG (neu) Rechnung. Danach sollen die durch eine Vergütungsvereinbarung entstehenden Mehrkosten für die Wohnungseigentümer Kosten der Verwaltung sein. Die Begründung des Regierungsentwurfs zu Artikel 1 Nr. 5 Buchstabe d gilt entsprechend: Auch nach der neuen Vorschrift ist es möglich, dass einzelne Wohnungseigentümer im Falle ihres Unterliegens der Gegenseite, also den übrigen beteiligten Wohnungseigentümern, die Kosten nur nach einem beschränkten Streitwert zu erstatten haben. Die übrigen Wohnungseigentümer hingegen haben die Gebühren für anwaltliche Vertretung wegen der Vergütungsvereinbarung nach einem höheren Streitwert zu entrichten. Dass die obsiegende Mehrheit die Differenz zunächst tragen muss, ist Besonderheit eines Rechtsstreits innerhalb einer Wohnungseigentümergemeinschaft und kann entgegen der Meinung des Bundesrates nicht als deren Benachteiligung gewertet werden. Da die Entscheidung gegen alle Wohnungseigentümer wirkt, ist es sachgerecht, dass alle Wohnungseigentümer die Differenz zu bezahlen haben. Es wäre zudem unbillig, wenn einzelne später im Rechtsstreit unterlegene Wohnungseigentümer an den Mehrkosten, die den anderen Miteigentümern durch die Klageerhebung oder Rechtsverteidigung entstehen, nicht beteiligt würden.

Zu Nummer 14 (Zu Artikel 3 Abs. 1 – Änderung des Gerichtsverfassungsgesetzes)

Die Bundesregierung wird den Vorschlag im weiteren Verlauf des Gesetzgebungsverfahrens prüfen.

Zu Nummer 15 (Zu Artikel 3 Abs. 1 Nr. 1 – § 23 Nr. 2 Buchstabe c Halbsatz 2 – neu – GVG)

Die Bundesregierung stimmt dem Vorschlag zu.

3. Beschlussempfehlung und Bericht des Rechtsausschusses (6. Ausschuss)

Vom 13. Dezember 2006
(BT-Drucks. 16/3843)

zu dem Gesetzentwurf der Bundesregierung
– Drucksache 16/887 –

Entwurf eines Gesetzes zur Änderung des Wohnungseigentumsgesetzes und anderer Gesetze

A. Problem

Das Wohnungseigentumsgesetz geht davon aus, dass die Wohnungseigentümer ihre Angelegenheiten durch Vereinbarungen und damit einstimmig regeln. Ein Mehrheitsbeschluss ist nur ausreichend, wenn das Gesetz oder eine Vereinbarung dies vorsieht. Das Gesetz hält Beschlüsse in der Regel nur für Einzelentscheidungen für zulässig. Beschlüsse, bei denen diese Grenzen nicht beachtet werden, sind nach der jüngeren Rechtsprechung des Bundesgerichtshofs häufig auch dann unwirksam, wenn sie nicht gerichtlich angefochten werden. Dies erzeugt Unsicherheit vor allem in Eigentümergemeinschaften, in denen Einstimmigkeit nicht oder nur schwer zu erreichen ist.

Die Gerichtsverfahren in Wohnungseigentumssachen richten sich nach dem Gesetz über die Angelegenheiten der freiwilligen Gerichtsbarkeit und bedürfen der Harmonisierung mit den Gerichtsverfahren in anderen bürgerlich-rechtlichen Streitigkeiten.

Nach bisherigem Recht sind Hausgeldforderungen gegen einen zahlungsunfähigen oder -unwilligen Wohnungseigentümer im Wege der Zwangsversteigerung häufig nicht eintreibbar. Denn sie können nur im Range nach den Forderungen der Grundpfandrechtsgläubiger geltend gemacht werden. In der Praxis führt das dazu, dass solche Eigentümer über beträchtliche Zeiträume auf Kosten der anderen Eigentümer in ihren Wohnungen verbleiben können.

B. Lösung

Annahme des Gesetzentwurfs in geänderter Fassung, mit dem im Wesentlichen folgende Regelungen getroffen werden sollen:

- Zur Erleichterung der Willensbildung in der Eigentümergemeinschaft sollen die gesetzlichen Beschlusskompetenzen dort, wo ein praktisches Bedürfnis besteht, vorsichtig erweitert werden. Dies begleitend sollen die Möglichkeiten der Wohnungseigentümer verbessert werden, sich über die Beschlüsse zu informieren.
- Künftig sollen auch Wohnungseigentumssachen im gerichtlichen Verfahren nach der Zivilprozessordnung behandelt werden.
- Für Hausgeldforderungen soll ein begrenztes Vorrecht in der Zwangsversteigerung durch eine Änderung der dortigen Rangklassen geschaffen werden.

Annahme des Gesetzentwurfs in geänderter Fassung mit den Stimmen der Fraktionen CDU/CSU, SPD, FDP und BÜNDNIS 90/DIE GRÜNEN gegen die Stimmen der Fraktion DIE LINKE.

C. Alternativen

Keine

D. Kosten

Wurden im Ausschuss nicht erörtert.

BT-Drs. S. 3:

Beschlussempfehlung

Der Bundestag wolle beschließen,

den Gesetzentwurf auf Drucksache 16/887 in der aus der nachstehenden Zusammenstellung ersichtlichen Fassung anzunehmen.

Berlin, den 13. Dezember 2006

Der Rechtsausschuss

Andreas Schmidt (Mülheim) Vorsitzender	**Norbert Geis** Berichterstatter	**Dirk Manzewski** Berichterstatter
Mechthild Dyckmans Berichterstatterin	**Wolfgang Neskovic** Berichterstatter	**Hans-Christian Ströbele** Berichterstatter

Zusammenstellung

des Entwurfs eines Gesetzes zur Änderung des Wohnungseigentumsgesetzes und anderer Gesetze
– Drucksache 16/887 –
mit den Beschlüssen des Rechtsausschusses (6. Ausschuss)

Entwurf	Beschlüsse des 6. Ausschusses
Entwurf eines Gesetzes zur Änderung des Wohnungseigentumsgesetzes und anderer Gesetze	**Entwurf eines Gesetzes zur Änderung des Wohnungseigentumsgesetzes und anderer Gesetze**
Gesetzesmaterialien zum WEG	
Der Bundestag hat das folgende Gesetz beschlossen:	Der Bundestag hat das folgende Gesetz beschlossen:
Artikel 1. Änderung des Wohnungseigentumsgesetzes	**Artikel 1. Änderung des Wohnungseigentumsgesetzes**
Das Wohnungseigentumsgesetz in der im Bundesgesetzblatt Teil III, Gliederungs-Nr. 403–1, veröffentlichten bereinigten Fassung, zuletzt geändert durch ... wird wie folgt geändert:	Das Wohnungseigentumsgesetz in der im Bundesgesetzblatt Teil III, Gliederungs-Nr. 403–1, veröffentlichten bereinigten Fassung, zuletzt geändert durch ... wird wie folgt geändert:
	1. § 3 Abs. 3 wird aufgehoben.
1. Dem § 5 Abs. 4 werden folgende Sätze angefügt: „Ist das Wohnungseigentum mit der Hypothek, Grund- oder Rentenschuld oder der Reallast eines Dritten belastet, so ist dessen nach anderen Rechtsvorschriften notwendige Zustimmung zu der Vereinbarung nur erforderlich, wenn ein Sondernutzungsrecht begründet oder ein mit dem Wohnungseigentum verbundenes Sondernutzungsrecht aufgehoben, geändert oder übertragen wird. Bei der Begründung eines Sondernutzungsrechts ist die Zustimmung des Dritten nicht erforderlich, wenn durch die Vereinbarung gleichzeitig das zu seinen Gunsten belastete Wohnungseigentum mit einem Sondernutzungsrecht verbunden wird."	**2.** unverändert
2. Dem § 7 Abs. 4 werden folgende Sätze angefügt:	**3.** Dem § 7 Abs. 4 werden folgende Sätze angefügt:

Entwurf	Beschlüsse des 6. Ausschusses
„Die Landesregierungen können durch Rechtsverordnung bestimmen, dass und in welchen Fällen der Aufteilungsplan (Satz 1 Nr. 1) und die Abgeschlossenheit (Satz 1 Nr. 2) von einem öffentlich bestellten oder anerkannten Sachverständigen für das Bauwesen statt von der Baubehörde ausgefertigt und bescheinigt werden. Werden diese Aufgaben von dem Sachverständigen wahrgenommen, so gelten die Bestimmungen der Allgemeinen Verwaltungsvorschrift für die Ausstellung von Bescheinigungen gemäß § 7 Abs. 4 Nr. 2 und § 32 Abs. 2 Nr. 2 des Wohnungseigentumsgesetzes vom 19. März 1974 (BAnz. Nr. 58 vom 23. März 1974) entsprechend. Die Landesregierungen können die Ermächtigung durch Rechtsverordnung auf die Landesbauverwaltungen übertragen.“	„Die Landesregierungen können durch Rechtsverordnung bestimmen, dass und in welchen Fällen der Aufteilungsplan (Satz 1 Nr. 1) und die Abgeschlossenheit (Satz 1 Nr. 2) von einem öffentlich bestellten oder anerkannten Sachverständigen für das Bauwesen statt von der Baubehörde ausgefertigt und bescheinigt werden. Werden diese Aufgaben von dem Sachverständigen wahrgenommen, so gelten die Bestimmungen der Allgemeinen Verwaltungsvorschrift für die Ausstellung von Bescheinigungen gemäß § 7 Abs. 4 Nr. 2 und § 32 Abs. 2 Nr. 2 des Wohnungseigentumsgesetzes vom 19. März 1974 (BAnz. Nr. 58 vom 23. März 1974) entsprechend. **In diesem Fall bedürfen die Anlagen nicht der Form des § 29 der Grundbuchordnung.** Die Landesregierungen können die Ermächtigung durch Rechtsverordnung auf die Landesbauverwaltungen übertragen.“
BT-Drs. S. 5:	
3. § 10 wird wie folgt geändert:	**4.** § 10 wird wie folgt geändert:
	a) Vor Absatz 1 wird folgender Absatz 1 eingefügt: „(1) **Inhaber der Rechte und Pflichten nach den Vorschriften dieses Gesetzes, insbesondere des Sondereigentums und des gemeinschaftlichen Eigentums, sind die Wohnungseigentümer, soweit nicht etwas anderes ausdrücklich bestimmt ist.“**
a) Dem Absatz 1 wird folgender Satz angefügt: „Jeder Wohnungseigentümer kann eine vom Gesetz abweichende Vereinbarung oder die Anpassung einer Vereinbarung verlangen, soweit ein Festhalten an der geltenden Regelung aus schwerwiegenden Gründen unter Berücksichtigung aller Umstände des Einzelfalles, insbesondere der Rechte und Interessen der anderen Wohnungseigentümer, unbillig erscheint.“	**b) Der bisherige** Absatz 1 **wird Absatz 2, und es** wird folgender Satz angefügt: unverändert

Entwurf	Beschlüsse des 6. Ausschusses
	c) Der bisherige Absatz 2 wird Absatz 3.
b) Absatz 3 wird wie folgt geändert:	**d) Der bisherige** Absatz 3 wird **Absatz 4 und** wie folgt geändert:
aa) Die Wörter „Entscheidungen des Richters gemäß § 43“ werden durch die Wörter „gerichtliche Entscheidungen in einem Rechtsstreit gemäß § 43“ ersetzt.	aa) unverändert
bb) Folgender Satz wird angefügt: „Dies gilt auch für die gemäß § 23 Abs. 1 aufgrund einer Vereinbarung gefassten Beschlüsse, die vom Gesetz abweichen oder eine Vereinbarung ändern.“	bb) unverändert
	e) Der bisherige Absatz 4 wird Absatz 5.
	f) Folgende Absätze 6 bis 8 werden angefügt: „(6) **Die Gemeinschaft der Wohnungseigentümer kann im Rahmen der gesamten Verwaltung des gemeinschaftlichen Eigentums gegenüber Dritten und Wohnungseigentümern selbst Rechte erwerben und Pflichten eingehen. Sie ist Inhaberin der als Gemeinschaft gesetzlich begründeten und rechtsgeschäftlich erworbenen Rechte und Pflichten. Sie übt die gemeinschaftsbezogenen Rechte der Wohnungseigentümer aus und nimmt die gemeinschaftsbezogenen Pflichten der Wohnungseigentümer wahr, ebenso sonstige Rechte und Pflichten der Wohnungseigentümer, soweit diese gemeinschaftlich geltend gemacht werden können oder zu erfüllen sind. Die Gemeinschaft muss die Bezeichnung „Wohnungseigentümergemeinschaft“ gefolgt von der bestimmten Angabe des gemeinschaftlichen Grundstücks führen. Sie kann vor Gericht klagen und verklagt werden.**

Entwurf	Beschlüsse des 6. Ausschusses

(7) **Das Verwaltungsvermögen gehört der Gemeinschaft der Wohnungseigentümer. Es besteht aus den im Rahmen der gesamten Verwaltung des gemeinschaftlichen Eigentums gesetzlich begründeten und rechtsgeschäftlich erworbenen Sachen und Rechten sowie den entstandenen Verbindlichkeiten. Zu dem Verwaltungsvermögen gehören**

BT-Drs. S. 6:

insbesondere die Ansprüche und Befugnisse aus Rechtsverhältnissen mit Dritten und mit Wohnungseigentümern sowie die eingenommenen Gelder. Vereinigen sich sämtliche Wohnungseigentumsrechte in einer Person, geht das Verwaltungsvermögen auf den Eigentümer des Grundstücks über.

(8) **Jeder Wohnungseigentümer haftet einem Gläubiger nach dem Verhältnis seines Miteigentumsanteils (§ 16 Abs. 1 Satz 2) für Verbindlichkeiten der Gemeinschaft der Wohnungseigentümer, die während seiner Zugehörigkeit zur Gemeinschaft entstanden oder während dieses Zeitraums fällig geworden sind; für die Haftung nach Veräußerung des Wohnungseigentums ist § 160 des Handelsgesetzbuches entsprechend anzuwenden. Er kann gegenüber einem Gläubiger neben den in seiner Person begründeten auch die der Gemeinschaft zustehenden Einwendungen und Einreden geltend machen, nicht aber seine Einwendungen und Einreden gegenüber der Gemeinschaft. Für die Einrede der Anfechtbarkeit und Aufrechenbarkeit**

Entwurf	Beschlüsse des 6. Ausschusses
	ist § 770 des Bürgerlichen Gesetzbuches entsprechend anzuwenden. Die Haftung eines Wohnungseigentümers gegenüber der Gemeinschaft wegen nicht ordnungsmäßiger Verwaltung bestimmt sich nach Satz 1.“
	5. Dem § 11 wird folgender Absatz 3 angefügt: **„(3) Ein Insolvenzverfahren über das Verwaltungsvermögen der Gemeinschaft findet nicht statt.“**
4. Dem § 12 wird folgender Absatz 4 angefügt: „(4) Die Wohnungseigentümer können durch Stimmenmehrheit beschließen, dass eine Veräußerungsbeschränkung gemäß Absatz 1 aufgehoben wird. Diese Befugnis kann durch Vereinbarung der Wohnungseigentümer nicht eingeschränkt oder ausgeschlossen werden. Ist ein Beschluss gemäß Satz 1 gefasst, kann die Veräußerungsbeschränkung im Grundbuch gelöscht werden. Der Bewilligung gemäß § 19 der Grundbuchordnung bedarf es nicht, wenn der Beschluss gemäß Satz 1 nachgewiesen wird. Für diesen Nachweis ist § 26 Abs. 4 entsprechend anzuwenden.“	**6.** unverändert
5. § 16 wird wie folgt geändert: a) Nach Absatz 2 werden folgende Absätze 3 bis 5 eingefügt: „(3) Die Wohnungseigentümer können abweichend von Absatz 2 durch Stimmenmehrheit beschließen, dass die Betriebskosten des gemeinschaftlichen Eigentums oder des Sondereigentums im Sinne des § 556 Abs. 1 des Bürgerlichen Gesetzbuchs, die nicht unmittelbar gegenüber Dritten abgerechnet werden, und die Kosten der Verwaltung nach Verbrauch oder Verursachung erfasst und nach diesem oder nach einem anderen Maßstab verteilt werden, soweit dies ordnungsmäßiger Verwaltung entspricht.	**7.** § 16 wird wie folgt geändert: a) Nach Absatz 2 werden folgende Absätze 3 bis 5 eingefügt: (3) unverändert

Entwurf	Beschlüsse des 6. Ausschusses

BT-Drs. S. 7:

Entwurf:

(4) Die Wohnungseigentümer können im Einzelfall zur Instandhaltung oder Instandsetzung im Sinne des § 21 Abs. 5 Nr. 2 oder zu baulichen Veränderungen oder Aufwendungen im Sinne des § 22 Abs. 1 und 2 durch Beschluss die Kostenverteilung abweichend von Absatz 2 regeln, wenn der abweichende Maßstab dem Gebrauch oder der Möglichkeit des Gebrauchs durch die Wohnungseigentümer Rechnung trägt. Der Beschluss zur Regelung der Kostenverteilung nach Satz 1 bedarf einer Mehrheit von *mehr als* drei Viertel aller stimmberechtigten Wohnungseigentümer im Sinne des § 25 Abs. 2 und mehr als der Hälfte aller Miteigentumsanteile.

(5) Die Befugnisse im Sinne der Absätze 3 und 4 können durch Vereinbarung der Wohnungseigentümer nicht eingeschränkt oder ausgeschlossen werden."

b) Der bisherige Absatz 3 wird Absatz 6, und es wird folgender Satz angefügt:

„Satz 1 ist bei einer Kostenverteilung gemäß Absatz 4 nicht anzuwenden."

c) Der bisherige Absatz 4 wird Absatz 7.

d) Der bisherige Absatz 5 wird Absatz 8 und wie folgt gefasst:

„(8) Kosten eines Rechtsstreits gemäß § 43 gehören nur dann zu den Kosten der Verwaltung im Sinne des Absatzes 2, *soweit es sich um Kosten handelt, die eine Partei wegen § 50 Abs. 2 Satz 3, Abs. 3 der gegnerischen Partei nicht zu erstatten hat.*"

6. In § 17 Satz 2 werden die Wörter „denen der Wohnungseigentümer gemäß § 22 Abs. 1 nicht zugestimmt hat" durch die Wörter „deren Kosten der Wohnungseigentümer nicht getragen hat" ersetzt.

Beschlüsse des 6. Ausschusses:

(4) Die Wohnungseigentümer können im Einzelfall zur Instandhaltung oder Instandsetzung im Sinne des § 21 Abs. 5 Nr. 2 oder zu baulichen Veränderungen oder Aufwendungen im Sinne des § 22 Abs. 1 und 2 durch Beschluss die Kostenverteilung abweichend von Absatz 2 regeln, wenn der abweichende Maßstab dem Gebrauch oder der Möglichkeit des Gebrauchs durch die Wohnungseigentümer Rechnung trägt. Der Beschluss zur Regelung der Kostenverteilung nach Satz 1 bedarf einer Mehrheit von drei Viertel aller stimmberechtigten Wohnungseigentümer im Sinne des § 25 Abs. 2 und mehr als der Hälfte aller Miteigentumsanteile.

(5) unverändert

b) unverändert

c) unverändert

d) Der bisherige Absatz 5 wird Absatz 8 und wie folgt gefasst:

„(8) Kosten eines Rechtsstreits gemäß § 43 gehören nur dann zu den Kosten der Verwaltung im Sinne des Absatzes 2, **wenn es sich um Mehrkosten gegenüber der gesetzlichen Vergütung eines Rechtsanwalts aufgrund einer Vereinbarung über die Vergütung (§ 27 Abs. 2 Nr. 4, Abs. 3 Nr. 6)** handelt."

8. unverändert

Entwurf	Beschlüsse des 6. Ausschusses
	9. Dem § 18 Abs. 1 wird folgender Satz angefügt: **„Die Ausübung des Entziehungsrechts steht der Gemeinschaft der Wohnungseigentümer zu, soweit es sich nicht um eine Gemeinschaft handelt, die nur aus zwei Wohnungseigentümern besteht.“**
7. § 19 Abs. 1 wird wie folgt geändert:	**10.** § 19 Abs. 1 wird wie folgt geändert:
a) In Satz 1 werden die Wörter „ersetzt die für die freiwillige Versteigerung des Wohnungseigentums und für die Übertragung des Wohnungseigentums auf den Ersteher erforderlichen Erklärungen“ durch die Wörter „berechtigt jeden Miteigentümer zur Zwangsvollstreckung entsprechend den Vorschriften des Ersten Abschnitts des Gesetzes über die Zwangsversteigerung und die Zwangsverwaltung“ ersetzt.	
	b) Satz 2 wird wie folgt gefasst: **„Die Ausübung dieses Rechts steht der Gemeinschaft der Wohnungseigentümer zu, soweit es sich nicht um eine Gemeinschaft handelt, die nur aus zwei Wohnungseigentümern besteht.“**
BT-Drs. S. 8: *b) Die Sätze 2 und* 3 *werden* aufgehoben.	**c) Satz** 3 **wird aufgehoben.**
8. Dem § 21 werden folgende Absätze 7 und 8 angefügt: „(7) Die Wohnungseigentümer können die Regelung der Art und Weise von Zahlungen, der Fälligkeit und der Folgen des Verzugs sowie der Kosten für eine besondere Nutzung des gemeinschaftlichen Eigentums oder für einen besonderen Verwaltungsaufwand mit Stimmenmehrheit beschließen. (8) Treffen die Wohnungseigentümer eine nach dem Gesetz erforderliche Maßnahme nicht, so kann an ihrer Stelle das Gericht in einem Rechtsstreit gemäß § 43 nach billigem Ermessen entscheiden, soweit sich die Maßnahme nicht	**11.** unverändert

Entwurf	Beschlüsse des 6. Ausschusses
aus dem Gesetz, einer Vereinbarung oder einem Beschluss der Wohnungseigentümer ergibt.“	
9. § 22 wird wie folgt geändert:	**12.** § 22 wird wie folgt geändert:
a) Absatz 1 wird wie folgt gefasst: „(1) Bauliche Veränderungen und Aufwendungen, die über die ordnungsmäßige Instandhaltung oder Instandsetzung des gemeinschaftlichen Eigentums hinausgehen, können beschlossen oder verlangt werden, wenn jeder Wohnungseigentümer zustimmt, dessen Rechte durch die Maßnahmen über das in § 14 Nr. 1 bestimmte Maß hinaus beeinträchtigt werden. Die Zustimmung ist nicht erforderlich, soweit die Rechte eines Wohnungseigentümers nicht in der in Satz 1 bezeichneten Weise beeinträchtigt werden.“	a) unverändert
b) Nach Absatz 1 werden folgende Absätze 2 und 3 eingefügt: „(2) Maßnahmen gemäß Absatz 1 Satz 1, die der Modernisierung entsprechend § 559 Abs. 1 des Bürgerlichen Gesetzbuchs oder der Anpassung des gemeinschaftlichen Eigentums an den Stand der Technik dienen, die Eigenart der Wohnanlage nicht ändern und keinen Wohnungseigentümer *erheblich* beeinträchtigen, können abweichend von Absatz 1 durch eine Mehrheit von *mehr als* drei Viertel aller stimmberechtigten Wohnungseigentümer im Sinne des § 25 Abs. 2 und mehr als der Hälfte aller Miteigentumsanteile beschlossen werden. Die Befugnis im Sinne des Satzes 1 kann durch Vereinbarung der Wohnungseigentümer nicht eingeschränkt oder ausgeschlossen werden.	b) Nach Absatz 1 werden folgende Absätze 2 und 3 eingefügt: „(2) Maßnahmen gemäß Absatz 1 Satz 1, die der Modernisierung entsprechend § 559 Abs. 1 des Bürgerlichen Gesetzbuches oder der Anpassung des gemeinschaftlichen Eigentums an den Stand der Technik dienen, die Eigenart der Wohnanlage nicht ändern und keinen Wohnungseigentümer **gegenüber anderen unbillig** beeinträchtigen, können abweichend von Absatz 1 durch eine Mehrheit von drei Viertel aller stimmberechtigten Wohnungseigentümer im Sinne des § 25 Abs. 2 und mehr als der Hälfte aller Miteigentumsanteile beschlossen werden. Die Befugnis im Sinne des Satzes 1 kann durch Vereinbarung der Wohnungseigentümer nicht eingeschränkt oder ausgeschlossen werden.“
(3) Für Maßnahmen der modernisierenden Instandsetzung im Sinne des § 21 Abs. 5 Nr. 2 verbleibt es bei den Vorschriften des § 21 Abs. 3 und 4.“	(3) unverändert

Entwurf	Beschlüsse des 6. Ausschusses
c) Der bisherige Absatz 2 wird Absatz 4.	c) unverändert
10. § 23 Abs. 4 wird wie folgt gefasst: „(4) Ein Beschluss *ist nur ungültig, wenn* er durch rechtskräftiges Urteil für ungültig erklärt ist, *es sei denn, dass der Beschluss* gegen eine Rechtsvorschrift verstößt, auf deren Einhaltung rechtswirksam ni cht verzichtet werden kann.“	**13.** § 23 Abs. 4 wird wie folgt gefasst: „(4) Ein Beschluss, **der** gegen eine Rechtsvorschrift verstößt, auf deren Einhaltung rechtswirksam nicht verzichtet werden kann, **ist nichtig. Im Übrigen ist ein** Beschluss **gültig, solange** er **nicht durch rechtskräftiges Urteil für ungültig erklärt ist.**“
BT-Drs. S. 9:	
11. § 24 wird wie folgt geändert:	**14.** unverändert
a) In Absatz 4 Satz 2 werden die Wörter „eine Woche“ durch die Wörter „zwei Wochen“ ersetzt.	
b) Nach Absatz 6 werden folgende Absätze 7 und 8 angefügt: „(7) Es ist eine Beschluss-Sammlung zu führen. Die Beschluss-Sammlung enthält nur den Wortlaut 1. der in der Versammlung der Wohnungseigentümer verkündeten Beschlüsse mit Angabe von Ort und Datum der Versammlung, 2. der schriftlichen Beschlüsse mit Angabe von Ort und Datum der Verkündung und 3. der Urteilsformeln der gerichtlichen Entscheidungen in einem Rechtsstreit gemäß § 43 mit Angabe ihres Datums, des Gerichts und der Parteien soweit diese Beschlüsse und gericht lichen Entscheidungen nach dem … (einsetzen: Datum des ersten Tages des vierten auf die Verkündung folgenden Kalendermonats) ergangen sind. Die Beschlüsse und gerichtlichen Entscheidungen sind fortlaufend einzutragen und zu nummerieren. Sind sie angefochten oder aufgehoben worden, so ist dies anzumerken. Im Falle einer Aufhebung kann von einer Anmerkung abgesehen und die Eintragung gelöscht werden. Eine Eintragung kann auch gelöscht werden, wenn	

Entwurf	Beschlüsse des 6. Ausschusses
sie aus einem anderen Grund für die Wohnungseigentümer keine Bedeutung mehr hat. Die Eintragungen, Vermerke und Löschungen gemäß den Sätzen 3 bis 6 sind unverzüglich zu erledigen und mit Datum zu versehen. Einem Wohnungseigentümer oder einem Dritten, den ein Wohnungseigentümer ermächtigt hat, ist auf sein Verlangen Einsicht in die Beschluss-Sammlung zu geben.	
(8) Die Beschluss-Sammlung ist von dem Verwalter zu führen. Fehlt ein Verwalter, so ist der Vorsitzende der Wohnungseigentümerversammlung verpflichtet, die Beschluss-Sammlung zu führen, sofern die Wohnungseigentümer durch Stimmenmehrheit keinen anderen für diese Aufgabe bestellt haben.“	
12. § 26 wird wie folgt geändert:	**15.** § 26 wird wie folgt geändert:
	a) Absatz 1 **wird wie folgt geändert:** **In Satz 2 wird der Punkt durch ein Komma ersetzt und folgender Halbsatz angefügt:** **„im Falle der ersten Bestellung nach der Begründung von Wohnungseigentum aber auf höchstens drei Jahre.“**
a) In Absatz 1 wird *nach* Satz 3 folgender Satz eingefügt: „Ein wichtiger Grund liegt *auch* vor, wenn der Verwalter die Beschluss-Sammlung nicht ordnungsmäßig führt.“	**b) Nach** Satz 3 wird folgender Satz eingefügt: Ein wichtiger Grund liegt **regelmäßig** vor, wenn der Verwalter die Beschluss-Sammlung nicht ordnungsmäßig führt.“
BT-Drs. 10:	
b) Absatz 3 wird aufgehoben.	**c)** Absatz 3 wird aufgehoben.
13. In § 27 *Abs. 1* wird *nach Nummer 4 der Punkt durch ein Semikolon ersetzt und folgende Nummer 5 angefügt:*	**16.** § 27 wird **wie folgt gefasst:**
	„§ 27 Aufgaben und Befugnisse des Verwalters
	(1) **Der Verwalter ist gegenüber den Wohnungseigentümern und gegenüber**

Entwurf	Beschlüsse des 6. Ausschusses
	der Gemeinschaft der Wohnungseigentümer berechtigt und verpflichtet,
	1. Beschlüsse der Wohnungseigentümer durchzuführen und für die Durchführung der Hausordnung zu sorgen;
	2. die für die ordnungsmäßige Instandhaltung und Instandsetzung des gemeinschaftlichen Eigentums erforderlichen Maßnahmen zu treffen;
	3. in dringenden Fällen sonstige zur Erhaltung des gemeinschaftlichen Eigentums erforderliche Maßnahmen zu treffen;
	4. Lasten- und Kostenbeiträge, Tilgungsbeträge und Hypothekenzinsen anzufordern, in Empfang zu nehmen und abzuführen, soweit es sich um gemeinschaftliche Angelegenheiten der Wohnungseigentümer handelt;
	5. alle Zahlungen und Leistungen zu bewirken und entgegenzunehmen, die mit der laufenden Verwaltung des gemeinschaftlichen Eigentums zusammenhängen;
	6. eingenommene Gelder zu verwalten;
„*5.* die Wohnungseigentümer unverzüglich darüber zu unterrichten, dass *gegen ihn* ein *Rechtsstreit auf Erfüllung seiner Pflichten* anhängig ist.“	**7.** die Wohnungseigentümer unverzüglich darüber zu unterrichten, dass ein Rechtsstreit **gemäß § 43** anhängig ist;
	8. die Erklärungen abzugeben, die zur Vornahme der in § 21 Abs. 5 Nr. 6 bezeichneten Maßnahmen erforderlich sind.
	(2) **Der Verwalter ist berechtigt, im Namen aller Wohnungseigentümer und mit Wirkung für und gegen sie**
	1. Willenserklärungen und Zustellungen entgegenzunehmen, soweit sie an alle Wohnungseigentümer in dieser Eigenschaft gerichtet sind;
	2. Maßnahmen zu treffen, die zur Wahrung einer Frist oder zur Abwendung eines sonstigen Rechtsnachteils erforderlich sind, insbesondere einen gegen die Woh-

Entwurf	Beschlüsse des 6. Ausschusses

nungseigentümer gerichteten Rechtsstreit gemäß § 43 Nr. 1, Nr. 4 oder Nr. 5 im Erkenntnis- und Vollstreckungsverfahren zu führen;

3. **Ansprüche gerichtlich und außergerichtlich geltend zu machen, sofern er hierzu durch Vereinbarung oder Beschluss mit Stimmenmehrheit der Wohnungseigentümer ermächtigt ist;**
4. **mit einem Rechtsanwalt wegen eines Rechtsstreits gemäß § 43 Nr. 1, Nr. 4 oder Nr. 5 zu vereinbaren, dass sich die Gebühren nach einem höheren als dem gesetzlichen Streitwert, höchstens nach einem gemäß § 49 a Abs. 1 Satz 1 des Ge-**

BT-Drs. S. 11:

richtskostengesetzes bestimmten Streitwert bemessen.

(3) **Der Verwalter ist berechtigt, im Namen der Gemeinschaft der Wohnungseigentümer und mit Wirkung für und gegen sie**

1. **Willenserklärungen und Zustellungen entgegenzunehmen;**
2. **Maßnahmen zu treffen, die zur Wahrung einer Frist oder zur Abwendung eines sonstigen Rechtsnachteils erforderlich sind, insbesondere einen gegen die Gemeinschaft gerichteten Rechtsstreit gemäß § 43 Nr. 2 oder Nr. 5 im Erkenntnis- und Vollstreckungsverfahren zu führen;**
3. **die laufenden Maßnahmen der erforderlichen ordnungsmäßigen Instandhaltung und Instandsetzung gemäß Absatz 1 Nr. 2 zu treffen;**
4. **die Maßnahmen gemäß Absatz 1 Nr. 3 bis Nr. 5 und Nr. 8 zu treffen;**
5. **im Rahmen der Verwaltung der eingenommenen Gelder gemäß Absatz 1 Nr. 6 Konten zu führen;**
6. **mit einem Rechtsanwalt wegen eines Rechtsstreits gemäß § 43 Nr. 2**

Entwurf	Beschlüsse des 6. Ausschusses
	oder Nr. 5 eine Vergütung gemäß Absatz 2 Nr. 4 zu vereinbaren;
	7. sonstige Rechtsgeschäfte und Rechtshandlungen vorzunehmen, soweit er hierzu durch Vereinbarung oder Beschluss der Wohnungseigentümer mit Stimmenmehrheit ermächtigt ist.
	Fehlt ein Verwalter oder ist er zur Vertretung nicht berechtigt, so vertreten alle Wohnungseigentümer die Gemeinschaft. Die Wohnungseigentümer können durch Beschluss mit Stimmenmehrheit einen oder mehrere Wohnungseigentümer zur Vertretung ermächtigen.
	(4) **Die dem Verwalter nach den Absätzen 1 bis 3 zustehenden Aufgaben und Befugnisse können durch Vereinbarung der Wohnungseigentümer nicht eingeschränkt oder ausgeschlossen werden.**
	(5) **Der Verwalter ist verpflichtet, eingenommene Gelder von seinem Vermögen gesondert zu halten. Die Verfügung über solche Gelder kann durch Vereinbarung oder Beschluss der Wohnungseigentümer mit Stimmenmehrheit von der Zustimmung eines Wohnungseigentümers oder eines Dritten abhängig gemacht werden.**
	(6) **Der Verwalter kann von den Wohnungseigentümern die Ausstellung einer Vollmachts- und Ermächtigungsurkunde verlangen, aus der der Umfang seiner Vertretungsmacht ersichtlich ist.“**
14. Dem § 32 *Abs. 2* werden folgende Sätze angefügt:	**17.** § 32 **wird wie folgt geändert:**
	a) Absatz 1 Satz 2 wird aufgehoben.
	b) Dem **Absatz** 2 werden folgende Sätze angefügt:
„Die Landesregierungen können durch Rechtsverordnung bestimmen, dass und in welchen Fällen der Auf-	„Die Landesregierungen können durch Rechtsverordnung bestimmen, dass und in welchen Fällen der Auf-

Entwurf	Beschlüsse des 6. Ausschusses
BT-Drs. S. 12: teilungsplan (Satz 2 Nr. 1) und die Abgeschlossenheit (Satz 2 Nr. 2) von einem öffentlich bestellten oder anerkannten Sachverständigen für das Bauwesen statt von der Baubehörde ausgefertigt und bescheinigt werden. Werden diese Aufgaben von dem Sachverständigen wahrgenommen, so gelten die Bestimmungen der Allgemeinen Verwaltungsvorschrift für die Ausstellung von Bescheinigungen gemäß § 7 Abs. 4 Nr. 2 und § 32 Abs. 2 Nr. 2 vom 19. März 1974 (BAnz. Nr. 58 vom 23. März 1974) entsprechend. Die Landesregierungen können die Ermächtigung durch Rechtsverordnung auf die Landesbauverwaltungen übertragen."	teilungsplan (Satz 2 Nr. 1) und die Abgeschlossenheit (Satz 2 Nr. 2) von einem öffentlich bestellten oder anerkannten Sachverständigen für das Bauwesen statt von der Baubehörde ausgefertigt und bescheinigt werden. Werden diese Aufgaben von dem Sachverständigen wahrgenommen, so gelten die Bestimmungen der Allgemeinen Verwaltungsvorschrift für die Ausstellung von Bescheinigungen gemäß § 7 Abs. 4 Nr. 2 und § 32 Abs. 2 Nr. 2 **des Wohnungseigentumsgesetzes** vom 19. März 1974 (BAnz. Nr. 58 vom 23. März 1974) entsprechend. **In diesem Fall bedürfen die Anlagen nicht der Form des § 29 der Grundbuchordnung.** Die Landesregierungen können die Ermächtigung durch Rechtsverordnung auf die Landesbauverwaltungen übertragen."
15. Im III. Teil wird der 1. Abschnitt mit der Überschrift gestrichen.	**18.** Im III. Teil wird der 1. Abschnitt mit der Überschrift gestrichen.
16. Die bisherigen §§ 43 bis 50 werden durch die folgenden §§ 43 bis 50 ersetzt:	**19.** Die bisherigen §§ 43 bis 50 werden durch die folgenden §§ 43 bis 50 ersetzt:
„§ 43 Zuständigkeit	„§ 43 Zuständigkeit
Das Gericht, in dessen Bezirk das Grundstück liegt, ist ausschließlich zuständig für	Das Gericht, in dessen Bezirk das Grundstück liegt, ist ausschließlich zuständig für
1. Streitigkeiten über die sich aus der Gemeinschaft der Wohnungseigentümer und aus der Verwaltung des gemeinschaftlichen Eigentums ergebenden Rechte und Pflichten der Wohnungseigentümer untereinander;	1. unverändert
	2. Streitigkeiten über die Rechte und Pflichten zwischen der Gemeinschaft der Wohnungseigentümer und Wohnungseigentümern;
2. Streitigkeiten über die Rechte und Pflichten des Verwalters bei der Verwaltung des gemeinschaftlichen Eigentums;	**3.** unverändert

Entwurf	Beschlüsse des 6. Ausschusses
3. Streitigkeiten über die Gültigkeit von Beschlüssen der Wohnungseigentümer.	**4.** Streitigkeiten über die Gültigkeit von Beschlüssen der Wohnungseigentümer; **5. Klagen Dritter, die sich gegen die Gemeinschaft der Wohnungseigentümer oder gegen Wohnungseigentümer richten und sich auf das gemeinschaftliche Eigentum, seine Verwaltung oder das Sondereigentum beziehen;** **6. Mahnverfahren, wenn die Gemeinschaft der Wohnungseigentümer Antragstellerin ist. Insoweit ist § 689 Abs. 2 der Zivilprozessordnung nicht anzuwenden.**
§ 44 Bezeichnung der Wohnungseigentümer in der Klageschrift	§ 44 Bezeichnung der Wohnungseigentümer in der Klageschrift
(1) Wird die Klage durch oder gegen alle Wohnungseigentümer mit Ausnahme des Gegners erhoben, so genügt für ihre nähere Bezeichnung in der Klageschrift die bestimmte Angabe des gemeinschaftlichen Grundstücks; wenn die Wohnungseigentümer Beklagte sind, sind in der Klageschrift außerdem der Verwalter und der gemäß § 45 Abs. 2 Satz 1 bestellte Ersatzzustel-	(1) Wird die Klage durch oder gegen alle Wohnungseigentümer mit Ausnahme des Gegners erhoben, so genügt für ihre nähere Bezeichnung in der Klageschrift die bestimmte Angabe des gemeinschaftlichen Grundstücks; wenn die Wohnungseigentümer Beklagte sind, sind in der Klageschrift außerdem der Verwalter und der gemäß § 45 Abs. 2 Satz 1 bestellte Ersatszustel-

BT-Drs. S. 13:

Entwurf	Beschlüsse des 6. Ausschusses
lungsvertreter zu bezeichnen. Die namentliche Bezeichnung der Wohnungseigentümer hat spätestens bis zum *Beginn* der mündlichen Verhandlung zu erfolgen.	lungsvertreter zu bezeichnen. Die namentliche Bezeichnung der Wohnungseigentümer hat spätestens bis zum **Schluss** der mündlichen Verhandlung zu erfolgen.
(2) Sind an dem Rechtsstreit nicht alle Wohnungseigentümer als Partei beteiligt, so sind die übrigen Wohnungseigentümer entsprechend Absatz 1 von dem Kläger zu bezeichnen. Der namentlichen Bezeichnung der übrigen Wohnungseigentümer bedarf es nicht, wenn das Gericht von ihrer Beiladung gemäß § 48 Abs. 1 Satz 1 absieht.	(2) unverändert
§ 45 Zustellung	§ 45 unverändert
(1) Der Verwalter ist Zustellungsvertreter der Wohnungseigentümer, wenn diese Be-	

Entwurf	Beschlüsse des 6. Ausschusses
klagte oder gemäß § 48 Abs. 1 Satz 1 beizuladen sind, es sei denn, dass er als Gegner der Wohnungseigentümer an dem Verfahren beteiligt ist oder aufgrund des Streitgegenstandes die Gefahr besteht, der Verwalter werde die Wohnungseigentümer nicht sachgerecht unterrichten.	
(2) Die Wohnungseigentümer haben für den Fall, dass der Verwalter als Zustellungsvertreter ausgeschlossen ist, durch Beschluss mit Stimmenmehrheit einen Ersatzzustellungsvertreter sowie dessen Vertreter zu bestellen, auch wenn ein Rechtsstreit noch nicht anhängig ist. Der Ersatzzustellungsvertreter tritt in die dem Verwalter als Zustellungsvertreter der Wohnungseigentümer zustehenden Aufgaben und Befugnisse ein, sofern das Gericht die Zustellung an ihn anordnet; Absatz 1 gilt entsprechend.	
(3) Haben die Wohnungseigentümer entgegen Absatz 2 Satz 1 keinen Ersatzzustellungsvertreter bestellt oder ist die Zustellung nach den Absätzen 1 und 2 aus sonstigen Gründen nicht ausführbar, kann das Gericht einen Ersatzzustellungsvertreter bestellen.	
§ 46 Anfechtungsklage	§ 46 Anfechtungsklage
(1) Die Klage auf Erklärung der Ungültigkeit eines Beschlusses der Wohnungseigentümer *kann nur binnen* eines Monats *seit* der Beschlussfassung erhoben werden; *die* §§ 233 bis 238 der Zivilprozessordnung gelten entsprechend.	(1) Die Klage **eines oder mehrerer Wohnungseigentümer** auf Erklärung der Ungültigkeit eines Beschlusses der Wohnungseigentümer **ist gegen die übrigen Wohnungseigentümer und die Klage des Verwalters ist gegen die Wohnungseigentümer zu richten. Sie muss innerhalb** eines Monats **nach** der Beschlussfassung erhoben **und innerhalb zweier Monate nach der Beschlussfassung begründet** werden. **Die** §§ 233 bis 238 der Zivilprozessordnung gelten entsprechend.
(2) Hat der Kläger erkennbar eine Tatsache übersehen, aus der sich ergibt, dass der Beschluss *gegen eine Rechtsvorschrift verstößt, auf deren Einhaltung rechtswirksam nicht verzichtet werden kann,* so hat das Gericht darauf hinzuweisen.	(2) Hat der Kläger erkennbar eine Tatsache übersehen, aus der sich ergibt, dass der Beschluss **nichtig ist,** so hat das Gericht darauf hinzuweisen.

Entwurf	Beschlüsse des 6. Ausschusses
§ 47 Prozessverbindung	§ 47 unverändert
Mehrere Prozesse, in denen Klagen auf Erklärung oder Feststellung der Ungültigkeit desselben Beschlusses der Wohnungseigentümer erhoben werden, sind zur gleichzeitigen Verhandlung und Entscheidung zu ver- **BT-Drs. S. 14:** binden. Die Verbindung bewirkt, dass die Kläger der vorher selbständigen Prozesse als Streitgenossen anzusehen sind.	
§ 48 Beiladung, Wirkung des Urteils	§ 48 Beiladung, Wirkung des Urteils
(1) *Sind an dem Rechtsstreit nicht alle* Wohnungseigentümer *als Partei beteiligt,* so sind die übrigen Wohnungseigentümer beizuladen, es sei denn, dass ihre rechtlichen Interessen erkennbar nicht betroffen sind. *Sie* können der einen oder anderen Partei zu *ihrer* Unterstützung beitreten. Die Beiladung erfolgt durch Zustellung der Klageschrift, der die Verfügungen des Vorsitzenden beizufügen sind.	(1) **Richtet sich die Klage eines Wohnungseigentümers, der in einem Rechtstreit gemäß § 43 Nr. 1 oder Nr. 3 einen ihm allein zustehenden Anspruch geltend macht, nur gegen einen oder einzelne** Wohnungseigentümer **oder** nur **gegen den Verwalter,** so sind die übrigen Wohnungseigentümer beizuladen, es sei denn, dass ihre rechtlichen Interessen erkennbar nicht betroffen sind. **Soweit in einem Rechtsstreit gemäß § 43 Nr. 3 oder Nr. 4 der Verwalter nicht Partei ist, ist er ebenfalls beizuladen.**
(2) *Absatz 1 gilt nicht, soweit für die nicht als Partei beteiligten Wohnungseigentümer ein Prozessstandschafter auftritt.* Veräußert ein beigeladener Wohnungseigentümer während des Prozesses sein Wohnungseigentum, ist § 265 Abs. 2 der Zivilprozessordnung entsprechend anzuwenden.	(2) Die Beiladung erfolgt durch Zustellung der Klageschrift, der die Verfügungen des Vorsitzenden beizufügen sind. **Die Beigeladenen** können der einen oder anderen Partei zu **deren** Unterstützung beitreten. Veräußert ein beigeladener Wohnungseigentümer während des Prozesses sein Wohnungseigentum, ist § 265 Abs. 2 der Zivilprozessordnung entsprechend anzuwenden.
(3) Über die in § 325 der Zivilprozessordnung angeordneten Wirkungen hinaus wirkt das rechtskräftige Urteil auch für und gegen alle beigeladenen Wohnungseigentümer *sowie* ihre Rechtsnachfolger. *In den Fällen des § 43 Nr. 2 und 3 wirkt das Urteil ferner gegenüber dem* Verwalter, *auch wenn er nicht Partei ist.*	(3) Über die in § 325 der Zivilprozessordnung angeordneten Wirkungen hinaus wirkt das rechtskräftige Urteil auch für und gegen alle beigeladenen Wohnungseigentümer **und** ihre Rechtsnachfolger **sowie den beigeladenen** Verwalter.

Entwurf	Beschlüsse des 6. Ausschusses
(4) Wird durch das Urteil eine Anfechtungsklage als unbegründet abgewiesen, so kann auch nicht mehr geltend gemacht werden, der Beschluss *verstoße gegen eine unverzichtbare Rechtsvorschrift.*	(4) Wird durch das Urteil eine Anfechtungsklage als unbegründet abgewiesen, so kann auch nicht mehr geltend gemacht werden, der Beschluss **sei nichtig.**
§ 49 Kostenentscheidung	§ 49 unverändert
(1) Wird gemäß § 21 Abs. 8 nach billigem Ermessen entschieden, so können auch die Prozesskosten nach billigem Ermessen verteilt werden. (2) Dem Verwalter können Prozesskosten auferlegt werden, soweit die Tätigkeit des Gerichts durch ihn veranlasst wurde und ihn ein grobes Verschulden trifft, auch wenn er nicht Partei des Rechtsstreits ist.	
§ 50 *Streitwert*	§ 50 **Kostenerstattung**
(1) Der Streitwert ist auf 50 Prozent des Interesses der Parteien, aller beigeladenen Wohnungseigentümer und, soweit dieser betroffen ist, des Verwalters an der Entscheidung festzusetzen. Er darf das Interesse des Klägers und der auf seiner Seite Beigetretenen an der Entscheidung nicht unterschreiten.	**Den Wohnungseigentümern sind als zur zweckentsprechenden Rechtsverfolgung oder Rechtsverteidigung notwendige** Kosten nur **die** Kosten **eines bevollmächtigten** Rechtsanwalts **zu erstatten, wenn nicht aus Gründen, die mit dem Gegenstand** des Rechtsstreits **zusammenhängen, eine Vertretung durch mehrere bevollmächtigte Rechtanwälte geboten war.**
(2) Die Verpflichtung zur Zahlung von Gerichtskosten bemisst sich für den Kläger und die auf seiner Seite Beigetretenen höchstens nach einem Streitwert, der dem fünffachen Wert ihres Interesses an der Entscheidung entspricht; er darf den Verkehrswert ihres Wohneigentums nicht übersteigen. Die Gebühren ihres Rechtsanwalts *sind von ihnen ebenfalls nur nach dem*	

BT-Drs. S. 15:

gemäß Satz 1 begrenzten Streitwert zu entrichten. Soweit ihnen Kosten des Rechtsstreits *auferlegt werden oder von ihnen übernommen werden, haben sie* Kosten nur *nach dem gemäß Satz 1 begrenzten Streitwert zu erstatten. Der Rechtsanwalt der in Satz 1 genannten Personen*

Entwurf	Beschlüsse des 6. Ausschusses
kann seine Gebühren von dem Gegner nach dem für diesen geltenden Streitwert (Absatz 1) im eigenen Namen beitreiben, soweit diesem die außergerichtlichen Kosten seiner Auftraggeber auferlegt oder von diesem übernommen worden sind.	
(3) Richtet sich eine Klage gegen einzelne Wohnungseigentümer, gilt Absatz 2 für den Beklagten und die auf seiner Seite Beigetretenen entsprechend."	
17. Der 2. und 3. Abschnitt mit den §§ 51 bis 58 sowie § 59 werden aufgehoben.	**20.** unverändert
18. Dem § 63 wird folgender § 62 vorangestellt:	**21.** Dem § 63 wird folgender § 62 vorangestellt:
„§ 62 Übergangsvorschrift	„§ 62 Übergangsvorschrift
(1) Für die am ... einsetzen: Datum des ersten Tages des vierten auf die Verkündung folgenden Kalendermonats) bei Gericht anhängigen Verfahren in Wohnungseigentums- oder in Zwangsversteigerungssachen oder für die bei einem Notar beantragten freiwilligen Versteigerungen sind die durch die Artikel 1 und 2 des Gesetzes vom ... (BGBl. I S. ...) (einsetzen: Datum und Fundstelle des Gesetzes zur Änderung des Wohnungseigentumsgesetzes und anderer Gesetze) geänderten Vorschriften des III. Teils dieses Gesetzes sowie die des Gesetzes über die Zwangsversteigerung und die Zwangsverwaltung in ihrer bis dahin geltenden Fassung weiter anzuwenden.	(1) unverändert
(2) In Wohnungseigentumssachen finden die Bestimmungen über die Nichtzulassungsbeschwerde (§ 543 Abs. 1 Nr. 2, § 544 der Zivilprozessordnung) keine Anwendung, soweit die anzufechtende Entscheidung vor dem ... (einsetzen: 5 Jahre nach dem Datum des ersten Tages des vierten auf die Verkündung folgenden Kalendermonats) verkündet worden ist."	(2) In Wohnungseigentumssachen **nach § 43 Nr. 1 bis Nr. 4** finden die Bestimmungen über die Nichtzulassungsbeschwerde (§ 543 Abs. 1 Nr. 2, § 544 der Zivilprozessordnung) keine Anwendung, soweit die anzufechtende Entscheidung vor dem ... (einsetzen: 5 Jahre nach dem Datum des ersten Tages des vierten auf die Verkündung folgenden Kalendermonats) verkündet worden ist."

Entwurf	Beschlüsse des 6. Ausschusses
Artikel 2. Änderung des Gesetzes über die Zwangsversteigerung und die Zwangsverwaltung	**Artikel 2. Änderung des Gesetzes über die Zwangsversteigerung und die Zwangsverwaltung**
Das Gesetz über die Zwangsversteigerung und die Zwangsverwaltung in der im Bundesgesetzblatt Teil III, Gliederungsnummer 310–14, veröffentlichten bereinigten Fassung, zuletzt geändert durch . . ., wird wie folgt geändert:	Das Gesetz über die Zwangsversteigerung und die Zwangsverwaltung in der im Bundesgesetzblatt Teil III, Gliederungsnummer 310–14 veröffentlichten bereinigten Fassung, zuletzt geändert durch . . ., wird wie folgt geändert:
1. § 10 wird wie folgt geändert:	1. § 10 wird wie folgt geändert:
a) Absatz 1 Nr. 2 wird wie folgt gefasst:	a) Absatz 1 Nr. 2 wird wie folgt gefasst:
„2. bei Vollstreckung in ein Wohnungseigentum die daraus fälligen Ansprüche *der anderen Wohnungseigentümer* auf *Entrichtung der anteiligen* Lasten und Kosten des gemeinschaftlichen Eigentums oder des Sondereigentums, die nach § 16	„2. bei Vollstreckung in ein Wohnungseigentum die daraus fälligen Ansprüche auf **Zahlung der Beiträge zu den** Lasten und Kosten des gemeinschaftlichen Eigentums oder des Sondereigentums, die nach **den** § 16 Abs. 2, § 28 Abs. 2 und 5

BT-Drs. S. 16:

Entwurf	Beschlüsse des 6. Ausschusses
Abs. 2 *oder nach* § 28 Abs. 2 und 5 des Wohnungseigentumsgesetzes geschuldet werden, einschließlich der Vorschüsse und Rückstellungen, *wegen der* laufenden *Beträge* und *der* rückständigen Beträge aus dem Jahr der Beschlagnahme und den letzten zwei Jahren. Das Vorrecht einschließlich aller Nebenleistungen ist begrenzt auf Beträge in Höhe von nicht mehr als fünf vom Hundert des nach § 74 a Abs. 5 festgesetzten Wertes;“	des Wohnungseigentumsgesetzes geschuldet werden, einschließlich der Vorschüsse und Rückstellungen **sowie der Rückgriffsansprüche einzelner Wohnungseigentümer. Das Vorrecht erfasst die** laufenden und **die** rückständigen Beträge aus dem Jahr der Beschlagnahme und den letzten zwei Jahren. Das Vorrecht einschließlich aller Nebenleistungen ist begrenzt auf Beträge in Höhe von nicht mehr als fünf vom Hundert des nach § 74 a Abs. 5 festgesetzten Wertes. **Die Anmeldung erfolgt durch die Gemeinschaft der Wohnungseigentümer. Rückgriffsansprüche einzelner Wohnungseigentümer werden von diesen angemeldet;“**
b) Folgender Absatz 3 wird angefügt:	b) unverändert

Entwurf	Beschlüsse des 6. Ausschusses
„(3) Zur Vollstreckung mit dem Range nach Absatz 1 Nr. 2 müssen die dort genannten Beträge die Höhe des Verzugsbetrages nach § 18 Abs. 2 Nr. 2 des Wohnungseigentumsgesetzes übersteigen. Für die Vollstreckung genügt ein Titel, aus dem die Verpflichtung des Schuldners zur Zahlung, die Art und der Bezugszeitraum des Anspruchs sowie seine Fälligkeit zu erkennen sind. Soweit die Art und der Bezugszeitraum des Anspruchs sowie seine Fälligkeit nicht aus dem Titel zu erkennen sind, sind sie in sonst geeigneter Weise glaubhaft zu machen.“	
2. Dem § 45 wird folgender Absatz 3 angefügt:	2. unverändert
„(3) Ansprüche der Wohnungseigentümer nach § 10 Abs. 1 Nr. 2 sind bei der Anmeldung durch einen entsprechenden Titel oder durch die Niederschrift der Beschlüsse der Wohnungseigentümer einschließlich ihrer Anlagen oder in sonst geeigneter Weise glaubhaft zu machen. Aus dem Vorbringen müssen sich die Zahlungspflicht, die Art und der Bezugszeitraum des Anspruchs sowie seine Fälligkeit ergeben.“	
3. § 52 Abs. 2 Satz 2 wird wie folgt gefasst:	3. unverändert
„Satz 1 ist entsprechend anzuwenden auf	
a) den Erbbauzins, wenn nach § 9 Abs. 3 der Verordnung über das Erbbaurecht das Bestehenbleiben des Erbbauzinses als Inhalt der Reallast vereinbart worden ist;	
b) Grunddienstbarkeiten und beschränkte persönliche Dienstbarkeiten, die auf dem Grundstück als Ganzem lasten, wenn in ein Wohnungseigentum mit dem Rang nach § 10 Abs. 1 Nr. 2 vollstreckt wird und diesen kein anderes Recht der Rangklasse 4 vorgeht, aus dem die Versteigerung betrieben werden kann.“	
4. Dem § 156 Abs. 1 werden folgende Sätze angefügt:	4. Dem § 156 Abs. 1 werden folgende Sätze angefügt:

Entwurf	Beschlüsse des 6. Ausschusses
„Dies gilt auch bei der Vollstreckung in ein Wohnungseigentum für die laufenden Beträge der daraus fälligen Ansprüche *der anderen* Wohnungseigentümer auf *Entrichtung* der *anteiligen* Lasten und Kosten des gemeinschaftlichen Eigentums oder des Sondereigentums, die nach § 16 Abs. 2 *oder nach* § 28 Abs. 2 und 5 des Wohnungseigentumsgesetzes geschuldet werden, einschließ-	„Dies gilt auch bei der Vollstreckung in ein Wohnungseigentum für die laufenden Beträge der daraus fälligen Ansprüche auf **Zahlung** der **Beiträge zu den** Lasten und Kosten des gemeinschaftlichen Eigentums oder des Sondereigentums, die nach **den** § 16 Abs. 2, § 28 Abs. 2 und 5 des Wohnungseigentumsgesetzes geschuldet werden, einschließlich der Vorschüsse und Rückstellungen

BT-Drs. S. 17:

Entwurf	Beschlüsse des 6. Ausschusses
lich der Vorschüsse und Rückstellungen. Die Vorschrift des § 10 Abs. 1 Nr. 2 Satz *2* findet keine Anwendung."	**sowie der Rückgriffsansprüche einzelner** Wohnungseigentümer. Die Vorschrift des § 10 Abs. 1 Nr. 2 Satz **3** findet keine Anwendung."
Artikel 3. Änderung anderer Vorschriften	**Artikel 3. Änderung anderer Vorschriften**
(1) Das Gerichtsverfassungsgesetz in der Fassung der Bekanntmachung vom 9. Mai 1975 (BGBl. I S. 1077), zuletzt geändert durch . . ., wird wie folgt geändert:	(1) Das Gerichtsverfassungsgesetz in der Fassung der Bekanntmachung vom 9. Mai 1975 (BGBl. I S. 1077), zuletzt geändert durch . . ., wird wie folgt geändert:
1. In § 23 Nr. 2 wird nach Buchstabe b folgender Buchstabe c eingefügt: „c) Streitigkeiten nach § 43 des Wohnungseigentumsgesetzes;"	1. In § 23 Nr. 2 wird nach Buchstabe b folgender Buchstabe c eingefügt: „c) Streitigkeiten nach § 43 **Nr. 1 bis 4 und 6** des Wohnungseigentumsgesetzes; **diese Zuständigkeit ist ausschließlich;**"
2. *In* § 119 Abs. 1 Nr. 1 wird *nach* Buchstabe c *folgender Buchstabe d* angefügt:	2. **§ 72** wird **wie folgt geändert:**
	a) Der bisherige Wortlaut wird Absatz 1.
„d) in Streitigkeiten nach § 43 des Wohnungseigentumsgesetzes;"	b) Folgender Absatz 2 wird angefügt:
	„(2) In Streitigkeiten nach § 43 **Nr. 1 bis 4 und 6** des Wohnungseigentumsgesetzes **ist das Landgericht am Sitz des Oberlandesgerichts gemeinsames Berufungs- und Beschwerdegericht für den Bezirk des Oberlandesgerichts. Dies gilt auch für** die in § 119 Abs. 1 Nr. 1 Buchstabe **b und** c **genannten Sachen. Die Landesregierungen werden ermächtigt, durch Rechtsverordnung anstelle dieses Gerichts ein anderes**

Entwurf	Beschlüsse des 6. Ausschusses

Landgericht im Bezirk des Oberlandesgerichts zu bestimmen. Sie können die Ermächtigung auf die Landesjustizverwaltungen übertragen.“

(2) **Das Gerichtskostengesetz in der Fassung der Bekanntmachung vom 5. Mai 2004 (BGBl. I S. 718), zuletzt geändert durch . . ., wird wie folgt geändert:**

1. In der Inhaltsübersicht wird nach der Angabe zu § 49 folgende Angabe eingefügt:

„§ 49 a
Wohnungseigentumssachen“.

2. Nach § 49 wird folgender § 49 a eingefügt:

„§ 49 a
Wohnungseigentumssachen

(1) **Der Streitwert ist auf 50 Prozent des Interesses der Parteien und aller Beigeladenen an der Entscheidung festzusetzen. Er darf das Interesse des Klägers und der auf seiner Seite Beigetretenen an der Entscheidung nicht unterschreiten und das Fünffache des Wertes ihres Interesses nicht überschreiten. Der Wert darf in keinem Fall den Verkehrswert des Wohnungseigentums des Klägers und der auf seiner Seite Beigetretenen übersteigen.**

(2) **Richtet sich eine Klage gegen einzelne Wohnungseigentümer, darf der Streitwert das Fünffache des Wertes ihres Interesses sowie des Interesses der auf ihrer Seite Beigetretenen nicht übersteigen. Absatz 1 Satz 3 gilt entsprechend.“**

BT-Drs. S. 18:

(2) Die Anlage 1 zu § 2 Abs. 2 (Vergütungsverzeichnis) des Rechtsanwaltsvergütungsgesetzes vom 5. Mai 2004 (BGBl. I S. 718, 788), das zuletzt durch ... geändert worden ist, wird wie folgt geändert:

(3) unverändert

Entwurf	Beschlüsse des 6. Ausschusses
1. In Absatz 2 der Anmerkung zu Nummer 3101 wird die Angabe „ , in Verfahren nach § 43 des Wohnungseigentumsgesetzes“ gestrichen.	1. unverändert
2. In Vorbemerkung 3.2.1 Abs. 1 Nr. 2 wird Buchstabe c gestrichen, und die bisherigen Buchstaben d und e werden Buchstaben c und d.	2. unverändert
	(4) **Die** Verordnung über das Erbbaurecht in der im Bundesgesetzblatt Teil III, Gliederungsnummer 403–6, veröffentlichten bereinigten Fassung, zuletzt geändert durch ..., **wird wie folgt geändert:** **1. In § 9 Abs. 3 Satz 1 Nr. 1 werden nach dem Wort „Rechts“ folgende Wörter eingefügt:** **„oder der Inhaber der in § 10 Abs. 1 Nr. 2 des Gesetzes über die Zwangsversteigerung und die Zwangsverwaltung genannten Ansprüche auf Zahlung der Beiträge zu den Lasten und Kosten des Wohnungserbbaurechts“**
(3) In § 31 Abs. 3 *der* Verordnung über das Erbbaurecht in der im Bundesgesetzblatt Teil III, Gliederungsnummer 403–6, veröffentlichten bereinigten Fassung, *die* zuletzt durch ... geändert *worden ist,* wird die Angabe „§§ 505 bis 510, 513, 514 des Bürgerlichen Gesetzbuchs“ durch die Angabe „§§ 464 bis 469, 472, 473 des Bürgerlichen Gesetzbuchs“ ersetzt.	**2.** In § 31 Abs. 3 wird die Angabe „§§ 505 bis 510, 513, 514 des Bürgerlichen Gesetzbuches“ durch die Angabe „§§ 464 bis 469, 472, 473 des Bürgerlichen Gesetzbuches“ ersetzt.
(4) In § 98 Abs. 2 Satz 1 des Gesetzes über Rechte an Luftfahrzeugen in der im Bundesgesetzblatt Teil III, Gliederungsnummer 403–9, veröffentlichten bereinigten Fassung, das zuletzt durch ... geändert worden ist, wird die Angabe „§ 223 Abs. 1, §§ 232, 401 Abs. 1, § 418 Abs. 1, §§ 435, 442 Abs. 2, § 449 Abs. 2, §§ 509, 578 a, 776, 1287, 1416 Abs. 3, § 1795 Abs. 1 Nr. 2, §§ 2114, 2168 a des Bürgerlichen Gesetzbuchs“ durch die Angabe „§ 216 Abs. 1, §§ 232, 401 Abs. 1, § 418 Abs. 1, §§ 435, 442 Abs. 2, § 448 Abs. 2, §§ 452, 453, 468, 578 a, 776, 1287, 1416 Abs. 3, § 1795 Abs. 1 Nr. 2, §§ 2114, 2168 a des Bürgerlichen Gesetzbuchs“ ersetzt.	(5) In § 98 Abs. 2 Satz 1 des Gesetzes über Rechte an Luftfahrzeugen in der im Bundesgesetzblatt Teil III, Gliederungsnummer 403–9, veröffentlichten bereinigten Fassung, zuletzt geändert durch ..., wird die Angabe „§ 223 Abs. 1, §§ 232, 401 Abs. 1, § 418 Abs. 1, §§ 435, 442 Abs. 2, § 449 Abs. 2, §§ 509, 578 a, 776, 1287, 1416 Abs. 3, § 1795 Abs. 1 Nr. 2, §§ 2114, 2168 a des Bürgerlichen Gesetzbuches“ durch die Angabe „§ 216 Abs. 1, §§ 232, 401 Abs. 1, § 418 Abs. 1, §§ 435, 442 Abs. 2, § 448 Abs. 2, §§ 452, 453, 468, 578 a, 776, 1287, 1416 Abs. 3, § 1795 Abs. 1 Nr. 2, §§ 2114, 2168 a des Bürgerlichen Gesetzbuches“ ersetzt.

Entwurf	Beschlüsse des 6. Ausschusses

(6) **Die Zivilprozessordnung in der Fassung der Bekanntmachung vom 5. Dezember 2005 (BGBl. I S. 3202, 2006 I S. 431), zuletzt geändert durch . . ., wird wie folgt geändert:**

1. **In der Inhaltsübersicht wird die Angabe zu § 29 b „Besonderer Gerichtsstand bei Wohnungseigentum" ersetzt durch die Angabe „(weggefallen)".**
2. **§ 29 b wird aufgehoben.**

Entwurf:

Artikel 4.
Inkrafttreten

Artikel 3 Abs. *3* und *4* dieses Gesetzes tritt am Tag nach der Verkündung in Kraft. Im Übrigen tritt dieses Gesetz am . . . (einsetzen: Datum des ersten Tages des vierten auf die Verkündung folgenden Kalendermonats) in Kraft.

Beschlüsse des 6. Ausschusses:

Artikel 4.
Inkrafttreten

Artikel 3 Abs. 4 **Nr. 2** und **Abs. 5** dieses Gesetzes tritt am Tag nach der Verkündung in Kraft. Im Übrigen tritt dieses Gesetz am . . . (einsetzen: Datum des ersten Tages des vierten auf die Verkündung folgenden Kalendermonats) in Kraft.

BT-Drs. S. 19:

Bericht der Abgeordneten Norbert Geis, Dirk Manzewski, Mechthild Dyckmans, Wolfgang Neskovic und Hans-Christian Ströbele

I. Überweisung

Der Deutsche Bundestag hat den Gesetzentwurf auf **Drucksache 16/887** in seiner 35. Sitzung am 11. Mai 2006 in erster Lesung beraten und zur federführenden Beratung dem Rechtsausschuss und zur Mitberatung dem Finanzausschuss, dem Ausschuss für Ernährung, Landwirtschaft und Verbraucherschutz und dem Ausschuss für Verkehr, Bau und Stadtentwicklung überwiesen.

II. Stellungnahmen der mitberatenden Ausschüsse

Der **Finanzausschuss** hat die Vorlage in seiner 42. Sitzung am 13. Dezember 2006 beraten und mit den Stimmen der Fraktionen der CDU/CSU, SPD und FDP bei Stimmenthaltung der Fraktionen DIE LINKE. und BÜNDNIS 90/DIE GRÜNEN beschlossen zu empfehlen, den Gesetzentwurf anzunehmen.

Der **Ausschuss für Ernährung, Landwirtschaft und Verbraucherschutz** hat die Vorlage in seiner 33. Sitzung am 13. Dezember 2006 beraten und mit den Stimmen der Fraktionen der CDU/CSU und SPD gegen die Stimmen der Fraktionen FDP und DIE LINKE. bei Stimmenthaltung der Fraktion BÜNDNIS 90/DIE GRÜNEN beschlossen zu empfehlen, den Gesetzentwurf in der aus der Beschlussempfehlung ersichtlichen Fassung anzunehmen.

Der **Ausschuss für Verkehr, Bau und Stadtentwicklung** hat die Vorlage in seiner 27. Sitzung am 13. Dezember 2006 beraten und mit den Stimmen der Fraktionen CDU/CSU, SPD, FDP und BÜNDNIS 90/DIE GRÜNEN gegen die Stimmen der Fraktion DIE LINKE. beschlossen zu empfehlen, den Gesetzentwurf in der aus der Beschlussempfehlung ersichtlichen Fassung anzunehmen.

Die in Abschnitt III aufgeführten Änderungsanträge der Fraktion der FDP sind mit den Stimmen der Fraktionen CDU/CSU, SPD und DIE LINKE. gegen die Stimmen der Fraktion der FDP bei Stimmenthaltung der Fraktion BÜNDNIS 90/DIE GRÜNEN abgelehnt worden.

Der Änderungsantrag der Fraktion DIE LINKE. ist mit den Stimmen der Fraktionen CDU/CSU, SPD, FDP und BÜNDNIS 90/DIE GRÜNEN gegen die Stimmen der Fraktion DIE LINKE. abgelehnt worden.

Der Änderungsantrag der Fraktion BÜNDNIS 90/DIE GRÜNEN ist mit den Stimmen der Fraktionen der CDU/CSU und SPD gegen die Stimmen der Fraktion BÜNDNIS 90/DIE GRÜNEN bei Stimmenthaltung der Fraktionen FDP und DIE LINKE. abgelehnt worden.

III. Beratung im federführenden Ausschuss

Der Rechtsausschuss hat den Gesetzentwurf auf Drucksache 16/887 in seiner 13. Sitzung am 17. Mai 2006 beraten und beschlossen, eine öffentliche Anhörung hierzu durchzuführen, die am 18. September 2006 (23. Sitzung) stattfand. An der Anhörung haben folgende Sachverständige teilgenommen:

Dipl.-Volkswirt VolkerBiele-Düsseldorf feld	
Dr.-Ing. Hubertus Brauer	Vizepräsident des Bundesverbandes der öffentlich bestellten Vermessungsingenieure e. V. (BDVI)
Prof. Dr. Wolf-Rüdiger Bub	Evangelisches Siedlungswerk in Deutschland e. V., Nürnberg
Dr. Wolfgang Gottschalg	Vorsitzender Richter am OLG Düsseldorf a. D., Krefeld
Prof. Dr. Stefan Hügel	Notar, Weimar
Dr. Werner Niedenführ	Aufsichtsführender Richter am Amtsgericht Frankfurt am Main
Prof. Dr. Eckhart Pick	Universität Mainz, Parlamentarischer Staatssekretär a. D.
Dr. Jürgen Schmidt-Räntsch	Richter am Bundesgerichtshof, Karlsruhe
Rüdiger Warnecke	Elsdorf.

Hinsichtlich des Ergebnisses der Anhörung wird auf das Protokoll der 23. Sitzung des Rechtsausschusses vom 18. September 2006 mit den anliegenden Stellungnahmen der Sachverständigen verwiesen.

Der **Rechtsausschuss** hat den Gesetzentwurf in seiner 42. Sitzung am 13. Dezember 2006 abschließend beraten und mit den Stimmen der Fraktionen CDU/CSU, SPD, FDP und BÜNDNIS 90/DIE GRÜNEN gegen die Stimmen der Fraktion DIE LINKE. beschlossen zu empfehlen, den Gesetzentwurf in der aus der Beschlussempfehlung ersichtlichen Fassung anzunehmen. Bei der Beratung des Gesetzentwurfs lagen dem Rechtsausschuss 14 Petitionen vor. Zwei Änderungsanträge der Fraktion der FDP, ein Änderungsantrag der Fraktion DIE LINKE. und ein Änderungsantrag der Fraktion BÜNDNIS 90/ DIE GRÜNEN, die nachfolgend dargestellt sind, wurden abgelehnt.

Die **Fraktion der FDP** stellte folgenden Änderungsantrag:

Der Bundestag wolle beschließen:

Zu Artikel 1 – Änderung des Wohnungseigentumsgesetzes

1. *Nummer 2 wird wie folgt gefasst:*

„2. Dem § 7 Absatz 4 werden folgende Sätze angefügt:

‚Der Aufteilungsplan und die Bescheinigung nach Satz 1 Nr. 2 können auch von einem in einem Land öffentlich bestellten oder anerkannten Sachverständigen für das Bauwesen erteilt werden. § 29 der Grundbuchordnung ist auf diese Unterlagen nicht anzuwenden.' "

BT-Drs. S. 20:

2. *Nummer 14 wird wie folgt gefasst:*

„14. Dem § 32 Abs. 2 werden folgende Sätze angefügt:

‚Der Aufteilungsplan und die Bescheinigung nach Satz 2 Nr. 2 können auch von einem in einem Land öffentlich bestellten oder anerkannten Sachverständigen für das Bauwesen erteilt werden. § 29 der Grundbuchordnung ist auf diese Unterlagen nicht anzuwenden.' "

Begründung:

Zu Artikel 1 (Änderung des Wohnungseigentumsgesetzes)

1. Änderung von Artikel 1 Nr. 2 (§ 7 Abs. 4 WEG)

Die Bundesregierung schlägt vor, es den Ländern zu ermöglichen, die Bescheinigung der Abgeschlossenheit und die Ausfertigung des Aufteilungsplans auf öffentlich bestellte oder anerkannte Sachverständige für das Bauwesen zu übertragen. Diese Übertragung ist sachgerecht, sie sollte aber unmittelbar im WEG vorgenommen werden, um administrative Hemmnisse bei der Errichtung von Wohnungseigentum und Wettbewerbsbeschränkungen zu vermeiden. Eine Regelung im WEG gewährleistet, dass Sachverständige in jedem Fall länderübergreifend tätig werden können. Hinzu kommt, dass bei einer sofortigen Öffnung die Erleichterungen auch sofort eintreten, während es anderenfalls erst der Umsetzung durch die Länder bedarf.

Der weitere Satz dient der Klarstellung, dass die von einem Sachverständigen erstellten Anlagen nicht der Form des § 29 GBO bedürfen.

2. Zu Artikel 1 Nr. 14 (§ 32 WEG)

Siehe die Begründung zur Änderung von Nummer 2 (§ 7 Abs. 4 WEG).

Der Änderungsantrag wurde mit den Stimmen der Fraktionen der CDU/CSU und SPD gegen die Stimmen der Fraktion der FDP bei Stimmenthaltung der Fraktionen DIE LINKE. und BÜNDNIS 90/DIE GRÜNEN abgelehnt.

Die **Fraktion der FDP** stellte außerdem folgenden Änderungsantrag:

Der Bundestag wolle beschließen:

Zu Artikel 1 – Änderung des Wohnungseigentumsgesetzes

Dem § 11 Abs. 3 werden folgende Sätze angefügt:

> *„Auf Antrag eines Gläubigers bestellt das Gericht unter Abberufung eines von den Wohnungseigentümern bestellten Verwalters einen Zwangsverwalter, wenn eine ordnungsmäßige Verwaltung des Gemeinschaftseigentums nicht gesichert ist. Ist dessen ordnungsgemäße Verwaltung dauerhaft wiederhergestellt, hebt es die Bestellung auf. Für den Zwangsverwalter gelten die Bestimmungen über den bestellten Verwalter. Seine Abberufung ist erst nach Aufhebung der Bestellung durch das Gericht möglich."*

Begründung:

In dem vorgeschlagenen neuen § 11 Abs. 3 Satz 1 WEG wird die WEG für insolvenzunfähig erklärt. Das ist zu begrüßen, dabei darf es aber nicht bleiben. Dem Gläubiger muss vielmehr die Möglichkeit verschafft werden, einen unfähigen Verwalter durch einen fähigen Zwangsverwalter zu ersetzen, der nach Herstellung einer dauerhaft ordnungsgemäßen Verwaltung aus der Aufsicht des Gerichts entlassen werden kann. Mit Satz 2 wird eine Möglichkeit geschaffen. Eine solche Regelung könnte zwar in den vorhandenen § 26 Abs. 3 WEG eingestellt werden. Dort ist aber nur der Fall geregelt, dass die WEG keinen Verwalter hat. Zweck der Bestellung dort ist auch nur die Überbrückung des Zeitraums bis zur Bestellung eines ordentlichen Verwalters. Darum geht es bei Gläubigern einer Not leidend gewordenen WEG nicht. Ihr Problem besteht darin, dass die WEG nicht dauerhaft ordnungsgemäß verwaltet wird. Das kann seinen Grund darin haben, dass kein (professioneller) Verwalter bestellt ist; es kann aber auch sein, dass der bestellte Verwalter seinen Pflichten nicht nachkommt. Eine solche Lage lässt sich nur verbessern, wenn ihre Ursache beseitigt wird. Eine solche Regelung fügt sich besser in den Kontext der Regelung zur Insolvenzunfähigkeit. Deren Satz 2 sieht vor, dass das Gericht auf Antrag des Gläubigers entweder erstmals einen Verwalter bestellt oder den bestellten abberuft und einen neuen einsetzt. Dieser hat die Rechtsstellung des bestellten Verwalters (Satz 4), kann aber vor Beendigung seiner gerichtlichen Bestellung von den Wohnungseigentümern nicht abberufen werden. Das kann nicht anders sein und folgt im Umkehrschluss aus Satz 5. Der gerichtlich bestellte Verwalter unterliegt der Aufsicht des Gerichts. Sie kann nicht unbegrenzt andauern. Vielmehr bedarf es einer gerichtlichen Aufsicht nur solange, bis die ordnungsgemäße Verwaltung dauerhaft wiederhergestellt ist. Das ist regelmäßig der Fall, wenn der gerichtlich bestellte Verwalter Tritt gefasst hat und die Gemeinschaft wieder „läuft". Nicht notwendig ist, dass alle Schulden der WEG restlos beglichen sind. Es genügt, wenn der Verwalter die Tilgung zielstrebig betreibt. Dann, so bestimmt Satz 3, hebt das Gericht die Bestellung auf. Diese Aufhebung hat aber nicht den Amtsverlust zur Folge. Vielmehr soll der gerichtlich bestellte Verwalter im Amt bleiben, gerade weil er gute Arbeit leistet. Deshalb bestimmt Satz 5, dass er nach Aufhebung seiner Bestellung abberufen werden kann. Ohne eine solche Abberufung bleibt er im Amt.

Auch dieser Änderungsantrag wurde mit den Stimmen der Fraktionen der CDU/CSU und SPD gegen die Stimmen der Fraktion der FDP bei Stimmenthaltung der Fraktionen DIE LINKE. und BÜNDNIS 90/DIE GRÜNEN abgelehnt.

Die **Fraktion der FDP** begrüßte, dass in der geänderten Fassung des Gesetzentwurfs die Wohnungseigentümergemeinschaft für insolvenzunfähig erklärt werde. Allerdings müsse es aus Gründen des Gläubigerschutzes ermöglicht werden, einen unfähigen Verwalter durch einen fähigen Zwangsverwalter zu ersetzen. Deshalb sei der zuletzt aufgeführte Änderungsantrag gestellt worden. Darüber hinaus sei die von der Bundesregierung und den Koalitionsfraktionen der CDU/CSU und SPD vorgeschlagene Öffnungsklausel, wonach es den Bundesländern ermöglicht werde, die Bescheinigung der Abgeschlossenheit und die Ausfertigung des Aufteilungsplans auf öffentlich bestellte oder anerkannte Sachverständige für das Bauwesen zu übertragen, grundsätzlich sachgerecht. Jedoch sei eine Umsetzung durch die Bundesländer zu kompliziert und könne zu bürokratischen Hemmnissen führen. Deshalb habe die Fraktion der FDP in dem zuerst dargestellten Änderungsantrag vorgeschlagen, eine derartige Regelung unmittelbar in das Wohnungseigentumsgesetz aufzunehmen.

Der Gesetzentwurf in der geänderten Fassung sei trotz dieser Punkte insgesamt als gelungen anzusehen. Hierbei hob die Fraktion der FDP die Lockerung des bislang geltenden „star-

BT-Drs. S. 21:

ren“ Einstimmigkeitsprinzips bei Modernisierungsmaßnahmen hervor, das teilweise eine Wertminderung des Eigentums zur Folge gehabt habe. Die im Gegenzug zur Lockerung des Einstimmigkeitsprinzips gefundene Regelung, wonach ein Wohnungseigentümer einer Maßnahme widersprechen könne, wenn diese gegenüber anderen Eigentümern unbillig sei, sei sehr zu begrüßen. Ebenso finde die vorgesehene Einführung des Verfahrens nach der Zivilprozessordnung (ZPO-Verfahren) anstelle des bisherigen Verfahrens der freiwilligen Gerichtsbarkeit (FGG-Verfahren) die Zustimmung der Fraktion der FDP, da hierdurch querulatorische Wohnungseigentümer von Klagen eher abgehalten würden und auch in diesem Verfahren eine Erörterung der Sach- und Rechtslage mit den Parteien stattfinde. Schließlich sei die Einführung der Teilrechtsfähigkeit der Eigentümergemeinschaft im Anschluss an den Beschluss des Bundesgerichtshofs (BGH) vom 2. Juni 2005 aus Gründen der Praktikabilität positiv zu bewerten.

Die **Fraktion DIE LINKE.** stellte folgenden Änderungsantrag:

Der Bundestag wolle beschließen:

I. Artikel 1 wird wie folgt geändert:

1. Nr. 3 Buchstabe b Doppelbuchstabe aa wird gestrichen.

2. Nr. 5 Buchstabe d wird gestrichen.

3. In Nr. 10 wird § 23 Abs. 4 wie folgt geändert:

a) Die Wörter „rechtskräftiges Urteil“ werden durch die Wörter „rechtskräftige Entscheidung“ ersetzt.

b) Folgender Satz wird angefügt:

„Der Antrag auf eine solche Entscheidung kann nur binnen eines Monats seit der Beschlussfassung gestellt werden.“

4. Nr. 15 wird gestrichen.

5. Nr. 16 wird gestrichen

6. Die bisherige Nr. 17 wird Nr. 15 und wie folgt gefasst:

„Der 3. Abschnitt mit den §§ 53 bis 58 sowie § 59 werden aufgehoben.“

7. Nr. 18 wird Nr. 16 und der vorgesehene § 62 Absatz 2 wird gestrichen. Die Absatzbezeichnung für Absatz 1 entfällt.

II. Artikel 3 wird wie folgt geändert:

1. Absätze 1 und 2 werden gestrichen.

2. Die bisherigen Absätze 3 und 4 werden Absätze 1 und 2.

III. In Artikel 4 werden die Wörter „Abs. 3 und 4“ durch „Abs. 1 und 2“ ersetzt.

Begründung:

Die Regelungen zur Überführung des Gerichtsverfahrens in Wohnungseigentumssachen in die Zivilprozessordnung (ZPO) sind abzulehnen. Der Änderungsantrag sieht daher eine Streichung aller Vorschriften des Gesetzentwurfs vor, die nur der Überführung in das Verfahren der ZPO dienen. Die

Durchführung des Versteigerungsverfahrens zur Entziehung von Wohnungseigentum nach dem Gesetz über die Zwangsversteigerung und die Zwangsverwaltung soll jedoch – wie im Gesetzentwurf vorgesehen – beibehalten werden.

Der vorgesehene Übergang vom Verfahren nach dem Gesetz über die Angelegenheiten der freiwilligen Gerichtsbarkeit (FGG) in das Verfahren nach der Zivilprozessordnung ist für die Wohnungseigentümerinnen und Wohnungseigentümer nicht sachgerecht und die in dem Gesetzentwurf angegebene Begründung ist rechtspolitisch nicht überzeugend.

Das Verfahren nach dem FGG hat sich bewährt. Für die Überleitung in das ZPO-Verfahren besteht kein nachvollziehbarer Grund. Allein das Verfahren nach dem FGG bietet den notwendigen Schutz der Wohnungseigentümerinnen und Wohnungseigentümer. Viele Menschen nutzen das Wohnungseigentum zum Beispiel zielgerichtet als zusätzliche private Altersvorsorge, weil Leistungen aus den Sozialversicherungssystemen verringert werden. Viele vermögen dies nur mit großer Anstrengung zu finanzieren. Sie sind oft nicht erfahren darin, ihre Rechte selbständig zweckmäßig zu wahren und wären im ZPO-Verfahren strukturell überfordert.

Entscheidend für die Zuordnung zu einer bestimmten Verfahrensart muss die Besonderheit der Rechtsmaterie sein. Für einen effizienten Rechtsschutz bedarf es im Hinblick auf die Eigenart der Wohnungseigentumsstreitigkeiten einer Anwendung des Fürsorge gewährenden und kostengünstigeren FGG-Verfahrens. Anders als bei den ZPO-Verfahren geht es den einzelnen Wohnungseigentümerinnen und Wohnungseigentümern zumeist nicht um eine Titulierung von Ansprüchen zum Zwecke der Vollstreckung, sondern um eine Klärung von Problemen im alltäglichen Umgang mit den anderen Wohnungseigentümerinnen und Wohnungseigentümern. Wichtiger als die möglichst schnelle Subsumtion und Entscheidung nach Rechtslage ist die Schlichtung der Streitigkeit. Erforderlich sind Kompromisslösungen und Entscheidungen nach billigem Ermessen, die verschiedene Interessen einzelfallgerecht abwägen. Eine Harmonisierung mit anderen zivilrechtlichen Verfahren ist deshalb nicht anzustreben. Die Besonderheiten der Wohnungseigentumsstreitigkeiten gebieten vielmehr das Belassen im FGG-Verfahren. Hervorzuheben sind hierbei der Amtsermittlungsgrundsatz, das geringere Kostenrisiko, die geringere Formstrenge bei der Antragstellung und keine rigorosen Verspätungsvorschriften. Das FGG-Verfahren passt auch besser als das Zweiparteienschema der ZPO auf die Beschlussanfechtungsverfahren. Der Zwang, die Beschlüsse innerhalb eines Monats anzufechten, da sie anderenfalls regelmäßig uneingeschränkt Wirksamkeit entfalten, dient der Rechtssicherheit. Wenn der Gesetzgeber zugunsten der Rechtssicherheit auf materielle Gerechtigkeit verzichtet, muss er dem Wohnungseigentümer ein kostengünstiges und vor allem durchschaubares Verfahrensrecht an die Hand geben, um in der gebotenen Eile zu reagieren. Eine so schwerwiegende Entscheidung, die das Kostenrisiko erhöht und vor allem zu einer Erschwerung der Rechtsdurchsetzung für die Wohnungseigentümer führt, kann nicht mit einer vermeintlichen Beschleunigung begründet werden.

Der Schutz Schwacher ist gerade bei größeren Wohnungseigentumsgemeinschaften unbedingt erforderlich. Das Verfahren in Wohnungseigentumssachen wurde durch den Gesetzgeber im Jahre 1951 mit Vereinfachungen dem FGG unterstellt, weil er dies für den besten Weg hielt, Streitigkeiten zwischen Wohnungseigentümern möglichst schnell zu

BT-Drs. S. 22:

schlichten und sachgerechte Lösungen zwischen ihnen zu finden.

Die Beschleunigung der Verfahren durch die Überführung in die ZPO ist zudem nicht empirisch belegt. Ganz im Gegenteil. Der Amtsermittlungsgrundsatz führt zu einer Straffung der Verfahren, weil das Gericht den Sachverhalt zügig aufklären kann, ohne entsprechende Beweisanträge abzuwarten. Die Judikative soll den Bürgerinnen und Bürgern zu ihrem Recht verhelfen und dies in einem ausgewogenen und an einer größtmöglichen Gerechtigkeit orientierten Verfahren, welches auf die Eigenart der Streitigkeit Rücksicht nimmt. Die Eigenart der Wohnungseigentumsstreitigkeiten legt das Verfahren nach FGG nahe. An den Annahmen des historischen Gesetzgebers hat sich insoweit nichts geändert.

Der Änderungsantrag wurde mit den Stimmen der Fraktionen der CDU/CSU, SPD und FDP gegen die Stimmen der Fraktionen DIE LINKE. und BÜNDNIS 90/DIE GRÜNEN abgelehnt.

Die **Fraktion BÜNDNIS 90/DIE GRÜNEN** stellte folgenden Änderungsantrag:

Der Rechtsausschuss möge beschließen:

Artikel 1 wird wie folgt geändert:

1. Nach Nummer 7 wird folgende Nummer 7 a eingefügt:

,7 a. Dem § 21 Abs. 5 Nr. 5 wird nach der Angabe „(§ 28)" Folgendes angefügt:

„,deren Höhe sich an § 28 der „Verordnung über wohnungswirtschaftliche Berechnungen nach dem Zweiten Wohnungsbaugesetz" zu orientieren hat'.

2. Nummer 9 Buchstabe b wird wie folgt geändert:

In § 22 Abs. 2 Satz 1 wird nach dem Wort „beeinträchtigen" die Wörter „oder unbillig belasten" eingefügt.

3. Nummer 16 wird wie folgt geändert:

In § 43 Satz 1 wird der mit den Wörtern „Das Gericht" beginnende und mit dem Wort „für" endende Satzteil durch Folgendes ersetzt:

„Das Amtsgericht, in dessen Bezirk das Grundstück liegt, entscheidet im Verfahren der freiwilligen Gerichtsbarkeit über"

Begründung:

Zu 1.:

Zum langfristigen Schutz einzelner Eigentümer und zur Substanzerhaltung von Wohnanlagen ist es erforderlich, eine gesetzliche Verpflichtung zur Errichtung einer angemessenen Instandhaltungsrücklage dem Grunde und der Höhe nach zu errichten. Der Höhe nach dürfte eine Orientierung an § 28 der II. Berechnungsverordnung angemessen sein. Abweichungen davon bedürfen einer besonderen Begründung bzw. Rechtfertigung und sind gerichtlich überprüfbar. Die mangelnde Höhe von Instandhaltungsrücklagen bzw. die nicht rechtzeitige und vorsorgende Bildung von Instandhaltungsrücklagen durch die Wohnungseigentümergemeinschaft ist Auslöser einer Vielzahl von Streitigkeiten sowie in dessen Folge auch einer Vielzahl von Insolvenzen, Zwangsvollstreckungsmaßnahmen, Zwangsversteigerungsverfahren. Weitere und höhere Belastung der übrigen Wohnungseigentümer, die die Ausfälle solidarisch tragen müssen, ist die Folge.

Kernaussage des WEG ist der Grundsatz der ordnungsgemäßen Verwaltung, der insbesondere in § 21 Abs. 5 WEG zum Ausdruck kommt. Hierunter fällt gemäß § 21 Abs. 5 Ziff. 4 WEG auch die Verpflichtung der Wohnungseigentümergemeinschaft zur „Ansammlung einer angemessenen Instandhaltungsrückstellung". Die bisherige Regelung in § 21 Abs. 5 Ziff. 4 WEG (sowie entsprechend § 27 WEG für die Verwalterpflichten) sah eine weitere Spezifizierung bzw. Angabe zur Höhe der Rücklage nicht vor. Auch der neue Gesetzesentwurf sieht keine nähere Spezifizierung vor.

Die Wohnungseigentümergemeinschaften werden verpflichtet, rechtzeitig und vorsorgend und eine der Höhe nach ausreichende Instandhaltungsrücklage zu bilden. Dieser Entwicklung kann nur mit einer gesetzlichen Pflicht dem Grunde und der Höhe nach begegnet werden. Anhaltspunkt für die Höhe einer angemessenen Instandhaltungsrücklage könnte § 28 der II. Berechnungsverordnung sein. In § 28 sind Instandhaltungskosten für Wohnanlagen pro Quadratmeter und altersabhängig beziffert. Ausgehend von dieser Regelung könnte ein entsprechender Verweis in das WEG aufgenommen werden. Ein solcher Verweis ist grundsätzlich nicht sachfremd, verweist doch auch § 22 Abs. 2 n. F. auf die Regelung des Mietrechtes im Hinblick auf Modernisierungsmaßnahmen gemäß § 559 BGB.

Zu 2.:

Um einzelne Eigentümer einer Wohneigentümergemeinschaft vor unerträglich hohen finanziellen Belastungen bei Modernisierungsmaßnahmen oder Anpassungen an den Stand der Technik zu schützen, muss eine Regelung getroffen werden, die dies verhindert. Insbesondere für Rentner können die aus Modernisierungsmaßnahmen resultierenden finanziellen Belastungen zur Aufgabe ihrer Eigentumswohnung führen. Die Interessen von sog. Investoren und Selbstnutzern können erheblich auseinanderlaufen. Die Formulierung „keinen Wohnungseigentümer unbillig belastet" soll die finanziell schwächeren Wohnungseigentümer unbilligen, d. h. für den Einzelnen nicht oder nur unter unzumutbaren Einschränkungen der Lebensführung, und damit nicht hinnehmbaren Belastungen oder gar vor dem finanziellen Ruin bewahren.

Zu 3.:

Die im Gesetzentwurf vorgeschlagene Regelung in der Zivilprozessordnung (ZPO) eignet sich nicht für Streitigkeiten im Bereich des Wohnungseigentumsrechtes, stattdessen soll wie bisher die freiwillige Gerichtsbarkeit (FGG) beibehalten werden. Streitigkeiten im Wohnungseigentumsrecht sind im Wesentlichen Streitigkeiten zwischen Wohnungseigentümern, die nach der gesetzlichen Anordnung des WEG eine so genannte Zwangsgemeinschaft (Wohnungseigentümergemeinschaft) bilden, aus der kein Wohnungseigentümer ausscheiden kann, solange er Eigentümer einer Wohnung oder eines Teileigentums (Gewerbeeinheit, Garage etc.) ist. Dies bedeutet, dass Streitigkeiten mit dem Ziel einer nachhaltigen Einigung gelöst werden sollten. Da das FGG ein Gesetz mit Blickrichtung auf „Einigung in einer Sache" ist, billigen die Verfahrensvorschriften dem Verfahren und den richterlichen Möglichkeiten einen erheblich höheren Spielraum zu, als das relativ enge formale „Korsett" der ZPO. Das FGG ist auf die gemeinsame Lösung von Problemstellungen zugeschnit-

BT-Drs. S. 23:

ten, Hauptziel ist eine „Einigung" der Parteien. In FGG-Verfahren gilt der Grundsatz der Amtsermittlung. Das FGG-Verfahren ist weniger formstreng. Das Gericht ist gehalten, den Parteien Hinweise und Hilfen bei der Formulierung von Anträgen und zur Vervollständigung der Sachverhaltsdarstellung zu geben. So können Wohnungseigentümer leichter die Verletzung ihrer Rechte auch ohne anwaltliche Hilfe gerichtlich klären lassen.

Aus den vorbezeichneten Erwägungen ergibt sich, dass das FGG-Verfahren gerade für die Materie des Wohnungseigentumsrechtes erhebliche Vorteile aufweist, da es die erforderliche Flexibilität besitzt, um komplizierte Sachverhalte im oft zwischenmenschlichen Bereich zwischen den (zwangsweise) in einer Wohnungseigentümergemeinschaft beteiligten Personen zu lösen. Es trifft auch keineswegs zu, dass FGG-Verfahren länger dauern als solche nach den Regeln der ZPO.

Darüber hinaus ist der in § 49 a festgesetzte Streitwert zu hoch gegriffen. Hier muss eine Deckelung des Streitwertes nach unten stattfinden.

Der Änderungsantrag wurde mit den Stimmen der Fraktionen der CDU/CSU, SPD und FDP gegen die Stimmen der Fraktion BÜNDNIS 90/DIE GRÜNEN bei Stimmenthaltung der Fraktion DIE LINKE. abgelehnt.

Die **Fraktion BÜNDNIS 90/DIE GRÜNEN** betonte, dass sie die Beibehaltung des FGG-Verfahrens für Streitigkeiten im Wohnungseigentumsrecht für vorzugswürdig gegenüber dem nunmehr vorgesehenen ZPO-Verfahren halte. Das FGG-Verfahren sei flexibler und daher besser geeignet, komplizierte Sachverhalte im zwischenmenschlichen Bereich, die in Eigentümergemeinschaften erfahrungsgemäß häufig aufträten, zu lösen. Dies gelte auch in Bezug auf die Geltendmachung berechtigter Interessen eines einzelnen, möglicherweise nicht anwaltlich vertretenen Wohnungseigentümers. Darüber hinaus sei zwar die in § 22 Abs. 2 WEG vorgesehene Billigkeitsklausel grundsätzlich zu begrüßen, jedoch sei die in der vorgesehenen Begründung enthaltene Relativierung, dass einer Modernisierungsmaßnahme nur dann mit Erfolg widersprochen werden könne, wenn diese „gegenüber anderen" Wohnungseigentümern unbillig sei, zum Schutz einzelner Eigentümer nicht ausreichend. Die Interessengegensätze zwischen Selbstnutzern, beispielsweise Rentnern, für die die aus Modernisierungsmaßnahmen resultierenden finanziellen Belastungen zu unzumutbaren Einschränkungen in der Lebensführung führen könnten, und Investoren seien häufig sehr groß. Auch bei der Verpflichtung zur Bildung einer Instandsetzungsrücklage seien Interessengegensätze zu berücksichtigen. Deshalb schlage die Fraktion BÜNDNIS 90/DIE GRÜNEN in ihrem Änderungsantrag auch vor, § 28 der Verordnung über wohnungswirtschaftliche Berechnungen nach dem Zweiten Wohnungsbaugesetz als Anhaltspunkt für die Höhe einer angemessenen Instandhaltungsrücklage in das Gesetz aufzunehmen.

Abgesehen von diesen Punkten sei der Gesetzentwurf in der vorgesehenen Fassung ein grundsätzlich richtiger Weg, weshalb ein weiteres Abwarten und Beobachten der Rechtsprechung anstelle einer Verabschiedung des Gesetzes zum jetzigen Zeitpunkt nicht befürwortet werde.

Die **Fraktion der SPD** stellte fest, dass sich das Wohnungseigentumsgesetz grundsätzlich bewährt habe, jedoch ein gewisser Bedarf an praktikableren Regelungen unübersehbar sei. So lege der Beschluss des BGH vom 2. Juni 2005 zur Rechtsfähigkeit einer Eigentümergemeinschaft eine Neuregelung der Rechte und Pflichten der Wohnungseigentümer und der Verwalter nahe. Es sei der richtige Weg, aus der vorgesehenen Zuerkennung der Teilrechtsfähigkeit einer Eigentümergemeinschaft nicht deren Insolvenzfähigkeit abzuleiten. Eine Eigentümergemeinschaft könne nämlich z. B. nicht aufgelöst werden. Die vorgesehene Neuregelung der Beschlusskompetenz, wonach für Modernisierungsmaßnahmen im Grundsatz das Mehrheitsprinzip gelten solle, sei auch im Hinblick auf die von Wohnungseigentümern geschilderten Erfahrungen zu begrüßen, da nach der bisherigen Rechtslage aufgrund des Einstimmigkeitsprinzips ein einzelner Eigentümer eine dringend notwendige Entscheidung zum Nachteil der anderen Eigentümer verhindern könne. Dadurch, dass eine Entscheidung gegenüber anderen Eigentümern nicht unbillig sein dürfe, sei ein einzelner Eigentümer hinreichend geschützt. Die Verpflichtung, Beschlusssammlungen über die Eigentümerversammlungen zu führen, sei insbesondere für potentielle Käufer positiv zu bewerten, da diese sich umfassend informieren könnten.

Es sei als Konsequenz aus der o. g. Entscheidung des BGH folgerichtig, die Wohnungseigentümer nun nicht mehr für Verbindlichkeiten der Gemeinschaft gesamtschuldnerisch haften zu lassen. Zwar solle auch weiterhin die Möglichkeit bestehen, neben der Eigentümergemeinschaft auch unmittelbar gegen den einzelnen Wohnungseigentümer vorzugehen. Dessen Haftung solle sich nunmehr aber auf seinen Anteil am Gemeinschaftseigentum beschränken. Darüber hinaus gewährleiste das nunmehr vorgesehene ZPO-Verfahren eine stringentere und effektivere Verfahrensführung. Auch bei diesem Verfahren sei zu erwarten, dass die Gerichte stets auf Ausgleich bedacht seien und auf eine einvernehmliche Regelung hinwirkten. Durch eine einschränkende Regelung bei der Kostenerstattung und beim Streitwert werde das Kostenrisiko des einzelnen Wohnungseigentümers in einer sinnvollen Art und Weise begrenzt. Vor dem Hintergrund der vorgesehenen Regelungen sei es nicht sachgerecht, weitere höchstrichterliche Entscheidungen abzuwarten. Es sei der bessere Weg, das WEG jetzt zu reformieren und gegebenenfalls zu einem späteren Zeitpunkt nachzujustieren.

Die **Fraktion der CDU/CSU** wies darauf hin, dass das WEG insgesamt eine komplexe und schwierige Regelungsmaterie darstelle, was sich z. B. an der Problematik der Teilrechtsfähigkeit zeige. Es sei im Ergebnis eine sachgerechte Lösung, die Eigentümergemeinschaft, soweit sie verwaltend tätig werde, als eigenes Rechtssubjekt anzuerkennen, sie insoweit also in vollem Umfang rechtsfähig sei. Die uneingeschränkte Teilnahme am Rechtsverkehr im Bereich der Verwaltung sei auch im Hinblick auf die gesellschaftliche Bedeutung der Eigentumswohnungen und auf die künftig zu erwartende Steigerung der Zahl der Eigentumswohnungen in Deutschland sehr wichtig. Der Verwalter vertrete die Eigentümergemeinschaft im Bereich der Verwaltung, während er im Übrigen, wenn es um die Eigentümergemeinschaft als Bruchteilsgemeinschaft gehe, geschäftsführend tätig sei. Die Abgrenzung der Tätigkeit des Verwalters werde im Einzelnen durch die Rechtsprechung geklärt werden müssen.

Der Übergang zum ZPO-Verfahren mit der Zuständigkeitskonzentration auf ein einziges Landgericht im Bezirk eines Oberlandesgerichts führe zu einer einheitlichen Recht-

BT-Drs. S. 24:

sprechung und zur Herausbildung einer gleichmäßigen Revisionszulassungspraxis. Zwar würden die von der Fraktion BÜNDNIS 90/DIE GRÜNEN vorgetragenen Unterschiede zum FGG-Verfahren gerade auch mit Blick auf nicht anwaltlich vertretene Parteien ebenfalls gesehen, jedoch sei aufgrund der Hinweispflicht der Richter nach dem ZPO-Verfahren keine ernsthafte Benachteiligung von Wohnungseigentümern zu erwarten. Die vorgesehene Kostenregelung habe zudem u. a. den Vorteil, dass in einem Streitverfahren, in dem die Gegenseite mit mehreren Anwälten vertreten sei, lediglich einem Anwalt die

Kosten zu erstatten seien. Darüber hinaus sei es richtig, dass im vorgesehenen Gesetzentwurf eine Insolvenzfähigkeit der Eigentümergemeinschaft nicht enthalten sei, da es wegen der Nachschusspflicht der Eigentümer nicht zu einer für ein Insolvenzverfahren notwendigen Quotelung kommen könne. Der Gesetzentwurf mit den vorgesehenen Änderungen werde in der Praxis gut handhabbar sein.

IV. Zur Begründung der Beschlussempfehlung

Im Folgenden werden lediglich die vom Rechtsausschuss beschlossenen Änderungen gegenüber der ursprünglichen Fassung des Gesetzentwurfs erläutert. Soweit der Ausschuss den Gesetzentwurf unverändert angenommen hat, wird auf die jeweilige Begründung auf Drucksache 16/887 verwiesen.

Zu Artikel 1 (Änderung des Wohnungseigentumsgesetzes)

Zu Nummer 1 (§ 3 Abs. 3 WEG)

Die Regelung zur Abgeschlossenheit von Wohnungen in den neuen Bundesländern ist bereits am 31. Dezember 1996 außer Kraft getreten und damit ohne Bedeutung. Sie ist aus Gründen der Rechtsbereinigung aufzuheben.

Zu Nummer 2 (§ 5 Abs. 4 WEG)

Es handelt sich um eine Umnummerierung.

Zu Nummer 3 (§ 7 Abs. 4 WEG)

Die im ersten neu angefügten Satz vorgesehene Öffnungsklausel sieht bewusst davon ab, die Tätigkeit eines Sachverständigen räumlich einzugrenzen. Sofern ein Bundesland von der Öffnungsklausel Gebrauch macht, werden auch öffentlich bestellte oder anerkannte Sachverständige für das Bauwesen aus anderen Bundesländern in diesem Bundesland tätig werden dürfen.

Mit dem neuen **Satz 5** wird klargestellt, dass § 7 Abs. 4, soweit es sich um die dort genannten Anlagen, nämlich den Aufteilungsplan und die Abgeschlossenheitsbescheinigung handelt, dem § 29 GBO (Nachweis der Eintragungsunterlagen) als Lex specialis vorgeht. Die von einem Sachverständigen erstellten Anlagen bedürfen nicht der Form des § 29 GBO. Das heißt, die Form der Anlagen richtet sich allein nach der entsprechend anzuwendenden Allgemeinen Verwaltungsvorschrift vom 19. März 1974. Demnach müssen sie lediglich von dem Sachverständigen unterschrieben und mit seinem Stempel versehen und einheitlich bezeichnet sein. Sie müssen nicht als öffentliche Urkunden erstellt werden. Es bedarf auch nicht des Nachweises, dass sie von einem Sachverständigen erstellt oder bescheinigt worden sind. Die öffentliche Beglaubigung der Unterschrift des Sachverständigen ist ebenfalls entbehrlich.

Die Klarstellung ist angezeigt, weil Zweifel aufgetreten sind, ob die Ansicht zum Verhältnis des § 7 Abs. 4 zu § 29 GBO, die dem Entwurf der Bundesregierung zugrunde liegt und von der auch der Bundesrat ausgeht (vgl. Bundestagsdrucksache 15/3423, Seite 7), von der Praxis geteilt und sich durchsetzen wird.

Die Regelung ist auch sachlich gerechtfertigt, da die Bescheinigung des Sachverständigen ausreicht, dem Grundbuchamt die Richtigkeit des Inhalts der Anlagen zu bestätigen. Das Prüfungsrecht des Grundbuchamts bleibt unberührt.

Zu Nummer 4 (§ 10 WEG)

Zu Buchstabe a (Absatz 1)

Die Regelungen in den Buchstaben a bis f gehen zurück auf die Vorschläge der Bundesregierung in ihrer Gegenäußerung (vgl. Drucksache 16/887, Seiten 56 bis 59), die vom

Bundesgerichtshof mit Beschluss vom 2. Juni 2005 anerkannte Teilrechtsfähigkeit zu normieren, mit dem Beschluss aufgeworfene Folgefragen zu lösen, die dort geregelte Haftung der Wohnungseigentümer zu ändern und die Vertretungsmacht des Verwalters als Organ der Gemeinschaft gegenüber seiner Funktion als Vertreter der Wohnungseigentümer abzugrenzen.

Die Regelung in Buchstabe a dient der Abgrenzung der Rechte und Pflichten der Wohnungseigentümer einerseits und der teilrechtsfähigen Gemeinschaft andererseits. Auf die Begründung in der Gegenäußerung (Drucksache 16/887, Seite 60) wird Bezug genommen.

Zu den Buchstaben b bis e (Absätze 2 bis 5)

Die Umnummerierung der bisherigen Absätze 1 bis 4 in die Absätze 2 bis 5 ist Folge der Einfügung des neuen Absatzes 1.

Zu Buchstabe f (Absätze 6 bis 8 – neu –)

Der **Absatz 6** regelt die Teilrechtsfähigkeit der Gemeinschaft. Dies dient dem vom Gesetzentwurf der Bundesregierung verfolgten Ziel, das Wohnungseigentumsrecht praktikabler zu gestalten. Die Teilrechtsfähigkeit hat zur Folge, dass es bei dem Wechsel eines Wohnungseigentümers keiner Einzelübertragung der Anteile mehr bedarf. Insbesondere vereinfacht sie Aktiv- wie Passivprozesse (vgl. die Begründung in der Gegenäußerung Drucksache 16/887, Seiten 60 bis 62).

Zu den in der Begründung der Gegenäußerung genannten Beispielen für gemeinschaftsbezogene Forderungen (Drucksache 16/887, Seite 61 rechte Spalte) ist klarzustellen, dass die Gemeinschaft der Wohnungseigentümer nach ihrer Anerkennung als teilrechtsfähige Gemeinschaft nunmehr Inhaberin des Anspruchs auf Zahlung der Beiträge zu den Lasten und Kosten des gemeinschaftlichen Eigentums ist und ihr insoweit nicht nur eine Ausübungsbefugnis nach Satz 3 zusteht.

Der **Absatz 7** ordnet das Verwaltungsvermögen der Gemeinschaft zu (vgl. die Begründung in der Gegenäußerung auf Drucksache 16/887, Seiten 62 und 63).

BT-Drs. S. 25:

Der **Absatz 8** sieht eine Anteilshaftung der Wohnungseigentümer entsprechend ihrem Miteigentumsanteil sowohl im Außenverhältnis gegenüber Dritten als auch im Innenverhältnis gegenüber der Gemeinschaft vor. Die Regelung ist angezeigt, weil die vom BGH mit dem oben genannten Beschluss zugleich geregelte Haftung der Wohnungseigentümer für Verwaltungsschulden die Kreditfähigkeit der Gemeinschaft schwächt und den Schutz ihrer Gläubiger zu stark einschränkt.

Die Pflicht zur Zahlung der Beiträge zu den Lasten und Kosten des gemeinschaftlichen Eigentums, auch zur Deckung aufgetretener Finanzierungslücken (Nachschusspflicht), bleibt von der Haftungsregelung unberührt. Insoweit gilt: Hat ein Wohnungseigentümer seinen Anteil etwa zu einer Sonderumlage oder zur Instandhaltungsrücklage bereits geleistet und wird er dann von einem Gläubiger wegen Schulden der Gemeinschaft in Anspruch genommen, so muss er diese zwar entsprechend seinem Miteigentumsanteil bezahlen, er kann den an die Gemeinschaft gezahlten Betrag von den anderen Wohnungseigentümern aber zurückverlangen. Insgesamt muss er die Schulden also nur in Höhe seines Miteigentumsanteils tragen.

Wegen weiterer Einzelheiten zur Haftung wird auf die Begründung in der Gegenäußerung auf Drucksache 16/887, Seiten 62 bis 67 Bezug genommen. Die dortigen Ausführungen zum Regelungsgehalt des Absatzes 8 Satz 1 auf Seite 66 unter Dreifachbuchstabe fff bedürfen indessen folgender Ergänzung und Klarstellung: § 10 Abs. 8 Satz 1 Halbsatz 1 regelt zunächst die anteilige Haftung eines Wohnungseigentümers für Verbindlichkeiten der Gemeinschaft. Der Relativsatz verdeutlicht sodann, dass ein Wohnungseigentümer nicht nur für die während seiner Zugehörigkeit zur Gemeinschaft entstandenen, sondern auch für die fällig gewordenen Forderungen haftet, unabhängig davon, ob es sich um wiederkehrende Leistungen handelt. Dadurch wird erreicht, dass bei der Veräußerung eines Wohnungseigentums zwischen Begründung und Fälligkeit einer Verbindlichkeit der frühere und der neue Wohnungseigentümer haften, und zwar insoweit als Gesamtschuldner und begrenzt nach dem Verhältnis ihres Miteigentumsanteils. Die Haftung ist auch angemessen, weil der frühere Wohnungseigentümer für die während seiner Zeit entstandenen Forderungen einzustehen hat und dem neuen Eigentümer die entsprechenden Leistungen zugute kommen. Die in Halbsatz 2 vorgesehene entsprechende Anwendung des § 160 HGB führt zu einer zeitlichen Begrenzung der Haftung des Wohnungseigentümers nach Veräußerung seines Wohnungseigentums auf fünf Jahre. Dies entspricht dem geltenden Recht.

Zu Nummer 5 (§ 11 Abs. 3 – neu – WEG)

Nach Anhörung der Sachverständigen, die sich überwiegend gegen die im Regierungsentwurf vorgeschlagene Regelung der Insolvenzfähigkeit der Gemeinschaft der Wohnungseigentümer ausgesprochen haben, hat sich der Ausschuss entschieden, die Insolvenzfähigkeit auszuschließen. Insbesondere der Aufwand und die Kosten eines solchen Verfahrens stehen nach Auffassung des Ausschusses nicht in einem angemessenen Verhältnis zu den angeführten Vorteilen. Auch werden Schwierigkeiten vermieden, zu denen es in der Praxis wegen der sich zum Teil überschneidenden Tätigkeiten des Insolvenzverwalters und des Wohnungseigentumsverwalters ansonsten käme.

Zu Nummer 6 (§ 12 Abs. 4 WEG)

Es handelt sich um eine Umnummerierung.

Zu Nummer 7 (§ 16 WEG)

Zu Buchstabe a (Absatz 4)

Für die neue Beschlusskompetenz reicht eine Mehrheit von „drei Viertel" der stimmberechtigten Wohnungseigentümer aus. Dann kann es auch bei einer (nur) aus vier Miteigentümern bestehenden Gemeinschaft mit jeweils gleichen Miteigentumsanteilen zu Mehrheitsentscheidungen kommen. Ansonsten, wenn auf „mehr als drei Viertel" abgestellt würde, wäre in Gemeinschaften dieser Art Einstimmigkeit erforderlich.

Zu Buchstabe d (Absatz 8)

Die Neufassung steht im Zusammenhang mit der vom Bundesrat initiierten Streitwertregelung des § 49 a – neu – GKG und der gesetzlichen Ermächtigung des Verwalters zur Vereinbarung einer Vergütung mit den Wohnungseigentümern nach § 27 Abs. 2 Nr. 4 (inhaltsgleich mit Nummer 5 der Gegenäußerung), Abs. 3 Nr. 6. Wegen der Einzelheiten wird auf die Stellungnahme des Bundesrates unter Nummer 13 auf Drucksache 16/887, Seiten 53 bis 55 und auf die Begründung in der Gegenäußerung auf den Seiten 76 und 77 verwiesen.

Zu Nummer 8 (§ 17 Satz 2 WEG)

Es handelt sich um eine Umnummerierung.

Zu Nummer 9 (§ 18 Abs. 1 Satz 2 – neu – WEG)

Die Regelung geht zurück auf den Vorschlag der Bundesregierung in ihrer Gegenäußerung (vgl. Drucksache 16/887, Seite 58 linke Spalte Nummer 3) und dient der Klarstellung, dass die Ausübung des Entziehungsrechts Sache der Gemeinschaft, nicht der Gesamtheit der Wohnungseigentümer ist. Wegen der Einzelheiten wird auf die Begründung in der Gegenäußerung auf Seite 69 verwiesen.

Zu Nummer 10 (§ 19 Abs. 1 WEG)

Zu Buchstabe b (Satz 2)

Die Regelung des neuen Satzes 2 dient wie die Parallelregelung des § 18 Abs 1 Satz 2 der Klarstellung: Die Zwangsvollstreckung aus dem Urteil nach § 19 Abs. 1 Satz 1 wird von der Gemeinschaft ausgeübt, nicht von der Gesamtheit der Wohnungseigentümer. Bei Zweiergemeinschaften ist jeder einzelne Wohnungseigentümer zur Zwangsvollstreckung berechtigt.

Zu Buchstabe c (Satz 3)

Es handelt sich um eine redaktionelle Folgeänderung aufgrund der Neufassung des § 19 Abs. 1 Satz 2.

Zu Nummer 11 (§ 21 Abs. 7 und 8 WEG)

Es handelt sich um eine Umnummerierung.

BT-Drs. S. 26:

Zu Nummer 12 Buchstabe b (§ 22 Abs. 2 Satz 1 WEG)

Die im Regierungsentwurf zur Beschränkung der Mehrheitsmacht für Modernisierungen vorgesehene Formulierung, die Maßnahme dürfe keinen Wohnungseigentümer „erheblich" beeinträchtigen, könnte zu einem Missverständnis führen. Das Merkmal könnte dahin verstanden werden, eine hinzunehmende Beeinträchtigung sei mehr nach objektiven und weniger nach subjektiven (personenbezogenen) Gesichtspunkten zu bewerten. Dies harmonierte nicht mit dem Erfordernis einer angemessenen Gewichtung aller Umstände des Einzelfalles. Deshalb wird auf das Merkmal der Unbilligkeit abgestellt. Nach Auffassung des Ausschusses soll ein Wohnungseigentümer einer Maßnahme nicht mit Erfolg widersprechen können, wenn diese sinnvoll ist und er gegenüber anderen nicht unbillig benachteiligt wird.

Außerdem ist hier wie in § 16 Abs. 4 Satz 2 aus den dort genannten Gründen auf eine Mehrheit von „drei Viertel" abzustellen.

Zu Nummer 13 (§ 23 Abs. 4 WEG)

Die Neufassung dient der Klarstellung und entspricht dem Vorschlag des Bundesrates (vgl. dessen Stellungnahme in Bundestagsdrucksache 16/887 zu Nummer 10 auf Seite 50), dem die Bundesregierung zugestimmt hat.

Zu Nummer 14 (§ 24 Abs. 4 Satz 2 sowie Abs. 7 und 8 WEG)

Es handelt sich um eine Umnummerierung.

Zu Nummer 15 (§ 26 WEG)

Zu Buchstabe a (Absatz 1 Satz 2)

Die Höchstdauer der Bestellung eines Verwalters beträgt nach geltendem Recht fünf Jahre. Die Frist für die Verjährung von Mängelansprüchen bei neu errichteten Eigentumswohnungen beträgt ebenfalls fünf Jahre (§ 634 a Abs. 1 Nr. 2 BGB). Da Bauträger bei der Begründung von Wohnungseigentum den ersten Verwalter in der Regel auf die Höchstdauer von fünf Jahren bestellen, birgt der Gleichlauf der Bestellungsdauer mit der Verjährungsfrist die Gefahr von Interessenkonflikten. Deshalb soll die Bestellungsdauer für den (zeitlich) ersten Verwalter auf höchstens drei Jahre beschränkt werden. Die Vorschrift tritt – wie auch der wesentliche Teil des Gesetzes zur Änderung des Wohnungseigentumsgesetzes und anderer Gesetze nach seinem Artikel 4 Satz 2 – am ersten Tag des vierten auf die Verkündung folgenden Kalendermonats in Kraft. Die Vorschrift wird damit anwendbar sein auf die erstmalige Bestellung eines Verwalters, die nach diesem Zeitpunkt vorgenommen wird. Unberührt bleiben noch vor dem Inkrafttreten vorgenommene Bestellungen.

Zu Buchstabe b (Absatz 1 Satz 4)

Die Änderung des Regierungsentwurfs (Ersetzung des Wortes „auch" durch das Wort „regelmäßig") entspricht dem Vorschlag des Bundesrates (vgl. dessen Stellungnahme in Bundestagsdrucksache 16/887 zu Nummer 12 Buchstabe a auf Seite 50), dem die Bundesregierung zugestimmt hat.

Zu Buchstabe c (Absatz 3)

Es handelt sich um eine Umnummerierung.

Zu Nummer 16 (§ 27 WEG)

Die Neufassung des § 27 geht zurück auf den Vorschlag der Bundesregierung in der Gegenäußerung in Bundestagsdrucksache 16/887 zu Nummer 4. Nach Anerkennung der

Teilrechtsfähigkeit der Gemeinschaft der Wohnungseigentümer tritt der Verwalter sowohl als Vertreter der Wohnungseigentümer in deren Eigenschaft als Mitberechtigte am gemeinschaftlichen Grundstück als auch als Vertreter der teilrechtsfähigen Gemeinschaft auf. Dies macht es erforderlich, die Aufgaben und Befugnisse des Verwalters und seine Vertretungsmacht neu zu fassen. Dabei soll die Struktur der Vorschrift besser als bisher zum Ausdruck kommen, ohne dass der ansonsten bewährte Inhalt der Vorschrift wesentlich geändert wird. Wegen der Einzelheiten wird auf die Begründung in der Gegenäußerung in Bundestagsdrucksache 16/887 Bezug genommen (Seiten 69 bis 72). Auf folgende Punkte ist noch hinzuweisen:

Die in **Absatz 1 Nr. 7** vorgesehene Änderung gegenüber dem Regierungsentwurf beruht auf dem Vorschlag des Bundesrates (vgl. dessen Stellungnahme in Bundestagsdrucksache 16/887 zu Nummer 5 auf Seite 50), den Verwalter zu verpflichten, die Wohnungseigentümer über alle und nicht nur über die gegen ihn anhängigen Rechtsstreitigkeiten zu unterrichten. Dem hat die Bundesregierung zugestimmt.

In **Absatz 1 Nr. 8** ist die Abgabe der sogenannten Eigentümererklärungen eingestellt, die nach geltendem Recht inhaltsgleich in Absatz 2 Nr. 6 (und in der Gegenäußerung in Bundestagsdrucksache 16/887 in Absatz 2 Nr. 4 auf Seite 58) geregelt ist. Diese Erklärungen sind gemeinschaftsbezogen und können künftig nur von der teilrechtsfähigen Gemeinschaft abgegeben werden. Deshalb ist eine Vertretungsmacht des Verwalters für die Wohnungseigentümer nicht mehr erforderlich. Vielmehr muss die Gemeinschaft vertreten wer den. Dem wird in dem neu gefassten **Absatz 3 Nr. 4** (Vertretungsmacht des Verwalters für die Gemeinschaft durch Ergänzung des dortigen Verweises auf Absatz 1 um die Nummer 8) Rechnung getragen.

Zu den in den **Absätzen 2 und 3** genannten Maßnahmen ist der Verwalter nicht nur berechtigt, sondern im Rahmen seiner Vertretungsmacht auch verpflichtet, wenn dies zur ordnungsmäßigen Erfüllung seiner Aufgaben erforderlich ist. Dies folgt bereits aus den mit dem Amt und dem Verwaltervertrag übernommenen Pflichten, zu deren Erfüllung die verliehene Vertretungsmacht gerade ermächtigen soll und bedarf – wie nach geltendem Recht – keiner ausdrücklichen Regelung.

Die in dem neu gefassten **Absatz 2 Nr. 2 und 4** (Nummer 4 inhaltsgleich mit Nummer 5 der Gegenäußerung in Bundestagsdrucksache 16/887) und in dem neu gefassten **Absatz 3 Nr. 2 und 6** vorgesehene Vertretungsmacht des Verwalters in Passivprozessen ist zu erweitern, damit auch Klagen Dritter erfasst werden. Dies liegt im Interesse der Rechtsverfolgung durch Gläubiger der Gemeinschaft und beeinträchtigt die Belange der Wohnungseigentümer nicht. Deshalb ist in diesen Vorschriften jeweils auch auf die Regelung des § 43 Nr. 5 – neu – (Zuständigkeit des Amtsgerichts für Klagen

BT-Drs. S. 27:

Dritter) zu verweisen. Damit umfasst die Prozessführungsbefugnis des Verwalters auch Klagen Dritter gegen die Wohnungseigentümer oder gegen die teilrechtsfähige Gemeinschaft.

In diesem Zusammenhang ist klarzustellen, dass die Anmerkung in der Gegenäußerung in Bundestagsdrucksache 16/887 Vertretungsmacht des Verwalters auf Seite 70 unter Buchstabe b zu **Absatz 2** Nr. 2 (Abgabe einer eidesstattlichen Versicherung gemäß den §§ 807, 899 ZPO) redaktionell in die Begründung unter Buchstabe c zu **Absatz 3** Nr. 2 auf Seite 71 rechte Spalte gehört; sie bezieht sich inhaltlich auf die Vertretung der teilrechtsfähigen Gemeinschaft, nicht auf die der Wohnungseigentümer.

Nach dem neu gefassten **Absatz 2 Nr. 2** ist der Verwalter auch berechtigt, den Rechtsstreit eines oder mehrerer Wohnungseigentümer gegen die übrigen Wohnungseigentümer wegen Beschlussanfechtung (vgl. § 46 Abs. 1 Satz 1) zu führen. Dies entspricht dem geltenden Recht und folgt aus Sinn und Zweck der Regelung. Die Formulierung des Absatzes 2 Halbsatz 1 „im Namen aller Wohnungseigentümer" steht dem nicht entgegen.

In dem neu gefassten **Absatz 3 Nr. 7** erfasst die Vertretungsmacht des Verwalters wegen der Teilrechtsfähigkeit der Gemeinschaft nur Rechtsgeschäfte und Rechtshandlungen im Rahmen der Verwaltung des gemeinschaftlichen Eigentums.

Zu Nummer 17 (§ 32 WEG)

Zu Buchstabe a (Absatz 1 Satz 2)

Es handelt sich um eine Folgeänderung der in Nummer 1 vorgeschlagenen Aufhebung des § 3 Abs. 3 (Rechtsbereinigung).

Zu Buchstabe b (Absatz 2 Satz 5)

Die Änderung entspricht dem Vorschlag des Rechtsausschusses unter Nummer 3 zu § 7 Abs. 4 Satz 5. Die dortige Begründung gilt hier entsprechend.

Zu Nummer 18 (Teil III 1. Abschnitt)

Es handelt sich um eine Umnummerierung.

Zu Nummer 19 (§§ 43 bis 50 WEG)

Zu § 43

Die Einfügung der neu eingefügten Nummer 2 beruht auf der Regelung über die Teilrechtsfähigkeit der Gemeinschaft der Wohnungseigentümer (§ 10 Abs. 6 Satz 5) und setzt insoweit den Vorschlag der Bundesregierung in der Gegenäußerung um. Auf die Begründung in der Gegenäußerung auf Drucksache 16/887, Seite 72 zu Nummer 5 wird Bezug genommen.

Mit der Anfügung der Nummer 5 wird § 29 b ZPO in das Wohnungseigentumsgesetz integriert; entsprechend kann die Vorschrift in der Zivilprozessordnung gestrichen werden (vgl. Artikel 3 Abs. 6). Es erscheint vorzugswürdig, die ausschließliche örtliche Zuständigkeit des Gerichts, in dessen Bezirk das Grundstück liegt, für alle Wohnungseigentumssachen in nur einer Vorschrift zu konzentrieren. In diesem Zusammenhang wird auch die frühere Unterscheidung zwischen dem ausschließlichen Gerichtsstand nach § 43 und dem besonderen Gerichtsstand nach § 29 b ZPO aufgegeben.

Zugleich wird die Vorschrift der Teilrechtsfähigkeit der Gemeinschaft angepasst. Die Gemeinschaft der Wohnungseigentümer kann gemäß § 10 Abs. 6 Satz 5 vor Gericht verklagt werden. Das Gericht am Belegenheitsort ist zuständig, wenn die Klage gegen die Gemeinschaft gerichtet ist. Dieses Gericht ist ferner für wohnungseigentumsbezogene Klagen Dritter zuständig, mit denen alle oder einzelne Wohnungseigentümer in Anspruch genommen werden. Gleiches gilt für frühere Mitglieder einer Wohnungseigentümergemeinschaft, auch wenn diese nun nicht mehr ausdrücklich im Gesetz erwähnt werden. Für die derzeitige Rechtslage (§§ 43, 46 WEG, § 17 a GVG) ist es anerkannt, dass das Wohnungseigentumsgericht – nicht das Prozessgericht – auch für die Entscheidung über Ansprüche aus dem Gemeinschaftsverhältnis zuständig ist, die gegen einen oder von einem Wohnungseigentümer geltend gemacht werden, der bereits vor Rechtshängigkeit der Wohnungseigentumssache aus der Wohnungseigentümergemeinschaft ausgeschieden ist (BGH NZM 2002, 1003). An dieser weiten Auslegung der Zuständigkeit des Wohnungseigentumsgerichts will der Entwurf nichts ändern, und zwar weder im Hinblick auf die Fallgruppen, die aus dem bisherigen § 43 übernommen worden sind, noch im Hinblick auf die neue Nummer 5.

Die neu angefügte Nummer 6 übernimmt in modifizierter Form die Zuständigkeitsregelung für das Mahnverfahren im bisherigen § 46 a Abs. 1 Satz 2. Die Neuregelung bewirkt dabei einerseits eine Beschränkung und andererseits eine Erweiterung der Zuständigkeit des Gerichts am Belegenheitsort der Wohnanlage.

Im Hinblick auf die Binnenstreitigkeiten (Nummern 1 bis 4) führt die neue Nummer 6 insofern zu einer Beschränkung der bisherigen Zuständigkeit, als nur noch auf Mahnverfahren abgestellt wird, in denen die Gemeinschaft der Wohnungseigentümer Antragstellerin ist. Nach derzeitiger Rechtslage entspricht dies Verfahren, in denen sämtliche Wohnungseigentümer mit Ausnahme des Antragsgegners gegen diesen vorgehen, wobei Verfahrensgegenstand regelmäßig Hausgeldforderungen sind. Eine weitere, in der Praxis weniger relevante Fallgruppe sind Schadensersatzansprüche aller Wohnungseigentümer gegen den Verwalter. Künftig sind solche Forderungen von der Gemeinschaft der Wohnungseigentümer geltend zu machen.

Auf Mahnanträge der Gemeinschaft sind die für die Einführung der bisherigen Regelung des § 46a Abs. 1 Satz 2 maßgeblichen Erwägungen, dass eine Einigung über eines von mehreren in Betracht kommenden Wohnsitzgerichten schwierig sein könnte (vgl. Bundestagsdrucksache 11/3621, Seite 28 Buchstabe b), zwar nicht übertragbar. Gleichwohl erscheint es angezeigt, für derartige Mahnanträge die ausschließliche Zuständigkeit des Gerichts am Belegenheitsort der Wohnanlage vorzusehen. Denn die Gemeinschaft der Wohnungseigentümer hat keinen „Sitz" im Sinne des § 17 Abs. 1 Satz 1 ZPO, so dass für die Bestimmung des zuständigen Mahngerichts gemäß § 689 Abs. 2 Satz 1 i. V. m. § 17 Abs. 1 Satz 2 ZPO auf den Ort, an dem die Verwaltung geführt wird, abgestellt werden müsste. Dies wäre aber unbefriedigend, da in Abhängigkeit davon, ob ein Verwalter vorhanden ist und wo die Verwaltung geführt wird, unter-

BT-Drs. S. 28:

schiedliche Gerichte für die Mahnanträge einer Wohnungseigentümergemeinschaft zuständig wären.

Während demnach die bisherige Regelung in § 46a Abs. 1 Satz 2 für Mahnanträge der Gemeinschaft der Wohnungseigentümer übernommen wird, wird hiervon für die übrigen Binnenstreitigkeiten abgesehen. Insoweit besteht kein Bedürfnis für eine von der Zuständigkeitsregelung des § 689 Abs. 2 ZPO abweichende Regelung. Der bisherige § 46a Abs. 1 Satz 2 war unnötig weit gefasst, da etwa für den Mahnantrag eines Wohnungseigentümers gegen einen anderen Wohnungseigentümer oder den Verwalter das nach § 689 Abs. 2 ZPO zuständige Mahngericht ohne Schwierigkeiten ermittelt werden kann. Es kommt im Mahnverfahren auch nicht auf die besondere Ortsnähe oder Sachkunde des Wohnungseigentumsgerichts an, da das Mahnverfahren ausschließlich schriftlich durchgeführt wird und lediglich der Feststellung dient, ob der Anspruch streitig oder unstreitig ist. Die Rechtslage ist insofern vergleichbar mit der in Mietsachen: Auch hier kommt der ausschließliche Gerichtsstand des § 29a ZPO nicht bereits im Mahnverfahren (vgl. § 689 Abs. 2 Satz 3 ZPO), sondern erst dann zum Tragen, wenn die Sache aufgrund eines Widerspruchs oder Einspruchs an das Gericht der Belegenheit abgegeben wird.

Zu § 44

Die geänderte Fassung des § 44 entspricht der Stellungnahme des Bundesrates, der die Bundesregierung in ihrer Gegenäußerung zugestimmt hat. Zur Begründung wird auf Nummer 6 der Stellungnahme des Bundesrates auf Drucksache 16/887, Seite 50 verwiesen.

Zu § 46

Die Änderungen in Absatz 1 gehen zurück auf einen Vorschlag der Bundesregierung in der Gegenäußerung, mit dem diese einer Klarstellungsbitte des Bundesrates folgt. Auf die Ausführungen zu Nummer 7 der Gegenäußerung auf Drucksache 16/887, Seite 73 wird zunächst Bezug genommen. Der Ausschuss greift darüber hinaus die von einem Sachverständigen im Rahmen der Anhörung geäußerten Bedenken auf, wonach die von der Bundesregierung in der Gegenäußerung vorgeschlagene Formulierung den Eindruck erwecke, das Anfechtungsrecht des Verwalters solle ausgeschlossen werden (vgl. das Protokoll Nr. 23 auf Seite 12 unten). Der Ausschuss hat daher die Formulierung in Absatz 1 Satz 1 gegenüber der in der Gegenäußerung vorgeschlagenen Fassung geändert, um zum Ausdruck zu bringen, dass das Anfechtungsrecht des Verwalters gegenüber dem bisherigen Recht unverändert fortbestehen soll.

Die Änderung in Absatz 2 beruht auf einem Vorschlag, den die Bundesregierung auf eine Prüfbitte des Bundesrates in der Gegenäußerung unterbreitet hat. Auf die Ausführungen zu Nummer 8 der Gegenäußerung auf Drucksache 16/887, Seite 73 wird verwiesen.

Zu § 48

Die Änderungen in den Absätzen 1 bis 3 beruhen auf einem Vorschlag der Bundesregierung in der Gegenäußerung, der auf eine Klarstellungsbitte des Bundesrates zurückgeht. Auf die Ausführungen in der Gegenäußerung in Drucksache 16/887 zu den Nummern 10 und 11 auf den Seiten 74 und 75 wird Bezug genommen.

Die Änderung in Absatz 4 entspricht der Stellungnahme des Bundesrates, der die Bundesregierung in ihrer Gegenäußerung zugestimmt hat. Zur Begründung wird auf Nummer 8 Buchstabe b der Stellungnahme des Bundesrates auf Drucksache 16/887, Seite 51 verwiesen.

Zu § 50

Der Wegfall des alten § 50 beruht auf einem Vorschlag des Bundesrates (vgl. dessen Stellungnahme auf Bundestagsdrucksache 16/887, Seite 53), dem die Bundesregierung in modifizierter Form zugestimmt hat. Danach wird der Inhalt des alten § 50 nunmehr in geänderter Fassung in § 49 a GKG übernommen. Auf die Begründung dieser Norm wird Bezug genommen.

Der Ausschuss hält darüber hinaus die Aufnahme einer Regelung über die Begrenzung der Kostenerstattung in Wohnungseigentumsverfahren für erforderlich. Die Regelung des neuen § 50 WEG kommt grundsätzlich für alle Rechtsstreitigkeiten zur Anwendung, in denen die Wohnungseigentümer als Streitgenossen auftreten, nicht jedoch in Streitigkeiten, an denen die Gemeinschaft der Wohnungseigentümer beteiligt ist. Insbesondere in einem Beschlussanfechtungsverfahren, in dem die beklagten Wohnungseigentümer obsiegen, wird der Anspruch auf Kostenerstattung im Regelfall nur die Kosten eines gemeinsam bevollmächtigten Rechtsanwalts umfassen. Die Änderung dient insoweit der Begrenzung des Kostenrisikos für den anfechtenden Wohnungseigentümer.

Zu Nummer 21 (§ 62 Abs. 2 WEG)

Es handelt sich um eine Folgeänderung zu der Erweiterung des § 43 um den Regelungsgehalt des bisherigen § 29 b ZPO. Aus diesem Grunde muss die Bezugnahme in § 62 Abs. 2 auf § 43 modifiziert werden.

Um einer Überlastung des Bundesgerichtshofs vorzubeugen, sollen gemäß § 62 in Wohnungseigentumssachen die Nichtzulassungsbeschwerden gemäß § 544 ZPO für eine Übergangszeit ausgeschlossen werden. Dieser Ausschluss soll sich jedoch lediglich auf die Binnenstreitigkeiten im Sinne von § 43 Nr. 1 bis 4 beziehen. Für die in § 43 Nr. 5 geregelten Fälle der Klagen Dritter soll es bei der Möglichkeit der Nichtzulassungsbeschwerde gemäß § 544 ZPO nach Maßgabe der Regelung des § 26 Nr. 8 EGZPO verbleiben, soweit der Beschwerdewert 20 000 Euro übersteigt.

Zu Artikel 2 (Änderung des Gesetzes über die Zwangsversteigerung und die Zwangsverwaltung)

Zu Nummer 1 (§ 10 ZVG)

Zu Buchstabe a (Absatz 1 Nr. 2)

Die Änderungen gehen zurück auf den Vorschlag der Bundesregierung in ihrer Gegenäußerung. Auf die dortige Begründung zu Artikel 2 auf Drucksache 16/887, Seite 72 rechte Spalte wird Bezug genommen. Die in Satz 1 außerdem vorgesehene Streichung der Wörter „der anderen Wohnungseigentümer" berücksichtigt, dass die Gemeinschaft Inhaber der Beitragsansprüche ist.

BT-Drs. S. 29:

Zu Nummer 4 (§ 156 Abs. 1 ZVG)

Es handelt sich um redaktionelle Folgeänderungen wegen der Neufassung des § 10 Abs. 1 Nr. 2.

Zu Artikel 3 (Änderung anderer Vorschriften)

Zu Absatz 1 (GVG)

Zu Nummer 1 (§ 23 Nr. 2 Buchstabe c)

Die in Buchstabe c vorgesehene Regelung, dass die sachliche Zuständigkeit ausschließlich sein soll, geht zurück auf die Stellungnahme des Bundesrates, welcher die Bundesregierung zugestimmt hat. Auf die Ausführungen zu Nummer 15 der Stellungnahme des Bundesrates auf Bundestagsdrucksache 16/887, Seite 55 wird Bezug genommen.

Der Ausschuss erachtet eine weitere Änderung des Buchstabens c für erforderlich. Für Klagen Dritter (§ 43 Nr. 5 WEG) soll es – wie nach geltendem Recht (vgl. § 29 b ZPO) – beim ausschließlichen Gerichtsstand am Ort der Anlage verbleiben. Die sachliche Zuständigkeit soll sich dagegen – ebenfalls wie nach dem geltenden Recht – nach den allgemeinen Vorschriften richten (vgl. § 23 Nr. 1, § 71 Abs. 1). Hiernach soll für diese Streitigkeiten die erstinstanzliche Zuständigkeit des Landgerichts bestehen bleiben, sofern es sich um Streitigkeiten handelt, deren Gegenstand an Geld oder Geldeswert die Summe von 5000 Euro übersteigt. Für eine Änderung der sachlichen Zuständigkeit gibt es keinen Anlass.

Zu Nummer 2 Buchstabe b (§ 72 Abs. 2 Buchstabe c)

Der Ausschuss befürwortet anstelle der im Entwurf der Bundesregierung vorgesehenen Zuständigkeit der Oberlandesgerichte die in der Stellungnahme des Bundesrates vorgeschlagene Zuständigkeit der Landgerichte für die Rechtsmittelverfahren in Wohnungseigentumssachen. Die Zuständigkeit des Landgerichts für Berufungen und Beschwerden in Wohnungseigentumssachen ist allerdings gemäß dem neuen Absatz 2 Satz 1 auf die Binnenstreitigkeiten nach § 43 Nr. 1 bis 4 und 6 WEG (neu) zu beschränken. Für die Fälle des § 43 Nr. 5 WEG (neu) verbleibt es aus den (vorstehend) zu Nummer 1 genannten Gründen bei der vom Beschwerdewert abhängigen Rechtsmittelzuständigkeit nach § 119 Abs. 1 Nr. 2 und § 72 Abs. 1.

Die Zuständigkeitskonzentration gemäß Absatz 2 Satz 1 (neu) auf ein einziges Landgericht im Bezirk eines Oberlandesgerichts führt zu einer häufigeren und intensiveren Befassung der zuständigen Berufungsspruchkörper mit der komplexen Materie des Wohnungseigentumsrechts und dient damit der Qualitätssteigerung der Berufungsentscheidungen und der Herausbildung einer gleichmäßigen Revisionszulassungspraxis.

Die Regelung des neuen Absatzes 2 Satz 2 (Zuständigkeit des Landgerichts in Wohnungseigentumssachen mit Auslandsberührung abweichend von § 119 Abs. 1 Nr. 1 Buchstabe b und c) dient ebenfalls der Konzentration und der Rechtsklarheit. Ansonsten müsste in Verfahren mit manchmal Hunderten Prozessbeteiligten der Gerichtsstand jeder einzelnen Partei geprüft werden, um feststellen zu können, ob das Landgericht oder das Oberlandesgericht zuständig ist.

Die Ermächtigung nach Absatz 2 Satz 3 (neu) und die Befugnis zur Subdelegation nach Satz 4 (neu) ermöglichen den Ländern eine flexible Handhabung der Konzentrationsbefugnis.

Aufgrund der nunmehr vorgesehenen Berufungszuständigkeit des Landgerichts entfällt die im Regierungsentwurf vorgeschlagene Änderung des § 119.

Zu Absatz 2 (GKG)

Zu Nummer 1 (Änderung der Inhaltsübersicht)

Es handelt sich um eine Folgeänderung der (nachfolgend) in Nummer 2 vorgesehenen Streitwertregelung.

Zu Nummer 2 (§ 49 a – neu –)

Die Neufassung geht zurück auf den Vorschlag des Bundesrates zur Streitwertregelung und die dazu von der Bundesregierung in ihrer Gegenäußerung angeregte Fassung. Sie steht im Zusammenhang mit der Kostenregelung nach § 16 Abs. 8 WEG und der gesetzlichen Ermächtigung des Verwalters zur Vereinbarung einer Vergütung mit den Wohnungseigentümern nach § 27 Abs. 2 Nr. 4 (inhaltsgleich mit Nummer 5 der Gegenäußerung), Abs. 3 Nr. 6 WEG. Die Einzelheiten ergeben sich aus der Stellungnahme des Bundesrates unter Nummer 13 auf Bundestagsdrucksache 16/887, Seiten 53 bis 55 und der Begründung in der Gegenäußerung auf den Seiten 76 und 77.

Zu Absatz 3 (RVG-Vergütungsverzeichnis)

Es handelt sich um eine Umnummerierung.

Zu Absatz 4 (ErbbauVO)

Zu Nummer 1 (§ 9 Abs. 3 Satz 1 Nr. 1)

Nach geltendem Recht (§ 9 Abs. 3 Satz 1 Nr. 1 ErbbauVO) kann vereinbart werden, dass die Erbaubauzinsreallast abweichend von § 52 Abs. 1 ZVG mit ihrem Hauptanspruch bestehen bleibt, wenn der Grundstückseigentümer aus der Reallast oder der Inhaber eines vorrangigen oder gleichstehenden Rechts die Zwangsversteigerung des Erbbaurechts betreibt. Ohne eine solche Vereinbarung besteht die Gefahr, dass bei einer Zwangsversteigerung eine nachrangig eingetragene Erbbauzinsreallast erlischt und ein erbbauzinsloses Erbbaurecht entsteht, der Grundstückseigentümer also keinen Erbbauzins mehr erhält.

Eine solche Gefahr besteht auch bei der Zwangsversteigerung des Wohnungserbbaurechts (§ 30 WEG) aufgrund des im Entwurf vorgesehenen begrenzten Vorrechts nach § 10 Abs. 1 Nr. 2 ZVG wegen rückständiger Hausgeldansprüche. Die vorgesehene Änderung ermöglicht deshalb den Beteiligten auch bei Wohnungserbbaurechten eine Vereinbarung zum Bestehenbleiben der Erbbauzinsreallast.

Zu Nummer 2 (§ 31 Abs. 3)

Es handelt sich um die redaktionelle Anpassung der im Regierungsentwurf bereits vorgesehenen Folgeänderung.

Zu Absatz 5 (Gesetz über Rechte an Luftfahrzeugen)

Es handelt sich um eine Umnummerierung.

BT-Drs. S. 30:

Zu Absatz 6 (ZPO)

Es handelt sich um eine Folgeänderung. Durch § 43 Nr. 5 WEG wird der Regelungsgehalt des § 29 b ZPO in das Wohnungseigentumsgesetz integriert; dementsprechend ist die Vorschrift in der Zivilprozessordnung zu streichen. Auf die Begründung zur Änderung des § 43 WEG wird Bezug genommen.

Zu Artikel 4 (Inkrafttreten)

Es handelt sich um eine redaktionelle Anpassung aufgrund der in Artikel 3 Abs. 4 Nr. 1 vorgesehenen Änderung des § 9 Abs. 3 Satz 1 Nr. 1 ErbbauVO.

Berlin, den 13. Dezember 2006

Norbert Geis Berichterstatter	**Dirk Manzewski** Berichterstatter	**Mechthild Dyckmans** Berichterstatterin
Wolfgang Neskovic Berichterstatter	**Hans-Christian Ströbele** Berichterstatter	

Sachverzeichnis

Die fettgedruckten Zahlen verweisen auf Paragraphen, die mageren Zahlen auf Randnummern (Rn); Vor = Vorbemerkung.

Sachverzeichnis

Sachverzeichnis

Sachverzeichnis